Baugesetzbuch

Kommentar

Begründet von

Dr. Dr. h. c. Ulrich Battis
Dr. Michael Krautzberger
Dr. Rolf-Peter Löhr

Fortgeführt von

Dr. Dr. h. c. Ulrich Battis
Univ.-Professor (em.) an der Humboldt-Universität zu Berlin,
Rechtsanwalt

Dr.-Ing. habil. Stephan Mitschang
Univ.-Professor an der Technischen Universität Berlin

Dr. Olaf Reidt
Rechtsanwalt
Honorarprofessor an der Humboldt-Universität zu Berlin

13. Auflage 2016

www.beck.de

ISBN 978 3 406 68750 1

© 2016 Verlag C. H. Beck oHG
Wilhelmstraße 9, 80801 München
Druck und Bindung: Druckerei C. H. Beck, Nördlingen
(Adresse wie Verlag)

Satz: Jung Crossmedia Publishing GmbH
Gewerbestraße 17, 35633 Lahnau

Umschlaggestaltung: Druckerei C. H. Beck, Nördlingen

Gedruckt auf säurefreiem, alterungsbeständigem Papier
(hergestellt aus chlorfrei gebleichtem Zellstoff)

Battis / Krautzberger / Löhr
Baugesetzbuch

Vorwort zur dreizehnten Auflage

Seit dem Erscheinen der zwölften Auflage des Kommentars Anfang 2014 ist das Baugesetzbuch durch die Einfügung einer Länderöffnungsklausel für die Windenergie in § 249 Abs. 3 BauGB sowie durch das Flüchtlingsunterbringungsmaßnahmengesetz 2014 und sodann das Flüchtlingsunterbringungsmaßnahmengesetz 2015 drei Mal novelliert worden. Hinzu gekommen ist in beachtlichem Umfang Rechtsprechung zu zahlreichen, teilweise auch zentralen, Vorschriften des Baugesetzbuchs. Die Verfasser tragen dem mit der nunmehr vorgelegten dreizehnten Auflage Rechnung, die dies alles bis zum Stand Januar 2016 berücksichtigt und einarbeitet.

Die beiden Mitbegründer des Kommentars, Michael Krautzberger und Rolf-Peter Löhr, haben die Mitarbeit mit der 11. Auflage beendet. Ihre Kommentierung war Grundlage der Überarbeitungen und Fortschreibungen. Michael Krautzberger hatte die Einleitung, §§ 1, 1a, 12, §§ 14–17, §§ 19–28, §§ 32–37, §§ 135a-151, §§ 157–171d, §§ 171f-179, §§ 182–199, § 200a, §§ 234–236, §§ 245, 246, 247 und Rolf-Peter Löhr hatte die §§ 5-11, §§ 29–31, § 38, §§ 45–84, §§ 123–135, §§ 152–156a, § 171e, §§ 180, 181, § 233, § 239, § 242, § 244, § 246a bearbeitet.

Der Kommentar knüpft an diese grundlegenden Bearbeitungen an. Die Verfasser führen jedoch die bereits mit der zwölften Auflage eingeleitete Weiterentwicklung des Kommentars fort und setzen insbesondere in den praxisrelevanten Teilen des Städtebaurechts, der zwischenzeitlichen Rechtsentwicklung und nicht zuletzt auch unionsrechtlichen Einflüssen geschuldet, teilweise neue Schwerpunkte.

Der Kommentar will wie bisher zuverlässig und verständlich über das unterrichten, „was gilt". Die BauNVO wird, wie schon in den Vorauflagen, in die Kommentierung einbezogen, soweit sie zum Verständnis des BauGB erforderlich ist. Auch weiterhin orientieren sich die Erläuterungen in erster Linie an der höchstrichterlichen Rechtsprechung. Der Kommentar verzichtet bewusst auf vertiefende Darstellung zur Entstehungsgeschichte der einzelnen Vorschriften und zur historischen Rechtsentwicklung; hierzu kann auf die Großkommentare und Lehrbücher Bezug genommen werden.

Ein ausführliches Sachregister erleichtert es, gewünschte Erläuterungen zu finden. Den Kommentierungen der einzelnen Vorschriften ist in der Regel eine Inhaltsübersicht vorangestellt. Um dem Benutzer des Werks die Systematik der verschiedenen Teile und wichtiger Abschnitte des BauGB zu erschließen, gehen ihrer Kommentierung – soweit es zweckmäßig erscheint – knapp gehaltene Vorbemerkungen voraus, in denen die interne und externe Systematik der Vorschriften und ihrer Funktion (zB in Bezug auf den Nachbarschutz in den Vorb §§ 29–38) dargestellt wird.

Trotz der gebotenen Kürze der Kommentierung sind die Abkürzungen auf das allgemein übliche und bekannte beschränkt worden. Lediglich bei der Standardliteratur zum Baugesetzbuch wurde nicht jeweils der volle Titel aufgeführt; auf das Verzeichnis der hier verwendeten Abkürzungen ab Seite XIX sei daher besonders hingewiesen.

Berlin, Februar 2016

Ulrich Battis
Stephan Mitschang
Olaf Reidt

Inhaltsverzeichnis

Vorwort zur dreizehnten Auflage	V
Bearbeiter	XVII
Abkürzungen	XIX
Abkürzung und Zitierweise der häufig verwendeten Literatur	XXVII
Einleitung	1

Erstes Kapitel. Allgemeines Städtebaurecht
Erster Teil. Bauleitplanung
Erster Abschnitt. Allgemeine Vorschriften

§ 1	Aufgabe, Begriff und Grundsätze der Bauleitplanung	17
§ 1a	Ergänzende Vorschriften zum Umweltschutz	79
§ 2	Aufstellung der Bauleitpläne	96
§ 2a	Begründung zum Bauleitplanentwurf, Umweltbericht	113
§ 3	Beteiligung der Öffentlichkeit	114
§ 4	Beteiligung der Behörden	128
§ 4a	Gemeinsame Vorschriften zur Beteiligung	133
§ 4b	Einschaltung eines Dritten	141
§ 4c	Überwachung	145

Zweiter Abschnitt. Vorbereitender Bauleitplan (Flächennutzungsplan)

§ 5	Inhalt des Flächennutzungsplans	148
§ 6	Genehmigung des Flächennutzungsplans	181
§ 7	Anpassung an den Flächennutzungsplan	187

Dritter Abschnitt. Verbindlicher Bauleitplan (Bebauungsplan)

§ 8	Zweck des Bebauungsplans	193
§ 9	Inhalt des Bebauungsplans	199
§ 9a	Verordnungsermächtigung	284
§ 10	Beschluss, Genehmigung und Inkrafttreten des Bebauungsplans	285

Vierter Abschnitt. Zusammenarbeit mit Privaten; vereinfachtes Verfahren

§ 11	Städtebaulicher Vertrag	306
§ 12	Vorhaben- und Erschließungsplan	349
§ 13	Vereinfachtes Verfahren	361
§ 13a	Bebauungspläne der Innenentwicklung	369

Zweiter Teil. Sicherung der Bauleitplanung
Erster Abschnitt. Veränderungssperre und Zurückstellung von Baugesuchen

§ 14	Veränderungssperre	379
§ 15	Zurückstellung von Baugesuchen	388
§ 16	Beschluss über die Veränderungssperre	393

Inhaltsverzeichnis

§ 17	Geltungsdauer der Veränderungssperre	395
§ 18	Entschädigung bei Veränderungssperre	398

Zweiter Abschnitt. Teilung von Grundstücken; Gebiete mit Fremdenverkehrsfunktionen

§ 19	Teilung von Grundstücken	405
§§ 20 und 21	(weggefallen)	408
§ 22	Sicherung von Gebieten mit Fremdenverkehrsfunktionen	408
§ 23	(weggefallen)	417

Dritter Abschnitt. Gesetzliche Vorkaufsrechte der Gemeinde

Vorbemerkung zu den §§ 24 bis 28		417
§ 24	Allgemeines Vorkaufsrecht	419
§ 25	Besonderes Vorkaufsrecht	429
§ 26	Ausschluss des Vorkaufsrechts	433
§ 27	Abwendung des Vorkaufsrechts	436
§ 27 a	Ausübung des Vorkaufsrechts zugunsten Dritter	439
§ 28	Verfahren und Entschädigung	442

Dritter Teil. Regelung der baulichen und sonstigen Nutzung; Entschädigung

Erster Abschnitt. Zulässigkeit von Vorhaben

Vorbemerkungen zu den §§ 29 bis 38		451
§ 29	Begriff des Vorhabens; Geltung von Rechtsvorschriften	483
§ 30	Zulässigkeit von Vorhaben im Geltungsbereich eines Bebauungsplans	496
§ 31	Ausnahmen und Befreiungen	507
§ 32	Nutzungsbeschränkungen auf künftigen Gemeinbedarfs-, Verkehrs-, Versorgungs- und Grünflächen	522
§ 33	Zulässigkeit von Vorhaben während der Planaufstellung	525
§ 34	Zulässigkeit von Vorhaben innerhalb der im Zusammenhang bebauten Ortsteile	531
§ 35	Bauen im Außenbereich	570
§ 36	Beteiligung der Gemeinde und der höheren Verwaltungsbehörde	645
§ 37	Bauliche Maßnahmen des Bundes und der Länder	656
§ 38	Bauliche Maßnahmen von überörtlicher Bedeutung auf Grund von Planfeststellungsverfahren; öffentlich zugängliche Abfallbeseitigungsanlagen	660

Zweiter Abschnitt. Entschädigung

Vorbemerkung zu den §§ 39 bis 44		674
§ 39	Vertrauensschaden	677
§ 40	Entschädigung in Geld oder durch Übernahme	681
§ 41	Entschädigung bei Begründung von Geh-, Fahr- und Leitungsrechten und bei Bindungen für Bepflanzungen	689
§ 42	Entschädigung bei Änderung oder Aufhebung einer zulässigen Nutzung	694
§ 43	Entschädigung und Verfahren	702
§ 44	Entschädigungspflichtige, Fälligkeit und Erlöschen der Entschädigungsansprüche	706

Vierter Teil. Bodenordnung

Vorbemerkung zu den §§ 45 bis 84		710

Inhaltsverzeichnis

Erster Abschnitt. Umlegung

§ 45	Zweck und Anwendungsbereich	714
§ 46	Zuständigkeit und Voraussetzungen	717
§ 47	Umlegungsbeschluss	725
§ 48	Beteiligte	728
§ 49	Rechtsnachfolge	732
§ 50	Bekanntmachung des Umlegungsbeschlusses	733
§ 51	Verfügungs- und Veränderungssperre	735
§ 52	Umlegungsgebiet	745
§ 53	Bestandskarte und Bestandsverzeichnis	748
§ 54	Benachrichtigungen und Umlegungsvermerk	752
§ 55	Umlegungsmasse und Verteilungsmasse	755
§ 56	Verteilungsmaßstab	766
§ 57	Verteilung nach Werten	769
§ 58	Verteilung nach Flächen	778
§ 59	Zuteilung und Abfindung	782
§ 60	Abfindung und Ausgleich für bauliche Anlagen, Anpflanzungen und sonstige Einrichtungen	794
§ 61	Aufhebung, Änderung und Begründung von Rechten	796
§ 62	Gemeinschaftliches Eigentum; besondere rechtliche Verhältnisse	800
§ 63	Übergang von Rechtsverhältnissen auf die Abfindung	803
§ 64	Geldleistungen	805
§ 65	Hinterlegung und Verteilungsverfahren	808
§ 66	Aufstellung und Inhalt des Umlegungsplans	808
§ 67	Umlegungskarte	815
§ 68	Umlegungsverzeichnis	816
§ 69	Bekanntmachung des Umlegungsplans, Einsichtnahme	820
§ 70	Zustellung des Umlegungsplans	821
§ 71	Inkrafttreten des Umlegungsplans	823
§ 72	Wirkungen der Bekanntmachung	826
§ 73	Änderung des Umlegungsplans	828
§ 74	Berichtigung der öffentlichen Bücher	832
§ 75	Einsichtnahme in den Umlegungsplan	834
§ 76	Vorwegnahme der Entscheidung	834
§ 77	Vorzeitige Besitzeinweisung	839
§ 78	Verfahrens- und Sachkosten	844
§ 79	Abgaben- und Auslagenbefreiung	846

Zweiter Abschnitt. Vereinfachte Umlegung

§ 80	Zweck, Anwendungsbereich, Zuständigkeiten	850
§ 81	Geldleistungen	858
§ 82	Beschluss über die vereinfachte Umlegung	861
§ 83	Bekanntmachung und Rechtswirkungen der vereinfachten Umlegung	862
§ 84	Berichtigung der öffentlichen Bücher	864

Fünfter Teil. Enteignung

Vorbemerkung zu den §§ 85 bis 122 . 865

Erster Abschnitt. Zulässigkeit der Enteignung

§ 85	Enteignungszweck	872
§ 86	Gegenstand der Enteignung	876

Inhaltsverzeichnis

§ 87	Voraussetzungen für die Zulässigkeit der Enteignung	878
§ 88	Enteignung aus zwingenden städtebaulichen Gründen	885
§ 89	Veräußerungspflicht	886
§ 90	Enteignung von Grundstücken zur Entschädigung in Land	891
§ 91	Ersatz für entzogene Rechte	893
§ 92	Umfang, Beschränkung und Ausdehnung der Enteignung	893

Zweiter Abschnitt. Entschädigung

§ 93	Entschädigungsgrundsätze	895
§ 94	Entschädigungsberechtigter und Entschädigungsverpflichteter	901
§ 95	Entschädigung für den Rechtsverlust	902
§ 96	Entschädigung für andere Vermögensnachteile	908
§ 97	Behandlung der Rechte der Nebenberechtigten	916
§ 98	Schuldübergang	920
§ 99	Entschädigung in Geld	921
§ 100	Entschädigung in Land	924
§ 101	Entschädigung durch Gewährung anderer Rechte	931
§ 102	Rückenteignung	933
§ 103	Entschädigung für die Rückenteignung	938

Dritter Abschnitt. Enteignungsverfahren

§ 104	Enteignungsbehörde	940
§ 105	Enteignungsantrag	941
§ 106	Beteiligte	943
§ 107	Vorbereitung der mündlichen Verhandlung	945
§ 108	Einleitung des Enteignungsverfahrens und Anberaumung des Termins zur mündlichen Verhandlung; Enteignungsvermerk	948
§ 109	Genehmigungspflicht	953
§ 110	Einigung	955
§ 111	Teileinigung	958
§ 112	Entscheidung der Enteignungsbehörde	960
§ 113	Enteignungsbeschluss	963
§ 114	Lauf der Verwendungsfrist	965
§ 115	Verfahren bei der Entschädigung durch Gewährung anderer Rechte	968
§ 116	Vorzeitige Besitzeinweisung	970
§ 117	Ausführung des Enteignungsbeschlusses	978
§ 118	Hinterlegung	983
§ 119	Verteilungsverfahren	984
§ 120	Aufhebung des Enteignungsbeschlusses	985
§ 121	Kosten	987
§ 122	Vollstreckbarer Titel	991

Sechster Teil. Erschließung

Vorbemerkung zu den §§ 123 bis 135 .. 993

Erster Abschnitt. Allgemeine Vorschriften

§ 123	Erschließungslast	998
§ 124	Erschließungspflicht nach abgelehntem Vertragsangebot	1002

Inhaltsverzeichnis

§ 125	Bindung an den Bebauungsplan	1006
§ 126	Pflichten des Eigentümers	1011

Zweiter Abschnitt. Erschließungsbeitrag

§ 127	Erhebung des Erschließungsbeitrags	1013
§ 128	Umfang des Erschließungsaufwands	1034
§ 129	Beitragsfähiger Erschließungsaufwand	1047
§ 130	Art der Ermittlung des beitragsfähigen Erschließungsaufwands	1056
§ 131	Maßstäbe für die Verteilung des Erschließungsaufwands	1068
§ 132	Regelung durch Satzung	1093
§ 133	Gegenstand und Entstehung der Beitragspflicht	1102
§ 134	Beitragspflichtiger	1120
§ 135	Fälligkeit und Zahlung des Beitrags	1126

Siebter Teil. Maßnahmen für den Naturschutz

§ 135a	Pflichten des Vorhabenträgers; Durchführung durch die Gemeinde; Kostenerstattung	1136
§ 135b	Verteilungsmaßstäbe für die Abrechnung	1139
§ 135c	Satzungsrecht	1139

Zweites Kapitel. Besonderes Städtebaurecht

Erster Teil. Städtebauliche Sanierungsmaßnahmen

Vorbemerkung zu den §§ 136 bis 164b 1141

Erster Abschnitt. Allgemeine Vorschriften

§ 136	Städtebauliche Sanierungsmaßnahmen	1142
§ 137	Beteiligung und Mitwirkung der Betroffenen	1154
§ 138	Auskunftspflicht	1157
§ 139	Beteiligung und Mitwirkung öffentlicher Aufgabenträger	1160

Zweiter Abschnitt. Vorbereitung und Durchführung

§ 140	Vorbereitung	1162
§ 141	Vorbereitende Untersuchungen	1165
§ 142	Sanierungssatzung	1170
§ 143	Bekanntmachung der Sanierungssatzung, Sanierungsvermerk	1187
§ 144	Genehmigungspflichtige Vorhaben und Rechtsvorgänge	1189
§ 145	Genehmigung	1196
§ 146	Durchführung	1201
§ 147	Ordnungsmaßnahmen	1204
§ 148	Baumaßnahmen	1207
§ 149	Kosten- und Finanzierungsübersicht	1210
§ 150	Ersatz für Änderungen von Einrichtungen, die der öffentlichen Versorgung dienen	1214
§ 151	Abgaben- und Auslagenbefreiung	1215

Dritter Abschnitt. Besondere sanierungsrechtliche Vorschriften

Vorbemerkung zu den §§ 152 bis 156a 1217

§ 152	Anwendungsbereich	1219

Inhaltsverzeichnis

§ 153	Bemessung von Ausgleichs- und Entschädigungsleistungen, Kaufpreise, Umlegung	1219
§ 154	Ausgleichsbetrag des Eigentümers	1227
§ 155	Anrechnung auf den Ausgleichsbetrag, Absehen	1239
§ 156	Überleitungsvorschriften zur förmlichen Festlegung	1246
§ 156a	Kosten und Finanzierung der Sanierungsmaßnahme	1247

Vierter Abschnitt. Sanierungsträger und andere Beauftragte

§ 157	Erfüllung von Aufgaben für die Gemeinde	1249
§ 158	Voraussetzungen für die Beauftragung als Sanierungsträger	1252
§ 159	Erfüllung der Aufgaben als Sanierungsträger	1253
§ 160	Treuhandvermögen	1256
§ 161	Sicherung des Treuhandvermögens	1258

Fünfter Abschnitt. Abschluss der Sanierung

§ 162	Aufhebung der Sanierungssatzung	1259
§ 163	Fortfall von Rechtswirkungen für einzelne Grundstücke	1264
§ 164	Anspruch auf Rückübertragung	1268

Sechster Abschnitt. Städtebauförderung

§ 164a	Einsatz von Städtebauförderungsmitteln	1272
§ 164b	Verwaltungsvereinbarung	1275

Zweiter Teil. Städtebauliche Entwicklungsmaßnahmen

Vorbemerkung zu den §§ 165 bis 171		1277
§ 165	Städtebauliche Entwicklungsmaßnahmen	1278
§ 166	Zuständigkeit und Aufgaben	1291
§ 167	Erfüllung von Aufgaben für die Gemeinde; Entwicklungsträger	1293
§ 168	Übernahmeverlangen	1295
§ 169	Besondere Vorschriften für den städtebaulichen Entwicklungsbereich	1295
§ 170	Sonderregelung für Anpassungsgebiete	1300
§ 171	Kosten und Finanzierung der Entwicklungsmaßnahme	1301

Dritter Teil. Stadtumbau

Vorbemerkung zu den §§ 171a bis 171d		1302
§ 171a	Stadtumbaumaßnahmen	1303
§ 171b	Stadtumbaugebiet, städtebauliches Entwicklungskonzept	1307
§ 171c	Stadtumbauvertrag	1310
§ 171d	Sicherung von Durchführungsmaßnahmen	1312

Vierter Teil. Soziale Stadt

§ 171e	Maßnahmen der Sozialen Stadt	1315

Fünfter Teil. Private Initiativen

§ 171f	Private Initiativen zur Stadtentwicklung, Landesrecht	1324

Inhaltsverzeichnis

Sechster Teil. Erhaltungssatzung und städtebauliche Gebote

Erster Abschnitt. Erhaltungssatzung

§ 172	Erhaltung baulicher Anlagen und der Eigenart von Gebieten (Erhaltungssatzung)	1326
§ 173	Genehmigung, Übernahmeanspruch	1349
§ 174	Ausnahmen	1351

Zweiter Abschnitt. Städtebauliche Gebote

	Vorbemerkung zu den §§ 175 bis 179	1352
§ 175	Allgemeines	1354
§ 176	Baugebot	1358
§ 177	Modernisierungs- und Instandsetzungsgebot	1363
§ 178	Pflanzgebot	1373
§ 179	Rückbau- und Entsiegelungsgebot	1373

Siebter Teil. Sozialplan und Härteausgleich

	Vorbemerkung zu den §§ 180, 181	1379
§ 180	Sozialplan	1381
§ 181	Härteausgleich	1386

Achter Teil. Miet- und Pachtverhältnisse

§ 182	Aufhebung von Miet- oder Pachtverhältnissen	1392
§ 183	Aufhebung von Miet- oder Pachtverhältnissen über unbebaute Grundstücke	1396
§ 184	Aufhebung anderer Vertragsverhältnisse	1397
§ 185	Entschädigung bei Aufhebung von Miet- oder Pachtverhältnissen	1397
§ 186	Verlängerung von Miet- oder Pachtverhältnissen	1399

Neunter Teil. Städtebauliche Maßnahmen im Zusammenhang mit Maßnahmen zur Verbesserung der Agrarstruktur

§ 187	Abstimmung von Maßnahmen; Bauleitplanung und Maßnahmen zur Verbesserung der Agrarstruktur	1400
§ 188	Bauleitplanung und Flurbereinigung	1404
§ 189	Ersatzlandbeschaffung	1406
§ 190	Flurbereinigung aus Anlass einer städtebaulichen Maßnahme	1407
§ 191	Vorschriften über den Verkehr mit land- und forstwirtschaftlichen Grundstücken	1410

Drittes Kapitel. Sonstige Vorschriften

Erster Teil. Wertermittlung

§ 192	Gutachterausschuss	1411
§ 193	Aufgaben des Gutachterausschusses	1413
§ 194	Verkehrswert	1418
§ 195	Kaufpreissammlung	1421
§ 196	Bodenrichtwerte	1424
§ 197	Befugnisse des Gutachterausschusses	1425
§ 198	Oberer Gutachterausschuss	1428
§ 199	Ermächtigungen	1429

Inhaltsverzeichnis

Zweiter Teil. Allgemeine Vorschriften; Zuständigkeiten; Verwaltungsverfahren; Planerhaltung

Vorbemerkung zu den §§ 200 bis 216 1430

Erster Abschnitt. Allgemeine Vorschriften

§ 200	Grundstücke; Rechte an Grundstücken; Baulandkataster	1431
§ 200a	Ersatzmaßnahmen	1434
§ 201	Begriff der Landwirtschaft	1436
§ 202	Schutz des Mutterbodens	1439

Zweiter Abschnitt. Zuständigkeiten

§ 203	Abweichende Zuständigkeitsregelung	1440
§ 204	Gemeinsamer Flächennutzungsplan, Bauleitplanung bei Bildung von Planungsverbänden und bei Gebiets- oder Bestandsänderung	1444
§ 205	Planungsverbände	1449
§ 206	Örtliche und sachliche Zuständigkeit	1457

Dritter Abschnitt. Verwaltungsverfahren

§ 207	Von Amts wegen bestellter Vertreter	1458
§ 208	Anordnungen zur Erforschung des Sachverhalts	1462
§ 209	Vorarbeiten auf Grundstücken	1465
§ 210	Wiedereinsetzung	1467
§ 211	Belehrung über Rechtsbehelfe	1468
§ 212	Vorverfahren	1469
§ 212a	Entfall der aufschiebenden Wirkung	1471
§ 213	Ordnungswidrigkeiten	1473

Vierter Abschnitt. Planerhaltung

Vorbemerkung zu den §§ 214 bis 216 1474

§ 214	Beachtlichkeit der Verletzung von Vorschriften über die Aufstellung des Flächennutzungsplans und der Satzungen; ergänzendes Verfahren	1480
§ 215	Frist für die Geltendmachung der Verletzung von Vorschriften	1503
§ 215a	(weggefallen)	1507
§ 216	Aufgaben im Genehmigungsverfahren	1507

Dritter Teil. Verfahren vor den Kammern (Senaten) für Baulandsachen

Vorbemerkung zu den §§ 217 bis 232 1509

§ 217	Antrag auf gerichtliche Entscheidung	1510
§ 218	Wiedereinsetzung in den vorigen Stand	1515
§ 219	Örtliche Zuständigkeit der Landgerichte	1516
§ 220	Zusammensetzung der Kammern für Baulandsachen	1517
§ 221	Allgemeine Verfahrensvorschriften	1518
§ 222	Beteiligte	1519
§ 223	Anfechtung von Ermessensentscheidungen	1521
§ 224	Entfall der aufschiebenden Wirkung bei Antrag auf gerichtliche Entscheidung	1522
§ 225	Vorzeitige Ausführungsanordnung	1523
§ 226	Urteil	1525
§ 227	Säumnis eines Beteiligten	1527
§ 228	Kosten des Verfahrens	1528
§ 229	Berufung, Beschwerde	1530

Inhaltsverzeichnis

§ 230	Revision	1531
§ 231	Einigung	1532
§ 232	Weitere Zuständigkeit der Kammern (Senate) für Baulandsachen	1532

Viertes Kapitel. Überleitungs- und Schlussvorschriften

Erster Teil. Überleitungsvorschriften

§ 233	Allgemeine Überleitungsvorschriften	1535
§ 234	Überleitungsvorschriften für das Vorkaufsrecht	1538
§ 235	Überleitungsvorschriften für städtebauliche Sanierungs- und Entwicklungsmaßnahmen	1539
§ 236	Überleitungsvorschriften für das Baugebot und die Erhaltung baulicher Anlagen	1541
§ 237	(weggefallen)	1542
§ 238	Überleitungsvorschrift für Entschädigungen	1542
§ 239	Überleitungsvorschrift für die Grenzregelung	1543
§§ 240 und 241	(weggefallen)	1544
§ 242	Überleitungsvorschriften für die Erschließung	1544
§ 243	Überleitungsvorschriften für das Maßnahmengesetz zum Baugesetzbuch und das Bundesnaturschutzgesetz	1547
§ 244	Überleitungsvorschriften für das Europarechtsanpassungsgesetz Bau	1548
§ 245	Überleitungsvorschriften für den Stadtumbau, die Soziale Stadt und die Förderung städtebaulicher Maßnahmen	1551
§ 245a	Überleitungsvorschriften aus Anlass des Gesetzes zur Stärkung der Innenentwicklung in den Städten und Gemeinden und weiteren Fortentwicklung des Städtebaurechts	1552
§ 245b	Überleitungsvorschriften für Vorhaben im Außenbereich	1555
§ 245c	(weggefallen)	1555

Zweiter Teil. Schlussvorschriften

§ 246	Sonderregelungen für einzelne Länder; Sonderregelungen für Flüchtlingsunterkünfte	1555
§ 246a	Überschwemmungsgebiete, überschwemmungsgefährdete Gebiete	1569
§ 247	Sonderregelungen für Berlin als Hauptstadt der Bundesrepublik Deutschland	1569
§ 248	Sonderregelung zur sparsamen und effizienten Nutzung von Energie	1573
§ 249	Sonderregelungen zur Windenergie	1578

Anlage 1 (zu § 2 Abs. 4, §§ 2a und 4c) 1584

Anlage 2 (zu § 13a Abs. 1 Satz 2 Nr. 2) 1584

Stichwortverzeichnis 1587

Bearbeiter

Einleitung, §§ 1–4c	Ulrich Battis
§ 5	Stephan Mitschang
§ 6	Olaf Reidt
§§ 7, 8	Stephan Mitschang
§ 9	Stephan Mitschang/Olaf Reidt
§§ 9a, 10, 11	Olaf Reidt
§§ 12, 13	Stephan Mitschang
§ 13a	Ulrich Battis
§§ 14–17	Stephan Mitschang
§ 18	Ulrich Battis
§§ 19–29	Olaf Reidt
§ 30	Stephan Mitschang
§ 31	Olaf Reidt
§ 32	Stephan Mitschang
§ 33	Olaf Reidt
§§ 34, 35	Stephan Mitschang/Olaf Reidt
§§ 36–38	Olaf Reidt
§§ 39–44	Ulrich Battis
§§ 45–84	Olaf Reidt
§§ 85–122	Ulrich Battis
§§ 123–135	Olaf Reidt
§§ 135a–151	Stephan Mitschang
§§ 152–156a	Olaf Reidt
§§ 157–171	Stephan Mitschang
§§ 171a–171f	Olaf Reidt
§§ 172–179	Stephan Mitschang
§§ 180, 181	Ulrich Battis
§§ 182–186	Olaf Reidt
§§ 187–191	Stephan Mitschang
§§ 192–199	Olaf Reidt
§ 200	Ulrich Battis
§ 200a	Stephan Mitschang
§§ 201–232	Ulrich Battis
§§ 233, 234	Olaf Reidt
§§ 235, 236	Stephan Mitschang
§ 238	Ulrich Battis
§§ 239–242	Olaf Reidt
§ 243	Ulrich Battis
§ 244	Olaf Reidt
§ 245	Stephan Mitschang
§ 245a	Ulrich Battis
§ 245b	Stephan Mitschang
§ 246	Stephan Mitschang/Olaf Reidt
§§ 246a–248	Olaf Reidt
§ 249	Stephan Mitschang/Olaf Reidt
Anlage 1 (zu § 2 Abs. 4, §§ 2a und 4c); Anlage 2 (zu § 13a Abs. 1 Satz 2 Nr. 2)	Ulrich Battis

Zitiervorschlag: zB Reidt in BKL, BauGB, 13. Aufl., § 10 Rn. 20

Abkürzungen

aA	anderer Ansicht
aaO	am angegebenen Ort
AbfG	Abfallgesetz
ABl.	Amtsblatt
ABer./BauGB 1987	Ausschussbericht; Beschlussempfehlung und Bericht des Ausschusses für Raumordnung, Bauwesen und Städtebau zum Entwurf eines Gesetzes über das BauGB, BT-Drs. 10/6166
ABer./BauGB-MaßnahmenG	Ausschussbericht; Beschlussempfehlung und Bericht des Ausschusses für Raumordnung, Bauwesen und Städtebau zum Entwurf eines WoBauErlG, BT-Drs. 11/6636
ABer./Inv-WoBaulG	Bericht des Ausschusses für Raumordnung, Bauwesen und Städtebau zum Entwurf eines Inv-WoBaulG, BT-Drs. 12/4340
ABer./BauROG	Bericht des Ausschusses für Raumordnung, Bauwesen und Städtebau zum Entwurf eines Bau- und Raumordnungsgesetzes 1998 (BauROG), BT-Drs. 13/7589
ABer/EAG Bau	Bericht des Ausschusses für Verkehr, Bau- und Wohnungswesen zum Entwurf eines Gesetzes zur Anpassung des BauGB an EU-Richtlinien (Europarechtsanpassungsgesetz Bau – EAG Bau), BT-Drs. 15/2996
ABer/BauGB 2007	Bericht des Ausschusses für Verkehr, Bau- und Wohnungswesen zum Entwurf eines Gesetzes zur Erleichterung von Planungsvorhaben für die Innenentwicklung der Städte und Gemeinden, BT-Drs. 16/3308
ABer/BauGB 2011	Beschlussempfehlung und Bericht des Ausschusses für Verkehr, Bau- und Stadtentwicklung zum Entwurf eines Gesetzes zur Stärkung der klimagerechten Entwicklung in den Städten und Gemeinden, BT-Drs. 17/6357
Abs.	Absatz
abw.	abweichend
aE	am Ende
AgrarR	Agrarrecht
AEG	Allgemeines Eisenbahngesetz
Änd.	Änderung
ÄndG	Änderungsgesetz
ÄndG 1976	Gesetz zur Änderung des Bundesbaugesetzes vom 18.8.1976 (BGBl. I S. 2221)
ÄndG 1979	Gesetz zur Beschleunigung von Verfahren und zur Erleichterung von Investitionsvorhaben im Städtebaurecht vom 6.7.1979 (BGBl. I S. 949)
aF	alte Fassung
AfK	Archiv für Kommunalwissenschaften
ALR	Allgemeines Landrecht für die Preußischen Staaten vom 1.6.1794
Alt.	Alternative
aM	anderer Meinung
Anh.	Anhang
Anl.	Anlage
Anm.	Anmerkung
AO	Abgabenordnung
AöR	Archiv des öffentlichen Rechts
ARGEBAU	Arbeitsgemeinschaft der für Städtebau, Bau- und Wohnungswesen zuständigen Minister und Senatoren (Bauministerkonferenz)

Abkürzungen

Art.	Artikel
AS	Amtliche Sammlung
AtG	Gesetz über die friedliche Verwendung der Atomenergie und den Schutz gegen ihre Gefahren (Atomgesetz)
Aufl.	Auflage
AusfG	Ausführungsgesetz
AVN	Allgemeine Vermessungs-Nachrichten
AVO	Ausführungsverordnung
AVOWSG	Verordnung zur Ausführung des Gesetzes über die Aufschließung von Wohnsiedlungsgebieten vom 25.2.1935 (RGBl. I S. 292)
Az.	Aktenzeichen
Beschl.	Beschluss
Ba-Wü.	Baden-Württemberg
BAnz.	Bundesanzeiger
BauGB	Baugesetzbuch idF der Bek. vom 23.9.2004 (BGBl. I S. 2414); zuletzt geändert durch Art. 6 des Gesetzes vom 20.10.2015 (BGBl. I S. 1722).
BauGB 2001	Art. 12 des Gesetzes vom 27.7.2001 (BGBl. I S. 1950)
BauGB 2007	Gesetz zur Erleichterung von Planungsvorhaben für die Innenentwicklung der Städte v. 21.12.2006 (BGBl. I S. 3316)
BauGB-MaßnahmenG 1990	Maßnahmengesetz zum Baugesetzbuch; Art. 2 des WoBauErlG
BauGB-MaßnahmenG 1993	Maßnahmengesetz zum Baugesetzbuch idF der Bek. vom 28.4.1993 (BGBl. I S. 622), aufgehoben durch Art. 11 Bau- und RaumordnungsG 1998 vom 18.8.1997 (BGBl. I S. 2081)
BaugestVO	Verordnung über Baugestaltung vom 10.11.1936 (RGBl. I S. 938)
BauNVO	Verordnung über die bauliche Nutzung der Grundstücke – Baunutzungsverordnung – vom 26.6.1962 (BGBl. I S. 429) idF der Bek. vom 23.1.1990 (BGBl. I S. 132), zuletzt geänd. durch Art. 2 Gesetz zur Stärkung der Innenentwicklung in den Städten und Gemeinden und weiteren Fortentwicklung des Städtebaurechts vom 11.6.2013 (BGBl. I S. 1548)
BauO	Bauordnung
BauR	Zeitschrift für das gesamte öffentliche und zivile Baurecht
BauROG	Gesetz zur Änderung des Baugesetzbuchs und zur Neuregelung des Rechts der Raumordnung (Bau- und Raumordnungsgesetz 1998 – BauROG) vom 18.8.1997 (BGBl. I S. 2081)
BausperrenVO	Verordnung über die Zulässigkeit befristeter Bausperren vom 29.10.1936 (RGBl. I S. 933)
BauZVO	Bauplanungs- und Zulassungsverordnung
BaWüVBl.	Baden-Württembergische Verwaltungsblätter; Baden-Württembergische Verwaltungspraxis
bay.BaulErschlG	bayerisches Gesetz über die Erschließung von Baugelände vom 4.7.1923 (Bereinigte Sammlung des bayerischen Landesrechts BD II S. 419)
BayBgm	Der Bayerische Bürgermeister
BayObLG	Bayerisches Oberstes Landesgericht
BayVBl	Bayerische Verwaltungsblätter
BayVerfGH	Bayerischer Verfassungsgerichtshof
BB	Betriebs-Berater
BBauBl./BBB	Bundesbaublatt
BBauG 1960	Bundesbaugesetz vom 23.6.1960 (BGBl. I S. 341)
BBauG 1976	Bundesbaugesetz idF der Bek. vom 18.8.1976 (BGBl. I S. 2256, ber. S. 3617)

Abkürzungen

BbergG	Bundesberggesetz
BBodSchG	Bundes-Bodenschutzgesetz
BBodSchV	Bundes-Bodenschutz- und Altlastenverordnung
Bd.	Band
BDA	Bund Deutscher Architekten
BDSG	Gesetz zum Schutz vor Missbrauch personenbezogener Daten bei der Datenverarbeitung (Bundesdatenschutzgesetz – BDSG)
Bek.	Bekanntmachung
ber.	berichtigt
Bem.	Bemerkung
BewG	Bewertungsgesetz
BFH	Bundesfinanzhof
BGB	Bürgerliches Gesetzbuch
BGBl.	Bundesgesetzblatt
BGH	Bundesgerichtshof
BGHZ	Entscheidungen des Bundesgerichtshofs in Zivilsachen
BImSchG	Gesetz zum Schutz vor schädlichen Umwelteinwirkungen durch Luftverunreinigungen, Geräusche, Erschütterungen und ähnliche Vorgänge (Bundes-Immissionsschutzgesetz)
BImSchV	Verordnung zum Bundes-Immissionsschutzgesetz
BKleingG	Bundeskleingartengesetz
BLG	Bundesleistungsgesetz
BlGBW	Blätter für Grundstücks-, Bau- und Wohnungsrecht
BMBau	Bundesministerium für Raumordnung, Bauwesen und Städtebau
BMVBW	Bundesministerium für Verkehr, Bau- und Wohnungswesen
BMZ	Baumassenzahl
BNatSchG	Gesetz über Naturschutz und Landschaftspflege (Bundesnaturschutzgesetz)
BR-Drs.	Bundesrat, Drucksache
BRS	Baurechtssammlung,
BSG	Bundessozialgericht
BStBl.	Bundessteuerblatt
BT-Drs.	Deutscher Bundestag, Drucksache
Buchholz	Sammel- und Nachschlagewerke der Rechtsprechung des BVerwG
BuG	Bauamt und Gemeindebau
II. BV	Verordnung über wohnungswirtschaftliche Berechnungen (Zweite Berechnungsverordnung – II. BV)
BVerfG	Bundesverfassungsgericht
BVerfGE	Entscheidungen des Bundesverfassungsgerichtes
BVerfGG	Gesetz über das Bundesverfassungsgericht
BVerwG	Bundesverwaltungsgericht
BVerwGE	Entscheidungen des Bundesverwaltungsgerichtes
BWaldG	Gesetz zur Erhaltung des Waldes und zur Förderung der Forstwirtschaft (Bundeswaldgesetz)
BWGZ	Die Gemeinde (Baden-Württembergische Gemeindezeitung)
DGStZ	Deutsche Gemeindesteuerzeitung
DIfU	Deutsches Institut für Urbanistik (Berlin)
DJT	Deutscher Juristentag
DNotZ	Deutsche Notar-Zeitschrift
DÖV	Die Öffentliche Verwaltung
DStGB	Deutscher Städte- und Gemeindebund
DStR	Deutsches Steuerrecht
DST	Deutscher Städtetag

Abkürzungen

DVBl.	Deutsches Verwaltungsblatt
DVO	Durchführungsverordnung
DWW	Deutsche Wohnungswirtschaft
EAG Bau	Gesetz zur Anpassung des Baugesetzbuchs an EU-Richtlinien (Europarechtsanpassungsgesetz Bau – EAG Bau) vom 24.6.2004 (BGBl. I S 1359)
EAG EE	Gesetz zur Umsetzung der Richtlinie 2009/28/EG zur Förderung der Nutzung von Energie aus erneuerbaren Quellen (Europarechtsanpassungsgesetz Erneuerbare Energien)
EEG	Gesetz über den Vorrang erneuerbarer Energien (Erneuerbare-Energien-Gesetz)
EEWärmeG	Erneuerbare-Energien-Wärmegesetz
EGBGB	Einführungsgesetz zum Bürgerlichen Gesetzbuch
EGGVG	Einführungsgesetz zum Gerichtsverfassungsgesetz
Einl.	Einleitung
EnWG	Energiewirtschaftsgesetz
EPlaR	Entscheidungen zum Planungsrecht hrsg. vom Arnold Knoblauch-Institut e.V. in Bonn
Erl.	Erläuterungen
ESVGH	Entscheidungssammlung des Hessischen und des Württ.-Badischen Verwaltungsgerichtshofes
FGG	Gesetz über die Angelegenheiten der freiwilligen Gerichtsbarkeit
FlurbG	Flurbereinigungsgesetz
FS	Festschrift
FStrG	Bundesfernstraßengesetz
GAKG	Gesetz über die Gemeinschaftsaufgabe „Verbesserung der Agrarstruktur und des Küstenschutzes"
GBl.	Gesetzblatt
GBO	Grundbuchordnung
gem.	gemäß
GemS	Gemeinsamer Senat der Obersten Gerichtshöfe des Bundes
GewO	Gewerbeordnung
GewArch	Gewerbearchiv
GFZ	Geschoßflächenzahl
GG	Grundgesetz
GIRL	Geruchsimmissions-Richtlinie
GKG	Gerichtskostengesetz
GO	Gemeindeordnung
GrEstG	Grunderwerbsteuergesetz
GrdStVG	Grundstücksverkehrsgesetz
GS	Gesetzessammlung für die Königlichen Preuß. Staaten
GuG	Grundstücksmarkt und Grundstückswert
GVBl.	Gesetz- und Verordnungsblatt
GVG	Gerichtsverfassungsgesetz
GWB	Gesetz gegen Wettbewerbsbeschränkungen
HessStGH	Hessischer Staatsgerichtshof
HGrG	Haushaltsgrundsätzegesetz
Hs.	Halbsatz

Abkürzungen

idF	in der Fassung
ImmoWertV	Immobilienwertermittlungsverordnung vom 19.5.2010 (BGBl. I S. 639)
InnenentwicklungsG	siehe BauGB 2007
Innenentwicklungs-Novelle 2013	Gesetz zur Stärkung der Innenentwicklung in den Städten und Gemeinden und weiteren Fortentwicklung des Städtebaurechts vom 11.6.2013 (BGBl. I S. 1548)
InVorG	Gesetz über den Vorrang für Investitionen bei Rückübertragungsansprüchen nach dem Vermögensgesetz (Investitionsvorranggesetz – InVorG)
Inv-WoBaulG	Gesetz zur Erleichterung von Investitionen und der Ausweisung und Bereitstellung von Wohnbauland (Investitionserleichterungs- und Wohnbaulandgesetz) vom 22.4.1993 (BGBl. I S. 466)
iS	im Sinne
iVm	in Verbindung mit
IzR	Informationen zur Raumentwicklung
JuS	Juristische Schulung
JW	Juristische Wochenschrift
JZ	Juristenzeitung
KG	Kammergericht
KAG	Kommunalabgabengesetz
KostO	Gesetz über die Kosten in Angelegenheiten der freiwilligen Gerichtsbarkeit – Kostenordnung
KrW	Gesetz zur Förderung der Kreislaufwirtschaft und Sicherung der umweltverträglichen Bewirtschaftung von Abfällen (Kreislaufwirtschaftsgesetz – KrW)
KStZ	Kommunale Steuer-Zeitschrift
KWKG	Kraft-Wärme-Kopplungsgesetz
LBG	Gesetz über die Landbeschaffung für Aufgaben der Verteidigung (Landbeschaffungsgesetz)
LG	Landgericht
LKV	Landes- und Kommunalverwaltung
LPartG	Gesetz über die Eingetragene Lebenspartnerschaft (Lebenspartnerschaftsgesetz – LPartG)
LPlG	Landesplanungsgesetz
LuftVG	Luftverkehrsgesetz
Materialien	Materialien zum Baugesetzbuch, Schriftenreihe des BMBau 1984, Nr. 03.108
MBl.	Ministerialblatt
MBO	Musterbauordnung
MDR	Monatsschrift für Deutsches Recht
Mitt. DSt	Mitteilungen des Deutschen Städtetags
ModEnG	Modernisierungs- und Energieeinsparungsgesetz (ModEnG)
MW	Megawatt
mwN	mit weiteren Nachweisen
Nds.	Niedersachsen
NF	Neue Folge
nF	neue Fassung
NJW	Neue Juristische Wochenschrift

Abkürzungen

NordÖR	Zeitschrift für öffentliches Recht in Norddeutschland
Novelle 1976	Gesetz zur Änderung des Bundesbaugesetzes vom 18.8.1976 (BGBl. I S. 2221)
Novelle 1979	Gesetz zur Beschleunigung von Verfahren und zur Erleichterung von Investitionsvorhaben im Städtebaurecht vom 6.7.1979 (BGBl. I S. 949)
Novelle 1984 StBauFG	Gesetz zur Änderung des Städtebauförderungsgesetzes vom 5.11.1984 (BGBl. I S. 1321)
NRW	Nordrhein-Westfalen
NuR	Natur und Recht
NVwZ	Neue Zeitschrift für Verwaltungsrecht
OLG	Oberlandesgericht
OVG	Oberverwaltungsgericht
OVGE	Entscheidungen des Oberverwaltungsgerichts Münster und Lüneburg
OWiG	Gesetz über Ordnungswidrigkeiten
Planspiel	Schäfer/Scharmer/Schmidt-Eichstaedt, Planspiel zum Baugesetzbuch, Berlin 1986
Plan-UP-RL	Richtlinie 2001/42/EG des Europäischen Parlaments und des Rates über die Prüfung der Umweltauswirkungen bestimmter Pläne und Programme, ABl. EG Nr. L 197 vom 21.7.2001, S. 30
PlanZV	Planzeichenverordnung 1990 vom 18.12.1990 (BGBl. 1991 I S. 58), geändert durch Gesetz vom 22.7.2011 (BGBl. I S. 1509)
PBefG	Personenbeförderungsgesetz
RArbBl.	Reichsarbeitsblatt
RdErl.	Runderlass
RdL	Recht der Landwirtschaft
RegE	Regierungsentwurf
RG	Reichsgericht
RGaO	Verordnung über Garagen und Einstellplätze (Reichsgaragenordnung) vom 17.12.1939 (RGBl. I S. 219) idF des Erlasses vom 13.9.1944 (RArbBl. I S. 325)
RGBl.	Reichsgesetzblatt
RGZ	Entscheidungen des Reichsgerichts in Zivilsachen
RHeimstG	Reichsheimstättengesetz
Rh.-Pf.	Rheinland-Pfalz
RiA	Das Recht im Amt
Rn.	Randnummer
ROG	Raumordnungsgesetz vom 22.12.2008 (BGBl. I S. 2986), zuletzt geändert durch Gesetz vom 31.8.2015 (BGBl. I S. 1474)
RoV	Raumordnungsverordnung vom 13.12.1990 (BGBl. I S. 2766), zuletzt geändert durch Artikel 5 des Gesetzes zur Neuordnung des Kreislaufwirtschafts- und Abfallrechts vom 24.2.2012 (BGBl. I S. 212)
RPfleger	Der Deutsche Rechtspfleger
RSiedlG	Reichssiedlungsgesetz
RuR	Raumforschung und Raumordnung
RVO	Rechtsverordnung
Rspr.	Rechtsprechung
S.	Satz
Schl.-H.	Schleswig-Holstein
SchlHAnz.	Schleswig-Holsteinische Anzeigen

Abkürzungen

StBauFG	Gesetz über städtebauliche Sanierungs- und Entwicklungsmaßnahmen in den Gemeinden (Städtebauförderungsgesetz) v. 27.7.1971 (BGBl. I S. 1125) idF der Bek. vom 18.8.1976 (BGBl. I S. 2318, ber. S. 3617), aufgehoben durch Art. 2 des Gesetzes über das BauGB v. 8.12.1986 (BGBl. I S. 2191)
StGB	Strafgesetzbuch
StPO	Strafprozessordnung
StVG	Straßenverkehrsgesetz
StVO	Straßenverkehrsordnung
Urt.	Urteil
UIG.	Umweltinformationsgesetz
UGB-KomE	Umweltgesetzbuch, Entwurf der unabhängigen Sachverständigenkommission, 1998
UP	Umweltprüfung
UPR	Umwelt- und Planungsrecht
USchadG	Gesetz über die Vermeidung und Sanierung von Umweltschäden (Umweltschadensgesetz)
UVP	Umweltverträglichkeitsprüfung
UVPG	Gesetz über die Umweltverträglichkeitsprüfung
v.	vom
VBlBW	Ba-Wü-Verwaltungsblätter
VersR	Versicherungsrecht
VerwArch	Verwaltungsarchiv
VerwRspr	Verwaltungsrechtsprechung in Deutschland
VG	Verwaltungsgericht
VGH	Verwaltungsgerichtshof
VO	Verordnung
VR	Vermessungswesen und Raumordnung
VWGO	Verwaltungsgerichtsordnung
VwKostG	Verwaltungskostengesetz
VwVfG	Verwaltungsverfahrensgesetz
VwZG	Verwaltungszustellungsgesetz
WaStrG	Wasserstraßengesetz
WEG	Gesetz über das Wohnungseigentum und das Dauerwohnrecht (Wohnungseigentumsgesetz)
WertR	Richtlinien für die Ermittlung der Verkehrswerte (Marktwerte) von Grundstücken (Wertermittlungsrichtlinien – WertR 2006) idF der Bek. vom 1.3.2006 (BAnz. Nr. 108a, ber. Nr. 121), zul. geänd. durch VergleichswertRL vom 20.3.2014 (BAnz AT 11.4.2014 B3).
WertV	Verordnung über Grundsätze für die Ermittlung der Verkehrswerte von Grundstücken – Wertermittlungsverordnung – vom 6.12.1988 (BGBl. I S. 2209), aufgehoben durch § 24 der ImmoWertV vom 19.5.2010 (BGBl. I S. 639)
WHG	Gesetz zur Ordnung des Wasserhaushalts (Wasserhaushaltsgesetz)
WiR	Wirtschaftsrecht
WiVerw	Wirtschaft und Verwaltung
WM	Wertpapier-Mitteilungen
WoBauErlG	Gesetz zur Erleichterung des Wohnungsbaus im Planungs- und Baurecht sowie zur Änderung mietrechtlicher Vorschriften (Wohnungsbau-Erleichterungsgesetz – WoBauErlG) vom 17.5.1990 (BGBl. I S. 926)
II. WoBauG	Zweites Wohnungsbaugesetz

Abkürzungen

WoFG	Wohnraumförderungsgesetz
WRV	Weimarer Reichsverfassung
WSG	Gesetz über die Aufschließung von Wohnsiedlungsgebieten (Wohnsiedlungsgesetz)
ZfBR	Zeitschrift für deutsches und internationales Baurecht
ZfW	Zeitschrift für Wasserrecht
ZG	Zeitschrift für Gesetzgebung
ZMR	Zeitschrift für Miet- und Raumrecht
ZPO	Zivilprozessordnung
ZVermW	Zeitschrift für Vermessungswesen
ZVG	Gesetz über die Zwangsversteigerung und die Zwangsverwaltung

Abkürzung und Zitierweise
der häufig verwendeten Literatur

Battis	Ulrich Battis, Öffentliches Baurecht und Raumordnungsrecht, 6. Aufl. Stuttgart 2014; Zitierweise (zB): *Battis* Rn. 70.
BeckOK BauGB	Beck Online Kommentar zum BauGB; auch erschienen als Spannowsky/Uechtritz, Baugesetzbuch, 2. Aufl. München 2014; Zitierweise (zB): *Grziwotz* in SU § 28 Rn. 9.
Birk	Bauplanungsrecht in der Praxis, 6. Aufl. München 2015, Zitierweise (zB): *Birk* Rn. 110.
BK	Berliner Kommentar zum Baugesetzbuch, (Hrsg.) Otto Schlichter/Rudolf Stich, Loseblattausgabe, Köln u. a., Zitierweise (zB): *Gaentzsch* in BK § 1 Rn. 20.
Bracher/Reidt/Schiller	Christian-Dietrich Bracher/Olaf Reidt/Gernot Schiller, Bauplanungsrecht, 8. Aufl. Köln 2014; Zitierweise (zB): *Reidt* in BRS Rn. 1150.
Driehaus	Hans-Joachim Driehaus, Erschließungs- und Ausbaubeiträge, 9. Aufl. München 2012; Zitierweise (zB): *Driehaus* § 7 Rn. 50.
Dieterich	Hartmut Dieterich, Baulandumlegung – Recht und Praxis, 5. Aufl. München 2006; Zitierweise (zB): *Dieterich* Rn. 37.
Erbguth/Schubert	Wilfried Erbguth/Mathias Schubert, Grundzüge des öffentlichen Baurechts, 6. Aufl. Berlin 2014, Zitierweise (zB): *Erbguth* § 8 Rn. 10.
EZBK	Werner Ernst/Willy Zinkahn/Walter Bielenberg/Michael Krautzberger, Baugesetzbuch, Loseblatt-Kommentar, München; Zitierweise (zB): *Söfker* in EZBK § 9 Rn. 20.
Fickert/Fieseler	Carl Fickert/Herbert Fieseler, Baunutzungsverordnung, 12. Aufl. Stuttgart 2014; Zitierweise: *Fickert/Fieseler* § 1 Rn. 1.
F/O/Kment	Klaus Finkelnburg/Karsten-Michael Ortloff/Martin Kment, Öffentliches Baurecht, Bd. I, 6. Aufl. München 2011; Zitierweise (zB): *FO/Kment* 100.
F/O/Otto	Klaus Finkelnburg/Karsten-Michael Ortloff/Christian-W. Otto, Öffentliches Baurecht, Bd. II, 6. Aufl. München 2010; Zitierweise (zB): *FO/Otto* 101.
Gädtke	Horst Gädtke/Knut Czepuck/Markus Johlen/Andreas Plietz/Gerhard Wenzel, BauO NRW, 12. Aufl. Köln 2011; Zitierweise (zB): *Johlen* in Gädtke § 6 Rn. 29.
HBG	Werner Hoppe/Christian Bönker/Susan Grotefels, Öffentliches Baurecht, 4. Aufl. München 2010; Zitierweise (zB): *Hoppe* in HBG § 5 Rn. 1.
Hoppe/Beckmann	Werner Hoppe/Martin Beckmann (Hrsg.), Gesetz über die Umweltverträglichkeitsprüfung (UVPG) Kommentar, 4. Aufl. Köln 2012, Zitierweise (zB): *Dienes* in Hoppe/Beckmann UVPG § 3a Rn. 30.
Hoppenberg/de Witt	Michael Hoppenberg/Siegfried de Witt (Hrsg.), Handbuch des öffentlichen Baurechts, Loseblattausgabe, München, Zitierweise (zB): *Hoffmann* in Hoppenberg/de Witt Kap A VII Rn. 120.
JDW	Henning Jäde/Franz Dirnberger/Josef Weiß, Baugesetzbuch, Baunutzungsverordnung, 7. Aufl. Stuttgart 2013; Zitierweise (zB): *Jäde* in JDW § 29 Rn. 5.

Literatur

JK	Hans D. Jarass/Martin Kment, Baugesetzbuch, München, 2013; Zitierweise (zB): *Jarass/Kment* § 9 Rn. 10.
JP	Hans D. Jarass/Bodo Pieroth, Grundgesetz, 13. Aufl. München 2014; Zitierweise (zB): *Jarass* in J/P Art. 14 Rn. 24.
Jarass	Hans D. Jarass, Bundes-Immissionsschutzgesetz, 11. Aufl. München 2015, Zitierweise (zB): *Jarass,* BImSchG, § 6 Rn. 43.
Kohlhammer	Baugesetzbuch, Loseblatt-Kommentar, Stuttgart/Berlin/Köln; Zitierweise (zB): *Dürr* in Kohlhammer, § 34 Rn. 10.
König/Roeser/Stock	Helmut König/Thomas Roeser/Jürgen Stock, Baunutzungsverordnung Kommentar, 3. Aufl. München 2014; Zitierweise (zB): *Roeser* in König/Roeser/Stock § 15 Rn. 5.
Kopp/Ramsauer	Ferdinand O. Kopp/Ulrich Ramsauer, Verwaltungsverfahrensgesetz, 16. Aufl. München 2015; Zitierweise (zB): *Kopp/Ramsauer* VwVfG § 1 Rn. 1.
Kopp/Schenke	Ferdinand O. Kopp/Wolf-Rüdiger Schenke, Verwaltungsgerichtsordnung, 21. Aufl. München 2015; Zitierweise (zB): *Kopp/Schenke* VwGO § 1 Rn. 1.
Krautzberger	Michael Krautzberger, Städtebauförderungsrecht, Kommentar und Handbuch, Loseblattausgabe, München; Zitierweise (zB): *Kleiber* in Krautzberger § 154 Rn. 20.
Krohn/Löwisch	Günter Krohn/Gottfried Löwisch, Eigentumsgarantie, Enteignung, Entschädigung, 3. Aufl. Köln 1984; Zitierweise (zB): *Krohn/Löwisch* Rn. 2.
Landmann/Rohmer	Umweltrecht, Loseblatt-Kommentar, München, Zitierweise (zB): *Reidt/Schiller* in Landmann/Rohmer, Umweltrecht Band I § 9 FluglärmG Rn. 1.
Mampel	Dietmar Mampel, Nachbarschutz im öffentlichen Baurecht, Herne 1994; Zitierweise (zB): *Mampel* Rn. 1010.
MD	Theodor Maunz/Günter Dürig, Grundgesetz, Loseblatt-Kommentar, München, Loseblattausgabe; Zitierweise (zB): *Papier* in Maunz/Dürig Art. 14 Rn. 58.
Sellner/Reidt/Ohms	Dieter Sellner/Olaf Reidt/Martin J. Ohms, Immissionsschutzrecht und Industrieanlagen, 3. Aufl. München 2006; Zitierweise (zB): *Sellner/Reidt/Ohms* 1. Teil Rn. 100.
Spannowsky/Runkel/Goppel	Willy Spannowsky/Peter Runkel/Konrad Goppel, Raumordnungsgesetz Kommentar, 1. Aufl. München 2010, Zitierweise (zB): *Goppel* in Spannowsky/Runkel/Goppel ROG § 4 Rn. 88.
Stelkens/Bonk/Sachs	Paul Stelkens/Heinz Joachim Bonk/Michael Sachs, Verwaltungsverfahrensgesetz, 8. Aufl. München 2014; Zitierweise (zB): *Bonk* in Stelkens/Bonk/Sachs VwVfG § 54 Rn. 28.
Stüer	Bernhard Stüer, Handbuch des Bau- und Fachplanungsrechts, 5. Aufl. München 2015; Zitierweise (zB): *Stüer* Rn. 1532
Stüer	Bernhard Stüer, Der Bebauungsplan, 5. Aufl. München 2015; Zitierweise (zB): *Stüer* Bebauungsplan Rn. 920.
Schrödter	Wolfgang Schrödter, Baugesetzbuch, Kommentar, 8. Aufl. Baden-Baden 2015; Zitierweise (zB): *Kukk* in Schrödter, § 115 Rn. 5.

Einleitung

Übersicht

	Rn.
I. Baurecht	1
1. Überblick	1
2. Privates Baurecht	2
3. Öffentliches Baurecht	3
a) Bundesrecht	4
b) Landesrecht	6
c) Satzungen und Verordnungen der Gemeinde	8
d) Raumordnungs- und Landesplanungsrecht	9
e) Unionsrecht	10
4. Gesetzgebungszuständigkeit des Bundes	10a
II. Bundesbaugesetz 1960	11
1. Entstehungsgeschichte	11
2. Änderung des Bundesbaugesetzes	12
3. Verordnungen auf Grund des Bundesbaugesetzes	14
III. Städtebauförderungsgesetz 1971	15
IV. Baugesetzbuch 1987	20
1. Entstehungsgeschichte	20
2. Wichtige Änderungen	23
3. Verordnungen auf Grund des Baugesetzbuchs	31
V. Maßnahmengesetz zum Baugesetzbuch 1990 und 1993	33
VI. Sonderregelungen in den neuen Ländern	34
VII. Investitionserleichterungs- und Wohnbaulandgesetz 1993	36
VIII. Bau- und Raumordnungsgesetz 1998 (BauROG)	43
IX. UVPG-Novelle 2001	51
X. Europarechtsanpassungsgesetz Bau – EAG Bau 2004	52
XI. Föderalismusreform 2006; Innenentwicklung-Novelle 2007; weitere Änderungen	58
XII. Klimaschutznovelle 2011 und Innenentwicklungsnovelle 2013	61
XIII. Länderöffnungsklausel Windenergie, Flüchtlingsunterbringungsgesetz, Asylrechtsreform 2015	63

I. Baurecht

1. Überblick. Das **öffentliche Baurecht** umfasst die Vorschriften, die die Zuläs- 1 sigkeit und Grenzen, die Ordnung und die Förderung der Nutzung des Bodens, insbesondere durch Errichtung baulicher Anlagen, deren bestimmungsgemäße Nutzung, wesentliche Veränderung und Beseitigung betreffen. Davon ist zu unterscheiden das **private Baurecht**, das hauptsächlich im BGB (Sachenrecht und Schuldrecht) und den Nachbargesetzen der Länder geregelt ist. Die partielle Austauschbarkeit von öffentlichem und privatem Recht illustriert das **Vergaberecht,** das ursprünglich die Vergabe von Bauvorhaben der öffentlichen Hand durch die VOB in Form von allgemeinen Geschäftsbedingungen regelte. Aufgrund unionsrechtlicher Richtlinien ist das Vergaberecht nunmehr im Kartellrecht (§§ 97–129 GWB) geregelt. Innerhalb des öffentlichen Baurechts sind das vornehmlich im BauGB und in der Baunutzungsverordnung geregelte **Städtebaurecht** (Bauplanungsrecht) und das **Bauordnungsrecht** zu unterscheiden.

2. Privates Baurecht. Nach § 903 BGB kann der Eigentümer einer Sache mit ihr nach Belieben verfahren und andere von jeder Einwirkung ausschließen, soweit nicht Gesetz oder Rechte Dritter entgegenstehen. Der bürgerlich-rechtliche Eigentumsbegriff schließt demgemäß das Recht ein, das Grundstück zu bebauen oder sonst zu nutzen („Baufreiheit"; → § 1 Rn. 7–9). Das zivil-rechtliche **Nachbarrecht** regelt den Interessenausgleich zwischen Privaten und begrenzt hierdurch die bürgerlich-rechtliche Baufreiheit. Es ist im BGB (§§ 906–924) und im Nachbarrecht der Länder (Art. 124 EGBGB) geregelt. Die Nachbarrechte der Länder enthalten zB Bestimmungen über zivil-rechtliche Fenster-, Licht-, Trauf-, Hammerschlag- und Leiterrechte, Bestimmungen über die Nachbar- und die Grenzwand oder über Bodenerhöhungen, Einfriedungen und Grenzabstände für Anpflanzungen (zum privaten Baurecht vgl. *Palandt/Bassenge,* Kommentar zum BGB, 75. Aufl. 2016, Art. 124 EGBGB). Zum privaten Baurecht zählt auch das Bauvertragsrecht, das zB die Vergabe von Bauvorhaben und die Haftung für Baumängel und Bauschäden regelt (vgl. hierzu zB *Locher,* Das private Baurecht, 7. Aufl. 2005).

3. Öffentliches Baurecht. Die Gesetzgebungskompetenz für das öffentliche Baurecht teilt das Grundgesetz zwischen dem Bund und den Ländern auf. Das Städtebaurecht legt die Raumnutzung innerhalb einer Gemeinde fest, es ist flächenbezogen und Bundesrecht. Das Bauordnungsrecht regelt die Anforderungen an ein konkretes Bauwerk, es ist objektbezogen und Landesrecht.

a) Bundesrecht. Die wichtigste Rechtsquelle des **Städtebaurechts** ist das **BauGB** (Rn. 20 ff.), das am 1.7.1997 das **Bundesbaugesetz** (→ Rn. 11 ff.) und das **Städtebauförderungsgesetz** (→ Rn. 15 ff.) ersetzt hat. Zum Städtebaurecht des Bundes zählen weiterhin die auf Grund des BauGB erlassenen Verordnungen, nämlich die **Baunutzungsverordnung,** die **ImmowertVO,** die die Wertermittlungsverordnung ersetzt hat und die **Planzeichenverordnung;** (→ Rn. 31 ff., 60); zu den nach dem StBauFG erlassenen und zum 1.7.1987 aufgehobenen **Ausgleichsbetragverordnung** und **Ordnungsmaßnahmeverordnung** (→ Rn. 19 u. 30).

Regelungen für das Bauen, die zT für alle Bauvorhaben, zT für Bauvorhaben in besonderer örtlicher Lage, teilweise nur für Sonderbauten gelten: Natur- und Bodenschutzrecht, Recht der Umweltverträglichkeitsprüfung und der Umweltprüfung, Immissionsschutzrecht, Zivilschutzrecht, Gewerbe- und Arbeitsstättenrecht, Wasserhaushaltsrecht, Bundesfernstraßenrecht, Fluglärmschutzrecht, Luftverkehrsrecht, Flurbereinigungsrecht, Gaststättenrecht, Heimarbeitsrecht, Atomrecht, Wasserstraßenrecht, Waldrecht, Personenbeförderungsrecht, Abfallrecht, Lebensmittelrecht, Arzneimittelrecht, Gesundheitsrecht, Tierschutzrecht, Steuerrecht und Energie-(einsparungs-)recht.

b) Landesrecht. Die wichtigsten Rechtsquellen für das **öffentliche Baurecht der Länder** sind die in allen 16 Ländern bestehenden **Bauordnungen,** die nach dem Vorbild einer von den Ländern unter Mitwirkung des Bundes gemeinsam erarbeiteten **Musterbauordnung** erlassen wurden. Das Bauordnungsrecht regelt die Ausführung der baulichen Anlagen auf dem Grundstück. Das **materielle Bauordnungsrecht** umfasst Vorschriften über die Errichtung, Erhaltung, Änderung, Nutzung und den Abbruch von baulichen Anlagen. Es dient der Abwehr von Gefahren für die öffentliche Sicherheit und Ordnung (zB baukonstruktive Vorschriften), der Verhinderung von Verunstaltungen (Baugestaltungsrecht), der Berücksichtigung wohlfahrts- und sozialpflegerischer Belange (zB Vorschriften über Spielplatz-, Garagen- und Grünanlagenbaupflicht) und der Sicherung ökologischer Standards. Das **formelle Bauordnungsrecht** schafft vor allem die Grundlagen für **bauaufsichtliche Verfahren** (Genehmigung, Zustimmung, Anzeige, Kenntnisgabe). Zur uneinheitlichen eher restriktiven Rechtsprechung zum Verhältnis von bauordnungsrechtlichen Regelungen

I. Baurecht **Einl**

zu Abstandsflächen und zu bauplanerischen Instrumenten siehe *Dirnberger,* SU, § 1 Rn. 3.

Auch im Landesrecht bestehen neben dem Bauordnungsrecht zahlreiche **weitere** **7** **für das öffentliche Baurecht bedeutsame Regelungen,** zB in folgenden Bereichen: Denkmalschutz, Naturschutz, Landschaftspflege, Wasserrecht, Straßenrecht, Schulrecht, Feuerwehrrecht und Kommunalabgabenrecht einschließlich des Erschließungsbeitragsrechts. Das BauGB ermächtigt zudem die Länder **Ausführungsgesetze oder -verordnungen zum BauGB** zu erlassen; vgl. § 9 Abs. 4, § 36 Abs. 1 S. 3, § 46 Abs. 2, § 199 Abs. 2, § 203, § 246.

c) **Satzungen und Verordnungen der Gemeinde.** Rechtsquellen des öffent- **8** lichen Baurechts sind weiterhin die **gemeindlichen Satzungen und Verordnungen,** wie sie im Baugesetzbuch, insbesondere § 10 Bebauungsplan und in den Bauordnungen (zB Stellplätze, Kinderspielplätze, Gestaltungssatzungen) vorgesehen sind.

d) **Raumordnungs- und Landesplanungsrecht.** Eine eigenständige Rechts- **9** quelle für das öffentliche Baurecht ist das **Raumordnungsrechts** zu nennen. In Ausübung der ihm in der Föderalismusreform I (Rn. 60) verliehenen konkurrierenden Gesetzgebung (Art. 74 Abs. 1 Nr. 31 GG) hat der Bund das ROG vom 22.12.2008 (BGBl. I S. 2986) erlassen, das anstelle des als Rahmengesetz ergangenen (Art. 75 Nr. 4 GG aF) ROG ersetzt hat. Für das Bundesgebiet als Ganzes hat der Bund eine ausschließliche Gesetzgebungskompetenz (BVerfGE 3, 407). Mit Ausnahme der Stadtstaaten (Berlin, Bremen, Hamburg) haben alle Bundesländer **Landesplanungsgesetze** erlassen, die gemäß Art. 72 Abs. 3 Nr. 4 GG vom ROG abweichende Regelungen enthalten können. In den Stadtstaaten erfüllt der Flächennutzungsplan die Aufgaben der Landesplanung (§ 8 Abs. 1 S. 2 ROG).

e) **Unionsrecht.** Die EU hat keine ausdrückliche Gesetzgebungskompetenz für das **10** öffentliche Baurecht. Sie beeinflusst es aber tiefgreifend durch Richtlinien und Verordnungen, insbesondere zum Umwelt- und Wirtschaftsrecht. Das Baugeschehen wird zudem maßgeblich durch unionsrechtliche Vorgaben zum Vergaberecht (zur unionsrechtlich vorgegebenen Reform des Vergaberechts *Otting/Neun* EuZW2015, 453; *Ziekow* DÖV 2015, 897) und zur technischen Normung beeinflusst, etwa Eurocodes (dazu *Halstenberg* BauR 2014, 431; zu unzulässigen Zusatzanforderungen an Bauprodukte EuGH U. v. 16.10.2014 – RsG 100/13; *Winkelmüller/v. Schewick* BauR 2015, 1602).

4. Gesetzgebungszuständigkeit des Bundes. Die **Materie des öffentlichen** **10a** **Bau-, Boden- und Planungsrechts** ist im Katalog der Gesetzgebungszuständigkeit des Bundes nach Art. 73 bis 74 GG zwar nicht ausdrücklich aufgeführt, jedoch durch mehrere Ermächtigungen mit umfasst: Recht der Enteignung (Art. 74 Abs. 1 Nr. 14), städtebaulicher Grundstücksverkehr, Bodenrecht, Wohngeld-, Wohnungsprämienrecht, Naturschutz und Landschaftspflege (Art. 74 Abs. 1 Nr. 29) und Raumordnung (Art. 74 Abs. 1 Nr. 31); bis zur „Föderalismusreform I" (2006) rechneten Naturschutz, Landschaftspflege und Raumordnung zur Rahmengesetzgebung nach dem damaligen Art. 75 Nr. 2 und 4 GG). Die Gesetzgebungszuständigkeit des Bundes für das **Städtebaurecht** und damit für das Baugesetzbuch ergibt sich aus **Art. 74 Abs. 1** **Nr. 18 GG.** Danach hat der Bund mach Maßgabe des Art. 72 GG („konkurrierende Gesetzgebung") das Gesetzgebungsrecht für das **Bodenrecht.** Er hat von dieser Befugnis umfassend Gebrauch gemacht, so dass die Länder für eine eigene Gesetzgebung gesperrt sind (Art. 72 Abs. 1 GG). Die föderale „Erforderlichkeitsprüfung" (Art. 72 Abs. 2 GG) und die „Abweichungsklausel" (Art. 72 Abs. 3 GG) gelten nicht für das Bodenrecht.

Die Gesetzgebungsbefugnisse des Bundes im Bereich des Bodenrechts wurden erst durch ein **Rechtsgutachten des Bundesverfassungsgerichts** (§ 97 BVerfGG aF) geklärt (BVerfGE 3, 407ff.). Unter Bodenrecht sind danach die nichtprivatrechtli-

chen Rechtsnormen zu verstehen, die die rechtlichen Beziehungen des Menschen zu Grund und Boden regeln. Im Einzelnen ergeben sich hieraus Gesetzgebungszuständigkeiten für folgende Bereiche: Recht der **städtebaulichen Planung,** Recht der **Grundstücksumlegung** und **-zusammenlegung,** Recht der **Bodenbewertung, Erschließungsrecht** und **Bodenverkehrsrecht** (vgl. auch die Ermächtigung für das Recht des „Grundstücksverkehrs" nach Art. 74 Abs. 1 Nr. 18 GG). Durch das Gesetz zur Änderung des GG vom 27.10.1994 (BGBl. I S. 3146) wurde in Art. 74 Abs. 1 Nr. 18 GG das **Erschließungsbeitragsrecht** aus der Gesetzgebungskompetenz des Bundes genommen und damit der Landesgesetzgebung überlassen; zur Überleitung vgl. Art. 125a GG. Nicht zum Bodenrecht rechnet das **Bauordnungsrecht** sowie das **überörtliche (regionale) Planungsrecht** (→ Rn. 9 aE).

II. Bundesbaugesetz 1960

11 1. **Entstehungsgeschichte.** Die **Vorarbeiten zum Bundesbaugesetz** begannen bald nach Entstehung der Bundesrepublik Deutschland. Zur Entwicklung der Baugesetzgebung in Deutschland bis 1945 vgl. zB *Schmidt-Aßmann,* Grundfragen des Städtebaurechts, Göttingen 1972, S. 19−61; *Krautzberger* in EZBK Einleitung Rn. 51 ff. Zur älteren Ländergesetzgebung, insbesondere zu den Aufbaugesetzen, vgl. zB *Krautzberger,* aaO, Rn. 45 ff. Eine Zwischenlösung für das Enteignungsrecht war mit dem **Baulandbeschaffungsgesetz** vom 3.8.1953 (BGBl. I S. 720) geschaffen. Zur Entstehung des Bundesbaugesetzes (Regierungsentwurf vom 17.2.1958, BT-Drs. 3/336 und Initiativantrag des BT, BT-Drs. 3/436) s. *von Loewenich* in Berliner Gespräche zum Städtebaurecht II 2010, S. 19. Das Bundesbaugesetz ist am 29.6.1960 (BGBl. I S. 341) verkündet worden.

12 2. **Änderung des Bundesbaugesetzes.** Nach mehreren kleineren Änderungen wurde das BBauG durch das **Gesetz zur Änderung des Bundesbaugesetzes vom 18.8.1976** (BGBl. I S. 2221) erstmals grundlegend geändert sowie neu bekannt gemacht (BGBl. I S. 2256, ber. S. 3617). Wichtige Änderungen brachten insbesondere die Neufassung des § 1, die Neuregelung der Bürgerbeteiligung (§ 2a), die erweiterten Möglichkeiten für Darstellungen im Flächennutzungsplan (§ 5) und für Festsetzungen im Bebauungsplan (§ 9), die Sicherung der Infrastruktur (§ 9a), der Sozialplan (§ 13a), die Erweiterung und Neuregelung der gesetzlichen Vorkaufsrechte der Gemeinden einschließlich der Möglichkeit der Herabsetzung des Kaufpreises auf den Verkehrswert bei Ausübung des Vorkaufsrechts (§ 28a), die Neuregelung der Vorschriften für die Zulässigkeit von Vorhaben (§§ 29, 34 und 35), die Einfügung eines neuen Abschnittes 1a in den Dritten Teil mit den sog. Planverwirklichungsgeboten (aus dem StBauFG übernommen) und der Erhaltungssatzung. Grundlegend neu gestaltet wurden weiterhin die Vorschriften über die Entschädigung für Planungsschäden (§§ 39j−44c). Im Enteignungsrecht wurden u. a. die Bestimmungen über das Enteignungsverfahren geändert, im Erschließungsrecht wurden u. a. die erschließungsbeitragspflichtigen Anlagen in § 127 Abs. 2 erweitert. Neu gefasst wurden die Bestimmungen über die Ermittlung von Grundstückswerten (§§ 136−144). Aus dem StBauFG wurden die Vorschriften über städtebauliche Maßnahmen im Zusammenhang mit Maßnahmen zur Verbesserung der Agrarstruktur übernommen und fortentwickelt (Teil VIIIa). Der neu eingefügte § 155a regelte erstmals die Heilung von Fehlern beim Zustandekommen von städtebaulichen Satzungen und Plänen. Die Zuständigkeit der Baulandgerichte (§ 157 Abs. 1) wurde erweitert. Zu den Überleitungsvorschriften s. Art. 3 des ÄndG 1976.

13 Weitreichende Änderungen brachte die sogenannte **Beschleunigungsnovelle** (das Gesetz zur Beschleunigung von Verfahren und zur Erleichterung von Investitionsvorhaben im Städtebaurecht vom 6.7.1979 (BGBl. I S. 949)), zB für die Bürgerbeteiligung und die Beteiligung der Träger öffentlicher Belange sowie das sog. Paral-

III. Städtebauförderungsgesetz 1971

lelverfahren (§ 8 Abs. 3) und die vereinfachte Änderung (§ 13). Die Vorschriften über den Bodenverkehr wurden auf die Teilungsgenehmigung beschränkt. Geändert wurden erneut die Vorschriften über die Zulässigkeit von Vorhaben nach §§ 34 und 35. Neben Änderungen der Vorschriften über die Befreiung (§ 31 Abs. 2), Bodenordnung und die Erschließung, entwickelte die Novelle grundlegend fort, die Vorschriften über die Heilung bzw. Unbeachtlichkeit von Verletzungen von Verfahrens- und Formvorschriften bei der Aufstellung von Flächennutzungsplänen und Satzungen (§§ 155a bis 155c BBauG).

3. Verordnungen auf Grund des Bundesbaugesetzes. Das BBauG enthielt mehrere **Ermächtigungen zum Erlass von Rechtsverordnungen** des Bundes. Von diesen Ermächtigungen ist wie folgt Gebrauch gemacht worden: Aufgrund des § 2 Abs. 10 BBauG ist die Verordnung über die bauliche Nutzung der Grundstücke **(Baunutzungsverordnung)** erlassen worden. Aufgrund dieser Ermächtigung wurde weiterhin die Verordnung über die Ausarbeitung der Bauleitpläne und Darstellung des Planinhalts **(Planzeichenverordnung)** erlassen. Aufgrund der Ermächtigung des § 141 Abs. 4 BBauG 1960 wurde die Verordnung über Grundsätze für die Ermittlung des Verkehrswertes von Grundstücken **(Wertermittlungsverordnung)** erlassen, die 2010 durch die ImmoWertV ersetzt worden ist (→ Rn. 60). Kein Gebrauch wurde von den Ermächtigungen des § 39 S. 2 BBauG 1960 sowie des § 144 Abs. 1 Nr. 2, 3 BBauG 1976 gemacht. Zu den **Ermächtigungen nach BauGB** → Rn. 31 ff. Zu den Ermächtigungen zum Erlass von **Rechtsverordnungen durch die Landesregierungen** → Rn. 7.

III. Städtebauförderungsgesetz 1971

Für **städtebauliche Sanierungs- und Entwicklungsmaßnahmen** enthielt das **Städtebauförderungsgesetz (StBauFG)** ein das BBauGB ergänzendes örtlich und zeitlich begrenztes Sonderrecht. Nach einem langwierigen Gesetzgebungsverfahren wurden die Sonderregelungen im **StBauFG vom 27.7.1971** (BGBl. I S. 1125) zusammengefasst. Das am 1.8.1971 in Kraft getretene StBauFG enthielt u.a. besondere Bestimmungen über die Vorbereitung und Durchführung städtebaulicher Sanierungs- und Entwicklungsmaßnahmen, über besondere bodenrechtliche Bestimmungen in den nach dem StBauFG förmlich festgelegten Gebieten, über die Förderung und Finanzierung der Maßnahmen sowie über besondere abgaben- und steuerrechtliche Vorschriften.

In sachlicher Hinsicht war das StBauFG beschränkt auf städtebauliche Sanierungs- und Entwicklungsmaßnahmen; innerhalb seines räumlich und zeitlich begrenzten Anwendungsbereichs enthielt das StBauFG **keine abschließende bodenrechtliche Regelung**, so dass im Anwendungsbereich des StBauFG auch sonstige bodenrechtliche Vorschriften anderer Gesetze – soweit im StBauFG nicht ausdrücklich ausgeschlossen – Anwendung fanden, insbesondere das **BBauG**, jedoch zT erheblich modifiziert oder in Teilbereichen ausgeschlossen.

Mit der **Novelle 1976** (→ Rn. 12) haben eine Reihe bodenrechtlicher Vorschriften des StBauFG das BBauG übernommen, wie zB die Gebotsregelungen der §§ 19 bis 21 StBauFG (Abbruch-, Bau- und Modernisierungsgebot) und der Vierte Teil über „Städtebauliche Maßnahmen im Zusammenhang mit Maßnahmen zur Verbesserung der Agrarstruktur" (§§ 64 bis 70 StBauFG). Darüber hinaus wurden Regelungen „parallel" zum StBauFG auch im BBauG aufgenommen, wie zB die Bürgerbeteiligung oder der Sozialplan.

Die **Novelle 1984 StBauFG** strich die Verpflichtung zur Aufstellung von qualifizierten Sanierungsbebauungsplänen (§ 10 StBauFG) und trug damit zur Harmonisierung der beiden Gesetze bei. Auch in Sanierungsgebieten ist seither § 1 Abs. 3 maßgeblich für die Verpflichtung zur Aufstellung von Bebauungsplänen. Durch die

Novelle 1984 wurde vor allem ein **„vereinfachtes Verfahren"** (§ 5 Abs. 1 S. 4 StBauFG) eingeführt, und zwar für solche Fälle, in denen die Anwendung des besonderen sanierungsrechtlichen Bodenrechts für die Durchführung der Sanierung nicht erforderlich ist. Das „vereinfachte Verfahren" wurde durch das BauGB weiter entwickelt (vgl. § 142 Abs. 4 BauGB).

19 Aufgrund der Ermächtigung des § 91 StBauFG ist die Verordnung über die Erhebung von Ausgleichsbeträgen nach den §§ 41 und 42 StBauFG (**Ausgleichsbetragverordnung** vom 6.2.1976, BGBl. I S. 273) sowie die Verordnung über die Kosten der Ordnungsmaßnahmen nach § 41 Abs. 2 StBauFG (**Ordnungsmaßnahmenverordnung** vom 20.1.1976, BGBl. I S. 174, geänd. durch VO vom 27.11.1978, BGBl. I S. 1833) erlassen worden. Diese Verordnungen wurden durch das BauGB aufgehoben. Auch die **Wertermittlungsverordnung** (→ Rn. 14) enthielt Vorschriften, die auf Grund des § 91 StBauFG erlassen wurden. Zu den Rechtsverordnungen auf Grund des BauGB → Rn. 31 ff.

IV. Baugesetzbuch 1987

20 **1. Entstehungsgeschichte.** Nach dem Regierungswechsel von 1982 kündigte die Bundesregierung für die 10. Legislaturperiode die Vorlage von „Leitlinien" für ein neues Städtebaurecht und sodann noch bis 1985 den Regierungsentwurf eines **Baugesetzbuchs** (BauGB) an. Dieser Zeitplan zwang zu einer Konzentration auf aktuelle Novellierungsfragen (einschließlich systematischer Verbesserungen und Rechtsvereinfachungen). Dagegen wurden übergreifende Fragen (zB Verhältnis zum Naturschutz und zu anderen Fachplanungsbereichen sowie zur Nachbarklage) ausgeklammert.

21 Zur Vorbereitung des BauGB setzte der Bundesminister für Raumordnung, Bauwesen und Städtebau mehrere **Arbeitsgruppen und Arbeitskreise** ein, in denen Sachverständige aus den Ländern sowie aus Städten, Gemeinden und Kreisen mitwirkten. Zur Erörterung spezieller Rechtsfragen wurde ein Arbeitskreis **„Baurechtliche und verwaltungsprozessuale Fragen"** gebildet (vgl. BBauBl. 1985, 359). Zu Fragen der Planungssystematik, vor allem zur Frage einer rechtlichen Verankerung des **städtebaulichen Rahmenplans** wurde ein Expertenkreis aus Architekten und Planern einberufen (vgl. BBauBl. 1986, 210). Zu den für die Vorbereitung des Gesetzgebungsvorhabens vergebenen **Forschungsaufträgen** vgl. die Übersicht bei *Schneider* BBauBl. 1986, 466. Zur Erprobung der Zwecktauglichkeit und Verständlichkeit der vorgeschlagenen Änderungen wurde ein **Planspiel** durchgeführt; vgl. Planspiel sowie A-Ber./BauGB 1987, S. 116f.

22 Das BauGB vom 8.12.1986 (BGBl. I 2191, 2253) ist **am 1.7.1987 in Kraft getreten.** Zum Gesetzgebungsverfahren *Bielenberg/Krautzberger* u. a. DVBl. 1985, 1097ff., 1281ff.; 1986, 377ff.; 1987, 109ff.; *Krautzberger/Löhr* NVwZ 1987, 177; zur Entwicklung des Städtebaurechts seit 1987 *Krautzberger,* FS Birk, 2014, 3.

23 **2. Wichtige Änderungen.** Das BauGB fasste **BBauG und StBauFG** zusammen. Dabei wurden diejenigen Bestimmungen des StBauFG, die inhaltlich vergleichbare Regelungen zum BBauG enthielten, mit den allgemeinen Regelungen „verschmolzen" (zB Vorkaufsrecht, Enteignung, Sozialplan).

24 Das gesetzgeberische Ziel der Ausrichtung des Städtebaurechts auf **„neue städtebauliche Aufgaben"** fand seinen Niederschlag vor allem in der Eingliederung des Sanierungsrechts sowie in einer Reihe von Neubewertungen bzw. Gewichtungen. Der Gesetzgeber hat dabei großes Gewicht auf die Instrumente der „Innenentwicklung" gelegt. Jedoch hat er – wie im BBauG – bewusst davon abgesehen, einem bestimmten **städtebaulichen Leitbild** gesetzlich den Vorrang zu geben. Das Städtebaurecht ist damit ein für unterschiedliche städtebauliche Konzepte offenes Planungsrecht geblieben.

Das Verhältnis zwischen **Staat und Gemeinde** wurde durch die Neuregelung des 25
zuvor durchgehenden Genehmigungserfordernisses bei Bauleitplänen und städtebaulichen Satzungen und den Wegfall einer Reihe staatlicher Zustimmungserfordernisse neugestaltet. Diese Entwicklung ist durch das **BauROG 1998** und das **EAG Bau 2004** weitestgehend abgeschlossen worden; → Rn. 50. Das BauGB hielt am Genehmigungserfordernis nur beim Flächennutzungsplan sowie bei dem nicht aus dem Flächennutzungsplan abgeleiteten Bebauungsplan fest. Für sonstige Bebauungspläne, also für den Regelfall, wurde das Genehmigungsverfahren durch ein „**Anzeigeverfahren**" ersetzt. Hierbei hat die höhere Verwaltungsbehörde uneingeschränkt die bestehenden Aufgaben der Rechtskontrolle auszuüben.

Wichtige Änderungen brachte das BauGB im Verhältnis zwischen **Bund und** 26
Ländern. Dies betraf u. a. den bei der Erarbeitung des BauGB politisch angestrebten Abbau der Mischfinanzierung im Bereich der Städtebauförderung (vgl. § 245 Abs. 10 und 11 BauGB 1987). Aufgrund der auch nach Inkrafttreten des BauGB auf der Grundlage von zwischen Bund und Ländern in Verwaltungsvereinbarungen gem. Art. 104a Abs. 4 GG aF festgelegten Fortsetzung der Städtebauförderung durch Bundesfinanzhilfen mit der weiteren Anwendung der Förderungs- und Finanzierungsbestimmungen des StBauFG sowie mit der grundlegenden Erweiterung der Städtebauförderung nach Herstellung der Einheit Deutschlands in den neuen Ländern ist dieser Ansatz allerdings suspendiert und durch das **BauROG 1998** rückgängig gemacht worden.

Die im RegE/BauGB (§ 246 Abs. 6) enthaltene Ermächtigung an die Länder, 27
vom Bundesrecht abweichende Regelungen über die Enteignungsverfahren, Teile des Erschließungsbeitragsrechts sowie die Ausgleichsbetragsregelung in der Sanierung zu treffen, ist im Gesetzgebungsverfahren wegen einmütiger Ablehnung der Verbände und Experten, vor allem der kommunalen Spitzenverbände, verworfen worden (vgl. A.-Ber./BauGB 1987, S. 166). Ein größerer Spielraum für Landesregelungen (vornehmlich im Wege von internen Verwaltungsanordnungen) ergab sich jedoch auf Grund der Zurücknahme einer Reihe von Verfahrensausgestaltungen; vgl. zB die entfallenen Regelungen in der Ausgleichsbetrags- und in der Ordnungsmaßnahmenverordnung.

Der **Rechts- und Verwaltungsvereinfachung** dienen vor allem die Zusam- 28
menfassung von BBauG und StBauFG sowie eine Reihe von Einzeländerungen (zB bei den Vorkaufsrechten oder bei den Bestimmungen über die Zulässigkeit von Vorhaben). Auch sind eine Reihe von Vorschriften – vornehmlich im Zusammenhang mit der Zusammenfassung von BBauG und StBauFG – aufgehoben worden. Im Gesetzgebungsverfahren hat sich bei allen Beteiligten (Bundesregierung, Bundestag und Bundesrat sowie Verbände und Experten) eine differenzierte Beurteilung des Beitrags des Städtebaurechts für Vereinfachungen und Erleichterungen des Bauens ergeben.

Weder die Bundesregierung und die Koalitionsfraktionen noch die Oppositions- 29
fraktionen haben im Gesetzgebungsverfahren **bodenpolitische Vorschläge** unterbreitet, die grundsätzlicher Art waren und über das geltende Recht hinausgingen oder es grundlegend zurücknahmen. Die bodenpolitische Konzeption von BBauG und StBauFG wurde daher im Wesentlichen unverändert übernommen. Dies gilt insbesondere für die in der Vergangenheit umstrittene besondere bodenpolitische Konzeption des Sanierungsrechts.

Mit Inkrafttreten des BauGB wurden **Städtebauförderungsgesetz, Aus-** 30
gleichsbetragsverordnung, Ordnungsmaßnahmenverordnung und **Reichsgaragenordnung** (Art. 2 Nr. 1, 25 bis 27 des Gesetzes über das BauGB) aufgehoben.

3. Verordnungen auf Grund des Baugesetzbuchs. Aufgrund des § 2 Abs. 5 31
Nr. 1 bis 3 BauGB wurde die **Baunutzungsverordnung** (→ Rn. 14) novelliert: Vierte Verordnung zur Änderung der Baunutzungsverordnung vom 23.1.1990 (BGBl. I S. 127). Die Neufassung der BauNVO wurde am 23.1.1990 bekannt ge-

macht (BGBl. I S. 133). Zu Reformvorschlägen für die BauNVO siehe *Bunzel/von Bodelschwingh/Strauss,* Grundlagenforschung zur Baugebietstypologie in der BauNVO Difu 2014.

32 Aufgrund des § 199 Abs. 1 BauGB wurde die **Wertermittlungsverordnung** (→ Rn. 14) neugefasst: Verordnung über Grundsätze für die Ermittlung der Verkehrswerte von Grundstücken (Wertermittlungsverordnung – WertV) vom 6.12.1988 (BGBl. I 2209). Zur ImmoWertV → Rn. 60.

V. Maßnahmengesetz zum Baugesetzbuch 1990 und 1993

33 Das „Wohnungsbau-Erleichterungsgesetz – WoBauErlG" vom 17.5.1990 (BGBl. I S. 926) enthielt in Artikel 2 das **„Maßnahmengesetz zum Baugesetzbuch (BauGB-MaßnahmenG)"** das modifizierend und ergänzend zum BauGB am 1.6.1990 in Kraft trat. Gesetzgeberisches Motiv war die Überwindung der Engpasssituation auf dem Wohnungsmarkt, die Ende der 80er Jahre festgestellt wurde. Das Gesetz sollte die Planung und Bereitstellung von Baugrundstücke sowie die Genehmigung von Wohnbauten erleichtern und beschleunigen; u. a. werde das städtebauliche Entwicklungsrecht wieder für neue Maßnahmen eröffnet und zugleich fortentwickelt (vgl. im Wesentlichen §§ 165 ff. BauGB; §§ 6, 7 BauGB-MaßnahmenG). Das BauGB-MaßnahmenG galt gemäß Artikel 1 WoBauErlG zunächst bis zum 31.5.1995; durch das **Investitionserleichterungs- und Wohnbaulandgesetz 1993** wurde diese Frist auf den 31.12.1997 verlängert (→ auch zu den inhaltlichen Veränderungen Rn. 41). Zur seit **1.5.1993** geltenden **Neufassung des Gesetzes** → Rn. 38. Zur Erläut. des BauGB-MaßnahmenG 1990 vgl. *BKL,* 3. Aufl.

VI. Sonderregelungen in den neuen Ländern

34 Mit der **„Bauplanungs- und Zulassungsverordnung (BauZVO)"** vom 20.6.1990 (GBl. der DDR I Nr. 45, S. 739) wurden noch in der DDR wichtige Teilbereiche des Städtebaurechts eingeführt. Die BauZVO geht zurück auf den Staatsvertrag vom 18.5.1990 über die Schaffung einer Währungs-, Wirtschafts- und Sozialunion zwischen der Bundesrepublik Deutschland und der Deutschen Demokratischen Republik (vgl. zur BauZVO *Bielenberg/Krautzberger/Söfker,* Das neue Städtebaurecht der DDR, Berlin 1990). Die BauZVO enthielt – in Anlehnung an das BauGB – die wesentlichen Regelungen zur Bauleitplanung, zur Zulässigkeit von Vorhaben sowie u. a. zur städtebaulichen Sanierung.

35 Seit dem Beitritt der DDR zur Bundesrepublik Deutschland zum 3.10.1990 gilt das BauGB auch in den Ländern Brandenburg, Mecklenburg-Vorpommern, Sachsen, Sachsen-Anhalt und Thüringen sowie im bisherigen Berlin (Ost). Der durch den Einigungsvertrag vom 23.9.1990, BGBl II 885, 1122 eingefügte **§ 246a BauGB** enthielt diejenigen Modifizierungen des BauGB, die übergangsweise im Gebiet der früheren DDR galten. Diese Sonderregelungen sollten vor allem dem Umstand Rechnung tragen, dass der Neuaufbau einer kommunal verantworteten, rechtsstaatlichen städtebaulichen Planung eine gewisse Zeit erfordert.

VII. Investitionserleichterungs- und Wohnbaulandgesetz 1993

36 Mit dem am 1.5.1993 in Kraft getretenen Gesetz zur Erleichterung von Investitionen und der Ausweisung und Bereitstellung von Bauland **(Investitionserleichterungs- und Wohnbaulandgesetz)** vom 22.4.1993 (BGBl. I S. 466) kam es zu Änderungen sowohl des **BauGB** als auch des **BauGB-MaßnahmenG** (vgl. Neubekanntmachung vom 28.4.1993, BGBl. I S. 622) sowie der Sonderregelungen für die neuen Länder in § 246a BauGB. Das Gesetz enthielt eine Reihe von Veränderungen im Planungs-, Boden-, Verfahrens- und Umweltrecht. Hauptsächliche Ziele

VII. Investitionserleichterungs- und Wohnbaulandgesetz 1993

waren die Beschleunigung von Planungs- und Genehmigungsverfahren einerseits und die Verbesserung rechtlicher Rahmenbedingungen für die Ausweisung und Bereitstellung von Wohnbauland andererseits. Die Geltungsdauer des BauGB-MaßnahmenG (→ Rn. 34) wurde auf den 31.12.1997 verlängert.

§ 2 BauGB-MaßnG reduzierte bei **Bebauungsplänen, die einem dringenden Wohnbedarf der Bevölkerung** dienen sollen, die Frist zur Abgabe von Stellungnahmen bei der Behördenbeteiligung in der Regel auf nur noch 1 Monat. Bebauungspläne, die der Deckung eines dringenden Wohnbedarfs der Bevölkerung dienen sollen und die aus dem Flächennutzungsplan entwickelt worden sind, bedurften in den **alten Ländern** weder der Genehmigung noch des Anzeigeverfahrens gegenüber der höheren Verwaltungsbehörde. Die schon seit dem BauGB 1987 in den alten Ländern von der **Genehmigung oder Anzeige** freigestellten Satzungen (Veränderungssperre, Vorkaufs- und Erhaltungssatzung) wurden nunmehr auch in den **neuen Ländern** anzeige- bzw. genehmigungsfrei. Alle übrigen Satzungen bedurften auf Grund des Einigungsvertrages noch weiter der Genehmigung. 37

Die Zustimmung der **höheren Verwaltungsbehörde** im Rahmen des § 36 entfiel; die Länder konnten jedoch für nicht privilegierte Außenbereichsvorhaben eine abweichende Regelung treffen. Durch **einfache städtebauliche Satzung** konnten Flächen am Ortsrand (Außenbereich) zu Bauflächen für Wohnzwecke bestimmt werden, wenn sie durch eine überwiegende Wohnnutzung des angrenzenden Bereichs geprägt waren (§ 4 Abs. 2a BauGB-MaßnahmenG). Die Möglichkeit der Gewährung von **Befreiungen** sowie der Zulassung von Vorhaben im **Außenbereich** wurde erweitert. 38

Ein auffälliger Unterschied gegenüber dem BauGB 1987 war die durchgehende Weiterentwicklung solcher Instrumente, die der **Ausweisung und Bereitstellung von Bauland** dienen. Insoweit setzte das Inv-WoBaulG eine Entwicklung fort, die mit der weiteren Ausformung des Innenentwicklungs-Instrumentariums mit dem BauGB 1987 begonnen wurde. Auch in **bodenpolitischer Hinsicht** enthielt das Gesetz neue Akzente: Dies gilt vor allem für die Wiedereinführung der **städtebaulichen Entwicklungsmaßnahme** in das BauGB; das neue Recht ist im Wesentlichen an den §§ 6, 7 BauGB-MaßnahmenG 1990 orientiert. Das **Vorkaufsrecht** (§ 3 BauGB-MaßnahmenG 1993) ist fortentwickelt worden: Ausübung des preislimitierten (Verkehrswert) **Vorkaufsrechts** für Wohnbauzwecke nunmehr im gesamten Gemeindegebiet. 39

Grundlegender Beitrag zur Fortentwicklung eines **kooperativen Städtebaurechts** waren die Vorschriften zum **städtebaulichen Vertrag** (§ 6 BauGB-MaßnahmenG) sowie die Übernahme der bereits in den neuen Ländern eingeführten Satzung über den Vorhaben- und Erschließungsplan. 40

Weitreichende Folgen hatte auch die bundesrechtlich abschließende Regelung des Verhältnisses vom Baurecht zur **naturschutzrechtlichen Eingriffsregelung**; § 18 BNatSchG (sogenannter Baurechtskompromiss; → § 1 a Rn. 12; *Bönker* in HBG § 5 Rn. 116; *Gierke*, KK, § 1 a Rn. 54). Die Weichenstellung für die spätere Integration (1998, 2001, 2004) weiterer umwelt- und naturschutzrechtlicher Verfahren in die Bauleitplanung war damit vorgezeichnet. 41

Weitere Änderungen des BauGB nach Inkrafttreten des Inv-WoBaulG erfolgten im Zusammenhang mit Neuregelungen des Eisenbahnrechts, des Kleingartengesetzes, des „Transrapidgesetzes" und des Insolvenzrechts. Eine weitere Änderung betraf § 169 Abs. 4 BauGB über den Verkehrswert land- oder forstwirtschaftlich genutzter Grundstücke bei Anwendung des städtebaulichen Entwicklungsrechts; hier wurde die bis zum Inkrafttreten des Inv-WoBaulG geltende Fassung wieder hergestellt. Durch das Gesetz vom 30.7.1996 (BGBl. I S. 1189) wurde mit § 35 Abs. 1 Nr. 7 eine Vorschrift über die Privilegierung von Anlagen zur Forschung, Entwicklung oder Nutzung der **Wind- und Wasserenergie** eingefügt; jetzt **§ 35 Abs. 1 Nr. 5**. Der Privilegierungstatbestand wurde ergänzt durch eine Klarstellung der Steuerungsmög- 42

Einl Einleitung

lichkeiten der privilegierten Vorhaben durch Regional- oder Flächennutzungsplan (§ 35 Abs. 3 S. 4; seit dem BauROG 1998: **§ 35 Abs. 3 S. 3**) sowie eine befristete Zurückstellungsmöglichkeit bei Windenergieanlagen (§ 245b bzw. seit dem BauROG 1998: § 245b Abs. 1).

VIII. Bau- und Raumordnungsgesetz 1998 (BauROG)

43 Am 1. Januar 1998 ist das Gesetz zur Änderung des Baugesetzbuchs und zur Neuregelung des Rechts der Raumordnung **(Bau- und Raumordnungsgesetz 1998 – BauROG)** in Kraft getreten (Gesetz vom 18.8.1997, BGBl. I S. 2081; vgl. Neubekanntmachung der ab 1.1.1998 geltenden Fassung am 3.9.1997 in BGBl. I S. 2141, 1998 I S. 137, dazu *Battis/Krautzberger/Löhr* NVwZ 1997, 1145). Unmittelbarer Anlass des Gesetzgebungsverfahrens waren die bis zum 31.12.1997 befristeten Regelungen aus dem Einigungsvertrag sowie dem Investitionserleichterungs- und Wohnbaulandgesetz (vgl. § 246a BauGB 1990 und 1993 sowie § 20 BauGB-MaßnahmenG 1993). Zur Vorbereitung des Gesetzes (Unabhängige Expertenkommission; Forschungsarbeiten, Planspiel) vgl. BT-Drs. 13/5489 sowie ABer./BauROG 1998 (BT-Drs. 13/7589). Durch das BauROG wurde zum 1.1.1998 das **BauGB-MaßnahmenG** aufgehoben. Auch § 246a BauGB 1990/1993 über die städtebaurechtlichen Sondervorschriften für die neuen Länder entfiel. Aus dem BauGB-MaßnahmenG wurden mehrere verfahrensverkürzende Vorschriften übernommen und – über den engeren Anwendungsbereich des BauGB-MaßnahmenG für Wohnnutzungen – auf alle Nutzungen erweitert; vgl. §§ 3 und 4.

44 Die **präventive Rechtskontrolle** bei Bebauungsplänen und Satzungen wurde weitgehend abgebaut bzw. eingeschränkt. Abgesehen von der Satzung über die förmliche Festsetzung eines städtebaulichen Entwicklungsbereichs (§ 165) und der nicht aus einem Flächennutzungsplan abgeleiteten Ergänzungssatzung (§ 34 Abs. 4 S. 1 Nr. 3), wurden die städtebaurechtlichen Satzungen von der Anzeige (neue Länder: Genehmigung) freigestellt; für Bebauungspläne galt dies nur, soweit sie aus dem Flächennutzungsplan entwickelt werden. Die Länder wurden durch **§ 246 Abs. 1a** berechtigt, für Bebauungspläne und Satzungen nach § 34 Abs. 4 ein verkürztes Anzeigeverfahren anzuordnen.

45 Der **städtebauliche Vertrag** wurde aus § 6 BauGB-MaßnahmenG 1993 zusammen mit dem **Vorhaben- und Erschließungsplan** aus § 7 BauGB-MaßnahmenG 1993 unter der programmatischen Abschnittsüberschrift „Zusammenarbeit mit Privaten" in §§ 11, 12 überführt, letzterer zugleich, hinsichtlich Verfahren und Zulässigkeit von Vorhaben weitgehend dem Bebauungsplan angepasst, die **Innenbereichssatzung** nach § 4 Abs. 2a BauGB-MaßnahmenG, ohne Begrenzung auf Wohnnutzungen, in § 34 Abs. 4 S. 1 Nr. 3 („Ergänzungssatzung"). Übernommen wurde auch die **Außenbereichssatzung** (§ 4 Abs. 4 BauGB-MaßnahmenG 1993); **§ 35 Abs. 6**.

46 Die in § 8a BNatSchG Fassung 1993 enthaltenen bodenrechtlichen Bestimmungen wurden in das BauGB übernommen und fortentwickelt. Die auf dem sogenannten Baurechtskompromiss (Rn. 41) eingeschlagene Integration des vielfach unionsrechtlich vorgegebenen Umweltrechts in das Städtebaurecht setzte **§ 1a BauGB** fort: Erweiterte Bodenschutzklausel (§ 1a Abs. 2), der gesetzgeberischen Klarstellung des Verhältnisses zwischen Umweltfachplanungen und bauleitplanerischer Abwägung erweiterter planerischer Gestaltungsmöglichkeiten für die Verzahnung naturschutzrechtlicher Anforderungen an die Städtebaurechtsordnung (§ 1a Abs. 3) und Berücksichtigung der Erfordernisse der Fauna-Flora-Habitat-Richtlinie sowie der Europäischen Vogelschutzrichtlinie (§ 1a Abs. 4). **§ 246 Abs. 6** ermächtigte die Länder, die Gemeinden bis zum 31.12.2000 von der Anwendung der Eingriffsregelung freizustellen.

47 Die **Teilungsgenehmigung** wurde weitgehend abgeschafft. Im unbeplanten Innenbereich und im Außenbereich wurden Grundstücksteilungen genehmigungsfrei

Die Gemeinden konnten durch Satzung bestimmen, dass Grundstücke im Bebauungsplan der Teilungsgenehmigung bedürfen; die Länder konnten dies ausschließen; § 19 Abs. 1 und 5. Die **Vorkaufsrechte** wurden um die des Vorkaufsrechts des § 3 BauGB-MaßnahmenG erweitert, bereits ab dem Beschluss über die Aufstellung eines Bebauungsplans. Weitere Erweiterungen waren Ausübung des Vorkaufsrechts, die generelle Ermächtigung der Kommunen Vorkaufsgrundstücke auf der Grundlage des Verkehrswerts zu erwerben (**§ 28 Abs. 3**); sowie Preislimitierung des Vorkaufsrechts nach § 24 Abs. 1 Satz 1 Nr. 1 gem. **§ 28 Abs. 4.**

Die Vorschriften über die Zulässigkeit von Vorhaben wurden an die im Bauordnungsrecht der Länder vorgenommenen Freistellungen vom Baugenehmigungsverfahren angepasst; §§ 29, 36. Die Befreiungsregelung nach § 31 Abs. 2 ließ nunmehr Befreiungen nicht nur im Einzelfall zu. **§ 34 Abs. 3** ist entfallen. Die Länder wurden ermächtigt, befristet bis 31.12.2004 die Anwendung des § 34 Abs. 1 für Einkaufszentren, großflächige Einzelhandelsbetriebe und sonstige großflächige Handelsbetriebe im Sinne von **§ 11 Abs. 3 BauNVO** auszusetzen; **§ 246 Abs. 7**. Bei den Außenbereichsvorhaben ist u. a. die Begünstigung der Umnutzung bisher landwirtschaftlich genutzter Gebäude (**§ 35 Abs. 4 S. 1 Nr. 1**) ausgeweitet worden: Umnutzungen zusätzlich zur Zulässigkeit von bis zu drei „nicht privilegierten" Wohnungen. Die Umnutzungsfrist wurde auf 7 Jahre angehoben, wobei die Länder die Frist zunächst bis zum 31.12.2004, seit dem Gesetz vom 22.12.2008 (BGBl. I S. 2986) unbefristet aussetzen können; **§ 245 b Abs. 2.** 48

Im besonderen Städtebaurecht wurde ein neuer Abschnitt über die **Städtebauförderung** (**§§ 164 a und b**) eingefügt, in dem das Finanzierungs- und Förderungsrecht erstmals seit Aufhebung des StBauFG (→ Rn. 26) wieder eine bundesgesetzliche Grundlage erhielt. Im Recht der Erhaltungssatzung (**§ 172**) wurde ein Genehmigungsvorbehalt für die Umwandlung von Miet- in Eigentumswohnungen eingeführt, und zwar für Milieuschutzsatzungen, soweit die Landesregierungen dies durch Rechtsverordnung bestimmen; so derzeit Hamburg und Berlin. 49

In § 215a – seit dem EAG Bau 2004 § 214 Abs. 4 – wurde der Grundsatz der **Planerhaltung** geregelt. Das Verfahren dient zusammen mit § 47 Abs. 5 S. 2 VwGO dazu, Fehler, die das Grundgerüst der Abwägung nicht betreffen, in einem vereinfachten Verfahren zu ändern. 50

IX. UVPG-Novelle 2001

Am 3.8.2001 ist das Gesetz zur Umsetzung der UVP-Änderungsrichtlinie, der IVU-Richtlinie und weiterer EG-Richtlinien zum Umweltschutz vom 27.7.2001 in Kraft getreten (BGBl. I S. 1950); Art. 12 **dieser UVPG-Novelle 2001** enthielt zahlreiche Änderungen des BauGB, die als Vorläuferregelungen der umfassenden Integration des EU-Rechts durch das EAG Bau 2004 vorausgingen. Durch die Novelle wurde die in § 17 UVPG und § 1a Abs. 2 Nr. 3 BauGB bereits vorstrukturierte Verzahnung von Bebauungsplanung und UVP entsprechend den EU-rechtlichen Vorgaben fortentwickelt. Die Anlage 1 des UVPG enthält in Nr. 18 eine Zusammenfassung der bauplanungsrechtlichen Vorhaben, die entsprechend dem in §§ 3–3f UVPG in der Bebauungsplanung zu berücksichtigen sind Dazu im Einzelnen vgl. die 10. Aufl. 51

X. Europarechtsanpassungsgesetz Bau – EAG Bau 2004

Am 20.7.2004 ist das Gesetz zur Anpassung des Baugesetzbuches an EU-Richtlinien (Europarechtsanpassungsgesetz Bau – **EAG Bau**) vom 24.6.2004 (BGBl. I S. 1359) in Kraft getreten (s. *Battis/Krautzberger/Löhr* NJW 2004, 2553); vgl. Bekanntmachung der Neufassung des BauGB vom 23.9.2004 (BGBl. I S. 2415). Wesentlicher Anlass für die Novelle war die Richtlinie 201/42/EG des Europäischen Parlamentes und des Rates vom 27.6.2001 über die Prüfung der Umweltauswirkun- 52

gen bestimmter Pläne und Programme („Plan-UP-Richtlinie"); rechtsvergleichend *Mitschang (Hg.)*, Städtebaurecht unter EU-Einfluss, 2011. Außerdem sind die Vorschriften über die Zulässigkeit von Vorhaben ergänzt und u. a. Rechtsgrundlagen für den Stadtumbau und Maßnahmen der „Sozialen Stadt" geschaffen worden. Zur Vorbereitung des EAG Bau (Unabhängige Expertenkommission, Planspiel), vgl. BT-Drs. 15/2960.

53 Neben mehreren Änderungen der Grundsätze der Bauleitplanung und der ergänzenden Vorschriften zum Umweltschutz (§§ 1, 1a) wurden die Bauleitplanung vor allem durch die Anpassung des Verfahrensrechts an die europarechtlichen Vorgaben in §§ 2–4c wesentlich neu geregelt. Für die Belange des Umweltschutzes wurde grundsätzlich in allen Bauleitplanverfahren eine förmliche Umweltprüfung eingeführt (**§ 2 Abs. 4**). Hierzu ist ein Umweltbericht zu erstellen. Einzelheiten zur Aufstellung des Umweltberichtes enthält die **Anlage 1** zu § 2 Abs. 4 und § 2a. Die unionsrechtlichen Verfahrensvorgaben für die Umweltprüfung, wie zB Scoping (Klärung der Frage von Umfang und Detaillierungsgrad der Umweltprüfung) oder Monitoring (Überwachung der Auswirkungen von Bauleitplänen) sind in die § 4 Abs. 1 bzw. § 4c integriert worden.

54 Die europarechtlich gebotenen formalen Verfahrensanforderungen sind mit den Regelungen zur **Bestandskraft der Bauleitpläne** verknüpft worden. Es wurde eine 2-Jahresfrist für die Geltendmachung der Verletzung von Vorschriften im Sinne des § 214 Abs. 1 Satz 1 Nr. 1 bis 3, Abs. 2 und 3 Satz 2 eingeführt; zu deren Halbierung → Rn. 1.

55 Unter dem Begriff **„Baurecht auf Zeit"** wurden mehrere Regelungen zur Verstärkung der zeitlichen Dimension im Städtebaurecht eingeführt: Überprüfungsfrist der Flächennutzungspläne (durch die Novelle 2007 (Rn. 60) wieder aufgehoben), befristete oder bedingte Festsetzungen im Bebauungsplan, flankierende vertragliche Vereinbarungen, Rückbauverpflichtungen bei bestimmten Außenbereichsvorhaben. **Die Teilungsgenehmigung** wurde aufgehoben. Anstelle der Grenzregelung wurde ein **„Vereinfachtes Umlegungsverfahren"** eingefügt.

56 Weitere Neuregelungen betrafen schädliche Auswirkungen auf zentrale Versorgungsbereiche bei Innenbereichsvorhaben. Abgesehen vom Erfordernis des Einfügens in die Eigenart der näheren Umgebung zugunsten vorhandener Handwerks- und Gewerbebetriebe. Beibehaltung der Privilegierung von Innen- und Außenbereichssatzungen die Zulassung nicht-UVP-pflichtiger Vorhaben und ohne Verpflichtung zur Durchführung einer förmlichen Umweltprüfung. Zur Steuerung von Vorhaben im Außenbereich wurde die Möglichkeit der Aufstellung von **Teilflächennutzungsplänen** geregelt. Befugnis zur Zurückstellung von Baugesuchen bis zu einem Jahr, wenn eine Gemeinde beschlossen hat, einen Flächennutzungsplan aufzustellen, zu ändern oder zu ergänzen, mit dem zur Steuerung von privilegierten Vorhaben nach § 35 Abs. 1 Nr. 2 bis 6 die Rechtswirkungen des § 35 Abs. 3 Satz 3 erreicht werden sollen. Der Bau von **Biomasseanlagen** im Zusammenhang mit Betrieben ist erweitert worden.

57 Im Besonderen Städtebaurecht wurden mit den Vorschriften über den **Stadtumbau** (§§ 171a bis d) und die **Soziale Stadt** (§ 171e) neue städtebauliche Aufgaben des kooperativen Städtebaus aufgenommen.

XI. Föderalismusreform 2006; Innenentwicklung-Novelle 2007; weitere Änderungen

58 Durch das **„Föderalismusreform-Begleitgesetz"** ist das BauGB an die veränderte Bestimmung über die „Mischfinanzierung" (jetzt Art. 104b GG) angepasst worden; durch Artikel 3 des Gesetzes vom 5.9.2006 (BGBl. I S. 2098) wurden §§ 164b und 245 entsprechend geändert.

XII. Klimaschutznovelle 2011 und Innenentwicklungsnovelle 2013

Am 1.1.2007 ist das „Gesetz zur Erleichterung von Planungsvorhaben für die Innenentwicklung der Städte" vom 21.12.2006 (BGBl. I S. 3316) – **BauGB 2007** – in Kraft getreten (s. *Battis/Krautzberger/Löhr* NVwZ 2007, 121). Wesentlicher Anlass für die Neuregelungen waren aktuelle stadtentwicklungspolitische Anliegen: Verminderung der Flächeninanspruchnahme, Beschleunigung wichtiger Planungsvorhaben und Stärkung der Innenentwicklung. Das neu eingeführte **beschleunigte Verfahren für Bebauungspläne der Innenentwicklung (§ 13a)** soll der Wiedernutzbarmachung von Flächen, der Nachverdichtung oder anderen Maßnahmen der Innenentwicklung dienen. § 13a regelt anknüpfend an das beschleunigte Verfahren (§ 13) in zwei Fallgruppen zahlreiche Voraussetzungen, die ein Abweichen vom Regelverfahren erlauben. Weitere Regelungen: § 9 Abs. 2a: Erlass eines einfachen Bebauungsplans **zur Sicherung zentraler Versorgungsbereiche** und der verbrauchernahen Versorgung. § 12: Modifizierungen des **Vorhaben- und Erschließungsplans, § 34 Abs. 3a: Erleichtertes Abweichen vom** Erfordernis des Einfügens in die Eigenart der näheren Umgebung bei bestimmten Wohnzwecken dienenden Maßnahmen. § 154 Abs. 2a.: Modifikation des **Sanierungsrechts: Die Bestandskraft** der Bauleitpläne soll durch die Erweiterung der Präklusionsregelung fortentwickelt **(§ 3)**, und durch die Verkürzung der Frist für die Geltendmachung der Verletzung von Vorschriften **(§ 215 Abs. 1)** und der Frist für die Normenkontrolle auf 1 Jahr gesteuert werden **(§ 47 Abs 2 S. 1 VwGO)**.

Im Zusammenhang mit der **Erbschaftssteuerreform 2009** wurden die Bestimmungen über die Wertermittlung (§§ 191 bis 199 BauGB) weitreichend verändert. Die gem. § 199 Abs. 1 BauGB erlassene **ImmobilienwertermittlungsVO** vom 19.5.2010 gestaltet die Neukonzeption aus mit dem Ziel, bundeseinheitlich für alle Gutachterausschüsse (§ 192 BauGB) gleiche Grundsätze der Ermittlung von Verkehrswerten mit abgestimmten Daten für die Wertermittlung transparenter und marktgerechter zu ermöglichen. Die ImmoWertVO ersetzt die Wertermittlungsverordnung (→ Rn. 32).

XII. Klimaschutznovelle 2011 und Innenentwicklungsnovelle 2013

Die **Klimaschutznovelle 2011** ist Teil einer Entwicklung, die maßgeblich völker- und unionsrechtlich geprägt ist: UN-Weltklimabericht, Rio, Kyoto, Kopenhagen. § 1a BauGB ist als Ausdruck der fortschreitenden Europäisierung und Ökologisierung des Städtebaurechts (Novellen 2001, 2004, 2007) und auch als Umsetzung des unionsrechtlich geprägten Energiefachrechts zu verstehen. Zur Gesetzgebungskompetenz → § 1 Rn. 46a. Anlass für das Vorziehen der Novelle 2011 und der Aufspaltung des Referentenentwurfs vom 10.2.2010 war Fukushima. Geplant als Teil des Energiekonzepts der Bundesregierung vom 28.9.2020, das die Verlängerung der Kernenergie als Brückentechnologie vorsah, ist die Novelle stattdessen Teil der Energiewende. Vorbereitet wurde die Novelle durch die Berliner Gespräche zum Städtebaurecht und ein Planspiel (dazu *Bunzel* ZfBR 2012, 114; zur Novelle s. *Battis/Krautzberger/Mitschang/Reidt/Stüer* NVwZ 2011, 897; *Krautzberger* UPR 2011, 361; *Krautzberger/Stüer* Baurecht 2011, 1416; *Wilke* Baurecht 2011, 1744; *Söfker* ZfBR 2011, 541; Zu den Auswirkungen auf die Bauleitplanung, *Martin* UPR 2011, 416; *Mitschang* DVBl. 2012, 134; *Antweiler/Gabler* BauR 2012, 39; *Mitschang,* Klimagerechte Stadtentwicklung, 2012; *Kment* DVBl. 2012, 1125. § 1 Abs. 5 Satz 2 wertet den Klimaschutz programmatisch auf. Die Legaldefinition der klimagerechten Stadtentwicklung in § 1a Abs. 5 Satz 1 besagt, dass den Erfordernissen des Klimaschutzes sowohl durch Maßnahmen, die dem Klimawandel entgegenwirken, also auch durch solche, die der Anpassung an den Klimawandel dienen, Rechnung getragen werden soll. § 5 Abs. 2 Nr. 2 enthält eine klimaschutzbezogene Ergänzung, und zwar sowohl für Mitigationsmaßnahmen (Nr. 2b), also auch für Adaptionsmaßnahmen (Nr. 2c). Zudem erweitert § 5 Abs. 2b den Anwendungsbereich für sachliche und räumliche Teilflächennutzungspläne. Im

Sinne einer klimagerechten Entwicklung in den Städten und Gemeinden erweitert § 9 Abs. 1 Nr. 12, 23 und 23b den Festsetzungskatalog. § 9 Abs. 6 enthält einen neue nachrichtliche Übernahme für gemeindliche Regelungen zum Anschluss- und Benutzungszwang, insbesondere auf der Grundlage des § 16 EE WärmeG. § 248 enthält Sonderregelungen zur sparsamen und effizienten Nutzung von Energie differenziert nach Gebietstypen. § 11 verdeutlicht den Einsatz des städtebaulichen Vertrags für die Nutzung von Netzen und Anlagen der Kraftwärmekopplung sowie von Solaranlagen (§ 11 Abs. 1 Satz 2 Nr. 4) sowie für Vereinbarungen über die energetische Qualität von Gebäuden (§ 11 Abs. 1 Satz 2 Nr. 5). § 35 Abs. 1 Nr. 6 (Biomasse, dazu *Otto* in Mitschang, Klimagerechte Stadtentwicklung, 2012, S. 169), Nr. 7 (Kernenergie), Nr. 8 (Solarenergie), zur Photovoltaik *Grigoleit* ZfBR 2012, 95) und § 249 (Windkraft und Repowering, dazu *Söfker* in Mitschang aaO, S. 209; *Otto* ZfBR 2012, 72) setzen die Energiewende durch modifizierte Regelungen zur Zulassung von Bauvorhaben um. Nach § 148 Abs. 2 Nr. 5 zählt zu den sanierungsrelevanten Baumaßnahmen auch die Errichtung oder Erweiterung von Anlagen und Einrichtungen zur dezentralen und zentralen Erzeugung, Verteilung, Nutzung oder Speicherung von Strom, Wärme oder Kälte aus erneuerbaren Energien oder Kraft-Wärme-Kopplung. Die §§ 171a Abs. 2 Satz 2, Abs. 3 Satz 2, Nr. 1, 6 und 7, § 171b Abs. 2 und 171c erweitern den Anwendungsbereich des Stadtumbaus um Aufgaben der klimagerechten Stadtentwicklung.

62 Das **Gesetz zur Stärkung der Innenentwicklung** in den Städten und Gemeinden und weiteren Fortentwicklung des Städtebaurechts vom 11.6.2013 BGBl. I S. 1548 (dazu *Battis/Mitschang/Reidt* NVwZ 2013, 961; *Krautzberger/Stüer* DVBl. 2013, 805; *Berkemann* DVBl. 2013, 815; *Uechtritz* BauR 2013, 1354; s. a. *Difu*, Planspiel zur Novellierung des Bauplanungsrechts, 2012; *Bunzel*, FS Stüer, 2013, 115) wurde im Zuge der Energiewende aus dem Referentenentwurf v. 19.2.2011 ausgekoppelt und modifiziert. Der nationalen Nachhaltigkeitsstrategie Rechnung tragend und die Innenentwicklungsnovelle 2007 (Rn. 49) fortführend, soll das Gesetz die Urbanität und Attraktivität der Innenstädte und Ortskerne gerade auch in baukultureller Hinsicht steigern, die Identität der Bürger mit ihren Kommunen stärken und die Neuinanspruchnahme von Flächen auf der „Grünen Wiese" weitestgehend vermeiden. Zur Unterstützung des Ziels der nationalen Nachhaltigkeitsstrategie, die **Flächen-Neuinanspruchnahme** auf 30 ha pro Tag **zu reduzieren**, und vor dem Hintergrund des demografischen Wandels, schreibt § 1 Abs. 5 S. 3 vor, dass die städtebauliche Entwicklung vorrangig durch Maßnahmen der Innenentwicklung erfolgen soll. Ergänzend ordnet § 1a Abs. 2 S. 4 an, die Notwendigkeit der Umwandlung landwirtschaftlich oder als Wald genutzter Flächen besonders zu begründen. § 1a Abs. 3 S. 5 verweist zudem auf die Agrarschutzklausel des § 15 Abs. 3 BNatSchG. Die Erhaltung und die Entwicklung **zentraler Versorgungsbereiche** soll die Darstellungsmöglichkeit in § 5 Abs. 2 Nr. 2 BauGB weiter stärken. § 9 Abs. 2a soll die restriktive Ansiedlung von **Vergnügungsstätten** steuern. **§ 34 Abs. 3a** erweitert die Nutzungsänderung von Gewerbe- und Handwerksbetrieben zu einem Wohnzwecken dienenden Gebäude. Das gesetzliche Vorkaufsrecht in **§ 27a** wird vereinfacht. Anknüpfend an BVerwG E 138, 84 werden **Verträge, die die Erschließung betreffen** (Erschließungsverträge iSv § 124 aF, Folgekostenverträge und sonstige Vertragsgestaltungen) generell als Verträge iSv § 11 Abs. 1 S. 2 Nr. 1 oder § 11 Abs. 1 S. 2 Nr. 3 klassifiziert. Das Rückbaugebot (§ 179) erfasst auch verwahrloste, nicht mehr wirtschaftlich nutzbare Gebäude (sog. **Schrottimmobilien** (dazu *Schmitz* ZfBR 2011, 641; *Groth/Münzing* LKV 2012, 213; *Krautzberger/Stüer* BauR 2012, 874) im nicht beplanten Innenbereich. § 35 Abs. 1 Nr. 4 privilegiert **gewerbliche Tierhaltungsanlagen** nur noch, wenn sie nicht UVP-pflichtig sind. **§ 34 Abs. 4 BauGB** wird zur Unterstützung des Strukturwandels der Landwirtschaft erweitert. Einer Prüfbitte aus dem vorangegangenen Gesetzgebungsverfahren (BT-Drs. 17/6347, S. 10) folgend sind in § 136 Abs. 2 S. 2 Nr. 1, Abs. 3 Nr. 1, Abs. 4 S. 2 Nr. 1 Klimaschutz und Anpas-

XIII. Länderöffnungsklausel Windenergie, Flüchtlingsunterbringungsgesetz **Einl**

sung an den Klimawandel in diese Zentralvorschrift des **Sanierungsrechts** eingearbeitet worden. Im **Wertermittlungsrecht** sind die §§ 195, 197, 199 überarbeitet worden. Zur Berücksichtigung im Energiefachrecht, *Stüer/Stüer* DVBl. 2011, 1117; zur Stadterneuerung und zum Stadtumbau, *Krautzberger* DVBl. 2012, 69. In Reaktion auf EuGH DVBl. 2013, 777 mAnm v. *Stüer/Garbroch* ist § 214 Abs. 2a Nr. 1 gestrichen worden.
Ergänzend zum 10. Gesetz zur Änderung des Bundesemissionsschutzgesetzes vom 20.7.2011, BGBl. I S. 1474 (dazu *Scheidler* NVwZ 2011, 838; *Hausmann* DVBl. 2011, 1400) stellt § 3 Abs. 2 Nr. 2 **BauNVO** klar, dass Anlagen zur **Kinderbetreuung** in reinen Wohngebieten allgemein zulässig sind, wenn sie den Bedürfnissen der Bewohner des Gebiets dienen. Die **Überleitungsvorschrift** des § 245a Abs. 1 BauGB erstreckt die Geltung der Neuregelung auch auf zuvor schon geltende Bebauungspläne. Vor dem Hintergrund des Energiekonzepts der Bundesregierung ergänzend zur Klimaschutznovelle 2011 wird die Zulässigkeit von **Solaranlagen** in, an oder auf Dach- oder Außenwandflächen sowie Kraft-Wärme-Kopplungsanlagen auch in Baugebieten erleichtert (§ 14 BauNVO). Auch diese Regelung kann auf bereits geltende Bebauungspläne angewendet werden (§ 245a Abs. 1). **§ 17 Abs. 2 BauNVO** flexibilisiert das Maß der baulichen Nutzung.

XIII. Länderöffnungsklausel Windenergie, Flüchtlingsunterbringungsgesetz, Asylrechtsreform 2015

Mit Wirkung zum 1.8.2014 hat das G zur Einführung einer Länderöffnungsklausel **63** zur Vorgabe von Mindestabständen zwischen Windenergieanlagen und zulässigen Nutzungen vom 15.7.2014 BGBl I 934 in § 249 Abs. 3 BauGB die Möglichkeit geschaffen, durch bis zum 31.12.2015 zu verkündende Landesgesetze die Privilegierung von Windenergieanlagen durch Mindestabstände zwischen Windenergieanlagen und zulässigen Nutzungen zu beschränken. Zur weitergehenden gescheiterten Initiative der Länder Sachsen und Bayern (BR-Drs. 569/16) *Raschke* NVwZ 2014, 414; *Schindler* UPR 2014, 214; *Numberger* GewArch 2015, 150/153. Der RE (BR-Drs. 155/14) ist in der Ausschussberatung ganz überwiegend als Rückschritt in der Förderung der Windenergie kritisiert worden (s. BT-Drs. 18 (16) 58; krit. auch *Albrecht/Zschiegner* NVwZ 2015, 1093; *dies.* NVwZ 2015, 1254; *Mitschang/Reidt* BauR 2014, 1232; *Schmidt-Eichstaedt* BauR 2016, 37; positiv *Grüner* NVwZ 2015, 108). Zum Bayerischen Gesetzesentwurf zur Umsetzung der Öffnungsklausel *Scheidler* NuR 2014, 673 (677); *Würfel/Werner* BayVBl 2015, 109; *Decker* ZfBR 2015, 322; *Grünwald* DVBl 2015, 1353. Zur planerischen Steuerung des Ausbaus der Windenergie s. *Nagel/Schwarz/Koppen*, UPR 2014, 371; krit. *Tyczewski* BauR 2014, 934; zur Rechtsprechung *Stüer/Gasbrock* ZfBR 2014, 447; krit. *Hendler/Kerkmann* DVBl 2014, 1369.

Das vom Bundesrat eingebrachte (BT-Drs. 419/14) am 26.11.2014 in Kraft ge- **64** tretene Gesetz über Maßnahmen im Bauplanungsrecht zur Erleichterung der Unterbringung von Flüchtlingen vom 20.11.2014 BGBl I 1748 soll es den Kommunen ermöglichen für die stark angestiegene Zahl von Flüchtlingen öffentliche Unterbringungseinrichtungen zeitnah zu schaffen und zu sichern (*Battis/Mitschang/Reidt* NVwZ 2014, 1609; *Krautzberger/Stüer* DVBl 2015, 73; *Krautzberger* UPR 2015, 20; *Scheidler* UPR 2015, 41; ders. NVwZ 2015, 1406; *Kment/Berger* BauR 2015, 211; *Bienek/Reidt* BauR 2015, 422; *Scheidler* ZfBR 2016, 27; ders. BauR 2015 1424 zu § 264 X aF). Zu den Einrichtungen s. § 243 Abs. 10. Wichtiger als die Aufnahme der Belange der Flüchtlinge und Asylsuchenden in § 1 Abs. 6 Nr. 13 sind die Befreiungsregelungen des § 31 Abs. 2 Nr. 1, § 246 Abs. 10, die befristete Erweiterung der Zulassungsmöglichkeiten im Innenbereich gemäß § 246 Abs. 8 BauNVO, die Erweiterung der Zulassungsmöglichkeit im Außenbereich, § 246 Abs. 9. Das Hauptproblem ist die praktische Umsetzung der Flüchtlingsunterbringung für das keine Öffentlichkeitsbeteiligung vorgeschrieben, aber sehr zweckmäßig ist. Zur Zulässigkeit von Flüchtlings-

unterkünften in reinem Wohngebiet VGH Kassel NVwZ 2016, 88; einschränkend zu geschütztem Wohngebiet OVG Hamburg ZfBR 2016, 61; s.a. OVG Hamburg, B. v. 12.1.2015 – 2 BS 247/14; VG Augsburg, U. v. 27.11.2014 AU 5 K 14.649; tendenziell anders VG Hamburg, B. v. 22.1.2015, 9 E 4775/14; ausführlich *Gierke* KK § 1 Rn. 1256–1314. Zur Praxis nach bisherigem Recht OVG Münster, NVwZ-RR 2014, 833; OVG Bautzen BauR 2015, 1126; VGH München, U. v. 30.10.2014, 1 N 13.2273; VGH Mannheim, B. v. 17.12.2013, 8 S 2350/13; *Scheidler* VBlBW 2015, 230; *Kirchberg* VBlBW 2015, 225 (228).

65 Artikel 6 des Gesetzes zur Änderung des Asylverfahrensgesetzes, des Asylbewerberleistungsgesetzes und weiterer Gesetze vom 20.10.2015 BGBl I 1722 hat § 246 durch die neuen Absätze 11 bis 17 wesentlich erweitert (dazu *Battis/Mitschang/Reidt* NVwZ 2015, 1633; *Krautzberger/Stüer* DVBl 2015, 1545; *Scheidler* ZfBR 2016, 27; ders. BauR 2016, 29). Diese Neuregelungen sind bis zum 31.12.2019 befristet, die Befristung begrenzt nicht die Dauer der Ausnahmegenehmigungen sondern nur den Zeitraum, in dem die Genehmigungen nach den Absätzen 11 bis 16 erteilt werden können (Abs. 17). Abs. 8 ersetzt die Wörter „Geschäfts-, Büro- oder Verwaltungsgebäude" durch die Wörter „baulicher Anlagen". Dadurch kann in nicht beplanten Innenbereich vom Erfordernis des Einfügens bei der Nutzungsänderung aller zulässigerweise errichteten baulichen Anlagen, die der Unterbringung von Flüchtlingen oder Asylbegehrenden dienen, abgewichen werden. Soweit in Baugebieten nach § 2 bis 7 BauNVO Anlagen für soziale Zwecke als Ausnahme zugelassen werden können, lässt Abs. 11 Unterkünfte für Flüchtlinge oder Asylbegehrende in der Regel zu. Dies gilt auch für vergleichbare Baugebiete in übergeleiteten Bebauungsplänen. Abs. 12 erlaubt die auf längstens drei Jahre befristete Befreiung von den Festsetzungen eines Bebauungsplanes für die Errichtung mobiler Unterkünfte und für Nutzungsänderungen in Gewerbe- und Industriegebieten sowie in Sondergebieten. Abs. 13 erlaubt die auf längstens drei Jahre befristete Errichtung mobiler Unterkünfte im Außenbereich und erweitert die Umnutzung bestehender Gebäude im Außenbereich. Anknüpfend an § 37 BauGB erlaubt es Abs. 14 der höheren Verwaltungsbehörde für Aufnahmeeinrichtungen und Gemeinschaftseinrichtungen nach dem Asylverfahrensgesetz von den Vorschriften des BauGB oder der BauNVO abzuweichen, sofern auch bei Anwendung der Abs. 8 bis 13 dringend benötigte Unterkunftsmöglichkeiten nicht rechtzeitig bereitgestellt werden können. Dazu ist lediglich die Anhörung der Gemeinde erforderlich. Nachbarschützende Bestimmungen werden dadurch nicht ausgeschlossen, VG Hamburg DVBl 2015, 1602 m. zust. Anm. v. *Durner*; s.a.a. VGH Kassel NVwZ 2016, 88 zur Novelle 2014; Abs. 13, 14 befreien unter besonderen Voraussetzungen von Rückbaupflichten gemäß Abs. 15 gilt das Einvernehmen abweichend von § 36 Abs. 2 Satz 2 als erteilt, wenn es nicht innerhalb eines Monats verweigert wird. Gemäß Abs. 16 gelten die Belange des Naturschutzes und der Landschaftswege als nicht berührt, wenn sich die zuständige Behörde nicht binnen eines Monats äußert; zur unzulässigen Beschlagnahme eines privaten Grundstücks OVG Lüneburg NVwZ 2016, 164 m. krit. Anm. v. *Fischer*.

66 Die anstehende Novelle zur Umsetzung der UVP-Änderungsrichtlinie 2014/42/EU (Frist 16.5.2017) soll unter anderem auch Fragen des Verhältnisses von Lärm und Wohnen in Innenstädten, die Vorprüfung bei Bebauungsplänen der Innenentwicklung (§ 13a), Steuerung von Ferienhäusern und Ferienwohnungen, die planerische Umsetzung der Seveso-III-Richtlinie und die Steuerung der Windenergieanlagen neuregeln.

Baugesetzbuch (BauGB)

In der Fassung der Bekanntmachung vom 23. September 2004
(BGBl. I S. 2414), zuletzt geänd. durch Art. 6 AsylverfahrensbeschleunigungsG
vom 20.10.2015 (BGBl. I S. 1722)

Erstes Kapitel. Allgemeines Städtebaurecht

Erster Teil. Bauleitplanung

Erster Abschnitt. Allgemeine Vorschriften

§ 1 Aufgabe, Begriff und Grundsätze der Bauleitplanung

(1) Aufgabe der Bauleitplanung ist es, die bauliche und sonstige Nutzung der Grundstücke in der Gemeinde nach Maßgabe dieses Gesetzbuchs vorzubereiten und zu leiten.

(2) Bauleitpläne sind der Flächennutzungsplan (vorbereitender Bauleitplan) und der Bebauungsplan (verbindlicher Bauleitplan).

(3) ¹Die Gemeinden haben die Bauleitpläne aufzustellen, sobald und soweit es für die städtebauliche Entwicklung und Ordnung erforderlich ist. ²Auf die Aufstellung von Bauleitplänen und städtebaulichen Satzungen besteht kein Anspruch; ein Anspruch kann auch nicht durch Vertrag begründet werden.

(4) Die Bauleitpläne sind den Zielen der Raumordnung anzupassen.

(5) ¹Die Bauleitpläne sollen eine nachhaltige städtebauliche Entwicklung, die die sozialen, wirtschaftlichen und umweltschützenden Anforderungen auch in Verantwortung gegenüber künftigen Generationen miteinander in Einklang bringt, und eine dem Wohl der Allgemeinheit dienende sozialgerechte Bodennutzung gewährleisten. ²Sie sollen dazu beitragen, eine menschenwürdige Umwelt zu sichern, die natürlichen Lebensgrundlagen zu schützen und zu entwickeln sowie den Klimaschutz und die Klimaanpassung, insbesondere auch in der Stadtentwicklung, zu fördern, sowie die städtebauliche Gestalt und das Orts- und Landschaftsbild baukulturell zu erhalten und zu entwickeln. ³Hierzu soll die städtebauliche Entwicklung vorrangig durch Maßnahmen der Innenentwicklung erfolgen.

(6) Bei der Aufstellung der Bauleitpläne sind insbesondere zu berücksichtigen:
1. die allgemeinen Anforderungen an gesunde Wohn- und Arbeitsverhältnisse und die Sicherheit der Wohn- und Arbeitsbevölkerung,
2. die Wohnbedürfnisse der Bevölkerung, die Schaffung und Erhaltung sozial stabiler Bewohnerstrukturen, die Eigentumsbildung weiter Kreise der Bevölkerung und die Anforderungen kostensparenden Bauens sowie die Bevölkerungsentwicklung,
3. die sozialen und kulturellen Bedürfnisse der Bevölkerung, insbesondere die Bedürfnisse der Familien, der jungen, alten und behinderten Men-

schen, unterschiedliche Auswirkungen auf Frauen und Männer sowie die Belange des Bildungswesens und von Sport, Freizeit und Erholung,
4. die Erhaltung, Erneuerung, Fortentwicklung, Anpassung und der Umbau vorhandener Ortsteile sowie die Erhaltung und Entwicklung zentraler Versorgungsbereiche,
5. die Belange der Baukultur, des Denkmalschutzes und der Denkmalpflege, die erhaltenswerten Ortsteile, Straßen und Plätze von geschichtlicher, künstlerischer oder städtebaulicher Bedeutung und die Gestaltung des Orts- und Landschaftsbildes,
6. die von den Kirchen und Religionsgesellschaften des öffentlichen Rechts festgestellten Erfordernisse für Gottesdienst und Seelsorge,
7. die Belange des Umweltschutzes, einschließlich des Naturschutzes und der Landschaftspflege, insbesondere
 a) die Auswirkungen auf Tiere, Pflanzen, Boden, Wasser, Luft, Klima und das Wirkungsgefüge zwischen ihnen sowie die Landschaft und die biologische Vielfalt,
 b) die Erhaltungsziele und der Schutzwzeck der Natura 2000-Gebiete im Sinne des Bundesnaturschutzgesetzes,
 c) umweltbezogene Auswirkungen auf den Menschen und seine Gesundheit sowie die Bevölkerung insgesamt,
 d) umweltbezogene Auswirkungen auf Kulturgüter und sonstige Sachgüter,
 e) die Vermeidung von Emissionen sowie der sachgerechte Umgang mit Abfällen und Abwässern,
 f) die Nutzung erneuerbarer Energien sowie die sparsame und effiziente Nutzung von Energie,
 g) die Darstellungen von Landschaftsplänen sowie von sonstigen Plänen, insbesondere des Wasser-, Abfall- und Immissionsschutzrechts,
 h) die Erhaltung der bestmöglichen Luftqualität in Gebieten, in denen die durch Rechtsverordnung zur Erfüllung von Rechtsakten der Europäischen Union festgelegten Immissionsgrenzwerte nicht überschritten werden,
 i) die Wechselwirkungen zwischen den einzelnen Belangen des Umweltschutzes nach den Buchstaben a, c und d,
8. die Belange
 a) der Wirtschaft, auch ihrer mittelständischen Struktur im Interesse einer verbrauchernahen Versorgung der Bevölkerung,
 b) der Land- und Forstwirtschaft,
 c) der Erhaltung, Sicherung und Schaffung von Arbeitsplätzen,
 d) des Post- und Telekommunikationswesens,
 e) der Versorgung, insbesondere mit Energie und Wasser, einschließlich der Versorgungssicherheit,
 f) der Sicherung von Rohstoffvorkommen,
9. die Belange des Personen- und Güterverkehrs und der Mobilität der Bevölkerung, einschließlich des öffentlichen Personennahverkehrs und des nicht motorisierten Verkehrs, unter besonderer Berücksichtigung einer auf Vermeidung und Verringerung von Verkehr ausgerichteten städtebaulichen Entwicklung,
10. die Belange der Verteidigung und des Zivilschutzes sowie der zivilen Anschlussnutzung von Militärliegenschaften,
11. die Ergebnisse eines von der Gemeinde beschlossenen städtebaulichen Entwicklungskonzeptes oder einer von ihr beschlossenen sonstigen städtebaulichen Planung,
12. die Belange des Hochwasserschutzes,

1. Abschnitt. Allgemeine Vorschriften §1

13. die Belange von Flüchtlingen oder Asylbegehrenden und ihrer Unterbringung.

(7) Bei der Aufstellung der Bauleitpläne sind die öffentlichen und privaten Belange gegeneinander und untereinander gerecht abzuwägen.

(8) Die Vorschriften dieses Gesetzbuchs über die Aufstellung von Bauleitplänen gelten auch für ihre Änderung, Ergänzung und Aufhebung.

Übersicht

	Rn.
I. Allgemeines	1
1. Bedeutung der Bauleitplanung innerhalb des BauGB	1
2. Aufbau der Vorschrift	2
3. Die Bauleitplanung innerhalb des Geflechts hoheitlicher Planungen	3
4. Bauleitplanung und Eigentum	7
II. Aufgabe der Bauleitplanung (Abs. 1)	10
1. Städtebauliche Entwicklung und Ordnung	10
2. Vorbereitung der Leitung der baulichen und sonstigen Nutzung	12
3. Planmäßigkeit der städtebaulichen Entwicklung und Ordnung	14
III. Flächennutzungsplan und Bebauungsplan (Abs. 2)	24
IV. Planungsbefugnis und Planungspflicht (Abs. 3)	25
1. Innere und äußere Systematik	25
2. Planungsbefugnis (Abs. 3 S. 1) Aufbau der Vorschrift	26
3. Planungspflicht (Abs. 3 S. 1)	27
4. „Planerische Zurückhaltung"	30
5. Kein Anspruch auf Aufstellung (Abs. 3 S. 2)	31
V. Anpassung an die Ziele der Raumordnung (Abs. 4)	32
1. Allgemeines	32
2. Aufbau der Vorschrift	37
3. Die Anpassung der Bauleitpläne	39
VI. Ziele und Grundsätze der Bauleitplanung (Abs. 5)	44
1. Überblick	44
2. Allgemeine Ziele (Abs. 5 S. 1–3)	45
VII. Planungsleitlinien (Abs. 6)	47
1. Bedeutung	47
2. Die einzelnen Planungsleitlinien	52
a) Die allgemeinen Anforderungen an gesunde Wohn- und Arbeitsverhältnisse und die Sicherheit der Wohn- und Arbeitsbevölkerung (Nr. 1)	52
b) Die Wohnbedürfnisse, die Schaffung und Erhaltung sozial stabiler Bevölkerungsstrukturen, die Eigentumsbildung weiter Kreise der Bevölkerung und die Anforderungen kostensparenden Bauens sowie die Bevölkerungsentwicklung (Nr. 2)	55
c) Die sozialen und kulturellen Bedürfnisse der Bevölkerung, insbesondere die Bedürfnisse der Familien, der jungen, alten und behinderten Menschen, unterschiedliche Auswirkungen auf Frauen und Männer sowie die Belange des Bildungswesens und von Sport, Freizeit und Erholung (Nr. 3)	57
d) Die Erhaltung, Erneuerung, Fortentwicklung, Anpassung und der Umbau vorhandener Ortsteile (Nr. 4)	60
e) Die Belange der Baukultur, des Denkmalschutzes und der Denkmalpflege, die erhaltenswerten Ortsteile, Straßen und Plätze von geschichtlicher, künstlerischer oder städtebaulicher Bedeutung und die Gestaltung des Orts- und Landschaftsbildes (Nr. 5)	62

	Rn.
f) Die von den Kirchen und Religionsgesellschaften des öffentlichen Rechts festgestellten Erfordernisse für Gottesdienst und Seelsorge (Nr. 6)	63
g) Die Belange des Umweltschutzes, einschließlich des Naturschutzes und der Landschaftspflege (Nr. 7); Artenschutz	64
h) Die Belange der Wirtschaft, auch ihrer mittelständischen Struktur im Interesse einer verbrauchernahen Versorgung der Bevölkerung, der Land- und Forstwirtschaft, der Erhaltung, Sicherung und Schaffung von Arbeitsplätzen, des Post- und Telekommunikationswesens, der Versorgung, insbesondere mit Energie und Wasser einschließlich der Versorgungssicherheit und der Sicherung von Rohstoffvorkommen (Nr. 8)	71
i) Die Belange des Personen- und Güterverkehrs und der Mobilität der Bevölkerung, einschließlich des öffentlichen Personennahverkehrs und des nicht motorisierten Verkehrs, unter besonderer Berücksichtigung einer auf Vermeidung und Verringerung von Verkehr ausgerichteten städtebaulichen Entwicklung (Nr. 9)	75
j) Die Belange der Verteidigung und des Zivilschutzes sowie der zivilen Anschlussnutzung von Militärliegenschaften (Nr. 10)	77
k) Die Ergebnisse eines von der Gemeinde beschlossenen städtebaulichen Entwicklungs-, Klimaschutz- oder Energiekonzeptes oder einer sonstigen städtebaulichen Planung (Nr. 11)	78
l) Die Belange des Hochwasserschutzes (Nr. 12)	86
m) Belange von Flüchtlingen und Asylbegehrenden	86c
VIII. Abwägungsgebot (Abs. 7)	87
1. Rechtsstaatliche Planung	87
2. Abwägungsgrundsätze: Struktur des Abwägungsvorgangs	90
a) Rechtsprechung des BVerwG	90
b) Anforderungen im Einzelnen (Überblick)	96
3. Öffentliche und private Belange	99
4. Gerechte Abwägung	102
a) Rechtsprechung des BverwG	102
b) Bindung der Abwägung durch Vorentscheidungen	113
c) Gebot der planerischen Konfliktbewältigung	115
d) Rücksichtnahmegebot	122
e) Eigentumsgarantie	123
f) Verhältnismäßigkeit, Erforderlichkeit, Bestimmtheit	126
g) Wirtschaftlichkeit	129
h) Maßgeblicher Zeitpunkt für die Abwägung	130
5. Rechtsfolgen einer fehlerhaften Abwägung; Rechtsschutz	131
IX. Änderung, Ergänzung und Aufhebung von Bauleitplänen (Abs. 8)	132

I. Allgemeines

1. Bedeutung der Bauleitplanung innerhalb des BauGB. Die Bauleitplanung ist im BauGB als **das zentrale Instrument des Städtebaurechts** ausgeformt. Dies zeigt bereits der Aufbau des Ersten Kapitels des BauGB, das im Ersten Teil (§§ 1–13a) das Institut der Bauleitplanung selbst und im Zweiten Teil (§§ 14–28) die Sicherung der Bauleitplanung regelt. Auch die Instrumente der Umlegung (§ 45), der Enteignung (§ 85), des Planungsschadensrechts (§ 39), der Erschließung (§ 125) und der Maßnahmen für den Naturschutz dienen überwiegend der Verwirklichung der Bauleitplanung. Die Bauleitplanung wird deshalb als ein „Kernstück des modernen Städtebaurechts" gekennzeichnet (*Schmidt-Aßmann* BauR 1978, 99). In den über 50 Jahren

1. Abschnitt. Allgemeine Vorschriften § 1

seit der Einführung der Bauleitplanung ist sukzessive das ursprüngliche Konzept die städtebauliche Entwicklung überwiegend auf der Grundlage der Bauleitplanung zu leiten und zu entwickeln, sowohl im Allgemeinen Städtebaurecht (§§ 34, 35), als auch im Besonderen Städtebaurecht ergänzt worden durch die Anforderungen nicht-planakzessorischer Instrumente, vor allem für die bestandsbezogene städtebauliche Ordnung und Entwicklung, wie Sanierung (§§ 136 ff.) und Erhaltungssatzung (§§ 172 ff.). Hinzugekommen sind zudem konsensuale Kooperationsformen (Zusammenarbeit mit Privaten, §§ 11, 12) und §§ 172a–e (Stadtumbau, Soziale Stadt). Zur Entwicklung s. Einleitung Rn. 10 ff.; *Krautzberger,* FS Birk 2014, S. 3; *ders.* UPR 2011, 121.

2. Aufbau der Vorschrift. Im **Ersten Abschnitt des Ersten Teils** sind allgemeine Vorschriften zusammengefasst, die für beide Arten der Bauleitplanung, also Flächennutzungsplan und Bebauungsplan gelten, nämlich die zentralen **materiellen Vorschriften** über die Bauleitplanung (§ 1) sowie **kompetenz-, verfahrens- und organisationsrechtliche Bestimmungen** (§§ 2–4 c). In **§ 1 Abs. 1** sind die Aufgaben der Bauleitplanung und damit Grundprinzipien der städtebaulichen Ordnung und Entwicklung definiert. In **Abs. 2** werden die beiden Arten der Bauleitplanung eingeführt: der Flächennutzungsplan als vorbereitender Bauleitplan und der Bebauungsplan als verbindlicher Bauleitplan. **Abs. 3** ordnet die Bauleitplanung – gemeinsam mit § 2 Abs. 1 – den Gemeinden als Aufgabe zu und begründet darüber hinaus eine gemeindliche Verpflichtung zur Bauleitplanung. Diese Verpflichtung kann nicht durch Vertrag zu einem Anspruch auf Planerlass führen. Durch die Verpflichtung des **Abs. 4,** Bauleitpläne den Zielen der Raumordnung anzupassen, wird die Bauleitplanung in die überörtliche Raumplanung eingefügt. In **Abs. 5** sind die Grundsätze einer nachhaltigen städtebaulichen Entwicklung konkretisiert. **Abs. 6** enthält einen nicht abschließenden Katalog, der bei der Aufstellung von Bauleitplänen zu berücksichtigenden Belange. Das rechtsstaatliche Abwägungsgebot **(Abs. 7)** gibt die rechtliche Struktur der planerischen Entscheidung vor. **Abs. 8** stellt klar, dass die Bestimmungen für die Aufstellung von Bauleitplänen auch für deren Änderung, Ergänzung und Aufhebung gelten. **§ 1a** enthält § 1 ergänzende Regelungen zum Umweltschutz.

3. Die Bauleitplanung innerhalb des Geflechts hoheitlicher Planungen. Die Bauleitpläne sind nach § 2 Abs. 1 S. 1 von der Gemeinde in eigener Verantwortung aufzustellen. Die Bauleitplanung ist ein Kernbestandteil der **kommunalen Planungshoheit** und damit des verfassungsrechtlich garantierten Selbstverwaltungsrechts der Gemeinde für die Angelegenheiten der örtlichen Gemeinschaft (Art. 28 Abs. 2 GG). Die gemeindliche Bauleitplanung ist eingebettet in übergreifende örtliche Planungen sowie in überörtliche Gesamt- und Fachplanungen. Auf **gemeindlicher Ebene** selbst steht die Bauleitplanung („horizontal") in Beziehung zu anderen gemeindlichen Planungen, auch soweit diese nicht – wie die Bauleitplanung – gesetzlich näher ausgestaltet sind; **§ 1 Abs. 6 Nr. 11.**

Das Gemeindegebiet ist nicht nur Gegenstand der Bauleitplanung und sonstiger gemeindlicher Planungen, sondern es ist auch durch **überörtliche Planungen** erfasst: Durch die **Raumordnung** einschließlich der **Regionalplanung** und die Bauleitplanung werden derselbe Raum beplant. Wie bei der Bauleitplanung handelt es sich dabei um räumliche Gesamtplanungen, die jedoch ein überörtliches Gesamtkonzept verfolgen. Umgesetzt und konkretisiert werden diese überörtlichen Planungen durch die Anpassungspflicht der Bauleitpläne an die Ziele der Raumordnung gem. **Abs. 4.**

Gegenstand der gemeindlichen Bauleitplanung sind alle Flächen des jeweiligen Gemeindegebiets. Im Verhältnis zu **benachbarten Gemeinden** ergibt sich hieraus ein horizontaler **Abstimmungsbedarf.** Nach § 2 Abs. 2 sollen daher die Bauleitpläne benachbarter Gemeinden aufeinander abgestimmt werden. Das Abstimmungsverfahren bestimmt sich nach § 4, wonach die Nachbargemeinde als Träger öffent-

§ 1 I. Kapitel. I. Teil. Bauleitplanung

licher Belange bei der Aufstellung von Bauleitplänen möglichst frühzeitig zu beteiligen ist. Gegenstand der Bauleitplanung ist aber auch **nur** das Gemeindegebiet, dh die Gemeinde kann nicht Flächen außerhalb des Gemeindegebiets überplanen. In **gemeindefreien Gebieten** gelten §§ 1 ff. über die Bauleitplanung nicht (BVerwGE 99, 127).

6 Das Gemeindegebiet ist zusätzlich zu den örtlichen und überörtlichen Gesamtplanungen auch Gegenstand **sonstiger raumbedeutsamer Planungen und Maßnahmen anderer Hoheitsträger.** Das Raumplanungs- und Städtebaurecht trägt dieser Überlagerung von hoheitlichen Planungen und Maßnahmen insbesondere durch Abstimmungs-, Konkurrenz- und Ausnahmeregelungen Rechnung. Den Abstimmungsbedarf berücksichtigt bereits **§ 7 Abs. 3, § 10, § 13 ROG**, wonach die öffentlichen Stellen und Personen des Privatrechts, die iS des § 4 ROG öffentliche Aufgaben wahrnehmen, ihre **Planungen und Maßnahmen** aufeinander und untereinander **abzustimmen** haben. Im Falle konkurrierender Planungsvorstellungen bildet der Prioritätsgrundsatz ein wichtiges Abwägungskriterium (BVerwGE 71, 150), dh die Bauleitplanung muss auf hinreichend konkretisierte und verfestigte Planungsabsichten der Fachplanung Rücksicht nehmen (BVerwG NVwZ 2003, 207). Für die **Bauleitplanung** ist die Abstimmung mit den öffentlichen Planungsträgern dadurch gewährleistet, dass sie als Behörden Belange bei der Aufstellung von Bauleitplänen gem. § 4 frühzeitig beteiligt werden. Nach § 7 S. 1 haben sie ihre Planungen dem Flächennutzungsplan insoweit anzupassen, als sie diesem Plan nicht widersprochen haben. Im Verhältnis zur Bauleitplanung ist den in **§ 38** bezeichneten Fachplanungen ein Vorrang eingeräumt. Dieser **Vorrang** bezieht sich zum einen auf die materielle Freistellung des Fachplanungsträgers von den Vorschriften über die Zulässigkeit von Vorhaben (§§ 29 ff.). Sie bezieht sich zum anderen auch auf einen Vorrang gegenüber der Bauleitplanung und ihren Bindungswirkungen. Eine weitere Kollisionsregelung enthält **§ 29 Abs. 2**, wonach neben dem Bauordnungsrecht auch **andere öffentlich-rechtliche Vorschriften** bei der Beurteilung der bauplanungsrechtlichen Zulässigkeit von Vorhaben unberührt bleiben. Sofern daher nach anderen öffentlich-rechtlichen Vorschriften die Bebaubarkeit eines Grundstücks ausgeschlossen ist (zB durch Festlegung eines Landschaftsschutzgebiets), ist die Gemeinde daran gehindert, die Bebaubarkeit durch Bauleitplanung („einseitig") durchzusetzen. Diese Regelung hat zB auch Bedeutung für das Denkmal- und Wasserrecht, für Anbaubeschränkungen nach den Straßen- und Wegegesetzen und für das Bundesimmissionsschutzrecht (→ Erl. zu § 29).

7 **4. Bauleitplanung und Eigentum.** Zum Inhalt des durch **Art. 14 GG** geschützten **Eigentums an Grund und Boden** gehört auch das Recht zur baulichen Nutzung im Rahmen der Gesetze (BVerfGE 35, 263), also die sog. **Baufreiheit** („Recht zum Bauen"; zum Begriff der Baufreiheit vgl. zB *Badura*, Eigentum im Verfassungsrecht der Gegenwart, Sitzungsberichte T 27 f. zum 49. Deutschen Juristentag, München 1972; *Just*, HBG § 2 Rn. 55; *Battis* Rn. 150, *Papier* in Maunz/Dürig Art. 14 Rn. 58; *Jarass* in JP GG Art. 14 Rn. 150; anders *Breuer*, Die Bodennutzung im Konflikt zwischen Städtebau und Eigentumsgarantie, 1976, 162 ff.; *Schmidt-Aßmann*, Grundfragen des Städtebaurechts, 1972, 89 ff.; *Schröder/Wahlhäuser* in SCH § 1 Rn. 1). Die Baufreiheit iS der baulichen Nutzbarkeit eines Grundstücks beruht nicht auf einer öffentlich-rechtlichen Verleihung (zB durch die Bauleitplanung), sondern ist Bestandteil des Eigentumsrechts (aA *Breuer*, Die Bodennutzung im Konflikt zwischen Städtebau und Eigentumsgarantie, 1976, S. 162 ff.). **Inhalt und Schranken der eigentumsrechtlichen Baufreiheit** werden gem. Art. 14 Abs. 1 S. 2 GG durch die Gesetze bestimmt. Aus dem durch das BauGB begründeten Planungsvorbehalt folgert, dass das durch Art. 14 Abs. 1 S. 1 GG geschützte Nutzungsrecht am Grundeigentum durch die Bauleitplanung inhaltlich ausgeformt und beschränkt wird. Soweit die Zulässigkeit der baulichen oder sonstigen Nutzung nicht durch gemeindliche

1. Abschnitt. Allgemeine Vorschriften § 1

Bauleitplanung geregelt ist, bestimmt sie sich für den Innenbereich nach der „planersetzenden" Regelung des § 34 (→ § 34 Rn. 1) und für den Außenbereich nach der gesetzlichen „Ersatzplanung" des § 35 (→ § 35 Rn. 1). Ausgestaltung und Schranken der Baufreiheit durch das BauGB, insbesondere durch die Bauleitplanung (BVerfGE 79, 174 (192)), haben eine „eigentumsverteilende Wirkung" (*Schrödter/Walhäuser* in SCH § 1 Rn. 1).

Besteht die Baufreiheit somit zwar nur „nach Maßgabe der Planung" – „potentielle **8** Baufreiheit" – so sind der Ausgestaltung des Eigentums durch die Bauleitplanung Schranken gesetzt. Die verbindlichen Festsetzungen eines Bebauungsplans legen Inhalt und Schranken des Eigentums iSv Art. 14 Abs. 1 S. 2 GG fest. Bei der Ausgestaltung des Auftrags aus Art. 14 Abs. 1 S. 2 GG hat sich die Gemeinde am Sozialgebot des Art. 14 II ebenso zu orientieren wie an der Instituts- und Bestandsgarantie des Art. 14 Abs. 1 S. 1 GG, dem Grundsatz der Verhältnismäßigkeit, dem Gleichheitssatz (Art. 3 Abs. 1 GG) und der Wesensgehaltsgarantie (Art. 19 Abs. 2 GG). Verletzt die Gemeinde die ihr gezogenen Grenzen der Ausgestaltung des Grundeigentums, ist der Bebauungsplan nichtig (OVG Bautzen, SächsVBl. 2014, 208; OVG Berlin-Brandenburg BauR 2010, 1809; zur gebotenen vorrangigen Inanspruchnahme von Flächen im öffentlichen Eigentum für Naturschutz s. BVerwG NVwZ 2011, 1124; OVG Lüneburg NuR 2012, 410 und für Ausgleichsmaßnahmen BVerwG NVwZ 2010, 66; OVG Lüneburg NuR 2012, 410; BVerwG ZfBR 2012, 477 – Sicherung privater Grünflächen für Klimaverträglichkeit; → Vorb. §§ 85–122 Rn. 4; dort auch zur ausgleichspflichtigen Inhaltsbestimmung). Zur großflächigen Festsetzung privater Grünflächen für den Artenschutz OVG Koblenz NuR 2012, 857; s. a. BVerwG ZfBR 2011, 776 – private Grünfläche als Parkanlage. Ein Bebauungsplan hat grundsätzlich keine enteignende Vorwirkung (→ § 87 Rn. 3). Der Topos der Situationsgebundenheit trägt dem Umstand Rechnung, dass die einem Grundstück innewohnende situationsbedingte Nutzungsmöglichkeit zugleich ein der Planung vorfindliches Faktum wie auch insoweit die Baufreiheit verfassungsrechtlich legitimierter Bestimmungsfaktor der ausgestaltenden planerischen Entscheidung ist (s. *Battis*, Rn. 152). Die konkrete Lage und damit die Eingebundenheit in vorgegebene, „natürliche" Situationen sind für die Inhaltsbestimmung des Grundeigentums besonders kennzeichnend. Hieraus können sich situationsgebundene Belastungen und damit – gegenüber anderen Grundstücken – besondere und noch im Rahmen der Sozialbindung bleibende Einschränkungen ergeben (vgl. zB die Deich-Urteile in BVerfGE 24, 367 und 25, 112; das Grünflächen-Urteil in BGHZ 23, 30; das Kölner-Hinterhof-Urteil in BGHZ 48, 193; die Immissionsschutz-Rechtsprechung zur plangebundenen Vorbelastung, zB BVerwGE 51, 15; der gänzliche Ausschluss der Bebaubarkeit im Außenbereich in Natur- und Landschaftsschutzgebieten, BVerwGE 4, 57; BVerfGE 58, 300 „Nassauskiesung"; BVerwG DVBl. 2012, 501 – Grundwasservorkommen. Aus der Situationsgebundenheit kann sich aber auch eine besondere **eigentumsrechtliche Anspruchsposition** gegenüber ansonsten im Rahmen der Sozialbindung hinzunehmenden Einschränkungen ergeben (vgl. hierzu die Rspr. zum planungsrechtlichen Bestandsschutz sowie zum Nachbarschutz; dazu → Erl. zu § 31). Der Vollzug bauplanungsrechtlicher Festsetzungen kann in der Regel nicht hoheitlich durchgesetzt, sondern nur in Kooperation mit privaten Investoren verwirklicht werden. Das baurechtliche **Kooperationsgebot** (*Battis*, Rn. 154) ist insbesondere durch den Abschnitt „Zusammenarbeit mit Privaten" (§§ 11, 12), aber auch im Besonderen Städtebaurecht durch die Vorschriften zum Stadtumbau und zur Sozialen Stadt (§ 171a–e) aufgewertet worden.

Für die planerische Entscheidung ergibt sich aus dieser Verschränkung von Bau- **9** freiheit und Planungsvorbehalt das Gebot der Berücksichtigung des Eigentumsschutzes als **abwägungserheblicher privater Belang** (s. a. Dirnberger in JDW § 1 Rn. 111). Bei der **Abwägung nach Abs. 7** muss daher zB berücksichtigt werden, welche Folgen sich aus einer bestimmten planerischen Festsetzung für das Grundeigentum und seine Nutzungsmöglichkeiten ergeben. Der Eigentumsschutz, die ent-

schädigungslos hinzunehmende Sozialbindung, die voraussehbar enteignend wirkende Verwirklichung der Bauleitplanung oder die unmittelbar enteignend wirkenden Festsetzungen sind daher als Belange in die planerische Abwägung einzubeziehen (vgl. BVerwGE 47, 144 (153 ff.) sowie → Rn. 123–125).

II. Aufgabe der Bauleitplanung (Abs. 1)

10 1. **Städtebauliche Entwicklung und Ordnung. Abs. 1** bezeichnet als Aufgabe der Bauleitplanung die **Vorbereitung und Leitung der baulichen und sonstigen Nutzung der Grundstücke** in der Gemeinde. Die sich hieraus ergebende **Entwicklungs- und Ordnungsfunktion der Bauleitplanung** wird in **Abs. 3 S. 1** dadurch verdeutlicht, dass Maßstab für die Befugnis wie für die Pflicht zur Aufstellung von Bauleitplänen die **städtebauliche Entwicklung und Ordnung** sind. Weiterhin wird in **Abs. 5 S. 1** die Gewährleistung einer nachhaltigen städtebaulichen Entwicklung als Leitbegriff der Bauleitplanung hervorgehoben. Die Bauleitplanung soll einerseits den **ordnenden Rahmen** für die bauliche und sonstige Nutzung der Grundstücke setzen. Sie soll andererseits auch eine **Entwicklung** der baulichen und sonstigen Nutzung vorbereiten und leiten, wie sie nach dem städtebaulichen Konzept der Gemeinde angestrebt wird. Entwicklungs- und Ordnungsfunktion der Bauleitplanung stehen in einem Wechselspiel zur sich selbst steuernden städtebaulichen Ordnung und Entwicklung. Die Bauleitplanung verwirklicht ihren Entwicklungs- und Ordnungsauftrag vor allem durch die Schaffung eines bestimmten „Angebots" für die Nutzung der Grundstücke (**„Angebotsplanung"**), wie zB durch Bereitstellung neuer Baugebiete, weiterhin durch rechtliche Absicherung und Einbindung einer voraussichtlichen städtebaulichen Entwicklung (**„Auffangplanung"**), durch Begrenzung der autonomen Entwicklung, insbesondere durch planerische Aktualisierung und Konkretisierung der sich aus der **Situationsgebundenheit** des Grundeigentums (→ Rn. 8) ergebenden Schranken der Baufreiheit, sowie durch räumliche und sachliche Lenkung der Grundstücksnutzung in eine mit den Zielvorstellungen über die Entwicklung des örtlichen Gemeinwesens abgestimmte Richtung (**„Entwicklungsplanung"**). Der **Entwicklungsauftrag der städtebaulichen Planung**, insbesondere als Aufgabe der positiven („physischen") Gestaltung der Städte und Gemeinden durch das Gemeinwesen und die Schaffung der erforderlichen infrastrukturellen, funktionellen Vorkehrungen ist allerdings keineswegs etwas Neues, sondern so alt wie der Städtebau selbst (vgl. für viele *Brohm*, Art. „Städtebau" III, Staatslexikon, 6. Aufl. 1970, III. Ergänzungsband, Sp. 339–351; *Schmidt-Aßmann*, Grundfragen des Städtebaurechts, 1972, S. 1 ff. (8 ff.); *C. Sitte*, Der Städtebau nach seinen künstlerischen Grundsätzen, 3. Aufl. 1901). Nicht zuletzt unter dem Einfluss des europäischen Umweltrechts entwickelt sich die Bauleitplanung zunehmend zu einer projektorientierten Planung (dazu *Krautzberger*, RaumPlanung 2010, 205).

11 Aus der Entwicklungs- und Ordnungsaufgabe der Bauleitplanung ergeben sich auch unmittelbar die der **Bauleitplanung immanenten Schranken**. Im Verhältnis zwischen Bauleitplanung und Eigentumsrecht (→ Rn. 7–9) besteht das **Erfordernis einer Rechtfertigung** der Bauleitplanung **als Inhalts- und Schrankenbestimmung des Eigentums.** Die Bauleitplanung ist daher unzulässig, soweit sie zur geordneten städtebaulichen Entwicklung nicht in Beziehung steht (BVerwGE 45, 309 (312)): Wo es vorn vornherein an allen zur Rechtfertigung eines Bauleitplanes geeigneten, dh an solchen öffentlichen Belangen fehlt, die als bodenrechtlich relevant Elemente einer Ordnung der städtebaulichen Entwicklung sind, ist für eine Bauleitplanung kein Raum (BVerwGE 45, 309 (312); vgl. auch BVerwGE 34, 301 (305)). Das BVerwG beschreibt das Verhältnis zwischen den Bauleitplänen einerseits und der Ordnung der städtebaulichen Entwicklung andererseits als einen **„objektiven funktionellen Zusammenhang"** (BVerwGE 45, 309 (314); vgl. auch *David* DVBl. 1972, 692, sowie zu Abs. 3 → Rn. 25). Die Aufstellung eines Bebauungsplans für ein

1. Abschnitt. Allgemeine Vorschriften §1

Grundstück wäre daher gem. Abs. 1 zB unzulässig, wenn das Grundstück ausschließlich deshalb beplant werden soll, weil der Eigentümer aus wirtschaftlichen Gründen am Verkauf interessiert ist (BVerwGE 34, 301 (305)).

2. Vorbereitung der Leitung der baulichen und sonstigen Nutzung. Gegenstand der Bauleitplanung ist gem. Abs. 1 die Vorbereitung und Leitung der **baulichen und sonstigen Nutzung der Grundstücke.** Die Bauleitplanung ist damit nicht auf die bauliche Entwicklung beschränkt, jedoch ändert auch die Einbeziehung der „sonstigen Nutzung" nichts am Gegenstand der städtebaulichen Planung, nämlich den baulichen Anlagen und „der mit der Bebauung in Verbindung stehenden Nutzung des Bodens" (so BVerfGE 3, 407). Dh, die Bauleitplanung ist kein exklusives räumliches Entwicklungs- und Ordnungsinstrumentarium. Dazu gehören zB auch Fachplanungen iS des § 38, Landschaftsplanung, Immissionsschutzrecht (vgl. auch → Einl. Rn. 5 zum sonstigen öffentlichen Baurecht). Die **„bauliche Nutzung"** der Grundstücke kann danach ua durch die Darstellung der für die Bebauung vorgesehenen Flächen nach der allgemeinen Art ihrer baulichen Nutzung (Bauflächen) sowie nach der besonderen Art und dem allgemeinen Maß ihrer baulichen Nutzung (Baugebiete), durch die Festsetzung von Art und Maß der baulichen Nutzung, durch Bestimmung der Zwecke der baulichen Nutzung, durch Festsetzung der freizuhaltenden Flächen usw. vorbereitet und geleitet werden. Zur **„sonstigen Nutzung"** der Grundstücke, dh Nutzungen im Sachzusammenhang mit der baulichen Nutzung (*Söfker* in EZBK § 1 Rn. 11), zählen zB die Darstellungen und Festsetzungen über Grünflächen, Kleingärten, land- und forstwirtschaftliche Flächen, Verkehrsflächen zum Klimaschutz, Maßnahmen für den Naturschutz usw. Durch diese zunehmende, über die Bebauung hinausgehende Planung der Nutzungen hat sich die Bauleitplanung zur **lokalen Umweltplanung** entwickelt, die die fachplanerischen Vorgaben auszuplanen hat (zum Baurechtskompromiss → Einleitung Rn. 40). 12

Die Aufgabe der Bauleitplanung als **Vorbereitung und Leitung** der Grundstücksnutzung bezieht sich weniger auf die Unterscheidung zwischen dem Flächennutzungsplan als dem vorbereitenden Bauleitplan und dem Bebauungsplan als dem verbindlichen Bauleitplan (Abs. 2), sondern umschreibt vor allem die Entwicklungs- und Ordnungsfunktion der Bauleitplanung (→ Rn. 10). Auch der verbindliche Bauleitplan **(Bebauungsplan)** hat idR die Aufgabe, die Grundstücksnutzung „vorzubereiten"; zugleich „leitet" er die Grundstücksnutzung in die planerisch festgesetzte Richtung. Aber auch der **Flächennutzungsplan** hat nicht nur eine Vorbereitungs-, sondern auch eine Leitungsfunktion, die sich zB aus der Darstellung der beabsichtigten städtebaulichen Entwicklung (§ 5 Abs. 1) oder zB aus dem Entwicklungsgebot des § 8 Abs. 2 und der Steuerungsfunktion im Außenbereich (§ 35 Abs. 3 S. 1 Nr. 1, S. 3) ergibt. 13

3. Planmäßigkeit der städtebaulichen Entwicklung und Ordnung. Die Vorbereitung und Leitung der Grundstücksnutzung, soweit sie städtebaulich relevant ist (→ Rn. 11), soll gem. Abs. 1 **durch die Bauleitplanung** erfolgen. Dieser als **„Planmäßigkeitsprinzip"** bezeichnete Grundsatz des Städtebaurechts wird durch die Verpflichtung der Gemeinden zur Aufstellung von Bauleitplänen, „sobald und soweit es für die städtebauliche Entwicklung und Ordnung erforderlich ist" (Abs. 3 S. 1), hervorgehoben und zugleich abgesichert. Für die Bauleitplanung folgt daraus: 14

Die Vorbereitung und Leitung der baulichen und sonstigen Nutzung erfolgt **in allen Gemeinden,** also in Stadt und Land, durch Bauleitpläne. 15

Das Institut der Bauleitplanung selbst ist durch das BauGB **abschließend geregelt.** Dies gilt insbesondere für die Arten der Bauleitpläne, nämlich den Flächennutzungsplan und den Bebauungsplan (Abs. 2), die Inhalte der Bauleitpläne (vgl. §§ 5 und 9), die Rechtsform der Bauleitpläne und das Verfahren der Bauleitplanung (vgl. §§ 2 ff., 5 ff. und 8 ff.). Wichtige Instrumente (Umlegung, Erschließung, Enteignung, 16

§ 1

Bau-, Pflanz-, Rückbaugebot) setzen zT eine Bauleitplanung iS des BauGB voraus („planakzessorische Instrumente").

17 Für die Gemeinde ergibt sich unmittelbar aus Abs. 1 (und abgesichert durch Abs. 3 S. 1) die **Verpflichtung zur Planung** („Gebot positiver Planung") und damit das Verbot, die geordnete städtebauliche Entwicklung ausschließlich durch fallweise Einzelentscheidungen zu verwirklichen. Diese Aufgabenzuweisung der Bauleitplanung schließt nicht aus, dass die geordnete Entwicklung auch anders als auf der Grundlage von Bauleitplänen erfolgen kann; → auch Rn. 21 ff.

18 Der Grundsatz der Planmäßigkeit „nach Maßgabe dieses Gesetzes" lässt es nicht zu, die bauliche und sonstige Nutzung der Grundstücke durch andere Mittel als die der Bauleitplanung förmlich vorzubereiten und zu leiten. **Andere Formen der gemeindlichen Planung** wie Stadtentwicklungspläne oder -konzepte bereiten aber die Bauleitplanung häufig vor oder ergänzen ihre Verwirklichung (→ Rn. 21) außerhalb der bodenrechtlich relevanten Regelungen. Das Gleiche gilt für **vertragliche Gestaltungen** im Zusammenhang mit der Bauleitplanung (→ Rn. 113, 116). Die Bauleitplanung darf nicht in städtebauliche Verträge ausgelagert werden (OVG Lüneburg BeckRS 2011, 45252; OVG Lüneburg NuR 2012, 413 (Unwirksamer Vertrag); zulässig aber ergänzender Vertrag (OVG Berlin Brandenburg BauR 2012, 1612; *Hellriegel* BauR 2012, 1576), → Rn. 113, 116). Solche Formen oder Mittel dürfen weder an die Stelle der Entwicklungs- und Ordnungsfunktion der Bauleitplanung treten, noch dürfen sie die Bauleitplanung zu einer lediglich formalen Hülse werden lassen. Der städtebauliche Entwicklungs- und Ordnungsauftrag darf nicht allein mit den Mitteln des Privatrechts erfüllt werden (BGHZ 93, 372). Die bodenrechtliche Vorbereitung und Leitung der Grundstücksnutzung hat ausschließlich durch die Bauleitplanung zu erfolgen. § 11 konkretisiert ua das, was durch städtebauliche Verträge zur Vorbereitung und Durchführung der Bauleitplanung geregelt werden kann. Beim **Vorhaben- und Erschließungsplan** gem. § 12 wird das Planmäßigkeitsprinzip beim Ineinandergreifen des Plans des Investors, des städtebaulichen Vertrags zwischen Gemeinde und Investor und dem baurechtschaffenen vorhabenbezogenen Bebauungsplan durch das Kooperationsprinzip (→ Rn. 8) ergänzt. Auch die Satzungen nach § 34 Abs. 4 S. 1 Nr. 2 und 3 fügen sich in das System des § 1 ein, weil es beim Beurteilungsmaßstab der planersetzenden Regelung des § 34 (→ Rn. 22) bleibt.

19 Diesem Regelungsvorbehalt zugunsten der Bauleitplanung wird nur entsprochen, wenn die Bauleitpläne **konkrete planerische Aussagen** für den jeweiligen Planbereich treffen und es nicht bei allgemeinen, generell-abstrakten Regelungen belassen. Baurechtliche Pläne und baurechtliche Vorschriften unterscheiden sich typischerweise darin, dass die Vorschriften eine abstrakt-allgemeine Regelung treffen, während der Plan seine Regelung **konkret-individuell** und damit sozusagen im Angesicht der konkreten Sachlage trifft: „Planerischen Festsetzungen ist der Übergang zu abstrakt-allgemeinen Vorschriften nur im Ausmaß gestattet, in dem dies erforderlich oder doch über die in die entgegengesetzte Richtung deutenden §§ 1 und 2 *BBauG* hinweg sachentsprechend ist." (BVerwGE 50, 114, 119 (121); vgl. auch BVerwGE 40, 268 (272)).

20 Aus dem Planmäßigkeitsgrundsatz ergibt sich weiterhin das Gebot, die städtebaulichen Entwicklungs- und Ordnungsregelungen für ein bestimmtes Gebiet auf jeder Planungsstufe (Flächennutzungsplan, Bebauungsplan) stets in einem eine rechtliche Einheit bildenden Plan niederzulegen (**„Gebot äußerer Planeinheit"**; vgl. auch BVerwGE 50, 114 (122f.)). Zum Festsetzungsumfang des Bebauungsplans → § 9 Rn. 4.

21 Mit dem Grundsatz der Planmäßigkeit der städtebaulichen Entwicklung und Ordnung ist vereinbar, dass sich die Gemeinde, soweit sie dies für erforderlich hält, **anderer planerischer Formen** bedient, wie zB städtebaulicher Rahmenpläne, städtebauliche Entwicklungskonzepte, Sanierungskonzepte, Stadtteilentwicklungspläne (vgl. die Übersicht in *Dolde/Keinath*, Städtebauliche Entwicklungsplanung in der Pra-

xis, 1981, S. 11 ff.). Solche Planungen haben in der städtebaulichen Praxis ua die Funktion der Konkretisierung allgemeiner oder übergreifender gemeindlicher Entwicklungsvorstellungen, der Vorbereitung der gemeindlichen Willensbildung oder der Integration unmittelbar städtebaulicher mit zB sozialen, wirtschaftlichen, stadtgestalterischen und denkmalpflegerischen Vorstellungen. **Abs. 6 Nr. 11** hebt sie als für die Abwägung relevante Belange ebenso hervor wie § 140 Nr. 4 für die Sanierungsplanung. Zulässig sind auch **städtebauliche Programme** zur Baulandbeschaffung und -bereitstellung oder zur planmäßigen Schließung von Baulücken oder zum Stadtumbau. Ihnen ist das Bedürfnis gemeinsam, die städtebaulichen Aktivitäten der Gemeinden in Plänen oder Programmen zielgerichtet zusammenzufassen. Sie haben nicht die der Bauleitplanung vorbehaltene bodenrechtliche Entwicklungs- und Ordnungsfunktion. Im Besonderen Städtebaurecht verwirklichen Sanierungskonzepte (§ 140 Nr. 3), städtebauliche Entwicklungskonzepte (§ 171b Abs. 2) und Entwicklungskonzepte der Sozialen Stadt (§ 171e Abs. 4 S. 1) zugleich das Kooperationsprinzip (→ Rn. 8).

Vom Grundsatz der Planmäßigkeit ist die – zu verneinende – Frage zu unterscheiden, ob dem BauGB die explizite Vorstellung einer **lückenlosen „Überplanung"** **des Gemeindegebiets** mit Bauleitplänen zugrunde liegt. Das Gesetz bestimmt dies lediglich für den **Flächennutzungsplan**, der nach § 5 Abs. 1 für das ganze Gemeindegebiet aufzustellen ist. Jedoch berücksichtigt das Gesetz in § 8 Abs. 2 S. 2 auch den Fall, dass die Aufstellung eines Flächennutzungsplans nicht erforderlich ist. Vor allem die Regelungen über die Zulässigkeit von Vorhaben im **Innenbereich nach § 34** und im **Außenbereich nach § 35** berücksichtigen Gebiete, in denen die Grundstücksnutzung nicht oder jedenfalls derzeit nicht einer Bauleitplanung bedürfen. Die geordnete städtebauliche Entwicklung ohne bzw. ohne qualifizierten Bebauungsplan wird in diesen Gebieten vielmehr unmittelbar durch die **planersetzenden (§ 34)** oder **ersatzplanerischen (§ 35) Regelungen** geleitet, gegebenenfalls ergänzt durch die Satzungen nach §§ 34 und 35. Auch das **Sicherungs- und Vollzugsinstrumentarium** des Gesetzes trägt diesem Umstand Rechnung; vgl. vor allem § 22, § 24 Abs. 1 S. 1 Nr. 3 und 4, § 25 Abs. 1 Nr. 2, § 85 Abs. 1 Nr. 2–7, §§ 136 ff., 165 ff., 171 d, 172 ff., § 176 Abs. 2, § 177. 22

Vorbereitung und Leitung der Grundstücksnutzung „nach Maßgabe dieses Gesetzes" (Abs. 1) durch Bauleitplanung bezeichnet also den Primat der Bauleitplanung innerhalb des Städtebaurechts und die Unzulässigkeit anderer als der im BauGB geregelten Formen der Bauleitplanung. Es schließt aber den Einsatz anderer städtebaulicher Verfahren oder Mittel nicht aus, soweit hierdurch die der Bauleitplanung vorbehaltenen Aufgaben nicht ersetzt werden oder gar auf Bauleitplanung überhaupt (ganz oder teilweise) verzichtet wird („**Kodifikationsprinzip**"; vgl. *Schmidt-Aßmann* BauR 1978, 99 (101)). 23

III. Flächennutzungsplan und Bebauungsplan (Abs. 2)

Die Arten der Bauleitpläne werden in **Abs. 2** geregelt, nämlich der als **vorbereitender Bauleitplan** bezeichnete **Flächennutzungsplan** und der als **verbindlicher Bauleitplan** bezeichnete **Bebauungsplan**. Die Bauleitplanung ist also eine zweistufige Planung. Der **Flächennutzungsplan** stellt als vorbereitender Plan für das ganze Gemeindegebiet die beabsichtigte Art der Bodennutzung nach den voraussehbaren Bedürfnissen der Gemeinde in den **Grundzügen** dar (§ 5 Abs. 1). Er stellt nicht das schon im Einzelnen bestimmte „Bauland" oder die genauen Verkehrsflächen dar, sondern nur – „grobmaschig" – Bauflächen, Baugebiete, Verkehrsflächen usw. (vgl. BVerwGE 26, 287 (292); 48, 70 (73)). Für die planerische Steuerung im Außenbereich kann sich die Gemeinde auf den Flächennutzungsplan beschränken (BVerwGE 124, 132). Zum gemeinsamen Flächennutzungsplan vgl. § 204; zum regionalen Flächennutzungsplan vgl. § 8 Abs. 4 ROG (§ 204 Rn. 1 sowie *Runkel* in EZBK § 204 24

Rn. 62ff.). Der **Bebauungsplan** enthält demgegenüber die **rechtsverbindlichen Festsetzungen** für die städtebauliche Ordnung und bietet die Grundlage für weitere zum Vollzug des BauGB erforderliche Maßnahmen (§ 8 Abs. 1). Der Bebauungsplan ist als Satzung ein verbindlicher Außenrechtssatz (§ 10). Zu den Funktionen des Flächennutzungs- und Bebauungsplans und zum Gebot des „Entwickelns" des Bebauungsplanes aus dem Flächennutzungsplan → Erläuterungen zu §§ 5, 8 und 9.

IV. Planungsbefugnis und Planungspflicht (Abs. 3)

25 1. **Innere und äußere Systematik.** Die Bauleitpläne sind nach § 2 Abs. 1 S. 1 von der Gemeinde in eigener Verantwortung aufzustellen (→ Rn. 3). Diese auf der kommunalen Selbstverwaltungsgarantie beruhende kompetenzrechtliche Regelung wird durch **Abs. 3 S. 1** inhaltlich aufgefüllt. Die Gemeinden **haben** danach **Bauleitpläne aufzustellen, sobald** (Zeitpunkt) und **soweit** (sachlicher und räumlicher Umfang) es für die städtebauliche Entwicklung und Ordnung **erforderlich** ist. Hieraus ergibt sich für die gemeindliche Entscheidungsbefugnis über die Aufstellung von Bauleitplänen eine gesetzliche Vorgabe in zweierlei Richtung: Die Aufstellung von Bauleitplänen ist einerseits **verboten,** wenn sie nicht iS des Abs. 3 S. 1 erforderlich ist (→ Rn. 26). Sie ist andererseits **geboten,** sofern sie unter den Voraussetzungen des Abs. 3 S. 1 erforderlich ist (→ Rn. 27; vgl. auch *Weyreuther* DVBl. 1981, 371). Abs. 3 S. 1 bezieht das Erforderlichkeitsmerkmal zwar ausdrücklich nur auf die **Aufstellung** von Bauleitplänen; es gilt aber ebenso für die **Änderung** und **Ergänzung** oder **Aufhebung** eines Bebauungsplans. Nach **Abs. 3 S. 2** kann kein Anspruch auf Aufstellung von Bauleitplänen begründet werden.

26 2. **Planungsbefugnis (Abs. 3 S. 1) Aufbau der Vorschrift.** Steht eine Bauleitplanung **zur städtebaulichen Entwicklung und Ordnung in Beziehung,** so ist sie **generell zulässig** (BVerwGE 34, 301 (305); 45, 309 (312)). Ob für die **konkrete** Planung (einschließlich Dimensionierung) ein Bedarf besteht, ist dagegen nicht auf der Ebene des Abs. 3 S. 1, sondern im Rahmen der Abwägung zu ermitteln und zu gewichten (BVerwGE 69, 256; 71, 166; ebenso BVerwGE 145, 231 hinsichtlich harter (§ 1 Abs. 3) und weicher (§ 1 Abs. 7) Tabuzonen; krit. *Hendler* DBVl. 2014, 1369, s. a. *Stüer* DVBl 2013, 509.). Die Erforderlichkeit setzt eine Schranke für lediglich grob und einigermaßen offensichtliche Missgriffe (BVerwGE 146, 127 Rn. 9 – Abweichen vom Einzelhandelskonzept; ebenso OVG Lüneburg DVBl 2015, 651.). Die Planungsschranke des § 1 Abs. 3 gilt auch für die ersatzlose Aufhebung (OVG Münster ZfBR 2015, 61). Die Gemeinde ist planungsbefugt, wenn sie hierfür hinreichend gewichtige städtebauliche Allgemeinbelange ins Feld führen kann. Welche städtebaulichen Ziele sie sich setzt, liegt in ihrem planerischen Ermessen, dh sie ist ermächtigt eine „Städtebaupolitik" entsprechend ihren städtebaulichen Ordnungsvorstellungen zu betreiben (BVerwG NVwZ 1999, 1338; vgl. auch *Bender* FS Weyreuther, 1993, S. 125: für Planungsbefugnis „niedrigere" Schwelle als für Planungserfordernis). Das Tatbestandsmerkmal der Erforderlichkeit gilt nicht nur für den Anlass sondern auch für den Inhalt des Plans und damit für jede seiner Festsetzungen. Die Einzelheiten einer konkreten planerischen Lösung sind hingegen nach den Maßstäben des Abwägungsgebots zu überprüfen. (BVerwG ZfBR 2006, 468). „Erforderlich" ist eine Bauleitplanung aber nur dann, wenn sie eine **geordnete städtebauliche Entwicklung** ausgerichtet ist und diese gewährleistet (OVG Münster BauR 2006, 1696).

Bauleitpläne sind somit dann „erforderlich", wenn sie nach der **planerischen Konzeption der Gemeinde** als erforderlich angesehen werden können (BVerwGE 133, 310; NJW 1995, 2572; OVG Lüneburg, NuR 2015, 710 (711) – Errichtung von Windenergieanlagen). Deshalb kann eine verbindliche Bauleitplanung auch eine bereits vorhandene Bebauung überplanen, selbst wenn sich die Bebauung weitgehend nach § 34 bestimmt (BVerwG NVwZ-RR 1997, 83). Auch ein auf nur **ein Grund-**

1. Abschnitt. Allgemeine Vorschriften § 1

stück beschränkter Bebauungsplan ist rechtlich zulässig (BVerwG NJW 1969, 107 u. ZfBR 1994, 101 unzulässig wäre eine „Atomisierung" des Gemeindegebiets). Durch die Erteilung ihres **Einvernehmens** zu einem Bauvorhaben wird die Gemeinde grundsätzlich nicht gehindert, eine dem Vorhaben widersprechende Bauleitplanung zu betreiben (BVerwGE 120, 138). Ist die Planung nicht „erforderlich" iS des Abs. 3 S. 1, so ist sie rechtswidrig und damit nichtig. Ein Bebauungsplan **mangels Erforderlichkeit ist nichtig,** der Flächen für land- und forstwirtschaftliche Nutzung nicht im Interesse einer Förderung der Land- und Forstwirtschaft, sondern deshalb festsetzt, weil er durch das damit weitgehend erreichte Bauverbot durchsetzen will. (BVerwGE 40, 258 (262f.); zu unzulässigem „Etikettenschwindel" s. a. OVG Koblenz ZfBR 2015, 388.). Eine solche **Negativplanung** widerspricht § 1 Abs. 3 BVerwG, BauR 2012, 838; zur verneinten Verhinderungsplanung OVG Münster ZfBR 2015, 283). Keine Negativplanung liegt vor, wenn positive Planungsziele durch negative Beschreibungen festgesetzt werden (BVerwG NVwZ 1991, 875). § 1 Abs. 3 kann verletzt sein, wenn die Gemeinde Festsetzungen nur für Teilbereiche eines Bebauungsplans aus Gründen ändert, die auch für die unveränderten Teilbereiche zutreffen (OVG Lüneburg DVBl. 2012, 40) oder wenn sie vom Einzelhandelskonzept abweichende Festsetzungen zu Lasten eines Grundeigentümers trifft (OVG Münster BauR 2011, 973). An der Planungsbefugnis fehlt es auch, wenn die Aufstellung eines Bebauungsplanes nur deshalb erfolgt, um dem Eigentümer **aus wirtschaftlichen Gründen den Verkauf von Baugrundstücken zu ermöglichen** (BVerwGE 34, 301 (305); ZfBR 1994, 100); oder wenn eine Bebauungsplanänderung eine vom ursprünglichen Plan abweichende Fehlentwicklung im **privaten Interesse** zu legalisieren (OVG Koblenz BauR 1986, 412) aber auch, wenn der Trennungsgrundsatz des § 50 BImSchG missachtet wird (OVG Münster BauR 2014, 2054) oder wenn durch eine geordnete städtebauliche Entwicklung wegen fehlender Innenerschließung eines Gewerbegebiets eine „Gewerbegebietsinsel" entstünde (BVerwG ZfBR 2014, 381). Auch eine Planung, die nur der Arbeitsbeschaffung oder dem Prestigebedürfnis dient, ist nicht „erforderlich" (BVerwGE 71, 166). Der Bauleitplan muss Aussicht auf Verwirklichung haben (BVerwG NVwZ 1991, 1074; OVG Münster, U. v. 7.7.2001 – 2 D 137/09. ME – juris Rn. 102). § 1 Abs. 3 steht der Überplanung einer „schwarz" genutzten Waldsiedlung nicht entgegen (OVG Lüneburg BauR 2014, 954). Ausnahmsweise kann die Aufstellung eines Bebauungsplans iS des § 1 Abs. 3 S. 1 auch für eine Alternativtrasse einer **Bundesfernstraße** erforderlich sein, für die bereits ein Planfeststellungsverfahren betrieben oder bereits ein Planfeststellungsbeschluss vorhanden ist; dies kann dann in Betracht kommen, wenn hierdurch die Flächen gesichert werden sollen, für die die Gemeinde eine alternative Planung in Betracht zieht (BVerwGE 72, 172; NVwZ 1992, 1093; *Gaentzsch* WiVerw. 1985, 235 (245)). Ein planfeststellungsersetzender Bebauungsplan ist indes nicht erforderlich, wenn die Verwirklichung der festgesetzten Trasse einer Landesstrasse innerhalb eines Zeitraums von 10 Jahren nach In-Kraft-Treten des Plans ausgeschlossen erscheint (BVerwGE 120, 239). Der Vorbehalt zugunsten von Fachplanungen gem. **§ 38 S. 1 beschränkt die Gemeinde** auch im Gebrauch ihrer Planungshoheit in Bezug auf die vorhandene Anlage der Fachplanung (BVerwGE 81, 111).

3. Planungspflicht (Abs. 3 S. 1). Die Gemeinde ist nach **Abs. 3 S. 1** zur **Aufstellung von Bauleitplänen verpflichtet,** sobald und soweit es für die städtebauliche Entwicklung und Ordnung **erforderlich** ist. Die Planungspflicht bezieht sich sowohl auf den Beginn („Ob") als auch auf den Umfang („Wie") der Planung (dazu BVerwG NVwZ 2013, 719; DVBl 2013, 645). Die Planungspflicht der Gemeinde kann **kommunalaufsichtlich** durchgesetzt werden (BVerwGE 119, 25). Die Planungspflicht besteht jedoch ausschließlich im öffentlichen Interesse; das Planungsermessen der Gemeinde verdichtet sich zur „strikten Planungspflicht, wenn qualifizierte städtebauliche Gründe von besonderem Gewicht vorliegen" (BVerwG 119, 25; be- 27

jah. für das interkommunale Abstimmungsgebot). Niemand hat aber einen Rechtsanspruch auf die Aufstellung von Bauleitplänen (Abs. 3 S. 2; → Rn. 31).

28 Die Planungspflicht iS des Abs. 3 S. 1 besteht, wenn Bauleitpläne nach der **planerischen Konzeption der Gemeinde** erforderlich sind (BVerwG NJW 1971, 1626, NVwZ 2013, 1157, ZfBR 2016, 44 – Entwicklungskonzept Vergnügungsstätten). Zur Auslegung des Begriffs „Erforderlichkeit" sind für den Einzelfall die Entwicklungs- und Ordnungsfunktion der Bauleitplanung (→ Rn. 10), die sich aus dem Planmäßigkeitsgebot ergebenden Pflichten (→ Rn. 14–20) unter Berücksichtigung der Planungsgrundsätze und -leitlinien nach Abs. 5 und 6 heranzuziehen. Der Ausschluss einzelner Nutzungen ist bereits dann erforderlich, wenn die Festsetzung vom zugrundeliegenden Planungsziel gedeckt ist, wenn ihr also in Bezug auf das Planungsziel Förderpotenzial zukommt (BVerwG, U. v. 10. 9. 2015 – 4 CN 8.14).

Ist die **Verwirklichung einer Planung** nachhaltig nicht möglich (zB aus wirtschaftlichen oder rechtlichen Gründen, dann ist sie auch nicht iS des Abs. 3 S. 1 erforderlich (→ zB Rn. 26 aE, 65a, 129; *Söfker* in EZBK § 1 Rn. 35ff. (213ff.)). So kann auch ein Bebauungsplan, dessen Verwirklichung an **artenschutzrechtlichen** Zugriffs- und Störungsverboten im Sinne des § 42 BNatSchG scheitert, gegen § 1 Abs. 3 verstoßen, es sei denn die Voraussetzungen für die Erteilung einer Befreiung gemäß § 62 BNatSchG (→ Rn. 65c) liegen vor (VGH Kassel NVwZ-RR 2008, 446 u. NuR 2012, 644).

29 Anders als noch gem. § 10 StBauFG 1971 besteht die Rechtspflicht zur Aufstellung von Bebauungsplänen nur noch innerhalb der förmlich festgelegten **städtebaulichen Entwicklungsbereiche** (§ 166 Abs. 1 S. 2). Zur Verpflichtung der Gemeinde zur Aufstellung von Bauleitplänen bei **Flurbereinigungsmaßnahmen** vgl. § 188 Abs. 1. Zum **Planungserfordernis** als ein der Zulässigkeit von Vorhaben im Innenbereich und im Außenbereich entgegenstehender **öffentlicher Belang** → die Erl. zu §§ 34 und 35; eine Planungspflicht kann auch gem. § 247 Abs. 3 S. 2 bestehen; zur Planungspflicht nach § 1 Abs. 3 oder 247 Abs. 3 S. 2 ausführlich *Ingold*, Erstplanungspflichten im System des Planungsrechts, 2007, S. 204 ff. (303 ff.).

30 **4. „Planerische Zurückhaltung".** Von der Frage der Erforderlichkeit der Bauleitplanung iS einer Planungspflicht ist die Frage zu unterscheiden, was im Einzelnen in die **planerische Abwägung** einzustellen ist. Zwar bezieht sich das Erforderlichkeitsgebot des Abs. 3 S. 1 auch auf den Umfang („soweit") der Planung; dies bezieht sich jedoch auf die generelle Erforderlichkeit der Planung und nicht auf die Rechtmäßigkeit der konkreten planerischen Lösung, wie sie in Erfüllung der Planungspflicht gefunden wird. Der (inhaltliche) **Umfang der Planungspflicht** ist im Zusammenhang mit höherstufigen Planungen, Fachplanungen, spezialgesetzlichen Genehmigungsverfahren (wie zB nach §§ 4ff. BImSchG) und dem bauordnungsrechtlichen Genehmigungsverfahren zu sehen. Die Planungspflicht kann demgemäß nicht über das hinaus bezogen werden, was der Bauleitplanung in ihrer spezifischen städtebaulichen Entwicklungs- und Ordnungsfunktion eigen ist.

Das BVerwG hat diesen Gesichtspunkt einer **planerischen Selbstbeschränkung** (vgl. auch BVerwGE 67, 334 zur „planerischen Zurückhaltung") wiederholt zur Geltung gebracht: Bereits in Entscheidungen zu §§ 34 und 35 über die Zulässigkeit von „Windenergieanlagen" (BVerwGE 67, 23; s. a. Rn. 26) hat das BVerwG davon abgesehen, der Ebene der planungsrechtlichen Beurteilung eines Vorhabens das zuzurechnen, was hinsichtlich des Standorts, der Dimensionierung oder der Immissionen auch in der **nachbarlichen Abstimmung** ausgeräumt oder durch **Auflagen im Baugenehmigungsverfahren** durchgesetzt werden kann. In der Rspr. des BVerwG ist geklärt, dass eine Verlagerung von Problemlösungen aus dem Bauleitplanverfahren auf nachfolgendes Verwaltungshandeln nicht ausgeschlossen ist. Von einer abschließenden Konfliktbewältigung im Bebauungsplan darf die Gemeinde Abstand nehmen, wenn die Durchführung der als notwendig erkannten Maßnahmen der Konfliktlösung außerhalb des Planungsverfahrens auf der Stufe der Verwirklichung der Planung sicher-

1. Abschnitt. Allgemeine Vorschriften § 1

gestellt oder zu erwarten ist. Dies hat die Gemeinde prognostisch zu beurteilen; ist die künftige Entwicklung im Zeitpunkt der Beschlussfassung hinreichend sicher abschätzbar, darf sie dem bei ihrer Abwägung Rechnung tragen (vgl. zB BVerwG NVwZ 2000, 1054; ZfBR 2008, 592). Die mit der Durchführung des Bebauungsplans absehbar verbundenen wirtschaftlichen und sozialen Folgeprobleme müssen nicht bereits im Bebauungsplan selbst oder in unmittelbaren zeitlichen Zusammenhang mit diesem verbindlich und abschließend geregelt werden. Die Gemeinde darf vielmehr Maßnahmen zur Milderung oder zum Ausgleich von Härten dem späteren, dem Planvollzug dienenden **Verwaltungsverfahren überlassen,** wenn sie im Rahmen der Abwägung realistischerweise davon ausgehen kann, dass die Probleme in diesem Zusammenhang gelöst werden können (BVerwG NVwZ 1998, 953; vgl. bereits BVerwGE 69, 30). Bei der rechtlichen Überprüfung eines Bebauungsplans kann zB berücksichtigt werden, dass die Gemeinde mit der Lösung von bewältigungsbedürftigen Konflikten in einem noch durchzuführenden Umlegungsverfahren rechnen darf (BVerwG NVwZ-RR 1999, 425; ZfBR 2008, 592). Die planerische Zurückhaltung darf aber nicht zu einem Verstoß gegen das aus dem Abwägungsgebot des Abs. 7 folgenden Gebot der planerischen Konfliktbewältigung führen (→Rn. 115 ff., →Rn. 10). Diese Zusammenhänge zwischen Bauleitplanung einerseits und spezifischen Planungs- und Entscheidungsverfahren andererseits können bei Wahrung des Gebots der Konfliktbewältigung dazu führen, dass bereits auf der vorhergehenden Entscheidungsebene, nämlich der Prüfung der Planungspflicht und der Planungsbefugnis, die Möglichkeit genehmigungsrechtlicher Regelungen und spezialgesetzlicher Vorbehalte die **Planungspflicht inhaltlich reduzieren** kann.

5. Kein Anspruch auf Aufstellung (Abs. 3 S. 2). Nach **Abs. 3 S. 2** hat niemand einen **Anspruch auf Aufstellung** von Bauleitplänen und städtebaulichen Satzungen. Die Vorschrift stellt klar, dass ein Anspruch auch nicht durch Vertrag begründet werden kann (BVerwG NJW 1980, 2538; BGHZ 76, 16; *Krebs* VerwArch 1981, 49; *Gusy* BauR 1981, 164). Ein gegen Abs. 3 S. 2 verstoßender Vertrag ist gem. § 59 I VwVfG iVm § 134 BGB nichtig (s. a. F/O/*Kment* § 5 Rn. 10); iVm Abs. 8 besteht auch kein Anspruch auf Änderung, Ergänzung oder Aufhebung. Der Planungspflicht der Gemeinde dem. Abs. 3 S. 1 entspricht kein subjektives Recht des Bürgers. Auch gegenüber anderen Gebietskörperschaften darf sich die Gemeinde nach Abs. 3 S. 2 weder zur Aufstellung und Änderung, noch zur Nichtaufstellung eines Bauleitplans verpflichten (BVerwG NVwZ 2006, 458), auch nicht wenn objektivrechtlich die Aufstellung eines Bauleitplans geboten ist (BVerwG NVwZ 1983, 92). Abs. 3 S. 1 nimmt einer Klage auf Aufstellung eines Bebauungsplanes bereits das Rechtsschutzbedürfnis. Die planerische Gestaltungsfreiheit der Gemeinde, die gesetzlich vorgeschriebene, gerichtlich nicht substituierbare Abwägung und die unzulässige Umgehung des Anhörungs- und Auslegungsverfahrens schließen einen derartigen Anspruch aus (BVerwG NJW 1977, 1979; BVerwG BauR 2001, 1060; OVG Lüneburg DVBl. 1978, 178). Das subjektive Recht aller Planbetroffenen auf eine gerechte Berücksichtigung ihrer Interessen in der Bauleitplanung umschließt keinen Anspruch auf Aufstellung eines das Abwägungsgebot beachtenden Planes, wenn der frühere Plan wegen Verletzung des Abwägungsgebots nichtig war (BVerwG NVwZ 1995, 598). Abs. 3 S. 1 schließt sowohl einen Anspruch auf Fortführung eines eingeleiteten Planungsverfahrens wie einen Anspruch auf Fortbestand eines Bauleitplanes aus – kein Plangewährleistungsanspruch (BVerwG NJW 1970, 626). Allerdings kann die Wirksamkeit eines Bebauungsplanes davon abhängig sein, ob er ein Grundstück, das durch Emissionen planbedingter Nutzungen eines Nachbargrundstückes schwer und unerträglich betroffen wird, mit einbezieht oder nicht (BVerwGE 47, 144). Eine Verpflichtungserklärung einer Gemeinde, innerhalb einer bestimmten Frist einen Bebauungsplan aufzustellen, ist nichtig. Zum zulässigen gerichtlichen Vergleich über Einleitung eines Bebauungsplanverfahrens, *BVerwG* ZfBR 2012, 259. Trotz einer un-

31

wirksamen Verpflichtung zur Aufstellung eines bestimmten Bebauungsplans kann der Bauträger gegen die Gemeinde einen Schadensersatzanspruch aus culpa in contrahendo (§ 311 Abs. 2 BGB) wegen nicht notwendig erklärter vertraglicher Risikoübernahme, aus Amtshaftung oder einen Aufwendungsersatzanspruch haben (BGHZ 71, 386; DVBl. 1986, 409; NJW 1990, 2459; abl. *Ebsen* JZ 1985, 57; gegen einen Ausgleich über Gewährleistungsrecht bei Nichtigkeit BVerwG NJW 1980, 2538); für verschuldensunabhängige Haftung aus vorangegangenem Verhalten *Krebs* VerwArch 1981, 59. Der gem. § 40 Abs. 2 S. 1 VwGO vor den Zivilgerichten geltend zu machende Anspruch ist zB gegeben, wenn die Gemeinde unrichtige Vorstellungen vom Stand der Bauleitplanung vermittelt hat, nicht aber, weil sie das Planungskonzept ändert. Zur Gegenmeinung, die in Ausnahmefällen bei Wahrung der Anforderungen des Abwägungsgebotes einen verfassungsrechtlich oder vertraglich begründeten Anspruch auf eine bestimmte Bauleitplanung bejaht (*Degenhart* BayVBl. 1979, 289; *W. Karehnke,* Die rechtsgeschäftliche Bindung der kommunalen Bauleitplanung, 1983, S. 80 ff.) hat sich nicht durchgesetzt. Zulässig und wirksam sind jedoch Verträge, die die Bauleitplanung begleiten, aber Ziele verfolgen, zu denen das BauGB neutral ist (vgl. hierzu § 11 sowie zB *Dolde/Menke* NJW 1996, 2616 (2618), zB BVerwGE 92, 56 (65) Inkraftsetzung des Bebauungsplans nach Verpflichtung aller Eigentümer des Plangebiets auf das Einheimischenmodell; *Birk,* FS Schlichter, 1995, 113 „Verträge über die Zusammenstellung des Abwägungsmaterials"; *Loomann* NJW 1996, 1439). Es besteht auch kein Anspruch auf Fortsetzung eines Planungsverfahrens (BVerwG NVwZ-RR 1997, 213). § 12 Abs. 2 Abs. 2 S. 1 gibt dem Vorhabenträger nur einen Anspruch darauf, dass über seinen Antrag, ein Bauleitplanungsverfahren einzuleiten, nach pflichtgemäßem Ermessen entschieden wird (VGH Mannheim NVwZ 2000, 1060; → § 12 Rn. 22). Ermessensreduzierung auf Null ist ausgeschlossen (*Reidt* BauR 1998, 909 (913); *Battis,* FS 100 Jahre Allg. BauG Sachsen, 2000, 507 (514))).

V. Anpassung an die Ziele der Raumordnung (Abs. 4)

32 **1. Allgemeines.** Die Bauleitplanung ist Teil eines vertikalen und horizontalen Geflechts raumbezogener Gesamt- und Fachplanungen; → Rn. 3 ff., 6. Nach Abs. 4 sind die Bauleitpläne den Zielen der Raumordnung anzupassen. Die Anpassungspflicht bezieht sich auf den aufzustellenden Plan, seine Änderung, Ergänzung oder Aufhebung. Bauleitpläne sind also auch an zeitlich nachfolgende Ziele der Raumordnung nachträglich anzupassen (VGH Mannheim BRS 36 Nr. 1; einschränkend *Spannowsky* ZfBR 2015, 445; *Gaentzsch* WiVerw 1985, 235 (246)). Aus Abs. 4 ergibt sich weiterhin die Pflicht, Bauleitpläne **erstmals aufzustellen,** sobald und soweit dies zur Verwirklichung der Ziele der Raumordnung erforderlich ist (BVerwGE 119, 25; *Runkel* in EZBK § 1 Rn. 65 b ff.; wN Rn. 39).

33 Eine Parallelvorschrift zu § 1 Abs. 4 BauGB enthält **§ 4 Abs. 1 S. 1 ROG.** Danach sind die Ziele der Raumordnung von öffentlichen Stellen bei ihren raumbedeutsamen Planungen und Maßnahmen zu beachten. Nach **§ 7 Abs. 3, §§ 10, 13** ist vorgesehen, dass ua die öffentlichen Stellen (also ua die Gemeinden: § 3 Abs. 1 Nr. 5 ROG) ihre raumbedeutsamen Planungen und Maßnahmen aufeinander und untereinander abzustimmen haben. Die sich aus § 4 Abs. 1 S. 1 ROG für die Bauleitplanung ergebende **Beachtenspflicht** deckt sich materiell mit der Anpassungspflicht des § 1 Abs. 4 BauGB (BVerwGE 90, 329).

34 Die Anpassungspflicht nach Abs. 4 widerspricht nicht der **Garantie der gemeindlichen Selbstverwaltung** nach Art. 28 Abs. 2 GG. Die Garantie der gemeindlichen Selbstverwaltung gilt nur „im Rahmen der Gesetze". Der selbstverantwortlich zu erledigende Aufgabenbereich der Gemeinde kann durch gesetzliche Regelungen eingeschränkt werden, wenn der Wesensgehalt der gemeindlichen Selbstverwaltung dabei unangetastet bleibt und nicht innerlich ausgehöhlt wird

(BVerfGE 1, 167 (175); BVerwGE 6, 19). Der gemeindlichen Planung kann daher ein bestimmter Rahmen gesetzt werden, der sich aus überörtlichen Gesichtspunkten ergibt (BVerwGE 6, 342 (345)). Dazu vertiefend *Brohm* DVBl. 1980, 656; *Schmidt-Aßmann*, Grundfragen des Städtebaurechts, 1972, S. 140ff. (153ff.); *ders.* VerwArch 1980, 117; *Wahl*, Rechtsfragen der Landesplanung und Landesentwicklung I, 1978, 132ff. (139ff.).

Die Anpassungspflicht nach Abs. 4 begründet **kein subjektiv-öffentliches** 35 **Recht** auf Einhaltung. Gegenüber dem Bürger entfalten die Ziele der Raumordnung idR allenfalls eine mittelbare Wirkung (vgl. *Hoppe* DVBl. 1993, 1109); anders ist dies bei der Festlegung von Eignungsgebieten (→ § 35 Rn. 74; *Runkel* in Spannowsky/Runkel/Goppel ROG § 3 Rn. 43). Zur Nichtigkeit einer Bauleitplanung wegen Verstoßes gegen die Anpassungspflicht nach Abs. 4, → Rn. 42.

Zu den Zielen der Raumordnung als ein der **Zulässigkeit von Außenbereichs-** 36 **vorhaben (§ 35)** entgegenstehender öffentlicher Belang vgl. § 35 Abs. 3 S. 2 und 3. Einem sonst nach **§ 34 Abs. 1** zulässigen Bauvorhaben stehen die Ziele der Raumordnung und Landesplanung nicht entgegen (BGHZ 88, 51; → § 34 Rn. 29).

2. Aufbau der Vorschrift. Raumordnung ist die zusammenfassende und über- 37 geordnete Planung und Ordnung des Raumes (BVerfGE 3, 407 (425)). Zur Raumordnung im **Bund** vgl. §§ 17ff. ROG. **Landesplanung** ist die Raumordnung in den Ländern (§ 8 ROG). Auch die **Regionalplanung** ist Landesplanung, bezogen auf eine Teilfläche eines Landes, die größer ist als eine der Bauleitplanung unterliegende Einheit (vgl. *Wahl*, Rechtsfragen der Landesplanung und Landesentwicklung I, 1978, 18 mwN). Raumordnung, Landes- und Regionalplanung sind überörtliche ("übergeordnete") Planungen. Sie sind Gesamtplanungen ("zusammenfassende Planungen"), die nicht primär – wie die Bauleitplanung – auf die Planung der Grundstücksnutzung ausgerichtet ist, sondern auch die sonstigen raumbedeutsamen Bereiche (wie zB Wirtschaft, Verkehr, Umwelt, Bevölkerung) umfassen. Dem Bund stand für das Recht der Raumordnung bis zur "Föderalismusreform" (2006; → Einl. Rn. 9) neben ausschließlicher Gesetzgebungskompetenz für das Bundesgebiet als Ganzes (BVerfGE 3, 407 – "aus der Natur der Sache") gem. Art. 75 Nr. 4 die Rahmenkompetenz, seither die konkurrierende Gesetzgebungskompetenz zu. Der Bund hat hiervon durch das ROG Gebrauch gemacht hat. Zur Abweichungskompetenz der Länder gemäß Art. 72 Abs. 3 Nr. 4 gg *Petschulat*, Die Regelungskompetenzen der Länder für die Raumordnung nach der Föderalismusreform, 2015 Zu den Landesplanungsgesetzen vgl. *Bielenberg/Runkel/Spannowsky*, Raumordnungs- und Landesplanungsrecht des Bundes und der Länder, Loseblattkommentar; *Cholewa/Dyong/v. d. Heide/Arenz*, Raumordnung in Bund und Ländern, Loseblattkommentar; zur europäischen Raumentwicklungspolitik, *Battis/Kersten*, Europäische Politik des territorialen Zusammenhalts, 2008; *Kersten* IzR 2010, 553.

Ziele der Raumordnung sind entsprechend § 3 Abs. 1 Nr. 2 ROG verbindliche 38 Vorgaben in Form von räumlich und sachlich bestimmten und bestimmbaren, vom Träger der Landes- oder Regionalplanung abschließend abgewogenen (vgl. § 7 Abs. 2 ROG) textlichen oder zeichnerischen Festlegungen in Raumordnungsplänen zur Entwicklung, Ordnung und Sicherung des Raums; sie sind nach ihrem materiellen Gehalt Außenrechtsnormen (vgl. *Runkel* in Spannowsky/Runkel/Goppel ROG § 3 Rn. 55; *Kment* NVwZ 2003, 1447), die auch nach § 47 I Nr. 2 VwGO gerichtlich überprüft werden können (BVerwGE 119, 217; *Kment* DVBl. 2006, 1336). Die Länder stellen für ihr Gebiet zusammenfassende und übergeordnete Pläne auf (§ 8 Abs. 1 ROG). In den Ländern, deren Gebiet die Verflechtungsbereiche mehrerer zentraler Orte oberster Stufe umfasst, sind Regionalpläne aufzustellen (§ 8 Abs. 2 ROG). Bei der **Aufstellung der Ziele** der Raumordnung sind die Gemeinden, für die eine Anpassungspflicht begründet wird, zu beteiligen (§ 1 Abs. 3, § 7 Abs. 3 ROG). Werden die Ziele unter Missachtung der Mitwirkungsrechte der Gemeinden aufgestellt, bin-

den sie diese nicht (BVerwGE 95, 123); ebenso wenig Raumordnungsziele, die rein städtebauliche Ziele festlegen (zur Bindungswirkung der Raumordnung in Plangenehmigungsverfahren BVerwG ZUR 2010, 311; OVG Münster NuR 2009, 801; dazu *Goppel* DVBl. 2009, 1592; *Versteyl* NuR 2009, 819; *Appel* UPR 2011, 161; *Reidt/Wahlhäuser* UPR 2008, 169 (173); *Maidowski/Schulte* Baurecht 2009, 138; *Kuschnerus* ZfBR 2010, 324; *Bienek* UPR 2008, 370; *Bunzel/Hanke,* Grenzen der Regelungskompetenz der Raumordnungsplanung im Vergleich zur kommunalen Planungshoheit, 2011; *Sparwasser* in Mitschang (Hrsg.), Aktuelle Fragen des Städtebau- und Umweltrechts, 2011, 79). Zu den streitigen Grenzen zulässiger Steuerung des großflächigen Einzelhandels durch die Raumordnung BVerwG DVBl. 2011, 491 – zulässige Ausnahme von Sollziel ohne Zielabweichungsverfahren – auch zur Vereinbarkeit mit Art. 49 AEUV; VGH Mannheim BauR 2010, 662; BVerwG NVwZ 2006, 932; *Battis* DVBl. 2011, 196; *Kment* EuR 2011, 269; zur wirksamen Agglomerationsregelung BVerwG BauR 2012, 456 – Heilbronn; NVwZ 2012, 315 – Ortenau-Süd; krit. zur Steuerung des Einzelhandels durch Raumentwicklung, *Bunzel* in Steger/Bunzel (Hrsg.), Raumordnungsplanung Quo vadis?, 2012, S. 42; *Uechtritz* in Steger/Bunzel S. 103; *Schmidt-Eichstaedt* LKV 2012, 49; krit. zum Kongruenzgebot, *Kuschnerus* ZfBR 2010, 324; aufgeschlossener *Blotevogel* in Steger/Bunzel S. 11 (28); *Runkel* in Steger/Bunzel, 84 (93); zum Integrationsgebot *Hager,* FS Dolde, 2014, 5; zum Rechtsschutz der Gemeinde, *Reidt* in Steger/Bunzel, 130; ausführlich zur Rechtfertigung mittelbarer Auswirkungen auf die Niederlassungsfreiheit: EuGH BeckRS 2011, 80283; dazu *Kopf* IBR 2011, 2801.

39 **3. Die Anpassung der Bauleitpläne.** An die hiernach festgelegten Ziele der Raumordnung sind die Gemeinden nach Abs. 4 gebunden (vgl. auch § 4 Abs. 1 S. 1 ROG; → Rn. 33). **Voraussetzung für eine Anpassungs- oder Erstplanungspflicht** ist allerdings, dass die Ziele der Raumordnung hinreichend **konkretisiert** sind (BVerwGE 6, 342 (346); 119, 25–39; VGH Kassel ZUR 2010, 542; OVG Lüneburg NuR 2012, 406 – Windenergie; *Moench* DVBl. 2005, 676; ausführlich *Ingold,* Erstplanungspflichten im System des Planungsrechts, S. 230 ff.). Bauleitpläne sind in angemessener Zeit anzupassen. Erst wenn diese überschritten wird, werden sie nichtig (VGH Kassel NVwZ-RR 2010, 47; FOK § 5 Rn. 39; aA *Waechter* DÖV 2010, 493 – nichtig ex lege. Die Ziele der Raumordnung müssen daher verbindliche Festlegungen als **Mindestanforderungen** an die Bauleitplanung enthalten, die der Abwägung nach Abs. 7 als Planungspflicht vorgegeben sind (VGH Mannheim BRS 36 Nr. 1; → Rn. 91). Jedoch sind die Ziele der Raumordnung tendenziell auf Konkretisierung durch die Bauleitplanung angewiesen, was sich schon daraus ergibt, dass Raumordnung nicht zum Bodenrecht gehört (BVerwG 90, 329). Auch landesplanerische Aussagen, die eine Regel-Ausnahme-Struktur aufweisen, können die Merkmals eines Ziels der Raumordnung erfüllen, wenn neben den Regel- auch die Ausnahmevoraussetzungen mit hinreichender Bestimmtheit oder doch wenigstens Bestimmbarkeit festgelegt sind (BVerwGE 118, 54).

40 Die Ziele müssen ordnungsgemäß in dem nach dem jeweiligen Landesplanungsgesetz vorgesehenen Verfahren zustande gekommen sein (*Gaentzsch* in BK § 1 Rn. 28). Ziele der Raumordnung und Landesplanung in Programmen und Plänen, die erst in der Aufstellung, Änderung oder Ergänzung begriffen sind, entfalten noch keine unmittelbaren Rechtswirkungen nach Abs. 4 (VG Oldenburg DVBl. 1967, 393); sie sind „sonstige Erfordernisse" der Raumordnung (§ 3 Abs. 1 Nr. 4 ROG). Auch landesplanerische Gutachten oder Bewertungen in Landesplanungsberichten sind keine Ziele iS des Abs. 4. Das Gleiche gilt für die Ergebnisse eines **Raumordnungsverfahrens;** es dient nicht der Aufstellung von Zielen der Raumordnung und Landesplanung, sondern der Prüfung der Raumverträglichkeit (BVerwGE 68, 311, § 3 Abs. 1 Nr. 4 ROG.

41 Die Ziele der Raumordnung setzen der gemeindlichen Bauleitplanung zwar einen verbindlichen Rahmen, der – um die Anpassungspflicht nach Abs. 4 auslösen zu kön-

1. Abschnitt. Allgemeine Vorschriften §1

nen – auch hinreichend konkret sein muss (→ Rn. 39). Da die Raumordnung den Konfliktausgleich auf landesplanerischer Ebene zu leisten hat, kann sie durch die Bauleitplanung zwar nicht überwunden, wohl aber konkretisierend verfeinert werden (zur **Feinsteuerung** BVerwGE 90, 329; BRS 66, Nr. 115; OVG Koblenz DVBl. 2011, 504 u. UPR 2011, 235 – Windenergieanlagen. Die Gemeinden können (und müssen) diesen Spielraum nutzen. So können sich auch innerhalb dieses Rahmens nicht vermeidbare **Kollisionen und Zielkonflikte** ergeben. Zur Bedeutung von Vorranggebieten im regionalen Raumordnungsprogramm für Windenergieanlagen OVG Lüneburg, BauR 2015, 50. Die Ziele der Raumordnung sind dabei der Abwägung nach Abs. 7 als Planungsvorgaben entzogen → Rn. 39 sowie Rn. 91. Zielkonflikte, die sich innerhalb des hierdurch vorgegebenen Rahmens in Ausnahmefällen ergeben können, sind durch eine Abwägung der widerstreitenden überörtlichen und örtlichen Zielsetzungen so zu bewältigen, dass sowohl die Ziele der Raumordnung als auch die Aufgaben der Bauleitplanung optimal verwirklicht werden können (vgl. auch *Brohm*, Staatliche Straßenplanung und gemeindliche Bauleitplanung, 1979, S. 37 mwN).

Ein Bauleitplan, der der Anpassungspflicht des Abs. 4 nicht entspricht, ist **nichtig** 42 (VGH München BRS 54 Nr. 42; *Runkel* in EZBK § 1 Rn. 43), zB ein Bebauungsplan, der Zielen der Raumordnung mit Vorgaben für die Siedlungsdichte widerspricht (VGH Kassel, ZfBR 2014, 780), ein Bebauungsplan für einen großflächigen Einzelhandelsbetrieb, der das Integrationsgebot nicht beachtet (OVG Lüneburg ZfBR 2015, 69), ein Bebauungsplan, der der Festlegung eines Vorranggebietes Hochwasserschutz in einem Regionalen Raumordnungsprogramm widerspricht (OVG Lüneburg, BauR 2014, 949), für den die Gemeinde keine Zielabweichungsentscheidung eingeholt hat (VGH Kassel NVwZ 2014, 43), ein Bebauungsplan, der die durch LROP vorgegebenen Hafenfunktionen nicht berücksichtigt (OVG Lüneburg DVBl 2015, 789), ein mit dem Regionalplan unvereinbarer Gewerbepark (OVG Münster DVBl 2015, 1329, mit § 1 Abs. 4 unvereinbare Ersatzaufforstungen (OVG Münster BauR 2015, 1785). Zum Verstoß einer Agglomeration nicht großflächigen Einzelhandels gegen das Integrationsverbot (OVG Lüneburg ZfBR 2015, 65). Das gilt auch, wenn die durch den Bebauungsplan zugelassenen, einem Ziel der Raumordnung widersprechende baulichen Nutzungen ohne größeren Aufwand wieder beseitigt werden können (BVerwG NVwZ 2005, 584). Ein Bebauungsplan, der einem Ziel der Raumordnung widerspricht verletzt Abs. 4 auch dann, wenn er aus dem Flächennutzungsplan entwickelt wurde (BVerwGE 117, 351). Der Plan darf nicht genehmigt werden (BVerwG NVwZ 2006, 932), auch nicht, wenn das Ziel erst nach Beschlussfassung, aber vor Genehmigung des Plans in Kraft tritt. Wenn nach Beschlussfassung eines Bebauungsplans ein Ziel der Raumordnung rechtswirksam wird, das eine Anpassungspflicht begründet, darf der Bebauungsplan nicht bekanntgemacht werden (NVwZ 2007, 953). Er verliert jedoch nicht seine Gültigkeit, weil er einem Ziel, das in einem zeitlich nachfolgenden Regionalplan enthalten ist, noch nicht angepasst ist (OVG Lüneburg NJW 1984, 1776).

Die Planungspflicht der Gemeinde kann kommunalaufsichtlich durchgesetzt werden 43 (BVerwGE 34, 301). Das Raumordnungs- und Landesplanungsrecht enthält weiterhin Regelungen zur **Untersagung raumordnungswidriger Planungen und Maßnahmen** (vgl. § 14 ROG) sowie **Anpassungs- und Planungsgebote** (vgl. hierzu *Runkel* in EZBK § 1 Rn. 44.). Zur **Veränderungssperre** → § 14 Rn. 9.

VI. Ziele und Grundsätze der Bauleitplanung (Abs. 5)

1. Überblick. In **Abs. 5** sind in Form von **Planungsgrundsätzen, die allge-** 44 **meinen Ziele** zusammengefasst. **Abs. 5 S. 1** nennt als **allgemeine Ziele** der Bauleitplanung die Gewährleistung einer **nachhaltigen städtebaulichen Entwicklung** und einer dem Wohl der Allgemeinheit entsprechenden **sozialgerechten Bodennutzung**. Nach **Abs. 5 S. 2** soll die Bauleitplanung ua dazu beitragen, eine **men-**

schenwürdige **Umwelt** zu sichern und die **natürlichen Lebensgrundlagen** zu schützen und zu entwickeln sowie den **Klimaschutz** und die **Klimaanpassung** (§ 1a Abs. 5), insbesondere auch in der Stadtentwicklung zu fördern sowie die **städtebauliche Gestalt** und das Orts- und Landschaftsbild baukulturell zu erhalten und zu entwickeln. Der durch die Innenentwicklungsnovelle 2012 (→ Einl. Rn. 62) in Abs. 5 eingefügte Satz 3 erhebt den Vorrang der durch die nationale Nachhaltigkeitspolitik betriebenen Reduzierung der Inanspruchnahme neuer Flächen zu einem weiteren allgemeinen Planungsleitsatz. Zum Flächenverbrauch *Blotevogel* in Steger/Bunzel S. 11 (25); *Runkel* in EZBK § 1 Rn. 38; *Uechtritz* in Steger/Bunzel S. 103 und *Reidt* in Steger/Bunzel S. 130; *Spannowsky* UPR 2013, 201 → § 2 Rn. 23. Die in Abs. 5 benannten Ziele sind **Oberbegriffe** zu den **in Abs. 6** beispielhaft aufgeführten Planungsleitlinien.

45 **2. Allgemeine Ziele (Abs. 5 S. 1–3).** Durch die Bauleitplanung werden **Inhalt und Schranken des Eigentums** bestimmt (vgl. Rn. 7). Hierfür setzt **Abs. 5 S. 1** den Art. 14 GG entsprechenden Rahmen, der die planende Gemeinde bindet. Aus dem „**übergeordneten allgemeinen Leitbegriff**" (BT-Drs. 7/5059 S. 2; zur Terminologie – Planungsziele, Planungsleitsätze, Planungsleitlinien, Richtpunkte – vgl. *Hoppe* DVBl. 1994, 1033) einer **nachhaltigen städtebaulichen Entwicklung** ergibt sich einerseits die wesentliche Funktion der Bauleitplanung, nämlich die Entwicklungs- und Ordnungsfunktion (→ Rn. 10). Nachhaltige **städtebauliche** Entwicklung umfasst danach die Aufgabe, die sozialen, wirtschaftlichen und umweltschützenden Anforderungen miteinander in Einklang zu bringen (*Ronellenfitsch* NVwZ 2006, 385 (387) zutr. gegen eine „einseitige Fixierung" des Nachhaltigkeitsprinzips auf den Umweltschutz). Hieraus und aus der Aufgabenstellung der „Verantwortung gegenüber künftigen Generationen" ergibt sich, dass der Bauleitplanung die Aufgabe gestellt wird, einen Ausgleich für möglichst alle Ziele des Nachhaltigkeitsgrundsatzes zu erreichen. „Nachhaltige Entwicklung" wird als Verdeutlichung eines der städtebaulichen Planung zugrunde liegenden und diesen erläuternden Grundsatzes; vgl. für viele *Gaentzsch* in BK § 1 Rn. 51; akzentuierter im Sinne einer Aufgabe des Ausgleichs mit „Mehrwerten" für die betroffenen Belange analog der naturschutzrechtlichen Ausgleichsregelung *Stüer* DVBl. 2005, 806 (808); *Krautzberger/Stüer* DVBl. 2004, 914; zutr. *Hoppe*, FS Krautzberger, 2008, 261 (274 f.); *Hoppe* NVwZ 2008, 936: der Nachhaltigkeitsgrundsatz ist eine Vorgabe für die planerische **Abwägungssteuerung**. Der „Mehrwert" bezieht sich die Zukunftsbezogenheit als abwägungsleitendes Prinzip; die prognostische Ermittlung der zukünftigen Belange und damit auch der **generationenübergreifenden Auswirkungen;** zur Bedeutung der Nachhaltigkeit für Urban Governance *Kersten* in Kahl (Hrsg.), Nachhaltigkeit als Verbundbegriff, 2008, S. 395; vertiefend *Gehne*, Nachhaltige Entwicklung als Rechtsprinzip, 2011; *Bärenbrinker*, Nachhaltige Stadtentwicklung durch Urban Governance, 2012. Das BauGB verwendet den Begriff auch in weiteren Regelungen (vgl. vor allem § 1a Abs. 3 S. 3, § 171a Abs. 2 S. 1 und Abs. 3 Nr. 6).

Die **Ordnungsfunktion** der Bauleitplanung, wie sie in § 1 Abs. 3 S. 1 zum Ausdruck kommt, ist Element des Nachhaltigkeitsgrundsatzes. In dem Leitbegriff des **Abs. 5 S. 1** liegt zugleich eine gesetzliche Begrenzung der Bauleitplanung: Ein Bauleitplan, der andere Funktionen als die der nachhaltigen städtebaulichen Entwicklung und Ordnung erfüllen soll, ist keine Inhalts- und Schrankenbestimmung iS des Art. 14 Abs. 1 S. 2 GG. Der Gesetzgeber hat den Plantyp „Bauleitplanung" **ausschließlich für die Erfüllung städtebaulicher Aufgaben** geschaffen; den Gemeinden ist es daher verwehrt, diesen Plantyp für andere als städtebauliche Zwecke zu verwenden (→ Rn. 26). Als **Gesamtplan** (→ Rn. 6) hat der Bauleitplan zwar vielfältige Bezüge zu anderen als städtebaulichen Belangen, die sich insbesondere aus dem Katalog des Abs. 6 ergeben. Soweit die Gemeinde hinsichtlich dieser Belange überhaupt – kompetenzrechtlich – regelungsbefugt ist, steht ihr hierfür das Instrument

1. Abschnitt. Allgemeine Vorschriften §1

der Bauleitplanung aber nicht zur Verfügung (vgl. *Söfker* in EZBK § 1 Rn. 32 ff.). Die Gewährleistung einer dem Wohl der Allgemeinheit entsprechenden **sozialgerechten Bodennutzung** konkretisiert den Leitbegriff der nachhaltigen städtebaulichen Entwicklung und verdeutlicht einen sozialstaatlichen Auftrag des Städtebaus (Art. 14 Abs. 1 S. 2, Abs. 2 GG).

Die weiteren in **Abs. 5 S. 2** genannten allgemeinen Ziele der Bauleitplanung, 46 nämlich der Beitrag der Bauleitplanung zur Sicherung einer **menschenwürdigen Umwelt** sowie zum Schutz und zur Entwicklung der **natürlichen Lebensgrundlagen** sind gleichfalls eine Konkretisierung des Leitbegriffs einer nachhaltigen städtebaulichen Entwicklung. Zur städtebaulichen Ordnung und Entwicklung gehören danach nicht nur die Sicherung einer menschenwürdigen Umwelt (zB Immissionsschutz), sondern auch der vorsorgende Umweltschutz in Bezug auf die natürlichen Lebensgrundlagen, also vor allem im Hinblick auf Naturschutz und Landschaftspflege. Hierin liegt eine originäre Aufgabe der Bauleitplanung, und zwar unbeschadet der neben ihr bestehenden oder der integrierten Landschaftsplanung (vgl. § 1a Abs. 2 Nr. 1). Die **natürlichen Lebensgrundlagen** sind die Gesamtheit der Elemente von Natur und Landschaft; vgl. § 1 Abs. 1 BNatSchG: insbesondere die Leistungsfähigkeit des Naturhaushalts, die Nutzungsfähigkeit der Naturgüter, die Pflanzen- und Tierwelt sowie die Vielfalt, Eigenart und Schönheit von Natur und Landschaft als Lebensgrundlagen des Menschen und als Voraussetzung für seine Erholung in Natur und Landschaft. Schutz dieser Grundlagen bedeutet Erhaltung von Natur und Landschaft und Vermeidung von Eingriffen in diese; Entwicklung der natürlichen Lebensgrundlagen bedeutet durch die Durchführung von Maßnahmen zur Erreichung der in § 1 BNatSchG festgelegten Ziele des Naturschutzes und der Landschaftspflege einschließlich notwendiger Ausgleichsmaßnahmen. Die Bauleitplanung wird durch diese Zielbestimmung nicht zu einem Primärinstrument des Umweltschutzes; vielmehr hat sie, soweit es jeweils städtebaulich veranlasst ist, zum Schutz und zur Entwicklung der natürlichen Lebensgrundlagen **beizutragen**.

Das vom EAG-Bau (→ Einleitung Rn. 52) eingefügte umweltrechtliche Ziel „in 46a Verantwortung für den **allgemeinen Klimaschutz**" hat die Klimaschutznovelle 2011 (→ Einleitung Rn. 61) weiter aufgewertet. Diese Kompetenzerweiterung verstößt nicht gegen Art. 84 I S. 7, Art. 87 I S. 2 GG (*Battis/Kersten/Mitschang*, Rechtsfragen der ökologischen Stadterneuerung, 2010, S. 27 ff.; aA F/O/Kment Rn. 67 mwN). Der städtebauliche Klimaschutz durch die Gemeinde ist auf die örtlichen Gegebenheiten ausgerichtet und dient zugleich dem globalen allgemeinen Klimaschutz (VG Berlin GewArch 2009, 495; F/O/Kment § 5 Rn. 66; *Ingold/Schwarz* NuR 2010, 153; *Krautzberger*, FS Stüer, 207; *Hendler*, FS Kloepfer 2013, 563). Aus § 1 V 3 folgt kein Vorrang in der Abwägung (*Otto* ZfBR 2013, 434, 437). Zum Klimaschutz auf Landesebene *Thomas* NVwZ 2013, 679 – nw G. v. 23.1.2013, GVBl. 2013, 33; zum Klimaschutz in der Raumordnung *Klinger/Wegener* NVwZ 2011, 905).

Das allgemeine Ziel **Baukultur** ist nicht nur auf ästhetische Angelegenheiten be- 46b schränkt. Das Leitbild der Europäischen Stadt, wie es die Leipzig-Charta (dazu *Lütke-Daldrup*, FS Krautzberger, S. 129; s. a. *Kiepe*, FS Krautzberger, S. 119) formuliert hat, stellt einen städtebaulich gestalterischen Anspruch mit einem technische und ökonomische Aspekte übergreifenden Qualitätswillen dar (dazu grundlegend *Volkert*, Baukultur, 2013,; s. a. *Streiff*, Baukultur als regulative Idee einer juristischen Prägung des architektonischen Raums; *Trapp* JZ 2013, 540; Bundesstiftung Baukultur (Hg,), Baukulturbericht 2014/2015, 2014; *Sturm* Städtebau als kulturelle Praxis. Reformkonzepte in Deutschland 1910–1930, 2013; *Schneider*, Die Freiheit der Baukunst, 2002; zur Operationalisierung des Rechtsbegriffs Baukultur *Battis*, DÖV 2015, 508; zurückhaltend *Gierke*, KK § 1 Rn. 647; zu Baukultur und Städtebauförderung s. a. *Spannowsky* UPR 2013, 170).

Das allgemeine Ziel der vorrangigen städtebaulichen Entwicklung durch Maß- 46c nahmen der **Innenentwicklung** (Abs. 5 S. 3) hat zwei Dimensionen (BT-Drs. 17/11

468, S. 1.). Zum Einen soll die Inanspruchnahme von Flächen auf der Grünen Wiese weitestgehend vermieden werden (s. a. § 1a Abs. 2 Satz 5, → § 13a Rn. 3). Zum Anderen geht es um die Wahrung und Stärkung der Urbanität und Attraktivität der Innenstädte und Ortskerne, die für die Identifikation der Bürger mit ihren Kommunen unverzichtbar sind. Die erstgenannten Dimension schlägt die Brücke zum Klimaschutz, die zweitgenannte zur Baukultur. Abs. 5 Satz 3 wird ergänzt durch § 1a Abs. 2 Satz 4.

VII. Planungsleitlinien (Abs. 6)

47 1. **Bedeutung.** Die **Planungsleitlinien** des **Abs. 6 konkretisieren die allgemeinen Ziele** der Bauleitplanung (Abs. 5 S. 1–3). Die Bedeutung des Katalogs der **Belange nach Abs. 6** liegt in der Zusammenstellung wichtiger öffentlicher und privater **Belange**, die in die Abwägung nach Abs. 7 einzustellen sind. Als Konkretisierung des Begriffs der **nachhaltigen städtebaulichen Entwicklung** sind diese Belange auch für städtebauliche Bewertungen und Entscheidungen **außerhalb der eigentlichen Bauleitplanung** auslegungsrelevant; vgl. zB § 25 Abs. 1 S. 1 Nr. 2, § 31 Abs. 2 Nr. 2, § 34 Abs. 4 S. 3 sowie weiterhin zB § 87 Abs. 1, § 88 Abs. 1, § 136 Abs. 1 und 4, § 140 Nr. 3 und 4, § 165 Abs. 2, § 171a Abs. 2, § 175 Abs. 2 BauGB sowie § 15 BauNVO.

48 Der Katalog des Abs. 6 enthält eine **beispielhafte**, also **keine abschließende** Aufzählung – „Checkliste" so *Bönker* in HBG § 5 Rn. 107.

49 Die in der Bestimmung getroffene **Reihenfolge** hat ausschließlich redaktionelle Bedeutung und stellt **keine Gewichtung** der Planungsleitlinien dar. Innerhalb des Katalogs der einzelnen Planungsleitlinien bestehen zT **sachliche Überschneidungen;** vgl. zB die allgemeinen Anforderungen an gesunde Wohn- und Arbeitsverhältnisse und die Sicherheit der Wohn- und Arbeitsbevölkerung (Nr. 1) einerseits und die Belange der Wohnbedürfnisse, der Eigentumsbildung (Nr. 2) oder des Umweltschutzes (Nr. 7) andererseits; vgl. auch die Belange des Denkmalschutzes und der erhaltenswerten Ortsteile (Nr. 5) gegenüber den Belangen der Erhaltung vorhandener Ortsteile (Nr. 4).

50 Bei den in Abs. 6 aufgeführten Planungsleitsätzen handelt es sich um **unbestimmte Rechtsbegriffe** (BVerwGE 34, 301 (308)). Die Ansicht der planenden Gemeinde zum Inhalt der einzelnen Planungsleitlinien und den darin enthaltenen planerischen Bedürfnissen unterliegt ebenso der aufsichtlichen (§ 6 Abs. 2) und der gerichtlichen Überprüfung wie ihre Ansicht, dass eine bestimmte Planung diesen Bedürfnissen diene. Von der Auslegung und Anwendung der Planungsleitlinien ist der Akt der planerischen Gestaltung, nämlich die **Gewichtung der einzelnen Belange innerhalb der Abwägung** nach Abs. 7, zu unterscheiden. Insoweit steht – innerhalb des durch das Gebot der gerechten Abwägung vorgegebenen Rahmens – der Gemeinde ein planerischer Ermessensbereich zu (BVerwGE 34, 308 f.; → im Einzelnen Rn. 89 ff., 102 ff.).

51 Die in Abs. 6 genannten Planungsleitlinien beziehen sich überwiegend auf **Materien, die nicht der Regelungskompetenz der Gemeinde unterliegen;** → bereits Rn. 45. Die inhaltliche Ausformung erfahren diese Begriffe vielfach in **Fachgesetzen,** wie zB dem Wohnungsbauförderungs-, Immissionsschutz-, Denkmalschutz-, Naturschutzrecht usw., durch **Entscheidungen anderer Verwaltungsträger** (→ Rn. 91).

52 2. **Die einzelnen Planungsleitlinien. a)** Die **allgemeinen Anforderungen an gesunde Wohn- und Arbeitsverhältnisse und die Sicherheit der Wohn- und Arbeitsbevölkerung (Nr. 1).** Diese Planungsleitlinie bezeichnet eine der zentralen Aufgaben des Städtebaus. Im **Sanierungsrecht** ist dieser Belang in die Legaldefinition der **städtebaulichen Sanierungsmaßnahmen** eingeflossen: Nach § 136

1. Abschnitt. Allgemeine Vorschriften § 1

Abs. 2 S. 1 sind Sanierungsmaßnahmen „Maßnahmen, durch die ein Gebiet zur Behebung städtebaulicher Missstände wesentlich verbessert oder umgestaltet wird". Städtebauliche Missstände liegen nach **§ 136 Abs. 2 S. 2 Nr. 1** vor, „wenn das Gebiet nach seiner vorhandenen Bebauung oder nach seiner sonstigen Beschaffenheit **den allgemeinen Anforderungen an gesunde Wohn- und Arbeitsverhältnisse oder an die Sicherheit der in ihm wohnenden und arbeitenden Menschen nicht entspricht**". S. a. *Hopkins*, Abwehr terroristischer Gefahren und Risiken durch Bauplanungsrecht 2012, zu BVerwG E 128/118; *VGH Mannheim* VBlBW 2006, 431. **§ 136 Abs. 3 Nr. 1** enthält **beispielhafte Beurteilungsmaßstäbe** für die Auslegung dieser Begriffe; → § 136 Rn. 15.

Während das Sanierungsrecht bei Vorliegen von Zuständen, die im Widerspruch 53 zu dieser Planungsleitlinie stehen, die Anwendung eines besonderen städtebaulichen Maßnahmerechts rechtfertigt, knüpft § 43 Abs. 4 Nr. 1 hieran mit einer besonderen **entschädigungsrechtlichen Bestimmung** an. Danach sind Bodenwerte nicht zu entschädigen, soweit sie darauf beruhen, dass die zulässige Nutzung auf dem Grundstück den allgemeinen Anforderungen an gesunde Wohn- und Arbeitsverhältnisse oder an die Sicherheit der auf dem Grundstück oder im umliegenden Gebiet wohnenden oder arbeitenden Menschen nicht entspricht. Gerechtfertigt ist die entschädigungslose Inhalts- und Schrankenbestimmung des Eigentums (Art. 14 Abs. 1 S. 2 GG) durch die **Sozialpflichtigkeit des Eigentums** (Art. 14 Abs. 2 GG) in ihrer besonderen Ausprägung als **Situationsgebundenheit** (→ Rn. 8).

Die Planungsdirektive des Abs. 6 hat also im Zusammenhang mit diesen 54 (→ Rn. 52 f.) und anderen Regelungen (vgl. § 34 Abs. 1, § 177 Abs. 2) eine **„repressive" Funktion**. Für die **Bauleitplanung** ergibt sich hierüber hinaus als **„präventive" Aufgabe** die Vorbereitung und Leitung der Grundstücksnutzung in einer Weise, die dem **Entstehen städtebaulicher Missstände vorbeugt** und damit (positiv) zur **Sicherung einer menschenwürdigen Umwelt** (vgl. Abs. 5 S. 2) beiträgt. Zu den konkreten Anforderungen, die sich hieraus für eine gerechte Abwägung konfligierender Nutzungen ergeben, → im Einzelnen Rn. 110–112.

b) Die Wohnbedürfnisse, die Schaffung und Erhaltung sozial stabiler Be- 55 **völkerungsstrukturen, die Eigentumsbildung weiter Kreise der Bevölkerung und die Anforderungen kostensparenden Bauens sowie die Bevölkerungsentwicklung (Nr. 2).** Die Berücksichtigung der **Wohnbedürfnisse** bei der Aufstellung der Bauleitpläne ist eine allgemein gehaltene Planungsleitlinie, die auch in anderen Planungsleitlinien weitere Ausprägungen findet, insbesondere in den allgemeinen Anforderungen an gesunde Wohnverhältnisse (Nr. 1) und den sozialen Bedürfnissen der Bevölkerung (Nr. 3). Für die Bauleitplanung ergibt sich hieraus insbesondere die Aufgabe, in ausreichendem Maße **Flächen auszuweisen**, die für **Wohnzwecke** genutzt werden können. Bei Planungen, mit denen durch Ausweisung von Industrie- oder Gewerbegebieten voraussichtlich Betriebe angesiedelt oder erweitert werden, die auf **Arbeitnehmer außerhalb der Wohnregion** angewiesen sind oder solche anziehen werden, müssen die Gemeinden eine Prognose darüber anstellen, ob durch den Plan in nennenswertem Umfang neue Arbeitsplätze für Personen geschaffen werden, die in der Gemeinde oder Region anschließend eine Wohnung suchen werden und somit zusätzlich auf den Wohnungsmarkt drängen. Dies ist in der Abwägung zu berücksichtigen. In der Begründung zum Bebauungsplan ist darzulegen, wie dem prognostizierten (geschätzten) und durch den Bebauungsplan voraussichtlich zusätzlich ausgelösten Wohnbedarf Rechnung getragen werden soll. Durch entsprechende Ausweisungen hat die Bauleitplanung weiterhin die Voraussetzungen für eine **Ausstattung der Wohngebiete** mit der erforderlichen Infrastruktur, mit Versorgungs- und Gemeinbedarfseinrichtungen zu sorgen. Bei der Aufstellung der Bauleitpläne sollen **sozial stabile Bevölkerungsstrukturen erhalten und geschaffen** werden. Hierin ist nicht ein verpflichtender städtebaulicher Grundsatz zur Schaffung durchge-

§ 1 I. Kapitel. I. Teil. Bauleitplanung

hender sozialer, altersmäßiger oder ethnischer Homogenität („der Mischung") der Wohngebiete zu sehen (*Gierke* KK § 1 Rn. 581), wohl aber zur Schaffung möglichst sich selbst tragende Sozialstrukturen. Zugleich ist damit eine städtebauliche Aufgabe für solche Gebiete beschrieben, in denen durch einseitige Bevölkerungsstrukturen städtebauliche Nachteile eingetreten sind oder zu entstehen drohen. Zwar ist es nicht Aufgabe der Bauleitplanung, die Zusammensetzung der Wohnbevölkerung zu „regeln". Durch planerische Festsetzungen (vgl. zB § 9 Abs. 1 Nr. 6–8) kann die Bevölkerungsstruktur jedoch mittelbar beeinflusst werden. Ein Instrument zur **Erhaltung der Zusammensetzung der Wohnbevölkerung,** wenn dies aus besonderen städtebaulichen Gründen erforderlich ist, ist die Erhaltungssatzung nach § 172 Abs. 1 S. 1 Nr. 2. Vgl. weiterhin § 22 über die Sicherung von Fremdenverkehrsgemeinden und § 11 Abs. 1 Nr. 2 (städtebaulicher Vertrag) sowie § 171e über die Soziale Stadt.

56 Die Planungsleitlinie der **Eigentumsbildung weiter Kreise der Bevölkerung** entspricht einem ordnungspolitischen Grundsatz des Städtebaurechts. Er hat in den **Reprivatisierungsbestimmungen** des Gesetzes eine besondere Ausprägung erfahren; vgl. §§ 89, 169 Abs. 5. Das **WoFG** enthält eine besondere Verpflichtung u. a. der Gemeinden zur **Beschaffung von Bauland:** Nach § 4 Abs. 1 WoFG haben u. a. die Gemeinden zur Förderung des Wohnungsbaues die Aufgabe, ihnen gehörende Grundstücke als Bauland für den Wohnungsbau zu Eigentum oder in Erbbaurecht unter Berücksichtigung des kosten- und flächensparenden Bauens zu überlassen. Sie sollen weiterhin dafür Sorge tragen, dass für den Wohnungsbau erforderliche Grundstücke bebaut und erforderliche Modernisierungsmaßnahmen durchgeführt werden (§ 4 Abs. 2 S. 1 WoFG).

Das Gesetz hebt weiterhin die **„Anforderungen Kosten sparenden Bauens"** hervor. Hierdurch sollen die Gemeinden daran erinnert werden, dass entscheidende Weichenstellungen für kosten- und flächensparendes Bauen bereits in der Bauleitplanung vorgenommen werden können, sei es durch Festsetzungen zur Lage und Größe der Baugrundstücke, sei es durch Festlegungen zum Umfang der Erschließungsmaßnahmen. In engem Zusammenhang hiermit steht § 123 Abs. 2, wonach die Gemeinden Erschließungsanlagen „kostengünstig" herzustellen haben.

Im Zusammenhang mit den Wohnbedürfnissen der Bevölkerung und der Eigentumsbildung ist auch der Belang der **Bevölkerungsentwicklung** zu sehen. Aus der künftigen Bevölkerungsentwicklung (demographische Entwicklung, Wanderungsgewinne und -verluste innerörtlich, örtlich oder regional) können sich zT sehr unterschiedliche Aufgaben für die geordnete städtebauliche Entwicklung durch Bauleitplanung ergeben (zB Erfordernis zusätzlichen Wohnbaulandes, Umplanungen, Planung eines „Rückbaus"). Diese Aufgabe wird im Besonderen Städtebaurecht mit den **Stadtumbaumaßnahmen** nach §§ 171a–171d vertieft; s. a. *Edenhardter*, Der demografische Wandel als Herausfroderung für das Raumordnungsrecht und das Baurecht, 2014.

57 c) **Die sozialen und kulturellen Bedürfnisse der Bevölkerung, insbesondere die Bedürfnisse der Familien, der jungen, alten und behinderten Menschen, unterschiedliche Auswirkungen auf Frauen und Männer sowie die Belange des Bildungswesens und von Sport, Freizeit und Erholung (Nr. 3).** Auch diese Planungsleitlinien stehen mit anderen Planungsleitlinien des Abs. 5 S. 2 in engem Zusammenhang, wie zB mit den Belangen nach Nr. 2 (Wohnbedürfnisse) oder auch mit den Belangen nach Nr. 1 (Wohn- und Arbeitsverhältnisse) und Nr. 8 (ua Sicherung und Schaffung von Arbeitsplätzen). Für die Berücksichtigung der **sozialen und kulturellen Bedürfnisse** kommt zB in Betracht: die Ausweisung von Flächen für Anlagen des **Gesundheitswesens** (Krankenhäuser, Sanatorien), **soziale Einrichtungen,** von **Theatern, Konzertsälen** und anderen **kulturellen Begegnungsstätten.** Zur Absicherung sozialer Belange vgl. auch die Vorschriften über den Sozialplan (§ 180) und den Härteausgleich (§ 181).

1. Abschnitt. Allgemeine Vorschriften §1

Bei der Aufstellung von Bauleitplänen kommt der Berücksichtigung der **Bedürf- 58 nisse bestimmter Bevölkerungsgruppen** besondere Bedeutung zu, insbesondere der Familien, Alleinerziehenden, junger und alter Menschen, Behinderter und anderer Personen, die nach ihren persönlichen Lebensumständen besonderer Hilfe und Einrichtungen bedürfen. Diesen Belangen kann durch die Bauleitplanung insbesondere durch die Ausweisung von Gemeinbedarfsflächen entsprochen werden (§ 5 Abs. 2 Nr. 2, § 9 Abs. 1 Nr. 5), wie zB Altenheime, Kinderheime, Kindergärten, Erziehungsanstalten, Sanatorien, Spielplätze (§ 9 Abs. 1 Nr. 4 und 11), verkehrsberuhigte Straßen (§ 9 Abs. 1 Nr. 11). Für die Berücksichtigung der Belange von Familien und jungen Menschen kommen zB Ausweisungen für **Anlagen und Einrichtungen des Gemeinbedarfs** und von **Grünflächen** in Betracht (§ 5 Abs. 2 Nr. 2 u. 5; § 9 Abs. 1 Nr. 5 u. 15): zB für Kindergärten, Kinderspielplätze, Jugendzentren, Jugendherbergen, Jugendheime. Auch die **unterschiedlichen Auswirkungen auf Frauen und Männer** ist ein bei der Bauleitplanung zu berücksichtigender Belang, um die Gleichstellung der Geschlechter im Verfahren wie in den Ergebnissen zu berücksichtigen.

Die Berücksichtigung der **Belange des Bildungswesens** ist eine Konkretisierung der Planungsleitlinie der Berücksichtigung der **kulturellen Bedürfnisse** der Bevölkerung. Durch die Bauleitplanung sollen die erforderlichen Gemeinbedarfsflächen (§ 5 Abs. 2 Nr. 2, § 9 Abs. 1 Nr. 5) ausgewiesen werden, zB für das Schul- und Hochschulwesen, für Museen und Büchereien oder für Rundfunk- und Fernseheinrichtungen.

Den Belangen von **Sport, Freizeit** und **Erholung** dient insbesondere die Aus- 59 weisung von Grünflächen und Gemeinbedarfsflächen (§ 5 Abs. 2 Nr. 2 u. 5; § 9 Abs. 1 Nr. 5 u. 15): zB Kinderspielplätze, Freizeiteinrichtungen, Sport-, Spiel-, Zelt- und Badeplätze, Sportstadien, Schwimmhallen u. a. Konkurrierende Belange können sich im Einzelfall aus dem Naturschutz und der Landschaftspflege, der Gestaltung des Landschaftsbildes und der Erhaltung der natürlichen Lebensgrundlagen ergeben. In § 5 Abs. 1 Nr. 2 und § 9 Abs. 1 Nr. 5 sind die Flächen für **Sport- und Spielanlagen** ausdrücklich aufgenommen worden. Bei der Bauleitplanung soll zur Sicherung der Erholung auch die **Erholungsfunktion der Landschaft** berücksichtigt werden (vgl. auch die Belange in Nr. 4 und 7).

d) Die Erhaltung, Erneuerung, Fortentwicklung, Anpassung und der 60 Umbau vorhandener Ortsteile (Nr. 4). Die Belange der **Erhaltung, Erneuerung und Fortentwicklung vorhandener Ortsteile** heben die Bedeutung der Bauleitplanung für die innerörtliche Entwicklung und Erneuerung hervor (dazu BVerwG ZfBR 2012, 427). Hierbei ist auch auf die Aufgaben der Überplanung von gewachsenen städtebaulichen Strukturen, somit auch das in die Abwägung einzustellende Gewicht der vorhandenen Verhältnisse hinzuweisen. Aus der gesetzgeberischen Akzentuierung der vorhandenen städtebaulichen Strukturen und den jeweiligen örtlichen Verhältnissen ergeben sich für die Abwägung gesetzlich abgesicherte Möglichkeiten situationsgemäßer Planung unter Vermeidung schematischer Übernahme allgemeiner Regeln. Ein einschlägiges besonderes Instrument ist der Bebauungsplan der Innenentwicklung (OVG Münster DVBl 2015, 853 → § 13a), (→ Einleitung Rn. 62). Die in Nr. 4 genannten Belange überschneiden sich zT mit Nr. 5 und hinsichtlich der Anpassung und des Umbaus vorhandener Ortsteile mit Nr. 2.

Durch die Aufnahme der **Anpassung und des Umbaus** vorhandener Ortsteile 61 wird die Bedeutung des Stadtumbaus einschließlich der Rückbau-Vorhaben auch in der Bauleitplanung hervorgehoben werden; vgl. dazu auch die Maßnahmen des Stadtumbaus nach §§ 171a ff. Leerstandsproblematik und Erfordernisse des Stadtumbaus stellen die kommunale Städtebaupolitik im gesamten Bundesgebiet vor die Herausforderung, abgestimmte Handlungskonzepte zu entwickeln, deren Umsetzung auch im Rahmen der Bauleitplanung notwendig sein kann. Vgl. auch den Belang

§ 1 I. Kapitel. I. Teil. Bauleitplanung

nach Nr. 2 über die Berücksichtigung der Bevölkerungsentwicklung in der Bauleitplanung.

61a Die Erhaltung und Entwicklung der **zentralen Versorgungsbereiche** ist für die Stärkung der Urbanität, der Sicherstellung einer wohnungsnahen Versorgung (auch wegen der geringen Mobilität bestimmter Bevölkerungsgruppen) und damit der Innenentwicklung von hoher städtebaulicher Bedeutung (dazu § 2 Abs. 2 S. 2, § 5 Abs. 2 Nr. 2d, § 9 Abs. 2a S. 1, § 34 Abs. 3a S. 2 sowie → Rn. 72).

62 e) **Die Belange der Baukultur, des Denkmalschutzes und der Denkmalpflege, die erhaltenswerten Ortsteile, Straßen und Plätze von geschichtlicher, künstlerischer oder städtebaulicher Bedeutung und die Gestaltung des Orts- und Landschaftsbildes (Nr. 5).** Den Belangen der Erhaltung und des Schutzes von Denkmälern und Ensembles wird der übergreifende Belang der **Baukultur** vorangestellt, dessen Bedeutung bereits in Abs. 5 S. 2 betont wird ((→ Rn. 46b). Baukultur wird dabei nicht nur als ästhetische Angelegenheit bezeichnet, sondern als städtebaulich-gestalterischer Anspruch mit vielen Qualitätsaspekten und dem über die technischen und ökonomischen Belange hinausreichenden Qualitätswillen sowie durch die Bereitschaft zu verstärkter interdisziplinärer Zusammenarbeit und Beteiligung Betroffener Die Vorschrift verdeutlicht weiterhin das Anliegen des „städtebaulichen Denkmalschutzes" als bodenrechtlicher Materie (vgl. BVerfG DVBl. 1987, 465 sowie → § 172 Rn. 1). Nr. 5 bezieht sich auf das Anliegen von Denkmalschutz und Denkmalpflege im städtebaulichen Sinne wie im Sinne der Landesdenkmalgesetze. Mit der ausdrücklichen Erwähnung des Denkmalschutzes und der Denkmalpflege sind keine im Rahmen der Abwägung zu berücksichtigenden Prioritäten eingeführt worden (VGH München NVwZ 1984, 816; für eine Gewichtungsvorgabe *Moench* ZfBR 1985, 163 (166) mwN); die Vorschrift stellt aber ausdrückliche Anforderungen an die bauleitplanerische Abwägung und stärkt die Beteiligung von Bürgern und von Denkmalbehörden als Träger öffentlicher Belange. Weitere für den städtebaulichen Denkmalschutz bedeutsame Regelungen enthalten § 5 Abs. 4, § 9 Abs. 4, § 22, § 35 Abs. 3 S. 1 Nr. 5, Abs. 4 S. 1 Nr. 4, § 136 Abs. 4 Nr. 4, § 164b Abs. 2 Nr. 1, §§ 172, 177. In die planerische Abwägung sind die Belange des Denkmalschutzes und der Denkmalpflege sowohl zur Erhaltung der Denkmäler als auch zur angemessenen Gestaltung ihrer Umgebung einzubeziehen (hierzu zB BayVerfGH, NVwZ 2008, 1234; BVerwG, BeckRS 2007, 20777 u. NVwZ 2001, 1043; VGH Mannheim BRS 35 Nr. 8; VGH München BayVBl. 1982, 497; s. vertiefend *Hönes,* Handbuch städtebaulicher Denkmalschutz, 2015; *Martin/Krautzberger,* Handbuch Denkmalschutz und Denkmalpflege, 3. Aufl. 2010). Der städtebauliche Belang beschränkt sich nicht auf die unter Denkmalschutz gestellten Anlagen; vgl. hierzu auch § 9 Abs. 4. Zu berücksichtigen sind vielmehr auch die **denkmalschutzrechtlich nicht erfassten** und hierüber ggf. hinausgehenden Belange der Erhaltenswürdigkeit von **Ensembles,** Bauten, Straßen und Plätzen aus städtebaulichen Gründen. Eine spezielle Schutzvorschrift hierfür enthält § 172 Abs. 1 S. 1 Nr. 1; vgl. dort zum sog. städtebaulichen Denkmalschutz. Vgl. weiterhin die Planungsleitlinie der Gestaltung des **Orts- und Landschaftsbilds** (Nr. 4). Planerische Aufgabe können zB Festsetzungen zum Schutz des Denkmals selbst und zur Einbettung des Denkmals in seine Umgebung sein.

Zum **Begriff des Landschafts- und Ortsbilds** vgl. auch § 35 Abs. 3 S. 1 Nr. 5. Eine spezielle Schutzvorschrift zum Erhalt baulicher Anlagen, die allein oder im Zusammenhang mit anderen baulichen Anlagen das Landschafts-, das Ortsbild und die Stadtgestalt prägen, enthält **§ 172** über die Erhaltungssatzung. Eine besondere Zulässigkeitsvorschrift für die Änderung oder Nutzungsänderung von erhaltenswerten, das Bild der Kulturlandschaft prägenden Gebäuden enthält **§ 35 Abs. 4 S. 1 Nr. 4.** Die unmittelbare **Baugestaltung** obliegt nicht dem Planungsrecht, sondern ist in den Landesbauordnungen geregelt. Die Belange des Ortsbilds (und des Denkmalschutzes,

1. Abschnitt. Allgemeine Vorschriften § 1

Nr. 5) können zB im Hinblick auf andere oder innerörtliche Entwicklungsmöglichkeiten der Ausweisung eines neuen Baugebiets in optisch exponierter Lage entgegenstehen (VG Koblenz NVwZ 1986, 244). Als **bauplanerische** Festsetzungen zur Gestaltung des Orts- und Landschaftsbildes kommen zB in Betracht: die Bauweise, die überbaubaren und die nicht überbaubaren Grundstücksflächen sowie die Stellung der baulichen Anlagen (§ 9 Abs. 1 Nr. 2); die Mindestgröße, die Mindestbreite und die Mindesttiefe der Baugrundstücke sowie (bei Wohnbaugrundstücken) auch die Höchstmaße (§ 9 Abs. 1 Nr. 3); die Flächen, die von der Bebauung freizuhalten sind (§ 9 Abs. 1 Nr. 10); die öffentlichen und privaten Grünflächen (§ 9 Abs. 1 Nr. 15); Flächen und Maßnahmen zum Schutz, zur Pflege und zur Entwicklung der Landschaft (§ 9 Abs. 1 Nr. 20); das Anpflanzen von Bäumen, Sträuchern und sonstigen Bepflanzungen sowie die Bindung für Bepflanzungen und für die Erhaltung von Bäumen, Sträuchern und sonstigen Bepflanzungen sowie von Gewässern (§ 9 Abs. 1 Nr. 25).

f) Die von den Kirchen und Religionsgesellschaften des öffentlichen Rechts festgestellten Erfordernisse für Gottesdienst und Seelsorge (Nr. 6). 63
Nr. 6 schließt die Belange von Religionsgemeinschaften ohne öffentlich-rechtlichen Status nicht aus, da der Katalog von Abs. 6 nicht abschließend ist (*Gierke*, KK, § 1 Rn. 709). Der Ausstoß wäre mit Art. 4 Abs. 1 GG unvereinbar. In Betracht kommen Ausweisungen für Kirchen, Pfarrhäuser, Klöster, Moscheen, kirchliche Gemeindezentren, konfessionelle Kindergärten und Schulen, konfessionelle Altenheime, kirchliche Friedhöfe und sonstige seelsorgerisch tätige Einrichtungen. Die **Feststellung,** welche grundstücksbezogenen **Erfordernisse** für Gottesdienst und Seelsorge bestehen, **obliegt den Kirchen und Religionsgesellschaften,** nicht der Gemeinde. Die **Gemeinde** ist an deren Feststellung **gebunden,** kann sie also nicht durch eigene Feststellungen in Frage stellen (*Söfker* in EZBK § 1 Rn. 142; vgl. auch VGH Mannheim NVwZ-RR 1999, 625). Dieses Recht der Kirchen und Religionsgesellschaften (des öffentlichen Rechts) bezieht sich in erster Linie auf die **autonome Feststellung des Bedarfs** für eine entsprechende Einrichtung im Gemeindegebiet, nicht jedoch auf die genaue **Festlegung des Standorts,** bei der jedoch bei der Ausübung des Planungsermessens die kirchlichen Belange zu berücksichtigen sind (*Gaentzsch* in BK § 1 Rn. 54; *Söfker* in EZBK § 1 Rn. 142). Der kirchliche Standort-Vorschlag kann also nur verändert werden, wenn zwingende öffentliche oder private Belange einer entsprechenden Festsetzung entgegenstehen (*Hoppe/Beckmann* DVBl. 1992, 188). Zur Berücksichtigung der jüdischen Totenruhe in der Bauleitplanung OVG Koblenz ZfBR 2014, 698. Zum **Begriff der Kirchen** vgl. Art. 140 GG iVm Art. 137 Abs. 5 WRV; hierzu zählen insbesondere die evangelische und die katholische Kirche, die jüdischen Kultusgemeinden und sonstige Religionsgesellschaften, die Körperschaften des öffentlichen Rechts waren oder denen dieses Recht verliehen wird (vgl. *Jarass* in JP Art. 140 Rn. 13 ff.). Die **Beschränkung des Rechts** der autonomen Bedarfsfeststellung auf Kirchen und Religionsgesellschaften des öffentlichen Rechts ist – gegenüber privatrechtlich organisierten Religionsgesellschaften und Weltanschauungsgemeinschaften – ist mE ein unverhältnismäßiger Verstoß gegen Art. 4 Abs. 1, 2 GG (aA Vorauﬂ.); nach herrschender Meinung sollen die Belange privatrechtlicher Religionsgemeinschaften als Bedürfnisse der Bevölkerung zu berücksichtigen sein (Abs. 6 Nr. 3; VGH München NVwZ 1997, 1016).

g) Die Belange des Umweltschutzes, einschließlich des Naturschutzes und der Landschaftspflege (Nr. 7); Artenschutz. Nr. 7 fasst die für die Bauleitplanung bedeutsamen **umweltrelevanten Belange** zusammen. Die Vorschrift wird ergänzt durch § 1a, der weitere Belange des Umweltschutzes enthält. Systematisch besser wäre § 1a in § 1 integriert. Beide Vorschriften sind bei der Aufstellung von Bauleitplänen im Verfahren der Umweltprüfung nach § 2 Abs. 4 zu beachten (→ § 2 Rn. 6). **Umwelt- und Naturschutz** können als Oberbegriffe für die **Aufgaben der Erhaltung und des Schutzes der natürlichen Lebensgrundlagen** (vgl. Art. 20a

GG; BVerfGE 104, 238; BVerwG NVwZ 2006, 595) verstanden werden. Innerhalb des Abs. 5 ist vor allem hinzuweisen auf die Hervorhebung des Gebots einer **nachhaltigen städtebaulichen Entwicklung,** auf den **Schutz** und die **Entwicklung der natürlichen Lebensgrundlagen** und den durch die Klimaschutznovelle 2011 aufgewerteten **Klimaschutz** (→ Rn. 46). **§ 1a** enthält die **Bodenschutzklausel** (§ 1a Abs. 2), die **naturschutzrechtliche Eingriffsregelung** innerhalb der Abwägung sowie die Möglichkeiten des Ausgleichs der zu erwartenden Eingriffe in Natur und Landschaft (§ 1a Abs. 3), klimagerechte städtebauliche Entwicklung (§ 1a Abs. 5) sowie die Beachtung der **Europäischen Fauna-Flora-Habitat-Richtlinie** und der **Europäischen Vogelschutzrichtlinie** (§ 1a Abs. 4). Weitere für den Umweltschutz wichtige Regelungen sind: Höchstgrenzen von Wohngrundstücken aus Gründen des flächensparenden Bauens (§ 9 Abs. 1 Nr. 3); Darstellung bzw. Ausweisung von Flächen für Maßnahmen zum Schutz, zur Pflege und zur Entwicklung von Natur und Landschaft in den Bauleitplänen (§ 5 Abs. 1 Nr. 10, § 9 Abs. 1 Nr. 20); Darstellungen bzw. Festsetzungen zum Schutz des Bodens (§ 5 Abs. 2 Nr. 10, § 9 Abs. 1 Nr. 20); Verpflichtung zur Darlegung der Auswirkungen der Planung in der Begründung zum Bebauungsplan, damit insbesondere auch der Auswirkungen auf die Umwelt (§ 9 Abs. 8); Kennzeichnung der Flächen mit sog. Altlasten in den Bauleitplänen (§ 5 Abs. 3 Nr. 3, § 9 Abs. 5 Nr. 3); Maßnahmen zur Unterstützung einer Innenentwicklung der Städte und Gemeinden (§§ 9 Abs. 1 Nr. 12, 22, 23b Abs. 6, 136ff., 171a ff., 172, 175ff.); Verpflichtung zu einer den Außenbereich schonenden Bauweise (§ 35 Abs. 5 S. 1). Das Leitbild der Umweltgerechtigkeit im städtischen Raum ist ein Schlüsselbegriff sozialräumlicher Planung, der primär auf das Verhältnis von sozialer Lage und Gesundheit von Menschen zur Umwelt ausgerichtet ist (s. auch *Bolte/Bunge/u. a.,* Umweltgerechtigkeit durch Chancengleichheit bei Umwelt und Gesundheit, 2012; Umweltbundesamt (Hg.), Umweltgerechtigkeit 2014; *Dieckmann* NVwZ 2013, 1575). Nicht die Intention, wohl aber der aus dem Amerikanischen übersetzte Begriff ist problematisch.

65 In **Nr. 7a)** werden die Vorgaben aus Anh. I Buchst. f der Plan-UP-Richtlinie und aus Art. 3 sowie Anh. IV Nr. 3 der Projekt-UVP-Richtlinie umgesetzt. Die Ermittlung und Bewertung der Belange nach Nr. 7a) erfüllt zugleich die Funktion der Prüfung des Vorliegens eines **Eingriffs nach dem BNatSchG).** Nach § 14 Abs. 1 BNatSchG sind Eingriffe in Natur und Landschaft Veränderungen der Gestalt oder Nutzung von Grundflächen oder Veränderungen des mit der belebten Bodenschicht in Verbindung stehenden Grundwasserspiegels, die die Leistungs- und Funktionsfähigkeit des Naturhaushalts oder das Landschaftsbild erheblich beeinträchtigen können. Nach § 7 Abs. 1 Nr. 2 BNatSchG umfasst der Begriff des „Naturhaushalts" die Naturgüter Boden, Wasser, Luft, Klima, Tiere und Pflanzen sowie das Wirkungsgefüge zwischen ihnen.

Der Begriff der **„biologischen Vielfalt"** bildet gegenüber der Definition des BNatSchG einen europarechtlich vorgegebenen Zusatz: Anh. I Buchstabe f der Plan-UP-Richtlinie. Zur Bedeutung der Biodiversität für die Stadtentwicklung *Kersten* UPR 2012, 15. Ergibt die Ermittlung und Bewertung der in **Nr. 7a)** genannten Belange einen zu erwartenden Eingriff im Sinne des § 18 BNatSchG, folgt die Regelung zur Vermeidung und zum Ausgleich für die Bauleitplanung aus **§ 1a Abs. 3.**

Naturschutzrechtliche Regelungen des Bundes und der Länder enthalten auch für die Bauleitplanung beachtliche Bestimmungen, namentlich zur Konkretisierung der Belange von Naturschutz und Landschaftspflege, **Landschaftsschutzverordnungen** können einer Bauleitplanung entgegenstehen (s. *Lau,* Der Naturschutz in der Bauleitplanung, 2011). Sind Festsetzungen eines Bebauungsplans mit den Regelungen einer Landschaftsschutzverordnung nicht vereinbar, so ist der Bebauungsplan unwirksam, wenn sich der Widerspruch zwischen der Landschaftsschutzverordnung und dem Bebauungsplan nicht durch eine naturschutzrechtliche Ausnahme oder Befreiung lösen lässt (BVerwG NVwZ 2004, 1242).

1. Abschnitt. Allgemeine Vorschriften § 1

Nach **Abs. 6 Nr. 7 Buchst. a)** sind die Auswirkungen der städtebaulichen Planung (ua) auf das **Klima** in die planerische Abwägung einzustellen. Bereits nach **Abs. 5 S. 2** sollen die Bauleitpläne den **Klimaschutz** insbesondere durch eine klimagerechte städtebauliche Entwicklung fördern". Die Klimaschutznovelle 2011 hat die Planungsleitlinie Klimaschutz als Teil der Energiewende deutlich aufgewertet. Das BauGB stellt eine Reihe von Umsetzungsinstrumente bereit wie zB Festsetzungen zur passiven Nutzung der Sonnenenergie und zur Verringerung des Energiebedarfs (§ 9 Abs. 1 Nr. 2), Verwendungsverbote bzw. -beschränkungen luftverunreinigender Stoffe (§ 9 Abs. 1 Nr. 23 Buchst. a), Einsatz erneuerbarer Energien (§ 9 Abs. 1 Nr. 23 Buchst. b), CO_2-sparende Energieversorgungskonzepte (§ 9 Abs. 1 Nr. 12, 13 und 21), Schutz vor schädlichen Umwelteinwirkungen (§ 9 Abs. 1 Nr. 24) sowie städtebauliche Verträge (§ 11 Abs. 1 S. 2 Nr. 4 ausdrücklich zur Nutzung von Netzen und Anlagen der Kraft-Wärme-Kopplung sowie von Solaranlagen für Wärme-, Kälte- und Elektrizitätsversorgung; vgl. *Krautzberger* DVBl. 2008, 737; ausführlich *Difu* (Hrsg.), Praxisleitfaden Klimaschutz in Kommunen, 2001; *Raschke,* Rechtsfragen kommunaler Klimaschutzmaßnahmen, 2013; Bauordnungsrecht *Otto* ZfBR 2008, 550; zur Raumordnung K. *Meyer,* Adaptionsplanung, 2014). 65a

In **Nr. 7b)** wird der Gegenstand der Verträglichkeitsprüfung nach der **Fauna-Flora-Habitat-Richtlinie** in der Bauleitplanung genannt; vgl. §§ 31–36 BNatSchG, § 1a Abs. 4 BauGB. Die Ermittlung der Auswirkungen auf die gemeinschaftsrechtlich besonders geschützten Gebiete wird damit bereits im Zusammenhang mit dem ersten Arbeitsschritt der Zusammenstellung der abwägungserheblichen Belange in das Verfahren integriert. In Nr. 7b) dient zugleich der Umsetzung des Anh. I Buchstabe d der Plan-UP-Richtlinie. Mit der **Reihenfolge** des Katalogs der Nr. 7, in dem die Ermittlung der Auswirkungen auf FFH- und Vogelschutzgebiete an zweiter Stelle hinter der Eingriffsregelung genannt werden, soll kein bestimmter Verfahrensablauf vorgegeben werden. Es ist den Gemeinden daher einerseits unbenommen, die erheblichen Auswirkungen auf FFH- und Vogelschutzgebiete vorab zu untersuchen, um für den Fall einer Unverträglichkeit unnötigen weiteren Ermittlungsaufwand zu vermeiden; andererseits können die Gemeinden die Untersuchung zum Naturhaushalt nach Nr. 7a) jedoch auch als Material für die Verträglichkeitsprüfung nutzen. Dies sollte nach Zweckmäßigkeitsgesichtspunkten im jeweiligen Einzelfall entschieden werden. 65b

Die Bauleitplanung, namentlich die Verwirklichung von Festsetzungen eines Bebauungsplans kann auch gegen **artenschutzrechtliche Verbote** (§ 44 BNatSchG) verstoßen. Der gesetzliche Biotop- und Artenschutz stellt an die planerische Abwägung strenge Anforderungen (ausführl. *Blessing/Scharmer,* Der Artenschutz im Bebauungsplanverfahren, 2. Aufl. 2013; *Gellermann* in SCH § 1 Rn. 173–225; *Otto* DVBl. 2011, 936; *Egner* NuR 2011, 758). Auch wenn erst die Realisierungsmaßnahmen der Befreiung oder Genehmigung bedürfen, so stellt sich bereits die Frage der Erforderlichkeit eines Bebauungsplans iSd § 1 Abs. 3 S. 1 und seiner Durchführbarkeit (§ 1 Abs. 7); vgl. BVerwGE 125, 116 – Schönefeld; *Söfker* in EZBK § 1 Rn. 144e; *Stüer/Bähr* DVBl. 2006, 1155: dort auch zur Frage der Anwendung der naturschutzrechtlichen **Verträglichkeitsprüfung** nach § 34 BNatSchG. 65c

§ 44 Abs. 1 BNatSchG (vgl. Nr. 1 und Nr. 3) dient auch der Umsetzung der artenschutzrechtlichen Regelungen, die einerseits in der FFH-Richtlinie und andererseits in der Vogelschutzrichtlinie enthalten sind. Zu den besonders geschützten Tierarten iSv § 7 Abs. 2 Nr. 13 BNatSchG gehören neben den europäischen Vogelarten auch die Tierarten, die in Anhang IV der FFH-Richtlinie aufgeführt werden. Nach Art. 12 FFH-RL haben die Mitgliedstaaten ein strenges Schutzsystem für die in Anhang IV genannten Tierarten zu schaffen, das nach Buchst. a der Regelung alle absichtlichen Formen des Fangs oder der Tötung von aus der Natur entnommenen Exemplaren dieser Arten und nach Buchst. b jede absichtliche Störung dieser Arten, insbesondere während der Fortpflanzungs-, Aufzucht-, Überwinterungs- und Wanderungszeiten verbietet (Art. § 44 BNatSchG). Nach Art. 16 Abs. 1 FFH-RL können

die Mitgliedstaaten von den Bestimmungen des Art. 12 FFH-RL ua im Interesse der Volksgesundheit und der öffentlichen Sicherheit oder aus anderen zwingenden Gründen des überwiegenden öffentlichen Interesses abweichen, sofern es keine anderweitige zufrieden stellende Lösung gibt und unter der Bedingung, dass die Populationen der betroffenen Art in ihrem natürlichen Verbreitungsgebiet trotz der Ausnahmeregelung ohne Beeinträchtigung in einem günstigen Erhaltungszustand verweilen (vgl. BVerwGE 125, 116 – Schönefeld; *Stüer/Bähr* DVBl. 2006, 1155).

65d In § 18 BNatSchG ist eine **spezielle Regelung zur Bauleitplanung** enthalten. Darin wird gesetzlich fingiert, dass für zulässige Bauvorhaben im Gebiet von Bebauungsplänen nach § 30 BauGB, während der Planaufstellung nach § 33 BauGB und im Innenbereich nach § 34 BauGB unter bestimmten Voraussetzungen einzelne europarechtliche Artenschutztatbestände nicht eingreifen. Voraussetzung ist dabei, dass dem gemeinschaftsrechtlichen **Artenschutz** im Rahmen der **bauleitplanerischen Eingriffsregelung** in besonderer Weise und insbesondere **zusätzlich Rechnung** getragen wird. Zum Schutz der in Anhang IV FFH-RL genannten europarechtlich geschützten Tierarten ist gemäß § 44 Abs. 5 Satz 2 BNatSchG von der Gemeinde im Bauleitplanverfahren daher sicherzustellen, dass die ökologische Funktion ihrer von dem Eingriff oder Vorhaben (nachteilig) betroffenen Fortpflanzungs- oder Ruhestätten im räumlichen Zusammenhang weiterhin erfüllt wird. Können die Lebensstätten der geschützten Tierarten durch von der Gemeinde im Bauleitplan angeordnete oder auf andere geeignete Weise gesicherte Ausgleichsmaßnahmen bewahrt werden, gelten gem. S. 2 die Verbotstatbestände des § 42 Abs. 1 Nr. 3 BNatSchG als nicht verwirklicht. Um die geforderte ökologische Funktion der Fortpflanzungs- oder Ruhestätten im räumlichen Zusammenhang zu wahren, können nach S. 3 auch **vorgezogene Ausgleichsmaßnahmen** festgesetzt werden. S. 4 schließt hieran mit einer entsprechenden Regelung für die Standorte wild lebender Pflanzen an, die von Anhang IVb FFH-RL erfasst werden; vgl. hierzu und zur Überlagerung von FHH-Schutz und Artenschutz auch § 1 a Rn. 36 sowie BVerwGE 140, 149; dazu *Fellenberg* UPR 2012, 321; *Louis* NuR 2012, 467; *Wagner* in EZBK § 1 a Rn. 242ff. Auch beim **Bebauungsplan der Innenentwicklung** nach § 13a kommen die vorgenannten Grundsätze (rechtlich vermittelt über § 1 Abs. 6 Nr. 7 a BauGB) zur Anwendung, weil die Freistellung dieses Verfahrens von der bauleitplanerischen Eingriffsregelung (gem. § 13a Abs. 2 Nr. 4 BauGB) den europarechtlich gebotenen Artenschutz nicht ausschließt (*Wagner* in EZBK § 1 a Rn. 243b). Ebenso gelten diese Grundsätze auch für ein **Vorhaben im unbeplanten Innenbereich** nach § 34 BauGB.

Liegen die Voraussetzungen der Privilegierung nach § 44 Abs. 5 S. 1 bis 4 BNatSchG nicht vor, muss die in § 45 Abs. 8 BNatSchG geregelte **artenschutzrechtliche Abweichungsprüfung** angestrengt werden. In diesem Fall ist durch Art. 16 Abs. 1 FFH-RL, auf den Abs. 8 S. 2 Halbsatz 1 ausdrücklich hinweist, gemeinschaftsrechtlich gefordert, dass die Populationen der betroffenen Art in ihrem natürlichen Verbreitungsgebiet trotz der Ausnahmeregelung ohne Beeinträchtigung in einem günstigen Erhaltungszustand verweilen. Gem. § 45 Abs. 8 S. 1 Nr. 4 und 5 und Satz 2 BNatSchG kann die Naturschutzbehörde eine eigenständige Abwägung des Schutzes der betroffenen Art mit bestimmten Gemeinwohlbelangen vornehmen (hierzu grundsätzlich BVerwG NVwZ 2006, 1055; krit. *Philipp* NVwZ 2008, 593 (597). Ggf. kommt darüber hinaus „bei unzumutbarer Belastung im Einzelfall" die Befreiung nach **§ 67 BNatSchG** zur Anwendung (krit. hierzu *Wagner* in EZBK § 1 a Rn. 244a; *Dolde* NuR 2008, 121 (126); *Gellermann* NuR 2007, 783 (789)). Zu Fragen des Artenschutzes im Zusammenhang mit **FFH- und Vogelschutzgebieten** vgl. weiterhin zu § 1a Abs. 4 (→Rn. 36).

65e Der Hinweis auf den **Menschen,** seine Gesundheit und die Bevölkerung insgesamt in **Nr. 7c)** dient einer europarechtskonformen Umsetzung des Anh. I Buchst. f der Plan-UP-Richtlinie. Es handelt sich dabei vorrangig um einen sozialen Belang, der von den formalen Anforderungen der Richtlinie an die Erstellung eines Umwelt-

1. Abschnitt. Allgemeine Vorschriften § 1

berichts erfasst wird, da der Richtlinie ein Umweltbegriff im weiteren Sinne zugrunde liegt. Damit werden die umweltbezogenen Auswirkungen behandelt, also Veränderungen der Umweltfaktoren und die Art und Weise, wie diese sich auf den Menschen und seine Gesundheit auswirken. Entscheidend ist danach, ob und inwieweit Veränderungen der Umweltfaktoren und ihre Auswirkungen vom jeweiligen Bauleitplan zu erwarten sind. Auswirkungen können insbesondere bedeutsam sein in Bezug auf den Schutz vor schädlichen Umwelteinwirkungen im Sinne des Immissionsschutzrechts, den Schutz vor von Bodenverunreinigungen ausgehenden Gefahren, die Auswirkungen von durch die Bauleitplanung verursachten klimatischen Veränderungen und auch Beeinträchtigungen von Erholungsmöglichkeiten der Bevölkerung. Der Belang ist im Rahmen der Umweltprüfung gezielt unter Umweltgesichtspunkten zu untersuchen.

In **Nr. 7 d)** wird das nach Anh. I Buchst. f der Plan-UP-Richtlinie vorgegebene **65f** „**kulturelle Erbe**" unter dem – der deutschen Rechtsterminologie entsprechenden – Begriff der „Kulturgüter" aufgenommen. Der Zusatz im Richtlinientext „einschließlich der architektonisch wertvollen Bauten und der archäologischen Schätze" wird auf Grund seiner lediglich klarstellenden Funktion nicht ausdrücklich im Gesetzestext erwähnt, ist aber von dem Oberbegriff der Kulturgüter erfasst. Die Vorgaben der Plan-UP-Richtlinie „architektonisch wertvolle Bauten" und „archäologische Schätze" werden zugleich auch durch den Denkmalschutz und die Denkmalpflege in Nr. 5 angesprochen. Nr. 7 d) erfasst zudem auch die nach Anhang I Buchstabe f der Plan-UP-Richtlinie sowie nach Art. 3 sowie Anh. IV Nr. 3 der Projekt-UVP-Richtlinie zu berücksichtigenden „sonstigen Sachwerte" unter dem Begriff der Sachgüter. Dabei handelt es sich um einen Auffangtatbestand. Entsprechend dem Sinn und Zweck der Richtlinien bezieht sich Nr. 7 d) nur auf umweltbezogene Auswirkungen auf Kultur- und Sachgüter.

Umweltauswirkungen im Hinblick auf **Emissionen, Abfälle und Abwässer** in **66** Nr. 7 e) besitzen typischerweise Bedeutung für das einzelfallbezogene Zulassungsverfahren. Sie sind daher im Bauleitplanverfahren im Rahmen der integrierten Umweltprüfung nur insoweit zu prüfen, als dies im Einzelfall erforderlich und möglich ist. Dies ergibt sich – für alle Umweltbelange – aus der Anlage 1 zum BauGB. Das Verhältnis von Städtebau- und Immissionsschutzrecht ist bisher unbefriedigend geregelt (*Kiepert/Bunzel* in BauR 2014, 1644; *Scheidler* ZfBR 2014, 125). Das gilt in gesteigertem Maße für die Umsetzung der Anforderungen der RL96/82/EG (**Seveso II-RL**) und der RL2012/18/EU (**Seveso III-RL**); zu dieser *Scheidmann,* I+E 213, 3; *Gierke,* KK, § 1 Rn. 953–977; *Röwekamp* UPR 2015, 377; Stellungnahme der DAV zum ReferentenE zur Änderung von § 50 BImSchG, des UVPG und des UmwRG v. 19.5.2015, NuR 2015, 470) und insbesondere bei Nichteinhaltung von vorsorgerechtlichen Sicherheitsabständen in gewachsenen Gemengelagen von Betrieben und öffentlich genutzten Gebäuden. Dazu EuGH, BauR 2011, 193 – kein absolutes Verschlechterungsverbot; BVerwG, DVBl 2012, 678; *Reidt* UPR 2012, 1082; *Schmitt/Kreuz* NVwZ 2012, 423; *König/Drimont,* UPR 2012, 287; BVerwGE 145, 290; zu Änderungsvorhaben BVerwG, Urt. v. 24.10.2013 – 7 C 36.11 – juris Rn. 58; *Uechtritz,* NVwZ 2013, 724; *Hellriegel/Farsbotter* NVwZ 2013, 118; BVerwG, ZfBR 2013, 363 und BauR 2013, 1248 – richtlinienkonforme Auslegung des Abstandserfordernisses durch Rückgriff auf das baurechtliche Rücksichtnahmegebot; ausführlich zum Ganzen *Weidemann,* BauR 2014, 784; *Herz/v.d. Groeben* DVBl 2015, 882; *Otting/Olgemüller,* NVwZ 2013, 1396; *Uechtritz,* FS Dolde 2014, 471; *ders.* BauR 2014, 1098; *ders./Fassbotter* BauR 2015, 1919 u. 2016, 48 – Steuerung durch Entwicklungskonzept; *Jarass* (Hg.), Industrieanlagen im Bau- und Immissionsschutzrecht, 2014; *Reidt,* FS Stüer 2013, 255. Zum Schutz vor elektromagnetischen Feldern *Gierke* in KK, § 1 Rn. 980f. Die Belange des Umweltschutzes erfordern bei der Bauleitplanung insbesondere eine hinreichende **Berücksichtigung von Emissionen,** die von gewerblichen Flächen oder Anlagen ausgehen, und von **Immissionen,** die auf schutzwürdige und schutzbedürftige Nutzungen einwirken. Zu Ausnahmen bei nur

unerheblichen Immissionen und städtebaulichen Gründen von besonderem Gewicht BVerwG ZfBR 2012, 566. Die SEVESO II RL kann heranrückende Wohnbebauung ausschließen (OVG Münster DVBl. 2012, 634 u. BauR 2015, 1282); zu Flughafenplanung und Störfallbetrieb BVerwG ZfBR 2013, 363; die CCS RL gilt nicht unmittelbar (EuGH Urt. v. 15.9.2011, Rs. C 53/10). Zum Nebeneinander von Wohnen und Gewerbe → Rn. 110f. Die Gemeinde kann dabei die dem Genehmigungsverfahren nach dem BImSchG vorbehaltenen und zu klärenden Fragen diesem überlassen (→ Rn. 30 zur „planerischen Zurückhaltung").

66a Der Bauleitplanung kommt vor allem eine erhebliche Bedeutung für den **vorsorgenden Immissionsschutz** zu; vgl. weiterhin **Abs. 6 Nr. 7 g**. Die für die Berücksichtigung des Immissionsschutzes in der Bauleitplanung entwickelten Planungsgrundsätze werden wesentlich bestimmt durch die Anforderungen des Abwägungsgebots (Abs. 7) sowie die Regelungsmöglichkeiten in den Bauleitplänen nach den §§ 5 und 9 und der BauNVO. Sie werden ergänzt durch immissionsschutzrechtliche Regelungen: Neben § 50 BImSchG sind auf die materiellen **Anforderungen an genehmigungsbedürftige Anlagen** nach den §§ 4ff. BImSchG sowie den zugehörigen Verwaltungsvorschriften „Technische Anleitung zum Schutz gegen Lärm **(TA-Lärm)**" (dazu BVerwGE 145, 145; E 129, 209; OVG Lüneburg BauR 2015, 1300; *Stüer*, DBVl 2014, 908 (912); *Fricke* NVwZ 2015, 650) und die „Technische Anleitung zur Reinhaltung der Luft **(TA-Luft)**" hinzuweisen. Speziell für die Berücksichtigung der von Straßen und Schienenwegen ausgehenden Verkehrsgeräusche sind die **§§ 41 bis 43 BImSchG** von Bedeutung. Zur **Umgebungslärmrichtlinie** der EU vgl. §§ 47a ff. BImSchG zu den Anforderungen an die Bestimmbarkeit und sachgerechte Zuordnung von Schallleistungen OVG Lüneburg, BauR 2015, 61; zur Festsetzung von Lärmkontingenten nach Teilgebieten OVG Münster NVwZ-RR 2015, 370.

Spezielle Vorschriften zum Schutz von Gefahren, Nachteilen und Belästigungen durch Fluglärm in der Umgebung von Flugplätzen enthält das **FluglärmG,** vor allem § 5 FluglärmG 2007 (Bauverbote) sowie §§ 6ff. (ua Nutzungsbeschränkungen und Entschädigung bei Bauverboten) (hierzu *Reidt/Fellenberg* und *Reidt/Schiller* in Landmann/Rohmer, Umweltrecht Bd. III zu §§ 5ff. FluglärmG).

Zum **Sportlärm** → Rn. 106. **Grenzwerte** für die Berücksichtigung des Immissionsschutzes in der Bauleitplanung sind allerdings gesetzlich nicht festgelegt. Das BVerwG hat Grenz- und Orientierungswerte, die in Verwaltungsvorschriften, DIN-Normen, VDI-Richtlinien usw. festgelegt sind, als für die Planung nicht maßgeblich angesehen (vgl. BVerwGE 77, 285; 81, 197; 88, 210). Für die Beurteilung dessen, was im jeweiligen Planungsfall dem Betroffenen zuzumuten ist, ist unter Würdigung aller Umstände des Einzelfalls und der Schutzbedürftigkeit eines jeden Baugebiets zu bestimmen (vgl. BGHZ 97, 361). Die Berücksichtigung unzutreffender Orientierungswerte kann zur Fehlerhaftigkeit des Plans führen. Bestimmte städtebauliche Standards ergeben sich darüber hinaus aus der unterschiedlichen Schutzwürdigkeit der Baugebiete der BauNVO (vgl. *Söfker* in EZBK § 1 Rn. 149, 224). Zur **Beachtung der Belange des Immissionsschutzes innerhalb der Bauleitplanung** sollte auf die zT sehr eingehenden Durchführungsbestimmungen der Länder zum BauGB zurückgegriffen werden. Hinzuweisen ist auch auf die **DIN 18005** (Schallschutz im Städtebau) oder die von Ländern herausgegebenen **„Abstandserlasse",** die Grundlage für eine einheitliche Stellungnahme der bei der Bauleitplanung beteiligten Gewerbeaufsichtsbehörden im Hinblick auf die unter Immissionsschutzgesichtspunkten gebotenen Schutzabstände sind. Derartige Verwaltungsvorschriften sind keine Rechtsnormen, jedoch enthalten sie Erfahrungswerte, die die Belange des Immissionsschutzes konkretisieren; insoweit können sie abwägungsbeachtliche Belange darstellen (so OVG Lüneburg ZfBR 1986, 196). Eine bloße Verwaltungsvorschrift ist die Geruchsimmissions-Richtlinie (GIRL); dazu OVG Münster, BauR 2015, 1446; OVG Lüneburg BauR 2015,1423 – fehlerhafte Festsetzung von Geruchsimmissionswerten; VGH München, ZfBR 2008, 185.

1. Abschnitt. Allgemeine Vorschriften §1

Zum Umweltschutz im engeren Sinne gehören ua die **Abfall- und Abwasserbeseitigung**; s. *Schink* NVwZ 2003, 1041. Die nicht bindenden aber zu berücksichtigenden Vorgaben des KrWG können im Bebauungsplan festgesetzt werden, als Flächen für die Verwertung oder Beseitigung von Abwasser und festen Abfallstoffen sowie für Ablagerungen (§ 9 Abs. 1 Nr. 14); Wasserflächen (§ 9 Abs. 1 Nr. 16); von der Bebauung freizuhaltende Schutzflächen (§ 9 Abs. 1 Nr. 24).

Die Belange der Nutzung **erneuerbarer Energien** sowie die **sparsame und effiziente Nutzung von Energie (Nr. 7f)** sind durch die Klimaschutznovelle (→ Einl. Rn. 61) aufgewertet worden, ohne aber einen Vorrang vor anderen Belangen zu begründen. Vgl. hierzu auch die Festsetzungsmöglichkeit in Bebauungsplänen **nach § 9 Abs. 1 Nr. 23b** und **§ 11 Abs. 1 S. 2 Nr. 4** über städtebauliche Verträge. Vgl. zur Privilegierung bestimmter Anlagen der Wind- und Wasserenergie. **§ 35 Abs. 1 Nr. 5** und der energetischer Nutzung von Biomasse **§ 35 Abs. 1 Nr. 6;** vgl. auch zur planerischen Steuerung **§ 35 Abs. 3 S. 3** (dort auch zu Konflikten von Anlagen der Wind- und Bioenergie mit anderen umweltschützenden Belangen namentlich dem Schutz des Landschaftsbilds) und § 249 – Repowering. Zur planerischen Steuerung von Windenergieanlagen BVerwGE 117, 287; DVBl. 2013, 507 mAnm *Stüer* – harte und weiche Tabuzonen; substanzieller Raum für Planung; s. a. *Gatz,* FS *Stüer,* 171; *Söfker* ZfBR 2013, 13; *Mitschang* BauR 2013, 29; *Kment* DÖV 2013, 17; *Scheidler* VerwArch 2012, 587; krit. *Bover/Kindler* DVBl. 2013, 488; *Hendler,* DVBl 2014, 1369; s.a. Einl. Rn. 63, § 1 Rn. 25. Nach § 11 Abs. 2 S. 2 BauNVO können Gebiete für Anlagen, die der Erforschung, Entwicklung oder Nutzung erneuerbarer Energien, wie Wind- und Sonnenenergie, dienen, als Sondergebiete dargestellt und festgesetzt werden. Als sonstige **erneuerbare Energieanlagen** sind zu nennen: Geothermieanlagen, solarthermische Anlagen, Photovoltaik-Anlagen sowie Anlagen zur Herstellung von Biobrennstoffen.

Nach **Nr. 7g)** sind in der Abwägung auch die **Darstellungen von Landschaftsplänen und sonstigen Plänen,** insbesondere des Wasser-, Abfall- und Immissionsschutzrechts zu berücksichtigen. Die Vorschrift verdeutlicht die aus dem Umweltbereich in Form von Fachplänen an die Abwägung gestellten Anforderungen und stellt klar, dass die Aussagen dieser Fachpläne für die Abwägung erheblich sind. Sie haben keinen Vorrang vor anderen abwägungserheblichen Belangen. Das Gebot der Berücksichtigung von umweltschützenden Fachplänen verpflichtet die Gemeinde, sich mit den Darstellungen der Fachpläne im Rahmen der Abwägung inhaltlich auseinanderzusetzen, soweit ein solcher Plan vorliegt. Die Länder sind jedoch **bundesrechtlich nicht ermächtigt,** die Aufstellung oder das Vorliegen landesrechtlicher Pläne als **Rechtsvoraussetzungen für das Bauleitplanverfahren auszugestalten** (*Lüers* ZfBR 1997, 231 (234); VGH Kassel NVwZ-RR 1989, 130). Das Abwägungsgebot kann verletzt sein, wenn angesichts einer drohenden Beeinträchtigung eine ausreichende Berücksichtigung der Belange des Naturschutzes nur auf Grund eines hierzu zunächst zu erstellenden Landschaftsplans möglich erscheint (OVG Koblenz UPR 1994, 234). Die in Nr. 7 g) genannten Pläne sind eine **beispielhafte,** nicht abschließende **Aufzählung** der für die Abwägung maßgeblichen umweltschützenden Fachpläne. Liegen umweltschützende Fachpläne vor, so sind sie, sofern bundesrechtlich nichts anderes bestimmt ist, nicht bindende Vorgaben der Bauleitplanung. Liegt eine ordnungsgemäße Fachplanung vor, kann allerdings davon ausgegangen werden, dass die Umweltbelange, die diese zum Gegenstand hat, fachgerecht ermittelt und bewertet worden sind. Zur Berücksichtigung der Umweltpläne innerhalb der **Umweltprüfung** vgl. die „Abschichtungsmöglichkeit" nach § 2 Abs. 4 S. 6. In der Abwägung sind die Darstellungen von **Landschaftsplänen** zu berücksichtigen. Zweck, Inhalt und Verfahren von Landschaftsplänen sind in §§ 8–12 BNatSchG geregelt. In Landschaftsplänen sind die örtlichen Erfordernisse und Maßnahmen zur Verwirklichung der Ziele des Naturschutzes und der Landschaftspflege flächendeckend darzustellen, § 10 Abs. 1 S. 1 BNatSchG. Bei der Aufstellung des Landschaftsplans sind die Ziele

§ 1 I. Kapitel. I. Teil. Bauleitplanung

der Raumordnung zu beachten (§ 10 Abs. 1 S. 2). Auf die Verwertbarkeit des Landschaftsplans für die Bauleitplanung ist Rücksicht zu nehmen (§ 9 Abs. 2 S. 2 BNatSchG). Die in den Landschaftsplänen konkretisierten Ziele, Erfordernisse und Maßnahmen sind in der Abwägung nach § 1 Abs. 7 zu berücksichtigen. Sie können als Darstellungen oder Festsetzungen in die Bauleitpläne aufgenommen werden (§ 11 Abs. 3 BNatSchG).

Mit Plänen nach dem **Wasserrecht** ist die unionsrechtlich geprägte (dazu *Durner* NuR 2010, 452), wasserwirtschaftliche Planung gemeint, die in den **§§ 82 f.** geregelt ist; zum Hochwasserschutz (→ Rn. 86 ff.).

Auch die Pläne nach dem **Abfallrecht** sind zu berücksichtigen. Damit ist die **Abfallwirtschaftsplanung** nach § 29 KrW/AbfG bezeichnet. Nach § 29 Abs. 1 S. 1 KrW/AbfG stellen die **Länder** für ihren Bereich Abfallwirtschaftspläne nach überörtlichen Gesichtspunkten auf. Bei der Abfallwirtschaftsplanung sind die Ziele und Erfordernisse der Raumordnung und Landesplanung zu berücksichtigen; § 29 Abs. 5 S. 1 KrW/AbfG. Die Raumordnungspläne sollen nach § 8 Abs. 5 S. 1 Nr. 3 ROG die raumbedeutsamen Erfordernisse und Maßnahmen der Abfallwirtschaftsplanung, soweit sie zur Aufnahme in Raumordnungspläne geeignet und zur Koordinierung von Raumansprüchen erforderlich sind, durch Ziele oder Grundsätze der Raumordnung sichern. Soweit sie Ziele der Raumordnung sind, ist die Bauleitplanung gem. § 1 Abs. 4 BauGB daran gebunden. Im Übrigen sind die Darstellungen der Abfallwirtschaftspläne im Rahmen der bauleitplanerischen Abwägung als Belange zu berücksichtigen. Sofern Abfallwirtschaftspläne gem. § 29 Abs. 1 S. 3 Nr. 2, Abs. 4 KrW/AbfG für Abfallbeseitigungsanlagen zur Endablagerung von Abfällen (Deponien) sowie für sonstige Abfallbeseitigungsanlagen für verbindlich erklärt wurden, haben diese Darstellungen Vorrang gegenüber der bauleitplanerischen Abwägung; dazu *Beckmann* in Landmann/Rohmer, Umweltrecht § 29 KrW-/AbfG Rn. 64 ff.

69 Zu den zu berücksichtigenden Planungen des **Immissionsschutzrechtes** zählen auch die **Luftreinhalte- und Aktionspläne** nach § 47 BImSchG und die **Lärmminderungspläne** nach § 47a BImSchG. Nach **§ 47 Abs. 1 BImSchG** werden zur Vorsorge gegen schädliche Umwelteinwirkungen **Luftreinhaltepläne** aufgestellt, wenn die festgestellten oder zu erwartenden Luftverunreinigungen Immissionsgrenzwerte einschließlich festgelegter Toleranzmargen überschreiten. Die maßgeblichen Immissionsgrenzwerte ergeben sich aus einer Rechtsverordnung nach § 48a Abs. 1 BImSchG). Nach **§ 47 Abs. 2 BImSchG** ist ein **Aktionsplan** aufzustellen, wenn die nach § 48a Abs. 1 BImSchG festgelegten Immissionsgrenzen und „Alarmschwellen" überschritten werden. Während die Pläne nach § 14 Abs. 1 und 2 BImSchG EU-rechtliche Vorgaben umsetzen sieht **§ 47 Abs. 3 BImSchG** eine Ermächtigung für die Aufstellung von **Luftreinhalteplänen** zur Sicherung nationaler Immissionswerte und darüber hinaus generell zur Vermeidung schädlicher Umwelteinwirkungen (dazu *Sparwasser/Engel* NVwZ 2010, 1513; zur klagweisen Durchsetzung EuGH NVwZ 2008, 984; dazu *Breuer* in FS Sellner, 2009, 493; *Kirchhof* AöR 2010, 29; BVerwG, NuR 2014, 37). Die Maßnahmen der Pläne sind von den zuständigen Trägern öffentlicher Verwaltung durchzusetzen (§ 47 Abs. 6 S. 1 BImSchG). Bei planungsrechtlichen Festlegungen des Luftreinhalteplans haben die zuständigen Planungsträger dies bei ihren Planungen zu berücksichtigen (§ 47 Abs. 6 S. 2 BImSchG). Durch Nr. 7 g wird klargestellt, dass dies für die Zwecke der Bauleitplanung im Rahmen der planerischen Abwägung zu erfolgen hat; zur ausnahmsweise gegebenen Bindung an unionsrechtlich vorgegebene, gesundheitsschützende Grenzwerte s. *Jarass*, BImSchG, § 47 Rn. 46; *Cancik* DVBl. 2008, 456 (552). Nach **§§ 47a ff. BImSchG** obliegen den Gemeinden oder den nach Landesrecht zuständigen Behörden Aufgaben zum Schutz vor dem **Umgebungslärm,** dem Menschen insbesondere in bebauten Gebieten, in öffentlichen Parks oder anderen ruhigen Gebieten eines Ballungsraums, in ruhigen Gebieten auf dem Land, in der Umgebung von Schulgebäuden, Krankenhäusern und anderen lärmempfindlichen Gebäuden und Gebieten ausgesetzt

1. Abschnitt. Allgemeine Vorschriften § 1

sind. Zur **Lärmminderungsplanung** (*Mitschang* in ZfBR 2006, 430; *Scheidler* UPR 2012, 241) haben sie nach Maßgabe des § 47c BImSchG **Lärmkarten** aufzustellen. Nach § 47d BImSchG haben sie **Lärmaktionspläne** aufzustellen (*Berkemann* NuR 2012, 117). Zu den Anforderungen durch die **EU-Umgebungslärmrichtlinie** (v. 25.6.2002, ABl. EG v. 18.7.2001, L 189, S. 12ff.) vgl. *Mitschang* ZfBR 2006, 430. Zum Lärmschutz in der Rechtsprechung *Paetow* NVwZ 2010, 1184; speziell im Städtebau *Mitschang* ZfBR 2009, 538; zur Privilegierung von Kinderlärm, *Fricke/Schütte* ZUR 2012, 89; s.a. Einl. S. 62; *Cancik* ZUR 2011, 283; *Spanwasser* in Mitschang (Hrsg.), Gerüche, Feinstaub und Gefahrstoffe in der Bauleitplanung, 2011, S. 57; *Otto* in Mitschang, Bauleitplanung, 71; Zur Rechtsprechung des BVerwG, *Petz* in Mitschang, Bauleitplanung, 219; zum Sportlärm → Rn. 106.

Nr. 7h) übernimmt die Anforderungen des § 50 S. 2 iVm § 48a Abs. 1 BImSchG 70 als Abwägungsbelang für die Bauleitplanung. Die **Erhaltung der bestmöglichen Luftqualität** ist danach in Gebieten zu berücksichtigen, in denen Immissionsgrenzwerte durch Rechtsverordnungen nach § 48a Abs. 1 BImSchG zur Erfüllung von bindenden Rechtsakten der EU (Art. 288 AEUV-Verordnung, Richtlinien, Beschlüsse) gelten. **§ 50 S. 2 BImSchG** lautet: „Bei raumbedeutsamen Planungen und Maßnahmen in Gebieten, in denen die in Rechtsverordnungen nach § 48a Abs. 1 festgelegten Immissionsgrenzwerte nicht überschritten werden, ist bei der Abwägung der betroffenen Belange die Erhaltung der bestmöglichen Luftqualität als Belang zu berücksichtigen"; → Rn. 66 und 110f.

Nach **Nr. 7i)** werden die auf Grund des Anh. I Buchstabe f der Plan-UP-Richtlinie bei der Ermittlung der Umweltbelange zu berücksichtigenden **Wechselwirkungen** aufgegriffen werden. Dies bleibt auf die europarechtlich vorgegebenen Belange in Nrn. 7a), c) und d) beschränkt. Für die im Rahmen der naturschutzrechtlichen Eingriffsregelung zu ermittelnden Belange nach Nr. 7a) ist die Berücksichtigung des Wirkungsgefüges bereits unmittelbar in Nr. 1a) vorgesehen. Die Prüfung der Wechselwirkungen bezieht sich daher vorrangig auf das übergreifende Verhältnis zwischen Naturhaushalt, Menschen sowie Sach- und Kulturgütern.

h) Die Belange der Wirtschaft, auch ihrer mittelständischen Struktur im 71 **Interesse einer verbrauchernahen Versorgung der Bevölkerung, der Land- und Forstwirtschaft, der Erhaltung, Sicherung und Schaffung von Arbeitsplätzen, des Post- und Telekommunikationswesens, der Versorgung, insbesondere mit Energie und Wasser einschließlich der Versorgungssicherheit und der Sicherung von Rohstoffvorkommen (Nr. 8).** Bei der Bauleitplanung sind die **wirtschaftlichen Belange** vor allem durch ein ausreichendes, den wirtschaftlichen Bedürfnissen entsprechendes Flächenangebot zu berücksichtigen. Dabei muss die Bauleitplanung einen **Ausgleich zwischen konkurrierenden Bodennutzungsansprüchen** schaffen, wie zB zwischen Wirtschaft und Wohnen (→ im Einzelnen Rn. 110–112) oder zwischen konkurrierenden Wirtschaftsbereichen (zB die Steuerung der Standorte von Verbrauchermärkten nach § 11 Abs. 3 BauNVO; → Rn. 72). Jedoch darf die Bauleitplanung nicht zu einem **Instrument der Wirtschaftsplanung** werden (→ Rn. 45), sondern muss sich auf die Berücksichtigung wirtschaftlicher Belange innerhalb der geordneten städtebaulichen Entwicklung beschränken. Zu den in den Baugebieten nach der BauNVO zulässigen Anlagen für wirtschaftliche Nutzungen vgl. im Einzelnen §§ 2 bis 14 BauNVO. Zu den **Belangen der Wirtschaft** gehören u.a. die Interessen der Allgemeinheit an der Versorgung mit Rohstoffen, Gütern und Dienstleistungen, das Interesse an der Schaffung, Erhaltung und Sicherung von Arbeitsplätzen, die Standortinteressen der Unternehmen, insbesondere an der weiteren Ausnutzung des vorhandenen Bestandes, sowie das Bedürfnis nach Betriebserweiterung und Modernisierung und das Interesse am ungehinderten Abbau der gewinnbaren Bodenschätze. Nr. 8 erwähnt ausdrücklich die **Sicherung von Rohstoffvorkommen** als einen den Belangen der Wirtschaft

zugeordneten Belang. Damit sind vor allem oberflächennahe mineralische Rohstoffvorkommen, aber auch andere für die geordnete städtebauliche Entwicklung bedeutsame Vorkommen, wie zB Steinkohle und Erdöl, gemeint. Die Rohstoffsicherung ist weiterhin auch als Belang des Umweltschutzes (Bodenschutz) zu berücksichtigen (Nr. 7). Nr. 8 hebt auch die **Erhaltung, Sicherung und Schaffung von Arbeitsplätzen** als Belang hervor. Dies entspricht der Bedeutung dieses Belangs innerhalb des Oberbegriffs der wirtschaftlichen Belange. Im Rahmen der Bauleitplanung kommt hierbei insbesondere die Ausweisung von Gewerbeflächen und die Sicherung von Gewerbestandorten bei Überplanung von bebauten Gebieten in Betracht („Gemengelage-Situationen"; → Rn. 110). Bedeutung betrieblicher Investitionen als abwägungsbeachtliche private Belange sowie als öffentliche Belange im Hinblick auf die örtliche Arbeitsplatzsituation; BVerwG DVBl. 1971, 746.

72 Innerhalb der Belange der Wirtschaft wird ihre **„mittelständische Struktur im Interesse einer verbrauchernahen Versorgung der Bevölkerung"** hervorgehoben. Dadurch soll erreicht werden, dass im Rahmen der Bauleitplanung die Interessen der Verbraucher an gut erreichbaren und ihren Bedürfnissen entsprechenden privaten Versorgungseinrichtungen angemessen berücksichtigt werden. Hierin liegt ein unmittelbarer städtebaulicher Bezug, zB um der Verödung bestimmter Stadtviertel, vor allem von Innenstädten und Ortsteilzentren, aber auch ländlicher Gemeinden entgegenzuwirken. Die **verbrauchernahe Versorgung** durch Ansiedlung der Betriebe des Einzelhandels an städtebaulich integrierten Standorten ist ein wesentliches Anliegen einer nachhaltigen städtebaulichen Entwicklung. Durch kooperativ erstellte Einzelhandelskonzepte kann die Errichtung von Einzelhandelsbetrieben an gut erreichbaren Standorten gesichert werden, insbesondere an Standorten in Übereinstimmung mit der Entwicklung zentraler Versorgungsbereiche in der Gemeinde (→ Rn. 61a). Das Gesetz geht davon aus, dass vor allem die **mittelständischen Betriebsformen des Einzelhandels** die verbrauchernahe Versorgung der Bevölkerung gewährleisten können. Der Belang hebt die Verpflichtung der Gemeinden hervor, die vorhandenen planungsrechtlichen Instrumente zu nutzen. In Betracht kommt insbesondere die Aufstellung oder Änderung von Bebauungsplänen nach **§ 11 Abs. 3 BauNVO**. Danach ist die Regelgröße von großflächigen Einzelhandelsbetrieben außerhalb von Kern- und Sondergebieten mit 1200 m² Geschossfläche bestimmt; § 11 Abs. 3 S. 3 BauNVO; vgl. weiterhin § 11 Abs. 3 S. 4 BauNVO mit einer Regelung über die Voraussetzungen und Maßstäbe für eine von dieser Regelgröße abweichende Beurteilung (vgl. zur Regelung für Einkaufszentren, großflächige Einzelhandelsbetriebe und sonstige großflächige Handelsbetriebe im Einzelnen *Söfker* in EZBK § 11 BauNVO Rn. 40ff.). Auch weiter gehende Festsetzungen iS des **§ 1 Abs. 9 BauNVO** kommen in Betracht (vgl. weiterhin *Söfker*, EZBK § 11 BauNVO Rn. 111ff.). Zur Sicherung dieses Belangs hat in ländlichen Gebieten sowie im Verhältnis zwischen Stadt und Umland die Verpflichtung benachbarter Gemeinden zur Abstimmung der Bauleitpläne besondere Bedeutung; **§ 2 Abs. 2**. Zur Beachtung von **Zielen der Raumordnung** iS des Vorbehalts großflächiger Einzelhandelsbetriebe für Mittel- und Oberzentren → Rn. 39 sowie § 2 Abs. 2 Satz 2, § 9 Abs. 2a und § 34 Abs. 3; vgl. weiterhin **§ 1 S. 3 Nr. 19 RoV** über die Durchführung eines **Raumordnungsverfahrens** bei der Errichtung von Einkaufszentren, großflächigen Einzelhandelsbetrieben und sonstigen großflächigen Handelsbetrieben sowie **Anlage Nr. 18 zu § 3 UVPG** über die **Durchführung einer Umweltverträglichkeitsprüfung** bei den vorgenannten Vorhaben iS des § 11 Abs. 3 BauNVO auf einer Geschossfläche von 5000 m² (für die Bauleitplanung entfällt die UVP wegen der Integration in die Umweltprüfung nach § 2 Abs. 4) und **§ 164b Abs. 2 Nr. 1** über die Stärkung von Innenstädten und Ortsteilzentren in ihrer städtebaulichen Funktion als Schwerpunkt der **Städtebauförderung** des Bundes.

73 Zu den Belangen der Wirtschaft – als Oberbegriff – gehören auch die Belange der **Energie-, Wärme- und Wasserversorgung** einschließlich der durch die Innen-

1. Abschnitt. Allgemeine Vorschriften § 1

entwicklungsnovelle 2013 (→ Einl. Rn. 62) eingefügten Versorgungssicherheit. Die Wasserversorgung ist Teil der Energieversorgung. Zu den erneuerbaren Energien vgl. Nr. 7 f) (→ Rn. 67). Im Bebauungsplan können hierzu ua festgesetzt werden: die Versorgungsflächen (§ 9 Abs. 1 Nr. 12); die Führung von Versorgungsanlagen und -leitungen (§ 9 Abs. 1 Nr. 13); die Flächen für die Verwertung oder Beseitigung von Abwasser und festen Abfallstoffen sowie für Ablagerungen (§ 9 Abs. 1 Nr. 14); die Wasserflächen sowie die Flächen für Aufschüttungen, Abgrabungen oder für die Gewinnung von Steinen, Erden und anderen Bodenschätzen (§ 9 Abs. 1 Nr. 17); die mit Geh-, Fahr- und Leitungsrechten zugunsten der Allgemeinheit, eines Erschließungsträgers oder eines beschränkten Personenkreises zu belastenden Flächen (§ 9 Abs. 1 Nr. 21).

Zum Begriff der **Landwirtschaft** vgl. die Legaldefinition in § 201. Zum Begriff 74 der **Forstwirtschaft** → § 35 Rn. 12. Zur Darstellung von Flächen für die Landwirtschaft und den Wald im Flächennutzungsplan vgl. § 5 Abs. 2 Nr. 9; zur Festsetzung von entsprechenden Flächen im Bebauungsplan vgl. § 9 Abs. 1 Nr. 18; zum Schutz landwirtschaftlicher Betriebe gegen heranrückende Wohnbebauung BVerwG NVwZ-RR 1999, 423. Das Städtebaurecht enthält eine Reihe weiterer Bestimmungen, die dem Schutz land- und forstwirtschaftlicher Belange dienen; vgl. zB die Umwidmungssperre des § 1a Abs. 2 S. 2 sowie § 35 Abs. 1 Nr. 1 und 2, § 100, § 135 Abs. 4, § 136 Abs. 4 S. 1 Nr. 2, § 145 Abs. 5, § 168 S. 2, § 169 Abs. 4 sowie §§ 187–191. Die Konkretisierung der sich auf die Land- und Forstwirtschaft beziehenden Grundsätze der Raumordnung (vgl. § 2 Abs. 2 Nr. 4 ROG) in **Zielen der Raumordnung** löst die Anpassungspflicht der Bauleitplanung gem. **Abs. 4** aus.

i) Die Belange des Personen- und Güterverkehrs und der Mobilität der 75 **Bevölkerung, einschließlich des öffentlichen Personennahverkehrs und des nicht motorisierten Verkehrs, unter besonderer Berücksichtigung einer auf Vermeidung und Verringerung von Verkehr ausgerichteten städtebaulichen Entwicklung (Nr. 9).** Die Belange des **Verkehrs** haben innerhalb der Bauleitplanung eine **herausgehobene Bedeutung.** Dies ergibt sich bereits daraus, dass die Sicherung der **Erschließung** im Innen- wie im Außenbereich Voraussetzung für die Zulässigkeit von Vorhaben ist; vgl. § 30 Abs. 1 und 2, § 33 Abs. 1 Nr. 4, § 34 Abs. 1 S. 1 und § 35 Abs. 1 u. 2. Zu den Mindestanforderungen an die gesicherte Erschließung gehören insbesondere ausreichende Zufahrtsmöglichkeiten und damit der Anschluss an die Verkehrsflächen. Auch die sachgerechte Nutzung der Grundstücke setzt vielfach den Anschluss an Verkehrsflächen voraus. Zum Begriff des **Verkehrs** gehören der (fließende und ruhende) Straßenverkehr einschließlich des Fußgänger- und Radverkehrs, der schienengebundene Verkehr (Eisenbahnen, Straßen-, U- oder S-Bahnen) sowie der Luft- und Schiffsverkehr. Der Stellenwert der verkehrlichen Belange ergibt sich weiterhin daraus, dass die Stadtentwicklung, die räumliche Zuordnung von Nutzungen, die Entwicklungschancen und -beeinträchtigungen und damit die städtebauliche Entwicklung und Ordnung des Gemeindegebietes in besonders hohem Maße von der verkehrlichen Infrastruktur geprägt werden. In Nr. 9 wird das Anliegen der Vermeidung und Verringerung von Verkehr auch für die Ebene der Bauleitplanung hervorgehoben. Nachhaltige Verkehrsentwicklung erfordert verkehrsarme Siedlungsstrukturen, zu denen unter anderem Verdichtung und Nutzungsmischung bei der Zuordnung der Grundstücksnutzungen beitragen können, aber auch Konzepte zur Förderung von E-Mobilität („smart city" Konzept). Durch entsprechende Berücksichtigung in den Bauleitplänen kann damit eine kommunale Verkehrspolitik unterstützt werden, die zu geringen Lärm- und Schadstoffbelastungen im städtischen Raum führt.

Die Belange des Verkehrs sind Gegenstand zahlreicher bundes- und landesgesetzli- 76 cher Regelungen. Auch die nach **§ 38 S. 1** „privilegierten" Planfeststellungen beziehen sich ua auf Bundesgesetze mit besonderer Berücksichtigung verkehrlicher Be-

§ 1 I. Kapitel. I. Teil. Bauleitplanung

lange. Die Belange des Verkehrs können im **Flächennutzungsplan** durch Darstellungen der Flächen für den überörtlichen Verkehr und für die örtlichen Hauptverkehrszüge (§ 5 Abs. 2 Nr. 3) sowie der Wasserflächen und Häfen (§ 5 Abs. 2 Nr. 7) berücksichtigt werden. Im **Bebauungsplan** können hierzu ua die Verkehrsflächen sowie Verkehrsflächen besonderer Zweckbestimmung sowie der Anschluss anderer Flächen an die Verkehrsflächen (§ 9 Abs. 1 Nr. 11), die Wasserflächen (§ 9 Abs. 1 Nr. 16), die mit Geh-, Fahr- und Leitungsrechten zugunsten der Allgemeinheit, eines Erschließungsträgers oder eines beschränkten Personenkreises zu belastenden Flächen (§ 9 Abs. 1 Nr. 21) festgesetzt werden; vgl. auch die Festsetzungen nach § 9 Abs. 1 Nr. 24–26. Zu den **Nutzungskonflikten** zwischen verkehrlichen und anderen Belangen, insbesondere im Hinblick auf schädliche **Umwelteinwirkungen** durch Verkehrseinrichtungen, → Rn. 106. Das Gesetz hat – unter dem Oberbegriff der verkehrlichen Belange – den Belang einer mit der angestrebten Entwicklung abgestimmten Verkehrsbedienung durch den **öffentlichen Personennahverkehr** im Hinblick auf die Bedeutung dieser Verkehrsart besonders hervorgehoben.

77 **j) Die Belange der Verteidigung und des Zivilschutzes sowie der zivilen Anschlussnutzung von Militärliegenschaften (Nr. 10).** Die Regelungen über die Belange der Verteidigung und des Schutzes der Zivilbevölkerung, insbesondere das **Landbeschaffungsgesetz** (LBG) und das Schutzbereichsgesetz räumen dem Bundesminister der Verteidigung weitgehend einen Vorrang gegenüber der Bauleitplanung ein. Eine Sonderregelung für Vorhaben, die der Landesverteidigung und dem zivilen Bevölkerungsschutz dienen, enthält § 37 Abs. 2; vgl. weiterhin § 26 Nr. 2a, § 139 Abs. 4, § 174 und § 175 Abs. 4. Der Belang der **zivilen Anschlussnutzung militärischer Liegenschaften** bezieht sich auf die Aufgabe der Gemeinde als Planungsträgerin bei der Konversion ehemaliger militärischer Infrastrukturanlagen und Einrichtungen (dazu *Stemmler* ZfBR 2006, 117). Die Ermöglichung einer zivilen Anschlussnutzung dieser Liegenschaften vorrangig vor der Inanspruchnahme von Freiflächen entspricht auch dem Ziel einer flächensparenden Siedlungsentwicklung,

78 **k) Die Ergebnisse eines von der Gemeinde beschlossenen städtebaulichen Entwicklungs-, Klimaschutz- oder Energiekonzeptes oder einer sonstigen städtebaulichen Planung (Nr. 11).** Die Klimaschutznovelle 2011 hat als weitere Beispiele für freiwillige konsensuale Konzepte Klimaschutz- und Energiekonzepte eingefügt, um die herausragende Bedeutung solcher Konzepte für die Umsetzung der Energiewende vor Ort zu betonen (BR-Drs. 344/1/11, 3). Die Planungsleitlinie bezieht sich auf **informelle städtebauliche Planungen** ohne rechtlich verbindliche Außenwirkung, zB **Rahmen- bzw. Entwicklungspläne** zB Einzelhandelskonzepte oder Entwicklungskonzepte zur Steuerung der Intensivtierhaltung (s. *Gördes/Schulte* BauR 2011, 924). Der Begriff des **städtebaulichen Entwicklungskonzeptes** umfasst ganzheitliche gebietsbezogen, städtebauliche Planungen, die als sozialraumbezogene Gesamtsteuerung von Quartiersentwicklungen aufgestellt und fortgeschrieben werden. Diese Entwicklungskonzepte haben vor allem bei den Maßnahmen des **Stadtumbaus** (§ 171a Abs. 2) und der **Sozialen Stadt** (§ 171e Abs. 4) besondere Bedeutung erlangt; vgl. auch § 171f S. 1. Zwischen der Planungsebene der Landes- und Regionalplanung einerseits und der Bauleitplanung andererseits sowie „zwischen" bzw. „neben" Flächennutzungs- und Bebauungsplan haben in der Praxis **informelle städtebauliche Planungen** aber schon lange große praktische Bedeutung. Ebenso sind die im **städtebaulichen Sanierungsrecht** geregelten **„Ziele und Zwecke"** (das sog. Sanierungskonzept) informelle, maßnahmenbezogene Planungen, denen das Gesetz (ua) in § 145 Abs. 2 eine ausdrückliche Steuerungswirkung beimisst; vgl. § 140 Nr. 3; entsprechendes gilt für die Ziele und Zwecke der **städtebaulichen Entwicklungsmaßnahme** (§ 165 Abs. 3 S. 1 Nr. 1, § 169 Abs. 1 Nr. 3). Sie haben unterschiedliche rechtliche Relevanz. Der Gesetzgeber hat sie – trotz ihrer hohen Bedeutung – nur zurückhaltend berücksichtigt. Die bereits durch § **1 Abs. 5**

1. Abschnitt. Allgemeine Vorschriften §1

BBauG (Novelle 1976) eingeführte **städtebauliche Entwicklungsplanung** wurden vom **BauGB 1987 nicht übernommen**. (vgl. A-Ber./BauGB 1987, 146). Das BauGB 1987 erwähnte aber in § 140 **Nr. 4** eine wichtige „informelle" Planungsart, nämlich den **Rahmenplan**. Durch das BauROG 1998 sind die informellen („sonstigen") städtebaulichen Planungen iS einer Klarstellung auch ausdrücklich in ein Verhältnis zur formellen Bauleitplanung gesetzt und durch das **EAG Bau 2004** um die städtebaulichen Entwicklungskonzepte ergänzt worden; **Nr. 11**. Zum Verhältnis der formellen städtebaulichen Planung in Form der Bauleitplanung und der informellen städtebaulichen Planungen → im Einzelnen Rn. 3, 18 und 21.

Der **Begriff der Entwicklungsplanung** war in § 1 Abs. 5 BBauG 1976 ebenso wenig geregelt worden wie der **Begriff der Rahmenplanung** in § 140 Nr. 4 BauGB oder die „städtebaulichen Gesamtkonzepte" oder die „sonstigen städtebaulichen Planungen" in § 1 Abs. 6 Nr. 11 bzw. in § 171a Abs. 2, § 171e Abs. 4. Die letztgenannten Vorschriften enthalten allerdings formale, verfahrensmäßige und (beispielhafte) inhaltliche Vorgaben; vgl. dort. Als **Entwicklungsplanung** wird im Allgemeinen eine gemeindliche Planung bezeichnet, die Zielvorstellungen für den Gesamtbereich gemeindlicher Tätigkeiten oder für Teilbereiche aufzeigt und aufeinander abstimmt. Die Entwicklungsplanung hat die Aufgabe, den Rahmen zu setzen für eine den sozialen, kulturellen und wirtschaftlichen Erfordernissen dienende städtebauliche Entwicklung und Ordnung des Gemeindegebiets einschließlich der raumwirksamen Investitionen der Gemeinde und deren Zeit- und Rangfolge (vgl. *Battis* DVBl. 1976, 144; *Göb* DÖV 1974, 86). Städtebauliche Entwicklungskonzepte sind von der Gemeinde beschlossene informelle Planungen, die – in den gesetzlich geregelten Fällen des Stadtumbaus und der Sozialen Stadt – maßnahmenbezogen sind. Von der Gemeinde beschlossener städtebaulicher Sanierungs- oder Entwicklungskonzepte sind gleichfalls als informelle städtebauliche Planungen gemäß § 1 Abs. 6 Nr. 11 BauGB zu qualifizieren. Ihre Bedeutung liegt im Wesentlichen in der Vorbereitung formeller Planungen oder sonstiger Maßnahmen im Sinne des BauGB, aber auch in der Steuerung von städtebaulichen Maßnahmen sowie in der internen Bindungswirkung, zB hinsichtlich des Erfordernisses der Bauleitplanung, der Erneuerungsziele, der städtebaulichen Leitvorstellungen etc. Entwicklungsplanerische Elemente iS dieser Definition enthält auch der Flächennutzungsplan (vgl. § 5 Abs. 1 und 3; vgl. weiterhin *Löhr*, Die kommunale Flächennutzungsplanung, 1977, 57). Der städtebauliche Rahmenplan ist in der Praxis seit längerem eingeführt; Rahmenplanung vgl. den Bericht eines zur Vorbereitung des BauGB vom BMBau eingesetzten Expertenkreises in BBauBl. 1986, 210. Der Rahmenplan ist eine **Form der städtebaulichen Entwicklungsplanung.** Er wird jedoch in der Regel nur auf der Ebene eines Stadt- oder Ortsteils aufgestellt; er stellt eine Verbindung zwischen dem Flächennutzungsplan, der das ganze Gemeindegebiet umgreift, und dem meist kleinräumlichen Bebauungsplan dar. Unter Rahmenplanung werden Plantypen verstanden, welche die gemeindliche Entwicklungsplanung und den Flächennutzungsplan für **Teilräume** (Stadtteilpläne, Pläne für zusammenhängende Teilbereiche mit gleicher Planungsproblematik) oder **sachliche Teilbereiche** (Nutzungs-, Verkehrs-, Versorgungs-, Freiflächen- oder Gestaltungspläne) differenzieren und präzisieren. Sie verdeutlichen vor allem für die nicht durch Bebauungspläne erfassten Gebiete städtebauliche Entwicklungs-, Gestaltungs- und Ordnungskonzeptionen.

Aus der Regelung der städtebaulichen Entwicklungskonzepte und der sonstigen städtebaulichen Planungen in **§ 1 Abs. 6 S. 2 Nr. 11** und in den og weiteren Bestimmungen ergibt sich, dass der Gesetzgeber informellen Planungsformen für die städtebauliche Praxis insgesamt hohe Bedeutung beimisst, wenngleich er ihre Anforderungen oder Rechtsfolgen nicht regelt. Zugleich geht das BauGB aber davon aus, dass städtebauliches Handeln, namentlich aber auch die **Bauleitplanung, in ein Geflecht informeller Planungen eingebettet** ist. Hierfür bestehen zwar keine im Gesetz festgelegten formellen und inhaltlichen Anforderungen. Jedoch hebt das Gesetz –

auch iS einer Legitimierung – damit die faktisch zT mindestens ebenbürtige Bedeutung der informellen Pläne, namentlich der städtebaulichen Gesamtkonzepte und der Rahmenplanung bei der städtebaulichen Ordnung und Entwicklung in weitgehend bebauten Gebieten ausdrücklich hervor. Die Steuerung des Einzelhandels setzt kein gesondert beschlossenes Einzelhandelskonzept voraus (OVG Koblenz BauR 2013, 1230).

81 Auch die **städtebaulichen Entwicklungskonzepte** zB für den Klimaschutz (dazu *Sparwasser* in Mitschang (Hrsg.), Klimagerechte Stadtentwicklung, 2012, 67 (81), (den Einzelhandel, dazu BVerwG BauR 2013, 1399 u. 1402; E133, 98 u. 310; *Battis* NVwZ 2015, 1422; *Bunzel/Janning ua*, Erhaltung und Entwicklung zentraler Versorgungsbereiche, 2009; *Janning* ZfBR 2009, 437; s. a. *Söfker* in EZBK § 1 Nr. 173; *Terwiesche* NVwZ 2010, 556), Vergnügungsstätten (BVerwG ZfBR 2016, 44), die Energieversorgung, die Schulentwicklung (dazu *Libbe*, Orientierungen für kommunale Planung und Steuerung, 2014, S. 19 ff.), Störfälle (*Reidt* FS Jarass, 2015, 471; *Uechtritz/Fassbotter*, BauR 2015, 1919 u. 2016, 48) und die sonstigen informellen städtebaulichen Planungen, sowie die **Rahmenplanung** lösen keine unmittelbaren rechtlichen Wirkungen aus. Ihre Bedeutung liegt vor allem in der Vorbereitung formeller Planungen oder sonstiger Maßnahmen iS des BauGB, weiterhin können sie Entscheidungen nach dem BauGB ersetzen oder begründen. Ihre hauptsächliche Bedeutung liegt in der **internen Bindungswirkung** (zB hinsichtlich des Erfordernisses der Bauleitplanung, der Erneuerungsziele, der städtebaulichen Leitvorstellungen, der Baulandentwicklung, der Verteilung des Einzelhandels ua). Im Einzelnen ist auf folgende sich hieraus ergebende **Wirkungen informeller Planungen** hinzuweisen: Vorhandene Rahmenpläne gehen als von der Gemeindevertretung beschlossene oder zustimmend zur Kenntnis genommene Planwerke als **Abwägungsmaterial** in die Abwägung bei den Bauleitplänen ein (→ Rn. 84). Die Rahmenplanung ist in rechtlicher Hinsicht auch wegen der Modifikation der **vorgezogenen Öffentlichkeitsbeteiligung** nach § 3 von Bedeutung: Nach **§ 3 Abs. 1 S. 2 Nr. 2** kann von der vorgezogenen Beteiligung abgesehen werden, wenn die Unterrichtung und Erörterung über die allgemeinen Ziele und Zwecke der Planung bereits zuvor auf anderer Grundlage erfolgt sind. Dies bezieht sich in erster Linie auf die in der Praxis vieler Städte und Gemeinden eingeführte Bürgerbeteiligung auf der Grundlage einer Rahmenplanung. Eine vorhandene Rahmenplanung kann auch bei der Beurteilung von Einzelfragen im Verhältnis zwischen Flächennutzungsplan und Bebauungsplan iS des **§ 8 Abs. 2 bis 4** herangezogen werden.

82 Externe Wirkungen hat eine Rahmenplanung iVm anderen Rechtsvorschriften: Die **Vorkaufssatzung** nach § 25 Abs. 1 S. 1 Nr. 2 kann für Gebiete erlassen werden, in denen die Gemeinde städtebauliche Maßnahmen beabsichtigt. Auch bei der Beurteilung der **Zulässigkeit von Vorhaben** kann eine informelle Planung mittelbar, nämlich iS der **Ausformung unbestimmter Rechtsbegriffe,** von Bedeutung sein. Hier ist auf **§ 33 Abs. 2** oder auf die Beurteilung des **städtebaulich Vertretbaren** iS des **§ 31 Abs. 2 Nr. 2** hinzuweisen. Das Gleiche gilt für die Beurteilung der Frage, ob städtebauliche Gründe für die Anordnung von **Erhaltungssatzungen** iS des **§ 172** oder zur Anordnung von **städtebaulichen Geboten** gem. **§§ 175 ff.** vorliegen.

83 Im Rahmen der **städtebaulichen Sanierung** (§§ 136 ff.) dienen. Rahmenpläne häufig der Konkretisierung des gemeindlichen Sanierungskonzepts, also der Ausformung der Ziele und Zwecke der Sanierung (vgl. § 140 Nr. 3). In dieser Beziehung hat die städtebauliche Rahmenplanung mittelbar rechtliche Auswirkungen, soweit nämlich darin der **Sanierungszweck** iS des **§ 145 Abs. 2** konkretisiert wird. Sind die Aussagen eines städtebaulichen Rahmenplans über den Sanierungszweck iS von § 145 Abs. 2 hinreichend konkret, können sie einem Vorhaben wie eine Veränderungssperre entgegengehalten werden. Ob der städtebauliche Rahmenplan oder eine vergleichbare „informelle" städtebauliche Planung Eingang in einen Sanierungsbebauungsplan gefunden hat, ist dabei unerheblich (OVG Lüneburg ZfBR 1986, 84

1. Abschnitt. Allgemeine Vorschriften §1

und 246). Auch beim **städtebaulichen Entwicklungskonzept** nach § 171b sieht das Gesetz eine mittelbare rechtliche Außenwirkung vor, wenn auf seiner Grundlage nach Maßgabe des § 171c Stadtumbauverträge geschlossen oder auf Grund des § 171d Abs. 3 Satz 1 in den Satzungsgebieten des § 171d die Genehmigung versagt wird. Das städtebauliche Entwicklungskonzept kann in diesen Fällen ebenso wie die städtebaulichen Sanierungs- oder Entwicklungskonzepte gerichtlich überprüft werden, zB hinsichtlich der Zulässigkeit einer Genehmigungsversagung.

Die mittelbaren, selbstbindenden Wirkungen treten entsprechend dem Sinngehalt **84** der jeweils betroffenen städtebaurechtlichen Vorschriften nur bei Wahrung bestimmter **materieller und formeller Voraussetzungen** ein. In formeller Hinsicht kann einem städtebaulichen Entwicklungskonzept oder einer sonstigen städtebaulichen Planung (Rahmen-, Entwicklungsplan) iS eines Surrogats einer sonst ausdrücklichen gemeindlichen Entscheidung im Hinblick auf ein bestimmtes Verfahren nur Wirkung zukommen, wenn er **vom Gemeinderat beschlossen** ist. **Nr. 11** setzt dies ausdrücklich voraus. Im Hinblick auf die einem Rahmenplan zugrunde liegende planerische Abwägung (Abs. 7) ist es daher angezeigt, dass die Gemeinde bei der Beschlussfassung über die Bauleitpläne auch dazu Stellung nimmt, dass sie vorhandene informelle Planungen in die Willensbildung der Gemeindevertretung aufgenommen hat, so dass diese Abwägungsmaterial sein können. Soweit die informellen Planungen für die Bauleitplanung maßgebliches Abwägungsmaterial beinhalten, haben sie materielle Bedeutung für die Bauleitplanung. Insoweit verdeutlicht Nr. 11 ein **Prinzip der Planungsoptimierung**. Die Gemeinde ist an das von ihr beschlossene Entwicklungskonzept oder den Rahmenplan nicht gebunden. Sie kann von deren Zielen abweichen, um veränderten Planungsvorstellungen und tatsächlichen Entwicklungen Rechnung tragen zu können. Die Tatsache der Abweichung muss der Gemeinde allerdings bewusst sein (VGH Mannheim NVwZ 1996, 920) und die Abweichungsgründe müssen in sich abwägungsfehlerfrei sein.

Unbeschadet der gesetzlichen Vorschriften ist bei der Vorbereitung einer sonstigen **85** städtebaulichen Planung die Beteiligung der **Öffentlichkeit** und der **Behörden** (entsprechend §§ 3 ff. und auch ggf. auch § 2 Abs. 2) sinnvoll, um die o. a. Wirkungen und damit die erforderliche „Maßgeblichkeit" für die Bauleitplanung iS des Abs. 6 Nr. 11 zu erlangen, für die Ziele und Zwecke der Sanierung (§§ 137, 139), aber auch für die Entwicklungskonzepte im Stadtumbau und der Sozialen Stadt ist dies auch ausdrücklich gesetzlich vorgegeben (§ 171b Abs. 3; § 171e Abs. 4 S. 1); für die Rahmenplanung vgl. § 3 Abs. 1 S. 2 Nr. 2. Für die sonstigen städtebaulichen Planungen iS des Abs. 6 Nr. 11 ist **keine Umweltprüfung** vorgeschrieben.

Im Hinblick auf eine von der Gemeinde angestrebte Bindungswirkung dieser Planungsart ist auch eine **öffentliche Bekanntmachung** des von der Gemeinde beschlossenen städtebaulichen Entwicklungskonzepts oder einer sonstigen städtebaulichen Planung erforderlich. Allerdings sind die Gemeinden bereits nach den meisten Gemeindeordnungen verpflichtet, die Einwohner über alle wichtigen entwicklungsbedeutsamen Planungen möglichst frühzeitig zu unterrichten. In **materieller Hinsicht** setzt die (mittelbare) Verbindlichkeit des Rahmenplans voraus, dass die **Ziele und Grundsätze der Bauleitplanung (Abs. 5 und 6)** auch im Rahmen der informellen Planungsart ebenso gewahrt werden wie die Anforderungen des **Abwägungsgebots** (Abs. 7).

l) Die Belange des Hochwasserschutzes (Nr. 12). Entsprechend den Grund- **86** sätzen des Hochwasserschutzes (vgl. §§ 72–81 WHG) umfassen die Belange des Hochwasserschutzes den Rückhalt von Hochwasser, die Gewährleistung eines schadlosen Wasserabflusses und die Vorbeugung vor Hochwasserschäden. Die Belange des Hochwasserschutzes sind in Nr. 12 eigenständig bodenrechtlich (städtebaulich) geregelt (eingehend *Sachsinger/Schrödter* ZfBR 2015, 534 u. 655); die Regelung hat unabhängig von weitergehenden Vorschriften insbesondere des Wasserrechts Bedeutung,

auch soweit solche wasserrechtlichen Instrumente in räumlicher Hinsicht nicht greifen oder in zeitlicher Hinsicht noch nicht getroffen sind. Aufgaben für die Bauleitplanung ergeben sich insbes. für die Erhaltung von **Rückhalteflächen,** zB durch Vermeidung der baulichen Inanspruchnahme und der Ausweisung von Baugebieten auf solchen Flächen, die bei Überschwemmungen die Funktion des Rückhaltens von Hochwasser haben. Auch außerhalb dieser Gebiete kommen vorsorgende Maßnahmen in Betracht: Verzicht auf die Ausweisung von Bauland oder die Festsetzung von Flächen, die von der **Bebauung frei zu halten** sind (§ 9 Abs. 1 Nr. 10) sowie vorsorgende Festsetzungen zum **Versickern des Oberflächenwassers** sowie die Errichtung von **Regenrückhaltebecken** nach § 9 Abs. 1 Nr. 14. Im Bebauungsplan können Festsetzungen über **Aufschüttungen** wie für Deiche sowie Geschossweise Festsetzungen („Bauen auf Stelzen") getroffen werden (§ 9 Abs. 1 Nr. 16).

86a In den §§ 72ff. WHG (idF des Hochwasserschutzgesetzes v. 3.5.2005, BGBl. I S. 1224) ist der Hochwasserschutz im Einzelnen fachgesetzlich geregelt, vor allem die **Festsetzung von Überschwemmungsgebieten** nach §§ 76–78 WHG. Überschwemmungsgebiete sind Gebiete zwischen oberirdischen Gewässern und Deichen oder Hochufern und sonstige Gebiete, die bei Hochwasser überschwemmt oder durchflossen oder die für Hochwasserentlastung oder Rückhaltung beansprucht werden. Sie werden durch Landesrecht festgelegt. In ihnen dürfen grundsätzlich durch Bauleitpläne keine neuen Baugebiete ausgewiesen werden; ausgenommen sind Bauleitpläne für Häfen und Werften (**§ 78b Abs. 1 Nr. 1 WHG**). Die zuständige Behörde kann die Ausweisung neuer Baugebiete ausnahmsweise zulassen; nach **§ 78 Abs. 2 WHG** ua wenn keine anderen Möglichkeiten der Siedlungsentwicklung besteht und das neu auszuweisende Gebiet grenzt unmittelbar an ein bestehendes Baugebiet. Dabei darf eine Gefährdung von Leben, erhebliche Gesundheits- oder Sachschäden nicht zu erwarten sein und (ua) dürfen der Hochwasserabfluss und die Höhe des Wasserstandes nicht nachteilig beeinflusst werden. Noch **nicht festgesetzte Überschwemmungsgebiete** sind in Kartenform darzustellen und vorläufig zu sichern; (vgl. § 74 WHG). Das Verbot der Bauleitplanung in Überschwemmungsgebieten (§ 78 Abs. 1 Satz 1 WHG) verbietet nicht die Änderung eines Bebauungsplans (BVerwG, NVwZ 2014, 1377 mit Anm. von *Ruttloff;* Stüer/Garbrock DVBl 2014, 1306); zur planerischen Bestätigung eines faktischen Baugebiets trotz festgesetztem Überschwemmungsgebiet OVG Bautzen, SächsVBl 2014, 232.

86b Festgesetzte Überschwemmungsgebiete sollen **in Flächennutzungs- und Bebauungsplänen nachrichtlich** übernommen werden, und es sollen noch nicht festgesetzte Überschwemmungsgebiete sowie überschwemmungsgefährdete Gebiete im Flächennutzungsplan und Bebauungsplan **vermerkt** werden (→ die Erl. zu § 5 Abs. 4a und § 9 Abs. 6; hierzu die Überleitungsregelung in § 246a). Vgl. weitere Hochwasserschutzbestimmungen in § 24 Abs. 1 S. 1 Nr. 7 (Vorkaufsrecht insbesondere für Überschwemmungsgebiete) und § 35 Abs. 3 S. 1 Nr. 7 (Hochwasserschutz als öffentlicher Belang).

86c m) **Belange von Flüchtlingen oder Asylbegehrenden.** Das Gesetz über Maßnahmen im Bauplanungsrecht zur Erleichterung der Unterbringung von Flüchtlingen vom 20.11.2014 hat Abs. 6 Nr. 13 wegen der stark steigenden Zahl von Flüchtlingen und Asylanten in den Katalog der abwägungserheblichen Belange aufgenommen. Im Rahmen der Bauleitplanung ist die Herstellung von Akzeptanz durch Öffentlichkeitsbeteiligung von großer Bedeutung für eine erfolgreiche Asyl- und Flüchtlingspolitik. Von größerer praktischer Bedeutung als § 1 Abs. 6 Nr. 13 sind die weiteren durch G. v. 20.11.2014 u. v. 20.10.2015 eingeführten Instrumente (S. Einleitung Rn. 64, 65). Abs. 6 Nr. 13 kann für die Festlegung von Nachnutzungen verwendet werden. Unvereinbar mit Nr. 13 ist eine Negativplanung zum Ausschluss der Unterbringung von Flüchtlingen. Zu direkt demokratischen Entscheidungen für Flüchtlinge krit. *Gard* DÖV 2015, 1038.

VIII. Abwägungsgebot (Abs. 7)

1. Rechtsstaatliche Planung. Gem. Abs. 7 sind bei der Aufstellung der Bauleitpläne die öffentlichen und privaten Belange gegeneinander und untereinander gerecht abzuwägen. Das Abwägungsgebot ist das **zentrale Gebot rechtsstaatlicher Planung**. Es ist gleichermaßen bestimmend für den planerischen Entscheidungsvorgang wie auch für die Beurteilung des Ergebnisses der Planung (→ Rn. 95). Das von Rechtsprechung und Wissenschaft entwickelte **Abwägungsgebot** ist eine spezifische Rechtsfigur sozialgestaltender, staatlicher Planung, das anhand der Bauleitplanung entwickelt worden ist; dazu *Wahl*, Herausforderungen und Antworten 2006, 50; *Hoppe* in HBG S. 7 Rn. 1; *Kersten*, Jura 2013, 478. Zum subjektiven Recht auf Abwägung → § 10 Rn. 15. 87

Verwaltungsrechtssätze enthalten typischerweise eine **abstrakt-generelle Regelung**, die – abstrakt – die Einzelfallentscheidung der Verwaltung vorwegnimmt und damit programmiert („**Konditionalprogramm**" – „Wenn-Dann-Schema" –; vgl. *Hoppe* in HBG § 7 Rn. 11; *Luhmann*, Zweckbegriff und Systemrationalität, 1968, 58 ff., 68 ff.). Ob zB ein Vorhaben im Außenbereich zulässig ist, stellt die Baugenehmigungsbehörde auf Grund einer **Subsumtion** fest, also durch eine Prüfung, ob das konkrete Vorhaben unter einen der gesetzlichen Zulässigkeitstatbestände des § 35 fällt und daher planungsrechtlich zuzulassen ist oder nicht. Durch die Aufnahme von generalklauselartigen **unbestimmten Rechtsbegriffen** oder durch die Einräumung von **Ermessensspielräumen** kann der tatsächliche Anwendungsbereich der „Konditionalprogramme" zwar erweitert werden, ohne dass jedoch die grundsätzliche gesetzliche Programmierung der Verwaltungsentscheidung dabei aufgegeben wird (vgl. *Wahl*, Rechtsfragen der Landesplanung und Landesentwicklung I, 1978, 84 f.). 88

Bei den **Planungsnormen** fehlt es an einer vergleichbaren gesetzlichen Programmierung. Die **Bauleitplanung** hat nach Abs. 1, 3 und 5 die Aufgabe der nachhaltigen städtebaulichen Entwicklung und Ordnung der Grundstücksnutzung. Welche Nutzungen wo und wann durch Planung ermöglicht oder unterbunden werden, und damit der eigentliche Gestaltungsakt der Planung, ist jedoch gesetzlich nicht oder nur in allgemeiner Aufgaben- und Zielbeschreibungen vorgegeben. Es kennzeichnet gerade die Planung gegenüber dem Verwaltungsakt, dass eine derartige gesetzliche Programmierung nicht möglich ist. Das BauGB programmiert die Bauleitplanung durch Planungsgrundsätze und Planungsleitlinien, durch Verfahrens- und Organisationsregelungen sowie in § 1 Abs. 4 durch unterschiedliche Anpassungspflichten (→ Rn. 32 ff.). Die Entscheidungen über den Inhalt der Bauleitplanung trifft es jedoch nicht. Der Inhalt der Planung kommt erst in der planerischen Zielkonkretisierung und in den Abstimmungsvorgängen der Planung zur Entscheidung (*Wahl*, Rechtsfragen I, 87). Die Planungsrechtsnormen steuern daher das Verwaltungshandeln weniger konditional als vielmehr instrumental und final („**Finalprogramme**"; vgl. *Wahl*, Rechtsfragen I, 86). Die Bauleitplanung wird vom Gesetz – neben den erwähnten allgemeinen Zielaussagen sowie den Verfahrens- und Organisationsregelungen – vor allem durch das **Gebot zur gerechten Abwägung** „final" programmiert. Das **Planungsermessen** der Gemeinde iS der der Planung eigenen autonomen Ziel- und Inhaltsfindung innerhalb der konkreten Bauleitung wird durch das Abwägungsgebot **rechtlich gebunden**. Ohne gerechte Abwägung ist (rechtsstaatliche) Planung daher nicht möglich. Das Gebot gerechter Abwägung hat dementsprechend über die Bauleitplanung hinaus für öffentliche Planungen insgesamt prägende Bedeutung (vgl. BVerwGE 34, 301 (309); *Durner*, Konflikte räumlicher Planungen, 2005, 297 301 ff.; *Hoppe* in Hoppe/Schlarmann ua, Rechtsschutz bei der Planung von Verkehrsanlagen und anderen Infrastrukturvorhaben, 4. Aufl. 2011, 279 ff. 89

2. Abwägungsgrundsätze: Struktur des Abwägungsvorgangs. a) Rechtsprechung des BVerwG. Die **konkreten Anforderungen**, die sich für die Ge- 90

meinde **auf Grund des Abwägungsgebots des Abs. 7** ergeben, sind vom **BVerwG** grundsätzlich geklärt worden (BVerwGE 34, 301 (308ff.); 45, 309 (312ff.); 47, 144 (146); 59, 87 (98); krit. *Lege* DÖV 2015, 361; *Koch,* FS Dolde 2014, 401):

91 **aa) Planungsgrundsätze und Abwägung.** Das BVerwG hat den Unterschied zwischen der Rechtsnatur der **Vorgaben der Bauleitplanung nach Abs. 5 und 6** einerseits und der **Abwägung nach Abs. 7** andererseits wie folgt bezeichnet (BVerwGE 34, 301 (308)): Bei den Planungsgrundsätzen des Abs. 5 und 6 („Planungsleitsätze", „Planungsleitlinien") handelt es sich um **unbestimmte Rechtsbegriffe**. Der planenden Gemeinde steht daher kein Beurteilungsspielraum darüber zu, was zB zu den Bedürfnissen der Wirtschaft, des Wohnens oder des Verkehrs gehört. Die Inhaltsbestimmung dieser Belange erfolgt also nicht durch die Planung, sondern ist dieser vorgegeben (→ Rn. 50). Nichts anderes gilt für die der gemeindlichen Bauleitplanung vorgegebenen **Ziele der Raumordnung** (→ Rn. 41 u. 104).

92 **bb) Vorgang des Abwägens.** Im Unterschied zur Auslegung und Anwendung der Planungsleitlinien ist die Frage, ob der jeweiligen Planung eine **gerechte Interessenabwägung** zugrunde liegt, der aufsichtlichen und gerichtlichen **Kontrolle** nur **eingeschränkt** zugänglich (BVerwGE 34, 301 (308)). Die Planung ist sowohl ein „Vorgang des Abwägens" als auch „eine Bestimmung der (relativen) Gewichtigkeit der abzuwägenden Belange" (BVerwGE 34, 301, 308f.). Sie ist ein Vorgang des **Ausgleichens** („Kompromiss") zwischen den verschiedenen, der Planung vorgegebenen Belangen. Der rechtliche Begriff der Abwägung ist im Gegensatz zu den unbestimmten Rechtsbegriffen der Abs. 5, 6 dadurch gekennzeichnet, dass nicht unter vorgegebene gesetzliche Tatbestände subsumiert wird; vielmehr muss der **Vorgang des Abwägens** und das **Ergebnis der Abwägung** dem Gebot der gerechten Abwägung entsprechen. Nur insoweit unterliegt die Abwägung der aufsichtlichen und gerichtlichen Kontrolle.

93 **cc) Anforderungen an das Gebot der gerechten Abwägung.** Die rechtlichen (und überprüfbaren) **Anforderungen** an das Gebot der gerechten Abwägung hat das **BVerwG** wie folgt zusammengefasst (BVerwGE 34, 301, 309):
(1) Das Gebot gerechter Abwägung ist verletzt, wenn eine (sachgerechte) Abwägung überhaupt nicht stattfindet,
(2) wenn in die Abwägung an Belangen nicht eingestellt wird, was nach Lage der Dinge in sie eingestellt werden muss,
(3) wenn die Bedeutung der betroffenen privaten Belange verkannt oder
(4) wenn der Ausgleich zwischen den von der Planung berührten öffentlichen Belangen in einer Weise vorgenommen wird, der zur objektiven Gewichtigkeit einzelner Belange außer Verhältnis steht.

94 **dd) Kollision zwischen Belangen.** Das Abwägungsgebot wird jedoch nicht verletzt, wenn sich die Gemeinde innerhalb dieses Rahmens in der **Kollision zwischen verschiedenen Belangen** für die **Bevorzugung** des einen und damit notwendig für die **Zurückstellung** eines anderen entscheidet. Das Vorziehen und Zurücksetzen bestimmter Belange innerhalb des vorgegebenen Rahmens ist die „elementare planerische Entschließung" der Gemeinde über die städtebauliche Entwicklung und Ordnung und kein aufsichtlich oder gerichtlich nachvollziehbarer Vorgang (BVerwGE 34, 301, 309).

95 **ee) Abwägungsvorgang, Abwägungsergebnis.** Das Gebot der gerechten Abwägung richtet sich sowohl an das **Planen als Vorgang** als auch an den Plan als **Produkt dieses Vorgangs** (so BVerwGE 45, 309 (312ff.). Das BVerwG hat darauf hingewiesen, dass sich der Gesetzgeber zwar darauf beschränken könne, lediglich das Ergebnis eines Planungsvorgangs einer bestimmten Bindung zu unterwerfen und damit nur das Ergebnis der Planung (Planinhalt), nicht aber den Planungsvorgang am

Abwägungsgebot zu messen. Abs. 7 schließt in das Abwägungsgebot jedoch eindeutig auch den Vorgang des Abwägens ein. Die Abwägungsgrundsätze (→ Rn. 93) richten sich daher sowohl an den **Abwägungsvorgang** als auch an das **Abwägungsergebnis** (BVerwGE 45, 315).

b) Anforderungen im Einzelnen (Überblick). aa) Zusammenstellung des 96 **Abwägungsmaterials.** Das Abwägungsgebot verlangt zunächst die Ermittlung und Feststellung des abwägungserheblichen Materials. Die **Zusammenstellung des Abwägungsmaterials** ist bereits ein Vorgang des planerischen Abwägens: Die Gemeinde muss darüber entscheiden, welche Belange für die Abwägung überhaupt in Betracht kommen können, und sie muss weiterhin entscheiden, inwieweit das Abwägungsmaterial auf Grund der konkreten Umstände von Bedeutung, also abwägungserheblich ist (→ Rn. 93 (2)). Hierzu bedarf es weiterhin der Entscheidung, welche Belange von der Planung allenfalls **geringfügig betroffen** sind und daher ggf. bei der Abwägung außer Betracht bleiben können (→ Rn. 116) und welche Belange in absehbarer Zeit betroffen werden können („**Prognose**"; → Rn. 117).

bb) Vorgang des Abwägens. Die Gemeinde muss zur planerischen Abwägung 97 bereit sein. Das Abwägungsgebot umfasst nicht nur eine **Ermächtigung zur Abwägung** (BVerwGE 48, 56 (59)), sondern es begründet zugleich eine **Abwägungspflicht** (BVerwGE 34, 301 (309)). Unterbleibt die Abwägung oder ist sie unvollständig, so ist die Planung fehlerhaft; vgl. zur **Bindung** der Abwägung durch **Vorentscheidungen** → Rn. 113.

cc) Anforderungen an das Gebot der gerechten Abwägung. Grundsätze für 98 die planerische **Bewertung des Abwägungsmaterials** und die Entscheidung darüber, welche **Belange vorgezogen** bzw. **zurückgestellt** werden sollen, also für die Abwägung ieS, sind durch Rspr. und Lehre vielfältig konkretisiert worden. Vgl. hierzu vor allem *Hoppe* in HBG §§ 40–73; insbesondere zum Gebot der **planerischen Konfliktbewältigung** (→ Rn. 142 ff.) und zum **Gebot der Rücksichtnahme** (→ Rn. 153 ff.).

3. Öffentliche und private Belange. Abs. 7 verpflichtet zur Abwägung der **öf-** 99 **fentlichen und privaten Belange.** Bei der **Zusammenstellung des Abwägungsmaterials** sind die von der Bauleitplanung berührten Belange zu ermitteln (→ Rn. 96). Die Verpflichtung zur Abwägung erstreckt sich auf die Abwägung der öffentlichen Belange gegeneinander und untereinander, der privaten Belange untereinander und gegeneinander und der öffentlichen und privaten Belange untereinander und gegeneinander. Die Belange sind „**gegeneinander**" abzuwägen, dh, die ohne Rangordnung vorgegebenen Belange sind nach den konkreten Gegebenheiten zu gewichten; sie sind „**untereinander**" abzuwägen, dh, die in den Belangen enthaltenen unterschiedlichen Gesichtspunkte sind zu gewichten.

Das Gesetz hebt weder die öffentlichen Belange insgesamt noch einzelne öffent- 100 liche oder einzelne private Belange derart hervor, dass sie einen automatischen **Vorrang** beanspruchen können (BVerwGE 47, 144 (148); zuvor schon *Hoppe* DVBl. 1964, 165 (170)). Im Falle des Widerstreits öffentlicher mit privaten Belangen ist vielmehr, nicht anders als im Falle des Widerstreits öffentlicher und privater Belange untereinander, iS der von § 1 Abs. 7 BauGB geforderten gerechten Abwägung zu prüfen, ob sachgerechte, dh an den Planungsleitsätzen orientierte und hinreichend gewichtige Gründe es rechtfertigen, den einen Belang hinter den anderen zurücktreten zu lassen (BVerwGE 47, 144 (148)).

Der Begriff „**Belange**" ist weit auszulegen. Er ist im Allgemeinen mit dem Be- 101 griff des **Interesses** gleichzusetzen (*Hoppe* in HBG § 7 Rn. 5). Er schließt geschützte Rechtspositionen ein, ist aber nicht darauf beschränkt. Die **öffentlichen Belange** beziehen sich auf alle öffentlichen Interessen, die im Zusammenhang mit der Bodenausnutzung und damit mit der städtebaulichen Entwicklung und Ordnung stehen.

§ 1 I. Kapitel. I. Teil. Bauleitplanung

Wesentliche Anhaltspunkte für öffentliche Belange ergeben sich aus den allgemeinen Zielen der Bauleitplanung (Abs. 5) und aus den Planungsleitlinien (Abs. 6). Abs. 6 enthält aber keine abschließende Regelung der relevanten Belange. **Öffentliche und private Belange können sich zudem überlagern:** Die Planungsleitlinie „allgemeine Anforderungen an gesunde Wohn- und Arbeitsverhältnisse" zB beinhaltet sowohl ein öffentliches wie privates Interesse (vgl. *Weyreuther* DÖV 1977, 421; *Battis* Rn. 251). Der Begriff der **privaten Belange** ist ebenfalls weit auszulegen. Er umfasst insbesondere die verfassungsrechtlich geschützten Rechte, wie zB Grundeigentum (→ Rn. 123 ff.) und grundstücksgleiche Rechte, Bestandsschutz, Recht am eingerichteten und ausgeübten Gewerbebetrieb, dingliche (zB Grunddienstbarkeit) und obligatorische (zB Miete und Pacht) Rechte zur Bodennutzung sowie ggf. Baulasten (BVerwG ZfBR 1994, 100). Er umfasst auch sonstige Interessen, die über das Interesse an der Erhaltung einer Rechtsposition hinausgehen, wie zB das Interesse des Unternehmens an einer Erweiterung, Umstellung oder anderweitigen Änderung des Gewerbebetriebes (→ Rn. 109). Das Abwägungsgebot (Abs. 7) hat **drittschützenden Charakter** hinsichtlich solcher privater Belange, die für die Abwägung erheblich sind (BVerwGE 107, 215).

102 **4. Gerechte Abwägung. a) Rechtsprechung des BVerwG. aa) Grundsatz.** Welche Belange dabei **bevorzugt** und welche Belange dementsprechend **zurückgestellt** werden, ist Gegenstand der Abwägung und ist nicht (abstrakt) vom Gesetz vorgegeben. Die Vorstellung, den öffentlichen Belangen insgesamt oder einzelnen öffentlichen Belangen komme wegen ihres besonderen Gewichts vorweg ein Vorrang zu, ist fehlerhaft. Vielmehr ist **für jede Bauleitplanung** die jeweils **objektive Gewichtigkeit** der von der Planung berührten Belange zu ermitteln (BVerwGE 34, 301 (309); 45, 309 (325 f.); 47, 144 (148); → Rn. 90 ff., 100 f.).

103 **bb) Öffentliche Belange gegeneinander und untereinander. Beispiele:** Die Belange des **Verkehrs** (Abs. 6 Nr. 9 können den Belangen des Denkmalschutzes oder der Ortsbildgestaltung (Abs. 6 Nr. 6) widerstreiten, wenn die Verbreiterung von Straßen, die Bildung von Schneisen im Gebäudebestand oder die Anlage von Parkflächen den Abbruch erhaltenswerter Gebäude, die Beeinträchtigung des geschlossenen Ortsbilds ua zur Folge haben. Die Befriedigung der **Wohnbedürfnisse** (Abs. 6 Nr. 2) als öffentlicher Belang kann die Inanspruchnahme des Außenbereichs zu Lasten des Landschaftsbilds (Abs. 6 Nr. 5) oder der Natur (Abs. 6 Nr. 7a) erfordern. Die Belange der **Wirtschaft** (Abs. 6 Nr. 8) können als öffentlicher Belang die Erhaltung oder Schaffung von Arbeitsplätzen, die Verfestigung oder Erweiterung bestehender Gemengelagen (→ Rn. 110 ff.) erfordern und dadurch im Widerstreit zB zu den Belangen des Umweltschutzes (Abs. 6 Nr. 7, § 1 a) stehen. Die Gemeinde muss durch Abwägung entscheiden, welche der widerstreitenden öffentlichen Belange vorzuziehen sind. Die Entscheidung ist fehlerfrei, wenn sie sachgerecht, also **an den Planungszielen orientiert** ist und **hinreichend gewichtige Gründe** das Zurücktreten des einen Belangs hinter den anderen rechtfertigen (BVerwGE 47, 144 (148)). Die von der Gemeinde vorzunehmende Gewichtung verletzt das Abwägungsgebot dann, wenn ein **Belang unverhältnismäßig und unvertretbar zurückgesetzt** wird. Fehlerhaft ist die Abwägung weiterhin dann, wenn einem öffentlichen Belang nur deshalb der Vorzug gegeben wird, weil der betreffende öffentliche Planungsträger zuerst mit seiner Planung oder mit einer Änderung früherer Planungen begonnen hat und dadurch **anderen Planungsträgern** gewissermaßen **zuvorkommt.** Die Gemeinde kann sich in diesem Fall nicht auf formelle Gesichtspunkte zu Lasten der Berücksichtigung der objektiven Gewichts der widerstreitenden öffentlichen Belange berufen. Auch die städtebaulichen Belange der **Nachbargemeinde** sind – unbeschadet der Abstimmungspflicht nach § 2 Abs. 2 – in die Abwägung einzustellen (BVerwGE 40, 323).

104 Der Abwägung unterliegen nicht die der Bauleitplanung vorgegebenen **Ziele der Raumordnung** (Abs. 4; → Rn. 40–43) und die durch **Fachgesetze** ausgeformten

1. Abschnitt. Allgemeine Vorschriften § 1

Gesichtspunkte öffentlicher Belange (vgl. Rn. 51; auch die in Abs. 5 und 6 bezeichneten Planungsziele und Planungsleitlinien sind als unbestimmte Rechtsbegriffe vorgegeben, ihre Inhaltsbestimmung ist daher nicht Gegenstand der Abwägung, vgl. BVerwGE 34, 301 (308) sowie → Rn. 50 u. 91). Soweit **Belange der Raumordnung** zwar nicht in Zielen konkretisiert und damit der Bauleitplanung zur Anpassung vorgegeben sind, jedoch für die Anwendung durch die Gemeinde ausreichend bestimmt sind, sind sie als öffentliche Belange zu berücksichtigen (vgl. im Einzelnen §§ 3, 4 ROG zur Unterscheidung von Zielen, Grundsätzen und sonstigen Erfordernissen der Raumordnung).

Die Abwägung hinsichtlich der in **einem** bestimmten öffentlichen **Belang** (zB Wohnbedürfnisse) erhaltenen unterschiedlichen Gesichtspunkte, Ziele und damit unterschiedlichen Gestaltungsmöglichkeiten („**Abwägung untereinander**") ist vor allem erforderlich, weil Belangen zT mit unterschiedlichen planerischen Lösungen entsprochen werden kann; vgl. zB verkehrliche Belange (Fußgängerzone oder verkehrsberuhigte Straße), Anforderungen an gesunde Wohn- und Arbeitsverhältnisse (Abbruch oder behutsame Entkernung) oder Wohnbedürfnisse (verdichtetes Bauen oder lockere Einfamilienhausbebauung). 105

cc) Öffentliche und private Belange untereinander. Konfliktsituationen ergeben sich häufig bei Verkehrsplanungen. Die Ausweisung neuer Baugebiete („Wohnbedürfnisse" als – auch – privater Belang) kann verkehrlichen Belangen widerstreiten: Die Verkehrslage auf einer Straße kann durch das erhöhte Verkehrsaufkommen beeinträchtigt werden; umgekehrt kann eine Verkehrsplanung die Wohnbedürfnisse der Bevölkerung oder auch die Anforderungen an gesunde Wohnverhältnisse infolge von Lärm- und Luftbeeinträchtigungen oder erhöhter Gefahren beeinträchtigen (vgl. BVerwGE 34, 301 (310ff.)). Die Gemeinde hat sich dabei im Rahmen der Abwägung bei der Bauleitplanung für einen Verkehrsweg unter dem Gesichtspunkt der Abwehr von Lärmbelästigungen an dem Schutzmodell des BImSchG auszurichten (BVerwG BRS 70 Nr. 26). Zur Zumutbarkeitsgrenze von Verkehrslärm vgl. BVerwGE 71, 150; BVerwG BauR 2005, 829, als Maßstab § 41 Abs. 1 BImSchG; Überblick bei *Schink* NVwZ 2003, 1041; *Hoffmann/Kassow* NVwZ 2007, 149 → 66 a. Eine Straße kann zur Trennung einer Siedlung vom vorhandenen Ortsteil führen, der zur Bedarfsdeckung der Siedlungsbewohner dient, und damit die „Wohnbedürfnisse der Bevölkerung" und die „sozialen Bedürfnisse" beeinträchtigen (BVerwGE 71, 150). Die Hintansetzung der privaten Belange ist in einem solchen Fall nur dann fehlerfrei, wenn die verkehrlichen Belange nach objektiven Gesichtspunkten gewichtiger und die Nachteile zB durch flankierende planerische oder sonstige Maßnahmen ausgeglichen werden (BVerwGE 47, 144 (155f.)). Der Gemeinde bleibt es dabei grundsätzlich überlassen, welcher Mittel sie sich bedient, um zu gewährleisten, dass im Hinblick auf Lärmbeeinträchtigungen den allgemeinen Anforderungen an gesunde Wohn- und Arbeitsverhältnisse Rechnung getragen wird (BVerwG NVwZ-RR 2000, 146). Zu den abwägungsbeachtlichen Belangen gehört auch das Interesse, von vermehrten Lärmimmissionen bewahrt zu bleiben (BVerwG BauR 2004, 1132; 2005, 828; ZfBR 2007, 580). Auf technische Regelwerke (zB TA-Lärm, DIN-Normen, VDI-Richtlinien) sind die Gemeinden gesetzlich nicht festgelegt (BVerwGE 77, 285; 81, 197; 88, 210); → Rn. 69. Die TA-Lärm kann zur Bestimmung der Zumutbarkeit der Geräuschimmissionen herangezogen werden; die Lärmgrenzwerte der Verkehrslärmschutzverordnung (16. BImSchV), auf die Nr. 7.4 Abs. 2 der TA-Lärm verweist, haben in der bauleitplanerischen Abwägung die Funktion von Orientierungswerten, von denen je nach den Umständen der konkreten Planungssituation abgewichen werden darf (BVerwG NVwZ 2008, 426). Weist ein Bebauungsplan ein neues Wohngebiet (WA) aus, das durch vorhandene Verkehrswege Lärmbelastungen ausgesetzt wird, die an den Gebietsrändern deutlich über den Orientierungswerten der DIN 18 005 liegen, ist es nicht von vornherein abwägungsfehlerhaft, auf aktiven Schallschutz durch Lärmschutzwälle oder 106

§ 1 I. Kapitel. I. Teil. Bauleitplanung

-wände zu verzichten. Je nach den Umständen des Einzelfalls, zB in dicht besiedelten Räumen, kann es abwägungsfehlerfrei sein, eine Minderung der Immissionen durch eine Kombination von passivem Schallschutz, Stellung und Gestaltung von Gebäuden sowie Anordnung der Wohn- und Schlafräume zu erreichen (BVerwGE 128, 238).

Auch die Betroffenheit von **Grundstücken, die außerhalb des Geltungsbereichs des Bebauungsplans** liegen, durch den Verkehrslärm gehört zu den abwägungsbeachtlichen Belangen (BVerwG NVwZ 1990, 256). Das Bedürfnis nach Anlage eines **öffentlichen Parkplatzes** und der von ihm ausgehenden schädlichen Umwelteinwirkungen auf Wohngebiete ist gegenüber den schutzwürdigen Wohnbedürfnissen abzuwägen (BVerwG NVwZ 1990, 256). Der **Anliegergebrauch** ist als privater Belang gegenüber verkehrlichen Belangen zu berücksichtigen. Der Anliegergebrauch sichert als Rechtsposition zwar nur das, was zur angemessenen Nutzung des Grundeigentums an Straßenbenutzung erforderlich ist, kann sich aber nicht gegenüber einer Verschlechterung der vor dem Grundstück bisher bestehenden Verkehrsverhältnisse auswirken. Als privater Belang können jedoch die Interessen von Anliegern an der Aufrechterhaltung einer gegebenen Verkehrslage nicht unberücksichtigt bleiben (BVerwGE 59, 87). Bei der Ausweisung von **Gemeindebedarfsflächen**, zB **Schulen, Schulturnhallen, Kindergärten, Gemeindezentren** oder eines **Tierparks** (BVerwGE 47, 144) **neben Wohngebieten** können sich Konflikte hinsichtlich der Lärmbeeinträchtigung oder der zugelassenen Baumasse für die Gemeindebedarfseinrichtungen ergeben. Bei der Abwägung der berührten Belange hat die planende Behörde darauf Bedacht zu nehmen, dass dem **Gemeindebedarf** zu widmende Flächen **nur dann auf privaten Grundstücken** ausgewiesen werden, wenn für diesen Zweck geeignete **Grundstücke der öffentlichen Hand nicht zur Verfügung stehen** (BVerfG NVwZ 2003, 727; BGH MDR 1978, 1005; BVerwG NVwZ 2002, 1506). Zur Zulässigkeit eines **Schulsport- und Bolzplatzes** neben reinen Wohngebieten vgl. (bejahend unter Hinweis auf § 15 BauNVO) BVerwG NVwZ 1992, 884. Zu Kinderbetreuungsstätten s. § 3 Abs. 2 Nr. 2 BauNVO; Einl. Rn. 62. Die von einem herkömmlichen **Kinderspielplatz** ausgehenden Immissionen müssen grundsätzlich hingenommen werden; ein Kinderspielplatz in einem Wohngebiet ist nicht nur zulässig, sondern geboten, um den Kindern gefahrlose Spielmöglichkeiten in zumutbarer Entfernung ihrer Wohnungen zu schaffen, und daher bei der Abwägung entsprechend zu gewichten (OVG Koblenz NVwZ 1985, 924).

Zum **Sportlärm** vgl. Überblick bei *Stüer*, Bau- und Fachplanungsrecht, 5. Aufl. 2015, Rn. 467f. Besondere Konflikte treten zwischen **Sport und Wohnen** auf (vgl. *Birk* NVwZ 1985, 689; *Dolde* NJW 1986, 815 (819); *Uechtritz* NVwZ 2000, 1006). Der **18. BImSchV** (Sportanlagenlärmschutzverordnung) kommt für die Bauleitplanung mittelbare Bedeutung zu (BVerwG 109, 246 u. ZfBR 2004, 566). Ob eine Sportstätte gebietstypisch und damit planungsrechtlich zulässig ist und ob ihr im Einzelfall § 15 BauNVO entgegensteht, ist im Baugenehmigungsverfahren zu entscheiden (*Gaentzsch* UPR 1985, 206; *Gelzer*, Umwelteinwirkungen durch Sportanlagen, 1984, 82). Es gibt keinen Rechtssatz, dass **Sportplätze in Wohnnähe** für Vereinssport oder die Allgemeinheit überhaupt oder nicht zu Tageszeiten besonderen Ruhebedürfnisses nutzbar seien (BVerwG UPR 1991, 340). Zur Beurteilung von **Tennislärm** vgl. BVerwG NJW 1986, 393; zur Unzulässigkeit der von einem Tennisplatz ausgehenden Lärmeinwirkung BGH NJW 1983, 751. Zum Nebeneinander eines allgemeinen **Wohngebiets** und **größerer Sportanlagen** vgl. OVG Münster NVwZ 1983, 618; OVG Koblenz BauR 1985, 655.

107 Bei der **Änderung, Ergänzung oder Aufhebung eines Bauleitplans** sind die Abwägungsgrundsätze des Abs. 7 gleichfalls zu beachten; vgl. Abs. 8 (→ Rn. 132). Eine Abweichung von dem bisherigen Plan kann sich gegenüber Eigentümern, die auf ihren Grundstücken gem. den in Kraft gewesenen Plänen Bauten errichtet haben, nachteilig auswirken. Das **Vertrauen eines Eigentümers** auf das **Weiterbestehen**

1. Abschnitt. Allgemeine Vorschriften §1

eines **Bebauungsplanes** ist daher als privater Belang in der Abwägung zu berücksichtigen; zum **Gebietserhaltungsanspruch** BVerwGE 107, 74; NJW 1994, 1546; VGH München, BauR 2013, 2009; OVG Schleswig BeckRS 2011, 48065; VGH Mannheim NVwZ-RR 2009, 321; *Mampel* BauR 2003, 1824; *Schröer* NZ-Bau 2008, 169; *Marschke,* Der Gebietserhaltungsanspruch, 2009; *Möller/Knickmeier* NordÖR 2010, 138.

dd) Privatbelange- gegen und untereinander. Nach Abs. 7 sind auch die **privaten Belange gegeneinander und untereinander** abzuwägen. Die Bauleitplanung muss die sich aus widerstreitenden privaten Belangen ergebenden Konflikte bewältigen. Die privaten Belange können **untereinander** divergieren, weil die Eigentümer zB unterschiedliche Vorstellungen über die Planung eines Wohngebietes haben („Wohnbedürfnisse", Abs. 6 Nr. 2; → Rn. 55); zB: Einfamilienhausbebauung oder Mietwohnungen oder Erhalt einer vorhandenen Nutzung. Das Interesse der Eigentümer von Wohngrundstücken, die **Aussicht** in eine bisher unbebaute Landschaft durch Errichtung von Gewerbebauten beeinträchtigt zu bekommen, muss nicht als schützenswerter privater Belang in die Abwägung eingestellt werden (BVerwG NVwZ 1995, 895). Abwägungserheblich ist das Interesse eines **Nachbarn** an der **Beibehaltung von Festsetzungen** des Bebauungsplan (BVerwG NVwZ 1997, 683, → Rn. 107); dagegen grundsätzlich **nicht** das Interesse des **Eigentümers** eines **außerhalb des Bebauungsbereichs** gelegenen Grundstücks, bei der späteren Planverwirklichung von den Auswirkungen (Lärm, Staub) einer ebenfalls außerhalb des Planbereichs gelegenen Baustelleneinrichtung beeinträchtigt zu werden (BVerwG UPR 1999, 312). Bei der Berücksichtigung der Belange planbetroffener Nachbarn in der Abwägung ist auf „das Empfinden eines Durchschnittsmenschen" und nicht auf die Umstände der individuell Betroffenen abzustellen (BVerwG ZfBR 2006, 177). Zum (beachtlichen) Belang des Eigentümers einer landwirtschaftlich genutzten Außenbereichsfläche auf **Einbeziehung in ein neues Wohngebiet,** weil sonst die ungestörte landwirtschaftliche Nutzung nicht mehr möglich wäre, BVerwG NVwZ 1996, 888. Bei den Eigentümern können unterschiedliche wirtschaftliche Interessenlagen hinsichtlich der künftigen Nutzung eines Gebietes bestehen, die eine planerische Abwägung und Entscheidung zugunsten der in den Kerngebieten, Gewerbegebieten oder Industriegebieten zulässigen Nutzung erfordern (§§ 7–9 BauNVO). Private Belange können **gegeneinander** widerstreiten, zB wenn ein Teil der Eigentümer in einem Gebiet die ausgeübte Nutzung (zB Landwirtschaft) fortführen will, andere Eigentümer jedoch die Ausweisung eines Wohngebietes anstreben. Für eine gerechte Abwägung ergeben sich besondere Schwierigkeiten bei einem **Nebeneinander** von unterschiedlichen und sich ggf. **gegenseitig beeinträchtigenden Nutzungen,** insbesondere bei einem Nebeneinander von Wohnungen einerseits und Industrie, Handel, Gewerbe oder Landwirtschaft andererseits. Zu den Anforderungen an die Planung in diesen sog. **Gemengelagen** → im Einzelnen Rn. 110f. **Standortzuweisungen in einem Flächennutzungsplan** (hier: Biogasanlage im Außenbereich), die einen vorhabenbezogenen Bebauungsplan vorbereiten sollen, können die konkrete Aussicht auf einen Nutzungsvorteil begründen, der als privater Belang des Grundeigentümers abwägungserheblich ist (BVerwG NVwZ 2007, 825). 108

Die Abwägung der privaten Belange gegeneinander und untereinander zielt auf einen **Interessenausgleich.** Die berührten privaten Belange dürfen daher nicht ohne sachliche Rechtfertigung **ungleich** behandelt werden (BGHZ 67, 320). Andernfalls wird gegen Art. 3 Abs. 1 und damit auch gegen Art. 14 Abs. 1 S. 2 GG verstoßen (BVerfGE 21, 73 (82ff.); BGHZ 67, 320; → Rn. 123ff.). Der **Begriff der privaten Belange** ist weit zu fassen (→ Rn. 101). Er umfasst alle Interessen, die durch den Bebauungsplan oder durch dessen Anwendung gegenwärtig oder in absehbarer Zeit getroffen werden (BVerwGE 59, 87 (101)): „Die als Abwägungsmaterial beachtlichen privaten Interessen beschränken sich im Bauplanungsrecht nicht auf 109

subjektive öffentliche Rechte oder auf das, was nach Art. 14 oder Art. 2 Abs. 2 GG verfassungsrechtlich gegen (entschädigungslose) Eingriffe geschützt ist" (vgl. auch BVerwGE 48, 56 (65)). Auch wenn eine Grundstücksnutzung nur auf Grund eines **Mietvertrages** oder eines **Pachtvertrages** geschieht, sind die damit zusammenhängenden Interessen bei der planerischen Abwägung zu berücksichtigen (BVerwGE 59, 87 (101)). Zu den zu beachtenden privaten Belangen zählt auch das Recht am **eingerichteten und ausgeübten Gewerbebetrieb** (BVerfGE 1, 264 (276 ff.)). Der Eigentumsschutz für den Gewerbebetrieb bezieht sich auf **jedes auf Erwerb ausgerichtete Unternehmen.** Einbezogen sind daher auch die Betriebe der Urproduktion (zB Landwirtschaft, Fischerei) sowie die freiberuflichen Tätigkeiten, soweit sie einen durch die Zusammenfügung sachlicher und persönlicher Mittel geschaffenen Gewerbebetrieb aufweisen (zB Arzt- oder Anwaltspraxis). Aber auch die nicht bereits unmittelbar verfassungsrechtlich geschützten Positionen eines Gewerbebetriebs können abwägungsbeachtlich sein. Dies gilt zB für das **Erweiterungsinteresse** eines vorhandenen Gewerbebetriebes oder für das Interesse an der Erhaltung oder Nutzung von Erwerbschancen (BVerwGE 59, 87 (101 f.)). Abwägungsbeachtlich ist nicht nur das Interesse an der weiteren Ausnutzung des vorhandenen Betriebszustands, sondern auch das Bedürfnis nach einer **künftigen Betriebsausweitung** (zB Erweiterung der Kapazitäten, der Modernisierung der Anlagen ua zur Erhaltung der Konkurrenzfähigkeit; BVerwG DVBl. 1971, 746 (749)). Dabei ist die „normale Betriebsentwicklung" in Rechnung zu stellen; das Interesse des Betriebs, sich alle **Entwicklungsmöglichkeiten offen zu halten,** ist nur beachtlich, wenn die durch den Bebauungsplan negativ betroffene Entwicklung des Betriebs entweder bereits konkret ins Auge gefasst ist oder bei realistischer Betrachtung der Entwicklungsmöglichkeiten nahe liegt (OVG Lüneburg ZfBR 1983, 281).

110 ee) **Nutzungskonflikte in Gemengelagen.** Besondere Abwägungsprobleme ergeben sich bei dem **Nebeneinander bestimmter Nutzungen in sog. Gemengelagen;** zum Begriff vgl. Rn. 108 (eingehend *Söfker* in EZBK § 1 Rn. 236 ff.). Die hiermit umschriebenen Nutzungskonflikte beziehen sich weniger auf konkurrierende Nutzungsansprüche auf ein und dieselbe Fläche als vielmehr auf Konflikte auf Grund der räumlichen Nähe unterschiedlicher Nutzungen und der sich hieraus ergebenden gegenseitigen Beeinträchtigungen. Die sich hierbei ergebenden Abwägungsprobleme sind nicht auf das Nebeneinander privater Nutzungen beschränkt, sondern bestehen zB auch für das Verhältnis öffentlicher Verkehrsflächen oder von Sportanlagen zur Wohnbebauung; → Rn. 106. Besonders häufig sind Konflikte aus dem Nebeneinander von Wohnen einerseits und Industrie, Gewerbe oder Landwirtschaft andererseits. Die Rspr. hat hierzu den Grundsatz der **Trennung von unverträglichen Nutzungen** entwickelt: Ein wesentliches Element geordneter städtebaulicher Entwicklung und damit ein „elementarer Grundsatz städtebaulicher Planung" ist danach darin zu sehen, „dass Wohngebiete und die nach ihrem Wesen umgebungsbelastenden Industriegebiete möglichst nicht unmittelbar nebeneinander liegen sollten" (BVerwGE 45, 309 (327); NuR 2012, 561; *Hendler* NuR 2012, 531). Dieser Grundsatz wird durch § 50 S. 1 BImSchG bestätigt, wonach bei raumbedeutsamen Planungen und Maßnahmen die für eine bestimmte Nutzung vorgesehenen Flächen einander so zuzuordnen sind, dass schädliche Umwelteinwirkungen auf die ausschließlich oder überwiegend dem Wohnen dienenden Gebiete sowie auf sonstige schutzbedürftige Gebiete soweit wie möglich vermieden werden (→ Rn. 66); BVerwG 71, 163, hat in § 50 BImSchG eine die planerische Gestaltungsfreiheit einschränkende Gewichtungsvorgabe gesehen, die im Konflikt mit anderen Zielen zumindest teilweise zurücktreten kann („Optimierungsgebot"). Statt von Optimierungsgebot spricht BVerwGE 148, 256 von **Abwägungsdirektive** (dazu *Greiner* UPR 2011, 50; *Hoppe* in HBG § 7 Rn. 29 ff.; *Bartlsperger* DVBl. 1996, 1). Der Trennungsgrundsatz des § 50 BImSchG für die Überplanung einer schon bestehenden Gemengelage (hier: zwischen Ge-

1. Abschnitt. Allgemeine Vorschriften § 1

werbe und Wohnen) beansprucht aber keine strikte Geltung. Er lässt insbesondere dann Ausnahmen zu, wenn das Nebeneinander von Gewerbe und Wohnen bereits seit längerer Zeit und offenbar ohne größere Probleme bestanden hat (BVerwG NVwZ 1992, 663; BeckRS 2004, 22804).

Der **Grundsatz der möglichsten Trennung** unverträglicher Nutzungen **gilt nicht uneingeschränkt.** Dies ergibt sich schon daraus, dass das Planungsrecht nicht von vornherein dem einen oder dem anderen Belang einen Vorrang einräumt (→ Rn. 100 ff.). Eine Einschränkung ergibt sich aber vor allem aus den unterschiedlichen Anforderungen an eine **situationsbestimmte Planung** bei der **Neuansiedlung** zB eines Industriebetriebs neben einer Wohnbebauung oder der Neuausweisung eines Wohngebiets neben einen **vorhandenen Betrieb** oder der Beplanung einer bereits vorhandenen Gemengelage von Industrie, Handwerk oder Landwirtschaft und Wohnbebauung (BVerwG ZfBR 1980, 146 (147); *Hoppe,* FS Ernst, 1980, 215; *Schmidt-Aßmann,* Die Berücksichtigung situationsbestimmter Abwägungselemente bei der Bauleitplanung, 1981, 78ff.; *Menke* UPR 1985, 111). Zur **Lösung von Nutzungskonflikten,** wie sie sich danach vor allem in (weitgehend) bebauten Bereichen stellen, vgl. *Schmidt-Aßmann,* Die Berücksichtigung, 78ff., zum Grundsatz einer „situationsbestimmten" Abwägung als Ausformung des **Gebots der Rücksichtnahme** (→ Rn. 122): Das Gebot der Rücksichtnahme gestattet differenzierende planerische Lösungen bei gewachsenen städtebaulichen Strukturen. Es stellt daher nicht von vornherein ein Abwägungsdefizit dar, wenn bei vorhandenen Gemengelagen die Grundsätze „optimaler" Planung (insbesondere durch räumliche Trennung der sich gegenseitig beeinträchtigenden Nutzungen) weniger verwirklicht werden können als bei der Beplanung neuer Baugebiete. Die **Bodenschutzklausel des § 1a Abs. 2** hebt den Vorrang der Möglichkeiten innerörtlicher Entwicklungen hervor (→ § 1a Rn. 7). Die Novelle 2006 (→ Einl. Rn. 59) und die Klimaschutznovelle 2011 (→ Einl. Rn. 61) haben die Innenentwicklung gestärkt. Die möglichen Nachteile einer Ausweisung neuer Baugebiete (städtebaulich, infrastrukturell, ökologisch) sind den Entwicklungsmöglichkeiten in einem (vorbelasteten) Bestand gegenüberzustellen und zu gewichten; VGH München ZfBR 1986, 248 – Planung eines innerörtlichen Wohngebiets neben landwirtschaftlichen Betrieben anstelle einer Inanspruchnahme des Außenbereichs. Dabei ist aufgegeben durch **kompensatorische Maßnahmen** die **Konflikte zu mildern,** zB durch Ausschöpfung der differenzierenden Festsetzungsmöglichkeiten nach § 9 und nach der BauNVO. Zu den Anforderungen an die planerische Bestandsaufnahme → Rn. 66 ff.; dort insbesondere zur Berücksichtigung der **Vorbelastung** (vgl. bereits BVerwGE 51, 15; 59, 253). Zum Gebot der **Konfliktbewältigung** → Rn. 115 ff.; zur Bedeutung des **§ 15 BauNVO** → Rn. 30, 118. Zu Konfliktfällen ua wegen Gemengelagesituationen im Innenbereich vgl. die der Befreiung nachgebildete Vorschrift des **§ 34 Abs. 3 a.**

Einzelfälle: BVerwGE 50, 49 (54): „In den Bereichen, in denen Gebiete von unterschiedlicher Qualität und unterschiedlicher Schutzwürdigkeit zusammentreffen, ist die Grundstücksnutzung mit einer spezifischen gegenseitigen Pflicht zur Rücksichtnahme belastet. Das führt nicht zur Pflichtigkeit dessen, der Belästigungen verbreitet, sondern auch – iS der **,Bildung einer Art von Mittelwert'** – zu einer die Tatsachen respektierenden Duldungspflicht derer, die sich in der Nähe von – als solchen legalen – Belästigungsquellen ansiedeln." BVerwG NVwZ 1985, 186: keine schematische, mathematische Bildung des Mittelwerts. Eine tatsächliche oder plangegebene **Vorbelastung** haftet dem Grundstück kraft einer Situationsgebundenheit an; **BVerwGE 71, 150. OVG Lüneburg NJW 1982, 843:** „Das planungsrechtliche Gebot der Rücksichtnahme verbietet es, einen **Kurhauskomplex** mit Restaurants, Hotel und Nebeneinrichtungen unmittelbar neben ein reines **Wohngebiet** zu planen, ohne die Konfliktlage durch geeignete Einzelfestsetzungen im Bebauungsplan selbst zu bewältigen", zB durch ausreichende Schutzzonen, durch differenzierte Planung für das Sondergebiet selbst (Standort, Zufahrten und Stellplätze). **OVG Lüne-**

burg ZfBR 1983, 281: „Der dinglich gesicherte **Verzicht** der Grundstückseigentümer des Wohngebietes auf Abwehransprüche gegen **Immissionen landwirtschaftlicher Betriebe** ist als Mittel der Konfliktbewältigung nicht geeignet." (→ Rn. 116 u. 121.) **OVG Münster DVBl. 1981, 409:** Wird die gebotene **Verringerung der Emissionen** wie der Immissionen im Bebauungsplan **nur „gewünscht"**, nicht aber durch planerische Lösungen vorgesehen, dann „wird keine Bauleitplanung (mehr) betrieben, sondern die Lösung des Konflikts aus dem direkten Nebeneinander von wohn- und gewerblicher Nutzung in das jeweils anstehende Baugenehmigungsverfahren verlagert" (→ Rn. 118). Ein **Industriegebiet** kann neben einem **Wohngebiet** ausgewiesen werden, wenn die räumliche Trennung an den bereits bestehenden Verhältnissen scheitert oder nur gegen Entschädigung der zurückgedrängten Nutzungsart erreicht werden könnte (vgl. aber **OVG Münster DVBl. 1981, 409**). Zum Erfordernis planerischer Vorkehrungen gegenüber **Geruchsbelästigungen** und **Lärmimmissionen** vgl. **VGH München BauR 1983, 336:** Ein schmaler **Grünstreifen** reicht zur **Abschirmung eines Wohngebiets** von den Lärm- und Geruchsbelästigungen eines Industriewerks nicht aus, erforderlich ist zB die Festsetzung eines **Lärmschutzwalles** oder einer **Schutzanpflanzung**; **VGH München BauR 1981, 172:** Die Festsetzung eines Wohngebietes in der Nähe eines Gewerbegebietes führt nicht regelmäßig zu einem Abwägungsfehler, weil das **Gewerbegebiet nach § 1 Abs. 5 BauNVO gegliedert** werden könnte und weil in kleinen Gemeinden sonst zu viele Betriebe in den Außenbereich abgedrängt werden müssten; BVerwGE 128, 238 billigt den Verzicht auf Lärmschutzwände gegen Verkehrslärm an den Rändern eines BA-Gebietes.

112 **ff) Insbesondere: Altlasten.** Flächen mit umweltgefährdenden Stoffen („**Altlasten**"; vgl. **§ 2 Abs. 5 und 6 BBodSchG**) sind im Hinblick auf die in der Bauleitplanung zu berücksichtigenden allgemeinen Anforderungen an gesunde Wohn- und Arbeitsverhältnisse, die Sicherheit der Wohn- und Arbeitsbevölkerung und die Belange des Umweltschutzes (§ 1 Abs. 5 S. 2 Nr. 1 und 7) **abwägungsrelevant**; vgl. hierzu → Erl. zu § 1a Abs. 2, § 5 Abs. 3 Nr. 3 und § 9 Abs. 5 Nr. 3 zur „Kennzeichnungspflicht" von Altlasten in Bauleitplänen. Wie in den Fällen des räumlichen Nebeneinanders (§ 50 S. 1 BImSchG; → Rn. 110) ist es Aufgabe der Gemeinde, Beeinträchtigungen der Bewohner eines Planungsgebiets durch die von dem Grund und Boden des Planungsgebiets selbst ausgehenden Gefahren zu verhindern, zumal die vom Planungsgebiet selbst ausgehenden Beeinträchtigungen der angestrebten Nutzung sich intensiver auswirken können als die von außen eindringenden Belastungen (BGHZ 106, 323; 108, 224). Die rechtliche Abgrenzung von **Bodenschutz- und Baurecht** nach § 3 Abs. 1 Nr. 9 BBodSchG bedeutet, dass sich die Inanspruchnahme von Flächen für bauliche und sonstige Zwecke iS des BauGB ausschließlich nach dem Baurecht bestimmt. Das BBodSchG und die BBodSchV unterstützen die städtebaulichen Planungen ua im Verfahren (zB Rückgriff auf bestehende Altlastendateien und -kataster) und durch die Untersuchung und Bewertung von Bodenbelastungen (zu sonstigen fachlich eingeführten Regelwerken zur Beurteilung von Altlasten vgl. VGH Kassel NVwZ 2000, 1194). Liegen Anhaltspunkte für Altlasten vor, so ist die Gemeinde bei der städtebaulichen Planung verpflichtet, die Belastungen zu erfassen und die erforderlichen Untersuchungen über Art und Umfang der Schadstoffbelastungen des Bodens einzuleiten. Die Kennzeichnung einer Fläche (§ 5 Abs. 3 Nr. 3, § 9 Abs. 5 Nr. 3) kann dies nicht ersetzen. Was den **Umfang der Untersuchungspflichten** der Gemeinde betrifft, ist darauf abzustellen, dass diejenigen Gefahrenpotentiale zu berücksichtigen sind, die der Gemeinde im Zeitpunkt der Beschlussfassung über den Bebauungsplan bekannt waren oder hätten bekannt sein müssen (BGHZ 106, 323). Solche der Gemeinde zurechenbare Kenntnisse können sich auf Grund vorangehender Verwaltungs- oder Gerichtsverfahren ergeben, aus der Gemeinde bekannten Kaufverträgen oder auch aus Hinweisen aus der Bevölkerung. Eine allge-

1. Abschnitt. Allgemeine Vorschriften § 1

meine **Verpflichtung,** im Rahmen der Bauleitplanung **Bodenanalysen** durchzuführen, auch wenn keine Anhaltspunkte für einen Altlastenverdacht bestehen, ergibt sich hieraus nicht (vgl. *Koch* VerwArch 1998, 505 (518)). Die **Prüfungspflicht** geht jedoch umso weiter, je mehr die Vorbenutzung der Fläche die Möglichkeit einer gefährlichen Bodenverunreinigung nahe legt. Kommt die Gemeinde diesen Pflichten nicht nach, so kann sich – unbeschadet der **Nichtigkeit** des Bebauungsplans – hieraus eine **Amtspflichtverletzung** der Gemeinde ergeben (vgl. Art. 34 GG, § 839 BGB; BGHZ 106; 323; 142, 259).

b) Bindung der Abwägung durch Vorentscheidungen. Dem Gebot der gerechten Abwägung widerspricht es, wenn der abschließende **Abwägungsvorgang** durch **vorherige Bindungen** der Gemeinde **sachwidrig verkürzt** wird; **grundlegend BVerwGE 45, 309, 316 ff.**: Der einen Bauleitplan tragende Abwägungsvorgang findet zwar nicht „auf sozusagen planerisch freiem Feld" statt. Der für den Abwägungsvorgang entscheidende Zeitpunkt (→ Rn. 130), der erst am Ende des Planungsverfahrens liegt, wird vielmehr „sehr häufig mehr von Bindung als von Freiheit beherrscht". Bereits die auf ein bestimmtes Ziel gerichtete Einleitung des Planverfahrens und sein Ablauf, insbesondere die Einbeziehung der Stellungnahmen der Behörden und sonstigen Träger öffentlicher Belange (§ 4) und der Öffentlichkeit (§ 3), führen „durchweg zu einer mehr oder weniger starken Präjudizierung des Verfahrensergebnisses". Besonders bei Projekten einer bestimmten Größenordnung können nicht alle Entscheidungen bis zur abschließenden Abwägung zurückgestellt werden. Das BVerwG hebt ausdrücklich hervor, dass es zu einer notwendigen Wechselwirkung zwischen der planerischen Festsetzung und ihrer konkreten Verwirklichung kommt, je umfangreicher und je komplizierter ein planerisches Vorhaben ist. Das führe zu mehr oder weniger endgültigen Festlegungen, die eine entsprechende Schmälerung des abschließenden Abwägungsvorganges bewirken und bewirken sollen: „Dem Planverfahren vorgeschaltete **Besprechungen, Abstimmungen, Zusagen, Verträge** u. a. m. können geradezu unerlässlich sein, um überhaupt sachgerecht planen und eine angemessene effektive Realisierung dieser Planung gewährleisten zu können" (BVerwGE 45, 317). Den sich hieraus ergebenden **Konflikt zwischen der Effektivität** einer Planung mit Hilfe von Vorentscheidungen und dem nach Abs. 7 gebotenen **umfassenden und ungebundenen Abwägungsvorgang** hat das BVerwG grundsätzlich zugunsten des Grundsatzes einer von Bindungen **freien Abwägungsentscheidung** entschieden (BVerwGE 45, 319 ff.). Eine sachliche Verkürzung des abschließenden Abwägungsvorganges bedarf danach einer **besonderen Rechtfertigung.** Diese ergibt sich zu vorderst aus den verfahrensimmanenten Präjudizierungen der Abwägungsentscheidung (Einleitung des Planverfahrens, Berücksichtigung von Stellungnahmen der zu Beteiligenden ua). Eine Abwägung ist grundsätzlich unvollständig **(„Abwägungsdefizit"),** wenn ihr sich aus rechtlichen oder tatsächlichen Gründen bindend auswirkende Festlegungen vorangegangen sind (zB durch **Ansiedlungsverträge**). Eine selbstbindende Vorentscheidung der Gemeinde genügt nur dann dem Abwägungsgebot, wenn (1) die Vorwegnahme der Entscheidung **sachlich gerechtfertigt** ist, (2) bei der Vorwegnahme die **planungsrechtliche Zuständigkeitsordnung** gewahrt bleibt, dh, es muss, soweit die Planung dem Gemeinderat obliegt, dessen Mitwirkung an den Vorentscheidungen in einer Weise gesichert sein, die es gestattet, die Vorentscheidung (auch) dem Rat zuzurechnen, (3) muss die vorgezogene Entscheidung **inhaltlich** den **Anforderungen genügen,** die an sie zu richten wären, wenn sie als Bestandteil des **abschließenden Abwägungsvorgangs** getroffen würde (BVerwGE 45, 321). Unter diesen Voraussetzungen kann auch der auf der Grundlage eines vom **künftigen Bauherren** vorgelegten Projektentwurfs aufgestellte Bebauungsplan unbedenklich sein (BVerwG NVwZ 1988, 351; zur Frage ggf. erforderlicher alternativer Entwürfe; s. a. *Hoppe/Beckmann* DVBl. 1987, 1249). Die Weiterentwicklung des kooperativen Städtebaurechts (§ 11, 12; → Einl. Rn. 40) hat der Auslegung des BVerwG bestärkt. 113

114 Dass ein **Vorhaben,** für das ein Bebauungsplan Festsetzungen trifft, **bereits ausgeführt** ist, begründet noch keine das Abwägungsgebot verletzende und daher unzulässige Vorabbindung (VGH München BauR 1982, 37): Es kann das sachgerechte Ziel eines Bebauungsplanes sein, für das, was ohne förmliche Planung entstanden und nunmehr vorhanden ist, nachträglich eine Rechtsgrundlage zu schaffen. Das Abwägungsgebot wird durch eine solche (nachträgliche) Planung nur verletzt, wenn gebotene planerische Erwägungen und Entscheidungen im Hinblick auf den bereits vorhandenen Bestand unterlassen werden (VGH München BauR 1982, 38 f.; OVG Lüneburg, BauR 2014, 954). Vgl. aber OVG Münster BauR 1984, 489: Wirkt eine Gemeinde in rechtlich bedenklicher Weise an der Schaffung „vollendeter Tatsachen" mit, die die planerische Gestaltungsfreiheit einschränken, so kann die bei einem nachfolgenden Planaufstellungsverfahren vorzunehmende Abwägung fehlerhaft sein; sie ist es jedenfalls dann, wenn andere Möglichkeiten zur Konfliktlösung nicht erwogen worden sind. Mit § 2 Abs. 3 – **kein Anspruch auf Erlass eines Bebauungsplanes** (→ Rn. 31) ist unvereinbar eine vertragliche Verpflichtung zur **Nichtplanung;** auch gegenüber anderen Gebietskörperschaften darf sich die Gemeinde nach Abs. 3 S. 2 weder zur Aufstellung und Änderung, noch zur Nichtaufstellung eines Bauleitplans verpflichten (BVerwG NVwZ 2006, 458).

115 c) **Gebot der planerischen Konfliktbewältigung. aa) Grundsatz.** Jeder Bauleitplan muss **die ihm zuzurechnenden Konflikte bewältigen,** also die betroffenen Belange untereinander zu einem gerechten Ausgleich bringen. Das gilt sowohl für die bereits bestehenden als auch für die durch die Planung neu aufgeworfenen Konflikte (*Weyreuther* BauR 1975, 1 (5); *Hoppe* in HBG § 72 Rn. 133–143). Deutlich OVG Münster BauR 2010, 572; BVerwG NVwZ 2010, 1246 – Kraftwerk Datteln. Pointiert warnt *Sendler* UPR 1985, 211 davor, dabei das planerisch Mögliche zu überschätzen und das Gebot der Konfliktbewältigung als störanfälligen Planungsperfektionismus missz uverstehen. Der Bauleitplan darf aber der **Plandurchführung** (vgl. auch § 11 BauGB; § 15 BauNVO; → Rn. 118) nur das überlassen, was diese an zusätzlichem Interessenausgleich tatsächlich zu leisten vermag. Die Festsetzungen eines Bebauungsplanes müssen „konkret-individuell" sein, also Regelungen „sozusagen im Angesicht der konkreten Sachlage" treffen (BVerwGE 50, 114 (119)). Das bedeutet, dass die konkrete Situation der Grundstücke und auch ihr Verhältnis zur Nachbarschaft zu sehen und etwaige Konflikte zu lösen sind (BVerwGE 67, 334). Das Gebot der Konfliktbewältigung ist, soweit es zum Begriff der sachgerechten Abwägung und zum Wesen der Bauleitplanung rechnet, einfach-gesetzlich (Abs. 7) und in § 15 Abs. 1 BauNVO begründet. Es wird verfassungsrechtlich aus dem Rechtsstaatsgebot (Art. 20 I GG) und Art. 14 GG abgeleitet (*Hoppe* in HBG § 7 Rn. 135; → Rn. 8, 123 ff.).

116 bb) **Sachgerechte Beschränkung des Abwägungsmaterials.** Zum Gebot der **sachgerechten Auswahl des Abwägungsmaterials** → Rn. 96. Das notwendige Abwägungsmaterial einer planerischen Abwägung muss eher weit als eng abgegrenzt werden (vgl. BVerwGE 59, 87 (102)). Der Planer muss jedoch nicht „alles" berücksichtigen. Aus der **sachgerechten Beschränkung** des zu berücksichtigenden Abwägungsmaterials ergeben sich dementsprechend Schranken für die Reichweite des Gebots der planerischen Konfliktbewältigung (vgl. BVerwGE 59, 102 (104)): Bei der planerischen Konfliktbewältigung können zunächst solche Interessen unbeachtet bleiben, die von der Planung zwar betroffen, aber objektiv **geringwertig** sind (vgl. zB VGH Kassel UPR 1985, 220). Weiterhin können solche Interessen unbeachtet bleiben, die nicht schutzwürdig sind. Nicht schutzwürdig sind Interessen zB. auch dann, wenn sich der Interessenträger vernünftigerweise darauf einstellen muss, dass „so etwas geschieht", und wenn deshalb dem Vertrauen in den Bestand oder Fortbestand einer bestimmten Markt- oder Verkehrslage die Schutzwürdigkeit fehlt (BVerwGE 59, 103). Für die Abwägung sind weiterhin nur solche Interessen beacht-

lich, die durch den Bauleitplan **mehr als geringfügig** und zumindest **wahrscheinlich** betroffen sind. Die Betroffenheit muss darüber hinaus für die planende Stelle bei der Entscheidung über den Plan als **abwägungsbeachtlich erkennbar** sein. „Was die planende Stelle nicht ‚sieht', und was sie nach den gegebenen Umständen auch nicht zu ‚sehen' braucht, kann von ihr bei der Abwägung nicht berücksichtigt werden und braucht von ihr auch nicht berücksichtigt zu werden" (BVerwGE 59, 103). Das BVerwG hat in diesem Zusammenhang auf die **Bedeutung der Öffentlichkeitsbeteiligung** (§ 3) hingewiesen, die auch die Aufgabe hat, der planenden Stelle die zu beachtenden und betroffenen Interessen sichtbar zu machen. Unterlässt ein Betroffener, seine **Betroffenheit** im Zuge der Bürgerbeteiligung **vorzutragen**, dann ist diese nur dann abwägungsbeachtlich, „wenn sich der planenden Stelle die Tatsache dieser Betroffenheit aufdrängen musste" (BVerwGE 59, 104; § 4a Abs. 6). Beruht ein Fehler bei der Zusammenstellung des Abwägungsmaterials auf **unrichtigen Angaben** des von der Planung betroffenen Grundstückseigentümers, so kann sich dieser im Normenkontrollverfahren nicht mit Erfolg auf diese Unrichtigkeit und einen daraus folgenden Fehler berufen (VGH Mannheim NVwZ 1987, 67). Wenn ein Betroffener seine Belange zwar vorbringt, jedoch später nicht weiterverfolgt, sondern vielmehr einen **Einspruch gegen den Planentwurf später zurücknimmt,** darf die Gemeinde davon ausgehen, dass keine besonders gewichtigen Eigentümerinteressen auf dem Spiel stehen und das Abwägungsmaterial entsprechend beschränken (BGH NVwZ 1983, 309 (310)). Das Gebot der planerischen Konfliktbewältigung kann demgegenüber verletzt sein, wenn die Gemeinde einen der planerischen Bewältigung bedürftigen Konflikt einer **vertraglichen Regelung** überlässt; so OVG Lüneburg ZfBR 1983, 281, bei einem dinglich gesicherten **Verzicht der Erwerber von Wohngrundstücken** im Plangebiet auf Abwehrprüche gegen Immissionen eines benachbarten landwirtschaftlichen Betriebes; OVG Lüneburg BeckRS 2011, 45252 – unzulässiger Entzug der Planung aus dem Planaufstellungsverfahren durch Auslagerung in einen städtebaulichen Vertrag; s. a. *Spannowsky* ZfBR 2010, 429; *Krautzberger* in Mitschang (Hrsg.), Gerüche, Feinstaub und Gefahrstoffe in der Bauleitplanung, 2011, 205; *Reidt* in Mitschang (Hrsg.), Bauen und Naturschutz, 2011, 55. Die Unverträglichkeit der unterschiedlichen Nutzungen wird durch den Verzicht auf Abwehrprüche nicht behoben; der Bauleitplan verfehlt daher seine Aufgabe, die bauliche Nutzung entsprechend den Anforderungen der städtebaulichen Entwicklung und Ordnung vorzubereiten, wenn er den künftigen Konflikt vorprogrammiert, anstatt den Konflikten vorzubeugen (BVerwG NVwZ-RR 2002, 329; OVG Lüneburg ZfBR 1983, 281 zum Verzicht auf öffentliche Belange durch den von der Schutzwirkung Begünstigten bei Außenbereichsvorhaben →Rn. 121). Die Beschränkung des Abwägungsmaterials ist auch dann nicht sachgerecht, wenn eine zur Konfliktbewältigung gebotene Aufhebung oder Zurückstufung der baulichen Nutzung im Hinblick auf **fehlende finanzielle Mittel** der Gemeinde für Entschädigungsleistungen unterbleibt (VGH München BauR 1983, 336 (338)).

cc) Prognose, Alternativen. Das Gebot der Konfliktbewältigung erfordert auch **117** eine **Prognose** der zukünftigen überschaubaren Auswirkungen der Planung. Die Prognose ist unter Berücksichtigung aller verfügbaren Erkenntnismittel in einer dem Gegenstand der Planung angemessenen und methodisch einwandfreien Weise zu erarbeiten (BVerwGE 56, 110; 69, 256 (721); *Hoppe* in HBG § 7 Rn. 142). Planerische Entscheidungen, die auf Grund einer prognostischen Einschätzung zukünftiger tatsächlicher Entwicklungen getroffen werden müssen, sind hinsichtlich ihrer Prognose daher ggf. auch dann rechtmäßig, wenn sich die **Prognosen aus späterer Sicht als unrichtig erweisen.** Entscheidend ist aber die Frage, ob die Prognose seinerzeit einwandfrei erstellt worden ist. Die Gemeinde hat auch insoweit die Prüfungspflicht, was „nach Lage der Dinge" und „nach den gegebenen Umständen" zu veranlassen ist. Sie hat ggf. **sachverständige Untersuchungen** zu veranlassen. Unrichtige Stellung-

nahmen von Fachbehörden gehen zu ihren Lasten. Die Gemeinde kann sich nicht auf Unkenntnis oder fehlenden Sachverstand berufen (*Söfker* in EZBK § 1 Rn. 190 ff.; → Rn. 116).

117a Sich anbietende oder ernsthaft in Betracht kommende **Alternativen** sind als Teil des Abwägungsmaterials mit der ihnen objektiv zukommenden Bedeutung in die vergleichende Prüfung der von ihnen jeweils berührten öffentlichen und privaten Belange einzubeziehen. Dabei müssen nicht alle Alternativen gleich detailliert und umfassend untersucht werden. Der Sachverhalt muss nur soweit aufgeklärt werden, wie dies für eine sachgerechte Wahl zwischen den Alternativen notwendig ist. Es genügt, eine Alternative so weit zu untersuchen, bis erkennbar wird, dass sie nicht eindeutig vorzugswürdig ist. Fehlerhaft wäre es, wenn sich die verworfene Lösung als die vorzugswürdigere hätte aufdrängen müssen (BVerwG UPR 1998, 382; BVerwGE 100, 238 zu Planfeststellungsverfahren; zu den Besonderheiten bei der Plan-UP vgl. Anlage 1 Nr. 2 d).

118 **dd) Verlagerung der Konfliktbewältigung.** Das Gebot der Konfliktbewältigung kann auch dadurch verletzt werden, dass die nur durch die Planung mögliche **Konfliktlösung** in das **Baugenehmigungsverfahren,** in **spezialgesetzliche Verfahren** (s. *Hamann* in Schäfer/Uechtritz/Zuber, Rechtsgestaltung in der kommunalen Praxis, 2015, § 7 → Rn. 30), in das Umlegungsverfahren (BVerwG NVwZ 2015, 1537) oder in **Vereinbarungen** (→ Rn. 115 f.) **verlagert wird** (dazu *Fricke* UPR 2014, 97). Die Rspr. hat sich mit dieser Frage vor allem bei der Berücksichtigung der Belange des Umweltschutzes und bei dem Nebeneinander sich gegenseitig beeinträchtigender Nutzungen (→ Rn. 110–112) befasst. Die Gemeinde muss hinreichend sicher darauf vertrauen können, dass in einem anderen Verfahren für die offen gebliebenen Fragen eine sachgerechte Lösung gefunden werden wird (BVerwG ZfBR 2012, 25 – Einzelhandel). Zur Verlagerung der Lösungen des Konflikts aus dem Nebeneinander von wohn- und gewerblicher Nutzung in das jeweils anstehende **Baugenehmigungsverfahren** vgl. OVG Münster DVBl. 1981, 409, wonach keine Bauleitplanung mehr betrieben werde, wenn der gebotene Schutz der Wohngebiete im Bebauungsplan nur als gewünschtes Ergebnis geregelt, nicht aber die hierzu erforderlichen planerischen Vorkehrungen getroffen werden (→ Rn. 112). OVG Berlin ZfBR 1986, 290 und OVG Lüneburg ZfBR 1986, 293: kein Verstoß gegen das Gebot der Konfliktbewältigung, wenn die planerische Festsetzung nicht zwangsläufig zu einem untragbaren Ergebnis führt, vielmehr ein Ausgleich noch im Baugenehmigungsverfahren nach **§ 15 Abs. 1 BauNVO** möglich ist; entsprechend (OVG Berlin ZfBR 1986, 290), sofern offen gebliebene Fragen von Standort und Ausgestaltung einer Gemeinbedarfsfläche noch im Baugenehmigungsverfahren unter Berücksichtigung der Anwohner nach § 15 Abs. 1 BauNVO beantwortet und durch **Auflagen** geregelt werden kann; → weiter Rn. 120 sowie grundsätzlich → Rn. 30.

119 Die gebotene **umfassende Konfliktbewältigung bei straßenrechtlichen Planfeststellungen** betonen BVerwGE 48, 56 (68); 51, 15 (27), weil diese zu einer abschließenden und alle sonstigen Genehmigungen ersetzenden Entscheidung über die Zulässigkeit des Vorhabens führt. Sind die durch den Bebauungsplan aufgeworfenen Verkehrsprobleme nur durch den Ausbau einer vorhandenen Landstraße lösbar und überlässt der Plan diese Lösung einem künftigen Planfeststellungsverfahren, so ist er ungültig, wenn nicht absehbar ist, ob eine solche Planfeststellung ergehen kann und wird (BVerwG DVBl. 1994, 1152) Das BVerwG hat weiterhin den **Trennungsgrundsatz** (vgl. BVerwGE 45, 309), also die räumliche Trennung von sich gegenseitig beeinträchtigenden Nutzungen, auf die planerische Festlegung des **Standortes** hin präzisiert und hiervon die Frage unterschieden, ob und in welchem Umfang in einem anlagebezogenen Bebauungsplan zB **Festsetzungen iS des § 9 Abs. 1 Nr. 23 u. 24** zu treffen sind. Enthält der **Bebauungsplan** keine weiteren immissionsschutzrechtlichen Festsetzungen, sondern **überlässt er die Regelung der Im-**

1. Abschnitt. Allgemeine Vorschriften §1

missionsprobleme dem nachfolgenden **immissionsschutzrechtlichen Verfahren,** so muss hierin nicht von vornherein ein Verstoß gegen das Gebot der planerischen Konfliktbewältigung gesehen werden: „Es spricht einiges dafür, dass es nicht Aufgabe der Bauleitplanung ist, Entscheidungen zu treffen, die nach den Bestimmungen des BImSchG dem jeweiligen Genehmigungs-, Vorbescheids- oder Anordnungsverfahren vorbehalten sind, dass eine zu starke Verfeinerung der planerischen Aussagen das Planungsverfahren übermäßig – ggf. bis zur Grenze, an der die Aufstellung des Bebauungsplanes scheitern muss – belastet und dass die Ratsmitglieder, die für die Abwägung des Planes verantwortlich sind, überfordert werden, wenn sie bereits im Bebauungsplan Festsetzungen treffen müssen, die den Regelungen entsprechen, die die Fachbehörden auf der Grundlage umfangreicher wissenschaftlicher Erhebungen und Begutachtungen im Rahmen des Genehmigungsverfahrens nach dem BImSchG zu treffen haben." (BVerwGE 69, 30; s. a. VGH Mannheim, NuR 2014, 508 – keine Nachsteuerung bei unrealistischer Planung; OVG Koblenz, NVwZ 2015, 403 – zulässige Verlagerung bei möglicher straßenrechtlicher Ausnahmegenehmigung). Offen bleibt, ob **im immissionsschutzrechtlichen Verfahren höhere** als die im Bebauungsplan festgesetzten **immissionsschutzrechtlichen Anforderungen** gestellt werden dürfen; jedenfalls sei es nicht Aufgabe der Bauleitplanung, **Änderungen des Standes der Technik** fortlaufend **durch Änderungen des Bebauungsplanes** Rechnung zu tragen. → Rn. 30.

Die Reichweite des Gebots der Konfliktlösung steht damit im Zusammenhang mit **120** der **Reichweite der Regelungsbefugnisse** (vgl. *Söfker* in EZBK § 1 Rn. 217ff.). Die Zuordnung der auf der Ebene des Bebauungsplans (vgl. § 9 sowie die BauNVO) zu treffenden Entscheidungen ist im Zusammenhang mit den hieran anschließenden oder ihnen zugeordneten Planungs- und Genehmigungsverfahren zu sehen. Hierzu gehört die überörtliche Planung ebenso wie das einzelne Genehmigungsverfahren. Die Lösung der durch die Planung ausgelösten Folgeprobleme ist nur insoweit notwendiger Gegenstand von Festsetzungen im Bebauungsplan, als diese zu den Aufgaben und Regelungsmöglichkeiten der Bauleitplanung gehören. Die nicht durch Festsetzungen im Bebauungsplan zu lösenden Probleme können dem **nachfolgenden Genehmigungsverfahren** überlassen werden, wenn nach den anzuwendenden fachgesetzlichen Vorschriften entsprechende Verpflichtungen bestehen oder in sonstiger Weise die sachgerechten Lösungen sichergestellt sind. Die Gemeinde kann die Durchführung entsprechender Maßnahmen dem späteren, dem Vollzug der Festsetzung dienenden Verwaltungsverfahren überlassen, wenn sie im Rahmen ihrer Abwägung realistischerweise davon ausgehen kann (→ Rn. 117), dass die Probleme in diesem Zusammenhang gelöst werden können (BVerwG NVwZ 1988, 351; NVwZ-RR 1998, 484; OVG Koblenz, BauR 2015, 616 – Festsetzung einer Fußgängerzone). Insbesondere ermöglicht § 15 BauNVO Spielraum für eine „Nachsteuerung" im Baugenehmigungsverfahren (so BVerwG NVwZ 1989, 659). Das **BVerwG** hat hierzu ua auf die unterschiedlichen Aufgabenstellungen eines Planfeststellungsbeschlusses einerseits und des Bebauungsplans andererseits hingewiesen. Der Bebauungsplan regelt typischerweise nicht bereits die Zulässigkeit eines einzelnen Vorhabens, sondern schafft nur einen verbindlichen Rahmen für seine rechtliche Beurteilung im Baugenehmigungsverfahren. Der Bebauungsplan darf deshalb – gegenüber der **Planfeststellung** – grundsätzlich auch weniger konkrete Festsetzungen treffen. Davon ist grundsätzlich auch im Hinblick auf Interessenkonflikte, die auf der Grundlage von Festsetzungen des Bebauungsplans im Einzelfall auftreten können, auszugehen. Für sie genügt es, dass ein Ausgleich noch im Baugenehmigungsverfahren gefunden werden kann, wobei dem in **§ 15 BauNVO** enthaltenen Rücksichtnahmegebot eine besondere Bedeutung zukommt. Über § 15 BauNVO kann daher eine Ergänzung der Festsetzungen des Bebauungsplans erreicht werden. Voraussetzung hierfür ist allerdings, dass der Bebauungsplan für eine Konfliktlösung im Baugenehmigungsverfahren noch offen ist. Das kann bei Anwendung der §§ 214, 215 auch dann der Fall sein, wenn die rechtlich

gebotene Konfliktbewältigung unterblieben ist (BVerwG BauR 2014, 201); daran fehlt es, wenn der in Frage stehende Nutzungskonflikt schon im Bebauungsplanverfahren abgewogen worden ist (OVG Münster, ZfBR 2015, 391 – Zwischenwertbildung TA Lärm). Die Grenzen zusätzlicher Konfliktverlagerung auf die Ebene des Planvollzugs sind überschritten, wenn im Planungsstadium absehbar ist, dass sich der offengelassene Interessenkonflikt in einem nachfolgenden Verfahren nicht sachgerecht wird lösen lassen (BVerwG, U. v. 5. 5. 2015 – 4 CN 4.14). Je konkreter eine Festsetzung ist, umso geringer ist die Gestaltungsfreiheit für den Betroffenen und damit auch der Spielraum für die Anwendung des § 15 BauNVO. Nur soweit der Bebauungsplan selbst noch keine abschließende planerische Entscheidung enthält, ermöglicht § 15 BauNVO eine „Nachsteuerung" im Baugenehmigungsverfahren. § 15 BauNVO rechtfertigt also eine planerische Zurückhaltung, nicht aber planerische Fehleinschätzungen VGH München NVwZ 1992, 801; OVG Münster BauR 2010, 426; *Hoppe* in HBG § 7 Rn. 138 f.

Die Frage einer Verlagerung der Konfliktbewältigung in andere Verfahren ist im Zusammenhang mit dem Grundsatz der **„planerischen Zurückhaltung"** zu sehen (→ Rn. 30, 31) (BVerwGE 67, 334). Die Planung kann den von ihr Betroffenen ein gesteigertes Maß an Gestaltungsmöglichkeiten belassen. Die Gemeinde kann sich bei der Abwägung zB von der Erwägung leiten lassen, dass eine Planung mit **zu hoher Regelungsdichte** den weiteren Vollzug eher erschwert als erleichtert. Enthält sich daher eine Gemeinde einer Planung mit zu hoher Regelungsdichte, so liegt dies grundsätzlich im Rahmen ihres Planungsermessens, solange nicht die Grenzen des Abwägungsspielraums überschritten werden (→ weiterhin Rn. 30).

121 Zur Verlagerung der Konfliktbewältigung bei sich gegenseitig beeinträchtigenden Nutzungen auf **Vereinbarungen** → Rn. 116. Privatrechtliche Mittel kommen **zur Erreichung des Ziels einer geordneten städtebaulichen Entwicklung** zB dann in Betracht, wenn dafür die rechtliche Möglichkeit einer hoheitlichen Anordnung nicht oder nicht ohne weiteres besteht, wenn also der Gemeinde die Mittel des Privatrechts zur Befriedigung eines öffentlichen Interesses am besten geeignet erscheinen und keine öffentlich-rechtlichen Normen und Rechtsgrundsätze entgegenstehen (BGH NJW 1981, 916; NJW 1984, 924; BGHZ 93, 372; VGH Mannheim UPR 2002, 317, → weiterhin Rn. 18 sowie → die Erl. zu § 11). Der **BGH** (NJW 1981, 916) hat ua die **Rechtmäßigkeit** einer durch **Dienstbarkeit** gesicherten Verpflichtung im Grundstückskaufvertrag bejaht, wonach der Käufer die Errichtung und den Betrieb von Verkaufsständen und Läden jeglicher Art und jeglichen Umfanges, einer öffentlichen Tankstelle oder einer Gaststätte zu unterlassen habe. Die hierin liegende **Beschränkung der nach dem Bebauungsplan zulässigen Arten der gewerblichen Nutzung** durch privatrechtliche Vereinbarungen, auch anstelle einer Regelung nach § 1 Abs. 5 BauNVO, kann einem schutzwürdigen öffentlichen Bedürfnis dienen. Zur Zulässigkeit einer **„Fremdenverkehrsdienstbarkeit";** BayObLG NJW 1985, 2485 sowie → § 22 Rn. 3.

122 **d) Rücksichtnahmegebot.** Das **Gebot der Rücksichtnahme** ist durch das **BVerwG** entwickelt worden. Bei der Beurteilung der **Zulässigkeit von Vorhaben** hat es eine **objektiv-rechtliche Bedeutung.** In **subjektiv-rechtlicher Hinsicht** umschreibt es nachbarliche Abwehrrechte (→ Erl. zu §§ 30, 34 und 35). Für die **Bauleitplanung** bezeichnet das Rücksichtnahmegebot sowohl den Sachgehalt von Planung als auch ihre verfassungsrechtlichen Schranken: Die planerische Abwägung wird durch das Rücksichtnahmegebot insofern gekennzeichnet, als die abwägende Planung „weiterhin gar nichts anderes" ist „als ein Versuch, planerische Entscheidungen in ihre Umgebung einzubetten und auf diese Weise das eine dem anderen angemessen ‚zuzuordnen'" (*Weyreuther* BauR 1975, 1 (3)). Die durch die Planung vorgenommene Um- und Ausformung der vorgegebenen Situation wird durch das **Gebot der Rücksichtnahme** gesteuert (*Weyreuther* BauR 1975, 1 (3); *Hoppe* in HBG § 7 Rn. 144–160; *Söf-*

1. Abschnitt. Allgemeine Vorschriften § 1

ker, EZBK § 1 Rn. 210; zu Fallgruppen *Uechtritz* BVBl 2016, 90). Das Rücksichtnahmegebot hat seine Wurzeln im verfassungsrechtlichen **Verhältnismäßigkeitsprinzip**. Die aus dem Rücksichtnahmegebot folgenden Rücksichtnahmepflichten der Eigentümer sind aus der **Situationsgebundenheit** des Grundstücks im Rahmen der **Sozialpflichtigkeit** (Art. 14 Abs. 2 GG) grundsätzlich abgedeckt (vgl. BGHZ 23, 30; *Schmidt-Aßmann*, Die Berücksichtigung situationsbestimmter Abwägungselemente, 1981, 83 ff.). Zu den Ausprägungen des Rücksichtnahmegebots in einzelnen Abwägungsgrundsätzen vgl. *Hoppe* in HBG § 7 Rn. 147 ff.: Grundsätze der Differenzierung und Schonung, der Trennung von unverträglicher Nutzung, der planerischen Vorbeugung, der Beherrschbarkeit von Emissionen und des Vorranges der Konfliktvermeidung.

e) Eigentumsgarantie. In einem vom Prinzip der Planmäßigkeit bestimmten 123
Recht (→ Rn. 14 ff.) kommt der Bauleitplanung maßgeblich die Aufgabe zu, die dem **Eigentumsrecht** immanente **Baufreiheit** zu realisieren (→ Rn. 7–9). Die verbindliche Bauleitplanung ist eine **Inhalts- und Schrankenbestimmung des Eigentums** iSv Art. 14 Abs. 1 S. 2 GG (BGHZ 67, 320; BVerwGE 47, 144 (153); E 61, 295 (301 ff.)) die grundsätzlich keine Ausgleichspflichten auslöst (→ Vorb. §§ 85–122 Rn. 4 sowie § 1 Rn. 8). In besonderen Fällen kann ein Bebauungsplan, der die bisherige Rechtslage zum Nachteil eines Grundstücks ändert einen Entschädigungsanspruch nach §§ 39 ff. BauGB auslösen (BVerfG NVwZ 1999, 979; → Vorb. §§ 39–45 Rn. 5). Überschreitet ein Bebauungsplan die Grenzen, die Art. 14 Abs. 1 S. 2 GG für die Inhalts- und Schrankenbestimmung des Eigentums gibt, so ist der Bebauungsplan nichtig. Dies kann sowohl hinsichtlich der außerhalb des Plangebiets gelegenen Grundstücke (Nachbarschaft wegen planbedingter Beeinträchtigungen: BVerwGE 47, 144 (153); E 116, 144) als auch hinsichtlich der innerhalb des Plangebiets liegenden Grundstücke der Fall sein. In die **Abwägung** nach Abs. 7 ist daher der Eigentumsschutz einzubeziehen. Abwägungsgegenstand ist sowohl die Inhalts- und Schrankenbestimmung des Eigentums als auch eine darüber hinausgehende Wirkung. Zur gleichmäßigen Verteilung von Kosten (Einschränkungen der Bebaubarkeit) bei vergleichbaren Gebieten vgl. OVG Koblenz BauR 2006, 1853. Eine **Grundstückswertminderung** benachbarter Grundstücke stellt keinen eigenständigen Abwägungsposten dar (BVerwG NVwZ 1995, 895; beeinträchtigte Aussicht in einiger Entfernung; anders bei gänzlicher Versperrung einer ganz außergewöhnlichen Aussicht durch unmittelbar angrenzende Bebauung; BVerwG BRS 54, Nr. 42). Das Interesse, mit einem bisher nicht bebauten Grundstück in den Geltungsbereich eines Bebauungsplans einbezogen zu werden, ist für sich genommen kein abwägungserheblicher Belang, der die Antragsbefugnis für eine Normenkontrolle (§ 47 VwGO) vermitteln kann (BVerwG NVwZ 2004, 1120; auch nicht das Interesse auf Einbezug in ein Sanierungsgebiet wegen der zu erwartenden Fördermittel (VGH Mannheim Urt. v. 24.3.2011, 5 S 163/09 – juris). Auch **Mieter** und **Pächter** (BVerwGE 110, 36) können abwägungserheblich betroffen sein.

Ein Bebauungsplan überschreitet die, der die Inhalts- und Schrankenbestimmung 124
des Eigentums gezogene Grenzen, wenn er die situationsbestimmte, von der Natur der Sache her gegebene tatsächliche und rechtliche Möglichkeit der Bebauung eines Grundstücks, also eine Möglichkeit, die sich nach der Beschaffenheit und Lage eines Grundstücks objektiv anbietet, untersagt oder in einer ins Gewicht fallenden Weise einschränkt (BGH NJW 1958, 380; BGHZ 30, 338 (343f.); 48, 193 (195f.)). Im Rahmen der Abwägung muss das private Interesse am Erhalt bestehender baulicher Nutzungsrechte mit dem öffentlichen Interesse an einer städtebaulichen Neuordnung des Plangebiets abgewogen werden. In die Abwägung ist auch einzustellen, dass sich der Entzug der baulichen Nutzungsmöglichkeit wie eine Teilenteignung auswirken kann. Eine darüber hinausgehende **Prüfung aller Enteignungsvoraussetzungen** ist dagegen **nicht erforderlich**, weil keine Enteignung vorliegt (BVerfG NVwZ

1999, 979, Rn. 123). Vgl. BVerwG NJW 1969, 1868 (1869), wonach die für die **Zulässigkeit einer Enteignung geltenden Grundsätze** nicht auf die der Enteignung vorangehende Planung anzuwenden sind, also insbesondere nicht der Grundsatz, dass eine Enteignung nur als letztes Mittel zulässig ist. Der Bebauungsplan hat auch mit einer Festsetzung von Flächen öffentlicher Nutzung **keine enteignende Vorwirkung** derart, dass über die Zulässigkeit der Enteignung solcher Flächen bereits bindend entschieden wäre (BVerwG NVwZ 1998, 953 sowie → § 87 Rn. 3). Die Gewichtung im Rahmen der Abwägung muss daher idR nicht den Anforderungen des Art. 14 Abs. 3 GG entsprechen. Bei der Planung geht es um die planerische Abwägung angesichts vielzähliger, unterschiedlicher Belange und in ihrem Verhältnis zueinander komplexer Interessen und nicht nur – wie im Enteignungsverfahren – um zwei einander widerstreitende öffentliche und private Interessen. Die planerische Abwägung kann sich allerdings nach Maßgabe des Bebauungsplanes auf diese Frage reduzieren; steht fest, dass die Enteignungsvoraussetzungen nicht vorliegen, wäre der Bebauungsplan ggf. abwägungsfehlerhaft (BVerwG NVwZ 1998, 953; NVwZ 1991, 873; vgl. auch E 56, 283 (289ff.); → Rn. 126 zum Grundsatz der Verhältnismäßigkeit).

Zur entschädigungs- und schadensersatzrechtlichen Beurteilung der an **emittierende Betriebe** auf Grund eines Bebauungsplanes **heranrückenden Wohnbebauung** vgl. BGHZ 92, 34; krit. *Dolde* NVwZ 1985, 250. Für die Planung ergibt sich in solchen Fällen das Gebot, die hierin liegenden **Interessenkonflikte zu bewältigen**, namentlich durch hinreichend wirksame und planerisch abgesicherte Maßnahmen zB zur angemessenen räumlichen Trennung der widerstreitenden Nutzungen oder, wenn dies aus tatsächlichen Gründen oder mit Rücksicht auf die Verwirklichung der Planziele nicht möglich ist, dadurch, dass die betroffenen Grundstücke durch Aufhebung oder Änderung ihrer bisherigen Nutzung ausdrücklich in Anspruch genommen und damit die Voraussetzungen für eine Entschädigung des Eigentümers nach den §§ 39ff. geschaffen werden (BVerwGE 47, 155f.). Auch im Verhältnis zwischen **Bauleitplanung und Umlegung** sind schon bei der Bestimmung der planerischen Festsetzungen die Möglichkeiten und Ergebnisse der nachfolgenden bodenordnenden Maßnahmen einzubeziehen (BGHZ 67, 320). Hat zB ein Eigentümer ein schutzwürdiges und nicht nur gegenwärtiges Interesse an dem möglichst ungeschmälerten Erhalt bestimmter Grundstücksflächen, dem bei der Zuteilung voraussehbar nicht Rechnung getragen werden kann, oder kann einem Eigentümer eines nach Größe und Zuschnitt bebaubaren Grundstücks wegen der Besonderheiten des Plans voraussehbar kein bebaubares Grundstück zugeteilt werden, so dass er durch einen Ausgleich in Geld abgefunden werden muss (§ 59 Abs. 2), so sind diese **sich aus dem Planvollzug ergebenden Beeinträchtigungen** in die Abwägung einzustellen. Die Festsetzung einer Gemeinbedarfsfläche auf einem Privatgrundstück ist abwägungsfehlerhaft, wenn dafür im Rahmen des planerischen Konzepts gleich geeignete Grundstücke der öffentlichen Hand zur Verfügung stehen (BVerwG NVwZ 2002, 1506).

125 Die Eigentumsgarantie gebietet weiterhin, dass bei der Abwägung der **privaten Belange untereinander** die berührten privaten Belange **nicht ohne sachliche Rechtfertigung ungleich behandelt** werden dürfen (→ Rn. 109). Bei der planerischen Festsetzung von **Verkehrsflächen für Erschließungszwecke** erfordert daher das Gebot der gerechten Abwägung die möglichst gleichmäßige Belastung der beteiligten privaten Rechtsträger (BGHZ 67, 320). Schon auf der Stufe der Bauleitplanung ist darauf Bedacht zu nehmen, dass die **Lastengleichheit** durch die Art und Weise der Festsetzungen gewährleistet wird. Auch wenn sachliche Gründe bestehen, für die Erschließungsanlage nur einige oder wenige Grundstücke in Anspruch zu nehmen (zB wegen der natürlichen Geländeverhältnisse), soll der Bebauungsplan auch die Grundlage dafür schaffen, dass die bestehenden natürlichen Hindernisse gegenüber einer gleichmäßigen Belastung aller Eigentümer „gestaltend" beseitigt werden (BGHZ 67, 320). Diesem Ziel dient vor allem die **Umlegung** nach §§ 45ff.

Können die natürlichen Zufälligkeiten, die eine gleichmäßige Belastung aller Eigentümer verhindern, durch Umlegung ausgeräumt werden und kann dem Gebot der Lastengleichheit nur durch eine solche Gestaltung entsprochen werden, so ist die Gemeinde gehalten, ihre Planung auf die Ergebnisse einer derartigen Bodenordnung einzustellen (BGHZ 67, 320).

f) Verhältnismäßigkeit, Erforderlichkeit, Bestimmtheit. Mit den Grundsätzen der **Verhältnismäßigkeit** und **Erforderlichkeit** sind verfassungsrechtliche Schranken für die öffentliche Gewalt bezeichnet, die auch für die Bauleitplanung verbindlich sind (*Lerche*, Übermaß und Verfassungsrecht, 1961, 19 ff.). Das **Gebot der Rücksichtnahme** ist eine Ausformung dieser Rechtsgrundsätze (→ Rn. 122). Der **Grundsatz der Verhältnismäßigkeit** verlangt einen verfassungslegitimen Grund für den hoheitlichen Eingriff, die Eignung des gewählten Eingriffsmittels, seine Erforderlichkeit iS der Wahl des schonenden Mittels sowie ein ausgewogenes Verhältnis zwischen der Eingriffsschwere und dem Eingriffsnutzen (*Jarass* in JP GG Art. 14 Rn. 91.). Eine Planung ist rechtswidrig, wenn der Grundsatz der Verhältnismäßigkeit verletzt worden ist (BVerwG DVBl. 1971, 746 (750)). Der Grundsatz der Verhältnismäßigkeit verlangt eine differenzierte Abwägung („Güterabwägung"). Erschwert zB eine Planung die Ausnutzung des vorhandenen Bestandes nachhaltig, dann sind die Grenzen der Verhältnismäßigkeit schneller erreicht, als wenn es darum geht, die Erweiterungsfähigkeit des vorhandenen Bestandes zu sichern (BVerwG DVBl. 1971, 746 (750)).

126

Vom verfassungsrechtlichen Grundsatz der Erforderlichkeit sind die planungsrechtlichen Grundsätze der **Erforderlichkeit einer Bauleitplanung** zu unterscheiden. Diese beziehen sich zum einen auf die **Planungsbefugnis** (→ Rn. 26). Eine reine **„Gefälligkeitsplanung"** zugunsten eines Eigentümers, also eine Bauleitplanung, die nicht oder jedenfalls nicht ausschlaggebend auf städtebaulichen Überlegungen beruht, ist unzulässig (OVG Lüneburg ZfBR 1983, 281; → Rn. 26). Sie beziehen sich auch auf die **Planungspflicht,** also auf die Verpflichtung der Gemeinde nach Abs. 3 S. 1, Bauleitpläne aufzustellen (→ Rn. 27–30). Mit dem Gebot der Erforderlichkeit ist weiterhin die Verpflichtung der Gemeinde bezeichnet, von den Möglichkeiten von Darstellungen im Flächennutzungsplan und Festsetzungen im Bebauungsplan nur Gebrauch zu machen, soweit es „erforderlich" ist. Weiterhin besteht ein Zusammenhang mit dem Gebot der planerischen Konfliktbewältigung (→ Rn. 115).

127

Das Rechtsstaatsprinzip (Art. 20 Abs. 3 GG) verlangt die hinreichende **Bestimmtheit** der Regelungen im Bauleitplan (OVG Koblenz DVBl. 2011, 1032 – Sortimentsbeschränkung). Das Gebot gerechter Abwägung der von der Planung berührten öffentlichen und privaten Belange setzt ein solches Maß an Bestimmtheit der Festsetzungen eines Bebauungsplanes voraus, dass hinreichend sicher abschätzbar ist, inwieweit private Belange von der nach dem Bebauungsplan zulässigen Nutzung des Plangebietes berührt werden. Ein Bebauungsplan, der für ein Gelände lediglich die Festsetzung „öffentliche Grünfläche mit Spiel-, Sport- und Freizeitanlagen" enthält, ohne zu regeln, was für Sportanlagen an welcher Stelle des Plangebiets errichtet werden können, kann mangels Bestimmtheit der sachlichen Festsetzungen ungültig sein. Das Gleiche gilt, wenn der Bebauungsplan wegen des gewählten **Maßstabs** die Grenzen der festgesetzten unterschiedlichen Nutzungsarten nicht eindeutig erkennen lässt.

128

g) Wirtschaftlichkeit. Zweifel an der **Wirtschaftlichkeit** einer festgesetzten Nutzung können einen Abwägungsfehler begründen (BVerwGE 56, 283). Ob eine Nutzung wirtschaftlich ist, lässt sich vorausschauend, also durch **Prognosen** (→ Rn. 117), oft nur schwer bestimmen. Die Wirtschaftlichkeit von Grundstücksnutzungen ist darüber hinaus **Schwankungen** unterworfen. Die sich daraus ergebenden Risiken sind im Grundsatz Lasten des Eigentums und nicht Lasten der Bauleitplanung. Kann eine Wirtschaftlichkeit auch **auf Dauer** nicht erwartet werden, so ist die

129

§ 1 I. Kapitel. I. Teil. Bauleitplanung

Abwägung fehlerhaft: Von einem bestimmten Punkt an schlägt eine unwirtschaftliche Festsetzung praktisch in eine totale Veränderungssperre um, weil dann die einzig zulässige Nutzung des Grundstücks an ihrer unzureichenden Wirtschaftlichkeit scheitert und in der planerischen Festsetzung im Ergebnis ein unzumutbares Bauverbot auf Dauer liegt (so BVerwGE 56, 283). Mit dem Gebot der Wirtschaftlichkeit der planerischen Regelung steht auch das Verbot im Zusammenhang, in die Abwägung **objektiv nicht realisierbare Belange** und die Verfolgung **wirtschaftlich ungeeigneter Maßnahmen** einzustellen. Eine Planung, die nicht realisierbar ist (zB wegen des Mangels der Finanzierbarkeit eines Straßenvorhabens), fehlt es an der erforderlichen Rechtfertigung; sie ist rechtswidrig (BVerwG NVwZ 2000, 555). Festsetzungen eines Bebauungsplans können wegen wirtschaftlicher Unzumutbarkeit der zugelassenen Nutzung funktionslos werden und außer Kraft treten (VGH München NVwZ-RR 2005, 776). Die Abwägung ist fehlerhaft, wenn die Gemeinde eine nach Sachlage gebotene planerische Festsetzung im Hinblick auf **fehlende finanzielle Mittel** für Entschädigungsleistungen nicht trifft; VGH München BauR 1983, 336 (338).

130 h) **Maßgeblicher Zeitpunkt für die Abwägung.** Für die Abwägung ist gem. **§ 214 Abs. 3** die Sach- und Rechtslage im **Zeitpunkt der Beschlussfassung** über den Bauleitplan maßgebend. → Erläuterungen zu § 214.

131 **5. Rechtsfolgen einer fehlerhaften Abwägung; Rechtsschutz.** Die fehlerhafte Abwägung führt zur **Nichtigkeit des Bauleitplans**. Zur Frage der **Teilnichtigkeit** vgl. BVerwGE 82, 225; NVwZ 1992, 567: Keine Gesamtnichtigkeit, wenn die restlichen Festsetzungen auch ohne den nichtigen Teil noch eine sinnvolle städtebauliche Ordnung iS des § 1 Abs. 3 S. 1 bewirken können **und** mit der gebotenen Sicherheit anzunehmen ist, dass die Gemeinde auch einen Bebauungsplan dieses einschränkenden Inhalts beschlossen hätte. Zur **Beschränkung der gerichtlichen Kontrolle** bei Verfahrensfehlern und bei materiellen Fehlern sowie zur Planerhaltung → §§ 214 bis 216. Zum **Rechtsschutz** gegenüber Bauleitplänen → §§ 5 und 10.

IX. Änderung, Ergänzung und Aufhebung von Bauleitplänen (Abs. 8)

132 Die formellen (§§ 2 ff.) und materiellen (§§ 1, 1a) Vorschriften über die Aufstellung von Bauleitplänen gelten gem. **Abs. 8** auch für die **Änderung, Ergänzung und Aufhebung von Bauleitplänen** (BVerwG BauR 2012, 600 – Konfliktbewältigung). Die Änderung hat selbständiger Gegenstand der gemeindlichen Beschlussfassung zu sein (BVerwG BauR 2012, 53). Eine **Änderung** eines Bebauungsplanes, die im Wesentlichen nur dazu dient, eine vom ursprünglichen Bebauungsplan abweichende Fehlentwicklung in privatem Interesse zu legalisieren, ist wegen des Verstoßes gegen § 1 Abs. 3 S. 1 nichtig (→ Rn. 26; OVG Koblenz BauR 1986, 412). Eine **Ergänzung** geschieht in der Weise, dass einem bereits vorhandenen gültigen Bauleitplan ein weiterer, möglicherweise nur eine Festsetzungsart enthaltender, zB Baumsatzung, hinzugefügt wird und so ein einziger Plan entsteht. Ist sich die Gemeinde des vorhandenen Plans nicht bewusst, so kann darin ein Verstoß gegen das Abwägungsgebot des § 1 Abs. 7 liegen (BVerwGE 50, 114 (118)). Eines gesonderten **Aufhebungsverfahrens** bedarf es nur bei der ersatzlosen Aufhebung eines Planes. Dazu bedarf es einer ordnungsgemäßen Abwägung und idR Überlegungen zur beabsichtigten Ordnung gem. §§ 34, 35 (OVG Münster, ZfBR 2015, 61). Geht die Gemeinde fälschlich von der Nichtigkeit eines Plans wegen Verfahrensfehlern aus und stellt sie deshalb keine weiteren Erwägungen an, leidet die Aufhebung an Abwägungsfehlern (OVG Lüneburg NVwZ 1995, 911). Wird der bestehende Plan vollständig durch einen neuen Plan ersetzt, so löst dieser Plan als neues Ortsrecht den bisher bestehen-

1. Abschnitt. Allgemeine Vorschriften § 1a

den ab, ohne dass jener ausdrücklich aufgehoben werden müsste. Im Verfahren der Aufstellung des neuen Plans sollte daher auf die Aufhebung des alten Planes hingewiesen werden. Zum Außerkrafttretens eines Bauleitplans wegen **Funktionslosigkeit** sowie zur sog. administrativen „Verwerfungskompetenz" → zu § 10 Rn. 8 ff.

§ 1a Ergänzende Vorschriften zum Umweltschutz

(1) Bei der Aufstellung der Bauleitpläne sind die nachfolgenden Vorschriften zum Umweltschutz anzuwenden.

(2) ¹Mit Grund und Boden soll sparsam und schonend umgegangen werden; dabei sind zur Verringerung der zusätzlichen Inanspruchnahme von Flächen für bauliche Nutzungen die Möglichkeiten der Entwicklung der Gemeinde insbesondere durch Wiedernutzbarmachung von Flächen, Nachverdichtung und andere Maßnahmen zur Innenentwicklung zu nutzen sowie Bodenversiegelungen auf das notwendige Maß zu begrenzen. ²Landwirtschaftlich, als Wald oder für Wohnzwecke genutzte Flächen sollen nur im notwendigen Umfang umgenutzt werden. ³Die Grundsätze nach den Sätzen 1 und 2 sind in der Abwägung nach § 1 Abs. 7 zu berücksichtigen. ⁴Die Notwendigkeit der Umwandlung landwirtschaftlich oder als Wald genutzter Flächen soll begründet werden; dabei sollen Ermittlungen zu den Möglichkeiten der Innenentwicklung zugrunde gelegt werden, zu denen insbesondere Brachflächen, Gebäudeleerstand, Baulücken und andere Nachverdichtungsmöglichkeiten zählen können.

(3) ¹Die Vermeidung und der Ausgleich voraussichtlich erheblicher Beeinträchtigungen des Landschaftsbildes sowie der Leistungs- und Funktionsfähigkeit des Naturhaushalts in seinen in § 1 Abs. 6 Nr. 7 Buchstabe a bezeichneten Bestandteilen (Eingriffsregelung nach dem Bundesnaturschutzgesetz) sind in der Abwägung nach § 1 Abs. 7 zu berücksichtigen. ²Der Ausgleich erfolgt durch geeignete Darstellungen und Festsetzungen nach den §§ 5 und 9 als Flächen oder Maßnahmen zum Ausgleich. ³Soweit dies mit einer nachhaltigen städtebaulichen Entwicklung und den Zielen der Raumordnung sowie des Naturschutzes und der Landschaftspflege vereinbar ist, können die Darstellungen und Festsetzungen auch an anderer Stelle als am Ort des Eingriffs erfolgen. ⁴Anstelle von Darstellungen und Festsetzungen können auch vertragliche Vereinbarungen nach § 11 oder sonstige geeignete Maßnahmen zum Ausgleich auf von der Gemeinde bereitgestellten Flächen getroffen werden. ⁵§ 15 Absatz 3 des Bundesnaturschutzgesetzes gilt entsprechend. ⁶Ein Ausgleich ist nicht erforderlich, soweit die Eingriffe bereits vor der planerischen Entscheidung erfolgt sind oder zulässig waren.

(4) Soweit ein Gebiet im Sinne des § 1 Abs. 6 Nr. 7 Buchstabe b in seinen für die Erhaltungsziele oder den Schutzzweck maßgeblichen Bestandteilen erheblich beeinträchtigt werden kann, sind die Vorschriften des Bundesnaturschutzgesetzes über die Zulässigkeit und Durchführung von derartigen Eingriffen einschließlich der Einholung der Stellungnahme der Europäischen Kommission anzuwenden.

(5) ¹Den Erfordernissen des Klimaschutzes soll sowohl durch Maßnahmen, die dem Klimawandel entgegenwirken, als auch durch solche, die der Anpassung an den Klimawandel dienen, Rechnung getragen werden. ²Der Grundsatz nach Satz 1 ist in der Abwägung nach § 1 Absatz 7 zu berücksichtigen.

§ 1a I. Kapitel. I. Teil. Bauleitplanung

Übersicht

	Rn.
1. Allgemeines (Abs. 1)	1
2. Bodenschutz (Abs. 2)	2
a) Bodenschutzklausel (Abs. 2 S. 1)	2
b) Umwidmungssperre (Abs. 2 S. 2)	9
c) Verhältnis zur Abwägung (Abs. 2 S. 3)	10
d) Begründung der Umnutzung	10a
3. Eingriffsregelung nach dem BNatSchG (Abs. 3)	11
a) Berücksichtigung in der Abwägung (Abs. 3 S. 1)	11
b) Darstellungen und Festsetzungen in Bauleitplänen (Abs. 3 S. 2)	24
c) Ausgleich an anderer Stelle (Abs. 3 S. 3)	25
d) Ausgleich auf Grund vertraglicher Vereinbarungen (Abs. 3 S. 4)	26
e) Ausgleich auf gemeindeeigenen Grundstücken (Abs. 3 S. 4)	27
f) Naturschutzrechtliche Agrarklausel (§ 15 Abs. 3 BNatSchG)	27a
g) Überplanung bestehender Baurechte (Abs. 3 S. 5)	28
4. Flora-Fauna-Habitat-Richtlinie; Vogelschutz-Richtlinie; Biotop- und Artenschutz (Abs. 4)	29
a) Vorrang des Unionsrechts	29
b) FFH-RL, Vogelschutz-RL	30
c) Bedeutung für die Bauleitplanung	32
d) Potentielle/Faktische Schutzgebiete	34
e) Biotop- und Artenschutz	35
f) Zulässigkeit von Vorhaben	36
5. Klimagerechte Stadtentwicklung	37
6. Überleitung	38

1. Allgemeines (Abs. 1). § 1a regelt ergänzend zu § 1 Abs. 6 Nr. 7 wichtige Belange des Umweltschutzes, die den Boden- und Naturschutz, die naturschutzrechtliche Eingriffsregelung, die Umsetzung der FFH-RL und der Vogelschutz-RL, des Biotop- und Artenschutzes und die klimagerechte städtebauliche Entwicklung betreffen. **§ 1a Abs. 1** stellt klar, dass die Maßgaben des § 1a bei der Aufstellung der Bauleitpläne anzuwenden sind. Das Bauplanungsrecht ist ein zentrales Umsetzungsinstrument der modernen Umweltpolitik. Der durch das BauROG 1998 (→ Einl. Rn. 43) eingeführte und durch die Klimaschutznovelle 2011 (→ Einl. Rn. 61) sowie die Innenentwicklungsnovelle 2013 (→ Einl. Rn. 62) erweiterte § 1a soll, vernetzt mit § 1 Abs. 6 Nr. 7 und § 2 Abs. 4 – Umweltprüfung –, die städtebauliche Planung in die Lage versetzen, die für die bauliche und sonstige Nutzung iS des § 1 Abs. 1 maßgeblichen Planungs- und Verfahrensinstrumente bereitzustellen (dazu *Mitschang* ZfBR 2013, 324). Gem. dem Integrationsansatz soll Umweltschutz durch das Städtebaurecht verwirklicht werden, anstelle eines „zweiten Pfads einer Umweltleitplanung" wodurch ein Nebeneinander von räumlichen Planungssystemen vermieden wird. Im Gegenzug erforderte dies eine Erweiterung bzw. Konkretisierung des Umweltschutzes innerhalb der Bauleitplanung (s. a. *Schink*, FS Stüer, 443). Der stark unionsrechtlich geprägte gesetzessystematisch besser in § 1 zu integrierende § 1a verwirklicht das **Nachhaltigkeitsprinzip** des § 1 Abs. 5 S. 1 BauGB (→ § 1 Rn. 45).

2. Bodenschutz (Abs. 2). a) Bodenschutzklausel (Abs. 2 S. 1). Abs. 1 soll im Sinne von § 1 Abs. 5 S. 2 dazu beitragen soll, die **natürlichen Lebensgrundlagen zu schützen und zu entwickeln.** Im Rahmen der Bauleitplanung wird über das „Ob" und „Wie" der Inanspruchnahme von Flächen für bauliche Zwecke entschieden. Die Befugnis der Gemeinden, im Rahmen ihrer Zuständigkeit mit den Mitteln der Bauleitplanung die bauliche und sonstige Nutzung vorzubereiten und zu leiten, korrespondiert mit der Verpflichtung, dabei mit Grund und Boden sparsam und schonend

1. Abschnitt. Allgemeine Vorschriften **§ 1a**

umzugehen und die Bodenversiegelung auf das notwendige Maß zu begrenzen. Die Gemeinde hat dieser Verpflichtung nach Maßgabe des § 1 Abs. 6 Nr. 7 und Abs. 7 sowie § 1a Abs. 2 S. 1 nachzukommen. § 1a Abs. 2 S. 1 enthält eine auf den Bodenschutz gerichtete und auf die speziellen Aufgaben der Bauleitplanung bezogene **Verpflichtung für die Planung.** § 1a Abs. 3, die sogenannte Eingriffsregelung, betrifft einen wichtigen Teilbereich der Bodenschutzanliegen. Insoweit hat die Bodenschutzklausel des § 1a Abs. 2 S. 1 rechtlich keine eigenständige Bedeutung, wenngleich das BauGB beide Anliegen vernetzt. Vgl. auch **§ 135b S. 2 Nr. 3**, wonach Verteilungsmaßstab für die von der Gemeinde gem. § 135a Abs. 2 durchgeführten Ausgleichsmaßnahmen u. a. die zu erwartende **Versiegelung** ist.

Die in **§ 1a Abs. 2 S. 1** enthaltene „**Bodenschutzklausel**", verpflichtet die planende Gemeinde mit Grund und Boden sparsam und schonend umzugehen. Das Schutzgut Boden definiert das BauGB nicht. § 212 schützt den Mutterboden, der eine Teilmenge des Bodens ausmacht (→ § 212 Rn. 2). Boden iSv Abs. 1 S. 1 ist gem. § 3 Abs. 1 Nr. 9 BBodSchG gleichzusetzen mit dem Boden iSv § 2 BBodSchG, also „die obere Schicht der Erdkruste, soweit sie die in § 2 Abs. 2 S. 2 Nr. 1–3 BBodSchG angeführten Funktionen erfüllt" (s. *Mitschang* in BK § 1a Rn. 56). Gem. Abs. 1 S. 1 HS 2 ist die Gemeinde verpflichtet zur Verringerung der zusätzlichen Inanspruchnahme von Flächen für bauliche Nutzungen die Möglichkeiten der Entwicklung der Gemeinde insbesondere durch Wiedernutzbarmachung von Flächen, Nachverdichtung und andere Maßnahmen zur Innenentwicklung zu nutzen sind. Zum Begriff der durch die Innenbereichsnovelle 2011 aufgewerteten Innenentwicklung (→ § 13a Rn. 4; → Einl. Rn. 62). Ziel von Abs. 1 S. 1 und 2 ist die **Reduzierung des Flächenverbrauchs**, einer Schwachstelle der Bauleitplanung (s. *Faßbender* ZUR 2010, 81; *Bock/Hinzen/Libbe* (Hrsg.), Nachhaltiges Flächenmanagement, 2011; *Rasso*, Planungsinstrumente zum Schutz des Bodens, 2011; BBSR (Hrsg.), Flächenverbrauch, Flächenpotentiale und Trends 2030, 2014; *Pense/Brestel*, in: Mitschang (Hg.), Innenentwicklung 2014, *Schwarz*, ebenda S. 157; *Spannowsky* UPR 2013, 201; *Schink*, in Mitschang (Hg.) Update Aktuelle Anforderungen des Umweltschutzes in der Bauleitplanung, 2015, S. 101. Die städtebauliche Bodenschutzklausel, namentlich die Verpflichtung, dass dabei „Bodenversiegelungen auf das notwendige Maß zu begrenzen" sind, verwirklicht für das Städtebaurecht die Konzeption des **BBodSchG**.

Nach § 3 Abs. 1 Nr. 9 BBodSchG findet das BBodSchG auf die Vorschriften des Bauplanungsrechts keine Anwendung, soweit dieses den Bodenschutz regelt, dh der Gesetzgeber geht davon aus, dass die fachlichen Anliegen des BBodSchG unmittelbar und abschließend im Bauplanungsrecht (also im BauGB sowie im Bauordnungsrecht der Länder) umgesetzt werden können; vgl. ua **§ 1** (Zweck und Grundsätze des Bodenschutzes), **§ 4** (Gefahrenabwehr), **§ 5** (Entsiegelung), **§ 7** (Vorsorgepflicht) **BBodSchG** sowie die **BBodSchV**. Das **BauGB** setzt den Bodenschutz spezialgesetzlich insbesondere um in **§ 1a Abs. 2 S. 1** über die Bodenschutzklausel, **§ 5 Abs. 2 Nr. 10** über die Darstellungen von Flächen im Flächennutzungsplan für Maßnahmen ua zum Schutz des Bodens, **§ 9 Abs. 1 Nr. 14** über die Festsetzung von Flächen für die Rückhaltung und Versickerung von Niederschlagswasser im Bebauungsplan, **§ 9 Abs. 1 Nr. 20** über Flächen ua zum Schutz des Bodens sowie **§ 179 Abs. 1 S. 2** über das Entsiegelungsgebot; vgl. auch **§ 2 Abs. 2 Nr. 6 S. 2 Hs. 2, S. 3 ROG** über die Grundsätze des Bodenschutzes in der Raumordnung. Zur Beplanung von Flächen mit Altlasten → § 1 Rn. 112. Vgl. auch den Stadtumbau nach § 171a. Für **Außenbereichsvorhaben** enthält § 35 Abs. 5 Satz 1 eine mit § 1a Abs. 2 S. 1 angelehnte Bodenschutzklausel. Vg. auch das **Rückbaugebot** des § 35 Abs. 5 S. 2.

§ 1a Abs. 2 S. 1 enthält zwei Elemente: Zum einen soll durch sparsamen und schonenden Umgang mit Grund und Boden den Belangen des Bodenschutzes auch im Rahmen der **Bauleitplanung** weitestgehend Rechnung getragen werden; dem Bodenschutz soll durch Begrenzung der Bodenversiegelung auf das (für das Vorhaben) notwendige Maß begrenzt werden (wertender Aspekt im Rahmen des § 1 Abs. 7). Zum

3

4

Battis

§ 1a

I. Kapitel. I. Teil. Bauleitplanung

anderen korrespondiert der sparsame und schonende Umgang mit Grund und Boden mit den Darstellungs- und Festsetzungsmöglichkeiten in den Bauleitplänen nach §§ 5 und 9, dh mit dem Gebrauchmachen von Darstellungen und Festsetzungen (instrumenteller Aspekt im Hinblick auf die Darstellungs- und Festsetzungsmöglichkeiten). Die Bodenschutzklausel wird durch die beispielhafte Nennung von Instrumenten, die im Rahmen der Bauleitplanung entsprechend den jeweiligen örtlichen Gegebenheiten und Erfordernissen genutzt werden können, konkretisiert. Zu nennen sind dabei auch Maßnahmen wie das Flächen sparende Bauen, Flächenrecycling und verstärkte Nutzungsmischung, aber auch die naturschutzrechtliche Eingriffsregelung, einschließlich der im BauGB vorgesehenen Möglichkeiten eines räumlich und zeitlich entkoppelten Ausgleichs (Abs. 3) und die Städtebauförderung, welche die Innenentwicklung und die Wiedernutzbarmachung von aufgegebenen Flächen zum Schwerpunkt hat.

5 Beide Elemente verdeutlichen die Bedeutung der Bodenschutzklausel als in der **Abwägung** zu berücksichtigender Belang. § 1a Abs. 2 Satz 1 setzt der Gemeinde im Rahmen der Abwägung keine strikten unüberwindbaren Grenzen (OVG Münster, BauR 2014, 2031 – Grenzen der Ausweisung außerhalb bestehender Ortslagen; *Gierke* in KK § 1a Rn. 38 – „keine Umwidmungssperre"). Die „Bodenschutz-Klausel" verpflichtet dazu, „möglichst" den sparsamen und schonenden Umgang mit Grund und Boden zu erreichen. So hindert die „Bodenschutz-Klausel" zB nicht eine Neuausweisung von Bauland in bisher unbebautem Bereich, auch wenn dadurch erstmals Natur und Landschaft in Anspruch genommen werden. (BVerwGE 128, 238). Auch BVerwG ZfBR 2008, 689 geht davon aus, dass den Belangen des § 1a Abs. 2 kein genereller gesetzlicher Vorrang eingeräumt ist; ebenso OVG Schleswig NUR 2006, 467 (469). Ob sich die genannten Belange im Einzelfall durchsetzen, hängt von dem Gewicht der ihnen gegenüberstehenden abwägungserheblichen öffentlichen bzw. privaten Belange ab. Ein Zurückstellen der in § 1a Abs. 2 Satz 1 und 2 BauGB genannten Belange bedarf einer Rechtfertigung, die dem Gewicht dieser vom Gesetzgeber herausgehobenen Belange Rechnung trägt.

6 Die Hervorhebung der Wiedernutzbarmachung von Flächen, der Nachverdichtung und anderer Maßnahmen der Innenentwicklung geben den stadtentwicklungspolitischen Prüfungen der Gemeinde eine eindeutige Richtung. § 1a Abs. 2 S. 1 enthält aber kein **„Versiegelungsverbot"** und keine **„Baulandsperre"** in dem Sinne, dass eine Weiterentwicklung nur dann möglich ist, wenn innerörtliche Entwicklungsmöglichkeiten umfassend ausgeschöpft sind; BayVerfGH BayVBl. 2011, 14 u. 433 (435); *Schink* aaO S. 110). Gleichwohl ergibt sich aus § 1a Abs. 2 S. 1 in Verbindung mit der Bodenschutzgesetzgebung sowie Art. 20a GG die Sichtweise für eine prioritäre Ausnutzung der Entwicklungsmöglichkeiten „nach innen"; VGH München Urt. v. 31.1.2011, 1 N 09.582 – juris Rn. 22 – Nachverdichtung). Diese „Richtung" soll im Rahmen der planerischen Abwägung Gewicht bekommen. Das Gesetz lässt die Weiterentwicklung der Siedlungsräume als Option uneingeschränkt offen. Diese bedarf aber besonderer planerischer Bewertung im Hinblick auf die Bodenschutzklausel des § 1a Abs. 2. Ein darüber hinaus gehendes „abstraktes" Gebot der Schonung des Außenbereichs iS des § 35 besteht für die Bauleitplanung nicht. Dies stellt das BauGB vielmehr in den Gesamtzusammenhang der **Abwägung**. Das bedeutet, dass die Frage nicht ohne Rücksicht auf die tatsächlichen innerörtlichen Entwicklungsmöglichkeiten zu entscheiden ist, dass die rechtlichen, finanziellen und sonstigen tatsächlichen Möglichkeiten der Gemeinde sowie ein städtebauliches Gesamtkonzept berücksichtigt werden und das ein Abgleich mit sonstigen, insbesondere auch anderen Umweltbelangen (ua energiesparenden Bauweisen; naturschutzrechtliche Ausgleichsmaßnahmen), getroffen werden muss. Je nach den örtlichen Gegebenheiten kann den Verpflichtungen des § 1a Abs. 2 S. 1 – ggf. gestuft – Rechnung getragen werden, zB wenn der Verzicht auf die Neuausweisung von Bauland zu einer unverhältnismäßigen Beeinträchtigung anderer Belange führen würde oder Gründe des Immissionsschutzes (Belastung einer im Wesentlichen bebauten Tallage) eine Abweichung erforderlich

machen. § 1 a Abs. 2 S. 1 zwingt im Übrigen nicht zu einer Ausschöpfung der Darstellungs- und Festsetzungsmöglichkeiten nach § 5 und § 9; das Planungsermessen der Gemeinde bleibt in den dargelegten Grenzen unberührt.

Ein **sparsamer** Umgang mit Grund und Boden und die Begrenzung der Bodenversiegelung kann zB seinen Ausdruck darin finden, dass je nach der örtlichen und städtebaulichen Situation anstelle der Neuausweisung von Bauflächen die Möglichkeiten der innerörtlichen Entwicklung genutzt, bei Inanspruchnahme unbebauter Flächen flächensparende Bauweisen bevorzugt und dass statt naturnaher schon verbrauchte Flächen vorrangig herangezogen werden (VGH München Urt. v. 27. 4. 2010 – 1 N 02.2703 – juris). Dies kann durch entsprechende Darstellungen und Festsetzungen in den Bauleitplänen erreicht werden, zB durch den Verzicht auf Darstellung von (Neu-)Bauflächen und durch die Festsetzung von Höchstmaßen für Wohnbaugrundstücke (§ 9 Abs. 1 Nr. 3). Ein **schonender** Umgang mit Grund und Boden bedeutet vor allem die Nutzung von Ausgleichsmaßnahmen im Falle der Inanspruchnahme von Flächen für bauliche Zwecke, zB durch Darstellung und Festsetzung von „Ausgleichsflächen" (Flächen für Maßnahmen zum Schutz, zur Entwicklung von Natur und Landschaft nach § 5 Abs. 2 Nr. 10, § 9 Abs. 1 Nr. 20) und Festsetzung von Grünflächen und Bepflanzungen nach § 9 Abs. 1 Nr. 15 und 25 zum Zwecke der Durchgrünung bebauter Bereiche. Für den Bodenschutz und die Begrenzung der Bodenversiegelung enthalten § 5 Abs. 2 Nr. 10 und § 9 Abs. 1 Nr. 20 weitere planerische Darstellungs- bzw. Festsetzungsmöglichkeiten; zum Einsatz des Baurechts auf Zeit (§ 9 Abs. 2) für den Bodenschutz (*Krautzberger* in Mitschang (Hrsg.), Planen und Bauen im Außenbereich 2010, 135).

§ 1 a Abs. 2 hebt die Begrenzung der **Bodenversiegelung** auf das Notwendige 8 ausdrücklich hervor. Die Verpflichtung, Bodenversiegelungen auf das notwendige Maß zu begrenzen, verlangt von der planenden Gemeinde, zu klären, in welchem Umfang Boden zur Erreichung der städtebaulichen Zielsetzung versiegelt werden muss. Die Vermeidung von Bodenversiegelungen stellt sich der Gemeinde als planerische Aufgabe damit bereits bei „der Konzeptionierung ihrer städtebaulichen Entwicklungsabsichten" (*Mitschang* in BK § 1 a Rn. 72).

b) Umwidmungssperre (Abs. 2 S. 2). Nach Abs. 2 S. 2 sollen **landwirtschaft-** 9 **lich,** als **Wald** oder für **Wohnzwecke** genutzte Flächen nur im notwendigen Umfang für andere Nutzungsarten vorgesehen und in Anspruch genommen werden. Durch diese **Schutzgebote** werden die Belange „Wohnbedürfnisse" (→ § 1 Rn. 52) und „Belange der Land- und Forstwirtschaft" (→ § 1 Rn. 74) hervorgehoben. Die Inanspruchnahme dieser Flächen für andere Nutzungsarten ist jedoch nicht ausgeschlossen, sondern auf den „notwendigen Umfang" beschränkt. Die Regelung normiert keine strikte Rechtspflicht. Sie ist vielmehr „in der Abwägung zu berücksichtigen" (§ 1 a Abs. 2 Satz 3), beinhaltet also eine **Abwägungsdirektive** (→ Rn. 6). Der Schutz von landwirtschaftlichen Nutzflächen und Wald kann im Rahmen der Abwägung im Interesse gewichtiger Planziele (zB Deckung eines überörtlichen Bedarfs an Gewerbe- und Industrieflächen) wie auch im Interesse anderer Belange (zB dem Integritätsinteresse von Natur und Landschaft) zurückgesetzt werden (OVG Schleswig NuR 2006, 467). Die Umwidmung bedarf daher in diesen Fällen einer **besonderen Abwägungs- und Begründungspflicht** (OVG Lüneburg NVwZ-RR 1998, 161).

c) Verhältnis zur Abwägung (Abs. 2 S. 3). Abs. 2 S. 3 zielt auf die bereits in § 1 10 **Abs. 5 Satz 2** enthaltene allgemeine Aufgabe der Bauleitplanung, nämlich die natürlichen Lebensgrundlagen zu schützen und zu entwickeln. Die Befugnis der Gemeinden, im Rahmen ihrer Zuständigkeit und mit den Mitteln der Bauleitplanung die bauliche und sonstige Nutzung vorzubereiten und zu leiten, korrespondiert mit der umweltbezogenen Verpflichtung, dabei mit Grund und Boden sparsam und schonend umzugehen und die Bodenversiegelung auf das notwendige Maß zu begrenzen sowie auf einen „schonenden" Umgang mit den in S. 2 bezeichneten Flächen. Die

§ 1a I. Kapitel. I. Teil. Bauleitplanung

Gemeinde hat diese Verpflichtungen gem. **§ 1a Abs. 2 S. 3** in der **Abwägung** nach § 1 Abs. 7 zu berücksichtigen. Zum besonderen Schutz des Waldes s. § 9 BWaldG, § 5 Abs. 3 BNatSchG; zur guten fachlichen Praxis in der Landwirtschaft siehe § 17 Abs. 2 BBodSchG, § 5 Abs. 2 BNatSchG.

10a **d) Begründung der Umnutzung.** Der durch die Innenentwicklungsnovelle 2013 (→ Rn. 62) eingefügte Abs. 2 S. 4 schreibt vor, dass die Umwandlung landwirtschaftlich oder als Wald genutzter Flächen begründet werden sollen. In der Sache stellt Abs. 2 S. 4 nur klar, was ohnehin aus der Umwandlungssperre des Abs. 2 S. 2 iVm dem Abwägungsgebot (§ 1 Abs. 7) folgt (s. a. *Krautzberger* UPR 2012, 380 (382)). Die Formulierung als Soll-Vorschrift ändert nichts an der gemäß Abs. 2 S. 2 iVm § 1 Abs. 7 gebotenen besonderen Abwägungs- und Begründungspflicht (→ Rn. 10). Abs. 2 S. 5 verpflichtet im Regelfall dazu, der Begründung Ermittlungen zur Innenentwicklung zugrunde zu legen. Als nicht abschließende Beispiele werden (Industrie-, Gewerbe-) Brachflächen, Gebäudeleerstand, Baulücken und sonstige Nachverdichtungspotenziale zB Hinterlandbebauung genannt, die mit Hilfe von Flächenkatastern in städtebaulichen Entwicklungskonzepten (§ 1 Abs. 6 Nr. 11) oder sonstigen Instrumenten kommunalen Flächenmanagements (dazu *Bock/Hinzen/Liebke* (Hrsg.), Nachhaltiges Flächenmanagement, 2011; s. a. Datenbankpool des Difu zum nachhaltigen Flächenmanagement, www.circuse.eu) ermittelt worden sind, auch unter Berücksichtigung valider Ermittlungen zum Neubaubedarf und aktuellen Prognosen zur Bevölkerungs- und Wirtschaftsentwicklung (BT-Drs. 17/11 468, 25).

11 **3. Eingriffsregelung nach dem BNatSchG (Abs. 3). a) Berücksichtigung in der Abwägung (Abs. 3 S. 1).** Nach § 1a Abs. 3 S. 1 sind in der Abwägung nach § 1 Abs. 7 auch die Vermeidung und der Ausgleich der zu erwartenden Eingriffe in Natur und Landschaft – **Eingriffsregelung nach dem Bundesnaturschutzgesetz** – zu berücksichtigen (dazu *Blessing/Scharmer*, Der Artenschutz im Bebauungsplanverfahren 2013). In Abs. **3 S. 2–5** wird konkretisiert und für die Bauleitplanung und ihren Vollzug „vor die Klammer" gezogen, wie der Ausgleich der zu erwartenden Eingriffe in Natur und Landschaft erfolgen kann. Maßstab für die Vermeidung und den Ausgleich eines zu erwartenden Eingriffs in Natur und Landschaft sind die Grundsätze der gerechten Abwägung aller von der Planung berührten öffentlichen und privaten Belange gegeneinander und untereinander zu entscheiden. § 1a Abs. 3 S. 1 integriert die Entscheidung über die Vermeidung und den Ausgleich von Eingriffen, die auf Grund der Bauleitplanung zu erwarten sind, in die bauleitplanerische Abwägung (→ Rn. 1). Bis zur erstmaligen Regelung dieser Zusammenhänge im InvWoBauG (v. 1.5.1993 – Baurechtskompromiss (→ Einleitung Rn. 41), ausführlich zur Entwicklung der Eingriffsregelung *Mitschang* in BK § 1a Rn. 158–183 g) war die Rechtslage unklar, da ein Eingriff im physischen Sinne erst auf Grund der Zulassung und der Errichtung einer baulichen Anlage stattfindet. Da spätestens durch den Bebauungsplan eigentumsrechtlich geschützte Rechtspositionen entstehen, konnten ohne Integration der naturschutzrechtlichen Eingriffsregelung in die planerische Abwägung flächenmäßige Ausgleiche und damit eine Effektuierung des Verursacherprinzips nicht erreicht werden. Zum europäischen Kontext und zur Auswirkung der Photovoltaik-Freiflächen VO *Lütkes* in Mitschang (Hg.) Update S. 221.

12 Der **Umsetzung der naturschutzrechtlichen Eingriffsregelung** dienen zudem § 5 Abs. 2a: Möglichkeit der Zuordnung von Darstellungen für Flächen zum Ausgleich iS des § 1a Abs. 3 im Geltungsbereich des Flächennutzungsplans zu Flächen, auf denen Eingriffe in Natur und Landschaft zu erwarten sind; § 9 Abs. 1a: Möglichkeit der Festsetzung der Flächen oder Maßnahmen zum Ausgleich auf den Baugrundstücken selbst, im sonstigen Geltungsbereich des Bebauungsplanes oder in einem anderen Bebauungsplan; Möglichkeit der Zuordnung zu den Grundstücken, auf denen Eingriffe zu erwarten sind, einschließlich von Maßnahmen auf von der Gemeinde bereitgestellten Flächen; §§ 135a–c: Vollzug der Festsetzungen in Bebauungs-

1. Abschnitt. Allgemeine Vorschriften § 1a

plänen für den Ausgleich der zu erwartenden Eingriff; § 11 Abs. 1 S. 2 Nr. 2: Berücksichtigung im städtebaulichen Vertrag (s. *Hamann* in Schäfer/Uechtritz/Zuber (Hg.), Rechtsgestaltung in der Kommunalen Praxis, 2015, § 6); § 24 Abs. 1 S. 1 Nr. 1: Vorkaufsrecht für im Bebauungsplan festgesetzte Flächen; §§ 55, 57, 59, 61: Berücksichtigung im Umlegungsrecht; §§ 147, 148, 154, 156, 169: Berücksichtigung im städtebaulichen Sanierungs- und Entwicklungsrecht; § 200 a: Feststellung, dass der Ausgleich die landesrechtlich geregelten Ersatzmaßnahmen mit umfasst und dass unmittelbarer räumlicher Zusammenhang zwischen Eingriff und Ausgleich nicht erforderlich ist und § 243 Abs. 2: Überleitungsrecht.

Das **BNatSchG** ist als Folge der Föderalismusreform I gem. Art. 74 I Nr. 29 GG als **13** konkurrierende Gesetzgebung mit Abweichungsmöglichkeit für die Länder (dazu *Petschulat* NuR 2015, 241, 316, 386 mit Wirkung zum 1.3.2010 neu erlassen worden (BGBl. I 2542, G. v. 29.7.2009, dazu *Mitschang* in Mitschang (Hrsg.), Bauen und Naturschutz 11; zur Rspr des BVerwG *Rubel* in Mitschang (Hrsg.), 2011 251). Das BNatSchG regelt die naturschutzrechtliche Eingriffsregelung nunmehr in den §§ 13–19. § 18 Abs. 1 BNatSchG trifft die Grundsatzentscheidung, Ersatzmaßnahmen in das Verfahren der Bauleitplanung zu integrieren – Planerische Eingriffsregelung (s. *Mitschang* in Mitschang (Hrsg.), 43). Verfahrensrechtlich ist die planerische Eingriffsregelung in das Trägerverfahren der Umweltprüfung (§ 2 Abs. 4, → § 2 Rn. 6) integriert. Im beschleunigten Verfahren (§ 13) gilt die Eingriffsregelung nicht, bei Bebauungsplänen der Innenentwicklung (§ 13a) gilt die Sonderregelung des § 13 Abs. 2 Nr. 4, → § 13a Rn. 2.

Nach **§ 13 S. 1 BNatSchG** sind erhebliche Beeinträchtigungen von Natur und **14** Landschaft vom Verursacher vorrangig zu vermeiden. Gem. S. 2 sind nicht vermeidbare erhebliche Beeinträchtigungen durch Ausgleichs- oder Ersatzmaßnahmen oder, soweit das nicht möglich ist, durch Ersatz in Geld zu kompensieren. Der allgemeine Grundsatz des § 13 BNatSchG ist neu eingeführt worden, um die Abweichungsgesetzgebung der Länder einzuschränken. Nach **§ 14 Abs. 1** BNatSchG sind Eingriffe in Natur und Landschaft Veränderungen der Gestalt oder Nutzung von Grundflächen oder Veränderung, des mit der belebten Bodenschicht in Verbindung stehenden Grundwasserspiegels, die die Leistungsfähigkeit und Funktionsfähigkeit des Naturhaushalts oder das Landschaftsbild erheblich beeinträchtigen können. Unter **Naturhaushalt** wird insbesondere das Wirkungsgefüge von Boden, Wasser, Luft, Klima, Pflanzen und Tieren in seinen räumlich abgrenzbaren Teilen verstanden. Mit „Leistungsfähigkeit" soll sichergestellt werden, dass die den Standort prägenden biologischen Funktionen, Stoff- und Energieflüsse sowie landschaftliche Strukturen erhalten werden. Das **Landschaftsbild** wird nicht nur durch strukturelle, sondern auch durch optisch-ästhetische Elemente konstituiert (BVerwG, NVwZ 1991, 463; OVG Münster UPR 1997, 340; BRS 62 Nr. 225 Rn. 14 (krit. *Dirnberger*, SU, § 1a Rn. 23). § 18 Abs. 1 BNatSchG stellt auf **erhebliche** (im Sinne von dauerhafte) Eingriffe ab.

Nach **§ 15 Abs. 1 S. 1 BNatSchG** sind **vermeidbare Beeinträchtigungen** von **15** Natur und Landschaft zu unterlassen. Dabei geht es nicht um die Unterlassung des Vorhabens, sondern zB um schonendere Standorte Varianten des Projekts. Genügt eine Standortentscheidung diesen Anforderungen, so nimmt das Naturschutzrecht die durch die Inanspruchnahme von Natur und Landschaft am Ort des Eingriffs selbst zwangsläufig hervorgerufenen Beeinträchtigungen als „unvermeidbar" hin (BVerwGE 104, 144); zur Steuerung der Vermeidungsgebote durch das Verhältnismäßigkeitsprinzip BVerwG NVwZ 2009, 66; zu ökologischen Flutungen BVerwG NVwZ-RR 2015, 15. Die Praxis orientiert sich an den für die Abwägung nicht verbindlichen Vorgaben der gem. § 15 Abs. 7 BNatSchG ergangenen BundeskompensationsVO. § 17 Abs. 7 BNatSchG ergänzt das Vermeidungsgebot durch das von der Gemeinde zu überwachende Minimierungsgebot (s. *Mitschang* in BK § 1a Rn. 209a; weitergehend *Gellermann* NVwZ 2010, 73 (76)). Unvermeidbare Beeinträchtigungen lösen die Begründungspflicht nach § 15 Abs. 1 S. 2 BNatSchG aus. Zudem sind **unvermeidbare Beeinträchtigungen** nach § 15 Abs. 2 S. 1 BNatSchG vom Verursacher (Verursacher-

prinzip, BVerwG NuR 2007, 439) durch Maßnahmen des Naturschutzes und der Landschaftspflege auszugleichen oder zu ersetzen. **Ausgleichsmaßnahmen** werden (nicht mehr) gegenüber den **Ersatzmaßnahmen** abgegrenzt (dazu *Mitschang* in Mitschang (Hrsg.), 31 (35)). Ziel der Eingriffsregelung ist die gleichartige oder gleichwertige Wiederherstellung des Zustands vor dem Eingriff. § 15 Abs. 2 S. 4 BNatSchG regelt den erweiterten Katalog der Ersatzmaßnahmen. Gem. § 15 Abs. 6 BNatSchG ist der Verursacher zur **Ersatzzahlung** verpflichtet (dazu *Reidt* in Mitschang (Hrsg.), 57), wenn die durch den Eingriff zu erwartenden Beeinträchtigungen von Natur und Landschaft nicht zu vermeiden oder nicht in angemessener Frist auszugleichen oder zu ersetzen sind und es sich um ein Vorhaben handelt, das nach Durchführung der **naturschutzrechtlichen Abwägung** gem. § 15 Abs. 5 BNatSchG vorrangig ist. Gehen bei der Abwägung die Belange des Naturschutzes und der Landschaftspflege vor dem Vorhaben verfolgten Belangen vor, ist der Eingriff zu untersagen. Dabei handelt es sich um eine **interne naturschutzfachliche Fragestellung** in Bezug auf einen Eingriff und seine Kompensation. Sie ist zu unterscheiden von der bauleitplanerischen Fragestellung, bei der das Ergebnis der naturschutzinternen Abwägung in die bauleitplanerische oder fachplanerische Abwägung einfließt (→ Rn. 23; dazu BVerwGE 128, 76; NVwZ 2010, 66 – nur naturschutzrechtliche Einschätzungsprärogative, Ermittlung und Größenordnung des Ausgleichsdefizits und Spielraum bei der Gewichtung und vergleichenden Bewertung der abwägenden Belange; dazu *Mitschang* in Mitschang (Hrsg.), 11 (35)). § 16 BNatSchG regelt die **Bevorratung von Kompensationsmaßnahmen.** Liegen die kumulativen Voraussetzungen des Abs. 1 vor, besteht ein Rechtsanspruch auf Anerkennung.

16 **§ 18 Abs. 1 BNatSchG und § 1a Abs. 3 S. 1 BauGB transformieren** diese für Vorhaben-Genehmigungsverfahren gedachte Struktur naturschutzrechtliche Eingriffsregelung in die Bauleitplanung (dazu *Mitschang* in Mitschang (Hrsg.), Bauen und Naturschutz, 11 (35)). Im BauGB ist ein **umfassender Begriff des Ausgleichs** geschaffen worden, der auch die Ersatzmaßnahmen einschließt; vgl. hierzu § 200a. Die Unterscheidung von Ausgleichs- und Ersatzmaßnahmen entfällt damit. Ebenso entfällt die in § 15 BNatSchG angelegte Stufenfolge von Eingriffsregelung und naturschutzrechtlicher Abwägung. Vielmehr wird die Eingriffsregelung umfassend unter die Anwendung des § 1 Abs. 7 BauGB gestellt. Die Eingriffsregelung umfasst die wesentlichen Aspekte des in **§ 1 Abs. 7 Nr. 1a** genannten Belangs.

17 Die Frage, ob ein Eingriff vorliegt und wie er fachlich einzuschätzen ist, ist nach dem **BNatSchG als Fachgesetz** zu entscheiden. Die Rechtsfolgen und den Vollzug der auf Grund der Bauleitplanung zu erwartenden Eingriffe regelt gem. § 18 BNatSchG dagegen das BauGB. Diese Sonderregelung rechtfertigt sich aus der Vorverlagerung der Entscheidung über Eingriffe auf die Bauleitplanung (→ Rn. 12, 14): Bauleitpläne selbst stellen keinen Eingriff im Sinne von Realakten dar, können aber Eingriffe vorbereiten, weil sie die planungsrechtliche Grundlage für die Vorhaben und damit die Eingriffe schaffen. Die Vorverlagerung der Prüfung der naturschutzrechtlichen Eingriffsregelung auf das Bauleitplanverfahren verfolgt vor allem das Ziel, die Prüfung der Belange von Naturschutz- und Landschaftspflege **nicht zwischen Bauleitplanung und Vorhaben-Genehmigung aufzuspalten**. Weiterhin sollen durch die Prüfung auf der Ebene der Bauleitplanung deren Möglichkeiten genutzt werden, die Anliegen des § 15 BNatSchG effektiver zu verwirklichen, als dies im Rahmen der Vorhaben-Genehmigungsverfahren möglich wäre.

18 Nach **§ 18 Abs. 1 BNatSchG** ist Voraussetzung für die Anwendung der naturschutzrechtlichen Eingriffsregelung, dass auf Grund des Bauleitplans Eingriffe in Natur und Landschaft zu erwarten sind. Dies ist bei der Aufstellung, Ergänzung und Änderung eines Flächennutzungsplans regelmäßig zu erwarten. Bei der Aufstellung eines Bebauungsplans ist dies dann anzunehmen, wenn in diesem erstmals bauliche oder sonstige Nutzungen iS eines Eingriffs festgesetzt werden sollen. Auch die Aufhebung eines Bebauungsplans kann einen Eingriff vorbereiten, wenn eine bisher von der Be-

1. Abschnitt. Allgemeine Vorschriften § 1a

bauung freigehaltene Fläche künftig für die bauliche Nutzung nach § 34 BauGB in Betracht käme. Zu den Fällen, in denen durch einen Bebauungsplan bestehende Baurechte bestätigt oder in ihrem Bestand nicht verändert werden s. § 1a Abs. 3 S. 5 (→ Rn. 29).

Sind durch den Bauleitplan Eingriffe in Natur und Landschaft zu erwarten, sind nach § 1a Abs. 3 S. 1 die Anliegen der naturschutzrechtlichen Eingriffsregelung zu berücksichtigen. Hierzu bedarf es einer **Bestandsaufnahme** von Natur und Landschaft in dem Bereich, der von der Änderung oder Ergänzung des Plans betroffen ist. Der Bestandsaufnahme hat sich eine **Bewertung** anzuschließen. Sofern für den Bereich eine Landschaftsplanung besteht, kann auf deren bestandserhebenden und bestandsbewertenden Teil (vgl. § 9 Abs. 1 Nr. 1 und 3 BNatSchG) zurückgegriffen werden; vgl. auch § 1 Abs. 6 Nr. 7 g BauGB) zurückgegriffen werden. Entsprechend dem naturschutzrechtlichen Vermeidungsgebot (vgl. §§ 13, 15 Abs. 1 BNatSchG) hat die Gemeinde auf Grund der Bestandsaufnahme und Bestandsbewertung zu prüfen, in welchem Umfang die beabsichtigten Darstellungen und Festsetzungen, die Eingriffe zur Folge haben können, zur Verwirklichung der gemeindlichen Planungsabsichten tatsächlich erforderlich sind. In diesem Zusammenhang kommt auch der Bodenschutzklausel des § 1a Abs. 2 S. 1, wonach Bodenversiegelungen auf das notwendige Maß zu begrenzen sind, besondere Bedeutung zu. Bei den Darstellungen oder Festsetzungen für spätere Eingriffe ist insbesondere zu prüfen, ob das Planungsziel mit einem geringeren Eingriff in Natur und Landschaft erreicht werden kann. Die gemeindlichen Planungsziele als solche können durch das Vermeidungsgebot nicht in Frage gestellt werden. 19

Die Gemeinde hat im Rahmen der Abwägung weiterhin zu prüfen, inwieweit zur Verwirklichung der Ziele des Naturschutzes und der Landschaftspflege **Ausgleichsmaßnahmen** erforderlich sind (§ 15 Abs. 2 S. 1 BNatSchG). Sind Ausgleichsmaßnahmen naturschutzfachlich erforderlich, ist zu prüfen, auf welchen Flächen im Plangebiet welche Maßnahmen in Betracht kommen. Ausgleichsmaßnahmen schließen nicht nur Maßnahmen für eine gleichartige Kompensation der Eingriffsfolgen im räumlichen Zusammenhang mit dem Eingriff ein, sondern auch gleichwertige Kompensationen; vgl. **§ 200a S. 1.** 20

Wie die Gemeinde im Flächennutzungsplan und Bebauungsplan der Ausgleichspflicht nachkommt, bestimmt sich nach **§ 1a Abs. 3 S. 2–5**; → Rn. 31–34. Nach § 18 Abs. 2 S. 2 BNatSchG findet die naturschutzrechtliche Eingriffsregelung auf **Bebauungspläne, die eine Planfeststellung ersetzen** (zB Bundesfernstraße nach § 17 FStrG), in vollem Umfang Anwendung. Dies gilt hinsichtlich der Ausgleichs- und Ersatzpflicht, die bei diesen Bebauungsplänen nicht der bauleitplanerischen Abwägung zugänglich sind. Durch diese Regelung wird sichergestellt, dass der Umfang der Berücksichtigung der naturschutzrechtlichen Eingriffsregelung, zB der Planung einer Bundesfernstraße, nicht von der Wahl der Form (Planfeststellung oder Bebauungsplan) abhängig ist. Der erforderliche Ausgleich und Ersatz ist durch eine ergänzende Planfeststellung möglich. 21

Die Anwendung der Eingriffsregelung nach dem BNatSchG erfolgt (→ Rn. 20) gem. Abs. 3 S. 1 in der Abwägung nach § 1 Abs. 7. Ob in der Bauleitplanung über die mit der Eingriffsregelung verbundenen Ziele und Aufgaben uneingeschränkt im Rahmen der **planungsrechtlichen Abwägung** zu entscheiden ist oder ob der Eingriffsregelung eine relative Vorrangwirkung zukommt oder ein Optimierungsgebot anzunehmen ist, war nicht unumstritten (zB *Gassner* NuR 1993, 254), ist jedoch schon seit längerem höchstrichterlich (vgl. BVerwGE 104, 68) und durch eine eindeutige Gesetzesfassung in Abs. 3 S. 1 geklärt. In § 1a Abs. 3 S. 1 ist bestimmt, dass über die Belange des Naturschutzes und der Landschaftspflege im Rahmen der bauplanungsrechtlichen Abwägung zu entscheiden ist. Den Belangen des Naturschutzes und der Landschaftspflege kommt **kein abstrakter Vorrang** vor den in der Bauleitplanung zu berücksichtigenden anderen Belangen. Das gilt sowohl für die Vermei- 22

§ 1a

dung von Beeinträchtigungen als auch für den Ausgleich unvermeidbarer Beeinträchtigungen. Die Belange von Naturschutz und Landschaftspflege müssen sich mit den sonstigen Erfordernissen der städtebaulichen Entwicklung und Ordnung messen lassen, und zwar entsprechend dem ihnen in der konkreten Planungssituation zukommenden Gewicht (so BVerwGE 104, 68; vgl. *Krautzberger* in EZBK § 1a Rn. 74ff.; *Mitschang* in BK § 1a Rn. 242ff.). In der Bauleitplanung ist nicht nur darüber zu entscheiden, ob sich die Eingriffe in Natur und Landschaft im Planbereich rechtfertigen lassen, sondern auch darüber, ob und in welchem Umfang angesichts vorrangiger städtebaulicher Erfordernisse für unvermeidbare Beeinträchtigungen **Ausgleich und Ersatz** zu leisten ist. Im Rahmen der Abwägung sind sowohl die Naturschutzbelange selbst als auch das „Kompensationsinteresse" zu berücksichtigen. Damit wird die Gemeinde verpflichtet, in Wahrnehmung ihres Planungsauftrags nach § 1 Abs. 3 zugleich über ein **Ausgleichskonzept** für die Bewältigung der Eingriffsfolgen zu entscheiden. Durch die Vorverlagerung der Entscheidung von der Genehmigung auf die Planungsphase sollen die Belange gestärkt werden. Sie haben keinen Vorrang; vielmehr haben sie das Gewicht, das ihnen in der konkreten Situation gegenüber anderen Belangen zukommt. Dies stellt sicher, dass es nicht planerischer „Beliebigkeit" überlassen ist, über die sich aus § 3 BNatSchG ergebenden Verpflichtungen zu entscheiden. **BVerwGE 104, 68** weist in diesem Zusammenhang sowohl auf die Sozialpflichtigkeit des Eigentums (Art. 14 Abs. 1 S. 2 und Abs. 2 GG) als auch auf das Staatsziel Umweltschutz (Art. 20a GG) hin. **Eingriffe** können auch **auf Ausgleichsflächen** zulässig sein, als ohne Beeinträchtigungen von Natur und Landschaft durch einen an anderer Stelle vorgenommenen Eingriff auszugleichen sind; es besteht dann insoweit eine weitere Ausgleichspflicht (BVerwG NVwZ 2006, 823).

23 Die Gemeinde hat in die Abwägung einzustellen, ob und wie sich die festgestellten voraussichtlichen Eingriffsfälle sachgemäß bewältigen lassen. Hiermit wäre eine Bindung an zB durch Verwaltungsvorschrift eines Landes eingeführte **standardisierte Bewertungsfragen** schwerlich vereinbar (vgl. BVerwG NVwZ 1997, 1215; NVwZ 2008, 216; *Kuschnerus* BauR 1998, 1 (12f.) sowie *Krautzberger* in EZBK § 1a Rn. 84f.; vgl. aber VGH Kassel NVwZ-RR 2004, 726 zu einem in Hessen eingeführten Biotopwertverfahren als „plausibles Verfahren" für die Eingriffs- und Ausgleichsberechnung). Naturschutzfachlich begründete „Pauschalierungen" sind möglich. Es besteht eine naturschutzfachliche Einschätzungsprärogative (BVerwGE 126, 166; aA *Gassner* DVBl. 2012, 1479). Zu den Anforderungen an eine ausreichende Ermittlung und Bestandsaufnahme im Planbereich vorhandener Tierarten und Lebensräume BVerwGE 131, 274/293; NVwZ 2010, 44; VGH Kassel NuR 2012, 644. Nicht jeder Frage muss durch Einholung eines Gutachtens nachgegangen werden (OVG Lüneburg NVwZ-RR 2009, 830); für übergreifende naturschutzrechtliche Kompensationskonzepte unter Einschluss von § 1a Abs. 4 *Mitschang/Wagner* DVBl. 2010, 1257 und 1451; *Scheidler* UPR 2010, 134; *Louis* NuR 2010, 77. Das dem BNatSchG zugrunde liegende Vermeidungs- und Kompensationskonzept soll bei alledem einen **steuernden Einfluss** auf die Bauleitplanung nehmen (vgl. BVerwGE 104, 68). Kommt die Gemeinde auf Grund der gebotenen Untersuchungen zu der Erkenntnis, dass sich die von der Planverwirklichung zu erwartenden Beeinträchtigungen von Natur und Landschaft unter Berücksichtigung der konkreten örtlichen Gegebenheiten vermeiden oder durch Ausgleichs- und Ersatzmaßnahmen mindern oder kompensieren lassen, so hat sie diesen Umstand in ihre Abwägung einzustellen. Eine Zurückstellung der Belange des Naturschutzes und der Landschaftspflege kommt folglich nur zugunsten entsprechend gewichtiger anderer Belange in Betracht. Dies bedarf besonderer Rechtfertigung. Die **vorzugswürdigen Belange** sind zu benennen. Abwägungsfehlerhaft wäre es allerdings auch, wenn der Plangeber bei der Aufstellung eines Bebauungsplans davon ausgeht, dass die Festlegung von Vermeidungs-, Ausgleichs- und Ersatzpflichten striktes Recht ist und damit nicht in die Abwägung eingestellt würde (OVG Münster NVwZ 1996, 274). Im Rahmen der Abwägung

1. Abschnitt. Allgemeine Vorschriften § 1a

nach § 1 Abs. 7 ist auch die **ökologische Gesamtsituation der Gemeinde** zu berücksichtigen. Ist diese auf Grund vorausgegangener und nachhaltig fortwirkender Maßnahmen für den Naturschutz und der Landschaftspflege im Gemeindegebiet so positiv entwickelt, wird dies bei der Aufstellung von Bauleitplänen bei der Abwicklung zu berücksichtigen sein. Hier wird es der Gemeinde möglich sein, in der Begründung des Bauleitplans den völligen oder teilweisen Verzicht auf nochmals weitgehende Ausgleichsmaßnahmen darzulegen, wenn dies durch die von ihr zuvor geschaffene positive ökologische Gesamtsituation im Gebiet gerechtfertigt erscheint.

b) Darstellungen und Festsetzungen in Bauleitplänen (Abs. 3 S. 2). In Abs. 3 S. 2–5 wird die Umsetzung der Eingriffsregelung in die Bauleitplanung konkretisiert. Nach **Abs. 3 S. 2** erfolgt der Ausgleich der zu erwartenden Eingriffe in Natur und Landschaft durch geeignete **Darstellungen nach** § 5 als Flächen zum Ausgleich und als **Festsetzungen nach** § 9 als Flächen oder Maßnahmen zum Ausgleich; → Erl. zu § 5 **Abs. 2a,** § 9 Abs. 1a **und** § 249. Bei der Ausweisung von Konzentrationsflächen zB für Windenergieanlagen im Flächennutzungsplan (vgl. § 35 Abs. 3 S. 3) ist eine Darstellung von Ausgleichsflächen im Hinblick auf die Anwendung der naturschutzrechtlichen Eingriffsregelung bei der Vorhabengenehmigung (vgl. § 17 Abs. 2 S. 2 BNatSchG) im Allgemeinen nicht erforderlich (BVerwG NVwZ 2006, 821). 24

c) Ausgleich an anderer Stelle (Abs. 3 S. 3). Nach **Abs. 3 S. 3** können die Darstellungen und Festsetzungen nach Abs. 3 S. 1 auch an anderer Stelle als am Ort des Eingriffs erfolgen. Die Vorschrift wird ergänzt durch § 200a **S. 1,** wonach die naturschutzrechtliche Differenzierung von Ausgleich und Ersatz für die Zwecke der Bauleitplanung ebenso suspendiert wird wie der zum Teil nach Landesnaturschutzrecht geforderte unmittelbare räumliche Zusammenhang; § 200a Abs. 2. Der Ausgleich für die auf Grund der Bauleitplanung zu erwartenden Eingriffe kann danach **in räumlicher Hinsicht** flexibel gehandhabt werden. Maßstab sind gem. Abs. 3 S. 3 die Vereinbarkeit mit der geordneten städtebaulichen Entwicklung, Ziele der Raumordnung sowie die Ziele des Naturschutzes und der Landschaftspflege. Mit dem Gebot der **Vereinbarkeit mit einer geordneten städtebaulichen Entwicklung** ist die Vereinbarkeit mit der räumlichen Entwicklung im Gemeindegebiet insgesamt angesprochen, darüber hinaus konkret das Verhältnis der Festsetzungen in einem Bebauungsplan oder einer Satzung nach § 34 Abs. 4 S. 1 Nr. 3 zu den Darstellungen des Flächennutzungsplans. **Ziele der Raumordnung** können gem. § 8 Abs. 5 S. 2 ROG Vorgaben für Kompensationsräume an anderer Stelle enthalten. So kann zB in einem Regionalplan bestimmt werden, dass in einem Gebiet unvermeidbare Beeinträchtigungen der Leistungsfähigkeit des Naturhaushalts oder des Landschaftsbildes an anderer Stelle ausgeglichen, ersetzt oder gemindert werden können. Dieser Kompensationsraum kann als Ziel der Raumordnung festgelegt werden. **Ziele des Naturschutzes und der Landschaftspflege** können insbesondere in einem Landschaftsplan gem. § 11 BNatSchG konkretisiert sein, der geeignete Kompensationsflächen darstellt; vgl. zur Berücksichtigung des Landschaftsplans in der planerischen Abwägung § 1 Abs. 6 Nr. 7 g. Nach Abs. 3 S. 3 kann der Ausgleich durch einen selbstständigen Bebauungsplan (ggf. durch mehrere Bebauungspläne) erfolgen, (dazu bereits BVerwGE 104, 353; → die Erl. zu § 9). 25

d) Ausgleich auf Grund vertraglicher Vereinbarungen (Abs. 3 S. 4). Anstelle von planerischen Darstellungen und Festsetzungen iS des Abs. 3 S. 2 und 3 können auch **vertragliche Vereinbarungen** gem. § 11 getroffen werden; **Abs. 3 S. 4.** In § 11 Abs. 1 S. 1 Nr. 2 ist ausdrücklich bestimmt, dass Gegenstand eines städtebaulichen Vertrages auch die Durchführung des Ausgleichs iS des § 1a Abs. 3 sein kann; dazu *Reidt* in Mitschang (Hrsg.), Bauen und Naturschutz, 57. Der städtebauliche Vertrag setzt insoweit keine bauplanungsrechtlichen Festsetzungen voraus; er macht sie entbehrlich (vgl. bereits BVerwGE 104, 353). Die Gemeinde muss durch die vertrag- 26

liche Regelung sicherstellen, dass der tatsächliche Erfolg der Kompensation hierdurch ebenso sichergestellt wird wie durch eine ansonsten mögliche bauplanerische Festsetzung; → § 11 Rn. 10–12. Der Vertrag muss im Zeitpunkt des Satzungsbeschlusses vorliegen (OVG Koblenz, ZfBR 2014, 261).

27 **e) Ausgleich auf gemeindeeigenen Grundstücken (Abs. 3 S. 4). Die Gemeinde** kann nach **Abs. 3 S. 4** den Ausgleich auch auf von ihr bereitgestellten Flächen treffen. Gesonderte Festsetzungen im Bebauungsplan oder ein weiterer Ausgleichsbebauungsplan für die gemeindeeigenen Flächen sind nicht erforderlich. Zur Refinanzierung der von der Gemeinde auf ihren eigenen Grundstücken durchgeführten Maßnahmen kann eine Zuordnung im Eingriffsbebauungsplan vorgenommen werden (vgl. § 9 Abs. 1a) (zu diesbezüglichen Anforderungen des Abwägungsgebots OVG Koblenz, ZfBR 2014, 261). Ausreichend für die Sicherung der Flächen ist die Darstellung der für den Ausgleich benötigten Flächen im Flächennutzungsplan (OVG Lüneburg BauR 2001, 1542). Die gemeindeeigenen Flächen können auch außerhalb des Gemeindegebiets liegen. Sie können als Ausgleichsflächen sowohl über den Regionalplan (→ Rn. 25) oder durch vertragliche Vereinbarung mit der Nachbargemeinde und mit dem Eigentümer des Eingriffsgrundstücks zum Ausgleich bereitgestellt und verwendet werden. Das Gesetz spricht aber noch weitergehend von „sonstigen geeigneten Maßnahmen" und räumt der Gemeinde somit auch die Nutzung jeder anderen Möglichkeit ein, das Ziel des Ausgleichs zu erreichen (vgl. BVerwGE 117, 58). Inwieweit bereits die **einseitige Erklärung der Gemeinde** als „sonstige Maßnahme" anzuerkennen ist, bestimmt sich nach den Umständen des Einzelfalls (BVerwGE 117, 58). Die Gemeinde muss der Gefahr, sich von einer einseitig gegebenen Erklärung später ohne weitere Kontrolle und ohne Gefahr für die Bestandskraft des Bebauungsplans wieder loszusagen, in angemessener Weise Rechnung tragen. **BVerwGE 117, 58** bezweifelt in diesem Zusammenhang die tatsächliche und rechtliche Tragfähigkeit kommunalaufsichtlicher Möglichkeiten. Ausreichend sei es zB, wenn ein Beschluss des zuständigen Ausschusses des Kommunalparlaments vorliegt, der genau festlegt, auf welcher von der Stadt bereitgestellten Fläche und mit welchen Maßnahmen die mit der Durchführung der Planung eintretenden Eingriffe auszugleichen sind. Das kann im Einzelfall auch dann ausreichen, wenn die der Stadt gehörenden Flächen nicht im Gebiet der eigenen Stadt liegen und daher der eigenen Planung nicht zugänglich sind, jedoch im Außenbereich und (zB) nach einer in Aufstellung befindlichen Regionalplanung als Freiraumfläche vorgesehen sind. Das **BVerwG** stellt darauf ab, dass im Zeitpunkt der Beschlussfassung über den Bebauungsplan **prognostisch** davon ausgegangen werden konnte, dass die Ausgleichsfläche als Freiraumfläche vorgesehen war.

27a **f) Naturschutzrechtliche Agrarklausel (§ 15 Abs. 3 BNatSchG).** Der durch die Innenentwicklungsnovelle 2013 (→ Einl. Rn. 62) in Abs. 3 eingefügte S. 4 ordnet die analoge Anwendung von § 15 Abs. 3 BNatSchG an. Diese Agrarklausel statuiert bei der Festlegung von Ausgleichs- und Ersatzmaßnahmen auf agrarstrukturelle Belange Rücksicht zu nehmen (dazu BVerwG JuS 2009, 1135). Das gilt insbesondere für Böden, die zur landwirtschaftlichen Nutzung besonders geeignet sind. § 15 Abs. 3 BNatSchG enthält aber entgegen Forderungen des Deutschen Bauernverbandes (dazu *Szczekalla*, FS Stüer, 575) kein Verbot der Inanspruchnahme von Agrarflächen für Ausgleichs- und Ersatzmaßnahmen. Um möglichst zu vermeiden, dass Agrarflächen aus der Nutzung genommen werden, schreibt § 15 Abs. 3 S. 2 BNatSchG zudem vor, vorrangig zu prüfen, ob der Ausgleich oder Ersatz auch durch Maßnahmen zur Entsiegelung, durch Maßnahmen zur Wiedervernetzung von Lebensräumen oder durch Bewirtschaftungs- oder Pflegemaßnahmen, die der dauerhaften Aufwerfung des Naturhaushalts oder des Landschaftsbildes dienen, erbracht werden kann (→ Rn. 7 f.).

28 **g) Überplanung bestehender Baurechte (Abs. 3 S. 5).** Nach **Abs. 3 S. 5** ist ein Ausgleich nicht erforderlich, soweit die Eingriffe bereits vor der planerischen Ent-

1. Abschnitt. Allgemeine Vorschriften § 1a

scheidung erfolgt sind oder zulässig waren. § 1a Abs. 3 S. 5 erlaubt eine Verrechnung, bei der sowohl eine Abnahme als auch eine Zunahme im Verhältnis zum neuen Bebauungsplan berücksichtigt werden darf, und zwar unabhängig davon, ob bei der Aufstellung des ursprünglichen Bebauungsplans die Eingriffsregelung zu berücksichtigen war. § 1a Abs. 3 S. 5 unterscheidet nicht danach, wann und unter welcher Rechtslage bestehende Baurechte entstanden sind (BVerwG BauR 2012, 1067). Der nur klarstellende Abs. 3 S. 5 (OVG Lüneburg NuR 1998, 497) soll nach dem A-Ber./ BauROG 13 zB für nicht mehr genutzte Industriebrachen und Konversionsstandorte Bedeutung haben, weil hier ein Ausgleich dann nicht erforderlich wird, wenn anstelle der alten, nicht mehr genutzten Bebauung eine neue Bebauung ohne zusätzliche Beeinträchtigung von Natur und Landschaft treten soll. Bei der Abwägung über die Änderung eines Bebauungsplans ist daher zB nicht vom Ist-Zustand des überplanten Gebiets auszugehen, sondern geltender Plan und Änderungsplan gegenüberzustellen (OVG Lüneburg NuR 1998, 497). Die Vorschrift gilt auch für alte Bebauungspläne, bei deren Aufstellung die Eingriffsregelung noch nicht berücksichtigt werden musste (BVerwG NVwZ 2003, 1259). In den Fällen des **beschleunigten Verfahrens** fingiert § 13a Abs. 2 Nr. 4 die entsprechende Geltung des § 1a Abs. 3 S. 5 bei Bebauungsplänen der Innenentwicklung gem. § 13 Abs. 1 S. 2 Nr. 1.

4. Flora-Fauna-Habitat-Richtlinie; Vogelschutz-Richtlinie; Biotop- und Artenschutz (Abs. 4). a) Vorrang des Unionsrechts. § 1a Abs. 4 ist die Schlüsselvorschrift für die Europäisierung des Städtebaurechts. Sie transponiert die in den §§ 31 ff. BNatSchG **(Netz Natura 2000)** umgesetzten Flora-Fauna-Habitat-Richtlinie und Vogelschutzrichtlinie in die Bauleitplanung. Wegen des Anwendungsvorrangs des Unionsrechts wird anders als bei der planerischen Eingriffsregelung (→ Rn. 14) und anders als bei anderen Belangen des § 1 Abs. 7 bei den Gebieten des Netz Natura 2000 die Abwägung nach § 1 Abs. 7 durch § 1a Abs. 4 eingeschränkt. Das Ergebnis der naturschutzrechtlichen Verträglichkeitsprüfung kann nicht durch die Abwägung nach § 1 Abs. 7 überwunden werden (BVerwGE 120, 299). Zu Luftverunreinigungen und Gefahrstoffen als Auslöser von FFH-Verträglichkeitsprüfungen *Storost* in Mitschang (Hrsg.), Gerüche, Feinstaub und Gefahrstoffe in der Baulandplanung, 2011, 89; zum Nachweis des Abschlusses nachteilige Auswirkungen eines Vorhabens auf FFH-Gebiete BVerfG ZfBR 2011, 575. Die Vollzugsfähigkeit des Bebauungsplans und damit seine Erforderlichkeit (§ 1 Abs. 3) kann am Artenschutz scheitern (BVerwG Beschl. v. 25.8.1997 – 4 NB 12.97, juris Rn. 14; VGH Mannheim NuR 2011, 659, OVG Münster NuR 2012, 135 (140)). Eine Lösung auf der Planungsebene kann die Naturschutzbehörde nicht durchsetzen, sinnvoll sind aber abgestimmte Lösungen einschl. konsensualer zB Verträge über vorgezogene Ausgleichsmaßnahmen (dazu *Schmidt-Eichstaedt* BauR 2010, 1865; zu § 44 Abs. 5 BauVwG U. v. 14.7.2011 – 9 A 12.10 – juris Rn. 119; abschwächend U. v. 8.1.2014,) 9 A 4.13, juris Rn. 99; zu Ausnahmen nach § 44 Abs. 5, 7 BNatSchG und Befreiung nach § 67 BNatSchG, *Schmidt-Eichstaedt* UPR 2010, 401; s. a. *Stüer* DVBl. 2009, 1; ausführlich *Blaesing/Scharmer*, Der Artenschutz im Bebauungsplanverfahren; *Blessing*, in Mitschang (Hg.) Update S. 195; *Gellermann* UPR 2015, 417; *ders.* NdsVBl 2016, 13 – Windkraft und Artenschutz. Beim **Biotop- und Artenschutz** (§ 37 ff. BNatSchG besteht gegenüber der planerischen Eingriffsregelung des Abs. 3 eine weitere Besonderheit. Anders als bei Planfeststellungsverfahren erfolgen typischerweise nicht durch die Bauleitplanung, sondern erst durch deren Vollzug tatsächlicher Einwirkungen negativer Art (s. a. *Mitschang* in BK § 1a Rn. 67 f.; *Reidt* NVwZ 2010, 8 (9); *Pauli* BauR 2008, 159 (160)). Allerdings kann sich hier die Frage stellen, ob ein Bauleitplan wegen unüberwindbarer artenschutzrechtlicher Hindernisse vollziehbar ist, also § 1 Abs. 3 genügt (*Reidt* NVwZ 2010, 8 (9); *Lütkes* in Mitschang (Hrsg.), Aktuelle Fragestellungen des Städtebau- und Umweltrechts, 2011, 133 (136); *Korbmacher* in Mitschang (Hrsg.), Bauen und Naturschutz, 2011, S. 103 (107). Für die Natura 2000 Netze sind die unionsrechtlich vorge-

gebenen Regelungen der §§ 31–36 BNatSchG verbindlich. Gem. § 31 BNatSchG haben Bund und Länder die sich aus der FFH-RL und der Vogelschutz-RL ergebenden staatlichen Verpflichtungen zum Aufbau und zum Schutz zusammenhängenden europäischen ökologischen Netzes Natura 2000 iSv Art. 3 FFH-RL zu erfüllen. Rechtsvergleichend *Mitschang* (Hrsg.), Städtebaurecht unter EU-Einfluss, 2011; ausführlich *Louis* in Mitschang (Hrsg.), Bauen und Naturschutz, 67; spez. zur Abwägung *Stüer* in Mitschang, Bauen und Naturschutz, 213, insbes. auch zu nachträglichen Anforderungen an bestandskräftig erlassene Bauleitpläne gem. EuGH Urt. v. 14.1.2010 Rs. C-226/08 – Papenburg; dazu auch *Stüer* DVBl. 2009, 1; *Storost* DVBl. 2009, 673.

30 **b) FFH-RL, Vogelschutz-RL.** Die **Europäische Fauna-Flora-Habitat-Richtlinie** (Richtlinie 92/43 EWG vom 21.5.1992 zur Erhaltung der natürlichen Lebensräume sowie der wildlebenden Tiere und Pflanzen, ABl. EG Nr. I 206, 7) trifft Regelungen für bestimmte Gebiete von gemeinschaftlicher Bedeutung. Nach Art. 6 Abs. 2 der Richtlinie treffen die Mitgliedstaaten die geeigneten Maßnahmen, um in den besonderen Schutzgebieten die Verschlechterung der natürlichen Lebensräume und der Habitate der Arten sowie Störungen von Arten, für die die Gebiete ausgewiesen worden sind, zu vermeiden, sofern solche Störungen sich im Hinblick auf die Ziele dieser Richtlinie erheblich auswirken können. Nach Art. 3 der Richtlinie ist der Zusammenhalt eines Europäischen Ökologischen Netzes „Natura 2000" sicherzustellen und zu schützen. Nach der Richtlinie ist eine die Erhaltungsziele oder die Schutzzwecke beeinträchtigende Planung nur dann zulässig, wenn der hierdurch vorbereitete Eingriff aus zwingenden Gründen des überwiegenden öffentlichen Interesses durchzuführen ist und eine Alternativlösung nicht vorhanden ist. In diesem Fall sind notwendige Ausgleichsmaßnahmen zu ergreifen, um sicherzustellen, dass die „globale Kohärenz" des Biotopverbundsystems geschützt ist. Außerdem ist die Europäische Kommission hierüber zu unterrichten. Nach **§ 32 Abs. 2 BNatSchG** sollen die Länder die in die Liste der Gebiete von gemeinschaftlicher Bedeutung eingetragenen Gebiete und die Europäischen Vogelschutzgebiete zu geschützten Teilen von Natur und Landschaft iS von **§ 20 Abs. 2 BNatSchG** erklären. Die **Schutzerklärung** bestimmt den Schutzzweck und zeigt die Gebietsbegrenzungen auf. Zugleich soll dargestellt werden, ob prioritäre Biotope oder Arten vorhanden sind (§ 32 Abs. 3 BNatSchG) (zur Schutzerklärung EuGH NJW 2001, 549; BVerwGE 120, 1). Entscheidend für das Schutzregime ist die Aufnahme in die Gemeinschaftsliste durch die Europäische Kommission (EuGH NVwZ 2005, 311; NVwZ 2007, 61), nicht die nationale Umsetzung (BVerwG 130, 299). Zur Erweiterung eines Schutzgebietes BVerwG NuR 2010, 558; krit. *Frenz* NuR 2011, 405. Zur Neuabgrenzung von Schutzgebieten wegen des Klimawandels, *Hendler u. a.,* NuR 2010, 685. Geschützt werden nur die Lebensräume und Arten, die als Erhaltungsziel definiert sind (BVerwGE 131, 274). Eine Unterschutzstellung kann nach § 32 Abs. 4 BNatSchG unterbleiben, soweit nach anderen Rechtsvorschriften – etwa durch eine Schutzausweisung nach § 19 WHG – nach Verwaltungsvorschriften, durch die Verfügungsbefugnisse eines öffentlich-rechtlichen oder gemeinnützigen Trägers oder durch vertragliche Vereinbarungen ein gleichwertiger Schutz gewährleistet ist. Zur Beeinträchtigung eines FFH-Gebiets als solchem Art. 6 Abs. 3 Satz 2 FFH-RL, S. EuGH C-258/11 v. 11.4.2013, dazu *Beier* in DVBl 2013, 1497.

31 Die **Europäische Vogelschutz-Richtlinie** (Richtlinie 79/409/EWG vom 2.4.1979 über die Erhaltung der wildlebenden Vogelarten, ABl. EG Nr. L 103, 1) bestimmt in Art. 4 Abs. 1, dass auf die in Anhang I aufgeführten Arten besondere Schutzmaßnahmen hinsichtlich ihrer Lebensräume anzuwenden sind, um ihr Überleben und ihre Vermehrung in ihrem Verbreitungsgebiet sicherzustellen. Die Mitgliedstaaten erklären die für die Erhaltung dieser Arten zahlen- und flächenmäßig geeigneten Gebiete zu Schutzgebieten. Die Schutzgebiete sind Bestandteil des Netzes „Natura 2000" nach Art. 3 der Fauna-Flora-Habitat-Richtlinie; sie genießen den gleichen Schutz. Vgl. §§ 31 ff. BNatSchG (→ Rn. 38).

c) **Bedeutung für die Bauleitplanung.** Nach **Abs. 4** sind die Erhaltungsziele 32
oder der Schutzzweck der FFH-Gebiete sowie der Vogelschutzgebiete **im Rahmen
der Abwägung** zu berücksichtigen (dazu *Louis* in Mitschang (Hrsg.) Bauen und Naturschutz, 2011, 63; zur Rechtsprechung des BVerwG *Rubel* in Mitschang, Bauen und Naturschutz, 245). Dabei ist zu prüfen, ob durch die Bauleitplanung die Erhaltungsziele oder der Schutzzweck der Gebiete von gemeinschaftlicher Bedeutung bzw. die Europäischen Vogelschutzgebiete erheblich beeinträchtigt werden können. Die Prüfung beschränkt sich dabei nicht nur auf Vorhaben **innerhalb der Schutzgebiete**, sondern auch auf Vorhaben, die von **außerhalb** in die Schutzgebiete hineinwirken können. Eine solche „negative Ausstrahlungswirkung" auf die Schutzgebiete kann sich insbesondere bei der Planung heranrückender Bebauung ergeben. Für die Bauleitplanung ergeben sich aus § 1 a Abs. 4 BauGB damit zusätzliche Anforderungen. Nach
§ 34 BNatSchG sind Projekte vor ihrer Zulassung oder Durchführung auf ihre Verträglichkeit mit den Erhaltungszielen eines Gebietes von gemeinschaftlicher Bedeutung (vgl. § 7 Abs. 1 Nr. 9 BNatSchG) oder eines Europäischen Vogelschutzgebiets zu
überprüfen. Bei Schutzgebieten nach § 22 Abs. 1 BNatSchG ergibt sich der Maßstab aus dem Schutzzweck und den dazu erlassenen Vorschriften. § 34 Satz 2 BNatSchG ordnet an, dass diese **Verträglichkeitsprüfung auf Bauleitpläne entsprechend** anzuwenden ist (dazu *Reidt,* FS Sellner, 2010, 175). Ein Bebauungsplan ist zulässig, wenn unter Berücksichtigung einer **Verträglichkeitsprüfung** festgestellt ist, dass das Gebiet als solches nicht erheblich beeinträchtigt wird; vgl. § 33 Abs. 1 S. 2 BNatSchG. Maßstab für die Verträglichkeitsprüfung ist nach § 34 Abs. 1 Satz 2 BNatSchG bei den Schutzgebieten der Schutzzweck und die dazu erlassenen Vorschriften. In den Planund Aufstellungsgebieten (§§ 30, 33 BauGB) bedarf es dann nach Maßgabe des § 34 Abs. 8 BNatSchG nicht mehr der Anwendung des § 34 BNatSchG auf Vorhaben (§ 29 BauGB). Zur zulässigen Berücksichtigung von Schutzvorkehrungen BVerwGE 128, 1, Rn. 39 ff.; NuR 2010, 558; kritisch *Gellermann* NuR 2009, 8 (13).

Bei der Zusammenstellung des Abwägungsmaterials ist daher zu prüfen, ob eine 33
Beeinträchtigung des Schutzregimes eines FFH-Schutzgebietes bzw. eines Vogelschutzgebietes möglich ist; zu den Anforderungen an diese Vorprüfung (Screening) BVerwG NVwZ 2008, 210. Ist dies der Fall, ist eine **Verträglichkeitsprüfung** durchzuführen. Ergibt die Verträglichkeitsprüfung, dass ein Plan bzw. ein Projekt zu erheblichen Beeinträchtigungen eines Gebiets in seinem für die Erhaltungsziele oder den Schutzzweck maßgeblichen Bestandteilen führen kann, ist der Plan bzw. das Projekt unzulässig; eine „Überwindung" im Wege der Abwägung ist nicht möglich
(→ Rn. 30). Zu den strengen Anforderungen an die prognostische Ermittlung der Auswirkungen auf das Schutzgebiet EuGH ZUR 2007, 9; zu den unter strengen Voraussetzungen zulässigen Ausnahmen BVerwGE 120, 276 (289); EuGH BeckRS 2007, 71 071; an die Alternativprüfung im Rahmen der **Verträglichkeitsprüfung** sind strengere Anforderungen als nach deutschem Planungsrecht zu stellen (BVerwG NVwZ 2010, 1289; E 130, 83 Rn. 67, E 116, 244 (262)). Unterbleibt eine Verträglichkeitsprüfung, so führt dieser Verfahrensfehler zur Nichtigkeit des Bauleitplans (EuGH BeckRS 2007, 71 049). Der Fehler kann aber nach § 214 Abs. 4 behoben werden (BVerwGE 130, 299 Rn. 31; NuR 2010, 117; *Mitschang* in BK § 1 a Rn. 529). Zur Verlagerung einer nach § 34 BNatSchG erforderlichen FFH-Verträglichkeitsprüfung ist das nachfolgende Genehmigungsverfahren (BVerwG, ZfBR 2015, 484). Ergibt die **Vorprüfung,** dass eine erhebliche Beeinträchtigung offensichtlich ausgeschlossen ist, bedarf es keiner Verträglichkeitsprüfung (BVerwGE 128, 1; NuR 2010, 588). Zu den Anforderungen an die Vorprüfung BVerwGE 128, 1. Eine Zulassung oder Durchführung ist nur unter folgenden Voraussetzungen möglich, die gleichzeitig erfüllt sein müssen: Es dürfen für den Plan bzw. das Projekt keine zumutbaren Alternativen gegeben sein, den mit dem Projekt verfolgten Zweck an anderer Stelle oder mit geringeren Beeinträchtigungen zu erreichen, und es müssen zwingende Gründe des überwiegenden öffentlichen Interesses vorliegen; **§ 34 Abs. 3 BNatSchG.** Befinden sich in dem

§ 1a I. Kapitel. I. Teil. Bauleitplanung

betroffenen Gebiet prioritäre Lebensräume oder Arten, können nur Erwägungen im Zusammenhang mit der Gesundheit des Menschen, der öffentlichen Sicherheit oder maßgeblich günstigen Auswirkungen für die Umwelt oder – nach Stellungnahme der Kommission – sonstige zwingende Gründe des überwiegenden öffentlichen Interesses geltend gemacht werden; § 34 Abs. 4 BNatSchG. Die Verfahrensanforderungen an eine Abweichungsentscheidung sind strikt zu beachten (BVerwGE 146, 176; dazu *Crusius* NVwZ 2013, 1351; ebenso BVerwG, NVwZ 2014, 1022 (1027) zur Vogelschutzrichtlinie). Für nach diesen Regelungen zulässige Pläne bzw. Projekte sind alle notwendigen Ausgleichsmaßnahmen zu erbringen, um den Zusammenhang von Natura 2000 sicherzustellen. Die Kommission ist über die Ausgleichsmaßnahmen zu unterrichten; § 34 Abs. 5 BNatSchG.

34 **d) Potentielle/Faktische Schutzgebiete.** Auch bevor ein Gebiet in die Gemeinschaftsliste nach der FFH-Richtlinie aufgenommen wurde, ist seine Schutzwürdigkeit von Belang. Das gilt ebenso für ein **potentielles Schutzgebiet** wie für ein **faktisches Vogelschutzgebiet.** Der EuGH NVwZ 2005, 311 hat klargestellt, dass die in Art. 6 Abs. 2 bis 4 FFH-Richtlinie vorgesehenen Schutzmaßnahmen nur für Gebiete gelten, die von der Kommission in die **Liste** der Gebiete von gemeinschaftlicher Bedeutung aufgenommen worden sind. Jedoch sind nach EuGH die Mitgliedstaaten verpflichtet, Schutzmaßnahmen zu ergreifen, die im Hinblick auf das mit der Richtlinie verfolgte Erhaltungsziel geeignet sind, die erhebliche ökologische Bedeutung, die diesen Gebieten auf nationaler Ebene zukommt, zu wahren dazu *Louis* in Mitschang (Hrsg.), Bauen und Naturschutz, 67 (70f.); BVerwGE 124, 201; OVG Lüneburg NuR 2013, 424; BVerwG NuR 2010, 558 sieht in der Anlegung der materiellen Maßstäbe der Richtlinie einen diesen Vorgaben entsprechenden angemessenen Schutz; vgl. auch den Überblick bei *Wagner/Emmer* NVwZ 2006, 422. Laut BVerwG NVwZ 2006, 823, verwirklicht bei Infrastrukturvorhaben in einem gemeldeten FFH-Gebiet, über dessen Aufnahme in die Gemeinschaftsliste die EU-Kommission noch nicht entschieden hat, jedenfalls die Anlegung der materiell-rechtlichen Maßstäbe des Art. 6 Abs. 3 und 4 FFH-RL in der Regel einen „angemessenen Schutz" im Sinne des Urt. des EuGH. Das strenge Schutzregime des Art. 4 Abs. 4 Satz 1 der Vogelschutzrichtlinie für faktische Vogelschutzgebiete entfällt nicht im Nachhinein dadurch, dass das Land nach Inkrafttreten eines straßentrassefestlegenden Bebauungsplans ein Gebiet der EU nachmeldet, das an die Straßentrasse heranreicht und diese aber nicht in das Schutzgebiet einbezieht (BVerwGE 149, 129, dazu *Krappel*, NVwZ 2014, 1027; *Stüer* DVBl 2014, 987).

35 **e) Biotop- und Artenschutz.** Für den **Biotop- und Artenschutz** in FFH- und Vogelschutzgebieten ist zusätzlich zu prüfen, ob Bauleitpläne europarechtlich zulässig sind. → Zum Artenschutz § 1 Rn. 65c und d; *Blaesing/Scharmer;* der Artenschutz in der Bauleitplanung 2013; *Gellermann* in SCH § 1 Rn. 173–225; *Gierke* in KK § 1a Rn. 406–492 insbesondere zu artenschutzrechtlichen Problemen im Bebauungsplanverfahren bei §§ 44 Abs. 5, 45 Abs. 7 S. 1 Nr. 5 und S. 2 sowie § 67 Abs. 2 BNatSchG. Die besonderen artenschutzrechtlichen Verbote des § 44 BNatSchG gehören nicht zum Prüfprogramm der Abwägungsgebots nach § 1 Abs. 7. § 44 BNatSchG kann aber dazu führen, dass ein Bebauungsplan vollzugsunfähig wird (ausführlich *Gierke* in KK § 1a Rn. 416–446; zum vorläufigen Rechtsschutz OVG Saarlouis, NuR 2015, 502; krit. zu Windenergie in Wäldern und in Natura 2000 Gebieten *Genth* NuR 2012, 109; *Scheidler* DVBl. 2012, 216; *Klinge* NuR 2010, 538; *Armbrecht* BayVBl. 2011, 396. Der wesentliche Unterschied der beiden Regelungen besteht darin, dass sich die in Anhang II genannten Arten (→ § 1 Rn. 65c) zudem in einem zu deren Schutz ausgewiesenen Gebiet von gemeinschaftlicher Bedeutung befinden müssen, während für den individuenbezogenen Artenschutz nach Anhang IV das tatsächliche Vorhandensein besonders geschützter Tiere oder Pflanzen ausreicht- zwei unterschiedliche Prüfprogramme, BVerwGE 131, 274 Rn. 47; *Storost* DVBl. 2010, 737.

1. Abschnitt. Allgemeine Vorschriften § 1a

Beide Regelungen können sich daher überlagern (*Wagner* in EZBK § 1 a Rn. 242). Zur Prüfung vgl. § 34 Abs. 2 bis 5 BNatSchG vgl. *Schrödter* in KK § 1 a Rn. 171; *Hönig*, FS Stüer, 23 (32). § 39 Abs. 1 Nr. 1 bis 3 BNatSchG enthält die einzelnen Schutztatbestände zu Methoden und Umfang der fachgutachterlichen Erfassung der artenrechtlichen Betroffenheit BVerwGE 131, 274 Rn. 53, 66; NVwZ 2010, 44; *Egner* NuR 2011, 753; *Korbmacher* in Mitschang (Hrsg.), Bauen und Naturschutz, 103, *Stüer* in Mitschang, Bauen und Naturschutz, 207 – Abwägung; *Otto* DVBl. 2011, 936; *Otto*, Ausgleich von Biodiversitätsschäden (§ 19 BNatSchG) in Mitschang, Bauen und Naturschutz, 185; Die Rspr zum artenschutzrechtlichen Tötungsverbot gem. § 44 Abs. 1 Nr. 1 BNatSchG (BVerwGE 134, 308; E 140, 149 Rn. 140) kann auf Bebauungspläne übertragen werden (VGH Mannheim NuR 2011, 370; s. a. *Gellermann* in Mitschang, Bauen und Naturschutz, 83). Darüber hinaus wird der grundsätzlich individuenbezogene Ansatz des Gemeinschaftsrechts vom nationalen Recht unter engen Ausnahmevoraussetzungen auf einen auf den örtlichen Bestand der geschützten Art bezogenen, räumlichen Schutzansatz begrenzt. Voraussetzung für diese zweifache Privilegierung der Bauleitplanung (*Wagner* in EZBK § 1 a Rn. 243) ist, dass dem gemeinschaftsrechtlichen Artenschutz im Rahmen der **bauleitplanerischen Eingriffsregelung** in besonderer Weise und insbesondere zusätzlich Rechnung getragen wird, namentlich durch Schaffung eines „Ersatzhabitats". Bei unzumutbarer Belastung im Einzelfall kann darüber hinaus die Befreiung nach **§ 67 BNatSchG** in Betracht kommen (vgl. BVerwGE 125, 116 (Schönefeld; s. a. E 140, 149 Rn. 147). Biotope entstehen kraft Gesetzes ohne rechtsgestaltende Feststellung (§ 30 BNatSchG). § 30 BNatSchG ist abwägungsfest iSv Art. 72 III S. 1 Nr. 2 GG; das überwiegende öffentliche Interesse iSv § 67 I Nr. 1 BNatSchG liegt bei einem § 1 III genügenden Bebauungsplan vor; zu Ausnahme- und Befreiungslagen OVG Koblenz NuR 2000, 819; dazu *Kopf* NuR 2000, 396. Gem. § 30 IV BNatSchG kann die Gemeinde vor Erlass eines Bebauungsplanes Befreiung oder Ausnahme beantragen. Sie kann, soweit § 1 III Genüge getan wird, auch ohne diesen Antrag den Bebauungsplan erlassen. Dabei hat die Stellungnahme der Naturschutzbehörde einen maßgeblichen Indizcharakter (BVerwGE 117, 287 (291)). Zur Einschätzungsprärogative → Rn. 23. Im Vorfeld der Innenentwicklungsnovelle 2012 (→ Einl. Rn. 62) war umstritten, ob und inwieweit nach Unionsrecht im Innenbereich Ausnahmen zum Artenschutz erlaubt sind (s. *Lütkes* in Mitschang (Hrsg.), Aktuelle Fragestellungen des Städtebau- und Umweltrechts, 2011, 133 einerseits, *Otto* in BMVBS/DIFU (Hrsg.), Berliner Gespräche zum Städtebaurecht II, 2010, 147 andererseits; s. a. EuGH NuR 2006, 166 zu § 43 Abs. 4 BNatSchG 2002. Eine im ursprünglichen ReferentenE vorgesehene Modifizierung von § 45 Abs. 7 BNatSchG ist nicht in den RegierungsE übernommen worden.

f) Zulässigkeit von Vorhaben. Gem. **§ 36 S. 2 BNatSchG.** sind die Vorschriften über die Verträglichkeitsprüfung für die Bauleitplanung auch auf Satzungen nach § 34 Abs. 4 S. 1 Nr. 3 BauGB anzuwenden. Nach **§ 34 Abs. 8 BNatSchG** ist § 34 BNatSchG auch auf Einzelvorhaben im Geltungsbereich eines Bebauungsplans bzw. während der Planaufstellung nach § 33 BauGB nicht anzuwenden, weil die erforderliche Verträglichkeitsprüfung bereits während der Planaufstellung durchzuführen ist. Nach **§ 37 Abs. 1 S. 2 BNatSchG** bleibt für Vorhaben nach §§ 34 und 35 BauGB sowie für planfeststellungsersetzende Bebauungspläne die Geltung des § 34 BNatSchG unberührt. **Rechtsschutz** wird erst nach Festlegung des Schutzgebiets gewährt, nicht während des Anmeldeverfahrens (BVerwG NuR 2010, 558; NuR 2008, 575; s. a. *Thun/Engelmann* UPR 2015, 170). Die Naturschutzbehörde hat bei der Verträglichkeitsprüfung eine fachliche Einschätzungsprärogative, die nur beschränkt gerichtlich überprüfbar ist (BVerwGE 118, 15 (20); E 130, 299). 36

5. Klimagerechte Stadtentwicklung. Um die gewachsene Bedeutung der Bekämpfung des Klimawandels und der Anpassung an den Klimaschutz für die Bauleitplanung zu verdeutlichen, hat die Klimaschutznovelle 2013 (→ Einleitung Rn. 61) die **Kli-** 37

maschutzklausel des Abs. 5 eingefügt. Anknüpfend an die Planungsleitlinie zum Klimaschutz in § 1 Abs. 5 S. 2 (→ § 1 Rn. 46a) und nach dem Vorbild des § 2 Nr. 6 S. 7 ROG werden sowohl die Bekämpfung des Klimawandels (→ § 1 Rn. 45) wie die Anpassung an den Klimawandel als neue Belange für die Abwägung nach § 1 Abs. 7 (Mitigationsmaßnahmen; dazu *Reese* ZUR 2015, 16) eingeführt, um klimagerechte Darstellungen im Flächennutzungsplan und Festsetzungen im Bebauungsplan zu rechtfertigen. In Betracht kommen herkömmliche Festsetzungen wie nach § 9 Abs. 1 Nr. 10 für Frischluftschneisen oder Darstellungen und Festsetzungen wie sie in § 5 Nr. 2a, b, c und in § 9 I Nr. 12, 23b, VI neu eingeführt worden sind (ausführlich BMVBS/DIFU, Praxisleitfaden Klimaschutz in Kommunen, 2011; zum Verhältnis von Energiefachrecht und städtebaulichem Klimaschutz DIFU (Hrsg.), Berliner Gespräche II, 2010, 73; *Battis/Kersten/Mitschang,* Fragen der ökologischen Stadterneuerung, 2010, 89; *Mitschang,* BMVBS, DIFU (Hrsg.), Berliner Gespräche zum Städtebaurecht II, 2010, 73). Die Neuregelungen der § 1 V S. 3, VI Nr. 11 und § 1a V werten den kommunalen Klimaschutz auf, verleihen ihm aber keinen Vorrang vor anderen Belangen nach § 1 VI und § 1a. Der durch die Energiewende auch ausgelöste Handlungsbedarf überantwortet aber den Gemeinden besonders sorgfältige Abwägung etwa zur Durchsetzung eines Klimakonzepts „Stadt der kurzen Wege" oder eines auf dezentrale Energieerzeugung und -verteilung setzendes Klimakonzept. Zu den Auswirkungen auf urban governance *Boghrati/Weber* dms 2014, 289; *Battis* in Welzer/Soeffner/Giesecke (Hrsg.), Klimakulturen, 2010, 180; *Kersten* in Kahl (Hrsg.), Nachhaltigkeit als Verbundbegriff, 2008, 395. Zur Berücksichtigung von Klimaschutz- und Energiekonzepten bei der Aufstellung von Bauleitplänen, *Sparwasser* in Mitschang (Hrsg.), Klimagerechte Stadtentwicklung, 2012, 67 (81); zu urbanen Strategien zum Klimawandel, *Krautzberger* UPR 2012, 99; s. a. *Mast/Göhner,* Denkmalschutz und Klimaschutz, 2012,zum Bestandsschutz von Gebäuden beim Klimaschutz *Schröder,* DVBl 2013, 183 (202).

38 **6. Überleitung.** Zum Wahlrecht nach **§ 243 Abs. 2** s. § 243 Rn. 3.

§ 2 Aufstellung der Bauleitpläne

(1) ¹Die Bauleitpläne sind von der Gemeinde in eigener Verantwortung aufzustellen. ²Der Beschluss, einen Bauleitplan aufzustellen, ist ortsüblich bekannt zu machen.

(2) ¹Die Bauleitpläne benachbarter Gemeinden sind aufeinander abzustimmen. ²Dabei können sich Gemeinden auch auf die ihnen durch Ziele der Raumordnung zugewiesenen Funktionen sowie auf Auswirkungen auf ihre zentralen Versorgungsbereiche berufen.

(3) Bei der Aufstellung der Bauleitpläne sind die Belange, die für die Abwägung von Bedeutung sind (Abwägungsmaterial), zu ermitteln und zu bewerten.

(4) ¹Für die Belange des Umweltschutzes nach § 1 Abs. 6 Nr. 7 und § 1a wird eine Umweltprüfung durchgeführt, in der die voraussichtlichen erheblichen Umweltauswirkungen ermittelt werden und in einem Umweltbericht beschrieben und bewertet werden; die Anlage 1 zu diesem Gesetzbuch ist anzuwenden. ²Die Gemeinde legt dazu für jeden Bauleitplan fest, in welchem Umfang und Detaillierungsgrad die Ermittlung der Belange für die Abwägung erforderlich ist. ³Die Umweltprüfung bezieht sich auf das, was nach gegenwärtigem Wissensstand und allgemein anerkannten Prüfmethoden sowie nach Inhalt und Detaillierungsgrad des Bauleitplans angemessenerweise verlangt werden kann. ⁴Das Ergebnis der Umweltprüfung ist in der Abwägung zu berücksichtigen. ⁵Wird eine Umweltprüfung für das Plangebiet oder für Teile davon in einem Raumordnungs-, Flächennutzungs- oder Bebauungsplanverfahren durchge-

1. Abschnitt. Allgemeine Vorschriften § 2

führt, soll die Umweltprüfung in einem zeitlich nachfolgend oder gleichzeitig durchgeführten Bauleitplanverfahren auf zusätzliche oder andere erhebliche Umweltauswirkungen beschränkt werden. ⁶Liegen Landschaftspläne oder sonstige Pläne nach § 1 Abs. 6 Nr. 7 Buchstabe g vor, sind deren Bestandsaufnahmen und Bewertungen in der Umweltprüfung heranzuziehen.

Übersicht

	Rn.
1. Systematik	1
2. Verfahren der Bauleitplanung	2
a) Regelungen des BauGB	2
b) Kommunalverfassungsrechtliche Regelungen	3
3. Aufstellungsbeschluss	4
4. Ermittlung und Bewertung	5
5. Umweltprüfung	6
a) Systematik	6
b) Regel-/Ausnahmeverfahren	7
c) Ermittlung	9
d) Rechtsschutz	12a
6. Umweltbericht	13
a) Systematik	13
b) Bewertung	14
c) Anlage 1 zu § 2 Abs. 4, § 2a	15
d) Berücksichtigung der UP in der Abwägung	19
7. Kommunale Planungshoheit	20
a) Gesetzliche Garantie	20
b) Funktionen	21
8. Nachbargemeindliche Abstimmungspflicht	22
a) Anspruch auf Abstimmung	22
b) Rechtsschutz	24

1. Systematik. § 2 ist die zentrale Vorschrift für das **Verfahren der Bauleitplanung.** Abs. 1 S. 1 bestimmt die Zuständigkeit der Gemeinde für die Bauleitplanung und klassifiziert die eigenverantwortliche Aufstellung der Bauleitpläne als weisungsfreie Selbstverwaltungsaufgabe, die die kommunale Planungshoheit verwirklicht. Die Befugnis und die Pflicht zur Bauleitplanung regelt § 1 Abs. 3. Abs. 2 regelt die gegenüber den §§ 203–205 schwächste Form interkommunaler Zusammenarbeit bei der Bauleitplanung, indem er benachbarte Gemeinden verpflichtet, ihre Bauleitpläne aufeinander abzustimmen. Abs. 1 S. 2 lässt mit dem ortsüblich bekannt zu machenden Beschluss, einen Bauleitplan aufzustellen, das förmliche Planaufstellungsverfahren beginnen. Abs. 3 regelt das Verfahren der Ermittlung und Bewertung des Abwägungsmaterials. Abs. 4 S. 1 definiert die unionsrechtlich vorgegebene Umweltprüfung als integralen Bestandteil des Verfahrens der Planaufstellung. Hierzu ist ein Umweltbericht zu erstellen. Abs. 4 S. 1 Hs. 2 verweist hinsichtlich der Vorgehensweise der Ermittlung der Umweltauswirkungen auf die Anlage 1 zu § 2 Abs. 4. Abs. 4 S. 2 ermächtigt die Gemeinde, Umfang und Detaillierungsgrad der Untersuchung (Scoping) festzulegen. Abs. 4 S. 3 verdeutlicht die angemessenen Anforderungen an die UP. Abs. 4 S. 4 verpflichtet zur Berücksichtigung der Ergebnisse der UP in der Abwägung. Doppelprüfungen sollen gem. Abs. 4 S. 5 vermieden werden durch Abschichtungen im Verhältnis zu anderen Planungsebenen und gem. Abs. 4 S. 6 vermittels der Berücksichtigung umweltbezogener Fachplanungen, insbesondere der Landschaftsplanung. 1

2. Verfahren der Bauleitplanung. a) Regelungen des BauGB. Das **Verfahren** der **Aufstellung** der **Bauleitpläne** ist außer in § 2 in § 2a, § 3, § 4, § 4a, § 4b, 2

§ 2 I. Kapitel. I. Teil. Bauleitplanung

§ 13, § 204, § 205 sowie für den Flächennutzungsplan in § 6 und den Bebauungsplan in § 10 geregelt. Aufgrund von Vorprüfungen der Verwaltung, von Ersuchen des Gemeinderates, des Planungsausschusses oder von Anregungen Dritter, zB von Bürgern, beginnt das Verfahren der Planaufstellung mit dem ortsüblich bekannt zu machenden Aufstellungsbeschluss (§ 2 Abs. 1 S. 2). Gleichzeitig kann das nach jeweiligem Kommunalverfassungsrecht zuständige Gemeindeorgan über die Form der frühzeitigen Öffentlichkeits- und Behördenbeteiligung (§ 3 Abs. 1 S. 1, § 4 Abs. 1 S. 1) beschließen. Diese können jedoch auch früher oder später stattfinden (→ § 3 Rn. 7, § 4 Rn. 3). Der Planentwurf kann von der Gemeindeverwaltung oder von beauftragten Dritten erarbeitet werden. Ggf. ist der Entwurf auch mit benachbarten Gemeinden abzustimmen (§ 2 Abs. 2) und an die Ziele der Raumordnung anzupassen (§ 1 Abs. 4). Uu kann eine grenzüberschreitende Unterrichtung nach § 4 Abs. 5 notwendig sein. Alle Beteiligungsverfahren nach den §§ 3 bis 4a können auch einem Dritten übertragen werden (§ 4b). Hat sich das Planungsverfahren zu beschlussfähigen Planentwürfen nebst Begründung und Umweltbericht (§ 2a) verfestigt, so beginnt mit dem ortsüblich bekannt zu machenden Auslegungsbeschluss das mit Fristen und Verfahrensvorschriften streng formalisierte Auslegungsverfahren (§ 3 Abs. 2, 3). Über den ggf. auf Grund von Stellungnahmen geänderten Plan nebst Begründung und Umweltbericht beschließt der kommunalverfassungsrechtlich zuständige Gemeinderat, beim Flächennutzungsplan durch einfachen Beschluss nach Maßgabe des jeweiligen Kommunalrechts, beim Bebauungsplan in Form eines Satzungsbeschlusses (§ 10 Abs. 1). Nach der Beschlussfassung ist dem Bauleitplan eine zusammenfassende Erklärung beizufügen (§ 6 Abs. 5 S. 3, § 10 Abs. 4). Flächennutzungspläne bedürfen gem. § 6 der von der Gemeinde zu beantragenden Genehmigung durch die höhere Verwaltungsbehörde, Bebauungspläne gem. § 10 Abs. 2 nur, wenn sie nicht nach § 8 Abs. 2 S. 1 oder Abs. 3 aus dem Flächennutzungsplan entwickelt worden sind. Die Aufsichtsbehörde ist auf die Kontrolle der Rechtmäßigkeit der Planung beschränkt (Rechtsaufsicht). Die Genehmigung des Flächennutzungsplans oder des Bebauungsplans sind ortsüblich bekannt zu machen (§§ 6 Abs. 5 S. 1, 10 Abs. 3 S. 1). Mit der Bekanntmachung werden die Bauleitpläne wirksam. Gem. dem Grundsatz der Planerhaltung können Verstöße gegen die nach dem BauGB für das Planaufstellungsverfahren geltenden Form- und Verfahrensvorschriften unbeachtlich sein oder nachträglich behoben werden (§§ 214–215). Nach Abschluss des Aufstellungsverfahrens sind die Gemeinden gem. § 4c verpflichtet, die einschlägigen Umweltauswirkungen, die auf Grund der Durchführungen des Bauleitplans eintreten, zu überwachen. Das geplante Konzept dieses Monitoring ist während des Aufstellungsverfahrens im Umweltbericht gem. Nr. 3b der Anlage zu § 2 Abs. 4 und § 2a zu beschreiben.

3 **b) Kommunalverfassungsrechtliche Regelungen.** Die Verfahrensvorschriften des BauGB werden durch Vorschriften des **Kommunalverfassungsrechts** (GO) ergänzt, zB über die Mitwirkung von Bezirksvertretungen, vor allem aber über die Beschlussfassung des Gemeinderates und die Veröffentlichung von Beschlüssen. Zur Erhöhung der Rechtssicherheit der Bauleitpläne legt § 2 Abs. 1 S. 2 bundesrechtlich nicht fest, welches Gemeindeorgan im Verfahren der Bauleitplanung tätig werden muss. Die innergemeindliche Kompetenzverteilung bleibt dem Kommunalverfassungsrecht überlassen (s. *v. Mutius* DVBl. 1987, 455. Ein Bebauungsplan wird nicht deshalb bundesrechtlich unwirksam, weil Ratsbeschlüsse, die vor dem Satzungsbeschluss iSv § 10 gefasst worden sind, infolge der Mitwirkung befangener Gemeinderäte nach Landesrecht rechtswidrig sind (BVerwG NVwZ 1988, 916; OVG Koblenz BauR 2004, 42 – § 22 Abs. 1 Nr. 1 RhPf GO; *Ley* VR 1989, 326). Zur im Einzelnen uneinheitlichen kommunalverfassungsrechtlichen Rspr. s. *Söfker* in EZBK § 2 Rn. 75–94; *Schrödter*, § 2 Rn. 13–39. Die Rspr. unterscheidet orientiert an unterschiedlichen gesetzlichen Vorgaben, zB § 22 RhPf GO – „unmittelbarer Vorteil oder Nachteil" für Ratsmitglied oder Verwandte bis zu drittem Grad – (streng OVG Koblenz BauR 2011, 1293; OVG Greifswald Urt. v.

1. Abschnitt. Allgemeine Vorschriften § 2

22.6.2005 – 3 K 1d/02 – juris Rn. 27; OVG Münster DVBl. 1980, 68) zwischen den ein Mitwirkungsverbot bewirkenden, durch ein „beachtliches Sonderinteresse" (VGH Mannheim NVwZ–RR 1993, 97) „individuelles Sonderinteresse" (OVG Münster NWVBl. 1995, 340 – außerhalb des Plangebietes) ausgelösten „unmittelbaren" oder „direkten" oder „massiven" Interessenkollisionen und den unschädlichen, völlig untergeordneten oder ganz entfernten Interessenkollisionen (BVerwG DVBl. 1971, 757 mAnm v. *Schrödter/Schmaltz* 764; VGH Kassel, NVwZ-RR 2014, 563; dazu *Wadhoff* JuS 2014, 1150; strenger *Krebs* VerwArch 1980, 181; *Glage* Mitwirkungsverbote in den Gemeindeordnungen, 1995; *Franckenstein* BauR 1999, 12; zur Befangenheit bei Ausweisung von Flächen für Windenergieanlagen *Frey/Stiefvater* NVwZ 2014, 249). Verstöße gegen kommunalverfassungsrechtliche Verfahrensvorschriften können nach kommunalverfassungsrechtlichen Vorschriften wie § 7 Abs. 6 NRWGO unbeachtlich sein oder behoben werden (*Hill* DVBl. 1983, 1; *Wilhelm* NVwZ 1984, 424; → Vorbem. §§ 214–216 Rn. 3, § 214 Rn. 3).

3. Aufstellungsbeschluss. Der Beschluss, einen Bauleitplan aufzustellen, setzt das 4 förmliche Planaufstellungsverfahren in Gang. Der **Aufstellungsbeschluss** ist für den späteren Bauleitplan keine Wirksamkeitsvoraussetzung (BVerwGE 79, 200). Ein Auslegungsbeschluss (§ 3 Abs. 2 S. 1) kann konkludent den Aufstellungsbeschluss einschließen (→ § 3 Rn. 12). Von welchem Gemeindeorgan der Aufstellungsbeschluss zu fassen ist und in welcher Art und Weise er ortsüblich bekannt zu machen ist, richtet sich nach Landesrecht (GO) und Ortsrecht (OVG Lüneburg Nds VBl. 1996, 110; *v. Komorowski/Kupfer* VBlBW 2003, 1 (2)). Ein nicht ordentlich bekanntgemachter Aufstellungsbeschluss ist keine förmliche Verfahrenseinleitung iS § 244 Abs. 1 (OVG Koblenz BauR 2007, 332). Der Aufstellungsbeschluss muss den Planbereich bezeichnen, jedoch keine Aussage über den Inhalt der beabsichtigten Planung enthalten (BVerwGE 51, 121 (127)). Zu den Anforderungen hinsichtlich der „Anstoßwirkung" (→ § 3 Rn. 14) VGH Mannheim VBlBW 1992, 420. Der bekannt gemachte Aufstellungsbeschluss ist bundesrechtlich nur Voraussetzung für den Beschluss einer Veränderungssperre (§ 14 – zur zulässigen gleichzeitigen Beschlussfassung BVerwG BauR 1989, 432), die Zurückstellung von Baugesuchen (§ 15 Abs. 1 S. 1), die vorläufige Untersagung (§ 15 Abs. 1 S. 2) und die vorgezogene Zulässigkeit von Vorhaben gem. § 33. Haben sich die dem Aufstellungsbeschluss zugrundeliegenden Verhältnisse wesentlich verändert, so sollte der Beschluss aufgehoben werden zB bei Erweiterung des Plangebiets, nicht aber bei Verkleinerung (OVG Hamburg BauR 2007, 1541 (1543)), es sei denn, es bestehen funktionale Verflechtungen des Restplans mit dem bisherigen Teilbereich (BVerwGE 133, 98, Rn. 36, 41). Abs. 1 S. 1 gilt auch für den Beschluss, einen Bauleitplan zu ändern, zu ergänzen oder aufzuheben (§ 1 Abs. 8), zB wegen nach § 214 Abs. 4 nicht behebbarer Fehler (BVerwGE 75, 142). Nach Landes- und Ortsrecht richten sich Art und Form der **ortsüblichen Bekanntmachung** (*Kohl* VBlBW 1988, 351; *Ziegler* VBlBW 1989, 201) und der **Ausfertigung** (krit. *Ziegler* DVBl. 2010, 291).

4. Ermittlung und Bewertung. Abs. 3 ist als allgemeine **Verfahrensgrund-** 5 **norm** konzipiert zur Ermittlung und Bewertung der Belange, die für die **Abwägung** nach § 1 Abs. 7 von Bedeutung sind (BT-Drs. 15/2250, 42; *Labrenz* DV 2010, 63; *Wickel/Bieback* DV 2006, 571; krit. *Berkemann* in Berkemann/Halama § 2 Rn. 64, 65, 80; *Pieper* Jura 2006, 817; s. a. VGH Mannheim, BauR 2015, 1089 (1091); *Martini/Finkenzeller* JuS 2012, 126; *Erbguth* NVwZ 2011, 935 zu EuGH NVwZ 2011, 929 – UVP-RL – Irland; *Kraft* NVwZ 2007, 304). Die Vorschrift soll entsprechend dem Verfahrensansatz des Unionsrechts (dazu *Kment* AöR 2005, 570 (572, 590)) die verfahrensrechtlichen Konsequenzen daraus verdeutlichen, dass die in § 1 Abs. 6 aufgeführten öffentlichen und privaten Belange für die konkrete Planungsentscheidung nach § 1 Abs. 7 abgewogen werden müssen. „Der Hinweis auf die Bedeutung für die Abwägungsentscheidungen soll klarstellen, dass sich aus der Verpflichtung zur Ermittlung der Belange in Abs. 3 keine Änderung zum geltenden Recht ergibt." BVerwGE

§ 2 I. Kapitel. I. Teil. Bauleitplanung

131, 100, Rn. 18, 20; *Uechtritz* SU, § 2 Rn. 64.5; krit. *Erbguth* in Erbguth/Kluth, Planungsrecht in der gerichtlichen Kontrolle, 2012, 103 (114); *R. Bach*, Die Abwägung gem. § 1 Abs. 7 BauGB nach Erlass des EAG-Bau, 2011, 154 ff.). Bevor die für die konkrete Planungsentscheidung bedeutsamen Belange gem. § 1 Abs. 7 rechtmäßig abgewogen werden können, müssen sie in einem ordnungsgemäßen Verfahren ermittelt und bewertet werden. Zum zu ermittelnden und zu bewertenden Abwägungsmaterial gehören alle die Unterlagen, die in der nachfolgenden Abwägung gem. § 1 Abs. 7 berücksichtigt oder nicht berücksichtigt werden müssen (OVG Münster NuR 2008, 210 (211)). Die zu ermittelnden und zu bewertenden Belange werden gewonnen in den Verfahren der auch die Umweltprüfung, insbesondere der Erstellung des Umweltberichts (§ 2 Abs. 4), der Durchführung der Öffentlichkeits- und Behördenbeteiligung gem. §§ 3–4a und der Erstellung der Begründung zum Planentwurf gem. § 2a. Der unionsrechtlich geprägte Wortlaut von Abs. 3 – Ermitteln und Bewerten – weicht von dem Wortlaut ab, der sich nach überkommener Dogmatik zum Abwägungsgebot entwickelt hat (s. BVerwGE 34, 301 (309); *Hoppe* in HBG § 7 Rn. 32–37; krit. *Hoppe* NVwZ 2004, 903 (910); *Stelkens* UPR 2005, 81 (88); ändert aber nichts an den Anforderungen das Abwägungsgebotes. § 214 Abs. 3 S. 2 (→ § 214 Rn. 16) (*Berkemann* in Berkemann/Halama § 2 Rn. 76; *Labrenz* DV 2010, 63 (78); *Bach*, Die Abwägung gem. § 1 Abs. 7 BauGB, 2011, 184 ff.). Zu den Ermittlungen nach § 2 Abs. 3 bei Sortimentsbeschränkungen OVG Koblenz NVwZ 2013, 749. Zu den Folgen eines Verstoßes gemäß § 2 Abs. 3 → § 214 Rn. 4.

6 **5. Umweltprüfung. a) Systematik.** Für die Umweltbelange (§ 1 Abs. 6 Nr. 7, § 1a) konkretisiert § 2 Abs. 4 die allgemeine Verfahrensnorm des § 2 Abs. 3 als integralen Bestandteil des Aufstellungsverfahrens in Gestalt der **Umweltprüfung (UP).** Die UP ist eine **verfahrensrechtliche** (BVerwG, NVwZ 1996, 788; *Schink*, UPR 2014, 408; weitergehend *Erbguth*, ZUR 214, 515 (519) **Vorabprüfung** der in der Abwägungsentscheidung zu berücksichtigenden Umweltbelange. Die **Definition** der UP in Abs. 4 S. 1 knüpft an Art. 2 Buchstabe b der RL 2001/42/EG an. Diese RL und die SUP-RL 2001/42/EG bilden den Kern des unionsrechtlichen Umweltverfahrensrecht, das im Wesentlichen durch das UVP-G umgesetzt wird, § 17 UVP-G enthält eine vorrangige Verweisung auf das BauGB. Die Integrationslösung des § 2 Abs. 4 fasst die Anforderungen der projektbezogenen UVP und der planbezogenen strategischen Umweltprüfung zu einer umfassenden Umweltprüfung zusammen (krit. *Köppel/Rehhausen* u. a. in Mitschang (Hg.) Update: Aktuelle Anforderungen des Umweltschutzes in der Bauleitplanung 2015, S. 9). § 2 Abs. 4 berücksichtigt noch nicht die UVP-Änderungsrichtlinie 2014/52/EU, die bis zum 16. Mai 2017 umgesetzt werden muss. Dazu Rechtsgutachten zur Umsetzung der UVP-Änderungsrichtlinie im Baugesetzbuch im Auftrag des BBSR erstattet durch *Battis/Moench/Uechtritz/Mattes/von der Groeben*, März 2015. Zur Reform des Unionsrechts durch die UVP-Änderungsrichtlinie *Sangenstedt*, ZUR 2014, 526; *Wagner*, EurUP 2014, 122; *Bunge*, NVwZ 2014, 1257; *Schink*, UPR 2014, 408; *Mitschang*, ZfBR 2015, 432; *ders.* in Mitschang Update S. 255. Die UVP-Änderungsrichtlinie erfordert zahlreiche Detailänderungen, zB ausdrücklicher Einbezug der Schutzgüterfläche, biologische Vielfalt oder den Einbezug schwerer Unfälle und Katastrophen, stellt aber die Integrationslösung nicht in Frage. Art. 1 Abs. 2 g) der Richtlinie 2014 52/EU schreibt der Gemeinde Verfahrensschritte vor: Ausarbeitung eines Berichts über die Umweltverträglichkeitsprüfung durch den Projektträger, das ist die Kommunalverwaltung, Durchführung von Konsultationen, Prüfung der im Rahmen des UVP-Berichts vorgelegten Informationen und erforderlichenfalls vorgelegten ergänzenden Informationen sowie der aus den Konsultationen gewonnenen einschlägigen Informationen durch die Gemeindevertretung, begründete Schlussfolgerung in Bezug auf die erheblichen Auswirkungen des Projekts = Bauleitplans auf die Umwelt sowie Integration der begründeten Schlussfolgerung in den Beschluss über den Bauleitplan. Ist eine Umweltverträglichkeitsprüfung durchzufüh-

1. Abschnitt. Allgemeine Vorschriften § 2

ren, so verpflichtet Art. 5 Abs. 1 der Änderungsrichtlinie den Projektträger dazu, einen UVP-Bericht durchzuführen. Art. 5 Abs. 2 und 3 regeln detailliert die bereitzustellenden Informationen. § 2 Abs. 4 BauGB enthält bereits jetzt die zentralen Elemente des alten und des neuen Unionsrechts,, nämlich UP, Umweltbericht und materiellrechtliche Pflicht zur Berücksichtigung in der Abwägung. §§ 3–4a regeln die Konsultationen, § 2 Abs. 3, § 4a Abs. 1 die Berücksichtigung der Ergebnisse der Konsultationen, § 2a S. 2, § 10 Abs. 3 S. 4 die Unterrichtung über die Entscheidung. § 2 Abs. 4 beschränkt sich nicht nur auf die Vorgaben der RL 2001/42/EG, sondern erfasst in § 1 Abs. 6 Nr. 7, § 1a auch **weitere** umweltrelevante unionsrechtliche oder nationale **Vorgaben,** zB Bodenschutz, FFH-Gebiete, Ausgleich naturschutzrechtlicher Ausgleichsmaßnahmen. Dadurch verwirklicht § 2 Abs. 4 zugleich den integrativen Ansatz des Unionsrechts. Demgemäß ist die UP das **Trägerverfahren** für alle bauleitplanerischen Umweltverfahren, wie die naturschutzrechtliche Eingriffsregelung, die FFH-Prüfung und die Projekt-UVP (*Mitschang/Wagner* DVBl. 2010, 1257 (1259); krit. *Spannowsky* in Spannowsky/Krämer, Die BauGB-Novelle 2004, 2003, 88). Auf diese Weise sollen Doppelprüfungen vermieden werden; zu Grenzen der Tauglichkeit als einheitliches Trägerverfahren in Fällen der §§ 13, 34 Abs. 4 S. 1 Nr. 1, 34 Abs. 4 S. 1 Nr. 2 und § 35 Abs. 6 s. *Uechtritz* BauR 2005, 1859 (1861); zur Entwicklung der UVP *Erbguth,* ZUR 2014, 515; *Schink,* DV 2014, 320; zur Umsetzung in anderen EU-Mitgliedsstaaten *Mitschang* (Hg.), Urban Planning Law under EU influence 2011; *Geißler/ Odparlik* u. a. in Mitschang (Hg.) Update S. 157. EuGH, DVBl 2013, 777 Anm v. *Stüer/Garbrock* unterstreicht die Bedeutung der UP.

b) Regel-/Ausnahmeverfahren. § 2 Abs. 4 S. 1 schreibt für den Regelfall der 7 Aufstellung von Bauleitplänen verbindlich und einheitlich das Verfahren der UP vor. Ausnahmen sind nur nach § 13 Abs. 1 Nr. 1 – vereinfachtes Verfahren – und gem. § 13a – Bebauungsplan der Innenentwicklung – zulässig (→ Rn. 8). Gem. § 2 Abs. 4 S. 2 hat die Gemeinde zunächst für jeden Bauleitplan festzulegen in welchem Umfang und Detaillierungsgrad die Ermittlung der Belange für die Abwägung erforderlich sind. Dieses sog. Scoping ist für das Regelverfahren nach § 2 Abs. 4 verbindlich vorgegeben. Eine Vorprüfung im Einzelfall (das sog. Screening iSd Art. 3, 5 der RL 2001/ 42/EG), ob ein UP-Verfahren zu eröffnen ist oder nicht, entfällt beim Regelverfahren. Anders ist dies in den Ausnahmefällen nach § 13, 13a. Zur Praxis der UP in der Bauleitplanung *Schrödter* LKV 2008, 109; *Kment* UPR 2007, 85 – *Schwarz,* Die Umweltprüfung in gestuften Planungsverfahren, 2011, 196 ff.; *Schwarz* in Mitschang (Hrsg.), Bauen und Naturschutz, 2011, 139; *Mitschang* in Spannowsky/Hofmann (Hrsg.), UP in der Bauleitplanung, 2006, 13; *Ingenthron ua,* 45, 109, 125; *Bunzel,* Umweltprüfung in der Bauleitplanung – DIFU Arbeitshilfe, 2. Aufl. 2010. Weder die Ausdifferenzierung der Umweltbelange in § 1 Abs. 6 noch die Pflicht eine UP durchzuführen, verändern den materiellen Gehalt der in der Abwägungsentscheidung zu berücksichtigenden Umweltbelange. Die unionsrechtlich beförderte Weiterentwicklung von der primär bebauungsbezogenen zur stärker umweltbezogenen Bauleitplanung verändert nicht die Struktur des verfassungsrechtlich vorgegebenen Abwägungsgebots. Die Umweltbelange der §§ 1 Abs. 6 Nr. 7 und 1a erhalten als solche keinen höheren Stellenwert als andere Belange, weder durch Art. 20a GG noch durch die Richtlinie 2001/ 42/EG (s. *R. Bach,* Die Abwägung gem. § 1 Abs. 7 BauGB 2011, 193 ff., 2010; → § 1 Rn. 64 ff., § 1a Rn. 5). Nachhaltigkeit ist auch nicht der übergeordnete Leitbegriff der Bauleitplanung (so aber *A. Wieneke,* Nachhaltigkeit als Ressourcennutzungskonzept für die Bauleitplanung, 2006, 242). § 1 Abs. 5 S. 1 spricht einschränkend von nachhaltiger **städtebaulicher** Entwicklung. Die verfahrensrechtliche Ausdifferenzierung kommt in der Praxis der Intensität der Beschreibung und Bewertung der Umweltbelange zugute und stärkt ihre Berücksichtigung in der Abwägung (s. a. *Berkemann* in Berkemann/Halama § 2 Rn. 149). Dem entspricht das Leitbild der nachhaltigen europäischen Stadt iS der Leipzig Charta (s. a. *Kersten* in Kahl, Nachhaltigkeit als Verbund-

begriff, 2008, 396 (414)). Die Richtlinie 2001/42/EG ist für **Fachplanungen** durch das Gesetz zur Einführung einer strategischen Umweltprüfung (SUPG) vom 26.6.2005 (BGBl. I S. 1746) umgesetzt worden (dazu *Sydow* DVBl. 2006, 65; Die Kernelemente der UP nach § 2 Abs. 4 hat § 9 ROG für das Raumordnungsverfahren übernommen. (*Uebbing*, Umweltprüfung bei Raumordnungsplänen, 2004; *Grotefels* in Mitschang (Hrsg.), Umweltprüfverfahren, 19 – Regionalplanung).

8 Gesetzliche **Ausnahmen von der grundsätzlichen UP-Pflicht** sind gestützt auf Art. 3 Abs. 3 der RL 2001/42/EG das **vereinfachte Verfahren** (§ 13 BauGB) einschließlich des Falles von § 33 Abs. 3, die Innenbereichssatzungen nach § 34 Abs. 4 S. 1 Nr. 2 und 3 und die Außenbereichssatzung (§ 35 Abs. 6) sowie das **beschleunigte Verfahren** für **Bebauungspläne der Innenentwicklung** (§ 13a). § 13 und § 13a sind normative Ausnahmeregelungen iS von Art. 3 Abs. 5 S. 1 der Richtlinie. Anders als das Regelverfahren nach § 2 Abs. 4 bedürfen sie einer Vorprüfung im Einzelfall, ob eine UP erforderlich ist. Dieses Screening fungiert jedoch nicht wie bei der SUP als Verfahrenseröffnungsentscheidung (dazu *Battis/Ingold* LKV 2007, 433). Bauleitpläne nach § 13 dürfen keine erheblichen Umweltauswirkungen haben, insbesondere nicht im Hinblick auf Art und Größe der in ihrem Rahmen zulässigen Projekte, auf die Bedeutung der Pläne für die Einbeziehung von Umwelterwägungen, die relevanten Umweltprobleme etc. Es muss sich um **bestandssichernde Bauleitpläne** handeln, bei denen von vornherein keine erheblichen Umweltauswirkungen zu erwarten sind (s. a. *Pietzcker*, Gutachten zum Umsetzungsbedarf bei der Plan-UP-RL der EG im Baugesetzbuch, 2002, 66). Auch durch die Aufstellung eines Bebauungsplans in einem Gebiet nach § 34 darf der sich aus der vorhandenen Eigenart der Umgebung ergebende Zulässigkeitsmaßstab nicht wesentlich verändern, damit es bei der Bestandssicherung bleibt. § 33 Abs. 3 beschränkt die materielle Planreife auf Verfahren nach § 13 (BT-Drs. 15/2996, 92). Bei Bebauungsplänen mit einer Grundfläche bis unter 20 000 Quadratmetern entfällt die UP-Pflicht generell (§ 13a Abs. 1 Nr. 1). Bei Bebauungsplänen ab 20 000 bis unter 70 000 Quadratmetern bedarf es einer überschlägigen Vorprüfung, die die Einschätzung erlaubt, dass der Bebauungsplan voraussichtlich keine erheblichen Umweltauswirkungen haben wird. § 13a genügt dem Unionsrecht (BVerwG, BauR 2014, 1808 zu § 13a Abs. 3 Nr. 1; *Beiblen* VBlBW 2014, 287; *Krautzberger* DVBl 2014, 270 (275); s. auch EuGH, DVBl 2013, 777 mit Anm. v. *Stüer/Garbrock*, aA *Götze/Müller* ZUR 2008, 8 (10). Zu Anforderungen der UVP-Änderungsrichtlinie s. *Schink*, UPR 2014, 408 (416); *Bunge*, NVwZ 2014, 1257 (1259) → § 13a Rn. 8). Obwohl unionsrechtlich in diesem Fall keine UP-Pflicht besteht, wurde die Außenbereichssatzung auch auf § 13 ausgerichtet (BT-Drs. 15/2996, 94). Für die förmliche Festlegung von Sanierungsgebieten und Entwicklungsbereichen bedarf es nach Unionsrecht keiner UP (s. *Krautzberger* in EZBK § 2 Rn. 180; einschränkend *Pietzcker/Fiedler* DVBl. 2002, 929). Keine UP-Pflicht besteht schließlich für informelle Planungen, wie die nach § 1 Abs. 6 Nr. 11. Zum **Übergangsrecht** s. § 233 Abs. 2.

9 c) **Ermittlung. aa) Umfang und Gegenstand.** Gemäß § 2 Abs. 4 S. 1 hat die Gemeinde als Erstes die voraussichtlichen erheblichen Umweltauswirkungen zu **ermitteln**. Diese Ermittlung ist notwendige Voraussetzung für eine sachgerechte Zusammenstellung des Abwägungsmaterials iS von § 2 Abs. 3. Die Ermittlung ist notwendiger Bestandteil des Aufstellungsverfahrens. § 2 Abs. 4 S. 2 ermächtigt die Gemeinde, **Umfang** und **Detaillierungsgrad** der für den jeweiligen Bauleitplan erforderlichen Ermittlungen festzulegen – Scoping. Die Gemeinde ist verantwortlich für diesen Verfahrensschritt, der Erfolg und Effizienz der weiteren Verfahrensschritte orientiert an den Anforderungen des Umweltberichts (§ 2a S. 1 Nr. 2) steuert (s. a. *Kment* UPR 2007, 85 (86)). Bei der Festlegung des erforderlichen Umfangs und Detaillierungsgrads sowie der Methode haben die gem. § 4a Abs. 1 zu beteiligenden Behörden die Gemeinde entsprechend zu unterrichten. Den für die Praxistauglichkeit

ausschlaggebenden Umfang der Ermittlung steuert § 2 Abs. 4 S. 1 über die Kriterien Erheblichkeit, Voraussehbarkeit und Abwägungsbeachtlichkeit der Umweltauswirkungen. Das **Erheblichkeitskriterium** in Abs. 4 S. 1 ist auf die spezifischen Voraussetzungen wie Art, Größe, Standard, Verkehrsaufkommen der durch den Plan eröffneten Nutzungen und die jeweiligen Auswirkungen auf die im Plangebiet vorhandenen Wertigkeiten und Vorbelastungen des Einzelfalls ausgerichtet. Die Gemeinde hat insoweit eine Einschätzungsprärogative. Die Beschränkung auf voraussichtlich erhebliche Umweltauswirkungen wirkt einer ausufernden spekulativen Prognose entgegen. **Gegenstand** der Ermittlungen sind die Belange des Umweltschutzes nach § 1 Abs. 6 Nr. 7 und § 1 a. Der umfangreiche Katalog der Umweltbelange nach § 1 Abs. 6 Nr. 7 verdeutlicht, dass die UP entsprechend den gemeinschaftsrechtlichen Vorgaben als ein **integratives Verfahren** ausgestaltet ist, welches einen medien- bzw. schutzgüterübergreifenden Ansatz erfordert. Die Belange sind in ihrem Wirkungsgefüge zwischen den negativen, aber auch den positiven Auswirkungen zB auf Tiere, Pflanzen, Boden, Wasser, Luft, Klima zu betrachten (dazu bereits BVerwG BauR 2000, 239). § 1 Abs. 6 Nr. 7, § 1 a beschränken die UP nicht auf rein naturschutzrechtliche Aspekte. Der umfassende Ansatz bezieht die umweltbezogenen Auswirkungen auf Menschen (c), Kultur- und Sachgüter (d) mit ein. Die Prüfung der Umweltauswirkungen erfasst aber nicht ökonomische, soziale und allgemein politische Aspekte (s. a. *Uechtritz* BauR 2005, 1859 (1870)).

bb) Vorgehensweise. Die Vorgehensweise der Gemeinde bei der Ermittlung der voraussichtlich erheblichen Umweltauswirkung wird in Nr. 2 der **Anlage 1 zum Baugesetzbuch** näher strukturiert, und zwar hinsichtlich der Bestandsaufnahme der Umwelt (status quo, Nr. 2 der Anlage), der Prognose der künftigen Entwicklung (Nr. 2b der Anlage), der Prüfung der Maßnahmen zur Vermeidung, Verringerung und zum Ausgleich der nachteiligen Auswirkungen (Nr. 2c der Anlage) und daraus folgend, der Alternativenprüfung (Nr. 2d der Anlage). 10

cc) Angemessenheit. Abs. 4 S. 3 zielt auf die sachgerechte Handhabbarkeit der UP. Sie muss sich nur auf das beziehen, was nach gegenwärtigem Wissensstand und allgemein anerkannten Prüfmethoden sowie nach Inhalt und Detaillierungsgrad des Bauleitplans angemessenerweise verlangt werden kann. Der Rekurs auf die **Angemessenheit** wirkt überzogenen selbstzweckhaften Ermittlungen entgegen. Insoweit kann auf die Rechtsprechung zur UVP-Prüfung zurückgegriffen werden (BVerwGE 100, 370). Dazu heißt es: „Die Tatsache, dass der Gemeinschaftsgesetzgeber die Pflicht und den rechtlichen Rahmen für die Durchführung der UVP vorgeschrieben hat, legt nicht schon den Grundstein für eine verbesserte Methodik der Ermittlungen und der Bewertung von Umweltauswirkungen. Was auf diesem Feld die Wissenschaft (noch) nicht hergibt, vermag auch eine UVP nicht zu leisten. Von der Behörde kann nicht mehr verlangt werden, als dass sie die Annahmen zugrunde legt, die dem allgemeinen Kenntnisstand und den allgemein anerkannten Prüfmethoden entsprechen. Die UVP ist nicht als Suchverfahren konzipiert, das dem Zweck dient, Umweltauswirkungen aufzudecken und die sich der Erfassung mit den herkömmlichen Erkenntnismitteln entziehen." 11

dd) Abschichtung. Die **Abschichtungsregelung** des § 2 Abs. 4 S. 5 soll überflüssige Doppelprüfungen vermeiden, indem der Umfang der erforderlichen Ermittlung wegen Umweltprüfungen in anderen Planungsstufen auf andere oder zusätzliche Auswirkungen beschränkt wird; ausführlich *Schwarz*, Die Umweltprüfung in gestuften Planungsverfahren, 2011. So kann eine Umweltprüfung auf der Ebene der Raumordnungsplanung (§ 9 ROG; dazu Difu-Planspiel, 2008, 56) für die Flächennutzungsplanung abschichtend wirken, ebenso die Umweltprüfung auf der Ebene der Flächennutzungsplanung für einen Bebauungsplan, auch und gerade für einen gem. § 8 Abs. 2. Zu dieser vertikalen Abschichtung s. *Grotefels* in Mitschang (Hrsg.), Um- 12

weltprüfverfahren in der Stadt- und Regionalplanung, 19 (28). Umgekehrt können die Ergebnisse einer auf niedrigerer Ebene vorgenommenen Umweltprüfung auf sich anschließenden höheren Ebenen berücksichtigt werden. Zum Beispiel kann bei der Änderung eines Flächennutzungsplans eine aktuelle Umweltprüfung aus einem Bebauungsplanverfahren für das entsprechende Gebiet genutzt werden. Abs. 4 S. 5 setzt stets einen hinreichenden Konkretisierungsgrad der jeweiligen abschichtenden Planungsstufe für die jeweilige Umweltbelange voraus. Die Abschichtung ist auch nicht möglich, wenn durch Zeitablauf die frühere UP an Aussagekraft verloren hat. § 17 Abs. 3 UPVG erlaubt die Abschichtung zwischen Bebauungsplan und nachfolgenden Zulassungsverfahren einschließlich der Baugenehmigung (s. a. *Krautzberger/Stüer* DVBl. 2004, 914 (922); *Schrödter* § 2 Rn. 180). Der Ermittlungsaufwand kann schließlich gem. Abs. 4 S. 6 auch dadurch beschränkt werden, dass die Bestandsaufnahmen anderer **umweltrelevanter Fachplanungen** (s. § 1 Abs. 6 Nr. 7 Buchstabe g) Landschaftspläne (dazu *Bunge* in Spannowsky/Hofmeister 63; *Mitschang* in BK § 2 Rn. 116) und Pläne des Wasser-, Abfall- und Immissionsschutzrechts herangezogen werden – horizontale Abschichtung; dazu *Grotefels* in Mitschang, Umweltprüfverfahren in der Stadt- und Regionalplanung, 30. Zur wünschenswerten Einbindung bestehender (aktueller) Landschaftspläne in einen Flächennutzungsplan oder bei der jeweils parallelen Ausstellung, uU flankiert durch die Aufnahme in ein kommunales Umweltinformationssystem *Kment* UPR 2007, 85. Möglich ist auch eine (teilweise) Abschichtung zur Vorhabenszulassung zB einer Baugenehmigung soweit die LBO, wie europarechtlich geboten, eine UP ermöglicht (dazu *Upmeier* BauR 2004, 1382 (1385); *Hamann* ZfBR 2006, 537).

12a **d) Rechtsschutz.** Unterbleibt rechtswidrig eine UP, so fehlt es nach traditionellem Verständnis an einer Antragsbefugnis gem. § 47 Abs. 1 VwGO; *Lecheler* NVwZ 2005, 1156. Eine unionsrechtliche Herleitung der Antragsbefugnis liegt jedoch bei hinreichender Schwere des Fehlers nahe (s. a. EuGH NVwZ 2004, 517 – Wells; *Scheidler* NVwZ 2005, 863; OVG Lüneburg NuR 2008, 576 (578); *Stüer/Stüer,* BauR 2014, 1392 (1400); *Halama* in: Berkemann/Halama, § 4 Rn. 32; *Otto,* ZfBR 2005, 21; aA *Waechter* ZfBR 2006, 140). Auch nach EuGH, NVwZ 2011, 673 – Braunbären, dazu *Berkemann* DVBl 2013, 1137; *Künzler* SächsVBl. 2013, 239, der eine gegenüber dem deutschen Recht erweiterte Verbandsklage durchgesetzt hat (s. auch BVerwG, DVBl 2012, 1568 – Trianel; *Gellermann,* DVBl 2013, 1341; *Gärditz,* NVwZ 2014, 1; *Ziekow,* NuR 2014, 229; EuGH, ZUR 2015, 35; dazu krit. *Berkemann,* ZUR 2015, 221), ist umstritten, ob eine Individualklage wegen eines Verstoßes gegen die UP-Pflicht unionsrechtlich zwingend vorgegeben ist (dazu *Klinger* ZUR 2014, 535; s. auch zum Umwelt-Rechtsbehelfsgesetz *Greims,* Rechtsschutz bei Verfahrensfehlern im Umweltrecht, 2015; *dies.,* BayVBl. 2014, 517; zur Klagebefugnis eines Umweltverbandes gegen Luftreinhalteplanung BVerwGE 147, 312; dazu *Schlacke* DVBl. 2015, 99; EuGH, UPR 2015, 304 bejaht Klagebefugnis von Nachbarn bei unterbliebener UVP; OVG Münster, NuR 2014, 1415; *Schunder,* FS Dolde, 2014, S. 597. OVG Münster, NuR 2015, 337 bejaht eine Pflicht zur Durchführung einer UVP. Auch gegen einen Bebauungsplan, der sich auf eine Angebotsplanung für UVP-pflichtige Vorhaben beschränkt, ist die Normenkontrolle durch einen Umweltverband gemäß §§ 3, 5 Abs. 2 UmwRG zulässig (OVG Koblenz, DVBl 2015, 42). OVG Münster, DVBl. 2015, 993 bejaht die Rügefähigkeit von Verstößen gegen § 4 Abs. 1 iVm Abs. 3 UmwR für Individualklage; allgemein zum Funktionswandel der Verwaltungsgerichtsbarkeit *Rennert* DVBl. 2015, 793. Die unionsrechtlich intendierte Prozeduralisierung des Verfahrensrechts ist ein Beleg für den Funktionswandel des Verwaltungsrechtsschutzes (s. a. *Pernice,* JZ 2015, 967). EuGH NVwZ 2015, 1665 hat die Bedeutung der UVP gem. Art. 11 RL 2011/92/EU, Art. 25 RL 2010/75/EU durch Umkehr der Beweislast hinsichtlich der Notwendigkeit einer UVP aufgewertet, die Präklusionsregelung in § 2 Abs. 3 UmwRG, § 73 Abs. 6 VwVfG verworfen,

aber anders als GA Wathelet, NuR 2015, 452, das Erfordernis der Verletzung eigener Rechte gem. § 113 Abs. 1 VwGO für Bürger nicht beanstandet (dazu *Keller/Bövekamp* NVwZ 2015, 1672; *Frenz* NuR 2015, 832; *Held* DVBl 2016, 12; s. a. *Reidt* § 10 Rn. 18, Vorb. §§ 29–38 Rn. 29, 31). OVG Münster, NuR 2015, 337 bejaht eine Pflicht zur Durchführung einer UVP). Zur Entschädigung wegen fehlender UP, EuGH NVwZ 2013, 565; dazu *Kümper* DVBl 2015, 869.

6. Umweltbericht. a) Systematik. Übereinstimmend mit altem und neuem **13** Unionsrecht bestimmt § 2 Abs. 4 S. 1 den **Umweltbericht** zum zentralen Element der UP. Die **Anlage 1** zu § 2 Abs. 4 und 2a strukturiert detailliert die Vorgehensweise der Gemeinde bei der Erstellung des Umweltberichts. Im Umweltbericht sind die ermittelten, voraussichtlich erheblichen Umweltauswirkungen zu beschreiben und zu bewerten (s. a. Anlage 1 zu § 2 Abs. 4 u. § 2a Nr. 2, s. a. VGH Kassel, NuR 2012, 644). Anders als Art. 5 Abs. 1 RL 2001/42/EG trennt Abs. 4 S. 1 nicht zwischen Ermittlung und Beschreibung und Bewertung im Umweltbericht. Diese Abweichung in der Wortwahl ist jedoch unerheblich, da der Umweltbericht Teil der UP ist und die Ermittlungen notwendigerweise der Bewertung und der Darstellung vorausgeht. Der Umweltbericht soll dokumentieren, dass die Gemeinde die verfahrensrechtlichen Anforderungen an die Ermittlung und Bewertung der abwägungserheblichen Umweltbelange erfüllt hat. Die Anlage 1 zu § 2 Abs. 4 und § 2a gibt den Inhalt für den Umweltbericht vor. Im Einzelfall können über diesen Katalog hinausgehende vorhabenspezifische Angaben erforderlich sein (s. a. *Krautzberger* in EZBK § 2 Rn. 190). Da die UP als Trägerverfahren für die Ermittlung und Bewertung aller umweltrechtlichen Vorgaben konzipiert ist, werden zB auch die Vorgaben der naturschutzrechtlichen Eingriffsregelungen und der FFH-Richtlinie im Umweltbericht beschrieben und bewertet. Diese können im Einzelfall durchaus der wichtigste Teil des Umweltberichts sein (s. a. *Krautzberger* in EZBK § 2 Rn. 192). Zum Verhältnis des Umweltberichts zur **Begründung** nach § 2a S. 1 Nr. 2 → § 2a Rn. 3. Auf Grund der Öffentlichkeits- und Behördenbeteiligung kann sich die Pflicht ergeben, auch den Umweltbericht zu aktualisieren (*Mitschang*, BK § 2a Rn. 40a; aA *Schmidt-Eichstaedt* ZfBR 2005, 751 (753)). Es empfiehlt sich, einen wesentlich geänderten Umweltbericht erneut anzulegen (*Krautzberger* in EZBK § 4a Rn. 25; *Schrödter* LKV 2006, 251 (253); → § 4a Rn. 4; → § 4a Rn. 2). Die Erstellung eines Umweltberichts kann auch vertraglich nach § 11 Abs. 1 S. 2 Nr. 1 vereinbart werden.

b) Bewertung. Gem. § 2 Abs. 4 S. 1 sind die ermittelten Umweltbelange zu be- **14** werten. Auch die **Bewertung** im Rahmen der UP betrifft nur umweltbezogene Belange. Bewertungsmaßstäbe sind die Vorschriften des Baugesetzbuchs, die die Berücksichtigung der umweltschützenden Belange in der planerischen Abwägung regeln. Das können je nach Einzelfall sein: Umweltbezogene Ziele der Raumordnung (§ 1 Abs. 4), die allgemeinen Ziele des § 1 Abs. 5 S. 2, die Bodenschutzklausel (§ 1a Abs. 2), die naturschutzrechtliche Eingriffsregelung (§ 1a Abs. 3), die Erhaltungsziele und der Schutzzweck von Gebietsausweisungen von gemeinschaftlicher Bedeutung und der Europäischen Vogelschutzgebiete gem. §§ 32 ff. BNatSchG, die in Fachgesetzen und Fachplänen des Naturschutz-, Wasser-, Abfall- und Immissionsschutzrechts festgelegten Ziele des Umweltschutzes, soweit sie für den Bauleitplan von Bedeutung sind (§ 1 Abs. 6, Nr. 7 Buchstabe e), der Trennungsgrundsatz des § 50 BImSchG sowie die übrigen immissionsschutzrechtlichen Regelungen und technischen Normen. Hinsichtlich des Umfangs und Detaillierungsgrads gilt das Angemessenheitsgebot des § 4 Abs. 3 (→ Rn. 11).

c) Anlage 1 zu § 2 Abs. 4, § 2a. Die noch geltende Fassung der **Anlage 1 zu § 2** **15** **Abs. 4, § 2a** setzt den Anhang I der RL 2001/42/EG um. Die Anlage ist ein **Muster** für Gliederung und Inhalt des Umweltberichts und zugleich ein Prüfungsschema für die Zusammenstellung des umweltbezogenen Abwägungsmaterials. Die in der Anlage enthaltene Gliederung ist nicht verbindlich, ihre Einhaltung aber zweckmäßig.

Die Anlage veranschaulicht, was kraft Gesetzes im Umweltbericht als Ergebnis konkreter Prüfschritte enthalten sein muss. Der Umweltbericht besteht aus drei Teilen nämlich der Einleitung, der Beschreibung und Bewertung sowie drei zusätzlichen Angaben.

16 Die **Einleitung** besteht aus zwei Teilen. Der erste Teil, die Einleitung, besteht aus einer Kurzdarstellung des Inhalts und der wichtigsten Ziele des jeweiligen Bauleitplans einschließlich der Beschreibung der Festsetzungen des Plans mit Angaben über Standorte, Art und Umfang sowie Bedarf an Grund und Boden der geplanten Vorhaben (a) und der Darstellung der in den einschlägigen Fachgesetzen und Fachplänen festgelegten Ziele des Umweltschutzes, die für den jeweiligen Bauleitplan von Bedeutung sind und der Art, wie diese Ziele und die Umweltbelange bei der Aufstellung berücksichtigt wurden (b) soweit zum Verständnis erforderlich sind. Der Rekurs auf die in den jeweiligen Fachgesetzen und Fachplänen festgelegten Ziele soll die Darstellung von überzogenen Anforderungen freihalten außer den Festsetzungen nach § 9 auch Darstellungen nach § 5 kurz zu erläutern (*Krautzberger* in EZBK § 2 Rn. 198; *Mitschang* in BK § 2 Rn. 329).

17 Der zweite und wichtigste Teil enthält die Beschreibung und prognostizierende Bewertung der Umweltauswirkungen, die in der Umweltprüfung nach § 2 Abs. 2 S. 4 ermittelt wurden mit Angaben der
a) Bestandsaufnahme der einschlägigen Aspekte des derzeitigen Umweltzustands einschließlich der Umweltmerkmale der Gebiete, die voraussichtlich erheblich beeinflusst werden,
b) der Prognose über die Entwicklung des Umweltzustands bei Durchführung der Planung und bei Nichtdurchführung der Planung,
c) die geplanten Maßnahmen zur Vermeidung, Verringerung und zum Ausgleich der nachteiligen Auswirkungen zB Auswirkungen auf Tier- und Pflanzenwelt, Grundwasser, Abfall, Lärmbelästigungen, Schutzgebiete (dazu *Jessel* UPR 2004, 408 (413)) und
d) die in Betracht kommenden anderweitigen Planungsmöglichkeiten, wobei die Ziele des räumlichen Geltungsbereichs des Bauleitplans zu berücksichtigen sind; zur Prüfung von Alternativen in der UP *Spannowsky* in Mitschang (Hrsg.), Umweltprüfverfahren in der Stadt- und Regionalplanung, 89; *Kment* DVBl. 2008, 364 – zu § 14g Abs. 1 S. 2 UVPG. Prüfungstiefe und – davon abhängig – Ermittlungsaufwand sollten schon im Scopingverfahren festgelegt werden. Die Untersuchungstiefe hängt vor allem vom Grad der Beeinträchtigung ab. Doch einzubeziehen sind auch Alternativen, die sich nicht auf den ersten Blick aufdrängen (BVerwGE 117, 149 (160)).

Inhaltlich wird durch die Anlage für das zu beschreibende und zu bewertende Abwägungsmaterial nicht mehr als nach bisherigem Recht vorgeschrieben. Neu ist nur die Form der Darstellung (s. a. *Krautzberger* in EZBK § 2, Rn. 202). Die Beschreibung der voraussichtlichen Entwicklung bei Nichtdurchführung des Bauleitplans zielt auf die so genannte Nullvariante (dazu *Kuschnerus*, Der sachgerechte Bebauungsplan, 3. Aufl. 2004, Rn. 488; *Halama*, in Berkemann/Halama § 2a Rn. 34f. – keine Pflicht zur umfassenden, jede theoretisch mögliche Alternative zu erfassende, wohl aber zur vernünftigen Alternativenprüfung; *Schink*, SU, § 2a Rn. 59; s. jetzt auch Art. 5 Abs. 1 Unterabschn. 1 d UVP-Änderungsrichtlinie „vernünftige Alternativen"). Nach Maßgabe des jeweiligen Standes sind bei 2b bilanzierende Vorstellungen zwischen Eingangslage und Ausgleichslage zu entwickeln (*Halama* in Berkemann/Halama § 2a Rn. 29).

18 Die **zusätzlichen Angaben** nach Nr. 3 der Anlage sind
a) die Beschreibung der wichtigsten Merkmale der verwendeten technischen Verfahren bei der Umweltprüfung, zB TA-Lärm, DIN 18005, Teil I, GIRL; sowie Hinweise auf Schwierigkeiten, die bei der Zusammenstellung der Angaben aufgetreten sind, zB technische Lücken oder fehlende Kenntnisse, zB fehlende verbindliche Grenzwerte (dazu *Halama* in Berkemann/Halama § 2a Rn. 39),

1. Abschnitt. Allgemeine Vorschriften §2

b) die Beschreibung der geplanten Maßnahmen zur Überwachung der erheblichen Auswirkungen der Durchführung des Bauleitplans auf die Umwelt und
c) die allgemein verständliche Zusammenfassung der erforderlichen Angaben nach der Anlage zu § 2 Abs. 4 und § 2a Nr. 3a ergänzt die obligatorische Beschreibung um besondere technische Details des Vorhabens, der Hinweis auf Schwierigkeiten soll die beteiligten Behörden und die Öffentlichkeit anregen, bestehende (technische) Kenntnislücken zu schließen. Die Beschreibung der geplanten Überwachungsmaßnahmen dient der Vorbereitung des **Monitoring** nach § 4c; zu den Anforderungen BVerwG NVwZ 2006, 826 – Windenergie; zur Neufassung gemäß Art. 8a Abs. 4 UVP-Änderungsrichtlinie S. § 4c Rn. 1. Die noch gültige Fassung setzt Anhang I Buchstabe j der RL 2001/42/EG um. Sie § 2a Abs. 3 aF verdeutlicht die unionsrechtlich vorgegebene Ausrichtung des Verfahrens auf Transparenz und Öffentlichkeitsbeteiligung. Die Angaben nach § 3c ersetzen nicht die zusammenfassende Erklärung nach § 6 Abs. 5 S. 3. Zum variablen Zeitpunkt der Erstellung der allgemeinverständlichen Zusammenfassung → § 2a Rn. 3; → § 2a Rn. 3 auch zur Pflicht, den Umweltbericht fortzuschreiben.

d) Berücksichtigung der UP in der Abwägung. Anknüpfend an Art. 8 der 19 Richtlinie 2001/42/EG (und künftig des Art. 8 UVP-Änderungsrichtlinie „gebührend zu berücksichtigen") bestimmt **§ 2 Abs. 4 S. 4** klarstellend, dass das Ergebnis der verfahrensrechtlichen UP in der nachfolgenden (materiellrechtlichen) Abwägung zu berücksichtigen ist. Dies folgt zwingend aus dem Abwägungsgebot (§ 1 Abs. 7) und der Verfahrensgrundnorm des in § 2 Abs. 3. Der Umweltbericht bereitet die für die Abwägung beachtlichen Belange des Umweltschutzes (Abwägungsmaterial) nur auf. Die Abwägung kann dazu führen, dass abweichend von der im Umweltbericht niedergelegten Ermittlung und Bewertung statt eines Ausgleichs im Baugebiet Ersatzmaßnahmen außerhalb festgesetzt werden (*Schrödter* LKV 2008, 109 (111)). Gem. § 214 I S. 1 Nr. 3, Hs. 3 ist eine **Verletzung** von Vorschriften zum Umweltbericht unbeachtlich, wenn die Begründung hierzu nur in unwesentlichen Punkten unvollständig ist. Ob dies der Fall ist, wird nach den Umständen des Einzelfalles entschieden (zurückhaltend BVerwG ZfBR 2010, 272). Fehlen UP- und Umweltbereich, so liegt ein nach § 214 Abs. 1 S. 1 Nr. 2, 3 beachtlicher Fehler vor (OVG Koblenz BauR 2007, 332).

7. Kommunale Planungshoheit. a) Gesetzliche Garantie. Die Zuständig- 20 keitsregelung des Abs. 1 S. 1 konkretisiert mit den Worten „in eigener Verantwortung" das von Art. 28 Abs. 2 GG geschützte Recht der Gemeinde zur örtlichen Planung – **kommunale Planungshoheit.** Entsprechend der Garantie des Art. 28 Abs. 2 GG ist die kommunale Planungshoheit (dazu *Schmidt-Aßmann*, FS 50 Jahre Bundesverfassungsgericht, II, 2002, 803 (821)) gegenständlich beschränkt auf die Angelegenheiten der örtlichen Gemeinschaft und findet „im Rahmen der Gesetze" ihre Grenze. Die Gesetzesbindung der gemeindlichen Planungshoheit wird durch die Kommunalaufsicht in Form der Rechtsaufsicht kontrolliert (§ 6 Abs. 1, § 10 Abs. 2). Die Ausübung der aus der kommunalen Planungshoheit fließenden planerischen Gestaltungsfreiheit (BVerwGE 48, 56 (59)) wird durch das Abwägungsgebot des § 1 Abs. 7 gesetzlich umschrieben und rechtlich strukturiert. Darüber hinaus schreibt § 1 Abs. 6 der Gemeinde in Form von Planungsleitlinien Handlungsmaßstäbe für die Ausübung der planerischen Gestaltungsfreiheit vor (→ § 1 Rn. 44–130). Externe materielle Grenzen der in das Geflecht hoheitlicher Planungen eingebundenen Bauleitplanung folgen aus § 1 Abs. 4 – Anpassung der Bauleitpläne an die Ziele der Raumordnung –, § 2 Abs. 2 – nachbargemeindliche Abstimmungspflicht –, § 204 Abs. 1 – gemeinsamer Flächennutzungsplan benachbarter Gemeinden –, §§ 37, 38 – Privilegierung bestimmter Fachplanungen und hoheitlicher Baumaßnahmen (s. *Brohm*, FS Blümel, 1999, 79; *Stühler* JuS 1999, 234). Zur internen, nicht zwingenden Selbstbindung der Gemeinde durch eine Entwicklungs- oder Rahmenplanung → § 1 Rn. 77–86. Bis

§ 2 I. Kapitel. I. Teil. Bauleitplanung

zum Ende des 2. Weltkrieges wurde die Bauleitplanung überwiegend als polizeirechtliche Aufgabe des Staates angesehen (s. *Breuer,* FS 100 Jahre Allg. BauG Sachsen, 2000, 209). Erst das Bundesbaugesetz hat bundesweit und in diesem Umfang die Bauleitplanung den Gemeinden als weisungsfreie Selbstverwaltungsaufgabe zugewiesen (BVerfGE 56, 298 (312)). Der Gesetzgeber hat die Stellung der Gemeinden auf dem Gebiet der Bauleitplanung bewusst gestärkt, um die demokratische Willensbildung auf der örtlichen Ebene zu intensivieren (*Ernst,* in Ernst/Hoppe, Das öffentliche Bau- und Bodenrecht, 2. Aufl. 1981, Rn. 790). Das BVerfG (E 56, 298; E 76, 107, 118; E 79, 127, 143; dazu *Schoch* VerwArch 1990, 18; *Schmidt-Aßmann,* FS Sendler, 1993, 121; s. a. VerfGH NRW, NVwZ-RR 1998, 473 – Garzweiler II) lässt offen, ob und inwieweit die Planungshoheit zum unantastbaren Kernbereich kommunaler Selbstverwaltung gehört (verneinend *Clemens* NVwZ 1990, 834, 838; Gegenposition: *Oebbecke,* FS Hoppe, 2000, 239). Laut BVerfGE 79, 127; 103, 332 (366) gehört zum Wesensgehalt der gemeindlichen Selbstverwaltung kein gegenständlich bestimmter Aufgabenbereich, wohl aber der auch gegenüber dem Kreis wehrfähige Grundsatz der Allzuständigkeit für alle Angelegenheiten der örtlichen Gemeinschaft, die nicht durch Gesetz bereits anderen Trägern öffentlicher Verwaltung (zulässigerweise) übertragen worden sind; zur zulässigen Hochzonung des Flächennutzungsplanes auf den Planungsverband Frankfurt/Rhein-Main HessStGH Urt. vom 4.5.2004 P. St. 1713; zust. *Hendler* ZfBR 2005, 229 (231); gegen Hochzonung VerfG Brandenburg NJ 2002, 417; differenzierter *Just* in HBG § 2 Rn. 36; *Giegerich* JA 1988, 367. Zum Gebot kompetenzieller Rücksichtnahme *Brohm,* Öffentliches Baurecht, 3. Aufl. 2002, § 9 Rn. 16. Eine von § 2 Abs. 1 Satz 1 abweichende landesgesetzliche Regelung ist unwirksam, wenn sie bundesrechtlich ausdrücklich zugelassen ist (VG Saarlouis UPR 1985, 104; → § 203 Rn. 7). Str. ist, ob das **föderale Durchgriffsverbot** des in der Föderalismusreform I eingefügten Art. 84 I S. 7 GG einer Erweiterung der Aufgaben der Bauleitplanung entgegensteht (so *Kment* in F/O/Kment § 5 Rn. 67: *Pieroth* in JP § 84 Rn. 7; *Trute* in Starck (Hrsg.), Föderalismusreform 2007, Rn. 175; *Hermes* in Dreier, Art. 84 Rn. 72). Der Gesetzgeber der Klimaschutznovelle ist dem nicht gefolgt (BT-Drs. 17/6253; ausführlich *Battis/Kersten/Mitschang,* Rechtsfragen der ökologischen Stadterneuerung, 2010, 27 ff.). Der Landrat ist keine Gemeinde iSv § 2 Abs. 1 S. 1 (BVerwG NVwZ 1996, 265 – gemeindefreies Gebiet).

21 **b) Funktionen.** Die **Planungshoheit** als das grundgesetzlich fundierte Recht der Gemeinde zu eigenverantwortlicher Bauleitplanung im Rahmen der Gesetze ist die Basis der **planerischen Gestaltungsfreiheit** (s. FOK § 5 Rn. 21). Trotz der Bindung der Gemeinde gem. § 1 bleibt es weitgehend ihrer demokratisch legitimierten Entscheidung überlassen, wie sie ihre Planungshoheit handhabt und welche Konzeption sie ihr zugrunde legt. Daher ist die staatliche Aufsicht auf die Rechtsaufsicht begrenzt, ebenso wie die Abwägung nach § 1 Abs. 7 nur beschränkt gerichtlich überprüfbar ist (BVerwGE 34, 309; 45, 314). Die Planungshoheit dient als **Auslegungsgrundsatz** für die Interpretation des Rechts der Bauleitplanung (*Just* in HBG § 2 Rn. 31). Sie schützt die Gemeinde vor gesetzlichen Regelungen, die den Wesensgehalt der Selbstverwaltungsgarantie aushöhlen. Die Planungshoheit ist **gerichtlich wehrfähig** gegenüber Fachplanungsträgern, sofern eine hinreichend bestimmte Planung nachhaltig gestört wird oder wesentliche Teile des Gemeindegebiets einer durchsetzbaren kommunalen Planung gänzlich oder doch grundlegend behindert würde (BVerwGE 100, 388 (394); NuR 2014, 277; OVG Bautzen, SächsVBl 2014, 205; ausführlich *Schrödter,* FS Faber, 2007, 163; *Sauthoff* in Ziekow (Hrsg.), Aktuelle Probleme des Fachplanungs- und Raumordnungsrecht, 2004, 127; *Held* in Ziekow, Aktuelle Probleme des Luftverkehrs-, Planfeststellungs- und Umweltrechts 2010, 2011, 205); zur Festlegung eines Truppenübungsplatzes gem. Art. 21, 19 EV – OVG Berlin-Brandenburg LKV 2007, 278; VG Potsdam DVBl. 2007, 1314; *Selmer* JuS 2006, 766); zur Ausweisung eines Gebietsentwicklungsplans NRW VfGH NVwZ 2003, 202; BVerwG DVBl. 2003, 1456.

Nicht von der Selbstverwaltungshoheit geschützt werden die Belange, denen die Gemeinde im Rahmen ihrer Bauleitplanung gem. § 1 Abs. 6 selbst Rechnung zu tragen hat; so zB bei staßenrechtlicher Planfeststellung BVerwG ZfBR 2001, 279; zu Fachplanungen *Sauthoff* in Ziekow (Hrsg.), Aktuelle Probleme, 2004, 127; *Deutsch,* FS Dolde, S. 511. Die kommunale Selbstverwaltungsgarantie wird verdrängt durch die landesgesetzliche Umsetzung gemeinschaftsrechtlicher Vorgaben (VerfGH RhPf NVwZ 2006, 206 – FFH und Vogelschutz). Auch rechtswidrige Einzelgenehmigungen können die Planungshoheit verletzen, zB Baugenehmigung (BVerwG NVwZ 2000, 1047). Die Planungshoheit ist die Rechtsgrundlage für **Beteiligungsrechte** der Gemeinde an sie betreffende Planungen anderer Planträger (*Just* in HBG § 2 Rn. 37). Art. 28 Abs. 2 S. 1 GG berechtigt eine Gemeinde aber nicht dazu, Interessen ihrer Bürger gerichtlich geltend zu machen (BVerwG NVwZ 2003, 207; aA *Pfaff* VerwArch 1979, 1; wohl aber kann sie nach § 4 Abs. 3 UmwRBehG klagebefugt sein). Zur Anspruchskonkurrenz von planbetroffenem Bürger und planbetroffener Gemeinde s. BVerwG NVwZ 1989, 253.

8. Nachbargemeindliche Abstimmungspflicht. a) Anspruch auf Abstimmung. Abs. 2 verpflichtet **benachbarte Gemeinden,** ihre Bauleitpläne formell und materiell aufeinander abzustimmen, und sichert den Mindeststandard interkommunaler Zusammenarbeit (*Schoen,* Interkommunale Abstimmung in der Bauleitplanung, 2010; *Möller* JURA 2011, 54; *Bunzel* ZfBR 2008, 132), zu intensiveren Formen der Zusammenarbeit in Verflechtungsräumen s. §§ 203–205 sowie § 8 Abs. 4 ROG (→ § 204 Rn. 1); zur Möglichkeit eines Gemeindegrenzen überschreitenden „gemeinsamen" Bebauungsplans OLG München UPR 2003, 74. Abs. 2 betrifft das materielle Verhältnis der Bauleitpläne benachbarter Gemeinden zueinander, das Abgestimmtsein des Plans (BVerwGE 40, 323; 84, 209). Das Abstimmungsverfahren regelt sich nach § 4, § 4a, weil auch Nachbargemeinden zu den zu beteiligenden Behörden zählen. Gesetzlich ist für die Abstimmung eines Bauleitplans mit den benachbarten Gemeinden nicht die Einschaltung eines Moderators vorgeschrieben (BVerwG NVwZ 2006, 458 – Centro). Für den Nachbarbegriff ist nicht ausschlaggebend unmittelbares Angrenzen, sondern der Bereich der planungsrechtlichen Auswirkungen eines Vorhabens (BVerwG NVwZ 1995, 694). Wird der Anspruch der Nachbargemeinde auf Beteiligung missachtet, so wird zugleich das Abwägungsgebot des § 1 Abs. 7 verletzt (BVerwGE 119, 25 (34); dazu *Schoen,* Interkommunale Abstimmung in der Bauleitplanung, 89ff.; BVerwG NVwZ 1990, 657) Gewichtige Auswirkungen auf Planungen der Nachbargemeinde dürfen nicht allein deshalb in der Abwägung zurückgestellt werden, weil die Nachbargemeinde die Abwägungsentscheidung über ihren Plan noch nicht getroffen hat (BVerwG NVwZ 2010, 1026). Einer materiellen gemeindenachbarlichen Abstimmung bedarf es bereits dann, wenn unmittelbare Auswirkungen gewichtiger Art auf die städtebauliche Ordnung und Entwicklung der Nachbargemeinde in Betracht kommen. § 2 Abs. 2 verleiht der Gemeinde weitergehende Rechte, als sie ihr gegen Fachplanungen zustehen. Daher ist nicht erforderlich, dass eine hinreichend bestimmte Planung nachhaltig gestört wird (BVerwGE 84, 209; E 117, 25; BauR 1995, 354 – Sondergebiet Einzelhandel). BVerwGE 117, 25 unterscheidet einen einfachen Abstimmungsbedarf bei mehr als geringfügiger Betroffenheit und einen qualifizierten Abstimmungsbedarf bei unmittelbaren Auswirkungen gewichtiger Art (s. a. OVG Münster NVwZ-RR 2006, 450 – EKZ nahe der Stadtgrenze zweier Mittelzentren; *Halama* DVBl. 2004, 79; *Paul* NVwZ 2004, 1033 (1037)). Ein erstmals in der mündlichen Verhandlung vorgelegtes Einzelhandelskonzept beseitigt ein Abwägungsdefizit nicht (OVG Koblenz DVBl. 2009, 981, zum ausnahmsweise möglichen Anspruch einer Nachbargemeinde auf Gebietserhaltung *Gerhard/Würtenberger* BauR 2010, 550 (553); zur Abwägungsgerechtigkeit eines Gewerbegebietes mit dem die Gemeinde die hohe Auspendlerquote reduzieren will OVG Lüneburg DVBl. 2008, 724.

23 Nach § 2 Abs. 2 S. 1 kann sich die Nachbargemeinde dagegen wehren, dass auf der Grundlage eines nicht abgestimmten Bauleitplans ein **Einzelvorhaben** zugelassen wird (BVerwGE 84, 209; OVG Koblenz ZfBR 2012, 45 (46) u. OVG Lüneburg, DVBl 2014, 1470 – Agglomeration von Einzelhandelsbetrieben, die Baugebietsbestimmungen widerspricht; *Kuschnerus* in Jarass (Hrsg.), Interkommunale Abstimmung in der Bauleitplanung, 2003, 1 (3); *Hoffmann* NVwZ 2010, 738; *Uechtritz* in Erbguth/Kluth (Hrsg.), Planungsrecht in der gerichtlichen Kontrolle, 2012, 47 – Einzelhandelssteuerung; *Steger/Bunzel* in Steger/Bunzel (Hrsg.), Raumordnungsplanung quo vadis?, 2012, 42; *Uechtritz* 103; *Reidt,* 130). Der einzelvorhabenbezogene Abwehranspruch setzt voraus, dass die Gemeinde dem Bauinteressenten unter Missachtung von § 2 Abs. 2 S. 1 einen Zulassungsanspruch verschafft hat, sei es durch Erlass eines nicht abgestimmten Bauleitplans, sei es im Falle des Fehlens eines Plans in anderer Weise (BVerwG NVwZ 1994, 288; VGH München BayVBl. 2000, 152). Wenn ein wirksamer Bebauungsplan fehlt oder wenn unter Missachtung von § 2 Abs. 2 zB durch Einvernehmen nach § 36 ein Vorhaben genehmigt wird, kann sich die Nachbargemeinde unmittelbar auf eine Verletzung von § 2 Abs. 2 berufen. § 2 Abs. 2 stellt aber keine eigenständige unabhängig von den § 29 ff. zu beurteilende Zulässigkeitsschranke dar (VGH Mannheim NuR 2008, 361; BVerwG NVwZ 2003, 86; für Rückgriff allein auf Art. 28 Abs. 2 GG *Uechtritz* in BeckOK BauGB § 2 Rn. 56; VGH Mannheim NuR 2008, 361; VGH Kassel BauR 2010, 878; zur Einzelhandelssteuerung durch einen einfachen Bebauungsplan OVG Koblenz ZfBR 2013, 367 – durch Bauleitplanung *Manssen* SächsVBl. 2008, 111; *Hellriegel* BauR 2012, 1576 – durch Flächennutzungsplan und Regionalplanung *Sparwasser* in Mitschang (Hrsg.), Flächennutzungsplanung-, Aufgabenwandel und Perspektiven, 2007, 67 – insbesondere Kongruenzgebot, Beeinträchtigungsverbot und Integrationsgebot, in *Mitschang* (Hrsg.), Aktuelle Fragestellungen der Städtebau- und Umweltrechts, 2011, 79; *Hager* BauR 2011, 1093; *Uechtritz* VBlBW 2010, 185. Gegen hM aber zutr. *Weck,* BauR 2015, 1261 gegen Wettbewerbsneutralität der Bauleitplanung. Zur zulässigen **raumordnerischen Steuerung** des Einzelhandels BVerwGE 141, 144 – raumordnerische Steuerung von Agglomeration aus mehreren Einzelhandelsbetrieben; dazu *Uechtritz* ZfBR 2011, 648; *ders.,* FS Stüer, 589 (605); *Füßer* SächsVBl. 2013, 1; s. a. *Janning,* FS Stüer, 501; *Kment* BauR 2012, 1867; *Hendler,* FS Schmidt-Jortzig, 2011, 180; zur raumordnungsrechtlich unzulässigen Erweiterung eines EKZ BVerwG DVBl. 2011, 1221; zur Festlegung eines Vorrangsgebiets in einem Raumordnungsprogramm OVG Lüneburg IÖR 4/2011, 15; zur Vereinbarkeit mit Unionsrecht EuGH EuZW 2011, 557 – Spanien; dazu *Wiggers* NJW Spezial 2011, 556; → § 1 Rn. 38; *K. Ernst,* Standortsteuerung durch Landesplanung und kommunale Bauleitplanung, 2006; zum Ausschluss zentrenrelevanter Sortimente gem. § 1 Abs. 9 BauNVO sind stets Einzelhandelsgutachten erforderlich (VGH Mannheim VBlBW 2008, 116); s. a. VGH München BayVBl. 2001, 175; VG Stuttgart GewArch 2002, 436 – für innenstadtrelevanten Einzelhandel BVerwG 129, 307; E 119, 25; krit. OVG Münster NVwZ 2007, 727; zu Anforderungen an Einzelhandelsgutachten OVG Münster, BauR 2014, 221; *Bischopink* BauR 2015, 588. Die Zulassung eines Außenbereichsvorhabens kann am öffentlichen Belang des Planungserfordernisses scheitern (BVerwGE 117, 25 – FOC Zweibrücken; dort auch zum qualifizierten Abstimmungsbedarf und zum Missbrauch des Verfahrens nach § 33; *Kuschnerus* in Jarass, Interkommunale Abstimmung in der Bauleitplanung, 2003, 4; zu FOC s. a. BVerwG, BauR 2012, 1199; *Krausnick,* VerwArch 2005, 191. OVG Lüneburg BauR 2003, 659 hat die Zweibrücken-Entscheidung auf die Genehmigung großflächigen Einzelhandels in einem als Mischgebiet festgesetzten Gebiet übertragen (krit. dazu *Battis* in Jarass, Rechtsfragen der ökologischen Stadterneuerung, 2010, 19; *Rojahn,* ebd., 31). Die in der Zweibrückenentscheidung aufgestellten Grundsätze gelten auch, wenn eine Gemeinde zwar den wirksamen Bebauungsplan erlassen hat, das genehmigte Vorhaben aber nicht dessen Festsetzung entspricht (OVG Greifswald NordÖR 2009, 75). § 2 Abs. 2 kann einen qualifizierten städtebaulichen Handlungsbedarf begründen, der ge-

1. Abschnitt. Allgemeine Vorschriften § 2

richtlich und im Wege der Kommunalaufsicht zur Verwirklichung der **Erstplanungspflicht** aus § 1 Abs. 3 und § 1 Abs. 4 im unbeplanten Innenbereich durchsetzbar ist (BVerwG BauR 2004, 443 – Mülheim-Kärlich; dazu *Buchinger/Pfeiffer* JA 2004, 552; *Moench* DVBl. 2005, 676; ausf. *Ingold* Erstplanungspflichten im System des Planungsrechts, 2007). Zur unzulässigen Verpflichtung gegenüber der Nachbargemeinde einen Plan aufzustellen oder zu unterlassen, BVerwG NVwZ 2006, 458 – Centro; dazu *Sachs* JuS 2006, 762; *Stüer* ZfBR 2006, 747; krit. *Bunzel* in Erbguth (Hrsg.), Neues Städtebau- und Raumordnungsrecht 2007, 51 (66), wegen Nichtberücksichtigung regionaler Einzelhandelskonzepte als zulässiger Vorabbindung; zur streitigen an § 2 Abs. 2 orientierten Auslegung von § 34 Abs. 3 OVG Münster BauR 2007, 845; *Bunzel* in Erbguth (Hrsg.), Neues Städtebau- und Raumordnungsrecht, 65; *Uechtritz/Gleis* DVBl. 2006, 806; aA *Berkemann* in Berkemann/Halama § 34 Rn. 32. Die Gemeinde ist grundsätzlich nicht vor Veränderungen der wirtschaftlichen und finanziellen Situation geschützt (OVG Greifswald NVwZ 2000, 826 – Möbelmarkt). Befürchtungen, ein großflächiger Textilmarkt der unteren Preissegments könne in Zeiten ungünstiger Konjunktur zu einem Abwandern der Kaufkraft führen, werden durch § 2 Abs. 2 S. 1 nicht geschützt (OVG Lüneburg UPR 2000, 396) – kein Konkurrenzschutz VGH Kassel, NVwZ-RR 2014, 673. Ein Fachmarkt mit schmalem Sortiment kann aber die **Versorgungsfunktion** eines innerstädtischen Zentrums beeinträchtigen (OVG Münster NVwZ-RR 1998, 263 – bejaht für Schuhmarkt mit 800 qm Verkaufsfläche, da gutachterlich prognostizierter Umsatzverlust von 10 % zu erwarten; dazu *Schmitz* in Spannowsky/Mitschang (Hrsg.), Planung heute und morgen, 2001, 129 (139); krit. *Erbguth* NVwZ 2000, 969 (975)); s. a. VGH München NVwZ 2000, 822; dazu *Jahn* BayVBl. 2000, 267 – Gewerbepark mit 40 000 qm; VG Hannover BauR 2001, 67 – Wal-Mart-Markt; erfolglos aber OVG Frankfurt (Oder) NVwZ 1999, 434 – FOC, kein 10%iger Kaufkraftabfluss; VG Stuttgart GewArch 2002, 436 mAnm von *Jahn* 412 – jeweils FOC; VG Potsdam LKV 1999, 377; OVG Koblenz BauR 2011, 963 – FOC 10 %; s. a. Kaufkraftabflüsse unter 5 % bei Erweiterung eines EKZ um 30 000 qm Geschossfläche (OVG Münster NWVBl. 2005, 456 – Centro) oder bei Erweiterung eines bestehenden 4000 qm großen Baumarktes um 1600 qm (VG Gera ThürVBl. 2005, 119; gegen typischen Lidl-Markt (700 qm) bei Gemengelage von Wohnen und Gewerbe (VGH Kassel ZfBR 2005, 77; OVG Koblenz BauR 2011, 970 – 10%/EKZ); erfolgreich aber Klage gegen teilweise im allgemeinen Wohngebiet liegenden Discountmarkt (OVG Lüneburg ZfBR 2005, 76); zur Abstimmungspflicht bei der Planung gewerblicher Flächen in der Nachbarschaft von Erholungsgebieten OVG Lüneburg UPR 1986, 315; zur Zulässigkeit von Positivlisten zur Sortimentsbegrenzung OVG Koblenz NVwZ-RR 2003, 93 u. DVBl. 2011, 1032; VGH Kassel BauR 2003, 601; OVG Münster NWVBl. 2005, 462; s. a. *Ruttloff*, Die Zulässigkeit von Vertragsstrafenklauseln in städtebaulichen Verträgen im Zusammenhang mit großflächigen Einzelhandelsprojekten, 2012.

b) Rechtsschutz. Die Nachbargemeinde erhält **Rechtsschutz** (hierzu *Uechtritz*, FS Stüer, 588 (606); *Hug*, Gemeindenachbarklagen im Baurecht, 2008; *Schenke* VerwArch 2007, 448, 561) gegen einen § 2 Abs. 2 verletzenden **Bebauungsplan** mit einem Normenkontrollantrag nach § 47 Abs. 2 VwGO. § 2 Abs. 2 gewährt ein Recht iS von § 47 Abs. 2 VwGO. § 2 Abs. 2 S. 2 soll die Rechte der Nachbargemeinde gegenüber früher zB OVG Weimar DÖV 2003, 636 erweitern. S. 1 ist nur auf städtebauliche Belange beschränkt (BT-Drs. 15/2250, 41). S. 2 macht **raumordnerische Belange**, nämlich **Funktionen**, die der Gemeinde durch Ziele der Raumordnung **zugewiesen** worden sind sowie Auswirkungen auf ihre **zentralen Versorgungsbereiche** wehrfähig (dazu BVerwGE 129, 307; BauR 2012, 1760; NVwZ 2010, 587; VGH Mannheim NVwZ-RR 2012, 588; teilweise abweichend OVG Münster NVwZ 2007, 727; BauR 2012, 1083; s. a. *Scheidler* VerwArch 2014, 388; *Battis* DVBl. 2011, 196; *Koch* DV 2012, 233). Zum erfolgreichen Normenkontrollantrag eines Mittelzentrums

24

gegen Kleinzentrum, das handgreifliche Konfliktlage plant VGH Mannheim NVwZ-RR 2008, 369; zur Bedeutung raumordnungsrechtlicher Zielfestsetzungen bei § 2 Abs. 3 *Kment* NVwZ 2007, 996; s. a. *Bunzel* in Erbguth, Neues Städtebau- und Raumordnungsrecht 2007, 65; abl. wegen der unklaren Ziele der Raumordnung OVG Lüneburg NdsVBl. 2006, 21 – FOC Soltau – und der Obsoletheit des zentralen Ortekonzepts *Hoppe/Otting* DVBl. 2004, 1125; *Hoppe* NVwZ 2004, 282; *Berkemann* in Berkemann/Halama § 2 Rn. 51 – soweit Sollvorschrift; dagegen zutr. *Schmidt-Eichstaedt* ZfBR 2005, 751 (752); *Uechtritz* NVwZ 2004, 1025; *Spannowsky* UPR 2003, 248. Zu FOC *Soltau* erneut OVG Lüneburg Beschl. v. 18.2.2011 – 1 ME 252/10 – zulässige Einzelhandelsbeschränkung, auch zu BVerwGE 131, 86. Zu länderübergreifender Abstimmung OVG Berlin-Brandenburg LKV 2007, 32; speziell Bremen und Niedersachsen trotz fehlendem Raumordnungsplans BVerwGE 137, 138; dazu *Ingold* NVwZ 2010, 1399; OVG Bremen NordOR 2008, 69; dazu *Ingold* NordOR 2008, 141; *Grooterhorst* NordOR 2008, 107; *Grooterhorst/Schwincke* NordOR 2008, 442; OVG Lüneburg NVwZ-RR 2007, 7. Die zu Satz 1 entwickelten Grundsätze zur Intensität der Auswirkungen auf die nachbargemeindliche Planungshoheit sind auf Satz 2 übertragbar, zB hinsichtlich gewichtiger Auswirkungen auf zentralörtliche Versorgungsbereiche (*Schmidt-Eichstaedt* ZfBR 2005, 751 (752)). Zur unzulässigen Gemeindeklage gegen Zielabweichungsbeschluss BVerwG DVBl. 2010, 180 – FOC; begründet aber VGH Kassel NVwZ 2010, 1165. Absatz 2 Satz 2 kann auch die Klagebefugnis gegen nicht zentrengerechte Einzelvorhaben gewähren, auf die die Standortgemeinde keinen Einfluss hat (*Berkemann* in Berkemann/Halama § 2 Rn. 54; *Schmidt-Eichstaedt* ZfBR 2005, 751 (752)). Gegen verkehrsregelnde Maßnahmen einer Nachbargemeinde, die die Gemeinde nicht in den eigenen Angelegenheiten der örtlichen Gemeinschaft, sondern in ihrem übertragenen Wirkungskreis betreffen, besteht weder aus Art. 28 Abs. 2 Satz 1 GG, noch aus § 2 Abs. 2 S. 1 die Klagebefugnis (BVerwG NVwZ 1983, 610; NVwZ 1994, 285 (288) – zentralörtliche Funktion; dazu *Halama*, FS Schlichter, 1995, 201 (224)). Die Antragsbefugnis gem. § 47 Abs. 1 Nr. 2 VwGO hat die Gemeinde schon, wenn sie als Behörde die angegriffene Rechtsvorschrift zu beachten hat. Das ist bei Festsetzungen einer Nachbargemeinde nicht der Fall. Mangels Klagebefugnis ist unzulässig eine Klage der Gemeinde gegen die Genehmigung eines nicht abgestimmten Bebauungsplans durch die Aufsichtsbehörde (*Schrödter* Rn. 58; aA *Renck* BayVwBl. 1980, 617). Zur Widerwirkung des Widerspruchs gegen ein FOC OVG Frankfurt (Oder) LKV 2001, 466; soweit ein Flächennutzungsplan etwa gem. § 35 Abs. 3 S. 3 unmittelbare Rechtswirkungen hat (BVerwG JZ 2007, 1151 mAnm. v. *Battis*), ist auch wegen Verletzung von § 2 Abs. 2 Rechtsschutz mit einem Normenkontrollantrag möglich; weitergehend für Leistungsklage *Schenke* VerwArch 2007, 448 (460); zur Beiladung der Nachbargemeinde bei einer Klage einer Gemeinde gegen die Aufsichtsbehörde OVG Lüneburg ZfBR 2002, 283 – FOC; abschlägig zur Antragsbefugnis einer Nachbargemeinde gegen **Windparks** OVG Koblenz, Urt. v. 26.2.2014 – 8 C 105/69/13 – juris; OVG Hamburg BauR 2004, 1891; OVG Lüneburg, ZfBR 2010, 793; zur interkommunalen Abstimmung bei Windkraftanlagen *Scheidler* ThürVBl 2011, 169 (175); zum einstweiligen Rechtsschutz gegen Errichtung eines Windmessmastes OVG Saarlouis NuR 2011, 216.

25 **Vorläufiger Rechtsschutz** wird nach § 47 Abs. 6 VwGO gewährt (OVG Lüneburg NVwZ 2006, 453). Vorbeugender Rechtsschutz vermittels einer Unterlassungsklage vor Erlass des Bebauungsplans ist nicht ausgeschlossen, aber auf Ausnahmefälle eines qualifizierten Rechtsschutzinteresses begrenzt (*Uechtritz* BauR 1999, 572 (586); *Wagner* ZfBR 2000, 21 (23); s. a. VGH München NVwZ 1985, 837; OVG Schleswig NVwZ 1994, 916 (917)); für vorbeugende Feststellungsklage *Fingerhut*, Die planungsrechtliche Gemeindenachbarklage, 1976; aA *Kriener* BayVBl. 1984, 97 (101); *Schoen*, Interkommunale Abstimmung, 152; zurückhaltend *Reidt* LKV 1994, 93 (95); *Uechtritz* BauR 1999, 573 (586). Zulässig kann eine Anfechtungsklage gegen eine Baugenehmigung sein, die von der Nachbargemeinde einem Einzelvorhaben ohne

1. Abschnitt. Allgemeine Vorschriften § 2a

(abgestimmte) Planung erteilt worden ist (BVerwGE 84, 209; NVwZ 1994, 285; OVG Münster DÖV 1988, 843; dort auch zum einstweiligen Rechtsschutz und zur Unbegründetheit, falls der Adressat der Genehmigung einen Anspruch gegen die genehmigende Gemeinde hat).

§ 2a Begründung zum Bauleitplanentwurf, Umweltbericht

[1]Die Gemeinde hat im Aufstellungsverfahren dem Entwurf des Bauleitplans eine Begründung beizufügen. [2]In ihr sind entsprechend dem Stand des Verfahrens
1. die Ziele, Zwecke und wesentlichen Auswirkungen des Bauleitplans und
2. in dem Umweltbericht nach der Anlage 1 zu diesem Gesetzbuch die auf Grund der Umweltprüfung nach § 2 Abs. 4 ermittelten und bewerteten Belange des Umweltschutzes

darzulegen. [3]Der Umweltbericht bildet einen gesonderten Teil der Begründung.

Übersicht

	Rn.
1. Allgemeines	1
2. Begründung	2
3. Umweltbericht	3
4. Gesonderte Dokumentationen	4
5. Rechtsschutz	5

1. Allgemeines. Die Gemeinde ist im Aufstellungsverfahren (→ § 2 Rn. 1 f.) verpflichtet, dem Entwurf eines Flächennutzungsplans oder eines Bebauungsplans jeweils eine Begründung beizufügen (S. 1; → § 5 Rn. 9, § 9 Rn. 123). S. 2 Nr. 1 enthält die allgemeinen Grundsätze für die Begründung, S. 2 Nr. 2 verpflichtet die Gemeinde, in dem **Umweltbericht** die auf Grund der UP ermittelten und bewerteten Belange des Umweltschutzes darzustellen, und zwar als **gesonderten Teil** der Begründung (S. 3). Der Umweltbericht ist durch die PlanUPRL (2001/52/EG) vorgeschrieben (dazu *Schink* SU § 2a Rn. 12–21). Diese ist durch die RL 2014/52/EU – UVP-ÄnderungsRL ersetzt worden → § 2 Rn. 6 ff. 1

2. Begründung. Die verbindliche (OVG Koblenz BeckRS 2006, 26622) **Begründungspflicht** gem. S. 1 trägt der unionsrechtlichen Aufwertung des Verfahrens allgemein und der Beteiligung von Öffentlichkeit (§§ 3, 4a) und Behörden (§§ 4, 4a) im Besonderen Rechnung. Der Inhalt der Begründung nach S. 2 Nr. 1 – Ziele, Zwecke und wesentliche Auswirkungen der Bauleitpläne, in der Regel auch Alternativen – entspricht dem nach § 9 Abs. 8 mit der Maßgabe, „entsprechend dem Stand des Verfahrens". Der Entwurf der Begründung muss bis zur Auslage nach § 3 Abs. 2 S. 1 (→ § 3 Rn. 12 f.) erstellt sein. Zu Beginn des Aufstellungsverfahrens können Ziele, Zwecke und wesentliche Auswirkungen sich durchaus anders darstellen als nach erfolgter Beteiligung der Öffentlichkeit und der Behörden und der abschließenden Abwägungsentscheidung am Ende des Planungsverfahrens. Dies verdeutlichen auch § 3 Abs. 2 S. 1 und vor allem § 4a Abs. 3 S. 1. Eine erneute Auslegung kann empfehlenswert sein, ohne dass die Voraussetzungen des § 4a Abs. 3 S. 1 vorliegen (s. a. *Schink* SU § 2a Rn. 9). 2

3. Umweltbericht. Zum Inhalt und zur Funktion des Umweltberichts → § 2 Rn. 13–19. Entsprechend der Funktion der UP sind Umweltbelange im Umweltbericht umfassend aufzubereiten (VGH Mannheim BeckRS 2010, 50008, Rn. 26; VGH München Urt. v. 5.2.2009 – juris, Rn. 43; OVG Berlin-Brandenburg BeckRS 2010, 45389; *Mitschang* in BK § 2a Rn. 3). Wegen des mutmaßlichen unterschiedlichen 3

§ 3 I. Kapitel. I. Teil. Bauleitplanung

Kenntnisstands zu Beginn und am Ende des Planungsverfahrens ist die Regelung des Umweltberichts in § 2a während der Parlamentsberatungen geändert worden (s. BT-Drs. 15/2996, 86; *Janning/Schmidt-Preuß*, BT-Plenarprot. 15/34, 17, 19, 109, 169). Die **zusammenfassende Erklärung** ist erst nach Abschluss des Planungsverfahrens der ortsüblichen Bekanntmachung des Bauleitplans dem Plan beizufügen (anders nach BT-Drs. 15/2250, 12, 43). Der Gemeinde bleibt es jedoch unbenommen, den Entwurf der zusammenfassenden Erklärung bereits im Aufstellungsverfahren als Teil des Entwurfs der Begründung nach § 2a vorzubereiten und sie zusammen mit dem Umweltbericht fortzuschreiben. Dies kann, muss aber nicht zusätzlichen Verfahrensaufwand vermeiden. Der unterschiedliche Kenntnisstand zu Beginn und am Ende des Aufstellungsverfahrens ist auch der Grund dafür, dass der Umweltbericht **fortzuschreiben** ist (BT-Drs. 15/2996, 86; *Mitschang* in BK § 2a Rn. 32; krit. *Schmidt-Eichstaedt* ZfBR 2005, 751 (753)). Zur Ermittlung und Bewertung der Belange des Umweltschutzes auf Grund der UP (→ § 2 Rn. 9 ff.) und ihrer Beschreibung im Umweltbericht → § 2 Rn. 17. Für Bauleitpläne, die nach § 13 ggf. iVm § 33 Abs. 3 oder nach § 13a nicht UP-pflichtig sind (→ § 2 Rn. 8), und für die Satzungen nach § 34 Abs. 4 Nr. 1, 2 und § 35 Abs. 6, die ebenfalls nicht UP-pflichtig sind, ist kein Umweltbericht zu erstellen (§ 13 Abs. 3). Deshalb gilt in diesen Ausnahmefällen auch § 2a S. 2 Nr. 2, S. 3 nicht.

4 **4. Gesonderte Dokumentationen.** Entsprechend der unionsrechtlich vorgegebenen Aufwertung der Bedeutung der Umweltbelange (→ § 2 Rn. 1) schreibt S. 3 vor, den Umweltbericht – sofern er nicht ausnahmsweise entfällt (→ Rn. 3) – in einem gesonderten Teil der Begründung zu dokumentieren (s. a. *Mitschang* in BK § 2a Rn. 38). Zugleich soll damit verdeutlicht werden, „dass es sich bei der Berücksichtigung von Umweltbelangen um einen Bestandteil jeder städtebaulichen Planung zusammen mit der Berücksichtigung der anderen städtebaulichen Belange handelt." (BT-Drs. 15/2250, 30).

5 **5. Rechtsschutz.** Der Umweltbericht ist trotz seiner gesonderten Dokumentation Teil der Begründung. **Rechtsschutz** wird gewährt durch unmittelbare (§ 47 VwGO) oder inzidente Kontrolle des Bebauungsplans, bei der der Überprüfung der Begründung eine ausschlaggebende Rolle zukommt. Zum Rechtsschutz gegen den Flächennutzungsplan → § 5 Rn. 46. Ob ein Umweltbericht, der nicht im gebotenen Umfang Monitoringmaßnahmen zu Umweltauswirkungen enthält, an einem unbeachtlichen Fehler iSv § 214 Abs. 1 S. 1 Nr. 3 leidet, hängt insbesondere von der Art des Bauleitplans, seinen Zielen und Inhalten und der in Rede stehenden Umweltauswirkungen ab (BVerwG BauR 2010, 569) → § 214 Rn. 7, 8.

§ 3 Beteiligung der Öffentlichkeit

(1) ¹**Die Öffentlichkeit ist möglichst frühzeitig über die allgemeinen Ziele und Zwecke der Planung, sich wesentlich unterscheidende Lösungen, die für die Neugestaltung oder Entwicklung eines Gebiets in Betracht kommen, und die voraussichtlichen Auswirkungen der Planung öffentlich zu unterrichten; ihr ist Gelegenheit zur Äußerung und Erörterung zu geben.** ²**Auch Kinder und Jugendliche sind Teil der Öffentlichkeit im Sinne des Satzes 1.** ³**Von der Unterrichtung und Erörterung kann abgesehen werden, wenn**
1. **ein Bebauungsplan aufgestellt oder aufgehoben wird und sich dies auf das Plangebiet und die Nachbargebiete nicht oder nur unwesentlich auswirkt oder**
2. **die Unterrichtung und Erörterung bereits zuvor auf anderer Grundlage erfolgt sind.**

⁴**An die Unterrichtung und Erörterung schließt sich das Verfahren nach Absatz 2 auch an, wenn die Erörterung zu einer Änderung der Planung führt.**

1. Abschnitt. Allgemeine Vorschriften §3

(2) ¹Die Entwürfe der Bauleitpläne sind mit der Begründung und den nach Einschätzung der Gemeinde wesentlichen, bereits vorliegenden umweltbezogenen Stellungnahmen für die Dauer eines Monats öffentlich auszulegen. ²Ort und Dauer der Auslegung sowie Angaben dazu, welche Arten umweltbezogener Informationen verfügbar sind, sind mindestens eine Woche vorher ortsüblich bekannt zu machen; dabei ist darauf hinzuweisen, dass Stellungnahmen während der Auslegungsfrist abgegeben werden können, dass nicht fristgerecht abgegebene Stellungnahmen bei der Beschlussfassung über den Bauleitplan unberücksichtigt bleiben können und, bei Aufstellung eines Bebauungsplans, dass ein Antrag nach § 47 der Verwaltungsgerichtsordnung unzulässig ist, wenn mit ihm nur Einwendungen geltend gemacht werden, die vom Antragsteller im Rahmen der Auslegung nicht oder verspätet geltend gemacht wurden, aber hätten geltend gemacht werden können. ³Die nach § 4 Abs. 2 Beteiligten sollen von der Auslegung benachrichtigt werden. ⁴Die fristgemäß abgegebenen Stellungnahmen sind zu prüfen; das Ergebnis ist mitzuteilen. ⁵Haben mehr als 50 Personen Stellungnahmen mit im Wesentlichen gleichem Inhalt abgegeben, kann die Mitteilung dadurch ersetzt werden, dass diesen Personen die Einsicht in das Ergebnis ermöglicht wird; die Stelle, bei der das Ergebnis der Prüfung während der Dienststunden eingesehen werden kann, ist ortsüblich bekannt zu machen. ⁶Bei der Vorlage der Bauleitpläne nach § 6 oder § 10 Abs. 2 sind die nicht berücksichtigten Stellungnahmen mit einer Stellungnahme der Gemeinde beizufügen.

Übersicht

	Rn.
1. Allgemeines	1
a) Interne und externe Systematik	1
b) Entstehungsgeschichte	2
c) Verfassungsrechtliche Einordnung und Funktionen der Öffentlichkeitsbeteiligung	3
d) Grundrechtsschutz durch Verfahren	4
e) Öffentlichkeitsbeteiligung und Datenschutz	5
f) Pflicht zur Öffentlichkeitsbeteiligung	6
2. Frühzeitige Öffentlichkeitsbeteiligung	7
a) Gegenstand	7
b) Zeitpunkt	8
c) Art und Weise	9
d) Ausnahmen	10
e) Keine zweite Unterrichtung und Erörterung	11
3. Förmliche Öffentlichkeitsbeteiligung/Auslegungsverfahren	12
a) Auslegungsbeschluss	12
b) Öffentliche Auslegung	13
c) Ortsübliche Bekanntmachung	14
d) Benachrichtigung der Behörden	17
e) Abgabe der Stellungnahmen	18
f) Prüfung und Mitteilung	19
g) Massenverfahren	20
h) Vorlage zur Genehmigungsbehörde	21
4. Rechtsschutz	22

1. Allgemeines. a) Interne und externe Systematik. Das Verfahren der Bau- 1
leitplanung (→ § 2 Rn. 2) durchläuft zwei in § 3 geregelte Phasen der Öffentlichkeitsbeteiligung. Die **1. Phase**, die in Abs. 1 geregelte frühzeitige (vorgezogene) Öffent-

§ 3 I. Kapitel. I. Teil. Bauleitplanung

lichkeitsbeteiligung umfasst die öffentliche Unterrichtung über die Ziele, Zwecke, Auswirkungen der Planung und etwaige Alternativen (Abs. 1 S. 1 Hs. 1) und die Anhörung der Öffentlichkeit (Abs. 1 S. 1 Hs. 2). In der zeitlich und sachlich selbstständigen **2. Phase** werden die ausgearbeiteten Entwürfe der Bauleitpläne mit der Begründung (§ 2a Abs. 2) öffentlich ausgelegt, um den Bürgern Gelegenheit zu geben, Anregungen vorzubringen (Abs. 2, 3). Für die **1. Phase** schreibt das Gesetz außer den beiden Verfahrensstrukturen in Abs. 1 S. 1 – Äußerung und Erörterung – nur die das Verfahren charakterisierende Frühzeitigkeit der Beteiligung und die Vorlage von Planungsalternativen vor. Im Übrigen überlässt es das BauGB der Gemeinde, die Art und Weise der frühzeitigen Bürgerbeteiligung zu bestimmen. Abs. 1 S. 2 erlaubt es für Ausnahmefälle, die frühzeitige Bürgerbeteiligung auszuschließen. Abs. 1 S. 3 schließt eine zweite Anhörung nach einer durch die erste Anhörung bewirkten Planänderung aus. Die **2. Phase** der Beteiligung der Bürger an der Bauleitplanung, das Auslegungsverfahren nach Abs. 2, ggf. § 4a Abs. 3, ist ein rechtsförmliches Verfahren mit Vorschriften über die Dauer der öffentlichen Auslegung (Abs. 2 S. 1), die ortsübliche Bekanntmachung der Auslegung (Abs. 2 S. 2 Hs. 1), die Präklusion verspäteter Stellungnahmen (Abs. 2 S. 2 Hs. 2), die Benachrichtigung der nach § 4 zu beteiligenden Behörden (§ 2 S. 3), die mitzuteilende Prüfung der vorgebrachten Anregungen (Abs. 2 S. 4), die Behandlung von Massenverfahren (Abs. 2 S. 5) und die Vorlage der nicht berücksichtigten Anregungen an die Plangenehmigungsbehörde (Abs. 2 S. 6) nach der endgültigen Beschlussfassung über den Bauleitplan.

1a § 13 regelt das **vereinfachte Verfahren** bei Änderung oder Ergänzung eines Bauleitplanes, bei dem die Grundzüge der Planung nicht berührt wurden, weshalb das Verfahren nach § 3 Abs. 1 S. 1 ebenso wie das nach § 4 Abs. 1 unterbleiben und das Verfahren nach § 3 Abs. 2 und das nach § 4 Abs. 2 modifiziert werden kann. Diese Modifikationen um die Verpflichtung zur Hinweispflicht nach § 3 Abs. 2 S. 2 Hs. 2 ergänzt, gelten auch für die Aufstellung, Änderung und Ergänzung des Bebauungsplans der **Innenentwicklung** im beschleunigten Verfahren (§ 13a). Für die **Rechtswirksamkeit** eines Bauleitplanes sind nur § 3 Abs. 2, § 4 Abs. 2, § 4a Abs. 3, 5 S. 2 und § 13 Abs. 2 Nr. 2, 3 auch iVm § 13a Abs. 2 Nr. 1 beachtlich (§ 214 Abs. 1 Nr. 2; → § 214, Rn. 5f.), vorausgesetzt sie fallen nicht unter die interne Unbeachtlichkeitsklausel (→ § 214 Rn. 5) und ihre Verletzung wird innerhalb der Einjahresfrist des § 215 Abs. 1 geltend gemacht und nicht nach § 214 Abs. 4 behoben. Ein Verstoß gegen § 3 Abs. 1 ist für die Wirksamkeit eines Bauleitplans unerheblich (BVerwG NVwZ-RR 2003, 172).

1b Seitenstück zur Öffentlichkeitsbeteiligung nach § 3 ist die **Behördenbeteiligung** nach § 4. Beide Beteiligungsformen werden in § **4a** ergänzt um den programmatischen Hinweis zur Funktion der Beteiligungsverfahren (Abs. 1), zur Verfahrensverkürzung in Bagatellfällen (Abs. 2), zur erneuten Auslegung (Abs. 3), zur Nutzung elektronischer Medien (Abs. 4), zur grenzüberschreitenden Beteiligung (Abs. 5) und zur Präklusion (Abs. 6). Im vereinfachten Verfahren kann gem. § 13 Abs. 2 die frühzeitige und die förmliche Öffentlichkeits- und Behördenbeteiligung ebenso wie im beschleunigten Verfahren gem. § 13a Abs. 2 Nr. 1 modifiziert werden.

1c **Spezielle Regelungen** der Öffentlichkeitsbeteiligung mit jeweils unterschiedlichem Betroffenenkreis sind § 137 für städtebauliche Sanierungen und Entwicklungsmaßnahmen (§ 165 Abs. 4 S. 2, § 169 Abs. 1 Nr. 1), § 175 Abs. 1 für die städtebaulichen Gebote, § 22 Abs. 10 S. 2 für die Satzung nach § 22 Abs. 1 und für die Zulassung von Vorhaben während der Planaufstellung (§ 33 Abs. 1 Nr. 1, Abs. 2). Das vereinfachte Verfahren nach § 13 Nr. 2, 3 ist gem. § 34 Abs. 6 S. 1 entsprechend auf den Erlass der Satzungen nach § 34 Abs. 4 S. 1 Nr. 2, 3 anzuwenden. Gleiches gilt für die Außenbereichssatzung (§ 35 Abs. 6 S. 5). Das vereinfachte Verfahren nach § 13 kann bei der Aufhebung des vorhabenbezogenen Bebauungsplans angewendet werden (§ 12 Abs. 6 S. 3). Eine Anwendung der Beteiligungsvorschriften auf bauplanbegleitende städtebauliche Verträge ist wünschenswert (*Reidt*, FS Krautzberger, 2008, 203 (209)). Zum Verhältnis von § 3 Abs. 1 zum **Sozialplan** → Vorb. §§ 180, 181 Rn. 3. Für Planfeststellungsverfahren (zur Historie *Cancik*,

1. Abschnitt. Allgemeine Vorschriften § 3

Verwaltung und Öffentlichkeit in Preußen, 2007, 292ff.) regelt § 25 Abs. 3 VwVfG die frühzeitige Öffentlichkeitsbeteiligung; dazu *Schmitz/Prell* NVwZ 2013, 745 (auch zum PlanungsvereinfachungsG v. 31.5.2013, BGBl. I 1388; *Ziekow* NVwZ 2013, 754; *v. Bargen,* FS Schwarze 2014, 355krit. *Härtl/Munding* NJW 2012, 2622; s. a. *Knauff* DÖV 2012, 1; *Dolde* ZfBR 2013, 769; zur VDI-Richtlinie 7000 „Frühe Öffentlichkeitsbeteiligung" *Brennecke,* VerwArch 2015, 34; www.bmvbs.de/cae/servlet/contentblob/81212/publi cationFile/53987/**handbuchbürgerbeteiligung**.pdf; *Burgi/Durner,* Modernisierung des Verwaltungsverfahrens durch Stärkung des VwVfG, 2011), wobei § 3 durchaus als Vorbild gelten kann (*Schink* DVBl. 2011, 1377 (1388)); *Hien* UPR 2012, 128; *Wulfhorst DÖV 2014,* 730, DVBl. 2012, 466; *Stender-Vorwachs* Nds VwBl 2015, 153; zur frühen Öffentlichkeitsbeteiligung in Baden-Württemberg *Arndt,* DVBl 2015, 6. Auch in der Planfeststellung sind informelle Verfahren zulässig (BVerwG UPR 2011, 390). § 10 ROG regelt Öffentlichkeits- und Behördenbeteiligung bei der Aufstellung von Raumordnungsplänen (dazu *Guckelberger* in Seok/Ziekow (Hrsg.), Die Einbindung Privater in die Erfüllung öffentlicher Aufgaben, 2008, 111; *Jarass* (Hrsg.), Öffentlichkeitsbeteiligung und Rechtschutz in der Raumordnung, 2002).

b) Entstehungsgeschichte. § 3 geht zurück auf das in § 2 Abs. 6 BBauG geregelte 2 Auslegungsverfahren und das erstmals in § 1 Abs. 4 S. 4, § 4, § 9 StBauFG geregelte Verfahren der frühzeitigen Bürgerbeteiligung. Die Vorgängervorschriften zur frühzeitigen Bürgerbeteiligung sind mehrfach modifiziert und aus Sorge um die Verfahrenseffizienz durch die §§ 214 bis 216 in ihrem Wirkungsgehalt begrenzt worden. Seit der Novelle 2001 ist die Öffentlichkeitsbeteiligung schrittweise aufgewertet worden. Maßgeblich dafür ist die **unionsrechtliche** Vorgabe, Verfahrenstransparenz durch Öffentlichkeitsbeteiligung herzustellen, um so eine qualitativ bessere Bauleitplanung zu schaffen (dazu *Battis,* FS Krautzberger, 3; *Schmidt-Aßmann* in Isensee/Kirchhof (Hrsg.), HdbStR V, 3. Aufl. 2007, § 109 Rn. 43 – „Konzept informierter Öffentlichkeit"; *Haug,* DV 2014, 221; *Schadtke,* NVwZ 2014, 271; *Mangold/Wahl,* DV 2015, 1 (10); *Otto,* FS Battis, 465; Zusammenstellung der Vorschriften der PlanUPRL 2001/52/EG und der völkerrechtlich durch die Aarhus-Konvention vorgegebene ÖffentlichkeitsbeteiligungsRL (2003/35/EG) bei *Schink,* SU § 3 Rn. 6–9, prononciert: *Hendler/Wahl* DVBl. 2014, 78; *Guckelberger,* VerwArch 2014, 411; *Kokott/Sobotta* DVBl 2014, 132; *Schlacke ua,* Aarhushandbuch, 2010, 2 Rn. 322–353; s. a. *Almeling,* Die Aarhus-Konvention, 2008; *Ekardt,* Information, Partizipation, Rechtsschutz, 2. Aufl. 2010); *M. Breuer* DV 2012, 171 (173); Die Innenentwicklungsnovelle 2013 (→ Einl. Rn. 62) hat klarstellend in Abs. 1 S. 2 auch Kinder und Jugendliche als Teil der beteiligungsberechtigten Öffentlichkeit eingefügt. Den §§ 3 bis 4a liegt ebenso wie den anderen spezifisch verfahrensrechtlichen Instrumenten der UVP, der UP und den Informationsansprüchen nach den UIG von Bund und Ländern, dem IFG und dem VIG (dazu *Reidt* in Landmann/Rohmer, Umweltrecht III; *Schoch* NVwZ 2013, 1033;)ein ausgeprägt demokratischer Ansatz zugrunde (*Scherzberg,* Die Öffentlichkeit der Verwaltung, 2000; *Kugelmann,* Die informatorische Rechtstellung des Bürgers, 2001; *Fisahn* ZUR 2004, 136; *Gusy* EuGRZ 2006, 353). Die Leipzig-Charta, die Territoriale Agenda 2007 (dazu *Battis/Kersten* UPR 2008, 201 und die TA 2020 sollen die Öffentlichkeitsbeteiligung von Wirtschaft, NGO und gerade auch benachteiligten Bürgern stärken. Auf lokaler Ebene fördert dies Formen öffentlich-rechtlicher und privatrechtlicher Kooperation – Urban-Governance (dazu *Kersten* IzR 8/2010, 553; *Kersten* in Kahl (Hrsg.), Nachhaltigkeit als Verbundbegriff, 396 (416); *Bärenbrinker,* Nachhaltige Stadtentwicklung durch Urban Governance, 2012; Die Informationsfreiheitsgesetze des Bundes und der Länder *Fluck/Merenyi* VerwAch 2006, 381 – UIG und IFG in Bund und Ländern; *Weber* NVwZ 2008, 1284; *Rossi* IFG 2. Aufl. 2012; *ders.* in: Ehlers/Fehling/Pünder;Bes.VwR II, 3. Aufl. 2013, § 63) ergänzen die §§ 3 bis 4a soweit sie nicht wie § 10 Abs. 2 S. 2, § 1 BerlIFG eine ausdrückliche Regelung für ein Akteneinsichtsrecht im Verfahren der Bauleitplanung enthalten; *Schindler/Benner* NVwZ 2015, 644; *Schrödter,* § 3 Rn. 36; aA *Krautzberger* in EZBK § 3 Rn. 9b; Voraufl.

§ 3 I. Kapitel. I. Teil. Bauleitplanung

s. a. BVerwG NVwZ 2011, 1072 – Vertraulichkeit behördlicher Beratungen nach Verfahrensabschluss – § 3 Nr. 3b IFG; s. a. EuGH NVwZ 2011, 1060 – Ausschluss des Zugangs zu Umweltinformationen; weitergehend IFG-SH, dazu *Polenz* DÖV 2012, 432; s. a. EuGH ZUR 2012, 237 – Flachglas Torgau; BVerwG DVBl. 2013, 37 – Gesetzgebungsverfahren; *Gusy* in Hoffman-Riem/Schmidt-Aßmann/Voßkuhle, Grundlagen des VwR, 2. Aufl. 2012 § 23 Rn. 81; zum HH Transparenzgesetz; *Stumpf* VerwArch 2015, 499; *Jauch* DVBl. 2013, 16; *Caspar,* Jahrbuch Informationsfreiheit und Informationsrecht 2013, 49; *Kaup,* Bürgerbegehren und Bürgerbescheid zu Fragen der Bauleitplanung, 2014; zur Einsichtnahme in Bauakten außerhalb eines Bauleitplanungsverfahrens gem § 4 Abs. 1 nw IFG VG Köln NWVBl. 2006, 308. Das UIG des Bundes gilt gem. § 1 Abs. 2 UIG nicht für Gemeinden (anders noch *Kukk* UPR 2005, 19 (21); *Berkemann* in Berkemann/Halama § 3 Rn. 44). Gegenüber den UIG der Länder sind die §§ 3 bis 4a während des Verfahrens der Bauleitplanung spezieller, soweit nicht ausdrücklich anderes bestimmt ist. Einer direkten Anwendung der RL 2003/4/EG (dazu VGH Kassel NVwZ 2007, 348; *Pützenbacher/Sailer* NVwZ 2006, 1257) bedarf es nicht (aA *Schrödter* § 3 Rn. 23; *Schrader* ZUR 2004, 130 (134)). Klärungsbedürftig ist das Verhältnis zu den plebiszitären Elementen in den GO (dazu *C. Volkert* Plebiszite über Bebauungspläne, 2016; *Peine,* FS Papier, 83; *Bruning,* NordÖR 2014, 609; *Zöllner,* BayVBl 2013, 129; *Schoch,* NVwZ 2014, 1473; *Koch* FS Bull 2011 S. 203; *Durinke,* Bürgerentscheide in der Bauleitplanung, 2011; *Durinke/Fiedler* ZfBR 2012, 531; *Portz,* FS Stüer, 239; *Kühling/Wintermeier* DVBl. 2012, 317; *Franzius* GewArch 2012, 225; *Finkelnburg,* FS Krautzberger, 11; Bull, DVBl 2015, 593; VGH München, BayVBl. 2013, 180, NVwZ-RR 2006, 208 u. DÖV 2007, 802; BVerwG ZfBR 2015, 271; VGH Kassel LKRZ 2013, 203; OVG Münster NVwZ-RR 2007, 803 u. v. 28.5.2008 4 BV 07.1981 – juris; OVG Lüneburg NVwZ-RR 2005, 349; dazu *Waldhoff* JuS 2008, 923) und auch zu den Verfassungen der Länder (dazu *Rux,* Direkte Demokratie in Deutschland, 2008; *Henneke* DVBl. 2012, 1072). Zum **Überleitungsrecht** s. § 233.

3 c) Verfassungsrechtliche Einordnung und Funktionen der Öffentlichkeitsbeteiligung. Die wechselvolle Entstehungsgeschichte der Vorschriften über die frühzeitige Bürgerbeteiligung veranschaulicht die kontroverse Einschätzung dieses Rechtsinstitutes (s. a. *Schrödter* § 3 Rn. 3 bis 7). Inzwischen hat sich die frühzeitige Bürgerbeteiligung in der **kommunalen Praxis** durchgesetzt (s. BT-Drs. 13/5489, 9; *Schmidt-Eichstaedt* DÖV 1995, 969 (973): „europäischer Standard"; s. a. *Klages/Vetter* Bürgerbeteiligung auf kommunaler Ebene, 2014. Die **Funktionen** der frühzeitigen Öffentlichkeitsbeteiligung nach dem BauGB und ihre **verfassungsrechtliche Einordnung** waren lange umstritten (*Battis,* Partizipation im Städtebaurecht, 1976, 60; *Hendler,* Die bürgerschaftliche Mitbestimmung an der städtebaulichen Planung, 1977; *Blümel,* in Blümel (Hrsg.), Frühzeitige Bürgerbeteiligung bei Planungen, 1982, 23 (25 ff.); *Kaiser,* Die Kommunikation der Verwaltung, 2009, 136). Einerseits soll die frühzeitige Öffentlichkeitsbeteiligung ein Mittel sein zur besseren Information der planenden Gemeinde über die Wünsche und Befürchtungen der planungsbetroffenen und/oder planungsinteressierten Öffentlichkeit, insbesondere der nicht oder wenig beteiligten Gruppen und der von ihnen vertretenen Belange, zB Umweltschutz – Informationsfunktion (BVerwG NVwZ 1988, 822). Andererseits bildet sie wie zB auch die Sozialplanung nach § 180 ein Gegengewicht zu den erweiterten Planungsbefugnissen und Eingriffsrechten der Gemeinde. Sie ermöglicht der Öffentlichkeit kontrollierende Einflussnahme auf den allein entscheidungsbefugten und verantwortlichen Gemeinderat – demokratische Funktion (ablehnend *Schmitt Glaeser* VVDStRL 31, 214 (227)). Die Öffentlichkeitsbeteiligung ist eine Form der partizipativen und assoziativen Demokratie iSv Art. 11 I EUV; dazu BVerfGE 123, 267; s. a. *Gurlit* VVDStRL 70 (2011), 227 (242). Schließlich soll die Öffentlichkeitsbeteiligung während der Planentwicklung den Rechtsschutz verbessern, da die Planungs- und Abwägungsentscheidungen von den oft zu spät angerufenen Gerichten nicht voll überprüft werden können – Rechtsschutz-

1. Abschnitt. Allgemeine Vorschriften §3

funktion; BVerwG NVwZ 1988, 822; *Fackler* BayVBl. 1993, 353 – subjektives öffentliches Recht bei Betroffensein in eigenen Rechten. Die Öffentlichkeitsbeteiligung erhöht den Verwaltungsaufwand und kann das Planungsverfahren verlängern. Die frühzeitige Öffentlichkeitsbeteiligung kann zudem wegen ihrer Frühzeitigkeit die Bodenspekulation anheizen und eine kommunale Bodenvorratspolitik erschweren, insbesondere, weil anders als bei städtebaulichen Sanierungen keine Ausgleichsbeiträge erhoben werden können. Die Öffentlichkeitsbeteiligung kann ebenso wie § 4b (Einschaltung Dritter) und die im 4. Abschnitt des 1. Teils „Zusammenarbeit mit Privaten" zusammengefassten § 11 „Städtebaulicher Vertrag" und § 12 „Vorhaben- und Erschließungsplan" als Ausdruck des städtebaulichen Kooperationsprinzips (dazu *Battis*, Öffentliches Baurecht, Rn. 154) verstanden werden.

d) Grundrechtsschutz durch Verfahren. Die Rechtsprechung des BVerfG, **4** grundlegend E 53, 30 – Mülheim-Kärlich – zum **Grundrechtsschutz durch Verfahren** (dazu *Blümel* in Blümel, Frühzeitige Bürgerbeteiligung, 23 (29ff.); *Redeker* NJW 1980, 1593; *Kahl* VerwArch 2004, 1; kontrovers *Gurlit* VVDStRL 70 (2011), 227 (240); *Hufen* VVDStRL 70 (2011), 344) geht konform mit der europarechtlichen Aufwertung des Verfahrens – Richtigkeitsgewähr durch Verfahren (*Schmidt-Aßmann*, HdbStR V, § 109 Rn. 45). Beteiligungsvorschriften dienen nicht nur oder in erster Linie der Information des Planträgers (BVerfGE 53, 30 (63)). BVerwG DVBl. 1982, 1096. Buchholz 406.11 § 3 BauGB Nr. 4 verneinen die grundrechtsschützende Wirkung von § 3 (zust. *Korbmacher*, in: KK, § 3 Rn. 7; *Schrödter* § 3 Rn. 8; *Runkel* in Spannowsky/Runkel/Goppel ROG § 10 Rn. 11; anders *Kühling/Herrmann*, Fachplanungsrecht, 2000, Rn. 500; BVerwG NJW 1981, 2769 zum wasserrechtlichen Planfeststellungsverfahren; dazu *Blümel* in Blümel, 74f.; BVerwG NJW 1983, 1507 – Verfahren der Öffentlichkeitsbeteiligung nach den §§ 5, 10 BImSchG als vorgezogenes Rechtsschutzverfahren). Auch wenn § 3 Abs. 1 als Grundmodell frühzeitiger Bürgerbeteiligung verstanden werden kann (so *Söfker* in Blümel 97 (99)), ist es verfehlt, den Grundrechten ein allgemeines verfassungsrechtliches Gebot zum Erlass von Beteiligungsvorschriften für alle (Raum-)Planungsverfahren zu entnehmen (s. BVerfGE 53, 30 (65); OVG Koblenz NuR 2004, 189 – Festlegung eines Überschwemmungsgebiets; für Differenzierungen zwischen den verschiedenen Planungsverfahren *Wahl* in Blümel 133ff.; *Schmidt-Aßmann* in Lerche/Schmitt Glaeser/Schmidt-Aßmann, Verfahren als staats- und verwaltungsrechtliche Kategorie, 1 (26ff.); weitergehend *Blümel* in Blümel 42ff.). Zum Individualrechtsschutz bei fehlerhaftem Verwaltungsverfahren, *Held* NVwZ 2012, 461.

e) Öffentlichkeitsbeteiligung und Datenschutz. Nach dem Grad der grund- **5** rechtlichen Betroffenheit differenziert und im Sinne der praktischen Konkordanz ist das Spannungsverhältnis zwischen Bürgerbeteiligung und **Datenschutz** zu lösen. Weder vermag das Grundrecht auf informationelle Selbstbestimmung (BVerfGE 65, 1; *Pieroth*, FS Hoppe, 195 (205)) die Öffentlichkeitsbeteiligung auszuschließen noch die Öffentlichkeitsbeteiligung den Datenschutz (*Bunzel* BauR 2008, 301 (308)). § 3 trifft zulässigerweise die grundsätzliche Entscheidung des Vorrangs der Öffentlichkeitsbeteiligung vor dem Datenschutz (*Berkemann* ZfBR 1986, 155; *Korbmacher*, KK § 3, Rn. 12; für Neuregelung *Durner* UPR 2003, 262/270; zum Datenschutz in der Planfeststellung *Ronellenfitsch*, FS Bartlsperger, 2006, 373). Über den speziellen § 138 hinaus kann im Einzelfall auch im allgemeinen Städtebaurecht der Schutz personenbezogener Daten die Anwendung des § 3 einschränken, so dürfen Unterlagen mit personenbezogenen Daten nicht nach Abs. 2 S. 1 ausgelegt werden (s. a. BVerfGE 77, 121). Datenschutzrechtliche Einschränkungen können auch zur nichtöffentlichen Behandlung von Einwendungen in den kommunalen Beschlussgremien führen (*Schrödter* § 3 Rn. 11–21; weitergehend *Ehlers/Heydemann* DVBl. 1990, 1 (6)). Zum Baulandkataster → § 200 Rn. 8.

f) Pflicht zur Öffentlichkeitsbeteiligung. Abs. 1 **verpflichtet** die Gemeinde, **6** beide Phasen der Öffentlichkeitsbeteiligung, die frühzeitige (Abs. 1) und das Ausle-

gungsverfahren (Abs. 2), zu ermöglichen (dazu *Berghäuser/Berghäuser* NVwZ 2009, 766). Zu Befreiungen und Einschränkungen → Rn. 1. Zur Ausdehnung individueller Verfahrensbeteiligung gem. Art. 3 GG auf alle gleichartig Betroffenen BVerwG ZfBR 2012, 261. Die Pflicht zur frühzeitigen Öffentlichkeitsbeteiligung entsteht nach einer Änderung auf Grund einer Anhörung nicht erneut (Abs. 1 S. 3) (→ Rn. 21). Zur Öffentlichkeit iSv Abs. 1 zählt **jedermann,** dh jede natürliche oder juristische Person, die von der Bauleitplanung betroffen ist oder ein sonstiges Interesse an ihr hat, zB auch (anerkannte) Naturschutzverbände (s. § 4 Rn. 3). § 3 ist nicht beschränkt auf Bürger iSd Gemeindeordnung (zB § 21 Abs. 2 nwGO) noch auf Einwohner (§ 21 Abs. 1 nwGO), die zB nach § 23 nwGO im Rahmen der Einwohnerbeteiligung an wichtigen Planungen und Vorhaben der Gemeinde ein Recht auf Unterrichtung, Äußerung und Erörterung haben (dazu *Kromer* DVBl. 1985, 143), noch auf betroffene Öffentlichkeit wie in § 4 Abs. 3, § 13 Abs. 2 Nr. 2, § 12 Abs. 6 S. 3, § 22 Abs. 9 S. 2, § 33 Abs. 3 S. 2, § 34 Abs. 6 S. 1, § 35 Abs. 6 S. 4, noch auf (Eigentümer, Mieter, Pächter und sonstige) Betroffene wie in § 137 und § 175. Abs. 1 schließt Bürger benachbarter Gemeinden nicht aus (aA *Korbmacher* in KK § 3 Rn. 22; s. a. § 4a). Abs. 1 Satz 2 stellt klar, dass auch Kinder und Jugendliche zur Öffentlichkeit gehören – ebenso § 47 f. shGO; dazu *Otto,* ZfBR 2014, 733 (737) „Spielerei"; s. a. Bertelsmann-Stiftung (Hg.), Bürgerbeteiligung – Kinder und Jugendliche 2011 (PDF, EDUB).

7 **2. Frühzeitige Öffentlichkeitsbeteiligung. a) Gegenstand.** Erste Verfahrensstufe der frühzeitigen Öffentlichkeitsbeteiligung ist gem. Abs. 1 S. 1 die öffentliche **Unterrichtung** über die allgemeinen Ziele und Zwecke der Planung, sich wesentlich unterscheidende Lösungen, die für die Neugestaltung oder Entwicklung eines Gebiets in Betracht kommen, und die voraussichtlichen Auswirkungen der Planung. Zweite Verfahrensstufe gem. Abs. 1 S. 1 ist die **Anhörung,** durch die allgemein Gelegenheit zur Äußerung und zur Erörterung zu geben ist. Zu Ausnahmen nach Abs. 1 S. 2 → Rn. 10. Abs. 1 S. 1 beschränkt sich nicht darauf, lediglich eine generelle Pflicht zur Unterrichtung und zur Gewährung einer Äußerungsgelegenheit vorzusehen. Vielmehr enthält die Vorschrift eine qualitative Erweiterung der Unterrichtungspflicht und des Anhörungsrechtes dahingehend, dass die Gemeinde ihre Planvorstellungen – nicht unbedingt einen ausgearbeiteten Planentwurf – zu erläutern und mit der Öffentlichkeit, soweit erwünscht, durchzusprechen hat (s. a. BT-Drs. 7/4793, 26). **Gegenstand** der Unterrichtung und Anhörung können Informationen vor allem aus der ersten Fassung der Begründung des Bauleitplans nach § 2 a einschließlich der ersten Fassung des Umweltberichts sein, sofern die frühzeitige Öffentlichkeitsbeteiligung nach dem Aufstellungsbeschluss stattfindet, was nicht der Fall sein muss (→ Rn. 8). Die Verpflichtung, über die voraussichtlichen Auswirkungen der erst nach ihren allgemeinen Zielen und Zwecken festgelegten Planung und wesentlichen Planungsalternativen zu unterrichten, um der Öffentlichkeit anschließend Gelegenheit zur Äußerung und Erörterung zu geben, verbietet es, dass die Ziele und Zwecke der Planung so allgemein und unverbindlich sind, dass die frühzeitige Öffentlichkeitsbeteiligung ungeeignet ist, die planerische Abwägung der öffentlichen und privaten Belange iSv § 1 Abs. 6, 7 vorzubereiten (s. a. *Söfker* in Blümel, Frühzeitige Bürgerbeteiligung, 97 (102ff.)).

8 **b) Zeitpunkt.** Unterrichtung und Anhörung sollen **möglichst frühzeitig** erfolgen. Die Beteiligung darf nicht erst dann einsetzen, wenn die Planung so verfestigt ist, dass die Öffentlichkeitsbeteiligung zur Farce wird. Andererseits begrenzt die Notwendigkeit des Vorliegens zwar allgemeiner, aber diskussionsfähiger Planungsziele den Zeitpunkt der Öffentlichkeitsbeteiligung „nach vorne" – Phase Null (s. Baukulturbericht 2014/2014, S. 93 f.). Meistens findet die frühzeitige Öffentlichkeitsbeteiligung erst nach dem Aufstellungsbeschluss (§ 2 Abs. 1 S. 2) statt. Aber der Gesetzgeber hat den Beginn der frühzeitigen Öffentlichkeitsbeteiligung bewusst nicht an den Aufstellungsbeschluss gekoppelt. Sofern darlegungs- und erörterungsfähige Ziele und Zwecke der Planung vorliegen, können Unterrichtung und Erörterung „zuvor auf anderer

1. Abschnitt. Allgemeine Vorschriften §3

Grundlage" (Abs. 1 S. 2 Nr. 3) stattfinden, zB im Verfahren des Erlasses eines städtebaulichen Entwicklungskonzepts oder einer sonstigen städtebaulichen Planung iSv § 1 Abs. 6 S. 2 Nr. 11 (→ § 1 Rn. 77), zB nicht förmlichen Rahmenplanung iSv § 140 Nr. 4 (s. BT-Drs. 10/6166, 146) oder auch eines von der Gemeinde als Planträger betriebenen fachplanerischen Planungsverfahrens unter der Voraussetzung, dass die dargelegten Ziele und Zwecke dieser informellen oder formellen Planungen den allgemeinen Zielen und Zwecken der anschließenden Bauleitplanung hinsichtlich Diskussionsfähigkeit und Brauchbarkeit für die Vorbereitung der planerischen Abwägung nach § 1 Abs. 6, 7 gleichstehen. Diese Voraussetzung gilt auch für den Fall, dass Unterrichtung und Erörterung auf anderer als „planerischer" Grundlage stattfindet, zB mittels Bürgerversammlungen (BT-Drs. 13/6392, 45). Eine Verpflichtung zur idR zweckmäßigen, frühzeitigen Öffentlichkeitsbeteiligung an der Erstellung eines Entwicklungskonzepts oder Rahmenplanung besteht grundsätzlich nicht. Nur wenn die Gemeinde beabsichtigt, im Wege der vorweggenommenen Entscheidung nach § 1 Abs. 6, 7 gewonnene, städtebaulich bedeutsame Ergebnisse dieser informellen Planung in die Bauleitplanung zu übernehmen, ohne darüber in eine (erneute) Abwägung nach § 1 Abs. 7 einzutreten, besteht eine Pflicht zur frühzeitigen Öffentlichkeitsbeteiligung an der Planung (s. a. *Söfker* in Blümel [Hrsg.], Frühzeitige Bürgerbeteiligung, 97 (103)). In diesem Fall gelten die von der Rechtsprechung entwickelten Grundsätze über die Bindung der Abwägung durch Vorentscheidung (→ § 1 Rn. 113).

c) Art und Weise. Die Gemeinde ist verpflichtet, nach Maßgabe ihrer planerischen 9 Verantwortung generell oder für bestimmte Gruppen typischer Bauleitpläne oder im Einzelfall, dh für einen bestimmten Bauleitplan, zu bestimmen, in welcher **Art und Weise,** in welchem räumlichen Bereich, zB Ortsbezirk oder eigentlichem Plangebiet einschließlich des Gebiets, auf das sich die Planung nicht unwesentlich auswirkt, und innerhalb welcher Frist die Öffentlichkeit zu beteiligen ist. In jedem Fall muss aber die **Unterrichtung** gem. Abs. 1 S. 1 **öffentlich** sein. Die Ermächtigung, eine **Frist** zu bestimmen, wird vom Geeignetheitsgebot limitiert. Die Frist muss so bemessen sein, dass die Beteiligungsberechtigten in der Lage sind, sich in die von der Gemeinde dargelegten allgemeinen Ziele und Zwecke der Planung, ihre voraussichtlichen Auswirkungen und möglichen Alternativen so einzuarbeiten, dass sie imstande sind, diese mit der Gemeinde zu erörtern, dh also einen Dialog zu führen. Die öffentliche Darlegung kann durch Amtsblatt, Aushang, Zeitung, Plakate, Flugblätter, Hauswurfsendungen, Informationsausstellungen und ergänzend (§ 4a Abs. 4) angekündigt werden. Die individuelle Benachrichtigung planbetroffener Grundeigentümer ist nicht vorgegeben (OVG Hamburg NVwZ 2001, 83). Zur Einschaltung Dritter s. § 4b. Zu Organisationsformen wie Beiräten, Bürgerforen, Planungszellen, Bürgergutachten s. *Dienel,* Die Planungszelle, 5. Aufl. 2002; *Wiese von Ofen,* FS Krautzberger, 2008, 377; *Klages ua,* Bürgerbeteiligung durch lokale Bürgerpanells, 2008; *Keppler* in Hill, Bürgerbeteiligung, 2010, 171; *Senator für Stadtentwicklung Berlin* (Hrsg.), Handbuch zur Partizipation, 2011; ‚Baukulturbericht 2014/2015, S. 100ff.; detailliert *Schmidt-Eichstaedt* BauR 2013, 1381. Die Möglichkeit, sich in das Verfahren einzubringen, muss gewährleistet sein (BVerwG ZfBR 2012, 261); *Beckmann* (Hrsg.), Bürgerbeteiligung in Kommunen; zu Projekten im Rahmen der nationalen Stadtentwicklungspolitik, siehe BBSR-Information 2/2012. Zum Einbezug fachkundiger örtlicher Organisationen (Heimatverein) OVG Berlin BauR 2000, 1295. Zu Einwirkungen Lokaler Agenda 21 Prozesse auf die frühzeitige Bürgerbeteiligung s. *Lange ua* in Hendler ua, Umweltschutz, Wirtschaft und kommunale Selbstverwaltung, 2001, 171; Weder europarechtlich noch gem. Abs. 1 ist bei der frühzeitigen Öffentlichkeitsbeteiligung ein **Scoping** vorgeschrieben (BT-Drs. 15/2250, 77; *Schink,,* SU § 3 Rn. 26–28). Stellungnahmen der Öffentlichkeit zum Umfang und Detaillierungsgrad der UP sind jedoch nicht ausgeschlossen (s. a. BT-Drs. 15/2996, 87).

d) Ausnahmen. Abs. 1 S. 2 erlaubt es der Gemeinde, durch Beschluss des nach 10 Kommunalrecht zuständigen Organs, die frühzeitige Öffentlichkeitsbeteiligung in Ba-

gatellfällen oder wegen vorangehender Durchführung auf anderer Grundlage (→ Rn. 8) **auszuschließen.** Abs. 1 S. 2 gilt zusätzlich zur Möglichkeit eines vereinfachten Verfahrens nach § 13. Bei einem Bebauungsplan kann die frühzeitige Öffentlichkeitsbeteiligung durch Beschluss der Gemeinde nach Abs. 1 S. 2 **Nr. 1** ausgeschlossen werden, wenn die Aufstellung oder Aufhebung sich auf das Plangebiet und die Nachbargebiete nicht oder nur unwesentlich auswirkt. Letzteres soll der Fall sein, wenn der Bebauungsplan nicht die städtebauliche Grundstruktur ändert, in seiner Funktion auf das Plangebiet beschränkt ist, seine Ausweisungen sich nach Nutzungsart und Höhenentwicklung nicht wesentlich vom bisher planungsrechtlich Zulässigen unterscheiden, das bisherige Stadtbild erhalten bleibt und bei Verwirklichung des Bebauungsplans keine nennenswerten nachteiligen Auswirkungen auf die persönlichen Lebensumstände der im Gebiet wohnenden und arbeitenden Menschen zu erwarten sind (s. a. *Krautzberger* in EZBK BauGB § 3 Rn. 9). Abs. 1 S. 2 Nr. 1 regelt nur die Aufstellung und Aufhebung, nicht aber Änderung und Ergänzung. Für diese gilt § 13. Von der Unterrichtung und Erörterung iSv Abs. 1 Satz 1 kann gemäß Abs. 1 Satz 2 **Nr. 2** abgesehen werden, wenn Unterrichtung und Erörterung bereits zuvor auf anderer nicht unbedingt planerischer Grundlage erfolgt sind. In Betracht kommen zB Bürgerversammlungen oder sonstige städtebauliche Planungen iSv § 1 Abs. 6 Nr. 11, zB eine nicht förmliche Rahmenplanung iSv § 140 Nr. 4 (→ Rn. 8) oder auch Unterrichtung und Erörterung anlässlich des Satzungserlasses zur Bezeichnung von Vorkaufsrechten iSv § 25 Abs. 1 Nr. 2, anlässlich der Abstimmung städtebaulicher Planungen mit agrarstrukturellen Maßnahmen (§§ 187 ff.; BR-Drs. 575/85, 60 (64)), anlässlich des Erlasses einer Erhaltungssatzung (§ 172) oder des Erlasses einer formellen von der Gemeinde (nicht von einem Dritten) betriebenen Fachplanung. Die vorangegangene Unterrichtung muss in einem angemessenen zeitlichen Zusammenhang mit der beabsichtigten Bauleitplanung stehen (dazu OVG Münster NWVBl. 1994, 169). In jedem Fall müssen Unterrichtung und Erörterung innerhalb der informellen oder formellen Planungen nach Gegenstand und Art und Weise einer frühzeitigen Öffentlichkeitsbeteiligung nach Abs. 1 Satz 1 gleichwertig sein (→ Rn. 8).

11 **e) Keine zweite Unterrichtung und Erörterung.** Abs. 1 S. 3 stellt klar, dass eine auf Grund der frühzeitigen Öffentlichkeitsbeteiligung erfolgte Änderung der Planung im Interesse der Verfahrensbeschleunigung **keine zweite Anhörung** iSv Abs. 1 S. 1 auslöst. Soweit Bürger mit der auf Grund der Anhörung geänderten Planung nicht einverstanden sind, bleibt ihnen die Möglichkeit, bei der öffentlichen Anhörung Anregungen vorzutragen. In der Bekanntmachung der Offenlegung nach Abs. 2 muss die Änderung nicht ausdrücklich verlautbart werden. Die Bekanntmachung muss aber der erforderlichen Anstoßfunktion (→ Rn. 14) genügen (OVG Münster NuR 2000, 55). Aus der Formulierung des lediglich ergänzenden Abs. 1 S. 3 – „schließt sich an" – zu folgern, die frühzeitige Öffentlichkeitsbeteiligung habe regelmäßig erst unmittelbar vor dem Auslegungsverfahren nach Abs. 3 stattzufinden, widerspricht dem Sinn der Hauptvorschrift (Abs. 1 S. 1) – „möglichst frühzeitig".

12 **3. Förmliche Öffentlichkeitsbeteiligung/Auslegungsverfahren. a) Auslegungsbeschluss.** Wenn das Planungsverfahren (→ § 2 Rn. 2, 3) zu beschlussfähigen Planentwürfen nebst Begründung einschließlich Umweltbericht (§ 2a) gediehen ist, beginnt die **zweite Phase** der Öffentlichkeitsbeteiligung, die förmliche Öffentlichkeitsbeteiligung; dazu *Strunz/Wallraven-Lindl* BauR 2012, 1589; *Dusch* NVwZ 2012, 1580. Abs. 2 S. 1 regelt ebenso wie § 2 Abs. 1 S. 2 (→ § 2 Rn. 3) bundesrechtlich nicht, welches Gemeindeorgan in welcher Weise den im Gesetz nicht vorgeschriebenen, aber in der Praxis üblichen **Auslegungsbeschluss** trifft. Dies richtet sich allein nach Landesrecht (BVerwG NVwZ 1988, 916 (917); *Ley* VR 1989, 326).

13 **b) Öffentliche Auslegung.** Der Entwurf und seine Begründung einschließlich des Umweltberichts (§ 2a), sind **öffentlich,** also zu jedermanns Einsicht **auszulegen** (Abs. 2 S. 1). Zu den Mindestanforderungen an den Inhalt der Begründung → § 2a, § 5

1. Abschnitt. Allgemeine Vorschriften **§ 3**

Rn. 8, § 9 Rn. 4. Dies gilt gemäß Abs. 2 S. 1 auch für die bereits vorliegenden nach Einschätzung der Gemeinde **wesentlichen umweltbezogenen Stellungnahmen** von Behörden, Privaten, einschließlich Verbänden, auch solcher zum Umweltbericht (BVerwGE 55, 369 (376); BeckRS 2008, 39561; VGH Mannheim BeckRS 2010, 50008 Rn. 26 – zulässige Bündelung der Stellungnahmen). Die Regelung soll anknüpfend an die Aarhus-Konvention und die Richtlinie 2003/35/EG die Informationsmöglichkeit der Öffentlichkeit und die Transparenz der Planung verbessern. Aus Gründen der Verfahrensökonomie erfasst Abs. 2 S. 1 Hs. 2 nicht alle der Gemeinde vorliegenden Unterlagen, sondern nur die von ihr für wesentlich eingeschätzten **umweltbezogenen** Berichte und Empfehlungen. Schließlich müssen diese Unterlagen der Gemeinde bereits vorliegen. Aus Anlass der Öffentlichkeitsbeteiligung ist die Gemeinde daher nicht verpflichtet, Stellungnahmen vor Beginn der frühzeitigen Öffentlichkeitsbeteiligung einzuholen. Der Beurteilungsspielraum der Gemeinde bei der Einschätzung der Stellungnahmen ist wesentlich soll die Beachtlichkeit einer Fehleinschätzung nach § 214 Abs. 1 S. 1 Nr. 2 minimieren (s. BT-Drs. 15/2250, 44; BVerwG NVwZ-RR 1999, 228). Zur Auskunftspflicht der Gemeinde bei unvollständiger Begründung s. § 214 Abs. 1 S. 2. Die Gemeinde ist nicht zur Erläuterung der ausgelegten Unterlagen verpflichtet, wohl aber zur Auskunft über die nach § 3 Abs. 2 bestehenden Rechte (§ 25 VwVfG). Zu den (Bundes- und Landes-)UIG → Rn. 2. Die Auslegung erfolgt auf die **Dauer** eines Monats, wobei gem. § 187 Abs. 2 BGB der erste Tag der Auslegung mitzählt (GmS-OGB 2/71 BVerwGE 40, 363). Das Ende der Frist ist nach § 188 Abs. 2, § 193 BGB zu berechnen. Bundesrecht gebietet nicht, dass der Entwurf während der gesamten Dienstzeit der Gemeindeverwaltung ausgelegt wird, sofern der Bürger während der allgemeinen Zeit des Publikumsverkehrs hinreichend Gelegenheit zur Einsichtnahme erhält (BVerwG NJW 1981, 594; Auslegung von 33 Stunden die Woche genügt; VGH Mannheim VBlBW 2001, 58 mwN einschränkend bei gleitender Arbeitszeit *Bussmann* BauR 1978, 447). Für ehrenamtlich verwaltete Gemeinden genügt es, wenn während der Amtsstunden Montag und Donnerstag 18–20 Uhr und Samstag 8–16 Uhr ausgelegt wird (VGH München BayVBl. 1981, 691; aA noch VGH München NJW 1974, 1670; s. a. OVG Lüneburg NVwZ-RR 1998, 720: 9 Stunden pro Woche verteilt auf zwei Vor- und Nachmittage; VGH Kassel BauR 2002, 1134). Es ist unschädlich, wenn während der einmonatigen Auslegung die Auslegungsbehörde für den Publikumsverkehr an einem Werktag (Silvester) geschlossen war (BVerwGE 71, 150) oder wenn zwar der Fristbeginn datumsmäßig bezeichnet und mit Angabe der Monatsfrist versehen worden ist, die (empfehlenswerte) datumsmäßige Bezeichnung des Fristendes aber unterblieben ist (BVerwG DÖV 1993, 249). Eine **Verkürzung** der Bekanntmachungsfrist ist für die Wirksamkeit des Bauleitplans unerheblich, wenn die bekanntgemachte Dauer der Auslegung so bemessen ist, dass die Mindestfristen des Abs. 2 S. 1 und 2 für Bekanntmachung und Auslegung insgesamt eingehalten worden sind (BVerwG NVwZ 2003, 1391).

c) Ortsübliche Bekanntmachung. Gem. Abs. 2 S. 2 sind Ort und Dauer der 14 Auslegung sowie Angaben dazu, welche **Arten umweltbezogener Informationen** verfügbar sind mindestens eine Woche vorher **ortsüblich bekannt zu machen** mit dem Hinweis darauf, dass Anregungen während der Auslegungsfrist vorgebracht werden können. Die auf die Aarhus-Konvention und Art. 3 Nr. 4 RL 2003/35/EG zurückzuführende Ergänzung verlangt die vorhandenen Unterlagen nach Themenblöcken zusammenzufassen und bekanntzumachen, so dass die Öffentlichkeit angestoßen wird, sich dazu zu äußern (BT-Drs. 15/2250, 44; VGH Mannheim BRS 76 Nr. 14). Es genügt aber nicht, wenn in dem Text der Bekanntmachung nur auf ein artenschutzrechtliches Gutachten und den Umweltbericht hingewiesen wird, in dem eine themenbezogene Kurzcharakterisierung fehlt (BVerwG 147, 206), DVBl 2013, 1324; bekräftigend: keine Ausnahmen BVerwG, NVwZ 2015, 232ff.; instruktiv *Decker* in Mitschang (Hrsg.) Update: Aktuelle Anforderungen des

Battis 123

§ 3 I. Kapitel. I. Teil. Bauleitplanung

Umweltschutzes in der Bauleitplanung, 2015, S. 239; krit. *Stüer/Stüer* DVBl 2013, 1324; zurückhaltend VGH München, BeckRS 2014, 55957; OVG Lüneburg, B. v. 18.2.2014, 1 MN 195/13 – juris. *Uechtritz,* NVwZ 2014, 1355; zust. *Dusch,* BauR 2015, 433; *Otto,* ZfBR 2014, 733 (736); *Schroer/Kullicke,* NVwZ 2014, 497; *Schindler/Benner,* NVwZ 2015, 644; weitergehend *Schmidt-Eichstaedt,* BauR 2014, 48). Der Detaillierungsgrad der Angaben ist abhängig vom im Einzelfall unterschiedlichen Umfang und von der Konfliktfähigkeit der vorliegenden Informationen. Die für die Umwelt problematischen Gesichtspunkte der Planung sind offenzulegen. Abschwächende und beschönigende Angaben sind unzulässig. Es genügen auch stichwortartige jedoch vollständige Beschreibungen der konkreten Umweltbelange, die im Zeitpunkt der Auslegung vorliegen. Intentional ebenso im Verhältnis von § 3 Abs. 2 Satz 2 HS 1 zu § 214 Abs. 1 Satz 1 Nr. 2 HS 2 2. BVerwG Beschl. v. 6.11.2013 – 4 BN 29.16 Rn. 9 – juris – zu § 215 Abs. 1; OVG Koblenz, BeckRS 2014, 57914. Wird in der Bekanntmachung der erneuten Auslegung eines geänderten oder ergänzten Entwurfs bestimmt, dass Stellungnahmen nur zu diesen Teilen abgegeben werden können, muss nur auf die Arten umweltbezogener Informationen hingewiesen werden, die zu diesen Teilen des Entwurfs verfügbar sind (BVerwG NVwZ 2014, 1 170). Bei mehrfacher öffentlicher Auslegung muss ein Antragsteller innerhalb der Auslegungsdauer einer weiteren öffentlichen Auslegung Einwendungen erheben, wenn die Umplanung deshalb erfolgte, um den Interessen des Antragstellers angemessen Rechnung zu tragen. Unterbleibt die Stellungnahme, tritt Präklusion gem. § 47 Abs. 2a VwGO ein (BVerwG E 149, 88; dazu *Johlen* BauR 2015, 1767). § 47 Abs. 2a VwGO setzt voraus, dass die ortsübliche Bekanntmachung ordnungsgemäß erfolgt ist, dass also auch Angaben dazu vorliegen, welche Arten umweltbezogener Informationen verfügbar sind (BVerwG NVwZ 2015, 301). Ausführungen im Umweltbericht sind auch dann Informationen i. S. v. § 3 Abs. 2 S. 2 Hs. 1, wenn der Umweltbericht zu der Einschätzung gelangt, die beabsichtigte Planung wirke sich nicht auf den umweltbezogenen Zustand des Plangebietes aus (BVerwG NVwZ 218, 847). VG Koblenz BeckRS 2014, 52733 – keine Kompensation fehlender Angaben durch anderweitig bekannt gemachten Inhalt zu Folgeproblemen dieser Rechtsprechung). Bei nicht nur unwesentlichen Änderungen nach der ersten Offenlage bedarf es gem. § 4a Abs. 3 S. 1 einer erneuten Auslegung (OVG Münster U. v. 1911. 2015 10 D 84/13 NE). Einer individuellen Benachrichtigung der planbetroffenen Grundeigentümer bedarf es nicht (OVG Hamburg NVwZ-RR 2001, 83, auch nicht auswärtiger). Zur Beachtlichkeit der Fristverkürzung → Rn. 13 aE. Bei grenzüberschreitenden Bauleitplänen muss die Bekanntmachung einen Hinweis nach § 4a Abs. 5 S. 3 enthalten (→ § 4a Rn. 12). Die Bekanntmachung der Planentwürfe muss die unionsrechtlich gebotene **Anstoßwirkung** haben; dazu VGH Mannheim BauR 2015, 1771. Ein unspezifischer Hinweis auf die vorliegenden umweltbezogenen Stellungnahmen zu den in § 1 VI Nr. 7 BauGB genannten Schutzgütern ist dem völligen Fehlen der Angaben des Abs. 2 S. 2 HS 1 gleich zustellen und deshalb ein nach § 214 I Nr. 2 beachtlicher Verfahrensfehler (OVG Berlin NuR 2010, 48). Sie fordert dazu heraus, mit Anregungen zur Wahrung eigener Rechte im Interesse einer Effektuierung der Verfahrensschritte des § 3 Abs. 2 und einer gerechten Abwägung (§ 1 Abs. 7) zur Planung beizutragen. Abs. 2 S. 2 Hs. 2 verdeutlicht die Anstoßwirkung durch den Hinweis, dass während der Auslegungsfrist Stellungnahmen abgegeben werden können. Sinnvoll, aber allein nicht ausreichend und (noch) nicht geboten ist die **elektronische Publikation** gemäß § 4a IV (→ § 4 Rn. 6). Ein Anspruch auf kostenlose Kopien besteht nicht (VGH Kassel BRS 35 Nr. 13; 28 Nr. 18; VGH München BRS 30 Nr. 16). Die Bekanntmachung hat in einer Weise zu erfolgen, welche geeignet ist, dem an der beabsichtigten Bauleitplanung interessierten Bürger sein Interesse an Information und Beteiligung durch Anregungen bewusst zu machen und dadurch gemeindliche Öffentlichkeit herzustellen (BVerwGE 69, 344). Es genügt, wenn die Bekanntmachung zur Kennzeichnung des Plangebiets an geläufige geografische Bezeichnungen anknüpft. Gibt es

keine ortsübliche geografische Bezeichnung, soll eine Bezeichnung anhand von Straßen, Bauwerken, Flurnamen genügen. Nicht ausreichend sei die Aufzählung von Flurnummern. Zusätze, die geeignet sind, das Recht, Anregungen vorzubringen, einzuschränken, machen die Bekanntmachung fehlerhaft (OVG Münster BRS 32 Nr. 14; BVerwG BRS. 33 Nr. 15); ebenso eine falsche oder irreführende Bezeichnung des Plangebiets (BVerwG Buchholz 406.11 § 2 BBauG Nr. 24). Bei der Aufstellung eines projektbezogenen Bebauungsplans muss die Bekanntmachung zur Planauslegung auch auf die Art des Vorhabens hinweisen, wenn mit dessen Betrieb erhebliche Umweltauswirkungen einhergehen können (VGH München BayVBl. 2005, 177 mit abl. Anm. v. *Jäde*). Die Anstoßwirkung wird verfehlt, wenn nur auf die öffentliche Auslegung des Entwurfs mit einem geografischen Oberbegriff hingewiesen wird und der abgebildete Kartenausschnitt einen Rückschluss auf die Auslegung mehrerer Entwürfe zulässt (VGH Mannheim NVwZ-RR 2003, 331), wenn Flurstücknummern nur aufgelistet werden (VGH Mannheim VBlBW 2002, 304), wenn der Eindruck erweckt wird, dass Anregungen nur in einem persönlichen Gespräch mit dem zuständigen Sachbearbeiter im Rathaus geäußert werden könnten (VGH Mannheim BRS 59 Nr. 16), wenn sie so gefasst ist, dass ein möglicherweise Betroffener sich durch den Hinweis gehindert sieht, von sich aus auf die Planung zu reagieren (VGH München NJW 1983, 297). Durch die Nichtigkeit des Beschlusses, den Planentwurf öffentlich auszulegen, wird der Plan weder nach Bundes- noch nach Landesrecht nichtig (VGH Kassel NuR 2004, 47). Der Hinweis, dass Anregungen während der Auslegungsfrist „in der Stadtverwaltung" vorgebracht werden können, genügt (VGH München BayVBl. 1996, 48; VGH Mannheim NVwZ-RR 2000, 577). Die Bekanntgabe darf mit dem Hinweis versehen werden, dass Anregungen schriftlich oder zur Niederschrift vorgetragen werden können und dass sie die volle Anschrift und ggf. die genaue Bezeichnung des Grundstücks oder Gebäudes enthalten „sollten" (BVerwG BauR 1997, 596; VGH Mannheim VBlBW 1997, 24).

Wie ortsüblich bekannt zu machen ist, richtet sich nach Landesrecht einschließlich 15 örtlichem Recht. Bei einer ortsüblichen Bekanntmachung durch Aushang wird die **Wochenfrist** mit Beginn des Aushangs in Lauf gesetzt (BVerwG DVBl. 1971, 759 mAnm v. *Schrödter*). Der Beginn der Wochenfrist berechnet sich nach § 187 Abs. 1 BGB (BVerwGE 40, 363). Das Fristende muss nicht datumsmäßig festgesetzt werden (BVerwG NVwZ 1993, 475), obwohl es zweckmäßig ist (*Reidt* in BRS Rn. 495). Die Wochenfrist, die ab Sonntag läuft, endet erst mit Ablauf des nächsten Werktages nach dem folgenden Sonntag (OVG Münster BauR 1994, 602). Wird die Auslegung so spät bekannt gemacht, dass die Wochenfrist (oder die kommunale Bekanntmachungsfrist) erst nach Beginn der Auslegung endet, ist dies mit Abs. 2 S. 2 nur vereinbar, wenn die Auslegung des Entwurfs entsprechend verlängert wird und wenn dies aus der Bekanntmachung hervorgeht (OVG Lüneburg BauR 1984, 368; *Beninde* BauR 1984, 433; *Dolde* NJW 1986, 815 (823); *Schrödter* § 3 Rn. 76; aA OVG Lüneburg BRS. 39 Nr. 12; *Reidt* in BRS Rn. 483). Bekannt zu machen ist der Ort, dh die Dienststelle, in der die Unterlagen ausliegen. Die Gemeinde soll an den in ihrer Hauptsatzung festgelegten **Auslegungsort** gebunden sein (VGH Kassel BRS. 22 Nr. 22; aA zu Recht *Reidt* in BRS Rn. 494). Die auszulegenden Unterlagen müssen an dem bezeichneten Ort **vollständig, sichtbar, griffbereit und als zusammengehörig erkennbar** der Öffentlichkeit zugänglich sein (VGH Mannheim BauR 1974, 40). Ein Planentwurf liegt auch dann zur Einsichtnahme aus, wenn er bei beschränkten Raumverhältnissen in einem Aktenordner bereitgehalten wird (OVG Lüneburg AS. 34, 348). Unzureichend ist es, wenn die Unterlagen in einem Aktenschrank eines Dienstzimmers bereitgehalten werden, das nicht frei zugänglich ist (VGH Mannheim VBlBW 1999, 178). Der Dienstraum muss regelmäßig nicht in der öffentlichen Bekanntmachung bezeichnet (BVerwG BayVBl. 2009, 540; *Korbmacher*, in: KK § 3, Rn. 43; aA VGH Mannheim BRS 71 Nr. 28; OVG Bautzen SächsVwBl. 2000, 115). Die bekannt zu machende Dauer der Auslegung betrifft nicht die Tagesstunden, an denen der Plan ausliegt, son-

dern nur die Auslegungsfrist (BVerwGE 44, 244 (249); NJW 1981, 594). Der Bürger muss der Bekanntmachung entnehmen können, wann die Frist beginnt und wann sie endet. Dazu genügt es, wenn der Fristbeginn datumsmäßig bezeichnet und mit der Angabe des von da an laufenden Zeitraums von einem Monat verbunden wird. Eine datumsmäßige Bezeichnung des Fristendes ist nicht vorgeschrieben, aber empfehlenswert (BVerwG ZfBR 1993, 31). Ein Verstoß gegen Abs. 2 S. 2 ist gem. § 214 Abs. 1 Nr. 2 für die Wirksamkeit beachtlich, sofern nicht §§ 214 Abs. 4, 215 eingreifen (OVG Münster BauR 1994, 602 (603)).

16 Abs. 2 S. 2 Hs. 2, 2. Teil schreibt zusätzlich den Hinweis in der ausgelegten Bekanntmachung vor, dass nicht fristgerecht abgegebene Stellungnahmen bei der Beschlussfassung über den Bauleitplan unberücksichtigt bleiben können. Die Vorschrift nimmt Bezug auf die vorzeitige Auslegung nach § 4a Abs. 3 S. 2 Hs. 2, die grenzüberschreitende Beteiligung nach § 4a Abs. 5 S. 3, das vereinfachte Verfahren nach § 13 Abs. 2 S. 2, das beschleunigte Verfahren nach § 13 Abs. 1, sowie die Innenentwicklungssatzung nach § 34 Abs. 61 und der Außenbereichssatzung nach § 35 Abs. 6 S. 5. Die **Präklusion** ist nicht auf das gemeindliche Verfahren der Bauleitplanung beschränkt sondern gilt gem. § 47 Abs. 2a VwGO auch für das gerichtliche Normenkontrollverfahren. Die Novelle 2012 (→ Einl. Rn. 62) hat in Abs. 2 S. 2 3. Teil die Wörter „soweit mit ihm" durch „wenn mit ihm nur" ersetzt, und klarstellend an den Wortlaut von § 47 Abs. 2a VwGO angepasst (BT-Drs. 17/11 468 S. 12 im Anschluss an BVerwGE 138). Die Präklusion nach § 47 Abs. 2a S. 2 setzt voraus, dass die ortsübliche Bekanntmachung ordnungsgemäß erfolgt ist (BVerwG ZfBR 2015, 58, Rn. 14). Das Vorbringen nicht abwägungserheblicher Einwendungen soll zum Ausschluss der Präklusion nach § 47 Abs. 2a VwGO genügen (so VGH Mannheim BauR 2014, 1243; ab. *Uechtritz* BauR 2014, 1879). Eine Korrektur der Präklusion durch Treu und Glauben kann nur ganz ausnahmsweise anzunehmen sein (*OVG Münster* DVBL 2012, 520). Zu Zweifeln an der Vereinbarkeit von Präklusionsregeln mit dem Unionsrecht *Johlen* NuR 2015, 315; GA *Wathelet* Schlussanträge RS 137/14, NuR 2015, 452.Die Gemeinde hat im Verfahren nach § 3 Abs. 2 Hs. 2 3. Teil auch darauf hinzuweisen, dass ein Antrag nach § 47 VwGO unzulässig ist, wenn der Antragsteller nur Einwendungen geltend macht, die im Rahmen der Auslegung nicht oder verspätet geltend gemacht wurden, aber hätten geltend gemacht werden können. Dem entspricht § 47 Abs. 2a VwGO, demzufolge der Antrag einer natürlichen oder juristischen Person, der einen Bebauungsplan oder eine Innenbereichs- oder Außenbereichssatzung zum Gegenstand hat, unzulässig ist, wenn die den Antrag stellende Person nur Einwendungen erhebt, die sie im Rahmen der Auslegung nach § 3 S. 2 oder im Rahmen der Betroffenenbeteiligung gem. § 13 Abs. 2 Nr. 2 und § 13a Abs. 2 Nr. 1 nicht oder verspätet geltend gemacht hat, aber hätte geltend machen können und wenn auf diese Rechtsfolge gem. § 3 Abs. 2 hingewiesen worden ist. In diesem Fall fehlt es an der Antragsbefugnis (OVG Saarlouis Urt. v. 20. 9. 2007 – II N IX/06, zit. v. *Stüer* DVBl. 2008, 270 (273)). Ein entsprechender Hinweis soll bei Aufstellung, Änderung oder Ergänzung eines Flächennutzungsplans nicht erforderlich sein, da dies nach geltendem Recht nicht Gegenstand eines Normenkontrollantrags sein könne (BT-Drs. 16/2496, 11). Dies erscheint angesichts der Außenwirkung des Flächennutzungsplans gegenüber dem Bürger gem. § 35 Abs. 3 S. 3 in dieser Pauschalität zweifelhaft (s. a. BVerwG NVwZ 2007, 1151; dazu *Battis* JZ 2007, 1153; *Stüer* BauR 2007, 1495; *Mitschang* § 5 Rn. 47). Die Hinweispflicht gem. § 3 Abs. 2 S. 2 2. Hälfte wirkt systematisch im Zusammenhang mit der Präklusionsregelung des § 4a Abs. 6 (→ § 4a Rn. 14). Sie verwirklicht auch die europarechtliche Aufwertung des Verfahrens der Öffentlichkeitsbeteiligung, indem sie die Verbindung von Beteiligungsverfahren und anschließendem nur befristet möglichen gerichtlichen Rechtsschutz betont.

17 **d) Benachrichtigung der Behörden.** Zusätzlich zur öffentlichen Bekanntmachung nach Abs. 2 S. 1, 2 sollen die nach § 4 Abs. 1 beteiligten **Behörden und sons-**

1. Abschnitt. Allgemeine Vorschriften § 3

tigen **Träger öffentlicher Belange** gesondert von der Auslegung benachrichtigt werden (Abs. 2 S. 3). Die Träger öffentlicher Belange sollen in dieser innerhalb des Regelverfahrens des § 4 Abs. 1 **zweiten Stufe** der Beteiligung der Träger öffentlicher Belange überprüfen können, ob die von ihnen vertretenen Belange im Entwurf berücksichtigt sind, und erforderlichenfalls Bedenken und Anregungen vorbringen können. Ein Verstoß gegen Abs. 2 S. 3 führt bei fristgerechter Rüge (§ 215 Abs. 1 S. 1 Nr. 1) gem. § 214 Abs. 1 Nr. 1 zur Nichtigkeit des Bauleitplans, sofern nicht die interne Unbeachtlichkeitsklausel von § 214 Abs. 1 S. 1 Nr. 2 Hs. 2 eingreift (→ § 214 Rn. 5) oder der Fehler nicht nach § 214 Abs. 4 behoben wird.

e) **Abgabe der Stellungnahmen.** Die **Stellungnahmen,** können schriftlich, 18 elektronisch, mündlich oder zur Niederschrift der Gemeindeverwaltung einzeln oder als Sammeleingabe **abgegeben** werden. Ein Recht zum mündlichen Vortrag vor dem entscheidungsbefugten Gemeinderat besteht nicht. Der Rat ist an ein von ihm zu verschiedenen Planungsalternativen eingeholten Bürgervotum nicht gebunden (BVerwG NVwZ-RR 1999, 228).

f) **Prüfung und Mitteilung.** Allein nach Kommunalverfassungsrecht ist zu ent- 19 scheiden, welches Organ der Gemeinde verpflichtet ist, die fristgemäß vorgebrachten Stellungnahmen **zu prüfen.** Regelmäßig ist die Prüfung keine Angelegenheit der laufenden Verwaltung (*Bönker* in HBG § 5 Rn. 210; OVG Lüneburg NdsVBl. 1998, 213: in Nds Rat; s. a. VGH Mannheim NVwZ-RR 2008, 676: aus Sitzungsprotokollen des Gemeinderates offensichtlicher Abwägungsausfall wegen Nichtberücksichtigung von Vorbringen vor dem Gemeinderat). Die einzelnen Stellungnahmen können tabellarisch mit ihren Kernaussagen und diesbezüglichen Äußerungen zusammengestellt werden (VGH Mannheim VGH BW RspDienst 1999/9, B 4; *Stüer/Rude* DVBl. 2000, 312 (317)). Es genügt, wenn die anonymisierten Einwendungen in ihren Kernaussagen aufgelistet und jeweils den Ausführungen der Verwaltung gegenüber gestellt werden (OVG Münster BauR 2013, 896 – Einzelhandelsausschuss). Die endgültige Entscheidung über die Stellungnahmen fällt mit der endgültigen Entscheidung über den Bauleitplan. Ein vorhergehender zusätzlicher Beschluss über die Stellungnahmen ist zulässig, aber nicht bundesrechtlich vorgeschrieben (BVerwGE 110, 118, NVwZ 2000, 676). Das Ergebnis der Prüfung ist dem jeweiligen Betroffenen mündlich (VGH Mannheim BRS 22 Nr. 28), möglichst aber schriftlich **mitzuteilen.** Die Mitteilung ist mangels Regelung kein Verwaltungsakt. Sie sollte, muss aber nicht begründet sein (VGH Mannheim BRS 22 Nr. 28; *Bönker* in HBG § 5 Rn. 211; *Meister* BauR 2003, 1835 (1838)) und kann (sollte aber nicht) auch nach Inkrafttreten des Plans erfolgen (BVerwG NVwZ 2003, 206; VGH München NVwZ-RR 1997, 684). Abs. 2 S. 4 gewährt grundsätzlich nur einen Anspruch darauf, überhaupt davon unterrichtet zu werden, ob und wie sich die Gemeinde mit der Stellungnahme auseinander gesetzt hat. Es ist nicht Zweck der Vorschrift, Gelegenheit zu nochmaligem Vorbringen zu geben (VGH Mannheim VBl.BW 1996, 376). Der Betroffene hat nur einen klagbaren Anspruch auf die Mitteilung (*Schrödter* § 3 Rn. 41; aA *Korbmacher* in KK § 3 Rn. 76). Unterlässt es die Gemeinde, das Ergebnis der Prüfung den Betroffenen mitzuteilen, so wird der Plan nicht ungültig (*Meister,* BauR 2003, 1825; *Reidt* in BRS Rn. 528; *Jäde* JDW § 3 Rn. 35; aA *Krautzberger* in EZBK § 3 Rn. 61, 70; VGH Mannheim BRS 18 Nr. 5), weil die Wirksamkeit des Plans nach der Abwägungsentscheidung von deren Rechtmäßigkeit abhängt und nicht von der Beschreibung des Abwägungsmaterials.

g) **Massenverfahren.** Bei **Massenverfahren,** in denen mehr als 50 Personen Stel- 20 lungnahmen und Anregungen mit im Wesentlichen gleichem Inhalt vorgebracht haben, kann die Gemeinde aus Gründen der Verwaltungseffizienz die individuelle Mitteilung des Ergebnisses der Prüfung dadurch ersetzen, dass sie diesen Personen die individuelle Einsicht in das Ergebnis ermöglicht. Die Gemeinde hat ortsüblich be-

kannt zu machen (→ Rn. 14), bei welcher Stelle das Ergebnis der Prüfung während der Dienststunden (→ Rn. 13) eingesehen werden kann (Abs. 2 S. 5). Verfassungsrechtliche Bedenken (so *Blümel*, Frühzeitige Bürgerbeteiligung, 53) bestehen gegen Abs. 2 S. 4, 5 nicht (s. a. BVerwGE 67, 206 (209)). Zu Massenverfahren s. a. §§ 17–19 VwVfG.

21 **h) Vorlage zur Genehmigungsbehörde.** Die nicht berücksichtigten Stellungnahmen sind versehen mit einer Stellungnahme der Gemeinde zusammen mit dem beschlossenen Flächennutzungsplan (§ 6) und in den Ausnahmefällen des § 10 Abs. 2 auch dem Bebauungsplan der **höheren Verwaltungsbehörde** im Zuge des Genehmigungsverfahrens **vorzulegen** (Abs. 2 S. 6). Legt die Gemeinde die nicht berücksichtigten Stellungnahmen der Aufsichtsbehörde nicht vor, so ist dies für die Wirksamkeit des Plans unbeachtlich (→ Rn. 19 aE).

22 **4. Rechtsschutz.** Der an die Verletzung der Verfahrensvorschriften des § 3 anknüpfende verwaltungsgerichtliche **Rechtsschutz** wird durch §§ 214, 215 im Interesse der Bestandskraft der Bauleitpläne eingeschränkt. → Vorb. §§ 214–215 Rn. 3 ff. Zu Versuchen, gegen die Umgehung der objektiv erforderlichen förmlichen Planung Rechtsschutz zu gewähren, s. *Groth* DVBl. 1979, 179; OVG Hamburg NJW 1978, 658; BRS 32 Nr. 162; VG Bremen GewArch 1981, 38; VG München BayVBl. 1981, 218; VG Berlin DVBl. 1977, 353; OVG Berlin DVBl. 1977, 901; *Birk* NuR 1982, 1; *Schenke* NuR 1983, 81 (86); *Kühling/Herrmann*, Fachplanungsrecht, 2000, Rn. 500; *Wickel*, FS Schlichter, 1995, 599 (612); für subjektives Recht auf Durchführung eines förmlichen Planungsverfahrens auch *Ladeur* UPR 1985, 149; s. a. *Herbert* NuR 1994, 218; **abl.** BVerwG DVBl. 1982, 1096; Buchholz 406.11 § 3 BauGB Nr. 4; OVG Saarlouis NJW 1982, 2086; *Schlichter* NVwZ 1983, 641 (647); *Dolde/Menke* NJW 1996, 2616 (2624); krit. dazu *Degenhart* NJW 1984, 187. Zur selbstständigen Klage wegen Verletzung von Mitwirkungsrechten s. *Battis*, Partizipation im Städtebaurecht, 214; *Fackler* BayVBl. 1993, 353 mwN; *Klusiek*, Zur Problematik der unterlassenen UVP 2011, sowie → § 2 Rn. 12a.

§ 4 Beteiligung der Behörden

(1) [1]Die Behörden und sonstigen Träger öffentlicher Belange, deren Aufgabenbereich durch die Planung berührt werden kann, sind entsprechend § 3 Abs. 1 Satz 1 Halbsatz 1 zu unterrichten und zur Äußerung auch im Hinblick auf den erforderlichen Umfang und Detaillierungsgrad der Umweltprüfung nach § 2 Abs. 4 aufzufordern. [2]Hieran schließt sich das Verfahren nach Absatz 2 auch an, wenn die Äußerung zu einer Änderung der Planung führt.

(2) [1]Die Gemeinde holt die Stellungnahmen der Behörden und sonstigen Träger öffentlicher Belange, deren Aufgabenbereich durch die Planung berührt werden kann, zum Planentwurf und der Begründung ein. [2]Sie haben ihre Stellungnahmen innerhalb eines Monats abzugeben; die Gemeinde soll diese Frist bei Vorliegen eines wichtigen Grundes angemessen verlängern. [3]In den Stellungnahmen sollen sich die Behörden und sonstigen Träger öffentlicher Belange auf ihren Aufgabenbereich beschränken; sie haben auch Aufschluss über von ihnen beabsichtigte oder bereits eingeleitete Planungen und sonstige Maßnahmen sowie deren zeitliche Abwicklung zu geben, die für die städtebauliche Entwicklung und Ordnung des Gebiets bedeutsam sein können. [4]Verfügen sie über Informationen, die für die Ermittlung und Bewertung des Abwägungsmaterials zweckdienlich sind, haben sie diese Informationen der Gemeinde zur Verfügung zu stellen.

(3) Nach Abschluss des Verfahrens zur Aufstellung des Bauleitplans unterrichten die Behörden die Gemeinde, sofern nach den ihnen vorliegenden

1. Abschnitt. Allgemeine Vorschriften § 4

Erkenntnissen die Durchführung des Bauleitplans erhebliche, insbesondere unvorhergesehene nachteilige Auswirkungen auf die Umwelt hat.

Übersicht

	Rn.
1. Allgemeines	1
a) Interne Systematik	1
b) Externe Systematik	2
2. Beteiligungsberechtigte	3
3. Frühzeitige Behördenbeteiligung	4
4. Beteiligung im Auslegungsverfahren	5
a) Einholung der Stellungnahmen	5
b) Inhalt der Stellungnahme	6
c) Rechtsfolge	7
5. Unterrichtung nach Verfahrensabschluss	8
6. Rechtsschutz	9

1. Allgemeines. a) Interne Systematik. § 4 regelt zusammen mit § 4a die Beteiligung der Behörden am Verfahren der Bauleitplanung (dazu *Siegel*, Die Verfahrensbeteiligung von Behörden und anderen Trägern öffentlicher Belange, 2001). Das Verfahren der Bauleitplanung (→ § 2 Rn. 2, 3) durchläuft **zwei** in § 4 geregelte **Phasen** der Behördenbeteiligung. Die erste Phase ist die in Abs. 1 normierte **frühzeitige Behördenbeteiligung.** Abs. 1 fügt das in Art. 5 Abs. 4 der RL 2001/42/EG vorgeschriebene Scoping in das Verfahren der Bauleitplanung ein (BT-Drs. 15/2250, 31; zur Umsetzung der UVP-ÄnderungsRL → § 2 Rn. 6). § 4 Abs. 1 S. 2 schließt eine zweite frühzeitige Behördenbeteiligung aus. Abs. 2 regelt die **zweite Phase** der Behördenbeteiligung. Abs. 2 S. 1 bestimmt, welche Behörden und sonstige Träger öffentlicher Belange zu welchem Zeitpunkt beteiligt werden. Abs. 2 S. 2 setzt den Behörden und sonstigen Trägern öffentlicher Belange eine von der Gemeinde verlängerbare **Frist** für ihre Stellungnahme. Abs. 2 S. 3, 4 legt den **Inhalt** der Stellungnahme fest. Abs. 3 verpflichtet die Behörden nach Abschluss des Aufstellungsverfahrens der Gemeinde Informationen zum **Monitoring** nach § 4c zukommen zu lassen. 1

b) Externe Systematik. § 4a Abs. 1 verdeutlicht, dass die Behördenbeteiligung wie ihr Seitenstück, der **Beteiligung der Öffentlichkeit (§ 3),** der Durchsetzung der Verfahrensgrundnorm des § 2 Abs. 3 – Ermittlung und Bewertung des Abwägungsmaterials – dazu dient, eine gerechte Abwägungsentscheidung gem. § 1 Abs. 7 zu sichern. Das EAG Bau hat anknüpfend an die völker- und europarechtliche Terminologie „Bürgerbeteiligung" in „Öffentlichkeitsbeteiligung" und „Beteiligung der Träger öffentlicher Belange" in „Behördenbeteiligung" umbenannt. § 4 Abs. 1 und 2 stellen klar, dass außer den Behörden auch sonstige Träger öffentlicher Belange zB eine Kirchengemeinde nach § 4 beteiligungsberechtigt sind. § 4 gilt weder für Stellen, die der Gemeinde eingegliedert sind (*Jäde* in JDW § 4 Rn. 5), noch die höhere Verwaltungsbehörde (*Krautzberger* in EZBK § 4 Rn. 27). Äußerungen interner Stellen der Gemeinde sind innerhalb der innergemeindlichen Koordinierung zur Ermittlung des Abwägungsmaterials zu berücksichtigen. Lediglich Abs. 3 ist auf Behörden beschränkt. Beide Beteiligungsverfahren, das nach § 3 und das nach § 4 sind gleichrangig, was sich am deutlichsten in der gemeinsamen Vorschrift des § 4a zeigt. § 4a enthält außer dem programmatischen Hinweis in Abs. 1 eine verfahrensrechtliche Regelung zur Nichtberücksichtigung von Stellungnahmen aus beiden Beteiligungsvefahren (Abs. 6 – Präklusion), weitere gemeinsame Verfahrensvorschriften, insbesondere zur Gleichzeitigkeit beider Beteiligungsformen (Abs. 2), zur erneuten Auslegung (Abs. 3), zur grenzüberschreitenden Unterrichtung und zur Nutzung elektronischer Informations- 2

technologien (Abs. 4). Der **Gleichrangigkeit** beider Beteiligungsverfahren im Hinblick auf die Ermittlung und Bewertung des Abwägungsmaterials entspricht der im Abwägungsgebot zum Ausdruck kommenden prinzipiellen Gleichrangigkeit der gegen- und untereinander gerecht abzuwägenden öffentlichen und privaten Belange (§ 1 Abs. 7). Die dem § 4 innewohnende **Koordinationsfunktion** trägt einer Besonderheit Rechnung, die die Behörden gegenüber Bürgern auszeichnet: Behörden können in der Regel kraft Hoheitsakt Daten setzen, die für die planende Gemeinde im Gefüge öffentlicher Planungen verbindlich sind. Zur andersartigen, auf dem Eigentum basierenden Datensetzung Privater → § 1 Rn. 7 ff. Die Koordinationsfunktion der Beteiligung der Behörden setzt sich fort in § 7, der an die Beteiligung nach § 4 eine überwindbare Anpassungspflicht der Träger öffentlicher Belange an den Flächennutzungsplan anknüpft. Die Grenzen der Koordinationsfunktion des Flächennutzungsplans (→ § 5 Rn. 8) zeigen sich insoweit am deutlichsten in den §§ 37, 38 und 29 Abs. 2. Zum Schutz der kommunalen Planungshoheit gegenüber den Planungen Dritter → § 2 Rn. 20, 21. Für bestimmte Träger öffentlicher Belange, nämlich die Bauleitpläne aufstellenden, ergänzenden oder aufhebenden **benachbarten Gemeinden** regelt § 4 das Abstimmungs**verfahren** der weitreichenden materiellen Abstimmungspflicht des § 2 Abs. 2 (→ § 2 Rn. 20–25). Weitere Formen interkommunaler Abstimmung regeln §§ 204, 205. Im Verfahren nach § 4 kann ebenso wie in dem nach § 3 ein Dritter als Mittler eingeschaltet werden (§ 4b). Zum **Überleitungsrecht** zu Abs. 1, 2 s. § 233.

3 **2. Beteiligungsberechtigte. Beteiligungsberechtigte** an beiden Phasen der Behördenbeteiligung nach Abs. 1 S. 1 (→ Rn. 1) sind solche Behörden (§ 1 Abs. 4 VwVfG) und sonstige Stellen, die **Träger öffentlicher Belange** sind und deren Aufgabenbereich durch die Planung berührt wird. Auch nach der Umbenennug in „Behördenbeteiligung" (→ Rn. 2) ist der Anwendungsbereich von § 4 Abs. 1, 2 weit. Darunter fallen zB Nachbargemeinden, Träger der Straßenbaulast, Industrie- und Handelskammern, Kirchen. Davon zu unterscheiden sind private Rechtsträger, die ihre Belange nach § 3 geltend machen können. In der Regel sind Träger öffentlicher Belange öffentlich-rechtliche Rechtsträger. Private Rechtsträger können nur dann Träger öffentlicher Belange sein, wenn ihnen durch Gesetz oder auf Grund eines Gesetzes die Wahrnehmung öffentlicher Belange übertragen wird, zB private Elektrizitätsunternehmen. Die Bahn AG ist im Hinblick auf Art. 87e Abs. 3 S. 2, 3 GG Träger öffentlicher Belange, soweit raumrelevante gemeinwirtschaftliche Leistungen erfüllt werden, zB hinsichtlich des Schienennetzes (*Wagner* DVBl. 1996, 704 (712); ausführlich *Roer,* Die Nachfolgeunternehmen von Bahn und Post in der Bauleitplanung, 1996, 11; *Hasler* VBlBW 1997, 9; *Schmidt-Eichstaedt* ZfBR 2005, 751 (754); weitergehend *Korbmacher* in BauGB KK § 4 Rn. 8), soweit ihre Beteiligung nicht gesetzlich vorgeschrieben ist (s. a. BVerwGE 102, 358 (361); 105, 348). Entsprechendes gilt für Betreiber eines Mobilfunknetzes (VGH München BauR 2003, 1701), die Deutsche Post AG, soweit hoheitliche Aufgaben oder der Sicherstellungsauftrag des Art. 87f GG wahrgenommen werden (*Roer* 18), nicht aber die Deutsche Postbank AG (*Roer* 19) wohl aber die Deutsche Telekom AG (*Roer* 16). Die nach §§ 58–60 BNatSchG anerkannten Verbände sind im Verfahren der Bauleitplanung keine Träger öffentlicher Belange. Sie sind auf das Verfahren nach § 3 angewiesen; ebenso NGOs (*Grigoleit,* SU § 4 Rn. 5). Es genügt, dass der Aufgabenbereich durch die Planung berührt werden kann. Nicht (mehr) erforderlich ist, dass er wie in § 73 II S. 2 VwVfG durch die Planung berührt wird. Welche Stellen jeweils auf Grund einer von der Gemeinde zu verantwortenden Entscheidung (BVerwGE 59, 87 (103)) zu beteiligen sind, hängt von den zu erwartenden unterschiedlichen Auswirkungen des Bauleitplanes ab. Im Einzelfall kann es möglich sein, dass nur ein oder kein Träger öffentlicher Belange zu beteiligen ist (BVerwG ZfBR 1988, 91).

1. Abschnitt. Allgemeine Vorschriften § 4

3. Frühzeitige Behördenbeteiligung. Im Interesse der Verfahrensbeschleuni- 4
gung, aber auch der effektiven Einflussnahme der Behörden und sonstiger Träger
öffentlicher Belange sowie der umfassenden und rechtzeitigen Unterrichtung der
Gemeinde hat die Beteiligung **möglichst frühzeitig** stattzufinden. Das Beteiligungsverfahren darf also nicht erst einsetzen, wenn die Planung so verfestigt ist, dass
die Belange der von der Planung berührten Träger nicht mehr in einer dem Abwägungsgebot (§ 1 Abs. 7) genügenden Weise berücksichtigt werden können. Anders
als die frühzeitige Bürgerbeteiligung nach § 3 Abs. 1 (→ § 3 Rn. 8) kann die erste
Stufe der Beteiligung nach § 4 Abs. 1 S. 1 nicht durch eine Beteiligung an einem anderen Verfahren ersetzt werden. Eine § 3 Abs. 1 S. 2 Nr. 2 entsprechende Regelung,
die dazu ermächtigt, die Beteiligung zuvor auf anderer Grundlage durchzuführen
(→ § 3 Rn. 10), gibt es für die Beteiligung nach § 4 nicht. Eine analoge Anwendung
ist wegen der Koordinierungsfunktion der Beteiligung nach § 4 ausgeschlossen. Die
frühzeitige Behördenbeteiligung beginnt mit der frühzeitige Öffentlichkeitsbeteiligung (→ § 3 Rn. 8) vor der Erstellung des Planentwurfs. Die frühzeitige Beteiligung
soll die Gemeinde unterstützen und unnötige eigene Ermittlungen erübrigen, insbesondere also den Zeit- und Kostenaufwand verringern (BT-Drs. 15/2250, 45). Zur
Handhabung detailliert *Schmidt-Eichstaedt* BauR 2013, 1381 (1384). Die Äußerung
im Hinblick auf den erforderlichen Umfang und Detaillierungsgrad der UP nach § 2
Abs. 4 setzt die Vorgaben von Art. 5 Abs. 4 RL 2001/42/EG zum **Scoping** um. Das
Scoping zielt darauf, frühzeitig externen, in den Fachbehörden gespeicherten Sachverstand in den Planungsprozess zeit- und kostensparend einzubeziehen (BT-Drs.
15/2250, 31). **§ 4a Abs. 2** stellt klar, dass die Unterrichtung nach § 3 Abs. 1 gleichzeitig mit der Unterrichtung nach § 4 Abs. 1 erfolgen kann (→ § 4a Rn. 3). In der
bloßen Benachrichtigung gem. § 3 Abs. 2 S. 3 liegt grundsätzlich keine hinreichende
Beteiligung (BVerwG NVwZ 1998, 956 (958)).

4. Beteiligung im Auslegungsverfahren. a) Einholung der Stellungnah- 5
men. Die **zweite Phase** der Behördenbeteiligung beginnt damit, dass die Gemeinde
gem. § 4 Abs. 2 S. 1 die Stellungnahmen der Behörden und sonstigen Träger öffentlicher Belange, soweit deren Aufgabenbereich durch die Planung berührt werden
kann, zum Planentwurf und der Begründung einschließlich des Umweltberichts einholt. Zur Begründung → § 2a Rn. 2. Es genügt, dass der Aufgabenbereich der Behörde durch die Planung berührt werden kann. Abs. 2 Hs. 1 verpflichtet die Behörden und sonstigen Träger öffentlicher Belange, ihre Stellungnahme innerhalb eines
Monats abzugeben. Die Frist gilt kraft Gesetzes für alle Beteiligungsverfahren. Nur
bei Vorliegen eines wichtigen Grundes soll die Gemeinde die Frist angemessen verlängern (Abs. 2 S. 1 Hs. 2). Wenn ein vom Träger öffentlicher Belange zu benennender und zu erläuternder wichtiger Grund vorliegt, so muss die Gemeinde grundsätzlich Fristverlängerung gewähren. Nur in besonderen Ausnahmefällen hat sie insoweit
Ermessen. Die Dauer der Fristverlängerung bemisst sich nach dem Umfang der beabsichtigten Planung oder eingeleiteten oder in Vorbereitung befindlichen Maßnahmen
des Trägers öffentlicher Belange (s. a. *Ley* VR 1991, 155 (157); *Jäde* UPR 1991, 50
(53)).

b) Inhalt der Stellungnahme. Abs. 2 S. 3 Hs. 1 schreibt im Interesse der Verfah- 6
rensbeschleunigung vor, dass sich die **Stellungnahmen** der nach Abs. 1 S. 1 Beteiligungsberechtigten auf ihren Zuständigkeitsbereich beschränken sollen (krit. zur ausufernden Praxis, *F. Kirchhof,* Optimierung der Beteiligung der Träger öffentlicher
Belange am Bauleitplanverfahren, 1994, 30 ff.). In diesem Rahmen haben die Träger
öffentlicher Belange ihre zustimmenden, ablehnenden oder ergänzenden Vorstellungen zu der beabsichtigten Planung darzulegen, damit jeweils alle abwägungsrelevanten Belange in die Abwägung eingestellt werden können. Dabei haben sie nicht anstelle der Gemeinde widerstreitende Belange in ihrer gebührenfreien (OVG Weimar
DVBl. 2001, 1876) Stellungnahme oder zuvor intern an Stelle der Gemeinde abzu-

§ 4 I. Kapitel. I. Teil. Bauleitplanung

wägen (s. a. *Jäde* in JDW BauGB § 4 Rn. 20). Zusätzlich haben die Beteiligungsberechtigten der Gemeinde auch Aufschluss zu geben über von ihnen beabsichtigte oder bereits eingeleitete Planungen und sonstige Maßnahmen, sowie deren zeitliche Abwicklung, soweit diese für die städtebauliche Entwicklung und Ordnung des Planungsgebietes bedeutsam sein können (Abs. 2 S. 3 Hs. 2). Die Mitwirkungspflicht der Behörden und sonstiger Träger öffentlicher Belange gem. Abs. 2 S. 4 ist nicht (mehr) allein auf Informationen für den Umweltbericht ausgerichtet. Verfügt ein Träger öffentlicher Belange über Informationen aus seinem Zuständigkeitsbereich, die für die Ermittlung und Auswertung des gesamten Abwägungsmaterials (§ 2 Abs. 3) zweckdienlich sind, so hat er diese Informationen der Gemeinde fristgerecht zur Verfügung zu stellen. Die Vorschrift dient dem Schutz der Gemeinde vor Fehleinschätzungen, nicht nur anlässlich der UP. Um eine überwindbare Bindung ihrer Planung nach § 7 zu vermeiden (→ § 7 Rn. 2), müssen die Träger öffentlicher Belange in der ersten oder zweiten Stufe der Beteiligung dem Entwurf eines Flächennutzungsplans **widersprechen**, wenn er mit ihren beabsichtigten Planungen unvereinbar ist.

7 c) **Rechtsfolge.** § 4a Abs. 1 stellt klar, dass § 3 und § 4 insbesondere dazu dienen, die von der Planung berührten Belange vollständig zu ermitteln und bewerten zu können. Die Stellungnahmen haben prinzipiell kein höheres Gewicht in der Abwägung als Anregungen Privater nach § 3. Weist die Stellungnahme auf für die Abwägung nach § 1 Abs. 7 bindende gesetzliche Vorgaben hin, zB § 1 Abs. 4 (*Hoppe* in HBG § 7 Rn. 1), so folgt die Bindung der Gemeinde aus der gesetzlichen Regelung nicht aus der Stellungnahme des Trägers öffentlicher Belange. Die Gemeinde wird von ihrer Verpflichtung, sich selbst Gewissheit über die abwägungserheblichen Belange zu verschaffen, grundsätzlich nicht durch zustimmende Stellungnahmen der Träger öffentlicher Belange entbunden (BVerwG NVwZ-RR 1990, 122; s. a. BVerwGE 59, 87 (103) zu den abwägungsbeachtlichen „sich aufdrängenden" Belangen; → § 3 Rn. 16). Die Gemeinde hat auch solche abwägungserheblichen Belange zu berücksichtigen, die von einem von der Gemeinde (zu Unrecht) nicht beteiligten Träger öffentlicher Belange („ungefragt") eingebracht worden sind (BVerwG ZfBR 2001, 134).

8 5. **Unterrichtung nach Verfahrensabschluss.** § 4 Abs. 3 verpflichtet nur die Behörden, nicht sonstige Träger öffentlicher Belange (→ Rn. 3) **nach Abschluss** des Verfahrens zur Aufstellung eines Bauleitplans die Gemeinde über erhebliche insbesondere unvorhergesehene nachhaltige Auswirkungen der Durchführung des Bauleitplans zu **unterrichten.** Die Regelung soll sicherstellen, dass die Gemeinde ihrer Verpflichtung zur Überwachung der in Kraft getretenen Pläne gem. § 4c nachkommen kann – **Monitoring** iS von Art. 1 Nr. 6 RL 2001/42/EG. Die Bringschuld der Fachbehörden soll der Gemeinde Doppelarbeit und aufwändige eigene Nachforschungen möglichst ersparen. Die Unterrichtungspflicht bezieht sich auf unvorhergesehene nachteilige Auswirkungen auf die Umwelt, nicht auf solche, die bereits Gegenstand der Abwägung waren. Zur **Übergangsvorschrift** zu Abs. 3 s. § 244 Abs. 3. Zur eingeschränkten **Präklusion** gem. § 4a Abs. 6 → § 4a Rn. 13.

9 6. **Rechtsschutz.** Gem. § 214 Abs. 1 S. 1 Nr. 2 führt ein Verstoß gegen § 4 zu einem für die Wirksamkeit des Planes beachtlichen Fehler, der zur **Nichtigkeit des Plans** führen kann, wenn die Rügefrist nach § 215 Abs. 1 gewahrt wird und die Gemeinde den Fehler nicht nach § 214 Abs. 4 behebt. Für die Rechtswirksamkeit des Bauleitplans ist es aber unbeachtlich, wenn bei Anwendung der §§ 3, 4 einzelne berührte Träger öffentlicher Belange nicht beteiligt (BVerwG ZfBR 1988, 91) oder bei Anwendung des § 3 Abs. 3 S. 2 oder des § 13 (auch iVmit § 13a) die Voraussetzungen für die Durchführung der Beteiligung nach diesen Vorschriften verkannt worden sind (→ § 3 Rn. 22).

§ 4a Gemeinsame Vorschriften zur Beteiligung

(1) Die Vorschriften über die Öffentlichkeits- und Behördenbeteiligung dienen insbesondere der vollständigen Ermittlung und zutreffenden Bewertung der von der Planung berührten Belange und der Informationen der Öffentlichkeit.

(2) Die Unterrichtung nach § 3 Abs. 1 kann gleichzeitig mit der Unterrichtung nach § 4 Abs. 1, die Auslegung nach § 3 Abs. 2 kann gleichzeitig mit der Einholung der Stellungnahmen nach § 4 Abs. 2 durchgeführt werden.

(3) [1]Wird der Entwurf des Bauleitplans nach dem Verfahren nach § 3 Abs. 2 oder § 4 Abs. 2 geändert oder ergänzt, ist er erneut auszulegen und sind die Stellungnahmen erneut einzuholen. [2]Dabei kann bestimmt werden, dass Stellungnahmen nur zu den geänderten oder ergänzten Teilen abgegeben werden können; hierauf ist in der erneuten Bekanntmachung nach § 3 Abs. 2 Satz 2 hinzuweisen. [3]Die Dauer der Auslegung und die Frist zur Stellungnahme kann angemessen verkürzt werden. [4]Werden durch die Änderung oder Ergänzung des Entwurfs des Bauleitplans die Grundzüge der Planung nicht berührt, kann die Einholung der Stellungnahmen auf die von der Änderung oder Ergänzung betroffene Öffentlichkeit sowie die berührten Behörden und sonstigen Träger öffentlicher Belange beschränkt werden.

(4) [1]Bei der Öffentlichkeits- und Behördenbeteiligung können ergänzend elektronische Informationstechnologien genutzt werden. [2]Soweit die Gemeinde den Entwurf des Bauleitplans und die Begründung in das Internet einstellt, können die Stellungnahmen der Behörden und sonstigen Träger öffentlicher Belange durch Mitteilung von Ort und Dauer der öffentlichen Auslegung nach § 3 Abs. 2 und der Internetadresse eingeholt werden; die Mitteilung kann im Wege der elektronischen Kommunikation erfolgen, soweit der Empfänger hierfür einen Zugang eröffnet hat. [3]Die Gemeinde hat bei Anwendung von Satz 2 Halbsatz 1 der Behörde oder dem sonstigen Träger öffentlicher Belange auf dessen Verlangen einen Entwurf des Bauleitplans und der Begründung zu übermitteln; § 4 Abs. 2 Satz 2 bleibt unberührt.

(5) [1]Bei Bauleitplänen, die erhebliche Auswirkungen auf Nachbarstaaten haben können, sind die Gemeinden und Behörden des Nachbarstaates nach den Grundsätzen der Gegenseitigkeit und Gleichwertigkeit zu unterrichten. [2]Abweichend von Satz 1 ist bei Bauleitplänen, die erhebliche Umweltauswirkungen auf einen anderen Staat haben können, dieser nach den Vorschriften des Gesetzes über die Umweltverträglichkeitsprüfung zu beteiligen; für die Stellungnahmen der Öffentlichkeit und Behörden des anderen Staates, einschließlich der Rechtsfolgen nicht rechtzeitig abgegebener Stellungnahmen, sind abweichend von den Vorschriften des Gesetzes über die Umweltverträglichkeitsprüfung die Vorschriften dieses Gesetzbuchs entsprechend anzuwenden. [3]Ist bei Bauleitplänen eine grenzüberschreitende Beteiligung nach Satz 2 erforderlich, ist hierauf in der Bekanntmachung nach § 3 Abs. 2 Satz 2 hinzuweisen.

(6) [1]Stellungnahmen, die im Verfahren der Öffentlichkeits- und Behördenbeteiligung nicht rechtzeitig abgegeben worden sind, können bei der Beschlussfassung über den Bauleitplan unberücksichtigt bleiben, sofern die Gemeinde deren Inhalt nicht kannte und nicht hätte kennen müssen und deren Inhalt für die Rechtmäßigkeit des Bauleitplans nicht von Bedeutung ist. [2]Satz 1 gilt für in der Öffentlichkeitsbeteiligung abgegebene Stellungnah-

§ 4a I. Kapitel. I. Teil. Bauleitplanung

men nur, wenn darauf in der Bekanntmachung nach § 3 Abs. 2 Satz 2 zur Öffentlichkeitsbeteiligung hingewiesen worden ist.

Übersicht

	Rn.
1. Allgemeines	1
2. Funktion der Beteiligungsverfahren (Abs. 1)	2
3. Parallelverfahren	3
4. Erneute Auslegung	4
a) Regelverfahren	4
b) Ausnahmen nach Abs. 3 S. 4	5
5. Nutzung elektronischer Informationstechnologien	6
6. Grenzüberschreitende Beteiligung	7
a) Regelverfahren	7
b) Ausnahmen nach Abs. 3 S. 4	8
c) Verfahren nach Abs. 5 S. 1	9
d) Verfahren nach Abs. 5 S. 2	10
e) Art und Weise der Beteiligung	11
f) Hinweis nach Abs. 5 S. 3	12
g) Rechtsschutz	13
7. Präklusion	14
a) Regelverfahren	14
b) Ausnahmen nach Abs. 3 S. 4	15

1 **1. Allgemeines.** § 4a enthält die für die **Öffentlichkeits-** (§ 3) und die **Behördenbeteiligung** (§ 4) gleichermaßen geltenden Regelungen. Abs. 1 verdeutlicht programmatisch die **Funktion** beider Beteiligungsvorschriften, Abs. 2 erlaubt die **Parallelisierung** beider Verfahren, Abs. 3 betrifft das Verfahren der **erneuten Auslegung**, Abs. 4 lässt ergänzend die Nutzung **elektronischer Informationstechnologien** zu, Abs. 5 normiert die **grenzüberschreitende Beteiligung** und Abs. 6 trifft eine eingeschränkte **Präklusionsregelung** für beide Beteiligungsverfahren. Zum **Überleitungsrecht** s. § 233.

2 **2. Funktion der Beteiligungsverfahren (Abs. 1).** Abs. 1 weist **programmatisch** darauf hin, dass die Verfahrensvorschriften der Öffentlichkeits- (§ 3) und der Behördenbeteiligung (§ 4) insbesondere der vollständigen Ermittlung und zutreffenden Bewertung der von der Planung berührten Belange und gleichermaßen der Information der Öffentlichkeit dienen sollen. Letzteres hat die Novelle 2013 (→ Einleitung Rn. 62) verdeutlicht (→ § 3 Rn. 3). Das ordnungsgemäße Verfahren soll die materielle Rechtmäßigkeit des Bauleitplans gewährleisten (BT-Drs. 15/2250, 31). Der Wortlaut von Abs. 1 knüpft an die europarechtlich geprägte Verfahrensgrundnorm des § 2 Abs. 3 (→ § 2 Rn. 5) an, die eine ordnungsgemäße Abwägung gem. § 1 Abs. 7 sichern soll. Das Zusammenspiel von § 4a Abs. 1 und § 2 Abs. 3 betont die Bedeutung, die das Gesetz der Einhaltung der Verfahrensvorschriften bei der Aufstellung von Bauleitplänen beimisst (BT-Drs. 15/2250, 45; krit. *Berkemann* in Berkemann/Halama § 4a Rn. 4) ohne damit aber eine indizielle Rechtmäßigkeitsvermutung für den gerichtlichen Rechtsschutz zu verbinden (*Grigoleit/Spannowsky*, SU § 4a Rn. 2; *Korbmacher* in KK § 4a Rn. 1). Zugleich wird der spezifisch europarechtliche Ansatz verdeutlicht, durch beide Beteiligungsverfahren die inhaltliche Qualität der Entscheidungen auch im Hinblick auf ein höheres Niveau des Umweltschutzes zu optimieren.

3 **3. Parallelverfahren.** Abs. 2 dient der Verfahrensverkürzung in Konstellationen unterhalb derer entweder nach § 3 Abs. 1 S. 2 nur die frühzeitige Öffentlichkeitsbeteiligung oder nach § 13 Abs. 2 Nr. 1 im vereinfachten Verfahren oder im beschleunigten Verfahren nach § 13a Abs. 2 Nr. 1 beide Formen der frühzeitigen Beteiligung

1. Abschnitt. Allgemeine Vorschriften § 4a

ganz entfallen. Beide Stufen beider Beteiligungverfahren, also die Unterrichtung für die frühzeitige Öffentlichkeits- und die frühzeitige Behördenbeteiligung wie das Auslegungsverfahren für die Öffentlichkeit- und Behördenbeteiligung können jeweils **gleichzeitig** stattfinden. Zur frühzeitigen Öffentlichkeitsbeteiligung → § 3 Rn. 1 ff. zur frühzeitigen Behördenbeteiligung → § 4 Rn. 4 zum Auslegungsverfahren nach § 3 Abs. 2 → § 3 Rn. 12 ff. und nach § 4 Abs. 2 → § 4 Rn. 4. Abs. 2 ermöglicht es, in beiden Verfahren der frühzeitigen Beteiligung mit sehr kurzen Fristen zu operieren.

4. Erneute Auslegung. a) Regelverfahren. § 4a Abs. 3 regelt das Vefahren der **4 erneuten Auslegung** nach einer Auslegung gem. § 3 Abs. 2 oder § 4 Abs. 2. Wird der Entwurf des Flächennutzungsplans oder des Bebauungsplans nach der Auslegung iSv § 3 Abs. 2 oder § 4 Abs. 2 geändert oder ergänzt, sei es auf Grund von Stellungnahmen der Öffentlichkeit oder von Trägern öffentlicher Belange, findet als Regelfall eine **erneute Auslegung** statt (Abs. 3 Satz 1 Hs. 1; s. a. *Kaltenborn* BauR 1999, 342; VGH Mannheim BauR 2007, 1937 – Neue Anregungen für Restplan u. VBlBW 2007, 182. Ein Verstoß gegen § 4 Abs. 3 S. 1 liegt vor, wenn der Planentwurf nach Öffentlichkeitsbeteiligung ohne erneute Auslegung geändert wurde (OVG Bautzen, DVBl. 2015, 239; OVG Lüneburg, BauR 2014, 2029 – fehlerhafter nur implizierter Hinweis auf schalltechnisches Gutachten). Mit dem Entwurf des Bauleitplans und der Begründung ist auch der aktualisierte Umweltbericht auszulegen. Er muss aber deshalb nicht fortgeschrieben werden. Ein fortgeschriebener Umweltbericht ist als solcher erneut auszulegen (*Korbmacher* in KK § 4a Rn. 13; *Krautzberger* in EZBK Rn. 25 f.). Hat eine Ergänzung einer Festsetzung nur klarstellende Bedeutung, zB festgesetztes Leitungsrecht diene der Wasserver- und der Abwasserentsorgung, so besteht kein Anlass zu einer erneuten Auslegung (BVerwG NVwZ 2010, 1026 – „wenn bloße Formsache", NVwZ 1988, 822, auch nicht im vereinfachten Verfahren). Ebenfalls keine Änderung iSv Abs. 3 S. 1 liegt vor, wenn ein Bebauungsplan beanstandet worden ist und nur für einen unbeanstandet gebliebenen räumlich und sachlich abtrennbaren Teil in Kraft gesetzt werden soll (VGH Mannheim VBl.BW 1996, 378). Abs. 3 S. 2 stellt klar, dass bei zwingend vorgeschriebener erneuter Auslegung des vollständigen Planentwurfs Anregungen nur zu den geänderten und ergänzten Teilen vorgebracht werden können, sofern dies ermessensfehlerfrei bei der öffentlichen Bekanntmachung der erneuten Auslegung bestimmt worden ist. Die Beschränkung der Vorbringens von Anregungen auf die geänderten oder ergänzten Teile ist dann ermessensfehlerhaft, wenn durch die Änderung oder Ergänzung eines Teils des Bauleitplans auch solche privaten oder öffentlichen Belange in einer abwägungsrelevanten Weise (§ 1 Abs. 7) berührt werden, dass sie von den durch die Änderung oder Ergänzung gezogenen Interessengeflechten nicht abgeschichtet werden dürfen. Die Teilbereiche müssen räumlich und funktional voneinander abtrennbar sein, damit Auswirkungen von dem einen Teilbereich auf den anderen ausgeschlossen sind (s. BVerwG NVwz-RR 1990, 286 (287); OVG Münster BauR 2000, 851 – wegen Vielzahl der im gesamten Plangebiet vorgenommenen Änderungen zumindest vereinfachten Verfahres nach § 13 Nr. 2 geboten). Anknüpfend an BVerwGE 147, 206) hat das BVerwG, NVwZ 2014, 1170 entschieden, dass bei einer erneuten Bekanntmachung der erneuten Auslegung nach Abs. 3 Satz 1, der zufolge Stellungnahmen nur in den geänderten und ergänzten Teilen abgegeben werden können, nur auf die Arten umweltbezogener Informationen hingewiesen werden muss, die zu diesen geänderten oder ergänzten Teilen des Planentwurfs verfügbar sind; krit. zum Begriff „verfügbar" *Uechtritz* NVwZ 2014, 1355 (1356) → § 3 Rn. 14 mwN. Gem. Abs. 3 S. 3 kann die **erneute Auslegungsfrist** angemessen verkürzt werden (OVG Münster, DVBl. 2013, 1333). Angemessen kann auch eine kürzere Frist als zwei Wochen sein (*Schmidt-Eichstaedt* ZfBR 2005, 751 (755); *Korbmacher* in KK § 4a Rn. 17; krit. *Berkemen* in Berkemann/Halama § 4a Rn. 30). Abs. 3 S. 3 zielt auf die Fälle, in denen der wesentliche Teil der Stellungnahmen bereits bei der ersten Auslegung bekannt geworden ist, so

§ 4a

dass bei der zweiten Auslegung nur noch zusätzliche durch die Planänderung ausgelöste Stellungnahmen zu erwarten sind. Abs. 3 Satz 1 verpflichtet nur zur erneuten Auslegung nach Abs. 2 nicht zu einer erneuten frühzeitigen Bürgerbeteiligung nach Abs. 1. Das Verfahren der erneuten Auslegung nach Abs. 3 Satz 1 ist auch dann abzuwickeln, wenn die Änderung oder Ergänzung des Planentwurfs durch die Aufsichtsbehörde veranlasst worden ist (OVG Lüneburg NVwZ 1983, 479; *Krautzberger* in EZBK § 3 Rn. 64), oder wenn sie zwar anlässlich der Prüfung von Anregungen vorgenommen worden ist, aber in der Sache nicht vorgebrachte Anregungen betrifft. Die Einwendungsbeschränkung der Gemeinde nach § 4a Abs. 3 S. 2 verhindert Präklusion gem. § 47 Abs. 2a VwGO (OVG Koblenz ZfBR 2012, 161). In jedem Fall ist zu prüfen, ob das beachtliche Unterbleiben der Beteiligung nur zur **Teilnichtigkeit** führt. Voraussetzung dafür ist, dass nach den tatsächlichen Umständen des Einzelfalls vernünftigerweise ausgeschlossen werden kann, bei Vermeidung des Fehlers hätte der Plan auch in seinen übrigen Teilen einen anderen Inhalt bekommen (BVerwG DVBl. 1989, 1100). Verfahrensfehler, die abtrennbare Teilbereiche betreffen, führen regelmäßig nicht zur Nichtigkeit des gesamten Planes (BVerwG NVwZ-RR 1990, 286).

5 **b) Ausnahmen nach Abs. 3 S. 4.** Werden durch die Änderung oder Ergänzung des Entwurfs eines Bauleitplans die Grundzüge der Planung nicht berührt, kann gem. Abs. 3 S. 4 die Einholung der Stellungnahmen auf die von der Änderung oder Ergänzung **betroffene Öffentlichkeit** sowie die **berührten Behörden** und sonstigen Träger öffentlicher Belange **beschränkt** werden. Hinsichtlich der **Grundzüge der Planung** ist darauf abzustellen, ob die Abweichung durch das ggf. mutmaßliche planerische Wollen gedeckt ist – Einzelfallbeurteilung; BVerwGE 133, 98 (108). Die Grundzüge dürfen berührt, dh geändert werden. Unangetastet müssen sie nicht bleiben (BVerwG ZfBR 2001, 131; → § 13 Rn. 2). Bei einer Änderung des Entwurfs des Flächennutzungsplans im Auslegungsverfahren dürfte dies kaum vorkommen. Es liegt im Ermessen der Gemeinde, ob sie statt des Verfahrens der erneuten Auslegung nach Abs. 3 S. 1 und ggf. S. 2 das vereinfachte Verfahren nach S. 4 anwendet. Eines förmlichen Ratsbeschlusses bedarf es für Abs. 3 S. 4 nicht (s. a. OVG Lüneburg ZfBR 1986, 293). Zur Angemessenheit der Frist kann Abs. 3 S. 3 herangezogen werden. Werden bei der Anwendung von Abs. 3 S. 4 die Voraussetzungen für die Durchführung dieses eingeschränkten Beteiligungsverfahrens verkannt, so ist dieser Fehler für die Bestandskraft des Bauleitplans **unbeachtlich** (§ 214 Abs. 1 S. 1 Nr. 2). Die Prüfungspflicht der Aufsichtsbehörde im etwaigen Genehmigungsverfahren wird dadurch nicht berührt (§ 216).

6 **5. Nutzung elektronischer Informationstechnologien.** Abs. 4 soll zur **ergänzenden** (nicht ausschließlichen) **Nutzung elektronischer Informationstechnologien** anregen, um die Transparenz der Beteiligungsverfahren nach § 3 und § 4 zu erhöhen. Die Anregung folgt Art. 5 Abs. 3 der Aarhus-Konvention und der RL 2003/35/EG. Art. 6 Abs. 2 UVP-ÄnderungsRL (→ § 2 Rn. 6) schreibt das elektronische Verfahren verbindlich vor. Dadurch ist der digitale Raum zum größten öffentlichen Raum geworden. (zum E-Governmentgesetz v. 18.4.2013, *Schmitz/Prell* NVwZ 2013, 745/753; s. a. *Eifert,* Festschrift Battis 421, (*Bieler/Schwartling* (Hrsg.), eGovernment, 2007; speziell zur Bauleitplanung *Steinebach* ZfBR 2004, 16; *Bunzel* BauR 2008, 301; *Winter,* FS Stüer, 295; zur Integration bei Migrationshintergrund *Neuhaus/Wilforth* (Hrsg.), Partizipation und Integration, 2007). Die Nutzung elektronischer Medien nach § 4a Abs. 4 ersetzt das förmliche Verfahren der Öffentlichkeitsbeteiligung nach § 3. OVG Lüneburg, BauR 2041, 503 hat offengelassen, ob die landesrechtlich zulässige Bekanntmachung im Internet Bundesrecht genügt. § 4a Abs. 4 verpflichtet die Gemeinde auch nicht dazu, die Entwürfe der Bauleitpläne ins Internet zu stellen. Die Stellungnahmen **der Behörden** und sonstiger Träger öffentlicher Belange können aber gem. Abs. 4 S. 2 durch Mitteilung von Ort und Dauer der öffentlichen Auslegung nach § 3 Abs. 2 und der Internet-Adresse eingeholt werden,

soweit die Behörde oder der sonstige Träger öffentlicher Belange hierfür einen Zugang eröffnet hat. Der Zugang ist eröffnet, wenn eine Emailadresse nach außen verwendet wird. Abs. 4 S. 3 ermöglicht den Behörden und sonstigen Trägern öffentlicher Belange, die Entwürfe der Bauleitpläne und der Begründung zusätzlich in Papierform anzufordern. Die Gemeinde ist verpflichtet, dieser Anforderung nachzukommen. Durch die Übersendung wird die Frist nach § 4 Abs. 4 S. 2 nicht verändert. Eine Verlängerung der Frist ist aber zulässig.

6. Grenzüberschreitende Beteiligung. a) Regelverfahren. Gem. den Vorgaben von Art. 5 Abs. 3 Arhus-Konvention und der RL 2003/35/EG (künftig Art. 7 UVP-ÄnderungsRL § 2 Rn. 6); zur Behörden- und Öffentlichkeitsbeteiligung bei anderen Vorhaben nach der ESPOO-Konvention *Rietzler* NVwZ 2015, 483; regelt § 4 Abs. 5 S. 1 die Pflicht der Gemeinde zur **grenzüberschreitenden Unterrichtung**. Kann ein Bauleitplan **erhebliche Umweltauswirkungen** auf einen anderen Staat haben, so ist gem. Abs. 5 S. 2 Hs. 1 abweichend von S. 1 hinsichtlich der Art und Weise der Beteiligung nach dem 2-stufigen Verfahren des **UVPG** zu verfahren; dazu *Sonnenwald,* Die grenzüberschreitende Beteiligung der Öffentlichkeit im Rahmen der UVP, 2005; *Kment* NuR 2012, 321; zu internationalen Umweltverfahren *Durner* in Möllers/Voßkule/Walter, Internationales Verwaltungsrecht, 2007, 121 (156); zum transnationalen VerwR *Ruffert* 395 (401). Die Voraussetzungen der grenzüberschreitenden Beteiligung regelt auch in diesem Fall das BauGB (*Berkemann* in Berkemann/Halama § 4a Rn. 79). Grundsätzlich zur grenzüberschreitenden Klagebefugnis BVerwGE 75, 285. Die Vorschrift soll ebenso wie § 15 Abs. 3 S. 2 ROG und die §§ 8, 9a UVPG die europäische Integration stärken (s. a. *Martinez* ZUR 2005, 337). Die Beteiligung nach § 4a Abs. 5 ist Zulassungsvoraussetzung iSv § 33 Abs. 1 Nr. 1. Die Gemeinde kann die Vorbereitung und Durchführung von Verfahren der grenzüberschreitenden Beteiligung einem Dritten gem. § 4b übertragen. 7

b) Ausnahmen nach Abs. 3 S. 4. Das völkerrechtliche Territorialprinzip verbietet es nicht, in nationalem Recht ausländische Belange zu berücksichtigen. Art. 25 S. 1 GG steht ihm nicht entgegen (s. a. *Erbguth/Schink,* UVPG, 2. Aufl. 1996, § 8 Rn. 2). Die grenzüberschreitenden Unterrichtungs- und Beteiligungsverfahren nach § 4a gehören zu den zahlreichen Formen grenzüberschreitender kommunaler Zusammenarbeit, die nachbarschaftliche Lösungen lokaler und regionaler Probleme finden sollen. Dazu *Beyerlin,* Rechtsprobleme der lokalen grenzüberschreitenden Zusammenarbeit, 1988; *Niedobitek,* Das Recht grenzüberschreitender Verträge, 2001; *Kotzur,* Grenznachbarschaftliche Zusammenarbeit in Europa, 2004; *Conrad,* Rechtliche Entwicklung der grenzüberschreitenden Zusammenarbeit von europäischen Regionen im Zeitalter der Globalisierung, 2004; *M. Frey* VBlBW 2005, 449; *Guckelberger/Emrath* DÖV 2016, 1; s. a. *Sonnenwald,* Die grenzüberschreitende Beteiligung der Öffentlichkeit im Rahmen der UVP, 2005, 75. Grenzüberschreitende kommunale Zusammenarbeit mit ausländischen Institutionen ohne Völkerrechtssubjektivität ist nicht an Art. 32 GG zu messen (BVerfGE 2, 347 (374)). 8

c) Verfahren nach Abs. 5 S. 1. Die Unterrichtungspflicht nach Abs. 1 S. 1 setzt voraus, dass ein Bauleitplan **erhebliche Auswirkungen** auf Nachbarstaaten haben kann, nicht auf den Staat insgesamt, sondern auf Teilflächen eines Nachbarstaats (s. a. *Klindt,* Baurechtliche Blätter (Österreich), 1999, 229 (232)). Potenziell erhebliche Auswirkungen bedeutet mehr als „im Aufgabenbereich berührt werden" iSv § 4 Abs. 1. Erhebliche Auswirkungen sind zumindest zu bejahen, wenn sie ein solches Gewicht haben, dass die Planungshoheit einer Nachbargemeinde wegen Verletzung des gemeindenachbarlichen Abstimmungsgebots des § 2 Abs. 2 verletzt wäre (→ § 2 Rn. 22, weitergehend *Grigoleit/Spannowsky,* SU § 4a Rn. 16). Maßgeblich ist die nachbarstaatliche Sicht (*Berkemann* in Berkemann/Halama § 4a Rn. 56). Das Verfahren nach Abs. 5 S. 1 ist nicht auf ein bestimmtes nationales Parallelverfahren abge- 9

§ 4a

stimmt. Es setzt auch keinen völkerrechtlichen Rahmenvertrag um. Die Umsetzung ist vielmehr bilateralen Verhandlungen vorhandener (oder zu gründender) Raumordnungskommissionen oder sonstiger Gesprächskreise überlassen (BT-Drs. 13/6392, 47). Allerdings muss die Unterrichtung **gegenseitig,** darf also nicht einseitig sein. Sie muss alle Gemeinden, Behörden und sonstige Träger öffentlicher Belange (→ § 4 Rn. 3) umfassen, deren Aufgabenbereich erheblich betroffen sein kann. Regelmäßig sollte der Beginn der Unterrichtung mit der frühzeitigen Beteiligung der inländischen Behörden und sonstigen Träger öffentlicher Belange (§ 4 Abs. 1 S. 1) übereinstimmen. Die gegenseitige Unterrichtung kann im Rahmen bestehender grenzüberschreitender Einrichtungen erfolgen. Um umfangreiche belastende Verhandlungen auf Bundesebene mit den Nachbarstaaten zu vermeiden, macht § 4a Abs. 5 S. 1 insoweit keine Vorgaben. Allerdings müssen Art und Weise der Unterrichtungen ebenso wie bei dem insoweit gleich lautenden § 3 Abs. 1 S. 1 Hs. 1 (→ § 3 Rn. 7) geeignet sein, solche Ergebnisse zu zeitigen, die den Anforderungen der § 2 Abs. 3, § 1 Abs. 7 genügen. Die **Gleichwertigkeit** der Unterrichtung erstreckt sich sowohl auf den Zeitpunkt der gegenseitigen Information als auch auf deren Aussageumfang und Aussagegehalt. Es sollen Nachteile durch verspätete oder unzutreffende Unterrichtung ausgeschlossen werden (s. a. *Wagner* in Hoppe, UVPG, 2. Aufl. 2002, § 8 Rn. 19). Die Gemeinde oder der Träger öffentlicher Belange des Nachbarstaates ist nicht verpflichtet, seine Stellungnahme in deutscher Sprache abzugeben (*Erbguth/Schink* § 8 Rn. 10). Der Umstand, dass noch keine gegenseitige und gleichwertige Unterrichtungspraxis existiert, befreit nicht von der Verpflichtung der Gemeinde, die Gemeinde und Träger öffentlicher Belange des Nachbarstaates erstmals zu unterrichten. Die Verpflichtung zur Unterrichtung entfällt aber, wenn sich die Gemeinden und Träger öffentlicher Belange des Nachbarstaates nicht an die Grundsätze der Gegenseitigkeit und Gleichwertigkeit halten. In Analogie zu § 8 Abs. 1 S. 2 UVPG ist in diesem Fall jedoch die Unterrichtung der obersten für die Stadtplanung zuständigen Behörde des Nachbarstaates geboten.

10 **d) Verfahren nach Abs. 5 S. 2. Erhebliche Umweltauswirkungen** auf einen Nachbarstaat iS von Absatz 5 Satz 2 liegen vor, wenn der Vollzug der Planung nach seiner Intensität gewichtige Auswirkungen auf die in § 1 Abs. 6 Nr. 7, § 1a genannten Belange in einem Teilgebiet des Nachbarstaates haben kann (*Berkemann* in Berkemann/Halama § 4a Rn. 70). Für diese Prognose steht der Gemeinde ein Beurteilungsspielraum zu (*Krautzberger* UPR 2004, 401 (403); aA *Berkemann* in Berkemann/Halama § 4a Rn. 71; *Korbmacher* in KK § 4a Rn. 32). Hält die **Behörde** des Nachbarstaates die Beteiligung für erforderlich, ist sie gem. dem durch das ÖffentlichkeitsbeteiligungsG um Informationen entsprechend § 9 Abs. 1a, 1b S. 1 Nr. 2 UVPG ergänzten § 8 Abs. 1 S. 3 UVPG zu beteiligen. Die ausländische Behörde hat wie eine inländische das subjektive Verfahrensrecht (so *Sonnenwald,* Die grenzüberschreitende Beteiligung der Öffentlichkeit, 2005, 163) zur Stellungnahme gem. § 4 (*Berkemann* in Berkemann/Halama § 4a Rn. 78). Gem. § 8 Abs. 2 UVPG besteht zusätzlich die Möglichkeit zu Konsultationen über die grenzüberschreitenden Umweltauswirkungen. Das Verfahren der grenzüberschreitenden Beteiligung endet gem. § 8 Abs. 3 mit der Übermittlung des Bauleitplans nebst Begründung unter der Voraussetzung der Gegenseitigkeit und der Gleichwertigkeit auch in übersetzter Fassung.

11 **e) Art und Weise der Beteiligung.** Die Art und Weise der Beteiligung der Öffentlichkeit bei grenzüberschreitender Beteiligung richtet sich nach dem durch das ÖffentlichkeitsbeteiligungsG erweiterten § 9a UVPG. Die Gemeinde hat auf die Bekanntmachung ihres Planaufstellungsverfahrens hinzuwirken und die durch potentiell erhebliche Umweltauswirkungen betroffene Öffentlichkeit eines Teilgebiets des Nachbarstaates darüber zu informieren, dass bei der Gemeinde Stellungnahmen vorgebracht werden können. Die Informationen über die deutsche Bauleitplanung sollen nach dem im Nachbarstaat geltenden Recht zugänglich sein. Abgegebene Stel-

1. Abschnitt. Allgemeine Vorschriften § 4a

lungnahmen sind nur nach deutschem Recht zu behandeln (*Berkemann* in Berkemann/Halama § 4a Rn. 82), einschließlich der Präklusionsregelung des § 4a Abs. 6. Das gilt auch für § 3 Abs. 2 S. 4 der grenzüberschreitenden Beteiligung (zweifelnd *Berkemann* in Berkemann/Halama § 4a Rn. 82; *Schrödter* § 4a Rn. 41). Zur Beendigung und zu Konsultationen → Rn. 10. § 9a Abs. 1 S. 2 Nr. 4 verlangt die Bekanntmachung der Entscheidung mit Begründung und einer **Rechtsbehelfsbelehrung**.

f) Hinweis nach Abs. 5 S. 3. Abs. 5 S. 3 setzt klarstellend Art. 3 Nr. 4 RL 2003/ 35/EG um. Die Gemeinde ist beim Erlass von Bauleitplänen, bei denen eine grenzüberschreitende Beteiligung nach S. 2 erforderlich ist, verpflichtet hierauf, also die grenzüberschreitende Beteiligung (s. a. *Berkemann* in Mitschang (Hrsg.), BauGB Novelle 2007, 63 (67)), bei der Bekanntmachung nach § 3 Abs. 2 S. 2 hinzuweisen (→ § 3 Rn. 16). **12**

g) Rechtsschutz. Eine Bindung an die Ergebnisse der Unterrichtung und etwaiger Konsultation nach dem UVPG besteht in der Abwägung nach § 1 Abs. 7 nicht (→ § 4 Rn. 7). Eine Verletzung von § 4a Abs. 5 einschl. §§ 8, 9a UVPG (*Schmidt-Eichstaedt* ZfBR 2005, 751 (755); *Korbmacher* in KK § 4a Rn. 45; aA *Halama* in Berkemann/Halama § 4a Rn. 86) führt gem. § 214 Abs. 1 Nr. 2 zur Nichtigkeit des Bauleitplans, wenn die Rügefrist des § 215 Abs. 1 S. 1 gewahrt wird und die Gemeinde den Fehler nicht nach § 214 Abs. 4 behebt. Voraussetzung ist allerdings, dass im Falle von S. 1 die Prinzipien der Gleichzeitigkeit und Gleichwertigkeit von der Gegenseite eingehalten worden sind und im Falle von S. 2 die nachbarschaftliche Öffentlichkeit und Behörden die Vorgaben des UVPG eingehalten haben. Kommt es trotz Bedarfs zu keiner oder zu unzureichenden Konsultationen, so muss die Gemeinde abwägungsrelevante nachbarstaatliche Belange, die sie kennt oder kennen müsste, gleichwohl in der Abwägung berücksichtigen (→ § 4 Rn. 8). **13**

7. Präklusion. a) Regelverfahren. Abs. 6 regelt die eingeschränkte **Präklusion** der nicht rechtzeitig im Verfahren der Öffentlichkeits- und Behördenbeteiligung abgegebenen Stellungnahmen. Es handelt sich um eine verfahrensrechtliche Ausschlussregelung, die aber durch Abs. 6 S. 1 letzter Halbsatz und das der Gemeinde eingeräumte Ermessen (*Korbmacher*, KK § 4a, Rn. 43, aA *Jaede* in JDW § 4a Rn. 29), eingeschränkt wird. Die Präklusionsregelung gilt auch für die Öffentlichkeitsbeteiligung, allerdings unter der besonderen Voraussetzung, dass auf den Ausschluss bei der Bekanntmachung gem. § 3 Abs. 2 S. 2 (→ § 3 Rn. 1) **hingewiesen** worden ist (Abs. 6 S. 2; → § 3 Rn. 16). Für die grundsätzliche Präklusion von Stellungnahmen der Behördenbeteiligung bedarf es dieses Hinweises nicht. Abs. 6 S. 1 lehnt sich an § 73 Abs. 3a VwVfG an. Allgemein zur Behördenpräklusion sowie zur str. Unterscheidung von formeller und materieller Präklusion *Peine*, Die Präklusion öffentlicher Belange, 1998; *Ziekow/Siegel*, Gesetzliche Regelung der Verfahrenskooperation von Behörden und anderen Trägern öffentlicher Belange, 2001; *Siegel* DÖV 2004, 589; *Guckelberger*, Die Verjährung im öffentlichen Recht, 2004, 529 (550); *S. Quaa*, Die Behördenpräklusion, 2006. Abl. zur Präklusion gem. § 2 Abs. 3 UmwRG, § 73 Abs. 6 VwVfG anlässlich der UVP EuGH NVwZ 2015, 1665; s. a. § 2 Rn. 12a. Absatz 6 gilt auch für eine erneute Beteiligung gem. § 4a Abs. 3. Sie ist ausgeschlossen, wenn der Plangeber die Einwendungsmöglichkeiten gem. § 4a Abs. 3 Satz 2 beschränkt (OVG Koblenz ZfBR 2012, 468). Die Verfahrenspräklusion des Abs. 6 wird durch die Prozesspräklusion des § 47 Abs. 2a VwGO ergänzt, die trotz ihres missverständlichen Wortlauts an die Voraussetzung des Abs. 6 anknüpft. Zur unschädlichen Verwechslung der Wortlaute beim Hinweis OVG Münster ZfBR 2008, 801; BVerwG BayVwBl 2011, 380. **14**

b) Ausnahmen nach Abs. 3 S. 4. Ob die Stellungnahmen im Verfahren der Öffentlichkeitsbeteiligung rechtzeitig abgegeben worden sind, regelt § 3 Abs. 1 S. 1 Hs. 2, Abs. 2 S. 1. § 3 Abs. 2 S. 2 Hs. 2 enthält ausdrücklich die Verpflichtung zum Hinweis auf die Rechtsfolgen verspäteter Stellungnahmen. Ob Stellungnahmen im **15**

§ 4a

Verfahren der Behördenbeteiligung rechtzeitig abgegeben worden sind, richtet sich nach § 4 Abs. 1 S. 1, Abs. 2 S. 2 einschließlich der Möglichkeit der Fristverlängerung nach Abs. 2 S. 2 Hs. 2. Für beide Beteiligungsverfahren ist im vereinfachten Verfahren die Fristverkürzung nach § 4a Abs. 3 S. 3 zu beachten. Verspätete Stellungnahmen kann (Ermessen) die Gemeinde bei der Beschlussfassung über den Bauleitplan grundsätzlich unberücksichtigt lassen; dazu *Quaa*, Die Behördenpräklusion, 207f. Bei nochmaliger (unter Umständen mehrfacher) Planauslage nach § 4a Abs. 3 müssen bei der letzten Auslage Einwendungen erhoben werden, anderenfalls greift die Präklusion grundsätzlich nach § 47 Abs. 2a VwGO. Frühere Einwendungen genügen grundsätzlich nicht (BVerwG NVwZ 2014, 786; zust. *Uechtritz*, S. 788). Es genügen aber irgendwelche, auch nicht spezifisch auf die Planänderung bezogene Einwendungen (BVerwGE 138, 181; NVwZ 2010, 782 (784) s. a. § 3 Rn. 14). Keine erneute Einwendung ist erforderlich, wenn der geänderte Entwurf den Willen des Einwendenden weiterhin in vollem Umfang missachtet (*Uechtritz*, S. 789). Eine präkludierte Behörde kann sich auch nicht auf inhaltlich übereinstimmende Stellungnahmen einer anderen Behörde berufen (*Quaa*, Die Behördenpräklusion, 113). Die Präklusion greift nicht, wenn die Gemeinde bei der Beschlussfassung den Inhalt der Stellungnahme kannte oder bei ordnungsgemäßer Ermittlung und Bewertung (§ 2 Abs. 3) hätte kennen müssen oder wenn der Inhalt der Stellungnahme so bedeutungsvoll für die konkrete Planung ist, dass der Plan ohne die Berücksichtigung des Inhalts der Stellungnahme wegen Verstoßes gegen das Abwägungsgebot rechtswidrig ist. Aus dem Abwägungsgebot folgt, dass die Gemeinde öffentliche Belange, die nicht rechtzeitig vorgetragen worden sind, die ihr aber bekannt sind, in die Abwägung einzustellen hat (BVerwGE 59, 87 (103)). Die Gemeinde ist verpflichtet, den Grad der Betroffenheit einschlägiger öffentlicher Belange von sich aus zu ermitteln (*Bönker* in HBG § 5 Rn. 231). Unterlässt sie dies, so liegt ein Fehler im Abwägungsvorgang vor. Öffentliche Belange, deren Vorbringen auf Grund des Verhaltens eines Trägers öffentlicher Belange präkludiert sind, müssen gleichwohl in die Abwägung eingestellt werden, wenn sie solches Gewicht haben, dass ihre Nichtberücksichtigung im Ergebnis mit § 1 Abs. 7 unvereinbar wäre, zB gesundheitsgefährdende Kontaminierung des Bodens (*Stemmler* BauR 1991, 423 (424); *Schmidt-Eichstaedt* ZfBR 2005, 751 (756)). Das Tatbestandsmerkmal „für die Rechtmäßigkeit des Bauleitplans nicht von Bedeutung" verdeutlicht den Vorrang der Anforderungen des rechtsstaatlichen Abwägungsgebots vor Beschleunigungsinteressen. Die eingeschränkte Präklusion des Abs. 6 S. 1 ist in ihrer Wirkung also nicht gleichzusetzen mit Regelungen wie § 17 Abs. 4 S. 1 FStrG (dazu einschränkend aber hinsichtlich der Einwendung „Rechtswidrigkeit des Vorhabens" BVerwG NVwZ 1997, 171; krit. *Solveen* DVBl. 1997, 803) oder gar § 10 Abs. 3 BImSchG hinsichtlich Anlagegenehmigungen. Europa- oder verfassungsrechtliche Bedenken, wie sie gegen andere Präklusionsvorschriften zumindest im Einzelfall geltend gemacht werden (dazu *Siegel* DÖV 2004, 589 (592); *Erbguth* DVBl. 2004, 802 (810); s. a. *S. Quaa*, Die Behördenpräklusion, 213ff.; *Fisahn* ZUR 2004, 136 (138)), bestehen für die Präklusion nach Abs. 6 S. 1 angesichts der gesetzlichen Einschränkungen insbesondere bei europarechtskonformer Ermessensausübung nicht (*Kment*, Nationale Unbeachtlichkeits-, Heilungs- und Präklusionsvorschriften und europäisches Recht, 2005, 161; *Uechtritz* BauR 2005, 1859 (1874); *Berkemann* in Berkemann/Halama, § 4a Rn. 122; aA *Spannowsky* in: Spannowsky/Krämer, BauGB-Novelle 2004, 2003, 39 (62); zur unzulässigen Präklusion nach § 2 Abs. 3 UmwRG s. § 2 Rn. 12a). Dies gilt für die Öffentlichkeitsbeteiligung trotz der Einführung von § 47 Abs. 2a VwGO wegen der erweiterten Hinweispflicht nach § 3 Abs. 2 S. 2 Hs. 2 auch wegen Abs. 6 S. 2. Auch ohne die gesetzliche Regelung folgt aus § 1 Abs. 7, dass ein Belang abwägungsbeachtlich ist, wenn er sich der Gemeinde aufdrängen musste (BVerwGE 59, 87 (103); *Weyreuther* DÖV 1980, 389; *Korbmacher*, KK § 4a Rn. 40; abl. *Becker* NJW 1980, 1036).

§ 4b Einschaltung eines Dritten

¹**Die Gemeinde kann insbesondere zur Beschleunigung des Bauleitplanverfahrens die Vorbereitung und Durchführung von Verfahrensschritten nach den §§ 2a bis 4a einem Dritten übertragen.** ²**Sie kann einem Dritten auch die Durchführung einer Mediation oder eines anderen Verfahrens der außergerichtlichen Konfliktbeilegung übertragen.**

Übersicht

	Rn.
1. Allgemeines	1
a) Normzweck	1
b) Mediationsformen	2
c) Voraussetzungen von Mediation	3
2. Übertragungsfähige Aufgaben	4
3. Rechtsstellung des Dritten	6
4. Aufgaben der Gemeinde	7

1. Allgemeines. a) Normzweck. § 4b stellt klar, dass die Gemeinde die Vorbereitung und Durchführung von Teilen des Verfahrens der Aufstellung von Bauleitplänen (→ § 2 Rn. 2, 3) einem Dritten übertragen kann. Anknüpfend an eine Empfehlung der Unabhängigen Expertenkommission zur Vereinfachung und Beschleunigung von Planungs- und Genehmigungsverfahren (Bericht der Kommission, 1996, Rn. 284; dazu *Gaentzsch,* FS Sellner 2010, 219 (221)) soll § 4a vornehmlich das Bauleitplanverfahren beschleunigen (BVerwG Urt. v. 25.1.2005, 4C15/04 juris Rn. 28). Die partielle Verfahrensprivatisierung (dazu *Hoffmann-Riem* DVBl. 1996, 225) ist ein Beitrag des Städtebaurechts zur Stärkung der Kooperation von Privaten und Gemeinde, wie zB § 11 (Städtebauliche Verträge), § 12 (Vorhaben- und Erschließungsplan) oder § 171c – Stadtumbauvertrag sowie § 171 e Abs. 4, 5 – Maßnahmen zur sozialen Stadt (s. a. *Rossen-Stadtfeld* VerwArch 2006, 23 (43)). Der durch die Novelle 2012 (→ Einl. Rn. 62) eingefügte Satz 2 soll klarstellend den Einsatz der Mediation oder anderer Verfahren der außergerichtlichen Konfliktbeilegung in der Praxis fördern. Aufgeschlossen BVerfG NVwZ-RR 2007, 1073; BVerwGE 139, 150; *Wagner,* DVBl 2014, 150; *ders./Hehn* UPR 2016, 41 u. UPR 2013, 1; *Siegel* DVBl 2012, 1003; *Holznagel/Ramsauer* VerwArch 2013, 131; *Battis* DÖV 2011, 340; *Fuchs/Hehn/Wagner* UPR 2011, 81 (84); *Deckner,* Mediationsergebnisse in der Bauleitplanung, 2006; *Holznagel/Ramsauer* in Haft/Schlieffen, Handbuch der Mediation, 2. Aufl. 2009, § 28; *v. Bargen* EuR 2008, 200; skeptisch *Jäde* in JDW § 4b Rn. 1; *Reidt* BauR 1998, 909 (914); *Grigoleit/Uechtritz,* SU § 4b Rn. 3f., 8; *Köster* DVBl. 2002, 229 (232); *Birk* in Spannowsky/Mitschang, Planung heute und morgen, 2001, 151 (156). Die Regelung ist auch deshalb sinnvoll, um Zweifeln an der Zulässigkeit des Einsatzes von Verfahrensmittlern ohne gesetzliche Normierung zu begegnen (*Schulze-Fielitz* in Hoffmann-Riem/Schmidt-Aßmann, Konfliktbewältigung durch Verhandeln, II, 1990, 55 (64); *Kunig/Rublack* Jura 1990, 1 (7)), für Regelung im VwVfG *Pitschas* DÖV 2011, 333; s. a. *Guckelberger* NVwZ 2011, 390; *L. Schäfer* NVwZ 2006, 39; *B. Köster,* Die Privatisierung des Bauleitplanverfahrens und der Einsatz der Mediation in Beteiligungsverfahren, 2002; *Rüssel,* Mediation im komplexen Verwaltungsverfahren, 2004. Anknüpfend an die MediationsRL 2008/52/EG (dazu *Sujecki* EuZW 2010, 7; *Huhn* BauR 2009, 1648, 1817) normiert das Gesetz zur Förderung der Mediation und anderer Verfahren der außergerichtlichen Konfliktbeilegung. Dazu *Eidenmüller/Wagner* (Hg.), Mediationsrecht 2015; *Klowat/Gläßer* Mediationsgesetz 2013; s. a. *Trenczek/Berning/Lenz* (Hrsg.), Mediation und Konfliktmanagement, 2012. Das Gesetz ersetzt die gerichtsinterne Mediation durch den

§ 4b

Güterichter (§ 278 Abs. 5 ZPO), der inhaltlich die Mediation als zulässige richterliche Aufgabe belässt (*Ahrens* NJW 2012, 2465 (2486); s. a. *Bäumerich* Güterichter und Mediatoren im Wettbewerb, 2015; *Ortloff* NVwZ 2012, 1057; *ders.* in Haft/Schlieffen § 41; *Nistler* Jus 2010, 685; *Gläßer/Schröter,* Gerichtliche Mediation, 2011).

2 b) Mediationsformen. Mediation iSv § 4b ist zB eine außergerichtliche Mediation nach § 1 Abs. 1 MediationsG, also „ein vertrauliches und strukturiertes Verfahren, bei dem die Parteien mit Hilfe eines oder mehrerer Mediatoren freiwillig und eigenverantwortlich eine einvernehmliche Beilegung ihres Konfliktes anstreben"; zu Mediationsverfahren wie Harvard- und Transformations-Ansatz s. *Wagner* DVBl 2014, 150 (154f.). § 4b erlaubt auch andere Verfahren der außergerichtlichen Konfliktbeilegung wie die Einschaltung von Ombudsleuten und Clearingstellen oder die Einschaltung sonstiger Dritter, die nicht die Voraussetzung von § 1 Abs. 1 MediationsG erfüllen (→ Rn. 3). Kein Mediator iSv § 1 MediationsG., wohl aber ein Dritter iSv § 4b S. 1 ist eine Person, die als Bauplaner im Zusammenhang mit dem Bauleitplanverfahren oder einem nachfolgenden Bauvorhaben bereits für eine Partei tätig gewesen ist oder beabsichtigt, nach der Mediation für alle Parteien insoweit tätig zu werden. Zur Beratung durch Rechtsanwälte bei der Planerstellung *Hellriegel* in Kloepfer (Hrsg.), Gesetzgebungsoutsourcing, 2011, 179. Vorbild der Verfahrensmittlung iSv § 4b ist die insbesondere in USA und Japan entwickelte Mediation (rechtsvergleichend *Hopt/Steffek,* Mediation, 2008; *Greger* JZ 2011, 229). Von der Mediation als Alternative zum gerichtlichen Verfahren (→ Rn. 1) oder dem Schiedsverfahren (*Stumpf,* Alternative Streitbeilegung im Verwaltungsrecht, 2006) ist die Mediation in Verwaltungsverfahren zu unterscheiden (dazu *Seok/Ziekow* (Hrsg.), Mediation als Methode und Instrument der Konfliktmittlung im Öffentlichen Sektor, 2010; *Niedostadek* (Hrsg.), Praxishandbuch Mediation, 2010; *Pitschas/Walther,* Mediation im Verwaltungsverfahren und Verwaltungsprozess, 2008; *Pünder* in Erichsen/Ehlers, Allgemeines Verwaltungsrecht, 14. Aufl. 2010, § 16). In Deutschland findet Mediation in Verwaltungsverfahren bisher vornehmlich bei umweltrelevanten Großvorhaben statt (dazu *Wagner/Engelhardt* NVwZ 2001, 370; *Hellriegel,* Mediation im Umweltrecht, 2002; *Siegel* NuR 2002, 79 – luftverkehrsrechtliche Planfeststellung; *Pünder* DV 2005, 1 – Planfeststellungsverfahren; *Zepf* DÖV 2012, 631 – Baugenehmigung; *Simnacher* BayVBl. 2006, 460 – Vorverfahren; *Rüssel* JA 2006, 470; *Bloch* BayVBl. 2010, 136). Bei der Umsetzung des Mediationsmodells gem. § 4b sind sowohl die Eigenarten von Verwaltungsverfahren im Vergleich zu gerichtlichen Verfahren und zu Verfahren unter Privaten sowie die Eigenart des deutschen Verwaltungsverfahrens gegenüber US-amerikanischen Verwaltungsverfahren in Rechnung zu stellen (dazu *Holznagel* in Breidenbach/Henssler, 147 (149)). Eine Verwaltungsbehörde ist nach dem Verwaltungsverfahrensgesetz nicht in der Rolle des unabhängigen Richters, der einen Streit zwischen Parteien entscheidet. Sie tritt aber auch nicht dem Bürger auf der Ebene der Gleichordnung wie im Zivilrecht gegenüber, sondern handelt hoheitlich (krit. zu diesem angeblich hierarchischen Staatsverständnis *Fietkau/Weidner,* Aus Politik und Zeitgeschichte, 1992 B 24). Sie darf auch nicht wie eine US-amerikanische Behörde, unter dem gesamten Entscheidungsprozess auf einen Mittler übertragen (BVerwGE 124, 385; BT-Drs. 13/6392, 47); wobei auch nach dem Rahmenrecht des Administrative Procedure Act die behördliche Entscheidungsmacht durch den Aushandlungsprozess de jure nicht beseitigt wird. In jedem Fall ist es unter der Geltung des Abwägungsgebots (§ 1 Abs. 7 BauGB) ausgeschlossen, dass die Gemeinde die alleinige Entscheidungsverantwortung auch nur partiell aufgibt und sich auf eine Kontrolle der Rechtmäßigkeit des Verfahrens zurückzieht (so aber *Schneider* VerwArch 1996, 38 (48)). Nicht einmal Verwaltungsgerichte sind zu Letzterem unter Geltung von Art. 19 Abs. 4 GG befugt, auch wenn dies hohe Kosten mit sich bringt (s. *Scharpf,* Die politischen Kosten des Rechtsstaats, 1970).

3 c) Voraussetzungen von Mediation. Die wichtigste Voraussetzung für Mediation ist, dass der Konflikt überhaupt kompromissfähig ist. Dies ist – anders als bei der Planung einer Müllverbrennungsanlage – für die Bauleitplanung gerade typisch. Sie

1. Abschnitt. Allgemeine Vorschriften § 4b

hat über höchst unterschiedliche miteinander konfligierende Nutzungsansprüche unter Abwägung aller öffentlichen und privaten Belange gegen- und untereinander zu entscheiden. Der grundsätzlich weite planerische Gestaltungsspielraum, der für die Bauleitplanung spezifisch ist und dieses Verfahren strukturell gerade von Anlagegenehmigungen, aber auch mehr oder weniger von Planfeststellungen unterscheidet, eröffnet typischerweise zahlreiche Kompromissmöglichkeiten. Die am Verfahren nach §§ 2a–4a beteiligte(n) Öffentlichkeit und Behörden machen trotz der Verfahrensrechte Privater auf Abwägung (BVerwGE 107, 55) keine materiellen Ansprüche geltend, sondern öffentliche und private Belange, also Interessen. Genau dieser Unterschied ist wichtig für die Mediation. Es geht nicht um die Ausübung einander ausschließender Rechte, sondern um tauschförmige Interessenoptimierung. Die Bindung der Beteiligten an die von ihnen zu verantwortende Entscheidung (s. *Holznagel* in Breidenbach/Henssler 153) ist in den Verfahren nach den §§ 2a–4a nicht vorgesehen. § 1 Abs. 3 S. 2 schließt zudem einen Anspruch auf einen Bebauungsplan aus. Verbindliche Vereinbarungen zwischen Privaten einschl. von Investoren, zB Verzicht auf Klagen, sind aber nicht ausgeschlossen. Darüber hinaus ist es möglich, dass faktische Übereinkünfte sogar mit der Gemeinde dem Abwägungsgebot genügen und daher in den Abwägungsprozess eingesetzt werden können (→ § 1 Rn. 113). Ein einstimmiges Mediationsergebnis indiziert einen gerechten Interessenausgleich und ist insoweit beachtlich für die Abwägung (*Deckner,* Mediationsergebnisse in der Bauleitplanung, 2006). Ebenso wie bei Mediationen im Umweltrecht (*Ramsauer* in Breidenbach/Henssler 161 (166); § 89 Abs. 1 UGB-KomE) muss in der fehlenden rechtlichen Bindung kein wesentlicher Nachteil liegen. Das Verfahren vor dem Mittler ist gebunden an die verbindlichen Vorgaben der §§ 2–4a und befreit nicht von den materiellen Anforderungen des § 1.

2. Übertragungsfähige Aufgaben. § 4b erlaubt nur die **Vorbereitung** und/ 4 oder **Durchführung** von Verfahrensschritten der Erstellung der Begründung einschließlich des Umweltberichts (§ 2a), der Öffentlichkeitsbeteiligung (§§ 3, 4a) und der Beteiligung der Behörden und sonstiger Träger öffentlicher Belange (§§ 4, 4a) einschließlich der grenzüberschreitenden Unterrichtung (ausführlich *Deckner*, Mediationsergebnisse in der Bauleitplanung, 2006) sowie die schon lange übliche technische Erarbeitung der Planentwürfe. Letzteres ist aber gegenständlich und prozedural zu unterscheiden von Formen der Verfahrensmittlung, insbesondere der Mediation iSv § 1 MediationsG. Ausgeschlossen ist die Übertragung förmlicher Beschlüsse (Aufstellungsbeschluss, Auslegungsbeschluss, Beschluss nach § 10 Abs. 1). Erlaubt ist auch die vertragliche Übernahme verwaltungsinterner Personal- und Sachkosten (BVerwGE 124 385; *Krautzberger* in Mitschang, Gerüche, Feinstaub und Gefahrstoffe in der Bauleitplanung 2011, 205 (209); s. a. *Hellriegel* in Kloepfer, Gesetzesoutsourcing 2011, 179). Mediation im Rahmen der Umweltverträglichkeitsprüfung wird schon länger praktiziert (s. a. *Holznagel* Jura, 1999, 71 (75). Soweit innerhalb oder außerhalb der Bauleitplanung Absprachen oder Verträge zulässig sind (s. BVerwGE 45, 309 (320)) und (zu) scheitern (drohen), ist Raum für Mediation. Als Vorbereitung iSv § 4b kommt zB in Betracht, die Aufbereitung, Zusammenstellung und Versendung der Unterlagen für die Erstellung des Umweltberichts und/oder für die Anhörung in der frühzeitigen Öffentlichkeitsbeteiligung oder der empirischen Unterlagen, zu denen die Behörden und sonstigen Träger öffentlicher Belange Stellung nehmen sollen. Vorbereitungshandlung iSv § 4b ist auch die sog. Data-Mediation zur Erarbeitung von Beurteilungsgrundlagen, uU auch im Rahmen von Unterrichtungen nach § 3 Abs. 1 S. 2 Nr. 2 – „auf anderer Grundlage" – (→ § 3 Rn. 10). Durchführungshandlungen iSv § 4b sind die Moderation eines Erörterungstermins nach § 3, eines Anhörungstermins nach § 4 oder von Unterrichtungen, Konsultationen nach § 4a Abs. 5 S. 1 einschl. deren Nachbereitung und Dokumentation. Handlungen, die eine umfassende Abwägung durch die Gemeinde beeinträchtigen, erlaubt § 4b nicht.

§ 4b

5 Die Aufgaben sollen insbesondere zur **Beschleunigung** der Bauleitplanung übertragen werden. Das schließt aber nicht aus, dass die Vorbereitung und Durchführung von Verfahrensschritten durch den Dritten zu Verzögerungen führen darf. Die Verfahrensschritte des Umweltberichts und der §§ 3 bis 4a implizieren von vornherein, dass durch die Kommunikationsprozesse, die dazu dienen, unterschiedliche Interessen offenzulegen und ihre Ausgleichsfähigkeit auszuloten und für die Planung mehr Zeit verwendet wird als ohne sie. Gerade gelungene Kommunikationsprozesse können zunächst zu höherem Zeitverbrauch führen, aber auch zu dem Ergebnis, dass die Planungsqualität besser wird und deshalb der Plan auf Dauer von allen Beteiligten akzeptiert wird.

6 **3. Rechtsstellung des Dritten.** Mediation ist zugeschnitten auf einen neutralen unabhängigen **Dritten,** der als solcher das Verfahren moderiert. Zu weiteren Dritten im BauGB (§ 12 Abs. 1, 2, 5; § 124 Abs. 1, 2, 3; § 159 Abs. 3; § 167; § 180 Abs. 3) s. *Schmidt-Eichstaedt* BauR 1998, 899. Mit § 4b ist unvereinbar ein Mittler, der der Gemeindeverwaltung angehört (*Deckner,* Mediationsergebnisse in der Bauleitplanung, 124; großzügiger *Teubert,* Mitarbeiter der Verwaltung als Mediatoren im Verwaltungsverfahren?, 2011). Mit der Unabhängigkeit des Mediators (*Töchtermann,* Die Unabhängigkeit und Unparteilichkeit des Mediators, 2008) ist vereinbar, dass der Mittler von der Gemeinde ganz oder teilweise bezahlt wird; so zur Beteiligung einer Koordinationsstelle gem. § 171e Abs. 5 S. 3 BT-Drs. 15/2250, 61. Möglich ist auch, dass der Dritte für die Gemeinde auftritt und Interessenkonflikte zwischen allen am Verfahren nach den § 3 bis 4a Beteiligten vermittelt. In keinem Fall ist der Dritte iSv § 4b Hoheitsträger (*Bönker* in HBG § 3 Rn. 152; *Schrödter* § 4b Rn. 3; *Krautzberger* in EZBK § 4a Rn. 38; *Jäde* in JDW § 4a Rn. 2). Dazu fehlt es an einer gesetzlichen Ermächtigung (aA *Reidt,* BRS, Rn. 599; *Friege* in Gronemeyer BauGB § 4b Rn. 6; *Hellriegel,* Mediation im Umweltrecht, 154). Auch als neutraler unabhängiger Mediator ist er Verwaltungshelfer iS der verwaltungsrechtlichen Terminologie (*Grigoleit/Uechtritz,* SU § 4b Rn. 11; *Remmert,* Private Dienstleistungen in staatlichen Verwaltungsverfahren, 2003, 259). Möglich ist auch, dass die Gemeinde die Verfahrensprivatisierung des § 4b dazu nutzt, ihre Aufgaben auf eine eigene privatrechtlich organisierte Gesellschaft (*Wagner* BauR 1997, 709 (715)) oder auf einen Investor zu übertragen, sei es nach § 11 oder auf einen Vorhabenträger nach § 12 (*Krautzberger* UPR 2007, 407 (413); *Spannowsky* UPR 1997, 41 (52); *Lüers* DVBl. 1998, 433 (444); *Stollmann* NuR 1998, 578 (579); *Friege* in Gronemeyer BauGB § 4b Rn. 7; *Korbmacher* in Kk § 4b Rn. 12; aA *Schmidt-Eichstaedt* BauR 1998, 899 (903); *Reidt* LKV 2000, 417 (419); *Preschel* NJ 1998, 13 (15); *Freiherr v. u. z. Franckenstein,* UPR 2000, 288 (290); *Grigoleit/Uechtritz,* SU § 4b Rn. 10). Es ist aber sehr fraglich, ob durch einen vom Investor beherrschten Dritten die gewünschte neutrale Interessenvermittlung glaubhaft geleistet werden kann. Es dürfte regelmäßig der Vertrauensvorsprung fehlen, der den unabhängigen neutralen Mittler auszeichnet (s. a. *Brohm* DVBl. 1990, 321 (329); *Kühling/Wintermeier* DVBL 2012, 317 (320)). Der Dritte kann je nach Umfang und Ausgestaltung durch öffentlich-rechtlichen und privatrechtlichen Vertrag bestellt werden, zB durch Werkvertrag oder im Rahmen eines städtebaulichen Vertrages iS von § 11. Zur Wahrung „gerichtsfester" Vertraulichkeit *Groth/v. Bubnoff* NJW 2001, 338; zum Einsatz einer Planfeststellungsbehörde als Dritte bei der bauplanerischen Abwicklung von Mischnutzungen *Kuschnerus* ZfBR 2000, 300 (306).

7 **4. Aufgaben der Gemeinde.** Durch Bestellung eines Mittlers iS von § 4b verbleibt die Verwaltungsaufgabe Bauleitplanung bei der Gemeinde. Privatisiert wird nur die Vorbereitung und Durchführung bestimmter Verfahrensschritte. Die partielle Verfahrensprivatisierung führt zu keiner materiellen Privatisierung der Verwaltungsaufgabe Bauleitplanung. Die Gemeinde behält die Verantwortung dafür, dass die Verfahrensschritte nach §§ 2a–4a rechtmäßig durchgeführt werden. Sie darf sich nicht auf eine bloße abschließende Rechtmäßigkeitskontrolle zurückziehen, auch nicht

1. Abschnitt. Allgemeine Vorschriften § 4c

bei der Mediation durch einen unabhängigen neutralen Dritten. Allerdings darf die Aufsicht nicht so ausgestaltet werden, dass der Sinn der Mediation, Interessenvermittlung durch einen neutralen unabhängigen Dritten, vereitelt wird. Das kann bei der Teilnahme von Gemeindevertretern an Erörterungsterminen der Fall sein. Die Gemeinde muss sicherstellen, dass die Berichte die Ergebnisse der Verfahrensschritte nicht verfälschen (dazu *Schmidt-Eichstaedt* BauR 1998, 899 (905)). Die abschließende Abwägung über die Ergebnisse der Mediation obliegt wie bei jedem Abwägungsmaterial gem. § 1 Abs. 7 allein der Gemeinde (s. a. BVerwG ZfBR 2014, 371; DVBl 2011, 1021; *Wagner/Alsdorf*, UPR 2013, 1 (5); *Grigoleit/Uechtritz*, SU § 46 Rn. 8.1; *Korbmacher* in KK § 4c Rn. 2). Vergaberecht ist wegen des Auftragswerts in der Regel nicht vorgeschrieben (*Korbmacher* in KK § 4b Rn. 13).

§ 4c Überwachung

[1]Die Gemeinden überwachen die erheblichen Umweltauswirkungen, die auf Grund der Durchführung der Bauleitpläne eintreten, um insbesondere unvorhergesehene nachteilige Auswirkungen frühzeitig zu ermitteln und in der Lage zu sein, geeignete Maßnahmen zur Abhilfe zu ergreifen. [2]Sie nutzen dabei die im Umweltbericht nach Nummer 3 Buchstabe b der Anlage 1 zu diesem Gesetzbuch angegebenen Überwachungsmaßnahmen und die Informationen der Behörden nach § 4 Abs. 3.

Übersicht

	Rn.
1. Allgemeines	1
a) Systematik	1
b) Gesetzliche Konzeption	2
2. Vorbereitung der Überwachung	3
a) Beschreibung im Umweltbericht	3
b) Informationspflicht	4
3. Überwachung	5
a) Gegenstand und Inhalt	5
b) Flächennutzungsplan	6
4. Abhilfe	7
5. Rechtsschutz	8

1. Allgemeines. a) Systematik. § 4c verpflichtet **die Gemeinde,** erhebliche 1 insbesondere unvorhergesehene nachteilige **Umweltauswirkungen** des Planvollzugs **zu überwachen,** um geeignete Maßnahmen ergreifen zu können (S. 1). Dazu dienen gem. S. 2 die im **Umweltbericht** (§ 2a) zu beschreibenden beabsichtigten Überwachungsmaßnahmen und die **Unterrichtspflicht der Fachbehörden** gem. § 4 Abs. 3. Die Verfahrensvorschrift beruht auf Art. 10 der Plan-UP-RL 2011/42/ EG (Text bei *Schink*, SU § 4c Rn. 2.1; künftig Art. 8 Abs. 4 UVP-ÄndRL → § 2 Rn. 6). Zum Übergangsrecht s. § 244 III, § 233 I S. 1. Soweit ausnahmsweise keine UP-Pflicht besteht (→ § 2 Rn. 8), gilt § 4c nicht (s. a. § 13 Abs. 3 S. 1 Hs. 2, § 13a Abs. 1 Nr. 1).

b) Gesetzliche Konzeption. Bei der Umsetzung der Grundentscheidung des 2 Art. 10 RL 2001/42/EG, dass ein Monitoring stattzufinden hat, hat der Gesetzgeber in unbedenklicher Weise (*Halama* in Berkemann/Halama, BauGB 2004, 2005, § 4a Rn. 9), die Planungshoheit wahrend, den Gemeinden erheblichen **Spielraum** eingeräumt, um eine „vollzugsfreundliche Handhabung" (BT-Drs. 15/2250) zu gewährleisten. Zu den sehr weit auseinanderliegenden Erwartungen an § 4c s. *Uechtritz* BauR 2005, 1859 (1876); *Bunzel/Fröhlich/Tomerius,* Monitoring und Bauleitplanung,

§ 4c I. Kapitel. I. Teil. Bauleitplanung

2004; *Bunge* in Spannowsky/Krämer, Plan-UVP-Richtlinie, 2004, 143; *Tändler*, UP und Umweltkontrolle in der Bauleitplanung, 2006, 154; vertiefend *Sailer*, Bauplanungsrecht und Monitoring, 2006. Der Gesetzgeber hat sich gegen die Alternative der Errichtung einer neuen Fachbehörde für Monitoring entschieden. Stattdessen obliegt den Fachbehörden gem. S. 2 eine **Bringschuld** gegenüber der Gemeinde; s. a. *Krautzberger* in EZBK § 4a Rn. 30; *Schink*, SU § 4c Rn. 7. Die Gemeinde ist gem. Nr. 3b, Anlage 1 zu § 2 Abs. 4 und § 2a S. 2 Nr. 2 verpflichtet, bereits im Verfahren der Aufstellung des Plans als Teil des Umweltberichts die geplanten Maßnahmen zur Überwachung zu **beschreiben**. S. 1 grenzt die Überwachungspflicht auf bestimmte Umweltauswirkungen ein. § 4c ist ein Grobraster für die Gemeinde zur Beurteilung ihrer Prognosen im Umweltbericht. § 4c schreibt keine weitere nachträgliche UP vor. Das Monitoring bezweckt keine generelle „Vollzugskontrolle" oder „Nachsteuerung" der Pläne (BT-Drs. 15/2250, 47; Bericht der Unabhängigen Expertenkommission, 2002, Rn. 94), ist weder die Fortsetzung des Planungsverfahrens mit anderen Mitteln (so *Halama* in Berkemann/Halama § 4a Rn. 12; *Bunzel* in Mitschang, Umweltprüfverfahren in der Stadt- und Regionalplanung, 2006, 61 (69)) noch die dritte Stufe der Öffentlichkeits- und Behördenbeteiligung, doch kann letztere für das Monitoring gem. § 4 Abs. 3 nutzbar gemacht werden. Aus § 4c selbst entsteht keine Rechtspflicht zur Änderung eines Bauleitplans. Da die Überwachungspflicht nach § 4c erst nach Wirksamkeit des Bauleitplans entsteht, hat ein etwaiger Verstoß gegen § 4c keinen Einfluss auf die Wirksamkeit des Plans. Obwohl in § 4b nicht ausdrücklich erwähnt, kann das Monitoring vertraglich gem. § 11 auf einen Dritten übertragen werden (*Rautenberg* NVwZ 2005, 1009 (1011); *Schink*, SU Rn. 15).

3 **2. Vorbereitung der Überwachung. a) Beschreibung im Umweltbericht.** Der frühestens mit der nach Durchführung des verabschiedeten Bauleitplans (*Schink*, SU § 4c Rn. 31) einsetzenden Pflicht der Gemeinde zur Überwachung geht voraus, dass die Gemeinde gem. Nr. 3 Buchstabe b der Anlage 1 zu § 2 Abs. 4 und § 2a S. 2 Nr. 2 (→ § 2 Rn. 9 ff.) **im Umweltbericht** (→ § 2 Rn. 13 ff.) die von ihr geplanten Maßnahmen zur Überwachung der erheblichen Auswirkungen der Durchführung des Bauleitplans auf die Umwelt **beschreibt**. Entsprechend der Konzeption des Gesetzgebers (→ Rn. 2) hat die Gemeinde insoweit einen erheblichen Gestaltungsspielraum. Je nach Plantyp, zB Angebots-, Auffangplanung oder vorhabenbezogener Bebauungsplan, Änderung oder Neuerlass eines Flächennutzungsplans, kann die Überwachungspflicht nach § 4c mit deutlich unterschiedlichem zeitlichen Abstand einsetzen (s. a. *Roder* in Hendler ua, Die strategische Umweltplanung (sog. Plan-UVP) als neues Instrument des Umweltschutzes, 2004, 225 (235); *Uechtritz* BauR 2005,, 1878). Da die Durchführung der verschiedenen Plantypen zeitlich sehr unterschiedlich einsetzt, kann das Monitoring zumindest teilweise abschnittsweise durchgeführt werden. Gestaltungsspielraum der Gemeinde bei der Beschreibung nach Nr. 3 lit. b der Anlage besteht auch dadurch, dass es ihr erlaubt ist, auf etwaige vorhandene Überwachungssysteme zurückzugreifen.

4 **b) Informationspflicht.** Damit die Gemeinde ihre Pflicht zur Beschreibung der geplanten Überwachungsmaßnahmen im Umweltbereich sachgerecht erfüllen kann, ist sie im Verfahren der Planaufstellung auf die Informationen der Fachbehörden und auch der (Fach-)Öffentlichkeit angewiesen. Dazu dienen die auf den Umweltbereich ausgerichteten Stellungnahmen in den Beteiligungsverfahren nach §§ 3, 4, 4a. **Nach Abschluss** des Verfahrens der Planaufstellung verpflichtet § 4 Abs. 3 die **Fachbehörden** zur Unterrichtung der Gemeinde. Diese spezielle Bringschuld der Fachbehörden (*Bunzel* in Mitschang, Umweltprüfverfahren in der Stadt- und Regionalplanung, 2006, 70; → § 4 Rn. 8) soll die Gemeinde in die Lage versetzen, ihrer Überwachungspflicht sachverständig und verfahrensökonomisch nachzukommen. Den Fachbehörden wird ihre Informationspflicht erleichtert durch ihre fachgesetzlichen Ver-

pflichtungen zur Umweltüberwachung, zB zur Überwachung der oberirdischen Gewässer und des Grundwassers nach dem WHG und den Landeswassergesetzen, der Luftqualität nach § 44 BImSchG, des Lärms nach § 47a BImSchG, zur Erfassung von Altlasten im Boden (§ 11 BodSchG) sowie zur Umweltbeobachtung nach dem § 6 BNatSchG. Die Gemeinde wird aber von ihrer Verpflichtung zum Monitoring nicht dadurch befreit, dass Fachbehörden ihrer Berichtspflicht nicht nachkommen. Sie muss selbst Informationen sammeln und Kontrollen vornehmen (*Halama* in Berkemann/Halama § 4c Rn. 44; zurückhaltender *Schmidt-Eichstaedt* ZfBR 2005, 751 (754)). § 4c verschafft der Gemeinde aber keine zusätzlichen Eingriffsrechte gegenüber dem Bürger (s. a. *Schrödter* § 4c Rn. 13). Streitig ist, ob nicht in Ausnahmefällen wegen vorhandener ausreichender Informationsquellen das Monitoring ganz entfallen kann (verneinend *Halama* in Berkemann/Halama, § 4 Rn. 62; zu Recht bejahend *Bunzel* in Mitschang, Umweltprüfverfahren in der Stadt- und Regionalplanung, 2006, 80).

3. Überwachung. a) Gegenstand und Inhalt. Gegenstand der Überwachung 5 durch die Gemeinde sind nur **erhebliche** (instruktiv *Bunzel* in Mitschang 66) nachteilige Umweltauswirkungen, die durch den Planvollzug eingetreten sind. § 4c erfasst vorhergesehene und unvorhergesehene Umweltauswirkungen, die in § 1 Abs. 6 Nr. 7, § 1a angeführten Belange beeinträchtigen, zB dadurch, dass vom Plan vorgesehene Kompensationsmaßnahmen gar nicht oder ökologisch mangelhaft umgesetzt worden sind (*Uechtritz* BauR 2005, 1859 (1874); *Schrödter* LKV 2006, 251 (254); weitergehend *Halama* in Berkemann/Halama, § 4 Rn. 23; dagegen *Schmidt-Eichstaedt* ZfBR 2005, 751 (754); *Söfker* in Spannowsky/Hofmann, Umweltprüfung in der Bauleitplanung, 2006, 1 (11); *Janning* in Bunzel/Fröhlich/Tomerius 109). Die erheblichen nachteiligen Umweltauswirkungen müssen auf Grund der Durchführung des Bauleitplans entstehen – konditionale Verknüpfung von Monitoring und Bauleitplan. Das bedeutet keiner zeitlich aufschiebenden Begrenzung auch eine Begrenzung dahin, dass gerade die Durchführung des konkreten Bauleitplans kausal für die eingetretenen erheblichen nachteiligen Umweltauswirkungen ist. Auswirkungen von Fachplanungen oder anderer Bauleitpläne im Plangebiet sind jeweils nach deren Beobachtungsssystem zu erfassen. Das schließt nicht aus, dass die Gemeinde für ihr Gemeindegebiet verschiedene Bebauungspläne oder auch alle sinnvoller Weise gemeinsam überwacht. Die **Intensität** der Beobachtung hängt insbesondere von der bereits im Umweltbericht prognostizierten oder für möglich gehaltenen nachteiligen Auswirkungen, von der Art der Nutzung, zB Wohngebiet oder Industriegebiet, der unterschiedlichen umweltrechtlichen Schutzbedürftigkeit des Plangebiets, dem Konkretisierungsgrad des Plans und auch vom Grad und Tempo seiner Umsetzung ab. In der Regel wird sich die Beobachtung mit der schrittweisen Durchführung des Bauleitplans über einen längeren Zeitraum erstrecken.

b) Flächennutzungsplan. In der Regel wird der auf die Umsetzung durch Be- 6 bauungspläne angewiesene **Flächennutzungsplan** keine Beobachtungspflichten auslösen. Anders ist dies aber zB bei der Steuerung von Anlagen der Windenergie im Außenbereich gem. § 35 Abs. 3 S. 3 dazu *Bunzel* in Mitschang, Umweltprüfverfahren in der Stadt- und Regionalplanung, 2006, 85; *Schrödter* in LKV, 2008, 109 (112). Maßnahmen zur Überwachung von gebotenen Ausgleichsmaßnahmen müssen nicht stets bei der Flächennutzungsplanung, sondern können erst im Verfahren der Vorhabenplanung oder der Bebauungsplanung festgelegt werden (BVerwG BauR 2010, 569). Wenn die Gemeinde den Flächennutzungsplan zum „strategischen" Bauleitplan ausbaut, kann das Monitoring ein wichtiges Instrument für die Überprüfung des Flächennutzungsplans gem. § 5 Abs. 2 S. 2 sein.

4. Abhilfe. Das Monitoring soll die Gemeinde gem. S. 1 in die Lage versetzen, 7 geeignete Maßnahmen zur **Abhilfe** bei unvorhergesehenen nachteiligen Auswirkun-

§ 5 I. Kapitel. I. Teil. Bauleitplanung

gen zu ergreifen. Eine materielle Verpflichtung, Abhilfemaßnahmen zu ergreifen, besteht nach § 4 c nicht (krit. *Schink,* SU § 4 c Rn. 40). Die Gemeinde kann jedoch auf Grund der Überwachung erkennen, ob eine Pflicht zur Ergänzung, Änderung oder Aufhebung des Bauleitplans gem. § 1 Abs. 3 besteht (*Stüer/Sailer* BauR 2004, 1392 (1399); *Uechtritz* BauR 2005, 1859 (1877); *Halama* in Berkemann/Halama § 4 Rn. 36; *Schrödter* LKV 2006, 251 (254)). Abhilfe kann auch durch Maßnahmen von Fachbehörden auf Grund der für diese geltenden speziellen gesetzlichen Grundlagen vorgenommen werden. Schließlich können die Erkenntnisse aus der Überwachung Auswirkungen auf die Genehmigung oder die Aufhebung (s. *Halama* in Berkemann/Halama § 4 Rn. 49) konkreter Vorhaben nach § 15 BauNVO, nach § 29 Abs. 1 BauGB oder nach § 29 Abs. 2 iVm dem Landesbaurecht haben.

8 **5. Rechtsschutz.** § 4 c verleiht der Gemeinde gegenüber dem Bürger keine zusätzliche Ermächtigungsgrundlage für Eingriffs- oder Betretungsrechte. Deren Rechtmäßigkeit entscheidet sich nach den jeweiligen besonderen Ermächtigungsgrundlagen. Verstöße gegen § 4 c sind nicht nach § 214 beachtlich (→ Rn. 2), wohl aber solche gegen die Erstellung eines ordnungsgemäßen Umweltberichts einschließlich der Angaben nach Nr. 3b der Anlage 1 zu § 2 Abs. 4, § 2 a BauGB (*Halama* in Berkemann/Halama § 4 Rn. 48; *Schmidt-Eichstaedt* ZfBR 2005, 751 (754)). Zu möglichen unionsrechtlich intendierten Weiterentwicklungen des Rechtsschutzes → § 2 Rn. 12 a.

Zweiter Abschnitt. Vorbereitender Bauleitplan
(Flächennutzungsplan)

§ 5 Inhalt des Flächennutzungsplans

(1) ¹Im Flächennutzungsplan ist für das ganze Gemeindegebiet die sich aus der beabsichtigten städtebaulichen Entwicklung ergebende Art der Bodennutzung nach den voraussehbaren Bedürfnissen der Gemeinde in den Grundzügen darzustellen. ²Aus dem Flächennutzungsplan können Flächen und sonstige Darstellungen ausgenommen werden, wenn dadurch die nach Satz 1 darzustellenden Grundzüge nicht berührt werden und die Gemeinde beabsichtigt, die Darstellung zu einem späteren Zeitpunkt vorzunehmen; in der Begründung sind die Gründe hierfür darzulegen.

(2) Im Flächennutzungsplan können insbesondere dargestellt werden:
1. die für die Bebauung vorgesehenen Flächen nach der allgemeinen Art ihrer baulichen Nutzung (Bauflächen), nach der besonderen Art ihrer baulichen Nutzung (Baugebiete) sowie nach dem allgemeinen Maß der baulichen Nutzung; Bauflächen, für die eine zentrale Abwasserbeseitigung nicht vorgesehen ist, sind zu kennzeichnen;
2. die Ausstattung des Gemeindegebiets
 a) mit Anlagen und Einrichtungen zur Versorgung mit Gütern und Dienstleistungen des öffentlichen und privaten Bereichs, insbesondere mit der Allgemeinheit dienenden baulichen Anlagen und Einrichtungen des Gemeinbedarfs, wie mit Schulen und Kirchen sowie mit sonstigen kirchlichen, sozialen, gesundheitlichen und kulturellen Zwecken dienenden Gebäuden und Einrichtungen, sowie mit Flächen für Sport- und Spielanlagen,
 b) mit Anlagen, Einrichtungen und sonstigen Maßnahmen, die dem Klimawandel entgegenwirken, insbesondere zur dezentralen und zentralen Erzeugung, Verteilung, Nutzung oder Speicherung von Strom, Wärme oder Kälte aus erneuerbaren Energien oder Kraft-Wärme-Kopplung,

c) mit Anlagen, Einrichtungen und sonstigen Maßnahmen, die der Anpassung an den Klimawandel dienen,
d) mit zentralen Versorgungsbereichen;
3. die Flächen für den überörtlichen Verkehr und für die örtlichen Hauptverkehrszüge;
4. die Flächen für Versorgungsanlagen, für die Abfallentsorgung und Abwasserbeseitigung, für Ablagerungen sowie für Hauptversorgungs- und Hauptabwasserleitungen;
5. die Grünflächen, wie Parkanlagen, Dauerkleingärten, Sport-, Spiel-, Zelt- und Badeplätze, Friedhöfe;
6. die Flächen für Nutzungsbeschränkungen oder für Vorkehrungen zum Schutz gegen schädliche Umwelteinwirkungen im Sinne des Bundes-Immissionsschutzgesetzes;
7. die Wasserflächen, Häfen und die für die Wasserwirtschaft vorgesehenen Flächen sowie die Flächen, die im Interesse des Hochwasserschutzes und der Regelung des Wasserabflusses freizuhalten sind;
8. die Flächen für Aufschüttungen, Abgrabungen oder für die Gewinnung von Steinen, Erden und anderen Bodenschätzen;
9. a) die Flächen für die Landwirtschaft und
b) Wald;
10. die Flächen für Maßnahmen zum Schutz, zur Pflege und zur Entwicklung von Boden, Natur und Landschaft.

(2a) Flächen zum Ausgleich im Sinne des § 1a Abs. 3 im Geltungsbereich des Flächennutzungsplans können den Flächen, auf denen Eingriffe in Natur und Landschaft zu erwarten sind, ganz oder teilweise zugeordnet werden.

(2b) Für die Zwecke des § 35 Absatz 3 Satz 3 können sachliche Teilflächennutzungspläne aufgestellt werden; sie können auch für Teile des Gemeindegebiets aufgestellt werden.

(3) Im Flächennutzungsplan sollen gekennzeichnet werden:
1. Flächen, bei deren Bebauung besondere bauliche Vorkehrungen gegen äußere Einwirkungen oder bei denen besondere bauliche Sicherungsmaßnahmen gegen Naturgewalten erforderlich sind;
2. Flächen, unter denen der Bergbau umgeht oder die für den Abbau von Mineralien bestimmt sind;
3. für bauliche Nutzungen vorgesehene Flächen, deren Böden erheblich mit umweltgefährdenden Stoffen belastet sind.

(4) [1]Planungen und sonstige Nutzungsregelungen, die nach anderen gesetzlichen Vorschriften festgesetzt sind, sowie nach Landesrecht denkmalgeschützte Mehrheiten von baulichen Anlagen sollen nachrichtlich übernommen werden. [2]Sind derartige Festsetzungen in Aussicht genommen, sollen sie im Flächennutzungsplan vermerkt werden.

(4a) [1]Festgesetzte Überschwemmungsgebiete im Sinne des § 76 Absatz 2 des Wasserhaushaltsgesetzes sollen nachrichtlich übernommen werden. [2]Noch nicht festgesetzte Überschwemmungsgebiete im Sinne des § 76 Absatz 3 des Wasserhaushaltsgesetzes sowie als Risikogebiete im Sinne des § 73 Absatz 1 Satz 1 des Wasserhaushaltsgesetzes bestimmte Gebiete sollen im Flächennutzungsplan vermerkt werden.

(5) Dem Flächennutzungsplan ist eine Begründung mit den Angaben nach § 2a beizufügen.

§ 5 I. Kapitel. I. Teil. Bauleitplanung

Übersicht

	Rn.
I. Stellung und Aufgabe des Flächennutzungsplans im kommunalen Planungssystem (Abs. 1 und 5)	1
1. Stellung des Flächennutzungsplans, Herausnahme von Flächen	1
2. Aufgabe des Flächennutzungsplans	4
a) Gesamt- und Fachplan	4
b) Entwicklungsplan	5
c) Programmausführung	6
d) Programmsetzung	7
3. Begründung	9
4. Form	9b
5. Überprüfung	9c
II. Inhalt des Flächennutzungsplans (Abs. 2 bis 4)	10
1. Überblick über mögliche Inhalte des Flächennutzungsplans	10
2. Darstellungen (Abs. 2)	11
a) Zu Nr. 1: Bauflächen und Baugebiete	13
b) Zu Nr. 2: Ausstattung des Gemeindegebiets	15
c) Zu Nr. 3: Verkehrsflächen	18
d) Zu Nr. 4: Versorgungsanlagen	19
e) Zu Nr. 5: Grünflächen	20
f) Zu Nr. 6: Immissionsschutz	23
g) Zu Nr. 7: Wasserflächen	26
h) Zu Nr. 8: Aufschüttungen und Abgrabungen	28
i) Zu Nr. 9: Landwirtschaft und Wald	31
j) Zu Nr. 10: Natur- und Landschaftsschutz	33
3. Zuordnungen von Ausgleichs- zu Eingriffsflächen (Abs. 2a)	35a
4. Sachlicher und räumlicher Teilflächennutzungsplan	35e
5. Kennzeichnungen (Abs. 3)	36
a) Naturgewalten	38
b) Bergbau	39
c) Umweltgefährdende Stoffe	40
6. Nachrichtliche Übernahmen und Vermerke (Abs. 4 und 4a)	44
III. Wirkungen des Flächennutzungsplans, Rechtsnatur, Rechtsschutz	45
1. Rechtsnatur	45
2. Rechtsschutz	46
3. Faktische und rechtliche Wirkungen	47
IV. Überleitungsvorschriften	48

I. Stellung und Aufgabe des Flächennutzungsplans im kommunalen Planungssystem (Abs. 1 und 5)

1. Stellung des Flächennutzungsplans, Herausnahme von Flächen. Der das Planmäßigkeitsprinzip (→ § 1 Rn. 1, 14ff.) prägende Bauleitplan ist der **Bebauungsplan**. Er bestimmt unmittelbar die rechtliche Qualität des Bodens, an ihn knüpfen die planakzessorischen städtebaulichen Instrumente des BauGB in der Regel an (zB §§ 14, 30, 85). Aufgrund dieser rechtlichen Verbindlichkeit und seiner Vollzugseignung kann der Bebauungsplan jedoch nur kleinräumig angelegt sein. Er vermag damit allein die städtebauliche Entwicklung und Ordnung der gesamten Gemeinde nach § 1 Abs. 3 nicht zu lenken und sicherzustellen. **Abs. 1 S. 1** sieht daher zwingend vor, dass für das gesamte Gemeindegebiet ein **Flächennutzungsplan als vorbereitender Bauleitplan** aufzustellen ist (zu Besonderheiten bei Gebietsänderungen oder gemeinsamer Flächennutzungsplanung vgl. § 204 sowie *Schwarz* ZfBR Sonderausgabe 7/2012, 83ff.). Die Bebauungspläne sind aus diesem zu entwickeln (§ 8 Abs. 2). Inso-

2. Abschnitt. Vorbereitender Bauleitplan (Flächennutzungsplan) § 5

weit kommt dem Flächennutzungsplan **Programmierungsfunktion** zu. Das BauGB setzt einen doppelten inhaltlichen Rahmen hierfür, nämlich zum einen durch die Orientierung an der **beabsichtigten** städtebaulichen **Entwicklung,** dh an der auf der Planungshoheit beruhenden entwicklungsplanerischen Konzeption der Gemeinde, und zum anderen durch die Beschränkung auf die **voraussehbaren Bedürfnisse** der Gemeinde, was im Allgemeinen einen Prognose- und damit Planungshorizont von 10 bis 15 Jahren bedingt (hierzu *Gaentzsch/Philipp/Tepperwien* in BK § 5 Rn. 10; → Rn. 9c). Diese Programmierungsfunktion ist durch den **Wegfall der Genehmigungs- oder Anzeigepflicht** für Bebauungspläne, die aus einem Flächennutzungsplan entwickelt wurden (→ § 10 Rn. 27), deutlich gestärkt worden (vgl. auch Begründung zum Regierungsentwurf des BauROG 1998, BT-Drs. 13/6392, 49; kritisch hierzu *Metz* BauR 1999, 841ff.). Materiell gerechtfertigt ist diese Freistellung aber nur, wenn der Flächennutzungsplan auch wirklich steuernde Kraft entfaltet, also hinreichend aussagefähige Darstellungen im Rahmen eines **städtebaulichen Gesamtkonzepts** für die städtebauliche Entwicklung enthält (so BVerwG Urt. v. 21.10.1999 – 4 C 1/99, NVwZ 2000, 1045 (1046)). Mit der Einführung von § 13a im Rahmen der Innenentwicklungsnovelle 2007 hat der Flächennutzungsplan im Siedlungsbereich faktisch erheblich an Bedeutung eingebüßt (vgl. *Mitschang,* Flächennutzungsplanung – Aufgabenwandel und Perspektiven, Berliner Schriften zur Stadt- und Regionalplanung, III, 2007), soweit jedenfalls Bebauungspläne der Innenentwicklung (hierzu, auch kritisch: *Schrödter* ZfBR 2010, 332ff. (422ff.); *Bunzel* LKV 2007, 444ff.) aufgestellt werden. Bebauungspläne nach § 13a müssen dem Entwicklungsgebot nicht Rechnung tragen, sondern führen nach § 13a Abs. 2 S. 1 Nr. 2 lediglich zu einer Berichtigung der Darstellungen des Flächennutzungsplans. Demgegenüber hat der Flächennutzungsplan im Außenbereich an Bedeutung hinzugewonnen, da die Ansprüche an den Außenbereich, insbesondere der erneuerbaren Energien (*Ingold/Schwarz* NuR 2010, 153ff.; *Kahl* ZUR 2010, 395ff.; *Mitschang,* Klimaschutz und Energieeinsparung in der Stadt- und Regionalplanung, Berliner Schriften zur Stadt- und Regionalplanung, VII, 2009) sowie der Tierhaltung (*Söfker,* Planerische Steuerung von Tierhaltungsbetrieben im Außenbereich, in Mitschang, Planen und Bauen im Außenbereich, 2010, 97ff.; *ders.* NVwZ 2008, 1273ff.), nach einer planerischen Steuerung verlangen, um eine geordnete städtebauliche Entwicklung weiterhin gewährleisten zu können. Auch die mit der Innenentwicklungsnovelle 2013 vorgenommene Ergänzung um die Darstellungsmöglichkeit von zentralen Versorgungsbereichen soll vor dem Hintergrund der Koordinierungs- und Steuerungsfunktion des Planungsinstrumentes Flächennutzungsplan einen Beitrag zur Daseinsvorsorge, zur Bewältigung des demografischen Wandels sowie zur Stärkung der Innenentwicklung leisten und trägt damit ebenfalls zur Stärkung der gesamtgemeindlichen Planungsebene für den bebauten Gemeindebereich bei.

Mit dieser Programmierungsfunktion kommt dem Flächennutzungsplan auch eine **1a** Schlüsselstellung für die Umsetzung einer dem Planungsgrundsatz der **Nachhaltigkeit** des § 1 Abs. 5 S. 1 genügenden kommunalen Städtebaupolitik zu (*Krautzberger/Stemmler,* FS Hoppe, 2000, 317 (325f.); vgl. auch *Sieben* NVwZ 2003, 1173ff.). Flächennutzungsplanung kann sich daher nicht mehr auf traditionelle städtebauliche Ansätze beschränken, sondern muss soziale, ökonomische und ökologische Belange in einem gleichgewichtigen, integrierten Leitbild verfolgen (vgl. *Mitschang,* Der Flächennutzungsplan, 2003, Rn. 19ff. (132ff.)). Nachhaltigkeit bedeutet daher keinen generellen Vorrang des Umweltschutzes, wohl aber die Berücksichtigung der Erkenntnis, dass wirtschaftliche Entwicklung und soziales Wohlergehen vor allem für kommende Generationen nur möglich sind, wenn wir die Natur als Lebensgrundlage nicht übermäßig beeinträchtigen (vgl. Schlussbericht der Enquête-Kommission des Deutschen Bundestags „Schutz des Menschen und der Umwelt", BT-Drs. 13/11 200, 18). Dies setzt fachlich und räumlich und zeitlich ein weiter vernetztes und prozessorientiertes Handeln als oftmals in der Vergangenheit voraus.

Mitschang

§ 5

1b Die Gewährleistung der Nachhaltigkeit setzt nicht nur einen fachlich, räumlich und zeitlich breiter gefassten planerischen Ansatz voraus, sondern erfordert auch eine partiell intensivere Lenkung der Bodennutzung im Außenbereich, die bisher planerisch nicht verbindlich geregelt war, sondern durch § 35 als „gesetzlicher Ersatzplan" (→ § 34 Rn. 1) grob gesteuert und – abgesehen von den ausdrücklich privilegierten Vorhaben (→ § 35 Rn. 1) – im Wesentlichen von baulichen Vorhaben freigehalten wurde Für die in § 35 Abs. 1 Nr. 2 bis 6 aufgeführten privilegierten Vorhaben hat der Gesetzgeber aber die räumliche Steuerung über den Ersatzplan des § 35 als nicht immer zureichend angesehen. Gerade im Interesse der Nachhaltigkeit der Bodennutzung und des dadurch geforderten Ausgleichs zwischen ökonomischen und ökologischen Interessen können die Gemeinden nach § 35 Abs. 3 S. 3 durch Darstellungen im Flächennutzungsplan die Zulässigkeit der in § 35 Abs. 1 Nr. 2 bis 6 genannten Vorhaben (zu diesem Begriff → § 29 Rn. 1 ff.) im Außenbereich räumlich verbindlich steuern (→ Rn. 35 e ff.; § 35 Rn. 74 ff.). Dies betrifft derzeit insbesondere die Anlagen zur **Biomasseproduktion** und zur **Windenergienutzung**. Insoweit kommt dem Flächennutzungsplan im Außenbereich für die genannten Anlagen eine über die Programmierungsfunktion hinausgehende unmittelbare **Verortungsfunktion** zu. Eine solche verbindliche Standortplanung (BVerwG NVwZ 2007, 1081 (1082 ff.)) setzt ein städtebaulich begründetes (vgl. *Mitschang,* Die zunehmende Bedeutung der Flächennutzungsplanung für die Steuerung der räumlichen Entwicklung, in ders., Flächennutzungsplanung – Aufgabenwandel und Perspektiven, III, 2007, 13 (47)) **„schlüssiges gesamträumliches Planungskonzept"** (BVerwG NVwZ 2007, 1083) voraus, wie es für die Flächennutzungsplanung generell erforderlich ist (auch *Köck* ZUR 2010, 507 ff.; *Sydow* NVwZ 2010, 1534 ff.; *Scheidler* LKRZ 2010, 41 ff.). Allerdings sollten, nicht nur beim Repowering (hierzu *Söfker* ZfBR 2008, 14 ff.), auch wirtschaftliche und technische Gesichtspunkte moderner Windenergienutzung berücksichtigt werden, etwa die viel größeren Höhen effizienter Anlagen (hierzu instruktiv *Quambusch* BauR 2007, 1824 ff.).

2 Aus der Programmierungsfunktion sowie aus der Pflicht des S. 1, mit dem Flächennutzungsplan das gesamte Gemeindegebiet zu erfassen, folgt auch die Begrenzung für die Ermächtigung in **S. 2**, vorübergehend auf die Darstellung bestimmter Flächen oder sonstiger Inhalte nach Abs. 2 zu verzichten. Das Gesetz stellt hierfür zwei Voraussetzungen auf, nämlich, dass durch die **Ausnahme von Darstellungen** die Grundzüge der beabsichtigten Art der Bodennutzung (→ Rn. 8) nicht berührt werden und die Gemeinde die Darstellung später nachholt (→ Rn. 9 f.). Hierdurch soll eine zeitliche Verzögerung bei der Aufstellung des Flächennutzungsplans vermieden werden, die sich daraus ergibt, dass etwa für bestimmte Flächen – zB im Hinblick auf die Kennzeichnung wegen möglicher Bodenkontaminationen (vgl. Abs. 3 Nr. 3; → Rn. 40 ff.) – noch Untersuchungen erforderlich sind oder Fachplanungen nach anderen gesetzlichen Vorschriften sich noch in einem solchen Stadium befinden, das weder eine nachrichtliche Übernahme noch einen Vermerk nach Abs. 4 oder 4 a erlaubt oder als zweckmäßig erscheinen lässt. Von der Ermächtigung des S. 2 kann jedoch nicht Gebrauch gemacht werden, um eine notwendige planungsrechtliche Konfliktbewältigung zu umgehen. Dies würde der Programmierungsfunktion des Flächennutzungsplans widersprechen. Die Befugnis der Genehmigungsbehörde nach § 6 Abs. 3, Teile des Flächennutzungsplans von der Genehmigung auszunehmen, bleibt von dieser Regelung unberührt (→ § 6 Rn. 11 f.).

3 Auf der anderen Seite hat der Flächennutzungsplan die Vorgaben aufzunehmen, die ihm durch eine gemeindliche Entwicklungsplanung, Ziele der Raumordnung (§ 1 Abs. 4; zum gemeinsamen Flächennutzungsplan als Instrument der Regionalplanung vgl. § 8 Abs. 4 ROG; → Einl. Rn. 9, dazu *Lahme,* Der regionale Flächennutzungsplan, 2008; *Grotefels/Lahme* BauR 2009, 1390 ff.; *Groß* LKRZ 2007, 130 ff.), Schutzgebiete nach der Fauna-Flora-Habitat-Richtlinie (hierzu *Mitschang* ZfBR 2006, 642 (644 ff.); vgl. ferner VerfGH RhPf NVwZ 2006, 206 ff.) oder aber vorrangige Fachplanungen

2. Abschnitt. Vorbereitender Bauleitplan (Flächennutzungsplan) § 5

gesetzt wurden (Abs. 4 S. 1). In dieser Hinsicht kommt dem Flächennutzungsplan **Programmausführungsfunktion** zu (vgl. zur grundsätzlichen Zulässigkeit gebietsscharfer Ausweisungen in einem Regionalplan bei Vorliegen überörtlicher Interessen von höherem Gewicht, BVerwG BauR 2003, 1679 ff.). Zu notwendigen **fachspezifischen Konzepten** als Grundlage für Plandarstellungen → Rn. 8 f., 11, 35 d, 35 f.

2. Aufgabe des Flächennutzungsplans. a) Gesamt- und Fachplan. Der Flächennutzungsplan hat also eine **dreifache Aufgabe:** Umsetzung übergeordneter Planungen, Steuerung nachfolgender Planungen und unmittelbare Standortbestimmung von Bodennutzungen etwa im Rahmen des § 35 Abs. 3 S. 3 (→ Rn. 47). Dabei ist der Flächennutzungsplan **Gesamtplan** iS eines **Bodennutzungskonzeptes** (BVerwG Urt. v. 18.8.2005 – 4 C 13/04, NVwZ 2006, 87). In dieser Hinsicht konzentriert der Flächennutzungsplan in sich die Aussagen zahlreicher Fachplanungen der Gemeinde und anderer Stellen, wie zB der Verkehrsplanung oder der Ver- und Entsorgungsplanung. **Fachplan** dagegen ist der Flächennutzungsplan insoweit, als er zwar andere Fachplanungen zusammenfassend darstellt, aber eben nur unter dem fachlichen Gesichtspunkt ihres Boden- oder Raumbezugs; andere Aspekte wie vor allem die Investitionsplanung bleiben beim Flächennutzungsplan außer Betracht (vgl. *Löhr,* Die kommunale Flächennutzungsplanung, 1977, 57). Eine Gesamtplanung in diesem umfassenden Sinn ist die gemeindliche Entwicklungsplanung, wie sie in § 1 Abs. 5 BBauG ansatzweise geregelt war und jetzt zu dem Kreis der sonstigen städtebaulichen Planungen nach § 1 Abs. 6 Nr. 11 zählt (→ § 1 Rn. 77 ff.). Fehlt in der Gemeinde jedoch eine solche – auch ohne gesetzliche Regelung mögliche und jedenfalls zweckmäßige – Planung, so muss der Flächennutzungsplan selbst die beabsichtigte städtebauliche Entwicklung der Gemeinde umreißen. In diesem Fall kommt der Begründung nach Abs. 5 (→ Rn. 9) für die Erfüllung dieser Anforderung des Abs. 1 besondere Bedeutung zu. Vor allem die Überlegungen der Gemeinde zur Sicherstellung einer nachhaltigen Stadtentwicklung (→ Rn. 1 a) finden hier ihren Niederschlag.

b) Entwicklungsplan. Die Gemeinde ist nicht gehindert, wie es im BBauG ausdrücklich vorgesehen war, **zeitliche Angaben** in den Flächennutzungsplan aufzunehmen, da der Katalog der möglichen Darstellungen in Abs. 2 nicht abschließend ist. Durch die Einbeziehung des Zeitfaktors wird der statische Charakter des Flächennutzungsplans aufgebrochen (näher hierzu 2. Aufl., Rn. 5). Wenn die Gemeinde zeitliche Festlegungen trifft, so müssen diese mit ihrer finanziellen Leistungsfähigkeit zu dem genannten Zeitpunkt, soweit diese vorhersehbar und geplant ist, übereinstimmen. Insoweit wohl leistungsfähiger sind allerdings informelle Planungen, wie sie etwa durch die Rahmenplanung oder städtebauliche Entwicklungskonzepte als planerisch-konzeptionelle Grundlage für den Stadtumbau in vielen Städten und Gemeinden schon heute zur Verfügung stehen. Gerade im Schnittfeld von finanzieller Leistungsfähigkeit und städtebaulich notwendigem Änderungs- und Anpassungsbedarf im Hinblick auf sich wandelnde Rahmenbedingungen wie Bevölkerungsentwicklung, Globalisierungsprozesse oder auch Veränderungen im Bereich der industriellen Entwicklung sind informelle Planungen flexibler einsetzbar und dadurch leistungsfähiger als der Flächennutzungsplan, bei dem es primär um die räumliche Entwicklung und Bodennutzung im Gemeindegebiet geht. Zur Umsetzung ihrer bodennutzungsbezogenen Aussagen im Rahmen der Aufstellung von Bebauungsplänen bedarf es dann allerdings doch oftmals wiederum der Integration in den Flächennutzungsplan, da aus informellen Plankonzepten keine die Zulassungsfähigkeit baulicher Anlagen begründender Entscheidungen erwachsen können.

c) Programmausführung. Bei der Ausführung der vorhergehenden Pläne ist die Gemeinde bei der Flächennutzungsplanung nicht auf bloßes Vollzug beschränkt. Zum einen erfüllt der Flächennutzungsplan insoweit eine **Koordinationsfunktion.** Die vielfältigen, sich alle auf dasselbe Gemeindegebiet beziehenden Planungen wer-

§ 5

den bei der Flächennutzungsplanung zusammengeführt und müssen gegebenenfalls miteinander in Einklang gebracht werden. Hier wird sich oftmals die Notwendigkeit ergeben, bislang unausgetragene Zielkonflikte abzuarbeiten. Der Gemeinde erwächst so ein nicht geringer eigener Gestaltungsspielraum. Soweit vorrangige Planungen sich räumlich auf die Festlegung der Gemeinde oder eines Gemeindeteils beschränken, erfüllt der Flächennutzungsplan auch eine **Allokationsfunktion,** indem er den genauen Standort bestimmter Anlagen oder Flächen innerhalb der Gemeinde festlegt. Soweit solcher Gestaltungsspielraum nicht vorhanden ist, etwa weil eine parzellenscharfe Planung lediglich zu übernehmen ist, kommt dem Flächennutzungsplan immerhin noch **Informationsfunktion** zu.

7 **d) Programmsetzung.** Aus dieser komplexen Aufgabenstellung des Flächennutzungsplans folgt, dass er zwar auf die Bodennutzung beschränkt ist, in seinen Wirkungen jedoch weit über Bodennutzungsaspekte hinaus in den kommunalpolitisch beeinflussbaren sozialen, ökologischen und wirtschaftlichen Bereich hinein Folgewirkungen auslöst. Dementsprechend fordert Abs. 1 S. 1, dass der Flächennutzungsplan „nach den voraussehbaren Bedürfnissen der Gemeinde" aufzustellen ist. Es wird also nicht nur eine planerisch optimale Lösung verlangt, sondern eine **Einbettung des Flächennutzungsplans in die absehbare und gewünschte gemeindliche Entwicklung.** Diese Einbindung in und Ausrichtung auf die Entwicklung der Gemeinde in ihren verschiedensten Bereichen erfordert, wenn sie nicht inhaltsleere Formel bleiben soll, einen Prozess der Planaufstellung, in den sowohl die planerischen Vorstellungen der gemeindlichen Fachbehörden als auch die politischen Entwicklungsvorstellungen des Rates (zu Befangenheitsproblemen, die allenfalls bei gebietlich begrenzter Änderung des Flächennutzungsplans zu einem **Mitwirkungsverbot** führen können, vgl. OVG Münster NJW 1979, 2632f.) Eingang finden müssen. Hierzu gehört als wesentlicher Bestandteil auch die **Prognose der umweltbezogenen Auswirkungen zu erwartender Eingriffe** bei Planverwirklichung und die Vorbereitung ihrer **Kompensation durch geeignete Darstellungen** etwa nach Abs. 2 Nr. 5, 7, 9 oder 10. Abs. 2a betont diese Aufgabe und eröffnet der Gemeinde weitergehende Möglichkeiten (→ Rn. 35 a ff.). Aber auch die Standortsicherung und -festlegung iS **energiepolitischer Zielsetzungen zur Förderung alternativer Energien** können verstärkt über die Flächennutzungsplanung verwirklicht werden (→ Rn. 1, 1 b, → Rn. 35 e ff.).

8 Aus dieser weitgespannten und vielfältigen Funktion folgt auch die Beschränkung des Flächennutzungsplans auf bloße **„Grundzüge"** und die Bedeutung der Begründung (→ Rn. 9). Der Begriff „Grundzüge" ist sehr unbestimmt und inhaltlich schwer zu fassen. Nach § 13 kann sich der Gesetzgeber vorstellen, dass ein Flächennutzungsplan geändert wird und gleichwohl die Grundzüge der Planung nicht berührt werden. Dies ist nur scheinbar ein Widerspruch. Die **zeichnerische Darstellung** von Flächen im Flächennutzungsplan zB hat gewissermaßen eine **überschießende Genauigkeit,** weil sie – technisch bedingt – exakte und grundstücksscharf nachzuvollziehende Grenzen enthalten muss, obwohl nur der vorherrschende Charakter eines Bereichs und nur seine ungefähre Umgrenzung festgelegt werden sollen und können. Erst der außenwirksame Bebauungsplan erreicht Parzellenschärfe. Zeichnerische Änderungen des Flächennutzungsplans können also der Aussagenverdeutlichung dienen und die Grundzüge der Planung unberührt lassen. Es ist die Aufgabe der Begründung, die überschießende Genauigkeit der zeichnerischen Darstellung zurückzunehmen und durch die Angabe der gemeindlichen Entwicklungsabsichten für alle Teile des Gemeindegebiets die Grundzüge der Flächennutzungsplanung deutlich zu machen: **Bereichs- und Entwicklungscharakterisierung, nicht aber exakte Grenzziehung ist danach die Aufgabe des Flächennutzungsplans.** Nur so bleibt auch, sofern es bei einer überplanten Fläche nicht etwa bei einem Außenbereich bleiben soll, für die Entwicklung des Bebauungsplans nach § 8 Abs. 2 genügend Raum. Für ins Einzelne

2. Abschnitt. Vorbereitender Bauleitplan (Flächennutzungsplan) § 5

gehende Darstellungen (zB die Festsetzung von Höhenlagen) ist im Flächennutzungsplan daher grundsätzlich kein Raum (OVG Nordrhein-Westfalen Urt. v. 30. 9. 2009 – 10 A 1676/08, BauR 2010, 426). In der Planungspraxis kommt dies allerdings nicht selten vor, wenn der Flächennutzungsplan im Parallelverfahren geändert wird und dann die Festsetzungen des Bebauungsplans „erleichternd" auch als Darstellungen des zu ändernden Flächennutzungsplans herangezogen werden. Die relative Unschärfe – und damit das Offenlassen der Detailprobleme – ist Voraussetzung auch dafür, dass im Flächennutzungsplan die Wechselbeziehungen zwischen einem einzelnen Baugebiet und dem übrigen Gemeindegebiet aufgedeckt und abgeklärt werden können. **Entscheidend** für die Annahme, eine Darstellung gehöre noch zu den **Grundzügen** der Art der Bodennutzung, ist allerdings nicht ihr Grad an Bestimmtheit oder Detaillierung, sondern ihr **Bezug zur städtebaulichen Konzeption für das gesamte Gemeindegebiet.** Liegt ein Nutzungskonflikt vor, der gesamträumliche Bedeutung hat, kann die Gemeinde, wenn es erforderlich ist, sehr konkrete einzelne Darstellungen treffen, etwa das Maß der baulichen Nutzung oder Emissionsgrenzwerte festlegen (BVerwG NVwZ 2006, 87 ff.; hierzu *Rojahn,* Höchstrichterliche Rechtsprechung zur Begrenzung von Geruchsemissionen im Flächennutzungsplan, in Mitschang, Flächennutzungsplanung – Aufgabenwandel und Perspektiven, III, 2007, 103 (107); →Rn. 25). Auch die Darstellung von **Konzentrationsflächen** nach § 35 Abs. 3 (→Rn. 1b, →Rn. 35e) kann sich nicht auf Grundzüge beschränken, sondern muss **parzellenscharf** erfolgen, weil dem Flächennutzungsplan insoweit die Funktion und Wirkung eines Bebauungsplans zukommt (vgl. BVerwG NVwZ 2007, 1081 (1082)).

3. Begründung. Der früher sog. Erläuterungsbericht ist aus Gründen sprachlicher 9 Vereinheitlichung entsprechend § 2a S. 1 in **Begründung** umbenannt worden, ohne dass damit eine Änderung seiner Aufgaben beabsichtigt ist. Allerdings gehört zur Begründung des Flächennutzungsplans wie beim Bebauungsplan ein Umweltbericht (hierzu: *Schrödter* LKV 2008, 109 ff.; *Mitschang,* Fachlich-methodische Anforderungen einer Umweltprüfung im Rahmen der Flächennutzungsplanung, in Spannowsky/ Krämer, Plan-UP-Richtlinie, 2004, 101 ff.; *ders.* BauR 2005, 334 ff.) als gesonderter Teil (→ § 2a S. 3). Die Begründung ist nicht Bestandteil des Flächennutzungsplans (*Söfker* in EZBK § 5 Rn. 76; *Jaeger* in SU § 5 Rn. 87). Mit der Bekanntmachung der Genehmigung ist dem Flächennutzungsplan eine „zusammenfassende Erklärung" als Ergänzung beizufügen (vgl. § 6 Abs. 5 S. 3, → § 6 Rn. 22a). Der Begründung nach **Abs. 5** kam schon nach den Änderungen des BauGB durch das BauROG 1998 eine gestiegene Bedeutung zu, obwohl die entsprechende Vorschrift nicht geändert wurde. Zunächst behält die Begründung ihre Funktion, die wesentlichen Elemente und Aussagen des Flächennutzungsplans, seine Ziele und ihre Grundlagen verständlich und nachvollziehbar darzulegen (BVerwG Urt. v. 6. 3. 1987 – 4 C 11/83, NVwZ 1988, 54 (54); →Rn. 29 (31)). Dabei dürfen zwischen den Darstellungen und ihrer Begründung keine erheblichen Divergenzen eintreten, die deutlich machen, dass die Abwägung zu einem anderen Ergebnis geführt hat, als in den Darstellungen zum Ausdruck kommt. Dann liegt insoweit ein Abwägungsfehler vor (vgl. *Stüer* BauR 2006, 31 (33) unter Verweis auf BVerwG NVwZ 2004, 856). Auch die Einbettung des Plans in die allgemeinen Entwicklungsvorstellungen oder in ein **informelles städtebauliches Entwicklungskonzept** der Gemeinde, welches nach § 1 Abs. 6 Nr. 11 bei der Abwägung zu beachten ist, ist ebenso zu begründen wie etwa die Abstimmung des Flächennutzungsplans mit einer gemeindlichen Investitionsplanung (→Rn. 4). Eine gestiegene Bedeutung für die Begründung ergibt sich insbesondere aber daraus, dass der Gesetzgeber den Planungsgrundsatz der Nachhaltigkeit in § 1 Abs. 5 verankert hat (hierzu oben, Rn. 1a). Es gehört daher gemäß § 2a S. 2 zum notwendigen Inhalt der Begründung, die mit dem Flächennutzungsplan verfolgten Ziele der Gemeinde im Hinblick auf die bauliche, wirtschaftliche, ökologische und soziale Entwicklung und

die wesentlichen Auswirkungen sowie die Belange des Umweltschutzes in der für die Planstufe des Flächennutzungsplans angemessenen Ausführlichkeit und Genauigkeit darzulegen. Dabei können sich diese Ausführungen nicht auf Vermutungen beschränken, sondern sie bedürfen fachlich korrekter und genügender Grundlagen. Insbesondere zu den Grundzügen der Bodennutzung muss die Begründung zum Flächennutzungsplan Aussagen liefern. Dies gilt in erster Linie für die konzeptionellen Inhalte des gesamtgemeindlichen Planungswerks wie sie durch die Steuerung von privilegierten Vorhaben iS von § 35 Abs. 3 S. 3, die Ausgestaltung eines umfassenden Eingriffs-/Ausgleichskonzepts einschließlich der europarechtlich bedeutsamen Kohärenzmaßnahmen oder durch gemeindeübergreifende Kooperationskonzepte zum Ausdruck kommen. Eine fehlende und unvollständige Begründung kann zur Unwirksamkeit des Flächennutzungsplans führen (→ § 214 Rn. 7 ff.)

9a Macht die Gemeinde von der Möglichkeit des Abs. 1 S. 2 Gebrauch, Flächen oder sonstige **Darstellungen** aus dem Flächennutzungsplan **auszunehmen** (→ Rn. 2), so hat sie nach Abs. 1 S. 2 Hs. 2 die Gründe hierfür in der Begründung darzulegen. Dabei wird auch deutlich werden müssen, dass die ausgenommenen Darstellungen und Flächen ohne Auswirkungen auf die übrigen Darstellungen und Flächen sind oder bleiben werden, etwa weil diese auf die hier noch offenen alternativen Entwicklungsmöglichkeiten in jedem Fall hinlänglich abgestimmt sind. Auch wird die Gemeinde darzulegen haben, **wann** sie den Flächennutzungsplan vervollständigen will. Dabei ist nicht notwendig ein bestimmter Zeitpunkt zu nennen; es kann auch die Angabe eines Ereignisses (zB Abschluss einer fremden Planung) genügen, nach dem die Gemeinde unverzüglich die ausgenommenen Darstellungen nachholen wird (vgl. *Gaentzsch/Philipp/*Tepperwien in BK § 5 Rn. 15 ff.).

9b **4. Form.** Der **Form** nach kann der Flächennutzungsplan aus mehreren Teilblättern bestehen (vgl. BGH ZfBR 1990, 300 (301)). Ein **zeichnerischer Plan** wird allerdings immer vorhanden sein müssen, weil sonst die notwendige Planklarheit (→ Rn. 12) kaum wird hergestellt werden können (vgl. auch *W. Schrödter* in Schrödter § 5 Rn. 24). Zur Möglichkeit der Neubekanntmachung wegen drohender Unübersichtlichkeit vgl. § 6 Abs. 6.

9c **5. Überprüfung.** Die durch das EAG Bau 2004 eingefügte Pflicht in Abs. 1 S. 3, den Flächennutzungsplan 15 Jahre nach seiner erstmaligen oder erneuten Aufstellung (nicht nach einer bloßen Änderung) einer **Überprüfung** zu unterziehen, ist durch die Innenentwicklungsnovelle 2007 wieder aufgehoben worden. Die Streichung soll die Gemeinden verwaltungsmäßig entlasten, indem die Pflicht zur Überprüfung entfällt. Unabhängig hiervon bleiben die Gemeinden angehalten, den Flächennutzungsplan nicht nur als notwendiges Übel anzusehen und zahlreiche Änderungen in Parallelverfahren vorzunehmen und damit die räumliche Entwicklung in der Gemeinde, insbesondere im Außenbereich zu steuern. Zugleich ist ein hinreichend aktueller Flächennutzungsplan von großer Bedeutung dafür, die Abschichtungsmöglichkeiten im Rahmen der Umweltprüfung nach § 2 Abs. 4 S. 5 zu nutzen (ausführlich: *Schwarz*, Die Umweltprüfung in gestuften Planungsverfahren, in Mitschang, Berliner Schriften zur Stadt- und Regionalplanung, XV, 2011, 93 ff. (149 ff.)). Auch für die Überwachung der Umweltauswirkungen (Monitoring) nach § 4c ist die Überprüfung des Flächennutzungsplans hilfreich, wie umgekehrt ein funktionierendes Monitoring auf der Ebene der Bebauungsplanung die Überprüfung des Flächennutzungsplans sehr erleichtern kann (vgl. *Bunzel/Jekel*, Monitoring und Bauleitplanung, Difu-Beiträge zur Stadtforschung, 46, 2006, 36 f.).

II. Inhalt des Flächennutzungsplans (Abs. 2 bis 4)

10 **1. Überblick über mögliche Inhalte des Flächennutzungsplans.** Bestimmen die Abs. 1 und 5 Stellung und Aufgabe des Flächennutzungsplans im Planungssystem

2. Abschnitt. Vorbereitender Bauleitplan (Flächennutzungsplan) § 5

des BauGB, so regeln die Abs. 2 bis 4 den **zulässigen Inhalt** des Flächennutzungsplans. Ergänzt wird diese Regelung durch die Vorschriften der **Baunutzungsverordnung** (vgl. etwa § 1 Abs. 1, § 16 Abs. 1 BauNVO) und der Planzeichenverordnung (PlanzV). Der Flächennutzungsplan kann Darstellungen, Zuordnungen, Kennzeichnungen, nachrichtliche Übernahmen und Vermerke enthalten. In den **Darstellungen** verwirklicht sich neben der Ordnungs- vor allem die Gestaltungsfunktion des Flächennutzungsplans. Hier kann die Gemeinde ihre Entwicklungsabsichten zum Ausdruck bringen. Dem dient auch die Möglichkeit der **Zuordnung** der nach der naturschutzrechtlichen Eingriffsregelung erforderlichen Ausgleichsflächen zu den Eingriffsflächen (Abs. 2a). Der übrige Inhalt des Flächennutzungsplans entzieht sich dem unmittelbaren Einfluss der Gemeinde. Zu **kennzeichnen** sind Flächen, bei deren Bebauung besondere Probleme zu beachten sind (Abs. 2 Nr. 1 Hs. 2; Abs. 3; → Rn. 36ff.). Mit ihnen werden tatsächliche Sachverhalte wiedergegeben (*Gaentzsch/Philipp/Tepperwien* in BK § 5 Rn. 18), die bei der planerischen Inanspruchnahme der betreffenden Flächen zu berücksichtigen sind (zB Altlasten). Mit der **nachrichtlichen Übernahme** (Abs. 4 S. 1, Abs. 4a S. 1) informiert die Gemeinde über rechtsverbindliche Bodennutzungsentscheidungen, die außerhalb der gemeindlichen Planungshoheit getroffen wurden (→ Rn. 44). Diese Planungen sind zu **vermerken** (Abs. 4 S. 2, Abs. 4a S. 2), wenn sie noch nicht festgestellt, sondern erst beabsichtigt sind. Bei Kennzeichnungen, nachrichtlichen Übernahmen und Vermerken handelt es sich um Soll-Bestimmungen. Ihre Nichtberücksichtigung führt nur dann zur Unwirksamkeit des Flächennutzungsplans, wenn mit dieser Pflichtverletzung auch eine Verletzung des Abwägungsgebots einhergeht. Allerdings kann die Genehmigung des Flächennutzungsplans durch die höhere Verwaltungsbehörde versagt werden (*Jaeger* in SU § 5 Rn. 39). Hier sind vor allem die in § 38 genannten Fachplanungen bedeutsam. Deren Festsetzungen werden nicht Bestandteil des Flächennutzungsplans; ihre Aufnahme dient nur dazu, die Nutzungsregelung im Plangebiet lückenlos darstellen zu können.

Darstellungen können zeichnerisch (schwarz-weiß oder farbig) und/oder schriftlich in der Planurkunde oder durch Text getroffen werden. Für eine bundeseinheitliche Anwendung sorgt die auf der Rechtsgrundlage von § 9a Nr. 4 erlassene Planzeichenverordnung. In ihr sind detaillierte Vorschriften über die bei der Aufstellung, Änderung, Ergänzung und Aufhebung von Flächennutzungsplänen zu heranzuziehenden Planzeichen enthalten. Dadurch wird gewährleistet, dass bundesweit eine einheitliche Plansprache verwendet wird. **10a**

2. Darstellungen (Abs. 2).

Bei den **Darstellungen** eröffnet Abs. 2 der Gemeinde im Rahmen der Erfordernisse, die sich aus § 1 ergeben, einen **weiten Gestaltungsspielraum**. In inhaltlicher Hinsicht zieht der Katalog des Abs. 2 der planerischen Freiheit der Gemeinde keine Grenze; dies erweist sich schon an der Verwendung des Wortes „insbesondere" in der einleitenden Formulierung. Die Gemeinde kann also weitere Darstellungen als im Katalog vorgesehen treffen, sie kann vor allem auch die Darstellungen weitergehend differenzieren. Die BauNVO eröffnet der Gemeinde hier zahlreiche Möglichkeiten hinsichtlich Art und Maß der baulichen Nutzung. Aber auch eigenständige Differenzierungen je nach den spezifischen örtlichen Erfordernissen sind möglich. Vor allem gibt Abs. 2 den Gemeinden auch zahlreiche Möglichkeiten, schon auf der Ebene der vorbereitenden Bauleitplanung Umweltschutz und -vorsorge zu betreiben, ein Erfordernis, das angesichts der wachsenden Problematik unserer Siedlungsweise wie zB Flächenverbrauch, Verkehrsentwicklung und Immissionsbelastung zunehmend an Bedeutung gewinnt. In rechtlicher Hinsicht ist die Gemeinde allerdings nicht gänzlich frei (im Einzelnen hierzu: *Schiller* in BRS Rn. 145ff.). Die Darstellungen müssen positiv (Gebot der positiven Planung), konkret (Gebot der konkreten Planung) und bestimmt (Bestimmtheitsgebot) sein. Außerdem muss der Flächennutzungsplan das gesamte Gebiet der Gemeinde umfassen (Gebot der äußeren Planungseinheit). Hieraus ergeben sich Anforderungen an Darstellungen. **11**

§ 5 I. Kapitel. I. Teil. Bauleitplanung

So ist es grundsätzlich nicht zulässig, im Flächennutzungsplan alternative Darstellungen zu treffen. Dies widerspricht dem Bestimmtheitsgebot. Eine Ausnahme hiervon ist nur dann gegeben, wenn zwei überlagernde Nutzungen unter Anwendung von § 9 Abs. 2 dargestellt und damit zeitliche oder bedingte Nutzungsregelungen getroffen werden sollen. Auch kann im Flächennutzungsplan keine Darstellung getroffen werden, die nach dem abschließenden Katalog des § 9 Abs. 1 nicht in einem Bebauungsplan festgesetzt werden kann (BVerwG Urt. v. 18.8.2005 – 4 C 13/04, NVwZ 2006, 87); dem Entwicklungsgebot des § 8 Abs. 2 (→ § 8 Rn. 2 ff.) könnte insoweit nicht entsprochen werden. Der Flächennutzungsplan ist trotz seiner prognostischen Elemente auf Realisierung angelegt. Eine gemeindliche Planung, die nach den örtlichen Gegebenheiten nicht verwirklicht werden kann, ist unwirksam (BVerwG Beschl. v. 1.4.1997 – 4 B 11/97, NVwZ 1997, 899). Ist die Verwirklichung der Darstellungen eines Flächennutzungsplans erkennbar ausgeschlossen, liegt ein Verstoß gegen den Erforderlichkeitsgrundsatz in § 1 Abs. 3 S. 1 vor, der – wie beim Bebauungsplan – zur Vollzugsunfähigkeit und damit zur Unwirksamkeit führt (unklar insoweit aber BVerwG Urt. v. 17.12.2002 – 4 C 15.01, NVwZ 2003, 733 in Bezug auf das Vorliegen einer „Befreiungslage").

12 Aus der Zweistufigkeit der Bauleitplanung ergeben sich darüber hinaus auch inhaltliche **Grenzen** hinsichtlich der Genauigkeit der Planaussage. Denn nach § 8 Abs. 2 S. 1 werden die Bebauungspläne aus dem Flächennutzungsplan „entwickelt". Dies bedeutet, dass die Gemeinde im Flächennutzungsplan Raum für eine „weitere inhaltliche Konkretisierung der Darstellungen lassen muss. Das Gesetz verdeutlicht mit dem Wort „können" das **planerische Ermessen** der Gemeinde bei der Planausgestaltung. Welche Darstellungen erforderlich sind, ergibt sich allein aus § 1 und aus der Planungskonzeption der Gemeinde (BVerwG DVBl. 1971, 759 (762)). Die nicht näher konkretisierte Darstellung einer Sonderbaufläche nach § 1 Abs. 1 Nr. 4 BauNVO reicht allerdings nicht aus, weil so nicht einmal Grundzüge der künftigen Nutzung erkennbar sind (BVerwG NVwZ 1995, 267 (268)). Das BauGB lässt den Gemeinden **auch Spielraum hinsichtlich eines Weniger an Darstellungen**, je nach der Funktion, die die Gemeinde dem Flächennutzungsplan beimisst. Die **Darstellungsschärfe** kann auch innerhalb eines Flächennutzungsplans **unterschiedlich** sein, je nachdem, wie konkret oder noch vorläufig die gemeindlichen Nutzungsvorstellungen für ein Gebiet bereits entwickelt sind. Von Bedeutung kann auch sein, ob sich noch ein Verwaltungsverfahren anschließt, dem eine weitere Konkretisierung überlassen bleiben kann, zB eine Planfeststellung für den Bau einer Straße. Jedenfalls aber haben sich die Darstellungen im Flächennutzungsplan auf die Grundzüge zu beschränken (→ Rn. 8). Diese Darstellungen müssen in ihrer Aussage **eindeutig** sein, da sie nach § 8 Abs. 2 S. 1 Grundlage für die Bebauungsplanung sind und von ihnen **rechtliche Wirkungen** ausgehen können (vgl. *Gaentzsch/Philipp/Tepperwien* in BK § 5 Rn. 23). So ist bei der Zulassung eines Bauvorhabens im Außenbereich zu prüfen, ob dieses den Darstellungen des Flächennutzungsplans nicht widerspricht (§ 35 Abs. 3 S. 1 Nr. 1). Ein Offenlassen der Nutzung, die Darstellung von über die voraussehbaren Bedürfnisse der Gemeinde hinausgehenden Reserveflächen oder eine alternative Nutzungsdarstellung ist daher nicht zulässig (vgl. hierzu *Gaentzsch/Philipp/Tepperwien* in BK § 5 Rn. 23; *Söfker* in EZBK § 5 Rn. 19; zur städtebaulichen Bedeutung und uU Notwendigkeit einer **Freihalteplanung** → Rn. 31). Zur begrenzt möglichen Umdeutung unwirksamer Darstellungen vgl. *Graf* BauR 2004, 1552 ff.; zur Fehlerhaftigkeit bei Plandivergenzen vgl. *Stüer* BauR 2006, 31 ff.

13 **a) Zu Nr. 1: Bauflächen und Baugebiete.** Nach Nr. 1 können die für die Bebauung vorgesehenen Flächen sowohl nach der allgemeinen Art ihrer baulichen Nutzung (Bauflächen) als auch nach der besonderen Art ihrer baulichen Nutzung (Baugebiete) dargestellt werden. **Bauflächen** sind nach § 1 Abs. 1 BauNVO Wohnbauflächen, gemischte und gewerbliche Bauflächen sowie Sonderbauflächen, etwa

2. Abschnitt. Vorbereitender Bauleitplan (Flächennutzungsplan) § 5

für *Freizeitparks*. Werden Sonderbauflächen im Flächennutzungsplan dargestellt, ist eine Konkretisierung vorzunehmen, da die Darstellung ansonsten unbestimmt ist (BVerwG Urt. v. 18.2.1994 – 4 C 4/92, NVwZ 1995, 267). Die **Baugebiete** sind nach § 1 Abs. 2 BauNVO besondere Ausprägungen dieser Bauflächen. Inwieweit auch Sondergebiete speziell für **Factory-Outlet-Center** (FOC, hierzu etwa *Erbguth* NVwZ 2000, 969 ff.; *Spannowsky* Nds.VBl. 2001, 1 ff.; *Moench/Sandner* NVwZ 1999, 337 ff.) dargestellt werden können, ist streitig (dafür *Birk*, Die Zulässigkeit von sog. FOC als Planungsproblem der Regional- und Flächennutzungsplanung unter Berücksichtigung des Gebots der zwischengemeindlichen Abstimmung, in Spannowsky/Mitschang, Flächennutzungsplanung im Umbruch?, 1999, 145 (147 f.): ohne Darstellung eines Sondergebiets für FOC keine entsprechende Festsetzung im Bebauungsplan möglich; dagegen *Schmitz* ZfBR 2001, 85 (91), *Battis* LKV 1999, 347 (349): Vertriebsformen können, anders als Sortimente (vgl. etwa OVG Münster BauR 2000, 1021 ff.; → § 9 Rn. 9), nicht in Bebauungsplänen festgesetzt und damit im Flächennutzungsplan auch nicht dargestellt (→ Rn. 11 aE) werden. Letzteren ist zuzustimmen. Mit der zunehmenden planerischen Steuerung des Einzelhandels durch informelle Planungen wie Einzelhandelskonzepte und ihrer Integration in den Flächennutzungsplan wird in vielen Gemeinden die vorbereitende Bauleitplanung deutlich stärker strukturiert und differenziert ausgestaltet, insbesondere bei der Darstellung von Sondergebieten für den großflächigen Einzelhandel. Eine solche Differenzierung ist möglich und sicherlich dort sinnvoll, wo die Entwicklung des Einzelhandels zu negativen Auswirkungen auf die städtebauliche Entwicklung in der Gemeinde führt (zB Verödung der Innenstadt). Gleichwohl trägt dies zu Anpassungspflichten des Flächennutzungsplans bei geänderten Einzelhandelskonzeptionen bei, so dass ggf. besser von der Möglichkeit des **Teilflächennutzungsplans** Gebrauch gemacht werden sollte (→ Rn. 35 a). Es ist auch zulässig, die Baugebiete – sofern ihre Darstellung erforderlich ist – nur nach der besonderen Art der baulichen Nutzung darzustellen und das allgemeine Maß der baulichen Nutzung offen zu lassen. Dies entspricht auch der BauNVO, da sie eine notwendige Verbindung der besonderen Art und des allgemeinen Maßes der baulichen Nutzung nicht vorsieht (vgl. § 16 Abs. 1 BauNVO). Von der Darstellung der Geschossflächenzahl sowie der Baumassenzahl wird in der Planungspraxis im Rahmen der Flächennutzungsplanung kaum Gebrauch gemacht. Demgegenüber zunehmend in Anspruch genommen, werden Darstellungen über die Höhe der baulichen Anlagen, insbesondere wenn es um die **Höhenbegrenzung von Windenergieanlagen** geht (zu den Anforderungen, vgl. Nieders. OVG Urt. v. 16.11.2009 – 12 LC 181/07, ZfBR 2010, 486). Da der Katalog des Abs. 2 nicht abgeschlossen ist, dürfte es auch zulässig sein, wenn im Flächennutzungsplan Darstellungen zur Bauweise sowie zu den überbaubaren Grundstücksflächen getroffen werden, wenn diese städtebaulich erforderlich sind (*Gaentzsch/Philipp/Tepperwien* in BK § 5 Rn. 25).

Darstellungen entsprechend diesem Rahmen der BauNVO sind jedoch bei der **14 Überplanung bereits bebauter Bereiche** oftmals ungenügend. Dieser Problematik ist durch die Einfügung des besonderen Wohngebiets (§ 4 a BauNVO) nur teilweise Rechnung getragen. In Gebieten mit sich gegenseitig beeinträchtigenden Nutzungen hilft die Darstellung als besonderes Wohngebiet oftmals nicht weiter. Für die planerische Bewältigung des klassischen Konflikts von aneinander angrenzenden Gewerbe- und Wohngebieten kann zwar auf Seiten des Gewerbegebiets eine Darstellung nach Nr. 6 helfen, auf Seiten des Wohngebiets fehlt es an einer solchen ausgeprägten Darstellungsmöglichkeit. Keinesfalls aber kann erwartet werden, dass mit Darstellungen im Flächennutzungsplan auch kleinteilige Konflikte gelöst werden (vgl. *Gaentzsch/Philipp/Tepperwien* in BK § 5 Rn. 24) dies bleibt der Bebauungsplanung oder ggf. der Baugenehmigung überlassen. Schon im Flächennutzungsplan allerdings sind nach Nr. **1 zweiter Halbsatz** die Bauflächen zu **kennzeichnen,** für die eine zentrale **Abwasserbeseitigung** nicht vorgesehen ist. Hierdurch sollen insbesondere

§ 5

potenzielle Investoren frühzeitig darauf hingewiesen werden, dass sie die für eine Abwasserbeseitigung – und insoweit die für die Zulässigkeit eines Vorhabens nötige **gesicherte Erschließung** nach § 30 Abs. 1 (→ § 30 Rn. 18), § 33 Abs. 1 Nr. 4 (→ § 33 Rn. 12), § 34 Abs. 1 S. 1 (→ § 34 Rn. 34f.) oder § 35 Abs. 1 (→ § 35 Rn. 7) – erforderlichen Maßnahmen selbst treffen müssen (zu Kennzeichnungen → Rn. 36 ff.).

15 b) **Zu Nr. 2: Ausstattung des Gemeindegebiets.** Die Darstellungsmöglichkeit in § 5 Abs. 2 Nr. 2 bezieht sich auf die **Ausstattung des Gemeindegebiets,** und zwar wie bisher mit Versorgungsanlagen und -einrichtungen (Buchst. a) und neu mit Anlagen, Einrichtungen und sonstigen Maßnahmen, mit denen dem Klimawandel entgegengewirkt (Buchst. b) werden kann und solchen, die der Anpassung an den Klimawandel dienen (Buchst. c) sowie mit zentralen Versorgungsbereichen (Buchst. d). Zurück geht diese vierteilige Aufgliederung der Darstellungsmöglichkeit in Nr. 2 auf die Klimaschutznovelle 2011 (in Bezug auf die Buchst. b und c), in deren Rahmen auch die PlanzV in Bezug auf Nr. 2 geändert wurde sowie auf die Innenentwicklungsnovelle 2013 (in Bezug auf Buchst. d).

15a Kern der Darstellungen nach Nr. **2a** sind die Anlagen und Einrichtungen des **Gemeinbedarfs.** Diese sind gekennzeichnet durch die Erfüllung einer öffent-lichen Aufgabe, Zugänglichkeit für die Allgemeinheit, Fehlen oder nur untergeordnete Bedeutung privatwirtschaftlichen Gewinnstrebens (BVerwG NVwZ 1994, 1004 f.); es ist nicht erforderlich, dass an ihnen Gemeingebrauch besteht, es sich also um öffentliche Sachen handelt; auch einer öffentlichen Trägerschaft bedarf es nicht (vgl. *Söfker* in EZBK § 5 Rn. 26). So gibt es auch nach der Privatisierung weiterhin einen „Gemeinbedarf Post" (→ § 9 Rn. 40), auch wenn in den Räumlichkeiten neben Postfunktionen eine gewerbliche Tätigkeit untergeordneter Art ausgeübt wird (vgl. VGH München ZfBR 2003, 580 (581); BVerwG ZfBR 2001, 203). Weitere Einrichtungen des Gemeinbedarfs sind zB Schulen, Kindergärten, Kirchen, Theater, Krankenhäuser, Schwimmbäder. Darüber hinaus können **weitere Infrastruktureinrichtungen und -anlagen** wie zB Ärztehäuser (nicht dagegen Arztpraxen, BVerwG NVwZ 1997, 902 f.); private Jugendzentren, freie Bildungseinrichtungen dargestellt werden, ohne dass es darauf ankommt, ob die Voraussetzungen des Gemeinbedarfs im Einzelnen erfüllt sind (vgl. BT-Drs. 7/2496, 38). Nach Nr. 2 können also allgemein Versorgungseinrichtungen dargestellt werden, von denen die Einrichtungen des Gemeinbedarfs lediglich ein Unterfall sind (vgl. *Gaentzsch/Philipp/Tepperwien* in BK § 5 Rn. 28.). Soweit also an anderer Stelle des Gesetzes der Begriff „Gemeinbedarf" aufgegriffen wird (vor allem in § 9 Abs. 1 Nr. 5 und § 40 Abs. 1 S. 1 Nr. 1), werden damit nicht alle Versorgungseinrichtungen iS der Nr. 2 in Bezug genommen, sondern nur die Einrichtungen und Anlagen des Gemeinbedarfs.

16 Um die öffentliche Bedeutung des Sports zu verdeutlichen, ist in Nr. 2 gesondert die Möglichkeit zur Darstellung von Flächen für **selbstständige Sport- und Spielanlagen** aufgenommen worden. Solche Flächen können daher unabhängig davon dargestellt werden, ob es sich um Gemeinbedarfsanlagen oder um Grünflächen handelt. Größere Sport- und Spielanlagen wie Fußballstadien oder Sporthallen werden regelmäßig aufgrund der mit solchen Einrichtungen und Anlagen verbundenen Immissionskonflikten (insbesondere Zu- und Abgangsverkehr) und den Anforderungen an ihre Bewältigung durch ein Sondergebiet dargestellt und auf der Bebauungsplanebene auch als solches festgesetzt. Es sind auch private Sportanlagen und auch solche darstellungsfähig, die nicht begrünte Anlagen sind. Auch bedarf es keiner Sonderbaufläche für die Zulässigkeit von Sportanlagen. Eine entsprechende Regelung wurde in § 9 Abs. 1 Nr. 5 aufgenommen (→ § 9 Rn. 43). Nr. 2 unterscheidet nicht zwischen privaten und öffentlichen Sport- und Spielanlagen. Wie bei Grünanlagen (→ Rn. 22) wird es aber auch hier zweckmäßig und oft sogar geboten sein, eine Entscheidung dieser Frage bereits im Flächennutzungsplan zu treffen, da andernfalls die städtebauliche Rechtfertigung der Darstellung unklar bleibt. Mit der Aufnahme selbstständiger

2. Abschnitt. Vorbereitender Bauleitplan (Flächennutzungsplan) § 5

Sport- und Spielanlagen in den Katalog der Darstellungsmöglichkeiten können die Gemeinden wohngebietsnahe Sport- und Spielflächen festlegen und sichern und Konflikten damit vorbeugen (vgl. BT-Drs. 10/6166, 142; *Gaentzsch/Philipp/Tepperwien* in BK § 5 Rn. 30). Vor allem aber können sie so zB zur Attraktivität innenstadtnaher Wohngebiete für Familien mit Kindern und damit zur Innenentwicklung (→ § 9 Abs. 2a, § 13a) beitragen.

Im Gegensatz zu § 9 Abs. 1 Nr. 5 erfordert Nr. 2 nicht die Darstellung von Flächen für den Gemeinbedarf und sonstigen Versorgungseinrichtungen, sondern nur die Darstellung der **Ausstattung des Gemeindegebiets** mit den wichtigsten Anlagen, Einrichtungen und Maßnahmen. Schon maßstäblich ist eine Darstellung der gesamten infrastrukturellen Ausstattung des Gemeindegebiets auf der Flächennutzungsplanebene nicht möglich. Es genügt daher regelmäßig, durch die Verwendung von Symbolen den **Standort** der Versorgungseinrichtung zu verdeutlichen; eine **Darstellung der Fläche ist nicht zwingend erforderlich,** selbstverständlich aber möglich (dann durch überlagernde Darstellungen). Um den Anforderungen des Bestimmtheitsgebots Rechnung tragen zu können, ist es notwendig, den Zweck der jeweiligen Einrichtung – zumindest grob – anzugeben (*Schiller* in BRS Rn. 153). Symbole für die Darstellung von Versorgungseinrichtungen enthält die PlanzV unter Nr. 4 der Anlage. Da die Planzeichenverordnung jedoch nur Symbole für Gemeinbedarfsanlagen enthält, ist bei der Darstellung von sonstigen Versorgungseinrichtungen auf der Grundlage von § 2 Abs. 2 PlanV von der Gemeinde eine Entwicklung eigener Planzeichen erforderlich. Sollen derartige Anlagen und Einrichtungen im Bebauungsplan festgesetzt werden, so ist auf die Festsetzungsmöglichkeit nach § 9 Abs. 1 Nr. 5, 12 oder auf die Festsetzung von Baugebieten zurückzugreifen; § 9 Abs. 1 Nr. 5 erfasst nur die Flächen für den Gemeinbedarf ohne die sonstigen Versorgungsanlagen. 17

Mit § 5 Abs. 2 Nr. 2b und c wird der Bedeutung von Anlagen, Einrichtungen und Maßnahmen zur Bewältigung der Anforderungen von **Klimaschutz und Klimawandel** stärker Rechnung getragen (ausführlich: *Mitschang* DVBl. 2012, 134 ff.). Der Fokus der Darstellungsmöglichkeit in Nr. 2 wird durch die Klimaschutznovelle 2011 nunmehr auch in Richtung des Klimaschutzes gerückt, indem verdeutlicht wird, dass die Ausstattung des Gemeindegebiets auch jene Anlagen, Einrichtungen und Maßnahmen zum Gegenstand hat, mit denen dem Klimawandel entgegengewirkt und der Anpassung an die Folgen des Klimawandels gedient werden kann (vgl. auch § 1 Abs. 5 S. 2 und § 1a Abs. 5). Zur Bewältigung dieser Aufgabe ist ein **Klimaschutz- und Energiekonzept** unabdingbar (vgl. *Battis/Krautzberger/Mitschang/Reidt/Stüer* NVwZ 2011, 897 (899)). Kommunale Klimaschutz- und Energiekonzepte ermöglichen eine Bündelung der vielfältigen Anlagen, Einrichtungen und Maßnahmen des Klimaschutzes innerhalb des gesamten Gemeindegebiets und bilden einen konzeptionellen Rahmen hierfür. Es handelt sich dabei um informelle Planungen, deren Aufstellung gesetzlich zwar nicht vorgeschrieben ist. Nicht nur ihre Bedeutung wird hierdurch gestärkt, sondern auch der Flächennutzungsplan als gesamtgemeindliches Planungsinstrument für die Berücksichtigung der Belange des Klimaschutzes (Steuerungs- und Koordinationsfunktion, → Rn. 6). 17a

Anders als im Zusammenhang mit der Bestimmung in § 5 Abs. 2 Nr. 2a BauGB (→ Rn. 17), enthält sich der Gesetzgeber jeglicher Präzisierung im Falle von § 5 Abs. 2 Nr. 2b (dies gilt auch für Buchst. c). Erfasst werden alle **Anlagen, Einrichtungen und sonstigen Maßnahmen des Energiefachrechts,** insbesondere des EEWärmeG sowie des KWKG. Der Zweck der Anlage, Einrichtung oder sonstigen Maßnahme ist bei einer Darstellung anzugeben. Keine Rolle spielt es, ob die Anlagen, Einrichtungen und sonstigen Maßnahmen allein im örtlichen oder auch im überörtlichen Zusammenhang von Bedeutung sind. Es geht auch nicht nur um die Ausstattungsfunktion der Anlagen, Einrichtungen und sonstigen Maßnahmen, sondern um ihren räumlich festgelegten Standort im Gemeindegebiet. Erfasst werden, – obwohl es nicht ausdrücklich erwähnt ist wie bei Nr. 2a – sowohl öffentliche als auch 17b

Mitschang 161

private Anlagen, Einrichtungen und sonstige Maßnahmen. Diese Abgrenzung spielt für die Darstellung im Flächennutzungsplan auch keine Rolle, aber bei der Festsetzung im Bebauungsplan (→ § 9 Rn. 67). Zwar haben die vorgenommenen Ergänzungen in § 5 Abs. 2 Nr. 2b und c BauGB zunächst nur eine deklaratorische Wirkung (vgl. *Battis/Krautzberger/Mitschang/Reidt/Stüer* NVwZ 2011, 897 (899)).

17c Nach § 5 Abs. 2 Nr. 2b ist im Flächennutzungsplan die Ausstattung des Gemeindegebiets „mit Anlagen, Einrichtungen und sonstigen Maßnahmen, die dem **Klimawandel entgegenwirken,** insbesondere zur dezentralen und zentralen Erzeugung, Verteilung, Nutzung und Speicherung von Strom, Wärme oder Kälte aus erneuerbaren Energien oder Kraft-Wärme-Kopplung" darzustellen. Das **Planzeichen Nr. 7** dient der Darstellung von Flächen für Versorgungsanlagen, für die Abfallentsorgung und Abwasserbeseitigung sowie für Ablagerungen und nunmehr außerdem für „Anlagen, Einrichtungen und sonstige Maßnahmen, die dem Klimawandel entgegenwirken. Zur Verdeutlichung der jeweiligen Zweckbestimmung bzw. der Anlagen und Einrichtungen enthält die Anlage zur PlanzV unterschiedliche Symbolzeichen. Mit der Klimaschutznovelle 2011 wurden diese um solche für „Erneuerbare Energien" sowie „Kraft-Wärme-Kopplung" erweitert. Es besteht die Möglichkeit zur Darstellung einer Fläche, der Konkretisierung ihrer Zweckbestimmung durch Symbolzeichen und der weiteren Konkretisierung durch das Hinzufügen von Buchstaben mit oder ohne Flächendarstellung. Da es um die Ausstattung des Gemeindegebiets geht, bedarf es regelmäßig nur der Darstellung der wichtigsten Anlagen, Einrichtungen und sonstigen Maßnahmen.

17d Schließlich ist im Flächennutzungsplan nach § 5 Abs. 2 Nr. 2c auch noch die Ausstattung des Gemeindegebiets „mit Anlagen, Einrichtungen und sonstigen Maßnahmen, die der **Anpassung an den Klimawandel** dienen", darzustellen. Da Anlagen, Einrichtungen und Maßnahmen zur Anpassung an die Folgen des Klimawandels sehr vielfältig sind und etwa Vorgaben für die anzustrebende Bebauungsdichte der Bauflächen und Baugebiete, die Erhaltung von Freiflächen, die Erhaltung und Schaffung von Grünflächen, Frischluftschneisen, Wasserflächen, abfluss- oder erosionsmindernde Maßnahmen oder auch Regenrückhaltebecken sein können, kommen für ihre Darstellung im Flächennutzungsplan nahezu alle Darstellungsmöglichkeiten im Katalog des § 5 Abs. 2 in Frage. Anders als für Anlagen, Einrichtungen und Maßnahmen nach Nr. 2b ist die PlanzV für Nr. 2c nicht erweitert worden.

17e Erst mit der Innenentwicklungsnovelle 2013 wurde § 5 Abs. 2 Nr. 2 um den Buchst. d erweitert (vgl. *Battis/Mitschang/Reidt* NVwZ 2013, 961 (963f.). Hiernach können im Flächennutzungsplan nunmehr auch die Ausstattung des Gemeindegebiets mit zentralen Versorgungsbereichen dargestellt werden. **Zentrale Versorgungsbereiche** sind räumlich abgrenzbare Bereiche einer Gemeinde, denen aufgrund **vorhandener** – häufig ergänzt durch diverse Dienstleistungen und gastronomische Angebote – oder **planerisch ausgewiesener** Einzelhandelsnutzungen eine Versorgungsfunktion über den unmittelbaren Nahbereich hinaus zukommt (BVerwG Urt. v. 11.10.2007 – 4 C 7/07, BVerwGE 129, 307). In einer entsprechend großen Gemeinde können auch mehrere entsprechend zentrale Versorgungsbereiche bestehen, die man gegebenenfalls auch in (ein oder mehrere) Haupt- und Nebenzentren unterteilen kann (BVerwG Beschl. v. 20.11.2006 – 4 B 50/06, BRS 70 Nr. 114). Geschützt werden daher auch Quartiers-, Nahversorgungs- und Nahbereichszentren mit jeweils kleinerem Einzugsbereich als es bei größeren Stadtteilzentren der Fall ist (BVerwG Urt. v. 17.12.2009 – 4 C 2/08, BVerwGE 136, 10).

17f „Zentrale Versorgungsbereiche" stellen einen **Schlüsselbegriff der geordneten städtebaulichen Entwicklung** dar. Er wird außer in § 5 Abs. 2 Nr. 2d auch noch in § 2 Abs. 2 S. 2, § 34 Abs. 3, § 1 Abs. 6 Nr. 4 und in § 9 Abs. 2a BauGB verwendet. Mit der Erhaltung und Entwicklung von zentralen Versorgungsbereichen werden neben der Sicherstellung der wohnortnahen Versorgung, der angesichts der demografischen Entwicklung in Richtung einer immer älter werdenden und dadurch auch mit gerin-

2. Abschnitt. Vorbereitender Bauleitplan (Flächennutzungsplan) § 5

gerer Mobilität ausgestatteten Bevölkerung, eine besondere gesellschaftliche und soziale Bedeutung zukommt, insbesondere auch zu einer Stärkung der Urbanität der Städte sowie insgesamt der Innenentwicklung beigetragen. Der Erhaltung, aber auch der Entwicklung von zentralen Versorgungsbereichen soll durch eine neu geschaffene Darstellungsmöglichkeit in § 5 Abs. 2 Nr. 2d nunmehr ausdrücklich Rechnung getragen werden.

Auch vor dem Inkrafttreten der Innenentwicklungsnovelle 2013 konnten im Flächennutzungsplan zentrale Versorgungsbereiche dargestellt werden, da der Darstellungskatalog in § 5 Abs. 2 lediglich eine nicht abgeschlossene Auflistung von Darstellungsmöglichkeiten enthält (→ Rn. 11). Vor diesem Hintergrund hat die nunmehr in § 2 Abs. 2 Nr. 2d enthaltene Möglichkeit zur Darstellung zentraler Versorgungsbereiche **eher klarstellenden Charakter.** Inwieweit eine Gemeinde von dieser Darstellungsmöglichkeit Gebrauch macht, bedarf reiflicher Überlegungen, da mit der Darstellung zentraler Versorgungsbereiche einerseits vorauslaufende Sachuntersuchungen etwa zur räumlichen Abgrenzung oder zu den städtebaulichen Zielsetzungen (zu informellen Konzepten → Rn. 17i), andererseits aber auch interne Bindungswirkungen im Hinblick auf die Ableitung von verbindlichen Bebauungsplänen verbunden sind (→ Rn. 17k). **17g**

§ 2 Abs. 2 Nr. 2d verfolgt das Ziel, mit dem das gesamte Gemeindegebiet erfassenden Flächennutzungsplan einen **Überblick über die Ausstattung des Gemeindegebiets** mit bestimmten und für die Stadtentwicklung wesentlichen Anlagen, Einrichtungen und sonstigen Maßnahmen zu geben. Während die in Abs. 2 Nr. 2b und c enthaltenen Ausstattungsmerkmale Bezug auf die heute schon wichtigen aber in der Zukunft noch mehr an Bedeutung gewinnenden Aufgaben des Klimaschutzes und der Bewältigung der Folgen des Klimawandels nehmen, stellt Abs. 2 Nr. 2a insbesondere auf die Ausstattung des Gemeindegebiets mit Anlagen und Einrichtungen des Gemeinbedarfs und damit wesentlich auf die Sicherstellung der Daseinsvorsorge ab. Abs. 2 Nr. 2d flankiert und ergänzt insoweit Abs. 2 Nr. 2a und bezieht sich auf die Versorgungssicherheit der Bevölkerung durch die Erhaltung und Entwicklung von zentralen Versorgungsbereichen. Wie bei den von Abs. 2 Nr. 2a bis c erfassten Anlagen, Einrichtungen und Maßnahmen, so geht es auch bei Abs. 2 Nr. 2d sowohl um die Darstellung **bereits vorhandener,** aber gleichermaßen auch, den zukunftsorientierten Charakter des Flächennutzungsplans zum Ausdruck bringender, **zu entwickelnder zentraler Versorgungsbereiche** (auch *Krautzberger/Stüer* DVBl. 2013, 805 (810); *Stüer* DVBl. 2012, 1019). **17h**

Mit der Ausgestaltung der Darstellungsmöglichkeit in Abs. 2 Nr. 2d können die Gemeinden die von ihnen aufgestellten **Einzelhandels- und Zentrenkonzepten** auch in die gesamtgemeindliche Planungsebene integrieren. Den informellen Plankonzepten kann hierdurch außerdem ein **stärkeres rechtliches Gewicht** verliehen werden, denn ihre inhaltlichen Aussagen sind im Rahmen des Aufstellungs-, Änderungs- oder Ergänzungsverfahrens für den Flächennutzungsplan gleichzeitig auch Gegenstand der Öffentlichkeits- und Behördenbeteiligung. Darüber hinaus besteht die Möglichkeit, bereits frühzeitig eine **Koordination** der verschiedenen zentralen Versorgungsbereiche in der Gemeinde, mit den Nachbargemeinden sowie mit den raumordnerischen Zielsetzungen vorzunehmen. **17i**

Die eigentliche **zeichnerische Darstellung** der zentralen Versorgungsbereiche kann auf unterschiedliche Art und Weise erfolgen. Möglich ist zunächst eine nach § 1 Abs. 2 BauNVO zulässige Konkretisierung der Darstellung von Baugebieten iSv Kern- oder Sondergebieten. Außerdem kann die Darstellung durch eine Überlagerung von Bauflächen/Baugebieten iSv § 1 Abs. 1 und 2 BauNVO mit der eigens ausgestalteten Darstellung „Zentraler Versorgungsbereich" vorgenommen werden. **17j**

Aus den im Flächennutzungsplan dargestellten zentralen Versorgungsbereichen können dann auf der nachfolgenden Ebene der verbindlichen Bauleitplanung ent- **17k**

sprechende **Bebauungspläne entwickelt** werden, um einerseits eine Konkretisierung der eigentlichen zentralen Versorgungsbereiche (sog „Feinsteuerung") vorzunehmen sowie andererseits durch den Ausschluss oder die Beschränkung von zentrenrelevanten Einzelhandelsnutzungen entweder zum Erhalt oder zur Entwicklung des zentralen Versorgungsbereichs beizutragen. Aber auch für die **Zulässigkeitsbeurteilung von Vorhaben im unbeplanten Innenbereich nach § 34 Abs. 3 BauGB** können mit der Darstellung von zentralen Versorgungsbereichen im Flächennutzungsplan Erleichterungen iS einer Hinweisfunktion verbunden sein, wenn es nämlich um die grundsätzliche Klärung ihres Vorhandenseins geht, da insoweit schädliche Auswirkungen auf tatsächlich vorhandene zentrale Versorgungsbereiche in der Gemeinde selbst sowie auch in den Nachbargemeinden nicht zu erwarten sein dürfen.

171 Wird das dem Flächennutzungsplan regelmäßig zugrunde liegende Einzelhandels- und Zentrenkonzept fortgeschrieben und dabei ggf. verändert, hat dies auch das Erfordernis zur **Änderung des Flächennutzungsplans** zur Folge.

18 c) **Zu Nr. 3: Verkehrsflächen.** Nach Nr. 3 sind die Flächen für den überörtlichen Verkehr und für die örtlichen Hauptverkehrszüge darzustellen. Neben den Bauflächen sind die **Verkehrsflächen** die den Flächennutzungsplan prägenden Darstellungen. Dabei meint Verkehr iS der Nr. 3 **nicht nur den Straßenverkehr, sondern auch alle anderen Verkehrsarten mit Ausnahme des Wasserverkehrs,** für den in Nr. 7 eine eigene Darstellungsmöglichkeit vorgesehen ist. Durch eine Darstellung der Flächen für den überörtlichen Verkehr soll die verkehrliche Anbindung der Gemeinde an das überörtliche Verkehrsnetz verdeutlicht werden. Für die Darstellung von solchen Arten der baulichen Nutzung, die mit einem größeren Verkehrsaufkommen verbunden sind, ist die Lage zu den überörtlichen Verkehrsflächen ein entscheidendes Kriterium (zB für die Darstellung von Sondergebieten für den großflächigen Einzelhandel oder von gewerblichen Bauflächen). Bei den überörtlichen Verkehrsflächen, die nicht nur Verkehrszüge erfassen, sondern auch Verkehrsflächen, wie zB Flughäfen und Bahnhöfe, ist der Gemeinde allerdings die planerische Entscheidungskompetenz weitgehend entzogen. Gleichwohl kann sie solche Fachplanungen als eigene Darstellungen übernehmen; sie kann sich aber auch auf die nachrichtliche Übernahme nach Abs. 4 (→ Rn. 44) beschränken. Da der Flächennutzungsplan nur die Grundzüge der gemeindlichen Entwicklung aufzeigen soll, beschränkt Nr. 3 die Darstellungsmöglichkeit bei den örtlichen Verkehrsflächen auf die besonders bedeutsamen und hier nur auf die Verkehrszüge; natürlich können auch größere Plätze dazu gehören. Erfasst werden in der Regel Eisenbahn-, Straßenbahn- und U-Bahntrassen sowie die dazugehörigen baulichen Anlagen und Einrichtungen, insbesondere die Bahnhofsbauten, aber auch alle örtlich bedeutsamen Straßen (zB größer Sammel- und Erschließungsstraßen). Weitere Einzelheiten kann der Verkehrsentwicklungsplan enthalten. Zu den besonderen Problemen bei der Überplanung **entbehrlicher Bahnflächen,** wobei der Flächennutzungsplan bestenfalls eine untergeordnete Rolle spielt, vgl. instruktiv *Ministerium für Städtebau und Wohnen, Kultur und Sport des Landes Nordrhein-Westfalen*, Bahnflächen zur Stadt machen, 2000, sowie → § 9 Rn. 57 ff.

19 d) **Zu Nr. 4: Versorgungsanlagen.** Nach **Nr. 4** können die Flächen für Versorgungsanlagen, für die Abfallentsorgung und Abwasserbeseitigung, für Ablagerungen sowie für Hauptversorgungs- und Hauptabwasserleitungen dargestellt werden. Erfasst werden danach Anlagen und Hauptleitungen für die Versorgung der Bevölkerung mit Elektrizität, Gas, Wasser und Wärme sowie die Abwasserbeseitigung und die Abfallentsorgung. Heute erlangt dabei insbesondere die energetische Versorgung eine besondere Bedeutung. Die Versorgung der Bevölkerung mit diesen Gütern und ihre schadlose Entsorgung ist eine Aufgabe der Daseinsvorsorge. Nr. 4 erfasst daher nur die **öffentliche Ver- und Entsorgung,** wobei es unerheblich ist, ob der Betreiber privat- oder öffentlich-rechtlich organisiert ist (vgl. *Gaentzsch/Philipp/Tepperwien* in BK

2. Abschnitt. Vorbereitender Bauleitplan (Flächennutzungsplan) § 5

§ 5 Rn. 32). Dient eine Versorgungsanlage nur der Eigenversorgung, so kann sie nicht nach Nr. 4 dargestellt werden. Versorgen jedoch Anlage und Leitung einen abgegrenzten größeren Personenkreis, etwa die Bewohner einer Siedlung, mit zB Wärme aus einem Blockheizkraftwerk, so handelt es sich hierbei auch um öffentliche Versorgung. Dies gilt auch für Kraft-Wärme-Kopplungsanlagen, soweit diese nicht nur der privaten Versorgung dienen. Flächen für **Fernmeldeanlagen,** wie zB Fernsehtürme oder **Mobilfunkmasten** nach § 1 Abs. 6 Nr. 8d, werden ebenfalls von Nr. 4 erfasst. Nach § 35 Abs. 3 S. 3 kann die Gemeinde für solche Anlagen, aber auch für Anlagen und Einrichtungen zur Nutzung der Wind- und Wasserkraft oder der Biomasse im Flächennutzungsplan Vorrang- oder Konzentrationsflächen ausweisen und damit die Errichtung solcher Anlagen auf den Grundlagen einer planerischen Konzeption räumlich steuern (vgl. zu Mobilfunkanlagen, *Herkner* BauR 2006, 1399 (1406 ff.); *Schidlowski/Duikers* BauR 2007, 1503 (1512 f.); zu erneuerbaren Energien, vgl. *Mitschang* ZfBR 2010, 534 (536), andernfalls als Sonderbauflächen nach § 1 Abs. 1 Nr. 4, § 11 Abs. 2 S. 2 BauNVO, vgl. *Söfker* ZfBR 2008, 14 (18 f.)).

Mit den Flächen für die Abfallentsorgung sind Flächen, die der Beseitigung und Verwertung von Abfällen nach § 3 Abs. 7 KrW-/AbfG dienen, angesprochen. Deren Bau setzt regelmäßig ein Planfeststellungsverfahren nach § 31 Abs. 2 KrW-/AbfG voraus. Eine eigenständige Regelungsbefugnis der Gemeinde scheidet insoweit aus. Sie kann aber durch die Darstellung derartiger Flächen im Flächennutzungsplan – sinnvollerweise in Abstimmung mit den für die Abfallbeseitigung zuständigen Trägern öffentlicher Belange – eine Standortsicherung betreiben. Nichts anderes gilt im Zusammenhang mit der Darstellung von Flächen für die **Abwasserbeseitigung.**

Mit der Einbeziehung der **Ablagerungen,** bei denen es sich um Vorhaben iS des § 29 Abs. 1 handelt, ist ein Auffangtatbestand geschaffen worden für die Deponierung solcher Stoffe, die nicht dem KrW-/AbfG unterliegen oder auf gewerblichen Lagerplätzen, insbesondere in gewerblichen Bauflächen gelagert werden (vgl. *Gaentzsch/Philipp Tepperwien* in BK § 5 Rn. 32; *Söfker* in EZBK § 5 Rn. 33).

e) Zu Nr. 5: Grünflächen. Nach § 5 Abs. 2 Nr. 5 können im Flächennutzungsplan Grünflächen, wie Parkanlagen, Dauerkleingärten, Sport-, Spiel-, Zelt- und Badeplätze sowie Friedhöfe dargestellt werden. Die Aufzählung ist nicht abschließend, sondern nur beispielhaft. Nach der Rspr. des Bayerischen VGH (Urt. v. 13.5.2008 – 9 N 05/3240, BeckRS 2008, 36522) wird auch eine Stadtgärtnerei vom Begriff der „Grünfläche" erfasst. Dem ist allerdings insoweit entgegenzutreten, dass zwar auf einer Grünfläche auch untergeordnete bauliche Anlagen grundsätzlich zulässig sind, sich die Fläche aber gleichwohl überwiegend in ihrer Nutzungsart darstellen muss (vgl. zur Festsetzung im Bebauungsplan: VGH Baden-Württemberg Urt. v. 16.4.2008 – 3 S 1771/07, ZfBR 2009, 74). Die **Grünflächen** nach **Nr. 5** sind vor allem gegen die Flächen für die Landwirtschaft und für Wald nach Nr. 9 sowie gegen die Flächen für Sport- und Spielanlagen nach Nr. 2 abzugrenzen. Bei den Flächen nach Nr. 5 sind solche Grünflächen gemeint, die in bebaute Gebiete eingegliedert oder ihnen zugeordnet sind und daher **unmittelbar städtebauliche Bedeutung** haben (vgl. *Schiller* in BRS Rn. 166). Sie sollen vor allem der Naherholung der Bewohner, der Verbesserung des Kleinklimas oder der Auflockerung und Gliederung der Bebauung dienen und sind insoweit stärker als die Flächen für Landwirtschaft oder Wald primär an öffentlichen Interessen ausgerichtet (*Jaeger* in US § 5 Rn. 53). Wenn diese städtebauliche Funktion erfüllt wird, ist es unerheblich, ob die Grünflächen auch überörtliche Bedeutung besitzen. Im Gegensatz zu der Darstellung von Flächen nach Nr. 9, die in der Regel einen vorhandenen Bestand wiedergibt, kann die Darstellung von Flächen nach Nr. 5 letztlich zu einer Entschädigungsverpflichtung nach § 40 Abs. 1 S. 1 Nr. 8 führen. Sind Sport- oder Spielanlagen in Grünflächen integriert, so können sie trotz Nr. 2 auch weiterhin als – unselbständige – Bestandteile von Grünanlagen dargestellt werden. Die Darstellung von Grünflächen

kann auch zum **Ausgleich für Eingriffe** in Natur und Landschaft nach § 1 a Abs. 3 und § 5 Abs. 2a in Betracht kommen (→ Rn. 35 a ff.).

21 Aus Gründen der vollständigen Information der Bürger bei deren Beteiligung, aber auch zur Verdeutlichung der planerischen Konzeption und möglicher Folgewirkungen für die Erschließung ist es bereits im Flächennutzungsplan oftmals zweckmäßig, die **vorgesehene Nutzung** der Grünfläche weiter zu **konkretisieren** (vgl. BVerwG ZfBR 1995, 222). Dabei genügt es im Flächennutzungsplan, die **Grundrichtung der angestrebten Nutzung** zu bezeichnen, zB Fläche für Sport- oder Spielplatz. Im Bebauungsplan kann dann hieraus etwa ein Abenteuerspielplatz werden, nicht aber ein Friedhof. Auch kann aus einer lediglich als „Grünfläche" dargestellten Fläche keine Nutzung als Dauerkleingarten hergeleitet werden.

Grünflächen können aber auch dargestellt werden, wenn es etwa um die Sicherung solcher Flächen für den Klimaschutz geht. Nicht auszuschließen ist auch eine Nutzung für erneuerbare Energien, zB für Windenergieanlagen (im Einzelnen *Mitschang* ZfBR 2010, 534 (536)).

22 Obwohl in Nr. 5 nicht wie in § 9 Abs. 1 Nr. 15 zwischen **öffentlichen und privaten Grünflächen** unterschieden wird, ist es schon bei der Darstellung im Flächennutzungsplan möglich, eine solche Bestimmung zu treffen; dies wird in der Regel zur Klarstellung der planerischen Konzeption sogar geboten sein. So können etwa **Dauerkleingärten** (→ § 9 Rn. 57) nur als private Grünflächen dargestellt werden. Die Darstellung sollte ausdrücklich Dauerkleingärten bestimmen, um den beabsichtigten Nutzungszweck der Grünfläche deutlich zu machen; kleingärtnerische Nutzung oder Kleingärten nach Nr. 5 können auch ganz anders strukturierte Eigentümergärten sein und sind nicht ohne weiteres Dauerkleingärten nach dem BKleingG, weil dessen § 1 Abs. 3 die ausdrückliche Festsetzung im Bebauungsplan als Dauerkleingärten voraussetzt. Im Übrigen wird es auf die besondere Interessenlage der Gemeinde und potenzieller Benutzer oder Betreiber ankommen. Eine Differenzierung zwischen bebaubaren Grundstücksteilen und privaten Gartenflächen ist auf der Ebene des Flächennutzungsplans allerdings grundsätzlich entbehrlich (OVG Rheinland-Pfalz Urt. v. 12.7.2012 – 1 C 11 236/11, BauR 2012, 1753).

23 **f) Zu Nr. 6: Immissionsschutz.** Nr. 6 erlaubt es der Gemeinde, die Flächen für Nutzungsbeschränkungen oder für Vorkehrungen zum Schutz gegen schädliche Umwelteinwirkungen iS des BImSchG darzustellen. Nutzbar gemacht werden kann die Darstellung sowohl für den Schutz von empfindlichen Nutzungen vor schädlichen Umwelteinwirkungen (zB Schutz der Wohnnutzung) sowie umgekehrt iS des Interesses von emittierenden Nutzungen (zB Flächen für spezifische Nutzungsbeschränkungen). Nr. 6 stellt dabei der Gemeinde zur Vermeidung – bei Neuplanungen – oder zur Milderung – bei Umplanungen – von sich gegenseitig beeinträchtigenden Nutzungen (Gemengelagen) zwei Darstellungsarten zur Verfügung, nämlich die Darstellung von Flächen für **Nutzungsbeschränkungen** und die Darstellung von Flächen für **bestimmte Vorkehrungen zum Schutz gegen schädliche Umwelteinwirkungen** iS von § 3 Abs. 1 (Legaldefinition) bzw 4 BImSchG.

24 Durch die Darstellung von **Nutzungsbeschränkungen** kann zB erreicht werden, dass auf einer als **Gewerbegebiet** ausgewiesenen Fläche auf dem Teil, der an ein Wohngebiet angrenzt, keine emittierenden Anlagen errichtet werden dürfen. Aber auch im Zusammenhang mit gewerblichen **Tierhaltungsanlagen sowie** mit allen anderen **emissionsträchtigen Anlagen** kann diese Darstellungsmöglichkeit hilfreich sein. Weil eine solche Darstellung bei ihrer Übernahme und Fortentwicklung durch Festsetzungen nach § 9 Abs. 1 Nr. 24 in Verbindung mit § 1 Abs. 4 BauNVO in einem Bebauungsplan einen davon betroffenen Gewerbebetrieb zu innerbetrieblichen Umstrukturierungen zwingen kann, setzt die Darstellung solcher Nutzungsbeschränkungen eine eingehende **Erörterung mit den Betroffenen** voraus. Ansonsten kann die Darstellung von vornherein sinnlos oder gar unmöglich oder sogar rechtswidrig sein.

2. Abschnitt. Vorbereitender Bauleitplan (Flächennutzungsplan) § 5

Während die Darstellung von Flächen für Nutzungsbeschränkungen stets die Darstellung anderer Nutzungen wie zB Gewerbegebiet oder Grünfläche überlagert, kann die Darstellung von **Vorkehrungen** sowohl als selbstständige Darstellung als auch als überlagernde Darstellung einer anderen Nutzungsart erfolgen. So können etwa für ein dargestelltes Wohngebiet Lärmschutzvorkehrungen überlagernd dargestellt werden. Es kann aber auch nur eine Fläche für Vorkehrungen, etwa für einen Lärmschutzwall, als selbstständige Darstellung getroffen werden. Einzelheiten können in informellen Plänen, aber auch in neu erstellten Lärmaktionsplänen auf der Grundlage von Lärmkarten nach §§ 47a bis 47f BImSchG enthalten sein, die zur Umsetzung der Umgebungslärmrichtlinie der EU ergangen sind (vgl. hierzu *Steinebach* ZfBR 2005, 344 ff.; *Mitschang* ZfBR 2006, 430 ff.). Zur **Luftreinhaltung** vgl. *Sparwasser* NVwZ 2006, 369 (371); → § 1 Rn. 69. Welche Vorkehrungen im Einzelnen dies sind, blieb nach bisher herrschender Meinung (vgl. nur *Gaentzsch/Philipp/Tepperwien* in BK § 5 Rn. 34; *Mitschang*, Der Flächennutzungsplan, 2003, Rn. 543; *W. Schrödter* in Schrödter § 5 Rn. 52; 10. Aufl. dieses Kommentars mwN) wegen der Beschränkung des Flächennutzungsplans auf die Darstellung der Grundzüge der beabsichtigten Bodennutzung der Festsetzung im Bebauungsplan oder sogar dem Baugenehmigungsverfahren überlassen (*Schiller* in BRS Rn. 170). Das BVerwG hat aber in seiner Entscheidung vom 18.8.2005 (NVwZ 2006, 87 ff.) ausgeführt, dass auch im Flächennutzungsplan **detaillierte, ggf. numerisch-präzise Schwellenwerte** zur Begrenzung von Geruchsemissionen nach Abs. 2 Nr. 6 dargestellt werden können, wenn sie einen Nutzungskonflikt regeln, der die gesamträumliche Entwicklung der Gemeinde wesentlich beeinflusst und nicht nur wenige Grundstücke betrifft. In diesen Fällen könne der Flächennutzungsplan nur so seine gesetzlich vorgesehene Steuerungsfunktion erfüllen. Trotz dieser punktuellen Detailschärfe erhalte der Flächennutzungsplan auch insoweit nicht generell die Außenwirkung eines Bebauungsplans. Vielmehr bleibe es bei der Regelung in § 35 Abs. 3 S. 1 Nr. 1, nach der Darstellungen eines Flächennutzungsplans als öffentlicher Belang auf die nachvollziehende Abwägung im Baugenehmigungsverfahren einwirkten. Liege allerdings der Darstellung eine fehlerfreie Abwägung zugrunde, werde sie sich auch im Baugenehmigungsverfahren durchsetzen (vgl. hierzu *Rojahn* in Mitschang, Flächennutzungsplanung – Aufgabenwandel und Perspektiven, III, 2007, 105 ff.; zu Rechtschutzfragen → Rn. 46a). 25

Auch im Hinblick auf klimaschützende und energieeinsparende Zielsetzungen kann auf Nr. 6 zurückgegriffen werden. So können die Flächen für Nutzungsbeschränkungen auch für die Gewinnung von erneuerbaren Energien eingesetzt werden, in dem bspw. auf den gewerblichen Bauflächen eines Betriebs zwar zum Schutze der empfindlichen Nachbarnutzungen bestimmte Nutzungen beschränkt werden, aber Anlagen für die Gewinnung erneuerbarer Energie ausdrücklich ausgenommen werden. Und umgekehrt kann auf Flächen für Vorkehrungen zum Schutz vor schädlichen Umwelteinwirkungen überlagernd eine Darstellung für klimaverbessernde Grünflächen getroffen werden.

g) Zu Nr. 7: Wasserflächen. Nach § 5 Abs. 2 Nr. 7 können im Flächennutzungsplan Wasserflächen, Häfen und die für die Wasserwirtschaft vorgesehenen Flächen, die im Interesse des Hochwasserschutzes und der Regelung des Wasserabflusses freizuhalten sind, dargestellt werden. Allerdings sind die für Angebotsbebauungspläne entwickelten Grundsätze in Bezug auf das Gebot der Konfliktbewältigung nicht ohne weiteres auf vorhabenbezogene Bebauungspläne übertragbar, sodass Nutzungskonflikte, die die Grundzüge der Planung betreffen, im vorhabenbezogenen Bebauungsplan selbst und nicht in einem nachfolgenden Baugenehmigungsverfahren zu klären sind. Die Möglichkeiten für einen solchen Konflikttransfer sind umso geringer, je mehr das geplante Vorhaben durch die Festsetzungen im Bebauungsplan sowie in ergänzenden Regelungen konkretisiert wird (Sächs. OVG Urt. v. 13.10.2011 – 1 C 9/09, BauR 2012, 1205 (1207)). **Wasserflächen** nach **Nr. 7** sind oberirdische, natür- 26

§ 5

liche oder künstliche, stehende oder fließende Gewässer wie Flüsse, Kanäle Seen und Teiche, soweit sie nicht im Rahmen von Grünflächen einer gesonderten Darstellung entbehren, sowie in Ergänzung der Darstellungen für den Verkehr nach Nr. 3 die natürlichen oder künstlichen **Wasserstraßen**. Wasserflächen können auch als **Flächen zum Ausgleich** von Eingriffen in Natur und Landschaft dargestellt werden (→ Rn. 35 a ff.). Wegen ihrer besonderen wirtschaftlichen und städtebaulichen Bedeutung können **größere Häfen als Sonderbauflächen nach § 1 Abs. 1 Nr. 4 BauNVO** gesondert dargestellt werden (*Söfker* in EZBK § 5 Rn. 48). Flächen für die Versorgung mit Wasser und für die Beseitigung des Abwassers gehören nebst dem erforderlichen Leitungsnetz zu den Darstellungen nach Nr. 4. Die Darstellung von Flächen für den Hochwasserschutz ist für die Flächennutzungsplanung zunehmend von Bedeutung (ausführlich zu den unterschiedlichen Möglichkeiten: *Mitschang* LKV 2006, 433 ff.; *Köck* ZUR 2015, 515 (524)). Dem **Hochwasserschutz** (→ Rn. 44 a) dienen Deiche und Dämme, dem **Wasserabfluss** Kanäle, Vorfluter und Gräben, aber auch freie Flächen daneben zum Hochwasserabfluss (vgl. § 76 WHG). Flächen für die Wasserwirtschaft (zB Talsperren, Stauseen) sichern die Erfüllung der Aufgaben nach dem Wasserhaushaltsgesetz des Bundes und den Landeswassergesetzen.

27 Planungen auf dem Gebiet des Wasserstraßen- und Wasserhaushaltsrechts sind weitgehend der gemeindlichen Planungshoheit entzogen. Hier sind Planfeststellungen nach dem Bundeswasserstraßengesetz (zB § 14 WaStrG), nach dem Wasserhaushaltsgesetz (zB § 68 WHG) und den Landeswassergesetzen vorgesehen. Derlei Planungen hat die Gemeinde nach Abs. 4 nachrichtlich zu übernehmen oder zu vermerken. Dies hindert jedoch nicht eine eigene Darstellung der Gemeinde im Flächennutzungsplan, etwa zur Vorbereitung oder räumlichen Verortung sowie zur Sicherung der Flächen für eine solche Planung.

28 **h) Zu Nr. 8: Aufschüttungen und Abgrabungen.** Flächen für Aufschüttungen, Abgrabungen oder für die Gewinnung von Steinen, Erden und anderen Bodenschätzen können nach § 5 Abs. 2 Nr. 8 im Flächennutzungsplan dargestellt werden. Meistens kommt eine Darstellung im Zusammenhang mit industriell oder gewerblich genutzten Betriebsflächen in Frage, so dass für Aufschüttungen und Abgrabungen auch auf deren Darstellungsmöglichkeit zurückgegriffen wird (*Jaeger* in BeckOK BauGB § 5 Rn. 61). **Nr. 8** ist in doppelter Hinsicht einschränkend auszulegen (zu den Begriffen → § 9 Rn. 94). Zum einen werden solche **Aufschüttungen** und **Abgrabungen** nicht erfasst, die im Rahmen einer anderen Darstellung ohne weiteres zulässig sind. So können etwa die Aufschüttungen, die für die Errichtung einer Straße erforderlich sind, auf der Grundlage einer Darstellung nach Nr. 3 ohne weiteres vorgenommen werden. Zum anderen unterliegen nach § 29 Abs. 1 nur Aufschüttungen und Abgrabungen, die einen größeren Umfang erreichen, den Vorschriften über die Zulässigkeit von Vorhaben. Nur die Darstellung solcher Aufschüttungen oder Abgrabungen kann daher in der Bauleitplanung erfolgen. Dabei stehen das planerische Ermessen bei der Darstellung nach Abs. 2 (→ Rn. 12) und das Erfordernis „größeren Umfangs" nach § 29 Abs. 1 in einer Wechselbeziehung zueinander: Nur die Darstellung von Anlagen größeren Umfangs kann planerisch ermessensfehlerfrei sein, nur bei planungsrechtlicher Relevanz kann eine Anlage „größeren Umfangs" sein. In beider Hinsicht entscheidend ist also die **städtebauliche Bedeutung** einer Aufschüttung oder Abgrabung, nicht so sehr ihr quantitativer Umfang; dieser kann je nach Lage des Vorhabens sehr unterschiedlich sein und doch eine ähnliche städtebauliche Bedeutung haben.

29 Darstellungen von Flächen für die Gewinnung von Steinen, Erden und anderen Bodenschätzen verlangen zunächst nach einer Differenzierung in die Form der Gewinnung. Handelt es sich um einen unterirdischen Abbau, insbesondere wenn es sich um einen Abbau in tieferen Regionen handelt, erweist sich eine Kennzeichnung (*Gaentzsch / Philipp / Teppenwien* in BK § 5 Rn. 36) nach Abs. 3 Nr. 2 (→ Rn. 39) ggf. als

2. Abschnitt. Vorbereitender Bauleitplan (Flächennutzungsplan) § 5

sinnvoller, denn in diesen Fällen ist oberirdisch noch eine andere Bodennutzung zulässig (zB Landwirtschaft oder Wald, ggf. sogar spezifische Siedlungsnutzungen). Dabei ist jedoch das einschlägige Fachrecht mit dem Planfeststellungsverfahren zu beachten, das dann nur noch eine nachrichtliche Übernahme oder einen Vermerk der betreffenden Flächen zulässt (zB nach § 52 Abs. 2a BBergG). Die Darstellung nach Nr. 8 hat für die Genehmigung von **Vorhaben zur Gewinnung von Bodenschätzen** nach § 35 uU ausschlaggebende Bedeutung (→ § 35 Rn. 28). Dabei kann der Darstellung von Abgrabungsflächen nicht nur eine **positive,** Abgrabungen erlaubende, sondern auch eine **negative,** Abgrabungen an anderer Stelle als öffentlicher Belang iS des § 35 Abs. 3 S. 3 (vgl. *Gaentzsch* NVwZ 1998, 889 (894); *Gaentzsch* in BK § 9 Rn. 46; zum Kiesabbau vgl. VGH München BauR 2005, 63 ff.; ferner → Rn. 35 e, 47) entgegenstehende **Bedeutung** zukommen; diese Funktion der Darstellung muss aber in der Begründung eindeutig ihren Niederschlag finden (BVerwG DVBl. 1987, 1008 (1010); Urt. v. 18.8.2005 – 4 C 13/04, NVwZ 2006, 87 (88)).

Wird für die Gewinnung von Steinen usw. die Erdoberfläche nicht in Anspruch genommen, so sind solche Flächen lediglich nach Abs. 3 zu kennzeichnen. Führt die Lagerung von Abfällen zu Aufschüttungen (Ablagerungen), so ist hierfür die Darstellung nach Nr. 4 zu verwenden. 30

i) Zu Nr. 9: Landwirtschaft und Wald. Nach **Nr. 9a** können Flächen für die **Landwirtschaft** in den Flächennutzungsplan aufgenommen werden, und zwar iS einer gegenwärtig stattfindenden, aber auch als eine beabsichtigte, aber noch nicht realisierte Bodennutzung. Der Begriff der Landwirtschaft ergibt sich aus der Legaldefinition in § 201. Dementsprechend ist im Flächennutzungsplan bereits möglich, Flächen für eine bestimmte der in § 201 genannten Arten der Landwirtschaft gesondert darzustellen. Bei der Darstellung von Flächen für die Landwirtschaft ist deren besondere Bedeutung für die Erhaltung und Sicherung der natürlichen Lebensgrundlagen der Bevölkerung zu beachten (vgl. zur Bedeutung entsprechender Ausführungen im Erläuterungsbericht zur Abwehr anderer Nutzungen BVerwG DVBl. 1987, 1008 (1009)) und das Gebot nach § 1a Abs. 2 S. 2 und 4 zu bedenken, solche Flächen nur im notwendigen Umfang für andere Nutzungsarten vorzusehen. Dies schränkt auch die Möglichkeit ein, Landwirtschaftsflächen als **Flächen zum Ausgleich von Eingriffen** iS des Abs. 2a darzustellen. Denn landwirtschaftliche Flächen sind als solche für einen Ausgleich nicht geeignet; nötig ist vielmehr die Anhebung ihrer ökologischen Wertigkeit, was bei konventionell betriebener Landwirtschaft nicht möglich ist. Abzulehnen ist daher die Auffassung von *Metz* BauR 1999, 841 (845), der vorschlägt, auf die Darstellung von Ausgleichsflächen zu verzichten und sie aus Flächen für die Land- und Forstwirtschaft zu entwickeln (→ Rn. 35 d). Vgl. hierzu auch BVerwG, U. v. 25.6.2014 – 4 CN 4/13, ZfBR 2014, 763 (764). Die Darstellung von Flächen für die Landwirtschaft hat große Bedeutung für die Steuerung der Bebauung im Sinne einer geordneten städtebaulichen Entwicklung, da ihr für die Genehmigung von Bauvorhaben im Außenbereich nach § 35 große Bedeutung zukommt. Die Darstellung einer Fläche als Fläche für die Landwirtschaft kann auch einem städtebaulich motivierten **„Freihalteinteresse"** der Gemeinde entsprechen, bestimmte dafür besonders geeignete Flächen für eine augenblicklich nicht absehbare spätere Nutzung offenzuhalten. Rechtliche Bedeutung – etwa im Rahmen des § 35 – kommt einer solchen Darstellung aber nur zu, wenn das dahinterstehende planerische Entwicklungskonzept im Erläuterungsbericht konkret flächenbezogen Ausdruck gefunden hat; die Darstellung allein reicht nicht (BVerwG ZfBR 1990, 41 (42 f.)). 31

Auch für den **Klimaschutz sowie für die Nutzung von erneuerbaren Energien** kommen Darstellungen nach Nr. 9 in Betracht. Windenergieanlagen können auf Flächen für die Landwirtschaft grundsätzlich errichtet werden. Beide Nutzungen sind nebeneinander möglich. Nur soweit konkrete Darstellungen landwirtschaftli- 31a

Mitschang

cher Flächen im Flächennutzungsplan erfolgen, können sie der Genehmigungsfähigkeit eines privilegierten Vorhabens entgegenstehen. Mittlerweile geklärt ist, dass die rein abstrakte Darstellung landwirtschaftlicher Flächen in der Form einer „Freihalteplanung" nicht ausreicht (vgl. BVerwG Urt. v. 24.1.2008 – 4 CN 2/07, NVwZ 2008, 559 (560)). Regelmäßig muss dabei auf eine Überlagerung von Darstellungen nach Nr. 9 und Nr. 4 zurückgegriffen werden. Wald ist maßgeblich an der Reduzierung von Kohlendioxid beteiligt und hat ebenso Bedeutung für Errichtung von Windenergieanlagen sowie als Grundlage für Biomasse.

32 Nach **Nr. 9b** können Flächen für **Wald** dargestellt werden. Eine Definition von „Wald" enthält § 2 BWaldG. Damit folgt der Sprachgebrauch des BauGB zum einen den Waldgesetzen des Bundes und der Länder und verdeutlicht zum anderen, dass Wald auch dann als solcher dargestellt werden kann, wenn er primär Erholungszwecken oder dem Klimaschutz bzw. auch der Klimaregulierung und nicht der Forstwirtschaft dient. Da das BauGB keine unterschiedlichen Rechtsfolgen an die Darstellung von Flächen für die Landwirtschaft oder für Wald knüpft (etwa → § 1 a Abs. 2 S. 3, § 135 Abs. 4), kann die Darstellung auch alternativ, also nicht nach Landwirtschaft und Wald getrennt, erfolgen.

33 **j) Zu Nr. 10: Natur- und Landschaftsschutz.** Nach **Nr. 10** können **Flächen für Maßnahmen zum Schutz, zur Pflege und zur Entwicklung von Natur und Landschaft** und des **Bodens** dargestellt werden. Die Darstellung nach Nr. 10 bezieht sich nur auf Flächen für Maßnahmen. Die konkreten Maßnahmen können dann im Bebauungsplan festgesetzt werden (→ § 9 Rn. 108). Regelungsgegenstände sind sowohl Natur und Landschaft als auch der Boden. Wie bei Nr. 9 kann sich eine Darstellung auch auf beide Regelungsgegenstände beziehen (*Gaentzsch/Philipp/Teppervien* in BK § 5 Rn. 39; *Jaeger* in SU § 5 Rn. 64).

Die Regelung hat eine doppelte Funktion. Zum einen ist sie eine originär **städtebaurechtliche Bestimmung.** Sie ermöglicht der Gemeinde, nach eigenem planerischen Ermessen die Flächen für landschaftsschützende Maßnahmen darzustellen, die zum Ausgleich von geplanten baulichen Eingriffen in Natur und Landschaft erforderlich sind (→ Rn. 35 a ff.). Sie trägt daher weiterhin zur Sicherung einer menschenwürdigen Umwelt sowie des Schutzes und der Entwicklung der natürlichen Lebensgrundlagen nach § 1 Abs. 5 S. 2 bei. Außerdem setzt ihre Anwendung voraus, dass der **Zustand von Natur und Landschaft** im Gemeindegebiet **vorher ermittelt und bewertet** wurde, wie dies für den **Grundlagenteil eines Landschaftsplans** nach § 9 Abs. 3 S. 1 Nr. 1 und 3 BNatSchG erforderlich ist und jetzt nach § 2 Abs. 4 durch den Umweltbericht erfolgt. Liegen Landschaftspläne vor, sind deren Bestandsaufnahmen und Bewertungen nach § 2 Abs. 4 S. 6 heranzuziehen (zur Landschaftsplanung und ihr Verhältnis zur Raumplanung, vgl. *Pollmann* in Kerkmann, Naturschutzrecht in der Praxis, 2. Aufl. 2010, § 3 Rn. 25 ff.). Im Hinblick auf den **Bodenschutz** muss die Gemeinde prüfen, inwieweit es unausweichlich ist, neue Flächen für die Siedlungsentwicklung zu beanspruchen, und wie im Bedarfsfall eine möglichst sinnvolle und sparsame Ausweisung von Siedlungsflächen erfolgen kann (→ Rn. 11).

34 Zum anderen kommt der Nr. 10 die Funktion zu, das Städtebaurecht auch formell-rechtlich für die **Integration von Darstellungen der Landschaftspläne** in den Flächennutzungsplan zu öffnen. Hiernach kann also der flächenbezogene Entwicklungs- oder **Planungsteil der Landschaftspläne** nach § 9 Abs. 3 S. 1 Nr. 4 BNatSchG Eingang in den Flächennutzungsplan finden (vgl. auch § 11 Abs. 3 BNatSchG der auf die bauleitplanerische Abwägung verweist). Nach § 9 Abs. 3 S. 2 BNatSchG ist bei der Landschaftsplanung daher auf die Verwertbarkeit der Darstellungen für Bauleitpläne besonders Rücksicht zu nehmen. In jedem Fall können im Flächennutzungsplan **nur die Flächen** für Schutz-, Pflege- oder Entwicklungsmaßnahmen dargestellt werden, **nicht** aber, wie ggf. nach § 9 Abs. 1 Nr. 20 im Bebauungsplan, auch die **Maßnahmen** selbst.

2. Abschnitt. Vorbereitender Bauleitplan (Flächennutzungsplan) § 5

Einschränkend ist daher zu beachten, dass Nr. 10 die Integration der Landschafts- 35
planung in den Flächennutzungsplan ermöglichen, **nicht** aber neben der Landschaftsplanung eine **eigenständige landschaftsbezogene Planung der Gemeinde** unabhängig von der Landschaftsplanung will und kann (so auch *Söfker* in EZBK § 5 Rn. 59). Die nach Nr. 10 darzustellenden Flächen können daher ihre Legitimation nicht aus allgemeinen Erwägungen des Naturschutzes finden, sondern müssen stets – sofern sie nicht auf einer integrierten Landschaftsplanung beruhen – einen **inneren Rechtfertigungszusammenhang mit anderen Flächendarstellungen** aufweisen, also zB dem Ausgleich anderweitiger Eingriffe oder besonderer Belastungen etwa der Luft, des Klimas oder des Bodens dienen. Im Außenbereich dürfen keine Flächen nach Nr. 10 mit dem alleinigen Ziel dargestellt werden, die hier wild wachsenden und lebenden Pflanzen und Tiere zu schützen; dies ist Aufgabe der Landschaftsplanung oder der naturschutzrechtlichen Schutzgebietsfestsetzung. Solche Gebiete können in den Flächennutzungsplan nur nach Abs. 4 (→ Rn. 44) nachrichtlich übernommen werden. Hier wird es im Übrigen mit der Flächensicherung nicht getan sein, sondern es werden konkrete und differenzierte Maßnahmen festgelegt werden müssen (hierzu *Hofherr* UPR 1987, 88 (93f.)). Es wird also stets einer engen **Kooperation zwischen Naturschutzbehörde und der Bauleitplanung** bedürfen.

3. Zuordnungen von Ausgleichs- zu Eingriffsflächen (Abs. 2a). Im Flä- 35a
chennutzungsplan können mit Darstellungen nach Nr. 10, wie grundsätzlich auch mit den Darstellungen nach Nr. 1, 5, 7 und 9, die **für Ausgleichsmaßnahmen** auf der Ebene des Bebauungsplans **erforderlichen Flächen gesichert** werden (näher → Rn. 35 b ff.; § 9 Rn. 108 ff.). Allerdings ist die Darstellung nach Nr. 10 im Flächennutzungsplan für sich allein keine hinreichende Maßnahme zum Ausgleich von Eingriffen in Natur und Landschaft, die in einem Bebauungsplan vorgesehen sind (VGH Kassel ZfBR 2001, 129 (130)). Vor allem ermöglicht die frühzeitige, ggf. lange vor der Aufstellung eines Eingriffsbebauungsplans erfolgende Darstellung von Ausgleichsflächen eine **Kostenersparnis** bei der Beschaffung dieser Flächen. Dies gilt vor allem dann, wenn die Gemeinde zahlreiche Flächen darstellt, die für einen Ausgleich in Betracht kommen, umso nach und nach diese Flächen möglichst preisgünstig erwerben zu können und im Bedarfsfall nicht auf nur wenige Ausgleichsflächen angewiesen zu sein.

Abs. 2a trägt der Tatsache Rechnung, dass Ausgleich für Eingriffe in Natur und 35b
Landschaft vielfach nicht auf der Eingriffsfläche oder in ihrer unmittelbaren Nähe geschaffen werden kann. Erforderlich wird vielmehr eine **großräumige, das gesamte Gemeindegebiet oder die Region** (vgl. **§ 7 Abs. 2 S. 2 ROG**) **umfassende Betrachtungsweise** (vgl. *Schink* ZfBR 2000, 154 (167); *Mitschang*, Die Flächennutzungsplanung als vorbereitende Bauleitplanung und Ansätze für ihre zukunftsorientierte Weiterentwicklung, in Spannowsky/Mitschang, Flächennutzungsplanung im Umbruch?, 1999, 11, 26 ff.). Dem Flächennutzungsplan kommt durch diese **zeitliche und räumliche Entkoppelung** von Eingriff und Ausgleich daher für die Sicherung der Ausgleichsflächen mit seinen Darstellungsmöglichkeiten (→ Rn. 35, Rn. 31) eine gestiegene Bedeutung zu (vgl. etwa *Müller/Mahlburg* DVBl. 1998, 1110 ff.). Dies kommt besonders in Abs. 2a zum Ausdruck, der es ermöglicht, Ausgleichsflächen im Flächennutzungsplan, wie sie nach § 1a Abs. 3 dargestellt werden können, den Flächen, auf denen Eingriffe in Natur und Landschaft zu erwarten sind, **zuzuordnen**. Maßnahmen werden hiervon nicht erfasst (zu Recht: Jaeger in BeckOK BauGB § 5 Rn. 69). Damit wird klargestellt, dass die Ausgleichsflächen räumlich nicht mit den Eingriffsflächen übereinstimmen oder in einer bestimmten räumlichen Beziehung zu ihnen stehen müssen. Zugleich wird deutlich, dass die Ausgleichsflächen auch schon vor dem Eingriff bereitgestellt werden können. Dies ermöglicht die Anlegung eines Flächenpools für Ausgleichsmaßnahmen, der nach dem Modell des „Öko-Kontos" bei späteren Eingriffen nach § 135a ff. refinanziert werden kann.

35c Auch der Gemeinde gehörende Flächen können zugeordnet werden. Die in Abs. 2a vorgesehene Zuordnung der Ausgleichs- zu den Eingriffsflächen ist aber nicht als zwingende Regelung ausgestaltet, sondern als Ermächtigung an die Gemeinde (BVerwG Beschl. v. 26.4.2006 – 4 B 7/06, NVwZ 2006, 821). Es liegt in ihrem planerischen Ermessen, ob sie eine solche Zuordnung vornimmt oder nicht. Für die Kostenerstattung nach §§ 135a ff. ist eine Zuordnungsfestsetzung Voraussetzung. Die Zuordnungsdarstellung im Flächennutzungsplan reicht hierfür nicht aus. Ist aber eine Zuordnung als Darstellung in den Flächennutzungsplan aufgenommen, ist die Gemeinde bei der Aufstellung von Bebauungsplänen im Rahmen des Entwicklungsgebots nach § 8 Abs. 2 daran gebunden. Weicht sie hiervon ab, muss sie den Flächennutzungsplan entsprechend ändern. Auch kann durch eine solche Zuordnungsdarstellung die Bodenwertentwicklung bei den Ausgleichsflächen beschleunigt werden, weil so bei Aufstellung eines Eingriffsbebauungsplans nur bestimmte Ausgleichsflächen in Betracht kommen (zu Vor- und Nachteilen einer Zuordnung im Flächennutzungsplan vgl. *Bunzel*, Bauleitplanung und Flächenmanagement bei Eingriffen in Natur und Landschaft, Difu, 1999, 102f.).

35d In jedem Fall wird es erforderlich sein, **entweder** der **Zuordnung** eine **in der Begründung** dargelegte Ausgleichskonzeption zugrunde zu legen, **oder** ein sonstiges **Ausgleichskonzept** zu entwickeln und vom Gemeinderat beschließen zu lassen; eine „konspirative Ausgleichsflächenkonzeption" (*Bunzel*, Bauleitplanung und Flächenmanagement bei Eingriffen in Natur und Landschaft, Difu, 1999, 101) zur Vermeidung von Bodenpreissteigerungen, die ohnehin nicht über „begünstigtes Agrarland" hinausgehen dürfte, ist nicht möglich (vgl. auch *Wagner/Mitschang* DVBl. 1997, 1137 (1144f.)). Ansonsten könnte die Darstellung der Ausgleichsflächen nicht hinreichend abgewogen erscheinen. Denn die Darstellung von Ausgleichsflächen kann sich für den Eigentümer der Flächen als belastend erweisen, so dass bei einer entsprechenden Entwicklung durch die Festsetzung in einem Bebauungsplan ein Entschädigungstatbestand nach § 40 Abs. 1 S. 1 Nr. 8 oder 14 gegeben sein kann. Inhalt eines solchen Ausgleichskonzepts müssten zB in den **Grundzügen** auch die vorgesehenen **Maßnahmen zur Verbesserung der ökologischen Wertigkeit** zum Ausgleich vorgesehener Flächen sein. Die bloße Bezeichnung reicht für den Ausgleich nicht aus. Nur solche Flächen sind als Ausgleichsflächen geeignet, die aufwertungsbedürftig und aufwertungsfähig sind (BVerwG Beschl. v. 31.1.1997 – 4 NB 25/96, BeckRS 1997, 312 875). Das bloße Liegenlassen von Flächen scheidet insoweit aus. **Landwirtschaftlich zu nutzende Flächen** kommen – auch wegen der Umwandlungssperre in § 1a Abs. 2 S. 2 – nur begrenzt als Ausgleichsflächen in Betracht (→ Rn. 31). Auch bei **Grünflächen** und **Wasserflächen** sollten die die ökologische Wertigkeit der Flächen verbessernden Maßnahmen in groben Umrissen in der Begründung (→ Rn. 9) dargestellt werden. Dasselbe gilt für **Flächen nach Abs. 2 Nr. 10**. Auch **Bauflächen** können zugleich Ausgleichsflächen sein, wenn zB der Ausgleich auf den Grundstücken oder im Baugebiet erfolgen soll (→ Rn. 13).

35e **4. Sachlicher und räumlicher Teilflächennutzungsplan.** Mit dem durch das EAG Bau 2004 neu in das BauGB eingefügten Abs. **2b** wird den Gemeinden, ergänzend zu § 15 Abs. 3, die Möglichkeit eröffnet, **sachliche Teilflächennutzungspläne** aufzustellen (vgl. *von Nicolai* ZfBR 2005, 529 ff.; *Schmidt-Eichstaedt* ZfBR 2005, 751 ff.; *Mitschang* ZfBR 2008, 227 ff.). Auch mit solchen Teilplänen kann die Gemeinde die räumlichen Steuerungswirkungen nach § 35 Abs. 3 S. 3 (→ Rn. 1b, 19; → Rn. 46) erzielen. Im Rahmen der Klimaschutznovelle 2011 wurde § 5 Abs. 2b neu formuliert. Nach Hs. 1 können für die Zwecke des § 35 Abs. 3 S. 3 sachliche Teilflächennutzungspläne aufgestellt werden. Hs. 2 stellt weiterhin klar, dass dies auch für Teile des Gemeindegebiets möglich ist Schon so zur bisherigen Rechtslage: *W. Schrödter* in Schrödter § 5 Rn. 71 f.; *Mitschang* LKV 2007, 106 ff.; *Gaentzsch/Philipp/Tepperwien* in BK § 5 Rn. 42 b; Söfker in EZBK § 5 Rn. 62 g; *Gierke* in KK § 5 Rn. 207 c; *Jäde* in JDW § 5

2. Abschnitt. Vorbereitender Bauleitplan (Flächennutzungsplan) § 5

Rn. 25; *Guckelberger* DÖV 2006, 973 (977) sowie *Schiller* in BRS Rn. 185;. aA v. *Nicolai* ZfBR 2005, 529 (531)). Die Vorschrift soll nicht dahingehend missverstanden werden, dass Teilflächennutzungspläne nur aufgestellt werden könnten, wenn sie ausschließlich Darstellungen iSv § 35 Abs. 3 S. 3 enthalten (vgl. BT-Drs. 17/6076, 9). Sie können vielmehr auch aufgestellt werden, wenn sich das sachliche Ziel auch durch eine sachlich und räumlich begrenzte Änderung des Flächennutzungsplans erreichen ließe (*Jäde* in JDW § 5 Rn. 26). Hiervon sind all jene Darstellungsmöglichkeiten erfasst, mit denen den Zielsetzungen dieser Vorschrift Rechnung getragen werden kann (zB auch überlagernde Darstellungen). Die Darlegungen in der Begründung zum Regierungsentwurf gehen entgegen der herrschenden Auffassung allerdings darüber und auch über den Wortlaut der Vorschrift hinaus und unterstreichen um so mehr die Bedeutung des Flächennutzungsplans für die Standortsteuerung von Vorhaben (so auch *Battis/Krautzberger/Mitschang/Reidt/Stüer* NVwZ 2011, 897 (899)). Die Darstellungen des Teilflächennutzungsplans dürfen jenen des (Regel-)Flächennutzungsplans nicht widersprechen. Andernfalls könnten die nach Abs. 1 S. 2 maßgeblichen Grundzüge des vorhandenen Flächennutzungsplans berührt sein und dieser nicht mehr vom Planerfordernis des § 1 Abs. 3 gedeckt sein (vgl. *Mitschang* LKV 2007, 102 (107)). Der entscheidende Vorteil der Aufstellung eines solchen Teilflächennutzungsplans gegenüber einer bloßen Änderung des Flächennutzungsplans ist darin zu sehen, dass seine Wirksamkeit nicht von der Wirksamkeit des eigentlichen Flächennutzungsplans abhängt. Er ist gerichtlich selbstständig anfechtbar (BVerwG Beschl. v. 15.9.2009 – 4 BN 25/09, ZfBR 2010, 65). Der Teilflächennutzungsplan hat die gleiche Rechtsnatur wie der Flächennutzungsplan (→ Rn. 45). Seine Rechtswirkungen erhält er aus § 35 Abs. 3 S. 3 (BVerwG Urt. v. 26.4.2007 – 4 CN 3/06, NVwZ 2007, 1081 (1082); dass. *Urt. v. 31.1.2013 – 4 CN 1.12, NVwZ 2013, 1011 Rn. 10; VGH München Urt. v. 10.3.2015 – 1 N 13.354 u. a., NVwZ-RR 2015, 648 Rn. 13ff.* zu Normenkontrollanträgen der Nachbargemeinde sowie deren Bürger; *Jeromin* NVwZ 2006, 1374 (1375)).

Es sind drei Anwendungsfälle für diese Regelung vorstellbar: Zunächst setzt die **35f** Änderung eines Flächennutzungsplans einen gültigen Flächennutzungsplan voraus. Davon ist gerade bei kleineren Gemeinden nicht immer auszugehen. Denn insbesondere wirtschaftsstarke Betreiber von **Windenergieanlagen** oder auch von **Mobilfunksendeanlagen** suchen die Wirksamkeit eines Flächennutzungsplans im Rahmen eines Genehmigungsverfahrens in Frage zu stellen, um eine durch ihn bezweckte Ausschlusswirkung von solchen Anlagen für bestimmte Gebiete zu Fall zu bringen. Haben sie damit Erfolg und liegt also **kein wirksamer Flächennutzungsplan** vor, kann das Instrument des sachlichen Teilflächennutzungsplans – zusammen mit der als Dauerrecht (bisher Befristung nach § 245b, vgl. dazu BVerwG ZfBR 2004, 279 ff.) neu eingefügten Möglichkeit der **Zurückstellung von Baugesuchen** nach § 15 Abs. 3 – der Gemeinde helfen, rasch eine neue Rechtsgrundlage für die Erreichung der Rechtswirkungen des § 35 Abs. 3 S. 3 zu schaffen, ohne sofort das aufwändige Verfahren der Neuaufstellung des gesamten Flächennutzungsplans durchführen zu müssen. Das Erfordernis einer schlüssigen gesamträumlichen Konzeption hebt das BVerwG ausdrücklich hervor (vgl. BVerwG NVwZ 2007, 1081 (1083)). Bei der Erstellung eines solchen schlüssigen Planungskonzeptes müssen die verwendeten Kriterien abstrakt definiert und einheitlich angewendet werden, um die Potenzialflächen zu ermitteln (vgl. BVerwG ZfBR 2010, 65 (66), zur Potenzialflächenermittlung auch BVerwG Urt. v. 13.12.2012 – 4 CN 1/11, NVwZ 2013, 519). Eine Verhinderungsplanung ist auch nach Abs. 2b unzulässig (BVerwG Urt. v. 24.1.2008 – 4 CN 2/07, NVwZ 2008, 449 (460)).

Ein zweiter Anwendungsfall kann darin liegen, dass der Flächennutzungsplan **35g** einer Gemeinde bisher **keinerlei Aussagen etwa zur Windenergie** enthält. Dann kann die gesetzlich vorgesehene und nicht kommunalpolitisch begründungsbedürftige Beschränkung auf die Aufstellung eines nur hierauf bezogenen sachlichen oder

Mitschang

§ 5 I. Kapitel. I. Teil. Bauleitplanung

räumlichen Teilflächennutzungsplans die Handlungsfähigkeit und Reaktionsschnelligkeit der Gemeinden auf diesem Gebiet deutlich erhöhen.

35h Ein dritter Anwendungsfall schließlich könnte darin liegen, dass eine Gemeinde in ihrem Flächennutzungsplan enthaltene **Darstellungen bspw. zur Windenergie ändern** möchte (zB Repowering → § 249), ohne zugleich andere Änderungswünsche zum Flächennutzungsplan zum gegenwärtigen Zeitpunkt aufgreifen zu müssen. Auch dann kann der Verweis auf die gesetzgeberisch vorgesehene Möglichkeit der Aufstellung eines sachlichen oder räumlichen Teilflächennutzungsplans hilfreich sein und zur Verfahrensbeschleunigung beitragen. Es gilt dann zwar der Grundsatz, dass die spätere Regelung der früheren vorgeht, doch sollte die Gemeinde dies in dem Teilflächennutzungsplan und auf dem „alten" Flächennutzungsplan aus Gründen der Rechtssicherheit durch schriftlichen Hinweis eindeutig klarstellen.

35i Die Steuerung der Windenergienutzung erfolgt heute vielfach auch über Regionalpläne (→ § 35, Rn. 72ff.); stellt eine Gemeinde in ihrem Flächennutzungsplan eine Konzentrationsfläche außerhalb des im Regionalplan dargestellten Eignungsbereichs dar, so ist diese Darstellung wegen Verstoßes gegen das Anpassungsgebot des § 1 Abs. 4 unwirksam (vgl. OVG Münster BauR 2008, 643ff.: zu den Kriterien für die Festlegung einer Konzentrationsfläche, die nicht zum Ausschluss der Windenergienutzung im Gemeindegebiet generell führen darf, vgl. BVerwG BauR 2008, 951ff.; zur Notwendigkeit eines **gesamtstädtischen Energiekonzepts** → Rn. 1b).

36 5. **Kennzeichnungen (Abs. 3).** Nach **Abs. 3** sind Flächen, deren bauliche Nutzung nur unter Beachtung besonderer Umstände möglich ist, zu **kennzeichnen**. Über Kennzeichnungen entscheidet die Gemeinde – anders als über Darstellungen des Flächennutzungsplans – nicht. Es handelt sich bei ihnen also nicht um Darstellungen, sie können von diesen aber überlagert werden. Sie unterscheiden sich von Darstellungen aber dadurch, dass sie nicht wie diese die Nutzbarkeit der Grundstücksoberfläche bestimmen, sondern **Hinweise** auf Einwirkungen geben, die aus dem Untergrund oder der Nachbarschaft des Grundstücks für die beabsichtigte Bodennutzung kommen können. Ähnlich verhält es sich mit den Kennzeichnungen nach Abs. 2 Nr. 1. Kennzeichnungen dienen also dem **Schutz** künftiger baulicher oder sonstiger Nutzungen des Grundstücks, indem sie den späteren Nutzer auf mögliche Gefährdungen oder Erschwerungen der planerisch vorgesehenen Nutzung hinweisen und so die Möglichkeit eröffnen, vor der Planverwirklichung entsprechende Vorkehrungen zu treffen. Darin unterscheiden sie sich wiederum von nachrichtlichen Übernahmen und Vermerken nach Abs. 4, die lediglich auf bereits vorhandene oder in Aufstellung befindliche und mit Außenwirkung ausgestattete Regelungen nach anderen Rechtsvorschriften der Gemeinde zur Kenntnis wiedergeben sollen (→ Rn. 44).

37 Das Vorhandensein solcher Gefahren schließt also grundsätzlich die Darstellung einer Fläche für eine bestimmte Nutzung nicht aus. Insbesondere ist aus der Möglichkeit der Kennzeichnung zu folgern, dass die **Gefährdung** der vorgesehenen Nutzung bei Erlass des Bauleitplans **noch nicht beseitigt** zu sein braucht: Die Kennzeichnung soll ja gerade auf eine – noch – bestehende Gefahr hinweisen (ablehnend zur Einbeziehung einer Straßenplanung, die ein Vorhaben zulässt, das über eine bloße Erschließung des Herstellerverkaufs „quantitativ und qualitativ deutlich" hinausgeht, vgl. BVerwG Beschl. v. 31.1.2013 – 4 BN 29/12, BeckRS 2013, 47180 Rn. 5). Allerdings muss die Gemeinde im Rahmen der planerischen Abwägung nach § 1 ermitteln, ob die Gefahren durch bauliche oder technische Maßnahmen beseitigt werden können. Ist dies nicht der Fall, so wird die Fläche nur für eine der Gefährdung entsprechende Nutzung vorzusehen und ggf. mit Nutzungsbeschränkungen nach Abs. 2 Nr. 6 zu belegen sein. Um die Abwägung fehlerfrei vornehmen und eine korrekte Entscheidung treffen zu können, werden hier in vielen Fällen, insbesondere bei den Flächen nach Nr. 3, **Bodenuntersuchungen** erforderlich sein. Können diese nicht rechtzeitig vor

dem Ratsbeschluss über den Flächennutzungsplan abgeschlossen werden, kommt ggf. die Ausnahme von Darstellungen nach Abs. 1 S. 2 in Betracht (→ Rn. 2).

Liegt ein Abwägungsfehler vor und kommt dem zu kennzeichnenden Belang Drittschutz zu, so können Amtshaftungsansprüche gegen die Gemeinde geltend gemacht werden (vgl. zB bei Altlasten: BGH Urt. v. 21.2.1991 – III ZR 245/89, NJW 1991, 2701). Ein Flächennutzungsplan wird wegen Verstoßes gegen die Kennzeichnungspflicht nicht unwirksam. Allerdings kann die Genehmigungsbehörde im Rahmen der Genehmigungserteilung diesbezüglich durchaus Auflagen vorsehen (→ Rn. 10). **37a**

a) Naturgewalten. Abs. 3 sieht drei unterschiedliche Fallgestaltungen vor, die Kennzeichnungen zum Schutz künftiger Nutzungen erfordern. Nach **Nr. 1** sollen Flächen gekennzeichnet werden, bei denen die Gebäude gegen **äußere Einwirkungen** gesichert werden müssen. Dabei sind unter äußeren Einwirkungen nicht Immissionen iS des BImSchG zu verstehen. Zum Schutz vor derartigen Immissionen hat die Gemeinde die Darstellungsmöglichkeit nach Abs. 2 Nr. 6. Dort ist auch ausdrücklich von schädlichen Umwelteinwirkungen iS des BImSchG die Rede, hier dagegen von äußeren Einwirkungen; den Begriff „äußere Einwirkungen" kennt das BImSchG jedoch nicht (aA *Gaentzsch/Philipp/Tepperwien* in BK § 5 Rn. 44, die äußere Einwirkungen mit dem Begriff der schädlichen Umwelteinwirkungen nach § 3 Abs. 1 BImSchG gleichsetzen). Hier sind gemeint solche **Einwirkungen, die den Bestand oder die Standsicherheit des Gebäudes beeinträchtigen können**, wie zB die Gefahr des Bergrutsches bei steilern Hängen (*Söfker* in EZBK § 5 Rn. 64); auch die Begründung des Regierungsentwurfs zur BBauG-Novelle 1976, bei der die Worte „gegen äußere Einwirkungen" eingefügt wurden, macht deutlich, dass diese Einfügung lediglich der Unterscheidung zu den besonderen Naturgewalten der zweiten Alternative der Nr. 1 dienen sollte, was die Annahme einer vergleichbaren Einwirkung nahe legt (BT-Drs. 7/2496, 39). Die zweite Fallvariante, die Kennzeichnungen nach Nr. 1 erforderlich machen kann, ist der **Schutz gegen Naturgewalten** wie Hochwasser, Lawinen oder Steinschlag. **38**

b) Bergbau. Nach **Nr. 2** sollen Flächen gekennzeichnet werden, unter denen der Bergbau umgeht oder die für den Abbau von Mineralien bestimmt sind. Angesprochen sind insoweit Flächen, bei denen im **Untertagebau** Kohle oder Mineralien gewonnen werden (vgl. § 3 BBergG). In der Planungspraxis werden die erforderlichen Informationen im Rahmen der Beteiligung der Behörden und Träger öffentlicher Belange von den zuständigen Bergbaubehörden mitgeteilt. Räumliche Abgrenzungen von derzeitigen und geplanten Untertagebauflächen können aber auch schon die Regionalen Raumordnungspläne enthalten. Hier besteht die Gefahr der sog. **Bergsenkung,** so dass besondere Gründungs- und Stabilisierungsmaßnahmen erforderlich sind. Für vorbeugende Maßnahmen gegen Senkungsschäden besteht in der Regel ein Ersatzanspruch nach dem BBergG (vgl. §§ 110f. BBergG). Diese Kennzeichnung ist insbesondere von der Darstellung nach Abs. 2 Nr. 8 zu unterscheiden. Während bei der Gewinnung von Bodenschätzen nach Abs. 2 Nr. 8 auch die Oberfläche in Anspruch genommen wird, geht es bei den Flächen, die nach Nr. 2 zu kennzeichnen sind, lediglich um den unterirdischen Abbau von Mineralien, die eine zB bauliche Oberflächennutzung nicht grundsätzlich ausschließt. **39**

c) Umweltgefährdende Stoffe. Nach **Nr. 3** sollen Flächen gekennzeichnet werden, deren Böden erheblich mit **umweltgefährdenden Stoffen** belastet sind, aber – anders als beim Bebauungsplan (→ § 9 Rn. 113) – nur dann, wenn sie zur baulichen Nutzung vorgesehen sind. In diesen Fällen besteht eine Kennzeichnungspflicht, „wenn die Belastung nach Art, Beschaffenheit oder Menge gesundheits-, boden-, luft- oder wassergefährdend ist" (BT-Drs. 10/4630, 68). Zur Ausfüllung des vom BauGB verwendeten unbestimmten Begriffs ist nach § 3 Abs. 1 Nr. 9 BBodSchG auf die hier vorhandenen Regelungen und Begriffsbestimmungen zurückzugreifen. **40**

Danach werden von Nr. 3 Flächen mit schädlichen Bodenveränderungen oder mit Altlasten oder mit Verdacht hierauf nach § 2 Abs. 3 bis 6 BBodSchG erfasst. Schädliche Bodenveränderungen sind Beeinträchtigungen der Bodenfunktionen, die geeignet sind, Gefahren, erhebliche Nachteile oder erhebliche Belästigungen für den Einzelnen oder die Allgemeinheit herbeizuführen. Unter **Altlasten** sind Altablagerungen (stillgelegte Abfallbeseitigungsanlagen und sonstige ehemalige Abfalldeponien uÄ) und Altstandorte (ehemalige Betriebsgelände, auf denen mit umweltgefährdenden Stoffen umgegangen worden ist, außer Atomanlagen) zu verstehen (zu Untersuchung und Bewertung von Flächen nach § 2 Abs. 3 bis 6 BBodSchG vgl. §§ 3 und 4 BBodenSchV). Wenn die Kennzeichnungspflicht handhabbar und damit wirksam sein soll, muss ihr Anwendungsbereich entsprechend ihrem Normzweck eingegrenzt werden. Das Gesetz gibt hierzu mit dem Kriterium der **Erheblichkeit** eine Hilfe. Dabei darf aber die Erheblichkeit nach Nr. 3 nicht ohne weiteres mit der Erheblichkeit für die Abwägung nach § 1 Abs. 7 gleichgesetzt werden. Für die Abwägung erheblich mag auch etwas sein, was nach Nr. 3 nicht erheblich ist. Dagegen ist bei Erheblichkeit nach Nr. 3 immer auch eine Abwägungserheblichkeit gegeben (vgl. auch *Söfker* in EZBK § 5 Rn. 66). Die ARGEBAU gibt den Gemeinden mit ihrem „Mustererlass zur Berücksichtigung von Flächen mit Bodenbelastungen, insbesondere Altlasten, bei der Bauleitplanung und im Baugenehmigungsverfahren" vom 26.9.2001 wichtige Vollzugshinweise (vgl. www.is-argebau.de).

41 Normzweck ist – wie bei den anderen Kennzeichnungen auch –, die Sicherheit und Gesundheit der Menschen zu gewährleisten, die den Boden planentsprechend nutzen. Es handelt sich, wie auch bei Abs. 2 Nr. 10 (→ Rn. 33), um eine originär boden- und städtebaurechtliche, nicht um eine naturschutzrechtliche Bestimmung. **Allein maßgeblich** für die Kennzeichnungspflicht muss daher die **mögliche Gesundheitsgefährdung** sein, wobei es unerheblich ist, wie sich die Gesundheitsgefährdung realisiert, also zB durch Verzehr von auf dem Boden gezogenen Gemüse oder durch Einatmen von Stäuben oder Gasen oder durch Trinken von Grundwasser, ob die Gefährdung durch im Boden lagernde Gifte, an die Luft tretende Gase oder ins Grundwasser sickernde Stoffe verursacht wird. Auch kann es nicht darauf ankommen, ob die Gesundheitsgefährdung auf dem Grundstück selbst oder in seiner Nachbarschaft oder – wie bei Grundwasser nicht selten möglich – weit entfernt eintritt. Beim Flächennutzungsplan ist die Kennzeichnungspflicht auf Flächen, die für bauliche Nutzungen vorgesehen sind, beschränkt (zur – auch amtshaftungsrechtlichen – Problematik beim Bebauungsplan → § 9 Rn. 224 ff.); bei anderen Nutzungen ist eine Kennzeichnung aber durchaus möglich und wegen der **Warnfunktion** der Kennzeichnung auch sehr zweckmäßig (vgl. auch Mustererlass der ARGEBAU → Rn. 40, unter 2.2.2.). Dabei wird eine Fläche bereits dann als erheblich iS der Nr. 3 mit umweltgefährdenden Stoffen belastet anzusehen sein, wenn diese die Gesundheit von Menschen **auch nur geringfügig** beeinträchtigen **können,** dh wenn eine Gesundheitsgefährdung nicht mit Sicherheit ausgeschlossen und dadurch die vorgesehene Nutzung der Fläche negativ beeinflusst werden kann (*Söfker* in EZBK § 5 Rn. 66; auch Mustererlass der ARGEBAU → Rn. 40, wenn er auch bei „Flächen, die über den Nahrungspfad (Boden-Pflanze-Mensch) für den Menschen zu gesundheitlichen Gefahren führen können" (unter 2.2.2) eine Kennzeichnung vorsieht und das bauleitplanerische Vorsorgeprinzip mehrfach hervorhebt, so unter 2.1.2 und 2.2.1). Die in der **Bundes-Bodenschutz- und Altlastenverordnung** enthaltenen Werte (Prüf-, Maßnahmen- und Vorsorgewerte) enthalten jedoch zu beachtende Orientierungen: Werden **Maßnahmenwerte** überschritten, kommt eine Darstellung baulich nutzbarer Flächen ohne vorherige Sanierung nicht in Betracht. Werden **Prüfwerte** überschritten, besteht ein konkreter Anhaltspunkt für eine erhebliche Bodenbelastung, dem nachgegangen werden muss; werden sie unterschritten, ist idR keine Gefährdung vorhanden (vgl. *Schink* ZfBR 2000, 154 (158)). Werden **Vorsorgewerte** erreicht, ist zu prüfen, ob eine Verschlechterung zu erwarten ist; ansonsten bestehen keine Bedenken für irgendeine Nutzung.

2. Abschnitt. Vorbereitender Bauleitplan (Flächennutzungsplan) § 5

Schließlich ist auf einen wesentlichen **Unterschied** der Kennzeichnung nach Nr. 3 von denen nach Nr. 1 und 2 hinzuweisen. Während eine Kennzeichnung nach Nr. 1 und 2 in aller Regel vor einer Nutzung nicht eine Beseitigung der Gefahr erfordert, sondern nur entsprechende bauliche Sicherungsmaßnahmen, wird bei Flächen nach Nr. 3 in aller Regel eine **Beseitigung der Gefahr vor einer planentsprechenden Nutzung erforderlich** sein. Anders als bei Nr. 1 und 2, die eher „traditionelle" Gefahren betreffen, bei denen die notwendigen baulichen Vorkehrungen bekannt sind, bezieht sich die Kennzeichnung nach Nr. 3 auf eine Gefahr, der nur äußerst selten mit baulichen Maßnahmen begegnet werden kann. Hier hat daher deutlich noch als bei Nr. 1 und 2 eine Abwägung dahingehend stattzufinden, ob die Fläche überhaupt für eine bauliche Nutzung – und damit in der Regel für eine Dauernutzung durch Menschen – vorgesehen werden kann (vgl. *Söfker* in EZBK § 5 Rn. 66). Dies wird nur möglich sein, wenn entweder die gesundheitliche Ungefährlichkeit der vorhandenen umweltgefährdenden Stoffe erwiesen ist oder wenn die gegebene Bodenkontamination mit Maßnahmen nach dem Stand der Technik beseitigt werden **kann.** Dabei braucht sich **bei der Aufstellung des Flächennutzungsplans** die hier erforderliche Prüfung ebenenspezifisch noch nicht auf die konkrete Grundstückssituation zu beziehen, sondern kann sich auf eine **abstrakte** Gefährdungsabschätzung beschränken (so auch *Schink* ZfBR 1995, 234 (238)). Allerdings muss der Boden so weit untersucht sein, dass bekannt ist, um welche Art von umweltgefährdenden Stoffen es sich handelt. Eine detaillierte grundstücksspezifische Untersuchung ist erst im Rahmen der Bebauungsplanung erforderlich. Für die im Rahmen der Abwägung notwendige Gefährdungsabschätzung wird der Stellungnahme der örtlich zuständigen Gesundheitsbehörde und gegebenenfalls eingeholten externen Gutachten besonderes Gewicht zukommen. Bei der planerischen Abwägung nach § 1 Abs. 7 und nicht bei der Frage nach der Kennzeichnungspflicht liegt daher das Schwergewicht bei der Behandlung von Bodenverunreinigungen im Rahmen der Bauleitplanung).

Nicht unter Nr. 3 zu subsumieren sind solche Altlasten, die zwar die Nutzbarkeit des Grundstücks deutlich einschränken können, die aber in keiner Weise gesundheitsgefährdend sind. Dies gilt etwa für im Boden vorhandene **alte Fundamente.** Diese werden zwar auch als umweltgefährdend anzusehen sein, da sie zumindest die Funktionen des Bodens, in oder auf dem sie ruhen, zB durch Verdichtung erheblich beeinträchtigen. Das Vorfinden von alten Fundamenten ist aber gerade beim Bauen in städtischen Gebieten nicht ungewöhnlich und unter anderem oft Anlass für Baugrunduntersuchungen vor der Errichtung von Bauwerken. Sie beeinflussen zwar den Bodenwert, stellen aber keine Gesundheitsgefährdung dar, wie sie für die Kennzeichnungspflicht nach Nr. 3 vorauszusetzen ist.

6. Nachrichtliche Übernahmen und Vermerke (Abs. 4 und 4a). Nach **Abs. 4** sollen **nach anderen Gesetzen festgesetzte Planungen und Nutzungsregelungen** in den Flächennutzungsplan **nachrichtlich übernommen** werden. Hier kommt die Funktion des Flächennutzungsplans zum Tragen, für das gesamte Gemeindegebiet die geplante Bodennutzung darzustellen, unabhängig davon, auf welchen Gesetzen sie beruht. Die Soll-Vorschrift ist daher **im Regelfall als zwingende Verpflichtung** zu verstehen. In Betracht kommen über die von § 38 erfassten Fachplanungen hinaus insbesondere Festsetzungen nach dem Luftverkehrsgesetz und Nutzungsregelungen nach dem Wasserhaushaltsgesetz und dem Natur- und Landschaftsschutzrecht. Sind solche Festsetzungen noch nicht getroffen, sondern erst beabsichtigt, sollen sie **vermerkt** werden. Hier ist die Gemeinde noch berechtigt, eine andere Nutzungsvorstellung durch eine entsprechende Darstellung zu verdeutlichen (vgl. *W. Schrödter* in Schrödter § 5 Rn. 90.). Mit dem BauGB ausdrücklich aufgenommen wurde die grundsätzliche Verpflichtung, dass nach dem Landesdenkmalrecht unter Schutz stehende Mehrheiten von baulichen Anlagen, also sog **Ensembles** oder

§ 5 I. Kapitel. I. Teil. Bauleitplanung

Denkmalbereiche, nachrichtlich zu übernehmen (vgl. *Gaentzsch/Philipp/Tepperwien* in BK § 5 Rn. 47, die auf die Beachtung des Maßstabs des Flächennutzungsplans für eine nachrichtliche Übernahme hinweisen). Hierin kommt die besondere Bedeutung, die dem Denkmalschutz heute für den Städtebau beigemessen wird, zum Ausdruck. Auf eine besondere landesrechtliche Festsetzung kommt es nicht an. Der Denkmalschutz eines jüdischen Friedhofs in abgeschiedener Lage kann das durch eine Änderung eines Flächennutzungsplans beabsichtigte Heranrücken von Wohnbebauung verhindern (vgl. OVG Lüneburg BauR 2002, 1355 ff.).

44a Aufgrund der verheerenden Überschwemmungen im Jahr 2002 ist im Jahr 2005 zur Stärkung eines vorbeugenden Hochwasserschutzes (vgl. §§ 31a und b WHG-alt) eine Gesetzesnovelle des WHG durchgeführt worden. Mittlerweile liegt – nach der Streichung des Rahmenrechts durch die Föderalismusreform und nach dem Scheitern des UGB – eine Neufassung des WHG vor, in das die bisherigen Bestimmungen des Hochwasserschutzes nahezu identisch übernommen worden sind und die heute die Grundlage für Abs. 4a bilden (vgl. *Kotulla* NVwZ 2010, 79 (86)). Nach Abs. **4a S. 1** sollen **festgesetzte Überschwemmungsgebiete nach § 76 Abs. 1 WHG nachrichtlich** übernommen werden. Sind die Überschwemmungsgebiete nach § 76 Abs. 3 WHG noch nicht festgesetzt oder handelt es sich um **Risikogebiete** nach § 73 Abs. 1 S. 1 WHG, sollen diese Gebiete nach **S. 2 vermerkt** werden. Trotz der Soll-Vorschrift ist eine uneingeschränkte Pflicht für die Aufnahme anzunehmen. In solchen festgesetzten oder nach § 76 Abs. 3 dargestellten Überschwemmungsgebieten besteht nach § 78 Abs. 1 S. 1 und § 78 Abs. 6 WHG grundsätzlich ein **Planungsverbot** für Baugebiete. Eine Ausnahme kann nur zugelassen werden, wenn die in § 78 Abs. 1 WHG genannten neun Voraussetzungen kumulativ vorliegen. Dem **Hochwasserschutz** wird also in diesen Gebieten ein klarer **Vorrang vor einer baulichen Nutzung** eingeräumt (vgl. BT-Drs. 15/3168, 14; näher hierzu *Mitschang* LKV 2006, 433 ff.; *Köck* ZUR 2015, 515 (520f.); *Kotulla* NVwZ 2006, 129 ff.; *Paul/Pfeil* NVwZ 2006, 505 ff.; *Hünnekens/Arnold* BauR 2006, 1232 ff.). Zu Zeitpunkt und Verfahren der Übernahme dieser hochwasserschutzbezogenen Planinhalte → § 246 a.

III. Wirkungen des Flächennutzungsplans, Rechtsnatur, Rechtsschutz

45 **1. Rechtsnatur.** Hinsichtlich der **Rechtsnatur** des Flächennutzungsplans bedarf es einer differenzierten Betrachtung. Zunächst entspricht es der Plansystematik des BauGB, dass der Flächennutzungsplan der vorbereitende, der aus ihm entwickelte Bebauungsplan der verbindliche Bauleitplan ist. Anders als bei Bebauungsplänen ist ein unmittelbarer Rechtsschutz durch eine Normenkontrollklage für den Bürger gegen die Darstellungen des Flächennutzungsplans in der Regel nicht möglich, da dem Flächennutzungsplan keine Rechtsnormqualität (*Söfker* in EZBK § 5 Rn. 9; *W. Schrödter* in Schrödter § 5 Rn. 103; *Gaentzsch/Philipp/Tepperwien* in BK § 5 Rn. 3; für die Rechtsprechung: BVerwG Beschl. v. 20.7.1990 – 4 N 3/88, DVBl. 1990, 1352; Urt. v. 19.9.2002 – 4 C 10/01, BVerwGE 117, 44) zukommt (→ Rn. 46). Nach herrschender Auffassung besitzt der Flächennutzungsplan nur eine verwaltungsinterne Bedeutung als vorbereitende Planung für die nachfolgende und mit Außenwirkung ausgestattete verbindliche Bauleitplanung. Es handelt sich daher beim Flächennutzungsplan um ein nach außen hin unverbindliches Planwerk, das sich heraus in der Regel keine unmittelbaren Rechtswirkungen gegenüber Dritten entfaltet. Es geht vielmehr um eine „hoheitliche Maßnahme eigener Art", die am treffendsten mit dem Begriff des „Verwaltungsprogramms" umschrieben werden kann. (*Gaentzsch/Philipp/Tepperwien* in BK § 5 Rn. 3 sprechen von einem behördengerichteten planungsbindenden Programm; *W. Schrödter* in Schrödter § 5 Rn. 4 spricht von einem Plan „sui generis"; *Kraft*, Das Verfahren zur Aufstellung, Änderung und Ergänzung von Flächen-

2. Abschnitt. Vorbereitender Bauleitplan (Flächennutzungsplan) § 5

nutzungsplänen und die Möglichkeit ihrer gerichtlichen Überprüfung, in Spannowsky/Mitschang, Flächennutzungsplanung im Umbruch?, 1999, 153 geht von einem „soft-law-Programm im Binnenbereich einer Gemeinde" aus).

2. Rechtsschutz. Zwar wird der Flächennutzungsplan anders als der Bebauungsplan nicht als Satzung beschlossen; doch entfaltet er im Fall des § 35 Abs. 3 S. 3 unmittelbar nach außen gerichtete Wirkungen (zur Entwicklung des Rechtsschutzes vgl. *Herrmann* NVwZ 2009, 1185 ff.; *Gierke*, Rechtsschutz bei Flächennutzungsplänen?, in Mitschang, Flächennutzungsplanung − Aufgabenwandel und Perspektiven, III, 2007, 181 ff.). Angesichts der hiernach möglichen konkreten Standortzuweisungen (→ § 35 Rn. 73 ff.) findet durch die Darstellungen des Flächennutzungsplans eine unmittelbare planerische Steuerung von privilegierten Vorhaben nach § 35 Abs. 1 Nr. 2 bis 6 statt. Im Anwendungsbereich dieser Vorschrift erfüllt der Flächennutzungsplan mithin eine **dem Bebauungsplan vergleichbare Funktion** (BVerwG Urt. v. 20.11.2003 − 4 CN 6/03, BVerwGE 119, 217 (225)). Daher ist (nur) in diesen Fällen auch eine Normenkontrolle gem. § 47 Abs. 1 Nr. 2 VwGO zulässig (BVerwG *Urt. v. 31.1.2013 − 4 CN 1.12, NVwZ 2013, 1011 Rn. 10; dass. Urt. v. 26.4.2007 − 4 CN 3.06, NVwZ 2007, 1081; VGH München Urt. v. 10.3.2015 − 1 N 13.354 u. a., NVwZ-RR 2015, 648 Rn. 13 ff.* zu Normenkontrollanträgen der Nachbargemeinde sowie deren Bürger;; zur Normenkontrolle → § 10 Rn. 13 ff.). 46

Ob gegen Darstellungen des Flächennutzungsplans, die nicht mit der besonderen Wirkung nach § 35 Abs. 3 S. 3 ausgestattet sind, eine **allgemeine Leistungsklage** zulässig ist (vgl. *Schenke* NVwZ 2007 134 (137 ff.)), ist indes **zweifelhaft** (ablehnend auch BVerwG NVwZ 2007, 1081 (1082 f.)). Allerdings haben Gesetzgeber und Rechtsprechung in jüngerer Zeit die **Steuerungswirkung des Flächennutzungsplans im Außenbereich gestärkt** (→ § 35 Abs. 3 S. 3; → § 35 Abs. 3 S. 1 Nr. 1), **im Innenbereich aber geschwächt** (zuletzt § 13a; vgl. zu diesem Strukturwandel des Flächennutzungsplans auch *Mitschang* ZfBR 2008, 227 (236 ff.)). Dies könnte auch **Folgen für den Rechtsschutz** haben. Allerdings sind Darstellungen in Flächennutzungsplänen über § 35 Abs. 3 S. 3 hinaus weiterhin **auf die Umsetzung durch einen Bebauungsplan angelegt,** so dass es bei der Zweistufigkeit der Bauleitplanung verbleibt. Zwar ist zutreffend, dass das Abwägungsgebot nach § 1 Abs. 7 einem Grundstückseigentümer einen Anspruch auf gerechte Abwägung seiner Belange einräumt (BVerwG ZfBR 2007, 473 (474)), jedoch gilt dies nur für das Bebauungsplanverfahren (BVerwG ZfBR 2007, 473 (474)). Die Klagebefugnis für eine allgemeine Leistungsklage setzt in entsprechender Anwendung des § 42 Abs. 2 VwGO voraus, dass der Kläger „durch" den angegriffenen Akt „in seinen Rechten verletzt" ist. Rechtliche Wirkung erhält der Flächennutzungsplan als vorbereitender Bauleitplan außerhalb der speziellen Regelungen in § 35 Abs. 3 S. 3 indes nur dadurch, dass aus seinen auf Grundzüge beschränkten Darstellungen der Bebauungsplan als eigenständige planerische Aussage der Gemeinde entwickelt wird (→ Rn. 46 sowie § 8 Rn. 2 ff.). Erst auf dieser Stufe der verbindlichen Bauleitplanung kann eine Rechtsverletzung, etwa durch nicht hinreichende Beachtung privater Belange im Rahmen der Abwägung nach § 1 Abs. 7, erfolgen (BVerwG ZfBR 2007, 473 (474)). 46a

Nach § 35 Abs. 3 S. 1 Nr. 1 können Darstellungen des Flächennutzungsplans einem Vorhaben zwar als öffentlicher Belang entgegenstehen. Jedoch bietet dies einen hinreichenden einzelfallbezogenen Entscheidungsspielraum, der zudem auch den Gerichten eine „nachvollziehende Abwägung" zwischen dem öffentlichen Belang und den Interessen des Bauantragstellers ermöglicht (vgl. *Rojahn* in Mitschang, Flächennutzungsplanung − Aufgabenwandel und Perspektiven, III, 2007, 105 ff.). Ohnehin besteht stets die Möglichkeit, die Darstellungen eines Flächennutzungsplans auch einer Inzidentprüfung zuzuführen (→ § 10 Rn. 25), etwa bei einer Klage auf Erteilung einer Baugenehmigung für ein Außenbereichsvorhaben, dem Darstellungen des Flächennutzungsplans als entgegenstehende oder beeinträchtigte Belange entge- 46b

gengehalten wurden. Anders kann dies am ehesten noch bei **Nachbargemeinden** sein, für die sich aus einer unabgestimmten Darstellung im Flächennutzungsplan eine Verletzung des Abstimmungsgebots nach § 2 Abs. 2 ergeben kann (vgl. *Schenke* NVwZ 2007 135 (138 f.)). Durch das EAG Bau ist hier der geschützte Bereich um raumordnerische Funktionszuweisungen und zentrale Versorgungsbereiche sogar erweitert worden (hierzu *Paul* NVwZ 2004, 1033 (1035)).

47 3. **Faktische und rechtliche Wirkungen.** Auch außerhalb der Darstellungen nach § 35 Abs. 3 S. 3 entfaltet der Flächennutzungsplan faktische und rechtliche **Wirkungen von erheblicher Reichweite.** So wertet der Grundstücksmarkt die Darstellung von Grund und Boden als Baufläche in einem Flächennutzungsplan als Qualitätssteigerung des etwa vorhandenen Ackerlands und bewertet die Grundfläche als Bauerwartungsland erheblich höher als vordem (vgl. etwa § 5 Abs. 2 ImmoWertV v. 19.5.2010, BGBl. I S. 639). Andere Folgerungen aus den Darstellungen eines Flächennutzungsplans zieht das BauGB selbst. Vor allem sind hier folgende Wirkungen zu nennen:

– Der Flächennutzungsplan erzeugt **Anpassungspflichten nach § 7** für öffentliche Planungsträger und eine **Entwicklungsverpflichtung nach § 8 Abs. 2** für die gemeindliche Bebauungsplanung.
– **Bebauungspläne,** die aus einem rechtswirksamen Flächennutzungsplan entwickelt wurden, bedürfen **keiner Anzeige oder Genehmigung** (→ § 10 Rn. 27).
– Der Gemeinde steht ein **Vorkaufsrecht** zu bei durch **Satzung** festgelegten **Flächen im Außenbereich,** für die sie städtebauliche Maßnahmen ua auf der Grundlage eines Flächennutzungsplans in Betracht zieht (vgl. § 25 Abs. 1 S. 1 Nr. 2; → § 25 Rn. 7).
– Auch kann der Flächennutzungsplan von Bedeutung sein für die inhaltliche Auffüllung des Erfordernisses der **geordneten städtebaulichen Entwicklung** in § 34 Abs. 5 S. 1 Nr. 1, wie es für den Erlass von **Entwicklungs- und Ergänzungssatzungen** erforderlich ist (→ § 34 Rn. 84 ff., 88 ff.).
– Nach § 34 Abs. 4 S. 1 Nr. 2 setzt der Erlass einer Entwicklungssatzung sogar zwingend die Darstellung des betroffenen Gebiets im Flächennutzungsplan voraus (→ § 34 Rn. 84 ff.).
– Nach § 35 Abs. 3 S. 1 Nr. 1 beeinträchtigt ein Vorhaben **öffentliche Belange** ua dann, wenn es den Darstellungen des Flächennutzungsplans widerspricht. Dabei ist es grundsätzlich unerheblich, ob es sich um ein privilegiertes Vorhaben nach § 35 Abs. 1 oder um ein nicht privilegiertes sonstiges Vorhaben nach § 35 Abs. 2 handelt (→ im Einzelnen § 35 Rn. 73).
– Durch positive Darstellungen für privilegierte Vorhaben nach **§ 35 Abs. 1 Nr. 2 bis 6** kann die Gemeinde nach **§ 35 Abs. 3 S. 3** deren Zulässigkeit **im Außenbereich räumlich steuern.** Dies ist besonders für **Tierhaltungsanlagen, Windenergieanlagen, Biomasseanlagen,** (→ Rn. 7 f., 19, 35 f, 35 i, 46), **Mobilfunksendeanlagen** (→ Rn. 19), **Kiesabbau** und **sonstige Abgrabungen** (→ Rn. 29; BVerwG NVwZ 1988, 544 ff.) und **Gartenbaubetriebe** relevant (→ Rn. 35 i mwN). Sind von der Gemeinde Darstellungen in einem Flächennutzungsplan nach § 35 Abs. 3 S. 3 geplant, hat auf Antrag der Gemeinde die Bauaufsichtsbehörde von der Möglichkeit der **Zurückstellung von Baugesuchen** nach § 15 Abs. 3 Gebrauch zu machen.
– Der Flächennutzungsplan gibt einen Anhalt für den zeitlichen und inhaltlichen Rahmen, der der Gemeinde bei der **Veräußerung** von Grundstücken nach § 89 gesetzt ist. Aus ihm ist zB mit zu entnehmen, welche städtebaulichen Maßnahmen die Gemeinde beabsichtigt, für die sie Austauschland benötigt.
– Schließlich kann der Flächennutzungsplan **enteignungsrechtliche „Vorwirkung"** iS des § 95 Abs. 2 Nr. 2 entfalten, wenn er den Beginn eines einheitlichen Enteignungsprozesses darstellt (vgl. BGH UPR 1992, 234).

IV. Überleitungsvorschriften

Nach § 246a Abs. 5 BauGB wurden nach früherem Recht der **ehemaligen** 48
DDR ordnungsgemäß erlassene Generalbebauungspläne, Leitplanungen und Ortsgestaltungskonzeptionen kraft Gesetzes **übergeleitet** (im Einzelnen hierzu *Löhr* in BKL 6. Aufl. 1997, Rn. 49). Die hiernach übergeleiteten Pläne gelten nach § 233 Abs. 3 fort (vgl. Begründung zum RegE des BauROG, BT-Drs. 13/6392, 78).

§ 6 Genehmigung des Flächennutzungsplans

(1) **Der Flächennutzungsplan bedarf der Genehmigung der höheren Verwaltungsbehörde.**

(2) **Die Genehmigung darf nur versagt werden, wenn der Flächennutzungsplan nicht ordnungsgemäß zustande gekommen ist oder diesem Gesetzbuch, den auf Grund dieses Gesetzbuchs erlassenen oder sonstigen Rechtsvorschriften widerspricht.**

(3) Können Versagungsgründe nicht ausgeräumt werden, kann die höhere Verwaltungsbehörde räumliche oder sachliche Teile des Flächennutzungsplans von der Genehmigung ausnehmen.

(4) [1]Über die Genehmigung ist binnen drei Monaten zu entscheiden; die höhere Verwaltungsbehörde kann räumliche und sachliche Teile des Flächennutzungsplans vorweg genehmigen. [2]Aus wichtigen Gründen kann die Frist auf Antrag der Genehmigungsbehörde von der zuständigen übergeordneten Behörde verlängert werden, in der Regel jedoch nur bis zu drei Monaten. [3]Die Gemeinde ist von der Fristverlängerung in Kenntnis zu setzen. [4]Die Genehmigung gilt als erteilt, wenn sie nicht innerhalb der Frist unter Angabe von Gründen abgelehnt wird.

(5) [1]Die Erteilung der Genehmigung ist ortsüblich bekannt zu machen. [2]Mit der Bekanntmachung wird der Flächennutzungsplan wirksam. [3]Ihm ist eine zusammenfassende Erklärung beizufügen über die Art und Weise, wie die Umweltbelange und die Ergebnisse der Öffentlichkeits- und Behördenbeteiligung in dem Flächennutzungsplan berücksichtigt wurden, und aus welchen Gründen der Plan nach Abwägung mit den geprüften, in Betracht kommenden anderweitigen Planungsmöglichkeiten gewählt wurde. [4]Jedermann kann den Flächennutzungsplan, die Begründung und die zusammenfassende Erklärung einsehen und über deren Inhalt Auskunft verlangen.

(6) Mit dem Beschluss über eine Änderung oder Ergänzung des Flächennutzungsplans kann die Gemeinde auch bestimmen, dass der Flächennutzungsplan in der Fassung, die er durch die Änderung oder Ergänzung erfahren hat, neu bekannt zu machen ist.

Übersicht

	Rn.
1. Rechtsaufsicht (Abs. 1 und 2)	1
2. Genehmigungsverfahren (Abs. 3 und 4)	7
a) Teilgenehmigung und Frist	8
b) Maßgaben, Nebenbestimmungen	13
3. Bekanntmachung, zusammenfassende Erklärung (Abs. 5 und 6)	20

Rechtsaufsicht (Abs. 1 und 2). Die Befugnis zur Aufstellung von Bauleitplä- 1
nen ist Ausdruck der **Planungshoheit der Gemeinden,** die nach Art. 28 Abs. 2 GG als Bestandteil des kommunalen Selbstverwaltungsrechts garantiert ist. Die Selbstver-

§ 6 I. Kapitel. I. Teil. Bauleitplanung

waltungsgarantie des Art. 28 Abs. 2 GG ist jedoch nur „im Rahmen der Gesetze" gewährleistet. Dies bedeutet, dass der Gesetzgeber die Inhalte der Selbstverwaltungsaufgaben regeln und eine **Genehmigungspflicht** für bestimmte Akte der kommunalen Selbstverwaltung einführen kann, sofern er dadurch nicht den Kern der Selbstverwaltung verletzt (BVerfG Beschl. v. 24.6.1969 – 2 BvR 446/64, BVerfGE 26, 228 (238)). Das BauGB ist eine solche Inhaltsbestimmung der kommunalen Selbstverwaltungsaufgabe im Hinblick auf die „Planung der Gemeindeentwicklung und ihre Verwirklichung". § 6 unterwirft dabei die **Flächennutzungspläne** und deren Änderung oder Ergänzung sowie selbstständige, vorzeitige und vorzeitig bekannt gemachte **Bebauungspläne** – § 6 Abs. 2 und 4 gilt nach § 10 Abs. 2 S. 2 für diese Bebauungspläne entsprechend – der Pflicht zur Genehmigung durch die höhere Verwaltungsbehörde **(Abs. 1).**

2 Die Genehmigungspflicht ist nach **Abs. 2** als reine **Rechtsaufsicht** ausgestaltet. Die Aufsichtsbehörde darf den Plan daher nur auf seine Rechtmäßigkeit, nicht aber auf seine Zweckmäßigkeit hin überprüfen. Die Rechtskontrolle erstreckt sich auf das Zustandekommen des Bauleitplans, d. h. auf das Verfahren und auf seine Übereinstimmung mit den einschlägigen materiellen gesetzlichen Anforderungen. Diese Anforderungen können nicht nur im Baugesetzbuch, etwa in den Vorschriften zum Aufstellungsverfahren oder zum Abwägungsgebot nach § 1 Abs. 7, sondern vor allem auch in der auf der Grundlage von § 9a erlassenen **Baunutzungsverordnung** enthalten sein. Die **Planzeichenverordnung,** die ebenfalls auf der Grundlage von § 9a erlassen worden ist, hat insofern regelmäßig keine unmittelbare Bedeutung, da die Gemeinde bei ihrer Bauleitplanung nicht zwingend an die Planzeichenverordnung gebunden ist (BVerwG Beschl. v. 10.1.2001 – 4 BN 42/00, NVwZ-RR 2001, 422). Allerdings kann bei der Verwendung anderweitiger Planzeichen die mangelnde Bestimmtheit des Planes (vgl. OVG Saarlouis Urt. v. 19.3.2015 – 2 C 382/13, juris) ein Genehmigungshindernis sein. Zu den sonstigen Vorschriften, die einer Genehmigung entgegenstehen können, gehören sowohl solche des Bundesrechtes als auch des Landesrechtes, wie etwa die Landesbauordnungen oder auch Natur- oder Landschaftsschutzverordnungen (BVerwG Beschl. v. 28.11.1988 – 4 B 212/88, ZfBR 1989, 77; OVG Schleswig Beschl. v. 10.11.2009 – 1 LA 41/09, NuR 2010, 420). Wenn eine Darstellung des Flächennutzungsplans Festsetzungen einer Landschaftsschutzverordnung widerspricht, ist der Flächennutzungsplan nicht genehmigungsfähig, selbst wenn die zuständige höhere Landschaftsschutzbehörde eine Änderung der Verordnung in Aussicht stellt (BVerwG Urt. v. 21.10.1999 – 4 C 1/99, BVerwGE 109, 371). Auch ein Flächennutzungsplan, der einem während des Genehmigungsverfahrens in Kraft getretenen Ziel der Raumordnung widerspricht (→ § 1 Abs. 4), ist nicht genehmigungsfähig (BVerwG Beschl. v. 8.3.2006 – 4 B 75/05, NVwZ 2006, 932 (933)). Maßgeblich ist insofern also die **Sach- und Rechtslage** zum Zeitpunkt der Entscheidung über die Genehmigung. Hingegen ist für die Abwägung der Gemeinde die Sach- und Rechtslage im Zeitpunkt der Beschlussfassung über den Bauleitplan maßgeblich (§ 214 Abs. 3 S. 1).

3 Die Rechtskontrolle erstreckt sich auch auf solche Vorschriften, deren Verletzung sich nach den §§ 214 und 215 auf die Rechtswirksamkeit eines Bauleitplans nicht auswirkt (→ § 216). Der Grundsatz der **Planerhaltung** bewirkt also keine Verkürzung der Rechtsaufsicht. Nach einer Heilung gemäß § 214 Abs. 4 bedarf es einer erneuten Durchführung des Genehmigungsverfahrens (OVG Lüneburg Urt. v. 21.4.2010 – 12 LC 9/07, BauR 2010, 1556; zur Genehmigung mit Maßgaben → Rn. 13 ff.).

4 Die Grenzen zwischen der Rechtsaufsicht und der – auch die Zweckmäßigkeit einbeziehenden – Fachaufsicht sind insbesondere fließend bei der Überprüfung der **Einhaltung des Abwägungsgebotes** nach § 1 Abs. 7. Die Genehmigungsbehörde hat hier jedoch zu beachten, dass der Gemeinde aufgrund ihrer Planungshoheit ein eigener planerischer Gestaltungsspielraum zusteht (BVerwG Urt. v. 12.12.1969 – IV C 105.66, BVerwGE 34, 301 (304)). Ein Rechtsverstoß kann beim Abwägungsgebot

daher nur festgestellt werden, wenn der **Abwägungsvorgang** fehlerhaft oder das **Abwägungsergebnis** unvertretbar ist. Es reicht nicht aus, wenn eine andere Planungsentscheidung nach Auffassung der Genehmigungsbehörde den Anforderungen des Abwägungsgebots besser entsprechen würde. Die Genehmigungsbehörde darf also eigene planerische Gestaltungsüberlegungen nicht an die Stelle derjenigen der Gemeinde setzen.

Die Genehmigung ist **für die Gemeinde** ein **Verwaltungsakt,** der von ihr im 5 Wege der Verpflichtungsklage erstritten werden kann (zur isolierten Anfechtbarkeit von Nebenbestimmungen → Rn. 15). **Für den Bürger** handelt es sich bei der Genehmigung des Plans hingegen nur um einen **Teil** eines **Rechtsetzungsvorgangs.** Ein Anspruch auf Genehmigungserteilung besteht daher für ihn ebenso wenig wie die Möglichkeit, die Genehmigung selbständig mit Rechtsmitteln anzugreifen (OVG Lüneburg Urt. v. 17.11.1970 – I A 97/69, DVBl. 1971, 322). Rechtsschutzmöglichkeiten bestehen daher nur, soweit zulässig, gegen den Plan selbst oder gegen die auf seiner Grundlage getroffenen oder verweigerten behördlichen Zulassungsentscheidungen (insbesondere Baugenehmigungen; zum Rechtsschutz bei Flächennutzungsplänen → auch § 5 Rn. 46 ff.).

Zuständig für die Genehmigung ist die von den Ländern zu bestimmende **höhere Verwaltungsbehörde.** Dies ist in den meisten Ländern der Regierungspräsident oder die Bezirksregierung. 6

2. Genehmigungsverfahren (Abs. 3 und 4). Die Absätze 3 und 4 enthalten bestimmte Modalitäten der Genehmigung. Ergänzende Bestimmungen über die Zuständigkeit für die Genehmigung **gemeinsamer oder von einem Planungsverband aufgestellter Flächennutzungspläne** finden sich in § 203 Abs. 4. 7

a) Teilgenehmigung und Frist. Die Regelungen der **Absätze 3 und 4** sind im Zusammenhang zu sehen. Nach **Abs. 4 S. 1** ist die Genehmigung innerhalb von drei Monaten zu erteilen oder zu versagen. Angesichts dieser Frist hat die **Vorweggenehmigung** gem. § 6 Abs. 4 S. 1 Hs. 1 in der Regel keine besondere Bedeutung. Sie kann allerdings dann von Interesse sein, wenn damit ein weiteres Genehmigungsverfahren für einen Bebauungsplan nach § 10 Abs. 2 vermieden werden kann. Geht ein Bescheid über den Genehmigungsantrag nicht innerhalb von drei Monaten bei der Gemeinde ein, gilt der Bauleitplan als genehmigt (→ § 6 Abs. 4 S. 4). Äußert sich die Genehmigung nur zu einem Teil des Plans, etwa im Wege der Vorweggenehmigung, bleibt es für den restlichen Teil des Plans bei der Frist von drei Monaten, sofern dem Bescheid nicht hinreichend deutlich entnommen werden kann, dass der Plan im Übrigen nicht genehmigt werden soll. In besonderen Fällen kann die **Frist** nach **Abs. 4 S. 2** von der **übergeordneten Behörde** verlängert werden, ggf. auch mehrfach, in der Regel jedoch nur um bis zu (insgesamt) drei weiteren Monaten. An das Vorliegen wichtiger Gründe iSv Abs. 4 S. 2 sind keine hohen Anforderungen zu stellen. Schon eine besondere Komplexität der durch den Plan aufgeworfenen Fragen rechtfertigt eine Fristverlängerung (BVerwG Beschl. v. 8.3.2006 – 4 B 75/05, NVwZ 2006, 932). Die Genehmigungsfiktion tritt dennoch dann nicht ein, wenn die übergeordnete Behörde **vor Fristablauf** die Fristverlängerung gegenüber der Genehmigungsbehörde verfügt hat. Hiervon ist die Gemeinde zu unterrichten (Abs. 4 S. 3), ggf. auch erst nachträglich. In der Verlängerungsentscheidung ist für ihre Wirksamkeit zwingend der **Verlängerungszeitraum** anzugeben. Ansonsten ist sie unwirksam. 8

Die Frist für die Genehmigungsprüfung durch die höhere Verwaltungsbehörde **beginnt** mit Eingang der erforderlichen Unterlagen und des Genehmigungsantrags. Die Dauer der Frist berechnet sich nach § 187 Abs. 1 BGB, so dass der Tag des Antragseingangs nicht mitzurechnen ist. **Erforderliche Unterlagen** sind neben dem Genehmigungsantrag der Plan selbst und dessen Begründung sowie die im Aufstellungsverfahren nicht berücksichtigten Stellungnahmen aus der Öffentlichkeitsbeteiligung, verbunden mit einer Stellungnahme der Gemeinde (→ § 3 Abs. 2 S. 6). In der 9

Regel ist es allerdings üblich, schon zur Vermeidung einer Verlängerung der Frist, die gesamten Aufstellungsvorgänge vorzulegen.

10 Die Unterlagen sind **auf dem Dienstweg** der Genehmigungsbehörde einzureichen. Dies bedeutet, dass kreisangehörige Gemeinden den Plan über den Kreis vorzulegen haben. Die Zeit, in der der Planentwurf beim Kreis liegt, ist in den Fristablauf nicht einzurechnen.

11 Die höhere Verwaltungsbehörde hat gemäß **Abs. 3** zunächst zu versuchen, Versagungsgründe für die Genehmigungserteilung auszuräumen, idR also diese mit der Gemeinde zu erörtern. Gelingt dies nicht, hat sie die Befugnis und aus Gründen der Verhältnismäßigkeit auch die Pflicht, **räumliche oder sachliche Teile** des Flächennutzungsplans **von der Genehmigung auszunehmen,** sofern, wie sich aus einer sinngemäßen Anwendung des § 5 Abs. 1 S. 2 ergibt, hierdurch keine Rückwirkungen auf die übrigen Teile des Plans entstehen (zB wenn die Genehmigungsbehörde einzelne Standorte für Windkraftanlagen von der Genehmigung ausnimmt; OVG Berlin-Brandenburg Beschl. v. 28. 8. 2007 – 2 S 63/07, NVwZ-RR 2008, 231; OVG Lüneburg Urt. v. 14. 9. 2000 – 1 L 2153/99, ZfBR 2001, 208 (209 ff.)). Die Kriterien dafür sind ausschließlich städtebaulicher Art. Entscheidend ist allein, ob der Plan im Übrigen noch ein hinreichendes Gerüst für die städtebauliche Entwicklung darstellt. Ein gesonderter Antrag der Gemeinde für eine nur teilweise Genehmigung des Plans ist nicht erforderlich. Dies gilt auch dann, wenn der Gemeinde aufgrund von Abstimmungen mit der höheren Verwaltungsbehörde bereits bekannt ist, dass der Plan aus deren Sicht nicht insgesamt genehmigungsfähig ist. Selbst wenn die Gemeinde eine zumindest teilweise Genehmigung des Flächennutzungsplans (hilfsweise) beantragt, hat sie die Möglichkeit, gegen die Versagung im Übrigen mit Rechtsmitteln (Verpflichtungsklage) vorzugehen (zur nur teilweisen Genehmigung von Bebauungsplänen → § 10 Rn. 28). Der genehmigte Teil kann auch in diesem Fall bereits durch ortsübliche Bekanntmachung (→ Rn. 20) in Kraft gesetzt werden.

12 Bei nur teilweiser Genehmigung ihres Flächennutzungsplans bleibt die Gemeinde **verpflichtet,** den **Flächennutzungsplan für das ganze Gemeindegebiet aufzustellen.** An dieser bereits aus § 5 Abs. 1 S. 1 folgenden Verpflichtung ändert sich durch Abs. 3 nichts. Kommt die Gemeinde dieser Verpflichtung nicht oder nur schleppend nach, enthält das BauGB keine weiteren Sanktionsmöglichkeiten. Der höheren Verwaltungsbehörde bleiben in diesem Fall nur die Mittel der Kommunalaufsicht.

13 **b) Maßgaben, Nebenbestimmungen.** § 6 Abs. 3 S. 1 BBauG sah ausdrücklich vor, dass die Aufsichtsbehörde die Genehmigung unter Auflagen erteilen kann. Diese Vorschrift wurde nicht in das BauGB übernommen, da sich bereits aus den einschlägigen Vorschriften der Verwaltungsverfahrensgesetze die Zulässigkeit von Nebenbestimmungen ergibt. Durch diese Streichung im BauGB sollte daher an der materiellen Rechtslage nichts geändert werden (vgl. BT-Drs. 10/4630, 69).

14 Die Rechtsgrundlage dafür, der Genehmigung eine Nebenbestimmung beizufügen, ist **§ 36 Abs. 1 VwVfG** (gemäß § 1 Abs. 3 VwVfG Bund jeweils der Verwaltungsverfahrensgesetze der Länder), da die Gemeinden bei Vorliegen der gesetzlichen Voraussetzungen einen **Anspruch** auf die Erteilung der Genehmigung, ggf. mit einer Nebenbestimmung anstelle einer schwerer wiegenden vollständigen Versagung (BVerwG Urt. v. 18. 2. 1994 – 4 C 4/92, BVerwGE 95, 123; OVG Münster Urt. v. 30. 9. 2009 – 10 A 1676/08, BauR 2010, 426 Rn. 169) haben. Nebenbestimmungen sind daher nur zulässig, wenn sie sicherstellen sollen, dass die **gesetzlichen Voraussetzungen** der Genehmigung erfüllt werden. Dabei ist es unerheblich, ob es sich um formelle oder um materielle Voraussetzungen handelt. Auf den Inhalt des Plans kann sich eine Nebenbestimmung wegen der gemeindlichen Planungshoheit nur dann beziehen, wenn – was selten der Fall ist – lediglich eine einzige planerische Darstellung rechtlich zulässig wäre. In der Regel können sich Nebenbestimmungen zudem nur auf untergeordnete und die planerische Aussage des Bauleitplans nicht berührende

2. Abschnitt. Vorbereitender Bauleitplan (Flächennutzungsplan) § 6

Punkte beziehen, etwa auf die Klarstellung von missverständlichen Begriffen oder Zuordnungen, sowie notwendige redaktionelle Änderungen. Soweit es um **unzulässige Darstellungen** geht, die durch die Genehmigungsbehörde beanstandet werden, kann die Genehmigung unter die Maßgabe gestellt werden, dass die für unzulässig gehaltene Darstellung gestrichen wird, soweit diese Streichung die Grundzüge der Planung nicht berührt und auf die verbleibenden Darstellungen keine Auswirkungen haben kann (BVerwG Beschl. v. 14.4.2010 – 4 B 78/09, NVwZ 2010, 1026 Rn. 70 ff.: Streichung von Nutzungsausschlüssen für Mischbauflächen und Detailregelungen zu warengruppenbezogenen Verkaufsflächenobergrenzen). Ist nach Auffassung der Genehmigungsbehörde der Bauleitplan darüber hinausgehend inhaltlich zu beanstanden, kommt in der Regel nur eine Versagung der Genehmigung oder aber die Ausnahme von räumlichen oder sachlichen Teilen des Flächennutzungsplans nach Abs. 3 in Betracht.

Als Nebenbestimmungen sehen die Verwaltungsverfahrensgesetze Befristungen, Bedingungen, Widerrufsvorbehalte, Auflagen und den Vorbehalt nachträglicher Auflagen vor. Für Bauleitpläne kommen dabei in der Regel nur **Auflagen** oder **aufschiebende Bedingungen** in Betracht (§ 36 Abs. 1 iVm Abs. 2 Nr. 2 und 4 VwVfG). Die Unterscheidung ist dabei im Einzelfall theoretisch schwierig, praktisch jedoch zumeist nicht von besonderer Relevanz, weil es der Gemeinde in jedem Fall verwehrt ist, den Bauleitplan in Kraft zu setzen, solange der Fehler nicht beseitigt ist (BVerwG Beschl. v. 25.2.1997 – 4 NB 30.96, NVwZ 1997, 896). Daher wird zumeist auch eher allgemein von einer **Genehmigung des Plans mit Maßgaben** gesprochen (BVerwG Urt. v. 18.2.1994 – 4 C 4/92, BVerwGE 123, 127). Prozessual kann die Unterscheidung zwischen den verschiedenen Formen der Nebenbestimmungen Bedeutung dahingehend haben, ob die Gemeinde eine Verpflichtungsklage auf Erteilung einer Genehmigung ohne Maßgaben erheben muss oder ob eine Anfechtung der Nebenbestimmungen genügt. An dem Umstand, dass der Plan nicht unverändert in Kraft gesetzt werden darf, ändert dies jedoch nichts (BVerwG Beschl. v. 25.2.1997 aaO). **15**

Für die Frage, wie den Maßgaben der Genehmigungsbehörde Rechnung getragen werden kann und muss, kommt es auf deren Inhalt an. Handelt es sich um rein **redaktionelle** Mängel, zum Beispiel Schreibfehler oder die Korrektur eines Planzeichens, können diese beseitigt und das Planverfahren zum Abschluss gebracht werden, ohne dass es weiterer besonderer Verfahrensschritte bedarf (BVerwG Beschl. v. 14.8.1989 – 4 NB 24/88, NVwZ-RR 1990, 122). Bei weitergehenden inhaltlichen Mängeln bedarf es eines sogenannten **Beitrittsbeschlusses,** also eines Beschlusses der Gemeindevertretung, mit dem sie die Maßgaben der Genehmigungsbehörde inhaltlich akzeptiert und übernimmt. Die Gemeindevertretung muss sich den geänderten Planinhalt durch einen erneuten Beschluss zu eigen machen (BVerwG Beschl. v. 25.2.1997 – 4 NB 30.96, BauR 1997, 603; dass. Urt. v. 5.12.1986 – 4 C 31/85, BVerwGE 75, 262 (265); *Krautzberger* in EZBK § 6 Rn. 70; *Reidt* in BRS Rn. 878). Ob es im Vorfeld des Beitrittsbeschlusses eines erneuten **Beteiligungsverfahrens** bedarf, hängt von der konkreten Maßgabe ab. Wird etwa beanstandet, dass die Öffentlichkeits- oder Behördenbeteiligung nicht ordnungsgemäß durchgeführt wurde, ist sie nachzuholen. Dies gilt auch bei inhaltlichen Änderungen des Plans, wenn sie nach Maßgabe von § 4a Abs. 3 geboten ist. Änderungen, die dahinter zurückbleiben, machen hingegen kein erneutes Beteiligungsverfahren im Vorfeld des Beitrittsbeschlusses notwendig. **16**

Der Beitrittsbeschluss und ggf. auch das ihm vorausgehende Verfahren können bereits erfolgen, bevor die mit Maßgaben verbundene Genehmigung des Plans vorliegt, wenn deren Inhalt bereits bekannt war (BVerwG Beschl. v. 3.7.1995 – 4 NB 7/95, ZfBR 1996, 53). **17**

Ein Bauleitplan, bei dem die Maßgaben aus der erteilten Genehmigung erfüllt werden, muss nicht **erneut** zur Genehmigung vorgelegt werden, sofern der mit **18**

Maßgaben versehene Bescheid nichts Abweichendes bestimmt. Darin liegt gerade der Sinn von Maßgaben. Anders ist es jedoch, wenn der Plan erneut die Öffentlichkeits- oder Behördenbeteiligung durchlaufen muss und sich in diesem Zusammenhang inhaltlich ändert. Auch dann, wenn im Rahmen der erneuten Öffentlichkeitsbeteiligung Stellungnahmen zur geänderten Planfassung eingegangen und abschlägig beschieden worden sind, bedarf es gemäß § 3 Abs. 2 S. 6 einer weiteren Vorlage bei der höheren Verwaltungsbehörde und deren Genehmigung.

19 Die Gemeindevertretung ist nicht verpflichtet, den Maßgaben in der Genehmigungsentscheidung nachzukommen, selbst wenn diese rechtmäßig sind. Ihr steht es frei, den Plan insgesamt zu überarbeiten und in einer Neufassung der höheren Verwaltungsbehörde nach Durchführung des erforderlichen Planverfahrens sodann erneut zur Genehmigung vorzulegen.

20 **3. Bekanntmachung, zusammenfassende Erklärung (Abs. 5 und 6).** Nach Erteilung der, ggf. auch fiktiven (→ Rn. 8), Genehmigung darf diese nach **Abs. 5 S. 1 ortsüblich bekannt** gemacht werden (→ vgl. § 10 Rn. 32ff.), um die Wirksamkeit des Flächennutzungsplans herbeizuführen. Eine Pflicht dazu besteht nicht. Die Gemeinde ist vielmehr auch in diesem Stadium noch berechtigt, von der Bekanntmachung abzusehen, um den Plan ggf. noch zu ändern (VGH Kassel Urt. v. 25.3.2009 – 3 C 594/08.N, DVBl. 2009, 717 Rn. 58f.). Sollte er zwischenzeitlich verbindlich gewordenen Raumordnungszielen (§ 1 Abs. 4) widersprechen, darf er nicht, jedenfalls nicht hinsichtlich der ggf. räumlich oder sachlich abtrennbaren Teile, die den Raumordnungszielen widersprechen, durch die Gemeinde bekannt gemacht werden (vgl. BVerwG Beschl. v. 14.5.2007 – 4 BN 8/07, NVwZ 2007, 953 zum Bebauungsplan).

21 Bekannt gemacht werden muss der **wesentliche Genehmigungsinhalt,** damit erkennbar wird, ob der Plan durch die Genehmigung gedeckt ist und daher durch Abschluss des Aufstellungsverfahrens Gültigkeit erlangen darf und soll. Nebenbestimmungen der Genehmigung können, müssen allerdings nicht mit bekannt gemacht werden (BVerwG Urt. v. 5.12.1986 – 4 C 29.86, BVerwGE 75, 271). Eine **Ausfertigung** des Flächennutzungsplans wird, anders als beim Bebauungsplan (→ § 10 Rn. 33), bundesrechtlich gemeinhin nicht verlangt (BVerwG Beschl. v. 20.7.1990 – 4 N 3/88, NVwZ 1991, 262 Rn. 11; OVG Lüneburg Beschl. v. 11.7.2003 – 1 MN 165/03, ZfBR 2004, 80; *Krautzberger* in EZBK § 6 Rn. 83; anders *Schrödter* in Schrödter § 6 Rn. 26; *Schmidt-Eichstaedt/Weyrauch/Zemke,* Städtebaurecht, 158f.). Ob dies vor dem Hintergrund des Bedeutungsgewinns des Flächennutzungsplans jedenfalls im Außenbereich (zu § 35 Abs. 3 S. 3 s. § 35 Rn. 111ff.; zur Normenkontrolle bei Flächennutzungsplänen → § 5 Rn. 46) weiterhin aufrecht erhalten werden kann, ist zumindest zweifelhaft (vgl. zur Notwendigkeit der Ausfertigung eines Raumordnungsplans, wenn dieser Ziele der Raumordnung enthält, die über § 35 Abs. 3 S. 3 Außenwirkung entfalten BVerwG Urt. v. 1.7.2010 – 4 C 4.08, NVwZ 2011, 61 Rn. 14).

22 Gemäß § 6 Abs. 5 S. 3 ist dem Flächennutzungsplan eine **zusammenfassende Erklärung** beizufügen. In ihr ist in knapper und leicht verständlicher Form die Art und Weise zu beschreiben, wie die Belange des Umweltschutzes und die Ergebnisse der Öffentlichkeits- und Behördenbeteiligung berücksichtigt wurden. Ferner ist darzulegen, warum nicht eine andere Planungsmöglichkeit gewählt wurde (→ auch § 10 Abs. 4 für den Bebauungsplan). Die zusammenfassende Erklärung ist nicht Gegenstand der Planbegründung und auch nicht Gegenstand des Genehmigungsverfahrens gem. § 6 Abs. 1 (unklar *Schrödter* in Schrödter § 6 Rn. 13, 33ff). Gleichwohl ist eine Vorlage bei der höheren Verwaltungsbehörde selbstverständlich unschädlich. Mängel der zusammenfassenden Erklärung führen nicht zu einem nach § 214 beachtlichen Fehler des Flächennutzungsplans.

23 Einer Veröffentlichung des Flächennutzungsplanes bedarf es nicht. Stattdessen wird als Teil der Bekanntmachung (→ § 10 Rn. 37ff.) gemäß **Abs. 5 S. 4** jedermann

2. Abschnitt. Vorbereitender Bauleitplan (Flächennutzungsplan) §7

das Recht eingeräumt, den Flächennutzungsplan und dessen Begründung sowie die zusammenfassende Erklärung **einzusehen** und über deren Inhalt **Auskunft zu verlangen.** Anders als beim Bebauungsplan (→ § 10 Abs. 3 S. 3) muss bei der Bekanntmachung des Flächennutzungsplans nicht angegeben werden, wo er eingesehen werden kann. Eine solche Angabe ist allerdings unschädlich. Entsprechendes gilt für Hinweise dazu, zu welchen Zeiten eine Einsichtnahme möglich ist.

Die **Unbeachtlichkeitsfristen** des § 215 Abs. 1 sind nur dann anwendbar, wenn 24 darauf in der Bekanntmachung hingewiesen wurde. Entsprechendes gilt für etwaige Hinweise im Hinblick auf Verfahrensvorschriften nach Landesrecht. Andernfalls wird der Flächennutzungsplan zwar gleichwohl mit seiner Bekanntmachung wirksam, jedoch können die in § 215 Abs. 1 geregelten Verstöße dann auch noch nach Ablauf der Jahresfrist geltend gemacht werden (zum Rechtsschutz → § 5 Rn. 46ff.).

Nach § 246 Abs. 1 entfällt das Genehmigungserfordernis in den Ländern **Berlin** 25 und **Hamburg;** das Land **Bremen** kann bestimmen, dass eine Genehmigung nicht erforderlich ist.

Abs. 6 stellt klar, dass die Gemeinde mit dem Beschluss über eine Planänderung 26 auch die **Neubekanntmachung** des Flächennutzungsplans in der neuen Fassung bestimmen kann. Dies kann zweckmäßig sein, da Flächennutzungspläne, die in der Regel auf eine Geltungsdauer von etwa 10 bis 15 Jahren angelegt sind (→ vgl. § 5 Rn. 1), in diesem Zeitraum oftmals zahlreiche Änderungen erfahren. 50 und mehr Änderungen sind dabei keine Seltenheit. Für den Bürger, aber auch für Behörden ist es daher oftmals schwer, sich einen Überblick über den aktuellen Stand des Flächennutzungsplans zu verschaffen. Ist eine solche Situation erreicht, kann es sich aus Gründen der Rechtsklarheit empfehlen, den Flächennutzungsplan in der nach einer wiederholten Änderung geltenden Fassung neu bekannt zu machen. Für die Rechtslage maßgeblich bleiben allerdings im Fall von etwaigen Diskrepanzen die jeweiligen beschlossenen Einzeländerungen. Die Neubekanntmachung hat also nur **deklaratorische Funktion,** sie ist **nicht konstitutiver Natur.**

§ 7 Anpassung an den Flächennutzungsplan

¹**Öffentliche Planungsträger, die nach § 4 oder § 13 beteiligt worden sind, haben ihre Planungen dem Flächennutzungsplan insoweit anzupassen, als sie diesem nicht widersprochen haben.** ²**Der Widerspruch ist bis zum Beschluss der Gemeinde einzulegen.** ³**Macht eine Veränderung der Sachlage eine abweichende Planung erforderlich, haben sie sich unverzüglich mit der Gemeinde ins Benehmen zu setzen.** ⁴**Kann ein Einvernehmen zwischen der Gemeinde und dem öffentlichen Planungsträger nicht erreicht werden, kann der öffentliche Planungsträger nachträglich widersprechen.** ⁵**Der Widerspruch ist nur zulässig, wenn die für die abweichende Planung geltend gemachten Belange die sich aus dem Flächennutzungsplan ergebenden städtebaulichen Belange nicht nur unwesentlich überwiegen.** ⁶**Im Falle einer abweichenden Planung ist § 37 Abs. 3 auf die durch die Änderung oder Ergänzung des Flächennutzungsplans oder eines Bebauungsplans, der aus dem Flächennutzungsplan entwickelt worden ist und geändert, ergänzt oder aufgehoben werden musste, entstehenden Aufwendungen und Kosten entsprechend anzuwenden; § 38 Satz 3 bleibt unberührt.**

Übersicht

	Rn.
1. Zweck der Anpassungspflicht	1
2. Inhalt der Anpassungspflicht (S. 1)	3
3. Anforderungen an den Widerspruch	7

§ 7 I. Kapitel. I. Teil. Bauleitplanung

 Rn.
 a) Gegenstand und Gründe 7
 b) Form ... 8
 c) Zeitpunkt (S. 2) 10
 4. Folgen des Widerspruchs 12
 a) Flächennutzungsplan 12
 b) Fachplanung 15
 5. Nachträglicher Widerspruch und Entschädigungsanspruch (S. 3 bis 6) 16

1 **1. Zweck der Anpassungspflicht.** Nach § 1 Abs. 1 ist es Aufgabe der Gemeinden bei der Bauleitplanung, die bauliche und sonstige Nutzung der Grundstücke in der Gemeinde vorzubereiten und zu leiten. Die Gemeinde ist allerdings nicht der einzige Träger hoheitlicher Verwaltung, der befugt ist, rechtsverbindliche Bodennutzungsregelungen vorzunehmen. Daneben gibt es vielmehr eine **Reihe weiterer Planungsträger,** denen gesetzlich das Recht zuerkannt ist, für die Durchführung ihrer Verwaltungszwecke **rechtsverbindliche Planungen für raumbeanspruchende Maßnahmen** durchzuführen. Nur solche Rechtsträger fallen – wie auch bei § 205 Abs. 1 S. 1 – unter den Begriff „öffentliche Planungsträger". Öffentliche Planungsträger sind danach also insbesondere die Träger der von § 38 erfassten Fachplanungen (→ § 38 Rn. 14 ff. sowie BVerwG Urt. v. 24. 11. 2010 – 9 A 13/09, ZUR 2011, 258 (259); OVG Hamburg, Beschl. v. 23. 10. 2014 – 1 Es 4.14.P, BeckRS 2014 58008 Rn. 49), aber zB auch die Träger der Flurbereinigung bei Aufstellung des Wege- und Gewässerplans nach § 41 FlurbG und Träger des Natur- und Landschaftsschutzes zB bei Ausweisung eines Schutzgebiets. Nicht hierzu gehört die Raumordnung; ihr Verhältnis zur Bauleitplanung ist – in § 1 Abs. 4 und dem ROG – gesondert geregelt (*Runkel* in EZBK § 7 Rn. 4; *W. Schrödter* in Schrödter § 7 Rn. 3). Auch die Nachfolgeunternehmen von **Bahn und Post** sind keine öffentlichen Planungsträger (vgl. *Roer* DVBl. 1996, 1293 ff.); doch ist die **Deutsche Bahn AG Netz** im Auftrag des Bundes auf der Grundlage von Art. 87 e Abs. 4 GG für die Infrastrukturbereitstellung, vor allem das Schienennetz, zuständig und insofern öffentlicher Planungsträger. Planfeststellungsbehörde ist dagegen das Eisenbahnbundesamt (→ § 9 Rn. 40; § 38 Rn. 14).

2 Zweck des § 7 ist es, eine **Harmonisierung der von verschiedenen Seiten beabsichtigten Bodennutzung** herbeizuführen. Er enthält über die Verfahrensregelung des § 4 – nach der die Behörden sowie die sonstigen Träger öffentlicher Belange, zu denen auch alle öffentlichen Planungsträger gehören, zu beteiligen sind – hinausgehende Ansätze zu einer **materiellen Koordination** der beabsichtigten Planungen. Zusammen mit der Vorrangregelung in § 38 führt die Regelung in § 7 auf Grund der Einräumung der Widerspruchsmöglichkeit letztlich jedoch weniger zu einer gleichberechtigten Koordination der verschiedenen Planungen als zu einem **Vorrang der Fachplanungen vor der Bauleitplanung.** Hieran ändern auch die Sätze 4 bis 6 nur wenig, wenngleich sie einen Schritt zur Aufwertung des Flächennutzungsplans gegenüber den Fachplanungen darstellen. Da der Flächennutzungsplan keine Rechtsnorm ist und daher aus sich heraus keine Rechtsbindung erzeugt, ist die ausdrückliche Bestimmung der Anpassungspflicht in § 7 erforderlich.

3 **2. Inhalt der Anpassungspflicht (S. 1).** Hat der Planungsträger dem Flächennutzungsplan nicht widersprochen, so unterliegt er nach S. **1** der **Anpassungspflicht** (zur Bindungspflicht von Fachplanungsträgern ausführlich *Kümper* UPR 2013, 9 ff.). Wie aus der Verwendung des Worts „insoweit" hervorgeht, kann der Planungsträger dem Flächennutzungsplan auch nur teilweise widersprechen; seine Anpassungspflicht beschränkt sich dann auf den Teil des Flächennutzungsplans, dem er nicht widersprochen hat. Die Anpassungspflicht beginnt mit der Bekanntmachung, d. h. mit Wirksamwerden des Flächennutzungsplans; allerdings ist eine Vorwegbindung, etwa nach

2. Abschnitt. Vorbereitender Bauleitplan (Flächennutzungsplan) § 7

Beteiligung des Planungsträgers, ggf. auch schon vor Planreife, möglich (vgl. *Runkel* in EZBK § 7 Rn. 14; *W. Schrödter* in Schrödter § 7 Rn. 6). Sie bedeutet, dass der Planungsträger den Flächennutzungsplan im Planfeststellungsverfahren ebenso zu beachten hat wie die Gemeinde bei Aufstellung eines Bebauungsplans, er aber auch dieselben Freiheiten (→ § 8 Rn. 3f.) hat wie diese (*Kraft* BauR 1999, 829 (832f.)). Die für das Entwickeln eines Bebauungsplans aus dem Flächennutzungsplan nach § 8 Abs. 2 aufgestellten Grundsätze sind daher in entsprechender Weise anzuwenden (*Gaentzsch/Philipp* in BK § 7 Rn. 4; *Runkel* in EZBK BauGB § 7 Rn. 10c; aA *Gierke* in KK § 7 Rn. 101c). Daher muss aus Gründen der Rechtsklarheit durch eine förmliche Änderung des Flächennutzungsplans auch nach außen erkennbar dokumentiert werden, wenn ein – auch mit dem öffentlichen Planungsträger einvernehmliche – Abweichung vom bisherigen Planungskonzept vorgenommen werden soll. Zuständig hierfür ist die Gemeinde (BVerwG Urt. v. 24.11.2010 – 9 A 13/09, ZUR 2011, 258 (261); OVG Hamburg Beschl. v. 23.10.2014 – 1 Es 4.14.P, BeckRS 2014 58008 Rn. 53).

Die Anpassungspflicht schützt nicht nur die kommunale Planungshoheit der Gemeinde, sondern auch den objektiven Belang einer geordneten städtebaulichen Entwicklung (BVerwG Urt. v. 24.11.2010 – 9 A 13/09, ZUR 2011, 258 (261)). Sie erstreckt sich vor allem auf **beabsichtigte oder noch nicht abgeschlossene Planungsvorhaben** des Planungsträgers. Festgesetzte Planungen sind nach § 5 Abs. 4 S. 1 unabhängig von einem Widerspruch nachrichtlich zu übernehmen (hierzu OVG Hamburg Beschl. v. 23.10.2014 – 1 Es 4.14.P, BeckRS 2014 58008 Rn. 54f.). Allerdings ist es nicht ausgeschlossen, dass der Planungsträger auch rechtsverbindlich abgeschlossene Planungsverfahren nur entsprechend dem Flächennutzungsplan verwirklichen kann, wenn der festgestellte Plan von dem Planungsträger einer Änderung unterzogen werden soll. 4

Voraussetzung für das Entstehen der Anpassungspflicht ist ein fehlerfreier oder nur mit unbeachtlichen oder heilbaren Fehlern nach §§ 214f. behafteter **wirksamer Flächennutzungsplan**. Entsprechend der nur teilweisen Anpassungspflicht bei nur teilweisem Widerspruch bleibt diese bestehen, wenn die Unwirksamkeit des Flächennutzungsplans sich nur auf bestimmte Teile bezieht und der Bestand des Flächennutzungsplans im Übrigen hiervon nicht berührt wird. Wird der Flächennutzungsplan aus formellen Gründen unwirksam, so entsteht die Anpassungspflicht nicht; die materiell fehlerfreien Darstellungen des Flächennutzungsplans sind jedoch von dem Planungsträger bei der Aufstellung seines Fachplanes unabhängig vom Bestehen der Anpassungspflicht als **öffentlicher Belang** zu berücksichtigen. 5

Die Anpassungspflicht begründet keinen Anspruch darauf, dass die entsprechende Fachplanung auch tatsächlich durchgeführt wird. Erst in dem Falle, in dem tatsächlich (verbindlich) geplant wird, ist die Einhaltung der Anpassungspflicht **gerichtlich erzwingbar**. Ihre Nichtbeachtung stellt eine Verletzung der durch § 7 S. 1 geschützten kommunalen Planungshoheit dar, die mit Anfechtungs- oder Verpflichtungsklage gegenüber dem planfeststellenden Verwaltungsakt durchgesetzt werden kann (genauer *W. Schrödter* in Schrödter § 7 Rn. 14). Der entsprechende Fachplanungsakt ist rechtswidrig. 6

3. Anforderungen an den Widerspruch. a) Gegenstand und Gründe. Sieht der Planungsträger einen Widerspruch zwischen den beabsichtigten Darstellungen im Flächennutzungsplan und den von ihm selbst beabsichtigten Planungen, die sich im Planaufstellungsverfahren nicht ausräumen ließen, so muss er dem Flächennutzungsplan oder einzelnen seiner Darstellungen **widersprechen**, wenn er nicht an diese Darstellungen gebunden sein will. Da die Anpassungspflicht nur die Planungen des Planungsträgers erfasst, **kann der Widerspruch auch nur aus Gründen erfolgen, die sich aus diesen Planungen ergeben.** Keinesfalls kann er aus allgemeinen Erwägungen, die mit seiner besonderen Planungsaufgabe in keinem Zusammenhang 7

stehen, dem Flächennutzungsplan widersprechen. Insoweit ist er darauf beschränkt, wie andere Behörden oder die Öffentlichkeit bei der Auslegung des Flächennutzungsplanentwurfs nach § 3 Abs. 2 Anregungen geltend zu machen (so auch *Runkel* in EZBK § 7 Rn. 6 a). Eines Widerspruchs bedarf es nicht, wenn der Träger der Flächennutzungsplanung der Fachplanung inhaltlich zugestimmt hat (VGH Mannheim NuR 1997, 248 ff.).

8 **b) Form.** Der Widerspruch nach § 7 ist mangels Regelungsgehalt **kein Verwaltungsakt**, sondern eine bloße empfangsbedürftige Willenserklärung. Die Form, in der dem Flächennutzungsplan gegebenenfalls zu widersprechen ist, lässt sich daher nicht aus allgemeinen Regelungen etwa des VwVfG ableiten, sondern ist aus der Funktion des Widerspruchs heraus zu bestimmen. Danach ist es tunlich, in **schriftlicher Form** zu widersprechen, da andernfalls das Vorliegen einer Anpassungspflicht nicht einwandfrei bejaht oder verneint werden kann, auch der genaue Inhalt des Widerspruchs mit der erforderlichen Präzision nicht nachzuvollziehen ist (auch *W. Schrödter* in Schrödter § 7 Rn. 5).

9 Der Widerspruch ist notwendig zu **begründen.** Da ein Widerspruch nur beachtlich ist, wenn er aus dem Funktionskreis des Planungsträgers heraus begründet ist und dessen Planungsabsichten zB nicht gegen Ziele der Raumordnung und Landesplanung verstoßen, kann die Gemeinde den Charakter einer sich gegen Darstellungen des Flächennutzungsplans wendenden Äußerung eines Planungsträgers nur dann zweifelsfrei als Widerspruch oder als bloße Anregung iS des § 3 Abs. 2 einstufen, wenn der Widerspruch begründet ist. Für das weitere Verfahren der Gemeinde wie auch für die Entscheidung der Genehmigungsbehörde ist, aber die eindeutige Zuordnung einer solchen Äußerung von wesentlicher Bedeutung. Ein unbegründeter „Widerspruch" ist daher unbeachtlich (vgl. *GaentzschPhilipp* in BK § 7 Rn. 12; ähnlich *Runkel* in EZBK § 7 Rn. 6 a, ff.: Begründung ist nicht rechtliche Wirksamkeitsvoraussetzung, sondern aus Gründen sachgerechter Planung der Gemeinde und wirksamer Planungskoordination sachliche Verpflichtung des Planungsträgers). Allerdings kann sich der Planungsträger als Begründung auf seine Stellungnahme berufen, die er bereits bei der Behördenbeteiligung nach § 4 Abs. 1 abgegeben hat. In jedem Fall ist es für die Gemeinde ratsam, sich um eine Begründung für eine ablehnende Äußerung zu ihrem Flächennutzungsplanentwurf zu bemühen; ansonsten läuft sie Gefahr, in den Abwägungsprozess nicht alle Belange mit dem ihnen zukommenden Gewicht eingestellt zu haben.

10 **c) Zeitpunkt (S. 2).** Als letzter Zeitpunkt für den Widerspruch ist in S. 2 der **Beschluss der Gemeinde über den Flächennutzungsplan** festgelegt. Denn durch seinen Widerspruch macht der Planungsträger eine gravierende Meinungsverschiedenheit zwischen ihm und der Gemeinde über die Nutzung eines bestimmten Teils des Gemeindegebiets deutlich. Daraus folgt, dass bei Bestehenbleiben dieser Situation der Koordinierungszweck des § 7 nicht erfüllt wird. Aus dieser Zweckrichtung des Widerspruchs einerseits und des § 7 andererseits folgt, dass der Widerspruch zu einem Zeitpunkt ergehen muss, zu dem die Gemeinde noch einen Widerspruch sachgerecht verarbeiten kann. Unter dem Beschluss ist daher der konkrete Tageszeitpunkt zu verstehen, an dem der Beschluss tatsächlich gefasst wird, nicht etwa der Ablauf des Tages, an dem der Beschluss gefasst werden soll, wie es bei Anwendung von § 188 Abs. 1 BGB nahe läge. § 188 Abs. 1 BGB kommt aber zur Bestimmung eines Fristendes nur zur Anwendung, wenn die Frist nach Tagen bestimmt ist. Dies ist hier mit der Angabe eines konkreten Ereignisses nicht der Fall. Ein **verspäteter Widerspruch** ist zu behandeln wie ein nachträglicher Widerspruch nach S. 4 (→ Rn. 16 ff.).

11 Entsprechend dem Koordinierungszweck des § 7 wird die Anhörung der Behörden und der sonstigen Träger öffentlicher Belange oder die Auslegung des Planentwurfs regelmäßig der gegebene Zeitraum sein, um den Widerspruch zu bekunden. Widerspruch kann auch bereits im Verfahren nach § 4 Abs. 1 eingelegt oder zumin-

2. Abschnitt. Vorbereitender Bauleitplan (Flächennutzungsplan) § 7

dest angekündigt werden (*Runkel* in EZBK § 7 Rn. 8; *Gaentzsch/Philipp* in BK § 7 Rn. 13; *Gierke* in KK § 7 Rn. 130a). Nur dann kann die Gemeinde diesen Belang mit seinem wirklichen Gewicht bei der Abwägung berücksichtigen und in der Öffentlichkeitsbeteiligung zur Diskussion stellen. Eine solche Plankonkretisierung iS des § 7 kann bereits gegeben sein, wenn die Gemeinde bei der Behördenbeteiligung bestimmte planerische Absichten für unverzichtbar erklärt und damit dokumentiert, dass sie bestimmte Darstellungen auf jeden Fall zu treffen gedenkt. Spätestens ist sie nach der Auslegung gem. § 3 Abs. 2 gegeben, wenn die Gemeinde mit ihrem fertigen Entwurf an die Öffentlichkeit getreten ist und über die vorgebrachten Anregungen entschieden hat. Dies entspricht auch dem Bestreben des Gesetzes, gerade die Beteiligung der Behörden und sonstigen Träger öffentlicher Belange möglichst zu straffen, wie sich aus § 4 Abs. 2 und 3 ergibt. Allerdings hat der Gesetzgeber dieses Beschleunigungsziel nur für die Stellungnahme der Träger öffentlicher Belange, nicht aber für den Widerspruch öffentlicher Planungsträger konsequent durchgeführt. Immerhin wird durch die Bestimmung des Ratsbeschlusses als letzten Zeitpunkt für den Widerspruch vermieden, dass durch einen verspäteten Widerspruch das gesamte Verfahren erneut aufgerollt werden muss und damit der Planungsprozess erheblich verzögert wird.

4. Folgen des Widerspruchs. a) Flächennutzungsplan. Hat ein Planungsträger dem Flächennutzungsplan widersprochen, so kann dies unterschiedliche **Auswirkungen auf die Genehmigungsfähigkeit des Flächennutzungsplans** haben. Zunächst ist es Aufgabe der Genehmigungsbehörde, in dem fraglichen Punkt doch noch eine Übereinkunft zwischen Gemeinde und Planungsträger herbeizuführen. Ein Widerspruch beeinträchtigt in dem betreffenden Bereich die Steuerungsfähigkeit des Flächennutzungsplans, so dass die weitere städtebauliche Entwicklung hier unsicher ist. Die Entwicklung eines Bebauungsplans ist in diesem Gebiet kaum möglich; die Wirkung des Flächennutzungsplans zB nach § 34 Abs. 4 und § 35 Abs. 3 ist zweifelhaft. 12

Ist eine Einigung nicht herbeizuführen, so ist zunächst die ordnungsgemäße Abwägung der zu berücksichtigenden Belange vor allem im Hinblick auf den Widerspruch zu prüfen. War die Abwägung sachgerecht, so kann die Genehmigungsbehörde gleichwohl den Plan genehmigen, wenn die sachlichen Unterschiede in der Auffassung von Gemeinde und Planungsträger für die weitere Entwicklung des Gemeindegebiets von eher untergeordneter Bedeutung sind. Bestehen gravierende Differenzen, so dass der Flächennutzungsplan die ihm zugedachte Funktion einer Leitung der weiteren städtebaulichen Entwicklung nicht erfüllen kann, so ist dem Flächennutzungsplan insoweit regelmäßig die **Genehmigung** zu **versagen** oder sind die betroffenen Flächen nach § 6 Abs. 3 von der Genehmigung auszunehmen (a. A. *W. Schrödter* in Schrödter § 7 Rn. 7). *Gaentzsch/Philipp* (in BK § 7 Rn. 18) weisen allerdings zu Recht darauf hin, dass der Flächennutzungsplan gleichwohl genehmigt werden kann, wenn die widersprechende Fachplanung die Belange der Bauleitplanung nicht hinreichend berücksichtigt hat oder wenn die Ziele der Fachplanung noch nicht hinreichend konkretisiert sind, die planerische Abwägung im Flächennutzungsplan aber den Anforderungen entspricht. 13

Wird der Flächennutzungsplan mit einem Widerspruch belastet genehmigt, so wird die Entscheidung des Konflikts zwischen Fach- und Bauleitplanung auf die später erfolgende **Planfeststellung** verschoben. Bei dieser Planfeststellung kann die Gemeinde ihre Auffassung erneut geltend machen, ggf. die Planfeststellung aus diesem Grunde anfechten und eventuell ihre Planungsabsichten doch noch durchsetzen. 14

b) Fachplanung. Hat der öffentliche Planungsträger wirksam Widerspruch eingelegt, so ist er bei seiner Fachplanung **nicht** an den Flächennutzungsplan **gebunden. Gleichwohl** hat er bei seiner Planung die **städtebaulichen Belange der Gemeinde zu beachten.** Hatte die Gemeinde bereits vorher einen Bebauungsplan 15

§ 7 I. Kapitel. I. Teil. Bauleitplanung

rechtswirksam aufgestellt, so kann der Planungsträger dagegen seine Planung nur durchsetzen, wenn er nach § 38 privilegiert ist (im Einzelnen → Anmerkungen zu § 38).

16 **5. Nachträglicher Widerspruch und Entschädigungsanspruch (S. 3 bis 6).** Eine zwischen Gemeinde und Planungsträger getroffene Koordinierungsentscheidung, die eine Anpassungspflicht des Trägers begründet hat, kann nicht unabhängig davon Bestand haben, ob sich maßgebliche Umstände, die der Fachplanung zugrunde liegen, geändert haben. Wird hierdurch eine andere Planung erforderlich als bei der Aufstellung des Flächennutzungsplans angenommen, kann der Planungsträger nach **S. 4 nachträglich widersprechen** und damit unter der Voraussetzung eine **Freistellung von seiner Anpassungspflicht** erreichen, dass die Sachlage sich objektiv verändert hat, eine Einigung mit der Gemeinde nicht erreicht werden konnte (S. 3 und 4) und die fachplanerischen Belange die städtebaulichen nicht nur unwesentlich überwiegen (S. 5).

17 Entscheidend ist zunächst eine **Änderung der objektiven Umstände,** nicht der subjektiven Bewertung eines unveränderten Sachverhalts. Es ist als eine objektive Veränderung der Sachlage anzusehen, wenn Belange, die zu einem früheren Zeitpunkt nur als eher geringwertig eingestuft werden konnten, in der Zwischenzeit ein Gewicht erlangt haben, das ihre besondere Berücksichtigung fordert. Auch in diesem Fall kann eine abweichende Planung „erforderlich" werden (vgl. *Runkel* in EZBK § 7 Rn. 16). Hierunter fallen jedenfalls nicht in einer nur informellen Planung (zB „Masterplan") zum Ausdruck gebrachte vom Flächennutzungsplan abweichende Planungsvorstellungen (so BVerwG Urt. v. 24.11.2010 – 9 A 13/09, ZUR 2011, 258 (262)).

18 Tritt der Fall des Erfordernisses einer abweichenden Planung ein, so ist der Planungsträger verpflichtet, sich nach **S. 3** vor einem nachträglichen Widerspruch mit dem **Ziel einer Einigung mit der Gemeinde** in Verbindung zu setzen. Kommt eine solche Einigung nicht zustande, kann der Planungsträger nur dann nach **S. 4** nachträglich widersprechen und sich damit von der Bindung an den Flächennutzungsplan befreien, wenn den von ihm geltend gemachten Belangen ein **„nicht nur unwesentliches" Übergewicht** gegenüber den städtebaulichen Belangen zukommt **(S. 5).** Wenn hierdurch auch nicht ein Vorrang der örtlichen Planung – und sei es auch nur im Hinblick auf die örtliche Ausfüllung des überörtlich vorgegebenen Planungsrahmens – geschaffen wird, so wird doch immerhin die Position der gemeindlichen Bauleitplanung gegenüber den Fachplanungsträgern, auch soweit sie nach § 38 privilegiert sind, gestärkt. Wann ein fachplanerischer Belang nicht nur unwesentlich überwiegt, ist nicht einfach zu bestimmen. In einem anderen Zusammenhang, im Hinblick auf voneinander abweichende Grundstückswerte bei § 59 Abs. 2, wird zur Erläuterung des Bedeutungsgehalts einer „mehr als nur unwesentlichen" Abweichung als Richtlinie eine Abweichung von 10% angegeben. Überträgt man diese Quantifizierung auf die hier erforderliche qualitative Abwägung, so wird man sagen müssen, dass ein fachplanerischer Belang nur dann die städtebaulichen Belange „nicht nur unwesentlich" überwiegt, wenn er **im konkreten Fall eindeutig und deutlich,** also **zweifelsfrei** gewichtiger ist (vgl. auch *Runkel* in EZBK § 7 Rn. 20; *Gaentzsch/Philipp* in BK § 7 Rn. 28). Es ist allerdings **nicht erforderlich,** dass die fachplanerischen die städtebaulichen Belange **wesentlich** überwiegen, ein Zurücktreten der fachplanerischen Belange bei unabhängiger Betrachtung also ernsthaft nicht in Erwägung zu ziehen ist.

19 Ist auf Grund einer abweichenden Planung eine Änderung des Flächennutzungsplans oder eines aus ihm entwickelten Bebauungsplans erforderlich, so hat der Planungsträger nach **S. 6 Hs. 1** die der Gemeinde hierdurch entstehenden **Planungskosten** zu ersetzen; aus der inhaltlichen Bindung des Fachplanungsträgers wird gewissermaßen eine finanzielle (*Kraft* BauR 1999, 829 (833)). Der Entschädigungsan-

spruch der Gemeinde nach § 38 S. 3 bei notwendigen Planänderungen auf Grund privilegierter Planfeststellungen wird, wie **S. 6 Hs. 2** klarstellt, hierdurch nicht berührt, bleibt also bestehen. S. 6 Hs. 1 erfasst daher Planungskosten auf Grund von Planänderungen **nichtprivilegierter Planungsträger.**

Dritter Abschnitt. Verbindlicher Bauleitplan (Bebauungsplan)

§ 8 Zweck des Bebauungsplans

(1) ¹Der Bebauungsplan enthält die rechtsverbindlichen Festsetzungen für die städtebauliche Ordnung. ²Er bildet die Grundlage für weitere, zum Vollzug dieses Gesetzbuchs erforderliche Maßnahmen.

(2) ¹Bebauungspläne sind aus dem Flächennutzungsplan zu entwickeln. ²Ein Flächennutzungsplan ist nicht erforderlich, wenn der Bebauungsplan ausreicht, um die städtebauliche Entwicklung zu ordnen.

(3) ¹Mit der Aufstellung, Änderung, Ergänzung oder Aufhebung eines Bebauungsplans kann gleichzeitig auch der Flächennutzungsplan aufgestellt, geändert oder ergänzt werden (Parallelverfahren). ²Der Bebauungsplan kann vor dem Flächennutzungsplan bekannt gemacht werden, wenn nach dem Stand der Planungsarbeiten anzunehmen ist, dass der Bebauungsplan aus den künftigen Darstellungen des Flächennutzungsplans entwickelt sein wird.

(4) ¹Ein Bebauungsplan kann aufgestellt, geändert, ergänzt oder aufgehoben werden, bevor der Flächennutzungsplan aufgestellt ist, wenn dringende Gründe es erfordern und wenn der Bebauungsplan der beabsichtigten städtebaulichen Entwicklung des Gemeindegebiets nicht entgegenstehen wird (vorzeitiger Bebauungsplan). ²Gilt bei Gebiets- oder Bestandsänderungen von Gemeinden oder anderen Veränderungen der Zuständigkeit für die Aufstellung von Flächennutzungsplänen ein Flächennutzungsplan fort, kann ein vorzeitiger Bebauungsplan auch aufgestellt werden, bevor der Flächennutzungsplan ergänzt oder geändert ist.

Übersicht

	Rn.
1. Funktion des Bebauungsplans (Abs. 1)	1
2. Stellung des Bebauungsplans im System der Bauleitplanung	2
a) Entwicklung aus dem Flächennutzungsplan (Abs. 2 S. 1)	2
b) Selbstständiger Bebauungsplan (Abs. 2 S. 2)	7
c) Parallelverfahren (Abs. 3)	8
3. Vorzeitiger Bebauungsplan (Abs. 4)	10

1. Funktion des Bebauungsplans (Abs. 1). Abs. 1 S. 1 stellt in Ausführung 1 von § 1 Abs. 2 klar, dass der Bebauungsplan rechtsverbindlich festsetzt, welche städtebaulich relevanten Maßnahmen auf einem Grundstück zulässig sind. Demgegenüber handelt es sich bei den inhaltlichen Darstellungen eines städtebaulichen Entwicklungskonzeptes, also einer informellen Planung (zB Einzelhandelskonzept oder städtebaulicher Master- oder Rahmenplan) nicht um Festsetzungen iS von Abs. 1 S. 1 (BVerwG Beschl. v. 12.2.2009 – 4 B 5/09, NVwZ 2009, 781 (782)). Zum **Inhalt** des Bebauungsplans s. im Einzelnen unten, § 9 Rn. 1 ff., 11 ff. Festsetzungen eines Bebauungsplans sind eigentumsinhaltsbestimmende Regelungen iS des Art. 14 Abs. 1 S. 2 GG (*Philipp* in BK § 8 Rn. 3 mwN; VGH Baden-Württemberg Urt. v. 22.10.2014 – 5 S 1970.12, BauR 2015, 789 (789)). Diese Funktion des Bebauungsplans gebietet es auch, dass die Gemeinde den Festsetzungen grundsätzlich eine

„positive" **planerische Entscheidung** zugrunde legt und nicht „negativ" eine nur freihaltende Festsetzung, zB einer Grünfläche, vornimmt und damit ihre wahren Nutzungsabsichten für die Fläche verdeckt (grundlegend BVerwGE 40, 258ff.; anders uU beim Flächennutzungsplan). **S. 2** bekräftigt das dem BauGB in weiten Teilen zugrunde liegende Prinzip, dass der öffentliche Plan lediglich einen **Rahmen** setzt, **dessen Ausfüllung der Privatinitiative des Grundstückseigentümers obliegt.** In ihm ist nämlich bestimmt, dass der Bebauungsplan lediglich die **Grundlage für den Vollzug** des Bebauungsplans bildet, dass also nicht der Bebauungsplan selbst schon zum Vollzug seiner Festsetzungen zwingt. Dabei ist unter Vollzug sowohl die Plansicherung als auch die Plandurchführung zu verstehen. Der Sicherung des Vollzugs dienen Entscheidungen wie die Ausübung des Vorkaufsrechts nach §§ 24ff. oder über die Zulassung von Bauvorhaben nach §§ 29ff. Zur Durchführung des Plans dienen der Erlass eines Gebots nach §§ 175ff., einer Erhaltungssatzung nach § 172ff., die Durchführung einer Umlegung nach §§ 45ff., die Enteignung nach §§ 85ff., die Erschließung nach §§ 123ff. Schließlich kann der Bebauungsplan auf Grund seiner verbindlichen Festsetzungen auch unmittelbar in Rechte Dritter eingreifen, so dass an ihn – und nicht an den nur vorbereitenden Flächennutzungsplan – auch die Entscheidung über Planungsschäden nach §§ 39ff. anknüpft.

2 2. **Stellung des Bebauungsplans im System der Bauleitplanung. a) Entwicklung aus dem Flächennutzungsplan (Abs. 2 S. 1). Abs. 2 S. 1** bringt die Vorstellung des Gesetzes von der grundsätzlichen **planerischen Priorität des Flächennutzungsplans** gegenüber dem Bebauungsplan zum Ausdruck. Der Gesetzgeber geht also im Grundsatz von einer **Stufenfolge der Planung** aus, die sich vom jeweils größeren Raum stufenweise bis zur Nutzungsregelung für das einzelne Grundstück konkretisiert. Hier gilt zunächst § 1 Abs. 4, nach der die Bauleitplanung den Zielen der Raumordnung anzupassen ist. Ein Flächennutzungsplan, der bei seiner Bekanntmachung mit den regionalplanerischen Zielen übereinstimmt, einem später geänderten Regionalplan aber widerspricht, verleiht einem aus den Darstellungen des Flächennutzungsplans entwickelten Bebauungsplan, gegenüber dem geänderten Regionalplan keinen bauleitplanerischen „Bestandsschutz". In einem solchen Fall tritt das Entwicklungsgebot hinter das Anpassungsgebot des § 1 Abs. 4 zurück (vgl. BVerwG Urt. v. 30.1.2003 – 4 CN 14/01, NVwZ 2003, 742ff.; vgl. zum Vorrang einer Landschaftsschutzverordnung BVerwG NVwZ 2004, 1242ff.). Die Gemeinden sind zur inhaltlichen Anpassung (Änderung oder Aufhebung) ihrer bestehenden Bauleitpläne an die Ziele der Raumordnung verpflichtet, sofern diese einem nachträglich in Kraft getretenen Regionalplan widersprechen (BVerwG Urt. v. 17.9.2003 – 4 C 14/01, NVwZ 2004, 220). Ein Bebauungsplan verliert aber nicht seine Gültigkeit, weil er einem Ziel der Raumordnung, das zeitlich später festgelegt worden ist, noch nicht angepasst ist (OVG Lüneburg, Urt. v. 16.6.1982 – 1 A 194/80, NJW 1984, 1776; VGH Hessen Beschl. v. 10.9.2009 – 4 B 2068/09, BeckRS 2009, 39 775). Auch ein Flächennutzungsplan wird durch das Fehlen oder die Unwirksamkeit eines landesweiten Raumordnungsplans nicht automatisch unwirksam. Bei der bauleitplanerischen Abwägung müssen aber die Grundsätze und sonstigen Erfordernisse der Raumordnung berücksichtigt und ggf. mit den übergemeindlichen Planungen des Nachbarlandes abgestimmt werden (so BVerwG Urt. v. 29.4.2010 – 4 CN 3/08, ZfBR 2010, 575 (578)) Die Stufenfolge der Planung vom größeren zum kleineren Raum kann auch dazu führen, dass die Ebene des Flächennutzungsplans übersprungen werden kann, wenn auf dieser Ebene keine planerische Handlungsmöglichkeit der Gemeinde gegeben ist, weil regionalplanerische Vorgaben, etwa die Festlegung eines Vorranggebiets für Windenergieanlagen, verbindlich sind; der Flächennutzungsplan ist dann gemäß Abs. 2 S. 2 gewissermaßen „nicht erforderlich" (VGH Mannheim ZfBR 2006, 469ff.). Dass dieses Idealbild der Raumplanung den Bedürfnissen und Erfordernissen der Planungspraxis vielfach nicht entspricht und daher auch gesetzgebe-

3. Abschnitt. Verbindlicher Bauleitplan (Bebauungsplan) § 8

risch nicht durchzuhalten war, wird besonders an dem in Abs. 3 legalisierten Parallelverfahren deutlich, mit dem die Priorität des Flächennutzungsplans insoweit nur noch der Form, nicht aber dem Inhalt nach aufrecht erhalten wird (kritisch auch *W. Schrödter* in Schrödter § 8 Rn. 2).

Entsprechend diesen gesetzgeberischen Vorstellungen von der **stufenweisen Konkretisierung der zulässigen Raumnutzung** sind nach der Rechtsprechung des BVerwG Bebauungspläne so aus dem Flächennutzungsplan zu entwickeln, „dass durch ihre Festsetzungen die zugrunde liegenden **Darstellungen des Flächennutzungsplans konkreter ausgestaltet und damit zugleich verdeutlicht** werden" (BVerwGE 48, 70 ff.; 56, 283 (285 f.)). Bebauungspläne können grundsätzlich nur aus einem wirksamen Flächennutzungsplan entwickelt werden (BVerwG Urt. v. 29. 4. 2010 – 4 CN 3/08, ZfBR 2010, 575 (577)). Da dem Flächennutzungsplan der Charakter eines Zweckprogramms beikommt, dessen zeichnerische Darstellungen einen überschießenden Genauigkeitsgrad entfalten (→ § 5 Rn. 8), liegt es durchaus im Rahmen der möglichen Entwicklung eines Bebauungsplans aus dem Flächennutzungsplan, wenn dieser von den im Flächennutzungsplan gezogenen Grenzen der Darstellungen abweicht. Dies kann im Extremfall dazu führen, dass ein Bebauungsplan für seinen gesamten Geltungsbereich eine andere Nutzung festsetzt, als sie im Flächennutzungsplan vorgesehen ist (BVerwG BauR 1979, 206 (207 f.); BauR 2004, 1264 f.). Voraussetzung für eine solche abweichende Konkretisierung ist allerdings, dass hierdurch die Grundkonzeption des Flächennutzungsplans nicht berührt wird. Dies bestimmt sich in einer **ersten Prüfungsstufe** nach einer Beurteilung der Darstellungen des Flächennutzungsplans **für den engeren Bereich** des Bebauungsplans (BVerwG NVwZ 2000, 197 (198); zur zweiten Stufe → Rn. 6). Der Gestaltungsrahmen wird daher zB überschritten, wenn an exponierter Stelle des Gemeindegebiets aus einer öffentlichen Parkfläche im Bebauungsplan private Gartenflächen werden (vgl. VGH München BayVBl. 1983, 565 (566)), zumal dann, wenn als Ausnahme auch noch eine bauliche Nutzung zugelassen wird (vgl. VGH Kassel NuR 1991, 283 (284)). Auch die „Verlegung" eines im Flächennutzungsplan dargestellten Hauptverkehrszuges iS des § 5 Abs. 2 Nr. 3 auf eine Wohnbaufläche widerspricht dem Entwicklungsgebot (vgl. VGH Kassel ZfBR 2005, 565 ff.). Ebenso steht die Festsetzung einer öffentlichen Grünfläche mit der Zweckbestimmung „Sportplatz" nicht mit der Darstellung „Sondergebiet – Camping" in Übereinstimmung, weil hierdurch im Bereich des Sportgeländes jede andere Nutzung ausgeschlossen wird (OVG Rheinland-Pfalz Urt. v. 24. 3. 2010 – 8 C 11202/09, BauR 2010, 1726). Im Ergebnis gilt dies auch für den Fall, wenn für Teilbereiche von im Flächennutzungsplan dargestellten gewerblichen Bauflächen im Bebauungsplan Mischgebiete festgesetzt werden und dadurch das Gewicht der anderen Baugebiete insgesamt qualitativ erheblich verändert wird (VGH Hessen Urt. v. 22. 4. 2010 – 4 C 306/09.N, ZfBR 2010, 588 (590)). Im Rahmen des Entwicklungsgebots hält sich dagegen etwa die Festsetzung einer als Gemeinbedarfseinrichtung dargestellten Fläche als Kerngebiet, wenn diese Fläche in eine gemischte Baufläche eingestreut war (VGH Mannheim ZfBR 2000, 55 ff.; weitere Beispiele bei *Runkel* ZfBR 1999, 298 (300 ff.)). Auch noch dem Entwicklungsgebot Rechnung getragen wird, wenn aus einer im Flächennutzungsplan dargestellten gemischten Baufläche ein Sondergebiet entwickelt wird, wenn die hierfür im Bebauungsplan festgesetzte Nutzungsstruktur einem Kerngebiet zumindest nahe kommt (OVG Nordrhein-Westfalen Urt. v. 13. 3. 2008 – 7 D 34/07.NE, ZfBR 2009, 62 (64 f.)).

Maßgeblich für eine normgerechte Entwicklung des Bebauungsplans aus dem Flächennutzungsplan sind **objektive Gründe,** nicht subjektive Vorstellungen (BVerwG BayVBl. 1976, 440 (441)). Ein solches objektives Kriterium kann etwa die gegenüber der Aufstellung des Flächennutzungsplans fortgeschrittene bauliche Entwicklung in einem Gebiet sein, die es nahe legt, im Rahmen einer dargestellten Wohnbaufläche ein Kerngebiet oder auch andere als die im Flächennutzungsplan dargestellten Ge-

meinbedarfseinrichtungen festzusetzen (VGH Mannheim BRS 32, Nr. 11; vgl. aber zu den Grenzen solcher Entwicklung, wenn die Begründung des Flächennutzungsplans eine bestimmte planerische Konzeption erkennen lässt, VGH Kassel UPR 1989, 394f.).

5 Für die Beurteilung, ob ein Bebauungsplan aus dem Flächennutzungsplan entwickelt ist, muss – vorbehaltlich der Möglichkeit des Parallelverfahrens nach Abs. 3 – auf den **Zeitpunkt des Inkrafttretens des Bebauungsplans** (→ § 10 Abs. 3 S. 4) abgestellt werden. Der Bebauungsplan muss sich zu diesem Zeitpunkt als aus einem **wirksamen Flächennutzungsplan** entwickelt darstellen (BVerwG BauR 1978, 449 (450f.)).

6 Ein Bebauungsplan, der nicht in diesem Sinne aus dem Flächennutzungsplan entwickelt ist, ist aber nur unwirksam (BVerwGE 48, 70(72ff.)), wenn hierbei die sich aus dem Flächennutzungsplan ergebende geordnete städtebauliche Entwicklung beeinträchtigt worden ist. Andernfalls ist diese Rechtsverletzung für die Rechtswirksamkeit des Bebauungsplans nach § 214 Abs. 2 Nr. 2 unbeachtlich. Um dies festzustellen, muss in einer **zweiten Prüfungsstufe** (zur ersten Stufe → Rn. 3) die planerische Konzeption des Flächennutzungsplans **für einen größeren Bereich,** also für das gesamte Gemeindegebiet oder den ganzen Stadtteil, in den Blick genommen werden (BVerwG NVwZ 2000, 197 (198); vgl. auch *Runkel* ZfBR 1999, 298 (300f.); *Philipp* in BK § 8 Rn. 9). Nur wenn der Flächennutzungsplan „seine Bedeutung als kommunales Steuerungsinstrument der städtebaulichen Entwicklung ‚im Großen und Ganzen' behalten ... hat" (BVerwG, NVwZ 2000, 197 (198)), ist der auf der ersten Prüfungsstufe festgestellte Mangel unbeachtlich (vgl. hierzu OVG Münster ZfBR 2000, 205 (206f.): Festsetzung einer Aufforstungsfläche in einem als Fläche für die Landwirtschaft dargestellten Bereich verstößt gegen das Entwicklungsgebot, ist aber unbeachtlich, da hierdurch bewaldete Flächen lediglich „abgerundet" werden, die Steuerungsfunktion des Flächennutzungsplans also nicht verloren gegangen ist). Hat sich nach Bekanntmachung des Bebauungsplans herausgestellt, dass der Flächennutzungsplan an einem formellen Fehler leidet und deswegen unwirksam ist, so ist auch dies nach § 214 Abs. 2 Nr. 3 auf die Wirksamkeit des Bebauungsplans ohne Einfluss. Ist der Flächennutzungsplan aber von einer Stelle aufgestellt worden, die gar nicht die Planungskompetenz dafür hat (wie zB Stadtverband Saarbrücken, vgl. BVerfG NVwZ 1988, 619), so greifen die Heilungsvorschriften nicht, und der Flächennutzungsplan ist nichtig; ein Bebauungsplan kann daher nicht nach Abs. 2 aus ihm entwickelt worden sein (BVerwG NVwZ 1992, 882f.). Allenfalls kann der Bebauungsplan nach Abs. 4 S. 1 als vorzeitiger Bebauungsplan rechtswirksam sein (→ Rn. 11). Wird in einem im Flächennutzungsplan dargestellten Sondergebiet für Wochenendhäuser durch Teilaufhebung die Zulassung dauerhafter Wohnnutzung ermöglicht, führt dies zu einer Beeinträchtigung der geordneten städtebaulichen Entwicklung und damit zu einem Verstoß gegen das Entwicklungsgebot des Abs. 2 S. 1. (vgl. OVG Nordrhein-Westfalen Urt. v. 20.2.2015 – 7 D 29.13.NE, BauR 2015, 1111 (1115).

7 **b) Selbstständiger Bebauungsplan (Abs. 2 S. 2).** Eine Ausnahme von der grundsätzlichen Zweistufigkeit der Bauleitplanung nach dem BauGB enthält **Abs. 2 S. 2.** Hiernach kann eine Gemeinde auf die Aufstellung eines Flächennutzungsplans verzichten, wenn es für die Ordnung der städtebaulichen Entwicklung ausreicht, Bebauungspläne aufzustellen (sog. **selbstständiger Bebauungsplan**). Der selbstständige Bebauungsplan – oder mehrere Bebauungspläne – müssen dabei nicht wie der Flächennutzungsplan das gesamte Gemeindegebiet abdecken; sie müssen aber ausreichen, die städtebauliche Entwicklung für das gesamte Gemeindegebiet zu ordnen. Denn an dem Erfordernis, die städtebauliche Entwicklung im gesamten Gemeindegebiet zu ordnen, will Abs. 2 S. 2 nicht rütteln (im Einzelnen hierzu *Runkel* in EZBK § 8 Rn. 41ff. mit zahlreichen Nachweisen von Einzelfällen; *W. Schrödter* in Schrödter § 8 Rn. 22). Zwar ist es nach § 214 Abs. 2 Nr. 1 für die Rechtswirksamkeit eines

3. Abschnitt. Verbindlicher Bauleitplan (Bebauungsplan) § 8

selbstständigen Bebauungsplans unbeachtlich, wenn die Anforderungen des Abs. 2 S. 2 nicht richtig beurteilt worden sind. Gerade in diesen Fällen wird jedoch das Planungserfordernis und damit die Planungspflicht nach § 1 Abs. 3 besonders deutlich werden und die Kommunalaufsicht bei der Genehmigung eines selbstständigen Bebauungsplans (vgl. § 10 Abs. 2 S. 1) auf die Erfüllung der Planungspflicht drängen. Ggf. kann allerdings auch eine informelle Planung, etwa ein **städtebaulicher Rahmenplan** nach § 1 Abs. 6 Nr. 11, ausreichen, die städtebauliche Entwicklung zu ordnen (aA *Gierke* in KK § 8 Rn. 118). Mittlerweile hat der selbstständige Bebauungsplan sowohl in den alten Bundesländern als auch in den neuen Bundesländern erheblich an Bedeutung verloren.

c) **Parallelverfahren (Abs. 3).** Wird für den Zeitpunkt des „Entwickeltseins" auf 8 den Zeitpunkt des Inkrafttretens des Bebauungsplans und der Wirksamkeit des Flächennutzungsplans, dh auf deren Bekanntmachung, abgestellt, und **nicht auf ein zeitliches Nacheinander der Planerarbeitung von Flächennutzungsplan und Bebauungsplan,** so ist damit der Weg für ein **Parallelverfahren** eröffnet. Hierbei können Flächennutzungsplan und Bebauungsplan gleichzeitig aufgestellt, geändert, ergänzt oder aufgehoben werden **(Abs. 3 S. 1).** Die inhaltlichen Anforderungen an den Bebauungsplan hinsichtlich seines „Entwickeltseins" aus dem Flächennutzungsplan werden dadurch allerdings nicht berührt (vgl. auch *Philipp* in BK § 8 Rn. 18). Ebenso bleibt es dabei, dass der Flächennutzungsplan die städtebauliche Gesamtkonzeption der Gemeinde enthält und damit die Einzelnutzung in den einzelnen Gebieten aufeinander abstimmt. Kennzeichnend für das Parallelverfahren, vor allem auch in Abgrenzung zum vorzeitigen Bebauungsplan nach Abs. 4, ist es, dass die Aufstellung oder Änderung von Flächennutzungs- und Bebauungsplan derart aufeinander bezogen ist, dass für das Gebiet des Bebauungsplans und die hier zu lösenden Konflikte – auch mit den angrenzenden Gebieten – eine grundsätzliche Gleichzeitigkeit der Planerarbeitung und eine inhaltliche Abstimmung beider Planungen gegeben ist (BVerwG NVwZ 1985, 485 (486f.)).

In **Abs. 3 S. 2** ist ausdrücklich zugelassen, dass der **Bebauungsplan bereits vor** 9 **dem Flächennutzungsplan bekannt gemacht** werden kann. Voraussetzung für die vorherige Inkraftsetzung des Bebauungsplans ist aber die auf das Gebiet des Bebauungsplans bezogene **zeitliche und inhaltliche Abstimmung** der Aufstellung von Bebauungs- und Flächennutzungsplan (zu den Zusammenhängen auch *W. Schrödter* in Schrödter § 8 Rn. 25). Nur wenn für das Gebiet des Bebauungsplans diese Voraussetzungen gegeben sind, kann angenommen werden, wie S. 2 voraussetzt, dass der Bebauungsplan aus den künftigen Darstellungen des Flächennutzungsplans entwickelt sein wird. Unter Umständen kann auch hier eine informelle Planung Aufschluss über die zu erwartende inhaltliche Ausgestaltung des Flächennutzungsplans, seine Planreife, und damit das zu erwartende „Entwickeltsein" des Bebauungsplans geben (vgl. auch *Petz* in SU § 8 Rn. 43; *Bielenberg* ZfBR 1988, 55 (57)). Wie sonst beim Entwicklungsgebot auch ist ein Verstoß gegen Abs. 3 nach § 214 Abs. 2 Nr. 4 unbeachtlich, wenn die geordnete städtebauliche Entwicklung hierdurch nicht beeinträchtigt wird.

3. **Vorzeitiger Bebauungsplan (Abs. 4).** Eine Ausnahme von dem Grundsatz 10 der planerischen Vorrangigkeit des Flächennutzungsplans gegenüber dem Bebauungsplan enthält **Abs. 4,** nach dem die Aufstellung eines **vorzeitigen Bebauungsplans** zulässig sein kann. Voraussetzung hierfür ist nach **S. 1,** dass dringende Gründe dies erfordern und zu erwarten ist, dass der Bebauungsplan der beabsichtigten städtebaulichen Entwicklung des Gemeindegebiets nicht entgegenstehen wird.

Zunächst einmal ist also Voraussetzung, dass ein **wirksamer Flächennutzungs-** 11 **plan nicht vorliegt,** wobei unerheblich ist, ob ein solcher noch nicht aufgestellt oder aber wegen Rechtsmängeln unwirksam ist oder geworden ist (vgl. BVerwG NVwZ 1992, 882 (883f.); NVwZ 2000, 197f.). In diesem Fall können objektive

§ 8

Gründe dafür sprechen, einen Bebauungsplan aufzustellen, bevor ein Flächennutzungsplan aufgestellt oder genehmigt werden kann. Ob sich die Gemeinde zutreffende oder überhaupt Gedanken über die Voraussetzungen des Abs. 4 gemacht hat, ist unerheblich (BVerwG NVwZ 1992, 883f.). Liegt es im öffentlichen Interesse, zB an einer organischen baulichen Entwicklung im Gemeindegebiet, so kann durch einen vorzeitigen Bebauungsplan die Rechtsgrundlage zB für gewichtige Investitionen, die Durchführung einer Sanierung oder die Beschaffung wichtiger Gemeinbedarfsflächen (hierzu BVerwG DVBl. 1969, 276 (277); OVG Koblenz NVwZ 1985, 501f.; VGH Kassel BRS 30, Nr. 194; VGH Mannheim BRS 25, Nr. 18) geschaffen werden: Ein vorzeitiger Bebauungsplan wird dann durch **dringende Gründe** erfordert (vgl. grundlegend BVerwG NVwZ 1985, 745f., wo auch Wohnungsnot bereits als dringender Grund für einen vorzeitigen Bebauungsplan anerkannt – aber nicht gefordert – wurde).

12 Für die Beurteilung, ob der vorzeitige Bebauungsplan **nicht der beabsichtigten städtebaulichen Entwicklung des Gemeindegebiets entgegenstehen** wird, kann auf eine vorliegende gemeindliche Entwicklungsplanung, eine sonstige informelle Planung oder auch auf einen vorliegenden Entwurf eines Flächennutzungsplans abgestellt werden. Im Übrigen sind hier die Ziele und Planungsleitsätze nach § 1 Abs. 5 und 6 heranzuziehen.

13 Unerheblich ist, ob die Gründe, die die vorherige Aufstellung des Flächennutzungsplans ausschließen, **von der Gemeinde zu vertreten** sind. **Das Gesetz lässt für solche auf subjektive Gegebenheiten abstellende Überlegungen keinen Raum.** Entscheidend ist allein, ob die Aufstellung des Bebauungsplans dringend ist (s. auch *W. Schrödter* in Schrödter § 8 Rn. 28f.). Hierfür kann es keine Rolle spielen, aus welchen Gründen der Flächennutzungsplan noch nicht aufgestellt ist (BVerwG NVwZ 1985, 745). Fügt sich etwa das Vorhaben, für das der Bebauungsplan aufgestellt werden soll, nicht in eine geordnete städtebauliche Entwicklung ein – und hat etwa die Gemeinde deswegen die Aufstellung des Flächennutzungsplans absichtlich verzögert –, so scheitert die Zulässigkeit eines solchen Bebauungsplans am zweiten Erfordernis eines vorzeitigen Bebauungsplans, nämlich daran, dass er nicht der beabsichtigten städtebaulichen Entwicklung des Gemeindegebiets entgegenstehen darf (hierzu ausführlich *Runkel* in EZBK § 8 Rn. 55ff.).

14 Der Grundsatz des S. 1, dass ein vorzeitiger Bebauungsplan unzulässig ist, wenn ein wirksamer Flächennutzungsplan besteht (vgl. Rn. 11), wird in **S. 2** für den Fall durchbrochen, dass bei einer **Gebiets- oder Bestandsänderung** einer Gemeinde oder einer sonstigen **Veränderung der Zuständigkeit für die Aufstellung des Flächennutzungsplans** der bestehende Flächennutzungsplan fortbesteht. In diesem Fall ist die Aufstellung eines Bebauungsplans auch dann zulässig, wenn der Flächennutzungsplan noch nicht entsprechend der geänderten Situation ergänzt oder geändert wurde. Auch für den vorzeitigen Bebauungsplan nach S. 2 sind **dringende Gründe** iS des S. 1 (→ Rn. 11; *W. Schrödter* in Schrödter § 8 Rn. 35) erforderlich. S. 2 gilt nur für nach dem 1.1.1977 vorgenommene Bestands-, Gebiets- oder Zuständigkeitsänderungen, nicht aber, wenn nach dem bis zu diesem Zeitpunkt geltenden Recht entsprechend der Rechtsprechung des BVerwG Flächennutzungspläne der eingegliederten Gemeinde fortgegolten haben (so *Battis* in BKL, 1. Aufl., § 4a Rn. 5). Nach § 214 Abs. 2 Nr. 1 ist es jedoch für die Rechtswirksamkeit des Bebauungsplans unbeachtlich, wenn das Vorliegen dringender Gründe nicht richtig beurteilt wurde.

15 Liegt ein wirksamer Flächennutzungsplan vor, ist das Instrument des vorzeitigen Bebauungsplans nach dem BauGB nicht einsetzbar (vgl. VGH Mannheim BWGZ 1995, 617f.); es bleibt nur der Weg des Parallelverfahrens (→ Rn. 8f.).

§ 9 Inhalt des Bebauungsplans

(1) Im Bebauungsplan können aus städtebaulichen Gründen festgesetzt werden:
1. die Art und das Maß der baulichen Nutzung;
2. die Bauweise, die überbaubaren und die nicht überbaubaren Grundstücksflächen sowie die Stellung der baulichen Anlagen;
2a. vom Bauordnungsrecht abweichende Maße der Tiefe der Abstandsflächen;
3. für die Größe, Breite und Tiefe der Baugrundstücke Mindestmaße und aus Gründen des sparsamen und schonenden Umgangs mit Grund und Boden für Wohnbaugrundstücke auch Höchstmaße;
4. die Flächen für Nebenanlagen, die auf Grund anderer Vorschriften für die Nutzung von Grundstücken erforderlich sind, wie Spiel-, Freizeit- und Erholungsflächen sowie die Flächen für Stellplätze und Garagen mit ihren Einfahrten;
5. die Flächen für den Gemeinbedarf sowie für Sport- und Spielanlagen;
6. die höchstzulässige Zahl der Wohnungen in Wohngebäuden;
7. die Flächen, auf denen ganz oder teilweise nur Wohngebäude, die mit Mitteln der sozialen Wohnraumförderung gefördert werden könnten, errichtet werden dürfen;
8. einzelne Flächen, auf denen ganz oder teilweise nur Wohngebäude errichtet werden dürfen, die für Personengruppen mit besonderem Wohnbedarf bestimmt sind;
9. der besondere Nutzungszweck von Flächen;
10. die Flächen, die von der Bebauung freizuhalten sind, und ihre Nutzung;
11. die Verkehrsflächen sowie Verkehrsflächen besonderer Zweckbestimmung, wie Fußgängerbereiche, Flächen für das Parken von Fahrzeugen, Flächen für das Abstellen von Fahrrädern sowie den Anschluss anderer Flächen an die Verkehrsflächen; die Flächen können auch als öffentliche oder private Flächen festgesetzt werden;
12. die Versorgungsflächen, einschließlich der Flächen für Anlagen und Einrichtungen zur dezentralen und zentralen Erzeugung, Verteilung, Nutzung oder Speicherung von Strom, Wärme oder Kälte aus erneuerbaren Energien oder Kraft-Wärme-Kopplung;
13. die Führung von oberirdischen oder unterirdischen Versorgungsanlagen und -leitungen;
14. die Flächen für die Abfall- und Abwasserbeseitigung, einschließlich der Rückhaltung und Versickerung von Niederschlagswasser, sowie für Ablagerungen;
15. die öffentlichen und privaten Grünflächen, wie Parkanlagen, Dauerkleingärten, Sport-, Spiel-, Zelt- und Badeplätze, Friedhöfe;
16. die Wasserflächen sowie die Flächen für die Wasserwirtschaft, für Hochwasserschutzanlagen und für die Regelung des Wasserabflusses;
17. die Flächen für Aufschüttungen, Abgrabungen oder für die Gewinnung von Steinen, Erden und anderen Bodenschätzen;
18. a) die Flächen für die Landwirtschaft und
 b) Wald;
19. die Flächen für die Errichtung von Anlagen für die Kleintierhaltung wie Ausstellungs- und Zuchtanlagen, Zwinger, Koppeln und dergleichen;
20. die Flächen oder Maßnahmen zum Schutz, zur Pflege und zur Entwicklung von Boden, Natur und Landschaft;

21. die mit Geh-, Fahr- und Leitungsrechten zugunsten der Allgemeinheit, eines Erschließungsträgers oder eines beschränkten Personenkreises zu belastenden Flächen;
22. die Flächen für Gemeinschaftsanlagen für bestimmte räumliche Bereiche wie Kinderspielplätze, Freizeiteinrichtungen, Stellplätze und Garagen;
23. Gebiete, in denen
 a) zum Schutz vor schädlichen Umwelteinwirkungen im Sinne des Bundes-Immissionsschutzgesetzes bestimmte luftverunreinigende Stoffe nicht oder nur beschränkt verwendet werden dürfen,
 b) bei der Errichtung von Gebäuden oder bestimmten sonstigen baulichen Anlagen bestimmte bauliche und sonstige technische Maßnahmen für die Erzeugung, Nutzung oder Speicherung von Strom, Wärme oder Kälte aus erneuerbaren Energien oder Kraft-Wärme-Kopplung getroffen werden müssen;
24. die von der Bebauung freizuhaltenden Schutzflächen und ihre Nutzung, die Flächen für besondere Anlagen und Vorkehrungen zum Schutz vor schädlichen Umwelteinwirkungen und sonstigen Gefahren im Sinne des Bundes-Immissionsschutzgesetzes sowie die zum Schutz vor solchen Einwirkungen oder zur Vermeidung oder Minderung solcher Einwirkungen zu treffenden baulichen und sonstigen technischen Vorkehrungen;
25. für einzelne Flächen oder für ein Bebauungsplangebiet oder Teile davon sowie für Teile baulicher Anlagen mit Ausnahme der für landwirtschaftliche Nutzungen oder Wald festgesetzten Flächen
 a) das Anpflanzen von Bäumen, Sträuchern und sonstigen Bepflanzungen,
 b) Bindungen für Bepflanzungen und für die Erhaltung von Bäumen, Sträuchern und sonstigen Bepflanzungen sowie von Gewässern;
26. die Flächen für Aufschüttungen, Abgrabungen und Stützmauern, soweit sie zur Herstellung des Straßenkörpers erforderlich sind.

(1a) ¹Flächen oder Maßnahmen zum Ausgleich im Sinne des § 1a Abs. 3 können auf den Grundstücken, auf denen Eingriffe in Natur und Landschaft zu erwarten sind, oder an anderer Stelle sowohl im sonstigen Geltungsbereich des Bebauungsplans als auch in einem anderen Bebauungsplan festgesetzt werden. ²Die Flächen oder Maßnahmen zum Ausgleich an anderer Stelle können den Grundstücken, auf denen Eingriffe zu erwarten sind, ganz oder teilweise zugeordnet werden; dies gilt auch für Maßnahmen auf von der Gemeinde bereitgestellten Flächen.

(2) ¹Im Bebauungsplan kann in besonderen Fällen festgesetzt werden, dass bestimmte der in ihm festgesetzten baulichen und sonstigen Nutzungen und Anlagen nur
1. für einen bestimmten Zeitraum zulässig oder
2. bis zum Eintritt bestimmter Umstände zulässig oder unzulässig
sind.
²Die Folgenutzung soll festgesetzt werden.

(2a) ¹Für im Zusammenhang bebaute Ortsteile (§ 34) kann zur Erhaltung oder Entwicklung zentraler Versorgungsbereiche, auch im Interesse einer verbrauchernahen Versorgung der Bevölkerung und der Innenentwicklung der Gemeinden, in einem Bebauungsplan festgesetzt werden, dass nur bestimmte Arten der nach § 34 Abs. 1 und 2 zulässigen baulichen Nutzungen zulässig oder nicht zulässig sind oder nur ausnahmsweise zugelassen werden können; die Festsetzungen können für Teile des räumlichen Geltungsbereichs des Bebauungsplans unterschiedlich getroffen werden. ²Dabei ist ins-

besondere ein hierauf bezogenes städtebauliches Entwicklungskonzept im Sinne des § 1 Abs. 6 Nr. 11 zu berücksichtigen, das Aussagen über die zu erhaltenden oder zu entwickelnden zentralen Versorgungsbereiche der Gemeinde oder eines Gemeindeteils enthält. ³In den zu erhaltenden oder zu entwickelnden zentralen Versorgungsbereichen sollen die planungsrechtlichen Voraussetzungen für Vorhaben, die diesen Versorgungsbereichen dienen, nach den §§ 30 oder 34 vorhanden oder durch einen Bebauungsplan, dessen Aufstellung förmlich eingeleitet ist, vorgesehen sein.

(2b) Für im Zusammenhang bebaute Ortsteile (§ 34) kann in einem Bebauungsplan, auch für Teile des räumlichen Geltungsbereichs des Bebauungsplans, festgesetzt werden, dass Vergnügungsstätten oder bestimmte Arten von Vergnügungsstätten zulässig oder nicht zulässig sind oder nur ausnahmsweise zugelassen werden können, um
1. eine Beeinträchtigung von Wohnnutzungen oder anderen schutzbedürftigen Anlagen wie Kirchen, Schulen und Kindertagesstätten oder
2. eine Beeinträchtigung der sich aus der vorhandenen Nutzung ergebenden städtebaulichen Funktion des Gebiets, insbesondere durch eine städtebaulich nachteilige Häufung von Vergnügungsstätten,
zu verhindern.

(3) ¹Bei Festsetzungen nach Absatz 1 kann auch die Höhenlage festgesetzt werden. ²Festsetzungen nach Absatz 1 für übereinander liegende Geschosse und Ebenen und sonstige Teile baulicher Anlagen können gesondert getroffen werden; dies gilt auch, soweit Geschosse, Ebenen und sonstige Teile baulicher Anlagen unterhalb der Geländeoberfläche vorgesehen sind.

(4) Die Länder können durch Rechtsvorschriften bestimmen, dass auf Landesrecht beruhende Regelungen in den Bebauungsplan als Festsetzungen aufgenommen werden können und inwieweit auf diese Festsetzungen die Vorschriften dieses Gesetzbuchs Anwendung finden.

(5) Im Bebauungsplan sollen gekennzeichnet werden:
1. Flächen, bei deren Bebauung besondere bauliche Vorkehrungen gegen äußere Einwirkungen oder bei denen besondere bauliche Sicherungsmaßnahmen gegen Naturgewalten erforderlich sind;
2. Flächen, unter denen der Bergbau umgeht oder die für den Abbau von Mineralien bestimmt sind;
3. Flächen, deren Böden erheblich mit umweltgefährdenden Stoffen belastet sind.

(6) Nach anderen gesetzlichen Vorschriften getroffene Festsetzungen, gemeindliche Regelungen zum Anschluss- und Benutzungszwang sowie Denkmäler nach Landesrecht sollen in den Bebauungsplan nachrichtlich übernommen werden, soweit sie zu seinem Verständnis oder für die städtebauliche Beurteilung von Baugesuchen notwendig oder zweckmäßig sind.

(6a) ¹Festgesetzte Überschwemmungsgebiete im Sinne des § 76 Absatz 2 des Wasserhaushaltsgesetzes sollen nachrichtlich übernommen werden. ²Noch nicht festgesetzte Überschwemmungsgebiete im Sinne des § 76 Absatz 3 des Wasserhaushaltsgesetzes sowie als Risikogebiete im Sinne des § 73 Absatz 1 Satz 1 des Wasserhaushaltsgesetzes bestimmte Gebiete sollen im Bebauungsplan vermerkt werden.

(7) Der Bebauungsplan setzt die Grenzen seines räumlichen Geltungsbereichs fest.

(8) Dem Bebauungsplan ist eine Begründung mit den Angaben nach § 2a beizufügen.

Übersicht

	Rn.
I. Inhalt des Bebauungsplans	1
1. Abschließender Charakter der Festsetzungsmöglichkeiten, Festsetzungsumfang	2
2. Festsetzungsmittel	5
3. Hinreichende Bestimmtheit	6
4. Festsetzungsdauer	8
5. Städtebauliche Gründe	9
II. Mögliche Festsetzungen (Abs. 1)	11
1. Zu Nr. 1: Art und Maß der baulichen Nutzung	11
a) Art der baulichen Nutzung	12
b) Maß der baulichen Nutzung	20
2. Zu Nr. 2: Bauweise und Überbaubarkeit	24
a) Bauweise	25
b) Überbaubare Grundstücksfläche	27
c) Stellung baulicher Anlagen	29
3. Zu Nr. 2a: Vom Bauordnungsrecht abweichende Maße der Tiefe der Abstandsflächen	31
4. Zu Nr. 3: Zuschnitt der Baugrundstücke	32
5. Zu Nr. 4: Nebenanlagen	35
6. Zu Nr. 5: Flächen für Gemeinbedarf sowie Sport- und Spielanlagen	40
7. Zu Nr. 6: Zahl der Wohnungen	44
8. Zu Nr. 7: Flächen für sozialen oder entsprechenden Wohnungsbau	46
9. Zu Nr. 8: Flächen für Wohnungen von Personengruppen mit besonderem Wohnbedarf	47
10. Zu Nr. 9: Besondere Nutzungszwecke	52
11. Zu Nr. 10: Von Bebauung freizuhaltende Flächen	55
12. Zu Nr. 11: Die unterschiedlichen Verkehrsflächen und der Anschluss anderer Flächen	57
a) Verkehrsflächen	58
b) Verkehrsflächen besonderer Zweckbestimmung	65
c) Anschluss anderer Flächen	67
13. Zu Nr. 12: Versorgungsflächen, einschließlich der Flächen für Anlagen und Einrichtungen zur dezentralen und zentralen Erzeugung, Verteilung, Nutzung oder Speicherung von Strom, Wärme oder Kälte aus erneuerbaren Energien oder Kraft-Wärme-Kopplung	68
14. Zu Nr. 13: Führung von Versorgungsanlagen und -leitungen	74
15. Zu Nr. 14: Flächen für Abfall- und Abwasserbeseitigung sowie Ablagerungen	77
16. Zu Nr. 15: Grünflächen	82
17. Zu Nr. 16: Wasserflächen	91
18. Zu Nr. 17: Flächen für Aufschüttungen und Abgrabungen sowie zur Gewinnung von Bodenschätzen	94
19. Zu Nr. 18: Flächen für Landwirtschaft und Wald	100
20. Zu Nr. 19: Flächen für Anlagen zur Kleintierhaltung	105
21. Zu Nr. 20: Boden-, Natur- und Landschaftsschutz	108
22. Zu Nr. 21: Mit Geh-, Fahr- und Leitungsrechten zu belastende Flächen	117
23. Zu Nr. 22: Flächen für Gemeinschaftsanlagen	122
24. Zu Nr. 23: Verwendungsverbote und Erzeugung, Nutzung oder Speicherung von Strom, Wärme oder Kälte aus erneuerbaren Energien oder Kraft-Wärme-Kopplung	125
a) Nr. 23a (Luftreinhaltegebiete)	125

3. Abschnitt. Verbindlicher Bauleitplan (Bebauungsplan) §9

Rn.
 b) Nr. 23b (bauliche und technische Maßnahmen für erneuerbare
 Energien und Kraft-Wärme-Kopplung) 133
 25. Zu Nr. 24: Schutzflächen und Immissionsschutz 140
 26. Zu Nr. 25: Anpflanzungen und Erhaltung von Bäumen, Sträuchern
 und sonstigen Bepflanzungen . 150
 27. Zu Nr. 26: Für die Straßenherstellung erforderliche Flächen, die
 nicht Verkehrsflächen sind . 157
 III. Ausgleichsflächen und -maßnahmen (Abs. 1a) 160
 IV. Ergänzende Festsetzungsmöglichkeiten 165
 1. Befristete und bedingte Nutzungsmöglichkeiten (Abs. 2) 165
 a) Geltungsdauer von Planfestsetzungen 165
 b) Einschränkungsmöglichkeiten . 166
 c) Voraussetzungen . 168
 2. Zentrale Versorgungsbereiche (Abs. 2a) 169
 a) Abgrenzung zu anderen Regelungen zum Schutz zentraler Ver-
 sorgungsbereiche . 171
 b) Voraussetzungen . 174
 3. Vergnügungsstätten (Abs. 2b) . 188
 a) Allgemeines, Begriff und Differenzierung 188
 b) Abgrenzung zu anderen Regelungen 191
 c) Voraussetzungen . 192
 4. Höhenlage (Abs. 3 S. 1) . 211
 5. Geschossweise Differenzierung (Abs. 3 S. 2) 215
 6. Landesrechtlich begründete Festsetzungsmöglichkeiten (Abs. 4) . . . 216
 7. Weitere Inhalte . 222
 a) Kennzeichnungen (Abs. 5) . 222
 b) Nachrichtliche Übernahmen und Vermerke (Abs. 6 und 6a) . . . 227
 c) Festsetzung der Grenzen (Abs. 7) 231
 V. Begründung (Abs. 8) . 233
 1. Verhältnis zum Bebauungsplan . 233
 2. Funktion und Inhalt . 235
 3. Fehlerfolgen . 240

I. Inhalt des Bebauungsplans

§ 9 regelt die möglichen Inhalte des Bebauungsplans. Dabei stehen im Vordergrund die **Festsetzungen** des Plans, also die Regelungen, die die Gemeinde in Ausübung ihrer kommunalen Planungshoheit aus städtebaulichen Gründen (s. Rn. 9) selbst als verbindlich festlegt (Abs. 1, 1a, 2, 2a, 3, 4, 7). Daneben soll ein Bebauungsplan die in Abs. 5 genannten **Kennzeichnungen** enthalten und die in Abs. 6 und Abs. 6a genannten **anderweitigen Festsetzungen** nachrichtlich übernehmen. **Nicht** zum Inhalt des Bebauungsplans gehört die gemäß Abs. 8 dem Plan beizufügende **Begründung**. Diese ist gleichwohl für die Wirksamkeit des Bebauungsplanes erforderlich (Rn. 240).

1. Abschließender Charakter der Festsetzungsmöglichkeiten, Festsetzungsumfang. Anders als nach § 5 Abs. 2, bei dem der Gemeinde für den Flächennutzungsplan durch die Verwendung des Wortes „insbesondere" Raum für Darstellungen über den Katalog des § 5 Abs. 2 hinaus gegeben wird, ist der Katalog möglicher Festsetzungen eines Bebauungsplans in § 9 grundsätzlich abschließend. Ein darüber hinausgehendes „Festsetzungserfindungsrecht" steht der Gemeinde nicht zu (BVerwG Urt. v. 11.2.1993 – 4 C 18.91, BVerwGE 92, 56 (62); dass. Beschl. v. 31.1.1995 – 4 NB 48.93, NVwZ 1995, 696; in Bezug auf einen „Bürgerwindpark"

§ 9 I. Kapitel. I. Teil. Bauleitplanung

OVG Schleswig Urt. v. 4.4.2013 – 1 LB 7/12, NuR 2014, 299 (300); zum Anbau von Nahrungspflanzen OVG Rheinland-Pfalz Urt. v. 23.1.2013 – 8 C 10946/12, BeckRS 2013, 46701 Rn. 19). Allerdings ist die Gemeinde berechtigt, teilweise sogar verpflichtet, weitergehende Konkretisierungen vorzunehmen (zB bei Abs. 1 Nr. 6, dazu Rn. 44). Im Hinblick darauf, dass **jede Festsetzung** in einem Bebauungsplan einer **Ermächtigungsgrundlage** bedarf, der Bebauungsplan eine Inhalts- und Schrankenbestimmung für das Grundeigentum darstellt (vgl. § 1 Rn. 7) und zugleich der Festsetzungskatalog des § 9 grundsätzlich abschließend ist, müssen Planfestsetzungen im Zweifelsfall so **ausgelegt** werden, dass sie von einer der bestehenden Festsetzungsmöglichkeiten abgedeckt sind (zur Auslegung und Bestimmtheit von Planfestsetzungen s. noch Rn. 6). Die Benennung einer falschen Festsetzungsgrundlage ist unschädlich, sofern überhaupt eine ausreichende Ermächtigung für die Festsetzung besteht (BVerwG Beschl. v. 17.12.1998 – 4 NB 4.97, BauR 1999, 608; VGH Mannheim Urt. v. 8.5.2012 – 8 S 1739/10, BauR 2012, 1761). Ergänzt wird der Festsetzungskatalog des § 9 durch einzelne **Spezialvorschriften** im Baugesetzbuch, insbesondere durch § 22 Abs. 1 für Fremdenverkehrsgebiete und durch § 172 Abs. 1 für Erhaltungsgebiete. **Keine Bindung** an die Festsetzungsmöglichkeiten in § 9 besteht bei einem vorhabenbezogenen Bebauungsplan für den Bereich des **Vorhaben- und Erschließungsplans** (§ 12 Abs. 3 S. 2). Hier kann die Gemeinde daher auch andere Festsetzungen treffen, die allerdings ebenfalls durch städtebauliche Gründe (Rn. 9) gerechtfertigt sein und dem Gebot der Bestimmtheit genügen müssen. Ebenfalls erweitert wird der Katalog der Festsetzungsmöglichkeiten durch Abs. 4. Danach können **auf Landesrecht beruhende Festsetzungen** in den Plan aufgenommen werden. Die Art dieser Festsetzungen bestimmt sich dabei ebenfalls nach Landesrecht (s. noch Rn. 216 ff.).

3 Der **Umfang** der notwendigen Festsetzungen in einem Bebauungsplan wird durch § 9 nicht vorgegeben. Die Vorschrift legt insofern also lediglich die hierfür bestehenden Möglichkeiten fest. Die Festsetzungen können sich dabei auch für einzelne Flächen **überlagern** und so **wechselseitig ergänzen**, dürfen sich aber nicht widersprechen. Der Umfang der in einen Bebauungsplan aufzunehmenden Festsetzungen richtet sich daher nach dem städtebaulichen Konzept der Gemeinde, also danach, wie sie im konkreten Planungsfall **Städtebaupolitik** betreiben möchte (vgl. etwa BVerwG Beschl. v. 11.5.1999 – 4 BN 15/99, NVwZ 1999, 1338; dass. Beschl. v. 5.4.1993 – 4 NB 3/91, BVerwGE 92, 231 (235); s. aber auch BVerwG Urt. v. 30.8.2012 – 4 C 1/11, NVwZ 2013, 304 zu den Grenzen einer kommunalen „Vorsorgepolitik"). Die Festsetzungen des Bebauungsplans setzen dabei die kommunale Planungsentscheidung nach Maßgabe des Abwägungsgebotes (§ 1 Abs. 7) unter Berücksichtigung insbesondere von Zielen der Raumordnung (§ 1 Abs. 4) und sonstigen der planerischen Abwägung entzogenen Vorgaben in Form einer Satzung (§ 10 Abs. 1) um. Daher müssen sich die planerischen Zielvorstellungen der Gemeinde, so wie sie insbesondere in der Bebauungsplanbegründung (Rn. 233 ff.) zum Ausdruck kommen, und die Planfestsetzungen in allen wesentlichen Punkten decken. Der Plan leidet ansonsten aufgrund eines Auseinanderfallens von Planinhalt einerseits und Planungswillen andererseits an einem Abwägungsmangel (vgl. etwa OVG Münster Urt. v. 3.9.2009 – 10 D 121/07, BauR 2010, 572; dass. Urt. v. 22.6.1998 – 7 a D 108.96, NVwZ 1999, 79; OVG Lüneburg Urt. v. 18.12.1997 – 1 L 1187/96, BRS 59 Nr. 22; *Reidt* in BRS Rn. 672 ff.). Bringt eine Gemeinde etwa in ihrer Bebauungsplanbegründung zum Ausdruck, dass in einem festgesetzten Baugebiet nicht sämtliche der dort nach dem vorgesehenen Baugebietstyp der BauNVO allgemein zulässigen Nutzungen möglich sein sollen, muss sie dafür dann auch entsprechende Festsetzungen treffen, sofern die Versagung einer Genehmigung für die betreffende Nutzung im Planvollzug nicht aus anderen Gründen bereits hinreichend sichergestellt ist und sie daher insofern planerische Zurückhaltung üben darf. Selbst dann allerdings muss sich die Gemeinde über die hinreichenden Konfliktlösungsmöglichkeiten im

3. Abschnitt. Verbindlicher Bauleitplan (Bebauungsplan) §9

Planvollzug zur Vermeidung eines Abwägungsausfalls Gedanken machen (vgl. BVerwG Beschl. v. 16.3.2010 – 4 BN 66/09, NVwZ 2010, 1246 zum notwendigen Ausschluss von „Störfallbetrieben").

Werden Festsetzungen in einem Bebauungsplan nicht in einem bestimmten Min- 4 destumfang getroffen, können sich daraus Konsequenzen im Planvollzug ergeben, da davon die Frage abhängt, ob es sich um einen **qualifizierten** oder einen **einfachen Bebauungsplan** iSv § 30 Abs. 1 oder Abs. 3 handelt. In letzterem Fall richtet sich die Zulässigkeit eines Vorhabens im Übrigen nach § 34 oder § 35 (s. § 30 Rn. 10).

2. Festsetzungsmittel. Die **Festsetzungsmittel** für einen Bebauungsplan 5 („Plansprache") kann die Gemeinde selbst wählen. Als geeignete Festsetzungsmittel kommen dabei Zeichnung, Farbe, Schrift und Text alternativ oder kumulativ in Betracht. Der Bebauungsplan muss kein Plan im zeichnerischen Sinne sein. Er kann sich vielmehr auch auf textliche Festsetzungen beschränken (Textbebauungsplan). Letzteres kann insbesondere bei der Änderung von Bebauungsplänen von Bedeutung sein, wenn etwa lediglich bestimmte Arten der baulichen Nutzung nachträglich eingeschränkt werden sollen. In jedem Fall müssen die gewählten Festsetzungsmittel geeignet sein, hinreichend präzise Festsetzungen vorzunehmen (s. zur Bestimmtheit Rn. 6). Die auf der Grundlage von § 9a S. 1 Nr. 4 BauNVO erlassene **Planzeichenverordnung** (vgl. § 9a Rn. 3) ist eine Hilfestellung für die in den Bebauungsplan aufzunehmenden Festsetzungen. Allerdings ist die Gemeinde bei der Auswahl ihrer Festsetzungsmittel **nicht** an die Planzeichenverordnung **gebunden** (BVerwG Beschl. v. 10.1.2001 – 4 BN 42/00, NVwZ-RR 2001, 422). Sie kann vielmehr auch insgesamt oder teilweise andere und auch zusätzliche Planzeichen verwenden. Zur Wahrung der notwendigen Bestimmtheit bedarf es dann jedoch einer hinreichenden Erläuterung der gewählten Planzeichen in einer Legende des Bebauungsplans, sofern die gewählten Planzeichen oder sonstigen Festsetzungen nicht in hinreichender Weise selbsterklärend sind. Selbst bei Zugrundelegung der Planzeichenverordnung sieht deren § 2 Abs. 4 vor, dass die gewählten Planzeichen und sonstigen Darstellungsmittel in einer Legende des Plans erläutert werden sollen.

3. Hinreichende Bestimmtheit. Bebauungspläne unterliegen als Rechtsnor- 6 men (§ 10 Abs. 1) dem verfassungsrechtlich im Rechtsstaatsprinzip verankerten Bestimmtheitsgebot (BVerwG Beschl. v. 14.12.1995 – 4 N 2/95, NVwZ-RR 1996, 429 (430); dass. Beschl. v. 4.1.1994 – 4 NB 30/93, NVwZ 1994, 684). Da Bebauungsplanfestsetzungen Inhalt und Schranken des Grundeigentums bestimmen, müssen sie hinreichend klar und unmissverständlich sein. Dies gilt sowohl für den **Bebauungsplan als solchen,** als auch für seine **einzelnen Festsetzungen** (vgl. VGH Mannheim Urt. v 22.10.2014 – 5 S 1979.12, BauR 2015, 789). Existieren zwei ausgefertigte Bebauungsplanexemplare mit unterschiedlichen Festsetzungen für denselben Planbereich, ist der Bebauungsplan wegen Unbestimmtheit unwirksam (VGH Mannheim Urt. v. 11.4.1997 – 5 S 512.95, UPR 1998, 75). Hingegen führt der Umstand, dass der Originalbebauungsplan verloren gegangen ist, nicht zu dessen Unwirksamkeit (BVerwG Beschl. v. 1.4.1997 – 4 B 206/96, NVwZ 1997, 890; dass. Urt. v. 17.6.1993 – 4 C 7/91, NVwZ 1994, 281). Allerdings kann dies Bedeutung für die Darlegungs- und Beweislast bei der Frage haben, ob ein Vorhaben den Festsetzungen eines Bebauungsplans widerspricht oder nicht. Bewahrt die Gemeinde einen Bebauungsplan nicht ordnungsgemäß auf und hält sie ihn nicht gem. § 10 Abs. 3 S. 2 zur Einsichtnahme bereit, kann sie sich nicht ohne Weiteres auf die Behauptung beschränken, ein beabsichtigtes Vorhaben widerspreche den Planfestsetzungen. Für die **Planzeichnung** gilt, dass sie unter Verwendung geeigneter Festsetzungsmittel (zur Planzeichenverordnung s. Rn. 5) das Plangebiet hinreichend eindeutig räumlich abgrenzen muss (Abs. 7), sofern dies nicht in textlicher Form durch die Benennung der umfassten Flurstücke erfolgt. Ansonsten führt dies mangels hinreichender Bestimmtheit zur Unwirksamkeit des Bebauungsplans, zumindest aber zur Teilunwirksamkeit

in dem betroffenen Randbereich (BVerwG Beschl. v. 4.1.1994 – 4 NB 30/93, NVwZ 1994, 684). Es muss also eindeutig erkennbar sein, welche Flächen zum Plangebiet gehören sollen und welche nicht. Dies kann auch bei einem sehr groben Maßstab der Planzeichnung oder einer sehr groben zeichnerischen Darstellung problematisch sein (vgl. OVG Koblenz Urt. v. 17.10.2012 – 1 C 10059/12, NVwZ-RR 2013, 254; OVG Münster Urt. v. 5.12.2012 – 7 D 64/10, BauR 2013, 917). Erst recht ist es im Hinblick auf die notwendige Bestimmtheit unzulässig, den Geltungsbereich eines Bebauungsplans in der Weise veränderlich festzusetzen, dass sich dessen Geltung nachträglich auf zusätzliche Gebiete erweitern lässt (vgl. BVerwG Beschl. v. 16.1.1981 – 4 B 251/80, BauR 1981, 350; dass. Urt. v. 30.1.1976 – IV C 26.74, BVerwGE 50, 114). Des Weiteren setzt die hinreichende Bestimmtheit der Planzeichnung voraus, dass die Planunterlage (vgl. auch § 1 Abs. 1 PlanzVO) maßstabsgetreu ist (vgl. OVG Bautzen Urt. v. 23.10.2000 – 1 D 33/00, NVwZ-RR 2001, 426). Sichergestellt sein muss zudem, dass in der Planzeichnung eindeutig zwischen bloßen Bestandsdarstellungen (Flurstücksgrenzen, vorhandene Baulichkeiten usw.) sowie Planfestsetzungen (Nutzungsgrenzen, Baugrenzen, Straßenbegrenzungslinien usw.) unterschieden werden kann (vgl. § 1 Abs. 2 PlanzVO; s. etwa OVG Münster Beschl. v. 16.7.2001 – 7a D 173/97, BauR 2001, 1875; dass. Urt. v. 15.2.2012 – 10 D 46/10, BauR 2012, 1080 sowie Urt. v. 28.8.2014 – 7 D 8/13, BauR 2015, 941, OVG Lüneburg Urt. v. 12.5.2015 – 1 KN 238/14, BauR 2015, 1300, jeweils zu Verkehrsflächen als maßgeblichem Bezugspunkt für eine Festsetzung zur Höhe baulicher Anlagen). Die Abgrenzung unterschiedlicher Nutzungen kann sowohl durch das dafür in der Planzeichenverordnung vorgesehene Planzeichen 15.14 („Perlenschnur"), als auch durch andere Festsetzungen, etwa zu überbaubaren Grundstücksflächen (§ 23 BauNVO), erfolgen.

7 Bei den **textlichen Festsetzungen** eines Bebauungsplans können auch **unbestimmte Rechtsbegriffe** verwendet werden (BVerwG Beschl. v. 24.1.1995 – 4 NB 3/95, BauR 1995, 662; Beschl. v. 21.12.2012 – 4 BN 32/12, ZfBR 2013, 279). Ebenso wie bei den zeichnerischen Festsetzungen ist es im Hinblick auf das Gebot klarer und unmissverständlicher Planfestsetzungen ausreichend, wenn sie hinreichend bestimmbar sind, der Planinhalt sich also durch **Auslegung** zweifelsfrei ermitteln lässt. Eine Grenze ergibt sich dabei zwangsläufig aus den Möglichkeiten zu genauen inhaltlichen Festlegungen (vgl. VGH München Urt. v. 8.11.2011 – 15 N 11.343, BauR 2012, 1605 zum Minderungsvolumen einer Festsetzung für den Einbau eines lärmmindernden Fahrbahnbelags; OVG Münster Urt. v. 13.9.2012 – 2 D 38/11, BauR 2013, 1408 zur Festsetzung von Lärmemissionskontingenten; dass. Urt. v. 6.11.2013 – 7 D 60.12, BauR 2014 zum Begriff „deutlich untergeordnet" beim ausnahmsweise zulässigen Annexhandel eines Gewerbebetriebs sowie andererseits dass. Urt. v. 14.10.2013 – 2 D 103.12, BauR 2014, 213 zum bloßen Begriff „untergeordnet"). In Betracht kommen eine Auslegung anhand des Wortlauts (grammatische Auslegung), anhand des Zusammenhangs (systematische Auslegung), anhand des Zwecks der Festsetzung (teleologische Auslegung) sowie eine Auslegung anhand der Aufstellungsvorgänge und sonstigen das Planverfahren behandelnden Dokumente (historische Auslegung). Ebenfalls in Betracht kommt eine berichtigende Auslegung, wenn eine Festsetzung lediglich dem formalen Wortlaut nach missverständlich formuliert ist (BVerwG Beschl. v. 27.1.1998 – 4 NB 3/97, NVwZ 1998, 1067). Dabei besteht kein Rangverhältnis zwischen den unterschiedlichen Auslegungsmethoden, sodass sie gleichzeitig und nebeneinander angewandt werden können und sich so wechselseitig ergänzen. Es entspricht dem Wesen der Auslegung, dass sie nicht strikt an die Planzeichnung und die textlichen Festsetzungen gebunden ist. Allerdings muss der objektive Wille der Gemeinde **zumindest andeutungsweise** in dem Bebauungsplan selbst seinen Niederschlag gefunden haben. Daher können die Bebauungsplanbegründung oder auch die Aufstellungsvorgänge zwar den Planinhalt verdeutlichen, nicht allerdings eine Regelung im Plan selbst ersetzen. Insbesondere sind Planbegrün-

3. Abschnitt. Verbindlicher Bauleitplan (Bebauungsplan) § 9

dung und Aufstellungsvorgänge nicht geeignet, den Planinhalt zu ergänzen oder einzuschränken, (vgl. bereits Rn. 3; s. etwa BVerwG Beschl. v. 27.1.1998 – 4 NB 3/97, NVwZ 1998, 1067; dass. Urt. v. 11.3.1988 – 4 C 56/84, NVwZ 1989, 659; OVG Münster Urt. v. 22.6.1998 – 7a D 108.96, NVwZ 1999, 79). Für die Bestimmtheit vor allem von textlichen Festsetzungen ist es des Weiteren notwendig, dass sich hinreichend genau ersehen lässt, welches Vorhaben danach innerhalb des Plangebiets zulässig ist und wann dies nicht mehr der Fall ist. Dafür bedarf es in der Regel ungeachtet der bestehenden Auslegungsmöglichkeiten der Verwendung von (vorhabenbezogenen) Begriffen, die es in der Rechtswirklichkeit tatsächlich gibt und die eine hinreichende Abgrenzung von anderen Vorhaben ermöglichen (vgl. OVG Koblenz Urt. v. 17.10.2012 – 1 C 10059/12, NVwZ-RR 2013, 254; s. auch OVG Münster Urt. v. 22.6.1998 – 7a D 108.96, NVwZ 1999, 79 zum Begriff „Einrichtungswarenhaus"; dass. Urt. v. 9.10.2003 – 10a D 76/01, BauR 2004, 636 zu „innenstadtbedeutsamen oder zentrenrelevanten Warensortimenten"; ebenso zu „zentrenrelevanten Sortimenten" VGH Mannheim Urt. v. 21.5.2001 – 5 S 901/99, NVwZ-RR 2002, 556; dass. Urt. v 22.10.2014 – 5 S 1979.12, BauR 2015, 789, 790 zur „einzelhandelsnahen Dienstleistung"; großzügiger im Hinblick auf eine mögliche Bestimmbarkeit bei Warenlisten für den Einzelhandel OVG Koblenz Urt. v. 1.6.2011 – 8 A 10 399/11, BauR 2011, 1624; zum Begriff Rand- und Ergänzungssortiment VGH Mannheim Urt. v. 8.5.2012 – 8 S 1739/10, BauR 2012, 1761; OVG Münster Urt. v. 14.10.2014 – 2 D 103/12, RauR 2014, 213; dass. Urt. v. 12.2.2014 – 2 D 13/14, BauR 2014, 2042; s. auch noch Rn. 18 zu § 1 Abs. 9 BauNVO).

4. Festsetzungsdauer. Die Dauer von Bebauungsplanfestsetzungen folgt im Grundsatz der Geltungsdauer des Bebauungsplans selbst. Ihre Geltung ist daher im Regelfall unbefristet. Allerdings kann ein Bebauungsplan in Bezug auf einzelne Festsetzungen geändert werden (§ 1 Abs. 8), ohne dass dies die übrigen Planfestsetzungen berührt. Des Weiteren kommt nach Maßgabe von Abs. 2 in besonderen Fällen die Festsetzung fristen- oder bedingungsabhängiger Nutzungen in Betracht (Rn. 161 ff.). Des Weiteren kann ein Bebauungsplan nicht nur insgesamt sondern auch in Bezug auf einzelne Festsetzungen funktionslos werden (zur Funktionslosigkeit s. § 10 Rn. 8).

5. Städtebauliche Gründe. Gemäß der Einleitung in Abs. 1 können die dort abschließend (Rn. 2) aufgeführten Festsetzungen nur aus städtebaulichen Gründen erfolgen. Diese Ergänzung wurde durch das BauROG 1998 eingeführt. Sie hat nur klarstellende Bedeutung (BVerwG Urt. v. 18.5.2001 – 4 CN 4.00, BVerwGE 114, 247 (249); *Söfker* in EZBK § 9 Rn. 15), da Festsetzungen in Bebauungsplänen stets durch städtebauliche Gründe gerechtfertigt sein müssen. Dies gilt also insbesondere auch für den vorhabenbezogenen Bebauungsplan, obgleich § 12 einen solchen Zusatz nicht enthält. Der Begriff der städtebaulichen Gründe ist im BauGB selbst nicht definiert. Es ist daher unter Zugrundelegung des im BauGB geregelten Städtebaurechts zu klären, was iSv Abs. 1 (einfachgesetzlich) unter städtebaulichen Gründen zu verstehen ist. Durch Festsetzungen in Bebauungsplänen werden die **Aufgaben und Ziele,** die an die Bauleitplanung gestellt werden, mittels verbindlicher Regelungen in Bezug auf die bauliche und sonstige Nutzung von Grundstücken umgesetzt. Mit dem Festsetzungskatalog des Abs. 1 soll es ermöglicht werden, einen Bebauungsplan mit solchen Festsetzungen auszustatten, die das von der Gemeinde verfolgte städtebauliche Entwicklungs- und/oder Ordnungsziel iSd §§ 1 Abs. 5 bis 7, 1a optimal erreichen (vgl. *Gaentzsch* in BK § 9 Rn. 8; *Reidt* BauR 2010, 2025 (2029); *Söfker* in EZBK § 9 Rn. 15; *Krautzberger* DVBl. 2008, 737 (738 f.); vgl. auch BVerwG Urt. v. 18.5.2001 – 4 CN 4.00, BVerwGE 114, 247 (251 f.)). Entsprechend weit ist der Begriff daher auch auszulegen. Der Begriff der städtebaulichen Gründe ist daher auch **nicht zwangsläufig** mit dem verfassungsrechtlichen Begriff des **Bodenrechts** identisch. Die gesetzliche Ermächtigung, Festsetzungen in einem Bebauungsplan aus städtebaulichen Gründen zu treffen, kann auf den Kompetenztitel in Art. 74 Abs. 1 Nr. 18 GG (Bo-

denrecht), aber etwa auch auf die Kompetenztitel in Art. 74 Abs. 1 Nr. 11 GG (Energiewirtschaft), Art. 74 Abs. 1 Nr. 24 GG (Luftreinhaltung) oder Art. 74 Abs. 1 Nr. 29 GG (Naturschutz) gestützt sein. Entscheidend ist daher nicht, ob eine Planfestsetzung bodenrechtlicher Natur ist, sondern ob sie aus städtebaulichen Gründen erfolgt. Die gesetzliche Ermächtigung, Regelungen aus städtebaulichen Gründen in einem Bebauungsplan zu treffen, muss jedoch ihrerseits durch eine verfassungsrechtliche Ermächtigung gedeckt sein, sei es durch den Kompetenztitel des Bodenrechts, sei es durch einen anderen Kompetenztitel (s. im Einzelnen *Reidt* BauR 2010, 2025 ff.; s. hierzu auch *Battis/Kersten/Mitschang*, Rechtsfragen zur ökologischen Stadterneuerung, 2010, 11 ff.).

10 Allein das Vorliegen städtebaulicher Gründe rechtfertigt jedoch nicht bereits, dass die Gemeinde bestimmte Festsetzungen in einem Bebauungsplan trifft. Dies muss vielmehr immer auch nach Maßgabe der dem Bebauungsplan zugrunde liegenden planerischen Abwägung (§ 1 Abs. 7) gerechtfertigt sein und darf nicht gegen sonstiges höherrangiges Recht verstoßen. Abs. 1 wirkt zwar für die Aufnahme von bestimmten Festsetzungen in einen Bebauungsplan kompetenzeröffnend. Er ändert allerdings nichts daran, dass die Gemeinde die sonstigen für die Planaufstellung bestehenden Schranken beachten muss, also vor allem das planerische Abwägungsgebot und die raumordnerische Zielbindung (§ 1 Abs. 4).

II. Mögliche Festsetzungen (Abs. 1)

11 **1. Zu Nr. 1: Art und Maß der baulichen Nutzung.** Nach Nr. **1** können im Bebauungsplan die Art und das Maß der baulichen Nutzung festgesetzt werden (zur Wirkung der Festsetzungen für die Zulässigkeit von Vorhaben s. § 30 Rn. 12 f.; zu Wechselwirkungen mit bauordnungsrechtlichen Vorschriften *Boeddinghaus* BauR 2000, 7 ff.; s. auch Rn. 27, 31 im Hinblick auf Abstandsflächen).

12 **a) Art der baulichen Nutzung.** Für die **Art der baulichen Nutzung** enthalten die §§ 1 bis 15 der **BauNVO** in ihrer – zeitlich nacheinander – jeweils gültigen Fassung (§§ 25 ff. BauNVO) ergänzende Regelungen. Die Art der baulichen Nutzung kann aber auch durch anderweitige Festsetzungen geregelt werden (zB gem. § 9 Abs. 1 Nr. 5 „Flächen für Gemeinbedarf"). Besondere Schwierigkeiten bei Planfestsetzungen insbesondere zur Art der baulichen Nutzung bestehen bei einem sog. **„Schichtenbebauungsplan".** Diese resultieren daraus, dass bei der Planaufstellung jeweils die Fassung der BauNVO zur Anwendung zu bringen ist, die zum Zeitpunkt des Satzungsbeschlusses gültig ist. Wird ein bestehender Bebauungsplan geändert oder ergänzt, entsteht ein Schichtenbebauungsplan, wenn die geänderten oder ergänzten Festsetzungen nach einer neuen Fassung der BauNVO getroffen werden. In einem Bebauungsplangebiet sind also ggf. zwei oder mehr Fassungen der BauNVO für den Planinhalt maßgeblich (s. auch § 9a Rn. 1, § 30 Rn. 3). Dieses Problem entsteht nicht, wenn stets eine umfassende Änderung des Bebauungsplans auf eine neue Fassung der BauNVO erfolgt, dieser also auch außerhalb des zu ändernden Teils (unter Beachtung insbesondere des Abwägungsgebotes) auf die geänderte Fassung der BauNVO umgestellt wird (zur Pflicht der Gemeinde, bei einer solchen Umstellung auch alle weiteren anstehenden städtebaulichen Ziele umzusetzen, BVerwG Beschl. v. 21.12.2011 – 4 B 14.11, BauR 2012, 600).

13 **§ 1 Abs. 3 BauNVO** bestimmt, dass im Bebauungsplan die in **§ 1 Abs. 2 BauNVO** genannten **Baugebiete** festzusetzen sind. Auch bei der Änderung übergeleiteter Bebauungspläne kann die Gemeinde hiervon nicht abweichen (BVerwG Beschl. v. 15.8.1991 – 4 N 1/89, NVwZ 1992, 879 (881)). Setzt die Gemeinde eines dieser Gebiete fest, wird die entsprechende Vorschrift der BauNVO, in der zu diesem Gebiet besondere Bestimmungen getroffen sind, **Bestandteil des Bebauungsplans.** Die Gemeinde ist dabei an den Baugebietskatalog gebunden **(sog. „Typen-**

zwang"). Allerdings steht es der Gemeinde frei, nach **§ 1 Abs. 4 bis 10 BauNVO** abweichende Bestimmungen zu treffen (Rn. 16). Die BauNVO enthält in ihren **§§ 2 bis 11** Umschreibungen von zehn **Baugebieten** nach der Art ihrer baulichen Nutzung (zB § 5 BauNVO: Dorfgebiete, vgl. hierzu BVerwG Urt. v. 23.4.2009 – 4 CN 5.07, BVerwGE 133, 377). Dabei wird jeweils in Abs. 1 die allgemeine Zweckbestimmung des Baugebietes beschrieben, in Abs. 2 die in dem Gebiet allgemein zulässigen baulichen Nutzungen aufgeführt (Regelnutzungen), in Abs. 3 die Möglichkeit von Ausnahmen geregelt (ausnahmsweise zulässige Nutzungen, s. § 31 Abs. 1) und bei besonderen Wohngebieten sowie bei Kerngebieten im jeweiligen Abs. 4 die Möglichkeiten besonders differenzierter Festsetzungen eröffnet. Der gesetzlichen Systematik über die Gebietsregelung folgen nicht die Vorschriften über Sondergebiete, die der Erholung dienen (**§ 10 BauNVO**), und über sonstige Sondergebiete (**§ 11 Abs. 1 und 2**). **§ 11 Abs. 3 BauNVO** regelt keine zusätzlichen Sondergebiete, sondern enthält lediglich besondere Einschränkungen für den großflächigen Einzelhandel (OVG Münster Urt. v. 4.5.2000 – 7 A 1744/97, BauR 2000, 1453; *Schiller* in BRS, Rn. 1816). Die Festsetzung von Sondergebieten kommt in Betracht, wenn mit den typisierten Baugebieten die städtebaulichen Entwicklungsvorstellungen der Gemeinde nicht verwirklicht werden können. Ob dies mit den Festsetzungsmöglichkeiten nach § 1 Abs. 4 bis 10 BauNVO der Fall wäre, ist nicht ausschlaggebend (BVerwG Beschl. v. 7.9.1984 – 4 N 3/84, NVwZ 1985, 338). Nicht verknüpft werden können auch in einem Sondergebiet Nutzungen, die sich nach der Systematik und Wertung der BauNVO nicht miteinander vertragen (s. etwa BVerwG Urt. v. 28.5.2009 – 4 CN 2.08, BVerwGE 134, 117; OVG Lüneburg Urt. v. 18.9.2014 – 1 KN 123/12, BauR 2015, 452 zu Ferienwohnungen und Dauerwohnen; s. andererseits aber auch BVerwG Urt. v. 11.7.2013 – 4 CN 7.12, BauR 2013, 1992 zu Ferienhäusern und dem Dauerwohnen dienenden Gebäuden). Bei den (sonstigen) Sondergebieten hat die Gemeinde im übrigen zwar weitgehend freie Hand für die **grundstücksbezogene** Bestimmung der zulässigen Art der baulichen Nutzung, jedoch müssen die Festsetzungen vorhabenbezogen sein (vgl. BVerwG Urt. v. 3.4.2008 – 4 CN 3/07, BVerwGE 131, 86 zur Festsetzung von Verkaufsflächenobergrenzen für das Gesamtgebiet, kein „Windhundrennen"; dass. Urt. v. 19.4.2012 – 4 CN 3.11, DVBl. 2012, 912 zu Geruchsemissionen; OVG Lüneburg Urt. v. 25.4.2012 – 1 KN 215.10, BauR 2012, 1199; OVG Münster Urt. v. 24.3.2015 – 7 D 52/13, BauR 2015, 1442; s. hierzu auch *Reidt* UPR 2009, 1 ff.). Dies kann auch nicht durch baugebietsbezogene Geschossflächenfestsetzungen unterlaufen werden (OVG Münster Urt. v. 4.2.2013 – 2 D 108/11, BauR 2013, 912). Eine Sonderregelung gibt es wegen ihrer großen städtebaulichen und stadtentwicklungspolitischen Bedeutung für **Einkaufszentren und großflächige Einzelhandelsbetriebe** in **§ 11 Abs. 3 BauNVO** (hierzu BVerwG Beschl. v. 22.7.2004 – 4 B 29/04, ZfBR 2004, 699ff.: Großflächigkeit nicht gegeben, wenn Verkaufsfläche 800 qm nicht überschreitet; dass. Urt. v. 24.11.2005 – 4 C 10/04, BVerwGE 124, 364: neben der Großflächigkeit kommt dem Aspekt der Auswirkungen nach § 11 Abs. 3 BauNVO entscheidende Bedeutung zu; dass. Beschl. v. 12.7.2007 – 4 B 29/07, BauR 2007, 2023: „Bei einem Einkaufszentrum handelt es sich um einen Gebäudekomplex, in dem Einzelhandelsbetriebe verschiedener Art und Größe räumlich konzentriert werden und die einzelnen Betriebe aus der Sicht der Kunden als aufeinander bezogen, als durch ein räumliches Konzept und durch Kooperation miteinander verbunden in Erscheinung treten"). Diese sind nach Maßgabe von § 11 Abs. 3 BauNVO nur in einem Kern- oder Sondergebiet zulässig. § 11 Abs. 3 BauNVO ist dabei jedoch ein reiner Ausschlusstatbestand. Er regelt neben Abs. 2 der Vorschrift hingegen ken zusätzliches Sondergebiet.

Ergänzende Regelungen zur Art der baulichen Nutzung enthalten die **§§ 12 bis 14 14 BauNVO**, nachdem denen **Stellplätze und Garagen** (auch gewerblich genutzte **Großgaragen** können im allgemeinen Wohngebiet zulässig sein, OVG Münster Urt. v. 18.5.2000 – 7 A 1155/99, BauR 2000, 1447), untergeordnete **Nebenanla-**

gen und Einrichtungen, etwa zur Kleintierhaltung (vgl. Rn. 105), oder Mobilfunkanlagen (BVerwG Beschl. v. 3.1.2012 – 4 B 27.11, BauR 2012, 754) unter besonderen Voraussetzungen in allen Baugebieten zulässig sind. In den Baugebieten nach den §§ 2 bis 4 BauNVO können Räume, in den Baugebieten nach den §§ 4a bis 9 BauNVO auch Gebäude für freie Berufe unabhängig von der jeweiligen Zweckbestimmung des Gebietes zulässig sein.

15 **§ 15 BauNVO** (hierzu Vorb. §§ 29–38 Rn. 46ff.) enthält allgemeine Voraussetzungen für die Zulässigkeit baulicher und sonstiger Anlagen hinsichtlich der Nutzungsart (vgl. auch Vorb. §§ 29–38 Rn. 36ff.); er ist insbesondere eine Ausprägung des Gedankens der **Rücksichtnahme** im Städtebaurecht (BVerwG Urt. v. 5.8.1983 – 4 C 96/79, BVerwGE 67, 334). Durch ihn können die Festsetzungen eines Bebauungsplans zur Art der baulichen Nutzung jedoch nur im Sinne einer **Nachsteuerung** und Feinabstimmung ergänzt, nicht aber ersetzt werden. Wenn der Bebauungsplan eine Konfliktlösung enthält, die den Anforderungen des Abwägungsgebotes nicht genügt, kann dies daher durch § 15 BauNVO nicht korrigiert werden: § 15 BauNVO rechtfertigt daher eine planerische Zurückhaltung (vgl. BVerwG Urt. v. 18.9.2003 – 4 CN 3.02, BVerwGE 119, 45; Vorb. §§ 29–38 Rn. 48), nicht aber eine planerische Fehleinschätzung (BVerwG Beschl. v. 6.3.1989 – 4 NB 8/89, NVwZ 1989, 960). Probleme, die der Plan selbst bereits lösen will, sind einer Nachsteuerung im Planvollzug nicht mehr zugänglich, da das Gebot der Rücksichtnahme in diesem Fall bereits „aufgezehrt" ist (Vorb. zu den §§ 29–38 Rn. 48). § 15 BauNVO ist stets in der aktuellen Fassung der BauNVO anzuwenden und durch die planende Gemeinde als zwingendes Recht nicht abdingbar (BVerwG Urt. v. 7.12.2000 – 4 C 3/00, NVwZ 2001, 813).

16 **§ 1 Abs. 4 bis 10 BauNVO** erlaubt der Gemeinde gegenüber der grundsätzlichen Typisierung der Baugebiete in den einschlägigen Vorschriften der BauNVO aus städtebaulichen Gründen eine **situationsgerechte Differenzierung.** Die verschiedenen Differenzierungsmöglichkeiten nach § 1 Abs. 4 bis 10 BauNVO können miteinander kombiniert werden, so dass den städtebaulichen Entwicklungsvorstellungen der Gemeinden in vielfältiger Weise Rechnung getragen werden kann. Voraussetzung für ihre Anwendung ist jedoch stets, dass die allgemeine **Zweckbestimmung des jeweiligen Baugebietes,** der auch eine Schutzfunktion für die zulässige Regelbebauung zukommt, **gewahrt** bleibt (BVerwG Beschl. v. 22.12.1989 – 4 NB 32.89, NVwZ-RR 1990, 171; dass. Beschl. v. 8.2.1999 – 4 BN 1.99, NVwZ 1999, 1340 (1341)). Die Abweichung von den in der BauNVO vorgegebenen Gebietstypen muss zudem durch hinreichend gewichtige städtebauliche Allgemeinwohlbelange in nachvollziehbarer Weise gerechtfertigt sein. Pauschale oder schlagwortartige Erwägungen genügen in der Regel nicht (OVG Münster Urt. v. 31.12.2012 – 10 A 2117/10, BauR 2013, 730). § 1 Abs. 4 bis 10 BauNVO gilt nicht bei der Festsetzung von **Sondergebieten.** Jedoch können dort besondere Festsetzungen über die Art der Nutzung nach den §§ 10 und 11 BauNVO getroffen werden (§ 1 Abs. 3 S. 3 BauNVO). Dies bedeutet gegenüber den typisierten Baugebieten daher keine Einschränkung, sondern im Gegenteil eine Flexibilisierung für Sondergebiete, in denen keine Bindung an den abschließenden und begrenzenden Katalog in § 1 Abs. 4 bis 10 BauNVO besteht. Die Gemeinde kann dort jene Bestimmungen zur Art der Nutzung (zB zum Emissionsverhalten, s. hierzu auch Rn. 125ff. und Rn. 146ff.) treffen, die ihr am besten geeignet erscheinen, um das von ihr verfolgte Planungsziel zu erreichen (BVerwG Urt. v. 28.2.2002 – 4 CN 5.01, NVwZ 2002, 1114; dass. Beschl. v. 20.3.2003 – 4 BN 57.02, NVwZ 2003, 1259). Dies lässt allerdings die Notwendigkeit unberührt, dass auch in Sondergebieten die Festsetzungen hinreichend bestimmt und städtebaulich gerechtfertigt sein müssen.

17 Nach **§ 1 Abs. 4 S. 1 BauNVO** kann die Gemeinde insbesondere in Gewerbe- oder Industriegebieten sowie in Misch- oder Dorfgebieten die Zulässigkeit von einzelnen Betrieben nach ihrem jeweiligen Emissionsverhalten oder ihren anderen je-

3. Abschnitt. Verbindlicher Bauleitplan (Bebauungsplan) § 9

weiligen Eigenschaften gliedern (s. hierzu etwa BVerwG Beschl. v. 18.12.1990 – 4 N 6.88, NVwZ 1991, 881 – Emissionsgrenzwerte; dass. Beschl. v. 27.1.1998 – 4 NB 3.97, NVwZ 1998, 1067 sowie dass. Beschl. v. 7.3.1997 – 4 NB 38.96 – NVwZ-RR 1997, 522 – flächenbezogener Schallleistungspegel; s. noch zu Abs. 1 Nr. 24 Rn. 140 ff.) oder nach **§ 1 Abs. 5 BauNVO** bestimmen, dass aus städtebaulichen Gründen allgemein zulässige Arten von Nutzungen im Bebauungsplangebiet nicht oder nur ausnahmsweise zulässig sein sollen (BVerwG Beschl. v. 11.5.1999 – 4 BN 15.99, BauR 1999, 1136; OVG Münster Urt. v. 29.1.2013 – 2 D 102/11, BauR 2013, 896). Umgekehrt kann sie zB nach **§ 1 Abs. 6 Nr. 2 BauNVO** festsetzen, dass vorgesehene Ausnahmen in dem Gebiet allgemein zulässig sein sollen. Dabei können jeweils auch einzelne der unter einer Nummer einer Baugebietsvorschrift der BauNVO zusammengefassten Nutzungen ausgeschlossen werden (vgl. BVerwG Beschl. v. 22.5.1987 – 4 N 4.86, BVerwGE 77, 308). Ferner kann sie nach **§ 1 Abs. 7 BauNVO** in bestimmten Gebieten Festsetzungen von Nutzungen, nicht allerdings von Baugebieten (OVG Koblenz Urt. v. 15.5.2003 – 1 C 11224/02, BauR 2003, 1340), nach Geschossen, Ebenen oder sonstigen Teilen baulicher Anlagen vertikal differenzieren, wenn aus besonderen städtebaulichen Gründen eine solche Nutzungsverteilung angestrebt wird. Das Erfordernis „besonderer" städtebaulicher Gründe besagt dabei nicht, dass die Gründe von größerem Gewicht sein müssen, sondern lediglich, dass sie speziell die weitergehende Ausdifferenzierung rechtfertigen (OVG Münster Urt. v. 27.11.2006 – 7 D 118/05, ZfBR 2007, 351 (353 f.)). Die Festsetzungen nach § 1 Abs. 4 bis 7 BauNVO können sich nach **§ 1 Abs. 8 BauNVO** auch auf Teile der jeweiligen Baugebietes beschränken.

Nach **§ 1 Abs. 9 BauNVO** kann die Gemeinde in den Baugebieten die Zulässigkeit für bestimmte Arten von Anlagen (zB Spielhallen) unterschiedlich regeln. Notwendig ist aber, dass es um Anlagentypen geht, die nach städtebaulichen Gesichtspunkten abgrenzbar sind. Dies setzt regelmäßig voraus, dass sich die betreffenden Anlagentypen nach rechtlichen, sozialen oder ökonomischen Kriterien hinreichend von anderen Anlagentypen unterscheiden (BVerwG, Beschl. v. 2.11.2015 – 4 B 32.15, NVwZ 2016, 151; VGH Mannheim Beschl. v. 3.9.2012 – 3 S 2236/11, NVwZ-RR 2012, 919; vgl. zur Bestimmtheit auch Rn. 6). Für den Bereich des Einzelhandels ist insofern zwar das Warensortiment, nicht aber allein die Größe der Verkaufsfläche ein ausreichendes Differenzierungskriterium, weil sie für sich genommen keine bestimmte Art von baulichen Anlagen repräsentiert (BVerwG Beschl. v. 26.7.2011 – 4 BN 9/11, BauR 2012, 205; dass. Beschl. v. 8.11.2004 – 4 BN 39/04, BauR 2005, 513 auch zu sog. Nachbarschaftsläden oder Convenience-Stores; *Kuschnerus*, Der standortgerechte Einzelhandel, 2007, Rn. 521; *Reidt* BauR 2007, 2001 (2005); *Bischopink* BauR 2007, 825 (828); vgl. auch Rn. 183). Allerdings kann die Gemeinde etwa in einem Gewerbegebiet **Einzelhandel** insgesamt oder mit bestimmten **Sortimenten** ausschließen, um einer Verödung der zentralen Versorgungsbereiche entgegenzuwirken (BVerwG Beschl. v. 27.7.1998 – 4 BN 31.98, NVwZ-RR 1999, 9; dass. Beschl. v. 18.2.2009 – 4 B 54.08, ZfBR 2009, 364). Wenn die ermittelten örtlichen Gegebenheiten als Entscheidungsgrundlage ausreichen oder dies aufgrund der städtebaulichen Zielstellung (zB Schaffung von Ansiedlungsvoraussetzungen für produzierendes Gewerbe) entbehrlich ist, muss dafür kein Einzelhandelsgutachten eingeholt werden (eingehend zur Steuerung des Einzelhandels durch Bauleitplanung etwa *Battis* DVBl. 2011, 196 ff.; *Janning* ZfBR 2009, 437 ff.; *Schmidt-Eichstaedt* BauR 2009, 41 ff.). § 1 Abs. 9 BauNVO erfordert **besondere städtebauliche Gründe** für eine über § 1 Abs. 5 BauNVO hinausgehende Differenzierung der zulässigen Nutzung (hierzu BVerwG Beschl. v. 10.11.2004 – 4 BN 33/04, BauR 2005, 818; OVG Hamburg Urt. v. 13.4.2011 – 2 E 6/07, ZfBR 2012, 48) und ein **schlüssiges Planungskonzept** (hierzu in Bezug auf Einzelhandel BVerwG Beschl. v. 10.11.2004, aaO; OVG Münster Urt. v. 6.9.2011 – 2 A 59/10, UPR 2012, 109; dass. Urt. v. 12.2.2014 – 2 D 13/14, BauR 2014, 2042 insbes. zu nur partiellen Ein-

18

§ 9 I. Kapitel. I. Teil. Bauleitplanung

zelhandelsausschlüssen und dann erhöhten Darlegungs- und Begründungserfordernissen; OVG Koblenz Urt. v. 12.2.2007 – 8 A 11311/06, ZfBR 2007, 357; *Bischopink* BauR 2007, 825 (826ff.)). § 1 Abs. 9 BauNVO hat ferner große Bedeutung etwa für den Ausschluss oder die Beschränkung von **Spielhallen** und sonstigen **Vergnügungsstätten** in bestimmten Baugebieten (s. hierzu etwa VGH Mannheim Beschl. v. 3.9.2012 – 3 S 2236/11, NVwZ-RR 2012, 919; *Stühler* BauR 2013, 685ff.; *Guckelberger* GewArch 2011, 231ff.; zur planungsrechtlichen Bedeutung und Behandlung der **Prostitution** *Stühler* BauR 2013, 685 (689ff.); *Janning* BauR 2005, 958ff.; VG Freiburg Urt. v. 24.10.2000 – 4 K 1178/99, NVwZ 2001, 1442ff.; BVerwG Urt. v. 25.11.1983 – 4 C 21/83, BVerwGE 68, 213: Bordell ist keine Vergnügungsstätte, sondern Gewerbebetrieb nach §§ 8 und 9 Abs. 2 Nr. 1 BauNVO s. auch Rn. 189).

19 Nach § 1 Abs. 10 BauNVO kann die Gemeinde bei der Beplanung überwiegend bebauter Gebiete (hierzu BVerwG Beschl. v. 6.3.2002 – 4 BN 11/02, ZfBR 2002, 687; zu Problemen der Gebietsabgrenzung vgl. OVG Lüneburg Urt. v. 18.9.2001 – 1 L 3779/00, BauR 2002, 906) bereits vorhandenen **gebietsfremden Nutzungen** einen Rahmen für ihre Bestandssicherung und Fortentwicklung hinsichtlich der Art, nicht des Maßes, der Nutzung setzen (sog. Fremdkörperfestsetzung; s. etwa VGH München Urt. v. 23.12.1998 – 26 N 98/1675, BauR 1999, 873 (877); OVG Lüneburg Urt. v. 8.9.2010 – 1 KN 129/07, BauR 2011, 1131; OVG Berlin-Brandenburg Urt. v. 20.9.2006 – 2 A 13/05, BeckRS 2007, 20700; zu den Grenzen der Festsetzungsmöglichkeiten nach § 1 Abs. 10 BauNVO s. etwa VGH Mannheim Urt. v. 25.9.2007 – 3 S 1492/06, BauR 2008, 1566; OVG Münster Urt. 11.2.2014 – 2 D 15/13, BauR 2014, 2054; dass. Urt. v. 19.5.2015 – 10 D 115/12, BauR 2015, 1618).

20 **b) Maß der baulichen Nutzung.** Über das **Maß der baulichen Nutzung** enthält die BauNVO Regelungen in den §§ 16 bis 21a. Für das Maß der baulichen Nutzung sieht die BauNVO die Festsetzung der **Zahl der Vollgeschosse**, der **Geschossflächenzahl** (GFZ = Geschossfläche geteilt durch die Grundstücksfläche) oder der absoluten Geschossfläche **(§ 20)**, der **Baumassenzahl** (BMZ = Baumasse in m^3 geteilt durch die Grundstücksfläche) oder der absoluten Baumasse **(§ 21),** der **Grundflächenzahl** (GRZ = Grundfläche des Gebäudes geteilt durch die Grundstücksfläche) oder der absoluten Grundfläche **(§ 19)** sowie die Festsetzung der **Höhe** baulicher Anlagen **(§ 18)** als Möglichkeiten vor.

21 Bei der Festsetzung des zulässigen Maßes der baulichen Nutzung hat die Gemeinde die Bestimmungen des **§ 17 BauNVO** einzuhalten. Dieser enthält für die jeweiligen Baugebiete Obergrenzen. Sie können unter den Voraussetzungen des Abs. 2 überschritten werden, der durch die **Innenentwicklungsnovelle 2013** neu gefasst wurde. Die Voraussetzungen zur Überschreitung der Maßobergrenzen wurden dadurch erleichtert (zu höheren Anforderungen bei einer **Überschreitung der Obergrenzen** des § 17 Abs. 2 BauNVO aF, die weiterhin für Bebauungspläne gilt, die auf der Grundlage der früheren Fassung aufgestellt wurden, s. BVerwG Urt. v. 25.11.1999 – 4 CN 17/98, ZfBR 2000, 191; dass. Urt. v. 31.8.2000 – 4 CN 6/99, BVerwGE 112, 41; OVG Berlin-Brandenburg Urt. v. 19.10.2010 – 2 A 15/09, ZUR 2011, 328; OVG Münster Urt. v. 15.2.2012 – 10 D 46/10, BauR 2012, 1080). Festsetzungen zum Maß der baulichen Nutzung können auch außerhalb von Baugebieten erfolgen, zB bei Flächen für den Gemeinbedarf (Abs. 1 Nr. 5), Grünflächen (Abs. 1 Nr. 15) oder bei Flächen für Nebenanlagen und Gemeinschaftsanlagen (Abs. 1 Nr. 4 und 22).

22 Nach **§ 248 S. 1** sind zum Zwecke der Energieeinsparung (insbesondere der Wärmedämmung) sowie für Anlagen zur Nutzung solarer Strahlungsenergie in, an und auf Dach- und Außenwandflächen geringfügige Abweichungen vom festgesetzten Maß der baulichen Nutzung zulässig, soweit dies mit nachbarlichen Interessen und baukulturellen Belangen vereinbar ist.

3. Abschnitt. Verbindlicher Bauleitplan (Bebauungsplan) § 9

§ 16 Abs. 3 BauNVO verlangt bezüglich einer Festsetzung des **Maßes der baulichen Nutzung** im Bebauungsplan bestimmte **Mindestregelungen**. Wenn daher Maßfestsetzungen im Bebauungsplan vorgesehen sind, müssen stets die Grundflächenzahl oder die Größe der Grundflächen der baulichen Anlagen (§ 16 Abs. 3 Nr. 1 BauNVO) sowie die Zahl der Vollgeschosse oder die Höhe der baulichen Anlagen festgesetzt werden, wenn ohne ihre Festsetzung öffentliche Belange, insbesondere das Orts- und Landschaftsbild, beeinträchtigt werden können (§ 16 Abs. 3 Nr. 2 BauNVO; hierzu OVG Saarlouis Urt. v. 12.3.2009 – 2 C 312/08, BRS 74 Nr. 88). Die stets notwendige Festsetzung zur GRZ oder zur Größe der Grundflächen der baulichen Anlagen (§ 16 Abs. 3 Nr. 1 BauNVO) kann nicht durch andere Maßfestsetzungen ersetzt werden, selbst wenn sie faktisch dasselbe Ergebnis für die bauliche Nutzung bewirken (zB die Festsetzung von Baufenstern in Form von Baulinien, § 23 Abs. 2 BauNVO). Grund dafür ist neben dem eindeutigen Gesetzeswortlaut die unterschiedliche gesetzliche Zielsetzung der einzelnen Maßkriterien (BVerwG Beschl. v. 18.12.1995 – 4 NB 36/95, NVwZ 1996, 894). 23

2. Zu Nr. 2: Bauweise und Überbaubarkeit. Vorschriften über die nach Nr. 2 festzusetzende **Bauweise** enthält § 22 BauNVO, über die überbaubaren und die nicht überbaubaren Grundstücksflächen § 23 BauNVO (s. auch die Sonderregelung in § 248 für Maßnahmen zur Energieeinsparung). Zur Stellung der baulichen Anlagen enthält die BauNVO keine näheren Bestimmungen. 24

a) Bauweise. Als Bauweisen nennt **§ 22 BauNVO** die offene und die geschlossene. Bei der **offenen Bauweise** ist ein seitlicher Grenzabstand (Abstandsfläche) einzuhalten, der sich grundsätzlich aus dem Bauordnungsrecht der Länder ergibt. Kollidiert aber das Landesrecht insoweit mit einer planerischen Festsetzung, geht Letztere vor (vgl. BVerwG Beschl. v. 22.9.1989 – 4 NB 24/89, NVwZ 1990, 361; s. zB § 5 Abs. 1 S. 2 BauO BW). Ist **geschlossene Bauweise** festgesetzt, sind die Häuser bis zu den seitlichen Grundstücksgrenzen, dh unmittelbar aneinander zu bauen (vgl. aber BVerwG Beschl. v. 12.1.1995 – 4 B 197.94, NVwZ-RR 1995, 310). Werden die Gebäude hierbei nicht absehbar von demselben Bauherrn errichtet, ist es zweckmäßig, durch gestalterische oder sonstige Festsetzungen, etwa von Baulinien nach § 23 Abs. 2 BauNVO, dafür zu sorgen, dass die Häuser städtebaulich befriedigend aneinander anschließen. Doppelhäuser und Hausgruppen, deren Länge nicht mehr als 50 m beträgt, gehören nach § 22 Abs. 2 S. 2 BauNVO zur offenen Bauweise. 25

§ 22 Abs. 4 BauNVO erlaubt der Gemeinde, auch abweichende Bauweisen festzusetzen. Hierzu gehört etwa die **Kettenbauweise,** bei der nur die Erdgeschosse aneinander angrenzen, nicht aber die Obergeschosse. Nicht zur Kettenbauweise, sondern zur offenen Bauweise gehören dagegen Häuser mit seitlich errichteten, aneinander angrenzenden Garagen, die nach den Landesbauordnungen Garagen in der Abstandsfläche errichtet werden dürfen. Eine abweichende Bauweise iSd § 22 Abs. 4 BauNVO stellt auch die Errichtung von **Gartenhof- und Atriumhäusern** dar. Häufiger anzutreffen, aber ebenfalls der abweichenden Bauweise zuzurechnen, ist die **halb offene Bauweise,** bei der nur auf einer Seite der Gebäude eine Abstandsfläche einzuhalten ist (hierzu BVerwG Urt. v. 24.2.2000 – 4 C 12/98, BVerwG 110, 355; VGH München Beschl. v. 10.11.2000 – 26 CS 99/2102, BauR 2001, 372; dass. Beschl. v. 10.12.2001 – 20 ZS 01/2775, NVwZ-RR 2002, 259). 26

b) Überbaubare Grundstücksfläche. Nach **§ 23 BauNVO** können zur Bestimmung der **überbaubaren Grundstücksfläche** Baulinien, Baugrenzen oder Bebauungstiefen festgesetzt werden (zum Verhältnis von Festsetzungen zur überbaubaren Grundstücksfläche zu der einer geschlossenen Bauweise vgl. OVG Münster Beschl. v. 27.3.2003 – 7 B 2212/02, BauR 2003, 1185). Derartige Festsetzungen sind nötig, wenn es sich um einen qualifizierten Bebauungsplan (§ 30 Abs. 1) handeln soll. Festsetzungen zur überbaubaren Grundfläche sind für jedes Geschoss zulässig. 27

§ 9

Eine **Baulinie** ist dadurch gekennzeichnet, dass grundsätzlich bis an sie herangebaut werden **muss;** besondere oder gar zwingende städtebauliche Gründe sind dafür nicht erforderlich (BVerwG Beschl. v. 8.1.2002 – 4 BN 61/01, ZfBR 2002, 583). Geringfügige Abweichungen können im Einzelfall zugelassen werden. Im Bebauungsplan können jedoch auch generell Ausnahmen vorgesehen werden (§ 31 Abs. 1). Die Festsetzung einer **Baugrenze** bedeutet, dass Gebäude, Gebäudeteile, aber auch sonstige bauliche Anlagen wie etwa Werbeanlagen (vgl. BVerwG Urt. v. 7.6.2001 – 4 C 1/01, NVwZ 2002, 90) diese Grenze grundsätzlich nicht überschreiten dürfen, aber durchaus dahinter zurückbleiben können. Die Gemeinde kann eine Baugrenze so festsetzen, dass die ebenfalls festgesetzte Grundflächenzahl nicht vollständig ausgenutzt werden kann (BVerwG Beschl. v. 29.7.1999 – 4 BN 24/99, BauR 1999, 1435) oder dass Flächen mit einem unterschiedlichen Nutzungsmaß innerhalb der überbaubaren Flächen gegeneinander abgegrenzt werden (OVG Münster Urt. v. 22.5.2000 – 10a D 197/98, BauR 2001, 369). Eine festgesetzte **Bebauungstiefe** ist in der Regel von der Straßengrenze ab zu ermitteln (§ 23 Abs. 4 S. 2 BauNVO). Festsetzungen zur überbaubaren Grundstücksfläche können dazu führen, dass bauordnungsrechtliche **Abstandsflächen** nicht eingehalten werden. Ist ein solcher Kollisionsfall nicht, wie etwa durch § 6 Abs. 8 BauO Berlin, § 6 Abs. 11 HBO oder § 6 Abs. 8 BauO Hamb, aufgrund einer bauordnungsrechtlichen Vorrangregelung zugunsten der Festsetzungen im Bebauungsplan entschärft (vgl. *Schulte* BauR 2007, 1514 (1520)), ist eine entsprechende planerische Abwägung erforderlich, die in der Planbegründung zu erläutern ist (vgl. *Gaentzsch* in BK § 9 Rn. 20c f.; zu der mit der BauGB-Novelle 2007 geschaffenen bundesrechtlichen Möglichkeit, im Bebauungsplan vom Landesrecht abweichende Abstandsregelungen zu treffen, s. Rn. 31). Die Festsetzung der überbaubaren Grundstücksflächen verpflichtet die Gemeinde, auch bei der Planung ihrer eigenen Versorgungs- und Entsorgungsanlagen diesen Festsetzungen Rechnung zu tragen. Die Entwässerung des Niederschlagswassers auf den überbaubaren Grundstücksflächen (durch Versickerung oder einen Regenwasserkanal) muss die Gemeinde daher bei der Bebauungsplanung klären, wenn auch nicht im Plan selbst in allen Einzelheiten regeln (vgl. etwa OVG Münster Beschl. v. 16.7.2001 – 7a D 173/97, BauR 2001, 1875; vgl. auch Rn. 79).

28 Die nicht von Festsetzungen nach § 23 BauNVO erfassten Grundstücksteile sind die **nicht überbaubaren Grundstücksflächen.** Auf ihnen ist jedoch, sofern dies im Bebauungsplan nicht ausgeschlossen ist, die Errichtung von der Eigenart des konkreten Baugebiets entsprechenden Nebenanlagen iSv § 14 BauNVO (zB Ställe zur Kleintierhaltung; BVerwG Beschl. v. 5.1.1999 – 4 B 131/98, BauR 1999, 732; dass. Beschl. v. 1.3.1999 – 4 B 13/99, BauR 2000, 73; zu Windenergieanlagen s. Rn. 69 und Rn. 71) sowie solcher Anlagen zulässig, die nach den Landesbauordnungen in der Abstandsfläche zulässig sind, zB Garagen (s. etwa § 12 Abs. 1 NBauO). Im Bebauungsplan kann davon abweichend festgesetzt werden, dass alle oder einzelne Nebenanlagen iSv § 14 BauNVO nicht zulässig sind oder nur ausnahmsweise zugelassen werden dürfen.

29 **c) Stellung baulicher Anlagen.** Besondere Bedeutung kommt der nach Nr. 2 festsetzbaren **Stellung der baulichen Anlagen** (vgl. Rn. 24) in der Planungspraxis nicht zu. Sie kann sich gleichwohl vor allem aus Gründen der **Immissionsreduzierung** für die Nachbarschaft, zur Beeinflussung des **Kleinklimas** durch Besonnung und Belüftung sowie zur Gestaltung des **Stadt- und Ortsbildes** empfehlen (hierzu *Mitschang* ZfBR 2000, 379 (384)). Wird die Stellung der baulichen Anlage aus Gründen der Gestaltung des Stadt- und Ortsbildes getroffen, ist auf die Unterscheidung zu Gestaltungsfestsetzungen (s. noch Rn. 216ff. zu Abs. 4) sowie zu Gestaltungssatzungen nach Landesrecht zu achten. Bauplanungsrechtlich kann aus städtebaulichen Gründen nur ein über das einzelne Gebäude hinausgehender Gesamtzusammenhang beeinflusst werden (vgl. *Gaentzsch* in BK § 9 Rn. 21). Festsetzungen, die sich auf die

3. Abschnitt. Verbindlicher Bauleitplan (Bebauungsplan) § 9

Gestaltung nur eines einzelnen Gebäudes beziehen, bleiben dem Landesrecht vorbehalten.

Die Festsetzungsmöglichkeit zur Stellung baulicher Anlagen dient daher weniger 30 der Festlegung der Firstrichtung, sondern vor allem der **Ausrichtung der Hauptbaukörper** im Verhältnis zur Erschließungsstraße oder zur optimalen Sonneneinstrahlung. Wie der Dachaufbau hinsichtlich Dachform und Firstrichtung oder Dachneigung auszugestalten ist, obliegt in erster Linie bauordnungsrechtlichen Regelungen, die in den Bebauungsplan aufgenommen (Abs. 4, vgl. Rn. 216 ff.) oder im Rahmen eigenständiger Satzungen (Gestaltungssatzungen nach dem Bauordnungsrecht der Länder) getroffen werden können. Eine Ausnahme hiervon besteht aber dann, wenn etwa – wie bei Nr. 23 b – aus Gründen des **Klimaschutzes** eine bestimmte **Firstrichtung** (Vermeidung von Verschattung, Maßgaben zum Pflanzenwuchs, vgl. auch *Spannowsky* SU § 9 Rn. 8.1) vorgegeben werden soll. Die Sicherstellung eines ungestörten Rundfunk- und Fernsehempfangs dürfte weniger auf der Grundlage von Nr. 2 als durch Festsetzungen zum Maß der baulichen Nutzung herbeizuführen sein (so auch *Bracher* in BRS Rn. 276; aA *Spannowsky* in SU, § 9 Rn. 8.1).

3. Zu Nr. 2 a: Vom Bauordnungsrecht abweichende Maße der Tiefe der 31 **Abstandsflächen.** Nr. 2 a wurde durch die BauGB-Novelle 2007 eingeführt (vgl. hierzu etwa *Stüer* DVBl. 2008, 270 (275 f.)). Durch die Festsetzungsmöglichkeit sollen die Gemeinden in die Lage versetzt werden, aus städtebaulichen Gründen **abweichende**, d. h. **größere oder auch geringere Tiefen der Abstandsflächen** festzusetzen (zur Problematik s. ausführlich *Boeddinghaus* BauR 2006, 1248 ff.; *Schulte* BauR 2007, 1514 ff.; OVG Lüneburg Beschl. v. 22.12.2014 – 1 MN 118/14, ZfBR 2015, 274 (276 f.)). Dadurch kann vor allem die **Nachverdichtung** gefördert werden. Eine Festsetzung nach Nr. 2 a kann auch unabhängig von der Bauweise (Nr. 2) getroffen werden, da sie sich nicht auf die Grundstücksgrenzen bezieht (*Jäde* in JDW § 9 Rn. 21). Die Formulierung der Nr. 2 a ist mit dem Adjektiv „abweichende" so gewählt, dass die entsprechenden Bestimmungen der Landesbauordnungen unberührt bleiben, also Bundesrecht nicht Landesrecht verdrängt. Gleichwohl aber gehen Festsetzungen der Abstandsflächen im Bebauungsplan den bauordnungsrechtlichen Abstandsvorschriften vor (*Schulte* BauR 2007, 1514 (1524 ff.); *Haaß* NVwZ 2008, 252 (256 f.); BVerwG Beschl. v. 31.5.2005 – 4 B 14/05, ZfBR 2005, 559: Bauplanungsrecht sperrt, soweit es etwa nach § 9 Abs. 1 iVm der BauNVO auf der Basis des Art. 74 Abs. 1 Nr. 18 GG reicht, die Anwendbarkeit des Bauordnungsrechts; so auch OVG Lüneburg, Beschl. v. 22.12.2014 – 1 MN 118/14, ZfBR 2015, 274 (277); VGH Mannheim Urt. v. 13.6.2007 – 3 S 39/07, BauR 2007, 1861; den. Beschl. v. 10.1.2006 – 5 S 2335/05, BauR 2006, 1114; VGH München Urt. v. 20.12.2004 – 25 B 98/1862, ZfBR 2005, 560; aA und sehr kritisch dazu *Jäde* ZfBR 2006, 9 ff.). Der Bebauungsplan muss aber den Planungsleitlinien des § 1 Abs. 6 Nr. 1 und 2 genügen und vor allem bei der Ermöglichung geringerer Abstandsflächen städtebaulichen Missständen iSv § 136 Abs. 2 S. 2 Nr. 1 vorbeugen (vgl. auch *Heid* ZfBR 2007, 539 ff. zum Verhältnis von Baudichte und Wohnqualität). Ermöglichen die Festsetzungen eines Bebauungsplans geringere Abstandsflächen, müssen deren Auswirkungen auf die Schutzgüter des Abstandsflächenrechts (insbesondere auf die Sicherheit, Gesundheit, Belichtung) in der bauleitplanerischen Abwägung berücksichtigt werden (OVG Lüneburg Beschl. v. 22.12.2014 – 1 MN 118/14, ZfBR 2015, 274 (277); OVG Münster Urt. v. 20.11.2009 – 7 D 124/08, BeckRS 2010, 45583; OVG Berlin-Brandenburg Urt. v. 18.12.2007 – 2 A 3/07, BauR 2008, 1089). Dies setzt iin der Regel entsprechende Ermittlungen voraus, etwa in Form eines **Verschattungsgutachtens** (s. etwa OVG Münster Urt. v. 6.7.2012 – 2 D 27/11, BauR 2012, 1742). Die Festsetzungsmöglichkeit nach Nr. 2 a ist nicht auf bestimmte Grundstücke bezogen, sondern umfasst das gesamte **Baugebiet** oder Teile davon (vgl. *Gaentzsch* in BK § 9 Rn. 21 a). Sie kann aber auf bestimmte Seiten der Gebäude begrenzt werden und

Sonderregelungen für Gebäude an der Grenze des Geltungsbereichs des Bebauungsplans enthalten (*Gaentzsch* in BK § 9 Rn. 21 d). Die Berechnung der Abstandsflächen erfolgt nach wie vor auf Grundlage der bauordnungsrechtlichen Bestimmungen (*Gaentzsch* in BK § 9 Rn. 21 c; *Schulte* BauR 2007, 1514 (1526)). Ein eigenes Abstandsflächensystem wird insoweit also nicht geschaffen (*Jäde* in JDW § 9 Rn. 23).

32 **4. Zu Nr. 3: Zuschnitt der Baugrundstücke.** Nach Nr. 3 können **Größe, Breite und Tiefe** eines **Baugrundstücks** (zum Begriff s. § 200 Rn. 5) festgesetzt werden. Durch die Festsetzung von **Mindestmaßen** kann mit dem Ziel einer aufgelockerten Bebauung einer zu großen Verdichtung entgegengesteuert (eingehend hierzu BVerwG Beschl. v. 5. 4. 1993 – 4 NB 3/91, BVerwGE 92, 231), eine Gewerbeansiedlung (zB im Hinblick auf den Immissionsschutz) erleichtert (vgl. etwa BVerwG Beschl. v. 6. 10. 1992 – 4 NB 36/92, ZfBR 1993, 88) oder etwa die Verdichtung einer Siedlung in einem Landschaftsschutzgebiet verhindert werden (OVG Lüneburg Urt. v. 21. 4. 1998 – 1 K 1087.96, NVwZ-RR 1998, 551). Bedeutung hat die Festsetzungsmöglichkeit auch in Sanierungsgebieten, in denen kleinteiliger Grundbesitz besteht und zB eine Neuordnungsumlegung (hierzu unten § 45 Rn. 5) vorgesehen ist. Die Festsetzung einer Mindestgröße, auch kombiniert mit Festsetzungen nach Nr. 2 und 6, bewirkt jedoch nicht, dass auf dem Baugrundstück nur ein Gebäude zulässig wäre; dies erfordert die zusätzliche Festsetzung von Baugrenzen und Bautiefen (BVerwG Beschl. v. 31. 1. 1995 – 4 NB 48/93, NVwZ 1995, 696).

33 Nach Nr. 3 besteht ferner die Möglichkeit, auch für **Wohnbaugrundstücke** auch **Höchstmaße** festzusetzen. Damit soll eine rechtliche Umsetzungsmöglichkeit für das Gebot des § 1 a Abs. 2 zum sparsamen und schonenden Umgang mit Grund und Boden durch flächensparendes Bauen geschaffen werden. Wohnbaugrundstücke sind solche, auf denen Wohngebäude zulässig sind. Bei gemischt genutzten Gebäuden muss die Wohnnutzung überwiegen, damit es sich um ein Wohnbaugrundstück handelt (vgl. VGH München Urt. v. 13. 4. 2006 – 1 N 04.3519, ZfBR 2006, 693; *Spannowsky* in *SU* § 9 Rn. 13; *Bracher* in BRS Rn. 283; vgl. auch BVerwG Urt. v. 18. 5. 2001 – 4 C 8/00, NVwZ 2001, 1284 zum Abgrenzungskriterium des überwiegenden Nutzungszwecks). Eine Bindung an eine bestimmte Baugebietsart besteht für die Festsetzung nicht (vgl. *Gaentzsch* in BK § 9 Rn. 23).

34 Festsetzungen nach Nr. 3 lassen die **rechtlichen Grundstücksgrenzen unberührt**. Sie besagen weder etwas über die absolute Größe eines Grundstücks noch über den Grenzverlauf. Unmittelbare Auswirkungen haben Festsetzungen nach Nr. 3 bei der **Bodenordnung**, da sie Vorgaben für das Umlegungsverfahren enthalten.

35 **5. Zu Nr. 4: Nebenanlagen. Nr. 4** erlaubt zum einen die Festsetzung von Flächen für **Nebenanlagen**, die aufgrund anderer Vorschriften für die Nutzung von Grundstücken erforderlich sind, wie Spiel-, Freizeit- und Erholungsflächen sowie Flächen für Stellplätze und Garagen mit ihren Einfahrten. Es handelt sich bei Nebenanlagen um **selbstständige bauliche Anlagen, die zu einer Hauptnutzung gehören**, aber nicht zwingend auf dem gleichen Grundstück liegen müssen (vgl. Rn. 39). Sie können nicht Bestandteil des Hauptgebäudes sein (BVerwG Beschl. v. 14. 2. 1994 – 4 B 18.94, ZfBR 1994, 193; zur Abgrenzung vgl. BVerwG Beschl. v. 13. 6. 2005 – 4 B 27.05, ZfBR 2005, 698).

36 Die Festsetzungsmöglichkeit nach Nr. 4 ist vor allem von denen nach Nr. 15 und Nr. 22 abzugrenzen. Bei Anlagen nach Nr. 15 handelt es sich nicht um Nebenanlagen, sondern um den eigentlichen Nutzungszweck dieser Fläche. Bei Festsetzungen nach Nr. 22 handelt es sich darüber hinaus um Flächen für Gemeinschaftsanlagen. Bei der Festsetzung von Flächen nach Nr. 4 ist eine doppelte „Erforderlichkeitsprüfung" durchzuführen: Zunächst ist zu prüfen, ob die Flächen für Nebenanlagen wirklich aufgrund anderer Vorschriften erforderlich sind. In einem zweiten Schritt ist dann zu untersuchen, ob eine entsprechende Festsetzung im planungsrechtlichen Sinne erforderlich ist. Bei der Festsetzung von Nebenanlagen ist zudem die Vorschrift des § 14 BauNVO zu berück-

3. Abschnitt. Verbindlicher Bauleitplan (Bebauungsplan) § 9

sichtigen, der allgemeine Bestimmungen über die Zulässigkeit von Nebenanlagen enthält. Nebenanlagen können danach auch ohne spezifische Flächenfestsetzung zulässig sein. Die **Erforderlichkeit** iSv Nr. 4 kann sich vor allem aus den Landesbauordnungen ergeben (zB für Stellplätze, Spielplätze, Rest- und Wertstoffbehälter; s. etwa die §§ 8 Abs. 2, 50 BauO Bln, §§ 10 Abs. 3, 11, 47 BauO RP, §§ 10, 43 HBO, §§ 9 Abs. 2, 51 BauO NRW, Art. 47 BayBO; zur Erforderlichkeit privatnütziger Stellplätze vgl. BVerwG Beschl. v. 28.1.1992 – 4 B 21.92, Buchholz 406.11 § 9 BauGB Nr. 54). Eine Verpflichtung zu ihrer Errichtung wird durch Nr. 4 jedoch nicht begründet. Eine Herstellungspflicht wird vielmehr vorausgesetzt (*Gaentzsch* in BK § 9 Rn. 24).

Nr. 4 enthält auch eine Festsetzungsmöglichkeit für (bauordnungsrechtlich notwendige und nicht notwendige, vgl. § 50 BauO Bln, § 51 BauO NRW, Art. 47 BayBO, § 37 BauO BW) **Stellplätze und Garagen.** Diese Festsetzungsmöglichkeit ist abzugrenzen von der gem. Nr. 11, nach der Verkehrsflächen u. a. auch für das Parken von Fahrzeugen festgesetzt werden können, sowie von der gem. Nr. 22, nach der Gemeinschaftsanlagen für u. a. Stellplätze und Garagen festgesetzt werden können. Aus dieser Gegenüberstellung folgt, dass die Festsetzungsmöglichkeit nach Nr. 4 sich gerade nicht auf Gemeinschaftsanlagen bezieht und auch nicht auf verkehrsbedingte Parkflächen für Fahrzeuge, sondern auf solche für Garagen und Stellplätze, die aus der Nutzung eines Grundstücks folgen (zB Stellplätze für Bankkunden, aber auch für Wohnungsinhaber; vgl. zur nur begrenzten Zulässigkeit von Stellplätzen und Garagen insbesondere in reinen und allgemeinen Wohngebieten gem. § 12 Abs. 2 und Abs. 3 BauNVO BVerwG Beschl. v. 20.3.2003 – 4 B 59/02, NVwZ 2003, 1516). Es handelt sich also um Stellplätze und Garagen iSv § 12 BauNVO, nicht zB um gewerblich betriebene Parkhäuser oder -plätze. Während § 12 BauNVO nur die Frage der Zulässigkeit regelt, erlaubt die Festsetzungsmöglichkeit nach Nr. 4 auch die räumliche Verortung von Flächen (hierzu etwa VGH Mannheim Urt. v. 12.9.1994 – 8 S 1031/94, BauR 1995, 209 (210)). Weder BauGB noch BauNVO legen die Begriffe Garage und Stellplatz fest; hier ist vielmehr Raum für den Landesgesetzgeber und ggf. auch für eigene Inhaltsbestimmungen der Gemeinde im Bebauungsplan (vgl. BVerwG Beschl. v. 31.8.1989 – 4 B 161/88, ZfBR 1990, 40 (41)). 37

Durch Nr. 4 iVm § 9 Abs. 3 können auf der Grundlage der ergänzenden Regelungen in § 12 Abs. 4 und 5 sowie § 21 a BauNVO auch **Garagengeschosse** im Bebauungsplan festgesetzt werden. Ebenso ist es möglich nach Nr. 4 **nur** Garagen oder nur Stellplätze festzusetzen (BVerwG Beschl. v. 31.8.1989 – 4 B 181.88, ZfBR 1990, 40; zur Festsetzung von Carports auf landesrechtlicher Grundlage vgl. BVerwG Beschl. v. 9.10.2003 – 4 B 81/03, BauR 2004, 1266; OVG Münster Urt. v. 25.6.2003 – 7 A 1157/02, BauR 2003, 1848). 38

Da eine Beschränkung der Festsetzungsmöglichkeit auf das betreffende Baugrundstück nicht besteht, können Festsetzungen nach Nr. 4 **auch auf anderen Grundstücken als denen der verursachenden Hauptnutzung** festgesetzt werden (OVG Lüneburg Urt. v. 5.12.2006 – 1 KN 156/05, ZfBR 2007, 267 (268); *Schrödter* in Schrödter § 9 Rn. 51). Trifft die Gemeinde eine solche Festsetzung, kommt ein Entschädigungsanspruch des Eigentümers nach § 42 oder ein Übernahmeanspruch nach § 40 Abs. 2 in Betracht. Will die Gemeinde – etwa zur Vermeidung übermäßiger Bodenversiegelung – verhindern, dass die entsprechenden Stellplätze und Garagen auf den Baugrundstücken im Bereich der Abstandsflächen errichtet werden, was nach Maßgabe des Landesbauordnungsrechts zumeist zulässig ist, kann sie dies gem. § 23 Abs. 5 BauNVO durch Festsetzung im Bebauungsplan ausschließen. 39

6. Zu Nr. 5: Flächen für Gemeinbedarf sowie Sport- und Spielanlagen. Nach **Nr. 5** können Flächen für den **Gemeinbedarf** festgesetzt werden. Es handelt sich hierbei um einen Ausschnitt der Darstellungsmöglichkeiten nach § 5 Abs. 2 Nr. 2, der sich auf die Ausstattung des Gemeindegebietes mit Einrichtungen der Infrastruktur bezieht (§ 5 Rn. 15a). Auch andere, in der beispielhaften Auflistung des 40

§ 5 Abs. 2 Nr. 2 nicht angeführte Nutzungen, wie etwa eine Erstaufnahmeeinrichtung für Flüchtlinge und Asylbegehrende (OVG Münster Urt. v. 10.4.2014 – 7 D 100/12, NVwZ-RR 2014, 833), ein Kultur- und Begegnungszentrum, ein Vereinshaus oder das Verwaltungsgebäude einer Berufsgenossenschaft (vgl. *Bracher* in BRS Rn. 287) fallen unter Nr. 5. Seit der Klimaschutz-Novelle besteht eine enge Verbindung mit der Festsetzungsmöglichkeit in Nr. 12, da **Versorgungsflächen** nunmehr (klarstellend) auch Flächen für Anlagen und Einrichtungen zur dezentralen und zentralen Erzeugung, Verteilung, Nutzung oder Speicherung von Strom, Wärme oder Kälte aus erneuerbaren Energien oder Kraft-Wärme-Kopplung erfassen (vgl. Rn. 68 ff.). Für Flächen nach Nr. 5 kann im Bebauungsplan das Maß der Nutzung festgesetzt werden (BVerwG Beschl. v. 10.10.2005 – 4 B 56/05, NVwZ 2006, 84). Flächen für die **Post** AG oder die **Telekom** AG oder vergleichbare Unternehmen und Tätigkeiten fallen nicht generell unter Nr. 5, sondern nur hinsichtlich der Flächen für Pflichtaufgaben wie der Beförderung von Briefen und förmliche Zustellungen nach den Regeln des Prozess- und Verfahrensrechts; solche sogenannten Universaldienste (vgl. § 11 Abs. 1 S. 1 PostG) können aber auch durch andere Anbieter als „die Post" erbracht werden (BVerwG Urt. v. 30.6.2004 – 4 C 3/03, BVerwGE 121, 205; dass. Urt. v. 30.6.2004 – 4 CN 7/03, BVerwGE 121, 192). Alte Festsetzungen dieser Art wurden nicht durch die Privatisierung der Post nicht funktionslos, sofern sie nunmehr der Erbringung von Post-Universaldienstleistungen dienen. Eine Fläche für Gemeinbedarf nach Nr. 5 ist kein Baugebiet i. S. d. BauNVO, so dass ein nachbarlicher **Gebietserhaltungsanspruch** jedenfalls **nicht** bereits **kraft Gesetzes** besteht (OVG Hamburg Beschl. v. 25.3.2014 – 2 Bs 43/14, NVwZ-RR 2014, 719 (719). Eine Festsetzung für den Gemeinbedarf auf einer privaten Fläche eröffnet der Gemeinde das **Vorkaufsrecht** nach § 24 Abs. 1 S. 1 Nr. 1 und verpflichtet sie unter Umständen zur Entschädigung nach § 40 Abs. 1 S. 1 Nr. 1. Allerdings kommt die Inanspruchnahme eines privaten Grundstücks für Zwecke des Gemeinbedarfs nur in Betracht, wenn keine gleichermaßen geeigneten Grundstücke im Eigentum der öffentlichen Hand zur Verfügung stehen (BVerwG Urt. v. 6.6.2002 – 4 CN 6/01, BauR 2002, 1660). Allerdings setzt die Festsetzung nicht voraus, dass bei der Aufstellung eines Bebauungsplanes die Voraussetzungen erfüllt sind, die die §§ 85 ff. an eine Enteignung stellen (BVerwG Beschl. v. 11.4.2012 – 4 BN 13.12, BauR 2012, 1197).

41 Eine Festsetzung nach Nr. 5 als Gemeinbedarfsfläche fußt auf einem **Gemeinwohlbezug**, dem ein besonderes Nutzungsinteresse der Allgemeinheit – unabhängig von der Rechtsform des Trägers einer Einrichtung oder Anlage – zu Grunde liegt. Er liegt vor, wenn mit staatlicher oder gemeindlicher Anerkennung eine öffentliche Aufgabe wahrgenommen wird, hinter der ein privatwirtschaftliches Gewinnstreben eindeutig zurücktritt, oder aber eine staatliche Gewährleistungs- und Überwachungsverantwortlichkeit besteht, die geeignet ist, den vorausgesetzten Gemeinwohlbezug auch solcher Anlagen und Einrichtungen herzustellen, deren Leistungserbringung sich nach privatwirtschaftlichen Grundsätzen vollzieht und auf Gewinnerzielung ausgerichtet ist (vgl. BVerwG Urt. v. 30.6.2004 – 4 CN 7.03, BVerwGE 121, 192; verneinend für eine Wohnanlage, die „betreutes Wohnen" ermöglichen soll und Wohneinheiten für den Eigentumserwerb und/oder Miete vorsieht und im Gebäudekomplex über eine von einem anderen Träger betriebene Sozialstation verfügt, OVG Hamburg Beschl. v. 27.10.2008 – 2 Bf 53/07, BauR 2009, 1110). Gleichwohl sind untergeordnete, mit dem Gemeinbedarfszweck vereinbare Nebennutzungen zulässig (etwa ein Schreibwarenladen auf einer Gemeinbedarfsfläche „Post").

42 Bei der Festsetzung von Flächen für den Gemeinbedarf kommt es nicht auf eine ins Einzelne gehende Festsetzung der Nutzung und des Bedarfsträgers an (BVerwG Urt. v. 11.3.1988 – 4 C 56/84, UPR 1988, 268). Diese ist oftmals bei der Planaufstellung, wenn aufgrund einer Vorwegbindung problematische (insbesondere personelle) Beschränkungen vermieden werden sollen, gar nicht möglich. Ausreichend oder auch notwendig ist für die Schaffung von Grundlagen für eine spätere Enteignung nach

§ 85 oder eine Entschädigung nach den §§ 39 ff. (hierzu BVerwG Beschl. v. 21.2.1991 – 4 NB 16/90, NVwZ 1991, 873) sowie für die Beurteilung, ob vergleichbar geeignete Grundstücke der öffentlichen Hand vorhanden sind (VGH Mannheim U. v. 6.2.2014 – 3 S 207/13, BeckRS 2014, 50147 Rn. 49), die **exakte Zweckbestimmung** der festzusetzenden Fläche. Es kann daher nicht für eine Fläche die Möglichkeit zur Verwirklichung verschiedenartiger Zwecke festgesetzt werden; allerdings reicht es aus, wenn ein übergeordneter Zweck bestimmt wird, der den Rahmen für den dann später zu verwirklichenden Zweck vorgibt (vgl. OVG Münster Urt. v. 10.4.2014 – 7 D 100/12, NVwZ-RR 2014, 833 (835) zu einer „Erstaufnahmeeinrichtung für Asylbewerber (EAE)/Verwaltung"). Das jeweils erforderliche Maß der Konkretisierung hängt dabei von den **örtlichen Verhältnissen** ab, insbesondere davon, ob es sich um eine erstmalige Nutzung (weniger konkretisierungsbedürftig) oder um eine schon bestehende Nutzung handelt, die lediglich festgeschrieben werden soll (stärker konkretisierungsbedürftig). Auch ist es möglich, **zeitlich abwechselnde** Nutzungen festzusetzen, wie zB Dorfplatz und Stellplätze (BVerwG Beschl. v. 20.1.1995 – 4 NB 43.93, NVwZ 1995, 692 (693)) oder Festplatz und öffentliche Grünfläche (Nr. 15) und außerdem Verkehrsfläche besonderer Zweckbestimmung (öffentliche Parkfläche nach Nr. 11, vgl. OVG Münster Urt. v. 24.9.2010 – 2 D 143.08, BauR 2011, 639). Bei derartigen überlagernden, nebeneinander stehenden Nutzungen sind jedoch nähere Ausführungen hierzu zumindest in der Begründung zum Bebauungsplan geboten, wenn sich die Nutzungsabgrenzung nicht bereits hinreichend deutlich aus den Festsetzungen selbst ergibt.

Nr. 5 ermöglicht es im Weiteren, **selbstständige Sport- und Spielanlagen** einschließlich dazugehöriger sonstiger baulicher Anlagen festzusetzen (hierzu *Berkemann* NVwZ 1992, 817 ff.; zur Beurteilung von Lärm bei Freizeitanlagen vgl. *Ketteler* DVBl. 2008, 220 ff.; zur Abgrenzung von unselbständigen Anlagen nach Nr. 15 s. Rn. 86). Diese Bestimmung entspricht der in § 5 Abs. 2 Nr. 2a (vgl. § 5 Rn. 16). Sport- und Spielanlagen können auch festgesetzt werden, wenn sie rein privatwirtschaftlichen Zwecken dienen, da sie eigenständig neben den Gemeinbedarfsflächen in Nr. 5 genannt werden. Sie können aber auch als Gemeinbedarfsfläche festgesetzt werden, wenn die Anforderungen an diese erfüllt werden. Die räumliche Verortung von Sport- und Spielanlagen im Bebauungsplan kann der **Konfliktvermeidung** oder jedenfalls -minderung dienen (zum **Konflikt** zwischen Sport- und Freizeitlärm und ruhebedürftigen Nutzungen s. Vorb. §§ 29–38 Rn. 55 und 58). Auch ohne selbstständige Festsetzung können Sport- oder Spielanlagen in den Baugebieten der BauNVO allgemein oder zumindest ausnahmsweise als Nebenanlagen nach § 14 BauNVO (zB Hotelschwimmbad) zulässig sein. 43

7. Zu Nr. 6: Zahl der Wohnungen. Nach **Nr. 6** kann festgesetzt werden, **wie viele Wohnungen** in Wohngebäuden (nicht auf dem Baugrundstück, VGH München Urt. v. 12.9.2000 – 1 N 98/3549, BauR 2001, 202 (212)) und in einzelnen Geschossen (VGH München Urt. v. 26.5.2006 – 1 N 03/504, BauR 2006, 1351) sowie in gewerblich genutzten Gebäuden mit untergeordneter Wohnnutzung (zB betriebliche Wohnungen, BVerwG Urt. v. 8.10.1998 – 4 C 1/97, BVerwGE 107, 256 Rn. 16; OVG Lüneburg Urt. v. 18.9.2014 – 1 KN 123/12, ZfBR 2014, 767 (771)) höchstens zulässig sind. Einen allgemein gültigen bundesrechtlichen Wohnungsbegriff gibt es dabei nicht, (BVerwG Beschl v. 8.1.2001 – 4 B 62/00, BauR 2001, 1698). Auch bei **Zweitwohnungen** oder **Ferienwohnungen** sind dabei Wohnungen iSv Nr. 6, wenn auch nicht zwangsläufig iSd Begriffs der Wohnung nach der BauNVO (OVG Lüneburg Urt. v. 15.1.2015 – 1 KN 61/14, BauR 2015, 630; OVG Greifswald Urt. v. 19.2.2014 – 3 L 212/12, BauR 2015, 81; zur bauplanungsrechtlichen Behandlung von Ferienwohnungen *Reidt/von Landwüst*, UPR 2015, 12 ff; s. auch § 22). Auch **betreutes Wohnen** fällt unter den Begriff des Wohnens iSv Nr. 6, sofern noch ein Mindestmaß eigener Haushaltsführung stattfindet (*Hebeler/Buhr*, NVwZ 2015, 1020 ff.) und kann daher Gegenstand einer Festsetzung nach Nr. 6 44

und im Planvollzug an dieser Festsetzung zu messen sein. Entsprechendes gilt für die Unterbringung von **Flüchtlingen,** wenn aufgrund der konkreten Ausgestaltung die Merkmale des Wohnens vorliegen (VGH Kassel Beschl. v. 18.9.2015 – 3 B 1518/15, BauR 2016, 79). Ansonsten handelt es sich in der Regel um eine Anlage für soziale Zwecke (s. § 246 Rn. 22). Die Nutzung durch Wohngemeinschaften stellt ebenfalls eine Wohnnutzung dar, sofern ein Rückzug in das Private in dem gebotenen Umfang möglich ist (OVG Lüneburg Beschl. v. 18.9.2015 – 1 ME 126/15 NVwZ-RR 2016, 25). Nicht erfasst werden von Nr. 6 hingegen Pflegeheime, Wohnheime, Ferienhäuser oder auch Zimmer in Beherbergungsbetrieben, obgleich die Übergänge zum Wohnen teilweise fließend sein können (zB bei Boarding-Häusern). Für die Festsetzung der höchst zulässigen Zahl an Wohnungen kann die Grundstücksfläche als Bezug- oder Rechengröße genutzt werden, zB durch die Angabe einer Verhältniszahl wie etwa die Höchstzahl der Wohnungen je m^2 Grundstücksfläche (BVerwG Urt. v. 8.10.1998 – 4 C 1/97, BVerwGE 107, 256; OVG Lüneburg Urt. v. 18.9.2014 – 1 KN 123/12, ZfBR 2014, 767 (770)). Die Zahl der Wohnungen kann aber auch absolut festgesetzt werden (offen lassend in Bezug auf eine bauraumbezogene Festsetzung, VGH München Urt. v. 30.1.2014 – 15 B 11/750 –, BeckRS 2014, 47159 Rn. 46ff.). Demgegenüber ist es unzulässig, die Festsetzung einer Höchstzahl mit der Festsetzung der Mindestgröße eines Baugrundstücks zu kombinieren, etwa dahingehend, dass bei einer festgesetzten Mindestgröße nach Nr. 3 nur ein Gebäude mit höchstens zwei Wohnungen zulässig ist (BVerwG Beschl. v. 31.1.1995 – 4 NB 48/93, NVwZ 1995, 696). Ebenso unzulässig ist eine Festsetzung, die sich auf die „Anzahl der Wohnungen je Baurecht auf eine abgeschlossene Wohneinheit mit einer Einliegerwohnung" bezieht (vgl. OVG Bautzen Urt. v. 20.3.2007 – 1 D 20/04, SächsVBl. 2007, 217 wegen nicht hinreichender Bestimmtheit). Um eine Festsetzung nach Nr. 6 treffen zu können, müssen die Grundstücke nicht im Eigentum der Gemeinde stehen (BVerwG Beschl. v. 25.9.1997 – 4 B 165/97, NVwZ 1998, 845).

45 Die frühere Voraussetzung, dass die Festsetzung aus – in der Begründung nach Abs. 8 zu erläuternden – **„besonderen städtebaulichen Gründen"** zweckmäßig ist (zu den Anforderungen an die Abwägung bei der Beschränkung der Zahl der Wohnungen in „alten" Bebauungsplänen *Ruf* BWGZ 1994, 753ff.; vgl. auch BVerwG Beschl. v. 21.12.1993 – 4 NB 40/93, ZfBR 1994, 145 (146)), ist mit dem BauROG 1998 entfallen. Gleichwohl reicht jedoch der bloße Hinweis auf die allgemeinen städtebaulichen Leitsätze in § 1 Abs. 5, etwa die Berücksichtigung der Wohnbedürfnisse und der sozialen und kulturellen Bedürfnisse der Bevölkerung, zur Begründung einer Festsetzung nach Nr. 6 in der Regel zur Rechtfertigung nicht aus. Erforderlich ist es vielmehr, die Zweckmäßigkeit der Festsetzung aus der spezifischen städtebaulichen Situation des Gebietes abzuleiten, für das die Festsetzung gelten soll, sowie aus der Abschätzung der städtebaulichen Auswirkungen einer Veränderung in dem Gebiet selbst oder in anderen Gebieten, die mit der Festsetzung verhindert werden sollen (vgl. BVerwG Beschl. v. 25.9.1997 – 4 B 165/97, NVwZ 1998, 845 in einer noch zur alten Rechtslage ergangenen Entscheidung; dass. Beschl. v. 9.11.1994 – 4 NB 34/94, NVwZ 1995, 378). Dabei ist insbesondere an solche Gebiete zu denken, in denen unerwünschte Umstrukturierungen der städtebaulichen Eigenart des Gebietes verhindert werden sollen, ohne das zulässige Maß der baulichen Nutzung einzuschränken (zB Gründerzeitquartiere). Die Festsetzung kann auch der Ergänzung einer Erhaltungssatzung nach § 172 dienen, wenn diese etwa das Ziel verfolgt, zur Erhaltung der Zusammensetzung der Wohnbevölkerung den Bestand an großen Wohnungen in einem Gebiet zu sichern. Ausdrücklich erwähnt werden in der Begründung des Regierungsentwurfs zum BauGB 1987 Fremdenverkehrs- und Dorfgebiete (vgl. BT-Drs. 10/4630, 72; s. auch OVG Lüneburg Urt. v. 18.9.2014 – 1 KN 123/12, ZfBR 2014, 767 (771f.)). Gerade bei Dorfgebieten, aber auch sonst, kommt es für eine **Wohngebäude** nicht darauf an, dass es ausschließlich dem Wohnen dient. Von der Festsetzung erfasst sind vielmehr auch gemischt genutzte Gebäude, wenn sie wesentlich auch dem Wohnen dienen (vgl. VGH München Urt. v. 13.4.2006 – 1 N 04/

3519, ZfBR 2006, 693 (694)). Zulässig ist es im Weiteren, durch eine Festsetzung nach Nr. 6 in einer ökologisch wertvollen Hanglage eine nur aufgelockerte Bebauung zu ermöglichen, um Verkehrsflächen und Stellplätze für Kraftfahrzeuge gering zu halten (BVerwG Beschl. v. 9.11.1994 – 4 NB 34/94, NVwZ 1995, 378). Die Gründe für eine Festsetzung nach Nr. 6 können also auch **außerhalb des Plangebietes** liegen (BVerwG Beschl. v. 19.12.1996 – 4 NB 46/96, NVwZ-RR 1997, 517).

8. Zu Nr. 7: Flächen für sozialen oder entsprechenden Wohnungsbau. Zulässig sind auf nach Nr. 7 festgesetzten Flächen alle **baulichen Vorhaben, die mit Mitteln der sozialen Wohnraumförderung gefördert werden „könnten".** Es kommt also nicht darauf an, ob sie tatsächlich mit Mitteln der sozialen Wohnraumförderung gefördert werden. Umgekehrt ergibt sich aus einer Festsetzung nach Nr. 7 aber auch keine Verpflichtung, Mittel der sozialen Wohnraumförderung tatsächlich bereitzustellen (*Jäde* in JDW § 9 Rn. 35: „abstrakte Förderfähigkeit"). Mittel der sozialen Wohnraumförderung sind solche der direkten öffentlichen Wohnungsbauförderung, nicht aber ebenfalls mögliche Steuervergünstigungen. Ziel der Festsetzung nach Nr. 7 ist es vor allem, die Errichtung (einschließlich Umbau oder Änderung) von Wohngebäuden auch für einkommensschwache Teile der Bevölkerung zu ermöglichen (*Bracher* in BRS Rn. 294). Dies kann sich auf die Flächen des Plangebietes ganz oder teilweise beziehen (zum Begriff des Wohngebäudes s. Rn. 44 f.). Praktisch bedeutet eine Festsetzung nach Nr. 7, dass die hier zu errichtenden oder umzubauenden Wohnungen den Anforderungen entsprechen müssen, die sich aus den §§ 10 und 19 WoFG und den auf der Grundlage von § 5 WoFG erlassenen Bestimmungen der Länder ergeben. Bundesrechtliche Bestimmungen zu Wohnungsgrößen gibt es nicht mehr (vgl. die Begründung zum Entwurf eines Gesetzes zur Reform des Wohnungsbaurechts BT-Dr. 14/5538, 48). 46

9. Zu Nr. 8: Flächen für Wohnungen von Personengruppen mit besonderem Wohnbedarf. Die Ermächtigung nach **Nr. 8**, einzelne Flächen für die Errichtung von Gebäuden für **Personengruppen mit besonderem Wohnbedarf** festzusetzen, fällt aus dem Rahmen der übrigen Festsetzungsmöglichkeiten heraus. Es handelt sich hierbei um den einzigen Fall, in dem die Nutzbarkeit von Flächen durch den **Bedarf von Personengruppen** umschrieben wird. Ansonsten werden die Flächen nur hinsichtlich ihrer abstrakten städtebaulichen Funktion benannt; dies gilt auch für die Festsetzungsmöglichkeit nach Nr. 21, wo lediglich zur näheren Umschreibung von zu belastenden Flächen der jeweilig begünstigte Personenkreis benannt ist. Diese Besonderheit ist für das Verständnis des zulässigen Inhalts dieser Festsetzung von Bedeutung. 47

Bei einer Festsetzung nach Nr. 8 muss der **begünstigte Personenkreis genau bezeichnet** werden. Zu denken ist hierbei an Senioren, Studierende oder Behinderte. Gemeinschaftsunterkünfte für **Flüchtlinge und Asylbewerber** sind Anlagen für soziale Zwecke iSd §§ 2 bis 7 BauNVO und keine Wohngebäude (s. etwa VGH München Beschl. v. 5.3.2015 – 1 ZB 14.2373, NVwZ 2015, 912; VGH Mannheim Beschl. v. 14.3.2013 – 8 S 2504.12, DVBl. 2013, 795; *Bienek/Reidt,* BauR 2015, 422 (425); *Stock* in König/Roeser/Stock § 4 Rn. 52), da sie nicht dem – dauerhaften – Wohnen dienen, sondern nur der vorübergehenden Unterkunft. Voraussetzung der Festsetzung ist, dass der besondere Wohnbedarf in baulichen Besonderheiten der Wohngebäude zum Ausdruck kommt, die städtebaulich und baulich-strukturell begründet ist. Ein geringes Einkommen allein verursacht keinen besonderen Wohnbedarf iSd Nr. 8 (vgl. BVerwG Beschl. v. 17.12.1992 – 4 N 2/91, BVerwGE 91, 318). Anders als bei Nr. 7 darf sich eine Festsetzung nach Nr. 8 lediglich auf „einzelne" Flächen erstrecken; es kann sich also nicht um ein größeres geschlossenes Gebiet handeln, sondern lediglich um **eingestreute Flächen innerhalb eines Baugebietes.** Dabei kommt es jedoch nicht auf das Gebiet des Bebauungsplans mit einer Festsetzung nach Nr. 8 an, sondern darauf, ob die Flächen in einen größeren Bebauungszusammenhang eingestreut sind (BVerwG Beschl. v. 17.12.1992 aaO). 48

49 Da die Festsetzung nach Nr. 8 einen besonderen Wohnbedarf von Personengruppen voraussetzt, ist es auch möglich, im Bebauungsplan die Voraussetzungen anzugeben, unter denen dieser Wohnbedarf befriedigt werden kann. Dies bezieht sich vor allem auf die **bauliche Gestaltung der Wohngebäude**, dh auf Raumzahl, Ausstattung und Innengestaltung – etwa im Hinblick auf Barrierefreiheit – der Wohnungen (BVerwG Beschl. v. 17.12.1992 aaO). Nach Nr. 8 kann auch festgesetzt werden, dass auf den betreffenden Flächen nur Mietwohnungen errichtet werden dürfen, wenn anders der Wohnbedarf nicht zu decken ist. Festsetzungen nach Nr. 8 können entweder dergestalt getroffen werden, dass Flächen festgesetzt werden, auf denen nur Wohngebäude mit den für die im Einzelnen bezeichnete Personengruppe geeigneten Wohnungen zulässig sind oder wo bezogen auf einen bestimmten Anteil der Wohnfläche nur Wohnungen für diese Personengruppe zulässig sind. **Erforderlich** ist dies allerdings nicht; es genügt die Bezeichnung der begünstigten Personengruppe (BVerwG Beschl. v. 17.12.1992 aaO).

50 Wie bei der Festsetzungsmöglichkeit nach Nr. 7 ist hier unter dem „Errichten" von Wohngebäuden auch deren Umbau oder Änderung zu verstehen (vgl. Rn. 46).

51 Trifft die Gemeinde eine Festsetzung nach Nr. 8, muss sie sich der **besonderen Vollzugsprobleme,** die hiermit verbunden sind, bewusst sein. Die Umsetzung der getroffenen Festsetzungen nach Nr. 8 erfolgt – wie auch bei den übrigen Festsetzungen in einem Bebauungsplan – durch die Baugenehmigung. Diese kann mit Auflagen versehen oder unter Bedingungen erteilt werden, die die vorgesehene Nutzung der Flächen sicherstellen. Allerdings wird die Gemeinde gerade bei der Verwirklichung einer solchen Festsetzung regelmäßig zur Zielverwirklichung auch eine **besondere Betreuungs- und Beratungsaufgabe** gegenüber den betroffenen Grundstückseigentümern wahrnehmen müssen. Auch kann es sinnvoll sein, bereits vor einer solchen Festsetzung mit den Eigentümern entsprechende Vereinbarungen zu treffen, die gegebenenfalls durch eine Vertragsstrafe oder eine beschränkte persönliche Dienstbarkeit nach § 1090 BGB abgesichert werden können. Dies ist auch deshalb angeraten, weil Entschädigungsforderungen nach § 40 Abs. 1 S. 1 Nr. 2 auf die Gemeinde zukommen können.

52 **10. Zu Nr. 9: Besondere Nutzungszwecke.** Nach **Nr. 9** kann im Bebauungsplan der **besondere Nutzungszweck von Flächen** festgesetzt werden. Diese Möglichkeit ist gegenüber der ansonsten regelmäßig festgesetzten Art der baulichen Nutzung in Form von Baugebieten abzugrenzen. Dabei führt eine Festsetzung des besonderen Nutzungszweckes von Flächen zu einer **engeren Begrenzung der zulässigen Nutzung,** als dies bei der Festsetzung eines Baugebietes der Fall wäre. So kann der Nutzungszweck einer Fläche auf eine einzige zulässige Nutzung beschränkt werden. Es geht also bei Nr. 9 um die Festsetzung eines besonderen Nutzungszwecks an dem konkreten Standort (zB Hotel, Parkhaus, Kurhaus, vgl. die Auflistung bei *Gaentzsch* in BK § 9 Rn. 31). Nr. 9 weist Überschneidungen zur Festsetzung eines Sondergebietes iSv § 11 BauNVO auf. Sondergebiete sind dadurch gekennzeichnet, dass die auf ihren Flächen zulässigen Nutzungen nicht den anderen, typisierten Baugebieten entsprechen. Bei Nr. 9 handelt es sich zwar nicht um ein Baugebiet der BauNVO. Gleichwohl kann vielfach ein vergleichbares Planungsziel erreicht werden.

53 Nr. 9 kann – ebenso wie Nr. 10 – nur angewandt werden, wenn keine andere Festsetzungsmöglichkeit in § 9 als spezielle Regelung heranziehbar ist. Daraus ergibt sich eine Abgrenzung zu allen öffentlichen Flächennutzungen für den Gemeinbedarf (vgl. Rn. 40). Anders ist dies bei einem besonderen Nutzungszweck für **private Grundstücksflächen,** weil die getroffene Festsetzung nicht den Grundstückseigentümer, sondern in erster Linie Dritten dient (*Bracher* in BRS Rn. 299) und damit etwa dem **städtebaulich begründeten Nutzungszusammenhang zwischen zwei Flächen** Rechnung getragen werden kann. Der besondere Nutzungszweck der Flächen

ergibt sich also von außerhalb und verlangt nach Möglichkeiten zu entsprechenden einschränkenden Nutzungsfestlegungen (*Jäde* in JDW § 9 Rn. 39).

Der **besonderer Nutzungszweck muss im Bebauungsplan genannt werden.** 54 Stellt sich dies als Belastung eines Grundstücks dar, ist bei der Abwägung genau zu prüfen, ob nicht die Flächen, die von der belastenden Festsetzung Vorteile haben, auch für die Belastung selbst in Anspruch genommen werden können. Die Belange der betroffenen Eigentümer sind in besonderem Maße in die Abwägung einzubeziehen. Die Festsetzung einer solchen Fläche kann nach § 40 Abs. 1 S. 1 Nr. 3 einen Entschädigungs- oder Übernahmeanspruch nach sich ziehen.

11. Zu Nr. 10: Von Bebauung freizuhaltende Flächen. Der Katalog des § 9 55 enthält eine Reihe von Festsetzungsmöglichkeiten, die eine bauliche Nutzung insgesamt ausschließen oder einschränken, zB Verkehrsflächen nach Nr. 11, Grünflächen nach Nr. 15, Landwirtschafts- und Waldflächen nach Nr. 18, Flächen nach Nr. 20, Schutzflächen nach Nr. 24 oder Anpflanzungsflächen nach Nr. 25. Zudem kann durch die Festsetzung überbaubarer und nicht überbaubarer Flächen sichergestellt werden, dass ein bestimmter Anteil der Fläche nicht bebaut wird. Solche Festsetzungen sind in **Nr. 10 nicht** gemeint. Festsetzungen nach Nr. 10 verlangen vielmehr eine **vollständige Freihaltung** der Flächen von einer **Bebauung**. Gleichwohl erschöpft sich die Regelung nicht in einer „negativen" Festlegung, sondern ermöglicht auch die „positive" Bestimmung der auf den betreffenden Flächen zulässigen **Nutzung** (*Gaentzsch* in BK § 9 Rn. 32). Trifft der Bebauungsplan eine solche Festsetzung nicht, sind alle Nutzungen außer der ausgeschlossenen baulichen Nutzung zulässig (BVerwG Beschl. v. 8.12.2010 – 4 BN 24/10, ZfBR 2011, 275 (276)).

Nr. 10 erfasst alle Fälle, in denen aus sonstigen städtebaulichen Gründen (vgl. 56 Rn. 55) die **Bebauung einer Fläche verhindert** werden soll. Da es sich hier um eine besonders einschneidende Nutzungsbeschränkung handelt, müssen entsprechend gewichtige Gründe die durch die Festsetzung getroffene Inhalts- und Schrankenbestimmung des Grundeigentums nach Art. 14 Abs. 1 S. 2 GG rechtfertigen (BVerwG Beschl. v. 17.12.1998 – 4 NB 4/97, NVwZ 1999, 984; dass. Beschl. v. 24.2.2003 – 4 BN 14/03, NuR 2004, 310; OVG Koblenz Urt. v. 20.1.2011 – 1 C 10 801/10, BauR 2011, 1779; VGH München Urt. v. 10.8.2006 – 1 N 04/1371 u. a., ZfBR 2007, 348 (351)). Eine solche Festsetzung kann etwa der Sicherung einer kleinklimatisch notwendigen **Kaltluftschneise** (vgl. BVerwG Beschl. v. 27.1.1999 – 4 B 129/98, NVwZ 1999, 878; hierzu auch Rn. 128), dem **Schutz eines besonderen Ortsbildes,** eines **Kulturdenkmals** oder bestimmter städtebaulich **typischer Blickbeziehungen** etwa zwischen einem Bauwerk und einem Platz oder einer Landschaftsstelle (vgl. VGH München Urt. v. 16.6.2006 – 1 N 03/2347, ZfBR 2006, 691 (693)), der Freihaltung eines Sichtdreiecks im Straßenbereich, der Sicherung der Flächen für Versorgungsleitungen (BVerwG Beschl. v. 8.12.2010 – 4 BN 24/10, ZfBR 2011, 275 (276)), nicht aber der Sicherung **künftiger Fachplanungen** oder sonstiger räumlicher Planungen (zB für eine Straßentrasse), wenn diese nicht bereits ein hinreichendes Maß an Konkretisierung in zeitlicher und inhaltlicher Hinsicht haben (OVG Lüneburg Urt. v. 20.11.2008 – 1 KN 160/07, BRS 73 Nr. 15; VGH München Urt. v. 6.7.2005 – 2 N 02.1114, juris). Ergänzend kann die Nutzung dieser Fläche positiv – etwa landwirtschaftliche oder gärtnerische Nutzung – oder negativ – Ausschluss von zB Lagerplätzen – festgesetzt werden. Dabei ist auch eine **Überlagerung oder Kombination** mit anderen Festsetzungen des Bebauungsplans möglich, etwa mit Abs. 1a oder Abs. 2, oder auch mit Nr. 18a, um bspw. zur Sicherung der landwirtschaftlichen Urproduktion zu verhindern, dass auf den festgesetzten Flächen landwirtschaftlichen Zwecken dienende Gebäude errichtet werden (BVerwG Beschl. v. 17.12.1998 – 4 NB 4.97, NVwZ 1999, 984). Durch eine Festsetzung in Nr. 10 kann nach § 40 Abs. 1 Nr. 12 ein Entschädigungs- oder Übernahmeanspruch entstehen.

§ 9

57 **12. Zu Nr. 11: Die unterschiedlichen Verkehrsflächen und der Anschluss anderer Flächen. Nr. 11** eröffnet der Gemeinde die Möglichkeit, im Rahmen der kommunalen Selbstverwaltung eine eigenständige „gemeindliche Verkehrspolitik" zu betreiben (BVerwG Urt. v. 28.1.1999 – 4 CN 5/98, BVerwGE 108, 248; dass. Beschl. v. 26.1.2010 – 4 B 43/09, ZfBR 2010, 376). Sie kann dafür die örtlichen Verkehrsflächen festlegen (vgl. § 30 Abs. 1 als Merkmal des qualifizierten Bebauungsplans). Nr. 11 enthält zu diesem Zweck drei voneinander zu unterscheidende Festsetzungsmöglichkeiten: die Verkehrsflächen (insbesondere Straßen, Wege und Plätze, aber auch Flächen für den Schienen- und Luftverkehr), die Verkehrsflächen besonderer Zweckbestimmung und schließlich den Anschluss anderer Flächen an die Verkehrsflächen. Auch auf, in oder zwischen den öffentlichen Verkehrsflächen vorhandenes „Verkehrsgrün" wird von Nr. 11 erfasst. Liegen die betreffenden Flächen jedoch außerhalb der Verkehrsflächen, müssen sie als Grünfläche iSv Nr. 15 festgesetzt werden (vgl. BVerwG Beschl. v. 24.4.1991 – 4 NB 24/90, NVwZ 1991, 877). Sind Verkehrsflächen in einem Planfeststellungsverfahren festgelegt worden, soll die Gemeinde diese Flächen nach Abs. 6 nachrichtlich übernehmen. Festsetzungen nach Nr. 11 ermächtigen die Gemeinde dazu, vom **Vorkaufsrecht** nach § 24 Gebrauch zu machen und können als Grundlage für eine Enteignung nach § 85 dienen. Sie können auch Entschädigungsansprüche iSv § 40 Abs. 1 Nr. 5 auslösen. Schließlich ist auch § 32 zu beachten, wenn überbaute Flächen als Verkehrsflächen festgesetzt werden sollen.

58 a) **Verkehrsflächen.** Zu den **Verkehrsflächen** zählen insbesondere die privaten (hierzu VGH Kassel Beschl. v. 8.1.1992 – 3 N 1880/87, UPR 1992, 390 mwN) und öffentlichen Flächen für den fließenden und ruhenden Straßenverkehr (zur möglichen Festsetzung eines **verkehrsberuhigten Bereichs** s. Rn. 65). Eine Differenzierung in öffentliche oder private Verkehrsflächen ist möglich, aber nicht zwingend erforderlich (vgl. auch VGH Mannheim Urt. v. 16.12.2014 – 5 S 584.13, DVBl 2015, 442 (445)). Die Festsetzung privater Verkehrsflächen bedarf der besonderen Rechtfertigung. Regelmäßig ist sie nicht angebracht, insbesondere wenn größere Grundstücksflächen einem Eigentümer gehören und ein öffentliches Interesse an einer öffentlichen Nutzung der Verkehrsflächen besteht (*Bracher* in BRS Rn. 305). Bei der Erschließung von **Hinterliegergrundstücken** oder auch bei kleineren Stichstraßen oder Wendeplätzen kann dies anders sein (so auch *Spannowsky* in SU § 9 Rn. 41). Nicht zu den Verkehrsflächen iS der Nr. 11 zählen die **Wasserverkehrsflächen.** Hierfür sind in Nr. 16 eigene Festsetzungsmöglichkeiten vorgesehen.

59 Besondere Bedeutung im Zusammenhang mit der Festsetzung von Verkehrsflächen, vor allem bei Straßen- und Schienenwegen, kommt dem Lärmschutz, insbesondere der **Verkehrslärmschutzverordnung** (16. BImSchV), dem Fluglärmgesetz (insbesondere den §§ 5, 6 FluglärmG, s. dazu die Kommentierung von *Reidt/Fellenberg/Schiller* in Landmann/Rohmer, Umweltrecht, Band I) sowie den **technischen Regelwerken** (TA Lärm, DIN 18005 – Schallschutz im Städtebau) zu. Sie enthalten Grenz-, Richt- oder Orientierungswerte, die für die Frage bedeutsam sind, ob mit unzumutbaren Lärmauswirkungen auf die schutzbedürftigen Nutzungen zu rechnen ist. Dabei weisen diese Regelwerke unterschiedliche Rechtsqualitäten auf. So handelt es sich bei der Verkehrslärmschutzverordnung (16. BImSchV) um eine Rechtsverordnung, bei der TA Lärm um eine Verwaltungsvorschrift und bei der DIN 18005 um ein privates Regelwerk (vgl. *Stüer* Rn. 783 ff.; *Fischer/Tegeder* NVwZ 2005, 30 ff.; *Heilshorn* NVwZ 2009, 138 ff.; *Mitschang* ZfBR 2009, 538 ff. mwN). Die TA Lärm enthält Vorgaben zur – in erster Linie – messtechnischen Ermittlung des Beurteilungspegels sowie gebietsbezogene Richtwerte, die im behördlichen Zulassungsverfahren zu berücksichtigen sind und daher für die Bauleitplanung nur eingeschränkt (als Orientierungshilfe) heranziehungsfähig sind (vgl. BVerwG Beschl. v. 13.12.2007 – 4 BN 41/07, NVwZ 2008, 426; OVG Münster Beschl. v. 24.10.2003 – 21 A 2723/

01, NVwZ 2004, 366 ff. mwN; vgl. ferner BVerfG Beschl. v. 30.11.1988 – 1 BvR 1301/84, BVerfGE 79, 174; BVerwG Urt. v. 28.1.1999 – 4 CN 5/98, BVerwGE 108, 248; dass. Beschl. v. 14.11.2000 – 4 BN 44/00, NVwZ 2001, 433 f.). Die **16. BImSchV** gilt für den Bau und die wesentliche Änderung von Straßen- und Schienenwegen und die dafür maßgeblichen Planungsverfahren. Die in ihr enthaltenen Grenzwerte sowie das insoweit anzuwendende Ermittlungsverfahren sind ebenso wie für die eisenbahnrechtliche (§§ 18 ff. AEG) und die straßenrechtliche Planfeststellung (s. insbes. §§ 18 ff. FStrG) sowie für die Planfeststellung nach dem Personenbeförderungsgesetz für Straßenbahnen auch für die Bauleitplanung zwingend, wenn es um die Planung von Straßen oder Schienenwegen geht (BVerwG Urt. v. 21.12.2010 – 7 A 14/09, NVwZ 2011, 676; VGH Mannheim Urt. v. 17.6.2010 – 5 S 884/09, ZfBR 2011, 281; *Reidt* in Mitschang, Aktuelle Fach- und Rechtsfragen des Lärmschutzes, 2010, 171 (175)). Eine Festsetzung zu passiven Schallschutzmaßnahmen (vgl. § 42 BImSchG) im Bebauungsplan ist nicht erforderlich. Der Anspruch ergibt sich bereits unmittelbar aus dem Gesetz (BVerwG Urt. v. 7.9.1988 – 4 N 1/87, BVerwGE 80, 184; VGH München Urt. v. 8.11.2011 – 15 N 11.343, BauR 2012, 1605). Die **DIN 18005** und (mittelbar) auch die TA Lärm können vor allem in Fällen, in denen schutzbedürftige Nutzungen in der Nachbarschaft von Verkehrswegen angesiedelt werden sollen, der planerischen Abschätzung von Verkehrs- und Gewerbeimmissionen in der Bauleitplanung dienen (BVerwG Beschl. v. 13.12.2007 – 4 BN 41/07, NVwZ 2008, 426; dass. Beschl. v. 18.12.1990 – 4 N 6/88, NVwZ 1991, 881; *Reidt* in Mitschang, Aktuelle Fach- und Rechtsfragen des Lärmschutzes, 2010, 171 (181)). Die 16. BImSchV ist außerhalb der Planung von Straßen (einschließlich ihrer wesentlichen Änderungen iSv § 1 Abs. 2 der 16. BImSchV) hingegen nicht unmittelbar einschlägig (BVerwG Urt. v. 17.3.2005 – 4 A 18/04, BVerwGE 123, 152). Die DIN 18005 ist daher das einzige sich direkt an die Planung wendende technische Regelwerk. Neben einem Berechnungsverfahren zur Ermittlung des Beurteilungspegels enthält sie in einem Beiblatt 1 schalltechnische **Orientierungswerte,** deren Einhaltung wünschenswert ist, um die mit der Ausweisung des Eigenart des betreffenden Baugebietes oder des betreffenden Bauflächen verbundene Erwartung auf angemessenen Schutz vor Lärmbelastungen zu erfüllen. Schon aus dem Begriff „Orientierungswert" ergibt sich aber, dass sie bei der Bauleitplanung nicht zwingend einzuhalten sind (vgl. BVerwG Beschl. v. 18.12.1990 – 4 N 6/88, NVwZ 1991, 881; dass. Beschl. v. 29.7.2004 – 4 BN 26/04, BauR 2005, 830; dass. Urt. v. 22.3.2007 – 4 CN 2/06, BVerwGE 128, 238; OVG Lüneburg Urt. v. 15.4.2011 – 1 KN 356/07, ZfBR 2011, 690; OVG Berlin-Brandenburg Urt. v. 4.12.2009 – 2 A 23/08, BeckRS 2010, 46730; zur möglichen Festsetzung eines zeitlichen Benutzungsrechts aus städtebaulichen Gründen – Schutz der Nachtruhe – vgl. VGH Mannheim Urt. v. 8.3.2005 – 5 S 551/02, ZfBR 2005, 792 (793 f.)). Selbst eine Überschreitung der Orientierungswerte der DIN 18005 durch Verkehrs- und/oder Gewerbelärm um mehr als 10 dB (A) kann in besonders gelagerten Fällen und bei passiven Schutzmaßnahmen das Ergebnis einer ordnungsgemäßen planerischen Abwägung sein (BVerwG Beschl. v. 17.2.2010 – 4 BN 59/09, BauR 2010, 1180).

Für die Bauleitplanung bedeutsam sind auch die Anforderungen, die sich aus der **Lärmminderungsplanung** nach den §§ 47 a ff. BImSchG ergeben, die wiederum der erforderlichen Umsetzung der **Umgebungslärm-RL** der EU dienen (ausführlich *Engel* NVwZ 2010, 1191 ff.; *ders./Sparwasser* NVwZ 2010, 1513 ff.; *Schulze-Fielitz* NuR 2009, 687 ff.; *Mitschang* ZfBR 2009, 538 (544 ff.); *ders.* ZfBR 2006, 430 ff.; *Cancik* ZUR 2007, 169 ff.). Erfasst sind dabei im Wesentlichen der Lärm von Straßen- und Schienenverkehr sowie der Fluglärm (s. § 47 b Nr. 1 BImSchG). Die aufzustellenden Lärmminderungspläne gem. §§ 47 a ff. BImSchG enthalten strategische Lärmkarten zur Ermittlung der Belastung durch Umgebungslärm nach Maßgabe von einheitlichen Bewertungsmethoden (§ 47 c BImSchG) sowie Lärmaktionspläne mit konkreten Maßnahmen zur Minderung bzw. zur Erhaltung von ruhigen Gebieten 60

§ 9 I. Kapitel. I. Teil. Bauleitplanung

(§ 47d BImSchG). Die sich auf die Ermittlung und Darstellung der Lärmbelastung für Ballungsräume, Hauptverkehrsstraßen, Haupteisenbahnstrecken und Großflughäfen beziehenden strategischen Lärmkarten geben einen weiträumigen Überblick zur bestehenden Lärmbelastung durch die Hauptlärmquellen, die den Umgebungslärm ausmachen. Aus den Angaben und Ergebnissen **strategischer Lärmkarten** sind unter Beteiligung der Öffentlichkeit **Lärmaktionspläne** zu entwickeln, aus denen dann wiederum Angaben zur Notwendigkeit von Lärmschutz- oder Lärmminderungsmaßnahmen entnommen werden können. Nach § 47d Abs. 6 BImSchG sind Maßnahmen des Lärmaktionsplans durch Anordnungen oder sonstige Entscheidungen der zuständigen Träger öffentlicher Verwaltung nach dem BImSchG oder nach anderen Rechtsvorschriften durchzusetzen. Zwar sind die Gemeinden für die Aufstellung der Lärmaktionspläne verantwortlich, aber für die Anordnung, Planung, Organisation oder Durchführung der Maßnahmen jedoch nur in begrenztem Umfang zuständig. Sind allerdings im Lärmaktionsplan planungsrechtliche Festlegungen vorgesehen, haben die zuständigen Planungsträger zu befinden, ob und inwieweit diese bei ihren Planungen zu berücksichtigen sind. Dies kann bei den Gemeinden das Erfordernis für die Aufstellung eines Bauleitplans hervorrufen und auch dessen Inhalt beeinflussen. Insbesondere stellen die Maßnahmen eines Lärmaktionsplans einen wichtigen öffentlichen Belang dar, der konkrete Festsetzungen nach Nr. 11 in einem Bebauungsplan zur Folge haben kann (zB die Lage und den Zuschnitt von neuen Verkehrsflächen). Häufig wird es aber vor allem um die Anordnung von straßenverkehrsrechtlichen Maßnahmen (zB Verkehrsbeschränkungen) gehen, für die die Straßenverkehrsbehörde zuständig ist oder um ÖPNV-relevante Maßnahmen, die regelmäßig in der Zuständigkeit der Kreise liegen (zur Möglichkeit einer Festsetzung zum Einbau eines lärmmindernden Fahrbahnbelags VGH Münster Urt. v. 8.11.2011 – 15 N 11.343, BauR 2012, 1605).

61 Soweit es sich um örtliche Verkehrsflächen handelt, werden sie von den Gemeinden im Rahmen von Planfeststellungen (s. zB § 38 Abs. 1 StrG NRW) oder im Rahmen der Bauleitplanung geplant. Überörtliche Verkehrsanlagen bedürfen regelmäßig zu ihrer Realisierung eines **Planfeststellungsverfahrens**, das Planungs- und Genehmigungsentscheidung in einem ist (vgl. § 18 AEG, § 17 FStrG, § 28 PBefG oder § 8 LuftVG). Im Planfeststellungsverfahren für Vorhaben von überörtlicher Bedeutung kommt den Festsetzungen des Bebauungsplans keine Bindungswirkung zu (vgl. § 38 S. 1). Sie sind aber in der fachplanerischen Abwägung zu berücksichtigen. Ein Bebauungsplan darf aber den Planfeststellungsbeschluss ergänzende Regelungen beinhalten. Sie dürfen ihm nur nicht widersprechen (vgl. BVerwG Urt. v. 16.12.1988 – 4 C 48/86, BVerwGE 81, 111; dass. Beschl. v. 26.1.2010 – 4 B 43.09, BauR 2010, 871; s. § 38 Rn. 29). Eine Überplanung ist in Abstimmung mit der Straßenbaubehörde möglich (zB für eine andere Trassenführung, vgl. OVG Lüneburg Urt. v. 25.11.2009 – 1 KN 141/07, DVBl. 2010, 448). Grundsätzlich können Planfeststellungsverfahren als notwendige Genehmigungsentscheidungen für Verkehrsanlagen (zB Flughäfen, Bundeswasserstraßen, Schienenwege) nicht durch einen Bebauungsplan ersetzt werden. Jedoch gibt es hiervon Ausnahmen für **Straßen** (s. insbes. § 17b Abs. 2 FStrG) und **Straßenbahnanlagen** (§ 28 Abs. 3 PBefG), die vor allem von Bedeutung sind, wenn es sich auch um ergänzende Planungen im Umfeld der Verkehrsanlagen geht (vgl. BVerwG Urt. v. 18.11.2005 – 4 CN 11/03, BVerwGE 122, 207). Allerdings kann sich ein Bebauungsplan auch auf die Verkehrsanlage, insbesondere bei Festsetzung einer (Bundesfern)Straße, beschränken und in diesem Fall eine zusätzliche Genehmigungsentscheidung durch die Planfeststellung entbehrlich machen (sog. **isolierte Straßenplanung,** hierzu BVerwG Beschl. v. 5.6.1992 – 4 NB 21/92, ZfBR 1992, 235 (236f.); BGH Urt. v. 1.6.1978 – III ZR 170/76, BGHZ 71, 375; BVerwG Urt. v. 3.6.1971 – IV C 64/70, BVerwGE 38, 152; zu einem **Anspruch auf Folgebeseitigung** bei rechtswidrigem Straßenbau trotz unwirksamen Bebauungsplans BVerwG Urt. v. 26.8.1993 – 4 C 24/91, BVerwGE 94,

3. Abschnitt. Verbindlicher Bauleitplan (Bebauungsplan) § 9

100). **Bergbahnen und Eisenbahnen** unterfallen nicht dem PBefG, sodass für sie anders als bei Straßenbahnanlagen (einschließlich Untergrundbahnen und Schwebebahnen) **keine Wahlmöglichkeit** zwischen der Bebauungsplanung und der Planfeststellung besteht. Hier muss daher nach Maßgabe der fachgesetzlichen Bestimmungen eine Planfeststellung durchgeführt werden. Die Möglichkeit **planfeststellungsersetzender Bebauungspläne** besteht auch für Landes-, Kreis- und Gemeindestraßen.

Durch einen Bebauungsplan kann ein Planfeststellungsbeschluss zudem auch geändert werden. Ein **ergänzendes Planfeststellungsverfahren** kann andererseits jedoch bei der Festsetzung von Straßen oder Straßenbahnanlagen dem Bebauungsplan auch nachfolgen, weil dieser oftmals nicht alle notwendigen Festsetzungen für die Errichtung der Anlage treffen kann (zB zum passiven Schallschutz außerhalb des Plangebietes, s. § 17 b Abs. 2 S. 2 FStrG; zur Anwendung des § 78 VwVfG auf das Zusammentreffen von isolierter Straßenplanung und straßenrechtlicher Fachplanung vgl. *Ronellenfitsch* DVBl. 1998, 653 ff.). Eine Aussage über die Zulässigkeit einer **Enteignung** ist mit dem Bebauungsplan – im Gegensatz zur Planfeststellung (zur enteignungsrechtlichen Vorwirkung s. *Kopp/Ramsauer* § 75 Rn. 12 ff.; *Reidt/Schiller* in Bauer/Heckmann/Ruge/Schallbruch VwVfG § 75 Rn. 13) – nicht verbunden (vgl. BVerwG Urt. v. 20.12.2012 – 4 C 6/11, BVerwGE 145, 284). Eine über die im Rahmen der Bauleitplanung ohnehin durchzuführende Umweltprüfung hinausgehende zusätzliche oder besondere **Umweltverträglichkeitsprüfung** für Verkehrsvorhaben nach Nr. 14.3 bis 14.6 der Anlage 1 des UVPG ist gem. § 17 UVPG nicht erforderlich (BVerwG Beschl. v. 22.3.1999 – 4 BN 27/98, NVwZ 1999, 989 (990); s. näher § 2 Rn. 6 ff.). Eine **abschnittsweise Straßenplanung** ist grundsätzlich nur zulässig, wenn der Abschnitt eine **eigenständige Funktion** hat. Dies gilt für die Planfeststellung und die Straßenplanung mittels Bebauungsplan in gleicher Weise (BVerwG Urt. v. 19.9.2002 – 4 CN 1/02, BVerwGE 117, 58; zu Möglichkeiten und Grenzen der Ungleichbehandlung von Grundstückseigentümern bei der Planung von **Erschließungsstraßen** vgl. BVerwG Beschl. v. 19.4.2000 – 4 BN 16/00, NVwZ-RR 2000, 532). Eine Realisierungspflicht ergibt sich aus der Festsetzung einer Verkehrsfläche nach Nr. 11 ebenso wie bei anderen Planfestsetzungen nicht. Allerdings kann es an der Erforderlichkeit der Planung fehlen, wenn deren Umsetzung nicht absehbar ist (vgl. insbes. zur Finanzplanung und zum Planungshorizont für die Realisierung von Straßen BVerwG Urt. v. 18.3.2004 – 4 CN 4/03, BVerwGE 120, 239; dass. Beschl. v. 26.1.2010 – 4 B 43/09, BauR 2010, 871; OVG Lüneburg Urt. v. 25.11.2009 – 1 KN 141/07, DVBl. 2010, 448 (449)).

Die Gemeinde kann in ihrem Bebauungsplan auch Verkehrsflächen für sonstige Verkehrsanlagen, etwa für den **Luftverkehr**, festsetzen, obwohl auch für die Errichtung solcher Anlagen in der Regel ein Planfeststellungsverfahren (vgl. § 38 Rn. 31) erforderlich ist und nicht durch einen Bebauungsplan ersetzt werden kann. Es kann aber dennoch sinnvoll sein, solche Flächen vorsorglich festzusetzen, um sie für die geplante Verkehrsnutzung freizuhalten und zugleich ihre städtebauliche Einbindung in die bauliche Nutzung eines bestimmten Gebietes sicherzustellen (VGH Mannheim Urt. v. 30.3.2009 – 8 S 31/08, BauR 2010, 74; *Söfker* in EZBK § 9 Rn. 102). Es kann sogar zulässig sein, eine **andere als die durch eine Planfeststellung bereits bestimmte Trasse** festzusetzen, solange die Realisierung des Projektes noch ungewiss ist und durch die Festlegung einer der Gemeinde genehmere Streckenführung offengehalten werden soll (BVerwG Urt. v. 18.10.1985 – 4 C 21/80, BVerwGE 72, 172; OVG Lüneburg Urt. v. 25.11.2009 – 1 KN 141/07, DVBl. 2010, 448). Vor einer Errichtung gemäß den Bebauungsplanfestsetzungen hat dann jedoch in der Regel noch ein (Änderungs-)Planfeststellungsverfahren zu erfolgen (VGH Mannheim Urt. v. 22.3.2006 – 3 S 1119/04, BauR 2006, 1271 (1273)). Werden angesichts zB durch Planfeststellung gesicherter Betriebsflächen der Bahn wegen endgültiger **Aufgabe des Eisenbahnbetriebes** nicht mehr benötigt, kann die Gemeinde grundsätz-

lich **nicht** zur Sicherung einer anderweitigen städtebaulich Nutzung dieser Brachfläche bereits vor der Entwidmung – gewissermaßen **subsidiär** – einen Bebauungsplan in Kraft setzen. Hingegen ist die Durchführung eines Planverfahrens bis zum Satzungsbeschluss bereits möglich (vgl. BVerwG Urt. v. 16.12.1988 – 4 C 48/86, BVerwGE 81, 111; VGH Mannheim Urt. v. 23.8.1996 – 8 S 269/96, NVwZ-RR 1997, 395; dass. Urt. v. 30.3.2009 – 8 S 31/08, BauR 2010, 74; s. § 38 Rn. 32; s. auch *Krappel* BauR 2012, 1569 ff.). Ebenfalls kommt eine Festsetzung gemäß Abs. 2 S. 1 Nr. 2 in Betracht.

64 Eine **Veränderungssperre** ist ebenfalls schon **vorher zulässig** (s. § 38 Rn. 32). Sie ist auch **notwendig**, wenn gerade in innerstädtischen Gebieten die Entstehung von Baurecht nach § 34 mit dem Moment der Entwidmung verhindert werden soll. Anderenfalls kann die Gemeinde Entschädigungsansprüchen nach § 39 ausgesetzt sein, wenn sie andere Nutzungsabsichten für das ehemalige Bahngelände oder die sonstige Verkehrsfläche verfolgt. Auch planerische Aussagen, die mit der Zweckbestimmung einer Fläche als Bahnanlage übereinstimmen, sind zulässig (BVerwG Urt. v. 16.12.1988 aaO; s. auch § 38 Rn. 29). Gleichermaßen sind auf einem Bahngelände Vorhaben nur zulässig, wenn sie mit der fachplanerischen Zweckbindung der Fläche im Einklang stehen (BVerwG Urt. v. 16.12.1988 aaO; zur Zulässigkeit von Werbetafeln auf einem Bahnbetriebsgelände vgl. OVG Saarlouis Urt. v. 24.9.2002 – 2 R 12/01, BRS 65 Nr. 155; im Einzelnen § 38 Rn. 29).

65 **b) Verkehrsflächen besonderer Zweckbestimmung.** Neben den Verkehrsflächen im herkömmlichen Sinn können im Bebauungsplan auch **Verkehrsflächen besonderer Zweckbestimmung** festgesetzt werden. Zur Erläuterung sind im Gesetz Fußgängerbereiche (zu denen auch nicht befahrbare Wohnwege zu rechnen sind; instruktiv OVG Koblenz Urt. v. 4.12.2014 – 1 C 11164.13, BauR 616), Parkflächen für Autos und andere Fahrzeuge sowie, durch das EAG Bau 2004 eingeführt, Flächen für das Abstellen von Fahrrädern aufgeführt. Die Aufzählung ist nicht abschließend. Auch Fußwege können daher gem. Nr. 11 festgesetzt werden (vgl. OVG Lüneburg Beschl. v. 29.1.2009 – 1 MN 229/08, BauR 2009, 1103). Durch den textlichen Ausschluss von Stellplätzen auf den Grundstücken und entsprechende Festsetzungen von Baufenstern und Bauweisen kann in einem reinen Wohngebiet zulässigerweise ein **„Wohnen ohne (eigenes) Auto"** ermöglicht werden (OVG Münster Urt. v. 11.1.2002 – 7 a D 6/00, BauR 2002, 1049). Auch öffentlich gewidmete **private Wohnwege** können nach Nr. 11 festgesetzt werden (VGH München Urt. v. 10.8.2006 – 1 N 04/1371 u. a., ZfBR 2007, 348 (350)). Ergänzend zu den genannten Verkehrsflächen besonderer Zweckbestimmung sind etwa auch **verkehrsberuhigte Straßen,** die beim Neubau oder Umbau von Wohngebieten große Bedeutung haben, zu nennen (VGH München Urt. v. 14.9.2009 – 8 B 08/2829, UPR 2010, 112). Unter verkehrsberuhigten Straßen oder auch Wohnstraßen sind solche Straßen zu verstehen, die neben der Fortbewegung gleichrangig auch der Kommunikation, dem Aufenthalt und dem Spiel dienen.

66 Die Verwirklichung einer solchen Festsetzung hat durch eine entsprechende **straßenrechtliche Widmung** oder ggf. auch Entwidmung zu erfolgen, sofern nicht eine landesstraßenrechtliche **Widmungsfiktion** eingreift (VGH Mannheim Urt. v. 22.3.2006 – 3 S 1119/04, BauR 2006, 1271 (1273 f.; OVG Koblenz Urt. v. 4.12.2014 – 1 C 11164.13, BauR 616, 617), wobei diese Widmung nach Landesrecht auch durch die In-Verkehrstellung der Straße erfolgen kann. **Straßenverkehrsrechtlich** ist die so erfolgte Widmung entsprechend umzusetzen und zu kennzeichnen, zB mit den Zeichen 325 und 326 nach § 42 Abs. 4a StVO (Verkehrsberuhigte Bereiche). Nicht möglich ist es demgegenüber, im Bebauungsplan auch die entsprechenden verkehrslenkenden Maßnahmen (OVG Koblenz Urt. v. 14.11.1990 – 10 C 10 236/90, NVwZ-RR 1992, 342) sowie die erforderliche Straßenraummöblierung festzusetzen. Eine Schutzwirkung zu Gunsten von Straßenanliegern kommt einer Festsetzung als

3. Abschnitt. Verbindlicher Bauleitplan (Bebauungsplan) § 9

„verkehrsberuhigter Bereich" allerdings in der Regel nicht zu, da eine solche Festsetzung zunächst nur städtebaulichen Zielen dient (VGH Mannheim Urt. v. 29.1.2009 – 5 S 149/08, NVwZ-RR 2009, 508 (510f.); VGH München Urt. v. 14.9.2009 – 8 B 2829, UPR 2010, 112). Die Träger der Straßenbaulast sind bei der Widmung der Verkehrsflächen gleichwohl an die Festsetzungen des Bebauungsplans gebunden und dürfen sich nicht darüber hinwegsetzen (VGH Mannheim Urt. v. 18.8.1992 – 5 S 1/92, DÖV 1993, 532).

c) Anschluss anderer Flächen. Schließlich kann die Gemeinde nach Nr. 11 festsetzen, auf welche Art und Weise und an welcher Stelle andere Flächen als Verkehrsflächen an diese **anzuschließen** sind. Hierzu sind häufig nicht nur zeichnerische, sondern auch textliche Festsetzungen erforderlich. Die ausdrücklich zu treffenden Festsetzungen können vor allem ein Anschlussgebot oder ein Anschlussverbot, zB bei Zufahrten (zu Grundstücken, Tiefgaragen, Parkhäusern) sein (OVG Münster Urt. v. 1.4.2005 – 3 A 3243/02, NVwZ-RR 2006, 384). Dabei kann ein Erfordernis zur Festsetzung der Höhenlage der anbaufähigen Straße bestehen (*Jäde* in JDW § 9 Rn. 43). Sind Verkehrsflächen in einem Planfeststellungsverfahren festgelegt worden, soll die Gemeinde diese Flächen nach Abs. 6 nachrichtlich übernehmen (VGH Mannheim Urt. v. 16.12.2014 – 5 S 584.13, DVBl 2015, 442 (445)). Festsetzungen nach Nr. 11 ermächtigen die Gemeinde dazu, vom **Vorkaufsrecht** nach § 24 Gebrauch zu machen und können als Grundlage für eine Enteignung nach § 85 dienen. Sie können auch Entschädigungsansprüche iSv § 40 Abs. 1 Nr. 5 auslösen. Schließlich ist auch § 32 zu beachten, wenn überbaute Flächen als Verkehrsflächen festgesetzt werden sollen. 67

13. Zu Nr. 12: Versorgungsflächen, einschließlich der Flächen für Anlagen und Einrichtungen zur dezentralen und zentralen Erzeugung, Verteilung, Nutzung oder Speicherung von Strom, Wärme oder Kälte aus erneuerbaren Energien oder Kraft-Wärme-Kopplung. Nach **Nr. 12** können Versorgungsflächen im Bebauungsplan festgesetzt werden. Die Festsetzungsmöglichkeit wurde im Rahmen der Klimaschutz-Novelle 2011 präzisiert und erfasst nunmehr Versorgungsflächen „einschließlich der Flächen für Anlagen und Einrichtungen zur dezentralen und zentralen Erzeugung, Verteilung, Nutzung oder Speicherung von Strom, Wärme oder Kälte aus erneuerbaren Energien oder Kraft-Wärme-Kopplung" (vgl. *Bunzel* ZfBR 2012, 114 (118)). Um welche Anlagen und Einrichtungen es sich dabei handelt, wird nicht weiter vorgegeben. Die Präzisierung steht dabei im Zusammenhang mit der durch die Klimaschutz-Novelle 2011 ebenfalls neu geschaffenen Möglichkeit zur Darstellung der klimaschutzorientierten Ausstattung des Gemeindegebietes nach § 5 Abs. 2 Nr. 2b und c sowie Nr. 4 und ergänzt diese für die Ebene der verbindlichen Bauleitplanung (vgl. BT-Drs. 17/6076, 9). Erfasst sind von Nr. 12 daher vor allem sämtliche Anlagen und Einrichtungen des Energiefachrechts, insbesondere des EEWärmeG sowie des KWKG. 68

Versorgungsflächen dienen der **Aufnahme von Anlagen einschließlich ihrer Flächen** (so auch *Jäde* in JDW § 9 Rn. 44; *Schrödter* in Schrödter § 9 Rn. 80f.) für die **Versorgung** der Bevölkerung mit Strom, Wasser, Gas, Fernwärme, Telekommunikationsdienstleistungen und der dazugehörigen Nebenanlagen. Darunter fallen bspw. Kohle-, Gas- und Wasserkraftwerke, Heizkraftwerke für Fernwärme, Blockheizkraftwerke einschließlich ihrer jeweiligen Nebenanlagen wie Korrektur- und Umspannstationen, Verteilerstationen, Wassertürme oder Gasbehälter, Windkraftanlagen, Wasserwerke, Photovoltaikfreiflächenanlagen, Abspannwerke, Schaltanlagen, Pumpwerke, Pumpspeicherwerke, Brunnen und sonstige Wassergewinnungsanlagen oder auch Fernseh- und Richtfunktürme. Allerdings kann einer Festsetzung nach Nr. 12 kann vielfach auch die Festsetzung eines Sondergebietes in Betracht kommen (s. noch Rn. 72). Für die Steuerung der Zulässigkeit kleiner Mobilfunkanlagen ist auch eine Festsetzung nach Nr. 12 möglich, wenn sie auf der Basis eines planerischen Ge- 69

samtkonzeptes (hierzu VGH München Urt. v. 2.8.2007 – 1 BV 05/2105, ZfBR 2008, 287) erfolgt; ansonsten sind wegen der in der Regel allgemeinen oder jedenfalls ausnahmsweisen Zulässigkeit dieser Anlagen in den Baugebieten der BauNVO als Haupt- oder Nebenanlagen (s. noch Rn. 71, hierzu *Bracher* in BRS Rn. 311; VGH München Urt. v. 9.8.2007 – 25 B 05/1339, ZfBR 2008, 501; vgl. aber auch VGH München Urt. v. 9.8.2007 – 25 B 05/3055, ZfBR 2008, 292) Festsetzungen zur Zulässigkeit nicht notwendig oder gar eher davon freihaltende Festsetzungen zweckmäßig (*Spannowsky* ZfBR 2008, 446 (450, 453)).

70 Nicht von Bedeutung ist es, ob es sich bei den Versorgungsflächen um solche für Anlagen der örtlichen oder der überörtlichen Versorgung handeln soll (anders *Kment* DVBl. 2012, 1125 (1129)). Gerade bei Energieversorgungsflächen wäre eine Beschränkung auf die örtliche Versorgung im Hinblick auf den für Verbraucher offenen allgemeinen Strommarkt widersinnig. Die Versorgungsanlagen und -einrichtungen müssen auch **nicht zwingend allein der öffentlichen Versorgung** dienen (aA *Söfker* in EZBK § 9 Rn. 110; wohl auch *Gaentzsch* in BK § 9 Rn. 38: „der Allgemeinheit dienende Anlagen"; wie hier: *Bracher* in BRS Rn. 310). Ebenso spielt die Rechtsform, in der die Anlage betrieben wird, keine Rolle (*Gaentzsch* in BK § 9 Rn. 38; *Söfker* in EZBK § 9 Rn. 111). Erforderlich ist allerdings eine Präzisierung der Versorgungsfläche im Hinblick auf die **spezifische Art** der Versorgungsanlage (*Gierke* in KK § 9 Rn. 241).

71 Der Ver- und Entsorgung dienende **Nebenanlagen** können auch als Ausnahme in den Baugebieten zugelassen werden (vgl. § 14 Abs. 2 BauNVO), wenn sie der Versorgung eines Baugebietes dienen. Heizkraftwerke sind jedoch regelmäßig in den Baugebieten nicht nach § 14 Abs. 2 BauNVO zulässig, sofern sie nicht im Einzelfall den Charakter von Nebenanlagen haben (*Stock* in König/Roeser/Stock § 14 Rn. 25; OVG Berlin Urt. v. 27.11.1981 – 2 A 1/80, NVwZ 1982, 442, das zusätzlich auf die Genehmigungsbedürftigkeit nach § 4 BImSchG abstellt). Entscheidend ist insoweit neben dem Charakter der Anlage als Nebenanlage auch ihre **Gebietsverträglichkeit** (vgl. VGH München Beschl. v. 22.2.2007 – 15 ZB 06/1638, ZfBR 2007, 484).

72 Eine **Feinsteuerung** der Errichtung von Versorgungsanlagen, etwa durch die Festsetzung von Baugrenzen (BVerwG Urt. v. 21.10.2004 – 4 C 3/04, BVerwGE 122, 117: Die Baugrenzen können sich dabei sowohl auf Fundament und Turm einer Windkraftanlage, oder auch auf deren Rotor beziehen.), von Mindestabständen (OVG Lüneburg Urt. v. 3.5.2006 – 1 KN 58/05, ZfBR 2006, 797) oder von Gesamthöhen (OVG Münster Urt. v. 13.3.2006 – 7 A 3414/04, ZfBR 2006, 681) kann auch bei einer nach Nr. 12 festgesetzten Fläche im Bebauungsplan erfolgen. Dabei ist im Falle eines **Repowering** von Windenergieanlagen, also ihrer Modernisierung und Leistungssteigerung, die idR größere Höhe der Anlagen zu beachten (hierzu *Söfker* ZfBR 2008, 14 (18ff.); *Maslaton* LKV 2007, 259ff.; *Battis*, Repowering von Windenergieanlagen – Zulassung und planerische Steuerung, in Mitschang, Planen und Bauen im Außenbereich, 2010, 109ff.; vgl. auch § 5 Rn. 1b).

73 Nr. 12 ermöglicht eine **gezielte Standortfestlegung** (*Söfker* in EZBK § 9 Rn. 111). Es handelt sich also um eine eigenständige, neben der Festsetzung von Baugebieten oder Sondergebieten nach § 11 Abs. 2 BauNVO stehende Festsetzungsmöglichkeit. Ohne eigene Festsetzung sind Versorgungsanlagen und -einrichtungen als gewerbliche Betriebe nur in den entsprechenden Baugebieten zulässig (zu Nebenanlagen Rn. 71). Allerdings handelt es sich bei der Versorgungsfläche nicht um eine Baugebietsfläche, auch wenn sie räumlich von ihr umschlossen wird. Daher gilt das für das Baugebiet festgesetzte Maß der baulichen Nutzung ebenso wenig wie Regelungen über die überbaubaren Grundstücksflächen für die Versorgungsfläche. Diese sind vielmehr eigens festzusetzen (s. Rn. 72). Gegebenenfalls kann sich aber auch aus einer Auslegung der Planfestsetzungen (s. Rn. 7) ergeben, dass die betreffenden Festsetzungen auch für eine angrenzende Versorgungsfläche gelten sollen. Die Festsetzung einer Versorgungsfläche kann einen **Entschädigungs- und Über-**

3. Abschnitt. Verbindlicher Bauleitplan (Bebauungsplan) § 9

nahmeanspruch iSv § 40 Abs. 1 Nr. 6, Abs. 2 und 3 sowie Nutzungsbeschränkungen im Sinne von § 32 auslösen und ein **Vorkaufsrecht** begründen (vgl. § 24 Abs. 1 S. 1 Nr. 1).

14. Zu Nr. 13: Führung von Versorgungsanlagen und -leitungen. In engem 74 Zusammenhang mit der Festsetzungsmöglichkeit nach Nr. 12, insbesondere seit der durch die Klimaschutz-Novelle vorgenommenen Klarstellung in Bezug auf Flächen für Anlagen und Einrichtungen zur dezentralen und zentralen Erzeugung, Verteilung, Nutzung oder Speicherung von Strom, Wärme oder Kälte aus erneuerbaren Energien oder Kraft-Wärme-Kopplung, steht die Möglichkeit nach **Nr. 13**, die **Führung von Versorgungsanlagen und -leitungen** festzusetzen. Erfasst werden vor allem Hochspannungsleitungen und Gasleitungen (Verteilnetzanlagen), Wasserleitungen sowie Fernwärmenetze. Unter Versorgungsleitungen oder -anlagen sind **auch Entsorgungsleitungen** wie zB Abwasserkanäle zu verstehen, da eine andere Festsetzungsmöglichkeit hierfür, auch nach Nr. 14, nicht vorgesehen ist. Hinzuweisen ist aber auch auf § 14 BauNVO, der Nebenanlagen zur Ver- und Entsorgung in den Baugebieten auch ohne entsprechende planerische Festsetzung allgemein oder jedenfalls als Ausnahme ermöglicht.

Die Leitungen, aber auch die Versorgungsanlagen können sowohl oberirdisch als 75 auch unterirdisch gelegen sein. Im Unterschied zu den anderen Festsetzungsmöglichkeiten nach Nr. 13 **keine Flächen** festgesetzt werden. Dies folgt daraus, dass hier lediglich die **Führung** von Leitungen festgelegt werden kann, die aber jeweils nicht ganze Grundstücksflächen in Anspruch nehmen. Auch die Anlagen müssen aus diesem Grund „Leitungscharakter" haben, zB Schächte, Masten, Pumpen u. ä.,

Werden solche Leitungen nicht über gemeindeeigene oder versorgungsträgereigene Grundstücke geführt (zB entlang von Straßen oder Wegen), müssen mit den Eigentümern entsprechende **vertragliche Vereinbarungen** getroffen werden. Soll die Inanspruchnahme gegen den Willen der Eigentümer erfolgen, bedarf es in der Regel zusätzlich einer entsprechenden dinglichen Sicherung. Hierfür ist nicht Nr. 13, sondern Nr. 21 einschlägig (vgl. Rn. 113). Die Festsetzungsmöglichkeit nach Nr. 13 setzt gleichwohl nicht voraus, dass das Benutzungsrecht zum Zeitpunkt der Festsetzung bereits begründet ist (*Jäde* in JDW § 9 Rn. 45; *Bracher* in BRS Rn. 314; aA OVG Koblenz Urt. v. 1.8.1984 – 10 C 30/83, NVwZ 1986, 57). Allerdings erfolgt die Begründung des Rechts auch nicht bereits mit der Festsetzung im Bebauungsplan, sondern bedarf entsprechender zusätzlicher Vereinbarungen.

15. Zu Nr. 14: Flächen für Abfall- und Abwasserbeseitigung sowie Ablagerungen. Nach **Nr. 14** können Flächen für die Abfallbeseitigung, die Abwasserbeseitigung, einschließlich der Rückhaltung und Versickerung von Niederschlagswasser sowie Flächen für Ablagerungen festgesetzt werden. Die Zulässigkeit derartiger Anlagen als gewerbliche Betriebe in den entsprechend typisierten Baugebieten nach der BauNVO wird dadurch nicht eingeschränkt, sofern sie nicht ohnehin § 38 unterfallen (insbes. Abfallbeseitigungsanlagen, vgl. § 38 Rn. 17). Es kann aber durch Festsetzungen nach Nr. 14 **Flächenvorsorge** für die unter die Regelung fallenden Anlagen betrieben werden, soweit nicht zB die Aussagen eines durch Rechtsverordnung verbindlich gemachten Abfallwirtschaftsplans (vgl. § 30 Abs. 4 KrWG) entgegenstehen.

Flächen für die **Abwasserbeseitigung** können nach Nr. 14 im Bebauungsplan 78 ebenfalls festgesetzt werden. Hierunter fallen etwa Kläranlagen oder sonstige Abwassersammel- und -rückhaltebecken. Ausgeschlossen ist auch hier eine Festsetzung, soweit es sich um eine durch § 38 privilegierte Fachplanung handelt (vgl. Rn. 77). **Flächenvorsorge** kann allerdings auch in diesen Fällen durch die Kommune betrieben werden. Überschneidungen kann es etwa bei der Zuordnung von **Pumpstationen** geben, die in der Regel zu den Entsorgungsanlagen gehören, die nach Nr. 13 festzusetzen sind; sie können zudem auch als Nebenanlagen im Sinne des § 14 Abs. 2 BauNVO ohne planerische Festsetzung zulässig sein (vgl. aber OVG Berlin Urt. v.

Mitschang/Reidt

14.12.1982 – 2 A 10/81, BRS 39 Nr. 19, nach dem Pumpstationen u. U. sogar im Flächennutzungsplan dargestellt werden müssen).

79 Große Praxisrelevanz kommt der Festsetzungsmöglichkeit nach Nr. 14 für **Flächen für die Rückhaltung und Versickerung von Niederschlagswasser** zu. Niederschlagswasser ist Abwasser (vgl. § 54 Abs. 1 Nr. 2 WHG). Eine solche Festsetzung ist auch auf privaten Flächen zulässig und grundsätzlich mit Art. 14 Abs. 1 GG vereinbar (BVerwG Urt. v. 30.8.2001 – 4 CN 9/00, BVerwGE 115, 77 (87); VGH München Urt. v. 11.2.2014 – 1 N 10/2254, BeckRS 2014, 47679). Dem Bebauungsplan muss eine Erschließungskonzeption zugrunde liegen, nach der das anfallende Niederschlagswasser ohne Schäden für Gesundheit und Eigentum der Planbetroffenen innerhalb und außerhalb des Plangebiets beseitigt werden kann (BVerwG Urt. v. 21.3.2002 – 4 CN 14/00, BVerwGE 116, 144; zur gemeindlichen Haftung bei Überschwemmungsschäden durch den Überlauf eines Regenrückhaltebeckens vgl. BGH Urt. v. 11.3.2004 – III ZR 274/03, BGHZ 158, 263). **Maßnahmen,** wie etwa die Anlage von Mulden zur Versickerung oder Rückhaltung von Niederschlagswasser, sind nach Nr. **20** festzusetzen und können mit Festsetzungen nach Nr. 14 und 15 verbunden werden (hierzu BVerwG Urt. v. 30.8.2001 aaO; ferner *Ruf* BWGZ 1998, 469 (470f.)). Ein Bebauungsplan, der die Oberflächen- und Schmutzwasserentwässerung nur unzureichend berücksichtigt, kann wegen eines Fehlers im Abwägungsvorgang unwirksam sein (OVG Koblenz Urt. v. 8.3.2012 – 1 A 10 803/11, ZfBR 2012, 473).

80 Außerdem können Flächen für **Ablagerungen,** die nach § 29 Abs. 1 baulichen Vorhaben gleichgestellt sind, festgesetzt werden. Hierunter fallen alle Stoffe, die vom Abfallbegriff in § 3 Abs. 1 KrW nicht erfasst werden (vgl. *Söfker* in EZBK, § 9 Rn. 118). Eine Konkretisierung der Festsetzung von Ablagerungen hinsichtlich der abzulagernden Materialien ist aufgrund der Vielzahl der in Betracht kommenden Stoffe sinnvoll, teilweise sogar für die planerische Konfliktbewältigung geboten (vgl. *Bracher* in BRS Rn. 317). Ablagerungsfestsetzungen legen Grundstücksflächen fest, auf denen dauerhaft Gegenstände gelagert werden können. Der Begriff der Ablagerung iSd BauGB umfasst u. a. den Begriff der Lagerstätte (vgl. § 29 Abs. 1), der wiederum auch Lagerplätze einschließt (BVerwG Beschl. v. 29.6.1999 – 4 B 44/99, NVwZ-RR 1999, 623). Daher erfasst der Ablagerungsbegriff sowohl die Lagerung von Stoffen, die nicht mehr verwertbar sind (soweit sie nicht bereits unter den Begriff der Abfallbeseitigung fallen, s. Rn. 77), als auch von wieder verwertbaren Materialien. Dem Wortsinn nach enthält der Begriff der Lagerstätte ein Element der Dauerhaftigkeit (BVerwG Beschl. v. 29.6.1999 aaO). Ob die jeweiligen Materialien für einen kürzeren oder längeren Zeitraum abgelagert werden, ist hingegen bei der Bestimmung einer Lagerstätte nicht relevant. In Abgrenzung zum Begriff der Aufschüttungen (vgl. Rn. 94) besteht bei Ablagerungen ein Unterschied zwischen den gelagerten Materialien und der Beschaffenheit der Auflagefläche (*Söfker* in EZBK § 29 Rn. 49).

81 Festsetzungen nach Nr. 14 können einen **Entschädigungs- oder Übernahmeanspruch** nach § 40 Abs. 1 S. 1 Nr. 7 auslösen.

82 **16. Zu Nr. 15: Grünflächen.** Nach **Nr. 15** können in einem Bebauungsplan **Grünflächen,** wie Parkanlagen, Dauerkleingärten, Sport-, Spiel-, Zelt- und Badeplätze sowie Friedhöfe festgesetzt werden, wobei auch zu regeln ist, ob es sich um eine öffentliche **oder** private Grünfläche handelt, sofern sich dies nicht aus dem Zusammenhang oder der Planbegründung ergibt (BVerwG Beschl. v. 21.7.2011 – 4 BN 10.11, BauR 2011, 1941; *Gaentzsch* in BK § 9 Rn. 41; auf den Zweck der Fläche abstellend VGH München Urt. v. 13.5.2008 – 9 N 05/3240, BauR 2008, 2009). Davon hängt ab, ob die Gemeinde ein Vorkaufsrecht hat (vgl. § 24 Abs. 1 S. 1 Nr. 1) und in der Regel auch, ob dem Eigentümer ein Entschädigungs- oder Übernahmeanspruch zusteht (vgl. § 40 Abs. 1 S. 1 Nr. 8, s. hierzu VGH München Urt. v.

3. Abschnitt. Verbindlicher Bauleitplan (Bebauungsplan) § 9

25.11.1998 – 26 N 97/3821, Rn. 27 f., juris, der einen Entschädigungsanspruch auch im Fall der Festsetzung einer privaten Grünfläche für möglich hält; BGH Urt. v. 9.10.1997 – III ZR 148/96, BauR 1998, 297; s. aber auch OVG Saarlouis Urt. v. 25.6.2009 – 2 C 478/07, BauR 2010, 576; *Schrödter* in Schrödter § 9 Rn. 90; *Paetow* in BK § 40 Rn. 10; *Jäde* in JDW § 40 Rn. 4). Es handelt sich bei „Grünfläche" um einen **Oberbegriff.** Die aufgezählten Zweckbestimmungen sind nur beispielhaft. Auch eine **Straßenrandbegrünung** kann nach Nr. 15 festgesetzt werden (BVerwG Beschl. v. 24.4.1991 – 4 NB 25/90, NVwZ 1991, 877). Soweit eine **Wasserfläche** Bestandteil einer Grünfläche ist, bedarf sie keiner eigenständigen Festsetzung nach Nr. 16 (zB ein Teich als gestalterisches Element in einer Parkanlage), da sie dann vom Begriff der Grünfläche mitumfasst ist. Ein Bebauungsplan, der eine Festsetzung öffentlicher Grünflächen mit Spielanlagen, Sportanlagen und Freizeitanlagen enthält, ohne zu regeln, was für Sportanlagen an welcher Stelle des Plangebietes errichtet werden dürfen, kann mangels hinreichender Bestimmtheit unwirksam sein (VGH Mannheim Urt. v. 26.7.1983 – 5 S 433/83, BauR 1983, 550). Campingplätze fallen nicht unter die Grünflächen iSv Nr. 15 (vgl. aber § 10 Abs. 5 BauNVO).

Die Festsetzung **privater** Grünflächen kann etwa dazu dienen, die städtebauliche 83 (nicht nur ökologische, vgl. OVG Saarlouis Urt. v. 25.6.2009 – 2 C 478/07, BauR 2010, 576; zugunsten des Natur- und Artenschutzes vgl. OVG Koblenz Urt. v. 12.7.2012 – 1 C 11 236/11, BauR 2012, 1753 (1758ff.)) Funktion von ortsbildprägenden Freiflächen wie zB Hausgärten (BVerwG Urt. v. 18.5.2001 – 4 CN 4/00, BVerwGE 114, 247 (254); Beschl. v. 21.7.2011 – 4 BN 10/11, ZfBR 2011, 776; OVG Münster Urt. v. 30.9.2014 – 2 D 87/13, BauR 2015, 934) oder Parkanlagen (vgl. zum Begriff OVG Münster Urt. v. 23.10.2001 – 10a D 192/98, ZfBR 2003, 388; zu Festsetzungen OVG Lüneburg Urt. v. 24.11.2010 – 1 KN 266/07, DVBl. 2011, 292; OVG Berlin-Brandenburg Urt. v. 3.5.2010 – 2 A 18/08, BauR 2010, 1809) zu regeln. Dass Zielsetzungen des Denkmalschutzes hinzutreten, ist dann unschädlich, wenn sie nicht der eigentliche Grund der Festsetzung sind (BVerwG Urt. v. 18.5.2001 – 4 CN 4/00, BVerwGE 114, 247 (255f.); *Stich* UPR 2003, 241 (242f.)). Die Festsetzung einer privaten Grünfläche entzieht das betreffende Grundstück zumindest weitgehend den Gestaltungs- und Nutzungsmöglichkeiten des Eigentümers und bedarf daher hinreichend gewichtiger Gründe (OVG Koblenz Urt. v. 12.7.2012 – 1 C 11 236/11, BauR 2011, 1753). Sie scheidet aus, wenn nur fremdnützige Zielsetzungen verfolgt werden (OVG Saarlouis Urt. v. 26.2.2013 – 2 C 424/11, NVwZ 2013, 696).

Bei der Festsetzung **öffentlicher Grünflächen** auf privaten Grundstücken ist 84 noch stärker als bei der Festsetzung einer privaten Grünfläche die Bestandsgarantie des Eigentums nach Art. 14 Abs. 1 GG zu beachten und zur größtmöglichen Schonung privater Flächen ggf. die Erzielung eines Lastenausgleichs durch bodenordnende Maßnahmen zu prüfen (BVerfG Beschl. v. 19.12.2002 – 1 BvR 1402/01, BauR 2003, 1338 f.; VGH Kassel Urt. v. 17.6.2010 – 4 C 713/09, BauR 2011, 795). Gleichwohl müssen bei der Aufstellung des Plans nicht die Enteignungsvoraussetzungen der §§ 85 ff. erfüllt sein (BVerwG Beschl. v. 11.4.2012 – 4 BN 13/12, BauR 2012, 1197).

Bei der Festsetzung einer Grünfläche muss die **Zweckbestimmung** nur dann **be-** 85 **reits im Einzelnen konkretisiert** werden, wenn dies für die städtebauliche Entwicklung erforderlich ist (BVerwG Beschl. v. 21.7.2011 – 4 BN 10/11, BauR 2011, 1941). In diesem Fall ist anzugeben, ob zB einer der in Nr. 15 genannten Zwecke (Parkanlagen, Dauerkleingärten, Hausgärten, hierzu OVG Berlin Urt. v. 26.11.1999 – 2 A 6/95, BauR 2000, 1295 (1296); OVG Münster Urt. v. 30.9.2014 – 2 D 87/13, BauR 2015, 934) verwirklicht werden soll (s. noch Rn. 88; zu Festsetzung von Grünflächen auf privaten Grundstücken zur Schaffung eines **Fuß- und Radwegenetzes** vgl. OVG Münster Urt. v. 12.12.2005 – 10 D 64/03, ZfBR 2006, 368; zu Konkretisierungsmöglichkeiten und -notwendigkeiten bei der Festsetzung von **Golfplätzen,**

vgl. *Spoerr/Parmentier* BauR 2000, 189 ff.). Grünflächen sind Flächen, die grundsätzlich frei von fester Bebauung, insbesondere geschlossenen Gebäuden sind, und durch naturbelassene oder angelegte, mit Pflanzen bewachsene oder zumindest dem Aufenthalt im Freien dienende Flächen geprägt werden (OVG Münster Urt. v. 4.7.2012 – 10 D 29/11, BauR 2012, 1750; Urt. v. 31.8.2012 – 10 D 84/11). Sie müssen daher nicht ganz oder überwiegend begrünt sein. Dies ergibt sich schon aus den angeführten Beispielen, etwa aus Sport- und Spielplätzen. Die Zweckbestimmung darf aber die Grenzen der Nutzungsart „Grünfläche" nicht überschreiten. Der Schwerpunkt muss in der Nutzung als Grünfläche liegen (OVG Münster Urt. v. 31.8.2012 – 10 D 84/11, BauR 2013, 195). Bauliche Anlagen und Einrichtungen (zB Friedhofskapellen auf Friedhöfen, Sanitärgebäude auf einem Zeltplatz oder Wege, Bänke sowie Spielgeräte in einer Parkanlage), die der Zweckbestimmung dienen, sind zwar nicht generell ausgeschlossen, jedoch dürfen sie bei einer **Gesamtbetrachtung** nur von untergeordneter Bedeutung sein (BVerwG Beschl. v. 2.2.1995 – 4 B 257/94, NVwZ-RR 1995, 484; OVG Münster Urt. v. 4.7.2012 – 10 D 29/11, BauR 2012, 1750 (1752); VGH Mannheim Urt. v. 16.4.2008 – 3 S 1771/07, ZfBR 2009, 74). Maßgeblich ist dabei die Beurteilung im Einzelfall (BVerwG, Beschl. v. 22.10.2012 – 4 BN 36.12, ZfBR 2013, 178 (179)).

86 Sport- und Spielplätze können außer nach Nr. 15 auch auf der Grundlage von Nr. 5 im Bebauungsplan festgesetzt werden. Hinsichtlich der damit verbundenen Folgen (etwa Vorkaufsrecht oder Entschädigungs- und Übernahmeanspruch, Enteignungsvoraussetzungen oder Nutzungsbeschränkungen) besteht dabei kein Unterschied (vgl. auch BVerwG Beschl. v. 22.5.2014 – 4 BN 2.14, ZfBR 2014, 572 (573)). Die Nr. 5 ist dann heranzuziehen, wenn die Sport- und Spielplatzfunktion im Vordergrund steht.

87 Bei der Festsetzung von Flächen für **Dauerkleingärten** muss tatsächlich beabsichtigt sein, auf Dauer Kleingärten iSv § 1 Abs. 3 BKleingG zu errichten und zuzulassen. Dies fordert die Nutzung eines fremden Grundstücks zB auf Pachtbasis; Eigentümergärten sind daher keine Dauerkleingärten iSv Nr. 15 (BVerwG Urt. v. 2.9.1983 – 4 C 73/80, BVerwGE 68, 6; vgl. aber auch BVerwG Beschl. v. 18.5.1992 – 4 B 98/92, BauR 1992, 592). Für Vereinsheime, Parkplätze und ähnliche bauliche Anlagen sind eigene Festsetzungen erforderlich, nicht dagegen für Gartenlauben iSv § 3 Abs. 2 S. 1 BKleingG mit einer Grundfläche bis zu 24 m² (vgl. hierzu auch BVerwG Urt. v. 18.8.1989 – 4 C 12/86, ZfBR 1990, 38 (40)).

88 Wird im Bebauungsplan nur „Grünfläche" festgesetzt, kann auch nur eine eingegrünte Fläche ohne weitere Spezifizierung angelegt werden (BVerwG Beschl. v. 21.7.2011 – 4 BN 10/11, BauR 2011, 1941). Hingegen ist etwa die Errichtung eines Spielplatzes nicht gestattet, wenn dadurch Nutzungskonflikte entstehen können (BVerwG Urt. v. 19.1.1989 – 7 C 77/87, BVerwGE 81, 197 (209) bezogen auf eine Festsetzung „Grünfläche (Sportplatz)". Die Festsetzung als Grünfläche kann – anders als bei einer bloßen „Negativplanung" (vgl. Rn. 109) – auch ein zulässiges planerisches Gestaltungsmittel für eine **„Auffangplanung"** bei einer nicht sicher vorhersehbaren Entwicklung, etwa bei einer nicht mehr benötigten Betriebsfläche für Bahnanlagen, sein (vgl. BVerwG Urt. v. 16.12.1988 – 4 C 48/86, BVerwGE 81, 111).

89 Die Festsetzung einer Grünfläche nach Nr. 15 kann, ebenso wie etwa Festsetzungen nach Nr. 16, 18, 20 und 25, auch dazu dienen, die im Bebauungsplan vorgesehenen **Eingriffe in Natur und Landschaft auszugleichen** (s. § 1a Abs. 3; vgl. OVG Koblenz Urt. v. 14.1.2000 – 1 C 12 946/98, BauR 2000, 1011/1013 f.; zur städtebaulichen Funktion s. auch Rn. 83). Dabei können die Beeinträchtigungen auf derselben Grundstücksfläche zu erwarten sein, für die die Festsetzung getroffen wird, oder an anderer Stelle innerhalb des Plangebiets oder in einem anderen Bebauungsplan (s. Rn. 160 ff.).

90 Festsetzungen nach Nr. 15 können von anderen Festsetzungen nach Abs. 1 und 2 überlagert werden. Sehr häufig kommt dies in Bezug auf Anpflanzungsmaßnahmen

3. Abschnitt. Verbindlicher Bauleitplan (Bebauungsplan) § 9

oder Pflanzbindungen sowie Erhaltungsmaßnahmen iSv Nr. 25 vor, dabei wiederum oftmals zur Festsetzung von **Ausgleichsmaßnahmen** für durch den Bebauungsplan vorbereitete Eingriffe in Natur und Landschaft.

17. Zu Nr. 16: Wasserflächen. Die Festsetzungsmöglichkeit bezieht sich auf 91 „Wasserflächen sowie die Flächen für die Wasserwirtschaft, für Hochwasserschutzanlagen und für die Regelung des Wasserabflusses. Wasserflächen sind oberirdische, natürliche und künstliche, stehende und fließende Gewässer (*Gaentzsch/Philipp Tepperwien* in BK § 5 Rn. 35). Mit dem Inkrafttreten des BauROG 1998 ist der frühere **Subsidiaritätsvorbehalt** („nicht nach anderen Vorschriften verbindlich getroffen werden können", vgl. *Mitschang* LKV 1996, 69ff.) entfallen. Dies führte zu einer deutlichen Erweiterung des Anwendungsbereichs für Festsetzungen nach Nr. 16, insbesondere bei **Flächen für den Wasserverkehr und die Wasserwirtschaft**. Der Vorrang von Fachplanungen gem. § 38 bleibt allerdings erhalten. Planfestgestellte Wasserflächen sind in einen Bebauungsplan nachrichtlich nach Abs. 6 aufzunehmen. Zur **Flächenvorsorge** können allerdings Wasserflächen im Bebauungsplan festgesetzt werden, um so die Herstellung eines Gewässers zu ermöglichen (vgl. Rn. 77; *Jäde* in JDW § 9 Rn. 52). Unter „Flächen für die **Wasserwirtschaft**" fallen zB Talsperren zur Gewinnung und Sicherung von Trinkwasser oder Stauseen. Soweit diese der Elektrizitätsversorgung dienen, kommt jedoch eher eine Festsetzung als Versorgungsfläche (Nr. 12) in Betracht (vgl. Rn. 68f.). Flächen für **Hochwasserschutzanlagen** beziehen sich auf Dämme, Deiche, Kanäle, Gräben sowie sonstige Anlagen und Einrichtungen, mit denen dem Ziel des Hochwasserschutzes Rechnung getragen werden kann. Flächen für die **Regelung des Wasserabflusses** beziehen sich auf Retentionsflächen sowie auf Flächen, die im Bedarfsfalle geflutet werden können. Wie bei den Flächen für Hochwasserschutzanlagen geht es auch hier im Rahmen der Bebauungsplanung in erster Linie um die Sicherung der Flächen für die Durchführung von wasserwirtschaftlichen Maßnahmen. Die **Zweckbestimmung** der Festsetzung ist anzugeben, wenn sie sich nicht bereits aus ihrer Funktion selbst oder unter Heranziehung der Planbegründung durch Auslegung (Rn. 7) ergibt (vgl. Rn. 234).

Nr. 16 ist auch von Bedeutung für **Wasserflächen, die keine besondere was-** 92 **serverkehrliche oder wasserwirtschaftliche Bedeutung haben**. Auch hier ist die Festsetzung einer Zweckbestimmung sinnvoll, da dann die mit dieser Zweckbestimmung wesensmäßig verbundenen baulichen Anlagen zulässig sind (zB Steganlage an einem Badeteich). Wird lediglich eine Wasserfläche festgesetzt, sind bauliche Anlagen grundsätzlich ausgeschlossen (*Spannowsky* in SU§ 9 Rn. 67; vgl. zu Grünflächen Rn. 85). Besondere Bedeutung hat dies für die Gestaltung von Ufergrundstücken, da damit Aufschüttungen oder Abgrabungen, die eine Zugänglichkeit der Wasserfläche ermöglichen können, unterbunden werden (*Bracher* in BRS Rn. 328). Spezifische Nutzungsregelungen dürfen auf der Rechtsgrundlage der Nr. 16 nicht getroffen werden (zu Verkehrsflächen besonderer Zweckbestimmung vgl. Rn. 65).

Festsetzungsüberlagerungen, insbesondere mit Nr. 20, sind möglich, vor allem 93 wenn eine naturnahe Gestaltung und/oder eine Freihaltung der Uferbereiche von anderen Nutzungen bezweckt werden soll. Die Gemeinde kann daher größere Wasserflächen auf der Grundlage von Nr. 16 auch in Konzepte zum Ausgleich von Eingriffen in Natur und Landschaft einbeziehen, etwa durch teilweise Renaturierung, soweit nicht fachplanerische Vorrangzwecke beeinträchtigt werden (vgl. etwa den Fall des VGH München Urt. v. 3.3. 1998 – 27 N 93/3748, BauR 1998, 748 bei dem allerdings noch die Subsidiarität, Rn. 91, galt). Durch Festsetzungen nach Nr. 16 kann ein **Entschädigungs- oder Übernahmeanspruch** nach § 40 Abs. 1 S. 1 Nr. 13 und Abs. 2 entstehen.

18. Zu Nr. 17: Flächen für Aufschüttungen und Abgrabungen sowie zur 94 **Gewinnung von Bodenschätzen. Aufschüttungen** nach **Nr. 17** sind künstliche Aufhöhungen der Erdoberfläche wie etwa Halden, die Lagerung von überschüssigem

§ 9 I. Kapitel. I. Teil. Bauleitplanung

Boden oder auch die Verfüllung von Bodenvertiefungen. Für die Abfallbeseitigung ist Nr. 14 speziell (Rn. 77 ff.). Erdaufschüttungen für die Anlage von Straßen fallen unter Nr. 26, für Lärmschutzwälle unter Nr. 24. Bei den Aufschüttungen muss es sich um **selbstständige, dauerhafte Vorhaben** handeln, die nicht im Zusammenhang zB mit einem Bauvorhaben stehen. In diesem Fall ist eine Festsetzung der zulässigen baulichen Nutzung, evtl. verbunden mit einer Angabe der Höhenlage nach Abs. 3, erforderlich. Für die Berücksichtigung ggf. entstehender Auswirkungen kann es notwendig sein, Aufschüttungen, die nicht aus Erdreich bestehen, hinsichtlich ihrer stofflichen Zusammensetzung zu konkretisieren (vgl. *Spannowsky* in SU § 9 Rn. 74).

95 Für **Abgrabungen,** d. h. für künstliche Absenkungen oder Vertiefungen des vorgefundenen Bodenniveaus, gilt dasselbe wie für Aufschüttungen. Sie haben aber nur selten selbstständige Bedeutung, da sie in der Regel mit der **Gewinnung von Bodenschätzen** wie zB Torf (hierzu VGH München Urt. v. 6.3.1990 – 8 B 87/2925, NVwZ 1991, 391), Sand oder Kies (hierzu *Gaentzsch* NVwZ 1998, 889 (894)) oder Braunkohle (hierzu *Jaschinski* LKV 1999, 295 ff.) verbunden sind. Derartige Zweckbestimmungen der Fläche sind bei einer Festsetzung anzugeben, wenn sie sich nicht bereits aus einer Auslegung des Plans ergibt (*Spannowsky* in SU § 9 Rn. 74). In Betracht kommt auch eine Überlagerung mit Abs. 2, um die Folgenutzung festzulegen (*Bracher* in BRS Rn. 334).

96 Entscheidend ist, dass die nach Nr. 17 zulässige Nutzung stets mit einer **Inanspruchnahme der Erdoberfläche** verbunden ist. Erfolgt die Gewinnung von Bodenschätzen im Untertagebau, ist lediglich eine Kennzeichnung nach Abs. 5 Nr. 2 geboten.

97 Sowohl für Aufschüttungen als auch für Abgrabungen kommt eine Festsetzung in der Regel nur in Betracht, wenn sie einen größeren Umfang haben, da insoweit die bauplanungsrechtliche Bestimmung in § 29 Abs. 1 greift und die §§ 30 bis 37 für anwendbar erklärt (*Gaentzsch* in BK § 9 Rn. 46; s. auch § 29 Rn. 23 zur Anknüpfungsfunktion und Stoppfunktion des Bebauungsplans).

98 Eine Festsetzung nach Nr. 17 lässt die gegenwärtige Nutzung der Fläche bis zur Inanspruchnahme durch das Nr. 17 unterfallende Vorhaben unberührt. Da es sich hierbei in der Regel um Land- oder Forstwirtschaft, nicht aber um bauliche Nutzungen handelt, ist für den Bestand eine besondere Festsetzung (ggf. überlagernd) zumeist nicht erforderlich. Allerdings ist für Festsetzungen nach Nr. 17 eine **Entschädigung** in § 40 Abs. 1 S. 1 Nr. 9 oder eine **Übernahme** nach § 40 Abs. 2 vorgesehen.

99 Im Übrigen sind bei Abgrabungen etwaige **Abgrabungsgesetze der Länder,** das Naturschutzrecht und insbesondere die **Ziele der Raumordnung** zu beachten; letztere sind oftmals in Regionalplänen für die Sicherung von Flächen für die Gewinnung von Bodenschätzen enthalten (hierzu *Berkemann* DVBl. 1989, 625 (630 ff.); s. auch § 35 Rn. 103 ff.).

100 **19. Zu Nr. 18: Flächen für Landwirtschaft und Wald. Landwirtschaft und Wald,** für die nach **Nr. 18 a und 18 b** Flächen festgesetzt werden können (zu den Begriffen s. Rn. 102 sowie § 5 Rn. 31 f. und § 201), sind im Außenbereich ohne weiteres zulässig. Auch die Errichtung von für die Land- oder Forstwirtschaft erforderlichen Wohn- oder Betriebsgebäuden ist als privilegiertes Vorhaben nach § 35 Abs. 1 ohne Planung zulässig. Setzt die Gemeinde gleichwohl Flächen für die Landwirtschaft oder für Wald fest, muss dies in besonderem Maße einer Erforderlichkeitsprüfung standhalten. Die Festsetzung von Wald oder einer Fläche für die Landwirtschaft kann zB aufgrund ihrer Funktion für die Klimaverbesserung (BVerwG Beschl. v. 27.1.1999 – 4 B 129/98, ZfBR 1999, 159) oder als Naherholungsgebiet gerechtfertigt sein (vgl. auch BT-Dr. 10/4630, 68 und 72; s. auch OVG Berlin-Brandenburg Urt. v. 21.6.2012 – OVG 2 B 25/10, NuR 2013, 45 (46)). Sie kann ggf. sogar ähnlich eingesetzt werden wie eine Grünflächenfestsetzung nach Nr. 15 (OVG Lüneburg Urt. v. 8.9.2010 – 1 KN 129/07, BauR 2011, 1131 (1134)). Die Festsetzung nach

Nr. 18b setzt voraus, dass Wald vorhanden ist oder sich nach den Festsetzungen des Bebauungsplans jedenfalls entwickeln kann.

Nach Nr. 18 ist es zulässig, Flächen für die Landwirtschaft **und** Wald festzusetzen. **101 Beide** Möglichkeiten stehen nicht als Alternativen einander gegenüber, sondern können auch miteinander kombiniert werden (noch weitergehend *Jäde* in JDW § 9 Rn. 54: Offenlassen der Nutzung für forst- oder landwirtschaftliche Zwecke). Durch eine Festsetzung nach Nr. 18 wird die Zulässigkeit aller nicht mit den Funktionen der Landwirtschaft oder von Wald verbundenen und ihnen dienenden Vorhaben ausgeschlossen (BVerwG Urt. v. 27.10.2011 – 4 CN 7/10, NuR 2012, 56 ff.; VGH Mannheim Urt. v. 24.3.1994 – 5 S 872/93, NuR 1994, 448; OVG Weimar Urt. v. 13.10.2011 – 1 C 9/09, BauR 2012, 1205 (1207 f.)). Wohn- und Wochenendhaussiedlungen erfüllen diese Voraussetzungen nicht und können auch nicht über § 1 Abs. 10 BauNVO zugelassen werden, da es sich bei Nr. 18 nicht um ein Baugebiet iSv §§ 2 bis 9 BauNVO handelt (BVerwG Urt. v. 27.10.2011 – 4 CN 7/10 aaO). Hingegen können allein mit einer Festsetzung nach Nr. 18 nicht auch solche Anlagen ausgeschlossen werden, die der Landwirtschaft oder der Waldnutzung dienen (vgl. BVerwG Beschl. v. 17.12.1998 – 4 NB 4/97, NVwZ 1999, 984). Dafür ist dann ggf. eine Überlagerung mit einer Festsetzung nach Nr. 10 erforderlich. Hierfür müssen hinreichend wichtige öffentliche Belange sprechen (OVG Koblenz Urt. v. 20.1.2011 – 1 C 10 801/10, BauR 2011, 1779).

Zum Begriff der **Landwirtschaft** enthält § 201 eine Legaldefinition. Es ist nach **102** Nr. 18a möglich, dass die Gemeinde bei der Festsetzung nur eine der dort angeführten möglichen Formen der Landwirtschaft (zB Gewächshäuser oder Weinbau) für zulässig erklärt (*Bracher* in BRS Rn. 336; *Söfker* in EZBK § 9 Rn. 147; *Jäde* in JDW § 9 Rn. 54; *Ziegler* NVwZ 1988, 505 ff.; vorsichtiger, aber auch zustimmend *Gaentzsch* in BK § 9 Rn. 47; offen lassend BVerwG Urt. v. 17.12.1998 – 4 NB 4/97, NVwZ 1999, 984). **Wald** ist nach § 2 Abs. 1 BWaldG jede mit Forstpflanzen bestockte Grundfläche (vgl. OVG Lüneburg Urt. v. 8.9.2010 – 1 KN 129/07, BauR 2011, 1131; zum Begriff der Forstwirtschaft vgl. § 35 Rn. 12). Festsetzbar ist als weitere Konkretisierung die Waldfunktion (z. B. Erholungswald), nicht hingegen eine über die flächenhafte Funktionszuweisung hinausgehende Form der Waldbewirtschaftung (z. B. als Laubmischwald oder als Waldrand; s. BVerwG Urt. v. 25.6.2014 – 4 CN 4/13, ZfBR 2014, 763 (763)). Die Verfolgung landschaftsgestalterischer Zielsetzungen kann nicht durch Festsetzungen nach Nr. 18 erfolgen. Hierfür stehen jedoch als flächenbezogene Festsetzungen nach Nr. 15 oder Nr. 20 sowie Bepflanzungsvorgaben für diese Flächen nach Nr. 25 und 20 zur Verfügung (BVerwG Urt. v. 25.6.2014 – 4 CN 4/13, ZfBR 2014, 763 (765)).

Die Gemeinde darf mit einer Festsetzung nach Nr. 18 zwar nicht lediglich versu- **103** chen, Teile ihres Gebietes von einer Bebauung freizuhalten (BVerwG Urt. v. 14.7.1972 – IV C 8/70, BVerwGE 40, 258; VGH München Urt. v. 3.4.2000 – 14 N 98/3624, BauR 2000, 1836). Andererseits ist jedoch die **Freihaltung des Außenbereichs von Gebäuden** ein wesentliches Mittel zur Förderung der Land- und Forstwirtschaft sowie zur Erhaltung landwirtschaftlicher Nutzflächen und des Waldes (*Gaentzsch* in BK § 9 Rn. 47). Eine solche Festsetzung kann sich daher insbesondere dann als sinnvoll erweisen, wenn der Außenbereich bereits erheblich zersiedelt ist und eine Ablehnung weiterer Gebäude daher schwierig würde (vgl. OVG Lüneburg Urt. v. 8.9.2010 – 1 Kn 129/07 –, BauR 2011, 1131 (1134 f.)).

Die Festsetzung von Flächen nach Nr. 18a oder 18b reicht als solche nicht für **104** den **Ausgleich** eines **Eingriffs in Natur und Landschaft** aus. Dafür müssen ggf. ergänzende ökologisch orientierte Festsetzungen überlagernd getroffen werden. Wird mit solchen überlagernden Ausgleichsfestsetzungen eine Bestandsfläche mit Landwirtschaft oder Wald belegt, ist zu prüfen, ob hierdurch den **Belangen der Land- und Forstwirtschaft nach § 1 Abs. 6 S. 2 Nr. 8b** hinreichend Rechnung getragen wird.

§ 9 I. Kapitel. I. Teil. Bauleitplanung

105 **20. Zu Nr. 19: Flächen für Anlagen zur Kleintierhaltung.** Zur Kleintierhaltung gehören etwa die Haltung von Hunden (VGH Mannheim Beschl. v. 13.3.2003 – 5 S 2771/02, BauR 2003, 1854: Hundehaltung im Freien kann im Mischgebiet unzulässig sein) und Katzen, von Hühnern (OVG Münster Beschl. v. 10.7.2002 – 10 A 2220/02, BauR 2003, 66: Das Halten von mehr als einem Hahn kann im reinen Wohngebiet unzulässig sein), Gänsen und Tauben (vgl. BVerwG Beschl. v. 5.1.1999 – 4 B 131/98, BauR 1999, 732; dass. Beschl. v. 1.3.1999 – 4 B 13/99, BauR 2000, 73), Kaninchen, Ziegen, Schweinen, Schafen und vergleichbaren Tieren. Auch die Volierenhaltung von 20 Kanarienvögeln und 30 Rassetauben kann in einem reinen Wohngebiet zulässig sein (OVG Lüneburg Beschl. v. 30.8.2004 – 9 ME 101/04, ZfBR 2005, 278). **Nicht** unter die Kleintierhaltung fallen gefährliche Tiere wie Löwen (VGH München Urt. v. 22.6.1982 – 21 B 81 A/1353, BayVBl. 1983, 212 (215f.)), Tiger (VG Berlin Beschl. v. 27.6.1983 – 13 A 152/83, NJW 1984, 140), Pumas (BVerwG Beschl. v. 5.3.1984 – 4 B 20/84, NVwZ 1984, 647), aber auch Ponys (OVG Lüneburg Urt. v. 23.11.1979 – I A 183/78, NJW 1980, 1408; aA *Gaentzsch* in BK § 9 Rn. 49). Zur Zulässigkeit von Nebenanlagen zur Kleintiererhaltung vgl. § 14 Abs. 1 BauNVO.

106 Die **Anlagen für die Kleintierhaltung**, die auf den nach **Nr. 19** festsetzbaren Flächen zulässig sind, können in der Regel auch nach § 14 Abs. 1 S. 2 BauNVO als untergeordnete Nebenanlagen und Einrichtungen in jedem Baugebiet zugelassen werden (vgl. Rn. 13, zu Einschränkungen aber auch Rn. 105). Darüber hinaus sind sie bei Kleinsiedlungen und landwirtschaftlichen Nebenerwerbsstellen in Dorf- und Kleinsiedlungsgebieten sowie im Zusammenhang mit Wirtschaftsstellen landwirtschaftlicher Betriebe in Dorfgebieten allgemein zulässig (vgl. § 2 Abs. 2 Nr. 1 sowie § 5 Abs. 2 Nr. 1 und 2 BauNVO). Eine Grenze ergibt sich dabei aus dem in § 15 Abs. 1 BauNVO verankerten Gebot der nachbarlichen Rücksichtnahme (vgl. Rn. 15 sowie Vorb. §§ 29–38 Rn. 46ff.). Größere Anlagen etwa zur Hundezucht sind daher als Nebenanlagen zB in Wohngebieten in der Regel nicht zulässig. Andererseits können solche Anlagen auch im Außenbereich zumeist nur als nicht privilegierte Vorhaben im Einzelfall zugelassen werden, da es sich bei der Kleintierhaltung in der Regel nicht um Landwirtschaft i. S. des § 201 handelt (hierzu § 201 Rn. 4). Allenfalls kann eine – rechtlich unsichere – Privilegierung nach § 35 Abs. 1 Nr. 4 in Betracht kommen. Eine Festsetzung nach Nr. 19 kann daher Rechtssicherheit für den Kleintierhalter und zugleich die Voraussetzungen für die notwendige Einbindung der Anlage in die Umgebung schaffen. Ihr kommt eigenständige Bedeutung vor allem in den Fällen zu, in denen Anlagen der Kleintierhaltung nicht schon nach den Regelungen der BauNVO oder als privilegierte Nutzung im Außenbereich zulässig sind und daher einer spezifischen Festsetzung bedürfen. Dabei hat es keine Bedeutung, ob es sich um eine gewerbliche oder eine freizeitgestaltende Kleintierhaltung handelt (*Bracher* in BRS Rn. 343). Für größere gewerbliche Betriebe kann allerdings die Ausweisung eines Sondergebietes nach § 11 Abs. 2 BauNVO zweckmäßiger sein.

107 Zulässig auf den nach Nr. 19 festgesetzten Flächen sind (neben den ausdrücklich benannten Ausstellungs- und Zuchtanlagen, Zwingern und Koppeln) die für das Halten der Tiere erforderlichen Anlagen wie zB **Stallungen**, aber auch Gebäude (Wohnungen) für die Unterbringung des erforderlichen Personals, soweit dieses entsprechend dem jeweiligen Nutzungszweck ständig anwesend sein muss.

108 **21. Zu Nr. 20: Boden-, Natur- und Landschaftsschutz.** Nr. 20 ermöglicht Festsetzungen für **Flächen oder Maßnahmen zum Schutz, zur Pflege und zur Entwicklung von Boden, Natur und Landschaft**. Dies verdeutlicht, dass die Bauleitplanung nicht nur die bauliche, sondern auch die sonstige Bodennutzung zum Gegenstand hat (*Gaentzsch* in BK § 9 Rn. 50). Komplementärvorschrift beim Flächennutzungsplan ist § 5 Abs. 2 Nr. 10 (vgl. § 5 Rn. 33ff.). Durch das BauROG 1998 wurde die Subsidiaritätsklausel wie bei Nr. 16 (vgl. Rn. 91) gestrichen und zu-

3. Abschnitt. Verbindlicher Bauleitplan (Bebauungsplan) § 9

dem das Schutzgut Boden in den Anwendungsbereich der Vorschrift einbezogen. Beides führte zu einer erheblichen Erweiterung des Anwendungsbereiches der Festsetzungsmöglichkeit (*Söfker* in EZBK § 9 Rn. 156). Regelungen zu Maßnahmen zum Schutz, zur Pflege und zur Entwicklung von Boden, Natur und Landschaft werden als überlagernde Festsetzungen (grundsätzlich zur Zulässigkeit von Überlagerungen BVerwG Beschl. v. 2.4.2008 – 4 BN 6/08, ZfBR 2008, 592) getroffen (ebenso *Bracher* in BRS Rn. 347; *von Heyl* BauR 1997, 232 (240f.); ablehnend *Busse* BayVBl. 1996, 481 (483)). Demgegenüber handelt es sich bei Regelungen über Flächen zum Schutz, zur Pflege oder zur Entwicklung von Natur und Landschaft entweder um selbstständige oder um überlagernde Festsetzungen (*Gierke* in KK § 9 Rn. 24; zB Überlagerung mit nicht überbaubaren Grundstücksflächen in Baugebieten oder mit öffentlichen oder privaten Grünflächen oder mit landwirtschaftlichen Flächen, vgl. OVG Lüneburg Urt. v. 8.12.2009 – 1 KN 355/07, ZfBR 2010, 474 (475)). Festsetzungen nach Nr. 20 können sowohl für Flächen, die in privatem Eigentum stehen, als auch für Flächen, die in öffentlichem Eigentum stehen, getroffen werden (zB als Ausgleichsflächen; vgl. BVerwG Urt. v. 5.1.1999 – 4 BN 28/97, NVwZ-RR 1999, 426; OVG Saarlouis Urt. v. 29.4.2010 – 2 C 224/08, NuR 2010, 743).

Bei der Festsetzung von **„Flächen"** geht es um eine originäre Aufgabe der Bauleitplanung, mit der sie den in § 1 Abs. 5 enthaltenen Zielsetzungen zur Bodennutzung „flächenbezogen" Rechnung tragen kann (zum Entwicklungsgebot vgl. BVerwG Beschl. v. 12.2.2003 – 4 BN 9/03, NVwZ-RR 2003, 406 (407)). Ein Bebauungsplan kann zulässigerweise auf die Festsetzung von Flächen nach Nr. 20 beschränkt sein, wenn dies der positiven planerischen Konzeption der Gemeinde entspricht und keine bloße „Negativplanung" darstellt (BVerwG Beschl. v. 3.12.1998 – 4 BN 24/98, NVwZ-RR 1998, 423; dass. Beschl. v. 27.7.1990 – 4 B 156/89, NVwZ 1991, 62). Eine solche Festsetzung kommt in Betracht, wenn es um die Freihaltung von unerwünschten Nutzungen geht oder wenn konkrete Maßnahmen zu Gunsten von Boden, Natur und Landschaft erst noch bestimmt werden müssen (OVG Saarlouis Urt. v. 29.4.2010 – 2 C 224/08, NuR 2010, 743; OVG Lüneburg Beschl. v. 24.11.2003 – 1 MN 256/03, NVwZ-RR 2004, 173 (174)). Der jeweilige Zweck ist idR in der Begründung zum Bebauungsplan anzugeben. Bei festgesetzten **Maßnahmen** geht es um ein konkretes „Tätigwerden". Oftmals werden Festsetzungen zu Flächen mit Festsetzungen zu Maßnahmen überlagert (vgl. Rn. 108). Mit Schutz, Pflege und Entwicklung werden zwar allgemeine, für das Naturschutzrecht gebräuchliche Begriffe in Bezug genommen (vgl. § 1 Abs. 1 BNatSchG), ohne dass allerdings auch die damit verbundenen Inhalte in das Städtebaurecht übernommen werden. Vielmehr ist zwischen dem naturschutzrechtlichen und dem städtebaurechtlichen Maßnahmenbegriff zu unterscheiden. Letzterer ist aufgrund des notwendigen städtebaulichen Bezuges enger. Demgegenüber umfasst der naturschutzrechtliche Maßnahmenbegriff alle für die Verwirklichung der Ziele des Naturschutzes und der Landschaftspflege erforderlichen Anordnungen, Regelungen, Handlungen und Unterlassungen, Satzungen und Rechtsverordnungen (vgl. *Gierke* in KK § 9 Rn. 321). Vor diesem Hintergrund werden von Nr. 20 die allgemeinen Schutz-, Pflege- und Entwicklungsmaßnahmen erfasst (anders etwa Maßnahmen der Erhaltungs- und Entwicklungspflege iSv § 9 Abs. 1 Nr. 25b BauGB als Annex zu Erhaltungsbindungen, BVerwG Urt. v. 8.10.2014 – 4 C 30/13, BeckRS 2014, 58962 Rn. 12). **109**

Die Flächen oder Maßnahmen können nur zum **Schutz, zur Pflege und zur Entwicklung** von **Boden, Natur und Landschaft** festgesetzt werden. Auch hierbei handelt es sich um Begriffe des Naturschutzfachrechts, die jedoch ebenfalls durch den notwendigen städtebaulichen Bezug begrenzt sind. Dabei bezieht sich der **Schutz** auf ein Erhalten und Bewahren von bereits Vorhandenem. Zum Schutz gehört daher auch die Abwehr von Beeinträchtigungen und Schädigungen (zB durch Rohstoffabbau, vgl. BVerwG Beschl. v. 27.7.1990 – 4 B 156/89, NVwZ 1991, 62). **Pflege** geht über den bloßen Schutz hinaus und verfolgt das Ziel, durch die Ergrei- **110**

fung von spezifischen Maßnahmen („aktives Bemühen") das Vorhandene in einen bestimmten Zustand zu bringen und dauerhaft zu erhalten (OVG Saarlouis Urt. v. 29.4.2010 – 2 C 224/08, NuR 2010, 743). Wird auf Pflegemaßnahmen verzichtet oder werden diese eingeschränkt, so verändert sich der Zustand (zB bei Feuchtgebieten). **Entwicklung** kennzeichnet einen Zustand, den es durch die Ergreifung von Maßnahmen zu erreichen gilt. Veränderungen sind der Entwicklung immanent (Entwicklung von Feuchtgebieten, Anpflanzungen, Ausgleichsmaßnahmen, Rekultivierungsmaßnahmen). Die Festsetzungen müssen dabei den Anforderungen an die notwendige Bestimmtheit oder jedenfalls Bestimmbarkeit ausreichend Rechnung tragen (vgl. OVG Saarlouis Urt. v. 26.2.2013 – 2 C 424/11, ZfBR 2013, 696 zur Anbringung von Fledermauskästen).

111 Für das Schutzgut **„Boden"** sind die Bestimmungen des BBodSchG heranzuziehen (ebenso *Gierke* in KK, § 9 Rn. 359; *Söfker* in EZBK § 9 Rn. 160). Wechselwirkungen bestehen insoweit auch mit § 1a Abs. 2. Für die Definition von Boden gelten § 2 Abs. 1 BBodSchG sowie die ergänzenden Regelungen in der BBodSchV. Mit Boden, Natur und Landschaft werden spezifische Schutzgüter des Naturhaushalts einschließlich aller ihnen zuzurechnenden Bestandteile und Funktionen (zB natürliche, nutzungsbezogene sowie natur- und kulturgeschichtliche Bodenfunktionen, vgl. § 2 Abs. 2 Nr. 1 und 3 sowie Abs. 2 BBodSchG; BVerwG Beschl. v. 30.9.2003 – 4 BN 39/03, Rn. 2, juris) erfasst. Boden, Natur und Landschaft sind Bestandteile der natürlichen Lebensgrundlagen, denen die Bauleitplanung nach § 1 Abs. 5 verpflichtet ist. Sie sind über den Begriff der **Natur** zugleich Bestandteile des Naturhaushalts (vgl. § 7 Abs. 1 Nr. 2 BNatSchG; OVG Münster Beschl. v. 24.7.2000 – 7a D 179/98, BauR 2001, 62 (66)). Über den Begriff der **„Landschaft"** wird sowohl die funktionelle als auch die optische Komponente erfasst (VGH Mannheim Urt. v. 22.6.2010 – 3 S 1391/08, NuR 2011, 366 (367f.); OVG Münster Urt. v. 30.6.1999 – 7a D 144/97, ZfBR 2000, 208).

112 Es können sowohl Flächen oder Maßnahmen als auch Flächen und Maßnahmen festgesetzt werden (*Gierke* in KK § 9 Rn. 355). Oftmals reicht die Festsetzung **nur** von Flächen aus. So impliziert etwa die Festsetzung von Flächen zum Schutz von Boden, Natur und Landschaft bereits, dass Maßnahmen, durch die der Status der Fläche erhalten werden kann, getroffen werden müssen. Wesentliche Anwendungsbereiche von Festsetzungen nach Nr. 20 sind die **Bewältigung des Eingriffsausgleichs** iSv § 1a Abs. 3 (vgl. BVerwG Beschl. v. 12.2.2003 – 4 BN 9/03, NVwZ-RR 2003, 406; OVG Lüneburg Beschl. v. 24.11.2003 – 1 MN 256/03, NVwZ-RR 2004, 173 (174); OVG Münster Urt. v. 28.7.1997 – 10a D 31/97, NVwZ 1999, 432; OVG Saarlouis Urt. v. 20.10.2011 – 2 C 510/09, BauR 2012, 540), die **Integration von Landschaftsplänen** in die Bauleitplanung, insbesondere soweit Landschafts- und Grünordnungspläne (gem. § 11 BNatSchG) eigenständig aufgestellt werden (vgl. § 5 Rn. 34; s. hierzu auch BVerwG Beschl. v. 12.2.2003 – 4 BN 9/03, NVwZ-RR 2003, 406), sowie die Umsetzung von **boden-, naturschutz- und landschaftsbezogenen Zielsetzungen** im Zusammenhang mit der städtebaul. Entwicklung (zB Klimaschutz und Klimaanpassung nach § 1 Abs. 5 S. 2; s. auch OVG Lüneburg Urt. v. 8.12.2009 – 1 KN 355/07, ZfBR 2010, 474; OVG Münster Urt. v. 24.7.2000 – 7a D 179/98, BauR 2001, 62).

113 Nr. 20 ermöglicht die Integration von Landschafts- und Grünordnungsplänen in die verbindliche Bauleitplanung (ausführlich *Pollmann* in Kerkmann, Naturschutzrecht in der Praxis, 2. Aufl. 2010, § 3 Rn. 25ff.). Ihre Ziele, Erfordernisse und Maßnahmen sind jedoch nur in der bauleitplanerischen Abwägung zu berücksichtigen. Zwingend erforderlich ist die Integration für die Wirksamkeit eines Bebauungsplans nicht (s. § 11 Abs. 3 BNatSchG). § 9 Abs. 4 bleibt jedoch unberührt. Praktische Probleme ergeben sich, wenn landschafts- oder grünordnungsplanerische Maßnahmen nicht auf **städtebaulichen Gründen** beruhen. Zwar können landschaftspflegerische Zwecke auch mit den Mitteln der Bauleitplanung verfolgt werden (BVerwG Beschl.

3. Abschnitt. Verbindlicher Bauleitplan (Bebauungsplan) **§ 9**

v. 18.12.1990 – 4 NB 8/90, NVwZ 1991, 875; OVG Saarlouis Urt. v. 29.4.2010 – 2 C 224/08, NuR 2010, 743; dass. Beschl. v. 3.12.1998 – 4 BN 24/98, NVwZ-RR 1998, 423), jedoch können auf der Grundlage von Nr. 20 keine Festsetzungen getroffen werden, die ausschließlich der Verwirklichung ökologischer Zielsetzungen dienen (zB die fünfjährige „Entkusselung" von bestimmten Kraut- und Grasbeständen oder Wiesen- und Landschaftsrasen, der in den ersten fünf Jahren zweimal und in den folgenden 23 Jahren einmal jährlich zu mähen oder mit einer Großvieheinheit zu beweiden ist, vgl. zu diesen und weiteren Beispielen: OVG Münster Urt. v. 30.6.1999 – 7 a D 144/97, ZfBR 2000, 208; dass. Urt. v. 28.7.1997 – 10 a D 31/97, NVwZ 1999, 432 (433)). Auch Festsetzungen nach Nr. 20 müssen also immer auf städtebauliche Gründe zurückzuführen sein („keine ökologische Generalklausel", VGH München Urt. v. 7.2.2013 – 1 N 11.1854, BeckRS 2013, 50667; vgl. auch Rn. 109f.).

Durch die **Festsetzung von Flächen** zum Schutz, zur Pflege und zur Entwicklung von Boden, Natur und Landschaft ist es der Gemeinde möglich, unabhängig von anderen Vorschriften, etwa des Naturschutzrechts, auf der Grundlage ihrer planerischen Abwägung flächenbezogene Regelungen zu treffen. Allerdings besteht **keine Pflicht** der privaten Grundstückseigentümer zur Verwirklichung der im Bebauungsplan festgesetzten Nutzungen. Die künftige Verwirklichung darf nur nicht verhindert oder wesentlich erschwert werden (BVerwG Beschl. v. 1.8.2007 – 4 BN 32/07, NVwZ 2007, 1310 (1311); dass. Beschl. v. 16.3.1999 – 4 BN 17/98, ZfBR 1999, 349 (350)). Nr. 20 kommt insoweit wie der entsprechenden Regelung in § 5 Abs. 2 Nr. 10 eine **doppelte Funktion** zu: Zum einen handelt es sich um eine originär **städtebaurechtliche Vorschrift,** die es der Gemeinde ermöglicht, Flächen für landschaftspflegerische Maßnahmen festzusetzen. Das kann etwa für solche Flächen bedeutsam sein, denen ökologisch keine besondere Wertigkeit zukommt, die aber im städtebaulichen Zusammenhang etwa eines Wohngebietes erhaltungs- und entwicklungswürdig sind. Zum anderen eröffnet die Vorschrift die Möglichkeit, Flächen zum **Ausgleich für bauliche Eingriffe an anderer Stelle,** etwa auf Nachbargrundstücken, festzusetzen (vgl. *Gaentzsch* in BK § 9 Rn. 50). Dienen gemeindliche Ausgleichsflächen der Bebauung mehrerer Grundstücke, können sie als **Gemeinschaftsanlage** nach Nr. 22 festgesetzt werden, um eine gemeinsame Unterhaltung dieser Flächen durch die Begünstigten sicherzustellen (vgl. *Gaentzsch* in BK § 9 Rn. 52). Eine landwirtschaftliche Nutzung kann auf der Grundlage von Nr. 20 aus städtebaulichen Gründen eingeschränkt werden (BVerwG Beschl. v. 27.1.1999 – 4 B 129/98, NVwZ 1999, 878). Grundsätzlich gilt dabei aber auch für Festsetzungen nach Nr. 20, dass sie nur dann erforderlich sind, wenn nicht nur ihr Inhalt zulässig, sondern auch ihre Vollzugsfähigkeit dauerhaft gesichert ist (vgl. OVG Saarlouis Urt. v. 29.4.2010 – 2 C 224/08, NuR 2010, 743).

114

Der wichtigste Anwendungsfall der **Festsetzung von Maßnahmen** nach Nr. 20 sind die Ausgleichsmaßnahmen für durch den Bebauungsplan zugelassene Eingriffe in Natur und Landschaft. Dabei ist auch eine kombinierte Festsetzung von Maßnahmen nach Nr. 20 mit Zuordnungsfestsetzungen iSv Abs. 1a S. 2 zur Bewältigung des Eingriffsausgleichs möglich (vgl. Rn. 160). Zum **Schutz des Bodens** kann ergänzend zu anderen Festsetzungen, etwa zu nicht überbaubaren Grundstücksflächen nach Nr. 2 (vgl. Rn. 27), auch die **Art der Versiegelung** zB von Stellplätzen (etwa die Verwendung wasserdurchlässiger Oberflächen) festgesetzt werden (OVG Münster Beschl. v. 24.7.2000 – 7 a D 179/98, BauR 2001, 62 (66f.)). Ebenfalls kommen Festsetzungen zur **Freihaltung weiter Landschaftsteile** auch von privilegierter Bebauung in Betracht, um Tourismus und Erholung zu fördern (OVG Lüneburg Urt. v. 8.12.2009 – 1 KN 355/07, ZfBR 2010, 474 (475f.)). Möglich sind weiterhin zB Festsetzungen zum Schutz von Weide- und Hütungsflächen, von bestehenden und neu anzupflanzenden Gehölzen oder die Ausweisung von Flächen für die Sukzession (BVerwG Beschl. v. 3.12.1998 – 4 BN 24/98, NVwZ-RR 1998, 423). Ein weiteres Anwen-

115

dungsfeld von Maßnahmenfestsetzungen nach Nr. 20 besteht in der Bewältigung der Anforderungen, die sich aus der Versickerung von Niederschlagswasser ergeben (BVerwG Urt. v. 30.8.2001 – 4 CN 9/00, NVwZ 2002, 202; VGH München Urt. v. 7.8.2006 – 1 N 03/3427, BeckRS 2007, 20 131; OVG Münster Beschl. v. 24.7.2000 – 7a D 179/98, BauR 2001, 62 (66f.); vgl. dazu auch die Erläuterungen zu Nr. 14 → Rn. 77 ff.). Zulässig sein dürfte seit der Klimaschutznovelle 2011 auch eine Festsetzung, nach der Niederschlagswasser zu sammeln und für die Gartenbewässerung oder im Haushalt zu verwenden ist. Bei der Verwendung von Niederschlagswasser handelt es sich um eine Anpassungsmaßnahme an den Klimaschutz, mit der einer zunehmenden Austrocknung des Bodens entgegen gewirkt werden kann (vgl. § 1 Abs. 5 S. 2 und § 1 a Abs. 5).

116 Die Festsetzung von Flächen zum Schutz, zur Pflege und zur Entwicklung von Boden, Natur und Landschaft kann einen Übernahmeanspruch nach § 40 Abs. 1 S. 1 Nr. 14, Abs. 2 BauGB auslösen (*Gaentzsch* in BK § 9 Rn. 52). Maßnahmen nach Nr. 20 können durch städtebauliche Gebote, insbesondere das Pflanzgebot (§ 178), nicht durchgesetzt werden, da eine entsprechende Ermächtigung zu Gunsten der Gemeinde fehlt (*Schrödter* in Schrödter § 9 Rn. 122).

117 **22. Zu Nr. 21: Mit Geh-, Fahr- und Leitungsrechten zu belastende Flächen.** Nach Nr. 21 können im Bebauungsplan mit **Geh-, Fahr- und Leitungsrechten** zu Gunsten der Allgemeinheit, eines Erschließungsträgers oder eines beschränkten Personenkreises zu belastende Flächen festgesetzt werden. Dabei kann es sich sowohl um Bauflächen als auch um nicht zu bebauende Flächen handeln. Die Festsetzung ist **nur aus städtebaulichen Gründen** möglich, nicht aus (allein) privaten Gründen. Rein privatrechtliche Geh- und Fahrrechte können daher auch erheblich weiter gehen als solche nach Nr. 21. Die begünstigte **Nutzung** kann aber sowohl öffentlich als auch privat sein (vgl. Rn. 119). Die Festsetzung von Rechten nach Nr. 21 wirkt nicht aus sich heraus und begründet daher selbst noch keine bestimmten Benutzungsansprüche gegenüber dem Eigentümer (BVerwG Beschl. v. 2.11.1998 – 4 BN 49/98, BauR 1999, 151). Es bedarf dafür vielmehr einer entsprechenden Begründung eigentumseinschränkender Rechte, sei es freiwillig, sei es (bei Vorliegen der entsprechenden Voraussetzungen, vgl. *Bracher* in BRS Rn. 358) zwangsweise gem. § 87 Abs. 3. Als solche (dinglichen) Rechte kommen Baulasten in Betracht, soweit sie in den Landesbauordnungen vorgesehen sind. Ansonsten bedarf es beschränkter persönlicher Dienstbarkeiten oder Grunddienstbarkeiten nach §§ 1018 ff. und 1090 ff. Da diese Rechte dem Eigentümer ein bestimmtes Tun, Dulden oder Unterlassen aufgeben, müssen sie **in ihrem Inhalt genau bestimmt** sein. Bereits die planerische Festsetzung muss daher schon so präzise sein, dass hieraus unmittelbar der notwendige Inhalt eines entsprechenden dinglichen Rechts abgeleitet werden kann.

118 Wenn die Festsetzung nach Nr. 21 eine Ergänzung der Festsetzung von Verkehrsflächen darstellt, muss sie exakt angeben, welcher Verkehr an welcher Stelle und zu welchem Zweck zulässig sein soll. Dies kann die Festsetzung der Breite des von dem Recht erfassten Grundstücksstreifens erforderlich machen, die Höhenlage, das Geschoss (zB bei sog. Arkadenwegen, vgl. OVG Münster Urt. v. 26.2.2009 – 10 D 31/07, Rn. 41, juris, das die Festsetzung eines Arkadenganges allerdings auf Nr. 11 und ausdrücklich nicht auf Nr. 21 stützt), die erforderliche Höhe eines Durchgangs oder die freizuhaltende Tiefe, zB bei Kanälen. Demgegenüber sind Regelungen über die Tiefenlage (festsetzbar nach Abs. 2) regelmäßig nicht notwendig (BVerwG Beschl. v. 18.12.1987 – 4 NB 2/87, NVwZ 1988, 822).

119 Die Festsetzung muss nach dem **Kreis der Begünstigten** – allerdings nicht zwingend namentlich (vgl. BVerwG Beschl. v. 18.12.1987 – 4 NB 2/87, NVwZ 1988, 822) – präzisiert sein. Bei namentlicher Benennung ist in der Regel gleichwohl die Funktion maßgeblich, sodass auch etwaige Rechts- oder Funktionsnachfolger be-

3. Abschnitt. Verbindlicher Bauleitplan (Bebauungsplan) § 9

günstigt sind. Dabei ist grundsätzlich sowohl eine Festsetzung zugunsten privater als auch zugunsten öffentlicher Nutzungen zulässig (BVerwG Beschl. v. 18.12.1987 aaO). So können für die Allgemeinheit bestimmte Zugangsrechte zB zu einem See geschaffen werden, kann für Hinterliegergrundstücke der Zugang ermöglicht werden oder es können Leitungen insbesondere für Strom, Gas und Fernwärme gesichert werden. In letztem Fall korrespondiert die Festsetzung nach Nr. 21 mit der nach Nr. 13. Festsetzungen für einen beschränkten Personenkreis fallen häufig mit Festsetzungen nach Nr. 22 (Gemeinschaftsanlagen) zusammen.

Die Festsetzung von Geh-, Fahr- und Leitungsrechten kann **Entschädigungsan-** 120 **sprüche** nach § 41 Abs. 1 nach sich ziehen, die sich sowohl auf die belasteten Flächen, als auch auf die für die Leitungsführungen regelmäßig erforderlichen beiderseitigen Schutzstreifen erstrecken (vgl. BVerwG Urt. v. 15.2.1985 – 4 C 46/82, ZfBR 1985, 144). Zur Entschädigung verpflichtet ist der Begünstigte. Dies kann zugunsten der Allgemeinheit die Gemeinde, ein Erschließungsträger oder ein beschränkter Personenkreis sein. Ergeht die Festsetzung nach Nr. 21 nicht zugunsten der Allgemeinheit, ist sie in der Regel drittschützend, denn sie schützt einen begrenzten individualisierten Personenkreis (vgl. Vorb. §§ 29–38 Rn. 16) vor einer im Widerspruch zu den Festsetzungen des Bebauungsplans stehenden Bebauung des belasteten Grundstücks.

Würde die Belastung des Eigentums durch eine Festsetzung nach Nr. 21 jedoch 121 eine solche **Intensität** erreichen, dass dem Eigentümer außer seiner formalen Rechtsposition in dem betroffenen Bereich keine sinnvolle Nutzungsmöglichkeit an seinem Eigentum verbleibt, wird regelmäßig die vollständige Inanspruchnahme der Fläche und damit ihre Festsetzung etwa als Verkehrsfläche erforderlich sein (vgl. VGH Mannheim Beschl. v. 26.7.1983 – 5 S 2322/82, BauR 1983, 549; s. auch OLG Düsseldorf Urt. v. 23.2.1976 – U (Baul) 3/75, BauR 1976, 266). Umgekehrt ist vor der Festsetzung einer Verkehrsfläche zu prüfen, ob nicht auch die Belastung dieser Fläche mit Geh- und Fahrrechten ausreicht.

23. Zu Nr. 22: Flächen für Gemeinschaftsanlagen. Nach Nr. 22 können für 122 in der Festsetzung näher zu bestimmende räumliche Bereiche Flächen für **Gemeinschaftsanlagen** festgesetzt werden (zur notwendigen Konkretisierung von Festsetzungen nach Nr. 22 und ihres räumlichen Einzugsbereichs vgl. BVerwG Beschl. v. 13.2.1989 – 4 B 15/89, NVwZ 1989, 663). Die Festsetzung hat in der Planungspraxis aufgrund der mit ihr zusammenhängenden Schwierigkeiten (insbesondere aufgrund der erforderlichen Unterhaltung und Verwaltung, hierzu OVG Lüneburg Beschl. v. 22.7.1999 – 1 L 4957/98, BauR 2000, 521) eher geringe Bedeutung.

Die angegebenen Gemeinschaftsanlagen (Kinderspielplätze, Freizeiteinrichtun- 123 gen, Stellplätze und Garagen) sind nur beispielhaft zu verstehen. Es handelt sich um private Anlagen, die einem in der Festsetzung zu bestimmenden eingeschränkten Personenkreis von Grundstückseigentümern zuzuordnen sind (*Jäde* in JDW § 9 Rn. 64; s. auch BVerwG Beschl. v. 13.2.1989 – 4 B 15/89, NVwZ 1989, 663). Da auch Festsetzungen nach Nr. 22 **dem Gebot der Erforderlichkeit genügen** müssen, sind weitere Anwendungsfälle dieser Festsetzungsmöglichkeit kaum gegeben (vgl. aber zu Ausgleichsflächen Rn. 112). In Betracht kommt etwa noch die Festsetzung von Gemeinschaftswegen, von Plätzen für Abfallbehälter (s. etwa § 10 Abs. 3 LBauO RP, § 41 HBO, § 39 BbgBO), von Zufahrten von öffentlichen Verkehrsflächen auf Gemeinschaftsstellplätze (s. BVerwG Beschl. v. 13.2.1989 aaO), von Lärmschutzanlagen (s. § 21 Abs. 1 NBauO, § 15 Abs. 2 BauO Bln, § 18 Abs. 2 BauO NRW, Art. 13 Abs. 2 BayBO) oder von Vereinshäusern in Kleingartenanlagen. Es muss sich bei Gemeinschaftsanlagen nicht unbedingt um bauliche Anlagen handeln (vgl. *Gaentzsch* in BK § 9 Rn. 54). Dies zeigt sich in der Festsetzungsmöglichkeit von Freizeiteinrichtungen, die zB aus einer gemeinsam zu nutzenden Hoffläche mit Bänken und Tischen bestehen können.

§ 9 I. Kapitel. I. Teil. Bauleitplanung

124 Die Herstellungspflicht für Gemeinschaftsanlagen ergibt sich nicht aus der Festsetzung im Bebauungsplan, sondern als landesrechtlich zu regelnde Zulässigkeitsvoraussetzung des Vorhabens. Nr. 22 ist daher auf solche Gemeinschaftsanlagen beschränkt, für die aufgrund entsprechender Vorschriften ein Erfordernis besteht und eine Herstellung auf dem Baugrundstück selbst nicht möglich oder (ggf. auch durch den Bebauungsplan selbst) ausgeschlossen ist (*Gaentzsch* in BK § 9 Rn. 55; zur Ausschlusswirkung einer nach Nr. 22 festgesetzten Gemeinschaftsgarage im Rahmen des § 23 Abs. 5 S. 2 BauNVO vgl. VGH Mannheim Urt. v. 9.4.1992 – 5 S 1233/90, ZfBR 1992, 239 (240)). Die Festsetzung kann nach § 40 Abs. 1 S. 1 Nr. 10 oder Nr. 11, Abs. 2 einen Übernahmeanspruch begründen (zur Umlegung, vgl. § 61 Rn. 18 f.).

125 **24. Zu Nr. 23: Verwendungsverbote und Erzeugung, Nutzung oder Speicherung von Strom, Wärme oder Kälte aus erneuerbaren Energien oder Kraft-Wärme-Kopplung. a) Nr. 23 a (Luftreinhaltegebiete).** Nach **Nr. 23a** können Gebiete festgesetzt werden, in denen zum Schutz vor schädlichen Umwelteinwirkungen iS des BImSchG **bestimmte luftverunreinigende Stoffe** (s. Rn. 130) nicht oder nur beschränkt verwendet werden dürfen (Verwendungsverbote, Verwendungsbeschränkungen). Festsetzungen nach Nr. 23 a sind nicht generell möglich (zB für das gesamte Gemeindegebiet). Sie sind vielmehr auf **Gebiete** beschränkt, also auf größere zusammenhängende Bereiche (zur räumlichen Gebietszusammensetzung vgl. *Reidt* BauR 2011, 1444 (1448)), die von einem oder auch (bei einem schlüssigen Gesamtkonzept) mehreren Bebauungsplänen oder Teilen von ihnen erfasst werden. In der Regel scheidet hingegen eine auf ein einzelnes Grundstück bezogene Festsetzung aus (*Bracher* in BRS Rn. 363).

126 Durch eine Festsetzung nach Nr. 23 a werden die betroffenen Gebiete nicht zu Gebieten, für die Luftreinhalte- oder gar Aktionspläne nach § 47 BImSchG zur Verminderung der Luftverunreinigung aufzustellen sind. Die Festsetzungsmöglichkeit nach Nr. 23 a soll gerade **auch vorbeugenden Umweltschutz** ermöglichen (vgl. BVerwG Beschl. v. 16.12.1988 – 4 NB 1/88, ZfBR 1989, 74 (75); VGH Mannheim Beschl. v. 2.12.1997 – 8 S 1477/97, NVwZ-RR 1998, 554; OVG Münster Beschl. v. 27.3.1998 – 10a D 188/97, BauR 1998, 981 (983f.); *Gaentzsch* in BK § 9 Rn. 58) und so den Eintritt von derartigen Belastungen gerade vermeiden helfen. Insofern gilt ähnliches wie für die Möglichkeit, in bestimmten Gebieten die Verwendung bestimmter Brennstoffe nach § 49 Abs. 1 Nr. 4 BImSchG zu untersagen (s. etwa *Jarass* BImSchG § 49 Rn. 10).

127 Die Vorschrift dient speziell dem **städtebaulichen Immissionsschutz auf örtlicher Ebene,** nicht dem Umweltschutz allgemein. So kann sie etwa nicht dazu eingesetzt werden, um die mit den Emissionen von Großkraftwerken oder anderen Industrieanlagen verbundenen Umweltbelastungen ganz allgemein zu reduzieren. Auch darf die Festsetzung nicht allein deshalb getroffen werden, um die Absatzmöglichkeiten eines gemeindeeigenen Energieversorgungsunternehmens zu verbessern. Hingegen kommt es nicht darauf an, ob die schädlichen Umwelteinwirkungen in dem Gebiet mit der Festsetzung nach Nr. 23 a selbst vermieden oder verringert werden sollen oder ob der hauptsächliche Nutzen dieser Festsetzung in einem anderen Gebiet eintreten soll; der beabsichtigte Effekt kann sich auch gezielt auf Bereiche außerhalb der planenden Gemeinde beziehen (vgl. hierzu auch *Stich* DÖV 1981, 645 (651f.); *Jäde* in JDW § 9 Rn. 69).

128 Nr. 23 a kann bei Vorliegen der Festsetzungsvoraussetzung auch Bedeutung in Bezug auf den **Klimaschutz** haben (vgl. *Bunzel* ZfBR 2012, 114 (118)). Der Ausstoß von Kohlendioxid ist als Emission eines luftverunreinigenden Stoffes anzusehen, da dadurch die natürliche Zusammensetzung der Luft verändert wird (*Battis/Kersten/Mitschang*, Rechtsfragen der ökologischen Stadterneuerung, 2010, 60; offen lassend *Manten/Elbel* LKV 2009, 1, 2). Zudem ist mit dem Inkrafttreten der Klimaschutznovelle 2011 deutlich gemacht worden, dass die Bauleitplanung auch einen Beitrag zum

Klimaschutz und zur Anpassung an die Folgen des Klimawandels leisten soll (vgl. § 1 Abs. 5 S. 2 sowie § 1 a Abs. 5). Allerdings ist dabei in besonderer Weise auf die Schlüssigkeit der gemeindlichen Planung, auf die Wechselwirkungen u. a. mit den Vorgaben des Treibhaus-Emissionshandelsgesetzes (TEHG) und den sonstigen Bestimmungen des Immissionsschutzrechts sowie auf die Verhältnismäßigkeit der Festsetzung (auch im Hinblick auf andere abwägungserhebliche Belange; s. insbes. § 1 Abs. 6 Nr. 8 a) zu achten. Zur **Energieeinsparung** (vgl. § 1 Abs. 6 Nr. 7 f) kann die Festsetzungsmöglichkeit nach Nr. 23 a ebenfalls genutzt werden (vgl. *von Heyl* BauR 1997, 232 (236 f.); s. auch *Schmidt* NVwZ 2006, 1354 ff.; *Sparwasser/Mock* ZUR 2008, 469 ff.).

Der **Schutz vor schädlichen Umwelteinwirkungen** (s. Rn. 130) muss **aus** 129 **städtebaulichen Gründen** erfolgen (OVG Münster Beschl. v. 27.3.1998 – 10 a D 188/97, BauR 1998, 981 (983 f.); OVG Lüneburg Urt. v. 14.1.2002 – 1 KN 468/01, NVwZ-RR 2003, 174; VGH Mannheim Urt. v. 7.2.2013 – 5 S 2690/11, UPR 2013, 235; s. auch Rn. 9). Diese können in Gebieten vorliegen, die in besonderem Maße gegen Luftverunreinigungen geschützt werden sollen (Luftreinhaltegebiete, vgl. Rn. 125). Zu denken ist dabei etwa an Kurgebiete, an Gebiete mit Krankenhäusern, an Naherholungsgebiete, an Hang- und Tallagen, unter Umständen aber auch an Gewerbegebiete, wenn hier besonders immissionsempfindliche Betriebe angesiedelt sind oder werden sollen sowie an FFH-Gebiete, die vor dem Eintrag bestimmter Luftschadstoffe (zB Stickstoff) geschützt werden sollen (vgl. § 34 Abs. 8 BNatSchG). Allgemeine „gesamtökologische" Zielsetzungen erlauben eine Anwendung von Nr. 23 a hingegen nicht (OVG Lüneburg Urt. v. 14.1.2002 – 1 KN 468.01, NVwZ-RR 2003, 174 (175)). Zudem ist in Bezug auf genehmigungsbedürftige Anlagen iSd. **TEHG** für die Begrenzung von Emissionen von **Treibhausgasen** die Sperrwirkung von § 5 Abs. 2 BImSchG zu beachten (VGH Mannheim Urt. v. 22.7.2015 – 3 S 2492/13, BauR 2015, 1771). Entsprechend dem Wortlaut in Nr. 23 a sind **nur stoffbezogene, nicht anlagenbezogene Festsetzungen** zu luftverunreinigenden Stoffen (nicht etwa allgemein Abfälle oÄ) möglich (OVG Münster Urt. v. 17.10.1996 – 7 a D 164/94, BauR 1997, 269; VGH Mannheim Beschl. v. 25.2.1994 – 5 S 317/93, DVBl. 1994, 1153; *Reidt* BauR 2011, 1444 (1449); vgl. aber *Kraft* DVBl. 1998, 1048 (1050), der darauf hinweist, dass Emissionsgrenzwerte nicht nur anlagen-, sondern auch stoffbezogen sind). Deshalb ist der Ausschluss der Errichtung von Rauchquellen (vgl. *Söfker* in EZBK § 9 Rn. 193) oder von Kachelöfen und Kaminöfen (vgl. VGH München Urt. v. 7.4.2000 – 2 N 98/320, NVwZ-RR 2000, 763; OVG Münster Beschl. v. 27.3.1998 aaO) auf der Grundlage von Nr. 23 a in einem Bebauungsplan unzulässig. Ebenfalls nicht möglich ist es, technische oder bauliche Anforderungen an Anlagen festzusetzen, etwa bezogen auf die bei ihrem Betrieb auftretenden Abgasverluste und den Ausstoß bestimmter maximaler Schadstoffkonzentrationen (VGH Mannheim Urt. v. 22.7.2015 – 3 S 2492/13, BauR 2015, 1771). Die Verwendungsverbote und Verwendungsbeschränkungen müssen zudem hinreichend bestimmt in der Festsetzung bezeichnet werden. Dies ist zB nicht der Fall, wenn allgemein auf die Emission von „laugen- und säurebildenden Stoffen bzw. Laugen oder Säuren" abgestellt wird (OVG Koblenz Urt. v. 7.12.2011 – 1 C 11407.10, ZfBR 2012, 374 (377)).

Schädliche Umwelteinwirkungen iSd Nr. 23 a sind „Immissionen, die nach 130 Art, Ausmaß oder Dauer geeignet sind, Gefahren, erhebliche Nachteile oder erhebliche Belästigungen für die Allgemeinheit oder für die Nachbarschaft herbeizuführen" (§ 3 Abs. 1 BImSchG). **Luftverunreinigende Stoffe** sind gem. § 3 Abs. 4 BImSchG „Veränderungen der natürlichen Zusammensetzung der Luft, insbesondere durch Rauch, Ruß, Staub, Gase, Aerosole, Dämpfe oder Geruchsstoffe". Zur Steuerung von Geruchsimmissionen, insbesondere zur Festsetzung von **Nutzungskontingenten in Bezug auf Geruchsimmissionen** ist Nr. 23 a jedoch nur eingeschränkt einsetzbar, da sich der Anwendungsbereich der Festsetzung maßgeblich auf Heiz- und Brennstoffe bezieht (vgl. Rn. 131; s. hierzu im Einzelnen *Reidt* BauR 2011, 1444 ff.; zu einem Gülleverbot vgl. VGH Mannheim Urt. v. 27.4.2012 – 8 S 1739/

10, ZfBR 2012, 590 (591)). Dabei wird von der Festlegung einer sog. „**Negativliste**" ausgegangen. Positivlisten, die Vorgaben zu den verwendbaren Stoffen (zB bestimmte Brennstoffe) enthalten, sind von der Vorschrift nicht gedeckt (VGH Mannheim Urt. v. 25.2.1994 – 5 S 317/93, DVBl. 1994, 1153; s. auch VGH Mannheim Urt. v. 7.3.2013 – 5 S 2690/11, UPR 2013, 235; *Reidt* BauR 2011, 1444 (1449); weitergehend OVG Münster Beschl. v. 27.3.1998 – 10a D 188/97, BauR 1998, 981; *Schrödter* in Schrödter § 9 Rn. 156; *Sparwasser/Mock* ZUR 2008, 469 ff.; *Jäde* in JDW § 9 Rn. 73). Auf die Genehmigungsbedürftigkeit der Anlage nach dem BImSchG – und die daran geknüpften unterschiedlichen Anforderungen an die Luftreinhaltung (vgl. § 5 Abs. 1 und § 22 Abs. 1 BImSchG) – kommt es für die Festsetzung nicht an (s. aber Rn. 129 in Bezug auf § 5 Abs. 2 BImSchG). Im Übrigen genießen alle vorhandenen Anlagen auch gegenüber einer Festsetzung nach Nr. 23 a **Bestandsschutz**. Soweit von einer **Verwendungsbeschränkung** für Stoffe Gebrauch gemacht werden soll, können Festsetzungen sowohl in zeitlicher Hinsicht als auch in mengenmäßiger Hinsicht sowie qualitativer Hinsicht getroffen werden (*Reidt* BauR 2011, 1444 (1449)). Die Stoffe, die nach Nr. 23 a in ihrer Verwendung beschränkt oder ausgeschlossen werden sollen, müssen in der Festsetzung dabei **hinreichend bestimmt** sein (zB nach ihrer chemischen Zusammensetzung, dem Warentyp oder auch dem Aggregatzustand bestimmter oder bestimmbarer Produktionsmittel oder sonstiger Stoffe, vgl. BVerwG Beschl. v. 16.12.1988 – 4 NB 1/88, ZfBR 1989, 74; VGH Mannheim Beschl. v. 2.12.1997 – 8 S 1477/97, NVwZ-RR 1998, 554).

131 Auch wenn die Festsetzung nach Nr. 23 a allgemein die Verwendung von Stoffen erfasst, die die Luft verunreinigen können (zB durch bestimmte gewerbliche oder industrielle Produktionsprozesse), ist ihr **Hauptanwendungsgebiet** die **Untersagung der Verwendung von Heizstoffen** wie zB Kohle oder Heizöl, unter Umständen auch Holz (zur Unzulässigkeit einer Untersagung der gelegentlichen Verwendung eines verbotenen Heizstoffs vgl. OVG Greifswald Beschl. v. 24.3.2005 – 3 M 11/05, LKV 2005, 364). Sie kann sich aber grundsätzlich auch auf Einsatzstoffe im Rahmen von gewerblichen oder industriellen Betrieben im Rahmen von **Produktionsvorgängen** beziehen (*Schrödter* in Schrödter § 9 Rn. 171). Bei leichtem Heizöl ergeben sich aber unter Umständen Probleme im Hinblick auf die Richtlinie des Rates der EG über den Schwefelgehalt flüssiger Brennstoffe vom 24.11.1975, geändert durch Richtlinien von 1987 und 1993 (Nr. 93/12/EWG, ABl. EG, L 74/81), da nach Art. 3 der Richtlinie das Inverkehrbringen von Ölen, die den Anforderungen der Richtlinie entsprechen, nicht behindert werden darf (skeptisch zur Anwendbarkeit der Richtlinie auf Festsetzungen nach Nr. 23 a VGH Mannheim Beschl. v. 8.10.1987, 8 S 568/87, RdE 1988, 126; s. auch BVerwG Beschl. v. 16.12.1988 – 4 NB 1/88, ZfBR 1989, 74: Keine Unwirksamkeit eines Verwendungsverbotes wegen der Verletzung von Unionsrecht). Ausgeschlossen ist danach aber allenfalls ein Verwendungsverbot allein wegen des Schwefelgehalts, nicht aber wegen anderer Emissionen wie Staub oder Kohlenwasserstoff (*Söfker* in EZBK § 9 Rn. 189; VGH Mannheim Beschl. v. 2.12.1997 – 8 S 1477/97, NVwZ-RR 1990, 554). Die Möglichkeit, die Verwendung bestimmter Heizstoffe zu untersagen, besteht darüber hinaus auch nach einigen Landesbauordnungen. Diese landesrechtlichen Regelungen werden durch die Festsetzungsmöglichkeit nach Nr. 23 a nicht berührt. Ebenfalls unberührt bleibt die in den meisten Gemeindeordnungen vorgesehene Möglichkeit, zur Vermeidung von Luftverunreinigungen einen **Anschluss- und Benutzungszwang** für die **Fernwärmeversorgung** einzuführen (s. noch Rn. 229; vgl. hierzu *Böhm/Philip* DVBl. 2012, 540 ff.; *Söfker* in EZBK § 9 Rn. 187).

132 Anwendbar ist Nr. 23 a vor allem **in Neubaugebieten**. Sie **erlaubt** im Interesse des Umweltschutzes aber auch **eine schrittweise Verbesserung von Immissionssituationen in belasteten Bestandsgebieten**. Bei einer Festsetzung für bebaute Gebiete kommt jedoch der Erforderlichkeit (§ 1 Abs. 3 S. 1) im Hinblick auf die Erreichbarkeit der mit der Festsetzung verbundenen Ziele und der Abwägung der be-

troffenen Belange besonderes Gewicht zu (BVerwG Beschl. v. 16.12.1988 – 4 NB 1/88, ZfBR 1989, 74). Nimmt die Gemeinde eine Festsetzung nach Nr. 23a in einen Bebauungsplan auf, hat sie auch zu prüfen, ob andere als die verbotenen Brennstoffe den Haushalten überhaupt zu zumutbaren Bedingungen und Kosten zur Verfügung stehen. Auch muss eine nach allgemeiner Einschätzung **vergleichbare Versorgungssicherheit gewährleistet** werden.

b) Nr. 23b (bauliche und technische Maßnahmen für erneuerbare Energien und Kraft-Wärme-Kopplung). Nach **Nr. 23b** können in einem Bebauungsplan Gebiete festgesetzt werden, in denen „bei der Errichtung von Gebäuden oder bestimmten sonstigen baulichen Anlagen bestimmte bauliche und sonstige technische Maßnahmen für die Erzeugung, Nutzung oder Speicherung von Strom, Wärme oder Kälte aus erneuerbaren Energien oder Kraft-Wärme-Kopplung getroffen werden müssen." Mit der Neuformulierung dieser Vorschrift im Rahmen der Klimaschutz-Novelle 2011 wurden in der auf das EAG Bau 2004 zurückgehenden Vorgängerregelung (s. hierzu *Battis/Kersten/Mitschang*, Rechtsfragen der ökologischen Stadterneuerung, 2010, 65 ff.) klimaschutzbezogene Ergänzungen vorgenommen, die sowohl den Anwendungsbereich als auch die inhaltliche Reichweite der Vorschrift betreffen. **133**

Der **Anwendungsbereich** von Nr. 23b ist danach nicht nur auf die „Errichtung von Gebäuden" beschränkt, sondern bezieht sich auch auf die Errichtung „bestimmter sonstiger baulicher Anlagen". Bestehende Gebäude sowie sonstige bereits vorhandene bauliche Anlagen sind hingegen nicht erfasst (*Kment* DVBl. 2012, 1125 (1129)). In Ermangelung eines bauplanungsrechtlichen Gebäudebegriffs kann auf die bauordnungsrechtlichen Legaldefinitionen der Länder zurückgegriffen werden (vgl. BVerwG Beschl. v. 13.12.1995 – 4 B 245.95, NVwZ 1996, 787). Nach § 2 MBO sind Gebäude „selbstständig benutzbare, überdeckte bauliche Anlagen, die von Menschen betreten werden können und geeignet oder bestimmt sind, dem Schutz von Menschen, Tieren oder Sachen zu dienen." **134**

Größere Um- und Ausbauten können der Errichtung gleichgesetzt werden, nicht aber bloße Nutzungsänderungen ohne größere bauliche Veränderungen (*Sparwasser/Mock* ZUR 2008, 469 (470)). Unter die in Nr. 23b aufgeführten „bestimmten" sonstigen baulichen Anlagen fallen alle baulichen Anlagen, die keine Gebäude sind (zB Silos, Mauern), sich aber für bauliche und sonstige technische Maßnahmen für die Erzeugung, Nutzung oder Speicherung von Strom, Wärme oder Kälte aus erneuerbaren Energien oder Kraft-Wärme-Kopplung eignen (*Battis/Krautzberger/Mitschang/Reidt/Stüer* NVwZ 2011, 897 (900)). **135**

Nr. 23b bezieht sich allgemein auf **erneuerbare Energien sowie die Kraft-Wärme-Kopplung**. Entsprechend groß ist das zur Verfügung stehende Maßnahmenspektrum klimaschutzorientierter Festsetzungen. Ebenfalls können Festsetzungen in klimaschutzorientierter Hinsicht miteinander kombiniert werden (zB durch eine Festsetzungskombination von § 9 Abs. 1 Nr. 23b und 24 zwecks Anbringung von Photovoltaikanlagen an oder auf Lärmschutzanlagen, vgl. BT-Dr. 17/6076, 9). Zusätzlich erweitert wird das Festsetzungsspektrum dadurch, dass Nr. 23b nicht nur auf die bloße Erzeugung von Energie, sondern auch auf die Nutzung oder Speicherung von Strom, Wärme oder Kälte aus erneuerbaren Energien oder Kraft-Wärme-Kopplung abzielt. **136**

Nach Nr. 23b können neben bestimmten **baulichen** auch sonstige **technische Maßnahmen** festgesetzt werden. Hierunter fallen die baulichen Vorkehrungen für die Erzeugung, Speicherung und Nutzung von Strom, Wärme oder Kälte aus erneuerbaren Energien oder Kraft-Wärme-Kopplung (zB die erforderliche Dachneigung für die Nutzung von Solaranlagen, statische Vorgaben für bauliche Anlagen oder auch Leitungs- und Blindschächte, vgl. *Battis/Kersten/Mitschang*, Rechtsfragen der ökologischen Stadterneuerung, 2010, 65). Unter die festsetzbaren sonstigen technischen, dh bautechnischen, Maßnahmen fällt vor allem die Installation von Anlagen **137**

für die Erzeugung, Speicherung oder Nutzung von Strom, Wärme oder Kälte aus erneuerbaren Energien oder Kraft-Wärme-Kopplung (s. etwa *Kment* DVBl. 2012, 1125 (1129); so auch schon zur Rechtslage vor der Klimaschutznovelle 2011 *Mitschang* ZfBR 2010, 534 (543); *Kahl* ZUR 2010, 395 (396); *Bracher* in BRS Rn. 368; *Schrödter* in Schrödter § 9 Rn. 175). **Betriebspflichten,** wie etwa der Einsatz von erneuerbaren Energien, können auf der Grundlage von Nr. 23b jedoch **nicht** festgesetzt werden (*Söfker* UPR 2009, 81 (87); *Jäde* in JDW § 9 Rn. 75; *Sparwasser/Mock* ZUR 2008, 469 (470f.)). Eine Vereinbarung im Rahmen eines städtebaulichen Vertrages nach § 11 ist dadurch aber nicht ausgeschlossen (vgl. § 11 Rn. 61; *Battis/Kersten/Mitschang,* Rechtsfragen der ökologischen Stadterneuerung, 2010, 73ff.).

138 § 9 Abs. 1 Nr. 23b kann auch **nicht** als Ermächtigungsgrundlage für die Festsetzung eines **Anschluss- und Benutzungszwangs** herangezogen werden (*Schrödter* in Schrödter § 9 Rn. 166). In Betracht kommt dies allerdings nach den Gemeindeordnungen der Länder iVm § 16 EEWärmeG (*Kahl* ZUR 2010, 395 (399f.); *Koch* NVwZ 2011, 641 (653); s. noch Rn. 229). Danach können die Gemeinden und Gemeindeverbände von einer Bestimmung nach Landesrecht, die sie zur Begründung eines Anschluss- und Benutzungszwanges an ein Netz der öffentlichen Fernwärme- oder Fernkälteversorgung ermächtigt, auch zum Zwecke des Klima- und Ressourcenschutzes Gebrauch machen (noch auf die Verbesserung der örtlichen Umweltsituation abstellend BVerwG Urt. v. 23.11.2005 – 8 C 14/04, NVwZ 2006, 595; dass. Urt. v. 28.4.2004 – 8 C 13/03, NVwZ 2004, 1131, da die in Rede stehende Satzung gerade nicht den Klimaschutz bezweckte; dass. Urt. v. 25.1.2006 – 8 C 13/05, NVwZ 2006, 590; VGH Mannheim Urt. v. 18.3.2004 – 1 S 2261/02, NuR 2004, 668; aA bereits OVG Schleswig Urt. v. 21.8.2002 – 2 L 30/00 –, NuR 2003, 55, das die Anordnung des Anschluss- und Benutzungszwangs für rechtmäßig hält, wenn die Fernwärmeversorgung bei globaler Betrachtung zu einer beachtlichen Verringerung des Schadstoffausstoßes führt). Bedeutung hat diese Frage sowohl für die Umsetzung der Anforderungen des EEWärmeG, als auch für die Einspeisevergütungen nach § 33 EEG (vgl. BT-Dr. 17/6076, 9). In allen Ländern existieren Ermächtigungsgrundlagen, um einen Anschluss- und Benutzungszwang an Fernwärmenetze zu regeln. Nicht alle Landesregelungen weisen jedoch einen Klimaschutzbezug auf (*Kahl* ZUR 2010, 395 (399f.)). In diesen Ländern sind die Anordnungsmöglichkeiten der Gemeinden jedoch durch die Einführung des § 16 EEWärmeG erweitert worden.

139 Bei Festsetzungen nach Nr. 23b sind im Rahmen der planerischen Abwägung in besonderer Weise die Anforderungen an die **Verhältnismäßigkeit** zu beachten. Durch die sich auf klimaschützende Überlegungen stützenden Festsetzungen dürfen im Hinblick auf daraus resultierende zusätzliche Investitionskosten keine unzumutbar hohen Mehrbelastungen für den Bauherrn eintreten (*Schrödter* in Schrödter § 9 Rn. 178; s. auch BT-Dr. 17/6076, 9).

140 **25. Zu Nr. 24: Schutzflächen und Immissionsschutz. Nr. 24** enthält drei Festsetzungsmöglichkeiten, mit denen die Gemeinde den sich aus dem Nebeneinander verschiedener Nutzungen ergebenden einseitigen oder wechselseitigen Störungen Rechnung tragen kann. Die ordnungsgemäße planerische Abwägung setzt dabei voraus, dass sich die Gemeinde im Vorfeld planerischer Festsetzungen zunächst eine hinreichend konkrete Vorstellung von der zu erwartenden Belastung und der aus ihrer Sicht maßgeblichen Zumutbarkeitsschwelle verschafft hat (s. etwa OVG Hamburg Urt. v. 7.6.2012 – 2 E 8/09, BauR 2013, 438). Nr. 24 nennt an erster Stelle die Festsetzung von **Schutzflächen,** die von Bebauung freizuhalten sind, und deren Nutzung. Gemeint sind damit Flächen, auf denen sich Menschen zumindest nicht dauerhaft aufhalten („Pufferzone"). Dies gilt unbeschadet des Umstands, dass auch für diese Flächen Nutzungsregelungen festzusetzen sind. In Betracht kommt dabei etwa eine Nutzung als Grünfläche, Wasserfläche oder als Fläche für die Land- oder Forstwirtschaft. Dabei ist auch eine überlagernde Festsetzung, etwa mit Nr. 25

(Rn. 151), möglich. Zielsetzung der Schutzflächen ist die Begrenzung von Nutzungskonflikten aufgrund von **schädlichen Umwelteinwirkungen** und **sonstigen Gefahren** iSd BImSchG (s. insbesondere § 5 Abs. 1 S. 1 Nr. 1 BImSchG). Für den Begriff der schädlichen Umwelteinwirkungen ist § 3 Abs. 1 BImSchG maßgeblich. Zu den sonstigen Gefahren gehören insbesondere Störfallrisiken (vgl. *Jarass* BImSchG § 5 Rn. 27). Die Lösung damit einhergehender Nutzungskonflikte wird bei Nr. 24, 1. Alt. durch räumliche Trennung erreicht. Dies gilt sowohl für die Planung von störenden, als auch von störungsempfindlichen Nutzungen. Bei bereits vorhandenen Gemengelagen ist Nr. 24, 1. Alt. in der Regel zur Konfliktlösung und vor allem zur Auflösung bereits bestehender Konflikte nicht geeignet (s. etwa BVerwG Beschl. v. 8. 3. 2010 – 4 B 76.09, BRS 76 Nr. 23; VGH Kassel Urt. v. 13. 1. 2011 – 3 A 1987/09, BauR 2011, 1610).

Mit der Festsetzungsmöglichkeit kann insbesondere dem sog. **Trennungsgrundsatz** gem. § 50 S. 1 BImSchG Rechnung getragen werden, der für die Bauleitplanung eine Abwägungsdirektive darstellt (s. etwa BVerwG Urt. v. 19. 4. 2012 – 4 CN 3/11, DVBl. 2012, 912; dass. Beschl. v. 16. 3. 2010 – 4 BN 66/09, NVwZ 2010, 1246 (1251); dass. Urt. v. 22. 3. 2007 – 4 CN 2.06, BVerwGE 128, 238 (240); zur Berücksichtigung des derzeitigen oder zukünftigen baulichen Bestandes und seiner Abschirmungswirkung s. OVG Münster Urt. v. 24. 4. 2013 – 7 D 24/12, BauR 2013, 1073 sowie im Hinblick auf Festsetzungen nach Abs. 2 Rn. 167; s. auch § 1 Rn. 66 sowie 110). Dies gilt sowohl im Hinblick auf die Vermeidung von schädlichen Umwelteinwirkungen, als auch im Hinblick auf die Auswirkungen von schweren Unfällen iSv Art. 3 Nr. 5 der Richtlinie 96/82/EG (Seveso-II-Richtlinie) bzw. Art. 3 Nr. 13 der Richtlinie 2012/18/EU (Seveso III-Richtlinie), die in Betriebsbereichen (§ 3 Abs. 5 a BImSchG) entstehen können. Allerdings ist die Konfliktlösung über die Festsetzung von Schutzabständen und damit durch räumliche Trennung regelmäßig mit einem erhöhten Flächenverbrauch, der Notwendigkeit zusätzlicher Straßen und Wege usw. verbunden, sodass sich ein Spannungsverhältnis zur **Bodenschutzklausel** des § 1 a Abs. 2 ergibt. Daher ist im Rahmen der Planung auch die Frage zu beantworten, ob nicht anstelle von Schutzabständen auch **technische oder sonstige Schutzvorkehrungen** in Betracht kommen, die festgesetzt werden können (vgl. BVerwG Beschl. v. 7. 6. 2012 – 4 BN 6/12, ZfBR 2012, 578). Dabei kommt es u. a. auch darauf an, welche Detailkenntnisse bei der Planung bereits vorliegen (insbesondere in Bezug auf immissions- oder in sonstiger Weise störungsrelevante Nutzungen). Dies gilt sowohl in den Fällen, in denen eine schutzbedürftige Nutzung in der Nähe von gewerblichen oder industriellen Vorhaben neu angesiedelt werden soll, als auch dann, wenn es um die Aufstellung eines Bebauungsplans zur Ansiedlung von neuen Gewerbebetrieben oder Industrieanlagen geht. Besonders strenge Anforderungen bestehen, wenn es um die Ansiedlung von **störfallrelevanten Vorhaben** iSv § 3 Abs. 5 a BImSchG und Art. 12 Abs. 1 der Seveso II-Richtlinie bzw. Art. 13 Abs. 1 der Seveso III-Richtlinie geht. Befinden sich in dem zu beplanenden Bereich bislang noch keine Nutzungen, bei denen die bei störfallrelevanten Vorhaben erforderlichen Abstände (→ Rn. 142) unterschritten sind, darf dies in der Regel auch planerisch nicht gezielt herbeigeführt werden. Die erstmalige Schaffung einer derartigen Gemengelage ist also im Regelfall unzulässig, weil ein angemessener Abstand, sofern er bisher bereits eingehalten wurde, auch langfristig gewahrt bleiben muss (BVerwG Urt. v. 20. 12. 2012 – 4 C 11/11, NVwZ 2013, 719 Rn. 24). Allerdings bedeutet dies in Situationen, in denen bisher keine Abstandsunterschreitungen bestehen, nicht, dass zwingend bestimmte Festsetzungen zur Abstandswahrung nach Nr. 24 1. Alt. getroffen werden müssen. Dies kann vielmehr auch dem Planvollzug, insbesondere § 15 Abs. 1 BauNVO, überlassen werden, solange der Planvollzug damit nicht als solcher in Frage gestellt ist. Dies ist bei Gewerbe- oder Industriegebieten eher selten anzunehmen, da es zahlreiche Vorhaben gibt, die in Gewerbe- und Industriegebieten realisiert werden können, ohne iSd Seveso II-Richtlinie/Seveso III-Richtlinie störfallre-

levant zu sein (vgl. BVerwG Beschl. v. 21.12.2011 – 4 B 14.11, BauR 2012, 600). Problematisch kann eine Verlagerung der Konfliktlösung in den Planvollzug allerdings wegen des deutlich engeren Nutzungsspektrums vor allem bei neuen Wohngebieten in der Nähe von Betriebsbereichen iSv § 3 Abs. 5a BImSchG sein (vgl. *Reidt* BauR 2012, 1182 (1185f.)).

142 Wie groß Schutzabstände im konkreten Fall sein müssen, ergibt sich neben etwaigen gesetzlichen Anforderungen in erster Linie aus dem **Abwägungsgebot** (§ 1 Abs. 7) und ist damit vom jeweiligen Planungsfall abhängig. Auch § 50 S. 1 BImSchG und die Seveso-II-Richtlinie/Seveso III-Richtlinie geben keinen bestimmten Mindestabstand vor (vgl. BVerwG Urt. v. 20.12.2012 – 4 C 11/11, BauR 2013, 887; dass. Beschl. v. 10.4.2014 – 4 BN 49/13, ZfBR 2014, 495 Rn. 11; EuGH Urt. v. 15.9.2011 – Rs. C-53/10, UPR 2011, 443 mAnm *Reidt* S. 448; *Uechtritz* BauR 2014, 1098ff.). Hilfestellungen dafür, welche Abstände im konkreten Planungsfall angemessen sein können, enthalten die einschlägigen **technischen Regelwerke und Richtlinien**. Entscheidend ist dabei, um welche konkrete Konfliktlage es geht. Für schädliche Umwelteinwirkungen durch **Geräusche** können insbesondere die 16. und 18. BImSchV, die DIN 18 005, die TA Lärm und die Freizeitlärmrichtlinien der Länder eine Hilfestellung bieten (vgl. OVG Münster Urt. v. 6.9.2011 – 2 A 2249/09, BauR 2012, 602, auch zur Summation der Immissionen unterschiedlicher Lärmquellen). Für **Luftschadstoffe** einschließlich **Geruchsimmissionen** können die TA Luft (s. insbes. die in Nr. 5.4.7 genannten Mindestabstände für die Tierhaltung), die Geruchsimmissionsrichtlinie (GIRL) und die VDI-Richtlinie Immissionsminderung Tierhaltung Schweine (VDI 3471) und Hühner (VDI 3472) von Bedeutung sein (s. zu den Regelwerken auch Vorb. §§ 29–38, Rn. 55). Für Luftschadstoffe und Lärmmissionen insgesamt ergeben sich zudem wichtige Hilfestellungen aus dem nordrhein-westfälischen **Abstandserlass,** der teilweise auch in anderen Ländern übernommen wurde („Immissionsschutz in der Bauleitplanung – Abstände zwischen Industrie- bzw. Gewerbegebieten und Wohngebieten im Rahmen der Bauleitplanung und sonstige für den Immissionsschutz bedeutsame Abstände", RdErl. d. Ministeriums für Umwelt und Naturschutz, Landwirtschaft und Verbraucherschutz – V-3–8804.25.1 vom 6.6.2007, s. hierzu etwa OVG Münster Urt. v. 11.2.2014 – 2 D 15/13, BauR 2014, 2054). Für die Bewertung und die Bewältigung von Störfallrisiken ist der Abstandserlass allerdings nicht geeignet, da er an den bestimmungsgemäßen Betrieb der jeweiligen Anlagen anknüpft, nicht hingegen an sog. Dennoch-Störfälle oder Dennoch-Szenarien. Hierfür kann jedoch der **Leitfaden der Kommission für Anlagensicherheit (KAS)** beim BMU „Empfehlungen für Abstände zwischen Betriebsbereichen nach der Störfall-Verordnung und schutzbedürftigen Gebieten im Rahmen der Bauleitplanung – Umsetzung § 50 BImSchG" (KAS 18) herangezogen werden (VGH Kassel Urt. v. 26.3.2015 – 4 C 1566.12, BauR 2015, 1282 (1285f.); s. hierzu auch das Gutachten *Reidt/Schiller* im Auftrag der KAS, abzurufen unter www.sfk-taa.de; *Reidt* BauR 2012, 1182ff.; *Grüner* Planerischer Störfallschutz, 2010, 235ff.; *ders.* UPR 2014, 161ff.; *Mitschang* UPR 2011, 281ff. und 342ff.; zur Möglichkeit einer Konfliktverlagerung in den Planvollzug BVerwG Beschl. v. 21.12.2011 – 4 B 14/11, BauR 2012, 600; VGH Kassel Urt. v. 26.3.2015 – 4 C 1566.12, BauR 2015, 1282; *Otting/Olgemöller* NVwZ 2013, 1396ff.; *Jarass Cohen* NVwZ 2014, 902ff.; In jedem Fall kommen für die Ermittlung der Angemessenheit des Abstandes jedoch nur störfallspezifische Faktoren in Betracht, nicht hingegen sonstige Gesichtspunkte (BVerwG Urt. v. 20.12.2012 – 4 C 11/11, NVwZ 2013, 719 (720); VGH Kassel Urt. v. 26.3.2015 – 4 C 1566.12, BauR 2015, 1282 (1284); → § 34 Rn. 33f.). Die Frage, ob die Gemeinde bei ihrer Planaufstellung von angemessenen Abständen ausgegangen ist, unterliegt dabei als Ermittlung des planerischen Abwägungsmaterials anders als die Abwägung im engeren Sinne der vollen gerichtlichen Überprüfung (→ § 10 Rn. 21; VGH Kassel Urt. v. 26.3.2015 – 4 C 1566.12, NVwZ-RR 2015, 612). Soll eine bauliche Nutzung mit Unterschreitung des aus

3. Abschnitt. Verbindlicher Bauleitplan (Bebauungsplan) § 9

störfallrechtlichen Gründen angemessenen Abstandes ermöglicht werden (insbesondere bei Ansiedlung weiterer störfallrelevanter Vorhaben in der Nähe von Wohngebieten oder bei der Ansiedlung von weiteren Wohngebieten in der Nachbarschaft von Betriebsbereichen iSv § 3 Abs. 5a BImSchG), kann dies im Rahmen der planerischen Abwägung auf der Grundlage sonstiger, nicht störfallspezifischer Faktoren vertretbar sein und daher auch einen Verzicht auf Festsetzungen gem. Nr. 24, 1. Alt. rechtfertigen. Allerdings müssen auch in diesem Fall angemessene Abstände als Abwägungsmaterial ermittelt und bei der Planungsentscheidung entsprechend berücksichtigt werden (BVerwG Urt. v. 20.12.2012 – 4 C 11/11, NVwZ 2013, 719 (721)). Die Gemeinde muss sich also bei der Ermittlung einer Unterschreitung des an sich erforderlichen angemessenen Abstandes aufgrund von nicht störfallspezifischen Umständen Gedanken dazu machen, ob dies im konkreten Planungsfall vertretbar ist und ob nicht mögliche Schadensfolgen und damit auch die Angemessenheit des Abstands positiv beeinflusst werden können (VGH Kassel Urt. v. 26.3.2015 – 4 C 1566.12, NVwZ-RR 2015, 612; s. insbesondere zu Fallkonstellationen, in denen bisher keine Abstandsunterschreitungen bestehen → Rn. 141).

Nach **Nr. 24, 2. Alt.** können **Flächen für besondere Anlagen** und **Vorkehrungen zum Schutz gegen schädliche Umwelteinwirkungen und sonstige Gefahren iS des BImSchG** festgesetzt werden. Bei dieser Festsetzungsmöglichkeit geht es in erster Linie um den **Flächenbezug**, die derartige Anlagen und Vorkehrungen haben. Im Unterschied dazu erfasst die Festsetzungsmöglichkeit der 3. Alt. (Rn. 144) die Festsetzung von konkreten baulichen oder sonstigen technischen Vorkehrungen. Regelmäßig werden beide Festsetzungen miteinander verbunden. Zur inhaltlichen Bestimmung des Begriffs der schädlichen Umwelteinwirkungen verweist Nr. 24 auf das BImSchG und damit auf dessen § 3 Abs. 1 bis 4. Danach sind schädliche Umwelteinwirkungen gefährliche, erheblich nachteilige oder erheblich belästigende Immissionen wie Luftverunreinigungen (hierzu Rn. 130), Geräusche, Erschütterungen, Licht, Wärme, Strahlen und ähnliche Umwelteinwirkungen. Zu den sonstigen Gefahren gehören, soweit für die Bauleitplanung relevant, vor allem Störfälle (vgl. Rn. 140), aber etwa auch die Auswirkungen eines Geflügelpestausbruchs in einem Freilandbetrieb (OVG Lüneburg Urt. v. 25.2.2015 – 1 KN 140.13, ZfBR 2015, 383 (384)), so dass das Verbot einer Freilandgeflügelhaltung aufgrund der städtebaulichen Motivation der Festsetzung, eine (bauliche) Vorkehrung zur Vermeidung von sonstigen Gefahren darstellt. Eine Festsetzung nach Nr. 24, 2. Alt. kann sich auch als sinnvoll erweisen, um ein Wohngebiet gegen eine Hauptverkehrsstraße, Sportanlagen oder einen lauten Betrieb mittels Lärmschutzwällen oder -wänden abzuschirmen. Ebenso kann eine flächenbezogene **Standortvorsorge** für Anlagen und Betriebe getroffen werden, wenn zB die zukünftige immissionsträchtige Nutzungen des benachbarten Gewerbegebietes bei der Planaufstellung noch nicht feststehen (zB im Hinblick auf die Art von Gewerbe- oder Industriebetrieben). Voraussetzung ist dann allerdings, dass die erforderlichen Schutzmaßnahmen auch ohne eine Festsetzung insbesondere nach Nr. 24, 3. Alt. vollziehbar sind (zB aufgrund eines städtebaulichen Vertrages gem. § 11). Ansonsten muss neben der Flächenfreihaltung auch eine Aussage zu den erforderlichen Vorkehrungen getroffen werden. Festgesetzt werden können dabei zB die **Flächen** für **Lärmschutzanlagen** wie etwa Lärmschutzwälle oder -wände (BVerwG Beschl. v. 29.7.2004 – 4 BN 26/04, BauR 2005, 830; dass. Beschl. v. 4.9.2003 – 4 B 76/03, BauR 2004, 1917; OVG Münster Urt. v. 16.11.2001 – 7 A 3784/00, BauR 2002, 589; VGH Mannheim Urt. v. 14.11.1996 – 5 S 5/95, ZfBR 1997, 101 (102f.); zur fehlenden Erforderlichkeit der Festsetzung einer Fläche für Lärmschutzanlagen im Hinblick auf eine der Fachplanung unterfallende Umgehungsstraße, wenn wesentliche Planungsdetails der Straße noch gar nicht bekannt sind, VGH München Urt. v. 19.10.2006 – 14 N 04/3287, BauR 2007, 999) oder als auch für **Anpflanzungen** (vgl. *Schrödter* in Schrödter § 9 Rn. 183; aA *Spannowsky* in SU, § 9 Rn. 104) zum Schutz (einschließlich „psychologischem" Sichtschutz) gegen

143

Lärm oder auch Staubimmissionen (allerdings in Bezug auf Lärm mit häufig überschätzter immissionsmindernder Wirkung).

144 Nach der **3. Alt.** der Nr. 24 können, zumeist verbunden mit Festsetzungen nach der 2. Alt. (Rn. 143) **Vorkehrungen** zum Schutz gegen schädliche Umwelteinwirkungen und sonstige Gefahren (Rn. 140) festgesetzt werden. Schutz bedeutet, dass es um Vorkehrungen geht, die derartige Auswirkungen ausschließen oder jedenfalls reduzieren (zum Verhältnis zu Schutzflächen nach der 1. Alt. s. Rn. 141). Erfasst sind bauliche und sonstige technische **Vorkehrungen an den emittierenden Anlagen selbst** (sog. aktiver Schutz) oder bauliche und sonstige technische Vorkehrungen **an den von den Immissionen betroffenen Anlagen oder sonstigen Nutzungen,** wie zB Wohngebäuden (sog. passiver Schutz; hierzu etwa BVerwG Beschl. v. 7.9.1988 – 4 N 1/87, BVerwGE 80, 184; dass. Beschl. v. 7.6.2012 – 4 BN 6/12, ZfBR 2012, 578). Mit sonstigen technischen Vorkehrungen sind **bau**technische Vorkehrungen gemeint, nicht hingegen produktionstechnische Anforderungen, also etwa Vorgaben für Produktionsabläufe oder betriebliche Prozesse in gewerblichen Anlagen (*Söfker* in EZBK § 9 Rn. 209; zu Betriebszeitenregelungen s. Rn. 145). Die erforderlichen Vorkehrungen können **unmittelbar festgesetzt** werden. Die notwendige **Bestimmtheit** ist dabei zu wahren (vgl. etwa OVG Münster Urt. v. 5.12.2012 – 7 D 64/10, BauR 2013, 917 zur Festsetzung von Lärmpegelbereichen und Vorkehrungen zum passiven Schallschutz nach Maßgabe der DIN 4109; dass. Urt. v. 24.4.2013 – 7 D 24/12, BauR 2013, 1073). Dies zwingt jedoch nicht zu einer abschließenden und ins Detail gehenden Festsetzung der baulichen oder sonstigen technischen Vorkehrungen bereits im Plan selbst. Es besteht auch die Möglichkeit zur **Bestimmung der Eigenschaften** von baulichen und sonstigen technischen Vorkehrungen, also etwa Fenster oder Wände mit einem bestimmten Minderungsgrad festzusetzen. Allerdings reicht allein die Festsetzung von Zielvorgaben ohne die Benennung von bestimmten Schutzvorkehrungen (zB nur ein bestimmter Innenraumpegel) nicht aus (BVerwG Beschl. v. 18.12.1990 – 4 N 6/88, NVwZ 1991, 881; zur Vorgabe der Schalldämmwirkung zugunsten von Innenräumen an einer stark befahrenen Straße vgl. BVerwG Beschl. v. 30.1.2006 – 4 BN 55/05, ZfBR 2006, 355). Bei der Festsetzung von passiven Maßnahmen genügt es regelmäßig dem Bestimmtheitsgebot, wenn Schallschutzklassen für **Lärmschutzfenster** vorgegeben werden. Derartige Festsetzungen im Bebauungsplan als Rechtsnorm (§ 10 Abs. 1) haben für den Planvollzug Vorrang vor ansonsten zu beachtenden untergesetzlichen Regelungen wie der TA Lärm (vgl. BVerwG Urt. v. 29.11.2012 – 4 C 8/11, NVwZ 2013, 372). Ermöglicht ein Bebauungsplan daher eine störungsempfindliche Nutzung in der Nachbarschaft von gewerblichen Anlagen auch mit zu öffnenden Fenstern, weil der Immissionskonflikt durch die Festsetzung geeigneter Vorkehrungen gelöst wurde, kann eine Baugenehmigung – anders als bei einer Konfliktlösung allein im Planvollzug nach Maßgabe von § 15 Abs. 1 BauNVO (vgl. BVerwG Urt. v. 29.11.2012 – 4 C 8.11, NVwZ 2013, 372) – nicht unter Verweis darauf verweigert werden, dass sich die Immissionswerte der TA Lärm auf einen Immissionsort vor dem zu öffnenden Fenster beziehen und im konkreten Fall überschritten sind (s. hierzu *Reidt* UPR 2013, 166 ff.; anders *Oerder/Beutling* BauR 2013, 1196 (1206); *Fricke* NVwZ 2015, 650 (652f.); offen lassend *Petz* ZfBR 2015, 644 (650)). Weitere passive Maßnahmen können sich auf die Grundrissanordnung (zu schutzwürdigen Aufenthaltsräumen wie Schlafräumen, Wohn- und Kinderzimmer, BVerwG Beschl. v. 26.5.2015 – 4 BN 8.15, ZfBR 2015, 579 (579), die Schalldämmung von Außenwänden, o. ä. beziehen. Ebenso kann zB für Gaststätten festgesetzt werden, dass die Ausgänge nur zu einer bestimmten Straße hin gelegen sein dürfen (OVG Münster Urt. v. 27.11.2006 – 7 D 118/05, ZfBR 2007, 351 (354)). Dabei ist es auch zulässig, mehrere geeignete Alternativen aufzuzeigen, um dem Bauherrn die Wahlmöglichkeit zu lassen, wie er die vorgegebene Emissions- oder Immissionsminderung durch die Ergreifung baulicher oder sonstiger technischer Vorkehrungen erreicht. Auf diese Weise kann dem **Übermaßverbot** Rechnung getragen werden, weil der Bauherr von meh-

reren geeigneten Mitteln das ihn am geringsten belastende wählen kann (BVerwG Beschl. v. 2.3.1994 – 4 NB 3/94, ZfBR 1994, 147). Die Festsetzung darf hingegen nicht allein auf eine konkrete Anlage zugeschnitten werden, sondern muss unter Berücksichtigung der konkreten Grundstückssituation hinreichend abstrakt gehalten werden, zB Einsatz von Doppelfenstern, Notwendigkeit von lärmisolierenden Außenwänden, Verwendung von Filtern zur Vermeidung oder Reduzierung von Luftverunreinigungen (zur Problematik der Festsetzung von **Wärmedurchgangskoeffizienten** der Gebäudehülle zur Luftreinhaltung vgl. *Battis/Kersten/Mitschang*, Rechtsfragen der ökologischen Stadterneuerung, 68 ff.; *Schmidt* NVwZ 2006, 1354 (1360); *Ekardt/Schmitz/Schmidtke* ZNER 2008, 334 (338); *Söfker* UPR 2009, 81 (85 f.)). Bei aktiven Maßnahmen (zB bei **Lärmschutzwänden** oder -wällen) ist es im Hinblick auf die städtebaulichen Auswirkungen vielfach erforderlich, neben der Art der Anlage auch Angaben zu ihrer (minimalen und maximalen) Dimension zu machen, zB zu Höhe, Länge und notwendiger Grundfläche. Nur so kann im Übrigen eine Aussage zur nach § 41 Abs. 2 BImSchG erforderlichen Verhältnismäßigkeit gemacht werden (vgl. zum sog. „Vollschutz", BVerwG Urt. v. 13.5.2009 – 9 A 72/07, BVerwGE 134, 45).

Nutzungsbeschränkungen etwa in Form von **Betriebszeitenregelungen** bei 145 emittierenden Anlagen, die Dauer lärmintensiver Arbeiten oder die zeitliche Dauer für die Nutzungs eines Sportplatzes können auf Nr. 24, 3. Alt. ebenso wenig gestützt werden wie auf eine der beiden anderen Alternativen (s. etwa VGH Kassel Urt. v. 12.11.2012 – 4 C 2052/11, NVwZ-RR 2013, 349; OVG Lüneburg Beschl. v. 9.4.2010 – 1 MN 251/09, RdL 2011, 344; OVG Münster Urt. v. 21.12.2010 – 2 D 64/08, BRS 76 Nr. 38; *Söfker* in EZBK § 9 Rn. 209). Insoweit gilt nichts anderes als zu allgemeinen Zielvorgaben oder Vorgaben zu Produktionsprozessen uÄ (Rn. 131; vgl. auch VGH Kassel Urt. v. 12.11.2012 – 4 C 2052/11, NVwZ-RR 2013, 349 (351 f.)). Es handelt sich dabei nicht um nach Nr. 24, 3. Alt. festsetzbare bauliche oder sonstige technische Vorkehrungen. Ebenso keine bauliche oder sonstige technische Vorkehrung ist die Einrichtung einer Tempo 30-Zone. Trotz ihrer Schutzfunktion ist die Einrichtung von verkehrsberuhigten Zonen daher nicht nach Nr. 24, 3. Alt. festsetzbar (OVG Berlin-Brandenburg Urt. v. 18.1.2006 – 2 A 7/05, juris Rn. 59; OVG Koblenz Urt. v. 23.2.2011 – 8 C 10 696/10, LKRZ 2011, 191). Jedoch lassen die Festsetzungen eines Bebauungsplans **zusätzliche materiell-rechtliche Bestimmungen** unberührt, die im Planvollzug zu beachten sind. Dies gilt vor allem für das **Bundesimmissionsschutzgesetz** und die **Bauordnungen** der Länder. Danach können, etwa zur Einhaltung der Anforderungen der TA Lärm (s. insofern zum Nachbarschutz Vorb. §§ 29–38, Rn. 55), in einer notwendigen Genehmigung auch Betriebszeitenregelungen oder sonstige Anforderungen an die Errichtung und den Betrieb eines Vorhabens enthalten sein, die nicht nach Nr. 24 festsetzbar wären.

Da auch **Emissions- oder Immissionsgrenzwerte** als solche keine baulichen 146 oder sonstigen technischen Vorkehrungen sind, ist deren Festsetzung **nach Nr. 24 ausgeschlossen** (BVerwG Beschl. v. 18.12.1990 – 4 N 6/88, NVwZ 1991, 881; dass. Urt. v. 16.12.1999 – 4 CN 7/98, BVerwGE 110, 193; dass. Beschl. v. 30.1.2006 – 4 BN 55/05, ZfBR 2006, 355). Insbesondere sog. **Zaunwerte,** dh **Summenpegel** für mehrere Vorhaben in einem Baugebiet, sind unzulässig, weil sich aus ihnen nicht ergibt, welche Grenzwerte der einzelne Betrieb einzuhalten hat (OVG Münster Urt. v. 3.2.2011 – 2 A 1416/09, DVBl. 2011, 560; *Gaentzsch* in BK § 9 Rn. 64). Allerdings besteht auf der Grundlage des § 1 Abs. 4 BauNVO die Möglichkeit der **Gliederung von Baugebieten** nach den §§ 4 bis 9 BauNVO und (ohne dass es dazu einer besonderen Ermächtigung in § 1 Abs. 4 BauNVO bedürfte, vgl. Rn. 16) von Baugebieten nach § 11 BauNVO **in sich** oder auch **untereinander** nach dem Emissionsverhalten von Betrieben, da es sich dabei um betriebliche Eigenschaften handelt (s. insbesondere § 1 Abs. 4 S. 1 Nr. 2 BauNVO; zur Gliederung nach

Emissionskontingenten *Fischer/Tegeder* NVwZ 2005, 30ff.; zur Unzulässigkeit eines einheitlichen Emissionskontingentes für das Gesamtgebiet OVG Koblenz Urt. v. 2.5.2011 – 8 C 11 261/10, NVwZ-RR 2012, 858; zur Gliederung mehrerer Gewerbegebiete einer Gemeinde im Verhältnis zueinander BVerwG Beschl. v. 9.3.2015 – 4 BN 26.12, BauR 2015, 943; s. auch VGH München Urt. v. 11.4.2011 – 9 N 10/1124, BauR 2012, 49 – keine Ersetzung der notwendigen Gliederung durch die Festsetzung richtungsabhängiger Zusatzkontingente; zur richtungsabhängigen Geräuschkontingentierung nach der **DIN 45691** s. auch OVG Koblenz Urt. v. 8.3.2012 – 1 C 10 775/11, ZfBR 2012, 473; instruktiv auch OVG Münster Urt. v. 13.9.2012 – 2 D 38/11, BauR 2013, 1408; zu Fragen der Bestimmtheit OVG Lüneburg Urt. v. 9.9.2014 – 1 KN 215/12, BauR 2015, 61; zu Gerüchen und Luftverunreinigungen und deren Kontingentierung insbesondere unter Verwendung der Geruchsimmissionsrichtlinie – **GIRL** OVG Lüneburg Beschl. v. 19.12.2012 – 1 MN 164/12, DVBl. 2013, 249; *Reidt* BauR 2011, 1444 (1446f.); zur **Umgebungslärmrichtlinie** der EU vgl. *Steinebach/Rumberg* ZfBR 2005, 344ff.; *Mitschang* ZfBR 2006, 430ff.; *ders.* ZfBR 2006, 642 (651ff.)). Der Vorteil gegenüber Festsetzungen nach Nr. 24 kann darin liegen, dass es dem Bauherrn weitgehend selbst überlassen bleibt, mit welchen Mitteln er eine Überschreitung der ihm eingeräumten Kontingente verhindert und damit das von der planenden Gemeinde vorgegebene Schutzniveau sicherstellt (BVerwG Beschl. v. 27.1.1998 – 4 NB 3/97, NVwZ 1998, 1067; dass. Beschl. v. 20.5.2003 – 4 BN 57/02, DVBl. 2003, 1462 (1463f.); instruktiv OVG Koblenz Urt. v. 19.12.2003 – 1 C 10 624/03, BauR 2004, 1111; s. auch *Gaentzsch* in BK § 9 Rn. 64; *Spiegels* BauR 2007, 315 (318ff.); *Tegeder/Heppekausen* BauR 1999, 1095ff.; *Kraft* DVBl. 1998, 1048 (1052ff.)). Zur Begrenzung von – technisch nicht messbaren – **Geruchsbelästigungen**, etwa von Schweinezuchtbetrieben, kann sich die Gemeinde auch der **VDI-Richtlinie 3471** bedienen, die ein Punktesystem enthält, das einem Zuchtbetrieb nach den Kriterien Entmistung und Lagerung, Stalllüftung, Futtermittel, Flüssigmistlagerkapazität sowie Standorteinflüsse eine Punktzahl zuordnet. Anhand der Abstandsregelung der VDI-Richtlinie kann dann unter Beachtung der Bestandsgröße und der Punktzahl eines Betriebes der erforderliche Mindestabstand ermittelt werden (vgl. die Abbildung zu 3.2.3.1 der VDI-Richtlinie 3471). Anlagenbetreiber können im Rahmen dieses Punktesystems durch bauliche oder betriebliche Maßnahmen die Punktzahl ihres Zuchtbetriebes beeinflussen oder durch die Verkleinerung des Tierbestandes die Einhaltung der Vorgaben des Bebauungsplanes in einem festen Abstandsradius gewährleisten. Auf diese Weise wird die Geruchsbeeinträchtigung durch Bebauungsplanfestsetzungen steuerbar (vgl. BVerwG Urt. v. 28.2.2002 – 4 CN 5/01, ZfBR 2002, 574; VGH Mannheim Urt. v. 24.3.2005 – 8 S 595/04, BauR 2005, 1743). Dabei kann die Gemeinde auch Schwellen festlegen, die unterhalb der nach § 3 Abs. 1 BImSchG festgelegten Erheblichkeitsschwelle liegen, wenn dies sachlich veranlasst ist (BVerwG Urt. v. 28.2.2002 aaO; anders OVG Münster Beschl. v. 1.9.2005 – 8 A 2810/03, BauR 2006, 82). Allerdings ist der **Überprüfungsaufwand** bei Zulassungsverfahren im Planvollzug bei den meisten Kontingentierungsfestsetzungen vergleichsweise hoch. Regelmäßig bedarf es zum Nachweis der Einhaltung von festgesetzten Kontingenten der Vorlage entsprechender **Gutachten** durch den Bauherrn. Dies ist bei konkret festgesetzten baulichen oder sonstigen technischen Vorhaben zumeist anders. Daher sollten Kontingente für Emissionen oder Immissionen **nicht generell** festgesetzt werden, sondern nur dann, wenn dies aufgrund der **konkreten planerischen Situation** angezeigt ist, etwa wenn ein Baugebiet so gegliedert werden soll, dass in einem Teil eines Gewerbe- oder Industriegebietes nur weniger störende Betriebe angesiedelt werden sollen, um so die Nutzungsspielräume für stärker störende Betriebe in einem anderen Teil des Gebietes zu erhöhen oder wenn zum Schutz eines besonders ruhigen Wohngebietes strengere Anforderungen gestellt werden sollen als dies im Planvollzug, etwa nach Maßgabe der TA Lärm, ohnehin möglich wäre.

3. Abschnitt. Verbindlicher Bauleitplan (Bebauungsplan) § 9

Bei der Inbezugnahme von **privaten Regelwerken,** etwa von DIN-Vorschriften, 147
in Bebauungsplänen oder sonstigen städtebaulichen Satzungen ist zu bedenken, dass
sie in der Regel nur entgeltlich vertrieben werden und daher nur eingeschränkt zugänglich sind (vgl. OVG Koblenz Urt. v. 4. 7. 2006 – 8 C 11 709/05, NuR 2007, 31; OVG Münster Urt. v. 13. 11. 2009 – 10 D 87/07, BRS 74 Nr. 69). Wenn eine Festsetzung auf derartige Regelwerke **verweist** und sich erst daraus ergibt, unter welchen Voraussetzungen ein Vorhaben planungsrechtlich zulässig ist, muss der Plangeber jedoch auch sicherstellen, dass die Planbetroffenen sich vom Inhalt der in Bezug genommenen Regelwerke verlässlich Kenntnis verschaffen können (vgl. BVerwG Beschl. v. 29. 7. 2010 – 4 BN 21.10, NVwZ 2010, 1567). Dies kann vor allem dadurch geschehen, dass die Gemeinde bei der Verwaltungsstelle, bei der auch der Bebauungsplan eingesehen werden kann, das entsprechende Regelwerk ebenfalls zur Einsichtnahme bereithält und hierauf in der Planurkunde hinweist (vgl. § 10 Abs. 3 S. 2; s. auch § 10 Rn. 30).

Nicht durch die Festsetzungsmöglichkeiten nach Nr. 24 berührt werden **Schutz-** 148
gebietsfestsetzungen nach anderen Gesetzen, zB Lärmschutzbereiche bei Flughäfen (§ 2 FluglärmG), Wasserschutzgebiete (§ 51 WHG) usw. (s. hierzu § 29 Rn. 26 ff.). Zudem ist im Planverfahren zu klären, ob ein Bebauungsplan ungeachtet dieser anderweitigen Festsetzungen mit seinen wesentlichen Inhalten und Planungszielen vollziehbar ist oder ob dies an unüberwindbaren Hindernissen im Planvollzug scheitert (vgl. § 1 Abs. 3 S. 1, dazu § 1 Rn. 28) oder die Satzung gar gegen höherrangiges Recht verstößt (vgl. § 1 Rn. 26 sowie 28, § 10 Rn. 20).

Die Anlagen zum Schutz vor schädlichen Umwelteinwirkungen können auch Er- 149
schließungsanlagen iS des **Erschließungsbeitragsrechts** (§ 127 Abs. 2 Nr. 5, s. § 127 Rn. 37) sein. Festsetzungen nach Nr. 24 können **Entschädigungs- oder Übernahmeansprüche** gegen die Gemeinde nach § 40 Abs. 1 S. 1 Nr. 4, Abs. 2 nach sich ziehen. Dies gilt allerdings nur für die flächenbezogenen Festsetzungen der Alt. 1 und 2, nicht für die objektbezogenen Vorkehrungen der 3. Alt.

26. Zu Nr. 25: Anpflanzungen und Erhaltung von Bäumen, Sträuchern 150
und sonstigen Bepflanzungen. Nach Nr. 25 kann zum einen **(a)** die **Anpflanzung** von Bäumen und Sträuchern sowie **sonstigen Bepflanzungen** wie zB Gras oder Rankgewächsen etwa für die **Dach- oder Fassadenbegrünung** (zur Bedeutung der Fassadenbegrünung für eine nachhaltige Stadtentwicklung vgl. *Chilla/Stephan/Röger/Radtke* ZUR 2002, 249 ff.), zum anderen **(b)** eine Bindung für Bepflanzungen (im Falle ihrer Durchführung) sowie die **Erhaltung eines vorhandenen Aufwuchses (vgl.** OVG Münster Urt. v. 30. 9. 2014 – 2 D 87/13, BauR 2015, 934) **oder (in der Regel kleinerer) Gewässer** festgesetzt werden. Dies kann sich auf Baugrundstücke, aber auch auf sonstige Grundstücke des Plangebietes beziehen.

Die Verpflichtung aus einer Festsetzung nach Nr. 25 trifft regelmäßig den Grund- 151
stückseigentümer. Denkbar ist auch eine bis zu einer anderweitigen Nutzung befristete, also **zeitlich begrenzte Bestandssicherung** von vorhandenem Bewuchs (vgl. Abs. 2). Die Einleitung der Nr. 25 macht deutlich, dass Festsetzungen nach Nr. 25 **nicht für das ganze Gemeindegebiet** getroffen werden können (vgl. zu einem das gesamte Stadtgebiet betreffenden Bebauungsplan BVerwG Urt. v. 30. 1. 1976 – IV C 26/74, BVerwGE 50, 114). Sie müssen sich vielmehr auf das Gebiet des Bebauungsplans, auf Teile davon oder auf einzelne Flächen beschränken. Dabei genügt es jedoch, dass die Festsetzung pauschal etwa für die nicht überbaubaren Grundstücksflächen des Plangebietes getroffen wird (BVerwG Beschl. v. 29. 12. 1995 – 4 NB 40/95, NVwZ-RR 1996, 629). Sie müssen auch nicht für ein ganzes Gebäude getroffen, sondern können auf **Teile baulicher Anlagen** beschränkt werden (zB wenn nur eine Seite eines Gebäudes berankt oder nur die Hälfte eines Daches begrünt werden soll). Festsetzungen nach Nr. 25 sind nicht nur als Ergänzung zur Festsetzung einer baulichen Nutzung (sog. Annexfestsetzung), sondern **auch als selbstständige Festset-**

zung zulässig. Maßgeblich ist, dass die Festsetzung in den Abwägungszusammenhang des Bebauungsplans eingefügt ist und den Abwägungserfordernissen entspricht. Unter diesen Voraussetzungen kann sie auch einem bestehenden Bebauungsplan später hinzugefügt werden. Es handelt sich dann um eine Ergänzung nach § 1 Abs. 8 (hierzu BVerwG Urt. v. 30.1.1976 aaO).

152 Ausgenommen von der Festsetzungsmöglichkeit nach Nr. 25 sind die Flächen, für die eine landwirtschaftliche Nutzung oder Wald festgesetzt ist. Dies verdeutlicht, dass Festsetzungen nach Nr. 25 die Landwirtschaft nicht zusätzlich einschränken sollen und auch nicht allein aus Gründen des Naturschutzes oder des Landschaftsschutzes erfolgen dürfen, sondern grundsätzlich nur aus städtebaulichen Gründen, zu denen allerdings auch der Umweltschutz zählt (vgl. BVerwG Beschl. v. 24.4.1991 – 4 NB 24/90, NVwZ 1991, 877 (878)). Aufgrund der in Nr. 25 enthaltenen Ausnahmeregelung kommt daher die Kombination der Festsetzung einer Waldfläche mit Bepflanzungsvorgaben nicht in Betracht. Auch können auf Flächen für die Landwirtschaft oder Wald wegen der Sperrwirkung nach Nr. 25 keine landschaftspflegerischen Maßnahmen festgesetzt werden, weil so die unzulässige Kombination der Festsetzung von Wald und der Festsetzung von Bepflanzungsvorgaben umgangen würde (BVerwG, Urt. v. 25.6.2014 – 4 CN 4/13, ZfBR 2014, 763 (764)).

153 Nr. 25 b geht mit dem Begriff der Erhaltung über die bloße Bestandssicherung hinaus und erfasst im Fall des Verlusts des geschützten Grüns auch **Ersatzpflanzungen**, wenn dies aus städtebaulichen Gründen gerechtfertigt ist. Dies ist ggf. durch Auslegung zu ermitteln. Ein Automatismus besteht insofern nicht (BVerwG Urt. v. 8.10.2014 – 4 C 30/13, NVwZ 2015, 159).

154 Das Erfordernis städtebaulicher Gründe gilt sowohl für Festsetzungen nach Nr. 25 a als auch nach Nr. 25 b. Städtebauliche Gründe, die eine Festsetzung nach Nr. 25 b rechtfertigen, können zB vorliegen, wenn ein bestimmtes **Ortsbild**, eine zum Teil bebaubare **Landschaft** in ihrer Eigenart oder ein besonderer Übergang von der Bebauung zur umgebenden Landschaft geschützt werden sollen. Ebenso dann durch Festsetzungen nach Nr. 25 a ein bestimmtes Ortsbild oder eine bestimmte städtebaulich gerechtfertigte Gestaltung neu geschaffen werden (zB bei der Begrünung von Großparkplätzen mittels eines bestimmten Baumrasters). Auch können Festsetzungen nach Nr. 25 Maßnahmen zum Schutz des Klimas sowie Anpassungsmaßnahmen an die Folgen des Klimawandels darstellen. Aus dieser städtebaulichen Ausrichtung ergibt sich eine gewichtige inhaltliche Begrenzung der Festsetzungsmöglichkeit und damit eine Abgrenzung zum Bauordnungsrecht der Länder. So können zB bloße **Vorgartengestaltungen nicht im Bebauungsplan** nach Nr. 25 festgesetzt werden; hierfür sind die Vorschriften der Bauordnungen, die die Gestaltung des einzelnen Grundstücks regeln, maßgeblich (s. etwa § 9 Abs. 1 BauO NRW, § 8 BauO Bln, Art. 7 Abs. 1 BayBO, § 9 Abs. 1 und 2 NBauO; vgl. auch OVG Berlin Urt. v. 31.5.1991 – 2 B 11/89, UPR 1991, 357 (358)). Wohl aber kann das Anpflanzen bestimmter Arten von Bäumen oder sonstiger Pflanzen, eine bestimmte Mischung und eine bestimmte Dichte der Bepflanzung festgesetzt werden (BVerwG Beschl. v. 24.4.1991 – 4 NB 24/90, NVwZ 1991, 877; OVG Lüneburg Beschl. v. 19.5.2009 – 1 MN 12/09, NVwZ-RR 2009, 830).

155 Festsetzungen nach Nr. 25 a und b können miteinander kombiniert werden. Allgemeine Pflegemaßnahmen können nach Nr. 25 jedoch nicht festgesetzt werden, wohl aber überlagernd nach Nr. 20. Demgegenüber umfasst Nr. 25 b als Annex zu Erhaltungsbindungen auch zeitlich befristete, für den Erfolg der Pflanzung notwendige Maßnahmen der Fertigstellungs- und Entwicklungspflege, wobei sich deren Umfang und Dauer einzelfallbezogen mit Blick auf fortwirtschaftlich-botanische Erfahrungssätze bestimmt (BVerwG Urt. v. 8.10.2014 – 4 C 30/13, NVwZ 2015, 159). Es spielt für Festsetzungen nach Nr. 25 keine Rolle, ob die Bäume oder Gewässer zusätzlichen Rechtsvorschriften (insb. des Naturschutz- und Wasserrechts) unterfallen. Dies gilt auch für die Erhaltung des Bewuchses. Daher kann eine Festsetzung nach Nr. 25 für

den Eigentümer der betreffenden Flächen ein Mehr gegenüber dem ordnungsgemäßen Bewirtschaften bedeuten (BVerwG Beschl. v. 15.4.2003 – 4 BN 12.03, Rn. 11, juris) und auch Maßnahmen zur Erneuerung erfassen (zB Verpflichtung zum Ersatz eines alten Obstbaumes im Falle seines Absterbens, s. Rn. 153).

Die Festsetzung von Bepflanzungen kann durch das **Pflanzgebot** nach § 178 oder ggf. durch eine Nebenbestimmung in der Baugenehmigung durchgesetzt werden (vgl. auch § 178 Rn. 3). Für Aufwendungen oder Wertminderungen infolge einer Festsetzung nach Nr. 25 kann dem Eigentümer nach § 41 Abs. 2 ein **Entschädigungsanspruch** zustehen. 156

27. Zu Nr. 26: Für die Straßenherstellung erforderliche Flächen, die nicht Verkehrsflächen sind. Für die **Herstellung von Straßen** kann die Anlegung von Böschungen als **Aufschüttung** oder **Abgrabung** oder von **Stützmauern** erforderlich sein. Im Regelfall werden solche Flächen als Verkehrsflächen nach Nr. 11 festzusetzen sein. Nach § 40 Abs. 1 Nr. 5 ist eine Festsetzung nach Nr. 11 bereits auf der Planungsebene im Hinblick auf entstehende Vermögensnachteile **entschädigungspflichtig**. Zum Vollrechtsentzug ist der Straßenbaulastträger nach den §§ 93 ff. berechtigt (BVerwG Urt. v. 27.8.2009 – 4 CN 5/08, BVerwGE 134, 355). In der Regel ist eine Festsetzung nach Nr. 11 angebracht, wenn die Festsetzung zB von Böschungen auf einem privaten Grundstück nach Nr. 26 zu unverhältnismäßigen oder gleichheitswidrigen Belastungen führen würde. In anderen Fällen kann es hingegen ausreichen, Flächen nach **Nr. 26** festzusetzen und im Eigentum der bisherigen Eigentümer zu belassen, um zB die **Ausnutzbarkeit eines Grundstücks,** die auch von dessen Größe abhängt, nicht zu mindern. Die Böschung kann in diesem Fall bei der Ermittlung zB der GFZ (vgl. Rn. 20) dem Baugrundstück zugerechnet werden und so eine umfangreichere Bebauung ermöglichen. Bei der Umlegung wäre in diesem Fall die Böschung dementsprechend als privat nutzbare Fläche zu behandeln (vgl. § 55 Rn. 21). Es ist daher eine Frage der Abwägung der verkehrlichen und der privaten Belange der Anlieger sowie eine Frage der möglichst geringfügigen Belastung privaten Eigentums durch die Anlegung von Straßen, inwieweit eine Fläche als Verkehrsfläche nach Nr. 11 oder als Fläche nach Nr. 26 festgesetzt wird (vgl. Rn. 3). 157

Wie bei allen Planfestsetzungen setzt auch eine Festsetzung nach Nr. 26 nicht voraus, dass der betroffene Grundstückseigentümer mit der Festsetzung einverstanden ist. Auch ergibt sich aus einer solchen Festsetzung für den Grundstückseigentümer noch keine Rechtspflicht, auf seinem Grundstück die Errichtung und Unterhaltung einer Aufschüttungs- oder Abgrabungsmaßnahme durch den Straßenbaulastträger zu dulden (BVerwG Urt. v. 27.8.2009 – 4 CN 5/08, BVerwGE 134, 355; vgl. zur Festsetzung nach Nr. 21 Rn. 117). Dafür bedarf es einer einvernehmlichen Regelung oder, wenn es dazu nicht kommt, einer teilweisen Rechtsentziehung mittels **Enteignung** (vgl. OVG Koblenz Urt. v. 6.10.2011 – 1 C 11322/10, BeckRS 2012, 47024 Rn. 48). 158

Eine **Entschädigungsregelung** für eine Festsetzung nach Nr. 26 ist, anders als bei Nr. 11 (s. Rn. 67 und Rn. 157), im Gesetz nicht enthalten. Dies ist auch nicht erforderlich, weil das Grundstück in der Regel nahezu uneingeschränkt privat nutzbar bleibt und die Aufschüttung oder Abgrabung für den Grundstückseigentümer regelmäßig bei einer ordnungsgemäßen Planungsentscheidung (s. Rn. 157) keine unzumutbare Nutzungsbeschränkung darstellt. Zwar ist in § 40 Abs. 1 S. 1 Nr. 9 eine Entschädigungsregelung vorgesehen, wenn Flächen für Aufschüttungen und Abgrabungen festgesetzt sind. Aus deren Wortlaut ergibt sich jedoch, dass dort nur die Flächen gemeint sind, die nach Nr. 17 festgesetzt werden. Eine analoge Anwendung des § 40 Abs. 1 Nr. 9 auf Festsetzungen nach Nr. 26 kommt mangels Regelungslücke nicht in Betracht (OVG Koblenz Urt. v. 29.10.2009 – 1 C 10225/08, BauR 2009, 1108). 159

§ 9 I. Kapitel. I. Teil. Bauleitplanung

III. Ausgleichsflächen und -maßnahmen (Abs. 1 a)

160 Nach § 1a Abs. 3 S. 2 erfolgt der nach dem **Ergebnis der Abwägung** erforderliche **Ausgleich von zu erwartenden Eingriffen in Natur und Landschaft** neben Darstellungen im Flächennutzungsplan (vgl. § 5 Rn. 35a ff.) insbesondere durch geeignete Festsetzungen im Bebauungsplan, die nicht auf den Ort des Eingriffs begrenzt sind (§ 1a Abs. 3 S. 3). **Abs. 1a S. 1** bestimmt, wo die Flächen oder Maßnahmen zum Ausgleich festgesetzt werden können. S. 1 bietet der Gemeinde dafür **drei Alternativen:** Festsetzungen **auf dem Eingriffsgrundstück,** an anderer Stelle im Geltungsbereich des Bebauungsplans oder **im Geltungsbereich eines anderen Bebauungsplans.** Mit der dritten Fallgestaltung wird eine **räumliche Entkoppelung von Eingriff und Ausgleich** (vgl. auch § 200a S. 2; s. zu den weiteren durch § 1a Abs. 3 S. 4 eingeräumten Möglichkeiten § 1a Rn. 26f.) erreicht und die Hilfskonstruktion eines Bebauungsplans mit zweigeteiltem Geltungsbereich, wie sie das BVerwG bereits vor Schaffung der Regelung für zulässig hielt (vgl. BVerwG Beschl. v. 9.5.1997 – 4 N 1/96, BVerwGE 104, 353 (359)), entbehrlich, allerdings nicht unzulässig. Werden ein Eingriffs- und ein Ausgleichsbebauungsplan gemeinsam aufgestellt, sind sie durch das in ihnen zum Ausdruck kommende **Ergebnis der Abwägung notwendigerweise miteinander verknüpft:** Der eine Bebauungsplan kann in der Regel inhaltlich nur rechtmäßig sein, wenn es auch der andere ist *(Tophoven* NVwZ 2004, 1052ff.). Dem wird **bei gleichzeitiger Aufstellung** der Pläne am besten entsprochen, wenn beide Planverfahren zwar getrennt, aber zeitlich parallel betrieben werden (vgl. hierzu *Battis/Krautzberger/Löhr* NVwZ 1997, 1145 (1153f.)). Dabei muss sich die Gemeinde nach Maßgabe des Abwägungsgebotes allerdings auch mit der Frage befassen, ob die für den Ausgleich vorgesehenen Flächen für diesen Zweck verfügbar sind oder aber zumindest hinreichend sicher verfügbar gemacht werden können.

161 Der große Vorteil von zwei formell selbstständigen Bebauungsplänen liegt in der Möglichkeit, dass Eingriff und Ausgleich auch **zeitlich entkoppelt** werden können: Der Ausgleichsbebauungsplan kann vor dem Eingriffsbebauungsplan aufgestellt werden, sodass ein **Flächen- oder Maßnahmenvorrat** iS eines **„Öko-Kontos"** geschaffen wird, auf das bei einem Eingriffsbebauungsplan zurückgegriffen werden kann („Abbuchung", vgl. etwa VGH Mannheim Urt. v. 21.4.2015 – 3 S 748/13, NuR 2015, 647; OVG Lüneburg Beschl. v. 19.5.2009 – 1 MN 12/09, NVwZ-RR 2009, 830). Dadurch kann dessen Aufstellungsverfahren deutlich entlastet und beschleunigt werden. Die für die Durchführung und **Refinanzierung** nach § 135a notwendige **Zuordnung** der Eingriffs- und Ausgleichsflächen oder -maßnahmen ist nach **Abs. 1a S. 1** über die Bebauungsplangrenze hinweg möglich (zur notwendigen Bestimmtheit und Grundstücksbezogenheit der Zuordnung sowie zur evtl. Gewichtung der Eingriffe und der zugeordneten Ausgleichs- und Ersatzmaßnahmen (OVG Münster Urt. v. 27.5.2013 – 2 D 37/12, BauR 2013, 1966 (1973); dass. Beschl. v. 31.8.2012 – 15 A 1489/12, BeckRS 2012, 56855; VGH Mannheim Beschl. v. 31.3.2005 – 5 S 2507/04, ZfBR 2005, 5402; dass. Urt. v. 2.11.2005 – 5 S 2662/04, ZfBR 2006, 359 (363)) „Eine pauschale Zuordnung der Ausgleichs- zu den Eingriffsflächen ist zulässig, wenn die zu erwartenden Eingriffe im Baugebiet auf den jeweiligen Grundstücken sich nicht wesentlich unterscheiden."; s. auch OVG Koblenz Urt. v. 6.11.2013 – 8 C 10607.13, BauR 2014, 673). Die Zuordnung mit einer Durchführung und Abrechnung nach den §§ 135a bis 135c ist aber nur eine von mehreren Möglichkeiten der Finanzierung von Ausgleichsmaßnahmen (vgl. auch BVerwG Beschl. v. 26.4.2006 – 4 B 7/06, NVwZ 2006, 821). Daneben kommt insbesondere der Abschluss städtebaulicher Verträge zur Kostentragung in Betracht (vgl. § 11 Rn. 36ff.). Auch kann die Gemeinde die Kosten selbst ganz oder teilweise übernehmen (BVerwG Beschl. v. 21.2.2000 – 4 BN 43/99, ZfBR 2000, 424).

162 Die zeitliche Entkoppelung von Eingriff und Ausgleich ist allerdings **in zwei Richtungen begrenzt.** Zum einen kann **nicht** erst der Eingriffs- und **nachfolgend**

3. Abschnitt. Verbindlicher Bauleitplan (Bebauungsplan) § 9

der Ausgleichsbebauungsplan aufgestellt werden. Ist ein Ausgleich nach dem Ergebnis der Abwägung erforderlich, wäre der Eingriffsbebauungsplan ohne die notwendigen Ausgleichsflächen oder -maßnahmen, ggf. in einem zweiten Bebauungsplan, unwirksam. Zum anderen können grundsätzlich **nicht** Maßnahmen oder Flächenbereitstellungen **vor Inkrafttreten des BauROG** am 1.1.1998 durch Zuordnung refinanziert werden; eine gute ökologische Situation kann sich aber auf die Notwendigkeit und den Umfang des Ausgleichs auswirken (vgl. Ausschussbericht zum BauROG, BT-Drs. 13/7589, 12; s. allgemein zur Abwägungsoffenheit der Eingriffsregelung § 1a Rn. 11ff.).

Keine Aussage enthält das Gesetz zur Notwendigkeit eines **funktionalen Zu-** 163
sammenhangs von Eingriff und Ausgleich. Dies gilt etwa für die Frage, ob die von einem Eingriff betroffene Biotop- oder Bodenart an anderer Stelle neu geschaffen oder weiterentwickelt werden muss oder ob nicht auch ein andersartiger Ausgleich möglich ist. Da der Ausgleich nach § 1a Abs. 3 S. 1 der **Abwägung** unterliegt (vgl. § 1a Rn. 11), hat die Gemeinde nicht nur über das **Ob und Wieviel**, sondern auch über das **Wie und Was** des Ausgleichs abwägend zu entscheiden. Maßgeblich ist daher die konkrete örtliche oder regionale Situation. Danach kann es in einem Fall geboten sein, zB einen zerstörten Trockenrasen an anderer Stelle herzustellen, in einem anderen Fall kann hingegen die Renaturierung eines Bachlaufs eine angemessene Ausgleichsmaßnahme sein. Anders kann dies allerdings dann sein, wenn die Ausgleichsmaßnahmen zugleich **weitere Funktionen** übernehmen sollen, insbesondere als Ersatzaufforstung bei einer im Planvollzug notwendigen Waldumwandlung, als sog. CEF-Maßnahme im Bereich des Habitatschutzes (§ 44 Abs. 5 S. 3 BNatSchG), als Ausgleichsmaßnahme im Bereich des Biotopschutzes (§ 30 Abs. 3 BNatSchG) oder als Kohärenzsicherungsmaßnahme (§ 34 Abs. 5 iVm § 35 BNatSchG; zur Prüfung der Schutzgebietsverträglichkeit bei Natura 2000-Gebieten in der verbindlichen Bauleitplanung s. § 29 Rn. 31 sowie § 1a Rn. 32). Art und Umfang der Maßnahmen haben sich dann auch nach dieser zusätzlichen Funktion zu richten (zur Multifunktionalität von Ausgleichsmaßnahmen s. auch BVerwG Urt. v. 17.1.2007 – 9 A 20/05, BVerwGE 128, 1 Rn. 56; dass. Urt. v. 12.3.2008 – 9 A 3/06, BVerwGE 130, 299 Rn. 203; OVG Koblenz Urt. v. 8.11.2007 – 8 C 11 523/06, DVBl. 2008, 72).

Nach **Abs. 1a S. 2 Hs. 2** stehen als **vierte Alternative** zur räumlichen Verortung 164
von Ausgleichsflächen und -maßnahmen von **der Gemeinde bereitgestellte Flächen** zur Verfügung (vgl. BT-Drs. 13/7589, 12). Hierbei muss es sich um Flächen mit hinreichender Verfügungsbefugnis der Gemeinde, in der Regel also um deren **Eigentum** oder mit einem dinglich oder durch Baulast gesicherten Nutzungsrecht handeln, weil nur so **ohne Bebauungsplan** die Durchführung der Ausgleichsmaßnahmen hinreichend sicher gewährleistet ist (zum Zeitpunkt des gemeindlichen Eigentumserwerbs vgl. OVG Lüneburg Urt. v. 5.4.2001 – 1 K 2758/00, BauR 2001, 1546 sowie § 1a Rn. 27; zur notwendigen Dauer vgl. § 15 Abs. 4 BNatSchG; s. auch § 11 Rn. 47 ff.). Um die gesetzlich vorausgesetzte rechtliche Bindung für die Durchführung der Ausgleichsmaßnahmen sicher zu stellen, ist es außerdem regelmäßig erforderlich, dass die Gemeinde im Umweltbericht (s. insbes. Nr. 2c der Anlage 1 zu § 2 Abs. 4 S. 1 und § 2a S. 2 Nr. 2) die beabsichtigten Maßnahmen näher beschreibt, sich (zB durch Ratsbeschluss) zur Durchführung der Maßnahmen verpflichtet und die Durchführbarkeit der Maßnahmen auch rechtlich zulässig ist, also nicht etwa an bauplanungs- oder raumordnungsrechtlichen oder sonstigen Hindernissen scheitert (BVerwG Urt. v. 19.9.2002 – 4 CN 1/02, BVerwGE 117, 58). Die Flächen können auch auf dem **Gebiet anderer Gemeinden** liegen, so dass ein weiträumiger Ausgleich erfolgen kann, wenn die gesetzlichen Voraussetzungen im Übrigen erfüllt sind (vgl. etwa VGH Lüneburg Urt. v. 25.6.2008 – 1 KN 132/06, NuR 2008, 714).
Eine **fünfte Alternative** zur Durchführung des Ausgleichs für Eingriffe in Natur und Landschaft steht den Gemeinden nach § 11 Abs. 1 S. 2 Nr. 2 mit dem **städtebau-**

lichen Vertrag zur Verfügung (vgl. § 11 Rn. 47ff.). Auch hierdurch kann ein über das Gemeindegebiet hinausreichender Ausgleich geschaffen werden.

IV. Ergänzende Festsetzungsmöglichkeiten

165 **1. Befristete und bedingte Nutzungsmöglichkeiten (Abs. 2). a) Geltungsdauer von Planfestsetzungen.** Das BauGB enthält keine Vorschriften über den **zeitlichen Geltungshorizont** von Bauleitplänen. Während sich bei Flächennutzungsplänen die Auffassung gebildet hat, dass sie etwa für einen Zeitraum von 10 bis 15 Jahren aufzustellen sind und es dann regelmäßig einer Neukonzipierung bedarf (daran knüpfte die durch die BauGB-Novelle 2007 aufgehobene Überprüfungspflicht nach dem früheren § 5 Abs. 1 S. 3 an), hat sich eine ähnliche Übung für den Bebauungsplan nicht herausgebildet. Bei ihm ist daher **im Grundsatz** davon auszugehen, dass er **zeitlich unbegrenzt** Geltung entfaltet. Auch hier kann jedoch die tatsächliche Entwicklung über den Bebauungsplan hinweggehen (s. zur Funktionslosigkeit Rn. 8; § 10 Rn. 8). Vor allem wegen absehbar zeitlich begrenzter Nutzungen infolge von bestimmten Nutzungszyklen, etwa bei Freizeitgroßanlagen, aber auch bei sonstigen Zweckbauten wurde mit dem EAG Bau durch Abs. 2 ein **„Baurecht auf Zeit"** eingeführt. Zuvor war die Festsetzung von bedingungsabhängigen Baurechten oder deren Befristung grundsätzlich unzulässig (BVerwG Beschl. v. 6.12.2000 – 4 BN 59/00, NVwZ 2001, 431 (432); OVG Lüneburg Urt. v. 8.2.2000 – 1 K 5513/98, BauR 2000, 1302 (1305); vgl. zu Abs. 2 auch OVG Magdeburg Urt. v. 17.2.2011 – 2 K 102/09, BauR 2011, 1618).

166 **b) Einschränkungsmöglichkeiten. Abs. 2 S. 1 Nr. 1** eröffnet die Möglichkeit von Festsetzungen, nach deren Inhalt bestimmte Nutzungen und Anlagen **nur für einen bestimmten Zeitraum zulässig** sind. **Abs. 2 S. 1 Nr. 2** ermöglicht die Festsetzung, dass bestimmte Nutzungen und Anlagen nur **bis zum Eintritt bestimmter Umstände zulässig oder unzulässig** sind. Festsetzungen nach Nr. 1 und Nr. 2 können dabei auch miteinander verbunden werden. Nach dem Gesetzeswortlaut geht es zwar nur um einen bestimmten Zeitraum oder bestimmte Umstände, jedoch dürfte nach dem Sinn und Zweck des Abs. 2 auch die **hinreichende Bestimmbarkeit** genügen. Die Festsetzungen selbst sind dabei weder befristet noch bedingt. Lediglich das Baurecht selbst ist von besonderen Voraussetzungen abhängig. Festsetzungen nach Abs. 2 S. 1 sind **nur in besonderen Fällen** zulässig (hierzu OVG Münster Urt. v. 13.9.2012 – 2 D 38/11, BauR 2013, 1408; OVG Lüneburg Beschl. v. 24.3.2009 – 1 MN 267/08, NVwZ-RR 2009, 549; OVG Magdeburg Urt. v. 17.2.2011 – 2 K 102/09, BauR 2011, 1618: „außergewöhnliche städtebauliche Situation"; *Battis/Otto* UPR 2006, 165ff.). Es müssen dafür aus der konkreten städtebaulichen Situation abgeleitete Gründe von hinreichendem Gewicht vorliegen. Dies ist in der Regel in einer städtebaulichen Standardsituation, wie etwa der Notwendigkeit naturschutzrechtlichen Ausgleichsmaßnahmen, nicht der Fall (vgl. *Kuschnerus,* Der sachgerechte Bebauungsplan, Rn. 951; *Battis/Otto* UPR 2006, 165 (166)). **Abs. 2 S. 2** (Folgenutzung) bezieht sich in erster Linie auf die Fälle des Abs. 2 S. 1 Nr. 1 und Nr. 2, 1. Alt., in der Regel jedoch nicht auf die Fälle gem. Nr. 2, 2. Alt. Denn die danach in der Regel notwendige (vgl. OVG Münster Urt. v. 21.7.2011 – 2 D 59/09, BauR 2011, 1943 (1946); *Kuschnerus* ZfBR 2005, 125 (129)) Festsetzung einer **Nachnutzung** setzt eine von vornherein mit festem Enddatum befristete Vor-Nutzung voraus (zB Bundes- oder Landesgartenschauen), zumindest aber eine durch den Eintritt bestimmter Umstände begrenzte Zulässigkeit der Nutzung. Es handelt sich gewissermaßen um zwei festgesetzte Nutzungen in einem Plan, von denen die erste mit Ablauf der festgesetzten Nutzungszeit oder mit dem Eintritt bestimmter Umstände unzulässig und ab diesem Zeitpunkt durch die Folgenutzung ersetzt wird. Dabei geht es für die erste Nutzung um Baurecht auf Zeit, für die Nachnutzung um

3. Abschnitt. Verbindlicher Bauleitplan (Bebauungsplan) § 9

Verfahrensbeschleunigung und frühzeitige Planungssicherheit. Denkbar ist es auch, mehrere zeitlich aufeinander folgende Nachnutzungen festzusetzen, wenn dies klar absehbar und verlässlich planbar ist.
Im Fall von Abs. 2 S. 1 Nr. 2, 2. Alt. geht es hingegen darum, dass die Nachnut- 167
zung von dem Eintritt eines bestimmten Ereignisses abhängig ist, zB von der Aufgabe einer störenden Gewerbenutzung als Voraussetzung für die Errichtung eines Krankenhauses, von der Errichtung einer temporären Zufahrt bis zur Fertigstellung eines Anschlussbrückenbauwerks als Erschließung für ein Gewerbegebiet (OVG Lüneburg Beschl. v. 24.3.2009 – 1 MN 267/08, NVwZ-RR 2009, 549 (551)) oder von der für eine Wohnnutzung notwendigen Errichtung eines Lärmschutzwalls oder eines schallabschirmenden Gebäuderiegels (VGH Kassel Urt. v. 29.3.2012 – 4 C 694/10, NuR 2012, 644; OVG Münster Urt. v. 21.7.2011 – 2 D 59/09, BauR 2011, 1943). Gerade in letzterem Fall ist eine wirksame Sicherstellung der Schallschutzwirkung erforderlich (OVG Münster Urt. v. 25.3.2009 – 7 D 129/07, ZfBR 2009, 482 (483); ebenso VGH Kassel Urt. v. 22.4.2010 – 4 C 306/09, ZfBR 2010, 588 (592f.), allerdings mit überzogenen Sicherstellungsanforderungen, die eine Anwendung der Regelung in der Planungspraxis nahezu ausschließen; ausreichen dürfte eine hinreichend sichere Prognose, ob mit der Beseitigung oder dem Wegfall etwa eines zunächst erforderlichen Gebäuderiegels mit schallabschirmender Wirkung ernsthaft und realitätsnah zu rechnen ist; s. auch § 11 Rn. 46). Hier geht es also nicht um eine zeitliche Befristung, sondern um einen zeitlichen Aufschub. Diese planerische Möglichkeit kann auch dazu eingesetzt werden, neue und leistungsfähigere Windenergieanlagen erst dann zuzulassen, wenn der Betrieb alter Anlagen eingestellt wird (zu solchen Bebauungsplänen für das **Repowering** vgl. *Söfker* ZfBR 2008, 14 (16ff.); *Battis,* Repowering von Windenergieanlagen – Zulassung und planerische Steuerung, in: Mitschang, Planen und Bauen im Außenbereich, 2010, 109ff.).

c) **Voraussetzungen.** Soll ein Baurecht auf Zeit oder ein von bestimmten Um- 168
ständen abhängiges Baurecht festgesetzt werden, ist folgendes zu beachten:
– Festsetzungen nach Abs. 2 können nicht nur für bauliche, sondern auch für sonstige Nutzungen und Anlagen getroffen werden und erstrecken sich daher in ihrem Anwendungsbereich auf den gesamten in § 9 enthaltenen Festsetzungskatalog (*Gaentzsch* in BK § 9 Rn. 73b). Selbstständige inhaltliche Festsetzungsmöglichkeiten werden durch Abs. 2 hingegen nicht eröffnet. Für Vor- und Folgenutzung muss also eine hinreichende Festsetzungsermächtigung bestehen (vgl. Rn. 2). Es handelt sich mithin nur um eine Folgeregelung zu Abs. 1, die eine Modifizierung der dort geregelten Festsetzungen ermöglicht (BVerwG Beschl. v. 8.12.2010 – 4 BN 24/10, ZfBR 2011, 275 (276)).
– Befristet werden kann nur das sich aus **einzelnen Festsetzungen** ergebende Recht zur Nutzung von Grundstücken, nicht der Bebauungsplan als solcher (*Söfker* in EZBK § 9 Rn. 240b f.). Dies ergibt sich aus dem Wortlaut des Abs. 2, der in S. 1 auf die im Bebauungsplan festgesetzten Nutzungen und Anlagen abstellt.
– Die Planung muss iSv § 1 Abs. 3 S. 1 **erforderlich** sein. Erforderlich ist eine Planung nur, wenn sie in absehbarer Zeit umsetzbar ist, ihr also keine Hindernisse dauerhaft entgegenstehen; zudem muss i.d.R. der Zeitpunkt absehbar sein, in dem die Nachnutzung einsetzen wird; diese muss dann der langfristigen städtebaulichen Zielsetzung der Gemeinde entsprechen (vgl. *Battis/Otto* UPR 2006, 165 (166)).
– Die Festsetzungen nach Abs. 2 sind auf **besondere Fälle** beschränkt, können also nicht im städtebaulichen Regelfall eingesetzt werden (vgl. bereits Rn. 166). Zu denken ist hier insbesondere an Situationen spezifischer Dynamik, in denen die zeitliche Begrenztheit einer Nutzung von vornherein feststeht und durch die Festsetzung einer Nachnutzung gemäß Abs. 2 S. 2 Leerstände vermieden werden sollen (vgl. hierzu *Schiefedecker* BauR 2005, 320 (323); OVG Münster Urt. v.

21.7.2011 – 2 D 59/09, BauR 2011, 1943; OVG Magdeburg Urt. v. 17.2.2011 – 2 K 102/09, BauR 2011, 1618; BT-Dr. 15/2250, 49).
- Besonderes Augenmerk ist auf die hinreichende **Bestimmtheit** oder jedenfalls Bestimmbarkeit (vgl. Rn. 166) der Festsetzungen zu richten. Während dies bei Nr. 1 jedenfalls bei Festlegung von datumsmäßig bestimmten Zeiträumen eher unproblematisch ist (vgl. *Kuschnerus* ZfBR 2005, 125 (127)), kommt es bei Nr. 2 darauf an, die maßgeblichen Umstände für die Betroffenen und die sonstigen an der Planung Interessierten eindeutig erkennbar festzulegen. Anknüpfungspunkt hierfür können etwa rechtswirksame **Erklärungen von Behörden** sein, etwa die **Freistellungserklärung** von **Bahnanlagen** nach § 23 AEG (hierzu näher *Stüer* NVwZ 2006, 512 ff.; kritisch *Söfker*, FS Birk, 2013, 173 (183); s. auch § 38 Rn. 32) oder die Entwidmung von Militärflächen (vgl. *Stemmler* ZfBR 2006, 117 (118f.)). Ebenso kommen eindeutige **tatsächliche Umstände** in Betracht, die für jedermann erkennbar sind (zB die Errichtung und Betriebsaufnahme oder auch die endgültige rechtsnachfolgefeste Betriebseinstellung eines bestimmten Vorhabens oder auch die Errichtung schallabschirmender baulicher Anlagen bevor eine Wohnbebauung erfolgen darf. Unzureichend ist demgegenüber ein Abstellen auf die bloße Aufgabe einer Nutzung durch den derzeitigen Nutzer (vgl. OVG Magdeburg Urt. v. 17.2.2011 2 K 102/09, BauR 2011, 1618) oder die „Herausnahme" von Baugebieten aus einer Hafenverordnung (vgl. OVG Münster Urt. v. 21.7.2011 – 2 D 59/09, BauR 2011, 1943). Eine gesonderte Bekanntmachung der Gemeinde oÄ ist in der Regel nicht erforderlich (s. auch *Battis/Otto* UPR 2006, 165 (168)).
- Eine Befristung oder Bedingung nach Abs. 2 unterliegt ebenso wie die Festsetzung selbst den Anforderungen einer ordnungsgemäßen **Abwägung;** dies gilt für die Vor- ebenso wie für eine festgesetzte Folgenutzung (OVG Lüneburg Beschl. v. 24.3.2009 – 1 MN 267/08, NVwZ-RR 2009, 549). Besonders zu berücksichtigen sind dabei die Interessen der Grundeigentümer, denen statt eines üblichen unbefristeten nur ein zeitlich beschränktes Nutzungsrecht eingeräumt wird, sowie ggf. das Recht auf die Aufrechterhaltung eines eingerichteten und ausgeübten Gewerbebetriebes (vgl. *Battis/Otto* UPR 2006, 165 (166f.); *Schieferdecker* BauR 2005, 320, 327 ff.; *Kuschnerus,* ZfBR 2005, 125, 128f.). Ebenfalls kann es von Bedeutung sein, ob die Gemeinde in den Fällen des Abs. 2 S. 1 Nr. 2 den Eintritt oder Nichteintritt des betreffenden Umstandes selbst hinreichend beeinflussen kann (zB wenn die Gemeinde die Folgenutzung jedenfalls auf längere Sicht sicherstellen möchte, diese aber von einem von ihr nicht hinreichend beeinflussbaren Umstand abhängig ist). Ggf. ist in solchen Fällen für die Regelung der Vornutzung eine Befristung vorzuziehen oder auch eine Kombination von Umstand und Befristung.
- Wie andere Festsetzungen auch, muss die Festsetzung einer zeitlich begrenzten oder von bestimmten Umständen abhängigen Nutzung nach § 8 Abs. 2 **aus dem Flächennutzungsplan entwickelt** sein. Dies gilt sowohl bei Geltungsbeginn, als auch bei Zeitablauf der Befristung oder bei Eintritt der auflösenden oder aufschiebenden Bedingung für die festgesetzte Nutzung. Dies schließt auch eine festgesetzte Folgenutzung ein. Wenn dies nicht der Fall ist, muss der Flächennutzungsplan entweder parallel zur Aufstellung des Bebauungsplans geändert oder bereits rechtzeitig vorher fortgeschrieben werden (*Battis/Otto* UPR 2006, 165 (166)), wobei allerdings zeitlich überschaubare Abweichungen unproblematisch sein dürften (zB bei einer zeitlich eher begrenzten Vornutzung). Möglich ist es jedoch auch, die Darstellungen des Flächennutzungsplans befristet oder bedingt auszugestalten (vgl. *Schmidt-Eichstaedt* ZfBR 2005, 751 (756); *Kuschnerus* ZfBR 2005, 125 (134)). § 5 sieht dies zwar für den Flächennutzungsplan nicht ausdrücklich vor, jedoch enthält die Vorschrift ohnehin keinen abschließenden Katalog der Darstellungsmöglichkeiten, sondern lediglich eine beispielhafte Aufzählung (vgl. § 5 Rn. 11).

3. Abschnitt. Verbindlicher Bauleitplan (Bebauungsplan) § 9

– Wird durch eine wirksame zeitlich begrenzte Festsetzung nicht in bestehende Rechte eingegriffen, begründet sie weder **Vertrauensschutz** nach § 39, noch einen **Entschädigungsanspruch** nach § 42 (vgl. *Schieferdecker* BauR 2005, 320 (331 ff.); *Heemeyer* DVBl. 2006, 25 (26 ff.)).
– Bauplanungsrechtliche Festsetzungen bedürfen der **bauordnungsrechtlichen Umsetzung**. Bauvorhaben benötigen eine Baugenehmigung, soweit nicht nach den Bauordnungen der Länder Freistellungen eingreifen. Bei den für Festsetzungen nach Abs. 2 relevanten Nutzungen ist dies jedoch vielfach nicht der Fall. Soll etwa eine baugenehmigungsfreie Wohnbebauung realisiert werden, die von dem vorhergehenden Eintritt eines bestimmten Umstandes abhängig ist (zB der Aufgabe einer emittierenden Nutzung auf einem Nachbargrundstück oder der Erweiterung einer Schallschutzwand), ist sie bis dahin materiell baurechtswidrig. Insoweit gilt nichts anderes als bei sonstigen baurechtswidrigen Nutzungen. Bedarf es einer Baugenehmigung, müssen die Anforderungen des Abs. 2 und der darauf gestützten Planfestsetzungen im Genehmigungsverfahren berücksichtigt und durch Nebenbestimmungen nach der Landesbauordnung oder § 36 VwVfG (Land) umgesetzt werden (in den Fällen gem. Abs. 2 Nr. 1 vor allem durch eine Befristung), sofern der Bauantrag nicht selbst bereits eine bebauungsplankonforme Beschränkung der beantragten Nutzung enthält. Andernfalls ist die Genehmigung rechtswidrig (*Schieferdecker* BauR 2005, 320 (329f.); *Söfker* in EZBK § 9 Rn. 241i; aA *Jäde* ZfBR 2005, 135 (138), der davon ausgeht, dass die bestandsschützenden Wirkungen der Baugenehmigung unberührt bleiben). Nach Ablauf der Frist wird ein nur befristet zugelassenes Vorhaben rechtswidrig. Damit entfällt auch der nur auf Zeit bestehende Bestandsschutz, so dass eine Abbruchverfügung oder eine Nutzungsuntersagung ergehen kann (*Schieferdecker* aaO S. 330f.; *Kuschnerus* ZfBR 2005, 125 (130); ablehnend *Jäde* ZfBR 2005, 135 ff.).

2. Zentrale Versorgungsbereiche (Abs. 2 a). Abs. 2a wurde durch die BauGB-Novelle 2007 in den Katalog der Festsetzungsmöglichkeiten des § 9 eingefügt. Er ermöglicht es Gemeinden, mittels eines **einfachen Bebauungsplans** (§ 30 Abs. 3) innerhalb von **im Zusammenhang bebauten Ortsteilen** (§ 34) Festsetzungen dazu zu treffen, dass nur bestimmte Arten der nach § 34 Abs. 1 und 2 zulässigen baulichen Nutzungen zulässig oder bestimmte Arten dieser Nutzungen nicht oder nur ausnahmsweise zulässig sind. Diese Festsetzungen können dabei für Teile des räumlichen Geltungsbereichs unterschiedlich getroffen werden (Abs. 2a S. 1 Hs. 2). Ebenfalls müssen sie sich nicht auf den gesamten Innenbereich beziehen. Sie können vielmehr auf einen **Teilbereich** davon beschränkt werden, soweit dies städtebaulich begründet ist (OVG Münster Urt. v. 22.11.2010 – 7 D 1/09, BauR 2011, 789 (793)). Städtebaulicher Grund in diesem Sinne kann etwa sein, dass in einem bestimmten Teil des Innenbereichs ein besonderer Ansiedlungsdruck besteht. 169

Zweck der Regelungsmöglichkeiten nach Abs. 2a ist die **Erhaltung oder Entwicklung** zentraler Versorgungsbereiche (BVerwG Beschl. v. 6.8.2013 – 4 BN 8.13, ZfBR 2013, 781). Besonders betont wird dabei das Interesse einer verbrauchernahen Versorgung der Bevölkerung und der Innenentwicklung der Gemeinden. Dabei handelt es sich im Kern um Erläuterungen und städtebauliche Rechtfertigungen (vgl. *Haaß* BauR 2013, 1946 (1946); *Lüttgau/Krupp* BauR 2014, 31 (39f.)) dafür, warum die Erhaltung oder Entwicklung zentraler Versorgungsbereiche gezielt gesteuert werden darf (vgl. auch § 1 Abs. 6 Nr. 4 und Nr. 9 sowie § 1a Abs. 2). Auch wenn daneben weitere städtebauliche Motive denkbar sind, handelt es sich bei den genannten Aspekten um die wesentlichen Gründe dafür, die Erhaltung und Entwicklung zentraler Versorgungsbereiche durch aktive Bauleitplanung über § 34 Abs. 3 hinaus gezielt zu steuern und zu fördern (vgl. BVerwG Beschl. v. 6.8.2013 – 4 BN 8/13, ZfBR 2013, 781 (782)). Wie auch das übrige Bauplanungsrecht dient Abs. 2a hingegen nicht dem Konkurrenzschutz. Auch Festsetzungen zur Erhaltung und Entwicklung zentraler 170

Versorgungsbereiche müssen daher **wettbewerbsneutral** sein (zu wettbewerblichen Fragen der Bauleitplanung, vgl. *Weck* BauR 2015, 1261 (1264f.)). Obgleich sich Abs. 2a von seiner Formulierung her ganz allgemein auf bestimmte Arten von baulichen Nutzungen bezieht (zu Vergnügungsstätten s. Abs. 2b, dazu Rn. 188ff. sowie *Mitschang* ZfBR 2012, 319ff.; *Stühler* BauR 2013, 685ff.; *Tarner* BauR 2012, 1273ff.), liegt der vorrangige Anwendungsbereich der Vorschrift bei der **Steuerung von Einzelhandelsansiedlungen** (zur **Unionsrechtskonformität** von Standortbeschränkungen für Einzelhandelsbetriebe BVerwG Beschl. v. 30.5.2013 – 4 B 3/13, NVwZ 2013, 1085; dass. Beschl. v. 10.10.2013 – 4 BN 36.13, ZfBR 2014, 147 (147)). Ihr kommt für die Erhaltung und Entwicklung zentraler Versorgungsbereiche, insbesondere auch für die verbrauchernahe Versorgung der Bevölkerung, entscheidende Bedeutung zu. Nichts anderes gilt für die **Innenentwicklung** der Gemeinden, die durch die Ansiedlung von Versorgungsmöglichkeiten in der Peripherie („grüne Wiese") erheblich beeinträchtigt werden kann. Andererseits darf gerade im Rahmen der notwendigen Abwägung (s. noch Rn. 184) nicht verkannt werden, dass dezentrale Versorgungsmöglichkeiten häufig ebenfalls nicht zu unterschätzende Vorteile haben, etwa im Hinblick auf den Einkaufskomfort oder auch geringere Preise für Waren und Dienstleistungen, da dezentral gelegene Standorte oftmals im Hinblick auf Mietpreise für Geschäftslokale usw. deutlich günstiger sind. Auch dies kann, gerade für die Versorgung einkommensschwacher Bevölkerungsgruppen, ein wichtiges und berechtigtes Anliegen sein, mit dem sich Gemeinden bei ihrer Planungsentscheidung auseinanderzusetzen haben.

171 **a) Abgrenzung zu anderen Regelungen zum Schutz zentraler Versorgungsbereiche.** Die Formulierung, dass nach Abs. 2a S. 1 „Festsetzungen zu bestimmten Arten der zulässigen baulichen Nutzungen" getroffen werden können, lehnt sich an § 1 Abs. 9 BauNVO an (OVG Münster Urt. v. 26.4.2013 – 10 D 39/11, NVwZ-RR 2013, 754; vgl. Rn. 18). Eine Festsetzung nach **§ 1 Abs. 9 BauNVO** setzt allerdings voraus, dass gem. § 1 Abs. 2 iVm den §§ 2ff. BauNVO ein Baugebiet festgesetzt wird. Erfolgt dies, scheidet eine Festsetzung nach Abs. 2a aus. Demgegenüber soll eine Festsetzung nach Abs. 2a gerade dann möglich sein, wenn kein Baugebiet festgesetzt wird. Daraus folgt zugleich, dass Abs. 2a nur dann anwendbar ist, wenn ein einfacher Bebauungsplan (§ 30 Abs. 3) aufgestellt wird. Denn für einen qualifizierten Bebauungsplan ist es stets erforderlich, dass Festsetzungen zur Art der baulichen Nutzung getroffen werden. Dies erfolgt, soweit es um für zentrale Versorgungsbereiche relevante Nutzungsarten geht, stets durch die Festsetzung von Baugebieten. Zwar betreffen auch zahlreiche andere Festsetzungsmöglichkeiten gem. Abs. 1 die Art der baulichen Nutzung (zB Abs. 1 Nr. 11, Nr. 12, Nr. 15), jedoch sind dort für zentrale Versorgungsbereiche relevante Nutzungsarten in aller Regel von vornherein nicht zulässig.

172 Für **Bebauungspläne gem. § 12** (iVm § 30 Abs. 2) ist die Festsetzungsmöglichkeit gem. Abs. 2a bedeutungslos. Zum einen besteht hier für den Bereich des Vorhaben- und Erschließungsplans ohnehin keine Bindung an die Festsetzungsmöglichkeiten nach § 9. Zum anderen geht es bei einem vorhabenbezogenen Bebauungsplan um die Zulässigkeit eines bestimmten Vorhabens, nicht hingegen darum, die bauliche Entwicklung im unbeplanten Innenbereich vorhabenübergreifend so zu steuern, dass zentrale Versorgungsbereiche nicht beeinträchtigt werden oder sich gemäß den städtebaulichen Zielvorstellungen der Gemeinde entwickeln können.

173 Gegenüber **§ 34 Abs. 3** hat die Planungsmöglichkeit nach Abs. 2a Ergänzungsfunktion. Zwar werden zentrale Versorgungsbereiche, ohne dass es diesbezüglicher planerischer Schritte der Gemeinde bedürfte, auch durch § 34 Abs. 3 geschützt. Allerdings beschränkt sich dieser Schutz nur auf existierende zentrale Versorgungsbereiche (OVG Koblenz Urt. v. 12.12.2012 – 8 A 10715/12, ZfBR 2013, 367 Rn. 3f.; vgl. auch § 34 Rn. 69). Zudem kann im Rahmen des einzelnen Baugenehmigungsverfah-

3. Abschnitt. Verbindlicher Bauleitplan (Bebauungsplan) § 9

rens streitig sein, ob von dem beantragten Vorhaben tatsächlich schädliche Auswirkungen auf zentrale Versorgungsbereiche ausgehen oder nicht. Aus diesem Grunde werden die kraft Gesetzes bestehenden Einschränkungen gem. § 34 Abs. 3 durch die planerische Steuerungsmöglichkeit gem. Abs. 2a ergänzt. Sie bezieht sich dabei, anders als § 34 Abs. 3, auch auf die Entwicklung zentraler Versorgungsbereiche (vgl. BVerwG, Beschl. v. 15.5.2013 – 4 BN 1.13, ZfBR 2013, 573; OVG Münster Urt. v. 22.11.2010 – 7 D 1/09, BauR 2009, 789). Zudem schafft sie sowohl für die Gemeinde, als auch für die Grundstückseigentümer durch präzise Festsetzungen Klarheit darüber, welche relevanten Nutzungen im Geltungsbereich des betreffenden Bebauungsplanes zulässig sind oder nicht (§ 30 Abs. 3; vgl. *Uechtritz* BauR 2007, 476 (487); *Krautzberger/Stüer* DVBl. 2007, 160 (165); *Reidt* BauR 2007, 2001 (2006)).

b) Voraussetzungen. Abs. 2a enthält Voraussetzungen für eine nach der Regelung zulässige Planung sowohl im Hinblick auf das zu beplanende Gebiet, als auch im Hinblick auf die zu schützenden Bereiche. **174**

aa) Zu beplanendes Gebiet. Die Planungsmöglichkeit gem. Abs. 2a ist auf **im Zusammenhang bebaute Ortsteile** beschränkt. Dabei ist es unerheblich, ob sich die Art der baulichen Nutzung nach § 34 Abs. 1 oder Abs. 2 („faktisches Baugebiet") richtet oder ob eine Satzung nach § 34 Abs. 4 S. 1 Nr. 1–3 (§ 34 Rn. 83ff.) existiert. Ebenfalls kann Abs. 2a zur Anwendung kommen, wenn der Bereich bereits durch einen einfachen Bebauungsplan (§ 30 Abs. 3) überplant ist, der durch Festsetzungen gem. Abs. 2a ergänzt oder überlagert wird, sofern der vorhandene Plan nicht auf der Grundlage von Abs. 1 Nr. 1 ein Baugebiet festsetzt. Die vorhandene Satzung wird in diesem Fall durch Festsetzungen nach Abs. 2a ergänzt. Die Flächen von **Bahnanlagen** und andere der Fachplanung unterfallenden Vorhaben können einbezogen werden, soweit dies nicht der fachplanerischen Zwecksetzung widerspricht (BVerwG Beschl. v. 15.5.2013 – 4 BN 1.13, ZfBR 2013, 573; s, auch § 38 Rn. 29). **175**

Eine Planung gem. Abs. 2a muss nicht den gesamten im Zusammenhang bebauten Ortsteil betreffen. Sie kann sich vielmehr auch auf einen Teil davon beschränken (s. bereits Rn. 169). Nicht anwendbar ist die Planungsmöglichkeit nach Abs. 2a in bereits qualifiziert beplanten Bereichen, sofern nicht zeitgleich mit der Aufstellung eines Bebauungsplans auf der Grundlage von Abs. 2a der vorhandene qualifizierte Bebauungsplan aufgehoben wird und damit eine nach § 34 zu beurteilende planungsrechtliche Situation entsteht. Ebenfalls nicht einschlägig ist Abs. 2a im **Außenbereich** (§ 35). Dort besteht kein Erfordernis zur aktiven Bauleitplanung, um die Erhaltung oder Entwicklung zentraler Versorgungsbereiche zu sichern. **176**

Es bedarf einer Planung nach Abs. 2a nur in solchen im Zusammenhang bebauten Ortsteilen, in denen überhaupt bauliche Nutzungen angesiedelt werden können, die die Erhaltung oder Entwicklung zentraler Versorgungsbereiche beeinträchtigen können. Etwa in einem faktischen reinen oder allgemeinen Wohngebiet (§§ 3, 4 BauNVO) ist dies typischerweise nicht der Fall, so dass es für derartige Bereiche in der Regel bereits an einem Planungserfordernis iSv § 1 Abs. 3 S. 1 fehlen wird. **177**

bb) Zu schützende Bereiche. Die Planungsmöglichkeit gem. Abs. 2a zielt auf die **Erhaltung und Entwicklung zentraler Versorgungsbereiche** ab. Diese können innerhalb des Gemeindegebietes der planenden Gemeinde liegen, aber auch außerhalb davon. In letzterem Fall kann eine Planung im Einzelfall sogar notwendig sein, etwa um Zielen der Raumordnung (§ 1 Abs. 4) Rechnung zu tragen (zB wenn in einer Gemeinde ohne zentralörtliche Versorgungsfunktion in größerem Umfang Einzelhandel angesiedelt werden kann, der zentrale Versorgungsbereiche in einem benachbarten Mittel- oder Oberzentrum beeinträchtigt und eine Steuerung gem. § 34 Abs. 3 nicht ausreicht, weil sie sich nur auf das jeweilige Einzelvorhaben bezieht, nicht jedoch ohne Weiteres die Agglomeration einer größeren Zahl von kleinen Ein- **178**

zelvorhaben erfasst). Auf der Grundlage von Abs. 2a können sowohl vorhandene, als auch zu entwickelnde zentrale Versorgungsbereiche mit unterschiedlicher Versorgungsfunktion (zum Begriff s. § 34 Rn. 69; s. auch BVerwG Urt. v. 11.10.2007 – 4 C 7/07, BVerwGE 129, 307 Rn. 11; dass. Urt. v. 17.12.2009 – 4 C 2/08, BVerwGE 136, 10 Rn. 8; OVG Münster Urt. v. 22.11.2010 – 7 D 1/09, BauR 2009, 789) geschützt werden. Dabei kann sich ein Bebauungsplan nach Abs. 2a räumlich auch auf einen zentralen Versorgungsbereich selbst erstrecken, um so andere zentrale Versorgungsbereiche zu schützen (OVG Münster Beschl. v. 16.3.2012 – 2 B 202/12, UPR 2012, 276 (278 f.)). Während sich vorhandene zentrale Versorgungsbereiche aufgrund der bestehenden tatsächlichen Umstände feststellen lassen, ist dies bei noch zu entwickelnden Bereichen anders. Allerdings kann der Schutz eines bestehenden zentralen Versorgungsbereiches auch mit dessen Weiterentwicklung verknüpft werden. Dies gilt sowohl im Hinblick auf eine **räumliche Ausdehnung** als auch in Bezug auf die **Steigerung der Attraktivität** eines vorhandenen zentralen Versorgungsbereichs dergestalt, dass dort noch weitere zentrentypische Nutzungen, insbesondere aus dem Bereich Einzelhandel oder Dienstleistung, angesiedelt (BVerwG Beschl. v. 21.2.2011 – 4 BN 7/11, BauR 2011, 1127; dass. Urt. v. 26.3.2009 – 4 C 21/07, BVerwGE 133, 310; OVG Koblenz Urt. v. 2.9.2009 – 8 A 11 057.08, BauR 2010, 49; OVG Münster Urt. v. 22.11.2010 – 7 D 1/09, BauR 2011, 789) oder der Versorgungsfunktion nicht entsprechende Nutzungen eingeschränkt werden sollen (OVG Münster Beschl. v. 16.3.2012 aaO).

179 Vor allem dann, wenn es um die Entwicklung eines zentralen Versorgungsbereichs geht (Entwicklung eines vollständig neuen Bereichs, räumliche Ausdehnung, Steigerung der Attraktivität innerhalb eines vorhandenen zentralen Versorgungsbereichs), ist es in aller Regel geboten, wenn auch nicht zwingend erforderlich (OVG Koblenz Urt. v. 12.12.2012 – 8 A 10715/12, BauR 2013, 906), dass ein städtebauliches Konzept vorliegt, auf das bei der Steuerung des Einzelhandels zurückgegriffen werden kann **(Einzelhandelskonzept).** Dabei handelt es sich um ein städtebauliches Entwicklungskonzept gem. § 1 Abs. 6 Nr. 11, das Aussagen über die zu erhaltenden oder zu entwickelnden Versorgungsbereiche der Gemeinde oder eines Gemeindeteils enthält. Es ist gleichwohl für die konkret zu treffende Planungsentscheidung lediglich **Abwägungsmaterial,** das die Gemeinde nicht davon entbindet, die jeweilige örtliche Situation individuell in den Blick zu nehmen (vgl. Abs. 2a S. 2: „zu berücksichtigen"; BVerwG Beschl. v. 27.3.2013 – 4 C 13/11, NVwZ 2013, 1157; OVG Münster Urt. v. 6.9.2011 – 2 A 59/10, UPR 2012, 109; dass. Urt. v. 22.11.2010 – 7 D 1/ 09, BauR 2011, 789 (791)). Dabei können die einem solchen Konzept zugrunde liegenden **tatsächlichen Umstände** (zB Verkaufsflächenbestand, Kaufkraft, Kaufkraftverteilung) für die planerische Abwägung übernommen werden, ohne dass es insofern einer erneuten Bestandsaufnahme bedarf, wenn mit hinreichender Sicherheit noch von der Aktualität der betreffenden Daten ausgegangen werden kann. Über die ermittelten Daten und sonstigen tatsächlichen Umstände hinausgehend enthält ein solches Konzept jedoch in der Regel auch **planerisch gestaltende Zielaussagen** dahingehend, wo und in welcher Weise zentrale Versorgungsbereiche innerhalb des Gemeindegebiets erhalten oder auch weiterentwickelt werden sollen. Angesichts der den Gemeinden zustehenden planerischen Gestaltungsfreiheit unterliegt ein solches Konzept nur insoweit der gerichtlichen Überprüfung, als es nachvollziehbar und in sich widerspruchsfrei sein muss (BVerwG Urt. v. 26.3.2009 – 4 C 21/07, BVerwGE 133, 310; OVG Lüneburg Urt. v. 22.5.2012 –1 KN 216/08, BauR 2013, 904; OVG Münster Urt. v. 22.11.2010 – 7 D 1/09, BauR 2011, 789 (791)). Die Gemeinde kann dabei im Rahmen des ihr zustehenden planerischen Gestaltungsspielraums eigenverantwortlich festlegen, wo ihre zentralen Versorgungsbereiche zukünftig sein sollen. Ebenso wie die einem Einzelhandelskonzept zugrunde liegenden Daten und sonstigen tatsächlichen Umstände können auch planerische Zielaussagen nur dann in eine Planungsentscheidung gem. Abs. 2a übernommen werden, wenn sie hinreichend ak-

3. Abschnitt. Verbindlicher Bauleitplan (Bebauungsplan) § 9

tuell sind. Wird in Einzelfällen ganz oder teilweise **von dem Konzept abgewichen** (kein „Alles-oder-nichts-Prinzip"), sei es durch die Aufstellung widersprechender Bebauungspläne, sei es durch die Zulassung von Vorhaben nach § 34, ist dies unschädlich. Wird allerdings von dem Konzept nach Art und Umfang in einer Weise abgewichen, dass dessen inhaltliche Aussagen ernsthaft in Frage gestellt sind, kann es nicht mehr ohne Weiteres als legitimes Planungsziel einem Bebauungsplan gemäß Abs. 2a zugrunde gelegt werden. Es gilt dann nichts anderes, als wenn das Konzept von vornherein widersprüchlich gewesen wäre. Dies schließt die Aufstellung eines Bebauungsplans auf der Grundlage von Abs. 2a zwar nicht aus, jedoch ist es für die Rechtmäßigkeit der Planung dann unverzichtbar, dass in der Planbegründung im Einzelnen dargelegt wird, warum ein bestimmter zentraler Versorgungsbereich im Hinblick auf Bestand oder Entwicklung geschützt wird. Ein Verweis auf das Einzelhandelskonzept und dessen inhaltliche Aussagen reicht dann in der Regel nicht mehr aus (vgl. BVerwG Beschl. v. 27.3.2013 – 4 C 13/11, NVwZ 2013, 1157).

Abs. 2a S. 3 besagt, dass in den zu erhaltenden oder zu entwickelnden zentralen **180** Versorgungsbereichen die **planungsrechtlichen Voraussetzungen** für Vorhaben, die diesen Versorgungsbereichen dienen, nach den §§ 30 oder 34 vorhanden oder durch einen Bebauungsplan, dessen Aufstellung förmlich eingeleitet ist, vorgesehen sein sollen. Diese Anforderung ist auch dann zu beachten, wenn ein gemeindliches Einzelhandelskonzept (vgl. Rn. 179) vorliegt. Sie soll sicherstellen, dass eine Planung iSv Abs. 2a gerechtfertigt ist. Dies ist generell unproblematisch in Fällen, in denen Nutzungen ausgeschlossen werden sollen, die in einem zu schützenden zentralen Versorgungsbereich bereits tatsächlich vorhanden sind. Anders kann dies in den Fällen sein, in denen es um die räumliche oder auch nutzungsbezogene Entwicklung bzw. Weiterentwicklung eines zentralen Versorgungsbereichs geht. Es muss dann möglich sein, die auszuschließenden Nutzungen in dem zu schützenden zentralen Versorgungsbereich tatsächlich anzusiedeln. Dies ist dann der Fall, wenn die betreffenden Nutzungen nach den §§ 30 oder 34 bereits zulässig sind. Ansonsten soll, dh in der Regel muss, gem. Abs. 2a S. 3 ein entsprechendes Bebauungsplanverfahren für den zu schützenden zentralen Versorgungsbereich zumindest förmlich eingeleitet sein. Erforderlich ist also, dass spätestens zum Zeitpunkt des Inkrafttretens eines Bebauungsplanes mit Festsetzungen gem. Abs. 2a ein entsprechender Aufstellungsbeschluss (§ 2 Abs. 1) ortsüblich bekannt gemacht wurde. Dies kann ggf. auch zeitgleich erfolgen. Darüber hinaus wird es regelmäßig unverzichtbar sein, dass sich aus dem Aufstellungsbeschluss bereits mit hinreichender Deutlichkeit ergibt, wo genau der zu schützende zentrale Versorgungsbereich liegen soll und welche Versorgungsaufgabe ihm zugedacht ist. Der gemeindliche Flächennutzungsplan kann dabei vor allem dann von Bedeutung sein, wenn er zentrale Versorgungsbereiche darstellt (vgl. § 5 Abs. 2 Nr. 2d). Ohne hinreichend präzise planerische Aussage lässt sich nicht erkennen, was die Erhaltung oder Entwicklung eines zentralen Versorgungsbereichs stören könnte und daher auf der Grundlage einer Festsetzung gem. Abs. 2a ausgeschlossen werden darf. Zudem muss eine hinreichende Gewähr dafür bestehen, dass eine solche zu schützende Planung auch Aussicht auf Verwirklichung hat (s. zu den abwägungsrechtlichen Anforderungen noch Rn. 184 ff.).

cc) Mögliche Festsetzungsinhalte. Durch einen Bebauungsplan mit Festset- **181** zungen gem. Abs. 2a können neben anderen in einem einfachen Bebauungsplan (s. § 30 Rn. 9) möglichen Festsetzungen bestimmte Arten der nach § 34 Abs. 1 und 2 zulässigen baulichen Nutzungen **ausgeschlossen** oder für nur **ausnahmsweise** (§ 31 Abs. 1) zulässig erklärt werden. Voraussetzung ist, dass es um Nutzungen geht, die ohne den aufzustellenden Bebauungsplan hinsichtlich der Art der baulichen Nutzung allgemein oder jedenfalls ausnahmsweise (s. insbesondere Abs. 2 iVm Abs. 3 der Baugebietsvorschriften der BauNVO) zulässig wären. Dabei kann die Gemeinde auch **Zweifelsfälle** in ihre Planung einbeziehen, also Fälle, in denen unklar ist, ob be-

stimmte Nutzungen nach Maßgabe von § 34 zulässig wären oder nicht, etwa weil nicht eindeutig feststeht, ob sie gegen § 34 Abs. 3 verstoßen. Allenfalls in Fällen, in denen die Unzulässigkeit von Nutzungen eindeutig feststeht, kann es an der Erforderlichkeit der Planung insgesamt oder in Bezug auf einzelne Festsetzungen fehlen.

182 Ausgeschlossen werden können gem. Abs. 2a nur solche Arten von Nutzungen, die der Erhaltung oder Entwicklung zentraler Versorgungsbereiche **abträglich** sind. Für andere Nutzungsbeschränkungen bietet Abs. 2a keine Rechtsgrundlage (VGH Mannheim Urt. v. 16.10.2012 – 3 S 1191/10, VBlBW 2013, 297). Es geht also vor allem um die Steuerung von Einzelhandelsnutzungen, ergänzend auch um solche Nutzungen, die ebenfalls für zentrale Versorgungsbereiche wesentliche Bedeutung haben, etwa zentrentypische Dienstleistungen. Gemäß Abs. 2a S. 1 Hs. 2 können die Festsetzungen dabei für Teile des Bebauungsplangebiets unterschiedlich getroffen werden. Damit kann in erster Linie örtlichen Besonderheiten, aber auch dem Gebot einer gerechten Abwägung Rechnung getragen werden. So kann es etwa ausreichen, bestimmte Einzelhandelsnutzungen nicht vollständig auszuschließen, sondern nur für einen Teil des Plangebietes, weil dies im Hinblick auf die zu erwartenden quantitativen und qualitativen Auswirkungen auf einen zentralen Versorgungsbereich genügt. Ebenso können damit (vergleichbar zu § 1 Abs. 10 BauNVO) **Bestands- und Entwicklungsmöglichkeiten** für bereits vorhandene Betriebe innerhalb des Plangebietes gewährleistet werden, wenn diese durch den Plan nicht allein auf den durch vorhandene Baugenehmigungen gewährleisteten Bestandsschutz verwiesen werden sollen (s. im Hinblick auf die Abwägung noch Rn. 184).

183 Der Begriff **„bestimmte Arten der baulichen Nutzungen"** in S. 1 Hs. 1 entspricht der Regelungsmöglichkeit in § 1 Abs. 9 BauNVO (OVG Münster Urt. v. 22.11.2010 – 7 D 1/09, BauR 2011, 789; s. hierzu Rn. 18 und Rn. 171). Es können also nicht nur die in den Baugebietskatalogen der BauNVO aufgelisteten Nutzungsarten, sondern auch Unterarten hiervon ausgeschlossen werden (VGH Mannheim Urt. v. 28.10.2014 – 5 S 1970/12, BeckRS 2014, 58692 Rn. 26ff.). Allerdings ist es notwendig, dass die vorgesehenen Festsetzungen **hinreichend bestimmt** sind (BVerwG Beschl. v. 6.8.2013 – 4 BN 8/13, ZfBR 2013, 781 (781)). Ein allgemeiner Ausschluss von citytypischen oder zentrenrelevanten Warensortimenten reicht hierfür nicht aus (vgl. Rn. 7). Darüber hinaus handelt es sich nur dann um bestimmte Arten von zulässigen baulichen Nutzungen, wenn sie sich nach rechtlichen, sozialen oder ökonomischen Kriterien hinreichend von anderen Nutzungen unterscheiden. Allein auf die Größe der Verkaufsfläche von Einzelhandelsbetrieben kann daher nicht abgestellt werden, wohl allerdings auf die Unterscheidung zwischen groß- und kleinflächigem Einzelhandel (§ 11 Abs. 3 BauNVO) oder auch auf ortstypische Dorfläden, Nachbarschaftsläden oder sog. Convenience Stores (s. zu § 1 Abs. 9 BauNVO Rn. 18). Im Weiteren, und dies dürfte die wohl häufigste auf Abs. 2a gestützte Festsetzung sein, ist es möglich, für den Einzelhandel **Sortimentsbeschränkungen** festzusetzen, wenn sie marktüblichen Gegebenheiten entsprechen (vgl. BVerwG Beschl. v. 4.10.2001 – 4 BN 45/01, BRS 64 Nr. 28; OVG Münster Urt. v. 22.11.2010 – 7 D 1/09, BauR 2011, 789 (793); zu partiellen Einzelhandelsausschlüssen vgl. OVG Münster Urt. v. 12.2.2014 – 2 D 13/14, BauR 2014, 2042; s. auch Rn. 18). Möglich ist dies sowohl durch einen „Positivkatalog" der innerhalb des Plangebietes oder in Teilen davon zulässigen Warensortimente, als auch in Form eines „Negativkatalogs" der Warensortimente, die im gesamten Plangebiet oder in Teilen davon unzulässig sind (s. hierzu *Janning* ZfBR 2014, 427ff; *Uechtritz* BauR 2007, 476 (487); *Schmitz* ZfBR 2007, 532 (534); zur notwendigen Bestimmtheit s. Rn. 6f.). Eingeschränkt werden können die damit verbundenen Ausschlüsse etwa dahingehend, dass sie nicht in den Fällen gelten, in denen der Verkauf an Endverbraucher im Zusammenhang mit einem vorhandenen **Produktionsbetrieb** steht und nur einen untergeordneten Teil der Betriebsfläche ausmacht, damit der unmittelbare Absatz der hergestellten Produkte an Endverbraucher möglich bleibt („Annexhandel", vgl. OVG Münster

3. Abschnitt. Verbindlicher Bauleitplan (Bebauungsplan) **§ 9**

Urt. v. 14.10.2013 – 2 D 103/12, BauR 2014, 213; Urt. v. 27.4.2006 – 7 D 35/05 Rn. 115f., juris; OVG Lüneburg Urt. v. 26.3.2003 – 1 LB 32/02, BRS 66 Nr. 38; *Kuschnerus,* Der standortgerechte Einzelhandel, 2007, Rn. 536ff.; zu Fragen der Bestimmtheit Rn. 7). Ebenfalls können die Festsetzungen nach Abs. 2a mit einem **Ausnahmetatbestand (§ 31 Abs. 1)** verbunden werden (OVG Münster Urt. v. 14.10.2013 – 2 D 103.12, BauR 2014, 213). Letzteres kann gerade im Hinblick auf bereits vorhandene Bestandsnutzungen geboten sein. Ohnehin ist sowohl ein Positivkatalog als auch ein Negativkatalog stets im Hinblick auf die städtebauliche Rechtfertigung daran zu messen, ob es der damit verbundenen Nutzungsausschlüsse im Hinblick auf die Erhaltung oder Entwicklung zentraler Versorgungsbereiche nach der planerischen Konzeption der Gemeinde tatsächlich bedarf.

dd) Anforderungen an die planerische Abwägung. Bei einer auf Abs. 2a ge- **184** stützten Planung gilt wie bei jedem anderen Bauleitplan auch das Abwägungsgebot des § 1 Abs. 7. Da es allerdings um die Beplanung von im Zusammenhang bebauten Ortsteilen geht, kommt einer sorgfältigen **Bestandsaufnahme** der im Plangebiet vorhandenen Nutzungen besondere Bedeutung zu. Sie kann allein durch ein vorhandenes Einzelhandelskonzept in der Regel nicht ersetzt werden. Gleiches gilt, wenn der Flächennutzungsplan entsprechende Aussagen auf der Grundlage von § 5 Abs. 2 Nr. 2d enthält. Eine dort bereits erfolgte Bestandsaufnahme muss daher überprüft und aktualisiert werden, sofern dafür Veranlassung besteht. Zudem muss in der Regel die örtliche Situation individuell in den Blick genommen werden (s. etwa OVG Münster Urt. v. 22.11.2010 – 7 D 1/09, BauR 2011, 789 (793)). Maßgeblich hierfür ist die Sach- und Rechtslage zum Zeitpunkt des Satzungsbeschlusses (§ 214 Abs. 3 S. 1). Damit wird dem Umstand Rechnung getragen, dass auch bei einem auf Abs. 2a gestützten Bebauungsplan das private Eigentum in hervorgehobener Weise zu den abwägungserheblichen Belangen gehört (vgl. BVerwG Beschl. v. 15.5.2013 – 4 BN 1.13, ZfBR 2013, 573; *dass.* Beschl. v. 6.8.2013 – 4 BN 8/13, ZfBR 2013, 781 (781)); ausdrücklich in Bezug auf einen auf Abs. 2a gestützten Bebauungsplan OVG Münster Urt. v. 14.10.2013 – 2 D 103/12, ZfBR 2014, 149 (153); dass. Urt. v. 22.11.2010 – 7 D 1/09, BauR 2011, 789 (793)).

Zu berücksichtigen ist, dass in den meisten Fällen durch die Aufstellung eines Be- **185** bauungsplans den Grundstückseigentümern zwar einerseits Schranken für die bauliche Nutzung ihrer Grundstücke auferlegt werden, andererseits jedoch zumeist auch Nutzungsmöglichkeiten neu geschaffen oder erweitert werden. Zumindest erhalten die Grundstückseigentümer Rechtsklarheit darüber, welche Nutzungen auf ihren im Plangebiet gelegenen Grundstücken zulässig sind. Demgegenüber handelt es sich bei einer auf Abs. 2a gestützten Planung regelmäßig um eine solche, mit der bis dahin bestehende bauliche Nutzungsmöglichkeiten lediglich eingeschränkt werden. Insbesondere kann die Situation eintreten, dass durch eine solche Planung vorhandene Nutzungen auf einen passiven Bestandsschutz festgeschrieben werden. Daher ist im Planverfahren zu klären, ob Eigentümern von Grundstücken mit **Bestandsnutzungen** nicht zB mittels räumlich begrenzter Sonderregelungen (vergleichbar zu § 1 Abs. 10 BauNVO in Baugebieten) auch für die Zukunft Entwicklungsmöglichkeiten zugestanden werden sollen (vgl. OVG Münster Urt. v. 22.11.2010 – 7 D 1/09, BauR 2011, 789 (793)). Andererseits ist die Gemeinde jedoch durch Abs. 2a nicht darauf beschränkt, Festsetzungen nur dann treffen zu dürfen, wenn in einem bestimmten Umfang und durch bestimmte Sortimente schädliche Auswirkungen für existierende zentrale Versorgungsbereiche eintreten können. Dies ergibt sich bereits daraus, dass Abs. 2a es auch ermöglichen soll, die Entwicklung derartiger Bereiche zu sichern (s. bereits Rn. 170). Es geht also nicht nur um die Vermeidung von schädlichen Auswirkungen auf konkrete zentrale Versorgungsbereiche, sondern auch um die Steigerung ihrer Attraktivität (s. BVerwG Urt. v. 27.3.2013 – 4 C 13/11, NVwZ 2013, 1157 insbes. zur Unterscheidung von nur punktuellem Schutz eines bestimmten Zent-

rums – dann Ermittlung der konkret zentrenschädlichen Sortimente notwendig – und der planerisch lenkenden längerfristigen Beeinflussung insbes. auf der Grundlage eines Einzelhandelskonzeptes – dann in der Regel keine sortimentsspezifische Betrachtung erforderlich).

186 Allerdings muss die Gemeinde über Abs. 2a S. 3 (s. Rn. 180) hinausgehend nicht nur prüfen, ob die für einen zentralen Versorgungsbereich vorgesehenen Nutzungen dort angesiedelt werden können, sondern auch, ob hinreichend sicher davon ausgegangen werden kann, dass eine solche Ansiedlung auch tatsächlich erfolgt bzw. die angestrebte Entwicklung hinreichend sicher eintreten wird. Ist dies nicht der Fall, wird ein Ausschluss an anderer Stelle in der Regel kaum zu rechtfertigen sein. Ist bspw. ein zentraler Versorgungsbereich vorhanden, in dem sich über Jahre hinweg ein Elektronikfachmarkt nicht angesiedelt hat (zB wegen Problemen bei der verkehrlichen Erschließung), ist es jedenfalls nicht ohne Weiteres zu rechtfertigen, einen solchen Markt an anderer Stelle auszuschließen, um dessen Ansiedlung in dem zentralen Versorgungsbereich zu ermöglichen (vgl. *Reidt* BauR 2007, 2001 (2009); s. auch *Uechtritz* BauR 2007, 476 (488); *Schmitz* ZfBR 2007, 532 (536); ebenso wohl auch OVG Münster Urt. v. 6.9.2011 – 2 A 59/10, UPR 2012, 109; dass. Urt. v. 22.11.2010 – 7 D 1/09, BauR 2011, 789 (791f.); OVG Koblenz Urt. v. 12.12.2012 – 8 A 10715/12, BauR 2013, 906).

187 **ee) Verfahren.** Bebauungspläne, die nur Festsetzungen nach Abs. 2a (und ggf. Abs. 2b) enthalten, können im **vereinfachten Verfahren** (§ 13) aufgestellt werden. Enthält der Plan zusätzliche Festsetzungen, müssen die weiteren in § 13 genannten Voraussetzungen vorliegen, Ansonsten muss das **normale Verfahren** durchgeführt werden. Liegen die Voraussetzungen des § 13a vor, kommt auch dieses ggf. zur Anwendung.

188 **3. Vergnügungsstätten (Abs. 2b). a) Allgemeines, Begriff und Differenzierung.** Mit Abs. 2b wurde durch die Innenentwicklungsnovelle 2013 (vgl. hierzu *Battis/Mitschang/Reidt* NVwZ 2013, 961 (963f.)) zur effektiven Bewältigung der mit Vergnügungsstätten vielfach einhergehenden Probleme (zB Trading-Down-Effekt, Verdrängung hochwertiger Nutzungen, Lärmbelästigungen oder „Umkippen eines Gebiets") der sog. **„Vergnügungsstättenbebauungsplan"** eingeführt und damit den Gemeinden eine zusätzliche städtebauliche Steuerungsmöglichkeit zur Verfügung gestellt (dazu *Mitschang* ZfBR 2012, 419ff.; *Kraus* UPR 2011, 288ff.; *Tarner* BauR 2011, 1273ff.; *Stühler* BauR 2011, 54ff.; *Otto* DVBl. 2011, 1330ff.; *Guckelberger* GewArch 2011, 231ff.). Es handelt sich dabei um einen einfachen (s. § 30 Rn. 9) Bebauungsplan, der auf Abs. 2b gestützte Festsetzungen für das gesamte Plangebiet oder für Teile davon enthält. Die Vorschrift ist weitgehend Abs. 2a nachgebildet (s. Rn. 169ff.).

189 Bei Vergnügungsstätten handelt es sich um eine **„wirtschafts- und gewerberechtlich besondere Art von Gewerbebetrieben"** (*Stock* in EZBK § 4a BauNVO Rn. 69; *Roeser* in *König/Roeser/Stock* § 7 Rn. 16; ausführlich *Stühler* BauR 2013, 685ff.). Eine allgemeingültige Definition von Vergnügungsstätten existiert jedoch nicht. Verstanden werden darunter Gewerbebetriebe, bei denen die kommerzielle Unterhaltung der Besucher oder Kunden im Vordergrund steht, nicht aber die Geselligkeit oder kulturelle Aspekte. Sie sind durch gewinnbringende Freizeitgestaltung und Amüsierbetrieb gekennzeichnet, wobei das Vergnügen allein im Zuschauen oder Zuhören, aber auch in vermittelter Tätigkeit, zB auf der Tanzfläche oder an Spielapparaten bestehen kann (s. etwa VGH Mannheim Urt. v. 19.10.1998 – 8 S 2192/98, BauR 1999, 1278). Unerheblich ist dabei der Name oder die Bezeichnung des jeweiligen Betriebes (zB als Billardcafé). Entscheidend ist vielmehr die tatsächliche Nutzung (s. etwa OVG Berlin Beschl. v. 10.11.2004 – 2 S 50/04, NVwZ-RR 2005, 160). Unter den Begriff der Vergnügungsstätte fallen etwa Spielhallen,

3. Abschnitt. Verbindlicher Bauleitplan (Bebauungsplan) § 9

Spielcasinos, Spielbanken und Wettbüros (idR nicht hingegen reine Wettannahmestellen, die Annahmestellen für Lotto und Toto gleichgestellt werden und nicht unter den Begriff der Vergnügungsstätte fallen, VGH München Beschl. v. 21.5.2015 – 15 CS 15.9, NVwZ-RR 2015, 774), alle Arten von Diskotheken und Nachtlokalen, wie Varietés, Kabaretts, Nacht- und Tanzbars, andere vergnügungsstättentypische Tanzlokale und -cafés, Striptease-Lokale und Peep-Shows, Swinger-Clubs, Sex-Kinos sowie Wettbüros (*Stock* in EZBK § 4a BauNVO Rn. 69; aus der Rechtsprechung s. etwa OVG Koblenz Beschl. v. 14.4.2011 – 8 B 10 278/11, ZfBR 2011, 582 (583); VGH Mannheim Beschl. v. 28.11.2006 – 3 S 2377/06, ZfBR 2007, 360). Nicht zu den Vergnügungsstätten gehören Sex-Shops, Videotheken, Bordelle, Eros-Center und bordellartig betriebene Massagesalons oder Sauna-Clubs und ähnliche Einrichtungen (BVerwG, Beschl. v. 2.11.2015 – 4 B 32.15, NVwZ 2016, 151; *Stock* in EZBK § 4a BauNVO Rn. 69f.; *Stühler* BauR 2013, 685 ff.; *ders.* BauR 2010, 1013 (1020 ff.)). **Kinos** werden regelmäßig als Vergnügungsstätten eingeordnet (s. etwa BVerwG Urt. v. 15.1.1982 – 4 C 58/79, NVwZ 1982, 312; VGH München Urt. v. 21.12.2001 – 15 ZS 01/2570, NVwZ-RR 2003, 9; OVG Weimar Urt. v. 19.3.2003 – 1 KO 853/01, NVwZ 2004, 249). Anders kann dies ggf. bei kleinen Programmkinos sein, bei denen der kulturelle Aspekt im Vordergrund steht und die daher Theatern oder Opernhäusern und ähnlichen Einrichtungen vergleichbar sind. Eine Abgrenzung ist im Einzelfall vorzunehmen insbesondere zu „Anlagen für kulturelle und sportliche Zwecke" sowie zu „Schank- und Speisewirtschaften" (s. im Einzelnen *Otto* DVBl. 2011, 1330 ff.; *Brandenburg/Brunner* BauR 2011, 1851 (1855 ff.)). Zudem haben einige Länder eigene Spielhallengesetze (zB Berlin, Hessen) erlassen. Sie stehen neben den bauplanungsrechtlichen Möglichkeiten zur Steuerung von Spielhallen.

Die **BauNVO** regelt Vergnügungsstätten als **eigenständigen Nutzungsbegriff** 190 in den Baugebietskatalogen (§ 4a Abs. 3 Nr. 2, § 5 Abs. 3, § 6 Abs. 2 Nr. 8 und Abs. 3, § 7 Abs. 2 Nr. 2, § 8 Abs. 2 Nr. 3 BauNVO; s. zu Schichtenbebauungsplänen Rn. 12). Zulässig sind Vergnügungsstätten in den festgesetzten Baugebieten daher nur, wenn sie entweder als ausnahmsweise zulässige Nutzungsart oder als allgemein zulässige Nutzungsart in dem jeweiligen Baugebietskatalog aufgeführt sind (BVerwG Beschl. v. 9.10.1990 – 4 B 120/90, NVwZ 1991, 266). Die BauNVO unterscheidet dabei zwischen **kerngebietstypischen und nicht kerngebietstypischen Vergnügungsstätten** (s. § 4a Abs. 3 Nr. 2 BauNVO; s. etwa OVG Münster Beschl. v. 15.6.2012 – 2 A 2992/11, BauR 2013, 60; VGH Mannheim Urt. v. 27.10.2010 – 5 S 1292/10, DVBl. 2011, 239 Rn. 61; *Stühler* BauR 2013, 685 (693f.)). Spielhallen sind kerngebietstypisch entweder aufgrund ihrer besonderen Zweckbestimmung oder ihres Umfangs. Sie werden insbesondere dann als kerngebietstypisch eingeordnet, wenn sie mehr als 100 m² Grundfläche haben (vgl. BVerwG Beschl. v. 29.10.1992 – 4 B 103/92, NVwZ-RR 1993, 287; OVG Münster Beschl. v. 15.6.2012 – 2 A 2992/11, BauR 2013, 60; VGH Mannheim Beschl. v. 26.8.2009 – 3 S 1057/09, BauR 2010, 439).

b) Abgrenzung zu anderen Regelungen. Abs. 2b ist **Abs. 2a** und **§ 2a** 191 **BauGB-MaßnahmenG 1993** nachgebildet. Abs. 2b kann aber auch für die planerische Steuerung von solchen Vergnügungsstätten oder einzelner ihrer Unterarten genutzt werden, die in dem betreffenden Plangebiet **nicht** zulässig sind. Hierin unterscheidet sich die Bestimmung von Abs. 2a, der lediglich auf nach § 34 Abs. 1 und 2 zulässige bauliche Nutzungen abstellt (Rn. 175). Zudem ist Abs. 2b, anders als Abs. 2a, nicht auf die Sicherung oder Entwicklung von zentralen Versorgungsbereichen beschränkt. Im Unterschied zu § 2a BauGB-MaßnahmenG 1993 bezieht Abs. 2b sowohl im Zusammenhang bebaute Ortsteile nach § 34 Abs. 1 als auch § 34 Abs. 2 in seinen Anwendungsbereich ein, so dass auch faktische Baugebiete erfasst werden. Für das Verhältnis zu Festsetzungen nach § 1 Abs. 9 BauNVO gelten die Erläuterungen zu Abs. 2a entsprechend (Rn. 171). Gegenüber § 34 Abs. 3 hat Abs. 2b

ebenso wie Abs. 2a Ergänzungsfunktion (s. Rn. 173). Enthält ein Bebauungsplan Festsetzungen nach Abs. 2b zur Steuerung von Vergnügungsstätten, wird für eine ergänzende Anwendung von § 34 Abs. 3 regelmäßig kein Raum sein (§ 30 Abs. 3). Im Unterschied zu § 34 Abs. 3 ist die Gemeinde für die Aufstellung eines Bebauungsplans nach Abs. 2b nicht an den Maßstab der „schädlichen Auswirkungen" gebunden. Ausschlaggebend ist vielmehr § 1 Abs. 3 S. 1, der die Aufstellung von Bauleitplänen von ihrer Erforderlichkeit im Hinblick auf eine geordnete städtebauliche Entwicklung abhängig macht (zur Abwägung s. noch Rn. 207f.). Der Gestaltungsspielraum der Gemeinde ist damit nicht nur größer, sie kann vielmehr auch schon im Vorfeld von schädlichen Auswirkungen vorsorgend einen Bebauungsplan aufstellen, damit derartige Auswirkungen, wie das „Umkippen" eines Gebietes oder ein „Trading-Down-Effekt", erst gar nicht entstehen. § 34 Abs. 3 setzt zudem für die Entfaltung seiner Schutzfunktion einen bestehenden zentralen Versorgungsbereich voraus. Nur wenn ein solcher besteht, kann § 34 Abs. 3 Anwendung auf Vergnügungsstätten finden.

192 **c) Voraussetzungen. aa) Sachlicher und räumlicher Anwendungsbereich.** Bebauungspläne zur Steuerung von Vergnügungsstätten können nach Abs. 2b für **im Zusammenhang bebaute Ortsteile** (§ 34 Rn. 2 ff.) aufgestellt werden. Dies schließt den Geltungsbereich von Satzungen nach § 34 Abs. 4 S. 1 Nr. 1–3 sowie eines einfachen Bebauungsplans (§ 30 Abs. 3) ein, sofern er nicht Festsetzungen zur Art der baulichen Nutzung enthält (s. zu Abs. 2a Rn. 175). Ebenso wie bei Abs. 2a spielt es dabei keine Rolle, ob sich die Art der baulichen Nutzung nach § 34 Abs. 1 oder Abs. 2 richtet.

193 Regelungen nach Abs. 2b können **in einem Bebauungsplan** oder **für Teile des räumlichen Geltungsbereichs des Bebauungsplans** und damit räumlich differenziert getroffen werden. Dadurch wird klargestellt, dass ein Bebauungsplan nach Abs. 2b nicht zwingend alle Bereiche, für die sich die Zulässigkeit von Vorhaben nach § 34 richtet, erfassen muss (s. zu Abs. 2a Rn. 169).

194 **bb) Städtebauliche Gründe.** Für die Anwendung von Abs. 2b müssen die ausdrücklich benannten **städtebaulichen Gründe** vorliegen. Bereits das Vorliegen eines Grundes genügt dabei, um planerisch tätig zu werden, auch wenn sich die Gründe vielfach überlagern und wechselseitig ergänzen. Die in Abs. 2b unter Nr. 1 und Nr. 2 genannten Auswirkungen müssen nicht bereits vorliegen. Die Gemeinde soll deren Eintreten mit aktiver Planung gerade verhindern können (zB eine nachteilige Häufung von Vergnügungsstätten), wenn dafür Handlungsbedarf besteht.

195 Abs. 2b Nr. 1 nennt hierfür eine **Beeinträchtigung der Wohnnutzung** (1. Alt.) oder anderer schutzbedürftiger Anlagen (2. Alt.). Bei einer Wohnnutzung kann eine Beeinträchtigung vor allem aus den mit vielen Vergnügungsstätten verbundenen Lärmimmissionen resultieren, insbesondere in den Abend- und Nachtstunden. Dies gilt sowohl für die Anlage selbst als auch für den ihr zuzurechnenden Besucherverkehr. Daneben können aber auch sonstige städtebauliche Konfliktlagen zwischen Wohnnutzung einerseits und Vergnügungsstätten andererseits, insbesondere in Gemengelagen oder bei einem Aneinandergrenzen von vorrangig durch Wohnnutzung geprägten Bereichen und solchen, die (auch) durch Vergnügungsstätten geprägt sind, eine städtebauliche Steuerung nach Abs. 2b rechtfertigen. Insofern gilt also bei der 1. Alt. nichts Anderes als bei der 2. Alt.

196 In der 2. Alt. werden als **andere schutzbedürftige Anlagen** Kirchen, Schulen und Kindertagesstätten aufgeführt. Die Auflistung ist nicht abschließend. Daher fallen vor allem auch Anlagen, bei denen die Kindererziehung im Vordergrund steht, etwa Kindergärten, Kinderkrippen und sonstige Anlagen, die der Freizeitgestaltung von Kindern dienen (zB Kinderspielplätze, Bolzplätze oder Abenteuerspielplätze) darunter. Bereits die Unterschiedlichkeit der Funktionen zeigt, dass der städtebauliche Steuerungsbedarf unterschiedliche Ursachen haben kann. Dies kann ebenso wie bei

3. Abschnitt. Verbindlicher Bauleitplan (Bebauungsplan) § 9

einer Wohnnutzung der Immissionsschutz sein, zumal unter Schulen auch Abendschulen und vergleichbare Einrichtungen fallen können, die entsprechend schutzbedürftig sind. Zum anderen kann es um die nachbarschaftliche Konfrontation mit dem Betrieb von Vergnügungsstätten gehen, die planerisch vermieden werden soll, um so eine städtebauliche Funktionstrennung zu erreichen. Bei Kirchen, Klöstern oder sonstigen konfessionellen Anlagen und Einrichtungen wie Moscheen, Krypten, Friedhöfen, Krematorien oder Einsegnungshallen geht es demgegenüber eher um den Schutz der Pietät, der ebenfalls durch eine räumliche Trennung gewährleistet werden kann.

Abs. 2b Nr. 2 erfasst **Beeinträchtigungen der städtebaulichen Funktion eines Gebietes,** insbesondere durch eine städtebaulich nachteilige Häufung von Vergnügungsstätten. Auch sie rechtfertigt die Aufstellung eines Vergnügungsstättenbebauungsplans. Die städtebauliche Funktion eines Gebietes ergibt sich aus den dort stattfindenden Nutzungen. Im Unterschied zu Abs. 2b Nr. 1 stehen hier nicht die zu schützenden Einzelnutzungen innerhalb des Gebietes im Vordergrund. Zu denken ist etwa an Einkaufsstraßen oder Fußgängerzonen, deren städtebauliche Funktion durch die Zulassung von (weiteren) Vergnügungsstätten beeinträchtigt werden kann (Trading-Down-Effekt; hierzu in Bezug auf Spielhallen ausführend *Stühler* BauR 2016, 200ff.). Auch bei (vorrangig) gewerblich genutzten Gebieten ist Nr. 2 von Bedeutung, wenn die Gebiete etwa dem produzierenden Gewerbe vorbehalten bleiben sollen, die Zulassung von Vergnügungsstätten jedoch die Grunderwerbskosten oder das Mietpreisniveau so verändern würde, dass produzierendes Gewerbe erhebliche Ansiedlungsschwierigkeiten hätte. **197**

Mit der **städtebaulich nachteiligen Häufung von Vergnügungsstätten** gibt Abs. 2b Nr. 2 beispielhaft an, was zu einer Beeinträchtigung der städtebaulichen Funktion eines Gebietes führen kann. Die planerische Steuerungsmöglichkeit ergänzt dabei die im Innenbereich ohnehin bestehenden Zulassungsschranken für die Art der baulichen Nutzung, also das Gebot des Einfügens nach § 34 Abs. 1 und nach Abs. 2, letzteres dabei ergänzt durch § 15 BauNVO (s. Rn. 15, sowie Vorb. §§ 29–38 Rn. 41). Sie ist zugleich ein Instrument für die Gemeinde selbst, während sich die Genehmigungsanforderungen des § 34 an die Bauaufsichtsbehörde richten. § 36 ändert daran nichts, da auch auf dessen Grundlage in der Regel keine planerische Steuerung möglich ist (s. § 36 Rn. 6f.). **198**

Grundlage für die kommunale Planung sind allerdings auch die weiteren für die Bauleitplanung maßgeblichen Zielsetzungen in § 1 Abs. 5 und 6. Entscheidend ist daher die **konkrete städtebauliche Konfliktlage,** die durch einen Vergnügungsstättenbebauungsplan bewältigt werden darf. Nicht ausreichend ist es, wenn nur allgemeine (dh nicht gebietsbezogene) politische Erwägungen im Zusammenhang mit Vergnügungsstätten oder der Kinder- und Jugendschutz oder das Ziel, der Spielsucht entgegen wirken zu wollen, angeführt werden (vgl. BVerwG Beschl. v. 22.5.1987 – 4 N 4/86, NVwZ 1987, 1072 (1073); dass. Beschl. v. 4.9.2008 – 4 BN 9/08, ZfBR 2008, 799 (800)). **199**

cc) Mögliche Festsetzungsinhalte. Abs. 2b ergänzt mit seinen Festsetzungsmöglichkeiten den Festsetzungskatalog in Abs. 1, Abs. 2, 2a sowie Abs. 3 um Regelungen über die allgemeine und ausnahmsweise Zulässigkeit oder den Ausschluss von Vergnügungsstätten einschließlich ihrer Unterarten in den im Zusammenhang bebauten Ortsteilen nach § 34 Abs. 1 und 2. Es handelt sich insoweit um einen **abschließenden ergänzenden Katalog** der in Betracht kommenden Festsetzungsinhalte. **200**

Entsprechend dem Wortlaut der Vorschrift ist es auch möglich, solche Nutzungsarten für zulässig oder ausnahmsweise zulässig zu erklären, die in dem betreffenden unbeplanten Innenbereich nach § 34 Abs. 1 und 2 nicht zulässig wären. Anders als Abs. 2a lässt Abs. **2b also nicht nur die Steuerung von nach § 34 Abs. 1 und 2 zulässigen Nutzungsarten** zu. Nicht möglich ist jedoch die Festsetzung eines Bau- **201**

gebietes iS der BauNVO. Vergnügungsstätten oder bestimmte Unterarten können also nach Abs. 2b nur baugebietsunabhängig gesteuert werden. Abs. 2b verhindert allerdings nicht, dass eine Gemeinde zur Steuerung von Vergnügungsstätten einen qualifizierten oder auch einen einfachen Bebauungsplan mit Baugebietsfestsetzungen sowie unter Heranziehung der Differenzierungsmöglichkeiten nach den §§ 1 Abs. 4 bis 10 BauNVO erlassen darf.

202 Festsetzungen nach Abs. 2b lassen die Zulässigkeit anderer Nutzungen im Plangebiet unberührt, so dass als Genehmigungsgrundlage hierfür weiterhin § 34 Abs. 1 und 2 heranzuziehen sind. Inwieweit darüber hinaus auch noch **weitere Festsetzungen** nach Abs. 1 und 2, 2a oder 3 getroffen werden, hängt vom Regelungserfordernis im konkreten Fall ab. Ausschlaggebend ist, ob solche Festsetzungen für die städtebauliche Entwicklung und Ordnung in dem betreffenden Plangebiet erforderlich sind.

203 Da Festsetzungen gem. Abs. 2b für verschiedene Teile des Bebauungsplangebietes unterschiedlich sein können, besteht die Möglichkeit einer **standortorientierten Festsetzung.** Vergleichbar mit § 1 Abs. 10 BauNVO kann dabei für bereits bestehende Vergnügungsstätten der bauplanungsrechtliche Bestandsschutz durch Regelungen dazu ausgestaltet werden, unter welchen Voraussetzungen Erweiterungen oder Umbauten zulässig sind (vgl. Rn. 182 zu Abs. 2a). Festsetzungen gemäß Abs. 2b können auch erfolgen, um Beeinträchtigungen durch Vergnügungsstätten in einer **Nachbargemeinde** entgegenzuwirken. Dies kann insbesondere das Ergebnis der gemeindenachbarlichen Abstimmung nach § 2 Abs. 2 sein (vgl. zu Abs. 2a Rn. 178).

204 Festsetzungen gemäß Abs. 2b dürfen jedoch nur getroffen werden, wenn eine Vergnügungsstätten zulassende oder einschränkende Regelung **erforderlich** ist, um eine oder mehrere der in Abs. 2b Nr. 1 und 2 angeführten Zielsetzungen zu erreichen, so dass es entscheidend auf die Prüfung der konkreten örtlichen Situation ankommt. Eine pauschale Überplanung der gesamten Innenbereichsflächen der Gemeinde ist unzulässig.

205 Festsetzungen nach Abs. 2b müssen dem Ziel dienen, Beeinträchtigungen iSv Abs. 2b Nr. 1 und 2 innerhalb oder auch außerhalb des Plangebietes zu steuern, insbesondere also zu verhindern. Regelmäßig erreicht wird dieses Ziel durch einen **Nutzungsausschluss oder durch eine Nutzungsbeschränkung** (ausnahmsweise Zulässigkeit). Erreicht werden kann dieses Ziel sowohl durch eine Positiv- als auch eine Negativfestsetzung von Vergnügungsstätten oder ihren Unterarten (s. zu Abs. 2a Rn. 183).

206 **dd) Kombination mit § 9 Abs. 2a.** Festsetzungen gemäß Abs. 2b können mit solchen nach Abs. 2a **kombiniert** werden (*Otto* DVBl. 2011, 1330 (1335)). Grundsätzlich werden Vergnügungsstätten und ihre Unterarten auch von Abs. 2a erfasst, obwohl es dort in erster Linie um Einzelhandelsbetriebe geht (s. Rn. 170; vgl. auch BT-Drs. 16/2496, 10). Soweit sich aufgrund der Zulässigkeit oder der ausnahmsweisen Zulässigkeit von Vergnügungsstätten Auswirkungen im Sinne von Abs. 2b Nr. 1 und 2 im Hinblick auf den Schutz und die Entwicklung eines zentralen Versorgungsbereiches ergeben können, ist also schon auf der Grundlage von Abs. 2a eine räumliche Steuerung von Vergnügungsstätten möglich. Allerdings geht der Anwendungsbereich gemäß Abs. 2b weiter, da es keines Schutzes zentraler Versorgungsbereiche bedarf, um eine Festsetzung treffen zu können. Andererseits ist Abs. 2b anders als Abs. 2a auf die planerische Steuerung allein von Vergnügungsstätten beschränkt (vgl. zu Abs. 2a Rn. 178).

207 **ee) Vorbereitung der Abwägung durch informelle Planungen.** Eine sachgerechte Anwendung von Abs. 2b setzt häufig, vor allem in den Fällen gemäß Abs. 2b Nr. 2, ein **schlüssiges städtebauliches Konzept (Vergnügungsstättenkonzept)** voraus. Denn für die Differenzierung zwischen ausgeschlossenen und zugelassenen Arten baulicher Nutzung einschließlich ihrer Unterarten müssen nach-

3. Abschnitt. Verbindlicher Bauleitplan (Bebauungsplan) § 9

vollziehbare städtebauliche Gründe erkennbar sein (VGH Mannheim Urt. v. 28.1.2005 – 8 S 2831/03, NVwZ-RR 2006, 11 (12f.)). Abs. 2b erwähnt anders als Abs. 2a städtebauliche Entwicklungskonzepte allerdings nicht. Dies dürfte dem Umstand geschuldet sein, dass sehr viel häufiger als bei Abs. 2a auch standortspezifische Entscheidungen ermöglicht werden sollen (zB in der Nähe von größeren Schulstandorten), ohne dass es dafür eines übergreifenden und zumeist gemeindeweiten Konzeptes bedarf.

Ein Vergnügungsstättenkonzept sollte vor allem dann, wenn es der baugebietsübergreifenden planerischen Steuerung dienen soll, **inhaltliche Aussagen** enthalten über 208
- den vorhandenen Bestand an Vergnügungsstätten, differenziert auch nach ihren Unterarten, und eine Bewertung dieses Bestands,
- die jeweils zulässigen Vergnügungsstätten (Neuansiedlungs- und Erweiterungspotenziale),
- bekannte oder zumindest realistische Erweiterungsabsichten,
- ggf. zu beachtende Entschädigungspflichten,
- Aussagen zum Ausschluss, zur Zulässigkeit oder zur ausnahmsweisen Zulässigkeit von Vergnügungsstätten und ihren Unterarten nach Maßgabe der städtebaulichen Zielvorstellungen,
- Aussagen zur räumlichen Verteilung der einzelnen Vergnügungsstätten und ihrer Unterarten im Gemeindegebiet.

Vergnügungsstättenkonzepte sind als **informelle Planungen** iSv § 1 Abs. 6 Nr. 11 209 in der bauleitplanerischen Abwägung zu berücksichtigen, und zwar nicht nur bei Bebauungsplänen im Sinne von Abs. 2b, sondern bei der Bauleitplanung allgemein (zu den Anforderungen s. Rn. 10 sowie § 1 Rn. 77 ff.). Gefordert ist insoweit eine individuelle grundstücksbezogene Prüfung (vgl. OVG Münster Urt. v. 22.4.2004 – 7 a D 142/02, ZfBR 2004, 570). Dies gilt in besonderem Maße für **die privaten Belange,** die sich vor allem aus der durch die Planung eingeschränkten Nutzbarkeit der Grundstücke im Plangebiet ergeben, die daher mit ihrem zukommenden Gewicht in die **Abwägung** eingestellt werden müssen. An die Ermittlung und Bewertung dieser Belange sind insbesondere unter dem Gesichtspunkt des Eigentumsschutzes hohe Anforderungen zu stellen. Die Gemeinden stellen für die Ermittlung und Bewertung der öffentlichen Belange im Rahmen der Aufstellung eines Vergnügungsstättenkonzeptes und eines Bebauungsplanes mit Festsetzungen nach Abs. 2b in der Regel umfangreiche Untersuchungen an, die als Rechtfertigung für die Planung herangezogen werden. Ein nicht minder großer Aufwand ist auch für die privaten Belange zu betreiben, um etwa die ökonomischen Folgen einer Beschränkung der Zulässigkeit von Vergnügungsstätten für einen Grundstückseigentümer zu ermitteln.

ff) Verfahren. Die Erläuterungen zu Abs. 2a (Rn. 187) gelten für Abs. 2b entsprechend. 210

4. Höhenlage (Abs. 3 S. 1). Zeichnet sich ein Baugebiet durch besondere topo- 211 graphische Gegebenheiten aus, besteht für das Gebiet eine Hochwassergefahr oder sind sonstige städtebauliche Gründe vorhanden, kann die Gemeinde nach **Abs. 3 S. 1** die **Höhenlage** der aufgrund von Festsetzungen nach Abs. 1 zulässigen Nutzung festsetzen. Die Festsetzung der Höhenlage kann sich auch dann anbieten, wenn im Bebauungsplan die **Höhe baulicher Anlagen** aus Gründen der **Sicherung eines bestimmten Stadtbildes** zwingend oder als Höchstgrenze festgesetzt werden soll (§ 16 Abs. 3 Nr. 2 und Abs. 4 BauNVO). Durch die Festsetzung der Höhenlage kann dann sichergestellt werden, dass nicht durch bestimmte Anordnungen des Gebäudes eine unerwünschte Höhe erreicht wird. Zu beachten bleibt jedoch stets, dass die Festsetzung der Höhenlage im Bebauungsplan nur aus städtebaulichen, nicht allein aus bauordnungsrechtlichen Gründen möglich ist (OVG Saarlouis Beschl. v. 17.9.1979 –

II W 1.204/79, BauR 1980, 158). Auch kann auf Abs. 3 nicht unmittelbar die Festsetzung der Höhe baulicher Anlagen gestützt werden (zB die maximale First- oder Traufhöhe).

212 Die Festsetzung der Höhenlage hat Bedeutung für den **Zugang zu den öffentlichen Verkehrsanlagen** sowie für den Anschluss an **Versorgungsleitungen und Abwasserkanäle**. Im Regelfall ist daher die Bezugsgröße für die Festsetzung der Höhenlage im Bebauungsplan die Höhenlage der Verkehrsflächen, sofern bei diesen erhebliche Veränderungen nicht zu erwarten sind (s. etwa OVG Lüneburg Urt. v. 12.5.2015 – 1 KN 238/13, BauR 2015, 1300). Hiervon gehen auch die Landesbauordnungen aus, die ebenfalls eine Bestimmung der Höhenlage, allerdings aus bauordnungsrechtlichen Gründen, ermöglichen (s. zB § 10 BauO BW, Art. 10 BayBO, § 10 BauO RP, § 7 Abs. 2 BbgBO; s. zur hierbei häufig problematischen Bestimmtheit Rn. 6).

213 Ferner hat die Festsetzung der Höhenlage Bedeutung für die **Berechnung der Zahl der Vollgeschosse**. § 20 Abs. 1 BauNVO verweist für den Begriff des Vollgeschosses auf landesrechtliche Vorschriften. Diese sehen als Vollgeschoss ein Geschoss an, das entweder ganz oder zu einem bestimmten Anteil über der festgelegten Geländeoberfläche liegt.

214 Die Höhenlage iS des Abs. 3 ist nicht notwendigerweise identisch mit der **Geländeoberfläche**. Während mit Geländeoberfläche eine in der Natur vorgefundene Erdbodenhöhe über dem Meeresspiegel (Höhenlinie) gemeint ist, kann die Festsetzung der Höhenlage hiervon abweichen und nach städtebaulichen Erfordernissen oberhalb oder unterhalb der Geländeoberfläche liegen. Auch kann in Zweifelsfällen, zB bei Hanglagen, ein eindeutiger Wert vorgegeben werden (vgl. *König* in König/Roeser/Stock § 20 Rn. 15).

215 **5. Geschossweise Differenzierung (Abs. 3 S. 2).** Nach Abs. 3 S. 2 können die Festsetzungen, die nach Abs. 1 zulässig sind, nicht nur für ein Grundstück insgesamt getroffen werden. Vielmehr ist bei Vorliegen städtebaulicher Gründe (Rn. 9; s. auch BVerwG Beschl. v. 4.6.1991 – 4 NB 35/89, BVerwGE 88, 268 (274f.)) auch eine **vertikale Gliederung** für einzelne Geschosse oder Teile baulicher Anlagen möglich. Dies gilt unabhängig davon, ob diese Teile oberhalb oder unterhalb der Geländeoberfläche liegen. So kann zB im Zusammenhang mit U-Bahn-Bauten unterirdisch eine Verkehrsfläche festgesetzt werden, im Erdgeschoss eine gewerbliche Nutzung und in den Stockwerken darüber eine Wohnnutzung. Nicht möglich ist es jedoch, geschossweise unterschiedliche Baugebiete festzusetzen (OVG Koblenz Urt. v. 15.5.2003 – 1 C 11 224/02, BauR 2003, 1340). Damit ist der Gemeinde ein **planerischer Spielraum** eingeräumt, der ihr eine nach ihrem städtebaulichen Konzept zweckmäßig erscheinende Festsetzungsdifferenzierung ermöglicht. Allerdings ist zu beachten, dass die BauNVO in den §§ 1 Abs. 7 und Abs. 9, 4a Abs. 4, 7 Abs. 4, 12 Abs. 4, 16 Abs. 5 und 23 Abs. 1 S. 1 für die Baugebiete iSv Abs. 1 Nr. 1 ebenfalls Regelungen zur vertikalen Gliederung enthält. Diese sind gegenüber Abs. 3 S. 2 vorrangig (vgl. *Söfker* in EZBK § 9 Rn. 250; *Roeser* in König/Roeser/Stock § 1 Rn. 80; *Spannowsky* in SU § 9 Rn. 142).

216 **6. Landesrechtlich begründete Festsetzungsmöglichkeiten (Abs. 4).** Abs. 4 erweitert die Festsetzungsmöglichkeiten um **Regelungen, die auf Landesrecht beruhen**. Voraussetzung hierfür ist, dass die Länder die Aufnahme solcher Regelungen in den Bebauungsplan rechtlich **ausdrücklich zulassen** und dass die für die Anordnung dieser Regelungen zuständige Stelle zugleich auch für die Beschlussfassung über den Bebauungsplan **zuständig** ist. **Nicht erforderlich** ist es hingegen, dass die Gemeinde einen zusätzlichen Satzungsbeschluss fasst (*Söfker* in EZBK § 9 Rn. 160). Es genügt, wenn die Gemeinde diese Regelungen auf der Grundlage ihrer landesrechtlichen Ermächtigung unmittelbar als Festsetzung in den Bebauungsplan

3. Abschnitt. Verbindlicher Bauleitplan (Bebauungsplan) §9

aufnimmt (*Gaentzsch* in BK § 9 Rn. 80). Sinn und Zweck des Abs. 4 ist, dass alle Regelungen, die für die bauplanungsrechtliche Zulässigkeit einer Nutzung in einem Gebiet zu beachten sind, möglichst in einem Plan zusammengefasst werden können. Die Regelung dient mithin der Übersichtlichkeit (vgl. *Gaentzsch* in BK § 9 Rn. 77). Daneben soll die Verbindung bauordnungsrechtlicher und bauplanungsrechtlicher Vorschriften zu einem einheitlichen, aufeinander abgestimmten Konzept führen (vgl. OVG Lüneburg Urt. v. 14.9.1990 – 1 C 12/88, BauR 1991, 174). Die auf dieser Grundlage getroffenen Festsetzungen behalten materiell ihren **landesrechtlichen Charakter**. Sie dürfen inhaltlich nicht in den Zuständigkeitsbereich des Städtebaurechts eingreifen, also keine Regelungen treffen, die dem Städtebaurecht vorbehalten sind. Allerdings ist es unschädlich, wenn eine unzutreffende Ermächtigungsgrundlage angenommen wird, also eine vermeintlich auf das Landesrecht gestützte Festsetzung aufgrund einer Festsetzungsmöglichkeit nach Abs. 1 zulässig ist. Umgekehrt gilt dies in gleicher Weise (OVG Lüneburg Beschl. v. 19.5.2009 – 1 MN 12/09, NVwZ-RR 2009, 830; OVG Münster Urt. v. 30.6.1999 – 7 a D 144/97, ZfBR 2000, 208; *Bracher* in BRS Rn. 408).

Der landesrechtliche Charakter von auf Abs. 4 gestützten Festsetzungen hat zur Folge, dass auch für die Notwendigkeit einer etwaigen **Anzeige oder Genehmigung** (s. insbes. die §§ 216, 246 Abs. 1 a) die Bestimmungen des jeweiligen Landes einschlägig sind. Dies schließt die Möglichkeit ein, ggf. nach Landesrecht nicht nur eine rechts-, sondern auch eine fachaufsichtliche Kontrolle vorzusehen. Ebenso steht es den Ländern allerdings frei, auf Abs. 4 gestützte Festsetzungen generell von einer Genehmigungs- oder Anzeigepflicht freizustellen. Einer **gerichtlichen Überprüfung** unterliegen Festsetzungen nach Abs. 4 in gleicher Weise wie auf Bundesrecht beruhende Festsetzungen (vgl. BVerwG Beschl. v. 6.10.1992 – 4 NB 36/92, ZfBR 1993, 88 (89); dass. Beschl. v. 3.11.1992 – 4 NB 28/92, ZfBR 1993, 89 (90)). Dies gilt auch für die Normenkontrolle nach § 47 VwGO (*Söfker* in EZBK § 9 Rn. 261; zur Normenkontrolle s. § 10 Rn. 13 ff.). **217**

Das für die Aufnahme von Festsetzungen iSv Abs. 4 maßgebliche **Verfahren** richtet sich nach Landesrecht (s. etwa VGH Kassel Urt. v. 29.3.2007 – 4 UE 1287/06, NVwZ-RR 2007, 746; *Bracher* in BRS Rn. 409; anders *Söfker* in EZBK § 9 Rn. 260, wonach die Vorschriften des BauGB über das Aufstellungsverfahren auch ohne eine ausdrückliche landesrechtliche Bestimmung gelten; ebenso *Gaentzsch* in BK § 9 Rn. 80). Dieses kann allerdings seinerseits vorsehen, dass die Verfahrensvorschriften des BauGB Anwendung finden (BVerwG Beschl. v. 12.3.1991 – 4 NB 6/91, NVwZ 1991, 874). Dies gilt auch für die Anwendung des **Abwägungsgebots** (§ 1 Abs. 7, BVerwG Beschl. v. 10.7.1997 – 4 NB 15/97, BauR 1997, 999; dass. Urt. v. 16.3.1995 – 4 C 3/94, NVwZ 1995, 899) sowie die Notwendigkeit einer **Begründung** gem. Abs. 8 (BVerwG Beschl. v. 3.11.1992 – 4 NB 28/92, NVwZ-RR 1993, 286). Ebenfalls von den landesrechtlichen Bestimmungen hängt ab, ob die §§ 214 f. anwendbar sind, ob stattdessen bestimmte landesrechtliche Vorschriften gelten sollen oder ob es gar keine besonderen Planerhaltungsvorschriften für auf Landesrecht gestützte Festsetzungen gibt (anders *Söfker* in EZBK § 9 Rn. 261; *Gaentzsch* in BK § 9 Rn. 80). Das Landesrecht kann dabei die Anwendbarkeit von Verfahrensvorschriften des BauGB auch auf ab einem bestimmten Zeitpunkt beabsichtigte Änderungen oder Ergänzungen des Bebauungsplans beschränken (BVerwG Beschl. v. 12.3.1991 – 4 NB 6/91, NVwZ 1991, 874; *Bracher* in BRS Rn. 409). Inwieweit das jeweilige Landesrecht auf die Verfahrensvorschriften des BauGB verweist, ist entweder den entsprechenden ausdrücklichen Regelungen zu entnehmen oder aber durch **Auslegung** zu ermitteln. Letzteres gilt insbesondere für das Abwägungsgebot, das in seinem Kern jedoch ohnehin durch das Rechtsstaatsprinzip gewährleistet ist und daher insofern auch landesrechtlich nicht abbedungen werden kann (s. etwa BVerwG Beschl. v. 3.11.1992 – 4 NB 28/92, NVwZ-RR 1993, 185; VGH Kassel Urt. v. 29.3.2007 – 4 UE 1287/06, NVwZ-RR 2007, 746; vgl. auch § 1 Rn. 87). **218**

§ 9

219 Auch für die **Zulassung von Vorhaben** sind im Hinblick auf Festsetzungen nach Abs. 4 die landesrechtlichen Bestimmungen maßgeblich. Aus diesen ergibt sich, ob und in welchem Umfang die **Planungssicherungsinstrumente** (§§ 14ff.) anwendbar sind. Auch für die Frage, ob von den Festsetzungen eines Bebauungsplans **Ausnahmen** oder **Befreiungen** (§ 31) erteilt werden können oder aber die Abweichungsregelungen der Landesbauordnungen einschlägig sind, ist das Landesrecht maßgeblich (OVG Münster Urt. v. 25.8.1999 – 7 A 4459/96, NVwZ-RR 2000, 412). Im Übrigen stehen Festsetzungen nach Abs. 4 allerdings in Bezug auf ihre Verbindlichkeit anderen Festsetzungen des Bebauungsplans gleich, da es sich ebenfalls um satzungsrechtliche Bestimmungen handelt, die die Zulässigkeit von Vorhaben innerhalb des Plangebietes bestimmen. Dies gilt auch für § 33, sofern das Landesrecht nichts anderes regelt (vgl. BVerwG Urt. v. 18.4.1996 – 4 C 22/94, BVerwGE 101, 58 (62)). Bei § 38 unterfallenden Vorhaben gilt der **Vorrang der Fachplanung** (s. § 38 Rn. 7) auch für Festsetzungen gem. Abs. 4 (VGH München Urt. v. 6.3.2009 – 22 A 07/40 036, NVwZ-RR 2009, 668).

220 Abs. 4 enthält keine Beschränkungen auf bestimmte Rechtsbereiche, aus denen auf Landesrecht beruhende Regelungen in einem Bebauungsplan als Festsetzungen aufgenommen werden können. Voraussetzung ist allerdings, dass ein **inhaltlicher Zusammenhang** mit der Bebauungsplanung besteht und die Gemeinden für die entsprechenden Regelungen nach dem Landesrecht zuständig sind. Daher kommen in erster Linie landesrechtliche Ermächtigungen auf dem Gebiet der **äußeren Gestaltung baulicher Anlagen**, des **Umgebungsschutzes** von Bau- und Naturdenkmälern sowie im Zusammenhang mit der **Beseitigung von Niederschlagswasser** in Betracht. Möglich und in der Praxis vorrangig anzutreffen sind auf Abs. 4 gestützte Festsetzungen, die sich auf die **Gestaltung von Baukörpern** (insbes. Farbgebung, Dachformen) beziehen (s. etwa § Art. 81 Abs. 1 Nr. 1 BayBO, § 56 Abs. 1 Nr. 1 NBauO, § 74 Abs. 1 Nr. 1 BauO BW) oder auf **Werbeanlagen** und Warenautomaten (s. zB Art. 81 Abs. 1 Nr. 2 BayBO, § 56 Abs. 1 Nr. 2 NBauO, § 86 Abs. 1 Nr. 1 BauO NRW).

221 Oftmals werden anstelle von Festsetzungen nach Abs. 4 durch die Gemeinden **Gestaltungssatzungen** erlassen (s. zB §§ 81 Abs. 9 BbgBO; Art. 81 Abs. 1 BayBO), die über den Geltungsbereich eines bestimmten Bebauungsplans hinausgehen, also größere Teile des Gemeindegebiets erfassen können. Existiert eine Gestaltungssatzung und werden gleichwohl auf Abs. 4 gestützte Festsetzungen in den Bebauungsplan aufgenommen, sind letztere in der Regel speziell, sofern nicht die Gestaltungssatzung später erlassen wurde und ihr zu entnehmen ist, dass sie sich auch auf Bereiche beziehen soll, in denen bislang anders lautende Gestaltungsfestsetzungen nach Abs. 4 galten.

222 **7. Weitere Inhalte. a) Kennzeichnungen (Abs. 5).** Nach **Abs. 5,** der weitgehend wort- und sinngleich mit § 5 Abs. 3 ist, **sollen** Flächen, deren bauliche Nutzung nur unter Beachtung besonderer Umstände möglich ist, gekennzeichnet werden. Die Soll-Regelung führt dabei in der Regel zu einer Kennzeichnungspflicht, wenn sich aus der Kennzeichnung Informationen ergeben, die für die Grundstücksnutzung von Bedeutung sind (vgl. BGH Urt. v. 21.2.1991 – III ZR 245/89, BGHZ 113, 367). Kennzeichnungen haben im Gegensatz zu Festsetzungen jedoch **keinen rechtsverbindlichen Charakter.** Ihr Fehlen berührt die Wirksamkeit des Bebauungsplans nicht (s. etwa OVG Koblenz Urt. v. 13.6.1984 – 10 C 4/83, NVwZ 1986, 56; VGH Mannheim Beschl. v. 4.5.1972 – II 199/72, DÖV 1972, 821). Das Fehlen einer Kennzeichnung **kann aber auf einen Mangel in der Abwägung hindeuten,** wenn sich die Gemeinde nicht hinreichend Gedanken darüber gemacht hat, ob und wie bestimmte Beeinträchtigungen planerisch bewältigt werden sollen. Hierfür genügen jedoch in der Regel Maßnahmen im Planvollzug (zB Bodenaustausch oder Versiegelung). Bei Inkrafttreten des Plans muss zB eine Altlast noch nicht

3. Abschnitt. Verbindlicher Bauleitplan (Bebauungsplan) § 9

beseitigt sein (vgl. OVG Münster Urt. v. 5.12.1996 – 7 a D 23/95, BauR 1997, 607 (610 f.)).

Wegen des identischen Wortlauts bei **Nr. 1 und 2** kann insoweit auf die Erläuterungen zu § 5 Abs. 3 verwiesen werden (vgl. § 5 Rn. 36 ff.). Auch zu **Nr. 3 (Altlasten)** gelten die Anmerkungen zu § 5 (vgl. § 5 Rn. 40 ff.; zur Verantwortlichkeit des Grundeigentümers nach dem BBodSchG vgl. § 4 BBodSchG; *Erbguth/Stollmann* DVBl. 2001, 601 ff.; *Grzeszick* NVwZ 2001, 721 ff.). Allerdings sollen im Bebauungsplan – anders als beim Flächennutzungsplan (vgl. § 5 Rn. 40) – nicht nur die für bauliche Nutzungen vorgesehen, sondern **alle Flächen** gekennzeichnet werden, wenn sie erheblich mit umweltgefährdenden Stoffen belastet sind. Es besteht hierbei eine Ermittlungspflicht der Gemeinde (vgl. *v. Heyl* BauR 2003, 333 ff.). Zwar braucht die Gemeinde nicht „ins Blaue hinein" nach Altlasten zu suchen, jedoch muss sie Anhaltspunkten nachgehen (BGH Beschl. v. 9.7.1992 – III ZR 78/91, UPR 1992, 438). Flächen, die nur für einen kurzzeitigen Aufenthalt von Menschen vorgesehen sind, wie zB Verkehrsanlagen, Parkplätze, aber zB auch betriebliche Grünflächen, bedürfen nicht stets der Kennzeichnung nach Nr. 3, während Wohnbauflächen in aller Regel bei derselben Bodenbelastung gekennzeichnet werden müssen. 223

Die Aufstellung oder Änderung eines Bebauungsplans ohne hinreichende Beachtung möglicher Gesundheitsgefährdungen durch **Bodenkontaminationen** kann zu **Amtshaftungsansprüchen** aus § 839 BGB iVm Art. 34 GG führen (BGH Urt. v. 26.1.1989 – III ZR 194/87, BGHZ 106, 323; ders. Urt. v. 6.7.1989 – III ZR 251/87, BGHZ 108, 224; dass. Urt. v. 21.12.1989 – III ZR 118/88, BGHZ 109, 380; s. aber auch OLG Oldenburg Urt. v. 26.9.2003 – 6 U 67/03, NJW 2004, 1395; allgemein zur Amtshaftung der Gemeinde im Bauplanungsrecht *de Witt/Krohn* in Hoppenberg/de Witt, Kap. M, Staatshaftung und Baurecht; *Dolderer* BauR 2000, 491 ff.). Dasselbe gilt bei der Überplanung eines **bergschadengefährdeten Gebietes** (BGH Urt. v. 29.7.1999 – III ZR 234/97, BGHZ 142, 259, ZfBR 2000, 49; vgl. auch *Stich* DVBl. 2001, 409 ff.). Der BGH hat dabei herausgestellt, dass die für **legislatives Unrecht** entwickelte – haftungsausschließende – Rechtsprechung **für kommunale Satzungen nicht** anwendbar ist, dass **Gemeinderäte Beamte** im haftungsrechtlichen Sinne sind und dass aus § 1 Abs. 5 Satz 2 Nr. 1 BauGB eine drittgerichtete **Amtspflicht** abzuleiten ist, bei der Aufstellung von Bauleitplänen das Leben und die **Gesundheit** der Bevölkerung zu schützen. Dies gelte sowohl bei der Planung eines Nebeneinander, als auch eines **Nacheinander von gewerblicher und wohnbaulicher Nutzung.** Besteht trotz Altlast keine Gesundheitsgefahr, liegt in der Ausweisung eines solchen Geländes als Wohnbauland jedoch keine Amtspflichtverletzung (BGH Urt. v. 21.2.1991 – III ZR 245/89, BGHZ 113, 367; dass. Urt. v. 25.2.1993 – III ZR 47/92, UPR 1993, 214, wonach dies auch dann gilt, wenn eine Gesundheitsgefahr lediglich aus einer gärtnerischen Nutzung des Wohnbaulands herrühren könnte). Bloße Mehrkosten bei der Bebauung sind insofern in der Regel nicht relevant. Amtshaftung setzt zudem **Verschulden** voraus, dh ein zumindest fahrlässiges Verhalten der Amtsträger. Da für jeden Beamten die Verpflichtung besteht, sich die für die Führung seines Amtes erforderlichen Kenntnisse zu verschaffen, ist der Fahrlässigkeitsbegriff jedoch erheblich **objektiviert** (vgl. *Papier* DVBl. 1989, 508 ff.). Zu dem durch Amtspflichten bei der Bauleitplanung geschützten Personenkreis gehören alle „Personen, die in dem konkreten von der jeweiligen Bauleitplanung betroffenen Plangebiet wohnen oder arbeiten werden" (BGH Urt. v. 29.7.1999 aaO). Zu dem geschützten Kreis „gehören auch Gewerbetreibende, die … in dem Baugebiet eine gewerbliche Bebauung vornehmen wollen" (BGH Urt. v. 29.7.1999 aaO). Nicht geschützt sind hingegen Eigentümer ohne Bauabsicht, Kreditgeber und Sicherungsnehmer (vgl. BGH Urt. v. 6.7.1989 – III ZR 251/87, BGHZ 108, 224; *Stüer* Rn. 1610 mwN). 224

Die gemeindliche **Ersatzpflicht** beschränkt sich nicht auf aus einer Gesundheitsgefahr resultierende **Gesundheitsschäden,** sondern umfasst auch eingetretene **Ver-** 225

Mitschang/Reidt

mögensschäden. Zu ersetzen ist allerdings nur das **negative Interesse.** Dazu gehören vor allem fehlgeschlagene Aufwendungen für den Grundstückserwerb. Ein **mitwirkendes Verschulden** des Grundstückserwerbers nach § 254 BGB liegt vor, wenn er das Grundstück trotz erheblichen Altlastverdachts ohne Prüfung möglicher Gesundheitsgefahren erworben hat (BGH Urt. v. 6.7.1989 – III ZR 251/87, BGHZ 108, 224 (229)). Vermögensnachteile, die lediglich dadurch entstehen, dass ein Grundstück in der **Nachbarschaft** kontaminierter Grundstücke oder emittierender Betriebe liegt, sind nicht ersatzfähig, da insoweit die auf Gesundheitsschutz ausgerichtete Amtspflicht aus § 1 Abs. 5 S. 2 Nr. 1 nicht gegenüber dem Eigentümer eines solchen Grundstücks besteht. Der Schutzzweck des Gebots, gesunde Wohn- und Arbeitsverhältnisse zu schaffen, „beschränkt sich vielmehr auf diejenigen Personen, die selbst Gesundheitsgefahren ausgesetzt sind oder die für die gesunden Wohnverhältnisse in sonstiger Weise verantwortlich sind" (BGH Urt. v. 21.12.1989 – III ZR 118/88, BGHZ 109, 380 (389); ders. Urt. v. 21.12.1989 – III ZR 49/88, BGHZ 110, 1).

226 Eine **Entschädigung** nach dem Baugesetzbuch kommt bei zu kennzeichnenden Flächen des Bergbaus in der Regel **nicht** in Betracht. Bei Schäden infolge einer Bergsenkung besteht in der Regel ein Ersatzanspruch nach den §§ 110f. BBergG. Anders verhält es sich bei einer Festsetzung nach Abs. 1 Nr. 17, die zumeist dann erfolgt, wenn eine Fläche auch oberirdisch vollständig (zB für die Gewinnung von Bodenschätzen) in Anspruch genommen werden soll. Hierfür enthält § 40 Abs. 1 S. 1 Nr. 9 eine Entschädigungsregelung (vgl. Rn. 98).

227 **b) Nachrichtliche Übernahmen und Vermerke (Abs. 6 und 6a).** Gemäß Abs. 6 sollen nach anderen gesetzlichen Vorschriften getroffene Festsetzungen, gemeindliche Regelungen zum Anschluss- und Benutzungszwang sowie Denkmäler nach Landesrecht in den Bebauungsplan nachrichtlich übernommen werden, soweit sie zu seinem Verständnis oder für die städtebauliche Beurteilung von Baugesuchen notwendig oder zweckmäßig sind. Zu übernehmen sind nur **bereits getroffene,** nicht nur beabsichtigte Festsetzungen (s. zu Überschwemmungsgebieten nach Abs. 6a Rn. 230). Allerdings sind **weitergehende Wiedergaben** (zB zu laufenden Planfeststellungsverfahren) im Bebauungsplan unschädlich und vielfach auch sinnvoll, sofern sie nicht auf einer inhaltlichen Fehlvorstellung der Gemeinde beruhen und daher einen Abwägungsfehler indizieren. Bei Abs. 6 handelt es sich um eine **Soll-Vorschrift.** Ein freies Ermessen der Gemeinde, nachrichtliche Übernahmen vorzunehmen, besteht daher nicht. Durch die nachrichtliche Übernahme soll gewährleistet werden, dass alle für die bauliche und sonstige Nutzbarkeit der Grundstücke im Geltungsbereich des Bauleitplanes wichtigen Vorschriften gebündelt zur Verfügung gestellt werden. Nachrichtliche Übernahmen haben daher wichtigen informativen Charakter sowohl für die Bürger als auch für alle an der Planung und dem Planvollzug Beteiligten. Aus diesem Grund kann die Gemeinde nur in besonders begründeten Fällen von einer nachrichtlichen Übernahme absehen (zur Abwägung vgl. zu Abs. 5 Rn. 222).

228 Bei den zu übernehmenden Festsetzungen handelt es sich in der Regel um **denkmalrechtliche Unterschutzstellungen, Planfeststellungen oder Nutzungsregelungen,** die dem Bebauungsplan zeitlich vorangegangen sind und von ihm nicht abgeändert werden können. Bei Planfeststellungen, die in den Bebauungsplan nachrichtlich übernommen werden, liegt der Rechtsgrund für ihre Erarbeitung nicht im Bebauungsplan, sondern im Fachplanungsrecht (vgl. Rn. 61 zu Abs. 1 Nr. 11; § 38 Rn. 14ff.). Unter Abs. 6 fallen auch Naturschutz- und Landschaftsschutzgebiete, Wasserschutzgebiete, Grabungsschutzgebiete oder auch Lärmschutzzonen (zu Überschwemmungsgebieten s. Abs. 6a, dazu Rn. 230). Voraussetzung für eine nachrichtliche Übernahme ist, dass die nach anderen gesetzlichen Vorschriften getroffenen Festsetzungen mit **verbindlicher Außenwirkung** ausgestattet sind. Lediglich pro-

3. Abschnitt. Verbindlicher Bauleitplan (Bebauungsplan) § 9

grammatisch ausgerichtete Aussagen (zB in Landschaftsprogrammen nach § 10 BNatSchG oder wasserwirtschaftlichen Maßnahmenprogrammen nach § 82 WHG), sonstige lediglich vorbereitende Maßnahmen, aber auch Festlegungen in Raumordnungsplänen werden nicht von Abs. 6 erfasst. Die nachrichtlich übernommenen Regelungen sind keine Festsetzungen des Bebauungsplans.

Im Zuge der Klimaschutznovelle 2011 wurde Abs. 6 um die nachrichtliche Übernahme von gemeindlichen Regelungen zum **Anschluss- und Benutzungszwang** ergänzt. Dies erstreckt sich insbesondere auf die Verteilnetze zur öffentlichen Fernwärme- oder Fernkälteversorgung, auch wenn die Verteilnetze nicht in öffentlicher Trägerschaft stehen. Die Kommunen können auf der Grundlage von § 16 EEWärmeG einen Anschluss- und Benutzungszwang insbesondere für Kraft-Wärme-Kopplungsanlagen vorschreiben (s. hierzu etwa *Battis/Kersten/Mitschang*, Rechtsfragen der ökologischen Stadterneuerung, 2010, 108; *Kahl* ZUR 2010, 395 ff.). Im Bebauungsplan selbst kann ein Anschluss- und Benutzungszwang nicht festgesetzt werden. Festsetzbar sind lediglich die erforderlichen Leitungen nach Abs. 1 Nr. 13, die mit Geh-, Fahr- und Leitungsrechten für die Verlegung und Wartung zu belastenden Flächen nach Abs. 1 Nr. 21 oder etwa die erforderlichen Grundstücksflächen für die Übergabestationen nach Abs. 1 Nr. 1 in Verbindung mit den Regelungen der BauNVO oder nach Abs. 1 Nr. 12 als Versorgungsflächen, ggf. auch als Nebenanlagen in einem Baugebiet nach § 14 BauNVO. Daher unterstreicht die Neuregelung auch die Notwendigkeit eines abgestimmten Vorgehens im Verhältnis von städtebau- und kommunalrechtlichen Instrumenten. Zudem stärkt die nachrichtliche Übernahme der Regelungen zum Anschluss- und Benutzungszwang die Bedeutung von **Klimaschutz- und Energiekonzepten** für die klimaschutzorientierte städtebauliche Entwicklung. Denn gerade Regelungen über einen Anschluss- und Benutzungszwang setzen in der Regel voraus, dass ein gemeindliches Konzept über die Energieversorgung besteht. 229

Nachrichtlich zu übernehmen sind gem. **Abs. 6a S. 1** auch die festgesetzten **Überschwemmungsgebiete** iSd § 76 Abs. 2 WHG. Insofern gilt nichts anderes als zu Abs. 6. Zusätzlich bestimmt **Abs. 6a S. 2**, dass noch nicht festgesetzte Überschwemmungsgebiete iS des § 76 Abs. 3 WHG sowie als Risikogebiete iS des § 73 Abs. 1 S. 1 WHG bestimmte Gebiete – wie im Flächennutzungsplan (vgl. § 5 Rn. 44a) – vermerkt werden sollen. Die sehr weitreichenden Folgen eines Hochwassers rechtfertigen dies (zum Hochwasserschutz in der Bauleitplanung und bei der Vorhabenzulassung vgl. *Stüer* ZfBR 2007, 17 ff.; *Sachsinger/Schrödter* ZfBR 2015, 534 (536 f.); Queitsch UPR 2014, 321 (323); Kerkmann UPR 2014, 328 (332 f.)); zur Unwirksamkeit eines Bebauungsplans wegen unzureichender Beachtung des Hochwasserschutzes VGH München Urt. v. 30.7.2007 – 15 N 06/741, ZfBR 2008, 52; vgl. auch OVG Lüneburg Urt. v. 28.3.2008 – 1 KN 93/07, ZfBR 2008, 493 (494); zur Ausweisung eines Baugebiets in einem später festgesetzten Überschwemmungsgebiet BVerwG Beschl. v. 22.5.2014 – 4 BN 2.14, ZfBR 2014, 572 (572 f.); zur Anwendung von § 78 Abs. 1 S. 1 Nr. 1 WHG auf Flächen in festgesetzten Überschwemmungsgebieten BVerwG Urt. v. 3.6.2014 – 4 CN 6.12, ZfBR 2014, 685 (686 f.)). 230

c) Festsetzung der Grenzen (Abs. 7). Nach **Abs. 7** muss aus einem Bebauungsplan genau hervorgehen, in welchem räumlichen Bereich er gilt. Hinsichtlich der Umgrenzung des Geltungsbereiches müssen die Festsetzungen eines Bebauungsplanes aus sich heraus klar und unmissverständlich sein (BVerwG Beschl. v. 4.1.1994 – 4 NB 30/93, NVwZ 1994, 684). Enthält der Bebauungsplan eine zeichnerische Darstellung auf einer Karte mit großem Maßstab, wird sich in der Regel die Grenze des Geltungsbereichs aus der Karte ergeben (vgl. § 1 Abs. 2 S. 1 PlanZV). Ergänzend kann durch Bezeichnung der das Plangebiet begrenzenden Straßen oder durch Aufzählung der vom Plan erfassten Flurstücke der **Geltungsbereich des Bebauungsplans** exakt bestimmt werden. Auf diese Weise kann auch der räumliche Geltungsbereich eines Be- 231

bauungsplans, der nur textliche Festsetzungen enthält (Textbebauungsplan), bestimmt werden (vgl. zur notwendigen Bestimmtheit auch Rn. 6f.).

232 Abs. 7 bestimmt, dass der Bebauungsplan seine Grenzen festsetzt. **Er regelt aber nicht, wie weit diese Grenzen gezogen sein müssen.** Die Vorschrift besagt also insbesondere nichts über die Mindestanzahl der zu beplanenden Grundstücke oder darüber, ob der Bebauungsplan einen kleineren Geltungsbereich haben muss als der grundsätzlich das gesamte Gemeindegebiet erfassende Flächennutzungsplan. Dies ist eine Frage des städtebaulichen Erfordernisses und der sachgerechten Planung. Daher kann sich ein Bebauungsplan durchaus auf ein einzelnes Grundstück beschränken, wenn dies aufgrund seiner Größe, Lage oder besonderen städtebaulichen Bedeutsamkeit gerechtfertigt ist (BVerwG Beschl. v. 6.11.1968 – IV B 47/68, DVBl. 1969, 276 (277)). Ein Bebauungsplan kann auch zwei räumlich voneinander getrennte Gebiete umfassen (BVerwG Beschl. v. 9.5.1997 – 4 N 1/96, BVerwGE 104, 353; vgl. auch Rn. 160).

V. Begründung (Abs. 8)

233 **1. Verhältnis zum Bebauungsplan.** Nicht Bestandteil des Bebauungsplans im eigentlichen Sinne, sondern diesem lediglich beizufügen, ist nach **Abs. 8** die **Begründung des Bebauungsplans** (zur **zusammenfassenden Erklärung** s. § 10 Abs. 4). Sie nimmt nicht teil am Rechtscharakter des Bebauungsplans und wird auch **nicht rechtsverbindlich** (vgl. § 10 Abs. 3 S. 4, nach dem lediglich „der Bebauungsplan in Kraft" tritt, während nach § 10 Abs. 3 S. 2 der Bebauungsplan „mit Begründung" zur Einsicht bereitzuhalten ist). Besteht zwischen Begründung und Planinhalt ein Widerspruch, kann die Begründung nicht im Wege der Auslegung zur Änderung der Festsetzung verwendet werden; vielmehr entspricht dann die getroffene Festsetzung nicht dem Willen des Satzungsgebers und ist unwirksam (BVerwG Urt. v. 18.3.2004 – 4 CN 4/03, BVerwGE 120, 239, s. bereits Rn. 3). Die Begründung des Bebauungsplanes muss von der Gemeindevertretung **nicht mitbeschlossen** werden. Es genügt vielmehr, ist aber auch notwendig, dass die **Gemeindevertretung** vor ihrem Satzungsbeschluss **Gelegenheit zur Kenntnisnahme** von der Planbegründung hatte (BVerwG Urt. v. 6.7.1984 – 4 C 28/83, NJW 1985, 1569).

234 Die Begründung erfüllt wichtige Funktionen für den Bebauungsplan. Dies gilt sowohl für seine Auslegung als auch für seine Wirksamkeit (vgl. BVerwG Urt. v. 30.6.1989 – 4 C 15/86, NVwZ 1990, 364; s. auch § 10 Rn. 37 zum Inkrafttreten). Fehlt eine Begründung, ist der Bebauungsplan unwirksam (BVerwG Urt. v. 7.5.1971 – IV C 76/68, NJW 1971, 1626). Ist die Begründung unvollständig, hat dies zwar auf die Wirksamkeit des Bebauungsplans keinen Einfluss (hierzu Rn. 240), jedoch kann dies in den Fällen des § 10 Abs. 2 zur Versagung der Genehmigung des Bebauungsplanes führen. Sonstige Materialien aus der Planaufstellung können ebenso wie die Planbegründung zur **Auslegung** des Planes beitragen, jedoch die Planbegründung nicht ersetzen (BVerwG Urt. v. 30.6.1989 – 4 C 15/86, NVwZ 1990, 364). Daraus folgt zugleich, dass die Planbegründung nach der Beschlussfassung über den Bebauungsplan über redaktionelle Änderungen hinaus **nicht mehr verändert werden** darf (OVG Lüneburg Urt. v. 30.5.2001 – 1 K 389/00, NVwZ-RR 2002, 98).

235 **2. Funktion und Inhalt.** Abs. 8 verweist für die Begründung und deren Inhalt auf § 2a. Wesentliche Funktion der Begründung ist es danach, die im Bebauungsplan getroffenen Entscheidungen im Hinblick auf Ziele, Zwecke und wesentliche Auswirkungen der Planung (vgl. § 2a S. 1 Nr. 1) zu rechtfertigen. Hinzu kommt – außer beim vereinfachten Verfahren (vgl. § 13 Abs. 3) und beim Verfahren nach § 13a – der Umweltbericht (§ 2a S. 1 Nr. 2). Die Begründung kann und sollte sich **auf die den**

3. Abschnitt. Verbindlicher Bauleitplan (Bebauungsplan) § 9

Bebauungsplan prägenden Festsetzungen, seine Grundgedanken und Leitziele beschränken (vgl. BVerwG Beschl. v. 3.11.1992 – 4 NB 28/92, ZfBR 1993, 89 (90)). Insbesondere kommt es nicht darauf an, die Festsetzungen für jedes einzelne Grundstück zu rechtfertigen (vgl. BVerwG Beschl. v. 22.9.1973 – IV B 53/73, BRS 27 Nr. 8). Es geht in der Regel vielmehr darum, die tragenden Gründe für die Wahl des Gebietscharakters und für die Abgrenzung und Zuordnung verschiedener Nutzungen anzugeben (s. etwa BVerwG Urt. v. 7.5.1971 – IV C 76/68, NJW 1971, 1626). Werden die **Maßobergrenzen** der BauNVO überschritten (§ 17 Abs. 2 BauNVO), ist dies in der Planbegründung nicht nur pauschal anzugeben, sondern standortspezifisch zu begründen. Sollen landwirtschaftlich oder als Wald genutzte Flächen umgenutzt werden, ist dies in der Planbegründung zu erläutern (§ 1a Abs. 2 Satz 4). Entsprechendes gilt in der Regel auch für die Inanspruchnahme für den naturschutzrechtlichen Ausgleich (§ 1a Abs. 3 Satz 5 iVm § 15 Abs. 3 BNatSchG).

Die Funktion, den endgültigen Bebauungsplan und seine Festsetzungen zu begründen, unterscheidet die Begründung des Bebauungsplans nach Abs. 8 von der **Begründung des Planentwurfs** nach § 2a. Bei der Entwurfsbegründung sind eher die Gründe anzugeben, die für und die gegen eine bestimmte Festsetzung sprechen, während die Begründung des Planes selbst vor allem die letztendlich tragenden Gründe für die Entscheidung zugunsten der beschlossenen Festsetzungen wiederzugeben hat. Daher muss die Begründung des Bebauungsplanes gegenüber der Entwurfsbegründung **fortgeschrieben** werden, wenn sich während der Auslegung des Bebauungsplanentwurfes, etwa durch eine Stellungnahme aus der Öffentlichkeit, neue Gesichtspunkte oder auch nur neue Sichtweisen und damit Gewichtungen eines Problems ergeben haben. War dies nicht der Fall, kann die Entwurfsbegründung grds. als Begründung des Bebauungsplanes übernommen werden.

Die Begründung soll eine **Nachprüfung** der von der Gemeinde vorgenommenen planerischen Abwägung vor allem **für die Bürger** (VGH Mannheim Beschl. v. 13.9.1973 – II 1238/71, BRS 27 Nr. 10) – auch unter dem Gesichtspunkt des **Nachbarschutzes** (s. hierzu Vorb. §§ 29–38 Rn. 14ff.) – ermöglichen oder zumindest erleichtern (BVerwG Beschl. v. 3.11.1992 – 4 NB 28/92, ZfBR 1993, 89 (90); OVG Münster Urt. v. 9.2.2000 – 7 A 2386/98, ZfBR 2001, 55 (56)). Dies bezieht sich nicht nur auf getroffene sondern auch auf **bewusst unterlassene planerische Festsetzungen** (zur planerischen Zurückhaltung → § 1 Rn. 30). Auch sollte die Begründung im Hinblick auf später etwa notwendig werdende **Enteignungen** möglichst konkret gefasst werden. Eine den Planinhalt lediglich beschreibende Begründung, die nicht einmal ansatzweise erkennen lässt, welche städtebaulichen Erwägungen der Gemeinderat angestellt hat und dass bzw. in welcher Weise er eine Abwägung vorgenommen hat, ist nicht nur unvollständig (vgl. Rn. 241), sondern unbeachtlich (VGH München Urt. v. 29.11.1983 – 5 S 962/83, NVwZ 1984, 529).

Des Weiteren sollte die Planbegründung Aussagen zu den **wesentlichen Auswirkungen** des Bebauungsplans enthalten. Dies gilt insbesondere für **Immissionen** auf benachbarte Nutzungen innerhalb und außerhalb des Plangebietes. Zu rechtfertigen sind vor allem solche Festsetzungen, die für die davon betroffenen Grundstücke Nutzungsbeschränkungen enthalten. Eine gesonderte Begründung für die auf Landesrecht nach **Abs. 4** gestützten Festsetzungen ist nicht erforderlich; es genügt eine einheitliche Begründung (OVG Münster Urt. v. 9.2.2000 – 7 A 2386/98, ZfBR 2001, 55). Besteht dazu Anlass, ist insbesondere zu den Maßnahmen, mit denen der Bebauungsplan **verwirklicht** werden soll (zB beim Straßenbau), zu überschlägig zu ermittelnde **Kosten** der Vollziehung und ihrer Finanzierung sowie zu den Maßnahmen, die an den Bebauungsplan **anknüpfen** (zB Umlegung, Erschließung, Enteignung), eine Erläuterung in die Begründung aufzunehmen. Der Begriff der wesentlichen Auswirkungen (§ 2a S. 1 Nr. 1) erfasst auch etwaige Auswirkungen auf die **sozialen Verhältnisse** der in dem Plangebiet lebenden Menschen (§ 1 Abs. 6 Nr. 2). Dies gilt vor allem in Fällen, in denen es eines **Sozialplans** bedarf (§ 180).

§ 9a I. Kapitel. I. Teil. Bauleitplanung

Von Bedeutung ist in diesem Zusammenhang auch die Regelung in § 171e zur **sozialen Stadt**.

239 Der **Umweltbericht** (s. § 2a Rn. 3) nach § 2a S. 1 Nr. 2 ist außer beim vereinfachten Verfahren (§ 13) und beim Verfahren nach § 13a zwingender **Bestandteil der Begründung** nach Abs. 8 (vgl. § 2a Rn. 2). Er kann in die Begründung integriert werden, aber auch – zumeist zweckmäßiger – als gesonderter Teil in die Begründung aufgenommen werden (vgl. *Schmidt-Eichstaedt* BauR 2002, 405 ff.). Es darf sich allerdings nicht um ein gänzlich gesondertes Dokument handeln. Der Umweltbereicht ist als Teil der Planbegründung der Gemeinde also insbesondere **kein isoliertes Gutachten** eines Planungsbüros, so wie dies etwa bei einer Umweltverträglichkeitsstudie (UVS) in den Antragsunterlagen eines Genehmigungsverfahrens zumeist der Fall ist.

240 3. **Fehlerfolgen**. **Fehlt** eine den Anforderungen des Abs. 8 genügende Begründung **vollständig**, ist dies nach § **214 Abs. 1 S. 1 Nr. 3** ein für die Wirksamkeit **beachtlicher Verfahrensfehler, sofern** er nach § 215 Abs. 1 Nr. 1 innerhalb von zwei Jahren **gerügt** wird. Als ein Fehlen der Begründung ist es auch anzusehen, wenn lediglich der Gesetzeswortlaut wiederholt wird, völlig nichtssagende Leerformeln ohne Bezug zu dem konkreten Plan verwendet werden oder eine bloße Planbeschreibung erfolgt (BGH Urt. v. 11.6.1981 – III ZR 14/80, NVwZ 1982, 210; VGH München Urt. v. 15.3.1983 – 36 I 78, BayVBl. 1984, 82; BVerwG Urt. v. 30.6.1989 – 4 C 15/86, NVwZ 1990, 364; vgl. auch Rn. 237).

241 Nach § **214 Abs. 1 S. 1 Nr. 3** ist hingegen die **Unvollständigkeit** der Begründung für die Wirksamkeit eines Bebauungsplans **unbeachtlich**. Für den Umweltbericht gilt dies mit der zusätzlichen Einschränkung, dass er nur in wesentlichen Punkten unvollständig sein darf (OVG Berlin-Brandenburg Urt. v. 10.12.2008 – 2 A 9/08, Rn. 37; VGH Kassel Urt. v. 22.4.2010 – 4 C 306/09, BauR 2010, 1531).

§ 9a Verordnungsermächtigung

Das Bundesministerium für Umwelt, Naturschutz, Bau und Reaktorsicherheit wird ermächtigt, mit Zustimmung des Bundesrates durch Rechtsverordnung Vorschriften zu erlassen über
1. Darstellungen und Festsetzungen in den Bauleitplänen über
 a) die Art der baulichen Nutzung,
 b) das Maß der baulichen Nutzung und seine Berechnung,
 c) die Bauweise sowie die überbaubaren und die nicht überbaubaren Grundstücksflächen;
2. die in den Baugebieten zulässigen baulichen und sonstigen Anlagen;
3. die Zulässigkeit der Festsetzung nach Maßgabe des § 9 Abs. 3 über verschiedenartige Baugebiete oder verschiedenartige in den Baugebieten zulässige bauliche und sonstige Anlagen;
4. die Ausarbeitung der Bauleitpläne einschließlich der dazugehörigen Unterlagen sowie über die Darstellung des Planinhalts, insbesondere über die dabei zu verwendenden Planzeichen und ihre Bedeutung.

1 1. Von der Ermächtigung nach dem früheren § 2 Abs. 5 Nr. 1 und 2 BauGB (= Abs. 10 Nr. 1 und 2 BBauG) hat das zuständige Bundesministerium durch Erlass der Verordnung über die bauliche Nutzung der Grundstücke – **BaunutzungsVO** vom 26.6.**1962** BGBl. I S. 429) Gebrauch gemacht (hierzu *Fickert/Fieseler* BauNVO; *König/Roeser/Stock* BauNVO; *Jäde/Dirnberger/Weiß* BauGB/BauNVO). Entsprechend ihrer zentralen Bedeutung für die zulässige Nutzung in beplanten Gebieten und in Gebieten nach § 34 Abs. 2 unterlag die BauNVO einem ständigen Änderungsdruck gemäß den sich wandelnden wirtschaftlichen Umständen und Anforderungen;

sie wurde deshalb mehrfach geändert: durch VO vom 26.11.**1968,** BGBl. I S. 1237, BGBl. **1969** I S. 11, VO vom 15.9.**1977,** BGBl. I S. 1763, VO v. 19.12.**1986,** BGBl. I S. 2665, VO v. 23.1.**1990,** BGBl. I S. 127, Gesetz vom 22.4.**1993** (BGBl. I S. 466) und durch Gesetz vom 11.6.2013 (BGBl. I S. 1548, Innenentwicklungsnovelle 2013). Da nach § 2 Abs. 3 S. 2 BauNVO die Vorschriften der §§ 2 bis 14 **Bestandteil des Bebauungsplans** werden, gilt für jeden Bebauungsplan die zurzeit seines Wirksamwerdens gültige Fassung der BauNVO (s. § 30 Rn. 3). Hierin liegt einer der wesentlichen Gründe für diese Zurückhaltung bei Änderungen der BauNVO im Hinblick auf geänderte städtebauliche und stadtplanerische Anforderungen (hierzu etwa *Bunzel/Löhr* ZfBR 2000, 307ff.). Die BauNVO 1962 gilt also für die nach dem 1.8.1962, die BauNVO 1968 für die nach dem 1.1.1968, die BauNVO 1977 für die nach dem 1.10.1977, die BauNVO 1990 für die nach dem 27.1.1990 (Überleitungsvorschrift § 25c BauNVO) und die BauNVO in der Fassung der Innenentwicklungsnovelle 2013 für die seit dem 20.9.2013 ausgelegten oder in Kraft getretenen Bauleitpläne. Zur im Entwurf des BauROG 1998 (BT-Drs. 13/6392 Art. 3) vorgesehenen und im Gesetzgebungsverfahren verschobenen (BT-Drs. 13/7588 u. 7589) erneuten Novellierung der BauNVO vgl. *Stemmler* DVBl. 1996, 714; zur Diskussion einer prinzipiellen Umgestaltung der BauNVO vgl. *Bunzel/Löhr* ZfBR 2000, 307ff.; *Boeddinghaus* BauR 2002, 1325ff.; *ders.* BauR 2010, 998ff.; *Kirchberg/König* BauR 2010, 1686ff.; *Mitschang/Reidt* BauR 2011, 188ff.).

Die BauNVO ergänzt als für die Gemeinden verbindliches Bauplanungsrecht den **2** Ersten Teil (Bauleitplanung) und den Ersten Abschnitt des Dritten Teils (Regelung der baulichen und sonstigen Nutzung) des BauGB. **Nr. 1 Buchst. a bis c** ermächtigt zu Vorschriften über die **Art** der baulichen Nutzung, das **Maß** der baulichen Nutzung sowie über die Berechnung sowie über die **Bauweise** und die **überbaubare Grundstücksfläche** (hierzu näher oben, § 9 Rn. 11 bis 28). Von der im BBauG seinerzeit enthaltenen Ermächtigung zur Regelung der **Mindestgröße** von Baugrundstücken hat der Verordnungsgeber keinen Gebrauch gemacht. Die Regelung wird hinreichend durch § 9 Abs. 1 Nr. 3 getroffen. Die in den Baugebieten zulässigen **baulichen und sonstigen Anlagen (Nr. 2)** sind in den §§ 1 bis 23 BauNVO jeweils mitgeregelt. **Nr. 3** ermöglicht die nach § 9 Abs. 3 möglichen differenzierten Festsetzungsmöglichkeiten auszugestalten (umgesetzt in § 1 Abs. 7 BauNVO).

2. Aufgrund der Ermächtigung des § 2 Abs. 10 Nr. 4 BBauG (früher § 2 Abs. 5 **3** Nr. 4 BauGB, jetzt **Nr. 4**) ist die **PlanzeichenVO** vom 19.1.1965, BGBl. I S. 21, erlassen und durch VO vom 30.7.1981, BGBl. S. 883, neu gefasst worden. An ihre Stelle ist mit Wirkung vom 1.4.1991 die PlanzeichenVO vom 18.12.1990, BGBl. 1991 I S. 58, getreten. Eine Überleitungsvorschrift findet sich in § 3 der VO. Die PlanzeichenVO ist für die Gemeinden bei der Gestaltung ihrer Bauleitpläne **nicht bindend** (BVerwG Beschl. v. 10.1.2001 – 4 BN 42/00, NVwZ-RR 2001, 422). Ihre Anwendung ist jedoch im Hinblick auf die Sicherstellung hinreichend bestimmter Planinhalte in aller Regel sinnvoll. Nur im Einzelfall sollte eine Gemeinde daher andere oder zusätzliche Planzeichen verwenden.

§ 10 Beschluss, Genehmigung und Inkrafttreten des Bebauungsplans

(1) **Die Gemeinde beschließt den Bebauungsplan als Satzung.**

(2) ¹**Bebauungspläne nach § 8 Abs. 2 Satz 2, Abs. 3 Satz 2 und Abs. 4 bedürfen der Genehmigung der höheren Verwaltungsbehörde.** ²**§ 6 Abs. 2 und 4 ist entsprechend anzuwenden.**

(3) ¹**Die Erteilung der Genehmigung oder, soweit eine Genehmigung nicht erforderlich ist, der Beschluss des Bebauungsplans durch die Gemeinde ist ortsüblich bekannt zu machen.** ²**Der Bebauungsplan ist mit der Begründung und der zusammenfassenden Erklärung nach Absatz 4 zu je-**

§ 10

dermanns Einsicht bereitzuhalten; über den Inhalt ist auf Verlangen Auskunft zu geben. ³In der Bekanntmachung ist darauf hinzuweisen, wo der Bebauungsplan eingesehen werden kann. ⁴Mit der Bekanntmachung tritt der Bebauungsplan in Kraft. ⁵Die Bekanntmachung tritt an die Stelle der sonst für Satzungen vorgeschriebenen Veröffentlichung.

(4) Dem Bebauungsplan ist eine zusammenfassende Erklärung beizufügen über die Art und Weise, wie die Umweltbelange und die Ergebnisse der Öffentlichkeits- und Behördenbeteiligung in dem Bebauungsplan berücksichtigt wurden, und aus welchen Gründen der Plan nach Abwägung mit den geprüften, in Betracht kommenden anderweitigen Planungsmöglichkeiten gewählt wurde.

Übersicht

	Rn.
I. Rechtsnatur des Bebauungsplans (Abs. 1)	1
1. Satzungscharakter des Bebauungsplans	1
2. Folgen für das Aufstellungsverfahren	3
a) Organzuständigkeit	3
b) Öffentlichkeit der Sitzungen	4
c) Befangenheit von Ratsmitgliedern	5
3. Entstehen und Außerkrafttreten, Funktionslosigkeit	8
4. Verwerfungskompetenz	10
5. Rechtsschutz	13
a) Normenkontrolle nach § 47 VwGO	13
b) Einstweilige Anordnung	24
c) Inzidentkontrolle	25
d) Verfassungsbeschwerde	26
II. Genehmigung bestimmter Bebauungspläne (Abs. 2)	27
1. Normalregelung	28
2. Abweichungsermächtigung für die Länder nach § 246 Abs. 1a	29
III. Inkrafttreten (Abs. 3)	30
1. Verkündung (S. 1 und 2)	30
a) Notwendigkeit	30
b) Form	31
c) Ausfertigung	33
2. Inhalt der Bekanntmachung (S. 1 und 3)	34
a) Genehmigung oder Beschluss durch die Gemeinde	34
b) Bezeichnung des Gebiets	35
c) Ort der Einsichtnahme	36
3. Einsichtmöglichkeit (S. 2)	37
a) Gegenstand	37
b) Zeit	38
c) Art und Weise	41
d) Auskunftserteilung	42
4. Rechtswirkung der Bekanntmachung (S. 4 und 5)	43
a) Inkrafttreten	43
b) Ausschluss anderer Regelungen	44
IV. Zusammenfassende Erklärung (Abs. 4)	45

I. Rechtsnatur des Bebauungsplans (Abs. 1)

1 **1. Satzungscharakter des Bebauungsplans.** Die Rechtsnatur des Bebauungsplans ist bundesrechtlich verbindlich geregelt. § 10 Abs. 1 bestimmt, dass der Bebauungsplan als Satzung zu beschließen ist. § 246 Abs. 2 enthält allerdings Sonderre-

3. Abschnitt. Verbindlicher Bauleitplan (Bebauungsplan) § 10

gelungen für die Länder Berlin, Hamburg und Bremen. Dort können Bebauungspläne auch in anderer Rechtsform erlassen werden, insbesondere als Rechtsverordnung.

Rechtsschutz gegenüber Bebauungsplänen besteht zum einen durch die Möglichkeit der Normenkontrolle gem. § 47 Abs. 1 Nr. 1 VwGO, zum anderen im Zusammenhang mit Klagen, bei denen die Wirksamkeit des Bebauungsplans eine Rolle spielt (Inzidentprüfung). Dies gilt insbesondere für Verpflichtungsklagen auf Erteilung einer und Anfechtungsklagen gegen eine erteilte Baugenehmigung (§ 42 Abs. 1 VwGO). Dies schließt die Fälle ein, in denen eine Baugenehmigung von einer umfassenderen Zulassungsentscheidung eingeschlossen ist (s. insbesondere § 6 Abs. 1 Nr. 2, § 13 BImSchG). Die Normenkontrollfrist des § 47 Abs. 2 S. 1 und die Ausschlussregelung gem. § 47 Abs. 2a VwGO sind hierfür irrelevant. Beachtlich sind allerdings sowohl für die Normenkontrolle als auch für die Inzidentprüfung die Planerhaltungsvorschriften in den §§ 214 und 215.

2. Folgen für das Aufstellungsverfahren. a) Organzuständigkeit. Das Baugesetzbuch enthält keine Bestimmungen darüber, welches Organ innerhalb der Gemeinde für bestimmte Verfahrensakte zuständig ist; die Bestimmung der Organzuständigkeit ist daher dem Gemeindeverfassungsrecht der Länder überlassen (BVerwG Urt. v. 19.9.2002 – 4 CN 1/02, ZfBR 2003, 150 (152)). Der Beschluss über den Erlass einer Satzung ist nach den Regelungen in allen Ländern **stets dem Gemeinderat vorbehalten** (zu den Stadtstaaten Berlin, Hamburg, Bremen → Rn. 1). Er kann zwar von anderen Gemeindeorganen, insbesondere von Ausschüssen, vorbereitet, jedoch nicht ersetzt werden. Der **Satzungsbeschluss** ist bundesrechtlich der **einzige notwendige Beschluss** der Gemeindevertretung für einen wirksamen Bebauungsplan. Vorhergehende Beschlussfassungen (insbesondere der Aufstellungsbeschluss → § 2 Abs. 1), die in Abhängigkeit vom Gemeindeverfassungsrecht der Länder sowie den gemeindeeigenen Regelungen (insbesondere Hauptsatzung) auch delegiert werden können, haben regelmäßig nur Bedeutung für vorgelagerte Rechtswirkungen, vor allem für den Erlass einer Veränderungssperre (→ § 14 Abs. 1). Der Satzungsbeschluss kann, muss allerdings nicht durch die Gemeindeverwaltung oder durch gemeindliche Ausschüsse vorbereitet werden. Ein dem Satzungsbeschluss vorgelagerter Abwägungsbeschluss, wie er in der Praxis häufig anzutreffen ist, hat ebenfalls für die Wirksamkeit des Bebauungsplans keine unmittelbare Bedeutung. Er bestätigt allenfalls die materielle Planreife (→ § 33 Abs. 1 Nr. 2). Erst mit dem Satzungsbeschluss selbst macht sich die Gemeindevertretung **als Kollegialorgan** die Abwägungsentscheidung, so wie sie in der Beschlussvorlage, in dem Bebauungsplanentwurf und der Planbegründung zum Ausdruck kommt, definitiv zu eigen (BVerwG Beschl. v. 11.11.2002 – 4 BN 52/02, ZfBR 2003, 264; BVerwG Urt. v. 25.11.1999 – 4 CN 12/98, BVerwGE 110, 118). Auf individuelle Überlegungen und Vorstellungen einzelner Ratsmitglieder kommt es dabei nicht an (zur Befangenheit unten → Rn. 5). Da der Satzungsbeschluss **Bestandteil der planerischen Abwägung** gem. § 1 Abs. 7 ist, muss die Gemeindevertretung in der Lage sein, sich über den Planinhalt und die zugrunde liegenden Erwägungen ein hinreichendes Bild zu machen (vgl. OVG Koblenz Urt. v. 6.5.2009 – 1 C 10970/08, NVwZ-RR 2009, 711: erst in der mündlichen Verhandlung im Normenkontrollverfahren vorgelegtes Einzelhandelskonzept). Hierfür ist es nicht zwingend erforderlich, dass den Gemeindevertretern sämtliche Stellungnahmen aus der Öffentlichkeits- und Behördenbeteiligung vorliegen. Es genügt eine **tabellarische Zusammenfassung** oÄ, die es den Gemeindevertretern ermöglicht, sich mit den eingegangenen Stellungnahmen inhaltlich auseinander zu setzen, ggf. auch an die Verwaltung Nachfragen zu richten und Einblick in die vollständigen Stellungnahmen zu verlangen (OVG Münster Urt. v. 29.1.2013 – 2 D 102/11, BauR 2013, 896 auch zur Zulässigkeit einer **Anonymisierung**).

§ 10

4 b) Öffentlichkeit der Sitzungen. Das Verfahren bei dem Beschluss über die Satzung richtet sich nach dem Kommunalverfassungsrecht der Länder. Danach hat die **Beschlussfassung in öffentlicher Sitzung und nach ordnungsgemäßer Ladung** zu erfolgen (hierzu OVG Münster Urt. v. 21.7.1989 – 15 A 713/87, NVwZ 1990, 186; *Reidt* in BRS Rn. 843f.; zu datenschutzrechtlichen Fragen → § 3 Rn. 5ff.).

5 c) Befangenheit von Ratsmitgliedern. Nach dem, im Einzelnen jedoch sehr unterschiedlichen, **Kommunalverfassungsrecht der Länder** dürfen an der Beschlussfassung über einen Bebauungsplan (und auch einen Flächennutzungsplan, wenngleich das Problem dort deutlich geringer ist) idR **Ratsmitglieder nicht mitwirken,** wenn sie selbst oder eine ihnen wirtschaftlich oder familiär nahe stehende Person aus den Festsetzungen des Bebauungsplans einen **unmittelbaren** materiellen oder immateriellen Vorteil ziehen (zB durch den Verkauf eines Grundstücks im Bebauungsplangebiet nach dem Aufstellungsbeschluss zum Baulandpreis, OVG Koblenz Urt. v. 23.4.1998 – 1 C 10789/97, NVwZ-RR 2000, 103) oder einen entsprechenden Nachteil erleiden können (vgl. OVG Münster Urt. v. 12.3.2003 – 7a 20/02, NVwZ-RR 2003, 667; *Krebs* VerwArch 1980, 181ff.; *Rabe* ZfBR 2001, 229; ausführlich *Franckenstein* BauR 1999, 12ff.; *Schrödter* in Schrödter § 2 Rn. 13ff., dort auch zu der Rechtslage in Niedersachsen, wo es gem. § 41 NKomVG für Bauleitpläne kein Mitwirkungsverbot gibt). Mögliche mittelbare Interessen (zB eines Immobilienmaklers im Gemeinderat) genügen nicht (VGH Mannheim Urt. v. 4.7.1996 – 5 S 1697/95, NVwZ-RR 1997, 692). Ausgeschlossen ist das Ratsmitglied regelmäßig auch, wenn der Vor- oder Nachteil ein Unternehmen betrifft, in dem das betroffene Ratsmitglied arbeitet oder sonstige Funktionen wahrnimmt. Landesrechtlichen Befangenheitsvorschriften sind dabei jedoch auch bundesrechtlich Grenzen gezogen, die vor allem für deren Auslegung von Bedeutung sind. Eine das Planaufstellungsverfahren geradezu blockierende Handhabung der Befangenheitsvorschriften würde gegen Bundesrecht verstoßen (BVerwG Beschl. v. 15.4.1988 – 4 N 4/87, BVerwGE 79, 200). Voraussetzung für die Bejahung einer Befangenheit ist daher stets die **Individualisierbarkeit** eines Vor- oder Nachteils; eine gleiche Betroffenheit wie bei vielen anderen reicht nicht aus (VGH Mannheim Urt. v. 30.4.2004 – 8 S 1374/03, BauR 2005, 57; dass. Urt. v. 9.2.2010 – 3 S 3064/07, NuR 2010, 736 Rn. 50ff.). Neben der **Kausalität** des Plans für einen Vor- oder Nachteil ist daher auch dessen **Intensität** von Bedeutung. Erforderlich ist in der Regel eine Lage des (positiv oder negativ) betroffenen Grundstücks im Plangebiet selbst oder in dessen unmittelbarem Einwirkungsbereich (OVG Koblenz Beschl. v. 26.9.2003 – 8 B 11 491/03, NVwZ-RR 2004, 134).

6 Der Ausschluss bezieht sich idR nicht nur auf den das Bebauungsplanverfahren abschließenden Satzungsbeschluss, sondern auch auf **alle wesentlichen Beratungen und Beschlüsse während des Aufstellungsverfahrens,** wie zB den Beschluss über die Auslegung des Bebauungsplans oder die Beratung über eingegangene Stellungnahmen (vgl. OVG Münster Urt. v. 20.9.1983 – 7a NE 4/80, NVwZ 1984, 667; OVG Koblenz Urt. v. 7.12.1983 – 10 C 9/83, NVwZ 1984, 670; *Dolde* BauR 1973, 350ff.; *Söfker* in EZBK § 2 Rn. 89ff.). Befangene Ratsmitglieder dürfen allerdings bei den regelmäßig öffentlichen Sitzungen im Zuhörerraum Platz nehmen, soweit landesrechtlich nicht ausdrücklich etwas anderes geregelt ist (OVG Münster Urt. v. 16.1.1980 – 10a NE 46/78, BauR 1980, 238). Ein Abrücken lediglich „um Stuhlesbreite" vom Sitzungstisch genügt jedoch nicht (VGH Mannheim Beschl. v. 11.10.1994 – 5 S 3242/93, NVwZ-RR 1995, 154). Über die Frage, ob ein Gemeinderatsmitglied befangen ist, entscheidet in der Regel die Gemeindevertretung als Kollegialorgan, wenn das betreffende Mitglied nicht bereits freiwillig, ggf. auch nur vorsorglich zur Vermeidung eines bösen Scheins, von einer Mitwirkung absieht. Fühlt sich ein Gemeinderatsmitglied zu Unrecht ausgeschlossen, besteht die Mög-

3. Abschnitt. Verbindlicher Bauleitplan (Bebauungsplan) § 10

lichkeit gegen den Ausschluss mittels eines **Kommunalverfassungsstreitverfahrens** vorzugehen. Hingegen besteht grundsätzlich kein Anspruch von Ratsmitgliedern, dass ein Ausschluss erfolgt, wenn mehrheitlich eine Befangenheit verneint wurde (OVG Münster Beschl. v. 7.8.1997 – 15 B 1811/97, NVwZ-RR 1998, 325).

Folge der Mitwirkung eines befangenen Ratsmitglieds **beim Satzungsbe-** 7 **schluss** ist nach Landesrecht grundsätzlich die Nichtigkeit des Beschlusses (vgl. *Burgi,* Kommunalrecht, 5. Aufl. 2015, § 12 Rn. 51) und damit, anders als regelmäßig bei vorgelagerten Beratungen und Beschlüssen, die Unwirksamkeit des Bebauungsplans (vgl. *Söfker* in EZBK § 2 Rn. 77). Allerdings sind die **Heilungs- oder Unbeachtlichkeitsvorschriften** sowie die **Fristen** für die Geltendmachung der Befangenheit im Kommunalrecht der Länder zu beachten. (vgl. *Burgi* ebd.; Art. 49 Abs. 4 BayGO und § 31 Abs. 6 GO NRW etwa sehen die Nichtigkeit nur bei Kausalität der Mitwirkung vor, „Zünglein an der Waage"). Auch bundesrechtlich führt die Mitwirkung eines befangenen Ratsmitglieds **bei den Beratungen und verfahrensleitenden Beschlüssen** zur Aufstellung eines Bebauungsplans jedenfalls dann nicht zur Unwirksamkeit des Bebauungsplans, wenn keine Anhaltspunkte dafür vorliegen, dass die Mitwirkung des befangenen Ratsmitglieds auf den Abwägungsvorgang und das Abwägungsergebnis eingewirkt hat (vgl. BVerwG Beschl. v. 15.4.1988 – 4 N 4/87, BVerwGE 79, 200). An einer etwaigen Unwirksamkeit dieser Beschlüsse nach Landesrecht ändert dies aber nichts. Von der Möglichkeit des ergänzenden Verfahrens zur rückwirkenden Heilung nach § 214 Abs. 4 (→ dazu § 214 Rn. 23 ff.) kann in solchen Fällen Gebrauch gemacht werden (vgl. *Söfker* aaO Rn. 79).

3. Entstehen und Außerkrafttreten, Funktionslosigkeit. Aus der Bestim- 8 mung, dass ein Bebauungsplan als Satzung zu beschließen ist, sowie ganz allgemein aus dem Rechtsstaatsprinzip folgt, dass ein **Bebauungsplan nicht durch Gewohnheitsrecht** entstehen kann (vgl. BVerwG Beschl. v. 29.7.2010 – 4 BN 21/10, NVwZ 2010, 1567). Auch die langjährige Anwendung zB eines (unerkannt) unwirksamen Bebauungsplans kann diesem nicht zur Rechtswirksamkeit verhelfen (BVerwG Urt. v. 26.5.1978 – IV C 9.77, BVerwGE 55, 369 (377f.)). Allerdings ist es umgekehrt möglich, dass sich die **tatsächlichen Verhältnisse** einschließlich der wirtschaftlichen Rahmenbedingungen für den Planvollzug (VGH München Urt. v. 25.3.2004 – 25 N 01.308, NVwZ-RR 2005, 776) in dem Gebiet eines Bebauungsplans so entwickeln, dass seine Festsetzungen ganz oder teilweise ihre Funktion verlieren oder als Ergebnis einer planerischen Abwägung schlechterdings nicht mehr vertretbar wären **(Funktionslosigkeit).** Dies ist in Bezug auf den Bebauungsplan insgesamt, einen räumlichen Teilbereich (räumliche Funktionslosigkeit) oder einzelne Festsetzungen (sachliche Funktionslosigkeit) dann der Fall, wenn die tatsächlichen Verhältnisse, auf die sich die Planfestsetzungen beziehen, ihre Verwirklichung für unabsehbare Zeit ausschließen und dies so offensichtlich ist, dass ein in ihre (Fort-)Geltung gesetztes Vertrauen keinen Schutz verdient (s. etwa OVG Münster Urt. v. 20.2.2015 – 7 D 29/13, BauR 2015, 1111; dass., Beschl. v. 20.1.2015 – 2 A 2327/13, BauR 2015, 1953). Dies gilt auch für auf Landesrecht beruhende Festsetzungen (§ 9 Abs. 4). Zu prüfen ist die Funktionslosigkeit hinsichtlich jeder einzelnen Festsetzung gesondert (BVerwG Beschl. v. 9.10.2003 – 4 B 85.03, BauR 2004, 1128). Nicht ausreichend ist dabei, wenn Planfestsetzungen nicht mehr im gesamten Plangebiet umgesetzt werden können, also einzelne „Ausreißer" genehmigt wurden, die den Planvollzug im Übrigen allerdings nicht verhindern (BVerwG Beschl. v. 21.12.1999 – 4 BN 48/99, NVwZ-RR 2000, 411). Ebenso wenig genügt es, wenn die Gemeinde ihre Planungskonzeption als solche ändert. In diesem Fall bedarf es ggf. einer Aufhebung oder Änderung des Bebauungsplans (→ § 1 Abs. 8), da der Plan nach wie vor seine ihm ursprünglich zugedachte städtebauliche Ordnungsfunktion erfüllen kann. Anders ist dies, wenn bestimmte Nutzungen in einem Plangebiet nicht vorhanden sind und ihre (Wieder-) Aufnahme dauerhaft nicht zu erwarten ist (zum Beispiel die Festsetzung eines Dorfge-

§ 10 I. Kapitel. I. Teil. Bauleitplanung

bietes, in dem keine Gebäude landwirtschaftlicher Betriebsstellen mehr vorhanden sind und eine Neuansiedlung in absehbarer Zeit auch nicht mehr erwartet werden kann (BVerwG Beschl. v. 29.5.2001 – 4 B 33/01, NVwZ 2001, 1055). Ob allein nachträglich geänderte Ziele der Raumordnung zur Funktionslosigkeit führen können, ist zweifelhaft (vgl. hierzu OVG Greifswald Urt. v. 5.11.2008 – 3 L 281/03, BauR 2009, 1399). Wenn keine besonderen tatsächlichen Umstände hinzutreten, spricht mehr dafür, dass in diesem Fall lediglich ein Planungserfordernis (→ § 1 Abs. 3 S. 1) besteht.

9 Ein Bebauungsplan tritt im Weiteren außer Kraft, wenn er **aufgehoben** wird (→ § 1 Abs. 8). Wird der Geltungsbereich eines Bebauungsplans lediglich durch einen späteren Bebauungsplan **überplant,** verdrängt letzterer den früheren Plan, auch wenn kein hierauf gerichteter Wille der Gemeinde zum Ausdruck gebracht wird (BVerwG Urt. v. 10.8.1990 – 4 C 3/90, BVerwGE 85, 289). Wird der jüngere Plan dann aufgehoben oder erweist er sich als unwirksam, lebt der ältere Plan wieder auf, sofern für diesen kein gesonderter Aufhebungsbeschluss gefasst wurde (BVerwG Urt. v. 10.8.1990, aaO). Allein der Verlust des Bebauungsplandokuments führt nicht zu einer Aufhebung oder Unwirksamkeit des Bebauungsplans (BVerwG Beschl. v. 1.4.1997 – 4 B 206/96, NVwZ 1997, 890).

10 **4. Verwerfungskompetenz.** Umstritten ist, ob der Gemeinde oder einer anderen Verwaltungsbehörde die **Kompetenz** zusteht, **einen Bebauungsplan zu verwerfen,** wenn sie zu der Auffassung gelangt ist, dieser sei unwirksam. Dabei ist zwischen allgemeinverbindlicher Verwerfung und Inzidentverwerfung zu unterscheiden. Eine **allgemeinverbindliche Regelung** kann nur die Gemeinde im Rahmen eines **Aufhebungsverfahrens** nach § 1 Abs. 8 treffen (vgl. *Gaentzsch* in BK § 10 Rn. 37). **Fehler,** zu denen auch die unzureichende Ermittlung und Bewertung der relevanten Belange gehören können, die aber nicht die Erforderlichkeit der Planung oder den Kern der Abwägungsentscheidung betreffen (vgl. VGH München Urt. v. 24.7.2007 – 1 N 07.1624, ZfBR 2008, 374 (376f.); → auch § 214 Rn. 24ff.), kann sie jedoch auch nachträglich durch ein **ergänzendes Verfahren** rückwirkend gemäß § 214 Abs. 4 beheben.

11 Nach Art. 20 Abs. 3 GG ist die **Verwaltung** (Gemeinde und Baugenehmigungsbehörde) an Recht und Gesetz gebunden und kann zB Eigentumsrechte nicht aufgrund eines unwirksamen Bebauungsplans einschränken. Sie kann daher auch unabhängig von einer allgemeinverbindlichen Aufhebung des Plans nicht verpflichtet sein, unwirksame Rechtssätze anzuwenden. Ihr steht daher auf jeden Fall eine **Normprüfungskompetenz** zu (BGH Urt. v. 25.10.2012 – III ZR 29/12, NVwZ 2013, 167). Nach wohl überwiegender Auffassung steht ihr daran anknüpfend auch eine eigenständige **inzidente Normverwerfungskompetenz** für den zu entscheidenden Einzelfall zu (s. etwa OGV Koblenz Urt. v. 14.5.2013 – A 10043/13, NVwZ-RR 2013, 747 zu einem funktionslosen Bebauungsplan; OVG Lüneburg Beschl. v. 15.10.1999 – 1 M 3614/99, NVwZ 2000, 1061 zu einer Veränderungssperre; OVG Münster Urt. v. 30.6.2005 – 20 A 3988/03, UPR 2006, 199 differenzierend nach der Offensichtlichkeit des Fehlers; für den Fall einer bereits vorangegangenen gerichtlichen Inzidentprüfung s. auch BVerwG Urt. v. 31.1.2001 – 6 CN 2/00, BVerwGE 112, 373; *Gaentzsch* in BK § 10 Rn. 39f.; *Bracher* in BRS Rn. 1170ff.; *Gierke* in Brügelmann § 10 Rn. 358ff.; *Rabe* ZfBR 2003, 329 (331f.); *Kalb/Külpmann* in EZBK § 10 Rn. 365ff.; *Hager/Kirchberg* NVwZ 2002, 400 (402); anders etwa VGH München Urt. v. 1.4.1982 – 15 N 81 A.1679, NVwZ 1983, 461; *Engel* NVwZ 2000, 1258; ausführlich *Schröder* in Schrödter § 10 Rn. 12ff.). Zwar mögen Gründe der Rechtsklarheit dafür sprechen, dass nicht gerichtlich für unwirksam erklärte oder durch die Gemeinde selbst in einem Planverfahren (→ § 1 Abs. 8) aufgehobene Bebauungspläne grundsätzlich anzuwenden sind, jedoch hindert der Grundsatz der Gesetzmäßigkeit der Verwaltung (Art. 20 Abs. 3 GG) die Verwaltung gleichwohl daran, zumindest offensichtlich unwirksame Bebauungspläne anzuwenden. Entsprechendes gilt bei Funktionslosigkeit

3. Abschnitt. Verbindlicher Bauleitplan (Bebauungsplan) § 10

(OVG Koblenz Beschl. v. 14.5.2013 – 8 A 10043/13, NVwZ-RR 2013, 747; → auch Rn. 8). Dem muss allerdings vorangestellt sein, dass die Verwaltungsbehörde, die einen Bebauungsplan unbeachtet lassen will, die Gemeinde dazu zuvor anhört, um ihr eine eigene Gelegenheit zur Normprüfung, ggf. auch zur Aufhebung oder zur Fehlerheilung zu geben (BVerwG Urt. v. 31.1.2001, aaO). Des Weiteren sind die daran Interessierten, insbesondere also Bauantragsteller, die ihre Bauvorhaben auf die Wirksamkeit eines Bebauungsplans stützen, von der behördlichen Absicht zu unterrichten, den Bebauungsplan nicht anwenden zu wollen. Ihnen kann auf diese Weise Gelegenheit zur Äußerung gegeben werden. Zudem können so etwaige Vermögensdispositionen im Vertrauen auf die Wirksamkeit des Bebauungsplans vermieden werden.

In jedem Fall empfiehlt sich zur Rechtsklarheit und auch zur Vermeidung von Haftungsrisiken für die Gemeinde eine ergänzende allgemeinverbindliche Regelung in Form einer (deklaratorischen) Aufhebung des Plans, wenn keine Plankorrektur oder vollständige Neuplanung beabsichtigt ist. **12**

5. Rechtsschutz. a) Normenkontrolle nach § 47 VwGO. Die **umfassendste Rechtsschutzmöglichkeit** gegenüber einem Bebauungsplan (zu grundsätzlichen Entwicklungen vgl. *Schulze-Fielitz*, Verwaltungsgerichtliche Kontrolle der Planung im Wandel – Eröffnung, Maßstäbe, Kontrolldichte, in FS für Hoppe, 2000, 997 ff.) bietet das verwaltungsgerichtliche **Normenkontrollverfahren nach § 47 VwGO** (ausführlich hierzu *Rieger* in Schrödter § 10 Nr. 64 ff.; *Bracher* in BRS Rn. 1142 ff.; *Gaentzsch* in BK § 10 Rn. 54 ff.; *Kalb/Külpmann* in EZBK § 10 Rn. 200 ff.; *Stüer*, Der Bebauungsplan, Rn. 1420 ff.). Danach entscheidet das Oberverwaltungsgericht auf Antrag über die Gültigkeit u. a. von Bebauungsplänen. Wenn es vor allem zur Abwehr schwerer Nachteile dringend geboten ist, kann das Oberverwaltungsgericht auch eine **einstweilige Anordnung** erlassen (§ 47 Abs. 6 VwGO, → Rn. 24; hierzu eingehend *Finkelnburg/Dombert/Külpmann*, Vorläufiger Rechtsschutz im Verwaltungsstreitverfahren, 6. Aufl. 2011, Rn. 549 ff.; *Kalb/Külpmann* in EZBK § 10 Rn. 330 ff.). Gegen Entscheidungen in Normenkontrollverfahren ist nach § 132 Abs. 1 VwGO die **Revision** zum Bundesverwaltungsgericht möglich. Sie muss allerdings vom OVG/VGH zugelassen werden; anderenfalls ist eine Nichtzulassungsbeschwerde nach § 133 VwGO möglich. **13**

Gegenstand der Normenkontrolle nach § 47 VwGO können **nur in Kraft getretene Bebauungspläne** sein; ein Satzungsbeschluss reicht nicht, auch wenn Planreife nach § 33 vorliegt (BVerwG Beschl. v. 15.10.2001 – 4 BN 48/01, BauR 2002, 445; zur Normenkontrolle bei **Flächennutzungsplänen** s. BVerwG Urt. v. 31.1.2013 – 4 CN 1/12, NVwZ 2013, 1011 sowie → § 5 Rn. 46; zu **Raumordnungsplänen** BVerwG Urt. v. 16.4.2015 – 4 CN 6/14, NVwZ 2015, 1540 sowie → § 35 Rn. 124). Dies gilt auch für die einstweilige Anordnung nach § 47 Abs. 6 VwGO. Ein Verfahren nach § 47 VwGO kann also erst angestrengt werden, wenn der Bebauungsplan **aus der Sicht des Normgebers** (BVerwG Beschl. v. 15.10.2001, aaO) nach Abs. 3 S. 4 **rechtsverbindlich** geworden ist und der Plan nach Abs. 3 S. 2 nebst Begründung und zusammenfassender Erklärung zur Einsichtnahme bereitgehalten wird. Auf die ausdrückliche Bezeichnung als Satzung kommt es dagegen nicht an (OVG Lüneburg Urt. v. 9.12.1994 – 1 K 4722/93, ZfBR 1995, 155). Auch die Feststellung der **Funktionslosigkeit** (→ Rn. 8) eines Bebauungsplans kann Gegenstand einer Normenkontrolle sein (BVerwG Beschl. v. 29.6.2015 – 4 BN 31/14, NVwZ 2015, 1542; dass., Urt. v. 3.12.1998 – 4 CN 3/97, BVerwGE 108, 71; hierzu *Pabst* ZfBR 1999, 244 ff.). Wurde ein Bebauungsplan mehrfach geändert, kann sowohl die jeweilige **Änderungsplan**, als auch der Bebauungsplan in seiner Gesamtheit Gegenstand der Normenkontrolle sein. Zu beachten ist dabei allerdings die Jahresfrist gem. § 47 Abs. 2 S. 1 VwGO. Die Änderung eines Bebauungsplans setzt zudem die Wirksamkeit des Ursprungsplans und der ggf. zwischenzeitlich bereits erfolgten Änderungen voraus. Ist die Normenkontrolle nur gegen eine Bebauungsplanänderung gerichtet, muss das Gericht daher auch den Ursprungsplan (trotz Ablauf der diesbezüg- **14**

§ 10 I. Kapitel. I. Teil. Bauleitplanung

lichen Normenkontrollfrist) überprüfen und ggf. auch den Ursprungsplan für unwirksam erklären. Es kann und muss also insofern unter Umständen über den Gegenstand des Normenkontrollantrags hinausgehen (BVerwG Urt. v. 16.12.1999 – 4 CN 7/98, BVerwGE 110, 193) **Vorbeugender Rechtsschutz** etwa auf Unterlassung einer beabsichtigten Normsetzung oder auf Feststellung von deren zu erwartender Nichtigkeit ist **nicht vorgesehen** (vgl. *Kopp/Schenke* VwGO § 47 Rn. 15f.; zum ausnahmsweise zulässigen **vorläufigen Rechtsschutz** eines Umweltverbands nach dem Umweltrechtsbehelfsgesetz mit dem Ziel der Einstellung eines Bebauungsplanverfahrens vgl. OVG Lüneburg Beschl. v. 7.7.2008 – 1 ME 131/08, NVwZ 2008, 1144 (1146)). Wie auf die Aufstellung (§ 1 Abs. 3 S. 2) besteht auch auf die Unterlassung eines Bebauungsplans kein gesetzlicher oder vertraglicher Anspruch (BVerwG Beschl. v. 26.12.2005 – 4 BN 40/05, NVwZ 2006, 255). Auch ein Bebauungsplan, der nach § 33 Rechtsgrundlage einer Baugenehmigung war, ist erst mit seinem Inkrafttreten normenkontrollfähig, da vor diesem Zeitpunkt eine Bindung der Gemeinde an den Inhalt des Plans nicht besteht (BVerwG Beschl. v. 15.10.2001 – 4 BN 48/01, BauR 2002, 445; VGH München Beschl. v. 9.8.1985 – 1 N 85 A. 774, BayVBl. 1986, 497; OVG Bautzen Beschl. v. 22.1.1998 – 1 S 770/97, NVwZ 1998, 527; *Rieger* in Schrödter § 10 Rn. 68f.). Eine vorbeugende Unterlassungsklage gegen die Genehmigung eines Bebauungsplans (Abs. 2; → Rn. 27f.) ist ebenfalls nicht möglich. Zwar ist die Genehmigung des Bebauungsplans ein Verwaltungsakt. Dieser hat aber nur im Verhältnis zwischen Genehmigungsbehörde und Gemeinde Regelungswirkung. Gegenüber dem Bürger wirkt die Genehmigung lediglich als Bestandteil des einheitlichen Normsetzungsverfahrens, dessen mögliche Mängel nur durch Rechtsmittel gegenüber der Norm selbst geltend gemacht werden können (→ hierzu § 6 Rn. 5). Nach **§ 173 Abs. 3 BBauG aF** „als Bebauungspläne" **übergeleitete Pläne** haben den Status einer Satzung erhalten und unterliegen denselben Regelungen und auch demselben Rechtsschutz wie Bebauungspläne (BVerwG Beschl. v. 15.8.1991 – 4 N 1/91, BauR 1992, 333 (334f.); *Gaentzsch* in BK § 10 Rn. 48ff.). Für **sonstige Satzungen** nach dem BauGB gilt grundsätzlich dasselbe wie für Bebauungspläne.

15 **Antragsbefugt** für eine Normenkontrolle ist jede natürliche oder juristische Person, die geltend machen kann, durch den Bebauungsplan oder durch seine Anwendung **in ihren Rechten verletzt** zu sein oder in absehbarer Zeit verletzt zu werden. Damit entspricht die Möglichkeit, einen Normenkontrollantrag zu stellen, der Möglichkeit einer Anfechtungs- oder Verpflichtungsklage hinsichtlich eines planvollziehenden Verwaltungsakts (§ 42 Abs. 2 VwGO; krit. zu der Parallelisierung von Antrags- und Klagebefugnis *Ziekow* BauR 2007, 1169 (1171f.)). Das Bundesverwaltungsgericht leitet aus dem Abwägungsgebot des § 1 Abs. 7 ein **subjektives Recht auf fehlerfreie Abwägung** privater Belange mit städtebaulichem Bezug (zur Abwägung → Rn. 21) ab (BVerwG Beschl. v. 6.12.2011 – 4 BN 20.11, BauR 2012, 621; dass. Urt. v. 24.9.1998 – 4 CN 2/98, BVerwGE 107, 215). Jeder, dessen rechtlich geschützte Interessen bei der Abwägung nach § 1 Abs. 7 tatsächlich, also nicht nur nach seiner Behauptung (BVerwG Beschl. v. 10.7.2012 – 4 BN 16.12, UPR 2013, 31), planerisch zu berücksichtigen sind, kann daher einen Normenkontrollantrag stellen. Bloße wirtschaftliche Interessen etwa an der Verbesserung von Marktchancen oder der Verkehrswertminderung durch Festsetzungen für ein Nachbargrundstück begründen für sich allein dagegen keine Rechtsverletzung im Sinne des § 47 VwGO (BVerwG Beschl. v. 26.2.1997 – 4 NB 5/97, ZfBR 1997, 214; dass. Beschl. v. 9.2.1995 – 4 NB 17/94, BauR 1995, 499; zur zukünftigen Erschließungs- und Ausbaubeitragspflicht als möglicher Rechtsverletzung OVG Koblenz Urt. v. 9.11.2011 – 1 C 10 021/11, BeckRS 2012, 45232). Aufgrund einer möglichen Eigentumsverletzung stets **antragsbefugt** ist ein **Eigentümer,** dessen Grundstück von den Festsetzungen eines Bebauungsplans unmittelbar betroffen ist (BVerwG Beschl. v. 25.9.2013 – 4 BN 15.13, BauR 2014, 90; zur ebenfalls antragsbefugten Eigentümergemeinschaft VGH München Urt. v. 6.7.2012 – 2 D 27/11, BauR 2012, 1742), auch wenn er es erst nach In-

3. Abschnitt. Verbindlicher Bauleitplan (Bebauungsplan) § 10

krafttreten des Bebauungsplans von der Gemeinde erworben hat (BVerwG Beschl. v. 25.1.2002 – 4 BN 2/02, ZfBR 2002, 493). Die Antragsbefugnis kann auch gegeben sein, wenn das Grundstück außerhalb des Plangebiets liegt; allerdings ist dann genau zu prüfen, ob die Beeinträchtigung vom Bebauungsplan selbst ausgeht oder von einem nachfolgenden Bauvorhaben, gegen das Nachbarschutz begehrt werden kann (vgl. BVerwG Beschl. v. 6.12.2011 – 4 BN 20.11, BauR 2012, 621; dass. Beschl. v. 30.7.2001 – 4 BN 41/01, ZfBR 2002, 173 (174f.); s. auch BVerwG Urt. v. 16.6.2011 – 4 CN 1.10, BauR 2011, 1947 zur Antragsbefugnis bei einem konzeptionellen Zusammenhang mehrerer Bebauungspläne). Hier können vor allem Fragen des Immissionsschutzes eine Rolle spielen. Dies gilt insbesondere für Lärm- und Geruchsimmissionen sowie für Luftschadstoffe und Störfallrisiken. Denn dabei kann es sich um abwägungserhebliche Belange von Betroffenen außerhalb des Bebauungsplangebiets, ggf. auch in angrenzenden Baugebieten eines einzigen Plans handeln (zur Abwägungsrelevanz → § 1 Rn. 106). Die Abwägungsrelevanz als solche reicht jedoch für die Antragsbefugnis nicht aus. Notwendig ist ergänzend, dass der Antragsteller sich auf die betreffenden Belange selbst berufen kann, diese also zu seinen Lasten negativ berührt sein können. Auch dies hängt entscheidend vom jeweiligen Einzelfall ab. Soweit es um Geräuschimmissionen insbesondere aufgrund von Gewerbelärm geht, fehlt es zumeist an einer derartigen Betroffenheit, wenn die zu erwartende Geräuschzusatzbelastung, die von den neuen Plangebiet ausgehen kann, insgesamt irrelevant im Sinne von Nr. 3.2.1 Abs. 2 TA Lärm ist. Generell wird man dies annehmen müssen, wenn das betroffene Grundstück außerhalb des Einwirkungsbereichs der Nutzungen innerhalb des neuen Plangebietes liegt (Nr. 2.2 TA Lärm, weniger als 10 dB (A) unter dem maßgeblichen Immissionsrichtwert; zu planbedingtem Verkehrslärm s. auch BVerwG Beschl. v. 20.7.2011 – 4 BN 22.11, BauR 2012, 76). Für Luftschadstoffe gilt dies, wenn die betroffenen Grundstücke außerhalb des luftseitigen Einwirkungsbereichs von im Planvollzug möglichen Anlagen liegen (Nr. 4.6.2.5 TA Luft, 50-fache Schornsteinhöhe). Geht es um Störfallrisiken, muss das betroffene Grundstück des Antragstellers im Normenkontrollverfahren innerhalb der maßgeblichen Achtungsabstände solcher Anlagen liegen, mit deren Errichtung im Planvollzug gerechnet werden muss (s. hierzu den Leitfaden der Kommission für Anlagensicherheit (KAS) beim BMU „Empfehlungen für Abstände zwischen Betriebsbereichen nach der Störfall-Verordnung und schutzbedürftigen Gebieten in der Bauleitplanung – Umsetzung § 50 BImSchG" – KAS 18; → dazu § 9 Rn. 142; OVG Münster Urt. v. 3.9.2009 – 10 D 121/07, BauR 2010, 572). Eine Antragsbefugnis kommt dabei auch in Betracht, wenn das betroffene Grundstück außerhalb des Gemeindegebietes der planaufstellenden Gemeinde liegt. Das bloße Interesse, mit einem bisher nicht bebaubaren Grundstück in einen Bebauungsplan einbezogen zu werden, begründet keine Antragsbefugnis (BVerwG Urt. v. 30.4.2004 – 4 CN 1/03, NVwZ 2004, 1120).

Werden hinreichend substantiierte Tatsachen vorgetragen, die es möglich erscheinen lassen, dass das Recht auf gerechte Abwägung der eigenen Belange verletzt ist, besteht die Antragsbefugnis nicht nur für Grundstückseigentümer, sondern auch für dinglich Berechtigte wie Erbbauberechtigte und Nießbraucher (BVerwG Urt. v. 11.5.1989 – 4 C 1/88 – BVerwGE 82, 61 Rn. 43) sowie, jedenfalls bei eingetragener Auflassungsvormerkung, für **Käufer** eines Grundstücks (BVerwG Urt. v. 29.10.1982 – 4 C 51/79, NJW 1983, 1626). Auch der **Pächter** einer Fläche (BVerwG Urt. v. 5.11.1999 – 4 CN 3/99, BVerwGE 110, 36; zu einer BGB-Gesellschaft VGH Mannheim Urt. v. 27.4.2012 – 8 S 1739/10, BauR 2012, 1761) oder ein **Mieter** (BVerwG Urt. v. 21.10.1999 – 4 CN 1/98, NVwZ 2000, 807) können antragsbefugt sein, in der Regel jedoch nicht bloße Grundstücks- oder Vermögensverwalter (BVerwG Urt. v. 29.6.2015 – 4 CN 5/14, NVwZ 2015, 1457). **Nacherben** sind mangels Rechtsverletzung nicht antragsbefugt (BVerwG Beschl. v. 27.10.1997 – 4 BN 20/97, NJW 1998, 770). **Umweltschutzvereinigungen** können auf der Grundlage des **Umwelt-Rechtsbehelfsgesetzes** auch für eine Normenkontrolle antragsberechtigt

16

§ 10 I. Kapitel. I. Teil. Bauleitplanung

sein, dies jedoch – auch im Hinblick auf die mögliche Begründetheit des Antrags – nur in Bezug auf dem Umweltschutz dienende Vorschriften (s. insbes. § 2 UmwRG; BVerwG Urt. v. 10.10.2012 – 9 A 18.11, BVerwGE 144, 243; VGH Mannheim Urt. v. 4.2.2014 – 3 S 147/12, VB BW 2014, 468; OVG Lüneburg Beschl. v. 5.1.2011 – 1 MN 178/10, ZfBR 2011, 157; OVG Schleswig Urt. v. 12.3.2010 – 1 KN 12/08, NuR 2009, 498 Rn. 45 ff.; *Rieger* in Schrödter § 10 Rn. 83 ff.; *Seibert* NVwZ 2013, 1040 ff; *Spinner* NuR 2011, 335 *Schrödter* LKV 2008, 391 (392); *Karge,* Das Umwelt-Rechtsbehelfsgesetz im System des deutschen Verwaltungsprozessrechts, 2010, 82; s. auch *Fellenberg/Schiller* UPR 2011, 321 ff. → sowie Vorb. §§ 29–38 Rn. 30 ff.); zu § 64 **BNatSchG** OVG Greifswald Beschl. v. 19.8.2015 – 3 M 64/14, BauR 2016, 92.

17 Antragsbefugt können auch **Nachbargemeinden** sein, deren Belange bei der Aufstellung eines Bebauungsplans abwägungsrelevant sind. Dies gilt zum einen, ebenso wie bei Privaten, im Hinblick auf Grundstückseigentum, Miet- oder Pachtverhältnisse usw. Hinzu kommt als Ausfluss der kommunalen Planungshoheit, dass die Nachbargemeinde sich auf eine mögliche Beeinträchtigung ihrer eigenen Planung berufen kann. Dies gilt schon dann, wenn diese eigene konkurrierende Planung noch nicht die Qualität eines Bebauungsplans erreicht hat, jedoch bereits hinreichend konkretisiert ist (zB durch ein kommunales Planungskonzept, ein bereits eingeleitetes Bauleitplanverfahren oÄ). Daraus leitet sich zwar kein Unterlassungsanspruch ab, wohl allerdings ein Anspruch darauf, dass dies abwägend berücksichtigt wird (→ § 2 Abs. 2 S. 1). Ebenfalls kann sich eine Nachbargemeinde im Rahmen der Normenkontrolle auf die ihr durch Ziele der Raumordnung zugewiesenen Funktionen (zB auf die zentralörtliche Funktion als Ober- oder Mittelzentrum) berufen, sowie auf Auswirkungen auf ihre zentralen Versorgungsbereiche (→ § 2 Abs. 2 S. 2). Durch die Möglichkeit, sich in diesem Umfang auf Ziele der Raumordnung berufen zu können, wird § 1 Abs. 4 für die Nachbargemeinde wehrfähig gemacht. Vor Einführung dieser Regelung durch das EAG Bau 2004 bestand auch für Nachbargemeinden eine Abwehrmöglichkeit hinsichtlich § 1 Abs. 4 nur dann, wenn aus anderen Gründen die Zulässigkeit des Antrags durch das Normenkontrollgericht bejaht wurde und die Übereinstimmung des Bebauungsplans mit den Zielen der Raumordnung daher im Rahmen der Begründetheitsprüfung zu erfolgen hatten.

Unabhängig von der Notwendigkeit einer besonderen Antragsbefugnis sind auch Behörden, die den Bebauungsplan anwenden müssen, nach § 47 Abs. 2 VwGO antragsbefugt (vgl. BVerwG Beschl. v. 15.3.1989 – 4 NB 10/88, BVerwGE 81, 307; dass. Beschl. v. 11.8.1989 – 4 NB 23/89, NVwZ 1990, 57; VGH Kassel Beschl. v. 22.7.1999 – 4 N 1598/93, ZfBR 2000, 194 (196 f.); *Bracher* in BRS Rn. 1146).

18 Gemäß § 47 Abs. 2a VwGO ist ein Normenkontrollantrag **unzulässig,** wenn mit ihm ausschließlich Einwendungen geltend gemacht werden, die schon im Verfahren der Öffentlichkeitsbeteiligung nach § 3 Abs. 2 oder nach § 13 Abs. 2 Nr. 2, § 13a Abs. 2 Nr. 1 hätten vorgebracht werden können, dort aber nicht vorgebracht worden sind (formelle Präklusion). Die Einwendungen müssen dabei hinreichend sicher erkennen lassen, dass sie vom Normenkontrollkläger selbst stammen (BVerwG Urt. v. 29.9.2015 – 4 CN 2/15, NVwZ-RR 2016, 3). Das Urteil des EuGH vom 15.10.2015 (C-137/14, UPR 2016, 30 m. Anm. *Storost;* dazu auch *Fellenberg* NVwZ 2015, 1721) zur **Unionsrechtswidrigkeit** von Präklusionsregelungen dürfte an der Beachtlichkeit von § 47 Abs. 2a VwGO für die Normenkontrolle schon wegen der Möglichkeit, sich gegen Vorhaben im Planvollzug zu wenden (Rn. 112), nichts ändern (s. auch Vorb. §§ 29–38 Rn. 30 ff. sowie § 2 Rn. 12a und Vorb. §§ 214–216 Rn. 12a). Ob der Gemeinde ein präkludierter Belang hätte bekannt sein müssen, ist ohne Bedeutung (BVerwG Urt. v. 18.11.2010 – 4 CN 3/10, ZfBR 2011, 152, auch zur Verfassungsmäßigkeit der Regelung; dass. Urt. v. 20.2.2014 – 4 CN 1/13, NVwZ 2014, 786 zum Fall einer mehrfachen Planauslegung; s. auch OVG Münster Urt. v. 19.12.2011 – 2 D 14/10, ZfBR 2012, 463 zu den nicht bestehenden Möglichkeiten einer Wiedereinsetzung in die Stellungnahmefrist sowie zu der allenfalls in Ausnahmefällen möglichen Korrektur der Präklusionsfolge nach den Grundsätzen von Treu und Glauben). Die Präklusion erstreckt sich auch auf Rechts-

3. Abschnitt. Verbindlicher Bauleitplan (Bebauungsplan) § 10

nachfolger (OVG Hamburg Urt. v. 12.2.2014 – 2 E 2/12, NVwZ-RR 2014, 585). Wurden im Rahmen der Planauslegung keine Einwendungen erhoben, wird aber im Prozess zumindest eine Einwendung vorgetragen, die vorher mangels hinreichender Erkennbarkeit oder wegen einer Beschränkung der Einwendungsmöglichkeit gemäß § 4a Abs. 3 S. 2 (OVG Koblenz Urt. v. 22.11.2011 – 1 C 10 248/11, ZfBR 2012, 468) nicht möglich war, greift die Präklusionsregelung nicht. Voraussetzung für die formelle Präklusion ist ferner, dass auf sie in der Bekanntmachung gemäß § 3 Abs. 2 hingewiesen worden ist. Dafür genügt eine am Wortlaut des § 3 Abs. 2 S. 2 Hs. 2 orientierte Belehrung (BVerwG Urt. v. 11.9.2014 – 4 CN 3/14, NVwZ 2015, 301). Keine Bedeutung hat die Präklusionsregelung für die Inzidentüberprüfung eines Bebauungsplans (*Kalb/Külpmann* in EZBK § 10 Rn. 234; → auch Rn. 25). Daneben ist ferner noch das **allgemeine Rechtsschutzbedürfnis** zu prüfen, das jedoch nur fehlt, wenn der Antragsteller durch das Verfahren seine Rechtsstellung, aber auch seine tatsächliche Position nicht verbessern kann, sodass das Gericht „nutzlos" in Anspruch genommen würde (vgl. BVerwG Urt. v. 23.4.2002 – 4 CN 3/01, NVwZ 2002, 1126f.; zur **Verwirkung** BVerwG Beschl. v. 23.1.1992 – 4 NB 2/90, NVwZ 1992, 974; dass. Beschl. v. 7.3.2013 – 4 BN 33.12, BauR 2013, 1101 zur ausnahmsweisen Unzulässigkeit aufgrund treuwidrigen Verhaltens OVG Münster Beschl. v. 17.1.2014 – 2 B 1367/13, DVBl. 2014, 869). Die Möglichkeit, Individualrechtsschutz nach §§ 123 oder 80a VwGO zu begehren, lässt das Rechtsschutzbedürfnis für eine Normenkontrolle grundsätzlich nicht entfallen, da Angriffsgegenstand und Entscheidungsmöglichkeiten in diesen Verfahren differieren (VGH München Beschl. v. 28.3.2002 – 1 NE 01.2074, BauR 2002, 1378 (1379) Rn. 17; OVG Münster Beschl. v. 1.9.2000 – 7a B 1225/00.NE, BauR 2001, 1399 (1401)). Allerdings ist ein Normenkontrollantrag unzulässig, wenn der Plan durch die Erteilung von Baugenehmigungen und die Durchführung der entsprechenden Bauvorhaben bereits weitestgehend vollzogen ist (BVerwG Beschl. v. 9.2.1989 – 4 NB 1.89, BRS 49 Nr. 37; OVG Saarlouis Urt. v. 19.3.2015 – 2 C 382/13, I+E 2015, 96; VGH München Urt. v. 1.6.2015 – 2 N 13.2220, BauR 2015, 1484; OVG Lüneburg Urt. v. 25.10.2010 – 1 KN 343/07, BauR 2011, 646).

Der Antrag auf Normenkontrolle ist nach § 47 Abs. 2 S. 1 VwGO innerhalb einer **19** **Frist** von **einem Jahr** nach Bekanntmachung des Bebauungsplans (oder der sonstigen Satzung) zu stellen. Dabei handelt es sich um eine gesetzliche Ausschlussfrist. Wurde ein ergänzendes Verfahren durchgeführt, läuft die Frist ab Bekanntgabe der Durchführung des ergänzenden Verfahrens erneut (BVerwG Urt. v. 18.8.2015 – 4 CN 10.14, BauR 2015, 1981). Ist die Bekanntmachung einer Rechtsvorschrift nicht nachweisbar, beginnt die Frist nicht zu laufen (BVerwG Urt. v. 19.2.2004 – 7 CN 1/03, NVwZ 2004, 1122). Hingegen gilt sie auch in Fällen, in denen sich der Antragsteller auf eine erst nachträglich eingetretene Funktionslosigkeit des Bebauungsplans (Rn. 8) beruft (BVerwG Beschl. v. 29.6.2015 – 4 BN 31/14, NVwZ 2015, 1542). Erfolgt rein zu Informationszwecken eine zusätzliche spätere Bekanntmachung, ist diese für den Fristbeginn unbeachtlich (VGH München Urt. v. 17.11.2009 – 1 N 08.2796, UPR 2010, 453).

Maßstab für die richterliche Kontrolle von Bebauungsplänen sind vor allem – **20** neben dem sonstigen Recht (hierzu *Stüer,* Der Bebauungsplan, Rn. 1447) – sämtliche (→ allerdings zu Umweltschutzvereinigungen Rn. 16) verfahrensrechtlichen und materiellrechtlichen Vorschriften des Baugesetzbuchs sowie landesrechtlichen Bestimmungen, wenn sie nach § 9 Abs. 4 Grundlage entsprechender Festsetzungen sind (VGH München Urt. v. 28.7.1998 – 20 N 97.3429, ZfBR 1998, 315 (316)). Auch unmittelbar geltendes Unionsrecht kann einschlägig sein, zB eine EU-Verordnung oder eine nicht rechtzeitig umgesetzte Richtlinie, sofern sie in diesem Fall Direktwirkung entfaltet (vgl. *Rieger* in Schrödter § 10 Rn. 83ff., 92). **Verfahrensrechtlich** sind besonders von Bedeutung die Vorschriften über die Aufstellung von Bebauungsplänen (→ §§ 2 bis 4b) einschließlich der richtigen Verfahrenswahl (insbes. zur Vorprüfung und Umweltprüfung bei Wahl des Verfahrens nach § 13 oder § 13a s. OVG Münster Urt. v. 10.4.2014 – 7 D 57/12, BauR 2014, 1111; dass., Beschl. v.

§ 10 I. Kapitel. I. Teil. Bauleitplanung

19.5.2015 – 10 D 62/12, BauR 2015, 1612; OVG Lüneburg Beschl. v. 28.9.2015 – 1 MN 144/15, BauR 2015, 1944; s. auch § 2 Rn. 12a sowie Vorb. §§ 214–216 Rn. 12a), über die Genehmigung und Bekanntmachung (→ §§ 6, 10 Abs. 3) und die Bestimmungen des Kommunalverfassungsrechts (zB Ausschluss wegen Befangenheit, Öffentlichkeit der Sitzungen). Die §§ 214 und 215 sind dabei zu berücksichtigen, nach denen Verfahrensfehler, die auf die Verletzung **bundesrechtlicher Vorschriften** zurückgehen, entweder gar nicht oder nur befristet gerügt und im Übrigen durch ein ergänzendes Verfahren rückwirkend behoben werden können. Das Landesrecht enthält weitgehend ähnliche Vorschriften für danach zu behandelnde Verfahrensanforderungen (s. zB § 4 Abs. 4 GO BW, § 7 Abs. 6 GO NRW, § 5 Abs. 4 GO Bbg). Auch die **materiellrechtliche Prüfung** der Gerichte wird durch § 214 Abs. 1 und 2 sowie § 215 Abs. 1 eingeschränkt, nach denen Verstöße gegen eine Reihe von Vorschriften für die verwaltungsgerichtliche Kontrolle unbeachtlich sind und nur befristet gerügt werden können. Der Prüfungsumfang auf Seiten der Genehmigungsbehörde (→ § 6) wird allerdings dadurch nicht begrenzt (→ § 216).

21 Die materiellrechtliche Prüfung durch das Normenkontrollgericht umfasst insbesondere die Erforderlichkeit des Bebauungsplans (→ § 1 Abs. 3 S. 1), die Beachtung der Ziele der Raumordnung (→ § 1 Abs. 4; zur Bindungswirkung einer bestandskräftigen Zielabweichungsentscheidung OVG Münster Urt. v. 4.7.2012 – 10 D 47/10, BauR 2012, 1898), die Beachtung des Entwicklungsgebots (→ § 8 Abs. 2 bis 4), bindendes materielle Recht, das bereits im Bebauungsplan abschließend abzuarbeiten ist und über das sich ein Bebauungsplan dementsprechend nicht im Sinne einer Konfliktverlagerung in den Planvollzug hinwegsetzen kann, und sodann die planerische Abwägung (→ § 1 Abs. 7). Bei der planerischen Abwägung unterliegt es der vollen gerichtlichen Kontrolle, ob das Abwägungsmaterial vollständig ermittelt und bewertet wurde (→ § 2 Abs. 3), die Gemeinde also alles das in ihre Abwägungsentscheidung eingestellt hat, was nach Lage der Dinge eingestellt werden musste (→ hierzu § 1 Rn. 96ff.). Hingegen ist das Abwägungsergebnis durch das Gericht nur auf seine Vertretbarkeit hin überprüfbar. Ob aus Sicht des Antragstellers oder auch des Gerichts ein anderes Planungsergebnis ebenfalls und möglicherweise sogar eher in Betracht gekommen wäre, ist ohne Belang. Das Normenkontrollgericht prüft insofern nur, ob überhaupt ein sachgerechter **Abwägungsvorgang** stattgefunden hat **(Abwägungsausfall)**, ob in die Abwägung alles erforderliche Abwägungsmaterial eingegangen ist **(Abwägungsdefizit)**, ob die Abwägung grob fehlerhaft war **(Abwägungsfehleinschätzung)** oder ob der Ausgleich unter den Belangen korrekt vorgenommen wurde, also zu einem zumindest vertretbaren Abwägungsergebnis geführt hat **(Abwägungsdisproportionalität)**. Eine weitergehende Überprüfung, bei der sich letztlich der Antragsteller oder das Normenkontrollgericht zum Ersatzplaner anstelle der Gemeinde machen würde, stünde nicht im Einklang mit der Planungshoheit der Gemeinde (s. grundlegend BVerwG Urt. v. 12.12.1969 – IV C 105.66, BVerwGE 34, 301 (309); dass. Urt. v. 5.7.1974 – IV C 50.72, BVerwGE 45, 309 (314); s. hierzu etwa auch *Hoppe* in HBG § 7; *Stüer*, Der Bebauungsplan, Rn. 655ff.; *Reidt* in BRS Rn. 605ff.; → auch § 1 Rn. 92).

22 Kommt das Gericht nach mündlicher Verhandlung (BVerwG Beschl. v. 30.7.2001 – 4 BN 41/01, ZfBR 2002, 173 unter Verweis auf Art. 6 Abs. 1 S. 1 EMRK; vgl. auch BVerwG Urt. v. 16.12.1999 – 4 CN 9/98, BVerwGE 110, 203) zu der Überzeugung, dass der **Bebauungsplan wirksam** ist, gilt seine entsprechende Entscheidung nach § 121 VwGO nur **unter den Beteiligten.** Dagegen hat die vollständige oder teilweise (vgl. BVerwG Beschl. v. 6.4.1993 – 4 NB 43/92, NVwZ 1994, 272) **Verwerfung des Bebauungsplans,** dh seine (teilweise) Unwirksamerklärung nach § 47 Abs. 5 S. 2 VwGO, **allgemeinverbindliche Wirkung** und ist demzufolge auf demselben Weg wie der Bebauungsplan zu veröffentlichen. Weder der Tenor des Normenkontrollurteils noch dessen Begründung muss sich dazu äußern, ob der Bebauungsplan in einem ergänzenden Verfahren (→ § 214 Abs. 4) nachgebessert werden kann (BVerwG Beschl. v. 14.7.2011 – 4 BN 8.11, BauR 2011, 1790; zur Unzulässig-

3. Abschnitt. Verbindlicher Bauleitplan (Bebauungsplan) § 10

keit eines Anerkenntnisurteils im Normenkontrollverfahren BVerwG Beschl. v. 5.6.2012 – 4 BN 41.11, UPR 2012, 349; zu der Möglichkeit eines gerichtlichen **Vergleichs** im Normenkontrollverfahren BVerwG Beschl. v. 2.1.2012 – 4 BN 32.11, BauR 2012, 627). Grundsätzlich ist ein Bebauungsplan, der eine unwirksame Festsetzung enthält, insgesamt unwirksam. Eine bloße **Teilunwirksamkeit,** die den Bebauungsplan im Übrigen unberührt lässt, setzt voraus, dass die verbleibenden Festsetzungen auch ohne den unwirksamen Teil noch eine sinnvolle städtebauliche Ordnung iSd § 1 Abs. 3 S. 1 bewirken können und mit der gebotenen Sicherheit anzunehmen ist, dass die Gemeinde auch einen Bebauungsplan diesen einschränkenden Inhalts beschlossen hätte (BVerwG Urt. v. 18.7.1989 – 4 C 3.87, BVerwGE 82, 225; OVG Münster Urt. v. 13.9.2012 – 2 D 38/11, BauR 2013, 1408 → § 1 Rn. 131).

Aus § 183 VwGO, auf den in § 47 Abs. 5 S. 3 VwGO verwiesen wird, sowie aus § 79 Abs. 2 BVerfGG ergibt sich der Rechtsgedanke, dass aus Gründen des Vertrauensschutzes nicht nur **rechtskräftige Gerichtsentscheidungen unberührt** bleiben, sondern **auch alle bestandskräftigen Verwaltungsakte,** die aufgrund des für unwirksam erklärten Bebauungsplans erlassen wurden (*Kopp/Schenke* VwGO § 47 Rn. 145). **Allerdings kann der Vollzug eines bestandskräftigen belastenden Verwaltungsaktes** (etwa einer Abrissverfügung), der (allein) auf den für unwirksam erklärten Bebauungsplan gestützt war, **nicht mehr verfügt werden** (*Kopp/Schenke* VwGO § 47 Rn. 145). Hat die Baugenehmigungsbehörde einen **begünstigenden Verwaltungsakt** erlassen, also etwa eine Baugenehmigung erteilt, richtet sich die Möglichkeit einer Aufhebung nach § 48 VwVfG (OVG Koblenz Beschl. v. 10.4.1983 – 10 D 1/83, BauR 1983, 435; *Kopp/Schenke* VwGO § 183 Rn. 6). Denn durch den Wegfall der Rechtsgrundlage infolge der Unwirksamkeitserklärung des Bebauungsplans werden Verwaltungsakte zwar nicht unwirksam, aber von Anfang an rechtswidrig (*Kopp/Ramsauer* § 48 Rn. 56); ein Wiederaufgreifen des Verfahrens kommt in der Regel nicht in Betracht (*Kopp/Ramsauer* § 51 Rn. 30; *Kopp/Schenke* VwGO § 47 Rn. 145). Noch **nicht bestandskräftige Verwaltungsakte müssen,** oftmals jedoch auch abhängig von weiteren Ermessenserwägungen, zurückgenommen werden (*Kopp/Schenke* VwGO § 47 Rn. 145). Für diese Aufhebung gelten aufgrund der Subsidiarität der Landesverwaltungsverfahrensgesetze die speziellen bauordnungsrechtlichen Regeln, sofern vorhanden. Bei neu eingehenden oder noch nicht abschließend bearbeiteten Anträgen (zB auf Baugenehmigung) ist für das Gebiet eines für unwirksam erklärten Bebauungsplans die Zulässigkeit von Bauvorhaben nach den §§ 34 oder 35 zu beurteilen, sofern nicht ein ursprünglicher Bebauungsplan wieder auflebt (→ Rn. 9).

b) Einstweilige Anordnung. Wer den Vollzug eines Bebauungsplans vor einer Unwirksamkeitserklärung verhindern will, kann eine nur unter engen Voraussetzungen mögliche **einstweilige Anordnung** nach § 47 Abs. 6 VwGO (zur Abwehr schwerer Nachteile oder aus anderen wichtigen Gründen dringend geboten; zum Prüfprogramm BVerwG Beschl. v. 25.2.2015 – 4 VR 5.14, BauR 2015, 968; s. auch OVG Münster Beschl. v. 16.5.2007 – 7 B 200/07, ZfBR 2007, 574f.; dass. Beschl. v. 25.1.2008 – 7 B 1743/07, ZfBR 2008, 280 (281); OVG Lüneburg Beschl. v. 4.1.2011 – 1 MN 130/10, ZfBR 2011, 154; *Kerkmann* BauR 2011, 1921ff.; *Ziekow* in Sodan/Ziekow, VwGO, 4. Auflage 2014, § 47 Rn. 384ff.; *Fricke* in Hoppenberg, Handbuch des öffentlichen Baurechts, Kapitel K V, Rn. 59ff.; *Kalb/Külpmann* in EZBK § 10 Rn. 330ff.;) im Normenkontrollverfahren beantragen, weil der Antrag auf Normenkontrolle selbst keine aufschiebende Wirkung entfaltet (zum Fortbestand der Bindungswirkung einer Entscheidung nach § 47 Abs. 6 VwGO trotz erneuten Satzungsbeschlusses im ergänzenden Verfahren VGH München Beschl. v. 19.3.2012 – 1 NE 12.259, NVwZ-RR 2012, 883). Alternativ können erlassene Vollzugsakte, wie zB eine erteilte Baugenehmigung, unmittelbar mit einem Widerspruch und ggf. mit einer **Nachbarklage** sowie wegen § 212a mit einem Eilantrag gemäß den §§ 80, 80a VwGO angegriffen werden (→ Rn. 25). Hierfür ist es notwendig, dass Normen, auf

die sich der Rechtsmittelführer berufen kann, verletzt sind. Im Rahmen einer Anfechtungsklage wird inzident auch der Bebauungsplan auf seine Rechtswirksamkeit hin überprüft (→ zum Nachbarschutz Vor §§ 29 – 28 Rn. 14 ff.).

25 **c) Inzidentkontrolle.** Das wohl häufigste Verfahren, in dem Bebauungspläne gerichtlicher Kontrolle unterliegen, ist die **Inzidentkontrolle,** für die jedes Gericht im Rahmen seiner Gerichtsbarkeit zuständig ist. Muss die Rechtmäßigkeit eines Verwaltungsakts gerichtlich geprüft werden, ist auch zu untersuchen, ob er auf einer gültigen Ermächtigungsgrundlage beruht. Ist dies ein Bebauungsplan, ist daher dessen Gültigkeit zu prüfen (zum Zusammenhang und Nebeneinander von prinzipaler und inzidenter Normenkontrolle vgl. *Ziekow* BauR 2007, 1169 (1173 ff.); VGH München Beschl. v. 28.7.1999 – 1 NE 99.813, BauR 1999, 1275 (1276)). Auf die Antragsvoraussetzungen für einen Normenkontrollantrag kommt es dabei nicht an, also weder auf die Antragsbefugnis, noch darauf, ob die Jahresfrist gem. § 47 Abs. 2 S. 1 VwGO abgelaufen ist oder ob die betreffenden Bedenken bereits im Rahmen der Öffentlichkeitsbeteiligung nach § 3 Abs. 2 hätten geltend gemacht werden können (VGH Kassel, Urt. v. 15.12.2014 – 3 C 1990/13, BauR 2015, 813). Ist der Bebauungsplan aus Sicht des zuständigen Gerichts unwirksam, hat es diesen insgesamt (oder bei bloßer Teilunwirksamkeit hinsichtlich des unwirksamen Teils) zwingend außer Betracht zu lassen und die Rechtslage anzuwenden, die ohne den Bebauungsplan gelten würde. Trotz der gerichtlichen Aufklärungspflicht (s. § 86 Abs. 1 VwGO) muss sich das Gericht allerdings nicht ohne besondere Anhaltspunkte, insbesondere nicht ohne entsprechenden Sach- und Rechtsvortrag der Parteien ungefragt auf Fehlersuche in einem Bebauungsplan begeben, sofern derartige Mängel nicht offensichtlich sind (zu dieser Grenze des Untersuchungsgrundsatzes für die Verwaltungsgerichte s. etwa BVerwG Urt. v. 17.4.2002 – 9 CN 1/01, BVerwGE 116, 188 (196 f.); dass. Beschl. v. 4.10.2006 – 4 BN 26/06, NVwZ 2007, 223; dass. Beschl. v. 1.4.1997 – 4 B 206/96, NVwZ 1997, 890 Rn. 35 f.). In einem gerichtlichen Eilverfahren gemäß den §§ 80, 80a VwGO wird die Wirksamkeit eines Bebauungsplans durch die Gerichte regelmäßig unterstellt, es sei denn, er leidet an ganz offensichtlichen Fehlern.

26 **d) Verfassungsbeschwerde.** Eine Verfassungsbeschwerde gegen einen Bebauungsplan ist grundsätzlich möglich, weil bereits die **Festsetzungen des Bebauungsplans selbst den Bürger unmittelbar in seinen Rechten, insbesondere nach Art. 14 Abs. 1 und Art. 3 Abs. 1 GG, betreffen** können und nicht erst der Vollzug durch eine Baugenehmigung oder durch die Ablehnung eines Bauantrags den unmittelbaren Rechtseingriff bewirkt. Das Eigentum eines Planbetroffenen wird von den Festsetzungen eines Bebauungsplans unmittelbar berührt, weil sie ihm „gewissermaßen eine **neue Qualität** verleihen, ohne dass es dazu eines auf der Grundlage des jeweiligen Bebauungsplans ergehenden Vollzugsakts bedürfte" (BVerfG Beschl. v. 14.5.1985 – 2 BvR 397/82, BVerfGE 70, 35). Allerdings muss, wie bei jeder Verfassungsbeschwerde, **zuvor** der Rechtsweg ausgeschöpft werden, hier also eine **Normenkontrolle** nach § 47 VwGO durchgeführt worden sein (hierzu *Kalb/Külpmann* in EZBK § 10 Rn. 359 ff.). Dies gilt auch bei den Bebauungsplangesetzen in Hamburg, da diese nach § 4 VwGO aus Gleichheitsgründen als Satzung anzusehen sind (vgl. hierzu das ablehnende Sondervotum Steinberger, BVerfGE 70, 59; vgl. auch *Schenke* DVBl. 1985, 1367 ff.). In Bayern kann ein Bebauungsplan auch mit der Popularklage nach Art. 98 S. 4 der Bay. Verfassung angegriffen werden (BayVerfGH Entsch. v. 10.2.1983 – Vf. 20-VII-80, NJW 1984, 226 ff.).

II. Genehmigung bestimmter Bebauungspläne (Abs. 2)

27 Mit der Novellierung des BauGB durch das BauROG ist die **Genehmigung** und damit die **Rechtskontrolle** der Bebauungspläne durch die höhere Verwaltungsbehörde **für den Normalfall** des aus einem rechtswirksamen Flächennutzungsplan ent-

wickelten Bebauungsplans **abgeschafft** worden (zu Möglichkeiten eines **kommunalaufsichtlichen Verfahrens** vgl. *Decker* BauR 2000, 1825 (1829ff.)). Das Bebauungsplanverfahren wird mit dem Wegfall dieses Verfahrensschrittes beschleunigt, die Verantwortung der Gemeinden für die geordnete und nachhaltige Siedlungsentwicklung erhöht (→ vgl. aber unten Rn. 29). Dies kann nicht dadurch unterlaufen werden, dass die für die Genehmigung von Flächennutzungsplänen und deren Änderungen zuständigen höheren Bauaufsichtsbehörden höhere Anforderungen an die Detaillierungstiefe von Flächennutzungsplänen stellen, so wie dies mitunter festzustellen ist. Der gebotene Darstellungsumfang ergibt sich für Flächennutzungspläne allein aus § 5 und den sonstigen materiellen Anforderungen an eine gestufte Bauleitplanung, nicht hingegen aus Art und Umfang der aufsichtsbehördlichen Rechtskontrolle.

1. Normalregelung. Einem Genehmigungserfordernis unterliegen nur die in **Abs. 2 S. 1** ausdrücklich genannten Bebauungspläne, also der selbstständige Bebauungsplan (→ hierzu § 8 Rn. 7), der vorzeitige Bebauungsplan (→ hierzu § 8 Rn. 10ff.) und der vorzeitig bekannt gemachte Bebauungsplan (→ hierzu § 8 Rn. 9). Allen ist gemeinsam, dass sie nicht aus einem rechtsverbindlichen, also auch von der höheren Verwaltungsbehörde genehmigten Flächennutzungsplan entwickelt sind. Wird zwischen Beschluss und Bekanntmachung eines Bebauungsplans der **Flächennutzungsplan genehmigt**, entfällt das Genehmigungserfordernis für den Bebauungsplan. Die Bekanntmachung der Genehmigung für den Flächennutzungsplan ist dafür nicht erforderlich (BVerwG Beschl. v. 28.5.2008 – 4 BN 48/07, ZfBR 2008, 687). **Abs. 2 S. 2** verweist für das Genehmigungsverfahren auf die Absätze 3 **und** 4 des § 6 (→ vgl. hierzu § 6 Rn. 2ff., 8ff.). Ein Bebauungsplan kann zu einem sachlichen oder räumlichen Teil vorweg genehmigt werden, da die Verweisung in Abs. 2 auch § 6 Abs. 4 S. 1 Hs. 2 umfasst. Unter Umständen kommt auch eine nur teilweise Genehmigung (mit entsprechender Teilversagung) des Bebauungsplans in Betracht, wenn hierdurch der Bestand des Plans nicht gefährdet wird (vgl. BVerwG Urt. v. 6.7.1984 – 4 C 28/83, DVBl. 1985, 112). Die Gemeinde muss, wenn sie den Bebauungsplan in der genehmigten Form in Kraft setzen will, einen Beitrittsbeschluss (→ vgl. § 6 Rn. 16) fassen, da der Plan durch die bloße Teilgenehmigung materiell geändert wurde (BVerwG Beschl. v. 14.8.1989 – 4 NB 24/88, ZfBR 1989, 264). Auch in sonstigen Fällen kommt eine nur räumlich begrenzte Inkraftsetzung des Plans in Betracht, wenn die Gemeinde dies beschlossen hat und sich der betreffende Teil vom Rest des Planes abtrennen lässt.

2. Abweichungsermächtigung für die Länder nach § 246 Abs. 1a. Nach Auffassung der **Länder** erfordern insbesondere die ohnehin große Fehlerhaftigkeit von Bebauungsplänen, die durch fachgesetzliche Vorgaben gestiegenen Anforderungen an Bebauungspläne und die Genehmigungsfreistellung von Bauvorhaben im Geltungsbereich qualifizierter Bebauungspläne durch die Bauordnungen der Länder weiterhin eine staatliche Rechtsaufsicht über die Bebauungsplanung (vgl. BT-Drs. 13/6392, S. 101ff.). Im Vermittlungsverfahren zum BauROG haben sie erreicht, dass sie nach **§ 246 Abs. 1a S. 1 Hs. 1** für ihr jeweiliges Landesgebiet ein **Anzeigeverfahren einführen können**. Ausgenommen sind nach **§ 246 Abs. 1a S. 1 Hs. 2** allerdings Bebauungspläne, die im vereinfachten Verfahren nach § 13 aufgestellt, geändert oder ergänzt werden. Sie bleiben in jedem Fall genehmigungs- und auch anzeigefrei (→ auch § 13 Rn. 3). Die Bestimmung in § 246 Abs. 1a S. 1 gilt anders als die anderen Abweichungsermächtigungen des § 246 unbefristet. Gleichwohl haben die Länder, die von dieser Befugnis Gebrauch gemacht hatten, wie zB Brandenburg, Sachsen und Mecklenburg-Vorpommern, ihre Regelung befristet (vgl. *Blechschmidt* in EZBK § 246 Rn. 29); die Fristen sind in allen Ländern abgelaufen, ohne dass erneut ein Anzeigeverfahren eingeführt wurde (→ vgl. unten § 246 Rn. 8). **§ 246 Abs. 1a S. 2** bestimmt für das Anzeigeverfahren als **Frist**, in der die höhere Verwaltungsbehörde die Verletzung von Rechtsvorschriften geltend machen muss, die Dauer von **einem Monat** (→ § 246 Rn. 8).

III. Inkrafttreten (Abs. 3)

30 **1. Verkündung (S. 1 und 2). a) Notwendigkeit.** Äußerungen des Staates, die dem Bürger gegenüber Verbindlichkeit beanspruchen sollen, bedürfen aufgrund des Rechtsstaatsprinzips der **Verkündung**. Verwaltungsakte müssen dem Betroffenen bekannt gegeben werden (§ 41 VwVfG), Rechtsnormen (wie zB Satzungen) müssen grundsätzlich in einem dafür vorgesehenen Publikationsorgan bekannt gemacht werden. Die Verkündung ist daher **nicht** als lediglich formaler und **unwichtiger Annex des Gesetzgebungsverfahrens** anzusehen, sondern ein wesentlicher Bestandteil dieses Verfahrens. Es ist daher mit der entsprechenden Sorgfalt zu betreiben (BVerwG Beschl. v. 29.7.2010 – 4 BN 21/10, NVwZ 2010, 1567). Die Notwendigkeit der Verkündung für das Wirksamwerden des Bebauungsplans bedeutet **nicht,** dass die Gemeinde nach dem Satzungsbeschluss **verpflichtet** ist, diesen in Kraft zu setzen. Sie kann bis zur tatsächlich erfolgten Verkündung vielmehr das Planverfahren noch immer einstellen (→ § 6 Rn. 20). Bedeutung der Veröffentlichung entspricht es, wenn § 214 Abs. 1 S. 1 Nr. 4 die **Verletzung von Vorschriften über die Bekanntmachung** insoweit **von einer Heilungsmöglichkeit ausnimmt,** als der Zweck, die Bürger auf das neue Recht hinzuweisen, nicht erreicht wurde. In diesem Fall muss die Gemeinde den Fehler beheben, indem sie ein ergänzendes Verfahren durchführt. Sie kann den entsprechenden Plan nach § 214 Abs. 4 rückwirkend erneut in Kraft setzen, wenn sich nicht zwischenzeitlich die Sach- oder Rechtslage in einer Weise geändert hat, die dem zwingend entgegensteht (so für ein zwischen dem Beschluss des Bebauungsplans und seiner Bekanntmachung wirksam gewordenes **Ziel der Raumordnung,** an das der Bebauungsplan nach § 1 Abs. 4 angepasst werden muss BVerwG Beschl. v. 14.5.2007 – 4 BN 8/07, NVwZ 2007, 953). Erfolgt eine Verkündung nur für einen **Teil des Bebauungsplans** (zB bei einer nur teilweisen Genehmigung → Rn. 28, oder einer nur teilweisen Heilung im ergänzenden Verfahren), tritt er auch nur insoweit in Kraft. Die notwendige Verkündung des Bebauungsplans bedeutet nicht, dass es unzulässig wäre, in einem Bebauungsplan und seinen Festsetzungen auf **anderweitige** Rechtsnormen und Regelwerke zu **verweisen.** Dies gilt auch für DIN-Regelungen und sonstige private Regelwerke oder auch vergleichbare in Bezug genommene Unterlagen (v. letzterem OVG Münster Urt. v. 2.10.2013 – 7 D 18/13, BauR 2014, 221 für Einzelhandelssortimentslisten sowie die Systematik der Wirtschaftszweige des Statistischen Bundesamtes). Der Plangeber muss jedoch sicherstellen, dass die Planbetroffenen sich vom Inhalt des in Bezug genommenen Regelwerks **verlässlich und in zumutbarer Weise Kenntnis verschaffen** können. Bei Rechtsnormen oder auch öffentlich bekannt gemachten Verwaltungsvorschriften (zB TA Lärm, TA Luft) ist dies unproblematisch. Bei privaten Regelwerken, wie etwa DIN-Vorschriften, ist dies zumindest dann gewährleistet, wenn die Gemeinde das in Bezug genommene Regelwerk ebenso wie den Bebauungsplan selbst **zur Einsichtnahme bereit hält** und darauf in der Planurkunde entsprechend **hinweist** (BVerwG Beschl. v. 29.7.2010 – 4 BN 21/10, NVwZ 2010, 1567; dass. Beschl. v. 5.12.2013 – 4 BN 48.13, BauR 2014, 503). Ob hingegen allein die Angabe von Erscheinungsort und Bezugsquelle des Regelwerks genügt, ist zumindest dann, wenn die Anschaffung oder die Möglichkeit zur Einsichtnahme mit sehr erheblichem tatsächlichen oder finanziellen Aufwand verbunden ist, zweifelhaft (anders BVerwG Urt. v. 27.6.2013 – 3 C 21.12 zu einer Rechtsverordnung; → auch § 9 Rn. 147). Ausreichend ist es auch, wenn das betreffende private Regelwerk in einem amtlichen Mitteilungsblatt des betreffenden Landes vollständig abgedruckt ist (OVG Lüneburg Urt. v. 4.12.2014 – 1 KN 106/12 BauR 2015, 613 zum Abdruck der DIN 4109 im Nds. Ministerialblatt als technische Bauvorschrift)

31 **b) Form.** Das normale Verfahren der **Verkündung** von Rechtssätzen (zB die ortsübliche Bekanntmachung von Satzungen) ist die Veröffentlichung in den dafür

3. Abschnitt. Verbindlicher Bauleitplan (Bebauungsplan) § 10

vorgesehenen Gesetzesblättern (zB dem Amtsblatt einer Gemeinde) oder aber in Tageszeitungen, soweit dies in der Hauptsatzung der Gemeinde bestimmt ist. Die Veröffentlichung eines Bebauungsplans ist auf diese Weise jedoch oftmals nicht möglich (zB kann eine farbige Planurkunde in den meisten Tageszeitungen nicht entsprechend abgebildet werden) oder aber zumindest technisch und finanziell sehr aufwändig.

Aus diesem Grund hat der Gesetzgeber für den Bebauungsplan eine Form der **Ersatzverkündung** geregelt, die den Anforderungen des Rechtsstaatsprinzips entspricht und den Bedürfnissen der Bürger nach hinreichender Aufklärung über das für sie geltende Ortsrecht ausreichend Rechnung trägt. Danach ist für die Verkündung von Bebauungsplänen – abgesehen von landesrechtlichen Bekanntmachungsvorschriften, die, sofern vorhanden, ergänzend zu beachten sind (offen lassend, ob danach bei entsprechender landesrechtlicher Regelung eine ausschließliche Bekanntmachung im Internet genügen würde OVG Lüneburg Beschl. v. 29.11.2013 – 1 MN 157/13, BauR 2014, 503; →auch § 3 Rn. 14) – ein **zweistufiges Verfahren** einzuhalten: ortsübliche Bekanntmachung nach Maßgabe der landesgesetzlichen und (wirksamen) gemeindlichen Regelungen (idR Amtsblatt, Tageszeitung oder Aushang; s. im Hinblick auf die gemeindliche Hauptsatzung OVG Münster Urt. v. 28.8.2008 – 7 D 30.07, NVwZ-RR 2009, 301; *Schrödter* in Schrödter § 10 Nr. 43ff.) und Bereithalten des Bebauungsplans zur Einsicht. **Abs. 3 S. 5** bestimmt ausdrücklich, dass die Bekanntmachung die sonst für Satzungen vorgeschriebene Veröffentlichung ersetzt. Zu verkünden ist nur der Bebauungsplan, nicht seine Begründung (VGH Kassel Urt. v. 17.6.2010 – 4 C 713/09, BauR 2011, 795; →Rn. 37). Bei **Änderungen** eines Bebauungsplans ist die jeweilige Änderungssatzung Gegenstand der Verkündung. Die Herstellung einer einheitlichen Planurkunde mit dem geänderten Plan ist nicht erforderlich (OVG Münster Urt. v. 29.1.2013 – 2 S 102/11, BauR 2013, 896). 32

c) **Ausfertigung.** Rechtsstaatlich erforderlich ist noch **vor** der Bekanntmachung die ordnungsgemäße **Ausfertigung** des Bebauungsplans durch Anbringen eines Ausfertigungsvermerks **auf der Originalurkunde** (OVG Münster Urt. v. 31.7.2013 – 7 D 15.12, juris; VGH München Urt. v. 4.4.2003 – 1 N 01.2240, ZfBR 2004, 65; OVG Magdeburg Urt. v. 17.3.2005 – 2 K 122/02, BauR 2005, 1815; ausführlich *Ziegler* DVBl. 2010, 291ff.; *Wahlhäuser* NWVBl. 2007, 338ff.). Welches Gemeindeorgan die Ausfertigung vorzunehmen hat und ob es dafür eines bestimmten Verfahrens bedarf, richtet sich nach den Gemeindeordnungen und den sonstigen einschlägigen Rechtsvorschriften der Länder (vgl. BVerwG Beschl. v. 16.5.1991 – 4 NB 26/90, BVerwGE 88, 204; dass. Urt. v. 16.12.1993 – 4 C 22/92, NVwZ 1994, 1010; dass. Beschl. v. 9.5.1996 – 4 B 60/96, NVwZ-RR 1996, 630). Ausfertigung bedeutet, dass der Bebauungsplan nebst einem die Identität des Plans bestätigenden Textes von dem hierfür zuständigen Organwalter **mit Datum** versehen und **unterschrieben, nicht nur abgezeichnet,** wird. Hierdurch wird bezeugt, dass der vorliegende Plan dem Willen (Beschluss) des Gemeinderats als dem rechtsetzenden Organ entspricht (Authentizität des Plans), also nicht etwa ein anderer Plan (zB ohne in der abschließenden Sitzung des Gemeinderats beschlossene Änderungen) bekannt gemacht wird. Aufschluss über den ordnungsgemäßen Gang des Rechtsetzungsverfahrens (Legalität des Verfahrens) braucht die Ausfertigung bundesrechtlich nicht zu geben (BVerwG Urt. v. 16.12.1993 – 4 C 22/92, ZfBR 1994, 148 (149); dass. Beschl. v. 27.1.1998 – 4 NB 3/97, NVwZ 1998, 1067 (1068); OVG Münster Urt. v. 6.7.2001 – 7a D 20/99, ZfBR 2002, 284). Die Ausfertigung kann auch schon vor der Genehmigung, sofern überhaupt nötig, erfolgen, muss aber jedenfalls nach dem Satzungsbeschluss und vor oder mindestens zeitgleich mit der Bekanntmachung geschehen und durch ein entsprechendes Datum ausgewiesen sein (BVerwG Beschl. v. 27.1.1999 – 4 B 129/98, ZfBR 1999, 159; OVG Münster Urt. v. 29.1.2013 – 2 D 33

102/11, BauR 2013, 896; OVG Lüneburg Urt. v. 9.9.2014 – 1 KN 215/12, BauR 2015, 61). Die Ausfertigung muss mindestens das **Datum des Ratsbeschlusses** und das **Datum der Ausfertigung** enthalten. Besteht der Bebauungsplan aus mehreren Teilen (zB aus getrennten textlichen und zeichnerischen Festsetzungen), bedürfen nicht zwingend beide Teile einer jeweiligen Ausfertigung (VGH Mannheim Beschl. v. 20.1.1995 – 8 S 1806/94, NuR 1996, 471); es genügt, wenn der eine Teil ordnungsgemäß ausgefertigt und zu dem anderen Teil eine urkundliche Verbindung hergestellt oder zumindest auf die sonstigen Bestandteile der Satzung so eindeutig Bezug genommen wird, dass die Identität von Norminhalt und Beschluss des Normgebers zweifelsfrei feststeht („gedankliche Schnur"; vgl. BGH Beschl. v. 29.9.1994 – III ZR 57/94, NVwZ 1995, 412; OVG Münster Urt. v. 29.1.2013 – 2 D 102/11, BauR 2013, 896; VGH München Urt. v. 28.10.2014 – 15 N 12.1633, NVwZ-RR 2015, 321; OVG Münster Urt. v. 25.3.2014 – 2 A 2679/12 DVbl. 2014, 1544; offen lassend OVG Münster Urt. v. 1.9.2014 – 10 D 5.13, NJW-Spezial 2014, 653). Hierfür genügt jedoch nicht die Unterschrift des Bürgermeisters auf dem Deckblatt des Gemeinderatsprotokolls (so aber VGH Mannheim Urt. v. 24.9.1999 – 5 S 823/97, BauR 2000, 613; dass. Urt. v. 31.3.1999 – 8 S 2854/98, ZfBR 2000, 69); nötig ist auch in diesem Fall die Unterschrift im Rahmen des Ausfertigungsvermerks auf dem Bebauungsplan selbst (VGH München aaO). Etwaige Regeln über weitergehende Modalitäten der Ausfertigung gehören zum Landesrecht und sind daher einer revisionsgerichtlichen Überprüfung durch das BVerwG grundsätzlich nicht zugänglich (BVerwG Beschl. v. 16.5.1991 – 4 NB 26/90, BVerwGE 88, 204). Fehlt es an einer diesen Anforderungen genügenden Ausfertigung, liegt ein Verfahrens- und Formfehler nach Landesrecht vor. Eine unzureichende Ausfertigung kann die Gemeinde nachholen und den Mangel des Plans durch erneute Bekanntmachung beheben; eines erneuten Gemeinderatsbeschlusses bedarf es hierzu jedenfalls im Normalfall nicht (vgl. BVerwG Beschl. v. 16.5.1991 – 4 NB 26/90, BVerwGE 88, 204; VGH München Beschl. v. 28.9.2000 – 1 ZB 00.2488, BauR 2001, 75 (77)). Das **ergänzende Verfahren** nach § 214 Abs. 4 ist auch für diese Fehler anwendbar, so dass eine rückwirkende Inkraftsetzung möglich ist. Diese kann nach Maßgabe des Bundesrechtes auch noch Jahre nach dem Satzungsbeschluss erfolgen, wenn sich die Identität der beschlossenen Satzung mit der vorhandenen Planurkunde zweifelsfrei feststellen lässt (BVerwG Urt. v. 1.7.2010 – 4 C 4.08, BVerwGE 137, 247).

34 **2. Inhalt der Bekanntmachung (S. 1 und 3). a) Genehmigung oder Beschluss durch die Gemeinde.** Nach **Abs. 3 S. 1** hat die Gemeinde durch das nach Kommunalrecht zuständige Organ „die Erteilung der Genehmigung" oder „soweit eine Genehmigung nicht erforderlich ist, ... (den) Beschluss des Bebauungsplans durch die Gemeinde" ortsüblich bekannt zu machen. Dies ist nicht so zu verstehen, dass ggf. das gesamte Genehmigungsschreiben zu veröffentlichen ist; vielmehr ist **lediglich die Tatsache der Genehmigung** bekannt zu machen. Ist die Genehmigung mit Nebenbestimmungen (→ hierzu § 6 Rn. 13ff.) erteilt worden, sollte in der Bekanntmachung der Genehmigung zur Klarstellung **auch auf diese Nebenbestimmungen hingewiesen werden.** Die Bürger, die das Planaufstellungsverfahren verfolgt haben, sollten also darüber informiert werden, ob durch die Genehmigung der ihnen bekannte Inhalt des Bebauungsplans noch eine Änderung erfahren hat; für die Wirksamkeit des Plans ist dies allerdings **nicht erforderlich** (BVerwG Urt. v. 5.12.1988 – 4 C 29.86, BVerwGE 75, 271; → vgl. § 6 Rn. 21). Ferner ist nach § 215 Abs. 2 auf den möglichen **Verlust des Rügerechts nach Ablauf von einem Jahr hinzuweisen.** Auch auf ein mögliches Erlöschen von Entschädigungsansprüchen nach den §§ 39ff. nach Ablauf von 3 Kalenderjahren nach Eintritt der Vermögensnachteile ist in der Bekanntmachung gemäß § 44 Abs. 5 hinzuweisen. Ansonsten treten die jeweiligen Rechtsfolgen nicht ein. Das wirksame Inkrafttreten des Bebauungsplans ist dadurch hingegen nicht in Frage gestellt. **Nicht erforderlich** ist der

3. Abschnitt. Verbindlicher Bauleitplan (Bebauungsplan) **§ 10**

Hinweis auf die Jahresfrist des § 47 Abs. 2 S. 1 VwGO für Normenkontrollanträge (BVerwG Beschl. v. 28.12.2000 – 4 BN 32/00, ZfBR 2001, 350; → auch Rn. 19). **Ortsüblich** ist die nach Landes- und Gemeinderecht (hier in der Regel die Hauptsatzung der Gemeinde) vorgeschriebene Form der Bekanntmachung, zumeist die Veröffentlichung im Amtsblatt und/oder in (zulässigerweise uU nur käuflich zu erwerbenden, BVerwG Beschl. v. 18.10.2006 – 9 B 6/06, NVwZ 2007, 216) Tageszeitungen (im Einzelnen vgl. *Stock* in EZBK § 10 Rn. 110 ff.; *Reidt* in BRS Rn. 475 ff.; *Schröder* in Schröder § 10 Rn. 64; vgl. hierzu grundsätzlich BVerfG Beschl. v. 27.12.1999 – 1 BvR 1746/97, BauR 2000, 535).

b) Bezeichnung des Gebiets. Durch die Bekanntmachung des Beschlusses oder 35
der Genehmigung eines Bebauungsplans soll den hiervon unter Umständen Betroffenen deutlich gemacht werden, dass für ihr Grundstück eine neue bodenrechtliche Regelung in Kraft getreten ist und sie sich über deren Inhalt bei der auslegenden Stelle informieren können. Eine **Anstoßwirkung** wie bei der Auslegung des Planentwurfs nach § 3 Abs. 2 S. 1 (BVerwG Urt. v. 26.5.1978 – IV C 9.77, BVerwGE 55, 369 (375 ff.); BGH Urt. v. 5.3.1981 – III ZR 48/80, NJW 1981, 2060 (2061)) muss von der Bekanntmachung nach Abs. 3 **nicht** ausgehen. Es **genügt** daher eine **schlagwortartige Kennzeichnung** des Plangebiets, etwa durch die Angabe einer hierfür bekannten Straße oder einer geographischen Bezeichnung, die unzweifelhaft deutlich macht, welcher Bebauungsplan in Kraft gesetzt werden soll (BVerwG Beschl. v. 3.6.2010 – 4 BN 55/09, ZfBR 2010, 581; dass. Urt. v. 6.7.1984 – 4 C 28/83, NJW 1985, 1569). Den rechtsstaatlichen Verkündungserfordernissen wird entsprochen, wenn sich der genaue Geltungsbereich des Plans aus dem Gesamtvorgang der Ersatzverkündung einschließlich des ausgelegten Plans ergibt (bloße „Wegweiserfunktion" der Bekanntmachung BVerwG Urt. v. 10.8.2000 – 4 C 2/99, NVwZ 2001, 203; *Gaentzsch* in BK § 10 Rn. 18). Die Bezeichnung des Bebauungsplans mit einer Ordnungsnummer (vgl. BVerwG aaO) und etwa einem historischen Flurnamen reicht hierzu allerdings in der Regel nicht aus (vgl. OVG Münster Beschl. v. 12.9.1980 – 11a NE 41/78, OVGE MüLü 35, 100 f.). Nicht erforderlich hingegen ist, die einzelnen betroffenen Grundstücke in der Bekanntmachung genau zu bezeichnen.

c) Ort der Einsichtnahme. Darüber hinaus ist nach **Abs. 3 S. 3** in der Bekannt- 36
machung anzugeben, wo der Bebauungsplan eingesehen werden kann. Es genügt die Angabe der **zuständigen Behörde** und deren **Anschrift**. Das Dienstzimmer muss nicht angegeben werden (OVG Lüneburg Urt. v. 5.9.2007 – 1 KN 204/05, BauR 2008, 636 (637 f.)). Fehlt der Hinweis auf die Stelle, **wo** der Plan eingesehen werden kann, wird der Verkündungszweck (vgl. Rn. 30) nicht erreicht, so dass der Bebauungsplan unwirksam ist (BVerwG Beschl. v. 3.6.2010 – 4 BN 55/09, ZfBR 2010, 581; *Stock* in EZBK § 10 Rn. 123 f.). Ein ergänzender Hinweis dazu, wann eine Einsichtnahme möglich ist, muss nicht erfolgen, ist aber selbstverständlich zulässig. Wird das Bebauungsplandokument **an einem anderen Ort** zur Einsichtnahme bereitgehalten als zunächst in der Bekanntmachung angegeben (zB bei einem Umzug der Verwaltung), lässt dies die Wirksamkeit der Bekanntmachung unberührt. Unabhängig davon liegt auch nach Bekanntmachung und Inkrafttreten des Bebauungsplans ein Verstoß gegen § 10 Abs. 3 S. 2 vor, wenn eine Kenntnisnahme tatsächlich nicht möglich ist (BVerwG Beschl. v. 3.6.2010 – 4 BN 55.09, ZfBR 2010, 581; → allerdings noch Rn. 39).

3. Einsichtmöglichkeit (S. 2). a) Gegenstand. Neben der Bekanntmachung 37
sieht **Abs. 3 S. 2 Hs. 1** als zweiten Teil der Verkündung des Bebauungsplans das **Bereithalten des Bebauungsplans und seiner Begründung nebst zusammenfassender Erklärung** (→ Rn. 45) zur Einsicht für jedermann vor, auch wenn die Begründung und die zusammenfassende Erklärung nicht Bestandteil der Satzung selbst

§ 10

sind (VGH Kassel Urt. v. 17.6.2010 – 4 C 713/09, BauR 2010, 795). Ferner ist dem Einsichtnehmenden **Auskunft** über den Inhalt des Bebauungsplans zu geben, sofern er dies wünscht. Die Formulierung, dass „der Bebauungsplan" bereitzuhalten ist, ist so zu verstehen, dass entweder das ausgefertigte Original oder aber eine diesem genau entsprechende Kopie verfügbar sein muss (*Stock* in EZBK § 10 Rn. 130).

38 b) **Zeit.** Eine genaue Regelung über **Beginn und Dauer der Auslegung** sowie darüber, zu welchen Stunden der Plan bereitgehalten werden muss, enthält das BauGB nicht. Auch wenn das BauGB eine ausdrückliche Verklammerung zwischen Bekanntmachung und Auslegung vermeidet, um bei unbeabsichtigter Verzögerung eine Fehlerquelle auszuschalten (vgl. BT-Drs. 10/4630, 75), bleibt hiervon gleichwohl die prinzipielle Forderung der **Zeitgleichheit von Bekanntmachung und Auslegung** unberührt (vgl. BVerfG Urt. v. 22.11.1983 – 2 BvL 25/81, BVerfGE 65, 283). Andernfalls würde für eine bestimmte Zeit für den Bürger ein Recht gelten, das er gar nicht kennen kann. Dies aber wäre ein Verstoß gegen das aus dem Rechtsstaatsgedanken folgende Prinzip der Rechtssicherheit. Einen Zeitraum von elf Tagen zwischen Bekanntmachung und Auslegung hält die Rechtsprechung allerdings noch für vertretbar (vgl. BGH Urt. v. 30.10.1986 – III ZR 56/85, NVwZ 1987, 448).

39 Der **Zeitraum,** während dessen der Bebauungsplan von der Gemeinde bereitzuhalten ist, ist im Gesetz nicht ausdrücklich angegeben. Aus dem Fehlen einer zeitlichen Beschränkung ist jedoch im Umkehrschluss zu folgern, dass der **Bebauungsplan auf Dauer auszulegen** oder jedenfalls bereitzuhalten ist (BVerwG Urt. v. 14.12.1973 – IV C 71/71, BVerwGE 44, 244 (250)). Damit wird dem Bürger ein Äquivalent dafür geboten, dass er den Bebauungsplan nicht, wie etwa ein Verkündungsblatt oder ein Gesetzblatt, käuflich erwerben kann und somit das ihn interessierende Recht jederzeit präsent hat. Anderseits wird die eingetretene Gültigkeit eines Bebauungsplans nachträglich nicht dadurch in Frage gestellt, dass die Einsichtnahme in das Originaldokument für kürzere oder längere Zeit **erschwert** ist. Selbst der **Verlust** oder Teilverlust des Bebauungsplandokuments nach seinem Inkrafttreten hat nicht die Unwirksamkeit des Plans zur Folge (BVerwG Beschl. v. 3.6.2010 – 4 BN 55/09, ZfBR 2010, 581).

40 Da der Plan von der Gemeindeverwaltung, also einer Behörde, bereitzuhalten ist, kann sich dieses Erfordernis nur auf die **Dienststunden der Behörde** erstrecken. Allerdings wird dabei zu fordern sein, dass die Dienststunden mindestens einmal in der Woche so gestaltet sein müssen, dass auch ganztägig berufstätige Bürger Gelegenheit haben, den Plan einzusehen. Nur so kann das Bereithalten seine Funktion, die allgemeine Zugänglichkeit des Bebauungsplans zu sichern, erfüllen.

41 c) **Art und Weise.** Über die **Art und Weise des Bereithaltens** ist im Gesetz keine Regelung getroffen. Hier kann daher **pragmatisch** vorgegangen werden. Es ist nicht erforderlich, den Plan etwa in einem Schaukasten oder in einer Ausstellung bereitzuhalten. Es genügt vielmehr, ihn zB in Schubladen oder in einer Hängeregistratur aufzubewahren und auf Wunsch vorzulegen. **Einsichtberechtigt** ist ohne jegliche Einschränkung **jedermann** einschließlich Bürgern benachbarter Staaten (→ vgl. auch § 4a Abs. 5). Da das Bereithalten wesentlicher Bestandteil der Normverkündung ist, kann für die Einsichtnahme **keine Gebühr** verlangt werden (hierzu insbesondere BGH Urt. v. 8.2.1971 – III ZR 28/70, BGHZ 55, 289 (292); BVerwG Urt. v. 14.12.1973 – IV C 71/71, BVerwGE 44, 244 (249 f.)).

42 d) **Auskunftserteilung.** Nicht zum Verkündungsvorgang gehört die in **Abs. 3 S. 2 Hs. 2** geregelte Verpflichtung der Gemeinde, auf Wunsch über den Inhalt des Bebauungsplans **Auskunft** zu erteilen. Hierfür gelten die allgemein für das Erteilen einer Auskunft entwickelten Grundsätze (vgl. etwa BGH Urt. v. 8.1.1976 – III ZR 5/74, DVBl. 1977, 576ff.). Danach muss die Auskunft **eindeutig und vollständig** sein und auch **bevorstehende mögliche Rechtsänderungen umfassen.** Entspre-

chen Auskünfte diesen Anforderungen nicht, können Ersatzansprüche wegen einer Amtspflichtverletzung nach § 839 Abs. 1 S. 1 BGB iVm Art. 34 S. 1 GG entstehen. Die Auskunft ist **kein Verwaltungsakt**, da sie nicht selbst etwas regelt, sondern nur über Geregeltes berichtet.

4. Rechtswirkung der Bekanntmachung (S. 4 und 5). a) Inkrafttreten. 43
Abs. 3 S. 4 bestimmt, dass der Bebauungsplan **mit seiner Bekanntmachung rechtsverbindlich** wird (zur nur teilweisen Inkraftsetzung → Rn. 28). Maßgeblich dafür ist der **Erscheinungstag** des Publikationsorgans, in dem die Tatsache seines Beschlusses oder seiner Genehmigung veröffentlicht wird, nicht erst am Tag danach (vgl. VGH Mannheim Beschl. v. 15. 7. 2003 – 8 S 630/03, BWGZ 2004, 85). Etwas anderes gilt bei einer ortsüblichen Bekanntmachung durch Aushang (s. hierzu *Schrödter* in Schrödter § 10 Rn. 45). Hier kommt es darauf an, ab welchem Zeitpunkt nach Maßgabe der einschlägigen landesrechtlichen und kommunalen Regelungen die Bekanntmachung abgeschlossen ist. Vorausgesetzt wird dabei stets, dass gleichzeitig mit der Bekanntmachung die Auslegung des Plans begonnen hat (→ vgl. Rn. 38). Ansonsten tritt der Plan erst ab diesem Zeitpunkt in Kraft. S. 4 macht zudem deutlich, dass es sich bei der Bekanntmachung um eine Ersatzverkündung handelt, also ein übliches Bekanntmachungsverfahren für Satzungen nicht durchgeführt zu werden braucht, aber auch nicht durchgeführt werden darf (VGH Kassel Beschl. v. 10. 6. 1981 – IV N 11/79, BauR 1981, 450).

b) Ausschluss anderer Regelungen. Der zwingende Charakter des Satzes 4 44
schließt es aus, dass andere Zeitpunkte für das Inkrafttreten des Bebauungsplans bestimmt werden. Regelungen, wie sie etwa in den Gemeindeordnungen enthalten sind, nach denen Satzungen erst einen Tag oder einen bestimmten sonstigen Zeitraum nach Verkündung in Kraft treten, finden also auf Bebauungspläne keine Anwendung (BVerwG Beschl. v. 1. 6. 2011 – 4 B 2.11, BauR 2011, 1622; *Schrödter* in Schrödter § 10 Rn. 44). Etwas anderes gilt im Fall des § 214 Abs. 4, der ausdrücklich ein rückwirkendes Inkraftsetzen erlaubt. Eines erneuten Ratsbeschlusses oder einer erneuten Öffentlichkeitsbeteiligung bedarf es hierzu nicht (BVerwG Urt. v. 10. 8. 2000 – 4 CN 2/99, NVwZ 2001, 203 (204 f.); dass. Beschl. v. 1. 6. 2011 – 4 B 2.11, BauR 2011, 1622).

IV. Zusammenfassende Erklärung (Abs. 4)

Wie nach § 6 Abs. 5 S. 2 der Begründung des Flächennutzungsplans ist nach **Ab-** 45
satz 4 auch dem Bebauungsplan **nach Abschluss des Planverfahrens** eine **zusammenfassende Erklärung** beizufügen, sofern es nicht um ein Verfahren gemäß § 13 oder § 13a geht (vgl. § 13 Abs. 3 S. 1; s. auch OVG Lüneburg Urt. v. 26. 10. 2011 – 1 KN 207/10, DVBl. 2012, 40 (41); näher zur zusammenfassenden Erklärung *Stock* in EZBK § 10 Rn. 148 ff.). Hier gilt im Grundsatz dasselbe wie beim Flächennutzungsplan (→ § 6 Rn. 22). Je nach Komplexität des Bebauungsplans kann die zusammenfassende Erklärung sehr knapp ausfallen oder aber umfangreicher. Entscheidend ist auch hier, den Bürgern die Gründe für die gewählte Planung verständlich und plastisch zu verdeutlichen.

Vierter Abschnitt. Zusammenarbeit mit Privaten; vereinfachtes Verfahren

§ 11 Städtebaulicher Vertrag

(1) ¹Die Gemeinde kann städtebauliche Verträge schließen. ²Gegenstände eines städtebaulichen Vertrags können insbesondere sein:
1. die Vorbereitung oder Durchführung städtebaulicher Maßnahmen durch den Vertragspartner auf eigene Kosten; dazu gehören auch die Neuordnung der Grundstücksverhältnisse, die Bodensanierung und sonstige vorbereitende Maßnahmen, die Erschließung durch nach Bundes- oder nach Landesrecht beitragsfähige sowie nicht beitragsfähige Erschließungsanlagen, die Ausarbeitung der städtebaulichen Planungen sowie erforderlichenfalls des Umweltberichts; die Verantwortung der Gemeinde für das gesetzlich vorgesehene Planaufstellungsverfahren bleibt unberührt;
2. die Förderung und Sicherung der mit der Bauleitplanung verfolgten Ziele, insbesondere die Grundstücksnutzung, auch hinsichtlich einer Befristung oder einer Bedingung, die Durchführung des Ausgleichs im Sinne des § 1a Absatz 3, die Berücksichtigung baukultureller Belange, die Deckung des Wohnbedarfs von Bevölkerungsgruppen mit besonderen Wohnraumversorgungsproblemen sowie des Wohnbedarfs der ortsansässigen Bevölkerung;
3. die Übernahme von Kosten oder sonstigen Aufwendungen, die der Gemeinde für städtebauliche Maßnahmen entstehen oder entstanden sind und die Voraussetzung oder Folge des geplanten Vorhabens sind; dazu gehört auch die Bereitstellung von Grundstücken;
4. entsprechend den mit der städtebaulichen Planungen und Maßnahmen verfolgten Zielen und Zwecken die Errichtung und Nutzung von Anlagen und Einrichtungen zur dezentralen und zentralen Erzeugung, Verteilung, Nutzung oder Speicherung von Strom, Wärme oder Kälte aus erneuerbaren Energien oder Kraft-Wärme-Kopplung;
5. entsprechend den mit den städtebaulichen Planungen und Maßnahmen verfolgten Zielen und Zwecken die Anforderungen an die energetische Qualität von Gebäuden.

³Die Gemeinde kann städtebauliche Verträge auch mit einer juristischen Person abschließen, an der sie beteiligt ist.

(2) ¹Die vereinbarten Leistungen müssen den gesamten Umständen nach angemessen sein. ²Die Vereinbarung einer vom Vertragspartner zu erbringenden Leistung ist unzulässig, wenn er auch ohne sie einen Anspruch auf die Gegenleistung hätte. ³Trägt oder übernimmt der Vertragspartner Kosten oder sonstige Aufwendungen, ist unbeschadet des Satzes 1 eine Eigenbeteiligung der Gemeinde nicht erforderlich.

(3) Ein städtebaulicher Vertrag bedarf der Schriftform, soweit nicht durch Rechtsvorschriften eine andere Form vorgeschrieben ist.

(4) Die Zulässigkeit anderer städtebaulicher Verträge bleibt unberührt.

Übersicht

	Rn.
I. Allgemeines	1
II. Rechtscharakter	9
III. Raumordnungsrechtliche Verträge	10
IV. Grundsätzliche Zulässigkeit städtebaulicher Verträge (Abs. 1 S. 1)	11

4. Abschnitt. Zusammenarbeit mit Privaten; vereinfachtes Verfahren § 11

Rn.
V. Gegenstände städtebaulicher Verträge nach Abs. 1 S. 2 12
 1. Städtebauliche Maßnahmen, Durchführungsverträge (Nr. 1) 13
 a) Neuordnung der Grundstücksverhältnisse (freiwillige Bodenordnung) ... 15
 b) Bodensanierung 17
 c) Erschließung 18
 d) Ausarbeitung städtebaulicher Planungen 43
 2. Förderung und Sicherung der planerischen Ziele, Planungsverträge (Nr. 2) ... 45
 a) Grundstücksnutzung 46
 b) Naturschutzrechtlicher Ausgleich 47
 c) Besonderer Wohnbedarf 50
 d) Baukultur und sonstige mögliche Inhalte 52
 3. Übernahme von Kosten und Aufwendungen, Kostenübernahmeverträge (Nr. 3) .. 54
 4. Anlagen der erneuerbaren Energien oder Kraft-Wärme-Kopplung (Nr. 4) ... 61
 5. Energetische Qualität von Gebäuden (Nr. 5) 62
 6. Durchsetzung, Absicherung der Vertragsinhalte 63
 a) Erfüllungsansprüche, Schadensersatz 63
 b) Sicherungsmöglichkeiten 64
VI. Grenzen städtebaulicher Verträge (Abs. 2) 72
 1. Vorrang des Gesetzes 72
 2. Koppelungsverbot 73
 3. Angemessenheit 75
 4. Recht der Allgemeinen Geschäftsbedingungen 80
VII. Form ... 83
VIII. Vergaberecht .. 85
IX. Leistungsstörungen, Nichtigkeit 88
X. Verfahrensrecht, Verhältnis zu Bebauungsplanfestsetzungen 90
XI. Änderung städtebaulicher Verträge 93
XII. Zulässigkeit weiterer städtebaulicher Verträge (Abs. 4) 94
XIII. Strafbarkeit ... 95

I. Allgemeines

§ 11 enthält eine mit der BauROG in das BauGB aufgenommene und zuletzt 1 durch die **Klimaschutznovelle** 2011 sowie die **Innenentwicklungsnovelle 2013** geänderte Regelung des städtebaulichen Vertrags, ohne dass dabei die möglichen Vertragsgegenstände abschließend benannt wären (§ 6 BauGB-MaßnahmenG enthielt eine Vorgängerregelung; zur Entwicklung der Regelung s. *Krautzberger* in EZBK § 11 Rn. 1 ff.). Es handelt sich nicht um eine originäre Rechtsschöpfung, sondern weitgehend um eine Klarstellung und Absicherung von grundsätzlich auch ohne besondere Ermächtigungsgrundlage (→ Rn. 11 und 72) zulässigen **privatrechtlichen und öffentlich-rechtlichen Formen kooperativen Handelns im Städtebaurecht** (vgl. hierzu *Schmidt-Aßmann/Krebs,* Rechtsfragen städtebaulicher Verträge, 2. Aufl. 1992; *Krautzberger* UPR 2007, 407 ff.; *Busse* KommJur 2009, 241 ff.; *Spannowsky,* Grenzen des Verwaltungshandelns durch Verträge und Absprachen, 1994, 352 ff.; *ders.* UPR 2003, 81 ff.; *Birk,* Städtebauliche Verträge, 4. Aufl. 2002, 27 ff.; *Grziwotz,* FS Birk, 2013, 241 ff.; *Bonk* DVBl. 2004, 141 ff.; Novellierung des Baugesetzbuchs, Bericht der vom BMBau eingesetzten Expertenkommission, 1996, 90 ff.). Verträge sind **städtebaulicher Natur,** wenn sie sich auf Einzelheiten des Städtebaus beziehen, also auf die bauliche und sonstige Nutzung der Grundstücke in der Ge-

§ 11

meinde (vgl. § 1 Abs. 1). Ist dies nicht der Fall, handelt es sich um sonstige öffentlichrechtliche oder zivilrechtliche Verträge mit den dafür bestehenden formellen und materiellen Anforderungen (*Erbguth*, Öffentliches Baurecht, § 5 Rn. 183; *Reidt* BauR 2010, 2025 (2031); zu raumordnungsrechtlichen Verträgen → Rn. 10). **Fallbeispiele und Vertragsmuster** für städtebauliche Verträge finden sich etwa bei *Kyrein* (Baulandentwicklung in Public Private Partnerships, 2000, 112 ff. insbesondere zum Münchener Vorgehen zur sozialgerechten Bodennutzung), *Grziwotz* (Baulanderschließung, 2001; *ders.*, Vertragsgestaltung im öffentlichen Recht, 2002, 173 ff.), *Burmeister* (Praxishandbuch Städtebauliche Verträge, 3. Aufl. 2013, 87 ff.), *Walker* (Handbuch städtebauliche Verträge, 1999 Bd. II – Vertragsmuster –), *Birk* (Städtebauliche Verträge, 5. Aufl. 2013) und *Bunzel/Coulmas/Schmidt-Eichstaedt* (Städtebauliche Verträge – ein Handbuch, 4. Aufl. 2013).

2 Städtebauliche Verträge sind vor allem, allerdings nicht nur (zB bei einer freiwilligen Umlegung), anzutreffen, wenn es um einzelne Bauvorhaben oder um die Aufstellung von Bauleitplänen geht, die nur einen einzelnen oder einige wenige Eigentümer oder Investoren begünstigen und die daher bereit sind, zusätzliche vertragliche Bindungen einzugehen. Es liegt grundsätzlich in der **Vertrags- und Dispositionsfreiheit** der Beteiligten, ob sie einen städtebaulichen Vertrag abschließen oder nicht. Einer gesetzlichen Ermächtigung bedarf es, anders als bei Bebauungsplanfestsetzungen, für Verträge nicht, sofern nicht für bestimmte Bereiche ein generelles Verbot (Vertragsformverbot) oder ein Verbot für bestimmte Inhalte (Vertragsinhaltsverbot) existiert (s. zu das Abgabenrecht betreffenden städtebaulichen Verträgen BVerwG Urt. v. 12.12.2012 – 9 C 12.11, BauR 2013, 750; *Bier* DVBl. 2013, 541 ff.; allgemein *Bonk* in Stelkens/Bonk/Sachs VwVfG § 54 Rn. 4, 11, 101 ff.; *Reidt* BauR 2010, 2025 (2027)). § 12 Abs. 1 regelt insofern einen Sonderfall, da der dort vorgesehene Durchführungsvertrag für die Aufstellung eines vorhabenbezogenen Bebauungsplans unverzichtbar ist (→ § 12 Rn. 5). Zusätzliche Regelungen für Verträge finden sich insbesondere in **§ 1a Abs. 3 S. 4** zu naturschutzrechtlichen Ausgleichsmaßnahmen, in **§ 133 Abs. 3 S. 5** zur Ablösevereinbarung hinsichtlich zukünftiger Erschließungsbeiträge sowie in **§ 171c** zum Stadtumbau. Die gegenüber § 11 speziellen Regelungen in § 124 zum **Erschließungsvertrag** sind durch die Innenentwicklungsnovelle 2013 aufgehoben worden, sodass dieser nunmehr ebenfalls unter § 11 fällt (s. insbes. Abs. 1 S. 2 Nr. 1, → Rn. 18 ff.). Die unterschiedlichen Vertragstypen und -gegenstände gemäß diesen Regelungen und den sonstigen Regelungsgegenständen gemäß § 11 Abs. 1 S. 2 können auch miteinander kombiniert werden.

3 Die Bedeutung städtebaulicher Verträge hat seit ihrer Regelung im BauGB zugenommen. Es gibt zahlreiche Fälle, in denen Gemeinden nur noch Bebauungspläne aufstellen oder ändern, wenn zuvor ein Vertrag mit dem dadurch Begünstigten abgeschlossen wurde, der eine entsprechende Kostenübernahme (→ Rn. 54 ff.) absichert und auch die vollständige oder teilweise Übernahme von Folgelasten (→ Rn. 29) regelt. Dass die Kooperation zwischen Gemeinden und Investoren prinzipiell unbedenklich ist, war allerdings bereits vorher anerkannt. Dies steht jedoch stets unter der zwingenden Maßgabe, dass die Gemeinde sich bei der Ausübung ihrer Planungshoheit nicht in unzulässiger Weise bindet (→ § 1 Abs. 3 S. 2) und sich auch keine unzulässigen Leistungen versprechen lässt (grundlegend BVerwG Urt. v. 6.7.1973 – IV C 22.72, BVerwGE 42, 331; s. etwa auch OVG Münster v. 7.12.2000, NVwZ-RR 2001, 635; *Krautzberger* in EZBK § 11 Rn. 168).

4 Mit der ausdrücklichen Regelung des städtebaulichen Vertrages erkennt der Gesetzgeber an, dass die Kooperation von Gemeinden mit privaten Investoren stark an Bedeutung zugenommen hat. Neben eine hoheitliche ist zunehmend auch eine kooperative Vorgehensweise bei der Problemlösung getreten. Die Gründe dafür liegen vor allem in einer geänderten Planungskultur, die sich von der Angebotsplanung zur stärker vorhabenbezogenen Planung fortentwickelt hat, in der Notwendigkeit des effizienten Einsatzes öffentlicher Mittel für die Bereitstellung der notwendigen Infra-

4. Abschnitt. Zusammenarbeit mit Privaten; vereinfachtes Verfahren § 11

struktur im Zusammenhang mit der städtebaulichen Entwicklung sowie in den insbesondere durch § 9 begrenzten Möglichkeiten für den Inhalt von Bebauungsplanfestsetzungen. Die Umsetzung städtebaulicher Ziele soll durch § 11 abgesichert und gefördert werden. Allerdings bewegt sich der Abschluss städtebaulicher Verträge dabei zugleich in einem **Spannungsfeld** unterschiedlicher verfassungsrechtlich geschützter Rechtsgüter und rechtlicher Interessen. Sie sind entsprechend auszutarieren. Insbesondere § 11 Abs. 2 bietet dafür eine hinreichende Grundlage. Verallgemeinernde Aussagen verbieten sich dabei. Der Grundsatz „volenti non fit injuria" (dem Einwilligenden geschieht kein Unrecht) ist im Städtebaurecht und im öffentlichen Vertragsrecht noch weniger als im Bereich des Privatrechts generell geeignet, sämtliche potentiellen Konflikte zu lösen. Ausgangspunkt aller Überlegungen muss stets sein, dass die Gemeinde **Trägerin der kommunalen Planungshoheit** ist, die sie im Interesse der Allgemeinheit in einer nicht veräußerlichen Weise (→insbesondere § 1 Abs. 3 S. 2) wahrzunehmen hat. Daraus resultiert prinzipiell eine strukturelle Überlegenheit der Verwaltung gegenüber Grundstückseigentümern und Investoren (*Schmidt-Eichstaedt* BauR 1996, 1 (3 f.)). Die Gemeinde hat gleichsam eine Monopolstellung bei der Schaffung und Aufrechterhaltung von Baumöglichkeiten. Dies darf nicht zu einer **Ausnutzung der Eigentümer für fremdnützige kommunale Zwecke** führen, also insbesondere nicht zu der Forderung von Leistungen, die mit der konkreten Planung nichts zu tun haben (im Einzelnen zum Koppelungsverbot →Rn. 73 f.; vgl. hierzu etwa *Reidt* NVwZ 1999, 149ff.). Andererseits darf die Möglichkeit kooperativer Planung und damit die zumindest tendenziell festzustellende „Ökonomisierung des Rechts" auch nicht zu einer **Funktionalisierung der Kommunen für eigennützige private Ziele** (s. hierzu etwa *Schmidt-Aßmann/Krebs* aaO (Rn. 1), 115f.; *Hatzfeld,* Öffentliche Stadtentwicklungspolitik und private Projektentwicklung, in Ministerium für Arbeit, Soziales und Stadtentwicklung, Kultur und Sport des Landes NRW (Hrsg.), Stadtplanung als Deal? Urban Entertainment Center und private Stadtplanung, 1999, 9 ff.) oder ganz allgemein zu einem „Ausverkauf von Hoheitsrechten" (vgl. etwa *Looman* NJW 1996, 1439 ff.) führen. Welcher Beteiligter im konkreten Fall die „Oberhand" hat, hängt entscheidend von den jeweiligen Umständen ab. Die **Verhandlungsübermacht** liegt zumeist bei der Gemeinde, wenn sie für eine bestimmte Nutzung, an der ein privater Investor hohes Interesse hat, das Baurecht schaffen, möglicherweise sogar auch noch die betreffende Fläche an den Investor veräußern soll. In einer derartigen Konstellation besteht vielfach jenseits aller rechtlichen Schranken die Bereitschaft, auf Forderungen einer Gemeinde hinsichtlich bestimmter Leistungen (Durchführung von zusätzlichen Erschließungsmaßnahmen, Übernahme von Folgelasten usw.) einzugehen, solange die wirtschaftliche Attraktivität des geplanten Projekts dadurch nicht in Frage gestellt wird. Allein mit dieser Frage stehen und fallen zumeist Zugeständnisse privater Investoren. Geht es hingegen um einen Fall, in dem in erster Linie die Gemeinde selbst daran interessiert ist, eine bauliche Nutzung zu erreichen, vor allem also bei städtebaulichen Missständen, ist die Bereitschaft zu Zugeständnissen privater Investoren häufig eher gering. Die Attraktivität, überhaupt Investitionen zu tätigen, wird in solchen Fällen bisweilen erst dadurch geschaffen, dass die Gemeinde Nutzungsmöglichkeiten einräumt, die städtebaulich an sich nicht mehr verträglich sind (zB im Hinblick auf das Maß der baulichen Nutzung, zulässige Verkaufsflächen im Einzelhandel uÄ), oder dazu bereit ist, die Attraktivität einer Ansiedlung auf sonstige Weise zu steigern (zB durch die Preisgestaltung beim gemeindlichen Grundstücksverkauf, durch „Nachlässe" bei der Erhebung von Erschließungsbeiträgen oÄ). Gerade in den Fällen, in denen die Verhandlungsübermacht nicht bei der Gemeinde liegt, es also weniger um den Schutz des Bürgers als vielmehr um die Vermeidung einer unverträglichen Kommerzialisierung der Planung geht, droht die Gefahr einer **Selbstanwendung des Rechts durch die Rechtsadressaten** (*Lendi,* Subtilitäten des Rechts, 1996, 1 (9 f.)). Werden städtebauliche Pläne durch Private vorbereitet, sei es auf der Grundlage von § 11 oder von § 12 (der dies

§ 11 I. Kapitel. I. Teil. Bauleitplanung

hinsichtlich des Vorhaben- und Erschließungsplans sogar vorgibt, s. § 12 Rn. 10), die ggf. noch gemäß § 4b als Verfahrensmittler tätig sind und dann auch noch den aufgestellten Plan selbst verwirklichen wollen, besteht die Gefahr, dass die Gemeinde zum bloßen Vollzugshelfer privater Interessen wird (vgl. Mehde BauR 2002, 876 (880 f.); s. zum Ganzen auch *Mitschang,* Steuerung der städtebaulichen Entwicklung durch Bauleitplanung, 2003, insbes. 311 ff.). Dem wird jedoch sowohl **verfahrensrechtlich** als auch **materiellrechtlich** durch die Anforderungen des BauGB an städtebauliche Verträge Rechnung getragen.

5 Dass alle Entscheidungen und Beschlüsse im Zusammenhang mit den Verfahren der Bauleitplanung in der alleinigen Kompetenz der Gemeinde verbleiben müssen, ist selbstverständlich. Die Gemeinde sollte dabei jedoch auch ihre **Präsenz** bei allen wesentlichen Verfahrensschritten deutlich hervorheben und betonen, dass sie trotz der Unterstützung durch Private **Herrin des Verfahrens** ist. Müssen für einen Bauleitplan **Gutachten** oÄ eingeholt werden (zB im Hinblick auf Immissionen oder den naturschutzrechtlichen Ausgleichsbedarf) ist stets die Frage zu stellen, ob ein solches Gutachten durch die Gemeinde selbst, wenn auch ggf. auf Kosten eines Investors, beauftragt wird oder ob dies durch den Investor erfolgt, dem die Planung zu Gute kommt. Letzteres ist zulässig, birgt allerdings zusätzliche Unsicherheiten. Dies gilt zumeist weniger hinsichtlich der notwendigen Objektivität und Neutralität der Gutachter als vielmehr im Hinblick auf den Untersuchungsgegenstand, der sich an den nach dem aufzustellenden Bebauungsplan zulässigen Nutzungen ausrichten muss, nicht hingegen an einem bestimmten Vorhaben des Investors, das häufig (zumindest am Anfang) diese Nutzungsmöglichkeiten nicht vollständig ausschöpft (s. hierzu sehr anschaulich OVG Münster Urt. v. 3.9.2009 – 10 D 121/07, ZfBR 2010, 84; ebf. etwa OVG Lüneburg Beschl. v. 4.1.2011 – 1 MN 130/10, ZfBR 2011, 154). In jedem Fall muss sich die Gemeinde mit von Investoren eingeholten Gutachten hinreichend auseinandersetzen und sie sich inhaltlich zu eigen machen, wenn sie eine sachgerechte Grundlage für die von ihr zu treffende Planungsentscheidung sein sollen (vgl. OVG Saarlouis Urt. v. 19.3.2015 – 2 C 382/13, juris Rn. 94).

6 In verfahrensrechtlicher Hinsicht ist im weiteren zu beachten, dass das Planaufstellungsverfahren mit der gemäß den §§ 3 und 4 notwendigen **Öffentlichkeits- und Behördenbeteiligung** seinen Sinn behalten muss. Dies gilt sowohl aus Gründen des nationalen Rechts als auch unter Berücksichtigung der unionsrechtlichen Anforderungen an die Öffentlichkeitsbeteiligung (→ § 3 Rn. 4, 13). Der Sinn der Beteiligung von Öffentlichkeit und Behörden ist in Frage gestellt, wenn von vornherein mehr oder minder deutlich feststeht, dass es letztlich nur darum geht, die im Planaufstellungsverfahren eingehenden Stellungnahmen „wegzuwägen", also die der Beteiligung von Öffentlichkeit und Behörden zugrundeliegende Entscheidungsoffenheit nicht mehr gewährleistet ist. Hierfür kann es ein, wenn auch keinesfalls zwingendes, Indiz sein, dass bereits bei der frühzeitigen Öffentlichkeits- und Behördenbeteiligung (§§ 3 Abs. 1, 4 Abs. 1) ein Bebauungsplanentwurf vorliegt, der nicht nur über die allgemeinen Ziele und Zwecke der Planung, sich wesentlich unterscheidende Lösungen, die für die Neugestaltung und Entwicklung eines Gebiets in Betracht kommen und die voraussichtlichen Auswirkungen der Planung unterrichtet, sondern bereits so weit gediehen ist, dass er unmittelbar Gegenstand des Satzungsbeschlusses sein könnte.

7 Neben den im Verfahrensrecht liegenden Anforderungen an die Bauleitplanung, die auch bei vertraglichen Kooperationen berücksichtigt werden müssen, ist in materiellrechtlicher Hinsicht über das konkrete Plan- oder Vorhabensgebiet hinaus auch auf die **gesamträumliche Entwicklung innerhalb der Gemeinde** Bedacht zu nehmen. Sie ist für eine sachgerechte Abwägung und die Akzeptanz der Planung in der Bevölkerung in gleicher Weise von Bedeutung. Vertragliche Kooperationen orientieren sich, zumal dann, wenn der potenzielle Investor bereits Eigentümer einer bestimmten Fläche ist, in erster Linie daran, wo dieser aufgrund der bestehenden Grundstücksverfügbarkeit bauen möchte. Ob dies für die gemeindliche Gesamtent-

4. Abschnitt. Zusammenarbeit mit Privaten; vereinfachtes Verfahren § 11

wicklung tatsächlich wünschenswert ist oder ob es nicht aus städtebaulicher Sicht andere Flächen gibt, die für die betreffende Nutzung besser geeignet wären (zB bei einem neuen Wohngebiet), wird vielfach nicht mehr hinterfragt, was die Ordnungsgemäßheit des Abwägungsergebnisses im konkreten Fall in Frage stellen, vor allem aber langfristig zu städtebaulichen Fehlentwicklungen führen kann. Die Verfolgung des Ziels, für eine Ansiedlung im Gemeindegebiet die entsprechenden Voraussetzungen zu schaffen, darf also nicht dazu führen, dass die Frage nach dafür geeigneten Standorten innerhalb des gesamten Gemeindegebietes allein deshalb nur nachlässig geprüft und behandelt wird, weil ein Investor an einem bestimmten Standort bauen möchte. Ein solches Planungsziel ist nur dann gerechtfertigt, wenn die Gemeinde es geprüft und sich nach (abwägungsoffener) Durchführung der notwendigen Beteiligungsschritte zu eigen gemacht hat, ggf. also auch mit Einschränkungen und Modifikationen (vgl. *Weyrauch* BauR 2011, 446 ff.).

Den aufgezeigten Spannungsbögen zwischen gemeindlicher Planungskompetenz, 8 privater Wirtschaftsmacht, Belangen der planungsbetroffenen Nachbarschaft und Belangen des Gemeinwohls kann durch § 11 und die weiteren Vorschriften zu städtebaulichen Verträgen hinreichend und rechtssicher Rechnung getragen werden. Sie ermöglichen, insbesondere aufgrund der Offenheit der die Vertragsinhalte regelnden Bestimmungen, dem jeweiligen Einzelfall gerecht werdende Ergebnisse. Insbesondere das Gebot der Angemessenheit und das Koppelungsverbot in Abs. 2 bilden die maßgeblichen Eckpfeiler, auf denen Gemeinnutz und Eigennutz zu einem fairen Ausgleich gebracht werden können.

II. Rechtscharakter

Den Rechtscharakter städtebaulicher Verträge hat der Gesetzgeber nicht festge- 9 legt. Er richtet sich daher nach dem jeweiligen Vertragsgegenstand und -zweck. Hierbei gelten die **allgemeinen Abgrenzungskriterien** für die Unterscheidung von öffentlichem und privatem Recht (vgl. § 40 VwGO). Aufgrund des Sachzusammenhangs mit dem (öffentlich-rechtlichen) Städtebaurecht spricht zumeist eine Vermutung für eine öffentlich-rechtliche Einordnung. Sind allerdings städtebaurechtliche Überlegungen nur das Motiv für einen typischerweise zivilrechtlichen Vertrag, bleibt der zivilrechtliche Charakter unberührt (zB bei Einheimischenmodellen → Rn. 51). Sind städtebauliche Belange oder Maßnahmen hingegen nicht nur Motivationsgrundlage, sondern auch Regelungsgegenstand des Vertrages (zB Folgelastenverträge → Rn. 29), handelt es sich um einen öffentlich-rechtlichen Vertrag. Dies gilt selbst dann, wenn derartige Verträge auch zivilrechtliche Regelungsgegenstände enthalten (zB eine Grundstücksübertragung). Entscheidend ist also, welcher Regelungsgegenstand dem Vertrag sein überwiegendes Gepräge gibt. Enthält ein Vertrag verschiedene und voneinander abtrennbare Regelungsgegenstände, können diese jeweils eigenständig als öffentlich-rechtlich und privatrechtlich zu qualifizieren sein. (BVerwG Beschl. v. 24.2.1994 – 4 B 40.94, NVwZ 1994, 1012; *Bunzel ua*, aaO (Rn. 1), 21 ff.; *Reidt* NVwZ 1999, 149 (150)). Erforderlich ist aber für die Anwendbarkeit von § 11 stets ein städtebaulicher Bezug (→ Rn. 73).

III. Raumordnungsrechtliche Verträge

Für die Ebene der Raumordnung enthält § 13 ROG eine Bestimmung zur **raum-** 10 **ordnerischen Zusammenarbeit,** die auch mittels vertraglicher Vereinbarungen erfolgen kann (§ 13 Abs. 2 S. 1 Nr. 2 ROG). Dabei können neben den für die Raumordnung maßgeblichen öffentlichen Stellen u. a. auch Personen des Privatrechts Beteiligte sein. Jedoch wird dies eher selten der Fall sein, da Private regelmäßig nicht an Erfordernisse der Raumordnung, insbesondere nicht an Raumordnungsziele, unmittelbar gebunden sind (s. insbesondere § 4 ROG, § 1 Abs. 4; s. auch *Reidt* ZfBR

2004, 430 ff.). Zwar können insbesondere über die Raumordnungsklauseln in § 35 Abs. 3 S. 2 und 3 Ziele der Raumordnung auch für private raumbedeutsame Vorhaben relevant und in diesem Zusammenhang einer vertraglichen Regelung zugänglich sein. Zumeist geht es dann allerdings darum, ein für Außenbereichsvorhaben in § 35 Abs. 3 S. 2 und 3 enthaltenes **bauplanungsrechtliches** Genehmigungshindernis auszuräumen, sodass es sich um eine als städtebaulicher Vertrag zu qualifizierende Regelung handelt. Denkbar sind allerdings Fälle, in denen ein Privater sich verpflichtet, die Kosten für die **Änderung eines Raumordnungsplans** zu übernehmen (vgl. Rn. 54 ff.), um die Realisierung seines Vorhabens (ggf. nach Aufstellung eines entsprechenden Bebauungsplans unter Berücksichtigung von § 1 Abs. 4) zu ermöglichen. Ebenfalls kommen im Zusammenhang mit der Änderung eines Raumordnungsplans Verpflichtungen eines privaten Vertragspartners dahingehend in Betracht, eine andere raumordnungsrechtlich relevante Nutzung aufzugeben (zB im Zusammenhang mit der Festlegung einer Vorrangfläche für ein neues Kraftwerk oder für Windenergieanlagen), wenn die Änderung nur mit der Maßgabe erfolgen soll, dass der Betrieb vorhandener Anlagen (zumeist mit einem geringeren Wirkungsgrad) eingestellt wird, um die betreffenden Flächen wieder dem Freiraum zuzuführen oder dort eine neue gewerbliche bzw. industrielle Nutzung zu ermöglichen (zum sog. **Repowering** von Windkraftanlagen → auch § 249 Rn. 2).

IV. Grundsätzliche Zulässigkeit städtebaulicher Verträge (Abs. 1 S. 1)

11 Abs. 1 S. 1 enthält die grundsätzliche Bestimmung, dass städtebauliche Verträge zur Vorbereitung und zur Durchführung städtebaulicher Maßnahmen zulässig sind, ohne sie gegenständlich zu begrenzen. Die Regelung ist daher regelmäßig nicht als eine Ermächtigungsgrundlage zu verstehen, da es einer solchen im Normalfall nicht bedarf (→ Rn. 1). Dies wird auch durch den lediglich beispielhaften Katalog der Vertragsgegenstände in § 11 Abs. 1 S. 2 bestätigt. Es handelt sich bei § 11 zudem um eine **ergänzende Bestimmung** zu den im BauGB **gesondert geregelten** städtebaulichen Verträgen, wie etwa zum **Plananerkenntnis** in § 33 Abs. 1 Nr. 3, zur **Ablösungsvereinbarung** nach § 133 Abs. 3 S. 5, zur Vereinbarung über die Durchführung von **Ordnungsmaßnahmen** gem. § 146 Abs. 3 S. 1, zur **Abwendungsvereinbarung** gem. § 165 Abs. 3 S. 1 Nr. 3, zum **Stadtumbauvertrag** gem. § 171 c (zu Stadtumbauverträgen vgl. *Goldschmidt/Taubeneck* BauR 2005, 1568 (1571 ff.); ausführlich zum Stadtumbau *dies.* in Hoppenberg/de Witt, Kap. Z I; weitere **Beispiele** zu Vertragsgegenständen bei *Bunzel ua*, aaO (Rn. 1), 21 f.) oder zu Verträgen im Hinblick auf **Modernisierung und Instandsetzung** (→ § 177 Abs. 4 S. 4). Die Offenheit der Regelung ermöglicht es daher, auf sich im Städtebaurecht immer wieder neu stellende unterschiedliche Herausforderungen zu reagieren, wie etwa die **Stadterneuerung und -entwicklung** (s. eingehend *Krautzberger* DVBl. 2008, 337 ff.; zu Business Improvement Districts *Wahlhäuser* BauR 2008, 1238 ff.; *Hecker*, Business Improvement Districts in Deutschland, 2010), Aspekte der **Baukultur** oder die städtebauliche Dimension des **Klimaschutzes** (s. dazu ausführlich *Hagebölling*, Klimaschutz durch städtebauliche Verträge, 2014; *Battis/Mitschang/Kersten* ZG 2010, 246 ff.; *Mitschang* ZfBR 2010, 538 ff.; *Krautzberger* DVBl. 2008, 737 ff.; *Spannowsky* UPR 2009, 201 ff.; *Reidt* BauR 2010, 2025 ff.).

V. Gegenstände städtebaulicher Verträge nach Abs. 1 S. 2

12 Abs. 1 S. 2 enthält, wie aus dem Zusatz „insbesondere" hervorgeht, eine **nur beispielhafte Konkretisierung möglicher Inhalte** städtebaulicher Verträge, denen für die Praxis erfahrungsgemäß besondere Bedeutung zukommt. Weitere Fallgestaltungen und Vertragsinhalte sind also möglich.

4. Abschnitt. Zusammenarbeit mit Privaten; vereinfachtes Verfahren **§ 11**

1. Städtebauliche Maßnahmen, Durchführungsverträge (Nr. 1). In Nr. 1 13
wird zunächst klargestellt, dass der Vertragspartner der Gemeinde aufgrund eines städtebaulichen Vertrags **städtebauliche Maßnahmen** ganz oder teilweise auf eigene Kosten durchführen kann. Im Hinblick auf eine Kostenübernahme ist dabei jedoch neben dem allgemeinen Koppelungsverbot und dem Gebot der Angemessenheit (→ Rn. 73 ff.) auch Nr. 3 (→ Rn. 54 ff.) zu beachten, da der Begriff der städtebaulichen Maßnahmen in beiden Regelungen im gleichen Sinne zu verstehen ist (Regierungsentwurf zur Innenentwicklungsnovelle 2013, BR-Drs. 474/12, 27). Bis zur **Innenentwicklungsnovelle 2013** enthielt § 124 für die Erschließung eine spezielle Regelung, die jedoch aufgehoben wurde, um Unklarheiten im Verhältnis von § 11 zu § 124 auszuräumen. Zugleich sollte damit auf das Urteil des Bundesverwaltungsgerichts vom 1.12.2010 (9 C 8.09, BVerwGE 138, 244) reagiert und der Spielraum der Kommunen erweitert werden (zu den Schlussfolgerungen aus der Entscheidung s. etwa *Bier* DVBl. 2013, 541 ff.; *Schmidt-Eichstaedt* DVBl. 2011, 691 ff.; *Driehaus* ZMR 2011, 429 ff.; *Köster* BauR 2011, 932 ff., jeweils auch mit Hinweisen zu den Möglichkeiten der Landesgesetzgeber, eigene Regelungen zu schaffen; zu letzterem vgl. auch Vorb. §§ 123–135 Rn. 8). Daher fallen Erschließungsverträge iSd früheren § 124, aber auch mit der Erschließung verbundene Folgekostenverträge oder sonstige Vertragsgestaltungen nunmehr unter § 11 Abs. 1 S. 2 Nr. 1 oder Nr. 3 (s. Regierungsentwurf zur Innenentwicklungsnovelle 2013, BR-Drs. 474/12, 17 f.). Da keine besondere Übergangsregelung existiert, hat die frühere Rechtslage allerdings weiterhin Bedeutung für die Erschließung betreffende Verträge, die vor dem 21.6.2013 abgeschlossen wurden (zu die Erschließung betreffenden städtebaulichen Verträgen → noch Rn. 18 ff.).

Klargestellt wird in **Nr. 1 Hs. 2 und 3** ferner, dass die Ausarbeitung eines **städte-** 14
baulichen Plans, also etwa eines Bebauungsplans, Gegenstand eines städtebaulichen Vertrages sein kann, jedoch die Zuständigkeit der Gemeinde für die förmliche Planaufstellung nicht übertragen werden darf. Dies bedeutet, dass alle förmlichen Beschlüsse von der Gemeinde selbst zu fassen sind und nicht vertraglich delegiert werden können. Dies gilt auch bei der Einschaltung eines Dritten nach § 4 b; dieser kann nur Verwaltungshelfer der Gemeinde sein (→ vgl. § 4 b Rn. 6; u. a. *Bunzel* aaO (Rn. 1), 79 f.). Damit korrespondiert die ausdrückliche Bestimmung in § 1 Abs. 3 S. 2 Halbsatz 2, nach der ein Anspruch auf die Aufstellung von Bebauungsplänen oder städtebaulichen Satzungen auch durch Vertrag nicht begründet werden kann. Inhaltlich muss sich die Gemeinde mit den Zuarbeiten Dritter **befassen** und sich diese inhaltlich ausdrücklich oder jedenfalls stillschweigend **zu eigen machen,** um eine ordnungsgemäße Planungsentscheidung sicherzustellen.

a) Neuordnung der Grundstücksverhältnisse (freiwillige Bodenordnung). 15
Mit dem Verweis auf die Neuordnung der Grundstücksverhältnisse enthält **Nr. 1 Hs. 2** eine Bestimmung über die **freiwillige Umlegung** (→ noch § 46 Rn. 5; Bericht des Bundesministeriums für Verkehr, Bau und Stadtentwicklung zur Privatisierung der Bodenordnung, ZfBR 2007, 772 (774 f.); ausführlich *Dieterich* Rn. 465 ff.; *Breuer* in Schrödter § 45 Rn. 47 ff.; *Birk* aaO (Rn. 1), Rn. 567 ff.; *Goldschmidt/Taubeneck* in Hoppenberg/de Witt Bd. 2 Kap. O Rn. 648 ff.; u. a. *Bunzel u. a.* aaO (Rn. 1), 72 ff.; zu grunderwerbsteuerlichen Fragen bei der freiwilligen Umlegung vgl. § 79 Rn. 15 f.). Allerdings muss bei einem solchen freiwilligen Verfahren, dem jedenfalls bei Beteiligung der Gemeinde ein **öffentlich-rechtlicher Vertrag** zugrunde liegt (BVerwG Urt. v. 6.7.1984 – 4 C 24/80, NJW 1985, 989 ff.; dazu *Otte* ZfBR 1984, 211 ff.; ferner VGH Mannheim Urt. v. 20.7.2000 – 8 S 177/00, NVwZ 2001, 694 ff.), auch gewährleistet sein, dass die örtlichen Verkehrs- und Grünflächen sowie die Ausgleichsflächen (§ 1 a Abs. 3) im Sinne des § 55 Abs. 2 bereitgestellt werden. Ist dies und auch eine entsprechende Neuordnung der jeweiligen Rechte an den Grundstücken gewährleistet, muss sich die Gemeinde uU sogar an einem solchen Verfahren beteiligen. Das Ziel, den Flächenbeitrag von bis zu 30% nach § 58 zu erhal-

ten, rechtfertigt für sich allein nicht die Anordnung einer gesetzlichen Umlegung (BGH Urt. v. 2.4.1981 – III ZR 131/79, NJW 1981, 2124 (2125)). Die Grundstücksneuordnung kann auch in mehreren aufeinander bezogenen Teilverträgen erfolgen, etwa durch einen Grundstückstauschvertrag unter den Eigentümern, einen Vertrag mit der Gemeinde über die Abtretung der benötigten Verkehrsflächen und einen Vertrag über einen finanziellen Vorteilsausgleich nach § 58 Abs. 1 S. 3; dabei besteht keine strikte Bindung an die Bemessungsgrenzen des § 58 Abs. 1 S. 2, wohl aber an den Grundsatz der Angemessenheit (BVerwG Beschl. v. 17.7.2001 – 4 B 24/01, ZfBR 2002, 74 ff.).

16 Die freiwillige Umlegung ist vom **gemeindlichen Ankauf der Grundstücke** in einem Baugebiet **mit anschließender Wiederveräußerung** zu unterscheiden. Um eine freiwillige Umlegung handelt es sich nur bei einem in der Regel einheitlichen Vertrag oder Vertragspaket der Grundstückseigentümer in einem Baugebiet untereinander und mit der Gemeinde. Es entspricht hinsichtlich der sachlichen Voraussetzungen und des Regelungsinhalts grundsätzlich der amtlichen Umlegung und ersetzt den Umlegungsplan. Jedoch können von der gesetzlichen Regelung abweichende Vereinbarungen getroffen werden, etwa zum Umfang der an die Gemeinde zu übertragenden Grundstücke. Solche **Mehrflächenabtretungen** können etwa für die Zwecke nach Abs. 1 S. 2 Nr. 2 oder 3 erfolgen. Sie müssen sich aber im Rahmen der Angemessenheit halten (hierzu im Einzelnen *Birk* aaO (Rn. 1), Rn. 629 ff.; u. a. *Bunzel* aaO (Rn. 1), 72 ff.).

17 b) **Bodensanierung.** Auch die **Bodensanierung,** insbesondere also die Entsorgung von Altlasten, wird in Abs. 1 S. 2 Nr. 2 als Beispiel für mögliche Verpflichtungen im Rahmen städtebaulicher Verträge angeführt, da sie für die **Planverwirklichung** wichtig sein kann (hierzu u. a. *Bunzel* aaO (Rn. 1), 101 ff.). Unabhängig von einer Bebauungsplanung sieht § 13 Abs. 4 BBodSchG die Möglichkeit eines Sanierungsvertrags zur Altlastensanierung vor (hierzu *Frenz/Heßler* NVwZ 2001, 13 ff.; *Schlemminger/Böhn* NVwZ 2010, 354 ff.; *Dombert* ZUR 2000, 205 ff.; *Sahm* UPR 1999, 374 ff.; *Fischer* BauR 2000, 833 ff.). Hierbei geht es jedoch nicht um die Bodennutzung als solche, sondern um die technische Ausführung der Bodensanierung aus Gründen der Gefahrenabwehr (vgl. *Bickel* BBodSchG, 4. Aufl. 2005, § 13 Rn. 9; *Frenz/Heßler* NVwZ 2001, 13; *Holzwarth/Radtke/Hilger/Bachmann*, Bundes-Bodenschutzgesetz/Bundes-Bodenschutz- und Altlastenverordnung, 2. Aufl. 2000, § 13 Rn. 13 ff.), so dass sich die Vorschriften ergänzen. Zu den **sonstigen vorbereitenden Maßnahmen** iSd Abs. 1 S. 2 Nr. 1 Hs. 2 gehört zum Beispiel die **Freilegung von Grundstücken** (hierzu § 128 Rn. 15).

18 c) **Erschließung. aa) Grundlagen.** Die zuvor in § 124 aF enthaltene Regelung zum Erschließungsvertrag wurde durch die Innenentwicklungsnovelle 2013 in Abs. 1 S. 2 Nr. 1 und Nr. 3 übernommen. Für zuvor abgeschlossene Verträge verbleibt es allerdings bei der früheren Rechtslage (→ Rn. 13; zu § 54 BauZVO s. BVerwG Urt. v. 30.5.2012 – 9 C 5/11, NVwZ 2013, 218).

19 Die in § 123 enthaltene Zuweisung der Erschließungslast an die Gemeinde bedeutet nicht, dass die Gemeinde Erschließungsanlagen (zum Begriff der Erschließung iSv Abs. 1 S. 2 Nr. 1 Rn. 20 f.) selbst herstellen muss. Abs. 1 S. 2 Nr. 1 ermöglicht es der Gemeinde vielmehr, die **Durchführung** der Erschließung durch **Vertrag** auf einen Dritten zu übertragen (Durchführungsvertrag; ausführlich hierzu *Grziwotz* in EZBK § 124 Rn. 1 ff., mit Vertragsmustern in Rn. 126). Die Gemeinde kann durch einen Erschließungsvertrag jedoch **nicht** ihre **Erschließungslast** nach § 123 Abs. 1 **übertragen.** Durch einen Erschließungsvertrag überträgt die Gemeinde daher auch keine ihr durch Gesetz eingeräumten Hoheitsrechte; der Vertragspartner der Gemeinde wird durch den Vertrag **nicht beliehener Unternehmer.** Nach außen bleibt die Gemeinde trotz des Abschlusses eines Erschließungsvertrages für die Erschließung verantwortlich (BT-Drs. 12/3944, 29; *Driehaus* § 6 Rn. 5). Die Erschließungslast der Ge-

4. Abschnitt. Zusammenarbeit mit Privaten; vereinfachtes Verfahren § 11

meinde wird wieder akut, wenn der Vertragspartner der Gemeinde die Erschließung nicht vertragsgemäß zu Ende führt oder führen kann (vgl. Rn. 33). Sie kann sich zudem zu einer **Erschließungspflicht** verdichten. Dies gilt insbesondere, aber nicht nur, in den von § 124 erfassten Fällen.

Im Rahmen von § 124 aF ging es um Verträge in Bezug auf die erstmalige Herstellung von Erschließungsanlagen, die der Baureifmachung von Grundstücken in dem jeweiligen Erschließungsgebiet dienten (s. im Einzelnen *Driehaus* § 6 Rn. 27ff.; → auch Vorb. §§ 123–135 Rn. 6). Die darüber hinausgehende Erschließung durch Einrichtungen des Gemeinbedarfs (zB Schulen, Kindergärten) sowie die Erweiterung und Verbesserung vorhandener Erschließungsanlagen fielen nicht unter § 124 aF, sondern auch vor der Innenentwicklungsnovelle 2013 bereits unter § 11. Seither fallen alle diese Maßnahmen (erstmalige Herstellung, Erweiterung und Verbesserung von Erschließungsanlagen, die der Baureifmachung von Grundstücken dienen, sowie von Erschließungseinrichtungen des Gemeinbedarfs) insgesamt unter Abs. 1 S. 2 Nr. 1, da es um die Vorbereitung oder Durchführung städtebaulicher Maßnahmen geht. Die in Abs. 1 S. 2 Nr. 1 enthaltene Regelung, die sich auf nach Bundes- oder nach Landesrecht beitragsfähige oder auch nicht beitragsfähige Erschließungsanlagen bezieht, ist dabei gegenüber abweichenden oder auch gegenteiligen landesrechtlichen Bestimmungen, insbesondere auch Vertragsformverboten (s. Rn. 2, 72) vorrangig. Dies gilt unabhängig von der Gesetzgebungskompetenz der Länder für das Erschließungsbeitrags- und Anschlussbeitragsrecht. Landesrechtlich können daher Verträge, die Abs. 1 S. 2 Nr. 1 entsprechen, nicht untersagt oder eingeschränkt werden, unabhängig davon, ob es um nach Landesrecht beitragsfähige oder nicht beitragsfähige Anlagen geht. Auch die Anforderungen in Abs. 2 und 3 sind gegenüber dem Landesrecht speziell (vgl. BVerwG Urt. v. 10.8.2011 – 9 C 6/10, DVBl. 2011, 1358 (1360); dass. Urt. v. 12.12.2012 – 9 C 12.11, BauR 2013, 750 jeweils zu § 124 aF). 20

Bei der zur Baureifmachung von Grundstücken dienenden Erschließung ist, auch wenn sie nunmehr ebenfalls unter § 11 fällt, gleichwohl weiterhin zwischen den nach Bundes- oder Landesrecht beitragsfähigen und den nicht beitragsfähigen Erschließungsanlagen zu unterscheiden. Beide Fälle sind zwar in Abs. 1 S. 2 Nr. 1 genannt, jedoch ändert dies nichts daran, dass die Gemeinde in Bezug auf die beitragsfähigen Anlagen eine **Regimeentscheidung** zu treffen hat. Denn grundsätzlich kann die Gemeinde nur dann, wenn sie die Erschließung „in Eigenregie" durchführt, den ihr entstandenen Aufwand in dem von den §§ 127ff. bestimmten Umfang durch Erhebung von Erschließungsbeiträgen oder durch die Erhebung von Beiträgen nach den Kommunalabgabengesetzen der Länder auf die Grundstückseigentümer umlegen. Allerdings kann sie in Fällen, in denen sie die Durchführung der Erschließung „in Fremdregie" einem Dritten durch Vertrag überträgt, eine **Kostenerstattungsvereinbarung** treffen, die einen beitragsfähigen Erschließungsaufwand der Gemeinde begründet (BVerwG Urt. v. 30.1.2013 – 9 C 11/11, BauR 2013, 479; Zur Lastengerechtigkeit → Rn. 77; zur Angemessenheit des Aufwandes → § 129 Rn. 16). Anders als nach der Rechtslage vor Inkrafttreten der Innenentwicklungsnovelle 2013 hat sie allerdings zudem auch die Möglichkeit, bei einer in Eigenregie durchgeführten Erschließung die ihr entstandenen oder noch entstehenden Kosten oder sonstigen Aufwendungen gem. Abs. 1 S. 2 Nr. 3 auf vertraglicher Basis abzuwälzen (Kostenübernahmevertrag), sofern die dort genannten Voraussetzungen sowie die allgemeinen Anforderungen an städtebauliche Verträge erfüllt sind (→ noch Rn. 54ff.). Überträgt die Gemeinde hingegen gem. Abs. 1 S. 2 Nr. 1 die Erschließung ohne gemeindliche Kostenerstattung auf einen Dritten als Vertragspartner (s. hierzu noch Rn. 34), scheidet die Erhebung von Erschließungsbeiträgen nach den §§ 127ff. sowie die Erhebung von Beiträgen nach den Kommunalabgabegesetzen der Länder aus (vgl. BVerwG Urt. v. 5.9.1975 – VI C 2.73, DÖV 1975, 835; *Driehaus* KStZ 2012, 61 (65)). 21

§ 11

22 **bb) Räumlicher und sachlicher Umfang.** Mit der nur beschränkt möglichen Übertragung der Durchführung der Erschließung (→ Rn. 33) geht einher, dass sich ein Erschließungsvertrag **nicht generell auf das gesamte Gemeindegebiet** und die **Herstellung sämtlicher Erschließungsanlagen** erstrecken darf. Der Erschließungsvertrag muss sich vielmehr räumlich auf ein **bestimmtes Baugebiet** sowie sachlich auf eine **bestimmte Art von Anlagen**, zB auf die straßenseitige Erschließung oder auf die Wasser- oder die Stromversorgung, beziehen (→ zu den erfassten Erschließungsanlagen Rn. 20). Umgekehrt muss der Erschließungsvertrag jedoch auch nicht die vollständige Herstellung einer Erschließungsanlage umfassen. Die Gemeinde kann etwa den Grunderwerb (vgl. VGH München Urt. v. 9.11.2010 – 6 BV 09.675, ZKF 2011, 116) oder die Herstellung bestimmter **Teile der Anlage**, zB die Straßenentwässerung oder -beleuchtung, sich selbst oder einem anderen vorbehalten (zum Begriff der Teileinrichtungen → vgl. § 127 Rn. 41). Dies gilt auch für Teilstrecken. Diese müssen aber den Kriterien der Abschnittsbildung entsprechen, wenn für den nicht übertragenen Teil eine Beitragserhebung möglich sein soll (vgl. VGH Kassel Beschl. v. 12.7.2007 – 5 TG 771/07, DÖV 2008, 291; *Driehaus* § 6 Rn. 28; zur Abschnittsbildung → § 130 Rn. 21).

23 Erforderlich ist es im weiteren, dass die Gemeinde für die Herstellung der betreffenden Erschließungsanlagen **zuständig** ist (vgl. BVerwG Urt. v. 25.11.1981 – 8 C 10/81, NVwZ 1982, 435). Dies ist oftmals bei Erschließungseinrichtungen aus den Bereichen Trinkwasser und Abwasser nicht der Fall. Hier müssen entweder mit den betreffenden Erschließungsträgern (zB einem Trink- oder Abwasserzweckverband) eigenständige vertragliche Vereinbarungen getroffen werden oder aber diese müssen als weitere Vertragspartei an dem Erschließungsvertrag beteiligt werden.

24 Wie bei der eigenen Durchführung ist die Gemeinde auch beim Abschluss eines Erschließungsvertrages gem. § 125 Abs. 1 an die **Festsetzungen eines wirksamen Bebauungsplans** gebunden, soweit es um Erschließungsanlagen iSv § 127 Abs. 2 geht (→ zudem auch die §§ 29 ff. sowie zur Stopfunktion eines Bebauungsplans § 29 Rn. 2). Widerspricht ein Vertrag dessen Festsetzungen oder bei Fehlen eines Bebauungsplans nach § 125 Abs. 2 maßgeblichen **Anforderungen des § 1 Abs. 4 bis 7**, ist er nichtig (vgl. VGH Mannheim Urt. v. 25.7.1985 – 2 S 107/83, BWGZ 1986, 568; s. auch *Driehaus* § 6 Rn. 32). Es reicht jedoch aus, wenn bei Vertragsschluss dem Erlass des Bebauungsplans keine durchgreifenden Hindernisse entgegenstanden und die Vertragserfüllung nur für den Fall der Aufstellung des Bebauungsplans vorgesehen ist (BVerwG Urt. v. 22.3.1996 – 8 C 17/94, BVerwGE 101, 12).

25 **cc) Abgrenzung zu anderen Verträgen.** Bei einem (klassischen) Erschließungsvertrag geht es darum, dass die Gemeinde mit ihrem Vertragspartner eine Vereinbarung darüber abschließt, das letzterer die in der Regel in seinem Eigentum stehenden Flächen durch vertragsgemäße Herstellung der notwendigen Erschließungsanlagen auf eigene Kosten zu Bauland macht und die Erschließungskosten selbst trägt oder sie durch den Verkauf bebaubarer (ggf. sogar bereits bebauter) Grundstücke refinanziert (*Driehaus* KStZ 2012, 61 (63)). Abs. 1 S. 2 Nr. 1 umfasst darüber hinausgehend jedoch auch die Erschließung in einem umfassenderen Sinne (s. Rn. 20), zu deren Durchführung sich ein Vertragspartner der Gemeinde ebenfalls verpflichten darf (zB hinsichtlich einer durch die geplante Neubebauung erforderlich werdenden Kindertagesstätte). Regelungsgegenstand eines Erschließungsvertrages nach Abs. 1 S. 2 Nr. 1 ist dabei stets die Herstellung, Erweiterung oder auch Verbesserung von Erschließungsanlagen (s. Rn. 20) im Namen und auf Kosten des Erschließungsträgers. Dies hat zur Folge, dass bei der Gemeinde auch bei grundsätzlich beitragsfähigen Anlagen kein beitragsfähiger Aufwand iSv § 127 Abs. 1 oder der Kommunalabgabengesetze der Länder entsteht oder verbleibt, soweit sie die Durchführung der Erschließung übertragen hat (vgl. BVerwG Urt. v. 1.12.2010 – 9 C 8/09, BVerwGE 138, 244 Rn. 31).

Abzugrenzen ist der Erschließungsvertrag von einem **Werkvertrag** im Sinne der 26
§§ 631 ff. BGB. Dies gilt auch bei Abschluss eines Generalunternehmervertrages, in dem ein Generalunternehmen damit beauftragt wird, die Erschließungsanlage für die Gemeinde zu planen, durchzuführen und dazu ggf. Nachunternehmer zu beauftragen. Es handelt sich dabei nicht um einen Erschließungsvertrag, da dem Bauunternehmer nicht die Durchführung der Erschließung, sondern lediglich die Durchführung von Erschließungs**arbeiten** übertragen wird. Dafür stellt der Werkunternehmer der Gemeinde seine Kosten in Rechnung (Werklohn), der dadurch (bei beitragsfähigen Anlagen) ein beitragsfähiger Aufwand iSd § 127 Abs. 1 oder der Kommunalabgabengesetze der Länder entsteht (BVerwG Urt. v. 1.12.2010 – 9 C 8/09, BVerwGE 138, 244 Rn. 32; *Driehaus* § 6 Rn. 7). Dies ist bei einem Erschließungsvertrag nach Abs. 1 S. 2 Nr. 1 gerade nicht der Fall (*Bier* DVBl. 2013, 541 (542)).

Von einer **Ablösungsvereinbarung** (→ § 133 Rn. 50 f.) unterscheidet sich der 27
Erschließungsvertrag dadurch, dass erstere sich von vornherein nur auf beitragsfähige Erschließungsanlagen bezieht. Zudem geht es bei einer Ablösungsvereinbarung nicht um die Herstellung auf Kosten des Vorhabenträgers, sondern allenfalls um eine Vorfinanzierung. Bei einer Ablösungsvereinbarung wird zwischen den Vertragsparteien vor Entstehen der sachlichen Beitragspflicht (→ § 133 Rn. 15) ein im Wege der Prognose geschätzter Betrag vereinbart, den der Schuldner „zur Ablösung" der Beitragsschuld zu zahlen hat und der später, abgesehen von Fällen, in denen die Geschäftsgrundlage der Ablösevereinbarung berührt ist, nicht mehr in Frage gestellt werden soll (→ § 133 Rn. 50). Bei einer Vorfinanzierung (s. Rn. 28) durch einen Vorhabenträger erfolgt ggf. eine Verrechnung von Erschließungskosten und Ablösebetrag (zum Verhältnis einer Ablösungsvereinbarung zu einem Kostenübernahmevertrag nach Abs. 1 S. 2 Nr. 3 → Rn. 55).

Ebenfalls kein Erschließungsvertrag iSv Abs. 1 S. 2 Nr. 1 ist ein **Vorfinanzie-** 28
rungsvertrag („unechter Erschließungsvertrag"). Bei ihm übernimmt in der Regel ein Eigentümer oder eine Eigentümergemeinschaft die Durchführung beitragspflichtiger Erschließungsmaßnahmen der eigenen und ggf. weiterer Grundstücke. Nach Abschluss der Erschließungsarbeiten werden der Gemeinde die Kosten in Rechnung gestellt und in der Regel mit der Beitragsschuld oder einem Ablösungsbetrag (→ Rn. 27) verrechnet. Es handelt sich also um einen Werkvertrag, der lediglich die Besonderheit aufweist, dass eine erschließungsspezifische Fälligkeitsabrede vereinbart wird. Dies ändert allerdings nichts daran, dass Werkleistungen (Erschließungsarbeiten) gegen eine (verrechnungsfähige) Vergütung der Gemeinde erbracht werden sollen (zu vergaberechtlichen Konsequenzen → Rn. 86).

Von einem **Folgelastenvertrag** unterschied sich ein Erschließungsvertrag (§ 124 29
aF) bis zum Inkrafttreten der Innenentwicklungsnovelle 2013 dadurch, dass er auf nach Bundes- oder Landesrecht beitragsfähige oder nicht beitragsfähige Erschließungsanlagen und deren erstmalige Herstellung in einem bestimmten Erschließungsgebiet beschränkt war (→ Rn. 20). Demgegenüber ging es bei einem Folgelastenvertrag um die Erschließung in einem umfassenderen Sinne. Als Folgelasten werden die mit einem Bauvorhaben bzw. einem Baugebiet verbundenen Folgekosten für Infrastruktureinrichtungen, wie etwa Schulen, Kindertagesstätten, Feuerwehren, Kläranlagen etc., bezeichnet (vgl. zur Diskussion über die Reichweite möglicher Folgelastenverträge OVG Schleswig Urt. v. 13.1.2011 – 2 LB 17/10, NordÖR 2011, 237). Aufgrund des Urteils des Bundesverwaltungsgerichtes vom 1.12.2010 (9 C 8/09, BVerwGE 138, 244) bedurfte es insofern einer strikten Differenzierung. Zwar konnten Folgelastenvertrag und Erschließungsvertrag in einer Vertragsurkunde miteinander kombiniert werden, jedoch waren die Anforderungen an beide Vertragstypen nicht identisch. Soweit es um Erschließungsanlagen iSv § 124 Abs. 2 S. 1 aF ging, war § 124 aF gegenüber § 11 die speziellere Norm (BVerwG Urt. v. 1.12.2010, aaO Rn. 33). Dies hatte insbesondere Folgen dafür, wer Vertragspartner der Gemeinde sein konnte (vgl. Rn. 34) sowie dafür, welchen Inhalt die vertraglichen Regelungen haben durften

§ 11 I. Kapitel. I. Teil. Bauleitplanung

(Rn. 20). Aufgrund der Spezialität des § 124 aF war die Gemeinde daran gehindert, für Erschließungsanlagen iSv § 124 Abs. 2 S. 1 aF einen städtebaulichen Vertrag gem. § 11 abzuschließen, ohne dass die Anforderungen an einen Erschließungsvertrag erfüllt waren. Ein derartiger Vertrag war nichtig (BVerwG Urt. v. 1.12.2010, aaO Rn. 34). Diese Unterscheidung ist mit der Innenentwicklungsnovelle 2013 entfallen. Nunmehr fallen sämtliche Erschließungsanlagen sowie Vereinbarungen über deren Vorbereitung und Durchführung als städtebauliche Maßnahmen unter Abs. 1 S. 2 Nr. 1. Dies gilt unabhängig davon, ob es sich um Erschließungsmaßnahmen im engeren oder weiteren Sinne oder um nach Bundes- oder Landesrecht beitragsfähige oder nicht beitragsfähige Anlagen handelt.

30 Von einem **Kostenübernahmevertrag** (Folgelastenvertrag/Folgekostenvertrag), so wie er in Abs. 1 S. 2 Nr. 3 geregelt ist (s. Rn. 54ff.), unterscheidet sich ein Erschließungsvertrag über die Vorbereitung oder Durchführung städtebaulicher Maßnahmen gem. Abs. 1 S. 2 Nr. 1 dadurch, dass er die Tätigkeit durch den Vertragspartner der Gemeinde betrifft. Demgegenüber regelt Abs. 1 S. 2 Nr. 3 nicht bestimmte Tätigkeiten des Vertragspartners, sondern nur die Übernahme von Kosten und sonstigen Aufwendungen, die der Gemeinde entstehen oder entstanden sind (vgl. BVerwG Urt. v. 12.12.2012 – 9 C 12.11, BauR 2013, 750). Hinzu kommt bei Abs. 1 S. 2 Nr. 3 noch die Bereitstellung von Grundstücken durch den privaten Vertragspartner zugunsten der Gemeinde, also regelmäßig deren eigentumsmäßige Übertragung. Auch dies allerdings betrifft nicht die Vorbereitung oder Durchführung städtebaulicher Maßnahmen durch den Vertragspartner der Gemeinde als solche. Ebenso wie bei Abs. 1 S. 2 Nr. 3 ist es allerdings auch bei der Vorbereitung oder Durchführung von Erschließungsmaßnahmen oder sonstigen städtebaulichen Maßnahmen auf eigene Kosten des Vertragspartners erforderlich, dass die mit den städtebaulichen Maßnahmen verbundenen Kosten Voraussetzung oder Folge des von dem gemeindlichen Vertragspartner geplanten Vorhabens sind (vgl. Rn. 13 sowie Rn. 36).

31 **dd) Rechtsnatur.** Bei dem zwischen der Gemeinde und einem Dritten abzuschließenden Vertrag über die Erschließung handelt es sich um einen **öffentlich-rechtlichen Vertrag** iSv § 54 Abs. 1 VwVfG (BVerwG Urt. v. 1.12.2010 – 9 C 8/09, BVerwGE 138, 244 Rn. 24; dass. Beschl. v. 16.11.2007 – 9 B 36/07, NVwZ 2008, 212 Rn. 3; BGH Beschl. v. 6.7.2000 – V ZB 50/99, NVwZ-RR 2000, 845). Dies gilt auch, wenn der Vertrag privatrechtliche Sicherungsabreden für den Fall der Nichterfüllung oder nicht ordnungsgemäßen Erfüllung enthält (zu den Sicherungsmöglichkeiten → Rn. 64ff.).

32 Von der Rechtsbeziehung zwischen der Gemeinde und dem Dritten zu unterscheiden sind die Rechtsbeziehungen zwischen diesem Dritten und weiteren Personen, vor allem also den Eigentümern von Grundstücken im Erschließungsgebiet, die durch den Dritten an den Kosten der Erschließung beteiligt werden sollen. Die in dieser Rechtsbeziehung bestehenden Leistungs- und Erstattungsansprüche sind zivilrechtlicher Natur (BVerwG Urt. v. 1.12.2010 – 9 C 8/09, BVerwGE 138, 244 Rn. 24; *Bier* DVBl. 2013, 541ff.). Der Umstand, dass insofern ein Dreiecksverhältnis zwischen Gemeinde, Erschließungsträger und Grundstückseigentümern vorliegt und zwischen dem Erschließungsvertrag (Gemeinde-Erschließungsträger) und den Kostenvereinbarungen (Erschließungsträger-Grundstückseigentümer) eine „Akzessorietät" besteht, ändert daran nichts (BVerwG Urt. v. 1.12.2010, aaO Rn. 26; zum Verhältnis der vertraglichen Vereinbarungen s. auch *Grziwotz* in EZBK § 124 Rn. 110f.).

33 **ee) Übertragung der Durchführung.** Die Gemeinde musste vor Inkrafttreten der Innenentwicklungsnovelle 2013 gem. § 124 aF „tatsächlich" die Durchführung der Erschließung auf einen Dritten übertragen. Denn es war ihr verboten, die Erschließung zunächst selbst durchzuführen und die entstehenden Kosten sodann auf vertraglicher Grundlage auf die Grundstückseigentümer umzulegen (vgl. BVerwG Urt. v. 1.12.2010, aaO Rn. 48; dass. Urt. v. 22.8.1975 – IV C 7.73, BVerwGE 49,

125 (127 f.)). Dies schloss es auch aus, in einem Erschließungsvertrag Regelungen dahingehend zu treffen, dass sich die Gemeinde das Recht vorbehält, die Durchführung und Abrechnung der Erschließungsmaßnahmen im Sinne eines jederzeit ausübbaren unbeschränkten Selbstausführungsrechts ohne besondere Voraussetzungen wieder an sich zu ziehen. Es musste vielmehr so sein, dass dem Erschließungsunternehmer alle wesentlichen Aufgaben, die typischerweise mit der Durchführung der Erschließung verbunden sind, überlassen werden, er also insofern eigenständige Befugnisse hat (BVerwG Urt. v. 1.12.2010, aaO Rn. 49). Zulässig war es lediglich, in Fällen, in denen die technische Gestaltung, Materialwahl usw. nicht bereits im Erschließungsvertrag abschließend geregelt war, der Gemeinde hinreichende Kontrollbefugnisse einzuräumen. Ebenfalls konnte sich die Gemeinde für den Fall der nicht ordnungsgemäßen Vertragserfüllung Kündigungsmöglichkeiten, Ersatzvornahmerechte usw. vorbehalten, da es sich dabei nicht um ein voraussetzungsloses Selbstausführungsrecht handelte, sondern um (Not-)Maßnahmen, die die erforderliche Erschließung im Interesse der Grundstückseigentümer sicherstellen sollte (vgl. Rn. 9). Die bei der Gemeinde verbliebene Kontrollaufgabe erstarkte dann wieder zu einer Erfüllungsaufgabe (vgl. *Driehaus* KStZ 2012, 64 ff.). Wie Abs. 1 S. 2 Nr. 3 zeigt, hat sich dies durch den Wegfall von § 124 aF aufgrund der Innenentwicklungsnovelle 2013 geändert. Danach ist es für die Gemeinde auch zulässig, Erschließungsmaßnahmen selbst durchzuführen und die Kosten auf vertraglicher Basis abzuwälzen, sofern die Voraussetzungen eingehalten sind, die auch ansonsten für Verträge gem. Abs. 1 S. 2 Nr. 3 gelten (s. dazu noch Rn. 55 ff.). Ein Vertrag über die Durchführung der Erschließung kann jedenfalls dann zu einem Vorfinanzierungsvertrag abgeändert werden, wenn dies in dem ursprünglichen Erschließungsvertrag bereits ausdrücklich oder stillschweigend angelegt war (vgl. BVerwG, Urt. v. 30.1.2013 – 9 C 11.11, BVerwGE 145, 354). Im Einzelfall kann dies sogar erforderlich sein, um die notwendige Angemessenheit (→ Rn. 75) zu wahren, etwa weil der Erschließungsvertrag mit einem Grundstückseigentümer in der Annahme abgeschlossen wurde, dass dieser seinerseits im Innenverhältnis Refinanzierungsverträge mit Eigentümern anderer Grundstücke abschließen kann, die ebenfalls erschlossen werden, derartige Verträge dann allerdings doch nicht zustande kommen. Möglich sein dürfte eine solche Änderung bis zum Entstehen der sachlichen Beitragspflicht iSv § 133 Abs. 2, da zumindest bis dahin kein schutzwürdiges Vertrauen anderer Grundstückseigentümer dahingehend entstehen kann, in den Genuss einer kostenfreien Erschließung zu kommen (offenlassend, ob es überhaupt eine zeitliche Begrenzung für die nachträgliche Modifizierung eines ursprünglich ohne Kostenabrede abgeschlossenen Erschließungsvertrages gibt, BVerwG Urt. vom 30.1.2013 – 9 C 11.11, BVerwGE 145, 354). Bei einer Kostenerstattungsvereinbarung iSv Abs. 1 Satz 2 Nr. 3 (→ Rn. 55 ff.) gilt dies in gleicher Weise.

ff) Mögliche Vertragspartner der Gemeinde. Die Durchführung der Erschließung kann gem. Abs. 1 S. 2 Nr. 1 auf einen Vertragspartner der Gemeinde übertragen werden. Eine Übertragung auf die Gemeinde selbst ist also nicht möglich. Allerdings kann für die Gemeinde die „Zwischenschaltung" einer Gesellschaft, an der sie beteiligt ist, oder auch einer Eigengesellschaft, also einer Gesellschaft, die zu 100% im Eigentum der Gemeinde steht, von Interesse sein, weil sie auf diese Weise neben Erleichterungen bei der Beitragsabrechnung vor allem auch den kommunalen Eigenanteil von mindestens 10% des beitragsfähigen Erschließungsaufwandes (→ § 129 Abs. 1 S. 3) abwälzen kann (Abs. 2 S. 3; → noch Rn. 37). Das Bundesverwaltungsgericht hatte in seinem Urteil vom 1.12.2010 (9 C 8/09 – BVerwGE 138, 244 Rn. 42 ff.) zu § 124 aF die Auffassung vertreten, dass **kommunale Eigengesellschaften** nicht Dritte iSv § 124 Abs. 1 aF sein können und sich dafür insbesondere auf den Sinn und Zweck der Regelung sowie auf die Gesetzgebungsgeschichte berufen. Der Gesetzgeber habe als Partner eines Erschließungsvertrages einen privaten Erschließungsunternehmer als „Investor" vor Augen gehabt (BT-Drs. 12/3944, 24), der 34

seine Entscheidungen unabhängig von der Gemeinde trifft (BVerwG Urt. v. 1.12.2010, aaO Rn. 41). Aus dieser Formulierung wird man zugleich ableiten müssen, dass es nach § 124 aF auch nicht ausreichte, zu einem geringen Anteil einen Privaten an der Erschließungsgesellschaft zu beteiligen. Entscheidend war vielmehr, ob die Gemeinde das Erschließungsunternehmen ganz oder mehrheitlich beherrscht. Dies kann über die Mehrheitsverhältnisse erfolgen oder aber durch eine entsprechende gesellschaftsvertragliche Ausgestaltung (vgl. BVerwG Urt. v. 1.12.2010, aaO Rn. 43). Hingegen dürfte eine Minderheitsbeteiligung der Gemeinde ohne beherrschenden Einfluss auf die Tätigkeit des Erschließungsunternehmers auch nach der früheren Rechtslage des § 124 aF unbedenklich sein. Mit Inkrafttreten der Innenentwicklungsnovelle 2013 und der Übernahme des Erschließungsvertrages in Abs. 2 S. 1 Nr. 1 hat der Gesetzgeber der Rechtsprechung des Bundesverwaltungsgerichts die Grundlage entzogen. Nach der Begründung des Regierungsentwurfs soll es ausdrücklich auch möglich sein, **Erschließungsverträge** mit ganz oder teilweise **von der Gemeinde beherrschten Unternehmen** (Eigengesellschaften) abzuschließen (BR-Drs. 474/12, 27). Dieses Ziel wurde mit der Gesetzesänderung auch erreicht. Etwaige Restzweifel (s. *Driehaus* KStZ 2012, 61 (64)) wurden durch Abs. 2 S. 3, der im Gesetzgebungsverfahren auf Empfehlung des Bau- und Verkehrsausschusses noch aufgenommen wurde (BT-Drs. 17/13 272), ausgeräumt. Vertragspartner der Gemeinde kann nach dem Gesetzeswortlaut daher jede selbstständige natürliche oder juristische Person des privaten oder öffentlichen Rechts unabhängig davon sein, wer daran beteiligt ist.

35 Der Erschließungsträger muss nicht selbst **Eigentümer der Grundstücke** sein, auf die sich der Erschließungsvertrag bezieht (BVerwG Urt. v. 1.12.2010 – 9 C 8/09, BVerwGE 138, 244 Rn. 32). Ist er dies nicht, wird es regelmäßig so sein, dass die Grundstückseigentümer dem Erschließungsträger die für die Organisation und Durchführung der Erschließung notwendigen Rechte an ihren Grundstücken einräumen und ihm Kostenerstattungsverträge abschließen (BVerwG Urt. v. 1.12.2010, aaO Rn. 32; *Grziwotz* in EZBK § 124 Rn. 110; *Schmidt-Eichstaedt* ZfBR 2007, 316 (318f.)). Zu diesen Eigentümern, die mit dem Erschließungsträger Kostenerstattungsverträge abschließen, kann auch die Gemeinde selbst gehören, wenn sie über Grundstückseigentum im Erschließungsgebiet verfügt (BVerwG Urt. v. 1.12.2010, aaO Rn. 32). Fehlt es an Vereinbarungen des Erschließungsträgers mit den Grundstückseigentümern, wird zumeist ein Erschließungsvertrag nicht in Betracht kommen. Entschließt sich ein Unternehmen gleichwohl, bestimmte Erschließungsmaßnahmen durchzuführen, wird dies in der Regel nur in Form eines Werkvertrages, ggf. verbunden mit einer Vorfinanzierungsabrede (s. Rn. 28), erfolgen, bei dem das Unternehmen für die Erbringung der Leistungen von der Gemeinde eine Vergütung erhält (vgl. Rn. 26 sowie zur Angemessenheit Rn. 75).

36 **gg) Kostentragung.** Entscheidendes Merkmal eines Erschließungsvertrages ist, wie auch bei den anderen Verträgen nach Abs. 1 S. 2 Nr. 1, die grundsätzliche **Übernahme der Kosten durch den Unternehmer** (vgl. *Grziwotz* in EZBK § 124 Rn. 43; vgl. für die Abgrenzung zu einem Werkvertrag Rn. 26). **Abs. 1 S. 2 Nr. 1** sieht dementsprechend vor, dass sich der Vertragspartner der Gemeinde verpflichten kann, die **Erschließungskosten** nicht nur teilweise, sondern auch **ganz zu übernehmen** (vgl. BVerwG Urt. v. 10.8.2011 – 9 C 6/10, BVerwGE 140, 209 Rn. 28 zu § 124 aF; *Quaas* BauR 1999, 1113 (1119ff.)). Der Begriff **Kosten** in Abs. 1 S. 2 Nr. 1 und Nr. 3 sowie in Abs. 2 S. 3 macht deutlich, dass damit auch solche Kosten gemeint sind, die nicht Erschließungs**aufwand** im Sinne des § 128 sind. Es besteht insofern auch kein Unterschied, ob der Vertragspartner der Gemeinde die Kosten für städtebauliche Maßnahmen übernimmt oder ob er diese Maßnahmen für die Gemeinde auf eigene Kosten durchführt. Allerdings müssen die Kosten stets für solche Maßnahmen anfallen, die Voraussetzung oder Folge des Vorhabens des privaten Ver-

tragspartners sind (→ im Zusammenhang mit Abs. 1 S. 2 Nr. 3 Rn. 60). Bei Erschließungsanlagen gem. § 127 Abs. 2 bedeutet dies zugleich, dass sie iSv § 129 Abs. 1 S. 1 nach Art und Umfang erforderlich sein müssen (vgl. BVerwG Urt. v. 10.8.2011 – 9 C 6/10, BVerwGE 140, 209 Rn. 28; *Weyreuther* UPR 1994, 121 (129); *Driehaus* § 6 Rn. 37; anders *Richarz/Steinmetz,* Erschließung in der kommunalen Praxis, 2. Aufl. 2000, 230 f.; zur Erforderlichkeit → § 129 Rn. 8).

Aus **Abs. 2 S. 3** ergibt sich, dass bei der Übernahme von Kosten, also sowohl bei **37** der Vorbereitung oder Durchführung städtebaulicher Maßnahmen auf eigene Kosten des Vertragspartners als auch bei der Übernahme von Kosten oder sonstigen Aufwendungen der Gemeinde durch den Vertragspartner, eine **Eigenbeteiligung der Gemeinde nicht erforderlich** ist. Wird eine solche Eigenbeteiligung nicht vereinbart, bedeutet dies also nicht zwangsläufig, dass das Gebot der Angemessenheit (Abs. 2 S. 1, → Rn. 75) nicht gewahrt ist. Dies schließt es gleichwohl nicht aus, dass es zur Vermeidung der Unangemessenheit der vereinbarten Leistungen erforderlich ist, dass sich die Gemeinde an den Kosten für städtebauliche Maßnahmen beteiligt (→ noch Rn. 75 ff.). Die Regelung hat insbesondere für erschließungsbeitragspflichte Anlagen iSv § 127 Abs. 2 Bedeutung, da bei diesen die Gemeinde mindestens 10% des beitragsfähigen Erschließungsaufwandes tragen muss, wenn für die betreffenden Anlagen Erschließungsbeiträge erhoben werden (→ § 129 Abs. 1 S. 3). Abs. 2 S. 3 übernimmt damit die frühere Regelung in § 124 Abs. 2 S. 3 aF, nach dem **§ 129 Abs. 1 S. 3** auf Erschließungsverträge nicht anzuwenden war. Bereits durch diese Regelung sollte einem Rückgang der Erschließungstätigkeit infolge leerer Gemeindekassen entgegengewirkt werden (zur Legitimität der Regelung *Weyreuther* UPR 1994, 121 (131); *Grziwotz* in EZBK § 124 Rn. 64 f.; zur **Rückwirkung** des § 124 Abs. 2 S. 3 aF gem. § 242 Abs. 8 s. § 242 Rn. 10). Der Vorteil des Grundstückseigentümers oder des Erwerbers liegt in der schnelleren Erschließung, was angesichts überproportional steigender Baukosten die unter Umständen höheren Erschließungskosten ausgleicht (vgl. BT-Drs. 12/3944, 24JDW).

Bei den nach **Landesrecht** beitragsfähigen Erschließungsanlagen ist bei der Kos- **38** tentragung von Bedeutung, dass diese vielfach komplexer sind und einen **weiterreichenden Erschließungsvorteil** bieten als die Erschließanlagen gem. § 127 Abs. 2. Dementsprechend umfassender ist auch der beitragsfähige Erschließungsaufwand. Wird auf der Grundlage eines Erschließungsvertrages gem. Abs. 1 S. 2 Nr. 1 eine Erschließungsanlage iSv § 127 Abs. 2 errichtet und werden für diese Anlage die Kosten durch den Erschließungsunternehmer getragen, hat die Gemeinde keinen umlagefähigen Aufwand; sie kann daher auch keine Erschließungsbeiträge erheben. Zu den nach den Kommunalabgabengesetzen der Länder beitragsfähigen Erschließungsanlagen gehören jedoch beispielsweise nicht die Trinkwasser- oder Abwasserleitungen, die in einer zum Anbau bestimmten Straße (→ § 127 Abs. 2 Nr. 1) verlegt sind, durch die das Grundstück des Vertragspartners der Gemeinde oder ggf. auch das gesamte Erschließungsgebiet (vgl. zur räumlichen Eingrenzung → Rn. 22) erschlossen wird. Vielmehr gehören dazu regelmäßig auch darüber hinausgehende Leitungen des Ver- und Entsorgungsnetzes, außerhalb des Erschließungsgebietes liegende Pumpanlagen, Kläranlagen usw., die daher ebenfalls nach den Kommunalabgabengesetzen über Anschlussbeiträge abgerechnet werden können (s. etwa *Klausing* in Driehaus, Kommunalabgabenrecht, → § 8 Rn. 1069 ff.). Anders als bei der Errichtung einer Erschließungsstraße durch den Vertragspartner der Gemeinde ist daher der Annahme verfehlt, dass die Gemeinde keinen umlagefähigen Aufwand hat, wenn der Erschließungsunternehmer im Erschließungsgebiet etwa die dort erforderlichen Trink- oder Abwasserleitungen verlegt, was in der Regel schon zur Vermeidung eines späteren erneuten Straßenaufbruchs zumeist gleichzeitig mit dem Bau der Erschließungsstraßen erfolgt. Aus diesem Grund kommt bei den Beitragsrecht der Länder unterfallenden umfassenden Anlagen (anders als bei dem ebenfalls dem Landesrecht unterfallenden Ausbau oder der Verbesserung von Straßen, für die Straßen-

§ 11 I. Kapitel. I. Teil. Bauleitplanung

ausbaubeiträge erhoben werden könnten) in der Regel nur eine **Vorfinanzierungsvereinbarung** (→ Rn. 28) in Betracht, bei der der Aufwand des Vertragspartners der Gemeinde für die Verlegung der entsprechenden Leitungen mit einem Anschlussbeitrag nach dem Landeskommunalabgabenrecht oder einem entsprechenden Ablösebetrag verrechnet wird (*Quaas* BauR 1999, 1113 (1121); *Reidt* in BRS Rn. 1055; vgl. aus vergaberechtlicher Sicht *Wilke* ZfBR 2004, 141 (145)).

39 Hat die Gemeinde die Erschließung nur zu einem sachlichen Teil übertragen (→ vgl. Rn. 22), kann sie **für den verbleibenden Teil Erschließungsbeiträge** nach den §§ 127 ff. oder nach den Kommunalabgabengesetzen der Länder erheben, da ihr insoweit auch Aufwendungen entstanden sind. Muss die Gemeinde wegen einer etwaigen **Insolvenz** (→ vgl. § 134 Rn. 24) **des Unternehmers** die Erschließung auf eigene Rechnung zu Ende führen, kann sie jedenfalls insoweit Beiträge erheben, als ihr selbst Aufwendungen entstanden sind und die beitragspflichtigen Eigentümer nicht bereits an den Unternehmer Zahlungen geleistet haben (BVerwG Urt. v. 8.9.1972 – IV C 21/71, DVBl. 1973, 499; VGH Mannheim Urt. v. 17.6.1999 – 2 S 3245/96, NVwZ-RR 2000, 461). Selbst wenn die beitragspflichtigen Eigentümer an den Erschließungsträger Zahlungen geleistet haben, ist nicht ohne Weiteres davon auszugehen, dass sie dadurch von ihrer Beitragspflicht befreit sind. Sie müssen sich vielmehr in ihren Verträgen mit dem Vertragspartner der Gemeinde (zur Rechtsnatur s. Rn. 32) gegen derartige Risiken absichern (zB durch Zahlungen nur nach Baufortschritt bei der Erschließung, Bürgschaften u. ä.; vgl. *Grziwotz* in EZBK § 124 Rn. 123; *Dirnberger* in JDW § 124 Rn. 24). Bei Versagen derartiger Sicherungen sind bei der Beitragserhebung die Billigkeitsregelungen des § 135 Abs. 5 zu beachten (s. § 135 Rn. 19 ff.). Auch die Gemeinde sollte sich daher gegen die Insolvenz eines Vertragspartners absichern, indem sie sich für die Durchführung der Erschließungsarbeiten zB eine entsprechende Bürgschaft stellen lässt (zu den Absicherungsmöglichkeiten der Gemeinde → Rn. 64 ff.). Lässt die Gemeinde unter Verwendung dieser Bürgschaft die noch notwendigen Erschließungsmaßnahmen durch- oder zu Ende führen, verbleibt es dabei, dass ihr kein umlagefähiger Aufwand entsteht, für dessen Abdeckung sie die Grundstückseigentümer mittels Beitragserhebung in Anspruch nehmen müsste.

40 Liegen in dem von einem Erschließungsvertrag umfassten Gebiet auch Grundstücke, die nicht dem Vertragspartner der Gemeinde gehören (sog. **Fremdanlieger**), kann die Gemeinde auch diese nur zu Erschließungsbeiträgen oder Beiträgen nach den Kommunalabgabengesetzen der Länder heranziehen, wenn ihr insoweit Kosten entstanden sind. Dem Vertragspartner der Gemeinde ist es hingegen in den Fällen, in denen er nicht selbst alleiniger Grundstückseigentümer ist, ohne besondere vertragliche Regelung nicht möglich, Fremdanlieger heranzuziehen. Gesetzliche oder quasi-gesetzliche Ansprüche, etwa aus einer Geschäftsführung ohne Auftrag oder aus Bereicherungsrecht, bestehen nicht (BVerwG Urt. v. 22.3.1996 – 8 C 17/94, BVerwGE 101, 12; BGH Urt. v. 8.11.1973 – VII ZR 246/72, BGHZ 61, 359; BVerwG Urt. v. 1.12.2010 – 9 C 8/09, BVerwGE 138, 244 Rn. 55; *Dombert* BauR 1999, 588 (589); *Quaas* BauR 1999, 1113 (1122)). Einen eigenen Aufwand kann die Gemeinde in der Regel nur dadurch erreichen, dass sie mit dem Unternehmer eine Kostenvereinbarung trifft, die einen beitragsfähigen Erschließungsaufwand der Gemeinde begründet. Um Fremdanlieger anteilig an den gesamten Erschließungskosten beteiligen zu können, muss die Vereinbarung vorsehen, dass die Gemeinde dem Unternehmer die beitragsfähigen Aufwendungen erstattet und diesen Erstattungsanspruch mit den Erschließungsbeitragsforderungen für die Grundstücke des Unternehmers – ggf. über eine Ablösungsvereinbarung nach § 133 Abs. 3 S. 5 – verrechnet. Der der Gemeinde danach verbleibende Kostenanteil kann auf die Fremdanlieger umgelegt werden (BVerwG Urt. v. 22.3.1996 – 8 C 17/94, BVerwGE 101, 12; *Dombert* BauR 1999, 588 ff.; *Rodegra* NVwZ 1997, 633 (637); *Driehaus* § 6 Rn. 52 ff.; *Quaas* BauR 1999, 1113 (1122 f.)). Der Sache nach handelt es sich dann um eine Vor-

4. Abschnitt. Zusammenarbeit mit Privaten; vereinfachtes Verfahren **§ 11**

finanzierungsvereinbarung (*Quaas* BauR 1999, 1113 (1122); s. auch Rn. 28). An der Möglichkeit, dass der Vertragspartner der Gemeinde den kommunalen Anteil (Abs. 2 S. 3 s. Rn. 37) übernimmt, ändert dies nichts (vgl. *Quaas* BauR 1999, 1113 (1123); *Driehaus* § 6 Rn. 55; zur notwendigen Angemessenheit → Rn. 75 ff.; zu vergaberechtlichen Aspekten → Rn. 85 ff.).

hh) Steuerliche Behandlung. Zu Fragen des **Umsatzsteuerrechts** wird auf das 41 **BMF-Schreiben** vom 7.6.2012, BStBl. I, 61 verwiesen (s. auch Bunzel u. a. aaO (Rn. 1) 33 f.).

Die **Grunderwerbsteuer** bemisst sich nach dem Wert der Gegenleistung. Hin- 42 sichtlich der Erschließungskosten kommt es darauf an, ob sie in der Gegenleistung enthalten sind oder nicht. Erwirbt der Käufer ein erschlossenes Grundstück, bemisst sich die Grunderwerbsteuer nach dem Preis für das Grundstück und, wenn sie gesondert ausgewiesen sind, für die Erschließungskosten. Ist das Grundstück im Zeitpunkt des Kaufvertragsabschlusses noch nicht erschlossen, verpflichtet sich aber der Verkäufer, dem Erwerber das Grundstück in erschlossenem Zustand zu verschaffen, ist nach dem Grundsatz des „grunderwerbsteuerlich einheitlichen Erwerbsgegenstands" ebenfalls der Wert des erschlossenen Grundstücks maßgebend. Verkauft aber ein Erschließungsträger ein noch nicht erschlossenes Grundstück und schließt er später mit dem Erwerber einen selbstständigen Vertrag über die Erschließungskosten, ist Grundlage für die Erhebung der Grunderwerbsteuer nur der Preis für das unerschlossene Grundstück, nicht aber die Kosten der Erschließung. Denn da die Erschließung auch bei Abschluss eines Erschließungsvertrags eine öffentliche Aufgabe bleibt (vgl. Rn. 19), handelt es sich in diesem Fall um zwei getrennte Rechtsvorgänge und nicht um einen einheitlichen Erwerbsgegenstand (BFH Urt. v. 21.3.2007 – II R 67/05, NVwZ 2007, 1103).

d) Ausarbeitung städtebaulicher Planungen. Abs. 1 S. 2 Nr. 1 Hs. 2 nennt in 43 seiner (beispielhaften) Aufzählung abschließend noch die **Ausarbeitung städtebaulicher Planungen** als möglichen Gegenstand eines städtebaulichen Vertrages. Danach kann die Gemeinde nicht nur für Bebauungspläne, sondern auch für die Ausarbeitung nicht im Rechtssinne erforderlicher, aber für ihre Entwicklungskonzeption zweckmäßiger Pläne, etwa nach § 1 Abs. 6 Nr. 11, städtebauliche Verträge schließen. Der ergänzende Hinweis auf den **Umweltbericht** hat lediglich klarstellende Bedeutung, da er für die Vorbereitung einer städtebaulichen Maßnahme iSd Nr. 1, insbesondere für die Aufstellung oder Änderung eines Bauleitplans, erforderlich ist. Zu betonen ist, dass lediglich die Ausarbeitung von Planungen auf Dritte bzw. auf von diesen Dritten beauftragte Planungsbüros oder Gutachter verlagert werden darf. Erforderlich ist sodann eine eigene kritische Befassung mit den Ergebnissen der betreffenden Ausarbeitungen durch die Gemeinde selbst (→ bereits Rn. 5).

Alternativ kommt die Möglichkeit in Betracht, dass die Gemeinde selbst die be- 44 treffenden Planungen beauftragt und mit ihrem Vertragspartner lediglich eine Kostenerstattung vereinbart (Abs. 1 S. 2 Nr. 3). Dies verdeutlicht, dass die Gemeinde selbst Herrin des Verfahrens ist und verstärkt etwa die Kontrolle zu beauftragender Fachgutachter. Andererseits kann eine solche bloße Kostenerstattungsregelung für den Investor bspw. aus umsatzsteuerrechtlichen Gründen nachteilig sein. Zudem muss sich die Gemeinde in einem solchen Fall hinreichend absichern, dass sie ihren vertraglichen Erstattungsanspruch auch tatsächlich durchsetzen kann (→ Rn. 64 ff.). Zumeist werden diesbezügliche Verträge bereits zu Beginn eines Planverfahrens abgeschlossen. Dies schließt es nicht aus, im weiteren Verlauf des Verfahrens weitere Verträge, etwa zu Folgelasten oder zur Absicherung von gemeindlichen Planungszielen, abzuschließen.

2. Förderung und Sicherung der planerischen Ziele, Planungsverträge 45 **(Nr. 2).** In **Abs. 1 S. 2 Nr. 2** werden **Planungsverträge** (zu ihrer rechtlichen Prob-

lematik *Schmidt-Aßmann/Krebs* aaO (Rn. 1), 82ff., 169f.; *Schmidt-Eichstaedt* BauR 1996, 1 (7ff.); *Krautzberger* in EZBK § 11 Rn. 131ff.) genannt. Teilweise wird auch von Planverwirklichungsverträgen oder von Zielbindungsverträgen gesprochen. In der Regel handelt es sich um **bebauungsplanbegleitende Verträge.** Wenn Planfestsetzungen nach § 9 nicht möglich oder hinsichtlich ihrer Zulässigkeit zweifelhaft sind, sollen sie auf diese Weise ergänzt werden (festsetzungsergänzende Vereinbarungen). Sind Planfestsetzungen zwar möglich, soll allerdings durch vertragliche Regelungen eine größere Flexibilität (s. dazu allerdings noch Rn. 48) erreicht werden, handelt es sich um festsetzungsersetzende Vereinbarungen (zur Terminologie *Erbguth,* Öffentliches Baurecht, § 5 Rn. 187; *Reidt,* FS Krautzberger, 2008, 203 (205f.); *ders.* UPR 2008, 410 (411); s. auch OVG Berlin-Brandenburg Urt. v. 22.9.2011 – 2 A 8/11, BauR 2012, 1612; OVG Lüneburg Urt. v. 8.3.2012 – 12 LB 244/10, BauR 2012, 1072, dort auch zur Abgrenzung gegenüber planersetzenden Vereinbarungen, mit denen die Entwicklungs- und Ordnungsfunktion der Bauleitplanung unterlaufen wird). In beiden Fällen geht es darum, dass die durch einen Bebauungsplan begründbaren Nutzungsmöglichkeiten aufgrund von legitimen gemeindlichen Planungszielen **eingeschränkt** oder unter **zusätzliche Anforderungen** gestellt werden sollen (→ noch Rn. 91). Unzulässig ist es allerdings, so weitreichende Einschränkungen zu vereinbaren, dass das im Plan selbst zum Ausdruck kommende Planungsziel unterlaufen wird (zB der vertragliche Ausschluss sämtlicher erheblich belästigender Vorhaben in einem geplanten Industriegebiet oder sämtlicher anderer Nutzungen in einem geplanten allgemeinen Wohngebiet). Eine Erweiterung der durch einen Bebauungsplan zu schaffenden Nutzungsmöglichkeiten ist nicht möglich. Ein Vertrag kann also kein Baurecht schaffen (*Birk,* FS Krautzberger, 2008, 169 (177)). Auch wenn der Zulässigkeit der Kooperation zwischen Gemeinden und Privaten allgemein anerkannt und eine entsprechende Abstimmung im Vorfeld der Aufstellung von Bauleitplänen oftmals sogar unverzichtbar ist (BVerwG Urt. v. 5.7.1974 – IV C 50/72, BVerwGE, 45, 309 (317)), liegt gerade hier eine besondere Gefahr der unzulässigen planerischen Vorwegbindung, aber auch das Risiko einer unzureichenden Öffentlichkeits- und Behördenbeteiligung anlässlich der notwendigen planerischen Konfliktbewältigung. Gleichwohl besteht kein gesetzliches Vorrangverhältnis für Planfestsetzungen. Dies gilt auch in den Fällen, in denen für die Konfliktbewältigung durchaus planerische Festsetzungen in Betracht kämen (→ Rn. 91).

46 **a) Grundstücksnutzung.** Als erstes Beispiel für den Gegenstand eines städtebaulichen Vertrages nach Nr. 2 wird die **Grundstücksnutzung** angeführt. Eine wichtige, wenn auch nur sehr eingeschränkt (zB durch ein Ankauf- oder Rückkaufrecht der Gemeinde) durchsetzbare Regelung ist dabei die, auch über § 12 hinausgehend zulässige, Vereinbarung einer **Bauverpflichtung** zur raschen Bebauung des Plangebiets und zur Vermeidung von Baulücken, um die Erschließung von weiteren Baugebieten aus Kosten- und Umweltgesichtspunkten möglichst zu vermeiden (vgl. OVG Saarlouis Urt. v. 19.3.2015 – 2 C 382/13, I+E 2015, 96; zur Baulandentwicklung durch private Erschließungsträger vgl. *Zimmermann,* Flächenmanagement und Bodenordnung 2004, 212ff.). Aber auch andere im Zusammenhang mit der Grundstücksnutzung verfolgte Ziele können Gegenstand eines städtebaulichen Vertrages sein, etwa eine **Entsiegelung** oder ein **Rückbau,** eine aus sozialen Gründen **nur begrenzte Modernisierung** baulicher Anlagen oder eine bestimmte Art der **Bepflanzung.** Besondere Bedeutung kann die Regelung zudem für die **planerische Konfliktbewältigung** gerade in den Fällen haben, in denen sie durch Planfestsetzungen nicht oder nur eingeschränkt möglich ist. Dies gilt etwa für baugebiets- oder auch plangebietsüberschreitende Nutzungseinschränkungen (zB Verkaufsflächen- oder Sortimentsbegrenzungen, s. hierzu OVG Berlin-Brandenburg Urt. v. 22.9.2011 – 2 A 8/11 BauR 2012, 1612). Entsprechendes gilt für die Bewältigung von Immissionskonflikten, etwa in Form von vertraglichen Nutzungs- oder Betriebszeitenbeschrän-

kungen, die Verpflichtung zur Durchführung bestimmter Maßnahmen des aktiven oder passiven Schallschutzes, die Beschränkung von planungs- und immissionsschutzrechtlich möglichen Immissionen, solange und soweit nicht anderweitig eine dauerhafte Immissionsminderung durch Betriebseinstellungen oder Betriebsbeschränkungen erfolgt ist uÄ Gerade in diesen Fällen ist es allerdings besonders wichtig, die aus Sicht der Gemeinde zur Konfliktlösung notwendigen Regelungen hinreichend abzusichern und vor allem auch rechtsnachfolgefest zu machen (→ dazu im Einzelnen Rn. 64 ff.).

b) Naturschutzrechtlicher Ausgleich. Als weiteres Beispiel nennt Nr. 2 die Durchführung des **Ausgleichs für Eingriffe in Natur und Landschaft** nach § 1a Abs. 3 (vgl. hierzu die systematische Darstellung bei *Mitschang* BauR 2003, 183 ff., 337 ff.; *ders.* BauR 2011, 33 ff.). Über die Möglichkeit nach § 135a Abs. 2 S. 1 hinaus kann sich ein Investor hiernach etwa dazu verpflichten, Ausgleichsmaßnahmen **auch außerhalb des Gebiets von Bebauungsplänen** und ggf. auch **außerhalb des Gemeindegebiets** herzustellen, wenn die Anforderungen des § 1a Abs. 3 S. 3 und 4 gewahrt sind (s. § 1a Rn. 28; s. auch u. a. *Bunzel* aaO (Rn. 1), 1261 ff.; BVerwG Beschl. v. 9.5.1997 – 4 N 1/96, BVerwGE 104, 353; Beschl. v. 5.1.1999 – 4 BN 28/97, BauR 1999, 729 f.; instruktiv OVG Lüneburg Urt. v. 25.6.2008 – 1 KN 132/06, NuR 2008, 714; zur Finanzierung von Ausgleichsmaßnahmen über städtebauliche Verträge *Schmidt-Eichstaedt* DÖV 1995, 95 ff.; *Quaas* NVwZ 1995, 840 ff.; zu Entsiegelungsmaßnahmen *Schink* BauR 2013, 861 (872 f.)). Vertraglich sicherbar sind auch naturschutzrechtliche Verpflichtungen außerhalb der Eingriffsregelung, also insbesondere Maßnahmen im Zusammenhang mit dem nationalen und europäischen **Habitat- und Artenschutzrecht**. Dies gilt sowohl für Schadensvermeidungs- oder Schadensbegrenzungsmaßnahmen als auch für die Kohärenzsicherung (s. § 34 Abs. 5 BNatSchG; zu den Begriffen etwa *Fellenberg* in Kerkmann, Naturschutzrecht in der Praxis, 2. Aufl. 2010, § 7 Rn. 43 ff.). Auch vorgezogene Ausgleichsmaßnahmen iSv § 44 Abs. 5 S. 3 BNatSchG, also sog. CEF-Maßnahmen (Continous Ecological Functionality; s. dazu *Niederstadt/Krüsemann* NuR 2007, 347 ff.; *Mitschang* in BK, § 1a Rn. 651 ff.) können trotz der missverständlichen Formulierung in § 44 Abs. 5 S. 3 BNatSchG Gegenstand einer vertraglichen Regelung sein (anders VGH München Urt. v. 30.3.2010 – 8N 09.1861 u. a., BauR 2010, 1886 (1888), allerdings zu einem planfeststellungsersetzenden Bebauungsplan für eine Straße). Denn der in § 44 Abs. 5 S. 3 BNatSchG gewählte Begriff der Festsetzung bezieht sich in erster Linie nicht auf Festsetzungen in Bebauungsplänen, sondern wegen der Vollzugsorientierung des Artenschutzrechts (s. etwa *Reidt* NVwZ 2010, 8 ff.) auf Festsetzungen in Zulassungsentscheidungen. Zudem ist die Regelung nicht als ein Vertragsinhaltsverbot (→ Rn. 2) zu verstehen. Sie ist vielmehr so gemeint, dass die betreffenden Maßnahmen hinreichend gesichert werden müssen, wenn sie für die Konfliktbewältigung auf der Planebene erforderlich sind (ebenso *Mitschang* in BK § 1a Rn. 653; *Schmidt-Eichstaedt* UPR 2010, 401 (406); *Kästle* NuR 2010, 711 ff.).

Zum **Zeitpunkt des Satzungsbeschlusses** muss bereits klar sein, welche Ausgleichsmaßnahmen auf welchen Flächen durchgeführt werden, da ansonsten eine ordnungsgemäße Abwägung der Naturschutzbelange in der Regel nicht möglich ist (vgl. OVG Koblenz Urt. v. 6.11.2013 – 8 C 10607/13, BauR 2014, 673; OVG Münster Urt. v. 26.2.2015 – 2 D 1/13, BauR 2015, 1776). Im weiteren muss der **private Vertragspartner** der Gemeinde spätestens zum **Zeitpunkt des Inkraftsetzens** des Bebauungsplans (→ § 10 Abs. 3 S. 1) in hinreichender Weise über die vorgesehenen Flächen verfügen. Dies muss nicht zwingend in Form einer **Eigentümerstellung** bzw. einer **hinreichend gesicherten Anwartschaft** auf Eigentumserwerb der Fall sein. Abhängig von Art und Umfang der Kompensationsmaßnahmen können auch andere dinglich gesicherte Nutzungsmöglichkeiten des Vertragspartners der Gemeinde genügen (zu Sicherungsmöglichkeiten → Rn. 64 ff.). Maßstab ist, dass die vorgesehenen

§ 11 I. Kapitel. I. Teil. Bauleitplanung

Maßnahmen bei realistischer Betrachtung durchführbar sind (OVG Münster Urt. v. 17.2.2011 – 2 D 36/09, BauR 2012, 210 (221)). Da die vertragliche Regelung des naturschutzrechtlichen Ausgleichs entsprechende Planfestsetzungen ersetzt (§ 1a Abs. 3 S. 4, → auch Rn. 45), müssen die jeweiligen Maßnahmen im weiteren hinreichend und rechtzeitig, also spätestens bis zum Inkrafttreten des Plans zugunsten der **Gemeinde gesichert** sein (→ Rn. 67). Dafür muss jedoch entgegen einer in der Rechtsprechung (s. etwa OVG Lüneburg Urt. v. 14.9.2000 – 1 K 5414/98, ZfBR 2001, 134; VGH Mannheim Urt. v. 17.5.2001 – 8 S 2603/00, BauR 2002, 8) und auch in der Literatur (s. *Schrödter* in Schrödter § 1a Rn. 73; *Stich* UPR 2001, 177 ff.) vielfach vertretenen Auffassung weder das Nutzungsrecht an den vorgesehenen Ausgleichsflächen stets zeitlich unbefristet dem privaten Vertragspartner der Gemeinde zur Verfügung stehen, noch muss er seinerseits der Gemeinde ein zeitlich unbefristetes Nutzungsrecht für den vorgesehenen Ausgleichszweck einräumen. Dies kann insbesondere nicht mit der in der Regel fehlenden zeitlichen Befristung für den naturschutzrechtlichen Eingriff selbst begründet werden. Auch für Pflanzen und sonstige auszugleichende natürliche Funktionen auf dem Eingriffsgrundstück besteht vor Durchführung des Eingriffs in aller Regel keine über deren tatsächliche Existenz und die gesetzlichen Bestimmungen hinausgehende eigentumsrechtliche Sicherung zugunsten der Gemeinde. Es geht also allein darum, in sachlicher und zeitlicher Hinsicht eine Absicherung dafür zu schaffen, dass die angestrebte Ausgleichsfunktion erreicht wird. Dementsprechend ist auch in § 15 Abs. 4 BNatSchG davon die Rede, dass Ausgleichs- und Ersatzmaßnahmen im **jeweils erforderlichen Zeitraum** zu unterhalten und rechtlich zu sichern sind (hierzu im Einzelnen *Schmidt-Eichstaedt* BauR 2010, 1865 ff.; *Reidt* in BRS Rn. 776). Zumeist genügt daher eine hinreichende Absicherung für die Dauer des Anwachs- und Entwicklungspflege hinsichtlich der im Rahmen des Ausgleichskonzepts durchzuführenden Pflanzmaßnahmen (zB eine dingliche Absicherung zugunsten der Gemeinde dahingehend, dass der Grundstückseigentümer für einen hinreichenden Zeitraum Anpflanzung und Pflege von Ausgleichsmaßnahmen dulden muss, sie danach aber unter Beachtung der gesetzlichen Bestimmungen, ggf. also mit erneuter Ausgleichspflicht → Rn. 49, beseitigt werden dürfen, zumindest aber ohne besondere Pflege ihrer weiteren Entwicklung überlassen werden dürfen). Anders kann dies dann sein, wenn der dauerhafte Ausgleich durch bestimmte Bewirtschaftungs- oder Pflegemaßnahmen (zB eine Extensivierung landwirtschaftlicher Nutzungen oder die Erhaltung einer als Ausgleichsmaßnahme angelegten Trockenrasenfläche, die ohne besondere Unterhaltungsmaßnahmen verbuschen würde) herbeigeführt werden soll. In diesem Fall kann die Ausgleichswirkung unter Wahrung der Verhältnismäßigkeit (s. Rn. 75 ff.) zumindest über einen vertretbar langen Zeitraum (zB 20, 25 oder 30 Jahre) sichergestellt werden (zum Gebot der Angemessenheit bei einer dauerhaften Abwälzung von Unterhaltungsmaßnahmen → Rn. 77). Dies gilt sowohl für das flächenmäßige Zugriffsrecht der Gemeinde als auch für die Vereinbarung bestimmter Pflegemaßnahmen durch private Vertragspartner.

49 Abweichend von § 135a Abs. 3 für die Kostenerstattung ist es möglich, die vertragliche Durchführung von Ausgleichsmaßnahmen so zu regeln, dass sie erst dann erfolgen muss, wenn tatsächlich der durch einen Bebauungsplan zugelassene Eingriff in Natur und Landschaft erfolgt. Auch im Übrigen sind neben einer Vorziehung von (vertraglich vereinbarten) Ausgleichsmaßnahmen (Ökokonto zugunsten der Gemeinde oder ihres Vertragspartners) **zeitliche Entkoppelungen** möglich, etwa dergestalt, dass die Durchführung erst in einem vertretbaren Zeitraum nach Durchführung des Eingriffs erfolgt (zB bei einer durch Bebauungsplan zugelassenen Betriebsverlagerung, bei der ein Ausgleich darin bestehen kann, dass das bisherige Betriebsgrundstück entsiegelt wird). Bei vertraglich geregelten Ausgleichsmaßnahmen und -flächen ist ebenso wie bei mit Ausgleichsmaßnahmen beplanten Flächen eine **spätere Neubeplanung** durch die Gemeinde möglich, die dort einen Eingriff in Natur und Landschaft zulässt. Weder ein städtebaulicher Vertrag über Ausgleichs-

maßnahmen noch deren dingliche Sicherung zugunsten der Gemeinde bewirken insofern eine Planungssperre. Dem steht bereits § 1 Abs. 3 S. 2 entgegen. Dies gilt sowohl in den Fällen, in denen die vorgesehenen Ausgleichsmaßnahmen bereits durchgeführt wurden als auch in Fällen, in denen dies noch nicht erfolgte. Allerdings sind die diesbezüglichen Umstände bei einer Neubeplanung der Fläche mit dem ihnen zukommenden Gewicht in die planerische Abwägung einzustellen (s. im Einzelnen *Schmidt-Eichstaedt* BauR 2010, 1865 (1866 ff.)).

c) Besonderer Wohnbedarf. Über die Festsetzungsmöglichkeiten nach § 9 Abs. 1 Nr. 7 und 8 (→ vgl. § 9 Rn. 46, 47) hinaus, können in einem städtebaulichen Vertrag Verpflichtungen zur **Wohnraumversorgung von Bevölkerungsgruppen** mit besonderem Bedarf begründet werden (zu den Möglichkeiten und Grenzen einer sozialgerechten Bodennutzung durch städtebauliche Verträge, *Bunzel* ZfBR 2015, 11 ff.; *Grziwotz* ZfIR 2015, 121 (125); ders. DVBl. 1994, 1048 ff.; *Stüer/König* ZfBR 2000, 528 (531 f.); *Brohm* JZ 2000, 321 ff.; *Oerder* BauR 1998, 22 (29); *Huber* DÖV 1999, 173 ff.; *Bunzel u. a.*, aaO (Rn. 1), 135 ff.). Hiernach kann sich ein Investor etwa dazu verpflichten, Wohnungen im Standard und mit den Mitteln des sozialen Wohnungsbaus zu errichten, der Gemeinde oder einer kommunalen Gesellschaft für eine bestimmte Dauer Wohnungsbelegungsrechte einzuräumen, eine bestimmte Miethöhe während einer festzulegenden Zeitdauer nicht zu überschreiten oder bei der Errichtung von Eigentumswohnungen oder Eigenheimen für einen begrenzten Zeitraum bestimmte Veräußerungsbeschränkungen zu beachten (im Einzelnen *Bunzel u. a.* aaO (Rn. 1), 145). Auch dabei ist jedoch darauf zu achten, dass Verträge nach § 11 **nur zu städtebaulichen Zwecken** abgeschlossen werden dürfen. Hier besteht ein ähnliches Spannungsverhältnis wie bei der Milieuschutzsatzung nach § 172 Abs. 1 S. 1 Nr. 2, Abs. 4, sodass auf die grundsätzliche Abgrenzung zwischen besonderen städtebaulichen Gründen und allgemeinen sozialen oder wohnungspolitischen Zielen zurückgegriffen werden kann (→ vgl. § 172 Rn. 44 ff.). Eine **Überlagerung** von wohnungspolitischen und städtebaulichen Gründen ist für die Wirksamkeit eines städtebaulichen Vertrags jedoch **unschädlich** (vgl. auch *Krautzberger* in EZBK § 11 Rn. 144 ff.).

Ausdrücklich nennt Nr. 2 neben den Bevölkerungsgruppen mit besonderen Wohnraumversorgungsproblemen die **Deckung des Wohnbedarfs der ortsansässigen Bevölkerung.** Solche sog. Einheimischen-Modelle werden von vielen Gemeinden in zahlreichen Varianten vom Zwischenerwerb über nur von Einheimischen zu erfüllende Baugebote bis zur gemeindlichen Zustimmungspflicht zu einem Grundstücksverkauf für einen vertraglich festgelegten Zeitraum praktiziert (BVerwG Urt. v. 11. 2. 1993 – 4 C 18/91, DVBl. 1993, 654 f.; BGH Urt. v. 16. 4. 2010 – V ZR 175/09, NJW 2010, 3505; BGH Urt. v. 2. 10. 1998 – V ZR 45/98, NJW 1999, 208; *Dirnberger* in JDW § 11 Rn. 46, 54 ff; *Grziwotz* in FS Krautzberger, 2008, 187 ff., insbesondere auch zu der uneinheitlichen Rechtsprechung für die jeweiligen Vertragsinhalte; *Jahn* BayVBl. 1991, 33 ff.; vgl. auch *Bunzel u. a.* aaO (Rn. 1), 10 7 ff.). In diesen Fällen machen die Gemeinden die Aufstellung eines Bebauungsplans im Rahmen ihrer Entscheidungsmöglichkeiten nach § 1 Abs. 3 S. 1 vom Abschluss entsprechender Verträge mit den Eigentümern im Plangebiet abhängig, wobei die Gemeinden entweder als Zwischenerwerberin auftreten oder sich vertraglich Interventionsrechte zugunsten von Einheimischen einräumen lassen. Diese Möglichkeit ist nicht auf Wohnraum beschränkt. Sie kann sich auch auf Gewerbe beziehen (VGH München Urt. v. 22. 12. 1998 – 1 B 94.3288, NVwZ 1999, 1008 (1010)). Auch ein vertragliches Baugebot ist grundsätzlich möglich (VGH Mannheim Urt. v. 20. 7. 2000 – 8 S 177/00, BauR 2001, 612 (613)). In der Regel sind die diesbezüglichen Vereinbarungen als zivilrechtliche Verträge anzusehen (BVerwG Urt. v. 11. 2. 1993 – 4 C 18/91, DVBl. 1993, 654). Bei derartigen Verträgen sind stets auch die **unionsrechtlichen** Anforderungen zu beachten. Danach ist das Anknüpfen an **soziale Kriterien** (Wohnungen für einkommensschwache oder andere benachteiligte Bevölkerungs-

gruppen zulässig. Soll zugleich die örtliche Bevölkerung bevorzugt werden, muss dies geeignet sein, um ein im Allgemeininteresse liegendes Ziel zu erreichen und darf nicht über das hinausgehen, was zur Zielerreichung notwendig ist. Die entsprechenden Kriterien müssen so festgelegt sein, dass späteren Ermessensentscheidungen im Vertragsvollzug ausreichende, vor allem also diskriminierungsbegrenzende Schranken gesetzt sind (EuGH Urt. v. 8.5.2013 – C-197/11 und C-203/11, DVBl. 2013, 1041; s. auch *Bunzel u. a.* aaO (Rn. 1), 161 f.).

52 **d) Baukultur und sonstige mögliche Inhalte.** Als weitere mögliche Bindungen kommen Verpflichtungen zu bestimmten **Gestaltungen** der Gebäude und Freiflächen (zu einer von den Planfestsetzungen abweichenden aufgelockerten Bebauung OVG Lüneburg Urt. v. 3.5.2006 – 1 LC 170/04, BauR 2006, 1703) sowie sonstige vertragliche Regelungen zur Berücksichtigung baukultureller Belange in Betracht (zum Begriff der Baukultur ausführlich *Battis,* DÖV 2015, 508 ff.). Dies schließt Vereinbarungen zur Durchführung von Gestaltungs- und sonstigen **städtebaulichen Wettbewerben** mit ein.

53 Möglich sind auch Vereinbarungen zur Einräumung von **Geh-, Fahr- und Leitungsrechten** oder zu Maßnahmen des **Umweltschutzes**, etwa im Bereich der **Energie- oder Wärmeversorgung** (s. noch Nr. 4 und 5). In Betracht kommen auch Vereinbarungen dazu, dass sich ein Investor zeitlich befristet zur Aufrechterhaltung einer bestimmten Nutzung verpflichtet oder aber bei Aufgabe der Nutzung auf Entschädigungsansprüche im Falle einer Umplanung durch die Gemeinde verzichtet. So lassen sich Elemente eines **Baurechts auf Zeit** und die Umsetzung entsprechender Festsetzungen nach § 9 Abs. 2 (→ vgl. auch § 9 Rn. 165 ff.) verwirklichen und sichern. Die Regelung in Nr. 2, dass auch die Befristung einer Grundstücksnutzung oder Bedingungen für die Nutzung Gegenstand eines städtebaulichen Vertrages sein können, stellt dies klar.

54 **3. Übernahme von Kosten und Aufwendungen, Kostenübernahmeverträge (Nr. 3).** Gemäß Abs. 1 S. 2 Nr. 3 kann in einem städtebaulichen Vertrag geregelt werden, dass der Vertragspartner der Gemeinde deren Kosten oder sonstige Aufwendungen übernimmt (s. hierzu ausführlich *Bunzel* DVBl. 2011, 796 ff.). Die Kosten oder sonstigen Aufwendungen müssen der Gemeinde dabei für **städtebauliche Maßnahmen** entstehen oder entstanden sein. Der Begriff der städtebaulichen Maßnahmen ist dabei ebenso zu verstehen wie in Abs. 1 S. 1 Nr. 1 (→ Rn. 13 ff., hinsichtlich der Erschließung insbesondere auch Rn. 18 ff.; s. auch die Begründung zum Gesetzesentwurf der Innenentwicklungsnovelle 2013, BR-Drs. 474/12, 27). Vereinbart werden kann dabei auch, dass die Kostenübernahme nur erfolgen soll, wenn ein Bebauungsplan tatsächlich in Kraft tritt, also anderenfalls die Gemeinde die anfallenden Kosten selber trägt. Dies ist ggf. durch Auslegung zu ermitteln (OVG Koblenz Urt. v. 18.12.2014 – 8 A 10642/14, BauR 2015, 801). Vorteil einer bloßen Kostenübernahmeregelung anstelle einer Vereinbarung über die Durchführung städtebaulicher Maßnahmen (→ Rn. 13 ff.) kann sein, dass die Gemeinde die diesbezüglichen Einzelheiten besser steuern kann. Insbesondere etwaige häufig sehr komplizierte Regelungen zur Abnahme und Übernahme sowie zur Gewährleistung durch den privaten Vertragspartner, der diese Verpflichtungen dann zumeist wiederum an einen oder mehrere Werkunternehmer durchstellen muss, werden damit entbehrlich.

55 Nachdem durch die Innenentwicklungsnovelle 2013 die in § 124 aF enthaltene spezielle Regelung zum Erschließungsvertrag weggefallen ist (→ Rn. 13), bezieht sich Abs. 1 S. 2 Nr. 3 ebenso wie Nr. 1 auch auf die erstmalige Erschließung durch nach Bundes- oder nach Landesrecht beitragsfähige sowie nicht beitragsfähige Erschließungsanlagen (zur Rechtslage vor der Innenentwicklungsnovelle BVerwG Urt. v. 12.12.2012 – 9 C 12.11, BauR 2013, 750). Für die städtebaulichen Maßnahmen, die bereits vor Inkrafttreten der Innenentwicklungsnovelle 2013 nicht unter § 124 aF fielen (→ Rn. 20 f.), hat sich durch die Neuregelungen nichts geändert. Diesbezüg-

4. Abschnitt. Zusammenarbeit mit Privaten; vereinfachtes Verfahren § 11

liche Vereinbarungen zur Übernahme von Kosten oder sonstigen Aufwendungen sind also weiterhin möglich, wenn die gesetzlichen Voraussetzungen erfüllt sind. Dies gilt insbesondere für die in Abs. 1 S. 2 Nr. 3 selbst genannten Anforderungen sowie die sich aus Abs. 2 S. 1 und S. 2 ergebenden Begrenzungen. Soweit es um **potenziell erschließungsbeitragspflichtige** Anlagen geht, werden teilweise Bedenken gegen **reine Kostenübernahmeverträge** geltend gemacht, da eine **Gesetzgebungskompetenz** des Bundes nur für das Erschließungsrecht bestehe, nicht hingegen für das Erschließungsbeitragsrecht (Art. 74 Abs. 1 Nr. 18 GG). Diese Bedenken sind allerdings unbegründet. Abgesehen davon, dass Abs. 1 Satz 2 Nr. 3 keine Ermächtigungsgrundlage für städtebauliche Verträge darstellt sondern lediglich beispielhaft mögliche Vertragsgegenstände aufzählt (→ Rn. 11 f.), handelt es sich um eine Regelung zur Kostenübernahme für Erschließungsmaßnahmen, die der Baureifmachung von Grundstücken dienen. Sie fällt daher unter die konkurrierende Gesetzgebungskompetenz des Bundes für das Bodenrecht und berührt das systematisch erst später ansetzende Erschließungsbeitragsrecht gar nicht, da von vornherein kein beitragsfähiger Erschließungsaufwand entsteht (ebenso *Bunzel* aaO (Rn. 1), 235 f.; *Dirnberger* in JDW § 11 Rn. 37; *Grziwotz* in EZBK § 11 Rn. 315 a; *Hoffmann* in SU § 11 Rn. 28.1; unklar *Spannowsky* in BK § 11 Rn. 85 a; anders *Burmeister* aaO (Rn. 1), Rn. 175; *Birk* aaO (Rn. 1), Rn. 187 a; s. auch BVerwG Urt. v. 10.8.2011 − 9 C 6.10, BVerwGE 140, 209; dass. Urt. v. 12.12.2012 − 9 C 12.11 ZfBR 2013, 259 zur jetzigen Gesetzgebungskompetenz für § 124 aF hinsichtlich der darin enthaltenen Regelungen über die Kostentragung; s. ebenfalls Art. 5 a Abs. 2 BayKAG zur vertraglichen Übernahme erschließungsbeitragsfähiger Aufwendungen im Rahmen städtebaulicher Verträge).

Abs. 2 S. 3 stellt auch bezüglich Abs. 1 S. 2 Nr. 3 klar, dass ebenso wie bei der Durchführung der Maßnahmen durch den Vertragspartner bei einer bloßen Vereinbarung zur Kostenübernahme eine kommunale Eigenbeteiligung nicht erforderlich ist (→ vgl. Rn. 37). Für Erschließungsanlagen, die der Baureifmachung von Grundstücken in dem jeweiligen Erschließungsgebiet dienen (→ vgl. Rn. 20 f.), die bis zum Inkrafttreten der Innenentwicklungsnovelle 2013 unter § 124 aF fielen, bedeutet dies, dass eine vertragliche Regelung zur Kostenübernahme nicht mehr davon abhängig ist, dass die Gemeinde sich im Rahmen einer **Regimeentscheidung** dafür entschieden hat, dass die Erschließung in Fremdregie durchgeführt wird. Vielmehr kommt eine Verpflichtung zur Kostenübernahme durch den Vertragspartner der Gemeinde nach Abs. 1 S. 2 Nr. 3 auch dann in Betracht, wenn die Gemeinde die Erschließung in Eigenregie durchführt. Diese Regimeentscheidung ist also nur noch für die Frage maßgeblich, ob die Gemeinde für die betreffende Erschließungsanlage Beiträge erheben kann oder nicht (→ Rn. 21). Andererseits führt die Übernahme der vertraglichen Vereinbarungsmöglichkeiten aus § 124 aF in die Vorschriften über städtebauliche Verträge in § 11 dazu, dass auch bei Verträgen über die Erschließung zur Baureifmachung von Grundstücken die sich aus § 11 ergebenden Anforderungen zu beachten sind. Ist ein Grundstück bereits in einer Weise erschlossen, bei der die Erteilung einer Baugenehmigung nicht mehr verweigert werden kann (→ vgl. § 30 Rn. 18 ff.; zu den unterschiedlichen Begriffen der Erschließung → Vorb. §§ 123–135 Rn. 1 ff.), kommt der Abschluss eines städtebaulichen Vertrages über die Erschließung nicht mehr in Betracht. Dies gilt vorrangig für Kostenübernahmeverträge gem. Abs. 1 S. 2 Nr. 3, aber auch für Verträge, die unter Nr. 1 fallen (zB im Hinblick auf Erschließungsanlagen, die zwar für die Genehmigungserteilung ausreichen, gleichwohl jedoch ausgebaut oder verbessert werden sollen). Möglich ist in diesem Fall aber noch eine **Ablösungsvereinbarung** (→ Rn. 28), sofern die sachliche **Beitragspflicht noch nicht entstanden** ist. Ab diesem Zeitpunkt ist die Gemeinde zur Beitragserhebung verpflichtet, über die sie dann nicht mehr vertraglich disponieren kann. Insofern gilt bei Beiträgen nach Landesrecht nichts anderes als bei einer Ablösung von Erschließungsbeiträgen (→ vgl. § 133 Abs. 3 S. 5, dazu § 133 Rn. 50 ff.; zur Beitragserhebungspflicht → § 127, Rn. 7).

§ 11 I. Kapitel. I. Teil. Bauleitplanung

57 Aus Abs. 1 S. 2 Nr. 3, 2. Hs. ergibt sich, dass der Vertragspartner der Gemeinde auch die Kosten für die **Bereitstellung von Grundstücken** übernehmen kann. Dies gilt sowohl für die Fälle, in denen die Gemeinde bestimmte Grundstücke erst noch erwerben muss, als auch für die Fälle, in denen die Gemeinde bereits Eigentümerin eines bestimmten Grundstücks ist, dieses allerdings im Interesse ihres Vertragspartners verwendet oder in sonstiger Weise zur Verfügung stellt (zB für die Durchführung von Erschließungsmaßnahmen oder für naturschutzrechtliche Ausgleichsmaßnahmen).

58 Stets erforderlich ist, dass die Kosten oder sonstigen Aufwendungen der Gemeinde für städtebauliche Maßnahmen entstehen und zudem **Voraussetzung oder Folge** des durch den Vertragspartner geplanten Vorhabens sein müssen (Ursächlichkeit). Zu den abwälzbaren Kosten gehören dabei auch die **verwaltungsinternen Personal- und Sachkosten**, soweit sie der städtebaulichen Planung der Gemeinde zugerechnet werden können und (ganz oder teilweise, → Rn. 13) dem geplanten Vorhaben des Vertragspartners zuzurechnen sind. Die Regelung findet ihre Rechtfertigung darin, dass auch die Erbringung der Planungsleistungen auf den Vertragspartner der Gemeinde abgewälzt werden kann (→ § 11 Abs. 1 S. 2 Nr. 1; → dazu Rn. 43f.). Wenn anstelle des durch den privaten Vertragspartners zu beauftragenden Planungsbüros oder Gutachters die Gemeinde selbst die entsprechenden Leistungen erbringt bzw. ihrerseits durch ein Planungsbüro oder einen Gutachter erbringen lässt, müssen auch in diesem Fall die Kosten abwälzbar sein (BVerwG Urt. v. 25.11.2005 – 4 C 15/04, BVerwGE 124, 385 (392); → vgl. auch Rn. 36). Dies betont zudem die eigene Verfahrensherrschaft der Gemeinde (→ Rn. 5). Kosten der Gemeinde für Aufgaben, die nicht auf Dritte übertragbar sind, kann sie allerdings nicht abwälzen (BVerwG Urt. v. 25.11.2005, aaO 385 (394)). Dies gilt insbesondere für die Kosten der eigentlichen hoheitlichen Tätigkeit im Zusammenhang mit dem erforderlichen Ratsbeschlüssen (zB Kosten für die Ratssitzung). Ebenfalls scheidet eine **pauschale**, also nicht an konkreten Leistungen und Kosten orientierte Überwälzung aus (zB pauschal die Zahlung eines bestimmten Betrages für die Planaufstellung), ebenso wie eine Abrechnung der Gemeinde gegenüber ihrer Vertragspartner nach der HOAI (vgl. *Grziwotz*, ZfBR 2015, 121 (123). Gleichfalls unzulässig ist eine Abwälzung von **Kosten des allgemeinen Planvollzugs**, etwa für ein Monitoring, wie sich ein Plangebiet auf längere Sicht entwickelt, oder dazu, ob im Planvollzug die Festsetzungen eines Bebauungsplans eingehalten werden. Ersteres ist nicht Folge eines bestimmten Einzelvorhabens, sondern Ausdruck der allgemeinen bauplanungsrechtlichen Pflichten der Gemeinde (→ insbes. § 1 Abs. 3 S. 1). Zweiteres ist allein Gegenstand des Genehmigungs- und des allgemeinen Ordnungsrechts, die unmittelbar dem hoheitlichen Bereich zuzurechnen sind (vgl. auch *Erbguth* Öffentliches Baurecht § 5 Rn. 191).

59 Mit dem **Erfordernis der Ursächlichkeit** (BVerwG Urt. v. 29.1.2009 – 4 C 15/07, BVerwGE 133, 85; dass. Urt. v. 14.8.1992 – 8 C 19/90, BVerwGE 90, 310) wird sichergestellt, dass der Aufwendungsersatz für einen bestimmten Zweck vereinbart wird und in einem sachlichen Zusammenhang mit der vertraglichen Leistung der Behörde steht. Ein Synallagma im Sinne wechselseitiger Hauptleistungspflichten ist allerdings nicht notwendig, oftmals auch gar nicht möglich, zB bei der Planaufstellung, die zwar Voraussetzung für die Übernahme von Kosten durch den Vertragspartner der Gemeinde, nicht aber Gegenstand einer Gegenleistungspflicht der Gemeinde sein kann (→ § 1 Abs. 3 S. 2; vgl. *Bunzel* DVBl. 2011, 796 (797f.)). Man spricht in diesem Zusammenhang von **„hinkenden" Austauschverträgen** (s. etwa BVerwG Urt. v. 16.5.2000 – 4 C 4.99, BVerwGE 111, 62; *Ziekow*, Verwaltungsverfahrensgesetz, § 56 Rn. 4; *Bonk* in Stelkens/Bonk/Sachs VwVfG § 56 Rn. 20ff.). Die Frage, ob die Kosten einer städtebaulichen Maßnahme Voraussetzung oder Folge eines Vorhabens sind, beantwortet sich nicht danach, ob die städtebauliche Maßnahme dem Vorhaben objektiv zugute kommt. Vielmehr hängt es von der **planerischen Konzeption** der Gemeinde ab, ob die Kosten, die ihr für die städtebauliche Maßnahme entstehen oder entstanden sind, mit dem begünstigten Vorhaben kausal verknüpft sind. Hierzu

4. Abschnitt. Zusammenarbeit mit Privaten; vereinfachtes Verfahren § 11

kann neben der Aufstellung eines Bebauungsplans die Entscheidung der Gemeinde (idR der Gemeindevertretung) gehören, Anlagen und Einrichtungen, die der Allgemeinheit dienen, zu schaffen, bei deren Fehlen sie die Ausweisung weiterer Baugebiete abwägungsfehlerfrei ablehnen könnte. Dies kommt in Betracht, wenn die vorhandenen Kapazitäten der Infrastruktureinrichtungen (z B Schulen, Kindergärten) erschöpft sind. Städtebauliche Maßnahmen sind daher auch dann als Voraussetzung oder Folge des geplanten Vorhabens anzusehen, wenn eine Gemeinde nachvollziehbar davon ausgehen darf, dass durch die weitere Überplanung von bisher nicht bebaubaren Grundstücken in überschaubarem **örtlichen Zusammenhang** Investitionskosten für öffentliche Einrichtungen entstehen, die sie zu tragen hätte, und sie im Hinblick auf diese Kosten abwägungsfehlerfrei von einer derartigen Überplanung absehen dürfte (BVerwG Urt. v. 24.3.2011 – 4 C 11/10, NVwZ 2011, 1132 Rn. 10; dass. Urt. v. 29.1.2009 – 4 C 15/07, BVerwGE 133, 85 Rn. 30; OVG Lüneburg Urt. v. 19.5.2012 – 1 LC 86/09, BauR 2012, 70; *Bunzel* u. a. aaO (Rn. 1), 204).

Ein Kostenübernahmevertrag muss sich auf das beschränken, was von einem bestimmten Bauvorhaben an Folgen ausgelöst wird oder Voraussetzung für seine Verwirklichung ist. Eine konkret-reale Teilbarkeit der städtebaulichen Maßnahmen ist dafür in den Fällen, in denen sie unterschiedlichen Vorhaben bzw. einzelnen Vorhaben und der Allgemeinheit zugute kommen, nicht erforderlich. Nr. 3 bezieht das Kriterium „Voraussetzung oder Folge des geplanten Vorhabens" nicht auf die städtebauliche Maßnahme, sondern ausdrücklich auf die Kosten, die der Gemeinde für die städtebauliche Maßnahme entstehen (BVerwG Urt. v. 24.3.2011 – 4 C 11/10, NVwZ 2011, 1132 Rn. 12; OVG Lüneburg Urt. v. 19.5.2012 – 1 LC 86/09, BauR 2012, 70; *Bunzel* DVBl. 2011, 796 (799)). Kostenübernahmeverträge sind dabei **nicht nur für größere Vorhaben**, sondern auch für einzelne kleine Bauprojekte möglich, wenn diese konkrete Aufwendungen verursachen (BVerwG Urt. v. 14.8.1992 – 8 C 19/90, BVerwGE 90, 310; VGH Mannheim Urt. v. 2.2.2005 – 5 S 639/02, BauR 2005, 1595). Der Zusammenhang von konkretem Bauvorhaben und zu erstattenden Kosten muss jedoch gewahrt bleiben (BVerwG Beschl. v. 21.6.2005 – 4 B 32/05, BauR 2005, 1600f.). Gegebenenfalls müssen rechnerische Bruchteile gebildet und angemessen verteilt werden (→ hierzu noch Rn. 77). Allerdings genügt es nicht, wenn durch einen städtebaulichen Vertrag lediglich die Kosten für die Finanzierung von Maßnahmen abgewälzt werden sollen, die auch ohne das neu hinzukommende Vorhaben erforderlich wären („Ohnehin-Kosten", zB für den Ausbau einer Straße, die auch ohne dieses Vorhaben wegen bestehender Verkehrsproblemen hätte ausgebaut werden müssen). Die Aufstellung eines Bebauungsplans oder die Erteilung einer Baugenehmigung können also auch mittels eines städtebaulichen Vertrages nicht davon abhängig gemacht werden, dass sich der Investor an einer von seinem Vorhaben unabhängigen gemeindlichen Maßnahme finanziell beteiligt („Zuzugsabgabe", *Grziwotz* ZfBR 2015, 121 (124)). Angesichts der vielfach leeren Kassen der Gemeinden wird dies nicht immer hinreichend beachtet, was sich aber sowohl für die Gemeinden selbst (s. Rn. 89) als auch für deren zuständige Vertreter nachteilig auswirken kann (zu letzterem → Rn. 95 ff.; s. auch die Fallbeispiele bei *Oerder* BauR 1998, 22 (30 ff.); *Oehmen/Busch* BauR 1999, 1402 (1403 ff.); *Grziwotz* BauR 2001, 1530 ff.). Es ist **nicht erforderlich**, dass die städtebaulichen Maßnahmen **in dem Baugebiet** des verursachenden Vorhabens liegen. Möglich ist vielmehr auch ein von der Gemeinde beschlossenes baugebietsübergreifendes Gesamtkonzept (BVerwG Urt. v. 29.1.2009 – 4 C 15/07, BVerwGE 133, 85 Rn. 30; *Bunzel* DVBl. 2011, 796 (795)). Allerdings kann der Rahmen für die Beurteilung der Ursächlichkeit idR nicht auf eine die gesamte Gemeinde umfassende Gesamtplanung erstreckt werden (BVerwG Urt. v. 14.8.1992 – 8 C 19/90, BVerwGE 90, 310 (311)).

4. Anlagen der erneuerbaren Energien oder Kraft-Wärme-Kopplung (Nr. 4). Durch **Nr. 4** soll klargestellt (und gefördert) werden, dass in städtebaulichen

§ 11 I. Kapitel. I. Teil. Bauleitplanung

Verträgen, insbesondere im Zusammenhang mit der Aufstellung von Bebauungsplänen, aber etwa auch bei der Durchführung städtebaulicher Sanierungs- oder Entwicklungsmaßnahmen oder der Durchführung von Bauvorhaben, Vereinbarungen über die Errichtung und Nutzung von Anlagen und Einrichtungen zur dezentralen und zentralen Erzeugung, Verteilung, Nutzung oder Speicherung von Strom, Wärme oder Kälte aus erneuerbaren Energien oder Kraft-Wärme-Kopplung getroffen werden können. Die Regelung geht damit über die vom EAG Bau 2004 umfassten Anlagen der Kraft-Wärme-Kopplung und Solaranlagen hinaus und umfasst sämtliche in diesem Zusammenhang in Betracht kommende Anlagen. Damit soll den Gemeinden verdeutlicht werden, dass sie auch mittels städtebaulicher Verträge ihre Verantwortung für den Klimaschutz und die Klimaanpassung (→ § 1 Abs. 5 S. 2, § 1a Abs. 5) für die sparsame und effiziente Nutzung von Energie einschließlich der Nutzung erneuerbarer Energie (→ § 1 Abs. 6 Nr. 7 Buchst. f) wahrnehmen können. Der Sache nach ist dies in der Regel eine Frage der Grundstücksnutzung und insofern bereits von Nr. 2 umfasst (s. Rn. 46). Auch hier bedarf es eines hinreichenden Sachzusammenhangs mit bestimmten städtebaulichen Zielen sowie einer Wahrung der Grenzen für städtebauliche Verträge im Übrigen (→ Rn. 72ff.). Flankiert werden können solche Verträge durch den nach Kommunalrecht möglichen Anschluss- und Benutzungszwang etwa an Anlagen der Kraft-Wärme-Kopplung (→ vgl. auch § 9 Abs. 6). Verbindet eine Gemeinde aus Gründen des Umwelt- und Klimaschutzes einen Grundstücksverkauf mit einer Bezugsbindung für Fernwärme, verstößt dies nicht ohne weiteres gegen wettbewerbs- und kartellrechtliche Bestimmungen sowie das Angemessenheitsgebot und das Koppelungsverbot (BGH Urt. v. 9.7.2002 – KZR 30/00, BGHZ 151, 274).

62 **5. Energetische Qualität von Gebäuden (Nr. 5). Nr. 5** bezieht sich auf Anforderungen an die energetische Qualität von Gebäuden entsprechend den Zielen und Zwecken, die mit bestimmten städtebaulichen Planungen und Maßnahmen verbunden werden. Zulässig sind dabei auch vertragliche Vereinbarungen, die über das Energiefachrecht, etwa über das EEWärmeG, hinausgehen (zu Beispielen *Krautzberger* DVBl. 2008, 737ff.; *Reidt* BauR 2010, 2025 (2031); *Mitschang* ZfBR 2010, 534 (546f.); *Spannowsky* UPR 2009, 201ff.). Es bedarf jedoch eines hinreichenden städtebaulichen Bezuges, etwa eines Zusammenhangs mit der Ausweisung eines Baugebietes oder der Durchführung einer städtebaulichen Maßnahme (zB städtebauliche Sanierungs- und Entwicklungsmaßnahmen, vgl. zum Gesetzesentwurf für die Klimaschutz-Novelle BT-Drs. 17/6076, 18). Nr. 5 kann zwar auch bei der Genehmigung von Einzelvorhaben Bedeutung erlangen. Dies gilt insbesondere dann, wenn die Voraussetzungen des § 248 nicht erfüllt sind, etwa weil es sich nicht nur um eine geringfügige Abweichung handelt. Allerdings bedarf es auch dann eines hinreichenden Bezuges zu Zielen und Zwecken, die mit bestimmten städtebaulichen Planungen und Maßnahmen erreicht werden sollen, also zu einem in der Regel über das Einzelvorhaben hinausgehenden Gesamtkonzept.

63 **6. Durchsetzung, Absicherung der Vertragsinhalte. a) Erfüllungsansprüche, Schadensersatz.** Erfüllt der Vertragspartner der Gemeinde die von ihm in einem städtebaulichen Vertrag übernommenen Pflichten nicht oder nicht ordnungsgemäß, kann die Gemeinde die Erfüllung dieser Pflichten nicht durch den Erlass eines Verwaltungsakts durchsetzen (BVerwG Urt. v. 13.2.1976 – IV C 44/74, BVerwGE 50, 171). Der Erlass von Verwaltungsakten bedarf stets einer gesetzlichen Ermächtigungsgrundlage, die in der Regel nicht vorliegt. Die Gemeinde ist daher ebenso wie ihr Vertragspartner darauf angewiesen, **vertragliche Ansprüche im Prozesswege durchzusetzen.** Für solche Klagen ist bei öffentlich-rechtlichen städtebaulichen Verträgen (→ Rn. 9) der Rechtsweg zu den **Verwaltungsgerichten** gegeben (*Kopp/Schenke* VwGO § 40 Rn. 23f.). Dies gilt nach § 40 Abs. 2 S. 1 VwGO auch für das Einklagen von Schadensersatzansprüchen aus der Nichterfüllung von öffent-

4. Abschnitt. Zusammenarbeit mit Privaten; vereinfachtes Verfahren § 11

lich-rechtlichen Verträgen (*Kopp/Schenke* VwGO § 40 Rn. 71). Vertraglichen Ansprüchen stehen vertragsähnliche Ansprüche und Ansprüche aus einem Verschulden bei Vertragsschluss (culpa in contrahendo) gleich (*Kopp/Schenke* aaO). Dagegen sind Ansprüche gegen die Gemeinde wegen etwaiger **Amtspflichtverletzungen** nach § 839 BGB iVm Art. 34 GG (etwa wegen eines Abbruchs der Planung aus sachfremden Gründen) sowie damit im Sachzusammenhang stehende Ansprüche vor den **ordentlichen Gerichten** einzuklagen (BGH Urt. v. 7. 2. 1980 – III ZR 23/78, BGHZ 76, 343 (348); ders. Urt. v. 3. 10. 1985 – III ZR 60/84, NJW 1986, 1109). Bei einem nichtigen städtebaulichen Vertrag, etwa wegen Verstoßes gegen das Koppelungsverbot, steht dem Vertragspartner der Gemeinde ein öffentlich-rechtlicher Erstattungsanspruch zu, der im Verwaltungsrechtsweg geltend zu machen ist (vgl. BVerwG Beschl. v. 16. 11. 2007 – 9 B 36/07, NVwZ 2008, 212).

b) Sicherungsmöglichkeiten. Neben der möglichst präzisen Regelung der eigentlichen Vertragsinhalte ist es wichtig, deren Erfüllung hinreichend abzusichern (ausführlich dazu *Bunzel u. a.* aaO (Rn. 1), 329 ff.), auch wenn dazu eine gesetzliche Verpflichtung in aller Regel nicht besteht. Dies wird in der Praxis häufig vernachlässigt oder zumindest unzureichend geregelt. Der Absicherungsbedarf besteht dabei weniger für den Vertragspartner der Gemeinde als für diese selbst. Der **Vertragspartner** kann in der Regel davon ausgehen, dass die Gemeinde die eingegangenen Verpflichtungen, soweit diese überhaupt in zulässiger Weise begründet werden können, auch tatsächlich erfüllt. Sicherungsbedarf besteht hier am ehesten etwa im Hinblick auf die zeitgerechte Durchführung von Erschließungsmaßnahmen oÄ, wenn diese durch die Gemeinde selbst oder in ihrem Auftrag erfolgt. Hier kann ein legitimes Absicherungsinteresse eines Vorhabenträgers bestehen, etwa durch die Regelung einer Ersatzvornahmemöglichkeit. Planungspflichten der Gemeinde (→ hierzu § 1 Abs. 3 S. 2) oder sonstige dem hoheitlichen Bereich zuzuordnende Pflichten (zB bei der Genehmigungserteilung oder der Erteilung des gemeindlichen Einvernehmens gemäß § 36) können vertraglich ohnehin nicht vereinbart werden, so dass sich Fragen einer Absicherung des Vertragsvollzugs erübrigen. Dies gilt auch für **mittelbare Planungsbindungen**, etwa dadurch, dass der Vertrag erhebliche Schadensersatzansprüche zugunsten des Vertragspartners vorsieht, wenn die Gemeinde nicht, nicht innerhalb einer bestimmten Zeit oder mit einem bestimmten Inhalt einen Bebauungsplan aufstellt. In Betracht kommen allerdings vertragliche Regelungen dahingehend, dass die Gemeinde ein von ihr an einen Investor bereits verkauftes Grundstück zurücknehmen muss, wenn die dort vorgesehene Bebauung mangels Aufstellung eines Bebauungsplans nicht möglich wird (s. hierzu im Hinblick auf das Angemessenheitsgebot OVG Magdeburg Beschl. v. 7. 10. 2011 – 4 L 73/11, NVwZ-RR 2012, 178 sowie → Rn. 75). Ebenfalls kann vertraglich geregelt werden, dass die Gemeinde ihrem Vertragspartner die Planungskosten für die Ausarbeitung der städtebaulichen Planung (→ Rn. 43) erstattet, wenn ein Bebauungsplan nicht aufgestellt wird. Es handelt sich dabei in der Regel nicht um eine mittelbare Planungsbindung, die mit einer Vertragsstrafe vergleichbar ist. Vielmehr wird damit nur die Kostenzuordnung der Bauleitplanung hergestellt, die dem BauGB ohnehin zugrunde liegt („Ohnehin-Kosten"; s. etwa OVG Koblenz Urt. v. 18. 12. 2014 – 8 A 10642/14, BauR 2015, 801; *Burmeister* aaO (Rn. 1), Rn. 55; *Birk* aaO (Rn. 1), Rn. 774). Ob sich die Gemeinde auf eine solche Regelung einlässt, ist eine andere Frage. Eine Pflicht dazu besteht regelmäßig.

64

Bei den zumeist sehr viel wichtigeren Absicherungsmöglichkeiten für die **Gemeinde** ist für die Wahl geeigneter Sicherungsmittel der **Sicherungszweck** entscheidend. Dabei ist zu beachten, dass die **Genehmigungserteilung** oder die Erteilung des gemeindlichen Einvernehmens in der Regel nicht als Sicherungsmittel dergestalt eingesetzt werden können, dass die Erteilung verweigert wird, solange der Vertragspartner seine vertraglichen Verpflichtungen nicht erfüllt hat. Denn die ver-

65

traglichen Verpflichtungen sind nicht Gegenstand der Genehmigungsprüfung, insbesondere nicht Bestandteil des Prüfprogramms der §§ 30ff. (BVerwG Urt. v. 13.2.1976 – IV C 44/74, BVerwGE 50, 171 (175); BGH Urt. v. 7.2.1985 – III ZR 179/83, BGHZ 93, 372 (378); VGH Mannheim Urt. v. 2.9.2009 – 3 S 1773/07, BauR 2010, 753; *Stüer/König* ZfBR 2000, 528 (531); *Reidt* BauR 2010, 2025 (2033)). Es bestehen also nur vertragliche Durchsetzungsmöglichkeiten. Allenfalls kann ausnahmsweise das Sachbescheidungsinteresse für die Bescheidung eines Bauantrags fehlen, wenn die Gemeinde auf vertraglicher Basis die zu genehmigende Nutzung ohne durchgreifende Zweifel untersagen könnte. Bereits bei berechtigten Zweifeln an der Wirksamkeit einer vertraglichen Verpflichtung wird man dies verneinen müssen. Er ist nicht Aufgabe der Baugenehmigungsbehörde, zur Klärung des Sachbescheidungsinteresses vertieft der Prüfung von Art und Umfang vertraglicher Verpflichtungen des Bauantragstellers gegenüber der Gemeinde nachzugehen.

66 Für die Absicherung von **Zahlungspflichten** an die Gemeinde kommen in erster Linie als Sicherungsmittel die Unterwerfung unter die sofortige Vollstreckung (vgl. § 61 VwVfG und § 794 ZPO), die Bürgschaft, die Patronatserklärung, die Hinterlegung oder die Verpfändung in Betracht. Geht es um die Erbringung von **Sachleistungen** (zB die Errichtung einer Erschließungsanlage oder die Pflege von Ausgleichsmaßnahmen für einen bestimmten Zeitraum, → Rn. 48), bieten sich als Sicherung für die Gemeinde in erster Linie als Primärsicherung die Vereinbarung einer Ersatzvornahme sowie Regelungen über eine Vertragsstrafe an, wobei sich auch hierbei ergänzend eine Absicherung durch Unterwerfung unter die sofortige Vollstreckung, Bürgschaft, Patronatserklärung, Hinterlegung oder Verpfändung als Sekundärsicherung empfiehlt. Bei **Nutzungserklärungen** (zB für Einheimische) bieten sich häufig Aufzahlungsverpflichtungen, Mehrerlösklauseln oder auch An- oder Wiederkaufsrechte an, dies vor allem in Fällen, in denen die Gemeinde die betreffenden Grundstücke verkauft hat.

67 Erhebliche Schwierigkeiten bestehen häufig bei der Sicherung von Flächen für Maßnahmen des **naturschutzrechtlichen Ausgleichs** (→ hierzu Rn. 48), der vertraglichen Absicherung von Nutzungsbeschränkungen und **ähnlichen Regelungsgegenständen,** die der planerischen **Konfliktbewältigung** auf vertraglicher Basis dienen. Sie sind dazu nur geeignet, wenn sie, den Festsetzungen eines Bebauungsplans vergleichbar, dauerhaft für und gegen jedermann gelten. Hierbei ergeben sich in erster Linie Probleme, wenn Fälle der Rechtsnachfolge oder Insolvenz auftreten. Gleichzeitig ist hier die Absicherung besonders wichtig, weil ansonsten ggf. eine hinreichende planerische Konfliktbewältigung misslingt, was im Ergebnis auch zur Unwirksamkeit des Bebauungsplans führen kann (vgl. etwa OVG Münster Urt. v. 26.2.2015 – 2 D 1/13, BauR 2015, 1776). Dennoch kann in einem solchen Fall in der Regel die bei einem Investor bereits erteilte (und zumeist auch bereits vollzogene) Baugenehmigung nicht zurückgenommen oder widerrufen werden. Bloße **Rechtsnachfolgeklauseln** sind für die Absicherung von vertraglichen Regelungen zur Konfliktbewältigung in der Regel unzureichend, da sie nicht weiterhelfen, wenn der Vertragspartner sie missachtet (vgl. VGH Mannheim Urt. v. 2.9.2009 – 3 S 1773/07, BauR 2010, 753). Auch **Vertragsstrafenregelungen** uÄ sind zumeist unzureichend, da sie an einer fehlgeschlagenen oder unzureichenden planerischen Konfliktbewältigung nichts ändern. Entsprechendes gilt für Schadensersatzansprüche. Diese können bei einem Vertragsverstoß zwar bestehen, jedoch hat die Gemeinde bei einer fehlgeschlagenen Konfliktlösung in der Regel keinen ersatzfähigen wirtschaftlichen, sondern eine wirtschaftlich nicht relevanten städtebaulichen Schaden.

68 Die notwendige dauerhafte Absicherung von Konfliktlösungen gegenüber Grundstückseigentümern, deren Rechtsnachfolgern und auch gegenüber etwaigen Mietern oder Pächtern (vgl. VGH Mannheim Urt. v. 2.9.2009 – 3 S 1773/07, BauR 2010, 753) ist daher zumeist nur durch Festsetzungen gem. § 9 Abs. 2 S. 1 Nr. 2 (→ § 9 Rn. 162ff.; zB zur Zulässigkeit eines Gewerbebetriebs auf einer festge-

4. Abschnitt. Zusammenarbeit mit Privaten; vereinfachtes Verfahren § 11

setzten Baufläche erst nach Errichtung einer Lärmschutzwand oder nach dauerhafter Aufgabe einer Altanlage), durch öffentlich-rechtliche Baulasten (soweit landesrechtlich vorgesehen und nur mit dem landesrechtlich zulässigen Inhalt) oder zivilrechtlich mittels Grunddienstbarkeiten (§ 1018 BGB), beschränkt persönlichen Dienstbarkeiten (§ 1090 BGB) oder Reallasten (§ 1105 BGB) zugunsten der Gemeinde, ggf. auch durch eine Kombination dieser Sicherungen, möglich (zu Regelungsbeispielen etwa *Burmeister* aaO (Rn. 1), Rn. 203 ff.; *Grziwotz* KommJur 2008, 288; zu Baulasten s. OVG Berlin-Brandenburg Urt. v. 22.9.2011 – 2 A 8/11, BauR 2012, 1612 (1614), im Hinblick auf vertraglich vereinbarte Verkaufsflächenbegrenzungen; dazu auch *Hellriegel* BauR 2012, 1576 ff.; s. auch VGH Mannheim Urt. v. 2.9.2009 – 3 S 1773/07, BauR 2010, 753; *F/O/Otto* 73 ff.; *Wenzel* in Gädtke/Czepuck/Johlen/Plietz/Wenzel, Bauordnung NRW, 12. Aufl. 2011, § 83 Rn. 6 ff.). Bei Absicherungen durch Baulasten oder zivilrechtlichen Dienstbarkeiten setzt dies regelmäßig deren wirksame Bestellung **vor** dem Satzungsbeschluss der Gemeindevertretung, spätestens jedoch vor dem Inkrafttreten des Bebauungsplans (→ § 10 Abs. 3 S. 4) voraus. Ansonsten besteht die Gefahr, dass der Vertragspartner der Gemeinde sich und seine Rechtsnachfolger trotz der Schaffung von Baurecht dauerhaft den eingegangenen vertraglichen Verpflichtungen entzieht, die ihrerseits Teil des gemeindlichen Konzeptes zur Lösung der mit der Planung aufgeworfenen Konflikte sind.

Durch Baulasten und Reallasten können neben Duldungs- und Unterlassungspflichten grundsätzlich auch auf bestimmte Grundstücke bezogene **Handlungspflichten** (zB zum naturschutzrechtlichen Ausgleich, vgl. Rn. 47 ff.; s. *Burmeister* aaO (Rn. 1), Rn. 210; *Quas/Kukk* in Schrödter § 11 Rn. 87) gesichert werden. Bei beschränkt persönlichen Dienstbarkeiten gilt dies nur für Maßnahmen der Unterhaltung (s. § 1090 Abs. 2 iVm § 1021 BGB). Bei der Absicherung von Handlungs- und Unterhaltungspflichten mittels Baulasten oder Dienstbarkeiten ist der jeweilige Eigentümer zu deren Erfüllung verpflichtet. Bei lediglich zugunsten der Gemeinde gesicherten Duldungspflichten des jeweiligen Grundstückseigentümers (zB hinsichtlich der Unterhaltung von Anpflanzungen) ist die Gemeinde nur berechtigt, diese Maßnahmen selbst oder durch Dritte durchzuführen. Für die Konfliktbewältigung reicht dies aus, kann aber die Gemeinde wirtschaftlich belasten, sofern die Durchführung der erforderlichen Maßnahmen nicht zusätzlich gesichert ist (zB durch Regelungen zur Ersatzvornahme und entsprechende Bürgschaften). 69

Allerdings dürfen die Anforderungen an die Absicherung von Planungszielen in vertraglichen Vereinbarungen auch **nicht überspannt** werden (zur unzulässigen Übersicherung → Rn. 78). Sie müssen zwar, vor allem dann, wenn sie der Konfliktbewältigung dienen, in ihrer Zielerreichung den Festsetzungen eines Bebauungsplans vergleichbar sein. Sie müssen darüber jedoch andererseits auch nicht hinausgehen. Verpflichtet sich etwa ein Vorhabenträger, ein schutzbedürftiges Vorhaben erst dann zu errichten, wenn zuvor ein als Schallschutzmaßnahme fungierendes anderes Gebäude oder eine Schallschutzwand errichtet wurde, bedarf es regelmäßig keiner Regelung für den Fall der Beseitigung oder Vernichtung dieser Schutzmaßnahme (zB durch Brand). Derartige Entwicklungen sind im Einzelnen nicht vorhersehbar und müssen daher im Vollzug des Städtebau- und Immissionsschutzrechts gelöst werden. Auch § 9 hält hierfür keine besonderen Festsetzungen bereit. Das Abwägungsgebot verlangt dementsprechend ebenfalls nur, dass bereits **hinreichend sicher absehbare Konflikte** gelöst werden (vgl. OVG Münster Urt. v. 17.2.2011 – 4 BN 19/11, BauR 2012, 210 (221), das ausdrücklich auf eine realistische Betrachtung abstellt; s. auch § 9 Rn. 144). 70

Es ist grundsätzlich nicht zulässig, die für vertragliche Regelungen in Betracht kommenden **Sicherungsmöglichkeiten** auch **ohne vertragliche Grundlage** für den Planvollzug oder für die Absicherung bestimmter Schutzziele oder zur Umgehung eines an sich notwendigen Bauleitplanverfahrens (vgl. VGH Mannheim Urt. v. 2.9.2009 – 3 S 1773/09, BauR 2010, 753) zu instrumentalisieren. So kann in der Re- 71

gel keine Nebenbestimmung in einem Genehmigungsbescheid aufgenommen werden, bestimmte Anforderungen der Genehmigung zivilrechtlich (zB durch Dienstbarkeiten) abzusichern, wenn eine Sicherung auch mit den Mitteln des Genehmigungs- oder des allgemeinen Ordnungsrechts in Betracht kommt (VGH München Urt. v. 24.2.2010 – 2 BV 08.2599, BauR 2010, 2089).

VI. Grenzen städtebaulicher Verträge (Abs. 2)

72 **1. Vorrang des Gesetzes.** Die Dispositionsfreiheit der Parteien, im Rahmen von § 11 und ggf. auch über den in Abs. 1 S. 2 genannten Beispielskatalog hinausgehend Verträge abzuschließen, findet ihre Grenze in gesetzlichen Vertragsformverboten und Vertragsinhaltsverboten (→ Rn. 2). Soweit es um öffentlich-rechtliche städtebauliche Verträge geht (→ Rn. 9), besagt der ergänzend heranzuziehende § 54 S. 1 VwVfG ausdrücklich, dass **Rechtsvorschriften dem Vertrag nicht entgegenstehen** dürfen **(Vorrang des Gesetzes).** Diesem Verfassungsgrundsatz des Art. 20 Abs. 3 GG sind aber auch privatrechtliche städtebauliche Verträge unterworfen (BGH Urt. v. 2.10.1998 – V ZR 45/98, NJW, 1999, 208; OVG Münster Urt. v. 7.12.2000 – 7a D 60/99, BauR 2001, 1054 (1055); s. auch BVerwG Urt. v. 30.5.2012 – 9 C 5.11, NVwZ 2013, 218; *Krautzberger* in EZBK § 11 Rn. 166). Dies bezieht sich sowohl auf den Vertrag als Handlungsform als auch auf den möglichen Vertragsinhalt. Die Nichtigkeit wegen eines Verstoßes gegen zivilrechtliche Vorschriften, wie etwa §§ 125, 134 oder 138 BGB, folgt unmittelbar aus § 59 Abs. 1 VwVfG. Neben dem in § 11 Abs. 2 S. 1 geregelten Angemessenheitsgebot ist das in § 56 Abs. 2 VwGO normierte Koppelungsverbot, das in § 11 Abs. 2 S. 2 eine ergänzende Konkretisierung findet, die wichtigste rechtliche Schranke für städtebauliche Verträge.

73 **2. Koppelungsverbot.** Abs. 2 S. 2 regelt die Unzulässigkeit vertraglicher Regelungen, wenn auf die von der Gemeinde zu erbringende Leistung ein **Anspruch** besteht und die Gegenleistung auch nicht durch eine nach § 36 Abs. 1 VwVfG zulässige **Nebenbestimmung** eines Verwaltungsaktes, etwa einer Baugenehmigung, erreicht werden kann (s. etwa VGH Kassel Urt. v. 25.11.2004 – 12 A 1496/04, NVwZ-RR 2005, 680). Der Hinweis auf den zulässigen Gegenstand einer Nebenbestimmung als möglichem Inhalt eines städtebaulichen Vertrages ist zwar im Gesetz nicht ausdrücklich enthalten, folgt aber aus Sinn und Zweck der Regelung und der ihr allgemein zugrunde liegenden Vorschrift des § 56 Abs. 2 VwVfG. Steht der Gemeinde **kein Ermessen** zu, ist der Abschluss eines städtebaulichen **Vertrages nicht möglich** (BVerwG Urt. v. 16.5.2000 – 4 C 4/99, BVerwGE 111, 162 (169); BVerwG Urt. v. 16.12.1993 – 4 C 27/92, ZfBR 1994, 140 (141); BVerwG Urt. v. 25.11.1980 – 4 B 140/80, NJW 1981, 1747). Dies gilt insbesondere im Hinblick auf die Aufstellung eines Bebauungsplans und den daraus resultierenden Anspruch auf Zulassung eines plankonformen Bauvorhabens, so dass es vielfach notwendig ist, den Vertrag **vor dessen Inkrafttreten** abzuschließen, insbesondere wenn es um die Vorbereitung oder Durchführung städtebaulicher Maßnahmen gem. Abs. 1 S. 2 Nr. 1 oder die Übernahme diesbezüglicher Kosten gem. Abs. 1 S. 2 Nr. 3 geht. Entscheidend ist allerdings der jeweilige Vertragsgegenstand. Fehlt etwa bei einem ansonsten genehmigungsfähigen Vorhaben nur noch die straßenseitige Erschließung, kann diese zwar Gegenstand eines Vertrages gem. Abs. 1 S. 2 Nr. 1 oder Nr. 3 sein. Wegen der sich aus § 124 ergebenden Verdichtung der kommunalen Erschließungspflicht bei einem zumutbaren Angebot, die im Bebauungsplan vorgesehene Erschließung durchzuführen, kann die Gemeinde in der Regel nach Inkrafttreten des Plans jedoch nicht (mehr) verlangen, dass ihr Vertragspartner auch noch weitere Leistungen übernimmt, die ggf. vor Inkrafttreten des Bebauungsplans noch hätten vereinbart werden können.

74 Bei Abs. 2 S. 2 handelt es sich um eine konkretisierende, jedoch nicht abschließende, Ausprägung des **Koppelungsverbots,** nach dem Leistung und Gegenleistung

4. Abschnitt. Zusammenarbeit mit Privaten; vereinfachtes Verfahren § 11

in einem **sachlichen Zusammenhang** stehen müssen. Durch einen städtebaulichen Vertrag darf daher auch über Abs. 2 S. 2 hinaus nichts miteinander verknüpft werden, was nicht in einem inneren Zusammenhang steht. Der sachliche Zusammenhang zwischen Leistung und Gegenleistung kann dabei auch fehlen, wenn die vom Bürger zu erbringende Leistung einem anderen öffentlichen Interesse dienen soll als die von der Behörde zu erbringende oder von ihr in Aussicht gestellte Leistung. Insbesondere die Vereinbarung von Leistungs- oder Zahlungspflichten zugunsten einer beliebigen, wenn auch möglicherweise legitimen öffentlichen Aufgabe der Behörde ist unzulässig (BVerwG Urt. v. 16.5.2000 – 4 C 4/99, BVerwGE 111, 162 (169); OVG Lüneburg Urt. v. 3.5.2006 – 1 LC 170/04, BauR 2006, 1703 (1706)). Es genügt also für die Wahrung des notwendigen Sachzusammenhangs nicht, dass die Gemeinde überhaupt **städtebauliche Gründe** für eine bestimmte vertragliche Verpflichtung ihres Vertragspartners hat (zB die energetische Optimierung bei einem Bestandsgebäude oder den Bau eines Spielplatzes für ein Bestandsvorhaben anlässlich der Aufstellung eines Bebauungsplans für ein Neubauprojekt ihres Vertragspartners). Die Gründe müssen vielmehr unmittelbar in Zusammenhang mit dem vertragsgegenständlichen Vorhaben stehen (VGH München Urt. v. 12.5.2004 – 20 N 04.329 u.a., NVwZ-RR 2005, 781; Beispielsfälle bei *Krautzberger* in EZBK § 11 Rn. 168a; vgl. grundsätzlich *Kopp/Ramsauer* § 56 Rn. 16 ff.; zum nicht gegen das Koppelungsverbot verstoßenden sog. Utrechter Modell – Übereignung und Überplanung gemeindlicher Flächen für ein Einkaufszentrum gegen die Verpflichtung des Investors zur Errichtung eines Fußballstadions vgl. OVG Münster Urt. v. 7.12.2000 – 7a D 60/99, BauR 2001, 1054 ff.; zu gemeindlichen Zwischenerwerbsmodellen s. auch *Grziwotz* DVBl. 2007, 1125 ff.). Ein Verstoß gegen das Koppelungsverbot kommt auch dann in Betracht, wenn die Gemeinde eine angemessene Gegenleistung gewährt (zB im Fall der Aufstellung eines neuen Bebauungsplans die Verpflichtung zur Veräußerung eines Grundstückes durch den Vorhabenträger in einem anderen Stadtteil an die Gemeinde zum Verkehrswert, weil die Gemeinde es dort für bestimmte Zwecke nutzen möchte). Denn die Höhe der Gegenleistung ist allein eine Frage der Angemessenheit, nicht hingegen des unabhängig davon ebenfalls zu wahrenden Sachzusammenhangs.

3. Angemessenheit. Abs. 2 S. 1 enthält gegenüber § 56 Abs. 1 VwVfG und 75 Abs. 2 S. 2 als **eigenständige Anforderung** das Gebot der **Angemessenheit** von vereinbarter Leistung und Gegenleistung. Angemessen ist eine Gegenleistung, wenn sie dem Übermaßverbot (Grundsatz der Verhältnismäßigkeit) entspricht. Dies bedeutet insbesondere, dass sie nicht Folge eines Machtmissbrauchs der Gemeinde sein darf und dass der wirtschaftliche Wert von Leistung und Gegenleistung in einem ausgewogenen Verhältnis zueinander stehen müssen (hierzu eingehend etwa u. a. *Bunzel* aaO (Rn. 1), 45, 208 ff.; *Stüer/König* ZfBR 2000, 528 (532 ff.)). Unverhältnismäßige Belastungen des Einzelnen durch den Staat sind unzulässig (BVerwG Urt. v. 24.3.2011 – 4 C 11/10, NVwZ 2011, 1132 Rn. 20). Maßgeblich sind dabei die Gesamtumstände, so dass es für die **objektive Angemessenheit** nicht auf einzelne Regelungen ankommt, sondern auf eine Gesamtbetrachtung der vertraglichen Vereinbarungen und der daraus resultierenden Belastungen, aber auch Vorteile für den privaten Vertragspartner. Dabei darf es kein klares Missverhältnis zu Lasten des privaten Vertragspartners geben (BVerwG Urt. v. 29.1.2009 – 4 C 15/07, BVerwGE 133, 85 Rn. 34; OVG Lüneburg Urt. v. 3.5.2006 – 1 LC 170/04, BauR 2006, 1703 (1706); *Klinski/Longo* ZNER 2007, 41, 45; *Reidt* BauR 2010, 2025 (2033)). Zur Wahrung der Angemessenheit ist nicht generell eine **Eigenbeteiligung** der Gemeinde erforderlich (Abs. 2 S. 3). Allerdings kann sie gleichwohl geboten sein, um die Angemessenheit gem. Abs. 2 S. 1 zu wahren, etwa dann, wenn die zu vereinbarende Leistung in erheblichem Umfang oder gar überwiegend auch der Allgemeinheit oder sonstigen Dritten zugute kommt (→ noch Rn. 77). Auch wenn das Gebot der Angemessenheit aus dem Übermaßverbot abgeleitet wird und daher grundsätz-

lich nur zugunsten des Privaten wirkt, kann es Fallgestaltungen geben, in denen sich ausnahmsweise die Gemeinde ebenfalls auf einen Verstoß gegen das Angemessenheitsgebot berufen kann (OVG Magdeburg Beschl. v. 7.10.2011 – 4 L 73/11, NVwZ-RR 2012, 1449), auch wenn dieses Ergebnis ebenso über § 62 VwVfG iVm § 138 BGB zu erreichen sein dürfte.

76 Soweit es um die Verteilung der Kosten gemeindlicher Maßnahmen geht, enthält das BauGB an anderen Stellen unterschiedliche Modelle einer Kostenbeteiligung der Begünstigten, etwa in der Umlegung (→ § 57 S. 5, vgl. § 57 Rn. 23 ff.; § 58 Abs. 1 S. 1 und 2, vgl. § 58 Rn. 4 ff.), bei Sanierungs- und Entwicklungsmaßnahmen (→ §§ 153 bis 156) oder im Erschließungsbeitragsrecht (→ vgl. §§ 127 bis 135). Anknüpfungspunkt sind bei der Erschließung die Kosten (→ § 128 Abs. 1, → § 128 Rn. 2), sonst die Bodenwertsteigerung (→ zB § 154 Abs. 1 S. 1; → aber auch § 154 Abs. 2 a: Aufwand für die Verkehrserschließung, → § 154 Rn. 14 a f.). Allerdings sind auch hier neben der Kausalität (→ Rn. 58 f.) die **Kosten** die **Grenze** für die Beteiligung der Eigentümer (→ vgl. § 156 a; auch in der Flächenumlegung geht es nicht um eine wertmäßige Abschöpfungsgrenze, sondern um eine Bestandssicherung des Grundeigentums, was bei städtebaulichen Verträgen im Regelfall nicht in Frage steht), nicht etwa ein bestimmter Anteil der Bodenwerterhöhungen, wie dies teilweise unter Berufung auf den sog. Halbteilungsgrundsatz geltend gemacht wird (→ vgl. § 156 a; auch in der Flächenumlegung geht es nicht um eine wertmäßige Abschöpfungsgrenze, sondern um eine Bestandssicherung des Grundeigentums, was bei städtebaulichen Verträgen im Regelfall nicht in Frage steht). Dieser Grundgedanke des BauGB kann als Maßstab zur Sicherung eines gerechten Interessenausgleichs angesehen und daher auch bei der Bestimmung der Angemessenheit im Rahmen städtebaulicher Verträge zugrunde gelegt werden, wenn sich die Kosten in einem nachvollziehbaren und vertretbaren Rahmen bewegen. Die planungsbedingten Bodenwertsteigerungen sind demgegenüber im Grundsatz ebenso unerheblich wie die Gewinnerwartungen eines privaten Investors. Die Bodenwertsteigerungen können zwar zur Begrenzung eingesetzt werden, um ihre „Abschöpfung" geht es hingegen nicht. Der sog. Halbteilungsgrundsatz (zu dessen verfassungsrechtlicher Fragwürdigkeit *Sendler* NJW 2000, 2481 f.) ist im Städtebaurecht nicht von Bedeutung (anders in Verkennung der dargestellten städtebaurechtlichen Maßstäbe *Oehmen/Busch* BauR 1999, 1402 (1410); *Josten* GuG 2000, 330, (332 f.); *Huber* DÖV 1999, 173 (177 ff.); zur Unbrauchbarkeit des Halbteilungsgrundsatzes jedenfalls außerhalb des Steuerrechts *Frenz* VerwArch 1999, 208 (222 ff.) mwN; im Ergebnis wie hier OVG Lüneburg Urt. v. 19.5.2011 – 1 LC 86/09, BauR 2012, 70 (76); ähnlich *Stüer/König* ZfBR 2000, 528 (534); s. auch BVerwG Beschl. v. 20.11.2012 – 4 B 7.12, BauR 2013, 444 zu Modernisierung und Instandsetzung iSv § 177). Dies wird anschaulich etwa anhand des Erschließungsbeitragsrechtes, bei dem der beitragsfähige Erschließungsaufwand auf die erschlossenen Grundstücke zu verteilen (→ § 131) und der entsprechende Beitrag grundsätzlich auch zu erheben ist, ohne dass es darauf ankommt, wie dies den Verkehrswert des Grundstücks konkret auswirkt.

77 Für die objektive Angemessenheit kann allerdings neben den Kosten vor allem die aus dem Gleichbehandlungsgrundsatz abzuleitende **Lastengerechtigkeit** von Bedeutung sein (vgl. BVerwG Urt. v. 30.1.2013 – 9 C 11/11, BauR 2013, 479; OVG Lüneburg Urt. v. 19.5.2011 – 1 LC 86/09, BauR 2012, 70 (73)). Sofern von den betreffenden Leistungen auch andere Grundstückseigentümer oder die Allgemeinheit in erheblichem Umfang profitieren, kann es unangemessen sein, nur einen Eigentümer vertraglich zu verpflichten, die betreffenden Anlagen zu errichten oder deren Kosten zu tragen („Trittbrettfahrer"; *Bunzel* DVBl. 2011, 796 (801); *Stüer/König* ZfBR 2000, 528 (533); *Busse* KommJur 2009, 241 (244); *Reidt* BauR 2010, 2025 (2033)). Unter Kausalitätserwägungen kann sich dieses Ergebnis häufig bereits aus dem Koppelungsverbot (→ Rn. 73 f.) ergeben. Allerdings ist es nicht generell erforderlich, dass die Gemeinde einen Selbstbehalt für die Fremdnützigkeit einer städte-

4. Abschnitt. Zusammenarbeit mit Privaten; vereinfachtes Verfahren § 11

baulichen Maßnahme oder das allgemeine Interesse vorsieht. Eine gemeindliche Eigenbeteiligung oder eine Verteilung der Kosten auf mehrere Grundstückseigentümer ist vielmehr in der Regel nur dann erforderlich, wenn die Vergleichsquoten, auch wenn sie sich naturgemäß nicht exakt abbilden lassen, in unvertretbarem Maße divergieren (zB dann, wenn der Ausbau einer Straße in erster Linie Drittbegünstigten oder dazu dient, den Nachholbedarf für die Altnutzer zu decken vgl. BVerwG Urt. v. 24.3.2011 – 4 C 11/10, NVwZ 2011, 1132 Rn. 18f.; s. auch BVerwG Urt. v. 10.8.2011 – 9 C 6/10, NVwZ 2012, 108 Rn. 28f. zu einem Erschließungsvertrag gem. § 124 aF). Die Gemeinde ist dabei berechtigt, für Kosten, die sie auf vertraglicher Basis umlegen möchte, einen differenzierten Verteilungsschlüssel festzulegen (etwa im Hinblick auf Wohngebiete und andere Baugebiete oder im Hinblick auf Eigentwicklungsgebiete, in denen typischerweise Einheimische bauen werden, und Zuzugsgebiete, in denen typischerweise Zuzügler bauen (OVG Lüneburg Urt. v. 19.5.2011 – 1 LC 86/09, BauR 2012, 70 (73)). Unangemessen kann es auch sein, wenn die Gemeinde sich auf vertraglichem Wege dauerhaft ihrer öffentlich-rechtlichen Verantwortung einschließlich der damit verbundenen **Betriebs- und Unterhaltungskosten** entziehen möchte (zB durch die dauerhafte Abwälzung der Kosten für die Unterhaltung einer öffentlichen Einrichtung, etwa eines Kindergartens, oder durch die Deklarierung einer für den allgemeinen Verkehr erforderlichen öffentlichen Straße als Privatstraße, die von einem Privaten zu unterhalten ist; s. auch *Burmeister* aaO (Rn. 1), Rn. 57; *Birk* aaO (Rn. 1), Rn. 713f.).

Das Gebot der Angemessenheit gilt auch für die **Absicherung** vertraglicher 78 Pflichten (→ Rn. 64ff.). Bei Bürgschaften u. ä. wird man dabei einen Betrag in Höhe der voraussichtlichen Gesamtkosten (zB für eine Erschließungsmaßnahme) in der Regel nicht als unangemessen ansehen können, ebenso nicht einen Betrag in Höhe von etwa 50% davon für die Gewährleistung. Bürgschaften auf erstes Anfordern dürfen jedoch selbst außerhalb formularmäßiger Regelungen regelmäßig unangemessen sein, da bei ihnen der Garantiecharakter und weniger die Sicherung als solche im Vordergrund steht. Verkauft die Gemeinde Grundstücke zB zur Förderung des Grunderwerbs Ortsansässiger zu einem Preis unter dem Verkehrswert (Abs. 1 Nr. 2; s. Rn. 51, dort auch zu unionsrechtlichen Problemen), liegt hierin in der Regel eine zulässige Subvention, die durch ein **Wiederkaufsrecht** oder ein Zustimmungserfordernis einschließlich **Nachzahlungspflicht** bei Weiterverkauf für eine Dauer von bis zu 20 Jahren gesichert werden kann, ohne unangemessen zu sein (BGH Urt. v. 16.4.2010 – V ZR 175/09, NJW 2010, 3505; zu einer 15-jährigen Bindungsfrist BGH Urt. v. 29.11.2002 – V ZR 105/02, BGHZ 153, 93 (104); zu einer 20-jährigen Bindungsfrist VGH München Urt. v. 22.12.1998 – 1 B 94.3288, NVwZ 1999, 1008 (1011); anders, wenn die Ausübung im Einzelfall grob unbillig wäre, OLG München Urt. v. 9.12.1998 – 3 U 2031/98, NVwZ 1999, 1025; s. ebenfalls *Busse* KommJur 2009, 241 (247); *Grziwotz* in FS Krautzberger, 2008, 187 (189, 197)). Maßgeblich sind die jeweiligen Umstände des Einzelfalls, wie etwa der Umfang einer Verbilligung des Grunderwerbs und sonstige von dem Erwerber gegenüber der Gemeinde übernommene Verpflichtungen oder Obliegenheiten. Unzulässig kann eine Nachzahlungspflicht sein, die über den gewährten Preisvorteil hinausgeht (BGH Urt. v. 16.4.2010 aaO).

Die Beurteilung der **subjektiven Angemessenheit** ist bei einem Vertrag grund- 79 sätzlich Angelegenheit der Vertragspartner selbst (*Hien* in Planung und Plankontrolle, FS Schlichter, 1995, 129 (136)), solange es keinen faktischen Kontrahierungszwang gibt, was bei städtebaulichen Verträgen in der Regel nicht der Fall ist. Zumeist spielen eher Gewinn- und Rentabilitätsgesichtspunkte des Investors die entscheidende Rolle. Ob es für die Gemeinde zweckmäßig ist, neben dem Koppelungsverbot und der notwendigen Ursächlichkeit der zu finanzierenden Leistungen aus Gründen der Angemessenheit die Kostenbeteiligung eines Eigentümers oder Investors auf einen bestimmten Anteil der Bodenwertsteigerung zu begrenzen und mögliche Gewinne der

§ 11 I. Kapitel. I. Teil. Bauleitplanung

Privaten unberücksichtigt zu lassen (etwa die Kappungsgrenze von zwei Dritteln der Bodenwertsteigerung in München mit dem Ziel einer sozialgerechten Bodennutzung, hierzu u. a. *Bunzel u. a.* aaO (Rn. 1), 214f.), ist von der Finanzkraft der Gemeinde einerseits und der Zahlungsbereitschaft der Investoren andererseits abhängig. Rechtlich geboten ist eine solche Kappung nicht (vgl. daher auch das Berliner Modell der kooperativen Baulandentwicklung – Leitlinie für den Abschluss städtebaulicher Verträge in Berlin, 2014, das ledglich davon augeht, dass die Lestungspflichten in Summe den geschätzten planungsbedingten Bodenwertzuwachs nicht überschreiten dürfen).

80 **4. Recht der Allgemeinen Geschäftsbedingungen. Allgemeine Geschäftsbedingungen** (AGB) sind für eine Vielzahl von Verträgen vorformulierte Vertragsbedingungen, die eine Vertragspartei (Verwender) der anderen Vertragspartei bei Abschluss eines Vertrages stellt (§ 305 Abs. 1 S. 1 BGB). AGB liegen daher nicht vor, soweit die Vertragsbedingungen zwischen den Parteien im Einzelnen ausgehandelt sind (§ 305 Abs. 1 S. 3 BGB). Unerheblich ist es, ob die Vertragsbedingungen durch den Verwender selbst entwickelt worden sind oder ob sie von dritter Seite stammen (zB **Vertragsmuster** kommunaler Spitzenverbände). Für Gemeinden entspricht die Verwendung von standardisierten Vertragstexten vielfach nicht nur der Praktikabilität und Verwaltungsvereinfachung, sondern in gewissem Umfang auch den Anforderungen des Gleichheitsgrundsatzes (Art. 3 Abs. 1 GG).

81 Von der Frage, ob Inhalte städtebaulicher Verträge AGB darstellen können, ist die Frage zu unterscheiden, ob das Recht der Allgemeinen Geschäftsbedingungen (§§ 305 ff. BGB) unmittelbar (zivilrechtliche städtebauliche Verträge) oder jedenfalls aufgrund des Verweises in § 62 S. 2 VwVfG auf die Vorschriften des Bürgerlichen Gesetzbuchs Anwendung findet. Dies ist streitig. Der BGH hat in seinem Urteil vom 29.11.2002 (V ZR 105/02, BGHZ 153, 93) entschieden, dass das in § 11 Abs. 2 für städtebauliche Verträge geregelte Gebot angemessener Vertragsgestaltung eine erschöpfende Regelung darstelle, neben dem das Recht der Allgemeinen Geschäftsbedingungen keine Anwendung mehr finde. Dies bezog sich auf einen zivilrechtlichen städtebaulichen Vertrag im Zusammenhang mit einem Einheimischenmodell und kann daher erst recht für öffentlich-rechtliche Verträge Geltung beanspruchen (s. ausführlich *Reidt* BauR 2004, 941; *Krautzberger* in EZBK § 11 Rn. 171b f.). In späteren Entscheidungen (Urt. v. 16.4.2010 – V ZR 175/09, NJW 2010, 3505; Urt. v. 13.10.2006 – V ZR 33/06, NJW-RR 2007, 962) hat der BGH diese Frage dann allerdings mangels Entscheidungserheblichkeit im konkreten Fall offen gelassen (ähnlich OVG Lüneburg Urt. v. 10.7.2007 – 1 LC 200/05, BauR 2008, 57; OLG Stuttgart Urt. v. 18.1.2006 – 3 U 150/05, BauR 2006, 884). Er hat das Angemessenheitsgebot des Abs. 2 S. 1 und das Recht der Allgemeinen Geschäftsbedingungen **nebeneinander** geprüft, ohne zu unterschiedlichen Ergebnissen zu gelangen. Richtig dürftig es sein, von einem **Vorrang des Abs. 2 S. 1** als einer erschöpfenden und abschließenden Regelung für die Angemessenheit von Vertragsinhalten bei städtebaulichen Verträgen auszugehen (so auch *Krautzberger* in EZBK § 11 Rn. 171c; *Burmeister* aaO (Rn. 1), Rn. 59; *Birk* aaO (Rn. 1), Rn. 130; *Grziwotz* NJW 1997, 237 ff.; *Brohm* JZ 2000, 321 (331); *Kahl/Röder* JuS 2001, 24 (27); aA *Albrecht* DNotZ 1996, 546 (547); *Gaßner* BayVBl. 1997, 538 ff.). Allerdings ist im Hinblick auf die **unionsrechtlich begründeten Anforderungen des Verbraucherschutzes** (Richtlinie 93/13/EWG vom 5.4.1993 über rechtsmissbräuchliche Klauseln in Verbraucherverträgen) eine Ausnahme zu machen, auf die auch der Bundesgerichtshof in seinem Urteil vom 29.11.2002 ausdrücklich hingewiesen hat. Danach muss das Recht der Allgemeinen Geschäftsbedingungen, soweit es der Umsetzung von Unionsrecht dient, auch bei städtebaulichen Verträgen Anwendung finden, da sich die Anforderungen der Richtlinie 93/13/EWG nicht auf eine allgemeine Angemessenheitsprüfung beschränken (s. hierzu im Einzelnen, *Reidt* BauR 2004, 941 (942)). Dies setzt allerdings voraus, dass

der Vertragspartner der Gemeinde **Verbraucher iSv § 310 Abs. 3 BGB** (Art. 2 lit. b der Richtlinie 93/13/EWG) ist, was bei privaten Bauvorhaben natürlicher Personen durchaus der Fall sein kann (zB bei einem Erschließungsvertrag für ein privates Wohnhaus oder dem Grundstückserwerb eines Privaten im Rahmen eines Einheimischenmodells). Die Gemeinde selbst müsste im Zusammenhang mit dem Vertragsabschluss als **Unternehmer,** also im gewerblichen Bereich tätig sein (Art. 2 lit. c der Richtlinie 93/13/EWG), auch wenn diese Tätigkeit dem öffentlichen Bereich zuzurechnen ist. Hierfür kommt es aufgrund der notwendigen funktionalen Sichtweise entscheidend darauf an, ob das Handeln der Gemeinde vorrangig von wirtschaftlichen Überlegungen geleitet wird (vgl. EuGH Urt. v. 10.5.2001 – C 223/99, NZBau 2001, 403). Starkes Indiz hierfür ist die Frage, ob für die Gemeinde bei der Verwendung vorformulierter Vertragsbedingungen die Gewinnerzielungsabsicht im Vordergrund steht. Dies ist in aller Regel zu verneinen, da die kommunale Zielsetzung regelmäßig durch städtebauliche, im Allgemeininteresse liegende Ziele geprägt ist. Etwaige Einnahmen der Gemeinde dienen regelmäßig allein dem Ersatz entstandener Aufwendungen (→ Rn. 54). Folge ist dann, dass die Spezialregelung des § 11 Abs. 2 S. 1 gegenüber den §§ 305 ff. BGB nicht wegen der Notwendigkeit einer unionsrechtskonformen Auslegung des nationalen Rechts verdrängt ist und es daher in der Regel dabei verbleibt, dass das Recht der Allgemeinen Geschäftsbedingungen auf städtebauliche Verträge keine Anwendung findet.

Der **Unterschied** zwischen dem Angemessenheitsgebot des § 11 Abs. 2 S. 1 und 82 den §§ 305 ff. BGB liegt vor allem in den **Rechtsfolgen.** Im Rahmen des § 11 Abs. 2 S. 1 ist der gesamte Vertrag Prüfungsmaßstab, so dass eine saldierende Betrachtung günstiger und ungünstiger Regelungen des Vertrages vorzunehmen ist. Hingegen kommt es für das Recht der Allgemeinen Geschäftsbedingungen grundsätzlich nur auf die einzelne Vertragsklausel an. Eine Kompensation unangemessener Regelungen durch günstige Vertragsklauseln ist lediglich dann möglich, wenn die betreffenden Bestimmungen in einem sachlichen Zusammenhang stehen (Konnexität; s. *Krautzberger* in EZBK § 11 Rn. 171d; *Grziwotz* NVwZ 2002, 391 (393f.)). Im Falle der Unwirksamkeit einer bestimmten AGB folgt aus § 306 Abs. 1 BGB, dass die Unwirksamkeit einzelner Vertragsklauseln (zur ausnahmsweise möglichen geltungserhaltenden Reduktion einer unwirksamen Vertragsklausel bei ansonsten unbilligem Ergebnis, BGH Urt. v. 16.4.2010 – V ZR 175/09, NJW 2010, 3505) die Wirksamkeit des Vertrages im Übrigen grundsätzlich unberührt lässt. Demgegenüber ergeben sich die Unwirksamkeitsfolgen bei einem Verstoß gegen § 11 Abs. 2 S. 1 aus § 139 BGB bzw. aus § 59 Abs. 3 VwVfG. Danach ist bei Unwirksamkeit einzelner vertraglicher Vereinbarungen im Zweifel von der Gesamtnichtigkeit des Vertrages auszugehen. Allerdings kann sich aus vertraglichen **Heilungsklauseln** im Einzelfall etwas anderes ergeben (BVerwG Beschl. v. 29.10.2010 – 9 B 9/10, NVwZ 2011, 125).

VII. Form

Die **Form** städtebaulicher Verträge regelt Abs. 3. Danach bedarf ein städtebauli- 83 cher Vertrag der **Schriftform.** Die Parteien müssen grundsätzlich eine einheitliche Vertragsurkunde erstellen und diese unterschreiben. Ein bloßer Briefwechsel genügt nicht (vgl. § 62 VwVfG, 126 Abs. 2 BGB; OVG Lüneburg Urt. v. 25.7.1997 – 1 L 5856/95, NJW 1998, 2921; dass. Urt. v. 13.8.1991 – 9 L 362/89, NJW 1992, 1404; *Krautzberger* in EZBK § 11 Rn. 181; *Oerder* BauR 1998, 22 (24)), sofern es nicht nur um das Bürger verpflichtende vertragliche Regelungen geht und die Parteien nicht auf die Urkundeneinheit verzichtet haben (BVerwG Urt. v. 24.8.1994 – 11 C 11.93, BVerwGE 96, 326 (332ff.); VGH Kassel Urt. v. 25.11.2004 – 12 A 1496/04, NVwZ-RR 2005, 680). Auch in diesem Fall ist es aber zumindest erforderlich, dass Angebot und Annahme jeweils der Schriftform genügen und wechselseitig zugegangen sind. Diese Anforderungen gelten auch für Vertragsänderungen und -ergänzun-

gen. Die Gesamtheit der zwischen den Parteien maßgeblichen Regelungen kann sich auch aus mehreren Verträgen ergeben, die dann jedoch jeweils den Formanforderungen genügen müssen (BVerwG Beschl. v. 28.1.2010 – 9 B 46/09, KStZ 2010, 56 zu einem Regelwerk aus Erschließungs-, Ablöse- und Umlegungsvertrag). Zusätzlich neben dem Schriftformerfordernis sind die Vertretungsregelungen in den **Gemeindeordnungen der Länder** zu beachten, aus denen sich ergibt, wer berechtigt ist, für eine Gemeinde einen städtebaulichen Vertrag zu unterschreiben. Soweit es sich nicht um ein Geschäft der laufenden Verwaltung handelt, genügt häufig die Unterschrift des Bürgermeisters nicht (vgl. etwa § 64 Abs. 1 GO NRW). Anders als bei einer Missachtung der Schriftform führt dies allerdings nur zur schwebenden Unwirksamkeit des Vertrages bis dieser Mangel geheilt ist (BGH Urt. v. 13.10.1983 – III ZR 158/82, NJW 1984, 606; *Oerder* BauR 1998, 22 (25)).

84 Weitergehende Anforderungen bestehen gemäß § 11 Abs. 3 vor allem, wenn der Vertrag die Verpflichtung zum Erwerb oder zur Veräußerung von **Grundstücken** oder grundstücksgleichen Rechten enthält oder wenn es um die Bestellung von **Erbbaurechten** geht (§ 311b BGB, § 11 Abs. 2 ErbbauRG). Die **Beurkundungspflicht** bezieht sich dabei nicht nur auf den die Grundstücke betreffenden Teil eines städtebaulichen Vertrages, sondern auf alle Vertragsregelungen, mit denen der Vertrag zumindest aus Sicht einer Partei insgesamt stehen oder fallen soll. Entscheidend ist dafür der zu ermittelnde Wille der Parteien. Im Zweifel ist der gesamte Vertrag zu beurkunden (vgl. *Grziwotz* ZfIR 2015, 121 (123); ders. Vertragsgestaltung im öffentlichen Recht, 2002, Rn. 111). Die Beurkundungspflicht besteht auch für Grundstücke betreffende **Vorverträge**. Es genügt daher nicht, was häufig vorkommt, wenn die Parteien etwa für die Übertragung von Erschließungsflächen lediglich vereinbaren, dass diese noch durch einen gesonderten Vertrag an die Gemeinde übertragen werden. Unbedenklich sind hierbei allenfalls bloße Absichtserklärungen. Ein Verstoß gegen die Beurkundungspflicht führt zur **Unwirksamkeit** des Gesamtvertrages (→ noch Rn. 89), es sei denn, der nicht beurkundungsbedürftige wäre auch ohne den beurkundungspflichtigen Vertragsteil von den Parteien abgeschlossen worden (BVerwG Beschl. v. 17.7.2001 – 4 B 24/01, BauR 2002, 57 (60); dass. Urt. v. 1.2.1980 – 4 C 40/77, NJW 1980, 2538 (2539); OVG Schleswig Beschl. v. 12.9.2007 – 2 LA 107/06, NJW 2008, 601). Der Verstoß gegen die Beurkundungspflicht wird gemäß § 311b Abs. 1 S. 2 BGB geheilt, wenn die Auflassung und die Eintragung in Bezug auf sämtliche von dem Vertrag umfassten Grundstücke erfolgt ist.

VIII. Vergaberecht

85 Für die Frage, ob ein Vertrag von der öffentlichen Hand ausgeschrieben werden muss, ist die Einordnung als zivilrechtlicher oder öffentlich-rechtlicher Vertrag ebenso bedeutungslos wie die Frage, ob es sich um einen städtebaulichen Vertrag handelt oder nicht. Entscheidend sind allein die vergaberechtlichen Kriterien (*Reidt* in BRS Rn. 1050). Die Gemeinde ist öffentlicher Auftraggeber (§ 98 Nr. 1 GWB). Dies gilt zumeist auch für kommunale Gesellschaften (§ 98 Nr. 2 GWB). Nach dem **Kartellvergaberecht** (§§ 97ff. GWB) ausschreibungspflichtig sind öffentliche Aufträge iSv § 99 GWB, wenn kein besonderer Ausnahmetatbestand vorliegt, es sich nicht um ein vergaberechtsfreies Eigengeschäft (Inhouse-Geschäft; ausführlich dazu *Ganske* in Reidt/Stickler/Glahs, Vergaberecht, 3. Aufl. 2011, § 99 Rn. 50ff.)) handelt, bei dem eine idR gemeindeeigene Gesellschaft, die ausschließlich oder überwiegend für die Gemeinde tätig ist, beauftragt wird und die Schwellenwerte gemäß § 100 Abs. 2 GWB iVm § 2 der Vergabeverordnung erreicht oder überschritten sind (s. im Hinblick auf städtebauliche Verträge etwa *Reidt* BauR 2008, 1541 (1546); *Ganske* aaO § 99 Rn. 157ff.). Diese betragen für die Gemeinde aktuell 5.186.000 Mio. € bei Bauaufträgen und 207.000 € bei Liefer- und Dienstleistungsaufträgen. Auch unterhalb dieser Schwellenwerte bestehen allerdings vergaberechtliche Bindungen der Ge-

4. Abschnitt. Zusammenarbeit mit Privaten; vereinfachtes Verfahren § 11

meinde aufgrund des Primärrechts der Europäischen Union insbesondere im Hinblick auf Diskriminierungsfreiheit und Transparenz bei Leistungen von grenzüberschreitendem Interesse sowie aufgrund ihrer haushaltsrechtlichen **Verpflichtungen** (s. etwa § 55 LHO NRW). Hier findet zwar keine Überprüfung durch die Vergabekammern und Vergabesenate statt (§§ 107 ff. GWB), jedoch ist eine gerichtliche Überprüfung, in der Regel durch die Zivilgerichte, nicht ausgeschlossen (zum Rechtsschutz unterhalb der Schwellenwerte s. etwa *Diehr* in Reidt/Stickler/Glahs, Vergaberecht, 3. Aufl. 2011, § 100 Rn. 11 ff.).

Auszuschreiben sind **entgeltliche Verträge** über Bau-, Liefer- und Dienstleistungen der Gemeinde. Der Begriff des Entgelts umfasst dabei jeden vermögenswerten Vorteil, den die Gemeinde gewährt. Daher kann etwa auch ein Grundstückstausch, eine unentgeltliche oder verbilligte Grundstücksüberlassung oÄ darunter fallen, ebenso der Verzicht auf einen (entstandenen) Beitragsanspruch. Verträge über **Nutzungsbeschränkungen** oÄ in städtebaulichen Verträgen (s. insbes. Abs. 1 S. 2 Nr. 2) sind regelmäßig vergaberechtlich irrelevant, da sie keine Beschaffung betreffen. Auch Vereinbarungen über **Kostenerstattungen** gem. Abs. 1 S. 2 Nr. 3 sind keine Beschaffungstätigkeit der öffentlichen Hand. Bedeutsam können daher vor allem Verträge nach Abs. 1 S. 2 Nr. 1 sein. Verpflichtet sich der Private, der Gemeinde für die Aufstellung eines Bebauungsplans die notwendigen Leistungen, insbesondere **Gutachten,** bereitzustellen, ist dies jedoch nicht ausschreibungspflichtig, wenn diese Bereitstellung **unentgeltlich** erfolgt. Auch wenn der Begriff des Entgelts weit zu verstehen ist, fällt die Aufstellung eines Bebauungsplans oder die Erteilung einer Baugenehmigung nicht darunter, da es sich dabei um hoheitliche Tätigkeiten, nicht aber um entgeltliche Leistungen handelt (*Erbguth,* Öffentliches Baurecht, § 5 Rn. 190; *Reidt* in BRS Rn. 1053). Anders kann dies bei Kostenerstattung durch die **Gemeinde** sein. Entsprechendes gilt bei Erschließungsleistungen. Auch hier ist es so, dass ein Vertrag über die Durchführung städtebaulicher Maßnahmen durch den Vertragspartner der Gemeinde auf eigene Kosten, also ohne Kostenerstattung durch die Gemeinde, nach überwiegender Auffassung nicht ausschreibungspflichtig ist. In diesem Fall fehlt es an dem notwendigen Entgelt, da eine Beitragsforderung der Gemeinde, auf die sie im Sinne eines geldwerten Vorteils für den Vertragspartner verzichten könnte, gar nicht erst entsteht (*Wilke* ZfBR 2004, 141 (144f.); *Pietzcker* NZBau 2008, 293 (299); *Burgi* NVwZ 2008, 929 (934f.); *Bartlik* ZfBR 2008, 650 (654); teilweise aA *Köster/Häfner* NVwZ 2007, 410 (413f.); *Ziekow* DVBl. 2008, 137 (145); *Busch* VergabeR 2003, 622 (626ff.)). Die Aufstellung eines Bebauungsplans oder die Erteilung einer Baugenehmigung wird man auch hier nicht als Gegenleistung ansehen können. Hingegen ist ein **Vorfinanzierungsvertrag** („unechter" Erschließungsvertrag, → Rn. 28) regelmäßig als entgeltlicher Bauauftrag einzuordnen, da der Vertragspartner seinen Erschließungsaufwand der Gemeinde in Rechnung stellt und seine Gegenleistung in der Verrechnung mit seiner Beitragsschuld oder einem etwaigen Ablösungsbetrag erfolgt (vgl. etwa *Köster/Häfner* NVwZ 2007, 410 (414); *Ziekow* DVBl. 2008, 137 (144); *Ganske* aaO (Rn. 85), § 99 Rn. 169). Allerdings kommt hier uU der Wahl des Vergabeverfahrens besondere Bedeutung zu. Stehen die Flächen, auf denen die Erschließungsmaßnahmen durchgeführt werden sollen, ganz oder jedenfalls zu einem großen Teil im Eigentum des Vertragspartners der Gemeinde und sollen sie nach Durchführung der Erschließung an diese übereignet werden, wird in der Regel nur ein Verhandlungsverfahren (§ 3a Abs. 1 Nr. 4 VOB/A) bzw. eine freihändige Vergabe (§ 3 Abs. 1 S. 3 iVm Abs. 5 VOB/A) an den Vertragspartner der Gemeinde möglich sein (s. hierzu *Reidt* in BRS Rn. 1058).

Im Anschluss an die sogenannte **Ahlhorn-Rechtsprechung** des OLG Düsseldorf (Beschl. v. 13.6.2007 – Verg 2/07, VergabeR 2007, 634) haben sich in den vergangenen Jahren vergaberechtliche Fragen vor allem im Zusammenhang mit der Auferlegung von **Bauverpflichtungen und Grundstücksveräußerungen** sowie deren Verknüpfung gestellt. Diese sind jedoch sowohl durch die Änderung von § 99 Abs. 3

86

87

GWB im Rahmen des Vergaberechtsmodernisierungsgesetzes 2009 als auch durch die Rechtsprechung des EuGH (Urt. v. 25.3.2010 – C 451/08, NZBau 2010, 321) zumindest weitgehend ausgeräumt. Das OLG Düsseldorf hat seine Ahlhorn-Rechtsprechung zwischenzeitlich aufgegeben (OLG Düsseldorf Beschl. v. 9.6.2010 – VII-Verg 9/10, VergabeR 2010, 971; s. hierzu etwa auch *Hanke* ZfBR 2010, 562ff.). Danach ist die **Veräußerung** eines Grundstücks für Bauzwecke nicht ausschreibungspflichtig, da daraus keine unmittelbar wirtschaftlich dem Auftraggeber zu Gute kommende Bauleistung resultiert (§ 99 Abs. 3 GWB). Dies gilt auch bei einer verbilligten Veräußerung, die allerdings eine unzulässige Beihilfe darstellen kann (*Otting* NJW 2010, 2167 (2169); *Reidt* BauR 2007, 1664 (1673)). Auch die Vereinbarung einer **Bauverpflichtung,** so wie sie insbesondere beim Durchführungsvertrag gemäß § 12 Abs. 1 notwendig ist, hat vergaberechtlich grundsätzlich keine Bedeutung, wenn der Investor für sich selbst bauen soll. Hingegen kann ein vergaberechtlich relevanter Vorgang vorliegen, wenn der gemeindliche Vertragspartner gegenüber der Gemeinde zur Erbringung von Bauleistungen vertraglich, also nicht nur aufgrund eines gesetzlichen oder wirtschaftlichen Zwangs, verpflichtet ist und die Gemeinde ein **unmittelbares wirtschaftliches Interesse** an der Erbringung der Bauleistung hat, sie ihr also unmittelbar wirtschaftlich zu Gute kommt. Nicht ganz eindeutig ist, was der EuGH unter einem unmittelbaren wirtschaftlichen Interesse versteht. Klar ist jedoch, dass ein rein städtebauliches Interesse nicht genügt. Gemeint sind vielmehr Fälle, in denen die Gemeinde an der Durchführung der Bauleistung unmittelbar partizipiert, etwa durch eine Beteiligung an möglichen Veräußerungserlösen oder durch die Einräumung eines Nutzungsrechts an der zu errichtenden baulichen Anlage zu ihren Gunsten (zB verbilligter Verkauf eines Grundstücks mit Bauverpflichtung, damit die Gemeinde danach das errichtete Gebäude ganz oder teilweise ohne Entgelt oder zu einem verbilligten Mietzins nutzen kann; vgl. EuGH Urt. v. 8.5.2013 – C 197/11 und C 203/11, DVBl. 2013, 1041 zur Vereinbarung einer Veräußerungspflicht mit Preisdeckelung an eine öffentliche Einrichtung).

IX. Leistungsstörungen, Nichtigkeit

88 Eine Regelung zu **Leistungsstörungen** enthält das BauGB nur für den Sonderfall des vorhabenbezogenen Bebauungsplans nach § 12 Abs. 6 S. 1 (→ vgl. § 12 Rn. 42). Im Übrigen sind gemäß § 62 S. 2 VwVfG die zivilrechtlichen Bestimmungen anzuwenden (u. a. *Bunzel* aaO (Rn. 1), 357ff.; *Burmeister* aaO (Rn. 1), Rn. 311ff.; *Birk* aaO (Rn. 1), Rn. 725ff.; *Reidt* BauR 2001, 46ff.). Für öffentlich-rechtliche Verträge kann gemäß § 60 Abs. 1 S. 1 VwVfG (wechselseitig) ein **Anpassungsanspruch** bei Veränderung der wesentlichen Vertragsgrundlagen bestehen, gemäß § 60 Abs. 1 S. 2 VwVfG ggf. auch ein Kündigungsrecht, um schwere Nachteile für das Gemeinwohl zu verhüten oder zu beseitigen. Allerdings muss vor allem die Gemeinde stets überlegen, ob die entsprechenden Rechtsfolgen für sie tatsächlich sinnvoll sind. Dies gilt insbesondere bei Nichterfüllung oder nicht ordnungsgemäßer Vertragserfüllung durch den Vertragspartner. Wichtiger sind hier häufig die Sicherungsmittel (→ Rn. 64ff.; zu einer im Vertrag enthaltenen Schlichtungsvereinbarung OVG Koblenz Urt. v. 12.2.2014 – 8 A 11021, BauR 2014, 896).

89 Besonders problematisch können gerade für die Gemeinde Fälle sein, in denen sich ein städtebaulicher Vertrag ganz oder teilweise (vgl. § 139 BGB) als unwirksam erweist. Dies gilt vor allem dann, wenn die Gemeinde ihre „Leistung" (Aufstellung eines Bebauungsplans, Genehmigungserteilung, Einvernehmenserteilung) bereits erbracht hat und der private Vertragspartner sich dann weigert, die eingegangenen Verpflichtungen zu erfüllen. In diesem Fall sind sogar **Rückforderungsansprüche** des **Vertragspartners** der Gemeinde möglich, wenn er bereits Leistungen erbracht hat (zB Zahlungen auf eine nichtige Kostenübernahmevereinbarung, vgl. BVerwG Beschl. v. 16.11.2007 – 9 B 36/07, NVwZ 2008, 212). Auf § 817 S. 2 BGB und den

4. Abschnitt. Zusammenarbeit mit Privaten; vereinfachtes Verfahren § 11

Grundsatz von **Treu und Glauben** kann sich die gesetzesgebundene Gemeinde gegenüber einem derartigen Anspruch in der Regel nicht berufen (BVerwG Urt. v. 16.5.2000 – 4 C 4/99, BVerwGE 111, 162 (173); dass. Urt. v. 26.3.2003 – 9 C 4/02, NVwZ 2003, 993 (994f.); tendenziell auch BGH Beschl. v. 29.10.2009, V ZR 54/09, BauR 2010, 227; etwas offener BVerwG Urt. v. 29.1.2009 – 4 C 15/07, BVerwGE 133, 85; s. auch BVerwG Beschl. v. 17.7.2001 – 4 B 24.01, NVwZ 2002, 473; kritisch *Stüer/König* ZfBR 2000, 528 (535f.); zustimmend *Bick* DVBl. 2001, 154 (160f.)). Auch der Einwand der **Entreicherung** (§ 818 Abs. 3 BGB) ist der Gemeinde zumeist abgeschnitten (BVerwG Urt. v. 1.12.2010 – 9 C 8/09, BVerwGE 138, 244 Rn. 57f.; dass. Urt. v. 12.3.1985 – 7 C 48/82, BVerwGE 71, 85; OVG Koblenz Urt. v. 28.11.1991 – 1 A 10312/89, NVwZ 1992, 796; *Reidt* BauR 2001, 46 (53); zur grds. 3-jährigen **Verjährungsfrist** entsprechend § 195 BGB OVG Koblenz Urt. v. 12.2.2014 – 8 A 11021/13, BauR 2014, 986; s. auch BGH Beschl. v. 29.10.2009 – V ZB 54/09, BauR 2010, 227). Vertragliche **Heilungsklauseln** oder Vereinbarungen, nach denen sich die Parteien nicht auf die Unwirksamkeit des Vertrages berufen dürfen, helfen nur weiter, wenn sie nicht das Schicksal der Unwirksamkeit teilen (BVerwG Beschl. v. 29.10.2010 – 9 B 9/10, NVwZ 2011, 125). Letzteres ist zumeist anzunehmen, wenn es nicht nur um die Unwirksamkeit einer Nebenabrede geht, sondern davon auszugehen ist, dass die Parteien den Vertrag ohne die unwirksame Hauptabrede nicht abgeschlossen hätten (BVerwG Urt. v. 1.12.2010 aaO Rn. 50). Die Nichtigkeit eines städtebaulichen Vertrages kann zur **Unwirksamkeit eines Bebauungsplans** führen, wenn dessen Festsetzungen maßgeblich (auch) auf dem Vertrag beruhen (OVG Lüneburg Urt. v. 22.4.2015 – 1 KN 126/13, BeckRS 2015, 45989; VGH München Urt. v. 12.5.2004 – 20 N 04.329 u. a., NVwZ-RR 2005, 781).

X. Verfahrensrecht, Verhältnis zu Bebauungsplanfestsetzungen

Neben den formellen und materiellen Anforderungen an städtebauliche Verträge existiert **kein besonderes Vertragsverfahrensrecht.** Selbst der Umstand, dass städtebauliche Verträge im Zusammenhang mit Bebauungsplänen in der Regel vor deren Inkrafttreten abgeschlossen werden müssen (→ Rn. 73, 91), ist nicht verfahrensrechtlichen Anforderungen, sondern § 11 Abs. 2 S. 2 sowie dem materiellen Abwägungsgebot (→ § 1 Abs. 7) im Hinblick auf die planerische Konfliktbewältigung geschuldet. Am ehesten wird man noch die landesrechtlichen Anforderungen an die Befassung verschiedener Gemeindegremien (Ausschüsse, Rat) als gesetzlich ausdrücklich geregelte Verfahrensanforderungen bezeichnen können. Gleichwohl stellt sich die Frage, ob es für den Abschluss städtebaulicher Verträge aufgrund der Anforderungen des BauGB oder aus übergeordneten Gründen des Verfassungsrechts und des Unionsrechts eines bestimmten Verfahrens bedarf. Diese Frage lässt sich nicht generalisierend beantworten. Entscheidend ist in erster Linie der **Vertragsinhalt.** Geht es ausschließlich um **finanzielle Regelungen** (zB um die Finanzierung bestimmter städtebaulicher Maßnahmen), bedarf es zwar zumeist einer entsprechenden Absicherung der Leistungspflicht (insbesondere durch Bürgschaften Rn. 66), nicht hingegen eines bestimmten Verfahrens im Vorfeld des Vertragsabschlusses. Entsprechendes gilt in der Regel bei vertraglich vereinbarten **Leistungspflichten** (Durchführung von Erschließungsmaßnahmen oder Folgemaßnahmen, Neuordnung der Grundstücksverhältnisse, Bodensanierung oÄ). Auch spätere Vertragsänderungen sind in diesen Fällen daher zumeist rechtlich unkritisch. 90

Anders ist die Situation in den Fällen, in denen die Regelungen eines städtebaulichen Vertrages unmittelbar der **planerischen Konfliktbewältigung** dienen, indem sie Festsetzungen eines Bebauungsplans (nicht jedoch den Bebauungsplan als solchen mit seiner über einzelne Festsetzungen oder Vertragsregelungen hinausgehenden Entwicklungs- und Ordnungsfunktion) ersetzen oder ergänzen (→ Rn. 45). Dass 91

§ 11 I. Kapitel. I. Teil. Bauleitplanung

dies möglich ist, ist sowohl für vertragliche Vereinbarungen, die Planfestsetzungen ergänzen, als auch für solche, die Planfestsetzungen ersetzen, anerkannt. Insofern besteht **kein Subsidiaritätsverhältnis**. Eine Gemeinde kann städtebauliche Zwecke und Ziele der Bauleitplanung auch mit den vertraglichen Gestaltungsmöglichkeiten verfolgen, wenn ihr diese Mittel zur Befriedigung eines rechtmäßigen öffentlichen Interesses am besten geeignet erscheinen (BGHZ 93, 372; BVerwG Beschl. v. 9.5.1997 – 4 N 1/96, BVerwGE 104, 353 (361): „Das Gesetz bezeichnet in § 8a Abs. 1 Satz 2 BNatSchG ausdrücklich nur das Mittel der bauplanerischen Festsetzung. Daraus lässt sich nicht im Sinne eines Umkehrschlusses entnehmen, der Gemeinde sei jede andere rechtliche Möglichkeit versagt. Maßgeblich ist nicht das angegebene rechtstechnische Instrumentarium, sondern der tatsächliche Erfolg des Ausgleichs oder der Ersatzmaßnahme. (...) Es bedarf innerer Gründe, um die Möglichkeit einer auch vertraglichen Gestaltung – über den Wortlaut des § 8a Abs. 1 BNatSchG hinaus – auszuschließen. Diese sind nicht ersichtlich. (...) Eine derartige Annahme würde der allgemeinen Auffassung des Gesetzgebers widersprechen, auch vertragliche Lösungswege im Bauplanungsrecht vorzusehen."; s. auch dass. Urt. v. 15.12.1989 – 7 C 6/88, NVwZ 1990, 665; OVG Lüneburg Urt. v. 8.3.2012 – 12 LB 244/10, BauR 2012, 1072; dass. Urt. v. 3.5.2006 – 1 LC 170/04, BauR 2006, 1703 (1706); OVG Berlin-Brandenburg Urt. v. 22.9.2011 – 2 A 8/11, BauR 2012, 1612 (1613); dazu auch *Hellriegel* BauR 2012, 1576 (1580 ff.); BGH Urt. v. 7.2.1985 – III ZR 179/83, anders OVG Berlin-Brandenburg Urt. v. 18.12.2007 – 2 A 3/07, BauR 2008, 1089 (1092), jedoch durch Beschl. v. 20.3.2008 für gegenstandslos erklärt; wie hier etwa auch *Erbguth*, Öffentliches Baurecht, § 5 Rn. 187; *Krautzberger* in EZBK § 11 Rn. 166, 132a; s. a. *Birk* in FS Krautzberger, 2008, 169 (177); *Reidt* in FS Krautzberger, 2008, 203 (205 ff.); *ders.* UPR 2008, 410 (411)). Der städtebauliche Vertrag muss in diesem Fall vor dem **Inkrafttreten** der Satzung, wenn auch nicht unbedingt vor dem Satzungsbeschluss selbst bereits rechtsverbindlich abgeschlossen sein oder aber es muss zumindest ein rechtsverbindliches und für die Gemeinde einseitig annehmbares Vertragsangebot vorliegen. Dies folgt in diesem Fall nicht erst aus dem Koppelungsverbot (→ Rn. 73), sondern bereits daraus, dass ansonsten die planerische Konfliktbewältigung nicht gewährleistet ist. Zum Zeitpunkt des Satzungsbeschlusses selbst müssen die der planerischen Konfliktbewältigung dienenden Vertragsinhalte bereits hinreichend sicher feststehen, damit sie der Abwägungsentscheidung zugrunde gelegt werden können (vgl. § 214 Abs. 3 S. 1; *Birk* aaO (Rn. 1), Rn. 507; *Reidt* UPR 2008, 410 (412)).

92 Auch ein städtebaulicher Vertrag, der der planerischen Konfliktbewältigung dient, muss **nicht mit dem Bebauungsplanentwurf öffentlich ausgelegt** (→ § 3 Abs. 2) oder Gegenstand der Behördenbeteiligung (→ § 4 Abs. 2) sein, obgleich dies im Interesse eines offenen und transparenten Verfahrens zumindest sinnvoll und ratsam ist. Notwendig ist es allerdings, dass die wesentlichen der Konfliktbewältigung dienenden Vertragsinhalte in dem auszulegenden Entwurf und der Endfassung der Bebauungsplanbegründung dargelegt und erläutert sind (vgl. BVerwG Urt. v. 19.4.2012 – 4 CN 3/11, DVBl. 2012, 912; BVerwG Urt. v. 18.9.2003 – 4 CN 3/02, BVerwGE 119, 45 (53); OVG Lüneburg Urt. v. 8.3.2012 – 12 LB 244/10, BauR 2012, 1072; dass. Beschl. v. 4.1.2011 – 1 MV 130/10, ZfBR 2011, 154; OVG Berlin-Brandenburg Urt. v. 22.9.2011 – 2 A 8/11, BauR 2012, 1612 (1614); OVG Münster Urt. v. 16.10.1997 – 11a D 116/96, NVwZ-RR 1998, 632; *Krautzberger* in EZBK § 12 Rn. 131; *Reidt* BauR 2008, 1541 (1544)). Selbst dies ist allerdings ausnahmsweise aus Rechtsgründen verzichtbar, wenn der städtebauliche Vertrag lediglich zusätzlich und vorsorglich der Konfliktminimierung dient, diese also bereits durch den Bebauungsplan selbst bereits ohne Zuhilfenahme des Vertrages gewährleistet ist (vgl. OVG Lüneburg Urt. v. 12.1.2011 – 1 KN 28/10, DVBl. 2011, 900).

XI. Änderung städtebaulicher Verträge

Die Änderung von städtebaulichen Verträgen ist gesetzlich nicht besonders geregelt. Sie ist grundsätzlich möglich, wenn auch bei der Änderung die für städtebauliche Verträge allgemein maßgeblichen Anforderungen eingehalten werden. Besondere Probleme können sich allerdings dann ergeben, wenn ein städtebaulicher Vertrag Regelungen enthält, die Festsetzungen eines Bebauungsplans ergänzen oder ersetzen (→ Rn. 45, 91). In diesen Fällen liegt es nahe, dass die vertraglichen Vereinbarungen nach Inkrafttreten des Bebauungsplans nicht ohne weiteres geändert oder gar aufgehoben werden können (zB vertragliche Vereinbarungen zu naturschutzrechtlichen Ausgleichsmaßnahmen außerhalb des Plangebietes), weil damit eine den Bebauungsplan und die ihm zugrunde liegende Abwägung tragende Säule verändert oder gar beseitigt würde. Soll ein städtebaulicher Vertrag, mit festsetzungsersetzenden oder -ergänzenden Inhalten der planerischen Konfliktbewältigung dient, nach dem Satzungsbeschluss **geändert** werden, ist es daher geboten, dies an den verfahrensrechtlichen Anforderungen für Abweichungen von einem Bebauungsplan oder für dessen Änderung zu messen. Ohne weiteres zulässig sein dürften daher Vertragsänderungen, die bei einer entsprechenden Festsetzung im Bebauungsplan ausnahme- oder befreiungsfähig wären (§ 31 Abs. 1 und 2). Dabei geht es in der Regel um **Änderungen von eher geringer Bedeutung**, die die **Grundzüge der Planung** nicht berühren (zB geringfügige Verschiebung bei den Ausführungsfristen für naturschutzrechtliche Ausgleichsmaßnahmen, geringfügige Verschiebung von Verkaufsflächen- und Sortimentsbegrenzungen zum Schutz zentraler Versorgungsbereiche, Modifizierung von Ausführungsdetails bei vertraglich festgelegten Maßnahmen des aktiven Schallschutzes oÄ). Weitergehende Vertragsänderungen, insbesondere solche, die die Grundzüge der Planung berühren, sind hingegen einer Bebauungsplanänderung vergleichbar, für die es der Durchführung eines Planverfahrens (§ 1 Abs. 8) bedürfte. Es spricht daher vieles dafür, dass im Vorfeld derartige Vertragsänderungen der Verfahrensschritte durchzuführen sind, die erforderlich wären, wenn die festsetzungsersetzende oder -ergänzende Regelung im Bebauungsplan selbst enthalten wäre (OVG Berlin Brandenburg Urt. v. 22.9.2011 – 2 A 8/11 BauR 2012, 1612 (1615)). Anderenfalls dürfte die Vertragsänderung (zB ein nachträglicher Verzicht auf den überwiegenden Teil der vertraglich vereinbarten Ausgleichsmaßnahmen, die vollständige oder weitgehende Aufhebung von Verkaufsflächen- oder Sortimentsbegrenzungen zum Schutz zentraler Versorgungsbereiche, der Verzicht auf den vertraglich vereinbarten Bau einer Schallschutzwand u. ä.) unwirksam sein. Es verbleibt dann bei den ursprünglich vereinbarten Vertragsinhalten. Der Bebauungsplan selbst ist dann eine Verbotsnorm, die einer verfahrensfreien Vertragsänderung entgegensteht (s. zum Ganzen *Reidt,* FS Krautzberger, 2008, 203 (213 ff.); *ders.,* BauR 2008, 1541 (1544)).

93

XII. Zulässigkeit weiterer städtebaulicher Verträge (Abs. 4)

Abs. 4 soll sicherstellen, dass nicht im Umkehrschluss andere städtebauliche Verträge als die im BauGB ausdrücklich genannten (hierzu vgl. Rn. 13 ff.) für unzulässig gehalten werden. Die **weitere Rechtsentwicklung** bei städtebaulichen und vergleichbaren Verträgen soll also durch die Regelung in § 11 **nicht behindert** werden.

94

XIII. Strafbarkeit

Der Abschluss eines städtebaulichen Vertrags kann je nach inhaltlicher Ausgestaltung strafrechtliche Risiken mit sich bringen. In der Literatur (*Bunzel u. a.* aaO (Rn. 1), 68 ff.; *Wahle/Hohmann,* FS Birk 2013, 259 ff.; *Oehmen/Busch* BauR 1999, 1402 ff.; *Grziwotz* BauR 2000, 1437 ff.; BauR 2001, 1530 ff.; *Burmeister* BauR 2003, 1129 ff.; *Busse* BayVBl 2003, 129 (129 f.); *Otto* ZfBR 2006, 320 ff.) wird dies vor allem

95

§ 11 I. Kapitel. I. Teil. Bauleitplanung

an Fallbeispielen diskutiert, bei denen sich ein Privater zur Finanzierung von gemeindlichen Einrichtungen (Schulen, Kindergärten etc.) gegen die Schaffung von Baurecht verpflichtet. In Betracht kommen dabei in erster Linie Straftatbestände wie Erpressung (§ 253 StGB) und Vorteilsannahme (§ 331 StGB) auf Seiten der Gemeinde und Vorteilsgewährung (§ 333 StGB) und Betrug (§ 263 StGB) auf Seiten des Privaten.

96 An **Erpressung** auf Seiten der Gemeinde ist in Konstellationen zu denken, in denen die Aufstellung eines Bebauungsplans (etwa im Außenbereich zur erstmaligen Schaffung von Bauland) vom Abschluss eines städtebaulichen Vertrags abhängig gemacht wird. Entsprechendes gilt für die Erteilung des notwendigen gemeindlichen Einvernehmens. Regelmäßig wird hierin jedoch keine Erpressung im strafrechtlichen Sinne liegen. Es fehlt hierbei zumeist schon an einer Drohung. Nach der Rechtsprechung muss bei der Ankündigung, ein rechtlich nicht gebotenes Handeln zu unterlassen, auf Seiten des Adressaten der Drohung eine existentielle wirtschaftliche Notlage vorliegen, die von dem Drohenden ausgenutzt wird (BGH v. 11.11.1998 – 5 StR 325/98, BGHSt 44, 251 (252)). Selbst wenn dies im Einzelfall bejaht werden kann, wird es regelmäßig an der Verwerflichkeit (§ 253 Abs. 2 StGB) fehlen. Denn mit der Normierung des städtebaulichen Vertrags hat der Gesetzgeber eine Form konsensualen Verwaltungshandelns gefördert, die im Interesse der Allgemeinheit und der privaten Investoren Handlungsmöglichkeiten jenseits des herkömmlichen Bauplanungsrechts ermöglicht (*Burmeister* aaO (Rn. 1), Rn. 68).

97 Eine **Vorteilsannahme** bzw. **Vorteilsgewährung** liegt grundsätzlich bei der Annahme einer Geldzahlung eines Privaten durch einen Gemeindebediensteten vor, ohne dass ein entsprechender Anspruch auf eine bestimmte Leistung gegeben ist. Schutzgut der Vorteilsnahme ist die Unkäuflichkeit der von Trägern staatlicher Funktionen ausgeübten Tätigkeit und damit die Sachlichkeit staatlicher Entscheidungen (BGH Urt. v. 25.7.1960 – 2 StR 91/60, BGHSt 15, 88 (96f.); dass. Urt. v. 28.10.1986 – 5 StR 244/86, NJW 1987, 1340 (1342)). Erfasst werden auch Fälle einer **Drittzuwendung,** also Fälle, in denen sich der Amtsträger den Vorteil nicht für sich sondern für einen Dritten, also etwa für die Gemeinde, gewähren lässt (OVG Lüneburg Urt. v. 10.8.2010 – 1 KN 218/07, NdsVBl 2011, 16; s. auch BGH Urt. v. 23.5.2002 – 1 StR 372/01, BGHSt 47, 295 Rn. 36; ders. Urt. v. 23.10.2002 – 1 StR 541/01, BGHSt 48, 44). Vorteil ist hierbei jede Leistung des Zuwendenden, auf die der Amtsträger keinen Anspruch hat und die seine wirtschaftliche, rechtliche oder auch nur persönliche Lage objektiv verbessert (s. etwa BGH Urt. v. 21.6.2007 – 4 StR 99/07, NStZ 2008, 216). Dies kann selbst dann zu bejahen sein, wenn die Geldzahlung ein angemessenes Entgelt für die von dem Amtsträger vertragsgemäß zu erbringenden Leistungen darstellt (BGH Urt. v. 21.6.2007 – 4 StR 99/07, NStZ 2008, 216). § 331 StGB setzt schließlich eine **Unrechtsvereinbarung,** dh eine inhaltliche Verknüpfung von Dienstausübung und Vorteilszuwendung voraus. Diese liegt etwa vor, wenn mit der finanziellen Zuwendung nicht eine konkrete Diensthandlung in angemessener oder festgelegten Höhe honoriert wird, sondern ein allgemeines „Wohlwollen" und „Entgegenkommen" (BGH Urt. v. 14.10.2008 – 1 StR 260/08, BGHSt 53,6; *Fischer*, StGB, 63. Auflage 2016, § 331 Rn. 22). Eine einschränkende Auslegung ist geboten, wenn das Gesetz die Gewährung von Zuwendungen vorsieht und das entsprechende fachgesetzliche Verfahren eingehalten wird (so BGH Urt. v. 23.5.2002 – 1 StR 372/01, BGHSt 47, 295 für die Einwerbung von Drittmitteln bei Hochschulen; s. auch KG Urt. v. 28.5.2008 – 1 Ss 375/06, NStZ-RR 2008, 373). Die Geldzahlung eines Privaten an eine von der Gemeinde und dem Privaten gegründete Stiftung, um für einen geplanten Windpark die Aufstellung eines Bebauungsplans zu erreichen, stellt jedenfalls dann eine Vorteilsnahme bzw. Vorteilsgewährung dar, wenn der Stiftungszweck keinen bauplanungsrechtlichen Zusammenhang erkennen lässt (LG Stade Beschl. v. 28.1.2005 – 12 Qs 153/04, BeckRS 2005, 02267). Vor dem Hintergrund dieser Rechtsprechung lässt sich eine strafbare Vorteilsnahme bzw. Vorteilsgewährung nicht schon deshalb ausschließen, weil ein städtebau-

licher Vertrag Leistungen und Gegenleistungen enthält, die von den Vertragsparteien frei ausgehandelt worden sind. Von entscheidender Bedeutung ist vielmehr, ob die Anforderungen, die § 11 Abs. 2 an den Abschluss solcher Verträge stellt, insbesondere also die Angemessenheit der Gegenleistung (→ Rn. 75) und das Koppelungsverbot (→ Rn. 73), eingehalten worden sind. Der BGH hat in seinem Urteil vo 23.5.2002 zur Drittmitteleinwerbung vor allem den Gesichtspunkt der Transparenz durch Einhaltung der einschlägigen Verfahrensvorschriften betont. Zumindest dies lässt sich auch auf städtebauliche Verträge übertragen. Voraussetzung für eine Strafbarkeit ist ferner stets ein **Vorsatz** des Amtsträgers. Ein bloßer **Rechtsirrtum** führt nicht zur Strafbarkeit. Eine lediglich fahrlässig falsche Rechtsanwendung, die zur Rechtswidrigkeit des städtebaulichen Vertrags führt, begründet ebenfalls noch keine Strafbarkeit des handelnden Amtsträgers (*Busse* BayVBl. 2003, 129 (130)).

Ein **Betrug** auf Seiten des Privaten liegt nicht schon vor, wenn er bei Vertragsschluss seine Erfüllungsbereitschaft lediglich vortäuscht und die Gemeinde sodann den Bebauungsplan aufstellt. Zudem wird der Gemeinde regelmäßig kein Vermögensschaden entstehen, da die Aufstellung eines Bebauungsplans kein wirtschaftliches Gut ist (*Burmeister* aaO (Rn. 1), Rn. 71; *Grziwotz* BauR 2001, 1530 (1533); *Oehmen / Busch* BauR 1999, 1402 (1418)). 98

§ 12 Vorhaben- und Erschließungsplan

(1) ¹**Die Gemeinde kann durch einen vorhabenbezogenen Bebauungsplan die Zulässigkeit von Vorhaben bestimmen, wenn der Vorhabenträger auf der Grundlage eines mit der Gemeinde abgestimmten Plans zur Durchführung der Vorhaben und der Erschließungsmaßnahmen (Vorhaben- und Erschließungsplan) bereit und in der Lage ist und sich zur Durchführung innerhalb einer bestimmten Frist und zur Tragung der Planungs- und Erschließungskosten ganz oder teilweise vor dem Beschluss nach § 10 Abs. 1 verpflichtet (Durchführungsvertrag).** ²**Die Begründung des Planentwurfs hat die nach § 2a erforderlichen Angaben zu enthalten.** ³**Für die grenzüberschreitende Beteiligung ist eine Übersetzung der Angaben vorzulegen, soweit dies nach den Vorschriften des Gesetzes über die Umweltverträglichkeitsprüfung notwendig ist.** ⁴**Für den vorhabenbezogenen Bebauungsplan nach Satz 1 gelten ergänzend die Absätze 2 bis 6.**

(2) ¹**Die Gemeinde hat auf Antrag des Vorhabenträgers über die Einleitung des Bebauungsplanverfahrens nach pflichtgemäßem Ermessen zu entscheiden.** ²**Auf Antrag des Vorhabenträgers oder sofern die Gemeinde es nach Einleitung des Bebauungsplanverfahrens für erforderlich hält, informiert die Gemeinde diesen über den voraussichtlich erforderlichen Untersuchungsrahmen der Umweltprüfung nach § 2 Abs. 4 unter Beteiligung der Behörden nach § 4 Abs. 1.**

(3) ¹**Der Vorhaben- und Erschließungsplan wird Bestandteil des vorhabenbezogenen Bebauungsplans.** ²**Im Bereich des Vorhaben- und Erschließungsplans ist die Gemeinde bei der Bestimmung der Zulässigkeit der Vorhaben nicht an die Festsetzungen nach § 9 und nach der auf Grund von § 9a erlassenen Verordnung gebunden; die §§ 14 bis 18, 22 bis 28, 39 bis 79, 127 bis 135c sind nicht anzuwenden.** ³**Soweit der vorhabenbezogene Bebauungsplan auch im Bereich des Vorhaben- und Erschließungsplans Festsetzungen nach § 9 für öffentliche Zwecke trifft, kann gemäß § 85 Abs. 1 Nr. 1 enteignet werden.**

(3a) ¹**Wird in einem vorhabenbezogenen Bebauungsplan für den Bereich des Vorhaben- und Erschließungsplans durch Festsetzung eines Baugebiets**

§ 12

auf Grund der Baunutzungsverordnung oder auf sonstige Weise eine bauliche oder sonstige Nutzung allgemein festgesetzt, ist unter entsprechender Anwendung des § 9 Abs. 2 festzusetzen, dass im Rahmen der festgesetzten Nutzungen nur solche Vorhaben zulässig sind, zu deren Durchführung sich der Vorhabenträger im Durchführungsvertrag verpflichtet. ²Änderungen des Durchführungsvertrags oder der Abschluss eines neuen Durchführungsvertrags sind zulässig.

(4) Einzelne Flächen außerhalb des Bereichs des Vorhaben- und Erschließungsplans können in den vorhabenbezogenen Bebauungsplan einbezogen werden.

(5) ¹Ein Wechsel des Vorhabenträgers bedarf der Zustimmung der Gemeinde. ²Die Zustimmung darf nur dann verweigert werden, wenn Tatsachen die Annahme rechtfertigen, dass die Durchführung des Vorhaben- und Erschließungsplans innerhalb der Frist nach Absatz 1 gefährdet ist.

(6) ¹Wird der Vorhaben- und Erschließungsplan nicht innerhalb der Frist nach Absatz 1 durchgeführt, soll die Gemeinde den Bebauungsplan aufheben. ²Aus der Aufhebung können Ansprüche des Vorhabenträgers gegen die Gemeinde nicht geltend gemacht werden. ³Bei der Aufhebung kann das vereinfachte Verfahren nach § 13 angewendet werden.

Übersicht

	Rn.
1. Allgemeines	1
2. Anwendungsvoraussetzungen (Abs. 1, 3a)	5
a) Überblick	5
b) Vorhaben- und Erschließungsplan	6
c) Durchführungsvertrag	13
3. Vorhabenbezogener Bebauungsplan	22
a) Antragsrechte des Vorhabenträgers (Abs. 2)	22
b) Inhalt	23
c) Einbeziehung einzelner Flächen (Abs. 4)	36
d) Begründung der Zulässigkeit von Vorhaben (§ 30 Abs. 2)	38
e) Verfahren	39
4. Trägerwechsel (Abs. 5)	41
5. Aufhebung wegen Zweckverfehlung (Abs. 6)	42
6. Rechtsschutz; Vergaberecht; Überleitung	44

1. Allgemeines. Die Satzung über den Vorhaben- und Erschließungsplan ist erstmals in § 55 BauZVO der DDR geregelt worden. Sie wurde mit dem Einigungsvertrag in § 246a Abs. 1 S. 1 Nr. 6 BauGB 1990 übernommen. Die Regelung war zunächst **zeitlich** (31.12.1997) und **räumlich** (Beitrittsgebiet) beschränkt. Die gesetzgeberische Absicht war ursprünglich (BauZVO; § 246a BauGB 1990), in der DDR, in der städtebauliche Pläne mit Rechtsverbindlichkeit im Wesentlichen nicht vorlagen, rasch verbindliche städtebauliche Planungsgrundlagen zu schaffen. Sie war **sachlich** auf besondere investive Zwecke beschränkt, nämlich Vorhaben für die Sicherung oder Schaffung von Arbeitsplätzen, zur Deckung eines Wohnbedarfs der Bevölkerung oder für erforderliche Infrastrukturmaßnahmen. Durch **§ 7 Inv-WoBauLG 1993** wurde die Bestimmung **im gesamten Bundesgebiet** eingeführt. Die **sachliche** Einengung auf bestimmte investive Vorhaben ist entfallen, d.h. die Satzung kam für die Begründung der Zulässigkeit aller Vorhaben iS des § 29 in Betracht. Die **Geltungsdauer** war gemäß § 20 BauGB-MaßnahmenG zunächst beschränkt (31.12.1997). Vgl. zur Rechtslage nach BauZVO und § 7 BauGB-MaßnahmenG ua *Jäde,* Vorhaben- und Erschließungsplan, 1993; *Pietzcker,* Der Vorhaben- und Erschlie-

ßungsplan, 1993; *Runkel,* Der Vorhaben- und Erschließungsplan, 1995; zu § 12 BauGB *Busse/Grziwotz,* VEP – Der Vorhaben- und Erschließungsplan, 1999; *Reidt* BauR 1998, 909; *Schliepkorte,* Der Vorhaben- und Erschließungsplan, 3. Aufl. 2001; *Wellens,* BauR 2014, 1883 ff. Durch das **BauROG 1998** wurde der Vorhaben- und Erschließungsplan in das BauGB übernommen. Der Vorhaben- und Erschließungsplan ist im BauGB als ein Unterfall des Bebauungsplans geregelt: „**vorhabenbezogener Bebauungsplan**" (auch *Kukk* in Schrödter § 12 Rn. 7). Die Überschrift in § 12 hält aber an dem Begriff „Vorhaben- und Erschließungsplan" fest, weil sich diese Bezeichnung durchgesetzt hat und sie die Unterschiede zu dem „Normalfall" des Bebauungsplans zeigen soll. Die Umgestaltung der Satzung über den Vorhaben- und Erschließungsplan zum vorhabenbezogenen Bebauungsplan war vor allem mit einer Angleichung der formellen Anforderungen verbunden. Die materiellen Anforderungen sind bereits mit dem Inv-WoBauLG 1993 umfassend an den Bebauungsplan angeglichen worden, insbesondere was die Geltung von § 1 Abs. 3–6 sowie das Entwicklungsgebot (§ 8 Abs. 2–4) betrifft. Da der Vorhaben- und Erschließungsplan von einem Vorhabenträger erarbeitet wird, ist § 12 die weitest gehende Verzahnung gemeindlicher und privater **Kooperation** im Bereich des Städtebaurechts. § 12 ist im BauGB deshalb neben dem **städtebaulichen Vertrag** (§ 11) eingeordnet, jedoch als Bebauungsplan ausgestaltet worden.

Vom sonstigen **Bebauungsplan** unterscheidet sich der Vorhaben- und Erschlie- 2 ßungsplan in mehrfacher Hinsicht: Der vorhabenbezogene Bebauungsplan erlaubt andere Festsetzungen, als sie nach § 9 und nach der BauNVO vorgesehen sind; Abs. 3 S. 2 Hs. 1. Auch kommen Plansicherungsinstrumente (§§ 14 bis 18, 22 bis 28) sowie die Bestimmungen über die Entschädigung, die Bodenordnung und die Enteignung (§§ 39 bis 127) nicht zur Anwendung. Das Gleiche gilt für §§ 127 bis 135c.

Darüber hinaus liegt die Initiative zur Schaffung von Baurechten hier grundsätz- 3 lich beim **Investor.** Dieser erarbeitet die städtebauliche Planung und verpflichtet sich vertraglich zu ihrer Verwirklichung einschließlich der Tragung der Planungs- und Erschließungskosten. § 12 hat damit auch zum Ziel, die Gemeinden von Planungs- und Erschließungsaufgaben zu entlasten und zugleich private Initiativen bei der Planung und Erschließung zu stärken. Der Gemeinde bleibt es aber unbenommen, von sich aus ihre Planungspraxis, soweit möglich, auf konsensuale Verfahren hin zu orientieren. Die gemeindliche Verantwortung für die städtebauliche Planung bleibt dabei uneingeschränkt bestehen; der Vorhaben- und Erschließungsplan wird Bestandteil des vorhabenbezogenen Bebauungsplans; Abs. 3 S. 1. Da der Investor gegenüber der Gemeinde vertragliche Baupflichten einzugehen hat, ist § 12 (wie sonst nur die städtebauliche Entwicklungsmaßnahme) ein Modell für eine zügige Realisierung von Bauvorhaben.

Eine Verpflichtung, anstelle eines vorhabenbezogenen Bebauungsplans einen 4 „sonstigen" Bebauungsplan aufzustellen oder umgekehrt, besteht nicht. Die Gemeinde kann insoweit zwischen vorhabenbezogenem und sonstigem Bebauungsplan **wählen.** Der vorhabenbezogene Bebauungsplan ändert einen bestehenden Bebauungsplan; ein späterer Bebauungsplan ändert einen Vorhaben- und Erschließungsplan.

2. Anwendungsvoraussetzungen (Abs. 1, 3a). a) Überblick. Durch den 5 vorhabenbezogenen Bebauungsplan wird die **Zulässigkeit von Vorhaben** bestimmt. Für den vorhabenbezogenen Bebauungsplan kommt uneingeschränkt § 1 Abs. 3 S. 1 zur Anwendung (→ § 1 Rn. 25 ff.). **Abs. 1 S. 1** benennt die drei wesentlichen Elemente, welche die Besonderheit des vorhabenbezogenen Bebauungsplans ausmachen: den **vorhabenbezogenen Bebauungsplan** (→ Rn. 23 ff.) selbst, den **Vorhaben- und Erschließungsplan** (→ Rn. 6 ff.) sowie den **Durchführungsvertrag** (→ Rn. 13 ff.). Der Vorhabenträger übernimmt danach die Verpflichtung, auf der Grundlage des von ihm vorgelegten, mit der Gemeinde abgestimmten und in

den Bebauungsplan übernommenen **Konzepts** (Vorhaben- und Erschließungsplan) das **Vorhaben** auf **eigenes wirtschaftliches Risiko** innerhalb eines **vertraglich** bestimmten Zeitraums einschließlich ggf. erforderlicher Erschließungsanlagen **zu realisieren.** Das Vorliegen eines Vorhaben- und Erschließungsplans ist Wirksamkeitsvoraussetzung eines vorhabenbezogenen Bebauungsplans; Vorhaben- und Erschließungsplan, Durchführungsvertrag und vorhabenbezogener Bebauungsplan müssen **aufeinander abgestimmt sein** und dürfen sich nicht widersprechen (BVerwG Urt. v. 18.9.2003 – 4 CN 3.02, BVerwGE 119, 45 (52); VGH Baden-Württemberg Urt. v. 27.3.2014 – 8 S 47/12, BauR 2014, 2064 (2065); OVG Münster ZfBR 2006, 490).

6 **b) Vorhaben- und Erschließungsplan. aa) Inhalt.** Der vorhabenbezogene Bebauungsplan begründet die planungsrechtlich abschließende Zulässigkeit von Vorhaben wie ein qualifizierter Bebauungsplan; § 30 Abs. 2 (→ Rn. 38). Der **Inhalt des Vorhaben- und Erschließungsplans** iS des Abs. 1 S. 1 ist von daher allgemein vorgegeben, weil er ggf. auch ohne sonstige Bestimmungen (vgl. Abs. 3 S. 2, Abs. 4) ausschließlicher Inhalt des vorhabenbezogenen Bebauungsplans sein kann (zur Identität von Vorhaben- und Erschließungsplan sowie vorhabenbezogenem Bebauungsplan, vgl. Bayerischer VGH Urt. v. 20.4.2011 – 15 N 10/1320, BauR 2011, 1775 Rn. 74ff.; Abs. 3 S. 1. Art und Maß der Nutzung und die Erschließung müssen ebenso geregelt sein wie im sonstigen Bebauungsplan. Den sich aus § 1 Abs. 5 bis 7 ergebenden Anforderungen muss uneingeschränkt Rechnung getragen werden. Der Vorhaben- und Erschließungsplan muss das Vorhaben, unbeschadet der erweiterten zusätzlichen Bestimmungen, so konkret beschreiben, dass danach die städtebaurechtliche Beurteilung iS des § 30 Abs. 2 möglich ist (Nieders. OVG Beschl. v. 22.12.2014 – 1 MN 118/14, ZfBR 2015, 274 (274)).

7 § 12 enthält keine Vorgaben über die **Form** und den **Inhalt** der im Vorhaben- und Erschließungsplan enthaltenen Festlegungen. Dies ist neben der Durchführungsverpflichtung (und ihrer „Sanktion" in § 12 Abs. 6) der auffälligste Unterschied zum sonstigen Bebauungsplan. Jedenfalls besteht keine formale Bindung an den Katalog des § 9 BauGB oder auf inhaltliche und textliche Regelungen entsprechend BauNVO oder PlanzV; Abs. 3 S. 2 Hs. 1 (BVerwGE 116, 296). Auch gestalterische Festsetzungen (vgl. § 9 Abs. 4 BauGB) sind zulässig. Freilich wird es in aller Regel angeraten sein, die „Sprache", aber auch Leitlinien- und Orientierungsfunktion dieser Regelwerke zu verwenden, zumal sie Ausdruck des gegenwärtigen städtebaulichen Standards sind (BVerwG 116, 296; Sächs. OVG Urt. v. 13.10.2011 – 1 C 9/09, BauR 2012, 1205 (1207); OVG Münster ZfBR 2004, 473). Auch muss der Plan „eindeutig" sein (Planklarheit und -wahrheit). Entsprechendes gilt für die Beachtung der Regeln der BauNVO über den Gebietscharakter, die sinnvolle Zuordnung von Nutzungen sowie die Maßgrenzen (hierzu im Einzelnen *Michallik* BauR 2014, 494ff.). Werden diese normativen Vorgaben nicht beachtet, bedarf es gleichwohl keiner speziellen Begründung für eine solche „Abweichung"; freilich muss das Ergebnis im Rahmen der städtebaurechtlichen Abwägung gerechtfertigt sein.

8 Da § 12 zu einer **städtebaurechtlichen Regelung** ermächtigt, ist damit der mögliche Inhalt des Vorhaben- und Erschließungsplans schon kompetenzrechtlich auf städtebauliche Regelungen beschränkt (vgl. auch Sächs.OVG Urt. v. 13.10.2011 – 1 C 9/09, BauR 2012, 1205 (1206)). Der Vorhaben- und Erschließungsplan kann daher zB keine vom Bauordnungsrecht abweichenden Festlegungen treffen (*Pietzcker,* Der Vorhaben- und Erschließungsplan, 1993, S. 38). Dagegen können im Verpflichtungsvertrag auch Vereinbarungen nicht unmittelbar bodenrechtlicher Relevanz getroffen werden (z. B. zur Bewältigung störfallrechtlicher Anforderungen, vgl. VGH Hessen Urt. v. 26.3.2015 – 4 C 1566.12.N, BauR 2015, 1282 (1291)), die im Sachzusammenhang mit den Vorhaben und ihrer Verwirklichung stehen, dh, es steht die Bandbreite von Regelungsmöglichkeiten wie bei sonstigen städtebaulichen Verträgen iS des § 11

zur Disposition (→ Rn. 17); ggf. kann ergänzend zu § 12 ieS. ein städtebaulicher Vertrag abgeschlossen werden.

Gegenstand eines Vorhaben- und Erschließungsplans können ein oder mehrere **Vorhaben** sein (OVG Saarland BauR 2003, 293). Entscheidend ist, dass das Vorhaben mit allen seinen städtebaulich relevanten Parametern textlich und zeichnerisch so konkret beschrieben wird, dass eine Umsetzung der Durchführungsverpflichtung eindeutig feststellbar ist (vgl. OVG Saarlouis Urt. v. 5.9.2013 – 2 C 190/12, BeckRS 2013, 16945; OVG Nordrhein-Westfalen Urt. v. 17.2.2011 – 2 D 36/09. NE, juris Rn. 53 ff.). Der Plan kann sich dabei sowohl auf einzelne bauliche Anlagen als auch auf Gebäudekomplexe oder Gebiete mit unterschiedlichen Nutzungen (Wohnungen, Hotels, Bürogebäude, gewerbliche Anlagen) beziehen. Die Festsetzung eines Baugebiets reichte nach der bis zur Novelle 2007 geltenden Rechtslage nicht aus; nach der Rspr. konnte dieser Mangel auch nicht durch Heranziehung des Durchführungsvertrags beseitigt werden (BVerwGE 119, 45; OVG Münster NVwZ-RR 1998, 632): ggf. hätte der Mangel im ergänzenden Verfahren behoben werden können, wenn es um Klarstellungen gegangen wäre (BVerwG 119, 45). Vgl. hierzu jetzt **Abs. 3a** (→ Rn. 21 a). Auch ein bereits **verwirklichtes Vorhaben** kann Gegenstand eines vorhabenbezogenen Bebauungsplans sein (OVG Koblenz UPR 2002, 39). Das Gesetz stellt stets auf **einen** Vorhabenträger (→ Rn. 10 ff.) ab.

Abs. 1 S. 2 trägt den Anforderungen Rechnung, die sich aus der **Umweltprüfung** der Bebauungspläne ergeben; vgl. auch Abs. 2 S. 2 sowie (generell) § 2 Abs. 4. Die Begründung des Planes hat in diesem Fall die nach § 2 a erforderlichen Angaben zu enthalten. **Abs. 1 S. 3** ordnet entsprechend § 4 a Abs. 5 S. 2 die Vorlage einer Übersetzung an, soweit der Plan erhebliche Auswirkungen auf Nachbarstaaten haben kann.

bb) Vorhabenträger. Der **Vorhabenträger** muss auf der Grundlage des von ihm vorgelegten Plans bereit und in der Lage sein (zu den Anforderungen im Einzelnen: OVG Saarlouis Urt. v. 5.9.2013 – 2 C 190/12, BeckRS 2013, 16945; Bayerischer VGH Urt. v. 20.4.2011 – 15 N 10/1320, BauR 2011, 1775 Rn. 78 ff.), die Maßnahme innerhalb einer bestimmten Frist durchzuführen. Als Vorhabenträger kommen natürliche und juristische Personen in Betracht. **Mehrere Projektträger** können sich zB in der Form einer Gesellschaft des Bürgerlichen Rechts als Vorhabenträger iS des § 12 zusammenschließen (vgl. für viele *Jäde* in JDW § 12 Rn. 14; *Pietzcker*, Der Vorhaben- und Erschließungsplan, 1993, S. 35). Die Fähigkeit zur Durchführung setzt insbesondere die wirtschaftlich-finanzielle Leistungsfähigkeit des Trägers voraus. Die Gemeinde ist zur Prüfung der **finanziellen Leistungsfähigkeit** berechtigt und verpflichtet. Insbesondere muss hinreichend gesichert sein, dass die Maßnahmen im öffentlichen Raum (insbesondere die Erschließung) durchgeführt werden können; dem kommt auch im Durchführungsvertrag Priorität zu (→ Rn. 18), wenn davon ausgegangen werden kann, dass bei Durchführung der Erschließung auch die Baumaßnahmen durchgeführt werden. Ist der Vorhabenträger aber nicht in der Lage, seine finanzielle Leistungsfähigkeit auch zur Finanzierung des Vorhabens nachzuweisen, dann reicht die Fähigkeit zur Finanzierung der Erschließung nicht aus („Vermeidung von Investitionsruinen"; OVG Greifswald NVwZ-RR 2006, 673). Die Leistungsfähigkeit kann zB durch Kreditzusagen geeigneter Banken, Fördermittelzusagen oder Bürgschaftserklärungen nachgewiesen werden. Eine (idR vorauslaufende) Beauftragung mit Aufgaben iS des **§ 4b** ist nicht von vornherein ausgeschlossen; vgl. aber § 20 VwVfG.

In der Regel muss der Vorhabenträger **Eigentümer der Flächen** sein, auf die sich der Plan erstreckt. Jedoch kann im Einzelfall auch eine anderweitige privatrechtliche Verfügungsbefugnis ausreichen: zB Erbbaurecht, Vormerkung im Grundbuch zur Sicherung von Ansprüchen auf Eigentumsübertragung, ggf. langfristiges Pachtverhältnis; erforderlich ist jedenfalls die privatrechtliche Befugnis zur baulichen und sonsti-

§ 12 I. Kapitel. I. Teil. Bauleitplanung

gen Nutzung des Grundstücks (VGH München Urt. v. 20.4.2011 – 15 N 10/1320, BauR 2011, 1775 Rn. 84; zu einem nur schuldrechtlichen Vertrag, vgl. Nieders. OVG Urt. v. 9.12.2013 – 1 KN 215/11, BeckRS 2014, 45539).

12 Vorhabenträger kann auch eine juristische Person des Privatrechts sein, die ganz oder teilweise **im Eigentum einer Körperschaft des öffentlichen Rechts** (zB Bund, Land oder Kommune) steht (*Kukk* in Schrödter § 12 Rn. 13). Auch eine Körperschaft des öffentlichen Rechts (zB das Land, eine Rundfunkanstalt, eine Universität, eine Kammer) kommt als Vorhabenträger in Betracht. Dagegen kommen die Gemeinden selbst als Vorhabenträger schon deshalb nicht in Betracht, weil sie mit sich selbst keinen Durchführungsvertrag abschließen könnten. Etwas anderes gilt für eine juristische Person, die ggf. im Eigentum der Gemeinde steht (zB kommunale Wohnungsgesellschaft).

13 **c) Durchführungsvertrag. aa) Inhalt, Form.** Der Vorhabenträger muss sich gemäß **Abs. 1 S. 1** zur Durchführung der Vorhaben- und Erschließungsmaßnahmen sowie zur Tragung der Planungs- und Erschließungskosten im **Durchführungsvertrag** verpflichten. Der Durchführungsvertrag ist ein öffentlich-rechtlicher Vertrag iS des § 54 VwVfG (vgl. für viele *Gatz* in BK, § 12 Rn. 12) und insoweit auch ein Fall des städtebaulichen Vertrags iS des § 11 Abs. 4. Überraschend mag sein, dass das Gesetz keine Beteiligungen iS der §§ 3 und 4 im Vorfeld des Vertragsabschlusses vorsieht, und zwar auch nicht in den Fällen der zulässigen Verlagerung von Regelungen aus dem Plan in den Vertrag (→ Rn. 17) oder bei Änderungen des Vertrags gem. Abs. 3a (Rn. 21af.; hierzu krit. zB *Fleckenstein* DVBl. 2008, 216 (219); *Gronemeyer* BauR 2007, 815 (821); vgl. auch *Bischopink/Arnold* NVwZ 2007, 991 (995); *Weitz* NVwZ 2016, 114 (116f.)).

14 Die **vertragliche Verpflichtung** umfasst in erster Linie die Durchführung des Vorhaben- und Erschließungsplans einschließlich der vorgesehenen zeitlichen Realisierung (**Fristen;** OVG Münster BRS 64, Nr. 227; die Frist kann ggf. verlängert werden: VGH Mannheim NVwZ 1997, 699). Der Vertrag kann ein den Vorhabenträger einseitig verpflichtender Vertrag sein. Jedoch ist nicht ausgeschlossen, dass die Gemeinde hierbei ihrerseits bestimmte Pflichten eingeht. In **Vorverträgen** können beidseitige Handlungs- oder Unterlassenspflichten vereinbart werden.

15 Der Vertrag bedarf gem. § 57 VwVfG der **Schriftform.** Nach § 311b BGB iVm. § 62 VwVfG bedarf er der **notariellen Beurkundung,** wenn sich der Träger oder die Gemeinde zur Übereignung von Grundstücken verpflichten.

16 Der Durchführungsvertrag ist zwischen dem Vorhabenträger und der Gemeinde vor dem Satzungsbeschluss, spätestens **vor dem Beschluss** nach § 10 Abs. 1 über den vorhabenbezogenen Bebauungsplan (Abs. 1 S. 1, Abs. 3 S. 1) zu schließen (BVerwG Beschl. v. 6.10.2011 – 4 BN 19/11, ZfBR 2012, 38; OVG Nordrhein-Westfalen Urt. v. 17.2.2011 – 2 D 36/09.NE, BeckRS 2011, 48883 Rn. 71ff.; VGH Mannheim Urt. v. 29.4.2009 – 8 S 639/08, BRS 74, Nr. 237; VGH München NVwZ-RR 2002, 260; VGH Mannheim NVwZ-RR 2003, 407; OVG Saarlouis Urt. v. 5.9.2013 – 2 C 190/12, BeckRS 2013, 16945; zu früher zT unterschiedlichen Auslegungen vgl. *Krautzberger* in EZBK § 12 Rn. 98; strenger noch Nieders. OVG Urt. v. 9.12.2013 – 1 KN 215/11, BeckRS 2014, 45539, das den Vertragsschluss zwingend vor dem Satzungsbeschluss sieht).

17 **bb) Verhältnis zum Bebauungsplan. Durchführungsvertrag und Bebauungsplan** dürfen sich **inhaltlich nicht widersprechen,** weil sich die Durchführungsverpflichtung auf den Vorhaben- und Erschließungsplan und damit (Abs. 3 S. 1) auf den Bebauungsplan bezieht (OVG Lüneburg Beschl. v. 22.12.2014 – 1 MN 118/14, ZfBR 2015, 274 (275)). Jedoch können in den Durchführungsvertrag zusätzliche Verpflichtungselemente (zB Konkretisierungen, Detailfestlegungen, aber auch Verpflichtungen nicht bodenrechtlicher Art) aufgenommen werden (→ Rn. 8), soweit sie nicht im Widerspruch zum Bebauungsplan stehen, während umgekehrt im

4. Abschnitt. Zusammenarbeit mit Privaten; vereinfachtes Verfahren § 12

Bebauungsplan zB weitere städtebauliche Bestimmungen getroffen werden können (vgl. Abs. 3 und 4). Entspricht der Bebauungsplan nicht dem Durchführungsvertrag, ist er insoweit fehlerhaft (BVerwGE 119, 45; OVG Münster ZfBR 2004, 474). Wird in einem neuen, nach Inkrafttreten des vorhabenbezogenen Bebauungsplans zustande gekommenen Durchführungsvertrag wesentlich von der Durchführungsverpflichtung des ersten Durchführungsvertrags und seinen das Vorhaben beschreibenden Festsetzungen abgewichen, so steht die Erforderlichkeit des Plans in Frage, weil die Rechtfertigung für seinen Erlass entfallen sein könnte (so OVG Nordrhein-Westfalen Urt. v. 17.2.2011 – 2 D 36/09.NE, BauR 2012, 210 ff.). Ist er aus anderen Gründen nichtig, so entfällt die Verpflichtung des Vorhabenträgers, wenn die Gemeinde nicht für eine Mangelbeseitigung sorgt. Ist der Vertrag nichtig und wird der Mangel nicht beseitigt, ist auch die Satzung nichtig (vgl. hierzu im Einzelnen *Pietzcker,* Der Vorhaben- und Erschließungsplan, 1993, S. 25 ff.). Zur Aufhebung der Plansatzung wegen Nichterfüllung oder wegen Wechsels des Vorhabenträgers vgl. Abs. 6. Zur **Funktionslosigkeit** wegen einer zwischenzeitlich anderen baulichen Entwicklung VGH Mannheim NVwZ-RR 2003, 407.

cc) Sicherung der Verpflichtung. Erfüllt der Vorhabenträger nicht die sich aus dem Vertrag ergebenden Verpflichtungen, so soll die Gemeinde gemäß Abs. 6 S. 1 den **Bebauungsplan aufheben** (→ Rn. 42 f.). Darüber hinaus stehen ihr jedoch weitere vertragliche Gestaltungsmöglichkeiten offen, die ihr Risiko mindern und damit die **Erfüllung der Verpflichtung** sichern. So können zB Vertragsstrafen vereinbart werden. Die Gemeinde kann sich ggf. auch die Übereignung der Grundstücke zusichern lassen oder sich über Bankbürgschaften absichern. Auch die Unterwerfung unter die sofortige Zwangsvollstreckung (vgl. § 61 VwVfG) kommt in Betracht. Die Sicherungen können entsprechend den im Vertrag vereinbarten **Abschnitten der Realisierung** von Plan und Erschließung ausgestaltet werden, wobei der Sicherung der Erschließung und anderer im öffentlichen Interesse liegenden Maßnahmen vorrangige Bedeutung zukommt (→ Rn. 10). 18

dd) Übernahme der Kosten. Nach **Abs. 1 S. 1** verpflichtet sich der Vorhabenträger zur Tragung der Planungs- und Erschließungskosten. Der Vorhabenträger hat die Kosten in der Regel ganz zu tragen. Auch eine teilweise Kostentragung kommt in Betracht, zB wenn die Gemeinde mit der Erschließung zugleich weitere Baugebiete (außerhalb des Gebiets nach dem Vertrag) anschließen möchte und insoweit ihr eigenes Interesse überwiegt. In diesen Fällen kann sich eine Obergrenze für Kostenübernahmen in sinngemäßer Anwendung des § 11 Abs. 1 S. 2 Nr. 3 ergeben. 19

Was die **Planungskosten** betrifft, ergibt sich die Kostentragung bereits im Regelfall daraus, dass der Vorhabenträger selbst den Plan vorlegt. Jedoch können sich im Zusammenhang mit dem Plan weitere Planungskosten ergeben, zu deren Übernahme sich der Vorhabenträger ganz oder teilweise verpflichtet. Dies kann sich zB auf Planungen iS des Abs. 3 und 4 beziehen oder auf Planungsgutachten, die die Gemeinde in Abstimmung mit dem Träger Dritten überträgt. Vgl. neuerdings auch BVerwGE 124, 385, wonach auch verwaltungsinterne Kosten (Personal- und Sachkosten) getragen werden können, soweit die Gemeinde die Aufgabe durch Dritte erledigen lassen darf; hierzu § 4 b. 20

Die Kostenübernahme hat vor allem Bedeutung für die **Erschließung.** § 12 ist gegenüber dem Erschließungsrecht des BauGB, aber auch dem sog. Folgekostenvertrag (vgl. § 11 Abs. 1 S. 2 Nr. 3) eine insoweit abschließende Sonderregelung. Das **Erschließungsbeitragsrecht** kommt nicht zur Anwendung (die Rspr. des BVerwG Urt. v. 1.12.2010 – 9 C 8/09, ZfBR 2011, 363 ist auf den vorhabenbezogenen Bebauungsplan nicht anwendbar, da Vorschriften des Erschließungsbeitragsrechts durch § 12 Abs. 3 S. 2 Hs. 2 geradewegs ausgeschlossen werden → Rn. 33). Der Begriff der **Erschließungsmaßnahme** ist dabei iS des § 123, also in einem weiteren Sinne zu verstehen; → Vorb. zu §§ 123–135, Rn. 2. Damit sind Anlagen umfasst, die erforder- 21

lich sind, um das Grundstück so wie beabsichtigt nutzen zu können. Über die in § 127 Abs. 2 genannten Einrichtungen hinaus fallen hierunter ua auch der Anschluss an Elektrizität, Wasser, Gas, Fernwärme und an die Abwasserentsorgung.

21a ee) **Allgemeine Festsetzung und Festsetzung entsprechend § 9 Abs. 2 (Abs. 3 a).** Mit **Abs. 3a** (eingefügt durch die BauGB Novelle 2007) wird der Anwendungsbereich des Durchführungsvertrags erweitert, und zwar für solche Fälle, in denen der vorhabenbezogenen Bebauungsplan für den Bereich des Vorhaben- und Erschließungsplans eine bauliche oder sonstige **Nutzung allgemein festsetzt** (BVerwG Beschl. v. 6.10.2011 – 4 BN 19/11, ZfBR 2012, 39). Dies wäre nach der Rspr. (→ Rn. 9) unzulässig. **Abs. 3 a S. 1** eröffnet hierfür jedoch eine Lösung für Vorhaben, zu deren Durchführung sich der Vorhabenträger im **Durchführungsvertrag** verpflichtet hat. Für die im Bebauungsplan festgesetzten Nutzungen ist unter entsprechender Anwendung des § 9 **Abs. 2** – sog. „Baurecht auf Zeit" – festzusetzen, dass die festgesetzten Nutzungen in Bezug auf ihre Zulässigkeit als aufschiebend bedingt zu behandeln sind, wobei Bedingung die entsprechende Verpflichtung im Durchführungsvertrag ist. Zu den gesetzlich nicht aufgegriffenen evtl. Beteiligungsregelungen → Rn. 13.

21b Vorhaben, die vom vorhabenbezogenen Bebauungsplan, nicht aber vom Durchführungsvertrag erfasst werden, sind unzulässig. Sie können aber nach **Abs. 3 a S. 2** durch eine **Änderung des Durchführungsvertrags** zulässig werden, ohne dass es hierfür einer Änderung des vorhabenbezogenen Bebauungsplans bedarf (BVerwG Beschl. v. 23.6.2003 – 4 BN 7/03, BauR 2004, 975). Sofern der Durchführungsvertrag bereits erfüllt und damit gegenstandslos geworden ist, kann ein neuer Durchführungsvertrag abgeschlossen werden. Die Grenze für eine Neufassung oder nachträgliche Änderung eines Durchführungsvertrages wird allerdings dann überschritten, wenn die Neufassung oder Änderung die Grundzüge der Planung berührt und die Planung als Ganzes in Frage stellt. In diesem Zusammenhang kann auch zB auch ein Trägerwechsel (Abs. 5) in Betracht kommen. Für den Fall der Durchführung einer Umweltprüfung bei Aufstellung eines vorhabenbezogenen Bebauungsplans kann die Umweltverträglichkeitsprüfung im nachfolgenden Zulassungsverfahren auf zusätzliche oder andere erhebliche Umweltauswirkungen des Vorhabens beschränkt werden (vgl. § 17 Abs. 3 UVPG).

22 **3. Vorhabenbezogener Bebauungsplan. a) Antragsrechte des Vorhabenträgers (Abs. 2).** Die Rechtsposition des Vorhabenträgers im Verhältnis zur Gemeinde ergibt sich insbesondere aus dem Durchführungsvertrag nach Abs. 1 S. 1. Sofern der Vorhabenträger vor Vertragsschluss und damit vor Erlass der Satzung Vorarbeiten zB in Form von Planungsleistungen erbracht hat, kann er sich ggf. über eine Risikovereinbarung absichern; vgl. hierzu mwN., insbesondere auch zur Rspr. des BGH zum Schadenersatz wegen „culpa in contrahendo" sowie zur Zulässigkeit entsprechender Risikoverträge *Krautzberger* in EZBK § 12 Rn. 114 ff.; *Pietzcker,* Der Vorhaben- und Erschließungsplan, 1993, S. 31 ff. Ein **Anspruch** des Vorhabenträgers **auf Erlass der Satzung** besteht – unbeschadet evtl. Schadensersatzansprüche – nicht. Dies ergibt sich unmittelbar aus § 1 Abs. 3 S. 2. Durch den Vertrag kann kein Anspruch auf Aufstellung des vorhabenbezogenen Bebauungsplans begründet werden. Im Hinblick auf die Vorleistungen räumt jedoch **Abs. 2 S. 1** dem Vorhabenträger einen Anspruch ein, dass über seinen Antrag ordnungsgemäß, nämlich nach pflichtgemäßem Ermessen, entschieden wird (vgl. für viele *Schiller* in BRS Rn. 988); str. ist, ob die Entscheidung als Verwaltungsakt zu beurteilen ist (zum Rechtsschutz → Rn. 44). Jedenfalls nicht als Verwaltungsakt zu qualifizieren ist die Mitteilung einer Gemeinde an den Vorhabenträger, dass das Verfahren zur Aufstellung eines vorhabenbezogenen Bebauungsplans nicht fortgesetzt wird. Eine solche Entscheidung ist von einer nach § 12 Abs. 2 S. 1 zu unterscheiden, da sie in einem anderen Sachzusammenhang steht. Der Vorhabenträger muss dabei weder beteiligt noch angehört werden, da

4. Abschnitt. Zusammenarbeit mit Privaten; vereinfachtes Verfahren § 12

§ 28 VwVfG in Ermangelung der Entscheidung als Verwaltungsakt nicht greift (OVG Niedersachsen Beschl. v. 12.12.2008 – 1 LA 150/06, ZfBR 2009, 274 (276)).

Zur Sicherstellung der Anforderungen, die sich aus § 12 Abs. 1 S. 2, § 2 Abs. 4 für die Umweltprüfung ergeben, stellt **Abs. 2 S. 2** sicher, dass der Vorhabenträger einen Anspruch auf Unterrichtung über die voraussichtlich nach § 2a erforderlichen Angaben hat. Die Gemeinde hat danach auf **Antrag des Vorhabenträgers** oder auch **von Amts wegen** unter Beteiligung der Behörden und sonstigen Träger öffentlicher Belange, deren Aufgabenbereich hiervon berührt wird, über den voraussichtlichen Untersuchungsrahmen der UP (§ 2 Abs. 4, § 2a) zu unterrichten. 22a

b) Inhalt. aa) Vorhaben- und Erschließungsplan (Abs. 3 S. 1). Der Vorhaben- und Erschließungsplan nach Abs. 1 S. 1 wird nach **Abs. 3 S. 1** Bestandteil des vorhabenbezogenen Bebauungsplans. Das Gesetz schreibt nicht vor, dass die Gemeinde in den Bebauungsplan weitere Inhalte als die des Vorhaben- und Erschließungsplans aufnehmen muss. Sie kann dies jedoch; Abs. 3 S. 2 und 3, Abs. 4. Entsprechende Festsetzungen müssen die Harmonie mit dem Vorhaben- und Erschließungsplan, aber auch mit dem Durchführungsvertrag wahren (bereits → Rn. 17). Ohne Vorhaben- und Erschließungsplan kann ein wirksamer vorhabenbezogener Bebauungsplan nicht zustande kommen (VGH München Urt. v. 20.4.2011 – 15 N 10/1320, BauR 2011, 1775 Rn. 75; Urt. v. 3.8.2010 – 15 N 10/358, juris Rn. 22; OVG Nordrhein-Westfalen Urt. v. 11.9.2008 – 7 D 74/07.NE, BeckRS 2008, 39423 Rn. 43 ff.). 23

Als Bestandteil des Bebauungsplans muss der Vorhaben- und Erschließungsplan seinerseits den an den Bebauungsplan zu stellenden rechtlichen Anforderungen genügen, soweit sich nicht aus den Besonderheiten des Vorhaben- und Erschließungsplans etwas anderes ergibt. Letzteres gilt sowohl für die Form als auch für den Inhalt; → Rn. 7, 28 sowie Abs. 3 S. 2 Hs. 1. Der Vorhaben- und Erschließungsplan muss insbesondere auf eine **geordneten städtebaulichen Entwicklung** vereinbar sein; vgl. § 1 Abs. 3–7. Der Gemeinde obliegt die Verantwortung dafür, dass der Inhalt des Vorhaben- und Erschließungsplans, wenn er Gegenstand des vorhabenbezogenen Bebauungsplans nach Abs. 3 S. 1 wird, den materiell-städtebaurechtlichen Anforderungen entspricht, wie sie auch sonst an einen Bebauungsplan zu stellen sind. Dies gilt namentlich für die Beachtung der in **§ 1 Abs. 5** und **6** bezeichneten Grundsätze und Belange sowie für das Abwägungsgebot in **§ 1 Abs. 7**. Diese materiell-städtebaurechtlichen Anforderungen an den Bebauungsplan strahlen auf den Vorhaben- und Erschließungsplan als den einzigen oder wesentlichen Teil des vorhabenbezogenen Bebauungsplans aus. Dh, nur ein Vorhaben- und Erschließungsplan, der den materiellen Anforderungen des § 1 genügt, kann gem. Abs. 3 S. 1 Bestandteil des Bebauungsplans werden. Allenfalls könnten durch zusätzliche Bestimmungen i. S. des Abs. 3 S. 2, aber auch durch vertragliche Maßgaben, soweit dies nach § 1 Abs. 7 zulässig ist, Abwägungsdefizite ausgeglichen werden; dies kommt aber nur in Betracht, soweit es sich um Umstände außerhalb der Einflusssphäre des Vorhabenträgers handelt. Zur geordneten städtebaulichen Entwicklung gehört auch die Beachtung der **Ziele der Raumordnung** gem. § 1 Abs. 4 (hierzu OVG Magdeburg LKV 1994, 220; VGH München Urt. v. 20.4.2011 – 15 N 10/1320, BauR 2011, 1775). 24

Auch § 1a über die ergänzenden Vorschriften zum Umweltschutz ist anzuwenden. Dies gilt (wie bei jedem Bauleitplan) auch für die naturschutzrechtliche Eingriffsregelung. Da §§ 135a–c nicht anwendbar sind (vgl. Abs. 3 S. 1 Hs. 2; → Rn. 33), muss der notwendige Ausgleich entweder vom Vorhabenträger durchgeführt werden oder der Vorhabenträger muss sich im Durchführungsvertrag zur Übernahme der Kosten für die Durchführung des Ausgleichs von dritter Seite verpflichten. Kann im vorhabenbezogenen Bebauungsplan der Ausgleich nicht verwirklicht werden, kann die Gemeinde auch einen Bebauungsplan für den Ausgleich aufstellen. Im Durchführungsvertrag muss die Kostenerstattung geregelt sein. 25

§ 12 I. Kapitel. I. Teil. Bauleitplanung

26 Das **Abwägungsgebot** gilt ebenso in seinen **ergebnisbezogenen** wie auch in seinen **verfahrensbezogenen** Elementen; → § 1 Rn. 95 sowie § 4a Abs. 1. Im Hinblick auf die Planungsleistungen des Vorhabenträgers kann sinngemäß auf die zur Bauleitplanung entwickelten Grundsätze zur Bindung der Abwägung an Vorentscheidungen zurückgegriffen werden (→ § 1 Rn. 113).

27 Der vorhabenbezogene Bebauungsplan ist aus dem **Flächennutzungsplan** zu entwickeln. Dies ist bereits beim Vorhaben- und Erschließungsplan selbst zu beachten; → Rn. 24; weiterhin § 8 Abs. 2–4.

28 **bb) Anzuwendende Vorschriften (Abs. 3 S. 2, 3).** Nach **Abs. 3 S. 2 Hs. 1** ist die Gemeinde im Bereich des Vorhaben- und Erschließungsplans bei der Festsetzung der Bestimmung der Zulässigkeit der Vorhaben nicht an die Festsetzung nach § 9, an die BauNVO oder an die PlanzV gebunden. Dies bezieht sich primär auf den Vorhaben- und Erschließungsplan selbst, der Bestandteil des vorhabenbezogenen Bebauungsplans wird; vgl. hierzu im Einzelnen Rn. 7. Dies bezieht sich auch auf städtebauliche Bestimmungen der Gemeinde für den Bereich des Vorhaben- und Erschließungsplans, nicht jedoch auf die Einbeziehung von Flächen iS des Abs. 4, weil diese außerhalb des Bereichs des Vorhaben- und Erschließungsplans belegen sind (OVG Münster ZfBR 2004, 474).

29 Im Bereich des Vorhaben- und Erschließungsplans sind die städtebaurechtlichen Vorschriften des BauGB anzuwenden; → insbes. **Rn. 24 ff.**; dies gilt auch für die §§ 31 und 33 (vgl. *Gatz* in BK § 12 Rn. 29; aA zu § 31 *Müller-Grunde* BauR 2008, 936). Ausnahmen hiervon enthält **Abs. 3 S. 2 Hs. 2**. Danach sind die Bestimmungen über die Plansicherung nach **§§ 14–18; 22–28** (Veränderungssperre, Zurückstellung von Vorhaben, Vorkaufsrechte) nicht anzuwenden. Der Ausschluss der Plansicherungsinstrumente hängt damit zusammen, dass § 12 davon ausgeht, dass der Vorhabenträger die Planung wegen seiner Verfügungsbefugnis über die Grundstücke selbst hinreichend sichern kann.

30 Auch § 22 ist nicht anzuwenden; ggf. könnte sich die Gemeinde entsprechende „Umwandlungsverbote" vertraglich einräumen lassen.

31 Weiterhin ist das Planungsschadensrecht (**§§ 39–44**) nicht anzuwenden. Der Ausschluss des Planungsschadensrechts bezieht sich nur auf die Nutzungsänderung bei Aufstellung oder Änderung eines Vorhaben- und Erschließungsplans einschließlich seiner Aufhebung nach Abs. 6, nicht jedoch auf spätere Änderungen der vereinbarten Nutzung außerhalb des Verfahrens nach § 12.

32 Weiterhin ist das Umlegungsrecht (**§§ 45–79**) ausgeschlossen. Der Ausschluss ergibt sich (wie beim Ausschluss der Plansicherungsinstrumente) daraus, dass § 12 auch insoweit von der Verfügungsbefugnis des Vorhabenträgers ausgeht; die vereinfachte Umlegung ist dagegen (wie bis zum EAG Bau 1998 der Grenzregelung) nicht ausgeschlossen (*Kukk* in Schrödter § 12 Rn. 49).

33 Zum Ausschluss des Erschließungsbeitragsrechts sowie der Maßnahmen für den Naturschutz (**§§ 127–135c**) → Rn. 21 sowie 25. Hier treten vertragliche Vereinbarungen (Abs. 1 S. 1) an die Stelle der gesetzlichen Regelungen.

34 Aus **Abs. 3 S. 3** ergibt sich, dass der Gesetzgeber davon ausgeht, dass die Vorschriften über die Enteignung (**§§ 85–122**) im Bereich des Vorhaben- und Erschließungsplans nur zur Anwendung kommen, soweit der vorhabenbezogene Bebauungsplan Festsetzungen nach § 9 für öffentliche Zwecke trifft. In diesem Fall kann gem. § 85 Abs. 1 Nr. 1 enteignet werden. Im Übrigen soll die Enteignung – ähnlich wie die Umlegung (→ Rn. 32) – nicht in Betracht kommen, weil Voraussetzung für die Anwendung des § 12 die für die Verwirklichung des Vorhaben- und Erschließungsplanes erforderliche Verfügungsbefugnis des Eigentümers ist.

35 Die Einschränkungen nach Abs. 3 S. 2 und 3 gelten nicht, soweit Flächen nach **Abs. 4,** also Flächen außerhalb des Bereichs des Vorhaben- und Erschließungsplans, in den vorhabenbezogenen Bebauungsplan einbezogen werden (→ Rn. 36).

c) **Einbeziehung einzelner Flächen (Abs. 4).** **Abs. 4** lässt die Einbeziehung 36
einzelner Flächen außerhalb des Bereichs des Vorhaben- und Erschließungsplans in
den vorhabenbezogenen Bebauungsplan zu. Die Anwendung des Abs. 4 kann in Betracht kommen, wenn es aus Gründen einer geordneten städtebaulichen Entwicklung
erforderlich ist, entsprechende Flächen in den Bebauungsplan einzubeziehen (vgl. für
viele *Jäde* in JDW § 12 Rn. 34 f.). Dies kann zB in Betracht kommen, wenn – über das
betreffende Projekt hinaus – angrenzende Bereiche aus städtebaulichen Gründen der
Entwicklung im unmittelbaren Plangebiet angepasst werden sollen, ohne dass entsprechende Maßnahmen dem Vorhabenträger zugerechnet werden können oder sollen. Dies kann Maßnahmen im öffentlichen Bereich ebenso betreffen wie die erstmalige Entwicklung oder Neugestaltung von angrenzenden Flächen als Folge des
Vorhabens (restriktiv in Bezug auf den Umfang, vgl. BVerwG Beschl. v. 31. 1. 2013 –
4 BN 29/12, BeckRS 2013, 47180 Rn. 5). Es kann sich aber zB auch auf außerhalb
des Plangebiets liegende Erschließungsmaßnahmen beziehen, die nicht Gegenstand
des Vorhaben- und Erschließungsplans sowie des Durchführungsvertrags sind (zum
Fall einer immissionsschutzbezogenen Konfliktbewältigung zwischen Mühlenbetrieb
und Wohnbebauung, vgl. OVG Rheinland-Pfalz Urt. v. 12. 4. 2011 – 8 C 10 056/11,
NVwZ-RR 2011, 638 (642 f.)).

Werden solche Grundstücksflächen in den Bebauungsplan einbezogen, so hat die 37
Gemeinde hierfür die erforderlichen planerischen Festsetzungen zu treffen; insoweit
ist Abs. 3 S. 2 Hs. 1 nicht anzuwenden. Die sich aus Abs. 3 S. 2 Hs. 2 und S. 3 ergebenden Einschränkungen treffen für diese Flächen nicht zu. Die Einbeziehung von Flächen nach Abs. 4 setzt voraus, dass die Ziele und Zwecke des Vorhaben- und Erschließungsplans nicht beeinträchtigt, sondern ausschließlich gefördert werden. Insoweit
bedarf es der Abstimmung mit dem Vorhabenträger. Auch insoweit gilt es, „Harmonie" zwischen Vorhaben- und Erschließungsplan, Durchführungsvertrag und vorhabenbezogenem Bebauungsplan sicherzustellen (→ Rn. 17).

d) **Begründung der Zulässigkeit von Vorhaben (§ 30 Abs. 2).** Im Geltungs- 38
bereich eines vorhabenbezogenen Bebauungsplans nach § 12 ist gem. **§ 30 Abs. 2** ein
Vorhaben zulässig, wenn es dem Bebauungsplan nicht widerspricht und die Erschließung gesichert ist; vgl. die Erl. zu § 30 Abs. 2.

e) **Verfahren.** Für das **Verfahren** über die Aufstellung des vorhabenbezogenen 39
Bebauungsplans gelten die auch für „sonstige" Bebauungspläne maßgebenden Bestimmungen der §§ 2 ff. Insbesondere kommen die Vorschriften der §§ 3 und 4 über
die **Beteiligung der Öffentlichkeit und der Behörden** zur Anwendung.

Für den Beschluss und das Inkrafttreten des Bebauungsplans findet § 10 Anwen- 40
dung. In den Fällen des § 10 Abs. 2 bedarf der vorhabenbezogene Bebauungsplan der
Genehmigung der höheren Verwaltungsbehörde. Gegenstand der Genehmigung ist
der von der Gemeinde beschlossene Bebauungsplan, also insbesondere auch der Vorhaben- und Erschließungsplan als ihr Bestandteil sowie die Begründung. Der Durchführungsvertrag bedarf keiner Genehmigung. Er ist jedoch mit der Satzung vorzulegen, um den Nachweis zu erbringen, dass die baldige Durchführung des Vorhabens
und der Erschließungsmaßnahme gesichert ist.

4. Trägerwechsel (Abs. 5). Abs. 5 eröffnet die Möglichkeit, dass der Träger des 41
Vorhabens wechselt. Nach **Abs. 5 S. 1** bedarf der **Trägerwechsel** der Zustimmung
der Gemeinde. Ein Wechsel des Vorhabenträgers kommt nur in Betracht, wenn die
Durchführung des Vorhaben- und Erschließungsplans (Abs. 1 S. 1) insgesamt nicht
gefährdet wird. Dies gilt insbesondere für die vertraglich übernommenen Bau- und
Erschließungsmaßnahme und das Tragen der Planungs- und Erschließungskosten.
Abs. 5 S. 2 stellt die Zustimmung der Gemeinde zum Trägerwechsel nicht in ihr
freies Ermessen. Die Gemeinde darf die Zustimmung zum Trägerwechsel vielmehr
nur dann versagen, wenn Tatsachen die Annahme rechtfertigen, dass die Durchfüh-

§ 12 I. Kapitel. I. Teil. Bauleitplanung

rung des Vorhaben- und Erschließungsplans innerhalb der vereinbarten Frist gefährdet ist.

42 **5. Aufhebung wegen Zweckverfehlung (Abs. 6). Abs. 6 S. 1** enthält eine Regelung für den Fall, dass der Vorhaben- und Erschließungsplan **nicht** innerhalb der sich aus Abs. 1 S. 1 ergebenden Frist **durchgeführt** wird. Da der Vorhaben- und Erschließungsplan auf Umsetzung angelegt ist, entfällt damit die Geschäftsgrundlage für Plan und Satzung. Die Gemeinde soll daher die **Satzung aufheben** (OVG Berlin-Brandenburg Urt. v. 10.12.2008 – 2 A 10/07, BauR 2009, 1697); dabei kann das vereinfachte Verfahren nach § 13 angewendet werden; **Abs. 6 S. 3.** Zu weiteren vertraglich einzuräumenden Sanktionsmöglichkeiten → Rn. 18.

43 Zum Schutz der Entscheidungsfreiheit der Gemeinde bestimmt **Abs. 6 S. 2,** dass aus der Aufhebung der Satzung **keine Ersatzansprüche** gegen die Gemeinde erwachsen. Dies gilt insbesondere für evtl. Ansprüche nach den §§ 39 ff. (Planungsschadensrecht). Dieser Entschädigungsausschluss gilt jedoch nur in den in Abs. 6 bezeichneten Fällen, also bei nicht fristgemäßer Durchführung der Maßnahme. In anderen Fällen, wenn also der Durchführungsvertrag erfüllt wurde und später zB durch Aufstellung eines Bebauungsplans Änderungen der zulässigen Nutzung vorgenommen werden, können Ansprüche nach den §§ 39 ff. entstehen (→ Rn. 31).

Zur öffentlich-rechtlichen **culpa in contrahendo** (c. i. c.) und zur Amtshaftung gegenüber dem Vorhabenträger im Verfahren betreffend die Aufstellung eines vorhabenbezogenen Bebauungsplans vgl. BGH NVwZ 2006, 1207: Wegen des gesetzlichen Erfordernisses des Durchführungsvertrag kann eine Haftung aus c. i. c. in diesem Bereich nur unter ganz engen Voraussetzungen in Betracht kommen, namentlich wenn aus unsachgemäßen Gründen von der Planung Abstand genommen werde. Für Ansprüche aus c. i. c. sind die ordentlichen Gerichte zuständig (BVerwG NJW 2002, 2894).

44 **6. Rechtsschutz; Vergaberecht; Überleitung.** Die Entscheidung über den **Antrag eines Vorhabenträgers** über die Einleitung des Bebauungsplanverfahrens **(Abs. 2 S. 1)** ist ein **Verwaltungsakt,** der mit der Anfechtungsklage überprüft, mit Verpflichtungsklage ggf. erreicht werden kann; str. aA VGH Mannheim NVwZ 2000, 1060: Der Anspruch erschöpft sich in einem Anspruch darauf, dass die Gemeinde überhaupt entscheidet, ob sie das Satzungsverfahren einleitet; wie hier zB *Dollerer* UPR 2001, 41 (45); *Reidt* BauR 1998, 913). Ein Anspruch auf Erlass des Bebauungsplans besteht nicht (*Gatz* in BK § 12 Rn. 15), wohl aber ggf. auf Einleitung des Verfahrens (aA *Gatz* in BK § 12 Rn. 15); vgl. aber auch die Erl. zu § 1 Abs. 3 S. 2 (→ § 1 Rn. 31). **Abs. 2 S. 2** ermächtigt einerseits die Gemeinde zur Information des Vorhabenträgers über den voraussichtlich erforderlichen Untersuchungsrahmen der Umweltprüfung nach § 2 Abs. 4 und räumt dem Vorhabenträger andererseits ein entsprechendes Antragsrecht ein; die Behörden (§ 4 Abs. 1) sind zu beteiligen. Der Anspruch kann gegen die Gemeinde gem. § 42 VwGO geltend gemacht werden (aA zum Scoping-Verfahren *Erbguth/Schink* UVPG, 2. Aufl. 1996, § 5 Rn. 14a m wN). Der vorhabenbezogene Bebauungsplan unterliegt wie sonstige Bebauungspläne der **Normenkontrolle.** Auch die Planerhaltungsvorschriften (§§ 214 ff.) sind anzuwenden (zum Normenkontrollantrag eines Vorhabenträgers gegen ihn belastende Teilregelungen, vgl. OVG Saarland Urt. v. 12.6.2008 – 2 C 469/07, BauR 2009, 629; zum Vorliegen weder eines wirksamen Durchführungsvertrages noch eines bindenden Angebotes des Vorhabenträgers zum Abschluss eines solchen, vgl. OVG Nordrhein-Westfalen Urt. v. 8.3.2012 – 10 D 17/10.NE, BauR 2012, 1075 (1076 f.) zum Rechtsschutzbedürfnis, wenn bei Unwirksamkeit einer Planung die Gemeinde möglicherweise einen Bebauungsplan mit günstigeren Festsetzungen aufstellen wird – enger konzeptioneller Zusammenhang (vgl. BVerwG Beschl. v. 29.9.2015 – 4 BN 25.15, ZfBR 2016, 46 Rn. 7)).

45 Zur **vergaberechtlichen Beurteilung** ist durch das OLG Düsseldorf (NZBau 2007, 530 = ZfBR 2008, 102) zunächst der Eindruck entstanden, der Durchführungsvertrag sei ausnahmslos als Baukonzession zu beurteilen und daher ggf. europa-

4. Abschnitt. Zusammenarbeit mit Privaten; vereinfachtes Verfahren **§ 13**

weit auszuschreiben (vgl. *Reidt* BauR 2007, 1664). Dies ist inzwischen ua durch Rspr. und Lit. weiter abgeklärt worden. Zusammenfassend → § 11 Rn. 85 ff.
Zur **Überleitung** vgl. § 233. Die Überleitungsvorschriften des § 19 Abs. 2 Nr. 5 **46** S. 1 und 2 BauGB-MaßnahmenG 1993 sind in die allgemeinen Überleitungsvorschriften aufgegangen. **§ 7 Abs. 8 BauGB-MaßnahmenG** über das Verhältnis zum **Investitionsvorranggesetz** ist mit dem BauROG (1.1.1998) entfallen.

§ 13 Vereinfachtes Verfahren

(1) **Werden durch die Änderung oder Ergänzung eines Bauleitplans die Grundzüge der Planung nicht berührt oder wird durch die Aufstellung eines Bebauungsplans in einem Gebiet nach § 34 der sich aus der vorhandenen Eigenart der näheren Umgebung ergebende Zulässigkeitsmaßstab nicht wesentlich verändert oder enthält er lediglich Festsetzungen nach § 9 Absatz 2a oder Absatz 2b, kann die Gemeinde das vereinfachte Verfahren anwenden, wenn**
1. **die Zulässigkeit von Vorhaben, die einer Pflicht zur Durchführung einer Umweltverträglichkeitsprüfung nach Anlage 1 zum Gesetz über die Umweltverträglichkeitsprüfung oder nach Landesrecht unterliegen, nicht vorbereitet oder begründet wird und**
2. **keine Anhaltspunkte für eine Beeinträchtigung der in § 1 Abs. 6 Nr. 7 Buchstabe b genannten Schutzgüter bestehen.**

(2) ¹Im vereinfachten Verfahren kann
1. von der frühzeitigen Unterrichtung und Erörterung nach § 3 Abs. 1 und § 4 Abs. 1 abgesehen werden,
2. der betroffenen Öffentlichkeit Gelegenheit zur Stellungnahme innerhalb angemessener Frist gegeben oder wahlweise die Auslegung nach § 3 Abs. 2 durchgeführt werden,
3. den berührten Behörden und sonstigen Trägern öffentlicher Belange Gelegenheit zur Stellungnahme innerhalb angemessener Frist gegeben oder wahlweise die Beteiligung nach § 4 Abs. 2 durchgeführt werden.

²Wird nach Satz 1 Nr. 2 die betroffene Öffentlichkeit beteiligt, gilt die Hinweispflicht des § 3 Abs. 2 Satz 2 Halbsatz 2 entsprechend.

(3) ¹Im vereinfachten Verfahren wird von der Umweltprüfung nach § 2 Abs. 4, von dem Umweltbericht nach § 2a, von der Angabe nach § 3 Abs. 2 Satz 2, welche Arten umweltbezogener Informationen verfügbar sind, sowie von der zusammenfassenden Erklärung nach § 6 Abs. 5 Satz 3 und § 10 Abs. 4 abgesehen; § 4c ist nicht anzuwenden. ²Bei der Beteiligung nach Absatz 2 Nr. 2 ist darauf hinzuweisen, dass von einer Umweltprüfung abgesehen wird.

Übersicht

	Rn.
I. Anwendungsbereich	1
II. Anwendungsvoraussetzungen (Abs. 1)	1a
1. Keine nachteiligen Umweltwirkungen (Hs. 2)	1a
a) Keine Begründung einer Pflicht zur UVP (Nr. 1)	1b
b) Keine Beeinträchtigung von FFH- oder Europäischen Vogelschutzgebieten (Nr. 2)	1c
2. Änderung oder Ergänzung von Bauleitplänen (Hs. 1 Alt. 1)	2
a) Begriff der Grundzüge der Planung	2
b) Kein Berühren der Grundzüge	2a
3. Aufstellung von Bebauungsplänen (Hs. 1 Alt. 2 bis 4)	2b
a) Keine wesentliche Veränderung des Zulässigkeitsmaßstabs nach § 34	2b

§ 13

	Rn.
b) Schutz zentraler Versorgungsbereiche durch Festsetzungen nach § 9 Abs. 2a	2c
c) Steuerung der Zulässigkeit von Vergnügungsstätten nach § 9 Abs. 2b	2d
III. Verfahrensbezogene Vereinfachungen (Abs. 2)	3
1. Absehen von der frühzeitigen Öffentlichkeits- und Behördenbeteiligung nach § 3 Abs. 1 und § 4 Abs. 1 (S. 1 Nr. 1)	4
2. Wahl zwischen der Anhörung der betroffenen Öffentlichkeit und öffentlicher Auslegung nach § 3 Abs. 2 (S. 1 Nr. 2)	5
3. Wahl zwischen Anhörung berührter Behörden und sonstiger Träger öffentlicher Belange und Beteiligung nach § 4 Abs. 2 (S. 1 Nr. 3)	7
4. Fristsetzung nach S. 1 Nr. 2 und 3	8
5. Hinweis auf prozessuale Präklusion nach S. 2	9
IV. Umweltrechtsbezogene Vereinfachungen (Abs. 3)	10
V. Rechtsform	11

I. Anwendungsbereich

1 § 13 ist nach seinem Wortlaut in Abs. 1 Hs. 1 anwendbar auf vier alternative Fallgestaltungen städtebaulicher Planung, die im Text jeweils durch das Wort „oder" voneinander getrennt sind. Die Alt. 1 umfasst die Änderung und Ergänzung von **sowohl Flächennutzungs- als auch Bebauungsplänen jeglicher Art.** Voraussetzung ist allerdings, dass der zu ändernde oder zu ergänzende Plan bereits in Kraft getreten ist, also zum Zeitpunkt der Anwendung des vereinfachten Verfahrens bereits wirksam ist (vgl. OVG Rheinland-Pfalz Urt. v. 16.5.2013 – 1 C 11004/12, BeckRS 2013, 53656). Die Alt. 2 bis 4 sind dagegen auf die Aufstellung von besonderen Arten von **Bebauungsplänen in Gebieten nach § 34** beschränkt (→ Rn. 2b bis d). Da nach § 1 Abs. 8 die Vorschriften des BauGB über die Aufstellung von Bebauungsplänen auch für deren Änderung, Ergänzung und Aufhebung gelten, kann auch die Änderung, Ergänzung oder Aufhebung der in den Alt. 2 bis 4 genannten Bebauungspläne nach den Regeln des § 13 erfolgen (vgl. auch *Spannowsky* in BK BauGB § 13 Rn. 9) Eine besondere Bedeutung hat § 13 die Innenentwicklungsnovelle 2007 erhalten. Denn nach § 13a Abs. 2 Nr. 1 gelten die Vereinfachungen nach Abs. 2 und Abs. 3 S. 1 auch für **Bebauungspläne der Innenentwicklung.** Ferner gilt § 13 durch die Verweisung in § 12 Abs. 6 S. 3 auch für die **Aufhebung eines vorhabenbezogenen Bebauungsplans.** Die Vereinfachungsmöglichkeiten nach Abs. 2 S. 1 Nr. 2 und 3 sind entsprechend auch für die **Entwicklungs- und die Ergänzungssatzung** nach § 34 Abs. 4 S. 1 Nr. 2 und 3 (vgl. § 34 Abs. 6 S. 1) sowie die **Außenbereichssatzung** nach § 35 Abs. 6 S. 1 bis 3 (vgl. § 35 Abs. 6 S. 5) anzuwenden. Auf **Entwürfe** von Flächennutzungs- und Bebauungsplänen ist § 13 **nicht** mehr anwendbar, da § 4a Abs. 3 eine eigenständige Regelung für Änderungen enthält. Gemeinsam ist allen Fällen, dass hiermit **nicht** in erster Linie die **Schaffung von Baurecht** angestrebt wird.

II. Anwendungsvoraussetzungen (Abs. 1)

1a **1. Keine nachteiligen Umweltwirkungen (Hs. 2).** Auch im vereinfachten Verfahren kommt die starke Prägung des Bauplanungsrechts durch den Umweltschutz zum Ausdruck. Da die UP für die Bauleitplanung zum regelmäßigen Bestandteil ausgestaltet wurde (vgl. § 2 Abs. 4), ist das vereinfachte Verfahren so weiterentwickelt worden, dass es nur dann zur Anwendung kommt, wenn **erhebliche Umweltauswirkungen nicht zu gewärtigen** sind. Das **Entfallen der UP** (→ Rn. 10) ist danach die wichtigste Vereinfachung, die § 13 den Gemeinden einräumt. Die Ermöglichung des Absehens von der UP ist nach Art. 3 Abs. 5 der Plan-UP-RL zulässig, wenn nach Einschätzung der Bundesregierung auf andere Weise sichergestellt ist, dass nachteilige

4. Abschnitt. Zusammenarbeit mit Privaten; vereinfachtes Verfahren § 13

Wirkungen auf die Umwelt durch die von der UP befreiten Pläne nicht entstehen können (vgl. *Krautzberger* in EZBK § 13 Rn. 31).

a) Keine Begründung einer Pflicht zur UVP (Nr. 1). Dementsprechend dürfen nach **Abs. 1 Hs. 2 Nr. 1** durch die **Aufstellung, Änderung oder Ergänzung eines Bauleitplans** im vereinfachten Verfahren keine Vorhaben zulässig werden, die einer Umweltverträglichkeitsprüfung nach Anlage 1 des UVPG bedürfen. Hier sind vor allem bauplanungsrechtliche Vorhaben nach Nr. 18 der Anlage 1 zum UVPG von Bedeutung. Liegen die Vorhaben oberhalb der in der Anlage für die verschiedenen Projekte angegebenen Schwellenwerte, ist ohne weitere Prüfung eine UVP erforderlich (vgl. OVG Berlin-Brandenburg Urt. v. 18.6.2008 – A 11.07, NVwZ-RR 2009, 51 (52)). Liegen sie unterhalb der Schwellenwerte, so ist nur eine allgemeine Vorprüfung des Einzelfalls nach § 3c S. 1 UVPG nötig. Es kann aber gleichwohl eine UVP erforderlich werden, wenn nach Einschätzung des Vorhabens durch die zuständige Behörde auf Grund überschläger Prüfung die **nachteiligen Auswirkungen** auf die Umwelt **erheblich** iS des § 3c S. 1 UVPG sind. Daher ist es in diesen Fällen belanglos, ob nach der Anlage 1 des UVPG (zunächst) nur eine allgemeine Vorprüfung des Einzelfalls erforderlich ist oder ob hierdurch unmittelbar eine UVP-Pflicht begründet wird (vgl. *Krautzberger* UPR 2007, 170 (173)). In beiden Fällen ist die Anwendbarkeit des vereinfachten Verfahrens ausgeschlossen. Hier reicht die begründete Möglichkeit erheblicher Beeinträchtigungen für die Annahme einer Verpflichtung zur Durchführung einer UVP aus (OVG Nordrhein-Westfalen Urt. v. 18.10.2009 – 7 D 62.08.NE, 7 D 62.08, BeckRS 2010, 45 705). Führt die Vorprüfung dagegen zu der Einschätzung, dass keine erheblichen nachteiligen Umweltauswirkungen zu erwarten sind, kann das vereinfachte Verfahren durchgeführt werden (vgl. *Spannowsky* in BK § 13 Rn. 27). Zurückgreifen kann die Gemeinde im Rahmen der von ihr anzustellenden Vorprüfung einerseits auf die Schwellenwerte der Anlage 1 zu § 3 Abs. 1 UVPG. Indizielle Wirkung ist dann der Durchführung der Planung auf Flächen des bisherigen Außenbereichs ebenso beizumessen wie der Feststellung, dass erhebliche nachteilige Umweltauswirkungen i. S. v. § 3c UVPG i. V. m. § 12 UVPG anzunehmen sind (BVerwG Urt. v. 17.12.2013 – 4 A 1.13, NVwZ 2014, 669 Rn. 37; z. B. wenn die Immissionswerte der TA Lärm nur um 1 dB(A) unterschritten werden; hierzu OVG Münster Urt. v. 19.5.2015 – 10 D 62.08.NE, BeckRS 2015, 47611; dass. Urt. v. 10.4.2014 – 7 D 57/12.NE, ZfBR 2014, 700 (700); OVG Lüneburg, Beschl. v. 28.9.2015 – 1 Mn 144.15, NVwZ-RR 2016, 10 (11ff.)) oder im Zusammenwirken mit anderen Plänen oder Projekten zu erheblichen nachteiligen Umweltauswirkungen führen. Umgekehrt bedarf es nicht der Durchführung einer UVP, wenn ein abwägungserheblicher Belang bereits im Zeitpunkt der Vorprüfung weder im Zusammenwirken mit anderen Plänen und Projekten noch für sich genommen Einfluss auf das Ergebnis der Planungsentscheidung haben kann (BVerwG Urt. v. 25.6.2014 – 9 A 1.13, NuR 2014, 859 Rn. 23). Im Einzelfall kann für die anzustellende prognostische Beurteilung (vgl. BVerwG, Urt. v. 17.12.2013 – 4 A 1.13, NVwZ 2014, 669 Rn. 33 zur gerichtlich überprüfbaren Auslegung des Rechtsbegriffs der Erheblichkeit) auch die Anlage 2 zum UVPG herangezogen werden (so OVG Saarlouis Urt. v. 5.9.2013 – 2 C 190.12 –, BeckRS 2013, 16945). Für Angebotsplanungen, die Baugebiete für eine Ausweisung von gewerblichen Bauflächen vorsehen, ohne allerdings ein auf spezifisches Vorhaben abzustellen, ist nach der Rechtsprechung des OVG Rheinland-Pfalz (Urt. v. 8.6.2011 – 1 C 11239/10.OVG, 1 C 11 239/10, BeckRS 2011, 52329) das vereinfachte Verfahren nicht ausgeschlossen, soweit keine konkreten Festsetzungen in Bezug auf etwaige uvp-pflichtige Gewerbeansiedlungen vorliegen. Wird allerdings auf ein spezifisches Vorhaben abgestellt und dennoch kein vorhabenbezogener, sondern vielmehr ein Angebotsbebauungsplan aufgestellt, geändert oder ergänzt, könnte dies eine Umgehung der europarechtlichen Vorschriften darstellen. Das vereinfachte Verfahren wäre in diesen Fällen ausgeschlossen (noch offen lassend OVG Münster Urt. v. 10.4.2014 – 7 D 57/12. NE, ZfBR 2014, 700 (701)).

§ 13
I. Kapitel. I. Teil. Bauleitplanung

1c **b) Keine Beeinträchtigung von FFH- oder Europäischen Vogelschutzgebieten (Nr. 2).** Ferner dürfen, so **Abs. 1 Hs. 2 Nr. 2,** keine Anhaltspunkte dafür ersichtlich sein, dass Vorhaben, die durch die Aufstellung, Änderung oder Ergänzung eines Bauleitplans zulässig werden, die **Erhaltungsziele und Schutzgüter der** Gebiete von gemeinschaftlicher Bedeutung und der Europäischen Vogelschutzgebiete nach § 1 Abs. 6 Nr. 7 Buchst. b (→ § 1 Rn. 65 b ff.), §§ 31 ff. BNatSchG (Europäisches Netz „Natura 2000") beeinträchtigen. Hier kommt es nicht auf Erheblichkeit der Auswirkung wie nach Nr. 1, sondern lediglich auf eine uU auch nur geringfügige nachteilige Beeinflussung der besonders sensiblen Schutzgebiete an (zu den Anforderungen an eine FFH-Vorprüfung nach Art. 6 Abs. 3 S. 1 der FFH-Richtlinie im Unterschied zu einer FFH-Verträglichkeitsprüfung, → § 1 a Rn. 30 ff.).

2 **2. Änderung oder Ergänzung von Bauleitplänen (Hs. 1 Alt. 1). a) Begriff der Grundzüge der Planung.** Einheitliche Anwendungsvoraussetzung für alle **Planänderungen und -ergänzungen** im vereinfachten Verfahren nach **Abs. 1 Hs. 1 Alt. 1 ist,** dass hierdurch die Grundzüge der Planung nicht berührt werden. Den Begriff „**Grundzüge der Planung**" verwendet das Gesetz außerdem noch in § 5 Abs. 1 (→ § 5 Rn. 8), § 31 Abs. 2 (→ § 31 Rn. 29) und in § 125 Abs. 3 (→ § 125 Rn. 6). Das BVerwG versteht den Begriff in §§ 13 und 125 jeweils gleich (vgl. BVerwG ZfBR 2001, 131; für § 31 dürfte dann nichts Anderes gelten, → § 31 Rn. 29). Es stellt dabei darauf ab, dass der planerische Grundgedanke, das zugrunde liegende Leitbild, erhalten bleibt und dass eine Änderung von minderem Gewicht vorliegt, die noch von dem im jeweiligen Plan zum Ausdruck gekommenen planerischen Willen der Gemeinde umfasst ist; dann werden die Grundzüge der Planung nicht berührt (BVerwG NVwZ 1990, 873 (874 f.)). Insbesondere gehören Festsetzungen über die Art der baulichen Nutzung wie die Differenzierung der bisherigen Planfestsetzungen zur Art der Nutzung nach § 1 Abs. 4 bis 9 BauNVO sowie die Änderung von einem reinen zu einem allgemeinen Wohngebiet (BVerwG Urt. v. 4. 8. 2009 – 4 CN 4.08, ZfBR 2009, 676 f.), nicht stets oder auch nur in der Regel zu den Grundzügen der Planung (BVerwG Urt. v. 29. 1. 2009 – 4 C 16.07, ZfBR 2009, 466). Nicht in diesem Sinn zu verstehen ist der Begriff der Grundzüge der Planung in § 5. Dort soll er die verfahrensspezifische Stellung des Flächennutzungsplans gegenüber dem Bebauungsplan verdeutlichen und diesem Raum für die Entwicklung lassen (→ § 5 Rn. 8). Der Begriff ist dort also strukturell anders zu verstehen als in §§ 13, 31 und 125, so dass trotz der etwas unglücklichen Wortwahl nicht von einer „rechtssystematisch verfehlte(n) Regelung" (*Gierke* in KK § 13 Rn. 30) die Rede sein kann. Denn auch beim Flächennutzungsplan lässt sich die Anwendbarkeit des § 13 nach den Kriterien der Rechtsprechung bestimmen. Allerdings kann diese abstrakte Betrachtungsweise je nach Maßstab und Regelungsdichte des zu ändernden Plans zu unterschiedlichen Ergebnissen führen. Allgemeingültige Formulierungen sind daher nicht möglich (vgl. auch BVerwG Beschl. v. 15. 3. 2000 – 4 B 18/00, ZfBR 2001, 131). Es ist vielmehr in jedem Einzelfall anhand der Darstellungen des Flächennutzungsplans oder der Festsetzungen des Bebauungsplans und der entsprechenden Begründungen eine planerische Grundkonzeption herauszuarbeiten, der der jeweilige Plan auch nach der Änderung oder Ergänzung noch entsprechen muss. So kann es möglich sein, dass ein Bebauungsplan wegen Berührung seiner Grundzüge durch die geplante Änderung nicht im vereinfachten Verfahren geändert werden kann, aber der gleichzeitig zu ändernde Flächennutzungsplan, weil seine Grundzüge nicht berührt sind, sehr wohl (vgl. *Spannowsky* in BK § 13 Rn. 16).

2a **b) Kein Berühren der Grundzüge. Berührt** sind die Grundzüge der Planung nicht erst dann, wenn die Änderung ihnen entgegenstehen oder sie beeinträchtigen würde (so mit Recht *Gierke* in KK § 13 Rn. 41), sondern bereits dann, wenn die planerische Grundkonzeption **geändert**, nicht „unangetastet" gelassen wird (BVerwG Beschl. v. 15. 3. 2000 – 4 B 18/00, ZfBR 2001, 131). Dabei muss es sich keineswegs um „Bagatellen" handeln (so aber *Gierke* in KK § 13 Rn. 42); vielmehr kann die Änderung sowohl für einzelne Grundstücke als auch für die Verwirklichung der planeri-

schen Konzeption von großer Bedeutung sein, weil zB erst durch die Änderung eine planerisch beabsichtigte Nutzung wirtschaftlich rentabel und damit realisierbar wird. Entscheidend für die Anwendbarkeit des § 13 ist nicht die mögliche Tragweite in der Wirklichkeit, sondern der **Vergleich zwischen den ursprünglichen und den geänderten Festsetzungen** (BVerwG Beschl. v. 15.3.2000 – 4 B 18/00, ZfBR 2001, 131). Auch eine etwaige Zustimmung Betroffener zu den Änderungen ist in diesem Zusammenhang unerheblich (*Gierke* in KK § 13 Rn. 42). Es kann sich im Regelfall nur um solche Planänderungen handeln, die zwar für einzelne oder mehrere Grundstücke von erheblicher Auswirkung sein mögen, die aber **die der Planung insgesamt zugrunde liegende städtebauliche Konzeption und Austarierung der unterschiedlichen Interessen nicht ändern** („Randkorrekturen", vgl. *W. Schrödter* in Schrödter § 13 Rn. 10). Umgekehrt kann allerdings die erhebliche Betroffenheit eines Einzelnen durch die geplante Änderung die Gesamtkonzeption des Plans in Frage stellen (vgl. auch *Spannowsky* in BK § 13 Rn. 18). So kann zB die Grundstücksausnutzbarkeit leicht räumlich geändert, erhöht oder verringert werden, oder es können Ausnahmen nach § 31 Abs. 1 vorgesehen werden (weitere Beispiele bei *Krautzberger* in EZBK § 13 Rn. 17 (22)). Auch eine in diesem Sinn geringfügige Änderung der Art oder des Maßes der Nutzung kann im vereinfachten Verfahren erfolgen (BVerwG ZfBR 2001, 131; enger *Spannowsky* in BK § 13 Rn. 15: Änderungen der Art und des Maßes der baulichen Nutzung berühren „in der Regel" die Grundzüge). Ebenso kann das Verfahren nach § 13 dazu genutzt werden, leichte inhaltliche Mängel eines Bebauungsplans zu heilen (vgl. BVerwG NVwZ 1990, 361 (362)).

3. Aufstellung von Bebauungsplänen (Hs. 1 Alt. 2 bis 4). a) Keine wesentliche Veränderung des Zulässigkeitsmaßstabs nach § 34. Nach **Abs. 1 Hs. 1 Alt. 2** besteht die Möglichkeit des vereinfachten Verfahrens in den Fällen, in denen in einem **Gebiet nach § 34** ein **Bebauungsplan neu aufgestellt** werden soll, ohne den sich aus der Eigenart des Plangebiets ergebenden Zulässigkeitsmaßstab für Vorhaben wesentlich zu ändern. Hier geht es im Wesentlichen um bestandssichernde Bebauungspläne, durch die nach § 34 mögliche Gebietsverschlechterungen oder -änderungen verhindert werden sollen (vgl. *Krautzberger* in EZBK § 13 Rn. 28a). Die Begründung zum Regierungsentwurf nennt als Beispiele die Sicherung einer Kleingartenanlage gegenüber anderen Nutzungen oder die Verhinderung der Zulässigkeit von Einzelhandelsgroßbetrieben in Gewerbegebieten, für die noch die vor 1977 gültige BauNVO zur Anwendung kommt (vgl. Begründung des Regierungsentwurfs des EAG Bau, BT-Drs. 15/2250, S. 50f.). Erfasst werden nicht nur einfache, sondern auch qualifizierte und vorhabenbezogene Bebauungspläne. Es geht in der Regel aber gerade nicht um die Schaffung von Baurecht, sondern eher um dessen Verhinderung. Möglich ist allerdings auch, für einzelne Vorhaben durch einen Bebauungsplan die durch das Einfügensgebot gezogene Grenze des § 34 Abs. 1 geringfügig zu lockern (vgl. *Spannowsky* in BK § 13 Rn. 23).

b) Schutz zentraler Versorgungsbereiche durch Festsetzungen nach § 9 Abs. 2a. Mit der Innenentwicklungsnovelle 2007 wurde der Anwendungsbereich des vereinfachten Verfahrens durch Ergänzung von Abs. 1 **Hs. 1** um eine **dritte Alt.** für die **Bebauungspläne** erweitert, die **zum Schutz zentraler Versorgungsbereiche** nur Festsetzungen nach § 9 Abs. 2a (→ § 9 Rn. 169ff.) enthalten. Auch in diesen Fällen steht nicht die Begründung neuen Baurechts im Vordergrund, sondern – in der Regel auf der Basis eines Einzelhandelskonzepts – die Erhaltung bestehender oder die Absicherung neu zu schaffender Versorgungsstrukturen. Die Anwendung des vereinfachten Verfahrens hängt dabei nicht davon ab, dass der sich aus der vorhandenen Eigenart der näheren Umgebung ergebende Zulässigkeitsmaßstab nicht wesentlich verändert wird. Vielmehr wird dieser durch die Aufstellung eines Bebauungsplans nach § 9 Abs. 2a wesentlich verändert, denn Ziel dieses Planungsinstruments ist gerade eine planerische Steuerung von bestimmten Arten der baulichen Nutzung, die ohne Heranziehung dieses Planungsinstruments im unbeplanten Innenbereich nach § 34 Abs. 1

und 2 BauGB zulässig oder ausnahmsweise zulässig wären und dem Ziel der Erhaltung oder Entwicklung eines zentralen Versorgungsbereiches entgegen wirken würden.

2d c) Steuerung der Zulässigkeit von Vergnügungsstätten nach § 9 Abs. 2b.
Mit der Innenentwicklungsnovelle 2013 wurde der Anwendungsbereich des vereinfachten Verfahrens erneut erweitert, und zwar um eine **vierte Alt.** erweitert (vgl. Abs. 1 Hs. 1, 4. Alt.). Von ihr erfasst werden Bebauungspläne nach § 9 Abs. 2b (ausführlich → § 9 Rn. 182a ff. hierzu: *Battis/Mitschang/Reidt* NVwZ 2013, 961 (963 f.). Mit dem ebenfalls durch die Innenentwicklungsnovelle 2013 neu eingeführten § 9 Abs. 2b wird das Ziel verfolgt, die **Ansiedlung von Vergnügungsstätten** für im Zusammenhang bebaute Ortsteile durch Aufstellung eines einfachen Bebauungsplans **hinsichtlich ihrer Zulässigkeit zu steuern** (wegen möglicher Entschädigungsansprüchen ablehnend *W. Schrödter* in Schrödter § 13 Rn. 13). Wie bei § 9 Abs. 2a kann auch durch die Aufstellung eines Bebauungsplans nach § 9 Abs. 2b der Zulässigkeitsmaßstab, der sich aus der vorhandenen Eigenart der näheren Umgebung ergibt, verändert werden (→ Rn. 2c). Eine Anwendung des vereinfachten Verfahrens bleibt allerdings ausgeschlossen, soweit die Zulässigkeit von Vorhaben, die einer Pflicht zur Durchführung einer UVP nach Anlage 1 zum UVPG unterliegen, vorbereitet oder begründet wird. § 13 Abs. 1 Hs. 2 Nr. 2 bleibt insoweit zwar unberührt, dürfte aber im unbeplanten Innenbereich kaum zum Tragen kommen. Soweit die Voraussetzungen des § 13a erfüllt sind, kann für Bebauungspläne iSv § 9 Abs. 2b auch das beschleunigte Verfahren herangezogen werden.

III. Verfahrensbezogene Vereinfachungen (Abs. 2)

3 Neben der Erübrigung einer Umweltprüfung (→ Rn. 1a f.; → Rn. 10) ist die Beschleunigung des Verfahrens das zweite Element der Vereinfachung. Die Gemeinde muss grundsätzlich einen von ihr beabsichtigten Bebauungsplan oder Flächennutzungsplan oder deren Änderung drei- oder vierfach nach außen vertreten: bei der frühzeitigen Öffentlichkeitsbeteiligung nach § 3 Abs. 1, bei der öffentlichen Auslegung nach § 3 Abs. 2, bei der Beteiligung der Behörden und der sonstigen Träger öffentlicher Belange nach § 4 und ggf. bei der Genehmigung nach § 10 Abs. 2 S. 1 oder § 6. Hat der Plan diese Stufen bereits einmal durchlaufen und andern sich die hier jeweils vorgestellten Grundzüge der Planung nicht, können bei einer Änderung oder Ergänzung des Plans einige dieser zum Teil recht aufwändigen Verfahrensschritte erübrigt oder in einer vereinfachten Form durchgeführt werden. Dasselbe gilt bei der Aufstellung von Bebauungsplänen, die keine tiefer gehenden Eingriffe in den tatsächlichen oder rechtlichen Bestand in dem Plangebiet ermöglichen. Eine nach § 6 Abs. 1 oder § 10 Abs. 2 S. 1 notwendige **Genehmigung des** Bauleitplans oder seiner Änderung **entfällt** auch im vereinfachten Verfahren **nicht** (*Krautzberger* in EZBK § 13 Rn. 44 f.). Ein landesrechtliches **Anzeigeverfahren** kommt nach § 246 Abs. 1a S. 1 Hs. 2 für Bebauungspläne nach § 13 **nicht** in Betracht. Nach der **Planerhaltungsvorschrift** des 214 Abs. 1 S. 1 Nr. 2 ist es für die Rechtswirksamkeit eines Bebauungsplans nach § 13 unbeachtlich, wenn die Voraussetzungen für die Durchführung der Öffentlichkeits- und Behördenbeteiligung nach den Erleichterungen des § 13 Abs. 2 verkannt worden sind. Ist allerdings wegen der fälschlicherweise fehlenden Durchführung der UP die Begründung des Bebauungsplans oder seiner Änderung nicht nur in unwesentlichen Punkten unvollständig, so ist dieser Fehler nach § 214 Abs. 1 S. 1 Nr. 3 letzter Satzteil beachtlich und führt zur Rechtsunwirksamkeit des Plans (vgl. auch BVerwG Urt. v. 4.8.2009 – 4 CN 4.08, ZfBR 2009, 676 (677 ff.)). Bleiben also nach der Vorprüfung des Einzelfalls (→ Rn. 1b) Zweifel, so sollte die Gemeinde von dem vereinfachten Verfahren Abstand nehmen. Das gilt erst recht, wenn § 2 Abs. 1 des Gesetzes über ergänzende Vorschriften zu Rechtsbehelfen in Umweltangelegenheiten nach der EG-Richtlinie 2003/35/EG **(Umwelt-Rechtsbehelfsgesetz)** vom

4. Abschnitt. Zusammenarbeit mit Privaten; vereinfachtes Verfahren § 13

7.12.2006 nach § 3 des Umwelt-Rechtsbehelfsgesetzes anerkannte Umweltschutz-Vereinigungen wegen ihrer Ansicht nach nicht gerechtfertigten Absehens von einer UVP nach dem UVPG Klage erheben können. Sie müssen für die Zulässigkeit der Klage nicht geltend machen, in eigenen Rechten verletzt zu sein, sondern es genügt, vorzutragen, im satzungsmäßigen Aufgabenbereich der Förderung der Ziele des Umweltschutzes berührt zu sein (vgl. auch *Spannowsky* in BK § 13 Rn. 23). Begründet ist die Klage nach § 2 Abs. 5 S. 1 Nr. 2 Umwelt-Rechtsbehelfsgesetz, wenn Festsetzungen eines Bebauungsplans, die die Zulässigkeit eines uvp-pflichtigen Vorhabens begründen, gegen Umweltschutzvorschriften verstoßen und hierdurch Belange des Umweltschutzes berührt werden, die die Vereinigung nach ihrer Satzung fördert. Bei Satzungsbeschlüssen nach § 10 gelten aber nach § 4 Abs. 2 Umwelt-Rechtsbehelfsgesetz immerhin die §§ 214 und 215.

1. Absehen von der frühzeitigen Öffentlichkeits- und Behördenbeteiligung nach § 3 Abs. 1 und § 4 Abs. 1 (S. 1 Nr. 1). Abs. 2 S. 1 Nr. 1 sieht vor, dass im vereinfachten Verfahren auf die **frühzeitige Öffentlichkeitsbeteiligung** nach § 3 Abs. 1 S. 1 und die entsprechende **Behördenbeteiligung** nach § 4 Abs. 1 **verzichtet** werden kann. Über die Grundzüge der Planung sind die Öffentlichkeit sowie die Behörden und sonstigen Träger öffentlicher Belange bereits in dem Aufstellungsverfahren unterrichtet worden, so dass bei Änderung oder Ergänzung des Bauleitplans mangels Änderung dieser Grundzüge eine nochmalige Unterrichtung ohne materielle Einschränkung der Öffentlichkeits- und Behördenbeteiligung entfallen kann. Da bei Bebauungsplänen entsprechend den Alt. 2 und 3 von Abs. 1 Hs. 1 der sich aus der näheren Umgebung ergebende und also bekannte Zulässigkeitsmaßstab – ähnlich wie bei den Grundzügen der Planung in Plänen nach Alt. 1 (vgl. *Spannowsky* in BK § 13 Rn. 23 aE) – nicht wesentlich verändert wird, ist auch in diesen Fällen eine frühzeitige Erörterung und Unterrichtung ohne Qualitätseinbuße verzichtbar. Bei den baurechtschaffenden Satzungen nach § 34 Abs. 4 und § 35 Abs. 6 ist eine frühzeitige Öffentlichkeitsbeteiligung gar nicht erforderlich, so dass eine entsprechende Anwendung der Nr. 1 in § 34 Abs. 6 S. 1 und § 35 Abs. 6 S. 2 nicht vorgesehen ist. Ob der Verzicht, insbesondere auf die frühzeitige Öffentlichkeitsbeteiligung wirklich sinnvoll ist, obliegt der Beurteilung der Akzeptanzfähigkeit im Einzelfall (in diesem Sinne auch *W. Schrödter* in Schrödter § 13 Rn. 18).

2. Wahl zwischen der Anhörung der betroffenen Öffentlichkeit und öffentlicher Auslegung nach § 3 Abs. 2 (S. 1 Nr. 2). Abs. 2 S. 1 Nr. 2, der entsprechend auch für die Baurecht schaffenden Satzungen nach §§ 34 und 35 gilt, gibt der Gemeinde ein **Wahlrecht** zwischen dem **Regelverfahren** der Öffentlichkeitsbeteiligung nach § 3 Abs. 2 (→ § 3 Rn. 12ff.) und einer auf die von der Aufstellung, Änderung oder Ergänzung **betroffenen Öffentlichkeit beschränkten Anhörung.** Dies bedeutet eine Erstreckung des Kreises der Anzuhörenden über die Eigentümer hinaus, zB auf Mieter oder Pächter eines Grundstücks. Hierin könnte eine gewisse Verfahrenserschwernis gesehen werden, doch ist diese erforderlich, wenn das vereinfachte Verfahren zu einem Regelverfahren für Änderungen oder Ergänzungen von Bauleitplänen, die Aufstellung einfacher Satzungen zur Schaffung von Baurecht (vgl. Gegenäußerung der Bundesregierung zur entsprechenden Kritik des Bundesrats, BT-Drs. 13/6392, S. 133) oder von Bebauungsplänen der Innenentwicklung, in Gebieten nach § 34 oder mit Festsetzungen nur nach § 9 Abs. 2 a oder § 9 Abs. 2b werden soll. In der Regel sind die Betroffenen über das Melderegister einfach zu ermitteln; ist aber die Lage unübersichtlich, sollte ohnehin eine öffentliche Auslegung erfolgen. Wird der Bebauungsplanentwurf nach der Beteiligung im vereinfachten Verfahren geändert und wird eine Bürgerin oder ein Bürger hiervon nachteilig betroffen, so sind sie in entsprechender Anwendung von § 4a Abs. 3 S. 2 erneut zu hören (VGH München ZfBR 2004, 569f.).

6 Betroffen von einer Aufstellung oder Änderung eines Bauleitplans sind nicht nur die **Eigentümer, Mieter oder Pächter** der Grundstücke, für die eine andere Regelung getroffen wird, sondern **auch die Nachbarn,** wenn sich die Änderungen oder Ergänzungen auf sie auswirken können. Ihnen allen ist **Gelegenheit zur Stellungnahme** zu geben, etwa iSe **Anhörung nach § 28 VwVfG** (auch *W. Schrödter* in Schrödter § 13 Rn. 21). Entscheidend ist jedenfalls, die Betroffenen zumindest darüber zu informieren, dass sie die Planinhalte bei der Gemeinde einsehen können (VGH Hessen Urt. v. 24. 2. 2010 – 3 C 2866.09N, ZfBR 2010, 692 (693)). Dies bedeutet vor allem, dass die Anhörung **nicht notwendig mündlich** erfolgen muss, sondern auch im schriftlichen Verfahren erfolgen kann. Lassen sich dagegen die beabsichtigte Planänderung oder -ergänzung und vor allem ihre Auswirkungen auf andere Grundstücke oder sonst Betroffene nur mündlich hinreichend verständlich machen, sollte eine Versammlung der Betroffenen einberufen und ihnen damit auch Gelegenheit zu mündlicher Stellungnahme gegeben werden. Die eingehenden Stellungnahmen sind **wie Anregungen im Regelverfahren nach § 3 Abs. 2** zu behandeln.

7 **3. Wahl zwischen Anhörung berührter Behörden und sonstiger Träger öffentlicher Belange und Beteiligung nach § 4 Abs. 2 (S. 1 Nr. 3). Abs. 2 S. 1 Nr. 3** sieht eine vergleichbare Wahlmöglichkeit für die **Beteiligung der Behörden und sonstigen Träger öffentlicher Belange** vor, nämlich entweder eine Anhörung nur der berührten Behörden und sonstiger Träger öffentlicher Belange oder die Beteiligung nach § 4 Abs. 2 (→ § 4 Rn. 5ff.). Dort ist zwar der Kreis der zu Beteiligenden weiter, weil auch die Stellungnahme der Behörden und sonstigen Träger öffentlicher Belange einzuholen ist, deren Aufgabenbereich durch die Planung berührt werden **kann,** doch dürfte sich hier im Ergebnis kaum ein Unterschied ergeben. Der Kreis der zu beteiligenden Behörden und sonstiger Träger öffentlicher Belange richtet sich hier wie im Verfahren nach § 4 Abs. 2 nach der möglichen Reichweite der Planung. Bei einer sehr geringfügigen Änderung etwa kann aber faktisch uU nur der Aufgabenbereich sehr weniger Behörden oder sonstiger Träger öffentlicher Belange berührt werden, so dass sich durch eine Beschränkung auf ihre Anhörung doch eine Verfahrenserleichterung ergeben kann.

8 **4. Fristsetzung nach S. 1 Nr. 2 und 3. Abs. 2 S. 1 Nr. 2 und 3** räumt der Gemeinde die Möglichkeit ein, den Beteiligten eine **Frist** zu setzen, innerhalb derer sie ihre Stellungnahme abgeben können. Welche Frist als angemessen anzusehen ist, lässt sich nicht ohne Ansehung des konkreten Falls bestimmen. Es mag viel dafür sprechen, die Monatsfrist für die Auslegung nach § 3 Abs. 2 S. 1 oder für die Stellungnahme der Behörden und Träger öffentlicher Belange nach § 4 Abs. 2 S. 1 zu halbieren. Es kann aber auch Fälle geben, in denen die beabsichtigte Änderung für einzelne betroffene Bürgerinnen und Bürger oder berührte Träger und Behörden gravierende Folgen hat, so dass ihnen auch die in § 3 Abs. 2 S. 1 oder § 4 Abs. 2 S. 1 vorgesehene Frist von einem Monat belassen werden sollte. Die Vereinfachung bei dem Verfahren nach § 13 liegt weniger in der Verkürzung dieser Frist als vielmehr in der Beschränkung der Zahl der zu Beteiligenden und der Erübrigung der erneuten Durchführung einiger zeitaufwändiger Verfahrensschritte wie zB der frühzeitigen Öffentlichkeitsbeteiligung.

9 **5. Hinweis auf prozessuale Präklusion nach S. 2.** Wird im vereinfachten Verfahren eine öffentliche Auslegung des Bebauungsplans nach § 3 Abs. 2 durchgeführt, wie dies nach Abs. 2 Satz 1 Nr. 2 möglich ist, gilt auch die **Hinweispflicht** nach § 3 Abs. 2 S. 2 Hs. 2. Wird nur die betroffene Öffentlichkeit beteiligt und gilt § 3 Abs. 2 also nicht unmittelbar, bestimmt **S. 2,** dass die Vorschrift über die Hinweispflicht entsprechend anzuwenden ist. Da mit der Innenentwicklungsnovelle 2007 die prozessuale Präklusion durch den neuen § 47 Abs. 2a VwGO erweitert wurde (→ § 3 Rn. 16), ist auch die gemeindliche Hinweispflicht entsprechend erweitert worden. Die Prä-

IV. Umweltrechtsbezogene Vereinfachungen (Abs. 3)

Durch die Einschränkung des Anwendungsbereichs des vereinfachten Verfahrens 10
auf Planungen, die nicht zur Zulässigkeit eines UVP-pflichtigen Vorhabens führen
(→ Rn. 1b und 1c), kann im vereinfachten Verfahren nach **Abs. 3 S. 1** generell auf
die Durchführung der **UP** nach § 2 Abs. 4 **verzichtet** werden. Entsprechend **entfallen** der **Umweltbericht** und die Angabe der verfügbaren umweltbezogenen Informationen nach § 3 Abs. 2 Satz 2. Auch die **zusammenfassende Erklärung** nach
§ 6 Abs. 5 S. 3 und § 10 Abs. 4 (→ § 6 Rn. 22; § 10 Rn. 45) und das **Monitoring**
nach § 4c sind entbehrlich. Nach **Abs. 3 S. 2** ist bei der Öffentlichkeitsbeteiligung
nach Abs. 2 Nr. 2 darauf hinzuweisen, dass eine Umweltprüfung in diesem Verfahren
nicht durchgeführt wird; bei der Behördenbeteiligung braucht dieser Hinweis nicht
gegeben zu werden. Zu beachten ist aber, dass mit dem Entfallen der Umweltprüfung
nicht die Prüfung der Umweltbelange in der Abwägung entfällt. Die allgemeinen
Anforderungen an die Abwägung, insbesondere hinsichtlich der Beachtung der Umweltbelange, gelten uneingeschränkt auch im vereinfachten Verfahren (Rechtsprechungshinweise bei *Stüer* DVBl. 2008, 270 (274f.)).

V. Rechtsform

Das Verfahren zur Änderung eines Bebauungsplans entspricht nach § 1 Abs. 8 dem 11
seiner Aufstellung. Dies bedeutet, dass auch die vereinfachte Änderung eines Bebauungsplans **als Satzung nach § 10 Abs. 1 zu beschließen** und **nach § 10 Abs. 3
bekanntzumachen** ist; insoweit findet keinerlei Vereinfachung statt. In dieser **unmittelbaren demokratischen Legitimation** und dem **rechtsstaatlichen Rechtsetzungsverfahren** des vereinfachten Verfahrens liegt ein wesentlicher **Unterschied zur Befreiung nach § 31 Abs. 2** (→ § 31 Rn. 29, 39, 41).

§ 13a Bebauungspläne der Innenentwicklung

(1) ¹**Ein Bebauungsplan für die Wiedernutzbarmachung von Flächen, die
Nachverdichtung oder andere Maßnahmen der Innenentwicklung (Bebauungsplan der Innenentwicklung) kann im beschleunigten Verfahren aufgestellt werden.** ²**Der Bebauungsplan darf im beschleunigten Verfahren nur
aufgestellt werden, wenn in ihm eine zulässige Grundfläche im Sinne des
§ 19 Abs. 2 der Baunutzungsverordnung oder eine Größe der Grundfläche
festgesetzt wird von insgesamt**
1. **weniger als 20 000 Quadratmetern, wobei die Grundflächen mehrerer Bebauungspläne, die in einem engen sachlichen, räumlichen und zeitlichen
Zusammenhang aufgestellt werden, mitzurechnen sind, oder**
2. **20 000 Quadratmetern bis weniger als 70 000 Quadratmetern, wenn auf
Grund einer überschlägigen Prüfung unter Berücksichtigung der in Anlage 2 dieses Gesetzes genannten Kriterien die Einschätzung erlangt
wird, dass der Bebauungsplan voraussichtlich keine erheblichen Umweltauswirkungen hat, die nach § 2 Abs. 4 Satz 4 in der Abwägung zu berücksichtigen wären (Vorprüfung des Einzelfalls); die Behörden und sonstigen
Träger öffentlicher Belange, deren Aufgabenbereiche durch die Planung
berührt werden können, sind an der Vorprüfung des Einzelfalls zu beteiligen.**

§ 13a

³Wird in einem Bebauungsplan weder eine zulässige Grundfläche noch eine Größe der Grundfläche festgesetzt, ist bei Anwendung des Satzes 2 die Fläche maßgeblich, die bei Durchführung des Bebauungsplans voraussichtlich versiegelt wird. ⁴Das beschleunigte Verfahren ist ausgeschlossen, wenn durch den Bebauungsplan die Zulässigkeit von Vorhaben begründet wird, die einer Pflicht zur Durchführung einer Umweltverträglichkeitsprüfung nach dem Gesetz über die Umweltverträglichkeitsprüfung oder nach Landesrecht unterliegen. ⁵Das beschleunigte Verfahren ist auch ausgeschlossen, wenn Anhaltspunkte für eine Beeinträchtigung der in § 1 Abs. 6 Nr. 7 Buchstabe b genannten Schutzgüter bestehen.

(2) Im beschleunigten Verfahren
1. gelten die Vorschriften des vereinfachten Verfahrens nach § 13 Abs. 2 und 3 Satz 1 entsprechend;
2. kann ein Bebauungsplan, der von Darstellungen des Flächennutzungsplans abweicht, auch aufgestellt werden, bevor der Flächennutzungsplan geändert oder ergänzt ist, die geordnete städtebauliche Entwicklung des Gemeindegebietes darf nicht beeinträchtigt werden; der Flächennutzungsplan ist im Wege der Berichtigung anzupassen;
3. soll einem Bedarf an Investitionen zur Erhaltung, Sicherung und Schaffung von Arbeitsplätzen, zur Versorgung der Bevölkerung mit Wohnraum oder zur Verwirklichung von Infrastrukturvorhaben in der Abwägung in angemessener Weise Rechnung getragen werden;
4. gelten in den Fällen des Absatzes 1 Satz 2 Nr. 1 Eingriffe, die auf Grund der Aufstellung des Bebauungsplans zu erwarten sind, als im Sinne des § 1a Abs. 3 Satz 6 vor der planerischen Entscheidung erfolgt oder zulässig.

(3) ¹Bei Aufstellung eines Bebauungsplans im beschleunigten Verfahren ist ortsüblich bekannt zu machen,
1. dass der Bebauungsplan im beschleunigten Verfahren ohne Durchführung einer Umweltprüfung nach § 2 Abs. 4 aufgestellt werden soll, in den Fällen des Absatzes 1 Satz 2 Nr. 2 einschließlich der hierfür wesentlichen Gründe, und
2. wo sich die Öffentlichkeit über die allgemeinen Ziele und Zwecke sowie die wesentlichen Auswirkungen der Planung unterrichten kann und dass sich die Öffentlichkeit innerhalb einer bestimmten Frist zur Planung äußern kann, sofern keine frühzeitige Unterrichtung und Erörterung im Sinne des § 3 Abs. 1 stattfindet.

²Die Bekanntmachung nach Satz 1 kann mit der ortsüblichen Bekanntmachung nach § 2 Abs. 1 Satz 2 verbunden werden. ³In den Fällen des Absatzes 1 Satz 2 Nr. 2 erfolgt die Bekanntmachung nach Satz 1 nach Abschluss der Vorprüfung des Einzelfalls.

(4) Die Absätze 1 bis 3 gelten entsprechend für die Änderung und Ergänzung eines Bebauungsplans.

Übersicht

	Rn.
1. Allgemeines	1
a) Interne Systematik	1
b) Externe Systematik	2
c) Unions- und verfassungsrechtliche Bewertung	3
2. Bebauungsplan der Innenentwicklung	4
a) Innenentwicklung	4
b) Nr. 1 – unter 20 000 qm	5

4. Abschnitt. Zusammenarbeit mit Privaten; vereinfachtes Verfahren § 13a

	Rn.
c) Nr. 2 – 20 000 bis unter 70 000 qm	6
d) Voraussichtliche Versiegelung	7
e) Vorprüfung	8
f) Ausschluss bei UVP-Pflicht	9
g) Keine Beeinträchtigung von FFH- oder Europäischen Vogelschutzgebieten	10
3. Beschleunigtes Verfahren	11
a) Verweisung auf das vereinfachte Verfahren	11
b) Abweichen vom Flächennutzungsplan	15
c) Berücksichtigung in der Abwägung	16
d) Fingierter Eingriffsausgleich	17
4. Öffentliche Bekanntmachung	18
5. Änderung und Ergänzung	19

1. Allgemeines. a) Interne Systematik. § 13a ist das Herzstück der Innenentwicklungsnovelle 2007 (Einl. Rn. 59), das die **Inanspruchnahme von Flächen vermindern** und Planungsvorhaben insbesondere zur Schaffung von Arbeitsplätzen, Wohnungen und Infrastruktureinrichtungen **vereinfachen und beschleunigen** soll. Die Innenentwicklungsnovelle 2013 (Einl. Rn. 62) hat das erstgenannte Ziel des BauGB 2007 verstärkt und § 13a nur redaktionell angepasst. Abs. 1 S. 1 definiert den **Bebauungsplan der Innenentwicklung,** der in einem **beschleunigten Verfahren** aufgestellt, geändert oder ergänzt (Abs. 4) werden kann. Abs. 1 S. 2 unterscheidet **zwei Fallgruppen** des Bebauungsplans der Innenentwicklung nach der Größe der festgesetzten Grundfläche, und zwar Nr. 1 – **von weniger als 20 000 Quadratmetern** und Nr. 2 – **von weniger als 70 000 Quadratmetern.** Bebauungspläne der Innenentwicklung sind grundsätzlich **nicht UP-pflichtig,** in den Fällen der Nr. 2 nur, wenn die Gemeinde nach überschlägiger Prüfung die Einschätzung erlangt, dass der Bebauungsplan voraussichtlich keine erheblichen Umweltauswirkungen haben wird. Anstelle einer Berechnung nach S. 2 Nr. 1, 2 tritt gegebenenfalls die nach Abs. 1 S. 3. Das beschleunigte Verfahren ist **ausgeschlossen,** wenn der Bebauungsplan nach dem **UVPG** oder **Landesrecht** UVP-pflichtig ist (S. 3), oder wenn eine Beeinträchtigung von **Fauna-, Flora-, Habitat-** oder **Vogelschutzgebieten** zu erwarten ist (S. 4). Abs. 2 regelt verfahrensrechtliche und materiell-rechtliche **Besonderheiten des beschleunigten Verfahrens:** Wie im vereinfachten Verfahren (§ 13) können gemäß Nr. 1 Öffentlichkeits- und Behördenbeteiligung **vereinfacht** und **beschleunigt** werden. UP, Umweltbericht, die zusammenfassende Erklärung und das Monitoring **entfallen.** Gemäß Nr. 2 kann ein Bebauungsplan der Innenentwicklung aufgestellt, geändert oder ergänzt werden, **bevor der Flächennutzungsplan** geändert oder ergänzt worden ist. Nr. 3 soll sicherstellen, dass ein **dringender Bedarf** an Investitionen zur Erhaltung, Sicherung und Schaffung von Arbeitsplätzen, zur Versorgung der Bevölkerung mit Wohnungen oder zur Verwirklichung von Infrastrukturvorhaben in der **Abwägung** angemessen berücksichtigt wird. Gemäß Nr. 4 ist für einen Eingriff ein **Ausgleich nicht erforderlich,** soweit die Grundfläche von 20 000 Quadratmetern nicht überschritten wird. Abs. 3 soll die **Information** der Öffentlichkeit über die Besonderheiten mit beschleunigten Verfahren durch ortsübliche Bekanntmachung sicherstellen. Die Gemeinde ist nicht verpflichtet, das beschleunigte Verfahren nach § 13a durchzuführen. Sie kann die Innenentwicklung stattdessen im „Normalverfahren" mit UP, Eingriffsregelung etc. einschließlich Monitoring durchführen; dazu *Reidt* NVwZ 2007, 1029. Für den Bebauungsplan der Innenentwicklung gelten keine besonderen Anforderungen an die Erforderlichkeit (§ 1 Abs. 3 BVerwG, ZfBR 2014, 765). Zu seiner praktischen Bewährung *Krautzberger* DVBl. 2014, 270 (271); zur Umsetzung *Mitschang* in Mitschang (Hg.), Innere Entwicklung 2014, S. 23; *Robl,* Das beschleunigte Verfahren für Bebauungspläne der Innenentwicklung, 2010,

§ 13a I. Kapitel. I. Teil. Bauleitplanung

S. 654, 662; *Schrödter* ZfBR 2010, 332; *Scheidler* VR 2009, 181 (186); *Krautzberger/ Stüer* DVBl. 2007, 160 (169); *Schröer* NZBau 2008, 46; *Mitschang,* Innenentwicklung, 2008; Rspr-Übersicht *Spannowsky* UPR 2011, 241; krit. *Gierke,* KK § 13 Rn. 10; *Gronemeyer* BauR 2007, 815 (825); *Götze/Müller* ZUR 2008, 8; *Jessel/Berg u. a.,* Naturschutz und Landschaftsplanung, 2006, 271; zum Planspiel *Bunzel* in Mitschang, BauGB Novelle 2007, 2008, S. 43; zur Intention des Gesetzgebers *Söfker* in Erbguth, Neues Städtebau- und Raumordnungsrecht, 2007, S. 91; *Blechschmidt* ZfBR 2007, 120. Auch ein vorhabenbezogener Bebauungsplan (§ 12) kann als Bebauungsplan der Innenentwicklung ergehen (VGH München Urt. v. 25.2.2011 – 1 N 09/1068 – juris; Urt. v. 3.3.2011 – 2N 09/3058 – juris). Zum Überleitungsrecht siehe § 233; extensiv zum § 233 Abs. 1 S. 2 *Schmidt-Eichstaedt* BauR 2007, 1148 (1154).

2 **b) Externe Systematik.** § 13a modifiziert für den Sonderfall des Bebauungsplans der Innenentwicklung die allgemeinen verfahrensrechtlichen (→ § 2 Rn. 2) und materiell-rechtlichen Vorschriften, die für den „Normalfall" des qualifizierten oder auch einfachen (§ 30 Abs. 1, Abs. 3) Bebauungsplans gelten. Die wichtigste Modifikation ist die Verweisung auf die entsprechende Geltung des das vereinfachte Verfahren regelnden § 13 Abs. 3 S. 1, nämlich das Absehen von der Umweltprüfung nach § 2 Abs. 4, vom Umweltbericht nach § 2a, von der Angabe nach § 3 Abs. 2 S. 2 und der Unanwendbarkeit der Vorschrift über das Monitoring (§ 4c). Zudem können die Vorschriften für die Öffentlichkeits- und Behördenbeteiligung ggf. iV m § 31 Abs. 3 S. 1 – Zulässigkeit von Vorhaben während der Planaufstellung (dazu *Robl,* aaO, S. 66 – modifiziert werden (§ 13a Abs. 2), wobei eine Hinweispflicht nach § 13 Abs. 2 S. 2 bestehen kann. Die **Anlage 2** zu § 13a Abs. 1 S. 2 Nr. 2 strukturiert die Vorprüfung der Einzelfälle bei Bebauungsplänen für Flächen von 20 000 bis weniger als 70 000 Quadratmetern. § 214 ordnet die Unbeachtlichkeit von Beteiligungsfehlern an und gem. Abs. 1 S. 1 Nr. 2 und gem. Abs. 2a als spezieller Planerhaltungsregelung für das beschleunigte Verfahren nach § 13a. Zur Jahresfrist nach § 215 Abs. 1 → § 214 Rn. 6; zur Jahresfrist gem. § 47 Abs. 2 S. 1 VwGO → § 214 Rn. 30; zur **Präklusion** von verspätet eingegangenen Einwendungen natürlicher oder juristischen Personen für alle Bebauungspläne gem. § 47 Abs. 2a VwGO → § 214 Rn. 32. Letzterem entspricht § 3 Abs. 2 S. 2 Hs. 2 – Auslegungsverfahren bei der Öffentlichkeitsbeteiligung (→ § 3 Rn. 16). § 13a Abs. 2 Nr. 2 lockert ebenso wie § 8 Abs. 2 das Entwicklungsgebot des § 8 II S. 1 auf, wenn etwaige UVP-Pflichten gewahrt bleiben; zur Erklärung der Unanwendbarkeit von § 214 Abs. 2 Nr. 1 aF → § 214 Rn. 15; konzeptionell ebenso BVerwG ZfBR 2014, 765 zu § 13 Abs. 1 S. 2 Nr. 1 sowie VGH Mannheim, Urt. v. 3.4.2013 – 8 S 1974/10 – Öffentlichkeitsinformation; VGH Mannheim, ZfBR 2015, 278, § 13 Abs. 1 S. 1, S. 2 Nr. 1. Die anstehende Umsetzung von Art. 4 Abs. 3 UVP-ÄnderungsRL (→ § 2 Rn. 6) dürfte an der Bewertung nichts ändern. § 13a Abs. 2 Nr. 3 soll die Berücksichtigung des Bedarfs an Investitionen zur Erhaltungssicherung, Schaffung von Arbeitsplätzen, zur Versorgung der Bevölkerung mit Wohnraum oder zur Verwirklichung von Infrastrukturvorhaben in der planerischen **Abwägung** gem. § 1 Abs. 7 verdeutlichen. § 13a Abs. 2 Nr. 4 fingiert für einen Bebauungsplan der Innenentwicklung für Grundflächen unter 20 000 Quadratmetern die Abgeltung der naturschutzrechtlichen **Eingriffsregelung** (§ 1a Abs. 3). Die § 9 Abs. 2a – besondere Festsetzungsmöglichkeiten – und § 12 Abs. 3a – vorhabenbezogener Bebauungsplan – dienen ebenso wie die durch die Innenentwicklungsnovelle eingefügten Vorschriften der Stärkung der Innenentwicklung. Der **Begriff** des Bebauungsplans der Innenentwicklung knüpft an § 1a Abs. 2 S. 2 – Bodenschutzklausel – und auch an § 1 Abs. 6 Nr. 4 – vorhandene Ortsteile – an. Innenentwicklung ist begrifflich vom Innenbereich iSv § 34 zu scheiden (OVG Koblenz Urt. v. 12.1.2012 1C 10 546/11 – juris Rn. 23). Die Zulässigkeit des beschleunigten Verfahrens nach § 13a nimmt in den Abs. 1 S. 2 Bezug auf § 19 Abs. 2 BauNVO – Begriff der Grundfläche –, in Abs. 1 S. 3 und 4 auf die Pflicht zur Durchführung einer UVP nach dem UVPG

4. Abschnitt. Zusammenarbeit mit Privaten; vereinfachtes Verfahren § 13a

oder nach Landesrecht sowie die Erhaltungsziele und die Schutzzwecke der Gebiete von gemeinschaftlicher Bedeutung: Fauna, Flora, Habitat und Europäischer Vogelschutzgebiete iS von §§ 31 ff. BNatschG. § 14 d Abs. 1 S. 2 UVPG stellt klar, dass wie § 13 auch § 13 a als Spezialregelung § 14 Abs. 1 UVPG vorgeht (s. a. *Schrödter* ZfBR 2010, 332).

c) Unions- und verfassungsrechtliche Bewertung. Das beschleunigte Verfahren nach § 13 a ist als Ausnahme von der gem. § 2 Abs. 4 grundsätzlich vorgegebenen UP-Pflicht konzipiert (BT-Drs. 16/2496, S. 15). Diese Ausnahmeregelung wahrt den europarechtlich vorgegebenen Mindeststandard des Art. 3 Abs. 5 iVm Abs. 3, 4 der Plan-UP-RL 2001/42/EG (EuGH DVBl. 2013, 777 m. Anm *Stüer/Garbrock* – „Konzept bestätigt" (S. 778) –; zum Konzept v. § 13 a s. a. *Reidt* LKV 2007, 1029 (1032); *Scheidler* BauR 2007, 350 (357); krit. *Gierke* in KK § 13 a Rn. 16, 159; krit. wegen RL 2004/35/EG-Umwelthaftung, *Otto* in Mitschang, Bauen und Naturschutz 2011, S. 185 (202)). Das BauGB 2007 verdeutlicht nachsteuernd weitere unionsrechtlich zulässige Ausnahmen von der grundsätzlichen UP-Pflicht. Die Stärkung der Innenentwicklung setzt die nationale Nachhaltigkeitsstrategie um und verwirklicht das Staatsziel Umweltschutz (Art. 20 a GG). Zugleich wirkt § 13 a einer umweltpolitischen Schwäche der Bauleitplanung entgegen, nämlich dem zu hohen Verbrauch von neu ausgewiesenen Flächen (zum Flächenverbrauch s. *Robl*, aaO, 155, 190, 259, 322; *Krautzberger* in EZBK § 3 a Rn. 16). Zur Beschleunigung bei Baugenehmigungsverfahren s. *Ziekow u. a.,* Dauer von Zulassungsverfahren, 2005, 220. Die Verkürzung der Fristen in § 215 Abs. 1 und § 47 Abs. 2 VwGO ist mit Art. 19 IV GG vereinbar, da wie § 93 Abs. 3 BVerfGG zeigt, effektiver Rechtsschutz möglich bleibt (krit. *Uechtritz* BauR 2007, 476 (485)). Im Ergebnis wird an eine bereits im EAG Bau angelegte, unionsrechtlich geprägte, im ÖffentlichkeitsbeteiligungsG (*Knopp* ZUR 2005, 281) verstärkte Entwicklung angeknüpft, die darauf zielt, die Beteiligungsrechte der Bürger im Verwaltungsverfahren zu betonen, um dadurch die Transparenz des Verfahrens zu verbessern (s. RegE, S. 20 → § 3 Rn. 23). Diese Intention wird durch die Modifikation der Vorschriften über die Öffentlichkeitsbeteiligung im besonderen Verfahren nicht in Frage gestellt. Die Regelung der Präklusion in § 47 Abs. 2 a VwGO wertet die Öffentlichkeitsbeteiligung auf und verschafft schneller Planungssicherheit (→ § 4 a Rn. 13). Schon mit der Hinweispflicht in § 3 Abs. 2 S. 2 Hs. 2 wird Art. 19 IV GG Genüge getan. § 47 Abs. 2 a VwGO führt die durch BVerwGE 59, 87 eingeschlagene Linie fort, geht aber insoweit über die vom BVerwG postulierte Obliegenheit hinaus, als § 47 Abs. 2 a VwGO auch offensichtlich erkennbare und demgemäß in der Abwägung zu berücksichtigende Belange erfasst, wenn sie von den Planungsbetroffenen im Verfahren der Öffentlichkeitsbeteiligung nicht vorgetragen worden sind. Die Präklusionsregelung kann auch als eine Reaktion auf das von BVerwGE 107, 215, entwickelte Recht auf Abwägung verstanden werden.

2. Bebauungsplan der Innenentwicklung. a) Innenentwicklung. Der Begriff der Innenentwicklung erfasst nur solche Bebauungspläne, die die Maßnahmen zur Erhaltung, Erneuerung, Fortentwicklung, Anpassung und den Umbau *vorhandener* Ortsteile (→ § 34 Rn. 7), gewachsener städtebaulicher Strukturen (OVG Münster, DVBl. 2015, 853) festsetzen (→ § 1 Rn. 60). Erfasst werden auch die Wiedernutzbarmachung von brachgefallenen Flächen (OVG Saarlouis, NVwZ-RR 2013, 17 – Verbrauchermarkt –), Nachverdichtungen (*zur Nedden/Wingenfeld/Wetzig* in Mitschang (Hg.), Innenentwicklung 2014, S. 127, 135, 149, 191) (→ auch § 1 a Rn. 2), zB auch durch nach § 34 nicht mögliche Hinterlandbebauung oder durch Einbezug sog. Außenbereichsinseln (VGH Mannheim, ZfBR 2015, 278; OVG Saarlous, NVwZ-RR 2013, 15; einschränkend *Gierke*, KK, Rn. 44; *Robl*, aaO, S. 114), Kleingartenanlagen, wenn sie nicht nur sporadisch der Wohnnutzung dienen (*Robl*, aaO, S. 130). In Betracht kommen insbesondere Gebiete, die als im Zusammenhang bebaute Ortsteile iS von § 34 (→ § 34 Rn. 2 ff.) zu bewerten sind, „innerhalb des Siedlungsbereichs be-

§ 13a

findliche brachgefallene Flächen sowie innerhalb des Siedlungsbereichs befindliche Gebiete mit einem Bebauungsplan, der in Folge notwendiger Anpassungsmaßnahmen geändert oder durch einen neuen Bebauungsplan abgelöst werden soll" (BT-Drs. 16/2004, S. 12) – „Wiedernutzbarmachung" – OVG Saarlouis Beschl. v. 4.4.2011 2 B20/11 – juris Rn. 20; zur Umnutzung einer öffentlichen Grünfläche in bauliche Nutzung VGH Mannheim NuR 2011 659. Durch die Fortsetzungen darf aber nicht der sich aus der Eigenart der näheren Umgebung ergebende Zulässigkeitsmaßstab wesentlich verändert werden (OVG Münster, BauR 2015, 1612). Unzulässig ist auch eine erhebliche Ausdehnung in den Außenbereich (OVG Lüneburg NVwZ-RR 2016, 10). Bei der Einbeziehung von Abrundungsflächen ist eine Parallelwertung zu § 34 Abs. 4 S. 1 Nr. 3 nützlich (*Bienek/Krautzberger* UPR 2008, 81 (83); ebenso die Einbeziehung bebauter Bereiche im Außenbereich in Analogie zur Rechtsprechung über die Außenbereichssatzung iS von § 35 Abs. 6 S. 1 hinsichtlich der Arrondierung des von der Innenentwicklung umfassten Siedlungsbereich (dazu BVerwGE 126, 233, → § 35 Rn. 119). Unter den Begriff der Innenentwicklung fallen auch Konversionsflächen (Gewerbe-, Industriebrachen, militärische Liegenschaften), die dem Siedlungsbereich zuzuordnen sind (*Uechtritz* BauR 2007, 476 (478); *Robl*, aaO, S. 119), nicht aber isoliert in den Außenbereich vorstoßende Flächen (*Bienek/Krautzberger*, aaO). Unter § 13a fallen über § 34 Abs. 4 Nr. 3 hinausgehend Anlagen, die nicht dem Aufenthalt von Menschen dienen, zB Scheunen am Dorfrand (*Schmidt-Eichstaedt* BauR 2007, 1148 (1149)). § 13a erlaubt es nicht isoliert, für Flächen außerhalb von Ortslagen Baurecht zu schaffen oder im Außenbereich Bauland auszuweisen, um dadurch die Innenentwicklung positiv zu beeinflussen (BT-Drs. 16/3308, S. 20) zB für den Bau einer Umgehungsstraße, die dem Innenbereich zu Gute kommt (*Portz* in Mitschang, BauGBNovelle, 2007, 2008, 17). Zu Lärmschutz und Innenentwicklung *Jannasch* in Mitschang, Innenentwicklung 2014, S. 231 (241).

5 b) Nr. 1 – unter 20 000 qm. Eine zusätzliche räumliche Beschränkung des Bebauungsplans der Innenentwicklung trifft Abs. 1 S. 2 **Nr. 1**. Der Bebauungsplan nach Nr. 1 darf nur eine zulässige Grundfläche iS von § 19 Abs. 2 BauNVO oder eine Größe der Grundfläche festsetzen von insgesamt weniger als 20 000 Quadratmetern. Grundflächen mehrerer Bebauungspläne der Innenentwicklung sind bei der Berechnung der gesamten Grundfläche einzubeziehen, wenn die Bebauungspläne in einem engen sachlichen, räumlichen und zeitlichen Zusammenhang aufgestellt werden (s. a. Anlage 2 Nr. 2.2). Diese Kumulationsregel soll Art. 3 I Plan-UP-RL widersprechende Umgehungen der Grundflächenbegrenzung ausschließen (dazu EuGH ZUR 2000, 284; *Robl*, aaO, S. 227). Zum fehlenden zeitlichen Zusammenhang, OVG Koblenz Urt. v. 7.12.2011 1C10 352/11 – juris Rn. 50. Die räumliche Beschränkung nach Nr. 1 ist auch das vereinfachte Verfahren nach § 13 eine abstrakt generelle Art Festlegung iSv Art. 3 Abs. 5 S. 1, Variante 2 der Plan-UP-Richtlinie (BT-Drs. 16/2496, S. 13). Die Kumulationsregelung gilt nur für Bebauungspläne der Innenentwicklung, die in keinem engen sachlichen Zusammenhang stehen (*Krautzberger*, aaO, Rn. 44; *Robl*, aaO, S. 285; aA *Gierke*, KK, Rn. 85). Zur zulässigen Festsetzung mehrerer Einzelhandelsbetriebe mit jeweils maximal 800 m^2, VGH München Urt. v. 3.3.2011 2N 09/3058 – juris Rn. 20.

6 c) Nr. 2 – 20 000 bis unter 70 000 qm. Eine alternative zusätzliche räumliche Beschränkung des Bebauungsplans der Innenentwicklung trifft Abs. 1 S. 2 **Nr. 2**. Der Bebauungsplan darf nur eine zulässige Grundfläche iS von § 19 BauNVO oder eine Größe der Grundfläche festsetzen von 20 000 Quadratmetern bis weniger als 70 000 Quadratmetern. Die Kumulationsregelung des Abs. 1 S. 2 Nr. 1 Hs. 2 (Rn. 5) gilt zur Missbrauchswehr auch bei Nr. 2 (aA *Reidt*, BRS, Rn. 959).

7 d) Voraussichtliche Versiegelung. Wenn in einem Bebauungsplan weder eine zulässige Grundfläche noch eine Größe der Grundfläche festgesetzt ist, so ist gem. Abs. 1 S. 3 bei der Bestimmung möglicher Innenentwicklungsbebauungspläne nach

4. Abschnitt. Zusammenarbeit mit Privaten; vereinfachtes Verfahren **§ 13a**

Abs. 1 S. 2 Nr. 1 oder Nr. 2 die Fläche maßgeblich, die bei der Durchführung des Bebauungsplans voraussichtlich versiegelt wird, zB durch einen Verbindungsweg in einem Quartier. Diese subsidiäre Berechnungsmethode ist nur bei einer Grundflächensetzung für das gesamte Plangebiet allein maßgebend (*Bunzel* LKV 2007, 444 (445); *Robl,* aaO, S. 187). Abzustellen ist auf die gesamte voraussichtlich versiegelte Fläche, nicht nur auf die, die durch den Bebauungsplan der Innenentwicklung neu versiegelte (*Krautzberger,* aaO, Rn. 56). Umnutzungsbebauungspläne, die nur die Art der baulichen Nutzung ändern, lösen keine Neuversiegelung aus (*Y. Franßen,* NVwZ 2015, 1262).

e) **Vorprüfung.** Zusätzliche verfahrensrechtliche Voraussetzungen für den Erlass 8 eines Bebauungsplans nach Abs. 1 S. 2 Nr. 2 ist, dass die Gemeinde nach einer überschlägigen **Vorprüfung** des Einzelfalls zu dem Ergebnis kommt, dass der Bebauungsplan voraussichtlich keine erhebliche Umweltauswirkungen haben wird (krit. zum vagen Wortlaut *Gronemeyer* BauR 2007, 815 (818)). Die Anlage 2 (zu § 13a Abs. 1 S. 2 Nr. 2) legt detailliert fest, welche Kriterien bei der Vorprüfung anzuwenden sind, und zwar gegliedert nach Merkmalen des Bebauungsplans (1.1–1.5), Merkmalen der möglichen Auswirkungen (§ 2.1–5) und der voraussichtlich betroffenen Gebiete (§ 2.6.1–9); dazu detaillierte Checkliste von *Schmidt-Eichstaedt* BauR 2007, 1148 (1155). Die überschlägige Vorprüfung des Einzelfalls (s. a. § 3 c S. 1 UVPG), ob der Bebauungsplan der Innenentwicklung erhebliche Umweltauswirkungen haben kann, kann orientiert an der Anlage 2 unaufwändig erfolgen (BT-Drs. 16/2496, S. 13). Es sind nur solche Umweltauswirkungen zu berücksichtigen, die nach § 2 Abs. 4 S. 4 in der Abwägung zu berücksichtigen wären (→ § 2 Rn. 19; zu einem solchen Fall OVG Münster, ZvBR 2014, 700 – großflächiger Einzelhandel). Die überschlägige Vorprüfung ist nicht darauf ausgerichtet, mit einer in Einzelheiten gehenden umfassenden Prüfung erheblicher Umweltauswirkungen abschließend festzustellen. Das Screening nach § 13a Abs. 1 S. 2 Nr. 2 fungiert nicht wie regelmäßig als Verfahrensvorbereitungsentscheidung sondern perspektivisch als Ausschlussgrund für das vereinfachte Verfahren (*Battis/Ingold* LKV 2007, 433 (439); ausführlich *Robl,* aaO, S. 277). Das Ergebnis der Vorprüfung muss nachvollziehbar sein (dazu VGH München Urt. v. 14.9.2011 9N 10/2275 – juris Rn. 31; s. § 214 Abs. 2a S. 2). Es ist nur begrenzt gerichtlich überprüfbar (OVG Münster UPR 2007, 37). An der Vorprüfung des Einzelfalls hat die Gemeinde die **Behörden** und sonstigen Träger öffentlicher Belange (§ 4 Rn. 3) **zu beteiligen,** deren Aufgabenbereiche durch die Planung berührt werden können. Die Beteiligungsvorschrift setzt Art. 3 Abs. 6 der Plan-UP-RL um. Sie soll bei Wahrung des Vereinfachungsziels des § 13a (*Robl,* aaO S. 275 gegen *Bunzel* LKV 2007, 444 (447); *Schwarz* LKV 2008, 12 (17)) sicherstellen, dass in der Vorprüfung alle einschlägigen fachlichen Aspekte einfließen. Zur speziellen Planerhaltungsvorschrift in § 13a Abs. 1 S. 2 Nr. 2 → § 214 Rn. 16.

f) **Ausschluss bei UVP-Pflicht.** Gemäß Abs. 1 S. 3 ist der Erlass eines Be- 9 bauungsplans der Innenentwicklung im beschleunigten Verfahren ausgeschlossen, wenn der Bebauungsplan die Zulässigkeit von Vorhaben festsetzte, die einer Pflicht zur Durchführung einer **UVP** nach dem UVPG oder nach Landesrecht unterliegen. Die Vorschrift entspricht § 13 Abs. 1 Nr. 1 im vereinfachten Verfahren (→ auch § 13 Rn. 1 b). Sie verdeutlicht die unionsrechtlich (dazu *Robl,* aaO, S. 322) und umweltrechtlich vorgegebenen Grenzen des beschleunigten Verfahrens. Ob eine UVP-Pflicht nach dem UVPG besteht, ergibt sich aus der Anlage 1 zum UVPG, insbesondere Nr. 18.1–9. Liegt ein Vorhaben nur geringfügig unterhalb der Schwellenwerte der Anlage 2 des UVPG, so ist § 13a ausgeschlossen (OVG Lüneburg NVwZ-RR 2016, 10); s. a. *Krautzberger* in Mitschang (Hg.) Update – Aktuelle Anforderungen des Umweltschutzes in der Bauleitplanung S. 186/189. Nach Landesrecht können UP zB in den Straßengesetzen vorgeschrieben sein (s. § 20 Abs. 1 S. 9 BerlStrG). Zur Planerhaltungsvorschrift zu § 13a Abs. 3 S. 1 → § 214 Rn. 8.

§ 13a I. Kapitel. I. Teil. Bauleitplanung

10 g) **Keine Beeinträchtigung von FFH- oder Europäischen Vogelschutzgebieten.** Gemäß Abs. 2 S. 4 ist der Erlass eines Bebauungsplans der Innenentwicklung im beschleunigten Verfahren ausgeschlossen, wenn Anhaltspunkte dafür bestehen, dass die Erhaltungsziele und die Schutzzwecke der Gebiete von gemeinschaftsrechtlicher Bedeutung **(FFH-Richtlinie oder der Vogelschutz-Richtlinie)** (§§ 31 ff. BNatSchG) – „Natura 2000") beeinträchtigt werden. Anders als bei Abs. 1 S. 3 wird nicht vorgeschrieben, dass die Beeinträchtigung erheblich ist. Unerhebliche Beeinträchtigungen stehen nicht entgegen. Allerdings liegt die Erheblichkeitsgrenze bei den besonders sensiblen Schutzgebieten der FFH- und der Vogelschutz-Richtlinie niedrig (→ auch § 13 Rn. 1 b). Zur Planerhaltungsvorschrift zu § 13a Abs. 3 S. 2 → § 214 Rn. 8.

11 **3. Beschleunigtes Verfahren. a) Verweisung auf das vereinfachte Verfahren. aa) Entfallen der Umweltprüfung.** Abs. 2 Nr. 1 regelt die wichtigste **Verfahrenserleichterung** des beschleunigten Verfahrens: den **Verzicht auf eine UP.** Diese Abweichung von der Grundregel des § 2 Abs. 4 (→ § 2 Rn. 6 ff.) erfolgt durch Verweisung auf die entsprechende Anwendung des vereinfachten Verfahrens nach § 13 Abs. 3 S. 1; zur unionsrechtskonformen Auslegung → Rn. 3. Mit der UP entfallen Instrumente, die das Verfahren der UP kommunikativ unterstützen, nämlich der Umweltbericht nach § 2a (→ § 2a Rn. 3), die Angaben dazu, welche Arten umweltbezogener Informationen verfügbar sind (§ 3 Abs. 2 S. 2, → § 3 Rn. 13) sowie die zusammenfassende Erklärung zum Entwurf des Flächennutzungsplans bzw. des Bebauungsplans (§ 6 Abs. 5 S. 3, → § 6 Rn. 22a; § 10 Abs. 4, → § 10 Rn. 45). Die Entbehrlichkeit der zusammenfassenden Erklärung hat das InnenentwicklungsG zur „redaktionellen Klarstellung" eingefügt (s. BT-Drs. 16/2496, S. 11; BT-Drs. 16/3308, S. 20). Die Überwachung der erheblichen Umweltauswirkungen nach § 4c (Monitoring), die an die UP anknüpft, entfällt im beschleunigten Verfahren ebenfalls (krit. *Robl*, aaO, S. 444). Abs. 2 Nr. 1 befreit vom Verfahren der UP, nicht aber von der materiellen Pflicht, die Umweltbelange gem. § 1 Abs. 6 Nr. 7, Abs. 7 in der Abwägung zu berücksichtigen. Trotz entbehrlicher UP kann eine gegen § 2 Abs. 3 verstoßende artenschutzrechtliche Prüfung gem. § 214 Abs. 1 Satz 1 Nr. 1 zur Nichtigkeit führen (VGH Mannheim NuR 2011, 659 (660)).

12 **bb) Einschränkung der Öffentlichkeitsbeteiligung.** Ebenso wie im vereinfachten Verfahren kann im beschleunigten Verfahren von der **frühzeitigen** Unterrichtung und Erörterung (mit) der **Öffentlichkeit** (§ 3 Abs. 1; → § 3 Rn. 7) und den Behörden (§ 4 Abs. 1; → § 4 Rn. 4) verzichtet werden (→ § 13 Rn. 4). Abs. 2 Nr. 1 gewährt durch die analoge Anwendung von § 13 Abs. 2 S. 1 Nr. 2 ein Wahlrecht, das Normalverfahren der Öffentlichkeitsbeteiligung gem. § 3 Abs. 1 (→ § 3 Rn. 12) durchzuführen oder der betroffenen Öffentlichkeit nur Gelegenheit zur Stellungnahme innerhalb angemessener Frist zu geben (→ § 13 Rn. 7).

13 **cc) Hinweispflicht.** Wird gem. § 13 Abs. 2 S. 1 Nr. 2 Alt. 1 nur der betroffenen Öffentlichkeit Gelegenheit zur Stellungnahme in angemessener Frist gegeben, so schreibt § 13 Abs. 2 S. 2 vor, dass die Gemeinde analog § 3 Abs. 2 S. 2 Hs. 2 darauf hinzuweisen hat, dass Stellungnahmen während der Auslegungsfrist abgegeben werden können und dass nicht fristgerecht abgegebene Stellungnahmen bei der Beschlussfassung über den Bebauungsplan unberücksichtigt bleiben können (→ § 3 Rn. 16). Die unionsrechtlich indizierte (dazu *Robl,* aaO, S. 425) **Hinweispflicht** flankiert die Präklusion im Verfahren der Bauleitplanung (→ auch Rn. 3).

14 **dd) Einschränkung der Behördenbeteiligung.** Gemäß dem ebenfalls analog anwendbaren § 13 Abs. 2 S. 1 **Nr. 3** kann die Gemeinde den vom Planentwurf berührten **Behörden** und sonstigen Trägern öffentlicher Belange Gelegenheit zur Stellungnahme innerhalb angemessener Frist geben (→ § 13 Rn. 8; OVG Lüneburg Urt.

4. Abschnitt. Zusammenarbeit mit Privaten; vereinfachtes Verfahren **§ 13a**

v. 26.10.2011 1 KN 207/10 – juris Rn. 34) oder stattdessen das normale Beteiligungsverfahren nach § 4 Abs. 2 durchführen (→ § 4 Rn. 5).

b) Abweichen vom Flächennutzungsplan. Abs. 2 Nr. 2 ermöglicht es der Gemeinde im beschleunigten Verfahren durch einen den Voraussetzungen des § 13a Abs. 1 entsprechenden (Rn. 4–9) Bebauungsplan der Innenentwicklung von den Darstellungen des **Flächennutzungsplans abzuweichen,** ohne den Flächennutzungsplan in einem gesonderten Verfahren ändern oder ergänzen zu müssen. Nr. 2 kombiniert Verfahrensvereinfachung beim Bebauungsplan mit der bloßen nachrichtlichen **Berichtigung** des Flächennutzungsplans. Zusätzlich zu den Erleichterungen des beschleunigten Verfahrens nach Abs. 2 Nr. 1 beim Bebauungsplan der Innenentwicklung entfallen bei der Berichtigung des Flächennutzungsplans auch das Änderungs- oder Ergänzungsverfahren, die aufsichtsbehördliche Genehmigung und die UP auf der Ebene des Flächennutzungsplans, letzteres schon deshalb, weil der dieselbe Fläche betreffende Bebauungsplan gem. § 13 Abs. 2 Nr. 1 nicht UP-pflichtig ist. Der vom Flächennutzungsplan abweichende Bebauungsplan bedarf nicht der Genehmigung durch die höhere Verwaltungsbehörde. Abs. 2 S. 1 Nr. 2 ist anders als die Fälle des § 8 Abs. 2 bewusst nicht in den Katalog des § 10 Abs. 2 S. 1 aufgenommen worden. Abs. 2 Nr. 2 wird dadurch gerechtfertigt, dass die Innenentwicklung anders als die Entwicklung im Außenbereich weniger stark durch den Flächennutzungsplan gesteuert wird (*Robl*, aaO, S. 584). Zuständig für die Berichtigung nach Abs. 2 Nr. 2 ist das Organ, das für die Änderung oder Ergänzung des Flächennutzungsplans berechtigt ist. Das Verfahren nach Abs. 2 Nr. 2 ist ausgeschlossen, wenn der Inhalt des Bebauungsplans der Innenentwicklung die **geordnete städtebauliche Entwicklung** des Gemeindegebietes beeinträchtigt. Abs. 2 Nr. 2 Hs. 2 dient der Missbrauchswehr. Jeder Bebauungsplan hat eine geordnete städtebauliche Entwicklung des Gemeindegebietes zu gewährleisten (s. § 1 Abs. 3, § 1 Abs. 5 S. 1; → § 1 Rn. 10). Abs. 2 Nr. 2 Hs. 2 verbietet zB gegen § 1 III verstoßende Gefälligkeitsplanungen. Ausgeschlossen ist das gem. § 13a gewollte Absehen von der UP-Pflicht oder in den Fällen des Abs. 1 S. 2 Nr. 1 von der Eingriffsregelung, die Modifizierung der Beteiligungsvorschriften dadurch zu konterkarieren, dass aus Abs. 2 S. 1 Nr. 2 Hs. 2 unter Rückgriff auf das allgemeine Ziel der nachhaltigen städtebaulichen Entwicklungen (§ 1 Abs. 5 S. 1) zusätzliche Anforderungen zu denen nach § 13a Abs. 1 postuliert werden. Die Eingriffsschwelle des Begriffs der Beeinträchtigung der städtebaulichen Ordnung (s. a. § 214 Abs. 2 Nr. 4) ist höher als die des Begriffs „Berühren der Grundzüge der Planung" iS von § 13 (→ § 13 Rn. 2). Berühren ist weit weniger intensiv als beeinträchtigen. Die Grundzüge der Planung sind enger als die nicht nur durch einen Bebauungsplan geprägte geordnete städtebauliche Entwicklung. Weiter und funktional anders als Beeinträchtigung der geordneten städtebaulichen Entwicklung iS von Abs. 2 S. 1 Nr. 2 Hs. 2 ist der Begriff „Grundzüge" der (beabsichtigten) städtebaulichen Entwicklung iS von § 5 Abs. 1 S. 1 (→ § 5 Rn. 8).

c) Berücksichtigung in der Abwägung. Gemäß Abs. 2 Nr. 3 soll im beschleunigten Verfahren einem Bedarf an Investitionen zur Erhaltung, Sicherung und Schaffung von Arbeitsplätzen, zur Versorgung der Bevölkerung mit Wohnungen und zur Verwirklichung von Infrastrukturvorhaben in der **Abwägung** gem. § 1 Abs. 5–7 in angemessener Weise Rücksicht getragen werden. Für jeden Bebauungsplan, nicht nur den der Innenentwicklung, folgt aus § 1 Abs. 5–7, dass die Belange, die jeweils planend verwirklicht werden sollen, in die Abwägung einzustellen sind. Die Vorschrift enthält weder zusätzliche Anwendungsvoraussetzungen für den Bebauungsplan der Innenentwicklung, noch werden durch sie wie im früheren Investitionserleichterungs- und WohnbaulandG (→ Einl. Rn. 37) weitere Verfahrenserleichterungen ausgelöst. Die entbehrliche (s. a. *Krautzberger/Stüer* DVBl. 2007, 160 (162)) Vorschrift soll den durch den zumeist hohen Anpassungsbedarf der Gemeinde ausgelösten Investitionsbedarf für den Bebauungsplan der Innenentwicklung als **Planungsgrundsatz**

15

16

§ 13a

hervorheben (BT-Drs. 16/2496, S. 14). Zu unzulässiger Vorabbindung durch Vertrag OVG Lüneburg, ZfBR 2015, 588.

17 **d) Fingierter Eingriffsausgleich.** Gemäß Abs. 2 Nr. 4 gelten im beschleunigten Verfahren für Bebauungspläne der Innenentwicklung mit einer Grundfläche von insgesamt weniger als 20 000 Quadratmetern (Abs. 1 S. 2 Nr. 1) Eingriffe, die auf Grund der Aufstellung des Bebauungsplans zu erwarten sind, als iSd § 1a Abs. 3 S. 5 vor der planerischen Entscheidung erfolgt oder zulässig. Wegen dieser **Fiktion** sind die zu erwartenden Eingriffe nicht ausgleichspflichtig, zB bei einer Überplanung einer sog. Außenbereichsinsel (*Schrödter* ZfBR 2010, 422 (425)). Dadurch soll die Praktikabilität des beschleunigt aufzustellenden kleinräumigen Typ 1 des Bebauungsplans der Innenentwicklung verbessert werden. Die **Freistellung** von dem ohne die Fiktion möglicherweise notwendigen Ausgleich wird damit gerechtfertigt, dass der Bebauungsplan der Innenentwicklung ja gerade dazu dient zusätzliche Flächenansprüche, also weitere Eingriffe in Natur und Landschaft zu vermeiden (BT-Drs. 16/2496, S. 2; 16/3308, S. 18). Etwaigem Missbrauch der ursprünglich sehr umstrittenen Regelung (dazu *Scheidler* ZfBR 2006, 752 (756); *Robl,* aaO, S. 615) steht entgegen, dass die Anforderungen des § 1a Abs. 3 an die Abwägung nach § 1 Abs. 7 uneingeschränkt (*Krautzberger* in Mitschang, Bauen und Naturschutz 2011, S. 131 (137); *ders.* in Mitschang (Hg.) Update S. 191) gerichtlicher Kontrolle unterliegen (BVerwG Beschl. v. 4.10.2006, 4 BN 27/06) und dass es der Gemeinde unbenommen ist, im Einzelfall trotz der Fiktion Ausgleichsmaßnahmen festzusetzen. Restriktiv zu Abs. 2 Nr. 4 wegen § 19 BNatSchG – *Otto* ZfBR 2009, 330, in Mitschang, Bauen und Naturschutz 2011, S. 185 (202). Die Fiktion gilt **nicht** in den Fällen des zweiten Typs des Bebauungsplans der Innenentwicklung, des Bebauungsplans mit einer Grundfläche von 20 000 bis weniger als 70 000 Quadratmeter. In diesem Fall ist jeweils zu prüfen, ob ein Ausgleich gem. § 1a Abs. 3 S. 5 erforderlich ist oder nicht. § 13a Abs. 2 Nr. 4 verbietet es der Gemeinde, nicht auf Grund der in der Abwägung ermittelten Umweltbelange Ausgleichsfestsetzungen zu treffen. Kosten von Ausgleichsmaßnahmen sind aber nicht nach §§ 135a–c (*Krautzberger/Stüer* DVBl. 2007, 160 (164)) oder vertraglich (*Schrödter* ZfBR 2010, 422 (426)) umzulegen. Abs. 2 Nr. 4 soll der Praxis entgegenwirken, die auf einer missverstandenen Pflicht zum 1: 1-Ausgleich beruhte. Abs. 2 Nr. 4 ist nicht als Einstieg in den unionsrechtlich zulässigen Ausstieg aus dem Baurechtskompromiss gefundenen Weg (→ Einl. Rn. 42) zu verstehen (s. a. *Schrödter,* aaO).

18 **4. Öffentliche Bekanntmachung.** Abs. 3 soll die Verfahrenstransparenz durch mehrere Hinweispflichten sichern (*Spannowsky* NuR 2007, 521 (525)). Die Gemeinde hat bei Aufstellung des besonderen Bebauungsplans der Innenentwicklung die Öffentlichkeit auf die Besonderheiten dieses Bebauungsplanverfahrens aufmerksam zu machen. Entsprechend der Vorgabe des Art. 3 Abs. 7 der Plan-UP-RL 2001/42/EG ist gem. Abs. 3 S. 1 Nr. 1 öffentlich bekannt zu machen, dass von einer Umweltprüfung nach § 2 Abs. 4 abgesehen wird. In den Fällen des Abs. 1 S. 2 Nr. 2 (Rn. 6) ist zudem erforderlich, die wesentlichen Gründe, weshalb von einer Umweltprüfung abgesehen wird, bekannt zu geben. Welche Gründe wesentlich sind, ergibt sich aus der anlässlich des Screenings anzustellenden Erwägungen (→ auch § 214 Rn. 17). Gem. Abs. 3 S. 1 Nr. 2 hat die Gemeinde, wenn sie von der frühzeitigen Unterrichtung und der Erörterung nach § 3 Abs. 1 absieht, öffentlich bekannt zu machen, wo sich die Öffentlichkeit für die allgemeinen Ziele und Zwecke sowie die wesentlichen Auswirkungen der Planung unterrichten kann und dass sich die Öffentlichkeit zur Planung äußern kann. Abs. 3 S. 2 ermöglicht es, diese öffentliche Bekanntmachung mit der Bekanntmachung des Beschlusses, einen Bebauungsplan aufzustellen (§ 2 Abs. 1 S. 2; § 2 Rn. 4), zu verbinden. Erst nach Abschluss der Vorprüfung des Einzelfalls steht fest, dass der Bebauungsplan im beschleunigten Verfahren aufgestellt werden kann. Deshalb bestimmt Abs. 3 S. 3, dass, sofern eine Vorprüfung durchgeführt wird, die öffentliche Bekanntmachung nach S. 1 nach Abschluss der Vorprüfung des Einzelfalls zu erfolgen hat.

5. Änderung und Ergänzung. Abs. 4 erweitert das beschleunigte Verfahren der 19
Abs. 1–3 auch auf die **Änderung und Ergänzung** eines Bebauungsplans. Die § 1 VIII
entsprechende Vorschrift gilt analog auch für die Aufhebung eines Bebauungsplans (*Jäger*,
SU § 13a Rn. 33; aA *Krautzberger*, EZBK § 13a Rn. 20; *Jäde* in JDW § 13a Rn. 23).

Zweiter Teil. Sicherung der Bauleitplanung

Erster Abschnitt. Veränderungssperre und Zurückstellung von Baugesuchen

§ 14 Veränderungssperre

(1) Ist ein Beschluss über die Aufstellung eines Bebauungsplans gefasst, kann die Gemeinde zur Sicherung der Planung für den künftigen Planbereich eine Veränderungssperre mit dem Inhalt beschließen, dass
1. Vorhaben im Sinne des § 29 nicht durchgeführt oder bauliche Anlagen nicht beseitigt werden dürfen;
2. erhebliche oder wesentlich wertsteigernde Veränderungen von Grundstücken und baulichen Anlagen, deren Veränderungen nicht genehmigungs-, zustimmungs- oder anzeigepflichtig sind, nicht vorgenommen werden dürfen.

(2) [1]Wenn überwiegende öffentliche Belange nicht entgegenstehen, kann von der Veränderungssperre eine Ausnahme zugelassen werden. [2]Die Entscheidung über Ausnahmen trifft die Baugenehmigungsbehörde im Einvernehmen mit der Gemeinde.

(3) Vorhaben, die vor dem Inkrafttreten der Veränderungssperre baurechtlich genehmigt worden sind, Vorhaben, von denen die Gemeinde nach Maßgabe des Bauordnungsrechts Kenntnis erlangt hat und mit deren Ausführung vor dem Inkrafttreten der Veränderungssperre hätte begonnen werden dürfen, sowie Unterhaltungsarbeiten und die Fortführung einer bisher ausgeübten Nutzung werden von der Veränderungssperre nicht berührt.

(4) Soweit für Vorhaben im förmlich festgelegten Sanierungsgebiet oder im städtebaulichen Entwicklungsbereich eine Genehmigungspflicht nach § 144 Abs. 1 besteht, sind die Vorschriften über die Veränderungssperre nicht anzuwenden.

Übersicht

	Rn.
1. Allgemeines; Regelungszweck	1
2. Voraussetzungen für die Anordnung einer Veränderungssperre	6
3. Inhalt der Veränderungssperre	12
4. Wirkungen der Veränderungssperre; Rechtsfolgen	16
5. Ausnahmen	18
6. Bestandsschutz	21
7. Städtebauliche Sanierungsgebiete, städtebauliche Entwicklungsbereiche	24
8. Rechtsschutz	25

1. Allgemeines; Regelungszweck. Die Bauleitplanung kann dadurch er- 1
schwert werden, dass während der Aufstellung eines Bebauungsplans tatsächliche Veränderungen eintreten, die dem künftigen Bebauungsplan widersprechen. Hierdurch kann die Verwirklichung der Planung behindert oder unmöglich gemacht werden,

§ 14 I. Kapitel. II. Teil. Sicherung der Bauleitplanung

insbesondere können auch Entschädigungsansprüche nach §§ 39–44 begründet oder erhöht werden. Durch eine Veränderungssperre kann die Gemeinde während eines Verfahrens der **Aufstellung, Änderung, Ergänzung** oder **Aufhebung eines Bebauungsplans** (§ 1 Abs. 8) untersagen, dass Vorhaben im Sinne des § 29 durchgeführt oder bauliche Anlagen beseitigt werden dürfen (Abs. 1 Nr. 1), Grundstücke erheblich oder wesentlich wertsteigernd verändert, nicht genehmigungs-, zustimmungs- oder anzeigebedürftige, aber wertsteigernde bauliche Anlagen errichtet oder wertsteigernde Änderungen solcher Anlagen vorgenommen (Abs. 1 Nr. 2) werden. Die Veränderungssperre dient somit der **Sicherung der planerischen Ziele** der Gemeinde. Während des Planverfahrens und bis zur Schaffung einer neuen planungsrechtlichen Grundlage gelten für die Beurteilung der Zulässigkeit von Vorhaben weiterhin die jeweils maßgeblichen Bestimmungen der §§ 30, 34 oder 35. Da die Gemeinde mit dem Aufstellungsbeschluss ihre Absicht zur Veränderung der planungsrechtlichen Grundlagen in dem Gebiet bereits qualifiziert bekundet, die Aufstellung eines Bebauungsplans jedoch nicht ohne Aufwand an Zeit denkbar ist, räumt das Gesetz durch die Veränderungssperre die Möglichkeit ein, Grundstücksveränderungen und Vorhaben zu verbieten, die der künftigen Planung zuwiderlaufen und ihre Verwirklichung erschweren oder verhindern werden. Zur Zulässigkeit einer **privatrechtlichen Vereinbarung** zwischen Gemeinde und Erwerber eines gemeindeeigenen Grundstücks mit dem Ziel, die Sperr- bzw. Steuerungswirkung („anstelle") einer Veränderungssperre zu erzielen, vgl. (bejahend) BGHZ 93, 372 (375 f.). Der Sicherungszweck wird insbesondere nicht durch die **Wirkungen des § 33** erreicht: § 33 ist keine Bestimmung zur Sicherung der Bauleitplanung, sondern begründet ausschließlich eine ausnahmsweise, trotz Entgegenstehens der für das Gebiet maßgeblichen planungsrechtlichen Vorschriften positive planungsrechtliche Beurteilung des Vorhabens im Hinblick auf den Stand der Planung (→ § 33 Rn. 1).

2 Das zeitlich befristete Verbot, Vorhaben iSd § 29 BauGB durchzuführen, ist als Ausdruck zulässiger **Inhalts- und Schrankenbestimmung des Grundeigentums** verfassungsrechtlich unbedenklich; Art. 14 Abs. 1 S. 2, Abs. 2 GG. Für den Charakter der Sperre als Inhaltsbestimmung des Eigentums und der Enteignung ist grundsätzlich ihre Zeitdauer entscheidend (BVerwGE 51, 121; ZfBR 1993, 33; BGHZ 73, 161; → Erl. zu § 18).

3 § 14 nennt folgende **Voraussetzungen** für die Anordnung einer Veränderungssperre: Die Gemeinde muss den Beschluss gefasst haben, einen Bebauungsplan aufzustellen, zu ändern, zu ergänzen oder aufzuheben (→ Rn. 6); die Veränderungssperre muss zur Sicherung der Planung erforderlich sein (→ Rn. 9). Nach § 16 wird die Veränderungssperre von der Gemeinde als Satzung beschlossen (→ § 16 Rn. 1).

4 Die **Veränderungssperre** begründet für den gesamten künftigen Planbereich eine **Sperrwirkung**. Sie kann erlassen werden, ohne dass konkrete Veränderungs- oder Bauabsichten von Eigentümern vorliegen. Demgegenüber bezieht sich die **Zurückstellung** von Baugesuchen nach § 15 auf konkret bestehende Vorhaben. Gemeinsam sind Veränderungssperre und Zurückstellung die **sachlichen Voraussetzungen,** unter denen von ihnen Gebrauch gemacht werden kann, sowie der sachliche Umfang der **Sperrwirkung,** also der Wirkungen nach Abs. 1 Nr. 1 und 2. Die Instrumente unterscheiden sich hinsichtlich der Form, mit der ihre Wirkung begründet wird (Satzung bzw. Verwaltungsakt) sowie hinsichtlich des Zeitraumes, für den eine Sperrwirkung erreicht wird (→ §§ 15, 17).

5 Die Gemeinden können von der sich aus § 14 ergebenden Möglichkeit nur Gebrauch machen, wenn sie über Vorhaben, die eine beabsichtigte Planung nachteilig berühren kann, rechtzeitig unterrichtet sind. Dies sichert § 36 Abs. 1 S. 1, wonach über die Zulässigkeit von Vorhaben nach den §§ 31, 33 bis 35 nur im Einvernehmen mit der Gemeinde entschieden werden kann. § 36 Abs. 1 S. 3 stellt die rechtzeitige Beteiligung der Gemeinden auch bei Vorhaben nach § 30 Abs. 1 sicher. Das Gesetz geht bei Vorhaben nach § 30 Abs. 2 (vorhabenbezogener Bebauungsplan) davon aus,

dass sich die Gemeinde hier ihre Rechte vertraglich sichert; §§ 14ff. sind hier nach § 12 Abs. 3 S. 2 Hs. 2 nicht anzuwenden. Durch die Erteilung ihres Einvernehmens zu einem Bauvorhaben (§ 36 Abs. 2 S. 1) ist die Gemeinde nicht gehindert, eine dem Vorhaben widersprechende Bauleitplanung zu betreiben und sie durch eine Veränderungssperre zu sichern (BVerwGE 120, 138; → § 36 Rn. 12).

2. Voraussetzungen für die Anordnung einer Veränderungssperre. Voraussetzung für die Anordnung einer Veränderungssperre ist, dass die Gemeinde beschlossen hat, einen Bebauungsplan aufzustellen oder (vgl. § 1 Abs. 8) zu ändern (hierzu BVerwG NVwZ 1993, 473), zu ergänzen oder aufzuheben **(Aufstellungsbeschluss).** Die Gemeinde hat nach § 2 Abs. 1 S. 2 den Aufstellungsbeschluss **ortsüblich bekannt zu machen.** Spätestens muss dies gleichzeitig mit der Veröffentlichung der Veränderungssperre erfolgen. Mangelt es an der ortsüblichen Bekanntmachung, so wird der Aufstellungsbeschluss nicht wirksam, mit der Folge, dass die hieran anknüpfenden Rechtsfolgen nicht eintreten und somit eine Veränderungssperre nicht wirksam erlassen werden kann (OVG Koblenz BRS 36 Nr. 108). Allerdings erlaubt § 214 Abs. 4 seit dem Inkrafttreten des EAG Bau 2004, dass eine Satzung durch ein ergänzendes Verfahren zur Behebung auch von materiellen Fehlern rückwirkend in Kraft gesetzt werden darf (BVerwG Beschl. v. 1.10.2009 − 4 BN 34.09, ZfBR 2010, 75f. für den Fall, dass ein Aufstellungsbeschluss zwar gefasst, dieser aber versehentlich nicht bekannt gemacht wurde). Die Veränderungssperre tritt dann zu dem Zeitpunkt in Kraft, zu dem sie ursprünglich hätte in Kraft treten sollen. Die Anordnung der Rückwirkung der Veränderungssperre stellt sich dabei nicht als eine materielle Änderung der Satzung der (BVerwG Urt. v. 10.8.2000 − 4 CN 2.99, BRS 63 Nr. 42). Der Aufstellungsbeschluss muss den Planbereich so bezeichnen, dass er eindeutig bestimmbar ist (BGHZ 58, 124 (128); 82, 361; OVG Greifswald Urt. v. 17.6.2015 − 3 L 50.13, NVwZ-RR 2016, 14 Rn. 11f.). Es ist nicht erforderlich, dass der im Aufstellungsbeschluss bezeichnete Planbereich mit dem endgültigen Plangebiet identisch ist, zumal bei der Planung auch die räumlichen Grenzen des Plangebiets Änderungen unterliegen und sich somit der Aufstellungsbeschluss auf ein mit dem späteren Plangebiet häufig nicht identisches Untersuchungsgebiet bezieht (BGHZ 82, 361). Es ist auch nicht erforderlich, dass der Planaufstellungsbeschluss selbst bereits Aussagen über den **Inhalt der beabsichtigten Planung** macht (BVerwGE 51, 121; BGHZ 58, 124 (128); 82, 361 unter Aufgabe der früheren Rechtsprechung des BGH, vgl. zB BGHZ 58, 124 (128)); jedoch → Rn. 9. Der Beschluss über die Aufstellung des Bebauungsplans und der Beschluss über die Veränderungssperre können in derselben Gemeinderatssitzung gefasst werden (BVerwG NVwZ 1989, 661), allerdings muss der Aufstellungsbeschluss zeitlich vorangehend gefasst werden. Ist die Satzung über die Veränderungssperre vor Bekanntmachung des Aufstellungsbeschlusses bekannt gemacht worden, so kann sie nach erfolgter Bekanntmachung des Aufstellungsbeschlusses durch erneute Bekanntmachung in Kraft gesetzt werden (BVerwG NJW 1993, 471).

Der Aufstellungsbeschluss kann auch die Aufstellung, Änderung, Ergänzung oder Aufhebung eines **einfachen Bebauungsplans** (§ 30 Abs. 3) oder eines Bebauungsplans nach § 9 Abs. 2a bzw. b BauGB sichern, nicht jedoch einen **Flächennutzungsplan** (vgl. aber § 15 Abs. 3), **Satzungen nach § 34 Abs. 4 BauGB** oder **einen Vorhaben- und Erschließungsplan** (§ 12 Abs. 3 S. 2 Hs. 2). Auch zur Sicherung der **Raumordnung** ist der Erlass einer Veränderungssperre nicht zulässig; vgl. aber § 14 ROG. Die Veränderungssperre kommt auch nicht zur Sicherung einer sonstigen „fremden" Planung (zB einer Bundesfernstraße) in Betracht (auch *Rieger* in Schrödter, § 14 Rn. 5). Jedoch ist der Erlass einer Veränderungssperre zulässig, wenn die Gemeinde (nach Maßgabe des § 1 Abs. 3 S. 1; → vgl. Erl. hierzu) ein Bebauungsplanverfahren zur Sicherung der Trasse einer **Bundesfernstraße** einleitet, die sie als Alternative zu einer im straßenrechtlichen Planfeststellungsverfahren in Aussicht genommenen oder festgestellten Trasse bevorzugt (BVerwGE 72, 172).

§ 14 I. Kapitel. II. Teil. Sicherung der Bauleitplanung

8 Auch ein Beschluss, der sich ausschließlich auf die **Aufhebung eines Bebauungsplans** richtet, kann durch den Erlass einer Veränderungssperre gesichert werden (vgl. auch *Rieger* in Schrödter § 14 Rn. 9). Dies kommt zB in Betracht, wenn es das Ergebnis der Planaufhebung sein soll, das betroffene Gebiet „gewissermaßen in den Außenbereich zurückzuversetzen" (BVerwGE 51, 121; OVG Rheinland-Pfalz Urt. v. 17.10.2012 – 1 C 10493/12, NVwZ-RR 2013, 258 (259)). Der Beschluss, einen bestehenden Bebauungsplan aufzuheben, kann die Wirkungen des § 14 jedoch dann nicht begründen, wenn die Gemeinde tatsächlich nicht die Aufhebung, sondern die Änderung des Bebauungsplans beabsichtigt; die bloße Absicht, zugleich einen neuen Bebauungsplan zu erlassen, ersetzt nicht die erforderliche ausdrückliche Bekundung dieser Absicht durch einen Aufstellungsbeschluss (BVerwGE 51, 121).

9 Die Anordnung der Veränderungssperre muss zur Sicherung der Planung **erforderlich** sein. Die Zulässigkeit einer Veränderungssperre setzt zwar nicht voraus, dass der ihr zugrunde liegende Aufstellungsbeschluss über den Inhalt der angestrebten Planung Aufschluss gibt (BVerwGE 51, 121; → Rn. 6). Jedoch ist eine Veränderungssperre dann unzulässig, wenn zur Zeit ihres Erlasses der Inhalt der beabsichtigten Planung noch in keiner Weise abzusehen ist (BVerwG 51, 121). Auch eine nur „vorgeschobene" Veränderungssperre, um Zeit zu gewinnen, ist unwirksam (OVG Bremen Beschl. v. 9.12.2013 – 1 B 258/12, BauR 2013, 1096; VGH Hessen Urt. v. 25.7.2011 – 9 A 103.11, ZUR 2012, 47). Der **künftige Planinhalt** muss für das gesamte Plangebiet daher bereits in einem Mindestmaß bestimmt und absehbar sein (BVerwG Beschl. v. 16.12.2013 – 4 BN 18/13, BeckRS 2014, 45929; Urt. v. 19.2.2004 – 4 CN 16.03, BVerwGE 120, 138; OVG Lüneburg Urt. v. 15.1.2015 – 1 KN 61.14, BauR 2015, 630; OVG Koblenz Urt. v. 7.12.2011 – 1 C 11 407.10.OVG, ZfBR 2012, 374 (376); Urt. v. 17.10.2012 – 1 C 10493/12, NVwZ-RR 2013, 258). An Bebauungspläne nach § 9 Abs. 2a und b sind keine höheren Anforderungen zu stellen (OVG Münster Beschl. v. 16.3.2012 – 2 B 202.12, BauR 2012, 1212 (1213f.)). Diese **Konkretisierung** muss zwar nicht offen gelegt sein, zB als Begründung der Veränderungssperre; sie muss jedoch so verlässlich festgelegt (zB Sitzungsniederschrift, erkennbar Unterlagen und Umstände) sein, dass die Gemeinde ggf. einen entsprechenden Nachweis führen kann (BVerwG Beschl. v. 16.12.2013 – 4 BN 18/13, BeckRS 2014, 45929; dass. Urt. v. 19.2.2004 – 4 CN 16.03, BVerwGE 120, 138; BGHZ 82, 361; *Lemmel* in BK BauGB § 14 Rn. 9), der geeignet ist, die Entscheidung der Genehmigungsbehörde zu steuern (BVerwG Beschl. v. 21.10.2010 – 4 BN 26.10, ZfBR 2011, 160; Beschl. v. 1.10.2009 – 4 BN 34.09, ZfBR 2010, 75 (76)).

Beabsichtigt die Gemeinde, für **große Teile ihres Gemeindegebiets** einen Bebauungsplan aufzustellen (hier: Ausschluss von Windenergieanlagen), so scheidet eine Veränderungssperre aus, wenn die Bereiche, in denen unterschiedliche Nutzungen verwirklicht werden sollen, nicht einmal grob bezeichnet sind („keine Negativplanung"; BVerwG Beschl. v. 22.1.2013 – 4 BN 7/13, BeckRS 2013, 47001, Rn. 3; Urt. v. 19.2.2004 – 4 CN 13/03, NVwZ 2004, 984; Beschl. v. 6.4.2009 – 1 MN 289.08, BauR 2009, 1421 (1422f.); VGH Kassel Urt. v. 25.7.2011 – 9 A 103.11, BeckRS 2011, 52709; OVG Lüneburg ZfBR 2003, 274; OVG Rheinland-Pfalz Urt. v. 26.4.2012 – 1 C 10 662.11, DVBl. 2012, 1039; OVG Münster Beschl. v. 23.6.2014 – 2 B 418/14.NE, ZfBR 2015, 283 (284)). Hat sie ihr Planungsziel, die Ansiedlung von Tierhaltungsanlagen im Gemeindegebiet durch einen einfachen Bebauungsplan zu steuern, um die Zersiedlung zu begrenzen und die Erholungsfunktion zu stärken hinreichend konkretisiert, steht der Rechtmäßigkeit der Veränderungssperre nicht entgegen, dass die Gemeinde noch nicht endgültig entschieden hat, mit welchen Festsetzungen sie dieses Ziel erreichen will (so VGH Mannheim DVBl. 2006, 463; zu Störfallbetrieben, ders. Urt. v. 18.3.2015 – 3 S 601.14, BeckRS 2015, 45531; zur Steuerung von Tierhaltungsanlagen, vgl. auch OVG Lüneburg Urt. v. 13.8.2013 – 1 KN 69/11, ZfBR 2013, 795; dass. Beschl. v. 14.11.2011 – 1 ME 181/11, ZfBR 2012, 42; Beschl. v. 9.9.2011 – 1 MN 112.11, ZfBR 2012, 40; Urt.

v. 26.10.2011 – 1 KN 254/10, NuR 2012, 339; zu Flächen nach § 9 Abs. 1 Nr. 10 und 20, vgl. BVerwG Beschl. v. 16.12.2013 – 4 BN 18/13, BeckRS 2014, 45929). Ist zB die zukünftige Nutzungsart des Gebiets im Wesentlichen festgelegt, so ist der künftige Planinhalt idR ausreichend konkretisiert. Das für den Erlass der Veränderungssperre erforderliche Mindestmaß an Konkretisierung der Planungsziele umfasst nicht die Festlegung der planerischen Mittel zur Zielerreichung oder Aussagen zur Lösung etwaiger Nutzungskonflikte (VGH Mannheim DVBl. 2006, 786). Vgl. auch OVG Frankfurt (Oder) NVwZ-RR 2005, 386: Liegt kein Planungskonzept vor, dann reicht nicht die Andeutung der Übernahme der Planung eines Vorhabenträgers. Eine nachträgliche Konkretisierung der Planung vermag eine nichtige Veränderungssperre nicht zu heilen (OVG Berlin NVwZ-RR 1990, 124).

Nachträgliche Änderungen des Plankonzepts sind unzulässig (OVG Lüneburg **9a** NVwZ 2000, 1061). Jedoch sind Änderungen einzelner Planungsvorstellungen nach Erlass der Veränderungssperre für deren Rechtmäßigkeit ohne Bedeutung, solange die Planungskonzeption der Gemeinde im Zeitpunkt des Erlasses der Veränderungssperre hinreichend konkretisiert und erkennbar, die darin zum Ausdruck kommende Grundkonzeption der Planung nicht aufgegeben worden ist und die mit der Veränderungssperre verfolgte Sicherungsfunktion fortbesteht (BVerwG ZfBR 2008, 70; Beschl. v. 5.6.2012 – 4 BN 41/11, ZfBR 2012, 673). Die Veränderungssperre unterliegt anders als die Bauleitplanung selbst **nicht** dem **allgemeinen Abwägungsgebot des § 1 Abs. 7**, sondern der Prüfung, ob sie zur Erreichung des mit ihr verfolgten Sicherungszwecks erforderlich ist (BVerwG NVwZ 1993, 473; OVG Rheinland-Pfalz Urt. v. 17.10.2012 – 1 C 10493/12, NVwZ-RR 2013, 258 (260)). Es ist nicht darauf abzustellen, ob der noch nicht beschlossene Bebauungsplan in seinen Festsetzungen § 1 Abs. 7 BauGB entsprechen wird, sondern darauf, ob die beabsichtigte Planung überhaupt auf ein Ziel gerichtet ist, das im konkreten Fall mit den Mitteln der Bauleitplanung zulässigerweise erreicht werden kann (BVerwG NVwZ 1993, 473). Das Fehlen eines **Flächennutzungsplans** oder die einer Bebauungsplanänderung entgegenstehenden Darstellungen schließen es im Regelfall nicht aus, dass eine Veränderungssperre gleichwohl beschlossen werden kann (VGH Mannheim BRS 38 Nr. 108). Die Erforderlichkeit einer Veränderungssperre lässt sich auch nicht mit der Behauptung in Frage stellen, der beabsichtigten Bauplanung mangele es an der wirtschaftlichen Tragfähigkeit (VGH Mannheim BRS 38 Nr. 108). Rechtliche Bedenken gegen die im Bebauungsplan-Entwurf vorgesehenen Regelungen führen nicht zur Unwirksamkeit einer Veränderungssperre, sofern eine rechtlich zulässige Regelung zur Verwirklichung der Planabsichten der Gemeinde möglich ist (VGH Mannheim ZfBR 1989, 172). Wird die zu sichernde Bauleitplanung später aufgegeben und fallen damit die Voraussetzungen für ihren Erlass nachträglich fort, verliert die Veränderungssperre ihre Wirksamkeit nicht rückwirkend auf den Zeitpunkt ihres Inkrafttretens (Wirkung ex tunc), sondern allenfalls für die Zukunft (Wirkung ex nunc; BVerwG ZfBR 2005, 576).

Die Anordnung der Veränderungssperre kann auch erforderlich sein, wenn die durch sie gesicherte Planung auf **gesamtstädtische** oder **überörtliche Gesichtspunkte** zurückgeht, solange in einer mit § 1 übereinstimmenden Weise gesichert ist, dass die Planung die Zulässigkeit der baulichen oder sonstigen Nutzung in dem von ihr erfassten Gebiet regeln soll (BVerwGE 51, 121); vgl. auch VGH Mannheim NVwZ-RR 2006, 170: (zulässige) Verhinderung eines Trading-Down-Effektes.

Die Veränderungssperre ist zwar räumlich auf den Plan- bzw. Untersuchungsbe- **10** reich begrenzt; → Rn. 6. Jedoch kann die Veränderungssperre auf einen **Teilbereich** hiervon beschränkt werden. Weiterhin kann die Veränderungssperre auch für nur wenige Grundstücke oder für nur **ein einziges Grundstück** erlassen werden (BVerwG 51, 121). Ebenso wie ein Bebauungsplan nicht schon deshalb Bedenken unterliegt, weil sein Geltungsbereich nur wenige Grundstücke oder nur ein einziges Grundstück umfasst (BVerwG NJW 1969, 1076; ZfBR 1994, 100), kann auch eine

§ 14 I. Kapitel. II. Teil. Sicherung der Bauleitplanung

„Individualsperre" zulässig sein; jedoch muss eine derartige individuelle Regelung auf einer pflichtgemäßen Ausübung des Planungsermessens der Gemeinde beruhen (vgl. BVerwGE 51, 121).

11 Die Entscheidung über den Erlass einer Veränderungssperre obliegt der Gemeinde und ergibt sich aus ihrer Planungshoheit. Es liegt daher im **Planungsermessen** der Gemeinde, ob, zu welchem Zeitpunkt und für welchen Teil des Planungsbereichs die Veränderungssperre erlassen wird. Kann ein dem planerischen Vorstellungen der Gemeinde widersprechendes Vorhaben nur im Wege einer Befreiung zugelassen werden, so bedarf es zu seiner Verhinderung keiner Veränderungssperre oder Zurückstellung, wenn die Befreiung rechtmäßig versagt wird (BVerwGE 117, 50).

12 **3. Inhalt der Veränderungssperre.** Der mögliche **Inhalt der Veränderungssperre** ergibt sich abschließend aus **Abs. 1** (auch *Rieger* in Schrödter § 14 Rn. 20). Für darüber hinausgehende Verbote fehlt die gesetzliche Grundlage. In der Veränderungssperre können alle in Abs. 1 Nr. 1 und 2 enthaltenen Verbote oder auch nur **einzelne Verbote** ausgesprochen werden (VGH Mannheim Urt. v. 2.9.2015 – 3 S 276.15, BeckRS 2015, 52861 Rn. 39). Es hängt vom konkreten Sicherungszweck der Veränderungssperre ab, in welchem Umfang die Gemeinde die Verbotsmöglichkeit ausschöpft, wobei idR wegen des sachlichen Zusammenhangs von allen Ermächtigungen Gebrauch gemacht wird. Da die Veränderungssperre nicht nur der Verhinderung von Vorhaben dient, denen die Festsetzungen des zu erwartenden Bebauungsplans entgegenstehen, sondern der Sicherung der Planung als Vorgang, ist es zulässig, in die Satzung die Verbotstatbestände des § 14 Abs. 1 ohne Einschränkung zu übernehmen (VGH Mannheim NJW 1986, 149). Für die Festlegung, welche der Verbote des Abs. 1 im Planbereich gelten sollen, genügt die Verweisung auf den entsprechenden Fall des Abs. 1.

13 Nach **Abs. 1 Nr. 1** können durch die Veränderungssperre Vorhaben im Sinne des § 29 verboten werden. Zum Begriff der baulichen Anlagen vgl. zu § 29. Die Veränderungssperre bezieht sich danach auf Vorhaben, die die Errichtung, Änderung oder Nutzungsänderung zum Inhalt haben (§ 29 Abs. 1). Gemäß Abs. 1 Nr. 1 iVm § 29 Abs. 1 erstreckt sich die Veränderungssperre auch auf Aufschüttungen und Abgrabungen größeren Umfangs (BVerwG NVwZ 1991, 62). Der Veränderungssperre nach Abs. 1 Nr. 1 unterliegt weiterhin die **Beseitigung baulicher Anlagen;** § 29 Abs. 1 umfasst die Beseitigung nicht.

14 § 14 **Abs. 1 Nr. 2** enthält zwei Verbote: erhebliche oder wesentlich wertsteigernde Änderungen von Grundstücken (1. Fall) und baulichen Anlagen, deren Veränderungen nicht genehmigungs-, zustimmungs- oder anzeigepflichtig sind (2. Fall). Die Regelung will Änderungen verbieten, die unbeschadet eines unmittelbaren Zusammenhangs mit § 29 eine spätere Planung erschweren können.

Nach **Abs. 1 Nr. 2 (1. Fall)** kann durch die Veränderungssperre die erhebliche oder wesentliche wertsteigernde Veränderung des Grundstücks verboten werden. Bei der **erheblichen** Veränderung des Grundstücks kommt es nicht darauf an, ob die Veränderung wertsteigernd oder wertmindernd ist; **wertsteigernd** kann auch eine nicht erhebliche Veränderung sein. Die Sperre bezieht sich auf wesentliche Bestandteile iS der §§ 93, 94 BGB; Veränderungen der baulichen Anlagen sind nach Abs. 1 Nr. 2 (2. Fall) bzw. nach Nr. 1 zu beurteilen. **Veränderungen** iS der Nr. 2 sind nur Maßnahmen tatsächlicher Art (BVerwGE 42, 183), also zB Aufschüttungen und Abgrabungen größeren Umfangs sowie Ausschachtungen, Ablagerungen einschließlich Lagerstätten (vgl. § 29 Abs. 1). Die Sperre umfasst dagegen nicht **Veränderungen rechtlicher Art** wie zB die Veräußerung oder Belastung des Grundstücks; vgl. demgegenüber jedoch die Wirkungen der Verfügungs- und Veränderungssperre im Umlegungsgebiet nach § 51 Abs. 1 Nr. 1 sowie § 144 Abs. 2 über die Genehmigungspflicht in Sanierungsgebieten und Entwicklungsbereichen (§ 169 Abs. 1 Nr. 3); → Rn. 24. Die **Teilung**

1. Abschnitt. Veränderungssperre und Zurückstellung von Baugesuchen § 14

eines Grundstücks bedurfte innerhalb des räumlichen Geltungsbereichs einer Veränderungssperre der Teilungsgenehmigung nach § 19 Abs. 1 Nr. 4 BauGB 1987 bis zur Aufhebung der Bestimmung zum 31.12.1997.

Nach **Abs. 1 Nr. 2 (2. Fall)** kann durch die Veränderungssperre die erhebliche 15 oder wesentlich wertsteigernde Veränderung nicht genehmigungs-, zustimmungs- oder anzeigebedürftiger baulicher Anlagen verboten werden. Zum Begriff der **baulichen Anlagen** sowie zum Genehmigungsbedürfnis vgl. § 29 Abs. 1. Die Sperre bezieht sich auf die erhebliche oder wesentlich wertsteigernde Veränderung baulicher Anlagen. Da Abs. 1 Nr. 2 den Inhalt der Veränderungssperre hinsichtlich nicht genehmigungs-, zustimmungs- oder anzeigebedürftiger Veränderungen baulicher Anlagen abschließend regelt, unterliegt die **nicht erhebliche oder nicht wesentlich wertsteigernde Veränderung** einer nicht genehmigungs-, zustimmungs- oder anzeigepflichtigen baulichen Anlage nicht der Sperrwirkung des § 14. Die **Beseitigung** einer nicht genehmigungs-, zustimmungs- oder anzeigebedürftigen baulichen Anlage fällt nicht unter Abs. 1 Nr. 2; vgl. aber Abs. 1 Nr. 1.

4. Wirkungen der Veränderungssperre; Rechtsfolgen. Mit Erlass der Verän- 16 derungssperre sind die in Abs. 1 Nr. 1 und 2 bezeichneten **Vorhaben und Veränderungen unzulässig. Eine bauaufsichtliche Genehmigung ist zu versagen.** Soweit ein bauaufsichtliches oder sonstiges Verfahren nicht erforderlich ist, sind die Vorhaben oder Veränderungen materiell baurechtswidrig und können bauordnungsrechtlich untersagt werden, insbesondere durch Stilllegung des Baus. Die bauordnungsrechtliche **Beseitigungsanordnung** ist zulässig, wenn nach Inkrafttreten des Bebauungsplans der Widerspruch zu dessen Festsetzungen feststeht; im Einzelfall kann die Beseitigung bereits vor Rechtskraft des Bebauungsplans angeordnet werden, wenn sich die materielle Baurechtswidrigkeit nach dem Stand der Planungsarbeiten ergibt.

Nach **§ 95 Abs. 2 Nr. 4** bleiben bei der Festsetzung der Enteignungsentschädi- 17 gung wertsteigernde Veränderungen unberücksichtigt, die während einer Veränderungssperre ohne Genehmigung der Baugenehmigungsbehörde vorgenommen worden sind. Nach § 43 Abs. 2 S. 2 gilt dies entsprechend bei einer Entschädigung nach §§ 39 ff.

5. Ausnahmen. Nach Abs. 2 kann die Baugenehmigungsbehörde im Einverneh- 18 men mit der Gemeinde von der Veränderungssperre eine **Ausnahme** zulassen. Damit soll der Besonderheit von Einzelfällen innerhalb des räumlichen Geltungsbereichs einer Veränderungssperre Rechnung getragen werden, für die ausnahmsweise der auf das Gebiet bezogene und den Erlass der Veränderungssperre rechtfertigende Sicherungszweck ein Verbot nicht erfordert.

Eine Ausnahme von der Veränderungssperre darf nach **Abs. 2 S. 1** nur zugelassen 19 werden, wenn **überwiegende öffentliche Belange** nicht entgegenstehen. Das Vorhaben ist in diesen Fällen nach den bis zum Inkrafttreten des Bebauungsplans maßgeblichen planungsrechtlichen Zulässigkeitsvoraussetzungen zu beurteilen, sofern nicht schon § 33 Anwendung findet. Maßstab für das Entgegenstehen **öffentlicher Belange** ist der konkrete Sicherungszweck der Veränderungssperre. Ist ein Vorhaben bereits nach § 33 zulässig, so stehen ihm öffentliche Belange nicht entgegen. Ob der Zulassung einer Ausnahme **überwiegende** öffentliche Belange nicht entgegenstehen, ist auf Grund einer Interessenabwägung der öffentlichen und privaten Belange festzustellen (*Lemmel* in BK § 14 Rn. 31; OVG Saarlouis Beschl. v. 2.9.2010 – 2 B 215.10, BauR 2011, 983 (986f.)). Ist zu befürchten, dass durch die Zulassung die Durchführung der Planung unmöglich gemacht oder wesentlich erschwert werden würde (→ § 15 Rn. 3), ist die Ausnahme zu verweigern. Berührt ein Vorhaben die Planungsabsichten der Gemeinde, so fehlt es am Vorliegen der Tatbestandsvoraussetzungen der Zulassung einer Ausnahme (BVerwG ZfBR 1989, 171). Stehen öffentliche Belange nicht entgegen, so **kann** eine Ausnahme zugelassen werden. Das nach

§ 14 I. Kapitel. II. Teil. Sicherung der Bauleitplanung

Abs. 2 S. 1 eingeräumte Ermessen ist dann auf Null reduziert, wenn die Baugenehmigungsbehörde vor Inkrafttreten der Veränderungssperre die Baugenehmigung rechtswidrig versagt hat (BVerwG NJW 1968, 2350; NVwZ 1993, 473; *Rieger* in Schrödter, § 14 Rn. 27). Eine Ausnahme wird regelmäßig zuzulassen sein, wenn die durch die Veränderungssperre gesicherte Planung „Planreife" iS von § 33 Abs. 1 erreicht hat (vgl. VGH Mannheim NJW 1986, 149).

20 Über die Zulassung der Ausnahme entscheidet nach **Abs. 2 S. 2** die Baugenehmigungsbehörde im Einvernehmen mit der Gemeinde; → § 36 Rn. 5 ff.

21 **6. Bestandsschutz.** Die in **Abs. 3** genannten Vorhaben werden von der Veränderungssperre nicht berührt. Dies bezieht sich zunächst auf Vorhaben, die vor dem Inkrafttreten der Veränderungssperre **baurechtlich genehmigt worden** oder auf Grund eines **anderen baurechtlichen Verfahrens zulässig** sind. Für Vorhaben, die vor Erlass der Veränderungssperre hätten genehmigt werden müssen, greift diese **„Bestandsschutz"-Regelung** somit nicht (BVerwG Buchholz 406.11 § 14 BBauG Nr. 3). **Bestandskraft** ist nicht erforderlich (VGH München NVwZ-RR 2001, 364; *Sennekamp* in KK § 14 Rn. 83; *Graf* NVwZ 2004, 1435; *Stock* in EZBK § 14 Rn. 110; aA bis 9. Aufl.). Vgl. auch BVerwGE 120, 138 (offen gelassen) zur Frage, ob Abs. 3 auch gilt, wenn noch keine Baugenehmigung erteilt ist, wohl aber das gemeindliche Einvernehmen nach § 36 Abs. 2 S. 1 erteilt ist (bejah. *Graf* NVwZ 2004, 1435). Ist die Baugenehmigung vor Erlass der Veränderungssperre rechtswidrig versagt worden, so besteht ein Anspruch auf Zulassung einer Ausnahme nach Abs. 2 S. 1 (vgl. Rn. 19). Abs. 3 erfasst die Baugenehmigung selbst sowie andere nach dem Bauordnungsrecht der Länder eingeführte Verfahren (wie Anzeige oder Kenntnisgabe). Vertrauensschutz vor nachträglichen Veränderungssperren besteht auch, wenn die Genehmigungsfreistellung, das Kenntnisgabeverfahren und vergleichbare Institute des bauordnungsrechtlichen Verfahrensrechts nach Landesrecht **nicht in eine behördliche Entscheidung münden.** Voraussetzung für den Schutz ist die ordnungsgemäße Beteiligung der Gemeinde und die insgesamt formelle Legalität (vgl. für viele *Stock* in EZBK § 14 Rn. 119). Der Bestandsschutz wird unabhängig davon gewährt, ob das Bauvorhaben bereits begonnen worden ist. Mit der Regelung zu Vorhaben, von denen die Gemeinde nach Maßgabe des Bauordnungsrechts Kenntnis erlangt hat und mit deren Ausführung vor dem Inkrafttreten der Veränderungssperre hätte begonnen werden dürfen, knüpft die Vorschrift an die Formulierung der MBO 2002 zu genehmigungsfreien Vorhaben an (vgl. § 62 MBO 2002). Der Anwendungsbereich erstreckt sich auch auf die sog. verfahrensfreien Vorhaben im Sinne des § 61 Musterbauordnung 2002. Soweit verfahrensfreie Vorhaben bereits begonnen sind, kann es im Einzelfall allerdings geboten sein, für solche Vorhaben eine Ausnahme von der Veränderungssperre zuzulassen (spezifisch zu bei Inkrafttreten der Veränderungssperre noch nicht fertig gestellten verfahrensfreien Vorhaben: BVerwG Urt. v. 30.8.2012 – 4 C 1/11, ZfBR 2013, 42; vorangehend VGH München Urt. v. 23.11.2010 – 1 BV 10/1332, DVBl. 2011, 299 f.).

Abs. 3 erfasst auch den **Bauvorbescheid,** soweit er nach Landesrecht ein vorweggenommener Teil der Baugenehmigung ist. Der Vorbescheid setzt sich wie die Baugenehmigung auch gegen den Inkrafttreten des Bebauungsplans durch (BGHZ 96, 385); zum ggf. in Betracht kommenden Widerruf des Vorbescheids vgl. § 49 Abs. 2 Nr. 4 VwVfG sowie § 49 Abs. 5 zum Anspruch auf Entschädigung (hierzu auch *Rieger* in Schrödter, § 14 Rn. 31). Etwas anderes gilt, wenn der Bauvorbescheid landesrechtlich nur die Wirkung einer unter dem Vorbehalt gleich bleibender Rechtslage stehenden Zusage hat (hierzu BGHZ 73, 161); für abschließende bundesrechtliche Regelung dagegen zB *Stock* in EZBK § 14 Rn. 117.

22 Von der Veränderungssperre werden weiterhin **Unterhaltungsarbeiten** nicht berührt, also die Reparatur und Erhaltung des baulichen Zustandes. Die darüber hinausgehende Anpassung des Bauwerkes an zeitgemäße Wohn- oder sonstige Nutzungsbedürfnisse (Modernisierung) wird vom Bestandsschutz dagegen nicht gedeckt.

Auch die Fortführung einer **bisher ausgeübten Nutzung** wird von der Veränderungssperre nicht berührt. Voraussetzung ist, dass auf dem von der Veränderungssperre betroffenen Grundstück vor Erlass der Veränderungssperre eine solche Nutzung stattgefunden hat (*Stock* in EZBK § 14 Rn. 138). Ist die Änderung der Benutzung einer baulichen Anlage als Nutzungsänderung iS von § 29 Abs. 1, § 14 Abs. 1 Nr. 1 zu qualifizieren, so liegt keine Fortführung einer bisher ausgeübten Nutzung iS Abs. 3 vor (BVerwG NVwZ 1989, 666: Umwandlung eines Kinos in eine Spielhalle). Die Regelung hat auch für die Fälle des Abs. 1 Nr. 2 Bedeutung (zB Fortführung von Auskiesungsarbeiten).

7. Städtebauliche Sanierungsgebiete, städtebauliche Entwicklungsbereiche. Nach **§ 14 Abs. 4** sind die Vorschriften über die Veränderungssperre für Vorhaben im förmlich festgelegten **Sanierungsgebiet** oder im **städtebaulichen Entwicklungsbereich** nicht anzuwenden, soweit eine Genehmigungspflicht nach § 144 Abs. 1 besteht. Soweit die Gemeinde in der **Sanierungssatzung** die Anwendung des § 144 Abs. 1 ausgeschlossen hat (vgl. § 142 Abs. 4), sind im Sanierungsgebiet die Vorschriften über die Veränderungssperre (§ 14) anzuwenden. Im **städtebaulichen Entwicklungsbereich nach BauGB** findet anstelle von § 14 stets § 144 Anwendung (§ 169 Abs. 1 Nr. 3); im Entwicklungsbereich „älterer Art" (StBauFG bzw. BauGB 1987) gleichfalls; vgl. § 235 Abs. 1 S. 2 Hs. 1 iVm § 169 Abs. 1 Nr. 1 BauGB 1987. Was den Gegenstand der sanierungs- und entwicklungsrechtlichen „Sperre" betrifft, ist durch die Verweisung in § 144 Abs. 1 Nr. 1 auf § 14 Abs. 1 die inhaltliche Deckungsgleichheit mit der Veränderungssperre erreicht. In der Struktur unterscheiden sich beide Instrumente vor allem dadurch, dass §§ 144, 145 einen Genehmigungsvorbehalt (präventives Verbot mit Erlaubnisvorbehalt; **keine Ermessensentscheidung**) beinhalten, während § 14 eine echte Sperre enthält, von der nur in den engen Grenzen des § 14 Abs. 3 Ausnahmen zugelassen werden **können.**

8. Rechtsschutz. Die von der Gemeinde nach § 16 als Satzung beschlossene Veränderungssperre kann im Wege der **Normenkontrolle** (§ 47 VwGO) überprüft werden (vgl. *Jäde* ZfBR 2011, 115 ff.; *Rieger* in Schrödter § 14 Rn. 42; zum Prüfungsumfang, vgl. OVG Rheinland-Pfalz Urt. v. 7.12.2011 – 1 C 11 407/10.OVG, ZfBR 2012, 374; Urt. v. 17.12.2012 – 1 C 10493/12, NVwZ-RR 2013, 258). Tritt eine Veränderungssperre während der Anhängigkeit eines nach § 47 Abs. 2 S. 1 VwGO zulässigen Antrags außer Kraft, kann der Antragsteller die Feststellung begehren, dass die Veränderungssperre ungültig war, weil diese Feststellung präjudizielle Wirkung für die Frage der Rechtmäßigkeit oder Rechtswidrigkeit zB der Versagung einer Baugenehmigung und damit für in Aussicht genommene Entschädigungs- oder Schadensersatzansprüche haben kann (BVerwGE 68, 12). Darüber hinaus kommt eine **inzidente Überprüfung** der Veränderungssperre im Rahmen einer Anfechtung der Entscheidung der Baugenehmigungsbehörde über einen Bauantrag in Betracht. Die Veränderungssperre ist **nicht nachbarschützend;** ein Nachbar kann sich nicht darauf berufen, dass eine Veränderungssperre nicht hätte erlassen werden dürfen; dies gilt auch, wenn der spätere Bebauungsplan zu seinen Gunsten nachbarschützende Festsetzungen enthält (BVerwG NVwZ 1989, 453). Erklärt das Normenkontrollgericht einen Bebauungsplan, der in der Aufstellungsphase durch eine Veränderungssperre gesichert war, für unwirksam, und beschließt die Gemeinde für denselben Planbereich erneut die Aufstellung eines Bebauungsplans, kann sie zur Sicherung dieser Planung eine neue Veränderungssperre erlassen (BVerwG NVwZ 2007, 954).

§ 15 Zurückstellung von Baugesuchen

(1) ¹Wird eine Veränderungssperre nach § 14 nicht beschlossen, obwohl die Voraussetzungen gegeben sind, oder ist eine beschlossene Veränderungssperre noch nicht in Kraft getreten, hat die Baugenehmigungsbehörde auf Antrag der Gemeinde die Entscheidung über die Zulässigkeit von Vorhaben im Einzelfall für einen Zeitraum bis zu zwölf Monaten auszusetzen, wenn zu befürchten ist, dass die Durchführung der Planung durch das Vorhaben unmöglich gemacht oder wesentlich erschwert werden würde. ²Wird kein Baugenehmigungsverfahren durchgeführt, wird auf Antrag der Gemeinde anstelle der Aussetzung der Entscheidung über die Zulässigkeit eine vorläufige Untersagung innerhalb einer durch Landesrecht festgesetzten Frist ausgesprochen. ³Die vorläufige Untersagung steht der Zurückstellung nach Satz 1 gleich.

(2) Soweit für Vorhaben im förmlich festgelegten Sanierungsgebiet oder im städtebaulichen Entwicklungsbereich eine Genehmigungspflicht nach § 144 Abs. 1 besteht, sind die Vorschriften über die Zurückstellung von Baugesuchen nicht anzuwenden; mit der förmlichen Festlegung des Sanierungsgebiets oder des städtebaulichen Entwicklungsbereichs wird ein Bescheid über die Zurückstellung des Baugesuchs nach Absatz 1 unwirksam.

(3) ¹Auf Antrag der Gemeinde hat die Baugenehmigungsbehörde die Entscheidung über die Zulässigkeit von Vorhaben nach § 35 Abs. 1 Nr. 2 bis 6 für einen Zeitraum bis zu längstens einem Jahr nach Zustellung der Zurückstellung des Baugesuchs auszusetzen, wenn die Gemeinde beschlossen hat, einen Flächennutzungsplan aufzustellen, zu ändern oder zu ergänzen, mit dem die Rechtswirkungen des § 35 Abs. 3 Satz 3 erreicht werden sollen, und zu befürchten ist, dass die Durchführung der Planung durch das Vorhaben unmöglich gemacht oder wesentlich erschwert werden würde. ²Auf diesen Zeitraum ist die Zeit zwischen dem Eingang des Baugesuchs bei der zuständigen Behörde bis zur Zustellung der Zurückstellung des Baugesuchs nicht anzurechnen, soweit der Zeitraum für die Bearbeitung des Baugesuchs erforderlich ist. ³Der Antrag der Gemeinde nach Satz 1 ist nur innerhalb von sechs Monaten, nachdem die Gemeinde in einem Verwaltungsverfahren von dem Bauvorhaben förmlich Kenntnis erhalten hat, zulässig. ⁴Wenn besondere Umstände es erfordern, kann die Baugenehmigungsbehörde auf Antrag der Gemeinde die Entscheidung nach Satz 1 um höchstens ein weiteres Jahr aussetzen.

Übersicht

	Rn.
1. Regelungszweck; Verhältnis zu § 14 BauGB	1
2. Voraussetzungen	2
3. Wirkungen	4
4. Zeitpunkt, Dauer	6
5. Rechtsschutz	9
6. Städtebauliche Sanierungsgebiete, städtebauliche Entwicklungsbereiche (Abs. 2)	11
7. Zurückstellung von Baugesuchen in Fällen der Flächennutzungsplanung (Abs. 3)	13

1. Regelungszweck; Verhältnis zu § 14 BauGB. Die Zurückstellung von Baugesuchen nach § 15 ist wie die Veränderungssperre nach § 14 ein Instrument der Gemeinde zur **Sicherung der Bauleitplanung**. Ihre **praktische Bedeutung** liegt da-

1. Abschnitt. Veränderungssperre und Zurückstellung von Baugesuchen § 15

rin: Während die Veränderungssperre nach § 16 erst mit der Rechtsverbindlichkeit der Satzung nach § 16 wirksam wird, kann die Gemeinde Bauvorhaben nach § 15 unmittelbar unterbinden. Dadurch kann insbesondere die Zeit überbrückt werden, die der Erlass einer Veränderungssperre erfordert (BVerwG Beschl. v. 13.10.2014 – 4 B 11.14, ZfBR 2015, 170). Die Zurückstellung von Baugesuchen ist nur zulässig, wenn die sachlichen Voraussetzungen für den Erlass einer Veränderungssperre gegeben sind (→ Rn. 3; → § 14 Rn. 6ff.). Gegenstand einer Zurückstellung nach § 15 können alle Vorhaben iSd. § 29 Abs. 1 sein (→ Rn. 4; *Rieger* in Schrödter § 15 Rn. 4f.). Die wichtigsten Unterschiede gegenüber der Veränderungssperre sind: Das Zurückstellen eines Baugesuchs ist ein **Verwaltungsakt** (→ Rn. 9). Die Veränderungssperre begründet durch Satzung ein baurechtliches Verbot; sie ist ein materieller Versagungsgrund für eine Baugenehmigung, während § 15 eine **formelle Baurechtsvorschrift** ist, die zur Aussetzung der Entscheidung über die Zulässigkeit von Vorhaben führt (→ Rn. 5); inhaltlich erfasst § 15 Vorhaben, über die im Baugenehmigungsverfahren zu entscheiden ist oder die nach anderen Verfahren zugelassen werden (Abs. 1 S. 2 und 3, § 36 Abs. 1 S. 3); in **zeitlicher** Hinsicht ist die Möglichkeit der Zurückstellung auf höchstens zwölf Monate befristet (→ vgl. demgegenüber § 16 sowie Rn. 6).

2. Voraussetzungen. Ein Baugesuch kann nach § 15 nur zurückgestellt werden, 2 wenn die **Voraussetzungen für den Erlass einer Veränderungssperre** vorliegen. Die Gemeinde muss also die Aufstellung, Änderung, Ergänzung oder Aufhebung eines Bebauungsplans beschlossen haben (→ § 14 Rn. 6); weiterhin muss die Sicherung der künftigen Bauleitplanung erforderlich sein (→ § 14 Rn. 9). Die Zurückstellung nach § 15 ist (iS eines eigenständigen Plansicherungsinstruments) auch zulässig, wenn ein Baugesuch bereits aus bauordnungsrechtlichen Gründen abzulehnen wäre (BVerwGE 72, 172). Besteht bereits eine rechtsverbindliche Veränderungssperre, so ist daneben die Anwendung von § 15 ausgeschlossen. § 15 ist aber dann anwendbar, wenn eine beschlossene Veränderungssperre noch nicht in Kraft getreten ist. § 15 kann weiterhin auch nach dem Außerkrafttreten einer Veränderungssperre zur Überbrückung des Zeitraums bis zum Inkrafttreten einer erneuten Veränderungssperre angewandt werden (OVG Lüneburg BauR 1982, 52; zum erneuten Zurückstellen eines Baugesuchs, vgl. OVG Rheinland-Pfalz Beschl. v. 10.5.2011 – 8 B 10 385/11, ZfBR 2011, 671).

Die Zurückstellung ist nach Abs. 1 nur zulässig, wenn zu befürchten ist, dass die 3 **Durchführung der Planung** durch das Vorhaben **unmöglich** gemacht oder **wesentlich erschwert** werden würde. Der Gemeinde steht bei der Feststellung der Voraussetzungen dieser unbestimmten Rechtsbegriffe kein Beurteilungsspielraum zu (vgl. *Lemmel* in BK § 15 Rn. 6). Nach dem Stand der sich abzeichnenden Planung muss das konkrete Vorhaben danach die Durchführung der Planung gefährden können (vgl. OVG Nordrhein-Westfalen Beschl. v. 26.2.2014 – 10 D 139/14, BauR 2014, 1267 (1267)). Auch wenn hierin eine „Prognose" (*Lemmel* in BK § 15 Rn. 6) liegt, muss die Planung zur Begründung dieser Befürchtung hinreichend konkretisiert sein. Dies kann der Fall sein, wenn die Planung in Bezug auf das fragliche Grundstück noch nicht feststeht, das beantragte Vorhaben aber nach seiner Eigenart eine in andere Richtung gehende Planung unmöglich machen oder erschweren würde. Eine Gemeinde darf die Entscheidung über eine Bauvoranfrage über die angemessene Bearbeitungszeit nicht hinauszögern, wenn das Vorhaben planungsrechtlich zulässig ist, aber ein noch nicht verkündeter Beschluss über die Aufstellung eines Bebauungsplans mit anders gearteten Zielen vorliegt (BGH NVwZ 2002, 123).

Ein Vorhaben kann nur auf **Antrag der Gemeinde** zurückgestellt werden. Eine 3a bestimmte Form des Antrags ist nicht vorgeschrieben; die Schriftform wird empfohlen (*Jäde* in JDW § 15 Rn. 8; *Stock* in EZBK § 15 Rn. 37). Das Antragsrecht der Gemeinde ist Ausfluss ihrer Planungshoheit; seine Ausübung steht in ihrem pflichtgemäßen Ermessen (*Sennekamp* in KK § 15 Rn. 30; *Hinsch* NVwZ 2007, 770 (772)). Die Baugenehmigungsbehörde ist an den Antrag der Gemeinde gebunden, es sei denn,

Mitschang 389

§ 15 I. Kapitel. II. Teil. Sicherung der Bauleitplanung

die Voraussetzungen des § 15 liegen nicht vor (BVerwGE 72, 172). Ein Ermessensspielraum steht ihr dabei nicht zu. Ohne Antrag der Gemeinde kann die Baugenehmigungsbehörde Baugesuche nicht nach § 15 zurückstellen, es sei denn, die Gemeinde ist selbst Baugenehmigungsbehörde (auch *Rieger* in Schrödter, § 15 Rn. 9).

4 **3. Wirkungen.** Nach Abs. 1 kann die Entscheidung über die **Zulässigkeit von Vorhaben** zurückgestellt werden; zum Begriff des Vorhabens vgl. § 29 (BVerwGE 39, 154). Es besteht volle Identität mit dem Vorhabenbegriff des § 29 Abs. 1, dh auch die **Nutzungsänderung** sowie **Abgrabungen, Aufschüttungen** ua iSd § 29 gehören dazu. § 15 begründet dabei (wie erwähnt; → Rn. 1) kein materielles baurechtliches Verbot. Es handelt sich vielmehr um eine Vorschrift des **formellen** Baurechts (BVerwGE 39, 154). Darüber hinaus hat § 15 aber auch eine Funktion im Hinblick auf die Sicherung einer materiellen Rechtsposition der Gemeinde, nämlich der kommunalen Planungshoheit nach Art. 28 Abs. 2 GG (VGH Kassel Beschl. v. 10. 7. 2009 – 4 B 426.09, BauR 2010, 743). Die Zurückstellung kommt sowohl bei Entscheidungen über einen **Baugenehmigungsantrag**, als auch bei **Vorbescheiden** zur Anwendung (BVerwGE 36, 296). Auch bei **anzeigepflichtigen Vorhaben** kommt § 15 zur Anwendung; die nach den Bauordnungen bestimmte Frist, vor deren Ablauf mit der Ausführung des anzeigepflichtigen Vorhabens nicht begonnen werden darf, verlängert sich entsprechend (BVerwGE 36, 296).

5 Durch **Abs. 1 S. 2 und 3** soll erreicht werden, dass die Gemeinden die Durchführung von Vorhaben zeitlich befristet verhindern können, auch wenn diese nach Landesrecht nicht förmlich genehmigt werden müssen. Voraussetzung ist das Vorliegen der materiellen Voraussetzungen des Abs. 1 S. 1 und der Antrag der Gemeinde. An die Stelle einer befristeten Aussetzung der Entscheidung der Baugenehmigungsbehörde tritt ein **vorläufiger Untersagungsbescheid.** Innerhalb welcher Frist die Baugenehmigungsbehörde über den Antrag auf vorläufige Untersagung zu entscheiden hat, muss durch Landesrecht bestimmt werden. Ohne landesrechtliche Regelung wäre die Bestimmung nicht vollzugsfähig (*Schiller* in BRS Rn. 2612; vgl. auch VGH Mannheim NVwZ-RR 2001, 574). In diesem Fall sind wohl vergleichbare landesrechtliche Regelungen (zB die Fristen in der Genehmigungsfreistellung) entsprechend anzuwenden (so *Stock* in EZBK § 15 Rn. 60a; vgl. auch VGH Mannheim NVwZ-RR 2001, 574; vgl. aber auch *Jäde* in JDW § 15 Rn. 31: analoge Anwendung der Fristenregelung des § 36 Abs. 2 S. 2 Hs. 1). Die Länder sind nach **§ 36 Abs. 1 S. 3** verpflichtet, auch für Vorhaben iS des § 30 Abs. 1 sicherzustellen, dass die Gemeinde erforderlichenfalls gem. § 15 entscheiden kann.

6 **4. Zeitpunkt, Dauer.** Baugesuche können nur bis Rechtskraft einer Veränderungssperre nach § 15 zurückgestellt werden (→ Rn. 2). Die Baugenehmigungsbehörde kann eine ursprüngliche Ablehnung der Bebauungsgenehmigung auch noch im gerichtlichen Verfahren durch die Aussetzung der Entscheidung nach § 15 ersetzen (OVG Münster BRS 29 Nr. 69; OVG Lüneburg ZfBR 1981, 297). Ein Baugesuch kann durch **Abs. 1 S. 1** für einen Zeitraum bis zu **zwölf Monaten** ausgesetzt werden. Dabei handelt es sich um eine **Höchstfrist,** die nicht voll ausgeschöpft werden muss, jedoch weder überschritten noch verlängert werden darf. Der Zeitraum, für den die Entscheidung ausgesetzt ist, ist **im Bescheid genau anzugeben** (OVG Münster BauR 1982, 50). Die Frist beginnt mit der Zustellung des Bescheides der Baugenehmigungsbehörde über die Zurückstellung des Baugesuches; zur Zurückstellung während der Einvernehmensfrist nach § 36 Abs. 2 S. 2 Hs. 1, vgl. Rdn. 15; Zeiten einer faktischen Bausperre (→ § 18 Rn. 6) sind anzurechnen, vgl. *Rieger* in Schrödter § 15 Rn. 15). In den Fällen des **Abs. 1 S. 1** bestimmt sich die Frist nach Landesrecht; **Abs. 1 S. 3.**

7 **Entfallen** während der Dauer der Zurückstellung **die Voraussetzungen** hierfür, so ist der Bauantrag weiter zu bearbeiten und es ist hierüber zu entscheiden (vgl. auch BVerwGE 39, 154).

1. Abschnitt. Veränderungssperre und Zurückstellung von Baugesuchen § 15

Tritt während der Dauer der Zurückstellung **eine Veränderungssperre in** 8
Kraft, so bleibt die Zurückstellung zunächst wirksam (BVerwG 39, 154). Das bis dahin nur formell-rechtlich unzulässige Vorhaben, ist dann aber auch materiell-rechtlich unzulässig. Der Bescheid über die Zurückstellung kann deshalb durch eine Ablehnung des Bauantrags gem. § 14 Abs. 1 ersetzt werden.

5. Rechtsschutz. Der **Antrag der Gemeinde** gegenüber der Baugenehmi- 9
gungsbehörde auf Zurückstellung eines Baugesuchs nach Abs. 1 S. 1 sowie der Antrag auf vorläufige Untersagung nach Abs. 1 S. 2 sind gegenüber dem Betroffenen verwaltungsinterne Vorgänge und keine Verwaltungsakte. Der Antragsteller bzw. Bauherr kann den Antrag daher nicht anfechten. Dagegen ist der **Bescheid der Baugenehmigungsbehörde** über die Aussetzung der Entscheidung oder die vorläufige Untersagung ein **Verwaltungsakt** und vom Antragsteller nach der **VwGO** anfechtbar (BVerwGE 39, 154). Dabei führt die Anordnung der sofortigen Vollziehung eines Zurückstellungsbescheides nicht zur Erledigung einer Untätigkeitsklage, die auf die Verpflichtung der Baugenehmigungsbehörde zur Erteilung einer beantragten Baugenehmigung gerichtet ist (BVerwG Urt. v. 30.6.2011 – 4 C 10.10, ZfBR 2011, 773). Die Gemeinde ist im verwaltungsgerichtlichen Verfahren nach § 65 VwGO beizuladen.

Lehnt die Baugenehmigungsbehörde den Antrag der Gemeinde auf Zurückstel- 10
lung des Baugesuchs oder auf vorläufige Untersagung ab, so kann die **Gemeinde Verpflichtungsklage** nach § 42 VwGO erheben. Wird die Baugenehmigung trotz eines Antrags der Gemeinde erteilt, so kann die Gemeinde die Baugenehmigung anfechten (VGH Mannheim BRS 44 Nr. 95). Die Rechtsbehelfe haben nach § 212a BauGB keine aufschiebende Wirkung (*Hinsch* NVwZ 2007, 770 (775); *Stock* in EZBK § 15 Rn. 74 ff.).

6. Städtebauliche Sanierungsgebiete, städtebauliche Entwicklungsberei- 11
che (Abs. 2). Nach **Abs. 2** ist § 15 bei Vorhaben im förmlichen festgelegten **Sanierungsgebiet** nicht anzuwenden, soweit eine Genehmigungspflicht nach § 144 Abs. 1 besteht; vgl. die entsprechende Regelung des § 14 Abs. 4 (→ § 14 Rn. 24). Mit der förmlichen Festlegung wird ein Bescheid über die Zurückstellung unwirksam (vgl. *Rieger* in Schrödter § 15 Rn. 20). Im **städtebaulichen Entwicklungsbereich nach BauGB** findet § 144 stets Anwendung (§ 169 Abs. 1 Nr. 3); § 15 ist demgemäß stets ausgeschlossen.

Zur entsprechenden Anwendung des § 15 auf Anträge auf Durchführung eines 12
Vorhabens iS des § 29 Abs. 1 in den sanierungs- bzw. entwicklungsrechtlichen **Untersuchungs- bzw. Voruntersuchungsgebieten** vgl. § 141 Abs. 4 S. 1 Hs. 2 und § 165 Abs. 4 S. 2. Zur Anwendung in künftigen **Erhaltungsgebieten** vgl. § 172 Abs. 2; in künftigen Gebieten zur Sicherung von **Stadtumbaumaßnahmen** vgl. § 171d Abs. 2.

7. Zurückstellung von Baugesuchen in Fällen der Flächennutzungspla- 13
nung (Abs. 3). Abs. 3 über die Zurückstellung bestimmter Vorhaben, wenn die Gemeinde beschlossen hat, einen **Flächennutzungsplan** aufzustellen (*Rieger* ZfBR 2012, 430 ff.; *Gronemeyer* BauR 2014, 1729 ff.; *Raschke* ZfBR 2015, 119 ff.; *Beckmann* UPR 2015, 50 ff.; zu Einzelfragen im Verhältnis zum gemeindlichen Einvernehmen, vgl. *Schmidt-Eichstaedt* BauR 2011, 1755 ff.; Erwiderung durch *Frank* BauR 2012, 445 ff.), ist durch das **EAG Bau 2004** angefügt und durch die Innenentwicklungsnovelle 2013 erweitert worden (vgl. *Battis/Mitschang/Reidt* NVwZ 2013, 961 (964)). Die Steuerungsmöglichkeit nach § 35 Abs. 3 Abs. 3 S. 3 entfaltet ihre Wirkung erst mit dem Inkrafttreten des Flächennutzungsplans. Zur Sicherung der so geschaffenen gemeindlichen Planungsmöglichkeiten wird den Gemeinden mit § 15 Abs. 3 das Recht eingeräumt, im Hinblick auf die Rechtswirkung des Flächennutzungsplans nach § 35 Abs. 3 die beabsichtigte Planung erstens durch eine befristete Zurückstel-

lung von Baugesuchen für Vorhaben nach § 35 Abs. 1 Nr. 2 bis 6 zu sichern (Abs. 3 S. 1), auch soweit es sich um die immissionsschutzrechtliche Vorhabengenehmigung handelt (OVG Münster Urt. v. 11.3.2014 – 8 B 1339/13 –, BeckRS 2013, 50481; Bayerischer VGH Beschl. v. 5.12.2013 – 22 CS 13/1757 –, BeckRS 2013, 59880) und zweitens auf nochmaligen Antrag die Entscheidung noch einmal um höchstens ein weiteres Jahr auszusetzen (Abs. 3 S. 4). Die Regelung entspricht der seinerzeit im Zusammenhang mit der Privilegierung von Windenergieanlagen eingeführten und durch Fristablauf überholten Vorschrift des (mit dem EAG Bau 2004 aufgehobenen) § 245 b Abs. 1 und korrespondiert mit der Zulässigkeit der Aufstellung eines sachlichen Teilflächennutzungsplanes nach § 5 Abs. 2 b.

14 **Voraussetzungen für die Zurückstellung** nach Abs. 3 sind, dass die Gemeinde einen Beschluss zur Aufstellung Änderung oder Ergänzung des Flächennutzungsplanes gefasst hat, im Flächennutzungsplan eine „Konzentrationsfläche" nach § 35 Abs. 3 Satz 3 für privilegierte Vorhaben im Sinne des § 35 Abs. 1 Nr. 2 bis 6 (Neufassung) darstellen will, mit dieser Darstellung die Errichtung solcher Vorhaben an anderer Stelle im Gemeindegebiet verhindern will und wenn zu befürchten ist, dass die Durchführung der Planung durch das Vorhaben unmöglich gemacht oder wesentlich erschwert wird. Zu den Anforderungen an die Konkretisierung der Planung, vgl. VGH München Beschl. v. 16.5.2012 – 7 CE 11/2645, BeckRS 2012, 51001 Rn. 16; dass. Beschl. v. 22.3.2012 – 22 CS 12.349, 22 CS 12.356, BauR 2012, 1217; OVG Münster Urt. v. 11.3.2014 – 8 B 1339/13 –, BeckRS 2013, 50481).

15 Die Zurückstellung wirkt nach Abs. 3 S. 1 zunächst längstens für die Dauer **eines Jahres** nach der Zustellung des Zurückstellungsbescheides beim Antragsteller. Der Zeitraum erweist sich aber regelmäßig als zu kurz (zur Möglichkeit der nochmaligen Verlängerung, → Rn. 16). Die Zeit zwischen dem Eingang des Baugesuchs bei der zuständigen Behörde bis zur Zustellung des Zurückstellungsbescheides wird auf die Jahresfrist nur dann nicht angerechnet, wenn dieser Zeitraum für die Bearbeitung des Baugesuchs erforderlich war **(Abs. 3 S. 2)**. Demgegenüber sind über diesen Zeitraum hinausgehende Verzögerungen auf die Laufzeit der Zurückstellung anzurechnen (VGH Mannheim Urt. v. 2.9.2015 – 3 S 276.15, BeckRS 2015, 52861 Rn. 47). Die Gemeinde hat den Zurückstellungsantrag innerhalb von 6 Monaten zu stellen, nachdem sie in einem Verwaltungsverfahren (zB Beteiligung nach § 36) förmlich von dem Bauvorhaben Kenntnis erlangt hat **(Abs. 3 S. 3)**. Diese Frist läuft in den Fällen, in denen die Gemeinde selbst Baugenehmigungsbehörde ist, grundsätzlich ab Eingang des Genehmigungsantrags (OVG Münster NVwZ-RR 2006, 597). Folge eines Fristversäumnisses durch die Gemeinde ist der Antragsausschluss. Wird ein Genehmigungsantrag geändert und insoweit die Frage der planungsrechtlichen Beurteilung neu aufgeworfen, beginnt die Sechsmonatsfrist erneut zu laufen, damit die Gemeinde ihre Bauleitplanung überdenken kann (OVG Münster Beschl. v. 2.6.2015 – 8 B 186.15, BauR 2015, 1479 (1481). Zu Überleitungsfragen vgl. *Lemmel* BauR 2005, 1878 gegen OVG Koblenz BauR 2005, 1897, wonach die 6-Monatsfrist erst mit Inkrafttreten des EAG Bau (20.7.2004) beginnt). Läuft im Zeitpunkt der Aussetzung noch die Frist für die Erteilung des Einvernehmens, so endet diese mit der Zustellung des Zurückstellungsbescheids an den Vorhabenträger und beginnt nach Ablauf des Zurückstellungszeitraums ohne Anrechnung des bereits verstrichenen Teils von neuem (vgl. OVG Lüneburg Urt. v. 11.11.2013 – 12 LC 271/11, BauR 2014, 522 (523), bestätigt durch BVerwG Urt. v. 26.3.2015 – 4 C 1.14, NuR 2015, 476 (476)). Die Gemeinde hat – unbeschadet des § 15 Abs. 3 – (weiterhin) die Möglichkeit, mit Zurückstellung und ggf. Veränderungssperre einen Bebauungsplan gegenüber Windenergieanlagen zu sichern, der erforderlichenfalls im Parallelverfahren (§ 8 Abs. 3) aufgestellt wird (BVerwG NVwZ, 2004, 477; vgl. aber zu den Anforderungen an den Planaufstellungsbeschluss → § 14 Rn. 9).

16 Im Rahmen der Innenentwicklungsnovelle 2013 wurde § 15 Abs. 3 um einen S. 4 ergänzt. Hiernach kann die Baugenehmigungsbehörde auf Antrag der Gemeinde die

nach Abs. 3 S. 1 zu treffende Entscheidung über die Zulässigkeit eines Vorhabens nach § 35 Abs. 1 Nr. 2 bis 6 BauGB um höchstens ein weiteres Jahr aussetzen, wenn besondere Umstände dies erfordern. Die gesamte nunmehr mögliche Aussetzungsdauer beträgt unter Ausklammerung des in § 15 Abs. 3 S. 2 genannten Zeitraums also zwei Jahre. S. 4 geht auf einen Vorschlag des Bundesrates zurück (vgl. BR-Drs. 474/12 (Beschluss), 3) und greift eine für die Planungspraxis aktuell bestehende Schwierigkeit auf. Denn der maßgebliche Anlass für diese neue Regelung ist in dem regelmäßig die Dauer eines Jahres überschreitenden zeitlichen Bedarf der Gemeinden zu sehen, um ihren Flächennutzungsplan, mit dem die Rechtswirkungen des § 35 Abs. 3 S. 3 erreicht werden sollen, entweder aufzustellen oder zu ändern und zu ergänzen. Deshalb werden als Voraussetzung der Anwendung der Vorschrift **„besondere Umstände"** eingefordert. Dieser Begriff wird auch in § 17 Abs. 2 im Zusammenhang mit der Verlängerung der Geltungsdauer der Veränderungssperre verwendet (→ § 17 Rn. 3 f.) und ist hier im gleichen Sinne zu verstehen (mit nachvollziehender Begründung *Rieger* ZfBR 2014, 535, (536 f.); aA *Stock* in EZBK, § 15 Rn. 71 p). Besondere Umstände verlangen, dass sich das Planverfahren von dem allgemeinen Rahmen der üblichen städtebaulichen Planungstätigkeit abhebt, also Besonderheiten des Umfangs, des Schwierigkeitsgrades oder des Verfahrensablaufs aufweist. Nur der Gemeinde nicht zurechenbare, für die Verzögerung des Verfahrens kausale Umstände der Planung kommen dabei in Betracht (OVG Saarlouis Beschl. v. 25.7.2014 – 2 B 288/14, BeckRS 2014, 55605). Der insoweit heranzuziehende Vergleichsmaßstab ist dabei der allgemeine Rahmen der üblichen städtebaulichen Planungstätigkeit, nicht lediglich die sonstige Konzentrationsflächenplanung (OVG Müster Urt. v. 25.11.2014 – 8 B 690/14, juris. Rn. 9 ff. und 11 ff.). Der Hauptanwendungsfall dürfte in der Zeitdauer für die Erstellung der erforderlichen Fachgutachten liegen, zB bei artenschutzrechtlichen Fragestellungen. Die Gemeinde muss die Aussetzung der Entscheidung um ein weiteres Jahr (oder auch eine kürzere Frist) bei der Baugenehmigungsbehörde beantragen. Diese trifft dann eine Entscheidung über die eine weitere Aussetzung rechtfertigenden besonderen Umstände. Im Gegensatz zu Abs. 3 S. 1, wonach die Baugenehmigungsbehörde, die Aussetzung der Entscheidung vorzunehmen hat, ist hier eine **Ermessensentscheidung** („Kann"-Vorschrift) der Behörde gefordert. Allerdings dürfte der Ermessensspielraum auf null reduziert sein, wenn die Anforderungen in Bezug auf die besonderen Umstände vorliegen (in der Begründung ist daher von „soll" die Rede, vgl. BT-Drs. 117/13 272, 19). Eine Antragsfrist ist anders als in Abs. 3 S. 3 für die erstmalige Aussetzung gefordert, nach S. 4 nicht vorgesehen. Erforderlich ist der Antrag aber bevor die Baugenehmigungsbehörde nach Auslaufen der Aussetzungsfrist gem. § 15 Abs. 3 S. 1 über den Genehmigungsantrag entschieden hat (A.A *Stock* in E/Z/B/K, § 15 Rn. 71 o; *Rieger* in Schrödter § 15 Rn. 28, der den Antrag der Gemeinde vor dem Ablauf der ursprünglichen Frist für die Zurückstellung als erforderlich ansieht; offen lassend *Hornmann* in SU § 15 Rn. 53 c).

§ 16 Beschluss über die Veränderungssperre

(1) **Die Veränderungssperre wird von der Gemeinde als Satzung beschlossen.**

(2) ¹**Die Gemeinde hat die Veränderungssperre ortsüblich bekannt zu machen.** ²**Sie kann auch ortsüblich bekannt machen, dass eine Veränderungssperre beschlossen worden ist; § 10 Abs. 3 Satz 2 bis 5 ist entsprechend anzuwenden.**

§ 16 I. Kapitel. II. Teil. Sicherung der Bauleitplanung

Übersicht

	Rn.
1. Satzung	1
2. Bekanntmachung, Rechtsverbindlichkeit	3
3. Rechtsschutz	5
4. Stadtstaatenklausel	6

1 **1. Satzung.** Der Beschluss der Gemeinde, eine Veränderungssperre anzuordnen, wird nach Abs. 1 als **Satzung** erlassen. In der Satzung ist das **Gebiet** eindeutig zu bezeichnen, das einer Veränderungssperre unterworfen werden soll (vgl. OVG Berlin-Brandenburg Beschl. v. 10.8.2010 – 10 S 20.10, NVwZ-RR 2010, 965 (966)). Weiterhin ist festzulegen, welche der **Verbote** des § 14 Abs. 1 gelten sollen, wobei die Verweisung auf § 14 Abs. 1 Nr. 1 oder 2 ausreicht. Die **Geltungsdauer** ist nur anzugeben, wenn ein kürzerer Zeitraum als die im § 17 Abs. 1 vorgesehene Zweijahresfrist festgesetzt wird (→ § 17 Rn. 1; BVerwGE 51, 121). Hinsichtlich der Verletzung von Verfahrens- und Formvorschriften findet § 214 Anwendung.

2 Die Veränderungssperre bedarf **weder der Genehmigung** der höheren Verwaltungsbehörde noch des Anzeigeverfahrens. Dies gilt sowohl für die Verlängerung als auch die zweite Verlängerung sowie den erneuten Erlass einer Veränderungssperre (vgl. *Rieger* in Schrödter, § 16 Rn. 2). Es verbleiben – neben dem Individualrechtsschutz (→ Rn. 5) – die rechtsaufsichtlichen Instrumente nach den Gemeindeordnungen.

3 **2. Bekanntmachung, Rechtsverbindlichkeit.** Abs. 2 regelt die **Bekanntmachung** der Veränderungssperre. Nach **S. 1** hat die Gemeinde die Veränderungssperre **ortsüblich bekannt zu machen.** Nach **S. 2** kann sie auch eine **Ersatzverkündung** in der Weise vornehmen, dass sie ortsüblich bekannt macht, dass eine Veränderungssperre beschlossen worden ist. In der ortsüblichen Bekanntmachung der Tatsache der Beschlussfassung über die Veränderungssperre liegt der Unterschied zur Bekanntmachung der Erteilung der Genehmigung bei solchen Satzungen, für die eine (präventive) Rechtsaufsicht vorgesehen ist (vgl. § 10 Abs. 2). Im Übrigen sind bei einer Ersatzverkündung § 10 Abs. 3 S. 2 bis 5 entsprechend anzuwenden: Bereithalten der Veränderungssperre zu jedermanns Einsicht, Auskunftspflicht über ihren Inhalt, Hinweis in der Bekanntmachung über den Ort der Einsichtsmöglichkeit, Rechtsfolge der Bekanntmachung (Inkrafttreten der Veränderungssperre).

4 Die Veränderungssperre wird mit der Bekanntmachung **rechtsverbindlich.** Zur erforderlichen Bekanntmachung des Aufstellungsbeschlusses → § 14 Rn. 6. Gem. **§ 18 Abs. 3 S. 2** ist in der Bekanntmachung auf § 18 Abs. 2 S. 2, 3 über die Geltendmachung einer Entschädigung hinzuweisen.

5 **3. Rechtsschutz.** Die Gültigkeit einer Veränderungssperre kann im Wege der **Normenkontrolle** nach § 47 VwGO unmittelbar überprüft werden. Hierbei ist eine kommunalaufsichtliche Anordnung, mit welcher ein Aufhebungsbeschluss beanstandet worden ist, zu beachten. Die einjährige Frist zur Stellung eines Normenkontrollantrags nach § 47 Abs. 2 S. 1 VwGO bezieht sich bei Verlängerungen von Veränderungssperren auf die Veröffentlichung des Verlängerungsbeschlusses (OVG Saarlouis Urt. v. 19.12.2013 – 2 C 338/12 –, BeckRS 2014, 45732). Zum Rechtsschutz gegenüber der Versagung zB einer Baugenehmigung auf Grund der Veränderungssperre und damit deren **inzidenter Überprüfung** sowie zu weiteren Rechtsschutzfragen → § 14 Rn. 25.

6 **4. Stadtstaatenklausel.** Zu Sonderregelungen in den Ländern **Berlin, Hamburg** und **Bremen** über die Bestimmung der Form der Rechtsetzung an Stelle der Satzung vgl. § 246 Abs. 2 S. 1 und 2. Die Stadtstaaten können auch eine von § 16 Abs. 2 abweichende Regelung treffen; § 246 Abs. 2 S. 3.

§ 17 Geltungsdauer der Veränderungssperre

(1) ¹Die Veränderungssperre tritt nach Ablauf von zwei Jahren außer Kraft. ²Auf die Zweijahresfrist ist der seit der Zustellung der ersten Zurückstellung eines Baugesuchs nach § 15 Abs. 1 abgelaufene Zeitraum anzurechnen. ³Die Gemeinde kann die Frist um ein Jahr verlängern.

(2) Wenn besondere Umstände es erfordern, kann die Gemeinde die Frist bis zu einem weiteren Jahr nochmals verlängern.

(3) Die Gemeinde kann eine außer Kraft getretene Veränderungssperre ganz oder teilweise erneut beschließen, wenn die Voraussetzungen für ihren Erlass fortbestehen.

(4) Die Veränderungssperre ist vor Fristablauf ganz oder teilweise außer Kraft zu setzen, sobald die Voraussetzungen für ihren Erlass weggefallen sind.

(5) Die Veränderungssperre tritt in jedem Fall außer Kraft, sobald und soweit die Bauleitplanung rechtsverbindlich abgeschlossen ist.

(6) ¹Mit der förmlichen Festlegung des Sanierungsgebiets oder des städtebaulichen Entwicklungsbereichs tritt eine bestehende Veränderungssperre nach § 14 außer Kraft. ²Dies gilt nicht, wenn in der Sanierungssatzung die Genehmigungspflicht nach § 144 Abs. 1 ausgeschlossen ist.

Übersicht

	Rn.
1. Erstmaliger Erlass (Abs. 1)	1
2. Verlängerungen (Abs. 1 S. 3)	3
3. Nochmalige Verlängerung (Abs. 2)	4
4. Erneuter Erlass (Abs. 3)	5
5. Außerkrafttreten (Abs. 4, 5)	7
6. Städtebauliche Sanierungsgebiete, städtebauliche Entwicklungsbereiche (Abs. 6)	9

1. Erstmaliger Erlass (Abs. 1). Nach **Abs. 1 S. 1** tritt eine Veränderungssperre 1 nach Ablauf von zwei Jahren außer Kraft, wenn die Gemeinde in der Satzung nicht einen kürzeren Zeitraum festgelegt hat (→ § 16 Rn. 1). Zum Außerkrafttreten wegen des Wegfalls der Voraussetzungen für den Erlass der Veränderungssperre (Abs. 4) und beim rechtsverbindlichen Abschluss der Bauleitplanung (Abs. 5) → Rn. 7 f.

Nach **Abs. 1 S. 2** ist auf die Zweijahresfrist des Abs. 1 S. 1 der seit der Zustellung 2 der Ersten **Zurückstellung** eines Baugesuchs nach § 15 Abs. 1 abgelaufene Zeitraum anzurechnen. Werden Anträge auf Erteilung von Baugenehmigungen verzögerlich behandelt oder rechtswidrig abgelehnt – „**faktische Zurückstellung**" –, so ist dieser Zeitraum auf eine nachträglich angeordnete Veränderungssperre in entsprechender Anwendung von Abs. 1 S. 2 gleichfalls anzurechnen (BVerwG NJW 1971, 445; VGH Hessen Urt. v. 25.7.2011 – 9 A 103.11, ZUR 2012, 47 (49f.; VGH Mannheim Urt. v. 2.9.2015 – 3 S 276.15, BeckRS 2015, Rn. 46). Dies gilt auch in den Fällen, in denen der Bauantrag aus anderen Gründen als zur Sicherung einer beabsichtigten Bauleitplanung nicht beschieden oder abgelehnt wurde (VGH Mannheim Urt. v. 2.9.2015 – 3 S 276.15, BeckRS 2015, 52861 Rn. 47; aA OVG Berlin-Brandenburg, Urt. v. 7.6.2012 – 2 B 18.11-, BeckRS 2012, 51569). Allerdings hat die Rechtsprechung den Anwendungsbereich des § 17 Abs. 1 S. 2 schon begrenzt (zur Nichtanrechnung des Zeitraums, wenn der Bauherr das zurückgestellte Bauvorhaben vor dem Inkrafttreten der Veränderungssperre aufgegeben hat, vgl. BVerwG Beschl. v. 13.10.2014 – 4 B 111.14, ZfBR 2015, 170 sowie vorangehend OVG Münster Urt. v.

12.12.2013 – 10 A 332/08, ZfBR 2014, 274 ff.). Dies gilt entsprechend für Bauvoranfragen, also für Anträge auf Erteilung einer Bebauungsgenehmigung (zur Anwendung bei faktischen Bausperren neuerdings BVerwG Beschl. v. 21.3.2013 – 4 B 1/13, ZfBR 2013, 478 Rn. 5; vgl. hierzu auch *Sennekamp* BauR 2014, 640 ff.). In den Fällen der „faktischen Zurückstellung" beginnt die anrechenbare Zeit in dem Zeitpunkt, in dem die zuständige Behörde über den Bauantrag hätte entscheiden müssen (BVerwG NJW 1971, 445; BVerwGE 51, 121). In den Fällen der einer Veränderungssperre vorangegangenen förmlichen Zurückstellung nach § 15 ebenso wie bei einer faktischen Zurückstellung ist von einer **grundstücksbezogenen** Wirkung auszugehen (BVerwG BauR 2004, 1263), dh es ist unerheblich, ob die Zurückstellung und das Bauverbot auf Grund einer Veränderungssperre denselben oder verschiedene Bauherren betreffen (VGH Mannheim BauR 2003, 840; *Stock* in EZBK § 17 Rn. 15; *Jäde* in JDW § 17 Rn. 12). Die Dauer der Veränderungssperre insgesamt, also hinsichtlich jener, die von einer Zurückstellung nicht betroffen waren, bleibt hiervon unberührt. Bei vorangegangenen Zurück-stellungen ergeben sich also **individuell unterschiedliche Laufzeiten** der Veränderungssperre (BVerwGE 51, 121; Beschl. v. 27.9.1990 – 4 B 156/89, NVwZ 1991, 62).

3 **2. Verlängerungen (Abs. 1 S. 3).** Nach **Abs. 1 S. 3** kann die Gemeinde die Zweijahresfrist über die Geltungsdauer der Veränderungssperre um **ein Jahr verlängern**. Die Verlängerung erfordert die Form der Satzung und deren Verkündung (→ § 16). Es gelten dabei die für den Erlass der Rechtsnorm einschlägigen kommunalrechtlichen Vorschriften (Beschluss durch den Gemeinderat, ortsübliche Bekanntmachung des Beschlusses; vgl. OVG Saarlouis Urt. v. 19.12.2013 – 2 C 338/12 –, BeckRS 2014, 45732). Die Verlängerung ist zulässig, wenn die Voraussetzungen für den Erlass der Veränderungssperre selbst weiterhin gegeben sind (→ § 16 Rn. 3). Das Gesetz geht damit für den Regelfall davon aus, dass eine Bebauungsplanung nach drei Jahren abgeschlossen werden kann (BVerwGE 51, 121 unter Hinweis auf die besonderen Voraussetzungen der Abs. 2 und 3 für eine mehr als 3-jährige Laufzeit der Veränderungssperre). Die Verlängerung bedarf **nicht der Zustimmung der höheren Verwaltungsbehörde.** Auch die nochmalige Verlängerung sowie der erneute Erlass sind (seit dem EAG Bau 2004) nicht zustimmungsbedürftig (Abs. 2 und 3). Die Verlängerung der Veränderungssperre muss wirksam werden (→ § 16 Rn. 4), bevor die erstmalig beschlossene Veränderungssperre außer Kraft getreten ist (OVG Lüneburg DÖV 1968, 328; OVG Saarlouis Urt. v. 19.12.2013 – 2 C 338/12 –, BeckRS 2014, 45732). Die Gemeinde hat jedoch auch die Möglichkeit, zB wenn die erstmalige Veränderungssperre bereits außer Kraft getreten ist, die Veränderungssperre gem. Abs. 3 erneut zu beschließen. Eine die (erstmalige) Verlängerung nach Abs. 1 S. 3 ersetzende Erneuerung der Veränderungssperre (Abs. 3) ist unter den gleichen Voraussetzungen zulässig wie eine entsprechende Verlängerung (BVerwGE 51, 121). Die Umdeutung einer Verlängerung nach § 17 Abs. 1 S. 3 in eine Erneuerung nach § 17 Abs. 3 ist unzulässig (so OVG Lüneburg Beschl. v. 15.10.1999 – 1 M 3614.99, NVwZ 2000, 1061; Urt. v. 14.8.2008 – 1 KN 219.07, NVwZ-RR 2010, 91; OVG Berlin Urt. v. 2.12.1988 – 2 A 3.87, NVwZ-RR 1990, 124), es sei denn, die Gemeinde hat inhaltlich keine anderen Erwägungen hinsichtlich der Einschränkung der Eigentümerbefugnisse anzustellen, als bei der Entscheidung, die formell richtiger zum gleichen Ergebnis führt (OVG Niedersachsen Urt. v. 14.8.2008 – 1 KN 219.07, NVwZ-RR 2010, 91 (94f.)).

4 **3. Nochmalige Verlängerung (Abs. 2).** Nach **Abs. 2** ist eine Verlängerung der Geltungsdauer der Veränderungssperre um ein weiteres Jahr – **Vierjahresfrist** – zulässig. Voraussetzung ist, dass **besondere Umstände** vorliegen, die eine nochmalige Verlängerung **erfordern.** Das BVerwG (BVerwGE 51, 121) hat diese unbestimmten Rechtsbegriffe wie folgt ausgelegt: Besondere Umstände liegen zunächst nur dann vor, wenn ein Planverfahren durch eine „Ungewöhnlichkeit" gekennzeichnet wird,

sei es wegen der Besonderheiten des Umfanges, des Schwierigkeitsgrades oder des Verfahrensablaufes. Weiterhin ist ein ursächlicher Zusammenhang zwischen der „Ungewöhnlichkeit" des Falls und der für die Aufstellung des Planes mehr als üblichen Zeit erforderlich. Die besonderen Umstände und die Ursachen der Verzögerung dürfen darüber hinaus nicht in einem der Gemeinde vorwerfbaren Fehlverhalten begründet sein (wie zB Überforderung der mit der Planung beschäftigten Dienstkräfte oder ein sich als zu umfangreich erweisender Zuschnitt des Plangebietes oder Änderungen, die mit dem eigentlichen, die Veränderungssperre rechtfertigenden Planungsziel nur in losem Zusammenhang stehen, vgl. OVG Lüneburg Urt. v. 16.8.2012 – 1 KN 21/09, ZfBR 2013, 281; dass. Urt. v. 13.8.2013 – 1 KN 69.11, ZfBR 2013, 795 (798) zur Infragestellung des Sicherungsbedürfnisses, weil sich die Gemeinde „zu viel vorgenommen" hat; dass. Beschl. v. 10.1.2014 – 1 MN 190/13, NVwZ-RR 2014, 415 (417) zur aktiven Schließung „eigener Wissenslücken" durch Einholung von Rechtsrat; OVG Saarlouis Urt. v. 19.12.2013 – 2 C 338/12 –, BeckRS 2014, 45732 in Bezug auf die „Entscheidungsschwäche des Satzungsgebers"). Die Verlängerung muss als **Satzung** beschlossen werden. Sie bedarf nicht der Zustimmung der nach Landesrecht zuständigen Behörde (*Rieger* in Schrödter, § 17 Rn. 10). Anstelle der nochmaligen Verlängerung kann die Gemeinde gem. Abs. 3 die Veränderungssperre unter den Voraussetzungen des Abs. 2 erneut beschließen (BVerwGE 51, 121 sowie → Rn. 3 aE).

4. Erneuter Erlass (Abs. 3). Die Gemeinde kann eine außer Kraft getretene 5 Veränderungssperre gem. **Abs. 3** ganz oder teilweise **erneut beschließen.** Die erneute Veränderungssperre wird als **Satzung** beschlossen (→ § 16). Voraussetzung ist, dass die vorausgehende Veränderungssperre außer Kraft getreten ist; der Zustimmung der höheren Verwaltungsbehörde bedarf es nicht. Von der Möglichkeit des Abs. 3 kann die Gemeinde auch wiederholt Gebrauch machen. Eine entstandene faktische Veränderungssperre zwischen dem Außerkrafttreten der Ersten und dem Erlass der erneuerten Veränderungssperre ist auf ihre Dauer nicht anzurechnen (BVerwG DVBl. 1993, 115).

Ein **erneuter Erlass** nach Abs. 3 kann auch dann in Betracht kommen, wenn die 6 Gemeinde die Verlängerung der Veränderungssperre nach Abs. 1 S. 3 oder Abs. 2 nicht vorgenommen (zB **versäumt**) hat; in diesen Fällen ist die Erneuerung unter den Voraussetzungen zulässig, unter denen auch eine entsprechende Verlängerung zulässig wäre (BVerwGE 51, 121; → Rn. 3 u. 4). Die Erneuerung einer Veränderungssperre, die bereits vier Jahre dauert, ist nur zulässig, wenn dies **besondere Umstände** erfordern. Dies ergibt sich – unbeschadet einer Entschädigung nach § 18 – bereits daraus, dass auch die über drei Jahre hinausgehende Verlängerung nach Abs. 2 nur bei Vorliegen dieser Voraussetzungen (→ Rn. 4) zulässig ist (BVerwG 51, 121). Sofern der erneute Erlass der Veränderungssperre in diesen Fällen noch innerhalb einer nicht enteignenden Bestimmung des Eigentumsinhaltes liegt, ist eine solche gesteigerte Zulässigkeitsvoraussetzung im Übrigen durch Art. 14 Abs. 1 S. 2 GG geboten; liegt hierin bereits eine Enteignung, bedarf es einer besonderen Begründung wegen der nach Art. 14 Abs. 3 S. 1 nur zum Wohle der Allgemeinheit zulässigen Enteignung (BVerwG 51, 121). Besteht das Erfordernis „besonderer Umstände" somit bereits mit dem Ablauf des dritten Jahres, so steigern sich die Anforderungen an das, was an „besonderen Umständen" verlangt werden muss, mit der weiteren Dauer der Sperre (BVerwG 51, 121). Beschließt die Gemeinde, nachdem ihr Bebauungsplan in der Normenkontrolle für unwirksam erklärt hat, für denselben Planbereich erneut die **Aufstellung eines („neuen") Bebauungsplans,** kann sie gemäß § 14 Abs. 1 BauGB zur Sicherung der neuen Planung auch eine neue Veränderungssperre beschließen. Einen zeitlichen Abstand zur ursprünglichen Veränderungssperre verlangt das Gesetz hierfür nicht (BVerwG NVwZ 2007, 954; *Rieger* in Schrödter, § 17 Rn. 16; *Lemmel* in BK § 17 Rn. 13; *Stock* in EZBK § 17 Rn. 58).

§ 18 I. Kapitel. II. Teil. Sicherung der Bauleitplanung

7 **5. Außerkrafttreten (Abs. 4, 5).** Die Veränderungssperre tritt nach **Abs. 1 S. 1** „automatisch" **nach Ablauf von zwei Jahren außer Kraft,** sofern die Gemeinde nicht eine kürzere Geltungsdauer bestimmt hat (→ Rn. 1); in diesem Fall tritt sie zu dem in der Satzung bestimmten Zeitpunkt außer Kraft. Die **Verlängerung** der Veränderungssperre tritt nach dem dritten (Abs. 1 S. 3) oder vierten Jahr (Abs. 2) außer Kraft. Nach Abs. **5** tritt die Veränderungssperre jedenfalls außer Kraft, wenn die **Bauleitplanung rechtsverbindlich abgeschlossen** ist, also mit der das Planungsverfahren abschließenden Bekanntmachung des Bebauungsplanes (BVerwG NVwZ 1990, 656; dass. Urt. v. 12.9.2013 – 4 C 8.12, ZfBR 2014, 57 (58)) oder mit der bestandskräftigen Versagung der ggf. erforderlichen Genehmigung. Ist die Bauleitplanung nur für einen Teil des räumlichen Geltungsbereichs einer Veränderungssperre abgeschlossen, so bleibt sie für den übrigen Geltungsbereich bestehen.

8 **Fallen** während der Geltungsdauer der Veränderungssperre (nachträglich) **die Voraussetzungen** für ihren Erlass **weg,** namentlich weil sich die Planungsabsichten der Gemeinde in einem für die Gültigkeitsvoraussetzungen der Veränderungssperre relevanten Umfang ändern, so tritt die Veränderungssperre nicht automatisch außer Kraft. Die Gemeinde hat die Veränderungssperre dann jedoch durch Aufhebungssatzung außer Kraft zu setzen (VGH Mannheim ZfBR 1989, 172; BauR 2007, 2114). Eine Veränderungssperre verliert ihre Wirksamkeit nicht rückwirkend auf den Zeitpunkt ihres Inkrafttretens, sondern allenfalls für die Zukunft, wenn die zu sichernde Bebauungsplanung später aufgegeben wird und damit die Voraussetzungen für ihren Erlass nachträglich fortfallen (BVerwG ZfBR 2005, 576; → § 14 Rn. 9a; kritisch zu den Rechtsfolgen *Rieger* in Schrödter, § 17 Rn. 19). Sind die Voraussetzungen nur für einen Teil des räumlichen Geltungsbereichs oder nur für einzelne der in § 14 Abs. 1 genannten Verbote weggefallen, so beschränkt sich die Verpflichtung nach **Abs. 4** hierauf. Ein Rechtsanspruch auf Aufhebung der Sperre besteht für den hiervon Betroffenen nicht, jedoch kann die Gültigkeit der Veränderungssperre in einem Normenkontrollverfahren nach § 47 VwGO überprüft oder in einem sonstigen Verwaltungsrechtsstreit inzidenter festgestellt werden.

9 **6. Städtebauliche Sanierungsgebiete, städtebauliche Entwicklungsbereiche (Abs. 6).** Abs. **6** regelt das Außerkrafttreten der Veränderungssperre, wenn während der Dauer einer Veränderungssperre ein **Sanierungsgebiet** oder ein städtebaulicher Entwicklungsbereich förmlich festgelegt wird. Soweit mit der förmlichen Festlegung des Sanierungsgebiets die Genehmigungspflicht nach § 144 Abs. 1 nicht ausgeschlossen ist **(Abs. 6 S. 2)**, tritt mit der förmlichen Festlegung des Sanierungsgebiets eine bestehende Veränderungssperre außer Kraft **(Abs. 6 S. 1);** vgl. hierzu im Einzelnen (entsprechend); → § 14 Rn. 24; → § 15 Rn. 11. Mit der förmlichen Festlegung zum **städtebaulichen Entwicklungsbereich** tritt eine Veränderungssperre stets außer Kraft (auch *Rieger* in Schrödter, § 17 Rn. 18).

§ 18 Entschädigung bei Veränderungssperre

(1) ¹Dauert die Veränderungssperre länger als vier Jahre über den Zeitpunkt ihres Beginns oder der ersten Zurückstellung eines Baugesuchs nach § 15 Abs. 1 hinaus, ist den Betroffenen für dadurch entstandene Vermögensnachteile eine angemessene Entschädigung in Geld zu leisten. ²Die Vorschriften über die Entschädigung im Zweiten Abschnitt des Fünften Teils sowie § 121 gelten entsprechend; dabei ist der Grundstückswert zugrunde zu legen, der nach den Vorschriften des Zweiten Abschnitts des Dritten Teils zu entschädigen wäre.

(2) ¹Zur Entschädigung ist die Gemeinde verpflichtet. ²Der Entschädigungsberechtigte kann Entschädigung verlangen, wenn die in Absatz 1

1. Abschnitt. Veränderungssperre und Zurückstellung von Baugesuchen § 18

Satz 1 bezeichneten Vermögensnachteile eingetreten sind. ³Er kann die Fälligkeit des Anspruchs dadurch herbeiführen, dass er die Leistung der Entschädigung schriftlich bei dem Entschädigungspflichtigen beantragt. ⁴Kommt eine Einigung über die Entschädigung nicht zustande, entscheidet die höhere Verwaltungsbehörde. ⁵Für den Bescheid über die Festsetzung der Entschädigung gilt § 122 entsprechend.

(3) ¹Auf das Erlöschen des Entschädigungsanspruchs findet § 44 Abs. 4 mit der Maßgabe Anwendung, dass bei einer Veränderungssperre, die die Sicherung einer Festsetzung nach § 40 Abs. 1 oder § 41 Abs. 1 zum Gegenstand hat, die Erlöschensfrist frühestens ab Rechtsverbindlichkeit des Bebauungsplans beginnt. ²In der Bekanntmachung nach § 16 Abs. 2 ist auf die Vorschriften des Absatzes 2 Satz 2 und 3 hinzuweisen.

Übersicht

		Rn.
1.	Allgemeines	1
2.	Verfassungsrechtliche Grundlagen	2
	a) 4-Jahres-Frist	2
	b) Rechtswidrige (faktische) Sperren	3
3.	Entschädigungsvoraussetzungen bei rechtmäßiger Sperre	8
4.	Angemessene Entschädigung	9
5.	Entschädigungsverfahren	10
6.	Dauerndes Bauverbot	11

1. Allgemeines. Abs. 1 S. 1 gewährt einen Entschädigungsanspruch, wenn die 1 Veränderungssperre länger als vier Jahre über den Zeitpunkt ihres Beginns oder der ersten Zurückstellung eines Baugesuchs (§ 15 Abs. 1 S. 1) oder einer vorläufigen Untersagung (§ 15 Abs. 1 S. 2, 3) hinaus dauert. Gem. Abs. 1 S. 2 Hs. 1 gelten – wie auch in zahlreichen anderen Entschädigungsfällen des Gesetzes (→ Vorb. §§ 85–122 Rn. 12) – die Vorschriften über die Entschädigung für Enteignungen durch Verwaltungsakt (§§ 93–103) einschließlich der Kostenvorschrift des § 121 entsprechend. Abs. 1 S. 2 Hs. 2 überträgt zur Harmonisierung des Entschädigungsrechts die Grundsätze des Planungsschadensrechts (§§ 39–44) auf § 18, der einen besonderen Planungsschadensanspruch regelt. Abs. 2 bestimmt den Entschädigungspflichtigen (Gemeinde), in Anlehnung an § 44 Abs. 3 S. 1, 2 Entstehung und Fälligkeit des Entschädigungsanspruchs, das Entschädigungsverfahren bei Nichteinigung und die Vollstreckung des Anspruchs. Abs. 3 überträgt mit einer Modifikation die Erlöschensregelung des § 44 Abs. 4 auf den Anspruch aus § 18 Abs. 1. Entschädigungsansprüche nach § 18, die vor der förmlichen Festlegung entstanden sind, bleiben unberührt. Zur Anwendbarkeit in Sanierungs- und Entwicklungsgebieten s. § 14 Rn. 24. § 18 gilt nicht für die Veränderungssperre iSv § 51 anlässlich einer (privatnützigen) Umlegung. Zum Zusammentreffen der höchstens 6-jährigen Infrastruktursperre nach § 9a BBauG mit einer Veränderungssperre s. *Schmidt-Aßmann* NJW 1976, 1915; *Nüßgens/Boujong,* Eigentum, Sozialbindung, Enteignung, 1987, Rn. 172; aA *Ziegler,* Der Städtetag 1977, 96. Die Veränderungssperre nach § 2 Hamb. HafenerweiterungsG ist mit der nach § 18 nicht vergleichbar (BGH, LM GG Art. 14 [Ge] Nr. 61), wohl aber die nach § 8 Hmb. HafenentwicklungsG; dazu *Schulz-Schaeffer,* Das Hmb. HafenentwicklungsG 1991, 146. Zum Ausschluss der Entschädigung vor Planverwirklichung → § 40 Rn. 3.

2. Verfassungsrechtliche Grundlagen. a) 4-Jahres-Frist. Veränderungs- 2 sperre, Zurückstellung und vorläufige Untersagung (→ § 15 Rn. 5a) beschränken zur Sicherung eines begonnenen Bebauungsplanverfahrens vorübergehend die Bodennutzung. Für diesen besonderen Planungsschaden hat der Gesetzgeber nach überkommenem Verständnis in Ausübung seiner Direktionsbefugnis aus Art. 14 Abs. 1

S. 2 GG zulässigerweise (s. *Breuer,* Die Bodennutzung im Konflikt zwischen Städtebau und Eigentumsgarantie, 1976, 249; *Papier,* M/D Art. 14 Rn. 379) pauschalierend und typisierend die Grenze zwischen entschädigungslos zu duldender Sozialbindung und entschädigungspflichtiger Enteignung mit der **4-Jahres-Frist** gezogen, sofern die übrigen Voraussetzungen für eine Entschädigung von Vermögensschäden durch Grundstückswertminderung vorliegen. Im Ansatz ist der Gesetzgeber der Rspr. des BVerwG (E 4, 122; 5, 143) gefolgt. BGHZ 73, 161 hat die 4-Jahres-Frist als verfassungsmäßig gebilligt und ist damit von den Kriterien seiner früheren Rspr. – 3-Jahres-Frist und Differenzierung zwischen örtlicher und überörtlicher Teilplanung – abgerückt (BGHZ 30, 338 – Freiburger Bausperren-Urteil; 15, 268 – Stuttgarter Bausperren-Urteil); dazu *Breuer,* SCH § 18 Rn. 2-36. Nach neuerem Verständnis handelt es sich bei der Entschädigungspflicht gem. § 18 um eine ausgleichspflichtige Inhaltsbestimmung iS von Art. 14 Abs. 1 S. 2 GG (s. *Berkemann,* FS Weyreuther, 1993, 389 (405); *Hager/Kirchberg* NVwZ-RR 2002, 1538; *Halama,* BK § 18 Rn. 15; *Ossenbühl/Cornils,* StHR 6. A. 2013, 232 ff.; *Breuer,* SCH § 18 Rn. 4f; *Jäde,* Gemeinde und Baugesuch, 5. Aufl. 2014, S. 157). Gestützt auf Art. 14 I GG beschränkt *Seifarth* BauR 2011, 611 den Anwendungsbereich von § 18 I S. 1 auf vorübergehende Bausperren. Für dauernde Bausperren als Vorwirkung eines planungsrechtlichen Eingriffs in die Bodennutzbarkeit soll § 18 I nicht anwendbar sein.

3 **b) Rechtswidrige (faktische) Sperren. aa) Anspruchsgrundlage: Enteignungsgleicher Eingriff.** Aus der verfassungsrechtlichen Grundlage der Entschädigung für Veränderungssperren folgert der BGH, dass die 4-Jahres-Frist nur die äußerste Frist darstellt. § 18 schließe nicht aus, dass eine Sperre schon früher **rechtswidrig** werde und daher den Charakter der entschädigungslos zu duldenden rechtmäßigen Eigentumsbindung verliere. So gewährt BGHZ 57, 359 (362) einen Anspruch wegen **enteignungsgleichen Eingriffs,** wenn sich die Planung aus sachwidrigen Gründen nicht unerheblich verzögert (s. a. BGH NVwZ 1992, 1119). Wegen enteignungsgleichen Eingriffs entschädigt der BGH auch faktische Veränderungs- und Bausperren (BGHZ 73, 161; 58, 124) und faktische Zurückstellungen von Vorhaben (BGH NJW 1972, 1946; BGHZ 78, 152). Anknüpfend an die Neukonzeption des Eigentumsschutzes durch das BVerfG (E 58, 300; → Vorb. §§ 85–122, Rn. 1 ff.), ist die Existenz eines zivilrechtlich durchsetzbaren Entschädigungsanspruches wegen faktischer Bausperre vielfach verneint worden (LG München I NVwZ 1983, 635; *Berkemann,* FS Weyreuther, 1993, 405, 389; *ders.* DÖV 2015, 393 (404); *Schmaltz* NVwZ 1995, 249; offen gelassen von BVerwG BayVBl. 1984, 154f). BVerfGE 58, 300 macht keine ausdrückliche Aussage zur Zulässigkeit des enteignungsgleichen Eingriffs. Im Ergebnis übereinstimmend mit der überwiegenden Literaturmeinung (→ Vorb. §§ 85–122 Rn. 8) setzt BGHZ 90, 1729, 92, 34 (36); NVwZ 1992, 1119 – faktische Bausperre; BGHZ 134, 316 mAnm v. *Ossenbühl* JZ 1997, 559; v. *Papier/Dengler* EWIR 1997, 411 – Versagung einer Teilungsgenehmigung; NJW 1997, 3432 – Versagung einer Grundstücksverkehrsgenehmigung – seine Rspr. zum enteignungsgleichen Eingriff fort, die nunmehr als richterrechtliche Ausformung des gewohnheitsrechtlich geltenden Aufopferung verstanden wird (s. a. *Brohm,* Öffentliches Baurecht, § 24, Rn: 9; *Bönker,* H/B/G § 10 Rn. 42; *Papier,* M/D Art. 14 Rn. 414*Grabe* BauR 1999, 1419; *Hager/Kirchberg* NVwZ-RR 2002, 538 (541)). Allerdings ist stets zu prüfen, ob der Betroffene durch die zumutbare Inanspruchnahme des Verwaltungsgerichtsschutzes die Schäden hätte ausschließen oder mindern können (BGHZ 134, 316 – „Verschulden gegen sich selbst" – § 254 BGB; *Breuer,* SCH § 18 Rn. 59f., 80; *Schenke* WiVerw 1994, 253 (357); *Grabe* BauR 1999, 1419 (1421); strenger *Halama,* BK § 18 Rn. 111, 129). Andernfalls bliebe, wenn auch nicht in jedem Fall, die vom BVerfG inkriminierte Wahlrecht des Betroffenen auch bei der faktischen Sperre bestehen. Zum Vorrang von § 1 StHG-DDR idF d EV vor enteignungsgleichen Eingriff → Vorb. §§ 85–122 Rn. 8 aE Zu zusätzlichen

1. Abschnitt. Veränderungssperre und Zurückstellung von Baugesuchen § 18

Amtshaftungsansprüchen s. BGH WM 1992, 1858; ZfBR 1994, 231; *Hager/Kirchberg* NVwZ-RR 2002, 541. Rechtswidrige Bausperren können auch gem. § 40 OBGNW entschädigt werden (*Grabe* BauR 1999, 1419 (1427)). Zu zurechenbarem Fehlverhalten der Gemeinde wegen zöglichen Verfahrens bei der frühzeitigen Öffentlichkeitsbeteiligung OVG Lüneburg, NuR 2014, 506.

bb) Faktische Veränderungssperre. Eine förmlich beschlossene Veränderungssperre kann formell rechtswidrig, zB wegen Verstoßes gegen die Verfahrensvorschrift des § 16 – sofern dieser nicht nach § 214 Abs. 4 rückwirkend behoben worden ist –, oder materiell rechtswidrig sein, zB wegen Verstoßes gegen die Anforderungen der §§ 14, 17 (BGHZ 58, 124 – fehlender Beschluss, einen Bebauungsplan aufzustellen; BGH WM 1980, 658 (660) – unerkannt nichtiger Bebauungsplan) oder weil die Planung sachwidrig verzögert wird oder weil die Gemeinde die Sperre aufrechterhält, obwohl ihre Voraussetzungen weggefallen sind. Wegen des enteignungsgleichen Eingriffs, der durch die rechtswidrige und als Rechtssatz damit nichtige, aber **faktisch** wirkende **Veränderungssperre** ausgelöst worden ist, kann der in fühlbarer Weise Betroffene Entschädigung verlangen, wenn er willens und in der Lage war, das betroffene Grundstück während der Zeit der Sperre zulässigerweise (BGHZ 78, 152) zu bebauen oder wenn er es durch Veräußerung einer baulichen Nutzung hätte zuführen wollen und können. Bei einem materiellen Fehler kommt es auf die Dauer der Sperre nicht an. Hätte hingegen eine förmliche Veränderungssperre rechtmäßig ergehen können, so ist die nur formell rechtswidrige Sperre zwei Jahre entschädigungslos hinzunehmen (BGHZ 73, 161 (182); 78, 152 (160); OLG Oldenburg NVwZ 1993, 593; *Gelzer/Busse/Fischer,* Der Umfang des Entschädigungsanspruchs aus Enteignung und enteignungsgleichem Eingriff, 3. Aufl. 2010, Rn. 627; *Nüßgens/Boujong* Rn. 166; aA *Breuer,* SCH § 18 Rn. 54; *Ossenbühl/Cornils,* Staatshaftungsrecht, 6. Aufl., 267; *Krohn/ Löwisch* Rn. 188; *Runkel,* EZBK § 18 Rn. 31; *Halama,* BK § 18 Rn. 135; *Schenke* WiVerw 1994, 253 (354); *Hager/Kirchberg* NVwZ-RR 2002, 358 (541)). Ist die Gemeinde nach Ablauf der zweijährigen faktischen Veränderungssperre nicht zu dem vorgeschriebenen Verfahren übergegangen, so ist sie nunmehr entschädigungspflichtig. Anders als bei einer förmlichen Veränderungssperre braucht der Betroffene eine faktische, aber rechtmäßige Veränderungssperre höchstens drei Jahre hinzunehmen (BGHZ 58, 124 (130); aA *Aust/Jacobs/Pasternak* Enteignungsentschädigung, 7. Aufl. 2014 Rn. 30: 4 Jahre). Keiner Prüfung der materiellen Voraussetzungen einer Veränderungssperre bedarf es, wenn sie ein im Außenbereich gelegenes Grundstück betrifft, dessen nichtprivilegierter Nutzung die bereits hinreichend verfestigte Planung einer Fernstraße als öffentlicher Belang entgegensteht (BGHZ 78, 152 (156)). Mangels schutzwertes Eingriffsobjektes scheidet dann ein enteignungsgleicher Eingriff aus.

cc) Faktische Zurückstellung. Die Anforderungen zur Veränderungssperre gelten sinngemäß auch für formell oder materiell rechtswidrige befristete **Zurückstellungen** von Baugesuchen nach § 15 (BGHZ 170, 99; 125, 248) und auch von Bauvorbescheiden (VGH Mannheim NVwZ-RR 1993, 402) sowie für vorläufige Untersagungen (§ 15 Abs. 1 S. 2, 3); Höchstdauer analog § 15 Abs. 1 ein Jahr, analog § 17 Abs. 1 S. 2 vier Jahre. Auf die faktische Zurückstellung eines Baugesuchs ist die Zeit, in der das Baugesuch durch verzögerliche Bearbeitung bereits faktisch zurückgestellt wurde, anzurechnen (BGHZ 78, 152 (158); krit. *Breuer,* ‚SCH § 18 Rn. 65f.).

dd) Faktische Bausperre. Eine **faktische Bausperre** liegt vor, wenn eine nach allgemeinem Bau- und Bodenrecht an sich zulässige Bebauung **tatsächlich** verhindert wird, und zwar auch dann, wenn der Betroffene mit Rücksicht auf die Erklärung der Behörde in vernünftiger Weise überhaupt davon absieht, ein förmliches Gesuch um Erteilung einer Erlaubnis einzureichen; dabei muss der Betroffene grundsätzlich seine Nutzungsvorstellungen, soweit sie nicht offen zutage liegen, der Behörde so verdeutlichen, dass diese zur Prüfung des konkreten Vorhabens in der Lage ist. Hin-

sichtlich der Behörde ist ein eindeutiges Verhalten zu fordern, das als Ausdruck ihrer in dieser Form verbindlichen Haltung aufgefasst werden kann (BGHZ 58, 124 (129); 73, 161 (166); 78, 152; BauR 1982, 247 (249); NVwZ 1992, 1119). Es kommt nicht darauf an, ob eine Behörde eine erbetene Erlaubnis oder die Entscheidung über die Erteilung einer Erlaubnis förmlich verweigert. Auch auf die faktische Bausperre kann das zur Veränderungssperre Gesagte übertragen werden. Selbst wenn eine Gemeinde bereits einen Aufstellungsbeschluss gefasst hat, kann es ohne förmlichen Bauantrag zu einer faktischen und wegen Rechtswidrigkeit zu entschädigenden Bausperre kommen (BGH NJW 1972, 1713; aA *Runkel*, EZBK § 18 Rn. 35, u. Hinw. auf BVerfGE 58, 300; *Breuer*, SCH § 18 Rn. 61–64; *Halama*, BK § 18 Rn. 144). Eine entschädigungspflichtige faktische Bausperre liegt auch vor, wenn die Behörde schuldlos einen genehmigungsfähigen Antrag abgewiesen hat. Kein Anspruch wegen faktischer Bausperre besteht, wenn der Betroffene trotz des Erlasses einer rechtswidrigen Teilbaugenehmigung unter Berücksichtigung aller Umstände des Genehmigungsverfahrens nicht darauf vertrauen durfte, dass die rechtliche Zulässigkeit des Bauvorhabens für die Behörde außer Frage stand (BGH NVwZ 1983, 500) oder wenn es am konkreten Nutzungswillen fehlte (BGH NVwZ 1992, 1119). Ist eine förmliche Veränderungssperre nicht verlängert worden, so bedarf es für einen Anspruch wegen faktischer Bausperre der Darlegung und ggf. des Beweises von Tatsachen, aus denen sich ergibt, dass der Betroffene nach Ablauf der Veränderungssperre wegen eines bestimmten baulichen Vorhabens bei der Behörde angefragt hat und wiederum auf eindeutige Ablehnung gestoßen ist (BGH BauR 1982, 247 (250); BGHZ 118, 263 (271); gegen überspannte Anforderungen an den Nachweis *Hager/Kirchberg* NVwZ-RR 2002, 540). Zur faktischen Bausperre im Sanierungsgebiet BGH ZfBR 1982, 133, mit Anm. von *Krautzberger*.

7 **ee) Aufeinanderfolge von rechtswidriger und rechtmäßiger Sperre.** Wenn sich an eine materiell rechtswidrige Bau- oder Veränderungssperre eine rechtmäßige Veränderungssperre anschließt, so kann der Betroffene für die Zeit der rückwirkenden Sperre Entschädigung verlangen. Darüber hinaus ist nach BGHZ 73, 161 (181) die Zeit der rechtswidrigen Sperre auf die rechtmäßige anzurechnen (aA *Breuer*, SCH § 18 Rn. 66; *Schrödter/Schmaltz* DVBl. 1973, 144). Die faktische Bausperre, die sich an die rechtmäßige Veränderungssperre anschließt, braucht der Betroffene ebenfalls nicht entschädigungslos zu dulden (BGHZ 73, 161 (181)).

8 **3. Entschädigungsvoraussetzungen bei rechtmäßiger Sperre.** Dauert eine **rechtmäßig** angeordnete und fortbestehende **Veränderungssperre** länger als vier Jahre über den Zeitpunkt ihres Beginns oder der ersten Zurückstellung eines Baugesuchs nach § 15 Abs. 1 S. 1 oder einer vorläufigen Untersagung (§ 15 Abs. 1 S. 2, 3) hinaus, so ist dem Betroffenen für dadurch entstandene Vermögensnachteile eine angemessene Entschädigung in Geld zu leisten (Abs. 1 S. 1). Einer rechtmäßigen Veränderungssperre steht gleich eine rechtswidrige aber gem. §§ 214, 215 BauGB gerichtlich nicht aufhebbare (*Breuer*, SCH § 18 Rn. 45). Zur Rechtmäßigkeit der Anordnung des Fortbestehens und der Verlängerung oder Wiederholung einer Veränderungssperre s. §§ 14–17; OVG Münster BauR 2001, 1388. Zur Entschädigung vor Ablauf der 4-Jahres-Frist bei rechtswidriger faktischer Veränderungs- oder Bausperre →Rn. 3–6. Zur Anrechnung faktischer oder nach anderen Vorschriften ergangener Sperren oder Zurückstellungen auf die 4-Jahres-Frist →Rn. 7 und 1. Durch die Veränderungssperre muss dem Betroffenen ein fühlbarer Vermögensnachteil, zB durch erheblich höhere Baukosten, entstanden sein. Er muss das Grundstück während der Zeit der Sperre selbst bebauen oder durch Veräußerung einer baulichen Nutzung zuführen wollen und können (BGHZ 58, 124). Hat das Grundstück vor Inkrafttreten der Sperre keine Baulandqualität gehabt, so fehlt es am Vermögensnachteil (BGHZ 78, 152 zu einem Außenbereichsgrundstück; →Rn. 4).

4. Angemessene Entschädigung. Die angemessene **Entschädigung** bemisst 9
sich nach dem Unterschied des Wertes, den das Grundstück hätte, wenn es sofort bebaubar gewesen wäre, und dem Wert, den es hat, weil es durch die Sperre vorübergehend nicht bebaut werden kann. Als Enteignungsentschädigung gewährt § 18 Abs. 1
S. 2 Ausgleich für den Substanzverlust am Eingriffsobjekt selbst, jedoch keinen Schadensersatz (BGHZ 136, 182 (186) gegen *Ossenbühl* JZ 1997, 559 (561); → § 93 Rn. 4).
Gem. der das Entschädigungsrecht harmonisierenden Regelung des Abs. 1 S. 2 Hs. 2
ist der Grundstückswert zugrunde zu legen, der nach den §§ 39 bis 44 für Planungsschäden, insbesondere hinsichtlich der Grundstücksqualität (§ 42, § 43 Abs. 4, 5) maßgeblich ist. Ist der Eigentümer an der Verwirklichung eines der zulässigen Nutzung
entsprechenden Vorhabens vor Ablauf der 7-Jahres-Frist des § 42 Abs. 2 durch eine
Veränderungssperre oder eine Zurückstellung nach § 15 Abs. 1 gehindert worden, so
trifft § 42 Abs. 5 eine Sonderregelung; → § 42 Rn. 10. § 42 Abs. 5 ist auch auf faktische Sperren anzuwenden (*Runkel,* EZBK § 18 Rn. 40). Gem. Abs. 1 S. 2 Hs. 1 gelten
insbesondere auch die Vorschriften über Folgeschäden (§ 96), Vorteilsausgleich und
Mitverschulden (§ 93 Abs. 3) entsprechend; s. BGH NJW 1989, 2117: Wird durch
rechtswidrige faktische Bausperre die beabsichtigte Veräußerung des Grundstücks
verzögert, so muss der Eigentümer sich auf die Entschädigung die Wertsteigerung des
Grundstücks anrechnen lassen, die er durch die Verzögerung erlangt hat. Gleiches gilt
für ersparte Verluste bei verhinderter Vermietung. Ein neben einem Schadensersatzanspruch aus Amtshaftung möglicher Anspruch aus enteignungsgleichem Eingriff
wegen faktischer Bausperre durch verzögerliche Erteilung einer Baugenehmigung gewährt Entschädigung für den Substanzverlust und geht auf den Betrag, den ein Bauwilliger für die Erlaubnis zeitlicher baulicher Nutzung gezahlt hätte (Miet-,
Pacht-, Erbbauzins) s. BGH NJW 1994, 3158 (3160); *Hußla,* FS O. Riese, 1964, 329
(343); *Grabe* BauR 1999, 1419 (1423). Ist aber gerade die Bebaubarkeit der wesentliche wert- und preisbildende Faktor des Grundstücks, so kann das zu verzinsende Kapital die volle Höhe des Kaufpreises erreichen (BGH NVwZ 1992, 1119 (1121)). Entsprechend § 99 Abs. 1 S. 2 kann eine jährliche Geldrente in Betracht kommen, wenn
die Aufhebung der Sperre noch nicht absehbar ist (*Halama,* BK § 18 Rn. 71). BGHZ
73, 161 (183) hat offen gelassen, ob eine Veränderungssperre statt einer Geldentschädigung einen Übernahmeanspruch iSv § 40 Abs. 2 auslösen kann. In Ausnahmefällen
kann die Entschädigung höher als die Bodenrente sein, wenn der konkrete Wert, in
den eingegriffen worden ist, den Wert des „nackten Grund und Bodens" übersteigt,
zB wenn die Sperre den Eigentümer hindert, vermietbare Behelfsbauten zu errichten
(BGH WM 1958, 1161; s. a. *Pagendarm* WM 1965, Sonderbeilage Nr. 5, S. 17). Greift
eine Sperre zugleich in einen auf dem Grundstück unterhaltenen **Gewerbebetrieb**
ein (→ § 96 Rn. 4–7), so sind die dadurch entgangenen Nutzungen zu entschädigen,
wenn es sich um einen fühlbaren Eingriff in bereits vorhandene konkrete, im Rahmen
des Betriebes bereits wirkende Werte handelt. Das von der Sperre betroffene Grundstück muss bereits dergestalt in die Organisation des Betriebes einbezogen sein, dass es
mit zu der den Betrieb bildenden Einheit sachlicher und anderer Mittel gehört
(BGHZ 30, 338). Es muss während der Sperre die konkrete Absicht oder die konkrete
Möglichkeit bestanden haben, das Grundstück selbst zu bebauen oder zur Bebauung
zu veräußern oder anderweitig zu nutzen (BGH WM 1992, 1858; NVwZ 1992,
1119), zB durch Vermietung eines Obergeschosses (BGH NJW 1994, 3158 (3161)).
Die Entschädigung für eine vorübergehende Sperre umfasst nicht den Ausgleich eines
Schadens, der als verlorener Marktanteil darin bestehen soll, dass der Betrieb infolge
des Eingriffs, aber nach dessen Beendigung, nur Umsätze erzielt, die hinter den ohne
Eingriff erzielbaren zurückbleiben (BGH NJW 1972, 1574). → § 96 Rn. 5 auch zur
vereinfachten Bestimmung der Entschädigung bei vorübergehenden Eingriffen in
Gewerbebetriebe anhand der Ertragseinbuße. Die Entschädigungspflicht beginnt mit
der ohne Sperre möglichen Realisierung des Nutzens, wenn die Erträge also hätten
„fließen" können (*Runkel,* EZBK § 18 Rn. 30; s. a. *Reisnecker* BayVBl. 1975, 157

(160)). Sie endet nicht schon mit der Aufhebung der Sperre, sondern erst nach der faktischen Beseitigung der der Bebauung entgegenstehenden Hindernisse (BGHZ 78, 152; 77, 338). **Anspruchsberechtigt** sind die durch die Sperre Betroffenen, also Eigentümer, Mieter, Pächter oder sonstige dinglich oder obligatorisch Berechtigte (→ § 96 Rn. 7, § 94 Rn. 2).

10 **5. Entschädigungsverfahren.** Gem. Abs. 2 S. 1 ist die Gemeinde zur **Entschädigung verpflichtet,** auch wenn sie zugunsten eines Dritten geplant hat. Der Entschädigungsanspruch entsteht, wenn die Vermögensnachteile iSv Abs. 1 S. 1 eingetreten sind (Abs. 2 S. 2; → § 44 Rn. 2). Er wird dadurch **fällig,** dass der Anspruchsberechtigte die Leistung der Entschädigung schriftlich bei der entschädigungspflichtigen Gemeinde beantragt (Abs. 2 S. 3; → § 44 Rn. 6). Ab Fälligkeit ist der Anspruch mit 2% über dem jeweiligen Basiszinssatz jährlich zu **verzinsen** (Abs. 1 S. 2 iVm § 99 Abs. 3; → § 99 Rn. 5, 6). Einigen sich die Gemeinde und der Antragsteller nicht über die Entschädigung, so entscheidet die höhere Verwaltungsbehörde. Abs. 2 S. 4 beschränkt anders als § 18 Abs. 2 S. 4 BBauG die Kompetenz der höheren Verwaltungsbehörde nicht darauf, nur die Höhe der Entschädigung festzusetzen. Im Streitfall ist es häufig notwendig, aus der Frage der Höhe andere damit zusammenhängende Fragen, wie die der Anspruchsvoraussetzungen und der Modalitäten der Zahlungen, durch Verwaltungsakt zu entscheiden. Für die Entscheidung der höheren Verwaltungsbehörde gilt die Kostenvorschrift des § 121 entsprechend (Abs. 1 S. 2). Der Bescheid kann nach § 217 Abs. 1 vor den Baulandgerichten angefochten werden. Der nicht mehr anfechtbare Bescheid ist Vollstreckungstitel iSv § 122 (Abs. 2 S. 5). Stellt der Entschädigungsberechtigte nicht innerhalb von drei Jahren nach Ablauf des Kalenderjahres, in dem der Entschädigungsanspruch entstanden ist, bei der entschädigungspflichtigen Gemeinde den schriftlichen Antrag auf Leistung der Entschädigung, so **erlischt** der Anspruch aus § 18 Abs. 1 (Abs. 3 S. 1 iVm § 44 Abs. 4; → § 44 Rn. 8). Handelt es sich jedoch um eine Veränderungssperre, die die Festsetzungen nach § 40 Abs. 1, zB Flächen für den Gemeinbedarf, Verkehrsflächen (→ § 40 Rn. 6), oder nach § 41 – Flächen für Geh-, Fahr- und Leitungsrechte und Bindungen für Bepflanzungen – sichern soll, so beginnt die 3-Jahres-Frist frühestens mit Rechtsverbindlichkeit des Bebauungsplanes, der diese Festsetzungen verbindlich trifft. Dadurch ist es dem Betroffenen möglich, bei Inkrafttreten des Bebauungsplanes den Übernahmeanspruch nach § 40 Abs. 2 und zugleich einen Entschädigungsanspruch nach § 18 Abs. 1 geltend zu machen. Zum **Hinweis** nach Abs. 3 S. 2, der dem Hinweis des § 44 Abs. 5 für die Geltendmachung und das Erlöschen der Ansprüche nach §§ 40 ff. nachgebildet ist, s. § 16 Abs. 2; → § 44 Rn. 6, 8.

11 **6. Dauerndes Bauverbot.** Nach den vom BGH vor Inkrafttreten des BBauG entwickelten Grundsätzen für ein vorwirkendes endgültiges Bauverbot stellt sich eine Bausperre, die eine in dem verbindlichen Plan endgültig ausgesprochene Unbebaubarkeit des Grundstücks sichert, rückwirkend betrachtet innerhalb des als Einheit zu begreifenden Enteignungsprozesses als **dauerndes Bauverbot** dar, dessen Folgen bei der einheitlich zu bemessenden Enteignungsentschädigung mit auszugleichen sind; etwaige frühere Zahlungen sind anzurechnen (BGHZ 37, 269 (273); NJW 1975, 1783 – faktische Bausperre; BGH NVwZ 1988, 963; *Nüßgens/Boujong,* Eigentum, Sozialbindung, Enteignung, Rn. 409). Ob diese Grundsätze auch auf eine nach § 18 ergehende Veränderungssperre, die sich im Nachhinein als ein vorwirkendes endgültiges Bauverbot darstellt, anwendbar sind, hat BGHZ 78, 152 (164) u. Hinw. auf E 73, 161 (174) offen gelassen. Verneinend, da der grundsätzlich vierjährige Ausschluss der Entschädigung in § 18 durch das spätere Schicksal des Grundstücks nicht mehr berührt werde, *Aust/Jacobs/Pasternak,* Enteignungsentschädigung, Rn. 775; *Ziegler* BBauBl. 1979, 526 (530); zu Recht bejahend aber *Breuer,* SCH § 18 Rn. 81–83; *Gelzer/Busse/Fischer,* Der Umfang des Entschädigungsanspruchs aus Enteignung und enteignungsgleichem Eingriff, Rn. 187; *Halama,* BK § 18 Rn. 169.

Zweiter Abschnitt. Teilung von Grundstücken; Gebiete mit Fremdenverkehrsfunktionen

§ 19 Teilung von Grundstücken

(1) **Die Teilung eines Grundstücks ist die dem Grundbuchamt gegenüber abgegebene oder sonst wie erkennbar gemachte Erklärung des Eigentümers, dass ein Grundstücksteil grundbuchmäßig abgeschrieben und als selbständiges Grundstück oder als ein Grundstück zusammen mit anderen Grundstücken oder mit Teilen anderer Grundstücke eingetragen werden soll.**

(2) **Durch die Teilung eines Grundstücks im Geltungsbereich eines Bebauungsplans dürfen keine Verhältnisse entstehen, die den Festsetzungen des Bebauungsplans widersprechen.**

Übersicht

	Rn.
1. Allgemeines; Überblick	1
2. Teilung eines Grundstücks (Abs. 1)	4
3. Materiell-rechtliche Anforderungen an die Grundstücksteilung (Abs. 2)	6
4. Überleitung	9

1. Allgemeines; Überblick. In den §§ 19ff. war bis 2004 (EAG Bau) die Teilungsgenehmigung geregelt; sie diente der **Sicherung der Bauleitplanung**. Durch die Teilungsgenehmigung sollte bereits in einem frühen Zeitpunkt der Vorbereitung einer baulichen oder sonstigen Nutzung eines Grundstücks die Einhaltung des städtebaulichen Planungsrechts gesichert werden (BVerwG Urt. v. 18.4.1964 – I C 64/62, BVerwGE 18, 242 (244)). Die Teilungsgenehmigung verfolgte zwei Zwecke, zum einen die **Schutzfunktion** des Erwerbers, zum anderen die im öffentlichen Interesse liegende **Sicherungsfunktion**. Nach § 21 BauGB in der bis zum 31.12.1997 geltenden Fassung enthielt die Teilungsgenehmigung eine Vorwegbeurteilung der planungsrechtlichen Situation und hatte insoweit auch für das Baugenehmigungsverfahren Bindungswirkung. Hierdurch sollte der Erwerber auch davor geschützt werden, ein nicht bebaubares Grundstück zu erwerben. Dem Schutz der Vertragsparteien diente ebenfalls der mit der Novelle 1979 aufgehobene Genehmigungsvorbehalt für die Auflassung eines Grundstücks im Außenbereich (§ 19 Abs. 2 Nr. 1 BBauG 1960). **Bis zum 31.12.1997** kam die Teilungsgenehmigung nicht nur im Geltungsbereich eines Bebauungsplans, sondern auch im Innenbereich nach § 34, im Außenbereich nach § 35 sowie im Geltungsbereich einer Veränderungssperre nach § 14 zur Anwendung. Durch das **BauROG 1998** wurde die Teilungsgenehmigung bundesrechtlich nicht mehr zwingend vorgeschrieben. Im unbeplanten Innenbereich nach § 34 sowie im Außenbereich nach § 35 ist sie ebenso entfallen wie im Bereich der Veränderungssperre. Für Gebiete mit Bebauungsplan erhielten die Gemeinden die Möglichkeit, zur Sicherung der städtebaulichen Ordnung durch Erlass einer **Satzung** eine Genehmigungspflicht für die Teilung von Grundstücken anzuordnen. Die Landesregierungen waren ermächtigt, durch **Rechtsverordnung** generell oder für Teile eines Landesgebiets zu bestimmen, dass die Gemeinde eine solche Satzung nicht beschließen darf (§ 19 Abs. 5 BauGB aF). 1

Aufgrund des **EAG Bau 2004** sind die Vorschriften über die Teilungsgenehmigung vollständig entfallen. Soweit einzelne Vorschriften auch für andere Rechtsbereiche Bedeutung hatten, sind sie in § 22 Abs. 5 und 6 übernommen worden. § 19 enthält lediglich noch **materielle** Regelungen zur Grundstücksteilung. **Abs. 1** enthält dabei die Definition des Begriffs der Grundstücksteilung ohne inhaltliche Änderung. Diese Definition ist innerhalb des BauGB maßgeblich für die Regelung in Abs. 2 so- 2

§ 19 I. Kapitel. II. Teil. Sicherung der Bauleitplanung

wie für Grundstücksteilungen im Umlegungsrecht (→ § 51 Abs. 1 S. 1 Nr. 1), im Enteignungsrecht (→ § 109 Abs. 1) und im Besonderen Städtebaurecht (→ § 144 Abs. 2 Nr. 5). Abs. 2 enthält eine materiell-rechtliche Regelung, mit der sichergestellt werden soll, dass durch Grundstücksteilungen die Festsetzungen des Bebauungsplans nicht unterlaufen werden.

3 Vom Fortfall der Teilungsgenehmigungspflicht nach den zuvor geltenden §§ 19 und 20 unberührt bleibt die **Teilungsgenehmigungspflicht** zur Sicherung **besonderer Verfahren** nach dem BauGB, wie in Umlegungsgebieten, Sanierungsgebieten, Entwicklungsbereichen, zur Sicherung von Gebieten mit Fremdenverkehrsfunktion oder bei Enteignungsverfahren. Auch **bauordnungsrechtlich** kann eine Genehmigungspflicht für Grundstücksteilungen bestehen (s. etwa § 7 Abs. 1 MBO, § 8 Abs. 1 BauO NRW, § 7 Abs. 1 BauO Bln).

4 **2. Teilung eines Grundstücks (Abs. 1).** **Abs. 1** definiert den Begriff der Teilung eines Grundstücks. Eine gesetzliche Definition des **Grundstücks** enthält das BauGB nicht. Grundstück iS des § 19 ist nach dem Regelungszweck (und damit der Disposition des Landesgesetzgebers entzogen) das **Grundstück im grundbuchrechtlichen Sinne** (BVerwG Urt. v. 14.12.1973 – IV C 48/72, BVerwGE 44, 250 (251); dass. Urt. v. 9.4.1976 – IV C 75/74, BVerwGE 50, 311 (317); dass. Urt. v. 14.2.1991 – 4 C 51/87, BVerwGE 88, 24; *Bracher* in BRS Rn. 2627; *Grziwotz* in SU BauGB § 19 Rn. 4). Ein Grundstück ist danach ein räumlich abgegrenzter Teil der Erdoberfläche, der auf einem besonderen Grundbuchblatt unter einer besonderen Nummer im Verzeichnis der Grundstücke gebucht ist (→ im Einzelnen § 200 Rn. 3). Ein Grundstück im Rechtssinne liegt daher auch dann vor, wenn es aus mehreren Flächen besteht, die zwar tatsächlich (räumlich) getrennt liegen, jedoch nach ihrer Eintragung im Grundbuch Teile desselben Buchgrundstücks sind (BVerwG Urt. v. 14.12.1973 – IV C 48/72, BVerwGE 44, 250 (251): Fall eines mit anderen Flächen eines landwirtschaftlichen Hofes nicht zusammenhängenden Flurstücks, das mit den Gesamtflächen im Bestandsverzeichnis des Grundbuchs unter einer einzigen Nummer eingetragen ist). Die Festlegung auf den grundbuchrechtlichen Begriff schließt es jedoch nicht aus, dass in Ausnahmefällen von diesem Begriff abgewichen wird, wenn bei Verwendung dieses Begriffs die Gefahr entstünde, dass der Sinn der Regelung „handgreiflich verfehlt würde" (BVerwG Urt. v. 14.12.1973 – IV C 48/72, BVerwGE 44, 250 (252)). Eine Zusammenfassung mehrerer Grundstücke durch eine **Baulast** kennt das Bundesrecht jedoch nicht (BVerwG Urt. v. 14.2.1991 – 4 C 51/87, BVerwGE 88, 24; OVG Hamburg Urt. v. 4.4.1991 – Bf II 33/88, BauR 1991, 726; → vgl. § 200 Rn. 5 sowie § 11 Rn. 68).

5 Nach **Abs. 1** ist unter **Teilung** eines Grundstücks die gegenüber dem Grundbuchamt abgegebene oder sonstige erkennbar gemachte **Erklärung des Eigentümers** zu verstehen, dass ein Grundstücksteil grundbuchmäßig abgeschrieben oder als selbstständiges Grundstück oder als ein Grundstück zusammen mit anderen Grundstücken oder mit Teilen anderer Grundstücke eingetragen werden soll (vgl. **§ 890 Abs. 1 und 2 BGB;** s. hierzu *Grziwotz* in SU BauGB § 19 Rn. 2f., 5ff.). Eine Grundstücksteilung iS des Abs. 1 liegt auch dann vor, wenn grundbuchmäßig solche Flächen getrennt werden sollen, die räumlich getrennt liegen, jedoch nach ihrer Eintragung im Grundbuch Teile desselben Buchgrundstücks sind (BVerwG Urt. v. 14.12.1973 – IV C 48/72, BVerwGE 44, 250 (251); → vgl. auch Rn. 4). **Keine Teilung** ist die Belastung des Grundstücks mit einem Recht (zB Dienstbarkeit, Erbbaurecht); soll jedoch nur ein Teil eines Grundstücks belastet werden und ist deshalb ein selbstständiges Grundstück einzutragen, liegt hierin eine Teilung iS des Abs. 1. Ebenfalls unter den Begriff der Teilung fällt eine Erklärung, die auf die Umwandlung von Gesamthandseigentum in Einzeleigentum gerichtet ist, wenn hiermit eine Grundstücksteilung verbunden werden soll (*Bracher* in BRS Rn. 2628). Die Teilung nach § 8 WEG zur Bildung von **Wohneigentum** ist keine Teilung iS des Abs. 1.

3. Materiell-rechtliche Anforderungen an die Grundstücksteilung 6
(Abs. 2). Nach **Abs. 2** dürfen durch die Teilung eines Grundstückes im Geltungsbereich eines Bebauungsplans keine Verhältnisse entstehen, die den Festsetzungen des Bebauungsplans widersprechen. Diese materiell-rechtliche Verpflichtung entspricht inhaltlich den Voraussetzungen, nach denen die Genehmigung einer Grundstücksteilung nach dem zuvor geltenden Recht zu versagen war (§ 20 Abs. 1 BauGB 1998). Maßstab sind die Festsetzungen eines Bebauungsplans, wobei die Vorschrift nicht differenziert nach qualifizierten, einfachen oder vorhabenbezogenen Bebauungsplänen (→ § 30); die Anwendung des § 19 ist nach § 12 Abs. 3 S. 2 Hs. 2 nicht ausgeschlossen. Abs. 2 bestimmt, dass die Grundstücksteilung und die dadurch entstehenden Verhältnisse nicht im Widerspruch zu den Festsetzungen des Bebauungsplans stehen dürfen (vgl. demgegenüber § 20 Abs. 1 BauGB 1998, der auch auf die mit der Grundstücksteilung bezweckte Nutzung abstellte).

Ob und inwieweit ein solcher Widerspruch gegeben ist, ergibt sich aus der **An- 7 wendung des § 30** (*Söfker* in EZBK § 19 Rn. 36). Relevant sind alle Planfestsetzungen, insbesondere die Festsetzungen zum Maß der baulichen Nutzung, zur Bauweise und zur überbaubaren Grundstücksfläche. Sie stehen in enger Beziehung zum Grundstückszuschnitt, der durch die Grundstücksteilung verändert wird. Durch die Teilung darf die Verwirklichung solcher Festsetzungen nicht verhindert oder wesentlich erschwert werden. Dies ist etwa dann denkbar, wenn durch die Grundstücksteilung auf dem abgetrennten bebauten Teil Verhältnisse entstehen, die mit den Festsetzungen des Bebauungsplans über die Geschossflächen- und Grundflächenzahl nicht übereinstimmen. Die Teilung eines mit einer Reihenhauszeile bebauten Grundstücks kann eine vormalig als offen zu bewertende Bauweise in eine geschlossene Bauweise umwandeln. Sofern ein für dieses Grundstück geltender Bebauungsplan offene Bauweise festsetzt, stünde Abs. 2 der Teilung entgegen (vgl. *Bracher* in BRS Rn. 2631). Im Falle eines Widerspruchs der Grundstücksteilung zu einer Festsetzung des Bebauungsplans kommen ggf. Ausnahmen und Befreiungen nach § 31 in Betracht (*Söfker* in EZBK § 19 Rn. 39, 44).

Abs. 2 enthält ausschließlich die materiell-rechtliche Verpflichtung, dass durch die 8 Grundstücksteilung keine Verhältnisse entstehen, die den Festsetzungen des Bebauungsplans, in dessen Gebiet die Teilung vorgenommen wird, widersprechen. Eine **präventive Kontrolle** ist (nach Aufhebung der Teilungsgenehmigung) nicht vorgesehen. Das ändert jedoch nichts daran, dass ggf. ein rechtswidriger Zustand eingetreten ist. Daran können entsprechende Rechtsfolgen geknüpft sein. So ist es etwa möglich, dass die durch eine Grundstücksteilung iSd § 19 Abs. 2 geschaffenen rechtswidrigen Verhältnisse dem Bauantragsteller entgegen gehalten werden, wenn über den Gebäudebestand hinaus weitere Vorhaben oder Änderungen an vorhandenen Gebäudebestand beantragt werden. Ebenfalls besteht grundsätzlich die Möglichkeit einer Beseitigungsanordnung in Bezug auf den baurechtswidrigen Zustand (VGH München Urt. v. 28.11.2013 – 2 BV 12.761, BauR 2014, 829; OVG Berlin-Brandenburg Beschl. v. 3.8.2012 – 2 N 74.10, juris; dass. Beschl. v. 4.4.2002 – 2 S 6.02, ZfBR 2002, 592; *Mampel* BauR 2008, 1080 (1086 ff.); *Jäde* ZfBR 2005, 135 (141 ff.)). Die Bauaufsichtsbehörde, die rechtzeitig von einer rechtswidrigen Teilungsanordnung erfährt, kann dagegen einen grundbuchrechtlichen Widerspruch einlegen (*Söfker* in EZBK § 19 Rn. 44, dagegen VG München, Urt. v. 15.2.2012 – M 9 K 11.1459, juris Rn. 26).

4. Überleitung. Vgl. zur **Überleitung** allgemein § 233. Für die nach § 19 Abs. 1 9 BauGB 1998 erlassenen gemeindlichen Satzungen zur Begründung der Teilungsgenehmigung in Bebauungsplangebieten enthält § **244 Abs. 5** eine spezielle Überleitungsvorschrift. Mit der Aufhebung der §§ 19 und 20 BauGB 1998 zum 20.7.2004 entfielen die Rechtsgrundlagen für den Erlass von Satzungen der Gemeinden über die Teilungsgenehmigungspflicht. Die Vorschriften über die Genehmigung (Geneh-

migungsverfahren, Versagungsgründe und Grundbuchsperre) nach § 19 Abs. 3 und 4 und § 20 sind daher nicht mehr anwendbar (→ § 244 Abs. 5 S. 3). Die nach § 19 BauGB 1998 erlassenen Satzungen sind gegenstandslos geworden. Dazu bestimmt § 244 Abs. 5, dass die Gemeinden solche Satzungen durch Satzung aufheben können (Satz 1). Dadurch soll der formale Rechtsschein der Gültigkeit der Satzung beseitigt werden. Unabhängig davon hatten die Gemeinden nach § 244 Abs. 5 S. 4 die Verpflichtung, auf die Nichtanwendbarkeit dieser Satzungen bis zum 31.12.2004 durch ortsübliche Bekanntmachungen hinzuweisen. Auch dies diente jedoch allein der Klarstellung.

§§ 20 und 21 (weggefallen)

§ 22 Sicherung von Gebieten mit Fremdenverkehrsfunktionen

(1) ¹Die Gemeinden, die oder deren Teile überwiegend durch den Fremdenverkehr geprägt sind, können in einem Bebauungsplan oder durch eine sonstige Satzung bestimmen, dass zur Sicherung der Zweckbestimmung von Gebieten mit Fremdenverkehrsfunktionen die Begründung oder Teilung von Wohnungseigentum oder Teileigentum (§ 1 des Wohnungseigentumsgesetzes) der Genehmigung unterliegt. ²Dies gilt entsprechend für die in den §§ 30 und 31 des Wohnungseigentumsgesetzes bezeichneten Rechte. ³Voraussetzung für die Bestimmung ist, dass durch die Begründung oder Teilung der Rechte die vorhandene oder vorgesehene Zweckbestimmung des Gebiets für den Fremdenverkehr und dadurch die geordnete städtebauliche Entwicklung beeinträchtigt werden kann. ⁴Die Zweckbestimmung eines Gebiets für den Fremdenverkehr ist insbesondere anzunehmen bei Kurgebieten, Gebieten für die Fremdenbeherbergung, Wochenend- und Ferienhausgebieten, die im Bebauungsplan festgesetzt sind, und bei im Zusammenhang bebauten Ortsteilen, deren Eigenart solchen Gebieten entspricht, sowie bei sonstigen Gebieten mit Fremdenverkehrsfunktionen, die durch Beherbergungsbetriebe und Wohngebäude mit Fremdenbeherbergung geprägt sind.

(2) ¹Die Gemeinde hat die Satzung ortsüblich bekannt zu machen. ²Sie kann die Bekanntmachung auch in entsprechender Anwendung des § 10 Abs. 3 Satz 2 bis 5 vornehmen. ³Die Gemeinde teilt dem Grundbuchamt den Beschluss über die Satzung, das Datum ihres Inkrafttretens sowie die genaue Bezeichnung der betroffenen Grundstücke vor ihrer Bekanntmachung rechtzeitig mit. ⁴Von der genauen Bezeichnung der betroffenen Grundstücke kann abgesehen werden, wenn die gesamte Gemarkung betroffen ist und die Gemeinde dies dem Grundbuchamt mitteilt.

(3) (weggefallen)

(4) ¹Die Genehmigung darf nur versagt werden, wenn durch die Begründung oder Teilung der Rechte die Zweckbestimmung des Gebiets für den Fremdenverkehr und dadurch die städtebauliche Entwicklung und Ordnung beeinträchtigt wird. ²Die Genehmigung ist zu erteilen, wenn sie erforderlich ist, damit Ansprüche Dritter erfüllt werden können, zu deren Sicherung vor dem Wirksamwerden des Genehmigungsvorbehalts eine Vormerkung im Grundbuch eingetragen oder der Antrag auf Eintragung einer Vormerkung beim Grundbuchamt eingegangen ist; die Genehmigung kann auch von dem Dritten beantragt werden. ³Die Genehmigung kann erteilt werden, um

wirtschaftliche Nachteile zu vermeiden, die für den Eigentümer eine besondere Härte bedeuten.

(5) ¹Über die Genehmigung entscheidet die Baugenehmigungsbehörde im Einvernehmen mit der Gemeinde. ²Über die Genehmigung ist innerhalb eines Monats nach Eingang des Antrags bei der Baugenehmigungsbehörde zu entscheiden. ³Kann die Prüfung des Antrags in dieser Zeit nicht abgeschlossen werden, ist die Frist vor ihrem Ablauf in einem dem Antragsteller mitzuteilenden Zwischenbescheid um den Zeitraum zu verlängern, der notwendig ist, um die Prüfung abschließen zu können; höchstens jedoch um drei Monate. ⁴Die Genehmigung gilt als erteilt, wenn sie nicht innerhalb der Frist versagt wird. ⁵Darüber hat die Baugenehmigungsbehörde auf Antrag eines Beteiligten ein Zeugnis auszustellen. ⁶Das Einvernehmen gilt als erteilt, wenn es nicht binnen zwei Monaten nach Eingang des Ersuchens der Genehmigungsbehörde verweigert wird; dem Ersuchen gegenüber der Gemeinde steht die Einreichung des Antrags bei der Gemeinde gleich, wenn sie nach Landesrecht vorgeschrieben ist.

(6) ¹Bei einem Grundstück, das im Geltungsbereich einer Satzung nach Absatz 1 liegt, darf das Grundbuchamt die von Absatz 1 erfassten Eintragungen in das Grundbuch nur vornehmen, wenn der Genehmigungsbescheid oder ein Zeugnis gemäß Absatz 5 Satz 5 vorgelegt wird oder wenn die Freistellungserklärung der Gemeinde gemäß Absatz 8 beim Grundbuchamt eingegangen ist. ²Ist dennoch eine Eintragung in das Grundbuch vorgenommen worden, kann die Baugenehmigungsbehörde, falls die Genehmigung erforderlich war, das Grundbuchamt um die Eintragung eines Widerspruchs ersuchen; § 53 Abs. 1 der Grundbuchordnung bleibt unberührt. ³Der Widerspruch ist zu löschen, sobald die Baugenehmigungsbehörde darum ersucht oder die Genehmigung erteilt ist.

(7) ¹Wird die Genehmigung versagt, kann der Eigentümer von der Gemeinde unter den Voraussetzungen des § 40 Abs. 2 die Übernahme des Grundstücks verlangen. ²§ 43 Abs. 1, 4 und 5 sowie § 44 Abs. 3 und 4 sind entsprechend anzuwenden.

(8) ¹Die Gemeinde hat den Genehmigungsvorbehalt aufzuheben oder im Einzelfall einzelne Grundstücke durch Erklärung gegenüber dem Eigentümer vom Genehmigungsvorbehalt freizustellen, wenn die Voraussetzungen für den Genehmigungsvorbehalt entfallen sind. ²Die Gemeinde teilt dem Grundbuchamt die Aufhebung des Genehmigungsvorbehalts sowie die genaue Bezeichnung der hiervon betroffenen Grundstücke unverzüglich mit. ³Von der genauen Bezeichnung kann abgesehen werden, wenn die gesamte Gemarkung betroffen ist und die Gemeinde dies dem Grundbuchamt mitteilt. ⁴Sobald die Mitteilung über die Aufhebung des Genehmigungsvorbehalts beim Grundbuchamt eingegangen ist, ist Absatz 6 Satz 1 nicht mehr anzuwenden.

(9) ¹In der sonstigen Satzung nach Absatz 1 kann neben der Bestimmung des Genehmigungsvorbehalts die höchstzulässige Zahl der Wohnungen in Wohngebäuden nach Maßgabe des § 9 Abs. 1 Nr. 6 festgesetzt werden. ²Vor der Festsetzung nach Satz 1 ist der betroffenen Öffentlichkeit und den berührten Behörden und sonstigen Trägern öffentlicher Belange Gelegenheit zur Stellungnahme innerhalb angemessener Frist zu geben.

(10) ¹Der sonstigen Satzung nach Absatz 1 ist eine Begründung beizufügen. ²In der Begründung zum Bebauungsplan (§ 9 Abs. 8) oder zur sonstigen Satzung ist darzulegen, dass die in Absatz 1 Satz 3 bezeichneten Voraussetzungen für die Festlegung des Gebiets vorliegen.

§ 22 I. Kapitel. II. Teil. Sicherung der Bauleitplanung

Übersicht

	Rn.
1. Allgemeines	1
2. Einführung des Genehmigungsvorbehalts (Abs. 1)	4
a) Gebietsabgrenzung	6
b) Materielle Voraussetzungen der Satzung	7
3. Satzung (Abs. 2 und 10)	10
4. Genehmigung (Abs. 4 und 5)	13
5. Grundbuchamt (Abs. 6)	18
6. Übernahmeanspruch (Abs. 7)	21
7. Aufhebung des Genehmigungsvorbehalts (Abs. 8)	22
8. Festsetzung der höchstzulässigen Zahl von Wohnungen (Abs. 9)	23
9. Rechtsschutz, Überleitung	24

1 **1. Allgemeines.** § 22 dient dem Schutz der Sicherung von Gebieten mit Fremdenverkehrsfunktionen. Die Vorschrift ist durch das BauGB 1987 eingeführt und durch das BauROG 1998 sowie das EAG Bau 2004 fortentwickelt worden. § 22 ermächtigt die Gemeinden zur Sicherung ihrer Fremdenverkehrsfunktionen einen **Genehmigungsvorbehalt** bei **Begründung oder Teilung** von **Wohnungs- oder Teileigentum** (§ 1 WEG) einzuführen **(Abs. 1 S. 1).** Dies gilt entsprechend für **Wohnungs- und Teilerbbaurechte** (§ 30 WEG) und **Dauerwohnrechte** sowie **Dauernutzungsrechte** (§ 31 WEG; **Abs. 1 S. 2**), hingegen nicht zB für Bruchteilseigentum (OVG Lüneburg Urt. v. 18.9.2014 – 1 KN 123/12, BauR 2015, 452; OLG Schleswig Beschl. v. 19.7.2000 – 2 W 112/00, BRS 63 Nr. 219; *Jarass/Kment* BauGB § 22 Rn. 2). In einer Aufteilung gem. § 1010 BGB in einem Satzungsgebiet nach § 22 BauGB liegt kein verbotenes Umgehungsgeschäft (OLG Schleswig Beschl. v. 19.7.2000 – 2 W 112/00, BauR 2000, 1782; *Grziwotz* in SU BauGB § 22 Rn. 18; → auch Rn. 14). Der Genehmigungsvorbehalt stellt eine gem. Art. 14 Abs. 1 S. 2 GG zulässige Bestimmung von Inhalt und Schranken des Eigentums im Rahmen der Sozialbindung (Art. 14 Abs. 2 GG) dar (BVerwG Beschl. v. 21.4.1994 – 4 B 193/93, ZfBR 1994, 246; BVerwG Urt. v. 7.7.1994 – 4 C 21/93, BVerwGE 96, 217). § 22 regelt nicht die bauliche und sonstige Nutzung in dem Satzungsgebiet als solche (vgl. hierzu Rn. 2 über die maßgeblichen und von § 22 unberührt bleibenden Vorschriften). Der Gesetzgeber ging bei der Schaffung der Vorschrift davon aus, dass die städtebauliche Funktion von Gebieten mit Fremdenverkehrsfunktionen durch ein Überhandnehmen von Zweitwohnungen beeinträchtigt werden könnte, namentlich durch die Umwandlung von Beherbergungsbetrieben oder Wohngebäuden in Eigentumswohnungen, die als Zweitwohnungen genutzt werden. Hierdurch werden die betreffenden baulichen Anlagen der wechselnden Benutzung durch Fremde entzogen (Tendenz zur sog. „Rollladensiedlung"). Der Regelung liegt die Beobachtung zugrunde, dass die Bildung von Wohnungseigentum in der Praxis vielfach der Einstieg zur Nutzung der Wohnungen als Zweitwohnungen ist (vgl. BVerwG Urt. v. 27.9.1995 – 4 C 12/94, BVerwGE 99, 237; *Söfker* in EZBK § 22 Rn. 9).

2 Die mit § 22 bezweckte Kontrolle über die Entwicklung des Zweitwohnungsmarkts verfolgt **städtebauliche Ziele**: Sicherung der Funktion u. a. von Kur- und Fremdenverkehrsgebieten sowie Schutz der Landschaft vor andernfalls notwendigen Neuausweisungen von Bauland sowohl für Einheimische als auch für Fremdenbeherbergungszwecke (vgl. als weitere für den Schutz der Fremdenverkehrsfunktion bedeutsame Vorschrift § 9 Abs. 1 Nr. 6 über die Festsetzung der höchstzulässigen Zahl der Wohnungen in Wohngebäuden; dazu, dass sich die Regelung auch auf Ferienwohnungen bezieht s. OVG Lüneburg Urt. v. 18.9.2014 – 1 KN 123.12, BauR 2012, 542; *Reidt/von Landwüst* UPR 2015, 12 (15); → auch Rn. 23 sowie § 9 Rn. 44 f.).

3 **§ 7 Abs. 4 Nr. 2 WEG** über die Abgeschlossenheitsbescheinigung als Voraussetzung für die Eintragung von Rechten nach dem WEG kann das mit § 22 angestrebte

2. Abschnitt. Teilung v. Grdst; Gebiete mit Fremdenverkehrsfunktion § 22

Ziel nicht erreichen, weil insoweit keine Vereinbarkeit mit den bauplanungsrechtlichen Zulässigkeitsvorschriften zu prüfen ist (*Söfker* in EZBK § 22 Rn. 11 ff.; vgl. aber die Möglichkeit, durch Festsetzung nach **§ 11 Abs. 1 und 2 BauNVO**, also beschränkt auf Sondergebiete, die Ausstattungsmerkmale der Zimmer von Beherbergungsbetrieben so zu bestimmen, dass dadurch die Voraussetzungen für die Erteilung von Abgeschlossenheitsbescheinigungen nach § 7 Abs. 4 Nr. 2 WEG nicht gegeben sind BVerwG Beschl. v. 7.9.1984 – 4 N 3/84, ZfBR 1985, 44; zur Möglichkeit, durch beschränkte persönliche **Dienstbarkeit** gemäß §§ 1018, 1090 BGB den Eigentümer zu verpflichten, Wohnungseigentum „nicht länger als sechs Wochen im Jahr selbst zu bewohnen oder durch einen Dritten bewohnen zu lassen" oder es nicht zu anderen Zwecken als denen eines „fremdenverkehrsgewerblichen Beherbergungsgewerbes mit ständig wechselnder Belegung zu nutzen" BayObLG Beschl. v. 17.5.1985 – BReg 2 Z 35/85, NJW 1985, 2485).

2. Einführung des Genehmigungsvorbehalts (Abs. 1). Die Einführung des 4 Genehmigungsvorbehalts kann nach **Abs. 1 S. 1** durch einen Bebauungsplan, nicht allerdings durch einen vorhabenbezogenen Bebauungsplan (→ § 12 Abs. 3 Satz 2), oder durch eine sonstige Satzung (Fremdenverkehrssatzung) erfolgen. Durch die Satzung nach § 22 wird die Rechtsgrundlage zur Ausübung des Genehmigungsvorbehalts nach Abs. 5 geschaffen. Das **Ablaufprogramm** des § 22 ist also zweistufig.

Der Erlass einer Satzung nach § 22 kommt in Gemeinden in Betracht, die über- 5 wiegend durch Fremdenverkehr geprägt sind oder in denen Teile der Gemeinde überwiegend durch den Fremdenverkehr geprägt sind (Abs. 1 S. 1 Hs. 1). Eine **überwiegende Prägung durch den Fremdenverkehr** liegt vor allem bei solchen Orten vor, deren öffentliche und private Infrastruktur auf Fremdenverkehrsbedürfnisse ausgerichtet ist (BVerwG Beschl. v. 21.4.1994 – 4 B 193/93, NVwZ 1995, 271; *Grziwotz* in SU BauGB § 22 Rn. 1; *Bracher* in BRS Rn. 2640). Anhaltspunkte für eine überwiegende Prägung von Gemeinden durch den Fremdenverkehr können sich zB aus der Darstellung der Fremdenverkehrsräume in Raumordnungsplänen ergeben oder aus landesrechtlichen Vorschriften über die Anerkennung von Orten als Kur-, Erholungs- und sonstige Ferienorte (*Söfker* in EZBK § 22 Rn. 19).

a) Gebietsabgrenzung. Auch wenn Abs. 1 S. 1 keine unmittelbare Aussage dar- 6 über enthält, wie der **räumliche Geltungsbereich** des Bebauungsplans oder der Satzung zu bestimmen ist, folgt hieraus **nicht** die Einräumung eines **planerischen Gestaltungsspielraums**. Vielmehr ergibt das Zusammenspiel der Ermächtigungsgrundlage in Abs. 1 S. 1 mit den weiteren in Abs. 1 S. 3 und 4 genannten inhaltlichen Voraussetzungen, dass die Gemeinde ihren Entscheidungen sachliche Kriterien zugrunde zu legen hat, der Gesetzgeber einer planerischen Beurteilung also bewusst entzogen hat (BVerwG Urt. v. 7.7.1994 – 4 C 21/93, BVerwGE 96, 217 (218)). Eine Satzung gemäß § 22 kommt demgemäß nur für solche Gebiete in Betracht, in denen tatsächlich von einer möglichen Beeinträchtigung der Zweckbestimmung des Gebiets für den Fremdenverkehr und dadurch für die geordnete städtebauliche Entwicklung auszugehen ist (Abs. 1 S. 3). Die Vorschrift dient nicht der „pauschalen" Sicherung einer Fremdenverkehrsgemeinde oder der Entwicklung von Gebieten mit Fremdenverkehrsfunktion (*Grziwotz* in SU BauGB § 22 Rn. 1), sondern nur dem Schutz tatsächlich schon existierender Gebiete. Der Erlass einer Fremdenverkehrssatzung **für das gesamte Gemeindegebiet** kommt daher im Regelfall nicht in Betracht (BVerwG Urt. v. 7.7.1994 – 4 C 21/93, BVerwGE 96, 217 (218); dass. Urt. v. 27.9.1995 – 4 C 28/94, BVerwGE 99, 242; *Bracher* in BRS Rn. 2644). Durch das BauROG 1998 ist die Gebietskulisse durch Einfügung des Wortes „insbesondere" in **Abs. 1 S. 4** erweitert worden. Dadurch kann neben beplanten und nach § 34 zu beurteilenden Gebieten mit Fremdenverkehrsfunktionen auch der **Außenbereich** in die Satzung einbezogen werden (vgl. aber bereits BVerwG Urt. v. 7.7.1994 – 4 C 21/93, BVerwGE 96, 217 (221) zu einer „siedlungstypischen Streubesiedlung" als

"sonstiges Gebiet"). Die **städtebauliche Prägung** eines Bereichs, für den eine Satzung nach § 22 erlassen werden soll, leitet sich aus der dort charakteristischen Art der baulichen Nutzung ab, ohne dass diese bei jedem einzelnen Grundstück vorliegen müsste. Maßgeblich ist nicht eine quantitative Gegenüberstellung der für Fremdenbeherbergung und der auf andere Weise genutzten Grundstücke, sondern eine **wertende Betrachtung**, die die städtebauliche Besonderheit des vorgesehenen Satzungsgebiets erfasst (BVerwG Urt. v. 15.5.1997 – 4 C 9/96, BVerwGE 105, 1 (3)). Auch die Nutzung von im Satzungsgebiet gelegenen Flächen zu **öffentlichen Zwecken** kann eine im Übrigen feststellbare Prägung dieses Gebiets durch Fremdenbeherbergung im Regelfall nicht aufheben. Einrichtungen der öffentlichen Verwaltung, Grünflächen und Grundstücke, die für kirchliche, soziale oder kulturelle Zwecke genutzt werden, gehören zur üblichen Infrastruktur auch in durch Fremdenverkehrsfunktionen geprägten Teilen des Gemeindegebietes. Nur dort, wo Infrastruktureinrichtungen wegen ihrer Anzahl, Größe oder Lage ein derartiges städtebauliches Eigengewicht erhalten, dass der Eindruck entsteht, das betroffene Gebiet biete praktisch keine Beherbergungsmöglichkeiten mehr, nimmt die Infrastruktur selbst die Rolle der prägenden städtebaulichen Kraft ein (BVerwG Urt. v. 15.5.1997 – 4 C 9/96, BVerwGE 105, 1 (4)). Da § 22 Abs. 1 eine gebietsbezogene Festsetzung vorsieht, die durch eine Einzelfallprüfung (Abs. 4) konkretisiert wird, ist die „Abgrenzung des Satzungsgebiets mit einer gewissen Großzügigkeit und Pauschalität" vorzunehmen (BVerwG Urt. v. 15.5.1997 – 4 C 9/96, BVerwGE 105, 1 (4); *Grziwotz* in SU BauGB § 22 Rn. 4).

7 b) **Materielle Voraussetzungen der Satzung. Abs. 1 S. 2 und S. 3** enthalten materielle Voraussetzungen für die Begründung des Genehmigungsvorbehalts. Die sich hieraus ergebende materielle Prüfungspflicht der Gemeinde wird in **Abs. 10** durch eine formelle Pflicht zur Begründung der Satzung ergänzt (→ hierzu Rn. 12). Nach **Abs. 1 S. 3** ist Voraussetzung für eine entsprechende Satzungsbestimmung die Möglichkeit der Beeinträchtigung der geordneten städtebaulichen Entwicklung durch die Begründung oder Teilung von Rechten nach dem WEG. Insoweit kommt es auf die konkrete städtebauliche Situation und die Entwicklungsvorstellungen der Gemeinde an (→ hierzu auch Rn. 9).

8 **Abs. 1 S. 4** konkretisiert die Zweckbestimmung eines Gebiets für den Fremdenverkehr im Wege einer nicht abschließenden Aufzählung: Die Zweckbestimmung eines Gebietes für den Fremdenverkehr ist danach insbesondere gegeben, wenn
– das Gebiet in einem Bebauungsplan als Kurgebiet oder Gebiet für die Fremdenbeherbergung nach § 11 Abs. 2 BauNVO oder als Wochenend- oder Ferienhausgebiet nach § 10 Abs. 1 BauNVO festgesetzt ist,
– innerhalb der im Zusammenhang bebauten Ortsteile (§ 34 BauGB) die Eigenart eines Gebiets einem solchen Gebiet entspricht,
– sonstige (beplante oder unbeplante) Gebiete mit Fremdenverkehrsfunktionen durch Beherbergungsbetriebe und Wohngebäude mit Fremdenbeherbergung geprägt sind. Dabei ist nicht entscheidend, ob es sich um **gewerbliche oder private** Fremdenbeherbergung handelt.

9 Durch die Begründung oder Teilung von Rechten nach dem WEG muss diese Zweckbestimmung des Gebiets **beeinträchtigt werden können.** Diese Voraussetzung ist in Fremdenverkehrsgebieten nach den vorliegenden Erfahrungen vielfach erfüllt, was jedoch nicht von der Prüfung im konkreten Fall entbindet. Für die Satzung genügt die **abstrakte Möglichkeit** einer Beeinträchtigung. Zur Beurteilung, ob durch die Bildung von Rechten iS des Abs. 1 S. 1 und S. 2 und damit von Zweitwohnungen die geordnete städtebauliche Entwicklung beeinträchtigt sein kann, sind insbesondere die Vorstellungen der Gemeinde darüber von Bedeutung, ob sie das betreffende Gebiet unter Berücksichtigung der städtebaulichen Entwicklung in der Gemeinde in seiner Fremdenverkehrsfunktion erhalten oder sogar stärken will. **An-**

haltspunkte dafür können Darstellungen und Ausweisungen in Bauleitplänen, informelle Planungen oder auch die Eigenart der Umgebung geben. In der Regel kann die Erfüllung dieser Voraussetzung angenommen werden, wenn die Gemeinde zur Wahrung ihrer Fremdenverkehrsfunktionen auf das Gebiet angewiesen ist, zB weil Standortalternativen und Möglichkeiten der Neuausweisung solcher Gebiete nicht vorhanden sind, andere Gemeindeteile die Funktionen nicht übernehmen können oder das Gebiet bereits durch einen erheblichen Anteil an Zweitwohnungen in seiner städtebaulichen Funktion beeinträchtigt ist. Maßgeblich sind dabei allein städtebauliche Gründe. Die Vorschrift ermächtigt also nicht zu einem allgemeinen Verbot für den Bau oder die Errichtung von Eigentumswohnungen in Gebieten mit Fremdenverkehrsfunktionen.

3. Satzung (Abs. 2 und 10). Abs. 2 regelt die **Bekanntmachung** der sonstigen 10
Satzung. Die Gemeinde hat nach **Abs. 2 S. 1** die Satzung ortsüblich bekannt zu machen. Mit der Bekanntmachung wird die Satzung rechtsverbindlich. Ein rückwirkendes Inkraftsetzen ist nicht möglich (BVerwG Urt. v. 21. 8. 1997 – 4 C 6/96, BVerwGE 105, 153). Die Gemeinde kann nach **Abs. 2 S. 2** auch von der Möglichkeit der Ersatzverkündung Gebrauch machen; § 10 Abs. 3 S. 2–5 ist entsprechend anzuwenden. Sofern die Gemeinde die Bestimmungen nach Abs. 2 nicht in einer „sonstigen" Satzung, sondern in einem **Bebauungsplan** trifft, bestimmt sich das Satzungsverfahren unmittelbar nach den für den Bebauungsplan geltenden Vorschriften. Eine Sicherung mittels Veränderungssperre oder Zurückstellung (→ §§ 14, 15) ist nicht möglich. Sie bezieht sich nur auf Maßnahmen iS v § 14 Abs. 1.

Die Gemeinde hat dem **Grundbuchamt** nach **Abs. 2 S. 3** den Beschluss über die 11
Satzung, das Datum ihres Inkrafttretens sowie die genaue Bezeichnung der betroffenen Grundstücke vor ihrer Bekanntmachung rechtzeitig mitzuteilen. Diese Unterrichtung hat rechtzeitig zu erfolgen in der Regel also nach dem Satzungsbeschluss und schon vor dem Datum des Inkrafttretens. Eine verspätete Mitteilung hat zur Folge, dass die Rechtswirkungen der Satzung gemäß § 22 einschließlich der Grundbuchsperre nach Abs. 6 (→ Rn. 18) erst später eintreten, nicht aber die Unwirksamkeit der Satzung. Die Unterrichtung umfasst eine genaue Bezeichnung der betroffenen Grundstücke, also Angabe des Grundbuchs sowie die Nummern des Grundbuchblatts, der Flur und des Flurstücks. Von einer solchen genauen Bekanntmachung der betroffenen Grundstücke kann nach **Abs. 2 S. 4** abgesehen werden, wenn von der durch die Satzung begründeten Genehmigungspflicht eine gesamte Gemarkung betroffen ist und die Gemeinde dies dem Grundbuchamt mitteilt.

Nach **Abs. 10 S. 1** ist der sonstigen Satzung eine **Begründung** beizufügen. Für 12
den Bebauungsplan, der den Genehmigungsvorbehalt begründet, ergibt sich die Begründungspflicht (auch für die Bestimmung nach Abs. 1) unmittelbar aus § 9 Abs. 8. **Abs. 10 S. 2** enthält inhaltliche Anforderungen an die **Begründung,** die sowohl für den Bebauungsplan (→ § 9 Abs. 8) als auch für die sonstige Satzung (→ Abs. 10 S. 2) gelten. In der Begründung ist danach darzulegen, dass die in Abs. 1 bezeichneten Voraussetzungen für die Festlegung des Gebiets vorliegen. Eine solche Begründungspflicht auch für sonstige Satzungen ist dem BauGB ansonsten fremd; so sieht das Gesetz eine förmliche Begründung (→ wie bei § 9 Abs. 8) beim Erlass von Veränderungssperren nach § 14, Vorkaufssatzungen nach § 25, Innenbereichssatzungen nach § 34 Abs. 4, Sanierungssatzungen nach § 142 oder Erhaltungssatzungen nach § 172 nicht vor, wohl aber seit Freistellung von der Genehmigungspflicht (EAG Bau 2004) bei der Entwicklungssatzung nach § 165.

4. Genehmigung (Abs. 4 und 5). Mit dem Inkrafttreten der Satzung 13
(→ Rn. 10 f.) unterliegen die in Abs. 1 bezeichneten wohnungseigentumsrechtlichen Vorgänge der Genehmigungspflicht. Die in Abs. 4 S. 1 enthält dabei eine abschließende Regelung der **Versagungsgründe.** In den in Abs. 4 bezeichneten Fällen **ist** die Genehmigung zu versagen, aus anderen Gründen darf sie nicht versagt werden. Der Ge-

Reidt 413

§ 22
I. Kapitel. II. Teil. Sicherung der Bauleitplanung

nehmigungsbehörde (→ Rn. 17) ist somit **kein Ermessen** eingeräumt. Die Versagung der Genehmigung ist danach zulässig, wenn durch die Begründung oder Teilung der Rechte iS des Abs. 1 die Zweckbestimmung des Gebiets für den Fremdenverkehr und dadurch die städtebauliche Entwicklung und Ordnung beeinträchtigt wird. Da § 22 auf die Versagung in solchen Fällen zielt, in denen Zweitwohnungen gebildet werden, kommt die Versagung damit nur in Betracht, wenn mit der Begründung oder Teilung der Rechte iS des Abs. 1 eine **Wohnung dem Fremdenverkehr** entzogen würde. Hierfür bedarf es im Genehmigungsverfahren entsprechend dem zweistufigen Ablaufprogramm des § 22 (→ Rn. 5) einer konkreten, also einzelfallspezifischen, Betrachtung. Die Beeinträchtigung von Fremdenverkehrsfunktionen durch die Bildung von Zweitwohnungen kann entsprechend der Grundüberlegung, die zur Einführung des § 22 führte, gleichwohl in der Regel angenommen werden (BVerwG Urt. v. 27.9.1995 – 4 C 28.94, BVerwGE 99, 242, 245 f.). Wird die Eigentumswohnung jedoch weiterhin als Fremdenverkehrswohnung zur Verfügung gestellt, kann ein Versagungsgrund im Sinne des Abs. 4 S. 1 ausgeräumt werden. Im Rahmen der Genehmigung (Abs. 5) kann die Gemeinde hierfür die städtebaulichen Ziele auch durch privatrechtliche Sicherungen (Dienstbarkeiten; vgl. BayObLG Beschl. v. 17.5.1985 – BReg 2 Z 35/85, NJW 1985, 2485; *Grziwotz* in SU BauGB § 22 Rn. 30 ff.; *Jarass/Kment* § 22 Rn. 2; → Rn. 3) erreichen (anders **BVerwG** Urt. v. 27.9.1995 – 4 C 28/94, BVerwGE 99, 242 (245 f.) sowie Urt. v. 27.9.1995 – 4 C 12/94, BVerwGE 99, 237 (241); unter Hinweis auf die Schwierigkeiten einer effektiven Überprüfung, mit der Folge, dass die Genehmigung auch bei einer verbindlichen Vereinbarung und grundbuchlichen Sicherung, das Wohneigentum nicht als Zweitwohnung zu nutzen, versagt werden **darf,** nicht aber werden muss). Eine Erteilung kommt vielfach auch dann in Betracht, wenn vor der beabsichtigten Bildung von Wohnungseigentum bereits Bruchteilseigentum bestand (vgl. VG Augsburg Urt. v. 27.2.2008 – Au 4 K 08/41, juris; → bereits Rn. 1).

14 Die Versagung ist nicht nur in Fällen möglich, in denen in der Gemeinde bereits wiederholt Ferienwohnungen durch die Bildung von Zweitwohnungen einem wechselnden Personenkreis innerhalb des Fremdenverkehrs entzogen wurden. Die Gemeinde kann vielmehr das Instrument auch **präventiv** einsetzen. In diesem Fall kann sie den ersten „Umwandlungsfällen" die Genehmigung zB deshalb versagen, weil andernfalls Berufungsfälle für weitere Begründungen oder Teilungen und damit für eine reale Beeinträchtigung von Fremdenverkehrsfunktionen eintreten würden (BVerwG Urt. v. 27.9.1995 – 4 C 12/94, BVerwGE 99, 237; vgl. entsprechend zur Erhaltungssatzung BVerwG Urt. v. 18.6.1997 – 4 C 2/97, BVerwGE 105, 67 sowie *Krautzberger* ZfBR 1983, 241 ff.; *Söfker* in EZBK § 22 Rn. 46).

15 Auch wenn ein Versagungsgrund nach Abs. 4 S. 1 vorliegt, ist nach **Abs. 4 S. 2** der grundbuchliche **Vormerkungsschutz** (vgl. § 883 BGB) zu beachten. Danach ist die Genehmigung zu erteilen, wenn für die Begründung oder Teilung von Rechten vor dem Wirksamwerden des Genehmigungsvorbehalts eine Vormerkung im Grundbuch eingetragen oder der Antrag auf Eintragung einer Vormerkung beim Grundbuchamt eingegangen ist (s. hierzu *Grziwotz* in SU BauGB § 22 Rn. 25 ff.; *Bracher* in BRS Rn. 2657).

16 Eine weitere ermessensgebundene **Ausnahme** von der Verpflichtung der Gemeinde, bei Vorliegen der Voraussetzungen die Genehmigung zu versagen (Abs. 4 S. 1), enthält **Abs. 4 S. 3**. Die Regelung enthält eine **Härteregelung** für Fallgestaltungen, in denen die an sich gebotene Versagung der Genehmigung für den Eigentümer eine besondere Härte bedeuten würde. Die Genehmigung kann dann zur Vermeidung **wirtschaftlicher Nachteile** erteilt werden. Als wirtschaftliche Nachteile kommen Beeinträchtigungen der (zumindest teilweisen) Fortführung des Beherbergungsbetriebes oder der Lebensführung des Eigentümers in Betracht, die ihre Ursache in der Versagung der Genehmigung haben würden, zB im Hinblick auf die (vollständige oder teilweise) Verwertung eines Grundstückes. Diese Genehmigungsmöglich-

2. Abschnitt. Teilung v. Grdst; Gebiete mit Fremdenverkehrsfunktion **§ 22**

keit setzt eine besondere Härte voraus. Es genügt nicht, wenn durch die Begründung oder Teilung der Rechte lediglich eine finanziell günstigere Verwertungsmöglichkeit des Grundstückes ausgenutzt werden soll. Es müssen vielmehr ungewollte und ansonsten unverhältnismäßige Belastungen des Eigentümers vorliegen. Dabei müssen die besonderen Umstände des Einzelfalles und der Sicherungszweck, der zur Einführung des Genehmigungsvorbehaltes geführt hat, berücksichtigt und einander gegenübergestellt werden.

Genehmigungsbehörde ist nach **Abs. 5 S. 1** die Baugenehmigungsbehörde. Sie 17
entscheidet im Einvernehmen mit der Gemeinde. Nach **Abs. 5 S.** 6 gilt das Einvernehmen als erteilt, wenn es nicht binnen zwei Monaten nach Eingang des Ersuchens der Genehmigungsbehörde bei der Gemeinde (sofern landesrechtlich vorgeschrieben: Eingang des Antrags bei der Gemeinde) verweigert wird. Die Ersetzungsmöglichkeit des § 36 Abs. 2 S. 3, die sich nur auf die Prüfung der §§ 31, 33, 34 und 35 bezieht, ist weder direkt, noch mangels offensichtlicher Regelungslücke analog anzuwenden. Allerdings bleibt im Hinblick darauf, dass das Einvernehmen nur aus den Gründen gemäß Abs. 4 versagt werden darf, die Möglichkeit einer Ersetzung durch die Kommunalaufsichtsbehörde unberührt (*Rieger* in Schrödter § 22 Rn. 22). Nach **Abs. 5 S. 2** ist über die Genehmigung **innerhalb eines Monats** nach Eingang des Antrags bei der Baugenehmigungsbehörde zu entscheiden. Die rechtliche Bedeutung dieser Frist ergibt sich aus **Abs. 5 S. 4**, nach dem die Genehmigung bei einer nicht fristgemäßen Versagung als erteilt gilt. Die Frist kann nach **Abs. 5 S. 3** durch einen Zwischenbescheid an den Antragsteller oder einen zur Entgegennahme Bevollmächtigten (*Bracher* in BRS Rn. 2653) vor Fristablauf um höchstens **drei Monate (Abs. 5 S. 3 Hs. 2) verlängert** werden, wenn die Prüfung des Antrags innerhalb der Monatsfrist des Abs. 5 S. 2 nicht abgeschlossen werden kann (zB weil die Gemeinde sich noch nicht geäußert hat). Voraussetzung für die **Fiktion der Genehmigung durch Fristablauf** ist, dass ein genehmigungsfähiger Antrag vorgelegt wird (vgl. BVerwG Urt. v. 6. 5. 1970 – IV C 28/68, BVerwGE 35, 187). Auf die Einhaltung dieser gesetzlichen Höchstbearbeitungsfrist kann der Antragsteller wirksam verzichten (vgl. VGH Mannheim Urt. v. 17. 9. 1986 – 3 S 2277/85, BauR 1986, 678). Bei mehreren Antragstellern wird die Frist nur gewahrt, wenn die Versagung allen Antragstellern rechtzeitig zugeht (BVerwG Urt. v. 19. 9. 1969 – IV C 16/68, NJW 1970, 345). Die Frist wird nicht ausgelöst, wenn der Antragsteller nicht um die Genehmigung, sondern um die Ausstellung eines Zeugnisses über die Tatsache der Genehmigung nachsucht (§ 22 Abs. 5 S. 5, vgl. BVerwG Urt. v. 28. 2. 1975 – IV C 77/74, BVerwGE 48, 87). Nach **Abs. 5 S. 5** hat die Baugenehmigungsbehörde über den Fristablauf auf Antrag eines Beteiligten ein Zeugnis auszustellen. Bei der Erteilung eines solchen **Fiktionszeugnisses** handelt es sich um einen rein feststellenden Verwaltungsakt (BVerwG Urt. v. 21. 11. 1986 – IV C 37.84, BauR 1987, 282).

5. Grundbuchamt (Abs. 6). Mit Rechtswirksamkeit der Satzung (→ Rn. 10 f.) 18
tritt die **Grundbuchsperre** des **Abs. 6** in Kraft. Bei allen Grundstücken, die im Geltungsbereich eines Bebauungsplans oder einer Satzung nach Abs. 1 S. 1 liegen, darf das Grundbuchamt die Eintragung der von Abs. 1 erfassten Rechte nach dem WEG nur vornehmen, wenn der Genehmigungsbescheid oder ein Fiktionszeugnis vorgelegt wird. Die Eintragung eines entsprechenden Grundbuchvermerks ist nach § 22 nicht vorgesehen (vgl. demgegenüber für die Rechtswirkungen nicht konstitutiven, sondern nur zur Information des Rechtsverkehrs bestimmten sog. Achtungsvermerke in der Umlegung gemäß § 54 Abs. 1 S. 2, in der Enteignung gemäß § 108 Abs. 6 S. 21 oder in der Sanierung gemäß § 143 Abs. 2 S. 2 und im städtebaulichen Entwicklungsbereich gemäß § 165 Abs. 9; vgl. weiterhin § 172 Abs. 1 S. 4).

Nach **Abs. 6 S. 1** darf das Grundbuchamt bei einem Grundstück, das in einem 19
nach Abs. 1 bezeichneten Gebiet liegt, Eintragungen von Rechtsänderungen iS des Abs. 1 nur vornehmen, wenn ein **Genehmigungsbescheid** oder ein **Fiktions-**

zeugnis vorliegt oder wenn die **Freistellungserklärung** der Gemeinde gemäß Abs. 8 beim Grundbuchamt eingegangen ist.

20 Die Baugenehmigungsbehörde kann im Falle der Eintragung des Rechts in das Grundbuch ohne erforderliche Genehmigung das Grundbuchamt um die Eintragung eines Widerspruchs ersuchen **(Abs. 6 S. 2),** weil das Grundbuch insofern unrichtig und das begründete Wohneigentum schwebend unwirksam ist. Der Widerspruch kann einen gutgläubigen Erwerb (§§ 891f. BGB) verhindern (*Jarass/Kment* § 22 Rn. 15). Dabei bleibt § 53 Abs. 1 der Grundbuchordnung (Widerspruch und Löschung von Amts wegen) unberührt **(Abs. 6 S. 2 Hs. 2).** Der Widerspruch ist nach **Abs. 6 S. 3** zu löschen, wenn die Baugenehmigungsbehörde darum ersucht oder die Genehmigung erteilt ist.

21 **6. Übernahmeanspruch (Abs. 7). Abs. 7** regelt einen **Übernahmeanspruch** des Eigentümers gegenüber der Gemeinde, wenn die Genehmigung versagt wird. Die Übernahme kann unter den Voraussetzungen des § 40 Abs. 2 verlangt werden, vor allem also bei wirtschaftlicher Unzumutbarkeit. Der Übernahmeanspruch ist der Regelung in § 173 Abs. 2 für die Fälle der Versagung der Genehmigung im Gebiet einer Erhaltungssatzung nachgebildet (→ § 173 Rn. 3f.).

22 **7. Aufhebung des Genehmigungsvorbehalts (Abs. 8). Abs. 8** enthält eine ausdrückliche Regelung über die Verpflichtung zur **Aufhebung des Genehmigungsvorbehalts,** wenn seine Voraussetzungen insgesamt entfallen sind. Der Genehmigungsvorbehalt ist in diesem Fall für das gesamte Gebiet (Gemeinde oder Gemeindeteil) aufzuheben (Abs. 8 S. 1). Ggf. kann die Satzung auch funktionslos werden (*Grziwotz* in SU BauGB § 22 Rn. 15). Liegen die Voraussetzungen nur für einzelne Grundstücke vor, sind nur diese vom Genehmigungsvorbehalt freizustellen. Die Freistellung erfolgt durch Erklärung der Gemeinde gegenüber dem Eigentümer. Bei Vorliegen der Voraussetzungen hat der Eigentümer einen **Anspruch** auf Freistellung (vgl. entsprechend § 163 Abs. 1). Spiegelbildlich zur Mitteilungspflicht nach Abs. 2 S. 3 und S. 4 (Rn. 11) hat die Gemeinde nach **Abs. 8 S. 2** dem Grundbuchamt die Aufhebung des Genehmigungsvorbehalts sowie die genaue Bezeichnung der hiervon betroffenen Grundstücke unverzüglich mitzuteilen. Von der genauen Bezeichnung kann abgesehen werden, wenn die gesamte Gemarkung betroffen ist und die Gemeinde dies dem Grundbuchamt mitteilt (Abs. 8 S. 3). Der Eingang dieser Mitteilung beim Grundbuchamt führt dazu, dass Abs. 6 S. 1 (Grundbuchsperre) nicht mehr anzuwenden ist (Abs. 8 S. 4).

23 **8. Festsetzung der höchstzulässigen Zahl von Wohnungen (Abs. 9).** § 9 **Abs. 1 Nr. 6** über die **Festsetzung der höchstzulässigen Zahl der Wohnungen** dient u. a. dem Schutz von Gebieten mit Fremdenverkehrsfunktion, in denen durch das Überhandnehmen von vor allem als Zweitwohnungen genutzten Wohnungen die städtebauliche Eigenart des Gebiets beeinträchtigt wird (→ Rn. 2). Sofern die Gemeinde den Genehmigungsvorbehalt in einem Bebauungsplan nach Abs. 1 S. 1 begründet, kann sie daher in dem Plan eine Festsetzung nach § 9 Abs. 1 Nr. 6 treffen. **Abs. 9 S. 1** ermächtigt die Gemeinde darüber hinaus zu einer entsprechenden Festsetzung auch in den Fällen der Bestimmung des Genehmigungsvorbehalts **durch eine sonstige Satzung** iS des Abs. 1 S. 1. Dabei kann auch ein Ausnahmetatbestand iSv § 31 Abs. 1 festgesetzt werden (zB für den Dachgeschossausbau). Das Gesetz enthält für diesen Fall keine ausdrücklichen materiellen Bindungen. Da jedoch eine bebauungsplanrechtliche Festsetzung getroffen wird, müssen hierfür auch die Voraussetzungen des § 1 (vor allem die Anforderungen des Abwägungsgebotes (§ 1 Abs. 7) erfüllt sein. Ein Bebauungsplanverfahren ist zwar in diesem Fall nicht erforderlich, jedoch regelt **Abs. 9 S. 2** eine Mindestbeteiligung vor der Festsetzung in einer sonstigen Satzung: Der betroffenen Öffentlichkeit und den berührten Behörden und sonstigen Trägern öffentlicher Belange ist danach innerhalb angemessener Frist Gelegen-

3. Abschnitt. Gesetzliche Vorkaufsrechte der Gemeinde **Vorb §§ 24–28**

heit zur Stellungnahme zu geben. Die Festsetzung über die höchstzulässige Zahl von Wohnungen nach Abs. 9 S. 1 Nr. 6 steht in den Wirkungen der Festsetzung in einem Bebauungsplan gleich. Die Festsetzung ist damit insbesondere iS des § 30 zu beachten.

9. Rechtsschutz, Überleitung. Der Bebauungsplan und die sonstige Satzung 24 (Abs. 1 S. 1) können im Wege der **Normenkontrolle** (§ 47 Abs. 1 Nr. 1 VwGO) überprüft werden. Auf Erteilung der Genehmigung (→ Rn. 13) des **Fiktionszeugnisses** (Rn. 17) sowie auf die **Freistellung** (→ Rn. 22) besteht ggf. ein Rechtsanspruch. Diese Ansprüche können im Wege der Verpflichtungsklage durchgesetzt werden.

Zur **Überleitung** des § 22 BauGB 1987 auf das **BauROG** kommt die allgemeine 25 Überleitungsvorschrift des § 233 zur Anwendung. Für das **EAG Bau 2004** enthält § 244 Abs. 6 ein Überleitungsregelung (→ vgl. § 244 Rn. 7f.).

§ 23 (weggefallen)

Dritter Abschnitt. Gesetzliche Vorkaufsrechte der Gemeinde

Vorbemerkung zu den §§ 24 bis 28

Übersicht

	Rn.
1. Zweck	1
2. Rechtsentwicklung	2
3. Überblick über die Vorschriften	3
4. Vorkaufsrecht und Enteignung	6
5. Rechtsschutz	8
6. Überleitungsrecht	9

1. Zweck. Das gemeindliche Vorkaufsrecht dient wie die Veränderungssperre 1 (§ 14) und die Zurückstellung von Baugesuchen (§ 15) zum einen der **Sicherung der Bauleitplanung**. Es dient darüber hinaus zum anderen aber auch ansonsten der **Sicherung von städtebaulichen Maßnahmen** unbeschadet einer beabsichtigten Bauleitplanung.

2. Rechtsentwicklung. Durch das **BauGB 1987** wurden die Vorkaufs-Tatbestände in sachlicher und räumlicher Hinsicht eingeschränkt. Ua ist dabei das Vorkaufsrecht beim Kauf von Rechten nach dem WEG und von Erbbaurechten entfallen. Auch das Vorkaufsrecht zum Erwerb von **Austausch- oder Ersatzland** ist nicht übernommen worden; hiervon unberührt bleibt die Möglichkeit, Ersatzland- und Austauschzwecke auch mit den heutigen Vorkaufsrechten zu verfolgen. Mit dem **BauGB-MaßnahmenG 1990** wurde ein gesetzliches Vorkaufsrecht für Außenbereichsflächen eingeführt, soweit für sie nach dem Flächennutzungsplan eine Nutzung als Wohnbaufläche oder Wohngebiet dargestellt ist. Das **BauGB-MaßnahmenG 1993** hat dieses Vorkaufsrecht auf alle unbebauten Grundstücke im Gemeindegebiet erweitert, die nach den Bestimmungen der §§ 30, 33, 34 oder nach den Darstellungen eines bestehenden oder in Aufstellung befindlichen Flächennutzungsplans für eine Nutzung zu Wohnzwecken vorgesehen sind. Durch das **BauROG 1998** wurden die Vorkaufsrechte beim BauGB-MaßnahmenG in das BauGB übernommen (§ 24 Abs. 1 S. 1 Nrn. 5 und 6 BauGB 1998) einschließlich der Möglichkeit, das Vorkaufsrecht zugunsten eines Dritten (§ 27a) sowie bei „Planreife" des Flächennut-

Vorb §§ 24—28 I. Kapitel. II. Teil. Sicherung der Bauleitplanung

zungsplanes auszuüben (§ 24 Abs. 1 S. 3). Das Vorkaufsrecht in den Fällen des § 24 Abs. 1 S. 1 Nr. 1 kann nunmehr bereits nach der ortsüblichen Bekanntmachung des Aufstellungsbeschlusses ausgeübt werden (§ 24 Abs. 1 S. 2). Das **EAG Bau 2004** hat ein gesetzliches Vorkaufsrecht für die Gebiete zur Sicherung von Stadtumbaumaßnahmen eingeführt (§ 24 Abs. 1 S. 1 Nr. 4). Durch das **Hochwasserschutzgesetz 2005** wurde in § 24 Abs. 1 S. 1 Nr. 7 ein neues gesetzliches Vorkaufsrecht für die Gemeinden in Gebieten begründet, die zum Zweck des vorbeugenden Hochwasserschutzes von Bebauung freizuhalten sind, insbesondere in Überschwemmungsgebieten. Durch die **Innenentwicklungsnovelle 2013** wurde die Ausübung des Vorkaufsrechts zugunsten Dritter (§ 27a Abs. 1 S. 1 Nr. 1) erweitert.

3 **3. Überblick über die Vorschriften.** Das allgemeine (kraft Gesetzes bestehende) Vorkaufsrecht der Gemeinde enthält **§ 24 BauGB**. Das Vorkaufsrecht nach **Abs. 1 S. 1 Nr. 1** (Vorkaufsrecht im Geltungsbereich eines Bebauungsplans) ist auf die Flächen begrenzt, für die nach dem Bebauungsplan eine Nutzung für öffentliche Zwecke oder für Maßnahmen zum Ausgleich iS des § 1a Abs. 3 festgesetzt ist. In **Abs. 1 S. 1 Nr. 2** ist das Vorkaufsrecht in einem Umlegungsgebiet geregelt. **Abs. 1 S. 1 Nr. 3** enthält das Vorkaufsrecht in einem förmlich festgelegten Sanierungsgebiet und im städtebaulichen Entwicklungsbereich. Das Vorkaufsrecht im Geltungsbereich einer Erhaltungssatzung und eines Satzungsgebietes nach § 171d ist in **Abs. 1 S. 1 Nr. 4** geregelt.

4 § 25 fasst die Satzungsvorkaufsrechte zusammen, also diejenigen Vorkaufsrechte, die nicht bereits unmittelbar durch gesetzliche Anordnung bestehen, sondern die von der Gemeinde durch eine spezifische Vorkaufssatzung begründet werden können. Die Gemeinde kann nach **Abs. 1 S. 1 Nr. 1** im Geltungsbereich eines Bebauungsplans das als gesetzliches Vorkaufsrecht auf Flächen für öffentliche Zwecke bzw. für naturschutzrechtliche Ausgleichsmaßnahmen beschränkte Vorkaufsrecht (§ 24 Abs. 1 S. 1 Nr. 1) durch Satzung auch an („sonstigen") unbebauten Grundstücken begründen. Sie kann weiterhin ein Satzungsvorkaufsrecht für Gebiete begründen, in denen sie städtebauliche Maßnahmen in Betracht zieht **(Abs. 1 S. 1 Nr. 2)**.

5 In den **§§ 26 bis 28** sind die Bestimmungen über den Ausschluss des Vorkaufsrechtes, seine Abwendung, die Ausübung zugunsten eines Dritten sowie das Verfahren und die Entschädigung geregelt. Die Veräußerungspflicht der Gemeinde ist mit den übrigen Veräußerungspflichten in **§ 89 BauGB** zusammenfassend geregelt. Sämtliche Vorschriften beziehen sich grundsätzlich nur auf **Grundstückskaufverträge** (§ 24 Rn. 16ff.). Die Vereinbarung von **Nebenleistungen** steht dem allerdings nicht entgegen (§ 266 BGB, abgedruckt bei der Kommentierung zu § 28; s. hierzu im Einzelnen *Stock* in EZBK § 24 Rn. 50ff.). Ein **Grundstückstauschvertrag**, eine **Schenkung**, die **Einbringung** eines Grundstücks in eine Gesellschaft oder auch die Übertragung einer Eigentümergesellschaft bzw. ihrer Anteile an einen Dritten unterliegen hingegen nicht dem Vorkaufsrecht (BGH Urt. v. 11.12.1963 – V ZR 41/62, NJW 1964, 540; BGH Beschl. v. 24.11.1978 – V ZB 14/78, BGHZ 73, 16). Dabei kommt es aber auf den tatsächlichen Vereinbarungsinhalt an, nicht hingegen auf die Benennung des Vertrages (BGH Urt. v. 27.10.1967 – V ZRr 157/64, BGHZ 49, 7). Auch **Umgehungsgeschäfte**, die einen Kauf im Sinne des Vorkaufsrechts so nahe kommen, dass sie ihm unter Berücksichtigung der Interessen des Vorkaufsberechtigten und des Vorkaufsverpflichteten gleichgestellt werden können (BGH Urt. v. 11.10.1991 – V ZR 127/90, BGHZ 115, 335; *Stock* in EZBK § 24 Rn. 53), fallen unter die Vorkaufsregelungen der §§ 24ff.

6 **4. Vorkaufsrecht und Enteignung.** Die Ausübung des gemeindlichen Vorkaufsrechtes verwirklicht **keinen enteignenden Tatbestand** und enthält auch keinen unzulässigen Eingriff in die durch Art. 2 Abs. 1 GG geschützte Vertragsfreiheit. Die Rechtsprechung grenzt die gesetzlichen Vorkaufsrechte gegenüber der Enteignung ab (vgl. BGH Urt. v. 17.12.1955 – V ZR 135/57, BGHZ 29, 113 (114);

3. Abschnitt. Gesetzliche Vorkaufsrechte der Gemeinde § 24

BVerwG Beschl. v. 18.9.1958 – I B 25.58, NJW 1959, 64). Wird das Vorkaufsrecht rechtmäßig ausgeübt, so verliert der Käufer nur eine Erwerbschance. Die Notwendigkeit für eine Entschädigung besteht nach allgemeiner Rechtsauffassung daher nicht. Das gilt nicht nur für den Fall, dass der Vorkaufsberechtigte das Vorkaufsrecht hinsichtlich des gesamten verkauften Grundstücks ausübt, sondern auch dann, wenn nur eine Teilfläche betroffen ist (BVerwG Beschl. v. 17.10.2001 – 4 B 68/01, BauR 2002, 1216). In den Hauptanwendungsfällen der Ausübung des Vorkaufsrechts, nämlich dem Erwerb von (Teil-)flächen in Bebauungsgebieten mit öffentlicher Zweckbestimmung (vgl. § 24 Abs. 1 S. 1 Nr. 1) wird gegenüber dem (verkaufswilligen) Verkäufer eine ansonsten erforderlich werdende Enteignung vermieden („milderes Mittel"); hieraus ergibt sich auch die Rechtfertigung für die Abänderung eines vereinbarten Kaufpreises gem. § 28 Abs. 4 („Entschädigungswert") ohne Rücktrittsrecht des Verkäufers (so aber im Falle des § 28 Abs. 3; „Verkehrswert").

Ein **entschädigungspflichtiger Enteignungstatbestand** kann jedoch vorliegen, wenn durch die Ausübung des Vorkaufsrechts in ein vorher begründetes vertragliches Grunderwerbsrecht eingegriffen wird und der Inhaber des älteren Rechts somit aus seiner Rechtsposition verdrängt wird. § 28 Abs. 6 sieht in diesen Fällen für dadurch entstandene Vermögensnachteile eine Entschädigung vor. 7

5. Rechtsschutz. Das Vorkaufsrecht wird nach § 28 Abs. 2 S. 1 durch **Verwaltungsakt** ausgeübt. Für die Anfechtung der Ausübung des Vorkaufsrechts steht daher der Rechtsweg nach der VwGO offen. Bestimmt die Gemeinde den zu zahlenden Betrag in dem Bescheid über die Ausübung des Vorkaufsrechts gemäß § 28 Abs. 3 („Verkehrswert") oder Abs. 4 („Entschädigungswert"), ist der Verwaltungsakt insgesamt gemäß § 217 Abs. 1 S. 1 durch Antrag auf gerichtliche Entscheidung bei den Baulandgerichten anzufechten. 8

6. Überleitungsrecht. Die **Überleitungsvorschriften** sind in § 234 geregelt. 9

§ 24 Allgemeines Vorkaufsrecht

(1) ¹Der Gemeinde steht ein Vorkaufsrecht zu beim Kauf von Grundstücken
1. im Geltungsbereich eines Bebauungsplans, soweit es sich um Flächen handelt, für die nach dem Bebauungsplan eine Nutzung für öffentliche Zwecke oder für Flächen oder Maßnahmen zum Ausgleich im Sinne des § 1a Abs. 3 festgesetzt ist,
2. in einem Umlegungsgebiet,
3. in einem förmlich festgelegten Sanierungsgebiet und städtebaulichen Entwicklungsbereich,
4. im Geltungsbereich einer Satzung zur Sicherung von Durchführungsmaßnahmen des Stadtumbaus und einer Erhaltungssatzung,
5. im Geltungsbereich eines Flächennutzungsplans, soweit es sich um unbebaute Flächen im Außenbereich handelt, für die nach dem Flächennutzungsplan eine Nutzung als Wohnbaufläche oder Wohngebiet dargestellt ist,
6. in Gebieten, die nach §§ 30, 33 oder 34 Abs. 2 vorwiegend mit Wohngebäuden bebaut werden können, soweit die Grundstücke unbebaut sind, sowie
7. in Gebieten, die zum Zweck des vorbeugenden Hochwasserschutzes von Bebauung freizuhalten sind, insbesondere in Überschwemmungsgebieten.

²Im Falle der Nummer 1 kann das Vorkaufsrecht bereits nach Beginn der öffentlichen Auslegung ausgeübt werden, wenn die Gemeinde einen Beschluss

gefasst hat, einen Bebauungsplan aufzustellen, zu ändern oder zu ergänzen. ³Im Falle der Nummer 5 kann das Vorkaufsrecht bereits ausgeübt werden, wenn die Gemeinde einen Beschluss gefasst und ortsüblich bekannt gemacht hat, einen Flächennutzungsplan aufzustellen, zu ändern oder zu ergänzen und wenn nach dem Stand der Planungsarbeiten anzunehmen ist, dass der künftige Flächennutzungsplan eine solche Nutzung darstellen wird.

(2) Das Vorkaufsrecht steht der Gemeinde nicht zu beim Kauf von Rechten nach dem Wohnungseigentumsgesetz und von Erbbaurechten.

(3) ¹Das Vorkaufsrecht darf nur ausgeübt werden, wenn das Wohl der Allgemeinheit dies rechtfertigt. ²Bei der Ausübung des Vorkaufsrechts hat die Gemeinde den Verwendungszweck des Grundstücks anzugeben.

Übersicht

	Rn.
I. Anwendungsbereich (Abs. 1)	1
1. Die belasteten Grundstücke	2
a) Im Geltungsbereich eines Bebauungsplans (Abs. 1 S. 1 Nr. 1, S. 2)	2
b) In einem Umlegungsgebiet (Abs. 1 S. 1 Nr. 2)	6
c) In einem Sanierungsgebiet und Entwicklungsbereich (Abs. 1 S. 1 Nr. 3)	8
d) Im Geltungsbereich einer Satzung zur Sicherung von Durchführungsmaßnahmen des Stadtumbaus und einer Erhaltungssatzung (Abs. 1 S. 1 Nr. 4)	11
e) Im Geltungsbereich eines Flächennutzungsplans, Wohnbauflächen im Außenbereich (Abs. 1 S. 1 Nr. 5, S. 2)	13
f) Sonstige Wohnbauflächen (Abs. 1 S. 1 Nr. 6)	14
g) In Überschwemmungsgebieten (Abs. 1 S. 1 Nr. 7)	15
2. Kauf von Grundstücken	16
a) Kauf	16
b) Wirksamer Vertrag	17
c) Grundstück	18
II. Rechte nach dem Wohnungseigentumsgesetz und Erbbaurecht (Abs. 2)	19
III. Ausübungsvoraussetzungen (Abs. 3)	20
IV. Verhältnis der Vorkaufsrechte zueinander	27
V. Rechtsschutz, Überleitungsrecht	29

I. Anwendungsbereich (Abs. 1)

1 Das **allgemeine Vorkaufsrecht** der Gemeinde nach § 24 ist ein **gesetzliches Vorkaufsrecht** (zum Kauf von Grundstücken und zur Abgrenzung gegenüber anderen Verträgen → Vorb §§ 24–28 Rn. 5). Es ruht als öffentlich-rechtliche Belastung auf den von ihm erfassten Grundstücken. Das Vorkaufsrecht **entsteht** nach Maßgabe der in **Abs. 1 S. 1 Nr. 1–7** enthaltenen Voraussetzungen; es wird durch Verwaltungsakt der Gemeinde **ausgeübt** (→ § 28 Abs. 2 S. 1).

2 **1. Die belasteten Grundstücke. a) Im Geltungsbereich eines Bebauungsplans (Abs. 1 S. 1 Nr. 1, S. 2).** Der Gemeinde steht nach **Abs. 1 S. 1 Nr. 1** ein gesetzliches Vorkaufsrecht im **Geltungsbereich eines Bebauungsplans** zu. Es erstreckt sich sowohl auf bebaute als auch auf unbebaute Grundstücke. Voraussetzung ist die Rechtswirksamkeit des Bebauungsplans, wobei es keinen Unterschied macht, ob der Bebauungsplan iS des § 30 Abs. 1 qualifiziert ist oder ob es sich um einen „einfachen" Bebauungsplan (→ § 30 Abs. 3) handelt. Auch übergeleitete Pläne (s. § 233 Abs. 3) fallen unter Abs. 1 S. 1 Nr. 1 (BVerwG Beschl. v. 10.2.1983 – 4 B 15/83, BRS 40, Nr. 3). Im Geltungsbereich eines Vorhaben- und Erschließungsplans

3. Abschnitt. Gesetzliche Vorkaufsrechte der Gemeinde § 24

(→ §§ 12, 30 Abs. 2) sind die Bestimmungen über das Vorkaufsrecht nicht anzuwenden (→ § 12 Abs. 3 S. 2 Hs. 2). Während nach § 24 Abs. 1 Nr. 1 BBauG 1960 das Vorkaufsrecht für **alle** Grundstücke im Geltungsbereich eines Bebauungsplans bestand (→ vgl. aber jetzt § 25 Abs. 1 S. 1 Nr. 1), ist der Anwendungsbereich seit dem BauGB 1987 auf Flächen begrenzt, für die nach dem Bebauungsplan eine **Nutzung** unmittelbar **für öffentliche Zwecke** unter Ausschluss privater Nutzungsarten **festgesetzt** ist. Die Festsetzung eines Baugebietes genügt nicht, auch wenn dort Nutzungen für öffentliche Zwecke zulässig sind (OVG Berlin-Brandenburg Urt. v. 21.6.2012 – 2 B 25/10, NVwZ-RR 2012, 793). Das allgemeine Vorkaufsrecht nach Abs. 1 Nr. 1 bezieht sich auch auf Flächen, die im Bebauungsplan für **Ausgleichsmaßnahmen** festgesetzt sind (→ § 1a Abs. 3; s. etwa VGH München Beschl. v. 8.4.2015 – 15 ZB 13.2564, juris), nicht aber auf nach § 9 Abs. 1 Nr. 18b festgesetzte Waldflächen ohne Ausgleichsfunktion (OVG Berlin-Brandenburg Urt. v. 21.6.2012 – 2 B 25.10, NVwZ-RR 2012 793; *Schrödter* in Schrödter § 24 Rn. 8). Zu den Flächen, für die nach dem Bebauungsplan eine Nutzung für öffentliche Zwecke festgesetzt ist, zählen insbesondere Verkehrs-, Grün-, Gemeinbedarfs-, Versorgungs- und Entsorgungsflächen sowie Flächen für Anlagen und Vorkehrungen zum Schutz gegen schädliche Umwelteinwirkungen iS des BImSchG. Maßgeblich ist der **öffentliche Zweck,** dem die Einrichtung dient, nicht die Rechtsform, in der sie betrieben wird (*Stock* in EZBK § 24 Rn. 20; *Jarass/Kment* § 24 Rn. 9). Das Gesetz verwendet diesen Oberbegriff für bestimmte Nutzungen auch an anderer Stelle (vgl. § 55 Abs. 5 und § 169 Abs. 5). Zu den Flächen iS des § 1a Abs. 3 zählen u. a. Flächen nach § 9 Abs. 1 Nr. 15, 16, 18, 20 (vgl. *Bracher* in BRS Rn. 2678; → vgl. auch § 9 Abs. 1a).

Das Gesetz hat das Vorkaufsrecht nach Abs. 1 S. 1 Nr. 1 in mehrfacher Hinsicht **3 privilegiert ausgestaltet:** Gemäß § 27 Abs. 1 S. 1 kann der Käufer die Ausübung des Vorkaufsrechts in den Fällen des § 24 Abs. 1 S. 1 Nr. 1 nicht abwenden. Gemäß § 28 Abs. 4 bemisst sich der von der Gemeinde zu zahlende Betrag nach dem Entschädigungswert des Grundstücks, also nicht notwendigerweise nach dem Kaufpreis (→ vgl. im Einzelnen § 28 Rn. 15ff.; → weiterhin § 27a Abs. 1 S. 1 Nr. 2 über die Ausübung des Vorkaufsrechts zugunsten eines öffentlichen Bedarfs- oder Erschließungsträgers). Die privilegierte Ausgestaltung dieses zentralen Vorkaufsrechts dient vor allem der Vermeidung sonst erforderlicher Enteignungen.

Nach **§ 24 Abs. 1 S. 2** kann das Vorkaufsrecht in den Fällen der Nr. 1 bereits nach **4** Beginn der öffentlichen Auslegung (→ § 3 Abs. 2 S. 1) ausgeübt werden, wenn die Gemeinde den Beschluss gefasst hat, einen Bebauungsplan aufzustellen (→ § 2 Abs. 1 S. 2). Voraussetzung ist aber die ortsübliche Bekanntmachung des Aufstellungsbeschlusses (*Bracher* in BRS Rn. 2673). Ist die Öffentlichkeitsbeteiligung im Planverfahren (→ §§ 3, 4) bereits erfolgt, beabsichtigt die Gemeinde jedoch, sie (zB wegen Verfahrensmängeln oder wegen Veränderungen des Planentwurfes) zu wiederholen, liegen die formalen Voraussetzungen für die Ausübung des Vorkaufsrechtes weiterhin vor (OVG Koblenz Urt. v. 12.4.2011 – 8 A 11 405/10, BauR 2012, 54). Es bedarf also keiner Planreife iSv § 33 (*Schrödter* in Schrödter § 24 Rn. 17).

Für Bebauungsplangebiete können **neben** dem gesetzlichen Vorkaufsrecht nach **5** § 24 Abs. 1 S. 1 Nr. 1 ggf. auch Vorkaufsrechte nach § 24 Abs. 1 S. 1 Nr. 2 (Umlegung), Nr. 3 (Sanierungsgebiet, Entwicklungsbereich), Nr. 4 (Erhaltungssatzung) oder Nr. 6 (unbebaute Wohnbauflächen) bestehen (→ unten Rn. 26). Die Gemeinde kann für Bebauungsplangebiete darüber hinaus durch Satzung gem. **§ 25 Abs. 1 S. 1 Nr. 1** ein Satzungsvorkaufsrecht in Bezug auf unbebaute Grundstücke begründen.

b) In einem Umlegungsgebiet (Abs. 1 S. 1 Nr. 2). Nach **Abs. 1 S. 1 Nr. 2 6** steht der Gemeinde ein Vorkaufsrecht beim Kauf von Grundstücken in einem **Umlegungsgebiet** zu. Gemäß § 24 Abs. 1 Nr. 3 BBauG 1960 stand der Gemeinde ein Vorkaufsrecht für Grundstücke zu, die in ein Verfahren zur Bodenordnung einbezogen sind. Nach dem Wortlaut wäre danach auch für die frühere **Grenzregelung,** also

heute die vereinfachte Umlegung (→ §§ 80ff.) das Vorkaufsrecht begründet. In der Literatur bestand jedoch weitgehend Übereinstimmung, dass der Anwendungsbereich dieses gesetzlichen Vorkaufsrechts auf die gesetzliche Umlegung beschränkt ist. Durch das **EAG Bau 2004** wurde die Grenzregelung mit einer gewissen Erweiterung des Anwendungsbereichs zur **vereinfachten Umlegung** fortentwickelt. Auch wenn diese dem Wortlaut nach in den Anwendungsbereich des Vorkaufsrechts einbezogen wäre, gilt weiter das, was früher auch im Verhältnis zur Grenzregelung angenommen wurde; ein Umlegungsverfahren in einem Sinne, der die Ausübung eines Vorkaufsrechts zur Sicherung eines „Verfahrens" rechtfertigt, liegt auch bei der vereinfachten Umlegung nicht vor, dh Abs. 1 S. 1 Nr. 2 ist auf die Umlegung iSd §§ 45–79 beschränkt (*Stock* in EZBK § 24 Rn. 27).

7 Ein Grundstück ist in ein Umlegungsverfahren **einbezogen**, wenn es im Umlegungsgebiet (→ § 52) liegt. Das Vorkaufsrecht entsteht in diesen Fällen mit Bekanntmachung des Umlegungsbeschlusses (→ § 50 Abs. 1), also ggf. auch vor Aufstellung eines Bebauungsplans oder vor einem Aufstellungsbeschluss (→ vgl. § 45 S. 2). Ist gegen den Umlegungsbeschluss ein **Rechtsbehelf** eingelegt und die aufschiebende Wirkung dieses Rechtsbehelfs gerichtlich angeordnet worden (→ § 212 Abs. 2 Nr. 1), beurteilt sich das Bestehen des Umlegungsvorkaufsrechts entsprechend dem Rechtsgedanken des § 71 Abs. 2. Es besteht also nur in den Bereichen, die sich für den Rechtsmittelführer nicht auswirken können (vgl. *Stock* in EZBK § 24 Rn. 25; *Grziwotz* in SU BauGB § 24 Rn. 13.1). Das Vorkaufsrecht nach Abs. 1 Nr. 2 **entfällt,** wenn das Grundstück nicht mehr in eine Umlegung einbezogen ist (→ §§ 71, 76).

8 c) **In einem Sanierungsgebiet und Entwicklungsbereich (Abs. 1 S. 1 Nr. 3).** Nach **Abs. 1 S. 1 Nr. 3** steht der Gemeinde ein gesetzliches Vorkaufsrecht beim Kauf von Grundstücken in einem **förmlich festgelegten Sanierungsgebiet** sowie in einem **städtebaulichen Entwicklungsbereich** zu. Das gesetzliche Vorkaufsrecht steht der Gemeinde im Sanierungsgebiet dabei auch dann zu, wenn sie die Sanierung im **vereinfachten Sanierungsverfahren** (→ § 142 Abs. 4) durchführt. Die Satzung muss bei Ausübung des Vorkaufsrechts wirksam sein, ggf. auch aufgrund einer **rückwirkenden Inkraftsetzung** gemäß §§ 214 Abs. 4, 143 Abs. 1 (VGH München Urt. v. 6.2.2014 – 2 B 13.2570, BayVBl 2015, 274). Die Ausübung muss sich an den konkreten und aktuellen Erfordernissen der Maßnahme orientieren, wobei die Anforderungen mit Fortschreiten des Verfahrens höher werden (VGH München aaO). Allein das Alter der Satzung lässt das Vorkaufsrecht jedoch nicht entfallen (BVerwG Beschl. v. 15.3.1995 – 4 B 33/95, NVwZ 1995, 897; VGH München Urt. v. 2.10.2013 – 1 BV 11.1944, NVwZ-RR 2014, 132).

9 Während nach § 5 Abs. 3 S. 2 StBauFG (aufgehoben durch Art. 2 Nr. 1 des Gesetzes über das Baugesetzbuch vom 8.12.1986, BGBl. I S. 2196 (2232)) bei der **Bekanntmachung** der Sanierungssatzung und ihrer Genehmigung u. a. auf die Geltung des § 17 StBauFG über das Vorkaufsrecht im Sanierungsgebiet hinzuweisen war, fehlt eine entsprechende Bestimmung im BauGB. Die Hinweispflicht bei der Bekanntmachung der Sanierungssatzung (→ vgl. § 143 Abs. 1 S. 3) bezieht sich nur auf die Vorschriften der §§ 152 bis 156a. Sie besteht damit nur für die Rechtsvorschriften, die im vereinfachten Sanierungsverfahren keine Anwendung finden, nicht hingegen für die stets anwendbaren besonderen vorkaufs- und enteignungsrechtlichen Vorschriften (→ §§ 24 Abs. 1 S. 1 Nr. 3, 87 Abs. 3 S 3, 89 S. 2) und der Verfügungs- und Veränderungssperre (→ § 144).

10 **§ 18 StBauFG über das gemeindliche Grunderwerbsrecht** ist nicht in das BauGB übernommen worden. Diese Vorschrift hatte für das Sanierungsrecht eine „Lücke" für den Fall geschlossen, dass die Gemeinde (zB wegen eines überhöhten Preises, vgl. § 153 Abs. 2) die Genehmigung für die rechtsgeschäftliche Veräußerung eines Grundstücks versagt; denn die Gemeinde entzieht sich hierdurch zugleich die Grundlage für die Ausübung eines ihr ggf. zustehenden Vorkaufsrechts, dessen Vor-

aussetzung ein wirksamer Kaufvertrag ist (→ § 28 Rn. 2; *Bracher* in BRS Rn. 2682; anders *Schlarmann/Krappel* DVBl. 2009, 1341 ff.). Die Streichung des § 18 StBauFG hat diese Folge jedoch nur bei Anwendung der besonderen sanierungsrechtlichen Vorschriften (→ § 142 Abs. 4, §§ 152 bis 156a). Im vereinfachten Sanierungsverfahren findet die Vorschrift über die Preisprüfung keine Anwendung.

d) Im Geltungsbereich einer Satzung zur Sicherung von Durchführungsmaßnahmen des Stadtumbaus und einer Erhaltungssatzung (Abs. 1 S. 1 Nr. 4). Der Gemeinde steht nach **Abs. 1 S. 1 Nr. 4** ein Vorkaufsrecht zu beim Kauf von Grundstücken **im Geltungsbereich einer Erhaltungssatzung (§ 172)**. Die Gemeinde kann Erhaltungsziele ggf. aber auch durch das **Satzungsvorkaufsrecht** gem. § 25 Abs. 1 S. 1 Nr. 2 sichern. 11

Das Vorkaufsrecht nach **Abs. 1 S. 1 Nr. 4** findet sowohl auf **bebaute** als auch auf **unbebaute** Grundstücke in Erhaltungsgebieten Anwendung. Es hat gleichwohl aber vor allem Bedeutung in den Fällen des § 172 Abs. 1 S. 2, Abs. 3 S. 2 (Errichtung baulicher Anlagen). In den Fällen des § 172 Abs. 1 S. 1 Nr. 2 und 3 („Milieuschutz"- bzw. Umstrukturierungssatzung) wird die Ausübung des Vorkaufsrechts wegen § 26 Nr. 4 zumeist nicht in Frage kommen (vgl. *Stock* ZfBR 1987, 10 (12)).

Das Vorkaufsrecht nach **Abs. 1 S. 1 Nr. 4** besteht auch für die **Satzungsgebiete nach § 171d** über die Sicherung von Durchführungsmaßnahmen des Stadtumbaus. Die Vorschrift flankiert damit – ebenso wie die Erweiterung des städtebaulichen Enteignungsrechts auf diese Satzungsgebiete (→ § 85 Abs. 1 Nr. 7) – das Recht des Stadtumbaus (§§ 171a bis 171d BauGB). Mit der Einbeziehung des Gebiets solcher Satzungen in das allgemeine Vorkaufsrecht soll, vergleichbar der Interessenlage in förmlich festgelegten Sanierungsgebieten und Entwicklungsbereichen sowie im Geltungsbereich einer Erhaltungssatzung, der Gemeinde ein Instrument an die Hand gegeben werden, mit dem sie den Grundstückserwerb die von ihr im Rahmen des Stadtumbaus verfolgten Zwecke (vgl. § 171b Abs. 2 über das städtebauliche Entwicklungskonzept) fördern kann. Für beide Varianten der Nr. 4 gilt, dass die Satzungen im Zeitpunkt des Kaufvertragsschlusses bekanntgemacht sein muss (*Bracher* in BRS Rn. 2683). 12

e) Im Geltungsbereich eines Flächennutzungsplans, Wohnbauflächen im Außenbereich (Abs. 1 S. 1 Nr. 5, S. 2). Nach **Abs. 1 S. 1 Nr. 5** steht der Gemeinde ein Vorkaufsrecht im Geltungsbereich eines Flächennutzungsplans zu, soweit es sich um unbebaute Flächen im **Außenbereich** handelt, für die im Flächennutzungsplan eine Nutzung als **Wohnbaufläche oder Wohngebiet** (vgl. § 1 Abs. 1 Nr. 1, Abs. 2 Nr. 1–5 BauNVO) dargestellt ist. Ein Grundstück ist iS der Nr. 5 **unbebaut**, wenn sich auf ihm keine bauliche Anlage iS des § 29 Abs. 1 befindet. Auch eine „geringfügige" Bebauung (vgl. § 85 Abs. 1 Nr. 2) reicht für die Einordnung als „bebautes" Grundstück aus (str.; wie hier *Schrödter* in Schrödter § 24 Rn. 32; anders etwa *Jarass/Kment* § 24 Rn. 14) Wenn die Nutzung aufgegeben wurde, jedoch noch Bestandsschutz besteht (→ § 29 Rn. 18), gilt das Grundstück nicht als unbebaut. Ist dagegen eine Wiederaufnahme der Nutzung rechtlich nicht mehr möglich, hat die bauliche Anlage also den Bestandsschutz verloren, ist das Grundstück als unbebaut anzusehen (BVerwG Urt. v. 24.10.1996 – 4 C 1/96, NVwZ-RR 1997, 462). Auch bei einer formell und materiell baurechtswidrigen Anlage, die auch in absehbarer Zeit nicht genehmigungsfähig werden kann und für die daher eine Beseitigung angeordnet werden könnte, ist von einem „unbebauten" Grundstück auszugehen (vgl. BVerwG aaO; *Bracher* in BRS Rn. 2687; *Stock* in EZBK § 24 Rn. 36). Das Vorkaufsrecht bezieht sich auf Flächen, die unmittelbar für eine Wohnbebauung oder die infrastrukturelle Ausstattung eines zu entwickelnden Wohngebiets dienen oder als Tauschland dafür (nicht als allgemeine „Manövriermasse") mittelbar zur Verfügung stehen sollen (BVerwG Beschl. v. 25.1.2010 – 4 B 53/09, BauR 2010, 874; → auch Rn. 23). Nach **Abs. 1 S. 3** kann das Vorkaufsrecht nach Abs. 1 S. 1 Nr. 5 bereits aus- 13

§ 24 I. Kapitel. II. Teil. Sicherung der Bauleitplanung

geübt werden, wenn die Gemeinde **beschlossen** hat, einen **Flächennutzungsplan aufzustellen, zu ändern oder zu ergänzen.** Voraussetzung ist, dass nach dem **Stand der Planungsarbeiten** anzunehmen ist, dass der künftige Flächennutzungsplan eine Darstellung als Wohnbaufläche oder als Wohngebiet enthalten wird. Das Vorkaufsrecht nach Abs. 1 S. 1 Nr. 5 entsteht frühestens mit der Bekanntmachung des Beschlusses gem. § 2 Abs. 1 S. 2. Eine hinreichende „Planreife" wird jedoch in der Regel erst dann vorliegen, wenn die Beteiligungen nach den §§ 3 und 4 durchgeführt worden sind. Zudem muss aufgrund nachvollziehbarer Umstände alsbald mit der Vornahme der weiteren notwendigen Schritte, im Regelfall mit der Aufstellung eines Bebauungsplans zu rechnen sein (BVerwG Beschl. v. 25.1.2010 – 4 B 53/09, BauR 2010, 874; VGH München Urt. v. 3.2.2015 – 15 B 13.100, juris). Dies schließt Fragen des konkreten Bedarfs für die Schaffung von Wohnbauland sowie etwaige diesbezügliche Hindernisse (zB Immissionsschutz) ein.

14 **f) Sonstige Wohnbauflächen (Abs. 1 S. 1 Nr. 6).** Der Gemeinde steht nach **Abs. 1 S. 1 Nr. 6** ein Vorkaufsrecht in Gebieten zu, die vorwiegend **mit Wohngebäuden bebaut werden können.** Voraussetzung ist, dass die Gebiete nach den **§§ 30, 33 oder 34 Abs. 2** zu beurteilen sind. Das Vorkaufsrecht kann nur bei **unbebauten Grundstücken** (→ vgl. hierzu und zum zulässigen Vorkaufszweck Rn. 13) ausgeübt werden. Die Fälle des § 34 Abs. 1 sind aus dem Tatbestand herausgenommen. Nach § 34 Abs. 2 iVm der BauNVO kommen als Gebiete, die vorwiegend mit Wohngebäuden bebaut werden können, in Betracht: Kleinsiedlungsgebiete (§ 2 BauNVO), Reine Wohngebiete (§ 3 BauNVO), Allgemeine Wohngebiete (§ 4 BauNVO) sowie Besondere Wohngebiete (§ 4a BauNVO). In Dorf-, Misch- oder Kerngebieten sowie Ferienhausgebieten (§§ 5–7, 10 BauNVO) findet das Vorkaufsrecht nach Abs. 1 S. 1 Nr. 6 dagegen ebenso wenig Anwendung wie im sonstigen unbeplanten Innenbereich nach § 34 Abs. 1 (vgl. *Bracher* in BRS Rn. 2689). Auch in den Fällen des § 30 Abs. 2 (vorhabenbezogener Bebauungsplan) findet Abs. 1 S. 1 Nr. 6 keine Anwendung (→ vgl. § 12 Abs. 3 S. 2 Hs. 2).

15 **g) In Überschwemmungsgebieten (Abs. 1 S. 1 Nr. 7).** Nach **Abs. 1 S. 1 Nr. 7** steht der Gemeinde ein gesetzliches Vorkaufsrecht auch in Gebieten zu, die zum Zweck des **vorbeugenden Hochwasserschutzes** von Bebauung freizuhalten sind, insbesondere in Überschwemmungsgebieten (→ zu den in Betracht kommenden Gebieten die Erläuterungen zu § 1 Abs. 6 Nr. 12, § 5 Abs. 4a und § 9 Abs. 6a; zusammenfassend § 1 Rn. 86 ff.). Das Vorkaufsrecht soll die Gemeinden in die Lage versetzen, zur Vermeidung der vielfach erheblichen nachteiligen Folgen von Überschwemmungen, die aufgrund klimatischer Veränderungen voraussichtlich zunehmen werden, die entsprechenden Flächen zu erwerben und damit langfristig vorzusorgen. Diese Flächen können naturbelassene Flächen bleiben oder von der Gemeinde ggf. auch einer verträglichen anderweitigen Nutzung zugeführt werden (zB Erholungsflächen); sie kommen auch als Ausgleichsflächen iS des § 1a Abs. 3 S. 4 in Betracht.

16 **2. Kauf von Grundstücken. a) Kauf.** Das Vorkaufsrecht besteht nur bei **Kaufverträgen** iS von § 433 BGB. Das Vorkaufsrecht besteht daher insbesondere (außer bei gezielter Umgehung. → Vorb. §§ 24–28 Rn. 5) nicht in folgenden Fällen: Schenkung, gemischte Schenkung, Tausch, Ringtausch, Bestellung eines Erbbaurechts, Erbbauauseinandersetzungsvertrag, Erbteilverkauf, Einbringung eines Grundstücks in eine Gesellschaft, Übertragung von Anteilen an einer Gesellschaft, Veräußerung eines ideellen Bruchteils an einem Grundstück an einen Miteigentümer (OLG Düsseldorf Beschl. v. 26.5.2010 – I-3 Wx 90/103, NJW-RR 2011, 307; BayObLG Rpfleger 1986, 52) oder Veräußerung im Wege der Zwangsversteigerung oder aus der Insolvenzmasse (§ 28 Abs. 2 S. 2, § 471 BGB; zum Kauf von Rechten nach dem Wohnungseigentumsgesetz sowie von Erbbaurechten → Rn. 19). Ein Vorkaufsrecht der Gemeinde besteht weiterhin nicht, wenn ein Grundstück nach den Bestimmungen

des **Investitionsvorranggesetzes** veräußert wird (§ 6 InVorG). Maßgeblich ist die materielle Rechtslage, nicht die Bezeichnung des Rechtsvorgangs durch die Parteien (OVG Saarland Beschl. v. 3.6.2009 – 2 B 254/09, BRS 74 Nr. 131).

b) Wirksamer Vertrag. Der **Kaufvertrag** muss **wirksam** sein (vgl. OVG **17** Münster Beschl. v. 13.8.2014 – 8 B 340/14, NVwZ-RR 2014, 918; *Jarass/Kment* § 24 Nr. 4); vorher kann das Vorkaufsrecht nicht wirksam ausgeübt werden. Vor Wirksamkeit des Kaufvertrags beginnt auch die Ausübungsfrist für das Vorkaufsrecht (→ § 28 Abs. 2 S. 1) nicht zu laufen; auch die Anzeigepflicht des Verkäufers über den Vertragsabschluss (→ § 28 Abs. 1 S. 1) besteht bis dahin nicht. Für die Wirksamkeit eines Kaufvertrags können **zivilrechtliche und öffentlich-rechtliche** Genehmigungen erforderlich sein, zum Beispiel nach § 144 Abs. 2 Nr. 1 für Grundstücke in Sanierungsgebieten bzw. städtebaulichen Entwicklungsbereichen (*Schlarmann/Krappel* DVBl. 2009, 1341 ff.), nach dem Grundstücksverkehrsgesetz (zu Nebenbestimmungen in einer Grundstücksverkehrsgenehmigung VGH München Beschl. v. 8.4.2015 – 15 ZB 13.2564, juris) oder nach § 51 Abs. 1 S. 1 Nr. 1 für Grundstücke im Umlegungsgebiet. Solange die das Vorkaufsrecht begründende Maßnahme (zB Inkrafttreten der Satzung) noch nicht wirksam geworden ist, greift das Vorkaufsrecht nicht (BGH Urt. v. 15.6.1960 – V ZR 105/59, BGHZ 32, 383; BVerwG Beschl. v. 14.4.1994 – 4 B 70/94, NJW 1994, 3178). Wirksam sind (bis zu ihrer Anfechtung) auch **anfechtbare Kaufverträge** (§§ 119, 123 BGB). Die Nichtigkeit des Vertrags infolge einer Anfechtung entzieht jedoch dem Vorkaufsrecht die Grundlage (→ im Einzelnen auch die Erläuterungen zu § 28).

c) Grundstück. Der **Grundstücksbegriff** bestimmt sich nach dem bürgerlichen **18** Recht (vgl. § 200). Liegt ein Grundstück zB nur **teilweise** im Geltungsbereich eines Bebauungsplans, ist auch nur die entsprechende Teilfläche mit dem Vorkaufsrecht belastet (BGH Urt. v. 5.7.1990 – III ZR 229/89, NJW 1991, 293; OVG Koblenz Urt. v. 12.4.2011 – 8 A 11 405/10, BauR 2012, 54; vgl. zur Gesamtproblematik *Hellmann-Sieg/Smeddinck* BauR 1999, 122 ff.). Der Eigentümer kann aber in diesem Fall nach § 28 Abs. 2 S. 2 iVm § 467 S. 2 BGB den Vorkauf des gesamten Grundstücks durch die Gemeinde verlangen, wenn eine Teilung des Grundstücks für ihn nicht ohne Nachteil, insbesondere der vom Vorkaufsrecht betroffene Teil nicht mehr angemessen zu nutzen ist (zum Kaufpreis bei Ausübung des Vorkaufsrechts nur für eine Teilfläche → die Erl. zu § 28 Abs. 2 bis 4).

II. Rechte nach dem Wohnungseigentumsgesetz und Erbbaurecht (Abs. 2)

Nach Abs. 2 steht der Gemeinde das Vorkaufsrecht beim Kauf von **Rechten nach 19 dem Wohnungseigentumsgesetz** sowie von **Erbbaurechten** nicht zu (seit BauGB 1987; zur früheren Rechtslage vgl. BGH Beschl. v. 16.2.1984 – V ZB 24/83, BGHZ 90, 174; *Bielenberg/Krautzberger* DVBl. 1985, 1281 (1284)). Bei der Veräußerung von Rechten nach dem WEG oder von Erbbaurechten bedarf es daher auch nicht der Vorlage eines Negativattests (→ vgl. § 28 Abs. 1 S. 2 bis 4). Dies gilt im Hinblick auf das fehlende städtebauliche Bedürfnis auch bei vergleichbaren Rechten, da Abs. 2 keine abschließende Regelung enthält (so zu einem selbständigen Fischereirecht OLG Nürnberg, Beschl. v. 9.2.2015 – 15 W 178/15, MDR 2015, 385; s. auch VGH München Urt. v. 4.6.2014 – 2 B 12.1587, NVwZ-RR 2014, 772).

III. Ausübungsvoraussetzungen (Abs. 3)

Die Ausübung des Vorkaufsrechts muss durch das **Wohl der Allgemeinheit ge- 20 rechtfertigt sein** (**Abs. 3 S. 1;** zum gemeindlichen Ermessen → § 28 Rn. 4). Gegenüber der **Enteignung,** deren Ausübung vom Wohl der Allgemeinheit **erforder-**

lich sein muss (→ § 87 Abs. 1), werden damit geringere Anforderungen gestellt (BVerwG Beschl. v. 15.2.1990 – 4 B 245/89, NJW 1990, 2703; VGH München, Urt. v. 6.7.2014 – 2 B 13.2570, BayVBl. 2015, 274; OVG Koblenz Urt. v. 12.4.2011 – 8 A 11 405/10, BauR 2012, 54). Diese Voraussetzung für die Ausübung des Vorkaufsrechts ist daher erfüllt, wenn im Hinblick auf eine bestimmte Aufgabe überwiegende Vorteile für die Öffentlichkeit angestrebt werden (BVerwG Beschl. v. 15.2.1990 – 4 B 245/89, NJW 1990, 2703; dass. Urt. v. 29.11.1956 – I C 40/56, BVerwGE 4, 185). Durch das Wohl der Allgemeinheit gerechtfertigt ist der Erwerb eines Grundstücks daher, wenn hierdurch dem mit dem Vorkaufsrecht verfolgten, das Vorkaufsrecht rechtfertigenden und vom Gesetzgeber mit § 24 Abs. 1 gebilligten städtebaulichen Zweck gedient werden soll. **§ 26** regelt dabei Fälle, für die bereits das Gesetz festlegt, dass eine Ausübung des Vorkaufsrechts **nicht gerechtfertigt** ist. Eine erteilte Baugenehmigung oder ein Bauvorbescheid steht der Ausübung des Vorkaufsrechts ebenso wenig entgegen wie ein vorhandener baulicher Bestand, letzteres jedoch nur, wenn das Vorkaufsrecht nicht kraft Gesetzes auf unbebaute Grundstücke beschränkt ist. Auf die in § 1 Abs. 6 aufgeführten öffentlichen Belange kann als Hinweis für die vom Gesetzgeber gebilligten Zwecke zurückgegriffen werden (vgl. auch BVerwG Beschl. v. 26.4.1993 – 4 B 31/93, NVwZ 1994, 282: Grundstück für religiös motivierte Jugend- und Sozialarbeit). Das Wohl der Allgemeinheit rechtfertigt die Ausübung des Vorkaufsrechts nur, wenn im konkreten **Einzelfall** dem mit dem jeweiligen Vorkaufsrecht nach § 24 Abs. 1 verfolgten Zweck entsprochen wird (VGH München Urt. v. 26.6.1985 – 1 B 84 A. 1420, BayVBl. 1986, 181). Mit der Durchführung der weiteren Schritte, die zur Erreichung des mit der Ausübung des Vorkaufsrechts verfolgenden Zwecks notwendig sind (zB Aufstellung eines Bebauungsplans für die Wohnbebauung), muss alsbald zu rechnen sein (BVerwG Beschl. v. 25.1.2010 – 4 B 53/09, BauR 2010, 874; → vgl. auch § 25 Rn. 6). Auch in einem frühen Planungsstadium (s. insbes. Abs. 1 S. 2) muss bereits eine hinreichende Realisierungschance bestehen (OVG Koblenz Urt. v. 12.4.2011 – 8 A 11 405/10, BauR 2012, 54).

21 Ob die **gerichtlich voll nachprüfbaren** Tatbestandsvoraussetzungen vorliegen, hängt vom konkreten **Verwendungszweck** ab. Diesen Verwendungszweck hat die Gemeinde nach **Abs. 3 S. 2** bei der Ausübung des Vorkaufsrechts anzugeben. Wird der Verwendungszweck nicht oder unvollständig angegeben, ist die Ausübung des Vorkaufsrechts nicht zwangsläufig rechtswidrig, wenn die Ausübungsvoraussetzungen iSd Abs. 3 S. 1 objektiv vorliegen (str.; wie hier *Bracher* in BRS Rn. 2744; *Jarass/Kment* § 24 Rn. 8; *Paetow* in BK § 24 Rn. 22; *Gruziwotz* in SU BauGB § 24 Rn. 29; tendenziell so auch BVerwG Beschl. v. 15.2.1990 – 4 B 245/89, NJW 1990, 2703; vgl. aber *Stock* in EZBK § 24 Rn. 81; *Schrödter* in Schrödter § 24 Rn. 59). Allerdings ist zu beachten, dass der Gemeinde auf der Rechtsfolgenseite ein Ermessen zusteht, ob sie ihr Vorkaufsrecht ausübt oder nicht (→ § 28 Abs. 2 S. 1). Daher sind auch die Anforderungen des § 39 Abs. 1 S. 2 VwVfG an die Begründung im Hinblick auf den Verwendungszweck sowie die gerichtliche Nachprüfung von Ermessensentscheidungen (§ 114 VwGO) zu beachten. Dies schließt die Möglichkeiten einer nachträglichen Heilung von Ermessensfehlern mit ein (VGH Kassel Urt. v. 17.2.2011 – 4 A 2397/10, NVwZ-RR 2011, 492; VGH München Urt. v. 6.2.2014 – 2 B 13.2570, BayVBl. 2015, 274(; *Bracher* in BRS Rn. 2744; anders OVG Schleswig Urt. v. 29.1.2009 – 1 LA 117/08, juris; Stock in EZBK § 24 Nr. 66).

22 Die Anforderungen, die an die Angaben der Gemeinde dabei zu stellen sind, bestimmen sich nach den Umständen des Einzelfalls und lassen sich nicht nach generellen Maßstäben vorab bestimmen (BVerwG Beschl. v. 15.2.1990 – 4 B 245/89, NJW 1990, 2703). Allerdings kommt den Festsetzungen eines Bebauungsplans oder der künftigen Planung maßgebliche Bedeutung zu: Wird das Vorkaufsrecht zB an einem Grundstück im Geltungsbereich eines **Bebauungsplans** iS des Abs. 1 S. 1 Nr. 1 ausgeübt (Flächen für den Gemeinbedarf, Verkehrs-, Versorgungs-, Grünflächen oder

3. Abschnitt. Gesetzliche Vorkaufsrechte der Gemeinde § 24

ähnliche Flächen mit einer öffentlichen Zweckbestimmung), ist die Ausübung des Vorkaufsrechts regelmäßig als vom Wohl der Allgemeinheit gerechtfertigt anzusehen (OVG Lüneburg Urt. v. 28.2.1980 – 1 A 109/78, BauR 1981, 262; *Paetow* in BK § 24 Rn. 23; s. auch § 27 Rn. 3). Wird das Vorkaufsrecht an einem Grundstück in einem **Umlegungs-** oder **Sanierungsgebiet, Entwicklungsbereich** oder im Gebiet einer **Erhaltungssatzung** ausgeübt, ist die Ausübung gerechtfertigt, wenn die städtebaulichen Gründe hierfür jenen entsprechen, die mit der jeweiligen Maßnahme bzw. Gebietsfestsetzung verfolgt werden. Maßgeblich hierfür sind neben der Satzung selbst u. a. auch deren Begründung sowie die Ergebnisse der vorbereitenden Untersuchungen (VGH München Urt. v. 2.10.2013 – 1 BV 11.1944, NVwZ-RR 2014, 132).

Ein weiterer Verwendungszweck, der vom Wohl der Allgemeinheit in der Regel umfasst wird, ist der Erwerb von Grundstücken als **Austausch- oder Ersatzland,** insbesondere zum Zwecke der Entschädigung in Land (BVerwG Beschl. v. 25.1.2010 – 4 B 53/09, BauR 2010, 874). Ein die Ausübung des Vorkaufsrechts rechtfertigender städtebaulicher Grund kann somit auch vorliegen, wenn der konkrete Ausübungszweck nicht auf das Gebiet bezogen ist, in dem das Vorkaufsrecht ausgeübt wird. So kann Austausch- oder Ersatzland, das zur Ausführung der Umlegung (→ vgl. § 55 Abs. 5, § 59 Abs. 5) benötigt wird, auch in einem anderen Umlegungsgebiet in der Gemeinde beschafft werden (*Roos* in Brügelmann § 24 Rn. 49; *Stock* in EZBK § 24 NR. 69; anders *Bracher* in BRS Rn. 2717). Fraglich ist aber, ob die Beschaffung auch in einem zu einem anderen Zweck festgelegten Gebiet zulässig ist; dies dürfte jedenfalls dann ausgeschlossen sein, wenn der spezielle, in dem in Frage kommenden Gebiet verfolgte Zweck des Vorkaufsrechts einer Ausübung zu Austauschzwecken für andere Gebiete entgegensteht (*Stock* ZfBR 1987, 10 (14)). **Allgemeine bodenpolitische Erwägungen** der Gemeinde, auch wenn diese Erwägungen im öffentlichen Interesse durch den Gesetzgeber im Einzelfall gebilligt werden, reichen demgegenüber nicht aus (VGH München Urt. v. 26.6.1985 – 1 B 84 A. 1420, BayVBl. 1986, 181). Es genügt auch nicht, wenn die Gemeinde das Grundstück zur Vorratshaltung erwerben möchte, um in dem vom Flächennutzungsplan umfassten Gebiet längerfristig „Manövriermasse" zu haben (BVerwG Beschl. v. 25.1.2010 – 4 B 53/09, BauR 2010, 874 zu einem Fall nach § 24 Abs. 1 S. 1 Nr. 5). **23**

Bei Grundstücken, für die **keine öffentliche Zweckbestimmung** festgesetzt oder vorgesehen ist, ist der Vorkauf rechtfertigende Verwendungszweck zB dann erfüllt, wenn das Grundstück auch **enteignet werden könnte.** Auch hier ist die sich aus dem Bebauungsplan ergebende oder die ausreichend bestimmbare zukünftige Festsetzung ein wichtiges Indiz, selbst wenn diese nicht den Anforderungen des § 24 Abs. 1 S. 1 Nr. 1 entspricht. Dies gilt etwa bei Festsetzungen nach § 9 Abs. 1 Nr. 7 oder Nr. 9 oder wenn zur Verwirklichung städtebaulicher Bauflichten (→ §§ 175ff.) durch Ausübung des Vorkaufsrechts eine Enteignung vermieden wird. Ist ein Grundstück **unbebaut,** aber entsprechend dem Bebauungsplan oder Zielen und Zwecken einer städtebaulichen Maßnahme **genutzt** (zB private Gartenfläche), dann ist die Ausübung des Vorkaufsrechts nicht gerechtfertigt (→ vgl. auch § 26 Nr. 4), auch wenn der Erwerber Nutzungsänderungen beabsichtigt (BVerwG Beschl. v. 29.6.1993 – 4 B 100/93, NVwZ 1994, 284 unter Verweisung auf die Sicherungen nach den §§ 14, 15). **24**

Für die Ausübung des Vorkaufsrechts bei Grundstücken im Geltungsbereich einer **Erhaltungssatzung** (Abs. 1 S. 1 Nr. 4) ist die Ausübung des Vorkaufsrechts gerechtfertigt, wenn durch den Kauf und den damit verfolgten Zweck die Schutzziele des § 172 beeinträchtigt werden, also insbesondere bauliche Anlagen entgegen den Zielen und Zwecken der Erhaltungssatzung abgebrochen, geändert oder hinsichtlich ihrer Nutzung geändert werden sollen. Die Ausübung des Vorkaufsrechts ist dabei nur gerechtfertigt, wenn **Tatsachen** die Annahme einer Beeinträchtigung der Belange des § 172 rechtfertigen. Die bloße Vermutung einer solchen Verwertungsabsicht des Erwerbers **25**

reicht nicht aus. Eine entsprechende Verwertungsabsicht kann sich zB aus dem Kaufvertrag ergeben, etwa durch konkrete Hinweise auf Abbruch- oder Umbauvorhaben oder eine Umnutzung des Gebäudes, aber zB auch aus Äußerungen gegenüber den Mietern oder Aufträgen an Bauunternehmen. Entsprechendes gilt in den Fällen des § 172 Abs. 1 S. 4 hinsichtlich einer beabsichtigten Begründung von Wohnungseigentum. Als Tatsachen kommen auch sonstige Anhaltspunkte in Betracht, wie zum Beispiel Bauvoranfragen des zukünftigen Erwerbers. Allein der Beruf des Erwerbers reicht für die Annahme einer Beeinträchtigung der Schutzziele des § 172 nicht aus, jedoch kann als „Tatsache" die wiederholte oder geschäftsmäßige Verwertung von Gebäuden durch Maßnahmen i. S. des § 172 Abs. 1 Bedeutung haben(vgl. auch VG Ansbach Urt. v. 19.12.1984 – AN 3 K 83 A 1986; LG Nürnberg Urt. v. 30.12.1982 – O 726/81 (Baul.)).

26 In den **Satzungsgebieten nach § 171d** kann das Vorkaufsrecht zur Sicherung der mit der Stadtumbaumaßnahme verfolgten Ziele ausgeübt werden (vgl. § 171d Abs. 3), die Gegenstand des von der Gemeinde beschlossenen und fortgeschriebenen städtebaulichen Entwicklungskonzepts sind (§ 171b Abs. 2). Die Rechtfertigung ergibt sich im Einzelfall hieraus (s. hierzu auch die gesetzlichen Ziele des Stadtumbaus in § 171a Abs. 3 S. 2 sowie die Enteignungsmöglichkeit nach § 85 Abs. 1 Nr. 7).

IV. Verhältnis der Vorkaufsrechte zueinander

27 Über das **Verhältnis der Vorkaufsrechte** nach den §§ 24, 25 zueinander trifft das Gesetz keine ausdrückliche Bestimmung. Konkurrenzsituationen können zB im Verhältnis zwischen Bebauungsplanflächen mit öffentlicher Zweckbestimmung (→ § 24 Abs. 1 S. 1 Nr. 1) zu Grundstücken in Umlegungsgebieten (→ § 24 Abs. 1 S. 1 Nr. 2) oder in Sanierungsgebieten (→ § 24 Abs. 1 S. 1 Nr. 3) bestehen oder im Verhältnis zwischen dem Umlegungs- und dem Sanierungsvorkaufsrecht oder im Verhältnis zu den Wohnbauflächenvorkaufsrechten nach § 24 Abs. 1 S. 1 Nr. 5 und Nr. 6 usw. Hierbei ist darauf abzustellen, aus welchem **tatsächlichen** und die Ausübung des Vorkaufsrechts **rechtfertigenden Grund** (Verwendungszweck) die Gemeinde von dem Vorkaufsrecht Gebrauch gemacht hat. Hierfür ist vorrangig der von der Gemeinde angegebene Verwendungszweck zugrunde zu legen (→ § 24 Abs. 3 S. 2; vgl. aber auch Rn. 21). Die Konkurrenzfrage kann vor allem dann bedeutsam sein, wenn für einzelne Vorkaufsrechte Sonderregelungen bestehen (zB § 27 Abs. 2 Nr. 2 für das Umlegungsvorkaufsrecht; → auch die auf den jeweiligen Vorkaufszweck abstellenden Bestimmungen nach § 27 Abs. 1, Abs. 2 Nr. 1 sowie § 28 Abs. 4).

28 Liegen die Voraussetzungen mehrerer Vorkaufsrechte vor (zB Grundstücke im Geltungsbereich eines Sanierungsbebauungsplans mit öffentlicher Zweckbestimmung), geht das **speziellere Vorkaufsrecht** vor (zB § 24 Abs. 1 S. 1 Nr. 1 im Verhältnis zu Nr. 3), also in der Regel das Vorkaufsrecht mit den strengeren bzw. weitergehenden Anforderungen für die konkrete Fallgestaltung, da ansonsten diese strengen Anforderungen leerlaufen würden. Ist jedoch nach den Zielen und Zwecken der Sanierung eine Änderung des Bebauungsplans mit dem Ziel einer privatnützigen Nutzung der Fläche vorgesehen, geht das in diesem Fall einschlägige Sanierungsvorkaufsrecht (→ § 24 Abs. 1 S. 1 Nr. 3) vor. Diese Systematik ist auch im Hinblick auf die Behandlung derjenigen Vorkaufsfälle geboten, in denen gem. § 28 Abs. 4 der von der Gemeinde zu zahlende Betrag nach dem Entschädigungswert bestimmt wird.

V. Rechtsschutz, Überleitungsrecht

29 Zum Rechtsschutz wird auf die Vorb. zu den §§ 24–28 Rn. 8 sowie auf § 28 Rn. 21 verwiesen. Das Vorkaufsrecht wird durch Verwaltungsakt ausgeübt (→ § 28 Abs. 2 S. 1). Die Anfechtung bestimmt sich nach der VwGO. Gegen die Ausübung des gemeindlichen Vorkaufsrechts können sich Verkäufer ebenso wie Käufer zur Wehr setzen

3. Abschnitt. Gesetzliche Vorkaufsrechte der Gemeinde § 25

(BVerwG Beschl. v. 30.11.2009 – 4 B 52/09, BRS 74 Nr. 13). Auch die öffentliche Hand kann als Käufer den Bescheid anfechten (BVerwG Beschl. v. 15.2.2000 – 4 B 10/00, NVwZ 2000, 1044). Wird das Vorkaufsrecht zum Verkehrswert oder zum Entschädigungswert (→ § 28 Abs. 3 bzw. Abs. 4) ausgeübt, kann der Verwaltungsakt nur vor den Baulandgerichten angefochten werden (→ § 217 Abs. 1).

§ 25 Besonderes Vorkaufsrecht

(1) ¹**Die Gemeinde kann**
1. **im Geltungsbereich eines Bebauungsplans durch Satzung ihr Vorkaufsrecht an unbebauten Grundstücken begründen;**
2. **in Gebieten, in denen sie städtebauliche Maßnahmen in Betracht zieht, zur Sicherung einer geordneten städtebaulichen Entwicklung durch Satzung Flächen bezeichnen, an denen ihr ein Vorkaufsrecht an den Grundstücken zusteht.**

²Auf die Satzung ist § 16 Abs. 2 entsprechend anzuwenden.

(2) ¹§ 24 Abs. 2 und 3 Satz 1 ist anzuwenden. ²Der Verwendungszweck des Grundstücks ist anzugeben, soweit das bereits zum Zeitpunkt der Ausübung des Vorkaufsrechts möglich ist.

Übersicht

	Rn.
1. Allgemeines	1
2. Unbebaute Grundstücke im Geltungsbereich eines Bebauungsplans (Abs. 1 S. 1 Nr. 1)	2
3. Das besondere Satzungsvorkaufsrecht (Abs. 1 S. 1 Nr. 2)	3
4. Satzung (Abs. 1 S. 2)	8
5. Ausübungsvoraussetzungen (Abs. 2)	11
a) Rechtfertigung durch das Wohl der Allgemeinheit	11
b) Angabe des Verwendungszwecks	13
c) Sonstige Voraussetzungen	14

1. Allgemeines. Das der Gemeinde kraft Gesetzes zustehende allgemeine Vorkaufsrecht nach § 24 BauGB wird durch das besondere Satzungsvorkaufsrecht nach § 25 ergänzt (zum Kauf von Grundstücken und zur Abgrenzung gegenüber anderen Verträgen s. Vorb. §§ 24–28 Rn. 5). Die Vorschrift fasst **zwei eigenständige Vorkaufstatbestände** – Abs. 1 S. 1 Nr. 1 und 2 – zusammen, die zu ihrer Entstehung einer besonderen **Satzung der Gemeinde** bedürfen. Die in § 24 Abs. 1 geregelten Vorkaufsrechte bestehen dagegen kraft Gesetzes in den jeweiligen Gebietstypen. 1

2. Unbebaute Grundstücke im Geltungsbereich eines Bebauungsplans (Abs. 1 S. 1 Nr. 1). Abs. 1 S. 1 Nr. 1 enthält eine Ermächtigung der Gemeinde zur Begründung von Vorkaufsrechten **in Bebauungsplangebieten**, das über die in § 24 Abs. 1 S. 1 Nr. 1 und Nr. 6 bezeichneten Fälle hinausgeht. Während gem. § 24 Abs. 1 S. 1 Nr. 1 ein Vorkaufsrecht kraft Gesetzes an Flächen besteht, für die nach dem Bebauungsplan eine Nutzung für öffentliche Zwecke bzw. für Ausgleichsmaßnahmen i. S. des § 1a Abs. 3 festgesetzt ist, zielt das besondere Vorkaufsrecht des § 25 Abs. 1 S. 1 Nr. 1 auf unbebaute Grundstücke (zum Begriff § 24 Rn. 13) im Geltungsbereich eines Bebauungsplans ab, ist jedoch nicht wie § 24 Abs. 1 S. 1 Nr. 6 auf Wohnbauflächen beschränkt. Wie in den Fällen des § 24 Abs. 1 S. 1 Nr. 1 kann das Vorkaufsrecht sowohl in Gebieten mit einem „qualifizierten" (§ 30 Abs. 1) als auch mit einem „einfachen" (§ 30 Abs. 3) Bebauungsplan begründet werden. Ebenfalls erfasst sind übergeleitete Bebauungspläne (s. § 233 Abs. 3). Die Satzung kann den Gel- 2

tungsbereich mehrerer Bebauungsplangebiete erfassen, aber nicht darüber hinausgehend Flächen außerhalb eines Plangebiets einschließen (*Bracher* in BRS Rn. 2692). Im Geltungsbereich eines Vorhaben- und Erschließungsplans findet § 25 keine Anwendung (§ 12 Abs. 3 S. 2 Hs. 2; OVG Lüneburg Urt. v. 9.6.2015 – 1 KN 69/14, NJW-Spezial 2015, 461). Abs. 1 S. 1 Nr. 1 beschränkt das Vorkaufsrecht auf **unbebaute Flächen** im Geltungsbereich eines Bebauungsplans (vgl. hierzu § 24 Rn. 13): Auf die durch den Plan festgesetzte Nutzung kommt es – anders als nach § 24 Abs. 1 S. 1 Nr. 1 – nicht an (s. aber noch Rn. 11 ff.).

3 **3. Das besondere Satzungsvorkaufsrecht (Abs. 1 S. 1 Nr. 2).** Das Vorkaufsrecht nach **Abs. 1 S. 1 Nr. 2** besteht für die **bebauten** und **unbebauten** Grundstücke im Geltungsbereich einer nach Maßgabe des Abs. 1 S. 1 Nr. 2 von der Gemeinde beschlossenen Satzung. Es ermöglicht eine an städtebaulichen Interessen orientierte Bodenvorratspolitik zur Sicherung einer langfristigen geordneten Planung und Entwicklung (BVerwG Beschl. v. 26.1.2010 – 4 B 43/09, BauR 2010, 871; OVG Münster Urt. v. 19.4.2010 – 7 A 1041/08, BRS 76 Nr. 117).

4 Eine Vorkaufssatzung nach Abs. 1 S. 1 Nr. 2 kann von der Gemeinde für Gebiete erlassen werden, für die sie **städtebauliche Maßnahmen** in Betracht zieht. Jedoch kann nur für diese konkreten Maßnahmen und deren Sicherung kann das Vorkaufsrecht begründet werden, nicht hingegen allein für eine bloße städtebauliche Zielvorstellung. Danach richtet es sich daher auch, ob überhaupt ein **Sicherungsbedürfnis** besteht (OVG Lüneburg Urt. v. 9.6.2015 – 1 KN 69/14, NVwZ-RR 2015, 870; s. auch § 26). Hierfür kommt es auf den Zeitpunkt des Satzungsbeschlusses an (§ 214 Abs. 3 S. 1). Ist im Hinblick auf die konkrete städtebauliche Maßnahme (zB Aufstellung eines Bebauungsplans) bereits absehbar, dass kein Sicherungsbedürfnis besteht (zB weil das Grundstück plankonform bzw. maßnahmegerecht genutzt wird und sich weder eine Nutzungsänderung abzeichnet noch Missstände oder Mängel iSv § 177 Abs. 2 und 3 S. 1 vorliegen), scheidet ein Erlass der Satzung aus, so dass es nicht auf den erst nachgelagerten Ausschluss des Vorkaufsrechts gem. § 26 ankommt (OVG Lüneburg aaO).

5 Der Begriff der städtebaulichen Maßnahmen bezieht sich auf sämtliche einer Gemeinde zur städtebaulichen Ordnung und Entwicklung des Gemeindegebiets obliegenden Aufgaben. Darunter fallen alle Maßnahmen, die der Gemeinde dazu dienen, ihre Planungsvorstellungen zu verwirklichen, vorausgesetzt, sie weisen einen städtebaulichen Bezug auf (BVerwG Beschl. v. 8.9.2009 – 4 BN 38/09, BauR 2010, 81; BVerwG Beschl. v. 14.4. – 4 B 70/94, NJW 1994, 3178 (3179); OVG Münster Urt. v. 28.7.1997 – 10a D 31/97, NVwZ 1999, 432). Dazu zählen insbesondere – ohne hierauf beschränkt zu sein – die Vorbereitung, Planung und Durchführung von städtebaulichen Maßnahmen, zu deren Durchführung die Gemeinde das Städtebaurecht anwendet (zB Ausweisung und Erschließung neuer Baugebiete durch Bauleitplanung; Erwerb von Flächen für künftige Straßen oder sonstige Verkehrswege auf der Grundlage einer gemeindlichen Verkehrspolitik, vgl. BVerwG Beschl. v. 26.1.2010 – 4 B 43/09, BauR 2010, 871 zum Fall einer bauleitplanerischen Freihaltung von baulicher Nutzung für künftige verkehrliche Zwecke bei anstehender eisenbahnrechtlichen Entwidmung; Gemeindebedarfsflächen, Grünflächen usw., Entwicklung oder Erneuerung von Stadtquartieren, vor allem künftige Sanierungs-, Umlegungs-, Erhaltungs- und Stadtumbaugebiete sowie Entwicklungsbereiche; die Sicherung der für die Wohnumfeldverbesserung oder den Ersatzwohnungsbau benötigten Flächen).

6 Die Gemeinde muss städtebauliche Maßnahmen **in Betracht** ziehen. Dies schließt die **rein vorsorgliche Bodenbevorratung** ohne eine Planungsvorstellung aus. Eine Satzung ist rechtswidrig, wenn es eines gemeindlichen Grunderwerbs an den einbezogenen Flächen nicht bedarf, um die beabsichtigte städtebauliche Entwicklung so zu sichern, dass die künftige Umsetzung der planerischen Ziele zumindest erleichtert wird (BVerwG Beschl. v. 15.2.2000 – 4 B 10/00, NVwZ 2000, 1044). Andererseits verlangt Abs. 1 S. 1 Nr. 2 nicht bereits eine konkrete, in die Einzelheiten gehende Ziel- und

3. Abschnitt. Gesetzliche Vorkaufsrechte der Gemeinde § 25

Zeitvorstellung über die beabsichtigte Entwicklung des Gebiets. Dies bestätigt auch Abs. 2 S. 2. Diese Bestimmung geht von einer zulässigen Ausübung des Vorkaufsrechts an einem Grundstück auch für den Fall aus, dass ein konkreter Verwendungszweck zu diesem Zeitpunkt noch nicht angegeben werden kann. Die Absicht der Gemeinde zur Durchführung von im Einzelnen erst noch zu konkretisierenden städtebaulichen Maßnahmen muss jedoch bereits so verdichtet sein, dass bei vernünftiger Betrachtung der Grunderwerb zur Sicherung der für die Entwicklung benötigten Flächen sinnvollerweise eingeleitet wird (BVerwG Beschl. v. 8.9.2009 – 4 BN 38/09, BauR 2010, 81). Die Vorkaufssatzung muss also objektiv geeignet sein, zur Sicherung der städtebaulichen Entwicklung und Ordnung iSd **§ 1 Abs. 3 S. 1** beizutragen. In zeitlicher Hinsicht bieten dabei für die notwendige Prognose der fachplanerischen Fristen (Verwirklichung der Planung innerhalb eines **Zeitraums von etwa 10 Jahren** nach Inkrafttreten) einen brauchbaren Anknüpfungspunkt für die Erforderlichkeit (BVerwG Beschl. v. 26.1.2010 – 4 B 43/09, BauR 2010, 871).

Das Gesetz lässt offen, woraus sich die **Entwicklungsabsicht** der Gemeinde erkennbar werden muss. Sie kann sich zB aus den Zielen der Raumordnung, den städtebaulichen Entwicklungszielen des Flächennutzungsplans oder einer Entwicklungsplanung der Gemeinde ergeben. **Ziele der Raumordnung** (vgl. § 1 Abs. 4) kommen hierbei jedoch nur in Betracht, wenn sie fachlich und räumlich so konkretisiert sind, dass sie bestimmten Flächen im Gemeindegebiet bereits Funktionen zuweisen. Entsprechende Konkretheit muss auch eine **Entwicklungsplanung der Gemeinde** aufweisen (§ 1 Abs. 6 Nr. 11; vgl. BayVGH Beschl. v. 24.2.2010 – 1 ZB 08/3231, BauR 2010, 1734 (1736); OVG Münster Urt. v. 28.7.1997 – 10a D 31/97, NVwZ 1999, 432). Das Satzungsvorkaufsrecht kann somit der Sicherung einer städtebaulichen Rahmenplanung dienen; der Rat muss sich diese Planung jedoch spätestens bei Beschlussfassung über die Vorkaufssatzung zu eigen machen (OVG Münster Urt. v. 28.7.1997 – 10a D 31/97.NE, NVwZ 1999, 432). In Betracht kommen auch Stadt- und Dorferneuerungsplanungen ohne oder vor förmlicher Festsetzung eines Sanierungsgebiets (§§ 136, 142) bzw. städtebaulichen Entwicklungsbereichs (§ 165) oder zB Grünflächenplanungen, Baulückenschließungsprogramme, Verkehrsrahmenplanungen u. a. Auch das städtebauliche Entwicklungskonzept einer Stadtumbaumaßnahme (§ 171a), soweit nicht ohnehin das Vorkaufsrecht für die Satzungsgebiete nach § 171d (§ 24 Abs. 1 S. 1 Nr. 4) besteht oder ein Gebiet der Sozialen Stadt entsprechend dem Entwicklungskonzept (§ 171e) können Grundlage für eine Satzung nach Abs. 1 S. 2 Nr. 2 sein. Ein **Flächennutzungsplan** wird diesen Anforderungen an die notwendige Konkretisierung idR ebenfalls genügen. Das Sicherungsziel gem. Abs. 1 S. 1 Nr. 2 fällt nicht ohne Weiteres weg (Funktionslosigkeit), wenn ein das Ziel weiter konkretisierender Plan, insbesondere ein Bebauungsplan, in Kraft getreten ist (OVG Münster Urt. v. 19.4.2010 – 7 A 1041/08, BRS 76 Nr. 117).

4. Satzung (Abs. 1 S. 2). Das besondere Vorkaufsrecht des Abs. 1 S. 1 Nr. 1 und 2 besteht nur an den Flächen, die in der Vorkaufssatzung bezeichnet sind und die Satzungsvoraussetzungen erfüllen. Wird für den Geltungsbereich eines Bebauungsplans ein Vorkaufsrecht nach Abs. 1 S. 1 Nr. 1 begründet, besteht es also nur an den bei Ausübung unbebauten Grundstücken im Plangebiet. Diese müssen bei einem teilweise bebauten Gebiet nicht bereits in der Satzung benannt werden, da die Unbebautheit als solche hinreichend sicher erkennbar ist (anders unter Verweis auf den Bestimmtheitsgrundsatz etwa *Schrödter* in Schrödter § 25 Rn. 3). Die **Bezeichnung des Gebiets** kann textlich (Angabe der parzellengenauen Begrenzung) oder zeichnerisch (Verweisung auf eine Karte) geschehen. Letzteres ist in der Regel dann notwendig, wenn einzelne Grundstücke nur teilweise im Satzungsgebiet liegen sollen. Eine **Begründung** (vgl. § 9 Abs. 6) schreibt das Gesetz nicht vor; die Gemeinde muss aber zumindest über ausreichende Unterlagen verfügen, aus denen sich die **Rechtfertigung** der Satzung ergibt.

7

8

9 Nach der in **Abs. 1 S. 2** vorgesehenen entsprechenden Anwendung des § 16 Abs. 2 bedarf die Vorkaufssatzung **weder der Genehmigung noch der Anzeige;** in den **alten Ländern** gilt dies seit Inkrafttreten des BauGB (1.7.1987), in den **neuen Ländern** seit Inkrafttreten des Inv-WoBauIG (1.5.1993). Die allgemeinen formellen Anforderungen an eine Satzung, insbesondere die Pflicht zur ordnungsgemäßen Beschlussfassung, zur Ausfertigung und zur ordnungsgemäßen Bekanntmachung sind einzuhalten (BayVGH Beschl. v. 24.2.2010 – 1 ZB 08/3231, BauR 2010, 1734; vgl. § 10 Rn. 3ff., 30ff.).

10 Der Beschluss über das Satzungsvorkaufsrecht nach Abs. 1 S. 1 Nr. 1 kann **mit dem Beschluss über den Bebauungsplan verbunden** werden. Entsprechendes gilt für das **Inkrafttreten** durch öffentliche Bekanntmachung. Ein Inkrafttreten der Satzung nach Abs. 1 S. 1 Nr. 1 vor dem Bebauungsplan scheidet jedoch aus. Die Satzung über den Bebauungsplan hat unabhängig von der Wirksamkeit der Satzung über das Vorkaufsrecht Bestand, während umgekehrt die Satzung über das Vorkaufsrecht ohne die wirksame Satzung über den Bebauungsplan ebenfalls unwirksam ist (*Bracher* in BRS Rn. 2672). Im Hinblick auf die Freistellung der Vorkaufssatzung von einer rechtsaufsichtlichen Genehmigung stellt sich im Falle der satzungsmäßigen Verbindung der Beschlüsse über den Bebauungsplan und über das Vorkaufsrecht nach Abs. 1 S. 1 Nr. 1 die Frage, ob eine ggf. bestehende Genehmigungs- oder Anzeigepflicht nur hinsichtlich des Beschlusses über den Bebauungsplan (§ 10 Abs. 2, § 246 Abs. 1 a) oder für die ganze Satzung (Bebauungsplan- **und** Vorkaufssatzung) besteht. Letzteres ist dann zu bejahen, wenn die Gemeinde beide Beschlüsse in einem formal einheitlichen Rechtsetzungsakt (also in **einer** Satzung mit einem beides umfassenden Regelungsinhalt) fasst. Die **selbstständige Vorkaufssatzung** nach Abs. 1 S. 1 Nr. 1 bedarf dagegen keiner Genehmigung oder Anzeige (zum Rechtsschutz vgl. § 28 Rn. 23). Ein rückwirkendes Inkrafttreten (§ 214 Abs. 4) ist möglich (vgl. § 24 Rn. 8; anders *Schrödter* in Schrödter § 25 Rn. 17). Die Vorkaufssatzung unterliegt keiner zeitlichen Begrenzung (BVerwG Beschl. v. 26.1.2010 – 4 B 43.09, BauR 2010, 871; s. aber zu den Erlassvoraussetzungen einschließlich einer Realisierungsprognose Rn. 6f.). Eine Funktionslosigkeit der Satzung ist aber möglich (OVG Münster Urt. v. 19.4.2010 – 7 A 1041/08, DVBl. 2010, 1121; vgl. auch § 10 Rn. 8).

11 **5. Ausübungsvoraussetzungen (Abs. 2). a) Rechtfertigung durch das Wohl der Allgemeinheit.** Das Vorkaufsrecht nach § 25 darf nur **ausgeübt werden,** wenn das **Wohl der Allgemeinheit** dies rechtfertigt (**Abs. 2 S. 1** iVm § 24 Abs. 3 S. 1; zum gemeindlichen Ermessen s. § 28 Rn. 4). Neben der Rechtfertigung für den Erlass der Satzung („1. Stufe") bedarf es also einer eigenständigen Begründung für die Ausübung des Vorkaufsrechts im Einzelfall („2. Stufe"). Ein Verweis allein auf die Existenz der Satzung genügt nicht. In den Fällen des **Abs. 1 S. 1 Nr. 1,** in denen es um die Schließung von Baulücken geht, ist diese Voraussetzung beim Vorliegen städtebaulicher Gründe iS des § 175 Abs. 2 erfüllt. Das Erfordernis der „alsbaldigen Durchführung" (vgl. § 175 Abs. 2) braucht dagegen nicht erfüllt sein, da nicht die Anordnung einer Bauverpflichtung zu rechtfertigen ist, sondern die eines zur Sicherung der späteren Bebauung beabsichtigten Grunderwerbs.

12 In den Fällen des **Abs. 1 S. 1 Nr. 2** ist wie beim Vorkaufsrecht nach § 24 Abs. 1 S. 1 Nr. 1 (vgl. § 24 Rn. 22) die Ausübung idR durch das Wohl der Allgemeinheit gerechtfertigt, wenn der **Verwendungszweck,** der einen Erwerb durch die Gemeinde rechtfertigt, bereits konkretisiert ist (zB die beabsichtigte Verwendung für **öffentliche** oder sonstige **besondere städtebauliche Zwecke** wie Erschließungsanlagen, Gemeinbedarfseinrichtungen, eine beabsichtigte Sanierung oder Entwicklung – § 24 Abs. 1 S. 1 Nr. 3 greift erst ab förmlicher Festlegung, für Zwecke der sozialen Wohnraumförderung oder zB für eine Grün- oder Freiflächenplanung). Auch ohne entsprechende Konkretisierung ist der Erwerb von Grundstücken als **Austauschland** oder zu **Entschädigungszwecken** gerechtfertigt, wenn dies nach den jeweiligen

örtlichen Verhältnissen und den beabsichtigten städtebaulichen Maßnahmen erforderlich ist. Bei der Ausübung des Vorkaufsrechts ist von Bedeutung, ob die Gemeinde in dem Satzungsgebiet bereits ausreichende Flächen besitzt, um die beabsichtigte städtebauliche Maßnahme durchzuführen oder nicht. Nicht mehr vom Wohl der Allgemeinheit gerechtfertigt ist die Ausübung des Vorkaufsrechts ausschließlich zu Vorratszwecken, oder aus rein fiskalischen Interessen; unzulässig ist in einem solchen Fall zumeist schon der Erlass der Satzung (vgl. Rn. 6).

b) Angabe des Verwendungszwecks. Der **Verwendungszweck** ist **anzugeben**, soweit er zum Zeitpunkt der Ausübung des Vorkaufsrechts bereits feststeht (**Abs. 2 S. 2).** Dies wird in den Fällen des vorsorgenden Grunderwerbs nach Abs. 1 S. 1 Nr. 2 im Einzelfall noch nicht möglich sein. Daher hat der Gesetzgeber mit dieser Regelung der besonderen Bedeutung eines vorsorgenden Bodenerwerbs gerade im Frühstadium städtebaulicher Planungen Rechnung getragen und die Sicherungsfunktion der Vorkaufsrechte für die Ermöglichung und Erleichterung anlaufender Planungen anerkannt. In den Fällen des Abs. 1 S. 1 Nr. 1 ergibt sich der Verwendungszweck dagegen in der Regel aus dem Bebauungsplan. 13

c) Sonstige Voraussetzungen. Das Vorkaufsrecht gemäß § 25 erfasst nur Kaufverträge, die nach Inkrafttreten der Satzung geschlossen worden sind (BVerwG Beschl. v. 14.4.1994 – 4 B 70/94, NJW 1994, 3178). Wegen der **allgemeinen Voraussetzungen** für die Ausübung des Vorkaufsrechts im Übrigen wird auf die Erläuterungen zu § 24, insbesondere Rn. 16 bis 18 verwiesen. Gem. **Abs. 2 S. 1** iVm § 24 Abs. 2 steht der Gemeinde das besondere Vorkaufsrecht nicht beim Kauf von Rechten nach dem Wohnungseigentumsgesetz und von Erbbaurechten zu. Diese Aufzählung ist nicht abschließend (s. § 24 Nr. 19; zum **Verhältnis zu anderen Vorkaufsrechten** s. § 24 Rn. 26). Eine **Überleitungsvorschrift** findet sich in § 234. 14

§ 26 Ausschluss des Vorkaufsrechts

Die Ausübung des Vorkaufsrechts ist ausgeschlossen, wenn
1. der Eigentümer das Grundstück an seinen Ehegatten oder an eine Person verkauft, die mit ihm in gerader Linie verwandt oder verschwägert oder in der Seitenlinie bis zum dritten Grad verwandt ist,
2. das Grundstück
 a) von einem öffentlichen Bedarfsträger für Zwecke der Landesverteidigung, der Bundespolizei, der Zollverwaltung, der Polizei oder des Zivilschutzes oder
 b) von Kirchen und Religionsgesellschaften des öffentlichen Rechts für Zwecke des Gottesdienstes oder der Seelsorge
 gekauft wird,
3. auf dem Grundstück Vorhaben errichtet werden sollen, für die ein in § 38 genanntes Verfahren eingeleitet oder durchgeführt worden ist, oder
4. das Grundstück entsprechend den Festsetzungen des Bebauungsplans oder den Zielen und Zwecken der städtebaulichen Maßnahme bebaut ist und genutzt wird und eine auf ihm errichtete bauliche Anlage keine Missstände oder Mängel im Sinne des § 177 Abs. 2 und 3 Satz 1 aufweist.

Übersicht

	Rn.
1. Allgemeines	1
2. Ausschluss bei Verwandten (Nr. 1)	2
3. Privilegierte Bedarfsträger, § 38 (Nr. 2 und Nr. 3)	3
4. Sonstige Ausschlussgründe (Nr. 4)	6

§ 26　　　　　　　　　　I. Kapitel. II. Teil. Sicherung der Bauleitplanung

1. Allgemeines. Das BauGB unterscheidet zwischen dem **Ausschluss (§ 26)** und der **Abwendung (§ 27)** des Vorkaufsrechts. Während das Abwendungsrecht nach § 27 als **subjektives öffentliches Recht** des Käufers ausgestaltet ist und voraussetzt, dass die Gemeinde von ihrem Vorkaufsrecht Gebrauch macht, enthalten die Ausschlusstatbestände des § 26 **„negative"** Ausübungsvoraussetzungen. Die Gemeinde kann bei Vorliegen der in § 26 bezeichneten Tatbestände das Vorkaufsrecht nicht ausüben. § 26 gilt für alle Vorkaufsrechte nach §§ 24 und 25. Die Ausschlusstatbestände konkretisieren Fälle, in denen das Wohl der Allgemeinheit die Ausübung des Vorkaufsrechts nicht rechtfertigt (vgl. § 24 Abs. 3 S. 1). § 26 enthält keine abschließende Aufzählung der Ausschlussgründe; weitere Ausschlussgründe ergeben sich im Einzelfall aus § 24 Abs. 3 S. 1. Aus dieser Systematik erklärt sich auch, dass **§ 24 Abs. 2** nicht als Ausschlussgrund geregelt ist; das Gesetz nimmt den Kauf von Rechten nach dem Wohnungseigentumsgesetz und von Erbbaurechten nicht aus den Gründen des § 24 Abs. 3 S. 1, sondern aus Gründen der Verwaltungsökonomie aus dem Anwendungsbereich der gesetzlichen Vorkaufsrechte heraus. Ist bereits bei Satzungsbeschluss absehbar, dass in dem erfassten Gebiet weitestgehend eine Ausübung des Vorkaufsrechts nicht in Betracht kommt, weil eine den Zwecken der Maßnahme entsprechende Bebauung bereits existiert und auch keine Missstände oder Mängel iSv § 177 Abs. 2 und 3 S. 1 vorliegen, fehlt es bereits an der für die Rechtmäßigkeit der Satzung notwendigen Erforderlichkeit, so dass es noch auf einzelfallbezogene Ausschlussgründe nach § 26 ankäme (OVG Lüneburg Urt. v. 9.6.2015 – 1 KN 69,14, NJW-Spezial 2015, 461).

2. Ausschluss bei Verwandten (Nr. 1). Nr. 1 enthält das sog. **„Verwandtenprivileg".** Das Vorkaufsrecht ist danach allgemein ausgeschlossen, wenn der Eigentümer das Grundstück an seinen Ehegatten oder eigetragenen Lebenspartner iSv § 11 LPartG (BVerfG Beschl. v. 7.5.2013 – 2 BvR 906.06, NJW 2013, 2257) oder in gerader Linie Verwandten (§ 1589 BGB; zB Kinder, Enkel, Eltern, Großenkel) oder an Verschwägerte (§ 1590 BGB; zB Schwiegereltern) oder in der Seitenlinie bis zum dritten Grad Verwandte (§ 1589 BGB; zB Bruder oder Schwester) veräußert. Das Gesetz trägt damit dem Umstand Rechnung, dass unter engen Verwandten und Verschwägerten sehr häufig Preise unterhalb der Verkehrswerts des Grundstücks vereinbart werden; im Übrigen kommen Verkäufe unter den in Nr. 1 bezeichneten Personen häufig aufgrund besonderer, in der persönlichen Beziehung begründeter Umstände zustande (Erhaltung des Familiengrundbesitzes), so dass ein Vorkaufsrecht unangemessen wäre. Dies gilt allerdings **nicht,** wenn der Verkauf nicht an Verwandte iSv § 26 Nr. 1 erfolgt sondern an eine von ihnen gebildete **BGB-Gesellschaft** (OVG Celle Beschl. v. 21.11.2013 – 4 W 201.13, ZfIR 2014, 532; *Grziwotz,* ZfIR 2014 533).

3. Privilegierte Bedarfsträger, § 38 (Nr. 2 und Nr. 3). Nr. 2 und **Nr. 3** nehmen Grundstücke bestimmter öffentlicher Bedarfsträger oder Zweckbestimmungen von der Anwendung der städtebaulichen Vorkaufsrechte aus. Die Aufzählung der privilegierten öffentlichen Bedarfsträger **(Nr. 2 lit. a)** ist abschließend. Für alle sonstigen Grundstücke der öffentlichen Hand findet § 26 keine Anwendung; je nach den Umständen des Einzelfalls kann das Vorkaufsrecht in einem solchen Fall aber aus Gründen des § 24 Abs. 3 S. 1 ausgeschlossen sein. Öffentliche Bedarfsträger können sowohl eine öffentlich-rechtliche als auch eine private Rechtsform haben (*Bracher* in BRS Rn. 2708). Unternehmensbereiche der früheren Bundespost wie Deutsche Telekom AG und Deutsche Post AG sind als Wirtschaftsunternehmen, zu deren Aufgaben die Erfüllung öffentlicher Zwecksetzungen nicht gehört, jedoch keine öffentlichen Bedarfsträger iS der Nr. 2 lit. a.

Nr. 2 lit. b betrifft Grundstücke, die für Zwecke des Gottesdienstes oder der Seelsorge gekauft werden. Zum Begriff der Kirchen und Religionsgesellschaften wird auf die Erläuterungen zu § 1 Abs. 6 Nr. 6 verwiesen.

3. Abschnitt. Gesetzliche Vorkaufsrechte der Gemeinde § 26

Nach **Nr. 3** ist das Vorkaufsrecht an Grundstücken ausgeschlossen, auf denen Vorhaben errichtet werden sollen oder bereits errichtet wurden, für die ein Verfahren iS des § 38 eingeleitet oder durchgeführt worden ist. Unter den Ausschluss fallen dabei auch Grundstücke, auf denen sich Anlagen befinden, die nach der heutigen Rechtslage einer Planfeststellung oder eines vergleichbaren Verfahrens nach § 38 bedürften, die jedoch bereits zu einem Zeitpunkt errichtet wurden, als dies noch nicht der Fall war (zB alte Betriebsanlagen der Eisenbahn; → § 38 Rn. 22). Der Ausschlussgrund entfällt mit der fachplanungsrechtlichen Freistellung („Entwidmung", § 38 Rn. 26).

4. Sonstige Ausschlussgründe (Nr. 4). Der Ausschlussgrund nach **Nr. 4** bezieht sich zum einen auf bebaute Grundstücke in Bebauungsplangebieten. Zum anderen bezieht er sich unbeschadet der planungsrechtlichen Situation des Grundstücks auf Grundstücke mit einer Bebauung entsprechend den Zielen und Zwecken einer städtebaulichen Maßnahme. In beiden Fällen hebt die Regelung ergänzend darauf ab, dass keine Missstände oder Mängel iSv § 177 Abs. 2 und Abs. 3 S. 1 vorliegen.

Liegt ein Grundstück **im Geltungsbereich eines Bebauungsplans** und ist das Grundstück entsprechend dessen Festsetzung bebaut, ist die Ausübung des Vorkaufsrechts ausgeschlossen. Im Anwendungsbereich des § 24 Abs. 1 S. 1 Nr. 1 wird dieser Ausschlussgrund selten in Betracht kommen. In Bebauungsplangebieten iS des § 25 Abs. 1 S. 1 Nr. 1 scheidet die Anwendung bereits deshalb aus, weil dieses Satzungsvorkaufsrecht nur für unbebaute Grundstücke in Betracht kommt. Das Gleiche gilt für die Fälle des § 24 Abs. 1 S. 1 Nr. 5 und Nr. 6. Die praktische Bedeutung dieses Ausschlussgrunds liegt daher in den Fällen des § 24 Abs. 1 S. 1 Nr. 2 bis 4, soweit in diesen Gebieten für das Kaufgrundstück ein städtebauliche Maßnahmen entsprechend konkretisierender Bebauungsplan besteht; auch die Fälle des § 25 Abs. 1 S. 1 Nr. 2 können in Betracht kommen (anders VGH München Urt. v. 2.10.2013 – 1 BV 11.1944, NVwZ-RR 2014, 132: Vorkaufsrecht gemäß dieser Alternative nur in den Fällen des § 24 Abs. 1 S. 1 Nr. 1, ansonsten nur nach der 2. Alt., s. Rn. 8; wie hier etwa *Schrödter* in Schrödter § 26 Rn. 9 f; *Jarass/Kment* § 26 Rn. 2).

Das Vorkaufsrecht ist weiterhin ausgeschlossen, wenn das Grundstück entsprechend den **Zielen und Zwecken der städtebaulichen Maßnahme** bebaut ist. Auf darüber hinausgehende Zielvorstellungen, die durch die Maßnahme nicht erreicht werden können, kommt es nicht an (OVG Lüneburg Urt. v. 9.6.2015 – 1 KN 69.14, NVwZ-RR 2015, 870; s. auch Rn. 1). Diese Vorschrift hat insbesondere Bedeutung für Sanierungsgebiete und städtebauliche Entwicklungsbereiche (§ 24 Abs. 1 S. 1 Nr. 3). Aber auch Umlegungs- und Erhaltungs- sowie Stadtumbaugebiete (§ 24 Abs. 1 S. 1 Nr. 2 und 4) kommen in Betracht. In den Fällen des Satzungsvorkaufsrechts nach § 25 Abs. 1 S. 1 Nr. 2 kann der Ausschluss nur greifen, wenn sich die Ziele und Zwecke der in Betracht gezogenen Maßnahme für das verkaufte Grundstück bereits konkretisiert haben. Steht der Verwendungszweck für die Fläche dagegen noch nicht fest, entfällt der Ausschlussgrund (vgl. § 25 Abs. 2 S. 2). Dies entspricht dem mit dem Satzungsvorkaufsrecht verfolgten Ziel, der Gemeinde eine vorausschauende Bodenpolitik zu ermöglichen (zu Besonderheiten beim Vorkaufsrecht in Gebieten nach § 172 vgl. § 24 Rn. 25).

Ist das Grundstück zwar plan- oder maßnahmegerecht bebaut und wird es entsprechend genutzt, weist jedoch die auf dem Grundstück errichtete bauliche Anlage **Missstände oder Mängel** im Sinne des § 177 Abs. 2 und Abs. 3 S. 1 auf, ist das Vorkaufsrecht nicht ausgeschlossen, sofern die Ausübung deren Beseitigung bezweckt (VGH München, Urt. v. 2.20.2013 – 1 BV 11.1944, NVwZ-RR 2014, 132). In diesem Fall kann der Käufer jedoch die Ausübung des Vorkaufsrechts nach § 27 Abs. 1 S. 2 **abwenden,** wenn er sich selbst zur Beseitigung der Missstände oder Mängel verpflichtet.

Reidt

§ 27 Abwendung des Vorkaufsrechts

(1) ¹Der Käufer kann die Ausübung des Vorkaufsrechts abwenden, wenn die Verwendung des Grundstücks nach den baurechtlichen Vorschriften oder den Zielen und Zwecken der städtebaulichen Maßnahme bestimmt oder mit ausreichender Sicherheit bestimmbar ist, der Käufer in der Lage ist, das Grundstück binnen angemessener Frist dementsprechend zu nutzen, und er sich vor Ablauf der Frist nach § 28 Abs. 2 Satz 1 hierzu verpflichtet. ²Weist eine auf dem Grundstück befindliche bauliche Anlage Missstände oder Mängel im Sinne des § 177 Abs. 2 und 3 Satz 1 auf, kann der Käufer die Ausübung des Vorkaufsrechts abwenden, wenn er diese Missstände oder Mängel binnen angemessener Frist beseitigen kann und er sich vor Ablauf der Frist nach § 28 Abs. 2 Satz 1 zur Beseitigung verpflichtet. ³Die Gemeinde hat die Frist nach § 28 Abs. 2 Satz 1 auf Antrag des Käufers um zwei Monate zu verlängern, wenn der Käufer vor Ablauf dieser Frist glaubhaft macht, dass er in der Lage ist, die in Satz 1 oder 2 genannten Voraussetzungen zu erfüllen.

(2) Ein Abwendungsrecht besteht nicht
1. in den Fällen des § 24 Abs. 1 Satz 1 Nr. 1 und
2. in einem Umlegungsgebiet, wenn das Grundstück für Zwecke der Umlegung (§ 45) benötigt wird.

Übersicht

	Rn.
1. Allgemeines	1
2. Voraussetzungen (Abs. 1)	2
a) Plan- oder maßnahmegerechte Nutzung (Abs. 1 S. 1)	2
b) Beseitigung von Missständen oder Mängeln (Abs. 1 S. 2)	6
c) Fristverlängerung (Abs. 1 S. 3)	7
d) Rechtschutz	8
3. Ausnahmen (Abs. 2)	9

1. Allgemeines. Der Käufer hat nach § 27 das (subjektiv-öffentliche) Recht, unter folgenden den dort genannten Voraussetzungen die **Ausübung des Vorkaufsrechts** durch die Gemeinde **abzuwenden**. Macht der Käufer von diesem Recht Gebrauch, kann der zwischen Verkäufer und Käufer vereinbarte Vertrag vollzogen werden. Mit der Abwendung nach § 27 entfallen die Rechtswirkungen des von der Gemeinde nach Maßgabe des § 28 ausgeübten Vorkaufsrechts. Eine Sonderregelung für das Vorkaufsrecht in Bebauungsplangebieten (§ 24 Abs. 1 S. 1 Nr. 1) und in der Umlegung (§ 24 Abs. 1 S. 1 Nr. 2) enthält Abs. 2.

2. Voraussetzungen (Abs. 1). a) Plan- oder maßnahmegerechte Nutzung (Abs. 1 S. 1). Nach **Abs. 1 S. 1** kann der Käufer die Ausübung des Vorkaufsrechts unter folgenden Voraussetzungen abwenden. Die Verwendung des Grundstücks muss dafür nach den **baurechtlichen Vorschriften** oder nach den **Zielen und Zwecken der städtebaulichen Maßnahme** bestimmt oder mit ausreichender Sicherheit bestimmbar sein. Diese Voraussetzung wird beim Vorkaufsrecht im Gebiet eines Bebauungsplanes (§ 24 Abs. 1 S. 1 Nr. 1) sowie beim Satzungsvorkaufsrecht für unbebaute Grundstücke in Bebauungsplangebieten (§ 25 Abs. 1 S. 1 Nr. 1) regelmäßig vorliegen. Beim Satzungsvorkaufsrecht nach § 25 Abs. 1 S. 1 Nr. 2 wird dagegen der Verwendungszweck des Grundstücks in vielen Fällen noch nicht feststehen (vgl. auch § 25 Abs. 2 S. 2). In derartigen Fällen kann auch das Abwendungsrecht nicht greifen. In den Fällen des § 24 Abs. 1 S. 1 Nr. 3 muss bei der Ausübung des Vorkaufsrechts zwar der Verwendungszweck des Grundstücks angegeben werden (§ 24 Abs. 3

3. Abschnitt. Gesetzliche Vorkaufsrechte der Gemeinde § 27

S. 2). Da das Vorkaufsrecht jedoch auch allgemein zur Förderung der jeweiligen Maßnahme (zB Sanierung und Entwicklung; insoweit dann auch vorsorgender Grunderwerb) ausgeübt werden kann, muss zu diesem Zeitpunkt die endgültige Verwendung des Grundstücks iS des § 27 Abs. 1 S. 1 noch nicht bestimmt oder mit ausreichender Sicherheit bestimmbar sein mit der Folge, dass auch insoweit das Abwendungsvorkaufsrecht nicht greifen kann. Beim Umlegungsvorkaufsrecht (§ 24 Abs. 1 S. 1 Nr. 2) steht der Bestimmungszweck regelmäßig nach dem Stand der Bebauungsplanung (ggf. nach § 34) fest. Entsprechendes gilt für die Fälle des § 24 Abs. 1 S. 1 Nrn. 4–6 und auch des § 24 Abs. 1 Sätze 2 oder 3.

Voraussetzung für die Abwendung des Vorkaufsrechts ist, dass der Käufer in der Lage ist, das Grundstück binnen angemessener Frist **plan- oder maßnahmeentsprechend** zu nutzen. Dies setzt voraus, dass eine solche **Nutzung** für den Käufer überhaupt möglich ist. Dies ist regelmäßig nur bei privatnützigen Vorhaben der Fall. Geht es hingegen um eine Nutzung für öffentliche Zwecke (s. insbes. § 24 Abs. 1 S. 1 Nr. 1), ist dies anders. Hier kann der Käufer in der Regel das Grundstück allenfalls für eine solche Nutzung seinerseits zur Verfügung stellen (durch Weiterverkauf, Vermietung oÄ). Darauf muss sich die Gemeinde jedoch nicht einlassen. Das Vorkaufsrecht dient gerade dazu, der Gemeinde eine eigene Nutzung als Eigentümer zu ermöglichen. Sie muss sich hingegen nicht (unfreiwillig) darauf einlassen, eine Fläche für öffentliche Zwecke nur als Mieter, Pächter oÄ zu nutzen (vgl. *Schrödter* in Schrödter § 27 Rn. 5; *Grziwotz* in SU § 27 Rn. 3). Im Weiteren muss der Käufer zu der vorgesehenen Nutzung tatsächlich, rechtlich und auch wirtschaftlich **in der Lage** sein. Hierfür bedarf es in einer Erklärung, das Vorkaufsrecht abwenden zu wollen zwar noch keines Nachweises, zumindest aber einer **Glaubhaftmachung** (*Stock* in EZBK § 27 Rn. 10; vgl. auch Rn. 7). 3

Darüber hinaus muss er sich vor Ablauf der Zwei-Monats-Frist des § 28 Abs. 2 S. 1 zu der plan- oder maßnahmeentsprechenden Nutzung **verpflichten** (zur notwendigen Anhörung und Information durch die Gemeinde s. Rn. 5, zur Verlängerung s. Rn. 7). Hierfür genügt eine einseitige Verpflichtungserklärung des Käufers, ohne dass es einer Mitwirkung der Gemeinde bedarf (OVG Münster Urt. v. 19.4.2010 – 7 A 1041/08, BRS 76 Nr. 117 Rn. 113; *Paetow* in BK § 27 Rn. 3; *Stock* in EZBK § 27 Rn. 14; anders etwa *Grziwotz* in SU § 27 Rn. 5). Allerdings muss die Erklärung nach Form und Inhalt so gestaltet sein, dass sie der Gemeinde als rechtliche Grundlage dienen kann, den ihr durch die Verpflichtungserklärung vermittelten Anspruch, das Grundstück einer ihren Planungsvorstellungen entsprechenden Nutzung zuzuführen, zu verfolgen und ggf. grundbuchlich abzusichern (s. hierzu das Muster einer möglichen Verpflichtungserklärung bei *Grziwotz* in SU § 27 Rn. 7.1). Die Verpflichtungserklärung begründet ein öffentlich-rechtliches Schuldverhältnis eigener Art, auf das die Vorschriften über einen städtebaulichen Vertrag entsprechend anzuwenden sind, wenn nicht ohnehin einer Annahme der in der Abwendungserklärung liegenden Angebotes auf einen Vertragsabschluss vorgesehen ist. Daher gelten für die Verpflichtungserklärung die formellen Anforderungen gem. **§ 11 Abs. 3** (ähnlich *Bracher* in BRS Rn. 2727; *Grziwotz* in SU § 27 Rn. 7.1). Die Verpflichtung muss sich neben den vorgesehenen Maßnahmen auch auf deren Realisierung binnen einer **angemessenen**, nicht kleinlich zu bemessenen, **Frist**, beziehen. Diese ist im Hinblick auf die Gesamtumstände objektiv zu bestimmen. Allein auf die Vorstellungen der Gemeinde kommt es insofern nicht an. 4

Der Zeitpunkt, bis zu dem das Abwendungsrecht ausgeübt werden kann, ist im Gesetz nicht geregelt. **Spätester Termin** ist aber der Ablauf der Zwei-Monats-Frist gem. § 28 Abs. 2 S. 1. Eine Annahme- oder sonstige Erklärung der Gemeinde gegenüber dem Käufer innerhalb dieser Frist ist nicht erforderlich. Wird die Frist nicht gewahrt, erlischt das Abwendungsrecht (zur Möglichkeit einer Fristverlängerung s. Rn. 7). Allerdings ist es erforderlich, dass die Gemeinde den Käufer über die beabsichtigte Ausübung des Vorkaufsrechts zuvor **anhört** (§ 28 VwVfG) und ihm die er- 5

forderlichen **Informationen** zur Verfügung stellt, die er benötigt, um eine Erklärung zur zweckentsprechenden Grundstücksnutzung abgeben zu können. Ist der Käufer gehindert, die Frist für die Verpflichtungserklärung oder einen Verlängerungsantrag (s. Rn. 7) zu wahren, obwohl er sich darum rechtzeitig bemüht hat, kann ihm Wiedereinsetzung in den vorherigen Stadt gewährt werden (*Bracher* in BRS Rn. 2732; *Schrödter* in Schrödter § 27 Rn. 11; anders *Grziwotz* in SU § 27 Rn. 9: Schadensersatzanspruch, wenn die Gemeinde dem Käufer die erforderlichen Informationen vorenthält). Die Abgabe der Abwendungserklärung kann sowohl bereits vor der Ausübung des Vorkaufsrechts durch die Gemeinde als auch noch während eines Rechtsmittelverfahrens gegen die Ausübung des Vorkaufsrechts durch die Gemeinde erfolgen. Anfechtung und Abwendung sind also wegen der unterschiedlichen Zielrichtung grundsätzlich nebeneinander zulässig. Selbst wenn die Ausübung des Vorkaufsrechts für den Erwerber unanfechtbar geworden ist, kann das Abwendungsrecht daher noch ausgeübt werden (*Stock* in EZBK § 27 Rn. 16, 30: *Bracher* in BRS, Rn. 2732; anders *Schrödter* in Schrödter § 27 Rn. 12). Die Gemeinde kann zudem auch nach Ablauf der Abwendungsfrist noch die Abwendung des Vorkaufsrechts mit dem Verkäufer und Käufer vereinbaren.

6 b) **Beseitigung von Missständen oder Mängeln (Abs. 1 S. 2).** Weist eine auf dem Grundstück befindliche bauliche Anlage **Missstände oder Mängel iS des § 177 Abs. 2 und Abs. 3 S. 1** auf, enthält das Gesetz in **Abs. 1 S. 2** einen weiteren Abwendungstatbestand. Der Käufer kann die Ausübung des Vorkaufsrechts abwenden, wenn er sich innerhalb der Zwei-Monats-Frist des § 28 Abs. 2 S. 1 zur Beseitigung der Missstände oder Mängel verpflichtet (zu den Anforderungen an die Verpflichtung vgl. Rn. 4). Die Regelung ist im Zusammenhang mit dem Ausschlusstatbestand des § 26 Nr. 4 zu sehen: Das plan- oder maßnahmengemäß bebaute und genutzte Grundstück ist von der Ausübung des Vorkaufsrechts ausgeschlossen, es sei denn eine auf ihm errichtete bauliche Anlage weist Missstände oder Mängel auf. Auch wenn der Ausschlussgrund des § 26 Nr. 4 aus diesem Grund nicht greift, kann der Käufer ggf. durch die Verpflichtung nach § 27 Abs. 1 S. 2 die Ausübung des Vorkaufsrechts abwenden.

7 c) **Fristverlängerung (Abs. 1 S. 3).** Der Käufer kann nach **Abs. 1 S. 3** von der Gemeinde verlangen, dass die **Frist** nach § 28 Abs. 2 S. 1 über die Ausübung des Vorkaufsrechts (Zwei-Monats-Frist) **um zwei Monate zu verlängern** ist. Hierdurch kann der Käufer erreichen, dass sich dementsprechend die Fristen nach § 27 Abs. 1 S. 1 und S. 2, also die Fristen, innerhalb derer er die Verpflichtung zur Abwendung des Vorkaufsrechts eingehen kann, verlängern. Die gesetzliche Verlängerungsmöglichkeit soll die mit Verpflichtungen nach S. 1 und S. 2 im konkreten Fall ggf. verbundenen praktischen Schwierigkeiten ausräumen, zB weil weitere Vorklärungen zu Baumaßnahmen erforderlich sind. Voraussetzung für die Verlängerung ist ein **Antrag des Käufers** gegenüber der Gemeinde. Der Antrag muss innerhalb der Zwei-Monats-Frist des § 28 Abs. 2 S. 1 gestellt werden. Dies kann formlos (schriftlich oder mündlich) erfolgen. Voraussetzung ist, dass der Käufer darin **glaubhaft macht,** dass er die Voraussetzungen des einschlägigen Abwendungstatbestands (Abs. 1 S. 1 oder S. 2) erfüllen kann. Für die Glaubhaftmachung genügt ein Sachvortrag, der die Erfüllung der gesetzlichen Voraussetzungen als überwiegend wahrscheinlich erscheinen lässt. Die Darlegungen des Käufers brauchen daher noch nicht so detailliert zu sein, wie es bei der (späteren) Abwendungserklärung erforderlich ist. Erfüllt der Antrag auf Verlängerung die Voraussetzungen des Abs. 1 S. 3, muss die Gemeinde die Fristverlängerung gewähren (**Rechtsanspruch** des Käufers). Die Verlängerung bewirkt gleichzeitig, dass sich auch die **Frist** für die **Ausübung des Vorkaufsrechts** durch die Gemeinde entsprechend verlängert (*Grziwotz* in SU § 27 Rn. 9).

8 d) **Rechtschutz.** Versagt die Gemeinde rechtswidrig die beantragte Fristverlängerung gem. Abs. 1 S. 3, kann der Käufer hiergegen mit den **Rechtsbehelfen** der VwGO

vorgehen (Widerspruch, Klage; ebenso *Grziwotz* in SU § 27 Rn. 11, *Stock* in EZBK § 27 Rn. 29 unter zutreffendem Hinweis darauf, dass dies aufgrund der Verfahrensdauer zumeist kaum sinnvoll ist). Er kann die Rechtsverletzung aber auch durch Anfechtung des Ausübungsbescheids der Gemeinde (§ 28 Abs. 2 S. 1) geltend machen, sofern dieser nicht bereits bestandskräftig ist (*Stock* in EZBK § 27 Rn. 31). Gegen die Ablehnung der Abwendungserklärung selbst (Abs. 1 S. 1) kann sich der Käufer ebenfalls mit den verwaltungsprozessualen Rechtsmitteln (Widerspruch, Klage) zur Wehr setzen (vgl. Rn. 5; *Grziwotz* in SU § 27 Rn. 15; aA *Schrödter* in Schrödter § 27 Rn. 9: nur Rechtsmittel gegen den Ausübungsbescheid). Auch hier besteht jedoch die Möglichkeit, dass sich der Käufer nur gegen die Ausübung des Vorkaufsrechts wendet, da deren Rechtmäßigkeit (auch) davon abhängt, dass keine wirksame Abwendung vorliegt.

3. Ausnahmen (Abs. 2). Das Abwendungsrecht des Abs. 1 besteht gem. **Abs. 2** 9 nicht beim Kauf von Flächen, für die nach dem **Bebauungsplan eine Nutzung für öffentliche Zwecke oder für Flächen oder Maßnahmen zum Ausgleich iS des § 1a Abs. 3** festgesetzt ist (s. § 24 Abs. 1 S. 1 Nr. 1). Es ist weiterhin in **Umlegungsgebieten**, also in den Fällen des § 24 Abs. 1 S. 1 Nr. 2, ausgeschlossen, wenn das Grundstück für die Zwecke der Umlegung benötigt wird. Dies ist etwa dann der Fall, wenn der Erwerb von Grundstücken durch die Gemeinde es ermöglicht, auch solchen Eigentümern zu einem Grundstück im Umlegungsgebiet zu verhelfen, die wegen eines kleinen Einwurfsgrundstücks uU kein Baugrundstück zugeteilt bekommen könnten. Die Beschränkung des Abwendungsrechts soll zudem aber auch die zweckmäßige Neugestaltung der Grundstücke erleichtern.

§ 27a Ausübung des Vorkaufsrechts zugunsten Dritter

(1) ¹Die Gemeinde kann
1. ihr Vorkaufsrecht zugunsten eines Dritten ausüben, wenn der Dritte zu der mit der Ausübung des Vorkaufsrechts bezweckten Verwendung des Grundstücks innerhalb angemessener Frist in der Lage ist und sich hierzu verpflichtet, oder
2. das ihr nach § 24 Abs. 1 Satz 1 Nr. 1 zustehende Vorkaufsrecht zugunsten eines öffentlichen Bedarfs- oder Erschließungsträgers sowie das ihr nach § 24 Abs. 1 Satz 1 Nr. 3 zustehende Vorkaufsrecht zugunsten eines Sanierungs- oder Entwicklungsträgers ausüben, wenn der Träger einverstanden ist.

²In den Fällen der Nummer 1 hat die Gemeinde bei der Ausübung des Vorkaufsrechts zugunsten eines Dritten die Frist, in der das Grundstück für den vorgesehenen Zweck zu verwenden ist, zu bezeichnen.

(2) ¹Mit der Ausübung des Vorkaufsrechts kommt der Kaufvertrag zwischen dem Begünstigten und dem Verkäufer zustande. ²Die Gemeinde haftet für die Verpflichtung aus dem Kaufvertrag neben dem Begünstigten als Gesamtschuldnerin.

(3) ¹Für den von dem Begünstigten zu zahlenden Betrag und das Verfahren gilt § 28 Abs. 2 bis 4 entsprechend. ²Kommt der Begünstigte seiner Verpflichtung nach Absatz 1 Satz 1 Nummer 1 nicht nach, soll die Gemeinde in entsprechender Anwendung des § 102 die Übertragung des Grundstücks zu ihren Gunsten oder zugunsten eines Übernahmewilligen verlangen, der zur Verwirklichung des Verwendungszwecks innerhalb angemessener Frist in der Lage ist und sich hierzu verpflichtet. ³Für die Entschädigung und das Verfahren gelten die Vorschriften des Fünften Teils über die Rückenteignung entsprechend. ⁴Die Haftung der Gemeinde nach § 28 Abs. 3 Satz 7 bleibt unberührt.

§ 27a I. Kapitel. II. Teil. Sicherung der Bauleitplanung

Übersicht

	Rn.
1. Allgemeines	1
2. Ausübungsfälle	3
3. Rechtsfolgen	8
4. Rechtsschutz	11

1 1. **Allgemeines.** § 27a begründet die Möglichkeit der Ausübung des Vorkaufsrechts zugunsten eines Dritten. Die Vorschrift ist durch die Innenentwicklungsnovelle 2013 geändert worden. Die ursprünglich in Abs. 1 S. 1 Nr. 1 enthaltene Beschränkung auf bestimmte Fälle (soziale Wohnraumförderung, Wohnbebauung für Personengruppen mit besonderem Wohnbedarf) ist gestrichen worden. Die Regelung stellt nunmehr allgemein auf die mit der Ausübung des Vorkaufsrechts bezweckte Verwendung des Grundstücks ab. Die damit verbundene Erweiterung des Anwendungsbereichs trägt dem Umstand Rechnung, dass auch in anderen als den früher abschließend in Abs. 1 S. 1 Nr. 1 geregelten Fällen die Ausübung des Vorkaufsrechts auf die Veräußerung des Grundstücks an Dritte angelegt ist, was ohne diese Erweiterung einen Durchgangserwerb der Gemeinde mit dem entsprechenden verwaltungsmäßigen, zeitlichen und finanziellen Aufwand erforderlich machte (s. Regierungsentwurf BR-Drs. 474/12, 29). Abs. 3 S. 2 enthält mit dieser Erweiterung verbundene Folgeänderungen. Daneben kann die Gemeinde gem. Abs. 1 S. 1 Nr. 2 das ihr nach § 24 Abs. 1 S. 1 Nr. 1 zustehende Vorkaufsrecht zugunsten eines öffentlichen Bedarfs- und Erschließungsträgers (Abs. 1 S. 1 Nr. 2) und das ihr nach § 24 Abs. 1 S. 1 Nr. 3 zustehende Vorkaufsrecht zugunsten eines Sanierungs- oder Entwicklungsträgers ausüben. Erforderlich ist stets, dass die Ausübungsvoraussetzungen des Rechts für die Gemeinde selbst bestehen.

2 Die Ausübung des Vorkaufsrechts zugunsten eines Dritten steht im **Ermessen der Gemeinde.** Eine Pflicht zur Ausübung des Vorkaufsrechts zugunsten eines Dritten besteht nach § 27a nicht.

3 2. **Ausübungsfälle.** Nach **Abs. 1 S. 1 Nr. 1** kann das Vorkaufsrecht zugunsten eines Dritten für jede mit der Ausübung bezweckte Verwendung des Grundstücks erfolgen (zum Wegfall der früheren Beschränkungen s. Rn. 1). Der durch das Vorkaufsrecht begünstigte Dritte muss in der Lage sein und sich dazu verpflichten, das Grundstück zweckentsprechend zu verwenden (s. insbes. zu vertraglichen Baupflichten § 11 Abs. 1 S. 2 Nr. 2; zu vergaberechtlichen Fragen vgl. § 11 Rn. 85 ff.). Gemäß **Abs. 1 S. 2** hat die Gemeinde bei der Ausübung des Vorkaufsrechts die Frist, in der das Grundstück für den vorgesehenen Zweck zu verwenden ist, zu bezeichnen (zu den Rechtsfolgen bei Verletzung vgl. Rn. 10).

4 **Abs. 1 S. 1 Nr. 2** regelt zwei Fälle der Ausübung des Vorkaufsrechts zugunsten eines Dritten. Das Vorkaufsrecht, das der Gemeinde nach § 24 Abs. 1 S. 1 Nr. 1 zusteht, kann danach zugunsten eines öffentlichen Bedarfs- oder Erschließungsträgers ausgeübt werden, wenn es um Flächen im Geltungsbereich eines Bebauungsplans geht, für die eine Nutzung für öffentliche Zwecke festgesetzt ist. Das Gleiche gilt für im Bebauungsplan festgesetzte Flächen für Ausgleichs- und Ersatzmaßnahmen (§ 1a Abs. 3).

5 Das Vorkaufsrecht kann in diesem Fall nur zugunsten eines **öffentlichen Bedarfs- oder Erschließungsträgers** ausgeübt werden. Hierzu können andere Gemeinden, Gemeindeverbände und Kreise, die Länder und der Bund gehören. Der Begriff „öffentlich" grenzt vor allem von der privaten Interessenorientierung eines Trägers ab. Deshalb kann das Vorkaufsrecht auch zugunsten eines Bedarfs- oder Erschließungsträgers, der im Eigentum der öffentlichen Hand steht, ausgeübt werden, wenn er privatrechtlich organisiert ist. Voraussetzung ist die öffentliche Zweckbestimmung der Tätigkeit (zB Versorgungsunternehmen und Abfallentsorgungsgesell-

3. Abschnitt. Gesetzliche Vorkaufsrechte der Gemeinde　　　　　　　　**§ 27a**

schaften, s. § 24 Rn. 2). Zugunsten eines privaten Erschließungsträgers kommt die Ausübung des Vorkaufsrechts in Betracht, wenn die entsprechende Aufgabe in einem Erschließungsvertrag übertragen wurde (aA *Schrödter* in Schrödter § 27a Rn. 4; *Grziwotz* in SU § 27a Rn. 4). Zudem kann seit der Innentwicklungsnovelle 2013 (s. Rn. 1) auf Abs. 1 S. 1 Nr. 1 zurückgegriffen werden.

Abs. 1 S. 1 Nr. 2 enthält weiterhin ein Vorkaufsrecht zugunsten eines **Sanierungs- oder Entwicklungsträgers,** soweit die Gemeinde das ihr nach § 24 Abs. 1 S. 1 Nr. 3 zustehende Vorkaufsrecht ausüben kann (zum Sanierungsträger vgl. § 157, zum Entwicklungsträger vgl. § 167). Sanierungs- und Entwicklungsträgern kann bei der Vorbereitung und Durchführung dieser städtebaulichen Maßnahmen insbesondere die Aufgabe des gemeindlichen Grunderwerbs übertragen werden (§ 157 Abs. 1 S. 2 Nr. 2, § 167 Abs. 1 S. 2). 6

Das Vorkaufsrecht zugunsten eines Dritten kann nur mit dessen **Einverständnis** ausgeübt werden. Das Gesetz hebt dies für den öffentlichen Bedarfs- oder Erschließungsträger sowie den Sanierungs- und Entwicklungsträger ausdrücklich hervor (Abs. 1 S. 1 Nr. 2). Für die Fälle des Abs. 1 S. 1 Nr. 1 gilt jedoch nichts anderes; dies ergibt sich schon daraus, dass der Dritte sich in diesen Fällen zu einer bestimmten Verwendung verpflichten muss. Das Einverständnis muss der Gemeinde bedingungslos erteilt werden und bis zum Ablauf der Frist gem. § 28 Abs. 2 S. 1 vorliegen (*Stock* in EZBK § 27a Nr. 23). 7

3. Rechtsfolgen. Mit der Ausübung des Vorkaufsrechts kommt der Kaufvertrag zwischen dem Begünstigten und dem Verkäufer zustande. Der begünstigte Dritte tritt in den Kaufvertrag ein **(Abs. 2 S. 1).** Die Ausübung des Vorkaufsrechts durch Verwaltungsakt (§ 28 Abs. 2 S. 1) hat somit Mehrfachwirkung, zum einen in Richtung auf die ursprünglichen Kaufvertragspartner, zum anderen in Richtung auf den Begünstigten. Die Gemeinde haftet dem Verkäufer für die Verpflichtung aus dem Kauf, insbesondere also für den Kaufpreis, gesamtschuldnerisch **(Abs. 2 S. 2).** 8

Die Rechtswirkungen im Übrigen bestimmen sich entsprechend **§ 28 Abs. 2–4.** Das gilt für die Ausübung des Vorkaufsrechts nach § 28 Abs. 2 S. 1 ebenso wie für die Ermächtigung an die Gemeinde, den Kaufpreis gem. § 28 Abs. 3 zu bestimmen bzw. die Verpflichtung (Fälle des § 24 Abs. 1 S. 1 Nr. 1, § 27a Abs. 1 S. 1 Nr. 1), das Vorkaufsrecht gem. § 28 Abs. 4 zum Entschädigungswert auszuüben. 9

Abs. 3 Sätze 2–4 regeln weitere Rechtsfolgen: Nach **Abs. 3 S. 2** soll die Gemeinde die Übertragung des Grundstücks an sich oder einen anderen Übernahmewilligen verlangen (§ 102), wenn der begünstigte Dritte seiner Verpflichtung nach Abs. 1 S. 1 Nr. 1 nicht nachkommt. Die Formulierung „soll" macht dabei deutlich, dass insofern keine strikte Pflicht der Gemeinde besteht. Dies gilt vor allem in Fällen, in denen sie noch die hinreichend sichere Erwartung hat, dass der Begünstigte seinen Verpflichtungen doch noch nachkommt. Für die Entschädigung und das Verfahren gelten die Vorschriften des Fünften Teils über die Rückenteignung entsprechend **(Abs. 3 S. 3).** Wird das Vorkaufsrecht zum Verkehrswert ausgeübt, ist die Gemeinde ggf. zur „Nachzahlung" gem. § 28 Abs. 3 S. 7 verpflichtet **(Abs. 3 S. 4).** 10

4. Rechtsschutz. Die Ausübung des Vorkaufsrechts zugunsten eines Dritten durch **Verwaltungsakt** kann von den Betroffenen nach den Vorschriften der VwGO angegriffen werden. Wird das Vorkaufsrecht zugunsten eines Dritten zum Verkehrswert ausgeübt (§ 28 Abs. 3), kann dies nur durch Antrag auf gerichtliche Entscheidung bei den Baulandgerichten (§ 217) angefochten werden. Das Gleiche gilt, wenn das Vorkaufsrecht zum Entschädigungswert (§ 28 Abs. 4) ausgeübt wird. 11

§ 28 Verfahren und Entschädigung

(1) ¹Der Verkäufer hat der Gemeinde den Inhalt des Kaufvertrags unverzüglich mitzuteilen; die Mitteilung des Verkäufers wird durch die Mitteilung des Käufers ersetzt. ²Das Grundbuchamt darf bei Kaufverträgen den Käufer als Eigentümer in das Grundbuch nur eintragen, wenn ihm die Nichtausübung oder das Nichtbestehen des Vorkaufsrechts nachgewiesen ist. ³Besteht ein Vorkaufsrecht nicht oder wird es nicht ausgeübt, hat die Gemeinde auf Antrag eines Beteiligten darüber unverzüglich ein Zeugnis auszustellen. ⁴Das Zeugnis gilt als Verzicht auf die Ausübung des Vorkaufsrechts.

(2) ¹Das Vorkaufsrecht kann nur binnen zwei Monaten nach Mitteilung des Kaufvertrags durch Verwaltungsakt gegenüber dem Verkäufer ausgeübt werden. ²Die §§ 463, 464 Abs. 2, §§ 465 bis 468 und 471 des Bürgerlichen Gesetzbuchs sind anzuwenden. ³Nach Mitteilung des Kaufvertrags ist auf Ersuchen der Gemeinde zur Sicherung ihres Anspruchs auf Übereignung des Grundstücks eine Vormerkung in das Grundbuch einzutragen; die Gemeinde trägt die Kosten der Eintragung der Vormerkung und ihrer Löschung. ⁴Das Vorkaufsrecht ist nicht übertragbar. ⁵Bei einem Eigentumserwerb auf Grund der Ausübung des Vorkaufsrechts erlöschen rechtsgeschäftliche Vorkaufsrechte. ⁶Wird die Gemeinde nach Ausübung des Vorkaufsrechts im Grundbuch als Eigentümerin eingetragen, kann sie das Grundbuchamt ersuchen, eine zur Sicherung des Übereignungsanspruchs des Käufers im Grundbuch eingetragene Vormerkung zu löschen; sie darf das Ersuchen nur stellen, wenn die Ausübung des Vorkaufsrechts für den Käufer unanfechtbar ist.

(3) ¹Abweichend von Absatz 2 Satz 2 kann die Gemeinde den zu zahlenden Betrag nach dem Verkehrswert des Grundstücks (§ 194) im Zeitpunkt des Kaufes bestimmen, wenn der vereinbarte Kaufpreis den Verkehrswert in einer dem Rechtsverkehr erkennbaren Weise deutlich überschreitet. ²In diesem Falle ist der Verkäufer berechtigt, bis zum Ablauf eines Monats nach Unanfechtbarkeit des Verwaltungsakts über die Ausübung des Vorkaufsrechts vom Vertrag zurückzutreten. ³Auf das Rücktrittsrecht sind die §§ 346 bis 349 und 351 des Bürgerlichen Gesetzbuchs entsprechend anzuwenden. ⁴Tritt der Verkäufer vom Vertrag zurück, trägt die Gemeinde die Kosten des Vertrags und der Auflassung auf der Grundlage des Verkehrswertes. ⁵Tritt der Verkäufer vom Vertrag nicht zurück, erlischt nach Ablauf der Rücktrittsfrist nach Satz 2 die Pflicht des Verkäufers aus dem Kaufvertrag, der Gemeinde das Eigentum an dem Grundstück zu übertragen. ⁶In diesem Falle geht das Eigentum an dem Grundstück auf die Gemeinde über, wenn auf Ersuchen der Gemeinde der Übergang des Eigentums in das Grundbuch eingetragen ist. ⁷Führt die Gemeinde das Grundstück nicht innerhalb einer angemessenen Frist dem mit der Ausübung des Vorkaufsrechts verfolgten Zweck zu, hat sie dem Verkäufer einen Betrag in Höhe des Unterschieds zwischen dem vereinbarten Kaufpreis und dem Verkehrswert zu zahlen. ⁸§ 44 Abs. 3 Satz 2 und 3, § 43 Abs. 2 Satz 1 sowie die §§ 121 und 122 sind entsprechend anzuwenden.

(4) ¹In den Fällen des § 24 Abs. 1 Satz 1 Nr. 1 bestimmt die Gemeinde den zu zahlenden Betrag nach den Vorschriften des Zweiten Abschnitts des Fünften Teils, wenn der Erwerb des Grundstücks für die Durchführung des Bebauungsplans erforderlich ist und es nach dem festgesetzten Verwendungszweck enteignet werden könnte. ²Mit der Unanfechtbarkeit des Bescheids über die Ausübung des Vorkaufsrechts erlischt die Pflicht des Verkäufers aus dem Kaufvertrag, der Gemeinde das Eigentum an dem Grundstück zu übertragen. ³In diesem Falle geht das Eigentum an dem Grundstück auf die Ge-

meinde über, wenn auf Ersuchen der Gemeinde der Übergang des Eigentums in das Grundbuch eingetragen ist.

(5) ¹Die Gemeinde kann für das Gemeindegebiet oder für sämtliche Grundstücke einer Gemarkung auf die Ausübung der ihr nach diesem Abschnitt zustehenden Rechte verzichten. ²Sie kann den Verzicht jederzeit für zukünftig abzuschließende Kaufverträge widerrufen. ³Der Verzicht und sein Widerruf sind ortsüblich bekannt zu machen. ⁴Die Gemeinde teilt dem Grundbuchamt den Wortlaut ihrer Erklärung mit. ⁵Hat die Gemeinde auf die Ausübung ihrer Rechte verzichtet, bedarf es eines Zeugnisses nach Absatz 1 Satz 3 nicht, soweit nicht ein Widerruf erklärt ist.

(6) ¹Hat die Gemeinde das Vorkaufsrecht ausgeübt und sind einem Dritten dadurch Vermögensnachteile entstanden, hat sie dafür Entschädigung zu leisten, soweit dem Dritten ein vertragliches Recht zum Erwerb des Grundstücks zustand, bevor ein gesetzliches Vorkaufsrecht der Gemeinde auf Grund dieses Gesetzbuchs oder solcher landesrechtlicher Vorschriften, die durch § 186 des Bundesbaugesetzes aufgehoben worden sind, begründet worden ist. ²Die Vorschriften über die Entschädigung im Zweiten Abschnitt des Fünften Teils sind entsprechend anzuwenden. ³Kommt eine Einigung über die Entschädigung nicht zustande, entscheidet die höhere Verwaltungsbehörde.

Übersicht

	Rn.
1. Allgemeines	1
2. Ausübung des Vorkaufsrechts	2
3. Wirkungen der Ausübung des Vorkaufsrechts	6
a) Anwendung von Vorschriften des BGB	6
b) Vorrang gegenüber privatrechtlichen Vorkaufsrechten	7
4. Sicherung des Vorkaufsrechts	8
5. Ausübung zum Verkehrswert	9
a) Allgemeines	9
b) Verfahren	12
c) Eigentumsübergang	13
6. Erwerb von Flächen gem. § 24 Abs. 1 S. 1 Nr. 1 (Abs. 4)	15
a) Allgemeines	15
b) Verfahren, Rechtswirkungen	17
7. Verzicht auf die Ausübung des Vorkaufsrechts (Abs. 5)	19
8. Entschädigung für ältere Erwerbsrecht (Abs. 6)	20
9. Rechtsschutz	21
10. Veräußerungspflicht der Gemeinde	24

1. Allgemeines. § 28 enthält Bestimmungen über die **Ausübung des Vor-** 1
kaufsrechts und deren rechtliche Folgen (zum Begriff des Verkaufs → Vorb.
§§ 24–28 Rn. 5). **Abs. 1 und 2** regeln die Ausübung des Vorkaufsrechts und deren rechtliche Wirkungen. **Abs. 3** ermächtigt die Gemeinde zur Ausübung des Vorkaufsrechts zum Verkehrswert. **Abs. 4** enthält eine Sonderregelung für die Ausübung des Vorkaufsrechts gem. § 24 Abs. 1 S. 1 Nr. 1. **Abs. 5** enthält eine Regelung über den Verzicht auf die Ausübung des Vorkaufsrechts. **Abs. 6** regelt Entschädigungsfragen im Hinblick auf ältere vertragliche Vorkaufsrechte.

2. Ausübung des Vorkaufsrechts. Das Vorkaufsrecht wird nach **Abs. 2 S. 1** 2
durch **privatrechtsgestaltenden Verwaltungsakt** gegenüber dem Veräußerer
ausgeübt (BVerwG Beschl. v. 15. 2. 2000 – 4 B 10.00, BRS 63 Nr. 130; OVG Müns-

ter Urt. v. 19.4.2010 – 7 A 1041/08, BRS 76 Nr. 117). Die Ausübungserklärung muss nach § 211 eine Rechtsbehelfsbelehrung enthalten. Das Vorkaufsrecht kann nur binnen **zwei Monaten** nach Mitteilung des Kaufvertrags ausgeübt werden. Die Frist verlängert sich um zwei Monate, wenn zugunsten des Käufers die Abwendungsfrist gem. § 27 Abs. 1 S. 3 verlängert wird (→ § 27 Rn. 6; *Bracher* in BRS § 28 Rn. 2738; *Stock* in EZBK § 28 Nr. 28). Der Bescheid muss innerhalb der Frist dem Verkäufer oder einem dazu entsprechend bevollmächtigten Vertreter (zB dem Notar) zugehen. Die der Ausübung des Vorkaufsrechts vorausgehende Mitteilung des Kaufvertrages ist **formfrei** möglich, wobei sich jedoch schon zu Beweiszwecken die Schriftform empfiehlt. Sie muss alle **Angaben** enthalten, die für die Entscheidung über die Ausübung des Vorkaufsrechts relevant sind. Dies gilt insbesondere für den Vertragsabschluss selbst sowie für die Wirksamkeit des Vertrages einschließlich des Eintritts etwaiger Bedingungen und der Erteilung erforderlicher Genehmigungen (s. etwa OVG Lüneburg Beschl. v. 27.5.2008 – 1 ME 77/08, BauR 2008, 1570). Eine formblattmäßige Vorkaufsrechtsanfrage des Notars beim Kaufvertrag beurkundenden Notars **vor** Vertragsabschluss setzt die Frist nicht in Lauf (BGH Beschl. v. 30.6.1994 – III ZR 109/93, NVwZ 1995, 101). Zur **unverzüglichen Mitteilung** des Inhalts des geschlossenen Vertrags an die Gemeinde ist der Verkäufer verpflichtet **(Abs. 1 S. 1 Hs. 1);** die Mitteilung des Verkäufers kann durch die Mitteilung des Käufers ersetzt werden **(Abs. 1 S. 1 Hs. 2).** Auch der beurkundende Notar kann im Auftrag der Parteien die Mitteilung vornehmen. Eine zufällige Kenntniserlangung der Gemeinde setzt die Frist nicht in Gang (BGH Urt. v. 26.1.1973 – V ZR 2/71 BGHZ 60, 279). Die Frist beginnt erst mit Rechtswirksamkeit des Kaufvertrags und der vollständigen Mitteilung an die Gemeinde zu laufen (BGH Urt. v. 23.6.2006 – V ZR 17.06, NJW-RR 2006, 1449; VGH Mannheim Urt. v. 12.7.1984 – 5 S 1917/83, BRS 42 Nr. 110; → auch § 24 Rn. 17).

3 Die Entscheidung über die Ausübung des Vorkaufsrechts ist jedenfalls in kleinen und mittleren Gemeinden kein Geschäft der laufenden Verwaltung (BGH Urt. v. 15.6.1960 – V ZR 191/58, BGHZ 32, 375) und daher (nach Maßgabe des jeweiligen Landes-Kommunalrechts) von der **Gemeindevertretung** zu beschließen. Das Vorkaufsrecht der Gemeinde ist **nicht übertragbar (Abs. 2 S. 4);** es kann jedoch nach § 27a zugunsten anderer ausgeübt werden. Die kommunalverfassungsrechtlichen **Vertretungsregelungen** (zB § 64 GO NRW), nach denen etwa der Bürgermeister nicht berechtigt ist, außerhalb von Geschäften der laufenden Verwaltung Verpflichtungserklärungen allein zu unterschreiben, sind für eine rechtmäßige Ausübung zu beachten (OVG Münster Urt. v. 19.4.2010 – 7 A 1041/08, BRS 76 Nr. 117).

4 Die Ausübung des Vorkaufsrechts liegt im gemeindlichen **Ermessen.** Unzureichende Ermessenserwägungen können auch nicht im gerichtlichen Verfahren **ergänzt** werden (§ 114 Abs. 2 VwGO). Voraussetzung ist jedoch, dass die Gemeinde überhaupt erkannt hat, dass ihr ein Ermessen zusteht und sie dieses auch ausgeübt hat (VGH München Urt. v. 6.2.2014 – 2 B 13.2570, BayVBl. 2015, 2740). Die Beteiligten sind vor der Ausübung des Vorkaufsrechts anzuhören (vgl. § 28 VwVfG; s. etwa OVG Münster Urt. v. 19.4.2010 – 7 A 1041/08, BRS 76 Nr. 117). Eine zu Unrecht unterbliebene Anhörung kann allerdings bis zur letzten (gerichtlichen) Tatsacheninstanz nachgeholt werden. Der Bescheid über die Ausübung ist zu begründen (zur Angabe des Verwendungszwecks → § 24 Rn. 21, § 25 Rn. 13). Eine **Verpflichtung** der Gemeinde **zur Ausübung des Vorkaufsrechts** besteht nicht. Übt die Gemeinde das Vorkaufsrecht trotz Vorliegens der Ausübungsvoraussetzung nicht aus, führt dies zu keinem **Verbrauch** des Vorkaufsrechts in späteren Verkaufsfällen. Die Gemeinde kann sich aber gegenüber dem Eigentümer oder gegenüber einem Kaufinteressenten bindend zum **Verzicht** auf die Ausübung des Vorkaufsrechts verpflichten. Hiervon sind die Fälle des vom Gesetz fingierten Ausübungsverzichts bei Ausstellung eines sog. **Negativattests** (Abs. 1 S. 4) zu unterscheiden. Möglich ist auch ein aus verwaltungsökonomischen Gründen ausgesprochener genereller, jedoch jederzeit für die

3. Abschnitt. Gesetzliche Vorkaufsrechte der Gemeinde §28

Zukunft widerrufbarer Verzicht der Gemeinde auf die Ausübung des Vorkaufsrechts gem. **Abs. 5** (→ Rn. 19).

Bis zum wirksamen Zustandekommen des Kaufvertrags (zB dem Vorliegen von für die Wirksamkeit erforderlichen Genehmigungen) können die Vertragspartner auch eine **Vertragsänderung** oder auch die Aufhebung des Vertrags vereinbaren. Die Gemeinde kann allerdings gleichwohl bereits vor Erteilung einer zum Wirksamwerden des Vertrages notwendigen Genehmigung das Vorkaufsrecht mit Wirkung auf den Genehmigungszeitpunkt ausüben (BGH Urt. v. 15.5.1998 – V ZR 89/97, BGHZ 139, 29; OVG Magdeburg Urt. v. 23.7.2001 – 12 S 671/99, LKV 2002, 187; *Bracher* in BRS Rn. 2704). **Nach Wirksamkeit des Vertrages** und dem Vorliegen der Voraussetzungen für die Ausübung des Vorkaufsrechts ist das daraus erwachsene Gestaltungsrecht der Gemeinde in seinem rechtlichen Fortbestand grundsätzlich unabhängig von dem rechtlichen Schicksal des Kaufverhältnisses zwischen dem Verkäufer und dem Dritten (BGH Urt. v. 1.10.2010 – V ZR 173/09, NJW 2010, 3774). Eine einvernehmliche Aufhebung des Kaufvertrages und auch sonstige Vertragsänderungen haben daher Auswirkung auf die Möglichkeit zur Ausübung des Vorkaufsrechts durch die Gemeinde in Bezug auf den wirksam gewordenen Vertrag. Entsprechendes gilt für etwaige Rücktrittsrechte oÄ des **Käufers** (BGH Urt. v. 11.2.1977 – V ZR 40/75, BGHZ 67, 395). Anders ist dies grundsätzlich bei Rücktritts- oder Anfechtungsrechten des **Verkäufers**, sofern diese nicht gezielt darauf gerichtet sind, das Vorkaufsrecht der Gemeinde zu unterlaufen (Abs. 2 S. 1 iVm §§ 464 und 465 BGB). Mit Ausübung des Gestaltungsrechts durch die Gemeinde kommt ein **rechtlich selbstständiger Kaufvertrag** zwischen dem Verkäufer und Gemeinde zustande (§ 464 BGB; BGH Urt. v. 14.7.1995 – V ZR 31/94, NJW 1995, 3183; OVG Saarlouis Beschl. v. 3.6.2009 – 2 B 254/09, BauR 2009, 1628). Soweit dies aufgrund der Spezifika der zwischen Verkäufer und Käufer getroffenen vertraglichen Abreden nicht in vollem Umfang möglich ist, wird der Vertrag, soweit nötig, **sinnentsprechend angepasst** (Durchbrechung des Grundsatzes der Vertragsidentität, s. insbes. §§ 466–468 BGB; hierzu im Einzelnen *Stock* in EZBK § 28 Rn. 33ff.). Der Kaufvertrag zwischen Verkäufer und Gemeinde **entsteht bereits** mit der Ausübung des Vorkaufsrechts, also unabhängig von der Bestandskraft des Ausübungsbescheides. Davon zu unterscheiden ist die **Fälligkeit** der wechselseitig zwischen Verkäufer und Gemeinde vertraglich geschuldeten Leistungen. Diese setzt die **Bestandskraft** oder zumindest die **sofortige Vollziehbarkeit** des Ausübungsbescheides aufgrund einer entsprechenden Anordnung (§ 80 Abs. 2 S. 1 Nr. 4 VwGO) voraus (BGH Urt. v. 24.2.1995 – V ZR 244/93, NJW 1995, 1827; *Stock* in EZBK § 28 Rn. 36). Zu diesen Kosten gehören nicht etwaige Aufwendungen des Käufers, zB für einen von ihm beauftragten Makler (BGH Urt. v. 4.3.1999 – III ZR 105/98, NJW 1999, 2271).

3. Wirkungen der Ausübung des Vorkaufsrechts. a) Anwendung von Vorschriften des BGB. Mit der Ausübung des Vorkaufsrechts kommt der Kaufvertrag zwischen dem „Verpflichteten" (Verkäufer) und der Gemeinde zustande (§ 464 Abs. 2 BGB); §§ 463, 464 Abs. 2, §§ 465 bis 468 und 471 BGB sind anzuwenden **(Abs. 2 S. 2)**. Diese Vorschriften lauten:

„**§ 463 Voraussetzung der Ausübung**
Wer in Ansehung eines Gegenstandes zum Vorkaufe berechtigt ist, kann das Vorkaufsrecht ausüben, sobald der Verpflichtete mit einem Dritten einen Kaufvertrag über den Gegenstand geschlossen hat.

§ 464 Ausübung des Vorkaufsrechts
(1) (...)
(2) Mit der Ausübung des Vorkaufsrechts kommt der Kauf zwischen dem Berechtigten und dem Verpflichteten unter den Bestimmungen zustande, welche der Verpflichtete mit dem Dritten vereinbart hat.

Reidt

§ 28 I. Kapitel. II. Teil. Sicherung der Bauleitplanung

§ 465 Unwirksame Vereinbarungen
Eine Vereinbarung des Verpflichteten mit dem Dritten, durch welche der Kauf von der Nichtausübung des Vorkaufsrechts abhängig gemacht oder dem Verpflichteten für den Fall der Ausübung des Vorkaufsrechts der Rücktritt vorbehalten wird, ist dem Vorkaufsberechtigten gegenüber unwirksam.

§ 466 Nebenleistungen
Hat sich der Dritte in dem Vertrag zu einer Nebenleistung verpflichtet, die der Vorkaufsberechtigte zu bewirken außerstande ist, so hat der Vorkaufsberechtigte statt der Nebenleistung ihren Wert zu entrichten. Lässt sich die Nebenleistung nicht in Geld schätzen, so ist die Ausübung des Vorkaufsrechts ausgeschlossen; die Vereinbarung der Nebenleistung kommt jedoch nicht in Betracht, wenn der Vertrag mit dem Dritten auch ohne sie geschlossen sein würde.

§ 467 Gesamtpreis
Hat der Dritte den Gegenstand, auf den sich das Vorkaufsrecht bezieht, mit anderen Gegenständen zu einem Gesamtpreis gekauft, so hat der Vorkaufsberechtigte einen verhältnismäßigen Teil des Gesamtpreises zu entrichten. Der Verpflichtete kann verlangen, dass der Vorkauf auf alle Sachen erstreckt wird, die nicht ohne Nachteil für ihn getrennt werden können.

§ 468 Stundung des Kaufpreises
(1) Ist dem Dritten in dem Vertrage der Kaufpreis gestundet worden, so kann der Vorkaufsberechtigte die Stundung nur in Anspruch nehmen, wenn er für den gestundeten Betrag Sicherheit leistet.

(2) Ist ein Grundstück Gegenstand des Vorkaufs, so bedarf es der Sicherheitsleistung insoweit nicht, als für den gestundeten Kaufpreis die Bestellung einer Hypothek an dem Grundstück vereinbart oder in Anrechnung auf den Kaufpreis eine Schuld, für die eine Hypothek an dem Grundstück besteht, übernommen worden ist. Entsprechendes gilt, wenn ein eingetragenes Schiff oder Schiffsbauwerk Gegenstand des Vorkaufs ist.

§ 471 Verkauf bei Zwangsvollstreckung oder Insolvenz
Das Vorkaufsrecht ist ausgeschlossen, wenn der Verkauf im Wege der Zwangsvollstreckung oder aus der Insolvenzmasse erfolgt."

7 **b) Vorrang gegenüber privatrechtlichen Vorkaufsrechten.** Das gesetzliche Vorkaufsrecht der Gemeinde hat **Vorrang gegenüber einem** an dem Grundstück bestehenden **privatrechtlichen Vorkaufsrecht**. Dies gilt auch, wenn das privatrechtliche Vorkaufsrecht dinglich gesichert ist. Dieser Vorrang wird durch Abs. 1 S. 2 (s. Rn. 8) gewährleistet. Ist die Gemeinde auf Grund der Ausübung des Vorkaufsrechts Eigentümerin geworden, erlöschen darüber hinaus privatrechtliche Vorkaufsrechte (Abs. 2 S. 5).

8 **4. Sicherung des Vorkaufsrechts.** Das gesetzliche Vorkaufsrecht der Gemeinde hat **keine dingliche Wirkung.** Es ist auch nicht im Grundbuch eingetragen. Zur Sicherung des Vorkaufsrechts besteht die Verpflichtung des Verkäufers nach **Abs. 1 S. 1,** den Kauf unverzüglich der Gemeinde mitzuteilen. Die Mitteilungspflicht entfällt bei Veräußerungen nach dem Investitionsvorranggesetz (§ 6 Abs. S. 2 InVorG). Die Gemeinde ist berechtigt, nach Mitteilung des Kaufvertrags zur Sicherung ihres Anspruchs auf Übereignung des Grundstücks eine **Vormerkung** in das Grundbuch eintragen zu lassen **(Abs. 2 S. 3).** Ist der Käufer jedoch bereits im Grundbuch eingetragen worden, kann die Vormerkung nicht mehr eingetragen werden. Die Gemeinde kann in einem solchen Fall auch nicht gem. § 38 GBO die Eintragung einer Vormerkung durch das Grundbuchamt verlangen (BayObLG Beschl. v. 20.1.1983 – Breg 2 Z 120/82, NJW 1983, 1567 (1568)). Allerdings darf das Grundbuchamt nach **Abs. 1 S. 2** bei allen Eigentumsveränderungen aufgrund Kaufvertrags den Erwerber als Eigentümer nur bei Nachweis der Nichtausübung oder des Nichtbestehens des

3. Abschnitt. Gesetzliche Vorkaufsrechte der Gemeinde § 28

Vorkaufsrechts eintragen, wenn materiell ein Vorkaufsrecht in Betracht kommt. Dafür muss das Grundbuchamt selbstständig und eigenverantwortlich prüfen, ob der Gemeinde ein Vorkaufsrecht zustehen kann (zB bei einem Grundstückstausch; vgl. BGH Urt. v. 24.11.1978, BGHZ 73, 12; OLG Düsseldorf Beschl. v. 26.5.2010 – 3 Wx 90/10, NJW-RR 2011, 307). Kommt ein Vorkaufsrecht in Betracht, hat die Gemeinde auf Antrag eines Beteiligten (Käufer, Verkäufer) unverzüglich ein Zeugnis (**Negativattest**) auszustellen, das es im konkreten Fall nicht besteht oder nicht ausgeübt werden soll (**Abs. 1 S. 3**). Die Gemeinde kann die Erteilung des Negativattests zB auf Anfrage auch schon vor Abschluss eines Vertrags in Aussicht stellen. Das Negativattest ist ein Verwaltungsakt. Wegen der privatrechtsgestaltenden Wirkung ist die spätere Aufhebung (§§ 48 ff. VwVfG) ebenso wie zB eine Auflage ausgeschlossen (*Grziwotz* in SU § 28 Rn. 9). Ob für Erteilung des Negativattests eine **Gebühr** erhoben werden kann, bestimmt sich nach den gebührenrechtlichen Bestimmungen der Länder und Gemeinden (VGH München Urt. v. 15.5.1995 – 14 B 90.320, BayVBl. 1995, 692).

5. Ausübung zum Verkehrswert. a) Allgemeines. Abs. 3 ermächtigt die Gemeinde, den von ihr zu zahlenden Betrag – abweichend vom Grundsatz der § 28 Abs. 2 S. 2 iVm § 464 Abs. 2 BGB, nach denen mit der Ausübung des Vorkaufsrechts der Kauf zu den zwischen Käufer und Verkäufer vereinbarten Bedingungen zustande kommt – nach dem Verkehrswert zu bestimmen. Die Regelung ist mit dem **BauROG 1998** eingeführt worden. Die Regelung lehnt sich an die in § 3 Abs. 3 BauGB-MaßnahmenG 1990 bis zum 31.12.1997 geltende Regelung über die Ausübung des Vorkaufsrechts bei Wohnbauflächen zum Verkehrswert an und erweitert die Ermächtigung auf **alle Vorkaufsfälle**. Damit wurde der in den neuen Ländern seit dem Einigungsvertrag bestehende Rechtszustand ab 1.1.1998 auf alle 16 Länder ausgedehnt (vgl. § 247a Abs. 1 Nr. 7 BauGB 1990/1993 sowie die entsprechende Regelung im früheren Westteil Berlins in § 246 Abs. 6 S. 1 BauGB 1993). Die bis zum 31.12.1997 in Abs. 3 enthaltene Regelung über die Ausübung des Vorkaufsrechts in den Fällen des § 24 Abs. 1 S. 1 Nr. 1 zum „Entschädigungswert" ist seit dem 1.1.1998 inhaltlich unverändert in Abs. 4 übernommen worden. Abs. 3 gilt für alle Fälle der Ausübung des Vorkaufsrechts, außer in den Fällen der Ausübung nach § 24 Abs. 1 S. 1 Nr. 1; hier gilt die Sonderregelung des Abs. 4.

Nach **Abs. 3 S. 1** bestimmt sich der von der Gemeinde zu zahlende Betrag abweichend von Abs. 2 S. 2 nach dem **Verkehrswert** des Grundstücks im Zeitpunkt des Verkaufsfalls (vgl. § 194). Die Regelung findet allerdings nur dann Anwendung, wenn der vereinbarte Kaufpreis den Verkehrswert **in einer dem Rechtsverkehr erkennbaren Weise deutlich überschreitet**. Diese gesetzliche Regelung knüpft an die Rechtsprechung des BVerwG zur sog. „Preisprüfung" bei der Genehmigung u. a. von Grundstücksverkäufen in Sanierungsgebieten (vgl. § 153 Abs. 2 BauGB) an (BVerwG Urt. v. 24.11.1978 – IV C 56.76, BVerwGE 57, 88; dass. Urt. v. 21.8.1981 – 4 C 16/78, NJW 1982, 398); danach liegt – für die Zwecke der sanierungsrechtlichen Genehmigung nach § 153 Abs. 2 – der vereinbarte Kaufpreis so lange nicht über dem Verkehrswert, wie nicht Werte vereinbart oder zugrunde gelegt werden, die in einer dem Rechtsverkehr erkennbaren Weise deutlich verfehlen, was auch sonst, nämlich im gewöhnlichen Geschäftsverkehr, ohne Rücksicht auf ungewöhnliche oder persönliche Verhältnisse, zu erzielen wäre.

Abs. 3 stellt die Entscheidung über die Bestimmung des zu zahlenden Betrags nach dem Verkehrswert in das **Ermessen** der Gemeinde. Der Gesetzgeber will damit eine größere Flexibilität im Einzelfall ermöglichen. Liegen besondere Gründe des Einzelfalls (zB Erwerb eines Schlüsselgrundstücks) nicht vor, kann sich der Ermessensspielraum der Gemeinde bei einer Mehrzahl vergleichbarer Fälle aus Gründen des Gleichbehandlungsgebots reduzieren und die Gemeinde zu einer einheitlichen Praxis verpflichten. Die Verpflichtung zur Gleichbehandlung kann sich in diesen Fällen

aber auf die konkrete städtebauliche Planung bzw. Maßnahme (zB Bebauungsplangebiet, Umlegungs- oder Sanierungsgebiet) beschränken.

12 **b) Verfahren.** Die Herabsetzung des Kaufpreises gem. **Abs. 3 S. 1** erfolgt mit der **Ausübung des Vorkaufsrechts** (Abs. 2 S. 1). Es bedarf dabei zugleich einer ziffernmäßigen Bestimmung. Der Ausübungsbescheid regelt anstelle einer entsprechenden Erklärung des Eigentümers dabei auch hoheitlich die Teilung des Grundstücks, wenn das Vorkaufsrecht nur für eine Teilfläche ausgeübt wird (→ § 24 Rn. 18). Nach **Abs. 3 S. 2** ist der Verkäufer berechtigt, bei Bestimmung des von der Gemeinde zu zahlenden Betrags nach dem Verkehrswert bis zum Ablauf eines Monats nach Unanfechtbarkeit des Verwaltungsakts über die Ausübung des Vorkaufsrechts (Abs. 2 S. 1) vom Vertrag zurückzutreten. Auf das Rücktrittsrecht sind die §§ 346 bis 349 und 351 BGB entsprechend anzuwenden (**§ 28 Abs. 3 S. 3**). Die Gemeinde trägt in diesem Fall die Kosten des Vertrags auf der Grundlage des Verkehrswerts (**§ 28 Abs. 3 S. 4**).

13 **c) Eigentumsübergang.** Tritt der Verkäufer vom Vertrag nicht zurück, erlischt nach Ablauf der Rücktrittsfrist nach Abs. 3 S. 2 die Pflicht des Verkäufers aus dem Kaufvertrag, der Gemeinde das Eigentum an dem Grundstück zu übertragen; **Abs. 3 S. 5**. Das Eigentum an dem Grundstück geht gem. **Abs. 3 S. 6** in diesem Fall auf die Gemeinde über, wenn auf Ersuchen der Gemeinde der Übergang des Eigentums in das Grundbuch eingetragen wird. Das Ersuchen ersetzt also die Bewilligung des bisherigen Eigentümers. Es erstreckt sich auch auf die grundbuchliche Durchführung einer etwaigen Grundstücksteilung (→ Rn. 12). Der bisherige Eigentümer wirkt bei der dinglichen Rechtsänderung und ihrem grundbuchlichen Vollzug nicht mit (*Grziwotz* NVwZ 1994, 215).

14 Nach **Abs. 3 S. 7** hat der Verkäufer gegen die Gemeinde einen Anspruch auf Nachzahlung der Differenz zwischen dem Verkehrswert und dem vereinbarten Kaufpreis, sofern die Gemeinde das Grundstück nicht innerhalb angemessener Frist dem für die Ausübung des Vorkaufsrechts maßgeblichen Zweck zuführt. Die Frist der Zuführung ist wie bei der Frist beim Abwendungsrecht des Käufers nach § 27 Abs. 1 der besonderen Zweckbestimmung entsprechend, d. h. nicht „kleinlich" zu bemessen (→ § 27 Rn. 4). Der Verkäufer kann gem. **Abs. 3 S. 8** die Fälligkeit des Anspruchs entsprechend § 44 Abs. 3 S. 2 herbeiführen. Kommt eine Einigung mit der Gemeinde nicht zustande, entscheidet die höhere Verwaltungsbehörde nach § 43 Abs. 2 S. 1. Ab Fälligkeit des Zahlungsanspruchs ist dieser zu verzinsen (§ 44 Abs. 3 S. 2). Die §§ 121 und 122 sind entsprechend anzuwenden.

15 **6. Erwerb von Flächen gem. § 24 Abs. 1 S. 1 Nr. 1 (Abs. 4). a) Allgemeines. Abs. 4** enthält eine **Sonderregelung** für die Fälle der Ausübung des Vorkaufsrechts gemäß § 24 Abs. 1 S. 1 Nr. 1, also für den Kauf von Grundstücken im Geltungsbereich eines Bebauungsplans, für die eine Nutzung für öffentliche Zwecke festgesetzt ist sowie für Flächen, die für Ausgleichs- oder Ersatzmaßnahmen nach § 1a Abs. 3 bestimmt sind. Die Gemeinde kann in diesen Fällen den Kaufpreis nach dem sog. **Entschädigungswert** bestimmen, also nach dem Betrag, der sich nach den Vorschriften des Zweiten Abschnitts des Fünften Teils ergibt. Die Regelung enthält ebenso wie Abs. 3 eine Abweichung vom Grundsatz des § 28 Abs. 2 S. 2 iVm § 464 Abs. 2 BGB, nach dem mit der Ausübung des Vorkaufsrechts der Kauf zwischen dem Berechtigten (Gemeinde) und dem Verpflichteten (Verkäufer) so zustande kommt, wie es dieser mit dem Dritten (Käufer) vereinbart hat. Abs. 4 ist für die Fälle der Ausübung des Vorkaufsrechts nach § 24 Abs. 1 S. 1 die gegenüber Abs. 3 speziellere Vorschrift, dh Abs. 3 kommt in diesen Fällen nicht zur Anwendung. Anders als in den Fällen nach Abs. 3 (vgl. Abs. 3 S. 2) wird dem Verkäufer **kein Rücktrittsrecht** eingeräumt. Dies beruht auf dem Umstand, dass es hier um die Fälle geht, in denen das Grundstück auch enteignet werden könnte. In den Vorkaufsfällen nach § 24 Abs. 1

3. Abschnitt. Gesetzliche Vorkaufsrechte der Gemeinde § 28

S. 1 Nr. 1 geht es oftmals um die Ausübung des Vorkaufsrechts bezüglich einer **Teilfläche** (zB Grün- oder Straßenfläche). In solchen Fällen ist (nur) der Wert der Teilfläche nach Abs. 4 zu bestimmen (vgl. BGH Urt. v. 11.10.2007 – III ZR 298/06, BGHZ 174, 25; → im Hinblick auf die Restfläche § 24 Rn. 18, für die ggf. Abs. 3 gilt). Nicht wertsteigernde Aufwendungen des Eigentümers auf sein Grundstück sind bei der Bemessung der Entschädigung, die die Gemeinde bei Ausübung des Vorkaufsrechts zu zahlen hat, nicht zu berücksichtigen (BGH Urt. v. 11.10.2007 – III ZR 298/06, BGHZ 174, 25).

Die Formulierung in Abs. 4 S. 1 stellt klar, dass die Gemeinde bei Vorliegen der 16 übrigen Tatbestandsvoraussetzungen **verpflichtet und nicht lediglich berechtigt ist**, den zu zahlenden Betrag nach Maßgabe des Enteignungsentschädigungsrechts festzulegen. Es besteht also in den Fällen des § 24 Abs. 1 S. 1 Nr. 1 kein „Wahlrecht" der Gemeinde, bei Ausübung des Vorkaufsrechts einen von Abs. 4 abweichenden Betrag zu zahlen (s. demgegenüber zum „Wahlrecht" bei der Ausübung des Vorkaufsrechts gem. Abs. 3 Rn. 11). Sofern der tatsächlich vereinbarte Kaufpreis dem Entschädigungswert nicht entspricht, **muss** die Gemeinde den Kaufpreis also durch Verwaltungsakt gemäß Abs. 4 S. 1 bestimmen. Dies gilt unabhängig davon, ob dieser höher oder niedriger ist als der vereinbarte Kaufpreis. Die Regelung ist insbesondere aus Gründen der Gleichbehandlung geboten; die Ausübung des Vorkaufsrechts in den Fällen des § 24 Abs. 1 S. 1 Nr. 1 geschieht idR im Vorfeld bzw. zur Vermeidung einer zulässigen Enteignung. Die Verpflichtung hat besondere Bedeutung für Fälle **konkurrierender Vorkaufstatbestände** (→ zur Konkurrenz von Vorkaufsrechten § 24 Rn. 26 f.). Dies gilt zB für Fälle der Ausübung des Vorkaufsrechts an Flächen mit öffentlicher Zweckbestimmung in einem **Umlegungsgebiet** oder in einem **Sanierungsgebiet**, hierbei allerdings in der Regel nur im vereinfachten Sanierungsverfahren (vgl. § 142 Abs. 4). Wendet die Gemeinde dagegen die besonderen sanierungsrechtlichen Vorschriften des Dritten Abschnitts des Sanierungsrechts (§§ 152 ff.) an, kommt es also nicht zur Anwendung des Abs. 4. In diesen Fällen des „klassischen Sanierungsverfahrens" findet eine **Preisprüfung** statt. Nach § 153 Abs. 2 iVm § 145 Abs. 2 ist danach die Genehmigung für die rechtsgeschäftliche Veräußerung eines Grundstücks zu versagen, wenn der vereinbarte Gegenwert für das Grundstück über dem Wert liegt, der sich in Anwendung des § 153 Abs. 1 ergibt. § 153 Abs. 1 bestimmt den für das Sanierungsrecht maßgeblichen Entschädigungswert. Liegt ein vereinbarter Kaufpreis über dem Entschädigungswert, ist die Genehmigung zu versagen (aA *Schlarmann/Krappel* DVBl. 2009, 1341 ff.). Der Kaufvertrag ist damit unwirksam, so dass für eine Ausübung des Vorkaufsrechts und damit auch für eine Herabsetzung des Kaufpreises nach § 28 Abs. 4 kein Raum ist (OVG Saarlouis Beschl. v. 3.6.2009 – 2 B 254/09, BauR 2009, 1628; → hierzu auch § 24 Nr. 10).

b) Verfahren, Rechtswirkungen. Die Ausübung des Vorkaufsrechts und die 17 Herabsetzung des Preises erfolgen in **einem Bescheid** (vgl. Rn. 12). Der Entschädigungswert ist darin genau zu beziffern. **Abs. 4 S. 2 und S. 3** regeln entsprechend § 28 Abs. 3 S. 5 und S. 6 (→ Rn. 13) das Erlöschen der Pflichten des Verkäufers aus dem Kaufvertrag sowie den Übergang des Eigentums an dem Grundstück auf die Gemeinde.

Die **Eintragung in das Grundbuch** erfolgt auf Ersuchen der Gemeinde. Das Er- 18 suchen ersetzt die Bewilligung des bisherigen Eigentümers und erstreckt sich auch auf die grundbuchliche Durchführung einer ggf. erforderlichen Grundstücksteilung (vgl. Rn. 13).

7. Verzicht auf die Ausübung des Vorkaufsrechts (Abs. 5). Abs. 5 regelt die 19 Möglichkeit des **Verzichts der Gemeinde** auf die Ausübung des Vorkaufsrechts für das **Gemeindegebiet** oder für sämtliche Grundstücke in einer **Gemarkung.** Verzichtet die Gemeinde gemäß Abs. 5 auf das Vorkaufsrecht, bedarf es keines Negativattests **(Abs. 5 S. 5).** Die Gemeinde kann den Verzicht jederzeit und ohne Begründung wi-

Reidt 449

§ 28 I. Kapitel. II. Teil. Sicherung der Bauleitplanung

derrufen **(Abs. 5 S. 2)**. Widerruft sie den Verzicht, entsteht das Erfordernis zur Vorlage eines Negativattests (Abs. 1 S. 2), für die danach abgeschlossenen Kaufverträge. In räumlicher Hinsicht sieht das Gesetz für den Verzicht zwei Möglichkeiten vor: Er kann entweder das gesamte Gemeindegebiet oder eine Gemarkung betreffen **(Abs. 5 S. 1)**. Mit dieser Einschränkung wird sichergestellt, dass die Grundbuchämter keine gesonderte Prüfung darüber einleiten müssen, ob das Kaufgrundstück im Gebiet einer städtebaulichen Maßnahme liegt. Daher ist der auf ein Bebauungsplan- oder Sanierungsgebiet beschränkte Verzicht in der Praxis allenfalls dann möglich, wenn deren Grenzen (zufällig) mit der Gemarkung (oder dem Gemeindegebiet) identisch sind.

20 **8. Entschädigung für ältere Erwerbsrecht (Abs. 6).** Nach Ausübung des Vorkaufsrechts durch die Gemeinde ist für dadurch entstandene Vermögensnachteile nach Maßgabe des Abs. 6 demjenigen eine **Entschädigung** zu zahlen, dem ein **älteres vertragliches Erwerbsrecht** zustand. Das Erwerbsrecht muss entstanden sein, bevor ein gesetzliches Vorkaufsrecht nach den §§ 24 ff. BBauG bzw. §§ 24 f. BauGB oder auf Grund solcher landesrechtlicher Vorschriften, die durch § 186 BBauG – die Vorschrift ist in das BauGB nicht übernommen worden – aufgehoben worden sind, begründet worden war **(Abs. 6 S. 1)**. Für die Entschädigung gelten die Vorschriften des Zweiten Abschnitts des Fünften Teils sinngemäß **(Abs. 6 S. 2)**. Sofern über die Entschädigung eine Einigung nicht zustande kommt, entscheidet die höhere Verwaltungsbehörde **(Abs. 6 S. 3)**. Die Gemeinde kann bei der Ausübung des Vorkaufsrechts zugunsten eines anderen (§ 27a) von diesem die Erstattung des Entschädigungsbetrags nicht verlangen (so aber § 28 S. 5 BBauG 1976). Möglich ist es jedoch, eine solche Erstattung vertraglich zu vereinbaren.

21 **9. Rechtsschutz.** Der Verwaltungsakt, durch den das Vorkaufsrecht ausgeübt wird, kann vom **Verkäufer** und vom **Käufer** angefochten werden (BVerwG Beschl. v. 15.2.2000 – 4 B 10/00, NVwZ 2000, 1044; dass. Beschl. v. 30.11.2009 – 4 B 52/09, BRS 74 Nr. 130; s. auch § 24 Rn. 28). Rechtsmittel gegen den Ausübungsbescheid haben grds. aufschiebende Wirkung (§ 80 Abs. 1 VwGO). Wird einem Widerspruch nicht abgeholfen, kann Anfechtungsklage vor dem **Verwaltungsgericht** erhoben werden. Wegen der Widerspruchs- bzw. Klageberechtigung des Käufers empfiehlt es sich für die Gemeinde, den Verwaltungsaktes auch an diesen zuzustellen (s. auch Abs. 2 S. 6 Hs. 2, nach dem die Gemeinde erst bei Unanfechtbarkeit des Verwaltungsakts für den Käufer eine zu dessen Gunsten eingetragene Auflassungsvormerkung löschen lassen und damit das Grundstück weiter veräußern kann). Ein Anspruch auf Erteilung des Negativattestes kann im Wege der Verpflichtungsklage von Verkäufer und Käufer verfolgt werden (*Grziwotz* in SU § 28 Rn. 11; *Stock* in EZBK § 28 Rn. 18).

22 Hat die Gemeinde den zu zahlenden Betrag nach **Abs. 3 oder Abs. 4** abweichend vom Kaufpreis bestimmt, richtet sich die gerichtliche Zuständigkeit für die Anfechtung des Bescheids nach **§ 217**. Danach wird der Verwaltungsakt nicht durch Widerspruch, sondern ausschließlich durch Antrag auf gerichtliche Entscheidung angefochten. Über den Antrag entscheidet das Landgericht, Kammer für Baulandsachen (§ 217 Abs. 1 S. 4). Auch für eine Entscheidung nach **Abs. 6** bestimmt sich die gerichtliche Zuständigkeit nach § 217.

23 In den Fällen der Vorkaufssatzung nach § 25 kann die Satzung im Wege der **Normenkontrolle** (§ 47 VwGO) überprüft werden (s. hierzu auch die §§ 214 ff. über die Planerhaltung).

24 **10. Veräußerungspflicht der Gemeinde. § 89 Abs. 1 S. 1 Nr. 1** begründet eine **Veräußerungspflicht** der Gemeinde, sobald der mit dem Erwerb verfolgte Zweck verwirklicht werden kann oder entfallen ist (§ 89 Abs. 2; s. im Einzelnen die Erläuterungen zu § 89).

Dritter Teil. Regelung der baulichen und sonstigen Nutzung; Entschädigung

Erster Abschnitt. Zulässigkeit von Vorhaben

Vorbemerkungen zu den §§ 29 bis 38

Übersicht

	Rn.
I. Überblick	1
1. Funktion der §§ 29 bis 38	1
2. Bauplanungsrechtliche Gebietseinteilung	4
a) Außenbereich (§ 35)	5
b) Innenbereich (§ 34)	6
c) Qualifiziert und vorhabenbezogen beplanter Bereich (§ 30 Abs. 1 und Abs. 2)	7
3. Ergänzende Vorschriften	8
a) Einfacher Bebauungsplan (§ 30 Abs. 1)	8
b) Planaufstellung (§ 33)	9
c) Nutzungsbeschränkungen (§ 32)	10
4. Genehmigungsbehörde, Beteiligung der Gemeinde (§ 36)	11
5. Bundes- oder Landesbauten (§ 37)	12
6. Planfeststellungen (§ 38)	13
II. Bauplanungsrechtlicher Drittschutz, insbesondere Nachbarschutz	14
1. Abgrenzung, Verfahrensrecht	14
2. Dritte	23
a) Nachbarn	24
b) Gemeinden, sonstige Planungsträger	28
c) Umwelt- und Naturschutzvereinigungen	30
3. Nachbarschützende Festsetzungen und Vorschriften im beplanten Bereich	33
a) Hinreichende Bestimmtheit der Baugenehmigung	35
b) Art der baulichen Nutzung	36
c) Maß der baulichen Nutzung	42
d) Überbaubare Grundstücksflächen	43
e) Bauweise	45
f) Nachbarschutz im beplanten Bereich über entsprechende Planfestsetzungen hinaus, insbesondere Gebot der Rücksichtnahme	46
g) Grundrechte	60
h) Ausnahmen (§ 31 Abs. 1)	62
i) Befreiungen (§ 31 Abs. 2)	63
4. Nachbarschutz während der Planaufstellung (§ 33)	65
5. Nachbarschutz bei Vorhaben im Innenbereich (§ 34)	67
6. Nachbarschutz bei Vorhaben im Außenbereich (§ 35)	72
7. Verzicht und Verwirkung von Nachbarrechten, unzulässige Rechtsausübung	74
8. Prozessuale Fragen	78

Vorb §§ 29–38 I. Kapitel. III. Teil. Regelung der baul. und sonst. Nutzung

I. Überblick

1 **1. Funktion der §§ 29 bis 38.** Es entsprach früher der deutschen baupolizeilichen Tradition, dass Vorhaben iSv § 29 Abs. 1, zumindest wenn sie einiges Gewicht hatten, einer Baugenehmigung nach Maßgabe des Bauordnungsrechts der Länder bedurften. Damit sollte eine **präventive Kontrolle** gewährleistet werden, ob das betreffende Vorhaben die einschlägigen öffentlichrechtlichen Anforderungen, insbesondere die Bestimmungen des Bauplanungsrechts sowie des materiellen Bauordnungsrechts einhält oder nicht. Nur bei Vorhaben von eher geringem Gewicht beschränkte sich die Rechtsordnung auf eine **repressive Kontrolle,** also auf die Möglichkeit, nachträglich gegen baurechtswidrige Vorhaben einzuschreiten, ggf. also auch mit einer nachträglichen Beseitigungsanordnung. Im Zuge der Vereinfachungs- und Privatisierungsbestrebungen in den 1990ger Jahren ist dieser Ansatz zurückgedrängt worden, dabei jedoch gleichzeitig verbunden mit sehr unterschiedlichen Ausgestaltungen in den verschiedenen Ländern. Mit der **Musterbauordnung (MBO) 2002** wurde versucht, wieder ein Mindestmaß an Vereinheitlichung und Standardisierung in den Ländern zu erreichen. Dies ist nur mit Einschränkungen gelungen. Die Ausgestaltung der zur Durchführung von Vorhaben iSv § 29 notwendigen Verfahren ist nach wie vor in den Ländern in hohem Maße unterschiedlich. Mit beträchtlichen Unterschieden im Detail wird dabei ganz überwiegend unterschieden zwischen (1.) Vorhaben, die eines Baugenehmigungsverfahrens bedürfen, (2.) Vorhaben, für die ein vereinfachtes Genehmigungsverfahren genügt, (3.) Vorhaben, für die ein Genehmigungsfreistellungsverfahren durchzuführen ist und (4.) Vorhaben, die gänzlich baugenehmigungsfrei sind (s. zur Vereinbarkeit mit der Bayerischen Verfassung BayVerfGH Entsch. v. 15.12.2009 – Vf 6-VII-09, NVwZ 2010, 580; zur Verfahrensausgestaltung im Einzelnen s. etwa den Überblick bei *FO/Otto,* 77 ff.; *Jäde* ZfBR 2008, 538 ff.; *ders.* in Hoppenberg/de Witt, Kap. A II). Daraus resultieren zahlreiche Rechtsunsicherheiten. Dies gilt etwa für Fragen des Bestandsschutzes (s. hierzu etwa *Mampel* BauR 2008, 1080 ff.; s. im Hinblick auf eine Veränderungssperre etwa auch VGH München Urt. v. 23.11.2010 – 1 BV 1.1332, BauR 2011, 807) oder für die unterschiedliche Ausgestaltung des Rechtsschutzes (s. etwa *FO/Otto,* 286; OVG Saarlouis Beschl. v. 12.10.2009 – 2 B 440/09, BauR 2009, 1938; s. im Einzelnen zum bauplanungsrechtlichen Drittschutz Rn. 14 ff.). Insbesondere daran, dass die materiellen Anforderungen in den §§ 30 ff. eingehalten werden müssen, ändert sich durch die Veränderungen im Recht der Vorhabenzulassung jedoch nichts. Aus diesem Grunde bestehen für das Zulassungsrecht, soweit es in den Landesbauordnungen geregelt ist und nicht bundesrechtlichen Spezialvorschriften unterfällt (zB bei der immissionsschutzrechtlichen Genehmigung § 6 BImSchG), bundesrechtliche Schranken. Die Länder müssen mit der **hinreichenden Effektivität** sicherstellen, dass die materiellen Anforderungen, die insbesondere das Bauplanungsrecht an ein einzelnes Vorhaben stellt, gewahrt werden (vgl. BVerwG Urt. v. 19.12.1985 – 7 C 65/82, BVerwGE 72, 300 (310 f.); *Wenzel* in Gädtke § 65 Rn. 6). Dies gilt allerdings auch für weitere Anforderungen wie etwa die verfahrensrechtliche Sicherstellung einer Umweltverträglichkeitsprüfung für Vorhaben, die keiner besonderen fachgesetzlichen Zulassung (insbesondere nach dem BImSchG) bedürfen, gleichwohl aber allgemein oder nach Vorprüfung des Einzelfalls (s. §§ 3a ff UVPG) einer Umweltverträglichkeitsprüfung bedürfen. Dies gilt vor allem für die städtebaulichen Vorhaben gemäß Nr. 18.1 – 18.9 der Anlage 1 zum UVPG (s. auch *Rieger* in Schrödter, § 29 Rn. 71 ff)

2 Der Bundesgesetzgeber hat auf die Fortentwicklung der Landesbauordnungen vor allem dadurch reagiert dass durch das BauROG 1998 der **bauplanungsrechtliche Vorhabenbegriff** vollständig vom Bauordnungsrecht abgekoppelt wurde (BVerwG Urt. v. 7.5.2001 – 6 C 18/00, NVwZ 2001, 1046; → § 29 Rn. 3). Die Definition des Vorhabens in § 29 Abs. 1 ist seither ausschließlich materiellrechtlicher Natur. Sie ist unabhängig davon, ob es der Durchführung eines Baugenehmigungsverfahrens

1. Abschnitt. Zulässigkeit von Vorhaben **Vorb §§ 29–38**

oder eines sonstigen Zulassungsverfahrens nach Landes- oder auch Bundesrecht bedarf. Damit ist materiellrechtlich sichergestellt, das Vorhaben iSv § 29 Abs. 1 den Anforderungen der §§ 30 bis 37 in jedem Fall genügen müssen.
Die weitgehende Genehmigungsfreistellung hat auch Auswirkungen auf die **kommunale Planungshoheit**, da Reaktionsmöglichkeiten der Gemeinden auf Vorhaben, die ihren städtebaulichen Entwicklungsabsichten widersprechen, erschwert werden. Daher wird durch § 36 Abs. 1 sowie ergänzend durch die meisten Landesbauordnungen sichergestellt, dass die Gemeinden auch bei einer Genehmigungsfreistellung von allen städtebaulich relevanten Bauvorhaben erfahren, indem die Bauvorlagen bei der Gemeinde einzureichen oder jedenfalls auch an die Gemeinde weiterzuleiten sind (vgl. zB Art. 58 Abs. 3 S. 1 BayBO; s. hierzu ausführlich *Jäde* in Hoppenberg/de Witt Kap. A II Rn. 40). 3

2. Bauplanungsrechtliche Gebietseinteilung. Die Vorschriften über die Zulässigkeit von Vorhaben in den §§ 29 ff. schaffen einen **Ausgleich zwischen Planvorbehalt und Baufreiheit**, städtebaulicher Einbindung und Schutz des Außenbereichs. Dabei ist davon auszugehen, dass das Bauen im Grundsatz erlaubt ist, soweit es nicht durch Gesetz oder durch planerische Festsetzungen der Gemeinde eingeschränkt oder untersagt ist (zum verfassungsrechtlichen Rahmen vgl. BVerfG Beschl. v. 22.2.1999 – 1 BvR 565/91, NVwZ 1999, 979; BVerwG Urt. v. 5.7.1974 – IV C 50/72, BVerwGE 45, 309; *Erbguth* § 2 Rn. 1 ff.; *Just* in HBG § 2 Rn. 16 ff.). 4

a) Außenbereich (§ 35). Eine grundsätzliche Unbebaubarkeit statuiert **§ 35 Abs. 2** für den **Außenbereich**. Dieser erste der drei großen Bereiche, in die das Baugesetzbuch das Gemeindegebiet bauplanungsrechtlich einteilt, unterliegt einem prinzipiellen Schutz gegen bauliche Inanspruchnahme ohne vorhergehende verbindliche Bauleitplanung der Gemeinde oder eine Satzung nach § 34 Abs. 4 oder § 35 Abs. 6. Nur in dem eher seltenen Fall, dass **öffentliche Belange,** wie sie in **§ 35 Abs. 3** (nicht abschließend) aufgeführt sind, nicht beeinträchtigt werden, muss ein Vorhaben genehmigt werden. Einschränkungen dieses Grundsatzes gelten für die **begünstigten Vorhaben** nach § 35 Abs. 4. Die Beschränkung gilt nicht für die eng umgrenzten **privilegierten Vorhaben** nach **§ 35 Abs. 1,** die regelmäßig zulässig sind, wenn öffentliche Belange nicht entgegenstehen, die Erschließung gesichert ist, sie Zielen der Raumordnung nicht widersprechen (§ 35 Abs. 3 S. 2, → § 35 Rn. 103 ff.) oder für Vorhaben dieser Art im Flächennutzungsplan keine Ausweisung an anderer Stelle erfolgt ist (§ 35 Abs. 3 S. 3; → § 5 Rn. 47 sowie § 35 Rn. 114 ff.). 5

b) Innenbereich (§ 34). Der zweite planungsrechtliche Bereich im Gemeindegebiet ist der (nicht beplante) **Innenbereich,** der aus den im Zusammenhang bebauten Ortsteilen gebildet wird. Dort lässt § 34 bauliche Vorhaben grundsätzlich zu, wenn sie sich in die Eigenart der näheren Umgebung einfügen. Von dieser Beschränkung befreit sind im Einzelfall lediglich bestimmte Vorhaben zur Weiterentwicklung des Bestandes. Während der Außenbereich durch seine natürliche Funktion prinzipiell dazu bestimmt ist, von einer Bebauung freigehalten zu werden, ist es die Funktion des Innenbereichs, entsprechend seiner bereits vorhandenen Eigenart weiter bebaut zu werden. 6

c) Qualifiziert und vorhabenbezogen beplanter Bereich (§ 30 Abs. 1 und Abs. 2). Es obliegt der Entscheidung der Gemeinde im Rahmen ihrer Planungshoheit und Planungspflicht (§ 1 Abs. 3 S. 1), durch die Aufstellung von **qualifizierten Bebauungsplänen** im Sinne des **§ 30 Abs. 1** oder von **vorhabenbezogenen Bebauungsplänen** nach **§ 30 Abs. 2, § 12** die planersetzenden Vorschriften der §§ 34 und 35 räumlich begrenzt außer Kraft zu setzen und damit den dritten bauplanungsrechtlichen Bereich des Gemeindegebietes zu schaffen. In einem dieser drei planungsrechtlichen Bereiche liegt jedes Grundstück im Gemeindegebiet, wobei insbesondere die Abgrenzung zwischen Innen- und Außenbereich häufig rechtliche und vor allem 7

auch tatsächliche Probleme aufwirft. Werden durch die Aufstellung eines qualifizierten oder vorhabenbezogenen Bebauungsplans die sich aus dem bisherigen Gebietscharakter ergebenden Baubeschränkungen aufgehoben, unterliegt die bauliche Nutzbarkeit eines Grundstücks ab diesem Zeitpunkt den Festsetzungen des Bebauungsplans, die die Nutzungsmöglichkeiten gegenüber den §§ 34 und 35 erweitern, aber auch einschränken können (zu dann möglichen Entschädigungsansprüchen vgl. §§ 39 ff.).

8 **3. Ergänzende Vorschriften. a) Einfacher Bebauungsplan (§ 30 Abs. 1).** Ein **einfacher Bebauungsplan** nach **§ 30 Abs. 3,** der nicht die Anforderungen des § 30 Abs. 1 oder 2 erfüllt, vermag die vorgegebene Zuordnung eines Gebiets zum Innen- oder zum Außenbereich als solche nicht zu ändern. Die sich aus den §§ 34 und 35 ergebenden Baubeschränkungen bleiben daher grundsätzlich wirksam; zu ihnen treten jedoch die sich aus den Festsetzungen des Bebauungsplans ergebenden Beschränkungen – ergänzend oder ersetzend – hinzu.

9 **b) Planaufstellung (§ 33).** Auch § 33 ändert nicht die Zuordnung eines Grundstücks zum Innen- oder Außenbereich; er räumt einem Bauherrn jedoch – soweit nicht Maßnahmen der Planungssicherung nach den §§ 14 oder 15 greifen – bei Vorliegen der entsprechenden Voraussetzungen das Recht ein, sein Bauvorhaben nach den ihm günstigeren Zulässigkeitsvoraussetzungen auszurichten. Dies kann zB der für das Grundstück noch geltende § 34, aber auch ein voraussichtlich rechtsverbindlich werdender Bebauungsplan sein.

10 **c) Nutzungsbeschränkungen (§ 32).** Nach § 32 dürfen auf **künftigen Gemeinbedarfs- oder Verkehrs-, Versorgungs- und Grünflächen** keine Maßnahmen genehmigt werden, die zu einer Werterhöhung des Grundstücks führen, sofern nicht auf Entschädigung dafür verzichtet wird.

11 **4. Genehmigungsbehörde, Beteiligung der Gemeinde (§ 36).** Über die notwendige Genehmigung eines Vorhabens entscheidet grundsätzlich die **Baugenehmigungsbehörde.** Wenn die Baugenehmigung in eine andere Genehmigung integriert ist, kann eine andere Zuständigkeit bestehen (zB bei der immissionsschutzrechtlichen Genehmigung, s. § 6 Abs. 1 Nr. 2, § 13 BImSchG). Die Genehmigungsbehörde hat grundsätzlich im **Einvernehmen** mit der Gemeinde zu entscheiden, in deren Gebiet das Vorhaben realisiert werden soll (**§ 36**). Des Einvernehmens der Gemeinde bedarf es lediglich nicht bei Entscheidungen nach § 30, da hier bereits der Bebauungsplan selbst die städtebaulichen Vorstellungen der Gemeinde enthält. Hier haben die Länder aber sicherzustellen, dass die Gemeinde trotz einer etwaigen Genehmigungsfreistellung (s. Rn. 1 ff.) rechtzeitig **informiert** wird und über Maßnahmen zur Sicherung der Bauleitplanung entscheiden kann (§ 36 Abs. 1 S. 3).

12 **5. Bundes- oder Landesbauten (§ 37).** Die generelle Systematik bei der Regelung der Zulässigkeit von Vorhaben wird an zwei Stellen durchbrochen. Nach **§ 37** können **bauliche Anlagen des Bundes oder eines Landes** bei Bedarf auch abweichend von den Bestimmungen der §§ 30 ff. errichtet werden; das Einvernehmen der Gemeinde kann durch die Zustimmung der höheren Verwaltungsbehörde ersetzt werden.

13 **6. Planfeststellungen (§ 38).** Gemäß § 38 können **Planfeststellungen** und vergleichbare Entscheidungen für bauliche Maßnahmen von überörtlicher Bedeutung unabhängig von den Regelungen in §§ 30 ff. ergehen. Auch das Einvernehmen der Gemeinde nach § 36 ist hier nicht erforderlich. Gleichwohl ist die Gemeinde zu beteiligen. Die städtebaulichen Belange müssen mit dem ihnen zukommenden Gewicht bei der Entscheidung über das Vorhaben berücksichtigt werden.

II. Bauplanungsrechtlicher Drittschutz, insbesondere Nachbarschutz

1. Abgrenzung, Verfahrensrecht. Die Zulassung und Durchführung von Vorhaben iSv § 29 Abs. 1 berührt oftmals auch Interessen Dritter, insbesondere von Nachbarn (zum Begriff → Rn. 24ff.). Sie ist daher oftmals Anlass für dagegen gerichtete Rechtsmittel, die sich neben den Vorschriften insbesondere aus dem nationalen (zur Unbeachtlichkeit des Rechts, das andere Staaten ihren Bürgern gewähren, für den Nachbarschutz OVG Lüneburg Beschl. v. 1.8.2011 – 12 A 297/09, NVwZ 2011, 1073) Immissionsschutzrecht und dem Bauordnungsrecht vor allem auf die Anforderungen des Bauplanungsrechts stützen (s. im Einzelnen zum öffentlichen Nachbarrecht insbesondere *Mampel,* Nachbarschutz im öffentlichen Baurecht, 1994; *Seidel,* Öffentlich-rechtlicher und privatrechtlicher Nachbarschutz, 2000; *Kluge,* Der Schutz des Nachbarn im öffentlichen Baurecht, 2001; *Hahn/Schulte,* Öffentlich-rechtliches Baunachbarrecht, 1998; *Kleinlein,* Das System des Nachbarrechts, 1987; *Stüer* Rn. 5257 ff.; *Bönker* in HBG § 18 Rn. 34 ff.; *FO/Otto* 210 ff.; *Schiller* in BRS Rn. 1992 ff.).

Dabei ist allerdings zu berücksichtigen, dass die Aufgabe des Bauplanungsrechts nicht allein darin liegt, das baunachbarliche Beziehungsgeflecht zu regeln. Insbesondere im Bereich der Bauleitplanung sind vielmehr auch andere öffentliche und private Belange einzubeziehen (s. insbesondere → § 1 Rn. 87 ff.). Dem entspricht es, dass nicht jede rein faktische Auswirkung eines Vorhabens iSv § 29 Abs. 1 mit Rechtsmitteln erfolgreich verhindert werden kann. Dies ist letztlich auch eine Folge der **Rechts-, Sozial- und Standortgebundenheit** von Nachbargrundstücken. Es reicht, abgesehen von Sonderfällen, insbesondere bei UVP-pflichtigen Vorhaben (→ Rn. 21), in der Regel nicht aus, wenn ein Vorhaben realisiert wird, das zwar möglicherweise rechtswidrig ist, jedoch keine bestimmten Personen in eigenen Rechten verletzt. Der einzelne Bürger oder auch Zusammenschlüsse von Bürgern (zB Bürgerinitiativen) haben grundsätzlich keine durch ein Klagerecht abgesicherte allgemeine Kontrollfunktion gegenüber der Bauverwaltung und gegenüber einzelnen Bauherrn (zu Verbandsklagerechten → Rn. 30 ff.). Erforderlich ist grundsätzlich vielmehr, dass ein Bauvorhaben **rechtswidrig ist und** der Nachbar, der sich dagegen zur Wehr setzt, durch das Vorhaben zugleich **in eigenen Rechten** verletzt ist. Aus § 113 Abs. 1 S. 1 VwGO ergibt sich, dass ein Nachbar sich ansonsten in der Regel nicht erfolgreich gegen eine Baugenehmigung zur Wehr setzen kann. Aus diesem Grunde muss für den Drittschutz unterschieden werden zwischen baurechtlichen Vorschriften, die rein objektivrechtlichen Charakter haben und solchen, die subjektiv-öffentliche Rechte vermitteln (Nachbarrechte).

Maßgeblich hierfür ist die sogenannte **Schutznormlehre.** Danach begründet eine **materielle** Vorschrift des öffentlichen Baurechts dann ein subjektives Nachbarrecht, wenn sie nicht ausschließlich im öffentlichen Interesse einer städtebaulichen Ordnung, sondern – zumindest auch – dem Schutz des Nachbarn dienen soll (s. etwa BVerwG Urt. v. 28.4.1967 – IV C 10/65, BVerwGE 27, 29; dass. Urt. v. 15.7.1987 – 4 C 56/83, BVerwGE 78, 40; VGH München Beschl. v. 15.2.2011 – 14 B 10.806, juris; *FO/Otto* 222 ff.). Sofern sich dazu nichts ausdrücklich aus der betreffenden Vorschrift ergibt, muss dies im Wege der **Auslegung** ermittelt werden. Dies gilt auch für die Festsetzungen eines Bebauungsplans. Auch **Verfahrensvorschriften** können Schutznormen in diesem Sinne sein; (s. etwa OVG Münster Urt. v. 25.2.2015 – 8 A 959/10, BauR 2015, 1138 zur UVP-Pflicht s. auch BVerwG Urt. v. 5.9.2013 – 7 C 21/12, BauR 2014, 245; s. auch Rn. 20 f. sowie zur räumlichen Eingrenzung s. Rn. 27).

Eine (zusätzliche) tatsächliche Betroffenheit des Nachbarn ist entbehrlich, wenn sie nicht von der nachbarschützenden Vorschrift selbst verlangt wird (→ insbesondere zum Anspruch auf Wahrung des Gebietscharakters Rn. 36 ff. einerseits und zum Ge-

bot der Rücksichtnahme Rn. 46ff. andererseits). Man kann in diesen Fällen von unmittelbar nachbarschützenden Vorschriften sprechen. Demgegenüber handelt es sich lediglich um mittelbar nachbarschützende Vorschriften, wenn noch besondere, in der Regelung ausdrücklich oder zumindest stillschweigend geregelte Umstände hinzukommen müssen (→ insbesondere zum Gebot der Rücksichtnahme Rn. 46ff.; s. hierzu etwa BVerwG Urt. v. 25.2.1977 – IV C 22/75, BVerwGE 52, 122; s. auch *Jäde* in JDW § 29 Rn. 43; *Mampel,* Nachbarschutz im öffentlichen Baurecht, 1994, Rn. 236ff., der insofern zwischen abstrakt-generell und konkret-partiell nachbarschützenden Vorschriften unterscheidet; ähnlich *FO/Otto* 225f.).

18 Keinen öffentlich-rechtlichen Nachbarschutz gewähren rein privatrechtliche nachbarschaftliche Beziehungen. Ihnen fehlt der notwendige städtebaurechtliche Bezug (BVerwG Urt. v. 10.11.1998 – 4 B 107/98, NVwZ 1999, 413). Dies bedeutet allerdings nicht, dass bestehende zivilrechtliche Verpflichtungen nicht beachtet werden müssten. Auch eine erteilte Baugenehmigung ändert daran nichts, da diese nach Maßgabe der Bauordnungen der Länder stets unbeschadet privater Rechte Dritter ergeht (s. zB Art. 68 Abs. 4 BayBO, § 72 Abs. 4 MBO).

19 Abzugrenzen ist der öffentlichrechtliche Nachbarschutz vom **privatrechtlichen Nachbarschutz,** der seine Grundlage vor allem in der Vorschriften der **§§ 1004, 862 und 823** sowie den **§§ 903ff. BGB** findet. Darüber hinaus bestimmt § 124 EGBGB, das landesrechtliche Vorschriften, die das Eigentum an Grundstücken zugunsten des Nachbarn noch weiteren Beschränkungen unterwerfen, als sie im BGB vorgesehen sind, unberührt bleiben. Auf dieser Vorschrift beruhen insbesondere die **Nachbarrechtsgesetze der Länder,** die zB Vorschriften über das Fenster- und Lichtrecht, die Nachbarwand, die Grenzwand, das Hammerschlag- und Leiterrecht, Einfriedungen und Grenzabstände für Pflanzen enthalten (s. zB §§ 4, 7, 19, 24, 32, 40 NachbarrechtsG NRW). **Verfahrensmäßig** unterscheidet sich das private Nachbarrecht vom öffentlichen Nachbarschutz vor allem dadurch, dass sich die Ansprüche unmittelbar gegen den vermeintlich störenden Bauherrn richten und auch diesem gegenüber geltend zu machen sind. Hingegen ist der öffentlich-rechtliche Nachbarschutz gegen die zuständige Bauaufsichtsbehörde gerichtet, sei es gegen eine von ihr erteilte Baugenehmigung, sei es mit dem Ziel eines bauaufsichtlichen Einschreitens gegen ein vermeintlich baunachbarrechtswidriges Vorhaben bzw. eine baunachbarrechtswidrige Nutzung. Zu den Einzelheiten des privaten Nachbarrechts sowie dessen Abgrenzung zum öffentlich-rechtlichen Nachbarrecht und den dabei bestehenden Überschneidungen wird insbesondere hingewiesen auf *Seibel* BauR 2005, 1409ff.; *Grziwotz/Lüke/Saller,* Praxishandbuch Nachbarrecht, 2. Aufl. 2013; *Dolderer* DVBl. 1998, 19ff.; *Haag,* Öffentliches und privates Nachbarrecht, 1996; *Schäfer/Bruns* in Hoppenberg/de Witt Kap. J; s. auch die ausführlichen Nachweise bei *FO/Otto* 215f.).

20 Ebenfalls abzugrenzen ist der bauplanungsrechtliche Drittschutz von den Schutzansprüchen, die sich alternativ oder ggf. auch ergänzend aus anderen Vorschriften ergeben, die bei der Durchführung von Vorhaben iSv § 29 Abs. 1 zu beachten sind. Dies gilt beispielsweise für das **Raumordnungsrecht** (zum Nachbarschutz bei einer Abweichung von Zielen der Raumordnung, die bestimmten Interessen dienen sollen, OVG Koblenz Urt. v. 15.2.2012 – 8 A 10965/11, DVBl. 2012, 511 für eine Gemeinde), das nachbarschaftsrelevante **Immissionsschutzrecht** (s. insbesondere § 5 Abs. 1 Nr. 1 BImSchG; zum Nachbarschutz s. etwa *Jarass* BImSchG § 5 Rn. 119; → noch Rn. 52, 55) einschließlich des Schutzes gegen **Baulärm** (s. dazu VGH Mannheim Beschl. v. 5.2.2015 – 10 S 2471/14, NVwZ-RR 2015, 650; *Thiele/Strohbusch,* NVwZ 2014, 1333), das **Bauordnungsrecht** (s. etwa VGH München Beschl. v. 4.2.2015 – 22 ZB 14.2364, NVwZ-RR 2015, 655 zur Standsicherheit von Windenergieanlagen; zum Gebot der nachbarlichen Rücksichtnahme → Rn. 46ff.; zu dessen Verhältnis zum bauordnungsrechtlichen Abstandsflächenrecht s. BVerwG Beschl. v. 11.1.1999 – 4 B 128/98, NVwZ 1999, 879), das **Wasserrecht** einschließlich

1. Abschnitt. Zulässigkeit von Vorhaben **Vorb §§ 29–38**

Hochwasserschutz (s. hierzu etwa VGH Mannheim Beschl. v. 23.9.2014 – 3 S 784/14, ZUR 2015, 361; OVG Bautzen Urt. v. 9.6.2011 – 1 A 504/09, NVwZ-RR 2011, 937; OVG Koblenz Urt. v. 2.3.2012 – 1 A 10176/09, juris; *Faßbender/ Gläß* NVwZ 2011, 1094ff.), das **Denkmalrecht** (s. etwa OVG Hamburg Beschl. v. 5.11.2013 – 2 BS 265/13, NVwZ-RR 2014, 373; VGH München Urt. v. 24.1.2013 – 2 BV 11.1631, BauR 2013, 940; OVG Lüneburg Urt. v. 23.8.2012 – 12 LB 170/11, BauR 2013, 936; OVG Münster Urt. v. 8.3.2012 – 10 A 2037/11, BauR 2012, 1781; dass. Beschl. v. 17.9.2014 – 7 B 767/14, NvwZ-RR 2015, 14; *Spennemann* BauR 2012, 1872ff.) sowie das personengebundene Zulassungsrecht vor allem nach Maßgabe gewerberechtlicher Vorschriften (zum Verhältnis von Baugenehmigung und **gaststättenrechtlicher Erlaubnis** im Hinblick auf betriebsbezogene Immissionen BVerwG Beschl. v. 14.6.2011 – 4 B 3/11, BauR 2011, 1642). Die Abgrenzung zum Bauordnungsrecht erstreckt sich auch auf das bauordnungsrechtliche Zulassungsrecht (insbesondere Baugenehmigungsverfahren → Rn. 1ff.) oder sonstige bundes- oder landesrechtliche **Zulassungsverfahren**, soweit sie auch die Prüfung der bauplanungsrechtlichen Anforderungen an Vorhaben iSv § 29 Abs. 1 umfassen. Hier können sich drittschutzrelevante Fragen stellen, wenn ein falsches Genehmigungsverfahren durchgeführt wurde, vor allem dann, wenn zu Unrecht auf bestimmte Verfahrensschritte verzichtet wurde, zumal solche, die eine Beteiligung der Öffentlichkeit vorsehen. Hier gelten im Grunde dieselben Anforderungen, die sich auch ansonsten aus der Schutznormlehre (Rn. 16) ergeben (vgl. *Wahl/Schütz* in Schoch/Schmidt-Aßmann/Pietzner, Verwaltungsgerichtsordnung, § 42 Abs. 2 Rn. 72ff.). Allein die Wahl eines falschen Zulassungsverfahrens begründet danach in der Regel keinen Drittschutz (s. etwa *Hoppenberg* in Hoppenberg/de Witt Kap. H Rn. 156ff.; OVG Münster Beschl. v. 29.8.2012 – 2 B 940/12, NuR 2014, 659; VGH Mannheim Beschl. v. 25.11.2014 – 10 S 1920/14, BauR 2015, 471; OVG Magdeburg Beschl. v. 9.12.2014 2 M 102/14, NVwZ-RR 2015, 409 zur Durchführung eines Baugenehmigungsverfahrens anstelle eines immissionsschutzrechtlichen Genehmigungsverfahrens sowie zur Durchführung eines vereinfachten anstelle eines förmlichen BImSchG-Verfahrens). In diesen Fällen bedarf es unabhängig von der Wahl des durchgeführten Genehmigungsverfahrens stets einer **materiellen Rechtsverletzung** desjenigen, der sich gegen die Genehmigung oder die Durchführung eines Vorhabens iSv § 29 Abs. 1 wehrt.

Anders kann dies vor allem dann sein, wenn es um eine **Verletzung von Beteiligungsrechten (im Zulassungsverfahren)** geht, sei es um eine individuelle Beteiligung als Angrenzer (vgl. § 74 Abs. 1 S. 1 BauO NRW), sei es in Form einer allgemeinen Öffentlichkeitsbeteiligung. Derartige Beteiligungspflichten sind in der Regel **drittschützend** (s. etwa *FO/Otto* 253ff.; *Sellner/Reidt/Ohms* 3. Teil Rn. 36ff.; *Jarass* BImSchG § 10 Rn. 136). Allerdings kann ein solcher Verstoß nach den **§§ 45, 46 VwVfG** (des betreffenden Bundeslandes, s. zur Bedeutung der landesspezifischen Regelungen OVG Münster Urt. v. 25.2.2015 – 8 A 959/10, BauR 2015, 1138) heilbar oder unbeachtlich sein. Dies gilt jedoch bei den (unionsrechtlich begründeten) Vorschriften über die **Umweltverträglichkeitsprüfung** bei der Genehmigung von Vorhaben nur mit Einschränkungen (§ 4 UmwRG). Die Umweltverträglichkeitsprüfung beschränkt sich zwar auf verfahrensmäßige Anforderungen im Vorfeld der Sachentscheidung, enthält also keine zusätzlichen materiellrechtlichen Anforderungen an ein Vorhaben (→ § 30 Rn. 15). Diese verfahrensrechtlichen Anforderungen können auch bei Vorhaben iSv § 29 Abs. 1 bestehen, unabhängig davon, ob sie einer Baugenehmigung oder einer weitergehenden fachgesetzlichen Genehmigung bedürfen, die die Prüfung der bauplanungsrechtlichen Zulässigkeit einschließt (s. insbesondere § 6 Abs. 1 Nr. 2 BImSchG). Von Bedeutung sind für das baurechtliche Zulassungsverfahren insbesondere die in der Anlage 1 zum UVPG genannten Bauvorhaben (zB Feriendörfer und Hotelkomplexe, Freizeitparks, Parkplätze, großflächige Einzelhandelsbetriebe, jeweils ab einer bestimmten Größenordnung), daneben solche Vorhaben, die nur unter bestimmten 21

Vorb §§ 29–38 I. Kapitel. III. Teil. Regelung der baul. und sonst. Nutzung

Voraussetzungen bzw. nach Maßgabe einer Vorprüfung im Einzelfall UVP-pflichtig sind (zB Windenergieanlagen, s. im Einzelnen §§ 3a ff. UVPG; BVerwG Urt. v. 18.6.2015 – 4 C 4.14, NVwZ 2015, 1458). Bedarf es einer Vorprüfung im Einzelfall (§ 3c UVPG) hängt die UVP-Pflicht von dem Ergebnis dieser Vorprüfung ab. Eine nach § 4 UmwRG rügefähige Verfahrensrechtsverletzung kann daher vor allem daraus resultieren, dass (1.) eine generell notwendige Umweltverträglichkeitsprüfung im Genehmigungsverfahren unterlassen wurde oder (2.) eine Vorprüfung im Einzelfall unterlassen wurde oder (3.) die Vorprüfung im Einzelfall zu Unrecht zu dem Ergebnis kam, eine UVP sei nicht erforderlich (s. hierzu EuGH Urt. v. 7.11.2013 – C-72/12, NVwZ 2014, 49; BVerwG Urt. v. 13.12.2007 – 4 C 9/96, BVerwGE 130, 83 Rn. 34; dass. Urt. v. 20.8.2008 – 4 C 11/07, BVerwGE 131, 352 Rn. 34; OVG Münster Urt. v. 25.2.2015 – 8 A 959/10, BauR 2015, 1138; OVG Hamburg Beschl. v. 24.2.2010 – 5 Bs 24/10, UPR 2010, 455 für eine Plangenehmigung) oder (4.) ein vergleichbarer Verfahrensfehler vorliegt, durch den der Öffentlichkeit die gesetzlich vorgesehene Beteiligung am Entscheidungsprozess genommen wurde (EuGH Urt. 15.10.2015 – C 137/14, UPR 2016, 30 m. Anm. *Storost;* dazu auch *Fellenberg* NVwZ 2015 1721 ff.). Eine Heilung des Mangels ist jedoch auch noch während eines gerichtlichen Verfahrens bis zum Abschluss der letzten Tatsacheninstanz möglich (vgl. § 4 Abs. 1 S. 1 UmwRG; s. auch BVerwG Urt. v. 20.8.2008 – 4 C 11/07, BVerwGE 131, 352 Rn. 25). Abweichendes Bundes- oder Landesrecht ist dabei jedoch zu beachten (OVG Münster Urt. v. 25.2.2015 – 8 A 959/10, BauR 2015, 1138 zu § 45 Abs. 2 VwVfG NRW, nach dem eine Nachholung nur in der ersten Gerichtsinstanz möglich ist). Aus **§ 4 Abs. 1 UmwRG** ergibt sich zudem, dass die Vorschriften über eine notwendige Vorprüfung im Einzelfall sowie eine notwendige UVP Drittschutz vermitteln (OVG Münster Urt. v. 25.2.2015 – 8 A 959/10, BauR 2015, 1138; VGH Kassel Urt. v. 24.9.2008 – 6 C 1600/07, DVBl. 2009, 186; *Jarass* BImSchG § 10 Rn. 136; *FO/Otto* 258; → auch noch Rn. 30). Das **Unterlassen** einer notwendigen UVP oder auch einer notwendigen Vorprüfung ist daher stets beachtlich, ohne dass es zusätzlich auf eine materielle Rechtsverletzung ankäme. Allerdings muss derjenige, der sich gegen ein Vorhaben wendet, das **ohne** eine notwendige UVP bzw. UVP-Vorprüfung durchgeführt wird, zumindest iSv § 42 Abs. 2 VwGO rechtsmittelbefugt sein, dh es muss die hinreichende Möglichkeit bestehen, dass er auch in eigenen Rechten verletzt ist (→ Rn. 16), sofern es sich nicht um eine im konkreten Fall klageberechtigte Umweltschutzvereinigung handelt (→ Rn. 30 ff.). Wird eine UVP-Vorprüfung bzw. eine notwendige UVP durchgeführt oder nachgeholt, sind etwaige **dabei** auftretende Defizite einschließlich solcher, die die Öffentlichkeitsbeteiligung betreffen, nur dann von Bedeutung, wenn es nicht zu einer Heilung kommt oder aber der Mangel trotz § 46 VwVfG beachtlich ist. Um dies verneinen zu können, muss die Genehmigungsbehörde ausreichende Gesichtspunkte dafür vortragen, dass der Verfahrensfehler für den Inhalt der Zulassungsentscheidung unerheblich geblieben ist. Die diesbezügliche Beweislast darf nicht dem Kläger auferlegt werden (EuGH Urt. v. 15.10.2015 – C 137/14 UPR 2016, 30; ders. Urt. v. 7.11.2013 – C-72/12, NVwZ 2014, 49 vgl. auch BVerwG Urt. v. 18.11.2004 – 4 CN 11/03, BVerwGE 122, 207; OVG Berlin-Brandenburg Beschl. v. 27.11.2009 – 11 S 49.09, LKV 2010, 138; *Jarass* BImSchG § 10 Rn. 133; *Fellenberg/Schiller* in Landmann/Rohmer, Umweltrecht, Band I, § 4 UmwRG Rn. 33, 37 f.).

22 Zu prüfen ist die Zulässigkeit eines Vorhabens iSv § 29 Abs. 1 auch im Hinblick auf den Drittschutz nach der **tatsächlich bestehenden Sach- und Rechtslage** (→ auch Rn. 82). Es kommt hingegen nicht darauf an, wie der Bauherr oder ggf. auch die Genehmigungsbehörde das Vorhaben bauplanungsrechtlich einordnet. Liegt dieses beispielsweise im Außenbereich, ist bei der gerichtlichen Prüfung selbst dann § 35 zugrunde zu legen, wenn die Genehmigungsbehörde von einer Innenbereichslage (§ 34) ausgegangen ist. Dies gilt auch im Hinblick auf einen Bebauungsplan. Stellt das Gericht anlässlich einer Nachbarklage fest, dass ein Bebauungsplan unwirksam ist, muss es von der Sach- und Rechtslage ausgehen, die ohne diesen Bebauungsplan besteht (s. etwa OVG Lüneburg Beschl. v. 22.10.2010 – 1 ME 145/10, BauR

1. Abschnitt. Zulässigkeit von Vorhaben **Vorb §§ 29–38**

2011, 245; OVG Koblenz Beschl. v. 8.2.2012 – 8 B 10 011/12, BauR 2012, 931, jeweils zum Fall eines nach der inzidenten Prüfung unwirksamen Bebauungsplans; s. auch OVG Münster Beschl. v. 29.8.2011 – 2 A 547/11, UPR 2012, 37). Der Prüfungsmaßstab einer solchen **Inzidentprüfung** ist dabei prinzipiell kein anderer als bei einer Normkontrolle gemäß § 47 VwGO (→ § 10 Rn. 13ff.). Insbesondere ist das Gericht nicht auf eine Prüfung der Aspekte und Belange des Bebauungsplans beschränkt, die einen Bezug zu dem Nachbarn haben, der Rechtsmittel gegen ein Vorhaben iSv § 29 eingelegt hat. Allerdings soll sich das Gericht andererseits auch nicht ohne besondere Anhaltspunkte und ohne entsprechenden Anlass ungefragt auf Fehlersuche begeben, wenn ein Vorhaben im Geltungsbereich eines Bebauungsplans errichtet werden soll, jedoch selbst der Kläger keinen Anlass sieht, an der Wirksamkeit des Bebauungsplans als solcher zu zweifeln (s. auch § 10 Rn. 25).

2. Dritte. Dritte, also diejenigen, die sich gegen die Genehmigung oder Durchführung eines Vorhabens iSv § 29 Abs. 1 zur Wehr setzen können, sind Nachbarn, (andere) Gemeinden sowie sonstige Dritte, insbesondere Umwelt- oder Naturschutzvereinigungen (vgl. §§ 63, 64 BNatSchG, § 2 UmwRG). 23

a) Nachbarn. Der Begriff des Nachbarn im Bauplanungsrecht ist **personell** einzugrenzen (zur räumlichen Eingrenzung → Rn. 27). Da das Bauplanungsrecht die bauliche und sonstige Nutzung der Grundstücke regelt (vgl. § 1 Abs. 1), dient es unmittelbar nur dem **Schutz des Grundstückseigentums,** nicht hingegen bestimmter Einzelpersonen. Nachbarrechte im Sinne des Bauplanungsrechts sind daher an das Grundstückseigentum sowie an dingliche Rechte an Grundstücken gebunden. Nur **obligatorisch** zur Nutzung eines Grundstücks Berechtigte (vor allem **Mieter und Pächter**) sind daher grundsätzlich nicht berechtigt, Abwehransprüche geltend zu machen, die sich aus dem Bauplanungsrecht ergeben. Dies gilt unbeschadet des Umstandes, dass das Besitzrecht von Mietern und Pächtern als Eigentum iSv Art. 14 Abs. 1 S. 1 GG geschützt ist (BVerwG Beschl. v. 20.4.1998 – 4 B 22/98, NVwZ 1998, 956). Lediglich schuldrechtlich zur Nutzung eines Grundstücks Berechtigte müssen sich daher mit etwaigen Ansprüchen an den Grundstückseigentümer halten, damit dieser ggf. ihm zustehende Abwehrrechte geltend macht. 24

Neben den Grundstückseigentümern zählen als weitere dinglich Berechtigte zum Kreis der Nachbarn insbesondere **Miteigentümer** (selbst wenn andere Miteigentümer der Geltendmachung von Nachbarrechten widersprechen, OVG Saarlouis Urt. v. 6.11.1970 – II R 30/70, BauR 1971, 111), die einzelnen Inhaber von **Sonder- oder Wohnungseigentum** in Bezug auf das Sonder- oder Wohnungseigentum (zu bejahen sowohl für das Gebot der Rücksichtnahme als auch für den Anspruch auf Wahrung des Gebietscharakters, s. Rn. 36ff. u. Rn. 46ff., OVG Bremen Urt. v. 13.2.2015 – 1 B 355/14, NordÖR 2015, 209; aA VGH München Beschl. v. 8.7.2013 – 2 CS 13.807, NVwZ-RR 2014, 1622: Anspruch auf Wahrung des Gebietscharakters nur zugunsten der Eigentümergemeinschaft) sowie die **Eigentümergemeinschaft** insgesamt in Bezug auf das gemeinschaftliche Eigentum (OVG Münster Urt. v. 20.11.2013 – 7 A 2341/11, BauR 2014, 252), **Erbbauberechtigte** und **Nießbraucher** (BVerwG Beschl. v. 11.7.1989 – 4 B 33/89, NJW 1989, 2766), **Käufer** eines Grundstücks, wenn auf sie bereits Besitz, Nutzen und Lasten übergegangen sind und sie durch Eintragung einer Auflassungsvormerkung eine dingliche Sicherung erlangt haben (BVerwG Beschl. v. 11.7.1989 – 4 B 33/89, NJW 1989, 2766). Ist in letzterem Fall allerdings eine Baugenehmigung für die Nachbarbebauung bereits dem Rechtsvorgänger gegenüber bestandskräftig geworden, muss der Erwerber oder auch ein sonstiger Rechtsnachfolger dies gegen sich gelten lassen (vgl. OVG Greifswald Urt. v. 5.11.2001 – 3 M 93/01, NVwZ-RR 2003, 13). Keine Nachbarn im Sinne des Bauplanungsrechts sind Inhaber eines Wohnrechts, auch wenn es mittels einer beschränkt persönlichen Dienstbarkeit gesichert ist (OVG Saarlouis Urt. v. 18.3.2003 – 1 W 7/03, BauR 2004, 821; OVG Lüneburg Beschl. v. 20.4.1999 – 1 L 25

Reidt

Vorb §§ 29–38 I. Kapitel. III. Teil. Regelung der baul. und sonst. Nutzung

1347/99, BRS 62 Nr. 179). Auch familienrechtliche Bindungen zum Grundstückseigentümer vermitteln keinen nachbarlichen Abwehranspruch. Der Eigentümer muss seine Rechte vielmehr selbst geltend machen (BVerwG Beschl. v. 26.7.1990 – 4 B 235/90, NVwZ 1991, 566). Ebenfalls keine Nachbarn im bauplanungsrechtlichen Sinne sind Hypotheken- oder Grundschuldgläubiger, da sie zwar ein dingliches Verwertungsrecht, nicht hingegen ein Nutzungsrecht an dem betroffenen Grundstück haben. Eine bloße Wertminderung, die für die Verwertung des Grundstücks Bedeutung haben kann, ist als solche bauplanungsrechtlich unbeachtlich (vgl. BVerwG Beschl. v. 13.11.1997 – 4 B 195/97, NVwZ-RR 1998, 540; OVG Hamburg Beschl. v. 26.9.2007 – 2 Bs 188/07, ZfBR 2008, 283). Ebenfalls kein Nachbarrechtsverhältnis im bauplanungsrechtlichen Sinne liegt vor, wenn es um Streitigkeiten im **Innenverhältnis** zwischen Miteigentümern oder Wohnungseigentümern im Sinne des Wohnungseigentumsgesetzes geht (vgl. BVerwG Urt. v. 12.3.1998 – 4 C 3/97, NVwZ 1998, 954; OVG Koblenz Beschl. v. 10.7.2007 – 8 A 10 279/07, NVwZ-RR 2008, 86).

26 Der Nachbarbegriff **außerhalb des Bauplanungsrechts** kann in personeller Hinsicht weiter gehen. Dies gilt insbesondere für das Immissionsschutzrecht. Soweit es dort um **schädliche Umwelteinwirkungen** (§ 3 Abs. 1 BImSchG) geht, können auch nur schuldrechtlich zur Nutzung berechtigte Personen (insbesondere Bewohner eines Mietshauses oder auch Mitarbeiter eines Betriebes) zur Nachbarschaft gehören, die berechtigt ist, Rechtsmittel gegen ein Vorhaben einzulegen. Nicht dazu zählen als Teil der Allgemeinheit hingegen Personen, die sich nur zufällig oder gelegentlich, also ohne persönliche oder sachliche Bindung in der Nachbarschaft eines Vorhabens aufhalten (s. etwa BVerwG Urt. v. 26.5.2004 – 9 A 6/03, BVerwGE 121, 57 (59); dass. Urt. v. 22.10.1982 – 7 C 50/78, NJW 1983, 1507; OVG Lüneburg Beschl. v. 6.4.1984 – 7 B 16/83, DVBl. 1984, 890; *Jarass* BImSchG § 3 Rn. 34; *Sellner/Reidt/ Ohms* 3. Teil Rn. 43 ff.). Der immissionsschutzrechtliche Nachbarbegriff bei schädlichen Umwelteinwirkungen gilt unabhängig davon, ob für das betreffende Vorhaben iSv § 29 Abs. 1 ein Genehmigungsverfahren nach § 4 oder § 19 BImSchG durchzuführen ist oder ob es um eine nicht genehmigungsbedürftige Anlage iSv § 22 BImSchG geht. Auch letztere sind so zu errichten und zu betreiben, dass schädliche Umwelteinwirkungen verhindert werden, die nach dem Stand der Technik vermeidbar sind und nach dem Stand der Technik unvermeidbare schädliche Umwelteinwirkungen auf ein Mindestmaß beschränkt werden. **Der Stand der Technik** begründet dabei indes für sich genommen keine Nachbarrechte (s. nur OVG Münster Beschl. v. 29.8.2012 – 2 B 940/12, NuR 2014, 659).

27 In **räumlicher Hinsicht** ist der Begriff des Nachbarn nicht gleichzusetzen mit dem des Angrenzers, so wie er sich teilweise in den Landesbauordnungen findet (s. zB § 55 Abs. 1 S. 1 BauO BW, § 74 Abs. 2 BauO NRW). Abwehransprüche bestehen also nicht nur dann, wenn das Nachbargrundstück unmittelbar an das Baugrundstück anschließt. Entscheidend ist vielmehr **der Umkreis,** in dem sich das beanstandete Vorhaben **auswirken kann** und ob diese Auswirkungen zum Schutz der Nachbarschaft **verhindert werden sollen.** Dafür wiederum sind die Zielsetzung und der Schutzbereich der betreffenden Bebauungsplanfestsetzung oder der allgemein geltenden bauplanungsrechtlichen Vorschriften maßgeblich. Die räumliche Reichweite ist daher im Einzelfall durch Auslegung der einschlägigen Bestimmungen und durch Feststellungen vor Ort zu ermitteln. Dabei ist der Nachbarschutz im beplanten Bereich nicht zwangsläufig auf den Geltungsbereich des betreffenden Bebauungsplans beschränkt. Dies kann zwar durchaus so sein (s. insbesondere zum Anspruch auf Wahrung des Gebietscharakters Rn. 36 ff.). Allerdings gibt es auch Fälle, in denen bestimmte Festsetzungen eines Bebauungsplans gezielt gerade dazu dienen sollen, die Nachbarschaft außerhalb des Plangebiets zu schützen (zB Festsetzungen in einem Bebauungsplan zum Lärmschutz, die darauf abzielen, die außerhalb des Plangebiets angesiedelte Wohnnachbarschaft zu schützen). Auch bei der Geltendmachung von Verfahrensrechten (vgl. Rn. 16) bedarf

1. Abschnitt. Zulässigkeit von Vorhaben Vorb §§ 29–38

es eines hinreichenden räumlichen Bezuges, der insbesondere durch den Wirkungsbereich von den Nachbarn betreffenden Immissionen bestimmt sein kann (OVG Münster Urt. v. 25.5.2015 – 8 A 959/10, BauR 2015, 1138).

b) Gemeinden, sonstige Planungsträger. Auch Gemeinden können Abwehransprüche gegen ein Vorhaben iSv § 29 Abs. 1 haben. Dies gilt sowohl für die **Standortgemeinde** als auch für **Nachbargemeinden**. Für die Standortgemeinde ist dies vor allem dann von Bedeutung, wenn ein Vorhaben ohne das notwendige gemeindliche Einvernehmen nach § 36 Abs. 1 durchgeführt werden soll, obgleich dieses erforderlich war oder wenn es zu Unrecht, jedoch noch nicht bestandskräftig, gemäß § 36 Abs. 2 S. 3 ersetzt wurde (vgl. BVerwG Urt. v. 14.4.2000 – 4 C 5/99, BauR 2001, 227; dass. Beschl. v. 11.8.2008 – 4 B 25/08, NVwZ 2008, 1347; zum gemeindlichen Einvernehmen und zu den Rechtsschutzmöglichkeiten der Gemeinde in diesem Zusammenhang → § 36 Rn. 5 ff., 24 ff.). Ist die Gemeinde Eigentümerin eines Nachbargrundstücks oder an einem solchen Grundstück dinglich berechtigt, gilt für sie nichts anderes als für jede Privatperson (Rn. 24 ff.; vgl. etwa VGH München Urt. v. 2.4.2003 – 22 ZB 03 229, NVwZ 2003, 1281). 28

Daneben bestehen für die Gemeinde allerdings weitergehende Schutzansprüche, die sich aus ihrer verfassungsrechtlich geschützten **Planungshoheit** als Bestandteil der kommunalen Selbstverwaltungsgarantie ergeben. Daher ist eine Gemeinde berechtigt, in den Fällen, in denen ihre abwägungserheblichen Belange berührt sind, ein Normenkontrollverfahren gegen einen Bebauungsplan einer Nachbargemeinde anzustrengen (→ § 10 Rn. 13 ff., § 2 Rn. 24 f.). Darüber hinausgehend kann eine Gemeinde zwar im Rahmen des Drittschutzes nicht die Rechte ihrer Einwohner, gewissermaßen also in Prozessstandschaft, wahrnehmen, wohl allerdings geltend machen, dass ein Vorhaben eine hinreichend konkrete kommunale Planung nachhaltig stört oder wesentliche Teile des Gemeindegebiets einer durchsetzbaren kommunalen Planung entzieht (s. insbesondere BVerwG Urt. v. 1.8.2002 – 4 C 5/01, BVerwGE 117, 25; dazu etwa *Halama* DVBl. 2004, 79 ff.; BVerwG Urt. v. 21.3.1996 – 4 C 26/94, BVerwGE 100, 388 (394); OVG Lüneburg Urt. v. 17.8.2006 – 7 KS 81/03, ZUR 2007, 160; zu Zielen der Raumordnung → Rn. 20; s. auch § 2 Rn. 24; zum Gemeindenachbarschutz gegen die Genehmigung einer bahnfremden Nutzung von einer Freistellung nach § 23 AEG VGH München Urt. v. 24.7.2014 – 2 B 14.896, BauR 2015, 85). Von Bedeutung ist dies außerhalb des Geltungsbereichs eines (wirksamen) Bebauungsplans, der das betreffende Vorhaben zulässt, vor allem dann, wenn ein Vorhaben ohne eine förmliche Planung, die dem Abstimmungsgebot des § 2 Abs. 2 gerecht wird, nicht zugelassen werden darf, weil ein **qualifizierter Abstimmungsbedarf** besteht. Das Planungserfordernis und die in diesem Zusammenhang notwendige interkommunale Abstimmung gemäß § 2 Abs. 2 sind ein genehmigungsrechtlich zu berücksichtigender Belang iSv § 35 Abs. 3 S. 1, auf dessen Nichtberücksichtigung sich eine Nachbargemeinde berufen kann (→ hierzu auch § 2 Rn. 23 f.). Dies gilt auch dann, wenn zwar ein Bebauungsplan besteht, das Vorhaben jedoch von dessen Festsetzungen abweicht, ohne dass die Befreiungsvoraussetzungen des § 31 Abs. 2 vorliegen (vgl. OVG Koblenz Urt. v. 3.11.2011 – 1 A 10 270/11, BauR 2012, 206, zu einem planwidrigen Einkaufszentrum in einer Nachbargemeinde). Bei einem Vorhaben im Innenbereich kann sich eine Nachbargemeinde insbesondere auf § 34 Abs. 3 berufen, also darauf, dass von einem Vorhaben keine schädliche Auswirkungen auf zentrale Versorgungsbereiche ausgehen dürfen (vgl. BVerwG Urt. v. 17.12.2009 – 4 C 2/08, BVerwGE 136, 10; dass. Urt. v. 11.10.2007 – 4 C 7/07, BVerwGE 129, 307; → auch § 34 Rn. 66 ff.). Bedeutung hat der Gemeindenachbarschutz daher vor allem bei großflächigen Einzelhandelsbetrieben, aber etwa auch bei der Genehmigung von Industrieansiedlungen oder sonstigen erheblich störenden Nutzungen, die sich gemeindegrenzenüberschreitend auswirken können. **Andere Planungsträger** (zB Regionalverbände) haben Abwehransprüche, wenn ihnen Planungsaufgaben als eigene Angelegenheit im Sinne eines wehrfähigen 29

Vorb §§ 29–38 I. Kapitel. III. Teil. Regelung der baul. und sonst. Nutzung

Selbstverwaltungsrechtes übertragen sind. Die Wahrnehmung von Aufgaben als Teil der staatlichen Landes- oder sonstigen Planung genügt hingegen nicht (OVG Lüneburg Beschl. v. 12.2.2014 – 12 ME 242/13, NuR 2014, 720; VGH Mannheim Beschl. v. 8.5.2012 – 8 S 217/11, NVwZ-RR 2012, 632).

30 c) **Umwelt- und Naturschutzvereinigungen.** Wenn und soweit dies gesetzlich ausdrücklich angeordnet ist, kommt die Einlegung von Rechtsmitteln gegen Vorhaben iSv § 29 Abs. 1 auch dann in Betracht, wenn der Rechtsmittelführer nicht durch die Genehmigung oder die Durchführung des Vorhabens in eigenen Rechten verletzt ist. Besondere Bedeutung hat dies im Bereich des Umwelt- und Naturschutzes.

31 Hier bestehen Rechtsschutzmöglichkeiten für Umwelt- und Naturschutzvereinigungen gemäß **§ 64 BNatSchG,** der allerdings vor allem im Bereich des Fachplanungsrechts einschlägig ist (s. etwa OVG Greifswald Beschl. v. 19.8.2015 – 3 M 64/14, BauR 2016, 92; *Leppin* in Lütkes/Ewer BNatSchG 2011 § 64 Rn. 3 ff.; *Seibert* NVwZ 2013, 1040 ff.), sowie gemäß **§ 2 und § 4 UmwRG.** Diese geben neben der Möglichkeit, gegen einen Bebauungsplan ein Normenkontrollverfahren anzustrengen (→ § 10 Rn. 13 ff.), auch das Recht, sich gegen Einzelvorhaben zu wenden, für die es der Durchführung einer **Umweltverträglichkeitsprüfung** oder zumindest einer **Vorprüfung** gemäß § 3c UVPG bedarf (vgl. auch § 2 Rn. 12a). Ist die Zulässigkeit eines Rechtsmittels im Übrigen gegeben, ist eine Zulassungsentscheidung wegen eines Verfahrensmangels aufzuheben, wenn eine erforderliche Umweltverträglichkeitsprüfung oder eine erforderliche Vorprüfung des Einzelfalls (§ 3c UVPG) nicht durchgeführt und nicht nachgeholt worden ist oder ein vergleichbarer schwerer Verfahrensfehler vorliegt (§ 4 UmwRG). Beim Unterlassen einer Umweltverträglichkeitsprüfung gilt dies auch dann, wenn zwar eine Vorprüfung durchgeführt wurde, deren Ergebnis allerdings nicht vertretbar war (vgl. OVG Hamburg Beschl. v. 24.2.2010 – 5 Bs 24/10, UPR 2010, 455; →. auch bereits Rn. 21). Derartige Verfahrensmängel können geltend gemacht werden, ohne dass der Umweltverband seinerseits deren Ursächlichkeit für den Inhalt der Entscheidung nachweisen muss. Allerdings besteht für die Genehmigungsbehörde und den Vorhabenträger die Möglichkeit, einen fehlerhaften Kausalzusammenhang zwischen Verfahrensfehler und Entscheidungsinhalt nachzuweisen (EuGH Urt. v. 15.10.2015 – C 137/14, UPR 2016, 30 Rn. 48 ff., mit Anm. *Storost;* s. auch *Fellenberg* NVwZ 2015 1721 ff.). In einem Klageverfahren ist der Verband nicht darauf beschränkt, nur solche Einwendungen gegen ein UVP-pflichtiges Vorhaben geltend zu machen, die er bereits innerhalb der Einwendungsfrist des Verwaltungsverfahrens vorgetragen hat. Diese nicht berücksichtigende Verfahrensvorschriften des Genehmigungsrechts müssen unbeachtet bleiben (EuGH aaO, Rn. 76 ff.). Allerdings kann nach Maßgabe des Verfahrens- und Prozessrechts missbräuchlich oder unredlich zurückgehaltenes Vorbringen unbeachtet bleiben.

32 Daneben besteht materiell-rechtlich bei UVP-pflichtigen Vorhaben die Möglichkeit, einen Verstoß gegen **dem Umweltschutz dienende Rechtsvorschriften** geltend zu machen. Dies gilt unabhängig davon, ob zugleich auch eigene Rechte der Umwelt- oder Naturschutzvereinigung oder sonstiger Dritter betroffen sind, und auch unabhängig davon, ob diese Vorschriften unionsrechtlich begründet oder rein nationalen Ursprungs sind (BVerwG Urt. v. 24.10.2013 – 7 C 36.11, BVerwGE 148, 155; OVG Münster Urt. v. 12.6.2012 – 8 D 38/08, BauR 2012, 1883; OVG Hamburg Urt. v. 18.1.2013, BauR 2013, 998; OVG Koblenz Beschl. v. 31.1.2013 – 1 B 11 201/12, BauR 2013, 1083 – die Welterbekonvention der UNESCO gehört nicht zu den dem Umweltschutz dienenden Vorschriften; s. auch EuGH Urt. v. 12.5.2011 – Rs. C-115/09, DVBl. 2011, 757; BVerwG Urt. v. 29.9.2011 – 7 C 21.09, NVwZ 2012, 176).

33 **3. Nachbarschützende Festsetzungen und Vorschriften im beplanten Bereich.** Bei Festsetzungen eines Bebauungsplans ist in der Regel im Einzelfall zu prüfen, ob und in welchem Umfang sie über ihre rein städtebauliche Funktion hinaus darauf gerichtet sind, einklagbare Abwehrrechte zugunsten Dritter zu vermitteln

(→ aber noch Rn. 36). Dies kann sich bereits eindeutig aus den Planfestsetzungen selbst ergeben. Vielfach bedarf es jedoch einer Auslegung der betreffenden Festsetzungen anhand der Bebauungsplanbegründung und der weiteren Planaufstellungsvorgänge (vgl. BVerwG Urt. v. 16.9.1993 – 4 C 28/91, BVerwGE 94, 151; dass. Beschl. v. 9.3.1993 – 4 B 38/93, BauR 1993, 581; dass. Beschl. v. 20.9.1984 – 4 B 202/84, NVwZ 1985, 748). Planfestsetzungen können dabei auch Nachbarn außerhalb des Plangebiets Abwehransprüche einräumen (→. Rn. 27). Hingegen scheidet die Möglichkeit aus, dass Bebauungsplanfestsetzungen den Eigentümern von Grundstücken innerhalb des Plangebiets Abwehransprüche gegen bauliche Nutzungen außerhalb davon gewähren.

Nachbarschützende Bedeutung können nicht nur Festsetzungen in Bebauungsplänen haben, die auf der Grundlage des Baugesetzbuchs oder des Bundesbaugesetzes aufgestellt wurden, sondern auch Festsetzungen in Plänen, die gemäß § 173 Abs. 3 S. 1 BBauG 1960 als Bebauungspläne übergeleitet worden sind. Ob ihnen oder der damals maßgeblichen Rechtsgrundlage ein drittschützender Gehalt zuerkannt wurde oder nicht, ist unerheblich. Entscheidend ist die heutige Sichtweise (BVerwG Urt. v. 23.8.1996 – 4 C 13/94, BVerwGE 101, 361; → noch Rn. 36 sowie § 233 Rn. 10; s. zur Sonderregelung für eine sparsame und effiziente Nutzung von Energie → § 248 Rn. 20). 34

a) Hinreichende Bestimmtheit der Baugenehmigung. Um überhaupt feststellen zu können, ob nachbarschützende Vorschriften durch die Realisierung eines Vorhabens verletzt werden, muss sich der Genehmigungsumfang, soweit er nachbarrechtsrelevant ist, mit hinreichender Deutlichkeit aus dem Genehmigungsbescheid ergeben (OVG Hamburg Beschl. v. 2.9.2011 – 2 Bs 136/11, BauR 2012, 79; OVG Lüneburg Beschl. v. 26.1.2012 – 1 ME 226/11, NVwZ-RR 2012, 306; dass. Beschl. v. 9.8.2011 – 1 ME 107/11, NVwZ 2012, 124; OVG Münster Urt. v. 25.1.2013 – 10 A 2269/10, BauR 2013, 1239). Abhängig vom Landesrecht kann dies – ähnlich wie bei einer Teilbaugenehmigung auch nur die Errichtung einer baulichen Anlage ohne Zulassung einer bestimmten Nutzung insgesamt oder in einzelnen Geschossen sein (zB bei der Genehmigung ener noch nicht weiter spezifizierten Gewerbehalle (VGH Mannheim Beschl. v. 13.4.2015, NVwZ-RR 2015, 646). Eine Baugenehmigung (oder auch ein Bauvorbescheid) ist daher nicht nur rechtswidrig, sondern auch nachbarrechtsverletzend, wenn die Unbestimmtheit des Bescheides **ein nachbarrechtlich relevantes Merkmal** betrifft oder wenn infolge der Unbestimmtheit **nicht beurteilt** werden kann, ob das Vorhaben den geprüften nachbarschützenden Vorschriften entspricht oder nicht. Dies gilt auch, wenn nachbarrechtsrelevante materielle Vorschriften ungeprüft geblieben sind, obgleich eine Prüfung notwendig gewesen wäre (zB bei einem zu Unrecht durchgeführten vereinfachten Genehmigungsverfahren, s. VGH München Urt. v. 25.11.2010 – 9 B 10.531, BauR 2011, 1644). Sind derartige Mängel schwerwiegend und offenkundig, ist die Genehmigung bereits nichtig (vgl. § 44 Abs. 1 VwVfG). Ansonsten ist sie rechtswidrig und für diejenigen Nachbarn, auf die sich dies auswirken kann, rechtsverletzend. Maßgeblich für die hinreichende Bestimmtheit ist dabei jedoch nicht nur der Genehmigungsbescheid mit seiner Beschreibung des Vorhabens. Heranzuziehen sind vielmehr auch die eingereichten Bauvorlagen und sonstigen Bauakten. Insbesondere dann, wenn die Bauvorlagen unvollständig sind oder keine mit einem Genehmigungsvermerk versehenen Bauvorlagen vorliegen, kann dies eine Rechtsverletzung für die Nachbarn des Baugrundstücks bedeuten, die durch das geplante Vorhaben (möglicherweise) in Nachbarrechten verletzt sind. Dies gilt auch für den Rechtsschutz von Gemeinden (VGH München Urt. v. 10.12.1997 – 1 BV 04.843, UPR 2008, 192). Allerdings müssen nicht für sämtliche nur theoretisch nachbarrechtsrelevaten Auswirkungen Gutachten oder sonstige fachliche Stellungnahmen vorgelegt werden (zB zu Lärm oder Gerüchen). Derartige Auswirkungen müssen zumindest das Potenzial haben, nachbar- 35

schaftsunverträglich zu sein (OVG Lüneburg Beschl. v. 9.8.2011 – 1 ME 107/11, NVwZ 2012, 124; vgl. auch OVG Koblenz Urt. v. 26.11.2014 – 8 A 10524/14, NVwZ-RR 2015, 295). Wird ein Vorhaben zwar hinreichend bestimmt, aber **inhaltlich falsch** bezeichnet („Etikettenschwindel", zB bei der Genehmigung einer gewerblichen Tätigkeit in einem reinen Wohngebiet unter fehlerhafter Anwendung von § 13 BauNVO, vgl. OVG Münster Urt. v. 25.8.2011 – 2 A 38/10, BauR 2012, 58), kommt es darauf an, ob die tatsächlich zugelassene Nutzung baurechtswidrig ist oder nicht.

36 b) **Art der baulichen Nutzung.** Die Festsetzung von **Baugebieten nach den §§ 2 bis 11 BauNVO** in einem Bebauungsplan hat **kraft Bundesrecht** nachbarschützende Wirkung für die Eigentümer von Grundstücken **innerhalb des Baugebiets.** Ohne dass es dafür eines besonderen Willens der Gemeinde bedarf, verbindet die Gebietsfestsetzung die Betroffenen zu einer Gemeinschaft, in der die Beschränkung der eigenen Nutzungsmöglichkeiten dadurch ausgeglichen wird, dass auch die anderen Eigentümer denselben Beschränkungen unterworfen sind (bau- und bodenrechtliche Schicksalsgemeinschaft, s. insbesondere BVerwG Beschl. v. 18.12.2007 – 4 B 55/07, NVwZ 2008, 427; dass. Urt. v. 16.9.1993 – 4 C 28/91, BVerwGE 94, 151; dass. Urt. v. 14.12.1973 – IV C 71/71, BVerwGE 44, 244; *Mampel* BauR 2003, 1824ff.; *Tophoven* in SU § 30 Rn. 54). Dies gilt auch bei § 173 Abs. 3 S. 1 BBauG 1960 (→ § 233 Rn. 7ff.) **übergeleiteten Plänen** (BVerwG Urt. v. 23.8.1996 – 4 C 13/94, BVerwGE 101, 364; OVG Hamburg Beschl. v. 17.9.2012 – 2 Bs 169/12, DVBl. 2013, 240; → Rn. 34). Eigentümer von Grundstücken außerhalb des jeweiligen festgesetzten Baugebiets können sich auf diesen Anspruch nicht berufen (s. Rn. 41). Für Eigentümer innerhalb eines Baugebiets gilt dies ebenfalls, wenn das Baugebiet von seiner Fläche her so groß ist, dass sich ein Vorhaben für den Nachbarn, der Rechtsmittel einlegen möchte, nicht mehr nachteilig auswirken kann. Der Anspruch auf Wahrung des Gebietscharakters reicht also nur so weit, wie die wechselseitige Prägung der benachbarten Grundstücke reicht. Soweit dies allerdings der Fall ist, können sämtliche gebietsfremden Nutzungen abgewehrt werden. Dies gilt unabhängig davon, ob es sich um störende oder störungsempfindliche gebietsfremde Nutzungen handelt. Ebenso ist es ohne Bedeutung, ob eine tatsächliche Beeinträchtigung des Nachbarn durch das streitige Vorhaben zu erwarten ist. Vermieden werden soll also auch eine schleichende Umwandlung des Baugebiets (vgl. BVerwG Beschl. v. 13.5.2002 – 4 B 86/01, BauR 2002, 1499; dass. Urt. v. 24.2.2000 – 4 C 23/98, ZfBR 2000, 423). Dies bezieht sich auch auf großflächige Einzelhandelsbetriebe, wenn sie in einem Gewerbegebiet iSv § 8 BauNVO (1990) angesiedelt werden sollen, obgleich es sich dabei um eine gewerbliche Nutzung handelt (OVG Münster Beschl. v. 21.12.2010 – 2 A 1419/09, DVBl. 2011, 570). Gebietsfremd in diesem Sinne sind alle Nutzungen, die in dem betreffenden Baugebiet nicht allgemein oder ausnahmsweise (s. insbesondere Abs. 3 der Baugebietsvorschriften in den §§ 2 bis 9 BauNVO) zulässig sind und für die die Befreiungsvoraussetzungen des § 31 Abs. 2 objektiv nicht erfüllt sind (BVerwG Urt. v. 2.2.2012 – 4 C 14/10, DVBl. 2012, 825; zum Nachbarschutz bei Befreiungen gemäß § 31 Abs. 2 → noch Rn. 63f.). Entsprechendes gilt für Befreiungen gemäß § 246 Abs. 10 für Flüchtlingsunterkünfte (OVG Münster Beschl. v. 23.2.2015 – 7 B 1343/14, BauR 2015, 797).

37 Der Anspruch auf Wahrung des Gebietscharakters besteht nicht nur in den typisierten Baugebieten der §§ 2 bis 9 BauNVO. Auch in festgesetzten **Sondergebieten** können von der Art der baulichen Nutzung her gebietsfremde Vorhaben abgewehrt werden, wenn die Gemeinde dessen Zweck so festgesetzt hat, dass eine den typisierten Baugebieten vergleichbare bau- und bodenrechtliche Schicksalsgemeinschaft (→ Rn. 36) entsteht (OVG Münster Beschl. v. 9.4.2009 – 7 B 1855/08, NVwZ-RR 2009, 672). Ebenso wie in den typisierten Baugebieten ist ein Vorhaben allerdings nur dann gebietsfremd, wenn es weder allgemein noch ausnahmsweise (§ 31 Abs. 1) zuläs-

1. Abschnitt. Zulässigkeit von Vorhaben **Vorb §§ 29–38**

sig ist. Ebenfalls scheidet ein nachbarlicher Abwehranspruch auch hier aus, wenn für das Vorhaben rechtmäßig eine Befreiung erteilt wurde oder jedenfalls eine Befreiungslage vorlag (s. Rn. 35).

Nicht abschließend geklärt ist, inwieweit bei Baugebieten, die nach **§ 1 Abs. 4 bis 38 10 BauNVO** gegliedert sind, der Anspruch auf Wahrung des Gebietscharakters reicht (s. hierzu etwa BVerwG Urt. v. 16.9.1993 – 4 C 28/91, BVerwGE 94, 151; OVG Münster Beschl. v. 17.6.2009 – 8 B 1864/08, BauR 2009, 1560; OVG Lüneburg Beschl. v. 11.12.2003 – 1 ME 302/03, NVwZ 2004, 1010; VGH München Urt. v. 17.10.2002 – 15 CS 02.2068, BauR 2003, 1341; OVG Koblenz Urt. v. 14.1.2000 – 1 A 11751/99, BauR 2000, 527; VGH Mannheim Urt. v. 19.3.1998 – 10 S 1765/97, UPR 1998, 358; *Schröer* NZBau 2008, 169; *Hoffmann* BauR 2010, 1859; *Mampel* BauR 2003, 1824 (1826 f.); *Schiller* in BRS Rn. 2029 ff.). Hier kommt es entscheidend auf die **Art der Gliederung und deren Funktion** an. Nutzungen, die von den Gliederungsfestsetzungen gar nicht berührt werden, und in dem betreffenden Baugebietstyp ohnehin unzulässig sind (zB ein gewerbegebietstypischer Betrieb, der in einem gegliederten allgemeinen Wohngebiet angesiedelt werden soll), können in jedem Fall abgewehrt werden. Soll die Gliederungsfestsetzung eine Schutzfunktion zugunsten der in dem Plangebiet zulässigen Nutzungen entfalten (zB durch den Ausschluss bestimmter Gewerbebetriebe oder auch Vergnügungsstätten in einem auf besonders störungsempfindliche Betriebe zugeschnittenen Gewerbegebiet), können die Grundstückseigentümer sich ebenfalls auf einen Gebietserhaltungsanspruch berufen (vgl. OVG Koblenz Urt. v. 1.6.2011 – 8 A 10196/11, BauR 2011, 1805; OVG Münster Beschl. v. 2.12.2013 – 2 A 1231/13, BauR 2014, 1258). Dient die Gliederungsfestsetzung hingegen allgemeinen städtebaulichen Belangen (zB bei einem Ausschluss von Tankstellen in einem Gewerbegebiet, um die Flächen für sonstige gewerbliche Nutzungen vorzuhalten), besteht für die Eigentümer von Nachbargrundstücken bei einer gleichwohl zugelassenen Tankstelle kein Abwehranspruch. Entsprechendes gilt etwa, wenn gemäß § 1 Abs. 4 S. 1 Nr. 2 BauNVO Immissionskontingente für Lärm oder Luftschadstoffe allein deshalb festgesetzt wurden (s. dazu *Reidt* BauR 2011, 1444 ff.), um die Nachbarschaft außerhalb des Plangebiets zu schützen. In diesem Fall kann sich der Eigentümer eines anderen Grundstücks innerhalb des Baugebiets auf eine solche Festsetzung nicht berufen, solange die genehmigte Nutzung gebietstypisch ist, also in einem ungegliederten Baugebiet ebenfalls zulässig wäre (vgl. auch OVG Lüneburg Beschl. v. 29.3.1996 – 1 M 6354/95, NVwZ 1997, 1012 zu einem großflächigen Einzelhandelsbetrieb in einem Gewerbegebiet; s. im Einzelnen auch OVG Lüneburg Beschl. v. 11.12.2003 – 1 ME 302/03, NVwZ 2004, 1010; für einen weitergehenden Nachbarschutz s. insbesondere *Mampel* BauR 2003, 1824 ff.; *ders.* BauR 1998, 697 ff.; *Seidel*, Öffentlich-rechtlicher und privatrechtlicher Nachbarschutz, 2000, Rn. 385).

Eingeschlossen vom Anspruch auf Wahrung des Gebietscharakters innerhalb eines **39** festgesetzten Bebauungsplangebiets sind auch die **§§ 12 bis 14 BauNVO**. Aufgrund ihres akzessorischen Charakters zu den Gebietstypen der §§ 2 ff. BauNVO entfalten sie ebenfalls kraft Bundesrecht generell nachbarschützende Wirkung (vgl. BVerwG Urt. v. 28.4.2004 – 4 C 10/03, NVwZ 2004, 1244 (1246); dass. Beschl. v. 13.12.1995 – 4 B 245/95, NVwZ 1996, 787 (788); BVerwG Urt. v. 16.9.1993 – 4 C 28/91, BVerwGE 94, 151; OVG Münster Beschl. v. 10.10.2012 – 2 A 309/12, BauR 2013, 63; zu § 14 Abs. 2 VGH München Urt. v. 19.5.2011 – 2 B 11.397, NVwZ-RR 2011, 851SU). Andererseits sind jedoch die in den Baugebieten danach zulässigen Anlagen in der Regel ohne besondere Prüfung ihrer Gebietsverträglichkeit zu dulden (OVG Lüneburg Beschl. v. 7.4.2011 – ME 241/10, BauR 2012, 488).

Sonstige Festsetzungen zur Art der baulichen Nutzung, die nicht unmittelbar den **40** Charakter des Baugebiets betreffen, entfalten hingegen nicht bereits kraft Bundesrecht nachbarschützende Wirkung. Sie sind vielmehr nur dann nachbarschutzrelevant, wenn die Gemeinde mit der betreffenden Festsetzung Nachbarschutz gewährleisten möchte (vgl. etwa BVerwG Beschl. v. 9.3.1993 – 4 B 38/93, BauR 1993,

Vorb §§ 29–38 I. Kapitel. III. Teil. Regelung der baul. und sonst. Nutzung

581; VGH München Urt. v. 14.9.2009 – 8 B 08.2829, UPR 2010, 112; OVG Lüneburg Beschl. v. 2.2.2001 – 1 MA 1381/01, BauR 2002, 274).

41 Eigentümer von Grundstücken **außerhalb eines festgesetzten Baugebiets** haben kraft Bundesrecht keinen Anspruch auf die Wahrung des Gebietscharakters, also darauf, dass innerhalb eines Baugebiets nur solche Vorhaben errichtet werden, die dort allgemein oder jedenfalls ausnahmsweise zulässig sind oder für die objektiv eine Befreiungslage vorliegt (VGH Mannheim Urt. v. 27.6.2011 – 8 S 2581/10, BauR 2011, 1800; VGH München Beschl. v. 20.9.2011 – 2 ZB 11.577, BauR 2012, 790; dass. Urt. v. 14.7.2006 – 1 BV 03.2179 u. a., BauR 2007, 505; OVG Lüneburg Beschl. v. 12.3.2009 – 1 LA 184/06, NVwZ-RR 2009, 630, dort auch zu einer benachbarten Gemeinbedarfsfläche). Dies gilt auch dann, wenn die Baugebiete in einem gemeinsamen Bebauungsplan festgesetzt wurden. Bundesrechtlich richtet sich der Abwehranspruch auch bei baugebietsfremden Nutzungen in einem angrenzenden Bauplangebiet in erster Linie nach dem in § 15 Abs. 1 BauNVO enthaltenen **Gebot der Rücksichtnahme** (BVerwG Beschl. v. 18.12.2007 – 4 B 55/07, NVwZ 2008, 427; zum Gebot der Rücksichtnahme noch → Rn. 46 ff.). Anders kann dies nur dann sein, wenn bestimmte Planfestsetzungen gezielt und unabhängig von einer nachgewiesenen konkreten Beeinträchtigung, die das Gebot der nachbarlichen Rücksichtnahme verletzt, nach dem Willen der planaufstellenden Gemeinde Drittschutz vermitteln sollen (BVerwG Beschl. v. 10.1.2013 – 4 B 48.12, BauR 2013, 934; VGH Mannheim Beschl. v. 22.10.2015 – 10 S 1773.15, BauR 2016, 252; VGH München Urt. v. 25.3.2013 – 14 B 12.169, BauR 2013, 2009; OVG Bautzen Beschl. v. 28.9.2012 – 1 B 313/12, BauR 2013, 459). Dies ist etwa dann denkbar, wenn anstelle eines Baugebiets mit höherem Störungsgrad gezielt ein solches mit geringerem Störungsgrad festgesetzt wurde, um auf diese Weise eine angrenzende Wohnbebauung besonders zu schützen oder wenn gerade zu deren Schutz Gliederungsfestsetzungen, etwa in Form von Ausschlüssen für einzelne Betriebsarten oder in Form von Immissionsbeschränkungen, festgesetzt wurden. Diese Zielsetzung eines Bebauungsplans muss sich allerdings aus der Planbegründung oder jedenfalls aus den sonstigen Planaufstellungsvorgängen mit hinreichender Deutlichkeit ergeben.

42 **c) Maß der baulichen Nutzung.** Festsetzungen zum Maß der baulichen Nutzung (§§ 16 ff. BauNVO) haben nach Bundesrecht grundsätzlich keine drittschützende Funktion. Ob und in welchem Umfang dies der Fall ist, hängt daher vom Willen der planenden Gemeinde bei der konkreten Planung ab (BVerwG Beschl. v. 23.6.1995 – 4 B 52/95, NVwZ 1996, 170; dass. Beschl. v. 19.10.1995 – 4 B 215/95, NVwZ 1996, 888; OVG Münster Beschl. v. 16.6.2000 – 10 B 408/00, BauR 2001, 217; *Mampel* BauR 1998, 697 (715 f.)). Dafür bedarf es regelmäßig einer Auslegung des Bebauungsplans und seiner Begründung. Finden sich dort keine hinreichenden Ansatzpunkte, ist davon auszugehen, dass die betreffende Festsetzung nicht nachbarschützend sein soll. Am ehesten mit nachbarschützender Wirkung ausgestattet sind die Festsetzungen zur Zahl der Vollgeschosse (§ 20 Abs. 1 BauNVO) und zur Höhe baulicher Anlagen (§ 18 BauNVO; vgl. *Seidel*, Öffentlich-rechtlicher und privatrechtlicher Nachbarschutz, 2000, Rn. 401; s. etwa OVG Lüneburg Urt. v. 13.3.2002 – 1 KN 1310/01, ZfBR 2003, 54 zur Festsetzung der maximalen Gebäudehöhe, um den jeweils höherliegenden Gebäuden noch eine freie **Aussicht ins Tal** zu ermöglichen; vgl. ansonsten zur rechtlich nicht geschützten Aussicht BVerwG Beschl. v. 28.10.1993 – 4 C 5/93, NVwZ 1994, 686; VGH Kassel Beschl. v. 13.7.1999 – 4 TG 1322/99, BauR 2000, 1845).

43 **d) Überbaubare Grundstücksflächen.** Festsetzungen zu den überbaubaren Grundstücksflächen (§ 23 BauNVO) haben bundesrechtlich ebenfalls grundsätzlich keine nachbarschützende Funktion (BVerwG Beschl. v. 19.10.1995 – 4 B 215/95, NVwZ 1996, 888; OVG Lüneburg Beschl. v. 4.3.2015 – 1 LA 177/14, NVwZ-RR 2015, 565; beispielhaft für Nachbarschutz OVG Münster Urt. v. 25.1.2013 – 10 A 2269/10, BauR 2013, 1239; OVG Lüneburg Beschl. v. 20.6.2000 – 1 M 2011/00,

1. Abschnitt. Zulässigkeit von Vorhaben — Vorb §§ 29–38

BauR 2000, 1844). Am ehesten wird in einem Bebauungsplan bei **seitlichen** oder auch **hinteren** Baulinien oder Baugrenzen eine nachbarschützende Zielsetzung verfolgt (vgl. VGH Mannheim Beschl. v. 9.3.1995 – 3 S 3321/94, BauR 1995, 514; OVG Hamburg Beschl. v. 3.5.1994 – Bs II 18/94, BauR 1995, 213). Demgegenüber haben straßenseitige Baulinien oder Baugrenzen praktisch keine Bedeutung für das nachbarschaftliche Verhältnis (vgl. OVG Münster Urt. v. 24.5.1996 – 11 B 970/96, BauR 1997, 82; VGH Mannheim Urt. v. 1.10.1999 – 5 S 2014/99, NVwZ-RR 2000, 348).

Für die Auslegung, ob Festsetzungen zu überbaubaren Grundstücksflächen nach dem Willen des planenden Gemeinde nachbarschützende Wirkung zukommen soll oder nicht, kann das **Abstandsflächenrecht** der einschlägigen Landesbauordnung Bedeutung haben. So können etwa Baulinien oder Baugrenzen, die einen größeren Grenzabstand ermöglichen sollen, etwa um eine besonders gute Besonnung und Belichtung zu ermöglichen, nachbarschützende Wirkung entfalten, weil eine besondere Wohnqualität gesichert werden soll (vgl. OVG Lüneburg Beschl. v. 20.6.2000 – 1 M 2011/00, BauR 2000, 1844). Aber auch in Fällen, in denen die bauordnungsrechtlichen Abstandsflächenregelungen durch Festsetzungen zu Baulinien oder Baugrenzen unterschritten werden, kann dies nachbarschützende Funktion dahingehend haben, dass zumindest dieses Mindestmaß noch zugunsten der Nachbarschaft eingehalten werden muss. **44**

e) Bauweise. Festsetzungen zur offenen, geschlossenen oder einer davon abweichenden Bauweise (§ 22 BauNVO) vermitteln kraft Bundesrecht Nachbarschutz, soweit eine **offene Bauweise** festgesetzt ist. Dies gilt auch dann, wenn es um die Festsetzung von Doppelhäusern in offener Bauweise geht (BVerwG Urt. v. 24.2.2000 – 4 C 12/98, BauR 2000, 1168; BVerwG Urt. v. 19.3.2015 – 4 C 12.14, NVwZ 2015, 1769; anders OVG Münster Beschl. v. 16.6.2000 – 10 B 408/00, BauR 2001, 217: nur bei eindeutig erkennbarem Willen der Gemeinde). Die Reichweite des Drittschutzes ist dabei jedoch auf den unmittelbar angrenzenden Nachbarn beschränkt. Im Übrigen sind Festsetzungen zur Bauweise hingegen nicht generell nachbarschützend (s. etwa OVG Berlin Beschl. v. 9.1.1998 – 2 S 14/97, LKV 1998, 240; *Mampel* BauR 1998, 697 (708); *Siegmund* in SU § 31 Rn. 69; s. aber auch *Fickert/Fieseler* § 22 Rn. 8). Entscheidend ist daher in diesen Fällen der gemeindliche Planungswille, ob den betreffenden Festsetzungen nachbarschützende Wirkung beigemessen werden soll oder nicht. **45**

f) Nachbarschutz im beplanten Bereich über entsprechende Planfestsetzungen hinaus, insbesondere Gebot der Rücksichtnahme. Vorhaben im Geltungsbereich eines Bebauungsplans (einschließlich der Anlagen und Nutzungen gemäß §§ 12–14 BauNVO, BVerwG Beschl. v. 20.3.2003 – 4 B 59/02, NVwZ 2003, 1516; VGH Mannheim Beschl. v. 10.1.2008 – 3 S 2773/07, NVwZ-RR 2008, 600) müssen den Anforderungen des **§ 15 Abs. 1 BauNVO** entsprechen (hierzu ausführlich *Petz*, ZfBR 2015, 644 ff.; *Uechtritz*, DVBl 2016, 90 ff.). Die Regelung ist stets Inhalt der Festsetzung eines Bebauungsplans, wenn ein Baugebiet festgesetzt wird. Sie kann durch Planfestsetzungen nicht abbedungen werden. Zugleich ist § 15 Abs. 1 BauNVO stets in seiner aktuellen Fassung maßgeblich, unabhängig davon, welche Fassung der Baunutzungsverordnung dem Bebauungsplan zugrunde lag (→ § 30 Rn. 3). Die Vorschrift ist unmittelbar anwendbares zwingendes Recht, das keinen behördlichen Ermessens- oder Beurteilungsspielraum einräumt. Auch bauordnungsrechtliche Vorschriften können die Anwendung des § 15 Abs. 1 BauNVO nicht ausschließen (BVerwG Urt. v. 7.12.2000 – 4 C 3/00, NVwZ 2001, 813). **46**

§ 15 Abs. 1 BauNVO ist, wie sich bereits aus der systematischen Stellung im ersten Abschnitt der BauNVO ergibt, auf die **Art der baulichen Nutzung** beschränkt (BVerwG Urt. v. 16.3.1995 – 4 C 3/94, NVwZ 1995, 899; OVG Koblenz Beschl. v. 8.2.2012 – 8 B 10011/12, BauR 2012, 931; *Roeser* in König/Roeser/Stock § 15 Rn. 8). Sie bezieht sich zudem nur auf bebauungsplankonforme Vorhaben, also solche, die allgemein oder jedenfalls ausnahmsweise (§ 31 Abs. 1, zum Rechtsschutz bei **47**

Vorb §§ 29—38 I. Kapitel. III. Teil. Regelung der baul. und sonst. Nutzung

Ausnahmen → Rn. 62) zulässig sind (BVerwG Beschl. v. 13.5.2002 – 4 B 86/01, BauR 2002, 1499; VGH Mannheim Beschl. v. 30.11.2009 – 8 C 1903/09, NVwZ-RR 2010, 179). Von der Art der Nutzung her planwidrige Vorhaben sind demgegenüber an den strengeren und für die Nachbarschaft günstigeren Befreiungsvoraussetzungen des § 31 Abs. 2 zu messen (vgl. BVerwG Urt. v. 6.10.1989 – 4 C 14/87, BVerwGE 82, 343; zum Nachbarschutz bei Befreiungen →. Rn. 63f.).

48 Ziel des § 15 Abs. 1 BauNVO ist es nicht, die Festsetzung eines Bebauungsplans generell zu ergänzen und so den gebundenen bauplanungsrechtlichen Zulassungsanspruch in Frage zu stellen. Es geht vielmehr, auch aus Sicht des Nachbarschutzes, darum, eine ergänzende Nachsteuerung und Feinabstimmung **im Einzelfall** zu ermöglichen, soweit der entsprechende Konflikt noch nicht auf Planungsebene gelöst wurde (vgl. BVerwG Urt. v. 18.9.2003 – 4 CN 3/02, BVerwGE 119, 45; dass. Urt. v. 23.9.1999 – 4 C 6/98, BVerwGE 109, 314; zur Möglichkeit einer Verlagerung auf den Planvollzug bei Betriebsbereichen von Störfallbetrieben s. BVerwG Beschl. v. 21.12.2011 – 4 B 14/11, BauR 2012, 600) oder baugebietsübergreifend gar nicht gelöst werden konnten (→ Rn. 52). Auf die verfahrensrechtliche oder sonstige genehmigungsrechtliche Einordnung eines Vorhabens insbesondere nach dem BImSchG, kommt es nicht an (§ 15 Abs. 3 BauNVO; dazu VGH München Beschl. v. 23.11.2012 – 22 ZB 12.2120, BauR 2013, 928). Je konkreter die planerischen Festsetzungen zur Art der baulichen Nutzung sind und je mehr sie auf die konkrete nachbarschaftliche Situation gezielt eingehen, desto weniger Spielraum besteht für die Anwendung von § 15 Abs. 1 BauNVO (vgl. BVerwG Urt. v. 12.9.2013 – 4 C 8.12, NVwZ-RR 2014, 69; OVG Münster Beschl. v. SU12.2.2015 – 2 A 616/14, BauR 2015, 948). Der Bebauungsplan muss also für eine Konfliktbewältigung nach Maßgabe von § 15 Abs. 1 BauNVO im Planvollzug **noch offen** sein. Ist das Gebot der Rücksichtnahme in Bezug auf den konkreten Konflikt bereits **aufgezehrt,** weil der Plangeber diesen in seiner planerischen Abwägungsentscheidung bewältigt hat (zB weil er die Immissionsbelastungen eines Vorhabens für die ein Bebauungsplan aufgestellt wird, nach seiner Abwägungsentscheidung für zumutbar hält, auch wenn die Nachbarschaft bislang derartigen Immissionen nicht ausgesetzt war), ist kein Raum mehr für eine Nachsteuerung im Planvollzug unter Heranziehung von § 15 Abs. 1 BauNVO. Im Regelfall muss die Nachbarschaft daher bebauungsplankonforme Vorhaben hinnehmen. Sofern Anlass besteht, in einer großen Zahl von Fällen zu prüfen, ob ein beabsichtigtes Vorhaben mit § 15 Abs. 1 BauNVO im Einklang steht, spricht vieles dafür, dass der Bebauungsplan an Abwägungsmängeln leidet und daher ggf. unwirksam ist. Allerdings ist Raum für § 15 Abs. 1 BauNVO, wenn eine an sich gebotene Konfliktbewältigung auf Planebene nicht stattgefunden hat, dies aber gemäß den §§ 214, 215 unbeachtlich ist (BVerwG Urt. v. 12.9.2013 – 4 C 8.12, NVwZ-RR 2014, 69; *Petz,* ZfBR 2015, 644 (646f.)).

49 Unzulässig können plankonforme Vorhaben im Einzelfall im Hinblick auf die Art der baulichen Nutzung sein, wenn sie nach **Anzahl, Lage, Umfang oder Zweckbestimmung** der Eigenart des Baugebiets widersprechen (§ 15 Abs. 1 S. 1 BauNVO) oder wenn von ihnen **Belästigungen oder Störungen** ausgehen können, die nach der Eigenart des Baugebiets im Baugebiet selbst oder in dessen Umgebung unzumutbar sind oder wenn sie solchen Belästigungen oder Störungen ausgesetzt werden (§ 15 Abs. 1 S. 2 BauNVO). Damit wird der Baugenehmigungsbehörde ein Regulativ gegeben, um zur Vermeidung von gebietsunverträglichen Auswirkungen ein an sich plankonformes Vorhaben im Einzelfall abzulehnen (vgl. BVerwG Beschl. v. 13.5.2002 – 4 B 86/01, BauR 2002, 1499). Darüber hinaus ist in § 15 Abs. 1 BauNVO auch das **Gebot der Rücksichtnahme** verankert, dass zwar keinen unmittelbaren nachbarschützenden Charakter hat, jedoch mittelbar nachbarschützend wirkt, soweit in qualifizierter und zugleich individualisierter Weise auf schutzwürdige Interessen eines erkennbar abgegrenzten Kreises Dritter Rücksicht zu nehmen ist (s. etwa BVerwG Urt. v. 5.8.1983 – 4 C 96/79, BVerwGE 67, 334; dass. Urt. v. 23.9.1999 – 4 C 6/98,

BVerwGE 109, 314; *Fickert/Fieseler* BauNVO § 15 Rn. 7; *FO/Otto*, 236 f.). Hierfür bedarf es einer Bewertung des jeweiligen Einzelfalls, bei der auch die Schutzbedürftigkeit und Schutzwürdigkeit von Bauherrn und Nachbarn in den Blick zu nehmen ist (BVerwG Urt. v. 27.2.1992 – 4 C 50/89, NJW 1992, 2170; VGH Mannheim Beschl. v. 10.1.2008 – 3 S 2773/07, BauR 2009, 470; VGH München Urt. v. 14.7.2006 – 1 BV 03.2179 u. a., BauR 2007, 505). Rücksichtslos ist ein Vorhaben in der Regel dann nicht, wenn sich durch seine Realisierung die **Vorbelastungssituation** nicht verschlechtert, sondern – im Gegenteil – **verbessert,** selbst wenn dadurch die an sich maßgeblichen Grenz- oder Richtwerte noch immer nicht vollständig eingehalten werden (OVG Münster Beschl. v. 23.4.2013 – 2 B 141/13, BauR 2013, 1251; s. hierzu auch *Scheidler* BauR 2013, 1608 ff.; anders OVG Lüneburg, Urt. v. 9.6.2015 – 1 LC 25/14, ZUR 2015, 561; das. Beschl. v. 6.3.2013 – 1 ME 205/12, BauR 2014, 1263). Maßgeblich ist für die Wahrung des Rücksichtnahmegebots die konkrete Situation **zum Zeitpunkt der Genehmigungsentscheidung.** Es kommt also auf die tatsächlich vorhandenen Nutzungen an. Künftige Entwicklungen können nur Berücksichtigung finden, soweit sie im vorhandenen baulichen Bestand bereits ihren Niederschlag gefunden haben (BVerwG Urt. v. 14.1.1993 – 4 C 19/90, NVwZ 1993, 1184). § 15 Abs. 2 BauNVO stellt zudem klar, dass nur **städtebauliche** Ziele und Grundsätze im Rahmen von Abs. 1 der Vorschrift maßgeblich sind. Aspekte der Wirtschaftsförderung oder gar des **Konkurrenzschutzes** spielen daher keine Rolle. Ebenso wenig kommt eine Bedürfnisprüfung hinsichtlich bestimmter Nutzungen in einem Baugebiet in Betracht (vgl. BVerwG Urt. v. 3.2.1984 – 4 C 17/82, BVerwGE 68, 369; dass. Beschl. v. 29.7.1991 – 4 B 40/91, NVwZ 1991, 1078; *Söfker* in EZBK BauNVO § 15 Rn. 18). Auch Gesichtspunkte des „Milieuschutzes" oder der **Bevölkerungszusammensetzung** im Hinblick auf ihre nationale Identität spielen keine Rolle (s. etwa VGH München Urt. v. 13.9.2012 – 2 B 12.109, BauR 2013, 200. OVG Koblenz Beschl. v. 20.11.2000 – 8 A 11739/00, NVwZ 2001, 933; OVG Lüneburg Beschl. v. 25.3.1993 – 6 M 1207/93, UPR 1993, 236).

Berufen kann sich ein Nachbar im Einzelfall vor allem darauf, dass bei einem weiteren 50 Vorhaben im Hinblick auf die **Anzahl** ein Widerspruch zur Eigenart des Baugebiets eintritt, wenn damit aufgrund einer gebietswidrigen Häufung der betreffenden Nutzung der Gebietscharakter „kippen" würde, sich also etwa aufgrund einer Häufung von Vorhaben iSv § 3 Abs. 3 BauNVO von reines in ein allgemeines Wohngebiet entwickeln würde, oder wenn die Häufung von Nutzungen isV § 4 Abs. 2 Nr. 2 BauNVO nicht mehr wohngebietsverträglich wäre (OVG Koblenz Urt. v. 28.7.2011 – 1 A 10058/11, NVwZ-RR 2011, 968 zu Gaststätten) oder wenn bei einer überwiegenden Häufung von Wohnnutzungen in einem Mischgebiet die Gefahr droht, dass es sich zu einem allgemeinen Wohngebiet entwickelt (vgl. BVerwG Urt. v. 4.5.1988 – 4 C 34/86, BVerwGE 79, 309; zum Anspruch auf Wahrung des Gebietscharakters bei planwidrigen Vorhaben → Rn. 36). Ebenfalls kann dies etwa bei einem **„trading down"** des Gebiets in Betracht kommen (vgl. zu einer Vergnügungsstätte VGH Kassel Beschl. v. 25.8.2008 – 3 ZU 2566/07, NVwZ-RR 2009, 143; s. aber auch zu einer Spielhalle in einem Gewerbegebiet VGH München Urt. v. 15.12.2010 – 2 B 09.2419, BauR 2011, 1143: nur in einem extremen Ausnahmefall Verstoß gegen § 15 Abs. 1 BauNVO; ders. Beschl. v. 13.1.2012 – 14 ZB11.1256, BauR 2012, 1626: bei § 34 Abs. 1 generelle Unbeachtlichkeit; dazu auch VGH Mannheim Urt. v. 13.3.2012 – 5 S 1778/11, BauR 2013, 203; zum trading down bei Spielhallen ausführlich *Stühler*, BauR 2016, 200 ff.).

Die Anforderung, dass ein Vorhaben hinsichtlich seiner **Lage** nicht der Eigenart 51 des Baugebiets widersprechen darf, bedeutet, dass es in dem Baugebiet überhaupt zulässig sein muss. Aus der Regelung lässt sich **kein Optimierungsgebot** ableiten, nach dem ein Vorhaben an einer Stelle errichtet werden müsste, an der die Nachbarschaft weniger belastet wird. Dementsprechend folgt aus § 15 Abs. 1 S. 1 BauNVO auch kein Gebot der Alternativenprüfung. Ist das Vorhaben an dem gewählten Standort zulässig, muss es genehmigt werden, auch wenn es möglicherweise innerhalb des

Vorb §§ 29–38 I. Kapitel. III. Teil. Regelung der baul. und sonst. Nutzung

Baugebiets besser geeignete Standorte gäbe (vgl. BVerwG Beschl. v. 13.10.1998 – 4 B 93/98, NVwZ 1999, 298; dass. Beschl. v. 22.11.2010 – 7 B 58/10, BauR 2011, 629). Es geht daher in erster Linie um Fälle, bei denen die gewählte Lage eines Vorhabens dazu führt, dass der Eindruck einer baugebietswidrigen Zusammenfassung verschiedener Nutzung entsteht, zB wenn die Stellplätze (§ 12 BauNVO) einer Gaststätte in einem allgemeinen Wohngebiet (§ 4 Abs. 2 Nr. 2 BauNVO) so angeordnet werden, dass sie direkt an die schutzbedürftigen Bereiche von Wohnhäusern heranreichen (s. zu weiteren Beispielen etwa *Fickert/Fieseler* BauNVO § 15 Rn. 10.1; *Söfker* in EZBK BauNVO § 15 Rn. 16).

52 Die in § 15 Abs. 1 BauNVO ebenfalls noch genannten Kriterien **Umfang und Zweckbestimmung** beziehen sich insbesondere auf gewerbliche Nutzungen mit einer atypischen Betriebsgröße oder einem mit der Nutzung zwar verbundenen, jedoch nicht mehr gebietsangemessenen Zu- und Abgangsverkehr (vgl. BVerwG Urt. v. 16.3.1995 – 4 C 3/94, NVwZ 1995, 899; dass. Urt. v. 3.2.1984 – 4 C 17/82, BVerwGE 68, 369; OVG Lüneburg Beschl. v. 20.12.2013 – 1 ME 214/13, BauR 2014, 663 zu einer nur über eine einstreifige Spielstraße erschlossenen Kindertagesstätte mit 55 Plätzen und erschwerten Halte- und Wendemöglichkeiten für Fahrzeuge; zu weiteren Beispielen s. etwa *Fickert/Fieseler* BauNVO § 15 Rn. 10.2f.; *Söfker* in EZBK BauNVO § 15 Rn. 17ff.). Umfang und Zweckbestimmung stehen dabei in einem engen inhaltlichen Zusammenhang mit § 15 Abs. 1 S. 2 BauNVO, der sich auf die von einem Vorhaben ausgehenden Belästigungen oder Störungen bezieht. Das Gebot der Rücksichtnahme wirkt hierbei **in zwei Richtungen.** Zum einen können einzelne Vorhaben, die mit unzumutbaren Belästigungen oder Störungen verknüpft sind, durch den Eigentümer eines Grundstücks abgewehrt werden, auf dem eine störungsempfindliche Nutzung stattfindet. Zum anderen können aber auch Eigentümer von Grundstücken mit emittierenden Nutzungen im Einzelfall Vorhaben abwehren, die nicht mehr zumutbaren Störungen ausgesetzt wären (s. etwa OVG Münster Urt. v. 1.6.2011 – 2 A 1058/09, UPR 2011, 452). Damit soll auch langfristig eine möglichst konfliktfreie bauliche Nutzung gewährleistet bleiben. Von Bedeutung ist dabei auch, dass es nicht nur um unzumutbare Auswirkungen im Baugebiet selbst geht, sondern ebenfalls **in dessen Umgebung.** § 15 Abs. 1 S. 2 BauNVO wirkt also baugebietsübergreifend (OVG Koblenz Urt. v. 28.7.2011 – 1 A 10058/11, NVwZ-RR 2011, 968; *Fickert/Fieseler* BauNVO § 15 Rn. 22; *Söfker* in EZBK BauNVO § 15 BauNVO Rn. 28). Von Relevanz sind zudem nicht nur Auswirkungen, die die Schwelle der Gesundheitsbeeinträchtigung erreichen oder gleichsam enteignenden Charakter haben (zum Nachbarschutz aufgrund von Grundrechten → noch Rn. 60f.). Es geht vielmehr um nachteilige Auswirkungen, die den Betroffenen nicht mehr zugemutet werden sollen, weil sie eine funktionsgerechte Nutzung der bereits vorhandenen baulichen Anlagen **unangemessen** beeinträchtigen (vgl. *Fickert/Fieseler* BauNVO § 15 Rn. 11ff.; *Roeser* in König/Roeser/Stock BauNVO § 15 Rn. 22ff.; *Hofmann* BauR 2010, 1859 (1860)). Bedeutend sind hierfür in erster Linie **schädliche Umwelteinwirkungen** iSv § 3 Abs. 1 BImSchG (→ Rn. 55), aber auch sonstige städtebaulich erhebliche Einwirkungen, die die Umgebung beeinträchtigen. Dazu gehören zB massive optische Störungen (vgl. VGH München Beschl. v. 22.1.2004 – 1 ZB 03.294, UPR 2004, 237 zu einem „Megaposter" in der Nähe eines Wohngebietes oder **optisch bedrängende Wirkungen** (OVG Münster Urt. v. 9.8.2006 – 8 A 3726/05, BauR 2007, 74; *Uechtritz,* DVBl. 2016, 90 (91ff.)), Blendwirkungen (VGH Mannheim Urt. v. 19.7.2007 – 3 S 1654/06, NVwZ-RR 2008, 162), sowie Störungen aufgrund eines deutlich erhöhten **Gefährdungspotentials** und damit verbundener zusätzlicher Unruhe in einem Baugebiet (BVerwG Urt. v. 25.1.2007 – 4 C 1/06, BVerwGE 128, 118 zu einer durch terroristische Anschläge gefährdeten **diplomatischen Einrichtung;** hierzu etwa *Seibel* BauR 2007, 1831ff. sowie ausführlich *Hopkins,* Abwehr terroristischer Gefahren und Risiken durch Bauplanungsrecht, 2011). Es muss aber stets um **städtebaulich** und nicht etwa nur polizeirechtlich relevante Auswirkungen gehen (BVerwG Urt. v. 25.1.2007, aaO; s. zu einer Aussegnungshalle in di-

rekter Nachbarschaft zu einer Wohnnutzung VGH Mannheim Beschl. v. 19.5.2011 – 8 S 507/11, NVwZ-RR 2011, 715; VGH München Urt. v. 13.9.2012 – 2 B 12.109, BauR 2013, 200 zu einer Unterbringungseinrichtung für Flüchtlinge und Asylbegehrende). Diese können auch dann betroffen sein, wenn es um die Wahrung notwendiger Abstände als auswirkungsbegrenzende Maßnahme des **Störfallschutzes** geht (vgl. BVerwG Urt. v. 20.12.2012 – 4 C 11.11, BauR 2013, 887; VGH München Urt. v. 14.7.2006 – 1 BV 03.2179 u. a., BauR 2007, 505 zu einer an ein Chemiewerk heranrückende Wohnbebauung; OVG Münster Urt. v. 15.12.2011 – 2 A 2645/08, BauR 2012, 1090 zu einer an eine Kavernenanlage heranrückende Wohnbebauung; s. § 34 Rn. 33 ff.; s. auch *Petz,* ZfBR 2015, 644 (650 f.); zu angemessenen Abständen aus Gründen des Störfallschutzes *Reidt* BauR 2012, 1182 ff.; *Hendler* DVBl. 2012, 532 ff.).

Festgestellte Beeinträchtigungen für eine vorhandene störende oder eine störungs- 53 betroffene Nutzung führen nicht zwangsläufig dazu, dass ein neu hinzukommendes Vorhaben gemäß § 15 Abs. 1 S. 2 BauNVO unzulässig ist. Hinzunehmen sind von dem Bauherrn des neu hinzukommenden Vorhabens zumutbare Beschränkungen, die ggf. als Nebenbestimmungen in eine Baugenehmigung aufzunehmen sind (zB Schallschutzmaßnahmen, Anforderungen an die Filterung von Gerüchen uÄ). Dies gilt auch für eine neu hinzukommende störungsempfindliche Nutzung, soweit durch Maßnahmen der „**architektonischen Selbsthilfe**" die Unzumutbarkeit von Belästigungen oder Störungen vermieden werden kann (zB durch die Stellung der Gebäude auf dem Grundstück oder den Einbau von nicht zu öffnenden Schallschutzfenstern, vgl. BVerwG Urt. v. 23.9.1999 – 4 C 6/98, BVerwGE 109, 314; OVG Münster Urt. v. 1.6.2011 – 2 A 1058/09, UPR 2011, 452; OVG Berlin-Brandenburg Beschl. v. 11.12.2009 – 10 S 15/09, BauR 2010, 506; VGH München Beschl. v. 29.4.2009 – 1 CS 08.2352, BeckRS 2010, 53411; s. auch OVG Münster Urt. v. 9.3.2012 – 2 A 1626/10, BauR 2012, 1223 zur Berücksichtigungsfähigkeit eines fluglärmschutzrechtlichen Anspruchs auf Schallschutz auch in Bezug auf Gewerbelärm). Die im Planvollzug maßgeblichen Anforderungen sind dabei zu beachten. Lassen diese bestimmte Maßnahmen nicht zu (zB die TA Lärm im Hinblick auf zu öffnende Schallschutzfenster bei Gewerbelärm, da das Schutzkonzept der TA Lärm, anders als der Verkehrslärmschutz, auf den Außenschutz vor dem zu öffnenden Fenster abstellt (BVerwG Urt. v. 29.11.2012 – 4 C 8.11, NVwZ 2013, 372 mAnm *Dolde;* dazu auch *Reidt* UPR 2013, 166 ff.; *Oerder/Beutling* BauR 2013, 1196 ff.; *Petz,* ZfBR 2015, 644 (648 f.); s. im Hinblick auf Planfestsetzungen auch § 9 Rn. 144), können sie auch nicht als architektonische Selbsthilfe berücksichtigt werden. Es ist dabei grundsätzlich Sache des Bauherrn der später hinzukommenden Nutzung, den **Nachweis** dafür zu erbringen, dass die maßgeblichen Zumutbarkeitskriterien eingehalten werden. Bloße Absichtserklärungen (zB bestimmte Immissionen dulden zu wollen) reichen nicht aus (vgl. OVG Münster Urt. v. 1.6.2011 – 2 A 1058/09, UPR 2011, 452). Geht es um eine später hinzukommende störende Nutzung, sind im Genehmigungsverfahren regelmäßig nur **prognostische Einschätzungen** zu deren Auswirkungen möglich, aber grundsätzlich auch ausreichend (VGH München Beschl. v. 10.8.2015 – 22 ZB 15.1113, BauR 2015, 1823). Diese müssen „auf der sicheren Seite" liegen (OVG Münster Beschl. v. 27.7.2015 – 8 B 390/15, BauR 2015, 1818; zur Unzulässigkeit eines Herantastens „von oben" an die maßgeblichen Immissionsrichtwerte mittels betriebsorganisatorischer Maßnahmen nach Betriebsaufnahme dass. Beschl. v. 3.5.2012 – 8 B 1458/11, UPR 2012, 446). Maßgeblich sind dabei neben einer realistischen Einschätzung der Situation (zB im Hinblick auf Auslastung und Besucherzahlen) die eigene **Betriebsbeschreibung** des Bauherrn sowie die vorgesehenen oder behördlich angeordneten betriebsorganisatorischen Maßnahmen (s. etwa OVG Schleswig Beschl. v. 21.12.2010 – 1 MB 27/10, NVwZ-RR 2011, 313). Es kann regelmäßig nicht davon ausgegangen werden, dass die tatsächliche Auslastung eines Vorhabens hinter den Angaben des Antragstellers zurückbleibt, so dass diese in der Regel als Mindestmaß der zu erwartenden Belastungen für die Nachbarschaft zugrunde zu legen sind (vgl. OVG Lüneburg Beschl. v. 7.12.2009 – 1 LA 255/08, NVwZ-RR 2010, 219). Anderer-

seits kann bei der Prüfung einer Baugenehmigung im Rahmen des nachbarrechtlichen Drittschutzes nicht unterstellt werden, dass der Bauherr in der Betriebsbeschreibung benannte oder ihm im Genehmigungsbescheid auferlegte technische oder betriebsorganisatorische Beschränkungen nicht einhält, sofern sie nicht gänzlich atypisch oder praktisch nicht zu kontrollieren sind (s. etwa OVG Weimar Beschl. v. 13.4.2011 – 1 EO 560/10, LKV 2011, 427; VGH Mannheim Beschl. v. 10.1.2008 – 3 S 2773/07, NVwZ-RR 2008, 600). Auch im Übrigen ist auf die **typischen Betriebsabläufe** und typische sonstige Nutzungen eines Vorhabens abzustellen. Außergewöhnliche Immissionsereignisse, insbesondere solche, die nicht durch, sondern nur anlässlich des Betriebes entstehen, bleiben grundsätzlich unberücksichtigt (OVG Münster Urt. v. 9.3.2012 – 2 A 1626/10, BauR 2012, 1223; s. auch OVG Münster Urt. v. 18.2.2013 – 2 A 2135/11, BauR 2013, 1644 zur lärmtechnischen Erfassung). Etwaigen Überschreitungen des zulässigen Nutzungsrahmens ist mit den Mitteln des Polizei- und Ordnungsrechts Rechnung zu tragen.

54 Die zur Einhaltung des maßgeblichen Schutzniveaus erforderlichen Maßnahmen müssen in der Regel in den Antragsunterlagen oder im Genehmigungsbescheid konkret benannt werden. Die Festlegung reiner Zielwerte, bei denen unklar ist, mit welchen baulichen, technischen oder betriebsorganisatorischen Maßnahmen sie erreicht werden können, genügt in der Regel nicht (s. etwa OVG Lüneburg Beschl. v. 9.8.2011 – 1 ME 107/11, DVBl. 2011, 1297; OVG Münster Beschl. v. 3.5.2012 – 8 B 1458/11, UPR 2012, 446; dass. Beschl. v. 26.2.2003 – 7 B 2434/02, BauR 2003, 1361 Rn. 44; VGH München Urt. v. 18.7.2002 – 1 B 98.2945, UPR 2003, 78; *Mampel,* Nachbarschutz im öffentlichen Baurecht, 1994, Rn. 1377). Ebenso wenig genügt in der Regel eine „maßgeschneiderte" Baugenehmigung für ein Vorhaben, das an sich von den zu erwartenden Emissionen her nicht nachbarschaftsverträglich ist, allerdings über ein atypisches und nur schwer kontrollierbares Betriebskonzept (zB sehr stark eingeschränkte Betriebszeiten) „passend" gemacht wird (vgl. etwa OVG Münster Urt. v. 21.3.1995 – 11 A 1089/91, NVwZ 1996, 921; zur typisierenden Betrachtungsweise s. etwa auch *Rebler/Scheidler* UPR 2011, 9; *Töphoven* in SU § 30 Rn. 25). Reichen Schutzmaßnahmen einer hinzukommenden störungsempfindlichen Nutzung nicht aus oder sind sie dem Bauherrn unzumutbar, ist die Frage aufzuwerfen, ob der Betreiber der störenden Nutzung sich nicht seinerseits rücksichtslos verhält und daher iSv § 15 Abs. 1 S. 2 BauNVO nicht schutzwürdig ist, etwa weil er beim Betrieb seiner Anlage den Stand der Technik nicht wahrt oder ihm ohne weiteres zumutbare sonstige Maßnahmen unterlässt. Sind in diesen Fällen nachträgliche Anordnungen (zB nach § 17 oder § 24 BImSchG) möglich und absehbar und würden sie dazu führen, dass das neu hinzukommende Vorhaben keinen unzumutbaren Belästigungen oder Störungen mehr ausgesetzt ist, scheitert dessen Zulässigkeit nicht an § 15 Abs. 1 BauNVO (vgl. BVerwG Urt. v. 29.11.2012 – 4 C 8/11, NVwZ 2013, 372; dass. Urt. v. 23.9.1999 – 4 C 6/98, BauR 2000, 234; VGH München Beschl. v. 3.8.2001 – 1 B 99/2106, BauR 2002, 435; zu damit allerdings verbundenen praktischen Problemen *Reidt* UPR 2013, 166 ff.). Es kann dann auch nicht auf der Grundlage von § 15 Abs. 1 S. 2 BauNVO abgewehrt werden (OVG Münster Urt. v. 1.6.2011 – 2 A 1058/09, UPR 2011, 452).

55 Die Unzumutbarkeit von Belästigungen und Störungen iSv § 15 Abs. 1 S. 2 BauNVO knüpft in erster Linie an den Begriff der schädlichen Umwelteinwirkungen in § 3 Abs. 1, § 5 Abs. 1 Nr. 1 und § 22 Abs. 1 Nr. 1 BImSchG an (s. bereits Rn. 52; BVerwG Urt. v. 23.9.1999 – 4 C 6/98, BVerwGE 109, 314; OVG Lüneburg Beschl. v. 9.8.2011 – 12 LA 55/10, NVwZ-RR 2012, 18; VGH München Urt. v. 14.7.2006 – 1 BV 03.2179 u. a., BauR 2007, 505 Rn. 42; s. auch BVerwG Urt. v. 20.12.2012 – 4 C 11.11, BauR 2013, 887; OVG Münster Urt. v. 15.12.2011 – 2 A 2645/08, BauR 2012, 1090 zu Sicherheitsabständen im Hinblick auf den **Störfallschutz;** dazu *Reidt* BauR 2012, 1182 ff.). Hierfür wiederum sind grundsätzlich die **Grenz-, Richt- und Orientierungswerte** in den einschlägigen Regelwerken von großer Bedeutung. Dies gilt insbesondere im Bereich von Geräuschimmissionen für

1. Abschnitt. Zulässigkeit von Vorhaben **Vorb §§ 29–38**

die **18. BImSchV** (Sportanlagenlärmschutzverordnung; s. etwa BVerwG Beschl. v. 26.5.2004 – 4 BN 24/04, ZfBR 2004, 566; OVG Münster Urt. v. 18.11.2002 – 7 A 2127/00, NVwZ 2003, 756; dass. Urt. v. 27.2.2009 – 7 B 1647/08, UPR 2009, 318; OVG Lüneburg Urt. v. 4.11.2003 – 1 LB 323/02, BauR 2004, 469; zu **Sportanlagen** und Immissionsschutz s. etwa *Stühler* BauR 2006, 1671 ff.; *Berkemann* NVwZ 1992, 817 ff.; *Schink* DVBl. 1992, 515 ff.; *Spindler/Spindler* NVwZ 1993, 225; *Reidt/ Schiller,* Kommentierung der 18. BImSchV, in Landmann/Rohmer Umweltrecht Bd. IV 2.18), die **TA Lärm,** die auf der Grundlage von § 48 BImSchG erlassen wurde (s. hierzu BVerwG Urt. v. 29.8.2007 – 4 C 2/07, BVerwGE 129, 209; OVG Münster Urt. v. 18.2.2013 – 2 A 2135/11, BauR 2013, 1644; dass., Urt. v. 9.3.2012 – 2 A 1626/10, BauR 2012, 1223; OVG Koblenz Beschl. v. 3.4.2012 – 1 B 10136/12, BauR 2012, 1362; zu seltenen Ereignissen i.S.v. Nr. 7.2 TA Lärm s. auch BVerwG Beschl. v. 22.9.2015 – 7 B 17/15, NVwZ-RR 2016, 32; VGH München Urt. v. 30.6.2015 – 22 B 14.564, NVwZ-RR 2015, 851) und die **Freizeitlärm-Richtlinie** des Länderausschusses für Immissionsschutz (LAI, abgedruckt bei *Landmann/Rohmer* Umweltrecht Bd. IV 4.1; zur Freizeitlärmrichtlinie als Orientierungshilfe in Fällen, in denen die TA Lärm nicht unmittelbar anwendbar ist, OVG Münster Urt. v. 16.12.2014 – 7 A 2623/13, UPR 2015, 272 zu seltenen Ereignissen; dass. Urt. v. 6.9.2011 – 2 A 2249/09, DVBl. 2012, 110 zu einem Pilger- und Begegnungszentrum). Für Geruchsimmissionen und sonstige Luftschadstoffe sind insbesondere die ebenfalls auf der Grundlage von § 48 BImSchG erlassene **TA Luft,** die **VDI-Richtlinien 3471 und 3472** (Emissionsminderung Tierhaltung Schweine bzw. Hühner, abgedruckt bei *König/Roeser/Stock* BauNVO, 715 ff. sowie 751 ff.; dazu etwa OVG Lüneburg Beschl. v. 14.2.2011 – 12 LA 8/09, NVwZ-RR 2011, 397) und die **Geruchsimmissions-Richtlinie** (GIRL, abgedruckt bei *Landmann/Rohmer* Umweltrecht Bd. IV 4.2; dazu etwa BVerwG Urt. v. 19.4.2012 – 4 CN 3/11, DVBl. 2012, 912; OVG Münster Urt. v. 2.12.2013 – 2 A 2652/11, ZUR 2014, 493; VGH Mannheim Urt. v. 18.1.2011 – 8 S 600/09, NVwZ-RR 2011, 393; OVG Magdeburg Beschl. v. 1.8.2011 – 2 M 84/11, NVwZ-RR 2012, 119; VGH München Beschl. v. 25.10.2010 – 2 CS 10.2137, UPR 2011, 118; zur Duldungspflicht von über die GIRL hinausgehenden Geruchsimmissionen im Außenbereich, nicht hingegen in Dorfgebieten OVG Lüneburg Urt. v. 9.6.2015 – 1 LC 25/14, BauR 2015, 1453; *Reidt* BauR 2011, 1444 ff.; zu **Bioaerosolen** vgl. BVerwG Beschl. v. 20.11.2014 – 7 B 27.14, UPR 2015, 152; dass. Urt. v. 19.4.2012 – 4 CN 3/11, DVBl. 2012, 912; OVG Lüneburg Beschl. v. 9.8.2011 – 12 LA 55/10, NVwZ-RR 2012, 18; OVG Münster Beschl. v. 14.1.2010 – 8 B 1015/09, UPR 2011, 33) von Bedeutung. Für elektromagnetische Strahlen, vor allem von Mobilfunksendeanlagen und Bahnstromfernleitungen, ist die **26. BImSchV** maßgeblich (vgl. BVerfG Nichtannahmeb. v. 28.2.2002 – 1 BvR 1676/01, NJW 2002, 1638; BVerwG Beschl. v. 26.9.2013 – 4 VR 1.13, BauR 2014, 79; VGH München Beschl. v. 14.6.2013 – 15 ZB 13.612, NVwZ 2013, 1238; OVG Lüneburg Beschl. v. 19.1.2001 – 1 O 2761/00, NVwZ 2001, 456 ff.). Für **Lichtimmissionen** kann die Licht-Leitlinie des LAI (abgedruckt bei Landmann/Rohmer, aaO, 4.3; s. dazu etwa VGH Mannheim Urt. v. 27.3.2012 – 3 S 2658/10, NVwZ-RR 2012, 636; OVG Münster Beschl. v. 27.2.2009 – 7 B 1647/08, NVwZ-RR 2009, 716) und für **Erschütterungen** die Erschütterungs-Leitlinie des LAI (abgedruckt bei Landmann/Rohmer, aaO, 4.4) als Hilfestellung herangezogen werden. Für Belichtung und Besonnung haben die bauordnungsrechtlichen Abstandsflächen zumindest indizielle Bedeutung (s. etwa OVG Saarlouis Beschl. v. 30.3.2012 – 2 A 316/11, BauR 2013, 442; OVG Hamburg Beschl. v. 17.9.2012 – 2 Bs 169/14, DVBl. 2013, 240). Die einschlägigen Regelwerke sind auch dann, wenn sie nicht als Rechtsnormen erlassen oder nichtmals in dem jeweiligen Bundesland als Verwaltungsvorschrift übernommen wurden, zumindest eine sachgerechte, wenn auch nicht alleinige Erkenntnisquelle zur Feststellung der Zumutbarkeit von Immissionen, die von immissionsschutzrechtlich genehmigungsbedürftigen oder auch von

Vorb §§ 29–38 I. Kapitel. III. Teil. Regelung der baul. und sonst. Nutzung

nicht genehmigungsbedürftigen Anlagen ausgehen (so zur GIRL BVerwG Beschl. v. 28.7.2010 – 4 B 29/10, BauR 2010, 2083; OVG Münster Beschl. v. 29.10.2010 – 2 A 1475/09, BauR 2011, 660).

56 Dies gilt allerdings dann nicht, wenn und soweit dies ausdrücklich anders geregelt ist. So ergibt sich aus **§ 22 Abs. 1a BImSchG** (eingeführt durch das 10. Gesetz zur Änderung des BImSchG v. 20.7.2011, BGBl. I S. 474; s. hierzu *Hansmann* DVBl. 2011, 1400 ff.; *Fricke/Schütte* ZUR 2012, 89 ff.), dass Geräuscheinwirkungen, die von **Kindertagesstätten, Kinderspielplätzen** und ähnlichen Einrichtungen wie beispielsweise Ballspielplätzen durch Kinder hervorgerufen werden, im Regelfall keine schädlichen Umwelteinwirkungen sind (OVG Koblenz Urt. v. 24.10.2012 – 5 K 1125/11, UPR 2013, 77; dass. Urt. v. 16.5.2012 – 8 A 10042/12, NVwZ 2012, 1347; VGH Mannheim Beschl. v. 6.3.2012 – 10 S 2428/11, ZUR 2012, 368). Bei der Beurteilung ihrer Geräuscheinwirkungen dürfen Immissionsgrenz- und Richtwerte (Rn. 55) nicht herangezogen werden. Sie müssen grundsätzlich in dem bestimmungsgemäßen Umfang hingenommen werden. Entscheidend können allerdings gleichwohl die konkrete Lage und Größe der betreffenden Anlagen sowie der geplante oder auch bereits genehmigte Nutzungsumfang als solcher sein (s. hierzu bereits vor Inkrafttreten von § 22 Abs. 1a BImSchG VGH Kassel Urt. v. 25.7.2011 – 9 A 125/11, NVwZ-RR 2011, 21; OVG Weimar Beschl. v. 13.4.2011 – 1 EO 560/10, LKV 2011, 427; OVG Lüneburg Beschl. v. 3.1.2011 – 1 ME 146/10, BauR 2011, 787 zu einer Kinderkrippe; OVG Berlin-Brandenburg Urt. v. 11.11.2010 – 11 B 24/08, NVwZ 2011, 574 zu einem Bolzplatz, bei dem das Gericht den Beklagten verpflichtete, die Öffnungszeiten bei ausschließlicher Nutzungszulassung für Kinder bis zur Vollendung des 14. Lebensjahres auf werktäglich höchstens fünf Stunden oder alternativ bei Nutzungszulassung ohne Altersbeschränkung auf werktäglich höchstens zwei Stunden jeweils ab 8.00 Uhr und 20.00 Uhr zu begrenzen; zur Nutzung im Zusammenhang mit einer Ganztagsschule OVG Koblenz Urt. v. 16.5.2012 – 8 A 10042/12, DVBl. 2012, 1052).

57 Werden die in den verfügbaren, fachlich anerkannten und inhaltlich nicht überholten Regelwerken genannten Werte eingehalten, ist in der Regel davon auszugehen, dass keine unzumutbaren Belästigungen oder Störungen vorliegen. Dies gilt selbst für Betriebswohnungen in einem Gewerbegebiet (OVG Lüneburg Urt. v. 12.5.2015 – 1 KN 238/13, BauR 2015, 1300). Sofern keine technischen Regelwerke existieren, diese insgesamt oder jedenfalls punktuell überholt sind oder besondere Umstände vorliegen, bedarf es einer Bewertung anhand der Umstände im Einzelfall (vgl BVerwG Beschl. v. 28.7.2010 – 4 B 29/10, ZfBR 2010, 792; *Mampel*, Nachbarschutz im Öffentlichen Baurecht, § 15 Rn. 34 ff.; *Fickert/Fieseler* § 15 Rn. 19.83). Die einschlägigen Regelwerke zur Zulässigkeit von Immissionen sind dabei ihrerseits an das Bauplanungsrecht gebunden. Deren Zumutbarkeit hängt im Hinblick auf die unterschiedliche Störungsintensität und Störungsempfindlichkeit von den für die Einordnung des betreffenden Baugebiets ab (s. insbesondere die unterschiedlichen Baugebietskategorien in § 2 Abs. 2 der 18. BImSchV und in Nr. 6.1 der TA Lärm; s. auch die allerdings gröbere, Differenzierung unter Nr. 3.1 der GIRL). Notwendig ist für die Prüfung, ob es zu schädlichen Umwelteinwirkungen kommt, eine **objektive Betrachtung.** Auf persönliche Empfindlichkeiten oder individuelle gesundheitliche Umstände kommt es nicht an (BVerwG Beschl. v. 14.2.1994 – 4 B 152/93, NVwZ 1994, 1014; dass. Urt. v. 7.10.1983 – 7 C 44/81, BVerwGE 68, 62 (67); OVG Koblenz Urt. v. 24.10.2012 – 5 K 1125/11, UPR 2013, 77; OVG Lüneburg Beschl. v. 14.7.2011 – 1 ME 76/11, NVwZ-RR 2011, 889).

58 Grenzen Gebiete mit unterschiedlicher Schutzbedürftigkeit innerhalb eines Bebauungsplangebiets oder auch darüber hinaus (vgl. OVG Lüneburg Urt. v. 12.5.2015 – 1 KN 238/13, BauR 2015, 1300; s. auch Rn. 52) aneinander, sind die auf einzelne Baugebiete bezogene Grenz-, Richt- und Orientierungswerte nicht hinreichend aussagekräftig. Entsprechendes gilt innerhalb von derartigen Gemengelagen. Es bedarf dann im Hinblick auf die Wechselseitigkeit der zu wahrenden Rücksichtnahme einer **wertenden Gesamtbetrachtung** unter Berücksichtigung der konkreten Umstände des Ein-

zelfalls (BVerwG Beschl. v. 5.3.1984 – 4 B 171/83, NVwZ 1984, 646; VGH München Beschl. v. 5.11.2012 – 22 ZB 11.2689, UPR 2013, 111; dass. Urt. v. 14.7.2006 – 1 BV 03.2179 u. a., BauR 2007, 505). Zu berücksichtigen sind hierbei neben dem Ziel des Plangebers, bestimmte Nutzungen zu ermöglichen, u. a. die Ortsüblichkeit der Immissionen, die (gebietsbezogene, also nicht unbedingt vorhabenbezogene) zeitliche Priorität der störenden oder störungsempfindlichen Nutzungen, die Lage einer störungsempfindlichen Nutzung (zB an der Grenze zum Außenbereich, vgl. OVG Lüneburg Urt. v. 12.5.2015 – 1 KN 238/13, BauR 2015, 1300), die soziale Adäquanz und Akzeptanz der Nutzung uÄ (s. etwa zu Lichtimmissionen eines Blinklichts zur Gefahrenabwehr OVG Greifswald Urt. v. 23.9.2002 – 3 N 89/01, UPR 2003, 232; zur sozialen Adäquanz von Lärm in Form von Glockengeläut BVerwG Urt. v. 7.10.1983 – 7 C 44/81, BVerwGE 68, 62; dass. Beschl. v. 3.5.1996 – 4 B 50/96, NVwZ 1996, 1001; VGH München Beschl. v. 5.11.2012 – 22 ZB 11.2689, UPR 2013, 111; dass. Beschl. v. 25.10.2010 – 2 CS 10.2137, UPR 2011, 118; VGH Mannheim Urt. v. 3.4.2012 – 1 S 241/11, DVBl. 2012, 1055; s. zu Glockengeläut und dem Rufen der Muezzine *Troidl* DVBl. 2012, 925 ff.; zu Gerüchen und Luftschadstoffen VGH Mannheim Urt. v. 18.1.2011 – 8 S 600/09, NVwZ-RR 2011, 393; *Reidt* BauR 2011, 1444 ff.; s. auch *Schrödter*, Agrar- und Umweltrecht, 2011, 177 (180)). In der Regel sind in diesen Fällen als Maßstab für die wechselseitige Zumutbarkeit vor allem bei Neubauvorhaben geeignete **Zwischenwerte** („**Mittelwerte**") zu bilden, dies jedoch nicht im Sinne eines arithmetischen Mittels, sondern in Form einer wertenden Beurteilung (s. etwa BVerwG Urt. v. 12.12.1975 – IV C 71/73, BVerwGE 50, 49; dass. Beschl. v. 28.9.1993 – 4 B 151/93, NVwZ-RR 1994, 139; OVG Münster Urt. v. 9.3.2012 – 2 A 1626/10, BauR 2012, 847). Häufig bieten sich dabei die in den einschlägigen Regelwerken vorgesehenen Werte für Mischgebiete (§ 6 BauNVO) an, da es sich dabei um Baugebiete handelt, die sowohl der Wohn- als auch der Gewerbenutzung dienen („geplante Gemengelage", vgl. BVerwG Urt. v. 17.3.2005 – 4 A 16/04, BVerwGE 123, 152). Allerdings ist dies nur ein Anhaltspunkt. Entscheidend sind daneben auch zahlreiche weitere Kriterien, etwa die Frage, ob es um tägliche Lärm- oder Geruchsimmissionen eines Gewerbebetriebes geht (vgl. etwa VGH Mannheim Urt. v. 23.10.2001 – 10 S 141/01, DVBl. 2002, 709 zur Zumutbarkeit von Immissionen aus dem Betrieb eines Backhauses, das nur an ganz bestimmten Tagen genutzt werden darf), ob die Immissionen auf bestimmte Tages- oder Nachtzeiten konzentriert sind, ob es sich um Nutzungen handelt, die vornehmlich an den Wochenenden und Feiertagen stattfinden (zB bei Sportanlagen oder der Freizeitnutzung dienenden Anlagen) uÄ Gerade bei den letztgenannten Einrichtungen ist zu berücksichtigen, dass Wochenenden und Feiertage schon immer auch der Durchführung von Freizeitveranstaltungen wie Volksfesten, Umzügen usw. dienten (BVerwG Urt. v. 24.4.1991 – 7 C 12/90, BVerwGE 88, 143).

Nicht ohne Bedeutung für das Gebot der Rücksichtnahme sind bloße **Wertminderungen,** Verschlechterungen des Ausblicks (→ Rn. 42) oder gar ganz allgemeine (vermeintliche) Verschlechterungen des nachbarschaftlichen Milieus. Dabei handelt es sich immer nur um mittelbare Folgewirkungen (Rechtsreflexe). Entscheidend ist allein, ob es zu einer dem Betroffenen unzumutbaren Beeinträchtigung der Nutzungsmöglichkeiten seines Grundstücks kommt (vgl. BVerwG Urt. v. 14.4.1978 – IV C 96/76 u. a., NJW 1979, 995; dass. Beschl. v. 13.11.1997 – 4 B 195/97, NVwZ-RR 1998, 540; OVG Lüneburg Beschl. v. 12.3.2009 – 1 LA 184/06, NVwZ-RR 2009, 630; VGH München Urt. v. 17.10.2002 – 15 CS 02.2068, BauR 2003, 1341; s. auch *Hoffmann*, BauR 2010, 1859 (1861)). Davon unabhängige Reduzierungen des Verkehrswertes eines Grundstücks (zB weil die „Lage" als solche verschlechtert wird oder weil die bisher freie Aussicht ins Gelände entfällt) sind grundsätzlich ohne Belang (VGH München Beschl. v. 14.6.2013 – 15 ZB 13.612, NVwZ 2013, 1238). Sie sind regelmäßig Auswirkungen, die allein darauf beruhen, dass die Eigentümer von Nachbargrundstücken bisher das ihnen zustehende Baurecht nicht oder nicht in vollem Umfang ausgenutzt haben. Darauf allerdings hat niemand einen schutzwürdigen Anspruch. 59

Vorb §§ 29–38 I. Kapitel. III. Teil. Regelung der baul. und sonst. Nutzung

60 **g) Grundrechte.** Ein Rückgriff auf **Art. 14 Abs. 1 GG** (Eigentum) zur Begründung von nachbarlichen Abwehransprüchen scheidet aus, da diese umfassend und abschließend durch das einfache Gesetzesrecht einschließlich des Gebots der Rücksichtnahme (Rn. 46ff.) ausgestaltet sind (BVerwG Urt. v. 26.9.1991 – 4 C 5/87, BVerwGE 89, 69; dass. Urt. v. 23.9.1999 – 4 C 6/98, BVerwGE 109, 314; VGH München Urt. v. 13.9.2012 – 2 B 12.109, BauR 2013, 200). Nur dann, wenn durch die Erteilung einer Baugenehmigung nicht die baulichen Rahmenbedingungen für die Grundstücksnutzung ausgestaltet werden, sondern unmittelbar in das Eigentumsgrundrecht eingegriffen wird, kann ausnahmsweise Art. 14 Abs. 1 GG herangezogen werden (BVerwG Urt. v. 26.9.1991 – 4 C 5/87, BVerwGE 89, 69 für den Fall, dass ein Nachbar aufgrund des Fehlens einer anderweitigen Erschließung des Baugrundstücks mit Bestandskraft der erteilten Baugenehmigung ein Notwegerecht gemäß § 917 BGB hätte dulden müssen).

61 **Art. 2 Abs. 2 GG** (Recht auf Leben und körperliche Unversehrtheit) reicht nicht weiter als der einfachgesetzliche Anspruch, vor unzumutbaren oder rücksichtslosen Beeinträchtigungen verschont zu bleiben. **Art. 12 Abs. 1 GG** (Berufsfreiheit) ist auch im Hinblick auf das Recht am eingerichteten und ausgeübten Gewerbebetrieb schon wegen der Wettbewerbsneutralität des Bauplanungsrechts nicht geeignet, besondere Abwehransprüche zu begründen. In einem Sonderfall wurde der Kunstfreiheit gemäß **Art. 5 Abs. 3 GG** Schutzwirkung beigemessen (VG Berlin Urt. v. 26.5.1995 – 19 A 831/95, NJW 1995, 2650 zur Verhüllung des Reichstags; kritisch dazu *Uechtritz* NJW 1995, 2606ff.; s. in diesem Zusammenhang auch BVerwG Beschl. v. 13.4.1995 – 4 B 70/95, NJW 1995, 2648 zur Berücksichtigung der Kunstfreiheit im Rahmen von § 35 Abs. 3; zur Berücksichtigung der Religionsfreiheit gemäß **Art. 4 GG** → die zu Rn. 62 zitierte Rechtsprechung).

62 **h) Ausnahmen (§ 31 Abs. 1).** Da Ausnahmen gemäß § 31 Abs. 1 Bestandteil des Bebauungsplans sind, unterfallen sie von vornherein bereits dem nachbarlichen Interessens-ausgleich. Der Eigentümer eines Grundstücks in einem Baugebiet muss damit rechnen, dass in der Nachbarschaft auch ein unter einen Ausnahmetatbestand fallendes Vorhaben realisiert wird (s. § 31 Rn. 21f.). Daher kommt hier Nachbarschutz in erster Linie über das **Gebot der nachbarlichen Rücksichtnahme** in Betracht (vgl. BVerwG Urt. v. 5.8.1983 – 4 C 96/79, BVerwGE 67, 334; OVG Koblenz Beschl. v. 8.2.2012 – 8 B 10011/12, BauR 2012, 931). Dies ist vor allem dann in Betracht zu ziehen, wenn sich aufgrund der gehäuften Ausnutzung eines bestimmten Ausnahmetatbestandes in Bezug auf die Art der baulichen Nutzung der Gebietscharakter durch ein weiteres hinzukommendes Vorhaben verändern würde (→ Rn. 50). Auch kann eine ausnahmsweise zulässige Nutzung im Einzelfall von ihrer Zweckbestimmung oder von ihrem Umfang oder ihrer Größe her der Eigenart eines Baugebiets widersprechen (zB bestimmte Anlagen für kirchliche, kulturelle oder soziale Zwecke in einem Gewerbegebiet, vgl. BVerwG Urt. v. 2.2.2012 – 4 C 14/10, BauR 2012, 900; dass. Beschl. v. 13.5.2002 – 4 B 86/01, BauR 2002, 1499; ebenso für ein Industriegebiet VGH Mannheim Urt. v. 9.11.2009 – 3 S 2679/08, BauR 2010, 882; s. auch BVerwG Urt. v. 28.2.2008 – 4 B 60/07, NVwZ 2008, 786 für eine Anlage für gesundheitliche Zwecke – Dialysezentrum – in einem allgemeinen Wohngebiet; für ein islam-kirchliches Kulturzentrum in einem allgemeinen Wohngebiet OVG Berlin-Brandenburg Beschl. v. 30.3.2007 – OVG 2 N 249/05, LKV 2007, 471; vgl. ferner OVG Lüneburg Beschl. v. 7.12.2009 – 1 LA 255/08, NVwZ-RR 2010, 219, auch zu Aspekten der Religionsfreiheit). Über das Gebot der Rücksichtnahme hinausgehend hat der Nachbar keinen Anspruch auf eine ermessensfehlerfreie Entscheidung der Baugenehmigungsbehörde (→ Rn. 46).

63 **i) Befreiungen (§ 31 Abs. 2).** Soll von einer **nicht nachbarschützenden** Festsetzung in einem Bebauungsplan (→ Rn. 33f.) befreit werden, hat der Nachbar nur einen Anspruch auf Würdigung seiner nachbarlichen Interessen. Maßstab ist dabei das Gebot der Rücksichtnahme (→ Rn. 46ff.; BVerwG Urt. v. 25.1.2007 – 4 C 1/

1. Abschnitt. Zulässigkeit von Vorhaben **Vorb §§ 29–38**

06, BVerwGE 128, 118; dass. Beschl. v. 8.7.1998 – 4 B 64/98, NVwZ-RR 1999, 8; OVG Magdeburg Beschl. v. 12.12.2011 – 2 M 162/11, BauR 2012, 756; OVG Hamburg Beschl. v. 17.9.2012 – 2 Bs 169/12, DVBl. 2013, 240).

Soll hingegen von **nachbarschützenden** Festsetzungen eines Bebauungsplans 64 befreit werden, müssen neben der erforderlichen Würdigung der nachbarlichen Interessen (Rn. 63) zwingend auch die tatbestandlichen Voraussetzungen des § 31 Abs. 2 erfüllt sein (BVerwG Urt. v. 2.2.2012 – 4 C 14/10, DVBl. 2012, 825; dass. Urt. v. 6.10.1989 – 4 C 14/87, BVerwGE 82, 343; OVG Münster Urt. v. 17.12.2008 – 10 A 2999/07, DVBl. 2009, 712 zu einer Mobilfunkstation in einem reinen Wohngebiet). Dies gilt unabhängig davon, ob ausdrücklich eine Befreiung von einer nachbarschützenden Planfestsetzung erteilt wird oder ob die Zulassung des Vorhabens stillschweigend oder unbewusst von nachbarschützenden Planfestsetzungen abweicht (versteckter Dispens → § 31 Rn. 49; BVerwG Urt. v. 6.10.1989 – 4 C 14/87, BVerwGE 82, 343; OVG Münster Beschl. v. 10.7.2003 – 10 B 629/03, BauR 2004, 646). Wird eine Baugenehmigung ohne eine erforderliche Befreiung erteilt (versteckter Dispens), ist das Vorhaben also nachbarrechtswidrig, wenn es auch bei Erteilung der Befreiung nachbarrechtswidrig wäre (→ § 31 Rn. 49). Für Befreiungen gemäß **§ 246 Abs. 10** gilt dies entsprechend.

4. Nachbarschutz während der Planaufstellung (§ 33). Wird ein Vorhaben 65 während der Planaufstellung genehmigt, ist für den Drittschutz zunächst zu klären, ob die Voraussetzungen für eine Genehmigung nach § 33 Abs. 1 bis 3 vorliegen. Es bedarf also einer **Inzidentkontrolle** des Planentwurfs (vgl. zur Inzidentkontrolle § 10 Rn. 25). Liegen die Voraussetzungen für eine Genehmigung gemäß § 33 vor, richtet sich der Rechtsschutz nach den Inhalten des in Aufstellung befindlichen Bebauungsplans (OVG Koblenz Beschl. v. 3.4.2012 – 1 B 10 136/12, BauR 2012, 1362). Es gilt dann nichts anderes als im beplanten Bereich (→ Rn. 33 ff.). Liegen die Voraussetzungen für eine Genehmigung nach § 33 (noch) nicht vor, ist für die Frage, ob durch die Zulassung des Vorhabens Rechte Dritter verletzt werden, auf das zuvor geltende Planungsrecht abzustellen, also auf einen noch bestehenden (wirksamen) Bebauungsplan, ersatzweise auf § 34 oder § 35 BauGB. Nur wenn nach Maßgabe dieser Regelungen Nachbarrechte verletzt sind, kann sich ein Nachbar im Stadium der Planaufstellung erfolgreich gegen ein Vorhaben wehren. Allein das Fehlen der Planreife nach § 33 reicht dafür also nicht aus (vgl. *Uechtritz/Buchner* BauR 2003, 813 (819)).

Nicht berufen kann sich ein Dritter darauf, dass eine Veränderungssperre zur Ver- 66 hinderung des Vorhabens hätte erlassen werden können oder eine Ausnahme von der Veränderungssperre (§ 14 Abs. 2) nicht hätte erteilt werden dürfen. Sowohl die **Veränderungssperre** als auch die Möglichkeit einer Zurückstellung gemäß § 15 dienen allein öffentlichen Interessen, nicht hingegen dem Nachbarschutz (vgl. BVerwG Beschl. v. 5.12.1988 – 4 B 182/88, NVwZ 1989, 453).

5. Nachbarschutz bei Vorhaben im Innenbereich (§ 34). Existiert für den 67 unbeplanten Innenbereich (§ 34) ein **einfacher Bebauungsplan** (§ 30 Abs. 3), gelten im Hinblick auf die Planfestsetzungen dieselben Grundsätze wie für einen qualifiziert beplanten Bereich (BVerwG Urt. v. 9.6.1978 – IV C 54/75, BVerwGE 56, 71 Rn. 18; → auch § 34 Rn. 101).

Entspricht die Eigenart der näheren Umgebung des Baugrundstücks einem der ty- 68 pisierten Baugebiete in den §§ 2 bis 9 BauNVO (zur Unanwendbarkeit des § 34 Abs. 2 bei Sondergebieten → § 34 Rn. 61), bestehen nachbarliche Abwehransprüche in Bezug auf die Art der baulichen Nutzung nach denselben Grundsätzen wie im Geltungsbereich eines Bebauungsplans. Die Eigentümer innerhalb desselben (faktischen) Baugebiets haben also nach denselben Grundsätzen wie im (qualifiziert) beplanten Bereich einen **Anspruch auf Wahrung des Gebietscharakters** (BVerwG Beschl. v. 10.1.2013 – 4 B 48.12, BauR 2013, 934; dass. Urt. v. 16.9.1993 – 4 C

Reidt 477

Vorb §§ 29–38 I. Kapitel. III. Teil. Regelung der baul. und sonst. Nutzung

28/91, BVerwGE 94, 151; → im Einzelnen Rn. 36 ff.). Dies gilt auch im Fall von Ausnahmen und Befreiungen (§ 34 Abs. 2 Hs. 2). Der Anspruch auf Wahrung des Gebietscharakters wird dabei durch die jeweilige nähere Umgebung des Baugrundstücks und die wechselseitige Prägung beschränkt. Er umfasst daher nicht notwendig alle Grundstück in der Umgebung, die zu derselben Baugebietsart gehören (vgl. BVerwG Beschl. v. 20. 8. 1998 – 4 B 79/98, BauR 1999, 32; *Bracher* in BRS Rn. 2259).

69 § 34 Abs. 1 hat keine unmittelbar drittschützende Wirkung. Diese kommt, außerhalb von § 34 Abs. 2 auch für die Art der baulichen Nutzung, nur dem in § 34 Abs. 1 S. 1 enthaltenen **Gebot der Rücksichtnahme** zu (BVerwG Urt. v. 26. 5. 1978 – IV C 9/77, BVerwGE 55, 369; dass. Urt. v. 23. 5. 1986 – 4 C 34/85, NVwZ 1987, 34; kritisch dazu etwa *Mampel* BauR 1999, 854 ff.; *Dürr* DÖV 2001, 625 (633); *Rieger*, UPR 2015, 241). Es kann dafür auf die vorstehenden Ausführungen unter Rn. 46 ff. verwiesen werden (vgl. etwa VGH Kassel Beschl. v. 25. 8. 2008 – 2 ZU 2566/07, NVwZ-RR 2009, 143; s. zum Kriterium des Einfügens, aus dem das Gebot der Rücksichtnahme abgeleitet wird, § 34 Rn. 25 ff.). Beachtlich sind bei der Prüfung des Gebots der Rücksichtnahme im Innenbereich nur solche Belange, die nicht allein im öffentlichen Interesse, sondern auch im Interesse des Nachbarn rechtlich geschützt werden (vgl. *Spannowsky* in SU § 34 Rn. 91; *Hofherr* in BK § 34 Rn. 87). Das Gebot der Rücksichtnahme bezieht sich ausschließlich auf die in § 34 Abs. 1 S. 1 genannten Kriterien, unter denen das Einfügen zu prüfen ist (BVerwG Urt. v. 23. 5. 1986 – 4 C 34/85, NVwZ 1987, 34; dass. Beschl. v. 11. 1. 1999 – 4 B 128/98, BauR 1999, 615; zu einer Doppelhausbebauung BVerwG Urt. v. 5. 12. 2013 – 4 C 5.12, BVerwGE 148, 290; dass. Urt. v. 19. 3. 2015 – 4 C 12.14 NVwZ 2015, 1769; dazu *Petz*, ZfBR 2015, 644 (652 ff.); zum Drittschutz der Standortgemeinde bei Ersetzung ihres Einvernehmens → § 36 Rn. 24 ff. sowie im Hinblick auf § 34 Abs. 3 nachfolgend Rn. 71). Die bauordnungsrechtlich einzuhaltenden **Abstandsflächen** spielen dabei, ebenso wie auch sonst beim bundesrechtlichen Gebot der Rücksichtnahme, unmittelbar keine Rolle. Auch Vorhaben, die den bauordnungsrechtlich zu wahrenden Grenzabstand einhalten, können sich unter bauplanungsrechtlichen Gesichtspunkten als rücksichtslos erweisen (insbesondere bei einer „erdrückenden Wirkung" oder einer „Gefängnishofsituation"), wenngleich dies „aus tatsächlichen Gründen" zumeist nur in besonderen Fallkonstellationen in Betracht kommt (vgl. BVerwG Beschl. v. 11. 1. 1999 – 4 B 128/98, NVwZ 1999, 879; OVG Koblenz Beschl. v. 8. 2. 2012 – 8 B 10011/12, BauR 2012, 931; OVG Magdeburg Beschl. v. 12. 12. 2011 – 2 M 162/11, BauR 2012, 756; OVG Münster Beschl. v. 9. 2. 2009 – 10 B 1713/08, NVwZ-RR 2009, 459; *Uechtritz*, DVBl 2016, 90 (91 ff.); kritisch *Jäde* UPR 2001, 401 ff.). Regelmäßig ist ein Vorhaben, das sich vom Maß der baulichen Nutzung in einem einheitlichen Umgebungsrahmen an dessen Vorgaben hält, nicht rücksichtslos. Dies gilt vor allem in verdichteten innerstädtischen Bereichen auch dann, wenn damit Einschränkungen von Belichtung und Besonnung verbunden sind (OVG Bremen Beschl. v. 19. 3. 2015 – 1 B 19/15, BauR 2015, 1802).

70 Auf Art. 14 Abs. 1 GG oder sonstige Grundrechte gestützte Abwehransprüche kommen im unbeplanten Bereich ebenso wenig in Betracht wie im Geltungsbereich eines Bebauungsplans (BVerwG Urt. v. 26. 9. 1991 – 4 C 5/87, BVerwGE 89, 69; dass. Beschl. v. 19. 10. 1995 – 4 B 215/95, NVwZ 1996, 888; s. Rn. 60 f.). Entsprechendes gilt für bloße Wertminderungen (vgl. BVerwG Beschl. v. 13. 11. 1997 – 4 B 195/97, NVwZ-RR 1998, 540; → bereits Rn. 59). **§ 34 Abs. 3a** erweitert den Nachbarschutz im Innenbereich nicht. Zwar ist dort in S. 1 Nr. 3 ausdrücklich von der Würdigung nachbarlicher Interessen die Rede, jedoch wird dadurch lediglich klargestellt, dass das Gebot der Rücksichtnahme auch dann gilt, wenn sich ein Vorhaben im Einzelfall nicht in die Eigenart der näheren Umgebung einfügen muss.

71 § 34 Abs. 3 begründet keinen Drittschutz für Nachbarn (OVG Münster Beschl. v. 9. 3. 2007 – 10 B 2675/06, NVwZ 2007, 735), wohl allerdings für Nachbargemeinden sowie, wenn das gemeindliche Einvernehmen ersetzt wird (§ 36 Abs. 2 S. 3,

1. Abschnitt. Zulässigkeit von Vorhaben **Vorb §§ 29–38**

→ § 36 Rn. 24ff.) für die Standortgemeinde, sofern schädliche Auswirkungen auf **zentrale Versorgungsbereiche** zu erwarten sind (→ § 34 Rn. 66ff.). Die Gemeinde ist allerdings nicht verpflichtet, diesen Anspruch geltend zu machen. Sie kann dazu auch durch ihre Einwohner nicht angehalten werden, da es insoweit nicht um deren subjektive Belange geht, sondern um einen öffentlichen Belang, zu dessen Geltendmachung allein die betreffende Gemeinde aufgrund ihrer Planungshoheit und deren möglicher Beeinträchtigung berufen ist.

6. Nachbarschutz bei Vorhaben im Außenbereich (§ 35). In dem (seltenen) 72 Fall eines einfachen Bebauungsplans (§ 30 Abs. 3) im Außenbereich gelten hinsichtlich der Planfestsetzungen dieselben Grundsätze wie bei einem qualifizierten Bebauungsplan (→ zum Innenbereich Rn. 67). Im Übrigen wird gegenüber Vorhaben im Außenbereich Nachbarschutz nur über das **Gebot der Rücksichtnahme** gewährt. Darauf können sich diejenigen berufen, auf die objektiv Rücksicht zu nehmen ist (vgl. BVerwG Urt. v. 25.2.1977 – IV C 22/75, BVerwGE 52, 122; dass. Urt. v. 28.10.1993 – 4 C 5/93, NVwZ 1994, 686; VGH München Beschl. v. 25.10.2010 – 2 CS 10.2137, ZfBR 2011, 47; → auch § 35 Rn. 79f. zu § 35 Abs. 3 S. 1 Nr. 3). Dies können andere Eigentümer von Grundstücken im Außenbereich (zum Abwehranspruch gegen heranrückende Wohnbebauung s. etwa BVerwG Beschl. v. 5.9.2000 – 4 B 56/00, ZfBR 2001, 68; OVG Münster Urt. v. 15.12.2011 – 2 A 2645/08, BauR 2012, 1090; *Diehr/Geßner* NVwZ 2001, 985; *Deutsch/Tusch* BauR 2009, 1840ff.; *Stüer* Rn. 3157), aber auch solche von Grundstücken im Innenbereich oder im beplanten Bereich sein. Für den Nachbarschutz kommt auch der Frage Bedeutung zu, ob es sich um ein privilegiertes Außenbereichsvorhaben handelt (§ 35 Abs. 1) oder nicht und ob man gegen dessen Errichtung gerechnet werden durfte. Auch sind zumutbare Selbsthilfemaßnahmen (Sichtblenden, Bepflanzungen u. ä.) zu berücksichtigen (zur **optisch bedrängenden Wirkung** von Windkraftanlagen und zu Anhaltswerten für Abstände vgl. BVerwG Beschl. v. 23.12.2010 – 4 B 36/10, ZfBR 2011, 275: weniger als das Doppelte der Gesamthöhe, dh von Nabenhöhe + ½ Rotordurchm,esser in der Mehrzahl der Fälle rücksichtslos; ebenso VGH München Beschl. v. 1.12.2014 – 22 ZB 14.1594, NVwZ-RR 2015, 284; OVG Münster Beschl. v. 24.6.2010 – 8 A 2764/09, BauR 2011, 252; zum Schutzniveau für Wohnnutzungen im Außenbereich s. OVG Münster Urt. v. 27.2.2009 – 7 B 1647/08, UPR 2009, 318, vergleichbar gemischt genutzten Bereichen wie Kern-, Dorf- oder Mischgebieten; → zu weiteren Beispielen § 35 Rn. 81). § 35 Abs. 3 S. 1 Nr. 5 (§ 35 Rn. 83ff.) vermittelt Drittschutz zugunsten des Eigentümers eines **denkmalgeschützten Vorhabens** gegenüber einem (privilegierten oder nicht privilegierten) Vorhaben im Außenbereich. Zwar werden die Belange des Denkmalschutzrechts durch das Landesdenkmalrecht konkretisiert, jedoch können auf der Grundlage von § 35 Abs. 3 S. 1 Nr. 5 zumindest **grobe Verstöße** abgewehrt werden, wenn sie sich zu Lasten eines Denkmals als rücksichtslos er-weisen. Die Regelung hat daher eine Ergänzungs- und Auffangfunktion gegenüber dem Landesdenkmalrecht (BVerwG Urt. v. 21.4.2009 – 4 C 3/08, BVerwGE 133, 347; s. auch OVG Lüneburg Urt. v. 1.6.2010 – 12 LB 31/07, BauR 2010, 1746 im Hinblick auf das Landesrecht; s. auch *Hornmann* NVwZ 2011, 1235ff.; *Müller* BauR 2009, 1536ff.). Ein Anspruch auf Wahrung der Außenbereichsqualität besteht nicht. Dies gilt auch für privilegierte Außenbereichsnutzungen (BVerwG Beschl. v. 28.7.1999 – 4 B 38/99, NVwZ 2000, 552). Einen Abwehranspruch können auch die Eigentümer von Grundstücken haben, auf denen **Funkstellen und Radaranlagen** betrieben werden, wenn deren Funktionsfähigkeit durch ein Vorhaben gestört würde (§ 35 Abs. 3 S. 1 Nr. 8, → § 35 Rn. 98; zum Grundwasserschutz nur bei erkennbarer subjektiver Betroffenheit s. OVG Magdeburg Beschl. v. 9.12.2014 – 2 M 102/14, NVwZ-RR 2015, 409).

Aus § 2 Abs. 2 kann sich im Außenbereich ein Abwehrrecht der **Nachbarge-** 73 **meinde** ergeben, sofern das Vorhaben einen qualifizierten Abstimmungsbedarf mit

Vorb §§ 29–38 I. Kapitel. III. Teil. Regelung der baul. und sonst. Nutzung

der Nachbargemeinde begründet, weil es unmittelbare gewichtige Auswirkungen auf die städtebauliche Entwicklung in der Nachbargemeinde hat (BVerwG Urt. v. 1.8.2002 – 4 C 5/01, BVerwGE 117, 25). Dies gilt insbesondere bei großflächigen Einzelhandelsansiedlungen (→ § 2 Rn. 22f.). Darüber hinaus kann sich ein Abwehranspruch jedoch nicht daraus ableiten, dass ein Vorhaben etwa die Aufstellung eines Bebauungsplans erfordert (vgl. BVerwG Beschl. v. 3.8.1982 – 4 B 145/82, DVBl. 1982, 1096) oder dass ein Vorhaben die Entstehung oder Verfestigung einer Splittersiedlung befürchten lässt oder den Darstellungen des Flächennutzungsplans widerspricht. Ebenso wenig gibt es im Außenbereich einen Anspruch auf Wahrung des Gebietscharakters (BVerwG Beschl. v. 28.7.1999 – 4 B 38/99, NVwZ 2000, 552; → für den beplanten Bereich Rn. 36ff.). Bei Ersetzung des gemeindlichen Einvernehmens (§ 36 Abs. 2 S. 3) sind auf ein Rechtsmittel der Standortgemeinde hin die Voraussetzungen des § 35 in vollem Umfang nachzuprüfen (BVerwG Urt. v. 1.7.2010 – 4 C 4/08, BVerwGE 137, 247).

74 **7. Verzicht und Verwirkung von Nachbarrechten, unzulässige Rechtsausübung.** Dritte können auf Rechtsbehelfe gegen die Zulassung oder Durchführung eines Vorhabens (Verzicht auf Verfahrensrechte) oder auf materielle Abwehrrechte **verzichten** (OVG Münster Beschl. v. 30.8.2000 – 10 B 1145/00, BauR 2001, 89; OVG Saarlouis Urt. v. 18.6.2002 – 2 R 2/01, NJW 2003, 768; *Mampel,* Nachbarschutz im Öffentlichen Baurecht, Rn. 421, 428ff.). Dies kann auch gegen Leistung einer Entschädigung oÄ erfolgen. Gegenstand und Reichweite des Verzichts müssen hinreichend deutlich zum Ausdruck kommen. Der Verzichtende muss sicher erkennen können, worauf er sein Verzicht bezieht (zB durch eine Unterzeichnung der Baupläne; s. hierzu OVG Koblenz Beschl. v. 4.7.2013 – 1 A 10339/13, NVwZ-RR 2013, 949; OVG Saarlouis Urt. v. 18.6.2002 – 2 R 2/01, NJW 2003, 768; OVG Münster Beschl. v. 30.8.2000 – 10 B 1145/00, BauR 2001, 89; zu Nachbarschaftsvereinbarungen s. *Schröer/Dziallas* NVwZ 2004, 134ff.; *Schlemminger/Fuder* NVwZ 2004, 129ff.; *von Franckenstein* BauR 2002, 1041ff.). Der erklärte Verzicht kann sich auch auf Folgewirkungen eines Vorhabens beziehen, sofern sie bei Erklärung des Verzichts bereits absehbar sind (vgl. OVG Münster Beschl. v. 12.5.2003 – 10 B 145/03, BauR 2004, 62 zu Lichtimmissionen). Er gilt auch für Rechtsnachfolger (OVG Münster Urt. v. 20.11.2013 – 7 A 2341/11, BauR 2014, 252). Der Verzicht ist ab Zugang bei der Behörde nicht widerruflich, sondern allenfalls analog den §§ 119ff. BGB anfechtbar (OVG Lüneburg Beschl. v. 28.8.2013 – 1 LA 235/11, NVwZ-RR 2013, 947).

75 **Verwirken** können nachbarliche Abwehransprüche dann, wenn (unabhängig von Rechtsbehelfsfristen) die Einlegung von Rechtsbehelfen als treuwidrig angesehen werden muss. Aufgrund sinngemäßer Anwendung von **§ 58 Abs. 2 VwGO** muss sich ein Nachbar ab dem sichtbaren Beginn der Bauausführung und der Erkennbarkeit der für ihn relevanten Auswirkungen des Vorhabens so behandeln lassen, als wenn ihm die Baugenehmigung bekanntgegeben worden wäre. In diesem Fall ist der gebotene Rechtsbehelf binnen eines Jahres ab der Möglichkeit zur Kenntnisnahme von der tatsächlichen Bauausführung einzulegen (vgl. BVerwG Urt. v. 10.8.2000 – 4 A 11/99, NVwZ 2001, 206; dass. Beschl. v. 18.1.1988 – 4 B 257/87, NVwZ 1988, 532; VGH Mannheim Urt. v. 14.5.2012 – 10 S 2693/09, DBVl. 2012, 1181).

76 Neben dieser Verwirkung von Verfahrensrechten können auch **materielle Abwehransprüche** verwirken. Dies ist nach den Grundsätzen von Treu und Glauben dann der Fall, wenn der Bauherr infolge eines bestimmten Verhaltens des Nachbarn darauf vertrauen durfte, dass dieser Abwehransprüche nicht mehr geltend machen wird (Vertrauensgrundlage), er tatsächlich darauf vertraut hat, dass das Recht nicht mehr ausgeübt wird (Vertrauenstatbestand) und aus diesem Grunde bestimmte Maßnahmen durchgeführt hat, so dass ihm durch die verspätete Durchsetzung des Ab-

wehrrechts ein unzumutbarer Nachteil entstünde (Vertrauensbetätigung, s. BVerwG Beschl. v. 12.1.2004 – 3 B 101/03, NVwZ-RR 2004, 314; VGH Mannheim Urt. v. 14.5.2012 – 10 S 2693/09, DBVl. 2012, 1181; OVG Lüneburg Beschl. v. 5.7.2011 – 1 LA 207/08, NVwZ-RR 2011, 807; OVG Koblenz Urt. v. 1.6.2011 – 8 A 10 196/ 11, BauR 2011, 1805; OVG Münster Urt. v. 24.4.2001 – 10 A 1402/98, BauR 2002, 295; *Mampel*, Nachbarschutz im öffentlichen Baurecht, Rn. 439). Eine materielle Verwirkung kommt nicht vor Ablauf der Monatsfrist des § 70 Abs. 1 VwGO für die Erhebung des Widerspruchs gegen ein genehmigungsbedürftiges Vorhaben in Betracht (BVerwG Urt. v. 16.5.1991 – 4 C 4/89, BauR 1991, 597). Allerdings kann sie vor Ablauf der Jahresfrist (Rn. 75) eintreten. Maßgeblich ist dabei regelmäßig der **Baubeginn**, es sei denn, es geht allein um noch nicht absehbare Auswirkungen aufgrund der Nutzung des Vorhabens. Eine Verwirkung materieller Abwehrrechte kommt auch bei ungenehmigten Bauvorhaben in Betracht (BVerwG Beschl. v. 18.3.1988 – 4 B 50/88, BauR 1988, 332), da es für den Verlust von nachbarlichen Abwehrrechten nicht auf die objektive Rechtslage ankommt, sondern darauf, dass der Bauherr mit Abwehransprüchen des Nachbarn nicht mehr rechnen musste (zur Bindung auch des Rechtsnachfolgers an die Folgen einer Verwirkung OVG Magdeburg Beschl. v. 4.6.2012 – 2 L 56/11, NVwZ-RR 2012, 752). An der Möglichkeit der Bauaufsichtsbehörde, gegen ein ungenehmigtes Vorhaben einzuschreiten, ändern dies nichts. Zur Vermeidung der Verwirkung bedarf es nicht zwingend der Einlegung von Rechtsmitteln. Es genügt, wenn der Nachbar den Bauherrn hinreichend deutlich und nachweisbar darüber in Kenntnis setzt, dass er mit dem Vorhaben nicht einverstanden ist. In diesem Fall besteht zugunsten des Bauherrn keine Vertrauensgrundlage mehr. Allein daraus, dass gegen ein anderes, wenn auch vergleichbares Vorhaben keine Rechtsmittel eingelegt wurden, kann eine Verwirkung nicht abgeleitet werden (OVG Münster Beschl. v. 22.12.2012 – 2 A 529/12, NVwZ-RR 2013, 177).

Nachbarliche Abwehrrechte können auch dann entfallen, wenn sie sich als **unzulässige Rechtsausübung** darstellen. Dies gilt namentlich dann, wenn der Nachbar selbst in vergleichbarer Weise zulasten des Bauherrn gegen nachbarschützende Vorschriften verstößt (s. etwa OVG Münster Beschl. v. 17.9.2014 – 7 B 767/14, NVwZ-RR 2015, 14; VGH München Beschl. v. 9.10.2006 – 26 ZB 06.1926, BeckRS 2009, 40651; OVG Lüneburg Beschl. v. 30.3.1999 – 1 M 897/99, BauR 1999, 1163; *Seidel*, Öffentlich-rechtlicher und privatrechtlicher Nachbarschutz, 2000, Rn. 625). Dabei geht nicht um den exakten Vergleich, sondern um eine **wertende Gesamtbetrachtung**, die auch die Qualität der jeweiligen Verstoßes und die damit einhergehende Intensität der Beeinträchtigung in den Blick nehmen muss (OVG Münster Urt. v. 24.4.2001 – 10 A 1402/98, BauR 2002, 295). Entscheidend ist dabei die heutige Rechtslage, nicht hingegen, ob die damalige Ausführung des Bauvorhabens materiell und formell zulässig war (vgl. OVG Weimar Urt. v. 5.10.1999 – 1 EO 698/99, NVwZ-RR 2000, 350; OVG Lüneburg Urt. v. 30.3.1999 – 1 M 897/99, BauR 1999, 1163). 77

8. Prozessuale Fragen. Zu Einzelheiten des Verfahrens- und Prozessrechts wird 78 auf die einschlägigen Lehrbücher und Kommentierungen verwiesen (s. etwa *FO/Otto* 265 ff.; *Bönker* in HBG § 18; *Stüer* Rn. 5226 ff.; *Saller* in Grziwotz/Lüke/Saller, Praxishandbuch Nachbarrecht, 2. Aufl. 2013, 440 ff.; zu Amtshaftungsansprüchen, wenn die Baugenehmigungsbehörde den Bauherrn nicht unverzüglich von einem Nachbarwiderspruch unterrichtet, s. BGH Urt. v. 9.10.2003 – III ZR 414/02, BauR 2004, 817; zu Rechtsmitteln von Umweltvereinigungen s. Rn. 30 ff.).

Wurde für ein Vorhaben eine Baugenehmigung erteilt, sind dagegen **Widerspruch** und **Anfechtungsklage** möglich (zur Widerspruchsfrist s. § 70 Abs. 1 S. 1 und § 58 VwGO), die allerdings keine aufschiebende Wirkung entfalten (§ 212a Abs. 1). Dies gilt nicht bei einem Bauvorbescheid (vgl. VGH München Beschl. v. 1.4.1999 – 2 CS 98.2646, NVwZ 1999, 1363; s. auch *Hornmann* in SU § 212a 79

Vorb §§ 29–38 I. Kapitel. III. Teil. Regelung der baul. und sonst. Nutzung

Rn. 17). Zur Vermeidung von vollendeten Tatsachen besteht für den Nachbarn die Möglichkeit, bei der Verwaltungsbehörde (§ 80a Abs. 1 Nr. 2 VwGO) und sodann (vgl. OVG Lüneburg Beschl. v. 15.4.2010 – 1 ME 22/10, NVwZ-RR 2010, 552) beim Verwaltungsgericht (§ 80a Abs. 3 S. 2 iVm § 80 Abs. 5 VwGO) ein **vorläufiges Rechtsschutzverfahren** mit dem Ziel anzustrengen, dass das Vorhaben bis zum Abschluss des Hauptsacheverfahrens nicht ausgeführt werden darf. Hierfür besteht keine besondere Frist. Geht die geltend gemachte Rechtsverletzung allerdings nicht von der Nutzung des Gebäudes, sondern von der baulichen Anlage selbst aus (zB bei Überschreitung einer festgesetzten Baugrenze), kommt eine Aussetzung der Baugenehmigung längstens bis zur Fertigstellung des Baukörpers, dh bis zur Bezugsfertigkeit, in Betracht (vgl. OVG Bautzen Beschl. v. 9.9.1994 – 1 S 259/94, NVwZ-RR 1995, 251; VGH Kassel Beschl. v. 30.1.1991 – 4 TG 3243/90, NVwZ 1991, 592). Im Eilrechtsschutz ist zudem in der Regel von der Wirksamkeit eines dem Vorhaben zugrunde liegenden Bebauungsplans auszugehen (s. etwa OVG Bautzen Beschl. v. 28.9.2012 – 1 B 313/12, BauR 2013, 459; OVG Münster Beschl. v. 19.1.2009 – 10 B 1687/08, BauR 2009, 771). Stattzugeben ist einem Eilantrag des Nachbarn in der Regel dann, wenn dessen Obsiegen wegen einer Verletzung nachbarschützender Vorschriften wahrscheinlicher ist als sein Unterliegen. **Prüfungsmaßstab** des Gerichts ist dabei, ebenso wie bei einer Prüfung im Hauptsacheverfahren allein der Regelungsinhalt der erteilten Baugenehmigung. Werden bestimmte, ggf. also auch nachbarschützende, Anforderungen im Baugenehmigungsverfahren nach Maßgabe der landesbauordnungsrechtlichen Verfahrensvorschriften nicht geprüft (vor allem im vereinfachten Genehmigungsverfahren), können sie weder zu einer Aussetzung noch zu einer Aufhebung der Baugenehmigung führen (vgl. OVG Saarlouis Beschl. v. 3.1.2008 – 2 A 182/07, BauR 2009, 805). Insofern gilt nichts anderes als bei einem ungenehmigten oder baugenehmigungsfreien Vorhaben.

80 Wird Nachbarschutz gegen ein **baugenehmigungsfreies Vorhaben** begehrt, kommt nur ein Anspruch auf bauaufsichtliches Einschreiten und ggf. eine Verpflichtungsklage gegen die Behörde in Betracht, die darauf gerichtet ist, dem Bauherrn die Fortsetzung der Bauarbeiten und ggf. die Nutzung zu untersagen. Der vorläufige Rechtsschutz richtet sich in diesem Fall nach § 123 VwGO (vgl. OVG Greifswald Beschl. v. 9.4.2003 – 3 M 1/03, BauR 2003, 1710; OVG Münster Beschl. v. 2.10.1998 – 11 B 845/98, NVwZ-RR 1999, 427; VGH Mannheim Beschl. v. 26.10.1994 – 8 S 2763/94, NVwZ-RR 1995, 490; *Uechtritz* BauR 1998, 719ff.). Dies gilt auch dann, wenn ein Vorhaben zwar genehmigungspflichtig ist, jedoch ohne die erforderliche Genehmigung durchgeführt wird (OVG Münster Beschl. v. 8.12.1998, 10 B 2255/98, BauR 1999, 628).

81 Werden nachbarschützende Vorschriften verletzt, reduziert sich der Ermessensspielraum der Bauaufsichtsbehörde, ob sie einschreitet oder nicht, in der Regel auf Null. Dies gilt insbesondere bei erheblichen Verstößen sowie dann, wenn eine vorausgegangene Nachbarklage erfolgreich war (vgl. BVerwG Beschl. v. 17.4.1998 – 4 B 144/97, BauR 1999, 735; OVG Saarlouis Urt. v. 17.6.2010 – 2 A 425/08, BauR 2010, 1633; OVG Münster Urt. v. 25.10.2010 – 7 A 290/09, BeckRS 2010, 55485; dass. Urt. v. 28.5.2009 – 10 A 971/08, BauR 2011, 1716; VGH München Beschl. v. 26.7.1996 – 1 CE 96.2081, NVwZ 1997, 923; *FO/Otto* 261ff.; *Degenhardt* NJW 1996, 1433 (1437)). Bei nur geringfügigen nachteiligen Auswirkungen für den Nachbarn kann dies jedoch anders sein.

82 Maßgeblich für Baunachbarstreitigkeiten ist grundsätzlich die **Sach- und Rechtslage** zum Zeitpunkt der Genehmigungserteilung (BVerwG Urt. v. 14.1.1993 – 4 C 19/90, NVwZ 1993, 1184; VGH München Beschl. v. 25.11.2002 – 1 B 97/1352, NVwZ-RR 2004, 20) bzw. bei genehmigungsfreien Vorhaben der Zeitpunkt des Baubeginns (→ Rn. 22). Nachträgliche Änderungen zugunsten des Nachbarn bleiben also unberücksichtigt. Im umgekehrten Fall gilt allerdings, dass nachträgliche Änderungen zugunsten des Bauherrn berücksichtigt werden müssen (BVerwG Beschl. v.

23.4.1998 – 4 B 40/98, NVwZ 1998, 1179). Dies gilt auch für Änderungen und Ergänzungen einer erteilten Baugenehmigung während des Nachbarrechtsstreits, mit denen Nachbarrechtsverletzungen ausgeräumt werden (OVG Münster Beschl. v. 21.12.2006 – 7 B 2193/06, BauR 2007, 861).

Ist der Nachbar mit einer Klage nicht erfolgreich, kann dem Bauherrn gleichwohl ein erheblicher **Verzögerungsschaden** entstanden sein. Eine Schadensersatzpflicht trifft den Nachbarn gegenüber dem Bauherrn dennoch in der Regel nicht, da § 80 VwGO eine solche, anders als § 945 ZPO, nicht vorsieht (vgl. *Kopp/Schenke* § 80 Rn. 208). Dies gilt auch, wenn es zu einer Anwendung des § 123 VwGO kommt (→ Rn. 80), obwohl dieser in Absatz 3 u. a. auf § 945 ZPO verweist (vgl. *Uechtritz* BauR 1998, 719 (730 f.); *Roeser* in BK Vor §§ 29 bis 38 Rn. 71; *Kopp/Schenke* § 123 Rn. 44; BGH Urt. v. 23.9.1980 – VI ZR 165/78, BGHZ 78, 127). Für das Hauptsacheverfahren (Anfechtungsklage gegen eine erteilte Baugenehmigung, Klage gegen die Behörde auf bauaufsichtliches Einschreiten) gilt dies erst recht (vgl. *Schiller* in BRS Rn. 2097).

83

§ 29 Begriff des Vorhabens; Geltung von Rechtsvorschriften

(1) **Für Vorhaben, die die Errichtung, Änderung oder Nutzungsänderung von baulichen Anlagen zum Inhalt haben, und für Aufschüttungen und Abgrabungen größeren Umfangs sowie für Ausschachtungen, Ablagerungen einschließlich Lagerstätten gelten die §§ 30 bis 37.**

(2) **Die Vorschriften des Bauordnungsrechts und andere öffentlich-rechtliche Vorschriften bleiben unberührt.**

Übersicht

	Rn.
I. Vorhabenbegriff (Abs. 1)	1
1. Funktionen des Vorhabenbegriffs	1
2. Inhaltliche Umgrenzung des Vorhabens	6
II. Arten von Vorhaben	7
1. Vorhaben von baulichen Anlagen	8
a) Bauliche Anlage	9
b) Errichtung, Änderung oder Nutzungsänderung	17
2. Aufschüttungen und Abgrabungen sowie Ausschachtungen und Ablagerungen	22
3. Andere Vorhaben	25
III. Geltung anderer öffentlich-rechtlicher Vorschriften (Abs. 2)	26

I. Vorhabenbegriff (Abs. 1)

1. Funktionen des Vorhabenbegriffs. Abs. 1 enthält eine Bestimmung des bauplanungsrechtlichen **Begriffs des Vorhabens**. Hierdurch wird deutlich, dass das Bauplanungsrecht das Vorhaben zur Errichtung, Änderung oder Nutzungsänderung baulicher Anlagen aus städtebaulicher Sicht betrachtet. Demgegenüber ist für das Bauordnungsrecht der Länder, das ebenfalls einen Anlagenbegriff enthält, das Vorhaben aus der Sicht des Einzelprojekts, insbesondere im Hinblick auf Gefahrenabwehr und Gestaltung, von Bedeutung (FO/Otto, 17; *Krämer* in SU § 29 Rn. 3). Abs. 1 erschöpft sich jedoch nicht in dieser Begriffsbestimmung. Vielmehr kommen der Regelung vor allem folgende Funktionen zu:

1

Abs. 1 hat **Anknüpfungsfunktion**. Die im Einzelfall zulässige Grundstücksnutzung nach den §§ 30 bis 37 setzt stets das Vorliegen eines Vorhabens im Sinne von Abs. 1 voraus; fehlt es an einem derartigen Vorhaben, sind die §§ 30 ff. grundsätzlich

2

nicht anzuwenden. Bebauungspläne bedürfen zwar keiner „Geltungsvermittlung" durch Abs. 1; sie gelten als Satzung vielmehr kraft eigener Normqualität (BVerwG Urt. v. 4.11.1966 – IV C 36/65, BVerwGE 25, 243 (249); OVG Münster Urt. v. 22.8.1996 – 7 A 3508/93, ZfBR 1997, 46). Abs. 1 bewirkt aber, dass auf Grundstücke im Gebiet eines Bebauungsplans die §§ 30 bis 32 und nicht etwa die §§ 34 oder 35 Anwendung finden (BVerwG Beschl. v. 4.3.1997 – 4 B 233/96, ZfBR 1997, 218). Seit dem Wegfall des Erfordernisses eines bauordnungsrechtlichen Kontrollverfahrens als tatbestandliche Voraussetzung eines Vorhabens im Sinne von Abs. 1 (→ Rn. 3) aufgrund des BauROG 1998 sind auch kleinere, unbedeutendere Vorhaben unmittelbar der Geltung der §§ 30ff. unterworfen (BVerwG Urt. v. 7.5.2001 – 6 C 18/00, NVwZ 2001, 1046; s. auch die Begründung zum Regierungsentwurf des BauROG, BT-Drs. 13/6392, 55). Soweit die aus der Normqualität abzuleitenden Negativfunktion oder **Stopfunktion des Bebauungsplans** (hierzu *Uechtritz* BauR 2003, 49ff.; → Rn. 5) reicht, bedarf es allerdings der §§ 29 und 30 nicht. Danach ist eine planwidrige, aber bodenrechtlich relevante (→ Rn. 14) Grundstücksnutzung, unabhängig davon, ob es sich um eine bauliche oder eine sonstige Nutzung im Sinne von Abs. 1 handelt, rechtswidrig und kann untersagt werden (BVerwG Urt. v. 4.11.1966 – IV C 36/65, BVerwGE 25, 243 (249); OVG Münster Urt. v. 22.8.1996 – 7 A 3508/93, ZfBR 1997, 46). Diese Ausschlusswirkung entfaltet der Bebauungsplan jedoch nicht gegenüber abweichenden **Zwischennutzungen,** sondern nach der Rechtsprechung des BVerwG nur gegenüber solchen Nutzungen, die die Verwirklichung des Plans verhindern oder wesentlich erschweren würden oder dem Gebietscharakter widersprechen und daher situationswidrig sind (BVerwG Urt. v. 18.9.1981 – 8 C 22/81, DÖV 1982, 118 (119f.)). So ist zum Beispiel die Errichtung eines Kinderspielplatzes auf einer als Grünfläche festgesetzten Fläche unzulässig, da sie die Verwirklichung der plangemäßen Nutzung verhindert (BVerwG Urt. v. 21.6.1974 – IV C 14/74, BauR 1974, 330). Der Betrieb eines Gebrauchtwagenhandels auf einem als Bauland festgesetzten Grundstück kann dagegen zulässig sein, wenn er sich in den Charakter des festgesetzten Gebiets einfügt (hierzu BVerwG Urt. v. 2.3.1973 – IV C 40/71, BVerwGE 42, 30 (39)). Erst recht gilt dies für von vornherein zeitlich begrenzte Nutzungen, etwa für Baustelleneinrichtungsflächen für Bauvorhaben auf benachbarten Grundstücken. Auch für einen nicht plangemäßen Straßenausbau (einschließlich Baustraßen) kommt es darauf an, ob er eine situations- und umgebungsgemäße Zwischennutzung ermöglicht, kraft wenn er später zumindest teilweise wieder beseitigt werden muss (BVerwG Urt. v. 18.9.1981 – 8 C 22/81, DÖV 1982, 118 (120)). Bedeutsam ist die Anknüpfungsfunktion auch für bauplanungsrechtlich relevante, jedoch bauordnungsrechtlich verfahrensfreie Vorhaben im Bereich eines in Aufstellung befindlichen Bebauungsplans. hier kann ein solches Vorhaben ggf. auf der Grundlage einer Veränderungssperre selbst dann noch untersagt werden, wenn diese erst während der Bauausführung in Kraft triff und die Voraussetzungen des § 14 Abs. 2 nicht vorliegen (VGH München Urt. v. 23.11.2010 – 1 BV 10.1332, BauR 2011, 807). Keine Anknüpfungsfunktion entfaltet § 29 in den Fällen des **§ 38.** Dort ist die bauplanungsrechtliche Zulässigkeit oder Unzulässigkeit eines Vorhabens im Sinne von Abs. 1 lediglich abwägend zu berücksichtigen (→ im Einzelnen die Erläuterungen zu § 38).

3 Bis zum Inkrafttreten des BauROG 1998, kam Abs. 1 neben dieser grundsätzlichen Anknüpfungsfunktion für die §§ 30–37 **eine Verknüpfungsfunktion** zu, weil er den bundesrechtlichen Anlagenbegriff von einer bauordnungsrechtlichen Genehmigungspflichtigkeit abhängig machte. Der für die Genehmigungspflicht maßgebliche bauordnungsrechtliche Anlagenbegriff ist jedoch weder von Land zu Land identisch (wenngleich nur verhältnismäßig geringe Abweichungen bestehen), noch deckt er sich in Gänze mit dem bauplanungsrechtlichen Anlagenbegriff. Beide Begriffe verhalten sich vielmehr zueinander wie zwei sich schneidende Kreise, die sich größtenteils überlagern, aber in Randbereichen nicht völlig deckungsgleich sind (hierzu

BVerwG Urt. v. 31.8.1973 – IV C 33/71, BVerwGE 44, 59 (61)). Diese prinzipielle Unterschiedlichkeit der beiden Anlagenbegriffe beruht auf dem unterschiedlichen Regelungsbedarf des Städtebaurechts und des Bauordnungsrechts (→ Rn. 14). Die durch § 29 S. 1 aF gegebene Verknüpfung zwischen Bauordnungs- und Bauplanungsrecht ist mit dem BauROG auf Grund der weitreichenden landesrechtlichen Genehmigungsfreistellungen (→ Vorb. §§ 29–38 Rn. 1 ff.) entfallen. Die Verknüpfung erfolgt nunmehr allein durch die Verfahrensvorschrift des § 36 (hierzu *Jäde* ZfBR 1998, 129 (130 ff.)). Ob ein Vorhaben nach den Landesbauordnungen genehmigungs- oder zumindest anzeigepflichtig ist oder nicht, ist für den bauplanungsrechtlichen Vorhabenbegriff im Sinne des Abs. 1 daher irrelevant (BVerwG Urt. v. 7.5.2001 – 6 C 18/00, NVwZ 2001, 1046).

Soweit eine Baugenehmigungspflicht besteht, hat die für die bauordnungsrechtli- **4** che Genehmigung zuständige Behörde zugleich auch über die bauplanungsrechtliche Zulässigkeit des Vorhabens zu entscheiden (zu Fragen der Amtshaftung wegen der Erteilung einer nachbar- oder planungsrechtswidrigen Baugenehmigung s. etwa BGH Urt. v. 21.6.2001 – III ZR 313/99, NJW 2001, 3054 ff.; ders. Urt. v. 9.10.2003 – III ZR 414/02, NVwZ 2004, 638). Die Entscheidung über die planungsrechtliche Zulässigkeit kann auch in einer sog. **Bebauungsgenehmigung,** die im Rahmen eines Vorbescheids als vorweggenommener Teil der Baugenehmigung und nicht als bloße Zusage ergeht, selbstständig getroffen werden (vgl. BVerwG Urt. v. 17.3.1989 – 4 C 14/85, NVwZ 1989, 863; zum Bauvorbescheid s. etwa *Johlen* in Gädtke § 71 Rn. 1 ff.). Ist für das Vorhaben ein anderes Zulassungsverfahren durchzuführen als ein Baugenehmigungsverfahren und schließt diese Zulassung die Baugenehmigung mit ein, sind die entsprechenden Sonderregelungen maßgeblich. Dies gilt etwa für die **immissionsschutzrechtliche Genehmigung** (s. § 6 Abs. 1 Nr. 2, § 13 BImSchG). Die Möglichkeit eines Vorbescheides (insbesondere eines sog. Standortvorbescheides) richtet sich hier nach § 8 BImSchG. Die Erteilung eines Bauvorbescheides oder gar einer Baugenehmigung kommt für ein immissionsschutzrechtlich genehmigungsbedürftiges Vorhaben nicht in Betracht. Bei der Entscheidung über die planungsrechtliche Zulässigkeit hat die Genehmigungsbehörde aber auch hier in den Fällen des § 36 Abs. 1 das **Einvernehmen** der für die Planung zuständigen **Gemeinde** einzuholen.

Neben der Anknüpfungsfunktion kommt Abs. 1 auch eine **Begrenzungsfunk-** **5** **tion** zu. Die Baufreiheit wird durch die §§ 29 ff. im Grundsatz nur so weit eingeschränkt, als es sich bei der beabsichtigten Grundstücksnutzung um ein Vorhaben im Sinne von Abs. 1 handelt. Andere Nutzungen, soweit sie nicht durch die Negativfunktion des Bebauungsplans ausgeschlossen sind (→ Rn. 2), bleiben daher zulässig (BVerwG Urt. v. 2.3.1973 – IV C 40/71, BVerwGE 42, 30 (38)).

2. Inhaltliche Umgrenzung des Vorhabens. Die inhaltliche Umschreibung **6** und Umgrenzung eines **Vorhabens,** dessen Durchführung begehrt wird, obliegt dem Bauherren (BVerwG Urt. v. 4.7.1980 – IV C 99/77, NJW 1981, 776). Dabei können auch mehrere sich selbstständige bauliche Anlagen zu einem einheitlichen Vorhaben zusammengefasst werden, wenn die Verwirklichung nur in dieser Zusammenfassung gewollt ist (BVerwG Beschl. v. 9.2.2011 – 4 BN 43/10, ZfBR 2011, 374 zu einem Einkaufscenter; a. auch bereits BVerwG Urt. v. 3.5.1974 – IV C 10/71, BauR 1974, 328; vgl. auch OVG Bautzen Beschl. v. 13.8.2012 – 1 B 242/12, NVwZ-RR 2013, 14). Dieser subjektiven Bestimmungsbefugnis sind allerdings objektive Grenzen gesetzt (BVerwG Urt. v. 4.7.1980 – IV C 99/77, NJW 1981, 776; s. auch *Rieger* in Schrödter § 29 Rn. 5). Es muss sich immer um ein **einzelnes und ganzes Vorhaben** handeln. Dies bedeutet, dass nicht mehrere Häuser zB unter dem Aspekt eines „Ensembles" zu einem Vorhaben zusammengefasst werden können. Sind diese Gebäude jedoch in ihren Funktionen unterschiedlich und aufeinander bezogen, sodass bei Wegfall eines Gebäudes auch die anderen Gebäude in ihrer Funktion beeinträchtigt sind, kann es sich um ein einzelnes Vorhaben handeln. Umgekehrt

muss ein Vorhaben in sich geschlossen sein und auch auf Dauer für sich allein bestehen können. Andernfalls könnten durch die Genehmigung eines Teils eines gesamten Vorhabens für weitere Genehmigungen präjudizierende Tatsachen geschaffen werden (vgl. auch BVerwG Urt. v. 4.7.1980 – IV C 99/77, NJW 1981, 776). Maßgeblich ist stets das Vorhaben, so wie es sich nach Art und Funktion sowie seinen wirklichen Nutzungszwecken aus der Baubeschreibung ergibt, also nicht eine davon abweichende Bezeichnung, die eventuell nur gewählt wurde, um das Vorhaben genehmigungsfähig erscheinen zu lassen (vgl. OVG Münster Urt. v. 25.8.2011 – 2 A 38/10, BauR 2012, 58).

II. Arten von Vorhaben

7 Abs. 1 unterscheidet zwischen zwei verschiedenen **Arten von Vorhaben,** die sich durch ihren Gegenstand (Abs. 1 Hs. 1: bauliche Anlagen, die ein Vorhaben zum Gegenstand haben; Abs. 1 Hs. 2: Aufschüttungen, Abgrabungen, Ausschachtungen und Ablagerungen einschl. Lagerstätten) voneinander unterscheiden. Diese materiellen Unterschiede haben aber bauplanungsrechtlich im Rahmen von Abs. 1 keine Relevanz.

8 **1. Vorhaben von baulichen Anlagen.** Bei einem Vorhaben nach **Abs. 1 Hs. 1** geht es darum, eine bauliche Anlage (→ Rn. 9 ff.) zu errichten oder in ihrer baulichen Substanz oder Nutzung zu ändern (→ Rn. 17 ff.).

9 **a) Bauliche Anlage.** Der Begriff der baulichen Anlage ist im BauGB nicht definiert. Die Begriffsbestimmung in den Bauordnungen der Länder kann nicht übernommen werden, da es sich um einen eigenständigen **bundesrechtlichen** Begriff handelt, der dem Regelungszweck der §§ 30–37 Rechnung trägt, die städtebauliche Ordnung und Entwicklung zu steuern (BVerwG Urt. v. 10.12.1971 – IV C 33, 34, 35/69, BVerwGE 39, 154). Eine **bauliche Anlage** im Sinne von Abs. 1 ist nach der Rechtsprechung des BVerwG gekennzeichnet durch das verhältnismäßig weite Merkmal des „Bauens" und durch das einschränkende Merkmal „(möglicher) bodenrechtlicher Relevanz" (BVerwG Urt. v. 7.5.2001 – 6 C 18/00, NVwZ 2001, 1046; dass. BVerwG Urt. v. 31.8.1973 – IV C 33/71, BVerwGE 44, 59 (61); Beispiele für bauliche Anlagen bei *Krautzberger* in EZBK § 29 Rn. 28 ff.).

10 **aa) Verbindung mit dem Erdboden.** Das Merkmal des Bauens erfüllen alle Anlagen, „die in einer auf Dauer gedachten Weise künstlich **mit dem Erdboden verbunden** sind" (BVerwG Urt. v. 31.8.1973 – IV C 33/71, BVerwGE 44, 59 (62)). Entscheidend hierbei ist das Element der **Dauerhaftigkeit.** Ohne Belang sind dagegen das Material, die Art der Verbindung mit dem Boden, die konstruktive Beschaffenheit oder die Größe der Anlage. Ob eine Anlage auf Dauer angelegt ist, damit ortsfest wird und der Geltung der §§ 29 ff. unterliegt, bestimmt sich in erster Linie nach der **Funktion, die der Anlage von ihrem Eigentümer beigemessen wird.** So kann ein Wohnwagen eine bauliche Anlage im Sinne des von Abs. 1 sein, wenn er ein ortsfestes Wochenendhaus ersetzen, also die Funktion eines Wochenendhauses erfüllen soll (BVerwG Urt. v. 26.6.1970 – IV C 116/68, BRS 30 Nr. 129; s. auch VGH Mannheim Beschl. v. 13.10.2014 – 5 S 2616/13, BauR 2015, 798 zu einem SB-Verkaufsstand). Dagegen ist ein auf der Straße abgestellter Wohnwagen, der nur für den Urlaub benutzt werden soll, keine Anlage im Sinne von Abs. 1. Den Anlagenbegriff erfüllen kann auch ein auf einem Weiher schwimmendes und mit dem Teichboden verankertes Wohnboot (BVerwG Urt. v. 31.8.1973 – IV C 33/71, BVerwGE 44, 59 (63); vgl. auch VGH Mannheim Urt. v. 7.7.1995 – 5 S 3071/94, NuR 1996, 258; *Erbguth/Schubert* BauR 2006, 454 (460 ff.); → aber Rn. 14).

11 Maßgebl. für das Element der Dauerhaftigkeit ist die beabsichtigte **Dauerhaftigkeit der Anlage, nicht** die beabsichtigte oder tatsächliche Dauer **ihrer Benutzung**

(BVerwG Urt. v. 31.8.1973 – IV C 33/71, BVerwGE 44, 59 (62)). Die vorübergehende Entfernung eines als Wochenendhaus genutzten Wohnwagens von seinem üblichen Standort vermag ihm daher den Charakter der baulichen Anlage nicht zu nehmen. Dies gilt selbst für eine Tragluftschwimmhalle, die nur vorübergehend aufgeblasen wird (BVerwG Urt. v. 17.12.1976 – IV C 6/75, NJW 1977, 2090). Einrichtungen, die nur darauf ausgelegt sind, andere bauliche Anlagen zu errichten (zB Baucontainer, Betonmischanlagen und sonstigen Baustelleneinrichtungen), sind selbst bei Großbauvorhaben und entsprechend langer Bauzeit aufgrund ihres rein temporären und dienenden Charakters selbst keine baulichen Anlagen iSv Abs. 1.

Fehlt es an jeglichem baulichen Element, etwa wenn ein Grundstück ohne jede Befestigung (Betonplatte, Einfriedung) als Einstellplatz genutzt wird, liegt keine bauliche Anlage vor (*Halama* in BK § 29 Rn. 8). Auch eine unbefristete Ausstellungsfläche (BVerwG Beschl. v. 29.6.1999, BauR 1999, 1133) oder ein auf Dauer angelegter Zeltplatz, der keinerlei Befestigung oder Eingrenzung aufweist, sind keine baulichen Anlagen im Sinne von Abs. 1. Es ist dabei unerheblich, ob er nach dem Landesbauordnungsrecht als bauliche Anlage gilt (→ Rn. 3). **12**

Denselben Kriterien unterliegen auch **Werbeanlagen,** die sowohl einer bauplanungsrechtlichen als auch einer bauordnungsrechtlichen Regelung zugänglich sind (BVerwG Urt. v. 3.12.1992 – 4 C 27/91, BVerwGE 91, 234). Bei ihnen ist also ebenfalls zu prüfen, ob die Kriterien des Bauens und der planungsrechtlichen Relevanz (Rn. 14 ff.) erfüllt sind. Das Element des Bauens ist in jedem Fall erfüllt bei selbstständigen Werbeanlagen, die unmittelbar mit dem Erdboden verbunden sind, wie zB bei Schaukästen oder freistehenden Werbetafeln, aber auch bei an sich beweglichen, aber ortsfest aufgestellten Planwagen (vgl. OVG Münster Beschl. v. 22.7.2003 – 10 B 890/03, BauR 2004, 67 f.; OVG Weimar Urt. v. 10.11.1999 – 1 KO 519/98, BauR 2000, 1043). Dies gilt auch für Werbeanlagen, die an Hauswänden angebracht, aber keine Hausbemalungen sind (vgl. *Halama* in BK § 29 Rn. 8), sowie für **Litfaßsäulen** (hierzu OVG Hamburg Urt. v. 20.2.1997 – Bf II 13/96, NVwZ-RR 1998, 616 ff.). Bei ihnen wird aber in der Regel das Merkmal der bauplanungsrechtlichen Relevanz (→ Rn. 15) entscheidend sein (vgl. auch OVG Lüneburg Urt. v. 12.12.1986 – 6 A 112/85, ZfBR 1987, 217; s. auch OVG Münster Beschl. v. 8.7.2014 – 10 A 1787/13, NVwZ-RR 2014, zur verneinten bauplanungsrechtlichen Relevanz eines Fahnenmastes mit der Fahne von Borussia Dortmund). Für die Antennen von **Mobilfunkanlagen** gelten dieselben Grundsätze wie für Werbeanlagen (vgl. OVG Münster Beschl. v. 25.2.2003 – 10 B 2117/02, NVwZ-RR 2003, 634; *Halama* aaO; vgl. auch *Krautzberger* in EZBK § 29 Rn. 24b, 42c), ebenso für **Solarenergieanlagen** (Fotovoltaikanlagen) auf oder an Gebäuden (vgl. OVG Münster Beschl. v. 20.9.2010 – 7 B 985/10, BauR 2011, 240 m Hinblick auf die bauordnungsrechtliche Genehmigungspflicht; dazu etwa *Vietmeier* BauR 2011, 210; s. ebenfalls für den Außenbereich § 35 Abs. 1 Nr. 8 BauGB; dazu BT-Drs. 17/6076, 10 sowie *Battis/Krautzberger/Mitschang/Reidt/Stüer* NVwZ 2011, 897 ff.). Geht es nicht um Solaranlagen auf oder an Gebäuden sondern um Freiflächenfotovoltaikanlagen, sind die Anforderungen an eine bauliche Anlage in jedem Fall erfüllt. Dies gilt auch für **unterirdische bauliche Anlagen** einschließlich etwaiger Kanäle oder Leitungen. **13**

bb) Bezug zu städtebaulichen Belangen. Das Merkmal des Bauens reicht für den bauordnungsrechtlichen Begriff der baulichen Anlage aus (zB Art. 2 Abs. 1 BayBO). Der bundesrechtliche Begriff des Vorhabens in Abs. 1 kann jedoch nicht so weit gehen, wie die Gesetzgebungskompetenz des Bundes reicht. Da diese jedenfalls nach Art. 74 Abs. 1 Nr. 18 GG auf das Bodenrecht beschränkt ist, bedarf der durch das Element des Bauens sehr weit gefasste Begriff der baulichen Anlage im Sinne des Abs. 1 der **Einschränkung durch das Merkmal der bodenrechtlichen Relevanz.** Diese ist gegeben, wenn das Vorhaben die in § 1 Abs. 5 und 6 genannten Be- **14**

lange in einer Weise berührt oder jedenfalls berühren kann, „die geeignet ist, das Bedürfnis nach einer ihre Zulässigkeit regelnden verbindlichen Bauleitplanung hervorzurufen" (BVerwG Urt. v. 7.5.2001 – 6 C 18/00, NVwZ 2001, 1046; dass. Urt. v. 31.8.1973 – IV C 33/71, BVerwGE 44, 59 (62)). Was nach § 9 festgesetzt werden kann, hat daher immer bodenrechtliche Relevanz (*Krautzberger* in EZBK § 29 Rn. 24a), unabhängig davon ob es auf dieses Kriterium überhaupt ergänzend ankommt (offen lassend BVerwG Urt. v. 7.5.2001 – 6 C 18/00, NVwZ 2001, 1046). Ist daher zB ein Wohnboot nicht auf einem Weiher, sondern auf einer Bundeswasserstraße verankert, fehlt es an der bodenrechtlichen Relevanz. Denn diese setzt voraus, dass das entsprechende Grundstück überhaupt einer Planung durch einen Bebauungsplan zugänglich ist; dies ist bei Bundeswasserstraßen jedoch in Bezug auf deren Nutzung und Benutzung nicht der Fall. Es liegt daher keine bauliche Anlage vor (BVerwG Urt. v. 5.7.1974 – IV C 76/71, NJW 1975, 550; s. auch VGH Mannheim Urt. v. 7.7.1995 – 5 S 3071/94, UPR 1996, 192; *Rieger* in Schrödter § 29 Rn. 12; aA *Erbguth/Schubert* LKV 2005, 384 (386f.); s. auch BVerwG Urt. v. 16.12.1993 – 4 C 22/92, NVwZ 1994, 1010 zur Errichtung einer Dachgaube ohne Änderung der Nutzung des Dachgeschosses). In der Regel wird es sich bei **Mobilfunksendeanlagen** um bauliche Anlagen auch im bauplanungsrechtlichen Sinn handeln, schon weil sie das Ortsbild und damit einen Belang nach § 1 Abs. 5 S. 2 berühren können (OVG Münster Beschl. v. 25.2.2003 – 10 B 2417/02, NVwZ-RR 2003, 637; VGH Kassel Beschl. v. 29.7.1999 – 4 TG 2118/99, NVwZ 2000, 694 (695); vgl. auch BVerwG Beschl. v. 1.11.1999 – 4 B 3/99, NVwZ 2000, 680, das jedenfalls von einer bauordnungsrechtlichen Nutzungsänderung ausgeht und die Anwendbarkeit des § 14 BauNVO prüft; vgl. auch OVG Münster Beschl. v. 6.5.2005 – 7 B 2752/04, ZfBR 2005, 474). Ähnliches gilt für **Solarenergieanlagen** (→ Rn. 13).

15 Das Kriterium der planungsrechtlichen oder bodenrechtlichen Relevanz hat zur Folge, dass zahlreiche **Werbeanlagen** nicht unter den bundesrechtlichen Begriff des Vorhabens fallen. Sind sie unmittelbar an der Stätte der Leistung angebracht und weisen auf diese hin oder handelt es sich um kleinere Schilder, ist häufig kein hinreichender Bezug zu städtebaulichen Belangen gegeben (*Weyreuther* BauR 1972, 1 (3ff.)). Dies gilt auch für **Litfasssäulen**, obschon sie in der Regel bauliche Anlagen sind (OVG Hamburg Urt. v. 20.2.1997 – Bf II 13/96, NVwZ-RR 1998, 616). Großflächige Werbetafeln dagegen sind regelmäßig als bodenrechtlich bedeutsame bauliche Anlage zu werten (vgl. eingehend BVerwG Urt. v. 3.12.1992 – 4 C 27/91, BVerwGE 91, 234; hierzu *Halama* in BK § 29 Rn. 8; vgl. auch *Friedrich* BauR 1996, 504ff.).

16 Bei der Beurteilung der bodenrechtlichen Relevanz ist nicht die bauliche Anlage allein zu betrachten, sondern auch **die ihr zugedachte Funktion einzubeziehen** (BVerwG Urt. v. 11.11.1988 – 4 C 50/87, ZfBR 1989, 72 (73f.)). Handelt es sich nur um eine singuläre, zeitlich begrenzte Nutzung (zB als Baustelleneinrichtungsfläche für ein Großvorhaben mit Baucontainern, Baustofflager usw., → bereits Rn. 11) oder werden einige Bretter auf einem Grundstück ohne eine besondere Verwendungsabsicht gelagert, erfüllt dies nicht den Begriff der baulichen Anlage im städtebaulichen Sinne. Sind solche Bretter jedoch mit einer Balkenunterlage, die die Unebenheiten des Geländes ausgleicht, zusammengefügt, und soll dieses Podest auf Dauer auf dem Grundstück bleiben, ist das Merkmal des „Bauens" der baulichen Anlage erfüllt. Für sich allein genommen wäre dieses Podest zwar nicht von planungsrechtlicher Relevanz; bezieht man jedoch die Funktion zB als Zeltunterlage mit ein, ergibt sich ein Bezug zu dem städtebaulichen Belang des Landschaftsschutzes und damit auch die bodenrechtliche Relevanz (BVerwG Urt. v. 1.11.1974 – IV C 13/73, BauR 1975, 108).

17 **b) Errichtung, Änderung oder Nutzungsänderung.** Planungsrechtlich relevant nach Abs. 1 wird ein Vorhaben, wenn es die Errichtung, die Änderung oder die

Nutzungsänderung einer baulichen Anlage zum Gegenstand hat. Dabei ist unter **Errichtung** der Neubau, die erstmalige Herstellung oder die Aufstellung einer baulichen Anlage an einem bestimmten Standort zu verstehen. Auch die **Wiederherstellung** einer zerstörten Anlage ist eine Errichtung im Rechtssinne. Unter **Änderung** ist die Änderung der Substanz einer baulichen Anlage in städtebaulich relevanter Weise zu verstehen, d. h. der Umbau, der Ausbau, die Erweiterung, Verkleinerung oder auch die Veränderung des Nutzungsmaßes (vgl. BVerwG Urt. v. 14.4.2000 – 4 C 5/99, NVwZ 2000, 1048). Nicht darunter fällt der vollständige oder teilweise Abriss, sofern letzterer nicht zugleich mit Änderungen an dem Restbestand der baulichen Anlage verbunden ist. Ebenfalls nicht darunter fällt die Instandhaltung oder Instandsetzung (→ hierzu auch § 35 Rn. 189). Dies gilt jedoch nur dann, wenn sie nicht zu einer Erhöhung des Nutzungsmaßes führt (BVerwG Beschl. v. 10.10.2005 – 4 B 60/05, BauR 2006, 481). Ebenfalls darf der Eingriff in die Bausubstanz nicht so intensiv sein, dass es einer neuen statischen Berechnung der Anlage bedarf (vgl. BVerwG Urt. v. 18.10.1974 – IV C 75/71, BVerwGE 47, 126) oder damit eine Erneuerung der wesentlichen Teile des Gebäudes verbunden ist (BVerwG Urt. v. 14.4.2000 – 4 C 5/99, NVwZ 2000, 1048) oder gar der Sache nach ein völlig neues Gebäude entsteht (BVerwG Urt. v. 16.3.1993 – 4 B 253/92, NVwZ 1994, 266; *Goldschmidt* DVBl. 2011, 591 (595)). **Bezugsmaßstab** für Änderungen ist dabei die bestandsgeschützte Nutzung (→ hierzu § 35 Rn. 186ff.). Allein das tatsächliche Vorhandensein einer baulichen Anlage ist also, unabhängig von der Dauer ihrer Existenz, nicht relevant. Ebenso wenig wird durch eine spätere Änderung oder Nutzungsänderung einschließlich ihrer Genehmigung eine illegale Errichtung nachträglich legalisiert, sofern sich die Zulassung einer Änderung oder Nutzungsänderung nicht gezielt auch auf die ursprüngliche Errichtung erstreckt. Eine Änderung der baulichen Anlage ist auch nicht mehr möglich, wenn sie keinen Bestandsschutz mehr genießt.

Wird eine Nutzung endgültig **aufgegeben**, entfällt der **Bestandsschutz** sowohl für die Nutzung als auch für die Gebäudesubstanz (vgl. BVerwG Beschl. v. 21.11.2000 – 4 B 36/00, NVwZ 2001, 557; dass. Beschl. v. 9.9.2002 – 4 B 52/02, BauR 2003, 1021; verneint bei der bloßen Abmeldung des Gewerbes VGH Mannheim Urt. v. 2.7.2014 – 8 S 1071/13, NVwZ 2014, 1597; zum Begriff des Bestandsschutzes und daraus ableitbaren Ansprüchen → § 35 Rn. 186ff.). Es bedarf dann grundsätzlich einer bauplanungsrechtlichen Prüfung wie bei einer Neuerrichtung. Es ist also weder eine erneute Nutzungsaufnahme, noch die Genehmigung einer bloßen Nutzungsänderung oder baulichen Änderung möglich. Der Bestandsschutz für eine zuvor ausgeübte Nutzung entfällt auch dann, wenn diese dauerhaft durch eine andere Nutzung ersetzt wird. Selbst eine rechtswidrige Ausweitung der Nutzung kann die Rechtmäßigkeit der ausgeübten Nutzung und damit den Bestandsschutz beseitigen, soweit sie deren Qualität verändert (vgl. BVerwG Urt. v. 18.5.1995 – 4 C 20/94, BVerwGE 98, 235; s. im Einzelnen auch *Goldschmidt* DVBl. 2011, 591 (592)). Für bloße **Nutzungsunterbrechungen** ist zu berücksichtigen, dass es im BauGB und im sonstigen Bundesrecht keine Vorschrift gibt, nach der der Bestandsschutz eines Vorhabens nach einer bestimmten Zeitdauer entfällt. Hinzu kommt, dass das geltende Baurecht keine Nutzungsobliegenheit kennt (verneint bei der bloßen Abmeldung des Gewerbes VGH Mannheim Urt. v. 2.7.2014 – 8 S 1071/13, NVwZ 2014, 1597; VGH München Urt. v. 20.2.2003 – 15 B 00.1363, BauR 2003, 1551). Die Reichweite des insbesondere aus einer Baugenehmigung abzuleitenden Bestandsschutzes einschließlich der Frage, wann eine Nutzungsunterbrechung zum Verlust des Bestandsschutzes führt, richtet sich daher nach dem jeweiligen Landesrecht (BVerwG Beschl. v. 9.9.2002 – 4 B 52/02, BauR 2003, 1021). Da die Landesbauordnungen insofern nichts regeln, ist regelmäßig das einschlägige Landesverwaltungsverfahrensgesetz maßgeblich. Gemäß § 43 Abs. 2 VwVfG (Land) bleibt ein Verwaltungsakt wirksam, solange und soweit er nicht durch Zeitablauf oder auf andere Weise

§ 29 I. Kapitel. III. Teil. Regelung der baul. und sonst. Nutzung

erledigt ist. Da Baugenehmigungen regelmäßig nicht befristet erteilt werden, kommt zumeist nur eine Erledigung auf andere Weise in Betracht. Hierfür genügt die bestimmte Dauer einer Nutzungsunterbrechung jedoch nicht. Es müssen vielmehr weitere Umstände hinzutreten. Dies können neben einem ausdrücklichen oder konkludenten Verzicht auf die Rechte aus der Baugenehmigung insbesondere die Aufnahme einer anderweitigen Nutzung der baulichen Anlage oder auch deren Verfall sein (s. im Einzelnen etwa *Goldschmidt/de Witt* BauR 2011, 1590ff.; *Uechtritz* DVBl. 1997, 347ff.; *Uschkereit* BauR 2010, 718ff.; *Schlarmann/Ruttloff* DVBl. 2012, 869ff.). Dementsprechend hat die Rechtsprechung in zahlreichen Fällen auch einen Fortbestand des Bestandsschutzes bei sehr langjährigen Nutzungsunterbrechungen anerkannt (s. etwa OVG Münster Urt. v. 14.3.1997 – 7 A 5179/95, BauR 1997, 811: zwanzigjähriger Leerstand; VGH München Urt. v. 20.2.2003 – 15 B 00.1363, BauR 2003, 1551: Nutzungsunterbrechung von mehr als 40 Jahren; VGH Mannheim Urt. v. 4.3.2009 – 3 S 1467/07, BauR 2009, 1881: Nutzungsunterbrechung von mehr als acht Jahren; OVG Koblenz Urt. v. 12.3.2013 – 8 A 11152/12, NVwZ-RR 2013, 672: Nutzungsunterbrechung von 18 Jahren; OVG Lüneburg Beschl. v. 3.11.2011 – 1 E 209/10, BauR 2011, 1154: Nutzungsunterbrechung von mehr als sechs Jahren; s. auch *Goldschmidt/de Witt* BauR 2011, 1590ff. zur Entwicklung der Rechtsprechung).

19 Diese Grundsätze gelten auch bei nicht mehr genutzten **militärischen Liegenschaften**. Hier erlischt der Bestandsschutz regelmäßig mit der endgültigen militärischen Nutzungsaufgabe. Mit Entfall des Bestandsschutzes kommt grundsätzlich sowohl bei privaten als auch bei militärischen Nutzungen der Erlass einer Nutzungsuntersagung als auch einer Beseitigungsanordnung in Betracht. Allerdings kann insbesondere der Erlass einer Beseitigungsanordnung ermessensfehlerhaft sein, wenn die Aufnahme einer neuen Nutzung, ggf. auch in Verbindung mit baulichen Veränderungen, materiell zulässig ist. Dies gilt insbesondere dann, wenn die erkennbare Absicht besteht, die betreffende bauliche Anlage wieder einer Nutzung zuzuführen. Bei ehemaligen militärischen Nutzungen ist dies in der Regel nur dann anzunehmen, wenn es entsprechende zivile Nachnutzungsmöglichkeiten gibt (zB bei ehemaligen militärischen Verwaltungsgebäuden, Kindergärten, Krankenhäusern u. ä., s. hierzu BVerwG Urt. v. 17.5.2002 – 4 C 6/01, DVBl. 2002, 1479 s. hierzu auch die Arbeitshilfe zu den rechtlichen planerischen und finanziellen Aspekten der Konversion militärischer Liegenschaften der Fachkommission Städtebau der Bauministerkonferenz). Eine aufgegebene Nutzung, für die der Bestandsschutz erloschen ist, kann im unbeplanten Innenbereich (§ 34) gleichwohl noch prägende Wirkung im Hinblick auf Folgenutzungen entfalten (→ § 34 Rn. 23). Dies gilt auch bei militärischen Vornutzungen (BVerwG aaO).

20 Die **Unterscheidung** zwischen Änderung und Neuerrichtung hat nicht unerhebliche rechtliche und praktische Bedeutung. Liegt eine Änderung im Sinne von Abs. 1 vor, ist **Gegenstand der bauplanungsrechtlichen Beurteilung** zwar nicht nur das Änderungsvorhaben, sondern die bauliche Anlage in ihrer geänderten Gestalt. Jedoch hat sich die Prüfung des Gesamtvorhabens auf diejenigen bauplanungsrechtlichen Aspekte zu beschränken, die von der Änderung berührt werden. Hingegen bietet die Änderung keinen Anlass dafür, eine umfassende bauplanungsrechtliche Neubeurteilung des gesamten Vorhabens vorzunehmen. Vielmehr wird der Gegenstand der Genehmigung durch die berührten bauplanungsrechtlichen Belange begrenzt (BVerwG Beschl. v. 4.2.2000 – 4 B 106/99, NVwZ 2000, 1047; dass. Beschl. v. 29.11.2005 – 4 B 72/05, NVwZ 2006, 340; dass. Beschl. v. 12.2.2009 – 4 B 3.09, NVwZ 2009, 779).

Neben der Änderung der baulichen Substanz ist auch die **Änderung der Nutzung** ein Vorgang, den Abs. 1 der Beurteilung nach den §§ 30ff. unterwirft (*Halama* in BK § 29 Rn. 11; *Sarnighausen* DÖV 1995, 225ff.). Voraussetzung ist jedoch, dass die Nutzungsänderung **vom Nutzer veranlasst** wurde; eine bloße Veränderung der tatsächlichen Verhältnisse oder der äußeren Rahmenbedingungen, die zu einer anderen bauplanungsrechtlichen Beurteilung der baulichen Anlage oder ihrer Nutzung führt, ist keine Nutzungsänderung (vgl. BVerwG Urt. v. 29.10.1998 – 4 C 9/97, NVwZ 1999,

1. Abschnitt. Zulässigkeit von Vorhaben § 29

417; *Krautzberger* in EZBK § 29 Rn. 41). Es ist zudem nicht jede Nutzungsänderung von Bedeutung, sondern nur eine solche, die bodenrechtliche Belange im Sinne des § 1 berührt (BVerwG Urt. v. 11.2.1977 – IV C 8/75, NJW 1977, 1932) und die zudem die jeder Art von Nutzung eigene **Variationsbreite** verlässt, so dass sich in bodenrechtlicher Hinsicht die Genehmigungsfrage neu stellt (BVerwG Urt. v. 11.11.1988 – 4 C 50/87, ZfBR 1989, 72), zB Gewerbe statt Wohnen, Einzelhandel statt Großhandel (hierzu BVerwG Urt. v. 3.2.1984 – 4 C 17/82, BVerwGE 68, 369; zu Sortimentsänderungen im Einzelhandel *Herz/v.d.Groeben*, NVwZ 2015, 480), Großspielhalle statt Sexkino und Spielothek (VGH Mannheim Beschl. v. 3.9.2012 – 3 S 2236/11, NVwZ-RR 2012, 919), Spielhalle statt Kino (BVerwG Beschl. v. 1.3.1989 – 4 B 24/89, BauR 1989, 308f.), störender Betrieb statt nicht störender Betrieb, nicht privilegiertes Vorhaben im Außenbereich statt privilegiertes Vorhaben, Altenwohn- und Pflegeheim statt Altenwohnheim (VGH München Urt. v. 19.5.2011 – 2 B 11.353, BauR 2011, 1961), Seniorenheim statt Kinderheim (*Halama* in BK § 29 Rn. 11 mwN), Asylbewerberheim statt Soldatenunterkunft (OVG Greifswald Beschl. v. 12.12.1996 – 3 M 103/96, BauR 1997, 617) oder Lehrlingswohnheim (VGH Mannheim Urt. v. 9.4.2014 – 8 S 1528/13, VBlBW 2015, 26) oder Boardinghouse (OVG Greifswald Beschl. v. 10.3.2015 – 1 B 298/14, LKV 2015, 463, ganzjähriger statt saisonaler Betrieb einer „Alm-Gaststätte" (BVerwG Beschl. v. 6.9.1999 – 4 B 74/99, NVwZ 2000, 678), Ferienwohnung statt Dauerwohnen (OVG Greifswald Beschl. v. 10.6.2015 – 3 M 85/14, NVwZ-RR 2015, 926), Dauerwohnen statt Wochenendhaus (OVG Münster Urt. v. 23.10.2006 – 7 A 4947/05, BauR 2007, 1009), Zahnarztpraxis statt gewerblicher Lagerraum (BVerwG Urt. v. 6.5.1993 – 4 C 15/91, NVwZ 1994, 274), Verkaufsstätte für gebrauchte Fahrzeuge und Maschinen statt Lagerplatz eines Bauunternehmers (BVerwG Beschl. v. 14.4.2000 – 4 B 28/00, NVwZ-RR 2000, 758). Auch die Umwandlung von Betriebswohnungen in frei verfügbare Wohnungen, ggf. auch nur durch Aufgabe des Betriebes, ist eine Nutzungsänderung (BVerwG Urt. v. 27.5.1983 – 4 C 67/78, BauR 1983, 443; OVG Münster Beschl. v. 17.3.2008 – 8 A 929/07, ZfBR 2008, 499). Die Schwelle zur Nutzungsänderung ist tendenziell niedrig, hängt aber auch von der genehmigten Nutzung und deren Spielräumen sowie der in Konkretisierung dieser Spielräume tatsächlich aufgenommenen Nutzung ab. Je geringer die mit der Genehmigung eingeräumten Spielräume sind (zB bei der quadratmetergenauen Festlegung von Verkaufsflächen im Einzelhandel oder von Lagermengen für bestimmte gefährliche Stoffe), desto geringer ist auch die Variationsbreite der zugelassenen Nutzungen. Maßgeblich sind dabei sowohl der Genehmigungsbescheid als auch die ihm zu Grunde liegenden Bauvorlagen (VGH München, Beschl. v. 9.9.2013 – 14 ZB 1899, BauR 2014, 233). Kann die beabsichtigte neue Nutzung gegenüber der bisherigen – etwa unter den Voraussetzungen des § 1 Abs. 9 BauNVO – einer gesonderten Festsetzung durch einen Bebauungsplan unterworfen werden, liegt in aller Regel eine Nutzungsänderung vor (BVerwG Urt. v. 18.5.1990 – 4 C 49/89, NVwZ 1991, 264; *Halama* in BK § 9 Rn. 11; *Bracher* in BRS Rn. 1316; *Krautzberger* in EZBK § 29 Rn. 41f.).

Die Aufnahme einer genehmigten neuen Nutzung führt zum Erlöschen des Bestandsschutzes der ursprünglichen Nutzung (BVerwG Urt. v. 18.5.1990 – 4 C 49/89, NVwZ 1991, 264; s. auch Goldschmidt DVBl. 2011, 591 (593)). Eine bloße **Nutzungsintensivierung** kann hingegen nur dann eine Nutzungsänderung sein, wenn dadurch der Nutzungsumfang (s. etwa OVG Lüneburg Besch. v. 22.11.2013 – 1 LA 49/13, NVwZ-RR 2014, 255: Erweiterung der Bettenzahl eines Ferienhauses) oder das Nutzungsspektrum erweitert wird (BVerwG Urt. v. 18.11.2010 – 4 C 10/09, NVwZ 2011, 748) oder wenn dadurch andere Emissionsverhältnisse, sonstige veränderte Auswirkungen oder abweichende Risikobewertungen (zB nach der 12. BImSchV) begründet werden, an die das Städtebaurecht zugleich andere Folgen knüpft, etwa hinsichtlich der Zumutbarkeit für Nachbarn. Das Entstehen einer Genehmigungspflicht nach § 4 BImSchG ist dazu nicht erforderlich (*Halama* in BK § 29 Rn. 11), wohl aber eine Überschreitung des legal vorhandenen Nutzungsumfangs, so

21

wie er sich in der Regel aus einer erteilten Baugenehmigung ergibt (vgl. BVerwG Urt. v. 18.4.1996 – 4 C 17/94, NVwZ-RR 1997, 397; s. im Übrigen Rn. 17 zur legalen und bestandsgeschützten Nutzung als Bezugsmaßstab für die Nutzungsänderung ebenso wie für die bauliche Änderung in Abgrenzung zu einer Neuerrichtung). Auch eine „schleichende" Weiterentwicklung eines Gewerbebetriebs kann zu einer Nutzungsänderung führen (bejaht für die Umwandlung eines Gasthauses mit Tanzsaal in eine Diskothek, BVerwG Beschl. v. 11.7.2001 – 4 B 36/01, BRS 64 Nr. 73; zu den Folgen einer Nutzungsänderung für die einzuhaltenden bauordnungsrechtlichen **Abstandsflächen** *Jeromin* BauR 2000, 510ff.; allgemein zum Verhältnis einer bauplanungsrechtlichen zu einer **bauordnungsrechtlichen Nutzungsänderung** *Johlen* in Gädtke § 3 Rn. 101ff.).

22 **2. Aufschüttungen und Abgrabungen sowie Ausschachtungen und Ablagerungen.** Durch Abs. 1 Hs. 1 werden nur bauliche Anlagen erfasst. Es gibt jedoch auch andere Vorhaben, die wegen ihrer städtebaulichen Bedeutsamkeit der planungsrechtlichen Prüfung bedürfen. **Hs. 2** unterwirft daher auch **Aufschüttungen und Abgrabungen größeren Umfangs, Ausschachtungen** und **Ablagerungen** einschließlich **Lagerstätten** den §§ 30 bis 37, selbst wenn es sich dabei nicht um Vorhaben iSd Hs. 1 handelt.

23 Zum Begriff der Aufschüttungen und Abgrabungen wird auf die Erläuterungen zu § 9 Rn. 94ff. verwiesen. **Größeren Umfangs** sind sie nur dann, wenn sie, wie bauliche Anlagen auch, bodenrechtliche Relevanz haben. Darüber hinaus kommt es für das notwendige städtebauliche Gewicht und die notwendigen Auswirkungen auf die Umgebung auf die konkreten örtlichen Umstände an (vgl. auch *Krautzberger* in EZBK § 29 Rn. 48). Da sie so wie Ausschachtungen, Ablagerungen und Lagerstätten in Halbsatz 2 eigens aufgeführt sind, ist davon auszugehen, dass es sich bei ihnen nicht um bauliche Anlagen handelt, da sie sonst unter Halbsatz 1 fallen würden (vgl. hierzu BVerwG Urt. v. 10.12.1971 – IV C 33/69, BVerwGE 39, 154 (158f.)). **Bergbauvorhaben im Tagebau** fallen regelmäßig unter Abs. 1 (BVerwG Beschl. v. 16.3.2001 – 4 BN 15/01, ZfBR 2001, 347 (348); *Jaschinski* LKV 1999, 295 (296)). **Einfache Lagerplätze,** die in keiner Weise befestigt und damit keine bauliche Anlage im Sinne des Hs. 1 sind, **sind Lagerstätten** nach Hs. 2; allerdings bedarf es einer hinreichenden **Dauerhaftigkeit,** die sich jedoch auf die Nutzung als Lager- oder Abstell- oder auch Ausstellungsplatz, nicht auf die jeweils gelagerten Gegenstände bezieht (BVerwG Beschl. v. 29.6.1999 – 4 B 44/99, ZfBR 1999, 284). Die gesonderte Aufführung von **Ausschachtungen** hat weitgehend ihren Sinn verloren, seit die Landesbauordnungen Ausschachtungen, also den Baugrubenaushub, nicht mehr vor Baubeginn zulassen (vgl. § 71 Abs. 7 BauO Bln.). Dienen Ausschachtungen nicht der Erstellung eines baulichen Vorhabens, sondern sind sie selbstständige Vorhaben, unterfallen sie dem Begriff der Abgrabung (vgl. *Krautzberger* in EZBK § 29 Rn. 47). Zu **Ablagerungen** wird auf die Erläuterungen zu § 9 Rn. 80 verwiesen.

24 Unterliegt die Abgrabung der **Bergaufsicht,** so ist nach § 36 Abs. 1 S. 2 Hs. 2 ein **Einvernehmen der Gemeinde nicht erforderlich,** wenn es um ein Betriebsplanzulassungsverfahren geht. Dies findet seine Begründung darin, dass bergrechtliche Vorhaben ohnehin einer umfassenden Prüfung unterworfen sind, bei der auch die Gemeinde und die höhere Verwaltungsbehörde zu beteiligen sind (vgl. §§ 15, 54 BBergG; OVG Münster Urt. v. 20.5.2015 – 8 A 2662/11, BauR 2015, 1810). Bei Durchführung eines **Planfeststellungsverfahrens** zur Zulassung eines Rahmenbetriebsplans nach § 57a f. BBergG ist ebenfalls das **Einvernehmen nicht erforderlich;** hier kommt § 38 zur Anwendung. Erforderlich ist das gemeindliche Einvernehmen hingegen bei Vorhaben, die zwar der Bergaufsicht unterliegen, für die aber weder ein bergrechtliches Zulassungsverfahren noch ein Verfahren iSv § 38 durchzuführen ist (OVG Münster aaO zu einer immissionsschutzrechtlichen Genehmigung für eine Biogasanlage in einem Tagebau; kritisch dazu Beckmann BauR 2015, 1757ff. zur Ab-

grenzung der Prüfungs- und Entscheidungsbefugnis von Bergbehörde und Baugenehmigungsbehörde vgl. auch BVerwG Urt. v. 4.7.1986 – 4 C 31/84, BVerwGE 74, 315 mAnm *Seibert* NJW 1987, 1713; dazu ebf. *Ortloff* NJW 1987, 1665 ff.).

3. Andere Vorhaben. Fällt ein Vorhaben nicht unter Abs. 1, ist es grundsätzlich 25 nicht an den bauplanungsrechtlichen Anforderungen der §§ 30–37 zu messen (zur Beachtlichkeit eines Bebauungsplans oder einer sonstigen städtebaulichen Satzung in diesen Fällen → Rn. 2). Die Pflicht zur Beachtung **anderer** öffentlich-rechtlicher Vorschriften lässt dies unberührt (→ Rn. 26 ff.). Dies gilt insbesondere für das Bauordnungsrecht, das aufgrund des unterschiedlichen Vorhabenbegriffs (Rn. 1, 3) auch dann einschlägig sein kann, wenn es sich nicht um ein Vorhaben iSv Abs. 1 handelt, oder auch für das Naturschutzrecht, etwa bei Eingriffen in Natur und Landschaft, die nicht mit einem Vorhaben iSv Abs. 1 verbunden sind (vgl. § 14 BNatSchG).

III. Geltung anderer öffentlich-rechtlicher Vorschriften (Abs. 2)

Abs. 2 stellt klar, dass die bodenrechtlichen Vorschriften der §§ 30 bis 37 die Gel- 26 **tung anderer öffentlich-rechtlicher Vorschriften,** die sich auf die Zulässigkeit von Bauvorhaben beziehen, nicht beeinflussen. Sie bleiben also neben dem Bauplanungsrecht bestehen und können daher weitere Voraussetzungen für die Zulässigkeit von Vorhaben aufstellen und diese damit weiter einschränken. Allerdings ist es dem Landesgesetzgeber verwehrt, weitere bodenrechtliche Vorschriften zusätzlich zu den §§ 30 bis 37 aufzustellen, da diese eine abschließende Regelung darstellen (hierzu BVerwG Urt. v. 24.2.1978 – 4 C 12/76, BVerwGE 55, 272 (277 f.)). So kann etwa das AbgrabungsG NRW die bodenrechtlichen Zulässigkeitsvoraussetzungen für Abgrabungen gegenüber § 35 nicht verändern (BVerwG Urt. v. 18.3.1983 – 4 C 17/81, NVwZ 1984, 303). Dass andere öffentlich-rechtliche Vorschriften unberührt bleiben, bedeutet nicht, dass diese positiv die Zulässigkeit eines Vorhabens abweichend von den §§ 30–37 bestimmen können, wie dies bei § 38 für die davon erfassten Vorhaben der Fall ist; die von Abs. 2 umfassten Bestimmungen können vielmehr nur baurechtsbeschränkend, nicht baurechtsbegründend wirken (*Breuer*, Die hoheitliche raumgestaltende Planung, 1968, 203; *Kuchler* DVBl. 1989, 973 (981)).

Aus den öffentlich-rechtlichen Vorschriften, die unberührt bleiben, hebt das Gesetz 27 das **Bauordnungsrecht** (→ Vorb. §§ 29–38 Rn. 1) heraus. Dies ist an sich eine Selbstverständlichkeit, da sich die Gesetzgebungskompetenz des Bundes (BVerfG Gutachten v. 16.5.1954 – 1 PBvV 2/52, BVerfGE 3, 407 (430 ff.)) nicht auf das Bauordnungsrecht erstreckt. Jedoch dient die besondere Betonung auch dazu, den Charakter der sonstigen öffentlich-rechtlichen Vorschriften zu verdeutlichen. Sie müssen dem Bauordnungsrecht vergleichbar sein (BVerwG Urt. v. 24.2.1978 – 4 C 12/76, BVerwGE 55, 272 (278)). Gemeint sind dabei die materiell-rechtlichen Bestimmungen des Bauordnungsrechts, nicht hingegen das in den Landesbauordnungen geregelte Verfahrensrecht. Zu den materiellen bauordnungsrechtlichen Vorschriften gehören dabei auch die regelmäßig auf der Grundlage der Landesbauordnungen erlassenen ortsrechtlichen Gestaltungssatzungen (hierzu OVG Münster Urt. v. 30.6.1983 – 11 A 329/82, NVwZ 1984, 319) oder auch Satzungen zur Mindest- oder Höchstzahl von nachzuweisenden Stellplätzen für Kraftfahrzeuge.

Zu den weiteren öffentlich-rechtlichen Vorschriften gehören vor allem das **Denk-** 28 **malschutzrecht** (s. etwa OVG Münster Urt. v. 8.3.2012 – 10 A 2037/11, BauR 2012, 1781), das **Wasserrecht** (s. zu einer Wasserschutzverordnung BVerwG Urt. v. 12.4.2001 – 4 C 5/00, NVwZ 2001, 1048; ebf. im Hinblick auf die Grundstücksentwässerung oder auch die Wasserhaltung während der Bauzeit) einschließlich des praxisbedeutsamen § 78 WGH mit seinen engen Grenzen für Vorhaben in **Überschwemmungsgebieten** (s. etwa BVerwG Urt. v. 3.6.2014 – 4 CN 6.14, BauR 2014, 1739), **Anbaubeschränkungen** nach den Straßen- und Wegegesetzen, das

Forstrecht (zB bei der Notwendigkeit einer Waldumwandlungsgenehmigung) und das **Bundes-Immissionsschutzrecht,** etwa im Hinblick auf Gewerbelärm oder Luftverunreinigungen, die von einem Vorhaben ausgehen. Dabei spielt es keine Rolle, ob es sich um ein Vorhaben iSv Abs. 1 handelt, das einer immissionsschutzrechtlichen Genehmigung (vgl. §§ 10, 19 BImSchG) bedarf oder ob es sich um eine immissionsschutzrechtlich nicht genehmigungsbedürftige Anlage (vgl. § 22 BImSchG) handelt. Allerdings kann sich die bauplanungsrechtliche Zulässigkeit auch ihrerseits auf die Anwendung und vor allem Auslegung dieser Vorschriften auswirken. Sie sollen in der Regel, insbesondere dann, wenn sich die Zulässigkeit aus § 34 ergibt, eine bauplanungsrechtlich mögliche Bebauung nicht grundsätzlich ausschließen (vgl. BVerwG Urt. v. 11.1.2001 – 4 C 6/00, BVerwGE 112, 321 zum Artenschutzrecht). Auch richten sich teilweise die fachrechtlichen Anforderungen nach der bauplanungsrechtlichen Einordnung eines Vorhabens, werden also durch das Städtebaurecht dirigiert (s. zB die an die Gebietskategorien der BauNVO anknüpfenden Immissionsrichtwerte unter Nr. 6.1 TA Lärm).

29 Von besonderer Wichtigkeit im Rahmen des Abs. 2 sind die Anforderungen des **Naturschutzrechts** (s. hierzu den Überblick von *Rieger*, UPR 2012, 1 ff.). Diese sind allerdings zum einen inhaltlich sehr differenziert, zum anderen unterscheiden sich die an Vorhaben gestellten Anforderungen danach, ob es im Geltungsbereich eines Bebauungsplans durchgeführt wird oder ob sich die Zulässigkeit nach den §§ 34, 35 oder 38 richtet. So findet die **naturschutzrechtliche Eingriffsregelung** der §§ 14 ff. BNatSchG insbesondere in Gebieten mit Bebauungsplänen und im Innenbereich (§ 34) keine Anwendung (§ 18 Abs. 2 S. 1 BNatSchG; im Einzelnen *Schink* BauR 2013, 861 ff.). Vielmehr richtet sich die Notwendigkeit von Ausgleichsmaßnahmen in Plangebieten allein nach § 1a Abs. 3 BauGB. Auf Planungsebene nicht festgesetzte oder vertraglich vereinbarte Ausgleichsmaßnahmen können von einem Bauherrn nicht verlangt werden. Bei Vorhaben im Innenbereich (§ 34) findet die naturschutzrechtliche Eingriffsregelung grundsätzlich gar keine Anwendung (§ 1a Abs. 3 S. 6). Demgegenüber ist sie bei Außenbereichsvorhaben unbeschränkt nach Maßgabe der §§ 14 ff. BNatSchG anwendbar (§ 18 Abs. 2 S. 2 BNatSchG). Dies gilt auch für Vorhaben der Fachplanung (§ 38 BauGB) sowie für Bebauungspläne, die eine Planfeststellung ersetzen.

30 Das Verhältnis der **artenschutzrechtlichen Zugriffsverbote** zum Baurecht ist in § 44 Abs. 5 BNatSchG geregelt: Danach ist zwischen den in § 44 Abs. 5 S. 2 und S. 4 BNatSchG genannten besonders geschützten Arten (s. § 7 Abs. 1 Nr. 13 BNatSchG) einerseits (in Anhang IV lit. a und b der Richtlinie 92/43/EWG aufgeführte Tierarten, europäische Vogelarten, Arten gemäß der Verordnung nach § 43 Abs. 1 Nr. 2 BNatSchG) und den sonstigen besonders geschützten Arten andererseits zu unterscheiden. Bei Letzteren liegt gem. § 44 Abs. 5 S. 1 iVm S. 5 BNatSchG kein Verstoß gegen die artenschutzrechtlichen Zugriffsverbote vor, wenn die mit dem Vorhaben verbundenen Maßnahmen erforderlich sind (vgl. BVerwG Urt. v. 11.1.2011 – 4 C 6/00, BVerwGE 112, 321; *Rieger* UPR 2012, 1 (8)). Die sich aus der naturschutzrechtlichen Eingriffsregelung ergebenden Verpflichtungen (→ Rn. 29) bleiben dabei unberührt. Diese müssen zudem für die sich aus § 44 Abs. 5 S. 2–4 BNatSchG ergebenden Erleichterungen (Beschränkung auf die in § 44 Abs. 5 S. 2 und 4 BNatSchG genannten Arten) ordnungsgemäß abgearbeitet werden. Ansonsten kommen diese nicht zur Anwendung (vgl. BVerwG Urt. v. 14.7.2011 – 9 A 12.10, BVerwGE 140, 149 zur Fachplanung; ausführlich dazu *Fellenberg* UPR 2012, 321 ff.). Der weitergehende Artenschutz für die unter § 44 Abs. 5 S. 2 BNatSchG fallenden Arten ist vollzugs- und damit vorhabenorientiert. Die entsprechenden Anforderungen müssen also durch ein Vorhaben iSv Abs. 1 stets eingehalten werden, unabhängig davon, ob es im Geltungsbereich eines Bebauungsplans durchgeführt wird oder aber im Innenbereich (§ 34) oder Außenbereich (§ 35; vgl. *Reidt* NVwZ 2010, 8 (10)). Allerdings muss ein Bebauungsplan iSv § 1 Abs. 3 S. 1 vollziehbar sein. Dies bedeutet, dass die

1. Abschnitt. Zulässigkeit von Vorhaben § 29

Zugriffsverbote gem. § 44 Abs. 1 BNatSchG zwar Einschränkungen der baulichen Nutzung im Planvollzug mit sich bringen dürfen, nicht hingegen der Vollzug des Bebauungsplans insgesamt oder in wesentlichen Teilen an artenschutzrechtlichen Erfordernissen scheitern darf. Möglich, wenn auch nicht stets erforderlich, ist es allerdings gem. § 44 Abs. 5 S. 3 BNatSchG, bereits auf der Planebene bestimmte Festsetzungen oder vertragliche Vereinbarungen zu treffen, die es ermöglichen sollen, dass die artenschutzrechtlichen Zugriffsverbote nicht erfüllt werden (sog. CEF-Maßnahmen, → § 1a Rn. 35; § 9 Rn. 163). Dies ändert allerdings wegen des Vorhabenbezugs der artenschutzrechtlichen Anforderungen gemäß § 44 Abs. 5 S. 2 BNatSchG nichts daran, dass der erforderliche Umfang entsprechender Maßnahmen erst im Planvollzug anlässlich konkreter Bauvorhaben und deren Genehmigung festgelegt wird. Dabei sind dann auch etwaige zwischen Planaufstellung und Vorhabenrealisierung eingetretene Veränderungen des Arteninventars zu berücksichtigen.

Der **Habitatschutz** für Natura-2000-Gebiete (§§ 34ff. BNatSchG) ist in den Fällen, in denen ein Bebauungsplan aufgestellt wird, (anders als der europäische Artenrechtsschutz, → Rn. 30) grundsätzlich auf Planebene abschließend abzuarbeiten. Für Vorhaben iSv Abs. 1 findet in Gebieten mit Bebauungsplänen gemäß § 30 und während der Planaufstellung nach § 33 keine FFH-Verträglichkeitsprüfung bzw. Vorprüfung statt (**§ 34 Abs. 8 BNatSchG**). Diese ist vielmehr, ggf. einschließlich der Abweichungsprüfung gem. § 34 Abs. 3 bis 5 BNatSchG, für Vorhaben iSv Abs. 1 nach dem Gesetzeswortlaut abschließend auf Bebauungsplanebene durchzuführen. Dort sind auch etwaige notwendigen Festsetzungen zur Vermeidung einer Beeinträchtigung von Schutzgebieten zu treffen oder vertraglich zu regeln. Dies gilt unabhängig davon, ob das Plangebiet in ein Schutzgebiet hineinragt oder nicht (VGH Kassel Urt. v. 29.3.2012 – 4 C 694/10, NuR 2012, 644; OVG Münster Urt. v. 13.12.2007 – 8 A 2810/04, NuR 2008, 872; vgl. *Reidt* NVwZ 2010, 8 (9); *ders.* BauR 2011, 1444 (1447); *Rieger* UPR 2012, 1 (5f.); ders. in *Schrödter* § 29 Rn. 56; *Ewer* in Lütkes/Ewer BNatSchG 2011, § 34 Rn. 11; *Wagner* in EZBK § 1a Rn. 150ff., 219; aA *Kuschnerus* BauR 2011, 761 (765ff.)). Anders kann es allenfalls dann sein, wenn die betreffenden Auswirkungen im Planverfahren noch nicht berücksichtigt werden konnten (vgl. BVerwG Beschl. v. 24.3.2015 – 4 BN 32.13, BauR 2015, 1278 zum Flächennutzungsplan) oder aber nicht berücksichtigt wurden und dies gleichwohl nicht zu einer Unwirksamkeit des Bebauungsplans führt, etwa weil die Auswirkungen über **§ 15 BauNVO** (→ Vorb. §§ 29 bis 38 m Rn. 46ff.) hinreichend berücksichtigt werden können (vgl. *Gellermann* in Landmann/Rohmer Umweltrecht § 34 BNatSchG Rn. 52ff.). Uneingeschränkt anwendbar sind die Anforderungen des § 34 BNatSchG hingegen bei Vorhaben, die unter § 35 oder § 38 fallen. 31

Bei der Beeinträchtigung **gesetzlich geschützter Biotope** (§ 30 BNatSchG) bedarf es ebenfalls einer Prüfung für das konkret zu realisierende Vorhaben iSv Abs. 1 unabhängig davon, ob es im Geltungsbereich eines Bebauungsplanes, im Innenbereich (§ 34) oder im Außenbereich (§ 35) realisiert werden soll (*Rieger* in *Schrödter* § 29 Rn. 58). Allerdings kann die Gemeinde vor der Aufstellung eines Bebauungsplans beantragen, dass die erforderliche Ausnahme oder Befreiung von den Verboten des § 30 Abs. 2 BNatSchG für den Plan erteilt wird. Wird diesem Antrag stattgegeben, bedarf es für die Durchführung eines im Übrigen zulässigen Vorhabens keiner weiteren Ausnahme oder Befreiung vom Biotopschutz, wenn mit der Durchführung des Vorhabens **innerhalb von sieben Jahren** nach Inkrafttreten des Bebauungsplans begonnen wird. Anderenfalls, also dann, wenn eine solche Ausnahme oder Befreiung nicht beantragt oder nicht erteilt wurde oder wenn die Frist von sieben Jahren abgelaufen ist, muss für das konkret geplante Vorhaben eine Ausnahme oder Befreiung erteilt werden, wenn die Durchführung des Vorhabens zu einer Zerstörung oder sonstigen erheblichen Beeinträchtigung gesetzlich geschützter Biotope führt (s. hierzu *Ewer* in Lütkes/Ewer BNatSchG § 34 Rn. 7f.). Es gilt dann also nichts anderes als für Vorhaben außerhalb eines Bebauungsplangebietes. 32

§ 30 Zulässigkeit von Vorhaben im Geltungsbereich eines Bebauungsplans

(1) Im Geltungsbereich eines Bebauungsplans, der allein oder gemeinsam mit sonstigen baurechtlichen Vorschriften mindestens Festsetzungen über die Art und das Maß der baulichen Nutzung, die überbaubaren Grundstücksflächen und die örtlichen Verkehrsflächen enthält, ist ein Vorhaben zulässig, wenn es diesen Festsetzungen nicht widerspricht und die Erschließung gesichert ist.

(2) Im Geltungsbereich eines vorhabenbezogenen Bebauungsplans nach § 12 ist ein Vorhaben zulässig, wenn es dem Bebauungsplan nicht widerspricht und die Erschließung gesichert ist.

(3) Im Geltungsbereich eines Bebauungsplans, der die Voraussetzungen des Absatzes 1 nicht erfüllt (einfacher Bebauungsplan), richtet sich die Zulässigkeit von Vorhaben im Übrigen nach § 34 oder § 35.

Übersicht

	Rn.
I. Qualifizierter Bebauungsplan (Abs. 1)	1
1. Bebauungsplangebiet	1
a) Bebauungsplan als Prüfungsmaßstab	1
b) Ergänzende Bestimmungen	2
2. Notwendiger Gegenstand von Festsetzungen	4
a) Art und Maß der baulichen Nutzung	5
b) Überbaubare Grundstücksflächen	6
c) Örtliche Verkehrsflächen	7
II. Vorhabenbezogener Bebauungsplan (Abs. 2)	8
III. Einfacher Bebauungsplan (Abs. 3)	9
IV. Zulässigkeitsvoraussetzungen	11
1. Kein Widerspruch zu den Festsetzungen, Ausgleichsmaßnahmen, Artenschutz	12
2. Gesicherte Erschließung	18
3. Einfügen in den Gebietscharakter (§ 15 Abs. 1 BauNVO)	28
4. Ergänzende Anwendung von §§ 34 und 35	29
V. Drittschutz	31

I. Qualifizierter Bebauungsplan (Abs. 1)

1. Bebauungsplangebiet. a) Bebauungsplan als Prüfungsmaßstab. Abs. 1 findet Anwendung im **Geltungsbereich eines Bebauungsplans,** der nach den Bestimmungen des BauGB oder des BBauG aufgestellt oder hiernach übergeleitet worden ist (vgl. § 233 Abs. 3). Da ein Bebauungsplan die Grenzen seines Geltungsbereiches genau festlegen muss (vgl. § 9 Abs. 7, → § 9 Rn. 231 f.), ist die Abgrenzung des Planbereichs nach Abs. 1 zu den planungsrechtlichen Bereichen nach § 34 und § 35 stets genau zu bestimmen. Dabei kommt es nicht darauf an, dass für das Gebiet nur ein einziger Plan besteht. Es können auch mehrere einander ergänzende Pläne existieren, die dann jedoch im Ergebnis eine einheitliche rechtliche Nutzungsregelung für das Gebiet enthalten müssen. Ist ein Bebauungsplan **unwirksam** (→ § 10 Rn. 10ff., dort auch zur Normenverwerfungskompetenz), ist die Rechtslage maßgeblich, die ohne den Bebauungsplan besteht. Diese kann sich nach § 34 oder § 35 oder auch einem zuvor geltenden Bebauungsplan richten. Letzteres kommt allerdings nur dann in Betracht, wenn der zuvor geltende Plan nicht eigenständig und seinerseits wirksam aufgehoben wurde. Ist ein Bebauungsplan unwirksam, hat dies unmittelbare Folgen auch für **spätere Planänderungen,** da ein unwirksamer Bebauungsplan nicht wirk-

1. Abschnitt. Zulässigkeit von Vorhaben **§ 30**

sam geändert werden kann (vgl. BVerwG Urt. v. 16.12.1999 – 4 CN 7/98, BauR 2000, 684). In diesem Fall kann also selbst dann, wenn bestimmte Planänderungen für die Beurteilung eines Vorhabens ausreichend wären (zB wenn die Änderungen für die Teilfläche eines Bebauungsplangebietes so umfassend erfolgt wären, dass sie Gegenstand auch eines eigenständigen neuen Bebauungsplans hätten sein können), keine Prüfung allein anhand dieser Festsetzungen erfolgen. Vielmehr hat auch in diesem Fall eine Prüfung ohne Zugrundelegung dieses Plans stattzufinden. Etwas anderes gilt nur dann, wenn die betreffende Fläche eigenständig und unabhängig von dem unwirksamen Ursprungsbebauungsplan überplant wurde.

Abs. 1 setzt voraus, dass ein Vorhaben den Festsetzungen des Bebauungsplans nicht widerspricht. Damit wird nicht zum Ausdruck gebracht, dass das Vorhaben den Festsetzungen des Bebauungsplans entsprechen muss, so dass es unschädlich ist, wenn sich keine positive Festsetzung zugunsten eines Vorhabens findet. Vielmehr können auch solche Vorhaben errichtet werden, an die der Plangeber bei der Ausgestaltung des Plans nicht gedacht hat (zu einer Windenergieanlage in einem Industriegebiet nach der BauNVO-1968, vgl. OVG Lüneburg Urt. v. 25.6.2015 – 12 LC 230.14, ZfBR 2015, 700 (700f.); *Rieger* in Schrödter § 30 Rn. 15). Entscheidend ist, dass das Vorhaben nicht in einem bodenrechtlichen Widerspruch zum Bebauungsplan steht (vgl. OVG Lüneburg Urt. v. 25.6.2015 – 12 LC 230.14, ZfBR 2015, 700 (701)).

b) Ergänzende Bestimmungen. Die Rechtsfolge des Abs. 1, also die Bestim- 2 mung der bauplanungsrechtlichen Zulässigkeit eines Vorhabens ausschließlich nach den Festsetzungen eines Bebauungsplans, tritt nur ein, wenn dieser Bebauungsplan einen bestimmten **Mindestumfang an Festsetzungen** enthält (→ Rn. 4 ff.). Das Gesetz stellt zudem klar, dass der Bebauungsplan selbst, der den Anwendungsbereich des Abs. 1 räumlich festlegt, nicht alle erforderlichen Festsetzungen enthalten muss. Mit der Bezugnahme auf sonstige baurechtliche Vorschriften verweist es zum einen auf die **übergeleiteten baurechtlichen Vorschriften** und festgestellten städtebaulichen Pläne (vgl. § 233 Abs. 3). Die nach solchen Vorschriften oder Plänen getroffenen Festsetzungen können also ergänzend zu den Festsetzungen eines Bebauungsplans hinzutreten und so gemeinsam die Wirkung des Abs. 1 herbeiführen (vgl. BVerwG Beschl. v. 15.8.1991 – 4 N 1/89, NVwZ 1992, 879). Als ergänzende Regelungen kommen auch solche in straßenrechtlichen Planfeststellungsbeschlüssen in Betracht, wenn die Flächen im Gebiet des Bebauungsplans liegen (vgl. *Söfker* in EZBK § 30 Rn. 13). Dasselbe gilt für zwei oder mehrere einander ergänzende Bebauungspläne (→ *Söfker* in EZBK § 30 Rn. 11).

Zum anderen zählt zu den sonstigen baurechtlichen Vorschriften im Geltungsbe- 3 reich eines Bebauungsplans die **BauNVO in ihrer jeweils maßgeblichen Fassung.** Dies gilt insbesondere für die nach § 9 Abs. 1 Nr. 1 iVm § 1 Abs. 3 BauNVO festgesetzte Art der baulichen Nutzung (Baugebiete gem. den §§ 2 ff. BauNVO). Hierbei ist wichtig, dass eine spätere Änderung der Baunutzungsverordnung (insbes. BauNVO 1962, 68, 77 (90); s. die Übersicht der unterschiedlichen Fassungen der BauNVO § 9a Rn. 1) den Inhalt des jeweiligen Bebauungsplans unberührt lässt, sofern die Gemeinde den Plan nicht nachträglich geändert und auf eine jüngere Fassung der BauNVO umgestellt hat. Da für Änderungen eines Bebauungsplans, die zum Zeitpunkt der Änderungen maßgebliche Fassung der BauNVO einschlägig ist, kann dies zur Folge haben, dass bei Planänderungen, die den Bebauungsplan im Übrigen unberührt lassen, im Geltungsbereich des gesamten Plans bei mehreren Planänderungen oder -ergänzungen – unterschiedliche Fassungen der BauNVO maßgeblich sind (sog. **Schichtenbebauungspläne**, s. etwa BVerwG Beschl. v. 18.2.2004 – 4 BN 2/ 04, BeckRS 2004, 21851; OVG Münster Urt. v. 7.5.2007 – 7 D 64/06.NE, NVwZ-RR 2008, 13 (15)) In diesem Fall muss von Festsetzung zu Festsetzung unterschieden werden, welche Fassung der BauNVO in der Tat der Regelung jeweils bestimmt. Allerdings kann eine Neufassung der BauNVO als Auslegungshilfe für eine ältere Fassung der Verordnung Bedeutung erlangen (vgl. BVerwG Beschl. v. 25.3.1996 – 4 B

§ 30 302/95, NVwZ 1996, 893). Aus **§ 29 Abs. 2** ergibt sich, dass unabhängig von den Festsetzungen eines Bebauungsplans und von ergänzenden Bestimmungen iSv Abs. 1 auch andere öffentlich-rechtliche Vorschriften beachtlich sind und daher einem Vorhaben entgegenstehen können.

4 **2. Notwendiger Gegenstand von Festsetzungen.** Durch die Rechtsfolge des Abs. 1, also den vollständigen Ausschluss der Geltung der §§ 34 und 35, ist ein Bebauungsplan, sofern es sich nicht um einen vorhabenbezogenen Bebauungsplan nach Abs. 2 handelt (→ Rn. 8), nur dann qualifiziert, wenn und soweit er – im Gegensatz zu einem dahinter zurückbleibenden einfachen Bebauungsplan (vgl. Abs. 3, → Rn. 9) – die in Abs. 1 genannten Mindestfestsetzungen enthält. Ein **qualifizierter Bebauungsplan** ist dadurch gekennzeichnet, dass er Festsetzungen über die Art und das Maß der baulichen Nutzung, über die überbaubaren Grundstücksflächen und über die örtlichen Verkehrsflächen enthält. Allerdings müssen die Festsetzungsmöglichkeiten nicht ausgeschöpft werden; es reichen bspw. Festsetzungen „über" die Art der Nutzung; es muss sich nicht um eine vollständige Festsetzung „der" Art der Nutzung handeln (vgl. *Söfker* in EZBK § 30 Rn. 14; zu den Folgen des **Fehlens** der erforderlichen Festsetzungen **in Teilgebieten** des Bebauungsplans → Rn. 29f.).

5 a) **Art und Maß der baulichen Nutzung.** Die **Art und das Maß der baulichen Nutzung** werden nach § 9 Abs. 1 Nr. 1 festgesetzt (→ § 9 Rn. 11ff.).

6 b) **Überbaubare Grundstücksflächen.** Die **überbaubaren Grundstücksflächen** werden nach § 23 Abs. 1 S. 1 BauNVO durch Baulinien, Baugrenzen oder Bautiefen bestimmt (→ § 9 Rn. 27ff.). Es genügen Festsetzungen **über** die überbaubaren Grundstücksflächen. Dies bedeutet, dass nicht die überbaubare Grundstücksfläche nach allen vier Seiten abgegrenzt sein muss, sondern dass sich die Gemeinde mit ihrer planerischen Konzeption damit begnügen kann, zB nur die vordere Baugrenze oder eine Baulinie festzusetzen (BVerwG Urt. v. 12.1.1968 – IV C 167/65, BVerwGE 29, 49 (51)).

7 c) **Örtliche Verkehrsflächen.** Die **örtlichen Verkehrsflächen** werden nach § 9 Abs. 1 Nr. 11 festgesetzt (→ § 9 Rn. 57ff.). Auch hier gilt, dass die Gemeinde durchaus noch Freiraum lassen kann (OVG Münster Urt. v. 11.6.1964 – VII A 935/63, BRS 15 Nr. 18; *Söfker* in EZBK § 30 Rn. 20; *Schiller* in BRS Rn. 1346).

II. Vorhabenbezogener Bebauungsplan (Abs. 2)

8 Ein vorhabenbezogener Bebauungsplan nach § 12 muss nicht unbedingt die Voraussetzungen eines qualifizierten Bebauungsplans erfüllen. Bspw. kann es an Festsetzungen über örtliche Verkehrsflächen fehlen, wenn sich der Plan auf das (erschlossene) Baugrundstück beschränkt. Damit in diesen Fällen für die Zulässigkeit von Vorhaben nicht wie bei einem einfachen Bebauungsplan (→ Rn. 9) ergänzend auf die Vorschriften der §§ 34 oder 35 BauGB zurückgegriffen werden muss, wird der vorhabenbezogene Bebauungsplan durch Abs. 2 in seinen Rechtswirkungen dem qualifizierten Bebauungsplan nach Abs. 1 gleichgestellt. Auch bei ihm richtet sich also die Zulässigkeit eines Vorhabens allein danach, ob es seinen Regelungen und – da der vorhabenbezogene Bebauungsplan nach § 12 Abs. 3 S. 2 nicht an den Festsetzungskatalog des § 9 und der BauNVO gebunden ist – sonstigen Inhalten nicht widerspricht und die Erschließung gesichert ist (→ Rn. 18ff.).

III. Einfacher Bebauungsplan (Abs. 3)

9 Das BauGB schreibt an keiner Stelle einen bestimmten Mindestinhalt von Bebauungsplänen vor. Es obliegt der Gemeinde die für die städtebauliche Entwicklung und Ordnung nach ihrer planerischen Konzeption erforderlichen Festsetzungen in

einem Bebauungsplan zu treffen (vgl. BVerwG Beschl. v. 13.7.1989 – 4 B 140/88, ZfBR 1990, 43 (44)). Fehlen Festsetzungen entweder über Art und Maß der baulichen Nutzung oder über die überbaubaren Grundstücksflächen oder über die örtlichen Verkehrsflächen, handelt es sich um einen einfachen Bebauungsplan iS des Abs. 3. Dabei ist es ohne Belang, ob ein einfacher Bebauungsplan im Übrigen sehr detaillierte Festsetzungen enthält oder nicht. Vielfach handelt es sich bei einfachen Bebauungsplänen um gem. § 233 Abs. 3 **übergeleitete Bebauungspläne** (Baulinienpläne, Fluchtlinienpläne uÄ). Die Sicherung der Erschließung muss für die Zulässigkeit eines Vorhabens auch im Rahmen eines einfachen Bebauungsplans gegeben sein, da auch die §§ 34 und 35 sie voraussetzen. Bebauungspläne jüngeren Datums entsprechen zumeist den Anforderungen von Abs. 1 oder von Abs. 2. Jedoch kann vor allem für die Planung im vorhandenen baulichen Bestand auch ein einfacher Bebauungsplan genügen. Dies gilt insbesondere auch für **Bebauungspläne gem. § 9 Abs. 2a** zur Erhaltung oder Entwicklung zentraler Versorgungsbereiche (→ § 9 Rn. 169 ff.) oder für Bebauungspläne nach § 9 Abs. 2b zur Steuerung der Zulässigkeit von Vergnügungsstätten (→ § 9 Rn. 188 ff.) sowie auch für die Steuerung von bestimmten Ansiedlungen im Außenbereich (zur Tierhaltung, vgl. OVG Lüneburg Beschl. v. 19.12.2012 – 1 MN 164/12, DVBl. 2013, 249). Ebenfalls kann ein einfacher Bebauungsplan eine **Vorbereitungs- und Koordinierungsfunktion** übernehmen, die zwischen dem Flächennutzungsplan und einem endgültigen qualifizierten Bebauungsplan oder einem vorhabenbezogenen Bebauungsplan steht, wenn dessen Details noch nicht feststehen (zB Festsetzung zunächst nur der örtlichen Verkehrs- und der überbaubaren Grundstücksflächen, bevor diese danach qualifiziert weiter beplant werden, vgl. BVerwG Beschl. v. 12.3.1999 – 4 BN 6/99, BauR 1999, 878 (879); zu weiteren Einsatzmöglichkeiten des einfachen Bebauungsplans vgl. *Kraft-Zörcher* LKV 2003, 456 ff.).

Die materiellen Anforderungen der §§ 1 ff. gelten auch für den einfachen Bebauungsplan. Verfahrensrechtlich ist der einfache Bebauungsplan wie ein qualifizierter Bebauungsplan nach den §§ 10, 13 oder 13a zu behandeln. Alle Bebauungspläne, die rechtmäßig zustande gekommen sind und die Grundsätze der Bauleitplanung sowie die Anforderungen an die Abwägung nach § 1 Abs. 5 bis 7 erfüllen, sind wirksame Rechtsnormen. Ihre Festsetzungen sind daher in jedem Fall zu beachten (BVerwG Urt. v. 18.8.1964 – I C 63/62, BVerwGE 19, 164 (167)). Allerdings sind hier ergänzend, also insoweit, wie keine Festsetzungen vorhanden sind, die Bestimmungen der §§ 34 oder 35 heranzuziehen (BVerwG aaO, 168 f.). Dies gilt insbesondere für die Kriterien des Einfügens iSv § 34 Abs. 1. Allerdings muss dadurch tatsächlich eine sinnvolle und von der Gemeinde gewollte städtebauliche Entwicklung und Ordnung erreichbar sein. Soll etwa einem im Außenbereich nicht privilegierten Vorhaben eine planerische Grundlage geschaffen werden, reicht dafür ein einfacher Bebauungsplan in der Regel nicht aus, da dieser die Beschränkungen des § 35 nicht aufheben kann; ein solcher Bebauungsplan ist vielmehr nicht „erforderlich" iS des § 1 Abs. 3 S. 1, wenn mit ihm das angestrebte Planungsziel nicht erreicht werden kann (VGH München Urt. v. 31.3.2004 – 1 N 01.1157, ZfBR 2004, 696). 10

IV. Zulässigkeitsvoraussetzungen

Über die Zulässigkeit eines Vorhabens entscheidet die nach dem Bauordnungsrecht der Länder zuständige Bauaufsichtsbehörde in dem dafür vorgesehenen Verfahren, ggf. eine andere Behörde in einem speziellen Genehmigungsverfahren (zB bei einer immissionsschutzrechtlichen Genehmigung, s. § 6 Abs. 1 Nr. 2, § 13 BImSchG). Sie braucht bei einer Entscheidung nach **Abs. 1 oder 2** das **Einvernehmen** der Gemeinde nach § 36 Abs. 1 S. 1 und 2 **nicht** herbeizuführen, da hier der planerische Wille der Gemeinde im Bebauungsplan, an den die Behörde gebunden ist, zum Ausdruck kommt. Liegt nur ein einfacher Bebauungsplan nach **Abs. 3** vor, ist das **Einver-** 11

§ 30 I. Kapitel. III. Teil. Regelung der baul. und sonst. Nutzung

nehmen nach § 36, obwohl dort § 30 nicht erwähnt ist, gleichwohl **erforderlich,** soweit die §§ 34 oder 35 ergänzend zur Anwendung kommen.

12 **1. Kein Widerspruch zu den Festsetzungen, Ausgleichsmaßnahmen, Artenschutz.** Ein Vorhaben kann nach den Abs. 1–3 nur zulässig sein, wenn es **den Festsetzungen des Bebauungsplans nicht widerspricht** (vgl. BVerwG Beschl. v. 4.3.1997 – 4 B 233/96, BauR 1997, 611; Urt. v. 7.5.2001 – 6 C 18/00, NVwZ 2001, 1046; zu Besonderheiten im Hinblick auf Maßnahmen zum Zweck der Energieeinsparung und zur Nutzung solarer Strahlungsenergie → § 248). Durch ein Vorhaben darf die Verwirklichung des Plans nicht verhindert oder wesentlich erschwert werden. Ebenso wenig darf ein Vorhaben dem festgesetzten Gebietscharakter widersprechen, in dem es die den Planfestsetzungen entsprechende Situation mehr als geringfügig verschlechtert (BVerwG aaO; Urt. v. 2.3.1973 – 4 C 40/71, BVerwGE 42, 30). Bei § 30 Abs. 3 gelten ergänzend für die nicht durch Planfestsetzungen abgedeckten Anforderungen an ein Vorhaben § 34 oder § 35 (→ Rn. 9). Rechtliche Veränderungen für die Bauleitplanung nach Inkrafttreten eines Bebauungsplans sind in der Regel unbeachtlich, sofern der Bebauungsplan wirksam erlassen wurde. Dies gilt sowohl im Hinblick auf Anforderungen an das Aufstellungsverfahren als auch für das materielle Recht. Dementsprechend sind auch etwaige veränderte Ziele der Raumordnung, denen der Bebauungsplan nicht mehr entspricht (vgl. § 1 Abs. 4) für die Zulässigkeit eines Vorhabens bedeutungslos, solange der Plan nicht aufgehoben oder geändert worden ist (→ allerdings zur Funktionslosigkeit § 10 Rn. 8). Etwas anderes gilt nur, wenn neben einem einfachen Bebauungsplan (Abs. 3) ergänzend § 35 zur Anwendung kommt. Hier können Ziele der Raumordnung beachtlich sein (→ § 35 Rn. 103 ff.).

13 Ist ein Vorhaben im Bebauungsplangebiet nach der festgesetzten Art der baulichen Nutzung nicht allgemein zulässig, bedarf es für seine Zulässigkeit einer Abweichungsentscheidung nach § 31 (s. aber auch → § 248). Da die Festsetzungen im Bebauungsplan oftmals nur einen Rahmen sowohl für die Art (zB durch die Festsetzung eines Baugebietes gem. §§ 2 ff. BauNVO) als auch für das Maß der Nutzung (zB durch die Festsetzung einer Obergrenze für die zulässige GRZ, § 19 BauNVO) angeben, bleibt dem Bauherrn auch im Geltungsbereich eines Bebauungsplans meist ein weiter Spielraum für die Grundstücksnutzung. Ein Vorhaben darf den Festsetzungen des Plans lediglich **nicht widersprechen.** Es muss ihnen nicht zwangsläufig entsprechen (vgl. BVerwG Urt. v. 8.11.2001 – 4 C 18/00, BauR 2002, 747 zur Zulässigkeit von Lagerhäusern und Lagerplätzen in einem Dorfgebiet, obgleich eine solche Nutzung in § 5 BauNVO nicht ausdrücklich genannt ist). So kann zB im Bebauungsplan die Höhe baulicher Anlagen nach § 16 Abs. 3 und 4 BauNVO als Höchstmaß oder als Mindestmaß (auch zwingend) festgesetzt werden. Setzt der Bebauungsplan die Höhe baulicher Anlagen als Höchstmaß fest, ist jedes Vorhaben zulässig, das unterhalb dieser Höchstgrenze bleibt; ist die Höhe baulicher Anlagen zwingend als Höchstmaß festgesetzt, ist ein Vorhaben nur zulässig, wenn es genau dieser Höhe entspricht. Ähnliches gilt für die Festsetzung einer Geschossflächenzahl (§ 20 Abs. 2 BauNVO) oder der Zahl der Vollgeschosse, die nach § 16 Abs. 4 BauNVO zwingend oder als Höchstgrenze festgesetzt werden kann. Auch können zB auf einer Verkehrsfläche nach § 9 Abs. 1 Nr. 11 keine baulichen Anlagen errichtet werden, die nicht in einem funktionalen Zusammenhang mit der Verkehrsfläche stehen; dies auch für eine nur vorübergehende bauliche Nutzung (vgl. *Roeser* in BK § 30 Rn. 9; OVG Berlin Urt. v. 18.1.1985 – 2 B 153/83, BauR 1986, 307 (308), für einen Imbissstand; OVG Münster Beschl. v. 10.7.2003 – 10 B 629/03, BauR 2004, 646 zu einem Bootsverleih und einem Kiosk auf einer ohne nähere Zweckbestimmung festgesetzten öffentlichen Grünfläche), sofern nicht eine Festsetzung nach § 9 Abs. 2 (→ § 9 Rn. 165 ff.) vorliegt. Zum Inhalt des Bebauungsplans gehört stets auch der seine Festsetzungen ergänzende § 15 BauNVO, so dass auch ein Vorhaben, das dem darin zum Ausdruck kommenden

Gebot der Rücksichtnahme widerspricht, unzulässig ist (vgl. *Roeser* in BK § 30 Rn. 7; → Rn. 28 f.).

Die **Eingriffsregelung nach §§ 14 ff. BNatSchG** kann nach § 18 Abs. 2 S. 1 BNatSchG einem Rechtsanspruch nach § 30 auf Genehmigung plangemäßer Bebauung nicht entgegengesetzt werden. Auch können Ausgleichs- und Ersatzmaßnahmen nur insoweit verlangt werden, als der Bebauungsplan entsprechende Festsetzungen enthält (vgl. § 1 a Abs. 3; → § 1 a Rn. 24 ff. sowie § 29 Rn. 29, dort auch zu weiteren naturschutzrechtlichen Anforderungen an ein Vorhaben). Die Berücksichtigung des Natur- und Landschaftsschutzes erfolgt also (auch bei einem einfachen Bebauungsplan) bereits auf der Ebene der Bauleitplanung und **nicht ein weiteres Mal im Rahmen der Vorhabengenehmigung.** Etwas anderes gilt lediglich bei (seltenen) Vorhaben, die im Geltungsbereich eines einfachen Bebauungsplans nach Abs. 3 realisiert werden sollen, sofern sich dessen Zulässigkeit im Übrigen nach § 35 richtet (§ 18 Abs. 2 S. 2 BNatSchG). Hier kann die naturschutzrechtliche Eingriffsregelung insoweit zur Anwendung kommen, wie es um Eingriffe in Natur und Landschaft geht, die nicht durch den einfachen Bebauungsplan zugelassen sind und bei denen dementsprechend Ausgleich und Ersatz nur nach Maßgabe von § 1 a Abs. 3 verlangt werden kann. Nur für darüber hinausgehende Eingriffe, die dementsprechend nicht planerisch bewältigt und nach § 35 zu beurteilen sind, gilt die naturschutzrechtliche Eingriffsregelung nach den §§ 14 ff. BNatSchG (→ etwa § 1 a Rn. 11; *Mitschang* in BK § 1 a Rn. 192 ff.).

Materiell bedeutungslos ist für die bauplanungsrechtliche Zulässigkeit auch, ob es sich um ein **uvp-pflichtiges Vorhaben** handelt oder nicht (s. insbesondere zu den uvp-pflichtigen Bauvorhaben Nr. 18 der Anlage 1 zum UVPG). Denn die Umweltverträglichkeitsprüfung umfasst lediglich **verfahrensrechtliche** Anforderungen, ändert hingegen den bauplanungsrechtlichen Prüfungs- und Genehmigungsmaßstab nicht. Es geht vielmehr allein darum, für die Genehmigungsentscheidung eine solide Informationsbasis zu schaffen (so ausdrücklich BVerwG Beschl. v. 22. 3. 1999 – 4 BN 27/98, BauR 2000, 239; Urt. v. 25. 1. 1996 – 4 C 5/95, BVerwGE 100, 238; Beschl. v. 10. 10. 2006 – 9 B 27/05, NVwZ 2007, 84 (86); *Sellner/Reidt/Ohms* 2. Teil Rn. 38; teilweise aA Teile der Literatur, s. hierzu den Überblick bei *Wulfhorst* in Landmann/Rohmer Umweltrecht § 12 UVPG Rn. 22 ff.; zur UP bei der Bauleitplanung und zur Abschichtung gegenüber dem Planvollzug → § 2 Rn. 6 ff.; s. auch *Dolde* NVwZ 2003, 297 ff.).

Neben eingriffsrechtlichen Fragestellungen spielen mittlerweile auch insbesondere artenschutzrechtliche Belange bei der Zulassung von Bauvorhaben im Geltungsbereich eine wesentliche Rolle (vgl. *Mitschang/Wagner* DVBl. 2010, 1457 ff. mwN). Anders als bei der Eingriffsregelung, bei der eine Prüfung eingriffsrechtlicher Anforderungen allein im Bauleitplanverfahren stattfindet, richten sich die artenschutzrechtlichen Bestimmungen an die Genehmigungsebene. Gleichwohl kann eine Gemeinde bereits bei der Bebauungsplanung ihre Bewältigung prognostisch angehen, weil § 44 Abs. 5 BNatSchG eine die Bauleitplanung privilegierende „planerische" Artenschutzregelung geschaffen hat (ausführlich *Mitschang/Wagner* DVBl. 2010, 1457 ff.). Hiernach wird vom Gesetzgeber fingiert, dass für zulässige Bauvorhaben im Gebiet von Bebauungsplänen nach § 30 unter bestimmten Voraussetzungen einzelne europarechtliche Artenschutztatbestände erst gar nicht eingreifen. Voraussetzung ist, dass dem gemeinschaftsrechtlichen Artenschutz gewissermaßen „vorausschauend" und zusätzlich zur naturschutzrechtlichen Eingriffsregelung durch rechtzeitige Schaffung eines Ausgleichshabitats Rechnung getragen wird und sie dadurch in den Genuss einer Art „Privilegierung" gelangt. Nach der Rechtsprechung des BVerwG (Beschl. v. 25. 8. 1997 – 4 NB 12.97, NVwZ-RR 1998, 162 (163)) ist nämlich ein Bebauungsplan nicht genehmigungsfähig, dessen Verwirklichung im Zeitpunkt seines Inkrafttretens **dauerhafte Hindernisse auch rechtlicher Art** entgegenstehen würden (vgl. *Reidt* NVwZ 2010, 8 (10)). Der städtebau-

liche Entwicklungs- und Ordnungsauftrag wird verfehlt, der Bebauungsplan als solcher ist nicht erforderlich und wegen Verletzung von § 1 Abs. 3 nichtig bzw. unwirksam (vgl. hierzu die ständige Rechtsprechung des BVerwG Beschl. v. 25.8.1997 – 4 NB 12/97, NVwZ-RR 1998, 162 (163); Beschl. v. 11.5.1999 – 4 BN 16/99, NuR 2000, 318 oder Beschl. v. 9.2.2004 – 4 BN 28/03, NVwZ 2004, 1242 (1243); VGH Kassel Urt. v. 25.6.2009 – 4 C 1347/08.N, NuR 2009, 646 Rn. 39).

15b Für die **Beurteilung der Vollzugsfähigkeit eines Bebauungsplans** ist maßgeblich, ob die Verwirklichung der in ihm vorgesehenen Festsetzungen durch Erteilung einer artenschutzrechtlichen Ausnahme oder Befreiung ermöglicht werden kann. Nicht die Befreiung als solche, wohl aber das Vorliegen einer **„Befreiungslage"** ist daher Voraussetzung für die Rechtmäßigkeit des Plans (VGH Baden-Württemberg Urt. v. 12.10.2010 – 3 S 1873/09, NuR 2011, 369 (374f.)). Folglich sichert die Forderung nach der Vollzugsfähigkeit des Bebauungsplans die Beachtung naturschutzrechtlicher Handlungsverbote bereits im Verfahren der Planaufstellung (*Reidt* NVwZ 2010, 8 (10) sowie *Wagner* in EZBK § 1a Rn. 244; *Mitschang/Wagner* DVBl. 2010, 1457 (1460)).

15c Allerdings können weder durch den Flächennutzungsplan noch durch den Bebauungsplan direkte Verstöße gegen die artenschutzrechtlichen Verbotsvorschriften gemäß § 44 BNatSchG hervorgerufen werden, so dass die Inanspruchnahme eines entsprechenden **artenschutzrechtlichen Ausnahmetatbestands iSv § 45 Abs. 7 BNatSchG erst mit der Zulassung des beantragten Vorhabens** zur Anwendung gebracht werden kann (*Reidt* NVwZ 2010, 8 (9f.); *Mitschang/Wagner* DVBl. 2010, 1457 (1459ff.); *Fellenberg* in Kerkmann, Naturschutzrecht in der Praxis, § 7 Rn. 42ff.). Adressat der Ausnahme- oder Befreiungsvorschrift ist nicht der Plangeber, sondern derjenige, der die Festsetzungen des Plans realisiert (BVerwG Beschl. v. 25.8.1997 – 4 NB 12/97, NVwZ-RR 1998, 162 (163)).

15d Ihre eigentliche Bedeutung erlangen die artenschutzrechtlichen Vorschriften dann tathandlungsbezogen im Rahmen der erforderlichen Zulassungsentscheidung, und zwar sowohl im Rahmen des Baugenehmigungsverfahrens als auch im Falle einer genehmigungsfreien Errichtung von Bauvorhaben (OVG Nordrhein-Westfalen Urt. v. 30.9.2009 – 7 D 11/08.NE, ZfBR 2009, 583 (586ff.)). Von Bedeutung ist dies auch deshalb, weil sich die **tatsächlichen Verhältnisse** seit dem Zeitpunkt des Inkrafttretens des Bebauungsplans verändert haben können (so auch *Philipp* NVwZ 2008, 593 (595)). Insoweit kann sich der Bauherr im Rahmen seiner Antragstellung **nicht** darauf berufen, dass im Rahmen der Prüfung der Zulassungsfähigkeit seines Bauvorhabens keine artenschutzrechtlichen Probleme mehr auftreten, auch wenn eine Berücksichtigung der artenschutzrechtlichen Anforderungen schon im Rahmen der Bauleitplanung stattgefunden hat (OVG Koblenz Urt. v. 13.2.2008 – 8 C 10368/07, NVwZ-RR 2008, 514 (516)).

16 Der Bebauungsplan hat **nur Wirkung für die Zukunft**. Zuvor bereits **legal errichtete Vorhaben bleiben** daher von einem Bebauungsplan **unberührt**; sie genießen auf der Eigentumsgarantie der Art. 14 Abs. 1 S. 1 GG beruhenden **Bestandsschutz** (vgl. *Roeser* in BK § 30 Rn. 11ff.), auch wenn sie seinen Festsetzungen nunmehr widersprechen. Ausgeformt wird der Bestandsschutz durch den Gesetzgeber, der Inhalt und Schranken des Eigentums bestimmt (BVerfG Beschl. v. 15.7.1981 – 1 BvL 77/78, BVerfGE 58, 300). Bauwerke dürfen in ihrem bisherigen Umfang weiter genutzt werden und für diese Nutzung auch instand gehalten und repariert werden. Weitergehende Veränderungen eines Bauwerks im Widerspruch zu den Festsetzungen eines Bebauungsplans werden vom Bestandsschutz ebenso wenig gedeckt wie der Wiederaufbau nach einer Zerstörung. **Ausnahmen** von diesen Grundsätzen gibt **es nur aufgrund gesetzlicher Bestimmungen** wie etwa § 34 Abs. 3a und § 35 Abs. 4 S. 1 Nr. 2 und 3 sowie S. 2, aber nicht unmittelbar aus Art. 14 GG (vgl. *Roeser* aaO Rn. 11c; *Jarass* in J/P Art. 14 Rn. 59; → § 35 Rn. 141ff. sowie 164ff.).

1. Abschnitt. Zulässigkeit von Vorhaben § 30

Für das Verhältnis der **Festsetzungen des Bebauungsplans** zu den Anforderun- 17
gen des Bauordnungsrechts kommt es auf deren konkrete Inhalte an. Grundsätzlich
gilt, wie sich aus § 29 Abs. 2 ergibt, dass die Anforderungen nebeneinander gelten,
also kumulativ zu beachten sind. Besondere praktische Bedeutung hat dies vor allem
für das Verhältnis der landesrechtlichen Abstandsflächenvorschriften zu den Festset-
zungen eines Bebauungsplans. Dies gilt namentlich bei Festsetzungen gemäß § 9
Abs. 1 Nr. 2 über die Bauweise, die überbaubaren Grundstücksflächen und die Stel-
lung der baulichen Anlagen sowie nach § 9 Abs. 1 Nr. 2a über planungsrechtliche
Abstandsflächen (→ § 9 Rn. 24 ff., 31). Nach dem landesrechtlichen Abstandsflächen-
recht ist grundsätzlich ein Grenzabstand einzuhalten, während durch die Festsetzung
einer geschlossenen Bauweise, von Baulinien auf der Grundstücksgrenze oder durch
eine an die Grundstücksgrenze heranreichende Bestimmung der Stellung des Gebäu-
des eine Grenzbebauung vorgeschrieben oder zugelassen werden kann. Für diese
Fälle enthalten die Landesbauordnungen Kollisionsregelungen, die allerdings nicht
einheitlich sind (vgl. etwa *Jäde* NVwZ 2003, 668 (670)). Gem. § 6 Abs. 1 S. 3 MBO
2002 tritt das Abstandsflächenrecht der MBO generell hinter bauplanungsrechtliche
Vorgaben zurück. Ist eine Grenzbebauung vorgeschrieben, ist dies gegenüber den
Abstandsflächenbestimmungen der Länder in der Regel vorrangig. Wenn dagegen
die Grenzbebauung planungsrechtlich nur zugelassen ist, bleiben die Abstandsflä-
chenregelungen zumeist gültig (vgl. auch BVerwG Beschl. v. 12. 1. 1995 – 4 B 197/
94, DVBl. 1995, 517); es kann dann nur an die Grenze gebaut werden, wenn die Ab-
standsfläche, etwa über eine Baulast auf das Nachbargrundstück übernommen (hierzu
VGH München Beschl. v. 14. 12. 1993 – 20 B 93.2760, NVwZ 1995, 281) oder eine
bauordnungsrechtliche Abweichung zugelassen wird (vgl. VGH Mannheim Beschl. v.
10. 4. 1995 – 3 S 608/95, ZfBR 1995, 221). Der Vorrang des Bebauungsplans reicht
also nur so weit wie seine Festsetzungen. Ist zB über eine in der geschlossenen Bau-
weise festgesetzte Bebauungstiefe hinaus die Errichtung von Gebäudeteilen zulässig,
so müssen diese die Abstandsflächen einhalten, da insoweit keine planerische Bestim-
mung der Grenzbebauung mehr vorliegt (OVG Berlin Beschl. v. 28. 1. 1981 – 2
S 194/80, NJW 1981, 1284; etwa auch *Tophoven* in SU § 30 Rn. 27).

2. Gesicherte Erschließung. Weitere Voraussetzung für die Zulässigkeit eines 18
Vorhabens im Geltungsbereich eines qualifizierten, vorhabenbezogenen oder auch
einfachen Bebauungsplans ist die **gesicherte Erschließung.** Von diesem Erfordernis
gibt es **keine Befreiung** (vgl. BVerwG Urt. v. 21. 2. 1986 – 4 C 10/83, NVwZ 1986,
646; → § 31 Rn. 6). Zudem muss die Erschließung **bebauungsplankonform** sein.
Eine regelmäßige Erschließung darf nicht über eine Fläche verlaufen, die für eine Be-
bauung vorgesehen ist. Setzt ein Bebauungsplan für die Erschließung rückwärtiger
Grundstücke eine bestimmte Straßenführung fest, fehlt es an der gesicherten Er-
schließung, wenn eine Erschließung nur über eine davon abweichende Erschlie-
ßungsvariante gegeben ist.

Bei der Erschließung handelt es sich um einen **bundesrechtlichen Begriff,** der 19
nicht durch Landesrecht ausgefüllt wird. Allerdings können landesrechtliche Anfor-
derungen nach § 29 Abs. 2 das bundesrechtliche Erfordernis der gesicherten Erschlie-
ßung ergänzen (vgl. BVerwG Urt. v. 3. 5. 1988 – 4 C 54/85, NVwZ 1989, 353;
hierzu kritisch *Sarnighausen* NVwZ 1993, 424 ff.). Das **BauGB** verwendet den Begriff
der **Erschließung** an verschiedenen Stellen und enthält zudem einen eigenen Teil
über die Erschließung, jedoch keine inhaltliche Bestimmung dieses Begriffs. Seine
Verwendung erfolgt auch nicht einheitlich, sondern entsprechend den Erfordernissen
des jeweiligen Regelungszusammenhangs (→ den Überblick in Vorb. §§ 123–135
Rn. 1 ff.). Aus diesem sachlichen Zusammenhang heraus muss daher jeweils der be-
sondere Gehalt des Begriffs der Erschließung ermittelt werden. In § 30 soll das Erfor-
dernis der gesicherten Erschließung gewährleisten, dass die Nutzung des **Bauvorha-
bens** (→ Rn. 25) sowohl für den Nutzer als auch für die Allgemeinheit ohne negative

§ 30 I. Kapitel. III. Teil. Regelung der baul. und sonst. Nutzung

Folgen geschehen kann. Hier ist daher – anders als im Erschließungsrecht – nicht ein gebiets-, sondern ein **grundstücksbezogener Erschließungsbegriff** zugrunde zu legen (vgl. *Söfker* in EZBK § 30 Rn. 40).

20 Als für die Erschließung iS des § 30 erforderlich kann einerseits nicht mehr verlangt werden, als – soweit er erschließungsrelevante Festsetzungen enthält – **im Bebauungsplan festgesetzt** ist. Diese Festsetzungen können deutlich hinter dem zurückbleiben, was nach § 127 als beitragsfähige Erschließungsanlagen bestimmt ist. Auch ist es möglich, dass der Bebauungsplan für die Erschließung des Gebiets mit Wärme oder Strom keinerlei Festsetzungen enthält, weil die Gemeinde davon ausgeht, dass sich der Bauherr selbst mit **Heizenergie und Strom** versorgt, etwa durch Öl- oder Kohlefeuerungsanlagen oder auch regenerative Energieträger wie Sonnenenergie oder Erdwärme. Die externe Versorgung mit Strom und Wärme kann daher nicht generell im Rahmen der gesicherten Erschließung als Genehmigungsvoraussetzung angesehen werden. Umgekehrt führt eine vom Bebauungsplan abweichende, etwa privat erstellte, Zufahrt zu einem Grundstück nicht zur Herstellung der Erschließung iS des § 30 (BVerwG Urt. v. 21.2.1986 – 4 C 10/83, NVwZ 1986, 646; → aber Rn. 24). Dennoch können die **Festsetzungen** eines Bebauungsplans **nicht stets maßgebend** für die nach § 30 verlangte Erschließung sein. So kann zB ein Bebauungsplan, mit dem ein bereits teilweise bebautes Gebiet überplant wird, breitere Straßen festsetzen, als bereits vorhanden sind. Gleichwohl können die vorhandenen Straßen auch für die Erschließung nach § 30 genügen. Sie müssen jedoch die Planverwirklichung gestatten und dürfen den Festsetzungen des Bebauungsplans – etwa über den Anschluss der Grundstücke an die Straße – nicht widersprechen (→ auch Rn. 12).

21 Die Erschließung iS des § 30 umfasst regelmäßig den **hinreichenden** Anschluss eines Baugrundstücks an das **öffentliche Straßennetz,** die (nicht zwangsläufig externe → Rn. 20) Versorgung mit **Strom und Wasser** und die **Abwasserbeseitigung** (vgl. *Söfker* in EZBK § 30 Rn. 42). Entscheidend sind dabei die mit dem konkreten Vorhaben verbundenen Erfordernisse (→ Rn. 25). Dies gilt auch in Fällen mit vorhabenbedingt erhöhten Anforderungen, etwa einem besonders starken Verkehrsaufkommen (zB bei einem großflächigen Einzelhandelsbetrieb). Dieses muss einschließlich der weiteren Anbindung an das öffentliche Verkehrsnetz weitgehend störungsfrei, also ohne nennenswerte Beeinträchtigung der Verkehrssicherheit und des Straßenzustandes, abgewickelt werden können (s. etwa BVerwG Beschl. v. 3.4.1996 – 4 B 253/95, NVwZ 1997, 389; Urt. v. 28.10.1981 – 8 C 4/81, BVerwGE 64, 186 (195)). Weitergehende Infrastruktureinrichtungen (zB Schulen oder Kindergärten) gehören nicht zur erforderlichen Erschließung iSv § 30 (vgl. *Söfker* in EZBK § 30 Rn. 43).

22 Wann die Erschließung im Hinblick auf die Ver- und Entsorgung des Grundstücks, vor allem bei Wasser und Abwasser, gesichert ist, lässt sich nicht dem BauGB entnehmen. Hier sind vielmehr landesrechtliche Bestimmungen sowie vor allem **örtliche Gegebenheiten** maßgebend (VGH München Urt. v. 29.9.1982 – 4 N 80 A. 2156, BayVBl. 1983, 336 (338)). Von Bedeutung sind hier etwa die Vorschriften der Landeswassergesetze über die Abwasserbeseitigung. Ebenfalls bestehen Unterschiede bei den Anforderungen an die **Qualität** der Erschließung etwa im Hinblick darauf, ob es sich um ein Vorhaben im Geltungsbereich eines Bebauungsplans bzw. im unbeplanten Innenbereich handelt oder aber um ein Außenbereichsvorhaben, bei dem etwa für die Abwasserbeseitigung eine abflusslose Grube oder eine Kleinkläranlage ausreichen kann, sofern das Landeswasserrecht keine strengeren Anforderungen stellt (vgl. VGH Mannheim Beschl. v. 29.6.1993 – 8 S 256/93, NVwZ-RR 1994, 562; → auch § 35 Rn. 7 ff.). Der Anschluss an die notwendigen Erschließungseinrichtungen muss in der Regel **bis unmittelbar an das Baugrundstück** heranreichen. Dies gilt insbesondere für die Anbindung an das öffentliche Straßennetz. Liegt ein anderes Grundstück dazwischen, bedarf es einer ausreichenden Sicherung für die Inanspruchnahme des betreffenden Grundstücks (→ Rn. 26).

1. Abschnitt. Zulässigkeit von Vorhaben § 30

Weiterhin ist erforderlich, dass die Erschließung **gesichert** ist. Davon ist auszugehen, wenn nach objektiven Kriterien erwartet werden kann, dass die Erschließungsanlagen spätestens **bis zur Fertigstellung der anzuschließenden baulichen Anlagen benutzbar** sind (s. etwa BVerwG Urt. v. 20.5.2010 – 4 C 7/09, NVwZ 2010, 1561 Rn. 40). Dazu reicht es nicht aus, wenn die Mittel für die erforderliche Erschließung in den Haushalt der Gemeinde eingestellt sind. Dies ist jedoch, neben der Bereitstellung der erforderlichen Flächen, eine wesentliche Voraussetzung. Darüber hinaus ist es notwendig, dass aus dem **Stand und Fortgang der Erschließungsarbeiten** nach aller Erfahrung darauf geschlossen werden kann, dass diese Arbeiten bis zur Fertigstellung der baulichen Anlagen abgeschlossen sein werden. Es kann dabei ausreichen, insbesondere bei kleineren Anlagen, dass mit der Herstellung der Erschließungsanlagen alsbald begonnen wird, wenn noch genügend Zeit bleibt, um sie bis zur Fertigstellung der baulichen Anlage benutzbar zu machen (*Tophoven* in SU § 30 Rn. 40; *Schiller* in BRS Rn. 1395; zur Berechtigung der Gemeinde eine im Bebauungsplan festgesetzte Erschließungsstraße durchzuführen, vgl. OVG Nordrhein-Westfalen Urt. v. 9.9.2010 – 2 A 3182/08, BauR 2011, 230). Nicht gesichert ist die Erschließung hingegen schon dann, wenn erst der Bebauungsplan aufgestellt ist. 23

Das Merkmal der gesicherten Erschließung ist dabei jedoch in doppelter Hinsicht einschränkend auszulegen. Zum einen bezieht es sich nur auf die bauplanungsrechtliche, nicht auch auf die bauordnungsrechtliche Erschließung. Dies bedeutet, dass die **Erschließung iS des § 30 gesichert oder vorhanden ist, wenn sie bis an die Grundstücksgrenze heranreicht** (→ Rn. 22). Der Anschluss der baulichen Anlage an diese Erschließung, die ausreichende Breite einer Erschließungsstraße für Fahrzeuge der Feuerwehr, Krankenwagen usw. ist nicht eine Frage des Bauplanungsrechts, sondern des Bauordnungsrechts. 24

Zum anderen muss die Erschließung nicht für den gesamten Geltungsbereich des Bebauungsplans gesichert sein, sondern **nur für das einzelne bauliche Vorhaben.** Denn § 30 regelt nicht gemeindliche Handlungserfordernisse bei der Erschließung (diese finden sich in den §§ 123 ff.), sondern Zulässigkeitsvoraussetzungen für das einzelne Vorhaben. Nur hierauf kann sich daher die gesicherte Erschließung beziehen. 25

Unerheblich ist es, ob die Erschließung von der Gemeinde oder aufgrund eines städtebaulichen Vertrages nach § 11 durch einen Privaten erstellt wird (→ insbes. § 11 Rn. 18 ff.). Die Erschließung muss aber in jedem Fall **öffentlich- oder (dinglich) privatrechtlich dauerhaft,** etwa durch eine Grunddienstbarkeit nach § 1018 BGB, gesichert sein, wenn das Grundstück nicht an eine öffentliche Straße grenzt (vgl. BVerwG Urt. v. 3.5.1988 – 4 C 54/85, NVwZ 1989, 353 (354); Beschl. v. 27.9.1990 – 4 B 34/90, UPR 1991, 72; BGH Urt. v. 21.5.1992 – III ZR 14/91, BGHZ 118, 263; VGH München Urt. v. 17.2.2010 – 1 B 09/2123, BauR 2010, 1548). Ein Notwegerecht (§ 917 BGB) reicht nicht aus (OVG Magdeburg Beschl. v. 26.10.2012 – 2 M 124/12, LKV 2012, 571). 26

Ein **Anspruch auf Erschließung** besteht nach § 123 Abs. 3 **nicht;** jedoch kann sich die allgemeine Erschließungspflicht der Gemeinde durch die Erteilung von Baugenehmigungen, die Erhebung von Vorausleistungen oder durch die von vorhandenen baulichen Anlagen ausgehenden Erschließungserfordernisse zu einer ein konkretes Gebiet betreffenden und aktuellen Erschließungspflicht oder zur Pflicht, ein substantiiertes Erschließungsangebot des Eigentümers oder eines Dritten anzunehmen, verdichten (vgl. BVerwG Urt. v. 20.5.2010 – 4 C 7/09, NVwZ 2010, 1561 Rn. 39 ff.; vgl. auch BVerfG Beschl. v. 5.7.1972 – 2 BvL 6/66, BVerfGE 33, 265 (291); s. hierzu im Einzelnen die Kommentierung zu § 124). Eine **falsche Auskunft** des Bürgermeisters einer Gemeinde über die Sicherung der Erschließung eines Baugebiets kann zu **Amtshaftungsansprüchen** gegen die Gemeinde führen (vgl. BGH Urt. v. 3.5.2001 – III ZR 191/00, ZfBR 2001, 412). 27

28 **3. Einfügen in den Gebietscharakter (§ 15 Abs. 1 BauNVO).** § 30 Abs. 1–3 nennen als planerische Zulässigkeitsvoraussetzung nur, dass das Vorhaben den Festsetzungen des Bebauungsplans – in Verbindung mit der BauNVO (→ § 9 Rn. 11 ff.) – nicht widerspricht. Ergänzend ist hierbei neben den sich aus § 29 Abs. 2 ergebenden sonstigen Anforderungen (Rn. 3) hinsichtlich der Art der baulichen Nutzung insbesondere die Vorschrift des **§ 15 Abs. 1 BauNVO** heranzuziehen, nach der an sich zulässige Vorhaben gleichwohl unzulässig sein können, wenn sie nach Anzahl, Lage, Umfang oder Zweckbestimmung der **Eigenart des Gebiets** widersprechen oder in ihrer Umgebung unzumutbare Belästigungen hervorrufen oder ihnen ausgesetzt würden. Diese Vorschrift hat nicht zur Folge, dass die planerische Absicht des Plans in der Regel außer Kraft gesetzt wird (hierzu VGH Mannheim Beschl. v. 15. 9. 1981 – 8 S 1153/81, BauR 1982, 238). Es geht vielmehr, wie auch der Wortlaut des § 15 Abs. 1 S. 1 BauNVO zeigt, nur um eine Unzulässigkeit „im Einzelfall". Die Funktion des § 15 BauNVO liegt darin, die abstrakte Prüfung der Zulässigkeit eines Vorhabens nach den Gebietstypen der BauNVO durch **eine am konkreten Vorhaben und am konkreten Gebiet orientierte Prüfung** zu ergänzen. Damit können Unzuträglichkeiten, die sich angesichts der nur abstrakten Regelung der Zulässigkeit in der BauNVO ergeben können, im Baugenehmigungsverfahren ausgeräumt werden (vgl. auch *Roeser* in König/Roeser/Stock BauNVO § 15 Rn. 5). Umgekehrt gilt nach der sog. **„Typisierungslehre"** des BVerwG (hierzu *Roeser* aaO Rn. 49) die „Faustformel" (s. auch § 15 Abs. 3 BauNVO), dass bestimmte Arten von Vorhaben unabhängig von ihren konkreten Eigenschaften „typischerweise" in ein bestimmtes Baugebiet gehören, so insbesondere Gewerbebetriebe, die einer Genehmigung nach § 10 BImSchG bedürfen, in ein Industriegebiet, weil von ihnen erhebliche Belästigungen ausgehen **können** (vgl. *Söfker* in EZBK BauNVO § 9 Rn. 1 ff. sowie 22). Auf tatsächliche Störungen kommt es also nicht an. Einen **Schutz gegen Eingriffe in Natur und Landschaft** nach Maßgabe der naturschutzrechtlichen Eingriffsregelung (vgl. Rn. 14 ff.) bietet § 30 iVm § 15 Abs. 1 BauNVO selbst in den Fällen vor allem älterer Bebauungspläne, die dem Umweltschutz nach heutigen Maßstäben oft nur unzureichend Rechnung tragen und keine Ausgleichsfestsetzungen enthalten, **nicht.** Allerdings gelten die fachgesetzlichen Anforderungen insbesondere des Biotop- und europäischen Artenschutzrechts grundsätzlich auch im beplanten Bereich (§§ 30, 44 BNatSchG; → § 29 Rn. 29 ff. sowie *Reidt* NVwZ 2010, 8 ff.; *Heugel* in Lütkes/Ewer BNatSchG 2011 § 30 Rn. 11 ff. sowie § 44 Rn. 45 f.; *Gellermann* in Landmann/Rohmer Band II § 30 BNatSchG Rn. 22 ff.).

29 **4. Ergänzende Anwendung von §§ 34 und 35.** Grundsätzlich führt das Vorliegen eines Bebauungsplans, der den Anforderungen des Abs. 1 entspricht, dazu, dass die Geltung der §§ 34 und 35 ausgeschlossen ist (zu § 30 Abs. 3 → Rn. 9). Allerdings ist es zumindest in Ausnahmefällen möglich, dass ein Bebauungsplan in räumlichen Teilbereichen den Anforderungen des Abs. 1 genügt, in anderen Bereichen aber dahinter zurückbleibt. Beim vorhabenbezogenen Bebauungsplan nach Abs. 2 stellt sich wegen der Bestimmung in § 12 Abs. 3 S. 2 im Rahmen des Vorhaben- und Erschließungsplans das Problem, wohl aber bei den nach § 12 Abs. 4 in den vorhabenbezogenen Bebauungsplan einbezogenen Flächen außerhalb des Vorhaben- und Erschließungsplans (→ § 12 Rn. 36). In diesem Fall kann der Bebauungsplan nicht einheitlich dem Abs. 1 zugeordnet werden, sondern nur insoweit, wie die die Qualifizierung tragenden Festsetzungen räumliche Wirkung entfalten. In dem darüber hinausgehenden Bereich ist der Bebauungsplan als einfacher Bebauungsplan einzuordnen (vgl. VGH Mannheim Urt. v. 26. 3. 1998 – 8 S 315/98, NVwZ-RR 1998, 622; *Söfker* in EZBK § 30 Rn. 12; *Roeser* in BK § 30 Rn. 5).

30 Es ist daher grundsätzlich geboten, dass die Gemeinde bei der Aufstellung eines Bebauungsplans – anders als bei einem Flächennutzungsplan (→ § 5 Rn. 12) – eine **einheitliche Festsetzungsdichte** einhält. Dies bedeutet, dass ein Bebauungsplan entweder im Ganzen als qualifizierter oder im Ganzen als einfacher Bebauungsplan

aufgestellt werden sollte. Aus dem Sachzusammenhang der Festsetzungen sowie aus der Begründung des Bebauungsplans wird im Zweifel zu ermitteln sein, ob ein qualifizierter oder ein einfacher Bebauungsplan gewollt war (*Söfker* in EZBK § 30 Rn. 12). Erreicht ein Bebauungsplan daher an einer Stelle – eher zufällig – die Anforderungen des Abs. 1, bleibt er aber in seinem hauptsächlichen Teil dahinter zurück, wird davon auszugehen sein, dass die Gemeinde insgesamt keinen qualifizierten Bebauungsplan aufstellen wollte. Im umgekehrten Fall, in dem die Festsetzungen für einzelne Grundstücke nicht die Anforderungen des Abs. 1 erreichen, ist bei Bebauungsplänen, die unter der Geltung des Bundesbaugesetzes oder des Baugesetzbuchs aufgestellt worden sind, in der Regel von einem insgesamt qualifizierten Bebauungsplan auszugehen (zu diesen Grundsätzen bei der Beurteilung eines Bebauungsplans vgl. auch BVerwG Urt. v. 12.1.1968 – IV C 167/65, BVerwGE 29, 49 (51 f.)). Nur diese Auslegung entspricht auch der grundsätzlichen Dreiteilung des Gemeindegebiets in Planbereich, Innen- und Außenbereich. Andernfalls wäre diese klare Dreiteilung durchbrochen und der ihr zugrunde liegende und für die Rechtssicherheit und Rechtsklarheit notwendige Ordnungsgedanke in Frage gestellt.

V. Drittschutz

§ 30 ist selbst **nicht drittschützend.** Jedoch können die Festsetzungen des Bebauungsplans und auch § 15 Abs. 1 BauNVO drittschützenden Charakter haben (hierzu BVerwG Urt. v. 5.8.1983 – 4 C 96/79, BVerwGE 67, 334; zu Einzelheiten des Drittschutzes → Vorb. §§ 29–38 Rn. 14 ff.). 31

§ 31 Ausnahmen und Befreiungen

(1) Von den Festsetzungen des Bebauungsplans können solche Ausnahmen zugelassen werden, die in dem Bebauungsplan nach Art und Umfang ausdrücklich vorgesehen sind.

(2) Von den Festsetzungen des Bebauungsplans kann befreit werden, wenn die Grundzüge der Planung nicht berührt werden und
1. Gründe des Wohls der Allgemeinheit, einschließlich des Bedarfs zur Unterbringung von Flüchtlingen oder Asylbegehrenden, die Befreiung erfordern oder
2. die Abweichung städtebaulich vertretbar ist oder
3. die Durchführung des Bebauungsplans zu einer offenbar nicht beabsichtigten Härte führen würde

und wenn die Abweichung auch unter Würdigung nachbarlicher Interessen mit den öffentlichen Belangen vereinbar ist.

Übersicht

	Rn.
A. Abweichungsmöglichkeiten	1
I. Allgemeine Anforderungen	1
1. Einzelfallgerechtigkeit	1
2. Rechtsstaatlichkeit	2
a) Rechtssicherheit	2
b) Vorrang und Vorbehalt des Gesetzes	3
c) Ermessen	4
3. Anwendungsbereich	5
B. Gesetzliche Voraussetzungen	11
I. Ausnahmen (Abs. 1)	11
1. Voraussetzungen	11

	Rn.
a) Bestimmungen von Art und Umfang der Ausnahmen im Bebauungsplan	11
b) Einvernehmen der Gemeinde	16
2. Entscheidung	17
a) Tatbestandliche Voraussetzungen	18
b) Ermessen der Baugenehmigungsbehörde	19
c) Nebenbestimmungen, vertragliche Regelungen	20
3. Drittschutz	21
II. Befreiungen (Abs. 2)	23
1. Abgrenzung zur Ausnahme	23
2. Voraussetzungen	27
a) Allgemeine Befreiungsvoraussetzungen	28
b) Besondere Befreiungsvoraussetzungen	33
c) Einvernehmen der Gemeinde (§ 36 Abs. 1 S. 1 und 2)	42
3. Entscheidung	43
a) Ermessen der Baugenehmigungsbehörde	43
b) Nebenbestimmungen	47
4. Vertragliche Regelung (Baudispensverträge)	48
5. Versteckter Dispens	49
6. Drittschutz	50

A. Abweichungsmöglichkeiten

I. Allgemeine Anforderungen

1. Einzelfallgerechtigkeit. Ein Bauvorhaben, das den Festsetzungen eines qualifizierten Bebauungsplans oder eines vorhabenbezogenen Bebauungsplans nicht widerspricht, ist aus bauplanungsrechtlicher Sicht prinzipiell zulässig und darf realisiert werden. Bei einem einfachen Bebauungsplan gilt dies ebenfalls, sofern die ergänzenden Anforderungen nach § 34 oder § 35 eingehalten sind. Ein Bebauungsplan kann jedoch die für ein einzelnes Bauvorhaben maßgebliche Rechtslage vielfach nicht bis in die letzte Einzelheit und Besonderheit des jeweiligen Falls hinein festlegen. Um hier eine sachwidrige und unverhältnismäßige Schematisierung zu vermeiden, sieht das Baurecht einerseits die Möglichkeit vor, insbesondere über § 15 BauNVO gleichwohl die Zulässigkeit eines Vorhabens im Einzelfall zu verneinen (→ § 30 Rn. 28), also das Baurecht gegenüber dem Plan einzuengen. Andererseits enthält es jedoch auch die Möglichkeit, unter bestimmten Voraussetzungen von den Festsetzungen eines Bebauungsplans abzuweichen. Die Einräumung eines solchen **Abweichungsvorbehalts** dient der **Einzelfallgerechtigkeit** und damit dem rechtsstaatlichen Übermaßverbot (vgl. *Roeser* in BK § 31 Rn. 2). Ferner stellt sie die **Flexibilität planerischer Festsetzungen** her, die ohne einen solchen Abweichungsvorbehalt einem ständigen Änderungsdruck ausgesetzt wären (s. in diesem Zusammenhang auch § 248 für einen sparsamen und effizienten Umgang mit Energie).

1a Abs. 2 Nr. 1 ist durch das **Flüchtlingsunterbringungsmaßnahmengesetz 2014** dahingehend ergänzt worden, dass Gründe des Wohls der Allgemeinheit auch dem Bedarf zur Unterbringung von Flüchtlingen oder Asylbegehrenden (→ zu den Begriffen *Bienek/Reidt* BauR 2015, 422 (423f.)) ergänzt worden. Dabei handelt es sich allerdings nur um eine Klarstellung, da auch zuvor bereits derartige Einrichtungen unter die Gründe des Wohls der Allgemeinheit gefasst wurden (s. etwa VGH Mannheim, Beschl. v. 17.7.1992 – 8 S 1621/92, DÖV 1993, 257; OVG Lüneburg, Beschl. v. 5.9.1991 – 6 M 3203/91, NVwZ 1992, 188; *Battis/Mitschang/Reidt* NVwZ 2014, 1609 (1611)). Daneben steht der ebenfalls durch das Flüchtlingsunterbringungsmaß-

1. Abschnitt. Zulässigkeit von Vorhaben **§ 31**

nahmengesetz 2014 eingeführte, zeitlich bis zum 31.12.2019 befristete **§ 246 Abs. 10.** Dieser ergänzt Abs. 2. Letzterer hat vor allem dann noch eigenständige Bedeutung, wenn in dem betreffenden Gewerbegebiet Anlagen für soziale Zwecke zwar ausgeschlossen sind, gleichwohl jedoch aufgrund der Struktur des konkreten Gewerbegebiets eine Befreiung in Betracht kommt. Insofern ist § 31 Abs. 2 also einerseits enger als § 246 Abs. 10 (Grundzüge der Planung dürfen nicht berührt werden), andererseits jedoch auch weiter gefasst (Anwendbarkeit ggf. auch in Fällen, in denen in einem Gewerbegebiet Anlagen für soziale Zwecke weder allgemein noch ausnahmsweise zulässig sind; s. auch *Bienek/Reidt* BauR 2015, 422 (427): zusätzlicher Befreiungstatbestand; ebenso wohl VGH Mannheim Beschl. v. *11.3.2015* – 8 S 492/15, juris; aA VGH München Beschl. v. *5.3.2015* – 1 ZB 14.2373, NVwZ 2015, 912: § 246 Abs. 10 als abschließende Regelung für die Unterbringung von Flüchtlingen und Asylbegehrenden in Gewerbegebieten; ebenso Scheidler NVwZ 2015, 1406ff.). Durch das **Flüchtlingsunterbringungsmaßnahmengesetz 2015** wurde mit **§ 246 Abs. 12** noch ein weiterer bis zum 31.12.2015 befristeter Befreiungstatbestand für auf drei Jahre begrenzte mobile Unterbringungseinrichtungen und Nutzungsänderungen eingeführt. Der mit diesem Gesetz ebenfalls befristet eingeführte **§ 246 Abs. 11** enthält zusätzlich eine besondere Ermessensdirektive für Ausnahmen nach Abs. 1.

2. Rechtsstaatlichkeit. a) Rechtssicherheit. Die Herstellung von **Flexibilität** 2 und **Einzelfallgerechtigkeit** wirft jedoch rechtsstaatliche Fragen auf. Eines der wichtigsten Elemente der Rechtsstaatsgarantie des Art. 20 GG ist die **Rechtssicherheit,** dh die Voraussehbarkeit und Bestimmtheit der Rechtslage (s. etwa *Jarass* in JP Art. 20 Rn. 57ff.). Hierfür ist eine beständige und gleichmäßige, von besonderen Umständen des Einzelfalls absehende Rechtsanwendung erforderlich. Beständigkeit und Flexibilität des Rechts stehen daher in einem Spannungsverhältnis zueinander. § 31 stellt einen Kompromiss zwischen diesen beiden Anforderungen her, indem die Zulassung von Ausnahmen (Abs. 1) an ihre vorherige Bestimmung im Bebauungsplan geknüpft wird. Hier ist zwar nicht vorhersehbar, dass von den Ausnahmen Gebrauch gemacht wird (→ zum Ermessen Rn. 4), aber es steht fest, dass die Möglichkeit zu solchen Ausnahmen besteht; darauf kann sich jedermann einrichten. Die Zulassung von Befreiungen (Abs. 2) ist demgegenüber für den betroffenen Bürger, sowohl den begünstigten als auch den unter Umständen belasteten, nicht vorhersehbar und sicher einkalkulierbar. Ihre Zulässigkeit ist daher an Voraussetzungen geknüpft, die die in der Befreiungsmöglichkeit liegende Unsicherheit auf ein vertretbares Maß beschränken sollen (→ insbesondere Rn. 30ff.).

b) Vorrang und Vorbehalt des Gesetzes. Die Befreiung ist eingeschränkt 3 auch die Ausnahme zugunsten des Bauherrn weichen von den Festsetzungen des als Satzung (§ 10 Abs. 1) ergehenden Bebauungsplans ab. Wegen des **Vorrangs des Gesetzes,** der ebenfalls Ausdruck des Rechtsstaatsprinzips ist, bedarf es hierfür einer gesetzlichen Legitimierung (vgl. *Jarass* in JP Art. 20 Rn. 38, 41). Da Ausnahme und Befreiung ebenso wie die Baugenehmigung als Verwaltungsakte mit Doppelwirkung den Bauherrn begünstigen, aber den Nachbarn belasten können, benötigen sie nach dem **Vorbehalt des Gesetzes** (vgl. *Jarass* in J/P Art. 20 Rn. 44, 46ff.) einer Ermächtigungsgrundlage. Diese gesetzliche Grundlage enthält § 31.

c) Ermessen. Die Sicherung von Flexibilität und Einzelfallgerechtigkeit bei der 4 einzelnen Entscheidung erfordert **Ermessen.** Dieses ist daher der Baugenehmigungsbehörde in § 31 sowohl für die Ausnahmeerteilung als auch für die Befreiung eingeräumt. Das Ermessen ist jedoch rechtlich gebunden und unterliegt hinsichtlich seiner rechtmäßigen Ausübung einer gerichtlichen Überprüfung (vgl. § 114 VwGO; → noch Rn. 19 und Rn. 42ff.).

3. Anwendungsbereich. Die Möglichkeit, nach § 31 Ausnahmen und Befreiun- 5 gen von den Festsetzungen eines Bebauungsplans zu erteilen, ist auf das **Baupla-**

§ 31 I. Kapitel. III. Teil. Regelung der baul. und sonst. Nutzung

nungsrecht beschränkt. Für den Bereich des Bauordnungsrechts sehen die Bauordnungen der Länder eigene, zumeist Befreiungen und Ausnahmen zusammenfassende Abweichungsmöglichkeiten vor (zB Art. 63 BayBO; vgl. *Jäde* ZfBR 2003, 221 (226)). Auch die Befreiung von Festsetzungen nach § 9 Abs. 4 (→ § 9 Rn. 216ff.) folgt den landesrechtlichen Bestimmungen. Dies ist eine Folge der Beschränkung der Gesetzgebungskompetenz des Bundes auf das Bauplanungsrecht. Allerdings ist § 31 Abs. 2 anwendbar, soweit die entsprechenden Landesregelungen nicht nur für das Aufstellungsverfahren, sondern auch für den Vollzug der Planfestsetzungen auf die Bestimmungen des BauGB verweisen (s. etwa § 86 Abs. 4 BauO NRW; OVG Münster Urt. v. 25.8.1999 – 7 A 4459/96, NVwZ-RR 2000, 412).

6 Ebenfalls ermächtigt § 31 nicht zu Abweichungen von dem **Erfordernis einer gesicherten Erschließung** (vgl. BVerwG Urt. v. 21.2.1986 – 4 C 10/83, NVwZ 1986, 646; zur Erschließung → insbesondere § 30 Rn. 18ff.). Es geht bei Ausnahmen und Befreiungen nur darum, den Besonderheiten des konkreten Bauvorhabens im Verhältnis zu den abstrakten planerischen Festsetzungen gerecht zu werden; die verkehrliche Erschließung des Grundstücks sowie seine Ver- und Entsorgung müssen in jedem Fall gewährleistet sein.

7 Auch im Innenbereich nach **§ 34** und im Außenbereich nach **§ 35** ist für die Erteilung von Ausnahmen und Befreiungen im Sinne des § 31 grundsätzlich kein Raum. Diese Vorschriften enthalten durch das Gebot des Einfügens in die Eigenart der näheren Umgebung und die Berücksichtigung bzw. das Nichtentgegenstehen öffentlicher Belange genügend Ansatzpunkte, um eine flexible und dem Einzelfall gerecht werdende Genehmigungspraxis zu ermöglichen (BVerwG Urt. v. 18.10.1974 – IV C 77/73, NJW 1975, 460). Kommt jedoch **§ 34 Abs. 2** zur Anwendung, ist § 31 für die Art der baulichen Nutzung wie bei einem Bebauungsplan, der ein Baugebiet nach der BauNVO festsetzt, **anzuwenden** (§ 34 Abs. 2 Hs. 2; s. dazu § 34 Rn. 64).

8 Ebenso wenig kann von der Beachtung des **§ 15 BauNVO** (→ Rn. 1 § 30 Rn. 22 sowie Vorb. §§ 29–37 Rn. 46ff.) abgesehen werden. Auch er erfordert eine Einzelfallbetrachtung bei der Genehmigung, sodass nach Sinn und Zweck des Abweichungsvorbehalts Einzelfallgerechtigkeit und Normflexibilität gerade durch die Anwendung dieser Vorschrift erreicht werden sollen (VGH Mannheim Urt. v. 29.7.1966 – V 583/65, BRS 17 Nr. 20). § 15 BauNVO ist also gewissermaßen das Gegenstück zu § 31. Er schränkt die plankonformen Nutzungen aus Gründen des Einzelfalls ein, § 31 ermöglicht an sich planwidrige Nutzungen aus Gründen des Einzelfalls.

9 **Anwendbar** ist § 31 bei **allen Bebauungsplänen** im Sinne des § 30 (BVerwG Urt. v. 18.8.1964 – I C 63/62, BVerwGE 19, 164 (170f.)). Bei **einfachen Bebauungsplänen** besteht ebenso wie bei **qualifizierten Bebauungsplänen** das Bedürfnis, von den vorhandenen Festsetzungen abweichen zu können, um den konkreten Erfordernissen und Bedürfnissen gerecht werden zu können. Ebenso spielt es keine Rolle, ob es sich um einen übergeleiteten Bebauungsplan oder um einen Bebauungsplan handelt, der unter der Geltung des BBauG oder des BauGB aufgestellt wurde (BVerwG Urt. v. 17.12.1998 – 4 C 16/97, BVerwGE 108, 190 (193); OVG Hamburg Beschl. v. 28.10.2009 – 2 Bs 154/09, BauR 2010, 1546). In Betracht kommen Ausnahmen und Befreiungen auch bei **vorhabenbezogenen Bebauungsplänen.** § 31 enthält hierzu keine Einschränkung. Ebenso wenig wird diese Möglichkeit durch § 12 ausgeschlossen. Jedoch muss bei der Festsetzung von Ausnahmemöglichkeiten der Charakter einer vorhabenbezogenen Planung gewahrt bleiben. Entsprechendes gilt auch bei der Gewährung von Befreiungen im Geltungsbereich des Vorhaben- und Erschließungsplans (*Rieger* in Schrödter § 31 Rn. 27). Keine besonderen Beschränkungen bestehen hingegen bei Flächen außerhalb des Vorhaben- und Erschließungsplans, die in dem vorhabenbezogenen Bebauungsplan einbezogen werden (§ 12 Abs. 4).

10 Abs. 1 kommt **auch in den Fällen des § 33** zur Anwendung (*Söfker* in EZBK § 31 Rn. 18). Die Ausnahme muss im vorgezogen anzuwendenden Bebauungsplan aus-

1. Abschnitt. Zulässigkeit von Vorhaben **§ 31**

drücklich vorgesehen sein. Umstritten ist die Zulässigkeit einer Befreiung nach Abs. 2. Da § 33 dem Bauherrn erlaubt, sein Bauvorhaben an den zu erwartenden Festsetzungen eines künftigen Bebauungsplans auszurichten, müssen auch die der Einzelfallgerechtigkeit dienenden Abweichungsmöglichkeiten bestehen. Es kann insoweit daher auch nach Abs. 2 abgewichen werden (vgl. *Jarass/Kment* § 31 Rn. 3; *Söfker* in EZBK aaO Rn. 18; *Rieger* in Schrödter § 31 Rn. 6; differenzierend OVG Münster Beschl. v. 10.4.2007 – 10 A 3915/05, BauR 2007, 1198; *Siegmund* in SU § 31 Rn. 10; aA etwa VGH München Urt. v. 24.1.1992 – 1 CS 91.3190, NVwZ 1992, 1099). Allerdings ist dabei Zurückhaltung geboten. Eine Befreiung ist vor Inkrafttreten des Bebauungsplans nur dann in Betracht zu ziehen, wenn es sich absehbar um eine nur geringfügige Randkorrektur der Planung handelt. Ansonsten bedarf es ggf. einer umfassenderen Überarbeitung des Plans, bevor er in Kraft gesetzt wird. Denn Ziel der Aufstellung eines Bebauungsplans muss es an sich immer sein, die Notwendigkeit von Befreiungen durch weitestmögliche Vorausschau hinsichtlich der städtebaulichen Erfordernisse zu vermeiden.

B. Gesetzliche Voraussetzungen

I. Ausnahmen (Abs. 1)

1. Voraussetzungen. a) Bestimmungen von Art und Umfang der Ausnahmen im Bebauungsplan. Nach **Abs. 1** kann von den Festsetzungen eines Bebauungsplans abgewichen werden, soweit der Bebauungsplan ausdrücklich einen **Ausnahmevorbehalt** enthält. Die Ausnahme muss also Bestandteil des Bebauungsplans selbst sein. Hingegen genügt es nicht, wenn lediglich in der Begründung des Bebauungsplans davon die Rede ist, dass bestimmte Ausnahmen von den Planfestsetzungen zulässig sein sollen. Es handelt sich folglich um ein **planimmanentes Instrument** der Flexibilisierung, das seinerseits dem Gebot der planerischen Abwägung (§ 1 Abs. 7) unterfällt. 11

Für das Vorliegen eines wirksamen Ausnahmevorbehaltes ist es erforderlich, dass die Ausnahme sowohl **nach Art als auch nach Umfang hinreichend bestimmt** ist (BVerwG Urt. v. 17.12.1998 – 4 C 16/97, BVerwGE 108, 190 (193f.); *Roeser* in BK § 31 Rn. 6; *Erbguth* § 8 Rn. 20ff.). Dabei ist unter Art der Ausnahme zu verstehen, von welchen Festsetzungen die Gemeinde Ausnahmen zulassen will. Unter dem Umfang der Ausnahme ist zu verstehen, wie weit die Ausnahme gehen darf, ob also etwa auf bestimmte Anforderungen im Ausnahmefall generell verzichtet wird (zB auf eine bestimmte Bepflanzung) oder und ggf. in welchem Umfang Reduzierungen oder Überschreitungen (zB bei der GRZ) oder sonstige Modifikationen zulässig sind. Bei der Art der baulichen Nutzung ist an-zugeben, welche Nutzung ausnahmsweise anstelle der Regelnutzung zulässig sein soll (s. noch Rn. 13). Fehlt es an diesen inhaltlichen Umgrenzungen des Ausnahmevorbehaltes, ist er unwirksam. Dies führt in der Regel jedoch nur zur Teilunwirksamkeit des Bebauungsplans (→ § 10 Nr. 22; *Birk* Rn. 875). Zulässig, aber nicht zwingend notwendig ist es, im Ausnahmetatbestand neben Art und Umfang der Ausnahme weitere **tatbestandliche Anforderungen** städtebaulicher Art zu regeln (vgl. *Roeser* in BK § 31 Rn. 6). Sind diese nicht erfüllt, scheidet eine Ausnahmeerteilung aus (→ Rn. 18). 12

Die wichtigsten Ausnahmen von den Festsetzungen eines Bebauungsplans ergeben sich bereits aus der BauNVO, sofern der Bebauungsplans Regelungen zur Art der baulichen Nutzung mittels der Festsetzung von Baugebietsarten trifft. In diesem Fall werden nach § 1 Abs. 3 S. 2 BauNVO die jeweiligen Vorschriften der §§ 2 bis 14 BauNVO Bestandteil des Bebauungsplans. Die in den Abs. 3 der §§ 2 bis 9 BauNVO jeweils vorgesehenen Ausnahmen sind auf diese Weise unmittelbar Gegenstand der planerischen Festsetzung. Will die Gemeinde ihre Geltung ganz oder teilweise aus- 13

§ 31
I. Kapitel. III. Teil. Regelung der baul. und sonst. Nutzung

schließen, muss sie dies nach § 1 Abs. 6 bis 9 BauNVO im Bebauungsplan eigens festsetzen. Das gilt auch für Nebenanlagen nach § 14 Abs. 2 (vgl. *Stock* in König/Roeser/Stock BauNVO § 14 Rn. 29; wohl auch *Fickert/Fieseler* § 14 Rn. 8; *Söfker* in EZBK § 1 BauNVO Rn. 79 f.; zur Zulässigkeit von **Mobilfunkanlagen** auf der Basis der Gewährung einer Ausnahme nach § 14 Abs. 2 S. 2 BauNVO 1990 s. BVerwG Beschl. v. 3.1.2012 – 4 B 27/11, NVwZ 2012, 579). Kommen Fassungen der BauNVO vor der Änderung 1990 zur Anwendung (→ § 30 Rn. 3, § 9a Rn. 1), können sie ggf. nur im Wege der Befreiung zugelassen werden (vgl. VGH München Urt. v. 9.8.2007 – 25 B 05.3055, ZfBR 2008, 292). **Ungeschriebenes Tatbestandsmerkmal** für die Ausnahmetatbestände in den Baugebietsvorschriften ist, dass die jeweilige Gebietsverträglichkeit gewahrt bleiben muss. Ist dies nicht der Fall, kommt allenfalls eine Befreiung nach Abs. 2 in Betracht (BVerwG Urt. v. 2.2.2012 – 4 C 14/10, BauR 2012, 900; dass. Urt. v. 18.11.2010 – 4 C 10/09, NVwZ 2001, 748 Rn. 18).

14 Die Zulassung von Ausnahmen durch die Gemeinde ist nicht unbegrenzt möglich. Wenn die Ordnungsfunktion des Bebauungsplans nicht aufgegeben werden soll, **muss das Regel-Ausnahme-Verhältnis gewahrt bleiben.** Die Ausnahmemöglichkeit kann also nicht so weit reichen, dass sie die eigentliche planerische Festsetzung in ihr Gegenteil verkehrt. Dementsprechend ist es nicht zulässig gemäß § 1 Abs. 6 Nr. 2 BauNVO in einem Baugebiet nur ausnahmsweise zulässige Nutzungen in einem solchen Umfang für allgemein zulässig zu erklären, dass es hierdurch eine Veränderung seiner Prägung erfährt, sich also die allgemeine Zweckbestimmung des Gebietes ändert (vgl. BVerwG Urt. v. 21.3.2002 – 4 C 1/02, BVerwGE 116, 155; OVG Koblenz Urt. v. 25.4.2012 – 8 A 10 046/12, ZfBR 2012, 479). Allerdings ist für die Ausnahme keine atypische Situation erforderlich (s. etwa VGH München Beschl. v. 22.2.2007 – 15 ZB 06.1638, BauR 2007, 1372).

15 **Keine Ausnahmen** im Sinne des Abs. 1 werden in §§ 18 Abs. 2, 19 Abs. 4 S. 2 Hs. 2 und S. 4, § 21a Abs. 3 Hs. 2, § 23 Abs. 2, Abs. 3 S. 2 und Abs. 4 S. 1 BauNVO geregelt, obwohl auch hier „Ausnahmen" vorgesehen werden (vgl. *König* in König/Roeser/Stock BauNVO § 23 Rn. 23). Hierbei handelt es sich nicht um Ausnahmen von einer im Normalfall geltenden Regel. Vielmehr ist bereits der Regelfall mit einer gewissen Flexibilität ausgestattet: Die Festsetzung zB einer **Baulinie** bedeutet nicht, dass „ausnahmslos" auf dieser Linie gebaut werden muss; ein **geringfügiges Vor- oder Zurücktreten** von Gebäudeteilen ist vielmehr **stets erlaubt**. Dasselbe gilt beim einem geringfügigen Vortreten von Gebäudeteilen bei Baugrenzen und Bebauungstiefen. Dabei handelt es sich um ein geringfügiges Vortreten jedoch nur dann, wenn es um das Vortreten eines unwesentlichen Gebäudeteils geht, nicht dagegen, wenn ein wesentlicher Gebäudeteil oder gar das gesamte Gebäude vortreten (hierzu BVerwG Urt. v. 20.6.1975 – IV C 5/74, DVBl. 1975, 895 (896f.); OVG Münster Beschl. v. 24.5.1996 – 11 B 970/96, BauR 1997, 82). Folge des Umstandes, dass es sich in diesen Fällen nicht um Ausnahmen im Sinne von Abs. 1 handelt, ist, dass es keiner besonderen Festsetzung im Bebauungsplan und auch nicht des gemeindlichen Einvernehmens gem. § 36 Abs. 1 bedarf. Soweit insbesondere nach § 23 Abs. 2 S. 3, Abs. 3 S. 3, Abs. 4 S. 1 BauNVO im Bebauungsplan „weitere nach Art und Umfang bestimmte Ausnahmen" festgesetzt werden können, handelt es sich demgegenüber um solche nach Abs. 1 (*König* aaO Rn. 27).

16 **b) Einvernehmen der Gemeinde.** Durch die Aufnahme eines Ausnahmevorbehalts ist insofern die **letztendliche planerische Entscheidung noch offen.** Die Entscheidung über die Ausnahme hat also **Planungscharakter.** Da die Baugenehmigungsbehörde diese planerische Entscheidung der Gemeinde im Baugenehmigungsverfahren angesichts der Planungshoheit der Gemeinde nicht ersetzen kann, schreibt § 36 Abs. 1 S. 1 vor, dass in diesen Fällen das **Einvernehmen der Gemeinde** herbeizuführen ist (vgl. *Roeser* in BK § 31 Rn. 7; näher § 36 Rn. 5ff.).

17 **2. Entscheidung.** Die Entscheidung der Baugenehmigungsbehörde über die Gewährung einer Ausnahme bedarf bei baugenehmigungsbedürftigen Vorhaben ne-

1. Abschnitt. Zulässigkeit von Vorhaben § 31

ben dem Antrag auf Baugenehmigung **keines besonderen Antrags** (*Birk* Rn. 868), sofern landesrechtlich nichts anderes geregelt ist (s. etwa § 63 Abs. 2 HessBauO; zur Befreiung Rn. 24). Vor allem bei genehmigungsfreien Vorhaben kann dies nach Landesrecht anders sein (s. etwa § 74a BauO NRW).

a) Tatbestandliche Voraussetzungen. Sieht der Bebauungsplan vor, dass die **18** Erteilung einer Ausnahme von besonderen tatbestandlichen Voraussetzungen abhängt (→ Rn. 12), müssen diese erfüllt sein. Wie die Einhaltung aller anderen Bebauungsplanfestsetzungen auch, unterliegt dies ggf. der **vollen gerichtlichen Überprüfung**. Sind die tatbestandlichen Voraussetzungen für die Ausnahme nicht erfüllt, verbleibt nur die Möglichkeit einer Befreiung gem. Abs. 2.

b) Ermessen der Baugenehmigungsbehörde. Die Erteilung einer Ausnahme **19** ist in das Ermessen der Baugenehmigungsbehörde gestellt (zum notwendigen gemeindlichen Einvernehmen → Rn. 16). Hierbei unterliegt sie den **Bindungen**, denen jede Ermessensentscheidung unterworfen ist. Sie darf also die gesetzlichen Grenzen des Ermessens nicht überschreiten oder von dem Ermessen nur in einer dem Zweck der Ermächtigung entsprechenden Weise Gebrauch machen (vgl. § 40 VwVfG; zu den rechtlichen Bindungen, denen Ermessensausübung allgemein unterliegen, vgl. *Kopp/Ramsauer* VwVfG § 40 Rn. 48ff.). Besonders hinzuweisen ist auf das Gebot, bei der Ermessensausübung den Grundsatz der **Gleichbehandlung** zu wahren, der allerdings bei einer gebietsuntypischen Häufung von Ausnahmenutzungen an seine Grenzen stößt (→ Rn. 14), und der Ermessensentscheidung nur solche Gesichtspunkte zugrunde zu legen, die aus **Sinn und Zweck der Ermächtigungsgrundlage** folgen. Es dürfen daher nur städtebauliche Gründe, nicht aber zB wettbewerbspolitische, sozialpolitische oder auch bauordnungsrechtliche Gesichtspunkte für die Entscheidung maßgeblich sein (vgl. zum trading-down-Effekt im Hinblick auf Vergnügungsstätten OVG Koblenz Beschl. v. 25.4.2012 – 8 A 10 046/12, ZfBR 2012, 479). Konkretisiert werden kann der Sinn und Zweck eines Ausnahmetatbestandes auch in der Bebauungsplanbegründung (OVG Münster Urt. v. 30.1.2014 – 7 A 1066/11, BauR 2014, 1123). Trägt die im Plan festgesetzte Ausnahme der dort niedergelegten Zielsetzung Rechnung, ist die Ermessensausübung zugunsten des Antragstellers reduziert (**intendiertes Ermessen;** *Schiller* in BRS Rn. 1916; *Kopp/Ramsauer* VwVfG § 40 Rn. 45f.; generell zum eher engen Ermessensspielraum bei § 31 Abs. 1 OVG Münster Urt. 25.3.2014 – 2 A 2679/12, DVBl. 2014, 1544; s. auch Rn. 43; zu Flüchtlingsunterbringungseinrichtungen s. auch VGH Kassel Beschl. v. 18.9.2015 – 3 B 1518/15, BauR 2016, 79 sowie § 246 Abs. 11).

c) Nebenbestimmungen, vertragliche Regelungen. Da die Entscheidung **20** über die Erteilung einer Ausnahme im Ermessen der Baugenehmigungsbehörde liegt, können ihr nach § 36 Abs. 2 VwVfG **Nebenbestimmungen** (hierzu allgemein *Kopp/Ramsauer* VwVfG § 36 Rn. 1 ff.) beigefügt werden. Häufig anzutreffen sind Bedingungen oder – für den Betroffenen weniger belastend – Auflagen. So kann zB die Gewährung einer Ausnahme davon abhängig gemacht werden, dass zuvor zusätzliche Stellplätze geschaffen werden (aufschiebende Bedingung). In diesem Fall wird die Genehmigung vor Eintritt der **Bedingung** (Schaffung der Stellplätze) nicht wirksam. Mit einer **Befristung** (oder auflösenden Bedingung) einer Ausnahme kann – ähnlich § 32 – für eine Zwischennutzung ein **zeitlich begrenztes Baurecht** geschaffen werden. Ebenfalls kann mit Nebenbestimmungen Erfordernissen des Nachbarschutzes Rechnung getragen werden. Soll etwa in einem allgemeinen Wohngebiet eine dort nur ausnahmsweise zulässige Tankstelle (§ 4 Abs. 3 Nr. 5 BauNVO) zugelassen werden, kann dies in Form einer Auflage mit einer **Betriebszeitenbeschränkung** verbunden werden, wenn dies im Hinblick auf Geräuschimmissionen gerechtfertigt ist. Ebenfalls kann die Erteilung einer Ausnahme davon abhängig gemacht werden, dass der Bauherr sich in einem **städtebaulichen Vertrag** zur Übernahme von bestimm-

Reidt

ten Leistungen verpflichtet, wenn die Gemeinde ansonsten berechtigt wäre, im Hinblick auf ansonsten auf sie zukommende Kosten die Erteilung einer Ausnahme bzw. ihres Einvernehmens zu einer Ausnahme (§ 36 Abs. 1) zu verweigern (BVerwG Urt. v. 24.3.2011 – 4 C 11/10, BauR 2011, 1287 Rn. 10).

21 **3. Drittschutz.** Abs. 1 räumt Vorschriften, die nicht ihrerseits nachbarschützend sind, keine nachbarschützenden Wirkungen ein (vgl. BVerwG Urt. v. 10.12.1982 – 4 C 49/79, NJW 1983, 1574). Allein die rechtswidrige Gewährung einer Ausnahme bei nicht nachbarschützenden Festsetzungen eines Bebauungsplans begründet daher keine Rechtsverletzung des Nachbarn, selbst wenn dadurch der Gebietscharakter verändert wird (BVerwG, aaO). Für den **Nachbarschutz** entscheidend sind also stets die jeweilige Festsetzung im Bebauungsplan und ihr Schutzzweck (→ Vorb. §§ 29–38 Rn. 33ff.).

22 Steht eine **Festsetzung unter Ausnahmevorbehalt,** spricht eine **Vermutung für ihren nicht nachbarschützenden Charakter** (vgl. *Schmidt-Aßmann,* Grundfragen des Städtebaurechts, 1972, 174). Denn jedes dem Bebauungsplan unterworfene Grundstück ist von vornherein mit der Möglichkeit einer plankonformen Ausnahme vorbelastet (*Siegmund* in SU § 31 Rn. 29). Es greift dann lediglich das allgemeine Rücksichtnahmegebot des § 15 Abs. 1 BauNVO (BVerwG Urt. v. 5.8.1983 – 4 C 96/79, BVerwGE 67, 334; *Söfker* in EZBK § 31 Rn. 68; → Vorb. §§ 29–38 Rn. 46ff.). Anders kann dies allerdings dann sein, wenn der Ausnahmetatbestand gezielt auch dem Nachbarschutz dienen soll. Wird eine bestimmte bauliche Nutzung (zB hinsichtlich ihrer Art oder ihres Maßes) nur deshalb nicht allgemein zugelassen, weil damit bestimmten nachbarlichen Belangen Rechnung getragen werden soll, kann der dadurch begünstigte Nachbar beanspruchen, dass die tatbestandlichen Voraussetzungen für die Ausnahme vorliegen und der Sinn und Zweck der Ausnahmefestsetzung im Hinblick auf den Nachbarschutz (Rn. 18) bei der Ermessensausübung hinreichend berücksichtigt wird.

II. Befreiungen (Abs. 2)

23 **1. Abgrenzung zur Ausnahme.** Im Bauplanungsrecht beziehen sich Ausnahme und Befreiung jeweils auf Festsetzungen eines Bebauungsplans, die gleichermaßen verbindlich sind. Für ihren strukturellen Unterschied ist weniger die verfahrensrechtliche Frage entscheidend, dass die Festlegung von Ausnahmen dem örtlichen Satzungsgeber bei Aufstellung des Bebauungsplans obliegt, während die Möglichkeit von Befreiungen bereits kraft Gesetzes eingeräumt ist. Maßgeblich sind vielmehr, dass die **Ausnahmemöglichkeit** aus dem Plan selbst hervorgeht (planimmanentes Institut, Rn. 11) und daher für jedermann klar ersichtlich und berechenbar ist; hingegen ist die Möglichkeit der **Befreiung** nicht von einer planerischen Bestimmung abhängig **(planexternes Institut),** daher prinzipiell stets möglich und somit nicht ohne Weiteres vorhersehbar und berechenbar. Wegen dieser unterschiedlichen Relativierung der betroffenen Festsetzungen sind Ausnahme und Befreiung auch materiell unterschiedlich ausgestaltet und unterliegen jeweils eigenständigen Zulässigkeitsvoraussetzungen (*Schmidt-Aßmann,* Grundfragen des Städtebaurechts, 1972, 172f.).

24 Die Funktion der **Befreiung** ist es, in vom Satzungsgeber nicht vorhergesehenen **Sonderfällen,** die in den drei Fallgruppen der Befreiung jeweils anders gelagert sind, von der Anwendung einer auf einer notwendigen Verallgemeinerung beruhenden Festsetzung in einem Bebauungsplan abzuweichen. Die Befreiung kann so auch dazu dienen, einen Bebauungsplan auf einfache Weise nachträglich an bauliche Änderungen anzupassen (vgl. *Hübner* BauR 2008, 608 (611ff.)). Dies gilt auch für vorhabenbezogene Bebauungspläne (Rn. 9; *Müller-Grune* BauR 2008, 936 (938ff.)). Damit kann durch eine Befreiung Besonderheiten der Planverwirklichung nach Sinn und Zweck der getroffenen Festsetzung entsprochen werden, obwohl die Festsetzung formal dem beantragten Vorhaben entgegensteht (BVerwG Urt. v. 14.7.1972 – IV C

1. Abschnitt. Zulässigkeit von Vorhaben **§ 31**

69/70, BVerwGE 40, 268 (271 f.); dass. Urt. v. 9.6.1978 – IV C 54/75, BVerwGE 56, 71 (74)). Eines **gesonderten Antrages** bedarf es ebenso wie für eine Ausnahme bei einem baugenehmigungsbedürftigen Vorhaben nicht, sofern landesrechtlich nichts anderes geregelt ist (VGH Mannheim Urt. v. 21.2.2014 – 3 S 1992/13, NVwZ-RR 2014, 548; → auch Rn. 17 zur Ausnahme sowie Rn. 49). Eine notwendige Befreiung wird vielfach zudem konkludent mit beantragt (vgl. VGH München Beschl. v. 9.10.2003 – 25 CS 03/897, ZfBR 2004, 77 (78); *Roeser* in BK § 31 Rn. 9). Ist ein Vorhaben bauordnungsrechtlich nicht genehmigungspflichtig, kann eine zu beantragende **isolierte Befreiung** notwendig sein (s. etwa OVG Berlin-Brandenburg Beschl. v. 2.9.2009 – 10 S 24/09, NVwZ-RR 2009, 951).

Eine **Beschränkung auf einen Einzelfall** ist für die Befreiung seit Inkrafttreten des BauROG 1998 **nicht mehr zwingend erforderlich.** Praktisch relevant wird dieser Verzicht auf das Einzelfallkriterium vor allem in den Fällen der Nr. 2 (vgl. *Roeser* in BK § 31 Rn. 12). Denn wenn nach Nr. 1 das Wohl der Allgemeinheit in mehr als nur einzelnen Fällen eine Befreiung erfordert (→ Rn. 30) oder nach Nr. 3 die Durchführung des Bebauungsplans in mehreren Fällen zu einer offenbar nicht beabsichtigten Härte führt (→ Rn. 40), dürfte regelmäßig ein Planerfordernis nach § 1 Abs. 3 S. 1 gegeben sein, das nach der Begründung des Regierungsentwurfs zum BauROG zu Recht die Grenze für die Erteilung von Befreiungen darstellt (vgl. BT-Drs. 13/6392, 56). Aber auch bei Nr. 2 dient die Befreiung nicht dazu, die Notwendigkeit einer Planänderung durch Verwaltungsakt zu unterlaufen. Die Notwendigkeit einer Planänderung, ggf. auch nur im vereinfachten Verfahren nach § 13, darf nicht durch eine großzügige Befreiungspraxis aus den Angeln gehoben werden. Die Befreiung kann nicht als Vehikel dafür herhalten, die von der Gemeinde getroffene planerische Regelung bei Seite zu schieben. Sie darf – jedenfalls hinsichtlich solcher Festsetzungen, die für die Planung tragend sind – nicht aus Gründen erteilt werden, die sich in einer Vielzahl gleichgelagerter Fälle oder gar für alle von einer bestimmten Festsetzung betroffenen Grundstücke anführen ließen (BVerwG Urt. v. 5.3.1999 – 4 B 5/99, NVwZ 1999, 1110). 25

Ob mit dem Einzelfallkriterium, wie in der Begründung zum BauROG (Rn. 25) dargelegt, zugleich auch das Kriterium der **Atypik entfallen** ist, ist streitig (instruktiv VGH Mannheim Urt. v. 16.6.2003 – 3 S 2324/02, NVwZ 2004, 357 (359)). Auch hier stellt sich das Problem vor allem in den Fällen der Nr. 2 (so auch VGH Mannheim aaO, 360, das in einem ausführlichen obiter dictum gegen das Beibehalten der Atypik als ungeschriebenem Tatbestandsmerkmal Stellung nimmt; zustimmend *Herrmann* NVwZ 2004, 309). Die Atypik ist jedoch nicht gleichbedeutend mit der Beschränkung auf einen Einzelfall (so etwa auch *Rieger* in Schrödter § 31 Rn. 26; *Siegmund* in SU § 31 Rn. 37). Durch den Verzicht auf den Einzelfall liegt die durch die Neuregelung beabsichtigte und auch erreichte Erleichterung darin, dass Befreiungen nicht nur in einem einzelnen Fall, sondern auch in mehreren gleichgelagerten, aber von dem planerischen Normalfall abweichenden (atypischen) Situationen erteilt werden können (*Rieger* in Schrödter § 31 Rn. 26 m.w.N.). Kann von einer solchen begrenzten „Atypik", die die Grundstruktur des Bebauungsplans unberührt lässt, nicht mehr die Rede sein, liegt in der Regel ein **Abgehen von den Grundzügen der Planung** (Rn. 29) vor, so dass ein Planerfordernis nach § 1 Abs. 3 S. 1 besteht. Die „Atypik" ist daher letztlich in erster Linie ein Indiz für das Vorliegen eines Planerfordernisses und insofern daher auch kein gesondertes (ungeschriebenes) Prüfungskriterium für die Zulässigkeit einer Befreiung (vgl. auch *Jäde* in JDW § 31 Rn. 13; ähnlich iE auch VGH Mannheim aaO, 359 f.). 26

2. Voraussetzungen. § 31 Abs. 2 enthält einen **dreigliedrigen Tatbestand.** Danach kann eine Befreiung nur dann erteilt werden, wenn (1.) die Grundzüge der Planung nicht berührt werden und (2.) alternativ einer der unter den Nummern 1–3 genannten Gründe vorliegt und (3.) die Abweichung auch unter Würdigung nach- 27

barlicher Interessen mit den öffentlichen Belangen vereinbar ist. Fehlt es an einem dieser Elemente, ist die Befreiung zwingend zu versagen. Eine Ermessensausübung zugunsten des Bauherrn kommt dann nicht mehr in Betracht (BVerwG Urt. v. 5.3.1999 – 4 B 5/99, NVwZ 1999, 1110).

28 **a) Allgemeine Befreiungsvoraussetzungen.** Neben den besonderen Voraussetzungen der Nummern 1–3 (Rn. 33ff.) muss eine Befreiung nach Abs. 2 folgenden allgemeinen Voraussetzungen entsprechen:

29 **aa) Grundzüge der Planung.** Die Befreiung ist ein Instrument zur Lösung von Konflikten zwischen der gerechten Behandlung eines konkreten, von der Regel abweichenden Sonderfalls und einer abstrakten Festsetzung im Bebauungsplan. Entsteht das Bedürfnis für eine Befreiung in mehr als nur unwesentlicher Hinsicht nicht mehr im Einzel-, sondern im Regelfall, sind entweder die Voraussetzungen für eine Änderung oder die für die Unwirksamkeit bzw. Funktionslosigkeit des Bebauungsplans (§ 10 Rn. 8) gegeben. Durch Befreiungen dürfen daher entsprechend der **Regelung vor Nr. 1** die **Grundzüge der Planung** (→ § 13 Rn. 2) nicht berührt werden (vgl. VGH Mannheim Beschl. v. 9.12.2002 – 5 S 1985/02, ZfBR 2003, 263; *Roeser* in BK § 31 Rn. 10ff.). Der Bebauungsplan ist rechtssatzmäßiger Ausdruck der verfassungsrechtlich garantierten und demokratisch legitimierten Planungshoheit der Gemeinde und kann daher nicht durch Entscheidungen der Baugenehmigungsbehörde in relevanter Weise abgeändert werden. Auch die nach den §§ 3 und 4 notwendige Beteiligung der Bürger und der Träger öffentlicher Belange darf auf diese Weise nicht unterlaufen werden (BVerwG Urt. v. 5.3.1999 – 5 B 5/99, NVwZ 1999, 1110). Ob die Grundzüge der Planung berührt werden, hängt von der jeweiligen Planungssituation ab. Entscheidend ist, ob die Abweichung dem **planerischen Grundkonzept** zuwider läuft (vgl. VGH München Urt. v. 24.3.2011 – 2 B 11/59, BauR 2011, 1785). Maßgeblich ist dabei das Plangebiet insgesamt, zumindest aber der für das jeweilige Vorhaben relevante Teilbereich, sofern die Gemeinde eine Planfestsetzung nicht gezielt im Hinblick auf die konkrete Grundstückssituation getroffen hat. Je tiefer die Befreiung in das Interessengeflecht der Planung eingreift, desto eher liegt der Schluss nahe, dass eine Änderung der Planungskonzeption gegeben ist, der nur im Wege einer Planänderung nachgekommen werden darf. Wenn der Plangeber „angesichts des Falles" bewusst eine Festsetzung getroffen hat, die einem Vorhaben entgegensteht, scheidet eine Befreiung in aller Regel aus. Wird daher zur Entscheidung über den Befreiungsantrag eine planerische Abwägung, also etwa eine Saldierung nachbarlicher und öffentlicher Interessen, erforderlich und damit der im Bebauungsplan gefundene planerische Interessenausgleich in Frage gestellt, sind die Grundzüge der Planung berührt und es wird der Rahmen für eine durch Subsumtion geprägte Befreiungsentscheidung verlassen. Obgleich auch das vereinfachte Verfahren nach § 13 davon abhängt, dass die Grundzüge der Planung nicht berührt werden, liegt darin der entscheidende Unterschied zwischen der Möglichkeit einer Befreiung gem. Abs. 2 und der Änderung eines bestehenden Bebauungsplans. Die Befreiung kann daher **nicht die Planänderung** mit dem dafür im Gesetz vorgesehenen Verfahren **ersetzen** (BVerwG Beschl. v. 20.11.1989 – 4 B 163/89, NVwZ 1990, 556; dass. Urt. v. 9.6.1978 – IV C 54/75, BVerwGE 56, 71 (74f.); OVG Münster Urt. v. 20.2.2004 – 10 A 4840/01, NVwZ-RR 2005, 388; OVG Bautzen Beschl. v. 10.3.2015 – 1 B 298/14, BauR 2015, 1126 für eine Asylbewerberunterkunft in einem Sondergebiet „Hotel/Boardinghaus"; s. auch die zeitlich befristeten besonderen Befreiungsregelungen in § 246 Abs. 10 und Abs. 12, bei denen die Grundzüge der Planung einer Befreiung nicht entgegenstehen).

30 **bb) Vereinbarkeit mit den öffentlichen Belangen.** Eine Befreiung darf nur erteilt werden, wenn sie **mit den öffentlichen Belangen vereinbar** ist (s. hierzu neben § 1 Abs. 5 und Abs. 6 beispielhaft § 35 Abs. 3, der allerdings im beplanten Be-

reich nur begrenzt aussagekräftig ist). Dieses Erfordernis deckt sich weitgehend mit dem Wohl der Allgemeinheit in Nr. 1 (→ Rn. 33). Zusätzliche Bedeutung hat es bei der **Befreiung nach Nr. 2** und **Nr. 3**. Auch fiskalische Interessen mit bodenrechtlichem Bezug, zB erhöhte Erschließungs- oder sonstige Infrastrukturaufwendungen der Gemeinde, können als öffentliche Belange einer Befreiung entgegen stehen. Sie können zudem im Rahmen des Ermessens Gewicht erlangen (→ Rn. 43 f., dort auch zur Ausräumung derartiger entgegenstehender Belange). Das BVerwG hat in diesem Zusammenhang die Faustformel entwickelt, dass ein zur Befreiung gestelltes Vorhaben sich bei hinweggedachtem Bebauungsplan nach § 34 Abs. 1 in die nähere Umgebung einfügen muss. Dürfte es hingegen in diesem Fall nicht genehmigt werden, weil es sich nicht in die Eigenart der näheren Umgebung einfügt, scheide auch die Erteilung einer Befreiung aus (BVerwG Urt. v. 9.6.1978 – 4 C 54/75, BVerwGE 56, 71).

Allerdings reichen die öffentlichen Belange im Sinne von § 31 Abs. 2 über das am **31** tatsächlichen Bestand orientierte Gebot des Einfügens im Sinne von § 34 Abs. 1 hinaus. Daher können auch gemeindliche Planungen oder Planungskonzepte, kommunale Entwicklungskonzepte, informelle Planung oÄ öffentliche Belange konkretisieren, die der Erteilung einer Befreiung entgegenstehen. Sie müssen allerdings hinreichend konkret oder jedenfalls konkretisierbar sein (BVerwG Urt. v. 19.9.2002 – 4 C 13/01, BVerwGE 117, 50 (54); OVG Münster Beschl. v. 10.4.2007 – 10 A 3915/05, BauR 2007, 1198; VGH Mannheim Urt. v. 16.6.2003 – 3 S 2324/02, BauR 2003, 1527).

cc) Würdigung nachbarlicher Interessen. Da ein Bebauungsplan insbeson- **32** dere auch dazu dient, unter den Nachbarn einen Interessenausgleich zu gewährleisten, von dem durch eine Befreiung zumindest teilweise abgewichen werden soll, muss für deren Zulässigkeit entscheidend darauf abgehoben werden, ob – bei Vorliegen der übrigen Voraussetzungen – in den durch den Bebauungsplan bewirkten nachbarlichen Interessenausgleich nicht erheblich störend eingegriffen würde (BVerwG Beschl. v. 6.3.1996 – 4 B 184/95, BauR 1996, 518). Die Würdigung nachbarlicher Interessen hat dabei unabhängig davon zu erfolgen, ob es um nachbarschützende Vorschriften geht oder nicht (vgl. BVerwG Urt. v. 19.9.1986 – 4 C 8/84, NVwZ 1987, 409; dass. Beschl. v. 8.7.1998 – 4 B 64/98, BauR 1998, 1206 f.; *Stollmann* ZfBR 1997, 16 (18)). Allerdings sind im Hinblick auf den Nachbarschutz die rechtlichen Konsequenzen unterschiedlich. Geht es um eine Befreiung von einer **nachbarschützenden Festsetzung** bei der Art der baulichen Nutzung des Bebauungsplans (einschließlich des Anspruchs auf Wahrung des Gebietscharakters, → Vorb. §§ 29–38 Rn. 36), führt bereits das Fehlen der objektiven Befreiungsvoraussetzungen zu einer Verletzung von Nachbarrechten. Geht es hingegen um eine **nicht nachbarschützende Festsetzung,** hat der Nachbar nur dann einen Abwehranspruch, wenn die Behörde bei ihrer Ermessensentscheidung über die vom Bauherrn beantragte Befreiung nicht die gebotene Rücksicht auf die Interessen des Nachbarn genommen hat (BVerwG Beschl. v. 8.7.1998 – 4 B 64/98, NVwZ-RR 1999, 8; dass. Urt. v. 19.9.1986 – 4 C 8/84, NVwZ 1987, 409; VGH München Beschl. v. 26.2.2014 – 2 ZB 14.101, BauR 2014, 966). Erforderlich ist dabei eine Prüfung, ob durch die Abweichung nachbarrechtliche Interessen **konkret** betroffen sein können (BVerwG Urt. v. 18.11.2010 – 4 C 10/09, NVwZ 2011, 748 Rn. 35; s. auch VGH München Urt. v. 24.3.2011 – 2 B 11.59, BauR 2011, 1785 zum trading-down-Effekt einer Spielhalle), wobei allerdings die „reale Möglichkeit" einer solchen Betroffenheit für die Versagung einer Befreiung ausreicht (BVerwG Beschl. v. 27.6.2013 – 4 B 43.11, BauR 2013, 1650).

b) Besondere Befreiungsvoraussetzungen. Abs. 2 bestimmt drei besondere **33** Befreiungsfälle, von denen neben den allgemeinen Befreiungsvoraussetzungen (Rn. 28 ff.) zumindest einer vorliegen muss.

34 **aa) Wohl der Allgemeinheit (Nr. 1). Nr. 1** ermöglicht eine Befreiung, wenn Gründe des **Wohls der Allgemeinheit** sie erfordern. Sowohl der Begriff des Allgemeinwohls als auch der des Erforderns sind weit auszulegen. Unter Allgemeinwohl sind nicht nur spezifisch bodenrechtliche Belange zu verstehen sondern **alle öffentlichen Interessen, wie sie beispielhaft in § 1 Abs. 5 und 6 aufgeführt sind** (BVerwG Urt. v. 18.11.2010 – 4 C 10/09, NVwZ 2011, 748 Rn. 25; dass. Urt. v. 9.6.1978 – IV C 54/75, BVerwGE 56, 71 (76); dass. Beschl. v. 19.2.1982 – 4 B 21/82, BRS 39 Nr. 168). Hierunter können Befreiungen für kirchliche, soziale, kulturelle oder sportliche Einrichtungen (Kirchengebäude, Krankenhäuser, Kindergärten, Theater, Schulen, Schwimmbäder, Turnhallen) oder Sicherheits-, Umweltschutz-, Verkehrs-, Versorgungs- oder Entsorgungseinrichtungen (Polizeiwachen, Kläranlagen, Heizkraftwerke, Straßenbahntrassen für den innerörtlichen Verkehr; zu letzteren VGH Mannheim Urt. v. 15.10.2004 – 5 S 2586/03, UPR 2005, 153) sowie telekommunikationstechnische Einrichtungen (zB Mobilfunksendeanlagen, OVG Münster Urt. v. 8.10.2003 – 7 A 1397/02, NVwZ-RR 2004, 404) fallen. Auch ein dringender Wohnbedarf fällt unter den Begriff des Wohls der Allgemeinheit (vgl. VGH Mannheim Beschl. v. 16.6.1998 – 8 S 1522/98, NVwZ 1999, 670). Ausdrücklich klargestellt ist, dass der Bedarf an Einrichtungen zur Unterbringung von Flüchtlingen und Asylbegehrenden zu den Gründen des Wohls der Allgemeinheit zählt (OVG Bautzen Beschl. v. 10.3.2015 – 1 B 298/14, BauR 2015, 1126; s. auch Rn. 1a).

35 **Erfordert** wird die Befreiung bereits dann, wenn es **„vernünftigerweise geboten"** ist, das beabsichtigte Vorhaben an der vorgesehenen Stelle trotz entgegenstehender Festsetzung im Bebauungsplan durchzuführen. Es ist also nicht notwendig, dass die Befreiung das allein in Betracht kommende Mittel ist, um das im jeweiligen Fall verfolgte öffentliche Interesse zu verwirklichen (BVerwG Urt. v. 9.6.1978 – IV C 54/75, BVerwGE 56, 71 (76); dass. Beschl. v. 19.2.1982 – 4 B 21/82, BRS 39 Nr. 168). Es reicht jedoch nicht aus, wenn die Befreiung dem Allgemeinwohl lediglich nützlich ist, weil auf diese Weise etwa die Grundstücksausnutzung optimiert wird. Bei baulichen Änderungen oder Nutzungsänderungen an Bestandsgebäuden ist dies zumindest tendenziell großzügiger zu sehen. Sie sind eher vernünftigerweise geboten als planwidrige Neubauvorhaben (BVerwG Urt. v. 18.11.2010 – 4 C 10/09, NVwZ 2011, 748 Rn. 26). Die insgesamt verhältnismäßig weitreichende Möglichkeit der Befreiung nach Nr. 1 ist rechtsstaatlich vertretbar, da sie durch die Beachtlichkeit der öffentlichen Belange und die Würdigung nachbarlicher Interessen sowie die hierdurch vorgegebenen Bindungen des Ermessens der Baugenehmigungsbehörde begrenzt ist.

36 **bb) Städtebauliche Vertretbarkeit.** Die Befreiungsmöglichkeit nach Nr. **2** ist durch die Novelle 1979 eingeführt und bereits durch das Baugesetzbuch 1987 erweitert worden. Durch die Regelung sollen die Anforderungen an die Anwendungsvoraussetzungen herabgesetzt, nicht aber die allgemeinen Strukturen der Befreiungstatbestände geändert werden (vgl. *Söfker* in EZBK § 31 Rn. 35). Mit dem BauROG 1998 ist der Befreiungstatbestand der Nr. 2 nicht als solcher erweitert worden. Denn die Grundzüge der Planung sind als Grenze für eine Befreiung nicht weggefallen, sondern für alle Befreiungstatbestände „vor die Klammer" gezogen worden. Eine Erleichterung gerade für die Befreiung nach Nr. 2 stellt allerdings der **Verzicht auf das Einzelfallerfordernis** (Rn. 25) dar.

37 Das Tatbestandsmerkmal der städtebaulichen Vertretbarkeit hat besondere Bedeutung **vor allem für Bebauungspläne in bereits länger bebauten Gebieten,** etwa in **Stadterhaltungs- oder Stadterneuerungsgebieten.** Damit können bei Umbauten oder Wiederaufbauten eines übernommenen baulichen Bestands historisch gewachsene Arten oder Maße der baulichen Nutzung oder bestimmte Bauweisen, die im Einzelfall der planerischen Festsetzung widersprechen, berücksichtigt werden,

1. Abschnitt. Zulässigkeit von Vorhaben §31

auch wenn eine Befreiung nicht erforderlich im Sinn der Nr. 1 ist. Rechtsstaatlich gebotene **Eingrenzungen** erfährt auch diese Befreiungsmöglichkeit durch die Notwendigkeit, die Grundzüge der Planung (Rn. 29) zu wahren sowie durch das Erfordernis der Vereinbarkeit mit den öffentlichen Belangen unter gleichzeitiger Würdigung nachbarlicher Interessen.

Für Nr. 2 reicht es aus, wenn die Abweichung städtebaulich **vertretbar** ist. Anders 38 als bei der ebenfalls weit gefassten Befreiungsmöglichkeit nach Nr. 1, die jedoch durch das vergleichsweise strenge Merkmal des „Erforderns" eingeschränkt wird, ist hier der Tatbestand kaum eingeengt. Zudem ergibt sich aus Nr. 2, anders als bei den anderen beiden Tatbeständen (Gründe des Wohls der Allgemeinheit, Vermeidung einer offenbar nicht beabsichtigten Härte), nicht, **zu welchem Zweck** die Befreiung erteilt werden soll. Städtebaulich vertretbar ist eine Abweichung von den Planfestsetzungen daher bereits dann, wenn sie im Rahmen der Aufstellung oder Änderung eines Bebauungsplans **abwägungsfehlerfrei planbar** wäre. Wenn insbesondere unter Berücksichtigung des Abwägungsgebotes (§ 1 Abs. 7) anstelle der vorhandenen Planfestsetzung in der konkreten örtlichen Gegebenheit auch eine solche erfolgen könnte, nach der das geplante Vorhaben allg. zulässig wäre, ist die städtebauliche Vertretbarkeit gegeben (BVerwG Urt. v. 17.12.1998 – 4 C 16/97, BVerwGE 108, 190; VGH München Urt. v. 24.3.2011 – 2 B 11/59, BauR 2011, 1785). Es ist daher für eine Befreiung nach Nr. 2 nicht erforderlich, dass sie städtebaulichen Zielen nützlicher ist als die vorhandene Festsetzung.

Daher haben hier das Erfordernis, dass die Grundzüge der Planung nicht berührt 39 werden dürfen, sowie das Gebot, dass die Notwendigkeit einer Planänderung nicht durch eine zu großzügige Befreiungspraxis aus den Angeln gehoben werden darf (Rn. 25), besonderes Gewicht. Auch § 31 Abs. 2 Nr. 2 erlaubt nur Randkorrekturen der Planung, nicht hingegen eine umfassende Planänderung in Richtung auf einen zwar rechtlich möglichen, gleichwohl jedoch von der Gemeinde (bisher) nicht gewollten und so auch nicht erlassenen Bebauungsplan (*Roeser* in BK § 31 Rn. 8). Sobald die Gemeinde in eine ernsthafte Prüfung der Frage eintritt oder eintreten müsste, ob gewichtige nachbarliche Interessen verletzt sein könnten, ist eine Ablehnung der Befreiung (vor allem bei einer Befreiung von einer nachbarschützenden Festsetzung, vgl. OVG Lüneburg Beschl. v. 20.6.2000 – 1 M 2011/00, BauR 2000, 1844) oder eine vereinfachte Planänderung angezeigt (vgl. instruktiv OVG Berlin Beschl. v. 16.5.2000 – 2 S 1/00, ZfBR 2001, 52; VGH Kassel Beschl. v. 13.7.1999 – 4 TG 1322/99, BauR 2000, 1845 (1847f.)). Denn hier ist nach § 13 Abs. 2 S. 1 Nr. 2 zumindest die Beteiligung der betroffenen Bürger erforderlich, wenn der Gemeinde nicht sogar eine Auslegung nach § 3 Abs. 2 zweckmäßiger erscheint.

cc) Offenbar nicht beabsichtigte Härte (Nr. 3). Eine nicht beabsichtigte 40 Härte liegt vor, wenn die Durchführung des Bebauungsplans, also das Bauen gemäß den Festsetzungen des Bebauungsplans, zu einem Ergebnis führen würde, dass **bei der Aufstellung des Plans offenbar nicht beabsichtigt** worden ist (BVerwG Urt. v. 20.6.1975 – IV C 5/74, BauR 1975, 313; dass. Urt. v. 14.7.1972 – IV C 69/70, BVerwGE 40, 268). Allein wirtschaftliche Nachteile des Grundstückseigentümers reichen dafür nicht aus. Ebenso wenig genügt es, wenn die Bebauungsmöglichkeiten des Bauherrn hinter seinen Wünschen oder hinter den Ausnutzungsmöglichkeiten für die Nachbargrundstücke aufgrund einer bewussten planerischen Entscheidung zurückbleiben. In einem solchen Fall handelt es sich gerade nicht um eine unbeabsichtigte Härte, sondern um eine bewusst gewählte – wenn auch ungleiche Ausgestaltung des Bebauungsplans (vgl. OVG Saarlouis Urt. v. 6.11.1970 – II R 30/70, BauR 1971, 111). Offenbar nicht beabsichtigt ist eine Härte für den Bauherrn vielmehr nur dann, wenn die betreffenden Konsequenzen durch den Plangeber nicht berücksichtigt wurden oder gar nicht berücksichtigt werden konnten. War dies hingegen der Fall und wollte die Gemeinde gleichwohl den betroffenen Grundstückseigentümern die mit den Plan-

festsetzungen verbundenen Nachteile zumuten, kann dies dafür sprechen, dass der Bebauungsplan abwägungsfehlerhaft und daher im Zweifel unwirksam ist (vgl. BVerwG Urt. v. 14.7.1972 – IV C 69/70, BVerwGE 40, 268 (271 ff.)). In diesem Fall ist für eine Befreiung von den Planfestsetzungen kein Raum. Vielmehr ist das Vorhaben ggf. anhand der planungsrechtlichen Voraussetzungen zu prüfen, die ohne den unwirksamen Bebauungsplan gelten (vgl. BVerwG Urt. v. 14.7.1972, aaO).

41 Offenbar nicht beabsichtigte Härten sind vor allem dann in Betracht zu ziehen, wenn Planfestsetzungen sich in Bezug auf das einzuhaltende Maß der baulichen Nutzung, die überbaubaren Grundstücksflächen oder aufgrund besonderer Grundstückszuschnitte (zB bei einem Eckgrundstück) als nicht sinnvoll erweisen, etwa weil sie zu einer praktischen Unbebaubarkeit des Grundstücks aus tatsächlichen oder auch aus wirtschaftlichen Gründen führen, die von der planaufstellenden Gemeinde so gar nicht beabsichtigt war (weitere Beispiele bei *Söfker* in EZBK § 31 Rn. 51). Hat sich der Eigentümer durch einen ungenehmigten Bau selbst in die Lage gebracht, eine Befreiung für dessen Genehmigung zu benötigen, insbesondere zur Vermeidung eines Abbruchs, liegt darin trotz der möglicherweise erheblichen wirtschaftlichen Folgen keine nicht beabsichtigte Härte. Ein eigenes rechtswidriges Verhalten kann die Erteilung einer Befreiung also nicht erzwingen (BVerwG Beschl. v. 27.11.1978 – 4 B 120/78, ZfBR 1979, 37).

42 **c) Einvernehmen der Gemeinde (§ 36 Abs. 1 S. 1 und 2).** Die Befreiung greift in das Gefüge des von der Gemeinde beschlossenen Bebauungsplans ein. Die Baugenehmigungsbehörde, die über die Befreiung entscheidet, hat daher nach § 36 Abs. 1 S. 1 das **Einvernehmen** der plangebenden Gemeinde einzuholen.

43 **3. Entscheidung. a) Ermessen der Baugenehmigungsbehörde.** Die Entscheidung über die Erteilung oder Versagung einer Befreiung liegt, wie sich aus der Verwendung des Wortes „kann" ergibt, im **Ermessen** der Baugenehmigungsbehörde (vgl. BVerwG Urt. v. 19.9.2002 – 4 C 13/01, BVerwGE 117, 50). Allerdings verbleibt für eine Ausübung des Ermessens, wenn die engen Voraussetzungen für die Erteilung einer Befreiung erfüllt sind, wenig Spielraum (vgl. VGH München Urt. v. 24.3.2011 – 2 B 11/59, BauR 2011, 1785; OVG Koblenz Urt. v. 2.7.2015 – 1 A 10031/15, BauR 2015, 1799 unter Hinweis auf Art. 14 Abs. 1 GG). Gewährt ein Gesetz bestimmten Vorhaben eine Vorrangstellung, reduziert sich das Befreiungsermessen auf Null, wenn dem Vorhaben nicht zumindest gleichgewichtige Belange entgegenstehen. Dies kann etwa bei der Rohstoffsicherungsklausel des § 48 Abs. 1 S. 2 BBergG der Fall sein (vgl. BVerwG Urt. v. 4.7.1986 – 4 C 31/84, BVerwGE 74, 315; s. hierzu auch die Anm. v. *Seibert* DVBl. 1986, 1277). Auch in anderen Fällen kann das Befreiungsermessen auf Null reduziert sein, wenn die tatbestandlichen Befreiungsvoraussetzungen erfüllt sind. Folge ist dann, dass die Baugenehmigungsbehörde zur Erteilung der Befreiung verpflichtet ist (vgl. VGH Mannheim Beschl. v. 11.3.2015 – 8 S 492/15, juris; *Söfker* in EZBK § 31 Rn. 61; *Jäde* in JDW § 31 Rn. 29). Allerdings können bei der abschließenden Ermessensentscheidung vor allem solche Belange Bedeutung erlangen, die in der Prüfung der tatbestandlichen Voraussetzungen des § 31 Abs. 2 noch nicht berücksichtigt werden konnten oder die zumindest noch einer ergänzenden Würdigung im konkreten Fall zugeführt werden sollen. Auch die Ermessenserwägungen, die auf der Rechtsfolgenseite im Rahmen von § 31 Abs. 2 herangezogen werden, müssen dabei jedoch städtebaulicher Natur sein. Andere Gründe, etwa solche der Wettbewerbs- oder Sozialpolitik oder auch des Bauordnungsrechts, scheiden hingegen aus (s. etwa OVG Bautzen Besch. v. 10.3.2015 – 1 B 298/14, BauR 2015, 1126; *Siegmund* in SU § 31 Rn. 51).

44 Von Bedeutung sein können in diesem Zusammenhang etwa **fiskalische Interessen** der Gemeinde, etwa die Vermeidung unwirtschaftlicher Aufwendungen. Sie können dazu führen, eine Befreiung zu versagen (vgl. auch BVerwG Urt. v. 9.6.1978 – IV C 54/75, BVerwGE 56, 71 (77); *Jarass/Kment* § 31 Rn. 23; s. bereits

Rn. 30 zur Berücksichtigung als öffentlicher Belang). Will sich die Gemeinde durch die Erteilung einer Befreiung oder durch die Erteilung ihres Einvernehmens zu einer Befreiung nicht zu weiteren finanziellen Lasten hinsichtlich der Erschließung oder sonstiger Infrastruktur genötigt sehen, die sie nicht leisten kann oder will, darf die Erteilung einer Befreiung oder die Erteilung des Einvernehmens aus diesem Grund abgelehnt werden (vgl. auch *Söfker* in EZBK § 31 Rn. 61). Allerdings kann sich der Antragsteller durch einen Erschließungs- oder einen Folgekostenvertrag verpflichten, diese Kosten ganz oder teilweise selbst zu übernehmen, und so die Voraussetzungen für eine Befreiung schaffen (→ § 11 Rn. 18ff., 30 sowie 54ff.).

Nicht selten stellt sich das Problem der Befreiung bereits im Zusammenhang mit **45** einem in Aufstellung befindlichen neuen Bebauungsplan. Hier sind verschiedene Fälle zu unterscheiden: Hat der neue Bebauungsplan **Planreife** erlangt, ist für eine Anwendung von Abs. 2 hinsichtlich eines bestehenden alten Bebauungsplans kein Raum mehr. Hierfür enthält § 33 eine eigenständige und für den Antragsteller zumeist günstigere Rechtsgrundlage, da bei Vorliegen der entsprechenden Voraussetzungen ein Rechtsanspruch auf Genehmigungserteilung besteht (→ § 33 Rn. 5). Dabei kann im Einzelfall sogar von den Festsetzungen des künftigen Bebauungsplans befreit werden (→ Rn. 10). Soweit das Vorhaben auch dann nicht genehmigungsfähig ist und nach dem bestehenden alten Bebauungsplan eine Befreiung erforderlich wäre, steht dem der **künftige Bebauungsplan als öffentlicher Belang** entgegen. Die Tatbestandsvoraussetzungen einer Befreiung sind dann nicht erfüllt. Zudem kann das Ermessen dahingehend ausgeübt werden, dass die Befreiung versagt wird.

Hat der Plan zwar noch **keine Planreife** erlangt, ist jedoch gleichwohl mit seiner **46** Aufstellung zu rechnen oder stehen die für die begehrte Befreiung bedeutsamen Festsetzungen bereits weitgehend fest, stellt der Planentwurf ein für die Ermessensentscheidung relevantes städtebauliches Interesse dar, das zur Ablehnung der Befreiung führen kann. Ist es jedoch noch **völlig ungewiss,** ob der Plan in einer der Befreiung entgegenstehenden Form in Kraft treten wird, kann auf ihn auch keine ablehnende Ermessensentscheidung gestützt werden.

b) Nebenbestimmungen. Da es sich bei der Entscheidung über die Befreiung **47** um eine Ermessensentscheidung handelt, kann sie wie die Ausnahme mit **Nebenbestimmungen** versehen werden (→ Rn. 20). Eine danach mögliche zeitliche Befristung ändert allerdings nichts daran, dass die tatbestandlichen Voraussetzungen für eine Befreiung erfüllt sein müssen (OVG Hamburg Beschl. v. 17.6.2013 – 2 Bs 151/13, NVwZ-RR 2013, 990; OVG Lüneburg Beschl. v. 12.6.2014 – 1 ME 67/14, BauR 2014, 174; zu zeitlich befristeten Zwischennutzungen s. auch *Schmidt-Eichstaedt* ZfBR 2009, 738 (742)). Sie hat daher neben der wertend zu beantwortenden Frage, ob insbesondere die Grundzüge der Planung tatsächlich berührt sind, vor allem Bedeutung auf der Ermessensebene.

4. Vertragliche Regelung (Baudispensverträge). Nach § 54 VwVfG kann die **48** Behörde, anstatt einen Verwaltungsakt zu erlassen, mit dem Adressaten einen öffentlich-rechtlichen Vertrag schließen. § 11 Abs. 1 S. 1 stellt dies für das Städtebaurecht ausdrücklich klar (→ § 11 Rn. 1 ff.). Ebenfalls kann die Erteilung einer Befreiung durch Bescheid von dem Abschluss eines städtebaulichen Vertrages abhängig gemacht werden (→ Rn. 20). Den allgemeinen Anforderungen an einen städtebaulichen Vertrag muss auch ein solcher öffentlich-rechtlicher Vertrag (BVerwG Urt. v. 6.7.1973 – IV C 22/72, BVerwGE 42, 331 (334)) genügen. So darf sich die Gemeinde die Erteilung einer Befreiung nicht „bezahlen" lassen, d. h. wirtschaftliche Leistungen des Antragstellers verlangen, die über den sachlichen Zusammenhang mit der Befreiungserteilung hinausgehen (sog. **Koppelungsverbot**). Zulässig sind allerdings Vereinbarungen zu Leistungen, die die mit der Befreiung verbundenen Auswirkungen ausgleichen sollen (zB zusätzliche Bepflanzungsmaßnahmen bei einer im Wege der Befreiung vorgesehenen Erhöhung der GRZ).

49 **5. Versteckter Dispens.** In der Planungspraxis nicht selten sind Fälle, in denen ein Vorhaben durch die zuständige Baubehörde genehmigt wird, ohne dass sie erkannt hat, dass es von den Bebauungsplanfestsetzungen abweicht und daher an sich **befreiungsbedürftig** gewesen wäre (versteckter oder heimlicher Dispens). Liegen die Befreiungsvoraussetzungen tatsächlich nicht vor und wurde das Befreiungsermessen nicht ausgeübt, hat dies die materielle Rechtswidrigkeit des Vorhabens zur Folge. An der formellen Legalisierungswirkung einer erteilten Baugenehmigung ändert dies jedoch nichts, so dass das Vorhaben gemäß der erteilten Baugenehmigung errichtet und genutzt werden darf. Ihm kommt dementsprechend auch uneingeschränkter Bestandsschutz zu. Eine Aufhebung der erteilten Baugenehmigung ist allenfalls nach Maßgabe von § 48 VwVfG möglich, allerdings ggf. verbunden mit den dort geregelten Entschädigungspflichten zugunsten des Bauherrn. Soll das genehmigte Vorhaben später in genehmigungsbedürftiger Weise in Bezug auf seine bauliche Substanz oder seine Nutzung verändert werden, muss über die notwendige Befreiung erneut befunden werden (→ zum Begriff des Vorhabens und zum Prüfungsgegenstand bei Änderungen § 29 Rn. 1 ff., 18). Dies ist jedoch auch bei einem Vorhaben, für das eine Befreiung förmlich erteilt wurde, nicht anders. Auch in diesem Fall ist mit der ursprünglichen Befreiung nicht die gleichzeitige Entscheidung verbunden, dass auch zukünftig wiederholt von denselben oder anderen Planfestsetzungen eine Befreiung erteilt wird (vgl. OVG Weimar Beschl. v. 25.6.1999 – 1 EO 197/99, BRS 62 Nr. 141; VGH Mannheim Urt. v. 15.3.1979 – III 711/77, BauR 1980, 156). Dies hängt vielmehr von der dann maßgeblichen Sach- und Rechtslage ab.

50 **6. Drittschutz.** Zum Drittschutz wird insbesondere auf Rn. 21 f. sowie auf die Erläuterungen in den Vorb. §§ 29–38 Rn. 14 ff. verwiesen. Eine Befreiung kann im Falle einer **Nachbarklage** auch noch im Prozess **nachgeholt** werden. Bedeutung hat dies vor allem für die Ermessensausübung, die bei einem versteckten Dispens (Rn. 49) nicht erfolgt ist (VGH Mannheim Urt. v. 21.2.2014 – 3 S 1992/13, NVwZ-RR 2014, 548).

§ 32 Nutzungsbeschränkungen auf künftigen Gemeinbedarfs-, Verkehrs-, Versorgungs- und Grünflächen

¹Sind überbaute Flächen in dem Bebauungsplan als Baugrundstücke für den Gemeinbedarf oder als Verkehrs-, Versorgungs- oder Grünflächen festgesetzt, dürfen auf ihnen Vorhaben, die eine wertsteigernde Änderung baulicher Anlagen zur Folge haben, nur zugelassen und für sie Befreiungen von den Festsetzungen des Bebauungsplans nur erteilt werden, wenn der Bedarfs- oder Erschließungsträger zustimmt oder der Eigentümer für sich und seine Rechtsnachfolger auf Ersatz der Werterhöhung für den Fall schriftlich verzichtet, dass der Bebauungsplan durchgeführt wird. ²Dies gilt auch für die dem Bebauungsplan nicht widersprechenden Teile einer baulichen Anlage, wenn sie für sich allein nicht wirtschaftlich verwertbar sind oder wenn bei der Enteignung die Übernahme der restlichen überbauten Flächen verlangt werden kann.

Übersicht

	Rn.
1. Anwendungsbereich	1
2. Festsetzungen des Bebauungsplans	4
3. Wertsteigernde Änderung baulicher Anlagen	6
4. Zustimmung des Bedarfs- oder Erschließungsträgers	8
5. Mehrwertverzichtserklärung	10

1. Abschnitt. Zulässigkeit von Vorhaben § 32

1. Anwendungsbereich. Die Vorschrift bezieht sich auf folgende **Fallgestaltungen**: **S. 1**: Ein Grundstück ist im Bebauungsplan als **Baugrundstück für den Gemeinbedarf** oder als **Verkehrs-, Versorgungs- oder Grünfläche** festgesetzt (→ Rn. 4); das Grundstück ist jedoch bereits anderweitig bebaut. Die Änderung der vorhandenen baulichen Anlage ist daher planungsrechtlich ein unzulässiges Vorhaben. Da die Verwirklichung der in S. 1 bezeichneten Festsetzungen uU längere Zeit in Anspruch nimmt, zB wegen eines erst abzuschließenden umfangreichen Grunderwerbs, könnte das Vorhaben im Wege einer Befreiung nach § 31 Abs. 2 zugelassen werden (→ Rn. 5). Da eine wertsteigernde Änderung der baulichen Anlage jedoch eine später vom Bedarfs- oder Erschließungsträger zu zahlende Entschädigung – sei es auf Grund eines Übernahmeverlangens oder als Enteignungsentschädigung – erhöhen kann, ist nach S. 1 ein entsprechendes Vorhaben nur zulässig und kann eine Befreiung nur erteilt werden, wenn der Bedarfs- oder Erschließungsträger zustimmt (→ Rn. 8 f.) oder der Eigentümer für sich und seine Rechtsnachfolger für den Fall der Durchführung des Bebauungsplans auf Ersatz der Werterhöhung schriftlich verzichtet (→ Rn. 10 ff.). 1

S. 2 betrifft den Fall, dass die in S. 1 genannten Voraussetzungen nur für **Teile einer baulichen Anlage** zutreffen, während die übrigen Teile dem Bebauungsplan nicht widersprechen. Eine wertsteigernde Änderung dieser dem Bebauungsplan nicht widersprechenden Teile wäre planungsrechtlich zwar zulässig. Sofern sie für sich allein nicht wirtschaftlich verwertbar sind oder wenn bei der Enteignung der enteignungsrechtliche Erstreckungsanspruch nach § 92 Abs. 3 zugunsten des Eigentümers begründet ist, könnte ihre Durchführung jedoch für den Fall der späteren Durchführung des Bebauungsplans gleichfalls die danach zu leistende Entschädigung erhöhen. Nach S. 2 ist daher auch für die Zulässigkeit dieser Vorhaben Voraussetzung, dass der Bedarfs- oder Erschließungsträger zustimmt oder der Eigentümer für sich und seine Rechtsnachfolger auf Ersatz der Werterhöhung schriftlich verzichtet. 2

S. 1 betrifft somit Fälle, in denen ein Vorhaben nur auf Grund einer Befreiung nach § 31 zugelassen werden kann; **S. 2** betrifft demgegenüber Fälle, in denen ein Rechtsanspruch auf die planungsrechtliche Zulässigkeit des Vorhabens wegen des Zusammenhangs mit den in S. 1 genannten Festsetzungen des Bebauungsplans eingeschränkt wird. 3

2. Festsetzungen des Bebauungsplans. § 32 kommt bei Vorhaben auf überbauten Flächen zur Anwendung, für die **Festsetzungen des Bebauungsplans** der in S. 1 genannten Art bestehen. Die Vorschrift gilt sowohl für einfache Bebauungspläne als auch für qualifizierte oder vorhabenbezogene Bebauungspläne; vgl. § 30 Abs. 1 bis 3. Folgende Festsetzungen kommen in Betracht: 4
– Baugrundstücke für den Gemeinbedarf (§ 9 Abs. 1 Nr. 5),
– Verkehrsflächen (§ 9 Abs. 1 Nr. 11),
– Versorgungsflächen (§ 9 Abs. 1 Nr. 12),
– Grünflächen (§ 9 Abs. 1 Nr. 15).

In den Fällen des S. 1 ist § 32 nur anwendbar, wenn ein den Festsetzungen eines Bebauungsplans widersprechendes und daher grundsätzlich unzulässiges Vorhaben im Wege der **Befreiung** zugelassen werden kann (vgl. OVG Münster Urt. v. 8.5.2009 – 7 A 3366.07, BauR 2009, 1563). Befreiungen können nach § 31 Abs. 2 erteilt werden. S. 1 erwähnt zwar nicht die in § 31 Abs. 1 geregelte **Ausnahme** von den Festsetzungen des Bebauungsplans; sieht ein Bebauungsplan für Festsetzungen von Gemeinbedarfs-, Versorgungs-, Verkehrs- oder Grünflächen ggf. die Zulassung von Ausnahmen vor, so ist S. 1 auch für diese Fälle entsprechend heranzuziehen. 5

3. Wertsteigernde Änderung baulicher Anlagen. § 32 betrifft Vorhaben, die eine **wertsteigernde Änderung baulicher Anlagen** zur Folge haben. Die Vorschrift bezieht sich also, und zwar sowohl in den Fällen des S. 1 als auch des S. 2, nicht schlechthin auf alle Vorhaben iS des § 29 Abs. 1: Sofern ein Vorhaben, das die Errich- 6

Mitschang

tung, Änderung oder Nutzungsänderung einer baulichen Anlage zum Gegenstand hat, nicht zugleich eine wertsteigernde Änderung der (vorhandenen) baulichen Anlage zur Folge hat, findet § 32 keine Anwendung.

7 Die Änderung der baulichen Anlage muss **wertsteigernd** sein, also zu einer Erhöhung des Grundstückswerts führen. Da der Regelungszweck des § 32 die Vermeidung einer erhöhten Entschädigung im Falle der späteren Durchführung des Bebauungsplans ist, muss beim Wertvergleich ggf. auch in Rechnung gestellt werden, wann der Bebauungsplan durchgeführt wird, da die Wertsteigerung durch Zeitablauf wieder aufgezehrt sein kann.

8 **4. Zustimmung des Bedarfs- oder Erschließungsträgers.** Ein nach § 32 zu beurteilendes Vorhaben kann – sowohl in den Fällen des S. 1 als auch in den Fällen des S. 2 – nur zugelassen werden, wenn der **Bedarfs- oder Erschließungsträger zustimmt.** Stimmt der Erschließungs- oder Bedarfsträger nicht zu, so kann das Vorhaben jedoch gleichwohl zugelassen werden, wenn der Eigentümer auf Ersatz der Werterhöhung verzichtet (→ Rn. 10). **Bedarfs- und Erschließungsträger** ist in aller Regel die Gemeinde. Jedoch kann nach § 124 die Erschließung auf einen Dritten, also auf einen Privaten, übertragen werden (→ § 11 Rn. 18 ff.). Bedarfsträger kann neben der Gemeinde auch eine andere Gebietskörperschaft (insbesondere bei Verkehrsflächen) oder auch ein privater Rechtsträger (zB ein Versorgungsunternehmen) sein.

9 Die **Zustimmung** iS des § 32 ist ein interner Vorgang im Verhältnis zwischen Baugenehmigungsbehörde einerseits und Bedarfs- oder Erschließungsträger andererseits. Die Zustimmung kann auch in einem **öffentlich-rechtlichen Vertrag** (städtebaulicher Vertrag) zwischen Träger und Eigentümer enthalten sein. Im Rahmen des ihm obliegenden pflichtgemäßen Ermessens kann der Träger mit dem Eigentümer in der Vereinbarung weitere Punkte bzw. Gegenstände vereinbaren, die im Sachzusammenhang mit der Befreiung und Entschädigungsfrage stehen (*Stock* in EZBK § 32 Rn. 25). Auch in diesem Fall muss die Erklärung der Baugenehmigungsbehörde zugehen.

Die Zustimmung kann nicht willkürlich erteilt oder versagt werden. Wird sie versagt, so ist die Baugenehmigungsbehörde hieran gebunden; der Antragsteller kann ggf. die Versagung der Baugenehmigung anfechten, sofern er nicht den Weg über die Mehrwertverzichtserklärung (→ Rn. 10) beschreitet; die Versagung der (internen) Zustimmung kann von ihm hingegen nicht angefochten werden. Wird die Baugenehmigung erteilt, obwohl der Bedarfs- oder Erschließungsträger nicht zugestimmt hat, so kann dieser die Genehmigung anfechten, weil er hierdurch in seinen Rechten beeinträchtigt sein kann.

10 **5. Mehrwertverzichtserklärung.** Stimmt der Bedarfs- oder Erschließungsträger nicht zu, so kann das Vorhaben in den Fällen des § 32 dann genehmigt werden, wenn der Eigentümer für sich und seine Rechtsnachfolger auf Ersatz der **Werterhöhung** für den Fall der Durchführung des Bebauungsplans schriftlich verzichtet. Der **Verzicht des Eigentümers** ist eine einseitige empfangsbedürftige öffentlich-rechtliche Willenserklärung (*Bielenberg* DVBl. 1965, 265). Der Verzicht des Eigentümers bewirkt, dass ein Entschädigungsanspruch, der durch die wertsteigernde Änderung der baulichen Anlage bewirkt wurde, nicht entstehen kann. Sonstige Entschädigungsansprüche bleiben hiervon also unberührt.

11 Die Mehrwertverzichtserklärung muss vom Eigentümer sowohl für sich als auch für seine **Rechtsnachfolger** abgegeben werden. Die Verzichtserklärung hat also eine dingliche Wirkung, wie sie zB öffentliche Lasten haben können; vgl. zu dieser rechtlich ungewöhnlichen Figur *Bielenberg* DVBl. 1965, 265; *Roeser* in BK § 32 Rn. 6.

12 Der Eigentümer hat die Mehrwertverzichtserklärung **schriftlich** (vgl. § 126 BGB) gegenüber der Baugenehmigungsbehörde abzugeben.

1. Abschnitt. Zulässigkeit von Vorhaben §33

§ 33 Zulässigkeit von Vorhaben während der Planaufstellung

(1) In Gebieten, für die ein Beschluss über die Aufstellung eines Bebauungsplans gefasst ist, ist ein Vorhaben zulässig, wenn
1. die Öffentlichkeits- und Behördenbeteiligung nach § 3 Abs. 2, § 4 Abs. 2 und § 4 a Abs. 2 bis 5 durchgeführt worden ist,
2. anzunehmen ist, dass das Vorhaben den künftigen Festsetzungen des Bebauungsplans nicht entgegensteht,
3. der Antragsteller diese Festsetzungen für sich und seine Rechtsnachfolger schriftlich anerkennt und
4. die Erschließung gesichert ist.

(2) In Fällen des § 4a Abs. 3 Satz 1 kann vor der erneuten Öffentlichkeits- und Behördenbeteiligung ein Vorhaben zugelassen werden, wenn sich die vorgenommene Änderung oder Ergänzung des Bebauungsplanentwurfs nicht auf das Vorhaben auswirkt und die in Absatz 1 Nr. 2 bis 4 bezeichneten Voraussetzungen erfüllt sind.

(3) [1]Wird ein Verfahren nach § 13 oder § 13 a durchgeführt, kann ein Vorhaben vor Durchführung der Öffentlichkeits- und Behördenbeteiligung zugelassen werden, wenn die in Absatz 1 Nr. 2 bis 4 bezeichneten Voraussetzungen erfüllt sind. [2]Der betroffenen Öffentlichkeit und den berührten Behörden und sonstigen Trägern öffentlicher Belange ist vor Erteilung der Genehmigung Gelegenheit zur Stellungnahme innerhalb angemessener Frist zu geben, soweit sie dazu nicht bereits zuvor Gelegenheit hatten.

Übersicht

	Rn.
1. Anwendungsbereich	1
2. Rechtsanspruch nach Abs. 1	5
a) Allgemeines	5
b) Planaufstellungsbeschluss	6
c) Formelle Planreife (Abs. 1 Nr. 1)	7
d) Stand der Planung (Abs. 1 Nr. 2)	9
e) Anerkenntnis der künftigen Festsetzungen (Abs. 1 Nr. 3)	11
f) Gesicherte Erschließung (Abs. 1 Nr. 4)	12
3. Zulässigkeit nach Abs. 2 und Abs. 3	13
a) Anwendungsvoraussetzungen	13
b) Fälle nach Abs. 3	18
4. Sonstige Anforderungen	22
a) Verfahren	22
b) Naturschutzrechtliche Eingriffsregelung, Umweltprüfung	23
c) Rechtsschutz	25

1. Anwendungsbereich. § 33 findet auf Vorhaben Anwendung, die nach der für 1 das Gebiet jeweils maßgeblichen planungsrechtlichen Zulässigkeitsregelung (§§ 30, 34 oder 35) nicht zulässig sind, von denen jedoch nach dem Stand der Arbeiten zu einem in Aufstellung befindlichen **Bebauungsplan** anzunehmen ist, dass sie den künftigen Festsetzungen des Bebauungsplans nicht entgegenstehen werden. § 33 ist beim qualifizierten, vorhabenbezogenen oder einfachen Bebauungsplan (§ 30 Abs. 1 bis 3) anwendbar, nicht hingegen bei Innen- oder Außenbereichssatzungen (*Rieger* in Schrödter § 33 Rn. 2). Die Vorschrift schafft **keinen zusätzlichen**, neben §§ 30, 34 oder 35 bestehenden **planungsrechtlichen Bereich,** vielmehr gehören die in § 33 genannten Gebiete stets zu einem dieser drei Bereiche (BVerwG Urt. v. 17.12.1964 – I C 36/64, BVerwGE 20, 127 (130)). § 33 ist insofern eine Ausnahme-

regelung, als danach Vorhaben trotz Unzulässigkeit nach den jeweils anzuwendenden planungsrechtlichen Vorschriften im Hinblick auf ihre Übereinstimmung mit den vorgesehenen Festsetzungen eines künftigen Bebauungsplans zulässig sind. Er enthält damit einen die (zunächst) negative Beurteilung nach §§ 30, 34 oder 35 aufhebenden **positiven Zulässigkeitstatbestand** (BVerwG Urt. v. 17.12.1964 aaO, 131). Im Ergebnis wird hierdurch das Inkrafttreten des Bebauungsplanentwurfs im Verhältnis zwischen dem Antragsteller und der Gemeinde sowie der Bauaufsicht vorverlegt. Dies kann sich auch auf landesrechtliche Regelungen beziehen, die nach § 9 Abs. 4 als Festsetzungen in den Bebauungsplan aufgenommen werden (BVerwG Urt. v. 17.12.1964 aaO). Wird der Bebauungsplans entgegen der einer Genehmigung nach § 33 zugrundeliegenden Prognose (s. Rn. 9) nicht rechtsverbindlich, lässt dies die Wirksamkeit einer Baugenehmigung und den Bestandschutz einer errichteten baulichen Anlage unberührt.

2 § 33 findet keine Anwendung für Vorhaben, die bereits gem. §§ 30, 34 oder 35 zulässig sind. § 33 steht zudem Vorhaben, die nach diesen Regelungen zulässig sind, nicht entgegen. Die Vorschrift kann also nicht als Planungssicherungsinstrument genutzt werden, um zwar dem bislang bestehenden Planungsrecht entsprechende, aber dem zukünftigen Bebauungsplan widersprechende Vorhaben zu verhindern. Zur Sicherung einer (künftigen) Planung kann die Gemeinde nur eine Zurückstellung (§ 15) beantragen oder eine Veränderungssperre (§ 14) erlassen, jedoch keine negative Entscheidung auf § 33 stützen (BVerwG Urt. v. 17.12.1964 aaO, 134f.).

3 § 33 findet nicht nur bei der erstmaligen **Aufstellung,** sondern auch bei der **Änderung** oder **Ergänzung** eines bereits bestehenden Bebauungsplans Anwendung (BVerwG Urt. v. 17.12.1964 aaO, 132). Auch in einem ergänzenden Verfahren nach § 214 Abs. 4 ist § 33 anwendbar, soweit bezüglich das Vorhaben noch oder bereits wieder Planreife besteht (s. auch Rn. 9f.).

4 **Abs. 1** regelt einen Rechtsanspruch auf die Zulassung von Vorhaben schon vor dem Inkrafttreten des Bebauungsplans bei formeller und materieller Planreife. Die Zulässigkeit nach **Abs. 2** ist in den Fällen lediglich materieller Planreife wurde durch das EAG Bau 2004 wegen der verfahrensmäßigen Anforderungen der Umweltprüfung auf die Möglichkeit der Zulassung von Vorhaben vor einer erneuten Auslegung nach § 4a Abs. 3 S. 1 eingeengt, wenn die die erneute Auslegung betreffenden Änderungen und Ergänzungen des Bebauungsplans keine Auswirkungen auf das beabsichtigte Vorhaben haben und die in § 33 Abs. 1 Nr. 2 bis 4 genannten Voraussetzungen erfüllt sind. **Abs. 3** erweitert die Zulässigkeit bei materieller Planreife auf das **vereinfachte Verfahren nach § 13** und das **beschleunigte Verfahren nach § 13 a.**

5 **2. Rechtsanspruch nach Abs. 1. a) Allgemeines.** Sind die Voraussetzungen des **Abs. 1** erfüllt, hat der Antragsteller einen **Rechtsanspruch** darauf, dass sein Vorhaben so behandelt wird, als ob die zu erwartenden Festsetzungen des Bebauungsplanes schon rechtswirksam wären (BVerwG Urt. v. 17.12.1964 aaO, 131). Ein Bauantrag kann also nicht allein mit der Begründung abgelehnt werden, das Vorhaben widerspreche dem bislang geltenden Planungsrecht und das neue Planungsrecht, das eine Durchführung des Vorhabens ermöglichen würde, sei noch nicht in Kraft getreten. Die vorgezogene Anwendung des Bebauungsplans schließt auch die **Ausnahme- und Befreiungsmöglichkeiten** gem. § 31 Abs. 1 und Abs. 2 ein. Liegen die Voraussetzungen für eine vorgezogene Geltung vor, ist diese also umfassend zu verstehen (→ § 31 Rn. 10).

6 **b) Planaufstellungsbeschluss.** § 33 ist nur in Gebieten anwendbar, für die die Gemeinde die **Aufstellung eines Bebauungsplans beschlossen** hat. Es muss sich dabei um einen Aufstellungsbeschluss handeln, der die Anforderungen des § 2 Abs. 1 S. 2 erfüllt, also ortsüblich bekannt gemacht worden ist (*Stock* in EZBK § 33 Rn. 30).

c) Formelle Planreife (Abs. 1 Nr. 1).

Nr. 1 regelt hinsichtlich des Verfahrensstandes **(formelle Planreife)**, der den Rechtsanspruch nach Abs. 1 begründet, dass die Öffentlichkeits- und Behördenbeteiligung nach § 3 Abs. 2, § 4 Abs. 2 und § 4a Abs. 2 bis 5 formell und materiell ordnungsgemäß durchgeführt worden sein muss. Erst wenn die Prüfung der eingegangenen Stellungnahmen (§ 3 Abs. 2 S. 4 und § 4 Abs. 2) abgeschlossen ist, besteht formelle Planreife (BGH Urt. v. 2.12.2010 – III ZR 251/09, NVwZ 2011, 251; vgl. auch *Roeser* in BK § 33 Rn. 8).

Die formelle Planreife besteht zeitlich **nicht unbegrenzt**. Es handelt sich vielmehr nur um ein notwendiges **Durchgangsstadium**. Die Gemeinde muss alle Voraussetzungen für ein unverzügliches Inkrafttreten des Bebauungsplans schaffen, wenn der Anwendungsbereich des § 33 eröffnet sein soll. Führt sie das Verfahren nach der Durchführung der Öffentlichkeits- und Behördenbeteiligung nicht unverzüglich weiter oder lässt sie es schlicht ruhen (zB um eine Normenkontrolle gegen den Bebauungsplan zu vermeiden, die erst nach Inkrafttreten möglich ist, → § 10 Rn. 14) liegen die Voraussetzungen der formellen Planreife nicht (mehr) vor (BVerwG Urt. v. 1.8.2002 – 4 C 5/01, BVerwGE 117, 25; hierzu *Uechtritz/Buchner* BauR 2003, 813 ff.). Wird gleichwohl eine auf § 33 gestützte Baugenehmigung erteilt, ist sie in diesem Fall objektiv rechtswidrig. Bei einer Nachbarklage ist dann zu fragen, ob das Vorhaben unter Außerachtlassung des Bebauungsplanentwurfs nach Maßgabe des zuvor bestehenden Planungsrecht (alter Bebauungsplan, § 34 oder § 35) nachbarschützende Vorschriften zu Lasten eines etwaigen Rechtsmittelführers verletzt (s. etwa OVG Bautzen Beschl. v. 28.1.2010 – 1 B 574/09, BauR 2010, 954; → im Einzelnen zum Nachbarschutz Vorb. §§ 29–38 Rn. 14 ff.).

d) Stand der Planung (Abs. 1 Nr. 2).

Nach **Nr. 2** ist weitere Voraussetzung für die Zulässigkeit von Vorhaben während der Planaufstellung, dass die Planungsarbeiten einen Stand erreicht haben, der die Annahme rechtfertigt, dass das Vorhaben den künftigen Festsetzungen des Bebauungsplans nicht entgegenstehen wird **(materielle Planreife)**. Die Planung muss dafür inhaltlich und zeitlich so weit fortgeschritten sein, dass ein unverändertes Inkrafttreten des Bebauungsplans insgesamt (zu Abs. 2 → noch Rn. 15 ff.) hinreichend sicher voraussehbar ist (BVerwG Beschl. v. 10.6.1970 – IV B 163/68, BRS 23 Nr. 72; OVG Berlin Urt. v. 19.4.1991 – 2 B 11/88, NVwZ 1992, 897). In den Fällen des § 10 Abs. 2 muss die sichere Erwartung der Genehmigung des Bebauungsplans gerechtfertigt sein. Die Durchführung des **naturschutzrechtlichen Ausgleichs** muss gesichert sein (→ noch Rn. 23). Hierbei sind tendenziell strenge Anforderungen zu stellen. Die **sichere Prognose,** dass der vorliegende Planentwurf mit seinem konkret vorgesehenen Inhalt als wirksamer Bebauungsplan in Kraft treten wird, muss möglich sein (BVerwG Urt. v. 1.8.2002 – 4 C 5/01, BVerwGE 117, 25). Dies ist nicht der Fall, wenn das Planaufstellungsverfahren an erheblichen Mängeln leidet, die darauf schließen lassen, dass es nicht zu einem wirksamen Bebauungsplan kommen wird. Zu berücksichtigen sind dabei vor allem im bisherigen Verfahren bereits eingetretene Verfahrensmängel, Festsetzungen des Planentwurfs, für die keine ausreichende Ermächtigungsgrundlage existiert, im Planentwurf und in den Planaufstellungsvorgängen bereits angelegte Abwägungsmängel sowie augenfällige Verstöße des Plans gegen zwingendes materielles Recht (zB im Hinblick auf § 1 Abs. 4 oder den Planbescheid erfassende Schutzgebietsverordnungen). Unbeachtlich können jedoch kleinere Mängel des Entwurfs sein, die im Zuge des weiteren Verfahrens **ohne** erneute Öffentlichkeits- und Behördenbeteiligung (→ Rn. 15) heilbar sind.

Ein bereits erfolgter **Satzungsbeschluss ist keine Voraussetzung** für die materielle Planreife iSv Abs. 1 Nr. 2. Ebenso wenig bedarf es zwingend eines „Abwägungsbeschlusses", den viele Gemeinden im Vorfeld des Satzungsbeschlusses fassen, obgleich er rechtlich nicht notwendig ist, da die eigentliche Abwägungsentscheidung mit dem Satzungsbeschluss selbst zusammenfällt. Gleichwohl ist zu berücksichtigen,

dass sich der Planungswille der Gemeinde bis zum Inkrafttreten des Bebauungsplans durch die öffentliche Bekanntmachung (§ 10 Abs. 3) jederzeit ändern oder sogar vollständig aufgegeben werden kann. Insbesondere aus der Öffentlichkeit- und Behördenbeteiligung können sich für die Gemeinde Erkenntnisse ergeben, die eine Überarbeitung der Planung nahe legen. Daher müssen für die materielle Planreife hinreichende Indizien dahingehend vorliegen, dass dies nicht der Fall sein wird. Diese können sich etwa neben einem bereits gefassten Satzungsbeschluss oder einem gesonderten Abwägungsbeschluss auch aus den Beschlussempfehlungen eines gemeindlichen Ausschusses (zB Bau- und Planungsausschuss) an den Rat ergeben. Gegen die materielle Planreife kann es sprechen, wenn zahlreiche kritische Stellungnahmen zu dem Planentwurf eingegangen sind, die eine Neubefassung der Gemeindevertretung mit der Planung schon nach dem Sinn und Zweck dieser Verfahrensschritte und der notwendigen Abwägungsoffenheit der Gemeinde nahe legen. Dabei genügt es allerdings nicht, wenn überhaupt kritische Stellungnahmen zu der Planung eingegangen sind (vgl. *Bartholomäi* BauR 2001, 725 (727)). Auch enge Abstimmungsergebnisse in den zuständigen Gemeindegremien bei den vorausgegangenen Verfahrensschritten können, zumal bei zahlreichen kritischen Stellungnahmen, ein Indiz für die fehlende materielle Planreife sein. Entsprechendes gilt, wenn es nach Kommunalwahlen zu einer Neubesetzung der Gemeindevertretung gekommen ist und daher Anhaltspunkte dafür bestehen, dass die Planung inhaltlich noch nicht als abgeschlossen betrachtet werden kann (→ zur teilweisen Planreife Rn. 16 f.).

11 **e) Anerkenntnis der künftigen Festsetzungen (Abs. 1 Nr. 3).** Voraussetzung für die Zulässigkeit eines Vorhabens nach § 33 ist weiterhin, dass der Antragsteller die künftigen Festsetzungen des Bebauungsplans für sich und seine Rechtsnachfolger anerkennt (zur Möglichkeit einer Nachreichung beim Baunachbarstreit OVG Koblenz Beschl. v. 3. 4. 2012 – 1 B 10 136/12, BauR 2012, 1362). Das Anerkenntnis hat **dingliche Wirkung,** soweit damit eine öffentliche Last auf dem Grundstück liegt, die in planungsrechtlicher Hinsicht dessen baurechtlichen Status festlegt (BVerwG Urt. v. 18. 4. 1996 – 4 C 22/94, BVerwGE 101, 58). Daraus folgt insbesondere, dass der Bauantragsteller sich umfassend auf die Neuplanung einlassen muss. Er kann also nicht etwa für ein bestimmtes Grundstück zunächst eine Baugenehmigung auf der Grundlage von § 33 erhalten und danach versuchen, für ein weiteres Vorhaben auf dem Grundstück die Genehmigung für ein Vorhaben zu erlangen, dass zwar dem bisherigen Planungsrecht (alter Bebauungsplan, § 34 oder § 35) entspricht, nicht hingegen mit den Festsetzungen des neuen Plans im Einklang steht. Dies gilt lediglich dann nicht, wenn die Gemeinde die Neuplanung entgegen der ursprünglichen Prognose aufgibt oder substantiell verändert. In derartigen Fällen entfällt die Wirkung des Anerkenntnisses ebenso wie sie mit Inkrafttreten des Bebauungsplans ihre Wirkung verliert. Die Anerkenntniserklärung kann sich auch auf landesrechtliche Regelungen iS des § 9 Abs. 4 beziehen (BVerwG aaO; → auch Rn. 1). Sie ist gegenüber der Baugenehmigungsbehörde **schriftlich** (vgl. § 126 BGB) abzugeben. Das Anerkenntnis kann ausnahmsweise von einem anderen als dem Eigentümer (zB durch den Käufer oder Bauherrn) ausgesprochen werden (*Stock* in EZBK § 33 Rn. 57); der Eigentümer muss aber im Hinblick auf die dingliche Wirkung des Anerkenntnisses zustimmen (zur Rechtsnatur des Anerkenntnisses vgl. die insoweit vergleichbare Rechtsfigur des „Verzichts" nach § 32 Satz 1, → dazu § 32 Rn. 8 ff. sowie *Roeser* in BK § 33 Rn. 11). Das Anerkenntnis bewirkt zwar, dass der Antragsteller die vorgesehenen Festsetzungen für sich und seine Rechtsnachfolger hinnimmt. Es dient jedoch nur der Sicherung der „Geschäftsgrundlage" mit der Folge, dass sich der Antragsteller damit nicht solchen künftigen Festsetzungen unterwirft, die bei Abgabe der Verzichtserklärung unvorhersehbar waren (zB bei späteren Änderungen des Planentwurfs). Das Anerkenntnis beinhaltet auch keinen Verzicht auf Entschädigungsansprüche aus den §§ 39 bis 44 oder auf eine Normenkontrollklage gegen den in Kraft getretenen Bebauungs-

1. Abschnitt. Zulässigkeit von Vorhaben **§ 33**

plan (VGH Mannheim Urt. v. 23.9.2015 – 3 S 160/15, BauR 2016, 76; ders. Beschl. v. 19.6.1974 – II 229/74, BRS 28 Nr. 17; aA VGH München Urt. v. 25.10.2007 – 2 N 07.361, juris; *Rieger* in Schrödter § 33 Nr. 17).

f) Gesicherte Erschließung (Abs. 1 Nr. 4). Voraussetzung für die Zulässigkeit **12** nach § 33 ist gemäß Abs. 1 Nr. 4 des Weiteren, dass die Erschließung gesichert ist (zur gesicherten Erschließung → § 30 Rn. 18). Dabei ist entscheidend, dass es sich um eine plangemäße, also den künftigen Planfestsetzungen entsprechende, Erschließung handeln muss.

3. Zulässigkeit nach Abs. 2 und Abs. 3. a) Anwendungsvoraussetzungen. **13** Abs. 2 und 3 regeln eine Genehmigungsmöglichkeit vor der förmlichen Planreife iS des Abs. 1 Nr. 1. Die Vorschrift erweitert die Möglichkeiten der Vorweggenehmigung von Vorhaben während der Planaufstellung. In Betracht kommen vor allem einfach gelagerte, unproblematische Fälle. Erforderlich sind für Abs. 2 und Abs. 3 die materielle Planreife des Vorhabens (Rn. 9 sowie Rn. 16f.) das Anerkenntnis der künftigen Festsetzung des Bebauungsplans (Rn. 11) und die gesicherte Erschließung (Rn. 12). Sowohl Abs. 2 als auch Abs. 3 stellen die Zulassung vom Gesetzeswortlaut her in das Ermessen der zuständigen Baugenehmigungsbehörde („kann"). Aufgrund der engen und an den Festsetzungen des zukünftigen Bebauungsplans ausgerichteten Tatbestandsvoraussetzungen wird in aller Regel dann, wenn die materielle Planreife gegeben ist und die Festsetzungen des zukünftigen Bebauungsplans eingehalten sind, kein Ermessensspielraum mehr verbleiben. Der **Ermessensspielraum** ist dann, wenn man nicht entgegen dem Gesetzeswortlaut von einem gebundenen Anspruch ausgeht (so etwa *Jäde* in JDW § 33 Rn. 25f.), zumeist auf Null **reduziert** (ähnlich Rieger in Schrödter § 33 Rn. 21, 27, *Tophoven* in SU § 33 Rn. 28).

Liegt hingegen keine materielle Planreife vor, werden die Festsetzungen des künf- **14** tigen Bebauungsplans nicht anerkannt oder ist die Erschließung nicht entsprechend den Festsetzungen des zukünftigen Bebauungsplans gesichert, fehlt es bereits an den tatbestandlichen Voraussetzungen, so dass für eine Ermessensausübung der Genehmigungsbehörde vor vornherein kein Raum ist. Nur dann, wenn diese Voraussetzungen sämtlich erfüllt sind, allerdings die Festsetzungen des zukünftigen Bebauungsplans nicht eingehalten werden, kommt bei der vorgezogenen Anwendung des § 31 Abs. 1 (Ausnahme) oder Abs. 2 (Befreiung) ein substantieller Ermessensspielraum in Betracht (→ Rn. 5).

Abs. 2 regelt die Situation, dass für einen Bebauungsplan die Beteiligungsschritte nach **15** § 3 Abs. 2 (Öffentlichkeitsbeteiligung) und § 4 Abs. 2 (Behördenbeteiligung) bereits ordnungsgemäß (s. Rn. 7) durchgeführt worden sind, der Planentwurf jedoch aufgrund von Änderungen und Ergänzungen gemäß § 4a Abs. 3 S. 1 S. 1 einer erneuten Beteiligung unterzogen werden muss. Dies schließt die Fälle einer eingeschränkten erneuten Öffentlichkeits- und Behördenbeteiligung ein. Die Voraussetzungen des Abs. 1 liegen damit nicht vor, so dass eine Genehmigung danach ausscheidet. Gemäß Abs. 2 kommt dennoch eine Genehmigungserteilung in Betracht, wenn sich die beabsichtigten Änderungen oder Ergänzungen des Planentwurfs nicht auf das Vorhaben auswirken und die Voraussetzungen gemäß § 33 Abs. 1 Nr. 2 bis 4 (Rn. 9ff.) erfüllt sind.

Von fehlenden Auswirkungen kann zum einen dann ausgegangen werden, wenn **16** sich die Änderungen nur auf einen anderen räumlichen Bereich des Plangebiets beziehen **(räumliche Teilplanreife).**

Erstrecken sich die beabsichtigten Änderungen oder Ergänzungen des Plans auch **17** auf den räumlichen Bereich, in dem das Vorhaben realisiert werden soll, muss für dieses die **sachliche Teilplanreife** vorliegen. Es muss dafür den bislang beabsichtigten Planfestsetzungen entsprechen. Zudem dürfen diese von den beabsichtigten Änderungen oder Ergänzungen des Plans nicht in einer dem Vorhaben eventuell entgegenstehenden Weise betroffen sein. Dies ist etwa in Bezug auf die Art der baulichen Nutzung dann denkbar, wenn das beabsichtigte Vorhaben in dem festzusetzenden

Reidt 529

Plangebiet allgemein zulässig ist und sich die beabsichtigte Änderung des Plans lediglich auf eine Modifikation der Ausnahmetatbestände (zB nach § 1 Abs. 6 BauNVO) beschränkt. In derartigen Fällen bedarf es auch vor dem Hintergrund der unionsrechtlichen Anforderungen im Hinblick auf die Umweltprüfung, die eine Öffentlichkeits- und Behördenbeteiligung einschließt (vgl. Art. 6 Abs. 1 der Plan-UP-Richtlinie), keiner Verzögerung bei der Zulassung des Vorhabens aufgrund der Verfahrensschritte des § 4a Abs. 3 S. 1.

18 b) **Fälle nach Abs. 3.** Abs. 3 bezieht sich auf Fälle, in denen ein Bebauungsplan im vereinfachten Verfahren nach § 13 oder im beschleunigten Verfahren nach § 13a und damit **ohne Umweltprüfung** aufgestellt wird. Voraussetzung ist dabei, dass für das betreffende Verfahren die tatbestandlichen Voraussetzungen tatsächlich vorliegen. Ansonsten leidet das Planverfahren an einem Mangel, der zur Folge hat, dass es nicht rechtmäßig zum Abschluss gebracht werden kann. Damit fehlt es dann an der materiellen Planreife (→ Rn. 9).

19 Ebenso wie bei Abs. 2 ist auch bei Abs. 3 im Unterschied zu Abs. 1 lediglich die formelle Planreife entbehrlich (→ auch Rn. 13). Anders als im Fall des Abs. 2 ist eine Genehmigungserteilung jedoch nicht erst vor einer erneuten Öffentlichkeits- und Behördenbeteiligung gemäß § 4a Abs. 3 S. 1 möglich, sondern bereits vor der erstmaligen Beteiligung. Da es sich um Planverfahren ohne die Notwendigkeit einer Umweltprüfung handelt (Rn. 18), ist dies unproblematisch. Anstelle der formellen Beteiligungsschritte gemäß § 3 Abs. 2 und § 4 Abs. 2 ist jedoch vor der Erteilung der Genehmigung der betroffenen Öffentlichkeit und den berührten Behörden und sonstigen Trägern öffentlicher Belange Gelegenheit zur Stellungnahme innerhalb angemessener Frist zu geben (→ § 13 Rn. 5f.). Abs. 3 lässt offen, durch wen die Beteiligung durchzuführen ist. Da sich die einzuholenden Stellungnahmen auf die gemeindliche Planung beziehen und daher von der Gemeinde hinsichtlich ihrer Bedeutung für das weitere Verfahren bewertet und gewichtet werden müssen, ist dafür nicht die Genehmigungsbehörde, sondern die **Gemeinde** zuständig (*Stock* in EZBK § 33 Rn. 85). Die Durchführung ist, ebenso wie die Aufstellung des Plans selbst, Bestandteil der kommunalen Planungshoheit und kann daher weder durch den Bauherrn noch durch die Genehmigungsbehörde erzwungen werden (*Jäde* in JDW § 33 Rn. 23).

20 Von der vorhabenbezogenen Beteiligung nach Abs. 3 S. 2 kann abgesehen werden, wenn die betroffene Öffentlichkeit sowie die berührten Behörden und sonstigen Träger öffentlicher Belange zuvor bereits Gelegenheit zur Stellungnahme hatten. Eine solche Gelegenheit kann insbesondere die frühzeitige Öffentlichkeits- oder Behördenbeteiligung (§ 3 Abs. 1, § 4 Abs. 1) sein, sofern diese bereits auf der Grundlage eines hinreichend präzisierten Planentwurfs erfolgte. Erst recht gilt dies selbstverständlich, wenn die förmlichen Verfahrensschritte gemäß § 3 Abs. 2 und § 4 Abs. 2 bereits durchgeführt worden sind. Dies entspricht dann weitestgehend dem Fall des Abs. 2. Da die Gemeinde selbst entscheiden kann, ob sie eine vorhabenbezogene Beteiligung der betroffenen Öffentlichkeit und der berührten Behörden und sonstigen Träger öffentlicher Belange vornimmt (Rn. 19), kann sie auch selbst darüber befinden, ob sie diese Möglichkeit einräumt, obwohl möglicherweise bereits zuvor Gelegenheit zur Stellungnahme bestand.

21 Welche Öffentlichkeit **betroffen** und welche Behörden **berührt** sein können, richtet sich nach den künftigen Festsetzungen des Bebauungsplans, auf dessen Grundlage das Vorhaben genehmigt werden soll. Beteiligt werden müssen die Bürger (Öffentlichkeit), die durch die künftigen Festsetzungen im Bereich des zu genehmigenden Vorhabens in ihren Rechten oder sonstigen für die Abwägung relevanten Belangen (§ 1 Abs. 7; vgl. zu § 4a Abs. 3 S. 4 die Erläuterungen zu § 4a Rn. 5) berührt sind. Die Behörden und sonstigen Träger öffentlicher Belange sind vorher zu hören, wenn die künftigen Festsetzungen in diesem Bereich ihre Grundstücke oder die ihnen obliegenden Aufgaben berühren.

1. Abschnitt. Zulässigkeit von Vorhaben **§ 34**

4. Sonstige Anforderungen. a) Verfahren. Über die Zulässigkeit von Vorha- 22
ben nach § 33 wird gem. § 36 Abs. 1 Satz 1 von der Baugenehmigungsbehörde im
Einvernehmen mit der Gemeinde entschieden. Gerade im Hinblick auf die materielle Planreife (Rn. 9) kommt der Gemeinde und ihren Planungsvorstellungen die entscheidende Bedeutung zu, da sie jederzeit in der Lage ist, einen Bebauungsplanentwurf zu modifizieren oder das Verfahren vollständig abzubrechen. Eine Ersetzung des gemeindlichen Einvernehmens (§ 36 Rn. 14) scheidet daher in aller Regel aus, wenn die Gemeinde ihr Einvernehmen unter Verweis auf die fehlende Planreife verweigert. Ist die Gemeinde selbst Baugenehmigungsbehörde, hat sie allein über das Vorliegen der Voraussetzungen nach Abs. 1 zu befinden, ebenso darüber, ob die Voraussetzungen nach Abs. 2 oder Abs. 3 vorliegen.

b) Naturschutzrechtliche Eingriffsregelung, Umweltprüfung. Bei Vorha- 23
ben während der Planaufstellung ist gem. **§ 18 Abs. 2** Satz 1 BNatSchG die naturschutzrechtliche **Eingriffsregelung** nicht anzuwenden, da ihren inhaltlichen Anforderungen gem. § 1a Abs. 3 im Planentwurf Rechnung zu tragen ist. Für die materielle Planreife muss die Durchführung des nach dem Plan vorgesehenen Ausgleichs daher gesichert sein (Rn. 9). Dies setzt auch die gesicherte Verfügbarkeit der Ausgleichsflächen voraus, insbesondere dann, wenn sie außerhalb des Plangebiets liegen.

Die **Umweltprüfung** wird in den Fällen des Abs. 1 und Abs. 2 im Bebauungs- 24
planverfahren durchgeführt; Abs. 3 bezieht sich auf unionsrechtliche Ausnahmen von der UP-Pflicht (§§ 13, 13a).

c) Rechtsschutz. Zum **Drittschutz** wird auf die Vorb. §§ 29–38 verwiesen. 25
Die **Normenkontrolle** nach § 47 VwGO ist gegen einen Bebauungsplanentwurf auch im Verfahrensstand des § 33 (noch) nicht zulässig (BVerwG Beschl. v. 28.7.1994 – 4 B 94/94, NVwZ 1995, 598; → auch § 10 Rn. 14).

§ 34 Zulässigkeit von Vorhaben innerhalb der im Zusammenhang bebauten Ortsteile

(1) ¹Innerhalb der im Zusammenhang bebauten Ortsteile ist ein Vorhaben zulässig, wenn es sich nach Art und Maß der baulichen Nutzung, der Bauweise und der Grundstücksfläche, die überbaut werden soll, in die Eigenart der näheren Umgebung einfügt und die Erschließung gesichert ist. ²Die Anforderungen an gesunde Wohn- und Arbeitsverhältnisse müssen gewahrt bleiben; das Ortsbild darf nicht beeinträchtigt werden.

(2) Entspricht die Eigenart der näheren Umgebung einem der Baugebiete, die in der auf Grund des § 9a erlassenen Verordnung bezeichnet sind, beurteilt sich die Zulässigkeit des Vorhabens nach seiner Art allein danach, ob es nach der Verordnung in dem Baugebiet allgemein zulässig wäre; auf die nach der Verordnung ausnahmsweise zulässigen Vorhaben ist § 31 Abs. 1, im Übrigen ist § 31 Abs. 2 entsprechend anzuwenden.

(3) Von Vorhaben nach Absatz 1 oder 2 dürfen keine schädlichen Auswirkungen auf zentrale Versorgungsbereiche in der Gemeinde oder in anderen Gemeinden zu erwarten sein.

(3a) ¹Vom Erfordernis des Einfügens in die Eigenart der näheren Umgebung nach Absatz 1 Satz 1 kann im Einzelfall abgewichen werden, wenn die Abweichung
1. der Erweiterung, Änderung, Nutzungsänderung oder Erneuerung eines zulässigerweise errichteten Gewerbe- oder Handwerksbetriebs, einschließlich der Nutzungsänderung zu Wohnzwecken, oder der Erweite-

rung, Änderung oder Erneuerung einer zulässigerweise errichteten, Wohnzwecken dienenden baulichen Anlage dient,
2. städtebaulich vertretbar ist und
3. auch unter Würdigung nachbarlicher Interessen mit den öffentlichen Belangen vereinbar ist.

²Satz 1 findet keine Anwendung auf Einzelhandelsbetriebe, die die verbrauchernahe Versorgung der Bevölkerung beeinträchtigen oder schädliche Auswirkungen auf zentrale Versorgungsbereiche in der Gemeinde oder in anderen Gemeinden haben können.

(4) ¹Die Gemeinde kann durch Satzung
1. die Grenzen für im Zusammenhang bebaute Ortsteile festlegen,
2. bebaute Bereiche im Außenbereich als im Zusammenhang bebaute Ortsteile festlegen, wenn die Flächen im Flächennutzungsplan als Baufläche dargestellt sind,
3. einzelne Außenbereichsflächen in die im Zusammenhang bebauten Ortsteile einbeziehen, wenn die einbezogenen Flächen durch die bauliche Nutzung des angrenzenden Bereichs entsprechend geprägt sind.

²Die Satzungen können miteinander verbunden werden.

(5) ¹Voraussetzung für die Aufstellung von Satzungen nach Absatz 4 Satz 1 Nr. 2 und 3 ist, dass
1. sie mit einer geordneten städtebaulichen Entwicklung vereinbar sind,
2. die Zulässigkeit von Vorhaben, die einer Pflicht zur Durchführung einer Umweltverträglichkeitsprüfung nach Anlage 1 zum Gesetz über die Umweltverträglichkeitsprüfung oder nach Landesrecht unterliegen, nicht begründet wird und
3. keine Anhaltspunkte für eine Beeinträchtigung der in § 1 Abs. 6 Nr. 7 Buchstabe b genannten Schutzgüter bestehen.

²In den Satzungen nach Absatz 4 Satz 1 Nr. 2 und 3 können einzelne Festsetzungen nach § 9 Abs. 1 und 3 Satz 1 sowie Abs. 4 getroffen werden. ³§ 9 Absatz 6 und § 31 sind entsprechend anzuwenden. ⁴Auf die Satzung nach Absatz 4 Satz 1 Nr. 3 sind ergänzend § 1a Abs. 2 und 3 und § 9 Abs. 1a entsprechend anzuwenden; ihr ist eine Begründung mit den Angaben entsprechend § 2a Satz 2 Nr. 1 beizufügen.

(6) ¹Bei der Aufstellung der Satzungen nach Absatz 4 Satz 1 Nr. 2 und 3 sind die Vorschriften über die Öffentlichkeits- und Behördenbeteiligung nach § 13 Abs. 2 Satz 1 Nr. 2 und 3 sowie Satz 2 entsprechend anzuwenden. ²Auf die Satzungen nach Absatz 4 Satz 1 Nr. 1 bis 3 ist § 10 Abs. 3 entsprechend anzuwenden.

Übersicht

	Rn.
I. Allgemeines	1
II. Im Zusammenhang bebaute Ortsteile	2
1. Bebauungszusammenhang	3
a) Bebauung	4
b) Zusammenhang	7
2. Ortsteil	14
III. Zulässigkeitsvoraussetzungen gem. Abs. 1	17
1. Festsetzungen eines einfachen Bebauungsplans	17
2. Eigenart der näheren Umgebung	20
a) Nähere Umgebung	21
b) Eigenart	22

1. Abschnitt. Zulässigkeit von Vorhaben §34

	Rn.
3. Einfügen	25
a) Einhaltung des bestehenden Rahmens	25
b) Einfügen bei Abweichungen von dem bestehenden Rahmen	30
c) Unzulässigkeit trotz Einfügens in den bestehenden Rahmen	32
d) Planungserfordernis	35
4. Sicherung der Erschließung	37
5. Weitere Anforderungen (Abs. 1 S. 2)	38
a) Gesunde Wohn- und Arbeitsverhältnisse	39
b) Ortsbild	40
c) Sonstige öffentliche Belange	41
6. Befreiung	46
7. Einzelfälle	47
a) Gemengelagen	48
b) Benachbarte Außenbereichsbebauung	51
c) Sport-, Spiel- und Freizeitanlagen	52
d) Hinterlandbebauung	54
e) Großflächige Einzelhandelsbetriebe	55
f) Weitere Fälle	58
IV. Anwendung der BauNVO (Abs. 2)	59
1. Allgemeines	59
2. Einzelfragen	60
3. Ausnahmsweise zulässige Vorhaben	63
4. Befreiung	64
5. Rücksichtnahmegebot	65
V. Schädliche Auswirkungen auf zentrale Versorgungsbereiche (Abs. 3)	66
1. Grundlagen der Regelung	66
2. Zentrale Versorgungsbereiche	69
3. Schädliche Auswirkungen	70
4. Verfahrensfragen	71
VI. Gesetzlich zugelassene Abweichungen vom Gebot des Einfügens	72
1. Weiterentwicklung des Bestandes (Abs. 3a)	73
2. Sparsame und effiziente Nutzung von Energie	78
3. Unterbringung von Flüchtlingen und Asylbegehrenden	78a
VII. Satzungen (Abs. 4 bis 6)	79
1. Allgemeines	79
2. Klarstellungssatzung (Abs. 4 S. 1 Nr. 1)	83
3. Entwicklungssatzung (Abs. 4 S. 1 Nr. 2)	84
4. Ergänzungssatzung (Abs. 4 S. 1 Nr. 3)	88
5. Weitere inhaltliche Anforderungen (Abs. 5 S. 1)	90
6. Einzelne Festsetzungen nach § 9 Abs. 1, Abs. 3 S. 1, Abs. 4, Abs. 6 und § 31 (Abs. 5 S. 2 und 3)	95
7. Naturschutzrechtliche Eingriffsregelung	97
8. Verfahren (Abs. 6)	98
VIII. Sonstiges	101
1. Rechtsschutz	101
2. Verfahrensrecht	102
3. Besondere Bestimmungen des BNatSchG	103
a) Grundsatz	103
b) Beteiligung der für Naturschutz und Landschaftspflege zuständigen Behörden	104
4. Überleitung	108
5. Entschädigungsregelungen	109

§ 34 I. Kapitel. III. Teil. Regelung der baul. und sonst. Nutzung

I. Allgemeines

1 Die Vorbereitung und Leitung der baulichen und sonstigen Nutzung von Grundstücken ist nach § 1 Abs. 1 Aufgabe der gemeindlichen Bauleitplanung. Für die Zulässigkeit von Vorhaben bestimmt § 30 Abs. 1 daher, dass innerhalb des räumlichen Geltungsbereichs eines **qualifizierten Bebauungsplans** Vorhaben zulässig sind, wenn sie den Festsetzungen des Bebauungsplans nicht widersprechen. Das Gleiche gilt für **vorhabenbezogene Bebauungspläne** (§ 30 Abs. 2; zur Berücksichtigung der Festsetzungen eines **einfachen Bebauungsplans** gemäß § 30 Abs. 3 → Rn. 17). Soweit für Teile des Gemeindegebietes Bebauungspläne nicht vorhanden sind, hat der Gesetzgeber mit den §§ 34 und 35 Regelungen geschaffen, die das Anliegen der geordneten städtebaulichen Entwicklung auch in diesen Teilen des Gemeindegebietes sicherstellen sollen (→ Vorb. §§ 29–38 Rn. 4–7). Während der Gesetzgeber für den **Außenbereich** (§ 35) eine gesetzliche Planungsregelung getroffen hat, nach der die sog. privilegierten Vorhaben (§ 35 Abs. 1) in planähnlicher Weise dem Außenbereich zugewiesen sind (BVerwG Urt. v. 25.10.1967 – IV C 86/66, BVerwGE 28, 148 (151); → auch § 35 Rn. 1 und 6) und der Außenbereich von sonstigen, dh nicht privilegierten Vorhaben (§ 35 Abs. 2) grundsätzlich freigehalten werden soll (BVerwG Urt. v. 25.10.1967, aaO), fehlt es für die Zulässigkeit von Vorhaben im (nicht qualifiziert beplanten) **Innenbereich** an einer vergleichbaren positiven gesetzlichen Ersatzplanung (zur Entstehung und weiteren Rechtsentwicklung, ausführlich *Gatz* DVBl 2013, 1304 ff.). Das Fehlen positiver gesetzlicher oder gemeindlicher Planungsvorstellungen wird in § 34 durch die Zugrundelegung der tatsächlichen örtlichen Gegebenheiten ersetzt: Vorhaben sind innerhalb der im Zusammenhang bebauten Ortsteile, für die kein Bebauungsplan i. S. des § 30 Abs. 1 oder 2 vorhanden ist, zulässig, wenn sie sich in die Eigenart der näheren Umgebung einfügen. Andernfalls sind sie unzulässig. Dieser Grundsatz wird in **räumlicher** Hinsicht durch **Abs. 4 S. 1 Nr. 2 und 3** modifiziert: Danach können bebaute Bereiche bzw. einzelne Außenbereichsflächen auch ohne Bebauungsplan zu Baugebieten fortentwickelt werden. Die Flächen können dafür durch eine gemeindliche Satzung als Flächen iS des § 34 („im Zusammenhang bebaute Ortsteile") festgelegt bzw. einbezogen werden (→ Rn. 79 ff.). Inhaltliche Modifikationen in Bezug auf das Einfügen ergeben sich aus Abs. 1 S. 2 (Rn. 36 ff.), Abs. 2 (Rn. 59 ff.), Abs. 3 (Rn. 66 ff.), Abs. 3a (Rn. 73 ff.) und – zeitlich befristet – aus § 246 Abs. 8 für die Unterbringung von Flüchtlingen und Asylbegehrenden (→ § 246 Rn. 12 ff.). Diese Regelungen können die Grundaussage des Abs. 1, dass Vorhaben, die die genannten Voraussetzungen erfüllen, bauplanungsrechtlich zulässig sind, erweitern, aber auch einschränken. Die Bestimmungen in § 34 sind dabei grundsätzlich **abschließend.** Ist ein Vorhaben danach zulässig, können ihm anderslautende Darstellungen eines **Flächennutzungsplans** oder auch **Ziele der Raumordnung** nicht entgegen gehalten werden. Erst recht gilt dies für **informelle Planungen** der Gemeinde.

II. Im Zusammenhang bebaute Ortsteile

2 § 34 findet auf Vorhaben im Innenbereich Anwendung, also auf Vorhaben „innerhalb" der im Zusammenhang bebauten Ortsteile (Abs. 1 S. 1). Ein Grundstück liegt im Innenbereich, wenn es sich in einem **Bebauungszusammenhang** befindet, der einem **Ortsteil** angehört.

3 **1. Bebauungszusammenhang.** Bei der Beurteilung, ob ein Grundstück in einem **Bebauungszusammenhang** liegt, ist maßgebend, ob eine **tatsächlich aufeinander folgende, zusammenhängende Bebauung** besteht (BVerwG Urt. v. 6.11.1968 – IV C 2/66, BVerwGE 31, 20 (21); ausführlich *Spannowsky* ZfBR 2014, 738 ff.). Er endet in der Regel am letzten Baukörper (BVerwG Beschl. v. 12.3.1999 – 4 B 112/98, NVwZ 1999, 763 (765)). Die Voraussetzungen „im Zusammenhang bebaut" und „Ortsteil" gehen nicht ineinander auf, sondern sind kumulativer Natur

1. Abschnitt. Zulässigkeit von Vorhaben §34

(BVerwG Urt. v. 19.4.2012 – 4 C 10.11, BauR 2012, 1626; dass. Urt. v. 30.6.2015 – 4 C 5.14, NVwZ 2015, 1767).

a) Bebauung. Der Begriff „**Bebauung**" erfordert bauliche Anlagen, die optisch 4 wahrnehmbar sind und ein gewisses Gewicht haben, sodass sie ein Gebiet prägen können, also „**maßstabbildende Kraft**" aufweisen (BVerwG Urt. v. 14.9.1992 – 4 C 15/90, NVwZ 1993, 985: verneint bei einem mit Schotter befestigten Stellplatz; ebenso für befestigte Tennisplätze BVerwG Urt. v. 30.6.2015 – 4 C 5.14, NVwZ 2015, 1767 – dort verneint für Gewächshäuser; BVerwG Beschl. v. 8.11.1999 – 4 B 85/99, ZfBR 2000, 426; auch bei endgültig aufgegebener Nutzung (15 Jahre), wenn nach der Verkehrsauffassung nicht mehr mit ihrer Wiederaufnahme gerechnet werden kann (OVG Greifswald Beschl. v. 9.11.2011 – 3 M 184/11, DVBl 2012, 573; bejaht bei dem befestigten Parkplatz eines Verbrauchermarktes wegen des optischen Eindrucks der Zusammengehörigkeit als typischer Bestandteil der Bebauung: BVerwG Urt. v. 17.6.1993 – 4 C 17/91, NVwZ 1994, 294; ebenso bei dem asphaltierten Mitarbeiterparkplatz eines industriellen Großbetriebs: VGH Mannheim Urt. v. 10.3.2010 – 3 S 2627/08, NVwZ-RR 2010, 592). Untergeordnete bauliche Nebenanlagen (zB auf einem Sportplatz) schaffen keinen Bebauungszusammenhang (BVerwG Beschl. v. 10.7.2000 – 4 B 39/00, NVwZ 2001, 70). Auch Gebäude, die nach § 35 Abs. 1 Nr. 1 im Außenbereich privilegiert sind, können zur Entwicklung eines im Zusammenhang bebauten Ortsteils beitragen (BVerwG Urt. v. 6.11.1968 – IV C 31/66, BVerwGE 31, 22; dass. Beschl. v. 2.4.2007 – 4 B 7/07, ZfBR 2007, 480).

Die **Nutzungsaufgabe** oder **Beseitigung** des letzten zum Bebauungszusam- 5 menhang gehörenden Gebäudes zum Zwecke der alsbaldigen (zum Merkmal „alsbald" → auch § 35 Abs. 4 S. 1 Nr. 3, § 35 Rn. 151) Aufnahme einer neuen Nutzung oder Errichtung eines Ersatzbauwerks bewirkt nicht, dass das Grundstück seine Innenbereichsqualität einbüßt und zu einem Außenbereichsgrundstück wird. Die **Aufnahme einer neuen Nutzung** und die **Errichtung von Ersatzbauwerken** bleibt vielmehr möglich. Die rechtliche Qualität als Innenbereichsgrundstück verliert es so lange nicht, wie es an dem „Eindruck der Zusammengehörigkeit" mit den benachbarten, bebauten Grundstücken teilnimmt. Ob und wie lange dies der Fall ist, entscheidet sich nach der Verkehrsauffassung (BVerwG Urt. v. 12.9.1980 – IV C 75/77, ZfBR 1980, 294 (295); vgl. zur Zulässigkeit von Ersatzbauwerken im Außenbereich BVerwG Urt. v. 18.10.1974 – IV C 75/71, BVerwGE 47, 126 (131 f.) sowie § 35 Rn. 149 ff.; vgl. auch BVerwG Urt. v. 19.9.1986 – 4 C 15/84, BVerwGE 75, 34: Berücksichtigung der besonderen Größe eines Grundstücks und jahrelanger erfolgloser Verhandlungen mit Gemeinde und Bauaufsichtsbehörde über Art und Weise der Bebauung; OVG Münster Urt. v. 21.11.2005 – 10 A 1166/04, BauR 2006, 959: Eine Maschinenfabrik kann selbst dann die unmittelbare Umgebung prägen, wenn ihr Bestandsschutz infolge der Nutzungsaufgabe erloschen ist. Dies gilt auch bei der endgültigen Aufgabe einer **militärischen Nutzung**, sofern eine zivile Nachnutzung möglich ist (BVerwG Urt. v. 17.5.2002 – 4 C 6/01, DVBl 2002, 1479; s. noch Rn. 24). Für § 34 kommt es also auch insofern auf die tatsächlich vorhandene Bebauung an, unabhängig von der Frage, ob sie Bestandsschutz genießt (BVerwG aaO). § 35 schützt in Abgrenzung dazu den Außenbereich vor einer unangemessenen Inanspruchnahme für Bauzwecke und beugt damit einer Verringerung der Außenbereichsfläche vor; er bezweckt jedoch nicht eine „Vergrößerung" des Außenbereichs).

Für die Frage, ob ein Bebauungszusammenhang vorliegt, kommt es auf die **tatsäch-** 6 **lich vorhandene Bebauung** an. Ihre Zweckbestimmung und Entstehungsgeschichte ist ohne Bedeutung. Dies gilt auch dann, wenn eine weder formell noch materiell baurechtmäßige Bebauung in einer Weise geduldet wird, die keinen Zweifel daran lässt, dass sich die zuständige Behörde mit ihrem Vorhandensein abgefunden hat (BVerwG Urt. v. 6.11.1968 – IV C 31/66, BVerwGE 31, 22 (26); dass. Urt. v. 30.6.2015 – 4 C 5.14, NVwZ 2015, 1767). Wenn dagegen das Verhalten der zuständigen Behörden, insbeson-

dere durch den Erlass von Beseitigungsverfügungen, hinreichend klar ergibt, dass eine Beseitigung der Bebauung absehbar ist, sind diese Gebäude für die Beurteilung eines Bebauungszusammenhangs außer Betracht zu lassen (BVerwG Beschl. v. 16.12.2008 – 4 B 68/08, ZfBR 2009, 376; dass. Urt. v. 6.11.1968 – 4 C 31/66, BVerwGE 31, 22 (26); OVG Münster Urt. v. 23.10.2006 – 7 A 4947/05, BauR 2007, 1010).

7 **b) Zusammenhang.** Für die Beurteilung, ob ein Bebauungszusammenhang besteht, ist auf die **äußerlich wahrnehmbaren Verhältnisse** (→ aber im Hinblick auf Ersatzbauwerke auch Rn. 5) abzustellen. Darstellungen im Flächennutzungsplan oder erst künftig geplante Vorhaben sind dabei unerheblich (BVerwG Urt. v. 12.12.1990 – 4 C 40/87, NVwZ 1991, 879; dass. Beschl. v. 8.11.1999 – 4 B 85/99, BauR 2000, 1171; VGH Mannheim Urt. v. 18.1.2011 – 8 S 600/09, NVwZ-RR 2011, 393). Wo im Einzelfall die Grenze des Bebauungszusammenhangs verläuft, ist aufgrund einer Bewertung des konkreten Falls zu entscheiden (BVerwG Beschl. v. 8.10.2015 – 4 B 28.15, UPR 2016, 68; dass. Beschl. v. 24.11.2009 – 4 B 1/09, BauR 2010, 443). Zu den maßgeblichen örtlichen Gegebenheiten gehören dabei auch topografische Verhältnisse wie Geländehindernisse, Erhebungen oder auch Einschnitte (Dämme, Böschungen, Gräben, Flüsse und dergleichen) und Waldränder. Der Bebauungszusammenhang **endet** in der Regel mit der letzten an eine größere Freifläche angrenzenden Bebauung. Für eine davon abgrenzende bloße **Unterbrechung** des Bebauungszusammenhanges etwa **durch eine Straße** ist für die Beurteilung maßgebend, ob die aufeinander folgende Bebauung den Eindruck der Geschlossenheit vermittelt (BVerwG Urt. v. 28.10.1993 – 4 C 5/93, NVwZ 1994, 686; dass. Urt. v. 30.6.2015 – 4 C 5.14, NVwZ 2015, 1767; *Hofherr* in BK § 34 Rn. 14; zur trennenden Funktion einer Straße vgl. BVerwG Urt. v. 12.12.1990 – 4 C 40/87, NVwZ 1991, 879). Auch den von einer Straße ausgehenden **Verkehrslärm** kann für sich allein einen optisch wahrnehmbaren Bebauungszusammenhang nicht aufheben (BVerwG Urt. v. 12.12.1990, aaO). Besteht jedoch nur an einer Straßenseite ein Bebauungszusammenhang, liegen die Grundstücke auf der anderen Straßenseite, sofern nicht andere Umstände hinzukommen, im Außenbereich (vgl. BVerwG Beschl. v. 16.2.1988 – 4 B 19/88, BauR 1988, 315: Die „Regelvermutung" für eine trennende Wirkung einseitig bebauter Straßen zwischen Innen- und Außenbereich macht die Berücksichtigung der konkreten örtlichen Gegebenheiten nicht überflüssig; auch OVG Berlin-Brandenburg Beschl. v. 10.12.2014 – 10N 1.13, BeckRS 2014, 59667). Unbebaute Grundstücke, die an das letzte zum Bebauungszusammenhang gehörende Gebäude anschließen, liegen im Außenbereich, wenn weder auf der gegenüberliegenden Straßenseite noch in der zweiten Reihe eine Bebauung besteht (BVerwG Urt. v. 6.12.1967 – IV C 94/66, BVerwGE 28, 268).

8 Auf die (lediglich formalen) **Grundstücksgrenzen** kommt es für die Lage in einem Bebauungszusammenhang nicht entscheidend an. Insbesondere durch die **Teilung** eines Grundstücks wird die Bebaubarkeit i. S. des § 34 weder begründet noch beeinträchtigt (BVerwG Urt. v. 26.6.1970 – IV C 73/68, DVBl. 1970, 829). In den Bebauungszusammenhang kann daher zB auch nur ein Teil des Grundstückes einbezogen sein (BVerwG Beschl. v. 8.10.2015 4 B 28.15, UPR 2016, 68; dass. Urt. v. 6.11.1968 – IV C 47/68, BRS 20 Nr. 38).

9 **Abgrenzungsschwierigkeiten** treten vielfach in Fällen auf, in denen die Aufeinanderfolge von baulichen Anlagen durch **Baulücken,** durch **größere freie Flächen** oder auch durch Bebauung durchbrochen ist, die ihrerseits nicht in der Lage ist, einen Bebauungszusammenhang herzustellen. Auch in diesen Fällen ist ausschlaggebend, inwieweit die aufeinander folgende Bebauung noch den Eindruck der Geschlossenheit vermittelt (BVerwG Urt. v. 6.12.1967 – IV C 94/66, BVerwGE 28, 268). Dabei können selbst größere **Freiflächen,** die wegen ihrer natürlichen Beschaffenheit (zB Flüsse oder Gräben; vgl. auch BVerwG Beschl. v. 27.5.1988 – 4 B 71/88, NVwZ-RR 1989, 4: Felsen, der einen bebauten Uferstreifen unterbricht; OVG Münster Beschl. v. 13.6.2013 – 7 A 2150/12, BauR 2013, 1651 (1651) zu einer Waldgrenze) oder wegen ihrer besonderen

1. Abschnitt. Zulässigkeit von Vorhaben § 34

Zweckbestimmung (zB Sportplätze, Erholungsflächen) einer Bebauung entzogen sind, zumindest im Einzelfall unbeachtlich sein (BVerwG Urt. v. 6.11.1968 – IV C 31/66, BVerwGE 31, 22; dass. Urt. v. 14.12.1973 – IV C 48/72, BVerwGE 44, 250). So kann es für einen Bebauungszusammenhang ausreichen, wenn eine Baulücke bestimmter Größe zwischen großzügig bemessenen, mit Einfamilienhäusern bebauten Grundstücken liegt (*Söfker* in EZBK § 34 Rn. 22), während bei einer eng aneinander gereihten Bebauung eine vergleichbar große Lücke den Bebauungszusammenhang unterbricht, weil sich eine Neubebauung nicht mehr als zwanglose Fortsetzung der vorhandenen Bebauung darstellen würde. In der Regel liegt lediglich eine Baulücke und keine Unterbrechung oder Beendigung des Bebauungszusammenhang vor, wenn eine noch nicht bebaute Fläche so groß ist, dass sie lediglich eines oder einige wenige der Vorhaben aufnehmen kann, die sich auf den Nachbargrundstücken bereits befinden (vgl. etwa BVerwG Urt. v. 29.5.1981 – 4 C 34/78, BVerwGE 62, 250 (251); VGH Mannheim Urt. v. 18.1.2001 – 8 S 600/09, NVwZ-RR 2011, 393; s. aber auch VGH Mannheim Urt. v. 5.8.2014 – 3 S 1673/12, NVwZ-RR 2014, 931: Keine Faustregel, dass bei einer Baulücke mit drei bis vier Bauplätzen stets noch der Bebauungszusammenhang gewahrt ist). Dies gilt auch dann, wenn es um eine noch nicht bebaute Freifläche geht, die von großen Gewerbe- oder Industrieanlagen umgeben ist. Eine von Bebauung umgebene unbebaute **Innenstadtfläche** liegt jedoch nicht innerhalb des Bebauungszusammenhangs, wenn sie so groß ist, dass sich ihre Bebauung nicht als zwanglose Fortsetzung der vorhandenen Bebauung aufdrängt (BVerwG Urt. v. 1.12.1972 – IV C 6/71, BVerwGE 41, 227; dass. Urt. v. 17.2.1984 – 4 C 55/81, NJW 1984, 1576; dass. Beschl. v. 15.9.2005 – 4 BN 37/05, ZfBR 2006, 54: Die missverständliche Formulierung „**Außenbereich im Innenbereich**" ist dabei jedoch kein eigenständiger Rechtsbegriff neben den §§ 34 und 35).

Unbebaute Grundstücke sind bei der Beurteilung des Vorliegens eines Be- 10 bauungszusammenhangs nicht deshalb wie bebaute Grundstücke zu behandeln, weil ihre Bebauung beabsichtigt oder sogar schon genehmigt ist (BVerwG Urt. v. 26.11.1976 – IV C 69/74, NJW 1977, 1978). Zu der den Maßstab bildenden „vorhandenen Bebauung" kann jedoch auch ein (**qualifiziert**) **beplantes Gebiet** gehören. Allerdings sind auch dort unbebaute Grundstücke nicht deshalb wie eine bereits vorhandene Bebauung zu behandeln, weil sie nach § 30 bzw. nach § 33 bebaut werden dürften (BVerwG Urt. v. 26.11.1976, aaO; dass. Urt. v. 31.10.1975 – IV C 16/73, BauR 1976, 185; dass. Beschl. v. 24.11.2009 – 4 B 1/09, BauR 2010, 443).

Ein **bebautes Grundstück** unterbricht den Bebauungszusammenhang allenfalls 11 dann, wenn die Bebauung im Verhältnis zur Größe des Grundstücks nur von ganz untergeordneter Bedeutung ist (BVerwG Urt. v. 19.9.1986 – 4 C 15/84, BVerwGE 75, 34: ablehnend hinsichtlich eines aus Haupt- und Nebengebäuden bestehenden Sanatoriums auf einem parkartigen Grundstück). Eine Unterbrechung kann jedoch vorliegen, wenn größere Flächen mit baulichen Anlagen belegt sind, die für sich genommen keinen Bebauungszusammenhang bilden können (Rn. 5). Diese Flächen sind daher ähnlich wie unbebaute Flächen zu betrachten, da sie in der Regel nichts zu einer organischen Siedlungsstruktur (Rn. 14) beitragen können. Der den Begriff des Bebauungszusammenhangs konkretisierende Begriff der „Zusammengehörigkeit" erfordert hingegen kein **einheitliches Gesamtbild**. Auch eine sich in den Bebauungszusammenhang in keiner Weise einpassende Bebauung (**Fremdkörper**, der die Eigenart des Gebiets folglich nicht prägt) unterbricht nicht den Bebauungszusammenhang (BVerwG Urt. v. 19.9.1986, aaO; dass. Urt. v. 15.2.1990 – 4 C 23/86, BVerwGE 84, 322; OVG Koblenz Urt. v. 21.8.2012 – 8 A 10344/12, ZfBR 2012, 791 ff. zur Prägung benachbarter ausschließlich zu Wohnbauzwecken bestehende Grundstücke durch einen einzigen landwirtschaftlichen Betrieb als Gemengelage).

Bebaute Grundstücke in **angrenzenden Gemeinden** können Bestandteil eines 12 tatsächlichen Bebauungszusammenhangs sein. Allerdings vermittelt nur ein Bebauungszusammenhang, der auch Ortsteil ist (Rn. 14 ff.), Baurecht nach § 34 (BVerwG Urt. v. 3.12.1998 – 4 C 7/98, NVwZ 1999, 527). Nur soweit es um den

Bebauungszusammenhang geht, ist also allein auf die äußerlich wahrnehmbaren Verhältnisse abzustellen (Rn. 7). Im Gegensatz zu dem rein äußerlich und faktisch zu bestimmenden Bebauungszusammenhang hat der Begriff des **Ortsteils** hingegen auch eine rechtliche Komponente, da sich darin die Beziehung zur Planungshoheit der Gemeinde ausdrückt. Der Gemeinde ist auch im Rahmen des § 34 mit Blick auf ihre Verantwortung für die städtebauliche Ordnung und Entwicklung nur das zuzurechnen, was sie durch sachgerechte eigene Planung auch abwenden könnte. Da sie keine Möglichkeit hat, das Heranrücken eines benachbarten bebauten Ortsteils an ihren Außenbereich planerisch zu verhindern, ist insoweit nur auf die Bebauung im jeweiligen Gemeindegebiet abzustellen (BVerwG Urt. v. 3.12.1998 – 4 C 7/98, NVwZ 1999, 527; dass. Beschl. v. 19.9.2000 – 4 B 49/00, NVwZ-RR 2001, 83; VGH Mannheim Urt. v. 18.1.2011 – 8 S 600/09, NVwZ-RR 2011, 393; s. auch *Seibel* BauR 2006, 1242 ff.; krit. zur Gemeindebezogenheit *Rinke* BauR 2005, 1406 ff.).

13 Ob ein Grundstück im Bebauungszusammenhang liegt, ist nicht ausschließlich danach zu beurteilen, ob es von Bebauung umgeben ist. Erforderlich ist vielmehr auch, dass das Grundstück selbst **Bestandteil dieses Zusammenhanges** ist (BVerwG Urt. v. 1.12.1972 – IV C 6/71, BVerwGE 41, 227; vgl. auch *Hofherr* in BK § 34 Rn. 8). Ein innerhalb eines Bebauungszusammenhangs liegendes unbebautes Grundstück ist im Regelfall Teil dieses Zusammenhangs, wobei es jedoch auch auf den Eindruck der Geschlossenheit und Zusammengehörigkeit sowie die Verkehrsauffassung und die Lage des Einzelfalls ankommt (BVerwG Urt. v. 6.11.1968 – IV C 2/66, BVerwGE 31, 20; dass. Beschl. v. 9.11.2005 – 4 B 67/05, ZfBR 2006, 161). Auch bei einer **Randlage** kann unter besonderen Umständen die Einbeziehung eines unbebauten Grundstücks in den Bebauungszusammenhang gerechtfertigt sein (BVerwG Urt. v. 22.3.1972 – IV C 121/68, DÖV 1972, 827; dass. Urt. v. 12.9.1980 – IV C 75/77, ZfBR 1980, 294). Dies gilt etwa dann, wenn es sich um einen Bauplatz handelt, an den sich dann eine dauerhafte natürliche oder sonstige Grenze des Bebauungszusammenhangs als eindeutige Zäsur anschließt (zB ein Gewässer, ein Geländeeinschnitt, eine Straße oÄ – Rn. 7), so dass ein Hineinwachsen des Bebauungszusammenhangs in den Außenbereich ausgeschlossen ist. Auch ein Waldrand kann eine derartige Zäsur bilden, nicht aber in der Regel eine Hecke oder bloße Baumreihe als typischer Bestandteil der freien Landschaft (BVerwG Beschl. v. 8.10.2015 – 4 B 28.15, UPR 2016, 68).

14 **2. Ortsteil.** Der Bebauungszusammenhang (Rn. 3 ff.) muss einem **Ortsteil** in der Gemeinde (→ Rn. 12) angehören. Diese Anforderung schließt alles das ein, was im Gegensatz zur unerwünschten **Splittersiedlung** (§ 35 Abs. 3 S. 1 Nr. 7) steht und sichert damit den Regelungszweck des § 34, „nämlich die nach der Siedlungsstruktur angemessene Fortentwicklung der Bebauung innerhalb des gegebenen Bereiches" (BVerwG Urt. v. 6.11.1968 – IV 31/66, BVerwGE 31, 22 (27)). Demgemäß ist für die Beurteilung, ob ein Ortsteil iS des Abs. 1 S. 1 vorliegt, nicht auf die Entstehungsweise der vorhandenen Bebauung oder darauf abzustellen, ob die Bebauung einem bestimmten städtebaulichen Ordnungsbild entspricht, eine bestimmte städtebauliche Ordnung verkörpert oder als eine städtebauliche Einheit in Erscheinung tritt (BVerwG Urt. v. 6.11.1968 aaO). Ortsteil ist vielmehr jeder Bebauungskomplex im Gebiet einer Gemeinde, der nach der Zahl der vorhandenen Bauten ein gewisses Gewicht besitzt und Ausdruck einer organischen Siedlungsstruktur ist (BVerwG Urt. v. 6.11.1968 aaO, 22 (26);). Das „gewisse Gewicht" ist nach den siedlungsstrukturellen Gegebenheiten im Gebiet der jeweiligen Gemeinde zu beurteilen (BVerwG Urt. v. 17.2.1984 – 4 C 56/79, NVwZ 1984, 434; dass. Beschl. v. 19.9.2000 – 4 B 49/00, NVwZ-RR 2001, 83). Welche Fortentwicklung der vorhandenen Bebauung angemessen ist, bestimmt sich nach der organischen Siedlungsstruktur für jedes der in § 34 Abs. 1 Satz 1 genannten Kriterien gesondert (BVerwG Urt. v. 30.6.2015 – 4 C 5.14, NVwZ 2015, 1767). Auch hinsichtlich des Merkmals der **„organischen Siedlungsstruktur"** ist nicht darauf abzustellen, dass es sich hierbei um eine nach Art und

1. Abschnitt. Zulässigkeit von Vorhaben § 34

Zweckbestimmung einheitliche Bebauung handelt; auch eine unterschiedliche oder eine in ihrer Art und Zweckbestimmung gegensätzliche, also nicht homogene, Bebauung kann einen Ortsteil bilden. Der Ortsteil braucht sich auch nicht als ein Schwerpunkt der städtebaulichen Entwicklung oder als eine Bebauung mit einem eigenständigen Leben darzustellen (BVerwG Urt. v. 6.11.1968 aaO, 22 (27); VGH Mannheim Urt. v. 18.1.2011 – 8 S 600/09, NVwZ-RR 2011, 393; vgl. aber BVerwG Beschl. v. 25.3.1986 – 4 B 41/86, NVwZ 1986, 1014: Sind die Voraussetzungen und Ziele einer früheren Moorkultivierung entfallen, kann sich eine im Rückblick „organisch" gewachsene Moorsiedlung heute als **unorganische Splittersiedlung** darstellen). Jedoch entspricht eine völlig regellose und in dieser Anordnung nach Art oder Maß funktionslose Bebauung oder eine Anhäufung von behelfsmäßigen Bauten (zB ungenehmigte **Behelfsheime**; OVG Bremen Urt. v. 8.10.1985 – 1 BA 30/85, ZfBR 1986, 152) nicht mehr der von § 34 ermöglichten angemessenen Fortentwicklung einer vorhandenen Bebauung (BVerwG Beschl. v. 18.2.2014 – 4 BN 1.15, BeckRS 2015, 12592). Demgegenüber kann aber etwa eine **bandartige, einzeilige Bebauung** ausnahmsweise (vgl. *Rieger* in Schrödter § 34 Rn. 19) den Anforderungen an eine organische Siedlungsstruktur entsprechen, wenn sie auf die Funktion und den Nutzungszweck der Bebauung zurückgeht und darin ihre Rechtfertigung findet, wie zB bei einer Bebauung an einem Seeufer (BVerwG Urt. v. 6.11.1968 aaO, 22; dass. Urt. v. 1.12.1972 – IV C 6/71, BVerwGE 41, 227; *Söfker* in EZBK § 34 Rn. 15).

Gebildet werden kann ein Ortsteil „für sich allein genommen" nicht lediglich durch 15 Bauwerke, die nicht dem **ständigen Aufenthalt von Menschen** dienen (BVerwG Urt. v. 19.4.2012 – 4 C 10.11, BauR 2012, 1626). Gebäude mit diesem Zweck (insbes. Wohn- und Geschäftshäuser, Büros und Verwaltungsgebäude, Gewerbe- und Industriebetriebe; s. gerade zu letzteren BVerwG Beschl. v. 6.12.2011 – 4 B 13/11, ZfBR 2012, 379); dass. Beschl. v. 11.7.2002 – 4 B 30/02, BRS 65 Nr. 80) müssen also hinzukommen. Jedoch können durchaus auch nur vorübergehend (zB als Wochenend- und Gartenhäuser) genutzte oder auch unbewohnte Gebäude ggf. nach Funktion und Charakteristik ortsteilprägend sein (BVerwG Beschl. v. 2.3.2000 – 4 B 15/00, ZfBR 2000, 428; dass. Beschl. v. 11.7.2002 – 4 B 30/02, BauR 2002, 1827; dass. Beschl. v. 6.12.2011 – 4 B 13/11, ZfBR 2012, 379). Ein **Kleingartengebiet** bildet daher (unbeschadet einer durchgehenden Laubenbebauung) keinen Ortsteil, wenn die Gebäude (Gartenhäuser) nicht für den dauernden Aufenthalt von Menschen bestimmt sind (BVerwG Urt. v. 17.2.1984 – 4 C 55/81, NJW 1984, 1576). Nichts anderes gilt für Gewächshäuser, und zwar unabhängig davon, ob die darin stattfindende Produktion einer Pflege oder Kultivierung durch Menschen bedarf (BVerwG Urt. v. 30.6.2015 – 4 C 5.14, NVwZ 2015, 1767).

Die **Zahl der vorhandenen Bauten,** die erforderlich sind, um das Vorliegen eines 16 Ortsteils bejahen zu können, lässt sich **nicht generell** festlegen. Sind in der jeweiligen Gegend entsprechende Siedlungsformen typisch, kann im Einzelfall bereits ein Bestand von nur wenigen Häusern ausreichen (BVerwG Beschl. v. 19.4.1994 – 4 B 77/94, NVwZ-RR 1994, 555, nur vier Wohngebäude besitzen regelmäßig nicht das Gewicht für einen Ortsteil: s. auch VGH München Urt. v. 11.12.1998 – 2 B 92/3565, juris: Keine Ortsteilqualität für Weiler mit sechs landwirtschaftlichen Hofstellen und drei alleinstehenden Wohnhäusern; dass. Urt. v. 13.7.1982 – 1 B 81 A. 2189, BayVBl. 1983, 628: im Einzelfall kann auch die Ansiedlung von elf Gutsgebäuden keinen Ortsteil darstellen; OVG Bremen Urt. v. 5.6.1984 – 1 BA 114/83, BauR 1984, 495: sieben im Durchschnitt zweigeschossigen Wohngebäuden fehlt bereits von der Anzahl der Baulichkeiten her das für einen Ortsteil zu fordernde hinreichende Gewicht; VGH Mannheim Urt. v. 26.3.1984 – 8 S 1895/83, BauR 1984, 496: fünf Wohnhäuser und fünf landwirtschaftliche Nebengebäude können einen Ortsteil bilden; OVG Lüneburg Beschl. v. 18.11.2009 – 4 LA 371/08, UPR 2010, 152: Einem Ensemble aus neun Gebäudekomplexen mit jeweils einem große Wohnhaus und einem weiteren Wohnhaus kann die Ortsteileigenschaft nicht abgesprochen werden). Aber auch wenn die Anzahl der vorhandenen Bauten nicht unbeträchtlich hinter anderen An-

siedlungen dieser Gegend zurückbleibt, ist ein rein quantitativer Vergleich unangemessen; vielmehr ist auch insofern der Vergleich mit einer unerwünschten Splittersiedlung vorzunehmen (BVerwG Urt. v. 17.11.1972 – IV 13/71, BRS 25 Nr. 41). Dies gilt auch für industriell oder gewerblich geprägte Bereiche, die häufig durch große Flächen und umfangreiche, oftmals technische, bauliche Anlagen geprägt sind, weniger hingegen durch bauliche Anlagen, in denen sich Menschen dauerhaft aufhalten. Auch in diesen Fällen liegt ein im Zusammenhang bebauter Ortsteil oder jedenfalls ein Teil eines solchen Ortsteiles vor, wenn der betreffende Bereich zumindest auch bauliche Anlagen umfasst, die dem Aufenthalt von Menschen dienen (zB Sozialgebäude, Büros, Verwaltung; vgl. BVerwG Beschl. v. 6.12.2011 – 4 B 13/11, ZfBR 2012, 379; dass. Beschl. v. 2.4.2007 – 4 B 7/02, BRS 71 Nr. 81; dass. Beschl. v. 11.7.2002 – 4 B 30/02, BRS 65 Nr. 80). Ebenso wie beim Tatbestandsmerkmal des Bebauungszusammenhangs ist es auch für den im Zusammenhang bebauten Ortsteil unbeachtlich, ob die vorhandenen Gebäude genehmigt wurden (→ Rn. 6). Zur Abgrenzung und Abrundung eines Innenbereichs oder zur Fortentwicklung eines Gebiets zum Innenbereich können **Satzungen** gemäß Abs. 4 erlassen werden (Rn. 79 ff.).

III. Zulässigkeitsvoraussetzungen gem. Abs. 1

17 **1. Festsetzungen eines einfachen Bebauungsplans.** § 34 findet auf Vorhaben innerhalb der im Zusammenhang bebauten Ortsteile nur Anwendung, wenn kein „qualifizierter" (§ 30 Abs. 1) oder vorhabenbezogener (§ 30 Abs. 2) Bebauungsplan vorliegt. Sofern die Vorhaben im Geltungsbereich eines **einfachen (nicht-qualifizierten) Bebauungsplans** liegt, darf des Vorhabens dessen Festsetzungen nicht widersprechen **(§ 30 Abs. 3).** Dies gilt auch für einen nach § 173 Abs. 3 BBauG 1960 übergeleiteten einfachen Bebauungsplan (BVerwG Urt. v. 18.8.1964 – I C 63/62, BVerwGE 19, 164). Widerspricht ein Vorhaben den Festsetzungen eines einfachen Bebauungsplans, ist es ein im Innenbereich unzulässig. Dies gilt auch dann, wenn das Vorhaben im Übrigen den Voraussetzungen des § 34 entspricht, sich also insbesondere in die Eigenart der näheren Umgebung einfügt. Sofern die Voraussetzungen hierfür vorliegen, besteht in diesen Fällen die Möglichkeit, eine Befreiung gemäß § 31 Abs. 2 zu erteilen. Die **Sanierungssatzung** hat für die Entscheidung über die Zulässigkeit von Vorhaben keine dem einfachen Bebauungsplan entsprechende Wirkung (BVerwG Beschl. v. 15.7.1994 – 4 B 109/94, ZfBR 1994, 294); jedoch kann sie ein Vorhaben über § 144 Abs. 1 Nr. 1 sperren. Auch durch eine **Erhaltungssatzung** (§ 172 Abs. 3 S. 2) kann die Errichtung eines nach § 34 zulässigen Gebäudes verhindert werden (BVerwG Beschl. v. 3.12.2002 – 4 B 47/02, NVwZ-RR 2003, 259).

18 Neben der „negativen", die Unzulässigkeit eines Vorhabens begründenden Wirkung eines einfachen Bebauungsplans im Innenbereich (Rn. 17) kommen dem einfachen Bebauungsplan im Innenbereich aber auch „positive", also **die Zulässigkeit eines Vorhabens begründende Wirkungen** zu. Entspricht ein Vorhaben den Festsetzungen eines einfachen Bebauungsplans (zB zur Art der baulichen Nutzung), ist es insofern planungsrechtlich zulässig, auch wenn es in Bezug auf das entsprechende Kriterium des Einfügens (→ Rn. 25 ff.) im Widerspruch zur Eigenart der näheren Umgebung steht.

19 Die – ohne Vorhandensein eines einfachen Bebauungsplans – maßgeblichen Zulässigkeitsvoraussetzungen des § 34 behalten jedoch **subsidiäre Bedeutung:** Es ist daher im Einzelfall festzustellen, ob der einfache Bebauungsplan eine abschließende Aussage enthält (zB zum Maß der baulichen Nutzung, vgl. § 16 BauNVO; VGH Mannheim Beschl. v. 30.3.2015 – 2 ZB 13.1962, BauR 2015, 1123). Trotz des Vorliegens eines einfachen Bebauungsplans ist die Eigenart der näheren Umgebung somit immer dann ergänzend für die Zulässigkeit eines Vorhabens maßgeblich, wenn die Gemeinde in einem einfachen Bebauungsplan das betreffende Kriterium des Einfügens nicht abschließend geregelt hat. Dies ist ggf. durch Auslegung des Plans zu ermitteln.

1. Abschnitt. Zulässigkeit von Vorhaben **§ 34**

2. Eigenart der näheren Umgebung. Sofern ein einfacher Bebauungsplan nicht existiert oder ein Vorhaben seinen Festsetzungen nicht widerspricht (§ 30 Abs. 3; → Rn. 17), ist die Zulässigkeit des Vorhabens allein oder ergänzend gem. Abs. 1 S. 1 danach zu beurteilen, ob es sich in die **Eigenart der näheren Umgebung** (Rn. 21, 22 ff.) nach Art und Maß der baulichen Nutzung, der Bauweise und der Grundstücksfläche, die überbaut werden soll, **einfügt** (Rn. 25 ff.). 20

a) Nähere Umgebung. Maßstab für die Zulässigkeit eines Vorhabens ist die Eigenart der näheren Umgebung. Als **„nähere Umgebung"** sind zunächst, aber nicht nur, die unmittelbaren Nachbargrundstücke von Bedeutung (BVerwG Urt. v. 18.10.1974 – IV C 77/73, NJW 1975, 460). Die räumlichen Grenzen der näheren Umgebung sind nach der tatsächlichen städtebaulichen Situation zu bestimmen, in die das für die Bebauung vorgesehene Grundstück eingebettet ist. Daher kann die Grenze zwischen näherer und fernerer Umgebung zB dort zu ziehen sein, wo zwei jeweils einheitlich geprägte Bebauungskomplexe mit voneinander verschiedenen Bau- und Nutzungsstrukturen aneinanderstoßen. Die Grenzen lassen sich dabei jedoch nicht schematisch bestimmen (BVerwG Beschl. v. 28.8.2003 – 4 B 74/03, BeckRS 2008, 39787; VGH Kassel Beschl. v. 13.8.2013 – 4 B 1458/13, BauR 2014, 2068 (2069)). Die nähere Umgebung muss jedenfalls insoweit berücksichtigt werden, als sich die Ausführung des Vorhabens auf sie auswirken kann und soweit die Umgebung ihrerseits den bodenrechtlichen Charakter des Baugrundstücks prägt oder doch beeinflusst (BVerwG Urt. v. 26.5.1978 – IV C 9/77, BVerwGE 55, 369 (380)). Die Rspr. zur Abgrenzung von Innen- und Außenbereich (Rn. 2 ff.) kann auf die Abgrenzung der näheren Umgebung sinngemäß übertragen werden (BVerwG Beschl. v. 20.8.1998 – 4 B 79/98, NVwZ-RR 1999, 105; OVG Bautzen Beschl. v. 5.2.2014 – 2 L 6/13, BeckRS 2014, 48196). Die Eigenart der näheren Umgebung ist für jedes Kriterium des Einfügens (Rn. 25) **gesondert** abzugrenzen (BVerwG Beschl. v. 13.5.2014 – 4 B 38/13, NVwZ 2014, 1246 (1247)). Bei der Art der baulichen Nutzung reicht sie tendenziell am weitesten (vgl. OVG Magdeburg Beschl. v. 4.7.2012 – 2 C 94/11, ZfBR 2012, 787 ff.; VGH Mannheim Urt. v. 23.9.1993 – 8 S 1281/93, UPR 1994, 271; *Bracher* in BRS Rn. 2197) 21

b) Eigenart. Die **„Eigenart"** der näheren Umgebung wird vor allem durch die vorhandene Bebauung geprägt (BVerwG Urt. v. 26.5.1978 – IV C 9/77, BVerwGE 55, 369 (380)). Aber auch die „Nichtüberbaubarkeit" kann bestimmend für die Eigenart der näheren Umgebung sein (vgl. OVG Berlin-Brandenburg Beschl. v. 16.11.2010 – 10 S 31/10, ZfBR 2011, 161 in Bezug auf öffentliche und private Grünflächen). Was die vorhandene Bebauung nicht prägt oder ihr gar als **Fremdkörper** erscheint, muss außer Acht gelassen werden (BVerwG Urt. v. 7.12.2006 – 4 C 11.05, BVerwGE 127, 231; OVG Koblenz Urt. v. 20.6.2013 – 1 A 11166/12, NVwZ 2013, 1627 zu einem einzigen Gewerbebetrieb in einem Wohngebiet). Zwar hat die größere räumliche Nähe idR eine stärker prägende Wirkung für die Eigenart der näheren Umgebung. Sie ist jedoch allein nicht maßgeblich, wenn auch die Bebauung der weiteren Umgebung des Grundstücks auf dieses noch prägend einwirkt (BVerwG Urt. v. 26.5.1978 aaO, 380). Es ist somit auf die städtebauliche Eigenheit abzustellen, durch die die Umgebung gekennzeichnet ist, also auf alles „Vorhandene", sofern es nur prägende Wirkung hat. Die Darstellungen eines **Flächennutzungsplans** haben dabei keine Bedeutung (s. nur VGH München Beschl. v. 23.11.2012 – 22 ZB 12/2120, BauR 2013, 928). 22

Die prägende Wirkung des **Altbestands** entfällt mit seiner **Beseitigung** oder der **Aufgabe** der bisherigen bestandsgeschützten Nutzung nicht von selbst; sie besteht vielmehr so lange fort, bis sie endgültig aufgegeben worden ist und nach der Verkehrsauffassung mit einer erneuten Aufnahme nicht mehr gerechnet wird (BVerwG Urt. v. 19.9.1986 – 4 C 15/84, BVerwGE 75, 34 (42 f.); dass. Beschl. v. 24.5.1988 – 4 CB 12/88, BauR 1988, 574; dass. Urt. v. 3.2.1984 – 4 C 25/82, BVerwGE 68, 360 23

(368); OVG Greifswald Beschl. v. 9.11.2011 – 3 M 184/11, DVBl. 2012, 373; VGH Mannheim Urt. v. 17.4.2013 – 5 S 3140/11, BauR 2013, 2001 (2002)). Dies gilt auch für ehemals **militärische Anlagen,** sofern sie für eine zivile Nachnutzung offen stehen und dafür einen entsprechenden Anknüpfungspunkt geben (zB militärische Krankenhäuser, Verwaltungs- oder Wohngebäude, Kindergärten, BVerwG Urt. v. 17.5.2002 – 4 C 6/01, DVBl. 2002, 1479). Zur die Eigenart der näheren Umgebung prägenden Bebauung und Nutzung, die für das Einfügen maßgeblich ist, gehört auch eine beseitigte Bebauung oder aufgegebene Nutzung. Dies gilt auch für das von der Beseitigung betroffene Grundstück selbst. Innerhalb welcher zeitlichen Grenzen Gelegenheit besteht, an die früheren Verhältnisse wieder anzuknüpfen, richtet sich ebenfalls nach der Verkehrsauffassung (BVerwG Urt. v. 27.8.1998 – 4 C 5/98, NVwZ 1999, 523 (525) s. auch Rn. 5). Hierfür kann als Orientierungshilfe das vom BVerwG zu § 35 Abs. 4 S. 1 Nr. 3 entwickelte Zeitmodell (→ § 35 Rn. 151; BVerwG Urt. v. 18.5.1995 – 4 C 20/94, BVerwGE 98, 235 (240)) herangezogen werden (so BVerwG Beschl. v. 2.10.2007 – 4 B 39/07, ZfBR 2008, 52; → zum Bestandsschutz auch § 29 Rn. 18).

24 Eine **Straße** kann für die Prägung in Bezug auf die Eigenart der näheren Umgebung trennende oder verbindende Funktion haben (Rn. 7); dabei ist nicht allein auf den optischen Eindruck abzustellen, wenn die Bebauung diesseits und jenseits der Straße jeweils unterschiedliche Nutzungen aufweist (BVerwG Urt. v. 6.7.1984 – 4 C 28/83, NJW 1985, 1569). **Künftige bauliche Entwicklungen** sind nur dann beachtlich, wenn sie sich bereits in der vorhandenen Bebauung niederschlagen (BVerwG Urt. v. 29.11.1974 – IV C 10/73, DVBl. 1974, 509; dass. Urt. v. 26.5.1978 – 4 C 9/77, BVerwGE 55, 369 (381)). Wann die Bebauung entstanden ist, die die Eigenart der näheren Umgebung prägt, und ob diese gleichfalls nach § 34 zu beurteilen ist, hat keine rechtliche Relevanz (BVerwG Urt. v. 31.10.1975 – IV C 16/73, BauR 1976, 185). Auch beplante Bereiche können also die Eigenart der näheren Umgebung außerhalb des beplanten Bereichs prägen.

25 **3. Einfügen. a) Einhaltung des bestehenden Rahmens.** Aus der Eigenart der näheren Umgebung sind gem. Abs. 1 S. 1 die Maßstäbe dafür zu finden, ob sich ein Vorhaben **einfügt** und damit **baurechtlich zulässig** ist. Hierfür ist auf einer **ersten Stufe** zu prüfen, ob sich ein Vorhaben in jeder Hinsicht innerhalb des aus seiner Umgebung hervorgehenden Rahmens hält; es fügt sich dann idR in seine Umgebung ein (BVerwG Urt. v. 26.5.1978 – 4 C 9/77, BVerwGE 55, 369 (385); zur zweiten Stufe Rn. 30). Der für die Beurteilung der baurechtlichen Zulässigkeit im Innenbereich maßgebliche Rahmen kann ggf. auch durch **städtebaulich an sich unbefriedigende Faktoren** mitbestimmt werden (vgl. OVG Koblenz Urt. v. 21.8.2012 – 8 A 10344/12, BauR 2013, 62; zu gesunden Wohn- und Arbeitsverhältnissen s. Rn. 37). Will die Gemeinde eine solche durch die planersetzende Wirkung des § 34 bestimmte Entwicklung korrigieren, kann dies nicht innerhalb von Entscheidungen nach Abs. 1, sondern nur durch die Aufstellung bzw. Änderung eines Bebauungsplans erfolgen (→ im Übrigen zum Planungserfordernis Rn. 33). Aus der näheren Umgebung sind die **Maßstäbe für das Einfügen** eines Vorhabens sowohl hinsichtlich der **Art und des Maßes der baulichen Nutzung,** als auch hinsichtlich der **Bauweise** und der **überbauten Grundstücksfläche** zu gewinnen. Ob sich ein Vorhaben einfügt, ist dabei für jedes dieser Kriterien gesondert zu prüfen (BVerwG Beschl. v. 13.5.2014 – 4 B 38/13, NVwZ 2014, 1246). Gleichzeitig sind die für das Gebot des Einfügens in § 34 Abs. 1 genannten Kriterien abschließend und keiner Anreicherung um zusätzliche bauplanungsrechtliche Zulassungshürden zugänglich (BVerwG Urt. v. 11.2.1993 – 4 C 15/92, NVWZ 1994, 285; OVG Magdeburg Beschl. v. 3.2.2015 – 2 M 152/14, NVwZ-RR 2015, 687; zu Besonderheiten s. Rn. 32ff.).

26 Der von der Umgebung vorgegebene Rahmen ist dabei **umso enger, je einheitlicher** die das Grundstück in bodenrechtlicher Hinsicht prägende **Umgebung** ist

1. Abschnitt. Zulässigkeit von Vorhaben §34

(BVerwG Urt. v. 26. 5. 1978 – 4 C 9/77, BVerwGE 55, 369 (385); vgl. auch BVerwG Beschl. v. 4. 2. 1986 – 4 B 7/86, NVwZ 1986, 740: Die Zulässigkeit eines Bauvorhabens im **Blockinnern** bestimmt sich nicht nur danach, ob und in welcher Tiefe Gebäude im Blockinnern bereits vorhanden sind und ob es sich dabei um Haupt- oder Nebengebäude handelt, sondern auch vorrangig danach, welche Art der baulichen Nutzung die im Blockinnern vorhandene Bebauung aufweist). Auch **Werbeanlagen** sind als eigenständige Hauptnutzung danach zu beurteilen, ob sie sich nach Art und Maß einfügen (BVerwG Urt. v. 3. 12. 1992 – 4 C 26/91, NVwZ 1993, 985; dass. Urt. v. 15. 12. 1994 – 4 C 19/93, NVwZ 1995, 897). Der maßgebliche Rahmen für das Einfügen ist in seiner gesamten Spannbreite beachtlich, sofern es nicht um einen die Eigenart der näheren Umgebung nicht (mit-) prägenden „Ausreißer" geht (→ Rn. 22). Sind in der als Maßstab beachtlichen Umgebung Wohngebäude, Gewerbebetriebe ohne erhebliche Nachteile für die Umgebung, aber auch Gewerbebetriebe von stärker emittierender Art vorhanden, ist die Bandbereite hinsichtlich der **Art der Bebauung** entsprechend groß. Sind in der als Maßstab beachtlichen Umgebung die Grundstücke mindestens zu einem Viertel, höchstens aber zur Hälfte bebaut, so reicht beim **Maß der Bebauung** der Rahmen von der Grundflächenzahl 0,25 bis zur Grundflächenzahl 0,5 (→ aber zu den relativen Maßstäben wie der Grundflächenzahl noch Rn. 28). Haben die Häuser in der als Maßstab beachtlichen Umgebung zwei, drei oder vier Vollgeschosse, schließt der beachtliche Rahmen zwei bis vier Vollgeschosse ein. Liegen die bebauten Grundstücksflächen jeweils an der Straße oder bis zu 12 m von ihr entfernt, ist damit in Bezug auf die **überbaubaren Grundstücksflächen** ein entsprechender Rahmen gegeben. Fügt sich ein Vorhaben nur ein, wenn das Grundstück in **geschlossener Bauweise** bebaut wird, darf nach Landesbauordnungsrecht nicht die Einhaltung von seitlichen Abstandsflächen verlangt werden (BVerwG Beschl. v. 11. 3. 1994 – 4 B 53/94, BauR 1994, 494). Findet sich in der Nachbarschaft offene und geschlossene Bauweise, sind bauplanungsrechtlich beide Bauweisen möglich. Abhängig von weiteren Einzelheiten der Landesbauordnung (insbesondere dazu, ob und wie auf dem Nachbargrundstück ebenfalls grenzständig gebaut worden oder wird) kann dann auch bauordnungsrechtlich mit oder ohne Grenzabstand gebaut werden (s. etwa § 6 Abs. 1 Satz 2 BauO NRW, Art. 6 Abs. 1 Satz 3 BayBO).

Die Bestimmung des Rahmens, in den sich ein Vorhaben nach Abs. 1 einfügen muss, 27 richtet sich hinsichtlich der Art der baulichen Nutzung nach den in der **BauNVO** für die einzelnen Baugebiete typisierten **Nutzungsarten,** soweit diese in der näheren Umgebung tatsächlich vorhanden sind (BVerwG Urt. v. 3. 4. 1987 – 4 C 41/84, NVwZ 1987, 884). Die BauNVO stellt grundsätzlich eine sachverständige Konkretisierung der geltenden Planungsgrundsätze dar, so dass auch im Rahmen des Abs. 1 an die Typisierung der Nutzungsarten in der BauNVO angeknüpft werden kann (BVerwG Urt. v. 3. 4. 1987 aaO; dass. Urt. v. 15. 12. 1994 – 4 C 13/93, NVwZ 1995, 698; OVG Münster Beschl. v. 25. 9. 1995 – 11 B 2195/95, NVwZ-RR 1996, 493; zu Abs. 2 im Hinblick auf die Baugebietsarten der BauNVO → Rn. 59ff.). Für das Einfügen einer geplanten Stellplatzanlage stellen die Größe und die Anordnung vorhandener Stellplätze keine geeigneten Kriterien in Bezug auf die Art der baulichen Nutzung dar (BVerwG Urt. v. 16. 9. 2010 – 4 C 7/10, NVwZ 2011, 436). Die **Zahl** der in Wohngebäuden vorhandenen **Wohnungen** ist im Zusammenhang mit der Anwendung des § 34 kein bodenrechtlich relevanter Gesichtspunkt (BVerwG Beschl. v. 24. 4. 1989 – 4 B 72/89, NVwZ 1989, 1060). Erst recht gilt dies für die Zahl der Bewohner.

Beim **Maß der baulichen Nutzung** kommt es „nicht auf die Feinheiten der Be- 28 rechnungsregeln" der BauNVO, sondern mehr auf das (äußere) Einfügen und die **absoluten Maße** (insbesondere Grundfläche, Höhe), weniger hingegen auf die relativen Maßstäbe wie Grundflächen- oder Geschossflächenzahl an (BVerwG Urt. v. 23. 3. 1994 – 4 C 18/92, BVerwGE 95, 277; dass. Beschl. v. 14. 3. 2013 – 4 B 49/12, ZfBR 2013, 480). Entscheidend ist also die von außen wahrnehmbare Erscheinung

§ 34 I. Kapitel. III. Teil. Regelung der baul. und sonst. Nutzung

des Gebäudes im Verhältnis zu seiner Umgebungsbebauung; vorrangig ist dabei auf diejenigen Maßkriterien abzustellen, in denen die prägende Wirkung besonders zum Ausdruck kommt (BVerwG Urt. v. 23.3.1994 aaO, 277 (279), (282)). In erster Line ist auf solche Maßfaktoren abzustellen, die nach außen wahrnehmbar in Erscheinung treten und anhand derer sich die vorhandenen Gebäude in der näheren Umgebung in Beziehung zueinander setzen lassen. Dafür bieten sich vor allem die (absolute) Größe der Gebäude nach Grundfläche, Geschossfläche, Geschosszahl und Höhe sowie bei offener Bebauung zusätzlich auch ihr Verhältnis zur umgebenden Freifläche als Bezugsgröße zur Ermittlung des zulässigen Maßes der baulichen Nutzung an (BVerwG Beschl. v. 3.4.2014 – 4 B 12/14, ZfBR 2014, 493; dass. Beschl. v. 14.3.2013 – 4 B 49/12, ZfBR 2013, 480; dass. Beschl. v. 21.6.2007 – 4 B 8/07, ZfBR 2007, 687). Wegen des Maßes der baulichen Nutzung können bodenrechtliche Spannungen (→ Rn. 31) nur auftreten, wenn das Vorhaben unabhängig von seiner Nutzungsart den vorhandenen Rahmen in unangemessener Weise überschreitet. Das ist der Fall, wenn eine bauliche Massierung zu einer sowohl in der Höhe als auch in der Tiefe erheblichen Nachverdichtung führt. Dagegen fügt sich ein Änderungsvorhaben im Hinblick auf das Maß der baulichen Nutzung regelmäßig schon dann in die Eigenart der näheren Umgebung ein, wenn das Gebäude in seinen Ausmaßen unverändert bleibt (BVerwG Beschl. v. 21.6.2007, aaO zu einem **Dachgeschoss;** der Ausbau eines Dachgeschosses zu Wohnzwecken fügt sich hingegen nicht ohne weiteres ein, wenn er über eine „Aktualisierung" der Flächenreserven hinausgeht und Auf- und Ausbauten im Äußeren vorgenommen werden sollen, die der Eigenart der näheren Umgebung nicht entsprechen, OVG Lüneburg Beschl. v. 21.12.2005 – 1 LA 8/05, NVwZ-RR 2006, 526; zu geringfügigen Überschreitungen für energieeffiziente Maßnahmen → § 248). Für die **Bauweise** kommt es darauf an, inwieweit sich in der näheren Umgebung überhaupt eine hinreichende Einheitlichkeit entwickelt hat (zB in einem durch offene Bebauung geprägten Einfamilienhausgebiet, s. etwa BVerwG Urt. v. 5.12.2013 – 4 C 5/12, NVwZ 2014, 370, oder in einem durch geschlossene Bebauung geprägten Gründerzeitviertel, s. Rn. 26; zu der offenen Bauweise zuzurechnenden Doppelhäusern BVerwG Urt. v. 19.3.2015 – 4 C 12.14, NVwZ 2015, 1769).

29 Für den Begriff der **überbaubaren Grundstücksfläche** sind die konkrete Größe und räumliche Lage innerhalb der vorhandenen Bebauung und nicht die Grenzen des Baugrundstücks maßgeblich (BVerwG Beschl. v. 28.9.1988 – 4 B 175/88, NVwZ 1989, 354). Es dabei also um den Standort im städtebaulichen Gefüge und Zusammenhang (BVerwG Beschl. v. 13.5.2014 – 4 B 38/13, NVwZ 2014, 1246 (1247)). Maßgeblich sind dabei die vorhandenen Hauptgebäude (BVerwG Beschl. v. 11.7.1997 – 4 B 172.97, ZfBR 1998, 164). Zur näheren Bestimmung kann auf die Begriffsbestimmungen in § 23 BauNVO zurückgegriffen werden (zur Bautiefe vgl. BVerwG Beschl. v. 16.6.2009 – 4 B 50/08, ZfBR 2009, 693; zur konkreten Größe der Grundfläche BVerwG Beschl. v. 13.5.2014 – 4 B 38/13, NVwZ 2014, 1246 (1247); zur Nichtüberbaubarkeit von Grundstücksflächen OVG Berlin-Brandenburg Beschl. v. 16.11.2010 – 10 S 31/10, ZfBR 2011, 161; zur Nichtberücksichtigung von Stellplätzen, OVG Magdeburg Beschl. v. 4.7.2012 – 2 C 94.11, ZfBR 2012, 787; zu geringfügigen Überschreitungen für energieeffiziente Maßnahmen → § 248).

30 **b) Einfügen bei Abweichungen von dem bestehenden Rahmen.** Das Erfordernis des Einfügens schließt es nicht generell aus, etwas zu verwirklichen, was es bisher in der Umgebung noch nicht gibt. Findet ein Vorhaben hinsichtlich der jeweiligen Kriterien des Einfügens in dem durch die Eigenart der näheren Umgebung gezogenen Rahmen kein Vorbild, ist auf einer **2. Stufe** zu prüfen, ob es sich gleichwohl einfügt (zur 1. Stufe Rn. 25). Auch Vorhaben, die den aus ihrer Umgebung ableitbaren Rahmen überschreiten, können sich dieser Umgebung „einfügen". Denn beim Kriterium des Einfügens geht es weniger um „Einheitlichkeit" als um **„Harmonie".** Vorhaben fügen sich daher auch dann in die Eigenart der näheren Um-

1. Abschnitt. Zulässigkeit von Vorhaben § 34

gebung ein, wenn sie zwar den vorhandenen Rahmen überschreiten, im Übrigen aber keine nur durch eine Bauleitplanung zu bewältigende bodenrechtliche Spannung in das Gebiet hineintragen. Das Gebot des „Einfügens" zwingt nicht zur „Uniformität" (BVerwG Urt. v. 26.5.1978 – 4 C 9/77, BVerwGE 55, 369 (386)). Ist die **Art der baulichen Nutzung** bisher ausschließlich vom Wohnen bestimmt, kann sich zB ein Kurheim oder eine wohnbauähnliche Einrichtung zu sozialen Zwecken gleichwohl einfügen (s. zu Abs. 2 noch Rn. 59 ff.). Auch beim **Maß der baulichen Nutzung** kann je nach den Umständen des Einzelfalls nach oben oder nach unten abgewichen werden; erfordert etwa ein Jugendheim einen größeren Freiplatz, kann ggf. von der in der Umgebung vorhandenen **Größe der überbaubaren Grundstücksfläche** abgewichen werden.

Ein Vorhaben, das den vorgegebenen Rahmen überschreitet (Rn. 25 ff.), ist allerdings dann unzulässig, wenn es im Verhältnis zu seiner Umgebung **bewältigungsbedürftige Spannungen** begründet oder erhöht. Ein Vorhaben, das zu einer Verschlechterung, Störung oder Belastung der Umwelt führt und damit „Unruhe" stiftet (so BVerwG Urt. v. 26.5.1978 – 4 C 9/77, BVerwGE 55, 369 (387)), ist planungsbedürftig (→ Rn. 33) und fügt sich in seine Umgebung nicht ein (BVerwG Urt. v. 26.5.1978 aaO). Die abstrakte und nur entfernt gegebene Möglichkeit, dass ein Vorhaben Konflikte im Hinblick auf eine zukünftige Nutzung benachbarter Grundstücke auslöst, schließt die Zulässigkeit des Vorhabens nach Abs. 1 jedoch noch nicht aus (BVerwG Urt. v. 18.2.1983 – 4 C 18/81, BVerwGE 67, 23 (31)). Die bodenrechtlichen Spannungen, die ein Vorhaben erzeugt, müssen sich vielmehr auf die **konkreten Wirkungen des Vorhabens** in der konkreten Umgebung beziehen, in der es verwirklicht werden soll (BVerwG Urt. v. 18.2.1983 aaO). Solche Spannungen können auch darin bestehen, dass das Vorhaben, auch wenn es selbst zu keiner Verschlechterung der gegenwärtigen Situation führt, aufgrund seiner **Vorbildwirkung** in nahe liegender Zukunft eine solche Verschlechterung nach sich ziehen kann (BVerwG Urt. v. 25.1.1974 – IV C 72/72, BVerwGE 44, 302 (305); dass. Urt. v. 26.5.1978 – 4 C 9/77, BVerwGE 55, 369 (386f.); dass. Beschl. v. 4.6.1985 – 4 B 102/85, ZfBR 1986, 47). So kann beispielsweise die erste **Vergnügungsstätte** in einem Gebiet die städtebauliche Situation negativ in Bewegung bringen (BVerwG Urt. v. 15.12.1994 – 4 C 13/93, NVwZ 1995, 698; → auch Rn. 54 zur Hinterlandbebauung). Maßgeblich sind hierbei vor allem die in § 1 Abs. 6 angeführten städtebaulichen Belange (BVerwG Urt. v. 26.5.1978 – 4 C 9/77, BVerwGE 55, 369 (387); zu gesetzlichen Fällen, in denen vom Gebot des Einfügens abgewichen werden darf, → Rn. 72 ff.). Abzustellen ist dabei zudem auf die typische Nutzung des betreffenden Vorhabens.

c) Unzulässigkeit trotz Einfügens in den bestehenden Rahmen. Andererseits fügt sich ein Vorhaben, obwohl es sich in jeder Hinsicht innerhalb des aus seiner Umgebung hervorgehenden Rahmens hält, dann nicht in seine Umgebung ein, wenn das Vorhaben es an der **gebotenen Rücksichtnahme** auf die sonstige, d. h. vor allem auf die in seiner unmittelbaren Nähe vorhandene, Bebauung fehlen lässt (BVerwG Urt. v. 26.5.1978 aaO, 386; dass. 4.7.1980 – IV C 101/77, NJW 1981, 139; dass. Urt. v. 3.4.1981 – 4 C 61/78, BVerwGE 62, 151). Das Gebot der Rücksichtnahme ist Bestandteil des **Tatbestandsmerkmals des Einfügens.** Seine Bedeutung beruht vor allem auf dem Umstand, dass die den jeweiligen Rahmen prägende Nutzung idR nicht gleichmäßig über die beachtliche Umgebung verteilt ist. Vielmehr ist oftmals eine ungleichmäßige Verteilung der Nutzungen, die insgesamt den Maßstab für die Beurteilung des Vorhabens geben (→ Rn. 26), festzustellen. Für die Zulässigkeit eines Vorhabens kann deshalb nicht allein auf den insgesamt maßgebenden Rahmen abgestellt werden, wenn „seine unmittelbare Umgebung oder seine Umgebung in bestimmter (Himmels-)Richtung gesteigert schutzwürdig ist" (BVerwG Urt. v. 26.5.1978 – 4 C 9/77, BVerwGE 55, 369 (385)). Durch das Gebot der Rücksicht-

§ 34

nahme wird damit vor allem dem Umstand Rechnung getragen, dass der für die Beurteilung des Vorhabens maßgebliche Rahmen aus der näheren Umgebung, insbesondere aus der in unmittelbarer Nähe vorhandenen Bebauung, gewonnen wird (BVerwG Urt. v. 26.5.1978 – 4 C 9/77, BVerwGE 55, 369; dass. Urt. v. 16.9.2010 – 4 C 7/10, ZfBR 2011, 147 (150)). Das Gebot der Rücksichtnahme ist gleichwohl keine allgemeine städtebaurechtliche Härteklausel, sondern geht in den Begriff des „Einfügens" ein. Das Rücksichtnahmegebot kann daher nur verletzt sein, wenn sich ein Vorhaben „objektiv-rechtlich" nicht iS des § 34 Abs. 1 einfügt (BVerwG Beschl. v. 11.1.1999 – 4 B 128/98, NVwZ 1999, 879; zu sich aus Abs. 3 ergebenden gesetzlichen Einschränkungen für sich einfügende Vorhaben → Rn. 66 ff.; zu den Einschränkungen gem. Abs. 1 S. 2, auch im Hinblick auf Fragen des Störfallrechts, → Rn. 36 ff.; → im Übrigen zu Einzelfällen Rn. 47 ff.). Je **uneinheitlicher** die Eigenart der näheren Umgebung ist, desto mehr Bedeutung hat das Gebot der Rücksichtnahme im Einzelfall. Je einheitlicher und homogener die vorhandene Bebauung ist, desto geringer ist bei einem Vorhaben, das sich in diese Umgebung einfügt, die Bedeutung des Rücksichtnahmegebots als Korrektiv im Einzelfall (insbesondere zu Fragen des Nachbarschutzes → Vorb. §§ 29–38 Rn. 46 ff. und 67 ff.). Stets abzustellen ist dabei auf das betreffende Vorhaben unter Zugrundelegung einer **typisierenden Betrachtung** und Nutzung (s. bereits Rn. 32). Befürchtete unzulässige Abweichungen davon (zB Nichteinhaltung üblicher Betriebszeiten, befürchteter Lärm einer größeren Wohn- oder wohnähnlichen Einrichtung) spielen daher keine Rolle (s. Vorb. §§ 29 – 38 Rn. 53). Ihnen ist repressiv mit den Mitteln des Bauordnungsrechts oder Polizeirechts zu begegnen (s. etwa OVG Münster Urt. v. 10.4.2014 – 7 D 100.12; VGH München Beschl. v. 27.2.2015 – 15 ZB 13.2384, juris).

33 Im Hinblick auf die Anforderungen in § 50 Abs. 1 BImSchG sowie in **Art. 12 Abs. 1 der Seveso II-Richtlinie/Art. 13 Abs. 1 Seveso III-Richtlinie** sind der Begriff des Einfügens und das darin enthaltene Gebot der Rücksichtnahme **unionsrechtskonform** auszulegen, da diese Anforderungen nicht nur Planungsbehörden sondern auch Baugenehmigungsbehörden binden (BVerwG Urt. v. 20.12.2012 – 4 C 11/11, NVwZ 2013, 719; EuGH Urt. v. 15.9.2011 – Rs. C-53/10, UPR 2011, 443). Allerdings gibt weder das Unionsrecht noch das nationale Recht vor, welche **Abstände** im Hinblick auf den Störfallschutz angemessen sind. Dies richtet sich vielmehr nach den Umständen des Einzelfalls anhand aller relevanter störfallspezifischer Faktoren. Hierzu zählt ua die Art der jeweiligen gefährlichen Stoffe, die Wahrscheinlichkeit des Eintritts eines schweren Unfalls, die Folgen eines etwaigen Unfalls für die menschliche Gesundheit und die Umwelt, die Art der Tätigkeit, die Intensität der Nutzung sowie die Leichtigkeit, bei einem Unfall eingreifen zu können. Hinzu kommen technische und sonstige Schutzvorkehrungen sowohl an dem störfallrelevanten Vorhaben als auch an einer heranrückenden schutzbedürftigen Nutzung (vgl. zu den aus fachlicher Sicht für geboten gehaltenen Achtungsabständen den Leitfaden der Kommission für Anlagensicherheit beim BMU, „Empfehlungen für Abstände zwischen Betriebsbereichen nach der Störfallverordnung und schutzbedürftigen Gebieten im Rahmen der Bauleitplanung – Umsetzung § 50 BImSchG", KAS 18; s. hierzu VGH Kassel Urt. v. 11.3.2015 – 4 A 654.13, NVwZ-RR 2015 612; ders. Urt. v. 26.3.2015 – 4 C 1566.12, NVwZ-RR 2015, zur Herleitung angemessener Abstände sowie zu den diesbezüglichen Kriterien im Hinblick auf die Funktion von Schutzabständen bei Wärmestrahlung, Explosionsdruck und der Freisetzung von toxischen Stoffen s. *Reidt* BauR 2012, 1182 ff. sowie insbesondere Anhang 4 des Leitfadens KAS 18; s. auch *Weidemann* BauR 2014, 784 (793 f.); *König* ZfBR 2014, 336 (337 f.); *Uechtritz* BauR 2012, 1039 ff.).). Nicht störfallspezifische Umstände haben bei der Ermittlung des angemessenen Abstandes außer Betracht zu bleiben. Dieser unterliegt dabei der vollen gerichtlichen Überprüfung. Ist ein angemessener Abstand gewahrt, bestehen unter Störfallgesichtspunkten in der Regel keine Probleme in Bezug auf das Gebot des Einfügens.

1. Abschnitt. Zulässigkeit von Vorhaben § 34

Ist ein angemessener Abstand nicht gewahrt und befinden sich innerhalb des maßgeblichen Abstandes nicht bereits andere störfallrelevante Vorhaben (bei Ansiedlung einer Störfallanlage) oder schutzbedürftige Vorhaben (bei Ansiedlung eines weiteren schutzbedürftigen Vorhabens), fügt sich ein neues Vorhaben zumeist nicht ein, weil nach Maßgabe der Seveso II-Richtlinie/Seveso III-Richtlinie der Wahrung eines angemessenen Abstandes langfristig Rechnung zu tragen ist. Dies schließt die erstmalige Schaffung einer Gemengelange unter Einbeziehung von störfallrelevanten Anlagen in der Regel aus (zu Gemengelagen → Rn. 48). Ansonsten kann ein weiteres Vorhaben aufgrund sonstiger, also nicht störfallspezifischer Belange (**sozioökonomische Faktoren**) zulässig sein, soweit dies im Einzelfall vertretbar ist. Die Berücksichtigung angemessener Abstände darf dabei allerdings nicht vollständig ausgeblendet werden. Insofern bedarf es einer **nachvollziehenden Abwägung,** also einer sachgeleiteten Wertung, die ebenso wie die Angemessenheit des Abstandes der vollen gerichtlichen Kontrolle unterliegt (→ § 35 Rn. 68 ff.). Die Berücksichtigung sozioökonomischer Faktoren bei Nichteinhaltung angemessener Abstände wahrt allerdings nur dann die Anforderungen des Rücksichtnahmegebots, wenn dessen Leistungsgrenzen nicht überschritten sind. Dies ist insbesondere dann der Fall, wenn ein **Planungserfordernis** besteht. In diesem Fall ist die Zulassung eines Vorhabens bei Unterschreiten des im konkreten Fall angemessenen Abstands nicht möglich (BVerwG Urt. v. 20.12.2012 – 4 C 11/11, NVwZ 2013, 719; → Rn. 36). Bei der Genehmigung von Vorhaben, die dem BImSchG unterfallen, was bei Anlagen in störfallrelevanten Betriebsbereichen (§ 3 Abs. 5a BImSchG) in der Regel der Fall ist, kommt hinzu, dass der Störfallschutz nicht nur aufgrund der Prüfung des Bauplanungsrechts (§ 6 Abs. 1 Nr. 2 BImSchG), sondern auch im Rahmen der Prüfung der immissionsschutzrechtlichen Grundpflichten (§ 6 Abs. 1 Nr. 1 iVm § 5 Abs. 1 Nr. 1 BImSchG) zu beachten ist (s. etwa *Jarass*, BImSchG, § 5, Rn. 24).

d) Planungserfordernis. Die **Erforderlichkeit einer Bebauungsplanung** hat 35 für die Frage des Einfügens nur **indizielle Bedeutung** (BVerwG Urt. v. 24.10.1980 – 4 C 3/78, BVerwGE 61, 128; dass. Urt. v. 19.9.1986 – 4 C 15/84, BVerwGE 75, 34 (43); zu Besonderheiten beim Störfallschutz s. Rn. 34). Allerdings kann ein Innenbereichsvorhaben deshalb unzulässig sein, weil es bodenrechtlich beachtliche Spannungen begründet oder vorhandene Spannungen erhöht (→ Rn. 32), die nur durch eine Bauleitplanung gelöst werden können; in diesen Fällen fügt sich ein Vorhaben nicht iS des Abs. 1 in seine Umgebung ein (BVerwG Urt. v. 26.5.1978 – 4 C 9/77, BVerwGE 55, 369 (387)). Der Zulässigkeit eines solchen Vorhabens steht dann ggf. auch das Gebot der Rücksichtnahme entgegen (→ Rn. 32). Ob ein Vorhaben „um seiner Wirkung willen" (BVerwG Urt. v. 26.5.1978 aaO) in diesem Sinne **planungsbedürftig** ist, kann jedoch nur aufgrund einer konkreten Betrachtung der Beziehung des Vorhabens zu seiner Umgebung, also der Wirkungen eines Vorhabens in der konkreten Umgebung beurteilt werden (BVerwG Urt. v. 18.2.1983 – 4 C 18/81, BVerwGE 67, 23 zur Errichtung einer privaten Windenergieanlage für den Eigenbedarf eines Einfamilienhauses; s. auch BVerwG Urt. v. 19.9.1986 – 4 C 15/84, BVerwGE 75, 34).

Selbst wenn ein Vorhaben die durch den vorhandenen Rahmen und das Gebot der 36 Rücksichtnahme gezogenen **Grenzen überschreitet,** schließt dies die Anwendbarkeit von § 34 nicht von vornherein aus. Aus dem Rücksichtnahmegebot ergibt sich vielmehr die **Pflicht der nachbarlichen Abstimmung** zur Ausräumung von Konflikten; etwa durch **Maßnahmen an der Anlage** selbst oder durch eine geeignete **Anordnung des Standorts** können sich im Einzelfall Konflikte im Rahmen des § 34 ausräumen lassen (BVerwG Urt. v. 18.2.1983 – 4 C 18/81, BVerwGE 67, 23). Ein Vorhaben kann also auch dann nach § 34 planungsrechtlich zulässig sein oder jedenfalls zulassungsfähig ausgestaltet werden, wenn eine **Bebauungsplanung** iS des **§ 1 Abs. 3 S. 1 planungsrechtlich erforderlich** ist. Die objektiv bestehende

Notwendigkeit einer Bebauungsplanung hat also nicht die Folge, dass ohne sie eine Bebauung unterbleiben müsste. Ein Bebauungsplan würde in diesen Fällen vielmehr gerade darauf abzielen, eine nach Abs. 1 an sich zulässige Bebauung aus besonderen Gründen nicht zuzulassen oder die Entwicklung in eine andere Richtung zu lenken (so BVerwG Urt. v. 24.10.1980 – 4 C 3/78, BVerwGE 61, 128; dass. Urt. v. 3.2.1984 – 4 C 8/80, BVerwGE 68, 352 zur Beurteilung von großflächigen Einzelhandelsbetrieben).

37 **4. Sicherung der Erschließung.** Ein nach § 34 zu beurteilendes Vorhaben ist nur zulässig, wenn die **Erschließung gesichert** ist **(Abs. 1 S. 1).** Der Begriff der gesicherten Erschließung iS des § 34 ist ein bundesrechtlicher Begriff, der nicht durch Landesrecht konkretisiert wird (BVerwG Urt. v. 3.5.1988 – 4 C 54/85, NVwZ 1989, 353). Auch bei den §§ 30 Abs. 1 und 2, 33 und 35 ist die Sicherung der Erschließung stets Voraussetzung der planungsrechtlichen Zulässigkeit eines Vorhabens. Die sich hieraus ergebenden Anforderungen sind jedoch für jede Zulässigkeitsregelung aus dem besonderen Regelungszweck her abzuleiten. Für § 34 reicht hierbei grundsätzlich die **Erschließung** aus, die der **jeweilige Innenbereich aufweist** (*Hofherr* in BK § 34 Rn. 61; *Weyreuther* DVBl. 1970, 3 (7)). Die Erschließung ist durch eine vorhandene Straße nur gesichert, wenn sie den durch das Vorhaben ausgelösten Verkehr im Regelfall bewältigen kann (BVerwG Beschl. v. 3.4.1996 – 4 B 253/95, NVwZ 1997, 389). Für die wegemäßige Erschließung eines einzelnen Wohngrundstücks kann die bloße Zugänglichkeit von einer öffentlichen Straße ausreichen, wenn der Zugangsweg nur einige Meter lang ist (BVerwG Urt. v. 10.12.1993 – 8 C 59/91, NVwZ 1994, 910; VGH Mannheim Urt. v. 12.9.1996 – 8 S 1844/96, NVwZ-RR 1998, 13; → im Einzelnen zur gesicherten Erschließung § 30 Rn. 18 ff. sowie zu den unterschiedlichen Erschließungsbegriffen des BauGB Vorb. §§ 123–135 Rn. 5).

38 **5. Weitere Anforderungen (Abs. 1 S. 2). Abs. 1 S. 2** enthält weitere Zulässigkeitsvoraussetzungen, die zusätzlich zu den in Abs. 1 S. 1 genannten Voraussetzungen eingehalten werden müssen. **Gesunde Wohn- und Arbeitsverhältnisse** sind in der Regel gewahrt, wenn sich ein Vorhaben des Abs. 1 S. 1 einfügt. Ein Vorhaben fügt sich idR ohne bodenrechtliche Spannungen dann nicht ein, wenn es das **Ortsbild** beeinträchtigt. Das Gesetz hebt diese beiden Belange nicht nur wegen ihrer elementaren städtebaulichen Bedeutung hervor. Es räumt ihnen nach dem systematischen Verhältnis von S. 1 und S. 2 auch eine eigenständige Maßstabsfunktion ein (BVerwG Beschl. v. 16.7.1990 – 4 B 106/90, NVwZ-RR 1991, 59).

39 **a) Gesunde Wohn- und Arbeitsverhältnisse.** Die Wahrung der Anforderungen an **gesunde Wohn- und Arbeitsverhältnisse** als ein gem. **Abs. 1 S. 2** Hs. 1 bei der Beurteilung von Innenbereichsvorhaben beachtliches Zulässigkeitsmerkmal spiegelt die planungsrechtlichen Grundsätze des § 1 Abs. 6 Nr. 1 wieder (→ zum Begriff der „ungesunden Wohn- und Arbeitsverhältnisse" s. auch die Erl. zu § 136 Abs. 2 und 3 und § 177 Abs. 2). Abs. 1 S. 2 Hs. 1 hat neben S. 1 als Inhalt und Schranken des Eigentums konkretisierende Regelung (Art. 14 Abs. 1 S. 2 GG) eigenständige Bedeutung iS einer äußersten Grenze der Zulässigkeit einer Bebauung (BVerwG Urt. v. 12.12.1990 – 4 C 40/87, NVwZ 1991, 879). Für eine nach Abs. 1 zulässige und damit gesetzlich grundsätzlich gewährleistete Bebauung von Grundstücken kommt der Vorschrift daher nur begrenzte Bedeutung zu (*Söfker* in EZBK § 34 Rn. 66; *Hofherr* in BK § 34 Rn. 59). Sie dient **nicht** dazu, eine nach S. 1 bereits zulässige Bebauung im Interesse der Nachbarschaft **weiter optimieren** zu müssen, wenn die Anforderungen des Rücksichtnahmegebots (→ Rn. 32) gewahrt sind. Es geht vielmehr um die Abwehr städtebaulicher Missstände (BVerwG Urt. v. 12.12.1990 – 4 C 40/87, NVwZ 1991, 879). Unzureichende Wohn- und Arbeitsverhältnisse können vor allem durch **schädliche Umwelteinwirkungen** (s. § 3 BImSchG; → zum Nachbarschutz Vorb. §§ 29–38 Rn. 26) hervorgerufen werden, aber etwa auch aufgrund von kontaminier-

ten Böden („Altlasten") bestehen (→ auch § 1 Rn. 112 sowie *Söfker* in EZBK § 34 Rn. 67; vgl. zum Hochwasserschutz auch § 72 WHG). Werden bislang hinreichende Wohn- und Arbeitsverhältnisse in der näheren Umgebung erst durch das beabsichtigte Vorhaben verschlechtert, fügt es sich nicht ein und ist deshalb unzulässig (→ auch Rn. 33 f.; zu Einzelfällen → Rn. 47 ff). Umgekehrt kann auch ein Vorhaben unzulässig sein, das aufgrund eines bestehenden und bestandsgeschützten immissionsrelevanten Betriebes unzureichenden Wohn- und Arbeitsverhältnissen ausgesetzt wäre (→ zum Rücksichtnahmegebot Rn. 32 sowie zur „architektonischen Selbsthilfe" Vorb. §§ 29–38 Rn. 53).

b) Ortsbild. Auch der in **Abs. 1 S. 2 Hs. 2** angeführte Belang des **„Ortsbildes"** 40 ist in den planungsrechtlichen Grundsätzen des § 1 Abs. 6 Nr. 5 bereits ausdrücklich genannt (§ 1 Rn. 71). Ein Vorhaben, das sich in die Eigenart der näheren Umgebung einfügt, kann gleichwohl das Ortsbild beeinträchtigen (BVerwG Beschl. v. 16.7.1990 – 4 B 106/90, ZfBR 1990, 306). „Beeinträchtigung" ist jedoch deutlich mehr als ein „Berührtsein", aber auch nicht nur eine Verunstaltung iSd § 35 Abs. 3 S. 1 Nr. 5 (BVerwG Beschl. v. 16.7.1990 aaO). Die Beeinträchtigung des Ortsbildes ist dabei jedoch **nur unter städtebaulichen Gesichtspunkten** zu beurteilen, nicht zB im Hinblick auf die ästhetische Wirkung des beabsichtigten Vorhabens, oder seine Beurteilung in sonstiger baugestalterischer Hinsicht. Das Ortsbild muss „eine gewisse Wertigkeit" (BVerwG Urt. v. 11.5.2000 – 4 C 14/98, NVwZ 2000, 1169) für die Allgemeinheit bezogen auf einen größeren maßstabbildenden Bereich als die für das Gebot des Einfügens maßgebliche nähere Umgebung haben. Eine gewisse Einheitlichkeit oder Gleichartigkeit der Bebauung reicht nicht aus. Es ist eine aus dem Üblichen herausragende Prägung erforderlich, damit überhaupt eine Beeinträchtigung des Ortsbildes in Betracht kommt. § 34 Abs. 1 S. 2 kann das Ortsbild darüber hinaus nur in dem Umfang vor Beeinträchtigungen schützen, wie dies im Geltungsbereich eines Bebauungsplans durch Festsetzungen nach § 9 Abs. 1 in Verbindung mit der BauNVO möglich wäre (BVerwG Urt. v. 11.5.2000 aaO). Weitergehende Anforderungen an die Ausführung eines Vorhabens kommen ggf. auf der Grundlage des Bauordnungsrechts in Betracht (→ auch die Erläuterungen zu § 172 Abs. 1 S. 1 Nr. 1, Abs. 3, „städtebaulicher Denkmalschutz"). Der Schutz des Ortsbildes ist zudem idR nicht von einem solchen Gewicht, dass er die vollständige Freihaltung eines Baugrundstücks im Innenbereich bewirken kann (BVerwG Urt. v. 23.5.1980 – IV C 79/77, NJW 1981, 474); sofern ein so weitgehender Schutz des Ortsbildes erreicht werden soll, muss dies erforderlichenfalls durch einen Bebauungsplan oder durch eine Erhaltungssatzung (§ 172 Abs. 1 S. 2) erfolgen.

c) Sonstige öffentliche Belange. Sonstige öffentliche Belange, die für die 41 Beurteilung der Zulässigkeit eines Innenbereichsvorhabens von Bedeutung sein können, werden in Abs. 1 (anders als noch in § 34 Abs. 1 BBauG) nicht als weiterer Maßstab für die Zulässigkeit aufgeführt; lediglich **Abs. 3** enthält einen die Zulässigkeit bestimmter Vorhaben weiter einschränkenden öffentlichen Belang (→ Rn. 66 ff.). Im Hinblick auf ein konkretes Vorhaben berührte öffentliche Belange haben darüber hinaus daher **keine selbstständige Bedeutung** in dem Sinne, dass sie zur Unzulässigkeit eines Vorhabens führen können. Sie haben vielmehr nur Bedeutung bei der Prüfung, ob ein Vorhaben sich nach Maßgabe der in Abs. 1 abschließend aufgeführten Kriterien **einfügt** (Rn. 25 ff.).

Insbesondere können auch die Darstellungen eines **Flächennutzungsplans** 42 einem Innenbereichsvorhaben nicht entgegengehalten werden (BVerwG Urt. v. 3.4.1981 – 4 C 61/78, BVerwGE 62, 151; → bereits Rn. 1). Ist im Flächennutzungsplan daher zB ein Bereich als landwirtschaftliche Nutzfläche dargestellt, steht dies der Errichtung eines Wohngebäudes im Innenbereich nicht entgegen (zur Rechtswirkung des Flächennutzungsplans als öffentlicher Belang bei Außenbereichsvorhaben vgl. § 35 Abs. 3 S. 1 Nr. 1, S. 3).

§ 34

43 Auch **Ziele der Raumordnung** im Sinne des ROG (zum Begriff vgl. die Erl. zu § 1 Abs. 4) können sich gegen ein nach Abs. 1 zulässiges Vorhaben mangels einer entsprechenden Raumordnungsklausel in § 34 (vgl. demgegenüber für den Außenbereich § 35 Abs. 2 S. 2, 3) selbst dann nicht durchsetzen, wenn es um ein raumbedeutsames Vorhaben geht (BVerwG Urt. v. 11.2.1993 – 4 C 15/92, NVwZ 1994, 285). Auch bindet das ROG in der Regel weder den Vorhabenträger noch die Baugenehmigungsbehörde. Lediglich bei einer **Ermessensentscheidung,** insbesondere bei einer Ausnahme oder Befreiung gem. Abs. 2 iVm § 31 Abs. 1 oder Abs. 2 oder einer Entscheidung gem. Abs. 3a, können im Rahmen der Ermessensausübung Erfordernisse der Raumordnung (vgl. § 3 Abs. 1 ROG) berücksichtigt werden (vgl. im Einzelnen *Reidt* ZfBR 2004, 430 ff.). Entsprechendes gilt für tatbestandliche Voraussetzungen im Rahmen von § 34, sofern sie für die Berücksichtigung raumordnerischer Belange offen sind. So wird etwa ein Vorhaben nicht iSv Abs. 3a städtebaulich vertretbar sein, wenn dies zur Verfestigung einer raumordnungswidrigen Situation führen würde. Wie bei qualifizierten oder vorhabenbezogenen Bebauungsplan (§ 30 Abs. 1, 2) ist also auch im Falle des § 34 die **Standortfrage,** dh was jeweils wo gebaut werden darf, im Übrigen **verbindlich entschieden,** bei § 34 also durch das Vorhandensein eines Ortsteils und durch die vorhandene Bebauung als Maßstab für die konkrete Bebaubarkeit (BVerwG Urt. v. 20.1.1984 – 4 C 43/81, BVerwGE 68, 311 (315)).

44 Das Interesse der Gemeinde, sich **Planungsmöglichkeiten offen zu halten,** ist **kein** die Zulässigkeit eines Innenbereichsvorhabens hindernder Gesichtspunkt (BVerwG Urt. 18.2.1983 – 4 C 18/81, BVerwGE 67, 23 (31 f.).

45 Auch aus **anderen öffentlich-rechtlichen Vorschriften** ergeben sich keine unmittelbaren Sperren für die Zulässigkeit eines Innenbereichsvorhabens, sondern allenfalls Gesichtspunkte für die Beurteilung des Einfügens. So kann eine **Landschaftsschutzverordnung** oder ein naturschutzrechtliches **Uferbauverbot** einem Grundstück innerhalb eines im Zusammenhang bebauten Ortsteils aus bauplanungsrechtlicher Sicht nicht die Bebaubarkeit nehmen (BVerwG Urt. v. 12.6.1970 – IV C 77/68, BVerwGE 35, 256). Naturschutzrechtliche Regelungen oder auch andere fachgesetzliche Bestimmungen können jedoch gleichwohl die Zulässigkeit eines Vorhabens ausschließen oder zumindest die Einzelheiten der Ausführung eines Bauvorhabens beeinflussen (→ auch § 29 Abs. 2, dort Rn. 26 ff.). So kann ein **Überschwemmungsgebiet** nach dem WHG auch für Innenbereichsflächen iS des § 34 festgesetzt werden (BVerwG Urt. v. 22.7.2004 – 7 CN 1/04, BVerwGE 121, 283; → hierzu auch § 1 Rn. 86). Durch eine **Erhaltungssatzung** (§ 172 Abs. 3 S. 2) kann die Errichtung eines nach § 34 Abs. 1 zulässigen Gebäudes ebenfalls verhindert werden (BVerwG Beschl. v. 3.12.2002 – 4 B 47/02, NVwZ-RR 2003, 259).

46 **6. Befreiung.** Eine **Befreiung** von den Prüfungsmaßstäben nach Abs. 1 (vgl. § 31 Abs. 2) sieht das BauGB nicht vor. Abs. 1 enthält vielmehr einen weit gefassten Maßstab, der bereits unmittelbar das umfasst, was bei Bebauungsplänen erst durch eine Befreiung ermöglicht werden könnte (BVerwG Urt. v. 4.5.1979 – IV C 23/76, NJW 1980, 605). Da Abs. 1 sich auf die Regelung des Mindestmaßes dessen beschränkt, was von einem Vorhaben im unbeplanten Innenbereich verlangt werden muss, würde eine Befreiung von diesem Maßstab dazu führen, dass auch dieses Mindestmaß noch unterschritten wird (BVerwG Urt. v. 4.5.1979 aaO; vgl. demgegenüber **Abs. 2,** nach dem in Bezug auf die Art der baulichen Nutzung bei „faktischen Baugebieten" Ausnahmen und Befreiungen ebenso in Betracht kommen wie bei einem einfachen Bebauungsplan sowie **Abs. 3a** für bestimmte Bestandsvorhaben).

47 **7. Einzelfälle.** In der Rechtsprechung spiegeln sich die unterschiedlichen städtebaulichen Problemsituationen wider. Die wohl größte Zahl der Rechtsstreitigkeiten bezieht sich auf **Umweltprobleme,** vor allem auf Beeinträchtigungen durch Immissionen, die entweder vom Bestand oder durch das beabsichtigte Vorhaben ausgehen.

Neben der Gemengelageproblematik im engeren Sinne (→ Rn. 48 ff.) treten Konflikte zB im Zusammenhang mit Spiel-, Freizeit-, Sport- oder Vergnügungseinrichtungen auf (→ Rn. 52).

a) Gemengelagen. In Gebieten mit sog. **Gemengelagen** ist der für das Einfügen 48 allein durch Abs. 1 vorgegebene Rahmen häufig weit (→ Rn. 26, 32; zur Berücksichtigung eines trading down-Effektes nach Abs. 1 s. VGH München Beschl. v. 13.1.2012 – 14 B 11/1256, BauR 2012, 1626, dort generell verneint; zur Gemengelagenproblematik in der Bauleitplanung → auch § 1 Rn. 110). Als Gemengelage werden Gebiete mit einem engen Nebeneinander von unterschiedlichen, sich häufig wechselseitig beeinträchtigenden Nutzungen bezeichnet, insbesondere bei einem Nebeneinander von Wohnungen einerseits und Industrie, Handel, Gewerbe, Landwirtschaft, Freizeitgelände oder Verkehr andererseits. Von einem faktischen Mischgebiet (§ 6 BauNVO) iSv Abs. 2 (Rn. 59 ff.) unterscheidet sich eine Gemengelage dadurch, dass es auch um das Nebeneinander von Nutzungen geht, die so in einem Mischgebiet nicht zulässig wären (zB Wohnen und das Wohnen wesentlich störende Gewerbebetriebe). Wegen des in diesen Gebieten weiten Beurteilungsrahmens kommt der möglichen Beeinträchtigung schutzwürdiger Belange und damit dem Gebot der **wechselseitigen Rücksichtnahme** dort besonders große Bedeutung zu (→ Rn. 66 sowie zum Nachbarschutz auch Vorb. §§ 29–38 Rn. 67 ff.). Zugunsten eines (neuen) Vorhabens ist die **Vorbelastung** durch bereits vorhandene Anlagen in der näheren Umgebung, insbesondere die Vorbelastung durch genehmigte und dafür grundsätzlich bestandsgeschützte Immissionen, grundsätzlich zu berücksichtigen (BVerwG Urt. v. 12.12.1975 – IV C 71/73, BVerwGE 50, 49; dass. Urt. v. 25.2.1977 – IV C 22/75, BVerwGE 52, 122; dass. Urt. v. 10.12.1982 – 4 C 28/81, ZfBR 1983, 95). Der für das Neubauvorhaben maßgebliche Rahmen und auch die vorhandenen Vorbelastungen sind „in wertfrei-feststellender Würdigung der gegebenen Situation" zu bestimmen (BVerwG Urt. v. 18.10.1874 – IV C 77/73, NJW 1975, 460; dass. Urt. v. 4.7.1980 – IV C 101/77, NJW 1981, 139). In Bereichen, in denen Nutzungen unterschiedlicher Art und mit unterschiedlicher Schutzwürdigkeit zusammentreffen (zB gewerbliche Nutzung mit Geräuschimmissionen und Wohnnutzung), ist die jeweilige Grundstücksnutzung mit einer spezifischen Pflicht zur Rücksichtnahme belastet, und zwar in der Weise, dass die gewerbliche Nutzung die von ihr ausgehende Belästigung in Grenzen hält und dass die benachbarte Wohnnutzung die Tatsache, dass sie in der Nähe einer Belästigungsquelle angesiedelt ist, im Sinne der Bildung einer Art **Mittelwert** respektiert (BVerwG Urt. v. 12.12.1975 – IV C 71/73, BVerwGE 50, 49 (54 f.)). Dies gilt auch für Geruchsimmissionen (BVerwG Beschl. v. 28.9.1993 – 4 B 151/93, NVwZ-RR 1994, 139; → auch die weiteren Nachweise zu § 1 Rn. 111 sowie Vorb. §§ 29–38 Rn. 58). Ein **Wohnungsbauvorhaben** fügt sich, was die von ihm hinzunehmenden gewerblichen Immissionen angeht, in die derart **„vorbelastete" Eigenart der näheren Umgebung** regelmäßig ein, wenn es nicht stärkeren Belästigungen ausgesetzt sein wird, als die bereits vorhandene Wohnbebauung. Die **gewerbliche Nutzung** braucht gegenüber einer neu hinzukommenden Wohnnutzung nicht mehr Rücksicht zu nehmen, als gegenüber der bereits vorhandenen Wohnnutzung (→ zu den zu wahrenden gesunden Wohn- und Arbeitsverhältnissen Rn. 39 ff.). Halten sich die von dem Gewerbebetrieb ausgehenden Belästigungen in den Grenzen des der Wohnnutzung im Sinne eines „Mittelwerts" Zumutbaren, sind gegenüber dem Gewerbebetrieb keine immissionsschutzrechtlichen Beschränkungen seines Betriebs infolge der hinzukommenden Wohnbebauung gerechtfertigt. Dies gilt auch für Fälle von Betriebserweiterungen oder -änderungen. Überschreiten die Belastungen diese Grenze, hat der Betrieb nach Maßgabe der einschlägigen gesetzlichen Bestimmungen bereits wegen der vorhandenen und nicht erst wegen der hinzukommenden Wohnbebauung zu befürchten (BVerwG Beschl. v. 5.3.1984 – 4 B 171/83, NVwZ 1984,

§ 34 I. Kapitel. III. Teil. Regelung der baul. und sonst. Nutzung

646). Maßgeblich ist dafür stets eine **typisierende Betrachtung**, da es um die Zulässigkeit der Grundstücksnutzung als solche geht. Auf besondere individuelle Empfindlichkeiten kommt es nicht an (BVerwG Beschl. v. 14.2.1994 – 4 B 152/93, BRS 56 Nr. 165, → auch Vorb. §§ 29–38 Rn. 57).

49 Schließen die tatsächlich verwirklichten Nutzungsarten in dem maßgebenden Bereich bspw. geruchsemittierende Betriebe ein (zB **Schweinemast**), fügt sich ein vergleichbares Vorhaben (zB ein weiterer Schweinestall) in die Umgebung ein. Die Zulässigkeit eines solchen Vorhabens kann unter dem Gesichtspunkt des bauplanungsrechtlichen Rücksichtnahmegebotes nur ausnahmsweise verneint werden (BVerwG Urt. v. 4.7.1980 – IV C 101/77, NJW 1981, 139; zur Zulässigkeit eines Pferdestalls vgl. BVerwG Beschl. v. 1.9.2010 – 4 B 31/10, ZfBR 2010, 798). In **dörflicher Lage** können Wohnhäuser in unmittelbarer Nachbarschaft eines Schweinezuchtbetriebs zulässig sein (OVG Lüneburg Urt. v. 9.5.1980 – 1 A 63/79, BauR 1981, 51; → auch Rn. 51). Ggf. können Konflikte – innerhalb des bestehenden Rahmens – durch eine andere **Ausführung des Vorhabens** ausgeräumt werden (→ Rn. 33). Wohnungen für Aufsichts- und Bereitschaftspersonal oder für Betriebsinhaber und -leiter haben sich in einem durch industrielle Nutzung geprägten unbeplanten Innenbereich ohne Abwehransprüche mit der Immissionslage abzufinden, die in legaler Weise von den in diesem Bereich vorhandenen emittierenden Betrieben verursacht wird. Eine der allgemeinen Wohnnutzung entsprechende Schutzwürdigkeit kommt derartigen **betriebsbezogenen Wohnungen** auch unter dem Gesichtspunkt des Rücksichtnahmegebots nicht zu (BVerwG Urt. v. 27.5.1983 – 4 C 67/78, BauR 1983, 443; dass. Urt. v. 16.3.1984 – 4 C 50/80, NVwZ 1984, 511). Gesunde Wohnverhältnisse sind hier daher in erster Linie durch passive Schallschutzmaßnahmen sicherzustellen, aber auch ausreichend. In einem durch gewerbliche und industrielle Nutzung geprägten Gebiet fügt sich eine **allgemeine Wohnnutzung** trotz dort vorhandener Wohnungen für Betriebsleiter und Aufsichtspersonen idR nicht ein (vgl. § 8 Abs. 3 Nr. 1, § 9 Abs. 3 Nr. 1 BauNVO). Eine betriebsgebundene Wohnnutzung verändert die Prägung eines Gebietes nicht in einer auf eine allgemeine Wohnnutzung hindeutenden Weise. Die **Umwandlung von Wohnungen** dieses Personenkreises für ein „allgemeines" Wohnen ist daher eine Nutzungsänderung iSv § 29 Abs. 1, die regelmäßig baugenehmigungspflichtig, jedoch nach Abs. 1 unzulässig ist, wenn sie sich nicht in der Eigenart der näheren Umgebung einfügt (BVerwG Urt. v. 27.5.1983 – 4 C 67/78, BauR 1983, 443).

50 Besonderheiten im Hinblick auf Gemengelagen und vorhandene Vorbelastungen gelten in Fällen, in denen es um die Neuansiedlung oder Erweiterung von **störfallrelevanten Vorhaben** iS der Seveso II-Richtlinie/Seveso III-Richtlinie oder aber um die Ansiedlung von störungsempfindlichen Vorhaben iSv § 50 S. 1 BImSchG in deren Nähe. In diesen Fällen ist das Vorhandensein einer Gemengelage aufgrund einer Unterschreitung der erforderlichen angemessenen Achtungsabstände Voraussetzung dafür, dass ein neu hinzukommendes Vorhaben überhaupt genehmigungsfähig ist. Hingegen scheidet eine Zulässigkeit in der Regel bei Unterschreitung der angemessenen Abstände ohne vorhandene Gemengelagensituation aus, da eine bestehende Vorbelastung im Störfallrecht nicht Grenze, sondern vielmehr Voraussetzung des Wertungsspielraums ist, den Art. 12 Abs. 1 der Seveso II-Richtlinie/Art. 13 Abs. 1 Seveso III-Richtlinie eröffnet (BVerwG Urt. v. 20.12.2012 – 4 C 11/11, NVwZ 2013, 719 (723); → Rn. 33f.).

51 **b) Benachbarte Außenbereichsbebauung.** Bei der Feststellung, ob sich ein Bauvorhaben im Innenbereich in die Eigenart der näheren Umgebung einfügt, wird der zu findende „Rahmen" von einer **benachbarten Außenbereichsbebauung** nicht mitbestimmt. Das Gebot der Rücksichtnahme ist aber auch bei der Genehmigung eines Vorhabens im Innenbereich zu beachten, dem ein privilegiertes, emittierendes Außenbereichsvorhaben (zB ein Steinbruch, eine Windkraftanlage oder eine

1. Abschnitt. Zulässigkeit von Vorhaben **§ 34**

Schweinemast) benachbart ist. Der im Außenbereich privilegiert Ansässige kann zwar die Bebauung eines benachbarten Grundstücks mit Baulandqualität iS des § 34 nicht generell verhindern. Hinsichtlich der Nutzungsart kann er aber erwarten, dass – innerhalb der Bandbreite der im jeweiligen Innenbereich zulässigen Vorhaben – die Errichtung eines mit dem Außenbereichsbetrieb **harmonisierenden Vorhabens** erfolgt (BVerwG Urt. v. 10.12.1982 – 4 C 28/81, ZfBR 1983, 95). Ggf. ist dem Rücksichtnahmegebot dadurch zu entsprechen, dass durch Lage und Stellung des Gebäudes oder auf sonstige Weise ein hinreichendes Maß an Verträglichkeit erreicht wird (→ zur „architektonischen Selbsthilfe" auch Vorb. §§ 29–38 Rn. 53). Ist auf dem Innenbereichsgrundstück eine andere Art der baulichen Nutzung nicht zulässig, schränkt dies die Pflicht zur Rücksichtnahme auf die Außenbereichsbebauung entsprechend ein; andernfalls reicht sie weiter als das, was das Gebot des Einfügens, aus dem sich das Rücksichtnahmegebot ableitet (→ Rn. 32 sowie Vorb. §§ 29–38 Rn. 69), hergibt (BVerwG Urt. v. 10.12.1982 aaO; dass. Beschl. v. 25.4.1985 – 4 B 48/85, UPR 1985, 340).

c) Sport-, Spiel- und Freizeitanlagen. Zur im Rahmen des Abs. 1 zulässigen 52 Lösung von Konflikten zwischen **Sportanlagen** und angrenzenden Wohnbereichen können insbesondere die **Bauausführung** und der **Standort** beitragen (vgl. auch OVG Lüneburg Beschl. v. 27.6.1985 – 6 A 62/84, BauR 1985, 659 zur erforderlichen „Kooperation" der Nachbarn). Ein privater **Tennisplatz** ist in einem durch Wohnbebauung gekennzeichneten unbeplanten Innenbereich grundsätzlich zulässig (BVerwG Urt. v. 30.8.1985 – 4 C 50/82, NJW 1986, 393). Voraussetzung ist aber in der Regel, dass sich der Tennisplatz im Verhältnis zum Wohngebäude und zur Grundstücksgröße als untergeordnete Nebenanlage darstellt und dass er nach seiner Lage auf dem Grundstück nicht zu Störungen der Wohnruhe der Nachbarn führt. Führt ein Tennisplatz zur Störung der Wohnruhe, widerspricht er der Eigenart des maßgebenden Bereichs. Über die vorhandene Vorbelastung hinausgehende zusätzliche Immissionsbelastungen stellen sich in aller Regel auch als ein Verstoß gegen das Rücksichtnahmegebot dar. Insoweit indiziert die **Lage eines Tennisplatzes** unmittelbar an der Nachbargrenze oder in der Nähe zum Wohnhaus des Nachbarn eine Missachtung des Rücksichtnahmegebots (BVerwG Urt. v. 30.8.1985 aaO; s. zum Nachbarschutz und auch zu den einschlägigen Regelwerken für die Bewertung von Immissionen Vorb. §§ 29–38 Rn. 55).

In einem unbeplanten **allgemeinen Wohngebiet** ist ein Wohnbauvorhaben in 53 unmittelbarer Nachbarschaft eines **Sportplatzes** unzulässig, wenn es sich Sport-Immissionen aussetzt, die nach der Eigenart des Gebietes in diesem unzumutbar sind (§ 15 Abs. 1 S. 2 BauNVO); werden die in § 2 Abs. 2 Nr. 2 der 18. BImSchV für Kern-, Dorf- und Mischgebiete festgelegten Grenzwerte nicht überschritten, sind regelmäßig gesunde Wohnverhältnisse iS des Abs. 1 S. 2 gewahrt (BVerwG Urt. v. 23.9.1999 – 4 C 6/98, BVerwGE 109, 314). Für **Freizeitanlagen** gilt ähnliches (→ Vorb. §§ 29–38 Rn. 55). **Kinderspielplätze** sind in einem auch durch Wohnnutzung geprägten Bereich in aller Regel zulässig (→ Vorb. §§ 29–38 Rn. 56).

d) Hinterlandbebauung. Ein zweites Gebäude im rückwärtigen Grundstücks- 54 teil – sog. **Hinterlandbebauung** (zB sog. Pfeifenkopf- oder Hammergrundstücke) – kann auch dann zulässig sein, wenn in dem betreffenden Bereich das Hintergelände bislang noch nicht in vergleichbarer Weise bebaut ist. Es gibt keinen allgemein geltenden Grundsatz, dass eine Hinterlandbebauung städtebaulich unerwünscht ist (BVerwG Beschl. v. 4.10.1995 – 4 B 68/95, NVwZ-RR 1996, 375). Auch wenn sich das Vorhaben in solchen Fällen im Allgemeinen nicht in dem vorgegebenen Rahmen hält, ist es nur dann unzulässig, wenn es bodenrechtlich beachtliche und ausgleichsbedürftige Spannungen begründet oder die vorhandenen Spannungen erhöht (BVerwG Urt. v. 21.11.1980 – 4 C 30/78, ZfBR 1981, 36; → auch Rn. 32). Dies kann zB der Fall sein bei nicht unwesentlichen Beeinträchtigungen des Ortsbildes,

einer unangemessenen Verminderung der Freiflächen im Gebiet, der Störung einer vorhandenen Ruhelage oder der Beeinträchtigung der Durchlüftung (BVerwG Urt. v. 21.11.1980 aaO; dass. Beschl. v. 25.3.1999 – 4 B 15/99, ZfBR 2000, 68). Dem Vorhaben kann ggf. eine **Vorbildwirkung** (→ hierzu auch Rn. 31) in dem Sinne entgegengehalten werden, dass nachfolgende Vorhaben die vorhandene Freifläche unangemessen vermindern würden. Würde sich erst ein nachfolgendes Vorhaben in dieser Weise auswirken, wäre an sich erst dieses Vorhaben unzulässig, und zwar auch dann, wenn in diesem Bereich vorher andere Vorhaben zu einer (noch) nicht unangemessenen Verminderung der Freifläche führten. Etwas anderes kann aber dann gelten, wenn durch das Vorhaben „Unruhe" (BVerwG Urt. v. 26.5.1978 – IV C 9/77, BVerwGE 55, 369 (387)) gerade dadurch entsteht, dass nachfolgende Vorhaben deshalb unzulässig würden, weil die Freiflächen durch das erste Vorhaben bereits ausgeschöpft sind; die sich damit ergebende zeitliche Differenzierung ist zu missbilligen, wenn sie zur Bevorzugung eines Eigentümers führt, obwohl sich sein Grundstück und sein Vorhaben von den Grundstücken und Vorhaben anderer Eigentümer nicht wesentlich unterscheiden (BVerwG Beschl. v. 25.3.1999 – 4 B 15/99, ZfBR 2000, 68).

55 e) **Großflächige Einzelhandelsbetriebe. Großflächige Einzelhandelsbetriebe** können erhebliche Auswirkungen auf die städtebauliche Entwicklung in ihrer näheren Umgebung, in anderen Bereichen der Gemeinde oder in Nachbargemeinden haben (vgl. hierzu auch die Erl. zu **§ 1 Abs. 6 Nr. 8,** dort auch zu **§ 11 Abs. 3 BauNVO;** s. auch die Erl. zu **Abs. 2** und des ergänzend zu beachtenden **Abs. 3**). Bei falscher Standortwahl können großflächige Einzelhandelsbetriebe zu nachteiligen Strukturveränderungen in den Innenbereichen führen. Entspricht die Eigenart der näheren Umgebung nach der vorhandenen Bebauung einem der typisierten Baugebiete der BauNVO, ist gem. **Abs. 2** die Regelung des § 11 Abs. 3 BauNVO unmittelbar anzuwenden (BVerwG Urt. v. 3.2.1984 – 4 C 8/80, BVerwGE 68, 360 zu faktischen Sondergebieten → Rn. 61; OVG Münster Urt. v. 2.12.2013 – 2 A 1510/12, BauR 2014, 1248 (1250f.) zu faktischen Mischgebieten). Hinsichtlich der **zulässigen Nutzungsart** ist in diesen Fällen nicht mehr auf den Maßstab des Abs. 1 zurückzugreifen (zu Abs. 3 → Rn. 66ff.). Liegen die Voraussetzungen des Abs. 2 iVm § 11 Abs. 3 BauNVO nicht vor, gilt für die **Zulässigkeit nach Abs. 1,** dass sich ein großflächiger Einzelhandelsbetrieb innerhalb des sich aus seiner Umgebung ergebenden **Rahmens** hält, wenn in der näheren Umgebung mindestens ein Betrieb iS des § 11 Abs. 3 S. 1 Nrn. 1 bis 3 vorhanden ist (BVerwG Beschl. v. 20.4.2000 – 4 B 25/00, BauR 2001, 212, vgl. auch BVerwG Urt. v. 22.5.1987 – 4 C 6/85, NVwZ 1987, 1078). Die in der BauNVO in typisierender Weise vorgenommene Unterscheidung **großflächiger Einzelhandelsbetriebe** iS des § 11 Abs. 3 von der allgemeinen **Nutzungsart „Gewerbebetrieb"** ist also auch für die Bestimmung des aus der vorhandenen Bebauung in der näheren Umgebung abzuleitenden Rahmens zu beachten; in der Umgebung vorhandene **produzierende Betriebe,** aber auch Großhandelsbetriebe, begründen daher nicht die Annahme, ein großflächiger Einzelhandelsbetrieb entspreche dem vorgegebenen Rahmen und füge sich ein (zum Kriterium der „Großflächigkeit" als eigenständige Nutzungsart s. auch BVerwG Beschl. v. 22.7.2004 – 4 B 29/04, NVwZ-RR 2004, 815).

56 Hält sich ein großflächiger Einzelhandelsbetrieb in dem aus seiner Umgebung hervorgehenden Rahmen, kann er gleichwohl unzulässig sein, wenn das Vorhaben die gebotene **Rücksichtnahme** (→ Rn. 32) insbesondere auf die in seiner unmittelbaren Nähe vorhandene Bebauung vermissen lässt. Ein Vorhaben kann zB im Hinblick auf den durch den Betrieb bedingten stärkeren **Zu- und Abfahrtsverkehr** und die daraus resultierende höhere Belastung benachbarter Wohngebiete durch Lärm und Abgase unzulässig sein (BVerwG Urt. v. 3.2.1984 – 4 C 8/80, BVerwGE 68, 352 (358); vgl. auch dass. Beschl. v. 4.6.1985 – 4 B 102/85, ZfBR 1986, 47: Unzulässig-

1. Abschnitt. Zulässigkeit von Vorhaben § 34

keit eines Einzelhandelsbetriebs mit 940 m² Verkaufsfläche wegen verstärkter Immissionsbelastung benachbarter Wohnbebauung durch Kundenverkehr; BVerwG Urt. v. 22.5.1987 – 4 C 6/85, NVwZ 1987, 1078). Durch den Betrieb kann auch das vorhandene **Straßennetz überlastet** werden; dies bezieht sich auch auf den **ruhenden Verkehr** durch Kundenfahrzeuge. Unbeachtlich sind im Rahmen von Abs. 1 und Abs. 2 negative Auswirkungen auf die Versorgung der Bevölkerung im Einzugsbereich der Betriebe sowie Beeinträchtigungen der Wettbewerbsfähigkeit vorhandener Einzelhandelsbetriebe (BVerwG Urt. v. 3.2.1984 – 4 C 25/82, BVerwGE 68, 360). Auch **Fernwirkungen** auf zentrale Versorgungsbereiche in der Gemeinde selbst oder in anderen Gemeinden sind für Abs. 1 und Abs. 2 unbeachtlich (BVerwG Urt. v. 3.2.1984 aaO, 360 (368); → zu Abs. 3 Rn. 66 ff.).

Entspricht ein großflächiger Einzelhandelsbetrieb **nicht** dem in der Umgebung 57 vorhandenen Rahmen, kann er sich dennoch einfügen; Voraussetzung ist, dass das Vorhaben weder selbst noch infolge einer nicht auszuschließenden **Vorbildwirkung** (→ Rn. 31) geeignet ist, bodenrechtlich beachtliche Spannungen zu begründen oder vorhandene Spannungen zu erhöhen (BVerwG Urt. v. 3.2.1984 – 4 C 25/82, BVerwGE 68, 360; dass. Beschl. v. 4.6.1985 – 4 B 102/85, ZfBR 1986, 47).

f) Weitere Fälle. Die mit der Benutzung von (in einem Baugebiet allgemein zu- 58 lässigen) **religiösen Anlagen** üblicherweise verbundenen Beeinträchtigungen sind grundsätzlich hinzunehmen (BVerwG Urt. v. 27.2.1992 – 4 C 50/89, NJW 1992, 2170: islamischer Betsaal). Eine private **Windenergieanlage** für den Eigenbedarf eines Einfamilienhauses kann sich je nach den konkreten Umständen des Einzelfalls in die Eigenart der näheren Umgebung einfügen, auch wenn es bisher vergleichbare Anlagen dort nicht gibt (BVerwG Urt. v. 18.2.1983 – 4 C 18/81, BVerwGE 67, 23). Der Begriff der in der BauNVO von „sonstigen Gewerbebetrieben" differenzierten **Vergnügungsstätten** ist, auch wenn die BauNVO im Anwendungsbereich des § 34 Abs. 1 nicht unmittelbar gilt, wegen der städtebaulichen Auswirkungen hinsichtlich des für § 34 Abs. 1 maßgeblichen Rahmens heranzuziehen (vgl. BVerwG Urt. v. 15.12.1994 – 4 C 13/93, NVwZ 1995, 698). Dies gilt auch für die Unterscheidung zwischen kerngebietstypischen und nicht kerngebietstypischen Vergnügungsstätten (vgl. § 4a Abs. 3 Nr. 2 BauNVO). Sind sie im maßgeblichen Rahmen vorhanden, ist ein Vorhaben dieser Art grundsätzlich zulässig. Gibt es in der maßgeblichen Umgebung noch keine Vergnügungsstätten, ist ein solches Vorhaben in der Regel unzulässig. Die Umwandlung einer Gaststätte in eine **Diskothek** kann trotz vorhandener (kerngebietstypischer) Vergnügungsstätten in der näheren Umgebung planungsrechtlich unzulässig sein, wenn das Gebot der Rücksichtnahme auf eine umliegende Wohnbebauung, insbesondere wegen erhöhter Lärmimmissionen durch den von Gästen ausgelösten Kfz-Verkehr, verletzt wird (OVG Münster Urt. v. 21.2.1983 – 7 A 1118/81, NVwZ 1983, 685; vgl. auch BVerwG Urt. v. 15.1.1982 – 4 C 58/79, NVwZ 1982, 312). Ein **Pumazwinger** fügt sich iS des Abs. 1 in die Eigenart einer fast ausschließlich durch Wohnbebauung geprägten näheren Umgebung ebenso wenig ein (BVerwG Beschl. v. 5.3.1984 – 4 B 20/84, NVwZ 1984, 647) wie zB eine größere **Taubenzucht** (VGH Mannheim Urt. v. 3.2.1982 – 3 S 2078/81, BRS 39 Nr. 64). In Bezug auf die **Bauweise** liegt ein Verstoß gegen das Gebot der Rücksichtnahme vor, wenn ein grenzständiges Vorhaben unter Beseitigung eines bestehenden Doppelhauses grenzständig errichtet wird, ohne mit dem verbleibenden Gebäudeteil ein Doppelhaus zu bilden. Die Vorschriften der BauNVO können dabei in begrifflicher Hinsicht als Auslegungshilfe Berücksichtigung finden (vgl. BVerwG Urt. v. 5.12.2013 – 4 C 5.12, NVwZ 2014, 370; OVG Münster Urt. v. 15.7.2013 – 2 A 969/12, BauR 2014, 667 (669f.)).

IV. Anwendung der BauNVO (Abs. 2)

59 **1. Allgemeines.** Entspricht die Eigenart der näheren Umgebung einem der Baugebiete der **BauNVO**, ist ein Vorhaben gem. **Abs. 2** nach seiner **Art** nur zulässig, wenn es nach der BauNVO in dem Baugebiet zulässig wäre. Dies gilt nicht in Bezug auf die sonstigen Kriterien des Einfügens wie zB das Maß der baulichen Nutzung. Insofern bleibt allein Abs. 1 maßgeblich. Liegen die Voraussetzungen des Abs. 2 vor, ist die Art der baulichen Nutzung **ausschließlich** nach der BauNVO zu beurteilen. Bei der Verweisung auf die BauNVO handelt es sich um eine **dynamische Verweisung** (BVerwG Urt. v. 23. 9. 1999 – 4 C 6/98, BVerwGE 109, 314). Ist ein Vorhaben nach der Art der baulichen Nutzung unter Zugrundelegung der typisierten Baugebiete der BauNVO (→ noch Rn. 61) allgemein zulässig, bedarf es insofern **keiner Prüfung mehr,** ob sich das Vorhaben iS des Abs. 1 **einfügt** (zu ausnahmsweise zulässigen Nutzungen → Rn. 63, zu Befreiungen → Rn. 64). Insoweit verdrängt Abs. 2 die Zulässigkeitsbestimmung nach Abs. 1 und ergänzt sie nicht nur (vgl. BVerwG Beschl. v. 12. 2. 1990 – 4 B 240/89, NVwZ 1990, 557).

60 **2. Einzelfragen.** Lässt sich die Eigenart der näheren Umgebung **eindeutig** in eine der typisierten Gebietskategorien (zu Sondergebieten → Rn. 61) einordnen, die in der BauNVO enthalten sind, ergibt sich die Zulässigkeit des Vorhabens seiner Art nach ausschließlich daraus, ob es in dem betreffenden Gebiet nach der BauNVO zulässig ist. Es bedarf dafür, wie stets bei Baugebieten, einer hinreichenden Größe. Ein einzelnes Grundstück stellt in der Regel kein nach Abs. 2 zu bewertendes Baugebiet dar, sofern es nicht aufgrund seiner Größe und Nutzungsstruktur geeignet ist, einen Gebietscharakter zu repräsentieren (vgl. VGH Kassel Beschl. v. 13. 8. 2013 – 4 B 1458/13, BauR 2014, 2068 zu einem Klinikgrundstück, s. allerdings zu Sondergebieten noch Rn. 61). Soweit die nähere Umgebung **keinem in der BauNVO bezeichneten Baugebiet** zugeordnet werden kann, ist die Zulässigkeit **ausschließlich** nach **Abs. 1** zu beurteilen (BVerwG Beschl. v. 2. 7. 1991 – 4 B 1/91, NVwZ 1991, 982). Bei der Prüfung, welches Baugebiet iS der BauNVO in Betracht kommt, darf keine schematische Beurteilung vorgenommen werden. Die Prüfung nach Abs. 2 darf nicht dazu führen, „eine vorhandene Bebauung in Zielrichtung auf eine scharfe Trennung von Gebietscharakter und zulässiger Bebauung geradezu gewaltsam in eine der Alternativen des Gebietskatalogs in § 1 Abs. 2 BauNVO zu pressen, um dann in einer zweiten Stufe mehr oder weniger schematisch die Zulässigkeitsregeln der §§ 2 ff. BauNVO anzuwenden" (BVerwG Urt. v. 23. 4. 1969 – IV C 12/67, BVerwGE 32, 31 (37)). Allerdings spielen die Rahmenbedingungen der Nutzung keine Rolle. Auch etwa ein stark immissionsbelastetes faktisches Wohngebiet ist daher nach Abs. 2 zu behandeln (vgl. OVG Münster Beschl. v. 5. 11. 2013 – 2 B 1010/13, BauR 2014, 834). Weist die nähere Umgebung die **Merkmale zweier** Baugebiete der BauNVO auf, findet Abs. 2 **keine Anwendung.** Das Vorhaben beurteilt sich in diesem Fall ausschließlich nach Abs. 1. Die BauNVO kann aber auch in diesen sowie in sonstigen nach Abs. 1 zu beurteilenden Fällen iS einer sachverständigen Konkretisierung moderner Planungsgrundsätze **hilfsweise** herangezogen werden (BVerwG Urt. v. 3. 2. 1984 – 4 C 25/82, BVerwGE 68, 360 (368); dass. Urt. v. 16. 9. 2010 – 4 C 7/10, ZfBR 2011, 147 (149)). Eine Anwendung von Abs. 2 scheidet aus, wenn es um ein **besonderes Wohngebiet** iSv § 4a BauNVO geht, weil § 4a BauNVO eine planerische Entscheidung zur Erhaltung und Fortentwicklung des Gebiets voraussetzt (BVerwG Beschl. v. 11. 12. 1992 – 4 B 209/92, NVwZ 1993, 1100).

61 Noch nicht abschließend geklärt ist in der Rechtsprechung der Umgang mit **„faktischen Sondergebieten"** nach § 11 BauNVO. Zum Vorliegen eines „faktischen Hafengebietes" gemäß § 11 Abs. 2 S. 2 BauNVO hat das BVerwG ausgeführt, dass zu den Baugebieten iSv Abs. 2 nur diejenigen gehören, für die die BauNVO die zulässige Art der baulichen Nutzung selbst festlegt. Hiervon werden Sondergebiete nach § 11 BauNVO nicht erfasst, weil nach § 1 Abs. 2 S. 1 BauNVO die Gemeinde

dort die Art der zulässigen Nutzung festzusetzen hat (BVerwG Urt. v. 16.9.2010 – 4 C 7/10, ZfBR 2011, 147 (149); zu einem faktischen Sondergebiet nach § 10 BauNVO s. OVG Münster Urt. v. 23.10.2006 – 7 A 4947/05, BauR 2007, 1010). Konsequenterweise hat dies auch bei anderen Sondergebieten zu gelten. Dies schließt auch den **großflächigen Einzelhandel** ein, der ebenfalls in § 11 Abs. 2 BauNVO genannt ist (OVG Berlin-Brandenburg Beschl. v. 20.3.2008 – 2 S 116/07, BauR 2008, 1116). § 11 Abs. 3 BauNVO regelt daneben keinen zusätzlichen Sondergebietstyp. Er enthält lediglich besondere zusätzliche Einschränkungen für die Zulässigkeit von großflächigen Einzelhandelsbetrieben. Lässt sich der betreffende Bereich nicht als ein faktisches typisiertes Baugebiet (zB als faktisches Gewerbegebiet) einordnen, ist für die Nutzungsart auf Abs. 1 zurückzugreifen. Bei großflächigem Einzelhandel kommt dann noch Abs. 3 hinzu (→ Rn. 66 ff.).

Auch hinsichtlich der Zulässigkeit von **Vergnügungsstätten, Sport-, Spiel- und Freizeitanlagen** ergibt sich die Zulässigkeit aus den Regelungen der BauNVO über das jeweilige Baugebiet (zur Beurteilung in den Fällen des Abs. 1 → Rn. 58). **62**

3. Ausnahmsweise zulässige Vorhaben. Nach **Abs. 2 Hs. 1** sind die nach den **63** Baugebietsvorschriften der BauNVO **allgemein zulässigen** Vorhaben auch im Innenbereich iS des Abs. 2 allgemein zulässig. Daneben gilt gem. **Abs. 2 Hs. 2** der jeweilige Katalog der in den Baugebieten **ausnahmsweise zulässigen Vorhaben.** Der nicht-qualifiziert beplante Innenbereich wird hierdurch den beplanten Gebieten also auch insofern gleichgestellt, wenn die Eigenart der näheren Umgebung einem typisierten Baugebiet der BauNVO entspricht. Aus der entsprechenden Anwendung der BauNVO folgt, dass die in den Baugebieten ausnahmsweise zulässigen Vorhaben (vgl. §§ 2 ff. BauNVO, jeweils Abs. 3) auch bei Anwendung des Abs. 2 nur ausnahmsweise (→ § 31 Rn. 7) zulässig sind. Entspricht zB die Eigenart der näheren Umgebung einem Allgemeinen Wohngebiet iS des § 4 BauNVO, so **kann** die Errichtung einer Tankstelle (vgl. § 4 Abs. 3 Nr. 5 BauNVO) gem. Abs. 2 Hs. 2 iVm § 31 Abs. 1 zugelassen werden.

4. Befreiung. Nach **Abs. 2 Hs. 2** ist weiterhin § 31 Abs. 2 über die **Befreiung 64** entsprechend anzuwenden. Auch wenn ein Vorhaben nach der BauNVO weder allgemein noch ausnahmsweise zulässig ist, kann es durch entsprechende Anwendung der Befreiungsvorschrift des § 31 Abs. 2 unter den dort bezeichneten Voraussetzungen zugelassen werden (→ § 31 Rn. 7). Auch insofern wird der nicht beplante Innenbereich **dem beplanten Bereich gleichgestellt.** Durch die Regelung wird erreicht, dass auch im nicht beplanten Innenbereich das durchsetzbar ist, was in einem entsprechend beplanten Bereich durchsetzbar wäre (zur fehlenden Befreiungsmöglichkeit in den Fällen des Abs. 1 → Rn. 46). Einer gewissen Relativierung bedarf jedoch die Anforderung des § 31 Abs. 2, dass durch die Abweichung die **Grundzüge der Planung** nicht berührt werden dürfen (→ § 31 Rn. 29), da es eine solche Planung gerade nicht gibt. Dies ist daher bei § 31 Abs. 2 Hs. 2 iVm dem nur entsprechend anzuwendenden § 31 Abs. 2 so zu verstehen, dass die gebietsbezogene Zweckbestimmung, so wie sie jeweils in Abs. 1 der Vorschriften in der BauNVO zu den typisierten Baugebieten festgelegt ist, nicht in Frage gestellt werden darf (in Bezug auf die Unterbringung von **Flüchtlingen und Asylbegehrenden** → siehe auch die zeitlich befristeten Befreiungsmöglichkeiten gem. § 246 Abs. 10–12, dazu § 246 Rn. 22 ff.).

5. Rücksichtnahmegebot. Ein Vorhaben fügt sich iS des **Abs. 1** nur dann in **65** seine Umgebung ein, wenn es das Vorhaben an der **gebotenen Rücksichtnahme** auf die sonstige Bebauung nicht fehlen lässt (→ hierzu Rn. 32). Trotz des Fehlens des Tatbestandsmerkmals „Einfügen" findet das Gebot der gegenseitigen Rücksichtnahme auch in den Fällen des **Abs. 2** Anwendung. Dies ergibt sich aus § **15 Abs. 1 BauNVO,** der eine Ausprägung des baurechtlichen Gebots der Rücksichtnahme in Bezug auf die Art der baulichen Nutzung ist (BVerwG Urt. v. 5.8.1983 – 4 C 96/

79, BVerwGE 67, 334; dass. Urt. v. 18.10.1985 – 4 C 19/82, NJW 1986, 1703; OVG Münster Urt. v. 9.3.2012 – 2 A 1626/10, BauR 2012, 1223; → auch Vorb. §§ 29–38 Rn. 69; zu Fragen des Störfallschutzes → Rn. 33 ff. und 50).

V. Schädliche Auswirkungen auf zentrale Versorgungsbereiche (Abs. 3)

66 1. **Grundlagen der Regelung. Abs. 3**, der als **zusätzliches** Zulässigkeitskriterium durch das **EAG Bau 2004** eingeführt wurde, enthält eine einschränkende Vorgabe für Vorhaben im unbeplanten Innenbereich. Danach dürfen von Vorhaben selbst dann, wenn sie sich gem. Abs. 1 und Abs. 2 in die Eigenart der näheren Umgebung einfügen, **keine schädlichen Auswirkungen auf zentrale Versorgungsbereiche** in der Gemeinde oder in anderen Gemeinden zu erwarten sein (vgl. vertiefend *Haaß* BauR 2015, 1064 (1067 f.); *Dombert* KommJur 2015, 81 (84 f.); *Battis* DVBl. 2011, 196 ff.; *Schoen* BauR 2010, 2034 (2039 ff.); *Janning* BauR 2005, 1723 ff.; *Reichelt* BauR 2006, 38 ff.; *Rieger* UPR 2007, 366 ff.; *Reidt* UPR 2005, 241 ff.; *Uechtritz* NVwZ 2004, 1025 ff.; *ders.* DVBl. 2006, 799 ff.; *Vietmeier* BauR 2005, 480 ff.; *Söfker* in EZBK § 34 Rn. 83 ff.). Dies betrifft **insbesondere** Vorhaben des **großflächigen Einzelhandels sowie Einkaufszentren**, aber auch solche des **nicht-großflächigen Einzelhandels (unterhalb 800 m² Verkaufsfläche),** deren städtebaulichen Auswirkungen über die nähere Umgebung hinausgehen (BVerwG Urt. v. 17.12.2009 – 4 C 2/08, BVerwGE 136, 10; OVG Münster Urt. v. 17.10.2007 – 10 A 3914/04, BauR 2008, 320; OVG Koblenz Urt. v. 5.11.2007 – 1 A 10351/07, BauR 2008, 403). Auch Erweiterungen von bestehenden Einzelhandelsbetrieben werden erfasst. Ebenfalls kann die Vorschrift für andere zentrenrelevante Nutzungen (zB Großkinos) Bedeutung haben. Der Gesetzgeber hat mit Abs. 3 dem Umstand Rechnung getragen, dass Auswirkungen, die über den durch die Eigenart der näheren Umgebung gezogenen Rahmen hinausgehen (sog. Fernwirkungen), wie sie vor allem von Einzelhandelseinrichtungen ausgehen können, bei der Prüfung nach Abs. 1 und Abs. 2 unberücksichtigt bleiben (BVerwG Urt. v. 22.5.1987 – 4 C 6/85, NVwZ 1987, 1078; dass. Urt. v. 3.2.1984 – 4 C 25/82, BVerwGE 68, 360; → auch Rn. 56).

67 Nicht erfasst von Abs. 3 wird wegen der eigenständigen Betrachtung des jeweiligen Einzelvorhabens die **Agglomeration** von nicht großflächigen selbstständigen Einzelhandelsbetrieben, die zwar zusammen genommen die Wirkungen eines Einkaufszentrums entfalten oder auch ansonsten kumulativ die vorhandenen zentralen Versorgungsbereiche beeinträchtigen können, aber keine Funktionseinheit darstellen (zur Funktionseinheit s. BVerwG Urt. v. 27.4.1990 – 4 C 16/87, NVwZ 1990, 1074; OVG Münster Urt. v. 3.11.1988 – 11 A 2310/86, NVwZ 1989, 676; vgl. auch BVerwG Urt. v. 24.11.2005 – 4 C 8/05, BauR 2006, 648; *Kuschnerus,* Der standortgerechte Einzelhandel, 2007, Rn. 326 f.). Hier besteht allerdings gem. **§ 9 Abs. 2a** die Möglichkeit zur Planung. Nach dieser Vorschrift kann zur Erhaltung oder Entwicklung zentraler Versorgungsbereiche für die im Zusammenhang bebauten Ortsteile – auch im Interesse einer verbrauchernahen Versorgung der Bevölkerung und der Innenentwicklung der Gemeinden – in einem Bebauungsplan festgesetzt werden, dass nur bestimmte Arten der nach § 34 Abs. 1 und 2 zulässigen baulichen Nutzungen zulässig oder nicht zulässig sind oder nur ausnahmsweise zugelassen werden können (→ § 9 Rn. 169 ff.).

68 Soweit ein Vorhaben schädliche Auswirkungen auf zentrale Versorgungsbereiche **in der Gemeinde** oder **in anderen Gemeinden** erwarten lässt, ist es bauplanungsrechtlich unzulässig. Abs. 3 räumt den betroffenen Nachbargemeinden damit zugleich ein **gemeindliches Abwehrrecht** ein, wenn sich ihr Vorhaben auf einen dortigen zentralen Versorgungsbereich schädlich auswirken kann. (vgl. OVG Münster Urt. v. 11.12.2006 – 7 A 964/05, NVwZ 2007, 727; OVG Lüneburg Beschl. v. 12.11.2007 – 1 ME 276/07, BauR 2008, 1418; → auch Vorb. §§ 29–38, Rn. 71).

Konkurrenzschutz für Private gewährt Abs. 3 hingegen ebenso wenig, wie dies auch sonst im Städtebaurecht nicht der Fall ist. Dies gilt auch dann, wenn es um vorhandene Betriebe in zentralen Versorgungsbereichen geht (vgl. VGH Mannheim Urt. v. 14.12.2011 – 8 S 1438/09, BauR 2012, 905 (909); OVG Münster Beschl. v. 9.3.2007 – 10 B 2675/06, NVwZ 2007, 735).

2. Zentrale Versorgungsbereiche. Zentrale Versorgungsbereiche sind 69 räumlich abgrenzbare Bereiche einer Gemeinde, denen aufgrund **vorhandener** oder planerisch ausgewiesener Einzelhandelsnutzungen eine Versorgungsfunktion über den unmittelbaren Nahbereich hinaus zukommt. In einer entsprechend großen Gemeinde können auch mehrere zentrale Versorgungsbereiche bestehen, die man gegebenenfalls auch in (ein oder mehrere) Haupt- und Nebenzentren unterteilen kann (BVerwG Beschl. v. 20.11.2006 – 4 B 50/06, BRS 70 Nr. 114). Erfasst werden auch Quartiers-, Nahversorgungs- und Nahbereichszentren mit jeweils kleinerem Einzugsbereich als es bei größeren Stadtteilzentren der Fall ist (BVerwG Urt. v. 17.12.2009 – 4 C 2/08, BVerwGE 136, 10; zum vorzuhaltenden Warenangebot s. VGH Mannheim Urt. v. 12.4.2012 – 8 S 198/11, ZfBR 2012, 481: nur die wesentlichen Bedürfnisse des täglichen Bedarfs, insbes. Grundversorgung mit Lebensmitteln und Drogerieartikeln; weitergehend OVG Münster Urt. v. 15.2.2012 – 10 A 1770/09, BauR 2012, 1083 (1085); Urt. v. 11.12.2006 – 7 A 964/05, NVwZ 2007, 727). Zentrale Versorgungsbereiche können sich sowohl aus planerischen Festlegungen, insbesondere aus entsprechenden Darstellungen (vgl. § 5 Abs. 2 Nr. 2d BauGB) und Festsetzungen in Bauleitplänen oder auch in Raumordnungsplänen, als auch aus den tatsächlichen Verhältnissen ergeben (BVerwG Urt. v. 11.10.2007 – 4 C 7/07, BVerwGE 129, 307). Soweit eine Darstellung von zentralen Versorgungsbereichen im Flächennutzungsplan (§ 5 Abs. 2 Nr. 2d) erfolgt ist, kann dies der Beurteilung der Zulässigkeit eines Vorhabens zumindest erleichtern. Allerdings ist im Rahmen von Abs. 3 zu berücksichtigen, dass nur tatsächlich vorhandene zentrale Versorgungsbereiche für die Beurteilung maßgeblich sind (BVerwG Beschl. v. 12.7.2012 – 4 B 13/12, NVwZ 2012, 1565). Sonstige planungsrechtlich nicht verbindliche raumordnerische oder städtebauliche Konzeptionen, vor allem **Einzelhandelskonzepte** (zu letzteren s. zB *Reidt* UPR 2005, 241 (243f.); *Janning* BauR 2005, 1723 (1727); *Söfker* in EZBK § 34 Rn. 85b; *Uechtritz* NVwZ 2004, 1025 (1030); *Schoen* BauR 2010, 2034 (2043f.); *Battis* DVBl. 2011, 196 (198ff.); OVG Koblenz Urt. v. 5.11.2007 – 1 A 10351/07, BauR 2008, 403; OVG Münster Urt. v. 11.12.2006 – 7 A 964/05, NVwZ 2007, 727; OVG Lüneburg Urt. v. 17.1.2008 – 1 LB 154/07, ZfBR 2008, 482), können erst recht nur dann für die räumliche Eingrenzung eines zentralen Versorgungsbereiches herangezogen werden, wenn die so gezogene Grenze in der Örtlichkeit eine entsprechende Bestätigung findet (BVerwG Beschl. v. 12.2.2009 – 4 B 5/09, ZfBR 2009, 363). Nicht für eine räumliche Abgrenzung von zentralen Versorgungsbereichen herangezogen werden können regionalplanerische Zielvorgaben, da diese über § 1 Abs. 4 eine Beachtung durch die Bauleitplanung, nicht aber durch Einzelvorhaben im Innenbereich verlangen. Maßgeblich für eine Einordnung eines Gebietes als zentraler Versagungsbereich sind nach Abs. 3 also allein die tatsächlichen Verhältnisse (BVerwG Beschl. v. 12.7.2012 – 4 B 13/12, NVwZ 2012, 1565).

3. Schädliche Auswirkungen. Ob ein geplantes Vorhaben „**schädliche Aus-** 70 **wirkungen**" auf zentrale Versorgungsbereiche erwarten lässt, ist insbesondere unter dem Aspekt der verbrauchernahen Versorgung der Bevölkerung nachvollziehbar zu ermitteln und zu begründen. Ein Vorhaben lässt schädliche Auswirkungen auf zentrale Versorgungsbereiche jedenfalls dann erwarten, wenn es deren Funktionsfähigkeit so nachhaltig stört, dass sie ihren Versorgungsauftrag generell oder hinsichtlich einzelner Branchen nicht mehr substantiell wahrnehmen können (BVerwG Urt. v. 11.10.2007 – 4 C 7/07, BVerwGE 129, 307; dass. Beschl. v. 12.1.2012 – 4 B 39/11, ZfBR 2012, 254; dass. Urt. v. 17.12.2009 – 4 C 1/08, BVerwGE 136, 18). Als Maß-

stab zur Feststellung schädlicher Auswirkungen kann der zu erwartende Kaufkraftabfluss herangezogen werden (BVerwG Urt. v. 11.10.2007 aaO), ohne dass jedoch andere Methoden ausgeschlossen wären. Entscheidend kommt es darauf an, ob sich die durch das neue Vorhaben zu erwartende Kaufkraftabschöpfung in den zentralen Versorgungsbereichen in einem vertretbaren Rahmen bewegt. Dafür kann neben dem prognostisch festzustellende Kaufkraftabzug die zumeist sehr viel einfacher zu ermittelnde Relation zwischen der Größe der Verkaufsfläche des Vorhabens und der Größe der Verkaufsfläche derselben Branche in einem betroffenen zentralen Versorgungsbereich ein taugliches Hilfsmittel sein (BVerwG Urt. v. 11.10.2007 aaO; dass. Beschl. v. 12.1.2012 – 4 B 39/11 aaO; OVG Weimar Urt. v. 22.6.2011 – 1 KO 238/10, BauR 2012, 611). Weitere mögliche **Kriterien** sind die Sortimentsstruktur, die Handelsdichte, die Funktion als Magnetbetrieb, die Lage im Stadtgefüge (räumliche Distanz zum zentralen Versorgungsbereich) sowie die gemeindliche Einzelhandelsstruktur oder auch die Stabilität des zentralen Versorgungsbereichs unter Berücksichtigung von Vorschädigungen (vgl. insb. BVerwG Urt. v. 17.12.2009 – 4 C 1/08, BVerwGE 136, 18 (23)). In jedem Fall bedarf es einer prognostischen Einschätzung im jeweiligen konkreten Einzelfall. Die Beeinträchtigung eines zentralen Versorgungsbereichs scheidet aus, wenn ein Vorhaben mit dem entsprechenden Warensortiment ohnehin dort nicht angesiedelt werden könnte, etwa aufgrund der tatsächlichen örtlichen Gegebenheiten, einer unzureichenden Erschließung oÄ Zielvorgaben eines Raumordnungsplans können grundsätzlich nicht als Maßstab für die Beurteilung der Schädlichkeit herangezogen werden (vgl. BVerwG Urt. v. 17.12.2009 aaO). Einzelfallabhängig ist es, ab welcher Schwelle eine Schädlichkeit vorliegt (BVerwG Beschl. v. 11.6.2010 – 4 B 75/09, ZfBR 2010, 580) und wie Auswirkungen bereits vorhandener oder gleichzeitig geplanter Vorhaben bei der Bestimmung der Schädlichkeitsschwelle zu berücksichtigen sind (BVerwG Urt. v. 17.12.2009 – 4 C 1/08, BVerwGE 136, 18 (23) sowie relativierend BVerwG Beschl. v. 14.4.2010 – 4 B 78/09, NVwZ 2010, 1026; VGH Mannheim Urt. v. 14.12.2011 – 8 S 1438/09, BauR 2012, 905 (909): schädliche Auswirkungen können bereits bei Umsatzverlusten von weniger als 25%, in manchen Fällen auch bei weniger als 10% anzunehmen sein; VGH München Urt. v. 13.12.2011 – 2 B 07/377, BauR 2012, 911: Umsatzverluste ab 10% sind entsprechend gewichtig; eine Umsatzumlenkung von 6,8% ist unschädlich, es sei denn es geht um einen bereits vorgeschädigten Bereich). Bei großflächigen Einzelhandelsvorhaben kann die Vermutungsregel des **§ 11 Abs. 3 S. 1 Nr. 2 BauNVO** weder unmittelbar noch entsprechend herangezogen werden (BVerwG Beschl. v. 12.2.2009 – 4 B 3/09, ZfBR 2009, 361), da Abs. 3 keine unter bestimmten Voraussetzungen widerlegbare normative Regel aufstellt, nach der bei Überschreiten einer bestimmten Verkaufs- oder Geschossfläche schädliche Auswirkungen zu erwarten sind. Es handelt sich vielmehr um eine Gesamtbetrachtung aller städtebaulich relevanten Umstände für die Beurteilung der Frage, ob schädliche Auswirkungen zu erwarten sind (BVerwG Urt. v. 17.12.2009 – 4 C 2/08, BVerwGE 136, 18 (22f.); s. allerdings auch OVG Münster Urt. v. 2.12.2013 – 2 A 1510/12, NVwZ-RR 2014, 453 zu einem großflächigen Lebensmitteldiscounter in einem faktischen Mischgebiet bei Widerlegung der Regelvermutung des § 11 Abs. 3 Satz 3 BauNVO).

71 **4. Verfahrensfragen.** Vom Antragsteller kann der **Nachweis** verlangt werden, dass von dem beantragten Vorhaben **keine zentrenschädlichen Auswirkungen** zu erwarten sind (so ganz allgemein *Janning* BauR 2005, 1723 (1729); zu Recht differenzierend *Uechtritz* DVBl. 2006, 799 (809f.): Amtsermittlung der Baugenehmigungsbehörde, es sei denn, Anhaltspunkte für schädliche Auswirkungen liegen vor). **§ 238 S. 2** enthält eine Entschädigungsregelung, wenn durch die Änderung von § 34 durch das EAG Bau 2004 die bis dahin zulässige Nutzung eines Grundstücks aufgehoben oder wesentlich geändert wird (vgl. hierzu im Hinblick auf die gesetzgeberische Eigentumsbindung krit. *Schmidt-Eichstaedt* ZfBR 2005, 751 (758))).

1. Abschnitt. Zulässigkeit von Vorhaben § 34

VI. Gesetzlich zugelassene Abweichungen vom Gebot des Einfügens

Der in Abs. 1 geregelte Grundsatz, dass sich ein Vorhaben in die Eigenart der näheren Umgebung einfügen muss (Rn. 25 ff.), erfährt mehrere gesetzlichen Ausnahmen: 72

1. Weiterentwicklung des Bestandes (Abs. 3 a).

Abs. 3a ermöglicht als gesetzliche Normierung eines „erweiterten Bestandsschutzes" eine erleichterte Genehmigung der Erweiterung, Änderung, Nutzungsänderung oder Erneuerung von zulässigerweise errichteten Gewerbe- oder Handwerksbetrieben, einschließlich der Nutzungsänderung zu Wohnzwecken, sowie der Erweiterung, Änderung oder Erneuerung von zulässigerweise errichteten, Wohnzwecken dienenden baulichen Anlagen im unbeplanten Innenbereich. Die durch das EAG Bau 2004 eingeführte und mit der BauGB Novelle 2007 um die Wohnzwecke (nicht Wochenendhausnutzung VGH München Beschl. v. 30.3.2015 – 2 ZB 13.1962, BauR 2015, 1123 (1126); zum Begriff der Wohnzwecke s. auch § 9 Abs. 1 Nr. 6, dazu § 9 Rn. 77 ff.) erweiterte Regelung greift den Grundgedanken einer bis 1997 in § 34 Abs. 3 enthaltenen Bestimmung auf, die seinerzeit mit der Begründung gestrichen wurde, dass derartige Vorhaben auch mit Hilfe eines Vorhaben- und Erschließungsplans (§ 12) realisiert werden könnten. Seit der Innenentwicklungsnovelle 2013 erfasst die Vorschrift auch die Nutzungsänderung von Gewerbe- und Handwerksbetrieben zu Wohnzwecken (vgl. *Battis/Mitschang/Reidt* NVwZ 2013, 961 (965)) Der umgekehrte Fall, also eine Änderung der Wohnnutzung zur gewerblichen bzw. handwerklichen Nutzung, fällt hingegen nicht unter die Regelung. Von dem **Erfordernis des Einfügens** in die Eigenart der näheren Umgebung nach Abs. 1 S. 1 kann **abgewichen werden,** wenn die Abweichung der Erweiterung, Änderung, Nutzungsänderung oder Erneuerung eines zulässigerweise errichteten Gewerbe- oder Handwerksbetriebs, einschließlich der Nutzungsänderung zu Wohnzwecken oder der Erweiterung, Änderung oder Erneuerung einer zulässigerweise errichteten Wohnzwecken dienenden baulichen Anlage dient (wird zB durch An- und Aufbauten das Maß der in der näheren Umgebung vorhandenen Bebauung überschritten, kann gleichwohl im Einzelfall aufgrund einer Ermessensentscheidung eine Genehmigung erteilt werden). Die Abweichung muss städtebaulich vertretbar und auch unter Würdigung nachbarlicher Interessen mit den öffentlichen Belangen vereinbar sein. In Bezug auf die Art der baulichen Nutzung werden diese Anforderungen nur selten erfüllt sein. Eher ist an Fälle zu denken, in denen sich ein Vorhaben nach dem Maß der baulichen Nutzung oder der überbaubaren Grundstücksfläche nicht einfügt. 73

Abs. 3a dient als **„Kann-Bestimmung"** dazu, baurechtlich vertretbare **Problemlösungen in Gemengelagen** und vergleichbaren Konfliktlagen zu erleichtern. Er trägt insofern den praktischen Schwierigkeiten bei der Anwendung des § 34 in Gemengelagen-Situationen (→ hierzu Rn. 48 ff.) sowie bei der Aufstellung von Bauleitplänen in entsprechenden Problemgebieten (→ hierzu § 1 Rn. 110 f.) Rechnung. Eine Genehmigung nach Abs. 3a kommt für Vorhaben in Betracht, die zwar nach Abs. 1 unzulässig sind, die jedoch aus qualifizierten Gründen im Einzelfall gleichwohl zugelassen werden sollen, weil das Vorhaben einem **Gewerbe- oder Handwerksbetrieb, einschließlich der Nutzungsänderung zu Wohnzwecken,** oder dem **Wohnen** dient. Für die Genehmigung kommen indes nur Maßnahmen in Betracht, die an einen vorhandenen Bestand anknüpfen. Die Vorschrift dient also sowohl der Erhaltung als auch der Weiterentwicklung einer vorhandenen und baurechtlich billigenswerten Situation, wobei die **formelle Rechtmäßigkeit** der vorhandenen baulichen Anlage ebenso genügt wie die materielle Rechtmäßigkeit (→ § 35 Rn. 141). 74

Abs. 3a ist nach seinem S. 2 nicht anwendbar auf **Einzelhandelsbetriebe,** die die verbrauchernahe Versorgung der Bevölkerung beeinträchtigen oder schädliche Aus- 75

§ 34 I. Kapitel. III. Teil. Regelung der baul. und sonst. Nutzung

wirkungen auf zentrale gemeindliche Versorgungsbereiche haben können (→zu Abs. 3 Rn. 66 ff.).

76 **Erweiterungen** von baulichen und sonstigen Anlagen sind Baumaßnahmen, die den vorhandenen Bestand ergänzen. Unter **Änderung** ist die Änderung der Substanz einer vorhandenen baulichen Anlage zu verstehen, insbesondere der Umbau, der Ausbau oder die Modernisierung, und zwar sowohl im Inneren als auch im Äußeren der Anlage. Als **Nutzungsänderung** wird die Änderung der Zweckbestimmung verstanden, dh die Änderung der rechtlichen Qualität der bisherigen Nutzung, soweit dies bodenrechtliche Bedeutung hat. **Erneuerung** ist die Beseitigung einer vorhandenen Anlage mit anschließender Neuerrichtung an gleicher Stelle. Die in Abs. 3 a S. 1 Nr. 1 bezeichneten Vorhaben sind zum Teil nicht trennscharf voneinander abzugrenzen. So kann die Änderung einer baulichen Anlage auch deren Erweiterung zum Gegenstand haben. Allerdings können die Vorhaben miteinander verbunden werden (zB Änderung mit Nutzungsänderung, Erneuerung mit Erweiterung, vgl. BVerwG Beschl. v. 1993 – 4 B 253/92, NVwZ 1994, 266, → zum Begriff des Vorhabens auch § 29 Rn. 17 ff.), so dass es einer präzisen Abgrenzung in aller Regel nicht bedarf.

77 Abs. 3 a bezieht sich nur auf Fälle, in denen das Erfordernis des „Einfügens" (Abs. 1 S. 1) der Zulässigkeit eines Vorhabens entgegensteht. Die Vorschrift entbindet nicht davon, dass ein zusammenhängender Ortsteil bei Durchführung eines Vorhabens iSv Abs. 3 a vorliegen muss.

78 **2. Sparsame und effiziente Nutzung von Energie.** Eine **Sonderregelung zur sparsamen und effizienten Nutzung von Energie** (zB Wärmedämmungsmaßnahmen, Nutzung von Photovoltaikanlagen) wurde mit der Klimaschutznovelle 2011 in § 248 S. 3 eingeführt. Danach sind geringfügige Abweichungen vom **Maß** der baulichen Nutzung, der **Bauweise** und der **überbaubaren Grundstücksfläche** zulässig, soweit dies mit nachbarlichen Interessen sowie baukulturellen Belangen vereinbar ist. Nach § 248 S. 2 gilt dies entsprechend auch für Anlagen zur Nutzung solarer Strahlungsenergie in, an und auf Dach- und Außenwandflächen. Es handelt sich bei § 248 S. 3 um eine generelle Regelung iS eines **gebundenen Genehmigungstatbestandes**, nicht um eine Ermessensentscheidung (s. im Einzelnen die Kommentierung zu → § 248).

78a **3. Unterbringung von Flüchtlingen und Asylbegehrenden.** Gem. § 246 Abs. 8 gilt Abs. 3 a zeitlich befristet bis zum 31. 12. 2019 auch für die Nutzungsänderung zugunsten von Vorhaben, die der Unterbringung von **Flüchtlingen und Asylbegehrenden** dienen (→ im Einzelnen § 246 Rn. 12 ff.).

VII. Satzungen (Abs. 4 bis 6)

79 **1. Allgemeines.** Die Abgrenzung der im Zusammenhang bebauten Ortsteile nach § 34 vom Außenbereich nach § 35 führt in der Praxis häufig zu Schwierigkeiten, weil sie allein von den tatsächlichen Gegebenheiten ausgeht. Da die Zuordnung zum Innenbereich die grundsätzliche Bebaubarkeit eines Grundstücks begründet, während der Außenbereich von der Bebauung grundsätzlich freizuhalten ist, besteht ein Bedürfnis nach eindeutiger Abgrenzung beider Bereiche (**Klarstellungssatzung,** Abs. 4 S. 1 Nr. 1). Die Abgrenzungen können aber im Einzelfall auch deshalb unbefriedigend sein, weil die städtebauliche Situation die Einbeziehung in Bauflächen iS des § 34 zwar nahe liegen lässt, dies jedoch wegen der strikten Anforderungen in Abs. 1 nicht in Betracht kommt. Die Gemeinde muss dann, um die Bebaubarkeit zu ermöglichen, den in der Praxis oft als beschwerlich empfundenen Weg des Bebauungsplans beschreiten. § 34 Abs. 4 S. 1 Nr. 2 und Nr. 3 erleichtern in derartigen Fällen die Schaffung von Bauland: Die Satzung nach Abs. 4 S. 1 Nr. 2 (**Entwicklungssatzung**) ermöglicht es, bebaute Bereiche im Außenbereich als Ortsteil iS des

Abs. 1 festzulegen, wenn die Flächen im Flächennutzungsplan als Bauflächen dargestellt sind. Die Satzung nach Abs. 4 S. 1 Nr. 3 (**Ergänzungssatzung**) ermöglicht die Einbeziehung einzelner Außenbereichsflächen in den Innenbereich iS des § 34 Abs. 1, wenn die einbezogenen Flächen durch die bauliche Nutzung der angrenzenden Bereiche entsprechend geprägt sind (s. auch *Schink* DVBl. 1999, 367 ff.). Das Gesetz vermeidet mit den Satzungsmöglichkeiten gem. Abs. 4 S. 1 Nr. 2 und Nr. 3 eine weitere Ausweitung der Genehmigungsfälle nach § 35 zugunsten einer erleichterten Inanspruchnahme des § 34, jedoch eingebunden in eine planerische Entscheidung und in die geordnete städtebauliche Entwicklung (vgl. Abs. 5 S. 1 Nr. 1; → Rn. 90). Der Erlass der Satzung steht im **Ermessen** der Gemeinde. Die Satzungen nach § 34 Abs. 4 sind von der **Außenbereichssatzung** nach § 35 **Abs. 6** zu unterscheiden, die kein Baurecht schafft, sondern lediglich bewirkt, dass einem Vorhaben einzelne öffentliche Belange nicht entgegengehalten werden können.

Die **Satzungen** nach Nr. 1, 2 und 3 können miteinander **verbunden** werden (Abs. 4 S. 2). In diesen Fällen richtet sich das Aufstellungsverfahren stets nach der Satzung mit den weitestgehenden Verfahrensanforderungen (VGH Mannheim Urt. v. 8.4.2009 – 5 S 1054/08, ZfBR 2009, 793; VGH Kassel Urt. v. 4.5.2010 – 4 C 1742/08, ZfBR 2010, 803). Für den Fall, dass nicht eindeutig ist, ob die Satzung einer Gemeinde eine solche nach Nr. 1 oder nach Nr. 2 oder Nr. 3 ist, sind bei der Auslegung der Satzung die bundesrechtlichen Voraussetzungen für den Erlass der jeweiligen Satzung sowie die Rechtsfolgen einer Verletzung der jeweils einschlägigen Vorschriften zu berücksichtigen. Von Bedeutung kann dabei insbesondere sein, ob eine Öffentlichkeitsbeteiligung und eine planerische Abwägung stattgefunden haben oder nicht (BVerwG Urt. v. 22.9.2010 – 4 CN 2/10, BVerwGE 138, 12 Rn. 13, 16 ff.). Ziel hat regelmäßig eine rechtskonforme und die Wirksamkeit der Satzung erhaltende Auslegung zu sein. **80**

Die **Rechtsfolgen** der Satzungen nach Abs. 4 S. 1 sind unterschiedlich: Die **Klarstellungssatzung** nach Nr. 1 legt die Grenzen eines im Zusammenhang bebauten Ortsteils lediglich **deklaratorisch** fest. Durch die **Entwicklungssatzung** nach Nr. 2 wird ein nicht im Zusammenhang bebauter Ortsteil dagegen **konstitutiv** vom Außenbereich iS des § 35 zum im Zusammenhang bebauten Ortsteil iS des § 34. Das Gleiche gilt für die **Ergänzungssatzung** nach Nr. 3. In den nach Abs. 4 S. 1 festgelegten Satzungsgebieten finden die Zulässigkeitsvorschriften des **Abs. 1 und 2** Anwendung. Dies gilt auch für die **Sicherung der Erschließung** (→ Rn. 34) und die Beachtung der Festsetzungen eines **einfachen Bebauungsplans** (→ Rn. 17; zu den ergänzenden Festsetzungen nach § 9 Abs. 1, 3 und 4 → Rn. 95). **81**

Satzungen nach Abs. 4 haben keine Vorauswirkung, wie sie in § 33 für Bebauungspläne angeordnet sind. § 33 enthält weder einen allgemeinen Rechtsgedanken, noch ist er analog anwendbar (BVerwG Beschl. v. 13.5.1981 – 4 B 62/81, Buchholz 406/11, § 34 BBauG Nr. 85; VGH Kassel Beschl. v. 6.3.1985 – 3 N 207/85, NVwZ 1985, 839). **82**

2. Klarstellungssatzung (Abs. 4 S. 1 Nr. 1). Abs. 4 S. 1 Nr. 1 regelt die **Klarstellungssatzung.** Durch die Satzung nach Nr. 1 kann die Gemeinde die Grenzen für die im Zusammenhang bebauten Ortsteile oder für Teile davon festlegen. Die Satzung hat – was die Rechtsqualität der einbezogenen Grundstücke betrifft – nur **deklaratorische Bedeutung** (BVerwG Urt. v. 22.9.2010 – 4 CN 2/10, BVerwGE 138, 12 Rn. 14; dass. Urt. v. 18.5.1990 – 4 C 37/87, NVwZ 1991, 61; *Hofherr* in BK § 34 Rn. 76). Dies rechtfertigt es, dass das Gesetz die Klarstellungssatzung nicht an den planungsrechtlichen Mindeststandards misst, die Abs. 5 für die Bauland schaffenden Satzungen nach Abs. 4 S. 1 Nr. 2 und 3 enthält. Für jedes Grundstück, das in die Satzung einbezogen wird, muss deshalb die Innenbereichsqualität tatsächlich bestehen (→ hierzu im Einzelnen Rn. 3 ff.; OVG Koblenz Urt. v. 21.12.2011 – 8 C 10945/11, BauR 2012, 616; zur beitragsrechtlichen Relevanz, OVG Münster Beschl. **83**

v. 8.8.2013 – 15 A 2656/10, BauR 2014, 92 (93)). Die Gemeinde kann daher mit einer Klarstellungssatzung keine Fälle regeln, in denen sie die Einbeziehung eines Grundstücks in den Innenbereich für städtebaulich wünschenswert hält. Andererseits ist es jedoch auch nicht möglich, dass die Gemeinde durch einen satzungsmäßigen Ausschluss einem Grundstück die Innenbereichsqualität nimmt (*Söfker* in EZBK § 34 Rn. 99; *Reidt* in BRS Rn. 2164). Folge ist in solchen Fällen, dass sich die Klarstellung, die mit der Satzung nach Abs. 4 S. 1 Nr. 1 bewirkt werden soll, auf ein außerhalb des Satzungsbereiches liegendes Grundstück nicht bezieht. Wegen der grundsätzlichen Bindung an die vorgenommene Abgrenzung vor allem der Bauaufsichtsbehörden kann sich eine unzureichende Abgrenzung gleichwohl für den Eigentümer nachteilig auswirken (vgl. OVG Bautzen Urt. v. 23.10.2000 – 1 D 33/00, NVwZ-RR 2001, 426), auch wenn der gerichtliche Prüfungsmaßstab, ob ein Innen- oder Außenbereichsvorhaben vorliegt, unverändert bleibt (→ im Übrigen zum Rechtsschutz Rn. 101).

84 **3. Entwicklungssatzung (Abs. 4 S. 1 Nr. 2).** Abs. 4 S. 1 Nr. 2 regelt die **Entwicklungssatzung,** durch die Außenbereichsflächen als Ortsteil iS des Abs. 1 festgelegt werden können. Durch die **Entwicklungssatzung** werden **Außenbereichsflächen** konstitutiv zum **Innenbereich** erklärt. Dabei kann es sich auch um Teilflächen eines Buchgrundstücks handeln. Abs. 4 S. 1 Nr. 2 schließt es nicht aus, dass die Entwicklungssatzung Flächen, die zum Innenbereich gehören oder deren Zuordnung zum Innenbereich zweifelhaft ist, in den Geltungsbereich der Satzung einbezieht. Hierfür können im Einzelfall auch Gründe der Zweckmäßigkeit des Gebietszuschnitts sprechen. In diesen Fällen ist die Satzung hinsichtlich der tatsächlich im Innenbereich gelegenen Grundstücke durch Nr. 1 abgedeckt (Abs. 4 S. 2, → Rn. 80).

85 Voraussetzung für den Erlass einer Entwicklungssatzung nach Nr. 2 ist, dass **bebaute Bereiche** im Außenbereich vorliegen. In Betracht kommen insbesondere **Splitter- und Streusiedlungen;** solche Siedlungsformen können (wie zB Straßendörfer) siedlungsstrukturell prägend sein, ohne dass sie Ortsteilqualität (→ Rn. 14ff.) haben. Es müssen Siedlungsansätze vorhanden sein, die geeignet sind, die „Eigenart der näheren Umgebung" iS des Abs. 1 in hinreichender Weise zu **prägen** und eine geordnete städtebauliche Entwicklung (Rn. 90) zu gewährleisten. Dies erfordert eine aufeinanderfolgende, zusammengehörige und geschlossen erscheinende Bebauung (VGH München Urt. v. 12.8.2003 – 1 BV 02/1727, NVwZ-RR 2004, 13). Denn nur soweit sich aus der vorhandenen Bebauung die Eigenart der näheren Umgebung bestimmen lässt, in die sich ein Vorhaben einfügen muss, sind die Voraussetzungen für eine Satzung gem. Nr. 2 gegeben. Bebaute und bisherige Außenbereichsgrundstücke müssen als Satzungsgebiet geeignet sein, zukünftig einen Ortsteil iS des § 34 Abs. 1 zu bilden (*Schink* DVBl. 1999, 367 (370)). Es darf also nicht dauerhaft bei einem Siedlungssplitter verbleiben. Daher geht es zumeist um Bebauungszusammenhänge dicht unterhalb der Schwelle zum Ortsteil iSv Abs. 1.

86 Nr. 2 erfordert nicht, dass das Gebiet mit den Baugebieten der **BauNVO** übereinstimmt. Es ist also insbesondere keine einheitliche Nutzung erforderlich. Enthält die vorhandene Bebauung eine entsprechende Prägung gleichwohl, findet **Abs. 2** Anwendung. Andererseits entspricht es aber nicht der für eine Satzung nach Nr. 2 notwendigen geordneten städtebaulichen Entwicklung (Rn. 90), wenn die vorhandene Bebauung bereits durch eine städtebauliche Konfliktlage aufgrund sich wechselseitig störender Nutzungen gekennzeichnet ist, die durch den Erlass der Satzung weiter verschärft würde.

87 Erforderlich ist weiterhin, dass die von der Satzung umfassten Außenbereichsflächen im **Flächennutzungsplan** als Baufläche dargestellt sind (vgl. § 1 Abs. 1 BauNVO). In Betracht kommt insbesondere die Darstellung als **Wohnbaufläche** oder als **gemischte Baufläche** (§ 1 Abs. 1 Nr. 1 und 2 BauNVO). Nicht erforderlich ist die Darstellung von **Baugebieten** gem. § 1 Abs. 2 BauNVO. Durch die Bindung der Satzung an eine

Darstellung der Fläche als Baufläche im Flächennutzungsplan ist insbesondere die **Einordnung in die gemeindliche Entwicklung** (§ 5 Abs. 1 S. 1) gewährleistet. Die zeitlich parallele Änderung eines Flächennutzungsplans und die Aufstellung einer Entwicklungssatzung ist möglich.

4. Ergänzungssatzung (Abs. 4 S. 1 Nr. 3). Die Satzung nach Nr. 3 (**Ergänzungssatzung, Einbeziehungssatzung**) erlaubt es der Gemeinde, einzelne Außenbereichsflächen städtebaulich angemessen in Ortsteile nach § 34 einzubeziehen. Voraussetzung ist, dass die einzubeziehenden Außenbereichsflächen an einen im Zusammenhang bebauten Ortsteil angrenzen. Für den Innenbereich kann auch ein einfacher Bebauungsplan (§ 30 Abs. 3) existieren. Liegt hingegen ein qualifizierter oder vorhabenbezogener Bebauungsplan (§ 30 Abs. 1, 2) vor, scheidet eine Einbeziehung durch eine Satzung gem. Nr. 3 aus (VGH München Urt. v. 7.3.2002 – 1 N 01/2851, BauR 2002, 1526, *Schink* DVBl. 1999, 367 (371)). Die einzubeziehenden Flächen müssen dem bauplanungsrechtlichen Außenbereich (§ 35) zuzuordnen sein (BVerwG Beschl. v. 26.11.2009 – 4 BN 31/09, BauR 2010, 444). Es kommt nicht auf eine „Abrundung" an, sondern darauf, dass die einbezogenen Flächen durch die bauliche Nutzung des angrenzenden Bereichs entsprechend geprägt sind. Die städtebauliche Situation muss so sein, dass sich aus der vorhandenen Bebauung durch den Innenbereich eine hinreichende Prägung der bisherigen Außenbereichsflächen insbesondere nach Art und Maß der baulichen Nutzung ergibt.

Die Ergänzungssatzung stellt nicht auf eine einheitliche Bebauung iS der BauNVO ab, sondern ausschließlich darauf, ob im Satzungsgebiet der **Maßstab des Einfügens** in die Eigenart der näheren Umgebung nach Abs. 1 anwendbar ist. Eine **Prägung** der Außenbereichsflächen setzt voraus, dass dem angrenzenden Innenbereich im Hinblick auf die Art und das Maß der baulichen Nutzung, die Bauweise und die überbaubare Grundstücksfläche die erforderlichen Zulässigkeitsmerkmale für die Bebaubarkeit auch der Außenbereichsflächen entnommen werden können (BVerwG Beschl. v. 3.12.2008 – 4 BN 26/08, ZfBR 2009, 277 (278)). Im Hinblick auf die Notwendigkeit einer geordneten städtebaulichen Entwicklung (Rn. 90) muss eine hinreichend konfliktfreie bauliche Nutzung möglich sein (→ Rn. 86 zur Entwicklungssatzung). Die Regelung findet zudem ihre Grenze dort, wo entweder die prägende Wirkung der angrenzenden Bebauung endet oder durch die Einbeziehung der Flächen ein umfassendes Planungsbedürfnis entsteht. Einen wichtigen Anhalt hierfür kann das Erfordernis von Verkehrsanlagen oder sonstigen Infrastruktureinrichtungen sein. Ein „typischer" Anwendungsfall sind dagegen Außenbereichsflächen, die durch eine Straße vom Ortsteil getrennt, aber im Übrigen erschlossen sind. Einbezogen werden können nicht nur vollständige Buchgrundstücke, sondern auch Teile davon.

5. Weitere inhaltliche Anforderungen (Abs. 5 S. 1). Die Entwicklungssatzung nach Abs. 4 S. 1 Nr. 2 und die Ergänzungssatzung nach Abs. 4 S. 1 Nr. 3 vermitteln den betreffenden Flächen konstitutiv die Qualität von Innenbereichsgrundstücken. Dies setzt die Vereinbarkeit mit einer **geordneten städtebaulichen Entwicklung** voraus (**Abs. 5 S. 1 Nr. 1;** zum Begriff der geordneten, iS des § 1 Abs. 5 S. 1 „nachhaltigen" städtebaulichen Entwicklung → § 1 Rn. 45; zu den Anforderungen an die Erschließung, VGH Kassel Urt. v. 4.5.2010 – 4 C 1742/08, ZfBR 2010, 803). Dabei ist zu berücksichtigen, dass die Grundsatzfrage der Entwicklung des bebauten Bereichs im Außenbereich zum Ortsteil iS des Abs. 1 in den Fällen der **Entwicklungssatzung** durch die Darstellung der Fläche **im Flächennutzungsplan** als Baufläche in der Regel bereits beantwortet ist, sofern die Prägung durch die vorhandene Bebauung nicht den Darstellungen im Flächennutzungsplan widerspricht. In letzterem Fall ist eine geordnete städtebauliche Entwicklung in der Regel nicht gewährleistet, sofern die Gemeinde nicht gleichzeitig mit dem Erlass der Satzung auch ihren Flächennutzungsplan ändert (→ Rn. 87).

91 Für die **Ergänzungssatzung** gilt Ähnliches. Mit einer geordneten städtebaulichen Entwicklung ist es auch hier nicht vereinbar, wenn für die betreffenden Grundstücke im **Flächennutzungsplan** eine mit der Einbeziehung in den Innenbereich nicht zu vereinbarende Nutzung dargestellt ist (zB die Darstellung für Anlagen und Einrichtungen des Gemeinbedarfs oder des überörtlichen Verkehrs, die durch die Einbeziehung des Grundstücks in den Innenbereich nicht mehr umsetzbar wären). Sofern der Flächennutzungsplan jedoch andere Nutzungsmöglichkeiten nicht gezielt ausschließt – wie zB bei der bloßen Darstellung von Flächen für die Landwirtschaft (→ § 35 Rn. 73) –, steht dies der Einbeziehung in einer Innenbereichssatzung nicht entgegen.

92 Die Vereinbarkeit mit einer **geordneten städtebaulichen Entwicklung** schließt darüber hinaus die Einbeziehung solcher Bereiche aus, bei denen die Zuordnung zum Innenbereich weitere städtebauliche Regelungen (zB zum **Umweltschutz**) erforderlich macht, die allein mittels der Bauleitplanung zu erreichen sind (OVG Saarlouis Beschl. v. 14.9.1981 – 2 N 4/80, NVwZ 1982, 125; OVG Magdeburg Urt. v. 11.8.2010 – 2 K 108/09, ZfBR 2010, 799). Auch die Einbeziehung größerer Flächen des Außenbereichs wird regelmäßig deshalb ausscheiden, weil hierfür das Erfordernis einer Bauleitplanung besteht. Satzungen nach Abs. 4 S. 1 Nr. 2 und 3 scheiden im Hinblick auf die geordnete städtebauliche Entwicklung weiterhin dann aus, wenn wegen eines **diffusen Gebietscharakters** eine geordnete städtebauliche Entwicklung bei Anwendung der Maßstäbe des Abs. 1 nicht sichergestellt ist, dh eine den städtebaulichen Zielen der Gemeinde widersprechende inhomogene Struktur entstehen kann. Die Anwendung des **§ 34 Abs. 1** (bei Abs. 2 stellt sich die Frage idR nicht) muss also gewährleisten, dass keine künftigen Konfliktlagen entstehen oder verfestigt werden (→ Rn. 33). Auch **Ziele der Raumordnung** sind bei einer geordneten städtebaulichen Entwicklung zu beachten. § 1 Abs. 4 ist also sinngemäß anzuwenden. Soweit sich Probleme nur auf Teilaspekte beziehen, kommen ggf. **ergänzende Festsetzungen nach Abs. 5 S. 2** in Betracht (Rn. 95).

93 Für die Satzungen nach Abs. 4 besteht **keine UP-Pflicht** (vgl. § 2 Abs. 4). Daran dürfte sich auch durch das Urteil des EuGH v. 22.3.2012 (Rs. C-567/10, NuR 2012, 631) nichts geändert haben (unklar insoweit *Bunge* NuR 2012, 593 ff.). Das Gesetz vermeidet eine ausdrückliche Klärung, ob eine UP-Pflicht überhaupt in Betracht käme, indem es die Satzungen mit der Ausnahmeregelung des § 13 Abs. 1 Nr. 1 und 2 verknüpft. Es ist daher nach **Abs. 5 S. 1 Nr. 2 und 3** Voraussetzung für die Satzungen, dass die Zulässigkeit von UVP-pflichtigen Vorhaben nach Anlage 1 zum UVPG oder nach Landesrecht nicht begründet wird und keine Anhaltspunkte für eine Beeinträchtigung von Natura 2000-Gebieten bestehen.

94 Während der Klarstellungssatzung rechtlich gesehen ein **Subsumtionsvorgang** ist oder jedenfalls einem Subsumtionsvorgang gleichkommt, liegt der Entwicklungssatzung ebenso wie der Ergänzungssatzung eine **bodenrechtliche Planung** zugrunde (vgl. BVerwG Urt. v. 22.9.2010 – 4 CN 2/10, BVerwGE 138, 12 Rn. 15). Die Satzungen müssen daher auf einer **sachgerechten Abwägung** beruhen. Das Gebot der gerechten Abwägung der von einer Planung berührten öffentlichen und privaten Belange, wie es sich für die Bauleitplanung aus § 1 Abs. 7 ergibt, gilt als Grundsatz jeder rechtsstaatlichen Planung allgemein, also auch für die Satzung nach Abs. 4 S. 1 Nr. 2 und Nr. 3 (BVerwG Urt. v. 22.9.2010 – 4 CN 2/10, BVerwGE 138, 12 Rn. 15; OVG Magdeburg Urt. v. 11.8.2010 – 2 K 108/09, ZfBR 2010, 799; VGH Kassel Urt. v. 4.5.2010 – 4 C 1742.08, ZfBR 2010, 803; zum Abwägungsgebot als Grundsatz rechtsstaatlicher Planung vgl. weiterhin BVerwG Urt. v. 12.12.1969 – IV C 105/66, BVerwGE 34, 301 (308); zur Planerhaltung, BVerwG Urt. v. 22.9.2010 – 4 CN 2/10, BVerwGE 138, 12 Rn. 20ff.). Die Einbeziehung einer Teilfläche zu dem Zweck, sie bebaubar und damit im Hinblick auf die Herstellung einer Einrichtung zur Abwasserbeseitigung beitragspflichtig zu machen, ist im Interesse der Belange des Umweltschutzes (§ 1 Abs. 6 Nr. 7 Buchst. e) eine sachgerechte Erwä-

gung, die in die Planungsentscheidung Eingang finden darf (VGH München Urt. v. 29.7.1985 – 14 N 84 A. 1390, BauR 1986, 185; vgl. auch *Johlen* KStZ 1996, 148ff.).

6. Einzelne Festsetzungen nach § 9 Abs. 1, Abs. 3 S. 1, Abs. 4, Abs. 6 und § 31 (Abs. 5 S. 2 und 3). Nach **Abs. 5 S. 2** sind in einer Satzung nach Abs. 4 S. 1 Nr. 2 und 3 einzelne Festsetzungen nach **§ 9 Abs. 1 und Abs. 3 S. 1** sowie **Abs. 4** zulässig (zum Fehlen solcher Regelungen, BVerwG Beschl. v. 27.1.2015 – 4 B 66.14, BauR 2015, 789). Auch wenn dies in Abs. 5 S. 2 nicht ausdrücklich normiert ist, kommen auch Regelungen nach § 9 Abs. 2 in Betracht (BVerwG Beschl. v. 8.12.2010 – 4 BN 24/10, ZfBR 2011, 275 (276)). Zulässig sind nur **einzelne** Festsetzungen. Denkbar sind zB einzelne Festsetzungen über Grünflächen, Verkehrsflächen oder Baulinien. Mehr als nur wenige Festsetzungen sind dagegen unzulässig (*Söfker* in EZBK § 34 Rn. 108). Inhaltlich können die Festsetzungen einem **einfachen Bebauungsplan** gleichgestellt werden (§ 30 Abs. 3); wegen der Beschränkung auf einzelne Festsetzungen, aber auch aufgrund der Zugehörigkeit der Flächen zum Innenbereich gem. § 34 verbieten sich hingegen umfassende Festsetzungen iS des § 30 Abs. 1; eine planerische Umgestaltung größerer Bereiche ist Bebauungsplänen iS des § 30 Abs. 1 oder 2 vorbehalten (OVG Magdeburg Urt. v. 11.8.2010 – 2 K 108/09, ZfBR 2010, 799). Daher kommen insbesondere Festsetzungen zur Art und zum Maß der baulichen Nutzung in der Regel nur in Betracht, wenn sie die in dem vorhandenen Bebauungszusammenhang angelegte bauliche Entwicklung unterstützen und etwaigen in dem Siedlungsansatz bereits erkennbaren Einzelkonflikten geringerer Art Rechnung tragen. Hingegen können die Festsetzungen nicht dazu dienen, eine bestimmte städtebauliche Entwicklung erst auf den Weg zu bringen oder gar die vorhandene Entwicklung in eine ganz andere Richtung umzusteuern. In **materiell-rechtlicher Hinsicht** sind die Anforderungen, die an Festsetzungen iS des Abs. 5 S. 2 zu stellen sind, inhaltsgleich mit den sich aus § 1 für den Bebauungsplan ergebenden Anforderungen. Dies bezieht sich insbesondere auf die Aufgabe solcher Festsetzungen, **zur geordneten städtebaulichen Entwicklung beizutragen**. Festsetzbar sind seit der Innenentwicklungsnovelle 2013 (vgl. hierzu *Battis/Mitschang/Reidt* NVwZ 2013, 961 (965)) bei neuen oder zu ändernden Satzungen auch Ausnahmetatbestände gem. § 31 Abs. 1. Zudem kommt auch bei bereits bestehenden Satzungen die Erteilung von Befreiungen (§ 31 Abs. 2) in Betracht (zur Unterbringung von **Flüchtlingen und Asylbegehrenden** → auch § 246 Abs. 12 dazu § 246 Rn. 33ff.).

Nach **Abs. 5 S. 3** iVm **§ 9 Abs. 6** können auch die nach anderen gesetzlichen Vorschriften getroffenen Festsetzungen sowie Denkmäler nach Landesrecht in die Satzung nachrichtlich aufgenommen werden.

7. Naturschutzrechtliche Eingriffsregelung. Abs. 5 S. 4 sieht nur für die **Ergänzungssatzung** (Abs. 4 S. 1 Nr. 3) die Anwendung der **naturschutzrechtlichen Eingriffsregelung** vor (ebenso § 18 Abs. 1 BNatSchG). Durch die Ergänzungssatzung werden Außenbereichsflächen zu Bauland entwickelt, so dass die entsprechende Anwendung der §§ 1a Abs. 2 und 3, 9 Abs. 1a gerechtfertigt ist. Aus dem Umstand, dass die naturschutzrechtliche Eingriffsregelung bei der **Entwicklungssatzung** (Abs. 4 S. 1 Nr. 2) keine Anwendung findet, folgt, dass auch dann der Vorbehalt der Bauleitplanung greift, wenn es aufgrund der planerischen Abwägung der Gemeinde an sich der Festsetzung von naturschutzrechtlichen Ausgleichsmaßnahmen bedarf (§§ 1 Abs. 7, 1a Abs. 3). Auch dies zeigt, dass es hierbei regelmäßig nur um Fälle gehen kann, in denen der vorhandene Siedlungsansatz von seinem Umfang her bereits kurz unterhalb eines im Zusammenhang bebauten Ortsteils liegt (→ Rn. 14ff.), in denen die naturschutzrechtliche Eingriffsregelung nicht anzuwenden ist (→ Rn. 103).

8. Verfahren (Abs. 6). Die Anforderungen an das **Satzungsverfahren** für alle 3 Satzungstypen sind in **Abs. 6** geregelt. Nach **Abs. 6 S. 1** sind bei den Satzungen nach Abs. 4 S. 1 Nr. 2 und 3 (Entwicklungs- und Ergänzungssatzung) die Vorschriften über

die Öffentlichkeits- und Behördenbeteiligung nach § 13 Abs. 2 S. 1 Nr. 2 und 3, S. 2 entsprechend anzuwenden. Bei der **Klarstellungssatzung** nach Abs. 4 S. 1 Nr. 1 ist eine entsprechende Beteiligung nicht vorgesehen; sie ist auch nicht erforderlich, weil die Satzung in keine Rechte eingreifen darf, sondern nur bestehende Rechte klarstellend festsetzt. Nach § 13 Abs. 2 Nr. 2 und 3 ist der betroffenen Öffentlichkeit sowie den berührten Behörden und sonstigen Trägern öffentlicher Belange Gelegenheit zur Stellungnahme innerhalb angemessener Frist zu geben. Zu der betroffenen **Öffentlichkeit** gehören insbesondere Eigentümer und Nachbarn, die durch die Festlegung als Ortsteil oder durch die planerischen Festsetzungen berührt sein können (vgl. im Einzelnen § 13 Abs. 2 Nr. 2). Die **Behörden** und sonstigen **Träger öffentlicher Belange** sind zu beteiligen, wenn sie in ihren Aufgaben und den von ihnen wahrzunehmenden öffentlichen Belangen berührt sind (vgl. § 13 Abs. 2 Nr. 3).

99 Der Satzung nach Abs. 4 S. 1 Nr. 3 ist anders als den beiden anderen Satzungstypen eine **Begründung** mit den Angaben entsprechend § 2a S. 2 Nr. 1 beizufügen. Sie ist gem. Abs. 6 S. 2 iVm § 10 Abs. 3 gemeinsam mit der Satzung zu jedermanns Einsicht bereitzuhalten. Eine zusammenfassende Erklärung gem. § 10 Abs. 4 ist jedoch entbehrlich.

100 Zur Aufstellung der Satzungen bedarf es im Übrigen keines förmlichen Verfahrens wie bei Bauleitplänen. Die Satzungen bedürfen keiner Genehmigung. Die Länder können für die Satzungen nach Abs. 4 S. 1 gem. § 246 Abs. 1a das **Anzeigeverfahren** einführen; davon hat bislang kein Land Gebrauch gemacht. § 10 Abs. 3 (Bekanntmachung, Inkrafttreten) ist entsprechend anzuwenden **(Abs. 6 S. 2)**. Die diesbezüglichen Anforderungen, einschließlich der sonstigen satzungsrechtlichen Anforderungen nach Bundes- und Landesrecht (zB im Hinblick auf die Befangenheit von Ratsmitgliedern oder zur Ausfertigung der Satzung) gelten in gleicher Weise wie beim Bebauungsplan (→ § 10 Rn. 3 ff.).

VIII. Sonstiges

101 **1. Rechtsschutz.** Zum **Nachbarschutz** wird auf die Erläuterungen in den Vorb. zu §§ 29–38 Rn. 14 ff. verwiesen. Sofern im Innenbereich die Festsetzungen eines **einfachen Bebauungsplans** zu berücksichtigen sind (→ Rn. 17 ff.), besteht insoweit Nachbarschutz nach den allgemeinen Grundsätzen des Nachbarschutzes in Gebieten mit Bebauungsplänen (→ Vorb. §§ 29–38 Rn. 33 ff.). Satzungen nach § 34 Abs. 4 können nach § 47 VwGO im Wege der **Normenkontrolle** überprüft werden (→ § 10 Rn. 13 ff.). Was die formellen und materiellen Prüfanforderungen betrifft, gelten die für die Normenkontrolle von Bebauungsplänen bestehenden Grundsätze entsprechend. Der Eigentümer eines Grundstücks, das außerhalb des Geltungsbereichs einer Klarstellungssatzung (§ 34 Abs. 4 S. 1 Nr. 1) liegt und das dadurch dem Außenbereich zugewiesen wird, kann die Satzung mit der Normenkontrolle angreifen (BVerwG Urt. v. 22.9.2010 – 4 CN 2/10, BVerwGE 138, 12 Rn. 19; OVG Koblenz Urt. v. 21.12.2011 – 8 C 10945/11 –, BauR 2012, 626; OVG Bautzen Urt. v. 23.10.2000 – 1 D 33/00, NVwZ-RR 2001, 426; *Rieger* in Schrödter § 34 Rn. 104; zur Planerhaltung s. BVerwG Urt. v. 22.9.2010 aaO, Rn. 20 ff.).

102 **2. Verfahrensrecht.** Über die Zulässigkeit von Vorhaben nach § 34 entscheidet gem. **§ 36 Abs. 1 S. 1** die Baugenehmigungsbehörde im Einvernehmen mit der Gemeinde. Die Zustimmung der höheren Verwaltungsbehörde ist nicht erforderlich (vgl. § 36 Abs. 1 S. 4).

103 **3. Besondere Bestimmungen des BNatSchG. a) Grundsatz.** § 18 Abs. 2 S. 1 BNatSchG bestimmt, dass auf Vorhaben im unbeplanten Innenbereich die naturschutzrechtliche **Eingriffsregelung** nicht anwendbar ist. Auch der **Artenschutz** (§§ 39 ff. BNatSchG) kann eine nach § 34 zulässige Bebauung in der Regel nicht generell verhindern. Jedoch muss das Vorhaben so geplant werden, dass insbesondere die

1. Abschnitt. Zulässigkeit von Vorhaben **§ 34**

Zugriffsverbote des § 44 Abs. 1 BNatSchG nicht verletzt werden. Hierzu hat die Baugenehmigungsbehörde ggf. erforderliche Anordnungen zu treffen, etwa in Form von Bauzeitenbeschränkungen oder von CEF-Maßnahmen (BVerwG Urt. v. 11.1.2001 – 4 C 6/00, BVerwGE 112, 321; vgl. zum Artenschutz auch § 1 Rn. 65 c f.; § 1 a Rn. 36 sowie § 29 Rn. 30; zu den artenschutzrechtlichen Zugriffsverboten ausführlich *Fellenberg* UPR 2012, 323 ff.). Zu beachten sind ferner die Anforderungen des **Habitatschutzes** für Natura 2000-Gebiete (§§ 34 ff. BNatSchG), die für Innenbereichsvorhaben vor allem dann Bedeutung haben können, wenn die auf ein Innenbereichsvorhaben zurückzuführenden Immissionen (insbes. Luftschadstoffe) ein in der Nähe vorhandenes Natura 2000-Gebiet erheblich beeinträchtigen können (→ auch Rn. 107 zum Umweltschadensgesetz sowie § 29 Rn. 31). Ebenfalls Bedeutung für Innenbereichsvorhaben kann der gesetzliche **Biotopschutz** (§ 30 BNatSchG) haben (→ § 29 Rn. 32).

b) Beteiligung der für Naturschutz und Landschaftspflege zuständigen 104 **Behörden. § 18 Abs. 3 BNatSchG** enthält eine Regelung zur Beteiligung der für Naturschutz und Landschaftspflege zuständigen Behörden bei der Entscheidung über Vorhaben nach § 34. Für Vorhaben im unbeplanten Innenbereich enthält die Vorschrift eine **Benehmensregelung,** allerdings beschränkt auf Entscheidungen über die **Errichtung von baulichen Anlagen (§ 18 Abs. 3 S. 1 BNatSchG).** Benehmen bedeutet Beteiligung und Gelegenheit zur Äußerung. Eine Zustimmung der Naturschutzbehörde (Einvernehmen, vgl. § 36 Abs. 1) ist nicht notwendig. Bei Entscheidungen über die Änderung oder Nutzungsänderung von baulichen Anlagen ist ein Benehmen nicht erforderlich; hier geht das Gesetz davon aus, dass solche Vorhaben regelmäßig nicht mit Beeinträchtigungen des Naturhaushaltes oder des Landschaftsbildes verbunden sind.

Eine Beteiligung nach **§ 18 Abs. 3 S. 3 BNatSchG** ist bei Vorhaben in Gebieten 105 nach § 34 Abs. 4 S. 1 Nr. 3 **(Ergänzungssatzung)** nicht erforderlich. In diesen Fällen ist die für Naturschutz und Landschaftspflege zuständige Behörde bereits im Satzungsverfahren beteiligt worden (→ Rn. 98).

Die Benehmensregelung soll der für Naturschutz und Landschaftspflege zuständi- 106 gen Behörde die Möglichkeit der Prüfung eröffnen, ob sie erforderlichenfalls mit eigenen rechtlichen Mitteln (zB Unterschutzstellung als geschützter Landschaftsbestandteil) eingreifen will (s. weiterhin **§ 18 Abs. 3 S. 2 BNatSchG,** nach dem sich die für Naturschutz und Landschaftspflege zuständige Behörde innerhalb eines Monats äußern muss, ob Belange des Naturschutzes und der Landschaftspflege berührt werden; äußert sich die Behörde innerhalb dieser Frist nicht, kann die Baugenehmigungsbehörde davon ausgehen, dass Belange des Naturschutzes und der Landschaftspflege von dem Vorhaben nicht berührt werden).

Für den Anwendungsbereich des Umweltschadensgesetzes **(USchadG)** bestimmt 107 § 18 Abs. 4 BNatSchG Folgendes: Wird das Benehmen nach § 18 Abs. 3 BNatSchG nicht erteilt, weil Anhaltspunkte dafür bestehen, dass das Vorhaben eine Schädigung von Arten und natürlichen Lebensräumen iSd USchadG verursachen kann **(§ 19 Abs. 1 S. 1 BNatSchG),** ist dies auch dem Vorhabenträger mitzuteilen. Auf Antrag des Vorhabenträgers hat die für die Erteilung der Zulassungsentscheidung zuständige Behörde im Benehmen mit der für Naturschutz und Landschaftspflege zuständigen Behörde die Entscheidungen nach § 15 BNatSchG zu treffen, soweit sie der Vermeidung, dem Ausgleich oder dem Ersatz von Schädigungen nach § 19 Abs. 1 S. 1 BNatSchG dienen. Gemäß § 18 Abs. 4 und § 19 Abs. 1 S. 2 BNatSchG liegt dann keine Schädigung im Sinne des Umweltschadensgesetzes vor (s. auch *Schink* BauR 2013, 861 (864 f.); *Lütkes* in Lütkes/Ewer BNatSchG, 2011, § 18 Rn. 37 ff.).

4. Überleitung. Anstelle spezieller **Überleitungsvorschriften** gelten die allge- 108 meinen Rechtsgrundsätze bei Gesetzesänderungen mit Auswirkungen auf laufende Verwaltungsverfahren; bei Anfechtungsklagen ist danach die Rechtslage im Zeit-

punkt der letzten Behördenentscheidung maßgeblich (idR Zeitpunkt des Widerspruchsbescheids; → insofern zum Drittschutz Vorb. §§ 29–38 Rn. 82).

109 **5. Entschädigungsregelungen.** Durch § 34 BBauG 1976 wurden die Zulässigkeitsvoraussetzungen gegenüber § 34 BBauG 1960 eingeengt. Die Überleitung dieser Neuregelung in Art. 3 § 10 Abs. 2 ÄndG 1976 sah für die sich hierbei ergebenden Fälle eines entschädigungspflichtigen Eingriffs eine Entschädigungsregelung vor. Diese **Entschädigung** ist in § 238 S. 1 geregelt (vgl. auch § 246 Abs. 7 S. 2). **§ 238 S. 2** enthält eine Entschädigungsregelung für den Fall, dass durch die Änderung von § 34 Abs. 3 durch das EAG Bau 2004 die bis dahin zulässige Nutzung eines Grundstücks aufgehoben oder wesentlich geändert wurde.

§ 35 Bauen im Außenbereich

(1) **Im Außenbereich ist ein Vorhaben nur zulässig, wenn öffentliche Belange nicht entgegenstehen, die ausreichende Erschließung gesichert ist und wenn es**
1. **einem land- oder forstwirtschaftlichen Betrieb dient und nur einen untergeordneten Teil der Betriebsfläche einnimmt,**
2. **einem Betrieb der gartenbaulichen Erzeugung dient,**
3. **der öffentlichen Versorgung mit Elektrizität, Gas, Telekommunikationsdienstleistungen, Wärme und Wasser, der Abwasserwirtschaft oder einem ortsgebundenen gewerblichen Betrieb dient,**
4. **wegen seiner besonderen Anforderungen an die Umgebung, wegen seiner nachteiligen Wirkung auf die Umgebung oder wegen seiner besonderen Zweckbestimmung nur im Außenbereich ausgeführt werden soll, es sei denn, es handelt sich um die Errichtung, Änderung oder Erweiterung einer baulichen Anlage zur Tierhaltung, die dem Anwendungsbereich der Nummer 1 nicht unterfällt und die einer Pflicht zur Durchführung einer standortbezogenen oder allgemeinen Vorprüfung oder einer Umweltverträglichkeitsprüfung nach dem Gesetz über die Umweltverträglichkeitsprüfung unterliegt, wobei bei kumulierenden Vorhaben für die Annahme eines engen Zusammenhangs diejenigen Tierhaltungsanlagen zu berücksichtigen sind, die auf demselben Betriebs- oder Baugelände liegen und mit gemeinsamen betrieblichen oder baulichen Einrichtungen verbunden sind,**
5. **der Erforschung, Entwicklung oder Nutzung der Wind- oder Wasserenergie dient,**
6. **der energetischen Nutzung von Biomasse im Rahmen eines Betriebs nach Nummer 1 oder 2 oder eines Betriebs nach Nummer 4, der Tierhaltung betreibt, sowie dem Anschluss solcher Anlagen an das öffentliche Versorgungsnetz dient, unter folgenden Voraussetzungen:**
 a) **das Vorhaben steht in einem räumlich-funktionalen Zusammenhang mit dem Betrieb,**
 b) **die Biomasse stammt überwiegend aus dem Betrieb oder überwiegend aus diesem und aus nahe gelegenen Betrieben nach den Nummern 1, 2 oder 4, soweit letzterer Tierhaltung betreibt,**
 c) **es wird je Hofstelle oder Betriebsstandort nur eine Anlage betrieben und**
 d) **die Kapazität einer Anlage zur Erzeugung von Biogas überschreitet nicht 2,3 Millionen Normkubikmeter Biogas pro Jahr, die Feuerungswärmeleistung anderer Anlagen überschreitet nicht 2,0 Megawatt,**
7. **der Erforschung, Entwicklung oder Nutzung der Kernenergie zu friedlichen Zwecken oder der Entsorgung radioaktiver Abfälle dient, mit Aus-**

1. Abschnitt. Zulässigkeit von Vorhaben § 35

nahme der Neuerrichtung von Anlagen zur Spaltung von Kernbrennstoffen zur gewerblichen Erzeugung von Elektrizität, oder
8. der Nutzung solarer Strahlungsenergie in, an und auf Dach- und Außenwandflächen von zulässigerweise genutzten Gebäuden dient, wenn die Anlage dem Gebäude baulich untergeordnet ist.

(2) Sonstige Vorhaben können im Einzelfall zugelassen werden, wenn ihre Ausführung oder Benutzung öffentliche Belange nicht beeinträchtigt und die Erschließung gesichert ist.

(3) ¹Eine Beeinträchtigung öffentlicher Belange liegt insbesondere vor, wenn das Vorhaben
1. den Darstellungen des Flächennutzungsplans widerspricht,
2. den Darstellungen eines Landschaftsplans oder sonstigen Plans, insbesondere des Wasser-, Abfall- oder Immissionsschutzrechts, widerspricht,
3. schädliche Umwelteinwirkungen hervorrufen kann oder ihnen ausgesetzt wird,
4. unwirtschaftliche Aufwendungen für Straßen oder andere Verkehrseinrichtungen, für Anlagen der Versorgung oder Entsorgung, für die Sicherheit oder Gesundheit oder für sonstige Aufgaben erfordert,
5. Belange des Naturschutzes und der Landschaftspflege, des Bodenschutzes, des Denkmalschutzes oder die natürliche Eigenart der Landschaft und ihren Erholungswert beeinträchtigt oder das Orts- und Landschaftsbild verunstaltet,
6. Maßnahmen zur Verbesserung der Agrarstruktur beeinträchtigt, die Wasserwirtschaft oder den Hochwasserschutz gefährdet,
7. die Entstehung, Verfestigung oder Erweiterung einer Splittersiedlung befürchten lässt oder
8. die Funktionsfähigkeit von Funkstellen und Radaranlagen stört.

²Raumbedeutsame Vorhaben dürfen den Zielen der Raumordnung nicht widersprechen; öffentliche Belange stehen raumbedeutsamen Vorhaben nach Absatz 1 nicht entgegen, soweit die Belange bei der Darstellung dieser Vorhaben als Ziele der Raumordnung abgewogen worden sind. ³Öffentliche Belange stehen einem Vorhaben nach Absatz 1 Nr. 2 bis 6 in der Regel auch dann entgegen, soweit hierfür durch Darstellungen im Flächennutzungsplan oder als Ziele der Raumordnung eine Ausweisung an anderer Stelle erfolgt ist.

(4) ¹Den nachfolgend bezeichneten sonstigen Vorhaben im Sinne des Absatzes 2 kann nicht entgegengehalten werden, dass sie Darstellungen des Flächennutzungsplans oder eines Landschaftsplans widersprechen, die natürliche Eigenart der Landschaft beeinträchtigen oder die Entstehung, Verfestigung oder Erweiterung einer Splittersiedlung befürchten lassen, soweit sie im Übrigen außenbereichsverträglich im Sinne des Absatzes 3 sind:
1. die Änderung der bisherigen Nutzung eines Gebäudes im Sinne des Absatzes 1 Nr. 1 unter folgenden Voraussetzungen:
 a) das Vorhaben dient einer zweckmäßigen Verwendung erhaltenswerter Bausubstanz,
 b) die äußere Gestalt des Gebäudes bleibt im Wesentlichen gewahrt,
 c) die Aufgabe der bisherigen Nutzung liegt nicht länger als sieben Jahre zurück,
 d) das Gebäude ist vor mehr als sieben Jahren zulässigerweise errichtet worden,
 e) das Gebäude steht im räumlich-funktionalen Zusammenhang mit der Hofstelle des land- oder forstwirtschaftlichen Betriebs,

§ 35　　　　　　　　　　I. Kapitel. III. Teil. Regelung der baul. und sonst. Nutzung

 f) im Falle der Änderung zu Wohnzwecken entstehen neben den bisher nach Absatz 1 Nr. 1 zulässigen Wohnungen höchstens drei Wohnungen je Hofstelle und
 g) es wird eine Verpflichtung übernommen, keine Neubebauung als Ersatz für die aufgegebene Nutzung vorzunehmen, es sei denn, die Neubebauung wird im Interesse der Entwicklung des Betriebs im Sinne des Absatzes 1 Nr. 1 erforderlich,
2. die Neuerrichtung eines gleichartigen Wohngebäudes an gleicher Stelle unter folgenden Vorraussetzungen:
 a) das vorhandene Gebäude ist zulässigerweise errichtet worden,
 b) das vorhandene Gebäude weist Missstände oder Mängel auf,
 c) das vorhandene Gebäude wird seit längerer Zeit vom Eigentümer selbst genutzt und
 d) Tatsachen rechtfertigen die Annahme, dass das neu errichtete Gebäude für den Eigenbedarf des bisherigen Eigentümers oder seiner Familie genutzt wird; hat der Eigentümer das vorhandene Gebäude im Wege der Erbfolge von einem Voreigentümer erworben, der es seit längerer Zeit selbst genutzt hat, reicht es aus, wenn Tatsachen die Annahme rechtfertigen, dass das neu errichtete Gebäude für den Eigenbedarf des Eigentümers oder seiner Familie genutzt wird,
3. die alsbaldige Neuerrichtung eines zulässigerweise errichteten, durch Brand, Naturereignisse oder andere außergewöhnliche Ereignisse zerstörten, gleichartigen Gebäudes an gleicher Stelle,
4. die Änderung oder Nutzungsänderung von erhaltenswerten, das Bild der Kulturlandschaft prägenden Gebäuden, auch wenn sie aufgegeben sind, wenn das Vorhaben einer zweckmäßigen Verwendung der Gebäude und der Erhaltung des Gestaltwerts dient,
5. die Erweiterung eines Wohngebäudes auf bis zu höchstens zwei Wohnungen unter folgenden Voraussetzungen:
 a) das Gebäude ist zulässigerweise errichtet worden,
 b) die Erweiterung ist im Verhältnis zum vorhandenen Gebäude und unter Berücksichtigung der Wohnbedürfnisse angemessen und
 c) bei der Errichtung einer weiteren Wohnung rechtfertigen Tatsachen die Annahme, dass das Gebäude vom bisherigen Eigentümer oder seiner Familie selbst genutzt wird,
6. die bauliche Erweiterung eines zulässigerweise errichteten gewerblichen Betriebs, wenn die Erweiterung im Verhältnis zum vorhandenen Gebäude und Betrieb angemessen ist.

²In begründeten Einzelfällen gilt die Rechtsfolge des Satzes 1 auch für die Neuerrichtung eines Gebäudes im Sinne des Absatzes 1 Nummer 1, dem eine andere Nutzung zugewiesen werden soll, wenn das ursprüngliche Gebäude vom äußeren Erscheinungsbild auch zur Wahrung der Kulturlandschaft erhaltenswert ist, keine stärkere Belastung des Außenbereichs zu erwarten ist als in Fällen des Satzes 1 und die Neuerrichtung auch mit nachbarlichen Interessen vereinbar ist; Satz 1 Nummer 1 Buchstabe b bis g gilt entsprechend. ³In den Fällen des Satzes 1 Nummer 2 und 3 sowie des Satzes 2 sind geringfügige Erweiterungen des neuen Gebäudes gegenüber dem beseitigten oder zerstörten Gebäude sowie geringfügige Abweichungen vom bisherigen Standort des Gebäudes zulässig.

(5) ¹Die nach den Absätzen 1 bis 4 zulässigen Vorhaben sind in einer flächensparenden, die Bodenversiegelung auf das notwendige Maß begrenzenden und den Außenbereich schonenden Weise auszuführen. ²Für Vorhaben nach Absatz 1 Nr. 2 bis 6 ist als weitere Zulässigkeitsvoraussetzung eine Ver-

1. Abschnitt. Zulässigkeit von Vorhaben $\S\,35$

pflichtungserklärung abzugeben, das Vorhaben nach dauerhafter Aufgabe der zulässigen Nutzung zurückzubauen und Bodenversiegelungen zu beseitigen; bei einer nach Absatz 1 Nr. 2 bis 6 zulässigen Nutzungsänderung ist die Rückbauverpflichtung zu übernehmen, bei einer nach Absatz 1 Nr. 1 oder Absatz 2 zulässigen Nutzungsänderung entfällt sie. ³Die Baugenehmigungsbehörde soll durch nach Landesrecht vorgesehene Baulast oder in anderer Weise die Einhaltung der Verpflichtung nach Satz 2 sowie nach Absatz 4 Satz 1 Nr. 1 Buchstabe g sicherstellen. ⁴Im Übrigen soll sie in den Fällen des Absatzes 4 Satz 1 sicherstellen, dass die bauliche oder sonstige Anlage nach Durchführung des Vorhabens nur in der vorgesehenen Art genutzt wird.

(6) ¹Die Gemeinde kann für bebaute Bereiche im Außenbereich, die nicht überwiegend landwirtschaftlich geprägt sind und in denen eine Wohnbebauung von einigem Gewicht vorhanden ist, durch Satzung bestimmen, dass Wohnzwecken dienenden Vorhaben im Sinne des Absatzes 2 nicht entgegengehalten werden kann, dass sie einer Darstellung im Flächennutzungsplan über Flächen für die Landwirtschaft oder Wald widersprechen oder die Entstehung oder Verfestigung einer Splittersiedlung befürchten lassen. ²Die Satzung kann auch auf Vorhaben erstreckt werden, die kleineren Handwerks- und Gewerbebetrieben dienen. ³In der Satzung können nähere Bestimmungen über die Zulässigkeit getroffen werden. ⁴Voraussetzung für die Aufstellung der Satzung ist, dass
1. sie mit einer geordneten städtebaulichen Entwicklung vereinbar ist,
2. die Zulässigkeit von Vorhaben, die einer Pflicht zur Durchführung einer Umweltverträglichkeitsprüfung nach Anlage 1 zum Gesetz über die Umweltverträglichkeitsprüfung oder nach Landesrecht unterliegen, nicht begründet wird und
3. keine Anhaltspunkte für eine Beeinträchtigung der in § 1 Abs. 6 Nr. 7 Buchstabe b genannten Schutzgüter bestehen.

⁵Bei Aufstellung der Satzung sind die Vorschriften über die Öffentlichkeits- und Behördenbeteiligung nach § 13 Abs. 2 Satz 1 Nr. 2 und 3 sowie Satz 2 entsprechend anzuwenden. ⁶§ 10 Abs. 3 ist entsprechend anzuwenden. ⁷Von der Satzung bleibt die Anwendung des Absatzes 4 unberührt.

Übersicht

	Rn.
I. Allgemeines	1
1. Grundzüge	1
2. Außenbereich	2
II. Die privilegierten Vorhaben (Abs. 1)	4
1. Allgemeine Zulässigkeitsvoraussetzungen	4
a) Bedeutung	4
b) Entgegenstehen öffentlicher Belange	6
c) Sicherung der Erschließung	7
d) Einfache Bebauungspläne	10
2. Land- oder forstwirtschaftliche Betriebe (Abs. 1 Nr. 1)	11
a) Landwirtschaft	11
b) Forstwirtschaft	12
c) Betrieb	13
d) Nebenerwerbsstellen, Kleinsiedlungen	17
e) Eigentumsverhältnisse	18
f) „Dienen"	19
g) Untergeordneter Teil der Betriebsfläche	22

	Rn.
h) Pachtland	23
i) Altenteilerwohnungen; Wohnungen für Arbeitskräfte	24
3. Gartenbauliche Erzeugung (Abs. 1 Nr. 2)	27
4. Ortsgebundene Betriebe (Abs. 1 Nr. 3)	28
5. Sonstige privilegierte Vorhaben (Abs. 1 Nr. 4)	33
6. Wind- und Wasserenergie (Abs. 1 Nr. 5)	46
7. Biomasseanlagen (Abs. 1 Nr. 6)	47
8. Kerntechnische Anlagen (Abs. 1 Nr. 7)	56
9. Anlagen zur Nutzung solarer Strahlungsenergie (Abs. 1 Nr. 8)	57
III. Zulässigkeit sonstiger Vorhaben (Abs. 2)	63
IV. Übersicht über Einzelfälle zu Abs. 1 und Abs. 2	67
V. Öffentliche Belange, Ziele der Raumordnung und Planvorbehalt (Abs. 3)	68
1. Die Bedeutung öffentlicher Belange für privilegierte und sonstige Vorhaben	68
2. Begriff der öffentlichen Belange	72
3. Die einzelnen öffentlichen Belange (Abs. 3 S. 1)	73
a) Darstellungen des Flächennutzungsplans (Nr. 1)	73
b) Darstellungen in Fachplänen (Nr. 2)	77
c) Schädliche Umwelteinwirkungen, Gebot der Rücksichtnahme (Nr. 3)	78
d) Unwirtschaftliche Aufwendungen (Nr. 4)	82
e) Naturschutz, Landschaftspflege, Bodenschutz, Denkmalschutz, natürliche Eigenart der Landschaft, Orts- und Landschaftsbild (Nr. 5)	83
f) Agrarstruktur, Wasserwirtschaft, Hochwasserschutz (Nr. 6)	90
g) Splittersiedlung, Zersiedelung (Nr. 7)	93
h) Funkstellen und Radaranlagen (Nr. 8)	98
i) Sonstige öffentliche Belange, Planungserfordernis	99
4. Ziele der Raumordnung (Abs. 3 S. 2)	103
a) Ausschlusstatbestand	104
b) Einschränkungen entgegenstehender öffentlicher Belange	108
5. Planvorbehalt (Abs. 3 S. 3)	111
a) Allgemeines	111
b) Flächennutzungsplan	114
c) Raumordnungspläne	120
VI. Begünstigte Vorhaben (Abs. 4)	125
1. Allgemeines	125
2. Nutzungsänderung (Abs. 4 S. 1 Nr. 1)	127
3. Ersatzbau für ein Wohngebäude (Abs. 4 S. 1 Nr. 2)	141
4. Ersatzbau für ein zerstörtes Gebäude (Abs. 4 S. 1 Nr. 3)	149
5. Änderung oder Nutzungsänderung bei erhaltenswerten Gebäuden (Abs. 4 S. 1 Nr. 4)	153
6. Erweiterung von Wohngebäuden (Abs. 4 S. 1 Nr. 5)	155
7. Erweiterung von gewerblichen Betrieben (Abs. 4 S. 1 Nr. 6)	160
8. Neuerrichtung (Abs. 4 S. 2)	164
VII. Außenbereichssatzung (Abs. 6)	171
VIII. Ausführung der Vorhaben (Abs. 5 S. 1)	179
IX. Rückbauverpflichtung (Abs. 5 S. 2 und 3)	180
X. Sicherung der Nutzung (Abs. 5 S. 3 und 4)	185
XI. Eigentumsrechtlich verfestigte Anspruchsposition, Bestandsschutz	186
XII. Sonstiges	191
1. Nachbarschutz	191
2. Verfahren	192

1. Abschnitt. Zulässigkeit von Vorhaben §35

	Rn.
3. Besondere Bestimmungen des BNatSchG	193
4. Überleitungsrecht	195

I. Allgemeines

1. Grundzüge. Die Regelungen des BauGB über die Zulässigkeit von Vorhaben 1 (§ 29 Abs. 1) sind vom **Grundsatz der Planmäßigkeit** bestimmt. Nach § 1 Abs. 1 ist es Aufgabe der Bauleitplanung, die bauliche und sonstige Nutzung der Grundstücke vorzubereiten und zu leiten. Innerhalb des räumlichen Geltungsbereichs eines qualifizierten oder vorhabenbezogenen Bebauungsplans (§ 30 Abs. 1 und Abs. 2) sind Vorhaben daher zulässig, wenn sie den Festsetzungen des Bebauungsplans nicht widersprechen. Soweit für ein Gebiet qualifizierte oder vorhabenbezogene Bebauungspläne nicht vorliegen, hat der Gesetzgeber dem Grundsatz der planmäßigen städtebaulichen Entwicklung durch die planersetzenden Zulässigkeitsregelungen Rechnung getragen. Einfache Bebauungspläne (§ 30 Abs. 3) sind daneben ergänzend heranzuziehen, soweit sie Regelungen treffen. Dies gilt zunächst für den unbeplanten Innenbereich iSv § 34, der in erster Linie an die tatsächlichen Verhältnisse innerhalb eines im Zusammenhang bebauten Ortsteils anknüpft (→ § 34 Rn. 1). Für den Außenbereich (Rn. 2) hat der Gesetzgeber eine generelle gesetzliche Planungsregelung (vgl. BVerwG Urt. v. 25.10.1967 – IV C 86/66, BVerwGE 28, 148) getroffen (gesetzlicher „Ersatzplan"). Die im Außenbereich, vorbehaltlich entgegenstehender öffentlicher Belange, zulässigen Vorhaben hat der Gesetzgeber in **Abs. 1** enumerativ geregelt **(„privilegierte" Vorhaben)**. Für **sonstige Vorhaben** im Außenbereich **(Abs. 2)** hat der Gesetzgeber ein grundsätzliches Bauverbot mit Ausnahmevorbehalt festgelegt, das er jedoch für bestimmte Änderungen, Nutzungsänderungen, Erweiterungen oder Neuerrichtungen **(Abs. 4, „begünstigte" Vorhaben)** aufgelockert hat. Die städtebauliche Leitvorstellung des Gesetzgebers für die Beurteilung der Zulässigkeit eines Vorhabens im Außenbereich ist von dem Grundsatz geprägt, den Außenbereich von baulichen Anlagen freizuhalten, soweit diese nicht ihrem Wesen nach in den Außenbereich gehören. Dem trägt auch **Abs. 5** im Hinblick auf Bodenschutz und Rückbauverpflichtungen Rechnung. Abs. 6 ermöglicht es, in bestimmten Fällen, durch gesonderte **Außenbereichssatzungen** Bauvorhaben im Außenbereich zu realisieren.

2. Außenbereich. Als dem **Außenbereich** zugehörig gelten diejenigen Gebiete, 2 die weder innerhalb des räumlichen Geltungsbereichs eines Bebauungsplans iS des § 30 Abs. 1 oder 2, noch innerhalb der im Zusammenhang bebauten Ortsteile (§ 34) liegen (§ 19 Abs. 1 Nr. 3 BauGB in der bis zum 31.12.1997 geltenden Fassung enthielt eine entsprechende Legaldefinition). Diese Definition des Außenbereichs stellt nicht auf inhaltliche („positive") Maßstäbe ab. Der Außenbereich ist vielmehr „negativ" definiert. Daher verbietet es sich, diese Begriffsbestimmung mit Vorstellungen zu verbinden, die dem Außenbereich – anknüpfend an den Wortlaut „Außen" – ganz bestimmte Vorstellungsbilder zuordnen, etwa die der „freien Natur", der „Stadtferne", oder der „Einsamkeit" (BVerwG Urt. v. 1.12.1972 – IV C 6/71, BVerwGE 41, 227 (232), *Roeser* in BK § 35 Rn. 5). Der Außenbereich ist daher „nicht mehr und nicht weniger als die Gesamtheit der von den §§ 30 und 34 nicht erfassten Flächen. Dass diese Flächen in einem naturalistisch-geografischen Sinne „außen" liegen, wird mit dem Rechtsbegriff des Außenbereichs nicht festgelegt" (BVerwG Urt. v. 1.12.1972 aaO, 233).

Der Zuordnung eines Gebietes zum Außenbereich steht es nicht entgegen, wenn 3 das Gebiet im Geltungsbereich eines **einfachen Bebauungsplans** liegt, also eines Bebauungsplans iS des § 30 Abs. 3 (→ Rn. 10).

II. Die privilegierten Vorhaben (Abs. 1)

4 **1. Allgemeine Zulässigkeitsvoraussetzungen. a) Bedeutung.** Die in Abs. 1 genannten Vorhaben sind im Außenbereich bevorzugt („privilegiert") zulässig. Für die privilegierten Vorhaben hat der Gesetzgeber „sozusagen generell geplant" (BVerwG Urt. v. 25. 10. 1967 – IV C 86/66, BVerwGE 28, 148 (150)). Die in Abs. 1 aufgeführten Vorhaben hat der Gesetzgeber selbst dem Außenbereich zugeordnet und damit den Gemeinden die sonst ggf. erforderliche Planung iS des § 30 Abs. 1 oder 2 abgenommen. Im Ergebnis rückt dies die gesetzgeberische Entscheidung über privilegierte Vorhaben daher in die Nähe planerischer Festsetzungen der Gemeinde. Die Regelung räumt dem Bürger für die Errichtung privilegierter Bauten keine grundsätzlich geringeren Rechte ein, als sie der Bauwillige hat, der ein in einem nach § 30 Abs. 1 oder 2 beplanten Gebiet gelegenes Grundstück nutzen will (BVerwG Urt. v. 25. 10. 1967 aaO, 151). Wichtig ist aber der einschränkende Unterschied zu einem beplanten Gebiet, dass der Gesetzgeber mit § 35 Abs. 1 keine Entscheidung über den **konkreten Standort** der privilegierten Vorhaben getroffen hat (→ Rn. 21 mwN). Auch für Vorhaben nach Abs. 1 gilt daher gem. Abs. 5 S. 1 das Gebot der größtmöglichen Schonung des Außenbereichs (BVerwG Urt. v. 3. 11. 1972 – IV C 9/70, BVerwGE 41, 138). Dieses wird auch dadurch konkretisiert, dass einem privilegierten Vorhaben keine öffentlichen Belange entgegenstehen dürfen (→ Rn. 6).

5 Bei der Entscheidung nach Abs. 1 steht der Genehmigungsbehörde kein Ermessen zu. Es besteht ein **Rechtsanspruch** auf Zulassung des Vorhabens, sofern die sonstigen in Abs. 1 genannten Voraussetzungen erfüllt sind, also öffentliche Belange nicht entgegenstehen (Rn. 6), die ausreichende Erschließung gesichert ist (Rn. 7) und das Vorhaben den Festsetzungen eines etwaigen einfachen Bebauungsplans nicht widerspricht (Rn. 10). Da die Zulässigkeit von Vorhaben im Außenbereich von dem Grundsatz geprägt ist, dass das Bauen im Außenbereich unterbleiben und nur in Ausnahmefällen zulässig sein soll (BVerwG Urt. v. 4. 11. 1966 – IV C 39/65, DVBl. 1967, 286 (287); → Rn. 63), sind die Privilegierungstatbestände in Abs. 1 eng auszulegen).

6 **b) Entgegenstehen öffentlicher Belange.** Ein privilegiertes Vorhaben (Abs. 1) ist nur zulässig, wenn **öffentliche Belange nicht entgegenstehen. Abs. 3** führt Beispiele für öffentliche Belange auf. Bei den sonstigen Vorhaben im Außenbereich nach Abs. 2 dürfen öffentliche Belange nicht nur – wie in den Fällen der privilegierten Vorhaben nach Abs. 1 – nicht entgegenstehen. Sie dürfen durch das Vorhaben gar nicht erst beeinträchtigt werden. Hieraus ergibt sich ein unterschiedliches Gewicht, dem die von einem Vorhaben berührten öffentlichen Belange bei der Beurteilung der Zulässigkeit von Vorhaben nach Abs. 1 und Abs. 2 zukommen. Bei der **Abwägung**, die zwischen den privaten Interessen des Bauwilligen und den öffentlichen Belangen vorzunehmen ist (vgl. BVerwG Urt. v. 25. 10. 1967 – IV C 86/66, BVerwGE 28, 148 (151)), muss der vom Gesetzgeber vorgenommenen Privilegierung der Vorhaben nach Abs. 1 entsprechendes Gewicht beigemessen werden. Insbesondere ist in Rechnung zu stellen, dass der Gesetzgeber die Vorhaben nach Abs. 1 in planähnlicher Weise dem Außenbereich zugewiesen und ihnen damit einen Vorrang eingeräumt hat (BVerwG Urt. v. 25. 10. 1967 aaO, 151; → noch Rn. 68 ff.).

7 **c) Sicherung der Erschließung.** Weitere Voraussetzung für die Zulässigkeit eines privilegierten Vorhabens im Außenbereich ist die **Sicherung einer ausreichenden Erschließung.** Der Begriff der gesicherten Erschließung iS des § 35 ist ein **bundesrechtlicher Begriff,** der nicht durch Landesrecht konkretisiert wird (BVerwG Urt. v. 3. 5. 1988 – 4 C 54/85, NVwZ 1989, 353). Das bundesrechtliche Bauplanungsrecht regelt auch nicht, in welcher Weise die Verbindung des Baugrundstücks zum öffentlichen Wegenetz zu sichern ist. Eine ausreichend gesicherte Erschließung kann daher auch bei Erreichbarkeit über ein gemeindeeigenes, nicht förmlich gewidmetes, jedoch tatsächlich dem allgemeinen Verkehr zur Verfügung

1. Abschnitt. Zulässigkeit von Vorhaben **§ 35**

stehendes Wegegrundstück gesichert sein, wenn die Gemeinde – zB aus dem Gleichbehandlungsgrundsatz – dauerhaft rechtlich gehindert wäre, den Anliegerverkehr zu untersagen (BVerwG Urt. v. 31.10.1990 – 4 C 45/88, NVwZ 1991, 1076; s. zu einem möglichen öffentlich-rechtlichen Anspruch auf Nutzung einer privaten gemeindlichen Straße, die dem Verkehr tatsächlich zur Verfügung steht, OVG Schleswig Urt. v. 2.10.2008 – 1 LB 8/08, BauR 2009, 952). Die Erschließung ist **gesichert,** wenn damit gerechnet werden kann, dass sie bis zur Herstellung des Bauwerks, spätestens bis zur Gebrauchsabnahme funktionsfähig angelegt ist und wenn ferner damit zu rechnen ist, dass sie auf Dauer zur Verfügung stehen wird (BVerwG Urt. v. 30.8.1985 – 4 C 48/81, NVwZ 1986, 38, → im Einzelnen § 30 Rn. 23 ff.). Die Anforderungen an die ausreichende Erschließung richten sich nach den jeweiligen Gegebenheiten, also nach den Auswirkungen und Bedürfnissen der jeweiligen Vorhabens (BVerwG Urt. v. 13.2.1976 – IV C 53/74, NJW 1976, 1855). Anders als bei den §§ 30 Abs. 1 und 2, 33 und 34 kommt es nur auf die Sicherung der **ausreichenden Erschließung** an, also insbesondere nicht auf die Sicherung einer einem Bebauungsplan entsprechenden Erschließung. Auch wenn die Erschließung nach den §§ 30 Abs 1 und 2, 33 und 34 ebenfalls ausreichend sein muss, wird mit der gesetzlichen Formulierung in Abs. 1 zum Ausdruck gebracht, dass die Anforderungen im Außenbereich tendenziell niedriger sind. Das Gesetz stellt hier auf Mindestanforderungen zur Befriedigung des durch das Einzelvorhaben ausgelösten Erschließungsbedürfnisses ab. Zu den Mindestanforderungen gehört neben der wegemäßigen Anbindung insbesondere eine Abwasserbeseitigung, die im Einklang mit den wasserrechtlichen Vorschriften steht. Die Trink-, Lösch- und Betriebswasserversorgung muss gesichert sein (→ § 30 Rn. 21; vgl. OVG Koblenz Urt. v. 6.11.2014 – 8 A 10560/14, BauR 2015, 467).

Das Grundstück muss eine ausreichende **Zufahrtsmöglichkeit** aufweisen **8** (BVerwG Urt. v. 13.2.1976 – IV C 53/74, NJW 1976, 1855). Die Mindestanforderungen, die dabei zB für die Errichtung eines landwirtschaftlichen Betriebs im Außenbereich gelten, der weit ab von sonstiger Bebauung liegt, unterscheiden sich von denen, die etwa an die Errichtung einer größeren Anzahl von Gebäuden oder für einen größeren gewerblichen Betrieb iS des Abs. 1 Nr. 3 oder 4 mit starkem An- und Abfahrverkehr zu stellen sind. Für die Anforderungen an die Erschließung ist daher auf die **konkreten Umstände** abzustellen, insbesondere auf die Betriebsgröße oder den Umfang der privilegierten Nutzung. Bei Kleinbetrieben, die herkömmlich durch Wirtschafts-, Feld- oder Waldwege erschlossen werden, kann daher nicht allgemein ein betonierter oder asphaltierter Weg gefordert werden; derart hohe Mindestanforderungen widersprächen der vom Gesetz gewollten Privilegierung (BVerwG Urt. v. 30.8.1985 – 4 C 48/81, NVwZ 1986, 38; dass. Beschl. v. 20.5.2010 – 4 B 20/10, ZfBR 2010, 584; s. aber auch VGH München Urt. v. 17.2.2010 – 1 B 09.2123, BauR 2010, 1548 zu einem Feldweg mit weniger als 2,5 m Fahrbahnbreite, sowie zu den in Abs. 5 Satz 1 zum Ausdruck kommenden Anforderungen an den Bodenschutz). Umgekehrt kann aber auch ein asphaltierter, nur für den landwirtschaftlichen Verkehr ausgelegter Weg für eine ausreichende Erschließung nicht ausreichen, wenn wegen unzureichender Tragfähigkeit des Straßenoberbaus für den Schwerlastverkehr mit Schäden an der Fahrbahn zu rechnen ist (OVG Magdeburg Beschl. v. 29.1.2010 – 2 M 226/09, BauR 2010, 888).

Die Erschließung ist eine der Gemeinde durch Gesetz auferlegte Aufgabe; ein Verzicht des Eigentümers auf die Erschließung ist daher unbeachtlich (BVerwG Urt. v. 22.3.1972 – IV C 121/68, BauR 1972, 222). Etwas anderes gilt jedoch, wenn sich der Bauwillige zur Übernahme der Aufwendungen für die Herstellung der Erschließung verpflichtet und die Erfüllung dieser Verpflichtung gesichert ist (BVerwG Urt. v. 22.3.1972 aaO). Ebenso wie eine Gemeinde das Angebot eines Dritten, die in einem qualifizierten Bebauungsplan (§ 30 Abs. 1) vorgesehene Erschließung vorzunehmen, nur ablehnen darf, wenn ihr die Annahme des Angebots nicht zugemutet

werden kann (→ § 124 Rn. 2), hat die Gemeinde auch im Außenbereich ein **zumutbares Angebot des Bauherren anzunehmen,** selbst sein Grundstück für ein privilegiertes Vorhaben zu erschließen (vgl. demgegenüber Rn. 64 zur Erschließung bei nicht privilegierten Vorhaben). Wegen der privilegierten Zulassung land- und forstwirtschaftlicher Betriebe im Außenbereich kann die Gemeinde verpflichtet sein, sich mit der Herstellung der Straße oder des Weges durch den Land- oder Forstwirt jedenfalls dann abzufinden, wenn der Gemeinde nach dem Ausbau des Weges keine weiteren unwirtschaftlichen Aufwendungen (vgl. § 35 Abs. 3 S. 1 Nr. 4) entstehen werden und ihr die Annahme des Angebotes auch nicht aus sonstigen Gründen (zB weil der Wegeausbau als solcher gegen öffentliche Belange verstößt) unzumutbar ist (BVerwG Urt. v. 30.8.1985 – 4 C 48/81, NVwZ 1986, 38).

10 d) **Einfache Bebauungspläne.** Das Vorliegen eines **einfachen Bebauungsplans** iSd **§ 30 Abs. 3** hindert nicht die Zuordnung zum Außenbereich (→ Rn. 3). Der einfache Bebauungsplan ist – wie der Bebauungsplan iS des § 30 Abs. 1 oder 2 – eine Rechtsnorm (→ § 10). Er ist somit auch im Außenbereich verbindlich und besitzt Vorrang gegenüber den sonstigen Maßstäben des § 35. Insbesondere ist insoweit kein Raum für eine Abwägung (Rn. 6), wie sie zwischen öffentlichen Belangen und einem beabsichtigten Vorhaben notwendig ist. Für den einfachen Bebauungsplan kommt auch im Außenbereich im Hinblick auf **§ 31** die Gewährung von Ausnahmen und Befreiungen zur Anwendung.

11 **2. Land- oder forstwirtschaftliche Betriebe (Abs. 1 Nr. 1). a) Landwirtschaft.** Zum Begriff „**Landwirtschaft**" enthält **§ 201** eine **Legaldefinition** (→ § 201 Rn. 2 f.; zu Einzelfällen → die **Übersicht** in **Rn. 67**).

12 b) **Forstwirtschaft.** Die Privilegierung des Abs. 1 Nr. 1 bezieht sich weiterhin auf die **Forstwirtschaft.** Sie gehört nach § 201 nicht zur Landwirtschaft. Das BauGB enthält auch sonst keine entsprechende Definition. Unter Forstwirtschaft ist die planmäßige Bewirtschaftung des Waldes zu verstehen. Erforderlich ist hierfür ein Mindestumfang an forstwirtschaftlicher Betätigung, also Anbau, Pflege und Abschlag von Hoch-, Mittel- und Niederwald zum Zwecke der Holzgewinnung (BVerwG Urt. v. 16.5.1991 – 4 C 2/89, NVwZ-RR 1992, 400; dass. Urt. v. 4.3.1983 – 4 C 69/79, BauR 1983, 343; *Roeser* in BK § 35 Rn. 19; → Rn. 16).

13 c) **Betrieb.** Im Außenbereich sind nach Abs. 1 Nr. 1 Vorhaben privilegiert zulässig, wenn sie einem land- oder forstwirtschaftlichen **Betrieb** dienen. Ein landwirtschaftlicher Betrieb iS dieser Bestimmung liegt vor, wenn er auf die **Erzeugung landwirtschaftlicher Produkte** nicht unerheblichen Ausmaßes gerichtet ist. Werden landwirtschaftliche Produkte lediglich verarbeitet, müssen sie sich zumindest überwiegend auf die Bodenerträge des jeweiligen Betriebs beziehen. Das gilt auch, wenn das gewonnene Produkt ausschließlich für den eigenen Betrieb verwendet wird (VGH München Beschl. v. 14.11.2013 – 1 CS 13/1907, NuR 2014, 514). Ob der Betrieb **hauptberuflich** oder **nebenberuflich** bewirtschaftet wird, ist demgegenüber nicht ausschlaggebend (→ Rn. 17 sowie § 201 Rn. 3). Als Betrieb wird eine land- oder forstwirtschaftliche Tätigkeit nur dann ausgeübt, wenn eine bestimmte **Organisation** (BVerwG Urt. v. 16.5.1991 aaO; dass. Urt. v. 3.11.1972 – IV C 9/70, BVerwGE 41, 138) vorliegt. Es muss sich um ein auf **Dauer** gedachtes und auch lebensfähiges Unternehmen handeln (BVerwG Urt. v. 27.1.1967 – IV C 41/65, BVerwGE 26, 121 (124); dass. Urt. v. 4.3.1983 – 4 C 69/79, BauR 1983, 343 (345)). Das Unternehmen muss auf eine lange, im Regelfall für mehrere Generationen bemessene Dauer angelegt sein (BVerwG Urt. v. 16.5.1991 aaO, 143). **Lebensfähigkeit** und **Nachhaltigkeit** setzen dabei ein Mindestmaß an Umfang der landwirtschaftlichen Betätigung voraus (BVerwG Urt. v. 16.5.1991 aaO, 143). Dies gilt auch für Betriebe, die teilweise, möglicherweise sogar überwiegend oder ausschließlich, auf **Pachtflächen** angewiesen sind (→ Rn. 18 und 23). Der Betrieb muss daher in der Regel auf Ertragserzielung und **Ge-**

1. Abschnitt. Zulässigkeit von Vorhaben § 35

winnerzielungsabsicht ausgerichtet sein (→ auch Rn. 17 zum Nebenerwerbslandwirt). Die bloße Freizeitbeschäftigung oder Liebhaberei erfüllt diese Voraussetzung nicht (BVerwG Urt. v. 28.4.1964 – I C 64/62, BVerwGE 18, 242; dass. Urt. v. 11.10.2012 – 4 C 9/11, NVwZ 2013, 155). Dementsprechend muss die land- oder forstwirtschaftliche Tätigkeit **ernsthaft** betrieben werden. Diese Anforderungen sollen vor allem sicherstellen, dass die Privilegierung baulicher Vorhaben zugunsten der Land- oder Forstwirtschaft auf Betriebe begrenzt bleibt, die wegen ihrer besonderen Zweckbestimmung im Außenbereich ausgeführt werden sollen. Weiterhin soll hierdurch einem **Missbrauch** entgegengewirkt werden, also insbesondere den Fällen einer nur „zum Schein" geplanten landwirtschaftlichen Tätigkeit, die eine andere tatsächliche Nutzungsabsicht – etwa die Errichtung eines Wohngebäudes im Außenbereich – verschleiern soll. Allerdings kommt die Privilegierung nach Abs. 1 Nr. 1 auch dann zur Anwendung, wenn der landwirtschaftliche Betrieb, dem das Vorhaben zugeordnet wird, erst noch geschaffen werden soll. Es geht also nicht um eine Privilegierung allein von Bestandsbetrieben. Gerade bei der Prüfung der Zulässigkeit eines gänzlich neuen Vorhabens ist jedoch besonders sorgfältig zu prüfen, ob an der Ernsthaftigkeit der eigenverantwortlichen Bewirtschaftung Zweifel bestehen (vgl. BVerwG Urt. v. 13.1.1967 – IV C 47/65, DVBl. 1967, 287). Der tatsächliche **Aufwand** einer **Beseitigung** der dem Betrieb dienenden Anlagen nach Nutzungseinstellung, ist für die Anforderungen an die Dauerhaftigkeit allerdings unbeachtlich (BVerwG Urt. v. 16.12.2004 – 4 C 7/04, BVerwGE 122, 308).

Wird einem landwirtschaftlichen Betrieb ein **nicht landwirtschaftlicher Betriebsteil** angegliedert, ist für dessen Teilnahme an der Privilegierung nicht allein die wirtschaftliche Zweckmäßigkeit für den betrieblichen Erweiterung maßgebend. Die Privilegierung ist in einem solchen Fall nicht deshalb ausgeschlossen, weil der landwirtschaftliche Betrieb sich auch ohne den zusätzlichen Betriebsteil noch sachgerecht, also betriebswirtschaftlich sinnvoll, führen lässt. Der Gedanke des „Dienens" (→ Rn. 19) ist insoweit verallgemeinerungsfähig (BVerwG Urt. v. 30.11.1984 – 4 C 27/81, NVwZ 1986, 203 (204)). Innerhalb einer angemessenen Bandbreite hindert das Gesetz den Eigentümer nicht, zu bauplanungsrechtlich hinzunehmenden Umstrukturierungen zu gelangen und neue Betriebsweisen zu entwickeln (zB betriebliche Erweiterungen im Hinblick auf den **Verkauf** der mit der Bodenertragsnutzung erzeugten Güter pflanzlicher oder tierischer Art). Die für sich betrachtet nichtlandwirtschaftlichen Nutzungen werden dann von der Privilegierung „**mitgezogen**". Sie müssen aber erkennbar dem landwirtschaftlichen Betrieb zu- und untergeordnet sein und gegenüber diesem bodenrechtliche Nebensache bleiben (vgl. BVerwG Urt. v. 19.4.1985 – 4 C 54/82, NVwZ 1986, 200; dass. Beschl. v. 28.8.1998 – 4 B 66/98, NVwZ-RR 1999, 106: verneint für eine gegenüber der forstwirtschaftlichen Nebenerwerbsstelle dominierende Betriebserweiterung durch ein Sägewerk und eine Tischlerei; BVerwG Beschl. v. 4.11.2008 – 4 B 44/08, ZfBR 2009, 149: bejaht für eine Windenergieanlage, wenn der betriebsbezogene Anteil der Energieversorgung den zur Einspeisung in das öffentliche Netz bestimmten Anteil deutlich überwiegt; OVG Koblenz Urt. v. 27.7.2011 – 8 A 10394/11, NVwZ-RR 2012, 15: bejaht für eine Gerätehalle im Bereich eines vom Betriebssitz entfernten Flächenschwerpunktes, der von der Halle aus bewirtschaftet werden soll). An dem erforderlichen Betriebsbezug kann es auch bei Vorhaben fehlen, die dem Vertrieb oder der Reparatur von Landmaschinen dienen (OVG Münster Urt. v. 16.12.1970 – VII A 777/65, BRS 23 Nr. 65; *Roeser* BK § 35 Rn. 30) oder wenn ein offenkundig als Wochenendhaus errichtetes Gebäude als Lagerraum zur Genehmigung gestellt wird.

Mitgezogen werden können im Einzelfall auch **Dienstleistungen** und sonstige Nutzungen. Im Erwerbsgartenbau (zB bei der Aufzucht von Bäumen und anderen Pflanzen, die in fremden Gärten angepflanzt werden sollen) sind derartige Leistungen nicht ungewöhnlich, weil der Endabnehmer sie zT ausdrücklich verlangt und damit die Form des marktmäßigen Absatzes der erzeugten Güter mitbestimmt (ebenso zB

14

15

bei einem Wein-Probeausschank). Entscheidend ist, dass derartige Absatzformen von den Ergebnissen der eigenen Bodenertragsnutzung geprägt sind (BVerwG Urt. v. 30.11.1994, aaO zur Einrichtung eines Aufenthaltsraums im Schuppen einer Baumschule und Landschaftsgärtnerei). Eine gängige Form der mitgezogenen Nutzung ist auch die Vermietung von **Ferienzimmern** (idR baurechtlich nicht problematisch) oder von **Ferienwohnungen** (zur Vermeidung unzulässiger Dauervermietung bedarf es einer baulichen Ausgestaltung, die auf eine bloße Feriennutzung zugeschnitten ist und damit einer dauerhaften Zuordnung zu dem Betrieb). Die mögliche Zahl der Ferienzimmer oder Ferienwohnungen ist als solche nicht begrenzt, ergibt sich aber aus dem Verhältnis des landwirtschaftlichen Betriebs als Hauptsache zu den mitgezogenen Nutzungen (zu Parkplätzen im Außenbereich als mitgezogene Nutzung s. BVerwG Urt. v. 19.4.2012 – 4 C 10/11, BauR 2012, 1626).

16 Zur Anerkennung als **forstwirtschaftlicher Betrieb** ist die auf Dauer angelegte und lebensfähige Bewirtschaftung (BVerwG Urt. v. 4.3.1983 – 4 C 69/79, BauR 1983, 343 (345)) größerer Waldflächen Voraussetzung. Kein forstwirtschaftlicher Betrieb liegt hingegen vor, wenn es nur um die Ausführung forstwirtschaftlicher Arbeiten für Dritte geht (BVerwG Beschl. v. 19.2.1996 – 4 B 20/96, NVwZ-RR 1997, 9). Welche Anforderungen an die Betriebsintensität und an die Betriebsgröße zu stellen sind, bestimmt sich nach den jeweiligen Verhältnissen entsprechend der Verkehrsauffassung (BVerwG Urt. v. 13.1.1967 – IV C 47/65, DVBl. 1967, 287; dass. Urt. v. 16.5.1991 – 4 C 2/89, NVwZ-RR 1992, 400).

17 d) **Nebenerwerbsstellen, Kleinsiedlungen.** Die Privilegierung von Vorhaben nach Abs. 1 Nr. 1 setzt nicht voraus, dass es sich bei den Betrieben um Vollerwerbsstellen handelt. Zwar geben **Vollerwerbsstellen** in besonderem Maße Gewähr dafür, dass sie auf Dauer angelegt und ganz auf ihren Zweck ausgerichtet sind. Anderseits kann das Gesetz nicht an der Tatsache vorbeigehen, dass in den vergangenen Jahrzehnten in immer größerem Umfang der landwirtschaftliche Nebenerwerbsbetrieb an Bedeutung gewonnen hat (BVerwG Urt. v. 27.1.1967 – IV C 41/65, BVerwGE, 26, 121 (123)). Auch **landwirtschaftliche Nebenerwerbsstellen** können daher landwirtschaftliche Betriebe iS von Abs. 1 Nr. 1 sein. Bei der Prüfung, ob die Nebenerwerbsstelle den Anforderungen an einen landwirtschaftlichen Betrieb entspricht, sind die von der Rechtsprechung hierfür entwickelten Maßstäbe anzulegen (Rn. 13ff.); insbesondere kommt es auf den Umfang der landwirtschaftlichen Betätigung, auf die Verkehrsüblichkeit der Betriebsform, auf die Ernsthaftigkeit des Vorhabens und die Sicherung seiner Beständigkeit auch im Hinblick auf die Eignung des Betriebsführers und seine wirtschaftlichen Verhältnisse an. Dabei ist abzuwägen, ob es sich um „ehrliche, auf die Dauer berechnete und auf die Dauer lebensfähige Planungen handelt, bei denen ein vernünftiges Verhältnis der ihnen zugeordneten Bauten zum Umfang und zur Betriebsform des mit ihnen verbundenen Vorhabens gewahrt bleibt" (BVerwG Urt. v. 27.1.1967 aaO, 124). Die Missbrauchsmöglichkeit (→ Rn. 13) ist hier besonders groß, wenn im Vordergrund der Wunsch steht, im Außenbereich zu wohnen. Deshalb sind hier an die Betriebseigenschaft entsprechend strenge Anforderungen zu stellen. Die **Gewinnerzielungsabsicht** ist dabei für die Beurteilung der Nachhaltigkeit ein wichtiges Indiz. Ein entsprechender Nachweis kann gefordert werden, wenn nachvollziehbare Anhaltspunkte dafür vorliegen, dass dem Betrieb die Möglichkeit der Gewinnerzielung abzusprechen ist (BVerwG Urt. v. 11.10.2012 – 4 C 9.11, NVwZ 2013, 155 mit Anm. *Ziegler* DVBl. 2013, 792f.). Bei **Gründung** einer Nebenerwerbsstelle kommt ihm für die Dauerhaftigkeit des Betriebs ein stärkeres Gewicht zu als im Falle der Erweiterung einer bestehenden Nebenerwerbsstelle (BVerwG Urt. v. 16.12.2004 – 4 C 7/04, BVerwGE 122, 308). Wird ein Gewinn bisher und ggf. auch in absehbarer Zeit noch nicht erzielt, können aber auch **andere Umstände** die Ernsthaftigkeit und Nachhaltigkeit der Betriebsführung indizieren (BVerwG Urt. v. 11.4.1986 – 4 C 67/82, NVwZ 1986, 916).

1. Abschnitt. Zulässigkeit von Vorhaben **§ 35**

Dies gilt vor allem für die Größe der landwirtschaftlichen Nutzflächen, ihre Lage, die Dauerhaftigkeit ihrer Nutzung (→ Rn. 18), die Betriebsform und -organisation, das aufgewendete Kapital, den Bestand an Tieren und Maschinen sowie die Anzahl der Arbeitnehmer. Im Vordergrund muss stets die landwirtschaftliche Nutzung und nicht der Wunsch stehen, im Außenbereich zu wohnen (vgl. auch VGH München Urt. v. 20.3.2001 – 20 B 00.2501, ZfBR 2001, 426; VGH Mannheim Urt. v. 6.7.2001 – 8 S 268/01, BauR 2003, 219). In der Haltung von **zwei Pferden** kann in der Regel nicht ein auf Dauer angelegter landwirtschaftlicher (Nebenerwerbs-) Betrieb gesehen werden (BVerwG Beschl. v. 9.9.2004 – 4 B 58/04, BauR 2005, 1136; → auch Rn. 44; zur Bedeutung von Pachtland vgl. Rn. 23). Auch **forstwirtschaftliche Nebenerwerbsbetriebe** können forstwirtschaftliche Betriebe im Sinne des Abs. 1 Nr. 1 sein (BVerwG Urt. v. 16.5.1991 – 4 C 2/89, NVwZ-RR 1992, 400). **Kleinsiedlungen** (vgl. § 2 BauNVO) zählen nicht zu den landwirtschaftlichen Betrieben. Jedoch können landwirtschaftliche Nebenerwerbsstellen in Kleinsiedlungen liegen, ohne dass sich dies auf die Privilegierung eines betriebsbezogenen Vorhabens auswirkt.

e) **Eigentumsverhältnisse.** Für die Beurteilung der Zulässigkeit eines Vorhabens **18** nach Abs. 1 Nr. 1 kommt es nicht entscheidend darauf an, wer **Eigentümer** des Grundstücks ist, auf dem das privilegierte Vorhaben ausgeführt werden soll, oder welche Rechtsform der Betriebsinhaber hat (natürliche, juristische Person). Die Voraussetzungen einer Privilegierung für einen landwirtschaftlichen Betrieb kann ein Vorhaben daher auch dann erfüllen, wenn der **Bauherr nicht Eigentümer** des Grundstücks oder Eigentümer sämtlicher Betriebsflächen (→ Rn. 23) ist. Dies bedarf dann allerdings in der Regel auch für einen längeren Zeitraum abgeschlossener Nutzungsverträge (zB Pachtverträge) zugunsten einer Nutzbarkeit für den landwirtschaftlichen Betrieb (→ Rn. 23).

f) **„Dienen".** Für die Zulässigkeit eines nach Abs. 1 Nr. 1 privilegierten Vorha- **19** bens kommt es weiterhin darauf an, dass es dem land- oder forstwirtschaftlichen Betrieb „dient". Bei der Auslegung des **Begriffs „Dienen"** ist auf den Grundgedanken des § 35 abzustellen, nach dem **im Außenbereich das Bauen grundsätzlich unterbleiben soll.** Die Zulässigkeit des Vorhabens hängt daher nicht allein von der Behauptung des Bauherrn ab, die Benutzung des Vorhabens erleichtere oder fördere die Bewirtschaftung des land- oder forstwirtschaftlichen Besitzes (BVerwG Urt. v. 30.6.1964 – I C 80/62, BVerwGE 19, 75 (76)). Es bedarf vielmehr der Feststellung im Einzelfall, inwieweit die Angaben des Bauherrn über die beabsichtigte künftige Verwendung des Vorhabens mit den konkreten tatsächlichen Verhältnissen im Einklang stehen (BVerwG Urt. v. 30.6.1964 aaO, 77). Dabei kommt es nicht auf die Beurteilung der **Zweckmäßigkeit** der land- oder forstwirtschaftlichen Betriebsweise des Bauherrn an, sondern auf die tatsächliche Bodenbewirtschaftung und Bodennutzung des konkreten Betriebes sowie darauf, in welchem Zusammenhang das Vorhaben mit ihr stehen würde. Die Zulässigkeit eines Vorhabens setzt nicht voraus, dass es für den landwirtschaftlichen Betrieb schlechthin unentbehrlich ist, so dass die Aufrechterhaltung des Betriebes mit dem Vorhaben „steht und fällt" (BVerwG Urt. v. 13.1.1967 – IV C 47/65, DVBl. 1967, 287). Daher kann auch ein Vorhaben zulässig sein, das zwar unter betriebswirtschaftlichen Gesichtspunkten nicht zwingend für den Betrieb erforderlich ist, „aber nach der individuellen Betriebsweise tatsächlich dem Betrieb gewidmet und durch diese Widmung auch gekennzeichnet ist" (BVerwG Urt. v. 13.1.1967, aaO). Es kommt also wesentlich auf die Verkehrsauffassung an, ob ein Vorhaben einem Betrieb dient. Dabei ist insbesondere darauf abzustellen, ob ein **„vernünftiger Landwirt"** unter Berücksichtigung des Gebotes größtmöglicher Schonung des Außenbereichs dieses Vorhaben mit etwa gleichem Verwendungszweck und mit etwa gleicher Gestaltung und Ausstattung für einen entsprechenden Betrieb errichten würde und das Vorhaben durch die Zuordnung zu dem konkreten

§ 35
I. Kapitel. III. Teil. Regelung der baul. und sonst. Nutzung

Betrieb auch äußerlich erkennbar geprägt wird (BVerwG Urt. v. 3.11.1972 – IV C 9/70, BVerwGE 41, 138; VGH München Urt. v. 13.1.2011 – 2 B 10/269, BauR 2011, 1466; OVG Koblenz Beschl. v. 16.9.2011 – 8 A 10675/11, NVwZ-RR 2011, 886; VGH Mannheim Urt. v. 28.9.2011 – 8 S 1947/11, ZfBR 2012, 164). Bei **Betriebsgebäuden** wie Ställen oder Scheunen oder auch bei den **Wohngebäuden** des Landwirts ist dies bei angemessener Größe in der Regel zu bejahen, aber auch zB bei einem in unmittelbarer Nähe der Wirtschafts- und Wohngebäude eines landwirtschaftlichen Betriebes errichteten Bauwerk, das dem Bauern und seinen Angehörigen während ihrer freien Zeit zur Verfügung stehen soll (OVG Münster Urt. v. 3.9.1969 – VII A 749/68, DÖV 1970, 791). Nicht erfüllt sind diese Voraussetzungen hingegen etwa bei einem **Freizeitgebäude außerhalb der Hofstelle** (zB einer Fischerhütte). An der Voraussetzung, einem land- oder forstwirtschaftlichen Betrieb zu dienen, kann es auch fehlen, wenn das Vorhaben nach seiner Beschaffenheit, Gestaltung oder Ausstattung nicht durch diesen Verwendungszweck hinreichend geprägt wird (→ zB für das Wohnhaus eines Imkers und seiner Familie Rn. 67 zu Bienenhäusern). Ein Indiz dafür, dass ein Vorhaben durch die Zuordnung zu einem land- oder forstwirtschaftlichen Betrieb geprägt ist, liegt auch darin, dass „das Vorhaben objektiv so beschaffen ist, dass – möglichst weitgehend – seine Verwendung zu nicht-privilegierten Zwecken eine ihrerseits erneute genehmigungsbedürftige Nutzungsänderung erfordert" (BVerwG Urt. v. 3.11.1972 aaO, 142; zum **„Mitziehen"** einer an sich landwirtschaftsfremden Nutzung in die Privilegierung → Rn. 14).

20 Zur dienenden Funktion eines Vorhabens gehört auch dessen **räumliche Zuordnung** zu den **landwirtschaftlichen Betriebsflächen.** Das Gesetz lässt Bauvorhaben, die einem landwirtschaftlichen Betrieb dienen, nicht deshalb bevorzugt im Außenbereich zu, weil es die Landwirte als Personengruppe begünstigen will, sondern weil Landwirtschaft Bodenertragsnutzung auf – typischerweise – Außenbereichsflächen ist und damit die möglichst nahe räumliche Zuordnung der Hofstelle zu den Betriebsflächen der landwirtschaftlichen Betriebsweise in besonderer Weise dienlich und für den Betriebserfolg im Allgemeinen von Bedeutung ist (BVerwG Urt. v. 22.11.1985 – 4 C 71/82, NVwZ 1986, 644 (645)). An der dienenden Funktion fehlt es daher bei Vorhaben, deren Standort nicht durch die betrieblichen Erfordernisse bestimmt wird, sondern bei denen erkennbar der Wunsch im Vordergrund steht, ein Gebäude in landschaftlich reizvoller Lage zu errichten (VGH Mannheim Urt. v. 26.10.1984 – 5 S 246/84, NuR 1991, 251). Hingegen ist es für die erforderliche funktionale Beziehung zwischen dem Vorhaben und der landwirtschaftlichen Bodennutzung unerheblich, ob sich ein landwirtschaftliches Betriebsgebäude (zB ein Milchviehstall) hinsichtlich seiner äußeren Gestaltung in die Umgebung einfügt (VGH Mannheim Urt. v. 28.9.2011 – 8 S 1947/11, ZfBR 2012, 164 (166f.)).

21 Das Erfordernis einer **prägenden Zuordnung** der baulichen Anlagen zum landwirtschaftlichen Betrieb setzt jedoch nicht voraus, dass die Gebäude stets inmitten oder in unmittelbarer Nähe der Betriebsflächen liegen. Dies mag zur Schonung des Außenbereichs erwünscht und auch dann noch erreichbar sein, wenn sich in die jeweilige bebaute Ortslage noch Wirtschaftsstellen landwirtschaftlicher Betriebe einfügen lassen (vgl. § 34 Abs. 1 und 2) oder wenn die Gemeinde durch den Bebauungsplan ein Dorfgebiet (vgl. § 5 BauNVO) festgesetzt hat. Die generelle Notwendigkeit einer unmittelbaren Nähe der landwirtschaftlichen Betriebsstelle zu den Betriebsflächen würde jedoch den Erfordernissen landwirtschaftlicher Betriebe mit **verstreuten Betriebsflächen** nicht gerecht (zum Fall eines **Winzerbetriebs** BVerwG Urt. v. 22.11.1985 – 4 C 71/82, NVwZ 1986, 644). Bei einem Betrieb mit verstreut liegenden Anbauflächen müssen die Betriebsgebäude aber zumindest in noch angemessener Entfernung zu den Betriebsflächen liegen (BVerwG Urt. v. 22.11.1985 aaO; OVG Koblenz Urt. v. 27.7.2011 – 8 A 10394/11, NVwZ-RR 2012, 15).

1. Abschnitt. Zulässigkeit von Vorhaben § 35

g) Untergeordneter Teil der Betriebsfläche. Die Privilegierung nach Abs. 1 22
Nr. 1 ist weiterhin dadurch eingeschränkt, dass ein Vorhaben nur zulässig ist, wenn es einen **untergeordneten Teil der Betriebsfläche** einnimmt. Die von dem Vorhaben in Anspruch genommene Fläche darf im Verhältnis zur Gesamtfläche des Betriebs, dh der unmittelbar der Bodennutzung dienenden Fläche, nur geringfügig ins Gewicht fallen. Die Betriebsfläche muss also in wirtschaftlicher Hinsicht gegenüber dem Vorhaben eindeutig den Schwerpunkt bilden (*Söfker* in EZBK § 35 Rn. 37). Allgemein verbindliche Angaben über das Verhältnis von Betriebsfläche und Fläche für das Vorhaben lassen sich dabei nicht machen; vielmehr ist auf die Umstände des Einzelfalls abzustellen, vor allem auf übliche Größen oder auf die Art des Betriebs (vgl. *Roeser* in BK § 35 Rn. 31).

h) Pachtland. Die Ausübung der land- oder forstwirtschaftlichen Tätigkeit auf 23
Pachtland kann in mehrfacher Hinsicht bedeutsam sein: Für die Privilegierung des Betriebs als solche (→ Rn. 18), aber auch für die Frage, ob Pachtland zur Feststellung herangezogen werden kann, dass das Vorhaben auf einem „untergeordneten Teil" der Betriebsfläche ausgeführt wird (Rn. 22; BVerwG Urt. v. 3.11.1972 – IV C 9/70, BVerwGE 41, 138 (143f.)). Im Grundsatz ist darauf abzustellen, dass zur Betriebsfläche alle im Rahmen des Betriebs bewirtschafteten Flächen, also auch das Pachtland, zu rechnen sind. Ein landwirtschaftlicher Betrieb kann jedoch in aller Regel **nicht ausschließlich** auf Pachtland betrieben werden (vgl. BVerwG Beschl. v. 3.2.1989 – 4 B 14/89, UPR 1989, 425). Soweit hinzugepachtete Flächen für die Prüfung im Einzelfall maßgeblich sind, ist darauf abzustellen, ob die Flächen bindend langfristig gepachtet sind. Je umfangreicher eine Hinzupacht allerdings ist, umso unsicherer wird, ob die erforderliche Nachhaltigkeit des Betriebes noch gewährleistet ist. Für die erforderliche Nachhaltigkeit sprechen dagegen zB die lange Laufzeit eines Pachtvertrages und Arrondierungen mit eigenen Flächen (BVerwG Urt. v. 11.10.2012 – 4 C 9/11, NVwZ 2013, 155; OVG Koblenz, U. v. 21.3.2002 – 1 A 11700/01, BauR 2002, 398). Im Einzelfall (hier: zeitlich befristete Aufstellung von Wohncontainern für ausländische Erntehelfer) können die Voraussetzungen des Abs. 1 Nr. 1 auch dann erfüllt sein, wenn der landwirtschaftliche Nebenerwerbsbetrieb, dem das Vorhaben dienen soll, zwar weitestgehend oder gar vollständig auf Pachtflächen ausgeübt wird, jedoch aufgrund anderer Indizien festgestellt werden kann, dass es sich um einen **nachhaltigen Betrieb** handelt, dh „hinreichende Indizien für die Dauerhaftigkeit des Betriebes" vorliegen; OVG Koblenz Urt. v. 22.11.2007 – 1 A 10253/07, BauR 2008, 794; VGH Mannheim Urt. v. 15.12.2010 – 8 S 2517/09, DVBl. 2011, 294; → auch Rn. 49).

i) Altenteilerwohnungen; Wohnungen für Arbeitskräfte. Zu den dem Be- 24
trieb dienenden Vorhaben können auch **Altenteilerwohnungen** (Altenteilerhäuser) gehören (BVerwG Urt. v. 24.10.1980 – 4 C 35/78, BauR 1981, 57). Sie dienen dem Betrieb insbesondere dadurch, dass hierdurch beim Generationswechsel dem jeweiligen Altenteiler eine Wohnung bzw. ein Haus zur Verfügung steht. Voraussetzung für die Privilegierung ist nach der Rechtsprechung, dass das Altenteilerhaus für die besondere Zweckverwendung verfügbar ist und der Generationswechsel unmittelbar bevorsteht (OVG Lüneburg Beschl. v. 2.3.2012 – 1 LA 13/12, BauR 2012, 1229). Besteht das konkret begründbare Risiko eines Rechtsmissbrauchs, kann die Genehmigungsbehörde verlangen, dass die Nutzungsbindung in geeigneter Weise, etwa durch die Bestellung einer beschränkt persönlichen Dienstbarkeit in Form eines Wohnungsbesetzungsrechtes zugunsten der Genehmigungsbehörde gesichert wird (BVerwG Urt. v. 5.2.1971 – IV C 1/68, BauR 1972, 90; OVG Lüneburg Urt. v. 11.2.1985 – 6 A 64/83, BauR 1986, 191; VGH München Urt. v. 13.1.2011 – 2 B 10/269, BauR 2011, 1466). Soll das Altenteilerhaus **auf einem anderen Grundstück** errichtet werden, kann eine spätere Abtrennung der Nutzung ebenfalls auf diese Weise verhindert werden (OVG Lüneburg Urt. v. 11.2.1985 aaO). Altenteiler-

häuser erfüllen bei landwirtschaftlichen **Nebenerwerbsbetrieben** – insbesondere im Hinblick auf das Gebot größtmöglicher Schonung des Außenbereichs – die Privilegierungsvoraussetzungen von Abs. 1 Nr. 1 regelmäßig nicht (BVerwG Urt. v. 24.10.1980 – 4 C 35/78, BauR 1981, 57; VGH Mannheim Urt. v. 8.10.1993 – 8 S 1577/93, NuR 1994, 194).

25 Die Privilegierung nach Abs. 1 Nr. 1 umfasst nicht Fälle, in denen der in der vorweggenommenen Erbfolge übergebene **Hof aufgegeben** wurde: Das Altenteilerhaus kann in diesen Fällen nicht mehr einem landwirtschaftlichen Betrieb „dienen" (→ Rn. 19).

26 Auch betriebseigene **Wohnungen für Arbeitskräfte** können zu den dem Betrieb dienenden Vorhaben gehören. Die Wohnungen müssen auch in diesem Fall dem land- oder forstwirtschaftlichen Betrieb zugeordnet sein und ihm iS des Abs. 1 Nr. 1 dienen. Solche Wohnungen („Heuerlingswohnungen") können daher – bei Vorliegen der übrigen Voraussetzungen – unter die Privilegierung des Abs. 1 Nr. 1 fallen (s. VGH München Urt. v. 13.7.1982 – 1 B 81 A. 2189, BayVBl. 1983, 628; s. auch OVG Koblenz Urt. v. 21.3.2002 – 1 A 11 700/01, BauR 2002, 1213 zu einem zeitlich befristet aufgestellten Wohncontainer für ausländische Erntehelfer eines Nebenerwerbsbetriebs, der weitestgehend auf Pachtflächen ausgeübt wird).

27 **3. Gartenbauliche Erzeugung (Abs. 1 Nr. 2). § 35 Abs. 1 Nr. 2** (eingefügt durch das BauROG 1998) betrifft Betriebe, die der **gartenbaulichen Erzeugung** dienen. Diese Betriebe waren als landwirtschaftliche Betriebe, zu denen sie nach wie vor gehören (vgl. § 201), bis 31.12.1997 gem. § 35 Abs. 1 Nr. 1 privilegiert. Dies galt jedoch nur, wenn das Vorhaben einen untergeordneten Teil der Betriebsfläche einnahm (→ Rn. 22). Diese Einschränkung ist in Abs. 1 Nr. 2 nicht enthalten, sodass die Privilegierung weiter reicht als in Nr. 1. Dies hat vor allem Bedeutung bei großen Gewächshäusern uÄ Allerdings wurde der Planvorbehalt in Abs. 3 S. 3 durch das BauROG auch auf diese Privilegierungsfälle erstreckt. Zum Begriff des Dienens gelten die Ausführungen zu Abs. 1 Nr. 1 (Rn. 19) sinngemäß. Dies gilt weitgehend auch für den Betrieb auf Pachtland (→ Rn. 18, 23) sowie für Altenteilernutzungen (Rn. 24). Ein Altenteilerhaus „dient" allerdings nicht einem Gartenbaubetrieb, in dem auf verhältnismäßig kleiner Betriebsfläche (ca. 6200 qm) überwiegend unter Glas angebaut wird (BVerwG Urt. v. 20.1.1984 – 4 C 72/80, NVwZ 1985, 183 unter Hinweis darauf, dass es unter diesen Umständen an den typischen Besonderheiten der landwirtschaftlichen Betriebsweise fehle, bei der die Mitarbeit des Altenteilers zeitlich nicht einteilbar sei; → auch Rn. 24f.).

28 **4. Ortsgebundene Betriebe (Abs. 1 Nr. 3).** Nach **Abs. 1 Nr. 3** sind im Außenbereich Vorhaben privilegiert, die **der öffentlichen Versorgung mit Elektrizität, Gas, Telekommunikationsleistungen, Wärme und Wasser, der Abwasserwirtschaft oder einem ortsgebundenen gewerblichen Betrieb dienen.** Bei den in Nr. 3 genannten Anlagen der Telekommunikationsdienstleistungen, der öffentlichen Versorgung und der Abwasserwirtschaft geht das Gesetz davon aus, dass diese in der Regel (etwa aus technischen Gründen) an den Außenbereich gebunden sind. Bei den weiterhin genannten gewerblichen Betrieben ist demgegenüber die **Ortsgebundenheit** ausdrücklich als maßgeblicher Grund für die privilegierte Zulassung von Vorhaben im Außenbereich genannt. Die Ortsgebundenheit erfordert, dass die Anlage nach ihrem Gegenstand und Wesen ausschließlich an der fraglichen Stelle betrieben werden kann. Sie muss auf die geografische oder geologische Eigenart der Stelle angewiesen sein, da sie an einem anderen Ort ihren Zweck verfehlen würde. Obgleich die Ortsgebundenheit nur für gewerbliche Betriebe (Rn. 30) ausdrücklich als Zulässigkeitsvoraussetzung genannt ist, wird sie von der Rechtsprechung auch bei den anderen Vorhaben, allenfalls graduell abgeschwächt, gefordert (BVerwG Urt. v. 20.6.2013 – 4 C 2.12, NVwZ 2013, 1288; dass. Urt. v. 16.6.1994 – 4 C 20/93, BVerwGE 96, 95 (98); dass. Beschl. v. 9.3.2011 – 4 B 46/10, BauR 2011, 1150;

1. Abschnitt. Zulässigkeit von Vorhaben § 35

OVG Münster Urt. v. 12.6.2012 – 8 D 38/08, BauR 2012, 1883; VGH Mannheim Urt. v. 8.2.2012 – 8 S 1796/10, ZfBR 2012, 381; anders etwa *Dolde* NJW 1983, 792). Begründet wird dies vor allem mit dem Grundsatz der größtmöglichen **Schonung des Außenbereichs** (→ auch Rn. 19), nach dem auch bei der Zulässigkeit dieser Vorhaben die Gebundenheit an den Außenbereich zu prüfen sei.

Als privilegierte Vorhaben der **Telekommunikationsdienstleistungen** kommen zB Rundfunk- und Fernsehtürme, Verstärkeranlagen und Sendemasten für den Mobilfunk (BVerwG Urt. v. 20.6.2013 – 4 C 2.12, NVwZ 2013, 1288; VGH Mannheim Urt. v. 8.2.2012 – 8 S 1796/10, ZfBR 2012, 381; dass. Beschl. v. 25.8.1997 – 8 S 1861/97, BauR 1998, 313) in Betracht; ein besonderer „Gemeinwohlbezug" des Vorhabens oder Trägers ist nicht erforderlich. Daher sind auch Vorhaben privatwirtschaftlicher Unternehmen von der Privilegierung erfasst. Als privilegierte Vorhaben der **öffentlichen Versorgung** kommen zB in Betracht: Leitungsmasten, Strom-, Gas-, Wärme- oder Wasserleitungen, Talsperren, Umspannwerke, Konverterstationen oder Kraftwerke (zu Windenergieanlagen s. **Abs. 1 Nr. 6**). Privilegierte Vorhaben der **Abwasserwirtschaft** sind zB Abwasserleitungen, Kläranlagen oder Klärteiche. 29

Privilegiert iS des Abs. 1 Nr. 3 ist ein **gewerblicher Betrieb** dann, wenn er nach seinem Gegenstand und seinem Wesen „hier und so nur an der fraglichen Stelle betrieben werden kann" (BVerwG Urt. v. 5.7.1974 – IV C 76/71, NJW 1975, 550). Voraussetzung ist, dass der Betrieb, wenn er nicht seinen Zweck verfehlen soll, auf die **geographische oder geologische Eigenart** dieser Stelle angewiesen ist. Es reicht demgegenüber nicht aus, dass der Betrieb an der fraglichen Stelle, insbesondere aus Gründen der Rentabilität, besonders gut zu betreiben oder zweckmäßig unterzubringen ist (BVerwG Urt. v. 19.4.2012 – 4 C 10/11, BauR 2012, 1626; dass. Urt. v. 5.7.1974 aaO), jedoch im Übrigen auch „beliebig anderswo im Außenbereich" untergebracht werden könnte (BVerwG Urt. v. 20.6.2013 – 4 C 2.12, NVwZ 2013, 1288). Dies gebietet jedoch keine „kleinliche" Prüfung. Eine gleichsam quadratmeter genau erfassbare Zuordnung zu der in Anspruch genommenen Örtlichkeit ist nicht erforderlich. Abhängig von der Spezifik des Vorhabens kann im Einzelfall anstelle der Ortsgebundenheit daher auch die **Raum- oder Gebietsgebundenheit** genügen (BVerwG, aaO, zu Mobilfunksendeanlagen). Als privilegierte Vorhaben kommen daher neben den in Rn. 29 genannten Vorhaben zB in Betracht: Bergwerksanlagen, Braunkohletagebau, Bohrtürme, Kies- und Sandgruben, Steinbrüche, Torfstechereien, Windmühlen, Ziegeleien. Als nicht privilegierte Vorhaben sind demgegenüber zB Konservenfabriken, Sägewerke oder Zuckerfabriken zu nennen, die zwar möglicherweise aus Zweckmäßigkeitsgründen, nicht aber ihrem Wesen nach auf den Außenbereich angewiesen sind. 30

Der **Begriff „gewerblich"** ist dabei nicht im gewerberechtlichen, sondern im städtebaurechtlichen Sinne auszulegen. Insbesondere ist die Urproduktion, also die Gewinnung von Naturerzeugnissen, nicht ausgeschlossen. Daher fallen zB auch der Gesteinsabbau oder der Torfabbau unter den Begriff des „Gewerbes". Wegen der Anforderungen an die **Betriebseigenschaft** ist – wie auch bei den nach Abs. 1 Nr. 1 privilegierten land- oder forstwirtschaftlichen Betrieben (→ Rn. 13 ff.) – vor allem darauf abzustellen, dass das Vorhaben nachhaltig und ernsthaft betrieben wird (zur Erweiterung von gewerblichen Betrieben s. auch Abs. 4 S. 1 Nr. 6). 31

Das Vorhaben muss den privilegierten Anlagen **dienen** (→ zum Begriff des „Dienens" Rn. 19). Es reicht daher nicht aus, wenn ein Vorhaben für die Anlage, zB den gewerblichen Betrieb, nur „förderlich" ist. Andererseits wird nicht vorausgesetzt, dass das Vorhaben für die Anlage „unentbehrlich" oder für seine Fortführung „notwendig" ist. Vielmehr ist darauf abzustellen, ob das Vorhaben einem Betrieb zu- und untergeordnet ist und angenommen werden kann, dass ein vernünftiger Unternehmer das Vorhaben mit etwa gleichem Verwendungszweck und mit etwa gleicher Gestaltung und Ausstattung für einen entsprechenden Betrieb errichten würde (BVerwG 32

Urt. v. 7.5.1976 – IV C 43/74, BVerwGE 50, 346). Dabei ist insbesondere darauf abzustellen, dass ein vernünftiger Betriebsinhaber ein Vorhaben unter Beachtung des Gebots größtmöglicher Schonung des Außenbereichs durchführen würde (BVerwG Urt. v. 7.5.1976 aaO). Von der Privilegierung können auch Vorhaben mitumfasst sein, die selbst nicht privilegiert sind, aber mit dem Betrieb in räumlichem und funktionellem **Zusammenhang** stehen (zB Verkauf, Weiterverwendung; vgl. sinngemäß Rn. 14 zu den „mitgezogenen" Nutzungen sowie BVerwG Urt. v. 7.5.1976 aaO).

33 **5. Sonstige privilegierte Vorhaben (Abs. 1 Nr. 4).** Nach **Abs. 1 Nr. 4** sind im Außenbereich sonstige, also nicht schon bereits nach den Nr. 1 bis 3, 5–8 zulässige Vorhaben privilegiert, die wegen ihrer besonderen Anforderungen an die Umgebung, wegen ihrer nachteiligen Wirkung auf die Umgebung oder wegen ihrer besonderen Zweckbestimmung **nur im Außenbereich** ausgeführt werden sollen. Ausgeklammert sind dabei seit der **Innenentwicklungsnovelle 2013** (vgl. hierzu *Battis/Mitschang/Reidt* NVwZ 2013, 961 (965)) die Errichtung, Änderung oder Erweiterung einer baulichen Anlage zur Tierhaltung, die dem Anwendungsbereich der Nummer 1 nicht unterfällt und die einer Pflicht zur Durchführung einer UVP oder zumindest einer entsprechenden Vorprüfung nach dem UVPG unterliegt. Bei kumulierenden Vorhaben (§ 3b Abs. 2 UVPG, → Rn. 41) sind für die Annahme eines engen Zusammenhangs diejenigen Tierhaltungsanlagen zu berücksichtigen, die auf demselben Betriebs- oder Baugelände liegen und mit gemeinsamen betrieblichen oder baulichen Einrichtungen verbunden sind (BVerwG Urt. v. 18.6.2015 – 4 C 4.14, BauR 2015, 1630 (1633)). Ob ein Vorhaben nur im Außenbereich ausgeführt werden soll, hängt zunächst davon ab, ob es nicht auch im Innenbereich (§ 34) oder im Geltungsbereich eines Bebauungsplans (§ 30) ausgeführt werden kann. Bei der Beurteilung der privilegierten Zulässigkeit sonstiger Vorhaben ist somit darauf abzustellen, ob sie nicht in einem Baugebiet untergebracht werden könnten (BVerwG Beschl. v. 26.3.2014 – 4 B 3/14, BauR 2014, 1129 (1130); dass. Beschl. v. 8.2.1963 – I B 165/62, DÖV 1964, 744). Diese Frage ist nicht abstrakt zu beantworten, also nicht danach, ob ein Vorhaben „im Allgemeinen" im Innenbereich ausgeführt werden kann. Vielmehr ist auf die **konkreten örtlichen Gegebenheiten** abzustellen, also darauf, ob das Vorhaben „hier und so" nur im Außenbereich untergebracht werden kann (BVerwG Urt. v. 7.5.1976 – IV 43/74, BVerwGE 50, 346). Für die Zulässigkeit ist daher entscheidend, ob das Vorhaben nach den konkreten Umständen und wegen seiner besonderen Zweckbestimmung sinnvoll nur im Außenbereich errichtet werden kann (vgl. BVerwG Urt. v. 14.5.1969 – IV C 19/68, BVerwGE 34, 1 zu Fischerhütten; dass. Urt. v. 14.3.1975 – IV C 41/73, BVerwGE 48, 109). Für die Zulässigkeit kommt es deshalb auch nicht darauf an, ob ein Vorhaben grundsätzlich auch im Wege der Bebauungsplanung ermöglicht werden könnte (BVerwG Urt. v. 14.3.1975 aaO, 111; OVG Münster Urt. v. 12.6.2012 – 8 D 38/08, BauR 2012, 1883). Sonstige Vorhaben sind jedoch nicht bereits deshalb privilegiert zulässig, wenn sie nach den konkreten Umständen zweckmäßigerweise oder vernünftigerweise im Außenbereich untergebracht würden. Es muss hinzukommen, dass das betreffende Vorhaben nach Lage der Dinge **notwendigerweise im Außenbereich** auszuführen ist. Es muss also mindestens einer der folgenden drei in Abs. 1 Nr. 4 genannten Gründe erfüllt sein und, sofern sich dies nicht aus erkennbaren objektiven Tatsachen ergibt, durch ein schlüssiges Konzept belegt sein (BVerwG Beschl. v. 12.4.2011 – 4 B 6/11, BauR 2011, 1299; vgl. auch *Reidt,* Standortgebundene Betriebe im Außenbereich, in Mitschang, Planen und Bauen im Außenbereich, 2010, 39 ff.; *Achatz* DVBl. 2013, 73 ff.).

34 (1) Das Vorhaben kann wegen seiner **besonderen Anforderungen an die Umgebung** nur im Außenbereich ausgeführt werden. Ein Vorhaben ist danach privilegiert zulässig, wenn es seine Funktion nur im Zusammenhang mit bestimmten Eigenschaften der Umgebung erfüllen kann, die in einem beplanten bzw. bebauten Bereich in der Regel nicht vorzufinden sind. Solche Vorhaben sind z. B.: Aussichtstürme,

1. Abschnitt. Zulässigkeit von Vorhaben **§ 35**

Freilichttheater oder Wetterstationen (→ im Einzelnen, zB zu Sanatorien, die Übersicht in Rn. 67).

(2) Das Vorhaben kann wegen seiner **nachteiligen Wirkung auf die Umgebung** 35 nur im Außenbereich ausgeführt werden. Hierunter können insbesondere Vorhaben fallen, die wegen der von ihnen ausgehenden Emissionen (zB Tierkörperbeseitigungsanstalten, Anlagen zur Vergärung und Kompostierung von Bioabfällen, Zementfabriken) oder wegen besonderer Gefahren (zB Sprengstofffabriken oder Sprengstofflager) nicht im Innenbereich untergebracht werden sollen (→ zu weiteren Beispielen die Übersicht in Rn. 67). Die von den privilegierten Anlagen ausgehenden Umwelteinwirkungen müssen jedoch auf das Unvermeidbare beschränkt werden. Lässt sich ein Vorhaben sowohl mit mehr als auch mit weniger Emissionen betreiben, so ist nur die umweltfreundlichere Anlage privilegiert; lässt sich das Vorhaben auch mit weniger Emissionen betreiben und kann es dann auch im Innenbereich untergebracht werden, so entfällt die Privilegierung nach Abs. 1 Nr. 4 (BVerwG Urt. v. 2.12.1977 – IV C 75/75, BVerwGE 55, 118; vgl. weiterhin *Burgi/Vogler* UPR 1992, 136 (138) unter Hinweis auf die Zweistufigkeit der Tatbestandsprüfung: Privilegierungsfähigkeit und -bedürftigkeit). Besteht für ein Vorhaben, etwa wegen seiner komplexen und schwer zu beherrschenden Umweltauswirkungen, ein Planungserfordernis (Rn. 99), lässt dies die Privilegierung nach Nr. 4 entfallen (OVG Münster Urt. v. 12.6.2012 – 8 D 38/08, BauR 2012, 1883 (1887) zu einem Steinkohlekraftwerk).

Im Gegensatz zu Abs. 1 Nr. 1, der sich auf Tierhaltungsanlagen im Rahmen eines 36 landwirtschaftlichen Betriebes bezieht, erfasst Abs. 1 Nr. 4 auch sog. **„gewerbliche" Tierhaltungsanlagen** (BVerwG Beschl. v. 27.6.1983 – 4 B 206/82, NVwZ 1984, 169; OVG Münster Beschl. v. 2.6.2009 – 8 B 572/09, DVBl. 2009, 1040; dass. Beschl. v. 14.1.2010 – 8 B 1015/09, UPR 2011, 33; *Dolde* NVwZ 1984, 158ff.). Für eine Standortsteuerung hatten die Gemeinden vor der Innenentwicklungsnovelle 2013 nur die Möglichkeit, vom Planvorbehalt gemäß Abs. 3 S. 3 (Rn. 111ff.) oder von einem qualifizierten bzw. einfachen Bebauungsplan bei der Festsetzung von Sondergebieten (zB „Tierhaltungsbetriebe") Gebrauch zu machen (instruktiv VGH Mannheim Urt. v. 26.6.2014 – 5 S 203/13, ZfBR 2015, 163 (164).

Aufgrund der mit Tierhaltungsanlagen (zB Rinder-, Schweine- oder Geflügelmast) 37 verbundenen nachteiligen Wirkungen auf die Umgebung (Gerüche, Bioaerosole), insbesondere im Hinblick auf die Siedlungs- und Infrastrukturentwicklung sowie die Erholung in der freien Landschaft, ist mit der **Innenentwicklungsnovelle 2013 Abs. 1 Nr. 4 geändert** und in Bezug auf die **Zulassungsfähigkeit von gewerblichen Tierhaltungsanlagen** eingeschränkt worden (zur Problematik zB *Mitschang*, Planerische Steuerung von Tierhaltungsanlagen im Außenbereich, FS Stüer, 2013, 219ff.; *Schink* BauR 2011, 1425ff.; *Reidt* BauR 2011, 1444ff.; *Söfker* NVwZ 2008, 1273ff.; *Schröder* AUR 2011, 177ff.; *Gördes/Schulte* BauR 2011, 924ff.). Sie sind seither nur noch eingeschränkt gemäß Abs. 1 Nr. 4 privilegiert zulässig (zu aus dem Privilegierungstatbestand herausgefallenen gewerblichen Tierhaltungsanlagen *Peine*, LKV 2014, 385ff.; *Arnold*, BauR 2015, 765ff. sowie 1259ff.). Die Privilegierung nach Abs. 1 besteht nicht, wenn es um die Errichtung, Änderung oder Erweiterung einer baulichen Anlage zur Tierhaltung geht, die nicht dem Anwendungsbereich der Nr. 1 unterfällt und wenn für sie eine Pflicht zur Durchführung einer standortbezogenen oder allgemeinen Vorprüfung oder einer UVP nach dem UVPG besteht. Die Einschränkung zu Nr. 4 erstreckt sich hingegen nicht auf die Nutzungsänderung vorhandener Anlagen, sofern sie nicht mit einer Änderung oder Erweiterung verbunden ist (→ § 29 Rn. 20f.).

Die vor dem Hintergrund der mit Tierhaltungsbetrieben zusammenhängenden 38 Probleme neu gefasste Nr. 4 hat erst im Rahmen der Erörterungen im BT-Ausschuss für Verkehr, Bau und Stadtentwicklung ihren heute geltenden Wortlaut erhalten. Noch im Regierungsentwurf (vgl. BT-Drs. 17/11468, 6, 14) war vorgesehen, die Privilegierung auf solche gewerblichen Tierhaltungsanlagen zu begrenzen, die keiner Pflicht zur Durchführung einer UVP nach dem UVPG unterliegen. Die nunmehr

geltende Regelung **schränkt die Privilegierung noch weiter ein.** Da der Nr. 1 unterfallende Tierhaltungsbetriebe unabhängig von einer Vorprüfungs- oder UVP-Pflicht nach wie vor im Außenbereich privilegiert sind, dürfte der Druck in Richtung auf dem Landwirtschaftsbegriff (→ § 201) unterfallende Tierhaltungsanlagen deutlich zunehmen.

39 Nach **§ 3 Abs. 1 S. 1 UVPG** werden vom Anwendungsbereich des UVPG die in der Anlage 1 des Gesetzes aufgeführten Vorhaben erfasst. Die Anlage 1 zum UVPG unterscheidet zwischen generell UVP-pflichtigen Vorhaben und solchen Vorhaben, die einer allgemeinen Vorprüfung des Einzelfalls oder einer standortbezogenen Vorprüfung unterliegen. Bei diesen Vorhaben ergibt sich aus dem Ergebnis der Vorprüfung, ob eine UVP durchgeführt werden muss. Tierhaltungsanlagen sind in der Anlage 1 zum UVPG unter Nr. 7.1 bis 7.11 aufgeführt. Ob eine UVP-Pflicht besteht, ergibt sich aus den §§ 3a bis 3f UVPG (zur Durchführung der Vorprüfung s. Anlage 2 zum UVPG).

40 **Änderungs- und Erweiterungsvorhaben** unterliegen nach den Vorschriften des UVPG ebenfalls einer UVP- oder Vorprüfungspflicht und sind damit nicht nach Nr. 4 privilegiert, wenn entweder ein bisher nicht UVP-pflichtiges Vorhaben durch die Änderung oder Erweiterung die maßgeblichen Schwellenwerte nach Nr. 7 der Anlage 1 zum UVPG erstmals erreicht oder überschreitet (sog. „Hineinwachsen in die UVP-Pflicht", vgl. § 3b Abs. 3 UVPG) oder sich die Änderung oder Erweiterung auf ein bereits UVP-pflichtiges Vorhaben bezieht (§ 3e UVPG).

41 Nach Nr. 4 iVm § 3b Abs. 2 S. 2 Nr. 1 UVPG besteht bei **kumulierenden Anlagen** der erforderliche enge Zusammenhang dann, wenn die Vorhaben auf demselben Betriebs- oder Baugelände liegen und mit gemeinsamen betrieblichen oder baulichen Einrichtungen verbunden sind. Ausreichend hierfür ist ein räumlich-betrieblicher Zusammenhang. Dieser ist gegeben, wenn sich die Umweltauswirkungen der Vorhaben überschneiden und die Vorhaben funktional und betrieblich aufeinander bezogen sind (BVerwG Urt. v. 18.6.2015 – 4 C 4.14 NVwZ 2015, 1458). Eine Eigentümeridentität ist also nicht zwingend erforderlich, so dass auch Vorhaben unterschiedlicher Betreiber ggf. gemeinsam zu betrachten sind. Dies gilt insbesondere in den Fällen einer Betriebsaufspaltung aus organisatorischen, steuerlichen oder sonstigen Gründen. Auch in diesen Fällen sind daher die vorhandenen bzw. geplanten Tierhaltungsplätze zusammenzurechnen und den in der Anlage 1 zum UVPG genannten Werten gegenüberzustellen (zum Erfordernis einer wertenden Gesamtbetrachtung OVG Münster Urt. v. 17.6.2014 – 2 A 1434/13, NuR 2014, 801 (802f.). Dies gilt auch in Fällen einer nachträglichen Kumulation von Vorhaben (BVerwG Urt. v. 18.6.2015 – 4 C 4.14, NVwZ 2015, 1458; dazu etwa *Arnold/Weghake,* BauR 2016, 190ff.).

42 Die im Rahmen der Innenentwicklungsnovelle 2013 vorgenommene Änderung in Abs. 1 Nr. 4 wirkt sich auf die **planungsrechtlichen Steuerungsmöglichkeiten für Tierhaltungsbetriebe** aus. Als planungsrechtliche Grundlage für die Zulassung von gewerblichen Tierhaltungsanlagen kommen in erster Linie Bebauungspläne mit der Festsetzung von Sondergebieten sowie ggf. Geruchskontingentierungen und Mindestabständen zu schutzempfindlichen Nutzungen in Betracht. Eine Standortsteuerung auf der Grundlage des Planvorbehalts in Abs. 3 S. 3 ist hingegen nur noch für die von Abs. 1 Nr. 4 erfassten nicht UVP- oder vorprüfungspflichtigen Tierhaltungsbetriebe möglich. In Bezug auf die Anwendung des Planvorbehaltes nach Abs. 3 S. 3 enthält § 245a Abs. 3 jedoch eine Überleitungsvorschrift (→ § 245a Rn. 6f.). Eine weitere Überleitungsvorschrift enthält § 245a Abs. 4 in Bezug auf Zulassungsentscheidungen für Tierhaltungsanlagen, die vor Ablauf des 4.7.2012 (Tag des Kabinettsbeschlusses zum Regierungsentwurf) bei der zuständigen Behörde eingegangen sind (→ § 245a Rn. 8).

43 (3) Das Vorhaben kann wegen seiner **besonderen Zweckbestimmung** nur im Außenbereich ausgeführt werden. Danach sind zB Vorhaben privilegiert, die von ihrem Zweck her der Funktion des Außenbereichs als Erholungslandschaft für die Allgemeinheit entsprechen, wie zB Schutzhütten, der Allgemeinheit zur Verfügung stehende Berg- und Skihütten oder Badehütten (zu einem Schießplatz für jagdliches

1. Abschnitt. Zulässigkeit von Vorhaben **§ 35**

Ausbildungs- und Übungsschießen BVerwG Urt. v. 9.5.2012 – 4 B 10/12, ZfBR 2012, 573 (574)). Nicht darunter fallen Vorhaben, die eine der Allgemeinheit zur Verfügung stehende Nutzung ausschließen, wie zB private Berghütten, oder der Gewinnerzielung dienen (zB Gaststätten, Motels, Campingplätze; → im Einzelnen die Übersicht in Rn. 67). Auch Vorhaben von **Kirchen** und Religionsgesellschaften (Kirchen, Gemeindehäuser) sind nicht bereits als solche nach Abs. 1 Nr. 4 privilegiert (OVG Koblenz Urt. v. 5.9.2006 – 8 A 10519/06, NVwZ-RR 2007, 304). Ein **privates Wochenendhaus** ist kein privilegiertes Vorhaben iS des Abs. 1 Nr. 4, da sich diese Nutzungsart nicht grundsätzlich von der Bebauung mit Wohngebäuden allgemeiner Art unterscheidet und daher grundsätzlich nur in den für diese Art der Nutzung bestimmten Teilen des Gemeindegebiets zulässig ist (BVerwG Urt. v. 29.4.1964 – I C 30/62, BVerwGE 18, 247). Dagegen sind zB **Jagdhütten** privilegiert zulässig, weil ohne sie die auch den Interessen der Allgemeinheit dienende Jagdausübung nicht möglich ist; die Privilegierung einer Jagdhütte setzt jedoch idR voraus, dass diese in dem zu bejagenden Bezirk liegt (BVerwG Urt. v. 10.12.1982 – 4 C 52/78, NVwZ 1983, 472). Wohnt der Jagdausübungsberechtigte hingegen im Jagdrevier selbst oder so in dessen Nähe, dass er die Jagd von seinem Wohnort aus in angemessen kurzer Zeit erreichen kann, hat die Außenbereichsschonung Vorrang (BVerwG Urt. v. 18.10.1985 – 4 C 56/82, ZfBR 1986, 48: 6 km Entfernung zwischen Wohnsitz und Jagd). Eine Jagdhütte ist auch dann idR nicht im Außenbereich privilegiert zulässig, wenn sich in der Nähe Ortschaften, Bauernhöfe oder ähnliche Unterbringungsmöglichkeiten befinden (OVG Lüneburg Beschl. v. 19.3.2008 – 1 LA 84/07, NVwZ-RR 2008, 685).

Auch **Fischerhütten** können zu den nach Abs. 1 Nr. 4 privilegierten Vorhaben **44** gehören, soweit sie insbesondere zur ordnungsgemäßen Ausübung der Fischzucht erforderlich sind (BVerwG Beschl. v. 7.12.1972 – IV B 188/72, BRS 25 Nr. 64). Soweit ein Vorhaben einem Betrieb der berufsmäßigen Binnenfischerei dient, kommt zudem eine Privilegierung nach Abs. 1 Nr. 1 in Betracht. Die **Haltung von zwei Pferden aus Liebhaberei** (→ auch Rn. 17) geht nicht über die individuelle und die Allgemeinheit ausschließende Nutzung des Außenbereichs hinaus und ist daher nicht nach Abs. 1 Nr. 4 privilegiert (BVerwG Beschl. v. 9.9.2004 – 4 B 58/04, BauR 2006, 1136; zur Frage einer Privilegierung von **Sportanlagen,** u. a. Go-Kart-Bahn, Golf, Tennis, Schießsport, → die Übersicht in Rn. 67).

Betriebe, die lediglich mit einem **Betriebsteil** die Voraussetzungen einer Privilegierung nach Abs. 1 Nr. 4 erfüllen, sind nur dann insgesamt privilegiert, wenn sie als Folge **45** nicht nur wirtschaftlicher Zweckmäßigkeit, sondern technischer Erfordernisse dem typischen Erscheinungsbild eines Betriebs dieser Art entsprechen und der privilegierte Betriebszweig den gesamten Betrieb prägt (BVerwG Urt. v. 7.5.1976 – IV C 43/74, BVerwGE 50, 346, 351; dass. Beschl. v. 2.3.2005 – 7 B 16/05, NuR 2005, 729; dass. Urt. v. 9.6.1976 – IV C 42/74, BauR 1976, 344; → auch zu den mitgezogenen Nutzungen Rn. 14). Die **Änderung** der nach Abs. 1 Nr. 4 privilegierten Nutzung in eine andere Nutzung führt dazu, dass – wie auch sonst bei Nutzungsänderungen (→ § 29 Rn. 18 und 21) – der **Bestandsschutz** der privilegierten Nutzung verloren geht (vgl. für die Nutzungsänderung einer Jagdhütte in eine Hütte für Freizeitzwecke BVerwG Beschl. v. 21.6.1994 – 4 B 108/94, NVwZ-RR 1995, 312; dass. Beschl. v. 9.9.2002 – 4 B 52/02, BauR 2003, 1021; → allgemein zum Bestandsschutz § 29 Rn. 18).

6. Wind- und Wasserenergie (Abs. 1 Nr. 5). Nach **Abs. 1 Nr. 5** sind Anlagen, **46** die der Erforschung, Entwicklung oder Nutzung der Wind- oder Wasserenergie dienen, privilegierte Außenbereichsvorhaben (zu den Anforderungen an die Erforschung und Entwicklung im Zusammenhang mit einer „mitgezogenen" hybriden Klein-Windkraftanlage, die einer Großwindenergieanlage dient BVerwG Urt. v. 22.1.2009 – 4 C 17/07, NVwZ 2009, 918 Rn. 10 ff. und 15 ff.; zu einem Windmessmast OVG Saarlouis Beschl. v. 2.9.2010 – 2 B 215/10, BauR 2011, 983 (986 f.)). Anlagen der **Wasserener-**

§ 35　I. Kapitel. III. Teil. Regelung der baul. und sonst. Nutzung

gie, die idR auch der Privilegierung nach Abs. 1 Nr. 3 unterfallen, sind aus systematischen Gründen auch in die Nr. 5 einbezogen worden, die zur Privilegierung von **Windenergieanlagen** durch die BauGB-Novelle 1996 (zunächst als Nr. 7; im BauROG Nr. 6) eingeführt wurde. Während bis zu dieser „Windenergienovelle" (→Einl. Rn. 43) im Schrifttum überwiegend eine Privilegierung von Windenergieanlagen nach (jetzt) Nr. 3 angenommen wurde, hat das BVerwG (Urt. v. 16.6.1994 – 4 C 20/93, BVerwGE 96, 95) dies verneint, weil Windenergieanlagen das Kriterium der „Ortsgebundenheit" nicht erfüllten (→ Rn. 28 und 30). Durch die BauGB-Novelle 1996 wurde weiterhin eine planerische Steuerungsmöglichkeit durch Regional- oder Flächennutzungspläne eingefügt (vgl. **Abs. 3 S. 3**) sowie die Zurückstellungsmöglichkeit nach § 15 **Abs. 3** (s. hierzu *Scheidler* ZfBR 2012, 123 ff.; zur Zulässigkeit von Windenergieanlagen in den typisierten Baugebieten der BauNVO OVG Lüneburg Urt. v. 25.6.2015 – 12 LC 230/14, NVwZ-RR 2015, 848 zu einem Industriegebiet).

47　**7. Biomasseanlagen (Abs. 1 Nr. 6).** Nach **Abs. 1 Nr. 6** (eingeführt durch das EAG Bau 2004, geändert durch die Klimaschutznovelle 2011 und die Innenentwicklungsnovelle 2013) sind **Vorhaben zur Nutzung der aus Biomasse erzeugten Energie** privilegiert. Die Vorschrift soll zum Klimaschutz, zur Ressourcenschonung und zu einer flexiblen und effizienten Energienutzung beitragen, aber auch den Strukturwandel in der Landwirtschaft unterstützen. Privilegierte Nutzung ist dabei die Herstellung und Nutzung der Energie von aus Biomasse (von Tieren oder Pflanzen erzeugte oder bei ihnen anfallende organische Substanzen, insbesondere nachwachsende Rohstoffe wie schnell wachsende Baumarten und bestimmte Acker- und Ölfrüchte und spezielle Energiepflanzen mit hohem Trockenmasse-Ertrag sowie organische Reststoffe wie Stroh, Gras, Laub oder Dung; zur planungsrechtlichen Steuerung des Anbaus nachwachsender Rohstoffe, vgl. *Albrecht* NuR 2013, 453 ff. sowie 529 ff.; s. auch die engeren Bestimmungen in den §§ 2, 3 der auf § 2 Abs. 1 S. 2 EEG gestützten Biomasseverordnung, die jedoch für die bauplanungsrechtliche Einordnung nicht relevant sind) erzeugtem Gas (Biogasanlagen) sowie jede sonstige energetische Nutzung von Biomasse einschließlich der thermischen Energienutzung. Der in Abs. 1 Nr. 6 verwendete **Anlagenbegriff ist nutzungsbezogen** (*Söfker* in EZBK § 35 Rn. 59 f.) und umfasst neben dem Fermenter auch die Anlagenteile, die der Elektrizitäts- und Wärmeerzeugung aus dem gewonnenen Gas dienen. Ebenfalls gehören dazu für den Anschluss an das öffentliche Versorgungsnetz geplante Vorhabenbestandteile (zB die notwendigen Anschlussleitungen). Auf den Begriff der „gemeinsamen Anlage" iSv § 1 Abs. 3 der 4. BImSchV kann nicht zurückgegriffen werden, da dieser zwar einen engen räumlichen und betrieblichen Zusammenhang voraussetzt, gleichwohl jedoch mehrere Anlagen umfasst. Dies jedoch wird durch Abs. 1 Nr. 6 Buchst. c) gerade ausgeschlossen (→ Rn. 55; *Battis/Krautzberger/Mitschang/Reidt/Stüer* NVwZ 2011, 897 (902)). Wegen des abschließenden Charakters der Vorschrift können Anlagen mit einer höheren Leistung auch nicht nach Abs. 1 Nr. 4 zugelassen werden (vgl. aber *Loibl/Rechel* UPR 2008, 134 (140): ggf. Beurteilung nach Abs. 1 Nr. 3). Auch eine Zulässigkeit von Anlagen zur Nutzung von Biomasse als dienende oder **„mitgezogene" Nutzung** privilegierter Vorhaben (namentlich nach Abs. 1 Nr. 1, → Rn. 14) kommt wegen des abschließenden Charakters nicht in Betracht, wohl aber ggf. eine Zulässigkeit nach Abs. 2.

48　Der Privilegierungstatbestand enthält einengende Voraussetzungen. Danach sind Vorhaben für die energetische Nutzung von Biomasse nur im Rahmen eines noch aktiv betriebenen, formell oder jedenfalls materiell rechtmäßigen **landwirtschaftlichen Betriebs**, eines **Gartenbaubetriebs** (Abs. 1 Nr. 2) oder eines Betriebs nach Abs. 1 Nr. 4, der Tierhaltung betreibt, privilegiert. Zudem müssen die in Abs. 1 Nr. 6 Buchst. a)–d) genannten Voraussetzungen sämtlich erfüllt sein. Auf eine besondere dienende Funktion zugunsten eines Vorhabens nach Abs. 1 Nr. 1, 2 oder 4, so wie sie in Abs. 1 Nr. 1 im Bereich der Land- und Forstwirtschaft erforderlich ist, kommt es nicht an. Insbesondere ist also keine Deckung eines bestimmten Eigenbe-

1. Abschnitt. Zulässigkeit von Vorhaben **§ 35**

darfs erforderlich. Es genügt vielmehr, wenn das Vorhaben der energetischen Nutzung von Biomasse als solcher dient (→ zum Begriff des Dienens Rn. 19).

Die Privilegierung setzt voraus, dass die energetische Nutzung **im Rahmen des** 49 **Betriebes** erfolgt, also (zB) dem landwirtschaftlichen Betrieb oder sonstigen Betrieb iSd Abs. 1 Nr. 1 zugeordnet ist. Dieser kann auch im bauplanungsrechtlichen Innenbereich gelegen sein (OVG Koblenz Beschl. v. 7.2.2014 – 1 B 11320/13, BeckRS 2014, 47880). Die Erzeugung von Biomasse ist dabei in der Regel selbst Landwirtschaft iSv § 201. Eine Biogasanlage wird daher auch dann noch „im Rahmen" eines landwirtschaftlichen Betriebes betrieben, wenn dieser ausschließlich Biomasse erzeugt (BVerwG Urt. v. 11.12.2008 – 7 C 6/08, BVerwGE 132, 372; dass. Beschl. v. 21.12.2010 – 7 B 4/10, BauR 2011, 1304 Rn. 29). Ein landwirtschaftlicher Betrieb iSv Abs. 1 Nr. 1 und Nr. 6 kann auch dann vorliegen, wenn er überwiegend auf angepachteten Flächen betrieben wird, sofern hinreichende Indizien für die Dauerhaftigkeit des Betriebes vorliegen (→ Rn. 23 sowie zu Abs. 1 Nr. 6 BVerwG Urt. v. 11.12.2008 – 7 C 6/08, BVerwGE 132, 372). Steht die Biomasseanlage nicht im (Allein-)Eigentum des Inhabers des Basisbetriebs, kann sie diesem auch dann noch zugeordnet werden, wenn sie sich im Eigentum einer **Betreibergesellschaft** befindet (zB aus Gründen der Finanzierung). Der Inhaber des Basisbetriebs muss allerdings maßgeblichen Einfluss auf die Gesellschaft und auf den Betrieb der Biomasseanlage haben, da es ansonsten nicht um ein Vorhaben im Rahmen des Betriebs geht (so die Hinweise der Fachkommission Städtebau der ARGEBAU v. 22.3.2006, 2, übernommen in den meisten Einführungserlassen der Länder; vgl. OVG Lüneburg Beschl. v. 25.4.2013 – 12 ME 41/13, NVwZ RR 2013, 595 (596); Urt. v. 14.3.2013 – 12 LC 153/11, BauR 2013, 1091; anders etwa *Berwanger* BauR 2013, 1046ff.; *Mantler* BauR 2007, 50ff.; ausführlich *Kremer* BauR 2013, 1370ff.). Im Fall der Kooperation privilegierter Betriebe genügt es, dass diese zusammen einen bestimmenden Einfluss auf die Betriebsführung ausüben können (VGH München Beschl. v. 8.11.2013 – 22 CS 13/1984, UPR 2014, 233).

Zum Schutz des Außenbereichs wird die Privilegierung für Biomasseanlagen 50 durch Abs. 1 Nr. 6 Buchst. a)–d) beschränkt. Diese Voraussetzungen müssen, wie dies bei den anderen Privilegierungstatbeständen in Abs. 1 ebenfalls der Fall ist, dauerhaft vorliegen. Ansonsten handelt es sich ggf. um eine zur Entprivilegierung führende Nutzungsänderung (zB wenn die Biomasseanlage nicht mehr im Rahmen eines Betriebes iSv Abs. 1 Nr. 1, 2 oder 4 betrieben wird (→ Rn. 52) oder wenn die Biomasse nicht mehr überwiegend aus dem Betrieb oder aus diesem Betrieb sowie nahe gelegenen Betrieben gem. Abs. 1 Nr. 1, 2 oder 4 stammt, s. Rn. 53; → zur Nutzungsänderung § 29 Rn. 20; zum Widerruf der Genehmigung, vgl. OVG Lüneburg Beschl. v. 25.4.2013 – 12 ME 41/13, NVwZ-RR 2013, 595).

Der Privilegierungstatbestand ist auf Vorhaben beschränkt, die in einem **räumlich-** 51 **funktionalen Zusammenhang mit einem Betrieb** iSv Abs. 1 Nr. 1, 2 oder 4 stehen **(Abs. 1 Nr. 6 Buchst. a);** → zu den Begriffen auch Rn. 138). Sie muss dabei kein untergeordneter Bestandteil sein (VGH München Beschl. v. 8.11.2013 – 22 CS 13/1984, UPR 2014, 233). Der räumlich-funktionale Zusammenhang erfordert nicht nur die **Nähe** des Vorhabens zur Hofstelle, sondern bezieht sich beispielsweise auch auf die **Verwendung** von in der Anlage anfallenden Reststoffen als Dünger auf den Betriebsflächen oder die Verwendung des produzierten Stroms oder der Wärme im eigenen Betrieb, um so einen funktionalen Nutzungszusammenhang sicherzustellen. Bei landwirtschaftlichen Betrieben (Abs. 1 Nr. 1) ist regelmäßig von der Hofstelle als Bezugspunkt für den räumlich-funktionalen Zusammenhang auszugehen. In besonders gelagerten Einzelfällen können über die Hofstelle hinaus Standorte in Betracht kommen, die als Betriebsschwerpunkt bzw. Betriebsstandort erkennbar und durch bauliche Anlagen des Betriebes von einigem Gewicht geprägt sind (zB große Stallgebäude oder große Maschinenhallen, nicht jedoch untergeordnete bauliche Anlagen wie zB Fahrsilos, landwirtschaftliche Feldscheunen oder vergleichbare untergeordnete

§ 35 I. Kapitel. III. Teil. Regelung der baul. und sonst. Nutzung

Anlagen). Nicht ausreichend ist die bloße räumliche Nähe zu Betriebsflächen bzw. zu den die Biomasse produzierenden Flächen. Der funktionale Zusammenhang der Biomasseanlage mit dem Betrieb erfordert vielmehr zusätzlich eine Verknüpfung der Biomasseanlage mit der vorhandenen Betriebsstruktur (*Loibl/Rechel* UPR 2008, 134 (137f.)). Ob eine Biomasseanlage Teil oder Nebeneinrichtung einer immissionsschutzrechtlich genehmigungsbedürftigen Tierhaltungsanlage ist, bedarf einer Einzelfallbeurteilung (BVerwG Beschl. v. 19.12.2010 – 7 B 6/10, NVwZ 2011, 429 (431); dass. Beschl. v. 21.12.2010 – 7 B 4/10, BauR 2011, 1304). Hierbei kommt es darauf an, ob und inwieweit die Biomasseanlage dem Betreiber zur Verwertung von tierischen Nebenprodukten dient, ob und inwieweit der Betreiber die durch die Produktion des Biogases erzeugte Energie in seinem Betrieb nutzt, welche Größe die jeweiligen Einrichtungen haben, welches Verhältnis die Eigenanteil an der Gesamteinsatzmenge oder eigengenutzten Energie hat und wie die Gärrückstände verwertet werden (BVerwG Beschl. v. 19.12.2010 – 7 B 6/10, NVwZ 2011, 429 (431)).

52 Nach **Abs. 1 Nr. 6 Buchst. b**) muss die Biomasse überwiegend (dh mehr als zur Hälfte) **aus dem Betrieb** selbst oder überwiegend aus diesem und aus **nahe gelegenen** privilegierten land- oder forstwirtschaftlichen (Abs. 1 Nr. 1), gartenbaulichen (Abs. 1 Nr. 2) oder tierhaltenden (Abs. 1 Nr. 4) Betrieben stammen. Es kommt dabei nicht auf die Hofstellen der Kooperationspartner, sondern auf ihre **Betriebsflächen** an, auf denen die Biomasse angebaut bzw. gehalten werden soll. Die Genehmigungsbehörde muss dies anhand der **Kooperationsvereinbarungen** prüfen. Nur so kann auf die Dauerhaftigkeit des Vorhabens iSe lebensfähigen Unternehmens (BVerwG Urt. v. 11.12.2008 – 7 C 6/08, BVerwGE 132, 372 Rn. 27; dass. Urt. v. 16.12.2004 – 4 C 7/04, BVerwGE 122, 308 (310); → Rn. 13 und 23) geschlossen werden. Eine lediglich prognostische Abschätzung der Tatbestandsvoraussetzungen in Abs. 1 Nr. 6 Buchst. b) genügt nicht und würde zudem dem beabsichtigten Schutz des Außenbereiches zuwider laufen (BVerwG Urt. v. 11.12.2008 – 7 C 6/08, BVerwGE 132, 372 Rn. 23). Die Privilegierung ist nicht gegeben, wenn der Betrieb, in dessen Rahmen die Anlage betrieben werden soll, selbst gar **keine Biomasse einbringt**. Der Antragsteller muss daher glaubhaft machen, dass die Biomasse nachhaltig, also auch bei etwaigen Produktionsschwankungen, zum überwiegenden Teil aus dem eigenen Betrieb, der die Biomasseanlage betreibt, oder überwiegend aus diesem Betrieb und kooperierenden nahe gelegenen Betrieben stammt. Die nahe gelegenen Anlieferungsbetriebe müssen dabei nicht zwangsläufig Mitbetreiber der Anlage sein. Es ist auch nicht ausgeschlossen, dass kooperierende nahe gelegene Betriebe, die die privilegierte Betriebsqualität nach Abs. 1 Nr. 1, 2 oder 4 aufweisen, zusätzlich noch eigene Biomasseanlagen betreiben (Hinweise der ARGEBAU (Rn. 49)).

53 Mit dem Hinweis auf **„nahe gelegene Betriebe"** wird ausdrücklich die Kooperation verschiedener Betriebe ermöglicht, die jedoch alle die Privilegierungsvoraussetzungen nach Abs. 1 Nr. 1, 2 oder 4 aufweisen müssen. Mit der Beschränkung auf **„nahe gelegene"** Betriebe soll aus ökologischen und auch aus volkswirtschaftlichen Gründen ein **überregionaler Transport des Rohmaterials verhindert** werden (VGH München Beschl. v. 8.11.2013 – 22 CS 13/1984, UPR 2014, 233 Rn. 17). Wann ein Betrieb als „nahe gelegen" anzusehen ist, hängt vom Einzelfall ab. Als Bewertungskriterien können Entfernungen, die bei landwirtschaftlichen Betriebsabläufen und Verflechtungen zu Betrieben in der Umgebung üblich sind, herangezogen werden. Vorbehaltlich siedlungsstruktureller oder betriebsspezifischer Besonderheiten des Einzelfalls sind Betriebsflächen dann „nahe gelegen", wenn sie nicht weiter als 15 bis 20 km von der Biogasanlage entfernt sind (vgl. BVerwG Urt. v. 11.12.2008 – 7 C 6/08, BVerwGE 132, 372 Rn. 26).

54 Nach **Abs. 1 Nr. Buchst. c**) darf nur **eine** Biomasseanlage je Hofstelle oder Betriebsstandort betrieben werden. Die Begrenzung dient dem Schutz des Außenbereichs. Während sich die „Hofstelle" auf den landwirtschaftlichen Betrieb bezieht, spricht man bei forstwirtschaftlichen Betrieben, Gartenbaubetrieben oder tierhalten-

1. Abschnitt. Zulässigkeit von Vorhaben § 35

den Betrieben nach Abs. 1 Nr. 4 von „Betriebsstandorten". Dabei ist davon auszugehen, dass ein landwirtschaftlicher Betrieb in der Regel nur über eine Hofstelle verfügt. Entsprechendes gilt für Betriebsstandorte. Die Begrenzung auf eine Biomasseanlage je Hofstelle bzw. Betriebsstandort gilt auch dann, wenn bereits eine Anlage aufgrund der früheren Rechtslage nach einer anderen planungsrechtlichen Grundlage des § 35 zugelassen worden war.

Mit dem zunächst durch die Klimaschutznovelle 2011 neu ausgestalteten **Abs. 1** **55** **Nr. 6 Buchst. d**) ist eine **Neubestimmung des Leistungsgrenzwerts** solcher Anlagen sowie eine (klarstellende) **Berücksichtigung von ausschließlich Biogas produzierenden Anlagen** erfolgt. Zuvor waren Biomasseanlagen privilegiert, deren installierte elektrische Leistung **0,5 MW** nicht überschritt. Für Anlagen, die nicht ausschließlich elektrische Energie, sondern auch Wärme oder Gas zur Weiterleitung erzeugen, waren entsprechende Umrechnungen erforderlich: 0,5 MW/a entsprechen einer Biogaserzeugung der Anlage von bis zu 2,3 Mio. Nm³/a (so die Hinweise der ARGEBAU (Rn. 49). Dieser Berechnung entsprechend wurde die Bezugnahme auf die installierte elektrische Leistung im Rahmen der mit der Klimaschutznovelle 2011 vorgenommenen Änderung in Abs. 1 Nr. 6 Buchst. d durch die **Feuerungswärmeleistung** ersetzt (zu dieser Modifizierung s. auch *Battis/Mitschang/Reidt* NVwZ 2013, 961 (965)). Der Begriff der Feuerungswärmeleistung entspricht dem in § 1 Nr. 6 der 1. BImSchV („der auf den unteren Heizwert bezogene Wärmeinhalt des Brennstoffs, der einer Feuerungsanlage im Dauerbetrieb je Zeiteinheit zugeführt werden kann"). Die maximale Leistungsgrenze beträgt 2,0 MW pro Jahr. Nach der Gesetzesbegründung wird bei 2,0 MW Feuerungswärmeleistung von einer leichten Erhöhung gegenüber dem früheren Leistungsgrenzwert (0,5 MW elektrische Leistung) ausgegangen, wodurch einer bedarfsorientierten flexibleren Stromerzeugung Rechnung getragen werden soll (so BT-Drs. 17/6076, 10). Mit der Zugrundelegung der Feuerungswärmeleistung als Bezugsgröße an Stelle der installierten elektrischen Leistung bietet sich außerdem die Möglichkeit der sachgerechteren Abbildung von technischen Verbesserungen und Erhöhungen des Wirkungsgrades von Biomasseanlagen. Maßgeblich ist dabei der rechtlich und tatsächlich mögliche Betriebsumfang (vgl. § 1 Abs. 1 S. 4 der 4. BImSchV), nicht etwa ein eventuell dahinter zurückbleibender Wille des Betreibers. Für Biomasseanlagen, die ausschließlich Biogas erzeugen, wird nach Buchst. d) eine maximale Leistungsgrenze von 2,3 Millionen Normkubikmetern pro Jahr festgelegt (1 Nm³ = die Menge, die bei einem Druck von 1,01325 bar, einer Luftfeuchtigkeit von 0% und einer Temperatur von 0°C ein Volumen von einem Kubikmeter hat, vgl. DIN 1343 „Referenzzustand, Normzustand, Normvolumen; Begriffe, Werte"; allerdings fehlt ein Hinweis auf die DIN-Norm im Gesetz, vgl. BVerwG Beschl. v. 29.7.2010 – 4 BN 21/10, NVwZ 2010, 1567); bei anderen Anlagen (die elektrischen Strom erzeugen) darf die Feuerungswärmeleistung 2,0 MW pro Jahr nicht überschreiten. Dadurch wird noch deutlicher berücksichtigt, dass Biomasseanlagen in unterschiedlicher Weise Biomasse in Energien umwandeln (→ Rn. 47).

8. Kerntechnische Anlagen (Abs. 1 Nr. 7). Der Privilegierungstatbestand des **56** **Abs. 1 Nr. 7** (im BauROG bis zum EAG Bau 2004: Nr. 6) ist ursprünglich durch das **BauGB 1987** eingefügt worden, und zwar damals ausdrücklich als „Klarstellung" (vgl. BVerwG Urt. v. 19.12.1985 – 7 C 65/82, BVerwGE 72, 300 (326): Privilegierung evtl. auch gem. Abs. 1 Nr. 3; s. auch VGH München Urt. v. 24.5.1984 – 2 B 83 A. 850, NVwZ 1984, 740 zur privilegierten Zulässigkeit einer Sammelstelle für schwach- und mittelradioaktive Abfälle im Außenbereich). Nach der Beschlussempfehlung des Ausschusses für Verkehr, Bau und Stadtentwicklung ist die Vorschrift im Rahmen der Klimaschutz-Novelle 2011 ergänzt worden (vgl. BT-Dr. 17/6357, 3). Nunmehr enthält Nr. 7 eine Einschränkung dergestalt, dass ein Vorhaben, das der Erforschung, Entwicklung oder Nutzung der Kernenergie zu friedlichen Zwecken

oder der Entsorgung radioaktiver Abfälle dient, im Außenbereich zwar privilegiert ist, jedoch mit **Ausnahme** der **Neuerrichtung** von Anlagen zur Spaltung von Kernbrennstoffen zur gewerblichen Erzeugung von Elektrizität. Grundlage hierfür ist der mit der Energiewende herbeigeführte Ausstieg aus der Atomenergie. Die von Nr. 7 zuvor noch umfasste Privilegierung von Anlagen zur Spaltung von Kernbrennstoffen zur gewerblichen Erzeugung von Elektrizität im Außenbereich besteht damit im Gleichklang mit § 7 Abs. 1 S. 2 AtG nicht mehr (vgl. *Battis/Krautzberger/Mitschang/Reidt/Stüer* NVwZ 2011, 897 (902)). Demgegenüber ändert sich nichts daran, dass Änderungen an bestehenden Anlagen einschließlich ihres Betriebes privilegiert bleiben. Dies gilt weiterhin auch für Vorhaben, die der Erforschung und Entwicklung der Kernenergie sowie der Entsorgung radioaktiver Abfälle dienen (*Battis/Krautzberger/Mitschang/Reidt/Stüer* NVwZ 2011, 897 (902)). Dazu gehören etwa Forschungsreaktoren, Prototypanlagen oder Wiederaufbereitungsanlagen. Privilegiert sind weiterhin Vorhaben, die der Entsorgung radioaktiver Abfälle dienen; hierzu gehören etwa Landessammelstellen für radioaktive Abfälle, Zwischen- und Endlager (VGH Mannheim Urt. v. 22.10.2002 – 3 S 1689/01, BauR 2003, 492). Nicht privilegiert ist demgegenüber ein unterirdisches Containment für die Aufnahme einer Atomenergieanlage zur Umwandlung der durch Kernenergie erzeugten Wärme in Elektrizität im Hinblick auf die Durchführung von Materialtests (OVG Koblenz Urt. v. 22.7.2009 – 8 A 10852/08, ZfBR 2010, 71).

57 **9. Anlagen zur Nutzung solarer Strahlungsenergie (Abs. 1 Nr. 8).** Abs. 1 Nr. 8 wurde im Rahmen der Klimaschutznovelle 2011 neu eingefügt. Hiernach ist ein Vorhaben zulässig, wenn es der Nutzung solarer Strahlungsenergie in, an oder auf Dach- und Außenwandflächen von zulässigerweise genutzten Gebäuden dient, wenn die Anlage dem Gebäude baulich untergeordnet ist (OVG Berlin-Brandenburg Beschl. v. 20.6.2012 – OVG 10 S 44/11, NVwZ-RR 2012, 709). Ziel der Regelung ist es, allgemein die Zulässigkeit von Anlagen zur Nutzung für solare Strahlungsenergie im Außenbereich zu erleichtern. Erfasst werden deshalb alle Anlagen solarer Strahlungsenergie, also sowohl **Photovoltaikanlagen** als **auch solarthermische Anlagen.** Die Privilegierung besteht unabhängig davon, ob die erzeugte Energie selbst verbraucht wird oder vollständig bzw. überwiegend in ein öffentliches Netz eingespeist wird.

58 Die Privilegierung setzt einschränkend voraus, dass es sich um ein **„Gebäude"** und nicht weitergehend um eine „bauliche Anlage" handelt. Eine bauplanungsrechtliche Definition des „Gebäudes" existiert nicht, obgleich der Begriff an vielen Stellen im BauGB Verwendung findet (vgl. zB § 9 Abs. 1 Nr. 23b, § 35 Abs. 4 Nr. 1 oder § 248 S. 1). Hilfsweise kann aber auf die Legaldefinition in **§ 2 Abs. 2 MBO** zurückgegriffen werden. Hiernach gelten als Gebäude „selbstständig benutzbare, überdeckte bauliche Anlagen, die von Menschen betreten werden können und geeignet oder bestimmt sind, dem Schutz von Menschen, Tieren und Sachen zu dienen." Allerdings spricht vieles dafür, die Privilegierung trotz der Differenzierung in den §§ 32 und 33 EEG zwischen Gebäuden und baulichen Anlagen im Hinblick auf die Einspeisevergütung auch auf bauliche Anlagen anzuwenden, die keine Gebäude sind (zB Siloanlagen).

59 Mit Nr. 8 sollen bislang bestehende Rechtsunsicherheiten, wie sie insbesondere durch die Rechtsprechung (vgl. OVG Münster Beschl. v. 20.9.2010 – 7 B 985/10, ZfBR 2011, 45) thematisiert wurden, beseitigt werden (s. etwa *Vietmeier* BauR 2011, 210 ff.; *Dietl* UPR 2012, 259 ff.). Das OVG Münster war der Auffassung, dass die Errichtung einer Photovoltaikanlage auf dem Dach einer Reithalle zugleich eine (bauordnungsrechtlich) genehmigungspflichtige Nutzungsänderung der gesamten baulichen Anlage darstelle, wenn der erzeugte Strom nicht von dem landwirtschaftlichen Betrieb genutzt, sondern in das Netz eines Energieversorgers eingespeist wird (kritisch hierzu *Barthel* ZUR 2011, 24 (25)). Abs. 1 Nr. 8 stellt insoweit klar, dass durch die nachträgliche Errichtung der Solaranlage ein zulässigerweise genutztes Gebäude im

Außenbereich seine Zulässigkeit und seinen bauplanungsrechtlichen Bestandsschutz nicht allein deshalb einbüßt, weil in, an oder auf Dach- und Außenwandflächen des Gebäudes Solaranlagen angebracht werden. Der bauplanungsrechtliche Bestandsschutz (→ Rn. 188 sowie § 29 Rn. 18) wird also von den mit Abs. 1 Nr. 8 verbundenen Maßnahmen abgekoppelt und durch diese Maßnahmen nicht in Frage gestellt. Bauordnungsrechtlich kann gleichwohl eine Genehmigungsbedürftigkeit bestehen.

Schließlich muss nach Nr. 8 das Gebäude „zulässigerweise genutzt" werden. Abzu- 60 stellen ist hierfür bei **Bestandsgebäuden** auf einen vorhandenen und nicht durch eine Nutzungsbeendigung erloschenen Bestandsschutz (→ Rn. 188 sowie § 29 Rn. 18). Es genügt dabei die **formell** zulässige Nutzung, unabhängig davon, ob die Nutzung möglicherweise nicht hätte genehmigt werden dürfen. Die Privilegierung der Solaranlage hängt allerdings nicht von der nachträglichen Anbringung ab. Vielmehr können Solaranlage und Gebäude gleichzeitig beantragt, genehmigt und errichtet werden. Bei einem **Neubau** muss das Vorhaben aber für sich betrachtet im Außenbereich genehmigungsfähig sein und zulässigerweise errichtet werden können. Es kann seine Privilegierung also nicht aus Nr. 8 herleiten (vgl. *Battis/Krautzberger/ Mitschang/Reidt/Stüer* NVwZ 2011, 897 (903)). „Solarscheunen", die nur oder vorwiegend die Errichtung eines Gebäudes im Außenbereich für eine solarenergetische Nutzung zum Ziel haben, werden daher von der Regelung nicht erfasst.

Die notwendige **bauliche Unterordnung** ist nicht funktionell, sondern **räum-** 61 **lich-gegenständlich** zu verstehen (vgl. BT-Dr. 17/6076, 10). Es darf sich nicht um einen die Außenhülle verändernden Aufbau oder Anbau an das Gebäude handeln. Nicht vom Privilegierungstatbestand gem. Abs. 1 Nr. 8 erfasst werden daher Anlagen, deren Fläche über die Dachfläche bzw. die Wandfläche des Gebäudes hinausgeht (so BT-Dr. 17/6076, 10).

Nr. 8 ist gegenüber den anderen Privilegierungstatbeständen in Abs. 1 speziell, so- 62 weit es um Solaranlagen in, an oder auf Dach- oder Außenwandflächen von Gebäuden geht. Dies gilt auch im Hinblick auf mitgezogene Nutzungen (→ Rn. 14). Die Zulässigkeit von Anlagen zur Nutzung solarer Strahlungsenergie nach **Abs. 2** bleibt dabei **unberührt**. Erfasst werden von Abs. 2 etwa Anlagen, die sich einem Gebäude nicht baulich unterordnen oder solche, die als Freiflächenanlagen errichtet werden sollen (vgl. *Battis/Krautzberger/Mitschang/Reidt/Stüer* NVwZ 2011, 897 (902)).

III. Zulässigkeit sonstiger Vorhaben (Abs. 2)

Vorhaben, die nicht nach Abs. 1 privilegiert sind **(„sonstige Vorhaben")**, kön- 63 nen nach **Abs. 2** im Einzelfall zugelassen werden. Auch die in Abs. 4 genannten („begünstigten") Vorhaben sind „sonstige Vorhaben" iS des Abs. 2. Der maßgebliche Unterschied bei der Beurteilung der Zulässigkeit sonstiger Vorhaben (Abs. 2 und 4) gegenüber der Zulässigkeit privilegierter Vorhaben (Abs. 1) ist, dass sonstige Vorhaben nur zugelassen werden können, wenn ihre Ausführung oder Benutzung **öffentliche Belange nicht beeinträchtigt**. Privilegierte Vorhaben sind demgegenüber bereits zulässig, wenn ihnen **öffentliche Belange nicht entgegenstehen** (→ Rn. 6). Diese unterschiedliche Bewertung der öffentlichen Belange trägt dem Umstand Rechnung, dass der Gesetzgeber hinsichtlich der privilegierten Vorhaben für den Außenbereich bereits „generell geplant" hat (→ Rn. 4). Die bloße Beeinträchtigung öffentlicher Belange macht ein privilegiertes Vorhaben daher anders als ein sonstiges Vorhaben nach Abs. 2 nicht schon unzulässig; die Privilegierung führt also zu einem stärkeren Durchsetzungsvermögen gegenüber öffentlichen Belangen (→ zum Rechtsanspruch auf Genehmigung Rn. 66). Mit Abs. 2 soll sichergestellt werden, den Außenbereich weitestgehend von baulichen Anlagen freizuhalten, sofern diese nicht ihrem Wesen nach in den Außenbereich gehören und deswegen privilegiert zulässig sind (BVerwG Urt. v. 6.12.1967 – IV C 94/66, BVerwGE 28, 268 (274)). Die **Vorhaben nach Abs. 4** unterscheiden sich von den nach Abs. 2 zu beurteilenden Vorhaben lediglich dadurch,

dass diesen Vorhaben bestimmte öffentliche Belange nicht entgegengehalten werden können.

64 Sonstige Vorhaben sind ebenso wie solche nach Abs. 1 nur dann zulässig, wenn die **ausreichende Erschließung gesichert** ist. Die Erschließung muss dabei für das Vorhaben ausreichend sein. Diese vom Gesetz nur für die Fälle privilegierter Vorhaben nach Abs. 1 ausdrücklich genannte Zulässigkeitsvoraussetzung gilt auch für die sonstigen Vorhaben, zumal sie ein öffentlicher Belang ist (BVerwG Urt. v. 27.1.1967 – IV C 33/65, BVerwGE 26, 111; → zur Sicherung der ausreichenden Erschließung Rn. 7ff.). Bei nicht privilegierten **Wohnbauvorhaben** reichen die für landwirtschaftliche Betriebe zumeist geringeren Anforderungen nicht (→ Rn. 7); vielmehr ist eine Erschließung zu verlangen, die in der Befahrbarkeit (wenn auch nicht zwingend hinsichtlich der Breite des Weges) der im Innenbereich erforderlichen und üblichen Erschließung entspricht (BVerwG Urt. v. 31.10.1990 – 4 C 45/88, NVwZ 1991, 1076).

65 Das **Erschließungsangebot eines Bauwilligen** ist in den Fällen des Abs. 2 anders zu beurteilen als bei privilegierten Vorhaben (→ Rn. 9). Die Gemeinde ist, selbst wenn ihr keine finanziellen Lasten aus der von einem Bauwilligen übernommenen Herstellung und Unterhaltung von Erschließungsanlagen entstehen würden und wenn die Herstellung der Erschließungsanlagen keine öffentlichen Belange iS des Abs. 3 beeinträchtigen würde, **nicht zur Annahme** eines Erschließungsangebotes **verpflichtet** (BVerwG Urt. v. 31.10.1990, aaO; s. auch § 124 Rn. 4). Denn auch die **Erschließung** ist ein Instrument in der Hand der Gemeinde, das eine geordnete städtebauliche Entwicklung gewährleisten soll, insbesondere durch eine **Lenkung der städtebaulichen Entwicklung** und auch Verhinderung einer unerwünschten Zersiedlung (BVerwG Urt. v. 7.2.1986 – 4 C 30/84, BVerwGE 74, 19).

66 Werden durch die Ausführung oder Nutzung eines Vorhabens öffentliche Belange nicht beeinträchtigt, besteht auf die Zulassung des Vorhabens ein **Rechtsanspruch** (BVerwG Urt. v. 29.4.1964 – I C 30/62, BVerwGE 18, 247; BGH Urt. v. 5.2.1981 – III ZR 119/79, NJW 1981, 982). Diese vom Wortlaut („können") abweichende Auslegung folgt daraus, dass die Prüfung der Beeinträchtigung öffentlicher Belange die Entscheidung über einen unbestimmten Rechtsbegriff zum Gegenstand hat. Sofern öffentliche Belange dem Vorhaben nicht entgegenstehen, ist nach dem Gesetz kein Raum für weitere rechtliche Erwägungen, die eine Ablehnung zur Folge haben könnten. Ein Ermessensspielraum steht der Baugenehmigungsbehörde daher nicht zu, weil andernfalls die Behörde den Inhalt des Eigentums bestimmen würde; die Inhaltsbestimmung des Eigentums ist aber nach Art. 14 Abs. 1 S. 2 GG dem Gesetzgeber vorbehalten (BVerwG Urt. v. 29.4.1964 – I C 30/62, BVerwGE 18, 247 (250); dass. Beschl. v. 20.5.1966 – IV B 77/66, Buchholz 406.11 § 35 BBauG Nr. 28a; OVG Münster Urt. v. 28.2.2008 – 10 A 1998/06, NVwZ-RR 2008, 682; aA etwa *Ortloff* NVwZ 1988, 320ff. und *Schmidt-Eichstaedt* AöR 98 [1973], 173ff.).

IV. Übersicht über Einzelfälle zu Abs. 1 und Abs. 2

67 Die folgende Zusammenstellung soll – in alphabetischer Ordnung – eine **Übersicht** über die vornehmlich in der Rechtsprechung behandelten Fälle von nach Abs. 1 oder Abs. 2 zu beurteilenden Vorhaben geben.

Abgrabungen, vgl. Abs. 1 Nr. 3 (Rn. 30).

Almhütten, vgl. Gaststätten; die Funktion einer Almgaststätte als „Versorgungsstützpunkt" für Skiläufer und Wanderer und damit eine Beurteilung nach Abs. 1 Nr. 4 erfordert ggf., dass der Betrieb (auch jahreszeitlich) in der Baugenehmigung iS des Abs. 1 Nr. 4 beschränkt wird (BVerwG Beschl. v. 6.9.1999 – 4 B 74/99, NVwZ 2000, 678).

Altenheime gehören schon wegen der notwendigen Integration alter Menschen in die Gesellschaft in der Regel nicht (privilegiert) in den Außenbereich (BGH Urt. v.

1. Abschnitt. Zulässigkeit von Vorhaben **§ 35**

22.10.1981 – III ZR 37/80, NVwZ 1982, 145 (146); BVerwG Urt. v. 25.3.1988 – 4 C 21/85, NVwZ 1989, 667 (668)).

Altenteilerhäuser sind nach Abs. 1 Nr. 1 privilegiert (→ Rn. 24); bei landwirtschaftlichen Nebenerwerbsstellen erfüllen Altenteilerhäuser in aller Regel nicht die Voraussetzungen einer Privilegierung nach Abs. 1 Nr. 1 (BVerwG Urt. v. 24.10.1980 – 4 C 35/78, BauR 1981, 57); keine Privilegierung (kein „Dienen"; → Rn. 19) bei einem Gartenbaubetrieb, der auf – verglichen mit herkömmlichen landwirtschaftlichen Betrieben – verhältnismäßig kleiner Betriebsfläche überwiegend unter Glas anbaut (BVerwG Urt. v. 20.1.1984 – 4 C 72/80, NVwZ 1985, 183; → Rn. 22); die Privilegierung für ehemalige Landwirte (§ 35 Abs. 1 Nr. 2) in der bis zum 31.12.1997 geltenden Fassung ist durch das BauROG 1998 entfallen.

Anglerhütten, vgl. Fischerhütten.

Atelier eines Landschaftsmalers ist nicht privilegiert (OVG Lüneburg Rd L 1972, 49 (50)).

Atomkraftwerke sind außer in Fällen der Neuerrichtung nach Abs. 1 Nr. 7 privilegiert; vgl. Kernkraftwerke und Rn. 56.

Ausflugslokal, vgl. Gaststätte.

Auskiesung ist nach Abs. 1 Nr. 3 privilegiert.

Aussichtsturm ist nach Abs. 1 Nr. 4 als privilegiertes Vorhaben zulässig (s. aber auch VGH München Urt. v. 6.2.2007 – 1 B 04/497, BauR 2007, 2036: keine Privilegierung, wenn ein Rundturm als Ausstellungsfläche mit Aussichtsmöglichkeit geplant ist).

Autokino ist nach Abs. 1 Nr. 4 privilegiert (BVerwG Urt. v. 10.4.1968 – IV C 3/67, BVerwGE 29, 286).

Badehütten sind nach Abs. 1 Nr. 4 privilegiert, wenn sie der Allgemeinheit dienen, dh nicht nur für die private Benutzung durch den Bauherrn selbst, seine Familie oder einen sonst eng begrenzten Personenkreis bestimmt sind (OVG Lüneburg Urt. v. 23.4.1970 – I A 79/69, BRS 23 Nr. 80; VGH München Urt. v. 2.6.1976 – 310 II 74, BayVBl. 1977, 11; insofern unzutreffend VGH Kassel Urt. v. 26.4.1965 – OS IV 61/64, BRS 16 Nr. 27).

Bahnhöfe und Bahnwärterhäuser sind idR gemäß § 18 AEG planfeststellungs- bzw. plangenehmigungsbedürftig. Eine Nutzungsänderung wird von § 35 Abs. 4 BauGB nur im Ausnahmefall begünstigt (vgl. BVerwG Beschl. v. 17.1.1991 – 4 B 186/90, NVwZ-RR 1991, 339; VGH Kassel Urt. v. 8.2.1990 – 3 UE 1698/89, BauR 1991, 200).

Baumschulenbetriebe Unterkunftshütten für einen Baumschulenbetrieb können nach Abs. 1 Nr. 1 oder Nr. 2 privilegiert sein, wenn der ständige Aufenthalt des Personals auf dem Betriebsgelände dem Betrieb dient (vgl. OVG Münster Urt. v. 28.1.1965 – VII A 4/64, BRS 16 Nr. 28).

Bauschuttrecyclinganlagen sind nicht gem. Abs. 1 Nr. 4 privilegiert, sondern kommen für Gewerbe- und Industriegebiete in Betracht (OVG Bautzen Urt. v. 18.6.2003 – 4 B 128/01, NVwZ 2004, 1138).

Berghütten, die der individuellen Erholung dienen, sind nach Abs. 2 zu beurteilen; nach Abs. 1 Nr. 4 sind sie jedoch als privilegierte Vorhaben zulässig, wenn sie der Allgemeinheit zur Verfügung stehen und damit von ihrem Zweck her der Funktion des Außenbereichs als Erholungslandschaft für die Allgemeinheit entsprechen (BVerwG Beschl. v. 27.10.1964 – I B 35/63, BRS 15 Nr. 31; → auch Rn. 43); dies ist bei einer Grundversorgung zu bejahen, nicht aber bei einer bloßen Attraktivitätssteigerung (VGH München Beschl. v. 15.11.2012 – 1 ZB 10/2422, NVwZ-RR 2013, 311).

Bergwerksanlagen sind nach Abs. 1 Nr. 3 privilegiert (→ Rn. 30).

Bienenhäuser sind nach Abs. 1 Nr. 4 als privilegierte Vorhaben zulässig (BVerwG Urt. v. 13.12.1974 – IV C 22/73, BauR 1975, 104, auch zur Frage, ob die Bienenhaltung Landwirtschaft iSd Abs. 1 Nr. 1 ist); wenn Vorhaben einer **berufsmäßigen**

§ 35 I. Kapitel. III. Teil. Regelung der baul. und sonst. Nutzung

(auch nebenberuflichen, BVerwG Urt. v. 19.6.1991 – 4 C 11/89, BauR 1991, 579) **Imkerei** dienen (vgl. § 201), sind sie nach Abs. 1 Nr. 1 privilegiert zulässig; dies kann sich auch auf Wohnräume und Anlagen zur Veredelung erstrecken, wenn sie in ihrer Dimensionierung angemessen sind (OVG Koblenz Beschl. v. 16.9.2011 – 8 A 10675/11, NVwZ-RR 2011, 868; VGH München Urt. v. 4.1.2000 – 1 B 97/2298, NVwZ-RR 2000, 571).

Bildungszentren sind nicht privilegiert zulässig (OVG Münster Urt. v. 26.11.1970 – X A 653/69, BRS 23 Nr. 72, dass. Urt. v. 3.5.1974 – IV C 10/71, BauR 1974, 328).

Bioabfälle Anlagen zur Vergärung und Kompostierung sind nach Abs. 1 Nr. 4 privilegiert (VGH Mannheim Urt. v. 5.10.2000 – 10 S 660/00, ZfBR 2001, 348).

Biomasseanlagen sind nach Abs. 1 Nr. 6 privilegiert (vgl. BVerwG Urt. v. 11.12.2008 – 7 C 6/08, BVerwGE 132, 372; vgl. Rn. 47 ff.).

Bohrtürme sind nach Abs. 1 Nr. 3 als privilegierte Vorhaben zulässig (→ Rn. 30).

Bootshäuser sind nach Abs. 1 Nr. 4 als privilegierte Vorhaben zulässig, sofern sie der Allgemeinheit zur Verfügung stehen (OVG Lüneburg Urt. v. 8.7.1968 – I A 118/67, BRS 20 Nr. 46; OVG Münster Urt. v. 30.9.1965 – VII A 310/64, BRS 16 Nr. 29); dienen sie nur der individuellen Erholung, sind sie als sonstige Vorhaben nach Abs. 2 zu beurteilen.

Bootslagerhäuser und -lagerplätze (zB eines Segelclubs) sind nicht nach Abs. 1 Nr. 4 privilegiert (BVerwG Beschl. v. 4.12.1992 – 4 B 229/92, Buchholz 406.16 Nr. 60; VGH München Urt. v. 11.1.1989 – 8 B 83 A. 1774, UPR 1990, 65).

Brennereien sind nicht nach Abs. 1 Nr. 3 privilegiert; sie können jedoch als Nebenbetrieb zulässig sein (→ Rn. 14).

Campingplätze Bauvorhaben sind in aller Regel nicht privilegiert (BVerwG Urt. v. 14.3.1975 – IV C 41/73, BVerwGE 48, 109); dem Außenbereich wesensfremde Bauwerke sind auch nach Abs. 2 unzulässig; Campingplätze bedürfen daher jedenfalls dann einer förmlichen Planung, wenn sie mit einer baulichen Verfestigung verbunden sind, wie zB bei der Errichtung eines Wasch- und Toilettengebäudes (BVerwG Urt. v. 14.3.1975, aaO; vgl. § 10 Abs. 1 BauNVO; VGH München Beschl. v. 20.2.2006 – 1 ZB 05/502, BauR 2006, 2021: kein von der Privilegierung nach Abs. 1 Nr. 1 „mitgezogener" Teil eines landwirtschaftlichen Betriebs).

Champignonzucht kann nach Abs. 1 Nr. 2 als privilegiertes Vorhaben zulässig sein, wenn den Anforderungen entsprochen wird, die das Gesetz an einen gartenbaulichen Betrieb stellt (OVG Lüneburg Urt. v. 12.11.1992 – 1 L 248/89, UPR 1993, 154).

Dienstleistungsgebäude für land- und forstwirtschaftliche Betriebe (zB eine Landmaschinenwerkstatt) sind nicht privilegiert (BVerwG Beschl. v. 19.2.1996 – 4 B 20/96, BauR 1996, 521). Betreibt ein Landwirt einen solchen Dienstleistungsbetrieb nebenberuflich, kann es jedoch durch die Privilegierung des landwirtschaftlichen Betriebes „mitgezogen" werden (vgl. *Bracher* in BRS Rn. 2323).

Damtierhaltung ein Wohnhaus für den Damtierhalter und seine Familie dient nicht dem Betrieb iS des Abs. 1 Nr. 1 und ist daher nicht privilegiert (OVG Koblenz Urt. v. 11.6.1986 – 1 A 125/83, BauR 1986, 667).

Dirnenwohnheim Wohnheime für Prostituierte sind nicht privilegiert (VGH München Urt. v. 27.7.1976 – Nr. 354 I 73, BRS 30 Nr. 125).

Düngemittelfabriken können nach Abs. 1 Nr. 4 als privilegierte Vorhaben zulässig sein.

Einfriedungen vgl. Zäune.

Erholungsanlagen zur allgemeinen Erholung können nach Abs. 1 Nr. 4 privilegiert zulässig sein, wenn und soweit sie zur Erfüllung der vorgesehenen Erholungsfunktion erforderlich sind (BVerwG Urt. v. 7.5.1976 – IV C 62/74, BauR 1976, 347 zu einem Freizeitheim; dass. Urt. v. 24.8.1979 – 4 C 8/78, BauR 1980, 49 zu einem Jugendheim).

1. Abschnitt: Zulässigkeit von Vorhaben § 35

Erholungsheime zu gesundheitlichen Zwecken können nur ausnahmsweise nach Abs. 1 Nr. 4 als privilegierte Vorhaben zulässig sein; dies ist zB bei Lungenheilstätten zu bejahen, wenn sie ihrer Funktion in einem Kurviertel nicht gerecht würden; keine Privilegierung hingegen, wenn Sanatorien auch in einem Kurviertel, Sondergebiet oder am Ortsrand ihrer Funktion gerecht würden (BGH Urt. v. 22.10.1981 – III ZR 37/80, NVwZ 1982, 145); lagert ein im Innenbereich liegendes Sanatorium den für Heilzwecke benutzten Moorschlamm auf einem nahe gelegenen Gelände in Gruben zur Regeneration ab, sind diese „**Moorschlammtaschen**" als Nebenanlagen des Sanatoriums nicht nach Abs. 1 privilegiert (BVerwG Urt. v. 28.10.1983 – 4 C 60/78, BRS 40 Nr. 88).

Erwerbsgartenbau ist Landwirtschaft (§ 201); Vorhaben sind nach Abs. 1 Nr. 2 privilegiert.

Erwerbsobstbau ist Landwirtschaft; Vorhaben sind nach Abs. 1 Nr. 1 privilegiert; dies gilt unabhängig davon, ob das Obst ausschließlich zur Verarbeitung verwendet wird (vgl. VGH Mannheim Urt. v. 21.4.1982 – 3 S 2066/81, BRS 39 Nr. 79). Einer Privilegierung kann entgegenstehen, dass der Betrieb derartig auf die individuellen Verhältnisse des Inhabers zugeschnitten ist, dass eine Betriebsweiterführung durch einen Nachfolger ausgeschlossen erscheint (BVerwG Beschl. v. 9.12.1993 – 4 B 196/93, BRS 55 Nr. 79).

Fasanerie Eine Fasanenzucht kann nach Abs. 1 Nr. 4 privilegiert sein (OVG Lüneburg Urt. v. 14.3.1967 – I A 286/65, BRS 18 Nr. 35; dass. Urt. v. 28.11.1968 – I A 44/68, BRS 20 Nr. 42).

Ferienhaus vgl. Wochenendhäuser.

Ferienwohnungen können an der Privilegierung nach Abs. 1 Nr. 1 teilhaben (→ Rn. 15). § 35 Abs. 4 S. 1 Nr. 5 ist nicht anwendbar (BVerwG Beschl. v. 6.10.1994 – 4 B 178/94, NVwZ 1995, 700).

Fernheizwerke s. Kraftwerke.

Fernmeldetürme sind nach Abs. 1 Nr. 3 privilegiert.

Fischerei ist nach § 201 Landwirtschaft, wenn sie als **berufsmäßige** Binnenfischerei betrieben wird; Vorhaben, die der Fischerei dienen, also auch Fischerhütten, sind nach Abs. 1 Nr. 1 privilegiert; kleinere, private Fischerhütten („Hobbyfischerei") nehmen an der Privilegierung dagegen nicht teil (BVerwG Urt. v. 14.5.1969 – IV C 19/68, BVerwGE 34, 1; dass. Urt. v. 13.4.1984 – 4 C 69/80, NVwZ 1985, 340); Vorhaben der nicht-landwirtschaftlichen Fischzucht können nach Abs. 1 Nr. 4 privilegiert zulässig sein (vgl. hierzu **Fischzucht**).

Fischteich kann als Vorhaben gem. Abs. 1 Nr. 1 privilegiert zulässig sein, sofern die insoweit erforderlichen Abgrabungen dem landwirtschaftlichen Betrieb „dienen" und nur einen untergeordneten Teil der Betriebsfläche einnehmen (BVerwG Urt. v. 13.4.1984 – 4 C 69/80, NVwZ 1985, 340); nicht privilegiert ist der aus Liebhaberei angelegte Fischteich, auch nicht gem. Abs. 1 Nr. 4, wenn er zu einem Biotop entwickelt werden soll (BVerwG Beschl. v. 19.9.1995 – 4 B 208/95, NVwZ-RR 1996, 373).

Fischzucht Fischerhütten sind nach Abs. 1 Nr. 4 als privilegierte Vorhaben zulässig, wenn zB auf der Grundlage einer landesrechtlichen Vorschrift eine gesetzliche Pflicht begründet ist, einen der Größe und Beschaffenheit des Gewässers entsprechenden Fischbestand, soweit erforderlich durch künstlichen Besatz, zu erhalten und zu hegen (BVerwG Urt. v. 4.11.1977 – IV C 30/75, BauR 1978, 118; → auch Rn. 44).

Flugzeugunterstellhallen für einen Verkehrslandeplatz, der nicht der luftverkehrsrechtlichen Zulassung bedarf, sind keine nach § 35 Abs. 1 Nr. 4 privilegierten Vorhaben (BVerwG Beschl. v. 11.1.1994 – 4 B 122/93, BRS 56 Nr. 78).

Forellenproduktion in Stahlmastbehältern und in gemauerten Abfischbassins („in künstlichen Becken") ist nicht privilegiert (OVG Lüneburg Urt. v. 27.2.1984 – 1 A 103/82, BRS 42 Nr. 88).

Forstwirtschaftliche Arbeiten für Dritte begründen keinen forstwirtschaftlichen Betrieb gem. Abs. 1 Nr. 1 (BVerwG Beschl. v. 19.2.1996 – 4 B 20/96, NVwZ-RR 1997, 9). Forsthütten zur Lagerung von Geräten und Materialien eines forstwirtschaftlichen Betriebes sind privilegiert, sofern sie nicht weit größer als erforderlich sind (OVG Münster Urt. v. 27.11.1967 – X A 1554/65, BRS 18 Nr. 38).
Freibäder (an einem See oder Fluss) können privilegiert sein.
Freikörperkulturanlagen gehören nicht zu den nach Abs. 1 Nr. 4 privilegierten Vorhaben (BVerwG Urt. v. 20.10.1978 – IV C 75/76, DVBl. 1979, 622); zur planungsrechtlichen Absicherung eines FKK-Clubhauses durch eine gesonderte Darstellung im Flächennutzungsplan BVerwG Beschl. v. 2.2.1995 – 4 B 257/94, NVwZ-RR 1995, 484.
Freileitungen sind nach Abs. 1 Nr. 3 als privilegierte Vorhaben zulässig.
Freilichtbühnen können nach Abs. 1 Nr. 4 als privilegierte Vorhaben zulässig sein.
Friedhöfe sind nach Abs. 2 zu beurteilen.
Gartenlauben sind nicht privilegiert (BVerwG Urt. v. 17.2.1984 – 4 C 55/81, NJW 1984, 1576).
Gärtnerei vgl. Erwerbsgartenbau.
Gaststätten sind idR keine privilegierten Vorhaben und somit nach Abs. 2 zu beurteilen (OVG Münster Urt. v. 22.1.1968 – VII A 471/67, BRS 20 Nr. 47; eine Privilegierung nach Abs. 1 Nr. 4 kann im Einzelfall in Betracht kommen, wenn der Gesichtspunkt einer für die Allgemeinheit notwendigen Versorgung in den Vordergrund tritt; dies kann zB der Fall sein bei Autobahnraststätten oder einem für die Allgemeinheit im Hinblick auf die Erholungsfunktion wichtigen Ausflugsziel (vgl. auch Berghütten).
Geflügelzuchtbetriebe sind nach Abs. 1 Nr. 1 als privilegierte Vorhaben zulässig, wenn sie Teil eines landwirtschaftlichen Betriebes sind; eine Hühnerfarm ist jedoch dann kein landwirtschaftlicher Betrieb, wenn sie keine eigene Futtergrundlage hat (VGH München Beschl. v. 4.1.2005 – 1 CS 04/1598, NVwZ-RR 2005, 522; vgl. zur abstrakten Betrachtungsweise auch § 201 Rn. 4); werden die Tiere ohne Auslauf in geschlossenen Räumen gehalten, kommt es darauf an, ob das Futter überwiegend im Betrieb produziert wird (VGH Kassel Beschl. v. 28.6.1989 – 3 TG 1866/89, BauR 1989, 721; sofern die Privilegierung nach Abs. 1 Nr. 1 ausscheidet, weil wegen einer überwiegend fremden Futterbasis die unmittelbare Bodenertragsnutzung fehlt, können Geflügelzuchtbetriebe wegen der von ihnen ausgehenden Emissionen nach Abs. 1 Nr. 4 im Außenbereich privilegiert zulässig sein (BVerwG Beschl. v. 27.6.1983 – 4 B 206/82, NVwZ 1984, 169).
Gipsabbaubetriebe sind gemäß Abs. 1 Nr. 3 privilegiert (BVerwG Urt. v. 6.10.1989 – 4 C 28/86, NVwZ 1991, 161).
Golfplätze sind – vorbehaltlich besonderer Umstände (Organisation, Anlagen, Zugänglichkeit) – nicht gem. Abs. 1 Nr. 4 privilegiert (BVerwG Beschl. v. 9.10.1991 – 4 B 176/91, NVwZ 1992, 476; dass. Beschl. v. 29.11.1991 – 4 B 209/91, NVwZ 1992, 476); aufgrund ihres erheblichen Flächenbedarfs werden Golfplätze regelmäßig auch nicht nach § 35 Abs. 2 privilegiert; vgl. sinngemäß zu „Campingplätze"; vgl. weiterhin OVG Lüneburg Urt. v. 26.2.1988 – 1 C 41/86, NVwZ-RR 1989, 62, 64.
Go-Kart-Bahn ist nicht gem. Abs. 1 Nr. 4 zu beurteilen (VGH Mannheim Urt. v. 21.9.1983 – 3 S 1705/83).
Hafenbetrieb und ihm dienende Vorhaben sind nach Abs. 1 Nr. 3 als ortsgebundene gewerbliche Betriebe privilegiert zulässig.
Hausboote sowie Wasserflöße sind bauliche Anlagen iSd § 29 Abs. 1, wenn sie fest mit dem Ufer verbunden sind (BVerwG Urt. v. 31.8.1973 – IV C 33/71, BVerwGE 44, 59). Sie können als Wohngebäude privilegiert sein, sofern sie einem privilegierten Betrieb dienen, sonst nicht (OVG Lüneburg Urt. v. 22.10.1969 – I A 22/68, BRS 22 Nr. 132).

1. Abschnitt. Zulässigkeit von Vorhaben § 35

Heilstätte vgl. Erholungsheime.
Hochbehälter für Wasser können nach Abs. 1 Nr. 3 als ortsgebundene Anlagen privilegiert zulässig sein.
Hochspannungsmasten sind gem. Abs. 1 Nr. 3 privilegiert.
Holzlagerung (Langzeitlagerung zum Zwecke der Nasskonservierung) ist grundsätzlich nach Abs. 1 Nr. 1 zu beurteilen, wenn sie in Ausübung eines forstwirtschaftlichen Betriebes vorgenommen wird; keine Privilegierung nach Abs. 1 Nr. 4 wegen standortbedingter Vorteile bei Lage an einem Gewässer (BVerwG Beschl. v. 18.12.1995 – 4 B 260/95, NVwZ-RR 1996, 483).
Hotel vgl. Gaststätten.
Hühnerzucht vgl. Geflügelzuchtbetriebe.
Hundezucht und -pension, Hundezwinger können (einschließlich des damit verbundenen Wohn- und Betriebsgebäudes) gem. Abs. 1 Nr. 4 zulässig sein. Ob die Hundehaltung privilegiert ist, hängt in aller Regel vom Umfang des Vorhabens, von der zu haltenden Rasse und der für eine Unterbringung in der geschlossenen Ortslage zur Verfügung stehenden Baugebiete ab. Die Prüfung, ob durch das von der Hundezucht ausgehende Bellen und Jaulen die Umgebung derart belastet ist, dass sie in bebauten Ortsteilen nicht hingenommen werden kann, ist von einem Sachverständigen durchzuführen (BVerwG Urt. v. 10.9.1976 – IV C 89/75, Buchholz 406.11 § 35 BBauG Nr. 130). Selbst bei Vorliegen eines Gewerbegebietes (§ 8 BauNVO) kann eine Unterbringung im Außenbereich geboten sein (VGH Mannheim Urt. v. 9.12.1983 – 5 S 1599/83, BRS 40 Nr. 77); zu verneinen ist die Privilegierung eines privaten **Hundeübungs- bzw. -sportplatzes** (BVerwG Beschl. v. 4.7.1991 – 4 B 109/91, NVwZ-RR 1992, 172) oder auch eines Hundeauslaufplatzes (OVG Münster Urt. v. 15.2.2013 – 10 A 237/11, BauR 2013, 1246).

Imkerei vgl. Bienenhäuser.
Industriebetriebe können nach Abs. 1 Nr. 3 und Nr. 4 privilegiert sein (→ Rn. 28 ff.).
Jagdhütten sind nach Abs. 1 Nr. 4 als privilegierte Vorhaben zulässig; Voraussetzung für die Privilegierung ist, dass es sich um einen möglichst einfachen Bau handelt, dessen Errichtung, örtliche Lage, Größe und äußere Gestaltung, innere Einteilung und innere Ausstattung ausschließlich nach Gesichtspunkten ausgerichtet sind, die sich allein aus den konkreten Erfordernissen einer ordnungsgemäßen Jagdausübung ergeben (BVerwG Urt. v. 10.12.1982 – 4 C 52/78, NVwZ 1983, 472); das Erfordernis einer funktionellen Zuordnung des Bauwerks zur Ausübung einer ordnungsgemäßen Jagd erstreckt sich auch auf die räumliche Zuordnung der Hütte zum jeweiligen Jagdbezirk; die Privilegierung einer Jagdhütte setzt daher idR voraus, dass sie in dem zu bejagenden Bezirk liegt (BVerwG Urt. v. 10.12.1982, aaO); sie scheidet bei einer Wohnung des Jagdberechtigten in oder nahe dem Jagdrevier aus (BVerwG Urt. v. 18.10.1985 – 4 C 56/82, ZfBR 1986, 48; OVG Lüneburg Beschl. v. 19.3.2008 – 1 LA 84/07, NVwZ-RR 2008, 685); bei Umwandlung in eine Freizeithütte verliert sie den Bestandsschutz (BVerwG Beschl. v. 21.6.1994 – 4 B 108/94, NVwZ-RR 1995, 312; dess. Beschl. v. 9.9.2002 – 4 B 52/02, BauR 2003, 1021; → auch Rn. 43).

Jugendherbergen können nach Abs. 1 Nr. 4 als privilegierte Vorhaben zulässig sein (BVerwG Urt. v. 7.5.1976 – IV C 62/74, BauR 1976, 347; vgl. sinngemäß Berghütten).

Justizvollzugsanstalten sind keine nach Abs. 1 Nr. 4 privilegierten Vorhaben; ihre Zulässigkeit ist daher nach Abs. 2 zu beurteilen (VGH München Urt. v. 11.2.1982 – 2 B 81 A. 493, BRS 39 Nr. 75).

Kapelle nicht deshalb nach § 35 Abs. 1 Nr. 4 BauGB privilegiert, weil sie aus religiösen oder weltanschaulichen Gründen für den Errichtungsort gefordert werden; Beurteilung nach Abs. 2 (OVG Koblenz Urt. v. 5.9.2006 – 8 A 10 519/06, NVwZ-RR 2007, 304); hierzu *Hohmann* BauR 2007, 858 ff.; *Schwemer* BauR 2008, 1551 ff.).

Kernkraftwerke sind außer in Fällen der Neuerrichtung nach Abs. 1 Nr. 7 privilegiert.

Kiesgruben sind ortsgebundene gewerbliche Betriebe; Vorhaben, die ihrem Betrieb dienen, sind nach Abs. 1 Nr. 3 als privilegierte Vorhaben zulässig (vgl. BVerwG Urt. v. 13. 4. 1983 – 4 C 21/79, BVerwGE 67, 84; dass. Urt. v. 7. 5. 1976 – IV C 43/74, welches die Privilegierung des Kiesabbaus bejaht, jedoch die einer bei der Kiesgrube zu errichtenden Transportbetonanlage verneint; *Gaentzsch* NVwZ 1998, 889 (894 f.)).

Kindergärten sind als nicht privilegierte Vorhaben nach Abs. 2 zu beurteilen (OVG Münster Urt. v. 26. 11. 1976 – VII A 283/75, BRS 30 Nr. 59).

Kinderheime vgl. Erholungsheime sowie Kindergärten.

Kirchliche Einrichtungen sind in der Regel nach Abs. 2 zu beurteilen (BVerwG Urt. v. 3. 5. 1974 – IV C 10/71, BauR 1974, 328).

Kläranlagen sind nach Abs. 1 Nr. 3 privilegiert.

Kleingärten sind nach Abs. 2 zu beurteilen; Lauben, die größer sind, als für die kleingärtnerische Nutzung erforderlich, sind in der Regel nach Abs. 2 und 3 unzulässig, weil sie die Entstehung einer Splittersiedlung befürchten lassen (BVerwG Urt. v. 17. 2. 1984 – 4 C 55/81, NJW 1984, 1576).

Kraftwerke für die öffentliche Versorgung mit Elektrizität sind nach Abs. 1 Nr. 3 privilegiert, sofern sie ortsgebunden sind (zB Braunkohlekraftwerke, die in der Regel aus technischen und ökonomischen Gründen in Nachbarschaft zu den Tagebauen errichtet werden müssen), Atomkraftwerke sind (außer Neuerrichtungen) nach Abs. 1 Nr. 7, Wind- und Wasserkraftanlagen sind nach Abs. 1 Nr. 5 privilegiert.

Kühlhäuser zum Auskühlen, Zerlegen und zur Aufbewahrung von Wild sind nicht nach § 35 Abs. 1 Nr. 4 privilegiert (OVG Koblenz Urt. v. 19. 8. 2009 – 8 A 10308.09, BauR 2010, 62).

Kunstwerke. Die Kunstfreiheit (Art. 5 Abs. 3 S. 1 GG) hindert nicht daran, einer Monumentalfigur die baurechtliche Genehmigung wegen Verunstaltung der Landschaft zu versagen (BVerwG Beschl. v. 13. 4. 1995 – 4 B 70/95, NJW 1995, 2648).

Lagerhallen (zB für einen Speditionsbetrieb) sind keine privilegierten Vorhaben und daher nach Abs. 2 zu beurteilen (BVerwG Beschl. v. 13. 6. 1974 – IV B 7/74, BRS 28 Nr. 43)

Lagerräume (zB für Tierfutter und Geräte) ist nach § 35 Abs. 1 Nr. 4 nicht privilegiert (OVG Lüneburg Urt. v. 26. 2. 2014 – 1 LB 100/09, BauR 2014, 1444).

Landhandel. Die für den Landhandel eines gewerblichen Unternehmens oder einer landwirtschaftlichen Genossenschaft benötigten Anlagen sind nicht nach Abs. 1 Nr. 1 oder 2 privilegiert zulässig und daher nach Abs. 2 zu beurteilen (OVG Münster Urt. v. 16. 12. 1970 – VII A 777/65, BRS 23 Nr. 65; OVG Hamburg Urt. v. 11. 6. 2008 – 2 Bf 89/02, BauR 2009, 620; s. allerdings zu mitgezogenen Nutzungen BVerwG Urt. v. 14. 4. 1978 – IV C 85/75, BauR 1978, 383 sowie Rn. 14).

Landarbeiterstellen waren nach Abs. 1 Nr. 3 in der bis 31. 12. 1997 geltenden Fassung (aufgehoben durch BauROG 1998) privilegiert zulässig (→ aber Rn. 26).

Landmaschinenwerkstätten sind Dienstleistungsbetriebe und als solche nicht privilegiert zulässig und nach Abs. 2 zu beurteilen (OVG Münster Urt. v. 17. 12. 1974 – X A 1303/72, DÖV 1975, 721; → auch Rn. 14).

Liebhaberei schließt die Anerkennung als privilegierte Nutzung aus; Vorhaben, die nur der Liebhaberei dienen, sind im Außenbereich nicht erforderlich und daher nicht privilegiert zulässig (→ auch Rn. 13 und 44); dies hat Bedeutung für die als Liebhaberei betriebene Landwirtschaft, aber auch für die Einrichtungen zur individuellen Erholung (vgl. BVerwG Urt. v. 14. 5. 1969 – IV C 19/68, BVerwGE 34, 1; VGH München Urt. v. 25. 11. 1981 – 15 B 80 A.157, BRS 38 Nr. 86).

Luftschutzbunker sind keine nach Abs. 1 privilegierten Vorhaben und daher nach Abs. 2 zu beurteilen.

1. Abschnitt. Zulässigkeit von Vorhaben **§ 35**

Minigolfanlagen sind keine nach Abs. 1 privilegierten Vorhaben und daher nach Abs. 2 zu beurteilen (BVerwG Urt. v. 3.3.1972 – IV C 4/69, BauR 1972, 225).

Mobilfunkanlagen (Sendemasten) sind nach Abs. 1 Nr. 3 privilegiert, wenn sie einen spezifischen Standortbezug aufweisen (VGH Mannheim Beschl. v. 25.8.1997 – 8 S 1861/97, BauR 1998, 313).

Mobilheime, vgl. Campingplätze und Wohnwagen.

Motel vgl. Gaststätten.

Mühlen. Wassermühlen sind als ortsgebundene Anlagen grds. nach Abs. 1 Nr. 3 privilegiert zulässig (OVG Saarlouis Urt. v. 24.11.1992 – 2 R 51/91; → auch Rn. 46; vgl. zu Windmühlen die Ausführungen zu Windenergieanlagen.

Mülldeponien sind nach Abs. 1 Nr. 4 als privilegierte Vorhaben zulässig; jedoch findet § 35 ggf. nach § 38 keine Anwendung, wenn § 31 Abs. 2 KrW-/AbfG eine Planfeststellungsbedürftigkeit begründet.

Nebenerwerbslandwirte → zu den Anforderungen für die Privilegierung Rn. 17.

Nerzzucht bzw. Pelztierfarmen sind wegen der nachteiligen Wirkungen auf die Umgebung (Gerüche) nach Abs. 1 Nr. 4 privilegiert, ggf. wegen der erforderlichen Aufsicht auch ein Wohnhaus (VGH München Urt. v. 31.7.2002 – 1 B 95/4072, BRS 65 Nr. 93; OVG Münster Urt. v. 9.1.1975 – XI A 1005/73, BRS 29 Nr. 60).

Obdachlosenunterkunft ist nicht privilegiert (OVG Münster Urt. v. 27.10.1982 – 11 A 1198/82, BauR 1983, 151).

Parkhäuser sind nicht privilegiert, auch wenn sie nur temporär in einem privilegierten Außenbereichsvorhaben betrieben werden (BVerwG Urt. v. 19.4.2012 – 4 C 10/11, BauR 2012, 1626).

Pensionsbetriebe sind als Teil eines land- oder forstwirtschaftlichen Betriebs nach Abs. 1 Nr. 1 privilegiert zulässig (→ Rn. 15); die Umgestaltung zu einem reinen Pensionsbetrieb ist eine Entprivilegierung. Die darin enthaltene genehmigungsbedürftige Nutzungsänderung kann nach Abs. 4 S. 1 Nr. 1 begünstigt sein; vgl. auch zu Gaststätten.

Pensionstierhaltung die auf eigener Futtergrundlage betrieben wird, ist Landwirtschaft iS des § 201 (VGH München Beschl. v. 4.1.2005 – 1 CS 04/1598, NVwZ-RR 2005, 522); vgl. demgegenüber (ablehnend) BVerwG Urt. v. 19.4.1985 – 4 C 54/82, NVwZ 1986, 200 zu § 146 BBauG (Privilegierung nur im Rahmen eines vorhandenen landwirtschaftlichen Betriebs).

Pferdezucht ist als Landwirtschaft (§ 201) und dementsprechend nach Abs. 1 Nr. 1 als privilegiert anzusehen, wenn eine unmittelbare Bodenertragsnutzung gegeben ist und der Boden zum Zwecke der Nutzung seines Ertrags planmäßig und eigenverantwortlich bewirtschaftet wird (BVerwG Urt. v. 19.4.1985 – 4 C 13/82, NVwZ 1986, 201); eine landwirtschaftliche Pferdehaltung liegt mithin nur dann vor, wenn die Pferdehaltung als Wiesen- und Weidewirtschaft oder als Teil des Ackerbaus, also auf der Grundlage von überwiegend selbsterzeugtem Stroh sowie Heu, Getreide uÄ Pferdefutter betrieben wird (VGH Mannheim Urt. v. 16.6.1982 – 3 S 26/82, BRS 39 Nr. 76; dass. Urt. v. 15.12.2010 – 8 S 2517/09, DVBl. 2011, 294 bejahend für einen Nebenerwerbsbetrieb auf nur gepachteten Nutzflächen); in der **Haltung von zwei Pferden** kann in der Regel nicht ein auf Dauer angelegter landwirtschaftlicher (Nebenerwerbs-)Betrieb gesehen werden (BVerwG Beschl. v. 9.9.2004 – 4 B 58/04, BauR 2005, 1136); anders kann dies bei besonders hochwertigen Zuchtpferden sein, die einen entsprechend hohen Gewinn abwerfen; zur Pferdezucht kann auch die **reiterliche Erstausbildung** der Jungpferde, ggf. kann auch eine Bewegungs- und Reithalle für die selbst gezogenen Tiere privilegiert sein (BVerwG Urt. v. 19.4.1985 – 4 C 13/82, NVwZ 1986, 201); dies gilt nicht, wenn sie Reitsportzwecken und/oder anderen landwirtschaftsfremden Zwecken dient (OVG Münster Urt. v. 10.1.1984 – 7 A 1784/82, BauR 1984, 272).

Photovoltaikanlage ist als Bestandteil von Gebäuden nach Abs. 1 Nr. 8 privilegiert; **bei Windkraftanlagen** besteht eine Privilegierung für zusätzliche Photovoltaikanlagen, wenn sie – auch nach ihrem äußeren Erscheinungsbild – die gebotene Zu- und Unterordnung aufweist, der Umfang des von ihr erzeugten Solarstroms an dem Hilfsnutzen orientiert und durch diesen beschränkt ist und dieser Nutzen für die Windenergieerzeugung so groß ist, dass er aus Sicht eines „vernünftigen" Windenergieerzeugers eine Inanspruchnahme des Außenbereichs rechtfertigt (OVG Koblenz Urt. v. 12. 9. 2007 – 8 A 11166/06, BauR 2008, 337).

Pilzzucht vgl. Champignonzucht.

Pumpstationen sind als Anlagen der öffentlichen Versorgung mit Wasser nach Abs. 1 Nr. 3 als privilegierte Vorhaben zulässig.

Putenmastställe s. Geflügelzuchtbetriebe.

Raststätten vgl. Gaststätten.

Reithallen vgl. Pferdezucht.

Rettungsstationen der DLRG und anderer Rettungsstationen sind nach Abs. 1 Nr. 4 privilegiert (vgl. *Bracher* in BRS Rn. 2323).

Richtstrahleranlagen sind als Anlagen für Kommunikationsdienstleistungen nach Abs. 1 Nr. 3 als privilegierte Vorhaben zulässig.

Ruderhäuser vgl. Bootshäuser.

Rundfunktürme und andere einem Rundfunksender dienende Vorhaben sind als Vorhaben für Kommunikationsdienstleistungen nach Abs. 1 Nr. 3 privilegiert.

Sägewerke sind keine forstwirtschaftlichen Betriebe und daher nicht nach Abs. 1 Nr. 1 privilegiert; auch eine Privilegierung nach Abs. 1 Nr. 3 scheidet idR aus, da sie keine ortsgebundenen gewerblichen Betriebe sind; Rentabilitätserwägungen reichen für die entsprechende Privilegierung nicht aus (→ Rn. 30). Als untergeordneter teil eines forstwirtschaftlichen Betriebes kann jedoch auch ein Sägewerk an dessen Privilegierung teilhaben bzw. mitgezogen werden (vgl. BVerwG Beschl. v. 28. 8. 1998 – 4 B 66/98, NVwZ-RR 1999, 106). Ein wassergetriebenes Sägewerk kann als ortsgebundener gewerblicher Betrieb iS des Abs. 1 Nr. 3 angesehen werden.

Sanatorien vgl. Erholungsheime.

Schafhaltung kann als Landwirtschaft iS des § 201 zur privilegierten Zulässigkeit von Vorhaben (zB Schafställe, Futtersilos) nach Abs. 1 Nr. 1 führen, da die Schafhaltung als Weidewirtschaft auf unmittelbare Bodenertragsnutzung ausgerichtet ist; der Privilegierung nach Abs. 1 Nr. 1 steht es auch nicht entgegen, wenn der überwiegende Teil der Weideflächen (langfristig) gepachtet ist (BVerwG Urt. v. 13. 4. 1983 – 4 C 62/78, BRS 40 Nr. 76; → auch Rn. 23); auch der Zukauf von Futter für den Winter steht dieser Beurteilung nicht entgegen (BVerwG Urt. v. 13. 4. 1983, aaO); ob die notwendige überwiegend eigene Futtergrundlage gewährleistet werden kann, gehört zu den wiederkehrenden Problemen im Zusammenhang mit der Privilegierung von Schafzuchten. Das BVerwG hat 9 ha bewirtschaftetes Land für die Gewinnung von Winterfutter für ca. 250 Altschafe als ausreichend erachtet (BVerwG Urt. v. 13. 4. 1983, aaO); die Privilegierung nach Abs. 1 Nr. 1 entfällt jedoch dann, wenn die Schafhaltung nicht den Anforderungen entspricht, die an einen landwirtschaftlichen Betrieb zu stellen sind (→ Rn. 13 ff.); bei 61 Schafen auf 30 Morgen Weideland liegt kein landwirtschaftlicher Betrieb vor (BVerwG Beschl. v. 27. 9. 1973 – IV B 90/73, BRS 27 Nr. 63).

Sandgruben sind ebenso wie Kiesgruben (s. dort) nach Abs. 1 Nr. 3 privilegiert (vgl. *Bracher* in BRS Rn. 2323).

Schießplätze sind wegen der von ihnen ausgehenden Gefahren nach Abs. 1 Nr. 4 als privilegierte Vorhaben im Außenbereich zulässig; auch ein privater Schießplatz, der an mehrere Vereine vermietet werden soll, kann nach Abs. 1 Nr. 4 privilegiert sein (BVerwG Urt. v. 28. 4. 1978 – IV C 53/76, BauR 1978, 385).

Schleusen können im Außenbereich nach Abs. 1 Nr. 3 oder 4 privilegiert zulässig sein.

1. Abschnitt. Zulässigkeit von Vorhaben § 35

Schneckenzucht ist kein landwirtschaftlicher Betrieb; entsprechende Vorhaben sind nach Abs. 2 zu beurteilen (OVG Münster Urt. v. 28.5.1965 – VII A 703/63, BRS 16 Nr. 32).

Schotterwerke können als Nebenanlagen eines Abgrabungsbetriebes nach Abs. 1 Nr. 3 privilegiert sein (*Bracher* in BRS Rn. 2323).

Schrottplätze (zB zum Ausschlachten von Kraftfahrzeugen) sind nach Abs. 2 als sonstige Vorhaben zu beurteilen (BVerwG Urt. v. 23.1.1981 – 4 C 83/77, NJW 1981, 1224).

Schulungsheime sind als sonstige Vorhaben nach Abs. 2 zu beurteilen (BVerwG Urt. v. 3.5.1974 – IV C 10/71, BauR 1974, 328).

Schutzhütten vgl. Berghütten und Jugendherbergen.

Schweinemastbetriebe sind, sofern sie nicht einem damit zusammenhängenden landwirtschaftlichen Betrieb zuzurechnen sind, nicht als Landwirtschaft iS des § 201 anzusehen, da es an den Merkmalen der unmittelbaren Bodenertragsnutzung und der eigenverantwortlichen Bodenbewirtschaftung (→ Rn. 13ff.) fehlt (BVerwG Urt. v. 4.7.1980 – IV C 101/77, NJW 1981, 139); Schweinemästereien können jedoch wegen der von ihnen ausgehenden Wirkungen (insbesondere der Geruchsbelästigung) nach Abs. 1 Nr. 4 im Außenbereich als privilegierte Vorhaben zulässig sein.

Schwimmbäder vgl. Freibäder; keine Privilegierung privater Schwimmbäder oder Hallenbäder.

Seilbahnen können nach Abs. 1 Nr. 3 als ortsgebundene gewerbliche Betriebe oder nach Abs. 1 Nr. 4 als Vorhaben mit besonderen Anforderungen an die Umgebung als nur im Außenbereich ausführbare Vorhaben privilegiert zulässig sein; die Talstation einer Seilschwebebahn ist kein privilegiertes Vorhaben iSd Abs. 1 Nr. 3 und Nr. 4 (OVG Koblenz Urt. v. 5.5.1971 – 2 A 82/70, VerwRspr. 24, 432; vgl. aber § 38: Keine Anwendung von § 35, sofern landesrechtliche Planfeststellungsverfahren vorgesehen sind und das Vorhaben überörtliche Bedeutung hat.

Sendemasten sind als Vorhaben, die der Telekommunikation dienen, nach Abs. 1 Nr. 3 als privilegierte Vorhaben zulässig.

Skihütten vgl. Berghütten.

Sportanlagen sind idR nach Abs. 2 zu beurteilen; vgl. Golfplätze, Freibäder und Tennisplätze, aber andererseits Schießstände; auch eine Sprungschanze kann nach Abs. 1 Nr. 4 privilegiert sein.

Sportboothafen. Ein (privater) Sportboothafen ist nach Abs. 2 und nicht nach Abs. 1 Nr. 4 zu beurteilen (BVerwG Beschl. v. 13.9.1989 – 4 B 93/89, UPR 1990, 63).

Sprengstofffabriken sind als Vorhaben mit nachteiliger Wirkung auf die Umgebung nach Abs. 1 Nr. 4 zu beurteilen.

Stallgebäude vgl. Pferdezucht, Geflügelzucht, Schweinemast.

Staumauern sind nach Abs. 1 Nr. 3 oder 4 oder Nr. 5 zu beurteilen.

Steinbrüche die gewerbsmäßig betrieben werden, sind nach Abs. 1 Nr. 3 zu beurteilen (vgl. VGH Mannheim Urt. v. 26.2.1971 – III 472/69, BRS 24 Nr. 63).

Sternwarten können als Vorhaben mit besonderen Anforderungen an die Umgebung nach Abs. 1 Nr. 4 zu beurteilen sein (vgl. zu den Anforderungen BVerwG Beschl. v. 12.4.2011 – 4 B 6/11, BauR 2011, 1299).

Talsperren vgl. Staumauern.

Tankstellen sind idR nach Abs. 2 zu beurteilen (VGH Kassel Beschl. v. 7.12.2000 – 4 ZU 3402/99, NVwZ-RR 2001, 428); jedoch kann ein besonderer Bedarf für eine Tankstelle die Privilegierung nach Abs. 1 Nr. 4 rechtfertigen (zB an Bundesautobahnen oder Ausflugsgaststätten); keine Privilegierung nach Abs. 1 Nr. 4 bei einer in Grenznähe gelegenen Tankstelle an einer Kreisstraße (OVG Lüneburg Beschl. v. 24.3.1988 – 1 A 111/87, BRS 48 Nr. 67).

Taubenzucht ist keine Landwirtschaft iS des § 201; auch nach Abs. 1 Nr. 4 ist eine Privilegierung bei einer mit 50 Tieren betriebenen Taubenzucht nicht gegeben

(VGH Mannheim Urt. v. 24.5.1974 – VIII 43/72, BRS 28 Nr. 44); Vorhaben sind nach Abs. 2 zu beurteilen.

Tennisplätze sind nicht nach Abs. 1 Nr. 4 privilegiert (BVerwG Beschl. v. 3.12.1990 – 4 B 144/90, NVwZ 1991, 878); vgl. auch Campingplätze; eine Tennisanlage im Außenbereich kann nach Abs. 2, 3 unzulässig sein, wenn sie im Widerspruch zur Darstellung einer „Fläche für den Gemeinbedarf" im Flächennutzungsplan steht (OVG Münster Urt. v. 24.1.1983 – 7 A 733/81, BauR 1984, 148).

Telefonmasten dienen der Telekommunikation und sind daher nach Abs. 1 Nr. 3 als privilegierte Vorhaben zulässig.

Telekommunikationsdienstleistungen vgl. Abs. 1 Nr. 3.

Tierheime können nach Abs. 1 Nr. 4 als privilegierte Vorhaben zulässig sein (OVG Münster Urt. v. 22.2.1968 – X A 987/66, DÖV 1970, 791; OVG Koblenz Urt. v. 11.12.2002 – 8 A 10975/02); eine veterinärmedizinische Nachsorgestation für Pferde und Kleintiere nur dann, wenn dies nach Art, Umfang und Gestaltung für seine konkrete Zweckbestimmung erforderlich ist, im konkreten fall ablehnend OVG Münster Urt. v. 22.5.1991 – 7 A 822/89, BauR 1991, 715).

Tierkörperbeseitigungsanstalten sind wegen ihrer nachteiligen Wirkungen auf die Umgebung für den Außenbereich bestimmt und daher nach Abs. 1 Nr. 4 privilegiert zulässig.

Tierparks können im Hinblick auf ihre Erholungsfunktion zugunsten der Allgemeinheit nach Abs. 1 Nr. 4 privilegiert sein (kritisch *Bracher* in BRS Rn. 2323); dies gilt nicht für einen im Wildpark geplanten „Beherbergungsbetrieb" (BVerwG Beschl. v. 25.8.2010 – 4 B 17.10, ZfBR 2010, 796).

Torfstechereien sind nach Abs. 1 Nr. 3 als ortsgebundene gewerbliche Betriebe zu beurteilen (→ Rn. 30).

Transformatorenhäuser dienen der öffentlichen Versorgung mit Elektrizität und sind daher nach Abs. 1 Nr. 3 privilegiert zulässig.

Transportbetonanlagen in genehmigten Kiesgruben sind nicht nach Abs. 1 Nr. 3 privilegiert (vgl. BVerwG Urt. v. 7.5.1976 – IV C 43/74, BVerwGE 50, 346 (348f.)).

Verstärkeranlagen dienen der Telekommunikation und sind daher nach Abs. 1 Nr. 3 privilegiert zulässig.

Viehunterstände landwirtschaftlicher Betriebe sind nach Abs. 1 Nr. 1 privilegiert; Viehunterstände nichtlandwirtschaftlicher Betriebe sind nicht privilegiert (OVG Schleswig Urt. v. 10.11.1992 – 1 L 320/91; vgl. aber auch OVG Koblenz Urt. v. 11.1.1979 – 1 A 149/77, das eine Privilegierung offener Unterstände nach Abs. 1 Nr. 4 für möglich hält, obwohl im konkreten Fall die Voraussetzungen eines Betriebes nicht gegeben waren).

Wallfahrtskapelle ist nicht allein deshalb nach Abs. 1 Nr. 4 privilegiert, weil sie aus religiösen oder weltanschaulichen Gründen für den Errichtungsort gefordert wird; die Absicht, einem überirdischen Auftrag zu entsprechen – „Befolgung des Auftrages der Gottesmutter" –, genügt nicht den Anforderungen, die an eine ein Vorhaben im Außenbereich rechtfertigende Zweckbestimmung zu stellen sind. (OVG Koblenz Urt. v. 5.9.2006 – 8 A 10519/06, NVwZ-RR 2007, 304).

Wasserenergieanlagen sind nach Abs. 1 Nr. 5 privilegiert.

Wassertürme dienen der öffentlichen Versorgung mit Wasser und sind daher nach Abs. 1 Nr. 3 privilegiert zulässig.

Weidewirtschaft ist Landwirtschaft iS des § 201; vgl. auch Pferdezucht und Schafhaltung.

Weinbau ist Landwirtschaft iS des § 201; zum Erfordernis der betriebsflächennahen Lage der Betriebsgebäude vgl. BVerwG Urt. v. 22.11.1985 – 4 C 71/82, NVwZ 1986, 644 sowie Rn. 20.

Weinbergschneckenzucht vgl. Schneckenzucht.

Werkstätten vgl. Landmaschinenwerkstätten.

1. Abschnitt. Zulässigkeit von Vorhaben **§ 35**

Wetterwarten können im Außenbereich nach Abs. 1 Nr. 4 privilegiert zulässig sein.
Wiederaufbereitungsanlagen für abgebrannte Brennelemente aus Kernkraftwerken sind gem. Abs. 1 Nr. 7 privilegiert (→ Rn. 56).
Wiesenwirtschaft ist Landwirtschaft iS des § 201.
Wildgehege vgl. Tierparks; nicht privilegiert bei Tierhaltung aus Liebhaberei (BVerwG Beschl. v. 10.4.1987 – 4 B 58/87, ZfBR 1987, 297); ein Wildpark mit Gastronomieeinrichtung, Abenteuerspielplatz und Picknickwiese ist kein im Außenbereich privilegiertes Vorhaben (VGH München Urt. v. 8.12.2009 – 2 B 09/2257, BayVBl. 2010, 565).
Windenergieanlagen sind nach Abs. 1 Nr. 5 privilegiert (Rn. 46; → auch Rn. 111 ff.).
Wochenendhäuser gehören nicht zu den privilegierten Vorhaben; sie müssen weder wegen der besonderen Anforderungen an die Umgebung, noch wegen ihrer besonderen Zweckbestimmung im Außenbereich ausgeführt werden; ihre Zulässigkeit richtet sich daher nach Abs. 2 (vgl. etwa BVerwG Urt. v. 29.4.1964 – I C 30/62, BVerwGE 18, 247; → auch Rn. 43).
Wohnhäuser sind nach Abs. 2 zu beurteilen, soweit sie nicht von einem privilegierten Vorhaben nach Abs. 1 gedeckt sind (→ Rn. 19).
Wohnwagen sind, sofern sie (weil zB überwiegend ortsfest genutzt) bauliche Anlagen iS des § 29 sind, wie Wochenendhäuser nach Abs. 2 zu beurteilen (vgl. aber auch BVerwG Urt. v. 3.4.1987 – 4 C 43/84, NVwZ 1988, 144 sowie Campingplätze).
Wolfsgehege kann das Gebot der Rücksichtnahme (Abs. 3 S. 1 Nr. 3) wegen des Wolfsgeheuls verletzten (OVG Münster Beschl. v. 5.5.2006 – 10 B 205/06, NVwZ-RR 2006, 774).
Zäune sind planungsrechtlich idR so zu beurteilen wie das Vorhaben, dem sie dienen.
Zeltplätze vgl. Campingplätze.
Zementfabriken sind wegen der Staubemissionen in der Regel nach Abs. 1 Nr. 4 zu beurteilen.
Ziegeleien sind als ortsgebundene gewerbliche Betriebe in der Regel nach Abs. 1 Nr. 3 zu beurteilen (Rn. 30).
Zuckerfabriken sind keine ortsgebundenen gewerblichen Betriebe und daher im Außenbereich nach Abs. 2 zu beurteilen.
Zwischen- und Endlager für radioaktive Abfälle sind gem. Abs. 1 Nr. 7 privilegiert.

V. Öffentliche Belange, Ziele der Raumordnung und Planvorbehalt (Abs. 3)

1. Die Bedeutung öffentlicher Belange für privilegierte und sonstige Vorhaben. Öffentliche Belange sind für die Beurteilung von privilegierten Vorhaben nach Abs. 1 und für sonstige Vorhaben nach Abs. 2 mit unterschiedlichem Gewicht maßgeblich: Ein **privilegiertes Vorhaben** ist nur zulässig, wenn öffentliche Belange **nicht entgegenstehen;** ein **sonstiges Vorhaben** ist nur zulässig, wenn öffentliche Belange **nicht beeinträchtigt** werden. Die Privilegierung nach **Abs. 1** bewirkt also ein grundsätzlich stärkeres Durchsetzungsvermögen gegenüber einem vom Vorhaben berührten öffentlichen Belangen (BVerwG Urt. v. 14.3.1975 – IV C 41/73, BVerwGE 48, 109 (114)). Durch die generelle Verweisung dieser Vorhaben in den Außenbereich hat der Gesetzgeber selbst eine planerische Entscheidung zugunsten dieser Vorhaben getroffen und damit auch Fälle negativer Berührung mit öffentlichen Belangen im Einzelfall in Kauf genommen (→ bereits Rn. 6). Die Bevorzugung von Vorhaben nach Abs. 1 führt also bei einer Beeinträchtigung öffentlicher Belange – 68

anders als bei den Vorhaben nach Abs. 2 – dazu, dass keine Unzulässigkeit per se besteht. Es muss vielmehr eine **Abwägung** zwischen den jeweils berührten öffentlichen Belangen und dem Vorhaben stattfinden, wobei zu dessen Gunsten die Privilegierung ins Gewicht fällt (vgl. BVerwG Urt. v. 25.10.1967 – IV C 86/66, BVerwGE 28, 148 (151); dass. Urt. v. 14.3.1975 – IV C 41/73, BVerwGE 48, 109 (114); dass. Urt. v. 24.8.1979 – IV C 3/77, BauR 1979, 481; zu Abs. 3 S. 2 und S. 3 → Rn. 103 ff.).

69 Bei **sonstigen Vorhaben** nach **Abs. 2** ist demgegenüber in Rechnung zu stellen, dass der Gesetzgeber für sie bereits dann keine Rechtfertigung vorsieht, wenn öffentliche Belange beeinträchtigt werden. Ob eine Beeinträchtigung öffentlicher Belange durch sonstige Vorhaben vorliegt, hängt von den Umständen des Einzelfalles ab und ist bei der auch in diesen Fällen vorzunehmende Abwägung zu berücksichtigen (BVerwG Urt. v. 25.10.1967 – IV C 86/66, BVerwGE 28, 148 (151)).

70 Der Abwägung zwischen den Interessen an der Durchführung des (privilegierten oder sonstigen) Vorhabens und der negativen Berührung von öffentlichen Belangen ist dort eine Grenze gesetzt, wo die zu erwartenden Nachteile nur noch durch sonstige Vorteile aufgerechnet werden könnten. Eine planerische Konfliktbewältigung iS einer **Kompensation**, also eine Saldierung von Vor- und Nachteilen, käme im Ergebnis einer gestaltenden Abwägung gleich. Diese ist kennzeichnend für die Bauleitplanung und die dortige Konfliktbewältigung (vgl. hierzu die Erläuterungen zu § 1 Abs. 7). Bei Entscheidungen nach § 35 ist sie jedoch **nicht erlaubt** (BVerwG Urt. v. 16.2.1973 – IV C 61/70, BVerwGE 42, 8 (14 ff.)). Die bei der Feststellung, ob öffentliche Belange einem Vorhaben entgegenstehen (Abs. 1) oder durch dieses beeinträchtigt werden (Abs. 2), vorzunehmende Abwägung hat vielmehr allein zum Gegenstand, **ob** überhaupt ein öffentlicher Belang betroffen ist (sog. **„nachvollziehende Abwägung"**, mit der ein gerichtlich uneingeschränkt überprüfbarer Vorgang der Rechtsanwendung gemeint ist, der eine auf den Einzelfall ausgerichtete Gewichtsbestimmung verlangt, vgl. BVerwG Urt. v. 26.6.2014 – 4 B 47/13, ZfBR 2014, 773 (774); dass. Urt. v. 19.7.2001 – 4 C 4.00, BVerwGE 115, 17 (24); dass. Urt. v. 27.6.2013 – 4 C 1/12, BVerwGE 147, 118 Rn. 6,). Dies kann **unterschiedlich zu bewerten** sein, je nachdem ob es um ein privilegiertes oder um ein sonstiges Vorhaben geht (→ insbesondere zum Flächennutzungsplan Rn. 74).

71 Das Vertrauen auf die **Festsetzungen eines unwirksamen Bebauungsplans** und eine jahrelange behördliche Anwendung des Plans sind keine Gründe, die öffentliche Belange überwinden könnten (BVerwG Beschl. v. 25.8.1997 – 4 B 139/97, ZfBR 1998, 104). Auf öffentliche Belange kann auch **nicht „verzichtet"** werden, und zwar weder von der Gemeinde noch von einem von der Schutzwirkung öffentlicher Belange begünstigten Dritten (BVerwG Urt. v. 28.4.1978 – IV C 53/76, BauR 1978, 385). Ruft ein Vorhaben zB schädliche Umwelteinwirkungen hervor, ändert daran die Erklärung eines Betroffenen, dass ihn dies nicht störe, nichts. Das Vorhaben bleibt gesetzeswidrig (→ aber zur Möglichkeit eines Rechtsmittelverzichts auch Vorb. zu den §§ 29–38 Rn. 74).

72 **2. Begriff der öffentlichen Belange.** Der **Begriff der öffentlichen Belange** ist in Abs. 3 nicht definiert, vielmehr wird er durch einen nicht abschließenden Katalog wichtiger öffentlicher Belange in S. 1 erläutert. Es handelt sich um einen **unbestimmten Rechtsbegriff**. Unter ihn fallen alle Gesichtspunkte, die für das Bauen im Außenbereich rechtserheblich sein können. Durch Abs. 3 soll also die **Außenbereichsverträglichkeit** von Vorhaben sichergestellt werden (vgl. Abs. 4 S. 1). Neben den in Abs. 3 S. 1 beispielhaft aufgeführten öffentlichen Belangen sind daher auch andere öffentliche Belange rechtserheblich, sofern sie in einer konkreten Beziehung zur städtebaulichen Ordnung stehen und damit von dem in § 1 vorgegebenen Leitgedanken einer geordneten städtebaulichen Entwicklung unter Berücksichtigung der konkreten örtlichen Verhältnisse mitumfasst sind (vgl. BVerwG Urt. v. 6.12.1967 – IV C 94/66, BVerwGE 28, 268 (277); zu Abs. 3 S. 2 und S. 3 → Rn. 103 ff.).

§ 35

3. Die einzelnen öffentlichen Belange (Abs. 3 S. 1). a) Darstellungen des Flächennutzungsplans (Nr. 1). Die im **Flächennutzungsplan (Nr. 1)** zum Ausdruck gebrachten planerischen Vorstellungen der Gemeinde gehören als Konkretisierung dessen, was im Einzelfall als geordnete städtebauliche Entwicklung anzusehen ist, zu den öffentlichen Belangen (ausführlich *Decker* JA 2015, 1 ff.). Der Flächennutzungsplan ist zwar nur ein vorbereitender Bauleitplan (§ 1 Abs. 2), er ist jedoch mehr als eine nur unverbindliche Äußerung der Gemeinde. Mit ihm bringt die Gemeinde auf der Grundlage eines gesetzlich geregelten Verfahrens ihren planerischen Willen über die weitere städtebauliche Entwicklung zum Ausdruck. Die Gemeinde kann sich **zur Steuerung** der städtebaulichen Entwicklung im Außenbereich mittels Bauleitplanung grundsätzlich auf den **Flächennutzungsplan beschränken;** er darf aber aufgrund des Bestimmtheitsgrades seiner Darstellungen nicht faktisch an die Stelle eines Bebauungsplans treten (BVerwG Urt. v. 18.8.2005 – 4 C 13/04, BVerwGE 124, 132; → auch § 5 Rn. 8).

Die Darstellungen des Flächennutzungsplans (zum Entwurf eines Flächennutzungsplans als sonstiger öffentlicher Belang → Rn. 101) haben für die Zulässigkeit **privilegierter und sonstiger Vorhaben** unterschiedliches Gewicht. Der Gesetzgeber hat zwar die privilegierten Vorhaben in planähnlicher Weise dem Außenbereich zugewiesen. Diese § 30 Abs. 1 und § 34 nahe kommende Privilegierung entfaltet jedoch dann keine Wirkung, wenn der Flächennutzungsplan eine sachlich und räumlich eindeutige, der Zulässigkeit des Vorhabens entgegenstehende **standortbezogene** Aussage enthält (BVerwG Urt. v. 20.1.1984 – 4 C 43/81, BVerwGE 68, 311; dass. Urt. v. 22.5.1987 – 4 C 57/84, BVerwGE 77, 300), der Standort also in qualifizierter Weise anderweitig verplant ist (BVerwG Beschl. v. 3.6.1998 – 4 B 6/98, NVwZ 1998, 960; dass. Beschl. v. 17.8.2015 – 4 B 31.15, […]). Eine damit eng verknüpfte planerische Steuerungsmöglichkeit besteht nach **Abs 3 S. 3** (Rn. 111 ff.). Keine in diesem Sinne für privilegierte Vorhaben beachtliche Aussage ist vor allem die Darstellung der für eine landwirtschaftliche Nutzung zur Verfügung stehenden Außenbereichsflächen als Fläche für die Landwirtschaft, da dies in der Regel keine **qualifizierte Standortzuweisung** ist (BVerwG Urt. v. 6.10.1989 – 4 C 28/86, NVwZ 1991, 161 zu einem Vorhaben gem. Abs. 1 Nr. 4; vgl. auch OVG Münster Urt. v. 23.5.1984 – 7 A 1691/82, UPR 1985, 297).

Bei der Entscheidung über die Zulässigkeit eines **sonstigen Vorhabens** im Außenbereich sind demgegenüber die Darstellungen des Flächennutzungsplans grundsätzlich ohne besondere Einschränkungen zu berücksichtigen. Daher entsprechen die Wirkungen des Flächennutzungsplans gegenüber sonstigen Vorhaben den Wirkungen, die auch ein Bebauungsplan hat (grundlegend BVerwG Urt. v. 29.4.1964 – I C 30/62, BVerwGE 18, 247 (253); VGH München Urt. v. 24.7.2014 – 2 B 14/896, BauR 2015, 85 (87)). Diese Wirkungen können die Darstellungen des Flächennutzungsplans allerdings auch hier nur entfalten, wenn der Planungswille der Gemeinde hinreichend konkretisiert ist, wenn also der Plan mit seinen Darstellungen positiv eine mit dem Vorhaben nicht zu vereinbarende Bestimmung trifft bzw. ein „negativer Planungswille" mit der erforderlichen Deutlichkeit entnommen werden kann (BVerwG Urt. v. 15.1.1969 – IV C 23/67, BRS 22 Nr. 77). Einer qualifizierten Standortzuweisung (→ Rn. 74) bedarf es dafür jedoch nicht (OVG Berlin-Brandenburg Beschl. v. 6.4.2009 – 11 S 59/08, juris, Rn. 21; vgl. auch BVerwG Urt. v. 17.2.1984 – 4 C 56/79, NVwZ 1984, 438). Entscheidend sind die konkreten Umstände des Einzelfalls; so kann sich der Flächennutzungsplan zB dann nicht gegenüber einem sonstigen Vorhaben auswirken, wenn die örtlichen Gegebenheiten (zB die natürliche Beschaffenheit des Geländes) seiner Verwirklichung von vornherein entgegenstehen (vgl. BVerwG Urt. v. 15.3.1967 – IV C 205/65, BVerwGE 26, 287). Einer Darstellung im Flächennutzungsplan fehlt indes nicht schon deshalb die Eignung als einem Vorhaben widersprechender öffentlicher Belang, weil die Darstellung nicht mit der gegenwärtigen tatsächlichen Situation übereinstimmt (BVerwG Beschl. v. 1.4.1997 – 4 B 11/97,

NVwZ 1997, 899; OVG Münster Beschl. v. 14.3.2014 – 2 A 2276.13, NuR 2015, 500 (501); dass. Beschl. v. 14.3.2014 – 2 A 2276/13, DVBl. 2014, 725 zur möglichen Funktionslosigkeit, allerdings verneint für den Fall einer vorhabenbezogen erteilten Waldumwandlungsgenehmigung in Bezug auf eine Darstellung als Waldfläche).

76 Die Darstellungen des Flächennutzungsplans sind nach Abs. 3 S. 1 nur geeignet, die Unzulässigkeit eines Vorhabens zu begründen. Die **Zulässigkeit** eines Vorhabens kann ein Flächennutzungsplan hingegen nicht herbeiführen. Wenn das Vorhaben andere öffentliche Belange beeinträchtigt (Abs. 2) oder sie ihm entgegenstehen (Abs. 1), kann dies durch die Vereinbarkeit mit den Darstellungen des Flächennutzungsplans daher nicht ausgeräumt werden (BVerwG Urt. v. 10.5.1968 – IV C 18/66, NJW 1969, 68; dass. Beschl. v. 4.7.1990 – 4 B 103/90, NVwZ 1990, 962). Soweit jedoch der Flächennutzungsplan (ähnlich der Regelung über die Ziele von Raumordnung und Landesplanung in Abs. 3 S. 2. Alt., → Rn. 111 ff.) eine abwägende Entscheidung hinsichtlich der Belange iS des Abs. 3 S. 1 enthält, stehen sie dem Vorhaben nicht mehr ohne weiteres entgegen (zB einem Golfplatz, der im Flächennutzungsplan dargestellt ist).

77 **b) Darstellungen in Fachplänen (Nr. 2).** Eine Beeinträchtigung öffentlicher Belange liegt nach **Abs. 3 S. 1 Nr. 2** vor, wenn das Vorhaben den Darstellungen eines **Landschaftsplans** oder eines sonstigen **Fachplans** widerspricht (vgl. zur Unzulässigkeit einer Getreidelagerhalle auf in ein Landschaftsschutzgebiet einbezogenen landwirtschaftlichen Flächen, OVG Münster Beschl. v. 15.8.2013 2 A 2521/12, BeckRS 2014, 56381). Als sonstige Fachpläne nennt das Gesetz Pläne nach dem Wasser-, Abfall- oder Immissionsschutzrecht (vgl. auch § 1 Abs. 6 Nr. 7 Buchst. g; s. zu derartigen Plänen im Einzelnen *Söfker* in EZBK § 35 Rn. 84 ff.). Als öffentlicher Belang stehen solche Pläne Vorhaben entgegen, wenn sie auf **gesetzlicher Grundlage** und von den dafür zuständigen Stellen in dem vorgeschriebenen Verfahren ordnungsgemäß aufgestellt sind. Es ist nicht erforderlich, dass diese Pläne Normcharakter haben. Eine rein informelle Planung genügt jedoch nicht (hierzu *Uechtritz* ZfBR 2010, 646 (653); *Terwiesche* NVwZ 2010, 553 (555)).

78 **c) Schädliche Umwelteinwirkungen, Gebot der Rücksichtnahme (Nr. 3).** Öffentliche Belange werden gem. Abs. 3 S. 1 Nr. 3 beeinträchtigt, wenn das Vorhaben **schädliche Umwelteinwirkungen** hervorrufen kann oder ihnen ausgesetzt ist. Der Begriff der schädlichen Umwelteinwirkungen ist in § 3 Abs. 1 BImSchG definiert (BVerwG Urt. v. 25.2.1977 – IV C 22/75, BVerwGE 52, 122 (126); dass. Urt. v. 29.8.2007 – 4 C 2/07, BVerwGE 129, 209; zur TA Lärm im Rahmen von Nr. 3 BVerwG Besch. v. 26.3.2014 – 4 B 3.14, UPR 2014, 313; → auch Vorb. §§ 29–38 Rn. 52). Schädliche Umwelteinwirkungen sind danach Immissionen, die nach Art, Ausmaß oder Dauer geeignet sind, Gefahren, erhebliche Nachteile oder erhebliche Belästigungen für die Allgemeinheit oder die Nachbarschaft hervorzurufen. Derartige Einwirkungen sind den davon Betroffenen grundsätzlich nicht zumutbar (BVerwG Urt. v. 25.2.1977 – IV C 22/75, BVerwGE 52, 122 (127)). Der Begriff der „Unzumutbarkeit" ist dabei nicht identisch mit dem enteignungsrechtlichen Begriff; vielmehr bezeichnet er – noch im Vorfeld dessen, was der Eigentumsschutz nach Art. 14 Abs. 1 GG unter enteignungsrechtlichen Gesichtspunkten fordert – die Grenze, von der ab dem Betroffenen eine nachteilige Einwirkung nach den konkreten tatsächlichen Verhältnissen billigerweise nicht mehr zugemutet werden soll (BVerwG Urt. v. 21.5.1976 – IV C 80/74, BVerwGE 51, 15 (29)). Dass dieser öffentliche Belang vor allem dem Schutz der Bevölkerung dient, bedeutet jedoch nicht, dass private Betroffene auf seine Einhaltung wirksam verzichten können (auch nicht durch dinglich gesicherten Verzicht, vgl. BVerwG Beschl. v. 23.1.2002 – 4 BN 3/02, NVwZ-RR 2002, 329; → allerdings zum Verzicht auf Rechtsmittel Vorb. §§ 29–38 Rn. 74).

79 Schädliche Umwelteinwirkungen iSv Abs. 3 S. 1 Nr. 3 sind nach der Rechtsprechung des BVerwG nichts anderes als die gesetzliche Ausformung des allgemeinen

1. Abschnitt. Zulässigkeit von Vorhaben § 35

baurechtlichen **Gebotes der Rücksichtnahme** für eine besondere Konfliktsituation. Auch das in Abs. 3 S. 1 nicht ausdrücklich aufgeführte Gebot der Rücksichtnahme ist ein beachtlicher öffentlicher Belang (BVerwG Urt. v. 6.12.1967 – IV C 94/66, BVerwGE 28, 268 (274); vgl. auch BVerwG Beschl. v. 23.12.2010 – 4 B 36/10, ZfBR 2011, 275; OVG Münster Urt. v. 9.8.2006 – 8 A 3726/05, BauR 2007, 74; OVG Greifswald Beschl. v. 21.5.2014 – 3 M 236/13, LKV 2014, 421 (423); VGH München Beschl. v. 16.1.2014 – 22 ZB 13/2608, BauR 2014, 974 (974); ders. Beschl. v. 1.12.2014 – 22 ZB 14/1594, ZUR 2015, 184 zur „optisch bedrängenden Wirkung" einer **Windkraftanlage** auf bewohnte Nachbargrundstücke im Außenbereich; zu Geruchsbeeinträchtigungen OVG Lüneburg Urt. v. 26.11.2014 – 1 LB 164/13, BauR 2015, 464; zu Fragen des Störfallrechts iSd Seveso II-Richtlinie/Seveso III-Richtlinie BVerwG Beschl. v. 28.3.2013 – 4 B 15.12, BauR 2013, 1248 sowie im Einzelnen s. § 34 Rn. 33ff.; s. zum Nachbarsch im Außenbereich auch Vorb. §§ 29–38 Rn. 72;). Rücksicht zu nehmen ist jedoch nur auf solche Individualinteressen, die wehrfähig sind, weil sie nach der gesetzgeberischen Wertung, die im materiellen Recht ihren Niederschlag gefunden hat, schützenswert sind. Fehlt es hieran, ist für Rücksichtnahmeerwägungen kein Raum (BVerwG Urt. v. 18.11.2004 – 4 C 1/04, NVwZ 2005, 328; dass. Urt. v. 28.10.1993 – 4 C 5/93, NVwZ 1994, 686; OVG Münster Beschl. v. 5.5.2006 – 10 B 205/06, UPR 2007, 68; OVG Greifswald Beschl. v. 21.5.2014 – 3 M 236/13, LKV 2014, 421 (423)).

Welche Anforderungen das Gebot der Rücksichtnahme stellt, hängt wesentlich **80** von den jeweiligen Umständen ab. Je empfindlicher und schutzwürdiger die Stellung derer ist, denen die Rücksichtnahme im gegebenen Zusammenhang zugute kommt, umso mehr kann an Rücksichtnahme verlangt werden; je verständlicher und unabweisbarer die mit dem Vorhaben verfolgten Interessen sind, umso weniger braucht derjenige, der das Vorhaben verwirklichen will, Rücksicht zu nehmen. Danach kommt es wesentlich auf eine Abwägung zwischen dem an, was dem Rücksichtnahmebegünstigten einerseits und dem Rücksichtnahmepflichtigen andererseits nach Lage der Dinge zuzumuten ist (BVerwG Urt. v. 25.2.1977 – IV C 22/75, BVerwGE 52, 122 (126); dass. Urt. v. 21.1.1983 – 4 C 59/79, NVwZ 1983, 609f.; OVG Lüneburg Beschl. v. 14.7.2011 – 1 ME 76/11, DVBl. 2011, 1105 zu Imkerei/Tierhaltung). Da bei den Begriffsbestimmungen auf das BImSchG zurückgegriffen werden kann (→ Rn. 78), ergibt sich aus dem **Immissionsschutzrecht** auch die Grenze für die Verletzung des Gebotes der Rücksichtnahme. Werden schädliche Umwelteinwirkungen iS des BImSchG nicht hervorgerufen, kommt insoweit eine Verletzung des Gebotes der Rücksichtnahme in der Regel nicht in Betracht. Das Rücksichtnahmegebot geht jedoch – als allgemeines baurechtliches Gebot – über das hinaus, was durch den Begriff der „schädlichen Umwelteinwirkungen" erfasst wird (BVerwG Urt. v. 21.2.1983 – 4 C 59/79, NVwZ 1983, 609): Während die schädlichen Umwelteinwirkungen auf das abheben, was an Immissionen insbesondere vom BImSchG erfasst wird, betrifft das Gebot der Rücksichtnahme daher auch solche Fälle, in denen nicht Immissionsbelastungen, sondern sonstige nachteilige Wirkungen in Rede stehen (zB die optisch bedrängende Wirkung eines Vorhabens, → Rn. 79; s. auch BVerwG Urt. v. 13.3.1981 – 4 C 1/78, BauR 1981, 354).

Einzelfälle: BVerwG Urt. v. 25.2.1977 – IV C 22/75, BVerwGE 52, 122 – Au- **81** ßenbereichsvorhaben, die an sich privilegiert sind, aber schädliche Umwelteinwirkungen hervorrufen oder ihnen ausgesetzt werden oder sonst auf die Interessen Dritter nicht genügend Rücksicht nehmen, können deshalb genehmigungsunfähig sein; VGH München Beschl. v. 28.8.2001 – 26 ZS 01/1413, BauR 2002, 754 – ein Landwirt, von dessen vorhandenem Betrieb Immissionen ausgehen, kann sich gegen die den Immissionen ausgesetzte **heranrückende Wohnbebauung** auf die Grundsätze des Rücksichtnahmegebotes berufen; OVG Münster Beschl. v. 5.5.2006 – 10 B 205/06, UPR 2007, 68 – eine Baugenehmigung für ein **Wolfsgehege** kann das Gebot der Rücksichtnahme im Hinblick auf das Wolfsgeheul verletzen; BVerwG Beschl.

§ 35 I. Kapitel. III. Teil. Regelung der baul. und sonst. Nutzung

v. 28.3.2013 – 4 B 15.12, ZfBR 2013, 479 – der Betreiber eines **Untertageerdgasspeichers** hat einen Abwehranspruch gegen eine teilprivilegierte Umnutzung einer landwirtschaftlichen Katstelle in Wohnnutzung, wenn das umzunutzende Gebäude innerhalb des nach der 12. BImSchV um den Kavernenkopf einzuhaltenden Sicherheitsradius liegt und im Falle eines Dennoch-Störfalls schädlichen Umwelteinwirkungen (Wärmestrahlung) ausgesetzt ist (→ auch Vorb. §§ 29–38 Rn. 55); BVerwG Urt. v. 10.4.1968 – IV C 3/67, BVerwGE 29, 286 – das Interesse der Bewohner einer angrenzenden im Zusammenhang bebauten Wohnsiedlung an der Freihaltung dieser Siedlung von Verkehrslärm durch ein **Autokino** kann ein entgegenstehender öffentlicher Belang sein; BVerwG Urt. v. 28.4.1978 – IV C 53/76, BauR 1978, 385 – zu den **Lärmimmissionen** eines **Schießplatzes;** BVerwG Urt. v. 25.10.1967 – IV C 86/66, BVerwGE 28, 148 – **Geruchsbelästigung** durch ein privilegiertes landwirtschaftliches Vorhaben im Außenbereich in der Nähe bereits erschlossener bebauter Wohngebiete (vgl. hierzu auch OVG Münster Beschl. v. 23.4.2013 – 2 B 141/13, ZfBR 2013, 494; VGH München Beschl. v. 25.10.2010 – 2 CS 10/2137, ZfBR 2011, 47 (49f.)); BVerwG Beschl. v. 20.11.2014 – 7 B 27/14, BeckRS 2014, 58964 Rn. 16; dass. Urt. v. 19.4.2012 – 4 CN 3.11, BVerwGE 143, 24 Rn. 21; OVG Münster Urt. v. 20.1.2014 – 7 A 2555/11, BauR 2014, 1259 (1262f.); – zu **Bioaerosolimmissionen;** OVG Lüneburg Beschl. v. 17.7.2013 12 ME 275/12, BauR 2013, 1831, (1831f.). – zu Schädigungen durch **Stickstoffdepositionen;** OVG Koblenz Urt. v. 7.10.2009 – 1 A 10872/07, BauR 2010, 581 (582f.) – zur Beurteilung der Zumutbarkeit des vom Zu- und Abgangsverkehrs ausgehenden Lärms sowie des Betriebslärms einer **Biogasanlage** nach Maßgabe der 16. BImSchV und der TA-Lärm; OVG Lüneburg Beschl. v. 19.5.2011 – 4 ME 60/11, NVwZ-RR 2011, 677 – zur Beurteilung von Verkehrsgeräuschen im Zusammenhang mit dem Betrieb einer Kiesgrube nach Maßgabe der TA-Lärm; BVerwG Urt. v. 18.11.2004 – 4 C 1/04, NVwZ 2005, 328 – einem **Segelfluggelände** ohne beschränkten Bauschutzbereich wird durch die Anwendung des Rücksichtnahmegebotes kein höherer materieller Schutzstatus zugewiesen; von Vorhaben **im Bauschutzbereich eines Flughafens** wird nicht mehr an baurechtlicher Rücksichtnahme verlangt, als es das Luftverkehrsrecht gebietet (vgl. auch OVG Koblenz Urt. v. 16.1.2006 – 8 A 11 271/05, NVwZ 2006, 844); OVG Lüneburg Beschl. v. 15.1.2003 – 1 ME 325/02, NVwZ-RR 2003, 342 – eine Massierung von Stallanlagen für **Intensivtierhaltung** (Hähnchenmaststall) kann ein Indiz für das Vorliegen städtebaulicher Missstände sein; BVerwG Beschl. v. 28.7.1999 – 4 B 38/99, NVwZ 2000, 552 – eine **Kleinfeuerungsanlage** kann auch bei Einhaltung der Emissionsgrenzen der 1. BImSchV im Einzelfall wegen erheblicher Belästigungen der Nachbarschaft das Rücksichtnahmegebot verletzen; BVerwG Urt. v. 21.1.1983 – 4 C 59/79, NVwZ 1983, 609 – die Errichtung von **Lagerhallen** eines im Außenbereich vorhandenen Stahlbaubetriebs, die einer Wohnbebauung gegenüberliegen würden, verstößt nicht gegen das Rücksichtnahmegebot, wenn hierdurch keine Verschlechterung der Immissionslage eintritt; BVerwG Urt. v. 22.6.1990 – 4 C 6/87, NVwZ 1991, 64 – die bauliche Erweiterung eines privilegierten **Zimmereibetriebs** allein beeinträchtigt öffentliche Belange nicht, es sei denn, es sind damit (zusätzliche) konkrete nachteilige Einwirkungen verbunden; BVerwG Beschl. v. 23.12.2010 – 4 B 36/10, ZfBR 2011, 275 – eine Windenergieanlage mit einem Abstand, der weniger als das Doppelte ihrer Gesamthöhe beträgt, ist in der Mehrzahl der Fälle gegenüber einer Wohnnutzung rücksichtslos (s. im einzelnen zu den relevanten Regelwerken Vorb. §§ 29–38 Rn. 35 sowie zum Nachbarschutz aufgrund des Gebots der Rücksichtnahme im Außenbereich Vorb. §§ 29–38 Rn. 72).

82 **d) Unwirtschaftliche Aufwendungen (Nr. 4).** Öffentliche Belange werden beeinträchtigt oder stehen einem Vorhaben entgegen, wenn das Vorhaben **unwirtschaftliche Aufwendungen (Nr. 4)** für Straßen und andere Verkehrseinrichtungen, für Anlagen der Versorgung, der Abwasser- und Abfallbeseitigung, für die Sicherheit

1. Abschnitt. Zulässigkeit von Vorhaben **§ 35**

oder Gesundheit oder für sonstige Aufgaben erfordert. Unwirtschaftliche Aufwendungen können durch ein Vorhaben ausgelöst werden, wenn die Genehmigung des Vorhabens Erschließungsanlagen oder neue Ausgaben zur Folge hätte, deren Herstellung oder Übernahme zum Aufgabenkreis der Gemeinde oder anderer öffentlicher Träger gehören würde und deren Ausmaß unwirtschaftlich wäre. Die Aufwendungen sind unwirtschaftlich, wenn sie in einem Missverhältnis zu dem erzielbaren Nutzen stehen oder wenn sie den Haushalt des Erschließungsträgers in unzumutbarer Weise oder in einem nach der Finanzplanung ungeeigneten Zeitpunkt belasten (BVerwG Urt. v. 22.3.1972 – IV C 121/68, BauR 1972, 222). Hierbei sind nicht nur die Kosten für die Fertigstellung einer Erschließungsanlage, sondern auch die Kosten der laufenden Unterhaltung zu berücksichtigen. Verpflichtet sich jedoch der Bauherr zur **Übernahme der Aufwendungen**, ist dies zu seinen Gunsten zu berücksichtigen (OVG Lüneburg Beschl. v. 17.7.2013 12 ME 275/12, BauR 2013, 1831, (1833f.) → auch Rn. 9 und 64 zur Sicherung der Erschließung als Zulässigkeitsvoraussetzung; zum unzulässigen Verzicht des Bauherrn auf eine ausreichende Erschließung → Rn. 9).

e) Naturschutz, Landschaftspflege, Bodenschutz, Denkmalschutz, natürliche Eigenart der Landschaft, Orts- und Landschaftsbild (Nr. 5). Belange des **Naturschutzes** und der **Landschaftspflege (Nr. 5)** sind insbesondere bei Vorhaben beeinträchtigt, die in den durch Naturschutz- oder Landschaftsschutzbestimmungen geschützten Gebieten oder Objekten liegen (s. insbesondere §§ 23–27, 32 BNatSchG). Belange des Natur- und Landschaftsschutzes können zudem auch dann beeinträchtigt werden, wenn Gebiete nicht oder noch nicht förmlich unter Natur- und Landschaftsschutz gestellt sind (BVerwG Beschl. v. 29.4.1968 – IV B 77/67, DVBl. 1969, 261; dass. Beschl. v. 8.5.2008 – 4 B 28/08, BauR 2008, 1420). Insoweit enthält Nr. 5 aber eine eigenständige bundesrechtliche Regelung des Natur- und Landschaftsschutzes (BVerwG Urt. v. 21.4.2009 – 4 C 3/08, BVerwGE 133, 347). Diese bezieht auch sonstige „naturschutzbezogene" fachgesetzliche Anforderungen wie den Artenschutz und Biotopschutz nach dem BNatSchG mit ein (BVerwG Urt. v. 21.11.2013 – 7 C 40/11, NVwZ 2014, 524 Rn. 14ff.; dass. Urt. v. 27.6.2013 – 4 C 1.12, ZfBR 2013, 685). Belange des Natur- und Landschaftsschutzes zielen aber auch darüber hinaus darauf ab, die Leistungsfähigkeit des Naturhaushalts, die Nutzfähigkeit der Naturgüter, die Tier- und Pflanzenwelt sowie die Vielfalt, Eigenart und Schönheit von Natur und Landschaft als Lebensgrundlagen des Menschen nachhaltig zu sichern (vgl. zu den Zielen des Naturschutzes und der Landschaftspflege **§ 1 BNatSchG;** zur Bedeutung der **naturschutzrechtlichen Eingriffsregelung** bei Außenbereichsvorhaben → Rn. 194). Belange des Natur- und Landschaftsschutzes stehen auch privilegierten Vorhaben (Abs. 1) entgegen, wenn diese naturschutzrechtlich unzulässig sind (BVerwG. Urt. v. 27.6.2013 – 4 C 1.12, ZfBR 2013, 685; dass. Urt. v. 13.4.1983 – 4 C 21/79, BVerwGE 67, 84: Eine im Außenbereich privilegierte **Abgrabung** (Auskiesung) größeren Umfangs, die nach dem Landschaftsschutzrecht in einer dort Ausnahmegewährung nicht in erheblicher Weise unzulässig ist, ist auch bebauungsrechtlich nicht genehmigungsfähig; VGH München Beschl. v. 22.12.2014 – 1 ZB 13.2596, NuR 2015, 280 (281): zu einer Aufschüttung).

Nr. 5 nennt als Belang auch den **Bodenschutz.** Hierdurch soll schädlichen Bodenveränderungen vorgebeugt werden. Belange des Bodenschutzes sind die Erhaltung oder Wiederherstellung der Bodenfunktionen (vgl. auch § 1a Abs. 2). 84

Belange des **Denkmalschutzes** können durch ein Vorhaben im Außenbereich 85 ebenfalls beeinträchtigt werden oder einem privilegierten Vorhaben entgegenstehen (zur städtebaulichen Bedeutung des Denkmalschutzes vgl. die Erl. zu § 1 Abs. 6 Nr. 5). Die Berücksichtigung der Belange des Denkmalschutzes in seinen bodenrechtlichen Bezügen ist im BauGB auch im Übrigen mehrfach hervorgehoben (vgl. zusammenfassend *Martin/Krautzberger,* Handbuch Denkmalschutz und Denkmal-

pflege, 3. Aufl. 2010, Teil F, Rn. 46 ff.; zum Denkmalschutz als öffentlicher Belang vgl. BVerwG Beschl. v. 26.6.2014 – 4 B 47/13, ZfBR 2014, 773; dass. Urt. v. 21.4.2009 – 4 C 3/08, BVerwGE 133, 347; OVG Lüneburg Urt. v. 28.11.2007 – 12 LC 70/07, BauR 2009, 784; VGH München Urt. v. 8.3.1982 – 14.B-768/79, BRS 39 Nr. 81; zum **Nachbarschutz** → Vorb. §§ 29–38 Rn. 14 ff.). Dabei handelt es sich gleichwohl nur um einen bundesrechtlichen Mindeststandard, der im Verhältnis zum Landesrecht (s. § 29 Rn. 28) lediglich Auffangfunktion hat (BVerwG Urt. v. 12.12.2013 – 4 C 15.12, NVwZ 2014, 454; dass. Beschl. v. 10.6.2013 – 4 B 6.13, BauR 2013, 1671). Wurde die Denkmaleigenschaft einer baulichen Anlage zerstört, kann diese nicht mehr gemäß Nr. 5 einem Außenbereichsvorhaben entgegengehalten werden, selbst wenn diese Zerstörung illegal war (BVerwG Urt. v. 12.12.2013 – 4 C 15.12, NVwZ 2014, 454).

86 Der Begriff der **natürlichen Eigenart der Landschaft** umfasst den Schutz des Außenbereichs vor einer wesensfremden Nutzung und den Schutz einer im Einzelfall schutzwürdigen Landschaft vor ästhetischer Beeinträchtigung (BVerwG Beschl. v. 29.4.1968 – IV B 77/67, DVBl. 1969, 261). Ob durch ein Vorhaben die natürliche Eigenart der Landschaft beeinträchtigt wird, hängt von der betreffenden Landschaft sowie der Lage, Gestaltung und Benutzung des betreffenden Vorhabens ab. Hat das Vorhaben nur unerhebliche Auswirkungen auf die Landschaft, ist noch keine Beeinträchtigung dieses öffentlichen Belangs anzunehmen. Eine Verletzung der natürlichen Eigenart der Landschaft liegt bei einer der jeweiligen Landschaft wesensfremden Bebauung vor, sowie dann, wenn ein Vorhaben einem schutzwürdigen Landschaftsbild in ästhetischer Hinsicht grob unangemessen ist (BVerwG Beschl. v. 29.4.1968 – IV B 77/67, DVBl. 1969, 261). Weicht ein Außenbereichsvorhaben vom herkömmlichen Baustil krass ab, kann es ebenfalls die natürliche Eigenart der Landschaft beeinträchtigen (BVerwG Beschl. v. 19.1.1978 – IV B 90/77, Buchholz 406.11 § 35 BBauG Nr. 146). Die Eigenart einer Landschaft kann dabei durch die bereits vorhandenen Anlagen mitgeprägt sein. Die Beeinträchtigung der natürlichen Eigenart der Landschaft kann auch einem **privilegierten Vorhaben** entgegenstehen (BVerwG Urt. v. 22.11.1985 – 4 C 71/82, NVwZ 1986, 644). Dabei ist allerdings der vom Gesetzgeber vorgenommenen Zuweisung dieser Vorhaben in den Außenbereich innerhalb der vorzunehmenden Abwägung (Rn. 68) angemessen Rechnung zu tragen. Nicht zu vermeidende Beeinträchtigungen der natürlichen Eigenart der Landschaft – zB bei Kraftwerken oder bei Abgrabungen (insbesondere bei einer Rekultivierungspflicht des Unternehmens; vgl. BVerwG Urt. v. 18.3.1983 – 4 C 17/81, NVwZ 1984, 303) – sind daher zugunsten der privilegierten Vorhaben in Rechnung zu stellen. Eine – nicht durch einen Bebauungsplan zugelassene – **Ausweitung** eines im Zusammenhang bebauten Ortsteils **in den Außenbereich** hinein ist ein Vorgang der städtebaulich unerwünschten, unorganischen Siedlungsweise. Sie kann insbesondere geeignet sein, eine **Nachfolgebebauung** nach sich zu ziehen und damit zur Zersiedelung sowie zur Beeinträchtigung der natürlichen Eigenart der Landschaft führen (BVerwG Urt. v. 25.1.1985 – 4 C 29/81, NVwZ 1985, 747).

87 Der Außenbereich soll auch wegen des **Erholungswertes der Landschaft** für die Allgemeinheit möglichst von Bebauung freigehalten werden (einschränkend jedoch BVerwG Beschl. v. 8.9.1977 – IV B 41/77, BauR 1977, 403). Der Außenbereich ist daher grundsätzlich gegenüber einer wesensfremden Benutzung zu schützen, insbesondere gegenüber einer Wohnnutzung (BVerwG Urt. v. 26.5.1967 – IV C 25/66, BVerwGE 27, 137; VGH München Beschl. v. 22.12.2014 – 1 ZB 13.2596, NuR 2015, 280). Dieser Belang kann sich auch gegen privilegierte Vorhaben durchsetzen; der Zuweisung privilegierter Vorhaben in den Außenbereich durch den Gesetzgeber ist aber bei der Abwägung (→ Rn. 68) entsprechend den Umständen des Einzelfalles Rechnung zu tragen (zu einem privilegierten Vorhaben, das einem in einem Regionalplan als Ziel festgelegten „Vorranggebiet für Erholung" widerspricht BVerwG Urt. v. 19.7.2001 – 4 C 4/00, BVerwGE 115, 17).

1. Abschnitt. Zulässigkeit von Vorhaben **§ 35**

Das **Landschaftsbild** (vgl. auch § 1 Abs. 6 Nr. 5 sowie § 172 Abs. 3 S. 1) wird ver- **88** unstaltet, wenn mit der Errichtung eines Vorhabens der städtebauliche und landschaftliche Gesamteindruck erheblich gestört würde. Die bloße Veränderung reicht nicht aus (VGH Mannheim Urt. v. 28.9.2011 – 8 S 1947/11, ZfBR 2012, 164 (166f.)). Geschützt ist insbesondere der ästhetische Wert der Landschaft. Der Schutz des Landschaftsbildes kann auch der Zulässigkeit privilegierter Vorhaben (Abs. 1) entgegenstehen (zur Beeinträchtigung einer Mittelgebirgslandschaft durch eine an exponierter Stelle vorgesehene **Windenergieanlage** vgl. OVG Münster Urt. v. 18.11.2004 – 7 A 3329/01, BauR 2005, 836). Ist ein Landschaftsbild bereits nachhaltig zerstört, fehlt es an einem Schutzgut, das weiteren Eingriffen in die Landschaft entgegenstehen könnte (BVerwG Beschl. v. 13.10.1976 – IV B 149/76, Buchholz 406.11 § 35 BBauG Nr. 131). Eine nur vorübergehende Verunstaltung des Landschaftsbildes zB durch eine Abgrabung kann – jedenfalls bei privilegierten Vorhaben – der Zulässigkeit des Vorhabens nicht entgegenstehen; wenn Abgrabungen nach Abs. 1 Nr. 3 vom Gesetzgeber planartig dem Außenbereich zugewiesen sind, kann das Landschaftsbild im Rahmen der gebotenen Abwägung nicht ein solches Gewicht haben, dass selbst eine nur vorübergehende Verunstaltung des Landschaftsbildes der Abgrabung entgegensteht (BVerwG Urt. v. 18.3.1983 – 4 C 17/81, NVwZ 1984, 303). Die Berufung auf die **Kunstfreiheit** (Art. 5 Abs. 3 S. 1 GG) hindert nicht, die baurechtliche Genehmigung eines Vorhabens wegen Verunstaltung der Landschaft zu versagen (BVerwG Beschl. v. 13.4.1995 – 4 B 70/95, NJW 1995, 2648).

Das **Ortsbild** (vgl. auch § 1 Abs. 6 Nr. 5. sowie § 172 Abs. 3 S. 1) kann verunstaltet **89** werden, wenn der Gegensatz zwischen der baulichen Anlage und dem Ortsbild „von dem für ästhetische Eindrücke offenen Betrachter als belastend oder Unlust erregend empfunden wird" (BVerwG Urt. v. 28.6.1955 – I C 146/53, BVerwGE 2, 172 (177)). Das Ortsbild kann dabei durch den Standort, die Art und die Größe des Vorhabens oder durch die Verunstaltung der Ortssilhouette verunstaltet werden (OVG Münster Urt. v. 16.3.1976 – VII A 556/75, BRS 30 Nr. 70). Entscheidend ist der städtebauliche Gesamteindruck, also die Wirkung auf das Ortsbild, nicht aber die ästhetische Wirkung des beabsichtigten Vorhabens selbst (vgl. auch BVerwG Urt. v. 22.6.1990 – 4 C 6/87, NVwZ 1991, 64: Das Fehlen einer harmonischen Beziehung zur vorhandenen Bebauung reicht nicht; das Vorhaben muss „dem Ortsbild in ästhetischer Hinsicht grob unangemessen sein"). Der Schutz des Ortsbilds kann auch einem privilegierten Vorhaben (Abs. 1) entgegenstehen. Vom Bodenrecht unbeschadet zulässig sind landesrechtliche Regelungen, insbesondere in den Bauordnungen, die im Außenbereich aus Gründen der **Verunstaltungsabwehr** zB Anlagen der Außenwerbung für unzulässig erklären (BVerwG Urt. v. 11.10.2007 – 4 C 8/06, NVwZ 2008, 311).

f) Agrarstruktur, Wasserwirtschaft, Hochwasserschutz (Nr. 6). Nach **Nr. 6** **90** darf ein Vorhaben Maßnahmen zur **Verbesserung der Agrarstruktur** nicht beeinträchtigen. Ein Vorhaben darf daher zB nicht die Durchführung einer Flurbereinigung gefährden (zum Begriff der Maßnahmen zur Verbesserung der Agrarstruktur → § 187 Rn. 11).

Nr. 6 hebt ebenfalls den **Hochwasserschutz** als öffentlichen Belang beim Bauen **91** im Außenbereich hervor. Damit werden Überschwemmungsgebiete (§ 76 Abs. 1 S. 1 WHG), aber auch diejenigen Gebiete erfasst, die als Gebiete mit signifikantem Hochwasserrisiko bezeichnet werden (vgl. § 73 Abs. 1 S. 1 WHG; vgl. zu den Hochwasserschutzbestimmungen im BauGB § 1 Rn. 86). Unabhängig von Nr. 6 sind die Anforderungen nach § 78 Abs. 1, dort insbesondere Nr. 2, WHG zu beachten.

Eine **Gefährdung der Wasserwirtschaft** kann vor allem durch die Abwasserbe- **92** seitigung, die Beseitigung von Abfällen oder durch die Lagerung von Öl oder von anderen Stoffen, die das Grundwasser oder ein Gewässer verunreinigen können, hervorgerufen werden. Die in Nr. 6 enthaltene Anforderung, dass durch Vorhaben im Außenbereich die Wasserwirtschaft nicht gefährdet werden darf, hat einen eigenstän-

digen baurechtlichen Regelungsgehalt (BVerwG Urt. v. 20.10.1972 – IV C 1/70, BRS 25 Nr. 84). Gegenüber den wasserschutzrechtlichen Verbotsvorschriften, die als Zulassungsschranken iS des § 29 Abs. 2 (→ § 29 Rn. 28) wirken, hat der Belang nach Nr. 6 eine Auffangfunktion, die unabhängig von wasserrechtlichen Normierungen ein Mindestmaß an Gewässerschutz gewährleisten soll (BVerwG Urt. v. 12.4.2001 – 4 C 5/00, NVwZ 2001, 1048).

93 g) **Splittersiedlung, Zersiedelung (Nr. 7).** Eine Beeinträchtigung öffentlicher Belange liegt gem. Abs. 3 S. 1 Nr. 7 vor, wenn das Vorhaben die Entstehung, Verfestigung oder Erweiterung einer **Splittersiedlung** und damit einhergehend die Entwicklung unorganischer Siedlungsstrukturen sowie die **Zersiedelung** des Außenbereichs erwarten lässt (BVerwG Beschl. v. 17.3.2015 – 4 B 45.14, ZfBR 2015, 584 (585); dass. Urt. v. 19.4.2012 – 4 C 10/11, BauR 2012, 1626; dass. Urt. v. 27.1.1967 – IV C 33/65, BVerwGE 26, 111). Den Begriff der Splittersiedlung iS einer **zusammenhanglosen** oder aus anderen Gründen **unorganischen Streubebauung** können auch bauliche Anlagen erfüllen, die zum – evtl. nur gelegentlichen – Aufenthalt von Menschen bestimmt sind (BVerwG Urt. v. 9.6.1976 – IV C 42/74, BauR 1976, 344; dass. Urt. v. 16.9.2010 – 4 C 7/10, ZfBR 2011, 147 (150); → auch § 34 Rn. 14; dass. Beschl. v. 17.3.2015 – 4 B 45.14, UPR 2015, 312). Entstehung, Verfestigung oder Erweiterung von Splittersiedlungen können – abgesehen vom Aspekt einer mehr oder weniger willkürlichen und zusammenhanglosen Verteilung und Inanspruchnahme des Außenbereichs – vor allem unerwünscht sein wegen der mit dem (hinzutretenden) Vorhaben verbundenen Ansprüche, die sich in einer Splittersiedlung nicht befriedigen lassen, der „Vorbildwirkung" des Vorhabens, der fehlenden Unterordnung im Verhältnis zur bereits vorhandenen Splittersiedlung oder der Eignung, weitere Spannungen zu begründen oder die vorhandenen zu erhöhen, insbesondere im Hinblick auf schädliche Umwelteinwirkungen (BVerwG Urt. v. 3.6.1977 – IV C 29/75, BauR 1977, 402; dass. Beschl. v. 18.11.1982 – 4 B 152/82, Buchholz 406.11 § 35 BBauG Nr. 192). Eine von der geschlossenen Ortslage abgesetzte Streubebauung ist grundsätzlich unorganisch und verstößt gegen die Anforderungen an eine geordnete Siedlungsstruktur und damit gegen öffentliche Belange (BVerwG Urt. v. 27.8.1998 – 4 C 13/97, NVwZ-RR 1999, 295; vgl. aber auch zu Fällen siedlungsstruktureller „Unbedenklichkeit" BVerwG Urt. v. 29.10.1982 – 4 C 31/78, ZfBR 1983, 31). Der Belang, die Entstehung einer Splittersiedlung zu vermeiden, kann auch einem privilegierten Vorhaben entgegenstehen (BVerwG Urt. v. 19.4.2012 – 4 C 10/11, BauR 2012, 1626; vgl. aber zur Abwägung gegenüber der gesetzlichen Privilegierung Rn. 68).

94 Einem Vorhaben steht der Belang des **Entstehens** einer Splittersiedlung dann entgegen, wenn das Vorhaben zum Bestehen einer **unerwünschten** Splittersiedlung führen würde. Unerwünscht in diesem Sinne ist eine Splittersiedlung, wenn mit ihr ein Vorgang der **Zersiedelung eingeleitet** wird (BVerwG Urt. v. 19.10.1966 – IV C 16/66, BVerwGE 25, 161; dass. Urt. v. 26.5.1967 – IV C 25/66, BVerwGE 27, 137). Dies wird bei der Errichtung von Wohnbauten regelmäßig der Fall sein, sofern die Streubebauung nicht die im Außenbereich herkömmliche Siedlungsform darstellt oder ein Vorhaben in eine organische Beziehung zu einer bereits vorhandenen, nicht selbst zu missbilligenden Splittersiedlung tritt (BVerwG Urt. v. 19.4.2012 – 4 C 10/11, BauR 2012, 1626; dass. Beschl. v. 12.12.1972 – IV B 150/72, BRS 25 Nr. 76). Bereits die **erste Errichtung eines Wohngebäudes** im Außenbereich kann den Vorgang der Zersiedelung einleiten (unerwünschte **Vorbildwirkung**) und damit die Befürchtung begründen, dass eine Splittersiedlung entstehen wird (BVerwG Beschl. v. 8.4.2014 – 4 B 5/14, ZfBR 2014, 494; dass. Urt. v. 26.5.1967 – IV C 25/66, BVerwGE 27, 137; vgl. auch BVerwG Beschl. v. 24.2.1994 – 4 B 15/94, ZfBR 1994, 151 zur Nutzung einer früheren Pumpenwärterwohnung für allgemeine Wohnzwecke; *Peine* LKV 2014, 97 ff. zur Zulässigkeit von Biogasanlagen). Auch Lauben, die größer sind als für die

1. Abschnitt. Zulässigkeit von Vorhaben §35

kleingärtnerische Nutzung erforderlich, lassen das Entstehen einer Splittersiedlung befürchten (BVerwG Urt. v. 17.2.1984 – 4 C 70/78, NJW 1984, 1576).

Die **Erweiterung** einer Splittersiedlung ist die räumliche Ausdehnung des bisher 95 in Anspruch genommenen Bereichs. Auch die Änderung der Nutzung eines im Außenbereich gelegenen Wochenendhauses in eine dauerhafte Wohnnutzung kann die Erweiterung einer Splittersiedlung befürchten lassen (BVerwG Urt. v. 28.10.1983 – 4 C 70/78, NVwZ 1984, 510).

Die **Verfestigung** einer Splittersiedlung ist die Auffüllung des bereits bisher in An- 96 spruch genommenen räumlichen Bereichs, also die Vergrößerung des Baubestands ohne zusätzliche Ausdehnung in den Außenbereich. Das Hinzutreten weiterer Bauvorhaben zu einer unerwünschten, aber bereits verfestigten Splittersiedlung braucht nicht stets eine weitere Zersiedelung darzustellen, die Abs. 3 S. 1 Nr. 7 beeinträchtigt (BVerwG Beschl. v. 10.11.2010 – 4 B 45/10, ZfBR 2011, 163; OVG Münster Urt. v. 27.2.1996 – 11 A 1897/94, ZfBR 1996, 286: Eine „Verfestigung" ist nicht zu befürchten, wenn sich ein Wohnbauvorhaben der vorhandenen Bebauung unterordnet, sich ohne zusätzliche Ansprüche oder Spannungen organisch in eine bestehende Baulücke einfügt und keine Vorbildwirkung hat). Als Grund für eine Missbilligung kommt jedoch in Betracht, wenn das hinzutretende Vorhaben mit Ansprüchen verbunden ist, die sich in der vorhandenen Splittersiedlung nicht befriedigen lassen (BVerwG Urt. v. 3.6.1977 – IV C 37/75, BVerwGE 54, 73). Die Vergrößerung einer Splittersiedlung um die Hälfte ihres Bestandes lässt regelmäßig die Verfestigung einer Splittersiedlung befürchten (BVerwG Urt. v. 18.5.2001 – 4 C 13/00, NVwZ 2001, 1282).

Wird eine weitgehend aus Streu- und Splittersiedlungen bestehende Gemeinde in 97 eine anders strukturierte **Gemeinde eingegliedert**, kann dies zur bebauungsrechtlichen Unzulässigkeit eines die vorhandene Splittersiedlung erweiternden nichtprivilegierten Vorhabens führen, auch wenn es vor der Gemeindeneugliederung genehmigungsfähig gewesen wäre (BVerwG Urt. v. 17.2.1984 – 4 C 56/79, NVwZ 1984, 434). Obgleich Splittersiedlungen städtebaulich grundsätzlich zu missbilligen sind, ist ein Vorhaben ausnahmsweise zulässig, wenn sich die Streusiedlung (zB auch eine bandartige Bebauung) als die im Außenbereich organische, **herkömmliche Siedlungsform** darstellt. Die Beibehaltung dieser Siedlungsform kann in diesen Fällen nicht als ein Vorgang der Zersiedlung bewertet werden (BVerwG Urt. v. 26.5.1967 – IV C 25/66, BVerwGE 27, 137; dass. Urt. v. 3.6.1977 – IV C 37/75, BVerwGE 54, 73).

h) Funkstellen und Radaranlagen (Nr. 8). Nach Abs. 3 S. 1 **Nr. 8** beeinträch- 98 tigt ein Vorhaben im Außenbereich öffentliche Belange, wenn es die **Funktionsfähigkeit von Funkstellen und Radaranlagen** stört. Hierfür ist nicht bereits jedwede nachteilige Beeinflussung ausreichend. Notwendig ist vielmehr eine Intensität, bei der die Erzielung der gewünschten Ergebnisse verhindert, verschlechtert, verzögert oder spürbar erschwert wird (s. etwa OVG Münster Beschl. v. 27.8.2014 – 8 B 550/14, NuR 2014, 885 zur ersten Fresnelzone; VGH München Urt. v. 18.9.2015 – 22 B 14.1263, BauR 2016, 243 zu einer Wetterradaranlage). Nr. 8 dient auch der Flugsicherheit, die als öffentlicher Belang vor allem bei der Errichtung von Windenergieanlagen zu berücksichtigen ist (vgl. OVG Lüneburg Beschl. v. 21.7.2011 – 12 ME 201/10, DVBl. 2011, 1300). So kann durch Windenergieanlagen zB die Funkverbindung gestört werden, was zu einem (vorübergehenden) Ausfall von Funkstrecken führen und die Flugsicherheit beeinträchtigen kann. Im Baugenehmigungsverfahren sind daher gegebenenfalls die für die Flugsicherheit zuständigen Stellen, insbesondere die Wehrbereichsverwaltungen, zu beteiligen (OVG Lüneburg Beschl. v. 21.7.2011 – 12 ME 201/10, DVBl. 2011, 1300; → auch Vorb. §§ 29–38 Rn. 72). Demgegenüber werden Beeinträchtigungen des Rundfunkempfangs von Nr. 8 nicht erfasst (OVG Münster Urt. v. 18.8.2009 – 8 A 613.08, BauR 2010, 199).

i) Sonstige öffentliche Belange, Planungserfordernis. Ein in Abs. 3 S. 1 nicht 99 ausdrücklich benannter öffentlicher Belang kann das **Planungserfordernis** eines

Vorhabens sein (BVerwG Urt. v. 1.8.2002 – 4 C 5/01, BVerwGE 117, 25 Rn. 16ff.; OVG Münster Urt. v. 12.6.2012 – 8 D 38/08, BauR 2012, 1883 (1885)). Die Planungsbedürftigkeit eines Vorhabens kann sich dabei aus seiner Einbettung in die Umgebung **(Außenkoordination)** ergeben. Ein solches Koordinierungsbedürfnis „nach außen" kann dann als beachtlicher öffentlicher Belang angesehen werden, wenn in der Umgebung des Vorhabens nicht nur die abstrakte Möglichkeit künftiger konkurrierender Bodennutzungsinteressen besteht, sondern wenn konkret solche konkurrierenden Interessen und Belange vorhanden sind oder entstehen können, die nur durch einen planerischen Abwägungsvorgang zu einem gerechten Ausgleich gebracht werden können. Bei **privilegierten Vorhaben** (Abs. 1) sieht das **BVerwG** das Planungserfordernis wegen einer notwendigen Außenkoordination **nicht als öffentlichen Belang** an, der einem solchen Vorhaben entgegenstehen kann (BVerwG Urt. v. 18.2.1983 – 4 C 19/81, BVerwGE 67, 33). Die Außenkoordination ist bei privilegierten Vorhaben vielmehr im Genehmigungsverfahren zu gewährleisten, nämlich mit der Prüfung, ob dem Vorhaben konkrete öffentliche Belange, wie zB das Hervorrufen schädlicher Umwelteinwirkungen oder das Entstehen unwirtschaftlicher Aufwendungen für Versorgungs- und Entsorgungseinrichtungen, entgegenstehen (BVerwG Urt. v. 18.2.1983, aaO). Das BVerwG (Urt. v. 22.6.1990 – 4 C 6/87, NVwZ 1991, 64; noch offen gelassen von BVerwG Urt. v. 18.2.1983, aaO) hatte zunächst auch für **sonstige Vorhaben** ein etwaiges Planungsbedürfnis im Hinblick auf die Außenkoordination für unbeachtlich erklärt. Zu einem nach Abs. 2 zu beurteilenden „Factory Outlet Center" hat das BVerwG (BVerwG Urt. v. 1.8.2002 – 4 C 5/01, BVerwGE 117, 25) dann jedoch im Hinblick auf „eine Konfliktlage mit so hoher Intensität" für die berührten Interessen entschieden, dass dies die in § 35 vorausgesetzte Entscheidungsfähigkeit des Zulassungsverfahrens übersteigen könne. Deshalb könne ein im Außenbereich nicht privilegiertes Vorhaben am **öffentlichen Belang des Planungserfordernisses** scheitern (hierzu zB *Nickel/Kopf* UPR 2003, 22ff.). Nach der Rechtsprechung des OVG Münster gilt dies auch für (privilegierte und nicht privilegierte) Vorhaben mit komplexen und schwer zu beherrschenden Umweltauswirkungen, auch wenn die Bejahung eines Planungserfordernisses „absoluten Ausnahmecharakter" habe (OVG Münster Urt. v. 12.6.2012 – 8 D 38/08, BauR 2012, 1883 (1886); aA für privilegierte Vorhaben BVerwG Urt. v. 19.12.1985 – 7 C 65/82, BVerwGE 70, 300; OVG Lüneburg Urt. v. 21.4.2010 – 12 LC 9/07, BauR 2010, 1556; VGH Mannheim Beschl. 7.8.2014 – 10 S 1853/13, NVwZ-RR 2015, 18).

100 Ein Planungserfordernis als öffentlicher Belang iSv Abs. 3, der durch ein sonstiges Vorhaben iSv Abs. 2 beeinträchtigt sein kann, kann des weiteren auch in einer erforderlichen Koordinierung „nach innen" **(Binnenkoordination)** liegen, wenn zur Koordination der im Gebiet des Vorhabens potenziell betroffenen Interessen eine Bauleitplanung erforderlich ist (BVerwG Beschl. v. 27.6.1983 – 4 B 206/82, NVwZ 1984, 169 (Geflügelmastanlage); dass. Urt. v. 22.6.1990 – 4 C 6/87, NVwZ 1991, 64; zur Bedeutung eines Planungserfordernisses in Nachbarstreitfällen vgl. OVG Lüneburg Beschl. v. 24.3.2011 – 1 LA 2.09, ZfBR 2011, 482; bei einer Umweltverbandsklage OVG Münster Urt. v. 12.6.2012 – 8 D 38/08, BauR 2012, 1883; s. auch *Bracher* in BRS Rn. 2393f.). Für privilegierte Vorhaben iSv Abs. 1 hat die Rechtsprechung bislang in der Binnenkoordination keinen Belang gesehen, der einem solchen Vorhaben entgegenstehen kann.

101 Ein öffentlicher Belang ist nicht deshalb negativ berührt, weil eine Gemeinde sich **Planungsmöglichkeiten** offen halten möchte. Denn die Planungshoheit als solche ist kein öffentlicher Belang iS des Abs. 3 (BVerwG Urt. v. 26.10.1979 – IV C 22/77, NJW 1980, 1537; dass. Urt. v. 18.3.1983 – 4 C 17/81, NVwZ 1984, 303). Von dem als öffentlicher Belang nicht geschützten Offenhalten von Planungsmöglichkeiten sind die Fälle eines **bereits angelaufenen Planungsverfahrens** zu unterscheiden, also eine Planung der Gemeinde, die bereits inhaltlich konkretisiert ist, insbesondere dann, wenn Planreife iS des § 33 erreicht ist (vgl. BVerwG Urt. v. 8.2.1974 – IV C 77/71, BauR 1974, 257: insoweit kann ein beeinträchtigter öffentlicher Belang auch

1. Abschnitt. Zulässigkeit von Vorhaben § 35

noch nach Anhängigwerden einer Verpflichtungsklage entstehen). Auch Darstellungen in einem Flächennutzungsplan können einen sonstigen öffentlichen Belang darstellen, wenn er „planreif" ist, also insbesondere auch nicht an einem dem wirksamen Inkrafttreten entgegenstehenden Mängeln leidet (vgl. BVerwG Urt. v. 13.3.2003 – 4 C 3/02, NVwZ 2003, 1261; BGH Urt. v. 2.12.2010 – III ZR 251/09, NVwZ 2011, 251; VGH München Urt. v. 30.7.2013 – 15 B 12.147, BauR 2014, 68; *Rieger* ZfBR 2012, 430 (431); *Münkler* DVBl 2016, 22ff.). Eine solche Vorwirkung scheidet für die Flächennutzungsplanung jedoch aus, wenn künftige Ausschlussflächen (vgl. Abs. 3 S. 3 Rn. 111) nach dem aktuellen Flächennutzungsplan noch in einer Konzentrationsfläche liegen (BVerwG Urt. v. 20.5.2010 – 4 C 7/09, NVwZ 2010, 1561 Rn. 48f. zur Windenergie). Solange eine solche Darstellung Bestand hat, kann einem Vorhaben daher eine nur in Aufstellung befindliche anderweitige Flächennutzungsplanung nicht als öffentlicher Belang iSv Abs. 3 S. 1 entgegengehalten werden (zur Amtshaftung bei Versagung einer Baugenehmigung für Windenergieanlagen aufgrund der Darstellungen eines in Aufstellung befindlichen Flächennutzungsplans, vgl. BGH Urt. v. 2.12.2010 – III ZR 251/09, NVwZ 2011, 251). Ein im ergänzenden Verfahren (§ 214 Abs. 4) befindlicher Bebauungsplan kann einem privilegierten Außenbereichsvorhaben (Mastschweinestall) als öffentlicher Belang im Sinne des § 35 Abs. 3 S. 1 entgegenstehen, wenn sich dieser derart inhaltlich konkretisiert und durch den erreichten Stand des Planungsverfahrens rechtlich verfestigt hat, dass mit seiner bevorstehenden Verwirklichung gerechnet werden kann (VGH München Urt. v. 17.9.2007 – 25 B 05/358, KommunalPraxis BY 2008, 153).

Als weitere öffentliche Belange, die ein Vorhaben negativ berühren können, kommen **überörtliche Planungen** in Betracht, soweit sie nicht bereits verbindliche Ziele der Raumordnung sind (→ Rn. 103), also in Aufstellung befindliche Raumordnungsziele (VGH München Urt. v. 17.11.2011 – 2 BV 10/2295, NuR 2012, 572) oder laufende Fachplanungen (zB Planfeststellungen oder die vorgeschaltete Planung der Trassenführung einer Bundesfernstraße; s. etwa *Söfker* in EZBK § 35 Rn. 114 mit weiteren Beispielen). Sie können als öffentliche Belange berücksichtigt werden, sofern die Planung genügend verfestigt, insbesondere inhaltlich hinreichend konkretisiert ist und damit ein Stadium erreicht hat, das hinreichend verlässliche Schlüsse auf ihre Verwirklichung gestattet (BVerwG Urt. v. 29.10.1969 – IV C 44/68, BVerwGE 34, 146; dass. Urt. v. 26.10.1979 – IV C 22/77, NJW 1980, 1537). Es muss also abzusehen sein, dass das Außenbereichsvorhaben die angelaufene Planung unmöglich machen oder jedenfalls wesentlich erschweren würde. Dieser öffentliche Belang kann sowohl privilegierten, als auch sonstigen Vorhaben entgegenstehen (Beispiel: Die hinreichend verfestigte (vorbereitende) Planung einer Bundesfernstraße kann der Zulässigkeit eines Vorhabens als öffentlicher Belang entgegenstehen; BGH Urt. v. 7.3.1985 – III ZR 126/83, UPR 1985, 292). Auch Aufgaben der **Landesverteidigung** können ein beachtlicher öffentlicher Belang sein (vgl. BVerwG Beschl. v. 5.9.2006 – 4 B 58/06, BauR 2007, 78). In der Überschreitung des in der Nachbarschaft verwirklichten **Maßes der baulichen Nutzung** durch ein Außenbereichsvorhaben liegt regelmäßig keine Beeinträchtigung öffentlicher Belange (also keine Parallele zum „Einfügen" iS des § 34; vgl. BVerwG Urt. v. 22.6.1990 – 4 C 6/87, NVwZ 1991, 64).

4. Ziele der Raumordnung (Abs. 3 S. 2). Abs. 3 S. 2 regelt die „negative" (Hs. 1) und „positive" (Hs. 2) Wirkung von **Zielen der Raumordnung** für Vorhaben im Außenbereich (zum **Begriff** der Ziele der Raumordnung s. § 3 Abs. 1 Nr. 2 ROG sowie die Erläuterungen zu § 1 Abs. 4 unter § 1 Nr. 32 ff.). Es handelt sich um spezielle **Raumordnungsklauseln,** die zur Folge haben, dass Ziele der Raumordnung nicht nur für die Bauleitplanung gem. § 1 Abs. 4, sondern über § 4 ROG hinaus auch für Bauvorhaben relevant sind (vgl. BVerwG Urt. v. 19.7.2001 – 4 C 4/00, BVerwGE 115, 17). Für den Geltungsbereich von Bebauungsplänen und den Innenbereich nach § 34 existiert eine derartige Regelung nicht. Dort sind jedenfalls private

§ 35 I. Kapitel. III. Teil. Regelung der baul. und sonst. Nutzung

Bauvorhaben gem. § 4 Abs. 2 ROG mit Ausnahme von öffentlich zugänglichen Abfallbeseitigungsanlagen (§ 4 Abs. 3 ROG, vgl. § 38 Rn. 17; s. im Übrigen § 4 Abs. 1 ROG; dazu *Goppel* in *Spannowky/Runkel/Goppel* ROG 2010 § 4 Rn. 25 ff.) mangels einer entsprechenden Raumordnungsklausel selbst dann nicht an Zielen der Raumordnung zu messen (außer in Fällen des § 31 Abs. 2), wenn sie raumbedeutsam sind (s. im Einzelnen *Reidt* ZfBR 2004, 430 ff.; *Goppel* in *Spannowky/Runkel/Goppel* ROG 2010 § 4 Rn. 70 ff.). Auch für Vorhaben iSv § 38 ist Abs. 3 S. 2 nicht anwendbar (BVerwG Beschl. v. 30. 6. 2004 – 7 B 92/03, NVwZ-RR 2004, 1240).

104 **a) Ausschlusstatbestand.** Nach **Abs. 3 S. 2 Hs. 1** dürfen **raumbedeutsame** Vorhaben nach Abs. 1 und Abs. 2 Zielen der Raumordnung nicht widersprechen. Ein Widerspruch in diesem Sinne setzt voraus, dass das betreffende Raumordnungsziel bei Realisierung eines raumbedeutsamen Außenbereichsvorhabens nicht mehr oder jedenfalls nicht mehr in dem raumordnerisch angestrebten Umfang erreicht werden kann. Geringfügige oder zeitlich eng begrenzte Abstriche bei der raumordnerischen Zielerreichung können jedoch hingenommen werden, wie sich bereits daraus ergibt, dass Außenbereichsvorhaben, die nicht raumbedeutsam sind, gar nicht an Abs. 3 S. 3 1. Hs. zu messen sind (OVG Münster Urt. v. 30. 9. 2014 – 8 A 460/13, NuR 2015, 132 (134)).

105 Nach § 3 Abs. 1 Nr. 6 ROG sind **raumbedeutsame** Maßnahmen Vorhaben und sonstige Maßnahmen, durch die Raum in Anspruch genommen oder die räumliche Entwicklung oder Funktion eines Gebietes beeinflusst wird. Ob dies der Fall ist, richtet sich nach den tatsächlichen Umständen des Einzelfalls. Die Inanspruchnahme von Raum setzt dabei regelmäßig eine größere Fläche voraus. Die Beeinflussung der räumlichen Entwicklung oder Funktion eines Gebietes hängt insbesondere von über den Standort hinausgehenden Auswirkungen eines Vorhabens ab. In diesem Zusammenhang sind insbesondere dessen Höhe, die von ihm ausgehende Beeinflussung des Landschaftsbildes, sein Immissionsverhalten uÄ von Bedeutung (vgl. BVerwG Urt. v. 13. 3. 2003 – 4 C 4/02, BVerwGE 118, 33 (35 f.); OVG Lüneburg Beschl. v. 12. 10. 2011 – 12 LA 219/10, ZfBR 2012, 55 (56 f.); VGH Mannheim Beschl. v. 24. 7. 2001 – 8 S 1306/01, UPR 2002, 38). Dies kann auch bei einem **Einzelvorhaben,** zB bei einer einzelnen Windenergieanlage, der Fall sein. Die Raumbedeutsamkeit eines Vorhabens ergibt sich hingegen nicht allein daraus, dass es im Falle seiner Realisierung selbst bestimmten Auswirkungen (zB Immissionen oder Störfallauswirkungen) ausgesetzt wäre (vgl. BVerwG Beschl. v. 3. 12. 2009 – 4 C 5/09, BauR 2010, 726 (729) zu einem geplanten Gartencenter in der Nähe eines störfallrechtlich relevanten Betriebsbereichs).

106 Ziele der Raumordnung sind nach dem Wortlaut des Abs. 3 S. 2 1. Hs. nicht lediglich öffentliche Belange, die beeinträchtigt werden oder einem Vorhaben entgegenstehen können. Sie sind vielmehr nach dem Gesetzeswortlaut strikt bindend, da raumbedeutsame Vorhaben ihnen nicht widersprechen (→ Rn. 104) dürfen. Für eine rein nachvollziehende Abwägung (s. Rn. 70) besteht kein Raum (BVerwG, Urt. v. 16. 4. 2015 – 4 CN 6.14, BeckRS 2015, 48131 Rn. 11). Insofern geht die Regelung weiter als Abs. 3 S. 3 („in der Regel"). Dies gilt für privilegierte Vorhaben und für sonstige Vorhaben in gleicher Weise (vgl. VGH Mannheim Urt. v. 18. 5. 1999 – 10 S 1443/97, ZfBR 2000, 63; *Hoppe* DVBl. 1993, 1109 (1113)). Voraussetzung ist allerdings, dass raumordnungsrechtliche Festlegungen **sachlich und räumlich hinreichend konkret** sind. Sie dürfen sich zudem nicht in allgemeinen Standortzuweisungen erschöpfen, die der Gesetzgeber bereits dem Grunde nach selbst für den Außenbereich vorgenommen hat (BVerwG Urt. v. 19. 7. 2001 – 4 C 4/00, BVerwGE 115, 17 (22)). Der Standort, an dem das Außenbereichsvorhaben errichtet werden soll, muss also hinreichend „anderweitig verplant" sein, auch wenn für diese anderweitige Planung noch Konkretisierungsspielräume auf den nachgelagerten Planungsebenen (Bauleitplanung, Fachplanung) bestehen (*Söfker* in EZBK § 35 Rn. 118; *Runkel* in Spannowsky/Runkel/Goppel, ROG 2010 § 3 Rn. 14 ff.). Ob dies der Fall ist,

ist im Rahmen des Baugenehmigungsverfahrens zu klären und unterliegt uneingeschränkt der verwaltungsgerichtlichen Kontrolle (BVerwG Urt. v. 19.7.2001 – 4 C 4/00, BVerwGE 115, 17). Dies hat etwa dann Bedeutung, wenn ein geplantes Außenbereichsvorhaben nicht inmitten eines raumordnerisch anderweitig verplanten Bereichs liegt, sondern an dessen Rand und die raumordnerische Zielfestlegung gleichzeitig nicht parzellenscharf ist. Ist die raumordnerische Zielfestlegung als **Regel-Ausnahmetatbestand** (zur Zulässigkeit s. etwa BVerwG Urt. v. 22.6.2011 – 4 CN 4/10, NVwZ 2011, 1468 (1469f.); dass. Urt. v. 17.9.2003 – 4 C 14/01, BVerwGE 119, 25 (40); dass. Urt. v. 18.9.2003 – 4 CN 20/02, BVerwGE 119, 54 (58); VGH München Urt. v. 20.4.2011 – 15 N 10/1320, BauR 2011, 1775) oder als **Sollregelung** (zur Zulässigkeit BVerwG Urt. v. 16.12.2010 – 4 C 8/10, BVerwGE 138, 301 Rn. 10) formuliert, gilt dies auch für die Prüfung, ob die jeweiligen Ausnahmevoraussetzungen zugunsten des Vorhabens erfüllt sind.

Ziele der Raumordnung, denen ein raumbedeutsames Vorhaben im Außenbereich nicht widersprechen darf, können sich insbesondere aus Festlegungen zu **Vorranggebieten,** aber auch aus Festlegungen zu Eignungsgebieten ergeben (s. § 8 Abs. 7 S. 1 ROG; s. etwa VGH Kassel Urt. v. 14.3.1984 – III OE 43/82, BRS 42 Nr. 92 zu einem regionalen Grünzug; VGH Mannheim Urt. v. 18.5.1999 – 10 S 1443/97, ZfBR 2000, 63 zu einem Vorranggebiet für die Erholung; OVG Lüneburg Urt. v. 8.5.2012 – 12 LB 265/10, ZfBR 2012, 674 zur Verschiebung eines Windvorranggebietes). Von Bedeutung sind aber auch andere hinreichend konkrete standortbezogene Festlegungen in Raumordnungsplänen, etwa Standorte oder Trassen für Einrichtungen der Infrastruktur (vgl. § 8 Abs. 5 S. 1 Nr. 3 ROG; zu zielförmigen Höhenfestlegungen in einem Raumordnungsplan OVG Lüneburg Urt. v. 12.12.2012 – 12 KN 311/10, NuR 2013, 496). 107

b) Einschränkungen entgegenstehender öffentlicher Belange. Abs. 3 S. 2 Hs. 2 enthält eine Sonderregelung für raumbedeutsame (→ Rn. 105) **privilegierte Vorhaben** (Abs. 1). Ihnen können öffentliche Belange nicht entgegengehalten werden, soweit diese Belange bereits bei der Darstellung dieser Vorhaben als Ziele der Raumordnung in einem Raumordnungsplan **abgewogen** wurden (s. zur Abwägung bei Raumordnungsplänen § 7 Abs. 2 ROG). In Betracht kommen dabei grundsätzlich alle Raumordnungspläne, jedoch hat die Vorschrift in erster Linie Bedeutung für **Regionalpläne** (§ 8 Abs. 1 S. 1 Nr. 2 ROG) oder für Raumordnungspläne, die sich auf bestimmte Nutzungen beziehen (zB Braunkohlenpläne, s. § 2 Abs. 1, §§ 20 ff. LPlG NRW). Das betreffende Vorhaben muss als Ziel der Raumordnung dargestellt sein. Allerdings muss sich dies nicht zwangsläufig auf ein bestimmtes Einzelvorhaben (zB einen Standort für den Abbau von Bodenschätzen) beschränken. Das beabsichtigte Vorhaben kann vielmehr eines von mehreren Vorhaben sein, die unter die Zielfestlegung fallen (zB eine einzelne Windenergieanlage in einem regionalplanerisch festgelegten Vorranggebiet). 108

Die Einschränkung etwaiger entgegenstehender öffentlicher Belange besteht nur, soweit sie abgewogen worden sind. Dies setzt voraus, dass die betreffenden Belange überhaupt für die Festlegung von Zielen der Raumordnung Bedeutung haben. Es geht also nur um Belange, die für die zusammenfassende, überörtliche und fachübergreifende Planung und die dort notwendige Bewältigung divergierender Raumnutzungsansprüche relevant sind (zu den diesbezügl. Grenzen auf der Ebene der Raumordnung s. etwa *Deutsch* NVwZ 2010, 1520ff.; *Reidt* DVBl. 2011, 789ff.). Belange, die mit der Raumnutzung und den dort zu lösenden Konflikten nichts zu tun haben, insbesondere weil sie den nachgelagerten Planungsebenen vorbehalten sind, fallen also nicht unter Abs. 3 S. 2 Hs. 2, auch wenn sie bei der Aufstellung oder Änderung eines Raumordnungsplans in die Abwägung eingestellt wurden. 109

Die Voraussetzung, dass öffentliche Belange privilegierten raumbedeutsamen Außenbereichsvorhaben nicht entgegenstehen, **soweit** sie bei der Darstellung von Raumordnungszielen abgewogen wurden, führt zu zwei Einschränkungen: Zum 110

einen gilt dies für die Prüfungstiefe. Wurden die Belange nicht in der für die Genehmigungsprüfung erforderlichen Tiefe geprüft (zB im Hinblick auf schädliche Umwelteinwirkungen oder Belange des Naturschutzes, Abs. 3 S. 1 Nr. 3 und Nr. 4), können diese Belange sehr wohl einem Außenbereichsvorhaben entgegenstehen. Zum anderen können sich seit der Abwägung die für die betreffenden Belange maßgeblichen Umstände verändert haben, insbesondere in tatsächlicher Hinsicht. Dies kann gleichfalls dazu führen, dass öffentliche Belange einem Vorhaben entgegenstehen, obgleich sie bereits auf der Ebene der Raumordnung abgewogen wurden (zB bei veränderten naturräumlichen Gegebenheiten oder bei Veränderungen, die die Nutzungsstruktur in der Nachbarschaft eines geplanten privilegierten Außenbereichsvorhabens betreffen). Ebenfalls muss die Abwägung vom Ergebnis her vertretbar gewesen sein und zur wirksamen Festlegung eines das Vorhaben betreffenden Raumordnungsziels geführt haben. Denn bei einer unwirksamen Zielfestlegung sind die Belange nicht (ordnungsgemäß) auf der Ebene der Raumordnung abgewogen worden. Insgesamt hat Abs. 3 S. 2 Hs. 2 damit in erster Linie die Funktion einer **Abschichtungsregelung,** bei der die Erkenntnisse aus der Raumordnungsplanung zur Vermeidung von Doppelprüfungen nutzbar gemacht werden können (vgl. BT-Drs. 10/6166, 132).

111 5. **Planvorbehalt (Abs. 3 S. 3). a) Allgemeines. Abs. 3 S. 3** zielt darauf ab, durch positive Standortzuweisungen für privilegierte Nutzungen iSv Abs. 1 Nr. 2–6 an einer oder mehreren Stellen im Gebiet des Flächennutzungsplans oder eines Raumordnungsplans (idR Regionalplan gem. § 8 Abs. 1 S. 1 Nr. 2 ROG, s. etwa BVerwG Beschl. v. 18. 1. 2011 – 7 B 19/10, BauR 2011, 1463; BVerwG Beschl. v. 24. 3. 2015 – 4 BN 32.13, BauR 2015, 1278; OVG Münster Urt. v. 26. 9. 2014 – 16 A 1294/08, DVBl. 2014, 382; dass. Urt. v. 30. 9. 2014 – 8 A 460/13, NuR 2015, 132 für Abgrabungen; VGH Kassel Urt. v. 10. 5. 2012 – 4 C 841/11, DVBl. 2012, 981 für Windenergienutzung; zur individuellen Abwägung von Eigentümerinteressen aufgrund der Privilegierung nach Abs. 1 *Schmidt-Eichstaedt* LKV 2012, 49 (55); s. auch den Rechtsprechungsüberblick bei *Stüer* ZfBR 2014, 647 ff.; *Kümper* ZfBR 2015, 224 (228 f.) zu Möglichkeiten und Grenzen der Steuerung dazu ebf. *Erbguth* DVBl. 2015, 1346 ff.) den übrigen Planungsraum von den betreffenden Vorhaben freihalten zu können. Abs. 3 S. 3 enthält neben den **öffentlichen Belangen gem. § 35 Abs. 3 S. 1** eine eigenständige Zulassungshürde (BVerwG Urt. v. 20. 5. 2010 – 4 C 7/09, BVerwGE 137, 74 Rn. 12). Die Regelung (eingeführt mit dem Privilegierung von Windenergieanlagen, → Rn. 46) greift die bereits zuvor ergangene höchstrichterliche Rechtsprechung auf: Ist zB der Kiesabbau im Außenbereich einer Gemeinde überwiegend möglich und hat die Gemeinde zur räumlichen Konzentration Kiesabbauflächen im **Flächennutzungsplan** („Auskiesungskonzept") dargestellt, kann dies im Sinne einer **„negativen" Aussage** für öffentlicher Belang einem nach § 35 Abs. 1 Nr. 3 privilegierten Kiesabbau auf einer anderen Gemeindefläche entgegenstehen, die im Flächennutzungsplan zB als Landwirtschaftsfläche dargestellt ist (BVerwG Urt. v. 22. 5. 1987 – 4 C 57/84, BVerwGE 77, 300 (303 f.)). Dies gilt entsprechend, wenn die Gemeinde diesen Planungswillen ergänzend mit einem Bebauungsplan umsetzt.

112 Das **EAG Bau 2004** hat mit dem **Teil-Flächennutzungsplan** (§ 5 Abs. 2b) und der Möglichkeit der **Zurückstellung von Vorhaben,** um die Rechtswirkungen des Abs. 3 S. 3 zu erreichen (§ 15 Abs. 3), die Regelung weiter gestärkt (s. dazu *Rieger* ZfBR 2012, 430 ff.). Der Gesetzgeber hat damit auch zum Ausdruck gebracht, dass es **keine Entschädigungspflicht** zugunsten des Eigentümers oder Nutzers (zB für den Betreiber von Windenergieanlagen) nach § 42 auslöst, wenn durch die Anwendung des Planvorbehalts nach Abs. 3 S. 3 die betreffende Nutzung an bestimmten Standorten unzulässig wird (vgl. auch BGH Urt. v. 10. 4. 1997 – III ZR 104/96, BGHZ 135, 192 (199), nach dem die in § 42 vorausgesetzte zulässige Nutzung die Qualität einer eigentumsrechtlichen Rechtsposition, das betreffende Grundstück also Baulandqualität, haben muss, was in den Fällen des § 35 grundsätzlich zu verneinen

1. Abschnitt. Zulässigkeit von Vorhaben **§ 35**

sei; s. auch den Ausschussbericht zum EAG Bau, BT-Drs. 15/2996, 62; vertiefend *Stüer* ZfBR 2004, 338 ff.; *ders.* DVBl. 2006, 403 (411 ff.)).

Die planerische Steuerungsmöglichkeit in Abs. 3 S. 3 bezieht sich nur auf privile- **113** gierte Vorhaben nach **Abs. 1 Nr. 2 bis 6**. Hauptanwendungsfall ist die planerische Steuerung von Windenergieanlagen (s. hierzu etwa *Nagel/Schwarz/Köppel* UPR 2014, 371 ff.; *Münkler* ZfBR 2014, 1482 ff.; *Schmitz/Haselmann* NVwZ 2015, 846 ff.; *Franco/Frey* BauR 2014, 1088 ff.; *Tyczewski* BauR 2014, 934 ff.; *Pauli*, BauR 2014, 799 ff.; *Scheidler* NuR 2013, 869 ff.; zur Planung von Windenergieanlagen in Wäldern *Schrödter* ZNER 2015, 413 ff.). Land- und forstwirtschaftliche Betriebe nach Abs. 1 Nr. 1 sowie die Vorhaben nach Abs. 1 Nr. 7 und 8 unterliegen hingegen nicht den Steuerungsmöglichkeiten nach Abs. 3 S. 3. Die gesetzgeberische Überlegung in Bezug auf Abs. 1 Nr. 1 war dabei, dass eine Anwendung des „Planvorbehaltes" auf land- oder forstwirtschaftliche Betriebe in aller Regel nicht in Betracht komme, so dass der Gesetzgeber sie vorsorglich ausschloss. Für Abs. 1 Nr. 7 und 8 gilt ähnliches. Die sog. „Massentierhaltung", also die Haltung und Aufzucht von Nutztieren in großen Stallanlagen in Form gewerblicher Intensivtierhaltung, ist im Regelfall in Gewerbegebieten zulässig (*Mitschang*, Planerische Steuerung von Tierhaltungsanlagen im Außenbereich, FS Stüer, 2013, 219 ff.; *Schrödter* AUR 2011, 177 ff.; *Gördes/Schulte* BauR 2011, 924 ff.); sie kann aber im Einzelfall nach Abs. 1 Nr. 4 privilegiert zulässig sein und dann dem Planvorbehalt unterfallen, sofern sie **nicht** vorprüfungs- oder **UVP-pflichtig** ist (→ Rn. 36 ff.; zur Überleitungsvorschrift → § 245 a Rn. 6 f).

b) Flächennutzungsplan. Ausschlussflächen iSv Abs. 3 S. 3 werden im Flächen- **114** nutzungsplan nicht dargestellt (ausführlich *Mitschang* BauR 2013, 29 ff.). Die von § 35 Abs. 3 S. 3 erzeugte Ausschlusswirkung ist vielmehr eine gesetzliche Rechtsfolge der **positiven Darstellung** von Konzentrationsflächen im Flächennutzungsplan (BVerwG Urt. v. 20. 5. 2010 – 4 C 7/09, BVerwGE 137, 74 Rn. 12). **Darstellungen im Flächennutzungsplan** mit den Rechtswirkungen des Abs. 3 S. 3 (zB Konzentrationsflächen für Windenergieanlagen, für die Tierhaltung oder zur Steuerung von Biomasseanlagen, zu letzteren etwa *Kremer* NVwZ 2014, 1430 ff.) unterliegen in entsprechender Anwendung des § 47 Abs. 1 Nr. 1 VwGO der **Normenkontrolle** (BVerwG Urt. v. 26. 4. 2007 – 4 CN 3/06, BVerwGE 128, 382; dass. Beschl. v. 23. 10. 2008 – 4 BN 16/08, ZfBR 2009, 156; VGH Mannheim Urt. v. 29. 1. 2013 – 3 S 1409/11, BeckRS 2013, 48315 in Bezug auf das Porphyrabbau; OVG Lüneburg Urt. v. 23. 1. 2014 – 12 KN 285/12, BauR 2014, 838 (838) in Bezug auf die Ausschlusswirkung des Abs. 3 S. 3; zur Normenkontrolle → § 10 Rn. 13 ff.; → auch § 5 Rn. 46).

Die Gemeinde, die Bereiche ihres Gebiets zugunsten bestimmter Schutzgüter (zB **115** Landschaftsschutz, Fremdenverkehr, Anwohnerschutz) von privilegierten Nutzungen, etwa Windenergieanlagen, freihalten will, muss mit dem Ziel der Ausschlusswirkung über ein schlüssiges **Planungskonzept** („Gesamtkonzept") verfügen, das ihren gesamten Außenbereich erfasst (BVerwG Urt. v. 21. 10. 2004 – 4 C 2/04, BVerwGE 122, 109; dass., Urt. v. 13. 12. 2012 – 4 CN 1.11, NVwZ 2013, 519; dass. Beschl. v. 24. 3. 2015 – 4 BN 32.13, ZfBR 2015, 484; dass., Beschl. v. 9. 2. 2015 – 4 BN 20.14, ZfBR 2015, 489; zu interkommunalen Kooperationsmöglichkeiten *Schwarz* ZfBR Sonderausgabe Juli 2012, 83 ff.). Auf der Grundlage dieses Konzeptes muss sie im Flächennutzungsplan positiv geeignete Standorte festlegen, um damit gleichzeitig ungeeignete Standorte im übrigen Plangebiet auszuschließen. Die Darstellung entsprechender „Konzentrationsflächen" kann durch die Überlagerung von hiermit „verträglichen" Nutzungen (zB Flächen für Landwirtschaft) erfolgen oder aber durch die Darstellung von ausschließlich der Windenergie oder anderen Nutzungen vorbehaltener Flächen. Die Abwägungsentscheidung bei der Flächenauswahl muss hinreichend in der Begründung oder den Verfahrensakten dokumentiert und nachvollziehbar sein (OVG Lüneburg Urt. v. 31. 3. 2011 – 12 KN 187/08, ZfBR 2011, 488 (489); OVG Münster Urt. v. 20. 11. 2012 – 8 A 252/10, ZUR 2013, 174).

116 Eine ausschließlich negativ wirkende „**Verhinderungsplanung**" einer Gemeinde ohne gleichzeitig positive Ausweisung geeigneter Standorte im Plangebiet ist unzulässig. Abs. 3 S. 3 ermöglicht es zwar, die in Abs. 1 Nr. 2–6 genannten privilegierten Nutzungen auf bestimmte Standorte zu konzentrieren, nicht aber, sie im gesamten Gemeindegebiet auszuschließen. Ist eine Gemeinde der Auffassung, für ihr Gemeindegebiet sei es aufgrund entsprechender örtlicher Besonderheiten nicht möglich, eine Konzentrationszonenplanung zu beschließen, hat sie sich darauf zu beschränken, die Zulassung der betreffenden Vorhaben im Rahmen der Anwendung von § 35 Abs. 1 und Abs. 3 S. 1 durch das **Geltendmachen von öffentlichen Belangen im Einzelfall** zu steuern (BVerwG Beschl. v. 15.9.2009 – 4 B 51/09, ZfBR 2010, 66). Die Gemeinde darf daher auch nur objektiv geeignete Standorte positiv darstellen (keine „Alibifunktion"). Sie darf Abs. 3 S. 3 hingegen nicht als Mittel benutzen, um unter dem Deckmantel der planerischen Steuerung von Windenergieanlagen oder sonstiger Vorhaben iSv Abs. 1 Nr. 2–6 diese in Wahrheit zu verhindern (BVerwG Urt. v. 24.1.2008 – 4 CN 2/07, NVwZ 2008, 559). Die Gemeinde muss allerdings **nicht sämtliche Flächen,** die sich für Vorhaben nach Abs. 1 Nr. 2–6 eignen, gemäß Abs. 3 S. 3 in ihrem Flächennutzungsplan darstellen. Bei der Gebietsauswahl und dem Gebietszuschnitt muss sie zwar den privilegierten Nutzungen im Außenbereich substantiell Raum schaffen (BVerwG Beschl. v. 29.3.2010 – 4 BN 65/09, BauR 2010, 2074). Sie muss jedoch die durch Abs. 1 Nr. 2–6 geschützten Interessen in der Konkurrenz mit gegenläufigen Belangen nicht vorrangig fördern. Sie darf diese Interessen nach den zum Abwägungsgebot (§ 1 Abs. 7) entwickelten Grundsätzen zurückstellen, wenn hinreichend gewichtige städtebauliche Gründe dies rechtfertigen (BVerwG Beschl. v. 29.3.2010, aaO; dass. Urt. v. 17.12.2002 – 4 C 15/01, BVerwGE 117, 287). Die Gemeinden können daher bei der **Gebietsauswahl** zB aus Gründen des Schutzes der Wohnnutzung, des Immissions-, Natur- oder Ortsbildschutzes „Tabu-Zonen" bezeichnen. Während harte **Tabu-Zonen** mangels Eignung der Flächen oder wegen gesetzlicher Hindernisse für die betreffende Nutzung als Konzentrationsflächen für die Windenergienutzung ausscheiden (s. hierzu etwa OVG Koblenz Urt. v. 16.5.2013 – 1 C 11003/12, BauR 2013, 1630; OVG Schleswig Urt. v. 20.1.2015 – 1 KN 7.13, NuR 2015, 412 (416)), muss der Plangeber seine Entscheidungen bei von ihm selbst definierten **weichen Tabu-Zonen** sachlich rechtfertigen. Die **Potenzialflächen,** die nach Abzug der harten und weichen Tabuzonen verbleiben, sind sodann zu konkurrierenden Außenbereichsnutzungen abwägend in Beziehung zu setzen. Der Plangeber muss seine Kriterien (zB Pufferzonen) für die Festlegung der Konzentrationsflächen allerdings nochmals prüfen und ändern, wenn sich herausstellt, dass damit der Windenergie oder einer anderen privilegierten Nutzung nach Abs. 1 Nr. 2 bis 6 nicht **substanziell Raum** geschaffen wird und sich außerdem zur Vermeidung eines Fehlers im Abwägungsvorgang den Unterschied zwischen beiden Arten von Tabuzonen bewusst machen und ihn dokumentieren (BVerwG Urt. v. 11.4.2013 – 4 CN 2/12, NVwZ 2013, 1017; dass. Urt. v. 13.12.2012 – 4 CN 1/11, NVwZ 2013, 519 Rn. 11 ff.; dass. Beschl. v. 24.3.2015 – 4 BN 32.13, ZfBR 2015, 484; OVG Münster Urt. v. 1.7.2013 – 2 D 46/12, UPR 2014, 153 (154); OVG Lüneburg Urt. v. 28.8.2013 – 12 KN 22/10, BauR 2014, 654 (655); dass. Urt. v. 28.8.2013 – 12 KN 146/12, NuR 2013, 812 (812f.); OVG Schleswig Urt. v. 20.1.2015 – 1 KN 7.13, NuR 2015, 412 (417)). Dabei ist es unschädlich, wenn die Begriffe „harte" und „weiche" Tabuzonen nicht verwendet werden. Entsprechendes gilt, wenn harte als weiche Tabuzonen qualifiziert werden, aber nicht umgedreht OVG Münster Urt. v. 26.9.2013 – 16 A 1294/08, DVBl. 2014, 382; insgesamt kritisch zum System der Tabu-Zonen etwa *Erbguth* DVBl. 2015, 1346). Auch eine kartographische Darstellung der Untersuchungsergebnisse ist nicht zwingend, wenn auch eine verbale Beschreibung der Ergebnisse des Auswahlkonzepts als Grundlage für die Tragfähigkeit der Entscheidung des Planungsgebers ausreicht (BVerwG Beschl. v. 22.5.2014 – 4 B 56/13, ZfBR 2014, 583). Für die Beantwortung der Frage, wann einer privilegierten Außen-

1. Abschnitt. Zulässigkeit von Vorhaben **§ 35**

bereichsnutzung substanziell Raum geschaffen ist, bedarf es einer wertenden Betrachtung (BVerwG Urt. v. 20.5.2010 – 4 C 7/09, NVwZ 2010, 1561 Rn. 28; vgl. auch *Bovet/Kindler* DVBl. 2013, 488 ff.). Die Frage lässt sich jedenfalls nicht ausschließlich nach dem Verhältnis zwischen der Größe der im (Raumordnungs- oder) Flächennutzungsplan dargestellten Konzentrationsfläche und der Größe derjenigen Potenzialflächen beantworten, die sich nach Abzug der harten Tabuzonen von der Gesamtheit der gemeindlichen (oder regionalen) Außenbereichsflächen ergibt (BVerwG Urt. v. 13.12.2012 – 4 CN 1/11, NVwZ 2013, 519 Rn. 18). Es spielen im Rahmen der wertenden Betrachtung also noch andere Kriterien eine wichtige Rolle, insbesondere die tatsächlichen Verhältnisse im Planungsraum sowie die Zahl und Größe der Flächen, die Anzahl sowie die Energiemenge der Windenergieanlagen, die Verhältniszahlen in Bezug auf die Gemeinde, die Region oder das Bundesgebiet (BVerwG Urt. v. 24.1.2008 – 4 CN 2/07, NVwZ 2008, 559 (560); Beschl. v. 22.4.2010 – 4 B 68/09, BeckRS 2010, 49195 Rn. 6 f.; Urt. v. 20.5.2010 – 4 C 7/09, NVwZ 2010, 1561 Rn. 28). Auch dem Verhältnis von Konzentrationsflächen zu Potenzialflächen ist Indizwirkung beizumessen, denn je geringer der Anteil der ausgewiesenen Konzentrationszonen ist, desto gewichtiger müssen die gegen eine weitere Ausweisung von Vorranggebieten sprechenden Gesichtspunkte sein, damit es sich nicht um eine „Feigenblattplanung" handelt (VGH Mannheim Urt. v. 9.10.2012 – 8 S 1370/11, ZfBR 2013, 167 (171)). Ein Mindestmaß an Energieleistung, das grundsätzlich nicht unterschritten werden darf, gibt es dabei jedoch nicht (BVerwG Beschl. v. 29.3.2010 – 4 BN 65/09, BauR 2010, 2074). Auch „eine bestmögliche Ausnutzung der Flächen" (BVerwG Beschl. v. 2.4.2013 – 4 BN 37.12, BauR 2013, 1253) bzw. oder besonders hohe „Renditeerwartungen" (OVG Münster Urt. v. 4.7.2012 – 10 D 47/10, BauR 2012, 1898 (1901)) sowie die Festlegung eines prozentualen Anteils der Konzentrationsflächen an den Potenzialflächen (BVerwG Urt. v. 13.12.2012 – 4 CN 1/11, NVwZ 2013, 519 Rn. 19) spielen keine Rolle.

Zur Bewältigung der methodischen Anforderungen an eine Konzentrationszo- **116a**
nenplanung können **Verwaltungsvorschriften** der Länger, etwa in der Form von Windkrafterlassen, als Hilfestellung herangezogen werden. Nach der Rechtsprechung des Bayerischen VGH (Urt. v. 18.6.2014 – 22 B 13/1358, NuR 2014, 736 Rn. 45) Darin enthaltene zB naturschutzfachliche Aussagen können als antizipiertes Sachverständigengutachten von hoher Qualität sein, die auf landesweiten fachlichen Erkenntnissen und Erfahrungen beruhen und daher auch aus Gründen der Gleichbehandlung und Rechtssicherheit eine besondere tatsächliche Bedeutung haben, so dass ohne sachlichen Grund hiervon nicht abgewichen werden darf (vgl. VGH München, Urt. v. 18.6.2014 – 22 B 13/1358, NuR 2014, 736 zum bayerischen Windkrafterlass; ders. Beschl. v. 6.10.2014 – 22 ZB 14/1079, 22 ZB 14/1080, NuR 2014, 879 Rn. 25 in Bezug auf artenschutzrechtliche Beeinträchtigungen des Schwarzstorchs; zur Heranziehung von technischer Regelwerken als Orientierungshilfe, vgl. OVG Lüneburg U. v. 3.12.2014 – 12 LC 30.12, NuR 2015, 265 (268 f.)).

Vorhandene Windenergieanlagen oder auch andere privilegierte Vorhaben sind **117**
als Tatsachenmaterial bei der Abwägung in der Flächennutzungsplanung zu berücksichtigen. Dies gilt auch beim sog. **Repowering** (s. § 249). Ansonsten werden die Betreiber ohne abwägende Prüfung gegenläufiger Belange auf den Bestandsschutz für ihre Anlagen beschränkt. Daher muss der Planungsträger das Interesse der Betreiber, ihre Altanlagen durch neuere und effizientere Anlagen zu ersetzen und diese ggf. auch neu anzuordnen, in die Abwägung berücksichtigen (BVerwG Urt. v. 11.4.2013 – 4 CN 2/12, NVwZ 2013, 1017; dass. Urt. v. 24.1.2008 – 4 CN 2/07, NVwZ 2008, 559 Rn. 17). Bei der Ausweisung von Konzentrationsflächen in Flächennutzungsplan ist eine **Darstellung von Ausgleichsflächen** im Hinblick auf die Anwendung der naturschutzrechtlichen Eingriffsregelung bei der Vorhabengenehmigung (s. § 15 Abs. 2 S. 2 BNatSchG) im Allgemeinen nicht erforderlich (BVerwG Beschl. v. 26.4.2006 – 4 B 7/06, NVwZ 2006, 821).

118 Öffentliche Belange stehen Vorhaben außerhalb von im Flächennutzungsplan (oder einem Raumordnungsplan, → Rn. 120ff.) dargestellten Konzentrationsflächen nicht generell, sondern nur **in der Regel** entgegen. Damit hat der Gesetzgeber die Möglichkeit eröffnet, in Sonderfällen aufgrund einer „nachvollziehenden Abwägung" (vgl. OVG Lüneburg Urt. v. 13.6.2007 – 12 LC 36/07, ZfBR 2007, 689; s. auch Rn. 70) privilegierte Vorhaben auch an einem Standort zuzulassen, der außerhalb der durch Darstellungen im Flächennutzungsplan bzw. durch Ziele der Raumordnung festgelegten Vorranggebiete mit Ausschlusswirkung liegt. Hierdurch soll unzumutbaren Belastungen vorgebeugt werden (BVerwG Urt. v. 17.12.2002 – 4 C 15/01, BVerwGE 117, 297 (304)). Voraussetzung einer derartigen Abweichung von der Regel ist jedoch, dass die planerische Konzeption der Gemeinde dadurch nicht in Frage gestellt wird (vgl. BVerwG Urt. v. 17.12.2002, aaO, 297; OVG Lüneburg Urt. v. 13.6.2007 – 12 LC 36/07, ZfBR 2007, 689; vgl. auch *Söfker* in SU § 35 Rn. 118).

119 Die **Gemeinde** kann ihr Einvernehmen im bauaufsichtlichen Verfahren gemäß § 36 Abs. 1 S. 1, Abs. 2 S. 1 aus den sich aus § 35 ergebenden Gründen, also vor allem aufgrund entgegenstehender öffentlicher Belange verweigern. Dies gilt unbeschadet einer „positiven" bzw. mittelbar „negativen" Darstellung im Flächennutzungsplan (vgl. BVerwG Urt. v. 17.12.2002 – 4 C 15/01, BVerwGE 117, 287 (295f.); dass. Urt. v. 20.5.2010 – 4 C 7/09, BVerwGE 137, 74 Rn. 34; zu einem Planentwurf als sonstigem Belang iSv Abs. 3 s. Rn. 101). Nicht zulässig ist es aber, nach Wirksamwerden der Flächennutzungsplanung öffentliche Belange bei der Entscheidung über die Zulassung eines Vorhabens auf der Konzentrationsfläche generell wieder als Genehmigungshindernis zu aktivieren. Denn mit der Darstellung der Konzentrationsflächen im Flächennutzungsplan hat die Gemeinde zum Ausdruck gebracht, dass sie die der Abwägung zugänglichen öffentlichen Belange geringer gewichtet als die Nutzerinteressen (BVerwG Urt. v. 20.5.2010, aaO, Rn. 45f.; BVerwG Beschl. v. 24.3.2015 – 4 BN 32.13, ZfBR 2015, 484 Rn. 23). Allerdings besteht grundsätzlich die Möglichkeit, mit einem **Bebauungsplan** die planerische Steuerung noch weiter zu präzisieren. Dieser muss dann jedoch insbesondere die Anforderungen des Entwicklungsgebotes (§ 8 Abs. 2 S. 1) beachten (OVG Lüneburg Beschl. v. 19.12.2012 – 1 MN 164/12, BauR 2013, 922; zur Zulässigkeit von Windenergieanlagen in den typisierten Baugebieten der BauNVO OVG Lüneburg Urt. v. 25.6.2015 – 12 LC 230/14, NVwZ-RR 2015, 848; s. auch *Schrödter* ZNER 2015, 413 (416ff.), insbes. zu Waldflächen).

120 **c) Raumordnungspläne.** Für die Konzentrationszonenplanung nach Abs. 3 S. 3 durch Raumordnungspläne (zur Mehr-Ebenen-Steuerung, *Mitschang/Schwarz/Kluge* UPR 2012, 401 (404ff.)) gelten die Ausführungen zur Flächennutzungsplanung (Rn. 114ff.) im Wesentlichen entsprechend (BVerwG Beschl. v. 18.1.2011 – 7 B 19/10, BauR 2011, 1463; interessanter Ländervergleich bei *Ehlers/Böhme* NuR 2011, 323 (325ff.); speziell zu Vorranggebieten *Schink* ZfBR 2015, 232ff.). Auch diese Möglichkeit war in der Rechtsprechung vor Einführung des Abs. 3 S. 3 bereits vorgeklärt (BVerwG Urt. v. 13.3.2003 – 4 C 4/02, BVerwGE 118, 33; dass. Urt. v. 1.7.2010 – 4 C 6/09, BVerwGE 137, 259; → Rn. 111). Nach Maßgabe des ROG bzw. der jeweiligen Landesplanungsgesetze können hierzu in Raumordnungsplänen zB Eignungsgebiete (vgl. § 8 Abs. 7 S. 1 Nr. 3 ROG; OVG Schleswig Urt. v. 20.1.2015 – 1 KN 6.13, ZUR 498 (499)) oder auch Vorranggebiete mit der Wirkung von Eignungsgebieten (§ 8 Abs. 7 S. 1 Nr. 1 iVm S. 2 ROG) für Windenergieanlagen (oder andere privilegierte Nutzungen nach Abs. 1 Nr. 2–6) dargestellt werden (zu den einzelnen Gebietskategorien, vgl. *Schmidt-Eichstaedt* ZfBR 2013, 639 (640ff.)). Solche Ausweisungen (zu Abgrabungen, vgl. BVerwG Beschl. v. 18.1.2011 – 7 B 19/10, BauR 2011, 1463) als Ziel der Raumordnung an anderer Stelle stehen als öffentliche Belange einem privilegierten Vorhaben in der Regel (→ Rn. 118) entgegen (zu den rechtsstaatlichen Anforderungen an die Bestimmtheit regionalplanerischer Festlegungen vgl. OVG Bautzen Urt. v. 3.7.2012 – 4 B 808/06, BauR 2012, 1904; OVG Schleswig Urt. v.

1. Abschnitt. Zulässigkeit von Vorhaben **§ 35**

20.1.2015 – 1 KN 7.13, NuR 2015, 412 (415)). Voraussetzung für die Steuerungswirkung ist auch hier ein schlüssiges gesamträumliches Planungskonzept, das für die Windenergienutzung (s. hierzu im Hinblick auf deren Intensivierung mittels der Raumordnung *Kindler/Lau* NVwZ 2011, 1414ff.; zur Notwendigkeit eines Beitrittsbeschlusses durch den zuständigen Planungsträger im Falle einer Beanstandung durch die Aufsichtsbehörde im Verfahren zur Verbindlicherklärung BVerwG Urt. v. 18.8.2015 – 4 C N 7.14, BauR 2016, 61) oder sonstige privilegierte Nutzungen iSv Abs. 1 Nr. 2–6 im Plangebiet in substantieller Weise Raum schafft. Erforderlich ist dazu eine wertende Betrachtung der tatsächlichen Verhältnisse des jeweiligen Planungsraums (zur Grenzziehung von Kontingentierungsplanung und unzulässiger Verhinderungsplanung, OVG Bautzen Urt. v. 19.7.2012 – 1 C 40.11, BauR 2012, 1994). Planentwürfe sind insoweit unbeachtlich. Vorbehaltsgebiete iSv § 8 Abs. 7 S. 1 Nr. 2 ROG dürfen in der Bilanz von Positiv- und Negativflächen nicht als Positivflächen gewertet werden (BVerwG Urt. v. 13.3.2003 – 4 C 4/02, BVerwGE 118, 33). Das notwendige Gesamtkonzept setzt ebenso wie auf der Ebene der Flächennutzungsplanung (→ Rn. 115) ein nachvollziehbares, schriftlich dokumentiertes Verfahren der Ermittlung von Eignungsgebieten unter einheitlicher Anwendung abstrakter Kriterien voraus (BVerwG Urt. v. 13.12.2012 – 4 CN 1/11, NVwZ 2013, 519; OVG Lüneburg Urt. v. 14.5.2014 – 12 KN 244/12, NuR 2014, 571 (572)). Eine ungeprüfte Übernahme der auf der Ebene der Bauleitplanung durch die Kommunen zum Ausdruck gebrachten Planungsvorstellungen in den Raumordnungsplan ist unzureichend (OVG Lüneburg Urt. v. 31.3.2011 – 12 KN 187/08, ZfBR 2011, 488 (490)).

Die Regionalplanung, aber auch ein gemeinsamer Flächennutzungsplan mehrerer **121** Gemeinden nach § 204 BauGB, können das Gebiet einer **gesamten Gemeinde** zB von jeglicher Windenergienutzung freihalten, vorausgesetzt, es liegen besondere Gründe vor, die das Gebiet als besonders schutzwürdig erscheinen lassen (BVerwG Urt. v. 3.3.2003 – 4 C 4/02, BVerwGE 118, 33 (47); zur Abwägung bei der Streichung von Vorbehaltsflächen vgl. VGH München Urt. v. 9.11.2011 – 4 N 10/1322, NuR 2012, 794ff.). Für die Regionalplanung ist weiterhin zu beachten, dass sich ihre Aussagen auf raumbedeutsame Vorhaben (→ Rn. 105) beschränken müssen.

Weist der Raumordnungsplan Konzentrationsbereiche aus, stehen dabei ausgelassene **122** Flächen, auf denen die Träger der Flächennutzungsplanung weitere Konzentrationsflächen ausweisen dürfen (so genannte **„weiße" Flächen**), der Ausschlusswirkung des Abs. 3 S. 3 nicht entgegen. Die Ausschlusswirkung erstreckt sich dann allerdings nur auf die Gebiete, die der Raumordnungsplan als Ausschlusszone festschreibt. Die „weißen" Flächen erfasst sie nicht, weil an in Bezug auf diese Flächen an einer abschließenden raumordnerischen Entscheidung fehlt (BVerwG Beschl. v. 28.11.2005 – 4 B 66/05, DVBl. 2006, 459; s. auch VGH Kassel Urt. v. 10.5.2012 – 4 C 841/11, DVBl. 2012, 981).

Die durch § 14 Abs. 2 ROG eröffnete Möglichkeit, zur Sicherung eines in Auf- **123** stellung befindlichen Ziels der Raumordnung die Erteilung einer Baugenehmigung zeitlich befristet zu **untersagen**, lässt die Befugnis der Bauaufsichtsbehörde unberührt, die Baugenehmigung auch mit der Begründung zu versagen, dem privilegierten Bauvorhaben stehe ein in Aufstellung befindliches Ziel der Raumordnung als unbenannter öffentlicher Belang im Sinne des Abs. 3 S. 1 entgegen. Ein **in Aufstellung befindliches Ziel** der Raumordnung hat die Qualität eines solchen Belangs, wenn es inhaltlich hinreichend konkretisiert ist und wenn zu erwarten ist, dass es sich zu einer verbindlichen, den Wirksamkeitsanforderungen genügenden Zielfestlegung im Sinne des § 3 Abs. 1 Nr. 2 ROG verfestigt und durch die öffentliche Auslegung eine Verlautbarungsreife entstanden ist (BVerwG Urt. v. 27.1.2005 – 4 C 5/04, BVerwGE 122, 364; VGH München Urt. v. 17.11.2011 – 2 BV 10/2295, ZfBR 2012, 170; vgl. zum Zusammenwirken von Raumordnungs- und Bauplanungsrecht vertiefend *Kirste* DVBl. 2005, 993). Das Inkrafttreten eines in Aufstellung befindlichen Ziels ist auch dann hinreichend sicher zu erwarten, wenn der Plan erst in einem ergänzenden Verfahren nach Nachholung der Ausfertigung mit Wirkung für die Zukunft in Kraft

§ 35 I. Kapitel. III. Teil. Regelung der baul. und sonst. Nutzung

gesetzt werden kann (BVerwG Urt. v. 1.7.2010 – 4 C 4/08, BVerwGE 137, 247 Rn. 20).

124 Hat die Raumordnungsbehörde einen Raumordnungsplan mit den Wirkungen nach Abs. 3 S. 3 erlassen, kommt dagegen eine **Normenkontrolle** gem. § 47 VwGO in Betracht (→ § 10 Rn. 13 ff.; BVerwG Urt. v. 16.4.2015 – 4 C N 6.14, NVwZ 2015, 1540; dass. Urt. v. 31.1.2013 – 4 CN 1.12, ZfBR 2013, 475). Denn unabhängig von ihrer Rechtsform unterfallen Ziele der Raumordnung als abstrakt-generelle Regelungen mit (zumindest eingeschränkter) Außenwirkung § 47 Abs. 1 Nr. 2 VwGO (BVerwG Urt. v. 20.11.2003 – 4 CN 6/03, BVerwGE 119, 217 (223 ff.); VGH Kassel Urt. v. 17.3.2011 – 4 C 883/10.N, NuR 2011, 573; OVG Lüneburg Beschl. v. 30.7.2013 – 12 MN 301/12, NVwZ-RR 2014, 25 (26 f.) zur Antragsbefugnis). Voraussetzung ist jedoch, dass das jeweilige Bundesland die Normenkontrolle gemäß § 47 Abs. 1 Nr. 2 VwGO eingeführt hat und dass es sich um Regelungen im Rang unterhalb eines Landesgesetzes handelt (vgl. VGH München Urt. v. 9.11.2011 – 4 N 10/1322, DVBl. 2012, 250). In NRW, Berlin und Hamburg wurde nicht von § 47 Abs. 1 Nr. 2 VwGO Gebrauch gemacht. Hier kann eine **Gemeinde** die potentielle Verletzung ihrer Selbstverwaltungsgarantie nur mit Hilfe einer **Kommunalverfassungsbeschwerde** zum BVerfG bzw. zum Landesverfassungsgericht geltend machen. Die Kommunalverfassungsbeschwerde ist auch in den übrigen Ländern von Relevanz, wenn ein Normenkontrollverfahren erfolglos blieb (vgl. BVerfG Beschl. v. 23.6.1987 – 2 BvR 826/83, BVerfGE 76, 107). Kommt eine Normenkontrolle (zB auch wegen Verfristung) nicht in Betracht, kann zudem eine verwaltungsgerichtliche **Feststellungsklage** (§ 43 Abs. 1 VwGO) erhoben werden. Sie betrifft nicht das Raumordnungsziel an sich, sondern das aus der Anpassungspflicht gemäß § 1 Abs. 4 resultierende Rechtsverhältnis zwischen der Gemeinde und der Raumordnungsbehörde. Für **Private** kommt neben der Möglichkeit, gegen Ziele der Raumordnung im Wege der Normentrolle vorzugehen (vgl. BVerwG Beschl. v. 13.11.2006 – 4 BN 18/06, NVwZ 2007, 229; s. auch *Goppel* in: Spannowsky/Runkel/Goppel ROG 2010 § 4 Rn. 88 f.), vor allem eine Versagungsgegenklage in Betracht, wenn die Bauaufsichtsbehörde einen Bauantrag wegen eines entgegenstehenden Ziels der Raumordnung abgelehnt hat (*Goppel* in Spannowsky/Runkel/Goppel ROG 2010 § 4 Rn. 96 f.).

124a Erweist sich in einem gerichtlichen Normenkontrollverfahren das Windkraftkonzept als nicht schlüssig, kann sich die Frage stellen, ob die Feststellung der Unwirksamkeit des Plans auf einzelne mangelbehaftete Flächen einschränkbar ist. Abgesehen von Problemen in Bezug auf den Inhalt, die Reichweite und die Bestimmtheit einer solchen Feststellung (vgl. § 10 Rn. 22), ergeben sich insbesondere auch systematische Schwierigkeiten vor dem Hintergrund, dass positive und negative Komponenten der festzulegenden Konzentrationszonen einander bedingen. Daher ist eine **Teilbarkeit der Ausschlusswirkung** in der Regel nicht möglich (OVG Lüneburg Urt. v. 14.5.2014 – 12 KN 244/12, NuR 2014, 571, 575).

VI. Begünstigte Vorhaben (Abs. 4)

125 **1. Allgemeines. Abs. 4** fasst Vorschriften über **begünstigte Vorhaben** (Nutzungsänderungen, Ersatzbauten, Erweiterungen) zusammen. Erfasst werden von Abs. 4 **sonstige Vorhaben** (Abs. 2), deren Durchführung durch Abs. 4 erleichtert werden soll. Die Begünstigung besteht darin, dass den in Abs. 4 bezeichneten Vorhaben **folgende öffentliche Belange nicht entgegengehalten** werden können: Widerspruch zu den Darstellungen des Flächennutzungsplans (Abs. 3 S. 1 Nr. 1) oder eines Landschaftsplans (Abs. 3 S. 1 Nr. 2), Beeinträchtigung der natürlichen Eigenart der Landschaft (Abs. 3 S. 1 Nr. 5) oder Befürchtung der Entstehung, Verfestigung oder Erweiterung einer Splittersiedlung (Abs. 3 S. 1 Nr. 7). Diese Belange sind für die unter Abs. 4 fallenden Vorhaben bedeutungslos (BVerwG Urt. v. 17.2.2011 – 4 C 9/10, BVerwGE 139, 21). Alle übrigen in Abs. 4 nicht ausdrücklich genannten öffent-

lichen Belange sind demgegenüber zu prüfen (vgl. zB für Belange des Natur- und Landschaftsschutzes BVerwG Beschl. v. 21.2.1994 – 4 B 33/94, ZfBR 1994, 193).

Mit dem **Flüchtlingsunterbringungsmaßnahmengesetz 2014** und dem **125a** **Flüchtlingsunterbringungsmaßnahmengesetz 2015** (Einleitung Rn. 64f.) werden durch § 246 Abs. 9 und Abs. 4 die Rechtsfolgen des Abs. 4 Satz 1 zeitlich befristet bis zum 31.12.2019 für entsprechend anwendbar erklärt, wenn es um Vorhaben zur Flüchtlingsunterbringung geht (s. § 246 Rn. 17ff. und Rn. 40ff.).

Da die begünstigten Vorhaben iS des Abs. 4 den **sonstigen Vorhaben** (Abs. 2) zu- **126** zurechnen sind, gelten für das Gewicht der übrigen, also der nicht in Abs. 4 benannten, öffentlichen Belange keine Besonderheiten: Die Vorhaben dürfen diese Belange nicht beeinträchtigen (→ Rn. 63). Den begünstigten Vorhaben nach Abs. 4 liegt als gesetzgeberische Erwägung vor allem der Rechtsgedanke des **Bestandsschutzes** zugrunde. Die (engeren) Voraussetzungen einer eigentumskräftig verfestigten Anspruchsposition müssen dabei nicht erfüllt sein (→ Rn. 186ff.).

2. Nutzungsänderung (Abs. 4 S. 1 Nr. 1). Die **Nutzungsänderung (Abs. 4** **127** **S. 1 Nr. 1)** baulicher Anlagen ist ein Vorhaben iS des § 29 Abs. 1 (§ 29 Rn. 20). Ob die Nutzungsänderung eines baulichen Vorhabens zulässig ist, beurteilt sich im Außenbereich nach § 35 sowie der sonstigen im Entscheidungszeitpunkt maßgeblichen Sach- und Rechtslage.

Abs. 4 S. 1 Nr. 1 enthält hierzu für die nach **Abs. 1 Nr. 1 privilegierten Vorha-** **128** **ben** eine Sonderregelung. Rechtliche Anforderungen an die Aufnahme der neuen, nicht privilegierten Nutzung aufgrund von nicht in Abs. 4 S. 1 genannten öffentlichen Belangen oder nach **anderen Vorschriften** (zB des Gewerberechts oder des Bauordnungsrechts) bleiben von der Begünstigung des Abs. 4 jedoch unberührt. Mit der Regelung soll der **Strukturwandel der Landwirtschaft** erleichtert werden. Den Landwirten soll es ermöglicht werden, von der bisher privilegierten Nutzung zu einer neuen, nicht privilegierten Nutzung zu wechseln (BVerwG Urt. v. 18.8.1982 – 4 C 33/81, NJW 1983, 949). Die Vorschrift will auf diese Weise den besonderen wirtschaftlichen Problemen landwirtschaftlicher Betriebe Rechnung tragen; durch die begünstigte Nutzungsänderung soll ein Verlust des in die Gebäude investierten Kapitals und zugleich ein Verfall der erhaltenswerten Bausubstanz verhindert werden (BVerwG Urt. v. 18.8.1982, aaO; dass. Urt. v. 25.1.1985 – 4 C 35/81, NVwZ 1985, 825; vgl. auch BT-Drs. 7/2496, 49). Abs. 4 S. 1 Nr. 1 ist auch anzuwenden, wenn der Betrieb nicht aufgegeben, sondern wenn erhaltenswerte Bausubstanz durch eine nachhaltige Betriebsumstellung frei wird (VGH München Urt. v. 28.9.2001 – 1 B 00/2504, NVwZ-RR 2002, 713).

Für die Nutzungsänderung der **sonstigen nach Abs. 1 privilegierten Vorha-** **129** **ben** besteht eine entsprechende Sonderregelung nicht (so zur Halle eines Gartenbaubetriebs iS des Abs. 1 Nr. 2 OVG Hamburg Urt. v. 25.11.1999 – 2 Bf 7/97, ZfBR 2001, 64; zum Betriebsleiterhaus einer Baumschule OVG Koblenz Beschl. v. 28.10.2002 – 8 A 11501/02, BauR 2003, 222). Eine weitere Sonderregelung für Fälle der Nutzungsänderung enthält jedoch **Abs. 4 S. 1 Nr. 4** im Hinblick auf Gebäude, die nicht nach Abs. 1 Nr. 1 privilegiert, jedoch erhaltenswert sind und das Bild der Kulturlandschaft prägen (→ Rn. 153).

Abs. 4 S. 1 Nr. 1 ist auch auf solche landwirtschaftliche Gebäude anzuwenden, die **130** in der Vergangenheit privilegiert genutzt worden sind und sich anschließend in einem (ebenfalls für landwirtschaftliche Zwecke genehmigten) **Umbau** befunden haben, dann aber nicht mehr landwirtschaftlich genutzt wurden, weil der landwirtschaftliche Betrieb während des Umbaus aufgegeben wurde. Es widerspricht dem Sinn des Abs. 4 S. 1 Nr. 1, ein auch während des Umbaus noch der Landwirtschaft zugeordnetes Gebäude verfallen zu lassen und ihm die Erleichterung der Nutzungsänderung mangels tatsächlicher privilegierter Nutzung des Umbaus zu versagen (BVerwG Urt. v. 25.1.1985 – 4 C 35/81, NVwZ 1985, 825).

131 Abs. 4 S. 1 Nr. 1 erleichtert die Nutzungsänderung im Übrigen jedoch nur für solche bauliche Anlagen, die **tatsächlich** im Sinne des Abs. 1 Nr. 1 **genutzt** worden sind; fehlt es hieran (weil zB ein Geflügelstall mit Betriebsinhaberwohnung nach seiner Fertigstellung als Lager- und Produktionshalle für gewerbliche Zwecke sowie als Büro genutzt oder die landwirtschaftliche Nutzung schon zu einem früheren Zeitpunkt zugunsten einer anderen Nutzung aufgegeben wurde), genügt es nicht, dass die bauliche Anlage für eine privilegierte Nutzung genehmigt worden ist (BVerwG Urt. v. 31.5.1983 – 4 C 16/79, BauR 1983, 448). Die erleichterte Nutzungsänderung kann somit „nur einmal" stattfinden (vgl. auch BVerwG Urt. v. 11.11.1988 – 4 C 50/87, NVwZ-RR 1989, 340). Eine nur vorübergehende Einstellung der landwirtschaftlichen Tätigkeit, zB in Todesfällen, beim Eigentümerwechsel oder in Fällen vorübergehender wirtschaftlicher Schwierigkeiten steht der Anwendung des Abs. 4 S. 1 Nr. 1 allerdings nicht entgegen.

132 Die Einschränkung früherer Gesetzesfassungen, dass Nutzungsänderungen nur „ohne wesentliche Änderung" der baulichen Anlage zulässig sind (so bis zum 31.12.1997), ist entfallen. Der Begünstigungstatbestand stellt nur darauf ab, dass das Vorhaben einer **zweckmäßigen Verwendung erhaltenswerter Bausubstanz dient (Nr. 1a).**

133 Mit der Einfügung von S. 2 durch die Innenentwicklungsnovelle 2013 werden nunmehr auch die Fälle von einer Begünstigung erfasst, in denen ein Gebäude bereits weitgehend verfallen ist und es daher einer Neuerrichtung bedarf (→ Rn. 164ff.). Der Begriff der „erhaltenswerten Bausubstanz" zielt darauf ab, dass das Gebäude noch einen Wert darstellt, den ein vernünftiger Eigentümer **zweckmäßig weiter verwenden** würde (→ sinngemäß zum Begriff des „Dienens" Rn. 19). Diese Voraussetzung ist in der Regel erfüllt, wenn das Gebäude objektiv und langfristig in seiner Gestalt den Ansprüchen der beabsichtigten Nutzung genügt. Die vorhandene Bausubstanz muss den Anforderungen der neuen Nutzung daher zwar grundsätzlich gerecht werden. Allerdings darf das Vorhandene (zB hinsichtlich der vorgefundenen Gebäudeausstattung) nicht zum Maßstab gemacht werden. Entscheidend ist nur die zweckmäßige Verwendung der Gebäudesubstanz (→ auch Rn. 135).

134 Eine weitere Grenzziehung für zulässige Änderungen ergibt sich aus **Nr. 1b.** Danach muss die **äußere Gestalt des Gebäudes** im Wesentlichen gewahrt bleiben. Das Gebäude muss dafür in seiner „Kubatur" erhalten bleiben; mehr als nur unwesentliche Änderungen des Gebäudes in seinen Außenmaßen kommen daher nicht in Betracht (vgl. *Söfker* in EZBK § 35 Rn. 141). Auch ein wesentlicher Eingriff unter gestalterischen Gesichtspunkten ist unzulässig. Abs. 4 Satz 1 erlaubt damit insbesondere keine Neubauten oder sonstigen Erweiterungen.

135 Die Bewahrung der äußeren Gestalt nach **Nr. 1b** in Verbindung mit der Vorgabe nach Nr. 1a, nach der eine erhaltenswerte Bausubstanz vorhanden sein muss, steht umfassenden Veränderungen allerdings nicht grundsätzlich entgegen. Ist die Bausubstanz erhaltenswert und wird die äußere Gestalt des Gebäudes im Wesentlichen gewahrt, sind auch umfassende Umgestaltungen zulässig, ggf. sogar vom Sinngehalt der Vorschrift, nämlich der Unterstützung des Strukturwandels und der Ermöglichung neuer Nutzungen, gefordert (zB die Entkernung von Räumen oder Gebäudeteilen, die Ersetzung maroder Teile des Bauwerks oder der Einbau zusätzlicher Fenster).

136 Die maximale Frist zwischen der Aufgabe der Nutzung nach § 35 Abs. 1 Nr. 1 und der Nutzungsänderung ist in **Nr. 1c** geregelt. Danach darf die Aufgabe der bisherigen Nutzung nicht länger als **sieben Jahre** zurückliegen. Beginn der 7-Jahres-Frist ist die endgültige Aufgabe der privilegierten Nutzung. Dies kann sich auf den landwirtschaftlichen Betrieb insgesamt, aber auch auf einzelne Gebäude oder Gebäudeteile beziehen. Es kommt also auch die teilweise oder schrittweise Aufgabe eines landwirtschaftlichen Betriebes in Betracht. Die 7-Jahres-Frist wird mit dem Antrag auf Nutzungsänderung gewahrt. Einer Entscheidung über den Antrag innerhalb der Frist bedarf es nicht (*Söfker* in EZBK § 35 Rn. 142). Der Antrag auf Erlass eines Vorbescheids, in dem nicht über alle bauplanungsrechtlich klärungsbedürftigen Fragen entschieden

wird, reicht jedoch nicht aus (BVerwG Beschl. v. 8.10.2002 – 4 B 54/02, BauR 2003, 221). Nach § 245b Abs. 2 sind die Länder ermächtigt, die Frist des § 35 Abs. 4 S. 1 Nr. 1c nicht anzuwenden.

Das Gebäude, dessen Nutzung geändert werden soll, muss des Weiteren vor mehr 137 als sieben Jahren zulässigerweise errichtet worden sein (Nr. 1d). Dafür muss das Gebäude zu diesem Stichtag so weit fertig gestellt gewesen sein, dass es bestimmungsgemäß genutzt werden konnte (BVerwG Beschl. v. 15.6.2000 – 4 B 30/00, NVwZ-RR 2000, 758). Der Sinn und Zweck dieser Regelung liegt in der Vermeidung von Vorhaben iSv Abs. 1 Nr. 1, die zwar die dort genannten Anforderungen erfüllen (→ Rn. 11 ff.), gleichwohl aber in erster Linie mit dem bereits absehbaren Ziel einer späteren Nutzungsänderung nach Abs. 4 S. 1 Nr. 1 errichtet werden.

Eine Nutzungsänderung gem. Abs. 4 S. 1 Nr. 1 kommt nur für Gebäude in Be- 138 tracht, die im **räumlich-funktionalen Zusammenhang** mit der Hofstelle des land- oder forstwirtschaftlichen Betriebes stehen (Nr. 1e). Räumlich-funktional ist der Zusammenhang, wenn die Gebäude in unmittelbarer Nähe zur Hofstelle liegen oder selbst Bestandteil der Hofstelle sind. Sie müssen auch selbst dem land- oder forstwirtschaftlichen Betrieb gedient haben. Dies ist bei einer baulichen Einheit regelmäßig anzunehmen. Bei Gebäuden, die von der Hofstelle entfernt liegen (zB Feldscheunen), fehlt es in der Regel am Merkmal des räumlichen Zusammenhangs. Am funktionalen Zusammenhang fehlt es, wenn das Gebäude zwar im Zusammenhang mit der Hofstelle steht, aber dem land- oder forstwirtschaftlichen Betrieb nicht gedient hat. Gebäude, die einem landwirtschaftlichen Betrieb dienen, können nur dann eine **Hofstelle** bilden, wenn jedenfalls eines der Gebäude ein **landwirtschaftliches Wohngebäude** ist (BVerwG Urt. v. 14.3.2006 – 4 B 10/06, NVwZ 2006, 696; OVG Koblenz Urt. v. 8.12.2005 – 1 A 11 016/05, NVwZ-RR 2006, 599).

Nr. 1f enthält eine quantitative Beschränkung von Nutzungsänderungen, die für 139 Wohnzwecke erfolgen. Danach dürfen bei Änderungen zu Wohnzwecken neben den bereits unmittelbar nach Abs. 1 Nr. 1 zulässigen („privilegierten") Wohnungen höchstens **drei weitere Wohnungen** je Hofstelle eingerichtet werden. Für sonstige Nutzungsänderungen enthält § 35 Abs. 4 S. 1 Nr. 1 keine quantitativen Vorgaben. Vielmehr ergeben sich diese mittelbar aus den im Rahmen von Abs. 4 noch anwendbaren Kriterien der Außenbereichsverträglichkeit iS des Abs. 3. Der Gesetzgeber tritt mit dieser auf den ersten Blick ungleichgewichtigen Einschränkung der Umnutzung für Wohnzwecke der Gefahr entgegen, dass zB bei größeren Hofstellen eine im Außenbereich unangemessene große Zahl von Wohnungen eingerichtet werden kann (zur begünstigten Erweiterung eines nicht privilegierten **Wohngebäudes** auf bis zu höchstens zwei Wohnungen vgl. **Abs. 4 S. 1 Nr. 5**).

Nr. 1g enthält eine Regelung, mit der einer missbräuchlichen Entprivilegierung 140 und Umnutzung entgegengewirkt wird. Danach ist eine Verpflichtung zu übernehmen, eine Neubebauung als **Ersatz für die aufgegebene Nutzung** vorzunehmen. Nach **Abs. 5 S. 3** soll die Baugenehmigungsbehörde dies, sofern nach Landesbauordnungsrecht vorgesehen, durch die Bedingung, eine Baulast zu übernehmen, oder in anderer Weise sicherstellen (→ Rn. 185). Allerdings gilt dies mit der Einschränkung, dass die Neubebauung nicht im Interesse der Entwicklung des Betriebes erforderlich wird. Das Gesetz will damit landwirtschaftliche Betriebe nicht auf den Teil-Entprivilegierung bestehenden Gebäudebestand „einfrieren". Eine spätere **betriebsbedingte Rückumwandlung** des Gebäudes oder auch eine sonstige Erweiterung der privilegierten Nutzung scheitert also nicht an Nr. 1 g). Maßgeblich ist dann für ein solches Vorhaben unmittelbar Abs. 1 Nr. 1.

3. Ersatzbau für ein Wohngebäude (Abs. 4 S. 1 Nr. 2). Die in Abs. 4 genann- 141 ten öffentlichen Belange (→ Rn. 125) können in den Fällen des **Abs. 4 S. 1 Nr. 2** einem **Ersatzbau** nicht entgegengehalten werden (ausführlich OVG Münster Urt. v. 6.2.2015 – 2 A 1394/13, BauR 2015, 1963). Die Regelung geht über das hinaus,

was sich unter dem Gesichtspunkt des Bestandsschutzes gem. Art. 14 Abs. 1 GG ergäbe (→ Rn. 186 ff.). Denn der Bestandsschutz erstreckt sich im Grundsatz nicht auf die Ersetzung eines Gebäudes durch ein neues (BVerwG Urt. v. 16.2.1973 – IV C 61/70, BVerwGE 42, 8). Die erleichterte Zulässigkeit des Ersatzbaus kommt **nicht nur** bei solchen Wohngebäuden (Rn. 142) in Betracht, die nach **Abs. 1 Nr. 1** zulässig waren. **Abs. 4 S. 1 Nr. 2** stellt vielmehr ausschließlich darauf ab, dass das Wohngebäude **zulässigerweise errichtet** worden ist **(Nr. 2a)**. Hierfür genügt die bauaufsichtliche Genehmigung, unabhängig davon, ob sie dem damaligen materiellen Recht entsprach (BVerwG Beschl. v. 16.1.2014 – 4 B 32/13, ZfBR 2014, 375 (375); dass. Urt. v. 8.6.1979 – IV 23/77, BVerwGE 58, 124; VGH München Urt. v. 12.12.2007 – 14 B 05/2165, ZfBR 2008, 285). Andererseits genügt aber auch die ungenehmigte Errichtung, wenn sie – im Zeitpunkt der Errichtung bzw. später während eines nennenswerten Zeitraums – hätte genehmigt werden müssen, etwa nach Abs. 2 (OVG Münster Urt. v. 6.2.2015 – 2 A 1394.13, BauR 2015, 1963). Keine zulässige Errichtung liegt indes bei einer mehr als geringfügigen Abweichung von einer erteilten Genehmigung und gleichzeitiger materieller Baurechtswidrigkeit vor (OVG Lüneburg Urt. v. 14.9.1978 – I A 151/77, BRS 33 Nr. 78).

142 Erleichtert wird durch Nr. 2 der Ersatzbau für ein vorhandenes **Wohngebäude**. Vorhergehender Abriss und Neuerrichtung müssen also einen einheitlichen Lebenssachverhalt bilden (OVG Münster Urt. v. 6.2.2015 – 2 A 1394/13, BauR 2015, 1963). Dass einzelne Räume in dem Wohngebäude anderen, zB gewerblichen Zwecken dienen, beeinträchtigt nicht den Charakter als Wohngebäude. Das zu ersetzende und das neue Wohngebäude (s. hierzu Abs. 5 S. 4, → auch Rn. 185) muss von dem Eigentümer **eigengenutzt** sein (Nr. 2c; → noch Rn. 144). Dies kann auch durch eine der Baugenehmigung für das Ersatzgebäude beigefügte Auflage festgesetzt werden (OVG Münster Beschl. v. 17.9.2008 – 10 A 2634/07, BauR 2009, 80). Eigennutzung steht im Gegensatz zur Fremdnutzung; es geht also um den eigenen Gebrauch des Gebäudes zum Wohnen (BVerwG Urt. v. 13.3.1981 – 4 C 2/78, BVerwGE 62, 32). Die Errichtung eines Ersatzbaues für ein Ferien- oder Wochenendhaus wird hierdurch jedoch nicht erleichtert; Ferien- oder Wochenendhäuser dienen nicht dem von Nr. 2 vorausgesetzten ständigen Wohnen (BVerwG Beschl. v. 2.8.2001 – 4 B 26/01, ZfBR 2002, 69).

143 Weitere Voraussetzung ist, dass das zu beseitigende Gebäude **Missstände oder Mängel** aufweist **(Nr. 2b** zu diesen Begriffen → die Erl. zu § 177). Die bis zum Inkrafttreten des BauGB-MaßnahmenG 1993 (1.5.1993) geltende Fassung stellte demgegenüber auf die allgemeinen Anforderungen an gesunde Wohnverhältnisse ab, an die das Gebäude durch wirtschaftlich vertretbare Maßnahmen nicht angepasst werden kann. Diese individuelle Wirtschaftlichkeitsbetrachtung ist durch das Abstellen auf objektive Missstände oder Mängel ersetzt worden. Allerdings macht auch die seither geltende Fassung eine Wertung der Mängel im Verhältnis zum Gesamtzustand nicht entbehrlich. Nur gravierende, das Gebäude erheblich beeinträchtigende Mängel rechtfertigen die Privilegierung, nicht dagegen „leichtere" Mängel (zB die Notwendigkeit einer Fassadenrenovierung bzw. die Erneuerung der Bedachung).

144 Das Wohngebäude muss seit **längerer Zeit** vom Eigentümer eigengenutzt sein **(Nr. 2c)**. Ein Zeitraum von weniger als zwei Jahren reicht dafür nicht aus (vgl. BVerwG Urt. v. 12.3.1982 – 4 C 59/78, BauR 1982, 359; dass. Beschl. v. 22.2.1996 – 4 B 25/96, Buchholz 406.11 § 35 BauGB Nr. 321; vgl. auch OVG Lüneburg Urt. v. 7.12.1977 – 1 A 198.75, BRS 33 Nr. 77: ein Zeitraum von knapp unter drei Jahren ist ebenfalls nicht ausreichend; VGH Kassel Beschl. v. 29.8.2002 – 9 ZU 700/02, BauR 2003, 594: Zeitraum von zweieinhalb Jahren zu kurz, vier Jahre dagegen schon (*Söfker* in EZBK § 35 Rn. 150). Die Wohnzeiten eines Voreigentümers können hierbei nicht angerechnet werden; etwas anderes ist anzunehmen, wenn der Eigentümer das Wohngebäude zunächst mit seiner Familie über viele Jahre als Mieter bewohnt und erst dann zu Eigentum erworben hat oder wenn das Wohngebäude zunächst von einem Abkömmling des Eigentümers bewohnt und dann auf diesen Abkömmling im Wege der Erbfolge, der vor-

weggenommenen Erbfolge, der Schenkung oder auf andere Weise zu Eigentum übertragen worden ist (BVerwG Urt. v. 13.3.1981 – 4 C 2/78, BVerwGE 62, 32). Die Eigennutzung eines langjährigen Mieters muss allerdings bis zum Eigentumsübergang andauern (BVerwG Beschl. v. 10.3.1988 – 4 B 41/88, NVwZ 1989, 355). **Nr. 2 d) Hs. 2** erweitert diese Begünstigung auf den Fall, dass der Eigentümer das Wohngebäude im Wege der **Erbfolge** (nicht aber bei vorweggenommener Erbfolge) von einem Voreigentümer erworben hat. In diesem Fall sind dessen „Vorzeiten" auf die Dauer der Eigennutzung des Erben anzurechnen.

Die Begünstigung nach Nr. 2 steht dem Antragsteller nur zu, wenn Tatsachen die 145 Prognose rechtfertigen, dass das neue Wohngebäude für den **Eigenbedarf** des bisherigen Eigentümers oder seiner Familie bzw. des **Erben** genutzt werden wird **(Nr. 2 d)**. Die diesbezüglichen Darlegungslasten liegen beim Bauherrn (OVG Münster Urt. v. 6.2.2015 – 2 A 1394.13, BauR 2015, 1963; zur Sicherstellung der vorgesehenen Nutzung durch die Baugenehmigungsbehörde → Rn. 142 sowie Abs. 5 S. 3 Rn. 185). Wer zur „Familie" des Eigentümers zu zählen ist, bestimmt sich nach dem Wohnungsbaurecht (BVerwG Urt. v. 23.1.1981 – IV C 82/77, BVerwGE 61, 285 in einer Entscheidung zu § 35 Abs. 5 S. 1 Nr. 4 a BBauG; damals § 8 Abs. 2 des II. WoBauG, nunmehr § 18 WoFG).

Der Ersatzbau muss an der „**gleichen Stelle**" errichtet werden, also an dem Standort 146 des bisherigen Gebäudes. Eine geringfügige Abweichung vom Standort des bisherigen Gebäudes ist nach **Abs. 4 S. 3** (Rn. 148) zulässig. Ob eine **geringfügige Abweichung** zulässig ist, hängt davon ab, dass öffentliche Belange durch die Standortverschiebung zusätzlich nicht mehr als geringfügig betroffen werden (BVerwG Urt. v. 23.1.1981 – IV C 85/77, BVerwGE 61, 290). Dabei ist nicht so sehr auf die quantitative, metrische Abweichung abzustellen, auch wenn bei jeder Standortverschiebung eine mehr als nur geringfügige zusätzliche Berührung der öffentlichen Belange wahrscheinlich ist. Entscheidend ist jedoch in erster Linie eine wertende Betrachtung im Einzelfall unter Berücksichtigung der berührten öffentlichen Belange. Daher kann auch eine nur geringe Standortverschiebung zB den Eingriff in die Landschaft in spürbarer Weise verstärken, wenn das neue Gebäude an einer noch exponierteren Stelle im Außenbereich liegen würde (BVerwG Urt. v. 23.1.1981, aaO).

Das neue Gebäude muss dem zu ersetzenden Gebäude „**gleichartig**" sein. Gleich- 147 artigkeit besteht dann, wenn das neue Gebäude in jeder bodenrechtlich beachtlichen Beziehung, vor allem also in seinem Bauvolumen, in der Nutzung und in der Funktion dem bisherigen Gebäude vergleichbar ist (BVerwG Urt. v. 19.2.2004 – 4 C 4/03, BVerwGE 120, 130: verneint, wenn ein als Wohnhaus genutztes ehemaliges Bauernhaus in ein Ersatzgebäude mit zwei Wohnungen und selbstständig nutzbare Haushälften umgebaut werden soll; s. auch OVG Münster Urt. v. 6.2.2015 – 2 A 1394.13, BauR 2015, 1963).

Nach **Abs. 4 S. 3** sind **geringfügige Erweiterungen** des neuen Gebäudes ge- 148 genüber dem beseitigten Gebäude zulässig (zum Begriff der Geringfügigkeit → auch Rn. 146; vgl. weiterhin BVerwG Urt. v. 31.10.1990 – 4 C 45/88, NVwZ 1991, 1076: Die Grenze geringfügiger Erweiterungen lässt sich nicht in Prozentsätzen festlegen; entscheidend ist, dass das neue Gebäude dem alten in bodenrechtlicher Beziehung [Standort, Bauvolumen, Nutzung, Funktion] gleichartig ist; die Einbeziehung einer zweiseitig abgeschlossenen Terrasse als Wohnraum in das Gebäude, eine Vollunterkellerung und eine andere Dachgestaltung beeinträchtigen die öffentlichen Belange nicht generell zusätzlich negativ).

4. Ersatzbau für ein zerstörtes Gebäude (Abs. 4 S. 1 Nr. 3). Die in Abs. 4 ge- 149 nannten öffentlichen Belange können in den Fällen des **Abs. 4 S. 1 Nr. 3** dem Ersatzbau für ein zerstörtes Gebäude nicht entgegengehalten werden. Begünstigt wird der Wiederaufbau eines **zulässigerweise errichteten Gebäudes,** also nicht nur eines Wohngebäudes. Ein Gebäude ist zulässigerweise errichtet worden, wenn es bauaufsichtlich genehmigt war, selbst wenn es bei rückschauender Beurteilung dem dama-

§ 35 I. Kapitel. III. Teil. Regelung der baul. und sonst. Nutzung

ligen materiellen Recht nicht entsprach (BVerwG Urt. v. 8.6.1979 – IV C 23/77, BVerwGE 58, 124; dass. Beschl. v. 27.7.1994 – 4 B 48/94, ZfBR 1994, 297; s. auch Rn. 141). Ist das Gebäude bauaufsichtlich nicht genehmigt worden, obwohl nach materiellem Recht die Voraussetzungen hierfür vorlagen, oder hätte es zu einem späteren Zeitpunkt genehmigt werden müssen, sind die Voraussetzungen der Nr. 3 gleichfalls erfüllt. Wird ein ursprünglich rechtmäßig errichtetes Gebäude jedoch baulich so sehr verändert, dass der Bestandsschutz des Altbestandes erlischt, ist das veränderte Gebäude nicht iSd Abs. 4 S. 1 Nr. 3 „zulässigerweise errichtet" (BVerwG Beschl. v. 27.7.1994, aaO). Ist ein zerstörtes Gebäude von vornherein mehr als geringfügig von der erteilten Baugenehmigung abweichend errichtet worden und war es zudem materiell baurechtswidrig, wurde es nicht zulässigerweise errichtet. War ein Gebäude genehmigungs- oder anzeigefrei und unterlag es nach früherem Recht (→ § 29 Rn. 2 und 3) nicht den §§ 30ff., ist es ebenfalls nicht iS des Abs. 4 S. 1 Nr. 3 „zulässigerweise" errichtet (BVerwG Urt. v. 8.10.1998 – 4 C 6/97, BVerwGE 107, 264).

150 Das Gebäude muss durch **Brand, Naturereignisse oder andere außergewöhnliche Ereignisse zerstört** worden sein. Die Zerstörung darf also insbesondere nicht vom Eigentümer selbst bewirkt worden sein. Als **Brand** kommt auch die von einem Dritten verübte Brandstiftung in Betracht. **Naturereignisse** sind zB Sturmschäden, Erdbeben, Erdrutsche oder Überschwemmungen. Die Zerstörung durch **andere außergewöhnliche Ereignisse** ist im Hinblick auf die im Gesetz ausdrücklich genannten Fälle des Brandes und der Naturereignisse eng auszulegen (zB Gasexplosion, Einwirkung durch militärische Manöver, Flugzeugabsturz). Der allmähliche Verfall eines alten Hauses, der zB bei Reparaturarbeiten offenkundig geworden ist und zur Zerstörung des Hauses geführt hat, ist kein außergewöhnliches Ereignis. Die Zerstörung hat in diesem Fall seine Ursache vielmehr in dem vorausgegangenen langsamen Verfall des Gebäudes (BVerwG Urt. v. 13.3.1981 – 4 C 2/78, BVerwGE 62, 32). Hingegen kann die Zerstörung eines Gebäudes durch den rechtswidrigen Eingriff eines Dritten, den der Eigentümer nicht selbst veranlasst oder in einer Weise verursacht hat, die dem Veranlassen gleichzusetzen ist, ein außergewöhnliches Ereignis darstellen (BVerwG Urt. v. 18.8.1982 – 4 C 45/79, ZfBR 1982, 269). Steht die Beseitigung eines Gebäudes in Folge einer Planung und einer sich möglicherweise anschließenden Enteignung bevor, ist hierin kein außergewöhnliches Ereignis zu sehen, zumal die Planung und die Enteignung noch nicht zur Zerstörung des Gebäudes führen (BVerwG Urt. v. 9.10.1981 – 4 C 66/80, NVwZ 1982, 374).

151 Der Wiederaufbau des Gebäudes muss **„alsbald"** erfolgen. Er muss sich zeitlich so eng an das vorherige Bestehen des zerstörten Bauwerks anschließen, dass er in der durch die Umgebung und nachwirkend auch noch durch das zerstörte Gebäude geprägten Situation „nicht als etwas fremdartig Neues, sondern als Ersatz und Fortführung des zerstörten Gebäudes erscheint" (BVerwG Urt. v. 21.8.1981 – 4 C 65/80, BVerwGE 64, 42). Für die Beurteilung des Zeitpunkts („alsbald") ist auf die Bauabsicht (Bauantrag, Bauvoranfrage) abzustellen. Für den Zeitpunkt, bis zu dem die Bauabsicht als „alsbald" geäußert angesehen werden kann, hat das BVerwG (BVerwG Urt. v. 18.5.1995 – 4 C 20/94, BVerwGE 98, 235, 240; dass., Beschl. v. 5.5.2015 – 4 BN 2.15, […]) ein „Zeitmodell" entwickelt, das sich an dem Zeitraum orientiert, den ein Bauherr für die Planung des Wiederaufbaus bis zur ernsthaften Bekundung seiner Bauabsicht üblicherweise braucht: Wird die Bauabsicht **innerhalb eines Jahres** nach Zerstörung des Gebäudes ernsthaft bekundet (zB durch einen Bauantrag oder durch eine Bauvoranfrage), ist die Voraussetzung des alsbald beabsichtigten Wiederaufbaus stets, also auch ohne Prüfung der Verhältnisse des Einzelfalls, erfüllt. Für das folgende **zweite Jahr** ist dies jedenfalls im Regelfall gleichfalls anzunehmen, wenn sich die Verkehrsauffassung unter den besonderen Umständen des Einzelfalls nicht schon vor Ablauf von zwei Jahren auf die in Folge der Zerstörung des Gebäudes veränderte Grundstückssituation eingestellt hat. **Nach Ablauf von zwei Jahren** ist in aller Regel davon auszugehen, dass sich die Verkehrsauffassung auf den Wandel der Grundstückssituation eingestellt hat, es sei denn, der Bauherr

1. Abschnitt. Zulässigkeit von Vorhaben § 35

kann darlegen, dass die bodenrechtliche Situation des Grundstücks für den Wiederaufbau noch offen ist und der Wiederaufbau von der Verkehrsauffassung erwartet wird. Unanfechtbar abgelehnte Bauanträge für den Ersatzbau eines zerstörten Gebäudes haben keine der Unterbrechung einer Frist vergleichbare Wirkung.

Erleichtert zulässig ist lediglich ein „**gleichartiges**" neues Gebäude; es muss in seinem Bauvolumen, in der Nutzung und in der Funktion dem zerstörten Gebäude vergleichbar sein (→ im Einzelnen sinngemäß Rn. 147 zu Nr. 2). Weicht das neue Gebäude von dem zerstörten Gebäude in seiner objektiven Zweckbestimmung wesentlich ab, zB wenn ein früherer Jagdpächter nach der Zerstörung der Jagdhütte durch Brand die Jagdpacht aufgegeben hat und das Gebäude nunmehr als Wochenendhaus oder als Wohnhaus wieder aufbauen will (BVerwG Urt. v. 8.6.1979 – IV C 23/77, BVerwGE 58, 124), fehlt es an dieser Voraussetzung. Wegen der Zulässigkeitsvoraussetzungen gem. Abs. 4 S. 3 wird auf die Erläuterungen zu Abs. 4 S. 1 Nr. 2 verwiesen (Rn. 146 ff.). **152**

5. Änderung oder Nutzungsänderung bei erhaltenswerten Gebäuden **153**
(Abs. 4 S. 1 Nr. 4). Der **Änderung oder Nutzungsänderung von erhaltenswerten, das Bild der Kulturlandschaft prägenden Gebäuden** im Außenbereich können nach **Abs. 4 S. 1 Nr. 4** die in Abs. 4 bezeichneten öffentlichen Belange ebenfalls nicht entgegengehalten werden (zu den öffentlichen Belangen iS des Abs. 4 → Rn. 125). Die Erleichterung bezieht sich auf Gebäude jeder Art. Auf ihre formelle oder materielle Legalität kommt es nicht an. Die baulichen Änderungen oder Nutzungsänderungen können auch mehr als nur unwesentlich sein. Der Änderung sind jedoch dadurch Grenzen gesetzt, dass der neue Verwendungszweck die landschaftsprägende Wirkung des Gebäudes nicht beeinträchtigen darf. Ausgeschlossen sind daher vor allem Veränderungen, die einer Neuerrichtung oder Erweiterung iSd Abs. 4 S. 1 Nrn. 2, 3, 5 und 6 gleichkommen (BVerwG Urt. v. 12.12.2013 – 4 C 15/12, UPR 2014, 228 Rn. 12; dass. Beschl. v. 18.10.1993 – 4 B 160/93, NVwZ-RR 1994, 307). Als Gebäude, die das Bild der Kulturlandschaft prägen, kommen zB Burgen, Türme, Fachwerkhäuser, Wind- und Wassermühlen in Betracht. Soll die Änderung eines Gebäudes begünstigt werden, weil es Teil einer kulturhistorisch bedeutsamen, die Landschaft prägenden Anlage ist, muss auch **vom Gebäude selbst** eine die Kulturlandschaft **prägende Wirkung** ausgehen (BVerwG Beschl. v. 17.1.1991 – 4 B 186/90, NVwZ-RR 1991, 339 verneinend bei dem Bahnhofsgebäude einer Eisenbahnanlage aus dem 19. Jh., das von allen Seiten den Eindruck eines gewöhnlichen Wohnhauses bzw. Wirtschaftsgebäudes macht).

Das Gebäude kann auch „**aufgegeben**" sein, braucht also seiner ursprünglichen **154** Funktion nicht mehr zu dienen. Ebenfalls kann es ungenutzt sein. Die bauliche Anlage als solche muss aber in ihrer Substanz noch vorhanden sein. Es darf sich daher nicht um eine funktionslose Ruine handeln (OVG Koblenz Urt. v. 24.2.1983 – 1 A 166/81, NVwZ 1983, 682; vgl. auch OVG Lüneburg Urt. v. 24.3.1983 – 6 A 34/82, NuR 1984, 61). Nr. 4 erleichtert also die Änderung von Gebäuden, nicht aber den Wiederaufbau eines zur Ruine verfallenen Gebäudes (BVerwG Beschl. v. 18.9.1984 – 4 B 203/84, NVwZ 1985, 184; zur Sicherung der zweckmäßigen Nutzung des Gebäudes aufgrund der Änderung oder Nutzungsänderung gem. Abs. 5 S. 3 → Rn. 185).

6. Erweiterung von Wohngebäuden (Abs. 4 S. 1 Nr. 5). Abs. 4 S. 1 Nr. 5 be- **155** günstigt die **Erweiterung von zulässigerweise errichteten Wohngebäuden,** sofern die Erweiterung angemessen ist. Die Erweiterung kann dabei auch die Einrichtung einer weiteren, **zweiten Wohnung** zum Gegenstand haben. Zulässig ist jedoch nur eine Erweiterung, nicht jedoch eine Neuerrichtung. Die Erweiterung muss ihrerseits Wohnzwecken dienen. Ausgeschlossen sind daher zB Ferienwohnungen (BVerwG Beschl. v. 6.10.1994 – 4 B 178/94, NVwZ 1995, 700; s. auch § 9 Rn. 44) oder eine unterirdische Schwimmhalle für das Wohngebäude (OVG Münster Urt. v. 2.8.1993 – 11 A 1347/91, BauR 1994, 85). Der Erweiterung können die in Abs. 4 bezeichneten öffentlichen Belange nicht entgegengehalten werden (zu den öffentlichen Belangen iS des Abs. 4 → Rn. 125; zum **Ersatzbau** für ein Wohngebäude

gem. Abs. 4 S. 1 Nr. 2 → Rn. 141). Das Wohngebäude muss **zulässigerweise errichtet** worden sein **(Nr. 5 a),** → Rn. 141; BVerwG Beschl. v. 16.1.2014 – 4 B 32/13, ZfBR 2014, 375 (375)).

156 Die Erweiterung muss in **zweifacher Hinsicht** angemessen sein **(Nr. 5 b).** Sie muss zum einen **im Verhältnis zum vorhandenen Wohngebäude** angemessen sein. Die der Wohnraumversorgung dienende **Erweiterung** kann dabei zwar mehr als nur geringfügig sein. Jedoch darf ein bestehendes Wohnhaus lediglich vergrößert werden, ohne dass dadurch seine bisherige Funktion oder sein Charakter verändert wird. Unzulässig ist daher zB die Erweiterung eines Kleinsiedlungshauses in ein villenähnliches, komfortables Einfamilienhaus oder der Bau eines mit dem bisherigen Einfamilienhaus durch einen Zwischentrakt verbundenen neuen Gebäudes. Ebenfalls keine Erweiterung ist die Errichtung einer zweiten, vom Wohngebäude räumlich abgesetzten, eigenständigen baulichen Anlage (BVerwG Urt. v. 12.3.1998 – 4 C 10/97, BVerwGE 106, 228 zu einer räumlich abgesetzten Garage; dass. Beschl. v. 16.4.2008 – 4 B 24/08, ZfBR 2008, 593).

157 Die Erweiterung muss zudem auch **unter Berücksichtigung der Wohnbedürfnisse** angemessen sein. Angemessen ist eine Wohnhauserweiterung, wenn sie der angemessenen Wohnraumversorgung der Familienangehörigen dient. Dabei ist ein objektiver Maßstab anzulegen. Die selbst bestimmten Bedürfnisse der Bewohner sind nicht entscheidend (BVerwG Beschl. v. 31.5.1988 – 4 B 88/88, NVwZ 1989, 355; OVG Lüneburg Urt. v. 17.12.1998 – 1 L 7125/96, NVwZ 1999, 880; vgl. auch BVerwG Urt. v. 23.1.1981 – 4 C 82/77, BVerwGE 61, 285, das auf die individuellen Verhältnisse abstellt). Hierbei können die **Maßstäbe des Wohnungsbauförderungsrechts** (vgl. § 10 WoFG) **als Orientierungshilfe** herangezogen werden (BVerwG Urt. v. 23.1.1981 – 4 C 82/77, BVerwGE 61, 285; VGH München Urt. v. 12.12.2007 – 14 B 05/2165, ZfBR 2008, 285; VGH Kassel Beschl. v. 8.9.2010 – 3 B 1271/10, ZfBR 2011, 290 (291)).

158 Zwischen den Anforderungen, die sich aus den Wohnbedürfnissen (Rn. 157) einerseits und der Verhältnismäßigkeit der Erweiterung des Baukörpers (Rn. 156) andererseits ergeben, können Unterschiede bestehen. Die Wohnbedürfnisse einer **großen Familie** sind in diesem Fall im Hinblick auf das Verhältnis des Baukörpers zum Bestand angemessen zu berücksichtigen. Jedoch sind hierbei zB auch die Möglichkeiten der Raumaufteilung im Inneren des Gebäudes zu beachten. Vorrangiges gesetzgeberisches Motiv ist dabei aber die angemessene Berücksichtigung der Wohnbedürfnisse der Familie. Daher kann etwa auch die Errichtung einer Garage zulässig sein, wenn die übrigen Voraussetzungen nach Abs. 4 S. 1 Nr. 5 vorliegen und hierdurch im Wohngebäude für Wohnzwecke benötigter Raum freigemacht wird (vgl. BVerwG Urt. v. 12.3.1998 – 4 C 10/97, BVerwGE 106, 228 (231 f.)). Der Bau einer Garage als solcher ist hingegen nicht begünstigt. **Mehrmalige Erweiterungen,** die zusammengenommen nicht mehr angemessen wären, sind nach Nr. 5 nicht begünstigt. Ebenso ist die wiederholte Erweiterung unzulässig, wenn sie zur Schaffung einer dritten Wohnung führt (BVerwG Urt. v. 27.8.1998 – 4 C 13/97, NVwZ-RR 1999, 295). Maßstab für spätere Erweiterungen ist die Prägung, die vom ursprünglichen begünstigten Vorhaben ausging (→ auch Rn. 163).

159 Die Erweiterung iS der Nr. 5 lässt die Einrichtung einer **zweiten Wohnung** zu. Nach **Nr. 5 c)** müssen aber gleichwohl Tatsachen die Annahme rechtfertigen, dass das Wohngebäude vom bisherigen Eigentümer oder von seiner Familie selbst genutzt wird (BVerwG Beschl. v. 31.5.1988 – 4 B 88/88, NVwZ 1989, 355; → auch Rn. 145 zu Abs. 4 S. 1 Nr. 2 d). Wer zur Familie des Eigentümers zu zählen ist, bestimmt sich nach dem Wohnungsbaurecht (vgl. § 18 WoFG; BVerwG Urt. v. 23.1.1981 – IV C 82/77, BVerwGE 61, 285). Die Einrichtung einer zweiten Wohnung zur Unterbringung von **Pflegepersonal** oder einer Familie, die die pflegebedürftigen Eigentümer versorgt, ist daher nicht gem. Nr. 5 c) begünstigt.

1. Abschnitt. Zulässigkeit von Vorhaben § 35

7. Erweiterung von gewerblichen Betrieben (Abs. 4 S. 1 Nr. 6). Die in 160
Abs. 4 bezeichneten öffentlichen Belange (→ Rn. 125) können nach **Abs. 4 S. 1
Nr. 6** einer **angemessenen baulichen Erweiterung von gewerblichen Betrieben** nicht entgegengehalten werden. Die Begünstigung nach Nr. 6 ist daher nicht anzuwenden, wenn ein **landwirtschaftlicher Betrieb** iS des § 35 Abs. 1 Nr. 1 um einen landwirtschaftsfremden Betriebsteil (zB um eine Reithalle für eine Reitschule) erweitert werden soll (BVerwG Urt. v. 19. 4. 1985 – 4 C 13/82, NVwZ 1986, 201, 203). Begünstigt ist nur die bauliche Erweiterung, nicht die **Nutzungsänderung** (BVerwG Beschl. v. 3. 12. 1990 – 4 B 145/90, ZfBR 1991, 83). Der gewerbliche Betrieb (→ Rn. 31) muss **zulässigerweise** errichtet worden sein (→ Rn. 141 sinngemäß zu Abs. 4 Nr. 2).

Die Erweiterung muss im Verhältnis zum **vorhandenen Gebäude** und **Betrieb** 161
angemessen sein. Wie in den Fällen der Nr. 5 setzt die Begünstigung nach Nr. 6 die Angemessenheit in zweierlei Beziehung voraus: Sie muss zum einen im Verhältnis zum **vorhandenen Gebäude** angemessen sein. Maßstab hierfür ist das Verhältnis von vorhandenem und hinzutretendem Baubestand (OVG Lüneburg Urt. v. 27. 11. 1981 – 6 A 38/80, BauR 1982, 361). Die Erweiterung darf also nicht unverhältnismäßig sein und zu einer erheblichen zusätzlichen Beeinträchtigung von Außenbereichsbelangen führen (zB Vergrößerungen um mehr als die Hälfte des vorhandenen Gebäudes; vgl. im Übrigen entsprechend die Erl. zu Abs. 4 S. 1 Nr. 5 unter Rn. 156 ff.).

Die Erweiterung muss zum anderen im Verhältnis **zum Betrieb** angemessen sein. 162
Sie muss den betrieblichen Erfordernissen entsprechen. Dies erfordert einen funktionalen Zusammenhang zwischen dem vorhandenen Gebäude und der beabsichtigten baulichen Erweiterung (BVerwG Beschl. v. 17. 9. 1991 – 4 B 161/91, NVwZ 1992, 477). IdR ist von der bisherigen Struktur und Größenordnung des Betriebs auszugehen. Angemessen sind zB Erweiterungen, die der Ersatz vorhandener Maschinen durch neue mit anderem Raumbedarf erfordert oder die Erweiterung um eine Lagerhalle zum Schutz von Witterungseinflüssen ausgesetztem Gerät (OVG Lüneburg Urt. v. 27. 11. 1981 – 6 A 38/80, BauR 1982, 361). Die Umstrukturierung eines Unternehmens (zB von einem Handwerks- zu einem Industriebetrieb oder von einem kleinen Ladengeschäft zu einem Verbrauchermarkt) ist von Nr. 6 nicht gedeckt. Der Begriff der Angemessenheit in Bezug auf den Betrieb ist insofern in Anlehnung an den Begriff des „**Dienens**" iS des Abs. 1 Nr. 1 auszulegen (→ im einzelnen Rn. 19). Es kommt also wesentlich auf die Verkehrsauffassung an, ob eine Erweiterung einem Betrieb dient. Abzustellen ist darauf, ob ein „**vernünftiger Betriebsinhaber**" unter Berücksichtigung des Gebotes zu größtmöglicher Schonung des Außenbereichs dieses Vorhaben mit etwa gleichem Verwendungszweck und mit etwa gleicher Gestaltung und Ausstattung für einen entsprechenden Betrieb errichten würde und das Vorhaben durch die Zuordnung zu dem konkreten Betrieb auch äußerlich erkennbar geprägt wird. Schon bei den privilegierten Vorhaben reicht die **bloße „Förderlichkeit"** für den Betrieb nicht aus; im Rahmen der begünstigten Vorhaben nach Abs. 4 S. 1 Nr. 6 ist daher hinsichtlich der Frage, was vernünftigerweise geboten ist, ein noch strengerer Maßstab anzulegen (VGH München Urt. v. 29. 3. 1985 – 26 B 82 A. 2195, BRS 44 Nr. 92). Das nichtprivilegierte, dem Außenbereich also wesensfremde, Vorhaben muss sich eine enge Beurteilung gefallen lassen und in seiner Nutzung auf das beschränkt sein, was im Hinblick auf den Betrieb nicht entbehrt werden kann (VGH München Urt. v. 29. 3. 1985, aaO).

Unangemessen sind im Übrigen – wie in den Fällen der Nr. 5 – **mehrmalige Er-** 163
weiterungen, die zusammengenommen nicht angemessen wären. Maßstab für die Prägung bleibt also der ursprünglich begünstigte Betrieb (→ Rn. 158). Daher ist die Aufspaltung einer Betriebserweiterung in (für sich genommen) zulässige Erweiterungen („Stück für Stück") nicht begünstigt, dh es ist nicht die Einzelmaßnahme, sondern es ist das Gesamtvorhaben zu beurteilen (BVerwG Beschl. v. 28. 9. 1992 – 4 B 175/92, BauR 1993, 200).

§ 35 I. Kapitel. III. Teil. Regelung der baul. und sonst. Nutzung

164 **8. Neuerrichtung (Abs. 4 S. 2).** Der durch die **Innenentwicklungsnovelle 2013** (vgl. hierzu *Battis/Mitschang/Reidt* NVwZ 2013, 961 (965f.)) in Abs. 4 eingefügte S. 2 knüpft an den Tatbestand in Abs. 1 Nr. 1 an. Danach gilt in begründeten Einzelfällen die Rechtsfolge des S. 1 auch für die **Neuerrichtung eines Gebäudes** iS des Abs. 1 Nr. 1, dem eine andere Nutzung zugewiesen werden soll. Dazu müssen folgende Voraussetzungen erfüllt sein: Das ursprüngliche Gebäude muss vom äußeren Erscheinungsbild her auch zur Wahrung der Kulturlandschaft erhaltenswert sein. Es darf keine stärkere Belastung des Außenbereichs als in den Fällen des S. 1 zu erwarten sein. Die Neuerrichtung muss mit den nachbarlichen Interessen vereinbar sein. Im Übrigen gelten die Buchstaben b bis g des S. 1 Nr. 1 entsprechend.

165 Abs. 4 S. 1 Nr. 1a begünstigt Nutzungsänderungen erhaltenswerter Bausubstanz (→ Rn. 127ff.). Hiernach sind Fälle, in denen nicht erhaltenswerte Bausubstanz vorliegt, ein Gebäude also bereits weitgehend verfallen ist, von der Begünstigung ausgeschlossen. An dieser Stelle setzt S. 2 Hs. 1 an, der in begründeten Einzelfällen einer beabsichtigten Nutzungsänderung, die Begünstigungstatbestände des S. 1 auch auf die Neuerrichtung eines Gebäudes iSv Abs. 1 Nr. 1 erstreckt. Nach der Begründung des Regierungsentwurfs zur Innenentwicklungsnovelle 2013 (vgl. BT-Dr. 17/11468, 15) soll damit der **Strukturwandel in der Landwirtschaft** unterstützt werden.

166 Die Regelung erstreckt sich nicht auf bauliche Anlagen generell, sondern nur auf **„Gebäude"** (zB auch auf Stallgebäude). Auch wenn es sich dabei um einen bundesrechtlichen Begriff handelt, geben die Legaldefinitionen in den Bauordnungen der Länder für die Auslegung den Maßstab vor. Hinsichtlich des Anwendungsbereiches der Vorschrift nicht näher erläutert wird, was unter **„begründeten Einzelfällen"** zu verstehen ist. Die Formulierung macht jedoch deutlich, dass es um besonders zu rechtfertigende Fälle gehen muss. Es darf daher nicht jedes Gebäude mit maroder Bausubstanz neu errichtet werden. Ob ein begründeter Einzelfall vorliegt, unterliegt der vollen gerichtlichen Kontrolle. Ist dies zu bejahen, liegen auch die in Abs. 4 S. 2 genannten Voraussetzungen vor und können dem Vorhaben keine anderen als die nach Abs. 4 S. 1 ohnehin auszublendenden Belange entgegengehalten werden, besteht auf die Zulassung des Vorhabens ein **Rechtsanspruch** (vgl. BVerwG Urt. v. 29. 4. 1964 – I C 30/62, BVerwGE 18, 247; BGH Urt. v. 5. 2. 1981 – III ZR 119/79, NJW 1981, 982; → auch Rn. 66).

167 Abs. 4 S. 2 verlangt, dass das ursprüngliche Gebäude vom **äußeren Erscheinungsbild** auch zur Wahrung des Kulturlandschaft erhaltenswert ist. Anders als in Abs. 4 S. 1 Nr. 4 spricht die Vorschrift nicht von „erhaltenswerten, das Bild der Kulturlandschaft prägenden Gebäuden", sondern von dem zur „Wahrung der Kulturlandschaft" erhaltenswerten äußeren Erscheinungsbild des ursprünglichen Gebäudes. Dies ist zwar inhaltlich teilidentisch, unterscheidet sich allerdings in Bezug auf das Merkmal der Prägung. Während Abs. 4 S. 1 Nr. 4 von einer die Kulturlandschaft prägenden Wirkung des Gebäudes ausgeht, verlangt Abs. 4 S. 2 Hs. 1 lediglich, dass es zur Wahrung der Kulturlandschaft – also graduell niedriger – erhaltenswert ist (vgl. insoweit Rn. 153). Offensichtlich der Kulturlandschaft entgegenstehende, sie gleichsam störende vorhandene Gebäude erfüllen diese Voraussetzungen nicht. Entscheidend ist dabei ausschließlich das äußere Erscheinungsbild, nicht hingegen die Bausubstanz oder die frühere bzw. neue Funktion des Gebäudes.

168 Weitere Voraussetzung ist, dass durch das Gebäude **keine stärkere Belastung des Außenbereichs** zu erwarten sein darf als in den Fällen des Abs. 4 S. 1. Dafür kommt es auf die künftige Nutzung des Gebäudes an. Durch sie darf der Außenbereich nicht mehr belastet werden, als dies durch teilprivilegierte Vorhaben nach S. 1 zulässig ist. Erforderlich ist insoweit eine prognostische Einschätzung im Rahmen einer vergleichenden Betrachtung mit Vorhaben nach S. 1 Nr. 1 bis 6.

169 Schließlich muss die Neuerrichtung auch **mit nachbarlichen Interessen vereinbar** sein. Dies dient gerade vor dem Hintergrund der neuen Nutzung (→ dazu im Hinblick auf Abs. 4 S. 1 Nr. 4 Rn. 153f.) einer Berücksichtigung der Belange der

1. Abschnitt. Zulässigkeit von Vorhaben **§ 35**

Nachbarn (→ § 31 Rn. 32; zum Nachbarschutz im Außenbereich → Vorb. §§ 29–38 Rn. 72f.).

Geringfügige Erweiterungen des neuen Gebäudes gegenüber dem beseitigten 170 oder zerstörten Gebäude sowie **geringfügige Abweichungen** vom bisherigen Standort des Gebäudes sind zulässig (Abs. 4 S. 3; → zu den Anforderungen, insbesondere zur Geringfügigkeit, Rn. 148 und 152).

VII. Außenbereichssatzung (Abs. 6)

Abs. 6 enthält eine Ermächtigung der Gemeinden zum **Erlass von Satzungen** 171 für bestimmte bebaute Bereiche im Außenbereich. Durch die Satzung können Vorhaben nach Abs. 2 („sonstige Vorhaben") dadurch begünstigt werden, dass ihnen bestimmte Belange iS des Abs. 3 (→ Rn. 177) nicht entgegengehalten werden können. Die Rechtsfolgenseite der Satzung ist daher systematisch den begünstigten Vorhaben des Abs. 4 vergleichbar. Abs. 6 ist zuletzt durch das **EAG Bau 2004** geändert worden; dabei sind der Anwendungsbereich präzisiert (Abs. 6 S. 2), das Verfahren an § 13 angepasst und die Genehmigungspflicht für die Satzung abgeschafft worden.

Die Satzung nach Abs. 6 ist von den **Satzungen nach § 34 Abs. 4** BauGB zu un- 172 terscheiden, die Baurechte iS des § 34 Abs. 1 begründen (bzw. klarstellen). Die Satzung nach Abs. 6 begründet dagegen ausschließlich eine Begünstigung von im Übrigen nach Abs. 2 zu beurteilenden Vorhaben. Die Satzung ändert insbesondere nichts an der Zuordnung eines Grundstücks zum Außenbereich; sie modifiziert lediglich die Zulässigkeitsvoraussetzungen sonstiger Vorhaben.

Der Erlass einer Satzung iS des Abs. 6 setzt voraus, dass **bebaute Bereiche** vorlie- 173 gen, die nicht überwiegend landwirtschaftlich geprägt sind und in denen eine **Wohnbebauung von einigem Gewicht** vorhanden ist. Ein „bebauter Bereich" ist nur gegeben, wenn und soweit bereits eine vorhandene Bebauung dazu führt, dass der Außenbereich seine Funktion, als Freiraum oder Fläche für privilegiert zulässige Vorhaben zu dienen, nicht mehr oder nur noch mit wesentlichen Einschränkungen erfüllen kann. Die vorhandene Bebauung muss auf eine weitere Bebauung im Wege der baulichen Verdichtung hindeuten (BVerwG Urt. v. 13.7.2006 – 4 C 2/05, BVerwGE 126, 233). Nicht möglich ist es, eine bauliche Erweiterung in den unbebauten Außenbereich vorzunehmen (vgl. OVG Berlin-Brandenburg Urt. v. 12.5.2009 – 10 A 7/08, BauR 2010, 587 (590f.); OVG Lüneburg Beschl. v. 27.7.2000 – 1 L 4472/99, ZfBR 2001, 66). Abstrakte Aussagen über die Mindestanzahl von Gebäuden sind nicht möglich, vielmehr ist auf die konkrete Situation abzustellen. Im Einzelfall können die Voraussetzungen für eine Satzung nach Abs. 6 aufgrund der Siedlungsstruktur schon bei sehr wenigen Gebäuden vorliegen. Der Bereich muss aber wesentliche Ansätze für die Entwicklung in Richtung eines Ortsteils haben (VGH München Urt. v. 19.4.1999 – 14 B 98/1902, NVwZ-RR 2000, 482; auch schon bei vier Wohnhäusern möglich: VGH München Urt. v. 12.8.2003 – 1 BV 02/1727, NVwZ-RR 2004, 13; schon bei fünf Häusern in dünn besiedeltem ländlichen Raum: OVG Greifswald Urt. v. 5.10.2000 – 3 L 306/98, LKV 2002, 33; auch bei deutlich weniger als 10 Wohnhäusern: OVG Münster Urt. v. 18.11.2004 – 7 A 4415/03, NuR 2005, 606; die vorhandenen Gebäude nehmen „einen nicht mehr zu vernachlässigenden Teil des Außenbereichs in Anspruch", sind aber nicht nur ein Siedlungssplitter: OVG Lüneburg Beschl. v. 27.7.2000 – 1 L 4472/99, ZfBR 2001, 66). Für das erforderliche Gewicht der Wohnbebauung kommt es auf die siedlungsstrukturellen Gegebenheiten in der Gemeinde oder der weiteren Umgebung nicht an (BVerwG Urt. v. 13.7.2006, aaO).

Begünstigt werden Vorhaben, die Wohnzwecken dienen. Nach **Abs. 6 S. 2** kann 174 die Satzung jedoch auch auf Vorhaben erstreckt werden, die **kleinen Handwerks- und Gewerbebetrieben** dienen. Der Begriff „klein" ist städtebaulich-strukturell zu verstehen, dh es muss sich um solche Betriebe handeln, die der kleinteiligen Bau-

struktur von Außenbereichssiedlungen (zB Splittersiedlungen, Weilern) entsprechen. Die gewerbliche Nutzung soll damit auch im Konflikt mit Wohnnutzungen nachrangig sein (*Degenhart* DVBl. 1993, 177 (178f.)).

175 Nach **Abs. 6 S. 3** können in der Satzung **nähere Bestimmungen über die Zulässigkeit** getroffen werden. Auf diese Weise kann die mit der Satzung bezweckte Begünstigung präziser gesteuert werden. Eine Bindung an den Fortsetzungskatalog des § 9 besteht dabei nicht (*Söfker* in EZBK § 35 Rn. 173). Allerdings müssen sich die Festsetzungen unmittelbar auf die durch die Satzung bewirkte Teilprivilegierung beziehen (VGH München Urt. v. 16.10.2003 – 1 N 01/3178, UPR 2004, 233). In Betracht kommen insbesondere Beschränkungen zu Art und Umfang der baulichen Maßnahmen, wie zB eine Beschränkung auf bestimmte Neubaufälle, die Zahl der Wohnungen oder Bestimmungen über die Erschließung. Dazu gehören hingegen nicht die Festsetzung einer öffentlichen oder privaten Grünfläche (VGH München Urt. v. 16.10.2003, aaO) oder Regelungen über den Einbau und die Überprüfung von Feuerschutzeinrichtungen (OVG Münster Urt. v. 8.6.2001 – 7a D 52/99, NVwZ 2001, 1071).

176 Die Satzung muss mit einer **geordneten städtebaulichen Entwicklung vereinbar** sein (**Abs. 6 S. 4 Nr. 1**; → § 34 Abs. 5 S. 1 Nr. 1 sowie § 34 Rn. 90ff.). Insoweit kann die Gemeinde – wenn auch mit nur deklaratorischer Wirkung – zB feststellen, dass auch sonstige öffentliche Belange gewahrt sind. § 1 Abs. 4 über die Anpassung an die Ziele der Raumordnung gilt nur für Bauleitpläne iSv § 1 Abs. 2. Jedoch sind Belange der Raumordnung, soweit es sich um raumbedeutsame Vorhaben handelt, in der Abwägung zu berücksichtigen. Zudem wird in der Regel eine den Zielen der Raumordnung widersprechende Satzung auch nicht mit einer geordneten städtebaulichen Entwicklung vereinbar sein (→ § 34 Rn. 92). Die Satzung bedarf **keiner Umweltprüfung.** Ihr Anwendungsbereich ist demgemäß durch **Abs. 6 S. 4 Nr. 2 und 3** entsprechend beschränkt. Sie darf also nicht die Zulässigkeit von UVP-pflichtigen Vorhaben begründen. Zudem dürfen keine Anhaltspunkte für eine Beeinträchtigung von Natura-2000-Gebieten bestehen (→ § 34 Rn. 93). Für das **Satzungsverfahren** ist § 13 Abs. 2 S. 1 Nr. 2 und 3 sowie S. 2 entsprechend anzuwenden. Insbesondere sind die betroffene Öffentlichkeit und die berührten Behörden und sonstigen Träger öffentlicher Belange zu beteiligen (**Abs. 6 S. 5).** Die Satzung bedarf (seit dem EAG Bau 2004) keiner **Genehmigung** der höheren Verwaltungsbehörde. Die Regelung des § 10 Abs. 3 zur Bekanntmachung und zum Inkrafttreten ist gemäß **Abs. 6 S. 6** entsprechend anzuwenden. Die Länder können für die Außenbereichssatzung nach § 246 **Abs. 1a** ein Anzeigeverfahren einführen.

177 Einem Wohnzwecken dienenden Vorhaben im Geltungsbereich einer Außenbereichssatzung nach Abs. 6 kann nicht entgegengehalten werden, dass es einer **Darstellung im Flächennutzungsplan** über **Flächen für die Landwirtschaft oder Wald** widerspricht oder die **Entstehung oder Verfestigung einer Splittersiedlung** befürchten lässt. Hingegen kann die Befürchtung der Erweiterung einer Splittersiedlung einem Vorhaben entgegengehalten werden (vgl. OVG Lüneburg Beschl. v. 27.7.2000 – 1 L 4472/99, ZfBR 2001, 66).

178 Eine nach **Abs. 4** bestehende Begünstigung bleibt von der Satzung unberührt (**Abs. 6 S. 7).** Unberührt bleibt im Übrigen die Anwendbarkeit des Abs. 1, da Abs. 6 sich ausschließlich auf Vorhaben iS des Abs. 2 bezieht.

VIII. Ausführung der Vorhaben (Abs. 5 S. 1)

179 **Abs. 5 S. 1** enthält eine Bestimmung über die **Ausführung** von Vorhaben im Außenbereich. Die Vorschrift **verpflichtet** dazu, die nach Abs. 1 bis 4 zulässigen Vorhaben in einer **flächensparenden** und **den Außenbereich schonenden Weise** auszuführen. Sie steht in sachlichem Zusammenhang mit der in **§ 1a Abs. 2** enthaltenen Bodenschutzklausel für die Bauleitplanung, nach der insbesondere mit Grund

1. Abschnitt. Zulässigkeit von Vorhaben **§ 35**

und Boden sparsam und schonend umgegangen werden soll und Bodenversiegelungen auf das notwendige Maß zu begrenzen sind. Die Vorschrift verpflichtet den Bauherrn insbesondere zur Begrenzung der zu bebauenden Fläche. Die Schonung des Außenbereichs darf durch die Ausführung des Vorhabens nicht in unangemessener Weise berührt werden. Dies gilt sowohl für die Inanspruchnahme der für das Vorhaben benötigten Fläche wie auch für die äußere Gestaltung des Gebäudes (zB im Hinblick auf das Landschaftsbild).

IX. Rückbauverpflichtung (Abs. 5 S. 2 und 3)

Nach **Abs. 5 S. 2** ist (nur) für Vorhaben gem. **Abs. 1 Nr. 2 bis 6** als weitere Zulässigkeitsvoraussetzung eine Verpflichtungserklärung abzugeben, das **Vorhaben** nach dauerhafter Aufgabe der zulässigen Nutzung **zurückzubauen** und **Bodenversiegelungen zu beseitigen.** Auf andere nach Abs. 1 privilegierte Vorhaben ist Abs. 5 S. 2 nicht anwendbar und wegen § 11 Abs. 2 S. 2 in der Regel auch nicht zulässiger Gegenstand eines städtebaulichen Vertrages. Allerdings schließt die Regelung die Notwendigkeit etwaiger weitergehender Verpflichtungen auf der Grundlage von Landesrecht nicht aus (BVerwG Urt. v. 17.10.2012 – 4 C 5/11, NVwZ 2013, 805). Ziel der Regelung ist es insbesondere, der Beeinträchtigung der Landschaft durch aufgegebene Anlagen mit einer nur zeitlich begrenzten Nutzungsdauer entgegenzuwirken (vgl. *Beckmann* UPR 2013, 175 ff.). Nach **dauerhafter Nutzungsaufgabe** privilegierter Vorhaben im Sinne des Abs. 1 Nr. 2 bis 6 sind sie aus Gründen des Außenbereichsschutzes zu entfernen. Die neben dem Vorhaben zu beseitigenden Bodenversiegelungen umfassen alle ober- und unterirdischen Anlagen und Anlagenteile (auch Fundamente) sowie die für die Anlage erforderliche Infrastruktur, die mit der dauerhaften Nutzungsaufgabe der Anlage auch ihren Nutzen verliert. Bei **sonstigen Vorhaben** nach Abs. 2 kann im Einzelfall die Beeinträchtigung öffentlicher Belange (Rn. 63) durch eine analoge Rückbauverpflichtung ausgeräumt werden. Die abzugebende Verpflichtungserklärung lässt die bauaufsichtliche Möglichkeit unberührt, die Beseitigung eines formell und materiell baurechtswidrigen Zustands zu verlangen, der mit einer dauerhaften Nutzungsaufgabe eintreten kann (vgl. *Johlen* BauR 2010, 1680 (1684)).

Problematisch kann sein, **wann** eine dauerhafte Nutzungsaufgabe vorliegt. Erforderlich ist hierfür, dass die genehmigte Nutzung über einen längeren Zeitraum eingestellt wird, sei es dergestalt, dass die betreffende bauliche Anlage für längere Zeit überhaupt nicht genutzt wird oder sei es dergestalt, dass sie abweichend von der erteilten Genehmigung genutzt wird. Auch in letzterem Fall liegt eine Aufgabe der zulässigen Nutzung vor. Lediglich kurzzeitige Nutzungsunterbrechungen sind hingegen nicht dauerhaft. Sofern der Bauherr nicht selbst ausdrücklich erklärt, die zulässige Nutzung dauerhaft aufgeben zu wollen, kann für den bundesrechtlich n Abs. 5 S. 2 geregelten Begriff der dauerhaften Nutzungsaufgabe das vom Bundesverwaltungsgericht im Zusammenhang mit Abs. 4 S. 1 Nr. 3 entwickelte Zeitmodell (Rn. 151) herangezogen werden (vgl. hierzu BVerwG Urt. v. 18.5.1995 – 4 C 20/94, BVerwGE 98, 235 (240); → aber auch zum Bestandsschutz § 29 Rn. 18). Auch kann sich aus der nach Abs. 5 S. 2 abzugebenden Verpflichtungserklärung ergeben, ab welcher Zeitdauer der Nichtnutzung von einer dauerhaften Aufgabe auszugehen ist. Aufgrund ihrer Sicherstellungspflicht nach Abs. 5 S. 3 (→ Rn. 183) kann die Baugenehmigungsbehörde verlangen, dass der Bauherr seine Verpflichtungserklärung auch darauf bezieht, ab welcher Dauer der Nichtnutzung eine dauerhafte Aufgabe vorliegt und daher die Rückbauverpflichtung entsteht.

Abs. 5 S. 2 stellt **keine besonderen formellen Anforderungen** an die Verpflichtungserklärung. Gleichwohl ist der Bauherr insofern nicht frei. Die Baugenehmigungsbehörde, gegenüber der die Verpflichtungserklärung abzugeben ist, kann nach Maßgabe von Abs. 2 S. 3 insofern Vorgaben machen. Insbesondere kann sie ebenso

180

181

182

wie bei dem Anerkenntnis nach § 33 Abs. 1 Nr. 3 verlangen, dass die Verpflichtungserklärung **schriftlich** abgegeben wird (→ § 33 Rn. 11).

183 Gemäß **Abs. 5 S. 3** soll die Baugenehmigungsbehörde die Einhaltung der Verpflichtung nach Abs. 5 S. 2, also der Rückbauverpflichtung, sicherstellen. Davon kann sie in der Regel nur abweichen, wenn dies durch besondere Umstände des Einzelfalls gerechtfertigt ist. Dies ist in der Regel bei **Vorhaben der öffentlichen Hand** anzunehmen (s. hierzu § 246 Rn. 46ff. zu Vorhaben der Flüchtlingsunterbringung, für die dies ausdrücklich geregelt ist). Abs. 5 S. 3 nennt als Sicherungsmöglichkeit nach Landesrecht vorgesehene **Baulasten** (s. zB § 83 Abs. 1 S. 1 BauO NRW, § 75 Abs. 1 S. 1 HBO, § 92 Abs. 1 S. 1 NBauO, § 71 Abs. 1 S. 1 BauO BW, § 82 Abs. 1 S. 1 BauO Bln) oder eine Sicherung **in anderer Weise.** Das Beispiel der Baulast macht deutlich, dass es um eine grundstücksbezogene und damit vor allem rechtsnachfolgefeste Sicherung gehen soll, die allein mit der Verpflichtungserklärung des Bauherrn nach Abs. 5 S. 2 nicht ohne weiteres gewährleistet ist. Zudem hat ein Rechtsnachfolger möglicherweise keine Kenntnis von Art und Umfang der vom Bauherrn konkret eingegangenen Verpflichtungen. Anstelle einer Baulast kommt, insbesondere in den Ländern, in denen kein Baulastenverzeichnis geführt wird (derzeit in Bayern und Brandenburg) eine **grundbuchliche Absicherung** in Betracht, insbesondere in Form einer beschränkt persönlichen Dienstbarkeit (§ 1090 BGB) zugunsten der Baugenehmigungsbehörde. Ebenfalls zulässig ist die bauaufsichtliche Forderung nach einer Sicherheitsleistung zur Absicherung der Rückbaukosten in Form einer Bürgschaft, Hinterlegung des voraussichtlich für den Rückbau notwendigen Geldbetrages oÄ (BVerwG Urt. v. 17.10.2012 – 4 C 5.11, NVwZ 2013, 805). Dies kann ggf. auch neben einer öffentlich-rechtlichen Baulast erfolgen, zumal die Sicherungsziele dabei unterschiedlich sind. Allerdings bleibt die Möglichkeit, eine durch die Übernahme einer Baulast oder auch durch eine beschränkt persönliche Dienstbarkeit gesicherte Rückbauverpflichtung mit den Möglichkeiten der Verwaltungsvollstreckung oder der Zwangsvollstreckung (insbesondere Ersatzvornahme, s. OVG Magdeburg Urt. v. 12.5.2011 – 2 L 239/09, BeckRS 2011, 51546) durchzusetzen, unberührt. Dies schließt auch die Möglichkeit ein, die Kosten der Ersatzvornahme durch eine Vollstreckung in das bebaute Grundstück zu decken. Die Höhe der geforderten Sicherheit muss dem Gebot der Verhältnismäßigkeit entsprechen und aufgrund ihres pauschalierenden Charakters nachvollziehbar sein (zu einem nicht beanstandeten Sicherheitsbetrag von 30.000 € pro MW installierte Leistung bei einer Windenergieanlage s. BVerwG Urt. v. 17.10.2012 – 4 C 5/11, NVwZ 2013, 805 sowie BT-Drs. 15/1417, 2).

184 Bei einer nach Abs. 1 Nr. 2 bis 6 zulässigen **Nutzungsänderung** ist die Rückbauverpflichtung zu übernehmen, bei einer nach Abs. 1 Nr. 1 oder Abs. 2 zulässigen Nutzungsänderung entfällt sie (→ aber zu Abs. 2 auch Rn. 180; s. ebenfalls die Überleitungsvorschrift in **§ 244 Abs. 7,** nach der bauliche Anlagen, die bereits vor dem Inkrafttreten des EAG Bau 2004 zugelassen worden sind, auch bei einer Nutzungsänderung nicht nach Abs. 5 S. 2 zurückgebaut werden müssen).

X. Sicherung der Nutzung (Abs. 5 S. 3 und 4)

185 Nach **Abs. 5 S. 3** soll die Baugenehmigungsbehörde neben der Einhaltung der Verpflichtung nach S. 2 (Rückbauverpflichtung, → Rn. 180) auch die nach Abs. 4 S. 1 Nr. 1 g) (kein Neubau als Ersatz für die aufgegebene Nutzung, → Rn. 140) sicherstellen. Zu erfolgen hat die Sicherstellung bei Abs. 4 S. 1 Nr. 1 g) durch die Übernahme einer nach Landesrecht vorgesehenen **Baulast** oder **in anderer Weise.** Die Formulierung macht deutlich, dass es um eine durchsetzbare und rechtsnachfolgefeste Sicherung in Bezug auf die Grundstücksnutzung als solche geht, so wie sie durch eine Baulast oder in den Ländern, in denen kein Baulastenverzeichnis geführt wird (derzeit in Bayern und Brandenburg), vor allem durch eine beschränkte persönliche Dienst-

barkeit (§ 1090 BGB) erreicht werden kann. Die Erbringung einer Sicherheitsleistung dürfte bei Abs. 4 S. 1 Nr. 4 g) in der Regel nicht erforderlich sein (zur Rückbauverpflichtung → Rn. 183).

Gemäß **Abs. 5 S. 4** soll die Baugenehmigungsbehörde im Übrigen in den Fällen des Abs. 4 S. 1, also in den Fällen über Abs. 4 S. 1 Nr. 1 g) hinaus, sicherstellen, dass die bauliche oder sonstige Anlage nach Durchführung des Vorhabens nur in der vorgesehenen Art genutzt wird. Dies kann insbesondere durch eine entsprechende **Nebenbestimmung** in der Baugenehmigung für eine unter Abs. 4 S. 1 fallende Maßnahme erfolgen (vgl. OVG Münster Beschl. v. 17.9.2008 – 10 A 2634/07, BauR 2009, 80; → auch Rn. 142). Daneben kommen auch diesbezügliche Vereinbarungen im Rahmen eines städtebaulichen Vertrages (§ 11) in Betracht. Wenn dies aufgrund der besonderen Umstände des Einzelfalls gerechtfertigt ist, sind darüber hinausgehend auch grundstücksbezogene Sicherungen in Form von Baulasten oder beschränkt persönlichen Dienstbarkeiten (§ 1090 BGB) denkbar (*Söfker* in EZBK § 35 Rn. 167).

XI. Eigentumsrechtlich verfestigte Anspruchsposition, Bestandsschutz

186 Die **ältere höchstrichterliche Rechtsprechung** (vgl. zusammenfassend BVerwG Urt. v. 18.10.1974 – IV C 75/71, BVerwGE 47, 126) hatte unter den Gesichtspunkten des **Bestandsschutzes** und der **eigentumskräftig verfestigten Anspruchsposition** Grundsätze für die Zulässigkeit von Vorhaben entwickelt, die sich unmittelbar aus **Art. 14 Abs. 1 GG** ergeben (vgl. weiterführend zB *Roeser* in BK § 35 Rn. 98 f.). Diese Grundsätze galten auch für Bereiche, in denen sich die Zulässigkeit eines Vorhabens ansonsten nach den §§ 30 oder 34 beurteilt. Diese **ältere Rspr. beinhaltete im Wesentlichen Folgendes:** Eine eigentumskräftig verfestigte Anspruchsposition konnte entstehen, wenn irgendwann ein Anspruch auf die Zulassung der Bebauung entstanden war und darüber hinaus dieser Anspruch nach Art. 14 Abs. 1 GG geschützt ist, also insbesondere nicht entschädigungslos entzogen werden kann (BVerwG Urt. v. 27.1.1967 – IV C 33/65, BVerwGE 26, 111). In Ausnahmefällen konnte sich der Bestandsschutz nach der älteren Rspr. des BVerwG auch auf zusätzliche Baulichkeiten erstrecken (sog. **überwirkender Bestandsschutz**). Danach konnte aus eigentumsrechtlichen Gründen ein Bestandsschutz auch dergestalt geboten sein, dass wegen des Schutzes, den eine vorhandene bauliche Anlage genießt, auch ein damit zusammenhängendes weiteres bauliches Vorhaben gestattet werden muss (BVerwG Urt. v. 12.12.1975 – IV C 71/73, BVerwGE 50, 49 (56)). Die Zulässigkeit eines Vorhabens aufgrund einer **eigentumskräftig verfestigten Anspruchsposition** sollte nach dieser älteren Rspr. – im Unterschied zum Bestandsschutz (→ Rn. 188 ff.) – nicht lediglich einen vorhandenen Bestand gegenüber nachteiligen Rechtsänderungen schützen. Er bezeichnete vielmehr eine Grundstücksqualität, „die eine bestimmte Bebaubarkeit des Grundstücks gleichsam in sich trägt" (BVerwG Urt. v. 18.10.1974 – IV C 75/71, BVerwGE 47, 126 (130)).

187 Die **neuere Rechtsprechung des BVerwG** hat den „überwirkenden Bestandsschutz" und den „eigentumskräftig verfestigten Anspruchsposition **als eigenständige Zulassungsansprüche aufgegeben**, weil der Gesetzgeber diese Fallgruppen (insbesondere § 35 Abs. 4 S. 1 Nr. 3) normiert hat (vgl. grundsätzlich BVerwG Urt. v. 10.8.1990 – 4 C 3/90, BVerwGE 85, 289; → auch § 29 Rn. 18).

188 Der in der Rechtsprechung aus **Art. 14 Abs. 1 GG** hergeleitete allgemeine **Bestandsschutz** für ein Bauwerk bezieht sich auf folgende Fälle: Ein Vorhaben wurde im Einklang mit dem geltenden Baurecht errichtet; nach den inzwischen geltenden Rechtsvorschriften wäre es nicht mehr zulässig. Ein durch Art. 14 Abs. 1 GG bewirkter Bestandsschutz liegt somit zunächst nur vor, wenn der Bestand zu irgendeinem Zeitpunkt genehmigt wurde oder jedenfalls genehmigungsfähig gewesen ist (BVerfG Beschl. v. 24.7.2000 – 1 BvR 151/99, NVwZ 2001, 424; *Hauth* BauR 2015, 774 ff.).

Der Grundsatz eines baurechtlichen Bestandsschutzes bedeutet für diese Fälle zunächst, dass das bestehende Bauwerk eigentumsrechtlich, also in seinem Bestand, geschützt ist. Der Bestandsschutz gewährleistet damit das Recht, das Bauwerk weiterhin so zu unterhalten und zu nutzen, wie es seinerzeit errichtet wurde (BVerwG Urt. v. 18.10.1974 – IV C 75/71, BVerwGE 47, 126 (128)). Der Bestandsschutz **beginnt,** sobald das Vorhaben fertig gestellt ist und in formeller und materieller Hinsicht rechtmäßig ist; die Rechtmäßigkeit kann auch nachträglich eingetreten sein (BVerwG Urt. v. 22.1.1971 – IV C 62/66, NJW 1971, 1624). Er endet u. a. mit der Änderung der zulässigen Nutzung (BVerwG Beschl. v. 21.6.1994 – 4 B 108/94, BauR 1994, 737: Nutzung einer Jagdhütte für Freizeitzwecke; BVerwG Beschl. v. 27.7.1994 – 4 B 48/94, BauR 1994, 738: Nutzung eines Wohnhauses als Wochenendhaus). Der Bestandsschutz beschränkt sich auf die vorhandene Bausubstanz und schließt damit nicht bauliche Erweiterungen (wie zB Anbauten; BVerwG Urt. v. 19.10.1966 – IV C 16/66, BVerwGE 25, 161) oder einen Ersatzbau anstelle des bestandsgeschützten Bauwerks ein (BVerwG Urt. v. 16.2.1973 – IV C 61/70, BVerwGE 42, 8 (13); dass. Urt. v. 18.10.1974 – IV C 75/71, BVerwGE 47, 126 (128)). Ob auch rechtswidrige Bauwerke nach langer Zeit Bestand genießen können, hat das BVerwG offen gelassen (BVerwG Beschl. v. 21.3.2001 – 4 B 18/01, NVwZ 2002, 92 mit dem Hinweis auf die Möglichkeit einer „Ersitzung" analog zu den zivilrechtlichen Vorschriften nach 30 Jahren (vgl. § 900 Abs. 1 S. 1 BGB); vgl. zusammenfassend *Uschkereit* Der Bestandsschutz im Bau- und Immissionsschutzrecht, 2007, sowie zum Bestandsschutz bei gewerblichen Anlagen *Stühler* BauR 2002, 1488 ff.; → auch § 29 Rn. 18).

189 Dagegen sind **Reparatur- und Wiederherstellungsarbeiten,** die nur die weitere Nutzung des bisherigen Bestandes in der bisherigen Weise ermöglichen und auch nicht zu einer Nutzungsänderung führen, vom Bestandsschutz gedeckt (BVerwG Urt. v. 18.10.1974 – IV C 75/71, BVerwGE 47, 126 (128)). Der Bestandsschutz erfasst weiterhin auch solche bauliche Veränderungen oder auch Erweiterungen, die erforderlich sind, um den vorhandenen Bestand weiterhin funktionsgerecht nutzen zu können, zB zur Anpassung eines Altbaus an gewandelte Lebensverhältnisse (zB Einbau neuzeitlicher sanitärer Anlagen oder Garagenbau; offengelassen in BVerwG Urt. v. 19.10.1966 – IV C 16/66, BVerwGE 25, 161; dass. Urt. v. 17.1.1986 – 4 C 80/82, BVerwGE 72, 362; → auch Rn. 143). Zur Abgrenzung von Reparatur- und Instandsetzungsarbeiten von darüber hinausgehenden Maßnahmen ist darauf abzustellen, ob das wiederhergestellte Bauwerk mit dem ursprünglichen Bauwerk identisch ist oder ob ein wesentlich neues Bauwerk geschaffen wird (→ auch § 29 Rn. 18). Der Bestandsschutz scheitert nicht daran, dass das Gebäude von außen einem Neubau gleicht (zB infolge Verblendmauerwerks oder neuen Dachgestühls); entscheidend ist, dass hierdurch das Volumen des Gebäudes nicht wesentlich erweitert wird (BVerwG Urt. v. 17.1.1986, aaO). Auch die Aufteilung des Gebäudes zB in drei statt bisher zwei Wohnungen berührt den Bestandsschutz für das Gebäude nicht (BVerwG Urt. v. 17.1.1986, aaO). Ist der mit Reparatur- und Instandsetzungsmaßnahmen verbundene Eingriff in den Bestand so intensiv, dass er die Standfestigkeit des gesamten Bauwerks berührt und eine statische Nachrechnung der gesamten Anlage notwendig macht, oder erreicht der für die Instandsetzung notwendige Arbeitsaufwand den für einen Neubau, sind diese Maßnahmen vom Bestandsschutz nicht mehr gedeckt (BVerwG Urt. v. 17.1.1986, aaO; dass. Urt. v. 18.10.1974 – IV C 75/71, BVerwGE 47, 126 (129)). Von der Frage des Bestandsschutzes zu unterscheiden ist die Frage nach der formellen **Genehmigungsbedürftigkeit** derartiger Änderungen. Diese richtet sich nach dem Bauordnungsrecht der Länder. Die sich aus dem Bestandsschutz ergebenden Anforderungen sind ggf. bei der Genehmigungsprüfung zu beachten.

190 Der **Bestandsschutz für die in einem Gebäude ausgeübte Nutzung** (also auch die Privilegierung der Wohnung des Landwirts bei Aufgabe der Landwirtschaft) **endet** mit dem tatsächlichen Beginn einer andersartigen Nutzung, sofern diese erkennbar nicht nur vorübergehend ausgeübt werden soll (BVerwG Urt. v. 25.3.1988 – 4 C 21/

85, NVwZ 1989, 667; OVG Bautzen Beschl. v. 29.6.2012 – 1 A 68/11, LKV 2012, 367).

XII. Sonstiges

1. Nachbarschutz. Zum **Nachbarschutz** wird auch auf die Ausführungen in 191 den Vorbemerkungen zu den §§ 29–38 (Rn. 14ff., 72f.) verwiesen.

2. Verfahren. Über die Zulässigkeit von Vorhaben nach § 35 entscheidet gem. 192 § 36 Abs. 1 S. 1 die **Baugenehmigungsbehörde im Einvernehmen mit der Gemeinde.** Dies dient insbesondere dem Schutz der kommunalen Planungshoheit (→ § 36 Rn. 1). Die **Zustimmung der höheren Verwaltungsbehörde** ist nach § 36 Abs. 1 S. 4 in den Fällen des § 35 Abs. 2 und 4 erforderlich, wenn die Landesregierung dies durch Rechtsverordnung allgemein oder für bestimmte Fälle festlegt (→ § 36 Rn. 19f.). Nach § 36 Abs. 2 S. 1 dürfen das Einvernehmen der Gemeinde und die Zustimmung der höheren Verwaltungsbehörde nur aus den sich aus § 35 ergebenden Gründen versagt werden. Insoweit sind die Voraussetzungen des § 35 auf das Rechtsmittel der Gemeinde hin in vollem Umfang nachzuprüfen (BVerwG Urt. v. 20.5.2010 – 4 C 7/09, BVerwGE 137, 74 Rn. 34; dass. Beschl. v. 24.6.2010 – 4 B 60/09, ZfBR 2010, 797 (798); dass. Urt. v. 1.7.2010 – 4 C 4/08, BVerwGE 137, 247 Rn. 32).

3. Besondere Bestimmungen des BNatSchG. § 18 Abs. 3 S. 1 BNatSchG 193 enthält eine Regelung über die Beteiligung der für **Naturschutz und Landschaftspflege zuständigen Behörde.** Bei allen Vorhaben im Außenbereich nach § 35 ist das Benehmen dieser Behörde, also deren Anhörung vor der Genehmigungsentscheidung, erforderlich (→ zum Begriff des Benehmens § 37 Rn. 6).

Auf Vorhaben im Außenbereich findet die **naturschutzrechtliche Eingriffsre-** 194 **gelung nach § 15 BNatSchG** uneingeschränkt Anwendung (**§ 18 Abs. 2 S. 2 BNatSchG**). Bei privilegierten Vorhaben im Außenbereich nach § 35 Abs. 1 ist im Rahmen der naturschutzrechtlichen Abwägung entsprechend § 15 Abs. 5 BNatSchG zu berücksichtigen, dass das BauGB diese Vorhaben planartig dem Außenbereich zugewiesen hat (→ Rn. 4; s. auch BVerwG Urt. v. 25.10.1967 – IV C 86/66, BVerwGE 28, 148 (150)).

4. Überleitungsrecht. Zur **Überleitung** wird auf §§ 233 und 245b Abs. 2 ver- 195 wiesen.

§ 36 Beteiligung der Gemeinde und der höheren Verwaltungsbehörde

(1) ¹Über die Zulässigkeit von Vorhaben nach den §§ 31, 33 bis 35 wird im bauaufsichtlichen Verfahren von der Baugenehmigungsbehörde im Einvernehmen mit der Gemeinde entschieden. ²Das Einvernehmen der Gemeinde ist auch erforderlich, wenn in einem anderen Verfahren über die Zulässigkeit nach den in Satz 1 bezeichneten Vorschriften entschieden wird; dies gilt nicht für Vorhaben der in § 29 Abs. 1 bezeichneten Art, die der Bergaufsicht unterliegen. ³Richtet sich die Zulässigkeit von Vorhaben nach § 30 Abs. 1, stellen die Länder sicher, dass die Gemeinde rechtzeitig vor Ausführung des Vorhabens über Maßnahmen zur Sicherung der Bauleitplanung nach den §§ 14 und 15 entscheiden kann. ⁴In den Fällen des § 35 Abs. 2 und 4 kann die Landesregierung durch Rechtsverordnung allgemein oder für bestimmte Fälle festlegen, dass die Zustimmung der höheren Verwaltungsbehörde erforderlich ist.

(2) ¹Das Einvernehmen der Gemeinde und die Zustimmung der höheren Verwaltungsbehörde dürfen nur aus den sich aus den §§ 31, 33, 34 und 35 er-

gebenden Gründen versagt werden. ²Das Einvernehmen der Gemeinde und die Zustimmung der höheren Verwaltungsbehörde gelten als erteilt, wenn sie nicht binnen zwei Monaten nach Eingang des Ersuchens der Genehmigungsbehörde verweigert werden; dem Ersuchen gegenüber der Gemeinde steht die Einreichung des Antrags bei der Gemeinde gleich, wenn sie nach Landesrecht vorgeschrieben ist. ³Die nach Landesrecht zuständige Behörde kann ein rechtswidrig versagtes Einvernehmen der Gemeinde ersetzen.

Übersicht

	Rn.
1. Anwendungsbereich	1
a) Sicherung der gemeindlichen Planungshoheit	1
b) Anwendung in bauaufsichtlichen und anderen Verfahren (Abs. 1 S. 1 und 2)	2
c) Vorhaben nach § 30 Abs. 1 (Abs. 1 S. 3)	4
2. Einvernehmen der Gemeinde	5
a) Rechtswirkungen	5
b) Versagungsgründe (Abs. 2 S. 1)	13
c) Ersetzung des Einvernehmens (Abs. 2 S. 3)	14
3. Zustimmung der höheren Verwaltungsbehörde (Abs. 1 S. 4)	19
4. Form, Frist, Fiktion (Abs. 2 S. 2)	21
5. Rechtsschutz	24

1 1. Anwendungsbereich. a) Sicherung der gemeindlichen Planungshoheit. § 36 Sätze 1–3 stellen die Beteiligung der Gemeinde im bauaufsichtlichen Verfahren sicher. Über die Zulassung eines Vorhabens entscheidet die **Baugenehmigungsbehörde.** Das bauaufsichtliche Verfahren ist in den Landesbauordnungen geregelt. Nach Abs. 1 S. 1 ist über die Zulässigkeit von Vorhaben nach den §§ 31, 33, 34 und 35 im Einvernehmen mit der Gemeinde zu entscheiden. Die Regelung gilt entsprechend bei Befreiungen gemäß § 246 Abs. 10 und Abs. 12. Die Mitwirkungsbefugnis der Gemeinden nach § 36 beruht neben der zusätzlichen Kontrolle der Genehmigungsvoraussetzungen vor allem auf deren **Planungshoheit,** die sich aus dem Selbstverwaltungsrecht der Gemeinden ergibt (Art. 28 Abs. 2 GG; vgl. BVerwG Urt. v. 19.11.1965 – IV C 184/65, BVerwGE 22, 342 (346); *Schoch* NVwZ 2012, 777 ff.). Zur Absicherung dieser Planungshoheit wird den Gemeinden bundesrechtlich das Recht zur Beteiligung an den bauaufsichtlichen Verfahren für Vorhaben eingeräumt, die ihre Planungshoheit berühren (*Jeromin* BauR 2011, 456 ff.). Dies ist bei Vorhaben nach den **§§ 33 bis 35** der Fall (→ auch **§ 246 Abs. 10 S. 2** und Abs. 12 S. 2 sowie zu § 248 dort unter Rn. 19). Bei Entscheidungen nach **§ 30** bedarf es des Einvernehmens der Gemeinde nicht, da der Maßstab für die Zulässigkeit von Vorhaben in diesen Fällen durch den gemeindlichen Bebauungsplan bereits vorgegeben ist (→ aber die Unterrichtung nach Abs. 1 S. 3 Rn. 4). Allerdings greifen Ausnahmen und Befreiungen (**§ 31**) in das Gefüge des von der Gemeinde beschlossenen Bebauungsplans ein, so dass auch in diesen Fällen eine Beteiligung der Gemeinde am bauaufsichtlichen Verfahren vorgesehen ist. Die Beteiligung der Gemeinde nach Abs. 1 S. 1 und 2, ihre Unterrichtung nach Abs. 1 S. 3 in den Fällen des § 30 Abs. 1 und auch ihre Beteiligung in den Fällen ohne Baugenehmigungsverfahren (§ 15 Abs. 1 S. 2) sollen die Gemeinde rechtzeitig vor Ausführung eines Vorhabens in die Lage versetzen, über die Notwendigkeit einer Veränderung der bestehenden bauplanungsrechtlichen Grundlagen entscheiden und eine beabsichtige Planung durch die Instrumente der §§ 14 und 15 sichern zu können.

2 b) Anwendung in bauaufsichtlichen und anderen Verfahren (Abs. 1 S. 1 und 2). § 36 findet auf Entscheidungen über die Erteilung oder Versagung einer

1. Abschnitt. Zulässigkeit von Vorhaben **§ 36**

Baugenehmigung Anwendung. Auch für die **Bebauungsgenehmigung** (Bauvorbescheid) und die **Teilbaugenehmigung** (nach Maßgabe des jeweiligen Landesbauordnungsrechts) ist § 36 anzuwenden (vgl. BGH Urt. v. 13.11.1980 – III ZR 74/79, BRS 36 Nr. 160; *Schoch* NVwZ 2012, 777 (779)). Bei einer solchen Verfahrensstufung ist die Gemeinde ggf. mehrfach zu beteiligen (s. auch Rn. 8).

Wird über die Zulässigkeit eines Vorhabens nach den §§ 31, 33, 34 und 35 in einem **3** anderen Verfahren, also nicht in einem Baugenehmigungsverfahren, entschieden, ist die Gemeinde nach **Abs. 1 S. 2 Hs. 1** ebenfalls zu beteiligen. Das gemeindliche Einvernehmen ist also auch in diesen Fällen Voraussetzung für die Genehmigung (VGH Mannheim Beschl. v. 10.12.2001 – 5 S 2274/01, NVwZ-RR 2002, 818). Dies gilt insbesondere für das immissionsschutzrechtliche Genehmigungsverfahren (s. § 6 Abs. 1 Nr. 2 BImSchG, dazu *Schmidt-Eichstaedt* BauR 2011, 1754 ff.; OVG Lüneburg Urt. v. 11.11.2013 – 122 C 271/11, BauR 2014, 522) sowie für Planfeststellungs- und Plangenehmigungsverfahren, soweit sie nicht § 38 unterfallen (*Dippel* NVwZ 2011, 769 ff.). Nach **Abs. 1 S. 2 Hs. 2** findet § 36 Abs. 1 Sätze 1 und 2 jedoch keine Anwendung auf Vorhaben iS des § 29 Abs. 1, die der **Bergaufsicht**, also dem Bundesberggesetz unterliegen und für die es der Durchführung eines bergrechtlichen Zulassungsverfahrens bedarf (→ zur Beteiligung der Gemeinde im bergrechtlichen Verfahren § 29 Rn. 24).

c) **Vorhaben nach § 30 Abs. 1 (Abs. 1 S. 3). Abs. 1 S. 3** gewährleistet bundes- **4** rechtlich, dass die Gemeinde von allen Vorhaben mit städtebaulicher Relevanz, die im räumlichen Geltungsbereich eines qualifizierten Bebauungsplans (§ 30 Abs. 1) ausgeführt werden sollen, rechtzeitig vor Ausführung Kenntnis erhält. Dies gilt auch in Fällen, in denen es nach dem einschlägigen Landesrecht nicht der Durchführung eines Baugenehmigungsverfahrens bedarf. Hierdurch sollen die Gemeinden in die Lage versetzt werden, auf das Vorhaben, sofern es städtebaulich erforderlich ist, planerisch reagieren zu können. Der Bundesgesetzgeber überlässt es landesrechtlichen Regelungen, wie ein solches Verfahren der Kenntnisgabe im Einzelnen ausgestaltet wird (vgl. *Jäde* in JDW § 36 Rn. 89 ff.). Maßgabe für die landesrechtliche Regelung ist dabei der vom Bundesrecht vorgegebene Zweck (→ Rn. 1 sowie § 15 Abs. 1 S. 2 über die Beteiligung der Gemeinde auch in den Fällen ohne Baugenehmigungsverfahren). Wird ein Vorhaben im Rahmen des Genehmigungsverfahrens in einer für die Genehmigungsvoraussetzungen nach den §§ 31, 33–35 relevanten Weise **verändert,** ist die Beteiligung zu wiederholen (BVerwG Beschl. v. 11.8.2008 – 4 B 25/08, NVwZ 2008, 1347).

2. Einvernehmen der Gemeinde. a) Rechtswirkungen. Nach **Abs. 1 S. 1** **5** kann über ein nach den §§ 31, 33 bis 35 zu beurteilendes Vorhaben nur im **Einvernehmen mit der Gemeinde,** also mit ihrer **Zustimmung** entschieden werden. Es handelt sich dabei um ein eigenständiges Verfahrensrecht zugunsten der Gemeinde (zum Rechtsschutz → Rn. 24 ff.). Des Einvernehmens der Gemeinde bedarf es auch in den Fällen des § 34 Abs. 2 Hs. 2 iVm § 31 Abs. 1 oder 2. Die Erklärung des Einvernehmens durch die Gemeinde oder ihre Verweigerung ist kein Verwaltungsakt, sondern ein **verwaltungsinterner** Rechtsvorgang (Verwaltungsinternum). Der Erteilung oder Versagung des Einvernehmens kommt also keine Außenwirkung zu (*Schlarmann/Krappel* NVwZ 2011, 215 (217)). Die Versagung des Einvernehmens kann vom Bauwilligen daher nicht mit Rechtsmitteln angefochten werden. Nach außen tritt nur der Verwaltungsakt der Baugenehmigungsbehörde hervor (BVerwG Urt. v. 19.11.1965 – IV C 184/65, BVerwGE 22, 342; dass. Urt. v. 25.10.1967 – IV C 129/65, BVerwGE 28, 145). Die Versagung des Einvernehmens muss zur Vermeidung der Fiktionswirkung (Rn. 21) klar und eindeutig erfolgen. Ein Antrag auf Zurückstellung (§ 15) reicht dafür in der Regel nicht aus (OVG Münster Beschl. v. 21.12.2010 – 8 B 1426/10, DVBl. 2011, 448).

Die Versagung gemeindlichen Einvernehmens kann auf sämtliche Genehmigungs- **6** voraussetzungen der §§ 31, 33–35 gestützt werden (BVerwG Urt. v. 1.7.2010 – 4 C

Reidt 647

4.08, BVerwGE 137, 247 zu in Aufstellung befindlichen Zielen der Raumordnung). Soweit die Zulässigkeitsbestimmungen einen **Ermessens- oder Entscheidungsspielraum** im Einzelfall eröffnen (insbesondere § 31 Abs. 1 und 2), kann die Gemeinde ihn selbst ausnutzen und davon die Erteilung oder Versagung ihres Einvernehmens abhängig machen (*Hofmeister* in SU § 36 Rn. 23; → auch Rn. 13). Ohne das erforderliche Einvernehmen der Gemeinde oder ggf. dessen Ersetzung (→ Rn. 14 ff.) darf die Baugenehmigung nicht erteilt werden (zum Rechtsschutz Rn. 24 ff.). Andererseits bedeutet die Erteilung des gemeindlichen Einvernehmens nicht, dass die Bauaufsichtsbehörde eine beantragte Genehmigung zwangsläufig erteilen muss. Sie muss vielmehr auch selbstständig prüfen, ob die Genehmigungsvoraussetzungen erfüllt sind („2-Schlüssel-Prinzip", vgl. BVerwG Beschl. v. 16.12.1969 – IV B 121/69, DÖV 1970, 349; *Jäde* in JDW § 36 Rn. 49; *Roeser* in BK § 36 Rn. 14). Die Gemeinde ist durch die Erteilung des Einvernehmens zu einem Bauvorhaben grundsätzlich nicht gehindert, eine diesem widersprechende Bauleitplanung zu betreiben und sie durch eine Veränderungssperre oder Zurückstellung zu sichern (→ Rn. 13 sowie BVerwG Urt. v. 19.2.2004 – 4 CN 16/03, BVerwGE 120, 138; *Rieger* in Schrödter § 36 Rn. 17; *Roeser* in BK § 36 Rn. 14; s. auch *Schmidt-Eichstaedt* BauR 2011, 1754 ff. und BauR 2012, 729 sowie *Frank* BauR 2012, 445 ff. speziell zu § 15 Abs. 3 S. 1). Grund dafür ist, dass die Gemeinde das Einvernehmen erteilen muss, wenn kein Versagungsgrund vorliegt. Sie kann also zumindest in den Fällen, in denen kein Ermessensspielraum besteht, die Erteilung des Einvernehmens nicht mit der Erwägung rechtfertigen, dass sie eine das Vorhaben ausschließende Bauleitplanung auf den Weg bringen möchte (zB bei einem nach § 34 BauGB zu beurteilenden Vorhaben, dass dessen Anforderungen entspricht und bei dem die Erschließung gesichert ist).

7 Die Gemeinde kann die Erteilung des Einvernehmens nicht von einer bestimmten **Gegenleistung** oder **Vereinbarung** mit dem Antragsteller abhängig machen. Allerdings können Vereinbarungen mit dem Antragsteller im Einzelfall zulässig sein, soweit hierdurch Gründe ausgeräumt werden können, die einer Genehmigung im Wege stehen (BVerwG Urt. v. 16.12.1993 – 4 C 27/92, NVwZ 1994, 485 zur Verknüpfung des Einvernehmens mit der Bedingung eines Vertrages über die Abtretung von Erschließungsflächen entsprechend dem Bebauungsplan; *Hofmeister* in SU § 36 Rn. 25). Sofern der Antragsteller hingegen einen Genehmigungsanspruch hat, kann die Gemeinde die Erteilung des Einvernehmens nicht von dem Abschluss einer entsprechenden Vereinbarung abhängig machen (BVerwG Beschl. v. 25.11.1980 – 4 B 140/80, NJW 1981, 1747 zu einem von der Gemeinde geforderten Abschluss eines Folgekostenvertrages; vgl. § 11 Abs. 2 S. 2; → § 11 Rn. 73 f.). Die selben Überlegungen gelten, wenn es nicht um die Forderung der Gemeinde nach dem Abschluss einer vertraglichen Vereinbarung mit dem Bauherrn geht, sondern die Erteilung des Einvernehmens **gegenüber der Baugenehmigungsbehörde** von bestimmten **Bedingungen** (s. hierzu OVG Saarlouis Beschl. v. 13.7.2011 – 2 B 231/11, BauR 2012, 612) oder Forderungen abhängig gemacht wird, die als **Nebenbestimmungen** in den Genehmigungsbescheid übernommen werden sollen. Derartige Bedingungen oder Forderungen kann die Gemeinde stellen, wenn aus ihrer Sicht das beantragte Vorhaben nicht gem. den §§ 31, 33–35 uneingeschränkt genehmigungsfähig ist und es dafür aus Sicht der Gemeinde noch bestimmter Prüfungen oder der Aufnahme von Nebenbestimmungen in die Genehmigung bedarf (zB in Bezug auf Schallschutzmaßnahmen). Die Baugenehmigungsbehörde muss in diesem Fall prüfen, ob sie diese Forderungen der Gemeinde auch nach Maßgabe ihrer eigenen Bewertung in die Genehmigung übernimmt. Erfolgt dies, wird die Genehmigung zugleich auch mit dem erforderlichen Einvernehmen der Gemeinde erteilt. Soll hingegen eine solche Bedingung für das gemeindliche Einvernehmen nach Prüfung der Genehmigungsbehörde nicht in die Genehmigung übernommen werden, kann sie nicht von dem erforderlichen Einvernehmen ausgehen (OVG Bautzen Beschl. v. 8.5.2009 – 1 B 290/09, BeckRS 2010, 46509; *Dippel* NVwZ 2011, 769 (770)). Die Genehmigungsbehörde

1. Abschnitt. Zulässigkeit von Vorhaben **§ 36**

muss dann entweder den Genehmigungsantrag ablehnen oder aber prüfen, ob das gemeindliche Einvernehmen ersetzt werden soll, weil es zu Unrecht versagt wurde (→ Rn. 14ff.). Für die Gemeinde gilt dabei, dass sie jedenfalls in den Fällen, in denen die aus ihrer Sicht bestehenden Hinderungsgründe zur Erteilung des Einvernehmens konkret gefasst und zum Gegenstand einer Nebenbestimmung im Bauschein gemacht werden können, die Erteilung des Einvernehmens unter diese Maßgabe stellen muss. Ansonsten ist die Versagung des Einvernehmens unverhältnismäßig und damit rechtswidrig. Ggf. hat die Baugenehmigungsbehörde nach Versagung des gemeindlichen Einvernehmens nachzufragen, ob die Gemeinde davon abzurücken bereit ist, wenn die Baugenehmigung mit bestimmten Nebenbestimmungen verbunden wird. Für die Gemeinde gilt im Hinblick auf die Einvernehmenserteilung also letztlich nichts anderes als für die Baugenehmigungsbehörde. Diese darf für die Erteilung einer Genehmigung nicht verweigern, wenn eine Genehmigung mit Nebenbestimmungen möglich ist. Die vollständige Genehmigungsversagung ist in einem solchen Fall unverhältnismäßig (zur Erteilung der Baugenehmigung *Erbguth* § 13 Rn. 28).

Die Erteilung des Einvernehmens oder das als erteilt geltende Einvernehmen können **nicht widerrufen oder zurückgenommen** werden; dies würde den Sinn der Vorschrift, innerhalb der Frist klare Verhältnisse über die Einvernehmenserteilung der Gemeinde zu schaffen, leerlaufen lassen (BVerwG Urt. v. 12.12.1996 – 4 C 24/95, NVwZ 1997, 900; *Söfker* in EZBK § 36 Rn. 32). Die Gemeinde ist im (späteren) Baugenehmigungsverfahren an das Einvernehmen gebunden, das sie bei einer Teilbaugenehmigung oder einem Bauvorbescheid erteilt hat (BGH Urt. v. 13.11.1980 – III ZR 74/79, BRS 36 Nr. 160). Dies gilt allerdings nur insoweit, wie tatsächlich bereits in dem vorausgehenden Teilbaugenehmigungs- oder Bauvorbescheidsverfahren die Genehmigungsvoraussetzungen zu prüfen waren, auf die sich das Einvernehmenserfordernis des § 36 Abs. 1 S. 1 bezieht (s. auch Rn. 2). 8

Versagt die Gemeinde das Einvernehmen, ist die Baugenehmigungsbehörde daran gehindert, eine Baugenehmigung zu erteilen (BVerwG Urt. v. 19.11.1965 – IV C 184/65, BVerwGE 22, 342; dass. Urt. v. 7.2.1986 – 4 C 43/83, NVwZ 1986, 556). Ohne das nach Abs. 1 erforderliche Einvernehmen der Gemeinde kann die Baugenehmigungsbehörde ein Vorhaben nach den §§ 31, 33 bis 35 also auch dann nicht genehmigen, wenn das Einvernehmen der Gemeinde rechtswidrig versagt wird (BVerwG Urt. v. 19.11.1965 – IV C 184/65, BVerwGE 22, 342; dass. Urt. v. 7.2.1986 – 4 C 43/83, NVwZ 1986, 556). Der Gesetzgeber hat gewollt, dass sich bei unterschiedlichen Auffassungen über die materiell-rechtliche Genehmigungsfähigkeit eines Vorhabens zumindest im Grundsatz die – negative – Auffassung der Gemeinde gegenüber der – positiven – Auffassung der Baugenehmigungsbehörde im Verwaltungsverfahren durchsetzt und dass die Rollen im Verwaltungsstreitverfahren über die Genehmigungsfähigkeit des Vorhabens so verteilt werden, dass dem Bauwerber die Klägerrolle in einem Verpflichtungsprozess auf Erteilung der ihm vorenthaltenen Baugenehmigung zufällt, nicht aber der Gemeinde die Klägerrolle in einem Anfechtungsprozess gegen eine gegen ihren Willen erteilte Baugenehmigung (BVerwG Urt. v. 7.2.1986 – 4 C 43/83, NVwZ 1986, 556; zur Ersetzung des Einvernehmens → Rn. 14 ff.). Das fehlende Einvernehmen bindet auch die **Widerspruchsbehörde**, so dass sich bei einer Klage auf Erteilung der Baugenehmigung hierüber erst das Verwaltungsgericht hinwegsetzen kann (*Schoch* NVwZ 2012, 777 (781)). 9

Obgleich es sich beim gemeindlichen Einvernehmen um ein Verwaltungsinternum handelt (Rn. 5), konnte nach der Rechtsprechung bis zum Inkrafttreten des BauROG 1998 in der unberechtigten Verweigerung des Einvernehmens wegen der grundsätzlichen Bindungswirkung für die Baugenehmigungsbehörde die Verletzung einer der Gemeinde gegenüber dem Bauwilligen obliegenden **Amtspflicht** liegen (s. etwa BGH Urt. v. 21.5.1992 – III ZR 14/91, BGHZ 118, 263). Wegen der Möglichkeit zur Ersetzung des gemeindlichen Einvernehmens gem. § 36 Abs. 2 S. 3 10

(Rn. 14ff.) hat sich dies nach Auffassung des Bundesgerichtshofs (BGH Urt. v. 25.10.2012 – III ZR 29/12, NVwZ 2013, 167; ders. Urt. v. 16.9.2010 – III ZR 29/10, UPR 2011, 143) jedenfalls in den Fällen geändert, in denen die Baugenehmigungsbehörde zur Ersetzung des Einvernehmens berechtigt ist. Mit Einführung der Ersetzungsmöglichkeit sei die Bindungswirkung der negativen Entscheidung der Gemeinde für die Baugenehmigungsbehörde aufgehoben. Die Behörde sei mithin nicht mehr gezwungen, den Antrag auf Genehmigung eines an sich genehmigungsfähigen Bauvorhabens sehenden Auges allein wegen des verweigerten Einvernehmens abzulehnen. Sie müsse, sofern sie dafür nach Landesrecht zuständig ist, das Einvernehmen ersetzen, um ihrer Amtspflicht gegenüber dem Antragsteller auf Erteilung einer ihm zustehenden Baugenehmigung Rechnung zu tragen (BGH, aaO, Rn. 13f.; *Jeromin* BauR 2011, 456 (460)). Daraus resultiere bei Ersetzungszuständigkeit der Baugenehmigungsbehörde nach Landesrecht deren **haftungsrechtliche Alleinverantwortlichkeit** (BGH, aaO Rn. 19). Die Ersetzungsmöglichkeit des § 36 Abs. 2 S. 3 entzieht mithin in diesen Fällen zugleich der Annahme drittgerichteter Amtspflichten der Gemeinde die Grundlage (*Schlarmann/Krappel* NVwZ 2011, 215 (127)) und bewirkt so deren haftungsrechtliche Privilegierung, anderseits aber auch einen kommunalen Verantwortungsverlust (vgl. *Jäde* UPR 2011, 125 ff.).

11 Dennoch verbleibt es dabei, dass es sich bei der Ersetzung des Einvernehmens um eine **Ermessensentscheidung** der zuständigen (Baugenehmigungs-)Behörde handelt (Rn. 15). Verweigert die Gemeinde ihr Einvernehmen, obgleich das Vorhaben aus Sicht der Baugenehmigungsbehörde genehmigungsfähig ist und geht es dabei um eine gebundene Genehmigungsentscheidung (insbesondere bei einem nach § 34 BauGB zu beurteilenden Vorhaben), wird der Ermessensspielraum der Baugenehmigungsbehörde in der Regel jedoch dahingehend reduziert sein, dass sie das Einvernehmen ersetzen muss. Erfolgt dies nicht oder versucht sie bei eigener Unzuständigkeit in diesem Fall nicht, eine Ersetzung zu erreichen, ist sie gegenüber dem Bauherrn (allein) haftungsrechtlich verantwortlich (→. Rn. 14 ff.). Geht es jedoch um Ermessensentscheidungen (insbesondere § 31 Abs. 1 und Abs. 2), darf die Gemeinde das Ermessen eigenständig ausüben (Rn. 6). Ist die gemeindliche Ermessensentscheidung vertretbar, scheidet eine Ersetzung des Einvernehmens aus, auch wenn die Baugenehmigungsbehörde in eigener Kompetenz eine andere Ermessensentscheidung trifft. Selbst wenn die Ermessensentscheidung der Gemeinde fehlerhaft war und daher darauf die Versagung des gemeindlichen Einvernehmens nicht gestützt werden durfte, ist die Baugenehmigungsbehörde nur dann zur Ersetzung des Einvernehmens berechtigt und dementsprechend verpflichtet, wenn das Ermessen der Gemeinde auf Null reduziert war, also jedwede Ermessensentscheidung zu Ungunsten des Bauherrn (insbesondere bei ausnahme- oder befreiungsbedürftigen Vorhaben) fehlerhaft wäre. Ist dies nicht der Fall und sieht die Baugenehmigungsbehörde aus diesem Grunde von einer Ersetzung der gemeindlichen Einvernehmens ab, liegt darin keine Amtspflichtverletzung gegenüber dem Bauherrn.

12 Die Einvernehmensregelung des Abs. 1 ist auf den Fall zugeschnitten, dass es sich bei der Baugenehmigungsbehörde nicht um eine Behörde der Gemeinde handelt. Die **mit der unteren Baugenehmigungsbehörde identische Gemeinde** darf die Ablehnung eines Bauantrags hingegen nicht lediglich mit der Versagung ihres Einvernehmens begründen (BVerwG Urt. v. 19.8.2004 – 4 C 16/03, BVerwGE 121, 339; *Schoch* NVwZ 2012, 777 (779)). Die in Abs. 1 S. 1 vorgesehene Mitwirkung der Gemeinde dient der Sicherung der gemeindlichen Planungshoheit (Rn. 1). Den Zweck des Einvernehmenserfordernisses kann die Gemeinde in diesem Falle selbst erfüllen (*Söfker* in EZBK § 36 Rn. 15). Es ist Sache der Gemeinde oder des Landesgesetzgebers, durch geeignete (kommunalverfassungsrechtliche) Regelungen dafür zu sorgen, dass die Belange der Planungshoheit dabei hinreichend gewahrt bleiben (BVerwG Urt. v. 19.8.2004 – 4 C 16/03, BVerwGE 121, 339). Der mit der Baugenehmigungsbehörde identischen Gemeinde erwächst durch den Ausschluss des Abs. 1 S. 1 kein rechtlich relevanter Nachteil, weil ihr die Befugnis, sich gegenüber der Wi-

derspruchsbehörde auf den Schutz der materiellrechtlichen Planungshoheit zu berufen, nicht abgeschnitten wird (BVerwG aaO; VGH München Beschl. v. 21.10.2010 – 15 ZB 10/461, NVwZ-RR 2011, 169). § 36 BauGB begründet hinsichtlich der materiellrechtlichen Planungshoheit keine Rechte, sondern setzt sie voraus (BVerwG Urt. v. 11.2.1993 – 4 C 25/91, BVerwGE 92, 66 Rn. 14). Versagt daher die Gemeinde als Baugenehmigungsbehörde die beantragte Baugenehmigung, wird sie dann jedoch im Widerspruchsverfahren von der Widerspruchsbehörde erteilt, kann die Gemeinde sich dagegen mit Rechtsmitteln zur Wehr setzen (BVerwG Beschl. v. 24.6.2010 – 4 B 60/09, BauR 2010, 1757 Rn. 10; zum Rechtsschutz Rn. 24ff.).

b) Versagungsgründe (Abs. 2 S. 1). Die Mitwirkung der Gemeinde im Baugenehmigungsverfahren nach Abs. 1 beruht zwar auf der gemeindlichen Planungshoheit. Hieraus folgt jedoch nicht, dass der Gemeinde dabei ein generelles Ermessen oder eine sonstige tatbestandsunabhängige Entscheidungsfreiheit zusteht. **Abs. 2 S. 1** stellt dies ausdrücklich klar. Soweit nach den §§ 31, 33 bis 35 ein Rechtsanspruch auf Zulassung des Vorhabens besteht, ist die Gemeinde vielmehr **zur Erteilung ihres Einvernehmens verpflichtet.** Sie hat somit ausschließlich zu beurteilen, ob das Vorhaben in Anwendung der genannten Vorschriften zulässig ist oder nicht (BVerwG Beschl. v. 16.12.1969 – IV B 121/69, DÖV 1970, 349; vgl. auch BGH Urt. v. 25.10.2012 – III ZR 29/12, NVwZ 2013, 167; ders. Urt. v. 29.9.1975 – III ZR 40/73, BGHZ 65, 182). Insbesondere ist es der Gemeinde verwehrt, ihr Einvernehmen deshalb zu versagen, weil das Vorhaben ihren Planungsvorstellungen nicht entspricht (Rn. 6). Im Hinblick auf die Genehmigungsvoraussetzungen der §§ 31, 33–35 kann die Gemeinde allerdings in Bezug auf jedes einzelne Tatbestandsmerkmal die Erteilung des Einvernehmens verweigern. Sie ist nicht auf eine Prüfung derjenigen Tatbestandsmerkmale beschränkt, die einen unmittelbaren Bezug zu ihrer eigenen kommunalen Planung haben (BVerwG Urt. v. 20.5.2010 – 4 C 7/09, NVwZ 2010, 1561 Rn. 34; zur Beschränkung auf das eigene Gemeindegebiet VGH München Beschl. v. . 24.8.2015 – 22 ZB 15.1802, NVwZ-RR 2016, 91). Soweit in den jeweiligen Tatbeständen **Ermessen** eingeräumt ist (insbesondere § 31 Abs. 1 und Abs. 2), darf die Gemeinde die Versagung ihres Einvernehmens mit vertretbaren Ermessenserwägungen begründen (*Rieger* in Schrödter § 36 Rn. 31; *Dippel* NVwZ 2011, 769 (770)). Dazu kann auch die hinreichend konkrete Absicht gehören, einen bestehenden Bebauungsplan zu ändern, mit dem etwa eine Befreiung gem. § 31 Abs. 2 nicht vereinbar wäre (vgl. BVerwG Urt. v. 19.9.2002 – 4 C 13/01, BVerwGE 117, 50 für den Fall, dass die Gemeinde selbst Baugenehmigungsbehörde ist). Allerdings müssen die Planungsabsichten der Gemeinde ernsthaft und hinreichend konkret sein. Allein der Wunsch der Gemeinde, ein bestimmtes Vorhaben zu verhindern, reicht für die Versagung des Einvernehmens ebenso wenig aus, wie dies den Erlass einer Veränderungssperre oder eine Zurückstellung (§§ 14, 15) rechtfertigen könnte. Eine Versagung des Einvernehmens kommt auch dann nicht in Betracht, wenn es nicht um Tatbestandsmerkmale der §§ 31, 33–35 geht. Insbesondere kann das Einvernehmen der Gemeinde nicht aus bauordnungsrechtlichen Gründen (zB im Hinblick auf eine Unterschreitung der einzuhaltenden Abstandsfläche) verweigert werden, sofern der betreffende Umstand nicht zugleich auch unmittelbare Bedeutung für das Prüfprogramm der §§ 31, 33–35 hat.

c) Ersetzung des Einvernehmens (Abs. 2 S. 3). Verweigert die Gemeinde rechtswidrig das Einvernehmen, kann dieses im Wege der **Rechtsaufsicht** ersetzt werden (BVerwG Urt. v. 19.11.1965 – IV C 184/65, BVerwGE 22, 342; dass. Beschl. v. 15.11.1991 – 4 B 191/91, UPR 1992, 234). Entsprechende Regelungen enthalten einige Bauordnungen (zB § 71 MBO; hierzu *Jachmann* BayVBl. 1995, 481 ff.). Neben dieser sich aus Landesrecht ergebenden Ermächtigung, ein rechtswidrig versagtes Einvernehmen der Gemeinde zu ersetzen, enthält **Abs. 2 S. 3** ein **eigenes bundesrechtliches Verfahren,** das ggf. neben landesrechtliche Regelungen tritt (*Hofmeister* in SU § 36 Rn. 33; *Schoch* NVwZ 2012, 777 (782)). Danach ist die nach Landesrecht

§ 36 I. Kapitel. III. Teil. Regelung der baul. und sonst. Nutzung

zuständige Behörde (je nach Landesrecht idR die Baugenehmigungsbehörde oder die Kommunalaufsichtsbehörde; s. hierzu den Überblick bei *Hofmeister* in SU § 36 Rn. 33.1) ermächtigt, ein rechtswidrig versagtes Einvernehmen der Gemeinde zu ersetzen (vgl. *Lasotta,* Das gemeindliche Einvernehmen nach § 36 BauGB, 1998, 63 ff.; *Möstl* BayVBl. 2003, 225 ff.). Die Ersetzungsmöglichkeit entbindet die Baugenehmigungsbehörde nicht davon, die Gemeinde überhaupt zu beteiligen, etwa weil sie die Genehmigungsvoraussetzungen ohnehin als erfüllt ansieht (BVerwG Beschl. v. 11. 8. 2008 – 4 B 25/08, NVwZ 2008, 1347; zur Möglichkeit einer inzidenten Ersetzung durch Erteilung der Baugenehmigung s. VGH Mannheim Beschl. v. 2. 8. 2011 – 8 S 1516/11, NVwZ-RR 2012, 58; zum Rechtsschutz Rn. 24 ff.).

15 Die Ersetzung des Einvernehmens setzt eine eigene fachliche Prüfung durch die zuständige Behörde voraus. Stellt die nach Landesrecht zuständige Behörde fest, dass das beantragte Vorhaben genehmigungsfähig und die Versagung des gemeindlichen Einvernehmens rechtswidrig ist, darf sie das Einvernehmen der Gemeinde ersetzen. Nicht rechtswidrig ist die Versagung dann, wenn entweder die tatbestandlichen Voraussetzungen nach den §§ 31, 33–35 nicht vorliegen oder die Gemeinde eine zur Versagung führende vertretbare Ermessensentscheidung getroffen hat (s. insbesondere § 31 Abs. 1 und Abs. 2; s. Rn. 11). Ob die zuständige Behörde das rechtswidrig versagte Einvernehmen ersetzt, liegt nach Abs. 2 S. 3 in ihrem pflichtgemäßen **Ermessen** (OVG Lüneburg Urt. v. 23. 6. 2009 – 12 LC 136/07, NVwZ-RR 2009, 806; *Hofmeister* in SU § 36 Rn. 32; *Jäde* in JDW § 36 Rn. 99; einschränkend VGH Kassel Urt. v. 8. 9. 2010 – 3 B 1271/10, BeckRS 2010, 56277; aA zumindest für den Fall, dass die Baugenehmigungsbehörde für die Ersetzung zuständig ist, BGH Urt. v. 25. 10. 2012 – III ZR 29/12, NVwZ 2013, 167; ders. Urt. v. 16. 9. 2010 – III ZR 29/10, UPR 2011, 143; *Jeromin* BauR 2011, 456 (461); *Dippel* NVwZ 2011, 769 (774)). Der Bauherr hat zwar keinen klagefähigen Anspruch darauf, dass die zuständige Behörde das Einvernehmen ersetzt. Nach Auffassung des Bundesgerichtshofs (aaO) spreche aber trotz des Vorliegens einer Kann-Vorschrift vieles dafür, dass es sich um eine Befugnisnorm handele, bei der auf der Rechtsfolgenseite kein Ermessen bestehe, sondern eine gebundene Entscheidung über die Ersetzung des Einvernehmens zu treffen sei (ebenso *Jeromin* BauR 2011, 456 (461); *Klinger* BayVBl. 2002, 481 (483); *Horn* NVwZ 2002, 406 (414); zur Amtshaftung Rn. 10). Zumindest aber sei der durch Art. 14 Abs. 1 GG geschützte Anspruch gegenüber der Baugenehmigungsbehörde auf Erteilung der Baugenehmigung zu berücksichtigen, mit dem es nicht in Einklang zu bringen sei, wenn die Baugenehmigungsbehörde unter Berufung auf ein ihr eingeräumtes Ermessen die rechtswidrige Verweigerung des Einvernehmens durch die Gemeinde nicht ersetzen müsse und deshalb mit der Ablehnung des Bauantrags rechtswidrig in das Eigentumsrecht des Bauwilligen eingreifen dürfte (kritisch dazu *Jäde* UPR 2011, 125 (126 f.)).

16 Auch wenn die Ersetzungsmöglichkeit des § 36 Abs. 2 S. 3 in erster Linie der Vermeidung von zusätzlichen Verfahren und nicht vorrangig der Würdigung gemeindlicher Interessen dient (VGH Kassel Urt. v. 8. 9. 2010 – 3 B 1271/10, BauR 2011, 301; OVG Lüneburg Urt. v. 23. 6. 2009 – 12 LC 137/07, NVwZ-RR 2009, 866), wird die gemeindliche **Planungshoheit umfassend** geschützt und durch die Beteiligungspflicht gem. § 36 Abs. 1 verfahrensrechtlich abgesichert (Rn. 5). Bei einem Verständnis dahingehend, dass die zuständige Behörde in den Fällen, in denen sie von der Genehmigungsfähigkeit eines Vorhabens ausgeht, stets das gemeindliche Einvernehmen ersetzen müsste, würde es sich entgegen dem Gesetzeswortlaut nicht mehr um eine Einvernehmensregelung handeln, sondern nur noch um eine bloße Benehmens- oder Anhörungspflicht der für die Ersetzung zuständigen Behörde gegenüber der Gemeinde (so zu Recht *Jäde* UPR 2011, 125 (127)). Dass gesetzlich keine bloße Anhörungspflicht gemeint ist, wird gerade dadurch bestätigt, dass § 36 Abs. 2 S. 3 es in das Ermessen der zuständigen Behörde stellt, ob sie das gemeindliche Einvernehmen ersetzt oder nicht. Dass bei dieser Ermessensausübung die Belange des

1. Abschnitt. Zulässigkeit von Vorhaben **§ 36**

Bauantragstellers hinreichend Berücksichtigung finden müssen, steht dem nicht entgegen. Dies wird bei einem gebundenen Baugenehmigungsanspruch, insbesondere bei einem nach § 34 genehmigungsfähigen Vorhaben, vielfach dazu führen, dass das Ermessen der zuständigen Behörde, insbesondere der Baugenehmigungsbehörde, dahingehend reduziert ist, dass sie ein versagtes gemeindliches Einvernehmen ersetzen muss. Andererseits wird eine Ersetzung bei Ermessensentscheidungen über die Erteilung einer Baugenehmigung (insbesondere bei notwendigen Ausnahmen oder Befreiungen, § 31 Abs. 1 und Abs. 2) oftmals gar nicht möglich sein. Denn anders als bei einer Anhörungspflicht soll das in § 36 Abs. 1 vorgesehene Einvernehmen gerade gewährleisten, dass die Gemeinde eigenständig und unabhängig das gesetzlich eingeräumte Ermessen ausüben darf. Hier kommt eine Ersetzung allenfalls in Betracht, wenn der Ermessensspielraum dahingehend reduziert ist, dass eine positive Ermessensentscheidung zugunsten des Bauherrn allein rechtmäßig ist (bereits Rn. 11 im Zusammenhang mit haftungsrechtlichen Fragen). Ansonsten wäre im Übrigen auch die kommunale Planungshoheit bei Gemeinden, die nicht selbst Baugenehmigungsbehörde sind (Rn. 11), erheblich schwächer geschützt als bei Gemeinden, die über die Genehmigungserteilung abschließend zu entscheiden haben. Für die Genehmigungserteilung selbst zuständige Gemeinden hätten sogar die Möglichkeit, nachträglich eine Einwendung iSd § 767 Abs. 1 ZPO zu schaffen, die im Wege der Vollstreckungsgegenklage einem gerichtlich festgestellten Anspruch auf Erteilung einer Baugenehmigung entgegen gehalten werden kann (BVerwG Urt. v. 19.9.2002 – 4 C 10/01, BVerwGE 117, 44; zu diesem Gesichtspunkt OVG Lüneburg Urt. v. 23.6.2009 – 12 LC 136/07, NVwZ-RR 2009, 866). Ist die Gemeinde hingegen nicht selbst Baugenehmigungsbehörde, könnte letztere, in der Regel also der Landkreis, bei jedem Ermessensfehler der Gemeinde die eigenen Ermessenserwägungen unter Durchbrechung des 2-Schlüssel-Prinzips (Rn. 6) durchsetzen.

Wenn die zuständige Behörde beabsichtigt, das gemeindliche Einvernehmen zu **17** ersetzen, muss sie die Gemeinde vorher **anhören** und ihr Gelegenheit zur Stellungnahme geben (OVG Lüneburg Urt. v. 23.6.2009 – 12 LC 136/07, NVwZ-RR 2009, 866). Die Gemeinde kann dies dazu nutzen, die ebenfalls der Sicherung der Planungshoheit dienenden **Planungssicherungsinstrumente** der §§ 14 und 15 zum Einsatz zu bringen, also entweder auf der Grundlage eines Planaufstellungsbeschlusses eine dem beantragten Vorhaben entgegenstehende Veränderungssperre zu erlassen oder aber zumindest eine Zurückstellung (§ 15) zu beantragen. Geht es um ein nach § 33 zu beurteilendes Vorhaben, kann sich die Gemeinde ggf. dahingehend äußern, dass sie den einem Vorhaben zugrunde gelegten Bebauungsplanentwurf nicht oder jedenfalls nicht in der vorliegenden Fassung als Satzung beschließen werde und keine Planreife vorliege (OVG Lüneburg, aaO; → auch § 33 Rn. 22).

Ist nach Auffassung der zuständigen Behörde die Versagung des gemeindlichen **18** Einvernehmens rechtswidrig, gleichzeitig jedoch aufgrund einer erfolgten Anhörung der Gemeinde absehbar, dass diese die Voraussetzungen zur rechtmäßigen Versagung des Einvernehmens bzw. zur Versagung der Baugenehmigung als solche schaffen kann und will, ist es ebenfalls nicht ermessensfehlerhaft, wenn sie von der Ersetzung absieht. Das Ziel, zusätzliche Verfahren zu vermeiden (Rn. 16), kann in diesem Fall regelmäßig nicht mehr erreicht werden. In einem solchen Fall kann das Ermessen der zuständigen Behörde sogar dahingehend reduziert sein, dass eine Ersetzung des gemeindlichen Einvernehmens gar nicht möglich ist (OVG Lüneburg Urt. v. 23.6.2009, aaO, zu einer Ersetzung des gemeindlichen Einvernehmens einen Tag vor Inkrafttreten einer Flächennutzungsplanänderung, die dem Bauvorhaben entgegensteht). Die Pflicht der Baugenehmigungsbehörde, einen Bauantrag ordnungsgemäß und zügig zu bearbeiten, ändert daran nichts. Denn diese verfahrensrechtliche Verpflichtung besagt nichts dazu, wie die zuständige Behörde gem. § 36 Abs. 2 S. 3 zu entscheiden hat.

§ 36 I. Kapitel. III. Teil. Regelung der baul. und sonst. Nutzung

19 **3. Zustimmung der höheren Verwaltungsbehörde (Abs. 1 S. 4). Abs. 1 S. 4** enthält eine Ermächtigung der Landesregierung, das Erfordernis einer **Zustimmung der höheren Verwaltungsbehörde** allgemein oder für bestimmte Fälle des § 35 Abs. 2 und 4 festzulegen. Bis zum Inv-WoBaulG 1993 war die Zustimmung in allen Fällen der §§ 33, 34 Abs. 3 und des § 35 Abs. 2 und 4 erforderlich. Bei der Zustimmung handelt es sich – wie beim gemeindlichen Einvernehmen – um ein Verwaltungsinternum und nicht um einen selbstständig anfechtbaren Verwaltungsakt. Wird die Zustimmung nicht erteilt, ist die Baugenehmigungsbehörde hieran gebunden. Die Voraussetzungen, unter denen die höhere Verwaltungsbehörde die Zustimmung versagen darf, sind – ebenso wie für die Gemeinde – klarstellend in **Abs. 2 S. 1** geregelt (vgl. Rn. 6).

20 Das Zustimmungserfordernis kann **allgemein**, dh nicht im Hinblick auf konkret anstehende Zustimmungsfälle, oder **für bestimmte Fälle** festgelegt werden, zB für bestimmte Gemeinden oder Gemeindegebiete oder hinsichtlich bestimmter Genehmigungstatbestände.

21 **4. Form, Frist, Fiktion (Abs. 2 S. 2). Abs. 2 S. 2** bestimmt eine Frist für die Erteilung des Einvernehmens der Gemeinde (Abs. 1 S. 1 und 2) und der Zustimmung der höheren Verwaltungsbehörde (Abs. 1 S. 4). Die Versagung des Einvernehmens ist eine empfangsbedürftige öffentlich-rechtliche Erklärung (*Dippel* NVwZ 2011, 769 (770)), die wirksam wird, wenn sie der Bauaufsichtsbehörde zugeht (§ 130 Abs. 1 S. 1 BGB analog). Das Einvernehmen bzw. die Zustimmung gelten als erteilt, wenn sie nicht binnen **zwei Monaten** nach Eingang des Ersuchens der Baugenehmigungsbehörde verweigert werden. Diese Frist ist bei Verfahren zur Unterbringung **von Flüchtlingen oder Asylbegehrenden** bis zum 31.12.2019 auf **einen Monat** verkürzt (§ 246 Abs. 15). Ohne ein eindeutiges Ersuchen der Baugenehmigungsbehörde gegenüber der Gemeinde beginnt die Frist nicht zu laufen (OVG Münster Beschl. v. 21.12.2010 – 8 B 1426/10, DVBl. 2011, 448). Eine in diesem Fall erteilte Baugenehmigung ist rechtswidrig, wenn es des Einvernehmens objektivrechtlich bedurft hätte. Auf die subjektive Wertung der Genehmigungsbehörde oder der Gemeinde kommt es nicht an.

22 Die Fiktion des Abs. 2 S. 2 dient der Beschleunigung des Baugenehmigungsverfahrens (für die Berechnung der Frist vgl. die §§ 188 Abs. 2, 187 Abs. 1 BGB). Eine Zurückstellung gemäß § 15 unterbricht die Frist mit der Folge, dass sie danach erneut zu laufen beginnt (vgl. § 249 Abs. 1 ZPO; BVerwG Urt. v. 26.3.2015 – 4 C 1/14, NVwZ-RR 2015, 685). Eine Verlängerung der Frist hingegen ist nicht möglich (BVerwG Urt. v. 12.12.1996 – 4 C 24/95, NVwZ 1997, 900). Der Gemeinde ist dabei Einsicht in die **vollständigen Antragsunterlagen** (Bauvorlagen) in Bezug auf die bauplanungsrechtlichen Aspekte zu ermöglichen. Dies schließt spätere Änderungen der Unterlagen ein, die ggf. zu einem neuen Fristbeginn führen. Die Entscheidung über die Erteilung des Einvernehmens ist jedoch mit der Obliegenheit der Gemeinde verbunden, im Rahmen der Möglichkeiten, die ihr das Landesrecht eröffnet, innerhalb der zweimonatigen Einvernehmensfrist gegenüber dem Bauherrn oder der Baurechtsbehörde auf die Vervollständigung des Bauantrages hinzuwirken. Kommt die Gemeinde dieser Mitwirkungslast nicht nach, gilt ihr Einvernehmen gemäß Abs. 2 S. 2 Hs. 2 mit Ablauf der Zwei-Monats-Frist auch bei unvollständigen Unterlagen als erteilt (BVerwG Urt. v. 16.9.2004 – 4 C 7/03, BVerwGE 122, 13; VGH München Urt. v. 2.7.2004 – 1 B 02.1006, NVwZ-RR 2005, 787). Wenn nach Landesrecht vorgeschrieben ist, dass der Antrag bei der Gemeinde einzureichen ist, dann beginnt bereits zu diesem Zeitpunkt die Zwei-Monats-Frist **(Abs. 2 S. 2 Hs. 2)**.

23 Hat die Gemeinde trotz erfolgter Beteiligung die Frist versäumt, hat sie kein Klagerecht gegen die Baugenehmigung (OVG Lüneburg Urt. v. 18.3.1999 – 1 L 6696/96, NVwZ 1999, 1003). Für die Rechtzeitigkeit trägt sie dabei selbst die Beweislast (VGH Mannheim Urt. v. 30.7.2013 – 15 B 12.147, BauR 2014, 68). Jedoch ist sie

1. Abschnitt. Zulässigkeit von Vorhaben **§ 36**

nicht gehindert, **aktive Bauleitplanung** zu betreiben und ggf. auch einen Bebauungsplan oder vorab eine Veränderungssperre zu erlassen (OVG Lüneburg Urt. v. 17.12.1998 – 1 K 1103/98, NVwZ 1999, 1001). Die Genehmigungsbehörde hat eine solche veränderte Planung oder Veränderungssperre jedoch nur dann zu berücksichtigen, wenn sie zum Zeitpunkt der abschließenden Entscheidung über den Genehmigungsantrag bereits wirksam geworden ist. Für eine Zurückstellung (§ 15) gilt dies entsprechend (vgl. zu § 15 Abs. 3 auch *Frank* BauR 2012, 445 ff.). Eine bloß **hinreichend konkrete gemeindliche Planung** ist von der Genehmigungsbehörde zu beachten, wenn diese entscheidungsrelevant ist, so etwa als ungeschriebener öffentlicher Belang bei einem Außenbereichsvorhaben (VGH München Urt. v. 30.7.2013 – 15 B 12.147, BauR 2014, 68; → § 35 Rn. 101). Darauf kann eine Gemeinde ggf. auch eine Klage gegen ein Vorhaben trotz (fiktiv) erteilten Einvernehmens stützen.

5. Rechtsschutz. Entscheidet die Baugenehmigungsbehörde über die Baugenehmigung ohne Beteiligung der Gemeinde oder erteilt sie die Baugenehmigung trotz Versagung des Einvernehmens durch die Gemeinde, ist die Gemeinde in ihrer **Planungshoheit verletzt** und kann die **Baugenehmigung anfechten** (BVerwG Urt. v. 14.2.1969 – IV C 215/65, BVerwGE 31, 263) und die Einstellung der Bauarbeiten an dem genehmigten Vorhaben verlangen (VGH Kassel Beschl. v. 18.6.1984 – 4 TG 506/84, NVwZ 1984, 738). Wurde die Gemeinde **nicht beteiligt,** ist ihrem Rechtsmittel gegen die Genehmigung bereits aufgrund dieses **Verfahrensmangels** stattzugeben, ohne dass noch die materiellen Voraussetzungen der §§ 31, 33–35 zu prüfen wären (BVerwG Beschl. v. 11.8.2008 – 4 B 25/08, NVwZ 2008, 1347; OVG Lüneburg Urt. v. 11.11.2013 – 122 C 271/11, BauR 2014, 522). Dies gilt auch dann, wenn zu Unrecht ein unter § 38 fallendes Verfahren durchgeführt wurde, in dem das Einvernehmen nicht erforderlich ist (OVG Münster Urt. v. 24.9.2014 – 20 A 2013/12, juris). 24

Die Gemeinde kann auch gegen eine Entscheidung nach Abs. 2 S. 3, mit der ihr Einvernehmen ersetzt wurde, verwaltungsgerichtlich vorgehen (BVerwG Urt. v. 20.5.2010 – 4 C 7/09, NVwZ 2010, 1561 Rn. 34). **Rechtsmittel** der Gemeinde gegen die Ersetzung entfalten **aufschiebende Wirkung,** sofern landesrechtlich nichts anderes geregelt ist. § 212a ist auf diese Konstellation nicht anwendbar (→ § 212a Rn. 2). Die Gemeinde kann dabei alle gemäß der §§ 31, 33–35 maßgeblichen **Genehmigungshindernisse** geltend machen, also nicht nur diejenigen, auf die sie die Verweigerung ihres Einvernehmens gestützt hat. Wurde ihr Einvernehmen **ermessensfehlerhaft** ersetzt (→ Rn. 14 ff.) und fehlt es damit an einer wirksamen Ersetzung, ist eine erteilte Baugenehmigung auf das Rechtsmittel der Gemeinde hin schon aus diesem Grunde aufzuheben. Auf weitere materiell-rechtliche Fragen kommt es dann nicht an (OVG Lüneburg Urt. v. 23.6.2009 – 12 LC 136/07, NVwZ-RR 2009, 806; → auch Rn. 16). Die Gemeinde kann aber nicht ihr erteiltes Einvernehmen anfechten (OVG Schleswig Beschl. v. 27.3.2002 – 1 M 6/02, NVwZ-RR 2002, 821). 25

Mit Eintritt der **Einvernehmensfiktion** gemäß § 36 Abs. 2 S. 2 verliert die Gemeinde grundsätzlich die Berechtigung, die bauplanungsrechtliche Unzulässigkeit des genehmigten Vorhabens geltend zu machen. Das gilt jedenfalls für Umstände, die bereits zu diesem Zeitpunkt die Verweigerung des Einvernehmens gerechtfertigt hätten (OVG Münster Urt. v. 28.11.2007 – 8 A 2325/06, BauR 2008, 799; → auch Rn. 23). Ein gerichtliches Bescheidungsurteil auf die Klage eines Bauherrn, durch das die Baugenehmigungsbehörde zu einer abschließenden bauplanungsrechtlichen Prüfung des Vorhabens unter erneuter Beteiligung der Gemeinde verpflichtet wird und das das gemeindliche Einvernehmen nur im Umfang der bauplanungsrechtlichen Entscheidungsreife ersetzt, verletzt die Gemeinde ebenfalls nicht in ihren Rechten aus § 36 BauGB (BVerwG Beschl. v. 17.6.2003 – 4 B 14/03, NVwZ-RR 2003, 719). 26

Reidt

§ 37 I. Kapitel. III. Teil. Regelung der baul. und sonst. Nutzung

27 In einem Rechtsstreit über eine Baugenehmigung, an deren Erteilung die Gemeinde gem. Abs. 1 beteiligt werden muss, ist sie gem. § 65 Abs. 2 VwGO **beizuladen**. Ist die Baugenehmigung nach § 35 Abs. 2 oder 4 erteilt worden und war die höhere Verwaltungsbehörde zu beteiligen (Abs. 1 S. 3), ist sie gleichfalls beizuladen (BVerwG Urt. v. 5.7.1974 – IV C 76/71, NJW 1975, 550).

§ 37 Bauliche Maßnahmen des Bundes und der Länder

(1) Macht die besondere öffentliche Zweckbestimmung für bauliche Anlagen des Bundes oder eines Landes erforderlich, von den Vorschriften dieses Gesetzbuchs oder den auf Grund dieses Gesetzbuchs erlassenen Vorschriften abzuweichen oder ist das Einvernehmen mit der Gemeinde nach § 14 oder § 36 nicht erreicht worden, entscheidet die höhere Verwaltungsbehörde.

(2) [1]Handelt es sich dabei um Vorhaben, die der Landesverteidigung, dienstlichen Zwecken der Bundespolizei oder dem zivilen Bevölkerungsschutz dienen, ist nur die Zustimmung der höheren Verwaltungsbehörde erforderlich. [2]Vor Erteilung der Zustimmung hat diese die Gemeinde zu hören. [3]Versagt die höhere Verwaltungsbehörde ihre Zustimmung oder widerspricht die Gemeinde dem beabsichtigten Bauvorhaben, entscheidet das zuständige Bundesministerium im Einvernehmen mit den beteiligten Bundesministerien und im Benehmen mit der zuständigen Obersten Landesbehörde.

(3) [1]Entstehen der Gemeinde infolge der Durchführung von Maßnahmen nach den Absätzen 1 und 2 Aufwendungen für Entschädigungen nach diesem Gesetzbuch, sind sie ihr vom Träger der Maßnahmen zu ersetzen. [2]Muss infolge dieser Maßnahmen ein Bebauungsplan aufgestellt, geändert, ergänzt oder aufgehoben werden, sind ihr auch die dadurch entstandenen Kosten zu ersetzen.

(4) [1]Sollen bauliche Anlagen auf Grundstücken errichtet werden, die nach dem Landbeschaffungsgesetz beschafft werden, sind in dem Verfahren nach § 1 Abs. 2 des Landbeschaffungsgesetzes alle von der Gemeinde oder der höheren Verwaltungsbehörde nach den Absätzen 1 und 2 zulässigen Einwendungen abschließend zu erörtern. [2]Eines Verfahrens nach Absatz 2 bedarf es in diesem Falle nicht.

Übersicht

	Rn.
1. Vorhaben des Bundes und der Länder	1
2. Verfahren	5
3. Erstattungsansprüche der Gemeinde nach Abs. 3	9
4. Verfahrensvereinfachung nach Abs. 4	10
5. Rechtsschutz	11

1 **1. Vorhaben des Bundes und der Länder.** Die Vorschriften der §§ 29 ff. gelten auch für **Vorhaben des Bundes und der Länder**. § 37 enthält für solche Vorhaben jedoch ergänzende formell- und materiellrechtliche Sonderregelungen. Aus **Abs. 1** ergeben sich dabei Verfahrens- und Zuständigkeitsregelungen sowie materiellrechtliche Befreiungen, die eintreten, wenn das betreffende Vorhaben nicht nach dem ansonsten geltenden Bauplanungsrecht zulässig, gleichwohl aber aufgrund seiner besonderen öffentlichen Zweckbestimmung erforderlich ist. Ansonsten bestehende Zulassungshindernisse können auf diese Weise also überwunden werden. **Abs. 2** enthält eine Abs. 1 **ergänzende** Verfahrens- und Zuständigkeitsregelung für Vorhaben, die

1. Abschnitt. Zulässigkeit von Vorhaben **§ 37**

der Landesverteidigung, dienstlichen Zwecken der Bundespolizei oder dem zivilen Bevölkerungsschutz dienen. Die Zustimmung nach Abs. 1 und 2 bezieht sich auf die materiellrechtlichen Abweichungen von städtebaulichen Vorschriften. Die Bestimmung über die nach den **Landesbauordnungen** zu erteilenden Baugenehmigungen bleiben von § 37 unberührt (→ Rn. 8). Maßgeblich ist der Vorhabenbegriff des § 29 (*Hofmeister* in SU § 37 Rn. 4). **§ 246 Abs. 14** enthält für dringend benötigte Unterkünfte für **Flüchtlinge oder Asylbegehrende** eine bis zum 31.12.2019 § 37 verdrängende **Sonderregelung** (§ 246 Abs. 14 Satz 10 2. Halbsatz). Diese erfasst insbesondere auch andere Vorhaben als die von Bund und Ländern.

Die **materiellrechtliche Bedeutung** des Abs. 1 liegt darin, dass für Vorhaben des 2 Bundes oder eines Landes mit besonderer öffentlicher Zweckbestimmung eine Abweichung („Befreiung") von städtebaulichen Vorschriften ermöglicht wird. Unberührt bleibt sonstiges materielles Recht außerhalb des Städtebaurechts. Dies gilt etwa für das Bauordnungs- oder Naturschutzrecht. Mit der materiellen Erleichterung soll dem Umstand Rechnung getragen werden, dass die Atypik bestimmter öffentlicher Vorhaben zu Schwierigkeiten führen kann, wenn hierauf die städtebaulichen Vorschriften einschränkungslos anzuwenden wären (BVerwG Beschl. v. 16.7.1981 – 4 B 96/81, ZfBR 1981, 243; *Roeser* in BK § 37 Rn. 5). Dies gilt auch für Befreiungen, die nach § 31 Abs. 2 nur im Planbereich und grundsätzlich nur unter den dort abschließend geregelten Voraussetzungen zulässig sind(BVerwG Beschl. v. 16.7.1981, aaO). Von den Festsetzungen eines Bebauungsplans kann daher gemäß Abs. 1 auch über § 31 hinaus abgewichen werden. Hingegen bedarf es des Abs. 1 einschließlich der darin geregelten Voraussetzungen nicht, wenn die Zulässigkeit eines Vorhabens bereits nach den allgemeinen bauplanungsrechtlichen Anforderungen herbeigeführt werden kann. Ist dies zweifelhaft, entscheidet darüber die zuständige Genehmigungsbehörde (vgl. OVG Koblenz Beschl. v. 13.5.2014 – 8 B 10342/14, NVwZ-RR 2014, *721*; *Bienek/Reidt,* BauR 2015, 421 (431)). Die § 37 auch zugrunde liegende Beschleunigung macht es also entbehrlich, ggf. zunächst eine gerichtliche Klärung dazu herbeizuführen, es sei denn in Abs. 1 enthaltenen Sonderregelungen überhaupt bedarf (zu Verfahrensfragen und zum gemeindlichen Einvernehmen → Rn. 5ff.).

Abs. 1 bezieht sich auf Vorhaben des **Bundes** oder eines **Landes**. Darunter fallen 3 auch Vorhaben von Bundesämtern und nicht rechtsfähigen Bundesanstalten. Entsprechendes gilt für vergleichbare Einrichtungen der Länder (anders OVG Münster Beschl. v. 30.6.1976 – X B 666/76, DÖV 1977, 335). Dies gilt auch für Fälle, in denen sich der Bund oder die Länder zur Erfüllung ihrer Bauaufgaben oder zum Betrieb der baulichen Anlagen aus organisatorischen Gründen anderer Rechtsträger im Sinne eines „verlängerten Arms" bedienen. Bund und Länder sind in solchen Fällen weiterhin der Sache nach „Bauherr", so dass die Rechtfertigung für die Anwendung von Abs. 1 wegen der besonderen Zweckbestimmung dieser Vorhaben nach wie vor besteht (wie hier *Blechschmidt* in EZBK § 37 Rn. 15; aA VG Gelsenkirchen Urt. v. 10.11.2004 – 10 K 2105/02, NWVBl. 2005, 146 Rn. 28; *Hofmeister* in SU § 37 Rn. 5). Für die privatisierten Nachfolgeunternehmen von Bahn und Post besteht die Abweichungsmöglichkeit gem. § 37 Abs. 1 hingegen nicht; diese sind vom Bund in den wirtschaftlichen Wettbewerb gestellt und bedürfen keiner Sonderregelung wegen besonderer Zweckbestimmungen ihrer Vorhaben.

Abs. 1 bezieht sich auf Vorhaben mit **besonderer öffentlicher Zweckbestim-** 4 **mung.** Vorhaben, die dem Finanzvermögen, und damit nur mittelbar öffentlichen Verwaltungszwecken dienen, fallen nicht hierunter (BVerwG Beschl. v. 16.7.1981 – 4 B 96/81, ZfBR 1981, 243; *Hofmeister* in SU § 37 Rn. 7). Eine besondere Zweckbestimmung liegt vor, wenn sich das Bundes- oder Landesvorhaben wegen seiner Aufgabenstellung nach Standort, Art, Ausführung oder Auswirkung von sonstigen Verwaltungsbauten unterscheidet Darunter fallen etwa technische Anlagen der Daseinsvorsorge, (insbesondere kurzfristig erforderliche) **Asylbewerberaufnahmestellen** (s. hierzu die Hinweise zur bauplanungsrechtlichen Beurteilung von Standor-

ten für Unterkünfte von Flüchtlingen und Asylbegehrenden in den verschiedenen Gebietskulissen der Fachkommission Städtebau vom 2.10.2014, Ziff. 4; *Bienek/Reidt* BauR 2015, 422 (430)) oder die in Abs. 2 bezeichneten Anlagen (BVerwG Beschl. v. 16.7.1981, aaO). Ein Abweichen von den städtebaulichen Vorschriften ist **erforderlich,** wenn dies zur Erfüllung oder Wahrung der öffentlichen Zweckbestimmung **vernünftigerweise geboten** ist (BVerwG Beschl. v. 16.7.1981 – 4 B 96/81, ZfBR 1981, 243 unter Hinweis auf den Begriff „erfordern" in § 31 Abs. 2 Nr. 1, auf den wegen vergleichbarer Zielrichtung bei der Auslegung zurückgegriffen werden kann; s. auch OVG Lüneburg Urt. v. 25.3.1983 – 6 A 24/82, NVwZ 1984, 656). Abs. 1 bleibt insofern in Bezug auf die Aufweichung der städtebaurechtlichen Anforderungen hinter § 38 zurück. Erst recht steht dem Vorhabenträger hinsichtlich des **konkreten Standorts** der Anlage keine eigene Entscheidungsbefugnis zu. Die widerstreitenden öffentlichen Belange sind vielmehr von der höheren Verwaltungsbehörde **im Einzelfall zu gewichten.** Je stärker das Gewicht der dem Vorhaben entgegenstehenden Belange ist, umso höher müssen die Anforderungen daran sein, von der gegebenen bauplanungsrechtlichen Lage abzuweichen; dh die wechselseitigen Belange sind nicht nur zu bilanzieren, sondern in ihrem jeweiligen Gewicht zu relativieren. Dies unterliegt ohne behördlichen Beurteilungsspielraum der vollen gerichtlichen Kontrolle (BVerwG Beschl. v. 10.7.1991 – 4 B 106/91, NVwZ 1992, 479). Notwendig ist es, die unterschiedlichen wechselseitigen Belange konkret und vorhabenspezifisch zu ermitteln und einander gegenüber zu stellen. Dies schließt insbesondere auch die Einbeziehung möglicher **Alternativstandorte** ein. Eine besondere Form ist gesetzlich nicht vorgesehen. Zur **Dokumentation** der Entscheidung bietet sich allerdings in der Regel eine tabellarische oder verbal-argumentative Auseinandersetzung mit den für und gegen das Vorhaben sprechenden Erwägungen an.

5 **2. Verfahren.** Abgesehen von der Festlegung, dass in den Fällen des Abs. 1 die höhere Verwaltungsbehörde entscheidet, richtet sich das Verfahren im Übrigen nach dem jeweiligen Landesrecht. Im Zweifel ist der höheren Verwaltungsbehörde ein normales **Baugenehmigungsverfahren** unter Zugrundelegung der sich aus Abs. 1 ergebenden materiellen Modifikationen durchzuführen (→ noch Rn. 8). Die Notwendigkeit des **gemeindlichen Einvernehmens** gemäß § 36 bezieht sich zwar allein auf Vorhaben nach den §§ 31, 33–35, schließt also § 37 nicht mit ein. Gleichwohl ergibt sich aus der Zusammenschau von § 36 und § 37, dass es auch bei Vorhaben, die sich nach § 37 richten, der gemeindlichen Zustimmung bedarf. Entsprechendes gilt im Hinblick auf § 14 Abs. 1 Satz 2. Da das zu Unrecht verweigerte gemeindliche Einvernehmen nach § 36 Abs. 2 Satz 3 oder (insbesondere auch im Hinblick auf § 14 Abs. 2 Satz 2) kommunalaufsichtlich ersetzt werden kann, liegt die besondere Möglichkeit des Abs. 1 darin, dass auch in den Fällen, in denen das gemeindliche Einvernehmen zu Recht verweigert wurde, weil das Vorhaben an sich bauplanungsrechtlich unzulässig ist, dieses Zulassungshindernis überwunden werden kann.

6 Für Vorhaben, die der **Landesverteidigung, dienstlichen Zwecken der Bundespolizei** oder dem **zivilen Bevölkerungsschutz** dienen, enthält **Abs. 2** eine zusätzliche verfahrensrechtliche Sonderregelung: Sind für diese Vorhaben die **tatbestandsmäßigen Voraussetzungen des Abs. 1,** insbesondere die Erforderlichkeit einer Abweichung von den städtebaulichen Vorschriften, erfüllt, dann bedarf es nicht des nach § 14 oder § 36 ansonsten erforderlichen gemeindlichen Einvernehmens. Nach **Abs. 2 S. 1** reicht vielmehr die Zustimmung der höheren Verwaltungsbehörde zur Abweichung von den städtebaulichen Vorschriften aus. Materiell gelten dabei grundsätzlich dieselben Anforderungen wie bei Abs. 1 (so etwa auch *Rieger* in Schrödter § 37 Rn. 15). Das Verfahren der Zustimmung durch die höhere Verwaltungsbehörde richtet sich ebenso wie in den Fällen nach Abs. 1 nach dem jeweiligen Landesrecht. Da das Einvernehmenserfordernis gemäß **Abs. 2 S. 2** durch eine bloße

1. Abschnitt. Zulässigkeit von Vorhaben **§ 37**

Anhörung der Gemeinde ersetzt wird, scheidet eine fiktive Einvernehmenserteilung nach § 36 Abs. 2 Satz 2 aus (OVG Koblenz Beschl. v. 13.5.2014 – 8 B 10342/14, NVwZ-RR 2014, 721; zum Rechtsschutz s. noch Rn. 12). Die Entscheidung über die Zustimmung geht auf das zuständige **Bundesministerium** über, wenn entweder die Gemeinde dem beabsichtigten Vorhaben widerspricht oder die höhere Verwaltungsbehörde ihre Zustimmung versagt. Das Bundesministerium hat dann nach **Abs. 2 S.** 3 im Einvernehmen, also mit Zustimmung der beteiligten Bundesministerien und im Benehmen (=Anhörung) mit der zuständigen Obersten Landesbehörde zu entscheiden.

Abs. 2 findet auch auf Vorhaben des Bundes als Bauträger der Vertragsparteien **7** des Nordatlantikvertrages **(NATO-Streitkräfte)** Anwendung (BVerwG Urt. v. 3.12.1992 – 4 C 24/90, BVerwGE 91, 227, 230; *Scheidler* ZfBR 2009, 223 (224)). Ein im Rahmen des NATO-Truppenstatus (vgl. Art. 49 Abs. 2 des Zusatzabkommens hierzu, Gesetz vom 18.3.1993, BGBl. II 1994 S. 1594, zuletzt geändert durch Art. 112 V vom 31.10.2006, BGBl. I S. 2407) errichtetes **Wohnbauvorhaben** für die ausländischen Truppen und ihr ziviles Gefolge dient aber nur dann der Landesverteidigung iS von Abs. 2, wenn die militärische Führung wegen der besonderen Lebensumstände die ausländischen Soldaten ohne gemeinsame Unterbringung für erforderlich hält (BVerwG Urt. v. 3.12.1992 – 4 C 24/90, BVerwGE 91, 227 (231)). Auch insoweit kommt es im Übrigen auf das Vorliegen der tatbestandsmäßigen **Voraussetzungen des Abs. 1** an (vgl. auch VGH München Urt. v. 14.8.2002 – 15 B 96.2483, juris: **Tankstelle und Waschplatz** für Einsatzfahrzeuge eines US-Luft- und Bodenschießplatzes im Außenbereich als Vorhaben der Landesverteidigung können eine Abweichung von den Vorschriften des BauGB erforderlich machen, etwa wegen einer Verbesserung der Einsatzlage, Kostensenkungen und der Verminderung von Umweltbelastungen; weitere Beispiele: Geräte- und Kraftfahrzeugparks, Flugplätze, Schießstände oÄ).

§ 37 lässt die Anforderungen des Bauordnungsrechts, insbesondere auch das (nach- **8** folgende) **bauaufsichtliche Verfahren,** unangetastet. Einschlägig ist insofern das jeweilige Landesrecht. Zumeist ist für Vorhaben iSv § 37 anstelle eines Baugenehmigungsverfahrens ein Zustimmungsverfahren oder ein bloßes Kenntnisgabeverfahren vorgesehen (s. etwa § 76 Abs. 4 S. 1 BauO Bln; § 80 Abs. 4 S. 1 BauO NRW).

3. Erstattungsansprüche der Gemeinde nach Abs. 3. Aufwendungen für **9** Entschädigungen, die der **Gemeinde** infolge der Durchführung von Vorhaben nach den Abs. 1 und 2 entstehen, sowie **Kosten,** die der Gemeinde durch die Aufstellung, Änderung, Ergänzung oder Aufhebung eines Bebauungsplans infolge solcher Vorhaben entstehen, sind ihr vom Träger zu ersetzen. **Abs. 3** begründet für diese Fälle einen öffentlich-rechtlichen Aufwendungsersatzanspruch der Gemeinde.

4. Verfahrensvereinfachung nach Abs. 4. Im Hinblick auf die nach dem LBG **10** vorgesehene Entscheidungsbefugnis des Bundesministeriums der Verteidigung enthält **Abs. 4** eine Verfahrensvereinfachung. In dem Verfahren nach § 1 Abs. 2 LBG sind alle von der Gemeinde oder der höheren Verwaltungsbehörde nach den Abs. 1 und 2 zulässigen Einwendungen bereits abschließend zu erörtern. Nach Abs. 4 S. 2 entfällt deshalb auch das bei Einwendungen der Gemeinde oder der höheren Verwaltungsbehörde erforderliche Verfahren nach Abs. 2 S. 3. Zugleich ist durch Abs. 4 sichergestellt, dass auch in den Fällen des LBG die Gemeinden beteiligt werden. Insbesondere sind ihre Bedenken gegen das betreffende Vorhaben dem Bundesministerium vorzulegen und von diesem bei seiner Entscheidung zu berücksichtigen. Insofern wird § 1 Abs. 2 LBG durch Abs. 4 ergänzt (BVerwG Urt. v. 11.4.1986 – 4 C 51/83, BVerwGE 74, 124).

5. Rechtsschutz. Für **Nachbarn und sonstige Dritte** bestehen bei einer Ent- **11** scheidung nach § 37 grundsätzlich keine geringeren, aber auch keine weitergehenden

Abwehrrechte als bei sonstigen Vorhaben (vgl. OVG Münster Beschl. v. 9.9.2003 – 10 B 1593/03, NVwZ-RR 2004, 175; *Blechschmidt* in EZBK § 37 Rn. 27). Entscheidend ist insofern also im Wesentlichen, ob im Hinblick auf einen etwaigen Anspruch auf **Wahrung des Gebietscharakters** die besonderen Voraussetzungen des Abs. 1 erfüllt sind, die es ggf. rechtfertigen, davon abzuweichen. Im Übrigen muss auch bei Vorhaben nach Abs. 1 das **Gebot der Rücksichtnahme** gegenüber der Nachbarschaft gewahrt werden (zum Nachbarschutz → im Einzelnen Vorb 28–37 Rn. 14ff.).

12 Eine nach Abs. 1 oder Abs. 2 ergehende Entscheidung stellt gegenüber der **Gemeinde,** auf deren Gebiet das Vorhaben verwirklicht werden soll, einen **Verwaltungsakt** dar und ist ihr daher auch bekanntzugeben. Die Entscheidung überwindet den Widerspruch der Gemeinde und greift damit unmittelbar in die gemeindliche Planungshoheit ein (BVerwG Urt. v. 3.12.1992 – 4 C 53/89, NVwZ 1993, 894; VGH Kassel Beschl. v. 7.12.2000 – 4 TG 3044/99, NVwZ 2001, 823). Sie ist daher für die Gemeinde auch unmittelbar mit Rechtsmitteln (Widerspruch, Klage) angreifbar. § 212a greift dabei nicht ein, so dass das Rechtsmittel grundsätzlich aufschiebende Wirkung entfaltet (§ 80 Abs. 1 VwGO; OVG Koblenz Urt. v. 13.5.2014 – 8 B 10342/14, NVwZ-RR 2014, 721; *Hofmeister* in SU § 37 Rn. 25). Zu prüfen ist auf ein Rechtsmittel der Gemeinde hin in **verfahrensrechtlicher** Hinsicht, ob sie ordnungsgemäß beteiligt wurde. Ist dies nicht der Fall, ist dem Rechtsmittel schon aus diesem Grunde stattzugeben. In **materieller** Hinsicht ist zu prüfen, ob die Voraussetzungen des § 37 tatsächlich vorliegen und die Entscheidung nach den sich daraus ergebenden Maßstäben in Ordnung ist, also insbesondere die Abweichung von den bauplanungsrechtlichen Vorschriften aufgrund der besonderen öffentlichen Zweckbestimmung des Vorhabens erforderlich ist. Ist dies nicht der Fall und dementsprechend das erforderliche Einvernehmen der Gemeinde nach § 36 nicht eingeholt und auch nicht rechtmäßig ersetzt worden, ist dem Rechtsmittel ebenfalls stattzugeben. Anderenfalls muss die Gemeinde das Vorhaben akzeptieren.

§ 38 Bauliche Maßnahmen von überörtlicher Bedeutung auf Grund von Planfeststellungsverfahren; öffentlich zugängliche Abfallbeseitigungsanlagen

¹Auf Planfeststellungsverfahren und sonstige Verfahren mit den Rechtswirkungen der Planfeststellung für Vorhaben von überörtlicher Bedeutung sowie auf die auf Grund des Bundes-Immissionsschutzgesetzes für die Errichtung und den Betrieb öffentlich zugänglicher Abfallbeseitigungsanlagen geltenden Verfahren sind die §§ 29 bis 37 nicht anzuwenden, wenn die Gemeinde beteiligt wird; städtebauliche Belange sind zu berücksichtigen. ²Eine Bindung nach § 7 bleibt unberührt. ³§ 37 Abs. 3 ist anzuwenden.

Übersicht

	Rn.
1. Bauleitplanung und Fachplanung	1
a) Bedeutung der Unterscheidung	1
b) Allgemeine Vorrangbestimmungen	3
c) Sonderregelung in § 38	6
2. Regelungsgehalt des S. 1	7
a) Vorrang der Planfeststellung für überörtlich bedeutsame Vorhaben	7
b) Berücksichtigung städtebaulicher Belange	10
c) Reichweite des Vorrangs	11
3. Privilegierte Fachplanungen	14
4. Überörtliche Bedeutung	18
5. Bindung an den Flächennutzungsplan (Satz 2)	20

1. Abschnitt. Zulässigkeit von Vorhaben § 38

	Rn.
6. Entschädigungspflicht und Kostentragung (Satz 3)	21
7. Sperrwirkung für die Genehmigung von Vorhaben und die kommunale Bauleitplanung	22
a) Vorhaben	23
b) Bauleitplanung	29
8. Rechtsschutz	33

1. Bauleitplanung und Fachplanung. a) Bedeutung der Unterscheidung. 1
Die Bauleitplanung wird im Gegensatz zur **Fachplanung** der räumlichen **Gesamtplanung** zugeordnet. Grundlage für diese Einordnung ist, dass in der Bauleitplanung Nutzungsregelungen jeweils für ein gesamtes Gebiet getroffen werden, während die Fachplanung jeweils die Planung und Errichtung eines konkreten Objekts zum Gegenstand hat. Für die Erfassung des Regelungsgehalts von § 38 ist diese Gegenüberstellung hinreichend (s. vertiefend etwa *Reidt* in BRS Rn. 101 ff.; *Kraft* in SU § 38 Rn. 2 ff.).

Die Bezeichnung einer Planungsart als Gesamt- oder als Fachplanung kann zudem 2 nur der begrifflichen Klärung dienen. Rechtliche Konsequenzen, etwa bestimmte Vorrangverhältnisse, erwachsen aus einer solchen Zuordnung nicht. Das Verhältnis der verschiedenen Planungen zueinander ist vielmehr jeweils im Einzelfall anhand der einschlägigen gesetzlichen Bestimmungen zu klären. Eine wichtige Vorschrift zur **Bestimmung des Rangverhältnisses** verschiedener Planungen ist dabei § 38.

b) Allgemeine Vorrangbestimmungen. Für das Verhältnis der Bauleitplanung 3 zu anderen Planungen öffentlicher Planungsträger und deren Verhältnis zueinander gibt es keine generell anwendbare Konfliktlösungsregel. Der **Grundsatz, dass,** sofern keine spezielle Rangbestimmung erfolgt ist, das **ranghöhere das rangniedere Recht verdrängt,** gilt auch für Planungen, die auf unterschiedlichen rechtlichen Grundlagen basieren (*Breuer,* Die hoheitliche raumgestaltende Planung, 1968, 209; *Roeser* in BK § 38 Rn. 6). Nach diesem Grundsatz geht eine in Form zB einer Rechtsverordnung erfolgte Planung einem Bebauungsplan als Satzung vor. In Betracht kommt diese Konstellation etwa für Wasserschutzgebiete (BVerwG Urt. v. 15. 3. 1968 – IV C 5/67, BVerwGE 29, 207 ff.) oder Naturschutzgebiete. Beim Erlass eines Verwaltungsaktes muss regelmäßig eine ihm entgegenstehende Rechtsnorm beachtet werden (zB im Baugenehmigungsverfahren die ggf. entgegenstehender Bebauungsplan, s. § 30; → im Hinblick auf einen Planfeststellungsbeschluss Rn. 7).

Beim Zusammentreffen gleichstufiger Planungen, etwa bei zwei Planfeststellungen, 4 die nicht gemeinsam durchgeführt werden (vgl. § 78 VwVfG), gilt prinzipiell der **Grundsatz der zeitlichen Priorität:** Der später kommende Planungsträger muss seine Planung an einer vorliegenden, konkretisierten und verfestigten Planung des anderen Planungsträgers ausrichten (BVerwG Beschl. v. 5. 11. 2002 – 9 VR 14/02, NVwZ 2003, 207 (208); vgl. instruktiv *Schmidt-Eichstaedt,* NVwZ 2003, 129 ff.; zu Fragen der Verhältnismäßigkeit und der wechselseitigen Rücksichtnahme vgl. *Reidt* DVBl. 2009, 274 ff.). Dies gilt, vorbehaltlich spezieller Regelungen, aufgrund der **Tatbestandswirkung von Hoheitsakten** auch **im Verhältnis von Fachplanung zu Bauleitplanung** (BVerwG Urt. v. 21. 3. 1996 – 4 C 26/94, BVerwGE 100, 388; teilweise anders *Roeser* in BK § 38 Rn. 7). Öffentliche Planungsträger haben daher auch eine **Anpassungspflicht nach § 7** an einen vorliegenden Flächennutzungsplan, obwohl diesem nicht die Rechtsqualität einer Satzung oder eines Verwaltungsakts zukommt. Abweichen kann er von ihm nur, wenn er wirksam widersprochen oder sich die Sachlage objektiv geändert hat (→ § 7 Rn. 16 ff.).

Der **Grundsatz, dass das speziellere dem allgemeineren Gesetz vorgeht,** 5 führt im Verhältnis der Fachplanung zur Bauleitplanung nicht zu befriedigenden Ergebnissen, da auch die Bauleitplanung zum Teil sehr spezielle Ziele verfolgt. Gesetz-

licher Beleg hierfür ist, dass teilweise die Planfeststellung durch einen Bebauungsplan ersetzt werden kann, etwa bei der Straßenplanung (→ Rn. 16). Der Unterschied liegt insofern also in den verfolgten Zielen, nicht in der geringeren oder größeren Spezialität (vgl. *Roeser* in BK § 31 Rn. 9). Soweit die kommunale Bauleitplanung berührt wird, besteht für alle Träger raumbezogener Planungen zumindest die Pflicht, sich mit den Gemeinden im Rahmen der alle Planungen prägenden Abwägung im Sinne einer „praktischen Konkordanz" ins Benehmen zu setzen. Es geht also **primär** nicht um die Bestimmung eines Vorrangs, sondern um die Erzielung eines **Konsenses** (*Stüer* Rn. 3669; zur Regelungskompetenz für Folgenutzungen auf Planfeststellungsflächen und dem **Kooperationsgebot** von Fachplanungsträger und Gemeinde am Beispiel von Deponiefolgenutzungen *Breuer* NVwZ 2007, 3 (6 f.); im Hinblick auf Bahnflächen s. etwa *Kuschnerus* ZfBR 2000, 300 ff.; *Gruber* BauR 2000, 499 ff.).

6 c) **Sonderregelung in § 38.** Das dargelegte allgemeine Rangverhältnis besteht nicht, wenn und soweit dies sondergesetzlich geregelt ist. Eine solche **Sonderregelung** enthält für den Bereich des Bauplanungsrechts § 38. Aus ihr ergibt sich für die unter S. 1 fallenden Vorhaben eine Freistellung von der strikten Bindung der §§ 29 bis 37 (→ Rn. 10). Zudem ergeben sich aus der Regelung Schranken für die Genehmigungsfähigkeit von Vorhaben auf den von der Fachplanung umfassten Flächen sowie für eine diese Flächen umfassende kommunale Bauleitplanung (→ Rn. 22). Vorhaben die nicht unter S. 1 fallen, unterliegen ohne sondergesetzliche Regelung dem dargelegten allgemeinen Rangverhältnis (Rn. 3 ff.). Bei einer nicht durch Rang, Zeit oder Konsens gelösten Kollision einer Fachplanung, die nicht nach § 38 privilegiert ist, mit der Bauleitplanung ist abzuwägen, welcher Planung materiell der Vorrang gebührt, wobei der klagebewehrten (Rn. 10) Planungshoheit der Gemeinde zentrale Bedeutung zukommt (vgl. *Roeser* in BK § 38 Rn. 10 f.; → Rn. 8 und 10). Keine Bedeutung hat § 38 für das Verhältnis von Fachplanung und **Bauordnungsrecht.** Allerdings können Fachplanungsvorhaben ganz oder teilweise durch landesrechtliche Regelungen von den bauordnungsrechtlichen Anforderungen, auch soweit sie in einem Bebauungsplan enthalten sind (§ 9 Abs. 4), freigestellt sein (vgl. VGH München Urt. v. 9. 3. 2009 – 22 A 07/40036, NVwZ-RR 2009, 668 zu bauordnungsrechtlichen Gestaltungsanforderungen). Ob ein Fachplanungsvorhaben einer Baugenehmigung bedarf oder nicht, richtet sich nach den Bestimmungen des einschlägigen Fachplanungsgesetzes sowie der maßgeblichen Landesbauordnung (s. zB § 1 Abs. 2 und § 63 BauO NRW).

7 **2. Regelungsgehalt des S. 1. a) Vorrang der Planfeststellung für überörtlich bedeutsame Vorhaben. Wenn** ein Verfahren, das mit einer **Planfeststellung** oder einer vergleichbaren Regelung, also vor allem mit einer **Plangenehmigung** (zur isolierten luftverkehrsrechtlichen Genehmigung etwa. § 6 LuftVG → Rn. 13), für ein Vorhaben von überörtlicher Bedeutung (→ Rn. 18) endet, **oder** wenn für die Errichtung oder den Betrieb einer **öffentlich zugänglichen Abfallbeseitigungsanlage** ein Verfahren nach dem BImSchG durchgeführt wird **und** hierbei die Gemeinde beteiligt wird, gelten die §§ 29 bis 37 nicht. Vielmehr gilt für die Zulässigkeit des Vorhabens allein das jeweilige Fachplanungsrecht (Zuständigkeits- und Verfahrenskonzentration, materielle Konzentration). Diesem kommt also **Vorrang** vor dem Bauplanungsrecht einschließlich der Festsetzungen in Bebauungsplänen und dem sonstigen Zulassungsrecht nebst der Gemeindebeteiligung nach § 36 zu. Festsetzungen eines dem Fachplanungsvorhaben entgegen stehenden Bebauungsplans werden allerdings durch eine Planfeststellung nicht aufgehoben und auch nicht ohne Weiteres funktionslos. Sie werden vielmehr, ebenso wie bei der Aufstellung eines neuen Bebauungsplans ohne Aufhebung des Altplans, in der Regel (jedenfalls zunächst) nur **überlagert.** Wird das Fachplanungsvorhaben nicht realisiert und tritt der Planfeststellungsbeschluss mangels Baubeginns außer Kraft (vgl. § 75 Abs. 4 VwVfG), lebt der Bebauungsplan von selbst wieder auf (*Paetow* UPR 1990, 321 (325); *Kraft* in SU

1. Abschnitt. Zulässigkeit von Vorhaben § 38

§ 38 Rn. 23). Allerdings ist die Gemeinde nicht gehindert, den Bebauungsplan nach Erlass eines Planfeststellungsbeschlusses aufzuheben oder so zu ändern, dass er dem Fachplanungsvorhaben nicht mehr widerspricht (→ zu den Möglichkeiten der Bauleitplanung im Geltungsbereich eines Planfeststellungsbeschlusses Rn. 29).

Satz 1 Hs. 2 enthält als Kompensation für die Entbindung von den Anforderungen der §§ 29 bis 37 inhaltlich eine **auf Konsens zielende Vorgabe** für das Fachplanungsverfahren: Erforderlich ist, dass in ihm nicht nur die fachplanerischen, sondern mit dem ihnen zukommenden Gewicht auch die **städtebaulichen Belange** berücksichtigt werden. **S. 2** enthält eine Klarstellung der **Bindung** der Fachplanungsträger an den Flächennutzungsplan, **S. 3** die Begründung eines öffentlich-rechtlichen **Ersatzanspruchs** für die Gemeinde. Hiermit wird der (einer Planfeststellung immanenten) **Abwägung aller relevanten** Belange, auch soweit sie über die fachplanerischen Interessen hinausgehenden, sowie der materiellen **Konzentrationswirkung der Planfeststellung** Rechnung getragen. Diese umfassende Abwägung und die Konzentrationswirkung der Planfeststellung verbieten eine gesonderte städtebaurechtliche Prüfung auf der Grundlage der §§ 29 ff. Auch für ein Einvernehmen der Gemeinde nach § 36 ist dabei kein Raum (vgl. BVerwG Urt. v. 3.4.1981 – 4 C 17/79, DVBl. 1981, 930; VGH Mannheim Beschl. v. 25.11.1996 – 10 S 2185/96, NVwZ 1997, 1018). Dasselbe gilt, wenn ein Vorhaben nicht aufgrund einer Planfeststellung, sondern einer diese ersetzenden **Plangenehmigung** (vgl. § 74 Abs. 6 VwVfG) zugelassen wird. Mit der abstrakten Fassung des Satzes 1 ist den Gesetzgebern von Bund und Ländern die Möglichkeit eröffnet, durch die Schaffung von Planfeststellungs- oder Plangenehmigungsverfahren diesen Planungen Vorrang vor der gemeindlichen Bauleitplanung einzuräumen, ohne dass es jeweils einer Änderung des § 38 selbst bedarf. Wird allerdings zu Unrecht über ein Vorhaben unter Zugrundelegung von § 38 entschieden (zB weil an der notwendigen überörtlichen Bedeutung fehlt (→ Rn. 18), führt dies zwangsläufig zu einer Verletzung der gemeindlichen Planungshoheit und des Beteiligungsanspruchs der Gemeinde gem. § 36 (vgl. OVG Münster Urt. v. 24.9.2014 – 20 A 2013/12, juris; VGH Mannheim Beschl. v. 10.12.2001 – 5 S 2274/01, NVwZ-RR 2002, 818; s. auch § 36 Rn. 24).

Die Verlagerung der Entscheidungskompetenz über die Zulässigkeit eines Vorhabens von der Gemeinde auf die Ebene der Fachplanung hat den Zweck, überörtlich bedeutsame Vorhaben aus dem Verantwortungsbereich der Gemeinde herauszunehmen, um einerseits die Durchführung des Vorhabens sicherzustellen und andererseits eine rechtliche oder politische Überforderung der Gemeinde zu vermeiden. Diesem Zweck würde eine bloß formale Kompetenzverlagerung nicht genügen. Erforderlich ist vielmehr auch die materielle Freistellung der Fachplanung unterfallender Vorhaben iSv S. 1 von den Festsetzungen in einem gemeindlichen Bebauungsplan sowie den ersatzweise geltenden §§ 34 und 35. Die in § 35 Abs. 3 S. 2 und 3 enthaltenen **Raumordnungsklauseln** gelten damit zwar ebenfalls nicht, jedoch sind die Erfordernisse der Raumordnung in der Planfeststellung über **§ 4 ROG** zu beachten bzw. zu berücksichtigen (zu Fragen der Raumordnung bei fachplanungsrechtlichen Zulassungsentscheidungen s. insbesondere BVerwG Urt. v. 16.3.2006 – 4 A 1075.04, BVerwGE 125, 116 Rn. 56 ff.; dazu im Einzelnen auch *Reidt* in Grabherr/Reidt/Wysk, Luftverkehrsgesetz, § 6 Rn. 147 ff.). Anders als für die kommunale Bauleitplanung ist für die Raumordnung über Zielfestlegungen also eine verbindliche Steuerung von Fachplanungsvorhaben möglich. Im Hinblick auf den überörtlichen und damit auch die übergemeindlichen Belange einbeziehenden Charakter der Raumordnungsplanung ist dies gerechtfertigt.

b) Berücksichtigung städtebaulicher Belange. Die Planfeststellungsbehörde hat die **städtebaulichen Anforderungen,** insbesondere wenn sie in einem Bebauungsplan zum Ausdruck kommen, **als wesentlichen öffentlichen Belang in ihre Planungsentscheidung einzustellen** und die **Gemeinde zu beteiligen**

§ 38 I. Kapitel. III. Teil. Regelung der baul. und sonst. Nutzung

(→ bereits Rn. 8; hierzu etwa BVerwG Beschl. v. 5.11.2002 – 9 VR 14/02, NVwZ 2003, 207; dazu *Kerkmann* BauR 2004, 275 ff.). Die Entscheidungsbefugnis der Planfeststellungsbehörde über die Zulässigkeit von Vorhaben ihres Aufgabenbereiches kann also nicht dazu führen, ortsplanerische Belange zu negieren. Städtebauliche Gesichtspunkte sind vielmehr nach Maßgabe des Satzes 1 Hs. 2 im Rahmen der fachplanerischen Abwägung zu berücksichtigen (vgl. BVerwG Urt. v. 24.11.2010 – 9 A 13/09, NVwZ 2011, 680 Rn. 37; dass. Beschl. v. 7.2.2005 – 4 BN 1/05, NVwZ 2005, 584 (585 f.)). Dies ist allerdings weniger als die Pflicht, die bauplanungsrechtlichen Anforderungen insbesondere nach den §§ 30, 34 und 35 strikt zu beachten. § 38 dient insofern als „Weichmacher", der zwingendes Bauplanungsrechts auf **Abwägungserheblichkeit** abschwächt (*Kraft* BauR 1999, 829 (835); → allerdings auch Rn. 20). Bei Missachtung der kommunalen Planungshoheitaufgrund einer unzureichenden und damit abwägungsfehlerhaften Berücksichtigung städtebaulicher Belange, kann sich die Gemeinde jedoch gegen die Fachplanungsentscheidung mit einer Anfechtungsklage zur Wehr setzen (s. etwa BVerwG Urt. v. 5.11.2002 – 9 VR 14/02, BauR 2003, 205; dass. Urt. v. 31.10.2000 – 11 VR 12/00, NVwZ 2001, 90; dass. Urt. v. 21.3.1996 – 4 C 26/94, BVerwGE 100, 388; *Vallendar* UPR 2003, 41 ff.; *Kirchberg/Boll/Schütz* NVwZ 2002, 550 ff.). Dies gilt nicht nur dann, wenn eine Fachplanung nicht mit den Festsetzungen eines Bebauungsplans oder den Anforderungen der §§ 34 oder 35 BauGB im Einklang steht, sondern auch dann, wenn lediglich kommunale Planungsabsichten berührt sind, soweit sie hinreichend konkret sind (zB informelle Ortsentwicklungspläne, Bebauungsplanentwürfe uÄ; vgl. BVerwG Urt. v. 21.3.1996 – 4 C 26/94, BVerwG 100, 388). **Verfahrensmäßig** abgesichert wird die Berücksichtigung städtebaulicher Belange dadurch, dass S. 1 eine Beteiligung der Gemeinde erfordert. Die Gemeinde muss in die Lage versetzt werden, sich auf der Grundlage der Planunterlagen über die Einzelheiten des Vorhabens zu unterrichten und sodann ihre Bedenken, Änderungsvorschläge usw. der Planfeststellungsbehörde vor Erlass der Zulassungsentscheidung zur Kenntnis zu bringen. In der Regel genügt dafür die Beteiligung als Träger öffentlicher Belange im Rahmen eines durchzuführenden Planfeststellungs- oder Plangenehmigungsverfahrens (vgl. § 73 Abs. 2 VwVfG; zum immissionsschutzrechtlichen Genehmigungsverfahren s. VGH München Beschl. v. 4.9.2013 – 22 AS 13.40052, NVwZ-RR 2014, 36). Bei späteren Änderungen des Vorhabens ist die Beteiligung der Gemeinde zu wiederholen, sofern es sich nicht um Änderungen handelt, die im Hinblick auf die gemeindliche Planungshoheit irrelevant sind oder es nur darum geht, den von der Gemeinde geltend gemachten Bedenken Rechnung zu tragen.

11 c) **Reichweite des Vorrangs.** § 38 soll die Realisierung von Fachplanungsvorhaben mit überörtlicher Bedeutung trotz möglicherweise entgegenstehenden Bauplanungsrechts ermöglichen. Daher umfasst die Vorschrift das jeweilige Fachplanungsvorhaben in seiner **gesamten räumlichen Reichweite**. Es darf so abgegrenzt werden, dass alles untergebracht werden kann, was **funktional** zu dem betreffenden Fachplanungsvorhaben (zB zu einem Flugplatz, einer Betriebsanlage der Eisenbahn oder einer Bundesfernstraße) gehört. Auf die zwingende Erforderlichkeit der Fläche allein kommt es nicht an. Vielmehr darf die räumliche Abgrenzung so erfolgen, dass dort nach Größe, Struktur und Funktion des Fachplanungsvorhabens typischerweise anzutreffende Nutzungen (→ Rn. 12) untergebracht werden können (vgl. BVerwG Beschl. v. 31.3.1992 – 4 B 210/91, juris, Rn. 11; BVerwG Beschl. v. 5.10.1990 – 4 B 249/89, NVwZ-RR 1991, 118 (127); *Reidt* in Grabherr/Reidt/Wysk, Luftverkehrsgesetz, § 6 Rn. 18 für Flugplätze). Dies schließt auch die erforderlichen Flächen für die **naturschutzrechtliche Kompensation** ein. Rechtlich kann der räumlich betroffene Umgriff eines Fachplanungsvorhabens noch über die planfestgestellte Fläche als solche hinausgehen. Dies gilt etwa aufgrund von Baubeschränkungen im Bauschutzbereich eines Flughafens (§ 12 LuftVG) oder bei Bauverboten im Lärmschutz-

1. Abschnitt. Zulässigkeit von Vorhaben **§ 38**

bereich eines Flugplatzes (§ 5 FluglärmG). Auch rein tatsächlich können die von einem Fachplanungsvorhaben ausgehenden Immissionen dazuführen, dass über dessen eigentlichen räumlichen Umgriff hinausgehend die angrenzenden Flächen einer nach den §§ 29–37 an sich zulässigen Nutzung entzogen sind.

Gegenständlich umfasst die Freistellung von den Anforderungen des Bauplanungsrechts durch § 38 alle Nutzungen, die der **fachplanerischen Zweckbestimmung** entsprechen. Mit dem Fachplanungsvorhaben muss ein hinreichender Funktionszusammenhang (Betriebsbezogenheit, vgl. insbesondere für Bahnanlagen BVerwG Urt. v. 27.11.1996 – 11 A 2/96, BVerwGE 102, 269; VGH München Urt. v. 9.12.2010 – 2 B 09/1500, BauR 2011, 801) bestehen. Diese **Betriebsbezogenheit** ist abzugrenzen von **betriebsfremden Nutzungen** (zu deren bauplanungsrechtlicher Einordnung s. Rn. 24). Der notwendige Betriebsbezug ist gegeben, wenn und soweit es um Nutzungen geht, die nach Größe, Struktur und Funktion des Fachplanungsvorhabens dort typischer Weise anzutreffen sind (vgl. BVerwG Beschl. v. 5.10.1990 – 4 B 249/89, NVwZ-RR 1991, 118 (127)). Dazu gehören in erster Linie die für die Funktion des Fachplanungsvorhabens zwingend erforderlichen baulichen Anlagen und Betriebseinrichtungen (zB Schienenwege der Eisenbahn oder Flugbetriebsflächen eines Flugplatzes). Der Fachplanungsvorbehalt umfasst daneben allerdings auch weitere funktionsgerechte Nutzungen, etwa bei einem Flughafen Gebäude für luftfahrtaffine Nutzungen wie Hotels, Parkhäuser für Passagiere, Autovermietungen, Büros, Einzelhandelsbetriebe, Lagerhäuser uÄ (*Wysk* in Ziekow, Handbuch des Fachplanungsrechts, 2. Aufl. 2014, Rn. 13 ff.; *Reidt* in Grabherr/Reidt/Wysk, Luftverkehrsgesetz, § 6 Rn. 14 ff.). Bei Betriebsanlagen der Eisenbahnen fallen etwa auch Privatunternehmen zur Verfügung gestellte Flächen mit Gleisanschluss im Bereich eines Güterbahnhofs unter das Fachplanungsprivileg, wenn sie zur Abwicklung des Güterumschlags von der Schiene auf die Straße genutzt werden (BVerwG Urt. v. 16.12.1988 – 4 C 48/86, BVerwGE 81, 111; dass. Urt. v. 6.11.1981 – 4 C 66/78, BVerwGE 64, 202; *Kuschnerus* ZfBR 2000, 300 (301 f.), ebenso ein Park- and-ride-Parkplatz (VGH Mannheim Urt. v. 24.2.1989 – 5 S 958/88, NVwZ 1990, 585), nicht hingegen ein lediglich auf Eisenbahngelände betriebener Schrottplatz (OVG Münster Beschl. v. 4.2.2010 – 8 B 1652/09, NVwZ-RR 2010, 475; dass. Urt. v. 27.4.1998 – 7 A 3818/96, BauR 1999, 338) oder eine auf dem Bahnbetriebsgelände errichtete Werbeanlage (VGH München Urt. v. 9.12.2010 – 2 B 09/1500, BauR 2011, 801; OVG Saarlouis Urt. v. 24.9.2002 – 2 R 12/01, BauR 2003, 349). Ebenso wie auf Flugplätzen unterfallen auch auf Bahnanlagen, insbesondere in Bahnhöfen, errichtete Gastronomie- und Einzelhandelsbetriebe § 38, soweit es um die Versorgung von Fahrgästen und ihrer Abholer, die Überbrückung von Wartezeiten uÄ geht. Entscheidend sind auch dabei letztlich die konkreten Umstände des Einzelfalls, insbesondere also Lage, Größe und Funktion des betreffenden Bahnhofs (*Krappel* BauR 2012, 1569 (1572); zu den Genehmigungsmöglichkeiten außerhalb des Fachplanungsprivilegs sowie zur kommunalen Bauleitplanung → Rn. 29 ff.).

§ 38 BauGB bezieht sich auf Planfeststellungsverfahren und sonstige Verfahren mit den Rechtswirkungen der Planfeststellung (→ Rn. 14). Dies schließt **spätere Änderungen** des Fachplanungsvorhabens mit ein, die ihrerseits einer Planfeststellung oder Plangenehmigung bedürften (s. etwa § 18 S. 1 AEG). Allerdings gibt es auch Fälle, in denen ein Fachplanungsvorhaben geändert wird, ohne dass es einer (Änderungs-)Planfeststellung oder (Änderungs-)Plangenehmigung bedarf (vgl. § 74 Abs. 7 VwVfG, Änderungen von unwesentlicher Bedeutung). Ebenfalls gibt es Zulassungsentscheidungen, die unter § 38 fallen, gleichwohl jedoch mangels materieller Konzentrationswirkung ein zusätzliches **Baugenehmigungsverfahren** nicht entbehrlich machen. Dies gilt insbesondere für die (isolierte) Genehmigung nach § 6 LuftVG (vgl. BVerwG Beschl. v. 13.12.2006 – 4 B 73/06, NVwZ 2007, 459 (460); VGH München, Urt. v. 30.4.2008 – 8 BV 07/1374, NuR 2009, 365; *Schiller* in Grabherr/Reidt/Wysk Luftverkehrsgesetz § 6 Rn. 530). In diesem Fall ist nach Maßgabe der einschlägigen Lan-

desbauordnung ein Baugenehmigungsverfahren durchzuführen (s. etwa *Vallendar/ Wurster* in Sellner/Hermes Beck'scher AEG-Kommentar, 2. Aufl. 2014 § 18 Rn. 305 für die Freistellungsentscheidung im Eisenbahnrecht). Dies ändert jedoch nichts an der Reichweite des Fachplanungsprivilegs. Zu prüfen sind dann im Baugenehmigungsverfahren von vornherein nur die bauplanungsrechtlichen Kriterien, die nicht bereits im Rahmen der fachplanerischen Zulassungsentscheidung abschließend behandelt worden sind. Auch soweit dies in der fachplanungsrechtlichen Zulassungsentscheidung noch nicht erfolgt ist (zB hinsichtlich einzelner Gastronomie- oder Einzelhandelseinrichtungen in einem Flughafen oder an einem Bahnhofsgebäude) ist der Vorrang der Fachplanung gemäß § 38 durch die Baugenehmigungsbehörde zu beachten. Geht es um eine funktional dem Fachplanungsvorhaben zuzuordnende Maßnahme (→ Rn. 12), ist sie auch bei Entbehrlichkeit eines Planfeststellungs- oder Plangenehmigungsverfahrens in einem dann nach Maßgabe der einschlägigen Landesbauordnung ggf. notwendigen Baugenehmigungsverfahren nicht an den §§ 29–37 zu messen, sondern allein an dem notwendigen Funktionszusammenhang und Betriebsbezug zu dem Fachplanungsvorhaben. Vollumfänglich zu prüfen sind in solchen Fällen in erster Linie also zumeist nur die bauordnungsrechtlichen Anforderungen, die etwa für bauliche Maßnahmen an einem Flughafenterminal oder an einem Bahnhofsgebäude bestehen (zB die Anforderungen an den Brandschutz, vgl. *Kämper* ZLW 2008, 487 (496); *Reidt* in Grabherr/Reidt/Wysk Luftverkehrsgesetz § 6 Rn. 38).

14 **3. Privilegierte Fachplanungen.** Der in § 38 geregelte Vorrang der Fachplanung gegenüber dem Bauplanungsrecht bezieht sich auf Planfeststellungsverfahren und sonstige Verfahren mit den Rechtswirkungen der Planfeststellung (→ zur notwendigen überörtlichen Bedeutung noch Rn. 18; zu öffentlichen zugänglichen Abfallbeseitigungsanlagen → Rn. 17). Planfeststellungsverfahren sind in den einzelnen Fachgesetzen, ergänzt durch die Verwaltungsverfahrensgesetze des Bundes und der Länder geregelt. Dies gilt auch für Plangenehmigungen. Für das Städtebaurecht von besonderer Bedeutung sind die Planfeststellungen nach dem Bundesfernstraßengesetz (§ 17 FStrG), nach dem Allgemeinen Eisenbahngesetz (§ 18 AEG), nach dem Luftverkehrsgesetz (§ 8 LuftVG, s. allerdings auch § 6 LuftVG für die isolierte luftverkehrsrechtliche Genehmigung, die ebenfalls aufgrund ihres „planerischen Einschlags" unter § 38 fällt, s. BVerwG Beschl. v. 13.12.2006 – 4 B 73/06, NVwZ 2007, 459 (461); *Kämper* ZLW 2009, 16 (21); *Reidt* in Grabherr/Reidt/Wysk Luftverkehrsgesetz § 6 Rn. 173), nach dem Kreislaufwirtschaftsgesetz für Abfalldeponien (§ 35 Abs. 2 KrwG; zu sonstigen ortsfesten Abfallbeseitigungsanlagen gem. § 35 Abs. 1 KrWG, → Rn. 17), dem Energiewirtschaftsgesetz (§§ 43 ff. EnWG) und dem Netzausbaubeschleunigungsgesetz (§§ 18 ff. NABEG), dem Personenbeförderungsgesetz (§ 28 PBefG für Straßenbahnen) sowie nach dem Bundesberggesetz (§ 52 Abs. 2 a BBergG) für den obligatorischen Rahmenbetriebsplan gem. § 52 Abs. 2 Nr. 1 BBergG (vgl. BVerwG Beschl. v. 16.3.2001 – 4 BN 15/01, NVwZ-RR 2002, 8).

15 Teilweise sind der Fachplanungsentscheidung bereits andere Planungen vorgelagert. Dies gilt insbesondere für den Fernstraßenbau, für den eine Bedarfsplanung nach dem Fernstraßenausbaugesetz sowie gem. § 16 FStrG eine Linienbestimmung erfolgt (vgl. insofern zur eisenbahnrechtlichen Planfeststellung das Schienenwegeausbaugesetz; zu den Einzelheiten s. etwa *Leue* in Kodal, Straßenrecht, 7. Aufl. 2010, 1130 ff.; *Stüer/Probstfeld,* Die Planfeststellung, 2003, Rn. 399) sowie für die Bundesfachplanung nach dem NABEG (dazu etwa *Buschbaum/Reidt,* RdE 2015, 385 ff). Diese vorgelagerten Planungen fallen zwar nicht unter § 38, sie bereiten jedoch die entsprechenden Planungsentscheidungen vor. Daher sind auch sie in den §§ 29–37 lediglich abwägend zu berücksichtigen (vgl. BVerwG Urt. v. 10.4.1997 – 4 C 5/96, BVerwGE 104, 236 (251); *Roeser* in BK § 38 Rn. 17). Allerdings verbleibt es während dieser Planungen für anderweitige Vorhaben dabei, dass sie nach Maßgabe der §§ 29

1. Abschnitt. Zulässigkeit von Vorhaben **§ 38**

bis 37, insbesondere also auf der Grundlage eines existierenden Bebauungsplans, nach § 34 oder nach § 35 bauplanungsrechtlich zulässig sind und daher ggf. auch genehmigt werden müssen, sofern dem keine Planungssicherungsinstrumente zugunsten der Fachplanung entgegenstehen (s. noch Rn. 24).

Gem. § 17b Abs. 2 FStrG für Fernstraßen und gem. § 28 Abs. 3 PBefG für Stra- **16** ßenbahnen besteht die Möglichkeit, Planfeststellung und Plangenehmigung nach diesen Fachgesetzen durch einen Bebauungsplan zu ersetzen (sog. **planfeststellungsersetzender Bebauungsplan**). Die Straßengesetze der Länder enthalten entsprechende Regelungen (zB § 38 Abs. 4 StrG NW). Ein solcher Bebauungsplan ist an den Festsetzungskatalog des § 9 gebunden (s. insbesondere die Festsetzungsmöglichkeiten gem. § 9 Abs. 1 Nr. 11). Besonderheiten bestehen dabei hinsichtlich der naturschutzrechtlichen Eingriffsregelung. Gem. § 18 Abs. 2 BNatSchG gelten hierfür nicht die Bestimmungen im BauGB (§ 1a Abs. 3), sondern die naturschutzrechtlichen Bestimmungen. Dies hat insbesondere zur Folge, dass die naturschutzrechtliche Eingriffsregelung nicht der planerischen Abwägung unterfällt, sondern striktes Recht ist (s. etwa *Guckelberger* in Frenz/Müggenborg BNatSchG 2011 § 15 Rn. 14, 27). Gebunden ist der planfeststellungsersetzende Bebauungsplan allerdings an die Darstellungen eines Flächennutzungsplans (vgl. BVerwG Beschl. v. 7.2.2005 – 4 BN 1/05, NVwZ 2005, 584; s. Rn. 20). Reichen die Festsetzungsmöglichkeiten in einem Bebauungsplan zur Zielerreichung, insbesondere für die planerische Konfliktbewältigung, nicht aus, bedarf es eines ergänzenden Planfeststellungsverfahrens (vgl. § 17b Abs. 2 S. 2 FStrG). Dies gilt etwa für Entschädigungsregelungen, die bei einem Fachplanungsvorhaben in der Zulassungsentscheidung bereits dem Grunde nach festgesetzt werden müssen, was in einem Bebauungsplan jedoch mangels Festsetzungsmöglichkeiten nicht in Betracht kommt (vgl. BVerwG Beschl. v. 11.3.1998 – 4 BN 6/98, NVwZ 1998, 845). Obgleich bei einem planfeststellungsersetzenden Bebauungsplan der Vorrang der Fachplanung naturgemäß nicht gilt, bedarf es einer **inhaltlichen Koordination** zwischen der Gemeinde und dem Träger der Fachplanung. Insbesondere ist es nicht möglich, gegen den Willen des Fachplanungsträgers ein überörtliches Vorhaben (zB eine Bundesfernstraße) zu planen, da es bei einem planfeststellungsersetzenden Bebauungsplan im Kern nicht um eine gemeindliche, sondern um eine dem Fachplanungsrecht unterfallende Planung geht (OVG Münster Urt. v. 10.8.2000 – 7a D 162/98, BauR 2001, 201). Beabsichtigt der Straßenbaulastträger nicht oder zumindest nicht in absehbarer Zeit, das Vorhaben zu realisieren, fehlt es mangels Umsetzungskompetenz der Gemeinde bereits an der Erforderlichkeit der Planung iSv § 1 Abs. 3 S. 1 (BVerwG Urt. v. 28.1.1999 – 4 CN 5/98, BVerwGE 108, 248). Ähnliches gilt, wenn der Fachplanungsträger das Vorhaben zwar an sich, jedoch in anderer Ausgestaltung oder anderer örtlicher Lage realisieren möchte. Dementsprechend ist der Fachplanungsträger in einer solchen Situation auch nicht gehindert, trotz eines planfeststellungsersetzenden Bebauungsplans die Durchführung eines Planfeststellungsverfahrens für das von ihm konkret geplante Vorhaben zu beantragen. Umgekehrt kann ein Bebauungsplan grundsätzlich auch dazu dienen, einen Planfeststellungsbeschluss zu ändern, da es sich auch in diesem Fall um einen planfeststellungsersetzenden (genauer: einen den Planfeststellungsänderungsbeschluss ersetzenden) Bebauungsplan handelt, jedoch geht auch dies nicht gegen den Willen des Fachplanungsträgers (vgl. OVG Münster Urt. v. 5.2.2003 – 7a D 77/99, NVwZ-RR 2003, 633).

Der Vorrang der Fachplanung im Sinne von § 38 bezieht sich auch auf die Errich- **17** tung und den Betrieb **öffentlich zugänglicher Abfallbeseitigungsanlagen,** die nach dem Bundes-Immissionsschutzgesetz zu genehmigen sind. Dies sind die unter § 35 Abs. 1 KrwG fallenden (sonstigen) ortsfesten Abfallbeseitigungsanlagen (Anlagen zur Entsorgung von Abfällen; zu Deponien → Rn. 14). Die Regelung ist deswegen atypisch, weil zwar im Planfeststellungsverfahren eine Abwägung der öffentlichen und privaten Belange stattzufinden hat, ähnlich wie gem. § 1 Abs. 7 bei der Aufstel-

lung von Bauleitplänen. Daher besteht eine hinreichende Möglichkeit, neben den fachplanerischen auch die städtebaulichen Belange gem. § 38 S. 1 Hs. 2 zu berücksichtigen (→ bereits Rn. 8). Demgegenüber besteht im immissionsschutzrechtlichen Genehmigungsverfahren ein gebundener Anspruch auf Genehmigungserteilung, wenn die in § 6 BImSchG abschließend geregelten Zulassungsvoraussetzungen erfüllt sind (s. etwa BVerwG Urt. v. 24.11.1994 – 7 C 25/93, BVerwGE 97, 143 (146ff.); *Jarass* BImSchG § 6 Rn. 43; *Sellner/Reidt/Ohms,* 1. Teil, Rn. 61). Allerdings werden für die § 38 unterfallenden Abfallbeseitigungsanlagen die in § 6 Abs. 1 Nr. 2 BImSchG genannten Genehmigungsanforderungen (nur!) in Bezug auf das Bauplanungsrecht um ein Abwägungselement angereichert (vgl. VGH München Beschl. v. 4.9.2013 – 22 AS 13.40052, NVwZ-RR 2014, 36; OVG Lüneburg Urt. v. 22.1.2009 – 12 KS 288/07, NVwZ-RR 2009, 556; *Jarass* BImSchG § 6 Rn. 36; *Kraft* BauR 1999, 829 (835)). Abfallbeseitigungsanlagen unterfallen allerdings nur dann dem Fachplanungsrecht, wenn sie **öffentlich zugänglich** sind. Dies ist der Fall, wenn es sich nicht lediglich um eine (betriebseigene) Anlage handelt, die ganz oder jedenfalls überwiegend der Eigenentsorgung dient (VGH München Beschl. v. 4.9.2013 – 22 AS 13.40052, NVwZ-RR 2014, 36; OVG Lüneburg Beschl. v. 4.1.2005 – 7 ME 249/04, NVwZ-RR 2006, 25; *Dippel* NVwZ 1999, 921 (927)). Der Benutzerkreis darf daher nicht von vornherein begrenzt sein. Die Anlage muss vielmehr privaten Einzelpersonen ebenso wie Unternehmen zugänglich sein (*Hölscher* NVwZ 1998, 1134 (1136)). Ansonsten kommt die Privilegierung des § 38 nicht zum Tragen. Das Vorhaben ist dann, wie jede andere immissionsschutzrechtlich genehmigungsbedürftige Anlage auch, an den Anforderungen des Bauplanungsrechts ohne Einschränkungen zu messen. Unerheblich ist es für die öffentliche Zugänglichkeit hingegen, welche Rechtsform der Betreiber hat und wie der Betrieb ausgestaltet ist. Beides kann also sowohl öffentlich-rechtlich als auch privatrechtlich organisiert sein. Dem Gesetzeswortlaut ist nicht zu entnehmen, dass es bei öffentlich zugänglich Abfallentsorgungsanlagen einer überörtlichen Bedeutung (s. Rn. 18) bedarf. Gleichwohl wird man die Vorschrift so verstehen müssen, dass es auch bei öffentlich zugänglichen Abfallbeseitigungsanlagen auf deren **überörtliche Bedeutung** ankommt (so etwa auch *Kuchler* NuR 1999, 259 (261); anders *Kraft* in SU § 38 Rn. 18). Die überörtliche Bedeutung ist in der Regel dann anzunehmen, wenn die betreffende Anlage Bestandteil der Abfallwirtschaftsplanung gem. den §§ 30ff. KrwG ist (*Sellner/Reidt/Ohms,* 1. Teil, Rn. 254). Es kommt hinzu, dass Abfallbeseitigungsanlagen in der Regel erst ab einer bestimmten Größe oder Kapazität immissionsschutzrechtlich genehmigungsbedürftig sind (vgl. Nr. 8 des Anhangs zur 4. BImSchV). Auch dies lässt zumeist Rückschlüsse auf deren überörtliche Bedeutung zu.

18 **4. Überörtliche Bedeutung.** § 38 unterscheidet nicht zwischen bundes- und landesrechtlichen Planfeststellungen oder -genehmigungen. Ihnen kommt nach Abs. 1 S. 1 gleichermaßen Vorrang zu, wenn es sich um Planungen für **Vorhaben von überörtlicher Bedeutung** handelt. Hierfür sind die „überörtlichen Bezüge eines Vorhabens" entscheidend. Nicht zwingend erforderlich ist es, dass ein Vorhaben mindestens das Gebiet von zwei Gemeinden berührt (BVerwG Beschl. v. 31.10.2000 – 11 VR 12/00, NVwZ 2001, 90; dass. Beschl. v. 30.6.2004 – 7 B 92/03, NVwZ 2004, 1240). Maßgebend ist vielmehr eine typisierende Betrachtung, bei der eine nichtgemeindliche, überörtliche Planungszuständigkeit, vor allem aber das Erfordernis der Einbettung eines Vorhabens in einen über das Gebiet der Gemeinde hinausreichenden planerischen Zusammenhang, eine überörtliche Bedeutung des Vorhabens indiziert, selbst wenn es, isoliert betrachtet, nicht überörtlich bedeutsam ist (BVerwG, aaO; *Runkel* in EZBK § 38 Rn. 33; *Dippel* NVwZ 1999, 921 (925ff.); *Kirchberg* UPR 2001, 12ff.).

19 Unerheblich für die Frage der Überörtlichkeit ist es, ob es sich um ein gemeinnütziges oder ein privatnütziges Vorhaben handelt. Diesem Gesichtspunkt kann aller-

1. Abschnitt. Zulässigkeit von Vorhaben §38

dings bei der fachplanungsrechtlichen Abwägung Bedeutung zukommen, insbesondere wenn es um die Frage geht, ob ein Vorhaben trotz an sich entgegenstehender städtebaulicher Bestimmungen zugelassen werden soll (vgl. *Jäde* in JDW §38 Rn. 10). Geht es um ein nicht überörtlich bedeutsames Vorhaben, stehen kommunale Bauleitplanung und Fachplanung nebeneinander. Die baurechtlichen Anforderungen, einschließlich der Festsetzung eines Bebauungsplans, sind dann ohne Abstriche zu beachten. Sie stellen dann mangels einer materiell-rechtlichen Konzentrationswirkung ggf. einen zwingenden Versagungsgrund dar.

5. Bindung an den Flächennutzungsplan (Satz 2). Neben §38 kommt §7 20 für das Verhältnis von Fachplanungen zur Bauleitplanung wesentliche Bedeutung zu. S. 2 stellt ausdrücklich klar, dass die Privilegierung nach §38 eine bestehende **Bindung an einen Flächennutzungsplan nicht aufhebt** (BVerwG Urt. v. 24.11.2010 – 9 A 13/09, BVerwGE 138, 226 Rn. 36). Sie dient sowohl dem (subjektiven) Schutz der Gemeinde als auch dem (objektiven) Belang einer geordneten städtebaulichen Entwicklung und wirkt für die Fachplanung in gleicher Weise wie §8 Abs. 2 für die verbindliche kommunale Bauleitplanung. Eine bestehende Bindung kann nur unter den in §7 S. 3 bestimmten Voraussetzungen beseitigt werden (→ im Einzelnen §7 Rn. 7ff.; *Kämper* UPR 2013, 9ff.; *Runkel* in EZBK §38 Rn. 105f.). Nicht erforderlich ist dies jedoch, wenn die Darstellung im Flächennutzungsplan lediglich den baulichen Bestand wiedergibt und ersichtlich nicht Ausdruck einer planerischen Konzeption ist (OVG Hamburg Beschl. v. 23.10.2014 – 1 Es 4/14, UPR 2015, 154).

6. Entschädigungspflicht und Kostentragung (Satz 3). Entstehen der Ge- 21 meinde durch die Aufstellung oder Änderung von Bauleitplänen oder durch Entschädigungsforderungen **Aufwendungen,** die durch die nach §38 privilegierte Fachplanung verursacht worden sind, sind ihr diese Kosten von dem Fachplanungsträger **zu ersetzen** (→ §37 Rn. 9). Die Regelung hat vor allem Bedeutung für die Kosten im Zusammenhang mit der Änderung oder Aufhebung eines Bebauungsplans. Einer Regelung dazu im Planfeststellungsbeschluss bedarf es nicht. Der Anspruch ergibt sich vielmehr bereits unmittelbar aus dem Gesetz.

7. Sperrwirkung für die Genehmigung von Vorhaben und die kommu- 22 **nale Bauleitplanung.** Die Freistellung von den §§29–37 durch §38 bezieht sich auch auf Vorhaben, die in einem räumlichen und funktionalen Bezug zu einem Fachplanungsvorhaben stehen (→Rn. 11ff.). Demgegenüber sind andere Vorhaben an die §§29–37 gebunden. Dies gilt sowohl für Vorhaben, bei denen die tatbestandlichen Voraussetzungen des §38 nicht erfüllt sind, als auch für Fälle, in denen auf der Fläche eines Fachplanungsvorhabens eine (betriebsfremde) Nutzung angesiedelt werden soll. Für diese gelten materiell-rechtlich auch die §§29–37. Vielmehr darf ein solches Vorhaben auch nicht die fachplanerische Zweckbestimmung beeinträchtigen (s. etwa BVerwG Urt. v. 16.12.1988 – 4 C 48/86, BVerwGE 81, 111 (119); VGH München Urt. v. 9.12.2010 – 2 B 09/1500, BauR 2011, 801). Ebenfalls besteht für die Gemeinde die Möglichkeit, für die betreffende Fläche Bauleitpläne aufzustellen oder zu ändern, nur insoweit, wie die fachplanerische Zweckbestimmung nicht beeinträchtigt wird. Diese **Schutz- oder Sperrwirkung** gegenüber der Erteilung von Baugenehmigungen und der kommunalen Bauleitplanung besteht nicht nur für Vorhaben, bei denen auf der Grundlage von §38 eine Planfeststellung erfolgt oder eine Zulassungsentscheidung mit den Rechtswirkungen der Planfeststellung ergangen ist. Sie gilt vielmehr auch für Vorhaben, die als **Altanlagen** Bestandsschutz genießen, sofern sie nach der heutigen Rechtslage unter §38 fallen würden (BVerwG Urt. v. 16.12.1988 – 4 C 48/86, BVerwGE 81, 111). Ergibt sich aus einem Planfeststellungsbeschluss oder einer Plangenehmigung oder bei Bestandsanlagen aus einer anderen früheren Zulassungsentscheidung nicht eindeutig, welche Anlagenteile zu dem Fach-

§ 38 I. Kapitel. III. Teil. Regelung der baul. und sonst. Nutzung

planungsvorhaben gehören, kann zweifelhaft sein, wie weit im konkreten Fall das Fachplanungsprivileg und die Sperrwirkung reichen. Auch in diesen Fällen kommt es jedoch entscheidend darauf an, ob die notwendige Betriebsbezogenheit vorliegt, also ein funktionaler und räumlicher Zusammenhang mit dem Fachplanungsvorhaben besteht. Ist diese gegeben, besteht sowohl die mit § 38 verbundene Privilegierung (→ Rn. 11 ff.) als auch eine Sperrwirkung für Vorhaben und kommunale Planungsentscheidungen, die derartige betriebsbezogene Nutzungen verhindern oder auch nur beeinträchtigen würden.

23 a) **Vorhaben. Betriebsbezogene Vorhaben** fallen **materiell-rechtlich** unter das Fachplanungsprivileg des § 38. Dies gilt auch dann, wenn es vor allem bei nachträglichen Änderungen, anstelle einer Planfeststellung oder Plangenehmigung nur einer Baugenehmigung oder einer sonstigen Zulassungsentscheidung bedarf oder wenn es neben der Fachplanungsentscheidung einer zusätzlichen Baugenehmigung bedarf (so insbesondere zu § 6 LuftVG bei der isolierten luftverkehrsrechtlichen Genehmigung Rn. 13). Davon zu unterscheiden ist die Frage, **wer** für die materiell-rechtliche Prüfung zuständig ist. Dies ist bei einer einheitlichen Anlage und einer intensiven Funktionskoppelung im Fall der Planfeststellungsbedürftigkeit die **Planfeststellungsbehörde** (vgl. VGH München Urt. v. 20.10.1998 – 20 A 98/40 022, BauR 1999, 162; dass. Urt. v. 9.12.2010 – 2 B 09/1500, BauR 2011, 801), bei Änderungen ohne Planfeststellungs- oder Plangenehmigungsbedürftigkeit und daher ohne die Konzentrationswirkung des Planfeststellungsbeschlusses in der Regel die zuständige **Baugenehmigungsbehörde** (vgl. OVG Münster Urt. v. 6.10.1988 – 4 A 2966/86, NVwZ 1989, 576; *Kuschnerus* ZfBR 2000, 300 (303); *Kraft* in SU § 38 Rn. 5).

24 Geht es um ein **betriebsfremdes Vorhaben** auf der mit der Fachplanung belegten Fläche, gilt sowohl in materieller als auch in formeller Hinsicht das **allgemeine Baurecht**, dh die Baugenehmigungsbehörde hat zu prüfen, ob das Vorhaben nach Maßgabe der §§ 29 ff. zulässig ist. Hinzukommt allerdings die Notwendigkeit, dass das Vorhaben die fachplanerische Zweckbestimmung nicht beeinträchtigen oder ihr gar entgegenstehen darf (VGH München Urt. v. 9.12.2010 – 2 B 09/1500, BauR 2011, 801 zu einer Wechselwerbeanlage auf einer Bahnbetriebsfläche; → Rn. 22). Dieses Erfordernis gilt **ab Wirksamwerden** des Planfeststellungsbeschlusses. Auf die Bestandskraft kommt es nicht an. Ob das Fachplanungsvorhaben bereits insgesamt oder auch nur teilweise realisiert wurde, ist ebenfalls ohne Bedeutung. Auch spielt es materiell-rechtlich keine Rolle, ob Bauantragsteller der Betreiber des Fachplanungsvorhabens oder ein sonstiger Dritter ist. Ohne Bedeutung ist auch die Frage, ob die von der Fachplanung belegte Fläche bereits im Eigentum des Vorhabenträgers steht oder noch im Eigentum eines Dritten, der die Fläche mit einem fachplanungsfremden Vorhaben bebauen möchte, weil ein freihändiger Erwerb durch den Träger der Fachplanung oder auch eine Enteignung zum Zwecke der Realisierung des Fachplanungsvorhabens noch nicht erfolgt ist.

25 Vor Wirksamwerden eines Planfeststellungsbeschlusses gilt für Vorhaben auf der von der Fachplanung umfassten Fläche die Sperrwirkung des § 38 noch nicht. Allerdings enthalten die meisten Fachplanungsgesetze Regelungen zu einer **Veränderungssperre**, die mit § 14 vergleichbar ist, allerdings zumeist nicht gesondert erlassen werden muss, sondern ab Beginn der Auslegung der Pläne im Planfeststellungsverfahren kraft Gesetzes wirkt (s. etwa § 19 AEG, § 8a LuftVG, § 9a FStrG, s. dort auch Abs. 3 zur Festlegung von Planungsgebieten durch Rechtsverordnung). Diese Veränderungssperren stehen regelmäßig der Durchführung von Vorhaben auf dem vom Plan betroffenen Flächen entgegen (zu den Einzelheiten s. etwa *Schütz* in Sellner/Hermes Beck'scher AEG-Kommentar, 2. Aufl. 2014, § 19 Rn. 9; *Leue* in Kodal, Straßenrecht, 7. Aufl. 2010, 1152 ff.; *Reidt* in Grabherr/Reidt/Wysk Luftverkehrsgesetz § 8a Rn. 19 ff.).

1. Abschnitt. Zulässigkeit von Vorhaben **§ 38**

Die Sperrwirkung für Vorhaben auf der von der Fachplanung umfassten Fläche 26
endet in den Fällen, in denen mit der Durchführung des Plans nicht in der fachgesetzlichen Frist begonnen wurde, mit dem Ende dieser Frist (vgl. § 75 Abs. 4 VwVfG) oder mit Aufhebung des Planfeststellungsbeschlusses durch die Planfeststellungsbehörde (vgl. § 77 VwVfG für die Fälle, in denen das Vorhaben nach Beginn der Durchführung endgültig aufgegeben wurde) oder mit Aufhebung des Planfeststellungsbeschlusses in einem gerichtlichen Verfahren. Wurde das Vorhaben realisiert, endet die Sperrwirkung mit der **Entwidmung** einer dem Fachplanungsprivileg unterfallenden Fläche oder von Teilen dieser Fläche (BVerwG Beschl. v. 21.4.2010 – 7 B 39.09, UPR 2010, 353). Die Entwidmung ist teilweise **fach-gesetzlich ausdrücklich geregelt** (so insbesondere durch die **Freistellung** in § 23 AEG für Betriebsanlagen der Eisenbahn; dazu *Hermes* in Hermes/Sellner Beck'scher AEG-Kommentar, 2. Aufl. 2014, § 23 Rn. 1 ff.; oder in § 2 Abs. 4 FStrG für Fernstraßen; dazu etwa *Herber* in Kodal, Straßenrecht, 7. Aufl. 2010, 406 ff.). In den gesetzlich nicht ausdrücklich geregelten Fällen ist es gleichwohl so, dass die Entwidmung, die gleichzeitig mit einem Wechsel der Planungshoheit zugunsten der Gemeinde verbunden ist (→ noch Rn. 29), schon wegen der rechtsstaatlich gebotenen Eindeutigkeit öffentlich-sachenrechtlicher Rechtsverhältnisse durch einen **hoheitlichen Akt** erfolgen muss, der für jedermann klare Verhältnisse darüber schafft, ob und welche bislang der Fachplanung dienenden Flächen künftig wieder für andere Nutzungen offen stehen. Bloße Freigabeerklärungen des bisherigen Planungsträgers gegenüber einem Bauwilligen oÄ genügen dafür nicht. Das gebotene Mindestmaß an Publizität setzt vielmehr voraus, dass der Wechsel der Planungshoheit in einer geeigneten Weise bekannt gemacht wird (BVerwG Urt. v. 16.12.1988 – 4 C 48/86, BVerwGE 81, 111 (118)). Sowohl die Gemeinde als auch der Grundstückseigentümer können einen Anspruch auf Entwidmung haben, wenn die betreffende Fläche nicht mehr dem fachplanungsrechtlich privilegierten Zweck dient und auch zukünftig nicht mehr dienen soll (vgl. § 23 Abs. 1 AEG; s. auch *Kraft* DVBl. 2000, 1326 (1332)). Zuständig für die Entwidmung ist, sofern nichts anderes geregelt ist, die jeweilige **Planfeststellungsbehörde**, nicht hingegen der bisherige Betreiber des Fachplanungsvorhabens (vgl. BVerwG Urt. v. 27.11.1996 – 11 A 2/96, BVerwGE 102, 269; OVG Münster Beschl. v. 9.9.1994 – 11 B 1447/94, BauR 1995, 371 in Bezug auf die Deutsche Bahn AG). Vor erfolgter Entwidmung ist die Erteilung einer Baugenehmigung oder eines Bauvorbescheides für ein Vorhaben, das die fachplanerische Zweckbestimmung beeinträchtigt, nicht möglich. Dies gilt auch dann, wenn die betreffende Entscheidung unter den Vorbehalt einer Entwidmung der betroffenen Fläche gestellt wird. Denn die Gemeinde muss die Möglichkeit haben, in Bezug auf die betreffende Fläche Ihre Planungshoheit auszuüben, ggf. also auch in einer dem Vorhaben entgegenstehenden Weise (BVerwG Urt. v. 16.12.1988 – 4 C 48/86, BVerwGE 81, 111; dass. Beschl. v. 27.4.1998 – 4 B 33/98, NVwZ-RR 1998, 542; VGH München Urt. v. 24.7.2014 – 2 B 14.896, BauR 2015, 85).

Besonderheiten gelten insofern allerdings für die von der Fachplanungsentschei- 27
dung eingeschlossenen **Flächen für Ausgleichs- und Ersatzmaßnahmen**. Auf diesen Flächen kommt die Durchführung von Bauvorhaben ohne besondere aus § 38 resultierende Einschränkungen in Betracht. Allerdings ist dafür dann wiederum die naturschutzrechtliche Eingriffsregelung maßgeblich, dh Eingriffe in die aufgewertete Fläche sind ihrerseits nach Maßgabe der §§ 14 ff. BNatSchG zu kompensieren.

Denkbar ist auch eine **Funktionslosigkeit** von fachplanungsrechtlich privilegier- 28
ten Anlagen. Jedoch spielt sie in der Planungspraxis aufgrund der durch die Rechtsprechung gezogenen engen Grenzen keine nennenswerte Rolle. Es genügt für die Funktionslosigkeit bei einem der Fachplanung unterfallenden Vorhaben nicht, wenn betriebsbezogene Anlagen lediglich demontiert werden, der Vorhabenträger jedoch die Sachherrschaft an dem stillgelegten Vorhabengelände (zB an Bahnbetriebsflächen) uneingeschränkt beibehalten hat und dies auch für Außenstehende erkennbar ist (vgl.

Reidt 671

BVerwG Urt. v. 3.3.1999 – 11 A 9/97, NVwZ-RR 1999, 720; dass. Urt. v. 31.8.1995 – 7 A 19/94, BVerwGE 99, 166).

29 **b) Bauleitplanung.** Die der Fachplanung gem. § 38 unterfallenden Flächen sind der das gesamte Gemeindegebiet umfassenden Bauplanungshoheit der Gemeinde **nicht nach Art eines exterritorialen Gebietes völlig entzogen.** Jedoch kommen planerische Aussagen – seien es Darstellungen eines Flächennutzungsplans oder Festsetzungen in einem Bebauungsplan – grundsätzlich nur in Betracht, soweit sie der fachplanerischen Zweckbestimmung einer Fläche nicht zuwiderlaufen (BVerwG Beschl. v. 26.1.2010 – 4 B 43/09, BauR 2010, 871; dass. Urt. v. 16.12.1988 – 4 C 48/86, BVerwGE 81, 111; VGH München Urt. v. 9.12.2010 – 2 B 09/1500, BauR 2011, 801; *Krappel* BauR 2012, 1569ff.; zur Möglichkeit einer modifizierten Planung Rn. 32;). Daher ist auch **nach Erlass eines Planfeststellungsbeschlusses** für eine § 38 unterfallende Fläche die Aufstellung oder Änderung von Bauleitplänen, insbesondere von Bebauungsplänen, grundsätzlich möglich. Sie können vor allem der Steuerung von Nutzungen dienen, die auf der von der Fachplanung umfassten Fläche zulässig oder nicht zulässig sein sollen und zugleich als betriebsfremde Nutzungen (Rn. 12) nicht dem Fachplanungsprivileg unterfallen. So kann das nach den §§ 29 ff. bestehende Nutzungsspektrum **erweitert** werden (zB durch die Aufstellung eines Bebauungsplans, um unter der Brücke einer im Außenbereich liegenden Fernstraße bauliche Nutzungsmöglichkeiten zu schaffen, vgl. OVG Münster Urt. v. 5.2.2003 – 7 a D 77/99, NVwZ-RR 2003, 633). Ebenfalls können Nutzungen **eingeschränkt** werden, die der fachplanerischen Zweckbestimmung nicht widersprechen und ohne bauplanerische Steuerung auf der Grundlage eines existierenden Bebauungsplans oder nach Maßgabe von § 34 oder § 35 auch als betriebsfremde Nutzungen bauplanungsrechtlich zulässig wären (zB Ausschluss bestimmter gewerblicher Nutzungen auf einer Bahnbetriebsfläche, die von einem faktischen Gewerbe- oder Industriegebiet umgeben ist; Ausschluss von Werbeanlagen oÄ). Insbesondere bei in innerstädtischen Kerngebieten gelegenen Bahnhofsgebäuden kann ein Ausschluss von Einzelhandelsnutzungen, Spielhallen und anderen Vergnügungsstätten in Betracht kommen, sofern und soweit diese Nutzungen im konkreten Fall betriebsfremd sind, gleichwohl aber nach Maßgabe der §§ 29 ff. zulässig wären (vgl. BVerwG Urt. v. 16.12.1988 – 4 C 48/86, BVerwG 81, 111 zum Ausschluss von Vergnügungsstätten auf der Fläche eines Bahnhofsgebäudes; s. auch OVG Münster Beschl. v. 4.2.2010 – 8 B 1652/09, NVwZ-RR 2010, 475). Erforderlich ist allerdings stets, dass es nicht um einen Ausschluss von Nutzungen geht, die zur fachplanerischen Zweckbestimmung gehören, die vor allem bei Flughäfen und (größeren) Bahnhöfen im Hinblick auf deren Funktion sehr umfassend sein kann (s. Rn. 12; zur Unzulässigkeit von gestalterischen Vorgaben für Fachplanungsvorhaben, zB für Betriebsgebäude der Eisenbahn, VGH München Urt. v. 6.3.2009 – 22 A 07.40036, NVwZ-RR 2009, 668).

30 Bei Erlass eines Planfeststellungsbeschlusses bestehende Bebauungspläne werden in der Regel lediglich durch die fachplanerische Entscheidung überlagert (→ Rn. 7). Dies gilt allerdings nur insoweit, wie die Planfeststellungen der Zweckbestimmung des Fachplanungsvorhabens widersprechen. Im Übrigen bleiben die Festsetzungen für Vorhaben, die nicht von der Zweckbestimmung der Fachplanung umfasst sind, beachtlich, sofern sie in diesem Restbestand noch einen sinnvollen städtebaulichen Gehalt aufweisen.

31 Die Sperrwirkung der Fachplanung gilt für die kommunale Bauleitplanung erst mit Wirksamwerden des Planfeststellungsbeschlusses (→ für die Durchführung von Bauvorhaben Rn. 24). Die in den Fachplanungsgesetzen geregelten **Veränderungssperren** (Rn. 25) umfassen die kommunale Bauleitplanung unmittelbar nicht. Allerdings ist im Rahmen der kommunalen Bauleitplanung auch bereits vor Erlass eines Planfeststellungsbeschlusses zu beachten, dass spätestens ab Inkrafttreten einer fachplanungsrechtlichen Veränderungssperre Vorhaben selbst dann nicht mehr genehmi-

gungsfähig sind, wenn sie einem aufzustellenden Bebauungsplan entsprechen. Daher wird es in der Regel spätestens ab Auslegung der Planungsunterlagen für das Fachplanungsvorhaben an der Erforderlichkeit des Bauleitplans im Sinne von § 1 Abs. 3 S. 1 fehlen, wenn die nach dem Plan mögliche Nutzung mit dem Fachplanungsvorhaben kollidieren würde. Auch im Übrigen muss die kommunale Bauleitplanung auf eine hinreichend konkretisierte und verfestigte konkurrierende Fachplanung Rücksicht nehmen (BVerwG Beschl. v. 14.11.2012 – 4 BN 5.12, BauR 2013, 440; dass. Beschl. v. 13.11.2001 – 9 B 57.01, NVwZ-RR 2002, 178). Gleichwohl ist, insbesondere vor der Auslegung der Unterlagen im Planfeststellungsverfahren, die Aufstellung eines Bebauungsplans nicht in jedem Fall unzulässig. So kann etwa eine kommunale Planung gezielt dazu eingesetzt werden, einen Konsens zwischen kommunaler Bauleitplanung und Fachplanung herbeizuführen, indem auf diese Weise verdeutlich wird, an welcher Stelle oder mit welcher Trassenführung eine Gemeinde ein Fachplanungsvorhaben für städtebaulich verträglich hält (vgl. *Kraft* in SU § 38 Rn. 22; → auch § 9 Rn. 63). Die Planfeststellungsbehörde ist aufgrund von § 38 an eine solche Planungsentscheidung zwar nicht gebunden, muss sie allerdings mit dem ihr zukommenden Gewicht berücksichtigen (Rn. 10), insbesondere also klären, warum die von der Gemeinde ausweislich der Bauleitplanung akzeptierte Standort- oder Trassenentscheidung nicht übernommen wird. Andererseits kann die Gemeinde, wenn sie Hinweise des Trägers der Fachplanung hat, dass eine bestimmte Fläche in Anspruch genommen werden soll, bei einer bloßen Verhinderungsplanung nicht erwarten, dass die entsprechenden Planinhalte aufgrund einer bloßen Priorität mit besonders hohem Gewicht in die fachplanerische Abwägungsentscheidung eingestellt werden (vgl. BVerwG Beschl. v. 5.11.2002 – 9 VR 14/02, NVwZ 2003, 207).

Der Vorrang der Fachplanung gegenüber der kommunalen Bauleitplanung **endet** **32** grundsätzlich mit dem Außerkrafttreten eines Planfeststellungsbeschlusses, dessen Aufhebung oder der Entwidmung (Rn. 26f.). Ab diesem Zeitpunkt gelten wieder die §§ 29–37. Die Gemeinde ist berechtigt, **vorher** bereits ein Verfahren zur Aufstellung oder Änderung eines Bebauungsplans hinsichtlich der von der Fachplanung umfassten Flächen einzuleiten. Die abschließende Beschlussfassung und das Inkrafttreten hängen jedoch davon ab, dass die beplante Fläche zuvor tatsächlich ihren fachplanungsrechtlichen Sonderstatus verloren hat (BVerwG Urt. v. 16.12.1988 – 4 C 48/86, BVerwGE 81, 111), sofern die Gemeinde nicht gem. § 9 Abs. 2 von der Möglichkeit aufschiebend bedingter Festsetzungen Gebrauch macht (vgl. OVG Münster Urt. v. 7.7.2011 – 2 D 137/09, juris; *Krappel* BauR 2012, 1569 (1573); *Kuschnerus* ZfBR 2005, 125 (132); *Kraft* in SU § 38 Rn. 31; → auch § 9 Rn. 168). Möglich ist es ebenfalls, dass die Gemeinde bereits vor der Entwidmung eine Veränderungssperre erlässt (OVG Münster Beschl. v. 4.2.2010 – 8 B 1652/09, NVwZ-RR 2010, 475) oder sich mit den Möglichkeiten des gemeindlichen Vorkaufsrechts Flächen sichert, um so die Sicherung einer langfristigen geordneten Planung und Entwicklung zu ermöglichen (BVerwG Beschl. v. 26.1.2010 – 4 B 43/09, BauR 2010, 871; s. auch Rn. 26 zur Unzulässigkeit einer unter dem Vorbehalt der Entwidmung erteilten Baugenehmigung). In Abstimmung mit dem Träger der Fachplanung kommt zudem auch eine von der Fachplanungsentscheidung abweichende Bauleitplanung für ein noch nicht realisiertes Vorhaben in Betracht, für das in diesem Fall ein planfeststellungsersetzender Bebauungsplan (→ Rn. 16) aufgestellt werden kann. Dies gilt insbesondere für eine Modifizierung des planfestgestellten Vorhabens (BVerwG Urt. v. 18.10.1985 – 4 C 21/80, BVerwGE 72, 172; OVG Lüneburg Urt. v. 25.11.2009 – 1 KN 141/07, DVBl. 2010, 448; § 9 Rn. 61ff.).

8. Rechtsschutz. Die **Gemeinde** kann sich gegen eine § 38 unterfallende Fach- **33** planung mit Rechtsmitteln (Widerspruch, Klage) zur Wehr setzen. Sie hat dabei jedoch kein Recht auf eine umfassende Prüfung der Fachplanungsentscheidung. Sie ist vielmehr beschränkt auf die Geltendmachung ihrer **Verfahrensrechte,** also eine ord-

Vorb §§ 39–44 I. Kapitel. III. Teil. Regelung der baul. und sonst. Nutzung

nungsgemäße Beteiligung (→ insbesondere Rn. 8 und 10) sowie auf die Geltendmachung einer hinreichenden Berücksichtigung ihrer **städtebaulichen Belange** im Rahmen der fachplanungsrechtlichen Abwägung. Hingegen besteht für die Gemeinde kein Vollüberprüfungsanspruch, dies auch dann nicht, wenn sie enteignungsbetroffene Eigentümerin von Flächen ist, auf denen das Fachplanungsvorhaben realisiert werden soll (s. etwa BVerwG, Urt. v. 6.11.2013 – 9 A 9.12, UPR 2014, 223; dass. Urt. v. 16.3.2006 – 4 A 1001/04, NVwZ 2006, 1055; *Rieger* in Schrödter § 38 Rn. 36ff.). Die Gemeinde kann sich ebenfalls dagegen wehren, wenn ein Vorhaben zu Unrecht nach § 38 behandelt und daher insbesondere ihr Einvernehmen nach § 36 nicht eingeholt wurde (OVG Münster Urt. v. 24.9.2014, juris; zum Drittschutz für Gemeinden → auch Vorb. §§ 29–38 Rn. 28ff.).

34 Für **Private** bestehen die allgemeine Rechtsschutzmöglichkeiten in Bezug auf Fachplanungsvorhaben, vor allem also die Möglichkeit zu einer Anfechtungsklage sowie zu einer Verpflichtungsklage auf Ergänzung des Planfeststellungsbeschlusses um bestimmte Schutzvorkehrungen (s. im Einzelnen etwa *Reidt/Schiller* in Bauer/Heckmann/Ruge/Schallbruch/Schulz, Verwaltungsverfahrensgesetz und E-Government, 2. Aufl. 2014 § 74 Rn. 94ff.).

Zweiter Abschnitt. Entschädigung

Vorbemerkung zu den §§ 39 bis 44

Übersicht

	Rn.
1. Gesetzessystematische Einordnung	1
a) Zweck der Vorschriften	1
b) Interne Systematik	2
c) Externe Systematik	3
d) Entstehungsgeschichte	4
2. Verfassungsrechtliche Einordnung	5

1 **1. Gesetzessystematische Einordnung. a) Zweck der Vorschriften.** Die unter der Abschnittsüberschrift „Entschädigung" zusammengefassten §§ 39–44 regeln die Folgen planerischer Eingriffe in die Bodennutzbarkeit. Dieses sog. **Planungsschadensrecht** gewährt Entschädigung für bestimmte Fälle, in denen durch Änderung oder Aufhebung der Festsetzung eines Bebauungsplans die Bebaubarkeit eines Grundstücks eingeschränkt oder der Berechtigte hinsichtlich sonstiger Nutzungsmöglichkeiten beschnitten wird. Das Planungsschadensrecht soll in erster Linie den Wertverlust ausgleichen, der in der Differenz zwischen dem Grundstückswert vor und nach der Planung besteht (*Oldiges* in Steiner, Besonderes Verwaltungsrecht, 8. A., 2006 Rn. 144; s. a. BGH ZfBR 1987, 107). In die Berechnung des Grundstückswertes fließen auch ein schon realisierte Nutzungen (§ 42 Abs. 3, 4) und unter bestimmten Voraussetzungen bloße Nutzungsmöglichkeiten (§ 42 Abs. 2, 5–7). Zusätzlich zum Ausgleich der Minderung der Bodennutzungsmöglichkeit (§§ 40, 41 Abs. 1, 42) entschädigt das Planungsschadensrecht auch bestimmte Aufwendungen (§§ 39, 41 Abs. 2). Die Entschädigung wird geleistet in **Geld** oder im Falle des § 40 Abs. 2 durch **Übernahme des Grundstücks** gegen Entschädigung sowie des § 41 Abs. 1 grundsätzlich durch **Begründung eines dinglichen Rechts** am Grundstück gegen Entschädigung iVm § 43 Abs. 1 S. 3, § 92 Abs. 2 S. 2 auch durch Übernahme des Grundstücks.

2 **b) Interne Systematik.** Nach seiner **internen Systematik** gliedert sich das Planungsschadensrecht in eine Generalnorm für Vertrauensschaden wegen getätigter

2. Abschnitt. Entschädigung **Vorb §§ 39–44**

Aufwendungen (§ 39); Entschädigungsregelungen für nachteilige Festsetzungen für öffentliche Flächen, Belastungen und Bindungen im Bebauungsplan (§§ 40, 41) und eine Generalnorm für Entschädigung bei Änderung oder Aufhebung einer zulässigen Nutzung (§ 42). Ergänzend gelten Vorschriften über den Entschädigungspflichtigen (§ 44 Abs. 1, 2), das Entschädigungsverfahren, **Konkurrenz-** und Ausschlussklauseln (§ 43) sowie über Fälligkeit und Erlöschen der Entschädigungsansprüche (§ 44 Abs. 3–5). Liegen die Voraussetzungen der §§ 40 oder 41 vor, so ist der Rückgriff auf die Generalnorm des § 42 ausgeschlossen, wie § 43 Abs. 3 S. 1 klarstellt. Zwischen § 41 Abs. 2 und § 42 ist eine Konkurrenz nicht denkbar. Hinsichtlich der Abgrenzung von § 39 zu den Tatbeständen der §§ 40–42 ist zu differenzieren (ebenso *Bielenberg/Runkel* in EZBK § 39 Rn. 5 f). § 39 S. 1 erfasst nur solche Aufwendungen, die sich nicht in der Substanz des Grundstückes niedergeschlagen haben. Überschneidungen mit den §§ 40–42 sind daher ausgeschlossen. Hinsichtlich der in § 39 S. 2 geregelten Abgaben sind Überschneidungen mit den §§ 40–42 möglich. Eine Doppelentschädigung ist jedoch unzulässig. Durch städtebaulichen Vertrag, insbesondere einen Stadtumbauvertrag, kann der Verzicht auf die Ausübung von Ansprüchen nach den §§ 39–44 vereinbart werden (s. § 171 c S. 2 Nr. 2; Eine Verpflichtungserklärung zum Rückbau gem. § 35 Abs. 5 S. 2 schließt planungsschadensrechtliche Ansprüche aus.

c) Externe Systematik. Das unter der Abschnittsüberschrift „Entschädigung" 3 zusammengefasste Planungsschadensrecht, das sich allein auf **planerische Eingriffe** in die Bodennutzbarkeit bezieht, ist von den mit derselben Abschnittsüberschrift betitelten §§ 93–103 zu unterscheiden. Die §§ 93–103 regeln unmittelbar nur die Entschädigung für Administrativenteignungen, die überwiegend planakzessorisch als städtebauliches Instrument durch Verwaltungsakt auf der Grundlage der §§ 85–92 und nach dem Verfahren der §§ 104–122 betrieben werden. Gem. § 43 Abs. 2 S. 3 sind die §§ 93–103 analog auf die für planerische Eingriffe in die Bodennutzbarkeit zu gewährende **Geldentschädigung** anzuwenden. Entsprechende Verweisungen auf die Entschädigungsregelungen der §§ 93–103 finden sich auch in zahlreichen anderen Entschädigungstatbeständen des Gesetzes, zB § 59 Abs. 5 – Umlegung, → Vorb. §§ 85–122 Rn. 12. Andererseits verweist § 95 Abs. 2 Nr. 7 mit umstrittener Rechtsfolge (→ § 95 Rn. 10) bei der Bemessung der Entschädigung für sanierungsfällige Bodenwerte auf §§ 40–42 zurück. Einzelne Vorschriften der §§ 43 und 44 gelten analog für die Entschädigung von Veränderungssperren (§ 18 Abs. 3), der Genehmigung nach § 22 in Gebieten mit Fremdenverkehrsfunktion (§ 22 Abs. 7), der Anordnung der Erhaltungssatzung (§ 172 Abs. 1 S. 6), der Entschädigung wegen eines Bau- oder Rückbau- und Entsiegelungsgebots (§ 176 Abs. 4, 5, § 179 Abs. 3) und für die Überleitungsvorschrift des § 238; dazu § 43 Rn. 1, § 44 Rn. 1. Über die Weiterverweisung des § 95 Abs. 1 S. 1 gilt die **Verkehrswertbestimmung** des § 194 auch für das Planungsschadensrecht der §§ 39–44. Die §§ 39–42 gelten gem. § 12 Abs. 3 S. 2 nicht im Geltungsbereich eines Vorhaben- und Erschließungsplans, wohl aber für Flächen nach § 12 Abs. 4 (s. *Reidt* BauR 1998, 909 (918)). Zu den in die Abwägung einzustellenden öffentlichen Belange des § 1 Abs. 7 gehört auch die Frage, ob und inwieweit die Gemeinde Entschädigungsansprüchen nach den §§ 39–44 ausgesetzt ist (VG Sigmaringen Urt. v. 3.3.2005 8 K 869/03 – juris).

d) Entstehungsgeschichte. Die Novelle 1976 (dazu *Bielenberg/Runkel* in EZBK 4 Vorb. §§ 39–44 Rn. 28–43 – Überleitungsvorschrift § 238) hat den Entschädigungsanspruch wegen Vertrauensschadens § 39 j BBauG als gesetzliche Ausgestaltung eines Plangewährleistungsanspruchs (dazu *Brohm* Jura 1986, 617; *Ossenbühl/Cornils*, Staatshaftungsrecht, 6. A. S. 475) verselbstständigt. Gleichzeitig wurde der Entschädigungsanspruch wegen Aufhebung oder Änderung einer bisher zulässigen Nutzung eingeschränkt: absoluter Schutz einschließlich nicht verwirklichter oder ausgeübter Nutzungen nur innerhalb von 7 Jahren (§ 44 Abs. 2 BBauG = § 42 Abs. 2 BauGB), nach Ablauf der 7-Jahres-Frist Schutz nur noch für ausgeübte oder verwirklichte Nut-

Vorb §§ 39–44 I. Kapitel. III. Teil. Regelung der baul. und sonst. Nutzung

zungen. Gegenüber der großzügigen auf der Judikatur des BGH beruhenden Entschädigungsregelung von § 44 Abs. 2 aF verdeutlicht § 42 Abs. 2 die Sozialbindung des Grundeigentums (s. BT-Drs. 7/2496, S. 29, 55) um einer Erstarrung der Bauleitplanung entgegen zu wirken. § 39 BauGB stärkt hingegen die Stellung der Eigentümer und sonstigen Nutzungsberechtigten, indem sie vor unvorhersehbaren Entwertungen getroffener Vermögensdispositionen geschützt werden. Zu Gestaltungsmöglichkeiten des Gesetzgebers s. *J. Wahlhäuser,* Die moderne städtebauliche Planung und das Planungsschadensrecht, 2002, S. 187; *J. Wahlhäuser* BauR 2003, 1488 (1504); *Lege* LKV 2007, 97 (101). Zum Einsatz des Planungsschadensrechts zur Effektivierung des raumbezogenen Planungsrechts und zur Reduzierung der Flächeninanspruchnahme siehe *Köck* u. a. UBA Berichte 1/2007, S. 185; s. a. *Fendt,* Hochwassergefährdete Siedlungsgebiete, 2007, S. 205. Zum landesgesetzlich geregelten landesplanerischen Planungsschadensrecht s. *G. Berg,* Landesplanerischer Planungsschaden, 2003.

5 **2. Verfassungsrechtliche Einordnung.** Planerische Eingriffe in die Bodennutzbarkeit, die durch Erlass, Änderung oder Aufhebung von Festsetzungen eines Bebauungsplans die Bebaubarkeit eines Grundstücks einschränken, verwirklichen nicht den Tatbestand einer Legalenteignung iSv Art. 14 Abs. 3 S. 2, 1. Altern. GG (aA *Stich* in SST § 39j Rn. 2). Legalenteignungen sind nur durch formelles Gesetz möglich (BVerfGE 46, 268 (296); Vorb. §§ 85–122 Rn. 3). Umzonungen und Herabzonungen wie die der §§ 40–44 galten traditionell als typische Erscheinungsform der Aufopferungsenteignung, also einer Eigentumsbeeinträchtigung, bei der aus Gründen öffentlichen Wohls jemand in seiner vermögensrechtlichen Position in besonderem Maße beeinträchtigt wird, ohne dass nur eine generelle gesetzliche Bestimmung des Eigentumsinhalts ausgedrückt würde (s. *W. Weber* in Die Grundrechte II, 1954, S. 350; *Schmidt-Aßmann* JuS 1986, 833 (834); *Paetow* in BK § 42 Rn. 2). Durch die Neukonzeption des verfassungsrechtlichen Enteignungsbegriffs (BVerfGE 24, 367 (394); 52, 1 (27); 83, 202 (211); → Vorb. §§ 85–122 Rn. 1–4) ist auch die Einordnung herab- oder umzonender planerischer Eingriffe in die Bodennutzbarkeit als Administrativenteignung (*Schmidt-Aßmann* JuS 1986, 833 (836); erledigt; zweifelnd BVerwG DÖV 1991, 510; *Rennert* VBlBW 1995, 41 (44); offen gelassen von BGHZ 141, 319 hinsichtlich § 42. Durch BVerfGE 100, 226 – (dazu *Ossenbühl* JZ 1999, 899; *Schmidt* NJW 1999, 2850; *Battis* NuR 2000, 421; *Stüer/Thorand* NJW 2000, 3737; *Roller* NJW 2001, 1003) und BVerfG NVwZ 1999, 979 – Götzenparkturm (dazu *Runkel* in EZBK Vorb. §§ 39–44 Rn. 49; *Wahlhäuser,* Die moderne städtebauliche Planung und das Planungsschadensrecht, 2002, S. 112) ist die grundsätzliche Einordnung des Planungsschadensrechts als ausgleichspflichtige Inhaltsbestimmung entschieden (*Wahlhäuser* BauR 2003, 1488; *Oldiges,* aaO, Rn. 142a; *Halama* in BK § 85 Rn. 106; zuvor schon *Battis* NVwZ 1982, 589; *Maurer* FS Dürig, 1990, S. 203 (204); *Deutsch* DVBl. 1995, 546; *Papier* FS Hoppe, 2000, S. 213 (215); aA *Paetow* in BK § 40 Rn. 2, § 42 Rn. 2; OVG Lüneburg DVBl. 2012, 1308 (1309)). § 39 ist eine von Art. 14 I GG nicht gebotene Vertrauensschutzregelung. Sonderkonstellationen der §§ 40, 41 Abs. 1 u. § 42 können ausnahmsweise als Enteignungen bewertet werden (s. *Jarass,* FS Hoppe, S. 229 (238); *Wahlhäuser,* Die moderne städtebauliche Planung und das Planungsschadensrecht, S. 263; *Ossenbühl/Cornils,* Staatshaftungsrecht, 210, 219). Die Unsicherheiten bei der Einordnung des Planungsschadensrechts sind ein Beispiel dafür, dass Rspr. des BVerfG zur Enteignung an begrifflicher Stringenz fehlt (*Ossenbühl/Cornils,* 220, 230; *Bryde* JuS 1993, 283 (284); *Breuer,* SCH § 42 Rn. 17; *Rüfner* FS Boujong, 1996 S. 643 (653); *Bumke,* Der Grundrechtsvorbehalt, 1998, S. 192; *Voßkuhle,* Das Kompensationsprinzip, 1999, S. 264; *Bumke/Voßkuhle* Casebook Verfassungsrecht, 5. Aufl. 2008, 243; *Wahlhäuser* BauR 2003, 1488 (1491); *Riedel,* Eigentum, Enteignung und das Wohl der Allgemeinheit 2012, S. 101; aA *Lege,* Zwangskontrakt und Güterdefinition, 1995, S. 146; *Rozek,* Die Unterscheidung von

Eigentumsbindung und Enteignung, 1998, S. 141). Als gesetzliche Entschädigung für rechtmäßige Bebauungspläne ist das Planungsschadensrecht keine Haftung für Staatsunrecht.

§ 39 Vertrauensschaden

¹Haben Eigentümer oder in Ausübung ihrer Nutzungsrechte sonstige Nutzungsberechtigte im berechtigten Vertrauen auf den Bestand eines rechtsverbindlichen Bebauungsplans Vorbereitungen für die Verwirklichung von Nutzungsmöglichkeiten getroffen, die sich aus dem Bebauungsplan ergeben, können sie angemessene Entschädigung in Geld verlangen, soweit die Aufwendungen durch die Änderung, Ergänzung oder Aufhebung des Bebauungsplans an Wert verlieren. ²Dies gilt auch für Abgaben nach bundes- oder landesrechtlichen Vorschriften, die für die Erschließung des Grundstücks erhoben wurden.

Übersicht

	Rn.
1. Allgemeines	1
2. Entschädigungsberechtigter und -verpflichteter	2
3. Geschützte Aufwendungen	3
a) Nutzungsvorbereitende Aufwendungen	3
b) Erschließungsabgaben	4
4. Vertrauensgrundlage	5
a) Nutzungsvorbereitende Aufwendungen	5
b) Erschließungsabgaben	6
c) Flächen ohne Bebauungsplan	7
d) Änderung von Gemeinbedarfsfestsetzungen	8
5. Berechtigtes Vertrauen	9
a) Objektive Elemente	9
b) Subjektive Elemente	10
6. Entschädigung	11
a) Wertverlust	11
b) Kausalität	12
c) Höhe, Fälligkeit und Festsetzung	13

1. Allgemeines. Die Vorschrift gewährt dem Eigentümer oder sonstigen Nutzungsberechtigten als Vertrauensschutz Entschädigung für wertlos gewordene Aufwendungen, einschließlich der Erschließungsabgaben (Satz 2), die im Vertrauen auf den Bestand eines verbindlichen Bebauungsplanes zur Vorbereitung der plangemäßen Nutzung gemacht und durch eine Planänderung, -ergänzung oder -aufhebung entwertet worden sind. Zur Entstehungsgeschichte → Vorb. §§ 39–42 Rn. 4; § 39 schützt auch in den Fällen des Satz 2 im **Unterschied zu den §§ 40–42** keine Werte, die sich in der Substanz des Grundstücks niedergeschlagen haben, sondern nur Aufwendungen auf Grund von Vorbereitungen zur Verwirklichung des Bebauungsplans. Zur Abgrenzung des § 39 von den §§ 40–42 → Vorb. §§ 39–44 Rn. 2. Zur **verfassungsrechtlichen Einordnung** des § 39 innerhalb des Planungsschadensrechts als besonderer Vertrauenstatbestand → Vorb §§ 39–44 Rn. 5; *Bielenberg/Runkel* in EZBK § 39 Rn. 4; *Deutsch* DVBl. 1995, 546 (551); *Paetow* in BK § 39 Rn. 3; *Wahlhäuser*, Die moderne städtebauliche Planung und das Planungsschadensrecht, 2002, S. 183; für ausgleichspflichtige Inhaltsbestimmung *Steinberg/Lubberger*, Aufopferung - Enteignung und Staatshaftung, 1991, S. 118 Rn. 336; *Breuer* in SCH § 39 Rn. 24–28. Zur verfassungskonformen Auslegung der Übergangsvorschrift des § 246a Abs. 9 S. 2

§ 39 I. Kapitel. III. Teil. Regelung der baul. und sonst. Nutzung

aF BGH LKV 2008, 186; → auch § 43 Rn. 5. Zur Steuerung des Einzelhandels und Planungsschadensrecht *Tyczewski/Freund* BauR 2007, 491; *Janning* in Spannowsky/Hofmeister, Entschädigung und Haftung in der städtebaulichen Planung, 2009, S. 25.

2 **2. Entschädigungsberechtigter und -verpflichteter. Entschädigungsberechtigter** ist der Eigentümer, der die nutzungsvorbereitenden Aufwendungen gemacht hat, oder ein sonstiger Nutzungsberechtigter, der die nutzungsvorbereitenden Aufwendungen in berechtigter Ausübung seines dinglichen, zB Erbbaurecht, Grunddienstbarkeit, oder obligatorischen, zB Miete, Pacht, Nutzungsrechtes gemacht hat; ein durch Auflassungsvormerkung dinglich gesicherter Grundstückserwerber grundsätzlich nicht vor dem Übergang von Besitz, Nutzungen und Lasten (OLG Nürnberg NVwZ 1991, 1114; aA zu Recht *Schenke/Melchior* NVwZ 1991, 1057; *Deutsch* DVBl. 1995, 546 (551); *Schieferdecker* in HBG § 9 Rn. 6), auch nicht ein Kaufinteressent (*Hoffmann*, SU § 39 Rn. 5.1). Der **Entschädigungsverpflichtete** folgt aus § 44.

3 **3. Geschützte Aufwendungen. a) Nutzungsvorbereitende Aufwendungen.** Gem. Satz 1 sind solche **Aufwendungen** zu entschädigen, die in unmittelbarem Zusammenhang stehen mit Vorbereitungen für die Verwirklichung von Nutzungsmöglichkeiten, die sich aus dem geänderten, ergänzten oder aufgehobenen Bebauungsplan ergeben. Aufwendungen iSv Satz 1 sind zB Kosten für Grundstücksteilungen, -vermessungen, Bodenuntersuchungen, Architekten- und Ingenieurhonorare für Planentwürfe, Wirtschaftlichkeitsberechnungen, Bau- und Finanzierungskosten, einschl. Bereitstellungszinsen, Baugenehmigungsgebühren, Schadensersatzzahlungen wegen Auftragsannullierung. **Nicht** zu den Aufwendungen iSv Satz 1 gehören: Gutachten, die nicht für Einzelvorhaben spezifisch sind, *Tyczewski/Freund* BauR 2007, 491 (495), auch nicht Gegenleistungen für den Erwerb des Grundstücks oder die Einräumung von Nutzungsrechten, insbesondere der Kaufpreis. Die Kosten können nur nach den §§ 40–42 entschädigt werden. Ebenfalls nicht zu den Aufwendungen iSv Satz 1 zählen die Kosten für eine Befreiung (zB § 31 Abs. 2), außer wenn sie wirksam zugesagt worden ist. Kosten für Ausnahmen, die der Bebauungsplan vorsieht, sind nur dann nach Satz 1 zu entschädigen, wenn sie zugesagt worden sind oder wenn im Einzelfall das Ermessen der Baugenehmigungsbehörde ausnahmsweise auf null geschrumpft ist (so *Breuer* in SCH § 39 Rn. 31; *Paetow* in BK § 39 Rn. 15, 17; aA nur bei Zusage *Bielenberg/Runkel* in EZBK § 39 Rn. 9). Wird eine Zusage widerrufen, so kann der Anspruch aus § 39 konkurrieren mit einem Aufwendungsanspruch wegen Widerrufs einer Zusage zB § 49 Abs. 5 nwVwVfg.

4 **b) Erschließungsabgaben.** Zu den für die Erschließung des Grundstücks erhobenen **Abgaben** iSv Satz 2 zählen die bundesrechtlichen Erschließungsbeiträge iSv §§ 127 ff. einschl. der Beiträge für Immissionsschutzanlagen, die Straßenkostenbeiträge nach den Kommunalabgabengesetzen der Länder, die Anschlussbeiträge für Abwasserbeseitigungsanlagen, Gebühren und Beiträge für die Versorgung mit Strom, Gas, Wärme und Wasser. Auf privatrechtlicher Basis erbrachte Leistungen für die genannten Anlagen werden nach Satz 1 entschädigt (*Bielenberg/Runkel* in EZBK § 39 Rn. 11). Satz 2 schützt nur solche Abgaben, die in unmittelbarem Zusammenhang stehen mit Vorbereitungen für die Verwirklichung von Nutzungsmöglichkeiten, die sich aus dem geänderten, ergänzten oder aufgehobenen Bebauungsplan ergeben. Das kann die Entschädigung weit zurückliegender Abgaben ausschließen, obwohl für § 39 die 7-Jahres-Frist des § 42 Abs. 2, 3 nicht gilt. Satz 2 schützt ebenso wie Satz 1 keine Werte, die sich in der Substanz des Grundstücks niedergeschlagen haben. Eine geleistete Erschließungsabgabe wird sich regelmäßig im Bodenwert niederschlagen, sodass sie dann allein nach den §§ 40–42 zu entschädigen ist. In diesem Fall unterliegt sie auch der 7-Jahres-Frist des § 42 Abs. 2, 3. Ist eine zulässige Nutzungsmöglichkeit nicht genutzt worden, wird eine nach Fristablauf geleistete, im Bodenwert sich nie-

derschlagende Abgabe gem. § 42 Abs. 3 nicht entschädigt (s. a. *Bielenberg/Runkel* in EZBK § 39 Rn. 11).

4. Vertrauensgrundlage. a) Nutzungsvorbereitende Aufwendungen. 5
Grundlage des geschützten Vertrauens muss der Bestand der bisherigen **Festsetzungen eines rechtsverbindlichen Bebauungsplans** sein. Darstellungen eines Flächennutzungsplanes sind keine hinreichende Vertrauensgrundlage. Der Bebauungsplan muss zum Zeitpunkt der Aufwendungen wirksam sein. Rechtsverbindlichkeit hat ein fehlerhafter Bebauungsplan, der gem. §§ 214, 215 „geheilt" worden ist. Ein Anspruch aus § 39 entfällt nicht, wenn der Betroffene in Kenntnis, aber vor Behebung des Fehlers Aufwendungen gemacht hat (*Bielenberg/Runkel* in EZBK § 39 Rn. 16; enger *Hoffmann*, aaO, Rn. 9.2).

b) Erschließungsabgaben. Ein Anspruch nach § 39 oder § 39 analog ist ausge- 6
schlossen, wenn der Nutzungsberechtigte auf die Festsetzungen eines **Bebauungsplans** vertraut hat, der formell oder materiell **rechtswidrig** und nicht nach §§ 214, 215 „geheilt" worden ist, oder vor den fraglichen Aufwendungen durch gegenläufiges Gewohnheitsrecht oder Funktionsverlust **außer Kraft getreten** ist (BGHZ 84, 292 (295); OLG Dresden NVwZ 1998, 993 (994); *Breuer* in SCH § 39 Rn. 37; *Schenke* WiVerw 1990, 226 (248); *Deutsch* DVBl. 1995, 546 (551); aA *Lenz* BauR 1981, 215). Ein Schadensersatzanspruch aus Amtshaftung (§ 839 BGB, Art. 34 GG; dazu *Müller* BauR 1983, 193) kommt nur in Betracht, wenn der Gemeinderat bei der Aufstellung des unwirksamen Bebauungsplanes eine drittschützende Amtspflicht verletzt hat und der Nutzungsberechtigte, der im Vertrauen auf die Wirksamkeit des Bebauungsplanes nutzungsvorbereitende Aufwendungen gemacht hat, zum geschützten Personenkreis zählt. Eine drittschützende Amtspflicht kann sich im Einzelfall aus § 1 Abs. 6, 7 ergeben (BGH NJW 1984, 2516; NJW 1989, 976; s. a. *Gaentzsch* NVwZ 1990, 505; aA *Müller* BauR 1983, 193; weitergehend *Johlen* BauR 1983, 196). Die Pflicht, den Bebauungsplan aus dem Flächennutzungsplan zu entwickeln (§ 8 Abs. 2), obliegt den Gemeinderatsmitgliedern nur gegenüber der Allgemeinheit. Es besteht keine Amtspflicht der Gemeinderatsmitglieder gegenüber dem auf die Wirksamkeit des Plans vertrauenden Bürger, dass der Bürger vor wertlosen Aufwendungen im Hinblick auf einen nichtigen Bebauungsplan bewahrt werde (BGHZ 84, 292 (295)). Ein Anspruch aus enteignungsgleichem Eingriff scheidet aus. Die Last des unwirksamen Bebauungsplans hat dem Bürger nichts genommen. Der Schaden ist erst durch Nutzungsvorbereitungen entstanden, die der Bürger im Vertrauen auf die Wirksamkeit des Bebauungsplanes gemacht hat. Dieses Vertrauen schützt § 39 nicht. Vielmehr hatte der Bürger die Möglichkeit, die Wirksamkeit des Bebauungsplanes verwaltungsgerichtlich überprüfen zu lassen. Ist der nichtige Plan durch **Baugenehmigung** oder Vorbescheid „vollzogen" worden, so ist nicht § 39 analog (so *Birk* NVwZ 1984, 1 (6); *Kröner* ZfBR 1984, 20 (21)), sondern zusätzlich zu einem etwaigen Amtshaftungsanspruch § 48 Abs. 3 VwVfG anwendbar.

c) Flächen ohne Bebauungsplan. Sind Aufwendungen, die im Vertrauen auf 7
den Fortbestand einer gesetzlichen **Bodennutzbarkeit nach § 34 oder § 35** gemacht wurden, durch die planerische Aufhebung oder Einschränkung der gesetzlichen Nutzbarkeit entwertet worden, so verneint die h. M. einen Anspruch nach § 39 direkt oder analog *Breuer* in SCH § 39 Rn. 40; *Bielenberg/Runkel* in EZBK § 39 Rn. 17; *Paetow* in BK Rn. 7; *Hoffmann*, aaO, Rn. 10; *Jäde*, J/D/W § 39 Rn. 10; *Koch/Hendler* BauR, RaumOR, 5. A., § 19 Rn. 23; für Analogie *Schenke* DÖV 1987, 45 u. WiVerw 1990, 226 (247); *Birk* NVwZ 1984, 1 (5). Berechtigtes Vertrauen auf den Fortbestand einer Satzung nach § 34 Abs. 4 oder 35 Abs. 3 kann analog § 39 entschädigt werden, nicht aber in Fällen nach § 5 Abs. 2b S. 3, § 35 Abs. 3 S. 3 (s. BVerwGE 122, 364 (369); OLG Hamm NVwZ-RR 2007, 381; aA *Heuwinkel* Nds. VBl. 2004, 298; *Maslaton* LKV 2004, 289 (292); → § 42 Rn. 8). Eine differenzierende Beurtei-

§ 39 I. Kapitel. III. Teil. Regelung der baul. und sonst. Nutzung

lung liegt auch der speziellen Regelung des § 246a Abs. 1 S. 1 Nr. 9 S. 1 aF zugrunde (s. 5. Aufl. Rn. 14; s. a. *Remmert* DVBl. 1995, 221). Für Nutzungsmöglichkeiten aus § 33 gilt § 39 nicht (*Paetow,* aaO, Rn. 8; aA *Schenke* WiVerw 1990, 226 (250)).

8 **d) Änderung von Gemeinbedarfsfestsetzungen.** Da § 39 eine insoweit abschließende, nicht erweiterungsfähige Regelung enthält (BGHZ 84, 292 (295); *Korbmacher* WiVerw 1979, 37 (45)), scheidet seine analoge Anwendung auf Sachverhalte aus, in denen ein rechtsverbindlicher Bebauungsplan die Inanspruchnahme eines Grundstücks für **Gemeinbedarfszwecke festgesetzt** hat, der Eigentümer oder sonstige Nutzungsberechtigte daraufhin Vermögensdispositionen in berechtigtem Vertrauen auf den Bestand des Bebauungsplanes getroffen hat – aber nicht zur Verwirklichung von durch den Bebauungsplan eröffneten Nutzungsmöglichkeiten – und die Vermögensdispositionen durch die Aufhebung der betreffenden Festsetzung im Bebauungsplan an Wert verlieren.

9 **5. Berechtigtes Vertrauen. a) Objektive Elemente.** Außer der Vertrauensgrundlage eines rechtsverbindlichen Bebauungsplans setzt der Anspruch nach § 39 voraus, dass der Nutzungsberechtigte im **berechtigten Vertrauen** auf den Bestand des Planes Aufwendungen gemacht hat. Grundsätzlich darf der Bürger auf den Planfortbestand vertrauen. Das Vertrauen ist jedoch nicht mehr berechtigt, wenn erkennbar ist, dass der Bebauungsplan in absehbarer Zeit geändert, ergänzt oder aufgehoben wird und diese Umplanung für die beabsichtigte Nutzung bedeutsam sein kann. Das ist immer der Fall, wenn die Gemeinde das Grundstück des Nutzungsberechtigten in eine Veränderungssperre (§ 14) einbezieht oder das Baugesuch zurückstellt (§ 15). Wenn nicht ausnahmsweise besondere Umstände vorliegen, ist bei einem förmlichen, nach § 1 Abs. 8, § 2 Abs. 1 S. 2 ortsüblich bekannt zu machenden Beschluss, den Bebauungsplan aufzuheben oder zu ändern, davon auszugehen, dass die Umplanung für ein im Plangebiet liegendes Grundstück bedeutsam sein kann, auch wenn konkrete Auswirkungen erst im Laufe des Planungsverfahrens, zB durch Anregungen zum Planentwurf, eintreten (*Bielenberg/Runkel* in EZBK § 39 Rn. 21). Soll ein Bebauungsplan nur ergänzt werden, so zerstört der förmliche Beschluss allein noch nicht das berechtigte Vertrauen. Zusätzlich bedarf es konkreter Umstände, die es erwarten lassen, dass die Umplanung das betreffende Grundstück erfassen wird. Ein solcher, das berechtigte Vertrauen beseitigender Umstand kann sich auch erst aus der öffentlichen Auslegung des Änderungsentwurfs (§ 3 Abs. 2) ergeben. Angesichts der längeren Handlungsketten und der größeren Zeiträume bedarf es auch bei höherstufigen Planungen besonderen Nachweises, dass ein Grundstück in absehbarer Zeit von der durch die höherstufige Planung ausgelösten (nur ausnahmsweise) unmittelbar bevorstehenden Änderung, Aufhebung oder Ergänzung des Bebauungsplans betroffen sein wird. Dies gilt insbesondere für Darstellungen des Flächennutzungsplanes, den Inhalt eines städtebaulichen Entwicklungskonzepts oder Ziele der Raumordnung. Ob eine frühzeitige Öffentlichkeitsbeteiligung (§ 3 Abs. 1) das berechtigte Vertrauen beseitigt, ist danach zu entscheiden, welchen Planungsverfahren (Flächennutzungsplan (*Hoffmann,* SU Rn. 14), Entwicklungskonzept, Bebauungsplan) sie vorangeht (ähnlich *Breuer,* SCH § 39 Rn. 42; abweichend mit jeweils unterschiedlichem Regel-Ausnahme-Verhältnis *Bielenberg/Runkel,* aaO, § 39 Rn. 21). In besonderen Fällen kann das berechtigte Vertrauen des Nutzungsberechtigten dadurch beseitigt werden, dass ein Bebauungsplan zwar nicht funktionslos und unwirksam, wohl aber in einen funktionswidrigen Gegensatz zur faktischen Entwicklung des Gebietes geraten ist, sodass die Gemeinde gem. § 1 Abs. 3 verpflichtet ist, den Bebauungsplan zu ändern, zu ergänzen oder aufzuheben. Solch tatsächliche Umstände werden aber nur ausnahmsweise so eindeutig und klar erkennbar sein, dass sie geeignet sind, das berechtigte Vertrauen zu beseitigen (ebenso *Breuer,* aaO). Eine bestehende privatrechtliche Baubeschränkung (zB Dienstbarkeit zugunsten eines Nachbarn) schließt den Vertrauensschutz aus, auch wenn der Betroffene darauf vertraut hat, die Beschränkung beseitigen zu können. Eine Vertrauensgrundlage liegt

bereits vor, wenn mit der Erschließung in absehbarer Zeit auch durch den Eigentümer selbst in Verwirklichung seines Vorhabens gerechnet werden kann. Die Erschließung muss nicht iSv § 30 Abs. 1 gesichert sein (BGH, aaO; *Paetow* in BK § 39 Rn. 15; *Breuer* § 39 Rn. 30; *Jäde* JDW § 39 Rn. 15; *Hoffmann,* aaO, Rn. 17.1; aA *Bielenberg/Runkel,* EZBK § 39 Rn. 14).

b) Subjektive Elemente. Das Tatbestandsmerkmal „berechtigtes Vertrauen" umfasst außer den dargelegten objektiven auch **subjektive Elemente** (*Bielenberg/Runkel* in EZBK § 39 Rn. 28–32; *Birk* NVwZ 1984, 1 (7)). Kennt der Nutzungsberechtigte die rechtlichen oder tatsächlichen Umstände, die den Bestand der Festsetzungen ernsthaft in Frage stellen, so entfällt das berechtigte Vertrauen. Dies gilt aber auch, wenn der Nutzungsberechtigte die vertrauensbeseitigenden Umstände zwar nicht positiv kannte, aber kennen musste. Ob dem Nutzungsberechtigten Unkenntnis zuzurechnen ist, hängt mE davon ab, ob die vertrauensbeeinträchtigenden Umstände auf förmlichen oder öffentlich bekannt gemachten Planverfahrensakten beruhen oder nicht. 10

6. Entschädigung. a) Wertverlust. Die zu entschädigenden Aufwendungen müssen durch die Änderung, Ergänzung oder Aufhebung des Bebauungsplanes an Wert verlieren. Entschädigt wird also nur der **Wertverlust**. Dieser liegt auch schon bei einer teilweisen Entwertung vor. Verwertet der Berechtigte nutzungsvorbereitende Maßnahmen ganz oder teilweise für ein anderes Vorhaben, so tritt kein oder nur ein teilweiser Wertverlust ein. Die Darlegungslast für die Aufwendungen und ihre (teilweise) Wertlosigkeit obliegt dem Berechtigten. 11

b) Kausalität. Die **Kausalität** zwischen Veränderung der Festsetzungen des Bebauungsplanes und dem Wertverlust der Aufwendungen wird nicht dadurch unterbrochen, dass der Berechtigte seine Nutzungsvorbereitungen abbricht, bevor die Gemeinde das Planänderungsverfahren für das betroffene Grundstück abgeschlossen hat. Ein Anspruch nach § 39 ist aber mangels Planänderung ausgeschlossen, wenn die Gemeinde die Planänderungsabsicht aufgibt, sei es auch, weil der Berechtigte mit Rücksicht auf die beabsichtigte Planänderung seine Nutzungsabsicht aufgegeben hat. Nach der Aufgabe der Planänderung kann der Berechtigte seine ursprünglichen Nutzungsabsichten weiterverfolgen. In Betracht kommt nur ein Ausgleich des Verzögerungsschadens nach § 839 BGB, Art. 34 GG und wegen enteignungsgleichen Eingriffs infolge faktischer Bausperre. 12

c) Höhe, Fälligkeit und Festsetzung. Die Höhe der angemessenen, in Geld zu leistenden **Entschädigung** bemisst sich gem. § 43 Abs. 2 S. 3 nach den §§ 93 ff. Zur Fälligkeit und zum Erlöschen des Entschädigungsanspruchs s. § 44. Die Entscheidung der höheren Verwaltungsbehörde über die Entschädigung (§ 43 Abs. 2 S. 1) kann durch Antrag auf **gerichtliche Entscheidung** nach § 217 angefochten werden. 13

§ 40 Entschädigung in Geld oder durch Übernahme

(1) ¹Sind im Bebauungsplan
1. **Flächen für den Gemeinbedarf sowie für Sport- und Spielanlagen,**
2. **Flächen für Personengruppen mit besonderem Wohnbedarf,**
3. **Flächen mit besonderem Nutzungszweck,**
4. **von der Bebauung freizuhaltende Schutzflächen und Flächen für besondere Anlagen und Vorkehrungen zum Schutz vor Einwirkungen,**
5. **Verkehrsflächen,**
6. **Versorgungsflächen,**
7. **Flächen für die Abfall- und Abwasserbeseitigung, einschließlich der Rückhaltung und Versickerung von Niederschlagswasser, sowie für Ablagerungen,**
8. **Grünflächen,**

9. Flächen für Aufschüttungen, Abgrabungen oder für die Gewinnung von Steinen, Erden und anderen Bodenschätzen,
10. Flächen für Gemeinschaftsstellplätze und Gemeinschaftsgaragen,
11. Flächen für Gemeinschaftsanlagen,
12. von der Bebauung freizuhaltende Flächen,
13. Wasserflächen, Flächen für die Wasserwirtschaft, Flächen für Hochwasserschutzanlagen und Flächen für die Regelung des Wasserabflusses,
14. Flächen zum Schutz, zur Pflege und zur Entwicklung von Boden, Natur und Landschaft

festgesetzt, ist der Eigentümer nach Maßgabe der folgenden Absätze zu entschädigen, soweit ihm Vermögensnachteile entstehen. ²Dies gilt in den Fällen des Satzes 1 Nr. 1 in Bezug auf Flächen für Sport- und Spielanlagen sowie des Satzes 1 Nr. 4 und 10 bis 14 nicht, soweit die Festsetzungen oder ihre Durchführung den Interessen des Eigentümers oder der Erfüllung einer ihm obliegenden Rechtspflicht dienen.

(2) ¹Der Eigentümer kann die Übernahme der Flächen verlangen,
1. wenn und soweit es ihm mit Rücksicht auf die Festsetzung oder Durchführung des Bebauungsplans wirtschaftlich nicht mehr zuzumuten ist, das Grundstück zu behalten oder es in der bisherigen oder einer anderen zulässigen Art zu nutzen, oder
2. wenn Vorhaben nach § 32 nicht ausgeführt werden dürfen und dadurch die bisherige Nutzung einer baulichen Anlage aufgehoben oder wesentlich herabgesetzt wird.

²Der Eigentümer kann anstelle der Übernahme die Begründung von Miteigentum oder eines geeigneten Rechts verlangen, wenn die Verwirklichung des Bebauungsplans nicht die Entziehung des Eigentums erfordert.

(3) ¹Dem Eigentümer ist eine angemessene Entschädigung in Geld zu leisten, wenn und soweit Vorhaben nach § 32 nicht ausgeführt werden dürfen und dadurch die bisherige Nutzung seines Grundstücks wirtschaftlich erschwert wird. ²Sind die Voraussetzungen des Übernahmeanspruchs nach Absatz 2 gegeben, kann nur dieser Anspruch geltend gemacht werden. ³Der zur Entschädigung Verpflichtete kann den Entschädigungsberechtigten auf den Übernahmeanspruch verweisen, wenn das Grundstück für den im Bebauungsplan festgesetzten Zweck alsbald benötigt wird.

Übersicht

	Rn.
1. Allgemeines	1
a) Interne Systematik	1
b) Externe Systematik	2
c) Übernahmeansprüche als Entschädigungsinstrument	3
d) Nichteigentümer als Anspruchsberechtigte	4
2. Entschädigungspflichtige Festsetzungen	5
3. Vermögensnachteil	6
4. Ausnahmen von der Entschädigungspflicht	7
5. Übernahmeanspruch	8
a) Abs. 2 S. 1 Nr. 1, 1. Alt	8
b) Abs. 2 S. 1 Nr. 1, 2. Alt	9
c) Abs. 2 S. 1 Nr. 2	10
6. Begründung von Miteigentum – Abs. 2 S. 2	11
7. Geldentschädigung	12
a) Anspruchsvoraussetzungen	12
b) Verweisung auf Übernahme	13

2. Abschnitt. Entschädigung §40

1. Allgemeines. a) Interne Systematik. § 40 regelt die Entschädigung des 1
Grundeigentümers für Planungsschäden, die dadurch entstehen, dass der Bebauungsplan für den Eigentümer des betroffenen Grundstücks **fremdnützige,** insbesondere im Interesse der Allgemeinheit ergehende **Festsetzungen** enthält. Auf der Basis der Festsetzungsmöglichkeiten des § 9 statuiert S. 1 als Grundsatz die Entschädigung für Festsetzungsschäden. S. 2 enthält Ausnahmen von der Entschädigungspflicht für bestimmte, im Einzelfall nicht fremdnützige Festsetzungen. Gem. Abs. 2 S. 1 sind Festsetzungsschäden vorrangig zunächst durch Übernahme der belasteten Flächen zu entschädigen, und zwar bei Vorliegen einer der drei Alternativen des Abs. 1 S. 1 Nr. 1 oder 2, nämlich wirtschaftliche Unzumutbarkeit, das Grundstück zu behalten (Abs. 2 S. 1 Nr. 1 1. Altern.) oder in der bisherigen oder einer anderen zulässigen Art zu nutzen (Abs. 2 S. 1 Nr. 1 2. Altern.) oder bei Versagung der Genehmigung für ein Vorhaben nach § 32 mit der Folge, dass die bisherige Nutzung einer vorhandenen baulichen Anlage aufgehoben oder wesentlich herabgesetzt wird (Abs. 2 S. 1 Nr. 2). Gleiches gilt gem. Abs. 3 S. 1 und 3 bei der Versagung der Genehmigung für ein Vorhaben nach § 32 mit der Folge, dass die bisherige Nutzung eines Grundstücks wirtschaftlich erschwert wird und das Grundstück für den im Bebauungsplan festgesetzten Zweck alsbald benötigt wird. Wenn die Verwirklichung des Bebauungsplanes nicht die Entziehung des Eigentums erfordert, kann der Eigentümer gem. Abs. 2 S. 2 zwischen dem Übernahmeanspruch und einem Anspruch auf Begründung von Miteigentum oder eines geeigneten Rechts wählen. Führt die Versagung der Genehmigung für ein Vorhaben nach § 32 nur dazu, dass die bisherige Nutzung eines Grundstücks wirtschaftlich erschwert wird, greifen also weder Abs. 3 S. 2 oder 3, so ist dem Eigentümer eine angemessene Entschädigung in Geld zu leisten (Abs. 3 S. 1).

b) Externe Systematik. Weitere Fälle der Entschädigung für Festsetzungsschä- 2
den regelt § 41 – Festsetzung von Geh-, Fahr- und Leitungsrechten und bei Bindungen für Bepflanzungen. Den nach § 40 Entschädigungspflichtigen bestimmt § 44 Abs. 1. Entschädigungsverfahren, **Konkurrenz-** und Ausschlussklauseln sowie Fälligkeit und Erlöschen der Entschädigungsansprüche regeln die §§ 43, 44 Abs. 2–5 (→ auch Vorb. § 39–44 Rn. 1). Das Verhältnis zwischen § 40 und § 42 stellt § 43 Abs. 3 klar: liegen die Voraussetzungen des § 40 vor, so ist über eine Entschädigung nur nach dieser Vorschrift zu entscheiden (BGHZ 50, 93). Liegen die Voraussetzungen des § 40 vor, so kann der Berechtigte Ausgleich des Planungsschadens unabhängig davon verlangen, ob auf Grund den Schaden auslösenden Festsetzung eine Enteignung gem. §§ 85ff. oder ein Umlegungsverfahren gem. §§ 45ff. betrieben wird oder werden soll.

c) Übernahmeansprüche als Entschädigungsinstrument. Die Entschädi- 3
gung solcher fremdnütziger Festsetzungen, die dem Eigentümer fühlbare, nicht nur unerhebliche Vermögensnachteile zufügen, wird traditionell der Enteignung zugeordnet (BGHZ 50, 93; 63, 240; DVBl. 1999, 1282 (1283); *Breuer* in SCH § 40 Rn. 6; *Steinberg/Lübberger*, Aufopferung – Enteignung und Staatshaftung 1991, S. 117; *Burgi* NVwZ 1994, 527 (533); *Krohn* FS Schlichter, 1995, S. 439 (452); *Brohm*, Öffentliches Baurecht, § 17 Rn. 9; *Paetow* in BK § 40 Rn. 2f.; zweifelnd BVerwG DÖV 1991, 510; *Rennert* VBlBW 1995, 41 (44); *Lege* LKV 2007, 97 (101); einschränkend *Breuer* FS Bartlsperger 2006, S. 97, wenn ein Begünstigter Verfügungsmacht über das Grundstück erhält). IdR verwirklicht § 40 eine ausgleichspflichtige Inhaltsbestimmung (*Jarass*, FS Hoppe, 2000 S. 229 (238); *Wahlhäuser*, Die moderne städtebauliche Planung und das Planungsschadensrecht, 2002, S. 141; *ders.* BauR 2003, 1488 (1497); *Hoffmann*, SU § 40 Rn. 2; zu pauschal BVerfG NVwZ 1999, 979; *Deutsch* DVBl. 1995, 546 (551); *Berkemann* DVBl. 1999, 1285 (1286)). BGHZ 50, 93; 93, 165; NJW 1986, 2253 haben es für mit Art. 14 GG vereinbar erklärt, dass § 40 dem Eigentümer im Regelfall statt einer Entschädigung in Geld einen **Anspruch auf Übernahme** der Fläche gewährt. Dies habe seine innere Stütze darin, dass die öffent-

liche Hand oder der aus der speziellen privaten Festsetzung Begünstigte zur Verwirklichung der Festsetzung ohnehin letztlich das Eigentum erwerben müsse und dem Eigentümer unzumutbare Wartezeiten erspart blieben. Als Rechtsinstitut ist der Übernahmeanspruch dem Entschädigungsrecht seit langem vertraut, und zwar sowohl als ausschließlich eigentumsfreundliches wie zB in § 92 Abs. 2–5 BauGB oder auch wie in § 40 als entschädigungsbeschränkendes Instrument; dazu *Schmidt-Aßmann* BauR 1976, 145; *Krohn* in FS Weyreuther, 1993, S. 421; *Breuer* in SCH, Rn. 7; *Paetow*, aaO, Rn. 2. Verfassungsrechtlich geboten ist die Regelung der Entschädigung mit Hilfe des Übernahmeanspruchs nicht (aA *Breuer*, aaO, § 40 Rn. 10). Der Übernahmeanspruch kann dem (weiten) staatshaftungsrechtlichen Enteignungsbegriff zugeordnet werden (*Ossenbühl/Cornils*, Staatshaftungsrecht, 211). Der Übernahmeanspruch des § 40 bewirkt ebenso wie der „Quasiübernahmeanspruch" des § 41 Abs. 1, dass der Eigentümer keine Nutzungsentschädigung für die Zeit der Herabzonung bis zur Planverwirklichung erhält (BGHZ 186, 136; zustimmend BVerfG NVwZ 2012, 429; *Uechtritz/Hartmannsberger* DVBl. 2013, 65 – Vorrang des Primärrechtsschutzes; *Schlick* NJW 2011, 3137 (3138) – Götzenparkturm; OLG Stuttgart Urt. v. 27.7.2009, 102 U 1/09 Rn. 36). Hätte der Gesetzgeber statt des Übernahmeanspruches eine Geldentschädigung für den Nutzungsausfall festgesetzt, so müsste der Entschädigungspflichtige den Grundstückswert ganz oder teilweise bezahlen, ohne bereits das von ihm später auf Grund der Planfestsetzung ohnehin benötigte Grundeigentum zu erhalten. Der Übernahmeanspruch vermeidet eine später uU erforderlich werdende Administrativenteignung. Für den Eigentümer stellt der Übernahmeanspruch keine optimale Ausgleichsmöglichkeit dar, weil er ihm nur die Wahl lässt, sich sozusagen von seinem Grundstück zu trennen oder aber die eigentumsbeeinträchtigenden Wirkungen des Bebauungsplanes hinzunehmen (*Schmidt-Aßmann* BauR 1976, 145 (148)). Die grundsätzliche Verweisung auf den Übernahmeanspruch und der Ausschluss der Geldentschädigung ist auch dann verfassungsrechtlich unbedenklich, wenn im Einzelfall ein Interesse des Eigentümers besteht, zB wenn das Grundstück Baulandqualität hat, neben dem Übernahmeanspruch einen Geldausgleich als Nutzungsentschädigung zu erhalten (BGH BBauBl. 1972, 28).

4 **d) Nichteigentümer als Anspruchsberechtigte.** § 40 bestimmt ausdrücklich jeweils nur den Eigentümer als **Anspruchsberechtigten.** Gem. § 200 Abs. 2 steht mangels entgegenstehender Vorschrift der Erbbauberechtigte als Inhaber eines grundstücksgleichen Rechts dem Eigentümer gleich. Ihm steht aber kein Übernahmeanspruch zu. Vielmehr ist er analog § 40 Abs. 3 in Geld zu entschädigen (BGH NJW 1978, 2199; *Bielenberg/Runkel*, aaO, § 40 Rn. 67; *Schmidt-Eichstaedt*, KK, § 40 Rn. 8; aA *Paetow*, aaO, Rn. 38; OLG Hamburg NJW 1974, 801 – auch Übernahmeanspruch; *Breuer*, aaO, § 40 Rn. 36). Auch die ersatzweise Einräumung eines geeigneten Rechts nach Abs. 2 S. 2 (→ Rn. 12) kann in Frage kommen. Inhaber anderer als grundstücksgleicher Rechte, zB Mieter, Pächter, haben in analoger Anwendung des § 97 Abs. 3 iVm § 96, die über § 43 Abs. 2 S. 2 eröffnet und im Wege verfassungskonformer Auslegung geboten ist, einen Anspruch auf Geldentschädigung, wenn sie das betroffene Grundstück tatsächlich nutzen und durch die Festsetzung gem. Abs. 1 oder deren Durchführung fühlbare Vermögensnachteile (Rn. 7) erleiden (*Bielenberg/Runkel*, aaO, Rn. 67; *Breuer* in SCH, § 40 Rn. 37; aA *Schmidt-Eichstaedt*, KK, § 40 Rn. 15; *Paetow*, aaO, Rn. 37; *Jäde* in JDW § 40 Rn. 18; *Hoffmann*, SU; Rn. 30). Zur Wertermittlung → § 97 Rn. 5.

5 **2. Entschädigungspflichtige Festsetzungen.** Abs. 1 S. 1 bestimmt von den nach § 9 möglichen Festsetzungen einen abschließenden Katalog solcher **entschädigungspflichtiger Festsetzungen,** die der Eigentümer selbst nicht durchzuführen vermag oder die ihm nicht zuzumuten sind. Die Fremdnützigkeit kann im Gemeininteresse oder im Interesse Privater erfolgen, was gem. § 44 Abs. 1 für den Entschädigungspflichtigen von Bedeutung ist. Die Fremdnützigkeit kann auch auf Ausgleichs-

2. Abschnitt. Entschädigung § 40

maßnahmen nach § 1a Abs. 3 beruhen (s. a. BGH NJW 1998, 2215; *Battis* LM § 40 BauGB Nr. 2). Unerheblich ist, ob die Festsetzung erstmals oder anstelle früherer Festsetzungen erfolgt (BGHZ 50, 93; BauR 1970, 41). Nr. 1 betrifft Flächen für den Gemeinbedarf sowie Sport- und Spielanlagen (§ 9 Abs. 1 Nr. 5), Nr. 2 Flächen für Personengruppen mit besonderem Wohnbedarf (§ 9 Abs. 1 Nr. 8), Nr. 3 Flächen mit besonderem Nutzungszweck (§ 9 Abs. 1 Nr. 9), Nr. 4 von der Bebauung freizuhaltende Schutzflächen und Flächen für besondere Anlagen und Vorkehrungen zum Schutz vor Einwirkungen (§ 9 Abs. 1 Nr. 24), Nr. 5 Verkehrsflächen (§ 9 Abs. 1 Nr. 11), Nr. 6 Versorgungsflächen (§ 9 Abs. 1 Nr. 12), Nr. 7 Flächen für die Abfall- und Abwasserbeseitigung einschließlich der Rückhaltung und Versickerung von Niederschlagswasser sowie für Ablagerungen (§ 9 Abs. 1 Nr. 14), Nr. 8 Grünflächen (§ 9 Abs. 1 Nr. 15), Nr. 9 Flächen für Aufschüttungen, Abgrabungen oder für die Gewinnung von Steinen, Erden und anderen Bodenschätzen (§ 9 Abs. 1 Nr. 17), Nr. 10 Flächen für Gemeinschaftsstellplätze und -garagen (§ 9 Abs. 1 Nr. 22), Nr. 12 von der Bebauung freizuhaltende Flächen (§ 9 Abs. 1 Nr. 10), Nr. 13 Wasserflächen, Flächen für die Wasserwirtschaft, für Hochwasserschutzanlagen und für die Regelung des Wasserabflusses (§ 9 Abs. 1 Nr. 16), und Nr. 14 Flächen zum Schutz, zur Pflege und zur Entwicklung von Boden, Natur und Landschaft (§ 9 Abs. 1 Nr. 20, nicht aber bei zulässiger Ausweisung einer Fläche für Landwirtschaft (BGH ZfBR 1999, 159 – Streuobstwiese –; s. a. BGHZ 118, 11). Auch wenn § 40 dies anders als § 39 (→ dort Rn. 6) nicht ausdrücklich verlangt, müssen die entschädigungsauslösenden Festsetzungen in einem **rechtsverbindlichen Bebauungsplan** enthalten sein (*Bielenberg/Runkel* in EZBK § 39 Rn. 16; *Breuer* in SCH § 40 Rn. 14; *Paetow*, aaO, Rn. 8; aA *Lenz*, BauR 1981, 215/218. Abs 1 Nr. 9 umfasst auch die Festsetzung nach § 9 I Nr. 26 – Festsetzung einer Böschung ohne Einverständnis des Eigentümers (BVerwGE 134, 355 gegen OVG Koblenz BauR 2009, 1108; s. a. *Dazert*, ebd, S. 1091). Abs. 1 Nr. 8 gilt nicht für die Festsetzung privater Grünflächen (*Paetow* in BK § 40 Rn. 10; einschränkend OVG Saarland BauR 2010, 576 – Ausweisung als geschützter Landschaftsbestandteil). Eine analoge Anwendung auf den Fall, dass die Gemeinde ein Planfeststellungsverfahren wegen erwarteter Entschädigungsansprüche nicht weiter betreibt, lehnt ab BGH BRS 53, 133. Ist der Bebauungsplan unwirksam, so fehlt der Grund für das Übernahmeverlangen des Eigentümers. Zwar kann die fremdnützige Festsetzung vorübergehend nachteilige Auswirkungen auf den Wert des Grundstücks gehabt haben, aber angesichts der Offenheit des Planungsprozesses sind künftig den Eigentümer nicht beeinträchtigende Festsetzungen möglich. Hinsichtlich solcher Vermögenseinbußen, die während der noch unerkannten Unwirksamkeit des Bebauungsplanes eintreten, zB Mindererlös im Verkaufsfall, geringere Belastbarkeit oder geringere Ertragskraft, kommt nur ein Amtshaftungsanspruch in Betracht. Für Darstellungen eines Flächennutzungsplanes oder nur nachrichtlich übernommene Festsetzungen (§ 9 Abs. 6), die auf anderen gesetzlichen Vorschriften beruhen, gilt § 40 nicht.

3. Vermögensnachteil. Die fremdnützige Festsetzung führt grundsätzlich nur **6** dann zu einem Entschädigungsanspruch, wenn und soweit der Eigentümer durch die Festsetzung einen **Vermögensnachteil** erlitten hat (Abs. 1 S. 1 Hs. 2), der spürbar (fühlbar) und nicht unerheblich ist (BGHZ 63, 240; NVwZ-RR 1991, 593 (594); *Breuer*, SCH S. 40 Rn. 18; s. a. *Paetow*, aaO, Rn. 11; *Müller* NJW 1973, 2177 (2181)). Der Vermögensnachteil kann mit dem Inkrafttreten des Bebauungsplanes oder auch erst später eintreten (BGHZ 50, 93). Die fremdnützige Festsetzung kann insbesondere zur Minderung des Verkehrswertes führen, die im Verkaufsfall oder anlässlich der Bestellung eines Grundstücksrechtes zutage treten kann (s. a. BGH BBauBl. 1972, 82). Typische Vermögensnachteile iSv Abs. 1 S. 1 sind auch sinkende Nutzungsentgelte, zB wenn Wohnungen oder Geschäftsräume wegen der drohenden Verwirklichung der Festsetzung gar nicht mehr oder nur noch zu schlechteren Bedingungen vermietet oder verpachtet werden können. Vermögensnachteile können auch dadurch ein-

treten, dass wegen der fremdnützigen Festsetzung wirtschaftlich notwendige Investitionen unterbleiben oder eingeschränkt werden oder anstelle der ausgeübten wie beabsichtigte neue Nutzung nicht mehr aufgenommen wird; zu Schäden wegen Einzelhandelssteuerung → § 39 Rn. 1.

7 4. Ausnahmen von der Entschädigungspflicht. Ausnahmsweise besteht gem. Abs. 1 S. 2 **keine Entschädigungspflicht** nach § 40, wenn Festsetzungen nach Abs. 1 S. 1 Nr. 1 – diese allerdings nur in Bezug auf Flächen für Sport- und Spielanlagen –, Nr. 4, 10, 11, 12, 13 oder 14 oder deren Durchführung den **Interessen des Eigentümers** oder der Erfüllung einer ihm obliegenden Rechtspflicht dienen. Es handelt sich weder um ausgleichspflichtige Inhaltsbestimmungen iS von Art. 14 Abs. 1 S. 2 GG noch um Enteignungen iS von Art. 14 Abs. 3 GG (→ Vorb. §§ 39–44 Rn. 5). Ob die Durchführung einer Festsetzung den Interessen des Eigentümers entspricht, ist nach objektiven Gesichtspunkten zu entscheiden, nicht nach der persönlichen Ansicht des Eigentümers oder nach seinen persönlichen Verhältnissen (BGH NJW 1998, 2215 (2217) – kein Eigentümerinteresse, wenn Privatnützigkeit des Grundstücks entzogen wird, selbst wenn der Eigentümer mittelbar durch die gesamte Planung erhebliche Vorteile erlangt; konkret: Festsetzungen nach § 40 Abs. 1 Nr. 8, 14 als Ausgleich für Eingriff in Natur und Landschaft; s. a. *Paetow*, aaO, Rn. 29). Die **Rechtspflicht zur Durchführung der Festsetzung** kann dem Eigentümer im Falle des Abs. 1 S. 1 Ziff. 4 – von der Bebauung freizuhaltende Schutzflächen und Flächen für besondere Anlagen und Vorkehrungen zum Schutze von Einwirkungen – insbesondere aus dem Immissionsschutzrecht (zB § 50 BImSchG) und dem Bauordnungsrecht (zB § 18 nwBauO), zB zur Abwehr schädlicher Umwelteinwirkungen aus einer benachbarten emittierenden Anlage erwachsen. Die Festsetzung oder ihre Durchführung kann sich im Falle des Abs. 1 S. 1 Ziff. 10 – Flächen für Gemeinschaftsstellplätze und -garagen – zur Erfüllung einer dem Eigentümer aus den Bauordnungen, zB §§ 11, 51 nwBauO, obliegenden Rechtspflicht ergeben. Entsprechendes gilt für die Festsetzung von Flächen für sonstige Gemeinschaftsanlagen (Abs. 1 Nr. 1 Ziff. 11), zB § 9, 11 nwBauO – Kinderspielplätze, und für die relativ seltene Festsetzung von Flächen, die iSv Abs. 1 S. 1 Ziff. 12 von der Bebauung freizuhalten sind (→ § 9 Rn. 50), zB Sichtdreiecke aus Gründen der Verkehrssicherheit (§ 19 nwBauO), Freihaltung der Sicht auf ein Baudenkmal, Blocköffnung aus Gründen der Gesundheit. Die gegenüber den in wasserrechtlichen Verfahren getroffenen Festsetzungen subsidiäre (→ § 9 Rn. 58) Festsetzung von Wasserflächen, von Flächen für die Wasserwirtschaft, Flächen für Hochwasserschutzanlagen und von Flächen für die Regelung des Wasserabflusses (dazu *Fendt*, Hochwassergefährdete Siedlungsgebiete, S. 210) dient ebenso wie ihre Durchführung der Rechtspflicht, die dem Eigentümer zur Wahrung des Wohls der Allgemeinheit im Rahmen des wasserwirtschaftlichen Bewirtschaftungssystems obliegt (§ 1a Abs. 3, §§ 2 ff. WHG sowie LWG).

8 5. Übernahmeanspruch. a) Abs. 2 S. 1 Nr. 1, 1. Alt. Nach der Ersten der drei in Abs. 2 S. 1 geregelten Alternativen (→ Rn. 1) kann der Eigentümer, der spürbare Vermögensnachteile durch Festsetzungen iSv Abs. 1 S. 1 erlitten hat, die **Übernahme** der Flächen verlangen, wenn und soweit es ihm mit Rücksicht auf Festsetzung oder Durchführung des Bebauungsplanes wirtschaftlich nicht mehr zuzumuten ist, das Grundstück zu behalten **(Abs. 2 S. 1 Nr. 1, 1. Altern.).** Zur Anwendbarkeit auf Postamt nach der Postprivatisierung BVerwG NVwZ, 2004, 1352 (1355). Der Übernahmeanspruch ist grundsätzlich ausgeschlossen, wenn eine außerhalb des Enteignungsverfahrens zur Abwendung der Enteignung getroffene Vereinbarung besteht, die eine Erwerbspflicht des Enteignungsbegünstigten begründet (BGH NVwZ-RR 1991, 593). Bei der Entscheidung, ob eine Vermögensbeeinträchtigung es dem Eigentümer aus wirtschaftlicher Sicht unzumutbar macht, das Grundstück zu behalten, ist allein auf die Person des gegenwärtigen Eigentümers und seiner individuellen Vermögenslage abzustellen. Den Maßstab für das dem Eigentümer Zumutbare gibt die

2. Abschnitt. Entschädigung §40

durch die Planungsmaßnahme eintretende Verminderung der wirtschaftlichen Verhältnisse des Eigentümers, gemessen an seiner gesamten wirtschaftlichen Lage und seinen wirtschaftlichen Interessen. Aufgrund dieser individualisierenden Betrachtungsweise kann die Opfergrenze im Einzelfall verschieden sein, je nach der Art des Eingriffs und der Verhältnisse des konkret betroffenen Eigentümers (BGHZ 63, 240 (249); 93, 165 (167); 97, 1 (4); *Krohn*, FS Weyreuther, S. 421 (427); *Tyczewski/Freund* BauR 2007, 491 (503) – Einzelhandelssteuerung). Das Gesetz knüpft den Übernahmeanspruch daran, dass es gerade dem Eigentümer, der sich des Grundstückes durch das faktische Angebot der Übernahme entäußern will, nicht zugemutet werden kann, das Gelände noch länger zu behalten. Es reicht nicht aus, dass die wirtschaftliche Unzumutbarkeit nur in der Person eines Rechtsvorgängers vorlag (BGHZ 93, 165). Sämtliche Anspruchsvoraussetzungen müssen in der Person des Eigentümers im Zeitpunkt der Letzten mündlichen Verhandlung gegeben sein. Der Anspruch kann nicht mehr geltend gemacht werden, wenn die Festsetzung funktionslos geworden ist oder wenn eine von der Gemeinde betriebene Planänderung „Planreife" erreicht hat (BGHZ 97, 1; NJW 1998, 2215 (2217)). Ein Planaufstellungsbeschluss reicht regelmäßig für eine sichere Prognose ebenso wenig aus wie die Erklärung der Gemeinde, das Grundstück abweichend vom gültigen Bebauungsplan nicht mehr nutzen zu wollen (BGH NJW 1986, 2253 (2255) – unzumutbare Vermietungsversuche). Für mehr objektivierende Kriterien wie Betroffensein einer geschützten Rechtsposition, Beruf und Alter *Schmidt-Aßmann* BauR 1976, 145 (152). Es ist dem Eigentümer nicht zuzumuten, das Grundstück generell vier Jahre über den Zeitpunkt des Wirksamwerdens des Bebauungsplans behalten zu müssen (BGHZ 63, 240 (250) gegen OLG München DVBl. 1974, 434 mit abl. Anm. von *Schrödter*). Wirtschaftliche Unzumutbarkeit liegt nicht erst vor, wenn der Eigentümer für den Fall, dass er die Fläche behielte, schwere wirtschaftliche Nachteile erlitte. Vielmehr genügen fühlbare, nicht notwendig besonders schwere Beeinträchtigungen (BGHZ 50, 93 (98)), zB auch, wenn der Eigentümer, der die Flächen nach der für Bauerwartungsland geltenden Preisen gekauft und den Kaufpreis finanziert hat, die durch die Festsetzung für eine private Nutzung wertlos gewordenen Flächen behalten und gleichzeitig den Wert nach der vor der Herabzonung bestehenden Qualität weiter verzinsen muss (BGHZ 63, 240 (250)). Obwohl dem Eigentümer das Risiko der Festsetzung beim Kauf bekannt war, lehnt BGHZ 63, 240 (254) es ab, den Rechtsgedanken des Mitverschuldens (§ 254 BGB) oder den vor Einleitung eines förmlichen Enteignungsverfahrens unanwendbaren § 95 Abs. 2 Nr. 2–4 auf diesen **Spekulationsfall** zu übertragen (aA OLG München DVBl. 1974, 434). Führt die Festsetzung in einem solchen Spekulationsfall nur zu einer Minderung des Verkehrswerts, nicht aber zur Unveräußer- und Unbeleihbarkeit, so ist es dem Eigentümer zuzumuten, das Verlustgeschäft bis zur ordnungsgemäßen Durchführung des Bebauungsplanes zu tragen (*Breuer* in SCH § 40 Rn. 22). Bewirken Festsetzungen nur für einen Teil der Fläche eines Eigentümers fühlbare Vermögenseinbußen, für einen anderen Teil hingegen Vermögensgewinne, so schließen diese Planungsgewinne den Übernahmeanspruch nicht aus (BGH BauR 1975, 325; *Breuer* in SCH § 40 Rn. 17; *Paetow*, aaO, Rn. 15). Setzt die Gemeinde aber als Ausgleich für die durch einen Bebauungsplan zu erwartenden Eingriffe in Natur und Landschaft Ausgleichsflächen fest, so sind bei der Bemessung der Entschädigung planungsbedingte Wertsteigerungen des zu Rohbauland gewordenen Restgrundstücks zu berücksichtigen (BGH NJW 1998, 2215 (2218); *Battis* LM § 40 BauGB Nr. 2; BGHZ 62, 305, planungsbedingte Wertsteigerungen des Restgrundstückes). Das BauGB regelt keinen allgemeinen Planwertausgleich, wie die spezielle Regelung des Abs. 1 S. 2 unterstreicht. Zur verfassungsrechtlichen Unbedenklichkeit der Abschöpfung von Bodenwerterhöhungen bei städtebaulichen Entwicklungsmaßnahmen BVerwG DVBl. 1998, 1294; *Battis* NJ 1999, 100; s. a. BVerfG NJW 2000, 2573 (2575). Zur späteren Berücksichtigung des Vorteilsausgleichs bei der Festsetzung des Übernahmepreises → § 43 Rn. 2. Keine fühlbare Beeinträchtigung eines Vermögens-

wertes und damit auch keine wirtschaftliche Unzumutbarkeit liegt vor, wenn die Festsetzung einer Grünfläche zwar eine Minderung des Verkehrswerts bewirkt, aber der Eigentümer das Grundstück weder baulich nutzen noch veräußern noch beleihen will oder beliehen hat (BGHZ 50, 93 (97); BauR 1970, 41; WM 1973, 1299 (1301); BGHZ 63, 240 (248)). Die Vermögenseinbuße ist spürbar und führt zur wirtschaftlichen Unzumutbarkeit, sobald der Eigentümer das durch die Festsetzung in seinem Verkehrswert nicht nur unbedeutend oder unwesentlich geminderte Grundstück verkaufen oder behalten will. Es kommt grundsätzlich nicht darauf an, ob der Eigentümer aus wirtschaftlichen Gründen auf die Veräußerung angewiesen ist (BGH NJW 1986, 2253 (2255)).

9 b) Abs. 2 S. 1 Nr. 1, 2. Alt. Nach der **zweiten** der drei in Abs. 2 S. 1 geregelten **Alternativen** (Rn. 1) kann der Eigentümer, der fühlbare Vermögensnachteile durch die Festsetzung iSv Abs. 1 S. 1 erlitten hat, die Übernahme der Fläche verlangen, wenn und soweit es ihm mit Rücksicht auf die Festsetzung und die Durchführung des Bebauungsplans wirtschaftlich nicht zuzumuten ist, das Grundstück in der bisherigen oder einer anderen zulässige Art zu nutzen. Das ist zB der Fall, wenn wegen der Festsetzungen Mieter oder Pächter ausziehen und neue gar nicht oder nur zu nicht unerheblich niedrigerem Miet- oder Pachtzins wieder einziehen oder wenn wirtschaftlich sinnvolle Investitionen in dem auf dem Grundstück befindlichen Betrieb wegen der Festsetzung oder ihrer Durchführung keine angemessene Amortisation erwarten lassen. Da die fremdnützige Festsetzung keine dem Grundstück immanente Sozialbindung verwirklicht, ist es nicht erforderlich, dass die Nutzung des Grundstücks unrentabel wird. Der Übernahmeanspruch nach Abs. 2 S. 1 Nr. 1, 2. Altern. entsteht aber nur, wenn zusätzlich zur wirtschaftlichen Unzumutbarkeit der bisherigen Nutzung hinzukommt, dass dem Eigentümer auch die Aufnahme einer anderen zulässigen Nutzung anstelle der bisher ausgeübten Nutzung nicht zugemutet werden kann. Dies wird jedoch angesichts des Risikos, das auf diesbezüglichen Investitionen lastet, regelmäßig der Fall sein. Hinsichtlich des Mitverschuldens und des Vorteilsausgleichs Rn. 8.

10 c) Abs. 2 S. 1 Nr. 2. Nach der **3. Alternative** (Abs. 2 S. 1 Nr. 2) ist ein Übernahmeanspruch zunächst einmal beschränkt auf die tatbestandlichen Voraussetzungen einer **Nutzungsbeschränkung nach § 32.** Die Nutzungsbeschränkungen nach § 32 sollen verhindern, dass bei einem bereits bebauten Grundstück nach Inkrafttreten eines Bebauungsplanes wertsteigernde Änderungen des Bauwerks vorgenommen werden, obwohl das Grundstück nach den Planfestsetzungen als Gemeindebedarfs-, Verkehrs-, Versorgungs- oder Grünfläche ausgewiesen ist und infolgedessen bei Plandurchführung für diese Zwecke in Anspruch genommen werden wird. Abs. 2 S. 1 Nr. 2 betrifft nur bebaute Grundstücke, die von einer der vier genannten Festsetzungen betroffen werden und an denen wertsteigernde, nicht bloß werterhaltende Änderungen vorgenommen werden. Bei unbebauten Grundstücken oder anderen als den in § 32 genannten Festsetzungen kann lediglich ein Übernahmeanspruch nach § 40 Abs. 2 S. 1 entstehen (→Rn. 8, 9). Zusätzlich zu den Voraussetzungen nach § 32 setzt ein Übernahmeanspruch nach Abs. 2 S. 1 Nr. 2 voraus, dass durch die Nutzungsbeschränkung die bisherige Nutzung einer baulichen Anlage aufgehoben oder wesentlich herabgesetzt wird. Wird die bisherige Nutzung des Grundstücks nur wirtschaftlich erschwert, so kommt lediglich ein Entschädigungsanspruch nach Abs. 3 S. 1 in Betracht (Rn. 12). Abs. 2 S. 1 Nr. 2 stellt wie Nr. 1 auf eine individuelle Bestimmung der Opfergrenze ab (Rn. 8). Die bisherige Nutzung einer baulichen Anlage wird aufgehoben, wenn sie infolge der Nutzungsbeschränkung nach § 32 aus rechtlichen oder tatsächlichen Gründen unmöglich wird. Eine wesentliche Herabsetzung der bisherigen Nutzung liegt vor, wenn die bisherige Nutzung ohne werterhöhende Änderungen auf Dauer unrentabel und damit in ihrer Existenz gefährdet wird.

Darauf, ob eine andere als die bisherige Nutzung trotz der Nutzungsbeschränkung nach § 32 möglich ist, kommt es nicht an (*Vogel,* aaO, Rn. 26).

6. Begründung von Miteigentum – Abs. 2 S. 2. Wenn die Voraussetzungen des Abs. 2 S. 1 vorliegen (→ Rn. 8–10) und die Verwirklichung des Bebauungsplanes nicht die Entziehung des Eigentums erfordert, kann der Eigentümer gem. Abs. 2 S. 2 anstelle der grundsätzlich vorgesehenen Übernahme des vollen Eigentums an der gesamten oder an einem Teil der Fläche die **Begründung von Miteigentum** oder eines geeigneten Rechts, zB einer Dienstbarkeit iSv §§ 1018 ff. BGB, verlangen. Dieses dem Grundsatz der Verhältnismäßigkeit entsprechende beschränkte Übernahmeverlangen soll die Eigentumsbildung weiter Bevölkerungskreise fördern (s. § 1 Abs. 6 Nr. 2), zB wenn gem. § 9 Abs. 3 S. 1 für bestimmte Geschosse eine besondere Nutzung festgesetzt worden ist. 11

7. Geldentschädigung. a) Anspruchsvoraussetzungen. Abs. 3 S. 1 gewährt dem Eigentümer für eine Festsetzung nach Abs. 1 einen Anspruch auf angemessene **Entschädigung in Geld** nur dann, wenn und soweit die Voraussetzungen einer Nutzungsbeschränkung nach § 32 erfüllt sind (→ Rn. 10) und dadurch die bisherige Nutzung des Grundstücks wirtschaftlich erschwert wird. Abs. 3 S. 2 stellt das Verhältnis von **Übernahmeanspruch** (Abs. 2) und Geldentschädigung (Abs. 3 S. 1) klar. Liegen die qualifizierten Voraussetzungen des Abs. 2 S. 1 Nr. 2 vor – Aufhebung oder wesentliche Herabsetzung der bisherigen Nutzung einer baulichen Anlage (Rn. 10) –, so hat der Eigentümer nur einen Übernahmeanspruch. Der Anspruch auf Geldentschädigung greift also nur, wenn die minderschwere Folge eines Nutzungsverbotes nach § 32 vorliegt, nämlich, wenn die bisherige Nutzung des Grundstückes dadurch nur erschwert wird. Das ist zB der Fall, wenn die bisherige Nutzung ohne werterhöhende Änderung zwar auf Dauer nicht unrentabel, aber spürbar (Rn. 8) weniger rentabel ist. 12

b) Verweisung auf Übernahme. Abs. 3 S. 3 ermächtigt den Entschädigungspflichtigen (§ 44 Abs. 1, 2), den Eigentümer trotz Vorliegens der Voraussetzungen des Anspruchs auf Geldentschädigung (Abs. 3 S. 1) ausnahmsweise **auf den Übernahmeanspruch zu verweisen.** Voraussetzung ist, dass das Grundstück für den plangemäßen Zweck alsbald benötigt wird. S. 3 soll es dem Entschädigungspflichtigen ersparen, zunächst eine Geldentschädigung zu zahlen, obwohl das Grundstück alsbald benötigt wird und notfalls enteignet werden könnte. Auch im Ausnahmefall des Abs. 3 S. 3 ist jedoch Abs. 2 S. 2 anwendbar (→ Rn. 11). Der Eigentümer kann also anstelle der Übernahme die Begründung von Miteigentum oder eines anderen geeigneten Rechts verlangen, wenn die Verwirklichung des Bebauungsplans nicht die Entziehung des Grundstücks erfordert. 13

§ 41 Entschädigung bei Begründung von Geh-, Fahr- und Leitungsrechten und bei Bindungen für Bepflanzungen

(1) ¹Sind im Bebauungsplan Flächen festgesetzt, die mit Geh-, Fahr- und Leitungsrechten zu belasten sind, kann der Eigentümer unter den Voraussetzungen des § 40 Abs. 2 verlangen, dass an diesen Flächen einschließlich der für die Leitungsführungen erforderlichen Schutzstreifen das Recht zugunsten des in § 44 Abs. 1 und 2 Bezeichneten begründet wird. ²Dies gilt nicht für die Verpflichtung zur Duldung solcher örtlichen Leitungen, die der Erschließung und Versorgung des Grundstücks dienen. ³Weitergehende Rechtsvorschriften, nach denen der Eigentümer zur Duldung von Versorgungsleitungen verpflichtet ist, bleiben unberührt.

(2) Sind im Bebauungsplan Bindungen für Bepflanzungen und für die Erhaltung von Bäumen, Sträuchern, sonstigen Bepflanzungen und Gewässern

sowie das Anpflanzen von Bäumen, Sträuchern und sonstigen Bepflanzungen festgesetzt, ist dem Eigentümer eine angemessene Entschädigung in Geld zu leisten, wenn und soweit infolge dieser Festsetzungen
1. besondere Aufwendungen notwendig sind, die über das bei ordnungsgemäßer Bewirtschaftung erforderliche Maß hinausgehen, oder
2. eine wesentliche Wertminderung des Grundstücks eintritt.

Übersicht

	Rn.
1. Allgemeines	1
a) Interne und externe Systematik	1
b) Verfassungsrechtliche Einordnung	2
2. Entschädigung bei Begründung von Geh-, Fahr- und Leitungsrechten	3
a) Anspruchsvoraussetzungen	3
b) Inhalt des Quasi-Übernahmeanspruchs	4
c) Ausschluss der Entschädigung	5
3. Entschädigung bei Bindungen für Bepflanzungen	7
a) Festsetzungen nach § 9 I Nr. 25	7
b) Besondere Aufwendungen	8
c) Wesentliche Wertminderung	9
d) Inhalt des Anspruchs	10

1 **1. Allgemeines. a) Interne und externe Systematik.** Trifft ein Bebauungsplan gem. § 9 Abs. 1 Nr. 21 Festsetzungen über Geh-, Fahr- und Leitungsrechte, so kann der Eigentümer einer betroffenen Fläche, dem es auf Grund der Festsetzung oder ihrer Durchführung wirtschaftlich nicht zuzumuten ist, ein Grundstück entschädigungslos zu nutzen, gem. Abs. 1 S. 1 vom Entschädigungspflichtigen (§ 44 Abs. 1, 2) die entschädigungspflichtige **Begründung von Dienstbarkeiten** (§§ 1018, 1090 BGB) verlangen. Der Anspruch aus Abs. 1 S. 1 besteht nicht, wenn die Leitungen der örtlichen Erschließung und Versorgung des Grundstücks dienen (Abs. 1 S. 2) oder wenn besondere Rechtsvorschriften, wie die des Energiewirtschaftsgesetzes, den Eigentümer in zulässiger Weise zu entschädigungslosen oder entschädigungspflichtigen Duldungen von Versorgungsleitungen verpflichten (Abs. 1 S. 3). Nach § 9 Abs. 1 Nr. 25 kann der Bebauungsplan **Festsetzungen über die Bepflanzung** enthalten. Wenn und soweit infolge dieser Festsetzungen ausnahmsweise besondere Aufwendungen notwendig werden (Abs. 2 Nr. 1) oder eine wesentliche Wertminderung des Grundstücks eintritt (Abs. 2 Nr. 2), hat der Eigentümer einen Anspruch auf angemessene Entschädigung in Geld. Kommt eine Vereinbarung nicht zustande, kann eine Enteignung nach § 85 Abs. 1 Nr. 1 in Betracht kommen (BVerwG ZfBR 1999, 43). Die Ansprüche nach Abs. 1 u. 2 werden ergänzt durch die allgemeinen Vorschriften über den Entschädigungspflichtigen (§ 44 Abs. 1), das Entschädigungsverfahren, Konkurrenz- und Ausschlussklauseln (§ 43) sowie die Fälligkeit und das Erlöschen des Entschädigungsanspruchs (§ 44 Abs. 3–5). Entschädigungsberechtigter ist grundsätzlich der Eigentümer. Aus § 43 Abs. 1 S. 1 folgt, dass im Falle der Nichteinigung der Inhaber eines Anspruchs nach Abs. 1 bei der Enteignungsbehörde (§ 104) die Begründung des Rechts im Enteignungsverfahren beantragen kann. Mangels entgegenstehender Vorschrift kann gem. § 200 Abs. 2 auch der Inhaber eines grundstücksgleichen Rechts, zB der Erbbauberechtigte, die Ansprüche nach Abs. 1 oder 2 geltend machen (str., → § 40 Rn. 5). In analoger Anwendung des § 97 Abs. 3 iVm § 96, die über § 43 Abs. 2 S. 2 eröffnet und im Wege der verfassungskonformen Auslegung geboten ist, können darüber hinaus Mieter, Pächter oder sonstige Inhaber anderer als grundstücksgleicher Rechte einen Anspruch auf Geldentschädigung haben, wenn sie das betroffene Grundstück tatsächlich nutzen und durch die Festsetzung oder deren Durchführung einen spürbaren, wirtschaftlich unzumutbaren Vermögensnachteil er-

2. Abschnitt. Entschädigung § 41

leiden (*Breuer*, SCH § 41 Rn. 19; *Bielenberg/Runkel* in EZBK § 41 Rn. 12–15; aA, *Hoffmann*, SU, Rn. 22; → auch § 41 Rn. 4).

b) Verfassungsrechtliche Einordnung. § 41 wird traditionell als Enteignungs- 2 entschädigung eingeordnet (*Krohn* FS Schlichter, 1995, S. 439 (452); *Brohm*, Öffentliches Baurecht, § 17 Rn. 9; *Paetow*, aaO, Rn. 2; *Breuer* in SCH, § 41 Rn. 3). Im Regelfall handelt es sich jedoch bei Abs. 1 und bei Abs. 2 um eine ausgleichspflichtige Inhaltsbestimmung (*Wahlhäuser*, Die moderne städtebauliche Planung und das Planungsschadensrecht, 2002, S. 165; *Jarass/Kment*, § 41 Rn. 1; pauschaler *Deutsch* DVBl. 1995, 546 (552); *Hoffmann*, aaO, § 41 Rn. 6). Wie im Falle des Übernahmeanspruches nach § 40 erhält der Eigentümer durch den Anspruch auf Begründung der Dienstbarkeit – Quasiübernahmeanspruch nach Abs. 1 – die Möglichkeit, die durch die Festsetzung eingetretene Schwebelage zu beenden. Die Regelung des nicht nur eigentümerfreundlichen, sondern auch der Rechtsklarheit und der Verwaltungspraktikabilität dienenden **Quasiübernahmeanspruchs** ist aus denselben Gründen wie beim Übernahmeanspruch nach § 40 gerechtfertigt (*Schmidt-Aßmann* BauR 1976, 145 (149); § 40 Rn. 3). Die Ausnahmeregelung des Abs. 1 S. 2 – keine Entschädigung für Leitungen, die der örtlichen Erschließung des belasteten Grundstücks selbst dienen – ist gerechtfertigt, da eine solche Festsetzung für den Eigentümer keine fremd-, sondern gerade eine privatnützige Inhaltsbestimmung des Eigentums iSv Art. 14 Abs. 1 S. 2 GG darstellt. Verfassungsrechtlich nicht geboten ist die Entschädigung solcher fremdnütziger Festsetzungen, die den Eigentümer nicht spürbar, sondern nur unerheblich beeinträchtigen (§ 40 Rn. 3, 5). Aufgrund der Verweisung des § 43 Abs. 2 S. 2 auf den 2. Abschn. des 5. Teils kann der Anspruchsberechtigte nach Abs. 1 die **Entziehung des Eigentums verlangen**, wenn die Belastung mit der Dienstbarkeit für ihn unbillig ist (§ 92 Abs. 2 S. 2 analog; *Breuer*, in SCH § 41 Rn. 9; *Finkelnburg* BauR 1996, 303 (307); *Vogel*, KK § 41 Rn. 2; aA *Bielenberg/Runkel* in EZBK § 41 Rn. 12–15; *Hoffmann*, SU § 41 Rn. 9.1; *Paetow*, BK § 41 Rn. 4; *Jäde*, J/D/W § 41 Rn. 2). Die Festsetzungen nach § 9 Abs. 1 Nr. 25 verpflichten den Eigentümer zu positivem Handeln, das nach § 178 durch Erlass eines Pflanzgebotes durchgesetzt werden kann. Gleichwohl löst diese Handlungspflicht typischerweise keinen Entschädigungsanspruch aus. Die Festsetzung nach § 9 Abs. 1 Nr. 25 legt nämlich typischerweise eine für den Eigentümer privatnützige, das Grundstück nur peripher betreffende Verwendung fest. Daher liegt sie grundsätzlich innerhalb der **entschädigungslos hinzunehmenden** sozialbindenden Inhaltsbestimmung des Eigentums iSv Art. 14 Abs. 1 S. 2 GG (s. a. *Breuer* in SCH § 41 Rn. 25, 26). Nur in den von **Abs. 2 Nr. 1 u. 2 geregelten Ausnahmen** ist die individuelle Opfergrenze überschritten, die Entschädigung also auch **verfassungsrechtlich geboten.** Dieses umgekehrte Regel-Ausnahme-Verhältnis unterscheidet Abs. 2 von den §§ 40, 41 Abs. 1.

2. Entschädigung bei Begründung von Geh-, Fahr- und Leitungsrechten. 3
a) Anspruchsvoraussetzungen. Der **Anspruch** auf die entschädigungspflichtige Begründung einer Dienstbarkeit (§§ 1018, 1090 BGB) nach Abs. 1 **setzt** erstens **voraus,** dass der wirksame (s. *Finkelnburg* BauR 1996, 303 (307); BGH, BRS 53 Nr. 133; § 40 Rn. 5) Bebauungsplan **fremdnützige Festsetzungen** über Geh-, Fahr- oder Leitungsrechte zugunsten der Allgemeinheit, eines Erschließungsträgers oder eines beschränkten Personenkreises trifft. Da der Anspruch nur „unter den Voraussetzungen des § 40 Abs. 2" eingreift, müssen die Festsetzungen oder deren Durchführung zweitens dem Eigentümer so belasten, dass es ihm **wirtschaftlich nicht zumutbar** ist, die fremdnützige Einschränkung seiner Grundstücksnutzung entschädigungslos hinzunehmen. Im Unterschied zu den in § 40 Abs. 2 geregelten Fällen muss die Festsetzung oder deren spätere Durchführung dem Grundstück nicht die Privatnützigkeit nehmen. Es kommt also wie in § 40 Abs. 2 S. 1 Nr. 1 darauf an, ob es dem Eigentümer „wirtschaftlich nicht mehr zuzumuten ist, das Grundstück zu behalten oder es in der bisherigen oder einer anderen zulässigen Art zu nutzen".

Wann eine spürbare (§ 40 Rn. 6) Belastung die Opfergrenze überschreitet, ist wie bei § 40 nach einem subjektiven Maßstab zu bestimmen (§ 40 Rn. 8). Eine unzumutbare fremdnützige Beeinträchtigung kann auch dann vorliegen, wenn mit Rücksicht auf Festsetzungen von Geh-, Fahr- und Leitungsrechten eine Baugenehmigung gem. § 30 und eine Befreiung gem. § 31 Abs. 2 für die wertsteigernde Erweiterung einer baulichen Anlage versagt werden. Der Streit darüber, ob die Verweisung auf § 40 Abs. 2 nur Abs. 2 S. 1 Nr. 1 (so *Breuer* in SCH § 41 Rn. 4; *Jäde,* JDW § 41 Rn. 6) oder auch Abs. 2 S. 1 Nr. 2 erfasst (so *Bielenberg/Runkel,* EZBK § 41 Rn. 11; *Paetow,* aaO, Rn. 5) ist daher überflüssig. Auch § 40 Abs. 2 S. 1 Nr. 1 ist nicht direkt anwendbar (*Finkelnburg* BauR 1996, 303 (307); *Vogel,* KK, Rn. 4).

4 **b) Inhalt des Quasi-Übernahmeanspruchs.** Der „Quasiübernahmeanspruch" nach Abs. 1 ist grundsätzlich darauf gerichtet, dass an dem betroffenen Grundstück hinsichtlich der belasteten Fläche einschließlich des benötigten Schutzstreifens eine **Grunddienstbarkeit** (§§ 1018 ff. BGB) oder eine **beschränkte persönliche Dienstbarkeit** (§§ 1090 ff. BGB) für den durch die Festsetzung Begünstigten (§ 44 Abs. 1) bestellt wird. Als Ausgleich für die Bestellung der Dienstbarkeit ist der Eigentümer analog §§ 93 ff. zu **entschädigen.** Anders als in § 40 Abs. 3 besteht in keinem Fall ein Entschädigungsanspruch in Geld ohne Quasiübernahme. Ist die Belastung mit der Dienstbarkeit ausnahmsweise dem Eigentümer wirtschaftlich nicht zuzumuten, zB weil die Festsetzung eines Leitungsrechtes die für die Rentabilität seines Betriebes erforderliche Erweiterung ausschließt, so besteht in analoger Anwendung von § 92 Abs. 2 S. 2 (str, → Rn. 2) ein **Anspruch auf Übernahme** des ganzen Grundstücks.

5 **c) Ausschluss der Entschädigung. aa) Örtliche Leitungen. Örtliche Leitungen,** die der Erschließung und Versorgung des Grundstücks des Eigentümers dienen, hat der Eigentümer gem. Abs. 1 S. 2 entschädigungslos zu dulden. Entsprechend mit der verfassungsrechtlichen Wertung (Rn. 2) und der gesetzlichen Wertung in § 40 Abs. 1 S. 2 (§ 40 Rn. 7) sowie in § 93 Abs. 3 – Vorteilsausgleichung – hat der Eigentümer in diesem Fall keinen Anspruch darauf, dass auf seinem Grundstück eine entsprechende Grunddienstbarkeit bestellt und er dafür entschädigt wird. Abs. 1 S. 2 greift nicht nur ein, wenn die Leitung nur dem Grundstück des Eigentümers dient. Eine für den Eigentümer privatnützige Festsetzung liegt vielmehr auch dann vor, wenn die Leitung als Teil des örtlichen Erschließungs- und Versorgungsnetzes neben anderen auch dem Grundstück des Eigentümers dient. Insoweit diese Festsetzung für den Eigentümer fremdnützig ist, liegt sie wegen der gleichzeitigen Privatnützigkeit innerhalb der entschädigungslos hinzunehmenden Inhaltsbestimmung des Eigentums. Zu entschädigen sind aber als ausschließlich fremdnützige Festsetzung solche, die Leitungen mit überörtlicher Bedeutung betreffen, von denen der Eigentümer keinen unmittelbaren Erschließungs- und Versorgungsvorteil hat. In jedem Fall setzt Abs. 1 S. 2 voraus, dass das Leitungsrecht durch Bebauungsplan wirksam festgesetzt ist. Abs. 1 S. 2 begründet keine allgemeine Verpflichtung des Grundeigentümers zur Duldung bestimmter Versorgungsleitungen (BVerwG DVBl. 1985, 798; aA OLG Celle NJW 1973, 1505; s. a. *Bielenberg/Runkel,* aaO, Rn. 22; *Paetow* in BK, Rn. 8; *Breuer* in SCH, Rn. 10 – Freileitungen ohne Bebauungsplan; OVG Münster NVwZ 1982, 446 – Kanalisations- und Wasserleitung).

6 **bb) Anderweitige Duldungspflicht.** Abs. 1 S. 3 stellt klar, dass ebenfalls kein Entschädigungsanspruch nach Abs. 1 S. 1 besteht, wenn **weitergehende Rechtsvorschriften** den Eigentümer zur Duldung von Versorgungsleitungen verpflichten. Besteht eine **Duldungspflicht nach anderen Rechtsvorschriften,** so bedarf es keiner Festsetzung nach § 9 Abs. 1 Nr. 21, sondern allenfalls einer Festsetzung über die Linienführung. Der planungsschadensrechtliche Tatbestand des Anspruchs aus Abs. 1 S. 1 wird also nicht erfüllt. Wenn eine nach anderen Rechtsvorschriften entschädi-

2. Abschnitt. Entschädigung § 41

gungslos angeordnete Duldungspflicht in einem atypischen Fall den Eigentümer unzumutbar belastet, so entfällt mit Rücksicht auf Art. 14 Abs. 1 S. 1 GG in verfassungskonformer Auslegung der Rechtsvorschrift die Duldungspflicht. In diesem Fall ist eine Festsetzung nach § 9 Abs. 1 Nr. 21 möglich, sodass dann auch der Tatbestand des § 42 S. 1 verwirklicht werden kann. Soweit es sich in diesen Fällen um vorkonstitutionelle, unter der Geltung von Art. 153 WRV erlassene Gesetze handelt, können sie auf der Grundlage des unter der WRV praktizierten erweiterten Enteignungsbegriffes durch Art. 153 Abs. 2 S. 2 WRV – Garantie der angemessenen Entschädigung für Enteignungen – ergänzt werden, soweit nicht das Gesetz ausdrücklich eine angemessene Entschädigung ausschließt (BVerfGE 4, 219 (236); *Breuer* in SCH § 41 Rn. 18).

3. Entschädigung bei Bindungen für Bepflanzungen. a) Festsetzungen 7
nach § 9 I Nr. 25. Der Entschädigungsanspruch bei Bindungen für Bepflanzungen entsteht nur, wenn ein wirksamer Bebauungsplan **Festsetzungen nach § 9 Abs. 1 Nr. 25** enthält, also für einzelne Flächen innerhalb des Plangebietes oder für das gesamte Plangebiet oder für Teile baulicher Anlagen das Anpflanzen von Bäumen und Sträuchern oder Bindungen für Bepflanzungen oder die Erhaltung von Bäumen, Sträuchern und Gewässern festsetzt. Insoweit ist die Überschrift des § 41 zu eng. Andere, die Begrünung betreffende Festsetzungen, wie die von Grünflächen (§ 9 Abs. 1 Nr. 15), von Flächen für die Landwirtschaft und Wald (§ 9 Abs. 1 Nr. 18) oder von unbebaubaren Flächen innerhalb der Baugebiete (§ 9 Abs. 1 Nr. 10) können keinen Anspruch nach § 41, sondern allenfalls einen nach § 40 auslösen.

b) Besondere Aufwendungen. Der Entschädigungsanspruch setzt zusätzlich 8
voraus, dass durch die Festsetzung oder ihre Durchführung **besondere Aufwendungen** notwendig sind, die über das bei ordnungsgemäßer Bewirtschaftung (dazu *Bielenberg/Runkel* in EZBK § 41 Rn. 60) erforderliche Maß hinausgehen (Nr. 1). Die Aufwendungen für die Bepflanzung, die im Rahmen der ordnungsgemäßen Bewirtschaftung liegen, werden nicht entschädigt. Ebensowenig solche Aufwendungen, die nur unerheblich über das bei ordnungsgemäßer Bewirtschaftung erforderliche Maß hinausgehen, die also den Eigentümer nicht spürbar belasten (§ 40 Rn. 6). Dabei ist ein subjektiver Maßstab zugrunde zu legen (§ 40 Rn. 8). Aufwendungen, die durch wirksame **andere Gesetze,** Rechtsverordnungen oder Satzungen geboten sind, zB nach den Bepflanzungsvorschriften der BauO (§ 8 Abs. 1 MBO) und etwaigen diese konkretisierenden Gemeindesatzungen (§ 86 Abs. 1 Nr. 7 MBO), können als entschädigungslos zu duldende Inhaltsbestimmung des Eigentums keinen Anspruch nach § 41 Abs. 2 auslösen.

c) Wesentliche Wertminderung. Der Entschädigungsanspruch entsteht auch, 9
wenn durch die Festsetzung nach § 9 Abs. 1 Nr. 25 oder ihre Durchführung eine **wesentliche Wertminderung** eintritt (Nr. 2). Das ist der Fall, wenn und soweit allein durch die Festsetzung nach § 9 Abs. 1 Nr. 25 oder ihre Durchführung der Verkehrswert des Grundstücks fühlbar, also nicht nur unerheblich (§ 40 Rn. 6), gemindert wird. Soweit der Verkehrswert durch gleichzeitig ergangene andere Festsetzungen gemindert wird, zB nach § 9 Abs. 1 Nr. 10, greift der Anspruch nach § 41 Abs. 2 nicht. Die Minderung des Verkehrswerts ist nach einem objektiven Maßstab zu beurteilen.

d) Inhalt des Anspruchs. Der Entschädigungsanspruch nach Abs. 2 geht nur auf 10
Geld, nicht wie in § 40 u. § 41 Abs. 1 primär auf Übernahme bzw. Belastung mit einem Recht. Zur Bemessung des Anspruchs und zum Verfahren s. § 43.

§ 42 Entschädigung bei Änderung oder Aufhebung einer zulässigen Nutzung

(1) Wird die zulässige Nutzung eines Grundstücks aufgehoben oder geändert und tritt dadurch eine nicht nur unwesentliche Wertminderung des Grundstücks ein, kann der Eigentümer nach Maßgabe der folgenden Absätze eine angemessene Entschädigung in Geld verlangen.

(2) Wird die zulässige Nutzung eines Grundstücks innerhalb einer Frist von sieben Jahren ab Zulässigkeit aufgehoben oder geändert, bemisst sich die Entschädigung nach dem Unterschied zwischen dem Wert des Grundstücks auf Grund der zulässigen Nutzung und seinem Wert, der sich infolge der Aufhebung oder Änderung ergibt.

(3) ¹Wird die zulässige Nutzung eines Grundstücks nach Ablauf der in Absatz 2 bezeichneten Frist aufgehoben oder geändert, kann der Eigentümer nur eine Entschädigung für Eingriffe in die ausgeübte Nutzung verlangen, insbesondere wenn infolge der Aufhebung oder Änderung der zulässigen Nutzung die Ausübung der verwirklichten Nutzung oder die sonstigen Möglichkeiten der wirtschaftlichen Verwertung des Grundstücks, die sich aus der verwirklichten Nutzung ergeben, unmöglich gemacht oder wesentlich erschwert werden. ²Die Höhe der Entschädigung hinsichtlich der Beeinträchtigung des Grundstückswerts bemisst sich nach dem Unterschied zwischen dem Wert des Grundstücks auf Grund der ausgeübten Nutzung und seinem Wert, der sich infolge der in Satz 1 bezeichneten Beschränkungen ergibt.

(4) Entschädigungen für Eingriffe in ausgeübte Nutzungen bleiben unberührt.

(5) Abweichend von Absatz 3 bemisst sich die Entschädigung nach Absatz 2, wenn der Eigentümer an der Verwirklichung eines der zulässigen Nutzung entsprechenden Vorhabens vor Ablauf der in Absatz 2 bezeichneten Frist durch eine Veränderungssperre oder eine befristete Zurückstellung seines Vorhabens gehindert worden ist und er das Vorhaben infolge der Aufhebung oder Änderung der zulässigen Nutzung des Grundstücks nicht mehr verwirklichen kann.

(6) Ist vor Ablauf der in Absatz 2 bezeichneten Frist eine Baugenehmigung oder über die bodenrechtliche Zulässigkeit eines Vorhabens ein Vorbescheid nach Bauaufsichtsrecht erteilt worden und kann der Eigentümer das Vorhaben infolge der Aufhebung oder Änderung der zulässigen Nutzung des Grundstücks nach Ablauf der Frist nicht mehr verwirklichen oder ist die Verwirklichung dadurch für ihn wirtschaftlich unzumutbar geworden, kann der Eigentümer in Höhe des Unterschieds zwischen dem Wert des Grundstücks unter Zugrundelegung der nach der Genehmigung vorgesehenen Nutzung und dem Wert des Grundstücks, der sich infolge der Aufhebung oder Änderung der zulässigen Nutzung ergibt, Entschädigung verlangen.

(7) ¹Ist vor Ablauf der in Absatz 2 bezeichneten Frist ein Antrag auf Erteilung einer Baugenehmigung oder eines Vorbescheids nach Bauaufsichtsrecht, der die bodenrechtliche Zulässigkeit eines Vorhabens zum Gegenstand hat, rechtswidrig abgelehnt worden und kann nach dem Ergebnis eines Rechtsmittelverfahrens die Genehmigung oder der Vorbescheid mit dem beantragten Inhalt nicht erteilt werden, weil die im Zeitpunkt der Antragstellung zulässige Nutzung aufgehoben oder geändert worden ist, bemisst sich die Entschädigung nach Absatz 6. ²Entsprechend findet Absatz 6

2. Abschnitt. Entschädigung § 42

auch Anwendung, wenn über einen den gesetzlichen Vorschriften entsprechenden und zu genehmigenden Bauantrag oder einen Vorbescheid nach Bauaufsichtsrecht, der die bodenrechtliche Zulässigkeit eines Vorhabens zum Gegenstand hat, innerhalb der in Absatz 2 bezeichneten Frist nicht entschieden wurde, obwohl der Antrag so rechtzeitig gestellt wurde, dass eine Genehmigung innerhalb der Frist hätte erteilt werden können.

(8) ^1In den Fällen der Absätze 5 bis 7 besteht der Anspruch auf Entschädigung nicht, wenn der Eigentümer nicht bereit oder nicht in der Lage war, das beabsichtigte Vorhaben zu verwirklichen. ^2Der Eigentümer hat die Tatsachen darzulegen, die seine Bereitschaft und Möglichkeiten, das Vorhaben zu verwirklichen, aufzeigen.

(9) Wird die zulässige Nutzung eines Grundstücks aufgehoben, besteht auch der Übernahmeanspruch nach § 40 Abs. 2 Satz 1 Nr. 1.

(10) Die Gemeinde hat dem Eigentümer auf Verlangen Auskunft zu erteilen, ob ein sich aus Absatz 2 ergebender vermögensrechtlicher Schutz der zulässigen Nutzung für sein Grundstück besteht und wann dieser durch Ablauf der in Absatz 2 bezeichneten Frist endet.

Übersicht

	Rn.
1. Allgemeines	1
a) Interne und externe Systematik	1
b) Entstehungsgeschichte	2
c) Verfassungsrechtliche Einordnung	3
2. Allgemeine Anspruchsvoraussetzungen	4
a) Zulässige Nutzung	4
b) Aufhebung oder Änderung	5
c) Wesentliche Wertminderung	6
3. Spezielle Anspruchsvoraussetzungen	7
a) Einhaltung der Siebenjahresfrist	7
b) Ablauf der Siebenjahresfrist	8
4. Besondere Vertrauenstatbestände	9
a) Allgemeines	9
b) Veränderungssperre oder Zurückstellung	10
c) Erteilung von Baugenehmigung oder Vorbescheid	11
d) Versagung von Baugenehmigung oder Vorbescheid	12
e) Ausschlussklausel	13
5. Inhalt des Entschädigungsanspruchs	14
6. Auskunftsanspruch	15

1. Allgemeines. a) Interne und externe Systematik. § 42 bildet innerhalb des 1 Planungsschadensrechts die **Grundnorm** für die Entschädigung wegen Änderung oder Aufhebung einer zulässigen Nutzung (Vorb. §§ 39–44 Rn. 2). Abs. 1 ist ein gegenüber den Sondertatbeständen der §§ 40, 41 **subsidiärer Auffangtatbestand**, was § 43 Abs. 3 S. 1 klarstellt. Abs. 1 enthält die Grundvoraussetzungen des in den Abs. 2–9 ausgestalteten Entschädigungsanspruchs wegen Aufhebung oder Änderung einer nach §§ 30, 34 oder 35 zulässigen Nutzung. Abs. 2 bestimmt die Entschädigung bei planerischen Eingriffen innerhalb der 7-Jahres-Frist ab Zulässigkeit der Nutzung, Abs. 3 nach Ablauf der 7-Jahres-Frist. Abs. 4 soll den Umfang des Entschädigungsanspruchs nach Abs. 3 klarstellen. Die Abs. 5–8 regeln besondere Vertrauenstatbestände, die nach Abs. 2 entschädigt werden, obwohl die zulässige Nutzung nicht innerhalb der 7-Jahres-Frist ausgeübt worden ist, Abs. 5 Veränderungssperre, Abs. 6 erteilte(r) aber nicht verwirklichte(r) Baugenehmigung bzw. Vorbescheid, Abs. 7 rechtswidrige oder

§ 42 I. Kapitel. III. Teil. Regelung der baul. und sonst. Nutzung

verspätete Entscheidung über Bauantrag oder Voranfrage, Abs. 8 Ausschluss wegen Nichterfüllung von Nachweispflichten. Abs. 9 gewährt anstelle des grundsätzlichen Geldanspruchs bei der Aufhebung von Nutzungen einen Übernahmeanspruch. Abs. 10 verpflichtet die Gemeinde zur Auskunft über Beginn und Ende der 7-Jahres-Frist. § 42 wird ergänzt durch § 44 Abs. 1, 2 – Entschädigungspflichtiger, § 43 – Entschädigungsverfahren, Konkurrenz- und Ausschlussklausel, § 44 Abs. 3–5 – Fälligkeit und Erlöschen des Entschädigungsanspruchs. Zum bis zum 31.12.1997 befristeten § 246a Abs. 1 Nr. 9 aF für die neuen Länder s. BVerfG BauR 2009, 1424; § 43 Rn. 5. § 42 ist analog anwendbar auf die Überleitungsvorschrift des § 238. Zur Abgrenzung des § 42 von § 39 → Vorb. §§ 39–44 Rn. 2.

2 b) Entstehungsgeschichte. Die **Novelle 1976** hat das Planungsschadensrecht durch Umgestaltung des § 44 BBauG aF neu konzipiert (Vorb. §§ 39–44 Rn. 4). Statt wie § 44 BBauG aF für Schäden durch Umplanungen unbefristet und umfassend einschließlich nicht ausgeübter oder verwirklichter Nutzungen Entschädigung zu gewähren, beschränkt Abs. 2 den Schutz zulässiger Nutzungen unabhängig davon, ob sie ausgeübt oder verwirklicht wurden oder nur latent vorhanden waren, auf die Dauer von 7 Jahren ab Begründung der Zulässigkeit. Nach Ablauf von 7 Jahren kann nach Abs. 3 ein Entschädigungsanspruch nur noch entstehen, wenn und soweit der Eigentümer die Nutzung ausgeübt hat. Die Neuregelung v. 1976 ist als umwälzende Neubestimmung des Verhältnisses von Grundeigentum und Bauleitplanung begrüßt (*Breuer* DÖV 1978, 175), aber auch kritisiert worden (*Papier* BauR 1976, 299; *Papier* in MD GG Art. 14 Rn. 422; billigend BGH DVBl. 1999, 1282 (1283) mwN). Die Kontroverse wird zugleich vom Streit um die Baufreiheit beeinflusst (positiv BGHZ 88, 51 (59); 118, 59 (66); BayVerfGH, NVwZ-RR 1997, 343; *Brohm* in Münchner Gutachten, Neue und modifizierte Rechtsformen der Bodennutzung, 1977, S. 43; *Broy-Bülow,* Baufreiheit und baurechtlicher Bestandsschutz, 1982; *Wendt,* Eigentum und Gesetzgebung, 1985, S. 170 ff. mwN; *Papier* in MD Art. 14 Rn. 57; *Runkel,* EZBK Vorb. §§ 39–44 Rn. 52; *Krohn* FS Schlichter, 1995, S. 439 (441); anders iS einer öffentlich-rechtlichen Verleihung, *Schmidt-Aßmann,* Grundfragen des Städtebaurechts 1972, S. 89; *Breuer,* Die Bodennutzung im Spannungsfeld zwischen Städtebaurecht und Eigentumsgarantie 1976, S. 162; *Schulte* DVBl. 1979, 133; w. N. bei *Grochtmann,* Die Normgeprägtheit des Art. 14 GG, 2. Aufl. 2010, S. 255; *Lege* LKV 2007, 97 (102): „Baufreiheit ist nur ein Wort, mit dem man den Staat einzuschüchtern versucht." Der Gesetzgeber hat seinen Gestaltungsspielraum mit der Siebenjahresfrist nicht ausgeschöpft. Die Erschwerung der gemeindlichen Planung durch das Planungsschadensrecht wird überbewertet (*Köck u. a.,* Effektuierung des raumbezogenen Planungsrechts/zur Reduzierung der Flächeninanspruchnahme, UBA Bericht 1/07, S. 198; *Janning* in Spannowsky/Hofmeister, Entschädigung und Haftung in der städtebaulichen Planung, 2009, 25 (37)).

3 c) Verfassungsrechtliche Einordnung. Die grundsätzliche Einordnung von § 42 als ausgleichspflichtige Inhaltsbestimmung (→ Vorb. §§ 39–44 Rn. 5; *Bielenberg/Runkel* in EZBK § 42 Rn. 6; *Jarass/Kment,* § 42 Rn. 2; *Breuer,* SCH § 42 Rn. 17; aA *Paetow* in BK § 42 Rn. 2) hat die Kontroverse um die Verfassungsmäßigkeit von § 42 entschärft; *Wahlhäuser,* Die moderne städtebauliche Planung und das Planungsschadensrecht, 2002, S. 189; *ders.* BauR 2003, 1488 (1493). Die durch BVerfGE 58, 300 – Nassauskiesung ausgelöste Diskussion hat verdeutlicht, dass es verfehlt ist, die Baufreiheit ebenso wie wasserrechtliche Nutzungsbefugnisse als eine die Sozialbindung des Art. 14 Abs. 2 GG verwirklichende öffentlich-rechtliche Verleihung zu qualifizieren (so aber *Schulte* JZ 1984, 297 (302); *ders.* FS Hagen, 1999, S. 197; s. a. *Dähne* Jura 2003, 455; *Appel* NuR 2005, 427; dagegen *Leisner* DVBl. 1992, 1065 (1068); *Brohm,* Öffentliches Baurecht, § 1 Rn. 21; *Hendler/Duikers* Jura 2005, 409 (410)). Die zu den Strukturprinzipien der Eigentumsgarantie zählende Privatnützigkeit des Eigentums und die ihm eigene grundsätzliche Verfügungsbefugnis (BVerfGE 37, 132

2. Abschnitt. Entschädigung § 42

(140); E 52, 1 (31)) äußern sich bei Grundstücken gerade darin, dass sie das Recht einschließen, das Grundstück nach Maßgabe der öffentlich-rechtlichen Bindungen zu nutzen (s. a. *Götz*, Bauleitplanung und Eigentum, 1969, S. 39ff.). Die zur Institutsgarantie des Eigentums zählende Baufreiheit wird durch das öffentliche Baurecht und insbesondere durch einen Bebauungsplan ausgeformt. Der als Satzung ergehende Bebauungsplan ist eine auch die Sozialbindung des Art. 14 GG nicht zuletzt wegen der infrastrukturellen Vorleistungen der Allgemeinheit verwirklichende Inhalts- und Schrankenbestimmung des Eigentums iSv Art. 14 Abs. 1 S. 2 GG (BVerwGE 45, 309; 48, 271; BVerfGE 52, 1 (29)). Beim Erlass dieser Inhalts- und Schrankenbestimmung ist die Gemeinde außer an das einfache Gesetzesrecht ebenso wie der parlamentarische Gesetzgeber an die verfassungsrechtlichen Schranken gebunden, die das Grundgesetz dafür setzt, nämlich die Instituts- und Bestandsgarantie des Art. 14 Abs. 1 S. 1 GG, den Grundsatz der Verhältnismäßigkeit, den Gleichheitsgrundsatz und die Wesensgehaltsgarantie (Art. 19 II GG). Die das Grundeigentum ausformenden bauleitplanerischen Inhalts- und Schrankenbestimmungen müssen daher vom geregelten Sachbereich her geboten sein und dürfen nicht weiter gehen, als der Schutzzweck reicht, dem sie dienen (s. BVerfGE 50, 290 (341)). Mit der durch Privatnützigkeit gekennzeichneten Eigenart des Grundrechts auf Eigentum ist es unvereinbar, die grundsätzliche Verfügungsbefugnis des Grundeigentümers als hoheitlich verliehene Nutzungschance abzuwerten. Der insbesondere wegen der infrastrukturellen Vorleistungen evidente Sozialbezug von Bauland erlaubt es jedoch dem Gesetzgeber, mit Rücksicht auf die Flexibilität der Bauleitplanung den Eigentumsinhalt dahingehend zu bestimmen, dass dieser eine nach Ablauf einer 7-Jahres-Frist nicht ausgeübte Nutzungsmöglichkeit nicht umfasst. Ein Bebauungsplan, der diese Inhaltsbestimmung des Eigentums verwirklicht, entzieht kein Eigentum iSv Art. 14 Abs. 1 S. 1 GG; s. a. BVerfG NVwZ 2003, 727 – Baulandqualität als in die Abwägung einzustellender Belang; *Stüer/Hönig* VerwArch 2002, 350; *Schiefderdecker* in HBG § 9 Rn. 20; *Heinze* in FS Blümel, 1999, S. 155 (172). Die zulässige gesetzliche Reduzierung der Entschädigung zeigt aber auch, dass das Eigentum und seine bauliche Nutzbarkeit in die Abwägung nach § 1 Abs. 7 mit dem ihm gebührenden Gewicht einzustellen ist (OVG Lüneburg NuR 2000, 531; → § 1 Rn. 7). Das gilt gesteigert bei der Korrektur von Fehlplanungen (*Paetow*, aaO, Rn. 4; → auch § 43 Rn. 5).

2. Allgemeine Anspruchsvoraussetzungen. a) Zulässige Nutzung. Als erste 4 **allgemeine Voraussetzung** für alle durch die Abs. 2–9 ausgestalteten Ansprüche ordnet Abs. 1 an, dass die **zulässige Nutzung** eines Grundstücks aufgehoben oder geändert wird. Die bisherige bauliche oder sonstige Nutzung ist zulässig, wenn auf ihre Ausübung oder Verwirklichung nach einem der bauplanungsrechtlichen Zulässigkeitstatbestände – § 30, § 34, § 35 oder § 33 (dazu *Bötsch* BayVBl. 1978, 133; *Steiner* DVBl. 1991, 739) – ein Anspruch besteht, insbesondere also auch die **Erschließung gesichert** ist; verneinend zu § 33 OLG München NVwZ 1998, 282; eine bloß faktische Beeinträchtigung einer festgesetzten Nutzung genügt nicht (VGH München NuR 2004, 386 (388) – Tankstelle/Straßentunnel; zweifelnd: BGH NVwZ 1995, 413, demzufolge ein Entschädigungsanspruch ausscheidet, wenn das Planungsverfahren nicht weiter betrieben wird, weil die Gemeinde in eine andere eingegliedert wird. Eine zulässige Nutzung liegt auch in den Ausnahmefällen vor, in denen sich die Erschließungspflicht der Gemeinde zu einem Erschließungsanspruch verdichtet hat (BVerwG NJW 1975, 402; zu § 124 Abs. 3 S. 2 BGH NJW 1997, 2115 (2117); *Breuer* in SCH § 42 Rn. 20; *Hoffmann*, SU § 42 Rn. 3), nicht aber in den Fällen, in denen früher wegen einer eigentumskräftig verfestigten Anspruchsposition (BVerwGE 26, 117; E 49, 371; dagegen BVerwGE 82, 289 (294)) oder wegen überwirkenden Bestandsschutzes (BVerwGE 50, 49/55; dagegen BVerwGE 84, 322) entgegen den bauplanungsrechtlichen Zulässigkeitstatbeständen zugelassen wurde (s. *Stüer*, Der Bebauungsplan, 4. Aufl. 2009 Rn. 1049). Die zulässige Nutzung muss die Qualität einer

eigentumsrechtlichen Rechtsposition (→ § 93 Rn. 3) haben (BGH NJW 1997, 2115 (2118)). Durch die Festsetzungen eines Leitungsrechtes nach § 9 Abs. 1 Nr. 21 zugunsten der Anlieger ist die für die zulässige Nutzung erforderliche Erschließung noch nicht gesichert (LG Stuttgart VBlBW 1983, 329). Zur gesicherten Erschließung auf Grund einer Verpflichtung der Gemeinde, einen Erschließungsvertrag abzuschließen für ein an nicht angelegter Straße gelegenes Grundstück, dessen Straßenbegrenzungs- und Baulinien nach Münchner Baurecht festgesetzt worden sind, s. BGH, DWW 1981, 175. Keine zulässige Nutzung iSv Abs. 1 liegt vor, wenn ein Vorhaben nach Bauordnungsrecht (OLG Düsseldorf BauR 1973, 40) oder nach anderen öffentlich-rechtlichen Vorschriften (§ 29 S. 4) unzulässig ist.

5 **b) Aufhebung oder Änderung.** Die zulässige Nutzung muss zweitens **aufgehoben oder geändert** werden. Regelmäßig geschieht dies durch einen Bebauungsplan, ggf. auch eines nach § 215 Abs. 1 „geheilten" (BGHZ 118, 11), nicht aber durch einen vorhabenbezogenen Bebauungsplan (s. § 12 Abs. 3 S. 2 Hs. 2; *Bielenberg/Runkel* in EZBK § 42 Rn. 53a). Die Änderung muss die Bodennutzbarkeit betreffen, und zwar mittels des BauGB. Maßnahmen des Immissions-, Landschafts- oder Denkmalschutzes scheiden aus (BGHZ 99, 262 (267)). Bei Änderungen eines Bebauungsplans kommt es darauf an, ob und inwieweit die planerisch-normativen Festsetzungen über die Art und Weise der planungsrechtlich zugelassenen baulichen und sonstigen Nutzungsmöglichkeiten auf dem betroffenen Grund und Boden geändert worden sind. Es genügt zB nicht, wenn durch eine Änderung des Bebauungsplans die ursprünglich vorgesehene öffentliche Erschließungsanlage durch gleichgeartete private (Wege und Ver- und Entsorgungsanlagen) ersetzt wird (BGH NJW 1997, 2115 (2118)). Der Bebauungsplan muss bei der Änderung der **planungsrechtlichen** Nutzbarkeit die vorhandenen privaten Nutzungsrechte bei der planerischen Abwägung (§ 1 Abs. 7) berücksichtigen; uU kann der Bestandsschutz vorhandener Nutzungen eine Änderung ausschließen (*Söfker* BBauBl. 1983, 735 gegen *Heinze* BB 1983, 1375). Enthält dieser die in den §§ 40, 41 genannten Festsetzungen, so gehen diese Spezialregelungen, wie § 43 Abs. 3 S. 1 klarstellt, dem § 42 vor. Eine Aufhebung oder Änderung iSv Abs. 1 kann auch erfolgen durch eine Satzung nach § 34 Abs. 4, die eine durch eine entsprechende frühere Satzung zulässige Nutzung entzieht oder ändert (*Breuer* in SCH, Rn. 68; aA *Paetow*, aaO, Rn. 8) oder eine Änderung der BauNVO, die zu einer Änderung bestehender Bebauungspläne führt (*Pietzcker* NVwZ 1989, 606), nicht aber durch eine Erhaltungssatzung nach § 172 (*Schmidt-Eichstaedt*, KK § 42 Rn. 45; a. A. Voraufl.). Laut BGHZ 64, 366; 81, 374; OVG Münster DÖV 1981, 347 (s. a. *Schmidt-Aßmann* DVBl. 1976, 171; *Söfker* BBauBl. 1983, 735; *Bielenberg/Runkel* in aaO, Rn. 66–69; *Schenke* WiVerw 1990, 227 (259); *Megele* BauR 1995, 195; aA *Breuer*, aaO, Rn. 28–33;; *Schmidt-Eichstaedt*, Rn. 32; *Papier* in MD GG Art. 14 Rn. 421; *Paetow*, aaO, Rn. 10) soll dies auch gelten für eine Baugenehmigung, die nach § 34 Nutzungen ermöglicht, die die vorhandenen Bestände planungsrechtlich unzulässig machen. Keine Aufhebung erfolgt durch deklaratorische Satzungen nach § 34 Abs. 4 Nr. 1 (*Bielenberg/Runkel* in EZBK § 42 Rn. 58; OVG Lüneburg ZfBR 2012, 674 – Vorranggebiet für Windenergie im Regionalplan; s. a. *Schmitz/Haselmann*, NVwZ 2015, 846), Flächennutzungspläne (*Bielenberg/Runkel*, aaO, Rn. 54–57), Ziele und andere Maßnahmen der Raumordnung und Landesplanung (*Bielenberg/Runkel*, aaO, Rn. 65). § 42 Abs. 1 greift grundsätzlich nur ein, wenn das in seinem Wert geminderte Grundstück selbst von der Aufhebung oder Änderung der bisher zulässigen Nutzung betroffen ist (BGHZ 99, 262; *Ronellenfitsch* JZ 1987, 674). Wenn die Nutzbarkeit eines Grundstücks schwer und unerträglich vermindert wird, weil ein Bebauungsplan ausdrücklich nur die Nutzbarkeit eines Nachbargrundstückes verändert hat, so müssen entweder die nachbarschädlichen Auswirkungen einer Festsetzung auf ein zumutbares Maß reduziert werden, oder die Planung muss das betroffene Grundstück durch ausdrückliche Aufhebung oder Änderung der Nutzung einbeziehen und damit die An-

2. Abschnitt. Entschädigung § 42

wendung des Planungsschadensrechts eröffnen (BGHZ 99, 262 (269); OVG Münster DÖV 1981, 347; OVG Lüneburg BRS 33 Nr. 8). Geschieht keines von beiden, ist der Plan nichtig (im Ergebnis ebenso *Breuer*, aaO, Rn. 47–54; *Bielenberg/Runkel*, aaO, Rn. 72–77; *Schenke* WiVerw 1990, 227 (260)).

c) **Wesentliche Wertminderung.** Drittens muss durch die Änderung oder Aufhebung der zulässigen Nutzung eines Grundstücks eine **nicht nur unwesentliche Wertminderung** eingetreten sein – Kausalität. → § 40 Rn. 6. Die Unwesentlichkeit ist grundstücksbezogen, also objektiv, nicht nach den persönlichen Verhältnissen des Eigentümers zu beurteilen. Sie kann aus dem Verhältnis des Gesamtwerts zum Schaden oder aus der geringen abstrakten Höhe des Schadens erfolgen. Wertminderungen bis zu 3,6 % sollen unwesentlich sein (*Bielenberg/Runkel*, aaO, Rn. 89; s. a. *Breuer*, aaO, § 42 Rn. 62). Statt auf starre Prozentwerte abzustellen müssen die konkreten Vermögenswerte verglichen werden (*Hoffmann*, aaO, Rn. 18).

3. Spezielle Anspruchsvoraussetzungen. a) Einhaltung der Siebenjahresfrist. Spezielle Voraussetzung eines Entschädigungsanspruchs nach Abs. 2 ist, dass die zulässige Nutzung eines Grundstücks innerhalb einer Frist von **7 Jahren** zulässigerweise (→ Rn. 5; *Deutsch* DVBl. 1995, 546 (553)) aufgehoben oder geändert wird. Die 7-jährige Plangewährleistung wirkt Umplanungen während der 7-Jahres-Frist entgegen, sodass das Planungsgeschehen insgesamt verstetigt wird. Nur während der mit der Zulässigkeit beginnenden 7-Jahres-Frist werden zulässige, aber nicht ausgeübte oder nicht verwirklichte Nutzungsmöglichkeiten entschädigt. Die Entschädigung bemisst sich nach dem Unterschied zwischen dem Wert, den das Grundstück auf Grund der zulässigen Nutzung (Rn. 4) hat, und dem Wert, der sich infolge der Aufhebung oder Änderung (Rn. 5) für das Grundstück ergibt. Die 7-Jahres-Frist galt auch für vor dem 1.1.1977, Inkrafttreten der Novelle 1976, begründete Nutzbarkeiten. Für diese begann die Frist am 1.1.1977 (Art. 3 § 10 Abs. 1 S. 1 ÄnderungsG BBauG 1976). Sie ist daher am 31.12.1983 abgelaufen (dazu *Uechtritz* BauR 1983, 522). Zu ihrer Berechnung bei rückwirkender Heilung nach § 215 Abs. 3 S. 2 aF BGHZ 118, 11. Bereits mit Ablauf des 31.12.1979 sind die Entschädigungsansprüche erloschen, die durch eine Planänderung vor dem 1.1.1977 entstanden sind (Art. 3 § 10 Abs. 1 S. 2 ÄnderungsG BBauG 1976). Für Grundstücke in der früheren DDR lief die Frist ab dem 3.10.1990. Zum Auskunftsanspruch über Beginn und Ende der 7-Jahres-Frist → Rn. 15.

b) Ablauf der Siebenjahresfrist. Nach Ablauf der 7-jährigen Plangewährleistung kann der Eigentümer gem. Abs. 3 nur eine Entschädigung für **Eingriffe in die ausgeübte Nutzung** verlangen, sofern dadurch eine nicht unwesentliche Wertminderung des Grundstücks eintritt (Rn. 6). Ausgeübte Nutzung iSv Abs. 3 ist die bei der Änderung oder Aufhebung der zulässigen Nutzung (Rn. 4, 5) tatsächlich vorhandene Nutzung. In Betracht kommt insbesondere eine bauliche Anlage, aber wie Abs. 4 klarstellen soll auch ein eingerichteter und ausgeübter Gewerbebetrieb (→ § 96 Rn. 4). Im Übrigen verweist Abs. 4 auf andere Anspruchsgrundlagen, zB wegen enteignenden Eingriffs oder Enteignung (BGHZ 141, 319). Entschädigt werden nach Abs. 3 aber auch (nicht nur – so *Paetow*, aaO, Rn. 25; *Oldiges* in Steiner, Besonderes Verwaltungsrecht, 8. Aufl. 2006, Rn. 153), wie S. 2 über die Höhe der Entschädigung hinzufügt, Beeinträchtigungen von Grundstückswerten, also planerische Eingriffe in die zugrunde liegende Bodennutzbarkeit. Trotz der restriktiven Fassung des Abs. 3 S. 2 ist der Entschädigungsanspruch nach Abs. 3 also nicht auf den Gebäude- oder Betriebswert beschränkt (s. a. *Breuer* in SCH § 42 Rn. 69). Eine Wertminderung des Grundstücks kann auch dann vorliegen, wenn allein der Wert des auf ihm stehenden Gebäudes wesentlich vermindert worden ist (OLG Stuttgart NJW 1976, 1696). Die planerische Nichtgewährung von Windenergieanlagen wird nicht entschädigt (BVerwGE 122, 364; OLG Hamm NVwZ 2007, 381; OVG Lüne-

burg ZfBR 2012, 674; *Paetow,* aaO, Rn. 12; aA *Maslaton* LKV 2004, 289 (293); *Heuwinkel* NdsVwBl 2004, 298; unentschieden BVerwGE 117, 287 (293), NVwZ 2003, 214), außer wenn durch Neufestsetzung von Konzentrationsflächen die bisherige Lage innerhalb eines solchen entfällt (*Battis* in Mitschang, Planen und Bauen im Außenbereich, 2010, S. 109 (115)). Zur restriktiven Anwendung von Abs. 3 S. 1 in Fällen, in denen durch Bebauungsplan nur die bauliche Nutzbarkeit eines Grundstücks abgestuft wird → § 43 Rn. 3. Die **Höhe der Entschädigung** bemisst sich hinsichtlich des Grundstückswertes nach dem Unterschied zwischen dem Wert des Grundstücks auf Grund der ausgeübten Nutzung und seinem Wert, der sich infolge der Aufhebung oder Änderung der Nutzbarkeit ergibt. Wird zB die zulässige Nutzung von 10-geschossiger auf eine 3-geschossige Bebauung herabgesetzt, so ist der Eigentümer eines 5-geschossigen Hauses nur für die Herabzonung von 5 auf 3 Geschosse zu entschädigen, sofern, was möglich ist, durch die bloße Planungsmaßnahme bereits eine nicht nur unwesentliche Wertminderung des Grundstücks eingetreten ist. Wird ein Gebiet vom Mischgebiet zum Gewerbegebiet umgezont, so kann für ein Mietshaus trotz des Bestandsschutzes wegen der schlechteren Wohnqualität in dem sich entwickelnden Gewerbegebiet ein Entschädigungsanspruch entstehen, der einen Mietabschlag ausgleicht. Die voraussichtliche Benutzungsdauer des Gebäudes ist in Rechnung zu stellen, um eine Doppelentschädigung zu vermeiden. § 42 entschädigt also auch Minderungen der aufstehenden Gebäude, wenn sie trotz des Bestandsschutzes spürbar eintreten (*Bielenberg/Runkel,* aaO, Rn. 79; *Breuer,* aaO, Rn. 73; aA *Paetow,* aaO, Rn. 27). Wird die bisher zulässige bauliche Nutzung eines bebauten Grundstücks dadurch geändert, dass die im Bebauungsplan neu festgesetzte Baugrenze mitten durch das Gebäude verläuft und einen an sich möglichen Ausbau ausschließt, so bedeutet dies nach OLG Stuttgart NJW 1976, 1696 (zu § 44 BBauG aF) eine wesentliche Verkaufswertminderung, die als Verringerung der Vermögenssubstanz sofort mit Inkrafttreten des Bebauungsplanes spürbar werde, sodass es auf konkrete Absichten des Betroffenen zum Ausbau oder zur Veräußerung des Grundstücks nicht ankomme (krit. dazu *Wagner* NJW 1977, 2046). Zu Bodenwertveränderungen wegen Maßnahmen zum Hochwasserschutz *Fendt,* Hochwassergefährdete Siedlungsgebiete, 2007, S. 107 oder wegen Einzelhandelssteuerung *Tyczewski/Freund* BauR 2007, 491 (496, 501).

9 4. Besondere Vertrauenstatbestände. a) Allgemeines. Die **besonderen Vertrauenstatbestände** der Abs. 5–7 lösen einen Entschädigungsanspruch aus, obwohl die zulässige Nutzung nicht innerhalb der 7-jährigen Plangewährleistungspflicht des Abs. 2 (Rn. 7) verwirklicht worden ist. Sie sind als verfassungsrechtlich nicht gebotener, die generalisierenden Regelungen der Abs. 2 und 3 abfedernder Härteausgleich konzipiert (BT-Drs. 7/4793, S. 40; weitergehend *Rothe* JZ 1978, 168 (172); s. a. *Wahlhäuser,* Die moderne städtebauliche Planung, S. 218).

10 b) Veränderungssperre oder Zurückstellung. Gem. Abs. 5 entsteht ein Entschädigungsanspruch nach Abs. 2, wenn der Eigentümer an der Verwirklichung eines der zulässigen Nutzung entsprechenden Vorhabens vor Ablauf der 7-Jahres-Frist durch eine **Veränderungssperre** (§§ 14, 16–18), durch eine befristete **Zurückstellung** oder **vorläufige Untersagung** seines Vorhabens (§ 15) gehindert worden ist, das Vorhaben später aber infolge der Aufhebung oder Änderung der zulässigen Nutzung des Grundstücks nicht mehr verwirklicht werden kann. Abs. 5 ist nicht erfüllt, wenn die Veränderungssperre oder die Zurückstellung des Baugesuchs ganz oder teilweise in die 7-Jahres-Frist fällt, der Eigentümer dadurch an der Verwirklichung seines Vorhabens gehindert wird, die zulässige Nutzung danach aber weder aufgehoben noch geändert wird (*Breuer,* SCH § 42 Rn. 78). Zur Anwendung von Abs. 2 auf befristete übergeleitete Bebauungspläne *Hauth* BayVBl. 1980, 645. Abs. 5 ist analog anzuwenden auf eine Veränderungssperre in der Umlegung (§ 51) oder in den Fällen des § 144 (s. *Paetow,* BK, Rn. 32).

2. Abschnitt. Entschädigung § 42

c) Erteilung von Baugenehmigung oder Vorbescheid. Gem. Abs. 6 1. Altern. entsteht ein Entschädigungsanspruch, wenn vor Ablauf der 7-Jahres-Frist eine wirksame, noch nicht abgelaufene **Baugenehmigung** oder Bebauungsgenehmigung (Vorbescheid) **erteilt** worden ist, der Eigentümer das betreffende Vorhaben jedoch wegen eines im Hinblick auf die Aufhebung oder Änderung der zulässigen Nutzung des Grundstücks ausgesprochenen **Widerrufs** (*Paetow*, BK, Rn. 33) nicht mehr verwirklichen darf. Die 2. Altern. des Abs. 6 liegt auch ohne Widerruf bei sonst übereinstimmenden Voraussetzungen vor, wenn durch die Aufhebung oder Änderung der zulässigen Nutzung die Verwirklichung der Baugenehmigung bzw. des Vorbescheids für den Eigentümer wirtschaftlich unzumutbar geworden ist. Die Entschädigung bemisst sich nach dem Unterschied zwischen dem Wert, das Grundstück auf Grund der durch die Baugenehmigung oder den Vorbescheid bewilligten Nutzung hatte – sie kann höher oder niedriger als die zulässig gewesene sein –, und dem Wert des Grundstücks, der sich infolge der Aufhebung oder Änderung der zulässigen Nutzung ergibt. Wegen der Entschädigung für Vorbereitungskosten s. § 39. 11

d) Versagung von Baugenehmigung oder Vorbescheid. Gem. Abs. 7 S. 1 entsteht ein in der Höhe nach Abs. 6 (Rn. 11) zu bemessender Entschädigungsanspruch, wenn vor Ablauf der 7-Jahres-Frist ein Antrag auf Erteilung einer **Baugenehmigung** oder eines **Vorbescheids** (Bebauungsgenehmigung) **rechtswidrig abgelehnt** worden ist, die zulässige Nutzung während des laufenden Rechtsmittelverfahrens aufgehoben oder geändert worden ist und deswegen die Baugenehmigung oder der Vorbescheid nach dem Ergebnis des Rechtsmittelverfahrens (Widerspruch, Klage) nicht mehr erteilt werden darf. Wegen des rechtswidrigen Verwaltungsverhaltens stellt Abs. 7 S. 1 den Antragsteller dem Inhaber einer Genehmigung (Abs. 6) gleich. Eine ebenfalls nach Abs. 6 zu bemessende Entschädigung ist gem. Abs. 7 S. 2 zu leisten, wenn der Eigentümer einen den gesetzlichen Vorschriften entsprechenden und daher positiv zu bescheidenden Antrag auf Erteilung einer Baugenehmigung oder eines Vorbescheids (Bebauungsgenehmigung) so rechtzeitig gestellt hat, dass die Genehmigung innerhalb der 7-Jahres-Frist hätte erteilt werden können, die Behörde jedoch über den Antrag innerhalb dieser Frist **nicht entschieden** hat, die zulässige Nutzung des Grundstücks nach Ablauf der Frist aufgehoben oder geändert worden ist und deswegen die Genehmigung nicht mehr erteilt werden darf. Die Rechtzeitigkeit des Antrags hängt vom erforderlichen Prüfungsumfang ab. Die bauordnungsrechtlichen Vorschriften über die Behandlung von Bauanträgen sind insoweit eine Richtschnur. 12

e) Ausschlussklausel. Ein Anspruch auf Grund der besonderen Tatbestände der Abs. 5–7 entfällt gem. Abs. 8 S. 1, wenn der Eigentümer nicht bereit oder nicht in der Lage war, das beabsichtigte Vorhaben zu verwirklichen. Die **Ausschlussklausel** soll verhindern, dass schutzunwürdiges Vertrauen entschädigt wird, nachdem Anträge ohne ernsthaften Willen zur Verwirklichung und zur Umgehung von Abs. 3 gestellt worden sind. Nach BT-Drs. 7/4793, S. 40 soll ein schutzwürdiges Vertrauen nur vorliegen, wenn der Eigentümer in eigener Person das Vorhaben verwirklichen wollte und konnte. Diese vom Wortlaut nicht gebotene Auslegung des Abs. 8 S. 1 widerspricht der beabsichtigten Anlehnung an die Rechtsprechung zur Bausperre (BGHZ 58, 124), die auch drittseitige Nutzungsmöglichkeiten entschädigt. Die Eigentumsgarantie des Art. 14 Abs. 1 S. 1 GG schützt auch die grundsätzliche Verfügungsfähigkeit des Eigentums (BVerfGE 37, 132 (140); E 52, 1 (31)). Die Ausschlussklausel greift daher auch nicht, wenn die beabsichtigte Nutzung durch einen Dritten verwirklicht werden sollte (*Paetow*, BK, Rn. 40; *Schieferdecker*, H/B/G § 9 Rn. 34). Der Eigentümer hat die Tatsachen vorzulegen, die seine oder des Dritten Bereitschaft und Möglichkeiten, das Vorhaben zu verwirklichen, aufzeigen (Abs. 8 S. 2). Er trägt insoweit die Darlegungslast und die objektive Beweislast. 13

14 5. Inhalt des Entschädigungsanspruchs. Ein Entschädigungsanspruch nach § 42 ist grundsätzlich auf **Geldentschädigung** gerichtet (s.a. § 43 Abs. 2). Zur Höhe des Entschädigungsanspruchs aus Abs. 2 → Rn. 7, aus Abs. 3 → Rn. 8, aus Abs. 5 → Rn. 10 u. 7, aus Abs. 6 → Rn. 11, aus Abs. 7 → Rn. 12, 11. Abs. 9 gewährt dem Eigentümer für den Fall, dass die zulässige Nutzung eines Grundstücks aufgehoben wird, das Recht, statt der Geldentschädigung einen **Übernahmeanspruch** zu wählen. Aufgrund der Verweisung auf § 40 Abs. 2 S. 1 Nr. 1 entsteht der Übernahmeanspruch nur, wenn es dem Eigentümer mit Rücksicht auf die Fristsetzung oder Durchführung des Bebauungsplanes wirtschaftlich nicht mehr zuzumuten ist, das Grundstück zu behalten oder es in der bisherigen oder einer anderen zulässigen Art zu nutzen (→ § 40 Rn. 8, 9). Wenn eine der beiden Alternativen des § 40 Abs. 2 S. 1 Nr. 1 erfüllt ist, so liegt darin für das betroffene Grundstück stets eine Aufhebung der bisherigen Nutzung, auch wenn für benachbarte Grundstücke nur eine Änderung verwirklicht wird.

15 6. Auskunftsanspruch. Da Beginn und Ende der 7-Jahres-Frist für den Eigentümer oft nicht eindeutig erkennbar sind, ist die Gemeinde gem. Abs. 10 verpflichtet, ihm auf Verlangen **Auskunft** darüber zu erteilen, ob ein sich aus Abs. 2 ergebender vermögensrechtlicher Schutz der zulässigen Nutzung für sein Grundstück besteht und wann dieser Schutz durch Ablauf der 7-Jahres-Frist endet. Der Auskunftsanspruch betrifft insbesondere die auf den §§ 34 oder 35 beruhenden Nutzbarkeiten und im Falle des § 30 die Sicherung der Erschließung (→ Rn. 4). Mangels Hauptanspruchs auf Entschädigung fehlt das Rechtsschutzbedürfnis für den Nebenanspruch aus Abs. 10 (BGHZ 135, 192). Mangels Regelung ist die Auskunft kein Verwaltungsakt. Sie kann mit einem Feststellungsantrag gem. § 217 **gerichtlich überprüft** werden (LG Stuttgart VBlBW 1981, 329). Daneben besteht nicht die Möglichkeit, die früheren Nutzungsmöglichkeiten eines Grundstücks einzeln durch verwaltungsgerichtliche Feststellungsklage oder Fortsetzungsfeststellungsklage klären zu lassen (OVG Münster NJW 1980, 1069). Eine fehlerhafte Auskunft kann einen Schadensersatzanspruch aus Amtshaftung (§ 839 BGB, Abs. 34 GG) auslösen. Die Auskunft ist weder für ein späteres Baugenehmigungsverfahren noch für ein späteres Entschädigungsverfahren bindend (*Breuer,* aaO, Rn. 83; aA *Rothe* JZ 1978, 173).

§ 43 Entschädigung und Verfahren

(1) ¹Ist die Entschädigung durch Übernahme des Grundstücks oder durch Begründung eines Rechts zu leisten und kommt eine Einigung nicht zustande, kann der Eigentümer die Entziehung des Eigentums oder die Begründung des Rechts verlangen. ²Der Eigentümer kann den Antrag auf Entziehung des Eigentums oder auf Begründung des Rechts bei der Enteignungsbehörde stellen. ³Auf die Entziehung des Eigentums oder die Begründung des Rechts finden die Vorschriften des Fünften Teils entsprechend Anwendung.

(2) ¹Ist die Entschädigung in Geld zu leisten und kommt eine Einigung über die Geldentschädigung nicht zustande, entscheidet die höhere Verwaltungsbehörde. ²Die Vorschriften über die Entschädigung im Zweiten Abschnitt des Fünften Teils sowie § 121 gelten entsprechend. ³Für Bescheide über die Festsetzung der zu zahlenden Geldentschädigung gilt § 122 entsprechend.

(3) ¹Liegen die Voraussetzungen der §§ 40 und 41 Abs. 1 vor, ist eine Entschädigung nur nach diesen Vorschriften zu gewähren. ²In den Fällen der §§ 40 und 41 sind solche Wertminderungen nicht zu berücksichtigen, die bei Anwendung des § 42 nicht zu entschädigen wären.

2. Abschnitt. Entschädigung § 43

(4) **Bodenwerte sind nicht zu entschädigen, soweit sie darauf beruhen, dass**
1. die zulässige Nutzung auf dem Grundstück den allgemeinen Anforderungen an gesunde Wohn- und Arbeitsverhältnisse oder an die Sicherheit der auf dem Grundstück oder im umliegenden Gebiet wohnenden oder arbeitenden Menschen nicht entspricht oder
2. in einem Gebiet städtebauliche Missstände im Sinne des § 136 Abs. 2 und 3 bestehen und die Nutzung des Grundstücks zu diesen Missständen wesentlich beiträgt.

(5) ¹Nach Vorliegen der Entschädigungsvoraussetzungen bleiben Werterhöhungen unberücksichtigt, die eingetreten sind, nachdem der Entschädigungsberechtigte in der Lage war, den Antrag auf Festsetzung der Entschädigung in Geld zu stellen, oder ein Angebot des Entschädigungspflichtigen, die Entschädigung in Geld in angemessener Höhe zu leisten, abgelehnt hat. ²Hat der Entschädigungsberechtigte den Antrag auf Übernahme des Grundstücks oder Begründung eines geeigneten Rechts gestellt und hat der Entschädigungspflichtige daraufhin ein Angebot auf Übernahme des Grundstücks oder Begründung des Rechts zu angemessenen Bedingungen gemacht, gilt § 95 Abs. 2 Nr. 3 entsprechend.

Übersicht

	Rn.
1. Allgemeines	1
2. Entschädigungsverfahren bei Übernahmeanspruch oder Begründung eines Rechts	2
3. Entschädigungsverfahren bei Geldentschädigung	3
4. Konkurrenzklauseln	4
a) Subsidiaritätsklausel	4
b) Harmonisierungsklausel	5
5. Nicht zu entschädigende Bodenwerte	6
a) Ungesunde und unsichere Wohn- und Arbeitsverhältnisse	6
b) Städtebauliche Missstände	7
6. Ausschluss von Verzögerungsgewinnen	8
a) Geldentschädigung	8
b) Übernahmeanspruch oder Begründung eines Rechts	9

1. Allgemeines. Die Vorschrift besteht aus drei verschiedenartigen übergreifen- 1 den Regelungskomplexen: **Entschädigungsverfahren, Konkurrenz- und Ausschlussklauseln.** Die Abs. 1 u. 2 regeln das Entschädigungsverfahren **für alle Tatbestände des Planungsschadensrechts,** und zwar Abs. 1 für die Entschädigung durch Übernahme eines Grundstücks oder Begründung eines Rechts, Abs. 2 für die Entschädigung in Geld. Abs. 3 S. 1 stellt das Verhältnis der entschädigungsrechtlichen Tatbestände der §§ 40 und 41 Abs. 1 zu denen des § 42 klar. Abs. 3 S. 2, Abs. 4 u. Abs. 5 verdeutlichen ebenso wie § 42 Abs. 2, 3, entsprechend den städtebaulichen Bedürfnissen die Sozialbindung des Grundeigentums (→ Vorb. §§ 39–44 Rn. 4). Abs. 3 S. 2 harmonisiert für alle Tatbestände durch eine Reduktionsklausel die Bemessung der Entschädigung. Abs. 4 schließt in Abstimmung mit dem Recht der städtebaulichen Sanierung bei bestimmten Missständen Bodenwerte von der Entschädigung aus. Unter Rückgriff auf § 95 Abs. 2 Nr. 3 – Ausschluss des Verzögerungsgewinns – verpflichtet Abs. 5 dazu, bestimmte zeitlich bedingte Wertsteigerungen bei der Entschädigung nicht zu berücksichtigen. Zur Übertragbarkeit von Abs. 3 S. 2 und Abs. 4 auf die Enteignung durch Verwaltungsakt gem. §§ 85 ff. → § 95 Rn. 10. Abs. 1 ist analog anwendbar auf Folgen der Sicherung von Gebieten mit Fremdenverkehrsfunktion (§ 22 Abs. 7), bei der Versagung der Genehmigung innerhalb des Sanie-

§ 43 I. Kapitel. III. Teil. Regelung der baul. und sonst. Nutzung

rungs- oder Entwicklungsgebiets (§ 145 Abs. 5 S. 5, § 165 Abs. 8 S. 3), beim Baugebot (§ 176 Abs. 4), beim Rückbau- und Entsorgungsgebot (§ 179 Abs. 3 S. 2) sowie bei der Überleitungsvorschrift des § 238. Abs. 2 ist analog anwendbar gem. § 179 Abs. 3 S. 2 und § 238. Abs. 4 und 5 sind analog anwendbar gem. § 22 Abs. 7, § 145 Abs. 5 S. 5, § 165 Abs. 8 S. 3, § 176 Abs. 4, § 179 Abs. 3 S. 2 und § 238.

2 **2. Entschädigungsverfahren bei Übernahmeanspruch oder Begründung eines Rechts.** Kommt es, nachdem der Entschädigungsberechtigte seinen Anspruch gem. § 44 Abs. 3 rechtzeitig geltend gemacht hat, zu keiner Einigung zwischen den Beteiligten über die Entschädigung durch **Übernahme** des von einer Festsetzung (zB § 40 Abs. 2) oder einem Baugebot (§ 176 Abs. 4) betroffenen Grundstücks oder über die Entschädigung durch die **Begründung eines Rechts** (zB § 41 Abs. 1), so kann der Eigentümer die Entziehung des Eigentums oder die Begründung des Rechts verlangen (Abs. 1 S. 1). Der dahin gehende Antrag ist bei der Enteignungsbehörde (§ 104) zu stellen (Abs. 1 S. 2). Gem. Abs. 1 S. 3 finden dann auf die Entziehung des Eigentums oder die Begründung des Rechts die für die Enteignung durch Verwaltungsakt gem. § 85 geltenden Vorschriften Anwendung, insbesondere die Entschädigungs- (§§ 93–103) und Verfahrensregelungen (§§ 104–122). Es findet dann „gewissermaßen ein Enteignungsverfahren mit umgekehrten Vorzeichen" statt mit dem Ziel, dem Entschädigungspflichtigen das Eigentum oder das Recht einzuräumen und ihm die dafür zu zahlende Entschädigung aufzuerlegen.

3 **3. Entschädigungsverfahren bei Geldentschädigung.** Kommt es, nachdem der Entschädigungsberechtigte seinen Anspruch gem. § 44 Abs. 3 rechtzeitig geltend gemacht hat, zu keiner Einigung zwischen den Beteiligten über die in **Geld** zu leistende Entschädigung, so entscheidet die höhere Verwaltungsbehörde. Abs. 2 S. 1 beschränkt die Kompetenz der höheren Verwaltungsbehörde nicht darauf, nur die Höhe der Entschädigung festzusetzen. Im Streitfall ist es häufig notwendig, außer der Frage der Höhe andere damit zusammenhängende Fragen, wie die der Anspruchsvoraussetzungen und der Modalitäten der Zahlungen, durch Verwaltungsakt zu entscheiden. Für die Entscheidung der höheren Verwaltungsbehörde gilt die Kostenvorschrift des § 121 entsprechend (Abs. 2 S. 2). Ebenfalls gelten für die Entscheidung der höheren Verwaltungsbehörde die Vorschriften über die Entschädigung bei Enteignungen durch Verwaltungsakt gem. § 85 (§§ 93–103). Wer höhere Verwaltungsbehörde ist, bestimmt das Landesrecht (→ § 104 Rn. 1, § 203 Rn. 8). Aus einem unanfechtbaren zusprechenden Bescheid kann gem. Abs. 2 S. 3 iVm § 122 die Zwangsvollstreckung betrieben werden. Die Anrufung der höheren Verwaltungsbehörde vor der Beschreitung des Rechtswegs stellt eine Sachurteilsvoraussetzung dar (BGH NJW 1976, 1264). Die Beteiligten haben es also nicht in der Hand, auf die Anrufung der höheren Verwaltungsbehörde zu verzichten oder diese durch Erlass eines Widerspruchsbescheides der Gemeinde zu ersetzen (OLG Frankfurt/Main NVwZ 1989, 398) und unmittelbar die Baulandkammer anzurufen.

4 **4. Konkurrenzklauseln. a) Subsidiaritätsklausel.** Abs. 3 S. 1 stellt klar, dass bei Vorliegen der tatbestandlichen Voraussetzungen des § 40 oder des § 41 Abs. 1 allein hieraus, nicht aber aus dem insoweit **subsidiären** § 42 zu entschädigen ist (s. a. BGHZ 50, 93). Änderungen der Baugrenze, der Geschoss- und der Grundflächenzahl können nach § 42 zu entschädigen sein (OLG Stuttgart NJW 1976, 1696). Außerhalb des Planungsschadensrechts geregelte Entschädigungsansprüche, zB bei Rücknahme oder Widerruf einer Baugenehmigung bleiben unberührt.

5 **b) Harmonisierungsklausel.** Abs. 3 S. 2 **harmonisiert** für alle Tatbestände des Planungsschadensrechts die Bemessung der Entschädigung. Aus Gründen der Gleichbehandlung sind Wertminderungen, die in den Fällen des § 42 nicht zu entschädigen wären, auch in den Fällen der §§ 40, 41 nicht zu berücksichtigen. Dadurch soll sichergestellt werden, dass die entschädigungsrechtliche Grundentscheidung des § 42

2. Abschnitt. Entschädigung § 43

Abs. 2, 3 – Schutz nicht ausgeübter Nutzungen nur innerhalb der 7-Jahres-Frist – auch innerhalb der §§ 40, 41 gilt. Wenn ein Bebauungsplan die über sieben Jahre nicht ausgeübte Nutzbarkeit eines enteigneten Grundstücks durch Ausweisung als Gemeinbedarfsfläche herabgestuft hat, die bauliche Nutzbarkeit im übrigen Plangebiet aber unverändert lässt, so ist nach BGHZ 141, 319; kritisch *Berkemann* DVBl. 1999, 1285; NJW 2003, 63; dazu *Rinne/Schlick* NJW 2004, 1844 (1847), ZfBR 2007, 788 und Urt. v. 7.7.2011 – III ZR 156/10 – für das zuvor privat genutzte Grundstück wegen isolierter eigentumsverdrängender Planung der öffentlichen Nutzung § 42 Abs. 2, 3 nicht anzuwenden. Das letztgenannte Urteil hat BVerfG, DVBl. 2015, 429 aufgehoben und an den BGH zurückgewiesen (dazu *Sachs* JuS 2015, 472; *Berkemann* DÖV 2015, 393; *Schmidt-Eichstaedt,* KK § 43 Rn. 41). Der BGH habe in unvertretbarer Weise die verfassungskonforme Auslegung von § 95 Abs. 2 Nr. 7 bejaht und dadurch Art. 100 Abs. 1 GG verletzt. *Schmidt-Eichstaedt* ZfBR 2015, 330 hält zutreffend eine Beibehaltung des Ergebnisses der bisherigen Rechtsprechung trotz der Kassation für möglich (zust. *Berkemann,* aaO, S. 405); zur Billigung von BGH ZfBR 2007, 788 (zu § 246a Abs. 1 Nr. 9 Satz 2 aF) durch BVerfG (K) BauR 2009, 1424 s. BVerfG, DVBl. 2015, 429 (434).

5. Nicht zu entschädigende Bodenwerte. a) Ungesunde und unsichere 6
Wohn- und Arbeitsverhältnisse. Gem. Abs. 4 Nr. 1 sind **Bodenwerte nicht zu entschädigen,** soweit sie darauf beruhen, dass die zulässige Nutzung auf dem Grundstück den **allgemeinen Anforderungen an gesunde Wohn- und Arbeitsverhältnisse** oder an die **Sicherheit** der auf dem Grundstück oder im umliegenden Gebiet wohnenden oder arbeitenden Menschen nicht entspricht. Die die Sozialpflichtigkeit (Art. 14 Abs. 2 GG) in ihrer besonderen Ausprägung als Situationsgebundenheit (krit. *Bartlsperger* DVBl. 2003, 1473) zum Ausdruck bringende Vorschrift erweitert die Regelung des § 44 Abs. 1 S. 2 BBauG (dazu BGHZ 64, 366; E 81, 374) auf alle planungsschadensrechtlichen Tatbestände. Die Schwelle, bis zu der die Nutzung den allgemeinen Anforderungen an gesunde Wohn- und Arbeitsverhältnisse noch entspricht, ist „nicht allzuweit unterhalb der Grenze zur Polizeigefahr anzusetzen" (BGHZ 81, 374 (381); E 64, 366 (381); Rechtsgutachten *Gewos,* Zum Entschädigungsausschluss nach § 44 I 2 BBauG, 1965 Rn. 76; s. a. *Stich* GewArch 1979, 44; *Schmidt-Aßmann* DVBl. 1976, 172). Eine Nutzung entspricht den allgemeinen Anforderungen auch, wenn den Wohn- und Arbeitsverhältnissen in bescheidenerem Maße genügt ist, als das BauGB der Bauleitplanung zum Ziele gesetzt hat (BGHZ 64, 366 (380)). Darauf, ob die zulässige Nutzung aufgehoben oder nur geändert wird, kommt es nicht mehr an. Bei der Prüfung, ob die zulässige Nutzung den allgemeinen Anforderungen entsprach, sind die tatsächlichen Verhältnisse zugrunde zu legen, wie sie sich nach den planungsrechtlichen Vorschriften zulässigerweise entwickelt haben. Missstände, die unter Verletzung planungs- oder bauordnungsrechtlicher Vorschriften entstanden sind, haben grundsätzlich außer Betracht zu bleiben, es sei denn, dass sie mit Planungsmaßnahmen behoben werden können (BGHZ 64, 366 (378); *Bielenberg/Runkel* in EZBK BauGR § 43 Rn. 65; *Gewos*-Gutachten Rn. 68–70). Maßgeblicher Zeitpunkt für die Bestimmung der allgemeinen Anforderungen ist der der Änderung der bisherigen Nutzung (BGHZ 64, 366 (379)). Nach BGHZ 81, 379 liegt ein städtebaulicher Missstand iSv Nr. 1 vor, wenn ein Sägewerk trotz seiner baulichen Priorität schon bei seiner Ansiedlung als „latenter" Störer wegen seiner an die Schwelle der Polizeigefahr fast heranreichenden, schädlichen Auswirkungen auf benachbarte Grundstücke mit der in einem alten Mischgebiet zugelassenen gleichrangigen und gleichwertigen Nutzung zu Wohnzwecken grundsätzlich unverträglich, gewissermaßen „fehl am Platze" war.

b) Städtebauliche Missstände. Gem. Abs. 4 Nr. 2 sind Bodenwerte bei allen 7
Tatbeständen des Planungsschadensrechts nicht zu entschädigen, soweit sie darauf beruhen, dass in einem Gebiet **städtebauliche Missstände** iSv § 136 Abs. 2 und 3 be-

stehen und die Nutzung des Grundstücks zu diesen Missständen wesentlich beiträgt. § 136 Abs. 2, 3 unterscheiden zwei sich in der Praxis häufig überschneidende städtebauliche Missstände, die eine sogen. **Substanzsanierung** auslösenden ungesunden Wohn- und Arbeitsverhältnisse und die eine sogen. **Funktionsschwächensanierung** auslösende mangelnde Funktionsfähigkeit eines Gebietes. Die Substanzsanierung knüpft an gebietsbezogene städtebauliche Missstände (§ 136 Abs. 2 Nr. 1, Abs. 3 Nr. 1) an. Auch wenn ein eine Substanzsanierung rechtfertigender Missstand in dem betreffenden Gebiet besteht, ist der Entschädigungsausschluss nach Abs. 4 Nr. 2 nur gerechtfertigt, wenn zusätzlich die Nutzung des betroffenen Grundstücks zu diesem Missstand wesentlich beiträgt. Diese, den Entschädigungsausschluss rechtfertigende, die Sozialpflichtigkeit (Art. 14 Abs. 2 GG) zum Ausdruck bringende Kausalität zwischen der bisherigen Nutzung und dem städtebaulichen Missstand ist von noch größerer Bedeutung beim städtebaulichen Missstand iSv § 136 Abs. 2 Nr. 2, Abs. 3 Nr. 2 (dazu BVerwG NVwZ 1985, 184; *Krautzberger* BayVBl. 1972, 231). Denn die allein rechtfertigt den Entschädigungsausschluss für ein konkretes Grundstück nicht. Hinzu kommen muss die die Sozialpflichtigkeit des konkreten Grundstücks verwirklichende, qualifizierte Kausalität: der wesentliche Beitrag des Grundstücks zu diesem Missstand.

8 6. **Ausschluss von Verzögerungsgewinnen. a) Geldentschädigung.** Um spekulative **Verzögerungsgewinne auszuschließen**, bleiben nach Abs. 5 S. 1 Werterhöhungen unberücksichtigt, die nach dem Zeitpunkt eingetreten sind, in dem die Entschädigungsvoraussetzungen vorlagen und der Entschädigungsberechtigte entweder in der Lage war, den Antrag auf Festsetzung der Entschädigung in Geld zu stellen, oder ein angemessenes Angebot des Entschädigungspflichtigen abgelehnt hat. Maßgeblich ist also nicht der Zeitpunkt, in dem der Entschädigungsberechtigte seinen Antrag geltend macht.

9 **b) Übernahmeanspruch oder Begründung eines Rechts.** Dasselbe Ziel wie S. 1 soll auch Abs. 5 S. 2 unter Verweisung auf die Reduktionsklausel des § 95 Abs. 2 Nr. 3 für den Fall verwirklichen, dass die Entschädigung statt in Geld durch **Übernahme eines Grundstücks** oder durch **Begründung eines Rechts** zu leisten ist. Wenn der Entschädigungsberechtigte den Antrag auf Übernahme des Grundstücks oder Begründung eines geeigneten Rechts gestellt und der Entschädigungspflichtige daraufhin ein angemessenes Angebot gemacht hat, so bleiben Werterhöhungen unberücksichtigt, die nach dem Zeitpunkt eingetreten sind, in dem der Entschädigungsberechtigte das Angebot hätte annehmen können, es sei denn, dass er Kapital oder Arbeit für die Werterhöhungen aufgewendet hat (→ auch § 95 Rn. 6).

§ 44 Entschädigungspflichtige, Fälligkeit und Erlöschen der Entschädigungsansprüche

(1) ¹Zur Entschädigung ist der Begünstigte verpflichtet, wenn er mit der Festsetzung zu seinen Gunsten einverstanden ist. ²Ist ein Begünstigter nicht bestimmt oder liegt sein Einverständnis nicht vor, ist die Gemeinde zur Entschädigung verpflichtet. ³Erfüllt der Begünstigte seine Verpflichtung nicht, ist dem Eigentümer gegenüber auch die Gemeinde verpflichtet; der Begünstigte hat der Gemeinde Ersatz zu leisten.

(2) ¹Dient die Festsetzung der Beseitigung oder Minderung von Auswirkungen, die von der Nutzung eines Grundstücks ausgehen, ist der Eigentümer zur Entschädigung verpflichtet, wenn er mit der Festsetzung einverstanden war. ²Ist der Eigentümer auf Grund anderer gesetzlicher Vorschriften verpflichtet, Auswirkungen, die von der Nutzung seines Grundstücks ausgehen, zu beseitigen oder zu mindern, ist er auch ohne Einverständnis zur Entschädigung verpflichtet, soweit er durch die Festsetzung

2. Abschnitt. Entschädigung § 44

Aufwendungen erspart. ³Erfüllt der Eigentümer seine Verpflichtungen nicht, gilt Absatz 1 Satz 3 entsprechend. ⁴Die Gemeinde soll den Eigentümer anhören, bevor sie Festsetzungen trifft, die zu einer Entschädigung nach Satz 1 oder 2 führen können.

(3) ¹Der Entschädigungsberechtigte kann Entschädigung verlangen, wenn die in den §§ 39 bis 42 bezeichneten Vermögensnachteile eingetreten sind. ²Er kann die Fälligkeit des Anspruchs dadurch herbeiführen, dass er die Leistung der Entschädigung schriftlich bei dem Entschädigungspflichtigen beantragt. ³Entschädigungsleistungen in Geld sind ab Fälligkeit mit 2 vom Hundert über dem Basiszinssatz nach § 247 des Bürgerlichen Gesetzbuchs jährlich zu verzinsen. ⁴Ist Entschädigung durch Übernahme des Grundstücks zu leisten, findet auf die Verzinsung § 99 Abs. 3 Anwendung.

(4) Ein Entschädigungsanspruch erlischt, wenn nicht innerhalb von drei Jahren nach Ablauf des Kalenderjahres, in dem die in Absatz 3 Satz 1 bezeichneten Vermögensnachteile eingetreten sind, die Fälligkeit des Anspruchs herbeigeführt wird.

(5) In der Bekanntmachung nach § 10 Abs. 3 ist auf die Vorschriften des Absatzes 3 Satz 1 und 2 sowie des Absatzes 4 hinzuweisen.

Übersicht

	Rn.
1. Allgemeines	1
2. Entschädigungspflichtiger	2
a) Begünstigter	2
b) Gemeinde	3
c) Veranlasser	4
3. Entstehung eines Entschädigungsanspruchs	5
4. Fälligkeit	6
5. Verzinsung	7
6. Erlöschen	8
7. Hinweispflicht	9

1. **Allgemeines.** Abs. 1 u. 2 bestimmen für alle Tatbestände des Planungsschadensrechts den **Entschädigungspflichtigen**. Primär Entschädigungspflichtiger ist die ihre Planungshoheit ausübende Gemeinde – Abs. 1 S. 1 –, wenn nicht auf Grund besonderer Regelung – Abs. 1 S. 1, Abs. 2 – die Entschädigungspflicht den Begünstigten trifft. Für den Sonderfall der Festsetzungen zur Beseitigung oder Minderung von Emissionen führt Abs. 2 das Veranlasserprinzip ein. Nach dem primär Entschädigungspflichtigen ist die Gemeinde immer **sekundär Entschädigungspflichtiger** (Abs. 1 S. 3, Abs. 2 S. 3). Die differenzierte Regelung des Entschädigungspflichtigen entspricht den Besonderheiten der verschiedenen Tatbestände des Planungsschadensrechts. Die Abs. 3 und 4 regeln für alle Tatbestände des Planungsschadensrechts im Interesse der Rechtssicherheit **Entstehung, Fälligkeit und Verzinsung** (Abs. 3) sowie **Erlöschen** (Abs. 4) der Entschädigungsansprüche. Zum Schutz der Anspruchsberechtigten verpflichtet Abs. 5 die Gemeinde, anlässlich der **Bekanntmachung** der Genehmigung des Bebauungsplanes auf Entstehung, Fälligkeit und Erlöschen von Entschädigungsansprüchen **hinzuweisen**. Abs. 3 und 4 sind analog anwendbar bei einer Veränderungssperre (§ 18 Abs. 3), der Sicherung der Fremdenverkehrsfunktion (§ 22 Abs. 7), der Versagung einer Genehmigung im Sanierungs- oder Entwicklungsgebiet (§ 145 Abs. 5 S. 5, § 165 Abs. 8 S. 3), einer Erhaltungssatzung (§ 172 Abs. 2), einem Baugebot (§ 176 Abs. 4), einem Rückbau- und Entsiegelungsgebot (§ 179 Abs. 3 S. 2) sowie bei Überleitungsfällen nach § 238. In Fällen des § 238 können Abs. 1 S. 2 und Abs. 5 analog anwendbar sein.

§ 44 I. Kapitel. III. Teil. Regelung der baul. und sonst. Nutzung

2 **2. Entschädigungspflichtiger. a) Begünstigter.** Die Entschädigungspflicht des **Begünstigten** entsteht, wenn eine ändernde oder aufhebende Festsetzung iSd §§ 39, 40, 41, 42 eine natürliche oder juristische Person begünstigt, diese Person als Begünstigter bestimmt ist und sich mit der Festsetzung zu ihren Gunsten einverstanden erklärt hat (Abs. 1 S. 1; s. a. § 94 Abs. 2). Erfolgt eine Festsetzung allein im Interesse der Allgemeinheit, wie zB idR in den Fällen § 40 Abs. 1 Nr. 1, 2, 5–7, 13, 14 oder des § 42, so ist kein Begünstigter bestimmt, selbst wenn eine Person durch die Festsetzung tatsächlich wirtschaftliche Vorteile hat. Begünstigte bei Festsetzungen nach § 9 Abs. 1 Nr. 21 können auch bestimmte Nachbarn sein. Das Einverständnis des Begünstigten muss nicht ausdrücklich, sondern kann konkludent, zB während des Planaufstellungsverfahrens oder in Vollzug der Festsetzungen, erteilt werden (*Paeto* in, BK § 44 Rn. 3; *Jäde* in JDW § 44 Rn. 3; *Hoffmann*, SU § 44 Rn. 3; aA *Breuer* in SCH § 44 Rn. 4; *Bielenberg/Runkel* in EZBK § 44 Rn. 10; *Schmidt-Eichstadt* in KK § 44 Rn. 6).

3 **b) Gemeinde.** Wenn weder der Begünstigte nach Abs. 1 S. 1 (Rn. 2) noch der Veranlasser nach Abs. 2 (Rn. 4) zur Entschädigung verpflichtet ist, so ist die **Gemeinde** Entschädigungspflichtiger (Abs. 1 S. 2). Außer dieser primären und alleinigen Entschädigungspflicht obliegt der Gemeinde eine zusätzliche sekundäre Entschädigungspflicht nach Abs. 1 S. 3 bzw. Abs. 2 S. 3, wenn der primär verpflichtete Begünstigte (Abs. 1 S. 1) oder der primär verpflichtete Veranlasser (Abs. 2 S. 1) ihre Verpflichtung nicht erfüllen. Das ist der Fall, wenn die primär Verpflichteten sich ernsthaft und nachhaltig weigern, die Entschädigung zu leisten. Einer Klage des Enteignungsbegünstigten bedarf es nicht. Leistet die Gemeinde für den primär Verpflichteten die Entschädigung, so hat sie gegen diesen einen vor dem Baulandgericht (§ 217) einklagbaren Erstattungsanspruch.

4 **c) Veranlasser.** Wenn die einen Tatbestand des Planungsschadensrechts verwirklichende Festsetzung der Beseitigung oder Minderung von Auswirkungen dient, die von der Nutzung eines Grundstücks ausgehen, zB § 9 Abs. 1 Nr. 24, so ist der Eigentümer dieses Grundstücks als **Veranlasser** primär entschädigungspflichtig, wenn er mit der Festsetzung einverstanden war (Abs. 2 S. 1). Es genügt ein Einverständnis nach Festsetzung (*Bielenberg/Runkel*, aaO, § 44 Rn. 20; *Breuer*, aaO, Rn. 8; *Hoffmann*, aaO, Rn. 7; aA *Paetow*, aaO, Rn. 6; *Jäde*, aaO, § 44 Rn. 6). Auch ohne Einverständnis ist der veranlassende Eigentümer primär entschädigungspflichtig, wenn er auf Grund anderer gesetzlicher Vorschriften, zB §§ 4ff. BImSchG, verpflichtet ist, Auswirkungen, die von der Nutzung eines Grundstücks ausgehen, zu beseitigen oder zu mindern, und zwar bis zu der Höhe, in der er durch die Festsetzung Aufwendungen erspart (Abs. 2 S. 2). Für einen etwaigen Rest ist die Gemeinde nach Abs. 1 S. 2 primär entschädigungspflichtig. Nach Abs. 2 kann nur der Eigentümer entschädigungspflichtig sein, nicht ein Mieter oder Pächter, der die emittierende Nutzung ausübt. Erfüllt der den Tatbestand des Abs. 2 S. 1 oder 2 verwirklichende Eigentümer seine Entschädigungspflicht nicht, so ist zusätzlich die Gemeinde sekundär entschädigungspflichtig (Abs. 2 S. 3). → Rn. 3.

5 **3. Entstehung eines Entschädigungsanspruchs.** Abs. 3 S. 1 stellt lediglich die **Entstehung** (= „kann verlangen") **eines Entschädigungsanspruchs** klar. Der Anspruch entsteht nur, wenn die in den einzelnen Tatbeständen des Planungsschadensrechts geregelten Voraussetzungen erfüllt sind. Im Normalfall der Entstehung eines Planungsschadens – zu Ausnahmen wie der Änderung oder Aufhebung einer Nutzung durch einen Verwaltungsakt → § 42 Rn. 5 – können Vermögensnachteile frühestens mit Inkrafttreten des Bebauungsplanes entstehen. Möglich ist aber auch, dass die Auswirkungen erst später spürbar werden (→ zB § 42 Rn. 8).

6 **4. Fälligkeit.** Der entstandene Anspruch wird gem. Abs. 3 S. 2 dadurch **fällig**, dass der Entschädigungsberechtigte die Leistung der Entschädigung schriftlich (analog § 126 BGB) beim Entschädigungspflichtigen (Rn. 1–3) beantragt. Kommt es zu kei-

2. Abschnitt. Entschädigung § 44

ner Einigung, ist nach § 43 Abs. 1 u. 2 zu verfahren. Hat der Entschädigungsberechtigte statt beim Entschädigungspflichtigen zB bei der Enteignungsbehörde die Entschädigung beantragt, so ist der Antrag unzulässig, es sei denn, der Entschädigungspflichtige hat ausdrücklich eine Entschädigung bereits abgelehnt (*Paetow,* aaO, Rn. 16). Die Verpflichtung der Behörde, den Antragsteller darauf hinzuweisen (§ 25 VwVfG), dass er den Antrag an den Entschädigungspflichtigen zu richten hat, darf nicht zu einer Umgehung der Einigung zwischen den Beteiligten missdeutet werden.

5. Verzinsung. Gem. Abs. 3 S. 3 sind ab Fälligkeit Entschädigungsleistungen in 7
Geld mit 2 % über dem jeweiligen Basiszinssatz der Europäischen Zentralbank jährlich zu **verzinsen** (→ § 64 Rn. 7). Ist die Entschädigung durch Übernahme eines Grundstücks zu leisten, so ist gem. Abs. 3 S. 4 iVm § 99 Abs. 3 S. 1 die Verzinsung von dem Zeitpunkt an zu gewähren, in dem die Enteignungsbehörde über den Übernahmeantrag bzw. den Antrag auf Belastung des Grundstücks entscheidet. Im insoweit praktisch seltenen Fall einer vorzeitigen Besitzeinweisung ist anstelle des Zeitpunkts der Entscheidung der Enteignungsbehörde der Zeitpunkt maßgebend, in dem die Besitzeinweisung wirksam wird (§ 99 Abs. 3 S. 2; *Paetow* in BK, Rn. 17; modifizierend *Breuer* in SCH, Rn. 15).

6. Erlöschen. Stellt der Entschädigungsberechtigte nicht innerhalb von drei Jahren 8
nach Ablauf des Kalenderjahres, in dem ein Entschädigungsanspruch wegen Planungsschadens entstanden ist (→ Rn. 5), beim Entschädigungspflichtigen den schriftlichen Antrag auf Leistung der Entschädigung (Rn. 6), so erlischt der Entschädigungsanspruch (Abs. 4). Die Erlöschensfrist ist verfassungsrechtlich unbedenklich (BVerfGE 100, 226). Das **Erlöschen** des Anspruchs gem. Abs. 4 ist anders als eine Verjährung im Verfahren vor der Enteignungsbehörde oder dem Baulandgericht von Amts wegen, also nicht erst auf Grund einer Einrede zu beachten. Die 3-Jahres-Frist setzt ein, sobald ein Tatbestand des Planungsschadensrechts erfüllt ist. Sie läuft auch dann ab, wenn der Schaden Dauerwirkung hat. Tritt bei laufender Frist ein zusätzlicher Planungsschaden ein, so entspricht es dem von Abs. 4 bezweckten Schutz der Gemeinde von unkalkulierbaren Forderungen wegen Planungsschäden, dass nur für diesen Mehrschadensanspruch eine neue Frist läuft. Hat der Entschädigungsberechtigte den Antrag gegenüber dem primär Entschädigungspflichtigen gestellt (Rn. 1), so erlischt nach Ablauf der 3-Jahres-Frist der Anspruch gegenüber der sekundär entschädigungspflichtigen Gemeinde (Rn. 3) nicht. Gegenüber der Gemeinde läuft aber in analoger Anwendung des Abs. 4 die 3-Jahres-Frist ab Ablauf des Kalenderjahres, in dem die Nichterfüllung seitens des primär Entschädigungspflichtigen bei verständiger Würdigung erkennbar war (*Breuer,* SCH § 44 Rn. 20; großzügig *Schmidt-Eichstaedt,* KK § 44 Rn. 18). Die Frist des Abs. 4 gilt nicht für den beantragten und fällig gewordenen Entschädigungsanspruch. Dieser verjährt analog § 195 BGB nach 3 Jahren. Abs. 4 gilt auch nicht für einen Übernahmeanspruch nach § 40 Abs. 2 (BGH ZfBR 2010, 670; s. a. *Krohn,* FS Weyreuther, 1993, S. 421 (428); aA *Reisnecker* BayVBl. 1981, 489).

7. Hinweispflicht. Wegen der komplizierten Regelungen des Planungsscha- 9
densrechts ordnet Abs. 5 zum Schutze der Bürger eine **Hinweispflicht** an. Die Gemeinde ist verpflichtet, in der Bekanntmachung des Beschlusses des Bebauungsplans (§ 10 Abs. 3) auf die Vorschriften des Abs. 3 S. 1 u. 2 sowie des Abs. 4 hinzuweisen. Dem Schutzzweck des Abs. 5 genügt es nicht, lediglich auf die genannten Vorschriften hinzuweisen. Die Fassung – Auf die Vorschriften des § 44 Abs. 3 Sätze 1 u. 2 sowie Abs. 4 des BauGB über die Entschädigung von durch Festsetzungen des Bebauungsplans oder seine Durchführung entstandenen Vermögensnachteilen sowie über die Fälligkeit und das Erlöschen entsprechender Entschädigungsansprüche wird hingewiesen – genügt (so *Paetow,* aaO, Rn. 20). Unterbleibt der Hinweis, so beginnt die Erlöschensfrist des Abs. 4 nicht zu laufen. Der Verfahrensfehler berührt die Wirksamkeit des Bebauungsplans nicht.

Vierter Teil. Bodenordnung

Vorbemerkung zu den §§ 45 bis 84

Übersicht

	Rn.
I. Aufgabe der Bodenordnung	1
1. Umlegung	2
2. Vereinfachte Umlegung	3
3. Wesen der Umlegung	4
a) Kooperation von Gemeinde und Eigentümern	5
b) Gleichbehandlung und Gleichbelastung der Eigentümer	6
c) Bestandserhaltung und -verbesserung	7
d) Privatnützigkeit	8
4. Verhältnis zur Enteignung	9
5. Verhältnis zu freiwilligen Bodenordnungsverfahren	10
6. Praktische Bedeutung der Umlegung	11
II. Überblick über die gesetzliche Regelung der Umlegung	12
1. Anordnung und Einleitung (§§ 45 bis 54)	13
2. Verteilung (§§ 55 bis 65)	14
3. Abschluss und Rechtsänderung (§§ 66 bis 79)	15
4. Vereinfachte Umlegung (§§ 80 bis 84)	16

I. Aufgabe der Bodenordnung

1 Der Bebauungsplan, soweit er nicht nach § 12 im Geltungsbereich des Vorhaben- und Erschließungsplans konkret vorhabenbezogen ist, setzt die zulässige Nutzung unabhängig von den tatsächlichen Grundstücksgrenzen fest. Sein Inkrafttreten ändert die Grundstücksgrenzen nicht, sodass eine Planverwirklichung nicht möglich ist, wenn nicht die Grundstücke mehr oder minder zufällig den Festsetzungen des Bebauungsplans entsprechen. Häufig ist es daher erforderlich, den Zuschnitt der Grundstücke so zu ändern, dass eine planentsprechende Bebauung und Erschließung möglich wird. Dies ist **Aufgabe** der im Vierten Teil des Ersten Kapitels geregelten Verfahren zur Bodenordnung. Die Vorschriften sind bewährt und in der Praxis wenig streitbefangen.

2 **1. Umlegung.** Das vom Baugesetzbuch hauptsächlich für die Bodenordnung vorgesehene Verfahren ist die **Umlegung** nach den §§ 45 bis 79. Bei ihr werden unter der Verfahrensherrschaft der Gemeinde die Grundstücke in einem Bebauungsplangebiet oder unter bestimmten Umständen in einem im Zusammenhang bebauten Ortsteil im Sinne des § 34 so gestaltet und getauscht, dass Grundstücke entstehen, die nach den Festsetzungen des Bebauungsplans oder – in Gebieten nach § 34 – der Eigenart der näheren Umgebung entsprechend genutzt werden können. Für örtliche Verkehrs- und Grünanlagen einschließlich etwaiger Ausgleichsflächen für Eingriffe in Natur und Landschaft sowie für vergleichbare Zwecke festgesetzte Flächen werden vorab der Gemeinde oder dem sonstigen Erschließungsträger zugeteilt. Sonstige Flächen, die für öffentliche Zwecke vorgesehen sind, können dem Bedarfsträger hingegen nur dann vorab zugeteilt werden, wenn entsprechendes Ersatzland in das Umlegungsverfahren eingebracht wird.

3 **2. Vereinfachte Umlegung.** Sind nur kleinere Grenzkorrekturen im nachbarlichen Bereich erforderlich, um zweckmäßig geschnittene Grundstücke für eine bau-

Vorbemerkung zu den §§ 45–84 **Vorb §§ 45–84**

liche oder sonstige Nutzung zu erhalten, um eine ordnungsgemäße Bebauung zu ermöglichen oder um baurechtswidrige Zustände zu beseitigen, bedarf es hierzu nicht des vollständigen Instrumentariums einer Umlegung. Die Gemeinde kann in diesen Fällen vielmehr eine **vereinfachte Umlegung** nach den §§ 80 bis 84 durchführen.

3. Wesen der Umlegung. Die Umlegung kann sowohl im Geltungsbereich 4 eines Bebauungsplans als auch in einem im Zusammenhang bebauten Ortsteil im Sinne des § 34 zum Einsatz kommen. Ihr kommt eine rein ordnende Funktion auf der Grundlage von vorher getroffenen oder vorgefundenen Verteilungsentscheidungen zu. Bei Vorliegen eines **Bebauungsplans** leistet die Umlegung daher lediglich einen **„phasenspezifischen Beitrag"** (so *Schmidt-Aßmann* DVBl. 1982, 152 (153)) **zur Planverwirklichung.** Sie ist hingegen nicht dazu geeignet, planerische Konflikte zu lösen, die im Bebauungsplan unbewältigt geblieben sind (BVerwG Urt. v. 5.5.2015 – 4 CN 4.14, UPR 2015, 354 zu einer ungeklärten Erschließungssituation). In **Gebieten nach § 34** ist die Umlegung möglich, wenn die Grundstücksneuordnung durch die Eigenart der näheren Umgebung, eventuell in Verbindung mit Festsetzungen eines einfachen Bebauungsplans nach § 30 Abs. 3 oder einer Satzung nach § 34 Abs. 4, eindeutig **vorgeprägt** ist. Die Situation muss daher der in einem Bebauungsplangebiet vergleichbar sein. Charakteristisch für das Umlegungsverfahren sind folgende Gesichtspunkte:

a) Kooperation von Gemeinde und Eigentümern. Zwar wird die Umlegung 5 durch einen Verwaltungsakt, also durch eine einseitige hoheitliche Regelung, abgeschlossen, jedoch kann das Verfahren nur dann erfolgreich durchgeführt werden, wenn eine **intensive Betroffenenbeteiligung** durchgeführt wird. Auf diese vertrauensvolle Zusammenarbeit zwischen Gemeinde oder einem von ihr gebildeten selbstständigen Umlegungsausschuss und den im Umlegungsgebiet zusammengeschlossenen Eigentümern kommt es für das Gelingen einer Umlegung entscheidend an. Diese Partizipation am Verfahren wurde daher bei der Umlegung schon immer praktiziert, obwohl sie im Gesetz nur sehr unvollkommen geregelt ist.

b) Gleichbehandlung und Gleichbelastung der Eigentümer. Weitere Vor- 6 aussetzung für eine zügige Durchführung der Umlegung ist die auf dem Gedanken der **Solidargemeinschaft** beruhende **Gleichbehandlung und Gleichbelastung** aller Eigentümer im Umlegungsgebiet. Nur die Gewährleistung dieses Prinzips erhält die Mitwirkungsbereitschaft aller Betroffenen. Im Übrigen verdeutlicht der Gedanke der Solidargemeinschaft, dass bei der Umlegung private und öffentliche Interessen nicht strikt voneinander geschieden und für die Bebauung notwendige Maßnahmen in den weitaus meisten Fällen nicht als hoheitliche Eingriffe verstanden werden, sondern als selbstverständliche und von allen getragene Korrektive im Interesse aller Beteiligten (*Schmidt-Aßmann* DVBl. 1982, 152 (156)).

c) Bestandserhaltung und -verbesserung. Weiter wird das Wesen der Umle- 7 gung bestimmt durch den Gedanken der **Bestandserhaltung und -verbesserung.** Dieser bedeutet, dass die Umlegung so wenig wie möglich in den Grundstücksbestand eingreift und die Eigentümer nicht nur ein Grundstück in gleicher Lage, also ganz oder teilweise ihr „altes" Grundstück, oder in gleichwertiger Lage erhalten, sondern dass dieses Grundstück auch flächenmäßig denselben Anteil an den zu verteilenden wie an den eingeworfenen Grundstücken hat. Hinzu kommt, dass alle Eigentümerinnen und Eigentümer nach Abschluss der Umlegung im Grundsatz zumindest Land im Wert der von ihnen eingebrachten Fläche erhalten (**Wertgarantie**); oftmals erhalten sie jedoch – gegen Leistung eines Vorteilsausgleichs – sogar wertvolleres Land, zB wenn sie eine größere Fläche zB vormaligen Ackerlands gegen eine – wenn auch kleinere – Fläche Bauland tauschen. Rechtsbegrifflich setzt sich ihr Eigentum ohne förmlichen Rechtsübergang an den neuen Grundstücken fort (Prinzip der **Surrogation**), so dass bspw. dingliche Rechte im Prinzip aufrechterhalten bleiben.

8 d) Privatnützigkeit. Soweit die Umlegung dazu dient, eine plangemäße oder der Eigenart der näheren Umgebung entsprechende Bebauung zu ermöglichen, liegt sie im öffentlichen Interesse. Da jedoch die Eigentümer durch die Umlegung Bauland anstelle von nicht oder nur schlecht zu bebauenden Flächen erhalten, liegt eine Gleichrichtung der Interessen zwischen der öffentlichen Hand und den beteiligten Privaten vor. Die Umlegung wird daher durch das Element der **Privatnützigkeit** geprägt (*Schmidt-Aßmann* DVBl. 1982, 152 (155)). Hieran ändert im Grundsatz auch die Bereitstellung von **Flächen für Ausgleichsmaßnahmen** nach § 1a Abs. 3 im Plangebiet nichts (→ § 9 Rn. 160 ff., und § 55 Rn. 27). Denn diese dienen nicht eigentümerfremden Zwecken, wie etwa die Bereitstellung von Flächen für den sozialen Wohnungsbau, was in der Umlegung nur sehr begrenzt möglich ist (vgl. *Brenner* DVBl. 1993, 291 (295)). Sie schaffen vielmehr, wie die Erschließung, die Voraussetzung für die Bebaubarkeit, sind also keine über die städtebauliche Zweckbestimmung (→ § 59 Rn. 3) hinausreichende zusätzliche Belastung der Eigentümer (*Schmidt-Aßmann,* Städtebauliche Umlegung, naturschutzrechtliche Eingriffsregelung und Flächenbeiträge, Rechtsgutachten im Auftrag des Bundesministeriums für Raumordnung, Bauwesen und Städtebau, 1996, 126 ff., 183 ff.; *Lüers* ZfBR 1997, 275 (278): „natürlicher Annex" von Bauflächen).

9 4. Verhältnis zur Enteignung. Bei der Umlegung verlieren die Betroffenen in der Regel ihr konkretes Stück Land und erhalten dafür ein anderes oder zumindest anders geschnittenes Grundstück zurück. Gleichwohl regelt das BauGB das Institut der Umlegung in zulässiger Weise als **Inhaltsbestimmung des Eigentums** nach Art. 14 Abs. 1 S. 2 GG (BVerfG Beschl. v. 22.5.2001 – 1 BvR 1512/97, BVerfGE 104, 1 (9 ff.); BGH Urt. v. 13.12.1990 – III ZR 240/89, BGHZ 113, 139 (143); ders. Beschl. v. 26.6.1997 – III ZR 152/96, NVwZ-RR 1998, 8; vgl. schon BVerwG Beschl. v. 9.11.1954 – I B 145/53, BVerwGE 1, 225 (227 f.); s. auch *Otte* ZfBR 2010, 117 ff.). In der Umlegung liegt daher keine Enteignung, weil sie letztlich eigentümernützig ist und daher mit der Privatnützigkeit des Eigentums korrespondiert (BVerfG Beschl. v. 22.5.2001, ebd.; ausführlich *Schmidt-Aßmann* in FS Friauf, 1996, 407 ff.). Die Umlegung greift zwar in den Eigentumsbestand ein, formt ihn aber im Interesse der Eigentümer um. Sie ist daher ein vorrangig einzusetzendes Instrument der Planverwirklichung. Gegenüber der Enteignung ist sie das wesentliche mildere Mittel, da sie auf Kooperation und Wert- sowie Bestandserhaltung statt, wie die Enteignung, auf Konfrontation und Wegnahme gegen Entschädigung gerichtet ist. Einzelne Eingriffe mit enteignender Wirkung im Rahmen der Umlegung verändern den Charakter des Instituts der Umlegung als eigentumsinhaltsbestimmende Maßnahme nicht (hierzu BGH Beschl. v. 26.6.1997 – III ZR 152/96, NVwZ-RR 1998, 8; *Stadler* ZfBR 1999, 183 ff.). Das Grundgesetz trifft mit seinen Bestimmungen zum Eigentumsschutz einen Ausgleich zwischen den Interessen der Allgemeinheit an notwendigem Wandel und den Interessen der einzelnen Eigentümer an unveränderter Wahrung des Besitzstands (zur Systematik von Enteignung und Inhalts- und Schrankenbestimmung am Beispiel von Denkmal- und Naturschutzrecht vgl. *Stüer/Thorand* NJW 2000, 3737 ff.). Die Umlegung kommt in diesem für eine dynamische Gesellschaft zentralen Konflikt dem Interesse der Beteiligten an der Erhaltung ihres Eigentums weitgehend entgegen; denn sie lässt im öffentlichen Interesse liegende Veränderungen nur zu, wenn sie zugleich die privaten Interessen der Eigentümergemeinschaft befriedigen. Ohne das vermittelnde Institut der Umlegung gäbe es nur die Wahl zwischen Eigentümerwillkür oder Stillstand einerseits und Enteignung andererseits, wie es in anderen europäischen Ländern (mit allerdings leichterer Enteignung) der Fall ist (→ auch *Dieterich* Rn. 10). Genügt eine Umlegung im Einzelfall diesen Anforderungen nicht, wird sie nicht zur Enteignung. Sie ist dann vielmehr **rechtswidrig** und erfolgreich gerichtlich angreifbar.

Vorbemerkung zu den §§ 45–84 **Vorb §§ 45–84**

5. Verhältnis zu freiwilligen Bodenordnungsverfahren. Trotz der Interessen- 10
wahrung zugunsten der Umlegungsbeteiligten greift die Gemeinde mit der **gesetzlichen Umlegung** in die Verfügungsbefugnis und Verfügungsfreiheit der Grundstückseigentümer des Umlegungsgebiets ein, da sie ihnen für den notwendigen Grundstückstausch die Verfahrensherrschaft nimmt. Grundsätzlich aber überlässt das BauGB die Initiative für die Planverwirklichung den Privaten. Auch die Umlegung darf daher nur dann angeordnet werden, wenn sie **erforderlich** ist. Daran fehlt es, wenn die Eigentümer sich freiwillig auf eine den Planerfordernissen entsprechende Bodenordnung einigen (**freiwillige Umlegung;** → § 46 Rn. 5 f.).

6. Praktische Bedeutung der Umlegung. Der gesetzlichen Umlegung und der 11
freiwilligen Umlegung kommt für die Bereitstellung von Bauland eine **erhebliche und vielfach kostensparende** (vgl. v. *Franckenstein/Gräfenstein* BauR 2008, 463 ff.) **Bedeutung** zu (informativ hierzu etwa *Dieterich* Rn. 23 ff.; *Teigel,* Grundstückstauschverfahren, in Geuenich/Josten/Teigel, Baulandentwicklung durch Bodenmanagement, 2002, 44 ff.; *Stadtentwicklungsbehörde Hamburg,* Bodenordnung in Hamburg, 2001, 5 ff.; → auch § 11 Rn. 15 f.). Zur historischen Entwicklung des Umlegungsrechts wird auf *Otte* in EZBK Vorb. §§ 45–84 Rn. 2 ff. verwiesen. Die Umlegung kann auch beim **Stadtumbau** zum Einsatz kommen (vgl. *Goldschmidt* DVBl. 2006, 740 ff.).

II. Überblick über die gesetzliche Regelung der Umlegung

Die gesetzliche Regelung der Umlegung und entsprechend auch das **Verfahren** 12
der Umlegung (hierzu instruktiv *Müller-Jökel/Hecker* in Deutsches Institut für Urbanistik, Baulandumlegung, 1995; *Goldschmidt/Taubeneck* in Hoppenberg/de Witt, Kap. O, Rn. 64 ff.) lassen sich in **drei Abschnitte** einteilen: Am Anfang stehen **Anordnung und Einleitung** der Umlegung (**Einleitungsverfahren;** → Rn. 13 und § 47 Rn. 1 ff.). Danach folgt die eigentliche **Durchführung** des Grundstückstauschs auf der Grundlage der gesetzlichen Regelung der Verteilungsgrundsätze (**Verteilungsverfahren;** → Rn. 14 und § 55 Rn. 1 ff.). Ihren Abschluss findet die Umlegung im **Umlegungsplan** und der durch ihn bewirkten Änderung des alten Rechtszustands (**Abschlussverfahren;** → Rn. 15 und § 66 Rn. 1 ff.).

1. Anordnung und Einleitung (§§ 45 bis 54). Die Umlegung wird **von der** 13
Gemeinde angeordnet, wenn sonst ein Bebauungsplan nicht oder nur schleppend verwirklicht werden kann oder wenn sich in einem Gebiet nach § 34 eine vergleichbare Situation ergibt. **Durchgeführt** wird die Umlegung nach dem Sprachgebrauch des BauGB von der **Umlegungsstelle,** in der Regel einer gegenüber der Gemeinde unabhängigen Stelle. Dies ist zumeist ein bei der Gemeinde gebildeter Umlegungsausschuss, kann aber auch eine sonstige geeignete Behörde, zB die Flurbereinigungsbehörde sein (§ 46 Abs. 2 Nr. 5 und Abs. 4). Der die Durchführung einleitende **Umlegungsbeschluss** (§ 47) ist ortsüblich bekannt zu machen (§ 50). Er hat das Umlegungsgebiet zweckmäßig zu begrenzen (§ 52). Die Eigentümer, diejenigen, die Rechte an Grundstücken im Umlegungsgebiet innehaben, sowie die Gemeinde und die Bedarfs- und Erschließungsträger für das Umlegungsgebiet einschließlich ihrer etwaigen Rechtsnachfolger sind an der Umlegung zu beteiligen (§§ 48 und 49). Die im Einzelnen im Umlegungsgebiet bestehenden Rechtsverhältnisse werden in einer **Bestandskarte** und einem **Bestandsverzeichnis** umfassend aufgeführt (§ 53). In die Grundbücher der umzulegenden Grundstücke wird zur Sicherung der im Umlegungsgebiet bestehenden **Verfügungs- und Veränderungssperre** (§ 51) und allgemein zum Schutz des Rechtsverkehrs ein **Umlegungsvermerk** (§ 54) eingetragen.

2. Verteilung (§§ 55 bis 65). Nach welchen Grundsätzen die **Grundstücke** und 14
sonstigen Rechte im Umlegungsgebiet unter den Berechtigten zu **verteilen** und

Reidt 713

welche **Geldleistungen** zum Ausgleich der durch die Umlegung bewirkten Vorteile oder auch Nachteile zu erbringen sind, regelt das Gesetz in den §§ 55 bis 65 (→ **Überblick bei § 55** Rn. 1 ff.).

15 **3. Abschluss und Rechtsänderung (§§ 66 bis 79).** Schließlich sind in den §§ 66 bis 79 die zum **Abschluss der Umlegung** führenden Verfahrensschritte geregelt (→ **Überblick bei § 66** Rn. 1 ff.). Dies sind insbesondere die Aufstellung und Bekanntmachung der Unanfechtbarkeit des **Umlegungsplans,** die Art und Weise des Eintritts des neuen Rechtszustands sowie die Möglichkeiten **vorzeitiger Entscheidungen** und **Kostenregelungen.**

16 **4. Vereinfachte Umlegung (§§ 80 bis 84).** Bei der **vereinfachten Umlegung** sind die Anordnung und einige andere Verfahrensschritte entbehrlich (→ §§ 80 ff.).

Erster Abschnitt. Umlegung

§ 45 Zweck und Anwendungsbereich

¹Zur Erschließung oder Neugestaltung von Gebieten können bebaute und unbebaute Grundstücke durch Umlegung in der Weise neu geordnet werden, dass nach Lage, Form und Größe für die bauliche oder sonstige Nutzung zweckmäßig gestaltete Grundstücke entstehen. ²Die Umlegung kann
1. im Geltungsbereich eines Bebauungsplans im Sinne des § 30 oder
2. innerhalb eines im Zusammenhang bebauten Ortsteils im Sinne des § 34, wenn sich aus der Eigenart der näheren Umgebung oder einem einfachen Bebauungsplan im Sinne des § 30 Abs. 3 hinreichende Kriterien für die Neuordnung der Grundstücke ergeben,

durchgeführt werden.

Übersicht

	Rn.
1. Anwendungsbereich der Umlegung	1
a) Bebauungsplangebiet (S. 2 Nr. 1)	1
b) Im Zusammenhang bebauter Ortsteil (S. 2 Nr. 2)	3
2. Arten der Umlegung	4
a) Erschließungsumlegung	4
b) Neuordnungsumlegung	5
3. Ziele der Umlegung	7
a) Zweckmäßige Grundstücksgestaltung	7
b) Planverwirklichung und Innenentwicklung	10
4. Rechtsschutz in der Umlegung	11
5. Undurchführbarkeit der Umlegung	13

1 **1. Anwendungsbereich der Umlegung. a) Bebauungsplangebiet (S. 2 Nr. 1).** Eine Umlegung kann nach S. 2 Nr. 1 – vorbehaltlich der vorzeitigen Einleitung nach § 47 Abs. 2 (→ § 47 Rn. 10) – im **Geltungsbereich eines (qualifizierten) Bebauungsplans** im Sinne des § 30 Abs. 1 durchgeführt werden. Auch bei einem **vorhabenbezogenen Bebauungsplan** nach § 12 kann die Umlegung grundsätzlich zur Anwendung kommen. Allerdings wird dies eher selten der Fall sein, da in der Regel der Vorhabenträger Eigentümer der Grundstücke im Plangebiet ist oder jedenfalls ein hinreichendes Verfügungsrecht haben muss (→ § 12 Rn. 11). Ansonsten wird die Voraussetzung des § 12 Abs. 1 S. 1, dass der Vorhabenträger zur Durchführung des Vorhabens nicht nur bereit, sondern auch in der Lage sein muss, kaum erfüllt sein.

1. Abschnitt. Umlegung § 45

Die Vorgabe, dass die Umlegung der **Verwirklichung eines Bebauungsplans** 2
dienen muss, ist nicht schematisch im Sinne einer einseitigen Abhängigkeit der Umlegung vom Bebauungsplan zu verstehen. Vielmehr besteht eine **Wechselwirkung zwischen Planung und Planverwirklichung.** Daher hat die Gemeinde bereits bei ihrer Planung mögliche Ergebnisse und auch die Grenzen einer Bodenordnung zu berücksichtigen (vgl. BGH Urt. v. 12.3.1987 – III ZR 29/86, BGHZ 100, 148; BVerwG Urt. v. 5.5.2015 – 4 CN 4.14, BauR 2014, 354; OVG Lüneburg Urt. v. 24.7.2007 – 1 KN 74/05, ZfBR 2007, 577). So ist vor allem im Rahmen der Abwägung schon bei der Planung darauf Bedacht zu nehmen, dass bei der Festsetzung von Verkehrsflächen für Erschließungszwecke die beteiligten Eigentümer möglichst gleich belastet werden. Daher darf zB ein notwendiger Wendehammer nicht ohne weiteres allein zulasten eines einzelnen Grundstücks festgesetzt werden. Vielmehr ist die Möglichkeit der Umlegung bei der planerischen Abwägung zur Erzielung einer hinreichenden Gleichbehandlung mitzubedenken (BVerfG Beschl. v. 19.12.2002 – 1 BvR 1402/01, NVwZ 2003, 727; BGH Urt. v. 11.11.1976 – III ZR 114/75, BGHZ 67, 320 (327f.); vgl. auch *Kröner* ZfBR 1979, 5 ff.). Dies gilt auch im Hinblick auf die Verpflichtung, nach § 1a Abs. 3 im Rahmen der Abwägung über Ausgleichsmaßnahmen zu entscheiden (→ § 55 Rn. 27f.; auch § 1a Rn. 12ff.). Diese wechselseitige Abhängigkeit von Bebauungsplan und Umlegung im konkreten Fall sollte in der **Begründung** des Bebauungsplans näher erläutert werden.

b) Im Zusammenhang bebauter Ortsteil (S. 2 Nr. 2). S. 2 Nr. 2 bestimmt, 3
dass in **Gebieten nach § 34** (einschließlich der durch eine Satzung nach § 34 Abs. 4 bestimmten Gebiete) eine Umlegung zulässig ist, wenn sich aus der **Eigenart der näheren Umgebung,** ggf. ergänzt um die Festsetzungen eines einfachen Bebauungsplans (§ 30 Abs. 3), **hinreichende Kriterien** für die Neuordnung der Grundstücke ergeben. Die Bebauung der näheren Umgebung, also Art und Maß der baulichen Nutzung, die Bauweise und die überbauten Grundstücksflächen, muss quasi wie die Festsetzungen eines Bebauungsplans verlässlich angeben, was im Umlegungsgebiet zulässig ist. Es kann sich daher zumeist nur um relativ einfach gelagerte Fälle handeln, in denen die Aufstellung eines qualifizierten Bebauungsplans unnötiger Aufwand wäre. Unter Umständen kann es hilfreich sein, der Umlegung in Gebieten nach § 34 eine (letztlich aber nicht verbindliche) Erklärung der Baugenehmigungsbehörde, was in dem Gebiet zulässig ist, zugrunde zu legen (vgl. BT-Drs. 12/3944, 28). Ebenso kann es bei der Umlegung in im Zusammenhang bebauten Ortsteilen zweckmäßig sein, auf der Basis eines mit der Bauverwaltung abgestimmten Bebauungsvorschlags die Grundstücksneuordnung vorzunehmen. Je mehr sich aber solche Erklärungen und Bebauungsvorschläge der Verwaltung als notwendig erweisen, desto mehr wird die Zulässigkeit der Umlegung ohne (qualifizierten) Bebauungsplan fraglich, wenn sich nicht die Beteiligten freiwillig auf eine Grundstücksneuordnung einigen (OLG Hamm Urt. v. 16.6.2014 – 16 U 7/13; → auch Vorb. §§ 45–84 Rn. 10 sowie § 46 Rn. 5f.).

2. Arten der Umlegung. a) Erschließungsumlegung. Hauptfall der Umle- 4
gung ist die sog. **Erschließungsumlegung.** Sie wird in einem bisher unbebauten Gebiet durchgeführt und dient dazu, dieses Land für die Erschließung und **Neubebauung** zu ordnen.

b) Neuordnungsumlegung. Die Umlegung kann aber auch als sog. **Neuord-** 5
nungsumlegung bereits bebaute Gebiete erfassen. Dies hat besonders Bedeutung für förmliche **Sanierungsmaßnahmen** nach dem Ersten Teil des Zweiten Kapitels oder für sonstige **Erneuerungsmaßnahmen,** in denen zB ein kleinteilige Grundstückszuschnitt so neu geordnet werden soll, dass eine modernen Bedürfnissen entsprechende Bebauung möglich wird (dazu näher *Goldschmidt* DVBl. 2006, 740 ff.).

Erschließungs- und Neuordnungsumlegung folgen nach dem BauGB **denselben** 6
Grundsätzen. Wird jedoch eine Neuordnungsumlegung im förmlich festgelegten

§ 45 I. Kapitel. IV. Teil. Bodenordnung

Sanierungsgebiet durchgeführt, ist die Flächenumlegung nach § 58 ausgeschlossen. Es gelten dann für die Wertermittlung die besonderen sanierungsrechtlichen Vorschriften der §§ 152 bis 156a, sofern sie zur Anwendung kommen (→ § 57 Rn. 33ff.).

7 **3. Ziele der Umlegung. a) Zweckmäßige Grundstücksgestaltung.** Die Umlegung ist nur zulässig, wenn sie zumindest in der Hauptsache das Ziel verfolgt, die **Grundstücke** für eine planentsprechende Nutzung nach Lage, Form und Größe **zweckmäßig zu gestalten**. Geht es der Gemeinde lediglich darum, die Rechte an den Grundstücken neu zu ordnen, ohne die Grundstücksgrenzen selbst zu verändern **(reine Rechtsumlegung)**, oder geht es der Gemeinde letztlich nur darum, unentgeltlich Verkehrsflächen und Grünflächen zu erhalten **(reine Wertumlegung)**, ist die Umlegung rechtswidrig (BGH Urt. v. 11.5.1967 – III ZR 141/66, NJW 1967, 1662; ders. Urt. v. 13.12.1990 – III ZR 240/89, BGHZ 113, 139 (144); OLG Karlsruhe Urt. v. 9.12.2011 – 21 U 2/11, BauR 2013, 212; *Otte* in EZBK § 45 Rn. 4; *Birk* in SU § 45 Rn. 6).

8 Für die Beurteilung der Frage, ob die Umlegung ein zulässiges Ziel verfolgt, ist nicht auf ein einzelnes Grundstück abzustellen, sondern auf das **gesamte Umlegungsgebiet** (OLG Karlsruhe Urt. v. 9.12.2011 – 21 U 2/11, BauR 2013, 212; *Spannowsky* in BK Vorb. §§ 45–84 Rn. 41). So kann zB durchaus ein einzelnes Grundstück nur zu dem Zweck in die Umlegung einbezogen werden, um zur Ermöglichung einer besseren Neuordnung des Umlegungsgebiets Straßenland zu gewinnen (BGH Urt. v. 11.5.1967 – III ZR 141/66, NJW 1967, 1662; ebenso für den Fall der Verlegung einer Bundesstraße im Rahmen einer Sanierungsumlegung BGH Urt. v. 13.12.1990 – III ZR 240/89, BGHZ 113, 139 (144)). Ebenfalls ist es aus diesem Grund möglich, wie § 52 Abs. 2 verdeutlicht, dass die Grenzen eines Grundstücks in der Umlegung nicht verändert werden (vgl. BGH Urt. v. 22.6.1978 – III ZR 92/75, BGHZ 72, 51; dass. Urt. v. 7.1.1982 – III ZR 130/80, NVwZ 1982, 331 (332)); allerdings darf es nicht zu einer bloßen Rechtsumlegung (→ Rn. 7) kommen.

9 Ob ein Grundstück durch die Umlegung zweckmäßig gestaltet wurde, ist nicht nach den subjektiven Vorstellungen des Eigentümers, sondern **nach objektiven Gegebenheiten** zu beurteilen. Entscheidend ist, ob die im Bebauungsplan festgesetzte Nutzung baurechtlich und wirtschaftlich auf dem zugeteilten Grundstück gut zu verwirklichen ist (BGH Urt. v. 28.5.1976 – III ZR 137/74, BGHZ 66, 322 (332); OVG Lüneburg Urt. v. 24.4.2007 – 1 KN 74/05, ZfBR 2007, 577 (578f.)). Diesen Anforderungen wird auch genügt, wenn im Einzelfall eine **Befreiung** nach § 31 Abs. 2 erforderlich ist (→ § 59 Rn. 4; *Otte* in EZBK § 45 Rn. 6; *Goldschmidt/Taubeneck* in Hoppenberg/de Witt, Kap. O, Rn. 126).

10 **b) Planverwirklichung und Innenentwicklung.** Die Umlegung dient nicht nur dazu, eine Bebauung, sondern generell die **Planverwirklichung zu ermöglichen**. Denn nach Abs. 1 sind die Grundstücke für eine bauliche oder auch für eine **sonstige Nutzung** zweckmäßig zu gestalten. Dies bedeutet, dass zB auch landwirtschaftlich nutzbare Grundstücke in der Umlegung geschaffen werden können. So wie die Flurbereinigung auch zur Bereitstellung von Bauland dienen kann (vgl. Baulandbericht des Bundesministers für Raumordnung, Bauwesen und Städtebau, Schriftenreihe „Städtebauliche Forschung" des BMBau, Heft 03100, 1983, 86f.), kann also umgekehrt auch die Umlegung Aufgaben der Flurbereinigung miterfüllen, sofern dies sinnvoll ist. Vor allem für Dauerkleingärten oder Erholungsflächen kann sich eine Umlegung als zweckmäßig erweisen. Aus dieser Planverwirklichungsfunktion der Umlegung folgt zwar nicht zwingend, aber doch im Regelfall eine Verdichtung der Pflicht der Gemeinde, die Erschließung des Umlegungsgebietes durchzuführen oder zu veranlassen (s. § 123 Rn. 5; *Schriever* in Kohlhammer-Komm. § 45 Rn. 17).

11 **4. Rechtsschutz in der Umlegung.** Für Verwaltungsakte, die im Rahmen der Umlegung ergehen, insbesondere den Umlegungsbeschluss nach § 47, den Aufstel-

lungsbeschluss über den Umlegungsplan nach § 66, die Vorwegnahme der Entscheidung nach § 76 und die vorzeitige Besitzeinweisung nach § 77, steht der **Rechtsweg** zu den Kammern (Senaten) für Baulandsachen nach den §§ 217 ff. offen. Ggf. ist vorher aufgrund landesrechtlicher Vorschriften ein Vorverfahren gem. § 212 durchzuführen.

Dabei ist zu beachten, dass die Umlegung sich als **mehrstufiges Verfahren** darstellt und eine höhere Stufe des Verfahrens in ihrer Wirksamkeit von der Vollziehbarkeit vorheriger Verwaltungsakte abhängt (BGH Urt. v. 10.11.1983 – II ZR 131/82, DVBl. 1984, 337). Ob dagegen ein wirksamer Bebauungsplan vorliegt, kann noch im Rahmen der Überprüfung des Umlegungsplans untersucht werden, da erst in diesem Verfahrensstadium ein wirksamer Bebauungsplan vorliegen muss (BGH Urt. v. 10.11.1983, aaO, 337 f.). 12

5. Undurchführbarkeit der Umlegung. Das Gesetz enthält keine Regelung darüber, wie zu verfahren ist, wenn die **Umlegung nicht zu Ende geführt wird oder werden kann.** Dieser Fall kann zB eintreten, wenn während des Verfahrens durch privatrechtlichen Grundstückstausch oder umfassenden Grundstückserwerb die Erforderlichkeit einer Umlegung entfällt (→ aber § 46 Rn. 5). Auch kann die Umlegung durch gerichtliche Entscheidung für unzulässig erklärt werden, etwa weil die Verwirklichung des Bebauungsplans einer Enteignung bedarf und nicht mit den Mitteln und im Rahmen einer Umlegung ermöglicht werden kann. Allerdings ist die Einleitung eines Umlegungsverfahrens nicht allein deshalb rechtswidrig, weil in seinem Verlauf auch enteignende Maßnahmen vorkommen können. Bei Undurchführbarkeit ist in Anlehnung an die Grundsätze bei Abschluss der Sanierung nach den §§ 162 ff. das Verfahren der Einleitung und Anordnung der Umlegung mit umgekehrter Zielrichtung zu wiederholen. Die Gemeinde hat also die Anordnung der Umlegung und die Umlegungsstelle hat den Umlegungsbeschluss aufzuheben. Auch die Aufhebung des Umlegungsbeschlusses ist ortsüblich bekannt zu machen; das Grundbuchamt ist zu ersuchen, die eingetragenen Umlegungsvermerke zu löschen. Die Verfügungs- und Veränderungssperre nach § 51 erlischt mit Bekanntmachung des Aufhebungsbeschlusses. 13

§ 46 Zuständigkeit und Voraussetzungen

(1) **Die Umlegung ist von der Gemeinde (Umlegungsstelle) in eigener Verantwortung anzuordnen und durchzuführen, wenn und sobald sie zur Verwirklichung eines Bebauungsplans oder aus Gründen einer geordneten städtebaulichen Entwicklung zur Verwirklichung der innerhalb eines im Zusammenhang bebauten Ortsteils zulässigen Nutzung erforderlich ist.**

(2) **Die Landesregierungen können durch Rechtsverordnung bestimmen,**
1. **dass von der Gemeinde Umlegungsausschüsse mit selbständigen Entscheidungsbefugnissen für die Durchführung der Umlegung gebildet werden,**
2. **in welcher Weise die Umlegungsausschüsse zusammenzusetzen und mit welchen Befugnissen sie auszustatten sind,**
3. **dass der Umlegungsausschuss die Entscheidung über Vorgänge nach § 51 von geringer Bedeutung einer Stelle übertragen kann, die seine Entscheidungen vorbereitet,**
4. **dass zur Entscheidung über einen Rechtsbehelf im Umlegungsverfahren Obere Umlegungsausschüsse gebildet werden und wie diese Ausschüsse zusammenzusetzen sind,**
5. **dass die Flurbereinigungsbehörde oder eine andere geeignete Behörde verpflichtet ist, auf Antrag der Gemeinde (Umlegungsstelle) die im Umlegungsverfahren zu treffenden Entscheidungen vorzubereiten.**

§ 46 I. Kapitel. IV. Teil. Bodenordnung

(3) **Auf die Anordnung und Durchführung einer Umlegung besteht kein Anspruch.**

(4) ¹**Die Gemeinde kann ihre Befugnis zur Durchführung der Umlegung auf die Flurbereinigungsbehörde oder eine andere geeignete Behörde für das Gemeindegebiet oder Teile des Gemeindegebiets übertragen.** ²**Die Einzelheiten der Übertragung einschließlich der Mitwirkungsrechte der Gemeinde können in einer Vereinbarung zwischen ihr und der die Umlegung durchführenden Behörde geregelt werden.** ³**Die Gemeinde kann die Vorbereitung der im Umlegungsverfahren zu treffenden Entscheidungen sowie die zur Durchführung der Umlegung erforderlichen vermessungs- und katastertechnischen Aufgaben öffentlich bestellten Vermessungsingenieuren übertragen.**

(5) ¹**Die Gemeinde kann dem Umlegungsausschuss für einzelne Fälle oder bestimmte Gebiete die Befugnis zur Ausübung eines ihr nach § 24 Abs. 1 Satz 1 Nr. 2 zustehenden Vorkaufsrechts übertragen; die Gemeinde kann die Übertragung jederzeit widerrufen.** ²**Das Recht der Gemeinde, nach der Übertragung ein Vorkaufsrecht zu anderen als Umlegungszwecken auszuüben, bleibt unberührt.** ³**Ansprüche Dritter werden durch die Sätze 1 und 2 nicht begründet.**

Übersicht

	Rn.
1. Selbstverwaltungsangelegenheit (Abs. 1)	1
2. Anordnungsvoraussetzungen (Abs. 1)	4
3. Kein Rechtsanspruch auf Umlegung (Abs. 3)	8
4. Anordnung und Durchführung (Abs. 1)	9
5. Umlegungsausschüsse	12
a) Bildung und Rechtsstellung (Abs. 2 Nr. 1)	12
b) Zusammensetzung und Befugnisse (Abs. 2 Nr. 2 und 3)	17
6. Obere Umlegungsausschüsse (Abs. 2 Nr. 4)	20
a) Bildung und Rechtsstellung (Abs. 2 Nr. 1)	20
b) Zusammensetzung und Befugnisse (Abs. 2 Nr. 2 und 3)	21
7. Übertragung von Aufgaben auf andere (Abs. 2 Nr. 5, Abs. 4)	24
a) Bildung und Rechtsstellung (Abs. 2 Nr. 1)	24
b) Zusammensetzung und Befugnisse (Abs. 2 Nr. 2 und 3)	25
c) Durchführung	26
8. Übertragung der Ausübung von Vorkaufsrechten auf den Umlegungsausschuss (Abs. 5)	29

1 **1. Selbstverwaltungsangelegenheit (Abs. 1).** Die Umlegung ist nach dem BauGB eine **Selbstverwaltungsangelegenheit der Gemeinde** (hierzu *Dieterich* Rn. 48). Sie gehört jedoch nicht zum (historischen) Kernbestand der Selbstverwaltungsaufgaben. Zwar ist die Umlegung aus der kommunalen Praxis und Notwendigkeit zur Bereitstellung von Bauland Ende des vorigen Jahrhunderts entstanden, jedoch würde sie zumeist nicht in gemeindlichen Satzungen, sondern in staatlichen Gesetzen geregelt. Musterbeispiel hierfür ist die „lex Adickes", die zwar auf Frankfurter Probleme und das Betreiben des Frankfurter Oberbürgermeisters Adickes zurückgeht, jedoch ihre rechtliche Ausprägung in einem preußischen Gesetz fand (vom 28. Juli 1902, GS S. 273). Auch die Aufbaugesetze der Länder regelten die Umlegung nicht als Selbstverwaltungsangelegenheit (vgl. die ausführliche Darstellung der Rechtsentwicklung in BGH Urt. v. 26.10.1970 – III ZR 33/70, BGHZ 54, 364 (370ff.)). Erst das Bundesbaugesetz bestimmte 1960, dass die Umlegung von der Gemeinde „in eigener Verantwortung" anzuordnen und durchzuführen ist (vgl. auch BGH Urt. v. 26.10.1970, aaO, 375).

718 *Reidt*

1. Abschnitt. Umlegung **§ 46**

Der Bundesbaugesetzgeber hat allerdings für die Durchführung sowie die Rechts- 2
kontrolle der Umlegung **Besonderheiten gegenüber der üblichen Ausführung
von Selbstverwaltungsangelegenheiten** durch die Gemeinden geregelt. So ist es
auch zu erklären, dass die die Umlegung durchführende Stelle im Gesetz als „Umlegungsstelle" bezeichnet wird. Ebnso ist auf die Regelung über die Umlegungsausschüsse und die Oberen Umlegungsausschüsse hinzuweisen (→ Rn. 12 ff. und 20 ff.).
Über das „Ob" einer Umlegung, also über ihre **Anordnung,** entscheidet aber **in jedem Fall die Gemeinde** selbst.

Lediglich im Einvernehmen mit der Gemeinde kann nach § 203 eine **andere Zu-** 3
ständigkeitsregelung, etwa zugunsten von Verbandsgemeinden uÄ getroffen werden. Auch kann ein Planungsverband nach § 205 notwendige bodenordnende Maßnahmen selbst durchführen. Er tritt dann an die Stelle der Gemeinde und ist dann
selbst die Umlegungsstelle.

2. Anordnungsvoraussetzungen (Abs. 1). Abs. 1 greift die Bestimmung in 4
§ 45 S. 2, dass eine Umlegung in Gebieten nach § 34 und im Geltungsbereich eines
Bebauungsplans zulässig ist, auf und schränkt sie weiter ein: Eine Umlegung ist nur zulässig, **wenn** sie zur Verwirklichung eines Bebauungsplans oder – in Gebieten nach
§ 34 – einer geordneten städtebaulichen Entwicklung, also **im öffentlichen Interesse** (vgl. *Otte/Burmeister* in EZBK § 46 Rn. 3), **erforderlich** ist. Es dürfen keine
weniger eingreifenden Mittel zur Verfügung stehen, um die Voraussetzungen für eine
plangemäße Nutzung der Grundstücke des Umlegungsgebiets zu ermöglichen (BGH
Urt. v. 10.11.1983 – III ZR 131/82, DVBl. 1984, 337 (338)). Bei Anordnung oder
Einleitung müssen daher die planerischen oder – in Gebieten nach § 34 – sonstigen
konzeptionellen Überlegungen der Gemeinde die Beantwortung dieser Frage verlässlich erlauben (→ § 47 Rn. 11). Mit der Formulierung, dass die Umlegung angeordnet
werden kann, **sobald** dies erforderlich ist, wird auch auf die Möglichkeit der vorzeitigen Einleitung der Umlegung nach § 47 Abs. 2 Bezug genommen (→ § 47 Rn. 10 ff.).

Eine Umlegung ist nicht erforderlich, wenn die Grundstückseigentümer auf frei- 5
williger Basis bereit und in der Lage sind, eine dem Bebauungsplan oder der Eigenart
des Gebiets entsprechende Grundstücksneuordnung herbeizuführen. Es ist vielfach
eine Frage der örtlichen eingeführten Praxis, ob und wie eine freiwillige Umlegung
durchgeführt wird. Entscheidend sind Überlegungen zu Zeitdauer, Kosten und Mitwirkungsbereitschaft alter Interessenträger (→ zur freiwilligen Umlegung § 11 Rn. 15 sowie BVerwG Beschl. v. 17.7.2001 – 4 B 24/01, ZfBR 2002, 74 (75); *Franckenstein/
Gräfenstein* BauR 2008, 462 ff.; ausführlich *Dieterich* Rn. 465 ff.; *Breuer* in Schrödter
§ 45 Rn. 47 ff.; *Bunzel/Coulmas/Schmidt-Eichstaedt,* Städtebauliche Verträge – ein
Handbuch, 4. Aufl. 2013, 75 ff. mit instruktivem Vertragsmuster 84 ff.; *Burmeister,* Praxishandbuch Städtebauliche Verträge, 3. Aufl 2014, Rn. 130 ff.; → zu grunderwerbsteuerlichen Fragen bei der freiwilligen Umlegung § 79 Rn. 15 f.). Im Rahmen einer
freiwilligen Umlegung können bei einer entsprechenden Mangelsituation auch Baugebote vereinbart werden, die nur von Einheimischen erfüllt werden können (VGH
Mannheim Urt. v. 20.7.2000 – 8 S 177/00, ZfBR 2001, 284; zur freiwilligen Umlegung im Rahmen des **Stadtumbaus** vgl. *Goldschmidt* DVBl. 2006, 740 (744 ff.)). Allerdings muss bei einem solchen freiwilligen Verfahren, das jedenfalls bei Beteiligung
der Gemeinde durch **öffentlich-rechtlichen Vertrag** abgeschlossen wird (BVerwG
Beschl. v. 17.7.2001 – 4 B 24/01 – ZfBR 2002, 74; dass. Urt. v. 6.7.1984 – 4 C 24/
80, NJW 1985, 989; *Otte* ZfBR 1984, 211 ff.), auch gewährleistet sein, dass die örtlichen Verkehrs- und Grünflächen sowie die Ausgleichsflächen (§ 1a Abs. 3) im Sinne
des § 55 Abs. 2 bereitgestellt werden. Ist dies und auch eine entsprechende Neuordnung der jeweiligen Rechte an den Grundstücken gewährleistet, muss sich die Gemeinde an einem solchen Verfahren uU beteiligen. Allein das Ziel, den Flächenbeitrag
von 30 % nach § 58 zu erhalten, rechtfertigt nicht die Anordnung einer gesetzlichen
Umlegung (BGH Urt. v. 2.4.1981 – III ZR 131/79, NJW 1981, 2124 (2125)).

§ 46
I. Kapitel. IV. Teil. Bodenordnung

6 Die Gemeinde muss sich jedoch nicht zwingend jeder privaten Grundstücksneuordnung anschließen. So kann sie zB durchaus darauf achten, ob die getroffenen Vereinbarungen nicht einzelne Grundstückseigentümer unangemessen benachteiligen (BGH Urt. v. 2.4.1981, aaO). Auch ist eine „freiwillige" Umlegung keine aus Verhältnismäßigkeitsgründen vorzuziehende Alternative, wenn sie **kurz vor Abschluss der amtlichen Umlegung** auf der Grundlage der hier herbeigeführten Einigung über die Grundstücksverteilung mit dem ausschließlichen Zweck erfolgt, die Aufbringung des Vorteilsausgleichs zu umgehen. Dies lässt die Erforderlichkeit einer Umlegung nicht entfallen (so auch *Köster* in Schrödter § 46 Rn. 10). Entsprechende Verträge sind nicht genehmigungsfähig (→ § 51 Rn. 31). Möglich dagegen ist eine sog. **einvernehmliche Umlegung,** bei der die Eigentümer sich frühzeitig mit den Ergebnissen einer amtlichen Umlegung einverstanden erklären, um so die mit einer freiwilligen Umlegung verbundenen Kosten (→ § 79 Rn. 15 f.) zu sparen und zugleich der Gemeinde das Erreichen ihrer städtebaulichen, ggf. über die im Gesetz vorgesehenen Umlegungszwecke und -grenzen hinausreichenden, Ziele etwa nach § 11 Abs. 1 S. 2 Nr. 2 zu ermöglichen (hierzu *Stang/Dürr* BauR 1996, 209 ff.; zu die Umlegung vorbereitenden und erleichternden Verträgen vgl. *Otte/Burmeister* in EZBK § 46 Rn. 12 ff.). Hier ist aber in besonderem Maße auf die **Angemessenheit** von Leistung und Gegenleistung zu achten (vgl. BVerwG Beschl. v. 17.7.2001 – 4 B 24/01, ZfBR 2002, 74; OVG Koblenz Beschl. v. 7.10.2005 – 8 A 10974/05 – BauR 2006, 1187; *Kirchberg* in FS Wenzel, 2005, 327 ff.; ferner § 11 Rn. 75 ff.).

7 Keine Voraussetzung für die Anordnung der Umlegung ist es, dass in der Begründung zum Bebauungsplan nach § 9 Abs. 8 die Umlegung **angekündigt** wurde. Zwar können zu den wesentlichen Auswirkungen eines Bebauungsplans, zu denen die Begründung Ausführungen enthalten muss, auch die Auswirkungen auf die Grundstücksstruktur gehören, jedoch kommt diesen Ausführungen ebenso wie ihrem Fehlen keinerlei Bindungswirkung zu.

8 **3. Kein Rechtsanspruch auf Umlegung (Abs. 3).** Ähnlich wie § 1 Abs. 3 S. 2 und § 123 Abs. 3 schließt auch Abs. 3 ausdrücklich einen **Rechtsanspruch** auf Anordnung und Durchführung einer Umlegung aus. Wie sich allerdings auch bei der Erschließung uU ein Rechtsanspruch auf Erschließung ergeben kann (→ § 123 Rn. 4 ff.), ist es auch bei der Umlegung denkbar, dass in einer besonderen Fallgestaltung die Gemeinde verpflichtet ist, eine Umlegung durchzuführen. Dies kann zB bei einer Situation, wie sie dem sog. Wendehammer-Urteil des BGH zugrunde lag (vgl. BGH Urt. v. 11.11.1976 – III ZR 114/75, BGHZ 67, 320), der Fall sein (hierzu *Dieterich* Rn. 60 f.; *Otte/Burmeister* in EZBK § 46 Rn. 10). Nach dem Regierungsentwurf des EAG Bau sollte entsprechend der Empfehlung im Bericht des *Sachverständigengremiums* zur Fortentwicklung des Rechts der Bodenordnung nach dem Baugesetzbuch (hrsgg. vom BMVBW, 2002, 7) in Abs. 3 eine Bestimmung aufgenommen werden, nach der die Eigentümer **Anspruch auf ermessensfehlerfreie Entscheidung** der Gemeinde über die Durchführung einer Umlegung erhalten. Diese Bestimmung wurde auf Drängen des Bundesrates (vgl. Stellungnahme des Bundesrats zum Gesetzentwurf der Bundesregierung eines EAG Bau in BT-Drs. 15/2250, 82) und der kommunalen Spitzenverbände allerdings nicht Gesetz.

9 **4. Anordnung und Durchführung (Abs. 1).** Abs. 1 unterscheidet zwischen der Anordnung und der Durchführung der Umlegung. Die **Anordnung der Umlegung** obliegt dem zuständigen Gemeindeorgan, in aller Regel wegen der politischen Bedeutung dieses Vorgangs dem **Gemeinderat**. Hingegen ist die **Durchführung der Umlegung** wegen der hierbei auftretenden Interessenkonflikte, vor allem wenn die Gemeinde mit eigenen Grundstücken an der Umlegung beteiligt ist, in den meisten Ländern dem **Umlegungsausschuss** (→ Rn. 12) zugewiesen. Diese Unterscheidung zwischen dem interessengebundenen Gemeindeorgan und der selbstständigen, lediglich fachlich interessierten Durchführungsstelle bleibt oftmals innergemeindlich

1. Abschnitt. Umlegung § 46

nicht ohne Konflikt, jedoch ist sie für die zügige und erfolgreiche Durchführung von Umlegungsverfahren durchaus hilfreich herausgestellt.

Die **Durchführung der Umlegung** beginnt mit dem **Umlegungsbeschluss** 10 der Gemeinde, durch den die Umlegung nach § 47 Abs. 1 S. 1 eingeleitet wird. Wenn § 47 Abs. 2 S. 1 ebenfalls von der Einleitung des Umlegungsverfahrens spricht, so ist dies nicht ganz korrekt. Die Anordnung der Umlegung geht ihrer Einleitung voraus (→ auch § 47 Rn. 1 f.).

Die **Anordnung der Umlegung** ist im praktischen Ergebnis jedoch lediglich ein 11 innergemeindlicher Auftrag an den Umlegungsausschuss oder die sonst für die Umlegung zuständige Stelle, eine Umlegung durchzuführen. Weder bestimmt er die Grenze des Umlegungsgebietes noch setzt er bestimmte Ziele für die Umlegung. Dies alles ist, soweit es nicht aus dem Bebauungsplan hervorgeht, der Durchführung der Umlegung vorbehalten. Aus diesem Grunde ist die Anordnung mangels Regelung **kein** rechtlich angreifbarer **Verwaltungsakt** (vgl. auch *Otte/Burmeister* in EZBK § 46 Rn. 19). Sie kann nur zusammen mit dem Umlegungsbeschluss nach § 47 gerichtlich angegriffen werden (BGH Urt. v. 12.3.1987 – III ZR 29/86, BGHZ 110, 148). Dies ändert jedoch nichts daran, dass die Anordnung den Anforderungen an eine **ordnungsgemäße Beschlussfassung** so wie sie sich vor allem aus den Gemeindeordnungen der Länder ergeben, genügen muss. Anderenfalls it auch der nachfolgende Umlegungsbeschluss (§ 47) rechtswidrig (BGH Urt. v. 23.4.2015 – III ZR 195/14, NVwZ-RR 2015, 630).

5. Umlegungsausschüsse. a) Bildung und Rechtsstellung (Abs. 2 Nr. 1). 12 Nach **Abs. 2 Nr. 1** können die Landesregierungen durch Rechtsverordnung die Gemeinden verpflichten oder ermächtigen, zur Durchführung der Umlegung **Umlegungsausschüsse** (zu ihnen ausführlich *Dieterich* Rn. 64 ff.) zu bilden. Von dieser Möglichkeit haben mit drei Ausnahmen alle Länder Gebrauch gemacht. In Hamburg ist die Baubehörde selbst Umlegungsstelle, wobei eine unabhängige Kommission für Bodenordnung über die festzusetzenden Geldleistungen und Entschädigungen entscheidet. Die Länder Bremen und Hessen haben von dieser Ermächtigung keinen Gebrauch gemacht, sodass hier die Durchführung der Umlegung der Gemeinde obliegt.

Wenn Umlegungsausschüsse gebildet werden, müssen sie mit selbstständigen Ent- 13 scheidungsbefugnissen ausgestattet sein. Hierdurch soll die **Unabhängigkeit der Umlegungsstelle** sowohl gegenüber den Eigentümern als vor allem auch gegenüber der Gemeinde, die als Grundstückseigentümerin in einem Umlegungsgebiet oder aber als Empfängerin von bestimmten Erschließungsflächen nie eine wirklich neutrale Position für sich beanspruchen kann, sichergestellt werden (vgl. auch BGH Urt. v. 20.7.2006 – III ZR 208/05, BGHZ 168, 346 Rn. 13). Die Selbstständigkeit des Umlegungsausschusses bedeutet, dass er sowohl gegenüber der Gemeinde und vor allem gegenüber dem Gemeinderat **weisungsunabhängig** ist. Der Umlegungsausschuss führt daher das Verfahren allein nach den gesetzlichen Bestimmungen und seinem pflichtgemäßen Ermessen durch. Er ist lediglich an die Anordnung der Umlegung durch die Gemeinde gebunden. Er kann nicht von sich aus eine Umlegung beginnen oder sie nach Aufhebung des Anordnungsbeschlusses fortsetzen. Allerdings kann er die Einleitung der Umlegung verweigern, wenn er die gesetzlichen Voraussetzungen einer Umlegung für nicht gegeben hält.

Der Umlegungsausschuss ist als „gemeindlicher **Ausschuss besonderer Art**" 14 (*Otte/Burmeister* in EZBK § 46 Rn. 50 ff.) ein **Organ der Gemeinde** (BGH Urt. v. 27.4.1981 – III ZR 71/79, NJW 1981, 2122). Seine Entscheidungen berechtigen und verpflichten daher letztendlich die Gemeinde, die auch für Amtspflichtverletzungen der Mitglieder des Umlegungsausschusses haftet (BGH Urt. v. 27.4.1981, ebd.) und gegen Entscheidungen des Umlegungsausschusses keine Rechtsbehelfe einlegen kann (*Schriever* in Kohlhammer-Komm. § 46 Rn. 96).

§ 46 I. Kapitel. IV. Teil. Bodenordnung

15 Trotz seiner Stellung als Organ der Gemeinde kann der Umlegungsausschuss gegen eine Entscheidung des Oberen Umlegungsausschusses oder der sonst über einen Widerspruch entscheidenden Stelle, durch die seine eigene Entscheidung geändert oder aufgehoben wurde, eine gerichtliche Entscheidung nach § 217 Abs. 1 beantragen. Der Umlegungsausschuss ist als nach § 222 Abs. 1 S. 2 im gerichtlichen Verfahren in Baulandsachen beteiligte Stelle „zur allgemeinen Vertretung der öffentlichen Interessen berufen und daher ohne Beeinträchtigung seines eigenen Rechts oder ihrer materiellen Verwaltungsfunktion **zur Einlegung eines Rechtsmittels befugt**" (BGH Urt. v. 19.1.1984 – III ZR 185/82, BGHZ 89, 353; s. auch *Dieterich* Rn. 75). Der BGH leitet diese Befugnis des Umlegungsausschusses aus seiner organisatorisch weitgehend verselbstständigten Stellung gegenüber der Gemeinde ab, die ihm auf der Grundlage des Abs. 2 eine nicht weisungsgebundene Entscheidungsbefugnis verschaffe. Diese vom BGH ausdrücklich nur für den Fall der Anfechtung einer gerichtlichen Entscheidung durch den Umlegungsausschuss vertretene Rechtsauffassung muss **ebenso** für die **Stellung des Antrags auf gerichtliche Entscheidung nach § 217** gelten. Es wäre widersinnig, wenn der Umlegungsausschuss zwar gegen gerichtliche Entscheidungen Rechtsmittel einlegen darf, aber von sich aus eine gerichtliche Entscheidung nicht herbeiführen dürfte (vgl. BGH Urt. v. 13.12.1990 – III ZR 240/89, BGHZ 113, 139). Die **Gemeinde selbst** kann Gerichtsschutz in Anspruch nehmen, wenn durch die Widerspruchsentscheidung ihre Rechte zB als Grundeigentümerin oder als Kostenschuldnerin nach § 78, verletzt werden (*Schriever/Linke* in Kohlhammer-Komm. § 46 Rn. 142).

16 In dieser Verfahrensgestaltung wird eine weitere Konsequenz des Umstands, dass die Umlegung nicht dem herkömmlichen Bestand kommunaler Selbstverwaltungsaufgaben angehört (→ Rn. 1), deutlich. Anders als nach § 73 Abs. 1 S. 2 Nr. 3 VwGO, nach dem im Regelfall über Widersprüche gegen Entscheidungen in Selbstverwaltungsangelegenheiten die Selbstverwaltungsbehörde selbst entscheidet, kann hier – sofern die Länder von der Ermächtigung in Abs. 2 Nr. 4 (→ Rn. 20 ff.) Gebrauch gemacht haben – der bei einer staatlichen Behörde gebildete Obere Umlegungsausschuss unmittelbar in Selbstverwaltungsangelegenheiten die letzte Entscheidung über Recht- und Zweckmäßigkeit treffen.

17 **b) Zusammensetzung und Befugnisse (Abs. 2 Nr. 2 und 3).** Die **Zusammensetzung der Umlegungsausschüsse** ist auf der Grundlage der Ermächtigung in **Abs. 2 Nr. 2** von Land zu Land unterschiedlich geregelt. Zumeist gehören dem Umlegungsausschuss Personen an, die in der Ermittlung des Werts von Grundstücken, in der Vermessung und in der Bauleitplanung sachverständig sind. Den Vorsitz führt zB in Bayern der Erste Bürgermeister, während in Nordrhein-Westfalen oder Niedersachsen die Vorsitzenden die Befähigung zum Richteramt oder zum höheren Verwaltungsdienst haben müssen und weder dem Rat noch der Verwaltung der Gemeinde angehören dürfen (vgl. zB § 4 Abs. 1 S. 2 der VO zur Durchführung des BauGB NRW v. 7.7.1987, GVBl. S. 220, in der Fassung vom 17.11.2009, GVBl. S. 624). Letztere Voraussetzung ist von erheblicher Bedeutung für die auch faktische Unabhängigkeit des Umlegungsausschusses. Wichtig für die Unabhängigkeit des Umlegungsausschusses – und damit für die Akzeptanz seiner Entscheidungen bei den Umlegungsbeteiligten – ist ferner, dass die Mehrheit der stimmberechtigten Mitglieder nicht von der Gemeindeseite, sondern von den Fachmitgliedern gestellt wird (vgl. *Schriever/Linke* in Kohlhammer-Komm. § 46 Rn. 72). Ob **Bedienstete der Gemeinde** Mitglied des Umlegungsausschusses sein dürfen, ist streitig (dafür: *Dieterich* Rn. 64, aus Gründen der fachlichen Qualifikation; dagegen: *Bielenberg* VR 1995, 13 (17), aus Gründen der Interessenneutralität). Wenn die fachlich qualifizierte Besetzung des Umlegungsausschusses anders nicht gewährleistet werden kann, wie es vor allem in den kleineren Gemeinden der Fall sein kann, dürfte auch die Mitgliedschaft eines Gemeindebediensteten im Umlegungsausschuss zulässig sein. **Mitglieder der**

1. Abschnitt. Umlegung § 46

Gemeindevertretung können und sollen Mitglied des Umlegungsausschusses sein (hierzu *Otte/Burmeister* in EZBK § 46 Rn. 62).

Die Ermächtigung erlaubt den Landesregierungen ferner, die **Befugnisse des** 18 **Umlegungsausschusses** zu bestimmen. In der Regel sind die Umlegungsausschüsse damit betraut, das gesamte Umlegungsverfahren von der Einleitung bis zum Abschluss einschließlich aller dabei anfallenden Zwischenentscheidungen durchzuführen. Ferner umfasst die Ermächtigung nach Abs. 2 Nr. 2 auch die Befugnis der Landesregierungen, in den Verordnungen das Verfahren in den Umlegungsausschüssen zu regeln, da die Ausübung von Befugnissen durch einen Ausschuss einer Verfahrensregelung bedarf.

In **Abs. 2 Nr. 3** ist vorgesehen, dass die Länder die Umlegungsausschüsse ermächtigen 19 können, in Fällen geringer Bedeutung die Entscheidung über **Rechtsvorgänge und Vorhaben nach § 51** auf eine andere Stelle zu übertragen. Dies kann der Beschleunigung der Entscheidung über solche Vorgänge dienen, da sie nicht mehr vom Kollegialorgan Umlegungsausschuss in verhältnismäßig seltenen Sitzungen oder im zeitaufwändigen Umlaufverfahren zu treffen sind, sondern von einer ständig besetzten Verwaltungsbehörde getroffen werden können. Als Stelle, an die die Entscheidungsbefugnis übertragen wird, kommt in der Regel die Geschäftsstelle des Umlegungsausschusses in Betracht (vgl. zB § 6 UmlAussVO Bbg, GVBl 2009 II S. 102). Dabei kann die übertragene Befugnis räumlich (zB für bestimmte Umlegungsgebiete) oder sachlich innerhalb bestimmter Wertgrenzen oder auf bestimmte Arten von Vorgängen nach § 51 beschränkt werden. Wird die Geschäftsstelle beauftragt, so handelt es sich lediglich um einen innergemeindlichen Organisationsakt, der dem Bürger gegenüber ohne rechtliche Bedeutung ist (*Otte/Burmeister* in EZKB § 46 Rn. 88f.). Da es sich auch nicht um die Übertragung von Entscheidungsbefugnissen durch den Rat (die in der Regel in Form einer Satzung zu erfolgen hat) handelt, ist eine Veröffentlichung dieser Übertragung nicht erforderlich. Wird jedoch eine Stelle außerhalb der Gemeinde beauftragt, etwa die Flurbereinigungsbehörde, so handelt es sich um eine Zuständigkeitsbestimmung, die den Bürger rechtlich berührt; sie ist daher zu veröffentlichen (*Otte/Burmeister* in EZKB § 46 Rn. 90).

6. Obere Umlegungsausschüsse (Abs. 2 Nr. 4). a) Bildung und Rechtsstellung 20 **(Abs. 2 Nr. 1).** Die Länder Berlin (vgl. § 6 DVO-BauGB) und Brandenburg sind die Einzigen, die noch von der Ermächtigung in **Abs. 2 Nr. 4, Obere Umlegungsausschüsse** zu bilden, Gebrauch machen. In Brandenburg ist allerdings Anfang 2009 die UmlAussVO in Kraft getreten, nach der Obere Umlegungsausschuss nur noch besteht, bis alle seine Entscheidungen in Bestandskraft erwachsen sind. Der Obere Umlegungsausschuss hat die Aufgabe, über **Widersprüche** gegen Entscheidungen der Umlegungsausschüsse zu entscheiden. In den Ländern, die von dieser Ermächtigung keinen Gebrauch gemacht haben, entscheidet über den Widerspruch der Umlegungsausschuss selbst. Auch der Obere Umlegungsausschuss ist an Weisungen nicht gebunden. Er handelt nach den gesetzlichen Bestimmungen und pflichtgemäßem Ermessen (*Bielenberg* VR 1995, 13ff.).

b) Zusammensetzung und Befugnisse (Abs. 2 Nr. 2 und 3). Hier sind 21 ebenso wie beim Umlegungsausschuss die landesrechtlichen Bestimmungen maßgeblich (→ Rn. 17).

Der Obere Umlegungsausschuss kann nur selten selbst in der Sache entscheiden. 22 Die Umlegung ist ein so komplexes Verfahren, dass kaum eine Entscheidung geändert werden kann, ohne Folgewirkungen für zahlreiche andere Entscheidungen nach sich zu ziehen. Gibt der Obere Umlegungsausschuss daher einer Beschwerde statt, wird er die Sache in der Regel zur erneuten Entscheidung an den Umlegungsausschuss zurückverweisen müssen (so auch *Otte/Burmeister* in EZKB § 46 Rn. 96), dabei aber rechtliche und streitschlichtende Hinweise geben können.

§ 46 I. Kapitel. IV. Teil. Bodenordnung

23 Gegen die Entscheidung des Oberen Umlegungsausschusses ist der **Antrag auf gerichtliche Entscheidung** nach § 217 zulässig. Diesen Antrag können auch Umlegungsausschuss und Gemeinde stellen (→ Rn. 15).

24 **7. Übertragung von Aufgaben auf andere (Abs. 2 Nr. 5, Abs. 4). a) Bildung und Rechtsstellung (Abs. 2 Nr. 1).** Die Umlegung kann, vor allem im ländlichen Raum, die Verwaltungskraft einer kleineren Gemeinde überfordern. Daher ist in Abs. 2 Nr. 5 vorgesehen, dass die Vorbereitung der in der Umlegung zu treffenden Entscheidungen einer **anderen geeigneten Behörde** übertragen werden kann. Nach Abs. 4 kann dieser Behörde sogar die Befugnis zur Durchführung der Umlegung insgesamt übertragen werden. Als geeignete Behörden kommen insbesondere die Flurbereinigungsbehörden in Betracht, die durch die rechtlich ähnlich gelagerten Flurbereinigungsverfahren hinreichende Erfahrungen für die Durchführung auch der Umlegung mitbringen. Im Übrigen ist an die Vermessungs- und Katasterämter zu denken.

25 **b) Zusammensetzung und Befugnisse (Abs. 2 Nr. 2 und 3).** Wird nach **Abs. 2 Nr. 5** lediglich die **Vorbereitung übertragen,** so behält die Gemeinde die Zuständigkeit zu allen im Rahmen der Umlegung zu treffenden Entscheidungen. Lediglich die Entscheidungsvorlagen sind also von der anderen Behörde auf Antrag der Gemeinde zu erstellen. Die Behörde ist dann gewissermaßen die Geschäftsstelle des Umlegungsausschusses (*Otte/Burmeister* in EZBK § 46 Rn. 98).

26 **c) Durchführung.** Nach **Abs. 4 S. 1** kann die Gemeinde darüber hinaus die gesamte Befugnis zur **Durchführung** einer Umlegung auf eine geeignete Behörde übertragen, die damit jedoch nicht Organ der Gemeinde wird, sondern deren weisungsfreier Treuhänder (so *Otte/Burmeister* in EZBK § 46 Rn. 115), **übertragen. Öffentlich bestellte Vermessungsingenieure** sind keine Behörden im Sinne des Abs. 4 (*Otte/Burmeister*, aaO, Rn. 112). Nach **Abs. 4 S. 3** können die Gemeinden sie jedoch zur Vorbereitung der Entscheidungen des Umlegungsausschusses sowie zur Durchführung der vermessungs- und katastertechnischen Aufgaben einsetzen (→ § 53 Rn. 3ff., § 66 Rn. 4ff.). Ein Rechtsanspruch folgt hieraus nicht (vgl. BVerwG Beschl. v. 21.6.2002 – 4 BN 26/02, ZfBR 2002, 809).

27 Wird die Durchführung der Umlegung auf eine andere Behörde übertragen, verbleibt der Gemeinde nur das **Recht, die Umlegung anzuordnen** und im Umlegungsverfahren die ihr als Gemeinde zustehenden Rechte wahrzunehmen. Hierzu gehört vor allem die Inanspruchnahme der Flächen nach § 55 Abs. 2 und ggf. eines darüber hinausgehenden Flächenbeitrags nach § 58. Auch **bleibt die Gemeinde Trägerin der Bauleitplanung** und damit zuständig für den Erlass von **Planverwirklichungsgeboten** auf der Grundlage von § 59 Abs. 7 (*Otte/Burmeister* in EZBK § 46 Rn. 104).

28 Die Einzelheiten der Übertragung und der **Mitwirkungsrechte der Gemeinde** können nach **Abs. 4 S. 2** in einer **Vereinbarung** zwischen der Umlegungsstelle und der Gemeinde geregelt werden (vgl. hierzu *Otte* VR 1987, 73 (76)). Die Übertragung muss nicht für das **gesamte Gemeindegebiet** erfolgen, sondern kann sich – zB wegen des sachlichen Zusammenhangs mit einem Flurbereinigungsverfahren – auf bestimmte **Teile des Gemeindegebietes** beschränken.

29 **8. Übertragung der Ausübung von Vorkaufsrechten auf den Umlegungsausschuss (Abs. 5).** Nach § 24 Abs. 1 S. 1 Nr. 2 hat die Gemeinde bei Grundstücken, die in einem Umlegungsgebiet liegen, ein **Vorkaufsrecht.** Dieses Vorkaufsrecht darf, wie stets, nur ausgeübt werden, wenn das Wohl der Allgemeinheit dies rechtfertigt. Das Wohl der Allgemeinheit rechtfertigt die Ausübung des Vorkaufsrechts zB dann, wenn es zu Umlegungszwecken, dh zur Erleichterung, zur Beschleunigung, zum besseren Lastenausgleich oder zur Verringerung des Geldausgleichs bei Minderzuteilungen ausgeübt wird. Daneben kann das Wohl der Allgemeinheit die

Ausübung des Vorkaufsrechts aber auch rechtfertigen, wenn es – vorbehaltlich der Veräußerungspflicht nach § 89 Abs. 1 S. 1 Nr. 1 – im Interesse einer Bodenvorratspolitik oder zum Erwerb von Ersatz- oder Tauschland, also zu umlegungsfremden Zwecken, ausgeübt wird.

Abs. 5 S. 1 ermächtigt die Gemeinde, das ihr nach § 24 Abs. 1 S. 1 Nr. 2 zustehende **Vorkaufsrecht** auf den Umlegungsausschuss zu **übertragen**. Die Übertragung kann auf einzelne Fälle oder bestimmte Gebiete begrenzt werden. Der Wortlaut der Vorschrift geht jedoch über Sinn und Zweck der Übertragungsermächtigung hinaus und ist entsprechend restriktiv auszulegen. Durch die Übertragung soll dem Umlegungsausschuss nicht die Befugnis zB zur Bodenvorratspolitik übertragen werden. Vielmehr soll er lediglich in den Fällen das Vorkaufsrecht ausüben können, in denen dies **den genannten Umlegungszwecken** dient. Dies wird auch aus S. 2 deutlich, nach dem das Recht der Gemeinde, das Vorkaufsrecht im Umlegungsgebiet zu anderen als Umlegungszwecken auszuüben, durch die Übertragung nicht beschränkt wird. Zur Ausübung des Vorkaufsrechts aus diesen Gründen bedarf es daher keines Widerrufs seitens der Gemeinde. Einen solchen Widerruf kann die Gemeinde ansonsten stets vornehmen, um sich die Entscheidung für besonders gelagerte umlegungsspezifische Einzelfälle zu sichern. 30

S. 3 stellt klar, dass aus den Bestimmungen der Sätze 1 und 2 **keinerlei Drittansprüche** erwachsen, weder auf die Übertragung des Vorkaufsrechts, noch auf seinen Widerruf, noch auf seine Ausübung zu bestimmten Zwecken. 31

§ 47 Umlegungsbeschluss

(1) ¹**Die Umlegung wird nach Anhörung der Eigentümer durch einen Beschluss der Umlegungsstelle eingeleitet.** ²**Im Umlegungsbeschluss ist das Umlegungsgebiet (§ 52) zu bezeichnen.** ³**Die im Umlegungsgebiet gelegenen Grundstücke sind einzeln aufzuführen.**

(2) ¹**Soll die Umlegung für den Geltungsbereich eines Bebauungsplans eingeleitet werden, kann das Umlegungsverfahren auch eingeleitet werden, wenn der Bebauungsplan noch nicht aufgestellt ist.** ²**In diesem Falle muss der Bebauungsplan vor dem Beschluss über die Aufstellung des Umlegungsplans (§ 66 Abs. 1) in Kraft getreten sein.**

Übersicht

	Rn.
1. Funktion (Abs. 1)	1
a) Einleitung des Umlegungsverfahrens	1
b) Anhörung der Eigentümer	2
c) Anknüpfungspunkt für Rechtsfolgen	3
2. Rechtsnatur und Rechtsschutz	4
3. Inhalt	7
4. Vorzeitige Einleitung (Abs. 2)	10

1. Funktion (Abs. 1). a) Einleitung des Umlegungsverfahrens. § 46 Abs. 1 unterscheidet zwischen Anordnung und Durchführung der Umlegung. Die Einleitung der Umlegung durch den **Umlegungsbeschluss** nach **S. 1** (zu einem Muster vgl. *Dieterich* Rn. 403f.) gehört bereits zur Durchführung. Er wird daher von dem hierfür gebildeten Umlegungsausschuss oder der mit der Umlegung beauftragten Behörde als zuständiger **Umlegungsstelle** gefasst. Die Anordnung der Umlegung dagegen obliegt in jedem Fall der Gemeinde selbst (→ § 46 Rn. 2). 1

b) Anhörung der Eigentümer. S. 1 bestimmt ausdrücklich, dass die Eigentümer vor dem Umlegungsbeschluss **anzuhören** sind. Dies ergibt sich bereits aus § 28 2

§ 47
I. Kapitel. IV. Teil. Bodenordnung

VwVfG, da der Umlegungsbeschluss ein Verwaltungsakt ist (→ Rn. 4), der in Rechte der Beteiligten eingreift (→ § 50 Rn. 12; BGH Urt. v. 10.1.2002 – III ZR 212/01, ZfBR 2002, 265). Die Eigentümer sind zweifellos die wichtigste Gruppe, die anzuhören ist; ob die Anhörung aber auf sie beschränkt werden kann, wie in der Begründung des Regierungsentwurfs ausgeführt ist (vgl. BT-Drs. 15/2250, 57), erscheint zweifelhaft, weil zB auch in die Rechte der anderen Beteiligten nach § 48 Abs. 1 eingegriffen werden kann (s. auch *Stemmler* ZfBR 2003, 651 ff., der jedoch Grundpfandgläubiger von der Anhörung ausnehmen will, weil ihr Sicherungsinteresse in der Umlegung auf jeden Fall gewahrt werde; für das Verständnis von S. 1 als einer § 28 VwVfG verdrängenden Sonderregelung *Stock* ZfBR 2004, 536 (539); für die generelle Entbehrlichkeit einer Anhörung *Rabe* BauR 2003, 1143 ff.). Da § 28 VwVfG seinerseits Ausfluss des Rechtsstaatsprinzips und auch des Unionsrechts (vgl. *Kopp/Ramsauer* VwVfG § 28 Rn. 3, 11) ist, kann das BauGB keine wirksame Einschränkung des Kreises der Anzuhörenden vornehmen (s. auch § 66 Rn. 7). Da die Anhörung nicht nur dem Rechtsschutz der Betroffenen dient, sondern auch der Sachverhaltsaufklärung (*Kopp/Ramsauer* VwVfG § 28 Rn. 3), kann aber in einem ersten Schritt bei der Anhörung der Eigentümer nach möglichen weiteren Beteiligten im Sinne des § 48 geforscht werden (so auch *Goldschmidt/Taubeneck* in Hoppenberg/de Witt, Kap. O, Rn. 152). Erforderlichenfalls muss mit ihnen eine weitere Anhörung durchgeführt werden. Dass die Anhörung in einem Termin erfolgen muss, schreiben weder Abs. 1 noch § 28 VwVfG vor.

3 c) **Anknüpfungspunkt für Rechtsfolgen.** An den Umlegungsbeschluss und seine **Bekanntmachung** (→ Rn. 4) knüpfen sich bestimmte **Rechtsfolgen:** So bestimmt sich nach den im Umlegungsbeschluss aufgeführten Grundstücken die Rechtsstellung als **Beteiligter** nach § 48 Abs. 1 Nr. 1 bis 3. Mit der Bekanntmachung des Umlegungsbeschlusses tritt die **Verfügungs- und Veränderungssperre** nach § 51 in Kraft. Der Umlegungsbeschluss ist nach § 54 Abs. 1 dem Grundbuchamt und dem Katasteramt mitzuteilen; in die Grundbücher der in ihm genannten Grundstücke ist ein **Umlegungsvermerk** einzutragen. Nach § 57 S. 2 begründet der Umlegungsbeschluss den Bezugszeitpunkt für die **Ermittlung des Werts der Einwurfsgrundstücke;** § 58 Abs. 3 knüpft an diesen Zeitpunkt für die **Bemessung von Geldbeträgen und Ausgleichsleistungen** an. Ferner liegen die Grundstücke mit dem Umlegungsbeschluss „in einem Umlegungsgebiet", so dass der Gemeinde ab diesem Zeitpunkt das **Vorkaufsrecht** nach § 24 Abs. 1 S. 1 Nr. 2 zusteht.

4 2. **Rechtsnatur und Rechtsschutz.** Der Umlegungsbeschluss ist, anders als die an keine bestimmte Form gebundene und auch nicht bekannt zu machende Anordnung der Umlegung (→ Rn. 1), ein **Verwaltungsakt.** Gegen den Umlegungsbeschluss kann daher, sofern das Landesrecht nach § 212 dies vorsieht, Widerspruch eingelegt werden. Ansonsten kann unmittelbar gegen den Umlegungsbeschluss Antrag auf gerichtliche Entscheidung nach § 217 gestellt werden. Zu prüfen ist dabei ggf. auch die Ordnungsgemäßheit der Anordnung nach § 46 (s. BGH Urt. v. 23.4.2015 – III ZR 195/14, MDR 2015, 76; § 46 Rn. 11). Als Verwaltungsakt erlangt der Umlegungsbeschluss nach § 43 VwVfG Wirksamkeit erst mit seiner Bekanntgabe (dazu § 41 VwVfG) an die Betroffenen; § 50 sieht hierfür wegen der Vielzahl der Beteiligten im Regelfall die ortsübliche Bekanntmachung vor (→ § 50 Rn. 12).

5 Dem Ablauf der Rechtsbehelfsfrist gegenüber dem Umlegungsbeschluss kommt **Präklusionswirkung** zu (allerdings nicht im Hinblick auf die Wirksamkeit des der Umlegung zugrunde liegenden Bebauungsplans). Wer den Umlegungsbeschluss nicht angreift, kann in späteren Verfahren die mit dem Umlegungsbeschluss verbundenen oder ihm vorausgehenden Entscheidungen nicht mehr anfechten. Insondere kann er nicht mehr geltend machen, sein Grundstück habe nicht in das Umlegungsgebiet einbezogen werden dürfen oder die Umlegung sei mangels Erforderlichkeit nicht zulässig (vgl. BGH Urt. v. 7.1.1982 – III ZR 130/80, NVwZ 1982, 331).

1. Abschnitt. Umlegung § 47

Eine **aufschiebende Wirkung** kommt diesen Rechtsbehelfen nach § 212 Abs. 2 **6**
S. 1 Nr. 1 und § 224 S. 1 Nr. 1 **nicht** zu. Ggf. muss ein Antrag auf Anordnung der aufschiebenden Wirkung nach § 80 Abs. 5 VwGO gestellt werden (hierzu *Kopp/Schenke* § 80 Rn. 120ff.).

3. Inhalt. Der **Inhalt des Umlegungsbeschlusses** ergibt sich nicht nur aus **S. 2** **7**
und 3, sondern ergänzend auch aus § 50 Abs. 5, § 52 Abs. 1 und § 211. Nach S. 2 und 3 hat der Umlegungsbeschluss das **Umlegungsgebiet zu benennen** (OLG München Urt. v. 24.7.1986 – U 2/86 Bau, NVwZ 1987, 1020; ablehnend *Numberger* BayVBl. 1988, 737 (738)), den **Grenzverlauf eindeutig zu bezeichnen** (LG Darmstadt Urt. v. 25.9.1996 – 9 O(B) 8/96, NVwZ 1997, 935 (936)) **und** die in ihm gelegenen **Grundstücke einzeln aufzuführen**. Diese einzelne Aufführung ist bedeutsam für das Eintragen des Umlegungsvermerks nach § 54 Abs. 1. Für die Festlegung des Umlegungsgebietes enthält § 52 materielle Direktiven. Die Grenzen sind in ähnlicher Weise wie beim Bebauungsplan zu bestimmen (→ § 9 Rn. 231f.). Die Grundstücke werden mit ihrer Katasterbezeichnung aufgeführt.

§ 50 Abs. 5 schreibt vor, dass zwar nicht im Umlegungsbeschluss selbst, wohl aber **8**
in seiner Bekanntmachung auf die rechtlichen Wirkungen nach § 50 Abs. 3 und 4 sowie nach § 51 **hinzuweisen** ist. Dieser Hinweis kann aber auch in den Umlegungsbeschluss selbst aufgenommen werden.

Da es sich bei dem Umlegungsbeschluss um einen Verwaltungsakt handelt, hat er **9**
nach § 211 eine **Belehrung über zulässige Rechtsbehelfe** und deren Formalien zu enthalten.

4. Vorzeitige Einleitung (Abs. 2). Durch das EAG Bau ist die Bestimmung **10**
über die vorzeitige Einleitung des Umlegungsverfahrens aus systematischen Gründen ohne inhaltliche Änderung von § 45 Abs. 2 in den **Abs. 2** verschoben worden. Der Wechselwirkung zwischen Umlegung und planerischer Abwägung bei der Aufstellung des Bebauungsplans kann oftmals am besten entsprochen werden, wenn während der Umlegung der Bebauungsplan noch nicht rechtsverbindlich ist (hierzu *Dieterich* Rn. 88). Abs. 2 **S. 1** sieht daher eine sog. **vorzeitige Anordnung und Einleitung** des Umlegungsverfahrens vor. Zwar wird in Abs. 2 S. 1 das Wort „einleiten" verwendet, das bei strenger Auslegung auf die Einleitung der Umlegung durch den Umlegungsbeschluss nach Abs. 1 verweist. Doch folgt aus dem Sinngehalt der Regelung, mit einer Umlegung bereits vor Aufstellung des Bebauungsplans beginnen zu können, dass hier sowohl Anordnung als auch Einleitung der Umlegung gemeint sind. Dem entspricht auch die Bestimmung in § 46, nach der die Gemeinde die Umlegung anordnen kann, sobald sie erforderlich ist. Notwendig ist jedoch nach **S. 2,** dass der Bebauungsplan vor dem Beschluss über die Aufstellung des Umlegungsplans nach § 66 Abs. 1 in Kraft tritt. Daraus folgt, dass nicht nur Anordnung und Einleitung, sondern **auch die übrigen Verfahrensschritte** außer dem das Verfahren abschließenden Beschluss nach § 66 Abs. 1 vor der Aufstellung des Bebauungsplans erfolgen können (Parallelverfahren von Bauleitplanung und Umlegung, vgl. OLG Karlsruhe Urt. v. 9.12.2011 – 21 U 2/11, BauR 2013, 213; *Otte* in EZBK § 47 Rn. 15).

Abs. 2 S. 2 bestimmt nur, dass die Umlegung „eingeleitet" werden kann, bevor ein **11**
rechtsverbindlicher Bebauungsplan vorliegt; er regelt aber nicht, zu welchem **frühesten Zeitpunkt** mit der Umlegung begonnen werden kann. Da die Umlegung in Plangebieten der Verwirklichung des Bebauungsplans dient (→ § 45 Rn. 2), also planakzessorisch ist, kann nicht bereits eine Umlegung angeordnet werden, wenn mit der Aufstellung eines Bebauungsplans noch gar nicht begonnen wurde. Die Anordnung der Umlegung setzt vielmehr hinreichend konkrete planerische Zielvorstellungen der Gemeinde für das Umlegungsgebiet sowie in der Regel einen **Aufstellungsbeschluss** für den Bebauungsplan voraus. Da die Aufstellung eines Bebauungsplans ebenso wie die Anordnung der Umlegung von der Gemeinde zu beschließen ist, können Aufstellungsbeschluss und Anordnung der Umlegung zeitgleich gefasst werden.

Wegen der Wechselbezüglichkeit von Bebauungsplan und Umlegung ist es aber nicht zwingend erforderlich, dass bereits bei Beginn der Umlegung ein Planentwurf vorhanden ist. Es genügt regelmäßig, wenn konkrete planerische Vorstellungen bestehen, die hinreichend sicher erkennen lassen, dass eine Umlegung erforderlich ist (BGH Urt. v. 12.3.1987 – III ZR 29/86, BGHZ 100, 148; kritisch hierzu *Numberger* BayVBl. 1988, 737 (738 f.). Gefährdet die Umlegung die Existenz eines (landwirtschaftlichen) Betriebes, so ist ihm gegenüber die Einleitung der Umlegung erst zulässig, wenn Grenzen und Nutzung der zuzuteilenden Grundstücke annähernd erkennbar sind (BGH Urt. v. 12.3.1987, aaO, 148, 156 f.; zurückhaltend hierzu *Otte* ZfBR 1987, 263 (264)).

12 Da maßgeblicher Zeitpunkt für das Vorliegen eines rechtsverbindlichen Bebauungsplans der Beschluss über die Aufstellung des Umlegungsplans nach § 66 Abs. 1 ist, scheitert die Umlegung nicht daran, dass sie auf der Grundlage eines **unwirksamen Bebauungsplans angeordnet oder eingeleitet** worden ist, wenn bis zu dem genannten Zeitpunkt die Heilung der Fehler durchgeführt oder ein neuer Bebauungsplan aufgestellt worden ist. Die Umlegung ist also nicht von einem bestimmten Bebauungsplan, sondern nur davon abhängig, dass **ein** Bebauungsplan bis zur Auslegung der Umlegungskarte wirksam ist (BGH Urt. v. 22.2.1986 – II ZR 140/66, BGHZ 49, 317 (322); ders. Urt. v. 7.2.1974 – III ZR 13/73, NJW 1974, 947; OLG Karlsruhe Urt. v. 9.12.2011 – 21 U 2/11, BauR 2013, 212).

13 Beruht der **Umlegungsplan** allerdings auf einem **unwirksamen Bebauungsplan,** so ist auch er unwirksam (BGH Urt. v. 28.5.1976 – III ZR 173/74, BGHZ 66, 322 (331); dass. Urt. v. 7.1.1982 – III ZR 130/80, NVwZ 1982, 331 f.). Ist der Umlegungsplan, der als Verwaltungsakt ergeht, bestandskräftig geworden, führt die Erklärung eines Bebauungsplans für unwirksam zwar zur Fehlerhaftigkeit des Umlegungsplans, nicht jedoch zwangsläufig zu seiner Nichtigkeit. Diese ist nur bei einem besonders schwerwiegenden und offenkundigen Fehler der Fall (§ 44 VwVfG; VGH Mannheim Beschl. v. 9.2.1982 – 5 S 1421/81, BauR 1982, 348 (350); *Breuer* in Schrödter § 45 Rn. 34).

§ 48 Beteiligte

(1) Im Umlegungsverfahren sind Beteiligte
1. die Eigentümer der im Umlegungsgebiet gelegenen Grundstücke,
2. die Inhaber eines im Grundbuch eingetragenen oder durch Eintragung gesicherten Rechts an einem im Umlegungsgebiet gelegenen Grundstück oder an einem das Grundstück belastenden Recht,
3. die Inhaber eines nicht im Grundbuch eingetragenen Rechts an dem Grundstück oder an einem das Grundstück belastenden Recht, eines Anspruchs mit dem Recht auf Befriedigung aus dem Grundstück oder eines persönlichen Rechts, das zum Erwerb, zum Besitz oder zur Nutzung des Grundstücks berechtigt oder den Verpflichteten in der Benutzung des Grundstücks beschränkt,
4. die Gemeinde,
5. unter den Voraussetzungen des § 55 Abs. 5 die Bedarfsträger und
6. die Erschließungsträger.

(2) ¹Die in Absatz 1 Nr. 3 bezeichneten Personen werden zu dem Zeitpunkt Beteiligte, in dem die Anmeldung ihres Rechts der Umlegungsstelle zugeht. ²Die Anmeldung kann bis zur Beschlussfassung über den Umlegungsplan (§ 66 Abs. 1) erfolgen.

(3) ¹Bestehen Zweifel an einem angemeldeten Recht, so hat die Umlegungsstelle dem Anmeldenden unverzüglich eine Frist zur Glaubhaftmachung seines Rechts zu setzen. ²Nach fruchtlosem Ablauf der Frist ist er bis zur Glaubhaftmachung seines Rechts nicht mehr zu beteiligen.

1. Abschnitt. Umlegung **§ 48**

(4) ¹Der im Grundbuch eingetragene Gläubiger einer Hypothek, Grundschuld oder Rentenschuld, für die ein Brief erteilt ist, sowie jeder seiner Rechtsnachfolger hat auf Verlangen der Umlegungsstelle eine Erklärung darüber abzugeben, ob ein anderer die Hypothek, Grundschuld oder Rentenschuld oder ein Recht daran erworben hat; die Person des Erwerbers hat er dabei zu bezeichnen. ²§ 208 Satz 2 bis 4 gilt entsprechend.

Übersicht

	Rn.
1. Beteiligtenbegriff	1
2. Kreis der Beteiligten (Abs. 1 bis 3)	3
a) Beteiligte kraft Gesetzes (Abs. 1 Nr. 1, 2, 4 bis 6)	3
b) Beteiligte kraft Rechtsanmeldung (Abs. 1 Nr. 3, Abs. 2 und 3)	9
c) Weitere Beteiligte	15
d) Sachverhaltsermittlung	16
3. Rechte der Beteiligten	17
4. Auskunftspflichten (Abs. 4)	20

1. Beteiligtenbegriff. Abs. 1 enthält einen sog. **formellen Beteiligtenbegriff.** **1** Beteiligt im Umlegungsverfahren ist danach, wer die in Nr. 1 bis 6 genannten formellen Voraussetzungen erfüllt. Auf eine Betroffenheit in materiellen Rechten kommt es für die Erlangung der Beteiligtenstellung nicht an. Andererseits begründet jedoch auch allein die Betroffenheit in materiellen Rechten grundsätzlich keine Stellung als Beteiligter im Umlegungsverfahren (*Dieterich* Rn. 113). Diese formelle Bestimmung der Beteiligten stimmt grundsätzlich mit der Regelung über die Beteiligten in § 13 VwVfG überein, der ebenfalls einen formellen Beteiligtenbegriff regelt (→ *Kopp/ Ramsauer* VwVfG § 13 Rn. 8).

Nach § 222 kann an einem Verfahren vor den Baulandgerichten nur beteiligt sein, **2** wer vorher an dem entsprechenden Verfahren, hier also dem Umlegungsverfahren, beteiligt war (→ § 222 Rn. 2). Daher gebietet die Rechtsschutzgarantie des Art. 19 Abs. 4 GG eine gewisse Korrektur der Beteiligtenregelung in § 48. So sieht § 13 Abs. 2 S. 1 VwVfG vor, dass diejenigen als Beteiligte zu dem Verwaltungsverfahren hinzugezogen werden können, deren rechtliche Interessen durch den Ausgang des Verfahrens berührt werden können. Eine solche sog. einfache Hinzuziehung ist gegebenenfalls trotz fehlender Regelung in § 48 auch im Umlegungsverfahren zulässig und – wegen der ansonsten gegebenen Ausschlusswirkung für gerichtliche Verfahren – notwendig, um eine möglichst weitgehende **Übereinstimmung von formeller und materieller Beteiligung** zu erreichen (hierzu BGH Urt. v. 29.6.1970 – III ZR 155/69, BGHZ 54, 208; *Hesse* BauR 1973, 354ff.; → auch Rn. 8, 16).

2. Kreis der Beteiligten (Abs. 1 bis 3). a) Beteiligte kraft Gesetzes (Abs. 1 **3** **Nr. 1, 2, 4 bis 6).** Kraft Gesetzes stets am Umlegungsverfahren beteiligt sind nach **Abs. 1 Nr. 1** die im Grundbuch eingetragenen **Eigentümer der Grundstücke** im Umlegungsgebiet; außerhalb gelegene Grundstücke begründen hingegen keine Beteiligtenstellung (vgl. LG Karlsruhe Urt. v. 15.2.2002 – 16 O 32/01 Baul, NVwZ 2002, 1148). Ihnen gleichgestellt sind die im Grundbuch eingetragene Inhaber grundstücksgleicher Rechte nach § 200 Abs. 2. Unklarheiten hat die Umlegungsstelle von Amts wegen möglichst aufzuklären (§ 24 VwVfG). Ist der im Grundbuch eingetragene Eigentümer nicht (mehr) der wahre Berechtigte, so muss letzterer sein Recht nach Abs. 3 anmelden und glaubhaft machen (OLG Düsseldorf Urt. v. 26.3.1973 – U (Baul) 2/72, BauR 1973, 377; vgl. auch *Dieterich* Rn. 116; aA *Köster* in Schrödter § 48 Rn. 4; *Otte* in EZBK § 48 Rn. 10: auch die wirklich Berechtigten sind Beteiligte mit allen Rechten und Pflichten). Wenn der wahre Eigentümer von der Durchführung des Umlegungsverfahrens Kenntnis hat oder haben musste, so ist ihm die Anmeldung

seines Rechts zuzumuten (BVerwG Urt. v. 28.1.1960 – I C 51/58, RdL 1960, 190 (191)). Hat er diese Kenntnis nicht, so nützt ihm auch seine formelle Stellung als Beteiligter nichts, da ihm Entscheidungen aus dem Umlegungsverfahren nicht zugestellt werden (können). In einem solchen Fall können also hinsichtlich desselben Grundstücks zwei „Eigentümer" beteiligt sein, der Buchberechtigte und der wahre Berechtigte (*Hesse* BauR 1973, 354 (356ff.); → aber auch Rn. 8).

4 Lässt sich die Rechtslage durch die Umlegungsstelle nicht verlässlich klären (→ Rn. 16 zur Amtsermittlungspflicht der Umlegungsstelle), sind beide „Berechtigte" ohne weiteren Antrag zu beteiligen, bis der wahre Berechtigte sein Recht uU durch einen Zivilprozess erstritten hat (vgl. *Schriever* in Kohlhammer-Komm. § 48 Rn. 30). Da die Umlegung an der wahren Berechtigung an einem Grundstück nichts ändert (→ Rn. 19), kann dies hingenommen werden (vgl. auch BVerwG Urt. v. 28.1.1960 – I C 51/58, Rd L 1960, 190 (191); *Hesse* BauR 1973, 354 (358)).

5 Notwendig beteiligt sind nach **Nr. 2** ebenfalls die **Inhaber** im Grundbuch eingetragener **dinglicher Rechte** wie zB von Grunddienstbarkeiten oder beschränkten persönlichen Dienstbarkeiten, von Grundpfandrechten wie Hypothek, Grundschuld und Rentenschuld (→ zu nicht im Grundbuch eingetragenen Rechten auf Befriedigung aus dem Grundstück Rn. 12; sowie § 61 Rn. 8f.) sowie von im Grundbuch eingetragenen Vorkaufsrechten. Ebenfalls Beteiligte sind die Inhaber von Rechten, die durch Eintragung ins Grundbuch gesichert sind, also zB die Berechtigten aus Vormerkungen nach § 883 BGB.

6 Stets am Verfahren beteiligt ist nach **Nr. 4** auch die **Gemeinde**, da ihr in der Regel die Flächen nach § 55 Abs. 2 zugeteilt werden und sie nach § 64 Abs. 1 Gläubigerin und Schuldnerin der Geldleistungen ist.

7 Bringt ein **Bedarfsträger** nach § 55 Abs. 5 Ersatzland in das Umlegungsverfahren ein, werden ihm die für seinen Bedarf festgesetzten Flächen im Umlegungsverfahren zugeteilt. In diesem Fall ist er nach **Nr. 5** ebenfalls kraft Gesetzes am Verfahren zu beteiligen.

8 Führt die Gemeinde nicht selbst die Erschließung durch, sondern obliegt dies nach § 123 Abs. 1 einem anderen, oder hat die Gemeinde nach § 11 Abs. 1 S. 2 Nr. 1 einen Erschließungsvertrag mit einem Dritten abgeschlossen, ist nach **Nr. 6** dieser **Erschließungsträger** kraft Gesetzes am Umlegungsverfahren beteiligt.

9 **b) Beteiligte kraft Rechtsanmeldung (Abs. 1 Nr. 3, Abs. 2 und 3).** Nach **Nr. 3** sind am Umlegungsverfahren auch solche Berechtigte zu beteiligen, die **nicht aus dem Grundbuch ersichtlich** sind, deren Rechte jedoch auf die im Umlegungsgebiet gelegenen Grundstücke unmittelbar bezogen sind (→ auch die nahezu inhaltsgleiche Aufzählung in § 61 Abs. 1 S. 1; dazu § 61 Rn. 4ff.). Auf die Möglichkeit der Anmeldung solcher Rechte ist bei der Bekanntmachung des Umlegungsbeschlusses nach § 50 Abs. 2 ausdrücklich hinzuweisen. Die Anmeldung dieser Rechte kann bis zum Beschluss über den Umlegungsplan nach § 66 Abs. 1 erfolgen. Die Inhaber der hiernach angemeldeten Rechte sind ab Zugang der Anmeldung bei der Umlegungsstelle Beteiligte **(Abs. 2).** Die Anmeldung der Beteiligung kann auch im Widerspruch gegen einen Bescheid der Umlegungsstelle liegen (vgl. OLG Oldenburg Beschl. v. 14.1.1985 – 7 W 5/84, ZfBR 1985, 248).

10 Nach Nr. 3 können die **Inhaber von nicht im Grundbuch eingetragenen Rechten an dem Grundstück** ihre Beteiligung an der Umlegung herbeiführen. Dies sind weitere dingliche Rechte wie zB nicht im Grundbuch eingetragene Vorkaufsrechte (zB der Denkmalschutzbehörde etwa nach § 32 DSchG Rheinland-Pfalz) oder Überbaurechte nach §§ 912ff. BGB oder das Notwegerecht nach §§ 917f. BGB.

11 Ferner sind zu beteiligen **Inhaber von nicht eingetragenen Rechten an einem das Grundstück belastenden Recht.** Hierunter fallen etwa das Pfandrecht an einer Hypothek oder der Nießbrauch an einer Reallast (§§ 1068ff., 1273ff. BGB).

1. Abschnitt. Umlegung **§ 48**

Ansprüche mit dem Recht auf Befriedigung aus dem Grundstück, die 12
nicht im Grundbuch eingetragen sind (→ zu den eingetragenen Befriedigungsrechten
Rn. 5), sind die öffentlichen Lasten wie zB der Erschließungsbeitrag nach § 134
Abs. 2 oder die Geldleistungen nach § 64 Abs. 3 (im Einzelnen vgl. *Schriever* in Kohl-
hammer-Komm. § 48 Rn. 41). Sie berechtigen den hieraus Begünstigten ebenfalls
zur Teilnahme an der Umlegung.

Persönliche nutzungsbeschränkende Rechte, die zur Teilnahme an der Um- 13
legung berechtigen, sind vertraglich vereinbarte Rechte auf eine bestimmte Nutzung
des Grundstücks oder auf die Unterlassung einer bestimmten Grundstücksnutzung
durch den Eigentümer (→ § 61 Rn. 13). **Persönliche sonstige Rechte** nach Nr. 3
sind zB die Rechte aus einem Kauf-, Miet- oder Pachtvertrag (vgl. OLG Oldenburg
Beschl. v. 14.1.1985 – 7 W 5/84, ZfBR 1985, 248) oder aus einem schuldrechtlichen
Vorkaufsrecht.

Die Umlegungsstelle kann nach **Abs. 3 S. 1** verlangen, dass ihr das Bestehen des an- 14
gemeldeten Rechts **glaubhaft gemacht** wird. Für die Glaubhaftmachung gelten die
Regeln des § 294 ZPO; danach kann auch die Vorlage einer eidesstattlichen Versiche-
rung genügen, wenn sofort nachprüfbare Beweismittel angeboten werden. Lassen die
Anmeldenden eine ihnen gesetzte Frist zur Glaubhaftmachung ungenutzt verstrei-
chen, so werden sie bis zur Glaubhaftmachung nach **Abs. 3 S. 2** nicht mehr beteiligt.

c) Weitere Beteiligte. Obwohl Abs. 1 als abschließende Regelung gemeint ist, 15
muss aus den zu Rn. 2 genannten Gründen eine Erweiterung des Kreises der Beteilig-
ten möglich sein. So gehört zB nicht zum in Abs. 1 genannten Kreis von Beteiligten
der Eigentümer eines Gebäudes, das nach § 95 BGB nur zu einem vorübergehenden
Zweck mit einem Grundstück im Umlegungsgebiet verbunden ist (sog. **Scheinbe-
standteil,** zB Kleingartenlaube, eine Leitung oder auch eine Windkraftanlage), ob-
wohl die Umlegung auch seine Rechte in erheblichem Maße berühren kann (BGH
Urt. v. 29.6.1970 – III ZR 155/69, BGHZ 54, 208). Inhaber solcher Rechte sind da-
her ebenfalls zu beteiligen. Auch ein früherer Eigentümer kann wegen Rechten, die
nicht auf den Erwerber (§ 49 Rn. 3) übergegangen sind, als Beteiligter für Anträge auf
gerichtliche Entscheidung antragsbefugt sein (BGH Urt. v. 22.3.1990 – III ZR 235/
88, BGHZ 111, 52).

d) Sachverhaltsermittlung. Die Umlegungsstelle hat nach § 24 Abs. 1 VwVfG 16
in Verbindung mit § 208 den **Sachverhalt von Amts wegen zu ermitteln.** Ihre
Aufgabe ist es daher, wenn dafür Anlass besteht, zu untersuchen, ob die im
Grundbuch eingetragenen Berechtigten auch die **wahren Berechtigten** sind. Hier-
durch können spätere Komplikationen und Verfahrensverzögerungen vermieden
werden (vgl. *Dieterich* Rn. 121). Allerdings kommt es im Rahmen des § 48 nur auf
das Bestehen, nicht auf den Inhalt des Rechts an; dieses wird vielmehr erst bei der
Aufstellung des Umlegungsplans maßgeblich. Die Umlegungsstelle ist daher bei der
Anmeldung eines Rechts nicht befugt, dessen Inhalt verbindlich festzustellen (OLG
Celle Urt. v. 6.7.1984 – 4 U 217/83, NVwZ 1985, 518).

3. Rechte der Beteiligten. Die **Rechte und Pflichten der Beteiligten** erge- 17
ben sich nicht aus § 48, sondern aus verschiedenen nachfolgenden Vorschriften. So
kann zB nach § 50 Abs. 1 S. 1 von der Bekanntmachung abgesehen werden, wenn
die Beteiligten einverstanden sind; ebenso erübrigt sich in diesem Fall die Auslegung
von Bestandskarte und Bestandsverzeichnis nach § 53 Abs. 2 S. 3. Ferner können die
Beteiligten nach § 56 Abs. 2 auf den Verteilungsmaßstab Einfluss nehmen und auch
nach Eintritt der Unanfechtbarkeit des Umlegungsplans dessen Änderung oder vor
Aufstellung des Umlegungsplans nach § 76 S. 1 die Vorwegnahme der Entscheidung
für einzelne Grundstücke oder andere Rechte ermöglichen.

Im Grundsatz besteht zwischen den verschiedenen Beteiligten **kein Rangunter-** 18
schied (vgl. *Hesse* BauR 1973, 354 (355)). Jedoch hebt das Gesetz an einigen Stellen

die Eigentümer wegen deren besonderer Betroffenheit heraus. So ist ihr Einverständnis für eine Abfindung nach § 59 Abs. 4 oder die Teilung von gemeinschaftlichem Eigentum nach § 62 Abs. 1 erforderlich. Auch ist der Umlegungsplan nach § 66 Abs. 1 nur mit den Eigentümern zu erörtern (aber § 66 Rn. 7). Dagegen ist der sie betreffende Auszug aus dem Umlegungsplan nach § 70 Abs. 1 allen Beteiligten zuzustellen.

19 Die Beteiligtenstellung im Umlegungsverfahren begründet nach § 222 auch die Beteiligung an einem eventuell nachfolgenden Verfahren vor den Baulandgerichten. Hingegen führen die Entscheidungen im Umlegungsverfahren bei den Beteiligten **nicht zu einer Änderung ihrer materiellen Rechtsinhaberschaft**, da die Umlegung infolge des Surrogationsprinzips nicht zu einem originären Rechtserwerb führt (→ § 63 Rn. 1 f.). Diejenigen, die vor der Umlegung zu Unrecht im Grundbuch eingetragen waren, werden durch die bloße Berichtigung des Grundbuchs aufgrund der bekannt gemachten Unanfechtbarkeit des Umlegungsplans nach § 74 also nicht materiell Berechtigte.

20 **4. Auskunftspflichten (Abs. 4).** Grundsätzlich können im Grundbuch eingetragene dingliche Rechte nur durch eine Änderung des Grundbuchs den Rechtsinhaber wechseln. Dies gilt jedoch nicht für die Briefhypothek, die Briefgrundschuld und die Briefrentenschuld. Hier findet der Rechtsübergang durch Übergabe des Briefes statt und ist daher nicht aus dem Grundbuch ersichtlich. Daher bestimmt **Abs. 4**, dass die im Grundbuch eingetragenen **Gläubiger solcher Briefrechte** der Umlegungsstelle **Auskunft** darüber zu erteilen haben, ob ein Dritter, und ggf. wer, das Recht oder ein Recht daran erworben hat. Diese Auskunftspflicht kann durch die Androhung und Festsetzung von Zwangsgeldern nach § 208 S. 2 bis 4 vollstreckt werden.

§ 49 Rechtsnachfolge

Wechselt die Person eines Beteiligten während eines Umlegungsverfahrens, so tritt sein Rechtsnachfolger in dieses Verfahren in dem Zustand ein, in dem es sich im Zeitpunkt des Übergangs des Rechts befindet.

1 Nach § 48 Abs. 1 Nr. 1 bis 3 ist für die Beteiligtenstellung im Umlegungsverfahren die **Rechtsinhaberschaft maßgeblich**. Wechselt die Rechtsinhaberschaft, so muss dies auch einen Wechsel in der Person des oder der Beteiligten nach sich ziehen. Dabei kommt es auf den Grund des Wechsels nicht an: Er kann durch Rechtsgeschäft (Verkauf eines Grundstücks, Abtretung eines Rechts, Wechsel eines Pächters oÄ), durch Erbfall oder durch Hoheitsakt (Enteignung, Zwangsversteigerung) erfolgen. Der in § 49 verwendete Begriff des Rechtsnachfolgers ist daher nicht im rechtstechnischen Sinn zu verstehen. Rechtsnachfolger kann daher nicht nur der sein kann, der sein Recht unmittelbar von dem Rechtsvorgänger ableitet (derivativer Erwerb), sondern auch derjenige, der kraft Hoheitsaktes (originärer Erwerb) erwirkt. Mit **Rechtsnachfolger** ist also umfassend die Person gemeint, die anstelle des bisherigen Rechtsinhabers nunmehr das Recht innehat und damit nach § 48 Abs. 1 Nr. 1 bis 3 beteiligt ist.

2 Eine Rechtsnachfolge im Sinne des § 49 liegt auch vor, wenn der **Bedarfsträger** nach § 48 Abs. 1 Nr. 5 oder der **Erschließungsträger** nach § 48 Abs. 1 Nr. 6 wechseln. Dasselbe gilt im Falle einer kommunalen Neugliederung für die **Gemeinde** nach § 48 Abs. 1 Nr. 4. Auch hier tritt die neue Körperschaft des öffentlichen Rechts an die Stelle der alten.

3 Der Wechsel in der Person des Beteiligten erfolgt in dem Augenblick, in dem der Rechtsübergang stattfindet. Für den Fortgang des Umlegungsverfahrens bedeutet dieser Rechtswechsel keine Zäsur. Der neue Rechtsinhaber hat **dieselben Rechte, wie sie der frühere Rechtsinhaber** zu diesem Zeitpunkt hatte (BGH Urt. v.

1. Abschnitt. Umlegung **§ 50**

22.3.1990 – III ZR 235/88, BGHZ 111, 52). Sind diesem gegenüber also Verwaltungsakte in der Umlegung bestandskräftig geworden, wie zB die Einleitung der Umlegung, so kann auch der neue Rechtsinhaber sie nicht mehr anfechten. Hat der frühere Rechtsinhaber rechtsverbindliche Erklärungen abgegeben, zB sein Einverständnis zu einem anderen Verteilungsmaßstab nach § 56 Abs. 2 erteilt, so ist der neue Rechtsinhaber daran gebunden. Dabei kommt es wegen der Grundstücksbezogenheit nicht darauf an, ob der neue Rechtsinhaber von der Durchführung des Umlegungsverfahrens Kenntnis hatte.

§ 50 Bekanntmachung des Umlegungsbeschlusses

(1) **Der Umlegungsbeschluss ist in der Gemeinde ortsüblich bekannt zu machen.**

(2) **Die Bekanntmachung des Umlegungsbeschlusses hat die Aufforderung zu enthalten, innerhalb eines Monats Rechte, die aus dem Grundbuch nicht ersichtlich sind, aber zur Beteiligung am Umlegungsverfahren berechtigen, bei der Umlegungsstelle anzumelden.**

(3) **Werden Rechte erst nach Ablauf der in Absatz 2 bezeichneten Frist angemeldet oder nach Ablauf der in § 48 Abs. 3 gesetzten Frist glaubhaft gemacht, so muss ein Berechtigter die bisherigen Verhandlungen und Festsetzungen gegen sich gelten lassen, wenn die Umlegungsstelle dies bestimmt.**

(4) **Der Inhaber eines in Absatz 2 bezeichneten Rechts muss die Wirkung eines vor der Anmeldung eingetretenen Fristablaufs ebenso gegen sich gelten lassen wie der Beteiligte, dem gegenüber die Frist durch Bekanntmachung des Verwaltungsakts zuerst in Lauf gesetzt worden ist.**

(5) **Auf die rechtlichen Wirkungen nach den Absätzen 3 und 4 sowie nach § 51 ist in der Bekanntmachung hinzuweisen.**

Übersicht

	Rn.
1. Formen	1
a) Ortsübliche Bekanntmachung (Abs. 1 S. 1)	1
b) Kein Absehen von der Bekanntmachung	2
2. Inhalt	5
a) Aufforderung zur Anmeldung unbekannter Rechte (Abs. 2)	5
b) Hinweise	6
3. Rechtswirkungen	7
a) Wirkungen des Fristablaufs nach Abs. 2 (Abs. 3 und 4)	7
b) Wirkungen der Bekanntmachung	12

1. Formen. a) Ortsübliche Bekanntmachung (Abs. 1 S. 1). Nach **Abs. 1 S. 1** ist der Umlegungsbeschluss grundsätzlich **ortsüblich bekannt zu machen** (→ zum Begriff § 3 Rn. 14 f.). Dies bietet hinreichende Gewähr dafür, dass alle Beteiligten, auch soweit sie der Umlegungsstelle bei Einleitung der Umlegung noch nicht bekannt sind (§ 48 Abs. 1 Nr. 3), von der Einleitung der Umlegung erfahren können. Erst mit seiner Bekanntmachung treten die Rechtsfolgen des Umlegungsbeschlusses ein (§ 47 Rn. 3). 1

b) Kein Absehen von der Bekanntmachung. Die Bestimmung in dem früheren Abs. 1 S. 2, nach dem von der ortsüblichen Bekanntmachung **abgesehen** werden konnte, ist mit dem EAG Bau **aufgehoben** worden. Die Regelung hatte sich als Verfahrenshemmnis und -risiko herausgestellt (→ Bericht des Sachverständigengremiums, § 46 Rn. 8). 2

§ 50 I. Kapitel. IV. Teil. Bodenordnung

3 Der früher vorgesehene Verzicht auf die öffentliche Bekanntmachung sollte der **Verfahrensbeschleunigung** dienen. Dies war jedoch nicht ohne Risiko. Auch war der zu erzielende Zeitgewinn aufgrund des komplizierten Verfahrens (Herbeiführung des schriftlichen Einverständnisses aller Beteiligter, Zustellung des Umlegungsbeschlusses) allenfalls gering.

4 Der nunmehr maßgebliche Gesetzeswortlaut schließt einen Verzicht auf die ortsübliche Bekanntmachung aus.

5 **2. Inhalt. a) Aufforderung zur Anmeldung unbekannter Rechte (Abs. 2).** Nach § 48 Abs. 1 Nr. 3 berechtigen bestimmte Rechte, die nicht aus dem Grundbuch ersichtlich sind, zur Teilnahme am Umlegungsverfahren; die Inhaber dieser Rechte werden nach § 48 Abs. 2 mit der Anmeldung ihrer Rechte Beteiligte. Abs. 2 bestimmt daher, dass die Bekanntmachung des Umlegungsbeschlusses die **Aufforderung an die Inhaber unbekannter Rechte** enthalten muss, ihre Rechte anzumelden. Die Frist für die Anmeldung dieser Rechte beträgt einen Monat.

6 **b) Hinweise.** Die Versäumnis der für die Anmeldung von Rechten gesetzten Monatsfrist hat rechtliche Wirkungen, die sich aus den Absätzen 3 und 4 ergeben (→ Rn. 7ff.). Auf diese Rechtswirkungen ist daher gem. Abs. **5 hinzuweisen.** Ferner ist darauf hinzuweisen, dass mit der Bekanntmachung des Umlegungsbeschlusses die Verfügungs- und Veränderungssperre nach § 51 in Kraft tritt. Dabei sollte der Wortlaut des § 51 Abs. 1 vollständig mitgeteilt werden, um den Beteiligten die Reichweite dieser Vorschrift deutlich zu machen (*Köster* in Schrödter § 50 Rn. 3). Weitere Informationen, wie zB der Kreis der Beteiligten und die weiteren Rechtswirkungen der Bekanntmachung des Umlegungsbeschlusses (→ § 47 Rn. 3), **können** in die Bekanntmachung aufgenommen werden.

7 **3. Rechtswirkungen. a) Wirkungen des Fristablaufs nach Abs. 2 (Abs. 3 und 4).** Nicht unmittelbar eine Wirkung der Bekanntmachung des Umlegungsbeschlusses, sondern eine **Wirkung des Fristablaufs für die Anmeldung von Rechten** nach Abs. 2 enthalten die Regelungen in Abs. 3 und 4. Zweck der Vorschriften ist es, Verzögerungen des Umlegungsverfahrens (etwa die Wiederholung von Verfahrensschritten) durch die verspätete Anmeldung von Rechten zu vermeiden. **Abs. 3** ermöglicht daher der Umlegungsstelle, in jedem Einzelfall darüber zu entscheiden, ob das Verfahren unverändert fortgeführt wird und der verspätet eingetretene Rechtsinhaber an die bisher getroffenen Entscheidungen gebunden ist, oder ob in Ansehung des verspätet angemeldeten Rechts neue Überlegungen angestellt werden.

8 Abs. 3 enthält also **keine Ausschlussfrist,** sondern stellt die Berücksichtigung von verspätet angemeldeten Rechten lediglich in das Ermessen der Umlegungsstelle, dh regelmäßig des Umlegungsausschusses. Dieser kann seine Entscheidung nicht nach Belieben treffen, sondern ist an Sinn und Zweck der Vorschrift gebunden (*Otte* in EZBK § 50 Rn. 7). Ist die Berücksichtigung des vorgebrachten Rechts ohne erhebliche Verfahrensverzögerungen möglich, so wird es regelmäßig zu berücksichtigen sein. Würde die Berücksichtigung dagegen wesentliche Zwischenergebnisse des Umlegungsverfahrens hinfällig machen, kann der Umlegungsausschuss von der Befugnis nach Abs. 3 Gebrauch machen. Dabei ist allerdings stets zu berücksichtigen, dass die verspätet vorgebrachten Rechte nicht verfallen, sondern bestehen bleiben und sich an den neuen Grundstücken, wie sie durch die Umlegung gebildet werden, fortsetzen (vgl. § 63 Abs. 1 S. 1).

9 Die Frist nach Abs. 2 ist eine Frist für eine Verfahrenshandlung im Sinne des § 210 Abs. 1. Hat der Beteiligte die Fristversäumnis daher nicht zu vertreten, liegen die Voraussetzungen für eine **Wiedereinsetzung in den vorigen Stand** nach § 210 vor. Stellt der Beteiligte einen entsprechenden begründeten Antrag, ist sein Recht zu berücksichtigen, auch wenn dies die Umlegung erheblich verzögert.

1. Abschnitt. Umlegung §51

Haben Beteiligte ihr Recht zwar fristgemäß angemeldet, jedoch – nach Aufforderung durch die Umlegungsstelle nach § 48 Abs. 3 – **nicht** innerhalb der Monatsfrist des Abs. 2 **glaubhaft gemacht,** gilt nach Abs. 3 dasselbe wie bei verspäteter Anmeldung des Rechts (→ Rn. 7f.). 10

Abs. 4 ergänzt die Regelung des Abs. 3 dahin, dass Inhaber eines verspätet angemeldeten Rechts keinen Anspruch darauf haben, dass schon vorher in Gang gesetzte **Fristen** für sie neu zu laufen beginnen. Ist also zB die Frist für die Einlegung von Rechtsbehelfen gegen den Umlegungsbeschluss abgelaufen, können auch Beteiligte, die erst danach in das Umlegungsverfahren eingetreten sind, hiergegen keinen Rechtsbehelf mehr geltend machen. Dasselbe gilt zB auch für Rechtsbehelfe gegen die Bestandskarte und das Bestandsverzeichnis. Sind Fristen teilweise abgelaufen, wird durch Hinzukommen weiterer Beteiligter keine erneute Frist in Gang gesetzt. 11

b) Wirkungen der Bekanntmachung. Die **Wirkungen der Bekanntmachung selbst** ergeben sich nicht aus § 50, sondern aus anderen Vorschriften, die ausdrücklich oder dem Sinne nach an die Bekanntmachung des Umlegungsbeschlusses anknüpfen. So beginnt gem. § 41 Abs. 4 S. 3 VwVfG **zwei Wochen nach der Bekanntmachung** die **Monatsfrist für den Antrag auf gerichtliche Entscheidung** nach § 217 oder – in den Fällen des § 212 – die Erhebung des Widerspruchs gegen die Einleitung der Umlegung (zu den Voraussetzungen einer **Wiedereinsetzung in den vorigen Stand** bei Versäumung der Widerspruchsfrist BGH Urt. v. 13.4.2000 – III ZR 165/99, BGHZ 144, 210). Ebenso beginnt zu diesem Zeitpunkt die Frist nach Abs. 2 für die **Anmeldung unbekannter Rechte.** Mit der Bekanntmachung des Umlegungsbeschlusses besteht an den im Umlegungsgebiet liegenden Grundstücken ein **Vorkaufsrecht** der Gemeinde nach § 24 Abs. 1 S. 1 Nr. 2. Ebenfalls tritt mit Bekanntmachung des Umlegungsbeschlusses die **Verfügungs- und Veränderungssperre** nach § 51 in Kraft (→ zu weiteren Rechtsfolgen § 47 Rn. 3). Mit der Bekanntmachung des Umlegungsbeschlusses entsteht für die Umlegungsstelle nach § 209 das Recht, notwendige **Vorarbeiten auf den Grundstücken,** wie zB Vermessungsarbeiten, durchzuführen. Auch der **Umlegungsvermerk** kann erst nach Bekanntmachung des Umlegungsbeschlusses eingetragen werden, obwohl § 54 nur auf § 47 verweist. Der Umlegungsbeschluss nach § 47 wird jedoch erst mit der Bekanntmachung wirksam. 12

Muster der Bekanntmachung eines Umlegungsbeschlusses, in dem der vollständige Umlegungsbeschluss, die Rechtsbehelfsbelehrung, die Mitteilung der Beteiligten, die Aufforderung zur Anmeldung von Rechten und Hinweise auf rechtliche Wirkungen der Bekanntmachung enthalten sind, finden sich bei *Dieterich* Rn. 403f. 13

§51 Verfügungs- und Veränderungssperre

(1) ¹Von der Bekanntmachung des Umlegungsbeschlusses bis zur Bekanntmachung nach § 71 dürfen im Umlegungsgebiet nur mit schriftlicher Genehmigung der Umlegungsstelle
1. ein Grundstück geteilt oder Verfügungen über ein Grundstück und über Rechte an einem Grundstück getroffen oder Vereinbarungen abgeschlossen werden, durch die einem anderen ein Recht zum Erwerb, zur Nutzung oder Bebauung eines Grundstücks oder Grundstücksteils eingeräumt wird, oder Baulasten neu begründet, geändert oder aufgehoben werden;
2. erhebliche Veränderungen der Erdoberfläche oder wesentlich wertsteigernde sonstige Veränderungen der Grundstücke vorgenommen werden;
3. nicht genehmigungs-, zustimmungs- oder anzeigepflichtige, aber wertsteigernde bauliche Anlagen errichtet oder wertsteigernde Änderungen solcher Anlagen vorgenommen werden;

4. genehmigungs-, zustimmungs- oder anzeigepflichtige bauliche Anlagen errichtet oder geändert werden.

²Einer Genehmigung nach Satz 1 bedarf es im förmlich festgelegten Sanierungsgebiet nur, wenn und soweit eine Genehmigungspflicht nach § 144 nicht besteht.

(2) Vorhaben, die vor dem Inkrafttreten der Veränderungssperre baurechtlich genehmigt worden sind, Vorhaben, von denen die Gemeinde nach Maßgabe des Bauordnungsrechts Kenntnis erlangt hat und mit deren Ausführung vor dem Inkrafttreten der Veränderungssperre hätte begonnen werden dürfen, sowie Unterhaltungsarbeiten und die Fortführung einer bisher ausgeübten Nutzung werden von der Veränderungssperre nicht berührt.

(3) ¹Die Genehmigung darf nur versagt werden, wenn Grund zu der Annahme besteht, dass das Vorhaben die Durchführung der Umlegung unmöglich machen oder wesentlich erschweren würde. ²§ 22 Abs. 5 Satz 2 bis 5 ist entsprechend anzuwenden.

(4) ¹Die Genehmigung kann unter Auflagen und außer bei Verfügungen über Grundstücke und über Rechte an Grundstücken auch unter Bedingungen oder Befristungen erteilt werden. ²Wird die Genehmigung unter Auflagen, Bedingungen oder Befristungen erteilt, ist die hierdurch betroffene Vertragspartei berechtigt, bis zum Ablauf eines Monats nach Unanfechtbarkeit der Entscheidung vom Vertrag zurückzutreten. ³Auf das Rücktrittsrecht sind die §§ 346 bis 349 und 351 des Bürgerlichen Gesetzbuchs entsprechend anzuwenden.

(5) ¹Überträgt der Umlegungsausschuss auf Grund einer Verordnung nach § 46 Abs. 2 Nr. 3 der dort bezeichneten Stelle Entscheidungen über Vorgänge nach Absatz 1, unterliegt diese Stelle seinen Weisungen; bei Einlegung von Rechtsbehelfen tritt der Umlegungsausschuss an ihre Stelle. ²Der Umlegungsausschuss kann die Übertragung jederzeit widerrufen.

Übersicht

	Rn.
1. Zweck und Rechtswirkungen	1
2. Geltungsbereich	7
3. Geltungsdauer und Entschädigung	9
4. Genehmigungspflichtige Rechtsvorgänge und Vorhaben	13
a) Teilung eines Grundstücks	14
b) Verfügungen über ein Grundstück	15
c) Vereinbarungen zu Erwerb, Nutzung oder Bebauung eines Grundstücks	21
d) Veränderung eines Grundstücks	22
e) Errichtung oder Änderung baulicher Anlagen	24
5. Nicht genehmigungspflichtige Vorhaben (Abs. 2)	27
6. Versagungsgründe (Abs. 3)	28
7. Nebenbestimmungen (Abs. 4)	34
8. Verfahren und Form	37
a) Antrag	37
b) Form	39
c) Zuständigkeit	40
d) Rechtsbehelfe	42
e) Befugnisse des Umlegungsausschusses nach Übertragung (Abs. 5)	43

1 **1. Zweck und Rechtswirkungen.** Die in der Umlegung vorzunehmende Änderung einer Vielzahl von Grundstücksgrenzen und grundstücksbezogener Rechte sowie entsprechende Zuteilungen und Entschädigungen sind ein sehr komplexer

1. Abschnitt. Umlegung **§ 51**

Vorgang, bei dem häufig eine einzelne Entscheidung Konsequenzen für eine Vielzahl anderer Entscheidungen hervorruft. Wegen dieser mehrfachen Wechselbezüglichkeit der Änderung von Grundstücken und Rechten ist es für die Durchführbarkeit der Umlegung entscheidend, dass die für die Umlegung bedeutenden Rechte und tatsächlichen Nutzungen während des Umlegungsverfahrens möglichst keine Änderungen erfahren. Die Verfügungs- und Veränderungssperre dient daher dem Zweck, rechtliche und tatsächliche Änderungen im Umlegungsgebiet, die sich nachteilig auf die Durchführung der Umlegung auswirken können, zu verhindern.

Um diesen Zweck erfüllen zu können, werden die in Abs. 1 Nr. 1 bis 4 aufgeführ- 2 ten Rechtsvorgänge und Vorhaben einem **Genehmigungsvorbehalt** unterworfen; es handelt sich – wie bei der Baugenehmigung – um ein **präventives Verbot mit Erlaubnisvorbehalt**. Vorhaben, die **ohne Genehmigung nach § 51** durchgeführt werden, sind **formell rechtswidrig**. Die zuständige Ordnungsbehörde kann daher zB die Stilllegung von Bauarbeiten anordnen. Wird ein Vorhaben **trotz versagter Genehmigung** durchgeführt oder liegen sonst die Versagungsgründe des Abs. 3 vor, so ist es **auch materiell rechtswidrig** (*Otte* in EZBK § 51 Rn. 24). Bei fehlender Genehmigung kann daher die Beseitigung oder die Wiederherstellung des früheren Zustands verlangt werden, wenn das Vorhaben der vorgesehenen Neuordnung entgegensteht. Handelt es sich lediglich um eine wertsteigernde Veränderung, ist diese Wertsteigerung bei der Festsetzung der Geldabfindung oder des Geldausgleichs nach § 60 S. 1 nicht zu berücksichtigen.

Die Verfügungs- und Veränderungssperre ist daher nicht von vornherein eine ge- 3 nerelle Sperre, die praktisch einem Bauverbot gleichkommt. Vielmehr bleiben Vorhaben grundsätzlich zulässig, sofern nicht die engen Versagungsgründe des Abs. 3 (s. Rn. 28 ff.) vorliegen. Die von der Verfügungs- und Veränderungssperre erfassten Grundstücke werden daher auch nicht aus diesem Grund von einer **wertmäßigen Weiterentwicklung** ausgeschlossen; sie nehmen vielmehr an der allgemeinen qualitativen Wertsteigerung des Grund und Bodens in dem Gebiet – zB von Ackerland zu Bauerwartungsland – teil (BGH Urt. v. 22. 4. 1982 – III ZR 131/80, ZfBR 1982, 227 (228)). Eine enteignungsrechtliche Vorwirkung (→ § 95 Rn. 5), die sich wertmindernd niederschlagen würde, tritt also grundsätzlich nicht ein (*Otte* in EZBK § 51 Rn. 22a).

Verfügungen sind bis zur Erteilung oder Versagung der Genehmigung schwebend 4 unwirksam (*Schriever* in Kohlhammer-Komm. § 51 Rn. 57, 112): Wird die Genehmigung erteilt, ist die Verfügung von Anfang an wirksam; wird die Genehmigung versagt, ist die Verfügung als von Anfang an unwirksam anzusehen (vgl. §§ 182, 184 BGB). Die Erteilung oder die Versagung der Genehmigung ist daher ein **privatrechtsgestaltender Verwaltungsakt**, mit dessen Erlass die Rechtswirkung unmittelbar eintritt; Widerruf und Rücknahme sind daher nur eingeschränkt möglich (vgl. hierzu etwa *Kopp/Ramsauer* VwVfG § 48 Rn. 39). Das Grundbuchamt darf Verfügungen nur dann durch Eintragung im Grundbuch vollziehen, wenn die Genehmigung der Umlegungsstelle vorliegt.

Diese Grundbuchsperre gilt bereits **ab Bekanntmachung des Umlegungsbe-** 5 **schlusses**, nicht erst ab Eintragung des Umlegungsvermerks. Dieser hat insoweit nur deklaratorische Bedeutung. Wird gleichwohl eine Grundbucheintragung ohne Vorliegen der Genehmigung vorgenommen, kann die Umlegungsstelle die Eintragung eines Widerspruchs herbeiführen, da das Grundbuch durch die Eintragung unrichtig geworden ist und in diesem Fall nach § 53 GBO von Amts wegen ein Widerspruch einzutragen ist. Zwar fehlt im Umlegungsrecht eine § 23 Abs. 3 entsprechende Widerspruchsbefugnis für die Umlegungsstelle. Dies ist jedoch entbehrlich, da das Grundbuchamt auf Grund der Mitteilung der Bekanntmachung des Umlegungsbeschlusses und des daraufhin nach § 54 Abs. 1 S. 2 einzutragenden Grundbuchvermerks von Amts wegen prüfen muss, ob die erforderliche Genehmigung vorliegt (§ 29 Abs. 1 GBO). Verletzt das Grundbuchamt diese Pflicht und trägt es auch nicht von

Reidt 737

§ 51 I. Kapitel. IV. Teil. Bodenordnung

Amts wegen einen Widerspruch ein, steht der Umlegungsstelle nach § 71 GBO die allgemeine Grundbuchbeschwerde zu (hierzu *Otte* in EZBK § 51 Rn. 19; *Haase* NJW 1964, 190; aA OLG Celle Urt. v. 28.2.1963 – 4 Wx 28/62, NJW 1963, 1160 (1161)).

6 Die Verfügungs- und Veränderungssperre nach § 51 verfolgt spezifisch umlegungsrechtliche und -praktische Ziele. Sie ersetzt daher nicht **Genehmigungen, die nach anderen Vorschriften erforderlich sind.** Diese sind vielmehr neben der Genehmigung nach § 51 erforderlich. Dies gilt insbesondere für die Baugenehmigung. Auch eine Veränderungssperre nach §§ 14 ff. wird durch die Genehmigung nach § 51 wegen der anderen Zweckrichtung nicht (teilweise) aufgehoben bzw. eine Ausnahme von deren Verboten erteilt (vgl. *Otte* in EZBK § 51 Rn. 3). Beide Sperren können nebeneinander bestehen, da die Umlegung bereits eingeleitet werden kann, bevor ein Bebauungsplan aufgestellt ist.

7 **2. Geltungsbereich.** Nach Abs. 1 Hs. 1 gilt die Verfügungs- und Veränderungssperre **im Umlegungsgebiet.** Außerhalb des Umlegungsgebietes liegendes Ersatzland, das nach § 55 Abs. 5 in die Umlegung eingebracht wird, unterliegt der Verfügungs- und Veränderungssperre nicht. Die Verfügungs- und Veränderungssperre erfasst mithin sämtliche Grundstücke, für die ein Umlegungsvermerk einzutragen ist und die in die Bestandskarte (→ § 53 Rn. 3 f.) aufgenommen wurden.

8 Jedoch kommt § 51 nach **Abs. 1 S. 2 nicht** zur Anwendung, wenn die Umlegung in einem **förmlich festgelegten Sanierungsgebiet** (§ 142) durchgeführt wird **und** die **Genehmigungspflicht nach § 144** nicht gemäß § 142 Abs. 4 **ausgeschlossen** wurde. In Sanierungsgebieten wird die Funktion der Verfügungs- und Veränderungssperre dann von dem Genehmigungsvorbehalt des § 144 mit übernommen. Nur noch für schuldrechtliche Gebrauchs- oder Nutzungsverträge mit einer Laufzeit von einem Jahr oder kürzer bleibt es bei der Genehmigungspflicht nach § 51 (→ Rn. 32).

9 **3. Geltungsdauer und Entschädigung.** Die Verfügungs- und Veränderungssperre **beginnt** mit dem Tag der Bekanntmachung des Umlegungsbeschlusses und **endet** mit dem Tag der Bekanntmachung der Unanfechtbarkeit des Umlegungsplans oder Teilen davon nach § 71. Diese Bestimmung in Abs. 1 Halbsatz 1 bedarf jedoch in doppelter Hinsicht einer einschränkenden Auslegung. Zum einen endet die Verfügungs- und Veränderungssperre für Grundstücke, die in eine **Vorwegregelung nach § 76** einbezogen sind, bereits mit Wirksamwerden dieser Entscheidung, uU also lange vor Bekanntmachung des Umlegungsplans nach § 71.

10 Zum anderen kann die Verfügungs- und Veränderungssperre, die vom BauGB als Inhaltsbestimmung des Eigentums geregelt und nicht mit einer Entschädigung gekoppelt ist, nicht beliebig lange gelten, ohne diesen inhaltsbestimmenden Charakter zu verlieren. Für die Bestimmung dieses **Geltungszeitraums** kann jedoch nicht eine starre Frist, wie etwa nach § 17, gewählt werden. Umlegungsverfahren können vom Gegenstand her sehr unterschiedlich sein; auch haben die Bürger durch das Vorbringen von Regelungswünschen und die Einlegung von Rechtsbehelfen zahlreiche Möglichkeiten, die Fortführung des Verfahrens zu verzögern. Dies ist bei der Bestimmung der zeitlichen Geltungsdauer der Verfügungs- und Veränderungssperre zu berücksichtigen (vgl. auch *Kröner* ZfBR 1979, 1 (3)). In jedem Fall überschreitet die Verfügungs- und Veränderungssperre jedoch die Grenze der Sozialbindung des Eigentums und wird damit rechtswidrig, wenn die Umlegungsstelle das Verfahren nicht sachgemäß und zügig durchführt (vgl. BGH Urt. v. 14.7.1965 – III ZR 2/64, NJW 1965, 2101 (2102), jedoch unter Zugrundelegung der damaligen enteignungsrechtlichen Dogmatik).

11 Überschreitet die Geltungsdauer der Verfügungs- und Veränderungssperre die Grenze der Sozialbindung, kann der hiervon betroffene Eigentümer **nicht** ohne weiteres zwischen einer **Entschädigung** und der gerichtlichen Durchsetzung seines **Anspruchs auf Genehmigung seines Vorhabens** wählen. Vielmehr kann er eine

1. Abschnitt. Umlegung **§ 51**

Entschädigung für den Verzögerungsschaden aufgrund einer überlangen Sperre allenfalls insoweit verlangen, als er ihn nicht durch gerichtliche Geltendmachung seines Genehmigungsanspruchs verhindern konnte. Die Betroffenen müssen daher gegen die zu Unrecht auf § 51 gestützte Versagung der Genehmigung eines Vorhabens oder eines Rechtsvorgangs – gegebenenfalls nach Durchführung eines Widerspruchsverfahrens – Antrag auf gerichtliche Entscheidung nach § 217 stellen (zur enteignungsrechtlichen Dogmatik allgemein → Vorb. §§ 85–122 Rn. 1ff., § 18 Rn. 4; BGH Urt. v. 28.4.1988 – III ZR 35/87, NVwZ 1989, 501). Ist ein Genehmigungsantrag nach § 51 gar nicht gestellt worden, liegt allein in einer überlangen Dauer des Umlegungsverfahrens kein auszugleichender Nachteil (*Köster* in Schrödter § 51 Rn. 4). Denn etwaige Wertsteigerungen verbleiben bei der Umlegung in vollem Umfang dem Eigentümer, so dass für eine Herabsetzung des Mehrwertausgleichs im Wege der „Abzinsung" kein Raum bleibt (BGH Urt. v. 28.4.1988, aaO).

Dieselben Grundsätze sind bei dem **Genehmigungsvorbehalt des § 144** anzuwenden, da dieser die Rechtswirkungen der Veränderungssperre nach den §§ 14ff. und der Verfügungs- und Veränderungssperre nach § 51 in sich vereinigt (→ § 144 Rn. 3). Allerdings sind im Rahmen des § 144 nicht die Umlegungszwecke, sondern auch die Sanierungsziele bei der Entscheidung über einen Genehmigungsantrag zu berücksichtigen. **12**

4. Genehmigungspflichtige Rechtsvorgänge und Vorhaben. Der Genehmigungspflicht nach § 51 unterliegen die in **Abs. 1 Nr. 1 bis 4** abschließend aufgeführten rechtlichen Vorgänge (Nr. 1) und auf eine tatsächliche Veränderung gerichteten Vorhaben (Nr. 2 bis 4). **13**

a) Teilung eines Grundstücks. Nach **Nr. 1** ist die **Teilung eines Grundstücks** (→ zum Grundstücksbegriff § 200 Rn. 2ff.) der Genehmigungspflicht unterworfen. Unter der Teilung eines Grundstücks ist der in § 19 Abs. 1 durch eine Legaldefinition umschriebene Rechtsakt zu verstehen; die Teilung zur Bildung von **Wohnungseigentum** gehört **nicht** dazu (→ § 19 Rn. 5). Eine Grundstücksteilung kann unabhängig davon untersagt werden, ob ein Bebauungsplan besteht. Durch Teilungen eines Grundstücks kann sich die Zahl der Beteiligten an einem Umlegungsverfahren erhöhen und dadurch sowohl das Umlegungsverfahren als auch eine allen Eigentümern gerecht werdende Zuteilung von Grundstücken und die Festsetzung von Abfindungen erschweren. Allerdings schafft die Teilung selbst erst die Voraussetzung für die Erhöhung der Anzahl der Beteiligten, da sie die Veräußerung einiger oder aller der neu geschaffenen Grundstücke ermöglicht. Zwar unterliegt diese ihrerseits der Genehmigungspflicht (→ Rn. 15), doch wird der bloße Eigentümerwechsel als solcher kaum die Versagung einer beantragten Genehmigung rechtfertigen können. Um daher die Entstehung mehrerer kleiner Grundstücke anstelle eines großen Grundstücks und die damit einhergehende Erschwerung der Bildung neuer bebauungsfähiger Grundstücke verhindern zu können, ist bereits eine Teilung der Genehmigungspflicht unterworfen. **14**

b) Verfügungen über ein Grundstück. Genehmigungspflichtig sind nach Nr. 1 ferner **Verfügungen** über ein Grundstück oder über Rechte an einem Grundstück. Unter Verfügungen versteht das BGB alle Rechtsgeschäfte, die die Rechtslage eines Rechtsgegenstands unmittelbar ändern, also ein Recht aufheben, ändern, übertragen. Dies schließt die Belastung eines Rechts durch die Begründung eines beschränkten Rechts, (*Ellenberger* in Palandt, BGB, 74. Aufl. 2015, Überblick vor § 104 Rn. 16). Bezogen auf Grundstücke sind als Verfügungen daher insbesondere anzusehen die **Übertragung des Eigentums an einem Grundstück** (Auflassung nach §§ 873, 925 BGB und Eintragung ins Grundbuch), **seine Belastung** zB mit einer Grunddienstbarkeit oder einer beschränkten persönlichen Dienstbarkeit sowie die Bestellung eines Erbbaurechts, einer Reallast, eines Grundpfandrechts (Hypothek, Grund- **15**

Reidt

§ 51 I. Kapitel. IV. Teil. Bodenordnung

schuld, Rentenschuld). Auch Verfügungen über **Wohnungs- oder Teileigentum** nach dem WEG unterfallen der Genehmigungspflicht, da es sich hierbei um ein besonders ausgestaltetes Miteigentumsrecht an dem Grundstück handelt (→ § 200 Rn. 7; *Sauren* NJW 1985, 180ff.).

16 Keine Verfügungen in diesem Sinne sind die **Verfügungen von Todes wegen,** worunter das BGB die letztwillige Verfügung (Testament) nach den §§ 1937, 2064f. und den Erbvertrag nach den §§ 1941, 2274ff. versteht. In diesen Verfügungen von Todes wegen wird nicht etwas über ein Grundstück, sondern über eine Person bestimmt, nämlich über den Erben und gegebenenfalls die Verwendung des Nachlasses. Wird aber **aufgrund** einer solchen letztwilligen Verfügung ein Grundstück übertragen, zB aufgrund eines Vermächtnisses an den Vermächtnisnehmer, so liegt insoweit eine Verfügung über ein Grundstück vor, das der Genehmigung bedarf (vgl. *Schriever* in Kohlhammer-Komm. § 51 Rn. 55).

17 Sind mehrere Erben eingesetzt und verfügt ein Erbe über seinen Anteil an dem ungeteilten Nachlass, zu dem ein Grundstück im Umlegungsgebiet gehört, liegt hierin **keine Verfügung** im Sinne des § 51. Hier gelten vielmehr die Grundsätze über die Verfügungen über Anteile an einer **Gesamthandsgemeinschaft.** In diesen Fällen wird nicht über das zum Gesamthandseigentum gehörende Grundstück, sondern über den Anteil am Gesamthandseigentum verfügt. Gesamthandseigentum besteht zB bei der BGB-Gesellschaft (§ 718 BGB), der durch Ehevertrag vereinbarten Gütergemeinschaft (Gesamtgut, § 1416 BGB) und der Erbengemeinschaft (gemeinschaftliches Vermögen, § 2032 BGB).

18 Da als Verfügung nur bestimmte Rechtsgeschäfte, dh auf privaten Willenserklärungen beruhende Rechtsvorgänge, verstanden werden, fallen nicht unter den Begriff der Verfügung im Sinne des § 51 **Rechtsänderungen kraft Gesetzes** oder **kraft staatlichen Hoheitsakts** wie zum Beispiel durch Erbfolge, Enteignung, Zwangsversteigerung. Gleichwohl werden die neuen Rechtsinhaber mit der Rechtsänderung Beteiligte im Umlegungsverfahren.

19 Ebenfalls keine Verfügung ist die **Auflassungsvormerkung.** Hierdurch wird die Rechtslage des Grundstücks in keiner Weise geändert; dies geschieht vielmehr erst mit der – genehmigungspflichtigen – Auflassung (BayObLG Beschl. v. 17.11.1969 – 2 Z 52/69, BayObLGZ 1969, 303; *Otte* in EZBK § 51 Rn. 6; aA *Schriever* in: Kohlhammer-Komm. § 51 Rn. 69).

20 Verfügungen über **Rechte an einem Grundstück** sind die Abtretung dieses Rechts, seine Löschung im Grundbuch und seine Änderung oder Kündigung.

21 **c) Vereinbarungen zu Erwerb, Nutzung oder Bebauung eines Grundstücks.** Nach der dritten Alternative der Nr. 1 sind auch bestimmte **Vereinbarungen** der Genehmigungspflicht unterworfen. Hierunter fallen zB – als zum Erwerb eines Grundstücks berechtigend – Kaufverträge und – als zur Nutzung des Grundstücks berechtigend – Miet- und Pachtverträge. Zur Bebauung eines Grundstücks berechtigen und damit die Umlegung erschweren kann die Einräumung einer **Baulast** (zB § 71 BauO BW), weshalb die vierte Alternative der Nr. 1 die Begründung, Änderung oder Aufhebung von Baulasten aufführt. Keine Vereinbarung in diesem Sinne ist ein bloß einseitiges Angebot, bei dem lediglich die Option besteht, durch eine einseitige Willenserklärung (Annahme) den Vertrag zustande kommen zu lassen. Die gesetzliche Vereinbarung eines Bindeentgelts ist unerheblich (OLG Hamm Urt. v. 10.4.2014 – I-16 U 8/13, ZfIR 2014, 751).

22 **d) Veränderung eines Grundstücks.** Die von Nr. 2 erfassten Veränderungen der Grundstücke decken sich mit denen nach § 14 Abs. 1 Nr. 2 Fall 1 (→ § 14 Rn. 14).Nach **Nr. 2** unterliegen danach **erhebliche Veränderungen** der Erdoberfläche der Genehmigungspflicht. Hierunter fallen zB Aufschüttungen oder Abgrabungen größeren Umfangs und von einiger Dauer. Dabei ist es unerheblich, ob diese Veränderungen sich wertsteigernd oder wertmindernd auswirken.

1. Abschnitt. Umlegung §51

Ebenfalls unter Nr. 2 fallen sonstige Veränderungen von Grundstücken, die sich **wesentlich wertsteigernd** auswirken. Dabei spielt es keine Rolle, ob es sich um eine im tatsächlichen Sinne erhebliche Veränderung der Grundstücke handelt oder nicht. Hierzu zählt etwa die Neuanlage mehrjähriger Pflanzungen wie zB Obstplantagen, oder die Anlage von Brunnen oder Entwässerungseinrichtungen. 23

e) Errichtung oder Änderung baulicher Anlagen. Nach **Nr. 3 und 4** bedarf auch die **Errichtung baulicher Anlagen** oder deren Änderung einer Genehmigung. Dies gilt nach **Nr. 4** allgemein für bauliche Anlagen, deren Änderung oder Errichtung einer bauaufsichtlichen **Genehmigung**, Zustimmung oder Anzeige bedarf. Da der vollständige Abbruch nicht vom Begriff der Änderung umfasst wird, bedarf die Beseitigung baulicher Anlagen keiner Genehmigung nach § 51 (vgl. § 14 Abs. 1 Nr. 1, wo die Beseitigung baulicher Anlagen ausdrücklich aufgeführt wird). 24

Ist die Änderung oder Errichtung baulicher Anlagen zwar nicht genehmigungsbedürftig, zB aufgrund der weitgehenden Freistellungen nach den Landesbauordnungen (→ Vorb. §§ 29–38 Rn. 1 ff.), unterliegen solche Vorhaben nach Nr. 3 gleichwohl der Genehmigungspflicht nach § 51, wenn sie sich **wertsteigernd** auswirken. Anders als bei den Veränderungen der Grundstücke nach Nr. 2 reicht für den Eintritt der Genehmigungspflicht bereits eine geringfügige Wertsteigerung aus; eine Beschränkung auf wesentliche Wertsteigerungen ist in Nr. 3 nicht vorgesehen. 25

Bauliche Anlagen nach Nr. 4 bedürfen daher im Umlegungsgebiet ggf. einer **zweifachen Genehmigung**, nämlich, soweit erforderlich, durch die Baugenehmigungsbehörde und durch die Umlegungsstelle, da die Genehmigung nach § 51 anderweitig erforderliche Genehmigungen nicht ersetzt (→ noch Rn. 38). 26

5. Nicht genehmigungspflichtige Vorhaben (Abs. 2). Aus Gründen des **Vertrauens- und Bestandsschutzes** nimmt **Abs. 2** eine Reihe von tatsächlichen Vorhaben von der Veränderungssperre aus. Die Vorschrift enthält eine wörtliche Übernahme der Regelung in § 14 Abs. 3, sodass die dortigen Erläuterungen auch hier gelten (§ 14 Rn. 21 ff.). 27

6. Versagungsgründe (Abs. 3). Abs. 3 S. 1 nennt als **Gründe für die Versagung** der Genehmigung eines Rechtsvorgangs oder eines Vorhabens lediglich, dass die Umlegung durch das beabsichtigte Vorhaben oder den Rechtsvorgang **unmöglich gemacht oder wesentlich erschwert** wird. Durch die Formulierung „darf nur versagt werden" wird deutlich, dass die Verfügungs- und Veränderungssperre sich nur dann im Rahmen der Sozialbindung des Eigentums hält, wenn sie unter diesen engen Voraussetzungen angewandt wird. Die Umlegungsstelle hat daher bei ihrer Entscheidung **kein Ermessen**; es handelt sich vielmehr um gerichtlich voll nachprüfbare unbestimmte Gesetzesbegriffe (BGH Urt. v. 2.4.1981 – III ZR 15/80, NVwZ 1982, 148; Otte in EZBK § 51 Rn. 21). Die Entscheidung über den Antrag muss daher auch so zügig wie möglich erfolgen. **Abs. 3 S. 2** regelt die entsprechende Anwendung von § 22 Abs. 5 S. 2 bis 5, wonach die **Entscheidung innerhalb eines Monats**, erforderlichenfalls längstens innerhalb von vier Monaten zu treffen ist. Über die Genehmigung ist auf Antrag ein **Zeugnis** auszustellen. Einen Anspruch auf ein Negativattest, also die Bescheinigung der Nichterforderlichkeit einer Genehmigung, sieht § 22 Abs. 5 nicht vor. Ein notwendiges Einvernehmen der Gemeinde gilt nach zwei Monaten als erteilt (→ im Einzelnen § 22 Rn. 17). 28

Es ist im Rahmen von Abs. 3 zunächst zu prüfen, ob die tatbestandlichen Voraussetzungen nach Abs. 1 Nr. 1 bis 3 in Verbindung mit Abs. 2 vorliegen. Sodann ist zu klären, ob bei Erteilung der Genehmigung die Umlegung erschwert oder unmöglich gemacht würde. Dabei reicht eine geringfügige Erschwerung nicht aus; vielmehr muss die **Erreichbarkeit des Umlegungszwecks** nach § 45 Abs. 1 oder die Verwirklichung einer anteils- und wertgleichen Zuteilung und Abfindung in erhebliche Gefahr geraten (BGH Urt. v. 2.4.1981 – III ZR 15/80, NVwZ 1982, 148). Wann 29

§ 51 I. Kapitel. IV. Teil. Bodenordnung

dies der Fall ist, lässt sich jeweils nur im konkreten Fall beurteilen. So ist etwa eine **Grundstücksveräußerung** für sich genommen kaum geeignet, die Umlegung zu erschweren. Ist jedoch absehbar, dass einige Grundstückseigentümer mit Geld abgefunden werden müssen, weil die Verteilungsmasse nicht ausreichen wird, allen bebauungsfähige Grundstücke zuzuteilen, kann die Veräußerung erschwerend sein, weil möglicherweise statt eines verkaufsbereiten – und damit also ggf. mit einer Geldabfindung einverstandenen – Eigentümers ein Eigentümer in das Verfahren eintritt, der an Naturalzuteilung interessiert ist. Die Gefährdung der Umlegung muss jedoch stets von dem zur Genehmigung gestellten Rechtsvorgang oder Vorhaben und dem mit ihm verfolgten Zweck ausgehen und kann nicht etwa unter Hinweis auf die Person des hierdurch Berechtigten begründet werden. Es kann daher als solches nicht verhindert werden, wenn sich zB Spekulanten in ein Umlegungsgebiet einkaufen.

30 Allerdings kann verhindert werden, dass ein Grundstück lediglich als **Beleihungsobjekt** verwendet werden soll. Dies kann etwa der Fall sein, wenn es in erheblichem Ausmaße mit Grundpfandrechten belastet werden soll, die nicht der Bebauung des belasteten Grundstücks selbst dienen. Zwar ist Zweck der Umlegung nach dem Wortlaut des § 45 Abs. 1 allein, für die bauliche Nutzung zweckmäßig gestaltete Grundstücke zu bilden; die bauliche Nutzung selbst ist hingegen unmittelbar nicht in § 45 Abs. 1 niedergelegter Zweck der Umlegung. Allerdings ist die Umlegung in einen „Gesamtprozess der Gestaltung der städtebaulichen Ordnung" eingebettet (*Schmidt-Aßmann* DVBl. 1982, 152 (153)), der von der Aufstellung des Bebauungsplans bis zur Planverwirklichung reicht. Die Bereitstellung von Grundstücken für die Planverwirklichung kann die Umlegung nicht erfüllen, wenn die von ihr für eine bauliche Nutzung zweckmäßig gestalteten Grundstücke nicht für eine planentsprechende Nutzung verwandt werden, sondern als Beleihungsgrundlage für anderweitige Bauvorhaben dienen (so auch *Köster* in Schrödter § 51 Rn. 15). Für die über die zweckfreie Neuordnung der Grundstücke hinausreichende Funktion der Umlegung spricht auch, dass die Umlegungsstelle nach § 59 Abs. 7 unter anderem ein Baugebot anordnen kann. Auch daran wird deutlich, dass die Umlegung letztlich nur zu dem Zweck erfolgt, die Planverwirklichung im Sinne ordnungsgemäßer Stadtentwicklung zu ermöglichen und herbeizuführen (vgl. auch *Dieterich* Rn. 23 ff.).

31 Ist eine Umlegung erforderlich, gehört zu ihrem Zweck nicht nur die dem Bebauungsplan entsprechende Gestaltung der Grundstücke und der an ihnen bestehenden Rechte, sondern auch, die den Eigentümern durch diese Maßnahme der öffentlichen Hand entstandenen **Vorteile** in gewissem Maße **in Anspruch zu nehmen**. Nur so können die der Gemeinde bei der Durchführung einer Umlegung entstehenden – und von ihr nach § 78 grundsätzlich zu tragenden – Kosten für Vermessungs-, Kartierungs- und sonstige Verwaltungsarbeiten gedeckt werden. Es entspricht daher nicht dem Zweck der gesetzlichen Regelung der Umlegung, wenn die Beteiligten die Umlegungsstelle die Neuregelung vorbereiten lassen, um dann aufgrund einer **Einigung kurz vor Abschluss der amtlichen Umlegung** die Kosten der Allgemeinheit aufzubürden und selbst nur die Vorteile in Empfang zu nehmen. Durch eine solche „freiwillige Umlegung" würde nicht die Erforderlichkeit der Umlegung entfallen (→ § 46 Rn. 5), sondern es würde die Umlegung mit ihrer eigentlichen Zielsetzung erheblich erschwert, wenn nicht sogar unmöglich gemacht werden. Der Gemeinde würden uU Kosten entstehen, die sie gar nicht haushaltsmäßig bereitgestellt hat und die sie auch gar nicht aufbringen kann, ohne andere Aufgaben zurückzustellen. Die entsprechenden Verträge sind daher in solchen Fällen **nicht genehmigungsfähig** (vgl. auch *Dieterich* Rn. 172: rechtsmissbräuchlich). **Dies gilt** allerdings **nicht**, wenn sich die Eigentümer nach Einleitung einer Umlegung **unabhängig von der Umlegungsstelle** über eine zweckmäßige Gestaltung der Grundstücke und die Bereitstellung der Flächen für eine öffentliche Nutzung geeinigt haben. In diesem Fall entbehrt die amtliche Umlegung der Erforderlichkeit und ist daher aufzuheben (→ § 46 Rn. 6).

1. Abschnitt. Umlegung §51

Soweit die **Errichtung baulicher Anlagen** zu einer Werterhöhung des Grundstücks führt, kann dies die Umlegung erschweren, wenn die bauliche Anlage voraussichtlich nicht erhalten bleiben kann oder einem anderen Eigentümer zugeteilt werden muss. In diesem Fall würde die Werterhöhung lediglich zu einer erhöhten Geldabfindung für den früheren Eigentümer oder zu einer höheren Ausgleichszahlung für den etwaigen neuen Eigentümer führen. Dasselbe gilt für erhebliche oder wertsteigernde sonstige **Veränderungen** der Grundstücke nach Abs. 1 Nr. 2. Auch für sie ist gegebenenfalls nach § 60 eine Geldabfindung zu zahlen oder bei Zuteilung eine Ausgleichsleistung zu erbringen. Ebenso kann der Antrag auf Genehmigung eines **Nutzungsvertrags** nach Abs. 1 Nr. 1 wegen einer etwaigen Geldabfindung nach § 61 Abs. 1 abgelehnt werden, wenn das Gebäude, auf das der Nutzungsvertrag bezogen ist, beseitigt werden soll. Bei der Beurteilung dieser Frage sind jedoch die Laufzeit des Nutzungsvertrages und der Zeitpunkt, ab dem berechtigterweise mit der Verwirklichung des Bebauungsplans gerechnet werden kann, zu berücksichtigen (BGH Urt. v. 2.4.1981 – III ZR 15/80, NVwZ 1982, 148). 32

Die gesetzlichen Versagungsgründe für verschiedene Rechtsvorgänge und Vorhaben beruhen alle auf der Gefahr einer nicht unerheblichen **Verteuerung und damit Erschwerung** der Umlegung. Dieser Versagungsgrund kann ausgeräumt werden, wenn die Beteiligten auf einen Ersatz der Werterhöhung oder auf eine Entschädigung verzichten (vgl. BGH Urt. v. 25.6.1957 – III ZR 24/56, BRS 7, 8). Eine Regelung über eine solche **Mehrwertverzichtserklärung** enthält das Umlegungsrecht nicht; sie findet sich jedoch für einen vergleichbaren Fall in § 32 S. 1, der daher hier entsprechend anwendbar ist (→ § 32 Rn. 10 ff.). Allerdings sollte den Beteiligten die Bedeutung einer solchen Verzichtserklärung in jeder Hinsicht deutlich gemacht werden, um spätere Rechtsstreitigkeiten, etwa bei Festsetzung einer entsprechend reduzierten Geldabfindung nach § 60 S. 1, möglichst zu vermeiden. 33

7. Nebenbestimmungen (Abs. 4). Da auf die Erteilung der Genehmigung bei Vorliegen der Voraussetzungen ein Rechtsanspruch besteht, kann ihr nicht ohne weiteres eine **Nebenbestimmung** beigefügt werden. Hierzu bedarf es vielmehr nach § 36 Abs. 1 VwVfG einer ausdrücklichen Ermächtigung, wobei die Nebenbestimmungen nicht darauf beschränkt sein sollen, lediglich sicherzustellen, dass die gesetzlichen Voraussetzungen der Genehmigung erfüllt werden. Eine solche Ermächtigung enthält **Abs. 4 S. 1**. Danach kann einer Genehmigung in jedem Fall eine Auflage beigefügt werden. Da **Verfügungen** über Grundstücke und über Rechte an Grundstücken bedingungsfeindlich sind, kann Genehmigungen solcher Rechtsgeschäfte **keine Bedingung** und auch **keine Befristung** beigefügt werden, wie Abs. 4 S. 1 ausdrücklich klargestellt. 34

Dagegen kann zB ein Pachtvertrag unter der aufschiebenden Bedingung genehmigt werden, dass auf eine etwaige Entschädigung verzichtet wird (vgl. Rn. 33). Möglich ist auch, einen Pachtvertrag nur für einen bestimmten Zeitraum zu genehmigen. 35

Da durch eine solche mit Nebenbestimmungen versehene Genehmigung das Interesse eines Vertragspartners an dem Vertrag wegfallen kann, bestimmt **Abs. 4 S. 2**, dass innerhalb einer Frist von einem Monat nach Unanfechtbarkeit der Genehmigung die nachteilig betroffene Vertragspartei von dem Vertrag **zurücktreten** kann. Abs. 4 S. 3 regelt, dass die Vorschriften der §§ 346 bis 354 und 356 BGB auf das Rücktrittsrecht entsprechend anzuwenden sind. In den genannten Vorschriften werden Modalitäten, Form und ein eventueller Ausschluss des Rücktritts geregelt. Da in einer solchen Genehmigung eine teilweise Versagung liegt, können die Betroffenen hiergegen aber auch, gegebenenfalls nach Durchführung eines Widerspruchsverfahrens, einen Antrag auf gerichtliche Entscheidung nach § 217 stellen. 36

8. Verfahren und Form. a) Antrag. Die Genehmigung eines der Verfügungs- und Veränderungssperre unterliegenden Rechtsvorgangs oder Vorhabens erfolgt auf 37

§ 51 I. Kapitel. IV. Teil. Bodenordnung

Antrag. Antragsbefugt sind jeweils die durch die Genehmigung unmittelbar **Begünstigten.** Dies sind bei Verfügungen und Vereinbarungen beide Vertragsparteien, bei der Grundstücksteilung der Eigentümer, bei Vorhaben diejenigen, die das Vorhaben durchführen wollen; dies können auch zB Mieter oder Pächter sein.

38 Ein **Antrag auf Baugenehmigung** umfasst **nicht** den Antrag auf Genehmigung nach § 51 (→ Rn. 6). Eine Zusammenfassung beider Genehmigungen im Falle des Erfordernisses einer Baugenehmigung würde im Übrigen auch zu einer unzuträglichen Rechtswegspaltung führen: Wird die Genehmigung eines Rechtsvorgangs oder Vorhabens von der Umlegungsstelle nicht erteilt, entscheiden im Streitfall die Gerichte für Baulandsachen nach § 217; wird dagegen die Baugenehmigung versagt, haben darüber die Verwaltungsgerichte zu befinden.

39 **b) Form.** Nach Abs. 1 Hs. 1 ist die Genehmigung **schriftlich** zu erteilen (vgl. § 37 VwVfG). Wird die Genehmigung ganz oder teilweise versagt oder mit einer Nebenbestimmung versehen, ist sie zu **begründen** (§ 39 VwVfG). Ferner hat sie nach § 211 eine **Rechtsbehelfsbelehrung** zu enthalten.

40 **c) Zuständigkeit. Zuständig** für die Genehmigung ist nach Abs. 1 Hs. 1 die Umlegungsstelle. Hat die Gemeinde einen Umlegungsausschuss gebildet, ist allein dieser für die Entscheidung über den Antrag zuständig. Weder der Rat der Gemeinde noch der Hauptverwaltungsbeamte können diese Entscheidung an sich ziehen.

41 Ist die Genehmigung von einem **unzuständigen Organ** der Gemeinde, zB dem Bürgermeister, erteilt worden, ist sie zwar rechtswidrig, aber nicht nichtig und daher wirksam (vgl. § 43 VwVfG). Das Grundbuchamt kann mangels materieller Prüfungskompetenz (→ § 74 Rn. 5) einen so genehmigten Rechtsvorgang durch Eintragung im Grundbuch vollziehen, wenn die genehmigende Behörde **abstrakt** zur Vornahme solcher Amtshandlungen befugt ist (BGH Beschl. v. 13.1.1956 – V ZB 49/55, BGHZ 19, 355 (357 f.); *Demharter,* GBO, 29. Aufl. 2014, § 38 Rn. 73). Dem Umlegungsausschuss stehen gegen eine solche Grundbucheintragung keine Rechtsbehelfe zu. Er kann sich aber gegen Übergriffe anderer Gemeindeorgane in seinen Zuständigkeitsbereich im Wege des Kommunalverfassungsstreits vor den Verwaltungsgerichten (→ *Kopp/Schenke* Vorb. § 40 Rn. 6) zur Wehr setzen. Wird die Genehmigung in diesem Verfahren aufgehoben, kann die Umlegungsstelle nach § 22 GBO das Grundbuch berichtigen lassen.

42 **d) Rechtsbehelfe. Rechtsschutz** kann gegen die vollständige oder teilweise Versagung einer beantragten Genehmigung durch Antrag auf gerichtliche Entscheidung nach § 217 in Anspruch genommen werden. Gegebenenfalls ist auf Grund landesrechtlicher Bestimmungen nach § 212 zuvor ein Widerspruchsverfahren durchzuführen.

43 **e) Befugnisse des Umlegungsausschusses nach Übertragung (Abs. 5).** Nach § 46 Abs. 2 Nr. 3 kann der Umlegungsausschuss Entscheidungen nach § 51 in einfachen Fällen auf eine andere Stelle, in der Regel seine Geschäftsstelle, übertragen. Allerdings verliert der Umlegungsausschuss durch diese Übertragung nicht die Herrschaft über das Genehmigungsverfahren. Dies stellt **Abs. 5** klar. Nach dessen **S. 1 Hs. 1** kann der Umlegungsausschuss der beauftragten Stelle **Weisungen** erteilen. Nach **S. 2** kann er die **Übertragung** jederzeit, also auch anlässlich eines konkreten Falls, **widerrufen** und damit die Entscheidung an sich ziehen. Wird gegen eine ablehnende Entscheidung nach § 51 ein Rechtsbehelf eingelegt, ist nach **S. 1 Hs. 2** der Umlegungsausschuss auch dann Beteiligter im Sinne des § 222 an dem Verfahren vor der Kammer für Baulandsachen, wenn er die Entscheidung im konkreten Fall auf eine andere Stelle übertragen hatte. Dasselbe gilt, wenn aufgrund Landesrechts ein Widerspruchsverfahren durchzuführen ist. In diesem Fall ist der Widerspruch beim Umlegungsausschuss selbst einzureichen; dieser entscheidet auch, ob er dem Widerspruch abhilft (§§ 71, 72 VwGO).

§ 52 Umlegungsgebiet

(1) ¹Das Umlegungsgebiet ist so zu begrenzen, dass die Umlegung sich zweckmäßig durchführen lässt. ²Es kann aus räumlich getrennten Flächen bestehen.

(2) Einzelne Grundstücke, die die Durchführung der Umlegung erschweren, können von der Umlegung ganz oder teilweise ausgenommen werden.

(3) ¹Unwesentliche Änderungen des Umlegungsgebiets können bis zum Beschluss über die Aufstellung des Umlegungsplans (§ 66 Abs. 1) von der Umlegungsstelle nach vorheriger Anhörung der Eigentümer der betroffenen Grundstücke auch ohne ortsübliche Bekanntmachung vorgenommen werden. ²Die Änderung wird mit ihrer Bekanntgabe an die Eigentümer der betroffenen Grundstücke wirksam.

Übersicht

	Rn.
1. Äußere Begrenzung des Umlegungsgebiets (Abs. 1)	1
a) Zweckmäßige Durchführung (S. 1)	2
b) Räumliche Lage (S. 2)	4
2. Herausnahme einzelner Grundstücke (Abs. 2)	6
a) Erschwerung der Umlegung	7
b) Keine Änderung der Grenzen	8
3. Vereinfachte Änderung des Umlegungsgebiets (Abs. 3)	13
a) Unwesentliche Änderung (S. 1)	14
b) Anhörung (S. 1)	15
c) Keine ortsübliche Bekanntmachung (S. 1)	16
d) Wirksamwerden mit Bekanntgabe (S. 2)	17
e) Weiteres Verfahren	18

1. Äußere Begrenzung des Umlegungsgebiets (Abs. 1). Nach § 47 S. 2 ist im Umlegungsbeschluss das Umlegungsgebiet zu bezeichnen. Um welchen **Bereich** im Groben es sich handelt, muss bereits von der Gemeinde **bei der Anordnung** der Umlegung (§ 46 Abs. 1) angegeben worden sein. § 52 regelt ergänzend dazu, nach welchen Kriterien die exakte Grenzziehung des Umlegungsgebiets zu erfolgen hat.

a) Zweckmäßige Durchführung (S. 1). Alleiniger Maßstab für die Festlegung des Umlegungsgebiets ist nach **Abs. 1 S. 1 die Zweckmäßigkeit** für die Durchführung der Umlegung. Hierdurch wird der Umlegungsstelle ein **Beurteilungsspielraum** eingeräumt (BGH Urt. v. 5.10.2000 – III ZR 71/00, NVwZ 2001, 233 (235)), den sie auch ausnutzen muss und nicht zB „der Verwaltung" überlassen darf (LG Darmstadt Urt. v. 25.9.1996 – 9 O(B) 8/96, NVwZ 1997, 935 (936)).

Diesem entsprechend den unterschiedlichen Fallgestaltungen grundsätzlich weiten Beurteilungsspielraum sind jedoch zahlreiche **Grenzen** gesetzt. Insbesondere darf das Umlegungsgebiet nicht über den **Geltungsbereich eines Bebauungsplans** hinausreichen (§ 45). Die Umlegungsstelle kann jedoch darüber befinden, ob sie das Umlegungsgebiet bis an die Grenzen des Bebauungsplangebiets ausdehnen oder ob sie dahinter zurückbleiben will. Grenzen die Geltungsbereiche zweier Bebauungspläne unmittelbar aneinander an, so kann dieses Gebiet in einem einheitlichen Umlegungsverfahren neu geordnet werden, wenn dies zweckmäßig ist. Im Übrigen ist von dem der Umlegungsstelle eingeräumten Entscheidungsspielraum entsprechend dem **Zweck der Ermächtigung** Gebrauch zu machen (vgl. § 40 VwVfG). Dieser Zweck ergibt sich aus § 45 Abs. 1. Es kommt also vor allem darauf an, dass aus den in die Umlegung einbezogenen Grundstücken solche Grundstücke gebildet werden können,

§ 52 I. Kapitel. IV. Teil. Bodenordnung

auf denen die Verwirklichung der Festsetzungen des Bebauungsplans möglich ist. Dabei muss die Neuordnung so erfolgen können, dass den **Grundsätzen, die die Umlegung prägen,** Rechnung getragen wird. Dies gilt vor allem für die Wahrung des Grundsatzes der Gleichbehandlung und Gleichbelastung aller Eigentümer (→ Vorb. §§ 45–84 Rn. 6). Des Weiteren muss den Zuteilungsgrundsätzen der §§ 55 bis 59 entsprochen werden können. Wenn abgrenzbare Bereiche eines zweckmäßigerweise einheitlichen Umlegungsgebiets unterschiedlich betroffen sind, können aber gleichwohl sowohl Flächenabzüge nach § 55 Abs. 2 als auch Flächenbeiträge nach § 58 Abs. 1 zwischen den Bereichen unterschiedlich angesetzt werden (BGH Urt. v. 5. 10. 2000 – III ZR 71/00, NVwZ 2001, 233). Zudem muss möglichst dem Grundsatz der Bestandserhaltung und -verbesserung (Vorb. §§ 45–84 Rn. 7) Genüge getan werden können (→ zu erschließungsbeitragsrechtlich bedingten Abgrenzungsproblemen § 57 Rn. 22; zu praktisch bedeutsamen Abgrenzungsfragen etwa zur Straße als Abgrenzung, zu Flächen überörtlicher Bedeutung oder zur Gewinnung von Verkehrsflächen vgl. *Dieterich* Rn. 101 ff.).

4 **b) Räumliche Lage (S. 2).** Nach **Abs. 1 S. 2** ist es nicht erforderlich, dass das Umlegungsgebiet aus einem zusammenhängenden Bereich besteht. Eine danach mögliche **räumliche Trennung der Grundstücke** eines einheitlichen Umlegungsgebiets ist aber nur dann zulässig, wenn die beiden Bereiche in einem inneren sachlichen Zusammenhang miteinander stehen. Ein solcher Zusammenhang kann zB zwischen einem Sanierungs- und einem Ersatz- und Ergänzungsgebiet nach § 142 Abs. 2 bestehen. Das Ersatz- und Ergänzungsgebiet dient dazu, Bewohner oder Nutzungen, die in dem Sanierungsgebiet nicht wieder untergebracht werden können oder sollen, aufzunehmen. Dasselbe gilt, wenn ohne Durchführung einer förmlichen Sanierung nach den §§ 136 ff. Betriebe oder Bewohner aus einem Gebiet ausgesiedelt werden sollen. Ein innerer Zusammenhang zwischen zwei räumlich getrennten Umlegungsgebieten ist auch dann gegeben, wenn die Gebiete durch eine Verkehrsader, zB einen Kanal, eine Eisenbahnstrecke oder eine Bundesfernstraße, getrennt sind. Wenn diese Verkehrsfläche nicht in die Umlegung einzubeziehen ist, entweder weil sie schon existiert oder im Wege der Enteignung beschafft werden kann und soll, die beidseitig angrenzenden Gebiete aber gleichwohl als Einheit zu betrachten sind, können auch diese räumlich getrennten Gebiete in ein einheitliches Umlegungsverfahren einbezogen werden. Auch kann zB ein Kleingartengebiet aus dem Umlegungsgebiet ausgeklammert werden (vgl. BGH Beschl. v. 26. 6. 1997 – III ZR 152/96, NVwZ-RR 1998, 8; zu einzelnen Grundstücken s. Rn. 6 ff.).

5 Grundsätzlich dürfen Teile des Umlegungsgebiets nicht auf dem **Gebiet einer anderen Gemeinde** liegen. Dies ergibt sich aus dem Charakter der Umlegung als Selbstverwaltungsangelegenheit (→ § 46 Rn. 1 f.). Dieser Grundsatz gilt auch, wenn die Umlegung nach § 46 Abs. 4 auf eine andere Behörde übertragen wurde. Diese Behörde kann durch die Übertragung nicht mehr Rechte erhalten als die Gemeinde zugestanden hätten. Grenzüberschreitende Umlegungen sind allerdings möglich, wenn sich mehrere Gemeinden zu einem Planungsverband zusammengeschlossen haben. Dieser kann nach § 205 Abs. 4 unabhängig von den Grenzen der Gemeindegebiete die Bodenordnung durchführen.

6 **2. Herausnahme einzelner Grundstücke (Abs. 2).** Bestimmt Abs. 1 die äußere Begrenzung des Umlegungsgebiets, so erlaubt **Abs. 2** der Umlegungsstelle, unter bestimmten Voraussetzungen **Grundstücke,** die innerhalb des Umlegungsgebiets liegen, **von der Umlegung auszunehmen.** Liegen Grundstücke am Rand des Umlegungsgebiets, sollen sie aber nicht in dieses einbezogen werden, sind sie bereits durch eine entsprechende Begrenzung des Umlegungsgebiets nach Abs. 1 von der Umlegung auszunehmen.

a) **Erschwerung der Umlegung.** Ausgenommen werden können Grundstücke, 7
die die **Umlegung erschweren.** Diese Entscheidung liegt im pflichtgemäßen Ermessen der Umlegungsstelle. Eine Erschwerung für die Umlegung können zB Grundstücke bilden, die bereits bebaut sind oder auf denen eine hochwertige Nutzung ausgeübt wird, bei deren Entzug erhebliche Entschädigungsforderungen entstehen würden.

b) **Keine Änderung der Grenzen.** Ebenso können von der Umlegung ausge- 8
nommen werden, wenn von vornherein feststeht, dass ihre **Grenzen nicht verändert** werden. Dies kann zB der Fall sein bei Flächen, die ein Bedarfsträger für eine von ihm zu errichtende Gemeinbedarfsanlage oder ein Planungsträger für ein bestimmtes Vorhaben, zB den Bau einer Straße, erworben haben. In anderen Fällen wird es häufig jedoch schwer sein, zu Beginn der Umlegung bereits sicher festzustellen, dass die Grenzen eines bestimmten Grundstücks nicht verändert werden sollen. Hier bietet sich aber immer noch die Möglichkeit, das Grundstück zu einem späteren Zeitpunkt auszunehmen. Umgekehrt können zu Anfang ausgenommene Grundstücke später in die Umlegung einbezogen werden (→ Rn. 14).

Da Abs. 2 bei Vorliegen seiner Voraussetzungen der Umlegungsstelle Ermessen 9
einräumt, kann die Umlegungsstelle grundsätzlich auch entscheiden, dass ein Grundstück, dessen **Grenzen nicht verändert** werden sollen, **gleichwohl** in die Umlegung **einbezogen** wird (vgl. *Otte* VR 1987, 73 (77)). Eine Einbeziehung solcher Grundstücke ist schon aus Gleichbehandlungsgründen zB dann erforderlich, wenn das Grundstück durch die Umlegung eine Wertverbesserung, etwa eine bessere Erschließung, erfährt und deswegen zu einem Geldbeitrag herangezogen werden soll (BVerfG Beschl. v. 17.12.1964 – 1 BvL 2/62, BVerfGE 18, 274; BVerwG Urt. v. 6.8.1959 – I C 204/57, BVerwGE 10, 3 (7); vgl. den anschaulichen Fall bei *Dieterich* Rn. 99). Im Übrigen kann die Einbeziehung solcher Grundstücke geboten sein, weil an ihnen bestehende Rechte geändert werden sollen. Auch können Grundstücke einbezogen werden, wenn hierdurch die Möglichkeit zu einer besseren Neuordnung eines ganzen Gebietes, etwa durch die Gewinnung von Straßenland, eröffnet wird (BGH Urt. v. 27.6.1966 – III ZR 110/65, MDR 1966, 917).

Die Umlegungsstelle kann nach Abs. 2 Grundstücke auch **teilweise ausnehmen.** 10
Dies kann zB dann sinnvoll sein, wenn ein großes Grundstück mit einem denkmalgeschützten Gebäude bebaut ist. Dann kann zwar das Gebäude selbst zB nicht abgebrochen werden, aber es ist vorstellbar, dass andere Teile des Grundstücks für die Durchführung der Umlegung nützlich sein können. Allerdings muss der einbezogene Grundstücksteil genau bestimmt, dh vermessen oder wenigstens kartographisch genau dargestellt werden (vgl. *Schriever* in Kohlhammer-Komm. § 52 Rn. 32).

Bei der Entscheidung über die Ausnahme eines Grundstücks unterliegt das Ermes- 11
sen der Umlegungsstelle ähnlichen **Bindungen wie bei der äußeren Begrenzung** des Umlegungsgebietes. Auch hier sind also öffentliche Interessen an zweckmäßig gestalteten Grundstücken mit privaten Interessen an Gleichbelastung und Gleichbehandlung sowie Bestandserhaltung und -verbesserung in Einklang zu bringen. Keinesfalls darf die Herausnahme von Grundstücken dazu dienen, den Eigentümer dieses Grundstücks von bestimmten Verfahrenshandlungen oder Vorentscheidungen auszuschließen, um ihn dann bei einer eventuellen späteren Hereinnahme des Grundstücks an die Wirkungen des § 50 Abs. 3 und 4 zu binden.

Da die Herausnahme einzelner Grundstücke ebenso wie die Begrenzung des Um- 12
legungsgebiets Bestandteil des Umlegungsbeschlusses und damit Teil des **Verwaltungsaktes** ist, besteht für die Betroffenen die Möglichkeit, eine solche Regelung gerichtlich überprüfen zu lassen.

3. Vereinfachte Änderung des Umlegungsgebiets (Abs. 3). Sollen die Gren- 13
zen des Umlegungsgebiets geändert werden, bedarf es hierzu im Regelfall der Änderung des Umlegungsbeschlusses mit dessen erneuter Bekanntmachung nach § 50.

§ 53 I. Kapitel. IV. Teil. Bodenordnung

Abs. 3 schafft jedoch die Möglichkeit, die Grenzen des Umlegungsgebiets auf eine einfachere Art und Weise zu ändern. Zeitliche Grenze für diese Möglichkeit der **vereinfachten Änderung** ist der Beschluss über die Aufstellung des Umlegungsplans nach § 66 Abs. 1.

14 a) **Unwesentliche Änderung (S. 1).** Nach **S. 1** ist die vereinfachte Änderung des Umlegungsbeschlusses zulässig, wenn es sich um eine **unwesentliche Änderung** des Umlegungsgebiets handelt. Dabei bezieht sich die Wesentlichkeit der Änderung nicht auf die Größe des von ihr erfassten Gebiets (*Otte* in EZBK § 52 Rn. 17). Entscheidend kommt es vielmehr auf die Auswirkungen für das Umlegungsverfahren an (vgl. *Dieterich* Rn. 168), vor allem auf die Veränderung der **Wertverhältnisse** in dem Umlegungsgebiet. Dies gilt insbesondere für die Änderung der Zuteilungsansprüche der Eigentümer (*Schriever* in Kohlhammer-Komm. § 52 Rn. 69). Allerdings wird die von der Änderung betroffene Flächengröße in der Regel ein wichtiges Indiz für die Änderung auch der Wertverhältnisse darstellen. **Anhaltspunkt** für eine Grenze zur Anwendung des Abs. 3 kann eine Änderung der Umlegungsmasse (→ § 55 Rn. 7, 18) von 5% sein (vgl. *Dieterich,* Rn. 168).

15 b) **Anhörung (S. 1).** Gemäß Abs. 3 S. 1 ist die **Anhörung der betroffenen Eigentümer vor Änderung des Umlegungsbeschlusses** notwendig. Die Bedeutung des Verfahrens und seiner Transparenz unter ständiger Einbeziehung der Beteiligten wird dadurch auch gesetzgeberisch betont. Ob weitere Personen in den Kreis der Anhörung einzubeziehen sind, ist nach Lage des Einzelfalles zu entscheiden; dies wird zwar nur selten der Fall sein, kann aber trotz der Beschränkung auf die Eigentümer nach dem Wortlaut des S. 1 erforderlich werden (→ § 47 Rn. 2).

16 c) **Keine ortsübliche Bekanntmachung (S. 1).** Auch bei der vereinfachten Änderung handelt es sich um eine **Änderung des Umlegungsbeschlusses.** Eine **ortsübliche Bekanntmachung** (vgl. § 50 Abs. 1) ist dafür, wie S. 1 bestimmt, dennoch **nicht erforderlich,** aber **möglich,** wenn dies einfacher und sicherer erscheint. Dies ist, auch im Hinblick auf den Bearbeitungsaufwand, häufig der Fall und daher auch zu empfehlen.

17 d) **Wirksamwerden mit Bekanntgabe (S. 2).** Mit der **Bekanntgabe** des Beschlusses an die **betroffenen Eigentümer** (vgl. § 41 VwVfG, → *Kopp/Ramsauer* § 41 Rn. 27 ff.) wird dieser wirksam. Die Beteiligten, auch die Eigentümer der betroffenen Grundstücke, müssen mit dem Verzicht auf die ortsübliche Bekanntmachung (Rn. 16) **nicht einverstanden** sein.

18 e) **Weiteres Verfahren.** Die unwesentliche Änderung des Umlegungsgebiets ist als Änderung des Umlegungsbeschlusses ein **Verwaltungsakt,** der gegebenenfalls nach Durchführung eines Widerspruchs durch Antrag auf gerichtliche Entscheidung nach § 217 angegriffen werden kann. Wird eine vereinfachte Änderung wirksam, sind Bestandskarte und -verzeichnis (§ 53) zu berichtigen. Gleichfalls ist die Änderung dem **Grundbuchamt und dem Katasteramt mitzuteilen,** sofern neue Grundstücke in die Umlegung einbezogen oder bisher einbezogene Grundstücke aus der Umlegung entlassen werden (§ 54 Abs. 1).

§ 53 Bestandskarte und Bestandsverzeichnis

(1) ¹**Die Umlegungsstelle fertigt eine Karte und ein Verzeichnis der Grundstücke des Umlegungsgebiets an (Bestandskarte und Bestandsverzeichnis).** ²**Die Bestandskarte weist mindestens die bisherige Lage und Form der Grundstücke des Umlegungsgebiets und die auf ihnen befindlichen Gebäude aus und bezeichnet die Eigentümer.** ³**In dem Bestandsverzeichnis sind für jedes Grundstück mindestens aufzuführen**

1. Abschnitt. Umlegung **§ 53**

1. die im Grundbuch eingetragenen Eigentümer,
2. die grundbuch- und katastermäßige Bezeichnung, die Größe und die im Liegenschaftskataster angegebene Nutzungsart der Grundstücke unter Angabe von Straße und Hausnummer sowie
3. die im Grundbuch in Abteilung II eingetragenen Lasten und Beschränkungen.

(2) ¹Die Bestandskarte und die in Absatz 1 Satz 3 Nr. 1 und 2 bezeichneten Teile des Bestandsverzeichnisses sind auf die Dauer eines Monats in der Gemeinde öffentlich auszulegen. ²Ort und Dauer der Auslegung sind mindestens eine Woche vor der Auslegung ortsüblich bekannt zu machen.

(3) Betrifft die Umlegung nur wenige Grundstücke, so genügt anstelle der ortsüblichen Bekanntmachung die Mitteilung an die Eigentümer und die Inhaber sonstiger Rechte, soweit sie aus dem Grundbuch ersichtlich sind oder ihr Recht bei der Umlegungsstelle angemeldet haben.

(4) In den in Absatz 1 Satz 3 Nr. 3 bezeichneten Teil des Bestandsverzeichnisses ist die Einsicht jedem gestattet, der ein berechtigtes Interesse darlegt.

Übersicht

	Rn.
1. Zweck	1
2. Inhalt (Abs. 1)	3
a) Bestandskarte (S. 2)	3
b) Bestandsverzeichnis (S. 3)	5
3. Bekanntgabe	8
a) Auslegung (Abs. 2)	8
b) Mitteilung an die Eigentümer (Abs. 3)	11
4. Einsichtsrecht (Abs. 4)	12
5. Rechtsschutz	13

1. Zweck. Bestandskarte und Bestandsverzeichnis sind nach **Abs. 1 S. 1** von der 1 Umlegungsstelle anzufertigen und dienen der **Bestandsaufnahme** aller von der Umlegung erfassten Grundstücke, der an ihnen bestehenden oder auf sie bezogenen Rechte und ihrer tatsächlichen Nutzung (zu Mustern vgl. *Dieterich* Rn. 405ff.). Die möglichst umfassende Bestandsaufnahme ist wesentliche Voraussetzung für das Gelingen der Umlegung. Nur so ist zu vermeiden, dass bestehende Rechte übersehen werden und daher bei der Umlegung unberücksichtigt bleiben. Da Bestandskarte und Bestandsverzeichnis öffentlich bekannt zu machen oder den Beteiligten mitzuteilen sind (Abs. 2 und Abs. 3) und zudem nach Abs. 4 ein Einsichtsrecht besteht, dienen sie auch zur **Information über die von der Umlegung erfassten Rechte**. Sofern Rechte hier nicht aufgeführt sind, können die Beteiligten sie der Umlegungsstelle mitteilen und eine Ergänzung der Bestandskarte und des Bestandsverzeichnisses herbeiführen.

§ 53 enthält keine Bestimmung darüber, zu welchem **Zeitpunkt** Bestandskarte 2 und Bestandsverzeichnis anzufertigen sind. Aus ihrem Zweck als notwendige Arbeitsgrundlage für die Umlegung folgt jedoch, dass Bestandskarte und -verzeichnis so früh wie möglich nach Bekanntmachung des Umlegungsbeschlusses zu erstellen sind. Schon bei Beginn der Umlegung können dann alle Rechte, auch soweit sie erst von Beteiligten der Umlegungsstelle mitgeteilt werden, berücksichtigt werden.

2. Inhalt (Abs. 1). a) Bestandskarte (S. 2). Die **Bestandskarte** wird auf der 3 Grundlage des Grundbuchs sowie der amtlichen Flurkarte und des Liegenschaftskatasters erstellt. Sie hat nach **Abs. 1 S. 2** die für die Umlegung bedeutsame **Lage und**

Form der Grundstücke auszuweisen. Auch die Grundrisse vorhandener **Gebäude** müssen aus der Bestandskarte hervorgehen (Abs. 1 S. 2). Die Regelung ist jedoch nicht im Sinne einer abschließenden Aufzählung, sondern als Nennung eines **Mindestinhalts** zu verstehen. So können zB auch topografische Besonderheiten, die für die Durchführung der Umlegung von Bedeutung sind, in die Bestandskarte aufgenommen werden.

4 Ferner sind in der Bestandskarte die **Eigentümer** zu bezeichnen. Dies bedeutet nicht, dass sie mit ihren Namen benannt werden müssen. Es reicht aus, wenn die Grundstücke mit **Ordnungsnummern** versehen werden, die jeweils einer bestimmten Person zugeordnet sind (*Dieterich* Rn. 145; s. noch Rn. 5). Soweit die Gemeinde mit Straßenland und sonstigen Grundstücken an der Umlegung beteiligt ist, ist es wegen der unterschiedlichen Behandlung der Grundstücke im weiteren Umlegungsverfahren (→ § 55 Rn. 29 f.) zweckmäßig, die Gemeinde insoweit mit zwei oder sogar drei verschiedenen Ordnungsnummern zu versehen (*Schriever* in Kohlhammer-Komm. § 53 Rn. 19).

5 **b) Bestandsverzeichnis (S. 3).** Die Bestandskarte wird ergänzt durch das auf Grundbuch und Liegenschaftskataster beruhende **Bestandsverzeichnis**. Den **Mindestinhalt** dieses Bestandsverzeichnisses nennt **Abs. 1 S. 3**. Danach sind im Bestandsverzeichnis nach **Nr. 1** zunächst die **Eigentümer** der erfassten Grundstücke aufzuführen. Die Namen ergeben sich aus dem Grundbuch. Sind in der Bestandskarte Ordnungsnummern verwendet worden, sind die Eigentümer im Bestandsverzeichnis den Ordnungsnummern zuzuordnen. Die Angabe der Namen verletzt weder den Datenschutz noch Grundrechte (→ auch Rn. 12). Unter grundrechtlichen und rechtsstaatlichen Gesichtspunkten enthält Abs. 1 S. 3 Nr. 1 in Verbindung mit Abs. 2 S. 1 eine Ermächtigungsgrundlage zur Veröffentlichung der Namen, sodass – selbst bei Annahme einer grundrechtlichen Relevanz der Namensveröffentlichung – hiergegen keine rechtlichen Bedenken bestehen (zur Problematik vgl. VG München Beschl. v. 13.2.1980 – M 562 VII/80, NJW 1981, 475 f. mit ablehnenden Stellungnahmen von *Grimm* BayVBl. 1981, 558 ff., und *Geiger* NJW 1981, 1495 ff.; s. zur Bauleitplanung *Berkemann* ZfBR 1986, 155 ff.).

6 Ferner sind im Bestandsverzeichnis nach **Nr. 2** die **Grundstücke** auf der Grundlage des Grundbuchs und des Liegenschaftskatasters nach Gemarkung, Flur und Flurstücks-Nummer sowie nach der Nummer des Liegenschaftsbuchs, nach Grundbuch-Band und -Blatt sowie nach Nutzungsart, Straße und Hausnummer zu bezeichnen. Ebenso muss die Größe des Grundstücks angegeben werden.

7 Nach **Nr. 3** sind in das Bestandsverzeichnis darüber hinaus die in Abteilung II des Grundbuchs eingetragenen **Lasten und Beschränkungen** aufzuführen. Abteilung II des Grundbuchs enthält sämtliche Belastungen mit Ausnahme der Grundpfandrechte, also zB Grunddienstbarkeiten, Reallasten, Verfügungsbeschränkungen (Konkurs oder Nacherbschaft) und einstweilige Sicherungen wie Vormerkungen und Widersprüche. Es ist der Umlegungsstelle unbenommen, für den **internen** Gebrauch **weitere bestandsbezogene Aufstellungen** zu machen. Zu denken ist hier insbesondere an ein Verzeichnis der **Grundpfandrechte** (Hypotheken, Grund- und Rentenschulden) aus Abteilung III des Grundbuchs nach Höhe und hieraus berechtigten Personen (→ auch § 68 Abs. 1 Nr. 3 für das Umlegungsverzeichnis). Zweckmäßig ist auch eine Auflistung der **Baulasten**, die in § 51 Abs. 1 S. 1 Nr. 1 und in § 61 Abs. 1 S. 3 ausdrücklich aufgeführt sind. In Betracht kommt ferner eine Auflistung aller Personen, die Rechte an einem Grundstück innehaben, auch soweit sie nicht aus dem Grundbuch ersichtlich sind (insbes. Mieter und Pächter). Diese Personen sind Beteiligte nach § 48 Abs. 1 Nr. 3. Ihre Rechte sind daher bei der Umlegung zu berücksichtigen.

8 **3. Bekanntgabe. a) Auslegung (Abs. 2).** Nach **Abs. 2 S. 1** sind die Bestandskarte und das Bestandsverzeichnis, soweit sie sich auf die Eigentumsverhältnisse und

die Grundstücksbezeichnungen nach Abs. 1 Nr. 1 und 2 beziehen, **öffentlich auszulegen**. Die Auslegung hat in der Gemeinde zu erfolgen, in der die Umlegung durchgeführt wird. Dies gilt auch, wenn die Umlegung von einer anderen Behörde oder einem Planungsverband, die nicht ihren Sitz in der Gemeinde haben, durchgeführt wird. Die Auslegung dauert einen Monat; Ort und Dauer der Auslegung sind nach **Abs. 2 S. 2** eine Woche vorher ortsüblich bekannt zu machen. Diese Regelung entspricht der in § 3 Abs. 2 S. 1 und 2.

Wie auch beim Umlegungsbeschluss (→ § 50 Rn. 3) kann auch auf die **Auslegung** von Bestandskarte und -verzeichnis nicht verzichtet werden, selbst wenn sämtliche Beteiligten einverstanden sind. Es besteht aber eine Vereinfachung des Verfahrens in den Fällen des Abs. 3 (→ Rn. 11). 9

Es ist zulässig, die Bekanntmachung der Auslegung von Bestandskarte und -verzeichnis mit der Bekanntmachung des Umlegungsbeschlusses zu **verbinden.** Allerdings kann auch dann die Aufführung der Grundstücke im Umlegungsbeschluss nach § 47 S. 3 nicht durch einen Hinweis auf Bestandskarte und -verzeichnis ersetzt werden (*Otte* in EZBK § 53 Rn. 15). Die Bekanntmachung des Umlegungsbeschlusses ohne Angabe der von der Umlegung erfassten Grundstücke in der Bekanntmachung würde nicht die notwendige „Anstoßfunktion" (→ § 3 Rn. 14) erfüllen. Zudem wird nach § 54 Abs. 1 dem Grundbuchamt und dem Katasteramt nur der Umlegungsbeschluss, nicht aber auch das Bestandsverzeichnis übersandt. 10

b) Mitteilung an die Eigentümer (Abs. 3). Sind in die Umlegung nur wenige Grundstücke einbezogen, kann die ortsübliche Bekanntmachung der Auslegung von Bestandskarte und -verzeichnis nach **Abs. 3** durch die Mitteilung an die Beteiligten nach § 48 Abs. 1 Nr. 1 bis 3 und Abs. 2 S. 1 ersetzt werden. Es ist eine Frage der Praktikabilität, wann von der Möglichkeit nach Abs. 3 Gebrauch gemacht wird. Eine Verpflichtung hierzu besteht nicht. 11

4. Einsichtsrecht (Abs. 4). Die im Grundbuch in Abteilung II eingetragenen Lasten und Beschränkungen eines Grundstücks sind zum Schutz personenbezogener Daten von der Auslegung des Bestandsverzeichnisses ausgeschlossen. **Abs. 4** erlaubt stattdessen denjenigen, die der Umlegungsstelle ein berechtigtes Interesse im Sinne des § 12 GBO darlegen, in diesen Teil des Bestandsverzeichnisses **Einsicht** zu nehmen. Einsichtsberechtigt sind daher zB die Inhaber von Rechten an dem Grundstück oder die aus einer Belastung Berechtigten, ernsthafte Kaufinteressenten, Familienangehörige oder auch Bevollmächtigte dieser Personen (s. im Einzelnen hierzu die Kommentierungen zur Grundbuchordnung, zB *Demharter,* Grundbuchordnung, 29. Aufl. 2014, zu § 12 Rn. 1 ff.; ferner *Lüke* NJW 1983, 1407 ff.; BVerfG Urt. v. 15.6.1983 – 1 BvR 1025/79, BVerfGE 64, 229 zur notwendigen Gleichstellung von Banken und Sparkassen bei der Grundbucheinsicht). In ein von der Umlegungsstelle ggf. zusätzlich aufgestelltes Verzeichnis der Lasten aus Abteilung III des Grundbuchs besteht kein Einsichtsrecht (aA *Otte* in EZBK § 53 Rn. 9 f.). Insoweit muss ggf. das Grundbuchamt aufgesucht werden. 12

5. Rechtsschutz. Bestandskarte und -verzeichnis enthalten **keinerlei verbindliche Regelung.** Weder bedeuten sie, dass die in ihnen aufgeführten Rechte tatsächlich bestehen noch werden nicht aufgeführte Rechte in irgendeiner Weise von der Umlegung ausgeschlossen. Sie geben lediglich **nachrichtlich** wieder, welche Rechte und Nutzungen im Umlegungsgebiet von der Umlegungsstelle bekannt sind und wovon sie bei der Umlegung ausgehen wird. Auslegung und Bekanntmachung von Bestandskarte und -verzeichnis sind daher nicht als Bekanntgabe eines Verwaltungsakts oder Teil eines Rechtsetzungsverfahrens zu verstehen, sondern als Instrument zur **Information** der Beteiligten und zur eventuellen **Informationsbeschaffung** für die Umlegungsstelle. Im Übrigen kann die in § 53 enthaltene Ermächtigung zur Veröffentlichung der Namen der Eigentümer datenschutzrechtliche Bedeutung haben 13

(→ Rn. 5). Der Bekanntmachung ist mangels Verwaltungsaktsqualität und daher auch mangels Anfechtbarkeit **keine Rechtsbehelfsbelehrung** beizufügen (anders zum Teil *Otte* in EZBK § 53 Rn. 18f., nach dem die Umlegungsstelle befugt sein soll, durch Beifügung einer Rechtsbehelfsbelehrung deutlich zu machen, dass Bestandskarte und -verzeichnis Ausschlusswirkung haben sollen, sodass nicht aufgeführte Rechte nach Bestandskraft außerhalb des Verfahrens geltend zu machen sind; wie hier *Schriever* in Kohlhammer-Komm. § 53 Rn. 50; *Köster* in Schrödter § 53 Rn. 5).

14 Bestandskarte und -verzeichnis machen aber deutlich, welche Rechte und Nutzungen die Umlegungsstelle bei der Umlegung zugrunde legen wird. Lehnt sie daher einen Antrag auf Berichtigung oder Ergänzung von Bestandskarte und -verzeichnis ab, so führt dies dazu, dass die behaupteten Rechte oder Nutzungen nicht an dem Verfahren teilnehmen und gegebenenfalls außerhalb der Umlegung geltend gemacht werden müssen. Die **Ablehnung eines Berichtigungs- oder Ergänzungsantrags** ist daher als belastender **Verwaltungsakt** anzusehen, gegen den gegebenenfalls nach Durchführung eines Widerspruchsverfahrens eine gerichtliche Entscheidung nach § 217 beantragt werden kann. Die Ablehnung eines Berichtigungs- oder Ergänzungsantrags ist folglich mit einer Rechtsbehelfsbelehrung nach § 211 zu versehen (*Otte* in EZBK § 53 Rn. 18f.; *Schriever* in Kohlhammer-Komm. § 53 Rn. 51).

§ 54 Benachrichtigungen und Umlegungsvermerk

(1) ¹Die Umlegungsstelle teilt dem Grundbuchamt und der für die Führung des Liegenschaftskatasters zuständigen Stelle die Einleitung (§ 47) des Umlegungsverfahrens und die nachträglichen Änderungen des Umlegungsgebiets (§ 52) mit. ²Das Grundbuchamt hat in die Grundbücher der umzulegenden Grundstücke einzutragen, dass das Umlegungsverfahren eingeleitet ist (Umlegungsvermerk).

(2) ¹Das Grundbuchamt und die für die Führung des Liegenschaftskatasters zuständige Stelle haben die Umlegungsstelle von allen Eintragungen zu benachrichtigen, die nach dem Zeitpunkt der Einleitung des Umlegungsverfahrens im Grundbuch der betroffenen Grundstücke und im Liegenschaftskataster vorgenommen sind oder vorgenommen werden. ²§ 22 Abs. 6 ist entsprechend anzuwenden.

(3) Ist im Grundbuch die Anordnung der Zwangsversteigerung oder Zwangsverwaltung eingetragen, so gibt die Umlegungsstelle dem Vollstreckungsgericht von dem Umlegungsbeschluss Kenntnis, soweit dieser das Grundstück betrifft, das Gegenstand des Vollstreckungsverfahrens ist.

Übersicht

	Rn.
I. Umlegungsvermerk (Abs. 1)	1
1. Voraussetzungen der Eintragung	2
2. Wirkungen	3
II. Benachrichtigungspflichten	7
1. Umlegungsstelle	7
a) Benachrichtigung des Grundbuchamts und des Katasteramts (Abs. 1 S. 1)	7
b) Benachrichtigung des Vollstreckungsgerichts (Abs. 3)	9
c) Benachrichtigung sonstiger Stellen	12
2. Grundbuchamt und Katasteramt (Abs. 2 S. 1)	13
3. Überwindung der Grundbuchsperre, Widerspruchsrecht der Umlegungsstelle (Abs. 2 S. 2)	14

1. Abschnitt. Umlegung **§ 54**

I. Umlegungsvermerk (Abs. 1)

Nach **Abs. 1 S. 2** ist in die Grundbücher der Grundstücke, die in eine Umlegung 1
einbezogen sind, einzutragen, dass ein Umlegungsverfahren eingeleitet worden ist.
Die Eintragung eines solchen **Umlegungsvermerks** ist **auch erforderlich,** wenn
ein **Sanierungsvermerk** nach § 143 Abs. 2 eingetragen ist.

1. Voraussetzungen der Eintragung. Der Umlegungsvermerk wird wie andere 2
Lasten und Beschränkungen in Abteilung II des Grundbuchs eingetragen. Das
Grundbuchamt trägt den Umlegungsvermerk zwar von Amts wegen, aber erst auf
Benachrichtigung durch die Umlegungsstelle nach **Abs. 1 S. 1** ein. Mitzuteilen
sind danach der Umlegungsbeschluss nach § 47 und seine Bekanntmachung nach
§ 50. Ist das Umlegungsgebiet im vereinfachten Verfahren nach § 52 Abs. 3 geändert
worden, so ist ein Vermerk über die Bekanntgabe der Änderung an die Eigentümer
der betroffenen Grundstücke an das Grundbuchamt zu übersenden; ansonsten ist
eine vollständige Ausfertigung des Umlegungsbeschlusses mit einem Bekanntmachungsvermerk erforderlich. Die Mitteilung muss den **formellen Anforderungen
der Grundbuchordnung** entsprechen. Hinsichtlich der notwendigen Bezeichnung
der Grundstücke ist dem entsprechend anzuwendenden § 29 GBO durch die Übersendung der Ausfertigung des Umlegungsbeschlusses Genüge getan. Im Übrigen verlangt § 29 Abs. 3 GBO, dass die Mitteilung unterschrieben und mit Stempel oder
Dienstsiegel versehen ist. Ob die materiellen Voraussetzungen für die Einleitung einer
Umlegung gegeben sind, darf das Grundbuchamt nach § 38 GBO dagegen nicht prüfen (→ § 74 Rn. 5 sowie § 51 Rn. 41).

2. Wirkungen. Der Umlegungsvermerk hat keine unmittelbaren rechtlichen 3
Wirkungen, sondern nur nachrichtliche Bedeutung. Die rechtlichen Wirkungen der
Umlegung, zB das Entstehen des Vorkaufsrechts oder der Eintritt der Verfügungs-
und Veränderungssperre sind an die Einleitung der Umlegung, nicht an das Eintragen
des Umlegungsvermerks geknüpft. Er berührt auch nicht die Rangstellen eingetragener Rechte. Er ist jedoch ein sog. **Achtungsvermerk,** dem wichtige Informationsund Sicherungsfunktionen zukommen (vgl. auch BGH Urt. v. 12.3.1987 – III ZR
29/86, BGHZ 100, 148). Zudem bewirkt der Umlegungsvermerk eine **Sperre des
Grundbuchs** für die Eintragung von Vorgängen, die genehmigungsbedürftig, aber
nicht genehmigt sind (→ § 51; zur Überwindung dieser Sperre Rn. 14). Das Fehlen
des Umlegungsvermerks bewirkt dabei allerdings keinen Gutglaubensschutz nach
§ 892 BGB. Er informiert bei erfolgter Eintragung lediglich Erwerbsinteressenten davon, dass das Grundstück in ein Umlegungsverfahren einbezogen ist und daher bestimmten Beschränkungen unterliegt. Auch erinnert er das Grundbuchamt an seine
Benachrichtigungspflicht (Abs. 2) sowie daran, dass Rechtsänderungen im Sinne des
§ 51 der Genehmigung der Umlegungsstelle bedürfen, dass gegebenenfalls ein Negativzeugnis nach § 28 Abs. 1 S. 3 erforderlich ist und daher vorher eine Eintragung
nicht erfolgen darf. Der Umlegungsvermerk kann auch bedeuten, dass das Grundbuch nicht richtig ist, weil zwar der Umlegungsplan und die damit verbundene
Rechtsänderung bereits in Kraft getreten sind, das Grundbuch aber noch nicht gemäß
§ 74 berichtigt worden ist.

Der Umlegungsvermerk selbst enthält allerdings alle diese Hinweise nicht. Er gibt 4
den Einblicknehmenden oder dem Grundbuchamt lediglich Veranlassung, sich hierüber näher zu informieren. Eine diesbezügliche Auskunftspflicht trifft auch das
Grundbuchamt (*Spannowsky* in BK § 54 Rn. 3).

Weigert sich das Grundbuchamt, den Umlegungsvermerk einzutragen, kann die 5
Umlegungsstelle hiergegen nach § 71 GBO die allgemeine Grundbuchbeschwerde
einlegen (vgl. *Haase* NJW 1964, 190 ff.; → auch § 51 Rn. 5).

Mit der Berichtigung des Grundbuchs nach § 74 Abs. 1 verliert der Umlegungsver- 6
merk seine Berechtigung. Er ist daher gleichzeitig mit der Berichtigung zu löschen.

§ 54 I. Kapitel. IV. Teil. Bodenordnung

II. Benachrichtigungspflichten

7 **1. Umlegungsstelle. a) Benachrichtigung des Grundbuchamts und des Katasteramts (Abs. 1 S. 1).** Damit der Umlegungsvermerk eingetragen werden und seine für die Umlegung wichtige Informations- und Sicherungsfunktionen erfüllen kann, hat die Umlegungsstelle nach **Abs. 1 S. 1** dem **Grundbuchamt** die Einleitung der Umlegung ebenso wie nachträgliche Änderungen des Umlegungsgebiets **mitzuteilen** (→ zu den formellen Anforderungen Rn. 2).

8 Ausdrücklich geregelt ist auch die Pflicht der Umlegungsstelle, **die für die Führung des Liegenschaftskatasters zuständige Stelle,** also insbesondere das Katasteramt, aber ggf. auch das Vermessungsamt oder das Flurbereinigungsamt (vgl. *Otte* VR 1987, 73 (77)), zu benachrichtigen. Dies dient der Sicherstellung der fortlaufenden Übereinstimmung des Grundstückskatasters und der Umlegungsunterlagen.

9 **b) Benachrichtigung des Vollstreckungsgerichts (Abs. 3).** Wird für ein in die Umlegung einbezogenes Grundstück die Zwangsversteigerung betrieben oder unterliegt es der Zwangsverwaltung (ersichtlich aus einem entsprechenden Vermerk im Grundbuch), hat die Umlegungsstelle nach **Abs. 3** dem **Vollstreckungsgericht** die Einleitung der Umlegung mitzuteilen. Jedoch hindern weder Zwangsversteigerung noch Zwangsverwaltung eines Grundstücks die Umlegung, noch verhindert umgekehrt die Umlegung die Durchführung einer Zwangsverwaltung. Der Zuschlag in der Zwangsversteigerung ist keine Verfügung, so dass § 51 nicht eingreift (→ § 51 Rn. 18).

10 Die Umlegung ist auch für den **Zwangsverwalter** von Bedeutung. Zwar wird er nicht selbst Beteiligter am Verfahren, doch hat er die Interessen der Gläubiger zu vertreten, insbesondere den wirtschaftlichen Bestand des Grundstücks zu sichern; er muss daher dieselben Rechte erhalten wie ein Beteiligter. Ihm sind deshalb alle Beschlüsse und sonstigen Mitteilungen der Umlegungsstelle neben dem Eigentümer des Grundstücks zuzustellen (*Schriever* in Kohlhammer-Komm. § 54 Rn. 35).

11 Werden Zwangsversteigerung oder Zwangsverwaltung erst nach Einleitung der Umlegung angeordnet, hat das Grundbuchamt dies der Umlegungsstelle nach **Abs. 2** mitzuteilen.

12 **c) Benachrichtigung sonstiger Stellen.** Weitere Benachrichtigungspflichten der Umlegungsstelle sind gesetzlich nicht geregelt. Die Umlegungsstelle sollte jedoch von sich aus noch folgende Behörden unterrichten:
– das **Finanzamt** als Grunderwerbsteuerstelle, da Grunderwerb im Rahmen der Umlegung nach § 1 Abs. 1 Nr. 3 lit. b GrEStG (→ § 79 Rn. 13 ff.) von der Grunderwerbsteuer befreit ist,
– die **untere Baugenehmigungsbehörde** zum Zwecke der verwaltungsinternen Abstimmung bei der Genehmigung von Bauvorhaben nach § 51 Abs. 1 S. 1 Nr. 4 und bei der Teilungsgenehmigung nach § 51 Abs. 1 S. 1 Nr. 1,
– die **für die Führung des Baulastenverzeichnisses zuständige Stelle** im Hinblick auf die Begründung, Änderung oder Aufhebung von Baulasten nach § 51 Abs. 1 S. 1 Nr. 1 (hierzu *Stich,* Baulasten in der Umlegung, Grenzregelung, Sanierung und städtebaulichen Entwicklung, 1996, 27 ff., 75 ff.),
– die gemeindliche **Straßenbaubehörde** wegen etwaiger Straßenänderungen,
– das gemeindliche **Liegenschaftsamt** wegen der von der Umlegung erfassten gemeindeeigenen Grundstücke,
– die Berufsorganisationen der **Notare und Makler** wegen der Verfügungs- und Veränderungssperre nach § 51,
– in den neuen Ländern das **Amt für offene Vermögensfragen** (→ § 48 Rn. 3).

13 **2. Grundbuchamt und Katasteramt (Abs. 2 S. 1).** Einer **Benachrichtigungspflicht** unterliegt nach **Abs. 2 S. 1** auch das **Grundbuchamt**. Sämtliche Ein-

1. Abschnitt. Umlegung §55

tragungen, die nach der Einleitung der Umlegung in das Grundbuch eines betroffenen Grundstücks vorgenommen wurden oder vorgenommen werden sollen, sind der Umlegungsstelle mitzuteilen. Diese Benachrichtigungspflicht gilt also nicht nur für Eintragungen, die im Hinblick auf § 24 oder § 51 von Bedeutung sind, sondern auch für nur nachrichtliche Eintragungen. Hierdurch kann die Umlegungsstelle ihren Beratungen und Maßnahmen jeweils den letzten Stand der rechtlichen Situation im Umlegungsgebiet zugrunde legen. Auch erfährt sie so verlässlich von etwaigen weiteren Beteiligten am Umlegungsverfahren nach § 48. Das **Katasteramt** hat die Umlegungsstelle von etwaigen Änderungen im Liegenschaftskataster zu unterrichten. Die übrigen in Rn. 12 genannten Stellen sollten ihrerseits die Umlegungsstelle unterrichten, wenn sich in den genannten Fällen Änderungen ergeben.

3. Überwindung der Grundbuchsperre, Widerspruchsrecht der Umlegungsstelle (Abs. 2 S. 2). Gemäß Abs. 2 S. 2 ist § 22 Abs. 6 entsprechend anwendbar. Damit wird geregelt, wie die Grundbuchsperre, also die Maßgabe, dass Eintragungen in das Grundbuch nur bei Vorliegen eines Zeugnisses nach § 51 Abs. 3 S. 2 in Verbindung mit § 22 Abs. 5 S. 5 oder einer Genehmigung durch die Umlegungsstelle erfolgen dürfen, überwunden werden kann. Zudem erhält die Umlegungsstelle dadurch ausdrücklich das Recht, ggf. einen **Widerspruch** eintragen zu lassen (→ § 22 Rn. 18 ff.). 14

§ 55 Umlegungsmasse und Verteilungsmasse

(1) **Die im Umlegungsgebiet gelegenen Grundstücke werden nach ihrer Fläche rechnerisch zu einer Masse vereinigt (Umlegungsmasse).**

(2) ¹Aus der Umlegungsmasse sind vorweg die Flächen auszuscheiden und der Gemeinde oder dem sonstigen Erschließungsträger zuzuteilen, die nach dem Bebauungsplan festgesetzt sind oder aus Gründen der geordneten städtebaulichen Entwicklung zur Verwirklichung der nach § 34 zulässigen Nutzung erforderlich sind als
1. örtliche Verkehrsflächen für Straßen, Wege einschließlich Fuß- und Wohnwege und für Plätze sowie für Sammelstraßen,
2. Flächen für Parkplätze, Grünanlagen einschließlich Kinderspielplätze und Anlagen zum Schutz gegen schädliche Umwelteinwirkungen im Sinne des Bundes-Immissionsschutzgesetzes, soweit sie nicht schon Bestandteil der in Nummer 1 genannten Verkehrsanlagen sind, sowie für Regenklär- und Regenüberlaufbecken, wenn die Flächen überwiegend den Bedürfnissen der Bewohner des Umlegungsgebiets dienen sollen.
²Zu den vorweg auszuscheidenden Flächen gehören auch die Flächen zum Ausgleich im Sinne des § 1a Abs. 3 für die in Satz 1 genannten Anlagen. ³Grünflächen nach Satz 1 Nr. 2 können auch bauflächenbedingte Flächen zum Ausgleich im Sinne des § 1a Abs. 3 umfassen.

(3) Mit der Zuteilung ist die Gemeinde oder der sonstige Erschließungsträger für von ihnen in die Umlegungsmasse eingeworfene Flächen nach Absatz 2 abgefunden.

(4) Die verbleibende Masse ist die Verteilungsmasse.

(5) ¹Sonstige Flächen, für die nach dem Bebauungsplan eine Nutzung für öffentliche Zwecke festgesetzt ist, können einschließlich der Flächen zum Ausgleich im Sinne des § 1a Abs. 3 ausgeschieden und dem Bedarfs- oder Erschließungsträger zugeteilt werden, wenn dieser geeignetes Ersatzland, das auch außerhalb des Umlegungsgebiets liegen kann, in die Verteilungsmasse einbringt. ²Die Umlegungsstelle soll von dieser Befugnis Gebrauch

§ 55 I. Kapitel. IV. Teil. Bodenordnung

machen, wenn dies zur alsbaldigen Durchführung des Bebauungsplans zweckmäßig ist.

Übersicht

	Rn.
A. Überblick über die Verteilungsregelung der §§ 55–65	1
I. Systematik	2
1. Zuteilung von Flächen für öffentliche Nutzungen	3
2. Zuteilung privat nutzbarer Flächen	4
a) Verteilungsgrundsätze (§§ 56 bis 58)	
b) Tatsächliche Zuteilung der Grundstücke im Umlegungsgebiet, Geldausgleich und Abfindung nicht berücksichtigter Eigentümer (§ 59)	5
3. Rechtliche und tatsächliche Änderungen sowie Geldleistungen (§§ 60 bis 65)	6
II. Verfahren	7
1. Bildung der Verteilungsmasse (§ 55)	8
a) Bildung der Umlegungsmasse	
b) Ausscheidung und Zuteilung der Flächen nach Abs. 2	8
c) Austausch von sonstigen Flächen für öffentliche Nutzung gegen privat nutzbare Flächen (Abs. 5)	9
2. Bestimmung des Verteilungsmaßstabs (§§ 56 bis 58)	10
a) Bildung der Einwurfsmasse	10
b) Bestimmung des Sollanspruchs	11
c) Auswahl zwischen Wert- und Flächenmaßstab oder einem anderen Verteilungsmaßstab	12
3. Verteilung (§ 59)	15
a) Tatsächliche Zuteilung der Grundstücke aus der Verteilungsmasse (§ 59 Abs. 1)	15
b) Geldausgleich	16
c) Entschädigung	17
B. Umlegungsmasse und Verteilungsmasse	18
I. Umlegungsmasse (Abs. 1)	18
1. Summe der Grundstücksflächen	18
2. Rechnerische Vereinigung	19
II. Vorwegausscheidung von örtlichen Verkehrsflächen, Grünflächen und sonstigen Flächen (Abs. 2 und 3)	20
1. Örtliche Verkehrsflächen sowie Ausgleichsflächen (Abs. 2 S. 1 Nr. 1, Abs. 2 S. 2)	20
2. Flächen für Grünanlagen und sonstige Flächen sowie Ausgleichsflächen (Abs. 2 S. 1 Nr. 2, Abs. 2 S. 2 und 3)	24
3. Rechtsänderung und vorzeitige Besitzeinweisung	28
4. Abfindung (Abs. 3)	29
III. Verteilungsmasse (Abs. 4 und 5)	31
1. Umfang der Verteilungsmasse	31
2. Ausscheidung und Zuteilung sonstiger Flächen für öffentliche Nutzung	32
3. Einbringung von Ersatzland	34

1. Abschnitt. Umlegung **§ 55**

A. Überblick über die Verteilungsregelung der §§ 55–65

Die Regelungen der §§ 55 bis 65 bilden das **Kernstück** des Umlegungsrechts. In ihnen wird bestimmt, nach welchen Grundsätzen die Umlegungsstelle bei der Neuordnung der Grundstücke im Interesse einer planentsprechenden Nutzbarkeit vorgehen muss, um den Prinzipien der Gleichbehandlung und Gleichbelastung der Eigentümer, der Bestandserhaltung und -verbesserung, der Wertgarantie und vor allem der Privatnützigkeit der Umlegung (→ Vorb. §§ 45–84 Rn. 6 ff.) Rechnung zu tragen. Die **Kunst der Umlegung** besteht darin, nicht nur aus den vorgefundenen ungeordneten Grundstücken geordnete, dem Bebauungsplan oder der Eigenart der näheren Umgebung entsprechend nutzbare Grundstücke zu bilden, sondern dabei auch möglichst vollständig die Interessen und Ansprüche der Beteiligten nach den Verteilungsgrundsätzen insbesondere der §§ 55 bis 59 zu befriedigen. Nur soweit dies gelingt, behält die Umlegung ihren eigentumsinhaltsbestimmenden Charakter. Dabei kommt es für die Beurteilung der Umlegung als Institut der Bodenordnung nicht darauf an, ob in bestimmten Einzelfällen enteignend wirkende Eingriffe nötig werden, sondern ob die Umlegung insgesamt noch als privatnützig angesehen werden kann (BGH Urt. v. 13.12.1990 – III ZR 240/89, BGHZ 113, 139; *Schmidt-Aßmann* DVBl. 1982, 152 (153); *ders.* in FS Friauf 1996, 407 ff.). 1

I. Systematik

Die Regelung der §§ 55 bis 65 folgt einer **Systematik**, die sich bei Lektüre des Gesetzestextes nicht sofort erschließt. So ist von Bedeutung, dass in das Verteilungsverfahren der §§ 55 bis 59 **nur der Grund und Boden** einbezogen ist. Nicht erfasst werden bauliche Anlagen, Anpflanzungen oder sonstige Einrichtungen auf den Grundstücken; hierfür ist nach § 60 lediglich eine Abfindung oder ein Ausgleich in Geld zu leisten. Grundsätzlich werden die Grundstücke frei von Rechten Dritter zugeteilt; auch hierbei ist gegebenenfalls nach § 61 Abs. 2 ein Geldausgleich erforderlich (vgl. auch *Schriever* in Kohlhammer-Komm. Vorb. §§ 55–59 Rn. 17). Soweit also in §§ 55 bis 59 das Wort „Grundstück" verwendet wird, ist darunter lediglich der Grund und Boden zu verstehen. Gleichwohl sind Rechte an Grundstücken, Gebäuden u. ä. bei der Verteilung zu berücksichtigen, um Ansprüche auf Geldabfindungen möglichst gering zu halten. 2

1. Zuteilung von Flächen für öffentliche Nutzungen. Nach ihrer planerisch vorgesehenen Nutzung sind im Umlegungsgebiet in der Regel drei verschiedene Arten von Flächen zu unterscheiden: Den größten Anteil machen die privat nutzbaren Flächen aus. Daneben gibt es **die für eine öffentliche Nutzung vorgesehenen Flächen**; bei dieser Flächenart unterscheidet das Gesetz zwischen örtlichen Verkehrsflächen, Grünflächen sowie vergleichbaren Flächen einerseits (§ 55 Abs. 2) und sonstigen Flächen, für die eine Nutzung für öffentliche Zwecke festgesetzt ist (§ 55 Abs. 5), andererseits. Die Grundsätze für die Zuteilung dieser öffentlichen Flächen enthält § 55. 3

2. Zuteilung privat nutzbarer Flächen. Die **Verteilung der privat nutzbaren Flächen** folgt den Grundsätzen der §§ 56 bis 59. 4

a) Verteilungsgrundsätze (§§ 56 bis 58). Dabei folgt aus der Anwendung der §§ 56 bis 58 unabhängig davon, ob der Flächen- oder der Wertmaßstab oder ein sonstiger Maßstab zugrunde gelegt wird (§ 56), ein theoretischer Anspruch jedes beteiligten Eigentümers **(Sollanspruch)** auf die Zuteilung einer Fläche in einer bestimmten Größe, die sog. **Sollzuteilung.** Bei der Flächenumlegung (§ 58) ist hiervon der in

Reidt

Fläche zu erbringende Vorteilsausgleich abzuziehen; bei der Wertumlegung ist ggf. ein Geldausgleich zu leisten (→ Rn. 5).

5 **b) Tatsächliche Zuteilung der Grundstücke im Umlegungsgebiet, Geldausgleich und Abfindung nicht berücksichtigter Eigentümer (§ 59).** Auf der Grundlage der rechnerisch ermittelten Sollzuteilung findet die **tatsächliche Verteilung der privat nutzbaren Grundstücke** des Umlegungsgebiets statt. Für diese **Ist-Zuteilung** bestimmt § 59 Abs. 1, dass die Zuteilung dem Umlegungszweck entsprechend und möglichst in gleicher oder gleichwertiger Lage im Verhältnis zu den eingeworfenen Grundstücke erfolgen soll. Soweit die Ist-Zuteilung hinter der Sollzuteilung zurückbleibt, ist der Eigentümer abzufinden, je nach Umfang der Minderzuteilung durch **Spitzenausgleich** oder durch **Entschädigung** nach Enteignungsgrundsätzen. Für erhaltene Umlegungsvorteile, zB eine über die Sollzuteilung hinausgehende Ist-Zuteilung, haben die Eigentümer ihrerseits einen **Vorteilsausgleich** in Geld oder in Fläche zu leisten.

6 **3. Rechtliche und tatsächliche Änderungen sowie Geldleistungen (§§ 60 bis 65).** Sind auf den Grundstücken **Gebäude oder sonstige Nutzungseinrichtungen vorhanden,** so ist hierfür eine Geldleistung nach § 60 festzusetzen. Grundstücksbezogene **Rechte und Pflichten** sowie besondere Rechtsverhältnisse wie zB gemeinschaftliches Eigentum können nach den §§ 61 und 62 den Zwecken der Umlegung entsprechend neu gestaltet werden. Die Umlegung bewirkt eine **Änderung nicht der Rechtsinhaberschaft, sondern der Rechtsobjekte.** Nach § 63 setzt sich daher das Eigentum an den eingeworfenen Grundstücken mit der Änderung des Rechtszustands nach § 72 an den zugeteilten Grundstücken fort. Die §§ 64 und 65 enthalten nähere Regelungen über die aufgrund der Umlegung zu erbringenden **Geldleistungen.**

II. Verfahren

7 Das **Verteilungsverfahren** läuft in folgenden Schritten ab:

1. Bildung der Verteilungsmasse (§ 55). a) Bildung der Umlegungsmasse. Alle Grundstücke, die im Umlegungsgebiet gelegen sind, bilden – unabhängig von ihrer bisherigen Nutzung – die **Umlegungsmasse** (§ 55 Abs. 1). Besteht das Umlegungsgebiet aus räumlich getrennten Flächen nach § 52 Abs. 1 S. 2, bilden auch in diesem Fall alle Flächen gemeinsam die Umlegungsmasse.

8 **b) Ausscheidung und Zuteilung der Flächen nach Abs. 2.** Aus dieser Umlegungsmasse werden die Grundstücke vorab ausgeschieden und der Gemeinde oder dem jeweiligen Erschließungsträger zugeteilt, die nach dem Bebauungsplan als **örtliche Verkehrsflächen** festgesetzt sind. Dasselbe gilt für festgesetzte **Grünflächen und vergleichbare Flächen,** soweit sie überwiegend den Bedürfnissen der Bewohner des Umlegungsgebiets dienen (Abs. 2). Die verbleibende Grundstücksfläche ist die **Verteilungsmasse** (Abs. 4). Im Ausnahmefall kann der Flächenabzug auch auf einen besonders begünstigten Kreis von Grundstücken **beschränkt** werden; allerdings wird es hier in der Regel zweckmäßiger sein, zwei getrennte Umlegungsverfahren durchzuführen (vgl. BGH Urt. v. 7. 10. 2000 – III ZR 71/00, NVwZ 2001, 233 (235)).

9 **c) Austausch von sonstigen Flächen für öffentliche Nutzung gegen privat nutzbare Flächen (Abs. 5).** Die Verteilungsmasse kann jedoch noch Änderungen erfahren. So können **sonstige Flächen, die für eine öffentliche Nutzung vorgesehen sind,** nach (Abs. 5) ebenfalls ausgeschieden und dem entsprechenden Bedarfsträger zugeteilt werden. Voraussetzung hierfür ist allerdings, dass der Träger geeignetes **Ersatzland** einbringt; dieses Ersatzland kann auch außerhalb des Umle-

1. Abschnitt. Umlegung **§ 55**

gungsgebiets liegen. Durch diesen Vorgang wird in der Regel nicht die Größe der Verteilungsmasse, wohl aber die Lage der zu ihr gehörenden Grundstücke verändert. Nach dem Austausch dieser Flächen ist die **Zuteilung der öffentlich nutzbaren Flächen abgeschlossen.** Zwar findet auch hier die Rechtsänderung erst mit Inkrafttreten des Umlegungsplans nach den §§ 71, 72 statt, jedoch kann insoweit eine Vorwegregelung nach § 76 oder eine vorzeitige Besitzeinweisung nach § 77 Abs. 1 Nr. 1 erfolgen. Daher kann lange bevor die privat nutzbaren Grundstücke zugeteilt sind, mit der Herstellung der Erschließungs- und sonstigen Infrastrukturanlagen begonnen werden.

2. Bestimmung des Verteilungsmaßstabs (§§ 56 bis 58). a) Bildung der 10 **Einwurfsmasse.** Entsprechend dem Grundsatz der Werterhaltung müssen die Eigentümer an den neu gebildeten privat nutzbaren Grundstücken mit demselben Anteil beteiligt sein, mit dem sie im Zeitpunkt des Umlegungsbeschlusses an den früheren privat nutzbaren Grundstücken des Umlegungsgebiets beteiligt waren. Zu diesem Zweck sind von der Umlegungsmasse die früheren örtlichen Verkehrs- und Grünflächen sowie die sonstigen vergleichbaren Flächen nach § 55 Abs. 2 abzuziehen. Die danach verbleibende Grundstücksfläche ist die **Einwurfsmasse.**

b) Bestimmung des Sollanspruchs. Aus dem Anteil, mit dem ein Eigentümer 11 an dieser Einwurfsmasse prozentual beteiligt war, ergibt sich nach § 56 Abs. 1 S. 1 sein Anspruch, mit demselben prozentualen Anteil an der Verteilungsmasse beteiligt zu werden **(Sollanspruch).** War also zB ein Eigentümer mit 10% an der Einwurfsmasse beteiligt, so hat er einen Anspruch darauf, auch mit 10% an der Verteilungsmasse beteiligt zu werden.

c) Auswahl zwischen Wert- und Flächenmaßstab oder einem anderen 12 **Verteilungsmaßstab.** Um einerseits diesen Sollanspruch berechnen und andererseits entsprechend diesem Sollanspruch zuteilen zu können, müssen die privat nutzbaren Grundstücke in ein **einheitliches Maßstabsverhältnis** gesetzt werden. Als solche sieht das Gesetz in § 56 den Flächenmaßstab und den Wertmaßstab vor. Beim **Flächenmaßstab** (→ § 58) wird allein die Grundstücksfläche als Maßstab zugrunde gelegt. Dieses Verfahren bietet sich an, wenn sowohl die Einwurfs- als auch die Zuteilungsgrundstücke im Wesentlichen einen einheitlichen Wert aufweisen. In diesem Fall kommt es allein auf die Grundstücksgröße an.

Sind jedoch Einwurfs- oder Zuteilungsgrundstücke in ihrem Bodenwert deutlich 13 unterschieden, so würde der reine Flächenmaßstab zu Ungerechtigkeiten führen und unzulässig sein. In diesem Fall bietet sich der **Wertmaßstab** (→ § 57) an. Hierbei wird der Bodenwert der einzelnen Grundstücke ermittelt und der Sollanspruch aus dem Anteil des eingebrachten Bodenwerts am Gesamtwert aller eingeworfenen Grundstücke berechnet. Daneben können bei Einwilligung aller Beteiligten auch **andere Maßstäbe** zugrunde gelegt werden; es können auch Elemente des Flächenmaßstabs mit dem Wertmaßstab verbunden werden.

Am Ende dieser Berechnungen steht die **Sollzuteilung,** die angibt, welche Fläche 14 oder welchen Wert oder welche sonst gewählte Maßeinheit ein Eigentümer bei der Zuteilung **theoretisch** beanspruchen kann. Bei der Flächenumlegung ist von der Sollzuteilung der als Vorteilsausgleich dienende Teil des Flächenbeitrags abzuziehen. Im engeren Sinne ist der **Sollanspruch** daher nur die Angabe eines prozentualen Anteils, eine Verhältniszahl. Aus ihr lässt sich jedoch anhand der Verteilungsmasse die Sollzuteilung, also eine konkrete Grundstücksgröße, ermitteln. Häufig wird daher der Begriff Sollanspruch auch für die Bezeichnung dieses flächenmäßigen Anspruchs des Eigentümers verwandt (zB BGH Urt. v. 21.2.1980 – III ZR 84/78, NJW 1980, 1634 (1635)). Auch das Baugesetzbuch verwendet nur den Begriff Sollanspruch (vgl. § 56 Abs. 1 S. 1, § 59 Abs. 2).

15 **3. Verteilung (§ 59). a) Tatsächliche Zuteilung der Grundstücke aus der Verteilungsmasse (§ 59 Abs. 1).** Die Sollzuteilung ist nur eine abstrakte Größenangabe; sie besagt nichts über das Grundstück, das einem Eigentümer tatsächlich zugeteilt wird. Die Grundsätze für diese tatsächliche Zuteilung der Grundstücke **(Ist-Zuteilung)** enthält § 59 Abs. 1. Danach ist die Sollzuteilung ein wichtiger Anhaltspunkt für die Entscheidung darüber, welches Grundstück zuzuteilen ist, um dem Grundsatz der Bestandserhaltung Genüge zu tun. Von diesem Grundsatz der Bestandserhaltung wird aber nicht nur die Größe eines Grundstücks erfasst, sondern auch seine Lage. § 59 Abs. 1 bestimmt daher, dass möglichst Grundstücke in gleicher Lage oder zumindest in gleichwertiger Lage zuzuteilen sind.

16 **b) Geldausgleich.** Sofern es infolge der örtlichen Gegebenheiten und planerischen Festsetzungen im Einzelfall nicht möglich ist, ein der Sollzuteilung entsprechendes Grundstück zuzuteilen, ist nach § 59 Abs. 2 ein **Geldausgleich** zu zahlen, um die Wertgleichheit zwischen Einwurfs- und Zuteilungsgrundstück herzustellen. Hierbei handelt es sich grundsätzlich nicht um eine Enteignungsentschädigung, sondern um einen bloßen **Spitzenausgleich.**

17 **c) Entschädigung.** Überschreitet dagegen die Minderzuteilung den für einen Spitzenausgleich noch zulässigen Rahmen, ist dem Eigentümer insoweit nach § 59 Abs. 2 S. 2 ein Geldausgleich zu zahlen, der nach den Regeln für eine **Enteignungsentschädigung** zu bemessen ist. Bei einer Mehrzuteilung hat auch der Eigentümer entweder einen Spitzenausgleich oder nach § 59 Abs. 2 S. 3 einen **zeitnah ermittelten Geldausgleich** zu zahlen. Soweit frühere Eigentümer bei der Zuteilung der Grundstücke nicht berücksichtigt werden können, sind sie nach § 59 Abs. 3 bis 6 zu **entschädigen.**

B. Umlegungsmasse und Verteilungsmasse

I. Umlegungsmasse (Abs. 1)

18 **1. Summe der Grundstücksflächen.** Die **Umlegungsmasse** nach **Abs. 1** ist die **Summe der Flächen aller Grundstücke,** die in dem Umlegungsbeschluss nach § 47 und im Bestandsverzeichnis nach § 53 aufgeführt sind. Dabei ist grundsätzlich die tatsächliche Größe der Grundstücke maßgeblich, wobei aber die aus dem Liegenschaftskataster hervorgehende Fläche als tatsächliche Fläche unterstellt wird (*Schriever* in Kohlhammer-Komm. § 55 Rn. 5 f.). Ergeben sich größere Unterschiede zwischen der Buchfläche und der durch Neuvermessung ermittelten tatsächlichen Fläche des Umlegungsgebiets oder einzelner Grundstücke, ist das Kataster zu berichtigen (*Dieterich* Rn. 459). Ergeben sich hingegen nur geringfügige Katasterfehler, so sollten die in den Katasterunterlagen angegebenen Flächen der weiteren Umlegung zugrunde gelegt werden; sie sollten also – vor allem bei der Ermittlung des Umlegungsvorteils – vernachlässigt werden (vgl. *Otte* in EZBK § 55 Rn. 5; *Dieterich,* aaO).

19 **2. Rechnerische Vereinigung.** Die Vereinigung der Grundstücke im Umlegungsgebiet zu einer Umlegungsmasse ist ein **rechnerischer Vorgang,** der die bestehenden Rechtsverhältnisse unberührt lässt. Hierdurch werden also weder die Grundstücksgrenzen noch die Eigentumsverhältnisse am Grundstück geändert. Für die Bildung der Umlegungsmasse spielt es daher auch keine Rolle, wer Grundstückseigentümer ist und wie das Grundstück genutzt wird. Die Umlegungsmasse hat auch keine unmittelbar umlegungsrechtliche oder -technische Bedeutung. Sie ist lediglich Ausgangsgröße für die Bildung der Verteilungsmasse nach Abs. 4, der allerdings für die Verteilung der Grundstücke zentrale Bedeutung zukommt.

1. Abschnitt. Umlegung **§ 55**

II. Vorwegausscheidung von örtlichen Verkehrsflächen, Grünflächen und sonstigen Flächen (Abs. 2 und 3)

1. Örtliche Verkehrsflächen sowie Ausgleichsflächen (Abs. 2 S. 1 Nr. 1, 20
Abs. 2 S. 2). Der Verteilung nach Werten oder Flächen unterliegen nur privat nutzbare Grundstücke. Öffentliche Grundstücke sind nach **Abs. 2** und gegebenenfalls Abs. 5 vorweg auszuscheiden. Dieser **Flächenabzug** erfasst zunächst die **örtlichen Verkehrsflächen einschließlich der für sie notwendigen Ausgleichsflächen** im Sinne des § 1a Abs. 3 (vgl. *Schmidt-Aßmann*, Städtebauliche Umlegung, naturschutzrechtliche Eingriffsregelung und Flächenbeiträge, Rechtsgutachten für das BMBau, 1996, 122 ff., 185; *Dieterich* Rn. 176 ff.). Nach **Nr. 1** gehören hierzu Straßen und Wege einschließlich der Fuß- und Wohnwege sowie Plätze, wobei es auf eine Eignung zum Anbau – wie im Erschließungsbeitragsrecht – nicht ankommt. Ein **Bebauungsplan**, dessen Verwirklichung die Umlegung dient, unterscheidet nicht zwischen örtlichen und überörtlichen Verkehrsflächen. Zwar kennt der Flächennutzungsplan die Darstellung von örtlichen und überörtlichen Verkehrsflächen (vgl. § 5 Abs. 2 Nr. 3), jedoch ist dort eine andere Bezugsfläche für die Unterscheidung gegeben. Auch örtliche Hauptverkehrszüge im § 5 Abs. 2 Nr. 3 können im Sinne des Umlegungsrechts überörtliche Verkehrsflächen sein. Maßgeblich für die Beurteilung der Örtlichkeit oder Überörtlichkeit einer Verkehrsfläche ist daher die Funktion dieser Fläche im Hinblick auf das Umlegungsgebiet. Dasselbe gilt, wenn die Umlegung innerhalb eines im Zusammenhang bebauten **Gebiets nach § 34** durchgeführt wird. Die Verkehrsflächen sind jeweils nur dann örtliche im Sinne des Abs. 2, wenn sie **überwiegend den Bedürfnissen der Bewohner des Umlegungsgebiets dienen** sollen (vgl. Abs. 2 Nr. 2 Rn. 26). Damit ergibt sich eine Parallele zum Erschließungsbeitragsrecht, nach dem auch nur für solche Erschließungsanlagen Beiträge erhoben werden können, die erforderlich sind, um Bau- und Gewerbeflächen vorschriftsmäßig nutzen zu können (§ 129 Abs. 1 S. 1; vgl. bereits BVerwG Urt. v. 6. 10. 1960 – I C 64/60, BVerwGE 12, 1 (3)). Die Parallele zum Erschließungsbeitragsrecht findet jedoch dort ihre Grenze, wo beitragsrechtlich bedingte Zwänge städtebaulichen Erfordernissen, an denen die Umlegung ausgerichtet ist, nicht entsprechen. So mag die Anerkennung von **Sammelstraßen** als Erschließungsanlagen im Sinne des § 127 (→ § 127 Rn. 26) nur selten möglich sein; dies hindert jedoch nicht ihre Vorwegausscheidung nach § 55 Abs. 2, wenn in einem Bebauungsplan aus städtebaulichen Gründen eine Sammelstraße festgesetzt ist. Danach können nicht nur die Flächen für die Straßen ausgeschieden werden, die innerhalb des Umlegungsgebiets für die Erschließung notwendig sind, sondern auch die Flächen für diejenigen Verkehrsanlagen, die dem Anschluss des Gebiets an seine Umgebung dienen. Nr. 1 hebt dies ausdrücklich hervor. Eine flächenmäßige Begrenzung der auszuscheidenden örtlichen Verkehrsflächen enthält das Gesetz nicht. Eine Grenze folgt jedoch aus dem Prinzip der Privatnützigkeit der Umlegung (→ Vorb. §§ 45–84 Rn. 8) und dem Grundsatz der wertgleichen Zuteilung (→ § 57 Rn. 2 f.).

Für die Herstellung der Verkehrsanlagen ist oft die Anlage von **Böschungen** als 21
Aufschüttung oder Abgrabung erforderlich. Planerisch können solche Böschungen sowohl als Bestandteil der Verkehrsfläche nach § 9 Abs. 1 Nr. 11 als auch als eigenständig nach § 9 Abs. 1 Nr. 26 festgesetzt werden (→ § 9 Rn. 157 ff.). Ist die Böschung als Verkehrsfläche festgesetzt, fällt sie in den Flächenabzug. Sind Straßenböschungen dagegen nach § 9 Abs. 1 Nr. 26 festgesetzt, fallen sie nicht in den Flächenabzug und nehmen an der Verteilung privat nutzbarer Grundstücke teil (aA *Köster* in Schrödter § 55 Rn. 21; wie hier *Schriever* in Kohlhammer-Komm. § 55 Rn. 17).

Dienen im Bebauungsplan festgesetzte oder im Umlegungsgebiet bereits vorhan- 22
dene Verkehrsflächen **sowohl örtlichen als auch überörtlichen Bedürfnissen**, kann im Anschluss an § 128 Abs. 3 Nr. 2 der Teil der Ortsdurchfahrt, der der anschließenden freien Strecke der Straße entspricht, nicht nach Abs. 2 ausgeschieden werden;

§ 55 I. Kapitel. IV. Teil. Bodenordnung

wohl aber können die darüber hinausgehenden Flächen, die für den örtlichen Bedarf angelegt sind, wie zB Bürgersteige, Abbiegestreifen oÄ, vorab ausgeschieden werden (vgl. § 128 Rn. 43; *Spannowsky* in BK § 55 Rn. 14; *Schriever* in Kohlhammer-Komm. § 55 Rn. 15). Die übrigen Flächen können jedoch nach Abs. 5 gegen Ersatzlandgestellung ausgeschieden und zugeteilt werden. Zu den örtlichen Verkehrsflächen können, insoweit ebenfalls über das Erschließungsbeitragsrecht hinausgehend, auch vorhandene **private Verkehrsflächen** gehören, wenn sie nach dem Bebauungsplan als öffentliche Verkehrsflächen festgesetzt sind (BVerwG Urt. v. 2.7.1982 – 8 C 28/81, BVerwGE 66, 69). In Gebieten nach § 34 dürfte dies ohne Bebauungsplan nicht möglich sein.

23 Auch Verkehrsflächen stellen Eingriffe in Natur und Landschaft dar und müssen je nach dem Ergebnis der Abwägung bei der Aufstellung des Bebauungsplans ausgeglichen werden. **Abs. 2 S. 2** bestimmt daher ausdrücklich, dass zu den für die Errichtung der Anlagen nach S. 1 auszuscheidenden Flächen auch **die hierfür nötigen Ausgleichsflächen** im Sinne des § 1a Abs. 3 gehören. Sie dienen mit den Verkehrsflächen der Erschließung des Gebiets und sind damit privatnützig.

24 **2. Flächen für Grünanlagen und sonstige Flächen sowie Ausgleichsflächen (Abs. 2 S. 1 Nr. 2, Abs. 2 S. 2 und 3).** Nach **Nr. 2** können neben Parkplätzen, also Flächen zum Parken von Fahrzeugen, auch verschiedene **sonstige Flächen** vorweg ausgeschieden werden, die der Erschließung der Grundstücke des Umlegungsgebiets dienen. Hierbei handelt es sich nicht allein um Grünflächen, sondern auch um nichtbegrünte Erschließungsflächen. Nr. 2 umfasst **fünf Gruppen** von Flächen, die trotz der teilweisen Verbindung durch das Wort „einschließlich" jeweils selbstständig zu verstehen sind. So werden zB Kinderspielplätze nicht nur als Bestandteile von Grünanlagen erfasst (vgl. BT-Drs. 10/6166, 156; ausführlich hierzu *Schriever* in Kohlhammer-Komm. § 55 Rn. 27; *Otte* in EZBK § 55 Rn. 18 ff.).

25 Danach ergeben sich folgende Gruppen von vorweg auszuscheidenden Flächen:
– Flächen für **Parkplätze**, soweit sie nicht schon Bestandteil der Verkehrsflächen nach Nr. 1 sind; dies korrespondiert mit dem Erschließungsbeitragsrecht, denn nach § 127 Abs. 2 Nr. 4 gehören Parkflächen zu den beitragsfähigen Erschließungsanlagen (→ § 127 Rn. 28 f.);
– Flächen für **Grünanlagen,** soweit sie nicht schon Bestandteil der Verkehrsflächen nach Nr. 1 sind; auch hier sind wie bei § 127 Abs. 2 Nr. 4 solche Grünanlagen gemeint, die nach städtebaulichen Grundsätzen zur Erschließung des Umlegungsgebiets notwendig sind und in seinen Grenzen liegen (→ § 127 Rn. 32 f.);
– Flächen für **Kinderspielplätze**, soweit sie nicht schon Bestandteil der in Nr. 1 genannten Verkehrsanlagen sind, was etwa bei Wohnstraßen denkbar ist; trotz der sprachlichen Anbindung an die Grünanlagen durch das Wort „einschließlich" ist eine irgendwie geartete **Begrünung** dieser Kinderspielplätze **nicht erforderlich** (vgl. *Köster* in Schrödter § 55 Rn. 24; s. auch *Otte* VR 1987, 73 (78): „Kinderspielplätze als iwS verstandene Grünanlagen").
– Flächen für **Anlagen zum Schutz gegen schädliche Umwelteinwirkungen** im Sinne des Bundes-Immissionsschutzgesetzes, soweit sie nicht schon Bestandteil der Verkehrsflächen nach Nr. 1 sind (→ § 127 Rn. 37 f.); auch hier kommt es nicht auf eine Begrünung an, was schon daraus deutlich wird, dass sich das „einschließlich" nicht auf diese Anlagen bezieht;
– Flächen für **Regenklär- und Regenüberlaufbecken;** Regenüberlaufbecken dienen dazu, ein sog. Mischkanalisations-System bei starken Regengüssen vor einer Stoßbelastung und damit oft Überlastung zu bewahren; sie benötigen für ein normales Umlegungsgebiet eine Größe von etwa 300 bis 500 m²; ein Regenklärbecken dient im Trennkanalisations-System dazu, das Oberflächenwasser vor seiner Weiterleitung in Kanälen von groben Schmutzbestandteilen zu befreien; es benötigt wegen seiner Flachbauweise eine Grundstücksfläche von etwa 500 bis

700 m² (vgl. *Mainczyk* DÖV 1986, 995 (996f.)); wie bei allen Flächen der Nr. 2 gilt auch hier, dass sie nur dann vorweg ausgeschieden werden dürfen, wenn sie überwiegend den Bedürfnissen der Bewohner des Umlegungsgebiets dienen sollen; Flächen mit einer weiterreichenden Zweckbestimmung können nur nach Abs. 5 gegen Ersatzland ausgeschieden werden (vgl. BGH Urt. v. 19.1.1984 – III ZR 185/82, BGHZ 89, 353).

Als **überwiegend den Bedürfnissen der Bewohner des Umlegungsgebiets** 26
dienend können vor allem Kinderspielplätze und gebietsbezogene kleinere Grünanlagen angesehen werden, aber auch Immissionsschutzanlagen, die ein Umlegungsgebiet zB gegen Straßenlärm abschirmen (vgl. *Dieterich* Rn. 178). Sportplätze, größere Parks, Zelt- und Badeplätze werden dagegen überwiegend einem überörtlichen Bedarf dienen. Kleingartenanlagen dienen in der Regel ebenfalls iSv Abs. 2 S. 1 Nr. 2 einem überörtlichen Bedarf.

Soweit Nr. 2 ausgleichspflichtige Anlagen erfasst, sind auch bei ihnen die zugehö- 27
rigen **Flächen zum Ausgleich** im Sinne des § 1a Abs. 3 vorweg mit auszuscheiden (→ Rn. 23; ausführlich *Kirchberg,* Der naturschutzrechtliche Ausgleich in der Umlegung, FS Stüer, 2013, 187ff.). **Abs. 2 S. 3** stellt ergänzend klar, dass Grünflächen nach Nr. 2 auch solche Ausgleichsflächen im Sinne des § 1a Abs. 3 umfassen können, die für die Bauflächen im Umlegungsgebiet, also gebietsadäquat, festgesetzt sind. Da die Ausgleichsflächen die Bebaubarkeit der Grundstücke erst herstellen, ist ihre **Vorwegausscheidung privatnützig** und damit in der Regel von der Zwecksetzung der Umlegung gedeckt ((zu im Einzelfall, insbesondere bei einer sehr kleinteiligen Eigentümerstruktur bestehenden Problemen *Bunzel,* Bauleitplanung und Flächenmanagement bei Eingriffen in Natur und Landschaft, Difu-Arbeitshilfe Städtebaurecht, 1999, 116ff.; → *Schmidt-Aßmann* (Rn. 20), 100ff.; *Müller-Jökel/Hecker* in Bunzel u.a., Neuerungen im Baugesetzbuch 1998 – kommentiert für die Praxis, Difu-Arbeitshilfe Städtebaurecht, 1998, 79 (93f.)).

3. Rechtsänderung und vorzeitige Besitzeinweisung. Die in Abs. 2 genann- 28
ten Flächen werden nicht nur ausgeschieden, sondern auch der Gemeinde oder dem sonstigen Erschließungsträger **zugeteilt**. Hierin liegt allerdings **noch keine Rechtsänderung.** Diese erfolgt vielmehr wie bei der Zuteilung privat nutzbarer Grundstücke erst mit Bekanntmachung des Inkrafttretens des Umlegungsplans (vgl. §§ 71, 72). Für die Vorwegausscheidung ist aber auch eine **Vorwegnahme der Entscheidung** nach § 76 möglich, da diese nicht nur für Regelungen nach den §§ 56 bis 62 vorgesehen ist, sondern auch § 55 einbezieht (*Otte* VR 1987, 73 (86)). Möglich ist ebenfalls eine **vorzeitige Besitzeinweisung** nach § 77 Abs. 1 Nr. 1. Zwar begründet diese keine Rechtsänderung, doch erlaubt sie die Nutzung des Grundstücks, dh die Erstellung der für die Nutzung der übrigen Grundstücke erforderlichen Erschließungsanlagen.

4. Abfindung (Abs. 3). Nach **Abs. 3** findet für den Austausch der alten gegen 29
die neuen Verkehrsflächen und sonstigen Flächen nach Abs. 2 **kein Wertausgleich** statt. Die Gemeinde ist vielmehr mit der Zuteilung der neuen Verkehrsflächen und sonstigen Flächen für die von ihr eingebrachten Flächen abgefunden. Dasselbe gilt für einen Erschließungsträger. Stellt sich nach Abschluss des Umlegungsverfahrens heraus, dass eine vorweg **ausgeschiedene Fläche** nach Abs. 2 **nicht mehr** für den nach dem Bebauungsplan vorgesehenen Zweck **benötigt** wird, etwa weil eine Erschließungsstraße durch ein anderes Erschließungssystem überflüssig wird, steht den Eigentümern im Umlegungsgebiet **kein Rückübertragungsanspruch** zu, weil ein solcher Rückabwicklungsanspruch in einen einzelnen Beteiligten in den vielschichtigen Interessensausgleich, der durch die Umlegung bewirkt wurde, eingreifen würde. Die Besonderheiten der Umlegung stehen also einem solchen Anspruch entgegen; allenfalls kommt eine Änderung des Umlegungsplans nach § 73 in Betracht (BVerwG Urt. v. 22.3.1990 – 4 C 24/86, BVerwGE 85, 96; *Otte* in EZBK § 55 Rn. 52ff.).

§ 55 I. Kapitel. IV. Teil. Bodenordnung

30 Zweck der Regelung in Abs. 2 ist es, Verkehrs- und sonstige Flächen nach Abs. 2 als Flächen öffentlicher Nutzung von der Verteilung privat nutzbarer Grundstücke auszunehmen. Dieser Zweck kann nur dann erreicht werden, wenn alte gegen neue Verkehrs- und sonstige Flächen vollständig „aufgerechnet" werden, die Gemeinde also keine „privat" nutzbaren Flächen erhält, soweit sie mehr Verkehrs- oder Grünflächen eingeworfen hat, als nach der Neuordnung erforderlich sind. Im Übrigen sind für die alten Verkehrs- und Grünflächen uU Erschließungsbeiträge erhoben worden; es wäre daher nicht sachgerecht, wenn diese Grundstücke jedenfalls zum Teil einen Anspruch der Gemeinde oder des Erschließungsträgers auf Zuteilung von Baugrundstücken begründen würden (vgl. auch BT-Drs. 10/4630, 98). Gestützt wird diese Auffassung noch dadurch, dass **Verkehrsflächen keinen eigenen Wert** besitzen, sondern zu einem Wertbestandteil der Anliegergrundstücke werden. Verkehrsflächen können daher mangels eigenen Werts keinen Zuteilungsanspruch begründen (*Otte* in EZBK § 55 Rn. 51). Die praktische Bedeutung dieses Problems ist allerdings gering, da nur selten der Fall eintreten wird, dass die alten Verkehrs- und Grünflächen umfangreicher sind als die neuen. Hat die Gemeinde auch Flächen eingeworfen, die nicht als Verkehrs- oder Grünflächen gedient haben, wird sie insoweit wie jeder andere Eigentümer behandelt.

III. Verteilungsmasse (Abs. 4 und 5)

31 **1. Umfang der Verteilungsmasse.** Sind die Flächen nach Abs. 2 aus der Umlegungsmasse ausgeschieden, bleibt die für die Verteilung privat nutzbarer Grundstücke zur Verfügung stehende Fläche übrig. Nach **Abs. 4** ist dies die **Verteilungsmasse**. Die Verteilungsmasse ist gegenüber der Einwurfsmasse, der Summe der eingeworfenen privat nutzbaren Grundstücke, umso viel kleiner, als die neuen Flächen nach Abs. 2 die alten Verkehrs- und Grünflächen an Umfang übertreffen. Die Eigentümer müssen daher in der Regel schon aufgrund des Flächenabzugs nach Abs. 2 eine flächenmäßige Minderung ihres Zuteilungsanspruchs in der Umlegung hinnehmen.

32 **2. Ausscheidung und Zuteilung sonstiger Flächen für öffentliche Nutzung.** Nach **Abs. 5 S. 1** können über die Flächen nach Abs. 2 hinaus auch **weitere Flächen, die für eine öffentliche Nutzung vorgesehen sind,** ausgeschieden und dem jeweiligen Bedarfs- oder Erschließungsträger zugeteilt werden. Dabei bestimmt Abs. 5 den Zuteilungsgegenstand nicht exakt, sondern wählt mit dem „öffentlichen Zweck" einen Sammelbegriff für verschiedene Festsetzungsmöglichkeiten des Bebauungsplans. Aus der Systematik, die der Verteilungsregelung der §§ 55 bis 59 zugrunde liegt (→ Rn. 3 f.), folgt, dass es sich bei den Flächen nach Abs. 5 lediglich um solche Flächen handeln kann, die **im Regelfall nicht privat nutzbar** sind. Es geht also um Flächen für Anlagen und Einrichtungen, die von einem besonderen Bedarfs- oder Erschließungsträger betrieben werden, wobei es allerdings auf dessen Rechtsform nicht ankommt (vgl. § 5 Rn. 15a, § 9 Nr. 40).

33 Für eine Ausscheidung nach Abs. 5 kommen daher solche Flächen in Betracht, die nach dem Bebauungsplan als Flächen für den **Gemeinbedarf** (§ 9 Abs. 1 Nr. 5), als – über Flächen nach Abs. 2 hinausgehende – **Verkehrsflächen** (§ 9 Abs. 1 Nr. 11), als **Versorgungsflächen** (§ 9 Abs. 1 Nr. 12), als Flächen für die **Abfall- und Abwasserbeseitigung** sowie für Ablagerungen (§ 9 Abs. 1 Nr. 14), als öffentliche **Grünflächen,** soweit sie über die Flächen nach Abs. 2 hinausgehen (§ 9 Abs. 1 Nr. 15) oder als von der Bebauung freizuhaltende **Schutzflächen** sowie als Flächen für besondere Anlagen und Vorkehrungen zum **Schutz vor schädlichen Umwelteinwirkungen** im Sinne des BImSchG mit über das Umlegungsgebiet hinausreichender Bedeutung (§ 9 Abs. 1 Nr. 24) festgesetzt sind (*Schriever* in Kohlhammer-Komm. § 55 Rn. 50). Werden für die Errichtung von Anlagen eines Bedarfs- oder Erschließungsträgers **Ausgleichsflächen** erforderlich, kann auch hierfür von dem Instrument der Vor-

1. Abschnitt. Umlegung **§ 55**

wegausscheidung nach Abs. 5 Gebrauch gemacht werden. **Nicht erfasst sind hingegen bauflächenbedingte Ausgleichsflächen,** die im Interesse der Eigentümer des Umlegungsgebiets liegen (vgl. *Schmidt-Aßmann* (Rn. 20), 139 ff.). Hierfür bleibt es bei der Vorwegausscheidung nach Abs. 2 (→ Rn. 27 f.).

3. Einbringung von Ersatzland. Abs. 4 bestimmt, dass nach Abzug der Flächen **34** nach Abs. 2 die Verteilungsmasse, also die Summe der an die Eigentümer des Umlegungsgebiets wieder zu verteilenden Grundstücksflächen, entsteht. Durch die Ausscheidung sonstiger Flächen nach Abs. 5 darf daher die Verteilungsmasse nicht verkleinert werden. **Abs. 5 S. 1 Hs. 2** regelt daher, dass die Ausscheidung nur dann zulässig ist, wenn der begünstigte Bedarfs- oder Erschließungsträger **geeignetes Ersatzland** in die Verteilungsmasse einbringt (zu dessen Bewertung instruktiv *Aderhold* GuG 2002, 19 (21 ff.)).

Wann Ersatzland in diesem Sinne geeignet ist, bestimmt sich nach mehreren Kriterien. **35** Zum einen darf durch den Flächenaustausch die **Verteilungsmasse nicht reduziert** werden. Dies bedeutet, dass das Ersatzland der für die öffentliche Nutzung vorgesehenen Fläche entsprechen muss. Bei einer Verteilung nach Werten muss also das Ersatzland denselben Wert wie die öffentlich nutzbare Fläche haben, würde sie für private Nutzung zur Verfügung stehen; bei einer Verteilung nach Flächen muss es dieselbe Flächengröße aufweisen. Dabei kommt es auf geringfügige Abweichungen nicht an. Solche Spitzen sind in Geld auszugleichen.

Darüber hinaus muss das Ersatzland aber auch insofern geeignet sein, als es einem **36** an der Umlegung beteiligten Eigentümer **zugeteilt werden kann.** Dies wird regelmäßig der Fall sein, wenn das Ersatzland innerhalb des Umlegungsgebiets liegt. Abs. 5 S. 1 lässt jedoch ausdrücklich zu, dass das Ersatzland **auch außerhalb des Umlegungsgebiets** liegen kann (zu der Frage, ob das Ersatzland zur Verteilungsmasse gehört, vgl. *Aderhold* GuG 2002, 19 (20 f.)). Wann ein solches Grundstück in diesem Sinne geeignet ist, lässt sich nicht generell bestimmen. So kann zB ein entfernt gelegenes landwirtschaftlich nutzbares Grundstück in einer Umlegung geeignet sein, in der ein Landwirt ausgesiedelt werden muss. Haben jedoch alle in das Umlegungsgebiet Rohbauland eingebracht und erhalten sie nach Abschluss der Umlegung baureifes Land, so wird dieses Grundstück als Ersatzland im Sinne des Abs. 5 S. 1 in der Regel ungeeignet sein.

Ersatzland, das außerhalb des Umlegungsgebiets liegt, wird **nicht in die Umle- 37 gung einbezogen.** Die Grundstücke werden zwar **zum Verfahren gezogen** und wie Grundstücke im Umlegungsgebiet behandelt, können jedoch nicht umgestaltet werden. Auch besteht an ihnen kein Vorkaufsrecht, da sie nicht, wie nach § 24 Abs. 1 S. 1 Nr. 2 erforderlich, „in einem Umlegungsgebiet" liegen. Allerdings können nach § 61 Abs. 3 auch an ihnen bestehende Rechte aufgehoben, geändert oder begründet werden (so auch *Köster* in Schrödter § 55 Rn. 43). Auch sind sie im Umlegungsverzeichnis nach § 68 Abs. 1 Nr. 1 aufzuführen.

Nach **Abs. 5 S. 2** ist die Umlegungsstelle gehalten, von der Flächenausscheidung **38** gegen Ersatzlandgestellung Gebrauch zu machen. Dies kann dazu dienen, eine sonst notwendige Enteignung dieser Fläche zu vermeiden. **Keinesfalls** kann aber der Umlegung durch die Flächenausscheidung nach Abs. 5 wegen der Sollvorschrift in S. 2 ein ähnlicher **Charakter wie einer Unternehmensflurbereinigung** nach §§ 87 ff. FlurbG beigemessen werden. Bei dieser werden die Lasten, die bei der Durchführung eines größeren Unternehmens einem einzelnen oder wenigen Landwirten auferlegt würden, durch eine großräumig angelegte Flurbereinigung auf eine Mehrzahl von Landwirten umgelegt. Diese sind dabei für die von ihnen aufgebrachten Flächen in Geld zu entschädigen. Hieran wird der Charakter der Unternehmensflurbereinigung als fremdnützig und damit als Enteignung deutlich. Dieser Gedanke ist der Umlegung fremd. Kann ein Bedarfsträger kein Ersatzland stellen, muss für die benötigte Fläche gegebenenfalls das Enteignungsverfahren nach § 85 Abs. 1 Nr. 1 durchgeführt werden

§ 56

(*Aderhold* GuG 2002, 19 (20); *Schriever* in Kohlhammer-Komm. § 55 Rn. 53; enger *Köster* in Schrödter § 55 Rn. 38, der in jedem Fall das Vorliegen der Enteignungsvoraussetzungen nach § 87 Abs. 1 und 2 fordert; ganz anders *Otte* in EZBK § 55 Rn. 58 ff., der mit dem Ziel eines geringstmöglichen Eingriffs in die Vermögenspositionen aller Beteiligter den Gedanken der Unternehmensflurbereinigung auch in das Umlegungsrecht einführen will).

§ 56 Verteilungsmaßstab

(1) ¹**Für die Errechnung der den beteiligten Grundeigentümern an der Verteilungsmasse zustehenden Anteile (Sollanspruch) ist entweder von dem Verhältnis der Flächen oder dem Verhältnis der Werte auszugehen, in dem die früheren Grundstücke vor der Umlegung zueinander gestanden haben.** ²**Der Maßstab ist von der Umlegungsstelle nach pflichtmäßigem Ermessen unter gerechter Abwägung der Interessen der Beteiligten je nach Zweckmäßigkeit einheitlich zu bestimmen.**

(2) **Sind alle Beteiligten einverstanden, so kann die Verteilungsmasse auch nach einem anderen Maßstab aufgeteilt werden.**

Übersicht

	Rn.
I. Bedeutung des Sollanspruchs	1
II. Ermittlung des Sollanspruchs	5
1. Legalmaßstäbe (Abs. 1 S. 1)	6
a) Flächenmaßstab	6
b) Wertmaßstab	7
2. Sonstige Maßstäbe (Abs. 2)	8
3. Wahl des Verteilungsmaßstabs	11
a) Zweckmäßigkeit (Abs. 1 S. 2)	11
b) Einverständnis der Beteiligten (Abs. 2)	15
4. Bewertungszeitpunkt	16

I. Bedeutung des Sollanspruchs

1 Abs. 1 S. 1 bestimmt den **Sollanspruch** zur maßgeblichen Leitgröße für die Aufteilung der Verteilungsmasse unter den beteiligten Grundstückseigentümern. Für die Berechnung dieses Sollanspruchs werden von Gesetzes wegen zwei Verfahren zur Verfügung gestellt; weitere Verfahren kann die Umlegungsstelle mit Einverständnis aller Beteiligten wählen.

2 Die Bedeutung des Sollanspruchs ist jedoch in zweifacher Hinsicht zu relativieren. Zum einen umfasst er lediglich den Anspruch auf den **Grund und Boden;** bauliche Anlagen, Anpflanzungen und sonstige Einrichtungen bleiben hier ebenso unberücksichtigt wie an den Grundstücken bestehende Rechte. Für sie ist nach § 60 S. 1 oder nach § 61 Abs. 2 eine Geldabfindung zugunsten der Betroffenen zu gewähren. Dies gilt für bauliche Anlagen selbst dann, wenn sie nach dem bürgerlichen Recht als wesentliche Bestandteile des Grundstücks zu betrachten sind (*Otte* in EZBK § 56 Rn. 1).

3 Zum anderen ist der Sollanspruch nur eine **Rechengröße,** die als Anhaltspunkt für die Größe des tatsächlich zuzuteilenden Grundstücks dient. Mit ihr ist lediglich die **Sollzuteilung,** etwa nach § 57 S. 2, zu ermitteln. Für die Ist-Zuteilung nach § 59 Abs. 1, also für die tatsächliche Zuteilung, spielen neben der Größe noch andere Faktoren wie insbesondere der Zweck der Umlegung nach § 45 Abs. 1, die Lage des Grundstücks oder auch sonstige Wünsche oder berechtigte Interessen der Umlegungsbeteiligten eine gewichtige Rolle (→ § 59 Rn. 3). Diese können dazu führen,

1. Abschnitt. Umlegung § 56

dass Beteiligten ein größeres Grundstück zugeteilt wird, als ihnen nach dem Sollanspruch zusteht; sie können aber auch zur Zuteilung eines kleineren Grundstücks oder dazu führen, dass gar kein Grundstück zugeteilt werden kann.

In jedem Fall aber markiert der Sollanspruch bzw. die sich aus ihm ergebende Sollzuteilung die Grenze, bei deren Unterschreitung innerhalb der Umlegung ein enteignender Eingriff vorliegt, der nach den für die Enteignung geltenden Vorschriften zu entschädigen ist (→ § 57 Rn. 6; § 59 Rn. 16). Die Beachtung des Sollanspruchs ist daher für die Umlegung als Inhaltsbestimmung des Eigentums konstitutiv (vgl. *Schmidt-Aßmann* DVBl. 1982, 152 (157)). 4

II. Ermittlung des Sollanspruchs

Der **Sollanspruch** ist der Anteil an der Verteilungsmasse, der den Beteiligten zusteht. Es ist also eine **Verhältniszahl**. Aus ihm selbst ergibt sich daher kein Hinweis für eine bestimmte, dem Eigentümer zustehende Grundstücksgröße. Zur Ermittlung des Sollanspruchs nennt Abs. 1 S. 1 zwei Maßstäbe, den Flächenmaßstab und den Wertmaßstab. Nach Abs. 2 können einvernehmlich aber auch sonstige Maßstäbe herangezogen werden. 5

1. Legalmaßstäbe (Abs. 1 S. 1). a) Flächenmaßstab. Wählt die Umlegungsstelle den **Flächenmaßstab**, wird der Sollanspruch nach dem **Anteil der Fläche** bemessen, den das Grundstück an der Gesamtheit der eingeworfenen privat nutzbaren Grundstücke **(Einwurfsmasse)** hat. Umfasst zB das Umlegungsgebiet eine Fläche von 11 ha, und ist von diesen 1 ha Verkehrsfläche oder Grünfläche, so bleibt als Einwurfsmasse eine Fläche von 10 ha. Ist das Grundstück des Beteiligten 1 ha groß, so macht es einen Anteil von 10% an der Einwurfsmasse aus. Der Sollanspruch des Eigentümers beträgt daher 10%, die Sollzuteilung 10% der Verteilungsmasse. 6

b) Wertmaßstab. Der zweite Maßstab, den das Gesetz zur Verfügung stellt, ist der **Wertmaßstab**. Bei ihm ist nicht von der Fläche der Einwurfsmasse, sondern von ihrem Wert auszugehen. Dabei sind aber nur der Grund und Boden, nicht aber zB bestehende bauliche Anlagen oder vorhandene Belastungen zu berücksichtigen. Waren zB bei dem zum Flächenmaßstab (Rn. 6) gewählten Beispiel alle eingeworfenen Grundstücke gleichwertig, besteht wiederum ein Sollanspruch von 10%. War das eingeworfene Grundstück jedoch im Verhältnis zu anderen Grundstücken wertvoller, liegt der diesbezügliche Sollanspruch entsprechend höher; war es geringwertiger, liegt der Sollanspruch niedriger als bei dem gewählten Beispiel zum Flächenmaßstab. 7

2. Sonstige Maßstäbe (Abs. 2). Nach **Abs. 2** kann die Umlegungsstelle der Umlegung auch einen **anderen geeigneten Verteilungsmaßstab** zugrunde legen. Hiernach ist eine Vielzahl von möglichen Verteilungsmaßstäben denkbar, die aber in der praktischen Anwendung nur in besonders gelagerten Fällen eingesetzt werden können. 8

In Betracht kommt zB in Anlehnung an § 131 Abs. 2 Nr. 3 der **Frontmetermaßstab** (s. § 131 Rn. 38). Hier wird der Sollanspruch danach berechnet, in welcher Breite die Grundstücke an eine Erschließungsanlage, zB eine Straße, angrenzen. Dieser Maßstab kann zB gewählt werden, wenn sowohl Einwurfs- als auch Zuteilungsgrundstücke untereinander jeweils dieselbe Grundstückstiefe aufweisen und sich nur nach der Grundstücksbreite an der Erschließungsanlage unterscheiden. 9

In Anlehnung an § 131 Abs. 2 Nr. 1 kann auch ein **Nutzungsmaßstab** gewählt werden (→ § 131 Rn. 53 ff.). Ein solcher Maßstab kann zB dann zweckmäßig sein, wenn die Umlegung dazu dient, die Grundstücksfläche für ein neues Ortszentrum zu ordnen. Bei den zuzuteilenden Grundstücken kommt es dann für ihre Wertigkeit entscheidend auf ihre Ausnutzbarkeit an. Hier kann zB der Anteil an der eingeworfenen Grundstücksfläche zu einem entsprechenden Sollanspruch auf einen bestimmten 10

Anteil an der neu zu schaffenden Geschossfläche, eventuell noch weiter differenziert nach Wohn- und Gewerbenutzung, führen.

11 **3. Wahl des Verteilungsmaßstabs. a) Zweckmäßigkeit (Abs. 1 S. 2).** Der Umlegungsmaßstab ist für das Umlegungsgebiet nach **Abs. 1 S. 2** jeweils **einheitlich** zu wählen. Ausschlaggebendes Kriterium für die Wahl des Verteilungsmaßstabs ist seine **Zweckmäßigkeit** im Hinblick auf die konkret durchzuführende Umlegung. Der Wertmaßstab ist dabei in allen denkbaren Fällen ein geeigneter Verteilungsmaßstab. Liegen sehr differenzierte Einwurfs- oder Zuteilungsverhältnisse vor, führt kaum ein Weg am Wertmaßstab vorbei. Jedoch ist durch die Ermöglichung eines über den Flächenbeitrag hinausgehenden Geldausgleichs in § 58 Abs. 1 S. 2 durch das EAG Bau der Anwendungsbereich der Flächenumlegung deutlich erweitert worden.

12 Allerdings ist der Wertmaßstab für die Beteiligten nicht stets der einsichtigste Maßstab, da Wertermittlung immer auch Wertung ist die nicht stets von allen Beteiligten gleichermaßen geteilt wird. Es kann sich daher anbieten, bei einfacher gelagerten Verhältnissen einen leicht und von jedem Beteiligten nachvollziehbaren **quantifizierbaren Maßstab** zugrunde zu legen. Als ein solcher Maßstab kommt in erster Linie der Flächenmaßstab in Betracht, bei dem jeder Beteiligte anhand der bekannten Summen von Einwurfs- und Verteilungsmasse seine Sollzuteilung auf den Quadratmeter genau ausrechnen kann. Ähnliches gilt für den Frontmetermaßstab oder einen Nutzungsmaßstab.

13 Bei einer **Umlegung im Sanierungsgebiet** ist allerdings nach § 153 Abs. 5 Nr. 3 der Flächenmaßstab ausgeschlossen, sofern die Sanierung nicht im vereinfachten Verfahren (§ 142 Abs. 4) durchgeführt wird. Hier liegen in aller Regel so komplexe Verhältnisse vor, dass mit einem so einfachen Verteilungsmaßstab wie dem Flächenmaßstab dem Gleichbehandlungs- und Gleichbelastungsgebot der Umlegung nicht hinreichend Rechnung getragen werden kann. Zudem wäre der Ausgleich des Umlegungsvorteils in Fläche, soweit er über den Flächenabzug nach § 55 Abs. 2 hinausgeht (→ § 58 Rn. 4 ff.), mit dem wert- und damit geldleistungsorientierten Ausgleichssystem des Sanierungsrechts nur schwer zu harmonisieren (→ § 153 Rn. 1 ff.; § 154 Rn. 1 ff.). Die Wahl eines anderen Verteilungsmaßstabs nach Abs. 2 wird durch die Regelung des § 153 Abs. 5 Nr. 3 grundsätzlich nicht berührt. Soweit allerdings ein Ausgleich des Umlegungsvorteils in Fläche vorgesehen ist, gelten hierfür dieselben Erwägungen, die der Anwendung des Flächenmaßstabs in der Sanierungsumlegung entgegenstehen.

14 Der Verteilungsmaßstab wird nach Abs. 1 S. 2 von der Umlegungsstelle bestimmt. Bei dieser **Ermessensentscheidung** hat die Umlegungsstelle die Interessen der Beteiligten zu berücksichtigen. Dies bedeutet, dass die Umlegungsstelle einen Maßstab auszuwählen hat, der nicht nur den Grundgedanken der Umlegung, vor allem der anteils- und wertgleichen Abfindung in Land, entspricht, sondern mit dem möglichst auch besondere Interessen oder Wünsche der Beteiligten befriedigt werden können. Die Umlegungsstelle darf nicht ohne Weiteres den für sie günstigsten oder einfachsten Maßstab wählen, wenn bei Zugrundelegung eines komplizierteren Maßstabs gerechtere oder interessengemäßere Ergebnisse zu erzielen sind.

15 **b) Einverständnis der Beteiligten (Abs. 2).** Kommt die Umlegungsstelle bei diesen Erwägungen zu dem Ergebnis, dass nicht einer der Legalmaßstäbe, sondern **ein sonstiger Maßstab** den in der konkreten Umlegung zu lösenden Problemen am besten und einfachsten gerecht wird, hat sie hierfür das **Einverständnis sämtlicher Beteiligter** herbeizuführen. Die beiden Legalmaßstäbe sind im Gesetz in §§ 57 und 58 im Einzelnen näher ausgeführt und so gestaltet, dass sie stets dem Grundgedanken der anteils- und wertgleichen Zuteilung genügen können. Bei gesetzlich nicht vorstrukturierten Verteilungsmaßstäben ist diese Gewährleistung hingegen nicht vorhanden. Die Wahl eines solchen Maßstabs muss daher von allen Beteiligten gleichermaßen getragen werden.

4. Bewertungszeitpunkt. Für die Berechnung des Sollanspruchs bestimmt **16** Abs. 1 S. 1, dass von den Anteilsverhältnissen der früheren Grundstücke vor der Umlegung auszugehen ist. Dies ist der anteilsmäßige Zustand, der nach dem Grundsatz der Bestandserhaltung in der Umlegung grundsätzlich flächenmäßig, mindestens aber entsprechend der Wertgarantie wertmäßig zu gewährleisten ist (→ im Einzelnen § 57 Rn. 4 ff.). Wie nach § 57 S. 2 und § 58 Abs. 4 ist mit dem **Bewertungszeitpunkt** in **Abs. 1 S. 2** der Zeitpunkt der **Bekanntmachung des Umlegungsbeschlusses** gemeint (→ § 57 Rn. 7 f. und § 58 Rn. 6).

§ 57 Verteilung nach Werten

¹Geht die Umlegungsstelle von dem Verhältnis der Werte aus, so wird die Verteilungsmasse in dem Verhältnis verteilt, in dem die zu berücksichtigenden Eigentümer an der Umlegung beteiligt sind. ²Jedem Eigentümer soll ein Grundstück mindestens mit dem Verkehrswert zugeteilt werden, den sein früheres Grundstück auch unter Berücksichtigung der Pflicht zur Bereitstellung von Flächen zum Ausgleich im Sinne des § 1 a Abs. 3 im Zeitpunkt des Umlegungsbeschlusses hatte. ³Für die zuzuteilenden Grundstücke ist der Verkehrswert, bezogen auf den Zeitpunkt des Umlegungsbeschlusses, zu ermitteln. ⁴Dabei sind Wertänderungen, die durch die Umlegung bewirkt werden, zu berücksichtigen; sollen Grundstücke in Bezug auf Flächen nach § 55 Abs. 2 erschließungsbeitragspflichtig zugeteilt werden, bleiben Wertänderungen insoweit unberücksichtigt. ⁵Unterschiede zwischen den so ermittelten Verkehrswerten sind in Geld auszugleichen.

Übersicht

	Rn.
I. Grundsätze der Wertumlegung	1
1. Wertgleiche Zuteilung (S. 2)	2
2. Anteilsgleiche Zuteilung (S. 1)	4
II. Ermittlung der Bodenwerte	7
1. Bewertungszeitpunkt (S. 2 und 3)	7
2. Einwurfsflächen (S. 2)	10
3. Zuteilungsflächen (S. 3)	15
4. Umlegungsvorteil (S. 4 Hs. 1)	17
5. Verhältnis zum Erschließungsbeitrag (S. 4 Hs. 2)	19
III. Geldausgleich (S. 5)	23
1. Funktion	23
2. Abgrenzung zum Planungswertausgleich	26
3. Bemessung der Ausgleichsleistungen	29
IV. Besonderheiten der Umlegung in Sanierungsgebieten	33
1. Einwurfsbewertung	34
2. Zuteilungsbewertung	35
3. Bemessung der Ausgleichsleistungen	36

I. Grundsätze der Wertumlegung

Die Wertumlegung wird von den sich ergänzenden **Grundsätzen der wertglei-** **1** **chen und anteilsgleichen Zuteilung von Grund und Boden** geprägt. Bei der tatsächlichen Zuteilung verbleibende Wertunterschiede sind in Geld auszugleichen.

1. Wertgleiche Zuteilung (S. 2). Nach **S. 2** soll ein Eigentümer in der Umle- **2** gung nicht ein Grundstück erhalten, das einen geringeren Verkehrswert aufweist als das von ihm eingeworfene Grundstück. Dieser Grundsatz der **wertgleichen Zutei-**

§ 57 I. Kapitel. IV. Teil. Bodenordnung

lung markiert die **untere Grenze,** bei deren Verletzung die Umlegung grundsätzlich die Grenze einer Inhalts- und Schrankenbestimmung des Eigentums überschreitet und damit rechtswidrig wird (BGH Urt. v. 14.7.1977 – III ZR 139/74, NJW 1977, 2362). Da es sich um eine Soll-Bestimmung handelt, kann bei Vorliegen besonderer Umstände im Einzelfall ausnahmsweise, allerdings nur geringfügig, eine Zuteilung unter Wert erfolgen. Das kann etwa bei einem ungewöhnlich hohen Flächenabzug nach § 55 Abs. 2 der Fall sein (vgl. *Dieterich* Rn. 202).

3 Dabei ist zu berücksichtigen, dass § 57 lediglich die – rechnerisch zu ermittelnde – **Sollzuteilung** regelt, nicht aber Aussagen über die Zuteilung im konkreten Einzelfall enthält. Diese ergibt sich vielmehr allein aus § 59. Im Rahmen des § 57 ist daher nicht vom einzelnen Grundstück auszugehen, sondern von der Einwurfs- und Verteilungsmasse insgesamt. Aus ihr ist unter Zugrundelegung des Sollanspruchs (→ § 56 Rn. 5) die dem einzelnen theoretisch zustehende Sollzuteilung zu ermitteln. Entspricht daher der Wert der Verteilungsmasse dem Wert der Einwurfsmasse, kann dem Grundsatz der wertgleichen Zuteilung theoretisch voll entsprochen werden.

4 **2. Anteilsgleiche Zuteilung (S. 1).** Weist die Verteilungsmasse – wie in der Regel – gegenüber der Einwurfsmasse einen höheren Wert auf, greift ergänzend der Grundsatz der **anteilsgleichen Zuteilung** ein. Er bedeutet, dass keinem Umlegungsbeteiligten weniger Land zugewiesen werden darf, als es seinem Anteil an der Einwurfsmasse entspricht. Würde jemand weniger Grund und Boden erhalten, so würde er auch einen geringeren Wertanteil als die anderen Beteiligten des Umlegungsverfahrens bekommen und insofern ungleich behandelt. Damit würde die Umlegung nach der Rechtsprechung des BVerfG zwar nicht zur Enteignung, weil keine Güterbeschaffung vorliegt (vgl. BVerfG Beschl. v. 22.5.2001 – 1 BvR 1512/97, BVerfGE 104, 1), wohl aber wäre sie rechtswidrig (→ Vorb. §§ 45–84 Rn. 9). Die Beachtung des Grundsatzes der anteilsgleichen Zuteilung ist daher ebenfalls konstitutiv für eine rechtmäßige Umlegung. Der BGH fasst die beiden Grundsätze der wertgleichen und der anteilsgleichen Zuteilung häufig als **„Grundsatz der wertgleichen Landabfindung"** zusammen (so schon BGH Urt. v. 12.10.1959 – III ZR 48/58, BGHZ 31, 49 (56) im Anschluss an BVerwG Urt. v. 21.6.1955 – I C 173/54, BVerwGE 2, 154 (156); ferner etwa BGH Urt. v. 21.2.1980 – III ZR 84/78, NJW 1980, 1634 (1635)). Der BGH meint bei der Verwendung des Begriffs der wertgleichen Abfindung in Land **nicht den Wertbetrag, sondern den Wertanteil.** Entscheidend für die Umlegung ist insofern also nicht die Zuteilung entsprechend dem **Wert** des Einwurfsgrundstücks, sondern entsprechend dessen **Anteil** an der Einwurfsmasse (*Dieterich* Rn. 189).

5 Die Maßgeblichkeit des Grundsatzes der anteilsgleichen Zuteilung bedeutet nach der Rechtsprechung auch, dass die **Verteilungsmasse vollständig zuzuteilen** ist. Nicht hingegen kann etwa ein den Wert der Einwurfsmasse überschreitender Wertanteil zB der Gemeinde zugeteilt werden. Selbstverständlich möglich ist jedoch, mit der Gemeinde eine **Vereinbarung** zu treffen, dass der zu leistende Umlegungsvorteilsausgleich (→ Rn. 23ff.) **statt in Geld in Land** erbracht wird. Dies ist im Ergebnis nichts anderes als der Verkauf eines Grundstücks an die Gemeinde bei Aufrechnung des Kaufpreisanspruchs gegen den zu leistenden Vorteilsausgleich.

6 Würde die **Zuteilung** nicht nur im Einzelfall, sondern **gleichmäßig** bei allen Beteiligten des Umlegungsverfahrens mehr als geringfügig **hinter dem Sollanspruch zurückbleiben,** so läge zwar kein Sonderopfer gegenüber anderen Beteiligten vor. Doch würde in diesem Fall die Umlegung als Ganzes ihre grundsätzliche **Privatnützigkeit einbüßen** und aus diesem Grunde rechtswidrig werden. Es würde in die Umlegung neben dem öffentlichen Interesse an zweckmäßig gestalteten Grundstücken und den insoweit grundsätzlich gleichgerichteten privaten Interessen ein **fremdes Interesse,** zB das an der Bildung von privat nutzbaren Grundstücken für Dritte, eingeführt. Dies kann Grundlage einer Umlegung auf freiwilliger Basis sein, entspricht aber nicht dem Charakter der amtlichen Umlegung.

1. Abschnitt. Umlegung **§ 57**

II. Ermittlung der Bodenwerte

1. Bewertungszeitpunkt (S. 2 und 3). Bei der Verteilung der Grundstücke 7
nach dem Wertmaßstab sind die Werte der früheren Grundstücke vor der Umlegung
(**S. 2** und § 56 Abs. 1 S. 1) und die der zuzuteilenden Grundstücke (**S. 3**) zu ermitteln.
Dies erfordert, da die Grundstücke durch die Umlegung Umgestaltungen oder jedenfalls Wertveränderungen erfahren, **zwei voneinander unabhängige Wertermittlungen.** Diese Wertermittlungen haben jedoch nach S. 2 und 3 bezogen **auf denselben Zeitpunkt** zu erfolgen. Dadurch wird sichergestellt, dass der sich ergebende Wertunterschied lediglich die durch die Umlegung bedingten Wertänderungen, nicht aber konjunkturelle Wertveränderung erfasst (vgl. *Otte* in EZBK § 57 Rn. 35).

Als **Wertermittlungszeitpunkt** bestimmt das Gesetz den **Zeitpunkt des Um-** 8
legungsbeschlusses. Hierunter ist nicht der Zeitpunkt zu verstehen, zu dem der Umlegungsbeschluss nach § 47 gefasst wurde, sondern der Tag, an dem der Umlegungsbeschluss **bekannt gemacht** wurde (BGH Urt. v. 21.2.1980 – III ZR 84/78, NJW 1980, 1634 (1635)). Erst zu diesem Zeitpunkt ist die Umlegung eingeleitet und treten die mit ihr verbundenen Wirkungen ein (→ § 50 Rn. 1).

Dieser einheitliche Bezugszeitpunkt gilt für die Bemessung der Naturalzuteilung 9
ohne Ausnahme. Stellt sich für einen Beteiligten die Umlegung jedoch als **Enteignung** dar, weil er gemessen an seinem Sollanspruch zu wenig Land zugeteilt erhält, ist für die Bemessung des ihm zustehenden Geldausgleichs vom Zeitpunkt der **Aufstellung des Umlegungsplans** auszugehen (BGH Urt. v. 21.2.1980 – III ZR 84/78, NJW 1980, 1634 (1635); → § 59 Rn. 16). Weitere Modifikationen des Wertermittlungszeitpunkts können sich bei der Wertermittlung für die Einwurfsgrundstücke hinsichtlich seiner **Qualität** ergeben (→ Rn. 11 ff.).

2. Einwurfsflächen (S. 2). Bei der Wertermittlung im Rahmen der Umlegung 10
werden **nur der Grund und Boden** bewertet, nicht aber Einrichtungen nach § 60 oder Rechte nach § 61. Zu ermitteln ist der **Verkehrswert** im Sinne des § 194 (zu den Verfahren, die bei der Wertermittlung angewendet werden können, vgl. §§ 3 ff., 8, 15 ff. **ImmoWertV**; zur Wertermittlung ausführlich *Dieterich* Rn. 232a ff.; → auch die Erläuterungen zu § 194). Dabei wird im Folgenden von einer **Erschließungs-** **umlegung** als dem Regelfall ausgegangen (zu Besonderheiten der Wertermittlung bei einer Neuordnungsumlegung vgl. *Schriever* in Kohlhammer-Komm. § 57 Rn. 79 ff.). Bei dieser Wertermittlung sind alle für den Verkehrswert wesentlichen Qualitätsmerkmale zu erfassen, insbesondere die Lage des Grundstücks und seine rechtlich zulässige Nutzung (BGH Urt. v. 29.3.1976 – III ZR 98/73, BGHZ 66, 173 (175 f.); ders. Urt. v. 15.11.1979 – III ZR 78/78, BGHZ 76, 274). Hierzu gehört auch die **Pflicht zur Bereitstellung von Ausgleichsflächen** im Sinne des § 1a Abs. 3, wie S. 2 ausdrücklich klarstellt. Bauland ist nach der Entscheidung des Gesetzgebers grundsätzlich mit dieser Kompensationsnotwendigkeit verbunden. Dieser Umstand muss daher in die Bodenbewertung einfließen und führt zu einem **niedrigeren Rohbaulandwert** (→ Rn. 14), als ohne diese Ausgleichsverpflichtung (Begründung des Regierungsentwurfs zum BauROG, BT-Drs. 13/6392, 62; *Bielenberg/ Sandmann* GuG 1996, 193 (199 f.); *Dieterich/Teigel* ZfBR 1997, 118 (122); *Köster* in Schrödter § 55 Rn. 8 ff.).

Bei der **Ermittlung des Werts der Einwurfsgrundstücke** nach S. 2 kann nicht 11
stets von dem im Gesetz bestimmten Zeitpunkt, nämlich dem Inkrafttreten des Umlegungsbeschlusses, ausgegangen werden (vgl. Rn. 9). Dieser Zeitpunkt ist vielmehr lediglich maßgeblich für die Bestimmung der **Wertverhältnisse,** nach denen der Wert der eingeworfenen Grundstücke zu ermitteln ist. Für die Bestimmung der **Qualität** der Einwurfsgrundstücke muss aber uU ein anderer Zeitpunkt zugrunde gelegt werden. Da die Umlegung sowohl vor als auch nach Aufstellung eines Be-

bauungsplans eingeleitet werden kann (vgl. § 45 Abs. 1 und Abs. 2 S. 1), würde das Festhalten an dem einheitlichen Zeitpunkt der Bekanntmachung des Umlegungsbeschlusses zu willkürlichen Ergebnissen führen. Ist in diesem Zeitpunkt der Bebauungsplan bereits in Kraft getreten, wäre für die Qualität des Grundstücks die sich aus dem Bebauungsplan ergebende Nutzbarkeit zugrunde zu legen; ist noch kein Bebauungsplan aufgestellt, wäre von der dem Grundstück vorher zukommenden – regelmäßig erheblich geringeren – Nutzbarkeit auszugehen. Deshalb ist bei der Ermittlung des Werts von Einwurfsgrundstücken grundsätzlich auf deren **realisierbare Nutzbarkeit vor Aufstellung eines Bebauungsplans** abzustellen (BGH Urt. v. 15.11.1979 – III ZR 78/78, BGHZ 76, 274; ders. Urt. v. 10.3.2005 – III ZR 224/04, NVwZ 2006, 734 (735); *Otte* in EZBK § 57 Rn. 35).

12 Die Bestimmung eines Zeitpunkts für die Qualitätsbestimmung vor Aufstellung eines Bebauungsplans gilt jedoch nur für eine Ermittlung des Werts des Einwurfsgrundstücks, die als Grundlage für die Ermittlung des Sollanspruchs dient. Für die Ermittlung des **Geldausgleichs** nach S. 5, gilt dies hingegen **nicht** (→ Rn. 29).

13 Hat der Bebauungsplan **Vorwirkungen** derart gehabt, dass bereits vor seiner Aufstellung bestimmte Grundstücke von einer weiteren qualitativ begründeten Wertentwicklung (→ Rn. 14) ausgenommen waren, so können auch diese Vorwirkungen der Wertermittlung von Einwurfsgrundstücken für die Berechnung des Sollanspruchs grundsätzlich **nicht** zugrunde gelegt werden. Dies würde dem Gleichbehandlungsgrundsatz der Umlegung widersprechen. Nur wenn ein Grundstück durch seine besondere Situation darauf vorbereitet war, auch bei Aufstellung eines Bebauungsplans nicht als Bauland nutzbar zu sein, ist eine Wertminderung zu berücksichtigen; in diesen Fällen hat der Grundstücksverkehr das Grundstück bereits entsprechend bewertet (vgl. BGH Urt. v. 15.11.1979 – III ZR 78/78, BGHZ 76, 274).

14 Im Übrigen aber ist bei den Grundstücken zu berücksichtigen, dass sie mit Bekanntmachung des Umlegungsbeschlusses in eine Umlegung einbezogen sind. Die Durchführung einer Umlegung bedeutet in aller Regel, sofern nicht ohnehin bereits ein Bebauungsplan rechtsverbindlich ist, dass ein solcher in absehbarer Zeit in Kraft treten wird, bei Durchführung der Umlegung spätestens vor dem Beschluss über die Aufstellung des Umlegungsplans nach § 66 Abs. 1. Die Einwurfsgrundstücke haben daher nicht mehr die Qualitätsstufe Bauerwartungsland, sondern bereits die Qualitätsstufe **Bruttorohbauland** (→ aber Rn. 10) erreicht (BGH Urt. v. 10.3.2005 – III ZR 224/04, NVwZ 2006, 734 (735); *Otte* in EZBK § 57 Rn. 20; zu der Qualitätsentwicklung werdenden Baulands *ders.*, aaO, Rn. 10). Öffentliche Verkehrs- und sonstige Flächen nach § 55 Abs. 2, die in das Umlegungsverfahren eingeworfen werden, unterliegen nicht der Wertermittlung nach S. 2. Sie verkörpern keinen eigenständigen Wert. Ihr Wert geht vielmehr in den Wert der durch sie erschlossenen privat nutzbaren Grundstücke ein (*Otte*, aaO, Rn. 36; BVerwG Urt. v. 4.2.1981 – 8 C 13/81, BVerwGE 61, 316 (320)). Sie unterliegen nicht der Verteilung nach den §§ 56 bis 59, sondern dem Austausch nach § 55 Abs. 2 (→ § 55 Rn. 28 ff.).

15 **3. Zuteilungsflächen (S. 3).** Der **Wert der Grundstücke,** die auf der Grundlage des Sollanspruchs **zugeteilt werden sollen,** ist nach **S. 3** zu ermitteln. Da der Wert eines Grundstücks jedoch erst dann präzise ermittelt werden kann, wenn das Grundstück in seinem Zuschnitt und seiner Nutzbarkeit genau feststeht, kann der Wert der Zuteilungsgrundstücke eigentlich erst dann ermittelt werden, wenn der neue Zuschnitt der Grundstücke des Umlegungsgebiets feststeht. Um diesen Zuschnitt aber ermitteln und bei der Erörterung mit den Eigentümern zugrunde legen zu können, müsste der Wert der Zuteilungsgrundstücke schon vorher bekannt sein. Diesem scheinbaren Dilemma ist mit dem **Näherungsverfahren der Iteration** (*Schriever* in Kohlhammer-Komm. Vorb. §§ 55–59 Rn. 48; *Otte* in EZBK § 57 Rn. 1), also durch „Probieren" anhand mehrerer Entwürfe des Umlegungsplans, Rechnung zu tragen. Auf letzte Genauigkeit kommt es bei dieser Wertermittlung je-

1. Abschnitt. Umlegung **§ 57**

doch noch nicht an, da die tatsächliche Zuteilung noch wegen der Grundsätze des § 59 Abs. 1, also der Zuteilung von zweckmäßigen und möglichst in gleicher oder gleichwertiger Lage befindlichen Grundstücken, modifiziert werden kann; erst danach kann der genaue Zuteilungswert bestimmt werden (*Schriever*, aaO).

Auch bei der Ermittlung des Werts der Zuteilungsgrundstücke ist **Stichtag** die **16** Bekanntmachung des Umlegungsbeschlusses. Die Wertermittlung muss also auf diesen Zeitpunkt zurückbezogen werden.

4. Umlegungsvorteil (S. 4 Hs. 1). Nach S. 4 sind bei der Ermittlung des Werts **17** der Zuteilungsgrundstücke die durch die Umlegung bewirkten **Wertänderungen zu berücksichtigen.** Die Umlegung wird in aller Regel zu einer **Werterhöhung** der Grundstücke, also zu einem **Umlegungsvorteil**, führen: Die Erschließung durch Straßen und Grünflächen sowie die Lage des Grundstücks werden sich verbessern, das Grundstück entwickelt sich von ungeordnetem Rohbauland zu geordneten baureifen Land fort; der Zuschnitt des Grundstücks und damit seine wirtschaftliche Ausnutzbarkeit verbessern sich; Rechtsverhältnisse werden bereinigt; die Zeitdauer bis zur Erschließung des Grundstücks verkürzt sich und erspart Zinskosten. Gebühren, Auslagen und nichtsteuerliche Abgaben entstehen nach § 79 nicht (zu diesen wertändernden Merkmalen BVerfG Beschl. v. 17.12.1964 – 1 BvL 2/62, BVerfGE 18, 274 (283 ff.); *Dieterich* Rn. 192; *Otte* in EZBK § 57 Rn. 38 ff.; zu unterschiedlichen Modellen der Ermittlung des Umlegungsvorteils instruktiv *Aderhold/Meiß* GuG 2004, 221 ff.).

Im Einzelfall kann die Umlegung aber auch **wertmindernd** wirken (BGH Urt. v. **18** 14.7.1977 – III ZR 139/74, NJW 1977, 2362). Dies kann zB der Fall sein, wenn zwei komplementär genutzte Grundstücke durch die Umlegung getrennt und damit wirtschaftliche Zusammenhänge durchschnitten werden (vgl. zu solchen Schäden BGH Urt. v. 30.9.1976 – III ZR 149/75, BGHZ 67, 190 (194 ff.)). Auch kann sich die Immissionsbelastung eines Grundstücks infolge der durch die Umlegung ermöglichten anderen Nutzung der Nachbargrundstücke oder durch ein höheres Verkehrsaufkommen, zB weil unmittelbar an ein bebautes Grundstück ein verkehrsreicher Wendehammer gelegt wird (BGH Urt. v. 22.6.1978 – III ZR 92/75, BGHZ 72, 51; dass. Urt. v. 14.7.1977 – III ZR 139/74, NJW 1977, 2362), nachteilig verändern (hierzu etwa *Kröner* ZfBR 1979, 1 (3); zu der Frage, ob auch eine durch die Umlegung bewirkte zweite Erschließung eines Grundstücks (mit der Folge eines höheren Erschließungsbeitrags) ein auszugleichender umlegungsbedingter Nachteil ist, vgl. (bejahend) OLG Köln Urt. v. 18.10.1990 – 7 U 24/90, ZfBR 1991, 75, m. abl. Anm. *Aderhold*).

5. Verhältnis zum Erschließungsbeitrag (S. 4 Hs. 2). Problematisch kann die **19** Frage sein, welche **Erschließungsqualität** bei der Ermittlung des Werts der Zuteilungsgrundstücke zugrunde zu legen ist. In Frage kommen die Erschließungsqualitäten „erschließungsbeitragsfrei", „erschließungs**flächen**beitragsfrei, aber erschließungs**bau**beitragspflichtig" oder „erschließungsbeitragspflichtig" (zur Möglichkeit einer Erhebung von **Vorausleistungen** auf den Erschließungsbeitrag gemäß § 133 Abs. 3 für Grundstücke im Umlegungsgebiet erst nach bestandskräftigem Abschluss des Umlegungsverfahrens durch Bekanntmachung des Umlegungsplans gemäß § 72 s. BVerwG Urt. v. 5.5.2015 – 9 C 14/14, DVBl 2015, 1117). Dies hat Bedeutung dafür, ob die Gemeinde die in der Umlegung erhaltenen Flächen als beitragsfähigen Erschließungsaufwand behandeln und der Erhebung von Erschließungsbeiträgen zugrunde legen kann. Zudem ist die Frage bedeutsam für den Wert, der den zugeteilten Grundstücken zugrunde zu legen ist. Sind die Grundstücke ganz oder teilweise erschließungsbeitragsfrei zuzuteilen, erhöht sich ihr Wert und damit der von dem Eigentümer gegebenenfalls nach S. 5 zu leistende Geldausgleich. Ein Teil des Erschließungsbeitrags würde damit bereits zu einem Zeitpunkt „erhoben", zu dem der Erschließungsbeitrag noch gar nicht fällig ist (zu den vertretenen Meinungen und

ihren Auswirkungen vgl. etwa *Hildebrandt* ZfV 1980, 440 ff.; instruktiv zu den Unterschieden zwischen der Erhebung des Umlegungsvorteils (solidarischer Natur, wertbezogen, bei Rechtsstreit Zuständigkeit der Bauland-, also Zivilgerichte) und des Erschließungsbeitrags (individueller Natur, kostenbezogen, bei Rechtsstreit Zuständigkeit der Verwaltungsgerichte) sowie den hiermit jeweils verbundenen Vor- und Nachteilen *Müller-Jökel* ZfBR 2002, 224 ff., der eine voll erschließungsbeitragsfreie Zuteilung favorisiert, aber – wohl mit Recht – die Zustimmung der Beteiligten dazu für erforderlich hält; s. noch Rn. 21).

20 Das Bundesverwaltungsgericht hatte auf der Grundlage des BBauG entschieden (BVerwG Urt. v. 4.2.1981 – 8 C 13/81, BVerwGE 61, 316), dass die Gemeinde den Wert der ihr im Umlegungsverfahren nach § 55 Abs. 2 zugeteilten örtlichen Verkehrsflächen nicht nach § 128 Abs. 1 als beitragsfähigen Erschließungsaufwand behandeln könne. Der „Wert" der Verkehrsflächen, denen kein eigener Verkehrswert zukomme (→ § 55 Rn. 30), gehe als Wertbestandteil in die von ihnen erschlossenen Grundstücke ein (BVerwG Urt. v. 4.2.1981 – 8 C 13/81, BVerwGE 61, 316 (321)). Dies bedeute, dass bei der Ermittlung der Verkehrswerte mindestens der Erschließungsbeitragszustand „erschließungsflächenbeitragsfrei, aber erschließungsbaubeitragspflichtig" zugrunde zu legen sei (BVerwG Urt. v. 4.2.1981 – 8 C 13/81, BVerwGE 61, 316 (322); zu dieser Rechtsprechung ablehnend *Friedrich* ZfV 1982, 34 ff.; *Baier* BayVBl. 1981, 727 ff.; *Schriever* in Kohlhammer-Komm. Vorb. §§ 55–59 Rn. 52; rechtspolitische Vorschläge zur Einbeziehung der Erschließungskosten in das Umlegungsverfahren unterbreitet *Dieterich* GuG 2008, 146 ff.).

21 Wegen der sich aus dieser Rechtsprechung ergebenden finanziellen Verluste vieler Gemeinden bestimmt **S. 4 Hs. 2** in der jetzt geltenden Fassung des BauGB (hierzu *Schriever* in Kohlhammer-Komm. § 57 Rn. 102 ff.), dass bei erschließungsbeitragspflichtiger Zuteilung im Hinblick auf die Flächen nach § 55 Abs. 2 eine durch diese Flächen an sich ergebende Wertänderung der Grundstücke im Umlegungsgebiet (→ § 55 Rn. 29) unberücksichtigt bleibt. Hierdurch wird deutlich, dass der Gesetzgeber von der **Zulässigkeit einer erschließungsbeitragspflichtigen Zuteilung** ausgeht. Entsprechende Bestimmungen enthalten § 58 Abs. 1 S. 1 und § 68 Abs. 1 Nr. 4. Eine spiegelbildliche Regelung ist in § 128 Abs. 1 aufgenommen worden, der in S. 3 bestimmt, dass zu den Grunderwerbskosten bei erschließungsbeitragspflichtiger Zuteilung auch der Wert der Flächen nach § 55 Abs. 2 gehört, soweit sie zu den Erschließungsanlagen im Sinne des § 127 Abs. 2 gehören (→ § 128 Rn. 7). Allerdings geht der Gesetzgeber davon aus, dass Straßenland im Normalfall beitragsfrei zugeteilt wird, da dies in der Regel die gleichmäßigere und aus der Sicht der Umlegung durchschaubarere Vorteilsausgleichsbelastung ergibt. Ermittelt allerdings die Gemeinde oder die von ihr eingerichtete Umlegungsstelle die durch die Zuteilung der Verkehrsflächen entstandenen Vorteile der Grundstücke bei deren Wertermittlung falsch, so kann die Gemeinde den ihr hierdurch entstehenden Nachteil nicht später bei der **Erhebung der Erschließungsbeiträge** ausgleichen. Die Regelungen sollen eine sachangemessene und flexible Zuteilung ermöglichen, nicht aber einen „Fehlerausgleich" über das Erschließungsbeitragsrecht ermöglichen. Eine vollständig erschließungsbeitragsfreie Zuteilung ist denkbar, wenn die Gemeinde gleichzeitig mit der Umlegung die Erschließungsanlagen endgültig herstellt und alle Beteiligten zustimmen (vgl. *Otte* in EZBK § 57 Rn. 19; vgl. auch *Müller-Jökel* ZfBR 2002, 224 (229)).

22 Soweit sich das Umlegungsgebiet nicht mit dem Gebiet, in dem die Erschließungsbeiträge abgerechnet werden, deckt, ist diesem Problem durch **Abschnittsbildung** nach § 130 Abs. 2 S. 1 zu begegnen. Vor allem sollte von der Möglichkeit des § 130 Abs. 2 S. 2, Abschnitte einer Erschließungsanlage auch nach rechtlichen Gesichtspunkten zu bilden, im Interesse einer Harmonisierung von Umlegungsgebiet und Abrechnungsgebiet Gebrauch gemacht werden. Dies ist auch deshalb empfehlenswert, weil nicht alle Flächen nach § 55 Abs. 2 zu den beitragsfähigen Erschließungsanlagen nach § 127 Abs. 2 gehören (vgl. auch *Otte* VR 1987, 73 (79 f.)). Eine

1. Abschnitt. Umlegung **§ 57**

Kostenspaltung vermag dagegen nicht zu helfen, da sie auf Teileinrichtungen, nicht auf Teilstrecken bezogen ist (→ § 127 Rn. 41). Es sind daher bereits bei der Abgrenzung des Umlegungsgebiets soweit wie möglich die späteren Möglichkeiten der Erhebung von Erschließungsbeiträgen für den Grunderwerb zu berücksichtigen.

III. Geldausgleich (S. 5)

1. Funktion. Nach dem Grundsatz der anteilsgleichen Zuteilung (→ Rn. 4 ff.) besteht grundsätzlich ein Anspruch darauf, mit dem Zuteilungsgrundstück in demselben Verhältnis an der Verteilungsmasse beteiligt zu werden wie mit dem des Einwurfsgrundstücks an der Einwurfsmasse, auch wenn das Grundstück durch die umlegungsbedingten Wertänderungen einen höheren Verkehrswert hat als das eingeworfene Grundstück. Da ein solcher **Umlegungsvorteil** (→ Rn. 17) Maßnahmen der öffentlichen Hand und damit letztlich der Allgemeinheit zu verdanken ist, bestimmt **S. 5**, dass dieser bei der Zuteilung in Land entstehende Umlegungsvorteil **in Geld auszugleichen** ist. Ebensowenig wie die Beteiligten in der Umlegung einen Nachteil erleiden dürfen, sollen sie einen Vorteil ungeschmälert behalten dürfen. Ausgleichspflichtig sind nach § 64 Abs. 3 Eigentümer bzw. Erbbauberechtigte. 23

Tritt durch die Umlegung eine **Wertminderung** ein (→ Rn. 18), hat die Gemeinde den Betroffenen einen entsprechenden **Geldausgleich** zu zahlen. Ein solcher Geldausgleich kommt aber erst dann in Betracht, wenn trotz Beachtung des Grundsatzes der wertgleichen Zuteilung (→ Rn. 2 f.) ein völlig wertgleiches Grundstück nicht zugeteilt werden kann, weil anders der Zweck der Umlegung, zweckmäßig gestaltete Grundstücke zu schaffen, verfehlt würde (hierzu BGH Urt. v. 14.7.1977 – III ZR 139/74, NJW 1977, 2362; zum Vorrang der Landzuteilung vor dem Wertausgleich s. auch BGH Urt. v. 7.11.1991 – III ZR 161/90, NVwZ 1992, 707). 24

Der Umlegungsvorteilsausgleich ist seiner Rechtsnatur nach keine Steuer, sondern eine **beitragsähnliche Geldleistung** (BVerfG E. v. 17.12.1964 – 1 BvL 2/62, BVerfGE 18, 274 (287)). § 64 Abs. 3 bestimmt daher, dass Geldleistungen nach § 57 als Beitrag „gelten" (→ § 64 Rn. 10). 25

2. Abgrenzung zum Planungswertausgleich. S. 5 legt fest, dass Wertunterschiede zwischen dem Verkehrswert des Einwurfsgrundstücks und dem Verkehrswert des Zuteilungsgrundstücks, die durch die Umlegung bewirkt wurden, auszugleichen sind. Das Gesetz erteilt damit, wie auch im Übrigen, dem Ausgleich von Planungsgewinnen eine Absage; es kann **nur der umlegungsbedingte Wertzuwachs** in Anspruch genommen werden (BGH Urt. v. 22.6.1978 – III ZR 92/75, BGHZ 72, 51 (52); ders. Urt. v. 19.1.1984 – III ZR 185/82, BGHZ 98, 353). 26

Ein rein planungsbedingter Wertzuwachs liegt in der Qualitätsentwicklung eines Grundstücks vom landwirtschaftlichen Land oder Bauerwartungsland zum Rohbauland. Da aber, unabhängig vom Vorliegen eines Bebauungsplans, diese Qualitätsstufe der Einwurfsbewertung ohnehin zugrunde zu legen ist (→ Rn. 14), wird dieser planungsbedingte Mehrwert dem Eigentümer belassen (vgl. auch BGH Urt. v. 22.6.1978 – III ZR 92/75, BGHZ 72, 51 (54); *Otte* in EZBK § 57 Rn. 39). Die weitere Qualitätsentwicklung vom Brutto-Rohbauland zum geordneten baureifen Land ist aber nicht planungsbedingt, sondern planverwirklichungsbedingt. Zu ihr tragen Bodenordnung und Erschließung bei. 27

Ein umlegungs- und nicht (nur) planungsbedingter Mehrwert kann auch entstehen, wenn das Grundstück in seinen **Grenzen unverändert** aus der Umlegung hervorgeht. Als Umlegungsvorteile kommen hier die Umwandlung des Rohbaulands in erschließungsflächenbeitragsfreie Baugrundstücke, die Einsparung von Vermessungs-, Notar- und Gerichtskosten und vor allem die Verkürzungen des Aufschließungszeitraums in Betracht (BGH Urt. v. 22.6.1978 – III ZR 92/75, BGHZ 72, 51 (55); BVerfG E. v. 17.12.1964 – 1 BvL 2/62, BVerfGE 18, 274 (281); → auch Rn. 17). 28

29 **3. Bemessung der Ausgleichsleistungen.** Die vom **Eigentümer** zu erbringende **Ausgleichsleistung ist** danach zu ermitteln, welchen Wert der „gesunde" Grundstücksverkehr der Fläche aufgrund der wertbildenden Faktoren einschließlich der Ausgleichspflicht (→ Rn. 10), insbesondere aufgrund der Nutzungsfestsetzungen des Bebauungsplans, vor und nach der Umlegung beigemessen hat (BGH Urt. v. 22.6.1978 – III ZR 92/75, BGHZ 72, 51 (54); dass. Urt. v. 15.11.1979 – III ZR 78/78, BGHZ 76, 274). Anders als bei der Ermittlung des Werts der Einwurfsgrundstücke nach S. 2 für den Sollanspruch ist hier also vom Vorliegen eines Bebauungsplans und von seinen konkreten Festsetzungen oder von hinreichenden Kriterien nach § 34 für die betreffende Fläche auszugehen.

30 S. 5 nennt keinen ausdrücklichen **Wertermittlungsstichtag.** Da aber bei der Geldleistung Unterschiede zwischen den nach S. 2 und 3 ermittelten Verkehrswerten auszugleichen sind und diese Verkehrswerte für den Zeitpunkt des Umlegungsbeschlusses festzustellen sind, muss auch für den Geldausgleich nach S. 5 der **Zeitpunkt der Bekanntmachung des Umlegungsbeschlusses** (→ Rn. 8) maßgeblich sein (vgl. BGH Urt. v. 6.12.1984 – III ZR 174/83, BGHZ 93, 103 (108ff.)). Dies ergibt sich auch aus § 58 Abs. 3, der diesen Zeitpunkt ausdrücklich vorschreibt. Insoweit bestehen aber zwischen der Verteilung nach Werten und der Verteilung nach Flächen keine Unterschiede (vgl. BGH Urt. v. 21.2.1980 – III ZR 84/78, NJW 1980, 1634 (1635)).

31 Hat jedoch die **Gemeinde** wegen einer durch die Umlegung bewirkten Wertminderung **Ausgleich zu leisten,** ist insoweit wie für eine Enteignung zu entschädigen. Denn eine Zuteilung unterhalb des Einwurfswerts stellt sich wie eine Enteignung dar (BGH Urt. v. 21.2.1980 – III ZR 84/78, NJW 1980, 1634 (1635)). In diesem Fall ist daher nach enteignungsentschädigungsrechtlichen Grundsätzen nicht vom Zeitpunkt des Umlegungsbeschlusses, sondern vom **Zeitpunkt des Beschlusses über die Aufstellung des Umlegungsplans** auszugehen (BGH Urt. v. 21.2.1980, aaO).

32 S. 5 enthält jedoch, gewissermaßen der Vollständigkeit halber, **lediglich** den **Grundsatz,** dass bei der Wertumlegung in jedem Fall mindestens die **Wertgleichheit** zwischen Einwurf und Zuteilung gewahrt sein muss. Soweit diese Wertgleichheit nicht durch entsprechende Landzuteilung erreicht werden kann, ist die Wertgleichheit durch Geldleistungen nach den angeführten Grundsätzen herzustellen. Die konkrete Ausgleichsleistung kann jedoch erst auf der Grundlage der Ist-Zuteilung nach § 59 Abs. 1 bestimmt werden. Daher enthält **§ 59 Abs. 2 die eigentliche Rechtsgrundlage für die Bemessung der Ausgleichsleistungen** (ebenso *Köster* in Schrödter § 57 Rn. 41; *Schriever* in Kohlhammer-Komm. § 59 Rn. 26; → auch § 58 Rn. 15).

IV. Besonderheiten der Umlegung in Sanierungsgebieten

33 Wird die Umlegung in einem förmlich festgelegten **Sanierungsgebiet nach § 142** durchgeführt, sind, sofern nicht das vereinfachte Verfahren nach § 142 Abs. 4 zur Anwendung kommt, die besonderen Regelungen in § 153 Abs. 5 Nr. 1 und 2 über die Wertermittlung zu beachten. Eine Flächenumlegung in Sanierungsgebieten ist nach § 153 Abs. 5 Nr. 3 ausgeschlossen. Eine eingehende Darstellung der besonderen Probleme und möglicher Lösungsansätze bei Umlegungen in einem Sanierungsgebiet findet sich bei *Dieterich* Rn. 326ff.

34 **1. Einwurfsbewertung.** Bei der Ermittlung der **Bodenwerte der Einwurfsflächen** nach S. 2 ordnet § 153 Abs. 5 Nr. 1 die Anwendung des § 153 Abs. 1 an. Dies bedeutet, dass bei der Wertermittlung „Werterhöhungen, die lediglich durch die Aussicht auf die Sanierung, durch ihre Vorbereitung oder ihre Durchführung eingetreten sind, nur insoweit berücksichtigt (werden), als der Betroffene diese Wert-

1. Abschnitt. Umlegung § 57

erhöhungen durch eigene Aufwendungen zulässigerweise bewirkt hat"; dabei sind allerdings „Änderungen in den allgemeinen Wertverhältnissen auf dem Grundstücksmarkt ... zu berücksichtigen". Auf den maßgeblichen **Zeitpunkt** für die zugrunde zu legenden Preisverhältnisse hat diese Regelung keinen Einfluss; hier ist wie im allgemeinen Umlegungsrecht der Zeitpunkt des Umlegungsbeschlusses maßgeblich. Allerdings ändert sich in erheblichem Maße die **Qualität des Grundstücks,** von der bei der Wertermittlung auszugehen ist. Hier sind die Werterhöhungen, die durch die Sanierung und ihre Vorwirkungen bedingt sind, außer Acht zu lassen. Damit sind für die Wertermittlung auch die durch die Bauleitplanung und ihre Erwartung verursachten Gewinne ausgeschlossen (vgl. hierzu *Kleiber* in EZBK § 153 Rn. 188 ff.).

2. Zuteilungsbewertung. Bei der Ermittlung der **Bodenwerte der Zuteilungsflächen** nach S. 3 und 4 bestimmt § 153 Abs. 5 Nr. 2, dass „die Wertänderungen, die durch die rechtliche und tatsächliche Neuordnung des Sanierungsgebiets eintreten, ... zu berücksichtigen" sind. Es ist also der Bodenwert zu ermitteln, der sich aus der Qualität des Grundstücks bei Abschluss der Sanierung ergibt. Dies gilt auch, wenn der Umlegungsplan, wie es regelmäßig der Fall ist, vor Abschluss der Sanierung aufgestellt wird. Da also in der Regel die Aufstellung des Umlegungsplans zeitlich nicht mit der Entstehung der Ausgleichsbetragspflicht (Abschluss der Sanierung) zusammenfällt, besteht aus dem Gleichbehandlungsgrundsatz keine zwingende Notwendigkeit, den Wertermittlungszeitpunkt bei der Sanierungsumlegung anders zu bestimmen als bei einer „normalen" Umlegung; maßgeblich ist daher der Zeitpunkt des Umlegungsbeschlusses (vgl. *Schriever* in Kohlhammer-Komm. § 153 Rn. 45 ff.; für den Regelfall s. auch *Kleiber* in EZBK § 153 Rn. 208). Im praktischen Ergebnis jedoch unterscheiden sich die zum Zeitpunkt des Umlegungsbeschlusses und die zum Zeitpunkt der Aufstellung des Umlegungsplans ermittelten Abschöpfungsbeträge allenfalls marginal. Zwar entwickeln sich die Bodenwerte zwischen Einleitung und Abschluss der Sanierungsumlegung weiter; die sanierungsbedingten Wertunterschiede dagegen bleiben weitgehend gleich. Ein Ausgleichsbetrag ist für die in eine Umlegung einbezogenen Grundstücke nach § 155 Abs. 2 grundsätzlich nicht mehr zu entrichten. Treten jedoch zwischen Aufstellung des Umlegungsplans und Abschluss der Sanierung durch eine Änderung der Bebauungspläne weitere sanierungsbedingte Werterhöhungen ein, ist der Umlegungsplan nach § 73 Nr. 1 entsprechend zu ändern. Eine nachträgliche Erhebung von Ausgleichsbeträgen kommt daher nicht in Betracht.

3. Bemessung der Ausgleichsleistungen. Die Modifizierung der Wertermittlung für die Einwurfs- und die Zuteilungsflächen ist auch bei der Bemessung einer **Entschädigungsleistung** und eines **Geldausgleichs** nach § 153 Abs. 5 zu beachten.

Nach **§ 153 Abs. 5 Nr. 1** ist bei der Bemessung von Leistungen, die auf den Grundsätzen für die **Ermittlung des Werts der Einwurfsflächen** beruhen (im Sinne des § 57 S. 2), § 153 Abs. 1 anzuwenden, dh, es sind Werterhöhungen, die durch die Sanierung oder ihre Vorwirkungen bedingt sind, nicht zu berücksichtigen, sofern sie nicht durch eigene Aufwendungen des Betroffenen zulässigerweise bewirkt wurden. Danach sind also **Entschädigungsleistungen,** die im Rahmen der Umlegung zu erbringen sind, entsprechend **zu vermindern.** Dies hat Bedeutung für § 60 S. 1 Hs. 1, wonach für den Entzug von Nutzungseinrichtungen dem Eigentümer eine Geldabfindung, also eine Enteignungsentschädigung (→ § 60 Rn. 5), zu zahlen ist. Ferner hat dies für Entschädigungsleistungen nach § 59 Bedeutung. Soweit also nach § 59 Abs. 4 bis 6 oder auch im Rahmen des § 59 Abs. 2 S. 2 oder des § 61 Abs. 2 eine Entschädigung in Geld zu leisten ist, sind die Beträge auf der Grundlage von § 153 Abs. 1 zu ermitteln. Dasselbe gilt, wenn die Entschädigung nach § 59 Abs. 4 Nr. 1 und – soweit außerhalb des Umlegungsgebiets – Nr. 3 erfolgt; auch hier ist die Höhe des Entschädigungsanspruchs nach § 153 Abs. 1 zugrunde zu legen.

Umgekehrt ist nach **§ 153 Abs. 5 Nr. 2** bei der Bemessung von Leistungen, die auf den Grundsätzen für die **Ermittlung des Werts der Zuteilungsflächen** beru-

hen (im Sinne des § 57 S. 3 und 4), eine sanierungsbedingte Wertänderung zu berücksichtigen. Dies gilt daher bei der vom Eigentümer nach § 60 S. 1 Hs. 2 zu erbringenden Ausgleichsleistung für zugeteilte werterhöhende Nutzungseinrichtungensowie für den Fall, dass vom Eigentümer ein Geldausgleich nach § 59 Abs. 2 S. 3 oder nach § 61 Abs. 2 zu entrichten ist.

§ 58 Verteilung nach Flächen

(1) ¹Geht die Umlegungsstelle von dem **Verhältnis der Flächen** aus, hat sie von den eingeworfenen Grundstücken unter Anrechnung des Flächenabzugs nach § 55 Abs. 2 einen Flächenbeitrag in einem solchen Umfang abzuziehen, dass die Vorteile ausgeglichen werden, die durch die Umlegung erwachsen; dabei bleiben in den Fällen des § 57 Satz 4 Halbsatz 2 die Vorteile insoweit unberücksichtigt. ²Der Flächenbeitrag darf in Gebieten, die erstmalig erschlossen werden, nur bis zu 30 vom Hundert, in anderen Gebieten nur bis zu 10 vom Hundert der eingeworfenen Fläche betragen. ³Die Umlegungsstelle kann statt eines Flächenbeitrags ganz oder teilweise einen entsprechenden Geldbeitrag erheben. ⁴Soweit der Umlegungsvorteil den Flächenbeitrag nach Satz 1 übersteigt, ist der Vorteil in Geld auszugleichen.

(2) Kann das neue Grundstück nicht in gleicher oder gleichwertiger Lage zugeteilt werden, so sind dadurch begründete Wertunterschiede in Fläche oder Geld auszugleichen.

(3) Für die Bemessung von Geldbeiträgen und Ausgleichsleistungen sind die Wertverhältnisse im Zeitpunkt des Umlegungsbeschlusses maßgebend.

Übersicht

	Rn.
I. Grundsätze der Flächenumlegung	1
1. Wertgleiche Zuteilung (Abs. 1 S. 1)	2
2. Anteilsgleiche Zuteilung	3
II. Flächenbeitrag (Abs. 1 S. 1 und 2)	4
1. Funktion und Voraussetzung	4
2. Bemessung und Höchstgrenzen	6
3. Verhältnis zum Flächenabzug nach § 55 Abs. 2	9
4. Zuteilung überschießender Flächen	10
5. Verhältnis zum Erschließungsbeitrag	12
III. Geldleistungen und Wertausgleich	13
1. Geldbeitrag (Abs. 1 S. 3 und 4)	13
2. Flächen- oder Geldausgleich (Abs. 2)	15
3. Bezugszeitpunkt (Abs. 3)	17

I. Grundsätze der Flächenumlegung

1 § 58 regelt die **rechnerische Ermittlung** des Zuteilungsanspruchs bei der **Flächenumlegung**. Die tatsächliche Zuteilung richtet sich, wie bei der Wertumlegung, nach § 59.

2 **1. Wertgleiche Zuteilung (Abs. 1 S. 1).** Abs. 1 S. 1 Hs. 1 schreibt für die Verteilung nach Flächen den Grundsatz der **wertgleichen Zuteilung** fest. Die Zuteilung ist so zu bemessen, dass die Umlegungsvorteile ausgeglichen werden. Die Zuteilungsfläche muss (nur) so groß sein, dass sie in ihrem Wert mindestens der Einwurfsfläche entspricht. Damit ist die Wertgleichheit zwischen Einwurf und Zuteilung hergestellt (*Otte* in EZBK § 58 Rn. 1 f.).

1. Abschnitt. Umlegung § 58

2. Anteilsgleiche Zuteilung. Anders als in § 57 S. 1 wird der Grundsatz der **anteilsgleichen Zuteilung** in § 58 nicht ausdrücklich geregelt. Dies ist jedoch entbehrlich. Da die Verteilung nach Flächen in § 56 Abs. 1 S. 1 der Verteilung nach Werten ausdrücklich gleichgestellt ist, gelten für sie keine anderen Grundsätze. Unterschiede bestehen lediglich in der Art des Umlegungsvorteilsausgleichs (→ Rn. 5). Im Übrigen ist der **Sollanspruch**, der Grundlage für die dem Grundsatz der anteilsgleichen Zuteilung entsprechende Sollzuteilung ist, bereits in § 56 Abs. 1 S. 1 als Leitgröße für die Verteilung in der Umlegung geregelt. Von ihm ist daher auch bei der Verteilung nach Flächen zunächst auszugehen (→ zu möglichen Divergenzen zwischen dem Grundsatz der Privatnützigkeit und dem Umlegungsvorteilsausgleich durch den Flächenbeitrag Rn. 7). 3

II. Flächenbeitrag (Abs. 1 S. 1 und 2)

1. Funktion und Voraussetzung. Nach **Abs. 1 S. 1 Hs. 1** kann von den eingeworfenen Grundstücken ein bestimmter **Flächenbeitrag** abgezogen werden. Ein Antrag der Gemeinde an die Umlegungsstelle ist hierfür nicht erforderlich. 4

Durch den Flächenbeitrag sollen die **Vorteile**, die durch die Umlegung bewirkt werden (→ § 57 Rn. 17), **ausgeglichen** werden. Dieser Flächenabzug ersetzt in der Flächenumlegung den Geldausgleich nach § 57 S. 5 bei der Wertumlegung. Voraussetzung für die Erhebung eines Flächenbeitrags ist also, dass dem jeweiligen Eigentümer ein Umlegungsvorteil entstanden ist. 5

2. Bemessung und Höchstgrenzen. Aus der Funktion des Flächenbeitrags, den Umlegungsvorteil auszugleichen, ergibt sich zugleich die für die **Bemessung des Flächenbeitrages** maßgebliche Größe: der Umlegungsvorteil. Der Flächenbeitrag darf nicht ohne Rücksicht auf etwa eingetretene oder nicht eingetretene Umlegungsvorteile pauschal bemessen werden. Sind allerdings die Werte der Einwurfs- und die der Zuteilungsgrundstücke in sich jeweils homogen, kann auf eine Einzelberechnung des Flächenbeitrags verzichtet und dieser für alle Eigentümer gleich bestimmt werden. Es genügt dann – wie nach § 57 (→ § 57 Rn. 8) zum Stichtag der Bekanntmachung des Umlegungsbeschlusses – die Ermittlung des Werts der Einwurfsmasse und der Verteilungsmasse insgesamt; eine Wertermittlung für die einzelnen Grundstücke ist nicht erforderlich. 6

Durch die Erhebung des Flächenbeitrags kann es vorkommen, dass der Eigentümer über den Flächenabzug für Flächen nach § 55 Abs. 2 hinaus in der Umlegung Grund und Boden verliert. Dieser Flächenbeitrag ist nur schwer mit dem die Umlegung prägenden Prinzip der **Privatnützigkeit** zu vereinbaren. Der Flächenbeitrag ist jedoch **traditionell mit der Umlegung verbunden** und in Gebieten, in denen herkömmlich Flächenumlegungen durchgeführt werden, derart im Rechtsbewusstsein der Eigentümer verankert, dass hierin keine Gefährdung des Grundsatzes der Privatnützigkeit gesehen wird (BVerwG Urt. v. 6. 10. 1960 – I C 64/60, BVerwGE 12, 1 (5 f.); *Schmidt-Aßmann* DVBl. 1982, 152 (156); *Köster* in Schrödter § 58 Rn. 9 f.; *Schriever* in Kohlhammer-Komm. § 58 Rn. 4). 7

Um den durch die Umlegung bewirkten Flächenbeitrag in Grenzen zu halten, ist in **Abs. 1 S. 2** bestimmt, dass der Flächenbeitrag in neu erschlossenen Gebieten **maximal 30 %**, in übrigen Gebieten maximal 10 % der eingeworfenen Fläche betragen darf. Ein weitergehender Flächenentzug würde in die Nähe einer „Güterbeschaffung" im Sinne der Rechtsprechung des BVerfG zur Abgrenzung der Inhaltsbestimmung des Eigentums von der Enteignung (→ Vorb. §§ 45–84 Rn. 9) geraten und den Charakter der Umlegung als Inhaltsbestimmung des Eigentums gefährden. 8

3. Verhältnis zum Flächenabzug nach § 55 Abs. 2. Der **Flächenbeitrag** nach Abs. 1 S. 1 ist vom **Flächenabzug** nach § 55 Abs. 2 zu unterscheiden. Flächenbeitrag 9

Reidt

ist der umfassendere Begriff, der den Flächenabzug **einschließt**. Wird – wie im Regelfall – der Umlegungsvorteil durch den Flächenabzug nicht ausgeglichen, kann als Vorteilsausgleich ein über den Flächenabzug hinausgehender Flächenbeitrag verlangt werden. Aus dieser Funktion des Flächenbeitrags folgt, dass er nicht durch den Flächenabzug in seinem Umfang begrenzt sein kann. Dies ergibt sich auch daraus, dass die Zuteilung der örtlichen Verkehrs- und sonstigen öffentlichen Flächen abschließend in § 55 Abs. 2 geregelt ist. Diese Bestimmung im Zusammenhang mit der Verteilungsregelung für die privat nutzbaren Grundstücke zu wiederholen, wäre nicht nur überflüssig, sondern auch systemwidrig. Je nach örtlicher Erschließungssituation und entstehendem Umlegungsvorteil kann der Flächenbeitrag dem Flächenabzug entsprechen, er kann ihn aber auch übersteigen oder unterschreiten (vgl. BVerwG Urt. v. 6.10.1960 – I C 64/60, BVerwGE 12, 1 (7); *Otte* in EZBK § 58 Rn. 4 ff.). Durch den Einschub, dass der Flächenabzug auf den Flächenbeitrag **anzurechnen** ist, wird dies in § 58 Abs. 1 S. 1 klargestellt. In der Regel wird der Flächenbeitrag für ein Umlegungsgebiet **einheitlich** sein; es kann jedoch im Einzelfall gerechtfertigt sein, den Flächenbeitrag für Teilbereiche **unterschiedlich** anzusetzen (vgl. BGH Urt. v. 5.10.2000 – III ZR 71/00, NVwZ 2001, 233; →zu der entsprechenden Problematik beim Flächenabzug § 55 Rn. 8).

10 **4. Zuteilung überschießender Flächen.** Entsprechen sich Flächenbeitrag und Flächenabzug, sind die Fläche entsprechend der Sollzuteilung (→ § 56 Rn. 6) und die Einwurfsfläche von gleichem Wert. Ist der Flächenabzug größer als der zulässige Flächenbeitrag, kann der Eigentümer nach der Sollzuteilung eine nur geringerwertige Fläche beanspruchen. Wenn sich dies auch in einer konkreten Minderzuteilung nach § 59 Abs. 1 niederschlägt, hat die Gemeinde hierfür **Ausgleich nach Entschädigungsgrundsätzen** zu zahlen (→ § 59 Rn. 16).

11 In der Regel wird aber der mögliche Flächenbeitrag den Flächenabzug übersteigen. Würde in diesem Fall dem Eigentümer eine Fläche entsprechend der Sollzuteilung zugeteilt, erhielte er eine gegenüber dem eingeworfenen Grundstück wertvollere Fläche zurück. Soll hier der Umlegungsvorteil durch einen Flächenbeitrag in Anspruch genommen werden, kann dem Eigentümer diese überschießende Fläche auch rechnerisch nicht zugeteilt werden. Das Gesetz enthält keine ausdrückliche Regelung darüber, wie in einem solchen Fall zu verfahren ist. Abs. 1 S. 3 (→ Rn. 13) stellt aber klar, dass der Umlegungsstelle bei der Entscheidung, ob sie statt eines Flächenbeitrags ganz oder teilweise einen entsprechenden Geldbeitrag erheben soll, Ermessen zusteht; die Umlegungsstelle ist also nicht verpflichtet, auf den den Flächenabzug übersteigenden Teil des Flächenbeitrags zu verzichten. Daraus ist zu schließen, **dass die überschießenden Flächen grundsätzlich der Gemeinde,** die ja Empfängerin eines Geldausgleichs wäre und die Umlegungskosten zu tragen hat, **zuzuteilen** sind (vgl. *Dieterich* Rn. 231; *Köster* in Schrödter § 58 Rn. 9; s. auch BVerwG Urt. v. 6.10.1960 – I C 64/60, BVerwGE 12, 1 (7); →im Einzelnen Rn. 13 ff.). Dabei ist der den Flächenabzug übersteigende Teil des Flächenbeitrags weder auf die Höhe der Umlegungskosten noch auf besondere öffentliche Zweckbindungen, die sich aus der jeweiligen Umlegung ergeben sollen (so aber *Otte* VR 1987, 73 (80)), beschränkt (vgl. auch *Dieterich* Rn. 239 ff.; *Schriever/Linke* in Kohlhammer-Komm. § 58 Rn. 13). Allerdings gelten nach Abs. 1 S. 2 die Wertgrenzen von 10% für die Neuordnungs- und 30% für die Erschließungsumlegung (→ Rn. 8).

12 **5. Verhältnis zum Erschließungsbeitrag.** Für das Verhältnis des Flächenbeitrags zum **Erschließungsbeitrag** kann nichts anderes gelten als bei der Wertumlegung. Auch hier sind die ausgeschiedenen örtlichen Verkehrs- und sonstigen Flächen nach § 55 Abs. 2 werterhöhend in die erschlossenen Grundstücke eingegangen, sodass diese grundsätzlich erschließungsflächenbeitragsfrei zuzuteilen sind (so auch *Schriever/Linke* in Kohlhammer-Komm. § 58 Rn. 23 f.; aA *Köster* in Schrödter § 58 Rn. 14; → im Übrigen § 57 Rn. 19 ff.). Wird aber aus besonderen Gründen der konkreten

1. Abschnitt. Umlegung **§ 58**

Umlegung erschließungsflächenbeitragspflichtig zugeteilt, ermöglicht es **Abs. 1 S. 2 Hs. 2** in Verbindung mit § 128 Abs. 1 S. 3, die entsprechenden Werterhöhungen bei der Zuteilung unberücksichtigt zu lassen und bei der Erhebung der Erschließungsbeiträge in Rechnung zu stellen (vgl. § 57 Rn. 20 ff.).

III. Geldleistungen und Wertausgleich

1. Geldbeitrag (Abs. 1 S. 3 und 4). Nach **Abs. 1 S. 3** kann die Umlegungsstelle 13 den Flächenbeitrag, soweit er den Flächenabzug übersteigt, ganz oder teilweise durch einen **Geldbeitrag ersetzen.** Hierdurch soll sichergestellt werden, dass die Umlegungsstelle bei der Verteilung der Grundstücke nach dem Zweck der Umlegung und den Zuteilungsgrundsätzen des § 59 Abs. 1 vorgehen kann. Ist es zur Beachtung dieser Grundsätze bei der Ist-Zuteilung erforderlich oder zweckmäßig, die nach der Sollzuteilung als Flächenbeitrag der Gemeinde zuzuteilende Fläche gleichwohl den Eigentümern zuzuteilen und stattdessen einen Geldbeitrag zu erheben, wird dies der Umlegungsstelle durch Abs. 1 S. 3 ermöglicht. Eine solche Situation kann sich zB einstellen, wenn die Geldabfindung von Eigentümern, die kleinere Grundstücke eingeworfen haben, vermieden und ihnen ein Baugrundstück zugeteilt werden soll (vgl. *Schriever* in Kohlhammer-Komm. § 58 Rn. 34 b). Auch aus anderen Gründen, die etwa in der Topographie oder in den Festsetzungen des Bebauungsplans begründet sind, kann es geboten sein, die eigentlich als Flächenbeitrag der Gemeinde zuzuteilende Fläche ganz oder teilweise den Privaten zuzuteilen und stattdessen einen Geldbeitrag zu erheben.

Auch hier (→ bereits § 57 Rn. 32) ist darauf hinzuweisen, dass die Berechnung 14 eines Geldbeitrags auf der Grundlage des nach § 58 ermittelten Zuteilungsanspruchs noch nicht der endgültig zu leistende Geldbeitrag festsetzt. Dieser kann vielmehr erst auf der Grundlage der Ist-Zuteilung nach § 59 Abs. 1 ermittelt werden. Die Berechnung des Geldbeitrags nach Abs. 1 S. 3 ist vielmehr nur ein **Kontrollwert,** der darüber Auskunft gibt, bei welcher Zuteilung und welchem Geldausgleich die wert- und anteilsgleiche Zuteilung hergestellt ist.

Abs. 1 S. 4 ermöglicht der Gemeinde in den Fällen, in denen der Umlegungsvor- 14a teil den möglichen Flächenabzug (→ Rn. 8, 11) übersteigt, diese Differenz durch die Erhebung eines **Geldbeitrags** abzuschöpfen. Dies wird vor allem bei Erschließungsumlegungen nur selten, kann aber bei Neuordnungsumlegungen, denen in Zeiten des Stadtumbaus (§§ 141 a ff.) gesteigerte Bedeutung zukommen kann, häufiger der Fall sein. Jedenfalls werden damit Flächen- und Wertumlegung einander im wirtschaftlichen Ergebnis gleichgestellt und so die Attraktivität der Flächenumlegung erhöht (s. die Begründung des Regierungsentwurfs zum EAG Bau, BT-Drs. 15/2250, 57).

2. Flächen- oder Geldausgleich (Abs. 2). Abs. 2 macht deutlich, dass eine Flä- 15 chenumlegung nicht nur in Fällen völliger Homogenität innerhalb der Einwurfs- und der Zuteilungsgrundstücke durchgeführt werden kann. Denn hiernach wird auch in der Flächenumlegung ermöglicht, entstehende Wertunterschiede aufgrund unterschiedlicher Lagewerte innerhalb des Umlegungsgebiets in Fläche oder in Geld auszugleichen. Damit werden **Elemente der Wertumlegung in die Flächenumlegung** eingeführt. Die Flächenumlegung unterscheidet sich danach von der Wertumlegung vor allem dadurch, dass sie die Möglichkeit des Ausgleichs von Umlegungsvorteilen primär durch einen Flächenbeitrag und nicht durch einen Geldausgleich ermöglicht.

Grundsatz ist bei der Flächenumlegung, dass entstandene Umlegungsvorteile 16 durch einen lediglich nach quantitativen Kriterien zu bemessenden Flächenbeitrag oder einen entsprechenden Geldbeitrag ausgeglichen werden. Entstehen aber durch die Umlegung deutliche Wertunterschiede bei den zugeteilten Grundstücken, weil

Reidt

Lage oder Lagewert gegenüber den Einwurfsgrundstücken erheblich verändert werden, müssen diese qualitativen Unterschiede durch entsprechend kleinere oder größere Flächenbeiträge oder durch entsprechend differenzierte Geldleistungen ausgeglichen werden. Dabei entsprechen die Begriffe **gleiche oder gleichwertige Lage** der Begriffsverwendung in § 59 Abs. 1 (→ § 59 Rn. 6 ff.). Wie dort ist auch hier die Lage der zugeteilten mit der der eingeworfenen Grundstücke zu vergleichen (*Schriever/Linke* in: Kohlhammer-Komm. § 58 Rn. 36).

17 **3. Bezugszeitpunkt (Abs. 3). Abs. 3** bestimmt, dass für die Bemessung von Geldbeiträgen und Ausgleichsleistungen – wie beim Geldausgleich in der Wertumlegung – auf den **Zeitpunkt der Bekanntmachung des Umlegungsbeschlusses** abzustellen ist. Es gelten also dieselben Grundsätze wie bei der Wertumlegung (→ § 57 Rn. 29 ff.).

§ 59 Zuteilung und Abfindung

(1) **Aus der Verteilungsmasse sind den Eigentümern dem Umlegungszweck entsprechend nach Möglichkeit Grundstücke einschließlich Flächen zum Ausgleich im Sinne des § 1a Abs. 3 in gleicher oder gleichwertiger Lage wie die eingeworfenen Grundstücke und entsprechend den nach den §§ 57 und 58 errechneten Anteilen zuzuteilen.**

(2) ¹Soweit es unter Berücksichtigung der öffentlich-rechtlichen Vorschriften nicht möglich ist, die nach den §§ 57 und 58 errechneten Anteile tatsächlich zuzuteilen, findet ein Ausgleich in Geld statt. ²Auf den Geldausgleich sind die Vorschriften über die Entschädigung im Zweiten Abschnitt des Fünften Teils entsprechend anzuwenden, soweit die Zuteilung den Einwurfswert oder mehr als nur unwesentlich den Sollanspruch unterschreitet. ³Der Geldausgleich bemisst sich nach dem Verkehrswert, bezogen auf den Zeitpunkt der Aufstellung des Umlegungsplans, soweit die Zuteilung den Sollanspruch mehr als nur unwesentlich überschreitet und dadurch die bauplanungsrechtlich zulässige Nutzung ermöglicht.

(3) Beantragt ein Eigentümer, der im Umlegungsgebiet eigen genutzten Wohn- oder Geschäftsraum aufgeben muss und im Umlegungsverfahren kein Grundstück erhält, dass für ihn als Abfindung im Umlegungsverfahren eines der in Absatz 4 Nr. 2 und 3 bezeichneten Rechte vorgesehen wird, so soll dem entsprochen werden, sofern dies in der Umlegung möglich ist.

(4) Mit Einverständnis der betroffenen Eigentümer können als Abfindung
1. Geld oder
2. Grundeigentum außerhalb des Umlegungsgebiets oder
3. die Begründung von Miteigentum an einem Grundstück, die Gewährung von grundstücksgleichen Rechten, Rechten nach dem Wohnungseigentumsgesetz oder sonstigen dinglichen Rechten innerhalb und außerhalb des Umlegungsgebiets

vorgesehen werden.

(5) ¹Sofern die Umlegung im Geltungsbereich eines Bebauungsplans durchgeführt wird, können Eigentümer in Geld oder mit außerhalb des Umlegungsgebiets gelegenen Grundstücken abgefunden werden, wenn sie im Gebiet keine bebauungsfähigen Grundstücke erhalten können oder wenn dies sonst zur Erreichung der Ziele und Zwecke des Bebauungsplans erforderlich ist; wer die Abfindung mit Grundstücken außerhalb des Gebiets ablehnt, kann mit Geld abgefunden werden. ²Die Vorschriften über die Entschädigung im Zweiten Abschnitt des Fünften Teils sind entsprechend anzuwenden.

1. Abschnitt. Umlegung **§ 59**

(6) ¹Lehnt der Eigentümer eine Abfindung mit den in Absatz 4 Nr. 2 und 3 bezeichneten Rechten ab, obgleich durch eine solche Abfindung für eine größere Anzahl von Beteiligten eine Abfindung in Geld vermieden werden kann und die Abfindung in diesen Rechtsformen mit dem Bebauungsplan vereinbar ist, ist der Eigentümer in Geld abzufinden. ²Die Vorschriften über die Entschädigung im Zweiten Abschnitt des Fünften Teils sind entsprechend anzuwenden.

(7) Die Umlegungsstelle – der Umlegungsausschuss auf Antrag der Gemeinde – kann bei der Zuteilung von Grundstücken unter den Voraussetzungen des § 176 ein Baugebot, unter den Voraussetzungen des § 177 ein Modernisierungs- oder Instandsetzungsgebot und unter den Voraussetzungen des § 178 ein Pflanzgebot anordnen.

(8) ¹Sofern die Umlegung im Geltungsbereich eines Bebauungsplans durchgeführt wird, sind im Umlegungsplan die Gebäude oder sonstigen baulichen Anlagen zu bezeichnen, die dem Bebauungsplan widersprechen und der Verwirklichung der im Umlegungsplan in Aussicht genommenen Neugestaltung (§ 66 Abs. 2) entgegenstehen. ²Die Eigentümer und die sonstigen Nutzungsberechtigten haben die Beseitigung der im Umlegungsplan bezeichneten Gebäude und sonstigen baulichen Anlagen zu dulden, wenn die Gemeinde die Beseitigung zum Vollzug des Umlegungsplans durchführt.

(9) Die Befugnis der Gemeinde, ein Baugebot, ein Modernisierungs- oder Instandsetzungsgebot, ein Pflanzgebot oder ein Rückbau- oder Entsiegelungsgebot nach den §§ 176 bis 179 anzuordnen, bleibt unberührt.

Übersicht

	Rn.
I. Grundsätze für die tatsächliche Zuteilung (Abs. 1)	1
1. Anspruch auf Landzuteilung	2
2. Zweckmäßigkeit der Zuteilung	3
3. Zuteilung in gleicher oder gleichwertiger Lage	6
4. Verhältnis von Soll- und Ist-Zuteilung	11
II. Geldausgleich (Abs. 2)	13
1. Spitzenausgleich (S. 1)	13
2. Enteignungsentschädigung bei Minderzuteilung (S. 2)	16
3. Geldausgleich bei Mehrzuteilung (S. 3)	17
III. Abfindungen	18
1. Einverständliche Abfindung (Abs. 3 und 4)	19
a) Voraussetzungen	20
b) Formen	22
2. Nichteinverständliche Abfindung	33
a) Notwendige Abfindung (Abs. 5 S. 1)	34
b) Abfindung zur Erhaltung der Eigentümerstruktur (Abs. 6 S. 1)	39
3. Bemessung einer Geldabfindung (Abs. 5 S. 2 und Abs. 6 S. 2)	43
IV. Planverwirklichung	44
1. Gebote nach §§ 176 bis 179 (Abs. 7 und 9)	44
2. Duldung des Abbruchs (Abs. 8)	49

I. Grundsätze für die tatsächliche Zuteilung (Abs. 1)

§ 59 ist die **zentrale Vorschrift des Umlegungsrechts.** Nach seinen Regelungen bestimmt sich, welches Land den Eigentümern tatsächlich zugeteilt wird und wie eventuelle Mehr- oder Minderzuteilungen gegenüber der nach §§ 57 oder 58 ermit- **1**

telten rechnerischen Zuteilung ausgeglichen werden (zu Besonderheiten der Umlegung in förmlich festgelegten Sanierungsgebieten nach § 142 → § 57 Rn. 33ff.).

2 1. Anspruch auf Landzuteilung. Abs. 1 verdeutlicht den Charakter der Umlegung als eines Grundstücks**tausch**verfahrens, indem er bestimmt, dass **Grundstücke** zuzuteilen sind. Hierdurch wird allen an der Umlegung beteiligten Eigentümern grundsätzlich ein **Rechtsanspruch auf Landzuteilung** eingeräumt.

3 2. Zweckmäßigkeit der Zuteilung. Dieser Anspruch auf Naturalzuteilung besteht jedoch nur dann und nur insoweit, als damit dem Umlegungszweck entsprochen werden kann. Dabei ist auch der Eigentumsbestandsgarantie der Art. 14 Abs. 1 S. 1 GG Rechnung zu tragen (*Köster* in Schrödter § 59 Rn. 7). Daher hat die Umlegungsstelle die Zuteilung in erster Linie daran auszurichten, dass sie dem Grundsatz der wert- und anteilsgleichen Zuteilung gerecht werden kann (BGH Urt. v. 14.7.1977 – III ZR 139/74, DVBl. 1978, 372 = VR 1979, 435 (437) mit Abdruck von Bestands- und Umlegungskarte in dem entschiedenen Fall). In diesem Rahmen kommt dem **Grundsatz der Zweckmäßigkeit** entscheidende Bedeutung für die Zuteilung zu. Der Zweckmäßigkeitsgrundsatz findet seine Grundlage insbesondere in § 45 Abs. 1, nach dem durch die Umlegung „nach Lage, Form und Größe für die bauliche oder sonstige Nutzung zweckmäßig gestaltete Grundstücke entstehen" sollen. Die Zweckmäßigkeit bestimmt sich daher in erster Linie danach, ob die zugeteilten Grundstücke eine Nutzung entsprechend dem Bebauungsplan oder der Eigenart der näheren Umgebung nach § 34 und sonstigen baurechtlichen Vorschriften, wie etwa der Baunutzungsverordnung oder den Bauordnungen der Länder gestatten ermöglichen (BGH Urt. v. 28.5.1976 – III ZR 137/74, BGHZ 66, 322 (332)). Dabei kommt es nicht auf das subjektive Interesse des Eigentümers, sondern auf die **objektive Nutzbarkeit** entsprechend der im Bebauungsplan festgesetzten Nutzung an (→ § 45 Rn. 12). **Städtebauliche Gesichtspunkte** einschließlich der naturschutzrechtlichen Eingriffs- und Ausgleichsregelung und der sonstigen naturschutzrechtlichen Anforderungen (zB des Biotop- und Artenschutzes) stehen hier also nicht im Vordergrund.

3a Die Schaffung von Bauflächen bedingt nach der Konzeption des BauGB in § 1a Abs. 3 grundsätzlich die Bereitstellung von Ausgleichsflächen. Beide Arten von Flächen sind funktional aufeinander bezogen und müssen daher bei der tatsächlichen Zuteilung im Umlegungsgebiet berücksichtigt werden. So wie bei öffentlichen Nutzungszwecken die Vorwegausscheidung nach § 55 Abs. 2 diesem Zusammenhang Rechnung trägt (→ § 55 Rn. 26f.), bestimmt Abs. 1, dass die nach dem Bebauungsplan notwendigen **Ausgleichsflächen auch bei der Zuteilung für private Nutzungszwecke einzubeziehen** sind (vgl. Begründung zum Regierungsentwurf des BauROG, BT-Drs. 13/6392, 63; *Schmidt-Aßmann* (§ 55, Rn. 20), 106 ff.; hierzu näher *Schriever* in Kohlhammer-Komm. § 59 Rn. 18a ff.).

4 Ist im Bebauungsplan eine bauliche Nutzung festgesetzt oder ergibt sich der Rahmen für die bauliche Nutzung aus § 34, so sind die entsprechenden Grundstücke zweckmäßig gestaltet, wenn sich die bauliche Nutzung ohne die Inanspruchnahme von **Befreiungen** nach § 31 Abs. 2 oder Abweichungen nach dem Bauordnungsrecht der Länder verwirklichen lässt. Dies ist der bei der Zuteilung anzustrebende Regelfall. Im Einzelfall kann es jedoch im Interesse möglichst weitgehender Vermeidung von Abfindungen (Rn. 17ff.) gerechtfertigt sein, ein Grundstück zuzuteilen, dessen bauliche Nutzung nur bei Erteilung einer Befreiung möglich wird. Wenn in einem solchen Fall die Umlegungsstelle bei der Baugenehmigungsbehörde erreicht, dass eine solche Befreiung in Aussicht gestellt wird, ist die Zuteilung eines solchen Grundstücks nicht unzweckmäßig (*Otte* in EZBK § 59 Rn. 2; ablehnend *Stich* in BK § 59 Rn. 4). Dasselbe gilt, soweit die Inanspruchnahme von **Ausnahmen** nach § 31 Abs. 1 erforderlich wird oder es um zusätzlich notwendige Einzelfallentscheidungen geht (etwa im Hinblick auf die Beseitigung gesetzlich geschützter Biotope gem. § 30 BNatSchG im Zuge der Bebauung).

Die Umlegungsstelle **kann** darüber hinaus auch **private Rechte oder Wünsche** 5
und privatrechtliche Bestimmungen berücksichtigen (vgl. auch *Köster* in Schrödter
§ 59 Rn. 14). So ist es zB möglich, ein Grundstück anstatt dem Eigentümer eines Einwurfsgrundstücks auf dessen Weisung seinen Kindern zuzuteilen (OLG Hamm
Beschl. v. 5.3.1996 – 15 W 480/95, BeckRS 1996, 21044; → auch § 62 Rn. 2).
Auch wirtschaftliche Gesichtspunkte können die Zweckmäßigkeit der Zuteilung beeinflussen (→ § 57 Rn. 18). Im Ergebnis muss die Umlegung die durch sie aufgeworfenen Probleme durch zweckmäßige Zuteilung lösen (BGH Urt. v. 10.11.1983 – III
ZR 131/82, NVwZ 1984, 750). Dies gilt auch, wenn die Probleme außerhalb des
Umlegungsgebietes – etwa durch Trennung innerhalb und außerhalb liegender Hofflächen eines landwirtschaftlichen Betriebs – entstehenkann zB die Aussiedlung des
Betriebs erforderlich werden.

3. Zuteilung in gleicher oder gleichwertiger Lage.

Neben der Pflicht der 6
Umlegungsstelle, den Eigentümern grundsätzlich zweckmäßig gestaltete Grundstücke im Umlegungsgebiet zuzuteilen,, bestimmt Abs. 1 weiter, dass in diesem Rahmen
die Zuteilung möglichst **in gleicher oder gleichwertiger Lage** wie das eingeworfene Grundstück erfolgen soll. Damit wird dem Grundsatz der Bestandserhaltung bezüglich der Grundstückslage entsprochen (*Köster* in Schrödter § 59 Rn. 18). Bedeutung kommt diesem Grundsatz insbesondere bei bebauten oder sonst wirtschaftlich
genutzten Grundstücken sowie bei Neugestaltungsumlegungen zu. Da die Zuteilung
in gleicher oder gleichwertiger Lage nur „nach Möglichkeit" erfolgen soll, macht
Abs. 1 deutlich, dass auf eine entsprechende Zuteilung **kein Anspruch** besteht. Der
möglichst lagegleichen Zuteilung gehen vielmehr der Umlegungszweck und die
Pflicht zur Naturalzuteilung als möglichst viele vor (*Otte* in EZBK § 59 Rn. 17; vgl.
BGH Urt. v. 28.5.1976 – III ZR 137/74, BGHZ 66, 322 (332)). Dies ermöglicht
auch die Zuteilung von **Ausgleichsflächen** an der **funktional geeignetsten Lage,**
solange sich diese im Umlegungsgebiet befindet (→ § 55 Rn. 27). Denn mit der Forderung nach einer Zuteilung in einer gleichen oder gleichwertigen Lage berücksichtigt das Umlegungsrecht persönliche oder wirtschaftliche Bindungen der Eigentümer
an die von ihnen baulich genutzten, also ihr Leben wesentlich beeinflussenden
Grundstücke, nicht aber ökologische Zusammenhänge oder Werte. Auf diese aber
kommt es bei der Verortung der Ausgleichsflächen an, wenn auch unter Beachtung
der durch die Verfassung gezogenen eigentumsrechtlichen Schranken.

Die Bedeutung des Begriffs **„gleiche Lage"** wird in Rechtsprechung und Literatur 7
unterschiedlich gesehen. Zum Teil wird hierunter verstanden, dass sich die Flächen
des eingeworfenen und des zugeteilten Grundstücks wenigstens **zum Teil überdecken** oder zumindest nahe beieinander liegen müssen (BGH Urt. v. 5.3.1981 – III
ZR 48/80, NJW 1981, 2060 (2061)). Nach anderer Auffassung kommt es für die gleiche Lage nicht auf die örtliche, sondern auf die qualitative Übereinstimmung an. Ein
Grundstück wird danach in einer dem eingeworfenen Grundstück gleichen Lage zugeteilt, wenn es eine gleichartige Qualität, also die gleichen örtlichen Lagemerkmale
aufweist wie das Einwurfsgrundstück und diesem daher **vergleichbar** ist (BGH Urt.
v. 28.5.1976 – III ZR 137/74, BGHZ 66, 322 (332); *Schriever* in Kohlhammer-Komm. § 59 Rn. 20; vgl. auch *Dieterich* Rn. 247: Die Flächen müssen nahe beieinander liegen.).

Bei der Beurteilung, ob ein zugeteiltes Grundstück die gleiche Lage wie ein ein- 8
geworfenes Grundstück hat, ist nicht allein nach objektiven Kriterien vorzugehen.
Vielmehr spielen auch **subjektive Erwägungen** eine große Rolle; vor allem die **bisherige Nutzung** des Grundstücks ist von entscheidender Bedeutung. Ist ein eingeworfenes Grundstück mit einem eigengenutzten **Wohnhaus** bebaut, erfolgt nur
dann eine Zuteilung in gleicher Lage, wenn sich die Grundstücksflächen im Wesentlichen decken, das Haus also erhalten bleiben kann. Wird ein eingeworfenes Grundstück als **Geschäft** genutzt, zB an einer zentralen Straßenkreuzung, kommt es für die

Zuteilung nicht darauf an, dass ein Grundstück auf derselben Fläche zugeteilt wird; vielmehr wird hier entscheidend sein, dass das Grundstück an der nach der Umlegung unter Umständen verschobenen neuen zentralen Straßenkreuzung liegt (hierzu *Schriever* in Kohlhammer-Komm. § 59 Rn. 20). Waren die früheren Grundstücke unterschiedlos **landwirtschaftlich** genutzt und ist für sie im Bebauungsplan insgesamt eine bauliche Nutzung vorgesehen, geht das Erfordernis der Zuteilung in gleicher Lage praktisch ins Leere; hier wäre es rein zufällig, wenn das neue Baugrundstück mit dem alten Ackerland zusammenfiele. Hier kommt der örtlichen Übereinstimmung von altem und neuem Grundstück allenfalls dann Bedeutung zu, wenn aus persönlichen Gründen Wert auf die Zuteilung gerade derselben Fläche gelegt wird.

9 Von der Zuteilung in gleicher Lage ist die Zuteilung in **gleichwertiger Lage** zu unterscheiden. Hierunter fällt eine Zuteilung in eindeutig anderer Lage, die jedoch in etwa denselben Bodenwert und denselben wirtschaftlichen Wert aufweist (*Schriever* in Kohlhammer-Komm. § 59 Rn. 23; *Köster* in Schrödter § 59 Rn. 18; *Dieterich* Rn. 247 f.; anders *Otte* in EZBK § 59 Rn. 15, der für die Zuteilung in gleichwertiger Lage allein auf den „Quadratmeterwert" abstellt). Bei einer Erschließungsumlegung, bei der aus baulich nicht nutzbarem Land baureifes Land wird, scheidet eine Zuteilung in gleichwertiger Lage von der Natur der Sache her aus (*Otte*, aaO, Rn. 11). Die **Bedeutung individueller Gesichtspunkte** bei der Beurteilung, ob ein Grundstück in gleichwertiger Lage zugeteilt wird oder nicht, ist schon aus Gründen des Eigentumsschutzes besonders hoch (BGH Urt. v. 5.3.1981 – III ZR 48/80, NJW 1981, 2060 (2061)). Ergibt sich etwa für einen Eigentümer der Wert einer Fläche daraus, dass sie für die Erweiterung seines bestehenden Betriebs in Frage kommt, ist eine Zuteilung nur dann gleichwertig in diesem Sinne, wenn das zugewiesene Grundstück ebenfalls für die Betriebserweiterung genutzt werden kann (BGH Urt. v. 5.3.1981, aaO).

10 Die Grundsätze der Zuteilung in gleicher oder in gleichwertiger Lage stehen **gleichberechtigt nebeneinander** (BGH Urt. v. 5.3.1981 – III ZR 48/80, NJW 1981, 2060 (2061)). Im Rahmen der Verpflichtung zur Zuteilung zweckmäßig geschnittener Grundstücke kann die Umlegungsstelle daher die Zuteilung in gleicher **oder** in gleichwertiger Lage vornehmen. Da die Verteilung der Grundstücke im Rahmen der Umlegung ein sowohl fachlich als auch rechtlich schwieriger, durch vielfache Wechselbeziehungen der getroffenen Maßnahmen und der zu berücksichtigenden Interessen noch erschwerter Vorgang ist, kann die Umlegungsstelle nur dann zu sachgerechten Ergebnissen gelangen, wenn sie von weitergehenden strikten Bindungen soweit wie möglich freigestellt bleibt. Dies gilt in gleichem Maße für faktische oder privatrechtliche Beschränkungen bei der Umlegung. Auch die engen Wechselbeziehungen zwischen Bebauungsplanung und Umlegung sprechen dafür, die Anforderungen an eine vorentscheidungsfreie Bauleitplanung (→ § 1 Rn. 113 f.) auch für die Umlegung anzuwenden.

11 **4. Verhältnis von Soll- und Ist-Zuteilung.** Schließlich stellt Abs. 1 den Grundsatz auf, dass die tatsächliche Zuteilung, also die **Ist-Zuteilung,** der nach §§ 57 oder 58 ermittelten **rechnerischen Zuteilung entsprechen** muss. Diese rechnerische Zuteilung ist bei § 57 die **Sollzuteilung.** Bei § 58 ist es ebenfalls die Sollzuteilung, jedoch ggf. gekürzt um den den Flächenabzug übersteigenden Teil des Flächenbeitrags. Im Folgenden wird vereinfacht nur von der Sollzuteilung gesprochen, da das Verhältnis von Sollzuteilung nach § 57 zur Ist-Zuteilung gemäß § 59 das in diesem Zusammenhang bedeutsame Problem darstellt. Dieser Grundsatz wird jedoch durch die Einschränkung, dass ihm nur „nach Möglichkeit" entsprochen werden muss – ebenso wie bei der Zuteilung in gleicher oder gleichwertiger Lage –, relativiert. Im praktischen Ergebnis ist es eher Zufall, dass Soll- und Ist-Zuteilung sich genau decken. Abs. 1 macht deutlich, dass bei der tatsächlichen Zuteilung dem Grundsatz der **Zweckmäßigkeit** der Zuteilung letztlich **Vorrang** vor einer der Soll-

zuteilung entsprechenden Ist-Zuteilung zukommt. Denn der Grundsatz der Zweckmäßigkeit wird nicht von der Relativierung durch die Worte „nach Möglichkeit" erfasst. Ihm ist daher in jedem Fall Rechnung zu tragen, den anderen Grundsätzen hingegen nur „nach Möglichkeit". Dem entspricht es, dass nach Abs. 2 Unterschiede zwischen Soll- und Ist-Zuteilung in Geld auszugleichen sind. Schließlich entspricht der Vorrang der Zweckmäßigkeit vor der Wert- und Anteilsgleichheit bei der Naturalzuteilung sowohl dem öffentlichen Interesse an der städtebaulichen Ordnung als auch dem insoweit gleichgerichteten Interesse der Umlegungsbeteiligten an guter Nutzbarkeit ihrer Grundstücke.

Der Vorrang der Zweckmäßigkeit darf dennoch nur in Grenzfällen zu erheblichen 12 Abweichungen von der Sollzuteilung führen. Die Umlegungsstelle hat alle umlegungstechnisch möglichen und zweckmäßigen Versuche zu unternehmen, eine Minderzuteilung zu verhindern. Dies reicht vom Ausgleich einer flächenmäßigen Minderzuteilung durch Zuteilung eines höherwertigen Grundstücks bis zur zweckentsprechenden Abgrenzung des Umlegungsgebiets (vgl. BVerwG Urt. v. 13.1.1959 – I C 155/58, BVerwGE 8, 95 (96); BGH Urt. v. 14.7.1977 – III ZR 139/74, NJW 1977, 2362). Wenn und soweit sie es im Rahmen der Zweckmäßigkeit kann, muss die Umlegungsstelle also sowohl die Grundsätze der lage- oder lagewertgleichen Zuteilung als auch die der wert- und anteilsgleichen Zuteilung verwirklichen.

II. Geldausgleich (Abs. 2)

1. Spitzenausgleich (S. 1). Durch den Vorrang der Zweckmäßigkeit der Zutei- 13 lung stimmt die Ist-Zuteilung in der Regel nicht exakt mit der nach § 57 und § 58 errechneten Sollzuteilung überein. Für diese Fälle sieht **Abs. 2** einen **Ausgleich in Geld** vor. Hierbei geht es also darum, den durch Naturalzuteilung nicht voll zu erfüllenden Anspruch auf wert- und anteilsgleiche Zuteilung durch ergänzenden Geldausgleich zu verwirklichen.

Nach Abs. 2 sind **verschiedene Ausgleichsleistungen** zu unterscheiden: Liegt 14 die Ist-Zuteilung knapp oberhalb oder unterhalb der Sollzuteilung, hat nach Abs. 2 S. 1 einen Spitzenausgleich zu erfolgen (→ Rn. 15). Überschreitet die Ist-Zuteilung den Sollanspruch deutlich, ist ein Ausgleich nach Abs. 2 S. 3 zu leisten (→ Rn. 17). Erreicht die Ist-Zuteilung jedoch nicht den Einwurfswert oder verfehlt sie deutlich den Sollanspruch, hat die Gemeinde nach Abs. 2 S. 2 einen Geldausgleich zu leisten (Rn. 16).

Soweit die Sollzuteilung in der Ist-Zuteilung „nicht restlos aufgeht" (BGH Urt. v. 15 3.3.1958 – III ZR 157/56, BGHZ 27, 15 (25)) und daher „die Spitzen in Geld abgefunden werden" müssen (BGH Urt. v. 12.10.1959 – III ZR 48/58, BGHZ 31, 49 (58)), findet nach **Abs. 2 S. 1** ein sog. **Spitzenausgleich** statt. Dies gilt, wie das EAG Bau durch die Verwendung des unspezifizierten Begriffs der „Berücksichtigung der öffentlich-rechtlichen Vorschriften" klar gestellt hat, sowohl in Bebauungsplangebieten als auch in Gebieten nach § 34 (vgl. die Begründung zum Regierungsentwurf des EAG Bau, BT-Drs. 15/2250, 58). Da der Geldausgleich nach Abs. 2 S. 1 durch Geldleistungen die durch Naturalzuteilung nicht erreichte Identität von Soll- und Ist-Zuteilung herstellen soll, ist für die Bemessung der Ausgleichsleistung der Gemeinde bei Minder- und der des Eigentümers bei Mehrzuteilung derselbe Zeitpunkt maßgeblich wie bei der Einwurfs- und Zuteilungsbewertung nach den §§ 57 und 58, nämlich der **Zeitpunkt des Umlegungsbeschlusses** (BGH Urt. v. 6.12.1984 – III ZR 174/83, BGHZ 93, 103; *Köster* in Schrödter § 59 Rn. 25). Voraussetzung hierfür ist allerdings, dass die Minderzuteilung nicht enteignenden Charakter erlangt. Dies ist nicht der Fall, wenn durch die Geldleistung nur **Spitzen** ausgeglichen werden. Eine genaue und allgemeingültige Abgrenzung, wann es sich bei einer Minderzuteilung um eine geringfügige Spitze handelt, wird in Rechtsprechung vermieden. Die **flächenmäßige Größe** der Mehr- oder Minderzuteilung ist hierbei jedenfalls **nicht**

§ 59 I. Kapitel. IV. Teil. Bodenordnung

entscheidend; es kommt vielmehr insoweit auf die Festsetzungen des Bebauungsplans oder die Eigenart der näheren Umgebung nach § 34 an. Ist hiernach eine gering verdichtete Bebauung vorgesehen oder vorhanden, kann die Minderzuteilung größer sein als bei einem Bebauungsplan, der eine sehr stark verdichtete Bebauung vorsieht oder in einer Umgebung mit stark verdichteter Bebauung. Umgekehrt kann bei Zulässigkeit einer sehr hohen gewerblich nutzbaren Geschossfläche die Minderzuteilung an Geschossfläche größer sein als bei nur geringer gewerblich nutzbarer Geschossfläche. Absolute Grenzen lassen sich hier nicht ziehen (vgl. auch *Schriever* in Kohlhammer-Komm. § 59 Rn. 28). Allerdings hat der BGH den Fall einer **Mehr**zuteilung von **über 10% nicht** mehr als „geringfügige Spitze" gewertet (vgl. BGH Urt. v. 6.12.1984 – III ZR 174/83, BGHZ 93, 103; s. auch *Otte* ZfBR 2010, 117 (119) und nachfolgend Rn. 17).

16 **2. Enteignungsentschädigung bei Minderzuteilung (S. 2).** Überschreitet eine Minderzuteilung den hiernach für einen Spitzenausgleich gezogenen Rahmen, hat ein Geldausgleich wie bei einer Enteignung zu erfolgen. **Abs. 2 S. 2** schreibt dies ausdrücklich vor, wenn die Zuteilung unter dem Einwurfswert oder deutlich erkennbar unter dem Sollanspruch bleibt. Dies bedeutet, dass von den Werten des eingeworfenen und des zugeteilten Grundstücks im Zeitpunkt der **Aufstellung des Umlegungsplans** auszugehen ist (BGH Urt. v. 21.2.1980 – III ZR 84/78, NJW 1980, 1634 (1635); ders. Urt. v. 6.12.1984 – III ZR 174/83, BGHZ 93, 103; *Schriever* in Kohlhammer-Komm. § 59 Rn. 29). Auch besteht nach § 99 Abs. 3 eine Verzinsungspflicht (vgl. BVerfG Beschl. v. 8.5.2002 – 1 BvR 485/01, NVwZ 2003, 199).

17 **3. Geldausgleich bei Mehrzuteilung (S. 3).** Um die Spiegelbildlichkeit der Ausgleichsleistung bei über den Spitzenausgleich Mehr- und Minderzuteilung herzustellen, bestimmt **Abs. 2 S. 3,** dass auch für den vom Eigentümer zu leistenden **Geldausgleich bei einer Mehrzuteilung** der **Verkehrswert** des Grundstücks zum Zeitpunkt des Beschlusses über die Aufstellung des Umlegungsplans und nicht, wie beim Spitzenausgleich, zum Zeitpunkt des Umlegungsbeschlusses zu bestimmen ist. Voraussetzung hierfür ist, dass die Zuteilung den **Sollanspruch „mehr als nur unwesentlich überschreitet".** Nach der Begründung des Regierungsentwurfs zum BauGB 1987 ist hierunter eine Werterhöhung von mindestens etwa 10% zu verstehen (vgl. BT-Drs. 10/4630, 101 sowie vorstehend Rn. 15). Weitere Voraussetzung für den Geldausgleich bei Mehrzuteilung ist, dass erst durch die Mehrzuteilung die **bauplanungsrechtliche Nutzung ermöglicht** wird. Durch das EAG Bau wurde mit der sprachlichen Änderung in S. 3 klargestellt, dass diese Regelung sowohl in Gebieten mit einem qualifizierten Bebauungsplan als auch in Gebieten nach § 34 zur Anwendung kommt (vgl. Begründung zum Regierungsentwurf des EAG Bau, BT-Drs. 15/2250, 58). Die Voraussetzung der Ermöglichung der bauplanungsrechtlichen Nutzung ist dahingehend erweiternd auszulegen, dass S. 3 auch dann zur Anwendung kommt, wenn die bauliche Nutzung durch die Mehrzuteilung **erheblich verbessert** wird (zB zwei Häuser statt eines), sofern dies nicht bereits als Unterfall des Ermöglichens anzusehen ist. Denn es wäre sachwidrig, wenn bei einer absolut gesehen geringfügigen Mehrzuteilung, die eine bebauungsplangemäße Nutzung ermöglicht, der Geldausgleich zeitnah zu bemessen wäre (→ Rn. 16), bei einem großen Grundstück aber, für das sich die Mehrzuteilung nicht nutzungsermöglichend auswirkt, der absolut gesehen sehr viel höhere Mehrwert nur zeitfern nach den Werten zum Zeitpunkt des Umlegungsbeschlusses (→ Rn. 15) zu bestimmen wäre (aA *Numberger* BayVBl. 1988, 737 (742); vgl. aber auch *Dieterich* Rn. 257 f.). Dies kann allerdings nur gelten, wenn der Eigentümer mit der Mehrzuteilung einverstanden war. Die Gemeinde kann sich nicht durch eine deutliche Mehrzuteilung eine hohe Ausgleichsleistung gegen den Willen des Eigentümers verschaffen (vgl. auch BGH Urt. v. 6.12.1984 – III ZR 174/83, BGHZ 93, 103).

1. Abschnitt. Umlegung § 59

III. Abfindungen

Soweit ein Eigentümer **kein Grundstück** aus der Verteilungsmasse **erhalten kann,** ist er oder sie für das eingeworfene Grundstück **abzufinden.** Soweit die Abfindung in Geld gewährt wird, ist sie vom Ausgleich in Geld zu unterscheiden. Während der Geldausgleich nach Abs. 2 grundsätzlich nur einen durch die Abweichung von Ist- und Sollzuteilung bedingten Wertausgleich darstellt, ist die Geldabfindung eine Entschädigung für einen „klassischen" enteignenden Eingriff, nämlich den vollständigen Entzug des Grundeigentums. Allerdings kann der Geldausgleich, soweit er über Spitzenbeträge hinausgeht, ebenfalls den Charakter einer Enteignungsentschädigung annehmen. Für seine Bemessung gelten dann dieselben Vorschriften wie für die Bemessung der Geldabfindung.

1. Einverständliche Abfindung (Abs. 3 und 4). Da die Umlegung den Grundsätzen der Wert- und Bestandserhaltung zu folgen hat, kann eine Abfindung gegen den Willen der Betroffenen nur die Ausnahme sein (*Schriever* in Kohlhammer-Komm. § 59 Rn. 47). Im Übrigen sollte die Umlegungsstelle der Berücksichtigung von entsprechenden Eigentümerwünschen stets Vorrang vor einer Zwangsregelung einräumen, da der Verzicht auf die Zuteilung eines Grundstücks im Umlegungsgebiet in aller Regel die Umlegung erleichtert. Das Gesetz regelt daher in Abs. 3 und 4 **Voraussetzungen und Formen einverständlicher Abfindungen.**

a) **Voraussetzungen.** Die in Abs. 4 genannten Formen der Abfindung können stets, aber auch nur dann vorgesehen werden, wenn die Betroffenen einverstanden sind; dies gilt auch für die Gemeinde als Eigentümerin von Außengrundstücken (Grundstücken außerhalb des Umlegungsgebietes, s. Rn. 25 ff.; vgl. BGH Urt. v. 20.7.2006 – III ZR 280/05, BGHZ 168, 346). Das **Einverständnis** wird in der Regel auf der Grundlage von Verhandlungen nach § 66 Abs. 1 erteilt. Nicht alle, die bisher baulich nicht nutzbares Land besaßen, werden daran interessiert sein, nunmehr Bauland zu erhalten. Ihren Bedürfnissen kann ggf. durch eine Geldleistung oder durch eine andere Abfindungsform besser Rechnung getragen werden. Besondere Voraussetzungen für die Einverständniserklärung stellt das Gesetz nicht auf. Allerdings ist es zweckmäßig, die Erteilung des Einverständnisses in schriftlicher Form zu erklären und möglichst präzise zu fassen (vgl. den Fall eines Einverständnisses mit einer Abfindung nach Nr. 2 nur bei Zuteilung bestimmter Grundstücke, OLG Stuttgart Urt. v. 5.11.1985 – 10 U 130/85, NVwZ 1986, 867).

Einen Sonderfall regelt **Abs. 3.** Erhalten Beteiligte aufgrund eines geringen Sollanspruchs im Umlegungsgebiet kein Grundstück mehr und müssen sie deshalb **eigengenutzten Wohn- oder Geschäftsraum** aufgeben, sollen sie nicht mit Geld, sondern mit einer der anderen Abfindungsformen abgefunden werden. Voraussetzung hierfür ist ein entsprechender Antrag sowie die Vereinbarkeit des Begehrens mit den Möglichkeiten des konkreten Umlegungsverfahrens. Auch wenn der Hinweis auf die Vereinbarkeit mit dem Bebauungsplan durch das EAG Bau weggefallen ist, bleibt es materiell gleichwohl bei diesem Erfordernis. Wird die Umlegung in einem Gebiet nach § 34 ohne Bebauungsplan durchgeführt, ist hier auf die Vereinbarkeit mit der Eigenart der näheren Umgebung und im Fall des § 34 Abs. 2 auf die Übereinstimmung mit der jeweiligen Gebietstypik abzustellen. Dass dem Antrag nur entsprochen werden kann, „sofern dies in der Umlegung möglich ist", ist selbstverständlich. Durch diese Sonderregelung soll es den Beteiligten, die eigengenutzten Wohn- oder Geschäftsraum aufgeben, erleichtert werden, entweder ihre **Bindung an das Umlegungsgebiet** aufrechtzuerhalten (möglich bei Wahl einer der Abfindungsformen nach Abs. 4 Nr. 3) oder aber an anderer Stelle **erneut Grundeigentum** zu erhalten (bei Wahl der Abfindungsform nach Abs. 4 Nr. 2). Durch diese Regelung wird in besonderer Weise dem Grundsatz der Bestandserhaltung Rechnung getragen.

§ 59 I. Kapitel. IV. Teil. Bodenordnung

22 **b) Formen.** Abs. 4 regelt abschließend, in welchen **Formen** die Abfindung erfolgen kann. Dabei stellt die gewählte Reihenfolge der Abfindungsformen **keine Rangfolge** dar, sondern die Aufzählung alternativer Möglichkeiten entsprechend den Wünschen der Beteiligten und den Möglichkeiten der Umlegung (*Köster* in Schrödter § 59 Rn. 31). Die Gewährung von Anteilen an einem **Immobilienfonds,** die früher in Abs. 4 Nr. 4 vorgesehen war, ist auf freiwilliger Basis weiterhin möglich.

23 **aa) Geld.** Die in **Nr. 1** vorgesehene Abfindung in **Geld,** die begriffsnotwendig über den Ausgleich von Spitzen im Sinne des Abs. 2 S. 1 hinausgeht, stellt letztlich eine Entschädigung für den Entzug des Grundeigentums dar. Für die Bemessung der Geldabfindung sind daher die Vorschriften über die Entschädigung nach den **§§ 93 ff. entsprechend** anzuwenden. Dies ist zwar nur in Abs. 5 S. 2 und Abs. 6 S. 2 für die nicht einverständliche Geldabfindung ausdrücklich bestimmt, muss aber auch für die einverständliche Geldabfindung gelten: Die Umlegung hält sich nur dann im Rahmen der Inhaltsbestimmung des Eigentums, wenn ihr Charakter als privatnütziges Grundstückstauschverfahren mit Wert- und Bestandsgarantie erhalten bleibt. Dies ist aber bei einer Geldabfindung nicht der Fall, so dass die Umlegung für die Betroffenen insoweit in eine Enteignung umschlägt. Die Geldabfindung ist daher entsprechend zu bemessen. Da § 59 Abs. 2 und 4 für enteignend wirkende Eingriffe im Rahmen der Umlegung die Leistung eines Geldausgleichs oder einer Geldabfindung vorschreiben, entstehen hier die im Zusammenhang mit der Nassauskiesungs-Entscheidung des Bundesverfassungsgerichts (BVerfG Beschl. v. 15.7.1981 – 1 BvL 77/78, BVerfGE 58, 300 (322 ff.); → Vorb. §§ 85–122 Rn. 8 f.) erörterten Probleme nicht.

24 Wird die Geldabfindung **im Umlegungsplan** festgesetzt, geht das Eigentum an dem betreffenden Grundstück kraft Verwaltungsakts unter; wird – gegebenenfalls mit Einverständnis der Inhaber von Rechten an dem Grundstück – die Geldabfindung **durch Vorwegnahme der Entscheidung nach § 76** geregelt, ist das Eigentum an dem Grundstück bis zur endgültigen Rechtsänderung durch den Umlegungsplan zwischenzeitlich in der Regel der Gemeinde zu übertragen (*Otte* in EZBK § 59 Rn. 50). Die Art der Geldleistung und ihre Verzinsung bestimmen sich nach § 99.

25 **bb) Außengrundstücke.** Dem Grundsatz der Bestandserhaltung näher als die Geldabfindung kommt die in **Nr. 2** vorgesehene Abfindung mit **Grundstücken, die außerhalb des Umlegungsgebiets liegen.** Hierdurch werden die Betroffenen zwar aus dem Umlegungsgebiet verdrängt, behalten aber Grundeigentum. Außengrundstücke sind dabei solche Grundstücke, die nicht im Umlegungsgebiet, auch nicht in einem räumlich getrennten Teil des Umlegungsgebiets, liegen. Es kann sich dabei um gemeindeeigene Grundstücke oder um solche Grundstücke handeln, die im Austausch für Flächen öffentlicher Nutzung nach § 55 Abs. 5 in die Verteilungsmasse eingebracht worden sind, ohne in das Umlegungsgebiet einbezogen worden zu sein. Unter Umständen kann das Grundstück auch eigens für die Abfindung eines Umlegungsbeteiligten erworben werden.

26 Über die notwendige **Beschaffenheit** des Grundstücks enthält Nr. 2 keine Regelung. Da die Beteiligten mit der Abfindung durch ein Außengrundstück stets **einverstanden** sein müssen (s. noch Rn. 33 ff. für den Fall der nicht einverständlichen Abfindung), kommt es daher auf den konkreten Einzelfall an. Über das fehlende Einverständnis kann sich die Umlegungsstelle nicht hinwegsetzen (BGH Urt. v. 20.7.2006 – III ZR 280/05, ZfBR 2007, 50). Ist ein Eigentümer daran interessiert, wieder landwirtschaftlich zu nutzendes Gelände zu erhalten, ist ihm nach Möglichkeit ein solches Grundstück zu verschaffen. Maßgeblich ist dafür das einvernehmliche Ergebnis der Verhandlungen der Umlegungsstelle mit den Betroffenen (vgl. OLG Stuttgart Urt. v. 5.11.1985 – 10 U 130/85, NVwZ 1986, 867). In jedem Fall hat sich das Außengrundstück im Rahmen der Sollzuteilung zu halten.

1. Abschnitt. Umlegung §59

cc) Dingliche Rechte. Ferner sieht Abs. 4 in **Nr. 3** vier Kategorien von dinglichen Rechten als Abfindung vor. An erster Stelle steht hierbei das **Miteigentum** nach den §§ 1008 bis 1011 BGB (Miteigentum nach Bruchteilen). Die Größe des Grundstücks richtet sich nach der Summe der Sollzuteilungsansprüche der (künftigen) Miteigentümer. Die Aufteilung der Miteigentumsanteile richtet sich nach dem Verhältnis, in dem ihre Sollansprüche zueinander stehen (*Otte* in EZBK § 59 Rn. 55). 27

Als grundstücksgleiches Recht kommt insbesondere das **Erbbaurecht** nach dem Erbbaurechtsgesetz (hierzu *Bassenge* in Palandt, BGB, 74. Aufl. 2015, 2946 ff.) in Betracht. 28

Ferner kann als Abfindungsform ein **Recht nach dem Wohnungseigentumsgesetz** (hierzu *Bassenge* in Palandt, BGB, 74. Aufl. 2015, 2962 ff.) gewährt werden. Die nach dem Wohnungseigentumsgesetz möglichen Rechte sind in § 1 und § 31 WEG aufgeführt. Danach kennt das Wohnungseigentumsgesetz das Wohnungseigentum, das Teileigentum an nicht zu Wohnzwecken dienenden Räumen, das Dauerwohnrecht und das Dauernutzungsrecht an nicht zu Wohnzwecken dienenden Räumen. Nach § 30 WEG kann zudem ein bestehendes Erbbaurecht in der Weise aufgeteilt werden, dass es dem Wohnungs- oder Teileigentum entspricht; es handelt sich dann um ein Wohnungserbbaurecht und ein Teilerbbaurecht. 29

Daneben können auch **sonstige dingliche Rechte** als Abfindung gewährt werden. In Betracht kommen hier Dienstbarkeiten, also Grunddienstbarkeiten, Nießbrauch und beschränkte persönliche Dienstbarkeiten (§§ 1018 bis 1093 BGB), sowie Reallasten (§§ 1105 bis 1112 BGB). 30

Während das Gesetz bei der Abfindungsform Miteigentum dessen **Begründung** vorsieht, ist bei den übrigen dinglichen Rechten nur deren **Gewährung** vorgesehen. Dies ist gerechtfertigt, da die Begründung solcher Rechte nicht einseitig hoheitlich verfügt werden kann, sondern regelmäßig auf vertraglicher Grundlage erfolgen muss. Es empfiehlt sich daher, diese Rechte außerhalb des Umlegungsverfahrens an einem konkreten Objekt zu begründen oder bereits bestehende Rechte zu erwerben, um sodann ein solches „vorgefertigtes" dingliches Recht im Umlegungsplan als Abfindung zu gewähren (vgl. hierzu auch *Otte* in EZBK § 59 Rn. 56; *Köster* in Schrödter § 59 Rn. 41). 31

Die **Grundstücke**, an denen die nach Nr. 3 als Abfindung vorgesehenen dinglichen Rechte bestehen, können **innerhalb oder außerhalb des Umlegungsgebietes** liegen. Diese Erleichterung der Abfindung gilt nicht nur für die sonstigen dinglichen Rechte, bei denen sie aus sprachlichen Gründen unmittelbar aufgeführt ist, sondern für alle in Nr. 3 genannten Rechte (*Köster* in Schrödter § 59 Rn. 41). 32

2. Nichteinverständliche Abfindung. Kann dem Anspruch auf Landzuteilung nicht genügt und ein Einverständnis nicht erzielt werden, kann auch **ohne Einverständnis eine Abfindung in Geld oder mit Grundstücken außerhalb des Umlegungsgebiets erfolgen**. Die entsprechenden Regelungen sind in Abs. 5 und 6 enthalten. Voraussetzung hierfür ist das Vorhandensein eines **Bebauungsplans**. 33

a) Notwendige Abfindung (Abs. 5 S. 1). Abs. 5 S. 1 lässt die zwangsweise Abfindung in zwei Fällen zu. Zunächst ist eine Abfindung möglich, wenn der Eigentümer im Umlegungsgebiet **kein bebauungsfähiges Grundstück** erhalten könnte. Dies ist dann der Fall, wenn lediglich ein Anspruch auf eine **Sollzuteilung** besteht, die selbst bei vollständiger Zuteilung nicht die Größe eines nach dem Bebauungsplan bebaubaren Grundstücks erreichen würde. Das kann nicht nur dann der Fall sein, wenn schon das eingeworfene Grundstück nicht sinnvoll bebaubar war, sondern unter Umständen auch dann, wenn das eingeworfene Grundstück bebaubar oder sogar bebaut war. Entspricht diese Bebauung jedoch nicht mehr zeitgemäßen Anforderungen, ist es kein Planungsfehler, wenn nach dem Bebauungsplan eine solche Bebauung nicht bestehen bleiben oder wiederholt werden kann (vgl. etwa die Kölner Hinterhof-Entscheidung des BGH Urt. v. 13.7.1967 – III ZR 1/65, BGHZ 48, 34

193). Ist allerdings der Bebauungsplan so angelegt, dass bei einer Umlegung einer Vielzahl von Eigentümern keine bebaubaren Grundstücke mehr zugeteilt werden können, kann die Umlegung von vornherein nicht dem Prinzip der wert- und anteilsgleichen Zuteilung entsprechen und ist daher insgesamt rechtswidrig (BGH Urt. v. 2.4.1981 – III ZR 15/80, NVwZ 1982, 148).

35 Die Notwendigkeit einer Abfindung in Geld oder mit Grundstücken außerhalb des Umlegungsgebiets kann sich auch dann ergeben, wenn **Grundstücke öffentlicher Nutzung** nach § 55 Abs. 5 gegen Gestellung von Ersatzland außerhalb des Umlegungsgebiets zugeteilt worden sind. Dadurch kann sich die im Gebiet zur Verfügung stehende Verteilungsmasse deutlich reduzieren, nicht aber die Verteilungsmasse insgesamt. Allerdings darf diese Ersatzlandgestellung nur zugelassen werden, wenn die Grundstücke für die jeweilige Umlegung geeignet sind. Ihre Zuteilung sollte dann in aller Regel im Einverständnis mit den Umlegungsbeteiligten möglich sein, sodass hierdurch die im Umlegungsgebiet zur Verfügung stehende Verteilungsmasse im Ergebnis nicht geschmälert ist.

36 Der **zweite Fall,** in dem nach Abs. 5 S. 1 eine Abfindung gegen den Willen des Eigentümers zulässig ist, ergibt sich aus dem **Ziel der Umlegung,** zweckmäßig gestaltete Grundstücke für eine Verwirklichung des Bebauungsplans zu bilden. Führt dies dazu, dass einzelne Eigentümer kein Grundstück im Umlegungsgebiet erhalten können, dann dürfen sie abgefunden werden. Auch hierbei ist allerdings zu berücksichtigen, dass eine Umlegung nur dann rechtmäßig ist, wenn sie im Wesentlichen dem Grundsatz der wert- und anteilsgleichen Zuteilung entspricht (→ Rn. 34). Ist dies nicht der Fall, muss in dem Gebiet ganz oder teilweise eine Enteignung durchgeführt werden.

37 In beiden Fällen gilt, dass die Umlegungsstelle vor der Entscheidung über eine Abfindung **alle Möglichkeiten ausschöpfen** muss, um den Betroffenen ein **Grundstück im Umlegungsgebiet zuteilen zu können.** Hierzu kann sowohl die Ausweitung des Umlegungsgebiets (vgl. Otte in EZBK § 52 Rn. 6) als etwa auch die Zuteilung eines Grundstücks gehören, das nur bei Erteilung einer Befreiung rechtmäßig bebaubar ist. In jedem Fall hat der zwangsweisen Abfindung eine **Verhandlung** mit den Betroffenen vorangehen, die das Ziel verfolgt, eine einverständliche Abfindungsregelung zu erreichen.

38 Als **Abfindungsformen** sieht Abs. 5 Geld oder die Zuteilung eines Grundstücks außerhalb des Umlegungsgebiets vor. Lehnt ein Eigentümer die Abfindung mit einem Grundstück außerhalb des Umlegungsgebiets ab, kann er in Geld abgefunden werden **(Abs. 5 S. 1 Hs. 2).** Dies bedeutet, dass ein Eigentümer nach Abs. 5, der eine Aussiedlung ablehnt, auch gegen seinen Willen mit Geld abgefunden werden darf. Eine **zwangsweise Zuteilung** von Grundstücken soll damit **vermieden** werden.

39 **b) Abfindung zur Erhaltung der Eigentümerstruktur (Abs. 6 S. 1).** Anders als Abs. 5 geht **Abs. 6** nach seiner Zweckrichtung davon aus, dass grundsätzlich eine Möglichkeit zur Naturalzuteilung im Umlegungsgebiet besteht. Zweck der Regelung ist es, ggf. auch eine **kleinteilige Eigentümerstruktur** (→ § 55 Rn. 27) in einem Umlegungsgebiet möglichst **zu erhalten.** Um dieses Ziel erreichen zu können, sollen einzelne Beteiligte ganz oder teilweise auf ihren Anspruch auf Landzuteilung im Umlegungsgebiet **verzichten** (*Schriever* in Kohlhammer-Komm. § 59 Rn. 82). Werden angebotene Grundstücke außerhalb des Umlegungsgebiets oder dingliche Rechte als Abfindung abgelehnt, können – wie schon im Rahmen des Abs. 5 – diese Abfindungsformen nicht zwangsweise festgesetzt werden; stattdessen ist vielmehr eine Abfindung in Geld zu gewähren.

40 Voraussetzung für eine Abfindung nach Abs. 6 ist, dass durch die Verweigerung des Einverständnisses verhindert wird, für eine größere Zahl von Beteiligten eine **Geldabfindung** zu vermeiden. Wann eine **größere Zahl von Beteiligten** im Sinne des Abs. 6 anzunehmen ist, muss nach den Umständen des Einzelfalls, vor allem nach der

1. Abschnitt. Umlegung §59

Zahl der an der Umlegung insgesamt Beteiligten, bestimmt werden. In jedem Fall werden es aber mehr als drei Beteiligte sein müssen. Selbstverständliche weitere Voraussetzung ist, dass die angebotenen Abfindungsformen mit dem Bebauungsplan vereinbar sind.

Welcher Beteiligte der Umlegung verzichten soll, regelt das Gesetz nicht. In Betracht kommen dürfte die Anwendung der Regelung allerdings ohnehin nur dann, wenn einem Eigentümer mehrere Grundstücke im Umlegungsgebiet zuzuteilen wären, er also durch die Anwendung des Abs. 6 nicht seinerseits aus dem Gebiet verdrängt würde. Treffen diese Voraussetzungen auf mehrere Personen zu, kann die Umlegungsstelle nach den Erfordernissen der Umlegung eine von ihnen mit diesem Eingriff belasten oder aber die Belastung durch entsprechende Minderzuteilungen auf mehrere von ihnen verteilen. 41

Da hier den Betroffenen anstelle der ihnen grundsätzlich zustehenden Naturalzuteilung eine Abfindung mit sonstigen Rechten oder mit Geld zugemutet wird, handelt es sich um einen **enteignenden Eingriff** im Rahmen der Umlegung. Dieser ist zulässig, wenn insgesamt der Charakter der Umlegung als eines privatnützigen Grundstückstauschverfahrens mit wert- und anteilsgleicher Landzuteilung gewahrt bleibt. Im praktischen Ergebnis dürfte die Gemeinde in diesen Fällen allerdings häufig gezwungen sein, eigene Grundstücke zur Verfügung zu stellen (vgl. *Köster* in Schrödter § 59 Rn. 46). 42

3. Bemessung einer Geldabfindung (Abs. 5 S. 2 und Abs. 6 S. 2). Werden Betroffene mit Geld oder in einer sonstigen Form nach Abs. 4 abgefunden, liegt hierin eine Enteignung. **Abs. 5 S. 2** schreibt deshalb ebenso wie **Abs. 6 S. 2** ausdrücklich vor, dass für die Bemessung der Entschädigung die **§§ 93 bis 103** entsprechend anzuwenden sind. Diese Bestimmungen gelten trotz ihres Standorts im Rahmen der Vorschriften über die nicht einverständliche Abfindung **auch für eine einverständliche Abfindung**. Sie gelten hingegen **nicht für den Geldausgleich** (Rn. 13 ff.). 43

IV. Planverwirklichung

1. Gebote nach §§ 176 bis 179 (Abs. 7 und 9). Nach **Abs. 7** kann die Umlegungsstelle **Planverwirklichungsgebote** nach den §§ 176 bis 178 anordnen (zu ihrer Bedeutung im Rahmen von sog. Einheimischenmodellen vgl. VGH Mannheim Urt. v. 20.7.2000 – 8 S 177/00, NVwZ 2001, 694). Ist Umlegungsstelle der Umlegungsausschuss, bedarf es hierzu eines ausdrücklichen Antrags der Gemeinde. Die genannten Gebote können auch im Rahmen der Umlegung nur angeordnet werden, wenn die jeweils genannten Voraussetzungen, vor allem nach § 175, im einzelnen Fall erfüllt werden. Die Umlegungsstelle kann Gebote nach § 68 Abs. 1 Nr. 7 in den Umlegungsplan aufnehmen. Die im Umlegungsplan vorgesehenen Rechtsänderungen treten jedoch unabhängig von der Erfüllung der Gebote ein. 44

Ist Umlegungsstelle nach § 46 Abs. 4 eine andere Behörde, kann diese nicht nach ihrem eigenen Ermessen solche Gebote anordnen (aA *Köster* in Schrödter § 59 Rn. 49). Die Gemeinde kann aber die Umlegungsstelle um die Anordnung eines Gebots nach Abs. 7 ersuchen. 45

Im Übrigen bestimmt **Abs. 9,** dass die Befugnis der Gemeinde zur Anordnung eines Gebots nach den §§ 176 bis 179 unberührt bleibt. Die Gemeinde, die nicht Umlegungsstelle ist, kann daher selbst entscheiden, ob sie im Umlegungsgebiet bestimmte Gebote anordnen will. Allerdings sollte sie hierbei mit der Umlegungsstelle eng zusammenarbeiten. 46

Wird ein Gebot angeordnet, gilt die **Duldungspflicht** nach § 175 Abs. 3 und es besteht die Möglichkeit, **Miet- und Pachtverhältnisse** nach den §§ 182 ff. aufzuheben, zu beendigen oder zu verlängern. Daneben bleiben die umlegungsrechtlichen Möglichkeiten nach § 61 bestehen (§ 182 Rn. 2). 47

Reidt

48 Werden Gebote im **Umlegungsplan** angeordnet, ist hiergegen der **Rechtsweg zu den Baulandgerichten,** gegebenenfalls nach Durchführung eines Widerspruchsverfahrens, eröffnet. Ordnet dagegen die Gemeinde ein Gebot **selbstständig** an, ist nach Durchführung eines Widerspruchsverfahrens der **Rechtsweg zu den Verwaltungsgerichten** gegeben.

49 **2. Duldung des Abbruchs (Abs. 8).** Im Gegensatz zur Umlegungsstelle kann die **Gemeinde** nach Abs. 9 auch ein **Rückbau- oder Entsiegelungsgebot** nach § 179 anordnen. Wird die Umlegung im Geltungsbereich eines Bebauungsplans durchgeführt, kann die Umlegungsstelle aber nach **Abs. 8** im Umlegungsplan die baulichen Anlagen bezeichnen, die dem Bebauungsplan widersprechen oder der Verwirklichung des Neuzustands nach § 66 Abs. 2 entgegenstehen und daher zu beseitigen sind. Diese Bezeichnung im Umlegungsplan hat zur Folge, dass die Eigentümer die Beseitigung dieser baulichen Anlagen im Vollzug des Umlegungsplans zu dulden haben. Die Beseitigung obliegt nach § 72 Abs. 2 S. 1 (→ § 72 Rn. 9) der Gemeinde.

§ 60 Abfindung und Ausgleich für bauliche Anlagen, Anpflanzungen und sonstige Einrichtungen

¹Für bauliche Anlagen, Anpflanzungen und für sonstige Einrichtungen ist nur eine Geldabfindung zu gewähren und im Falle der Zuteilung ein Ausgleich in Geld festzusetzen, soweit das Grundstück wegen dieser Einrichtungen einen über den Bodenwert hinausgehenden Verkehrswert hat. ²Die Vorschriften über die Entschädigung im Zweiten Abschnitt des Fünften Teils sind entsprechend anzuwenden.

Übersicht

	Rn.
1. Gewährung einer Geldabfindung bei Entzug einer Einrichtung (S. 1 Hs. 1)	1
2. Verpflichtung zum Geldausgleich bei Zuteilung einer Einrichtung (S. 1 Hs. 2)	4
3. Bemessung der Geldleistung (S. 2)	5

1 **1. Gewährung einer Geldabfindung bei Entzug einer Einrichtung (S. 1 Hs. 1).** Trotz der Bezeichnung der Umlegung als Grundstückstauschverfahren werden bei der Umlegung **nicht Grundstücke** (mit ihren wesentlichen Bestandteilen, wie Gebäude uÄ, nach § 94 BGB), sondern **lediglich Flächen** mit ihrem „reinen" Bodenwert getauscht (→ § 55 Rn. 2). In § 60 und § 61 wird daher ergänzend geregelt, wie auf den Flächen vorhandene Einrichtungen oder an ihnen bestehende Rechte abzufinden, auszugleichen oder in sonstiger Weise zu behandeln sind.

2 Werden Beteiligten **wertsteigernde Einrichtungen** auf ihren Grundstücken infolge der Neuverteilung der Grundstücke **entzogen**, ist ihnen hierfür – unabhängig von einem nach den §§ 57 bis 59 zu leistenden Geldausgleich – nach **S. 1 Hs. 1** eine **Geldabfindung** zu zahlen. Mit den Begriffen bauliche Anlagen, Anpflanzungen und sonstige Einrichtungen sind, ohne dass es auf eine genauere Abgrenzung zwischen ihnen ankäme, alle mit dem Grund und Boden fest verbundenen und damit an sich den Wert des Grundstücks beeinflussenden Einrichtungen gemeint (*Schriever* in Kohlhammer-Komm. § 60 Rn. 1). Hinzuweisen ist jedoch darauf, dass der Begriff der **baulichen Anlage** nicht dem in § 29 verwendeten Begriff der baulichen Anlage (→ § 29 Rn. 9ff.) entspricht. Im Rahmen des § 60 kommt es für das Vorhandensein einer baulichen Anlage nur auf das Merkmal des „Bauens" an, nicht aber auch auf das Merkmal der „(möglichen) bodenrechtlichen Relevanz" (→ § 29 Rn. 14ff.). Der Begriff der baulichen Anlage ist hier also erheblich weiter als in § 29 Abs. 1 (vgl. *Schriever* in Kohlhammer-Komm. § 60 Rn. 9). Erfasst werden von den Einrichtungen

1. Abschnitt. Umlegung **§ 60**

des S. 1 die in § 51 Abs. 1 Nr. 2 bis 4 unter Genehmigungsvorbehalt gestellten Vorhaben (→ § 51 Rn. 22ff.).

Zu leisten ist die Geldabfindung **an den Eigentümer** der entzogenen Einrichtungen. Dies wird in der Regel der Eigentümer des Grundstücks sein, da die Einrichtungen zumeist wesentliche Bestandteile des Grundstücks nach § 94 BGB sein werden. Handelt es sich jedoch um Scheinbestandteile nach § 95 BGB, also um Sachen, die nur zu einem vorübergehenden Zweck mit dem Grund und Boden verbunden sind (zB Lauben auf Pachtgelände, ggf. auch Leitungen), ist Empfänger der Geldabfindung der Eigentümer der entzogenen Sache. Zu leisten ist die Geldabfindung nach § 64 Abs. 1 **von der Gemeinde.** 3

2. Verpflichtung zum Geldausgleich bei Zuteilung einer Einrichtung (S. 1 Hs. 2). Werden Einrichtungen nicht entfernt, sondern Beteiligten **zugeteilt,** so haben diese hierfür nach **S. 1 Hs. 2** einen **Geldausgleich** zu entrichten, soweit hierdurch der Verkehrswert des Grundstücks über den „reinen" Bodenwert hinaus ansteigt. Der Geldausgleich ist im Umlegungsplan festzusetzen (→ § 68 Rn. 10). Empfängerin dieser Geldleistung ist nach § 64 Abs. 1 die Gemeinde; nicht etwa hat der neue unmittelbar an den alten Eigentümer der Einrichtungen zu leisten. Die Gemeinde ist die „Umlegungskasse" (→ § 64 Rn. 1). 4

3. Bemessung der Geldleistung (S. 2). Der Entzug wertsteigernder Einrichtungen ist ein **Enteignungsakt** im Rahmen der Umlegung. **S. 2** bestimmt daher, dass für die Bemessung der Geldabfindung wie des – spiegelbildlichen – Geldausgleichs die Vorschriften über die Enteignungsentschädigung nach den **§§ 93 ff.** entsprechend anzuwenden sind. Hinzuweisen ist vor allem auf die entsprechende Anwendung des § 95. Bedeutung kann hierbei insbesondere § 95 Abs. 2 Nr. 5 erlangen, nach dem **wertsteigernde Veränderungen,** die nach Einleitung des Enteignungsverfahrens ohne behördliche Anordnung oder Zustimmung der Enteignungsbehörde vorgenommen worden sind, **nicht zu entschädigen** sind. Konkretisiert wird diese Regelung durch § 109, durch den die in § 51 bezeichneten Rechtsvorgänge der Genehmigungspflicht unterworfen werden. Im Rahmen der Umlegung führt dies dazu, dass Vorhaben und Rechtsvorgänge nach § 51 Abs. 1 Nr. 2 bis 4, die ohne Genehmigung der Umlegungsstelle durchgeführt worden sind, bei einer Entschädigung nicht berücksichtigt werden. Dasselbe gilt für wertsteigernde Veränderungen, die bereits vor Einleitung der Umlegung während der Geltung einer Veränderungssperre ohne Genehmigung der Baugenehmigungsbehörde vorgenommen wurden (§ 95 Abs. 2 Nr. 4). Nicht berücksichtigt werden auch solche Veränderungen, die aufgrund einer Mehrwertverzichtserklärung (→ § 51 Rn. 33) vorgenommen wurden. 5

Kann der entschädigungslose **Abbruch baulicher Anlagen** gefordert werden, weil sie, soweit erforderlich (→ Vorb. §§ 29–38 Rn. 1ff.), ohne Baugenehmigung (formell illegal) und im Widerspruch insbesondere zu bauplanungs- oder bauordnungsrechtlichen Vorschriften (materiell illegal) errichtet worden sind, sind sie nach § 95 Abs. 3 nur zu entschädigen, soweit dies aus Billigkeitsgründen erforderlich ist (*Dieterich* Rn. 312; aA *Köster* in Schrödter § 60 Rn. 9, der in § 60 insoweit eine abschließende Regelung sieht). Insofern handelt es sich dann nicht um eine Enteignungsentschädigung, sondern um eine bloße **Billigkeitsentschädigung** (→ § 95 Rn. 11). 6

Stichtag für die Bemessung sowohl der Abfindung als auch des Geldausgleichs ist, wie auch bei den anderen als Enteignungsentschädigung zu klassifizierenden Geldleistungen (→ § 57 Rn. 31, § 59 Rn. 16), der Zeitpunkt des Beschlusses über die Aufstellung des Umlegungsplans. Zugrunde zu legen ist dabei der Verkehrswert der Einrichtungen. Gegebenenfalls sind nach § 96 auch andere Vermögensnachteile, wie zB entstandene Umzugskosten, zu entschädigen (→ zu Besonderheiten der Bemessung von Geldabfindung und Geldausgleich in förmlich festgelegten Sanierungsgebieten s. § 57 Rn. 37f.). 7

Reidt 795

§ 61 Aufhebung, Änderung und Begründung von Rechten

(1) ¹Grundstücksgleiche Rechte sowie andere Rechte an einem im Umlegungsgebiet gelegenen Grundstück oder an einem das Grundstück belastenden Recht, ferner Ansprüche mit dem Recht auf Befriedigung aus dem Grundstück oder persönliche Rechte, die zum Erwerb, zum Besitz oder zur Nutzung eines im Umlegungsgebiet gelegenen Grundstücks berechtigen oder den Verpflichteten in der Benutzung des Grundstücks beschränken, können durch den Umlegungsplan aufgehoben, geändert oder neu begründet werden. ²In Übereinstimmung mit den Zielen des Bebauungsplans oder zur Verwirklichung einer nach § 34 zulässigen Nutzung können zur zweckmäßigen und wirtschaftlichen Ausnutzung der Grundstücke Flächen für Zuwege, gemeinschaftliche Hofräume, Kinderspielplätze, Freizeiteinrichtungen, Stellplätze, Garagen, Flächen zum Ausgleich im Sinne des § 1a Abs. 3 oder andere Gemeinschaftsanlagen festgelegt und ihre Rechtsverhältnisse geregelt werden. ³Im Landesrecht vorgesehene öffentlich-rechtliche Verpflichtungen zu einem das Grundstück betreffenden Tun, Dulden oder Unterlassen (Baulast) können im Einvernehmen mit der Baugenehmigungsbehörde aufgehoben, geändert oder neu begründet werden.

(2) ¹Soweit durch die Aufhebung, Änderung oder Begründung von Rechten oder Baulasten Vermögensnachteile oder Vermögensvorteile entstehen, findet ein Ausgleich in Geld statt. ²Für den Fall, dass Vermögensnachteile entstehen, sind die Vorschriften über die Entschädigung im Zweiten Abschnitt des Fünften Teils und über den Härteausgleich nach § 181 entsprechend anzuwenden.

(3) Die Absätze 1 und 2 gelten auch für die nach § 55 Abs. 5 in die Verteilungsmasse eingebrachten Grundstücke.

Übersicht

	Rn.
I. Zweck	1
II. Geltungsbereich (Abs. 1 S. 1, Abs. 3)	2
III. Rechtsgestaltung (Abs. 1)	4
1. Rechte (S. 1)	4
a) Grundstücksgleiche Rechte	5
b) Rechte am Grundstück	6
c) Rechte an einem das Grundstück belastenden Recht	7
d) Ansprüche mit dem Recht auf Befriedigung aus dem Grundstück	8
e) Öffentliche Lasten	9
f) Grundstücksbestandteile	10
g) Persönliche Erwerbs-, Besitz- und Nutzungsrechte	11
h) Persönliche nutzungsbeschränkende Rechte	13
2. Baulasten (S. 3)	14
3. Gestaltungsmöglichkeiten (S. 1 und 3)	15
4. Gemeinschaftsanlagen und -rechtsverhältnisse (S. 2)	18
IV. Geldabfindung und -ausgleich (Abs. 2)	20

I. Zweck

1 Zweck der Umlegung ist es, die Verwirklichung eines Bebauungsplans oder einer nach § 34 zulässigen Nutzung zu ermöglichen und zu fördern. Hierzu gehört nicht nur, wie es nach § 45 Abs. 1 den Anschein hat, die zweckmäßige Gestaltung der Grundstücke selbst. Hierzu gehört vielmehr als wesentliches Element der Umlegung

1. Abschnitt. Umlegung § 61

auch, die mit Bezug auf die Grundstücke bestehenden **privaten und öffentlich-rechtlichen Rechtsverhältnisse** im Umlegungsgebiet zu bereinigen und so zu gestalten, dass sie einer Verwirklichung des Bebauungsplans oder einer in Gebieten nach § 34 zulässigen Nutzung nicht entgegenstehen. Während in den §§ 55 bis 59 die Neuordnung des Grund und Bodens und in § 60 die Verwendung oder Beseitigung von Einrichtungen auf den Grundstücken geregelt ist, räumt § 61 der Umlegungsstelle die Befugnis ein, die in dem Umlegungsgebiet bestehenden grundstücksbezogenen Rechtsverhältnisse neu zu gestalten.

II. Geltungsbereich (Abs. 1 S. 1, Abs. 3)

Grundsätzlich beschränkt sich die Gestaltungsbefugnis der Umlegungsstelle auf die an Grundstücken im **Umlegungsgebiet** bestehenden Rechte und Lasten. Dieser Grundsatz erfährt jedoch zwei Ausnahmen. Zum einen bestimmt Abs. 3 ausdrücklich, dass die Bestimmungen der Absätze 1 und 2 auch auf das **Ersatzland** anzuwenden sind, das ein Bedarfs- oder Erschließungsträger nach § 55 Abs. 5 in die Verteilungsmasse eingebracht hat. Damit können auch außerhalb des Umlegungsgebiets gelegene, lediglich in das Umlegungsverfahren einbezogene Grundstücke mit in die Rechtsgestaltung hereingenommen werden. 2

Zum anderen können auch **weitere Grundstücke**, die außerhalb des Umlegungsgebiets liegen, von den Bestimmungen der Absätze 1 und 2 erfasst werden. Dies kann zB der Fall sein, wenn ein Recht an einem Grundstück im Umlegungsgebiet zugunsten eines Grundstücks außerhalb des Umlegungsgebiets geändert wird. Dies kann etwa bei einer Grunddienstbarkeit nach § 1018 BGB der Fall sein. Da die Grunddienstbarkeit nach § 96 BGB Bestandteil des herrschenden Grundstücks wird, kann dieses von seiner Fläche her außerhalb des Umlegungsgebiets liegende Grundstück mit einem wesentlichen Bestandteil in das Umlegungsgebiet hineinragen und daher insoweit vom Umlegungsverfahren erfasst werden (BGH Urt. v. 27.4.1970 – III ZR 226/68, BGHZ 54, 10 (17); → Rn. 23). 3

III. Rechtsgestaltung (Abs. 1)

1. Rechte (S. 1). Abs. 1 unterwirft vier Gruppen von Rechten der Gestaltungsbefugnis der Umlegungsstelle: In **S. 1** mit Ausnahme des Eigentums sämtliche dingliche Rechte (Rn. 5 bis 8 und 10), öffentliche Lasten (Rn. 9) sowie grundstücksbezogene obligatorische Rechte (Rn. 11 bis 13) und in **S. 3** Baulasten (Rn. 14). 4

a) Grundstücksgleiche Rechte. Grundstücksgleiche Rechte (→ § 200 Rn. 7) sind insbesondere das Erbbaurecht und seine Sonderformen nach § 30 WEG (Wohnungs- und das Teilerbbaurecht). **Nicht** hierzu gehört das **Wohnungseigentum**, auch nicht das Sonderrecht an der Wohnung, da es eine besondere Form des Miteigentums und damit des Eigentums ist (→ § 51 Rn. 15); dies ergibt sich auch aus der gesonderten Aufführung von grundstücksgleichen Rechten und Rechten nach dem Wohnungseigentumsgesetz in § 59 Abs. 4 (→ auch *Schriever* in Kohlhammer-Komm. § 61 Rn. 5). Das Wohnungseigentum ist daher bei der Verteilung nach den §§ 56 bis 59 zu berücksichtigen. 5

b) Rechte am Grundstück. Unter **Rechten an einem Grundstück** sind nur **dingliche Rechte** zu verstehen, da die persönlichen Rechte mit Bezug auf ein Grundstück in der Aufzählung später ausdrücklich genannt sind (*Köster* in Schrödter § 61 Rn. 9 f.). Zu diesen Rechten gehören die **Grunddienstbarkeit** nach den §§ 1018 bis 1029 BGB (Beispiele: Wegerecht, Bebauungsbeschränkung), der **Nießbrauch** nach den §§ 1030 bis 1067 BGB (Beispiel: Nießbrauch des überlebenden Ehegatten an einem den Kindern vererbten Grundstück), die **beschränkte persönliche Dienstbarkeit** nach den §§ 1090 bis 1093 BGB (Beispiele: Wohnungsrecht, 6

Nutzungsrechte eines Altenteils) die **Reallasten** nach den §§ 1105 bis 1112 BGB (Beispiel: Leistungsrechte eines Altenteils) sowie das dingliche **Vorkaufsrecht** nach den §§ 1094 bis 1104 BGB. Hinzu kommen das **Überbaurecht** nach den §§ 912 bis 916 und das **Notwegerecht** nach den §§ 917 f. BGB (zweifelnd *Goldschmidt/Taubeneck* in Hoppenberg/de Witt, Teil O, Rn. 336). Sie sind Bestandteile des Grundstücks, ähneln einer Grunddienstbarkeit und können bei vertraglicher Vereinbarung auch als Grunddienstbarkeit im Grundbuch eingetragen werden (hierzu *Bassenge* in Palandt, BGB, 74. Aufl. 2015, § 912 Rn. 11 f. und § 917 Rn. 11).

7 c) **Rechte an einem das Grundstück belastenden Recht.** Rechte an einem das Grundstück belastenden Recht sind das **Pfandrecht an Rechten** nach den §§ 1273 bis 1296 BGB (Beispiel: Pfandrecht an einer Hypothekenforderung) und der **Nießbrauch an Rechten** nach den §§ 1068 bis 1084 BGB (Beispiel: Nießbrauch an einer Reallast).

8 d) **Ansprüche mit dem Recht auf Befriedigung aus dem Grundstück.** Ansprüche mit dem Recht auf Befriedigung aus dem Grundstück gewähren die **Grundpfandrechte**, also die **Hypothek** nach den §§ 1113 bis 1190, die **Grundschuld** nach den §§ 1191 bis 1198 sowie die **Rentenschuld** nach den §§ 1199 bis 1203 BGB.

9 e) **Öffentliche Lasten.** Nicht ausdrücklich aufgeführt, aber auch zu den Ansprüchen mit dem Recht auf Befriedigung aus dem Grundstück zu rechnen sind die **öffentlichen Lasten** (§ 48 Rn. 12; Beispiele: Erschließungsbeitrag nach § 134 Abs. 2, Flurbereinigungsbeitrag nach § 20 FlurbG, Grundsteuer nach § 12 Grundsteuergesetz, Geldleistungen nach § 64 Abs. 3, Anliegerbeiträge zB nach den KAG der Länder; vgl. *Köster* in Schrödter § 61 Rn. 10).

10 f) **Grundstücksbestandteile.** Auch nicht ausdrücklich aufgeführt sind in § 61 Rechte, die nach § 96 BGB als **Bestandteile des Grundstücks** gelten. In Betracht kommen zB Grunddienstbarkeiten, Reallasten und dingliche Vorkaufsrechte an Grundstücken außerhalb des Umlegungsgebiets. Da diese Rechte insoweit mit dem Eigentum an einem Grundstück verbunden und auf ein anderes Grundstück gerichtet sind, sind sie zugleich auch immer Rechte an einem (anderen) Grundstück. Soweit daher beide Grundstücke im Umlegungsgebiet liegen, sind diese Rechte stets erfasst. Liegt jedoch das belastete Grundstück außerhalb des Umlegungsgebiets, so ragt es zwar nicht mit einem Bestandteil in das Umlegungsgebiet hinein (zu dieser Fallgestaltung Rn. 3), kann jedoch durch den Wegfall des belastenden Rechts, zB durch Aufhebung einer Grunddienstbarkeit, eine Wertverbesserung erfahren. In diesem Fall wäre er dann ebenfalls zu einem Wertausgleich heranzuziehen (wie hier *Schriever* in Kohlhammer-Komm. § 61 Rn. 101; aA *Köster* in Schrödter § 61 Rn. 6). In jedem Fall sind die Rechtsbestandteile im Bestandsverzeichnis des herrschenden Grundstücks gesondert aufzuführen.

11 g) **Persönliche Erwerbs-, Besitz- und Nutzungsrechte.** Persönliche Erwerbsrechte sind die obligatorischen Ansprüche aus einem **Kaufvertrag** nach den §§ 433 ff., 311 b BGB sowie das schuldrechtlich vereinbarte **Wiederkaufs- und Vorkaufsrecht** nach den §§ 456 ff. und 463 ff. BGB. Hierher gehören auch im BGB nicht geregelte privatrechtlich vereinbarte **Ankaufsrechte**. Diese Rechte gehören auch dann zu den persönlichen Erwerbsrechten, wenn sie durch eine Auflassungsvormerkung nach den §§ 883 ff. BGB dinglich gesichert sind.

12 Persönliche Besitz- und Nutzungsrechte sind insbesondere die **Miete** nach den §§ 535 bis 580 a und die **Pacht** nach den §§ 581 bis 597 BGB.

13 h) **Persönliche nutzungsbeschränkende Rechte.** Persönliche nutzungsbeschränkende Rechte beruhen auf schuldrechtlichen Vereinbarungen, durch die zB Berechtigten erlaubt wird, das Grundstück in bestimmter Weise zu benutzen oder der

1. Abschnitt. Umlegung § 61

Eigentümer sich zu bestimmten Unterlassungen verpflichtet. Es handelt sich im Ergebnis praktisch um **nicht grundbuchlich gesicherte „Dienstbarkeiten"** (vgl. *Schriever* in Kohlhammer-Komm. § 61 Rn. 28).

2. Baulasten (S. 3). S. 3 unterwirft die nach den Bauordnungen der Länder (mit 14 Ausnahme Bayerns und Brandenburgs) möglichen **Baulasten** (s. zB § 82 BauO Bln) derselben Gestaltungsbefugnis der Umlegungsstelle wie die in S. 1 genannten Rechte. Baulasten dienen in erster Linie dazu, die tatsächlichen Voraussetzungen für die (vor allem bauordnungsrechtliche) Genehmigungsfähigkeit eines Vorhabens zu schaffen (hierzu *F/O/Otto*, Öffentliches Baurecht, Bd. II, 73 ff.; vgl. ferner *Stich*, Baulasten in der Umlegung, Grenzregelung, Sanierung und städtebaulichen Entwicklung, 1996, 6 ff., 27 ff., 77). So kann zB die Zulässigkeit eines Vorhabens erreicht werden, mit dem der auf dem Grundstück an sich einzuhaltende Grenzabstand überschritten wird, wenn durch Baulast gesichert ist, dass der Nachbar auf seinem Grundstück einen entsprechend weiteren Grenzabstand einhält (vgl. zB § 6 BauO Bln). Baulasten können daher gerade in der Umlegung von Nutzen sein, da sie die bessere Ausnutzung kleinerer Grundstücke ermöglichen, ohne benachbarte größere Grundstücke in ihrer Ausnutzbarkeit merklich zu beeinträchtigen. Baulasten können aber auch dazu eingesetzt werden, bauplanungsrechtliche Anforderungen auf einem Baugrundstück abzusichern (vgl. etwa VGH Kassel Beschl. v. 4.6.1992 – 4 TG 2815/91, NVwZ-RR 1993, 236; OVG Hamburg Urt. v. 28.2.1985 – Bf II 29/83, NJW 1987, 915 (916f.)).

3. Gestaltungsmöglichkeiten (S. 1 und 3). Die Umlegungsstelle kann die von 15 S. 1 und 3 erfassten Rechte und Lasten **aufheben, ändern oder neu begründen.** Betrifft eine solche Rechtsgestaltung eine Baulast, bedarf die Umlegungsstelle hierzu nach S. 3 des Einvernehmens der Baugenehmigungsbehörde. Zweck dieser Gestaltungsbefugnisse ist die Schaffung eines Rechtszustands, der eine zweckmäßige bauliche oder sonstige Nutzung im Umlegungsgebiet entsprechend dem Bebauungsplan ermöglicht.

Die Gestaltungsmöglichkeiten der Umlegungsstelle sind nicht auf bestimmte Ar- 16 ten von Grundstücken beschränkt. Sie gelten sowohl für eingeworfene als auch für zuzuteilende Grundstücke, soweit sie nur im Umlegungsgebiet gelegen oder nach Abs. 3 in die Verteilungsmasse eingebracht worden sind (→ Rn. 2).

Sollen **Miet- und Pachtverhältnisse** aufgehoben oder geändert werden, ist 17 § 180 zu beachten. Danach ist bei der Verwirklichung eines Bebauungsplans, der sich erheblich nachteilig auf die in dem Gebiet wohnenden oder arbeitenden Menschen auswirkt, ein Sozialplan aufzustellen.

4. Gemeinschaftsanlagen und -rechtsverhältnisse (S. 2). Nach **Abs. 1 S. 2** 18 kann die Umlegungsstelle auch **Gemeinschaftsanlagen** festlegen und die hieran bestehenden Rechte und Pflichten bestimmen. Dies kann vor allem bei Neugestaltungsumlegungen ein zweckmäßiger Weg sein, etwa um freigelegte Hofräume sinnvoll nutzen zu können. Auch **Flächen zum Ausgleich** im Sinne des § 1a Abs. 3 können als private Gemeinschaftsanlage festgelegt werden, wenn der Bebauungsplan hierfür eine Grundlage bildet. Die Umlegungsstelle kann von der Möglichkeit, Gemeinschaftsanlagen zu schaffen, auch dann Gebrauch machen, wenn der Bebauungsplan entsprechende Festsetzungen nach § 9 Abs. 1 Nr. 22 (→ § 9 Rn. 122f.) nicht enthält. Entscheidend ist dann die materielle Übereinstimmung mit den Zielen des Bebauungsplans oder der Eigenart der näheren Umgebung.

Bei der Regelung der Rechtsverhältnisse ist die Umlegungsstelle nicht auf Einzel- 19 rechte im Sinne des S. 1 beschränkt. Die Umlegungsstelle kann vielmehr – ohne Einverständnis der Betroffenen – **auch Gemeinschaftseigentum** an diesen Anlagen begründen (vgl. BVerfG Beschl. v. 2.12.1999 – 1 BvR 335/89, NVwZ 2000, 428). Als zweckmäßiger hat sich jedoch vielfach erwiesen, die Anlage einem privaten Trä-

ger oder der Gemeinde als Einzeleigentum zuzuteilen und im Übrigen Nutzungsrechte an dieser Anlage zu begründen (s. hierzu *Schmidt-Aßmann,* Rechtsinstrumente für Gemeinschaftsanlagen in Gemeinschaftsverantwortung, Schriftenreihe BMWo, 1979, 78). Maßgeblich für die zu treffende Entscheidung ist die Geeignetheit im Hinblick auf die Erreichung des Umlegungszwecks (auch *Schriever* in Kohlhammer-Komm. § 61 Rn. 78).

IV. Geldabfindung und -ausgleich (Abs. 2)

20 Nach **Abs. 2 S. 1** sind durch die Rechtsgestaltung entstehende **Vermögensvor- oder -nachteile in Geld auszugleichen.** Sind Beteiligten Vermögensnachteile entstanden, sind nach **Abs. 2 S. 2** die Vorschriften über die **Entschädigung** nach den §§ 93 bis 103 entsprechend anzuwenden. Von Bedeutung sind hier insbesondere die Regelungen in den §§ 95 (Entschädigung für den Rechtsverlust), 96 (Entschädigung für andere Vermögensnachteile) und 97 (Behandlung der Rechte von Nebenberechtigten).

21 Abs. 2 S. 2 erklärt auch § 181 über den **Härteausgleich** für entsprechend anwendbar, vor allem im Hinblick auf die Aufhebung von Miet- und Pachtverhältnissen (vgl. *Otte* VR 1987, 73 (82)). Im Hinblick auf den Wortlaut des § 181 kommt dem allerdings kein zusätzlicher eigener Regelungsgehalt zu.

22 Die Rechtsgestaltung nach Abs. 1 muss jedoch nicht immer zu einer Rechtsbeeinträchtigung führen; sie kann auch eine ausgleichspflichtige **Wertverbesserung** nach sich ziehen. Dies stellt Abs. 2 S. 1 ausdrücklich klar. Eine Regelung über die Bemessung des Geldausgleichs enthält das Gesetz jedoch nicht. Anders als § 60 S. 2 erklärt Abs. 2 S. 2 die Bestimmungen über die Enteignungsentschädigung nur für den Fall eines Vermögensnachteils für entsprechend anwendbar. Gleichwohl ist aber der Gedanke des Vorteilsausgleichs (§ 93 Abs. 3) auch hier anwendbar, da er nicht auf die Enteignungsentschädigung beschränkt ist; er gilt insbesondere auch im Rahmen der Umlegung, die wesentlich nicht nur durch den Gedanken der Bestandserhaltung, sondern auch des Vorteilsausgleichs für Bestandsverbesserungen geprägt ist (→ Vorb. §§ 45–84 Rn. 7; BGH Urt. v. 27.4.1970 – III ZR 226/68, BGHZ 54, 10 (14)).

23 Zu diesem Vorteilsausgleich kann sogar ein Grundstück herangezogen werden, das mit seiner Fläche **außerhalb des Umlegungsgebiets** liegt. Dies ist etwa dann der Fall, wenn zugunsten dieses Grundstücks eine Grunddienstbarkeit an einem Grundstück im Umlegungsgebiet bestellt ist und dieses Grundstück im Rahmen der Umlegung verbessert wird. Da die Grunddienstbarkeit als wesentlicher Bestandteil des herrschenden Grundstücks in das Umlegungsgebiet hineinragt (→ Rn. 3), ist der Eigentümer dieses Grundstücks als Rechtsinhaber zu einem Geldausgleich entsprechend der eingetretenen Wertverbesserung des Grundstücks verpflichtet (BGH Urt. v. 27.4.1970 – III ZR 226/68, BGHZ 54, 10 (14)).

§ 62 Gemeinschaftliches Eigentum; besondere rechtliche Verhältnisse

(1) **Wenn es dem Zweck der Umlegung dient und die Eigentümer zustimmen, kann gemeinschaftliches Eigentum an Grundstücken geteilt werden.**

(2) [1]**Wenn einem Eigentümer für mehrere verschiedenen Rechtsverhältnissen unterliegende alte Grundstücke oder Berechtigungen ein neues Grundstück zugeteilt wird, so werden entsprechend den verschiedenen Rechtsverhältnissen Bruchteile der Gesamtabfindung bestimmt, die an die Stelle der einzelnen Grundstücke oder Berechtigungen treten.** [2]**In diesen Fällen kann für jedes eingeworfene Grundstück oder jede Berechtigung anstelle des Bruchteils ein besonderes Grundstück zugeteilt werden.**

1. Abschnitt. Umlegung § 62

(3) **Wenn gemeinschaftliches Eigentum geteilt wird (Absatz 1) oder einem Eigentümer für sein Grundstück mehrere neue Grundstücke zugeteilt werden, so kann die Umlegungsstelle Grundpfandrechte und Reallasten, mit denen eingeworfene Grundstücke belastet sind, entsprechend den im Umlegungsverfahren ermittelten Werten auf die zuzuteilenden Grundstücke verteilen.**

Übersicht

	Rn.
1. Teilung gemeinschaftlichen Eigentums (Abs. 1)	1
2. Zusammengefasste Zuteilung und Nebenrechte (Abs. 2)	4
a) Zusammenfassung mehrerer Einwurfsgrundstücke	4
b) Aufteilung der Nebenrechte auf Bruchteile (S. 1)	5
c) Aufteilung der Nebenrechte auf einzelne Grundstücke (S. 2)	6
3. Geteilte Zuteilung und Nebenrechte (Abs. 3)	7

1. Teilung gemeinschaftlichen Eigentums (Abs. 1). Nach § 59 Abs. 4 Nr. 3 **1** kann die Umlegungsstelle an einem Grundstück Miteigentum verschiedener Beteiligter begründen. Umgekehrt erlaubt **Abs. 1** der Umlegungsstelle, **gemeinschaftliches Eigentum** an einem Grundstück zu **teilen.** Damit kann die Umlegungsstelle nicht nur die Grenzen der Grundstücke ändern, die auf ihnen bestehenden Einrichtungen beseitigen und die an den Grundstücken bestehenden Rechte neu gestalten, sondern sie kann auch an dem einzelnen Grundstück die Eigentumsverhältnisse neu regeln. Abs. 1 besagt daher nichts über die „Teilung" des realen Grundstücks, also die Änderung seiner Grenzen und seines Zuschnitts, sondern nur etwas über die Eigentumsverhältnisse. So ist es möglich, ohne Zustimmung der Betroffenen aus einem einzelnen großen Grundstück etwa einer ungeteilten Erbengemeinschaft mehrere kleinere, dem Bebauungsplan gemäß bebaubare Grundstücke zu machen, an denen aber jeweils Gemeinschaftseigentum besteht. Wird so verfahren, erhöht sich auch die Wahrscheinlichkeit, dass die Eigentümer, wie es notwendig ist, einer Teilung des Gemeinschaftseigentums zustimmen (vgl. auch *Schriever* in Kohlhammer-Komm. § 62 Rn. 1). Voraussetzung hierfür ist, dass die Grundstücksteilung dem Zweck der Umlegung (→ § 45 Rn. 7 ff.) dient. Gemeinschaftliches Eigentum kann in den Formen der Gesamthandseigentums (Beispiele: BGB-Gesellschaft nach den §§ 705 ff. BGB, Gütergemeinschaft nach den §§ 1415 ff. BGB, Erbengemeinschaft nach den §§ 2032 ff. BGB) und des Bruchteilseigentums (Beispiele: Miteigentum nach den §§ 1008 ff. BGB, Gemeinschaft nach den §§ 741 ff. BGB, Wohnungs- und Teileigentum nach den §§ 1 bis 29 WEG) bestehen (zu den Formen des Eigentums vgl. *Bassenge* in Palandt, BGB, 74. Aufl. 2015, § 903 Rn. 3).

Die Teilung kann sich insbesondere als zweckmäßig erweisen, wenn zB einer in **2** sich zerstrittenen **Erbengemeinschaft** ein großes Grundstück gehört, dessen bauliche Nutzung entsprechend dem Bebauungsplan ohne Teilung nicht zu erwarten ist. Bei einer Erbengemeinschaft ist jedoch zu beachten, dass der Anteil an der Erbschaft nicht notwendig dem Anteil am Grundstück entsprechen muss, wenn neben dem Grundstück noch weitere relevante Nachlassgegenstände vorhanden sind. Dann hat die Teilung in der Umlegung die Wirkung einer Teilauseinandersetzung, bei der der Anteil der einzelnen Miterben am Grundstück festgelegt wird. Zu dieser Teilauseinandersetzung ist die Umlegungsstelle gemäß Abs. 1 befugt, sodass es keines weiteren formellen Auseinandersetzungsvertrags bedarf (*Otte* in EZBK § 62 Rn. 5→).

Soll ein Gebäude, an dem **Wohnungs- oder Teileigentum** besteht, nicht erhalten bleiben, so ist auch hier eine Teilung vorzunehmen. Geteilt werden kann allerdings nur das an dem Grundstück und dem Gebäude bestehende Bruchteilseigentum. Allen Wohnungs- oder Teileigentümern ist daher ein dem Miteigentumsanteil an Grundstück und Gebäude entsprechendes Grundstück zuzuteilen. Für das mit diesem **3**

Miteigentumsanteil verbundene Sondereigentum an der Wohnung ist nur ein Geldausgleich zu zahlen (*Otte* in EZBK § 62 Rn. 6). In der Regel wird auch der Miteigentumsanteil am Grundstück nicht zur Zuteilung eines eigenständigen Grundstücks ausreichen. Auch insoweit hat dann eine Abfindung nach § 59 Abs. 3 ff. zu erfolgen.

4 **2. Zusammengefasste Zuteilung und Nebenrechte (Abs. 2). a) Zusammenfassung mehrerer Einwurfsgrundstücke.** Haben Beteiligte mehrere Grundstücke in die Umlegung eingeworfen, kann es zweckmäßig sein, die durch den Einwurf begründeten mehreren Zuteilungsansprüche durch **Zuteilung eines einheitlichen Grundstücks** zu befriedigen. Hierzu ist die Umlegungsstelle nach **Abs. 2 S. 1** berechtigt. Dasselbe gilt für Berechtigungen. Unter Berechtigungen im Sinne des Abs. 2 S. 1 sind Rechte zu verstehen, die einen Anspruch auf Landzuteilung begründen können. Hierunter sind also nur Grundeigentumsrechte wie zB Bruchteilseigentum oder Anteile an einem Gesamthandseigentum zu verstehen (*Otte* in EZBK § 62 Rn. 7).

5 **b) Aufteilung der Nebenrechte auf Bruchteile (S. 1).** Bei einer solchen zusammengefassten Zuteilung sind nach Abs. 2 S. 1 entsprechend dem Wertverhältnis der eingeworfenen Grundstücke oder Berechtigungen Bruchteile der Gesamtabfindung, dh des zugeteilten Grundstücks, zu bestimmen. Erforderlich ist die **Bruchteilsbestimmung** jedoch nur, wenn die alten Grundstücke oder Berechtigungen „verschiedenen Rechtsverhältnissen" unterliegen, dh mit Rechten Dritter belastet sind und diese Rechte nicht nach § 61 Abs. 1 aufgehoben werden sollen. In diesem Fall können die belastenden Rechte, wie zB Hypotheken oder Reallasten, auf die den Einwurfsgrundstücken entsprechenden Bruchteile des neuen Grundstücks verteilt werden. Das Eigentum wird dann für die Belastung so behandelt, als stünde es im Miteigentum nach Bruchteilen. Denn nur in diesen Fällen kann der Bruchteil eines Grundstücks nach § 1114 BGB mit einer Hypothek oder nach § 1106 BGB mit einer Reallast belastet werden. Dasselbe gilt für die Zwangsvollstreckung, die nach § 864 Abs. 2 ZPO in den Bruchteil eines Grundstücks nur möglich ist, wenn dieser in dem Anteil eines Miteigentümers besteht (vgl. auch *Schriever* in Kohlhammer-Komm. § 62 Rn. 18 f.).

6 **c) Aufteilung der Nebenrechte auf einzelne Grundstücke (S. 2).** Nach **Abs. 2 S. 2** besteht im Weiteren die Möglichkeit, statt eines einheitlichen Grundstücks für jedes eingeworfene Grundstück oder für jede eingeworfene Berechtigung **je ein eigenes Grundstück** zuzuteilen. Die Belastungen setzen sich dann an den zugeteilten Grundstücken nach § 63 Abs. 1 S. 1 ohne weiteres fort. Sind die einzelnen Grundstücke zu klein, um auf ihnen entsprechend dem Bebauungsplan zu bauen, sind diese Grundstücke **räumlich zusammenhängend** zuzuteilen (nach *Köster* in Schrödter § 62 Rn. 6, müssen die Grundstücke selbstständig bebaubar sein).

7 **3. Geteilte Zuteilung und Nebenrechte (Abs. 3).** Bestehen Belastungen an einem Einwurfsgrundstück, das bei der Zuteilung auf mehrere selbstständige Grundstücke **aufgeteilt** wird, gehen diese Rechte nach Abs. 1 S. 1 grundsätzlich als **Gesamtbelastung**, zB als Gesamthypothek nach § 1132 BGB, auf die neuen Grundstücke über. Da bei einer Gesamthypothek jedes Grundstück für die ganze Forderung haftet, werden andere Kreditgeber kaum ein einer Gesamthypothek unterliegendes Grundstück weiter beleihen. Durch eine Gesamthypothek wird also der **Realkredit** und damit die Bebauung eines solchen Grundstücks erheblich **erschwert.** Um dieses unzweckmäßige Ergebnis vermeiden zu können, räumt **Abs. 3** der Umlegungsstelle die Befugnis ein, die an dem Einwurfsgrundstück bestehenden **Grundpfandrechte und Reallasten zu teilen.** Die Belastungen sind dann entsprechend dem Wertverhältnis der Zuteilungsgrundstücke anteilig auf diese aufzuteilen. Im Übrigen liegt die Verteilung im Ermessen der Umlegungsstelle; sie sollte aber nur nach eingehender Erörterung mit den Rechtsinhabern erfolgen, vor allem wenn nach der Aufteilung

gemeinschaftlichen Eigentums die Belastungen auf die Grundstücke verschiedener Eigentümer mit uU unterschiedlicher Kreditwürdigkeit aufgeteilt werden sollen.

§ 63 Übergang von Rechtsverhältnissen auf die Abfindung

(1) ¹**Die zugeteilten Grundstücke treten hinsichtlich der Rechte an den alten Grundstücken und der diese Grundstücke betreffenden Rechtsverhältnisse, die nicht aufgehoben werden, an die Stelle der alten Grundstücke.** ²**Die örtlich gebundenen öffentlichen Lasten, die auf den alten Grundstücken ruhen, gehen auf die in deren örtlicher Lage ausgewiesenen neuen Grundstücke über.**

(2) **Erhält der Eigentümer, dem ein neues Grundstück zugeteilt wird, für das alte Grundstück zum Ausgleich von Wertunterschieden einen Geldausgleich oder nach § 59, § 60 oder § 61 eine Geldabfindung, so sind dinglich Berechtigte, deren Rechte durch die Umlegung beeinträchtigt werden, insoweit auf den Geldanspruch des Eigentümers angewiesen.**

Übersicht

	Rn.
1. Surrogation (Abs. 1)	1
a) Eigentum	2
b) Private Rechte	3
c) Öffentliche Lasten	5
2. Verweisung beeinträchtigter dinglich Berechtigter auf Geldausgleich oder Geldabfindung (Abs. 2)	7

1. Surrogation (Abs. 1). Abs. 1 S. 1 schreibt das **Surrogationsprinzip** fest. **1** Hierunter ist zu verstehen, dass durch die Umlegung nicht das Eigentum an den alten Grundstücken untergeht und an den neuen Grundstücken neu begründet wird, sondern dass sich das **Eigentum an den alten Grundstücken ungebrochen auch an den neuen Grundstücken fortsetzt.** Das Eigentum als solches bleibt daher unverändert, ausgetauscht wird lediglich das **Bezugsobjekt** (hierzu BGH Beschl. v. 13.2.1969 – III ZR 123/68, BGHZ 51, 345 (347ff.); ders. Urt. v. 16.11.2007 – V ZR 214/06, NVwZ 2008, 591; *Kröner* ZfBR 1979, 1 (2)).

a) Eigentum. Abs. 1 S. 1 bestimmt zunächst, dass sich das an den alten Grundstü- **2** cken bestehende **Eigentum** unverändert und ohne einen zwischengeschalteten Rechtsübertragungsakt an den neuen Grundstücken fortsetzt. Demzufolge findet in der Umlegung insoweit auch kein Grunderwerbsvorgang statt, sodass eine Grunderwerbsteuerpflicht nicht entsteht (→ § 79 Rn. 13).

b) Private Rechte. Darüber hinaus bestimmt Abs. 1 S. 1, dass sich auch die an **3** den alten Grundstücken bestehenden **Rechtsverhältnisse** an den neuen Grundstücken fortsetzen. Unter Rechtsverhältnissen sind alle diejenigen Rechte zu verstehen, die in § 61 Abs. 1 (→ § 61 Rn. 4ff.) aufgeführt sind. Dieser Fortbestand der Rechtsverhältnisse nach Abs. 1 S. 1 tritt jedoch nur dann und insoweit ein, als die Rechte nicht nach § 61 oder § 62 in besonderer Weise geregelt oder aufgehoben wurden. Bedeutung hat die Regelung auch für die nicht angemeldeten Rechte; das Prinzip der Surrogation führt dazu, dass sie nicht – wie nach § 117 Abs. 5 in Verbindung mit § 113 Abs. 2 Nr. 6 bei der Enteignung – untergehen, sondern sich an den neuen Grundstücken fortsetzen. Die übergehenden Rechte brauchen im Umlegungsverzeichnis nicht aufgeführt zu werden (→ § 68 Rn. 7).

Wird durch die Neugestaltung in der Umlegung ein nicht ermitteltes, nicht ange- **4** meldetes oder nicht glaubhaft gemachtes Recht auf Herausgabe des in die Umlegung

eingebrachten Grundstückes **gegenstandslos,** haben die Berechtigten lediglich einen privatrechtlichen Ersatzanspruch gegen die bisher Verpflichteten. Dieser Anspruch ist außerhalb der Umlegung geltend zu machen (BGH Urt. v. 16.11.2007 – V ZR 214/06, NVwZ 2008, 591; dass. Urt. v. 20.1.2012 – V ZR 95.11, MDR 2012, 397; *Otte* in EZBK § 63 Rn. 3). Dieser Fall kann etwa eintreten bei **örtlich gebundenen privaten Rechten,** wie zB Wege- oder Fensterrechten der Nachbarn eines Einwurfsgrundstücks.

5 c) **Öffentliche Lasten.** Während örtlich gebundene private Rechte durch die Umlegung uU untergehen, gilt dies nicht für **örtlich gebundene öffentliche Lasten** (→ zu den öffentlichen Lasten § 61 Rn. 9). Für diese enthält **Abs. 1 S. 2** eine Abweichung vom Surrogationsprinzip. Diese Lasten gehen danach nicht auf das an der Stelle des Einwurfsgrundstücks tretende Zuteilungsgrundstück über, sondern auf das an der alten Stelle gelegene neue Grundstück. Örtlich gebunden sind solche öffentlichen Lasten, deren Entstehung gerade auf die besondere Lage des Grundstücks zurückzuführen ist. Dies gilt zB für Erschließungsbeiträge, soweit sie zwar fällig, aber noch nicht gezahlt sind, für sonstige Anliegerbeiträge nach dem Kommunalabgabenrecht der Länder, für Beiträge zu Wasserverbänden oder für Verpflichtungen nach dem Naturschutzrecht oder Denkmalschutzrecht (zweifelnd bei Erschließungsbeiträgen *Schriever* in Kohlhammer-Komm. § 63 Rn. 6 f., der hier Einvernehmen anzustreben empfiehlt; ablehnend *Köster* in Schrödter § 63 Rn. 6; wie hier OVG Koblenz Urt. v. 19.6.2006 – 6 A 10 724/06, NVwZ 2007, 238; *Otte* in EZBK § 61 Rn. 53). Gleichzeitig folgt aus Abs. 1 S. 2 auch, dass für die betreffende Fläche vor der Umlegung entstandene öffentliche Lasten (zB KAG-Beiträge), die bereits beglichen wurden oder verjährt sind, nicht neu entstehen können, wenn sie, wie regelmäßig bei Beiträgen der Fall, nur einmal entstehen und erhoben werden können (OVG Koblenz Urt. v. 19.6.2006, aaO).

6 Auch **Baulasten** gehören zu den örtlich gebundenen öffentlichen Lasten im Sinne des Abs. 1 S. 2. Sie werden jedoch häufig durch die Neuregelung im Umlegungsgebiet gegenstandslos. Sie sollten daher in aller Regel nach § 61 Abs. 1 S. 3 **ausdrücklich belassen oder** aber **geändert** werden.

7 **2. Verweisung beeinträchtigter dinglich Berechtigter auf Geldausgleich oder Geldabfindung (Abs. 2).** Erhält ein Eigentümer in der Umlegung nach § 59 eine **Minderzuteilung** und wird dadurch eine dinglich gesicherte **Berechtigung beeinträchtigt,** ist der Inhaber dieses Rechts für die Sicherheit seiner Forderung nach **Abs. 2** neben dem Grundstück auf die als Ausgleich oder Abfindung für die Minderzuteilung nach § 59, für den Entzug baulicher Anlagen, Anpflanzungen und sonstiger Einrichtungen nach § 60 sowie für die Aufhebung, Änderung oder Begründung von Rechten nach § 61 gezahlte **Geldleistung verwiesen.** Es besteht kein Anspruch darauf, wieder in voller Höhe des Rechts eine Sicherung durch Grund und Boden zu erhalten. Dies wirkt sich insbesondere bei mehreren einander im Rang nachfolgenden Rechten aus. Die Inhaber von Rechten mit nur nachrangiger Sicherung könnten durch die Regelung des Abs. 2 ihre Sicherung vollständig verlieren, wenn Geldausgleich oder Geldabfindung nicht ausreichen, um auch ihre Ansprüche zu befriedigen. Das Hinterlegungsverfahren nach den §§ 65, 118 verhindert jedoch, dass sie ganz leer ausgehen (vgl. *Köster* in Schrödter § 63 Rn. 8).

8 Seinem Wortlaut nach **gilt Abs. 2 nur für Eigentümer, denen ein** wenn auch minder wertvolles **Grundstück zugeteilt wird;** wer wegen zu kleinen Einwurfs kein Grundstück mehr erhalten kann, wird unmittelbar nicht erfasst. Für eine allenfalls in Betracht kommende entsprechende Anwendung der Regelung auf diese Fälle besteht jedoch weder ein Bedürfnis noch – als Voraussetzung für eine Analogie – eine Gesetzeslücke. Denn die dinglichen Rechte an Einwurfsgrundstücken von Beteiligten, die wegen zu geringen Einwurfs kein neues Grundstück erhalten, sind nach § 61 aufzuheben. Das der Umlegungsstelle grundsätzlich zustehende Ermessen bei der Be-

handlung von Rechten an Grundstücken schrumpft in diesem Fall auf Null, sodass hier nur ein Anspruch auf Entschädigung nach § 61 Abs. 2 besteht (*Köster* in Schrödter § 63 Rn. 9).

Erheben mehrere Berechtigte Anspruch auf Befriedigung aus der Geldleistung, ohne dass der Umlegungsstelle eine Einigung über die auszuzahlenden Beträge nachgewiesen wird, kann sie nach § 65 die Geldleistung **hinterlegen**; in diesem Fall findet nach den §§ 118 und 119 ein gerichtliches Verteilungsverfahren statt. 9

§ 64 Geldleistungen

(1) **Die Gemeinde ist Gläubigerin und Schuldnerin der im Umlegungsplan festgesetzten Geldleistungen.**

(2) ¹Geldleistungen werden mit der Bekanntmachung nach § 71 fällig. ²Die Fälligkeit der Ausgleichsleistungen für Mehrwerte (§§ 57 bis 61) kann bis zu längstens zehn Jahren hinausgeschoben werden; dabei kann vorgesehen werden, dass die Bezahlung dieser Ausgleichsleistungen ganz oder teilweise in wiederkehrenden Leistungen erfolgt. ³In den Fällen des Satzes 2 soll die Ausgleichsleistung ab Fälligkeit und bei Anfechtung des Umlegungsplans lediglich wegen der Höhe einer Geldleistung soll diese in Höhe des angefochtenen Betrags ab Inkrafttreten des Umlegungsplans dem Grund nach mit 2 vom Hundert über dem Basiszinssatz nach § 247 des Bürgerlichen Gesetzbuchs jährlich verzinst werden.

(3) Die Verpflichtungen des Eigentümers oder des Erbbauberechtigten zu Geldleistungen nach den §§ 57 bis 61 gelten als Beitrag und ruhen als öffentliche Last auf dem Grundstück oder dem Erbbaurecht.

(4) ¹Wird zur Sicherung eines Kredits, der
1. der Errichtung von Neubauten, dem Wiederaufbau zerstörter Gebäude oder dem Ausbau oder der Erweiterung bestehender Gebäude oder
2. der Durchführung notwendiger außerordentlicher Instandsetzungen an Gebäuden

auf dem belasteten Grundstück dient, ein Grundpfandrecht bestellt, so kann für dieses auf Antrag ein Befriedigungsvorrecht vor der öffentlichen Last nach Absatz 3 oder einem Teil derselben für den Fall der Zwangsvollstreckung in das Grundstück bewilligt werden, wenn dadurch die Sicherheit der öffentlichen Last nicht gefährdet wird und die Zins- und Tilgungssätze für das Grundpfandrecht den üblichen Jahresleistungen für erstrangige Tilgungshypotheken entsprechen. ²Die Bewilligung kann von der Erfüllung von Bedingungen abhängig gemacht werden.

(5) Soweit die Kosten und Geldleistungen der Umlegung von einem Bedarfs- oder Erschließungsträger verursacht sind, sind sie von ihm der Gemeinde zu erstatten.

(6) **Die öffentlichen Lasten (Absatz 3) sind im Grundbuch zu vermerken.**

Übersicht

	Rn.
1. Gemeinde als Gläubigerin und Schuldnerin der Geldleistungen (Abs. 1) . .	1
2. Fälligkeit der Geldleistungen (Abs. 2) .	5
3. Geldleistungen als Beitrag und öffentliche Last (Abs. 3 u. 6)	10
4. Vorrang der Sicherung eines Baukredits (Abs. 4)	12
5. Erstattungspflicht von Bedarfs- und Erschließungsträgern (Abs. 5)	14

§ 64 I. Kapitel. IV. Teil. Bodenordnung

1 **1. Gemeinde als Gläubigerin und Schuldnerin der Geldleistungen (Abs. 1).** Unabhängig davon, wer als Umlegungsstelle die Umlegung durchführt, ob dies ein Umlegungsausschuss ist oder eine andere Behörde nach § 46 Abs. 4, ist nach **Abs. 1** stets die **Gemeinde Gläubigerin und Schuldnerin sämtlicher Geldleistungen,** soweit sie im Umlegungsplan festgesetzt sind. Die Gemeinde fungiert gewissermaßen als „Umlegungskasse"; unmittelbare Geldleistungen zwischen an der Umlegung Beteiligten finden grundsätzlich nicht statt. Geldleistungen ist dabei der Oberbegriff für alle Zahlungen von Seiten der Gemeinde oder der Eigentümer, die in der Umlegung erfolgen können. Insbesondere gehören hierzu die Geldabfindungen und Geldausgleiche. Den Begriff **Geldabfindungen** verwendet das Gesetz immer dann, wenn einem Eigentümer oder Rechtsinhaber ein Grundstück oder eine Anlage **genommen** wird, wie dies in § 59 Abs. 3 bis 6 und § 60 S. 1 Hs. 1 vorgesehen ist. Als **Geldausgleich** bezeichnet das Gesetz alle diejenigen Zahlungen, mit denen durch die Umlegung bedingte **Wertunterschiede** ausgeglichen werden sollen, wie dies etwa in § 57 S. 5, § 58 Abs. 2, § 59 Abs. 2, § 60 S. 1 Hs. 2 und § 61 Abs. 2 S. 1 vorgesehen ist. Darüber hinaus gehören zu den Geldleistungen der Geldbeitrag nach § 58 Abs. 1 S. 3 und die Erstattungsleistung eines Bedarfs- oder Erschließungsträgers nach Abs. 5.

2 **Schuldnerin** ist die Gemeinde bei den Geldleistungen, die als **Entschädigung** für enteignende Eingriffe oder als Spitzenausgleich zu leisten sind (zB nach § 59 Abs. 2 und 4 bis 6, § 60 S. 1, § 61 Abs. 2). **Gläubigerin** ist die Gemeinde für die Geldleistungen, die Verpflichtete als Vorteilsausgleich zu erbringen haben (zB nach § 59 Abs. 2, 60 S. 1).

3 Entsteht durch die Geldleistungen ein **Saldo zugunsten der Gemeinde,** verbleibt ihr dieser Betrag als „Überschuss". Damit kann die Gemeinde zB die von ihr nach § 78 zu tragenden Verfahrens- und Sachkosten abdecken. Verbleibt ein **negativer Saldo,** muss die Gemeinde diesen Fehlbetrag durch eigene Haushaltsmittel decken. Die hierfür erforderlichen Mittel hat die Gemeinde rechtzeitig bereitzustellen. Stehen sie nicht zur Verfügung, kann der Umlegungsplan solange nicht aufgestellt werden. Kann die Gemeinde die Mittel gar nicht aufbringen und gelingt es der Gemeinde nicht, mit den Eigentümern eine „freiwillige" Umlegung mit abweichenden Zahlungsverpflichtungen (→ § 46 Rn. 5) zu vereinbaren, ist die Umlegung wegen Undurchführbarkeit einzustellen (*Otte* in EZBK § 64 Rn. 5).

4 **Auf privatrechtlicher Grundlage beruhende Geldleistungen** werden von der Regelung des § 64 **nicht** erfasst. Dies gilt insbesondere auch für die Zahlungsverpflichtungen von Eigentümern, deren Hypothekengläubiger nach § 63 Abs. 2 ganz oder teilweise auf die Geldabfindung verwiesen sind (*Otte* in EZBK § 64 Rn. 2). Hingegen sind geringfügige Geldausgleiche bei der Ersatzlandgestellung nach § 55 Abs. 5 der Regelung in § 64 unterworfen.

5 **2. Fälligkeit der Geldleistungen (Abs. 2).** Als Zeitpunkt für die **Fälligkeit** der Geldleistungen bestimmt **Abs. 2 S. 1** die **Bekanntmachung der Unanfechtbarkeit des Umlegungsplans oder von Teilen nach § 71.**

6 Wie regelmäßig bei an die öffentliche Hand zu erbringenden Beiträgen bestimmt **Abs. 2 S. 2,** dass die Fälligkeit für die Leistung des Umlegungsvorteilsausgleichs auf höchstens zehn Jahre **zeitlich hinausgeschoben** und seine Zahlung in **wiederkehrenden Leistungen** vorgesehen werden kann (ähnlich § 135 Abs. 2 bis 4, § 154 Abs. 5). Durch das der Umlegungsstelle hiernach eingeräumte Ermessen, Ausgleichsleistungen hinauszuschieben oder zu verrenten, sollen unbillige Härten (→ zu diesem Begriff § 135 Rn. 4 ff.) für die Betroffenen vermieden werden. Auch soll durch die Anforderung öffentlich-rechtlicher Geldleistungen die Verwirklichung eines Bauvorhabens entsprechend dem Bebauungsplan nicht beeinträchtigt werden.

7 In Anlehnung an das Erschließungsbeitrags- und das Entschädigungsrecht (vgl. § 135 Abs. 3 und § 99 Abs. 3) enthält **Abs. 2 S. 3** eine Bestimmung über die **Verzin-**

1. Abschnitt. Umlegung **§ 64**

sung von **Geldleistungen.** Abs. 2 S. 3 regelt dabei zwei Fälle: Zum einen soll in den Fällen des S. 2, also bei einer **Stundung oder Verrentung** der Geldleistung, die Ausgleichsleistung ab Fälligkeit mit zwei vom Hundert über dem Basiszinssatz nach § 247 BGB (hierzu *Grüneberg* in Palandt, 74. Aufl. 2015, § 247 Rn. 1 ff.) jährlich verzinst werden. Da es sich lediglich um eine Sollvorschrift handelt, steht das Verlangen von Zinsen bei einer Stundung oder Verrentung im Ermessen der Umlegungsstelle, auch wenn sich beim Verzicht auf Zinsen unter Umständen im wirtschaftlichen Ergebnis eine Verringerung der geforderten Geldleistung ergibt (BGH Urt. v. 26.10.1970 – III ZR 33/70, BGHZ 54, 364 (369); anders *Köster* in Schrödter § 64 Rn. 10).

Zum andern sieht S. 3 eine Verzinsung vor, wenn der **Umlegungsplan lediglich** **8** **wegen der Höhe einer Geldleistung angefochten** wurde. In diesem Fall soll die Geldleistung in Höhe des angefochtenen Betrags ab Inkrafttreten des Umlegungsplans dem Grunde nach ebenfalls mit zwei vom Hundert über dem Basiszinssatz (→ Rn. 7) jährlich verzinst werden. Hierdurch soll für die Leistungspflichtigen der Anreiz, einen Prozess über die Höhe des Geldbetrags möglichst lange hinauszuzögern, beseitigt werden.

Für die Erhebung besonderer **Verzugszinsen** fehlt es an einer ausdrücklichen gesetzlichen Grundlage; die entsprechenden Vorschriften in den §§ 284 bis 290 BGB können **nicht** entsprechend angewandt werden (BVerwG Urt. v. 17.2.1971 – IV C 17/69, BVerwGE 37, 239; aA *Otte* in EZBK § 64 Rn. 12). **9**

3. Geldleistungen als Beitrag und öffentliche Last (Abs. 3 u. 6). Die Geld- **10** leistungen, zu denen die Eigentümer oder Erbbauberechtigten nach den §§ 57 bis 61 verpflichtet sind, sind **abgabenrechtlich keine Beiträge,** da sie nicht dem Ersatz von bestimmten Kosten dienen und auch nicht als „Gegenleistung" für gebotene Vorteile erhoben werden (vgl. etwa § 127 Abs. 1 für den Erschließungsbeitrag). Im Ergebnis haben sie jedoch auch kostendeckende Funktion (→ § 78 Rn. 5) und stehen in unmittelbarem Zusammenhang mit den durch die Umlegung entstehenden Vorteilen. Sie sind also eine **beitragsähnliche Abgabe** (BVerfG Urt. v. 17.12.1964 – 1 BvL 2/62, BVerfGE 18, 274 (287)). **Abs. 3** enthält daher eine **Fiktion;** die Geldleistungen „gelten" als Beitrag. Nähere Regelungen zum Erhebungsverfahren, insbesondere zur Erhebung von **Säumniszuschlägen,** enthält Abs. 3 nicht. Es kommt daher insoweit das Kommunalabgabenrecht zur Anwendung, da es sich in dessen Sinn um eine „sonstige öffentlich-rechtliche Abgabe" handelt (vgl. VGH Mannheim Urt. v. 15.11.2001 – 2 S 633/00, NVwZ-RR 2002, 883).

Durch diese Fiktion wird ermöglicht, dass die Verpflichtungen zu den entspre- **11** chenden Geldleistungen als **öffentliche Last** auf dem Grundstück oder dem Erbbaurecht ruhen. Diese Wirkung tritt kraft Gesetzes ein und bedarf zu ihrer Begründung keines Vermerks im Grundbuch. **Abs. 6** bestimmt daher lediglich, dass die öffentlichen Lasten im Grundbuch „zu vermerken" sind. Fehlt ein solcher Vermerk, berührt dies den Bestand der öffentlichen Last nicht. Die öffentliche Last begründet ein **dingliches Verwertungsrecht,** das u. a. nach § 10 Abs. 1 Nr. 3 ZVG in der Zwangsversteigerung an dritter Rangstelle zu berücksichtigen ist (BVerwG Urt. v. 20.9.1974 – IV C 32/72, BVerwGE 47, 49 Rn. 23; → auch § 134 Rn. 24).

4. Vorrang der Sicherung eines Baukredits (Abs. 4). Damit die Rangwir- **12** kung der öffentlichen Last nicht die Beleihung des Grundstücks zum Zweck seiner planmäßigen Bebauung hindert, sieht **Abs. 4 S. 1** die Möglichkeit vor, dass die Umlegungsstelle dem Inhaber eines entsprechenden Grundpfandrechts ein **Befriedigungsvorrecht** gegenüber der öffentlichen Last einräumt. Damit wird zwar die gesetzlich begründete Rangwirkung der öffentlichen Last nicht berührt, jedoch die Gemeinde verpflichtet, von ihr keinen Gebrauch zu machen. Voraussetzung für die Einräumung eines Befriedigungsvorrechts ist ein **Antrag** der jeweils Berechtigten aus Eigentum, Erbbaurecht oder Darlehen. Das Darlehen muss zu den in Abs. 4 S. 1 Nr. 1 und 2 beschriebenen Zwecken eingeräumt werden. Da die öffentliche Last zu-

Reidt 807

gunsten der **Gemeinde** auf dem Grundstück ruht, kann auch nur sie, nicht etwa der Umlegungsausschuss oder eine sonstige Behörde als Umlegungsstelle, zweckmäßigerweise nach Absprache, über die Einräumung des Befriedigungsvorrechts entscheiden (im Ergebnis ebenso *Otte* in EZBK § 64 Rn. 15, der auf das Erfordernis eines Einverständnisses der Gemeinde bei Beantragung des Befriedigungsvorrechts nach Unanfechtbarkeit des Umlegungsplans verweist; abweichend *Schriever* in Kohlhammer-Komm. § 64 Rn. 39, der auch dem Umlegungsausschuss hierzu das Entscheidungsrecht einräumt).

13 Durch das Befriedigungsvorrecht wird die **Sicherheit** der öffentlichen Last **beeinträchtigt**. Nach Abs. 4 S. 1 darf sie jedoch hierdurch **nicht gefährdet** werden. Eine über die Beeinträchtigung hinausgehende Gefährdung wird nur dann zu verneinen sein, wenn die Beleihung des Grundstücks im ordnungsgemäßen Rahmen und zu üblichen Konditionen erfolgt. Die Gemeinde kann die Bewilligung nach **Abs. 4 S. 2** daher auch von entsprechenden **Bedingungen** abhängig machen.

14 **5. Erstattungspflicht von Bedarfs- und Erschließungsträgern (Abs. 5).** Da die Gemeinde Schuldnerin aller Geldleistungen aus dem Umlegungsverfahren ist, räumt **Abs. 5** ihr einen **Erstattungsanspruch gegen nicht-gemeindliche Bedarfs- und Erschließungsträger** ein, die solche **Geldleistungen** verursacht haben. Dies kann zB der Fall sein, wenn der Flächenabzug für Flächen nach § 55 Abs. 2 den zulässigen Flächenbeitrag nach § 58 Abs. 1 übersteigt und daher nach § 59 Abs. 2 S. 2 bei entsprechender tatsächlicher Zuteilung ein Geldausgleich zu leisten ist. Dasselbe gilt, wenn in erheblichem Umfang Flächen nach § 55 Abs. 5 bereitgestellt werden müssen und hierdurch trotz Ersatzlandgestellung für viele Beteiligte im Umlegungsgebiet Minderzuteilungen mit entsprechenden Ausgleichsleistungen erforderlich werden. Verursacht ein solcher Träger auch besondere **Kosten**, hat er sie ebenfalls der Gemeinde, die sie nach § 78 grundsätzlich zu tragen hat, zu erstatten.

§ 65 Hinterlegung und Verteilungsverfahren

Für die Hinterlegung von Geldleistungen und für das Verteilungsverfahren gelten die Vorschriften der §§ 118 und 119 entsprechend.

1 Erheben mehrere Personen Anspruch auf eine von der Gemeinde an eine berechtigte Person zu erbringende Geldleistung und ist der Umlegungsstelle eine Einigung unter diesen Personen über ihre Ansprüche an der Geldleistung nicht nachgewiesen, muss die Umlegungsstelle die Rechtslage nicht klären. Sie kann vielmehr nach § 65 die Geldleistung **unter Verzicht auf das Recht der Rücknahme** hinterlegen. Auf die Hinterlegung sind die Vorschriften der §§ 118 und 119 entsprechend anzuwenden. Die Hinterlegung hat daher wie im Fall des § 118 die Wirkung einer **Ersatzerfüllung**; die Verteilung der Geldsumme erfolgt nach den Regelungen des § 119.

2 In Betracht kommt eine solche Hinterlegung im Rahmen der Umlegung vor allem in den Fällen des § 63 Abs. 2 (→ § 63 Rn. 7 f.). Der Begriff der Geldleistungen in § 65 deckt sich mit dem der Geldleistungen in § 64 (→ § 64 Rn. 1).

§ 66 Aufstellung und Inhalt des Umlegungsplans

(1) ¹Der Umlegungsplan ist von der Umlegungsstelle nach Erörterung mit den Eigentümern durch Beschluss aufzustellen. ²Er kann auch für Teile des Umlegungsgebiets aufgestellt werden (Teilumlegungsplan).

(2) ¹Aus dem Umlegungsplan muss der in Aussicht genommene Neuzustand mit allen tatsächlichen und rechtlichen Änderungen hervorgehen, die

1. Abschnitt. Umlegung §66

die im Umlegungsgebiet gelegenen Grundstücke erfahren. ²Der Umlegungsplan muss nach Form und Inhalt zur Übernahme in das Liegenschaftskataster geeignet sein.

(3) **Der Umlegungsplan besteht aus der Umlegungskarte und dem Umlegungsverzeichnis.**

Übersicht

	Rn.
A. Übersicht über den Abschluss der Umlegung	1
I. Umlegungsplan	2
1. Bestandteile und Inhalt (§§ 66 Abs. 2 und 3, 67, 68)	3
2. Vorbereitung	4
a) Vermessung	
b) Wertermittlung	5
c) Kartierung	6
3. Erörterung (§ 66 Abs. 1)	7
4. Bekanntgabe (§§ 69, 70)	8
5. Nachträgliche Änderungen (§ 73)	9
II. Änderung des Rechtszustands	10
1. Rechtsänderung außerhalb des Grundbuchs (§§ 71, 72)	10
2. Berichtigung von Grundbuch und Liegenschaftskataster, Einsichtnahme (§§ 74, 75)	11
III. Vorabregelungen	12
1. Vorwegnahme der Entscheidung (§ 76)	13
2. Vorzeitige Besitzeinweisung (§ 77)	14
IV. Kostenregelungen	15
1. Verfahrens- und Sachkosten (§ 78)	15
2. Abgaben- und Auslagenbefreiung (§ 79)	16
B. Aufstellung und Inhalt des Umlegungsplans (§ 66)	17
I. Aufstellung des Umlegungsplans (Abs. 1)	17
1. Erörterung	17
2. Beschluss	21
a) Grundsätzliche Einheitlichkeit	21
b) Teilumlegungsplan	22
c) Rechtsnatur und Rechtsschutz	23
II. Anforderungen an den Umlegungsplan (Abs. 2 und 3)	26
1. Inhalt	26
a) Vollständigkeit (Abs. 2 S. 1)	27
b) Bestandteile (Abs. 3)	28
2. Form	29
a) Öffentliche Urkunde	29
b) Eignung für die Übernahme in das Liegenschaftskataster (Abs. 2 S. 2)	30

A. Übersicht über den Abschluss der Umlegung

Den Schlusspunkt der Umlegung bildet der **Umlegungsplan**. Mit der Bekanntmachung seiner Unanfechtbarkeit treten die rechtlichen und tatsächlichen Änderungen ein, derentwegen die Umlegung angeordnet worden ist. **1**

§ 66 I. Kapitel. IV. Teil. Bodenordnung

I. Umlegungsplan

2 Die gesetzlichen Vorschriften über den Umlegungsplan enthalten sehr detailliert alle Regelungen über die rechtsförmlichen Anforderungen, denen der Umlegungsplan zu genügen hat, damit die an ihn geknüpften Rechtsfolgen eintreten können. Über den eigentlichen Prozess der **Planerstellung** existieren jedoch keinerlei Vorschriften. Gleichwohl hängt von dieser gesetzlich nicht vorstrukturierten Entscheidungsvorbereitung das Gelingen der Umlegung wesentlich ab.

3 **1. Bestandteile und Inhalt (§§ 66 Abs. 2 und 3, 67, 68).** Der Umlegungsplan besteht aus zwei Teilen, der **Umlegungskarte (§ 67)** und dem **Umlegungsverzeichnis (§ 68)**. Für das Umlegungsgebiet ist grundsätzlich ein einheitlicher Umlegungsplan aufzustellen, der sämtliche rechtlichen und tatsächlichen Änderungen, die für die Neuordnung des Umlegungsgebiets erforderlich sind, enthält (§ 66 Abs. 2). Nach **§ 66 Abs. 1 S. 2** kann aber auch ein **Teilumlegungsplan** aufgestellt werden (→ Rn. 22).

4 **2. Vorbereitung.** Die eigentliche Arbeit der Umlegung besteht in der **Vorbereitung dieses Umlegungsplans** (vgl. auch § 46 Abs. 2 Nr. 4).

a) **Vermessung.** Auf der Grundlage der Vermessungen für die Bestandskarte (§ 53) sind die im Zuteilungsentwurf vorgesehenen Grundstücke zu **vermessen**, nach ihrer Größe zu berechnen sowie in die Örtlichkeit zu übertragen und dort auf ihre Nutzbarkeit hin zu prüfen (hierzu *Dieterich* Rn. 461). Dieser Vorgang ist uU mehrfach zu wiederholen, wenn Realisierungsprobleme auftauchen oder aufgrund von Verhandlungen mit den Beteiligten neue Entscheidungen notwendig werden.

5 b) **Wertermittlung.** In enger Wechselwirkung mit diesen vermessungstechnischen Arbeiten steht die **Ermittlung des Werts** der Zuteilungsgrundstücke (→ § 57 Rn. 15). Auch hier sind uU mehrere Wertermittlungen jeweils unterschiedlicher Grundstücke und Grundstücksgrößen erforderlich, bis ein vorlagereifer Zuteilungsentwurf gefertigt werden kann.

6 c) **Kartierung.** Entsprechend der Vermessung und den Ergebnissen der Wertermittlung sind jeweils die **Kartengrundlagen** zu schaffen und zu ändern. Auch dies erfordert umfangreiche katastertechnische Arbeiten.

7 **3. Erörterung (§ 66 Abs. 1).** Das für den Erfolg einer Umlegung wesentliche Kriterium ist im Gesetz nur lapidar erwähnt. In **§ 66 Abs. 1** ist bestimmt, dass der Umlegungsplan „nach Erörterung mit den Eigentümern" aufzustellen ist. Über Art, Umfang und Häufigkeit der **Erörterungen** enthält das Gesetz keine Regelungen; Erörterungen mit anderen Beteiligten sind nicht einmal vorgeschrieben. Eine Normierung ist aber auch entbehrlich; sie ist im Zweifel in § 28 VwVfG enthalten (→ § 47 Rn. 2). Die Umlegungsstelle wird zudem im eigenen Interesse sobald wie möglich **mit allen Beteiligten** des Umlegungsverfahrens Kontakt aufnehmen, da sie nur so die Informationen erhalten kann, die sie für die Durchführung des Umlegungsverfahrens benötigt. Besondere Wünsche der Eigentümer hinsichtlich der Zuteilungsgrundstücke, eventueller Geldabfindungen uä muss die Umlegungsstelle so früh wie möglich erfahren, um mit diesem Wissen akzeptable Vorschläge für Grundstückszuteilungen und Rechtsänderungen unterbreiten zu können.

8 **4. Bekanntgabe (§§ 69, 70).** Ist der Umlegungsplan aufgestellt, ist er als **Verwaltungsakt** den Betroffenen **bekannt zu geben.** Dafür ist nach § 69 der Beschluss über die Aufstellung des Umlegungsplans ortsüblich bekannt zu machen und der Umlegungsplan zur Einsichtnahme bereitzuhalten; den Beteiligten ist nach **§ 70** ein sie betreffender Auszug aus dem Umlegungsplan zuzustellen.

1. Abschnitt. Umlegung § 66

5. Nachträgliche Änderungen (§ 73). Die Beteiligten müssen **nicht** ihr **Ein-** 9
verständnis mit dem Umlegungsplan bekunden. Es handelt sich bei ihm nicht um
einen mitwirkungsbedürftigen Verwaltungsakt. Soll jedoch nach Eintritt der Unanfechtbarkeit eine Änderung des Umlegungsplans vorgenommen werden, geht dies
nur, wenn es aufgrund hoheitlicher Entscheidungen (Änderung des Bebauungsplans
oder Entscheidung eines Gerichts) notwendig ist oder wenn die Beteiligten damit
einverstanden sind **(§ 73).**

II. Änderung des Rechtszustands

1. Rechtsänderung außerhalb des Grundbuchs (§§ 71, 72). Die **Änderung** 10
des Rechtszustands, dh der Eigentumsübergang, die Grenzänderungen usw. treten unmittelbar mit der Bekanntmachung nach **§ 71**, dass der Umlegungsplan unanfechtbar geworden ist, ein. Es bedarf hierzu also nicht der Eintragung ins Grundbuch; der Rechtszustand ändert sich **außerhalb des Grundbuchs (§ 72).**

2. Berichtigung von Grundbuch und Liegenschaftskataster, Einsicht- 11
nahme (§§ 74, 75). Das **Grundbuch** wird mit der Bekanntmachung der Unanfechtbarkeit des Umlegungsplans unrichtig und ist entsprechend zu **berichtigen.**
Dasselbe gilt für das **Liegenschaftskataster (§ 74).** Solange das Grundbuch noch
nicht berichtigt ist, kann jedermann bei berechtigtem Interesse stattdessen in den
Umlegungsplan einsehen **(§ 75).**

III. Vorabregelungen

Die Umlegung ist ein sehr komplexes Verfahren, dessen einzelne Entscheidungen 12
wechselseitig mit vielen anderen Entscheidungen zusammenhängen. Das Verfahren
hat daher eine durchschnittliche **Dauer** von etwa 2 bis 3 Jahren, sofern keine Sonderprobleme wie zB die Auslagerung eines gewerblichen Unternehmens auftreten.

1. Vorwegnahme der Entscheidung (§ 76). Es kann daher im Interesse sowohl 13
der Umlegung als auch einzelner Eigentümer liegen, wenn für ein Grundstück bereits
vor Inkrafttreten des Umlegungsplans verbindliche Regelungen getroffen werden,
sodass bereits die bauliche Nutzung des Grundstücks in Angriff genommen werden
kann. Hierfür sieht § 76 die Möglichkeit einer **einverständlichen Vorwegnahme**
der Entscheidung für einzelne Grundstücke oder für an den Grundstücken bestehende Rechte vor.

2. Vorzeitige Besitzeinweisung (§ 77). Im Interesse aller Beteiligten ist es in der 14
Regel auch, wenn mit den Erschließungsarbeiten bereits vor Inkrafttreten des Umlegungsplans begonnen werden kann. Nach § 77 ist daher vorgesehen, dass Bedarfs-
oder Erschließungsträger bereits vor Aufstellung des Umlegungsplans **in den Besitz**
der entsprechenden Erschließungsflächen eingewiesen werden können. Voraussetzung hierfür ist, ebenso wie für die weiteren, praktisch jedoch nicht so wichtigen Möglichkeiten zur vorzeitigen Besitzeinweisung, dass ein der Umlegung zugrunde liegender Bebauungsplan in Kraft getreten ist oder zumindest das Stadium
der Planreife erlangt hat oder sich aus der Eigenart der näheren Umgebung hinreichende Anhaltspunkte für die Neugestaltung des Umlegungsgebiets ergeben.

IV. Kostenregelungen

1. Verfahrens- und Sachkosten (§ 78). Als Gläubigerin und Schuldnerin sämt- 15
licher Geldleistungen trägt die Gemeinde nach § 78 die **Verfahrens- und Sachkos-**
ten der Umlegung. Anders als bei der Sanierungsmaßnahme nach § 156a verbleibt
ihr jedoch auch ein etwaiger Überschuss (→ § 64 Rn. 3).

16 **2. Abgaben- und Auslagenbefreiung (§ 79).** Soweit zur Durchführung der Umlegung oder zu ihrer Vermeidung gebührenpflichtige Amtshandlungen oder ähnliche abgabenpflichtige Geschäfte erforderlich sind, sind diese nach **§ 79** von **nichtsteuerlichen Abgaben** freigestellt. Ausgenommen hiervon sind lediglich die Kosten eines Rechtsstreits und Abgaben aufgrund landesrechtlicher Vorschriften. Die Grunderwerbsteuerfreiheit für den Eigentumsübergang in der amtlichen Umlegung folgt aus § 1 Abs. 1 Nr. 3 Buchstabe b GrEStG. Der Vermeidung einer Umlegung dienende Grunderwerbsvorgänge, etwa im Rahmen einer **freiwilligen Umlegung,** werden von dieser Ausnahme **nicht** erfasst.

B. Aufstellung und Inhalt des Umlegungsplans (§ 66)

I. Aufstellung des Umlegungsplans (Abs. 1)

17 **1. Erörterung.** Der **Umlegungsplan** wird gemäß **Abs. 1** nach seiner **Erörterung mit den Eigentümern** im Umlegungsgebiet aufgestellt. Zweckmäßigerweise sind **auch die sonstigen Beteiligten** im Sinne des § 48 zu hören. Zudem kann die Beteiligung nicht erst einsetzen, wenn bereits der Entwurf des Umlegungsplans erstellt ist. Erörterungen mit den Beteiligten müssen vielmehr schon sehr früh stattfinden, damit die Umlegungsstelle möglichst verlässlich die nicht aus dem Grundbuch ersichtlichen Rechtsverhältnisse erfährt und die evtl. bestehenden besonderen Wünsche oder auch die Bereitschaft, sich mit einer Geldabfindung zu begnügen, bei der Vorbereitung der Zuteilungs- und Abfindungsentscheidungen berücksichtigen kann (vgl. auch § 47 Abs. 1 S. 1). Obwohl ebenfalls nicht vorgeschrieben, ist es zweckmäßig, über die Erörterungen mit den Beteiligten **Niederschriften** anzufertigen. Zwar sind im Rahmen der Erörterungen abgegebene Erklärungen der Beteiligten weder für diese noch für die Umlegungsstelle bindend. Es handelt sich aber dennoch um wichtige Informationen für die weitere Durchführung des Umlegungsverfahrens, die die Umlegungsstelle im Rahmen des Möglichen und Zulässigen beachten sollte (vgl. hierzu etwa § 57 FlurbG, nach dem vor der Aufstellung des Flurbereinigungsplans den Beteiligten an der Flurbereinigung ausdrücklich Gelegenheit zu geben ist, ihre Wünsche für die Zuteilung und Abfindung zu äußern: **„Planwunschtermin").**

18 Ist Abs. 1 daher in dieser Hinsicht erweiternd, muss er in anderer Hinsicht einschränkend ausgelegt werden. Für das rechtmäßige Zustandekommen des Umlegungsplans ist es nicht erforderlich, dass der Umlegungsplan mit allen einzelnen Eigentümern tatsächlich erörtert wurde. Dies würde einzelnen ansonsten eine Veto-Position einräumen, die nicht sachdienlich wäre. Es soll also lediglich die gebotene Anhörung Beteiligter vor Erlass eines Verwaltungsakts, der in die Rechte der Beteiligten eingreift, durchgeführt werden (vgl. § 28 VwVfG). Dafür genügt es, wenn den Beteiligten **Gelegenheit zur Äußerung** gegeben wird; ob sie diese Gelegenheit nutzen oder den angebotenen Erörterungen fernbleiben, ist ihnen überlassen.

19 In den förmlich anberaumten Erörterungen, aber auch zu anderen Gelegenheiten während des Verfahrens, können **rechtserhebliche Erklärungen** abgegeben werden, zB das Einverständnis nach § 59 Abs. 4, die Zustimmung nach § 62 Abs. 1, das Einverständnis nach § 76 oder auch der Verzicht auf Rechtsmittel (→ Rn. 25).

20 Die Umlegungsstelle kann während der Erörterungen zwar ihre **Absichten** mitteilen, doch sind hierin grundsätzlich keine Zusagen zu sehen. Allerdings ist es der Umlegungsstelle unbenommen, **Zusagen** abzugeben, etwa um hierfür bestimmte „Gegenleistungen" eines Beteiligten, zB das Einverständnis mit einer bestimmten Art der Abfindung, zu erhalten. Die **Zulässigkeit von Zusagen** im Rahmen des der Umlegungsstelle eingeräumten Entscheidungsspielraums ist allgemein anerkannt (vgl. nur BGH Urt. v. 20.11.1980 – III ZR 35/79, DVBl. 1981, 395; BVerwG Urt. v. 25.5.1961 – I C 102/58, NJW 1961, 1882). Eine solche Zusicherung bedarf nach

§ 38 VwVfG der **Schriftform**. Eine **Bindung** an die Zusicherung entfällt nur, wenn sich nach ihrer Abgabe die Sach- oder Rechtslage derart ändert, dass bei ihrer Kenntnis die Zusicherung nicht gegeben worden wäre oder nicht hätte gegeben werden dürfen (§ 38 Abs. 3 VwVfG). Ist die Zusicherung rechtmäßig, darf sie außer in den Fällen der erheblichen Änderung der Sach- oder Rechtslage nur widerrufen werden, wenn sie mit einer Auflage verbunden war und der Begünstigte diese nicht erfüllt hat oder um schwere Nachteile für das Gemeinwohl zu verhüten oder zu beseitigen (vgl. § 49 Abs. 2 Nr. 1 und 5 VwVfG). Auch **vertragliche Regelungen** sind nach den allgemeinen Voraussetzungen zulässig (*Otte* in EZBK § 66 Rn. 20).

2. Beschluss. a) Grundsätzliche Einheitlichkeit. Gelangt die Umlegungsstelle zu der Auffassung, dass sie für die Neuordnung im Umlegungsgebiet eine dem Zweck der Umlegung und den Interessen der Beteiligten soweit als möglich gerecht werdende Lösung gefunden hat, stellt sie nach **Abs. 1** den Umlegungsplan durch **Beschluss** auf. Aus dieser Regelung folgt, dass für das gesamte Umlegungsgebiet nur „der" Umlegungsplan, also **nur ein einziger Umlegungsplan** aufzustellen ist (vgl. auch *Otte* in EZBK § 66 Rn. 4). Hiermit wird der wechselseitigen Verflechtung der Vielzahl von Einzelentscheidungen, die der Umlegungsplan enthält, Rechnung getragen. Einzelne Entscheidungen können nur unter den besonderen Voraussetzungen des § 76 vorab getroffen werden. Zugleich folgt aus Abs. 1 S. 1, dass alle getroffenen Einzelentscheidungen in dem Umlegungsplan zusammenzufassen sind. Auch hierdurch wird der wechselseitigen Verflochtenheit und Mehrpoligkeit der im Rahmen der Umlegung getroffenen Einzelentscheidungen entsprochen.

b) Teilumlegungsplan. Abweichend vom Grundsatz der Einheitlichkeit des Umlegungsplans sieht **Abs. 1 S. 2** die Möglichkeit vor, für Teile des Umlegungsgebiets vorab einen vorgezogenen Umlegungsplan, einen sogenannten **Teilumlegungsplan,** aufzustellen. Für ihn gelten die allgemeinen Voraussetzungen, die auch für den Umlegungsplan insgesamt gelten. Insbesondere muss bei einer Umlegung in einem Bebauungsplangebiet vor dem Beschluss über die Aufstellung des Teilumlegungsplans nach § 47 Abs. 2 S. 2 der **Bebauungsplan in Kraft** getreten sein. Auch muss die **Verteilungsmasse nach § 55 feststehen,** und zwar nicht nur für das Teilgebiet, sondern für das gesamte Umlegungsgebiet. Andernfalls wäre eine Gleichbehandlung der Beteiligten im Gebiet des Teilumlegungsplans und derjenigen im übrigen Umlegungsgebiet nicht zu gewährleisten. Auf Sollanspruch und Sollzuteilung darf sich daher die Aufstellung eines Teilumlegungsplans ebenfalls nicht auswirken (→ zu möglichen Abweichungen von diesem Grundsatz § 55 Rn. 8, § 58 Rn. 9). Da der Teilumlegungsplan ein nur räumlich, nicht aber inhaltlich begrenzter Teil des Umlegungsplans ist, muss er in seinem Geltungsbereich auch **alle Regelungen der Eigentums- und Besitzverhältnisse** an den Grundstücken sowie alle anderen Rechte der Beteiligten in seinem Geltungsbereich nach den §§ 56 bis 62 regeln. Auch das weitere Verfahren unterscheidet sich beim Teilumlegungsplan nicht von dem beim Umlegungsplan. So ist nach § 69 Abs. 1 der Beschluss über die Aufstellung des Teilumlegungsplans in der Gemeinde ortsüblich bekannt zu machen und der Plan zur Einsichtnahme bereitzuhalten. Die §§ 70 bis 75 finden auf den Teilumlegungsplan ebenfalls uneingeschränkt Anwendung. Der Teilumlegungsplan ermöglicht daher anders als § 76 eine vorzeitige Regelung in einem Teil des Umlegungsgebiets zur Beschleunigung der Bautätigkeit, die **nicht auf das Einverständnis** der betroffenen Rechtsinhaber **angewiesen** ist. Zur Abgrenzung von der teilweisen Inkraftsetzung des Umlegungsplans ist darauf hinzuweisen, dass diese Möglichkeit erst besteht, nachdem der gesamte Umlegungsplan aufgestellt worden ist, während der Teilumlegungsplan in einem sehr viel früheren Verfahrensstadium aufgestellt werden kann. Obwohl das Gesetz keine diesbezüglichen Regelungen enthält, gelten die inhaltlichen Voraussetzungen des § 71 Abs. 2 für die teilweise Inkraftsetzung des Umlegungsplans und die Vorwegnahme der Entscheidung nach § 76 auch für den Teilumlegungsplan: Ein Teilumlegungsplan kann daher nur

§ 66 I. Kapitel. IV. Teil. Bodenordnung

aufgestellt werden, wenn die Regelungen in seinem Geltungsbereich von den Regelungen in den anderen Teilen des Umlegungsgebiets unabhängig sind und sie in keiner Weise nachteilig beeinflussen. Ein Teilumlegungsplan wird aus diesem Grunde zumeist nur bei verhältnismäßig großen Umlegungsgebieten in Betracht kommen, die wegen unterschiedlicher Strukturen im Bestand oder bei der geplanten Nutzung ohnehin besser in mehrere Umlegungsverfahren aufgeteilt worden wären. Allerdings kann die Möglichkeit des Teilumlegungsplans auch die Einigungsbereitschaft der Beteiligten im Umlegungsgebiet fördern.

23 c) **Rechtsnatur und Rechtsschutz.** Der Umlegungsplan bewirkt mit der Bekanntmachung seiner Unanfechtbarkeit nach den §§ 71, 72 Abs. 1 eine unmittelbare Rechtsänderung. Da er zudem eine Maßnahme ist, die von einer Behörde auf dem Gebiet des öffentlichen Rechts getroffen wurde, handelt es sich bei dem Umlegungsplan um einen **Verwaltungsakt** im Sinne des § 35 VwVfG. Er schließt das durch den Verwaltungsakt des Umlegungsbeschlusses eröffnete Verfahren ab. Von diesem Rechtscharakter des Umlegungsplans geht auch das Gesetz aus, wenn es in § 71 Abs. 1 vorschreibt, dass die Unanfechtbarkeit des Umlegungsplans bekannt zu machen ist. Einer besonderen **Begründung** bedarf der Umlegungsplan **nicht**, da er über das gesetzlich vorgesehene Ziel der Neuordnung im Rahmen der Vorgaben eines Bebauungsplans oder eines Gebiets nach § 34 hinaus keine eigenständige Zielsetzung verfolgt und die getroffene Neuordnung selbst aus dem Umlegungsplan unmittelbar ersichtlich ist. Nach § 211 ist dem Umlegungsplan eine **Rechtsbehelfsbelehrung** beizufügen.

24 Anfechtbar ist der Umlegungsplan durch **Antrag auf gerichtliche Entscheidung** nach § 217. Gegebenenfalls ist zuvor nach § 212 in Verbindung mit landesrechtlichen Bestimmungen ein **Widerspruchsverfahren** durchzuführen (→ § 47 Rn. 4). Die Unanfechtbarkeit kann daher im Grundsatz frühestens nach Ablauf der Rechtsmittelfrist, gemäß § 70 VwGO also nach Ablauf eines Monats, eintreten. Eine aufschiebende Wirkung kommt den Rechtsbehelfen nach § 212 Abs. 2 und § 224 nicht zu.

25 Der Eintritt der Unanfechtbarkeit kann bereits vorher eintreten, wenn sämtliche Beteiligten einen **Rechtsmittelverzicht** erklären. Dies ist grundsätzlich zulässig (vgl. *Kopp/Schenke* VwGO § 74 Rn. 25). Der Rechtsmittelverzicht kann abgegeben werden, nachdem den Beteiligten der Umlegungsplan nach § 70 auszugsweise zugestellt worden ist. Hieraus ersehen sie, welche Regelungen ins Auge gefasst werden, und können daher beurteilen, ob sie mit ihnen einverstanden sind oder ob sie hiergegen einen Rechtsbehelf einlegen wollen. Soll der Rechtsmittelverzicht vor Zustellung des Auszugs des Umlegungsplans erreicht werden, muss den Beteiligten vollständig und verlässlich die beabsichtigte Rechtsänderung erläutert werden. Der Rechtsmittelverzicht kann dann nur für den Fall erklärt werden, dass die Entscheidung, so wie mitgeteilt, auch tatsächlich ergeht (BVerwG Urt. v. 20.1.1967 – VII C 191/64, BVerwGE 26, 50 (53); dass. Urt. v. 27.7.1964 – I C 91/61, BVerwGE 19, 159 (161); allgemein zum Rechtsmittelverzicht *Kopp/Schenke* VwGO § 69 Rn. 11, § 74 Rn. 21 ff.).

II. Anforderungen an den Umlegungsplan (Abs. 2 und 3)

26 **1. Inhalt.** Die inhaltlichen Anforderungen an den Umlegungsplan sind im Einzelnen in den §§ 67 und 68 geregelt. § 66 enthält nur eine **Generalklausel,** in der die allgemeinen Anforderungen an den Inhalt zum Ausdruck kommen.

27 a) **Vollständigkeit (Abs. 2 S. 1).** Nach **Abs. 2 S. 1** muss der Umlegungsplan – der Teilumlegungsplan für seinen Geltungsbereich – **vollständig** sein. Er muss also sämtliche Regelungen für sämtliche Grundstücke, Rechte und Einrichtungen enthalten. Dabei können natürlich nur solche Rechte berücksichtigt werden, die bis zur

1. Abschnitt. Umlegung **§ 67**

Beschlussfassung angemeldet worden sind (vgl. § 48 Abs. 2 S. 2). Nicht angemeldete Rechte bleiben in ihrem Bestand durch die Umlegung unberührt (→ § 63 Rn. 3).

b) Bestandteile (Abs. 3). Abs. 3 bestimmt, dass der Umlegungsplan aus der Umlegungskarte und dem Umlegungsverzeichnis besteht. 28

2. Form. a) Öffentliche Urkunde. Da der Umlegungsplan nicht nur Grundlage für die Rechtsänderung und für die Berichtigung der Grundbücher ist, sondern auch im Privatrechtsverkehr für Beleihungen, Verfügungen usw. Bedeutung hat, muss er die an eine **öffentliche Urkunde** nach den §§ 417, 415 ZPO zu stellenden Anforderungen erfüllen, also von einer öffentlichen Behörde innerhalb der Grenzen ihrer Amtsbefugnisse aufgenommen worden sein. Ferner dient der Umlegungsplan nach § 64 Abs. 2 bis zur Berichtigung des Liegenschaftskatasters als **amtliches Verzeichnis der Grundstücke** im Sinne des § 2 Abs. 2 GBO. Die hierfür – und damit auch für die öffentliche Urkunde – erforderliche Form regelt § 29 Abs. 3 GBO. Danach muss der Umlegungsplan **ausgefertigt**, dh mit Siegel und der Originalunterschrift des zuständigen Beamten versehen sein (vgl. § 10 Rn. 33). Diese Voraussetzungen gelten sowohl für die Umlegungskarte als auch für das Umlegungsverzeichnis. 29

b) Eignung für die Übernahme in das Liegenschaftskataster (Abs. 2 S. 2). Nur wenn der Umlegungsplan diese formellen Anforderungen wahrt, kann die für die Führung des Liegenschaftskatasters zuständige Stelle auf diesen Urkunden nach § 74 Abs. 2 S. 1 die **Eignung zur Übernahme in das Liegenschaftskataster** bescheinigen. Dass der Umlegungsplan diese Eignung aufweisen muss, ist in **Abs. 2 S. 2** ausdrücklich bestimmt. Danach muss vor allem das Umlegungsverzeichnis alle tatsächlichen vermessungstechnischen Angaben enthalten, die für das Liegenschaftskataster erforderlich sind. Dies sind insbesondere die Bezeichnung der Grundstücke nach Gemarkung, Flur und Flurstück sowie die Angabe von Lage, Größe und Nutzungsart der Grundstücke. 30

§ 67 Umlegungskarte

¹**Die Umlegungskarte stellt den künftigen Zustand des Umlegungsgebiets dar.** ²**In die Karte sind insbesondere die neuen Grundstücksgrenzen und -bezeichnungen sowie die Flächen im Sinne des § 55 Abs. 2 einzutragen.**

Übersicht

	Rn.
1. Bedeutung der Umlegungskarte	1
2. Inhalt der Umlegungskarte	2
a) Notwendiger Inhalt	3
b) Zulässiger Inhalt	5

1. Bedeutung der Umlegungskarte. Zusammen mit dem Umlegungsverzeichnis (§ 68) bildet die Umlegungskarte den Umlegungsplan (§ 66 Abs. 3). Die Umlegungskarte ist die **Entsprechung zur Bestandskarte** nach § 53, die den Zustand im Umlegungsgebiet zu Beginn der Umlegung wiedergibt. Die Umlegungskarte muss nach der gesetzlichen Regelung in **S. 1** nicht die Änderungen gegenüber dem Altzustand wiedergeben, wie es § 66 Abs. 2 S. 1 nahelegen könnte, sondern lediglich den ins Auge gefassten **Neuzustand.** Aus ihr allein ist daher nicht ersichtlich, inwieweit Änderungen gegenüber dem Altzustand (→ noch Rn. 6) vorgenommen wurden. 1

2. Inhalt der Umlegungskarte. § 67 enthält nur Bestimmungen über den **Inhalt** der Umlegungskarte. Anforderungen an die **Form** sind in § 66 Abs. 2 S. 2 enthalten (→ § 66 Rn. 29 f.). 2

3　**a) Notwendiger Inhalt.** S. 2 bestimmt, dass die Umlegungskarte mindestens die neuen **Grundstücksgrenzen** und die **Katasterbezeichnungen** der neuen Grundstücke sowie die **örtlichen Verkehrs- und sonstigen Flächen** im Sinne des § 55 Abs. 2 enthalten muss. Im Regelfall wird für die Erstellung der Umlegungskarte eine den Anforderungen des Liegenschaftskatasters genügende **Neuvermessung** der Grundstücke erforderlich sein (hierzu *Schriever* in Kohlhammer-Komm. § 67 Rn. 9).

4　Die Umlegungskarte erfasst nach der Regelung des § 67 unmittelbar nur das **Umlegungsgebiet**. Es kann jedoch sein, dass nach § 55 Abs. 5 **außerhalb** des Umlegungsgebiets **gelegene Flächen** als Ersatzland für die Zuteilung von Flächen öffentlicher Nutzung an Bedarfs- und Erschließungsträger in das Umlegungsverfahren einbezogen und Eigentümern nach § 59 Abs. 4 Nr. 2 zugeteilt werden. Diese Grundstücke sind ebenfalls aufzunehmen, da sie nach § 68 Abs. 1 Nr. 1 auch im Umlegungsverzeichnis aufzuführen sind. Da die Grenzen dieser Grundstücke in der Umlegung nicht verändert werden, ist insoweit keine Neuvermessung erforderlich. Es genügt, wenn der zeichnerischen Darstellung dieser Grundstücke die entsprechende Katasterkarte zugrunde gelegt wird. Diese Abzeichnung wird dann insoweit Bestandteil der Umlegungskarte.

5　**b) Zulässiger Inhalt.** Aus der Verwendung des Worts „insbesondere" ist zu entnehmen, dass der Inhalt der Umlegungskarte nach Zweckmäßigkeitsgesichtspunkten **erweitert** werden kann. Die Umlegungskarte sollte aber auf das beschränkt bleiben, was typischerweise Gegenstand einer zeichnerischen Darstellung ist. Dazu zählen über den notwendigen Inhalt hinaus **aufstehende Baulichkeiten**, andere als die Katasterbezeichnungen der Grundstücke sowie **Straßennamen** und Hausnummern. Vor allem sollten aber die **Festsetzungen eines Bebauungsplans,** der der Umlegung zugrunde liegt, auch aus der Umlegungskarte ersichtlich sein. Erst aus der Zusammenschau von Umlegungskarte und Bebauungsplan lässt sich ersehen, inwieweit die Umlegung dem Umlegungszweck Rechnung getragen hat und welche Nutzbarkeit dem einzelnen zugeteilten Grundstück planerisch zukommt. Sinnvoll kann es auch sein, die **öffentlich nutzbaren Flächen** nach § 55 Abs. 5 zu markieren. Muster für eine Umlegungskarte bei der Wert- und bei der Flächenumlegung finden sich bei *Dieterich* Rn. 420f. (vgl. auch *Schriever* in Kohlhammer-Komm. § 66 Rn. 19).

6　Möglich ist es auch, in der Umlegungskarte ebenfalls den **Altzustand** darzustellen. Hierunter kann aber die Übersichtlichkeit und Genauigkeit der Darstellung des neuen Zustands leiden. Zweckmäßiger ist es daher, bei der Auslegung der Umlegungskarte zugleich die **Bestandskarte bereitzuhalten** und so einen Vergleich der alten mit den neuen Grundstücksgrenzen zu ermöglichen (vgl. auch *Otte* in EZBK § 67 Rn. 6ff.).

§ 68　Umlegungsverzeichnis

(1) **Das Umlegungsverzeichnis führt auf**
1. **die Grundstücke, einschließlich der außerhalb des Umlegungsgebiets zugeteilten, nach Lage, Größe und Nutzungsart unter Gegenüberstellung des alten und neuen Bestands mit Angabe ihrer Eigentümer;**
2. **die Rechte an einem Grundstück oder einem das Grundstück belastenden Recht, ferner Ansprüche mit dem Recht auf Befriedigung aus dem Grundstück oder persönliche Rechte, die zum Erwerb, zum Besitz oder zur Nutzung eines Grundstücks berechtigen oder den Verpflichteten in der Benutzung des Grundstücks beschränken, soweit sie aufgehoben, geändert oder neu begründet werden;**
3. **die Grundstückslasten nach Rang und Betrag;**

1. Abschnitt. Umlegung **§ 68**

4. die **Geldleistungen**, deren Fälligkeit und Zahlungsart sowie der Wert der Flächen nach § 55 Abs. 2 bei einer insoweit erschließungsbeitragspflichtigen Zuteilung;
5. diejenigen, zu deren Gunsten oder Lasten Geldleistungen festgesetzt sind;
6. die einzuziehenden und die zu verlegenden Flächen im Sinne des § 55 Abs. 2 und die Wasserläufe;
7. die Gebote nach § 59 Abs. 7 sowie
8. die Baulasten nach § 61 Abs. 1 Satz 3.

(2) Das Umlegungsverzeichnis kann für jedes Grundstück gesondert aufgestellt werden.

Übersicht

	Rn.
1. Bedeutung	1
2. Inhalt (Abs. 1)	2
a) Grundstücke (Nr. 1)	3
b) Rechte (Nr. 2)	6
c) Lasten (Nr. 3)	8
d) Geldleistungen (Nr. 4)	10
e) Geldleistungsberechtigte und -verpflichtete (Nr. 5)	11
f) Örtliche Verkehrs- und sonstige Flächen nach § 55 Abs. 2 (Nr. 6)	12
g) Gebote und Baulasten (Nr. 7 und 8)	14
h) Widersprechende bauliche Anlagen nach § 59 Abs. 8	15
3. Form (Abs. 2)	16

1. Bedeutung. Das Umlegungsverzeichnis ergänzt die zeichnerischen Darstellungen der Umlegungskarte um **textliche Festlegungen**. Aus ihm müssen sich die rechtlichen und tatsächlichen Änderungen so präzise ergeben, dass auf ihrer Grundlage nach § 74 die öffentlichen Bücher berichtigt werden können. **1**

2. Inhalt (Abs. 1). Aus Abs. 1 ergibt sich, welchen Inhalt das Umlegungsverzeichnis haben muss. Die Aufzählung ist jedoch nicht als abschließend zu verstehen. **2**

a) Grundstücke (Nr. 1). Nach **Nr. 1** ist zunächst der **alte und neue Grundstücksbestand** aufzuführen. Der alte Bestand ergibt sich aus dem – uU fortgeschriebenen – Bestandsverzeichnis nach § 53; der neue Bestand folgt aus den vermessenen Zuteilungsgrundstücken. Die Größe der neuen Grundstücke, ihre örtlichen Katasterbezeichnungen sowie ihre Lagebezeichnung und Nutzungsart sind anzugeben. Auch die Grundbuchbezeichnung ist notwendig, damit das Grundbuchamt nach § 74 die notwendige Berichtigung durchführen kann. **3**

Nicht vorgeschrieben ist, die Größe des **Anteils der örtlichen Verkehrs- und Grünflächen** nach § 55 Abs. 2 besonders anzugeben. Da das Umlegungsverzeichnis nur Angaben zu konkreten einzelnen Grundstücken oder Rechten usw. enthält, kann hiermit nur die Angabe des Flächenabzugs gemeint sein, der bei dem jeweiligen Grundstück für örtliche Verkehrs- und sonstige Flächen nach § 55 Abs. 2 vorgenommen wurde. Praktisch möglich und allenfalls sinnvoll ist diese Angabe jedoch ohnehin nur bei Erschließungsumlegungen und hier zudem nur bei Flächenumlegungen, nicht aber bei Wertumlegungen. **4**

Im Umlegungsverzeichnis sind, ebenso wie zweckmäßigerweise bei der Umlegungskarte, auch die **Grundstücke** zu berücksichtigen, die **außerhalb des Umlegungsgebiets** zugeteilt worden sind (→ § 67 Rn. 4). **5**

b) Rechte (Nr. 2). Nach **Nr. 2** sind alle **Rechte** im Sinne des § 61 Abs. 1 S. 1 (→ § 61 Rn. 4 ff.) aufzuführen, die **aufgehoben, geändert oder neu begründet** werden. Hierzu gehört auch die Verteilung von Grundpfandrechten und Reallasten **6**

Reidt

§ 68 I. Kapitel. IV. Teil. Bodenordnung

nach § 62 Abs. 3 auf die zuzuteilenden Grundstücke (→ § 62 Rn. 7), ebenso die Zuordnung von Grundstücksbruchteilen und Rechten nach § 62 Abs. 2 (→ § 62 Rn. 6).

7 Soweit Rechte im Sinne des § 61 Abs. 1 S. 1 **nicht aufgehoben, geändert oder neu begründet** werden, **müssen** sie – mit Ausnahme der Grundstückslasten (Nr. 3; → Rn. 8) – **nicht** aufgeführt werden. Aus Gründen der Übersichtlichkeit und der Rechtsklarheit kann es jedoch sinnvoll sein, auch diejenigen Rechte aufzuführen, die keinen Änderungen unterworfen sind. Dadurch wird sichergestellt, dass aus dem Umlegungsverzeichnis der neue Rechtszustand vollständig hervorgeht und keine Rechte oder Rechtsverhältnisse übersehen oder falsch geregelt wurden (*Schriever* in Kohlhammer-Komm. § 68 Rn. 10).

8 c) **Lasten (Nr. 3). Grundstückslasten** sind nach **Nr. 3** unabhängig von einer etwaigen Änderung in das Umlegungsverzeichnis aufzunehmen. Unter Grundstückslasten sind dabei die im Grundbuch in der Zweiten Abteilung aufgeführten Lasten wie zB Grunddienstbarkeiten und die in der Dritten Abteilung aufgeführten Belastungen wie zB Hypotheken zu verstehen. Die Lasten sind mit Rangstelle und Höhe anzugeben. Datenschutzprobleme bestehen nicht, da das Umlegungsverzeichnis – anders als das Bestandsverzeichnis (§ 53 Abs. 2) – nicht öffentlich ausgelegt wird (→ § 69 Rn. 4).

9 Aus der Tatsache, dass **öffentliche Lasten** nicht rangfähig sind, könnte geschlossen werden, dass sie hier nicht aufzuführen sind (so *Otte* in EZBK § 68 Rn. 5). Da aber das Gesetz allgemein die Aufführung von „Lasten" vorschreibt und das Umlegungsverzeichnis insgesamt den Zweck erfüllen soll, die rechtliche Situation im Umlegungsgebiet nach der Umlegung vollständig wiederzugeben, sind unter Lasten ebenso wie bei § 61 (→ § 61 Rn. 9) auch öffentliche Lasten zu verstehen, soweit sie nicht ohnehin nach § 64 Abs. 3 eine Geldleistung zum Vorteilsausgleich zum Gegenstand haben und nach Nr. 4 aufzuführen sind. Baulasten sind in Nr. 8 ausdrücklich aufgeführt (→ noch Rn. 14).

10 d) **Geldleistungen (Nr. 4).** Nach **Nr. 4** sind die **Geldleistungen**, ihre Fälligkeit und die Art und Weise ihrer Zahlung aufzuführen (→ § 64 Rn. 1 ff.). Darüber hinaus ist auch der **Wert der Flächen nach § 55 Abs. 2** aufzuführen, sofern diese Flächen nicht bei der Wertermittlung der Zuteilungsgrundstücke berücksichtigt und diese daher erschließungs**flächen**beitragspflichtig zugeteilt wurden. Diese Wertangabe im Umlegungsverzeichnis wird in § 128 Abs. 1 S. 3 aufgegriffen und als Bestandteil der Kosten für den Erwerb der Flächen für Erschließungsanlagen bestimmt. Es braucht nur der Wert der Anlagen angegeben zu werden, für die später Erschließungsbeiträge erhoben werden können (→ § 57 Rn. 21). Da Flächen öffentlicher Nutzung jedoch nicht am Grundstücksverkehr teilnehmen und daher keinen Verkehrswert haben, muss hierfür ein sogenannter **Verrechnungswert** gebildet werden (vgl. hierzu *Dieterich* Rn. 232 m; aA *Köster* in Schrödter § 68 Rn. 6, der den Wert nach enteignungsrechtlichen Grundsätzen ermitteln will). Da Erschließungsflächen keinen Erschließungs- oder Umlegungsvorteil haben, ist dies der **Einwurfswert** der Grundstücke (vgl. *Otte* VR 1987, 73 (84)).

11 e) **Geldleistungsberechtigte und -verpflichtete (Nr. 5).** Nach **Nr. 5** sind die **aus Geldleistungen Berechtigten und Verpflichteten** aufzuführen (→ zur Gemeinde als Gläubigerin und Schuldnerin im Umlegungsplan festgesetzter Geldleistungen § 64 Rn. 1 ff.).

12 f) **Örtliche Verkehrs- und sonstige Flächen nach § 55 Abs. 2 (Nr. 6).** Nach **Nr. 6** sind besonders zu bezeichnen die **örtlichen Verkehrs- und sonstigen Flächen** nach § 55 Abs. 2, die einzuziehen oder zu verlegen sind. Da diese Grundstücke ohnehin nach Nr. 1 aufzuführen sind, genügt hier eine Aufzählung der in Betracht kommenden Grundstücke. Ferner sind nach Nr. 6 aufzuführen die **Wasserläufe**. Bedeutung hat diese Regelung vor allem für die **Einziehung öffentlicher Straßen**.

1. Abschnitt. Umlegung **§ 68**

Da der Bundesgesetzgeber für diesbezügliche Regelungen nur zuständig ist, soweit 13
es sich um Fernstraßen handelt (Art. 74 Nr. 22 GG), kann dem Umlegungsplan nicht
unmittelbar die Wirkung einer Widmung oder Einziehung örtlicher Straßen beigemessen werden. Vielmehr sind nach Landesstraßenrecht zumindest noch die notwendigen Bekanntmachungen zur Widmung oder Einziehung vorzunehmen. Insoweit
kann in dieser Aufführung nur ein Hinweis für die jeweils zuständigen Behörden gesehen werden. Allerdings kann das **Landesrecht** an die Regelung im Umlegungsplan
anknüpfen (näher hierzu *Grziwotz* in SU § 68 Rn. 10; *Schriever* in Kohlhammer-Komm. § 68 Rn. 21 f.; → auch § 72 Rn. 4 f.).

g) Gebote und Baulasten (Nr. 7 und 8). Nr. 7 und **Nr. 8** bestimmen als Be- 14
standteil des Umlegungsverzeichnisses etwa angeordnete **Bau-, Modernisierungs-,
Instandsetzungs- oder Pflanzgebote** auf der Grundlage des § 59 Abs. 7 und **Baulasten** auf der Grundlage des § 61 Abs. 1 S. 3.

h) Widersprechende bauliche Anlagen nach § 59 Abs. 8. Nach **§ 59 Abs. 8**, 15
der von der Regelung der Nr. 7 nicht umfasst wird, sind im Umlegungsplan **bauliche
Anlagen** zu bezeichnen, die **beseitigt** werden sollen, weil sie dem Bebauungsplan
widersprechen und der Neugestaltung des Umlegungsgebiets im Wege stehen. Diese
Bestimmung lässt offen, ob die Bezeichnung in der Umlegungskarte oder im Umlegungsverzeichnis zu erfolgen hat. Sofern in der Umlegungskarte über den notwendigen Inhalt hinaus auch bauliche Anlagen dargestellt werden, sollten diejenigen Anlagen gekennzeichnet werden, deren Beseitigung vorgesehen ist. Fehlt eine solche
Darstellung in der Umlegungskarte, können im Umlegungsverzeichnis die zu beseitigenden baulichen Anlagen aufgeführt werden. Da die neuen Eigentümer die Beseitigung dieser Anlagen zu dulden haben (§ 59 Abs. 8 S. 2), wenn die Gemeinde den
Umlegungsplan vollzieht, sollten die zu beseitigenden baulichen Anlagen bei den
Grundstücken aufgeführt werden, deren Eigentümer die Duldungspflicht trifft.

3. Form (Abs. 2). Die **rechtlich notwendige Form** des Umlegungsverzeich- 16
nisses ergibt sich aus § 66 Abs. 2 S. 2. Auch das Umlegungsverzeichnis muss also zur
Übernahme in das Liegenschaftskataster geeignet sein; es muss ferner nach § 74
Abs. 2 S. 1 als amtliches Verzeichnis der Grundstücke im Sinne des § 2 Abs. 2 GBO
dienen können.

Hieraus folgt jedoch nicht zwingend, in welcher **äußeren Gestalt,** in welcher 17
Gliederung und mit welchem Aufbau das Umlegungsverzeichnis zu erstellen ist. Da
der Umlegungsplan dem Grundsatz der Einheitlichkeit zu genügen hat, besteht die
Möglichkeit, die im Umlegungsgebiet gelegenen Grundstücke aufzulisten und tabellarisch die jeweils getroffenen rechtlichen und tatsächlichen Änderungen zuzuordnen. Dies ist jedoch bei größeren oder komplizierteren Umlegungsverfahren vielfach
nicht sinnvoll, da eine solche tabellarische Form wenig übersichtlich ist. **Abs. 2** erlaubt daher, das Umlegungsverzeichnis **für jedes Grundstück einzeln** aufzustellen.
Dies bedeutet, dass für jedes Grundstück die nach Abs. 1 und darüber hinaus notwendigen Festlegungen gesondert aufgeführt werden können. Hierdurch wird die nach
§ 70 Abs. 1 erforderliche Zustellung von Auszügen aus dem Umlegungsplan stark
vereinfacht, da den Beteiligten jeweils nur das für das eigene Grundstück aufgestellte
Umlegungsverzeichnis zugesandt zu werden braucht. Ferner wird so dem Grundbuchamt, dem Katasteramt und auch dem Finanzamt die Arbeit erleichtert (Muster
bei *Dieterich* Rn. 422 ff.).

Reidt

§ 69 Bekanntmachung des Umlegungsplans, Einsichtnahme

(1) ¹Die Umlegungsstelle hat den Beschluss über die Aufstellung des Umlegungsplans (§ 66 Abs. 1) in der Gemeinde ortsüblich bekannt zu machen. ²In der Bekanntmachung ist darauf hinzuweisen, dass der Umlegungsplan an einer zu benennenden Stelle nach Absatz 2 eingesehen werden kann und auszugsweise nach § 70 Abs. 1 Satz 1 zugestellt wird.

(2) Den Umlegungsplan kann jeder einsehen, der ein berechtigtes Interesse darlegt.

1 Der Umlegungsplan bedarf als Verwaltungsakt der Bekanntgabe an die Beteiligten. Dieser Bekanntgabe dient die Zustellung eines Auszugs aus dem Umlegungsplan nach § 70, nicht die Bekanntmachung und die Einsichtnahmemöglichkeit nach § 69. Auch ist die Zustellung nach § 70 allein maßgebend für den Lauf der Rechtsbehelfsfrist.

2 Demgegenüber kommt der Bekanntmachung nach **Abs. 1 S. 1** und der Bereithaltung des Umlegungsplans zur Einsichtnahme nach **Abs. 2** eine andere Bedeutung zu. Sie soll den Beteiligten, denen nach § 70 nur ein Auszug aus dem Umlegungsplan zugestellt wird, einen **Überblick über die Gesamtheit der getroffenen Regelungen** ermöglichen und ihnen so gestatten, die Gerechtigkeit und Sachgemäßheit der getroffenen Entscheidungen im Gesamtzusammenhang zu beurteilen. Die Einsichtnahmemöglichkeit in den Umlegungsplan nach Abs. 2 hat insoweit also eine **Schutzfunktion**. Zudem dient die Bekanntmachung nach Abs. 1 zusammen mit der Einsichtnahmemöglichkeit in den Umlegungsplan der **Unterrichtung der Öffentlichkeit** über die Neuordnung der Grundstücke im Umlegungsgebiet. Ferner kann sie **Rechtsinhaber**, die ihre Rechte nicht rechtzeitig geltend gemacht haben – die Frist lief mit der Beschlussfassung über den Umlegungsplan nach § 66 Abs. 1 ab (§ 48 Abs. 2) –, noch auf die durchgeführte Umlegung hinweisen und sie veranlassen, ihre Rechte durch Widerspruch oder Antrag auf gerichtliche Entscheidung geltend zu machen (*Köster* in Schrödter § 69 Rn. 2); hierbei ist ihnen nach § 217 Abs. 2 S. 2 oder nach § 212 Abs. 1 in Verbindung mit § 41 Abs. 4 S. 3 VwVfG eine Frist von sechs Wochen (→ § 212 Rn. 3) eingeräumt. Schließlich muss bei vorzeitiger Einleitung des Umlegungsverfahrens in einem Bebauungsplangebiet nach § 47 Abs. 2 S. 2 der Bebauungsplan vor der Bekanntmachung nach Abs. 1 in Kraft getreten sein. Insoweit dokumentiert die Bekanntmachung nach Abs. 1 das eigentliche Ende des Umlegungsverfahrens, ihr kommt daher auch eine **Abschlussfunktion** zu.

3 Nach **Abs. 1 S. 2** ist darauf **hinzuweisen**, dass den Beteiligten ein Auszug aus dem Umlegungsplan zugestellt wird sowie darauf, dass und wo der gesamte Umlegungsplan eingesehen werden kann.

4 Im Unterschied zu Bestandsverzeichnis und Bestandskarte unterliegt der **Umlegungsplan** in keinem seiner Teile der öffentlichen Auslegung. Hier ist lediglich denjenigen Personen, die ein **berechtigtes Interesse** darlegen, eine **Einsichtmöglichkeit** eingeräumt (→ § 53 Rn. 12). Ein berechtigtes Interesse an der Einsichtnahme werden vor allem mögliche Kreditgeber oder ernsthafte Kaufinteressenten haben. Inhaber von Rechten an Grundstücken im Umlegungsgebiet bedürfen in der Regel der Einsichtnahme nicht, da ihnen nach § 70 ein ihre Rechte betreffender Auszug aus dem Umlegungsplan, also aus dem Umlegungsverzeichnis und der Umlegungskarte, zuzustellen ist. Sie können jedoch dann ein berechtigtes Interesse haben, wenn ihnen ihre Rechte nicht hinreichend gewahrt erscheinen und sie sich diesbezüglich vergewissern wollen (→ Rn. 2).

§ 70 Zustellung des Umlegungsplans

(1) ¹Den Beteiligten ist ein ihre Rechte betreffender Auszug aus dem Umlegungsplan zuzustellen. ²Dabei ist darauf hinzuweisen, dass der Umlegungsplan an einer zu benennenden Stelle nach § 69 Abs. 2 eingesehen werden kann.

(2) Hält die Umlegungsstelle Änderungen des Umlegungsplans für erforderlich, so können die Bekanntmachung und die Zustellung des geänderten Umlegungsplans auf die von der Änderung Betroffenen beschränkt werden.

(3) Ist im Grundbuch die Anordnung der Zwangsversteigerung oder Zwangsverwaltung eingetragen, so gibt die Umlegungsstelle dem Vollstreckungsgericht von dem Umlegungsverzeichnis Kenntnis, soweit dieses das Grundstück, das Gegenstand des Vollstreckungsverfahrens ist, und die daran bestehenden Rechte betrifft.

Übersicht

	Rn.
1. Zustellung (Abs. 1)	1
a) Zweck und Inhalt	1
b) Form	5
c) Zeitpunkt	6
2. Änderung des Umlegungsplans (Abs. 2)	8
3. Benachrichtigung des Vollstreckungsgerichts (Abs. 3)	10

1. Zustellung (Abs. 1). a) Zweck und Inhalt. Der Umlegungsplan ist ein Verwaltungsakt (→ § 66 Rn. 23) und bedarf daher nach § 41 VwVfG der **Bekanntgabe an sämtliche Beteiligten** insoweit, als diese von ihm betroffen sind. Da der Umlegungsplan in der Regel eine Vielzahl von Einzelregelungen enthält, die die Beteiligten nur zum Teil betreffen, bestimmt **Abs. 1 S. 1**, dass ihnen nur ein **Auszug aus dem Umlegungsplan zuzustellen** ist. Dieser Auszug muss sämtliche Regelungen enthalten, die die Beteiligten unmittelbar betreffen, sowie eventuell diejenigen Regelungen, die zum Verständnis der die Beteiligten betreffenden Regelungen erforderlich sind. Dies gilt insbesondere im Hinblick auf die Umlegungskarte, bei der sich der Auszug nicht auf die Darstellung des den Beteiligten zugeteilten Grundstücks beschränken darf, sondern auch die Umgebung des Grundstücks mindestens so weit enthalten muss, dass die Beteiligten die Lage des Grundstücks im Umlegungsgebiet erkennen und beurteilen können. Anstelle einer öffentlichen Auslegung der Umlegungskarte sieht **Abs. 1 S. 2** vor, dass den Beteiligten mitzuteilen ist, dass und wo sie den vollständigen Umlegungsplan **einsehen** können. Ein berechtigtes Interesse hierzu ist bei ihnen stets gegeben. 1

Wird Beteiligten **kein Grundstück** zugeteilt, braucht ihnen die Umlegungskarte oder ein Auszug aus ihr nicht zugestellt zu werden, da sie keine diese Beteiligten betreffende Regelung enthält (*Otte* in EZBK § 70 Rn. 3). 2

Wird die Umlegung **von der Gemeinde** oder von einem bei ihr gebildeten Umlegungsausschuss **durchgeführt**, ist der Gemeinde ein Auszug aus dem Umlegungsplan **nicht zuzustellen,** da für die Gemeinde keine Rechtsbehelfsfristen eröffnet werden (→ § 46 Rn. 14). Wird die Umlegung dagegen nach § 46 Abs. 4 **von einer anderen Behörde durchgeführt,** so ist **auch der Gemeinde** ein Auszug aus dem Umlegungsplan **zuzustellen,** da hier die Gemeinde als Empfängerin der örtlichen Verkehrs- und sonstigen Flächen oder als Eigentümerin sonstiger Flächen beteiligt ist und in diesem Fall wie jeder andere beteiligte Eigentümer Rechtsbehelfe einlegen kann. 3

Der Umlegungsplan erlangt Rechtswirksamkeit erst mit der Zustellung eines Auszugs nach § 70, nicht bereits mit der Bekanntmachung nach § 69 Abs. 1. Für den Ein- 4

tritt der Unanfechtbarkeit ist ebenfalls die Zustellung maßgebend. Der Zustellung des Auszugs ist daher nach § 211 eine **Rechtsbehelfsbelehrung** beizufügen. Gegen den Umlegungsplan kann Antrag auf gerichtliche Entscheidung nach § 217 gestellt werden; gegebenenfalls ist aufgrund landesrechtlicher Vorschriften nach § 212 zuvor ein Widerspruchsverfahren durchzuführen. Die Frist für die Einlegung eines Rechtsbehelfs beträgt nach § 211 Abs. 2 S. 1 oder nach § 70 Abs. 1 S. 1 VwGO sowohl bei Widerspruch als auch bei Antrag auf gerichtliche Entscheidung einen Monat ab Bekanntgabe (→ § 50 Rn. 12).

5 b) Form. Die **Form der Zustellung** richtet sich nach dem jeweiligen Landeszustellungsgesetz, eventuell in Verbindung mit dem Verwaltungszustellungsgesetz des Bundes (vgl. *Sadler* VwVG/VwZG, 9. Aufl. 2014, VwZG, Einl. Rn. 7). Das Verwaltungszustellungsgesetz schreibt keine bestimmte Form der Zustellung vor. Da jedoch von der Zustellung der genaue Lauf der Rechtsbehelfsfrist und damit auch das Eintreten der Unanfechtbarkeit des Umlegungsplans nach § 71 abhängt, sollte eine Form der Zustellung gewählt werden, bei der der Zugang des Auszugs nicht fingiert wird, wie bei der Zustellung durch die Post mittels eingeschriebenen Briefes (§ 4 VwZG), sondern bei der der Zugang beurkundet wird. Dies ist entweder die Zustellung durch die Post mit **Zustellungsurkunde** oder die Zustellung durch die Behörde gegen **Empfangsbekenntnis** (vgl. §§ 3 und 5 VwZG; hierzu BFH Beschl. v. 8.2.1999 – VIII R 61/98, NVwZ 2000, 239; *Benedict* NVwZ 2000, 167 ff.; *Sadler*, aaO, Rn. 4 sowie die Erläuterungen zu den §§ 3 und 5 VwZG).

6 c) Zeitpunkt. Nicht ausdrücklich geregelt ist der **Zeitpunkt der Zustellung** im Verhältnis zur Bekanntmachung und Einsichtnahmemöglichkeit nach § 69. Da der Möglichkeit zur Einsichtnahme u. a. eine wichtige Informationsfunktion für die Beteiligten zukommt (→ § 69 Rn. 2), können die Beteiligten ihre Entscheidung, ob sie gegen den Umlegungsplan Rechtsbehelfe einlegen wollen oder nicht, unter Umständen nur nach Einsichtnahme in den vollständigen Umlegungsplan treffen. Um den Beteiligten die ihnen für ihre Entscheidung eingeräumte Monatsfrist nicht zu verkürzen, muss **gleichzeitig mit der Zustellung des Auszugs der Umlegungsplan zur Einsichtnahme bereitgehalten** werden. Zumindest aber darf mit der Bereithaltung nach § 69 Abs. 2 nicht erst (deutlich) nach Zustellung des Auszugs begonnen werden.

7 Auch muss, sofern die Umlegung nicht in einem Gebiet nach § 34 ohne Bebauungsplan stattfindet, im Zeitpunkt der **Zustellung** der **Bebauungsplan** bereits nach § 10 Abs. 3 S. 2 zur Einsichtnahme bereitgehalten werden, da dessen Festsetzungen Grundlage für den Umlegungsplan sind (vgl. auch *Köster* in Schrödter § 70 Rn. 2). Ohne ihn kann daher der Umlegungsplan von den Beteiligten nicht beurteilt werden.

8 2. Änderung des Umlegungsplans (Abs. 2). Nach **Abs. 2** kann die Umlegungsstelle bei notwendigen Änderungen des Umlegungsplans eine **vereinfachte Form der Bekanntmachung** wählen. Aus der Stellung dieser Vorschrift im Gesetz ist zu schließen, dass es sich hierbei um eine Änderung nach der Bekanntmachung gemäß § 69 Abs. 1 sowie der Zustellung des Auszugs gemäß Abs. 1, jedoch vor dem Eintritt der Unanfechtbarkeit des Umlegungsplans handelt. Denn ist der Umlegungsplan noch nicht beschlossen und bekannt gemacht und zugestellt, liegt noch gar kein Umlegungsplan im Rechtssinne vor, der geändert werden könnte. Es handelt sich dann lediglich um eine erneute Fortschreibung eines Umlegungsplanentwurfs. Für Änderungen des Umlegungsplans nach Eintritt seiner Unanfechtbarkeit enthält § 73 eine Sonderregelung.

9 Änderungen in diesem Zwischenstadium können verursacht sein durch die **Geltendmachung nicht angemeldeter Rechte,** deren Berücksichtigung die Umlegungsstelle für sachdienlich hält, oder etwa durch ein auf die Anfechtung des Umle-

gungsplans hin ergangenes **Urteil**. In diesen Fällen braucht nicht, wie dies nach Abs. 1 erforderlich wäre, allen Beteiligten die Änderung zugestellt zu werden, sondern lediglich den von ihr Betroffenen. Ebenso braucht die Bekanntmachung nach § 69 Abs. 1 nicht ortsüblich zu erfolgen, sondern kann auf die von den Änderungen Betroffenen beschränkt werden. Dies bedeutet praktisch eine Mitteilung wie nach § 69 Abs. 1 S. 2 an diesen Kreis, dass und wo der geänderte Umlegungsplan zur Einsicht ausliegt (aA *Köster* in Schrödter § 70 Rn. 4: ortsübliche Bekanntmachung der Änderung). Die Bekanntmachung kann mit der Zustellung des Auszugs aus dem geänderten Umlegungsplan verbunden werden. Den Beteiligten stehen dann gegen den geänderten Umlegungsplan dieselben Rechtsmittel zu wie gegen den ursprünglichen Umlegungsplan (vgl. *Otte* in EZBK § 70 Rn. 12 aE).

3. Benachrichtigung des Vollstreckungsgerichts (Abs. 3). Gemäß Abs. 3 10 kommt der Umlegungsstelle – ebenso wie nach § 54 Abs. 3 (→ § 54 Rn. 9) – die Pflicht zu, das **Vollstreckungsgericht** vom Umlegungsverzeichnis zu **benachrichtigen**. Diese Benachrichtigungspflicht entsteht nicht nur, soweit das Umlegungsverzeichnis das in der Zwangsvollstreckung befindliche **Grundstück** selbst betrifft, sondern auch, wenn es an diesem Grundstück bestehende **dingliche Rechte** berührt. Persönliche Rechte mit Bezug auf das Grundstück begründen demgegenüber keine Benachrichtigungspflicht (*Schriever* in Kohlhammer-Komm. § 70 Rn. 30).

§ 71 Inkrafttreten des Umlegungsplans

(1) ¹**Die Umlegungsstelle hat ortsüblich bekannt zu machen, in welchem Zeitpunkt der Umlegungsplan unanfechtbar geworden ist.** ²**Dem Eintritt der Unanfechtbarkeit des Umlegungsplans steht es gleich, wenn der Umlegungsplan lediglich wegen der Höhe einer Geldabfindung anfechtbar ist.**

(2) ¹**Vor Unanfechtbarkeit des Umlegungsplans kann die Umlegungsstelle räumliche und sachliche Teile des Umlegungsplans durch Bekanntmachung in Kraft setzen, wenn sich die Entscheidung über eingelegte Rechtsbehelfe auf diese Teile des Umlegungsplans nicht auswirken kann.** ²**Personen, die Rechtsbehelfe eingelegt haben, sind von der Inkraftsetzung zu unterrichten.**

Übersicht

	Rn.
1. Inkrafttreten des Umlegungsplans (Abs. 1)	1
a) Unanfechtbarkeit (S. 1 und 2)	1
b) Bekanntmachung (S. 1)	5
2. Teilweises Inkraftsetzen des Umlegungsplans (Abs. 2)	6
a) Räumliche Teile	7
b) Sachliche Teile	8
c) Ermessen	10
d) Benachrichtigung (S. 2)	11

1. Inkrafttreten des Umlegungsplans (Abs. 1). a) Unanfechtbarkeit (S. 1 1 **und 2).** An die Bekanntgabe eines Verwaltungsakts sind grundsätzlich zwei Rechtsfolgen geknüpft: Nach § 43 Abs. 1 VwVfG wird der Verwaltungsakt mit der Bekanntgabe wirksam; nach § 70 Abs. 1 VwGO (→ § 212) und § 217 Abs. 2 beginnt mit der Bekanntgabe der Lauf der Frist, innerhalb derer der Widerspruch (→ § 212) oder der Antrag auf gerichtliche Entscheidung zu stellen ist. **Mit der Zustellung des Umlegungsplans treten aber dessen Rechtswirkungen noch nicht ein;** es beginnt lediglich die Rechtsbehelfsfrist. Die Rechtswirkungen des Umlegungsplans treten vielmehr nach § 72 Abs. 1 erst **mit der Bekanntmachung seiner Unan-**

§ 71 I. Kapitel. IV. Teil. Bodenordnung

fechtbarkeit nach Abs. 1 S. 1 ein. Grund hierfür ist, dass in der Regel jede einzelne der im Umlegungsplan getroffenen Regelungen vom Bestand der anderen Regelungen abhängig ist. Der Umlegungsplan kann daher **grundsätzlich nur insgesamt wirksam werden.** Als Zeitpunkt des Wirksamwerdens des Umlegungsplans kommt allein der Tag in Betracht, an dem die letzte Frist zur Einlegung eines Rechtsbehelfs gegen den Umlegungsplan ungenutzt verstrichen ist, ein Rechtsbehelf bestands- bzw. rechtskräftig zurückgewiesen wurde oder ein Rechtsbehelfsverfahren auf andere Weise (zB durch Vergleich, durch Rücknahme des Rechtsbehelfs oder durch gegenüber dem Gericht erklärten Rechtsbehelfsverzicht) seinen Abschluss gefunden hat und dadurch der Umlegungsplan insgesamt wirksam geworden ist. Diesen Zeitpunkt der Unanfechtbarkeit sämtlicher einzelner Regelungen des Umlegungsplans hat die Umlegungsstelle ortsüblich bekannt zu machen (→ § 3 Rn. 14f.).

2 Aus der Bekanntmachung folgen die Rechtswirkungen des § 72. Sie ist daher als **Verwaltungsakt** anzusehen, der **selbstständig anfechtbar** ist. Allerdings kann die Bekanntmachung nur hinsichtlich der in ihr enthaltenen Regelung angegriffen werden. Dies ist nicht eine Wiederholung der Regelungen des Umlegungsplans, sondern lediglich die Feststellung, dass der Umlegungsplan unanfechtbar geworden ist und damit dessen Rechtsfolgen eintreten. Dieser Zeitpunkt kann aber durchaus falsch ermittelt worden sein (vgl. BGH Urt. v. 20.11.1980 – III ZR 35/79, DVBl. 1981, 395 (397)).

3 Die Bekanntmachung hat ihre Bedeutung in der durch sie bewirkten Änderung des Rechtszustands nach § 72. Hierauf ist es ohne Einfluss, wenn der Umlegungsplan **lediglich wegen der Höhe einer Geldabfindung** (→ zum Begriff § 64 Rn. 1) **anfechtbar oder angefochten** ist. **Abs. 1 S. 2** stellt daher den Fall der Anfechtbarkeit lediglich wegen der Höhe einer Geldabfindung der Unanfechtbarkeit insgesamt gleich. Dabei ist davon auszugehen, dass Abs. 1 S. 2 entgegen seinem Wortlaut nicht nur den Fall erfasst, in dem der Umlegungsplan wegen der Höhe einer Geldabfindung anfechtbar ist, also angefochten werden **kann,** sondern auch den Fall, in dem der Umlegungsplan nur deswegen angefochten **worden ist** (*Otte* in EZBK § 71 Rn. 12).

4 Nicht erfasst wird hingegen der Fall, in dem eine **Geldabfindung** nicht der Höhe, sondern **dem Grunde nach anfechtbar** oder angefochten worden ist. In diesem Fall kann an die Stelle der vorgesehenen Geldabfindung ein Anspruch auf Landzuteilung treten, so dass der Rechtsübergang nach § 72 noch nicht erfolgen kann. Unter Geldabfindungen sind daher nicht Ausgleichsleistungen zu verstehen (→ Rn. 8). Im Übrigen muss es sich um eine Geldabfindung für ein eingeworfenes Grundstück, nicht für die Aufhebung eines Rechts oder den Entzug einer Einrichtung nach den §§ 60, 61 handeln. Diese fallen unter Abs. 2 (Rn. 6ff.).

5 **b) Bekanntmachung (S. 1).** Ein **Zeitpunkt für die Bekanntmachung** ist im Gesetz nicht festgelegt. Da der Umlegungsplan der Verwirklichung des Bebauungsplans oder einer nach § 34 zulässigen Nutzung dient und diese vor Änderung des Rechtszustands entsprechend dem Umlegungsplan von den Privaten nicht in Angriff genommen werden kann – abgesehen von der Möglichkeit der vorzeitigen Besitzeinweisung nach § 77 Abs. 1 Nr. 2 –, hat die Bekanntmachung **unverzüglich** zu erfolgen (so auch *Otte* in EZBK § 71 Rn. 5).

6 **2. Teilweises Inkraftsetzen des Umlegungsplans (Abs. 2).** Grundsätzlich kann der Umlegungsplan nur insgesamt in Kraft treten. Es sind jedoch Fälle denkbar, in denen Regelungen des Umlegungsplans streitig sind, die aber nur begrenzte Wirkungen haben. In diesen Fällen soll nach **Abs. 2 S. 1** zur Beschleunigung des Verfahrens der nicht betroffene Teil des Umlegungsplans **vorab in Kraft gesetzt werden** können (zu der hiervon zu unterscheidenden Möglichkeit, einen **Teilumlegungsplan** aufzustellen § 66 Rn. 22). Voraussetzung ist, dass sich die Entscheidung über eingelegte Rechtsbehelfe nicht auf diese Teile des Umlegungsplans auswirken kann; auf

die Erfolgsaussichten des eingelegten Rechtsbehelfs kommt es nicht an (OLG Saarbrücken Beschl. v. 10.8.1994 – 4 W (Baul) 261/94, NVwZ 1995, 932 (933)).

a) Räumliche Teile. Mit **räumlichen Teilen** sind Teilgebiete des Umlegungsplans gemeint. Ist zB nur der Grenzverlauf zwischen einzelnen Grundstücken, etwa einer öffentlichen Verkehrsfläche und einem Privatgrundstück, streitig, wird die Entscheidung über entsprechende Rechtsbehelfe nur die angrenzenden Grundstücke betreffen. In diesem Fall ist es gerechtfertigt, den Umlegungsplan in dem nicht berührten Teil räumlich vorzeitig, dh vor Eintritt der Unanfechtbarkeit des Umlegungsplans insgesamt, in Kraft zu setzen. Die Inkraftsetzung ist dann zwar räumlich beschränkt, bezieht sich aber sachlich auf alle für die Grundstücke des erfassten Gebiets getroffenen Regelungen. 7

b) Sachliche Teile. Mit **sachlichen Teilen** sind Regelungen des Umlegungsplans gemeint, die sich nicht auf die Lage und Gestalt der Grundstücke beziehen oder bei Änderung auf sie auswirken können, sondern an diesen Grundstücken getroffene rechtliche Regelungen oder die Festsetzung von Ausgleichsleistungen betreffen. Eine solche sachliche Teilinkraftsetzung kann sich räumlich auf das gesamte Umlegungsgebiet beziehen oder sich auf ein einzelnes Grundstück oder wenige Grundstücke beschränken. Ist zB die den **Ausgleichsleistungen** (→ zum Begriff § 64 Rn. 1) zugrunde liegende Ermittlung der Grundstückswerte angefochten, hat dies in der Regel nur begrenzt Auswirkungen auf die Grundstückseinteilung, den Grenzverlauf und die an den Grundstücken bestehenden Rechte; primär ergeben sich hier Auswirkungen auf die Höhe der Geldleistungen. Der Umlegungsplan kann dann insoweit sachlich in Kraft gesetzt werden. Ist bei einem einzelnen Grundstück eine Ausgleichsleistung streitig, zB wegen des angesetzten Werts eines aufstehenden Gebäudes nach § 60 S. 1, kann der Umlegungsplan räumlich für das gesamte Umlegungsgebiet und sachlich für alle Regelungen in dem Gebiet mit Ausnahme der Regelung über die Ausgleichsleistung in dem einen Fall in Kraft gesetzt werden. 8

Sind **Geldabfindungen** dem Grunde nach angefochten oder noch anfechtbar, scheidet eine Teilinkraftsetzung jedoch aus. Denn eine Entscheidung darüber kann sich auf die gesamte Grundstückseinteilung auswirken, weil unter Umständen eine Neuverteilung der Grundstücke erforderlich wird, wenn die Geldabfindung durch eine Naturalzuteilung ersetzt werden sollte. Ist eine Geldabfindung für ein eingeworfenes Grundstück nur der Höhe nach anfechtbar, liegt ein Fall des Abs. 1 S. 2 und nicht des Abs. 2 vor (s. Rn. 4). 9

c) Ermessen. Liegen die materiellen Voraussetzungen für eine vorzeitige Inkraftsetzung vor, kann die Umlegungsstelle nach pflichtgemäßem **Ermessen** entscheiden, ob sie von dieser Möglichkeit Gebrauch macht. Einen Anspruch auf vorzeitige Inkraftsetzung sieht das Gesetz nicht vor. Möglich wird diese Entscheidung, wenn in entsprechender Anwendung des Abs. 1 für die nicht betroffenen Teile Unanfechtbarkeit eingetreten ist und das Nichtbetroffensein dieser Teile feststeht. Die Inkraftsetzung erfolgt durch ortsübliche Bekanntmachung der Unanfechtbarkeit des entsprechenden Teils des Umlegungsplans nach Abs. 1 S. 1. Insoweit treten dann die Wirkungen des § 72 ein. 10

d) Benachrichtigung (S. 2). Wird das Nichtbetroffensein von Teilen des Umlegungsplans durch eingelegte Rechtsbehelfe falsch eingeschätzt, kann durch die Inkraftsetzung in Rechte der **Widersprechenden oder Klagenden** eingegriffen werden. Nach **Abs. 2 S. 2** ist diesen Personen daher **mitzuteilen,** dass eine vorzeitige Inkraftsetzung erfolgt ist. Zwar tritt die Rechtswirkung nach § 72 unmittelbar mit der Bekanntmachung und nicht etwa erst mit Unanfechtbarkeit der Bekanntmachung ein. Die den Umlegungsplan Anfechtenden können jedoch im Grundbuch einen Widerspruch nach § 899 BGB eintragen lassen. Damit können sie sich gegen den gutgläubigen Erwerb des behaupteten Rechts durch Dritte und damit gegen 11

§ 72 I. Kapitel. IV. Teil. Bodenordnung

den Untergang ihres Rechts schützen. Wird dem Widerspruch oder dem Antrag auf gerichtliche Entscheidung gegen die Bekanntmachung (→ Rn. 2) stattgegeben, ist der Umlegungsplan ganz oder teilweise nach § 48 VwVfG zurückzunehmen oder er wird vom Gericht nach § 226 Abs. 2 S. 2 aufgehoben.

§ 72 Wirkungen der Bekanntmachung

(1) ¹**Mit der Bekanntmachung nach § 71 wird der bisherige Rechtszustand durch den in dem Umlegungsplan vorgesehenen neuen Rechtszustand ersetzt.** ²**Die Bekanntmachung schließt die Einweisung der neuen Eigentümer in den Besitz der zugeteilten Grundstücke ein.**

(2) ¹**Die Gemeinde hat den Umlegungsplan zu vollziehen, sobald seine Unanfechtbarkeit nach § 71 bekannt gemacht worden ist.** ²**Sie hat den Beteiligten die neuen Besitz- und Nutzungsrechte, erforderlichenfalls mit den Mitteln des Verwaltungszwangs, zu verschaffen.**

Übersicht

	Rn.
1. Eintritt des neuen Rechtszustands (Abs. 1 S. 1)	1
a) Zeitpunkt	1
b) Eigentumsübergang kraft Gesetzes	2
c) Sonstige Rechte	3
d) Widmung und Entwidmung örtlicher Verkehrsflächen	4
2. Besitzeinweisung (Abs. 1 S. 2)	6
3. Vollzug des Umlegungsplans (Abs. 2)	8
a) Privatrechtliche Ansprüche	8
b) Aufgabe der Gemeinde	9
c) Mittel und Gegenstand der Vollstreckung	10
d) Rechtsschutz	12

1 **1. Eintritt des neuen Rechtszustands (Abs. 1 S. 1). a) Zeitpunkt.** Die Ersetzung des bisherigen Rechtszustands durch den neuen Rechtszustand tritt nicht mit der Bekanntgabe des Umlegungsplans an die einzelnen Beteiligten, sondern mit der **Bekanntmachung der Unanfechtbarkeit des Umlegungsplans** ein (*Grziwotz* in SU § 72 Rn. 3; → auch § 71 Rn. 1). Dies gilt sowohl für die Fälle des § 71 Abs. 1, in denen der gesamte Umlegungsplan in Kraft tritt, als auch für die Fälle des § 71 Abs. 2, nach dem bekannt gemacht wird, dass räumliche oder sachliche Teile des Umlegungsplans in Kraft gesetzt werden. Nach § 71 wird nicht der Umlegungsplan selbst ortsüblich bekannt gemacht, sondern lediglich der Zeitpunkt, in dem der Umlegungsplan unanfechtbar geworden ist. § 41 VwVfG, der als öffentliche Bekanntgabe eines schriftlichen Verwaltungsakts dessen ortsübliche Bekanntmachung vorsieht, ist hier also nicht anzuwenden. Die Rechtsänderung tritt **am Tage der Bekanntmachung**, nicht, wie aus § 41 Abs. 4 S. 3 VwVfG geschlossen werden könnte, zwei Wochen nach der Bekanntmachung ein. Dies entspricht auch dem Wortlaut des **Abs. 1 S. 1**. Die Rechtsbehelfsfrist gegen den Verwaltungsakt der Bekanntmachung der Unanfechtbarkeit selbst beginnt dagegen erst am Tag nach der Bekanntmachung zu laufen. Hierfür gilt die allgemeine Regelung des § 187 Abs. 1 BGB. Im Übrigen aber wird durch die Bekanntmachung für die Rechtsänderung keine Frist in Gang gesetzt, sodass die Wirkung mit dem Tag der Bekanntmachung eintritt.

2 **b) Eigentumsübergang kraft Gesetzes.** Der Eintritt des neuen Rechtszustands ist nicht von einer vorherigen Eintragung im Grundbuch abhängig. Der Rechtsübergang erfolgt vielmehr **unmittelbar** durch die Bekanntmachung der Unanfechtbarkeit des Umlegungsplans nach § 71 **außerhalb des Grundbuchs**. Hierdurch wird

das Grundbuch, das noch den alten Rechtszustand wiedergibt, unrichtig und ist zu berichtigen (→ § 74). Es ist u. a. eine Funktion des Umlegungsvermerks, auf diese mögliche Unrichtigkeit des Grundbuchs hinzuweisen; ein Gutglaubensschutz findet insoweit nicht statt. Während bei der Umlegung infolge des Surrogationsprinzips (→ § 63 Rn. 1) das Eigentum unverändert fortbesteht und lediglich ein Wechsel im Objekt des Eigentums eintritt, findet bei der Enteignung ein originärer Rechtserwerb statt. Obwohl § 117 Abs. 5 S. 1 im Wortlaut dem Abs. 1 S. 1 entspricht, wird hierdurch der unterschiedliche Charakter der Enteignung als Eigentumsentzug und -neubegründung und der Umlegung als bestandserhaltendem Grundstückstauschverfahren deutlich (vgl. auch BGH Urt. v. 16.11.2007 – V ZR 214/06, NVwZ 2008, 591; *Otte* in EZBK § 72 Rn. 5; *ders.* ZfBR 2010, 117 (118)).

c) Sonstige Rechte. Aufrechterhaltene **Rechte an Altgrundstücken** gehen mit Bekanntmachung der Unanfechtbarkeit des Umlegungsplans auf die neuen Grundstücke über (→ § 63 Rn. 3f.). Sonstige neubegründete dingliche oder persönliche Rechte entstehen erst in diesem Zeitpunkt, **Geldleistungen** werden in diesem Moment fällig (§ 64 Abs. 2 S. 1). 3

d) Widmung und Entwidmung örtlicher Verkehrsflächen. Die **alten örtlichen Verkehrsflächen** werden mit der Bekanntmachung der Unanfechtbarkeit des Umlegungsplans eingezogen. Wird ihnen tatsächlich der Verkehr entzogen, gelten sie in der Regel als entwidmet. Unmittelbar kommt diese Wirkung dem Umlegungsplan und der Bekanntmachung seiner Unanfechtbarkeit jedoch nur zu, wenn das einschlägige Landesstraßenrecht dies vorsieht (→ § 68 Rn. 12; s. hierzu auch die Übersicht bei *Grziwotz* in SU § 72 Rn. 1ff.). Ansonsten bedarf es zumindest noch einer Bekanntmachung der Einziehung nach Maßgabe des Landesstraßenrechts. 4

Dasselbe gilt für die **Widmung öffentlicher Verkehrsflächen.** Werden sie im Umlegungsplan unanfechtbar angeordnet, so gilt die Straße mit der Verkehrsübergabe als gewidmet. Die Widmung ist ggf. nach Maßgabe des Landesrechts noch öffentlich bekannt zu machen. 5

2. Besitzeinweisung (Abs. 1 S. 2). Ebenso wie das Eigentum geht nach **Abs. 1 S. 2** auch der **Besitz** mit Bekanntmachung der Unanfechtbarkeit des Umlegungsplans auf die neuen Berechtigten über. Neu ist der Eigentümer allerdings nur im Hinblick auf das konkrete Besitzobjekt, nicht aber – infolge der dinglichen Surrogation – in der Eigentümerstellung. Eine **Übergabe** im Sinne des § 854 BGB ist **nicht erforderlich**. Mit der Bekanntmachung der Unanfechtbarkeit des Umlegungsplans kann der neue Eigentümer die **Besitzschutzansprüche** nach den §§ 858 bis 862 BGB geltend machen. 6

Die Wirkung der Besitzeinweisung tritt hinsichtlich des Grundstücks einschließlich seiner Bestandteile und etwaigen Zubehörs ein. Allerdings sind eventuell abweichende Besitzrechte zu berücksichtigen (vgl. auch Abs. 2 S. 2; (*Köster* in Schrödter § 72 Rn. 4). 7

3. Vollzug des Umlegungsplans (Abs. 2). a) Privatrechtliche Ansprüche. Die rechtlichen Änderungen treten durch die Bekanntmachung der Unanfechtbarkeit des Umlegungsplans unmittelbar ein. Insoweit bedarf es keines Vollzugs. Die neuen Rechtsverhältnisse werden mit Bekanntmachung der Unanfechtbarkeit des Umlegungsplans grundsätzlich wieder **in das Privatrecht entlassen** und unterliegen der alleinigen Verfügungsbefugnis der Rechtsinhaber. Ihnen stehen daher auch die zivilrechtlichen Besitz- oder Eigentumsschutzansprüche oder entsprechende Verschaffungsansprüche zur Verfügung. 8

b) Aufgabe der Gemeinde. Abs. 2 S. 1 bestimmt jedoch, dass die Beteiligten auf diese privatrechtlichen Möglichkeiten nicht beschränkt sind. Er räumt den Beteiligten vielmehr einen **Anspruch** darauf ein, dass der Umlegungsplan hoheitlich **voll-** 9

§ 73

I. Kapitel. IV. Teil. Bodenordnung

zogen wird. Dies kann es zB erfordern, den neuen Eigentümern den tatsächlichen Besitz an ihrem Grundstück zu verschaffen, Gebäude abzubrechen oder bei aufgehobenen Mietverhältnissen die gemietete Wohnung zu räumen. Dieser Vollzug obliegt nicht mehr der Umlegungsstelle, also zB dem Umlegungsausschuss, sondern der **Gemeinde** selbst.

10 c) **Mittel und Gegenstand der Vollstreckung.** Vollstreckungsmaßnahmen, wie sie beim Vollzug des Umlegungsplans notwendig werden können, sind eigenständige Eingriffe in die grundrechtlich geschützte Rechtsstellung der Betroffenen. Sie bedürfen daher einer **gesetzlichen Ermächtigungsgrundlage**. Eine solche enthält hinsichtlich des **„Ob"** der Verwaltungsvollstreckung **Abs. 2 S. 2**. Hinsichtlich des **„Wie"** der Verwaltungsvollstreckung sind die **Verwaltungsvollstreckungsgesetze der Länder** zugrunde zu legen. Diese ergänzen die Ermächtigung des Abs. 2 S. 2 in Bezug auf Inhalt, Art und Umfang der jeweils anwendbaren Zwangsmittel (s. hierzu *Sadler* VwVG/VwZG, 9. Aufl. 2014, VwVG, Einl. Rn. 4).

11 Die Vollzugspflicht bezieht sich jedoch nur auf die **besitzbezogenen Festsetzungen** des Umlegungsplans. **Nicht** zum Vollzug im Sinne des Abs. 2 gehört daher die **Herstellung der Erschließungsanlagen**. Die Verpflichtung der Gemeinde beschränkt sich hiernach lediglich darauf, die alten Verkehrsflächen, die nunmehr einer neuen Nutzung zugeführt werden sollen, dem Verkehr zu entziehen. Unabhängig hiervon begründet die Durchführung einer Umlegung in der Regel die Verpflichtung der Gemeinde, alsbald die Erschließungsanlagen herzustellen (→ § 45 Rn. 13 sowie § 123 Rn. 5). Ebenfalls nicht erfasst von Abs. 2 werden die **Geldleistungen;** für diese ist § 64 maßgeblich.

12 d) **Rechtsschutz. Rechtsschutz** gegen Vollstreckungsanordnungen wird normalerweise vor den Verwaltungsgerichten gewährt. Da hier die Vollstreckung jedoch in einem unmittelbaren Zusammenhang mit der Umlegung steht, ist wegen des inneren Zusammenhangs mit der Umlegung **Antrag auf gerichtliche Entscheidung nach § 217**, gegebenenfalls nach vorherigem **Widerspruch** (→ § 212), zu stellen.

§ 73 Änderung des Umlegungsplans

Die Umlegungsstelle kann den Umlegungsplan auch nach Eintritt der Unanfechtbarkeit ändern, wenn
1. **der Bebauungsplan geändert wird,**
2. **eine rechtskräftige Entscheidung eines Gerichts die Änderung notwendig macht oder**
3. **die Beteiligten mit der Änderung einverstanden sind.**

Übersicht

	Rn.
1. Voraussetzungen	1
a) Zeitraum	2
b) Änderung des Bebauungsplans (Nr. 1)	5
c) Gerichtliche Entscheidung (Nr. 2)	7
d) Einverständnis der Beteiligten (Nr. 3)	8
2. Verfahren	10
a) Ermessen	10
b) Vereinfachung	12

1 1. **Voraussetzungen.** Verwaltungsakte erwachsen grundsätzlich, anders als Gerichtsurteile, nicht in Rechtskraft, sondern lediglich in Bestandskraft. Dies bedeutet, dass ein Verwaltungsakt zwar unanfechtbar sein, trotzdem aber geändert werden

1. Abschnitt. Umlegung **§ 73**

kann. Die grundsätzlich hierfür zur Verfügung stehenden Möglichkeiten nach den §§ 48 bis 51 VwVfG (Rücknahme, Widerruf, Wiederaufgreifen des Verfahrens) sind jedoch auf den Umlegungsplan wegen seiner besonderen komplexen Struktur und seiner privatrechtsgestaltenden Wirkung grundsätzlich nicht anwendbar. Der Umlegungsplan kann entweder durch die erneute Durchführung einer Umlegung nach den §§ 45 ff. oder aber durch eine **vereinfachte Änderung** unter den besonderen Voraussetzungen des § 73 geändert werden (vgl. BVerwG Urt. v. 22.3.1990 – 4 C 24/86, BVerwGE 85, 96).

a) **Zeitraum.** Der **Zeitraum,** innerhalb dessen eine vereinfachte Änderung des 2 Umlegungsplans zulässig ist, beginnt mit dem **Eintritt der Unanfechtbarkeit des Umlegungsplans.** § 73 greift hiermit die Formulierung in § 71 Abs. 1 S. 2 auf. Der frühestmögliche Zeitpunkt für die Einleitung eines vereinfachten Verfahrens zur Änderung des Umlegungsplans ist daher der Eintritt der Unanfechtbarkeit des Umlegungsplans **insgesamt, nicht** der **Eintritt individueller Unanfechtbarkeit** (wie hier wohl *Stich* in BK § 73 Rn. 1). Auch kommt es hier – wie bei § 71 Abs. 2 – nicht auf die Bekanntmachung der Unanfechtbarkeit an, sondern nur auf deren Eintritt. Gleichzustellen ist dem Eintritt der Unanfechtbarkeit des gesamten Umlegungsplans die **teilweise Inkraftsetzung** nach § 71 Abs. 2. **Vor diesem Zeitpunkt** sind Änderungen des Umlegungsplans nach **§ 70 Abs. 2** möglich (→ § 70 Rn. 8).

Dies gilt auch im Falle einer **Vorwegregelung** nach § 76: Ist ihre Unanfechtbar- 3 keit noch nicht eingetreten, kann eine Änderung nach § 70 Abs. 2 durchgeführt werden. Ist die Vorabregelung unanfechtbar geworden, kann auch sie nach § 73 geändert werden (BGH Urt. v. 10.11.1988 – III ZR 63/87, BGHZ 105, 386). Die einseitige Änderung einzelner Vorabregelung nach § 76 kommt wegen des Erfordernisses einer einverständlichen Regelung, das auch für eine Änderung gelten muss, zumindest im praktischen Ergebnis (→ § 76 Rn. 10 ff.) nicht in Betracht. Für eine einverständliche Änderung bedarf es einer Anwendung des § 73 nicht, da es den Beteiligten unbenommen ist, durch eine neue Vorwegregelung nach § 76 etwa einem geänderten Bebauungsplan gerecht zu werden. Bedeutung kommt der Anwendbarkeit des § 73 im Rahmen des § 76 aber vor allem dann zu, wenn sich mehrere Vorwegregelungen zu einem geschlossenen Regelungsgeflecht wie bei einem Umlegungsplan zusammengefügt haben und eine einverständliche Regelung nicht zu erreichen ist.

Ein **zeitlicher Endpunkt** für die Möglichkeit einer vereinfachten Änderung nach 4 § 73 ist dem Gesetz nicht zu entnehmen. Hier kann jedoch ein Rechtsvergleich zum Flurbereinigungsgesetz weiterhelfen. Dieses sieht in seinem § 64 eine dem § 73 vergleichbare Regelung für eine vereinfachte Änderung des Flurbereinigungsplans vor. Die Befugnis zu diesem vereinfachten Verfahren endet mit der Schlussfeststellung nach § 149 FlurbG. Die Schlussfeststellung ist zu erlassen, wenn die Ausführung nach dem Flurbereinigungsplan bewirkt ist und den Beteiligten keine Ansprüche mehr zustehen, die im Flurbereinigungsverfahren hätten berücksichtigt werden müssen. Übertragen auf die Umlegung bedeutet dies, dass in dem Augenblick, in dem der **Umlegungsplan** nach § 72 **vollständig vollzogen** ist, für ein Verfahren nach § 73 kein Raum mehr ist. Erscheinen danach noch Änderungen sinnvoll oder notwendig, müssen die Beteiligten privatrechtliche Regelungen anstreben, oder aber ist ein erneutes Umlegungsverfahren nach den §§ 45 ff. durchzuführen (ebenso *Grziwotz* in SU § 73 Rn. 4; aA *Dieterich* Rn. 401; *Köster* in Schrödter § 73 Rn. 2, der bei nur partiellen Änderungen eine vereinfachte Änderung des Umlegungsplans weiterhin für möglich hält). Dies entspricht auch der Funktion des Umlegungsverfahrens, nach seinem Abschluss die betroffenen Rechtsverhältnisse wieder in das Privatrecht zu entlassen (→ § 72 Rn. 8).

b) **Änderung des Bebauungsplans (Nr. 1).** § 73 sieht drei alternative Voraus- 5 setzungen für die Zulässigkeit einer vereinfachten Änderung des Umlegungsplans vor. Nach der ersten Alternative in **Nr. 1** kann das vereinfachte Verfahren durchge-

führt werden, wenn der einer Umlegung zugrunde liegende **Bebauungsplan geändert** wird. Dabei kommt es weder auf das Verfahren, in dem der Bebauungsplan geändert wurde, noch auf die Art der Änderung des Bebauungsplans, sondern lediglich auf die **umlegungsrechtliche Relevanz** dieser Änderung an. So kann eine Straßenverbreiterung oder Verengung eine Änderung des Umlegungsplans erfordern, eine tiefgreifende Änderung von Art und Maß der baulichen Nutzung uU jedoch nicht, wenn hierdurch die Sollzuteilung keine Änderung erfährt. Dasselbe gilt, wenn die Gemeinde ihre Planungsabsicht aufgibt und ein Bebauungsplan durch die Gemeinde aufgehoben wird; § 73 ist dann entsprechend anzuwenden (BVerwG Urt. v. 22.3.1990 – 4 C 24/86, BVerwGE 85, 96). Einer entsprechenden Anwendung des § 73 bedarf es auch, wenn der dem Umlegungsplan zugrunde liegende **Bebauungsplan für unwirksam erklärt** wird und die neugeordneten Grundstücke nicht, etwa nach § 34, dem Umlegungszweck entsprechend nutzbar sind (BVerwG Urt. v. 17.12.1992 – 4 NB 25/90, ZfBR 1993, 200 f. – in diesem Fall sogar ein Rechtsanspruch auf Änderung).

6 Anders als nach § 47 Abs. 2 S. 1 ist jedoch das **Inkrafttreten des (neuen) Bebauungsplans Voraussetzung** für die Änderung nach § 73. Die Vereinfachung liegt bei dem Verfahren nach § 73 also nicht in der Möglichkeit einer vorherigen Einleitung des Umlegungsverfahrens nach § 47 Abs. 2 S. 1, sondern in der Verkürzung des durchzuführenden Verfahrens (→ noch Rn. 12 ff.). Hierfür aber ist von einem rechtsverbindlichen Bebauungsplan auszugehen (vgl. auch *Otte* in EZBK § 73 Rn. 7).

7 **c) Gerichtliche Entscheidung (Nr. 2).** Ein vereinfachtes Verfahren kann nach **Nr. 2** auch durchgeführt werden, wenn eine **gerichtliche Entscheidung** die Änderung des Umlegungsplans erfordert. Dabei kann es sich nicht um eine Entscheidung handeln, die auf die Anfechtung einzelner Festsetzungen des Umlegungsplans hin ergangen ist (BGH Urt. v. 20.11.1980 – III ZR 35/79, DVBl. 1981, 395 (397)). Denn diese würde den Eintritt der Unanfechtbarkeit des Umlegungsplans entweder ganz oder im Hinblick auf die in Streit befindliche Festsetzung hindern. Damit aber wäre die Grundvoraussetzung für das vereinfachte Verfahren nach § 73, nämlich der Eintritt der Unanfechtbarkeit des Umlegungsplans, nicht erfüllt (*Otte* in EZBK § 73 Rn. 9; → auch § 70 Rn. 9). Auch die Rechtsprechung des Bundesverwaltungsgerichts zur erschließungsbeitragspflichtigen Zuteilung (§ 57 Rn. 19 ff.) erfüllt nicht die Voraussetzungen der Nr. 2 (BGH Urt. v. 10.11.1988 – III ZR 63/87, BGHZ 105, 386 Rn. 27). Eine Entscheidung im Sinne der Nr. 2 liegt zB vor, wenn die Umlegungsstelle einen falschen Rechtsinhaber berücksichtigt hat und der wahre Rechtsinhaber erst durch gerichtliches Urteil festgestellt wurde (BVerwG Urt. v. 28.1.1960 – I C 51/58, Rd L 1960, 190 (191)). In Betracht kommen also **hauptsächlich zivilgerichtliche Urteile**, die Rechtsverhältnisse zB an baulichen Anlagen anders klären, als die Umlegungsstelle sie bei ihrer Verteilungsentscheidung zugrunde gelegt hat. Weiter setzt Nr. 2 voraus, dass die **Änderung notwendig** ist. Diese Voraussetzung ist nur erfüllt, wenn die Beteiligten sich über die erforderlichen Änderungen nicht außerhalb des Umlegungsverfahrens einigen. Zwar stünden den Berechtigten in diesem Fall die Möglichkeiten der Privatrechtsordnung zur Herstellung eines gerichtlich erkannten Rechtszustands zu. Ähnlich wie beim Vollzug nach § 72 Abs. 2 sollen die Beteiligten jedoch nicht zwingend hierauf verwiesen werden. Dies gilt namentlich dann, wenn ansonsten die städtebaulich gewollte Nutzung verzögert würde und die Änderung insofern einen Beitrag zur Beschleunigung leisten kann.

8 **d) Einverständnis der Beteiligten (Nr. 3).** Nach **Nr. 3** ist eine vereinfachte Änderung des Umlegungsplans möglich, wenn die **Beteiligten mit der Änderung einverstanden** sind. Diese Voraussetzung ist in zweifacher Hinsicht **einschränkend auszulegen.** Zum einen kann das bloße Einverstandensein mit einer Änderung nicht zur Durchführung eines wenn auch vereinfachten (→ noch Rn. 12 ff.) Umlegungsverfahrens genügen. Hier sind die Beteiligten vielmehr auf die Möglichkeit vertrag-

1. Abschnitt. Umlegung §73

licher Regelungen angewiesen. Auch bei § 73 muss es letztlich darum gehen, den **Zweck der Umlegung** nach § 45 Abs. 1 zu verfolgen, also die Rechtsverhältnisse in dem Umlegungsgebiet so zu gestalten, dass eine Verwirklichung des Bebauungsplans oder einer nach § 34 zulässigen Nutzung ermöglicht und gefördert wird. Hier ist ein Vergleich mit § 64 FlurbG für die Auslegung hilfreich. Danach ist eine vereinfachte Änderung des Flurbereinigungsplans nur möglich, wenn öffentliche Interessen oder wichtige und nicht vorhersehbare wirtschaftliche Bedürfnisse der Beteiligten dies **erfordern**. Dies muss sinngemäß auch für die vereinfachte Änderung des Umlegungsplans nach Nr. 3 gelten. Bei der Umlegung besteht das **öffentliche Interesse** darin, den Zweck der Umlegung zu erreichen. **Wirtschaftliche Interessen der Beteiligten** können darin gesehen werden, dass ein Grundstück nicht ohne weiteres so zu nutzen ist, wie im Umlegungsplan vorausgesetzt, etwa wenn unvorhergesehene besondere Gründungsarbeiten oder eine Altlastenbeseitigung für eine bauliche Nutzung erforderlich werden (hierzu *Schriever* in Kohlhammer-Komm. § 73 Rn. 22). Solche Nutzungserschwernisse können Einfluss auf den Bodenwert und damit auf die zu erbringende Ausgleichsleistung haben.

Zum anderen ist Nr. 3 dahingehend einschränkend auszulegen, dass sich das Einverständnis **nur auf die Tatsache** der Änderung erstrecken muss, **nicht aber auch auf ihren Inhalt** (*Schriever* in Kohlhammer-Komm. § 73 Rn. 23; *Otte* in EZBK § 73 Rn. 11). Liegt die Änderung des Umlegungsplans im öffentlichen Interesse, kann die Durchführung der Änderung nicht an das Einverständnis der Beteiligten gebunden werden. Sie müssen lediglich mit der Verkürzung durch das Änderungsverfahren gemäß § 73 einverstanden sein. 9

2. Verfahren. a) Ermessen. Die Verwendung des Wortes „kann" in § 73 ist in erster Linie als **Ermächtigung** zur Durchführung eines vereinfachten Verfahrens zu verstehen. Daraus ergibt sich für die Entscheidung der Umlegungsstelle folgendes: Für die Frage, ob überhaupt eine Änderung des Umlegungsplans vorgenommen werden soll, ist dieselbe Überlegung maßgebend, wie sie nach § 45 Abs. 1 und § 46 Abs. 1 anzustellen ist. Erfordert die Verwirklichung des Umlegungszwecks die Änderung des Umlegungsplans, muss eine solche Änderung herbeigeführt werden (→ auch Rn. 5). Sie muss unterbleiben, wenn im Wege einer freiwilligen Einigung unter den Beteiligten die mit der Änderung des Umlegungsplans anzustrebende rechtliche oder tatsächliche Änderung erreicht wird. 10

Ob eine notwendige Änderung des Umlegungsplans dagegen im ordentlichen Verfahren nach den §§ 45 ff. oder im vereinfachten Verfahren nach § 73 durchgeführt wird, unterliegt dem **Ermessen** der Umlegungsstelle. Dabei wird in der Regel maßgeblich sein, ob die erforderliche Änderung die Grundlagen des Umlegungsplans, also zB die Entscheidung über den Verteilungsmaßstab, berührt oder ob nur punktuelle Regelungen betroffen sind. Ähnlich wie bei § 13 für die vereinfachte Änderung eines Bebauungsplans wird auch hier zu fordern sein, dass die „Grundzüge des Umlegungsplans" durch die vereinfachte Änderung nicht berührt werden. 11

b) Vereinfachung. Die **Vereinfachung des Verfahrens** liegt darin, dass nur der Umlegungsplan zu ändern, nicht aber das gesamte Umlegungsverfahren durchzuführen ist. Es sind daher lediglich die Verfahrensstadien noch einmal zu durchlaufen, die mit der Aufstellung des Umlegungsplans nach § 66 beginnen. Es kann also sogleich mit der Erörterung der vorgesehenen Änderungen mit den Beteiligten nach § 66 Abs. 1 hinsichtlich der Verteilung begonnen werden. Das weitere Verfahren folgt dann den für das ordentliche Verfahren geltenden Vorschriften. Während das Verfahren auf diese Weise **zeitlich verkürzt** wird, ist es dadurch **sachlich vereinfacht,** dass nur die von den geplanten Änderungen unmittelbar oder mittelbar betroffenen Festsetzungen des Umlegungsplans in das Verfahren einzubeziehen sind. 12

Sind im Umlegungsplan Schreibfehler, Rechenfehler oder ähnliche **offenbare Unrichtigkeiten** enthalten, also Unrichtigkeiten, die nicht auf einer falschen recht- 13

Reidt

§ 74 I. Kapitel. IV. Teil. Bodenordnung

lichen oder tatsächlichen Bewertung eines Umstands beruhen, können diese nach § 42 VwVfG unabhängig von den Voraussetzungen des § 73 berichtigt werden (hierzu *Schriever* in Kohlhammer-Komm. § 73 Rn. 12). Hat ein Beteiligter hieran ein berechtigtes Interesse, kann er eine entsprechende Berichtigung von der Umlegungsstelle verlangen.

14 Die zu § 51 VwVfG entwickelten Grundsätze über einen – allerdings auch nur ausnahmsweise eingeräumten – Anspruch auf Wiederaufgreifen des Verfahrens nach Erlass eines Verwaltungsakts sind beim Umlegungsplan nicht anwendbar (→ Rn. 1). Sie haben durch die Regelung in § 73 eine spezifische Ausprägung erhalten, die den besonderen Anforderungen des Umlegungsplans Rechnung trägt. Einen **Anspruch auf Änderung** nach § 73 werden Beteiligte daher in der Regel **nicht** geltend machen können (hierzu BVerwG Urt. v. 2.3.1990 – 4 C 24/86, BVerwGE 85, 96).

§ 74 Berichtigung der öffentlichen Bücher

(1) ¹**Die Umlegungsstelle übersendet dem Grundbuchamt und der für die Führung des Liegenschaftskatasters zuständigen Stelle eine beglaubigte Abschrift der Bekanntmachung nach § 71 sowie eine beglaubigte Ausfertigung des Umlegungsplans und ersucht diese, die Rechtsänderungen in das Grundbuch und in das Liegenschaftskataster einzutragen sowie den Umlegungsvermerk im Grundbuch zu löschen.** ²**Dies gilt auch für außerhalb des Umlegungsgebiets zugeteilte Grundstücke.**

(2) ¹**Bis zur Berichtigung des Liegenschaftskatasters dienen die Umlegungskarte und das Umlegungsverzeichnis als amtliches Verzeichnis der Grundstücke im Sinne des § 2 Abs. 2 der Grundbuchordnung, wenn die für die Führung des Liegenschaftskatasters zuständige Stelle auf diesen Urkunden bescheinigt hat, dass sie nach Form und Inhalt zur Übernahme in das Liegenschaftskataster geeignet sind.** ²**Diese Bescheinigung ist nicht erforderlich, wenn die Flurbereinigungsbehörde die Umlegungskarte und das Umlegungsverzeichnis gefertigt hat (§ 46 Abs. 2 Nr. 5 und Abs. 4).**

Übersicht

	Rn.
1. Grundbuch	1
a) Zeitpunkt des Ersuchens	2
b) Form und Unterlagen	3
c) Prüfung durch das Grundbuchamt	5
2. Liegenschaftskataster	6
a) Umlegungsplan als amtliches Grundstücksverzeichnis	7
b) Bescheinigung des Katasteramts	8
3. Sonstige öffentliche Bücher	9

1 **1. Grundbuch.** Konstitutive Wirkung für die Änderung des Rechtszustands im Umlegungsgebiet hat die Bekanntmachung der Unanfechtbarkeit des Umlegungsplans, nicht eine Eintragung im Grundbuch (→ § 72 Rn. 1). Durch diesen Rechtsübergang außerhalb des Grundbuchs ist daher das **Grundbuch** unrichtig geworden und muss **berichtigt** werden. Dasselbe gilt für andere öffentliche Bücher. Auch muss der **Umlegungsvermerk gelöscht** werden.

2 **a) Zeitpunkt des Ersuchens.** Die Berichtigung des Grundbuchs und die Löschung des Umlegungsvermerks erfolgen auf **Ersuchen der Umlegungsstelle** nach **Abs. 1 S. 1.** Das Grundbuchamt muss diesem Ersuchen nach § 38 GBO nachkommen. Einen **Zeitpunkt** für das Ersuchen bestimmt das Gesetz nicht. Um jedoch den Gutglaubensschutz des Grundbuchs nach § 892 BGB sobald wie möglich wiederher-

1. Abschnitt. Umlegung § 74

zustellen, ist die Umlegungsstelle verpflichtet, das Ersuchen **unverzüglich** nach Bekanntmachung der Unanfechtbarkeit des Umlegungsplans zu stellen.

b) Form und Unterlagen. Das Grundbuchamt muss dem Ersuchen nach § 38 **3** GBO nur nachkommen, wenn es in der **Form des § 29 S. 3 GBO** gestellt worden ist. Das Ersuchen ist daher zu unterschreiben und mit Siegel oder Stempel zu versehen. Beizufügen ist ihm eine beglaubigte Abschrift der Bekanntmachung nach § 71 sowie eine Ausfertigung des Umlegungsplans. Ist das Umlegungsverzeichnis bereits grundstücksweise angelegt worden (→ § 68 Rn. 16f.), kann das Grundbuchamt ohne große Probleme grundstücksweise die Berichtigungen vornehmen. Nach Möglichkeit sollte die Umlegungsstelle auch die bei ihr oft ohnehin vorhandenen **Hypotheken-, Grundschuld- oder Rentenschuldbriefe** dem Grundbuchamt mit dem Ersuchen übersenden. Zwar sind Grundpfandrechtsbriefe in § 74 nicht als notwendige Bestandteile des Ersuchens nach Abs. 1 S. 1 genannt, doch hält die Rechtsprechung die Vorlage aufgrund der Regelung in den **§§ 41, 42 GBO** für erforderlich (s. etwa OLG Düsseldorf Beschl. v. 12.5.1997 – 3 Wx 509/96, NJW-RR 1997, 1375).

Beizufügen ist ferner eine steuerliche **Unbedenklichkeitsbescheinigung** nach **4** § 22 GrEStG. Hierzu hat die Umlegungsstelle eine Abschrift des Umlegungsplans dem für die Bewertung der Grundstücke zuständigen Finanzamt zuzusenden und zu versichern, dass die Voraussetzungen für eine Grunderwerbsteuerbefreiung nach § 1 Abs. 1 Nr. 3 Buchstabe b GrEStG vorliegen.

c) Prüfung durch das Grundbuchamt. Das **Grundbuchamt** hat bei dem Er- **5** suchen lediglich zu **prüfen,** ob es von der dazu befugten Stelle, also der Umlegungsstelle, ergangen ist (→ s. auch § 51 Rn. 41 zu den Grenzen dieser Prüfung), ob die Formvoraussetzungen erfüllt sind und ob die notwendigen Unterlagen oder sonstigen Eintragungserfordernisse vorliegen (→ auch Rn. 3). Die Voraussetzungen der §§ 13 (Eintragungsantrag der Betroffenen oder Begünstigten) und 19 GBO (Eintragungsbewilligung der Betroffenen) brauchen nicht vorzuliegen. Sie werden durch das Ersuchen und den Umlegungsplan ersetzt. Erforderlich ist aber nach § 39 GBO die Voreintragung der Beteiligten, denen der Grund und Boden bei Einleitung der Umlegung gehört hat. **Nicht zu prüfen** hat das Grundbuchamt dagegen, ob die Voraussetzungen für die Umlegung vorgelegen haben, ob das Umlegungsverfahren korrekt durchgeführt worden ist oder sonstige Rechtmäßigkeitsvoraussetzungen des Umlegungsplans erfüllt sind (vgl. auch *Köster* in Schrödter § 74 Rn. 2). Ist jedoch der Umlegungsplan nichtig oder die Fehlerhaftigkeit dem Grundbuchamt sicher bekannt, darf das Grundbuchamt dem Ersuchen nicht Folge leisten, weil es nicht wesentlich zur Unrichtigkeit des Grundbuchs beitragen darf (OLG Hamm Beschl. v. 5.3.1996 – 15 W 480/95, BeckRS 1996, 21044; *Kern* ZfV 1976, 246f.; weitergehend *Grziwotz* in SU § 74 Rn. 3).

2. Liegenschaftskataster. Wie **Abs. 1 S. 1** klarstellt, hat die Umlegungsstelle **6** dieselben Unterlagen wie dem Grundbuchamt (→ Rn. 3) auch dem **Katasteramt** zu übersenden und dieses zu ersuchen, die eingetretenen Rechtsänderungen in das Liegenschaftskataster einzutragen.

a) Umlegungsplan als amtliches Grundstücksverzeichnis. Werden Grund- **7** stücksgrenzen bei dem Eigentumsübergang geändert, muss grundsätzlich vor der Eintragung ein beglaubigter Auszug aus dem amtlichen Verzeichnis vorgelegt werden (§ 2 Abs. 3 lit. a GBO). Danach könnte eine Grundbuchberichtigung erst erfolgen, nachdem zuvor das Liegenschaftskataster berichtigt worden ist. Um diese zeitliche Verzögerung zu vermeiden, bestimmt **Abs. 2 S. 1,** dass Umlegungskarte und Umlegungsverzeichnis als **amtliches Verzeichnis der Grundstücke** im Sinne des § 2 Abs. 2 GBO dienen. Das ist möglich, da nach § 66 Abs. 2 S. 2 der Umlegungsplan eine solche Form und einen solchen Inhalt aufweisen muss, dass er zur Übernahme in das Liegenschaftskataster geeignet ist.

Reidt

8 **b) Bescheinigung des Katasteramts.** Voraussetzung für das Verfahren nach Abs. 2 S. 1 ist, dass das **Katasteramt** die **Eignung** des Umlegungsplans zur Übernahme in das Liegenschaftskataster auf dem Plan selbst **bescheinigt** hat. Nach § 81 Abs. 1 FlurbG dient der Flurbereinigungsplan ebenfalls als amtliches Verzeichnis der Grundstücke im Sinne des § 2 Abs. 2 GBO. Hier ist eine entsprechende Bescheinigung des Katasteramts nicht erforderlich. Dementsprechend bestimmt **Abs. 2 S. 2**, dass diese Bescheinigung auch im Rahmen der Umlegung entbehrlich ist, wenn der Umlegungsplan nach § 46 Abs. 2 Nr. 5 oder nach § 46 Abs. 4 von der **Flurbereinigungsbehörde** erstellt wurde.

9 **3. Sonstige öffentliche Bücher.** Außer auf Grundbuch und Liegenschaftskataster kann sich die Umlegung auch noch auf andere öffentliche Bücher auswirken. Dies gilt insbesondere für das **Baulastenverzeichnis**, das **Wasserbuch** (§ 87 WHG) und die **Verzeichnisse über Naturschutzgebiete, Landschaftsschutzgebiete und Naturdenkmale.** Auch die für die Führung dieser Verzeichnisse zuständigen Stellen sollten unterrichtet werden (für Baulasten vgl. *Stich,* Baulasten in der Umlegung, Grenzregelung, Sanierung und städtebaulichen Entwicklung, 1996, 29 (77f.)).

§ 75 Einsichtnahme in den Umlegungsplan

Bis zur Berichtigung des Grundbuchs ist die Einsicht in den Umlegungsplan jedem gestattet, der ein berechtigtes Interesse darlegt.

1 Mit der Bekanntmachung der Unanfechtbarkeit des Umlegungsplans nach § 71 tritt der neue Rechtszustand in dem Umlegungsgebiet ein. Damit sind die Rechtsverhältnisse an einem Grundstück bis zur Berichtigung des Grundbuchs nach § 74 nicht aus dem Grundbuch, sondern nur aus dem Umlegungsplan zu ersehen. Da nach § 12 GBO jedermann, der ein berechtigtes Interesse darlegt, zur Einsicht in das Grundbuch berechtigt ist, bestimmt § 75, dass für die Zeit von der Bekanntmachung der Unanfechtbarkeit des Umlegungsplans bis zur Berichtigung des Grundbuchs in den Umlegungsplan unter denselben Voraussetzungen eingesehen werden kann, unter denen dies beim Grundbuch möglich wäre. Es kann danach also Einsicht nehmen, wer ein berechtigtes Interesse darlegt (zu diesem Begriff s. *Grziwotz* in SU § 74 Rn. 2ff.; → bereits § 53 Rn. 12).

2 Durch die Regelung in § 69 Abs. 2 und die danach vorgesehene **Bereithaltung** des Umlegungsplans zur Einsichtnahme unter denselben Voraussetzungen wie nach § 75 hat die Vorschrift einen eigenständigen Regelungsgehalt in erster Linie für die Vorwegregelung nach § 76, nach dessen S. 2 auch § 75 entsprechend anwendbar ist.

§ 76 Vorwegnahme der Entscheidung

¹**Mit Einverständnis der betroffenen Rechtsinhaber können die Eigentums- und Besitzverhältnisse für einzelne Grundstücke sowie andere Rechte nach den §§ 55 bis 62 geregelt werden, bevor der Umlegungsplan aufgestellt ist.** ²**Die §§ 70 bis 75 gelten entsprechend.**

Übersicht

	Rn.
1. Zweck	1
2. Gegenstand	3
3. Voraussetzungen	5
a) Zeitpunkt	5
b) Umfang	9

1. Abschnitt. Umlegung § 76

	Rn.
c) Einverständnis	10
4. Verfahren	13
a) Rechtsnatur und Rechtswirkungen	13
b) Zustandekommen und Bestand	18

1. Zweck. Umlegungsverfahren dauern in der Regel zwei bis drei Jahre; bei 1 schwierigeren Fallgestaltungen können sie auch erheblich länger dauern. Vielfach können jedoch einzelne Entscheidungen schon sehr viel früher getroffen werden, so zB wenn feststeht, dass ein Eigentümer wegen eines sehr kleinen Einwurfsgrundstücks kein neues Grundstück zugeteilt erhalten wird und er von vornherein mit einer Geldabfindung einverstanden ist. Dann kann es sehr zur Vereinfachung der Umlegung beitragen, wenn diese Entscheidung schon früh rechtsverbindlich getroffen wird und die Umlegungsstelle das betreffende Einwurfsgrundstück bei ihren Verteilungsüberlegungen berücksichtigen kann. Auch für die Betroffenen ist es oftmals kaum zumutbar, bis zum Abschluss des Umlegungsverfahrens auf eine Geldabfindung zu warten. Für diese und ähnliche Fälle sieht § 76 die Möglichkeit der Vorwegnahme der Entscheidung vor.

Die Vorwegentscheidung nach § 76 ist zu unterscheiden vom Teilumlegungsplan 2 nach § 66 Abs. 1 S. 2, der Teilinkraftsetzung des Umlegungsplans nach § 71 Abs. 2 und der vereinfachten Änderung des Umlegungsplans nach § 73. Der Unterschied liegt vor allem in dem Zeitraum begründet, in dem diese teilweisen oder vereinfachten Regelungen möglich sind, aber auch in dem Erfordernis des Einverständnisses der Beteiligten (→ Rn. 5f., 9).

2. Gegenstand. Gegenstand einer Vorwegentscheidung nach § 76 können 3 alle diejenigen Regelungen sein, die auch in einem **Umlegungsplan** getroffen werden könnten. Sowohl die Zuteilung von Flächen nach den §§ 56 bis 59 einschließlich der Regelung der Abfindung und des Ausgleichs für auf den Flächen befindliche bauliche Anlagen oder sonstige Einrichtungen nach § 60 als auch die Aufhebung, Änderung und Begründung von Rechten, die Teilung gemeinschaftlichen Eigentums oder die Regelung besonderer rechtlicher Verhältnisse nach den §§ 61 und 62 können von einer Vorabregelung umfasst sein.

S. 1 unterscheidet ausdrücklich zwischen Eigentums- und Besitzverhältnissen. 4 Dies bedeutet, dass die **Vorabregelung** hinsichtlich eines Grundstücks **nicht umfassend sein muss,** sondern sich zum Beispiel auf die Besitzverhältnisse beschränken kann. Es können dann damit dieselben Wirkungen erzielt werden wie mit der vorzeitigen Besitzeinweisung nach § 77 (*Schriever* in Kohlhammer-Komm. § 76 Rn. 32). Eine spätere Ergänzung durch erneute Vorabentscheidung oder durch den Umlegungsplan ist möglich (BVerwG Urt. v. 11.11.1970 – IV C 100/67, juris).

3. Voraussetzungen. a) Zeitpunkt. Eine Vorabregelung ist nur möglich, so- 5 lange der **Umlegungsplan noch nicht aufgestellt** ist. Dies gilt in seinem Geltungsbereich **auch** für den **Teilumlegungsplan** nach § 66 Abs. 1 S. 2. Aufgestellt ist der Umlegungsplan bereits vor der Zustellung des Umlegungsplans, erst recht vor Bekanntmachung der Unanfechtbarkeit nach § 71. Maßgebender Zeitpunkt ist vielmehr nach § 66 Abs. 1 die Entscheidung der Umlegungsstelle, dass nunmehr eine dem Umlegungszweck und den Interessen der Beteiligten entsprechende Lösung gefunden ist und der **Aufstellungsbeschluss** gefasst wird (*Grziwotz* in SU § 76 Rn. 5; *Schriever* in Kohlhammer-Komm. § 76 Rn. 11; aA *Köster* in Schrödter § 76 Rn. 5: Unanfechtbarkeit des Umlegungsplans; *Otte* in EZBK § 76 Rn. 2: Inkrafttreten des Umlegungsplans nach § 72).

Nach Aufstellung des Umlegungsplans ist für eine Vorabregelung nach § 76 kein 6 Raum mehr. Nach dem Wortlaut soll ab Aufstellung des Umlegungsplans keine Möglichkeit zu einzelnen Sonderregelungen mehr bestehen, sondern das Verfahren

bis zum Inkrafttreten des Umlegungsplans einheitlich durchgeführt werden. Wird der Umlegungsplan angefochten, wird der mögliche Gegenstand einer – einverständlichen – Vorabregelung hiervon nicht betroffen sein; es kann dann eine **Teilinkraftsetzung nach § 71 Abs. 2** erfolgen. Für eine Vorwegentscheidung nach Aufstellung des Umlegungsplans besteht daher auch kein Bedarf. Werden zwischen Aufstellungsbeschluss und Inkrafttreten des Umlegungsplans Änderungen erforderlich, ist das hierfür vorgesehene **Verfahren nach § 70 Abs. 2** durchzuführen. Ist der Umlegungsplan in Kraft getreten, können Änderungen nur noch unter den **Voraussetzungen des § 73** oder aber durch Einleitung eines neuen Umlegungsverfahrens vorgenommen werden; die §§ 48 bis 51 VwVfG sind nicht anwendbar (vgl. LG Essen Urt. v. 4.11.1988 – 39 O 2/88, NVwZ 1989, 798 f.; → auch § 73 Rn. 1). In dem vereinfachten Verfahren nach § 73 können auch durch Vorabregelung getroffene Entscheidungen geändert werden, da die Vorabentscheidungen Bestandteil des Umlegungsplans werden und damit dessen rechtliches und tatsächliches Schicksal teilen (→ noch Rn. 13).

7 Zu dem **frühestmöglichen Zeitpunkt,** eine Vorabregelung zu treffen, enthält das Gesetz dagegen keine Aussage. Da in der Vorabentscheidung jedoch Umlegungsregelungen getroffen werden, setzt die Vorabentscheidung voraus die **wirksame Einleitung eines Umlegungsverfahrens** voraus (BGH Urt. v. 10.7.1975 – III ZR 75/73, NJW 1975, 2195 (2196)).

8 Im Gesetz auch nicht ausdrücklich geregelt ist die Frage, ob Voraussetzung für eine Vorwegnahme der Entscheidung nach Umlegung im Geltungsbereich eines Bebauungsplans das Vorliegen eines rechtsverbindlichen **Bebauungsplans** ist. Die Vorabentscheidung nach § 76 wird Bestandteil des Umlegungsplans (→ Rn. 13), für dessen Inkrafttreten das Vorliegen eines rechtsverbindlichen Bebauungsplans erforderlich ist (vgl. § 54 Abs. 2 S. 2). Da die Vorabentscheidung aber gerade eine gegenüber dem Umlegungsplan vorzeitige Regelung ermöglichen soll, können für die eine Vorabregelung jedoch nicht dieselben Voraussetzungen hinsichtlich des Inkrafttretens des Bebauungsplans gelten wie für den Umlegungsplan selbst (*Otte* in EZBK § 76 Rn. 2). Gleichwohl kann in einer Vorabentscheidung nach § 76 nur dann eine endgültige Regelung getroffen werden, wenn sie **bei der Zuteilung eines Grundstücks** auf planungsrechtlich sicherer Grundlage beruht. Hierzu dürfte eine bloße Abstimmung mit der Bauleitplanung nicht genügen. Es ist vielmehr erforderlich, dass der zugrunde liegende Bebauungsplan hinsichtlich des zuzuteilenden Grundstücks **Planreife nach § 33** erreicht hat (so auch *Grziwotz* in SU § 76 Rn. 4; *Schriever* in Kohlhammer-Komm. § 76 Rn. 15; aA OLG Rostock Urt. v. 8.3.2001 – 1 U 155/99, NVwZ 2001, 1075 (1076); *Otte* in EZBK § 76 Rn. 2; *Köster* in Schrödter § 76 Rn. 6). Geht es dagegen lediglich um eine **Geldabfindung** oder um eine Zuteilung von Grundstücken außerhalb des Umlegungsgebiets nach § 59 Abs. 4 Nr. 2, ist der Stand der Bebauungsplanung im Umlegungsgebiet für die Vorabregelung ohne Bedeutung (vgl. *Schriever* in Kohlhammer-Komm. § 76 Rn. 13).

9 b) **Umfang.** Die Vorabregelung darf sich nach S. 1 nur auf **einzelne Grundstücke** beziehen. Dies ist nicht dahin zu verstehen, dass insgesamt nur wenige Grundstücke von Vorabregelungen erfasst werden dürfen. Hiermit soll vielmehr verdeutlicht werden, dass die Vorabregelung sich nicht wie der Umlegungsplan grundsätzlich auf das gesamte Umlegungsgebiet zu erstrecken hat, sondern nur in Ansehung einzelner Grundstücke ergehen kann. Eine Vorabregelung für ganze **Abschnitte** des Umlegungsgebiets **insgesamt** kann hiernach nicht getroffen werden. Hierfür ist die Rechtsfigur des **Teilumlegungsplans** nach § 66 Abs. 1 S. 2 vorgesehen, der von dem bei größeren Flächen uU schwer zu erreichenden Einverständnis der Rechtsinhaber unabhängig ist (aA *Köster* in Schrödter § 76 Rn. 5). Ob im Ergebnis durch eine Vielzahl von Vorabregelungen fast das ganze Umlegungsgebiet erfasst wird, ist dagegen unerheblich (vgl. auch *Otte* in EZBK § 76 Rn. 6a).

1. Abschnitt. Umlegung §76

c) Einverständnis. Wichtigste Voraussetzung für die Vorwegnahme der Ent- 10
scheidung nach §76 ist das **Einverständnis der hiervon Betroffenen.** Hier wird
der die Umlegung auch im Übrigen prägende Gedanke möglichst einverständlicher
Regelungen zur Verfahrensvoraussetzung. Ihr Einverständnis erklären müssen alle
diejenigen Inhaber von Rechten, die von der Vorabregelung unmittelbar oder mittelbar
betroffen sind. Dies sind also die Eigentümer des zuzuteilenden Grundstücks sowie
des Einwurfsgrundstücks, aus dessen Fläche das Zuteilungsgrundstück gebildet
wird, sowie die Inhaber dinglicher oder persönlicher Rechte an diesen Grundstücken.
Betroffene in diesem Sinne sind auch sonstige Beteiligte, wenn ihre Zuteilungs-
oder Abfindungsansprüche durch die Vorabregelung berührt werden. Macht zB ein
Eigentümer geltend, eine Zuteilung in gleichwertiger Lage sei für ihn nur in dem
von der Vorabregelung betroffenen Bereich möglich, wird die Umlegungsstelle auch
sein Einverständnis herbeiführen müssen, um die Vorabregelung durchführen zu können.
Nicht erforderlich ist es hingegen, dass andere Beteiligte, die von der Vorabregelung
nicht betroffen werden, ihr zustimmen.

Der Wortlaut des Gesetzes macht nicht deutlich, ob sich das Einverständnis lediglich 11
auf die **Tatsache der Vorabregelung oder** auch auf deren **Inhalt** erstrecken
muss (für die Beschränkung des Einverständnisses auf die Tatsache der Vorabregelung
Otte in EZBK §76 Rn. 3; für die Erstreckung des Einverständnisses auch auf den Inhalt
Schriever in Kohlhammer-Komm. §76 Rn. 22; *Köster* in Schrödter §76 Rn. 4;
Grziwotz in SU §76 Rn. 9; unentschieden BGH Urt. v. 7.10.1975 – III ZR 75/73,
NJW 1975, 2195 (2196)). Grundsätzlich bedarf die Rechtsänderung durch den Umlegungsplan
nicht des Einverständnisses der Beteiligten. Bei **rechtsformaler Betrachtung**
der Vorabregelung als Teil des Umlegungsplans wird man daher auch insoweit
ein Einverständnis der betroffenen Rechtsinhaber mit dem Inhalt der getroffenen
Regelung nicht verlangen können. Andererseits aber ist es gerade der **Sinn einer
Vorabregelung,** für bestimmte Teile des Umlegungsgebiets vorzeitig eine **endgültige**
Regelung zu treffen. Dies wird jedoch nur dann erreicht werden können, wenn
die Betroffenen auch mit dem Inhalt der Regelung einverstanden sind. Andernfalls
drohen hier Rechtsstreitigkeiten, die den Zweck der Vorabregelung zunichte machen
können. Im Übrigen dürften Beteiligte zumeist nicht ihr Einverständnis zur Vorabregelung
erklären, wenn sie mit der beabsichtigten Regelung inhaltlich nicht einverstanden
sind.

Zweckmäßig erscheint es daher, hinsichtlich des Einverständnisses zu **unter-** 12
scheiden: Rechtlich genügt es, wenn die Beteiligten mit der Vorabregelung als solcher
einverstanden sind. **Verwaltungspraktisch** sollte hingegen in aller Regel das
Einvernehmen der Betroffenen auch mit dem Inhalt der getroffenen Regelung herbeigeführt
werden, um den Beschleunigungszweck der Vorabentscheidung erreichen zu
können. Widersprechen lediglich Nebenberechtigte der beabsichtigten Regelung, zB
hinsichtlich der Aufhebung einer Hypothek (so der Fall des BGH Urt. v. 7.10.1975 –
III ZR 75/73, NJW 1975, 2195f.), kann die Umlegungsstelle sich über deren inhaltliche
Bedenken hinwegsetzen. Hierauf gegründete Rechtsstreitigkeiten berühren das
weitere Umlegungsverfahren nicht.

4. Verfahren. a) Rechtsnatur und Rechtswirkungen. Die Vorwegentschei- 13
dung nach §76 dient nicht der Vorbereitung von Regelungen im Umlegungsplan,
sondern regelt, wie aus S. 1 hervorgeht, die Eigentums- und Besitzverhältnisse oder
sonstigen Rechte selbst. Mit ihr wird daher ein **endgültiger Rechtszustand** geschaffen
(BVerwG Urt. v. 11.11.1970 – IV C 100/67, juris). Die Vorabregelung
wird daher bei dessen Inkrafttreten **Bestandteil des Umlegungsplans** und teilt
dann sein rechtliches Schicksal.

Die Vorabentscheidung ist ein **Verwaltungsakt,** der mit den normalen Rechtsbe- 14
helfen im Rahmen des Umlegungsverfahrens, d. h. mit Widerspruch nach §212 und
Antrag auf gerichtliche Entscheidung nach §217, angefochten werden kann. Soweit

Beteiligte ihr Einverständnis mit der Regelung erklärt haben, wird es ihnen allerdings für einen Rechtsbehelf regelmäßig am notwendigen Rechtsschutzbedürfnis fehlen.

15 Die Vorabregelung ist **wie der Umlegungsplan** zu behandeln mit der Ausnahme, dass eine Bekanntmachung nach § 69 Abs. 1 und ein Bereithalten zur Einsichtnahme nicht erforderlich sind. Jedoch ist die Vorabregelung den an ihr Beteiligten nach § 70 zuzustellen; der Eintritt der Unanfechtbarkeit ist nach § 71 bekannt zu machen. Nach § 72 **tritt mit Bekanntmachung der Unanfechtbarkeit der Vorabregelung der neue Rechtszustand unmittelbar ein.** Dies ergibt sich aus dem Charakter der Vorabregelung als Teil des Umlegungsplans und aus dem Erfordernis der öffentlichen Bekanntmachung der Unanfechtbarkeit, die andernfalls keinen Sinn ergeben würde.

16 Ebenfalls anzuwenden sind die §§ 74 und 75; es sind also die öffentlichen Bücher zu **berichtigen** und es kann bis zu diesem Zeitpunkt in die Vorabregelung **Einsicht** genommen werden (→ zur Möglichkeit der **vereinfachten Änderung** einer Vorwegregelung § 73 Rn. 3).

17 **Folgt** der Vorwegentscheidung **kein Umlegungsplan** nach, bleibt die getroffene Regelung ein Torso. Da die Vorabregelung nur ergehen kann, wenn das Umlegungsverfahren eingeleitet worden ist (→ Rn. 7), kann der Fall nur eintreten, wenn sich die Umlegung später als undurchführbar oder nicht mehr erforderlich erweist. Die **Erforderlichkeit** der Umlegung kann nur **entfallen,** wenn sich die Beteiligten über eine zweckmäßige Gestaltung der Grundstücke und Rechte im Umlegungsgebiet geeinigt haben. Dies bedeutet aber, dass auch die in der Vorabregelung enthaltenen Entscheidungen in diese Einigung Eingang gefunden haben. Durch die Einbeziehung des § 55 ist es auch möglich, dass durch eine **Vielzahl von Vorwegregelungen** ein abschließender einheitlicher Umlegungsplan entbehrlich wird (zu Bedenken gegen diese Praxis vgl. *Otte* in EZBK § 76 Rn. 6a). Hat sich die Umlegung dagegen als **undurchführbar** erwiesen und ist der Umlegungsbeschluss **aufgehoben** worden (→ § 45 Rn. 13), ist zu **unterscheiden:** Ist die **Vorabregelung unanfechtbar** geworden, hat sie bereits Bestandskraft erlangt. Zwar mangelt es ihr nunmehr an der Rechtsgrundlage der wirksamen Einleitung der Umlegung, doch führt dies nicht zur Nichtigkeit der Regelung, da der Fehler weder besonders schwerwiegend noch offenkundig im Sinne des § 44 Abs. 1 VwVfG ist. Die in der Vorabregelung vorgesehenen Rechtsänderungen sind mit der Bekanntmachung der Unanfechtbarkeit eingetreten (→ Rn. 15). Sie bleiben daher wirksam, sofern sich die Beteiligten nicht über eine Änderung der Regelung einigen. Ist die Vorabregelung **noch nicht unanfechtbar,** kann sie wegen der Undurchführbarkeit der Umlegung und einem dementsprechenden „Wegfall der Geschäftsgrundlage" für die erklärte Zustimmung (vgl. *Otte* in EZBK § 76 Rn. 6) angefochten werden. Da die Regelung des Einverständnisses aller betroffenen Rechtsinhaber bedarf, kann in diesem gemeinsamen Einverständnis im Einzelfall auch eine vertragliche Regelung gesehen werden, die dann von einem Umlegungsplan ohnehin unabhängig wäre. Dies wird aber nur möglich sein, wenn durch das Entfallen der Umlegung und damit u. U. auch der Erschließung nicht das wirtschaftliche Interesse der Beteiligten an der Vorwegregelung entfallen ist.

18 **b) Zustandekommen und Bestand.** Regelungen über das **Zustandekommen** der Vorabentscheidung enthält das Gesetz nicht. Daher kann eine solche Regelung sowohl auf **Betreiben der Umlegungsstelle** als auch auf **Antrag von Beteiligten** erfolgen. Ein **Anspruch** auf Vorabentscheidung besteht jedoch **nicht,** da die Umlegungsstelle nach ihrem Ermessen zu beurteilen hat, ob hiermit dem Zweck der Umlegung entsprochen werden kann. Sind aber alle betroffenen Beteiligten über eine bestimmte Vorabregelung einig, wird die Umlegungsstelle in aller Regel eine entsprechende Entscheidung treffen müssen, wenn hierdurch im Übrigen die Umlegung nicht erschwert wird. Die Umlegungsstelle wird zudem ohnehin soweit wie möglich Entscheidungen vorwegnehmen wollen, um bereits früh einen endgültigen Rechtszustand im Umlegungsgebiet und damit die Voraussetzungen für die Verwirk-

1. Abschnitt. Umlegung § 77

lichung des Bebauungsplans zu schaffen. Auch die Beteiligten werden vielfach eine Vorabentscheidung anstreben. Denn mit der Bekanntmachung der Unanfechtbarkeit der Vorwegentscheidung nach § 71 tritt für die betroffenen Grundstücke auch die Verfügungs- und Veränderungssperre nach § 51 außer Kraft.

Katastertechnisch führt eine Vorabregelung, soweit sie die Zuteilung eines 19 Grundstücks umfasst, zu einer Doppelbuchung der betroffenen Fläche, einmal hinsichtlich des Altgrundstücks und ein weiteres Mal hinsichtlich des neu zugeteilten Grundstücks (hierzu ausführlich *Otte* in EZBK § 76 Rn. 10; *Schriever* in Kohlhammer-Komm. § 76 Rn. 35 ff.). Praktische Schwierigkeiten ergeben sich daraus nicht, da Veränderungen oder Verfügungen in Bezug auf das Altgrundstück der Verfügungs- und Veränderungssperre nach § 51 unterliegen, entsprechende Maßnahmen hinsichtlich des Neugrundstücks dagegen nicht.

§ 77 Vorzeitige Besitzeinweisung

(1) **Sofern die Umlegung im Geltungsbereich eines Bebauungsplans durchgeführt wird, kann die Umlegungsstelle nach dem Inkrafttreten des Bebauungsplans, wenn das Wohl der Allgemeinheit es erfordert,**
1. **vor Aufstellung des Umlegungsplans die Gemeinde oder den sonstigen Bedarfs- oder Erschließungsträger in den Besitz der Grundstücke, die in dem Bebauungsplan als Flächen im Sinne des § 9 Abs. 1 Nr. 21 oder des § 55 Abs. 2 und 5 festgesetzt sind, einweisen;**
2. **nach Aufstellung des Umlegungsplans und Übertragung der Grenzen der neuen Grundstücke in die Örtlichkeit auch sonstige am Umlegungsverfahren Beteiligte in den Besitz der nach dem Umlegungsplan für sie vorgesehenen Grundstücke oder Nutzungsrechte einweisen.**

(2) **Das Wohl der Allgemeinheit kann die vorzeitige Einweisung in den Besitz insbesondere erfordern**
1. **in den Fällen des Absatzes 1 Nr. 1 zugunsten der Gemeinde oder eines sonstigen Bedarfs- oder Erschließungsträgers, wenn Maßnahmen zur Verwirklichung des Bebauungsplans bevorstehen und die Flächen für die vorgesehenen Anlagen und Einrichtungen der Erschließung oder Versorgung des Gebiets benötigt werden,**
2. **in den Fällen des Absatzes 1 Nr. 2 zugunsten sonstiger Umlegungsbeteiligter, wenn dringende städtebauliche Gründe für die Verschaffung des Besitzes bestehen und wenn diese Gründe die Interessen der Betroffenen an der weiteren Ausübung des Besitzes wesentlich überwiegen.**

(3) **Die §§ 116 und 122 gelten entsprechend.**

Übersicht

	Rn.
I. Zweck	1
II. Voraussetzungen	2
1. Bebauungsplan	2
2. Wohl der Allgemeinheit	3
3. Flächen für öffentliche Nutzung (Abs. 1 Nr. 1)	4
a) Art der Flächen	4
b) Zeitpunkt	5
c) Begünstigte	7
d) Beispielhafte Konkretisierung des Gemeinwohlbegriffs (Abs. 2 Nr. 1)	8
4. Privat nutzbare Flächen (Abs. 1 Nr. 2)	9
a) Art der Flächen	9

	Rn.
b) Zeitpunkt	10
c) Begünstigte	11
d) Beispielhafte Konkretisierung des Gemeinwohlbegriffs (Abs. 2 Nr. 2)	12
III. Verfahren, Rechtswirkungen und Vollziehung (Abs. 3)	14
1. Antrag	14
2. Besitzübergang	16
3. Vollstreckung	17
a) Besitz	18
b) Geldleistungen	19
4. Zuständigkeit	20
IV. Rechtsschutz	21

I. Zweck

1 Die vorzeitige Besitzeinweisung hat den **Zweck,** in besonderen Fällen bestimmten Begünstigten bereits vor dem allgemeinen Besitzübergang, der durch die Bekanntmachung der Unanfechtbarkeit des Umlegungsplans oder der Vorwegentscheidung erfolgt, den Besitz an diesen Flächen unabhängig vom Einverständnis der Betroffenen (→ § 76 Rn. 4) zu verschaffen. Diese können damit ihre Vorhaben bereits verwirklichen und so die Durchführung von Baumaßnahmen im Umlegungsgebiet beschleunigen. Insbesondere gilt dies für die erste Fallgruppe, für die § 77 eine vorzeitige Besitzeinweisung ermöglicht (Herstellung von Erschließungs- und Infrastrukturanlagen auf Flächen für öffentliche Nutzungen). Aber auch für die zweite Fallgruppe, also die Errichtung bestimmter Gebäude auf privat nutzbaren Flächen, ist eine vorzeitige Besitzeinweisung möglich.

II. Voraussetzungen

2 **1. Bebauungsplan.** Voraussetzung für die vorzeitige Besitzeinweisung in beiden Fallgruppen ist das **Vorliegen eines rechtsverbindlichen Bebauungsplans.** Da die vorzeitige Besitzeinweisung stets erfolgt, um die Errichtung baulicher Anlagen zu ermöglichen, führt sie zur Schaffung vollendeter Tatsachen. Sie kann daher nur erfolgen, wenn hierfür eine sichere planungsrechtliche Grundlage besteht. In Gebieten nach § 34 ohne Bebauungsplan, in denen die Umlegung auch zulässig ist (→ § 45 Rn. 3), besteht die Möglichkeit der vorzeitigen Besitzeinweisung nicht.

3 **2. Wohl der Allgemeinheit.** Ebenfalls für beide Fallgruppen ist Voraussetzung, dass die vorzeitige Besitzeinweisung **durch das Wohl der Allgemeinheit erfordert** wird. Damit bleibt Abs. 1 hinter den Voraussetzungen für eine vorzeitige Besitzeinweisung im Rahmen eines Enteignungsverfahrens nach § 116 zurück (*Köster* in Schrödter § 77 Rn. 5). Danach muss die vorzeitige Besitzeinweisung „dringend geboten" sein. Damit entspricht die Voraussetzung für die vorzeitige Besitzeinweisung nach § 77 den Voraussetzungen für die Zulässigkeit einer Enteignung nach § 87 Abs. 1. Die vorzeitige Besitzeinweisung kann daher immer dann durchgeführt werden, wenn das Grundstück enteignet werden könnte (→ zum Begriff des Erforderns durch das Wohl der Allgemeinheit in diesem Sinne s. § 87 Rn. 2 ff). Spezifische Konkretisierungen des Gemeinwohlbegriffs gerade für die vorzeitige Besitzeinweisung nach § 77 sind für beide Fallgruppen in Abs. 2 enthalten (→ Rn. 8 und 12).

4 **3. Flächen für öffentliche Nutzung (Abs. 1 Nr. 1). a) Art der Flächen.** Für die **erste Fallgruppe** nennt **Abs. 1 Nr. 1** drei Arten von Flächen, in deren Besitz vorzeitig eingewiesen werden kann. Dies sind die **örtlichen Verkehrs- und sonstigen Flächen** im Sinne des § 55 Abs. 2 (→ § 55 Rn. 20 ff.) und die **sonstigen Flä-**

1. Abschnitt. Umlegung §77

chen für öffentliche Nutzungen nach § 55 Abs. 5 (→ § 55 Rn. 32). Weiter werden **Flächen nach § 9 Abs. 1 Nr. 21** aufgeführt (→ § 9 Rn. 117 ff.). Hier ist jedoch aus Sinn und Zweck und dem Zusammenhang der Regelung eine **Einschränkung** vorzunehmen. Nach § 9 Abs. 1 Nr. 21 kann eine Festsetzung von Geh-, Fahr- und Leitungsrechten auch zugunsten Privater erfolgen (→ § 9 Rn. 119). Eine vorzeitige Besitzeinweisung kommt aber bei solchen Flächen nur in Betracht, wenn von den Festsetzungen ein **Bedarfs- oder Erschließungsträger oder die Gemeinde selbst** begünstigt wird (→ zu den Begünstigten Rn. 7) und die Festsetzung des Geh-, Fahr- oder Leitungsrechts zur Vermeidung einer vollständigen Inanspruchnahme der Fläche für eine öffentliche Nutzung erfolgte.

b) Zeitpunkt. Die vorzeitige Besitzeinweisung ist zulässig in dem **Zeitraum** vom Inkrafttreten des Bebauungsplans nach § 10 Abs. 3 bis zum Inkrafttreten des Umlegungsplans nach § 71. Durch die Einleitung der Nr. 1, nach der die Besitzeinweisung „**vor** Aufstellung des Umlegungsplans" zulässig ist, soll nicht ein zeitlicher Endpunkt für die Möglichkeit der Besitzeinweisung genannt werden, sondern ein Unterschied gegenüber der zweiten Fallgruppe hervorgehoben werden, bei der die Besitzeinweisung erst **nach** Aufstellung des Umlegungsplans zulässig ist (Abs. 1 Nr. 2). 5

Nr. 1 ist daher in seinem Anfang dem Sinne nach zu lesen, „**bereits** vor Aufstellung des Umlegungsplans". Dadurch wird deutlich, dass mit der Bezugnahme auf den Umlegungsplan nicht eine zeitliche Begrenzung, sondern eine **zeitliche Vorverlegung gegenüber den Fällen der Nr. 2** gemeint ist (*Köster* in Schrödter § 77 Rn. 3). 6

c) Begünstigte. In den vorzeitigen Besitz von Flächen für öffentliche Nutzung können die entsprechenden **Bedarfs- oder Erschließungsträger oder die Gemeinde,** wenn sie die entsprechenden Bedarfs- oder Erschließungsanlagen selbst erstellen, eingewiesen werden. 7

d) Beispielhafte Konkretisierung des Gemeinwohlbegriffs (Abs. 2 Nr. 1). Die vorzeitige Besitzeinweisung ist nur zulässig, wenn das **Wohl der Allgemeinheit** sie **erfordert.** Um die Anwendung dieses unbestimmten Rechtsbegriffs in der Praxis zu erleichtern, ist in **Abs. 2 Nr. 1 beispielhaft** aufgeführt, wann der Gesetzgeber annimmt, dass das Wohl der Allgemeinheit die Besitzeinweisung erfordert. Dies schließt es jedoch nicht aus, dass auch in weiteren Fällen das Wohl der Allgemeinheit die vorzeitige Besitzeinweisung nach Abs. 1 Nr. 1 erfordern kann. Durch Abs. 2 Nr. 1 wird vor allem verdeutlicht, dass die vorzeitige Besitzeinweisung erfolgen darf, wenn **einzelne Maßnahmen** zur Verwirklichung des Bebauungsplans durchgeführt werden sollen und hierfür die entsprechenden Flächen benötigt werden. Es ist also **nicht erforderlich,** dass bereits die **Erschließung für das gesamte Umlegungsgebiet** in Angriff genommen werden soll. Es reicht vielmehr aus, wenn zum Beispiel zur Vorbereitung einer Umsiedlung von Bewohnern aus einem abzureißenden Gebäude das neue Gebäude an anderer Stelle des Umlegungsgebiets errichtet werden soll und zur Erschließung dieses Grundstücks neue Erschließungsanlagen errichtet werden müssen. In diesem Fall können also der Erschließungsträger oder die Gemeinde in den Besitz der hierfür erforderlichen Erschließungsflächen nach § 55 Abs. 2 eingewiesen werden. Ebenso kann eine vorzeitige Besitzeinweisung in Flächen nach § 55 Abs. 5 erforderlich sein, wenn die Errichtung der hiernach vorgesehenen Anlagen Voraussetzung für eine städtebaulich ordnungsgemäße bauliche Nutzung der Grundstücke ist. 8

4. Privat nutzbare Flächen (Abs. 1 Nr. 2). a) Art der Flächen. Bei der zweiten Fallgruppe in **Abs. 1 Nr. 2** kann eine vorzeitige Besitzeinweisung auch in alle **übrigen Flächen** stattfinden. Eine inhaltliche Begrenzung ist hier von der Art der Flächen her nicht vorgesehen. Ist für die Verwirklichung der vorgesehenen Nutzung eine Beleihung von Grundstücken erforderlich, kann wegen der noch ungesicherten 9

Reidt 841

§ 77 I. Kapitel. IV. Teil. Bodenordnung

rechtlichen Position der in den Besitz Eingewiesenen die Abgabe einer **Garantieerklärung** der Gemeinde gegenüber dem Kreditgeber notwendig werden, in der die Gemeinde versichert, dass die auf der Grundlage des § 77 geschaffene Besitzlage durch den Umlegungsplan auch in Bezug auf das Eigentum verwirklicht wird. Hierfür haftet dann allerdings die Gemeinde dem Kreditgeber (vgl. *Schriever* in Kohlhammer-Komm. § 77 Rn. 32). Die Erklärung bedarf nach Kommunalrecht in der Regel einer aufsichtsbehördlichen Genehmigung, da sie wirtschaftlich einer Bürgschaft oder einem Gewährvertrag entspricht.

10 b) **Zeitpunkt. Frühester Zeitpunkt** für eine vorzeitige Besitzeinweisung nach Abs. 1 Nr. 2 ist die **Aufstellung des Umlegungsplans**. Auch hier endet die Möglichkeit der vorzeitigen Besitzeinweisung mit dem Inkrafttreten des Umlegungsplans nach § 71. Weiter setzt Abs. 1 Nr. 2 voraus, dass die neuen **Grundstücksgrenzen in die Örtlichkeit übertragen** sind. Erst hierdurch lässt sich der genaue Grenzverlauf der neuen Grundstücke mit Sicherheit feststellen. Eine bloße Kartierung reicht hierzu nicht aus.

11 c) **Begünstigte.** Die vorzeitige Besitzeinweisung nach Abs. 1 Nr. 2 kann **zugunsten jedes Beteiligten** am Umlegungsverfahren, also auch der schon in Nr. 1 genannten Bedarfs- und Erschließungsträger, vorgenommen werden, denen im Umlegungsplan ein **Grundstück zugeteilt** wird oder für die ein **Nutzungsrecht** wie zB Pacht oder ggf. eine Grunddienstbarkeit **festgesetzt** ist.

12 d) **Beispielhafte Konkretisierung des Gemeinwohlbegriffs (Abs. 2 Nr. 2).** Auch für die zweite Fallgruppe ist in **Abs. 2 Nr. 2** der Gemeinwohlbegriff **beispielhaft** konkretisiert. Danach soll das Wohl der Allgemeinheit die vorzeitige Besitzeinweisung unter zwei Voraussetzungen erfordern, nämlich wenn dringende städtebauliche Gründe für die vorzeitige Besitzeinweisung bestehen und diese Gründe die privaten Besitzerhaltungsinteressen wesentlich überwiegen. Der Begriff „**dringende städtebauliche Gründe**" wird so im Gesetz an keiner anderen Stelle verwandt, obwohl zahlreiche ähnliche Begriffe vorkommen (zB § 8 Abs. 4 S. 1: dringende Gründe, § 175 Abs. 2: städtebauliche Gründe, § 88: zwingende städtebauliche Gründe, § 116 Abs. 1 S. 1: aus Gründen des Wohls der Allgemeinheit dringend geboten). Auf den ersten Blick könnte der in § 116 verwendete Begriff des dringenden Gebotenseins der hiesigen Regelung entsprechen. Dort aber ist die Dringlichkeit zu bejahen, wenn eine Abwägung der widerstreitenden Interessen ergeben hat, dass die vorzeitige Besitzeinweisung erfolgen kann (→ § 116 Rn. 4). Nach Abs. 2 Nr. 2 hat jedoch nach der Bejahung der dringenden städtebaulichen Gründe die Abwägung erst noch stattzufinden. § 116 kann daher für die Auslegung des Begriffs der dringenden städtebaulichen Gründe im Rahmen des Abs. 2 Nr. 2 nicht als Auslegungshilfe herangezogen werden. Vergleichbar sind eher die dringenden Gründe in § 8 Abs. 4. Ist es im Interesse einer organischen städtebaulichen Entwicklung im Umlegungsgebiet zweckmäßig, die für bestimmte Grundstücke vorgesehene private Nutzung bereits zu verwirklichen (zB Unterbringung der an anderer Stelle des Umlegungsgebiets verdrängten Bevölkerung), dürften wie in § 8 Abs. 4 S. 1 (→ § 8 Rn. 10 ff.) dringende städtebauliche Gründe zu bejahen sein. In der Begründung des Regierungsentwurfs zur BBauG-Novelle 1979, mit der Abs. 2 (damals als Abs. 1 a) eingefügt wurde, sind außerdem noch angeführt die Belange des sozialen Wohnungsbaus, des Baus von Wohnungen für Personengruppen mit besonderem Wohnbedarf und des Ersatzwohnungsbaus (BT-Drs. 8/2451, 28).

13 Diese dringenden städtebaulichen Gründe vermögen für sich allein aber eine vorzeitige Besitzeinweisung noch nicht zu rechtfertigen. Hinzukommen muss, dass sie **die entgegenstehenden privaten Interessen an der Aufrechterhaltung des bestehenden Besitzes wesentlich überwiegen.** Durch diese **Abwägungspflicht** wird der Problematik Rechnung getragen, die bei einer vorzeitigen Besitzeinweisung

1. Abschnitt. Umlegung **§ 77**

zugunsten Privater regelmäßig besteht. Während die Lage der örtlichen Verkehrs- und sonstigen öffentlich nutzbaren Flächen nach § 55 häufig unangefochten bleibt, besteht bei der Zuteilung privat nutzbarer Grundstücke ein gesteigertes Risiko künftiger Rechtsbehelfe. Eine vorzeitige Besitzeinweisung darf aber nur dann erfolgen, wenn zwar nicht mit an Sicherheit grenzender, wohl aber mit hoher Wahrscheinlichkeit davon ausgegangen werden kann, dass der Umlegungsplan hinsichtlich der von der vorzeitigen Besitzeinweisung betroffenen Fläche unverändert in Kraft tritt (BGH Urt. v. 28.2.1957 – III ZR 203/56, BGHZ 23, 377 (387f.)).

III. Verfahren, Rechtswirkungen und Vollziehung (Abs. 3)

1. Antrag. Zum Verfahren verweist **Abs. 3** auf § 116. Danach erfolgt die vorzeitige Besitzeinweisung nur auf **Antrag**. Antragsberechtigt sind die in Abs. 1 Nr. 1 und 2 genannten Begünstigten. Auch wenn die gesetzlichen Voraussetzungen für die vorzeitige Besitzeinweisung vorliegen, haben Begünstigte **keinen Rechtsanspruch** auf vorzeitige Besitzeinweisung (aA *Schriever* in Kohlhammer-Komm. § 77 Rn. 35; wie hier *Köster* in Schrödter § 77 Rn. 10; *Otte* in EZBK § 77 Rn. 8; *Grziwotz* in SU § 77 Rn. 11; → auch § 116 Rn. 4). Dies folgt aus der Verwendung des Wortes „kann" in Abs. 1 vor Nr. 1, und auch daraus, dass insbesondere in den Fällen des Abs. 1 Nr. 2 und Abs. 2 Nr. 2 die Erstellung von Erschließungsanlagen erforderlich werden kann, die die Gemeinde zum Zeitpunkt, zu dem die vorzeitige Besitzeinweisung erfolgen könnte, noch nicht finanzieren kann oder will, zB weil eine wirtschaftlich sinnvollere Aufeinanderfolge bei der Herstellung von Erschließungs- und Infrastrukturanlagen durch eine vorzeitige Besitzeinweisung durcheinandergebracht würde. Derartige Gesichtspunkte sind typische Ermessenserwägungen, die im Rahmen der Prüfung der gesetzlichen Voraussetzungen keine Rolle spielen. In den Fällen des Abs. 1 Nr. 1 und Abs. 2 Nr. 1 dürfte dagegen weniger Spielraum für eine ablehnende Ermessensentscheidung bestehen. 14

Zum **Verfahren** bei der vorzeitigen Besitzeinweisung im Übrigen (mündliche Verhandlung, Beschluss, Angabe des Betroffenen und des Begünstigten, Besitzeinweisung, Angabe des Wirksamkeitszeitpunkts, evtl. Sicherheitsleistung) kann auf die Kommentierung zu § 116 verwiesen werden. 15

2. Besitzübergang. Durch die Besitzeinweisung wird dem Besitzer nach Abs. 3 iVm § 116 Abs. 3 der **Besitz** entzogen und der Eingewiesene Besitzer. Dieser darf auf dem Grundstück das im Besitzeinweisungsantrag bezeichnete Bauvorhaben ausführen und die dafür erforderlichen Maßnahmen treffen. 16

3. Vollstreckung. Vollzugsmaßnahmen können hinsichtlich der Besitzverschaffung und wegen der in dem Beschluss über die vorzeitige Besitzeinweisung evtl. festgesetzten Geldleistungen erforderlich werden. 17

a) Besitz. Für die **Besitzverschaffung** ist auf die Regelung in § 72 Abs. 2 zurückzugreifen. Mit der vorzeitigen Besitzeinweisung soll vor Inkrafttreten des Umlegungsplans hinsichtlich des Besitzes der endgültige Zustand hergestellt werden. Insofern trifft die Gemeinde daher dieselbe Verpflichtung wie bei Inkrafttreten des Umlegungsplans selbst (*Köster* in Schrödter § 77 Rn. 11). 18

b) Geldleistungen. Für die festgesetzten **Geldleistungen** ist der Beschluss über die vorzeitige Besitzeinweisung nach dem gemäß Abs. 3 entsprechend anwendbaren § 122 ein vollstreckbarer Titel, aus dem die Zwangsvollstreckung nach den Vorschriften der Zivilprozessordnung über die Vollstreckung aus Urteilen in bürgerlichen Rechtsstreitigkeiten stattfindet. 19

4. Zuständigkeit. Zuständig für den **Beschluss** über die vorzeitige Besitzeinweisung ist nach Abs. 1 die **Umlegungsstelle,** gegebenenfalls also der Umlegungs- 20

Reidt 843

§ 78 I. Kapitel. IV. Teil. Bodenordnung

ausschuss. Für die **Vollstreckung** des Beschlusses mit den Mitteln des Verwaltungszwangs ist dagegen die **Gemeinde** zuständig. Die Umlegungsstelle hat vor Erlass der vorzeitigen Besitzeinweisung die gesetzlichen Voraussetzungen für das Vorliegen der entsprechenden Voraussetzungen zu **prüfen.** Hierzu gehört auch die Überprüfung des **Bebauungsplans** daraufhin, ob er ordnungsgemäß zustande gekommen ist und an keinen offensichtlichen materiellen oder formellen Fehlern leidet (zur Normprüfungs- und Normverwerfungskompetenz von Behörden § 10 Rn. 10). Im Übrigen hat sie sich im Hinblick auf die vorzeitige Besitzeinweisung insbesondere zu vergewissern, dass die für die betroffenen Flächen vorgesehene Regelung mit hoher Wahrscheinlichkeit unverändert in den Umlegungsplan übernommen und keiner Anfechtung unterliegen wird (vgl. Rn. 13).

IV. Rechtsschutz

21 Die vorzeitige Besitzeinweisung ist ein **Verwaltungsakt,** der durch Antrag auf gerichtliche Entscheidung nach § 217, gegebenenfalls nach erfolglosem Widerspruch gemäß § 212, angefochten werden kann. Die dem Widerspruch und dem Antrag auf gerichtliche Entscheidung grundsätzlich zukommende **aufschiebende Wirkung ist durch § 212 Abs. 2 S. 1 Nr. 3 und § 224 S. 1 Nr. 3** bei Widerspruch und Antrag auf gerichtliche Entscheidung gegen eine vorzeitige Besitzeinweisung **ausgeschlossen.** Hierdurch soll das Verfahren beschleunigt werden. Jedoch kann nach der Einlegung des Widerspruchs entweder gemäß §§ 80a Abs. 1 Nr. 2, 80 Abs. 4 VwGO bei der Widerspruchsbehörde die **Aussetzung der Vollziehung beantragt** oder gemäß §§ 80a Abs. 3, 80 Abs. 5 VwGO bei der zuständigen Baulandkammer ein **Antrag auf Anordnung der aufschiebenden Wirkung gestellt** werden (§ 212 Abs. 2 S. 2). Beim Antrag auf gerichtliche Entscheidung ist nach § 224 S. 2 § 80 Abs. 5 VwGO entsprechend anzuwenden.

§ 78 Verfahrens- und Sachkosten

Die Gemeinde trägt die Verfahrenskosten und die nicht durch Beiträge nach § 64 Abs. 3 gedeckten Sachkosten.

Übersicht

	Rn.
1. Kostenarten	1
a) Verfahrenskosten	1
b) Sachkosten	4
2. Kostenträger	5
a) Gemeinde	5
b) Eigentümer und Erbbauberechtigte	6
3. Kostenerstattung durch Bedarfs- und Erschließungsträger	7

1 **1. Kostenarten. a) Verfahrenskosten. Verfahrenskosten** sind die für die Durchführung der Umlegung anfallenden persönlichen und sachlichen Kosten. Hierzu gehören die Personalkosten der Umlegungsstelle, die Vermessungskosten, die Reisekosten der Bediensteten der Umlegungsstelle ebenso wie die Kosten für Büromaterial oder die Anfertigung und Vervielfältigung von Plänen. Ebenfalls sind hierzu die Gebühren für die Erstellung von Gutachten nach den §§ 192ff. zu rechnen.

2 **Nicht** hierzu zählen die Kosten, die **Beteiligten** im Sinne des § 48 entstanden sind. Dies gilt insbesondere für die **Kosten von Rechtsanwälten,** die Beteiligte mit ihrer Vertretung vor der Umlegungsstelle beauftragt oder sonst im Verfahren hinzugezogen haben (BGH Urt. v. 19.9.1974 – III ZR 12/73, BHGZ 63, 81; ders. Urt. v.

13.11.1975 – III ZR 76/74, BGHZ 65, 280). Ebensowenig gehören zu den Verfahrenskosten Aufwendungen, die Beteiligte infolge eines Verdienstausfalls für Reisen oder für die Erstellung eines Privatgutachtens aufgebracht haben. Die Vorschrift des § 96 ist wegen der im Prinzip gleichgerichteten Interessenlage von Allgemeinheit und Betroffenen im Umlegungsverfahren nicht entsprechend anzuwenden, und zwar auch dann nicht, wenn die §§ 93 bis 103 entsprechend anzuwenden sind (BGH Urt. v. 19.9.1974 – III ZR 12/73, BHGZ 63, 81 (85f.)).

Verfahrenskosten im Sinne des § 78 sind auch **nicht die Kosten eines Widerspruchs- oder Gerichtsverfahrens**. Hierfür sind die für diese Verfahren einschlägigen Kostenregelungen wie zB § 73 Abs. 3 VwGO über die Kosten im Widerspruchsverfahren, § 80 VwVfG über die Erstattung von Kosten im Vorverfahren, § 221 Abs. 1, nach dem die zivilrechtlichen Kostenvorschriften der Zivilprozessordnung auch auf das Verfahren vor den Baulandkammern Anwendung finden, sowie § 228 anzuwenden (näher *Schriever* in Kohlhammer-Komm. § 78 Rn. 10). 3

b) Sachkosten. Sachkosten sind die **Geldleistungen** nach § 64, die nach dessen Abs. 3 als Beiträge gelten (→ § 64 Rn. 10f.). Diese Geldleistungen richten sich allerdings nicht nach Kostengesichtspunkten, sondern sind Ausgleichs- oder Abfindungsleistungen auf der Grundlage der entsprechenden Regelungen in den §§ 55 bis 61 und ggf. 77. 4

2. Kostenträger. a) Gemeinde. Kostenträgerin ist grundsätzlich die **Gemeinde**, soweit die Kosten nicht von anderer Seite zu tragen sind. Danach hat die Gemeinde stets sämtliche Verfahrenskosten im obigen Sinne (Rn. 1ff.) zu tragen; von den Sachkosten hat die Gemeinde jedoch lediglich den Teil zu tragen, der nicht durch die Geldleistungen nach § 64 gedeckt werden kann. Beiträge nach Kommunalabgabenrecht darf die Gemeinde für nicht gedeckte Kosten nicht erheben. Sie hat vielmehr gegebenenfalls dafür zu sorgen, dass entsprechende Haushaltsmittel für die Deckung der von ihr zu tragenden Sach- und Verfahrenskosten bereitgestellt werden. Beteiligt sich die Gemeinde an einer **freiwilligen Umlegung** (→ § 46 Rn. 5f.), kann sie im Rahmen des Umlegungsvorteils die Kosten abweichend von § 78 den Beteiligten auferlegen (BVerwG Urt. v. 6.7.1984 – 4 C 24/80, NJW 1985, 989). 5

b) Eigentümer und Erbbauberechtigte. Die nach § 64 zu erbringenden Geldleistungen folgen dem Wertausgleichsgedanken des Umlegungsrechts, nicht Kostendeckungsgrundsätzen wie etwa das Erschließungsbeitragsrecht (vgl. § 129 Abs. 1). Die Beteiligten haben Ausgleichsleistungen entsprechend dem erhaltenen Umlegungsvorteil zu leisten, unabhängig davon, ob hierdurch die tatsächlich entstandenen Kosten der Umlegung gedeckt werden oder ob für die Gemeinde ein **Überschuss** entsteht. Insofern kann ein Umlegungsverfahren durchaus dazu führen, dass die Gemeinde hiermit Mittel etwa für die Erschließung oder Infrastrukturausstattung eines Neubaugebiets erwirtschaftet (vgl. *von der Heide* BWGZ 1999, 650ff.). 6

3. Kostenerstattung durch Bedarfs- und Erschließungsträger. Haben **Bedarfs- oder Erschließungsträger** im Sinne des § 55 Abs. 5 in der Umlegung Kosten verursacht, haben sie diese der Gemeinde nach § 64 Abs. 5 zu **erstatten** (→ § 64 Rn. 14). Dies kann etwa der Fall sein, wenn die Umlegung von einem großen Wohnungsbauunternehmen oder einem Industriebetrieb veranlasst wurde. Es kann dann auch in einem städtebaulichen Vertrag geregelt werden, welche der anfallenden Kosten von dem veranlassenden Bedarfsträger zu tragen sind (Ansiedlungs- und Erschließungsvertrag; → § 11 Rn. 36ff.). 7

§ 79 Abgaben- und Auslagenbefreiung

(1) ¹Geschäfte und Verhandlungen, die der Durchführung oder Vermeidung der Umlegung dienen, einschließlich der Berichtigung der öffentlichen Bücher, sind frei von Gebühren und ähnlichen nichtsteuerlichen Abgaben sowie von Auslagen; dies gilt nicht für die Kosten eines Rechtsstreits. ²Unberührt bleiben Regelungen nach landesrechtlichen Vorschriften.

(2) Die Abgabenfreiheit ist von der zuständigen Behörde ohne Nachprüfung anzuerkennen, wenn die Umlegungsstelle versichert, dass ein Geschäft oder eine Verhandlung der Durchführung oder Vermeidung der Umlegung dient.

Übersicht

	Rn.
I. Zweck	1
II. Kostentatbestände	2
1. Geschäfte und Verhandlungen	2
2. Durchführung der Umlegung	3
3. Vermeidung der Umlegung	5
III. Gegenstand der Abgabenbefreiung	6
1. Art der Befreiung	6
2. Gebühren	8
a) Grundsatz	8
b) Ausnahmen	9
3. Auslagen	11
4. Steuern	12
a) Grundsatz	12
b) Grunderwerbsteuer	13
c) Sonstige Steuern	17
IV. Kosten eines Rechtsstreits (Abs. 1 S. 1 Hs. 2)	18
V. Verfahren (Abs. 2)	19

I. Zweck

1 Es liegt im öffentlichen Interesse an der Verwirklichung eines Bebauungsplans oder der nach § 34 zulässigen Nutzung, dass die Grundstücke im Umlegungsgebiet nach Lage, Form und Größe für die bauliche oder sonstige Nutzung zweckmäßig gestaltet sind (vgl. § 45 Abs. 1). Durch die Befreiung von Gebühren und ähnlichen nichtsteuerlichen Abgaben sowie von Auslagen (**Abgabenbefreiung**) soll das Interesse der Beteiligten an einer **freiwilligen Neuordnung** der Grundstücke im Umlegungsgebiet und ihre Mitwirkungsbereitschaft im Rahmen einer **amtlichen Umlegung** gefördert werden. Die freiwilligen Bodenordnungsmaßnahmen (freiwillige Umlegung) sind in die Abgabenbefreiung einbezogen worden, um zu vermeiden, dass lediglich zur Herbeiführung der Abgabenfreiheit eine amtliche Umlegung durchgeführt werden muss (→ aber Rn. 15 ff.). Eine ähnliche Vorschrift ist in § 108 FlurbG enthalten; hier sind jedoch Geschäfte und Verhandlungen, die der Vermeidung der Flurbereinigung dienen, nicht erfasst. Auch § 151 enthält eine Abgaben- und Auslagenbefreiung nur für die Vorbereitung und Durchführung der Sanierung.

II. Kostentatbestände

2 **1. Geschäfte und Verhandlungen. Geschäfte und Verhandlungen** im Sinne des **Abs. 1 S. 1** sind alle rechtsgeschäftlichen und tatsächlichen Handlungen von Ge-

richten und Behörden, für die Abgaben zu entrichten wären, sowie von Umlegungsbeteiligten und sonstigen Personen, die eine Abgabenpflicht auslösen würden.

2. Durchführung der Umlegung. Geschäfte und Verhandlungen dienen der **Durchführung der Umlegung,** wenn sie im Rahmen einer ordnungsgemäß betriebenen Umlegung erforderlich sind. Dabei ist der hier verwandte Begriff der Durchführung im selben Sinn zu verstehen wie in § 46 Abs. 1. Dies bedeutet, dass nicht die Anordnung, wohl aber die Einleitung der Umlegung bereits zur Durchführung gehört (→ § 46 Rn. 10). Aus diesem Grund sind auch Vorbereitungshandlungen der Umlegungsstelle, die ihr die Beurteilung von Erforderlichkeit und Zweckmäßigkeit der Umlegung ermöglichen sowie über die sinnvolle Abgrenzung des Umlegungsgebiets Aufschluss verschaffen sollen, von der Abgabenbefreiung umfasst. Ist ein Grunderwerb der Gemeinde in dem in Aussicht genommenen Umlegungsgebiet vor Einleitung der Umlegung für die Durchführung der Umlegung zweckmäßig, kann auch insoweit bereits Abgabenfreiheit bestehen (vgl. *Schriever* in Kohlhammer-Komm. § 79 Rn. 13; *Otte* in EZBK § 79 Rn. 6).

Beispiele für Handlungen zur Durchführung der Umlegung sind die Ermittlung der Beteiligten und Rechte nach § 48 und nach § 24 Abs. 1 VwVfG in Verbindung mit § 208, die Bestellung eines Vertreters durch das Vormundschaftsgericht nach § 207, die Erteilung einer Genehmigung nach § 51, die Eintragung des Grundbuchvermerks durch das Grundbuchamt nach § 54, die Berichtigung des Grundbuchs durch das Grundbuchamt und des Liegenschaftskatasters durch das Katasteramt nach § 74, Einsichtnahmen in das Bestandsverzeichnis nach § 53 und in den Umlegungsplan nach § 69 Abs. 2 und § 75.

3. Vermeidung der Umlegung. Geschäfte und Verhandlungen dienen der **Vermeidung einer Umlegung,** wenn sie erforderlich sind, um die Grundstücke so zu ordnen, dass sie der im Bebauungsplan für sie festgesetzten Nutzung zugeführt werden können. Es muss ein rechtsverbindlicher Bebauungsplan, mindestens aber Planreife im Sinne des § 33 vorliegen, um die etwaige Erforderlichkeit einer Umlegung beurteilen zu können, sofern es nicht um eine Umlegung auf der Grundlage von § 34 geht (§ 45 S. 2 Nr. 2). Nicht erforderlich ist, dass eine Umlegung bereits angeordnet ist oder deren Anordnung bevorsteht (*Otte* in EZBK § 79 Rn. 10). Der Vermeidung einer Umlegung dienen Handlungen nicht erst dann, wenn sie im Rahmen einer freiwilligen Umlegung ein größeres Gebiet umfassen. Es kann im Extremfall auch ein einzelner Grundstückserwerb, etwa einer für sich genommen nicht bebaubaren Parzelle, die Voraussetzungen der Abgabenbefreiung nach Abs. 1 erfüllen (*Stich* in BK § 79 Rn. 6). Dasselbe kann für die Aussiedlung eines einzelnen Betriebs aus dem Umlegungsgebiet gelten.

III. Gegenstand der Abgabenbefreiung

1. Art der Befreiung. Entsprechend der eingeschränkten Gesetzgebungskompetenz des Bundes ist die Abgabenbefreiung nach Abs. 1 S. 1 auf **Abgaben nach bundesrechtlichen Vorschriften** beschränkt. Für Abgaben und Auslagen aufgrund landesrechtlicher Regelungen gilt die Abgabenbefreiung nach **Abs. 1 S. 2** nicht. Die Länder haben jedoch für die von § 79 erfassten Kostentatbestände ebenfalls Befreiungsvorschriften erlassen (vgl. *Schriever* in Kohlhammer-Komm. § 79 Rn. 31 f.).

Die Abgabenbefreiung ist nicht auf bestimmte Personen, etwa die Gemeinde oder die im Umlegungsverfahren Beteiligten, beschränkt. Sie gilt vielmehr **umfassend** für alle Geschäfte und Verhandlungen, die der Vermeidung oder der Durchführung der Umlegung dienen. Es handelt sich daher nicht um eine persönliche, sondern um eine **sachliche Abgabenbefreiung** (*Schriever* in Kohlhammer-Komm. § 79 Rn. 5).

§ 79 I. Kapitel. IV. Teil. Bodenordnung

8 **2. Gebühren. a) Grundsatz.** Als Gebühren, von denen im Rahmen der Umlegung befreit wird, kommen allerdings nur **Verwaltungsgebühren** in Betracht. Verwaltungsgebühren sind Geldleistungen, die als Gegenleistung für eine besondere Leistung – Amtshandlung oder sonstige Tätigkeit – der Verwaltung erhoben werden. Grundsätzlich werden für Geschäfte und Verhandlungen (→ Rn. 2), die für die Durchführung oder Vermeidung der Umlegung notwendig sind, keine Verwaltungsgebühren erhoben.

9 **b) Ausnahmen. aa) Notargebühren.** Soweit zB bei Rechtsgeschäften zur Vermeidung der Umlegung **Notargebühren** anfallen, geht die **Sonderregelung in den §§ 85 ff. GNotKG** der Gebührenbefreiung in § 79 vor. § 91 GNotKG enthält jedoch für die Umlegung relevante Gebührenermäßigungen.

10 **bb) Beurkundungs- und Beglaubigungsgebühren. Gebühren für Beurkundungen und Beglaubigungen** fallen **unter die Abgabenbefreiung** des Abs. 1 S. 1 (*Köster* in Schrödter § 79 Rn. 3; *Otte* in EZBK § 79 Rn. 13).

11 **3. Auslagen.** Abs. 1 S. 1 befreit ferner von **Auslagen** nach Bundesrecht (Rn. 6). Hierunter sind solche im Zusammenhang mit der Amtshandlung entstehenden notwendigen Kosten zu verstehen, die nicht bereits in die Gebühren einbezogen sind. Im Rahmen der Umlegung handelt es sich dabei **vor allem** um **Schreibauslagen** zB für Mehrausfertigungen oder Abschriften von Urkunden oder sonstige Auslagen wie Zustellungsgebühren (s. insbes. Anlage 1, Teil 3 zu § 3 Abs. 2 GNotKG).

12 **4. Steuern. a) Grundsatz.** Zu der sonstigen Abgaben, von deren Entrichtung Abs. 1 S. 1 befreit, gehören zwar **Beiträge** (→ zum Begriff § 64 Rn. 10), **nicht** aber **Steuern.** Steuern sind einmalige oder laufende Geldleistungen, die nicht eine Gegenleistung für eine besondere Leistung darstellen und die von einem öffentlich-rechtlichen Gemeinwesen zur Erzielung von Einnahmen erhoben werden. Abs. 1 S. 1 beschränkt die Befreiung ausdrücklich auf **nichtsteuerliche** Abgaben. **Steuerbefreiungen** werden zur Wahrung der Übersichtlichkeit und Rechtssicherheit **nur** in den jeweiligen **Steuergesetzen** gewährt.

13 **b) Grunderwerbsteuer.** Zwar ist der Eigentumsübergang trotz des Surrogationsprinzips steuerbar, aber nach § 1 Abs. 1 Nr. 3 S. 2 Buchst. b GrEStG von der Steuer befreit. Dies gilt auch dann, wenn eine Zuteilung oberhalb des Sollanspruchs erfolgt. Mit seinem Urteil vom 28.7.1999 hat der BFH dies unter Aufgabe seiner früheren Rechtsprechung klargestellt (II R 25/98, NVwZ 2000, 839 f.): „... sind **alle** in einem förmlichen Umlegungsverfahren nach dem BauGB durch Ausspruch einer Behörde erfolgenden **Eigentumsänderungen an Grundstücken,** wenn der neue Eigentümer in diesem Verfahren als Eigentümer eines im Umlegungsgebiet gelegenen Grundstücks **Beteiligter** ist, **von der Steuer befreit.**" Das Finanzministerium Baden-Württemberg hat im Einvernehmen mit den obersten Finanzbehörden der anderen Länder die Finanzbehörden angewiesen, entsprechend zu verfahren (Erlass v. 15.3.2000, DB 2000, 649; einen nicht zu rechtfertigenden Gleichheitsverstoß und eine Verletzung der Eigentumsgarantie sieht hierin *Desens* KStZ 2008, 81 ff.).

14 Von der Steuer **ausgenommen** ist die dem Sollanspruch entsprechende **Zuteilung eines Grundstücks außerhalb des Umlegungsgebiets** an einen Eigentümer, der ein Grundstück im Umlegungsgebiet in die Umlegung eingeworfen hat. Maßgeblich ist allein, dass der Beteiligte Grundeigentum in die Umlegung eingeworfen hat. Ob das hierfür zugeteilte Grundstück innerhalb oder außerhalb des Umlegungsgebiets liegt, ist dagegen unerheblich. Erwirbt jedoch die Gemeinde zuvor dieses Ersatzland, um es diesem Eigentümer zuteilen zu können, so ist dieser Vorgang grunderwerbsteuerpflichtig. Denn insoweit liegt ein Leistungsaustausch vor, der von dem Gedanken der Steuerausnahme in § 1 Abs. 1 Nr. 3 S. 2 Buchst. b GrEStG nicht umfasst wird.

1. Abschnitt. Umlegung § 79

Allerdings bezieht sich die Ausnahme von der Grunderwerbssteuer **nur auf den** 15
Eigentumsübergang in Umlegungsverfahren nach dem Baugesetzbuch. Verfahren der freiwilligen Umlegung oder sonstige zur Vermeidung einer Umlegung dienende Grundstücksgeschäfte unterliegen daher in vollem Umfang der Steuerpflicht (BFH Urt, v. 7.9.2011 – II R 68/09, ZfIR 2012, 99). Maßnahmen zur **freiwilligen Bodenordnung** werden gegenüber amtlichen Bodenordnungsmaßnahmen insoweit **erheblich verteuert** (*Franckenstein/Gräfenstein* BauR 2008, 463 (467)); allerdings entfällt bei ohne die Pflicht zur Entrichtung eines Umlegungsvorteilsausgleichs (→ § 57 Rn. 23 ff., § 58 Rn. 5 ff., 13), sofern nicht eine vergleichbare Leistung vereinbart wird (zur verfassungsrechtlichen Zulässigkeit des Unterschieds bei der grunderwerbssteuerlichen Behandlung im Hinblick auf die strukturellen Unterschiede von amtlicher und freiwilliger Umlegung BVerfG Beschl. v. 24.3.2015 – 1 BvR 2880/11, NVwZ 2015, 964). Im Rahmen von freiwilligen Umlegungen, bei denen in der Regel zunächst das Grundeigentum von den Eigentümern auf eine Gesamthand und dann von dieser auf die neuen Eigentümer übertragen wird, fällt die Grunderwerbsteuer sogar zweimal an, sodass insgesamt eine Grunderwerbsteuer in Höhe von 7% des Kaufpreises (vgl. §§ 8, 9, 11 GrEStG; hierzu *Otte* in EZBK § 79 Rn. 23a ff.) zu zahlen ist, obwohl im wirtschaftlichen Ergebnis ebenfalls kein eigentlicher Grunderwerb stattfindet.

Es empfiehlt sich daher aus Steuerersparnisgründen, einvernehmliche Regelungen 16
innerhalb des gesetzlichen Verfahrens („im Gewand der amtlichen Umlegung") zu treffen (so auch *Franckenstein/Gräfenstein* BauR 2008, 463 (467); *Köster* in Schrödter § 79 Rn. 4; *Dieterich* Rn. 498d; zu steuerlichen Fragen ausführlich *Otte* in EZBK § 79 Rn. 17 ff.). Erfolgt bei der freiwilligen Umlegung die Neuordnung durch Zwischenübereignung an eine BGB-Gesellschaft, zu der sich die Umlegungsbeteiligten zusammengeschlossen haben, entfällt gem. § 7 Abs. 2 GrEStG eine Grunderwerbsteuer insoweit, wie der Wert des nach der Umlegung zurückübertragenen Grundstücks dem Wert des Anteils entspricht, mit dem der Eigentümer an der BGB-Gesellschaft beteiligt ist (vgl. den im Einvernehmen mit den obersten Finanzbehörden der anderen Länder ergangenen Erlass des Finanzministeriums Baden-Württemberg vom 30.9.1997, NVwZ 1998, 595 f.).

c) Sonstige Steuern. Da die Grunderwerbsteuer eine besondere Ausgestaltung 17
der **Umsatzsteuer** ist, unterliegen die der Grunderwerbsteuer ausgenommene Vorgänge auch nicht der Umsatzsteuer (→ Rn. 13; Schreiben des Bundesministers der Finanzen an die Länder vom 26.1.1984, mitgeteilt in BMF-Finanznachrichten 6/84 vom 3.2.1984, 1; *Sigloch* NJW 1983, 1817 (1820)). Da die freiwillige Umlegung der Grunderwerbsteuer unterfällt (Rn. 15), ist sie nach § 4 Nr. 9 Buchstabe a UStG von der Umsatzsteuer befreit (*Otte* in EZBK § 79 Rn. 24).

IV. Kosten eines Rechtsstreits (Abs. 1 S. 1 Hs. 2)

Nach **Abs. 1 S. 1 Hs. 2** sind die **Kosten eines Rechtsstreits** (§ 217) von der Ab- 18
gabenbefreiung **ausgeschlossen**. Dies gilt auch für die Kosten eines **Vorverfahrens** (§ 212). Rechtsstreit sowie Vorverfahren dienen nicht der Durchführung der Umlegung, sondern der Verfolgung eigener Rechte in der Umlegung, so dass der Grund für die Abgabenbefreiung hier nicht vorliegt (vgl. *Schriever* in Kohlhammer-Komm. § 79 Rn. 30).

V. Verfahren (Abs. 2)

Die Abgabenbefreiung wird nur gewährt, wenn die Umlegungsstelle nach **Abs. 2** 19
eine sog. **Zweckdienlichkeitsbescheinigung** ausstellt. Umlegungsstelle ist nach § 46 die Gemeinde, der Umlegungsausschuss oder die Behörde, auf die die Durchführung übertragen worden ist (→ § 46 Rn. 26 ff.). In der Bescheinigung hat die Um-

legungsstelle zu versichern, dass das Geschäft oder die Verhandlung der Durchführung der Umlegung dient oder dass ohne das Geschäft oder die Verhandlung möglicherweise eine Umlegung durchzuführen wäre, das Geschäft oder die Verhandlung also der Vermeidung einer Umlegung **dient.** Hat die Umlegungsstelle eine Zweckdienlichkeitsbescheinigung ausgestellt, ist die Behörde, die zur Erhebung von Abgaben befugt ist, an diese Versicherung in rechtlicher und tatsächlicher Hinsicht gebunden; ein Recht zur Nachprüfung steht ihr nicht zu. Dies gilt uneingeschränkt nur für nichtsteuerliche Abgaben auf bundesrechtlicher Grundlage; nach Landesrecht können hiervon abweichende Bindungsvorschriften bestehen.

20 Gegen die **Versagung der Zweckdienlichkeitsbescheinigung** steht dem Beteiligten der **Antrag auf gerichtliche Entscheidung** nach § 217 zu, gegebenenfalls nach Durchführung eines Vorverfahrens nach § 212. Wird die Abgabe gleichwohl erhoben, muss er sich hiergegen mit den Rechtsbehelfen wenden, die nach dem einschlägigen **Abgabenrecht** vorgesehen sind (*Schriever* in Kohlhammer-Komm. § 79 Rn. 39).

Zweiter Abschnitt. Vereinfachte Umlegung

§ 80 Zweck, Anwendungsbereich, Zuständigkeiten

(1) ¹Die Gemeinde kann eine Umlegung im Sinne des § 45 als vereinfachte Umlegung durchführen, wenn die in § 46 Abs. 1 bezeichneten Voraussetzungen vorliegen und wenn mit der Umlegung lediglich
1. unmittelbar aneinander grenzende oder in enger Nachbarschaft liegende Grundstücke oder Teile von Grundstücken untereinander getauscht oder
2. Grundstücke, insbesondere Splittergrundstücke oder Teile von Grundstücken, einseitig zugeteilt

werden. ²Die auszutauschenden oder einseitig zuzuteilenden Grundstücke oder Grundstücksteile dürfen nicht selbständig bebaubar sein. ³Eine einseitige Zuteilung muss im öffentlichen Interesse geboten sein.

(2) ¹Auf die vereinfachte Umlegung sind die Vorschriften des Ersten Abschnitts nur anzuwenden, soweit die Vorschriften dieses Abschnitts dies bestimmen. ²Einer Anordnung der vereinfachten Umlegung durch die Gemeinde bedarf es nicht.

(3) ¹Die vereinfachte Umlegung ist so durchzuführen, dass jedem Eigentümer nach dem Verhältnis des Werts seines früheren Grundstücks zum Wert der übrigen Grundstücke möglichst ein Grundstück in gleicher oder gleichwertiger Lage zugeteilt wird. ²Eine durch die vereinfachte Umlegung für den Grundstückseigentümer bewirkte Wertminderung darf nur unerheblich sein. ³Mit Zustimmung der Eigentümer können von den Sätzen 1 und 2 abweichende Regelungen getroffen werden.

(4) ¹Im Rahmen des Verfahrens der vereinfachten Umlegung betroffene Dienstbarkeiten und Baulasten nach Maßgabe des § 61 Abs. 1 Satz 3 können neu geordnet und zu diesem Zweck auch neu begründet und aufgehoben werden. ²Betroffene Grundpfandrechte können neu geordnet werden, wenn die Beteiligten dem vorgesehenen neuen Rechtszustand zustimmen.

(5) ¹Die Landesregierungen können durch Rechtsverordnungen bestimmen, dass die nach Maßgabe des § 46 Abs. 2 Nr. 1 und 2 gebildeten Umlegungsausschüsse auch vereinfachte Umlegungsverfahren selbständig durchführen. ²Die Vorschriften des § 46 Abs. 4 zur Übertragung der Umlegung auf die Flurbereinigungsbehörde oder eine andere geeignete Behörde sind für vereinfachte Umlegungsverfahren entsprechend anzuwenden.

2. Abschnitt. Vereinfachte Umlegung § 80

Übersicht

Rn.
1. Rechtscharakter der vereinfachten Umlegung 1
2. Zwecke (Abs. 1 S. 1) . 3
 a) Zweckmäßige Gestaltung der Grundstücke 4
 b) Beseitigung baurechtswidriger Zustände 8
3. Inhalt (Abs. 1 S. 1 und Abs. 4) . 9
 a) Flächenaustausch (Nr. 1) . 9
 b) Einseitige Zuteilung (Nr. 2) . 10
 c) Dienstbarkeiten, Baulasten u. Grundpfandrechte (Abs. 4) 11
4. Voraussetzungen (Abs. 1) . 13
 a) Anwendungsbereich (S. 1 Hs. 1) . 13
 b) Erforderlichkeit (S. 1 Hs. 2) . 14
 c) Gegenstand (S. 1 Nr. 1 und 2) . 15
 d) Keine selbständige Bebaubarkeit (S. 2) . 16
 e) Öffentliches Interesse (S. 3) . 17
5. Verteilungsgrundsätze (Abs. 3) . 20
 a) Zuteilung nach Sollanspruch (S. 1) . 20
 b) Zuteilung in gleicher oder gleichwertiger Lage (S. 1) 21
 c) Unerhebliche Wertminderung (S. 2) . 22
 d) Abweichende Regelungen (S. 3) . 24
6. Zuständigkeit (Abs. 5) . 25
 a) Gemeinde . 25
 b) Übertragbarkeit . 26
7. Verfahren (Abs. 2) . 27
8. Beteiligte . 28
9. Vorkaufsrecht . 29

1. Rechtscharakter der vereinfachten Umlegung. Die frühere **Grenzregelung** bot die Möglichkeit, im engen Nachbarschaftsverbund Grundstücke durch ein wenig aufwändiges Verfahren baurechtmäßig zu gestalten und einer ordnungsgemäßen Bebauung zugänglich zu machen. Allerdings war der Anwendungsbereich sehr eng und die Anwendungsvoraussetzungen waren sehr unübersichtlich, so dass die Grenzregelung **keine große Bedeutung erlangt** hat. Schon im Vorfeld der Novellierung des BauGB durch das BauROG 1998 wurde daher vorgeschlagen, die Grenzregelung zu einer vereinfachten Umlegung weiterzuentwickeln (vgl. *Bielenberg/Sandmann* GuG 1996, 193 (206 ff.)).

In dem Gutachten des *Sachverständigengremiums* zur Fortentwicklung des Rechts 2 der Bodenordnung nach dem BauGB (hrsg. vom BMVBW, 2002, 14 ff.) wurde die Möglichkeit einer Erweiterung des Anwendungsbereichs der Grenzregelung erneut diskutiert und ein ausformulierter Novellierungsvorschlag für eine „**vereinfachte Umlegung**" unterbreitet, der mit dem EAG Bau 2004 nahezu unverändert Gesetz geworden ist (*Kolenda* ZfBR 2005, 538 ff.). Der rechtliche Charakter dieses Bodenordnungsverfahrens sollte dem der Grenzregelung entsprechen und daher wie die Umlegung ein primär **privatnütziges** Verfahren sein (→ aber noch Rn. 17 ff.). In seinem Einsatzbereich sollte es in der Regel (zu Ausnahmen vgl. *Spannowsky* in BK § 80 Rn. 4) gegenüber der verfahrensaufwändigen Umlegung und erst recht gegenüber der Enteignung das vorrangig einzusetzende **mildere Mittel** der Bodenordnung bleiben (so zur Grenzregelung OLG Köln Urt. v. 9.12.1965 – 2 U (Baul.) 5/ 65, NJW 1966, 506). Dementsprechend ist auch die vereinfachte Umlegung als **Inhaltsbestimmung des Eigentums** im Sinne des Art. 14 Abs. 1 S. 2 GG anzusehen (*Otte* ZfBR 2010, 117 (120); → zur Problematik bei einseitiger Zuteilung Rn. 18 f.).

2. Zwecke (Abs. 1 S. 1). Nach **Abs. 1 S. 1** kann die vereinfachte Umlegung nur 3 bei Vorliegen der Voraussetzungen nach § 46 Abs. 1 (→ § 46 Rn. 4 ff.) und nur mit

Reidt 851

den Zielen nach Abs. 1 Nr. 1 und 2 durchgeführt werden. Für die Erreichung weitergehender Zwecke steht daher ggf. allein die Umlegung zur Verfügung.

4 a) **Zweckmäßige Gestaltung der Grundstücke.** Auch die vereinfachte Umlegung ist materiell eine Umlegung im Sinne des § 45. Mit ihr erfolgt die Umgestaltung von Grundstücken derart, dass wie bei der Umlegung nach § 45 S. 1 nach Lage, Form und Größe für die bauliche oder sonstige Nutzung **zweckmäßig gestaltete Grundstücke** entstehen. Damit kann sie auch im Rahmen des **Stadtumbaus** zum Einsatz kommen (vgl. *Goldschmidt* DVBl. 2006, 740 (743f.)). Hierin liegt eine erhebliche Erweiterung der Möglichkeiten der vereinfachten Umlegung gegenüber der Grenzregelung, mit der nur eine ordnungsmäßige Bebauung herbeigeführt werden konnte. Ordnungsgemäß ist eine Bebauung, wenn sie mit den auf die Grundstücksgrenzen bezogenen materiellen Vorschriften des Bauordnungs- und Bauplanungsrechts übereinstimmt. Fragen der Wirtschaftlichkeit oder Flächeneffizienz der **Bebauung** waren dabei unerheblich, sind jetzt aber wichtige Kriterien auch für die vereinfachte Umlegung (vgl. *Kolenda* ZfBR 2005, 538 (540); → auch § 45 Rn. 9). Ebenfalls anders als die Grenzregelung kann die vereinfachte Umlegung ggf. auch dazu dienen, Grundstücke für eine **sonstige Nutzung** zweckmäßig zu gestalten (→ § 45 Rn. 10).

5 Eine Bebauung ist ohne Erschließung nicht möglich. Zweck der vereinfachten Umlegung kann daher auch die **Herbeiführung einer ordnungsgemäßen Erschließung** sein. Dabei kann es sich im Ausnahmefall auch um eine verbesserte Erschließung handeln (vgl. *Schriever/Linke* in Kohlhammer-Komm. § 80 Rn. 24). Zudem muss die Erschließung für die Zulässigkeit von Vorhaben nach den §§ 30 oder 34 (→ § 30 Rn. 9ff., § 34 Rn. 34f.) erforderlich sein (*Schriever/Linke* in Kohlhammer-Komm. § 80 Rn. 19). Der Begriff der Erschließung ist hier also enger als im Erschließungsbeitragsrecht, nach dem zB auch eine zweite Erschließung eines Grundstücks beitragsfähig sein kann, wenn nur die Erschließungsanlage erstmalig hergestellt wird (→ § 129 Rn. 9; § 131 Rn. 10).

6 Sieht ein Bebauungsplan für tiefe Grundstücke eine **rückwärtige Erschließung** und weitere Bebauung vor, konnte dieses Ziel nicht im Wege der Grenzregelung erreicht werden. Hierbei handelt es sich nicht um die Herbeiführung einer ordnungsgemäßen Bebauung, sondern um eine **weitere** ordnungsgemäße Bebauung. Hierfür aber war die Grenzregelung nach dem Wortlaut des Gesetzes gerade nicht anwendbar (*Burmeiser/Aderhold* in EZBK § 80 Rn. 1, 26f.). Die vereinfachte Umlegung ist hier grundsätzlich ohne weiteres **möglich** (OLG Hamm Urt. v. 16.6.2014 – 16 U 7/13).

7 Die vereinfachte Umlegung wird nicht dadurch ausgeschlossen, dass eine rechtlich ordnungsgemäße Bebauung der Grundstücke erst durch Inanspruchnahme einer **Befreiung** nach § 31 Abs. 2 oder einer Abweichung nach dem Bauordnungsrecht der Länder möglich wird (vgl. § 45 Rn. 9).

8 b) **Beseitigung baurechtswidriger Zustände.** Der zweite mögliche Zweck einer Grenzregelung nach früherem Recht war die **Beseitigung baurechtswidriger Zustände** auf mindestens einem beteiligten Grundstück. Dies ist **auch ein möglicher Anwendungsfall der vereinfachten Umlegung,** obgleich diese Konstellation im Gesetz nicht mehr ausdrücklich erwähnt ist. Baurechtswidrig in diesem Sinn ist eine bauliche Anlage, die mit den auf die Grundstücksgrenzen bezogenen Vorschriften des materiellen Bauplanungs- oder Bauordnungsrechts nicht übereinstimmt. Dies kann der Fall sein bei baurechtswidrig ausgeführten Gebäuden oder bei einer Änderung der Rechtsvorschriften nach Ausführung der Bauvorhaben. Eine bloß formelle Baurechtswidrigkeit, dh die Errichtung einer Anlage ohne eine erforderliche Baugenehmigung, vermag eine gesetzliche Bodenordnung nicht zu begründen, da sie hierdurch nicht zu beseitigen wäre. Auch die vereinfachte Umlegung dient letztlich der Durchsetzung des öffentlichen Baurechts, nicht einer Änderung der Eigentumsverhältnisse; diese kann nur Mittel zur Erreichung des eigentlichen Zwecks sein (so zur Grenzregelung BGH Urt. v. 20.3.1997 – III ZR 133/96, ZfBR 1997, 201 (203)).

2. Abschnitt. Vereinfachte Umlegung § 80

3. Inhalt (Abs. 1 S. 1 und Abs. 4). a) Flächenaustausch (Nr. 1). Der traditionelle Fall der Grenzregelung, wie er zB auch in § 15 Aufbaugesetz NRW vorgesehen war, war der **gegenseitige Austausch benachbarter Grundstücke oder Grundstücksteile.** Hiernach können Grenzen so begradigt oder geschwenkt werden, dass die Grenzen der Buchgrundstücke in etwa den Grenzen des im Bebauungsplan vorgesehenen Baugrundstücks entsprechen, ohne dass hierbei die Grundstücksgröße wesentlich oder überhaupt geändert wird. **S. 1 Nr. 1** erweitert den Anwendungsbereich der vereinfachten Umlegung demgegenüber dahingehend, dass nicht nur benachbarte, also aneinander angrenzende, sondern auch in enger Nachbarschaft liegende, aber **nicht aneinander angrenzende Grundstücke oder Grundstücksteile** untereinander getauscht werden können. Damit können auch Grundstücke in die vereinfachte Umlegung einbezogen werden, die durch andere Grundstücke voneinander getrennt sind, also zB mehrere hinter- oder nebeneinander liegende Grundstücke. Es verbleibt aber das Erfordernis eines räumlich-funktionalen Zusammenhangs der in die vereinfachte Umlegung einzubeziehenden Grundstücke (vgl. *Spannowsky* in BK § 80 Rn. 16). 9

b) Einseitige Zuteilung (Nr. 2). Nach S. 1 Nr. 2 ist es auch möglich, **Grundstücke einseitig einem anderen Grundstück zuzuteilen** (→ zu den weiteren Voraussetzungen einer einseitigen Zuteilung Rn. 18). Hauptanwendungsfall ist die Verbreiterung oder der Rückbau einer Straße oder die Anlage eines Fahrweges zur Erschließung hinterer Grundstücke. Auch hier kommt es nicht darauf an, dass die Grundstücke aneinander angrenzen. 10

c) Dienstbarkeiten, Baulasten u. Grundpfandrechte (Abs. 4). Durch die Änderung der Grenzen im Rahmen einer vereinfachten Umlegung können auch **Dienstbarkeiten** betroffen sein. So kann zB eine Grunddienstbarkeit an einer Stelle überflüssig und dafür an einer anderen Stelle notwendig werden. **Abs. 4 S. 1** bestimmt, dass solchermaßen **betroffene** Dienstbarkeiten im Rahmen der vereinfachten Umlegung neu geordnet werden können. Klarstellend wird hervorgehoben, dass sie zu diesem Zweck auch neu begründet oder aufgehoben werden dürfen. Daraus folgt, dass Dienstbarkeiten im Rahmen der vereinfachten Umlegung nicht beliebig völlig neu begründet werden können, sondern dass dies nur bei durch die vereinfachte Umlegung betroffenen Dienstbarkeiten möglich ist. Zudem muss die Neubegründung nach Art und Umfang aufgrund der Neuordnung der Grundstücksverhältnisse erforderlich sein (OLG Bamberg Urt. v. 23.1.2012 – 9 U 1/11 Baul, NVwZ-RR 2012, 458). 11

Dienstbarkeiten sind die Grunddienstbarkeiten, der Nießbrauch und die beschränkten persönlichen Dienstbarkeiten nach den §§ 1018 ff. BGB (→ § 61 Rn. 6). Auch **Baulasten** (→ § 61 Rn. 14) können neu geordnet werden. Dies gilt nach **Abs. 4 S. 2** auch für **Grundpfandrechte** (→ § 61 Rn. 8), allerdings nur bei **Zustimmung** der Beteiligten. 12

4. Voraussetzungen (Abs. 1). a) Anwendungsbereich (S. 1 Hs. 1). Die vereinfachte Umlegung kann, wie sich aus der Verweisung in S. 1 Hs. 1 auf § 45 S. 2 Nr. 1 ergibt, durchgeführt werden im **Geltungsbereich eines Bebauungsplanes.** Darunter sind alle Arten von Bebauungsplänen zu verstehen, also qualifizierte nach § 30 Abs. 1, einfache nach § 30 Abs. 2, und vorhabenbezogene Bebauungspläne nach § 12. Denn § 12 Abs. 3 S. 2 Hs. 2 schließt zwar die Anwendbarkeit der §§ 45 bis 79, nicht aber die der §§ 80 ff. aus (→ § 12 Rn. 32). Auch Bebauungspläne der Innenentwicklung nach § 13a fallen hierunter (vgl. *Spannowsky* in BK § 80 Rn. 8 f.). Zweifelhaft ist, ob die vereinfachte Umlegung wie die Umlegung nach § 47 Abs. 2 S. 1 auch **parallel zur Aufstellung eines Bebauungsplans** durchgeführt werden kann, da Abs. 2 S. 1 (→ Rn. 27) alle Vorschriften aus dem Abschnitt Umlegung von der Anwendung für die vereinfachte Umlegung ausschließt, die nicht ausdrücklich für an- 13

wendbar erklärt sind; § 47 Abs. 2 ist in den §§ 80 bis 84 nicht als anwendbar bestimmt (ablehnend daher *Spannowsky* in BK § 80 Rn. 10). Abs. 2 S. 1 ist aber vom Gesetzgeber nicht als Ausschlussregelung für die Vereinfachung unterstützende Vorschriften gedacht, sondern als Klarstellung, dass – wie bei der früheren Grenzregelung – die eine vereinfachte Umlegung erschwerenden Vorschriften aus dem allgemeinen Umlegungsrecht nicht anwendbar sein sollen, wenn sie nicht ausdrücklich für anwendbar erklärt sind (*Burmeister/Aderhold* in EZBK § 80 Rn. 49). Dies bedeutet, dass das nach § 47 Abs. 2 in der Umlegung zulässige Parallelverfahren als Verfahrensvereinfachung und -beschleunigung erst recht in der vereinfachten Umlegung möglich ist. Da zudem die vereinfachte Umlegung keine förmliche Einleitung des Verfahrens kennt (vgl. Abs. 2 S. 2, → Rn. 27), bedarf es auch keiner Vorschrift, die das Verhältnis des Beginns der vereinfachten Umlegung zum Bebauungsplan klärt. Erst beim Beschluss über die vereinfachte Umlegung nach § 82 muss der Bebauungsplan in Kraft getreten sein. Wie bei der Umlegung ist es also nicht erforderlich, dass der Bebauungsplan bereits rechtsverbindlich ist, wenn mit der vereinfachten Umlegung begonnen wird. Darüber hinaus kann die vereinfachte Umlegung entsprechend Abs. 1 S. 1 Hs. 1 in Verbindung mit § 45 S. 2 Nr. 2 auch innerhalb eines **im Zusammenhang bebauten Ortsteils nach § 34** (§ 45 Rn. 3) durchgeführt werden, wenn sich hieraus oder aus einem einfachen Bebauungsplan hinreichende Kriterien für die Neuordnung des Gebiets ergeben (OLG Hamm Urt. v. 16.6.2014 – 16 U 7/13).

14 **b) Erforderlichkeit (S. 1 Hs. 2).** Die vereinfachte Umlegung kann, wie die Umlegung auch, nur durchgeführt werden, wenn sie im Sinne des § 46 Abs. 1, auf den S. 1 Hs. 2 verweist, im öffentlichen Interesse **erforderlich** ist. An der Erforderlichkeit mangelt es insbesondere, wenn die Grundstückseigentümer freiwillig zu einer entsprechenden Bodenordnung in der Lage und bereit sind (→ § 46 Rn. 4 ff.).

15 **c) Gegenstand (S. 1 Nr. 1 und 2).** Die vereinfachte Umlegung kann sich nicht nur auf **benachbarte Grundstücke** erstrecken, sondern alle Grundstücke in der engen Nachbarschaft einbeziehen. Da es bei der vereinfachten Umlegung um den rechtlichen Austausch oder die rechtliche Zuteilung von Grundstücken geht, ist hier das **Grundstück im Sinne des Grundbuchrechts** gemeint (vgl. zum Grundstücksbegriff § 200). Die besondere Erwähnung der **Teile von Grundstücken** ist nur historisch zu erklären; in ihrer bis 1979 geltenden Fassung war die (damalige) Grenzregelung auf Grundstücksteile beschränkt. Der besondere Hinweis auf die Grundstücksteile ist durch die Regelung in § 200 Abs. 1 entbehrlich. Bereits dadurch wird deutlich, dass die auf Grundstücke bezogenen Maßnahmen auch im Hinblick auf Grundstücksteile durchgeführt werden können, ohne dass zuvor ein eigenes Grundbuchblatt angelegt werden muss (→ § 200 Rn. 1; *Schriever/Linke* in Kohlhammer-Komm. § 80 Rn. 27 f.; eine besondere Regelung nur für Grundstücksteile enthält allerdings § 83 Abs. 3 S. 1 und 3, → § 83 Rn. 3 ff.). Eine **zahlenmäßige Begrenzung** der Grundstücke, die in die vereinfachte Umlegung einbezogen werden können, enthält das Gesetz **nicht** (*Burmeister/Aderhold* in EZBK § 80 Rn. 32 f.). In jedem Fall können es aber mehr als nur zwei Grundstücke sein, weil es nicht lediglich um den zweiseitigen Grenzausgleich geht (*Kolenda* ZfBR 2005, 538 (540)).

16 **d) Keine selbständige Bebaubarkeit (S. 2).** Eine absolute Grenze für die **Größe** der von der vereinfachten Umlegung erfassten Grundstücke oder Grundstücksteile enthält das Gesetz ebenfalls nicht. Allerdings ist in **Abs. 1 S. 2** geregelt, dass die auszutauschenden oder einseitig zuzuteilenden Grundstücke oder Grundstücksteile **nicht selbständig bebaubar** sein dürfen. Auf Art und Umfang der Bebauung kommt es nicht an, sofern sie nicht gänzlich unbedeutend ist. S. 2 erfasst auch die Fälle, in denen ein übertiefes Grundstück zwar an der Straße, nicht aber im hinteren Teil selbständig bebaubar ist. Hier kann das Grundstück so aufgeteilt werden, dass der bebaubare Teil örtlich unverändert bleibt, der restliche Teil aber in den

Grundstückstausch einbezogen wird (OLG Hamm Urt. v. 16.6.2014 – 16 U 7/13; *Stemmler* DVBl. 2003, 165 (166); vgl. auch *Stock* ZfBR 2004, 536 (537)). Dabei kommt es auf die Art und den Umfang der möglichen Bebaubarkeit nicht an; entscheidend ist vielmehr, ob sie den planerischen Festsetzungen des Bebauungsplans oder den städtebaulichen Gegebenheiten des Bebauungszusammenhangs entspricht und wirtschaftlich zumutbar ist (*Schriever/Linke* in Kohlhammer-Komm. § 80 Rn. 15; *Burmeister/Aderhold* in EZBK § 80 Rn. 36).

e) Öffentliches Interesse (S. 3). Soweit die vereinfachte Umlegung einer wirtschaftlich sinnvollen Ausnutzung der Grundstücke dient, ist sie im Grunde eine Angelegenheit der Eigentümer der benachbarten Grundstücke. Ein solches privates Interesse allein vermag aber eine vereinfachte Umlegung nicht zu rechtfertigen. Die Grenzregelung musste vielmehr auch einem **öffentlichen Interesse dienen.** Diese Vorgabe ist in der **Erforderlichkeit** nach § 46 Abs. 1 enthalten (→ Rn. 14). 17

Die **einseitige Zuteilung von Grundstücken oder Grundstücksteilen** ist nach **Abs. 1 S. 3** nur zulässig, wenn sie **im öffentlichen Interesse geboten** ist. Durch eine solche vereinfachte Umlegung werden einem Eigentümer meist, wenn auch wertmäßig nur unerheblich (→ Rn. 20f.), ein Grundstück oder Teile des Grundstücks weggenommen. Insofern liegt hier ein **Eingriff mit enteignender Wirkung** vor. Verliert ein Eigentümer durch einen hoheitlichen Eingriff einen Teil der Substanz des Grundeigentums im Sinne des § 903 BGB, handelt es sich vom äußeren Tatbestand her um eine „Güterbeschaffung" für einen öffentlichen Zweck und damit um eine Enteignung (BVerfG Beschl. v. 22.5.2001 – 1 BvR 1512/97, BVerfGE 104, 1; so im Ergebnis auch schon BVerwG Urt. v. 26.3.1976 – IV C 7/74, BVerwGE 50, 282 (288ff.)). Für diese Alternative der vereinfachten Umlegung sind daher die Enteignungsvoraussetzungen zu erfüllen. Zwischen dem Erfordertsein durch das Wohl der Allgemeinheit nach § 87 Abs. 1 und dem Gebotensein durch das öffentliche Interesse im Sinne des Abs. 1 S. 3 liegt von der Höhe der Anforderungen her kein Unterschied (vgl. auch *Schriever/Linke* in Kohlhammer-Komm. § 80 Rn. 34; aA *Spannowsky* in BK § 80 Rn. 18: ausgleichspflichtige Inhalts- und Schrankenbestimmung). 18

Zu rechtfertigen ist die Sonderregelung dieser enteignenden Eingriffe im Rahmen der vereinfachten Umlegung nur dann, wenn sie nicht nur einem öffentlichen Interesse dient, sondern **weitgehend auch einem gleichgerichteten privaten Interesse.** Das Vorliegen dieses privaten Interesses, das im Gesetz nicht ausdrücklich erwähnt ist, der Regelung aber inhaltlich zugrunde liegt, ist daher keineswegs ohne rechtliche Bedeutung, sondern wie bei der Umlegung (→ Vorb. §§ 45–84 Rn. 9) **für die grundsätzlich eigentumsinhaltsbestimmenden Charakter der vereinfachten Umlegung konstitutiv** (vgl. OLG Hamm Urt. v. 16.6.2014 – 16 U 7/13). Daraus folgt, dass eine **einseitige Zuteilung** von Grundstücken nach S. 1 Nr. 2 **gegen den Willen** der Beteiligten trotz Entschädigungsregelung in § 81 Abs. 1 **nicht zulässig** sein dürfte (aA *Köster* in Schrödter § 80 Rn. 7; *Schriever/Linke* in Kohlhammer-Komm. § 80 Rn. 34). Denn durch Abs. 1 S. 3 ist der Gemeinde nicht das Enteignungsrecht gegeben worden. Hierfür ist nach § 104 Abs. 1 die höhere Verwaltungsbehörde als Enteignungsbehörde zuständig. 19

5. Verteilungsgrundsätze (Abs. 3). a) Zuteilung nach Sollanspruch (S. 1). Da die vereinfachte Umlegung nicht auf einen zweiseitigen Grenzausgleich beschränkt ist, sondern durchaus komplexere Tauschvorgänge umfassen kann, ist es notwendig, hierfür eine **Verteilungsregelung** bereitzustellen. Diese findet sich in **Abs. 3.** Nach **S. 1** haben alle Eigentümer einen Anspruch darauf, zunächst ein Grundstück in demselben Wertverhältnis zu den übrigen Grundstücken wie vor der vereinfachten Umlegung zu erhalten. Diese Regelung entspricht der Regelung des Sollanspruchs in § 56 Abs. 1 in Verbindung mit § 57 Abs. 1 S. 1. Es wird also von einer **anteilsgleichen Zuteilung nach Werten** (→ § 56 Rn. 5, 7; § 57 Rn. 4ff.) **als Nor-** 20

§ 80 I. Kapitel. IV. Teil. Bodenordnung

malfall ausgegangen (→ aber noch Rn. 23). Wertermittlungsstichtag hierfür ist mangels eines förmlichen Beginns der vereinfachten Umlegung (vgl. Abs. 2 S. 2, → Rn. 27) der Zeitpunkt der ersten nach außen gerichteten Aktivität der Gemeinde zur Durchführung (→ § 46 Rn. 10) der vereinfachten Umlegung. Dies wird in der Regel die Anhörung der Beteiligten sein. Diese ist zwar mangels eines das Verfahren einleitenden förmlichen Umlegungsbeschlusses nach § 47 Abs. 1 nicht zwingend, dürfte aber im praktischen Verfahren unerlässlich sein.

21 b) **Zuteilung in gleicher oder gleichwertiger Lage (S. 1).** Darüber hinaus bestimmt S. 1, dass die **Zuteilung in gleicher oder gleichwertiger Lage** erfolgen soll. Damit wird die Zuteilungsregelung in § 59 Abs. 1 in Bezug genommen. Es gelten daher dieselben Grundsätze wie bei der Umlegung (→ § 59 Rn. 6 ff.).

22 c) **Unerhebliche Wertminderung (S. 2).** Die vereinfachte Umlegung ist ferner nach **Abs. 3 S. 2** nur zulässig, wenn durch sie bei einem Grundstück allenfalls eine **unerhebliche Wertminderung** verursacht wird. Die Wertänderung wird durch Ermittlung des Werts der Grundstücke vor und nach Durchführung der vereinfachten Umlegung festgestellt. Eine Grenze für die Unerheblichkeit der Wertminderung nennt das Gesetz nicht. Art. 13 der ersten Verordnung zur Durchführung des Aufbaugesetzes NRW (vom 13.6.1950, GV NRW, 95) nannte hierfür eine Grenze von **5%**. Bezogen war diese Regelung auf § 15 Aufbaugesetz NRW, der einen Grenzausgleich erlaubte, „wenn durch den Austausch der Wert der Grundstücke nur unerheblich geändert wird". Dieser Wert kann weiterhin als **Anhaltspunkt** dienen, wenn auch eine genaue Wertgrenze unabhängig vom jeweiligen Einzelfall nicht benannt werden kann (vgl. auch *Linke* in Kohlhammer-Komm. § 80 Rn. 40, der einen Wert von 5–10% in Anlehnung an die Umlegungsrechtsprechung des BGH nennt; → auch § 59 Rn. 15).

23 Da die Grenze der unerheblichen Wertänderung nur für die Wertminderung vorgesehen ist, können **Werterhöhungen** der **gesamten** Grundstücke, auf die hierbei abzustellen ist (→ § 81 Rn. 5), nach dem Wortlaut des Gesetzes **durchaus erheblich** sein. Diese Regelung ist aber **einschränkend auszulegen**. Entstehen bei einer vereinfachten Umlegung für alle Beteiligten lediglich Werterhöhungen, weil etwa durch den Austausch von Grundstücken bisher nicht bebaubare Grundstücke bebauungsfähig werden, spielt das Ausmaß der Werterhöhung keine Rolle. Verliert jedoch ein Eigentümer durch den Grundstückstausch oder den Austausch von Grundstücksteilen lediglich eine unerhebliche Parzelle, erhält aber ein anderes Grundstück hierdurch erst seine Bebaubarkeit und gewinnt daher erheblich an Wert, würde die vereinfachte Umlegung zu folgendem Ergebnis führen: Der Eigentümer des abgebenden Grundstücks würde einen kleinen Teil des Grundstücks abgeben und dafür aufgrund der nur unerheblichen Wertminderung eine entsprechend geringfügige Entschädigung erhalten. Der Eigentümer des aufnehmenden Grundstücks dagegen hätte eine erhebliche Ausgleichsleistung zu erbringen, weil das Grundstück einen erheblichen Wertzuwachs erfährt. Da nach § 81 Abs. 2 die Ausgleichsleistungen an die oder von der Gemeinde zu leisten sind, würde ihr ein erheblicher Überschuss verbleiben. In diesem Fall entspricht es dem Interesse der beteiligten Privaten, auf eine Grenzregelung zu „verzichten" und privat einen Preis für den abzugebenden Grundstücksteil auszuhandeln, der beiden Interessen näher kommt. Die Grenzregelung würde hier also – bestenfalls – allein im öffentlichen Interesse und nicht zumindest auch im privaten Interesse der Beteiligten liegen. Die notwendige Gleichgerichtetheit von privaten und öffentlichen Interessen (Rn. 19) würde fehlen und die vereinfachte Umlegung daher unzulässig sein. In diesen Fällen einer durch die vereinfachte Umlegung bewirkten gleichzeitigen Wertminderung und Werterhöhung darf daher auch die Werterhöhung nicht mehr als unerheblich sein. Sind die Beteiligten nicht einigungsbereit (Rn. 24), besteht aber gleichwohl ein öffentliches Interesse an der Grenzänderung, so bleiben, wenn eine Befreiung nicht ausreicht, nur Umlegung oder Enteignung.

2. Abschnitt. Vereinfachte Umlegung § 80

d) Abweichende Regelungen (S. 3). Nach **Abs. 3 S. 3** können mit Zustim- 24
mung der Beteiligten **abweichende Regelungen** getroffen werden. Diese Bestimmung entspricht im Prinzip § 56 Abs. 2 (→ § 56 Rn. 15).

6. Zuständigkeit (Abs. 5). a) Gemeinde. Nach Abs. 1 S. 1 ist die vereinfachte 25
Umlegung grundsätzlich eine pflichtige **Selbstverwaltungsaufgabe der Gemeinde** (*Kolenda* ZfBR 2005, 538 (539)). Sie kann zu den **einfachen Geschäften der laufenden Verwaltung** gehören (*Linke* in Kohlhammer-Komm. § 80 Rn. 53) und dann vom Bürgermeister in eigener Verantwortung wahrgenommen werden (→ aber Rn. 26). In Fällen erheblicher Werterhöhung der Grundstücke sollte aber der Gutachterausschuss eingeschaltet werden (*Linke* ebd.).

b) Übertragbarkeit. Nach **Abs. 5 S. 1** sind die Landesregierungen ermächtigt, 26
den Gemeinden die Befugnis einzuräumen, vereinfachte Umlegungsverfahren auf die **Umlegungsausschüsse** zu übertragen (s. etwa § 8 DVO zum BauGB NRW; § 3 Abs. 2 S. 2 DVO zum BauGB Nds). In welchem Ausmaß die Gemeinde von dieser Delegationsbefugnis Gebrauch macht, ob dies für das gesamte Gemeindegebiet und für alle vereinfachten Umlegungen oder nur für bestimmte Fälle erfolgt und ob sie sich eine Widerrufsmöglichkeit vorbehält, ist der Gemeinde überlassen. Soweit es sich nicht um völlig einfache Fälle handelt, ist die Übertragung der vereinfachten Umlegung auf einen bestehenden Umlegungsausschuss zumeist sinnvoll, um dessen Kompetenz und Akzeptanz zu nutzen und die Überleitung in ein eventuell erforderliches „normales" Umlegungsverfahren zu erleichtern. Nach **Abs. 5 S. 2** kann die Gemeinde die vereinfachte Umlegung auch, wie die Umlegung, auf eine geeignete **andere Behörde übertragen** (→ § 46 Rn. 24ff.). Abs. 5 S. 2 erwähnt bei seiner Verweisung auf § 46 Abs. 4 die Möglichkeit der Übertragung vorbereitender Aufgaben auf **öffentlich bestellte Vermessungsingenieure,** wie sie § 46 Abs. 4 S. 3 vorsieht, nicht. Gleichwohl kann die Gemeinde öffentlich bestellte Vermessungsingenieure bei der Vorbereitung der vereinfachten Umlegung ebenso zu ihrer Entlastung einsetzen wie bei der Umlegung. Die Sperrwirkung des Abs. 2 S. 1 gilt nicht für die das Verfahren erleichternde und beschleunigende Einbeziehung öffentlich bestellter Vermessungsingenieure nach § 46 Abs. 4 S. 3 (→ § 46 Rn. 26). Es ist kein Grund ersichtlich, warum die Gemeinden von dieser internen Entlastungsmöglichkeit bei der wesentlich weiter reichenden Umlegung, nicht aber bei der weniger eingreifenden vereinfachten Umlegung sollen Gebrauch machen können (vgl. *Köster* in Schrödter § 80 Rn. 17; *Burmeister/Aderhold* in EZBK § 80 Rn. 58→ s. auch Rn. 13).

7. Verfahren (Abs. 2). Nach **Abs. 2 S. 1** sind die Vorschriften über die Umle- 27
gung nur anzuwenden, wenn ausdrücklich auf sie verwiesen wird (→ aber Rn. 13). Es bedarf daher zB keines das Gebiet der vereinfachten Umlegung festlegenden Beschlusses nach §§ 47, 52, keiner Verfügungs- und Veränderungssperre nach § 51, keines Umlegungsvermerks nach § 54, keiner Bestandskarte und keines Bestandsverzeichnisses nach § 53 sowie der damit jeweils zusammenhängenden Verfahrensschritte. Auch eine förmliche Einleitung durch eine **Anordnung** ist bei der vereinfachten Umlegung, wie **Abs. 2 S. 2** festlegt, **nicht erforderlich.** Sie kann daher sowohl von Amts wegen als auch auf Antrag eines Beteiligten eingeleitet werden. Die Einleitung steht im pflichtgemäßen **Ermessen** der Gemeinde; einen gebundenen Anspruch auf vereinfachte Umlegung gibt es nicht (*Schriever/Linke* in Kohlhammer-Komm. § 80 Rn. 54; *Köster* in Schrödter § 80 Rn. 17). Vielfach können die Beteiligten den mit der vereinfachten Umlegung erreichbaren Erfolg auch durch privatrechtliche Vereinbarungen erzielen. In jedem Fall sollte bei Beginn einer vereinfachten Umlegung, ähnlich wie bei der Umlegung nach § 47 Abs. 1 vor dem verfahrenseinleitenden Umlegungsbeschluss, eine **Anhörung der Beteiligten** stattfinden. Wird der Antrag auf Durchführung einer vereinfachten Umlegung **abgelehnt,** ist hierin ein Verwaltungsakt zu sehen. Daher kann hiergegen, ggf. nach Durchfüh-

§ 81

I. Kapitel. IV. Teil. Bodenordnung

rung eines Widerspruchsverfahrens nach § 212, **Antrag auf gerichtliche Entscheidung** nach § 217 gestellt werden. Dabei geht es jedoch allein darum, ob die Gemeinde ihr **Ermessen fehlerfrei ausgeübt** hat.

28 8. **Beteiligte.** Da die vereinfachte Umlegung nicht nur die Grundstücke, sondern auch die an ihnen bestehenden Dienstbarkeiten, Baulasten und Grundpfandrechte betreffen kann, sind **Beteiligte** an einer Grenzregelung neben den Eigentümern auch die Inhaber derartiger Rechte. Dementsprechend unterscheidet das Gesetz jeweils zwischen „Eigentümern" – für allein grundstücksbezogene Regelungen – und „Beteiligten" – für allgemein geltende Regelungen.

29 9. **Vorkaufsrecht.** Nach § 24 Abs. 1 Nr. 2 besteht an den in eine vereinfachte Umlegung einbezogenen Grundstücken **kein Vorkaufsrecht**. Zwar handelt es sich auch bei der vereinfachten Umlegung um eine Umlegung, jedoch ist kein Gebiet festgelegt, in dem die Umlegung stattfindet, sodass es an einer grundbuchlichen Bestimmbarkeit der Grundstücke fehlt, an denen ein Vorkaufsrecht bestehen könnte (*Schriever/Linke* in Kohlhammer-Komm. § 80 Rn. 57).

§ 81 Geldleistungen

(1) ¹**Vorteile, die durch die vereinfachte Umlegung bewirkt werden, sind von den Eigentümern in Geld auszugleichen.** ²**Die Vorschriften über die Entschädigung im Zweiten Abschnitt des Fünften Teils sind entsprechend anzuwenden.**

(2) ¹**Gläubigerin und Schuldnerin der Geldleistungen ist die Gemeinde.** ²**Die Beteiligten können mit Zustimmung der Gemeinde andere Vereinbarungen treffen.** ³**Die Geldleistungen werden mit der Bekanntmachung nach § 83 Abs. 1 fällig.** ⁴**§ 64 Abs. 3, 4 und 6 über Beitrag und öffentliche Last ist entsprechend anzuwenden, wenn die Gemeinde Gläubiger der Geldleistungen ist.**

(3) ¹**Dinglich Berechtigte, deren Rechte durch die vereinfachte Umlegung beeinträchtigt werden, sind insoweit auf den Geldanspruch des Eigentümers angewiesen.** ²**Für die Hinterlegung von Geldleistungen und für das Verteilungsverfahren gelten die Vorschriften der §§ 118 und 119 entsprechend.**

Übersicht

	Rn.
1. Geldausgleich (Abs. 1)	1
a) Vorteile (S. 1)	2
b) Bemessung des Geldausgleichs (S. 2)	4
2. Zahlungsmodalitäten (Abs. 2)	6
a) Gemeinde als Gläubigerin und Schuldnerin des Geldausgleichs (S. 1)	6
b) Abweichende Vereinbarung (S. 2)	7
c) Fälligkeit (S. 3)	10
d) Geldleistungen als Beitrag und öffentliche Last; Vorrang der Sicherung eines Baukredits (S. 4)	11
3. Dinglich Berechtigte (Abs. 3)	12
a) Verweisung auf Geldanspruch (S. 1)	12
b) Hinterlegung (S. 2)	13

1 **1. Geldausgleich (Abs. 1).** Entstehen durch die vereinfachte Umlegung einem Eigentümer Vermögensvorteile, sind sie in Geld auszugleichen; entstehen Vermögensnachteile, dann besteht ein Anspruch auf Entschädigung. Wie die Umlegung

2. Abschnitt. Vereinfachte Umlegung § 81

(→ § 57 Rn. 23) soll auch die vereinfachte Umlegung für die Beteiligten **im Ergebnis vermögensneutral** bleiben. Soweit diese Vermögensneutralität nicht durch den Landaustausch erreicht wird, regelt **Abs. 1** die erforderlichen Ausgleichsleistungen in Geld.

a) Vorteile (S. 1). Nach § 83 Abs. 3 S. 2 werden ausgetauschte oder zugeteilte 2 Grundstücksteile und Grundstücke Bestandteil desjenigen Grundstücks, dem sie zugeteilt werden. Durch die Zuteilung von Grundstücksteilen oder Grundstücken erfahren die empfangenden Grundstücke eine Werterhöhung. Beim Austausch von Grundstücksteilen kann sich sowohl eine Werterhöhung als auch eine Wertminderung ergeben; es kann auch sein, dass keinerlei Wertänderung der Grundstücke eintritt. Mit **Vorteilen** nach S. 1 sind daher **Steigerungen des Grundstückswerts insgesamt** gemeint, wobei es unerheblich ist, ob diese Wertänderung auf einer Flächenzunahme oder auf einer Wertzunahme pro Quadratmeter beruht (wohl auch *Otte* in EZBK § 81 Rn. 2; zur Handhabung in der Praxis vgl. *Dieterich* Rn. 526).

Vor Änderung durch das EAG Bau unterschied das Gesetz noch **Wertunter-** 3 **schiede ausgetauschter Grundstücke.** Diese Bestimmung war schon lange unbedeutend oder gar überflüssig und wurde mit dem EAG Bau **aufgehoben,** sodass insgesamt ein einheitlicher Maßstab gilt (vgl. Begründung zum Regierungsentwurf des EAG Bau, BT-Drs. 15/2250, 59).

b) Bemessung des Geldausgleichs (S. 2). Abs. 1 S. 2 bestimmt, dass für die 4 **Bemessung des Geldausgleichs** unabhängig von einer Werterhöhung oder einer Wertminderung die Vorschriften über die Entschädigung in den §§ 93 ff. entsprechend anzuwenden sind. Nach § 99 Abs. 1 S. 1 ist die Ausgleichsleistung grundsätzlich in einem einheitlichen Betrag zu leisten, doch können nach § 99 Abs. 1 S. 2 auf Antrag auch wiederkehrende Leistungen gestattet werden. § 99 Abs. 3 S. 1 bestimmt eine Verzinsung der Ausgleichsleistungen mit 2 v. H. über dem Basiszinssatz nach § 247 des BGB, sofern sie nicht sofort bei Fälligkeit erbracht werden. Die Vorschrift des § 100 über die Entschädigung in Land ist durch die Regelung in S. 1, dass der Ausgleich in Geld zu erbringen ist, ausgeschlossen.

Auszugleichen sind die durch die vereinfachte Umlegung bewirkten Vorteile, d. h. 5 die Wertänderungen der Grundstücke. Dies bedeutet, dass jeweils auf das **gesamte Grundstück**, nicht hingegen auf den ausgetauschten Grundstücksteil oder auf das zugeteilte Grundstück allein abzustellen ist. Dies kann im Ergebnis dazu führen, dass der Ausgleich für eine Wertminderung relativ gering, der Ausgleich für eine Werterhöhung jedoch beträchtlich ist (→ § 80 Rn. 23).

2. Zahlungsmodalitäten (Abs. 2). a) Gemeinde als Gläubigerin und 6 **Schuldnerin des Geldausgleichs (S. 1).** Entsprechend der Regelung in § 64 Abs. 1 bei der Umlegung ist nach **Abs. 2 S. 1** auch bei der vereinfachten Umlegung die **Gemeinde Gläubigerin und Schuldnerin der Geldleistungen.** Die Ausgleichsleistungen werden also nicht unmittelbar von den Eigentümern erbracht, sondern über die Gemeinde als „Umlegungskasse".

b) Abweichende Vereinbarung (S. 2). Um diese Zahlungsmodalitäten zu ver- 7 einfachen und uU die Aufrechnung gegenseitiger Leistungen zu ermöglichen, können die Beteiligten nach **Abs. 2 S. 2 vereinbaren,** dass Leistungen unmittelbar untereinander erbracht werden. In diesem Fall hat jedoch die Gemeinde zuzustimmen, da ihr nach dem Grundsatz des Abs. 2 S. 1 ein etwaiger Überschuss verbleibt. Die Gemeinde kann ihre Zustimmung daher davon abhängig machen, dass zumindest ihre Kosten ersetzt werden.

Ausgleichspflichtig sind nach Abs. 1 S. 1 ausdrücklich nur die **Eigentümer.** Die 8 Vorteile einer vereinfachten Umlegung kommen jedoch in gleichem Maße **Erbbauberechtigten** zu. Erbbauberechtigte sind daher zB in § 64 Abs. 3 ausdrücklich den Eigentümern gleichgestellt. Die Verweisung in Abs. 2 S. 4 auf § 64 Abs. 3 bezieht sich

§ 81 I. Kapitel. IV. Teil. Bodenordnung

aber nur auf den Charakter der Geldleistung als Beitrag, nicht hingegen auf die Zahlungspflichtigen. Die Vereinbarung nach Abs. 2 S. 1 können dagegen auch andere Beteiligte schließen. Sie kann jedoch nicht dazu dienen, die Zahlungspflicht von Erbbauberechtigten zu begründen. Es kann hierbei vielmehr nur um die Änderung der Zahlungsmodalitäten und der Zahlungsadressaten gehen, nicht aber um den Austausch von Zahlungspflichtigen (so auch *Schriever/Linke* in Kohlhammer-Komm. § 81 Rn. 18).

9 Eigentümer sowie Erbbauberechtigte können jedoch nach § 2 Nr. 3 ErbbauRG untereinander eine entsprechende Vereinbarung über die Tragung öffentlicher Lasten treffen. Erbbauberechtigte können sich auch vertraglich an der Zahlungspflicht des Eigentümers beteiligen (vgl. *Schriever/Linke* in Kohlhammer-Komm. § 81 Rn. 19). *Köster* (in Schrödter § 81 Rn. 2, 7) kommt über die Anwendung des § 200 Abs. 2 zu einer entsprechenden Anwendung des Abs. 1 S. 1 auch für das Erbbaurecht. Da das BauGB aber in der Regel ausdrückliche Bestimmungen über die Gleichsetzung von Eigentum und eigentumsähnlichen Rechten trifft und § 200 Abs. 2 daher nur selten zur Anwendung kommt (→ § 200 Rn. 7), fragt sich, ob hier nicht eher durch einen Umkehrschluss zu § 64 Abs. 3 und durch Anwendung der Sperrvorschrift des § 80 Abs. 2 S. 1 (→ § 80 Rn. 13, 27) von der Unanwendbarkeit des § 200 Abs. 2 ausgegangen werden muss, weil das Gesetz eine andere Regelung getroffen hat (so im Ergebnis auch *Otte* in EZBK § 81 Rn. 2).

10 **c) Fälligkeit (S. 3).** Nach **Abs. 2 S. 3** werden die Geldleistungen mit der **Bekanntmachung der Unanfechtbarkeit des Beschlusses über die vereinfachte Umlegung** nach § 83 Abs. 1 fällig. Wie bei § 64 Abs. 2 S. 1 (→ § 64 Rn. 5) ist also auch hier die Übereinstimmung der Zeitpunkte des Inkrafttretens der Rechtswirkungen und der Fälligkeit der Geldleistungen sichergestellt.

11 **d) Geldleistungen als Beitrag und öffentliche Last; Vorrang der Sicherung eines Baukredits (S. 4). Abs. 2 S. 4** erklärt § 64 Abs. 3 und 6 für entsprechend anwendbar, so dass die Geldleistungen in der vereinfachten Umlegung ebenso wie in der Umlegung als **Beitrag** gelten und als **öffentliche Last** auf dem Grundstück ruhen (→ § 64 Rn. 10f.). Ebenso wird auf § 64 Abs. 4 verwiesen. Hierdurch wird erreicht, dass durch die **Sicherung der Geldleistungen** eine beabsichtigte Bebauung des Grundstücks nicht erschwert wird (→ § 64 Rn. 12f.). Aus dem zweiten Halbs. ergibt sich, dass dies nur gilt, wenn die Gemeinde selbst Gläubigerin der Geldleistungen ist. Zudem dürfen die Betroffenen keine abweichende Vereinbarung nach § 81 Abs. 2 S. 2 getroffen haben.

12 **3. Dinglich Berechtigte (Abs. 3). a) Verweisung auf Geldanspruch (S. 1).** Wird durch die vereinfachte Umlegung eine dinglich gesicherte Berechtigung **beeinträchtigt,** wird der Inhaber dieses Rechts nach **Abs. 3 S. 1** auf den Geldanspruch des Eigentümers verwiesen. Diese Regelung entspricht § 63 Abs. 2, so dass auf die dortige Kommentierung (§ 63 Rn. 7ff.) verwiesen werden kann.

13 **b) Hinterlegung (S. 2).** Erheben **mehrere Berechtigte** Anspruch auf Befriedigung aus der Geldleistung, ohne dass der Gemeinde eine Einigung über die auszuzahlenden Beträge nachgewiesen wird, kann die Gemeinde diese Geldleistung hinterlegen. Für die Hinterlegung gelten nach **Abs. 3 S. 2,** der wortgleich mit § 65 ist, die Vorschriften der §§ 118 und 119 entsprechend (→ § 65 Rn. 1f.).

2. Abschnitt. Vereinfachte Umlegung §82

§ 82 Beschluss über die vereinfachte Umlegung

(1) ¹Die Gemeinde setzt nach Erörterung mit den Eigentümern durch Beschluss die neuen Grenzen sowie die Geldleistung fest und regelt in ihm, soweit es erforderlich ist, die Neuordnung und zu diesem Zweck auch die Neubegründung und Aufhebung von Dienstbarkeiten, Grundpfandrechten und Baulasten. ²Beteiligten, deren Rechte ohne Zustimmung durch den Beschluss betroffen werden, ist vorher Gelegenheit zur Stellungnahme zu geben. ³Der Beschluss muss nach Form und Inhalt zur Übernahme in das Liegenschaftskataster geeignet sein.

(2) ¹Allen Beteiligten ist ein ihre Rechte betreffender Auszug aus dem Beschluss zuzustellen. ²Dabei ist darauf hinzuweisen, dass der Beschluss bei einer zu benennenden Stelle eingesehen werden kann.

Übersicht

	Rn.
1. Verfahren	1
2. Inhalt (Abs. 1 S. 1)	2
a) Grenzen	3
b) Geldleistungen	4
c) Dienstbarkeiten, Grundpfandrechte und Baulasten	5
d) Begründung	6
e) Rechtsbehelfsbelehrung	7
3. Form (Abs. 1 S. 3)	8
4. Bekanntgabe (Abs. 2)	9

1. Verfahren. Die vereinfachte Umlegung kennt, anders als die Umlegung, kein 1 nach außen sichtbares **Verfahren** (→ § 80 Rn. 27). Gleichwohl setzt die vereinfachte Umlegung wie die Umlegung vermessungs-, kartierungs- und bewertungstechnische Arbeiten voraus. Wichtigste Verfahrenshandlung auch bei der vereinfachten Umlegung ist die **Erörterung mit den Beteiligten**. Auch wenn dies in S. 1 ausdrücklich nur als Verfahrensschritt vor dem die vereinfachte Umlegung abschließenden Beschluss geregelt wird, kann sich die Beteiligung der Betroffenen in der Regel nicht darauf beschränken (→ § 80 Rn. 27). Die **Anhörung weiterer Beteiligter** ist in **Abs. 1 S. 2** ausdrücklich hervorgehoben. Dieses Recht auf Anhörung steht den dinglich Berechtigten, deren Rechte ohne ihre Zustimmung berührt werden, zu. Die Anhörung kann in einem Erörterungstermin für alle Beteiligten gleichzeitig oder aber auch für die jeweils Betroffenen einzeln stattfinden. Die Anhörung kann schriftlich oder mündlich erfolgen. Ob die Beteiligten von ihrem Äußerungsrecht Gebrauch machen, ist unerheblich; es genügt, wenn ihnen Gelegenheit zur Stellungnahme gegeben wird.

2. Inhalt (Abs. 1 S. 1). Aus dem **Beschluss über die vereinfachte Umlegung** 2 nach **Abs. 1 S. 1** muss gemäß § 83 Abs. 2 S. 1 der angestrebte neue Rechtszustand **vollständig und genau** ersichtlich sein.

a) Grenzen. Insbesondere muss aus ihm der genaue Verlauf der **neuen Grenzen** 3 hervorgehen. Anders als beim Umlegungsplan ist hier nicht vorgeschrieben, dass der Beschluss aus Karte und Verzeichnis zu bestehen hat. Das Erfordernis einer **Umlegungskarte** ergibt sich jedoch aus der Vorschrift in Abs. 1 S. 3, nach dem der Beschluss zur Übernahme in das Liegenschaftskataster geeignet sein muss (→ Rn. 8). Dies ist er nur, wenn auch eine Karte mit den neuen Grenzen zum Beschluss gehört (vgl. *Schriever/Linke* in Kohlhammer-Komm. § 82 Rn. 19; *Köster* in Schrödter § 82 Rn. 2). Ein **Umlegungsverzeichnis** ist dagegen für die Feststellung der Grenzen in

§ 83

der Regel nicht erforderlich, wenn auch zweckmäßig. Es kann zB für Geldleistungen und die Neuordnung von Dienstbarkeiten, Baulasten oder Grundpfandrechten notwendig sein (*Spannowsky* in BK § 82 Rn. 13).

4 **b) Geldleistungen.** Sind neben dem Austausch von Grundstücken oder Grundstücksteilen auch **Geldleistungen** erforderlich, um die Vor- und Nachteile der vereinfachten Umlegung auszugleichen, sind auch diese im Beschluss nach Verpflichteten, Höhe und Zahlungsmodalitäten genau festzulegen. Sind diesbezügliche Vereinbarungen getroffen worden, müssen sie in den Beschluss aufgenommen werden.

5 **c) Dienstbarkeiten, Grundpfandrechte und Baulasten.** Sind nach § 80 Abs. 4 auch **Dienstbarkeiten, Baulasten oder Grundpfandrechte** neu geordnet worden (→ § 80 Rn. 11), muss diese Neuordnung ebenfalls im Beschluss ausdrücklich und präzise aufgeführt werden.

6 **d) Begründung.** Der Beschluss über die vereinfachte Umlegung ist wie der Umlegungsplan **grundsätzlich nicht** zu **begründen.** Denn den Beteiligten sind regelmäßig die Gründe in der Erörterung hinreichend bekannt geworden, so dass schon nach § 39 Abs. 2 Nr. 2 VwVfG eine Begründung jedenfalls nicht zwingend ist (ebenso *Birk* in SU § 82 Rn. 4.; aA *Dieterich* Rn. 533).

7 **e) Rechtsbehelfsbelehrung.** Der Beschluss über die vereinfachte Umlegung ist wie der Beschluss über den Umlegungsplan (→ § 66 Rn. 23) ein privatrechtsgestaltender **Verwaltungsakt,** gegen den, ggf. nach Durchführung eines Widerspruchsverfahrens gemäß § 212, Antrag auf gerichtliche Entscheidung nach § 217 möglich ist (OLG Hamm Urt. v. 16. 6. 2014 – 16 U 17/13). Ihm ist daher eine entsprechende **Rechtsbehelfsbelehrung** nach § 211 beizufügen.

8 **3. Form (Abs. 1 S. 3).** Der Beschluss über die vereinfachte Umlegung muss gemäß **Abs. 1 S. 3** nach Inhalt und Form dazu geeignet sein, in das **Liegenschaftskataster** übernommen zu werden. Er muss daher insoweit denselben Anforderungen an Form und Inhalt wie der Umlegungsplan genügen (→ Rn. 3 sowie § 66 Rn. 30).

9 **4. Bekanntgabe (Abs. 2).** Der Beschluss bedarf als Verwaltungsakt der **Bekanntgabe** an die Betroffenen. **Abs. 2 S. 1** bestimmt daher, dass allen Beteiligten ein ihre Rechte betreffender Auszug aus dem Beschluss zuzustellen ist. Diese Regelung entspricht für die Umlegung § 70 Abs. 1. Gehört zum Beschluss über die vereinfachte Umlegung eine Karte, ist auch ein entsprechender Auszug aus der Karte zuzustellen. Darüber hinaus steht allen Beteiligten das **Recht** zu, in den vollständigen Beschluss **einzusehen,** wenn ein berechtigtes Interesse daran besteht (vgl. § 69 Abs. 2). Hierauf ist nach **S. 2** bei der Zustellung des Beschlusses über die vereinfachte Umlegung **hinzuweisen.** Bei umfangreicheren Verfahren können Beteiligte u. U. nur durch Einsichtnahme in weitere Teile des Beschlusses beurteilen, ob sie gegen diesen mit Rechtsbehelfen vorgehen sollen oder nicht.

§ 83 Bekanntmachung und Rechtswirkungen der vereinfachten Umlegung

(1) ¹Die Gemeinde hat ortsüblich bekannt zu machen, in welchem Zeitpunkt der Beschluss über die vereinfachte Umlegung unanfechtbar geworden ist. ²§ 71 Abs. 2 über die vorzeitige Inkraftsetzung ist entsprechend anzuwenden.

(2) ¹Mit der Bekanntmachung wird der bisherige Rechtszustand durch den in dem Beschluss über die vereinfachte Umlegung vorgesehenen neuen Rechtszustand ersetzt. ²Die Bekanntmachung schließt die Einweisung der

2. Abschnitt. Vereinfachte Umlegung § 83

neuen Eigentümer in den Besitz der zugeteilten Grundstücke oder Grundstückteile ein. ³§ 72 Abs. 2 über die Vollziehung ist entsprechend anzuwenden.

(3) ¹Das Eigentum an ausgetauschten oder einseitig zugeteilten Grundstücksteilen und Grundstücken geht lastenfrei auf die neuen Eigentümer über; Unschädlichkeitszeugnisse sind nicht erforderlich. ²Sofern Grundstücksteile oder Grundstücke einem Grundstück zugeteilt werden, werden sie Bestandteil dieses Grundstücks. ³Die dinglichen Rechte an diesem Grundstück erstrecken sich auf die zugeteilten Grundstücksteile und Grundstücke. ⁴Satz 1 Halbsatz 1 und Satz 3 gelten nur, soweit sich nicht aus einer Regelung nach § 80 Abs. 4 etwas anderes ergibt.

Übersicht

	Rn.
1. Inkrafttreten der vereinfachten Umlegung (Abs. 1)	1
2. Rechtsänderung und Besitzeinweisung (Abs. 2)	2
3. Besonderheiten der Rechtsänderung in der vereinfachten Umlegung (Abs. 3)	3
a) Lastenfreier Übergang (S. 1 Hs. 1, S. 4)	4
b) Entfallen von Unschädlichkeitszeugnissen (S. 1 Hs. 2)	5
c) Bestandteilseigenschaft (S. 2)	6
d) Erstreckung dinglicher Rechte (S. 3 und 4)	7

1. Inkrafttreten der vereinfachten Umlegung (Abs. 1). Die Regelung über das **Inkrafttreten** der vereinfachten Umlegung in Abs. 1 entspricht der in § 71. Auf die dortigen Ausführungen kann daher verwiesen werden (ein Muster einer Bekanntmachung des Beschlusses über die vereinfachte Umlegung ist bei *Schriever/Linke* in Kohlhammer-Komm., nach § 83 abgedruckt). 1

2. Rechtsänderung und Besitzeinweisung (Abs. 2). Nach **Abs. 2 S. 1** erfolgt wie bei der Umlegung ein **Eigentumsübergang kraft Gesetzes.** Auch die Regelung über die **Besitzeinweisung** in S. 2 entspricht der umlegungsrechtlichen Bestimmung in § 72 Abs. 1. Auf die dortigen Ausführungen kann daher verwiesen werden. Ferner wird in S. 3 auf § 72 Abs. 2 verwiesen, nach dem die Gemeinde den Umlegungsplan zu **vollziehen** hat. Da die vereinfachte Umlegung stets auch im öffentlichen Interesse liegt (→ § 80 Rn. 17), hat die Gemeinde wie für den Vollzug der Umlegung auch für den Vollzug des Beschlusses über die vereinfachte Umlegung zu sorgen (→ § 72 Rn. 9). 2

3. Besonderheiten der Rechtsänderung in der vereinfachten Umlegung (Abs. 3). Da es bei der vereinfachten Umlegung in erster Linie um den unmittelbaren Tausch und die Zuteilung von Grundstücken und Grundstücksteilen geht, regelt **Abs. 3** diesbezügliche Besonderheiten. 3

a) Lastenfreier Übergang (S. 1 Hs. 1, S. 4). S. 1 Hs. 1 bestimmt, dass Grundstücksteile von belasteten Grundstücken abweichend vom BGB (→ Rn. 6) **lastenfrei** auf das neue Grundstück **übergehen,** sofern nicht im Rahmen der Neuordnung von Dienstbarkeiten, Baulasten oder Grundpfandrechten nach § 80 Abs. 4 eine andere Regelung getroffen worden ist. 4

b) Entfallen von Unschädlichkeitszeugnissen (S. 1 Hs. 2). Ein solcher lastenfreier Übergang von Grundstücksteilen auf ein anderes Grundstück bedarf grundsätzlich eines **Unschädlichkeitszeugnisses** nach landesrechtlichen Vorschriften und Art. 120 EGBGB. Da im Rahmen der vereinfachten Umlegung Wertminderungen nach § 80 Abs. 1 S. 2 im Regelfall nur unerheblich sein dürfen und die dinglich Be- 5

rechtigten im Übrigen nach § 81 Abs. 3 S. 1 auf den Geldanspruch des Eigentümers zurückgreifen können, bestimmt S. 1 Hs. 2, dass solche Unschädlichkeitszeugnisse im Rahmen der vereinfachten Umlegung **nicht erforderlich** sind.

6 c) **Bestandteilseigenschaft (S. 2).** Nach **S. 2** werden die einem Grundstück zugeteilten Grundstücke oder Grundstücksteile **Bestandteil** des Grundstücks. Es handelt sich hierbei der Sache nach um eine Zuschreibung im Sinne des § 890 Abs. 2 BGB, die jedoch in zweierlei Hinsicht modifiziert ist. Eine erste Abweichung ergibt sich bereits aus S. 1, nach dem die Grundstücksteile lastenfrei übergehen. Dies ist nach § 890 Abs. 2 BGB ansonsten nicht der Fall; die Belastungen bleiben danach an den Grundstücksteilen bestehen, sofern nicht die Sonderregelung des Art. 120 EGBGB eingreift.

7 d) **Erstreckung dinglicher Rechte (S. 3 und 4).** Eine weitere Besonderheit ergibt sich aus S. 3. Danach erstrecken sich sämtliche **dinglichen Rechte** an dem Hauptgrundstück auch auf die zugeteilten Grundstücksteile und Grundstücke. Dies ist bei einer Zuschreibung nach § 890 Abs. 2 BGB mit Ausnahme der Grundpfandrechte, für die § 1131 BGB eine Sonderregelung enthält, nicht der Fall. Diese Regelung gilt nach S. 4 jedoch nur, soweit nicht nach § 80 Abs. 4 eine andere Vereinbarung getroffen wurde.

§ 84 Berichtigung der öffentlichen Bücher

(1) ¹**Die Gemeinde übersendet dem Grundbuchamt und der für die Führung des Liegenschaftskatasters zuständigen Stelle eine beglaubigte Abschrift des Beschlusses über die vereinfachte Umlegung, teilt den Zeitpunkt der Bekanntmachung nach § 83 Abs. 1 mit und ersucht diese, die Rechtsänderungen in das Grundbuch und in das Liegenschaftskataster einzutragen.** ²§ 74 Abs. 2 gilt entsprechend.

(2) **Für die Kosten der vereinfachten Umlegung gelten die §§ 78 und 79 entsprechend.**

1 1. Durch die vereinfachte Umlegung erfolgt wie bei der Umlegung ein Rechtsübergang außerhalb des Grundbuchs (→ § 83 Rn. 2). **Abs. 1** regelt daher das Verfahren, in dem die Berichtigung der öffentlichen Bücher herbeizuführen ist. **S. 1** entspricht im Wesentlichen § 74 Abs. 1; allerdings braucht hier nur der **Zeitpunkt der Bekanntmachung** mitgeteilt und nur eine beglaubigte **Abschrift des Beschlusses über die vereinfachte Umlegung** übersandt zu werden. Im Übrigen kann auf die Erläuterungen zu § 74 Abs. 1 verwiesen werden.

2 2. Nach **Abs. 1 S. 2** ist § 74 Abs. 2 entsprechend anzuwenden. Auch der Beschluss über die vereinfachte Umlegung dient daher bis zur Berichtigung des Liegenschaftskatasters als **amtliches Verzeichnis** der Grundstücke (→ § 74 Rn. 7).

3 3. **Abs. 2** verweist für die Kosten auf § 78 und für die Befreiung von Auslagen und nichtsteuerlichen Abgaben auf § 79. Auf die Ausführungen zu diesen Vorschriften kann daher verwiesen werden.

4 Der Eigentumsübergang im Rahmen der früheren Grenzregelung war nicht von der Grunderwerbsteuer befreit (BFH Beschl. v. 24.2.1988 – II B 160/87, BFHE 152, 272). § 1 Abs. 1 Nr. 3 S. 2 Buchst. b GrEStG nimmt ausdrücklich nur den Eigentumsübergang im Umlegungsverfahren von der Grunderwerbsteuer aus. Nunmehr ist es so, dass die vereinfachte Umlegung wie die Umlegung zur Grunderwerbsteuerbefreiung führt (vgl. *Otte* ZfBR 2010, 117 (120); *Köster* in Schrödter § 84 Rn. 2; *Schriever/Linke* in Kohlhammer-Komm. § 84 Rn. 17; *Goldschmidt/Taubeneck* in Hoppenberg/de Witt, Kap. O, Rn. 718).

Fünfter Teil. Enteignung

Vorbemerkung zu den §§ 85 bis 122

Übersicht

	Rn.
1. Begriff und Formen der Enteignung	1
a) Verfassungsrechtlicher Enteignungsbegriff	1
b) Entschädigungsrechtlicher Enteignungsbegriff	5
2. Enteignung nach den §§ 85–122	10
a) Funktionen und Grenzen	10
b) Zulässigkeit der Enteignung	11
c) Enteignungsentschädigung	12
d) Enteignungsverfahren	13
e) Überleitungsrecht	14

1. Begriff und Formen der Enteignung. a) Verfassungsrechtlicher Enteignungsbegriff. „Mit der Enteignung greift der Staat auf das Eigentum des Einzelnen zu. Sie ist darauf gerichtet, konkrete Rechtspositionen, die durch Art. 14 Abs. 1 S. 1 GG geschützt sind, zur Erfüllung bestimmter öffentlicher Aufgaben vollständig oder teilweise zu entziehen" (BVerfGE 115, 97 (112), 100, 226 (239), E 56, 249 (270) – Sondervotum *Böhmer* NJW 2003, 195 (197)). „Die Enteignung setzt den Entzug konkreter Rechtspositionen voraus, aber nicht jeder Entzug ist eine Enteignung im Sinne von Art. 14 Abs. 3 GG. Diese ist beschränkt auf solche Fälle, in denen Güter hoheitlich beschafft werden, mit denen ein konkretes, der Erfüllung öffentlicher Aufgaben dienendes Vorhaben durchgeführt werden soll" (BVerfGE 104, 1 (10); BVerfGE 38, 175 (179)). Zu diesem in Art. 14 Abs. 3 GG nicht abschließend bestimmten, durch den Gemeinwohlvorbehalt (S. 1), das Übermaßverbot – Enteignung als Ultima Ratio – (S. 1), die Junktimklausel (S. 2), das entschädigungsrechtliche Abwägungsgebot (S. 3) und die Rechtsformen der Enteignung – „durch Gesetz" oder „auf Grund eines Gesetzes" – (S. 2) gekennzeichneten, vom BVerfG gegen die abwehrrechtliche Bestandsgarantie des Art. 14 Abs. 1 S. 1 (BVerfGE 38, 175; 51, 193; 78, 58; 102, 1 (15); NVwZ 2003, 727) abgesetzten **verfassungsrechtlichen Enteignungsbegriff** unterschiedlich akzentuierend *Böhmer* NJW 1988, 2561; *Lege,* Zwangskontrakt und Güterdefinition, 1995; *Rozek,* Die Unterscheidung von Eigentumsbindung und Enteignung, 1998; *Papier* DVBl. 2000, 1398; *Jarass* NJW 2000, 2481; *Depenheuer* in Merten/Papier (Hg.), GR V 2013, § 111 Rn. 43; *Henning,* Der verfassungsrechtliche Eigentumsbegriff 2014; *Jasper,* DÖV 2014, 872; *Herdegen,* FS 50 Jahre BVerfG, II, 2000, 273. Trotz der durch Formalisierung und Rechtsentzug gekennzeichneten Begrifflichkeit des BVerfG ist der verfassungsrechtliche Begriff nicht abschließend geklärt. Symptomatisch ist zB die Formulierung in BVerfG NJW 2006, 1191 (1193), die Enteignung sei „weitgehend zurückgeführt ... auf Vorgänge der Güterbeschaffung."; krit. *Krappel* DÖV 2012, 640; gegen Verzicht auf Güterbeschaffung aber *Riedel,* Eigentum, Enteignung und das Wohl der Allgemeinheit, 2012, 108; undeutlich BVerfGE 134, 242/289; s. a. *Ludwigs* NVwZ 2016, 1/2. Offen bleibt auch der Rückgriff auf Kriterien der materiellen Enteignungstheorien insbesondere in Fällen der „Totalentleerung des Rechts" (*Ossenbühl* AöR 124 (1999), 1 (19); *Battis* NuR 2000, 421 (424); *Ehlers* VVDStRL 51 (1992), 211 (235); *Breuer,* FS Bartlsperger, 2006, 17 (37);; aA *Petz, SU* § 85 Rn. 5.1). Zum tendenziell geringeren internationalen Eigentumsschutz in Europa und im Wirtschaftsvölkerrecht *v. Danwitz,* in v. Danwitz/Depenheuer/Engel (Hg.), Bericht zur Lage des Eigentums 2002, 215; EGMR NJW 2005, 2907 – Boden-

Vorb §§ 85–122

reformland dazu *Dörr* JuS 2006, 65; zur EMRK *Fischborn,* Enteignung ohne Entschädigung nach der EMRK?, 2010 *E. Reininghaus,* Eingriffe in das Eigentumsrecht nach Art. 1 des Zusatzprotokolls zur EMRK 2002; *Gelinsky,* Der Schutz des Eigentums gemäß Art. 1 des Ersten Zusatzprotokolls zur Europäischen Menschenrechtskonvention, 1996, 56; zum gerechten Ausgleich bei Nutzungsregelungen, EGMR NVwZ 2012, 353; EGMR NJW 2007, 1259– Höhe der Entschädigung; *Ress,* Liber Amicorum Wildhaber, 2007, 625; → § 102 Rn. 8; → § 100 Rn. 8; zum Eigentumsschutz im EU-Recht *Jarass* NVwZ 2006, 1089; *Callies,* FS Jarass, 2015, 3. Speziell zu Art. 17 der EU-Grundrechtskarta, *Ehlers* in Ehlers, Europäische Grundrechte und Grundfreiheiten, 2003, § 13; zum Prüfungsumfang des nationalen Gerichts im Enteignungsverfahren: EuGH NVwZ 2001, 421.

2 aa) Administrativenteignung. Gem. Art. 14 Abs. 3 S. 2 GG kann der Gesetzgeber die Verwaltung ermächtigen, konkretes Eigentum Einzelner „auf Grund eines Gesetzes" durch einen behördlichen Vollzugsakt zu entziehen – **Administrativenteignung** (BVerfGE 58, 300 (331)). Die Enteignung muss dem Wohle der Allgemeinheit dienen (Art. 14 Abs. 3 S. 1 GG), als Eingriff in das in Art. 14 Abs. 1 S. 1 GG gewährte Grundrecht entsprechend dem rechtsstaatlichen Übermaßverbot erforderlich (BVerfGE 7, 377), nicht unverhältnismäßig beschwerend sein (BVerfGE 10, 89 (103)), und das ermächtigende Gesetz muss Art und Ausmaß der Entschädigung regeln (Art. 14 Abs. 3 S. 2 GG – Junktimklausel. Entsprechend der verfassungsrechtlichen Ermächtigung hat der Gesetzgeber im Fünften Teil des BauGB die Administrativenteignung als ein städtebauliches Instrument der Güterbeschaffung detailliert ausgestaltet – „konsolidiertes Rechtsinstitut" (so *Groß,* FS Krautzberger, 2008, 35). Zur Enteignung nach Unionsrecht, *Pechstein,* FS v. Brünneck, 2011, 198.

3 bb) Legalenteignung. Art. 14 Abs. 3 S. 2 GG ermächtigt den Gesetzgeber auch dazu, unmittelbar „durch Gesetz" einem bestimmten Personenkreis konkrete Eigentumsrechte zu entziehen – **Legalenteignung** (BVerfGE 58, 300 (330f.); E 24, 367 (395); E 83, 201 (211)). Die ebenfalls nur gem. Art. 14 III GG zulässige Legalenteignung darf der Gesetzgeber nur ausnahmsweise anordnen, weil andernfalls der Rechtsschutz (Art. 19 Abs. 4 GG) gegen den behördlichen Vollzugsakt abgeschnitten würde (s. a. BVerfGE 74, 264 (297); krit. *Papier* in MD Art. 14 Rn. 556). Dies gilt auch für eine Legalplanung mit enteignungsrechtlichen Vorwirkungen (BVerfGE 95, 1; dazu *Hufeld* JZ 1997, 302; *Blümel* DVBl. 1997, 205; *Schneller,* Objektbezogene Legalplanung, 1999). Im BauGB kommt die Legalenteignung nicht vor. Die in den §§ 39–44 geregelte Entschädigung für eigentumsbeeinträchtigende Verfügungs- und Nutzungsbeschränkungen, die auf Nutzungsänderungen insbesondere durch Bebauungsplan beruhen („Planenteignung"; → Vorbemerkung §§ 39–44 Rn. 5) ist keine Legalenteignung. Denn die Nutzungsbefugnis bestimmter Grundstücke ändert nicht der Gesetzgeber durch §§ 39–44, sondern erst der jeweilige Gemeinderat durch Erlass eines Bebauungsplans. Der Bebauungsplan wird zwar als ein materielles Gesetz, das Inhalt und Schranken des Grundeigentums iSv Art. 14 Abs. 1 S. 2 GG bestimmt, verstanden (BVerwGE 45, 309; 48, 271), ist aber kein für die Legalenteignung erforderliches formelles Gesetz (BVerfGE 46, 268 (296)).

4 cc) Inhaltsbestimmung. Administrativ- und Legalenteignung sind zu unterscheiden von der **Inhaltsbestimmung,** zu deren Regelung der Gesetzgeber im Rahmen des Art. 14 GG ermächtigt ist (BVerfGE 58, 300 (330); 72, 66; 83, 201 (211)). Zur rechtlichen Ausformung der Zuordnung eines Rechtsguts, zB des Grundeigentums, zu einem Rechtsträger hat Art. 14 Abs. 1 S. 2 GG dem Gesetzgeber die Aufgabe übertragen, Inhalt und Schranken des Eigentums durch abstrakte und generelle Normen des privaten und/oder des öffentlichen Rechts, wie zB die zur Bauleitplanung ermächtigenden Vorschriften des BauGB, zu bestimmen. Bei der Wahrnehmung des ihm von Art. 14 Abs. 1 S. 2 GG erteilten Auftrags muss der Ge-

setzgeber sowohl die Anerkennung des Privateigentums durch Art. 14 Abs. 1 S. 1 GG – Institutsgarantie – als auch das Sozialgebot des Art. 14 Abs. 2 GG beachten (BVerfGE 58, 300 (338); 68, 361; 72, 66; 93, 121). Die Verfassung setzt dem Gesetzgeber hinsichtlich der Begrenzung der Eigentümerbefugnisse Schranken durch die Instituts- und Bestandsgarantie des Art. 14 Abs. 1 S. 1 GG, den Grundsatz der Verhältnismäßigkeit im weiteren Sinne, den Gleichheitsgrundsatz (Art. 3 Abs. 1 GG) und die Wesensgehaltsgarantie (Art. 19 Abs. 2 GG). Diese Normen erlauben es, Inhalt und Schranken des Eigentums entsprechend der jeweiligen sozialen oder persönlichen Funktion des Eigentumsobjektes enger oder weiter zu bestimmen (BVerfGE 50, 290; 52, 1; 58, 300). Der Funktion des Art. 14 Abs. 1 S. 1 GG als einem Grundrecht, das als solches zunächst einmal subjektives Abwehrrecht ist, entspricht es, dass gesetzliche Regelungen der Eigentümerbefugnisse vom geregelten Sachbereich her geboten und sachgerecht sein müssen und entsprechend dem Grundsatz der Verhältnismäßigkeit nicht weitergehen dürfen, als der Schutzzweck reicht, dem die Regelung dient (BVerfGE 52, 1 (29)). Entgegen früheren Vorstellungen (s. *Scheuner* in Reinhardt/Scheuner, Verfassungsschutz des Eigentums, 1954, 114) ist nicht jede Bestimmung von Inhalt und Schranken des Eigentums durch den Gesetzgeber entschädigungslos zu dulden. Außer dem Regelfall der sozialbindenden entschädigungslos zu duldenden Inhalts- und Schrankenbestimmung gibt es die rechtmäßige **ausgleichspflichtige Inhaltsbestimmung** iSd Art. 14 Abs. 1 S. 2 GG, die von der Enteignung zu unterscheiden ist (BVerfGE 58, 137 (148); 79, 174 (192); E 83, 201 (213); dazu *Ossenbühl* JuS 1993, 200; BVerfG NJW 1998, 367; dazu *Osterloh* JuS 1998, 832; BVerfGE 100, 226 (245); dazu *Ossenbühl* JZ 1999, 899; *Schmidt* NJW 1999, 2847 (2850); *Battis* NuR 2000, 421; *Rinne* NVwZ 2000, 410; *Lepsius* JZ 2001, 22; einschränkend *Papier* DVBl. 2000, 1398; *Hösch,* Eigentum und Freiheit, 2000, 241; BVerfG NVwZ 1999, 979; BVerfGE 104, 1 (10) – Umlegung; dazu *Uechtritz* ZfBR 2001, 722; *Haas* NVwZ 2002, 272; BVerfG NVwZ 2010, 512 (514); BVerwGE 84, 361 (368); dazu *Pietzcker* JuS 1991, 369; BVerwG NVwZ-RR 2000, 339; BGHZ 102, 350 (360); 128, 204. Die ausgleichspflichtige Inhaltsbestimmung regelt § 40 Abs. 2 S. 1 Hs 2 VwGO prozessrechtlich.

b) Entschädigungsrechtlicher Enteignungsbegriff. aa) Abgrenzung zum verfassungsrechtlichen Enteignungsbegriff. Vom verfassungsrechtlichen Enteignungsbegriff, wie ihn das BVerfG entsprechend dem Wortlaut des Art. 14 Abs. 3 S. 2 GG anhand der Rechtsform des Rechtsentzugs geprägt hat, ist zu unterscheiden der weitere folgenorientierte (untechnische) **staatshaftungsrechtliche Enteignungsbegriff** (*Ossenbühl/Cornils,* Staatshaftungsrecht, 211; *Wilhelm* JZ 2000, 905; *Böhmer,* Der Staat, 1985, 157). Darunter fiel grundsätzlich jede hoheitliche Beeinträchtigung der dem Schutz des Art. 14 GG unterfallenden Rechte, die die Grenze der Sozialbindung überschritt. Hoheitliche Eingriffe in das Eigentum waren demnach entweder sozialbindende und deshalb entschädigungslos zu duldende Inhaltsbestimmungen oder entschädigungspflichtige Enteignungen. Der entschädigungsrechtliche Enteignungsbegriff vernachlässigte, dass die Bestandsgarantie des Art. 14 Abs. 1 S. 1 GG der enteignungsrechtlichen Eigentumswertgarantie des Art. 14 Abs. 3 S. 2 GG vorgeht. Der entschädigungsrechtliche Enteignungsbegriff ist der Endpunkt einer langen von der Literatur und insbesondere der Zivilgerichtsbarkeit vorangetriebenen Stärkung des Eigentumsschutzes durch Erweiterung des Enteignungsbegriffes. Triebfeder dieser Entwicklung waren die beständig zunehmenden staatlichen Eingriffe in die private Vermögenssphäre (BGHZ 6, 270 (278)).

bb) „Klassischer" Enteignungsbegriff. Ausgelöst durch den im 19. Jahrhundert für den Eisenbahn- und Straßenbau benötigten Bodenbedarf entwickelte sich das bereits in § 4 I 11 pr ALR bei „den Regeln des notwendigen Kaufs" geregelte, im Nachhinein als **klassische Enteignung** bezeichnete gesetzlich fixierte Rechtsinstitut: Das Grundeigentum wird durch Hoheitsakt auf ein im öffentlichen Interesse

liegendes Unternehmen gegen vorherige Entschädigung übertragen (dazu *Frenzel,* Das öffentliche Interesse als Voraussetzung der Enteigung, 1978, 36; *Bumke* in Münkler/Fischer, Gemeinwohl und Gemeinsinn im Recht, 2002, 179 (188)).

7 cc) **Aufopferungsenteignung.** Dieser an einen Zwangskauf erinnernde Vorgang der Güterbeschaffung wurde unter der Geltung von Art. 153 WRV hinsichtlich seiner wesentlichen Merkmale erweitert, und zwar hinsichtlich des Gegenstandes: statt des Grundeigentums alle sonstigen privaten vermögenswerten Rechte (RGZ 109, 319); hinsichtlich der Rechtsform: statt eines Verwaltungsaktes auf Grund eines Gesetzes auch unmittelbar durch Gesetz (RGZ 103, 200); hinsichtlich des Rechtsvorgangs: statt Entzugs und Übertragung des Eigentums auf einen anderen Rechtsträger durch bloße Nutzungsbeschränkung des Eigentums (RGZ 116, 268 – Denkmalschutz; RGZ 128, 18: – Fluchtlinien); hinsichtlich der Zweckbindung: statt eines konkreten Unternehmens bloß allgemeine öffentliche Interessen (RGZ 116, 268). Angeregt durch *M. Wolff,* FS Kahl, IV, 1923, 3, übernahm das RG die gegen den Gesetzgeber gerichtete Rolle des verfassungsrechtlichen Hüters des Eigentums (dazu *Breuer,* Die Bodennutzung im Konflikt zwischen Städtebau und Eigentumsgarantie, 1976, 104 ff.; *Rittstieg,* Eigentum als Verfassungsproblem, 2. Aufl. 1976, 256). Unter der Geltung des Art. 14 GG führte BGHZ 6, 270 (278) die Linie des RG mit überwiegender Billigung der Literatur fort (*W. Weber* in Bettermann/Nipperdey/Scheuner, Die Grundrechte II, 331 ff.; krit. *Dürig* JZ 1954, 4). Das erweiterte Rechtsinstitut wurde als **Aufopferungsenteignung** bezeichnet (*W. Weber* in Bettermann/Nipperdey/Schneuner, 379; *Schmidt-Aßmann* JuS 1986, 833 (835 f.)).

8 dd) **Enteignungsgleicher Eingriff.** Mit dem **enteignungsgleichen Eingriff** dehnte BGHZ 6, 270 (290) anknüpfend an RGZ 140, 276 den Eigentumsschutz durch Enteignungsentschädigung noch einmal aus, um die Lücke zwischen rechtmäßiger Enteignung und rechtswidriger schuldhafter Amtshaftung zu schließen. Indem BGHZ 7, 296; 13, 88 den enteignungsgleichen Eingriff auf schuldhafte rechtswidrige Eingriffe erweiterte, BGHZ 37, 44 (47) das Merkmal des gezielten Eingriffs verabschiedete und BGHZ 32, 208 von der Rechtswidrigkeit einer hoheitlichen Maßnahme auf ein entschädigungspflichtiges Sonderopfer schloss, wurde der enteignungsgleiche Eingriff zur zentralen Rechtsfigur des richterrechtlich bestimmten Staatshaftungsrechts (*Kröner,* Die Eigentumsgarantie in der Rechtsprechung des BGH, 2. Aufl. 1969). Nach Anfechtungen, die an BVerfGE 58, 300 anknüpften (s. *Ossenbühl/Cornils,* Staatshaftungsrecht, 267, → § 18 Rn. 3) hat BGHZ 90, 17 (29) den enteignungsgleichen Eingriff als richterrechtlich aus dem gewohnheitsrechtlich geltenden Aufopferungsanspruch abgeleitete, verschuldensunabhängige Staatshaftung bei rechtswidrigen hoheitlichen Eingriffen in Eigentum bestätigt und zugleich von Art. 14 Abs. 3 GG gelöst (dazu *Nüßgens/Boujong,* Eigentum, Sozialbindung, Enteignung, 1987, Rn. 428 ff.; *Papier* in MD GG Art. 14 Rn. 681 ff., 716 s. a. § 232; krit. *Böhmer* NJW 1988, 2561 (2564)). Aus dem Vorrang des Primärrechtsschutzes vor der Entschädigung (BVerfG DVBl. 2000, 350; s. a. *Nüßgens/Boujong,* Eigentum, Sozialbindung, Enteignung, Rn. 435; *Berkemann,* FS Weyreuther, 1993, 389) folgt, dass der Betroffene nicht die freie Wahl hat, ob er den Eingriff mit der dafür vorgesehenen Rechtsmitteln abwehren oder ihn hinnehmen und stattdessen eine Entschädigung verlangen will. Vielmehr ist analog § 254 BGB ein mitwirkendes Verschulden schon bei der Verwirklichung des Entschädigungstatbestandes zu berücksichtigen (OLG Brandenburg OLG-NL 1998, 247; einschränkend OLG Hamm AgrarR 1998, 119). Der Vorrang des Primärrechtsschutzes ist für die in § 217 Abs. 1 aufgeführten Maßnahmen durch das Verfahren vor den Baulandgerichten in besonderer Weise ausgestaltet worden (→ Vorb. §§ 217 bis 232 Rn. 2). Der Rückgriff auf den Rechtsgedanken des § 254 BGB gilt prinzipiell auch für Entschädigungsbegehren wegen rechtswidriger Maßnahmen nach dem 5. Teil des BauGB, wegen rechtswidriger Maßnahmen, die bei Rechtmäßigkeit Ansprüche nach dem Planungsschadensrecht

Vorbemerkung zu den §§ 85–122 **Vorb §§ 85–122**

(§§ 39–44) auslösen würden, wegen rechtswidrigen faktischen Bausperren (→ § 18 Rn. 4) und wegen enteignungsgleicher Eingriffe iSv § 232 (→ § 232 Rn. 3; einschränkend *Breuer,* SCH § 93 Rn. 20; *Streck,* BK § 93 Rn. 8). Allerdings wird im Regelfall zB bei Vertrauen in die Rechtmäßigkeit des Verwaltungsaktes, aber auch bei erkannter Rechtswidrigkeit mit Rücksicht auf das Prozessrisiko es nicht im Sinne von § 254 BGB vorwerfbar sein, wenn ein durch eine rechtswidrige Enteignung nach §§ 85 ff. Betroffener es unterlässt, den rechtswidrigen Verwaltungsakt nach § 217 anzufechten. Zur Höhe der Entschädigung wegen zeitweiser Behinderung der tatsächlichen Ausnutzung, BGH NJW 2012, 681 – Bodenrente; dazu *Schlick* NJW, 3137 (3140). Soweit in den neuen Ländern § 1 **StHG-DDR** in modifizierter Form gilt, verdrängt dieser den richterrechtlichen enteignungsgleichen Eingriff (BGHR DDR-StHG § 1 – Konkurrenzen; BGHZ 142, 259 (273); LKV 2006, 52; krit. *Herbst/Lühmann,* Die Staatshaftungsgesetze der neuen Länder, 1997, 104; zum Vorschaltverfahren nach § 5 Abs. 1 StHG-DDR, BGH NJW RR 2011, 305).

ee) Enteignender Eingriff. Die Fälle, in denen als nichtgewollte Nebenfolge 9 rechtmäßigen Verwaltungshandelns, zB U-Bahn-Bau, ein unmittelbarer Eingriff in das Eigentum ein Sonderopfer bewirkt, zB existenzgefährdende Umsatzeinbuße eines Straßenanliegers (BGH, NJW 1965, 1907), reguliert die Figur des **enteignenden Eingriffs.** Dieser ist anders als der rechtswidrige enteignungsgleiche Eingriff rechtmäßig, aber mangels gesetzlicher Ermächtigungsgrundlage (dazu BVerfGE 45, 297 (324)) wird er von der Geltung der Junktimklausel (Art. 14 Abs. 1 S. 2 GG) freigestellt. Damit und mit der aus dem Grundsatz der Verhältnismäßigkeit iVm Art. 14 GG abgeleiteten Verpflichtung der Verwaltung, Anliegern „enteignungsabwehrende" Ausgleichszahlungen zu leisten (BGHZ 57, 359), hat der BGH schon vor seiner Neufundierung des enteignungsgleichen Eingriffs den „Eigentumsschutz durch Enteignungsentschädigung" von Art. 14 Abs. 3 GG gelöst und in Art. 14 Abs. 1 GG verortet. Zum enteignenden Eingriff BGHZ 91, 20 (26); 99, 24 m. krit. Anm. v. *Schmaltz;* 100, 335; BGHZ 140, 200 mAnm v. *Ossenbühl* JZ 1999, 572; BGH NVwZ-RR 2000, 744; krit. *Külpmann,* Enteignende Eingriffe?, 2000; *Osterloh,* FS Papier, 547.

2. Enteignung nach den §§ 85–122. a) Funktionen und Grenzen. Die in 10 den §§ 85–122 vom Gesetzgeber gem. Art. 14 Abs. 3 S. 2 GG als städtebauliches Instrument der Güterbeschaffung ausgestaltete Administrativenteignung dient **primär** der **Planverwirklichung.** Dem instrumentellen Charakter der städtebaulichen Administrativenteignung im Verbund von Planung und Enteignung wird das in BVerfGE 74, 264 – Boxberg anklingende dualistische Konzept kaum gerecht (s. *Schmidt-Aßmann* NJW 1987, 1857; *Papier* in MD GG Art. 14 Rn. 587; *Brugger* ZfBR 1987, 60; *Breuer* in SCH § 85 Rn. 21–23, § 87, Rn. 13, 21; *Runkel* in EZBK Vorb §§ 85–122 Rn. 64, § 85 Rn. 24; *Halama* in BK § 85 Rn. 9 f, 14; *Dannecker,* FS Hoppe, 479 (483); *Groß,* FS Krautzberger, 35 (39); richtig BVerfG NJW 1999, 2659, DVBl 2014, 175 (179); → § 85 Rn. 2; → § 87 Rn. 2). Mit der städtebaulichen Zweckbindung wurde die Enteignung erstmals im BBauG umfassend und abschließend geregelt. Die ursprünglich landesrechtlich geregelte Enteignung (zB prEnteignungsG v. 11. 6. 1874) kennzeichnete die auf gemeinwohlverwirklichende Einzelmaßnahmen bezogene Zweckbindung, zB Bau von Straßen- oder Eisenbahnen. Nach dem Vorbild des BaulandbeschaffungsG v. 3.8.1953, BGBl. I S. 720, ermöglicht die Enteignung nach dem BauGB nicht nur den dauernden Landerwerb der öffentlichen Hand, zB Straßenland, sondern auch den **Durchgangserwerb,** zB zum Zwecke der Baureifmachung. Zu dieser transitorischen oder Durchgangsenteignung s. *Schmidt-Aßmann,* Grundfragen des Städtebaurechts, 1972, 217; krit. zu § 85 Abs. 1 Nr. 1, 2 *Frey,* Die Verfassungsmäßigkeit der transitorischen Enteignung, 1983, hinsichtlich sozialer Umverteilungszwecke; billigend BVerfGE 74, 264; BVerwG DVBl. 1998, 1294 – zu § 169 Abs. 3 Entwicklungsbereich s. a. *Breuer* in SCH § 87 Rn. 45; *Runkel*

Vorb §§ 85–122 I. Kapitel. V. Teil. Enteignung

in EZBK § 89 Rn. 10. Die transitorische Enteignung wird vervollständigt durch die Pflicht der Gemeinde, unter bestimmten Voraussetzungen die durch Enteignung erworbenen Grundstücke wieder an Private zu veräußern (§ 89). Schließlich kann die Enteignung nach den §§ 85 ff. dem **Direkterwerb Privater** dienen, wenn ein Vorhaben neben dem Wohl der Allgemeinheit auch privatnützige Zwecke verfolgt (s. *Frenzel,* Das öffentliche Interesse als Voraussetzung der Enteignung, 1978, 133; ausführlich, *Schmidbauer,* Die Enteignung zugunsten Privater, 1989; zum Gegenmodell *Henze,* Die nichtplanakzessorische Enteignung, 2009; → § 87 Rn. 2). Die **Bestandsgarantie** (Art. 14 Abs. 1 S. 1 GG) wird nur dann durch die Wertgarantie (Art. 14 Abs. 3 GG) ersetzt, wenn der Eingriff in das Eigentum in jeder Hinsicht den Voraussetzungen entspricht, die Art. 14 Abs. 3 S. 1 GG festlegt (BVerfGE 58, 300 (323); NJW 1999, 1176; DVBl 2014, 174 (176)). Art. 14 GG schützt den Bestand des konkreten Eigentums auch in dessen gewachsenen Bezügen in sozialer Hinsicht, soweit sie an örtlich verfestigte Eigentumspositionen anknüpfen (BVerfG, DVBl. 2015, 175 (181); dazu *Durner,* ebenda, 182 f.). Für die Enteignung als städtebauliches Instrument verknüpft § 87 das **Gemeinwohlgebot** der Art. 14 Abs. 3 S. 1 GG mit dem **Übermaßverbot.** Das aus dem Rechtsstaatsprinzip und den Grundrechten abzuleitende Übermaßverbot (Grundsatz der Verhältnismäßigkeit iwS) besagt, dass Grundrechte nicht in stärkerem Maße eingeschränkt werden dürfen, als es zur Verfolgung eines legitimen öffentlichen Zweckes geeignet, erforderlich und verhältnismäßig ist (s. *Degenhart,* Staatsrecht I, 31. Aufl. 2015, Rn. 396 ff. mwN). Die Geeignetheit liegt vor, wenn durch den Grundrechtseingriff legitime öffentliche Zwecke gefördert werden (BVerfGE 30, 292 (316); 33, 171 (187)). Das Gebot der Erforderlichkeit (Gebot des mildesten Mittels, des geringst möglichen Eingriffs) verlangt, dass kein weniger eingreifendes Mittel zur Verfügung steht, mit dem derselbe Zweck erreicht werden könnte (BVerfGE 7, 377; 24, 367 (404)). Der Grundsatz der Verhältnismäßigkeit (ieS) fordert, dass die durch die hoheitliche Maßnahme zu erwartende Belastung nicht erkennbar außer Verhältnis zu einem beabsichtigten Erfolg stehen darf – Zweck-Mittel-Relation (BVerfGE 10, 89 (103)). Die Regelungen des BauGB über die Voraussetzungen der Enteignung, die Höhe der Entschädigung und das Enteignungsverfahren setzen das Zusammenspiel von Art. 14 Abs. 1 S. 1 GG – Instituts- und Bestandsgarantie – und Art. 14 Abs. 3 GG um. Wird eine den gesetzlichen Anforderungen genügende Enteignung vollzogen, so wird zwar die die konkrete Zuordnung eines Objektes zu einem Rechtsinhaber schützende Bestandsgarantie, nicht aber die Institutsgarantie überwunden: Der Betroffene ist gem. Art. 14 Abs. 3 S. 2 GG zu entschädigen – Eigentumswertgarantie. Anders als die Sozialisierung (Art. 15 GG) gestattet es die Enteignung nicht, Eigentumsrechte generell umzugestalten.

11 **b) Zulässigkeit der Enteignung.** Entsprechend der verfassungsrechtlichen Vorgabe in Art. 14 Abs. 3 S. 1 GG (dazu BVerfGE 74, 264; E 134, 242) bestimmen die Vorschriften des 1. Abschn. des V. Teils die Voraussetzungen für die **Zulässigkeit der Enteignung** nach den Gegenständen der Enteignung (§ 86), den Enteignungszwecken (§ 85) sowie den näheren Umschreibungen der Enteignungszwecke anhand des Gemeinwohlgebotes und des Übermaßverbotes (→ Rn. 10), und zwar allgemein (§ 87 Abs. 1), verfahrensbezogen (§ 87 Abs. 2, § 88), personell (§ 87 Abs. 3), modal (§§ 87 Abs. 4, 92 Abs. 1 S. 2, Abs. 2) und quantitativ (§ 92 Abs. 1 S. 1, Abs. 3) (s. a. *Runkel* in EZBK Vorb §§ 85–122 Rn. 3). Die §§ 90, 91 enthalten Sonderregelungen für die Ersatzland- und die Ersatzrechtsenteignung. § 89 regelt die Pflicht der Gemeinde zur Privatisierung transitorisch enteigneten Eigentums. Systematisch gehörte in den ersten Abschn. auch § 102, demzufolge der Enteignete mangels Verwirklichung des Enteignungszweckes einen Anspruch auf Rückübertragung (Rückenteignung) erhält.

12 **c) Enteignungsentschädigung.** Zur Verwirklichung des grundgesetzlichen Auftrags, die **Enteignungsentschädigung** unter gerechter Abwägung der Interes-

Vorbemerkung zu den §§ 85–122 **Vorb §§ 85–122**

sen der Allgemeinheit und der Beteiligten zu bestimmen (Art. 14 Abs. 3 S. 3 GG), regelt der 2. Abschn. die allgemeinen Entschädigungsgrundsätze (§ 93) – darunter den Vorteilsausgleich, Abs. 3 S. 1, das Mitverschulden, Abs. 3 S. 2, die Festlegung des Stichtages für die Qualitätsbemessung, Abs. 4 und den Umfang der Entschädigung – Verkehrswertentschädigung (§ 95), Folgenentschädigung (§ 96) – sowie die Bestimmung über Arten der Entschädigung (§§ 99, 101 – Geld, Land, Gewährung anderer Rechte), Entschädigungsberechtigte und -verpflichtete (§ 94) sowie Nebenberechtigte (§§ 97, 98). Die Entschädigungsregelung des 2. Abschn. wird hinsichtlich der Verkehrswertreduktion (§ 95 Abs. 2 Nr. 7) ergänzt durch die Vorschriften des Planungsschadensrechts (§§ 39–44) die Vorschriften über die Aufgaben der Gutachterausschüsse und die Bedeutung der von ihnen erstellten Gutachten (§§ 192–199) und die Vorschrift über den Härteausgleich (§ 181), zu dem dogmatisch auch die in § 95 Abs. 3 S. 1 geregelte Entschädigung für illegale Bauten zählt. Zur Ermittlung des Verkehrswertes dient die gem. § 199 Abs. 1 erlassene ImmoWertVO → Einl. Rn. 60. Die Entschädigungsregelungen des 2. Abschn. gelten (entsprechend) für **weitere Entschädigungstatbestände**, wie das Planungsschadensrecht (§ 43 Abs. 2), die Veränderungssperre (§ 18 Abs. 1 S. 2), das Vorkaufsrecht nach § 24 Abs. 1 Nr. 1 (§ 28 Abs. 4), (nicht aber für die Vorkaufsrechte nach § 24 Abs. 1 Nr. 2–6, s. § 28 Abs. 3), die Umlegung (§ 59 Abs. 5 S. 2), städtebauliche Gebote (§ 176 Abs. 5, § 179 Abs. 3 S. 2) und Sanierungsgebiete, bei Letzteren möglicherweise, bei Entwicklungsgebieten stets stark durch § 153 modifiziert (s. a. § 169 Abs. 1 Nr. 6 sowie Abs. 3 S. 3).

d) Enteignungsverfahren. Das auf Antrag (§ 105) eines Beteiligten (§ 106) von **13** der Enteignungsbehörde (§ 104) einzuleitende förmliche **Enteignungsverfahren** verwirklicht die verfahrensrechtliche Dimension des Grundrechts aus Art. 14 GG (s. BVerfGE 37, 132 (148); 49, 252 (257); 53, 30 (65) – Sondervotum; 61, 82 (113); *Papier* in MD GG Art. 14 Rn. 47). Es mündet nach einer von der Enteignungsbehörde vorzubereitenden (§ 107), zu sichernden (§ 108 Abs. 6 S. 2 – Enteignungsvermerk) und durchzuführenden mündlichen Verhandlung (§ 108) in einem Enteignungsbeschluss (§§ 112, 113), soweit die Enteignungsbehörde keine gütliche Einigung (§ 110) oder Teileinigung (§ 111) zwischen den Beteiligten herbeiführen kann. Die Beteiligten können den Enteignungsbeschluss durch Antrag auf gerichtliche Entscheidung von den Baulandgerichten anfechten (§ 217). Ist nach Rechtskraft des Enteignungsbeschlusses, in dem ua auch die verlängerbare (§ 114) Frist festzusetzen ist, innerhalb der der Enteignungszweck zu verwirklichen ist, die Entschädigung gezahlt oder hinterlegt – im Fall der Nichtzahlung wird der Enteignungsbeschluss aufgehoben (§ 120) –, so ordnet die Enteignungsbehörde die Ausführung des Enteignungsbeschlusses (§ 117) an und setzt den Zeitpunkt fest, an dem der bisherige Rechtszustand durch den im Enteignungsbeschluss festgesetzten neuen Rechtszustand ersetzt wird. Der Auseinandersetzung zwischen den Beteiligten dienen § 119 – Verteilungsverfahren –, § 118 – Hinterlegung –, § 121 – Kostenregelung – und § 122 – Zwangsvollstreckung. Zur Verfahrensbeschleunigung kann die Enteignungsbehörde auf Antrag die vorzeitige Besitzeinweisung anordnen (§ 116). Ebenfalls zur Beschleunigung dienen § 109 Abs. 2 – Einleitung des Enteignungsverfahrens vor Rechtsverbindlichkeit des Bebauungsplanes –, § 109 – Genehmigungspflicht für bestimmte Rechtsvorgänge –, § 112 Abs. 2 – Trennung des Verfahrens über die Zulässigkeit der Enteignung von dem über die Höhe der Entschädigung.

e) Überleitungsrecht. Zum **Überleitungsrecht** s. §§ 233, 236. Zu älterem **14** Überleitungsrecht s. 5. Aufl. Rn. 14.

Battis

§ 85 Enteignungszweck

Erster Abschnitt. Zulässigkeit der Enteignung

(1) Nach diesem Gesetzbuch kann nur enteignet werden, um
1. entsprechend den Festsetzungen des Bebauungsplans ein Grundstück zu nutzen oder eine solche Nutzung vorzubereiten,
2. unbebaute oder geringfügig bebaute Grundstücke, die nicht im Bereich eines Bebauungsplans, aber innerhalb im Zusammenhang bebauter Ortsteile liegen, insbesondere zur Schließung von Baulücken, entsprechend den baurechtlichen Vorschriften zu nutzen oder einer baulichen Nutzung zuzuführen,
3. Grundstücke für die Entschädigung in Land zu beschaffen,
4. durch Enteignung entzogene Rechte durch neue Rechte zu ersetzen,
5. Grundstücke einer baulichen Nutzung zuzuführen, wenn ein Eigentümer die Verpflichtung nach § 176 Abs. 1 oder 2 nicht erfüllt,
6. im Geltungsbereich einer Erhaltungssatzung eine bauliche Anlage aus den in § 172 Abs. 3 bis 5 bezeichneten Gründen zu erhalten oder
7. im Geltungsbereich einer Satzung zur Sicherung von Durchführungsmaßnahmen des Stadtumbaus eine bauliche Anlage aus den in § 171d Abs. 3 bezeichneten Gründen zu erhalten oder zu beseitigen.

(2) Unberührt bleiben
1. die Vorschriften über die Enteignung zu anderen als den in Absatz 1 genannten Zwecken,
2. landesrechtliche Vorschriften über die Enteignung zu den in Absatz 1 Nr. 6 genannten Zwecken.

Übersicht

	Rn.
1. Allgemeines	1
2. Enteignungszwecke des BauGB	2
a) Planakzessorische Enteignung	2
b) Innenbereichsgrundstücke	3
c) Beschaffung von Ersatzland	4
d) Ersatzrechte	5
e) Verwirklichung eines Baugebots	6
f) Erhaltung einer baulichen Anlage	7
g) Stadtumbau	8
3. Andere Enteignungszwecke	9
a) Sonstiges Bundes- und Landesrecht	9
b) Landesdenkmalschutzrecht	10

1 **1. Allgemeines.** Eine Enteignung ist nur zum Wohle der Allgemeinheit zulässig (Art. 14 Abs. 3 S. 1 GG). Es ist Aufgabe des Gesetzgebers, hinreichend bestimmt zu regeln, zu welchem Zweck enteignet werden darf (BVerfGE 134, 242/293). Deshalb legt Abs. 1 abschließend und erschöpfend sechs **Enteignungszwecke** fest, nur zu deren Verwirklichung darf **nach dem BauGB** enteignet werden (Abs. 1 Nr. 1–5, 7). Der Enteignungszweck des Abs. 1 Nr. 6 kann auch durch eine nach Landesgesetz zulässige Enteignung verwirklicht werden (Abs. 2 Nr. 2). Abs. 2 Nr. 1 stellt klar, dass Enteignungen zu anderen als den in Abs. 1 genannten Zwecken auch **nach anderen Bundes- und Landesgesetzen** zulässig sind. Zur Systematik der weiteren Konkretisierung der Enteignungszwecke durch die §§ 87 ff. → Vorb §§ 85–122 Rn. 11. Zum Überleitungsrecht → Vorb §§ 85–122 Rn. 14. Obwohl

1. Abschnitt. Zulässigkeit der Enteignung **§ 85**

Enteignungen in städtebaulichen Entwicklungsbereichen gem. § 169 Abs. 3 S. 1 zulässig sind (→ § 169 Rn. 10), gilt § 85 insoweit nicht (§ 169 Abs. 3 S. 3; BVerfG NVwZ 2008, 1229).

2. Enteignungszwecke des BauGB. a) Planakzessorische Enteignung. Der 2 für die städtebauliche Administrativenteignung bei weitem wichtigste Enteignungszweck des Abs. 1 Nr. 1 dient dem Planvollzug (→ Vorb §§ 85–122 Rn. 10). Diese **planakzessorische Enteignung setzt einen wirksamen Bebauungsplan** voraus (dazu *Kirchberg* VBlBW 1990, 162). Ein qualifizierter Bebauungsplan iSv § 30 Abs. 1 ist nicht erforderlich. Die Wirksamkeit des Bebauungsplans hat die Enteignungsbehörde von Amts wegen zu prüfen insbesondere anhand der zu § 1 Abs. 6, 7 entwickelten Kontrollgrundsätze, (dazu BGHZ 66, 322). Zur Incidentkontrolle des Bebauungsplans durch Baulandgerichte s. BVerfG NVwZ 2003, 726; BGH ZfBR 2002, 266; OLG Hamm NVwZ 1998, 995. Ist ein Bebauungsplan nicht in einem Normenkontrollverfahren geprüft worden, kann das Baulandgericht im Rahmen der Enteignungsvoraussetzung des § 85 Abs. 1 Nr. 1 incidenter ... auch die in Frage kommenden Planungsalternativen prüfen (OLG Brandenburg, BeckRS 2015, 11426). Der Bebauungsplan muss erst im Zeitpunkt des Erlasses des Enteignungsbeschlusses wirksam sein. Gem. § 108 Abs. 2 kann das Enteignungsverfahren bereits vor dem Inkrafttreten des Bebauungsplanes eingeleitet werden, sofern der Entwurf nach § 3 Abs. 2 ausgelegen hat. Festsetzungen iSv § 85 Abs. 1 Nr. 1 sind nur die Festsetzungen gem. § 9 Abs. 1–3 und die Festsetzungen nach § 9 Abs. 4, wenn Landesrecht bestimmt, dass § 85 darauf anwendbar sein soll. Enteignungsfähig sind bebaute oder unbebaute Grundstücke im rechtlichen Sinne (→ § 200 Rn. 3), einschließlich der wesentlichen Bestandteile (§§ 93ff. BGB) und der mit ihm verbundenen Rechte (§ 96 BGB) sowie, wenn der Grundsatz des geringst möglichen Eingriffs dies fordert, Grundstücksteile (→ § 200 Rn. 6) und grundstücksgleiche Rechte (→ § 200 Rn. 7). Für Zubehör und die unwesentlichen Bestandteile gelten als Sondervorschriften die §§ 86 Abs. 2 (→ § 86 Rn. 6) und 92 Abs. 4 (→ § 92 Rn. 5). Eine Enteignung von Straßenverkehrsflächen ist nur durch einen Bebauungsplan nach Abs. 1 Nr. 1 möglich (BVerwG ZfBR 2013, 361). Die **Festsetzungen** des Bebauungsplanes (§ 9 Abs. 1–4) müssen **hinreichend bestimmt** sein, damit die durchzusetzende Nutzung oder Nutzungsvorbereitung für den Eigentümer klar erkennbar ist (BGH NVwZ 1986, 506). Bei Baulandausweisungen muss regelmäßig auch das Maß der baulichen Nutzung festgesetzt sein. Eine typenmäßige Festsetzung (Schule) kann im Einzelfall genügen (*Halama*, BK § 85 Rn. 22). Eine Enteignung ist nach Abs. 1 Nr. 1 unzulässig, wenn die Nutzung, der das Grundstück zugeführt werden soll, nicht den Festsetzungen des Bebauungsplanes entspricht (BGH DVBl. 1983, 627). Zwar konkretisiert ein wirksamer Bebauungsplan den Enteignungszweck stets hinreichend (BGHZ 105, 94/97 in Auseinandersetzung mit BVerfGE 74, 264; s. a. *Dolde*, FS Sendler, 1991, 225 (239); → Vorb §§ 85–122 Rn. 10), aber nicht jede zulässige Festsetzung eines Bebauungsplanes rechtfertigt die Enteignung nach Abs. 1 Nr. 1. Die Festsetzungen des Bebauungsplanes, die dem Abwägungsgebot des § 1 Abs. 7 genügen, verwirklichen das Allgemeinwohl auf einer **ersten Stufe** nur **abstrakt,** auf die im Enteignungsverfahren eine weitere, das Gemeinwohl mithilfe des enteignungsrechtlichen Erforderlichkeitsprinzips auf den Einzelfall ausrichtende **Konkretisierung** folgt (→ § 87 Rn. 3). Auch wenn die zur Ordnung des gesamten Plangebietes getroffenen Festsetzungen durch das Überwiegen der öffentlichen über die privaten Interessen gerechtfertigt sind (§ 1 Abs. 7), so bedeutet dies nicht, dass das Wohl der Allgemeinheit den gegenwärtigen Entzug des konkreten Grundstücks erfordert (BVerfG NVwZ 2003, 71; dazu *Röper* NVwZ 2003, 51; BVerfG NVwZ 2003, 726 u. 727; BGHZ 68, 101; 105, 94 (97); *Breuer* in SCH § 85 Rn. 33). Die Enteignung eines Grundstücks zu dem Zweck, es für die bauliche Nutzung vorzubereiten oder es der baulichen Nutzung zuzuführen, darf nur zugunsten der Gemeinde, eines öffentlichen Bedarfs- oder

§ 85 I. Kapitel. V. Teil. Enteignung

Erschließungsträgers oder unter besonderen Voraussetzungen eines Sanierungsträgers erfolgen (§ 87 Abs. 3). Diese im Fall der Gemeinde grundsätzlich **transitorische Enteignung** (→ Vorb §§ 85–122 Rn. 10) dient der Baureifmachung von Grundstücken. Gem. § 89 Abs. 1 S. 1 Nr. 2 ist die Gemeinde daher zur Veräußerung verpflichtet, sofern § 89 Abs. 1 S. 2 keine Ausnahme zulässt (→ § 89 Rn. 4). Mit der Veräußerung nach § 89 gilt das Enteignungsziel der sozialen Umverteilung als erfüllt (BVerfGE 74, 264; einschränkend *Schmidbauer*, Enteignung zugunsten Privater, 1989, 63). § 87 Abs. 3 gilt auch, wenn zur Vorbereitung der baulichen Nutzung eines Geländes nicht dessen gesamte Fläche, sondern nur die als Verkehrs-, Versorgungs- oder Grünflächen vorgesehenen Flächen enteignet werden sollen (BGH BauR 1970, 39). Abs. 1 Nr. 1 rechtfertigt keine Enteignung mit dem Ziel, Arbeitsplätze zu schaffen (anders für das Besondere Städtebaurecht BVerwG DVBl. 1998, 1294 zu § 165 Abs. 3) und dadurch die regionale Wirtschaft zu verbessern. Dazu bedürfte es eines besonderen Gesetzes, das den nur mittelbar aus der Unternehmenstätigkeit (anstelle des Unternehmungsgegenstandes) verwirklichten Enteignungszweck deutlich umschreibt, die grundlegenden Enteignungsvoraussetzungen und das Verfahren zu ihrer Ermittlung festlegt sowie Vorkehrungen zur Sicherung des verfolgten Gemeinwohlziels regelt (BVerfGE 74, 264 – Boxberg; dazu *Brugger* ZfBR 1987, 60; *Schmidt-Aßmann* NJW 1987, 1587; *Brohm*, Öffentliches Baurecht, § 25 Rn. 18; *Halama* in BK § 85 Rn. 14; aA OLG München NJW 1990, 519: Enteignung nach Abs. 1 Nr. 1 nicht zur Errichtung einer Universität; ebenso LG Darmstadt NVwZ 1997, 828; *Weiß* in J/D/W § 85 Rn. 25; noch weitergehend *Labbé* Anwaltsblatt 1989, 530). Unzulässig ist eine Enteignung zur Verwirklichung beliebiger Maßnahmen mit bloß städtebaulicher Relevanz, zulässig aber die Enteignung für ein Vorhaben, das zum Kernbereich gemeindlicher Daseinsvorsorge durch städtebauliche Planung gehört (BVerfG NJW 1999, 2659 – Waldorfschule). Zur Legalenteignung als Alternative für eine Messeansiedlung *Werner* VBlBW 1998, 323; → Vorb §§ 85–122 Rn. 10, § 87 Rn. 2.

3 **b) Innenbereichsgrundstücke.** Abs. 1 Nr. 2 betrifft unbeplante Grundstücke im **Innenbereich**. Im Innenbereich darf anders als bei § 34 auch kein einfacher Bebauungsplan iSv § 30 Abs. 3 bestehen. Im Übrigen ist der Begriff des Innenbereiches wie in § 34 zu bestimmen (→ § 34 Rn. 1). Für den qualifiziert oder nichtqualifiziert beplanten Innenbereich gilt Abs. 1 Nr. 1, soweit nicht die spezielleren Regelungen nach Abs. 1 Nr. 4–7 eingreifen. Abs. 1 Nr. 1 gilt nur für solche Innenbereichsgrundstücke, die unbebaut, dh frei von baulichen Anlagen, oder nur geringfügig bebaut sind. In teilweiser Anlehnung an § 3 Abs. 1c BLBG ist ein Grundstück geringfügig bebaut, wenn die Bebauung erheblich unter dem Maß der zulässigen üblichen Bebauung liegt oder in behelfsmäßiger Bauart errichtet werden oder nur auf Widerruf genehmigt ist (enger *Reisnecker* in KK § 85, Rn. 30; *Runkel* in EZBK § 85 Rn. 129). Ob eine Bebauung auf Widerruf genehmigt, nur anzeigepflichtig oder genehmigungsfrei ist, ist nicht ausschlaggebend (ebenso *Halama*, BK § 85 Rn. 43; teilweise aA *Reisnecker* in KK § 85, Rn. 30). Geringfügig bebaut sind auch Trümmergrundstücke. Die Schließung einer **Baulücke** – zum Begriff BVerwG NVwZ-RR 1992, 227; NVwZ-RR 1998, 157; → § 34 Rn. 2 – ist der typische, aber nicht der einzige Nutzungszweck. Des Erlasses eines Baugebotes bedarf es anders als bei Abs. 1 Nr. 5 iVm § 176 Abs. 2 nicht. Die beabsichtigte bauliche Nutzung muss den Anforderungen des § 34 genügen. Die Enteignung eines Grundstückes, um es gem. Abs. 1 Nr. 2 2. Altern. der baulichen Nutzung zuzuführen, ist eine Enteignung zur Nutzungsvorbereitung nur zugunsten der Gemeinde und der in § 87 Abs. 3 genannten Träger zulässig. Unter Nr. 2 fallen bauliche Nutzungen für die Ausnahmen und Befreiungen erteilt werden (*Runkel* in EZBK § 85 Rn. 138; wohl aber, dass eine bestandskräftige Beseitigungsverfügung vorliegt (BVerwG DVBl. 2002, 1479; *Petz*, SU BauGB § 85 Rn. 43; aA bei Befreiung *Berkemann*, BK § 85 Rn. 42).

1. Abschnitt. Zulässigkeit der Enteignung § 85

c) Beschaffung von Ersatzland. Abs. 1 Nr. 3 erkennt die **Beschaffung von** 4
Ersatzland als Enteignungszweck an, weil ein Enteignungsbetroffener gem. § 100, § 101 Abs. 1 S. 1 Nr. 2, 3 abweichend vom Regelfall der Geldentschädigung einen Anspruch auf Entschädigung in Land haben kann. Die Zulässigkeit der Ersatzlandenteignung regelt § 90.

d) Ersatzrechte. Abs. 1 Nr. 4 erkennt den **Ersatz** der durch Enteignung **entzo-** 5
genen Rechte durch neue Rechte als Enteignungszweck an, weil die §§ 97 Abs. 2, 100 Abs. 6, 101 diese besondere Art der Entschädigung vorsehen. Die Voraussetzungen, unter denen dieser Enteignungszweck verwirklicht werden darf, regelt § 91.

e) Verwirklichung eines Baugebots. Gemäß Abs. 1 Nr. 5 kann Enteignungs- 6
zweck sein, ein Grundstück einer baulichen Nutzung zuzuführen, wenn ein Eigentümer die durch ein **Baugebot** festgesetzte Verpflichtung nicht erfüllt. Im Geltungsbereich eines Bebauungsplans nach § 30 Abs. 1 oder 2 kann der Eigentümer verpflichtet sein, ein Grundstück entsprechend den Festsetzungen des Plans zu bebauen oder eine vorhandene bauliche Anlage den Festsetzungen anzupassen (§ 176 Abs. 1 Nr. 1 u. 2). Außerhalb des Geltungsbereichs eines Bebauungsplans, aber innerhalb im Zusammenhang bebauter Ortsteile kann der Eigentümer verpflichtet sein, unbebaute oder geringfügig bebaute Grundstücke entsprechend den baulichen Vorschriften zu nutzen oder einer baulichen Nutzung zuzuführen, insbesondere zur Schließung von Baulücken (§ 176 Abs. 2). Abs. 1 Nr. 5 erkennt die Verwirklichung einer baulichen Nutzung bei Nichterfüllung der rechtmäßig durch Baugebot festgelegten Verpflichtung als eigenen Enteignungszweck an. Die Nichterfüllung des Baugebotes allein rechtfertigt keine Enteignung. Zusätzlich müssen die das Übermaßverbot verwirklichenden Voraussetzungen des § 87 für die Zulässigkeit der Enteignung erfüllt sein. Die Enteignung zur Verwirklichung des Zweckes nach Abs. 1 Nr. 5 kann auch zugunsten eines Bauwilligen verlangt werden, der in der Lage ist, die Baumaßnahmen innerhalb angemessener Frist durchzuführen, und sich hierzu verpflichtet (§ 87 Abs. 3 S. 2).

f) Erhaltung einer baulichen Anlage. Gem. Abs. 1 Nr. 6 ist zulässiger Enteig- 7
nungszweck die **Erhaltung einer baulichen Anlage** aus den in § 172 Abs. 3–5 festgelegten Gründen (Erhaltung der städtebaulichen Gestalt oder der Zusammensetzung der Wohnbevölkerung eines Gebiets oder bei städtebaulichen Umstrukturierungen). Die bauliche Anlage muss in einem Gebiet liegen, für das gem. § 172 Abs. 1 durch Bebauungsplan oder besondere Erhaltungssatzung die Erhaltungsgenehmigung eingeführt worden ist. Die Enteignung setzt nicht voraus, dass eine Abbruchs- oder Änderungsgenehmigung versagt worden ist. Enteignungsbegünstigter kann jeder sein, der für die Erhaltung des Gebäudes gem. § 172 dauerhafte Gewähr bietet.

g) Stadtumbau. Hat die Gemeinde im Rahmen von **Stadtumbaumaßnah-** 8
men (§§ 171a–d) auf Grund einer besonderen Satzung nach § 171d Abs. 1 ein nach § 171b Abs. 1 festgelegtes **Stadtumbaugebiet** ganz oder teilweise besonders **bezeichnet,** so kann gem. **§ 85 Abs. 1. Nr. 7** ein Grundstück enteignet werden, um eine bauliche Anlage zu erhalten oder zu beseitigen. Die Enteignung darf aber nur erfolgen, um den städtebaulichen und sozialen Belangen Rechnung tragenden Ablauf der Stadtumbaumaßnahmen auf der Grundlage des von der Gemeinde aufgestellten Stadtentwicklungskonzepts (§ 171b Abs. 2) oder eines Sozialplans (§ 180) zu sichern (§ 171d Abs. 3). Die Enteignung nach Abs. 1 Nr. 7 kann weder allein auf der Grundlage eines Beschlusses nach § 171b Abs. 1 erfolgen, noch allein zur Durchführung eines Stadtumbauvertrages (§ 171a).

3. Andere Enteignungszwecke. a) Sonstiges Bundes- und Landesrecht. 9
Die Aussage des Abs. 2 Nr. 1, dass Vorschriften über die Enteignung zu anderen als städtebaulichen Zwecken unberührt bleiben, korrespondiert mit der Bestimmung

§ 86

des Abs. 1, dass nach dem BauGB nur enteignet werden darf, um die in Ziff. 1–6 genannten Zwecke zu verwirklichen. Beide Regelungen sollen die Enteignung für städtebauliche Zwecke abschließend regeln (BT-Drs. III/1794, 19 zu § 96). Dies wird formell zwar verwirklicht (s. *Vonficht* BayVBl. 1964, 4). Die **Sperrwirkung des Abs. 1** tritt außer im Falle des Abs. 1 Nr. 6 immer ein, wenn dessen Voraussetzungen vorliegen. Aber die hM legt Abs. 1 restriktiv dahin aus, dass die Sperrwirkung nur greift, wenn zu ausschließlich städtebaulichen Zwecken enteignet werden soll (BVerwGE 77, 86; *Buchholz* 406.11 § 85 BBauG Nr. 1; BGHZ 71, 375; *Reisnecker* in KK § 85, Rn. 44; krit. *Halama* in BK § 85 Rn. 94). Wenn ein objektives Planungserfordernis iSv § 1 Abs. 3 S. 1 BauGB besteht, aber nicht erfüllt wird, greift die Sperrklausel des § 85 Abs. 1 (*Halama*, BK § 85 Rn. 97; aA *Zimmer* BayVBl. 1984, 327 (330) mwN). Materiell städtebauliche Ziele können statt nach dem BauGB nach anderen Bundes- oder Landesgesetzen durch Enteignung verwirklicht werden, wenn, wie bei wasser- oder verkehrsrechtlichen Planungen, die zuständigen Behörden die Wahl haben, ob ein Vorhaben, zB Straßenbau, mithilfe der Bauleitplanung oder des besonderen Planfeststellungsverfahrens nebst sondergesetzlicher Enteignung durchgeführt werden soll (s. § 17 Abs. 3 FStrG; BVerwGE 38, 158 m. krit. Anm. von *Blümel* DVBl. 1972, 122; VGH München BayVBl. 2003, 597 – Abgrenzung landesstraßenrechtliche und städtebauliche Enteignung). Zusammenstellung von Bundes- und Landesgesetzen mit Enteignungsvorschriften bei *Runkel* in EZBK § 85 Rn. 181–197. Das Bundeskleingartengesetz erlaubt in § 15 Abs. 1, 2 unter teilweiser Anlehnung an die §§ 85–87 BauGB, dass an Flächen, die in einem Bebauungsplan als Dauerkleingärten festgesetzt sind, durch Enteignung Kleingartenpachtverträge begründet werden. Nach Landesrecht darf enteignet werden, wenn eine Straßenerweiterung im unbeplanten Innenbereich städtebaulich nicht relevant und daher die Aufstellung eines Bebauungsplans nicht zulässig (BGHZ 71, 375) oder auch nur nicht erforderlich ist (VGH München BayVBl. 1983, 469).

10 **b) Landesdenkmalschutzrecht.** Der Vorbehalt des Abs. 2 Nr. 2 trägt den verfassungsrechtlichen Bedenken Rechnung, die bei der Einführung der Erhaltungssatzung wegen der **landesrechtlichen Denkmalschutzgesetze** gegen die Einführung der städtebaulich begründeten Erhaltungssatzung erhoben worden sind. Die Erhaltung eines geschichtlich bedeutsamen Gebäudes, kann also entweder nach Bundesrecht städtebaulich oder nach Landesrecht denkmalpflegerisch begründet werden.

§ 86 Gegenstand der Enteignung

(1) **Durch Enteignung können**
1. **das Eigentum an Grundstücken entzogen oder belastet werden;**
2. **andere Rechte an Grundstücken entzogen oder belastet werden;**
3. **Rechte entzogen werden, die zum Erwerb, zum Besitz oder zur Nutzung von Grundstücken berechtigen oder die den Verpflichteten in der Benutzung von Grundstücken beschränken; hierzu zählen auch Rückübertragensansprüche nach dem Vermögensgesetz;**
4. **soweit es in den Vorschriften dieses Teils vorgesehen ist, Rechtsverhältnisse begründet werden, die Rechte der in Nummer 3 bezeichneten Art gewähren.**

(2) **Auf das Zubehör eines Grundstücks sowie auf Sachen, die nur zu einem vorübergehenden Zweck mit dem Grundstück verbunden oder in ein Gebäude eingefügt sind, darf die Enteignung nur nach Maßgabe des § 92 Abs. 4 ausgedehnt werden.**

(3) **Die für die Entziehung oder Belastung des Eigentums an Grundstücken geltenden Vorschriften sind auf die Entziehung, Belastung oder Be-**

1. Abschnitt. Zulässigkeit der Enteignung § 86

gründung der in Absatz 1 Nr. 2 bis 4 bezeichneten Rechte entsprechend anzuwenden.

Übersicht

	Rn.
1. Systematik	1
2. Gegenstand der Enteignung	2
a) Grundstückseigentum	2
b) Eigentumsinhaber	3
c) Andere dingliche Rechte	4
d) Obligatorische Rechte	5
e) Zubehör und Scheinbestandteile	6

1. Systematik. § 86 legt **abschließend** die zulässigen **Enteignungsgegen- 1 stände** fest und umschreibt die **Eingriffsart** der Enteignung („entzogen oder belastet"). Der Katalog der Enteignungsgegenstände umfasst das Eigentum an Grundstücken (Abs. 1 Nr. 1), andere dingliche Rechte (Abs. 1 Nr. 2) und obligatorische Rechte (Abs. 1 Nr. 3). Abs. 1 Nr. 4 erlaubt eine besondere Art der Belastung von Grundstücken, nämlich die mit obligatorischen Rechten. Abs. 2 legt iVm § 92 Abs. 4 fest, inwieweit die Enteignung Zubehör und Scheinbestandteile erfasst. Abs. 3 stellt vereinfachend klar, dass die Vorschriften des 5. Teils, die sich auf die Entziehung oder Belastung des Eigentums an Grundstücken beziehen, entsprechend für Tatbestände des Abs. 1 Nr. 2–4 gelten, soweit dies mit ihrem Sinn und Zweck vereinbar ist. Welche Enteignungsgegenstände von welcher Eingriffsart (Vollentzug, Teilentzug, Belastung) erfasst werden dürfen, regelt § 92.

2. Gegenstand der Enteignung. a) Grundstückseigentum. Enteignungsge- 2 genstand kann sein das **Eigentum an Grundstücken** einschließlich seiner wesentlichen Bestandteile (§§ 93, 94 BGB), sei es Alleineigentum, Miteigentum, Gesamthandseigentum oder Wohnungseigentum (Abs. 1 Nr. 1); ebenso das Eigentum an Grundstücksteilen (§ 200 Abs. 1) oder grundstücksgleiche Rechte (§ 200 Abs. 2), zB das Erbbaurecht (str; s. *Halama* in BK § 86 Rn. 12: Nr. 2). Die Entziehung des Eigentums beseitigt das Eigentum des Betroffenen und lässt mit dem in § 117 Abs. 5 genannten Zeitpunkt originäres, privatrechtlich unbelastetes (Ausnahme § 97 Abs. 1) Eigentum entstehen. Öffentlich-rechtliche Lasten bleiben mangels ausdrücklicher Regelung bestehen. Die Belastung des Eigentums begründet eine im BGB oder in anderen Gesetzen, zB WEG, Erbbaurechtsverordnung, geregeltes, privatrechtlich-dingliches Recht, das die Eigentumsherrschaft beschränkt. Eigentum kann gem. Art. 231 § 5, Art. 233 § 2b EGBGB in den neuen Ländern und im ehemaligen Ostberlin auch nur an Gebäuden bestehen.

b) Eigentumsinhaber. Auch Grundstücke, die als Finanzvermögen zum **Eigen- 3 tum einer juristischen Person des öffentlichen Rechts** gehören, sind enteignungsfähig. Fehlt der Enteignungsbehörde, wie regelmäßig, die Kompetenz zu hoheitlichen Maßnahmen gegenüber einem anderen Hoheitsträger, so kann sie deren zum Verwaltungsvermögen gewidmete Grundstücke nicht enteignen (s. OVG Münster E 15, 206). Besitzt die Enteignungsbehörde jedoch auf Grund gesetzlicher Ermächtigung die Enteignungskompetenz gegenüber einem anderen Hoheitsträger, dann sind auch dessen zum Verwaltungsvermögen zählende Grundstücke enteignungsfähig (BayObLG NJW 1975, 1128). Angesichts der spezialgesetzlichen Regelung kommt es nicht darauf an, dass sich juristische Personen des öffentlichen Rechts – außer den Kirchen, Universitäten, Rundfunkanstalten und öffentlich-rechtlichen Stiftungen, grundsätzlich nicht aber Gemeinden – bei Wahrnehmung öffentlicher Aufgaben nach hM nicht auf Grundrechte und damit auch nicht auf Art. 14 Abs. 3 GG berufen können (BVerfGE 61, 82 (105); 75, 192 (196)). Muss eine Gemeinde

bei der Wahrnehmung einer ihr gemeinsam mit einem anderen Hoheitsträger obliegenden öffentlichen Aufgabe, zB Straßenbau, einen Eingriff in ihr Eigentum, zB Untertunnelung des Straßenlandes, hinnehmen, so kann sie als Glied im gestuften Staatsaufbau keine Enteignungsentschädigung verlangen (BGHZ 63, 196). Findet sich hingegen eine einfachgesetzliche Anspruchsgrundlage, zB §§ 19 Abs. 3 S. 4, 36, 44 WaStrG iVm § 7 BadEnteigG oder § 11 PrEnteigG, so wird Gemeinden ein Entschädigungsanspruch gewährt (BGHZ 87, 66; NVwZ 1986, 689). BayVfGH NVwZ 1985, 260 hat den Gemeinden ein Eigentumsgrundrecht generell für den Bereich der Bayerischen Verfassung aus Art. 103 BayVerf zuerkannt (dazu *Bambey* NVwZ 1985, 248; *Bethge* NVwZ 1985, 402). Nicht enteignungsfähig ist das nicht unter Art. 14 Abs. 3 GG fallende öffentliche Eigentum (s. *Fleischhauer,* Über die Enteignung von Grundbesitz der Gebietskörperschaften nach geltendem Recht, Diss. jur. Köln, 1968, 175 ff.). Zum streitigen Eigentumsschutz an Genehmigungen *Schröder,* FS Papier, 603.

4 **c) Andere dingliche Rechte.** Enteignungsfähige andere Rechte iSv Abs. 1 Nr. 2 sind andere privatrechtliche **dingliche Rechte** als das Eigentum und das Erbbaurecht, zB Dienstbarkeiten, dingliche Vorkaufsrechte, Reallasten, Grund- und Rentenschulden.

5 **d) Obligatorische Rechte.** Enteignungsfähige Rechte iSv Abs. 1 Nr. 3 sind alle **obligatorischen Rechte,** die die Nutzung des Grundstücks durch den Eigentümer einschränken und dem Enteignungszweck zuwiderlaufen, zB Ansprüche aus Kauf-, Vorkaufs- (§ 504 BGB), Miet- (BGH NJW 1972, 528; BGHZ 83, 1), Pacht-, Wiederkaufsrecht, Rückübertragungsansprüche nach dem VermögensG (dazu *Runkel,* in EZBK § 86 Rn. 60a–t). Abs. 1 Nr. 3 letzter Hs. stellt klar, dass alle Rechte, die zum Erwerb von Grundstücken berechtigen, auch für Rückübertragungsansprüche nach dem VermögensG gelten. Obligatorische Rechte können durch Enteignung neu begründet werden, soweit die Enteignungsbestimmungen dies zulassen. Solche Regelungen der **Ersatzrechtsenteignung** sind § 97 Abs. 2, § 100 Abs. 6, § 102 Abs. 5. Die zweifelhafte Bewertung des Mietrechts an Wohnungen (BVerfGE 89, 1; dazu *Depenheuer* NJW 1993, 2561; *Rüthers* NJW 1993, 2587; *Roellecke* JZ 1995, 74; *Schmidt-Preuß* AG 1996, 1) ändert nichts an der differenzierten Behandlung des Mietrechts, s. a. *Runkel* in EZBK § 86 Rn. 60. Kritisch zur Enteignung des Landpächters in Anschluss an BGHZ 26, 248; *de Witt/Schirp* AgrarR 1994, 109; zur Leihe BGH MDR 1995, 368.

6 **e) Zubehör und Scheinbestandteile.** Auf **Zubehör** (§§ 97, 98 BGB) und **Scheinbestandteile** (§ 95 Abs. 1 S. 1, Abs. 2 BGB) erstreckt sich die Enteignung grundsätzlich nicht. Gem. Abs. 2 iVm § 92 Abs. 4 kann der Eigentümer verlangen, dass sie mitenteignet werden, wenn er sie infolge der Enteignung nicht mehr wirtschaftlich nutzen oder in anderer Weise angemessen verwerten kann.

§ 87 Voraussetzungen für die Zulässigkeit der Enteignung

(1) **Die Enteignung ist im einzelnen Fall nur zulässig, wenn das Wohl der Allgemeinheit sie erfordert und der Enteignungszweck auf andere zumutbare Weise nicht erreicht werden kann.**

(2) ¹**Die Enteignung setzt voraus, dass der Antragsteller sich ernsthaft um den freihändigen Erwerb des zu enteignenden Grundstücks zu angemessenen Bedingungen, unter den Voraussetzungen des § 100 Abs. 1 und 3 unter Angebot geeigneten anderen Landes, vergeblich bemüht hat.** ²**Der Antragsteller hat glaubhaft zu machen, dass das Grundstück innerhalb angemessener Frist zu dem vorgesehenen Zweck verwendet wird.**

1. Abschnitt. Zulässigkeit der Enteignung § 87

(3) ¹Die Enteignung eines Grundstücks zu dem Zweck, es für die bauliche Nutzung vorzubereiten (§ 85 Abs. 1 Nr. 1) oder es der baulichen Nutzung zuzuführen (§ 85 Abs. 1 Nr. 2), darf nur zugunsten der Gemeinde oder eines öffentlichen Bedarfs- oder Erschließungsträgers erfolgen. ²In den Fällen des § 85 Abs. 1 Nr. 5 kann die Enteignung eines Grundstücks zugunsten eines Bauwilligen verlangt werden, der in der Lage ist, die Baumaßnahmen innerhalb angemessener Frist durchzuführen, und sich hierzu verpflichtet. ³Soweit im förmlich festgelegten Sanierungsgebiet die Enteignung zugunsten der Gemeinde zulässig ist, kann sie auch zugunsten eines Sanierungsträgers erfolgen.

(4) Die Zulässigkeit der Enteignung wird durch die Vorschriften des Sechsten Teils des Zweiten Kapitels nicht berührt.

Übersicht

	Rn.
1. Allgemeines	1
2. Generalklausel	2
a) Wohl der Allgemeinheit	2
b) Enteignungsrechtliche Erforderlichkeit	3
c) Geringst möglicher Eingriff	4
d) Verhältnis zu den städtebaulichen Geboten	5
3. Besondere Zulässigkeitsvoraussetzungen	6
a) Freihändiger Erwerb	6
b) Angemessene Frist	7
4. Enteignungsprivileg der Gemeinde und öffentlicher Träger	8
5. Rechtsschutz	9

1. Allgemeines. § 87 regelt die neben dem Enteignungszweck (§ 85) maßgeb- 1 lichen Voraussetzungen für die Zulässigkeit der Enteignung. Zur Systematik der Enteignungsvoraussetzungen → Vorb §§ 85–122 Rn. 11. Die Generalklausel des Abs. 1 knüpft an das auch dem Eigentumsschutz dienende Gemeinwohlgebot des Art. 14 Abs. 3 S. 1 GG an und verbindet das Gebot der qualifizierten Gesamtabwägung (BVerfG, DVBl. 2014, 175) mit dem Übermaßverbot (→ Vorb. §§ 85–122 Rn. 10) – Erforderlichkeit der Enteignung und geringstmöglicher Eingriff: Enteignung als Ultima Ratio. Abs. 2 führt die Generalklausel des Abs. 1 verfahrensrechtlich fort. Vergebliches Bemühen um freihändigen Erwerb und Glaubhaftmachung der baldigen Verwirklichung, woran wiederum § 113 Abs. 2 Nr. 3 – Fristbestimmung des Enteignungsbeschlusses – und § 102 – Anspruch auf Rückenteignung bei Fristbestimmung – anknüpfen. Abs. 3 gewährt der Gemeinde und bestimmten Dritten ein Enteignungsprivileg. Abs. 4 stellt klar, dass die städtebaulichen Gebote (§§ 175 ff.) die Zulässigkeit der Enteignung nicht berühren. In städtebaulichen Entwicklungsbereichen gilt § 87 nicht (§ 169 Abs. 3 S. 3).

2. Generalklausel. a) Wohl der Allgemeinheit. Wohl der Allgemeinheit, 2 ein aus Art. 14 Abs. 3 S. 1 GG übernommener, während seiner langen Geschichte in seiner Bedeutung vielfach gewandelter unbestimmter Rechtsbegriff (s. *Weber* in Neumann/Nipperdey/Scheuner, Die Grundrechte II, 1954, 331 f.; *Frenzel*, Das öffentliche Interesse als Voraussetzung der Enteignung, 1978, 68 ff.; *Uerpmann*, Das öffentliche Interesse, 1999, 117) bedeutet nicht dasselbe wie öffentliches Interesse oder öffentliche Belange. Für eine Enteignung reicht nicht jedes beliebige öffentliche Interesse aus; die freiheitssichernde Funktion des Eigentums (BVerfGE 24, 367, 389) verlangt im Gegenteil ein besonders schwerwiegendes, dringendes öffentliches Interesse (BVerfGE 74, 264; BVerwGE 117, 135 (140)). Die bloße Mehrung des öffentlichen Vermögens oder Zweckmäßigkeitserwägungen genügen nicht für das Erfordernis

§ 87
I. Kapitel. V. Teil. Enteignung

zum Wohl der Allgemeinheit, auch nicht wenn sie die Erfüllung öffentlicher Aufgaben erleichtert – **Verbot der fiskalischen Enteignung** (BVerfG NJW 1999, 1176; RGZ 136, 113 (123); badStGH, VerwRspr. Bd. 2 Nr. 96; *Halama* in BK § 87 Rn. 27; *Runkel* in EZBK § 87 Rn. 34; ausführlich *Schmidbauer*, Enteignung zugunsten Privater, 1989, 91 ff.). Selbst wenn eine Enteignung eine plangemäße Nutzung verwirklichen würde, könnte allein das fiskalische Interesse der Stadt, die für die Pacht aufzubringende laufende Vergütung einzusparen, die Enteignung nicht rechtfertigen (BGH NJW 1976, 1226); ebenso wenig um zu verhindern, dass erhebliche finanzielle Anforderungen der öffentlichen Hand zur Errichtung eines Sportplatzes fehlschlagen (BVerfG NJW 1999, 1176). Das Wohl der Allgemeinheit verlangt, die durch die Bestandsgarantie des Art. 14 Abs. 1 S. 1 GG legitimierten privaten Interessen (→ Vorb §§ 85–122 Rn. 1, 5) mit den öffentlichen Interessen am Entzug des Eigentums **abzuwägen.** „Die Enteignung erfordert eine Gesamtabwägung zwischen den für das konkrete Vorhaben sprechenden Gemeinwohlbelangen einerseits und den durch seine Verwirklichung beabsichtigten öffentlichen und privaten Belangen andererseits" (BVerfGE 134, 242).

2a Das Gemeinwohlgebot des Abs. 1 schließt die **Enteignung zugunsten Privater** nicht aus. Da aber bei einer Enteignung zugunsten Privater, die nur mittelbar dem Gemeinwohl dient, in erhöhtem Maße die Gefahr des Missbrauchs zulasten der betroffenen Eigentümer besteht, muss der Gesetzgeber eindeutig entscheiden, ob und für welche Vorhaben die Enteignung zulässig sein soll. Bei der Enteignung zugunsten Privater muss zudem gesichert sein, dass der im Allgemeininteresse liegende Zweck der Maßnahmen erreicht und dauerhaft gesichert wird (BVerfGE 134, 242/294 f.; NJW 1999, 2659 (2660); BVerfGE 74, 264 (285) – Boxberg; dazu *Schmidt-Aßmann* NJW 1987, 1587; *Papier* in MD GG Art. 14 Rn. 556; *Voßkuhle,* Das Kompensationsprinzip, 1999, 257; *Uerpmann,* Das öffentliche Interesse, 117, 147; *Schmidbauer,* Enteignung zugunsten Privater, 113; *Jackisch,* Die Zulässigkeit der Enteignung zugunsten Privater, 1996; zu streng: *Labbé* Anwaltsblatt 1989, 530; zu großzügig *Gerhardt,* FS Zeidler, II, 1987, 1663; → Vorb § 85–122 Rn. 10. Keine Enteignung zugunsten Privater liegt vor, wenn die Gemeinde, die auch die Enteignung beantragt hat, das Eigentum an der enteigneten Fläche dauerhaft behält und einem privaten Schulförderverein nur ein Erbbaurecht zur Betreibung einer Waldorfschule eingeräumt hat (BVerfG NJW 1999, 2659 (2660); OLG Stuttgart NVwZ 1987, 1117; BGHZ 105, 94; dazu *Gramlich* NVwZ 1990, 32). Zwar kennt das BauGB nicht die Verleihung des Enteignungsrechts an Private, aber es lässt Enteignung auf Antrag eines Privaten zu, wenn das Vorhaben einem der Enteignungszwecke des § 85 Abs. 1 Nr. 1, 2, 5, 6 dient und die weiteren Enteignungsvoraussetzungen vorliegen (s. a. *Halama* in BK § 87 Rn. 54, 58; *Runkel* in EZBK § 87 Rn. 39; *Reisnecker* in KK § 87 Rn. 13; circa 16% der Enteignungsverfahren laut BT-Drs. 13/5489, 25), so zB die Enteignung nach § 85 Abs. 1 Nr. 1 zugunsten eines Vorhabenträgers (§ 12 Abs. 3 S. 3). In den Fällen des § 85 Abs. 1 Nr. 3, 4 scheidet eine Enteignung zugunsten Privater aus. Dass der Private mit dem Vorhaben neben dem Wohl der Allgemeinheit auch privatnützige Zwecke verfolgt, schließt die Enteignung nicht aus. Das Sondervotum *Böhmer* (BVerfGE 56, 249 (266)), das die transitorische Enteignung ausdrücklich ausklammert (S. 287), steht dem nicht entgegen. Es wendet sich (insoweit) zutreffend gegen die Gleichsetzung öffentlicher Interessen mit dem Wohl der Allgemeinheit und gegen die Zulässigkeit einer Enteignung zugunsten eines privaten Unternehmens, das allein auf Gewinnerzielung im privaten Bereich ausgerichtet ist. BVerfGE 66, 248 hat denn auch eine Enteignung zugunsten eines privatrechtlich organisierten Energieversorgungsunternehmens gebilligt, bei dem sich der Nutzen für das allgemeine Wohl aus dem Unternehmensgegenstand selbst ergibt (zust. BVerwGE 116, 365; s. a. BVerwGE 72, 365; *Papier* in MD GG Art. 14 Rn. 581; zu privatnützigen Enteignungen in der Fachplanung BVerfG BauR 2003, 203 – Flughafen Finkenwerder; BGH NVwZ 2003, 767 – Nebenbetrieb/Fernstraße; *Pommer,* Bahnreform und Enteignung, 2002.

1. Abschnitt. Zulässigkeit der Enteignung § 87

Eine Enteignung zugunsten eines privatrechtlich organisierten Unternehmens, bei dem sich der Nutzen für das allgemeine Wohl nur (mittelbar) als Folge der Unternehmenstätigkeit ergibt, ist nur auf Grund eines besonderen Gesetzes (→ § 85 Rn. 2) zulässig. Das BauGB lässt eine Enteignung mit dem Ziel, Arbeitsplätze zu schaffen und dadurch die regionale Wirtschaftsstruktur zu verbessern, nicht zu (BVerfGE 74, 264 gegen BVerwGE 71, 108); zur unzulässigen Enteignung zugunsten von Flächen, die private Reitbetriebe begünstigen BVerfG NVwZ 2003, 71 (73). Die gebotene (BVerfGE 74, 264 (285); NJW 1999, 2659 (2660)) **dauerhafte Sicherung des Enteignungszwecks** durch den begünstigten Privaten kann durch privatrechtliche, zB im Kaufvertrag, oder öffentlich-rechtliche Vereinbarung und durch dingliche Sicherungen zB Wiederkaufsrecht, Vorkaufsrecht (§ 1094 BGB) oder durch Verzugsstrafenregelung erfolgen (*Zimmer* DÖV 1986, 1008; *Papier* in MD GG Art. 14 Rn. 586; *Schmidbauer*, Enteignung zugunsten Privater, 68; *Voßkuhle*, Das Kompensationsprinzip, 270; krit. *Reisnecker*, KK § 87 Rn. 15).

b) Enteignungsrechtliche Erforderlichkeit. Das Gemeinwohl wird auch 3
unter Hintanstellung privater Interessen verwirklicht, wenn ein Bebauungsplan **Festsetzungen** nach Abwägung der öffentlichen und privaten Interessen gegen- und untereinander (§ 1 Abs. 7) trifft. Festsetzungen, die dem Abwägungsgebot genügen, verwirklichen daher abstrakt das Allgemeinwohl auf einer dem Enteignungsverfahren vorgelagerten Stufe (s. a. *Blümel* DÖV 1965, 297), fixieren aber nicht konkret das Gemeinwohl iSv Art. 14 Abs. 3 GG (BVerfGE 74, 264; eindringlich BVerfG (K) NVwZ 2003, 71; dazu *Röper* NVwZ 2003, 51, u. NVwZ 2003, 726 u. 727). Die planerische Abwägung gem. § 1 Abs. 7 bezieht sich auf das gesamte Plangebiet und die Gesamtbelange der Gemeinde in städtebaulicher Hinsicht, sie braucht nicht den besonderen einzelfallbezogenen, auf einen bestimmten Zeitpunkt fixierten Anforderungen an die Zulässigkeit der Enteignung zu genügen (BGHZ 68, 101 (102); BVerwG NJW 1969, 1868; s. a. BVerwGE 66, 133 (135) im Verhältnis zur wasserrechtlichen Planfeststellung). Zwar treffen Bebauungspläne typischerweise konkret-individuelle Festsetzungen im Angesicht der konkreten Sachlage, aber es ist auch möglich und zulässig, dass sich planerische Festsetzungen vom konkreten Fall lösen (BVerwGE 50, 114). In jedem Fall sind planerische Festsetzungen eingebunden in das den Einzelfall übergreifende städtebauliche Interessengeflecht. Darüber hinaus hat die den Rechtssubjektwechsel durch Eigentumsentzug verwirklichende Enteignung für den Eigentümer regelmäßig einschneidendere Folgen als die Festsetzungen des Bebauungsplans. Daher verbindet Abs. 1 das Gemeinwohlgebot mit dem verfassungsrechtlichen **Grundsatz der Erforderlichkeit** und richtet ihn – anders als das Erforderlichkeitsgebot des § 1 Abs. 3 – nach Raum und Zeit auf den Einzelfall aus: Das Wohl der Allgemeinheit muss die Enteignung erfordern und der Enteignungszweck darf auf andere zumutbare Weise nicht erreicht werden können. Diese einfachgesetzliche Regelung ist verfassungsrechtlich geboten, da auch der grundrechtliche Schutz der Bestandsgarantie (Art. 14 Abs. 1 S. 1 GG) mithilfe des Übermaßverbotes entfaltet wird (→ Vorb §§ 85–122 Rn. 1, 5). „Nur wenn es zur Erfüllung der öffentlichen Aufgaben unumgänglich erforderlich ist, das Eigentum in die Hand des Staates zu bringen, ist auch die Eigentumszuweisung an die öffentliche Hand vom Gemeinwohl getragen" (BVerfGE 38, 175 (180)). Eine die Festsetzungen eines Bebauungsplanes verwirklichende Enteignung ist daher nur zulässig, wenn ein gesteigertes sachlich-objektives Interesse an der Verwirklichung eines bestimmten Vorhabens vorliegt, das über das öffentliche Interesse an dem Vollzug der Planung hinausgeht und ein Zurücktreten des Eigentums vor dem Allgemeinwohl erfordert (BGHZ 68, 101 (102); NJW 1967, 2305 (2306)). „Mit den Festsetzungen im Bebauungsplan ist für die Einzelnen vom Plan erfassten Grundstücke nur die zulässige Benutzungsart bestimmt; damit steht aber noch nicht fest, dass das Wohl der Allgemeinheit es gebietet, ein bestimmtes Grundstück diesem Zweck zwangsweise durch

Enteignung gerade im jetzigen Zeitpunkt zuzuführen" (BGHZ 68, 101 (102); 105, 94 (97); BauR 2002, 290). § 87 Abs. 1 verlangt, „im Einzelfall zu prüfen, ob das öffentliche Wohl gerade jetzt die Enteignung dieses Grundstücks fordert" (BGH NJW 1976, 1266; BVerfGE 3, 332 (334); *v. Brünneck* NVwZ 1986, 425; *Kirchberg* VBlBW 1990, 161 (164)). Daher setzt die Enteignung eines gem. § 31 Abs. 2 Nr. 1, 3 BauGB aF abweichend von den Festsetzungen eines Bebauungsplanes bebauten Grundstückes zu dem Zweck, es entsprechend den Planfestsetzungen zu nutzen, voraus, dass das Gemeinwohl es erfordert, die vorhandenen baulichen Anlagen (mobiles Parkhaus) zu beseitigen, damit die planmäßige Nutzung (ebenerdiges Parkhaus) verwirklicht werden kann (BGH NJW 1976, 1266). Wenn zB landwirtschaftlich genutzte Flächen entsprechend den Festsetzungen eines Bebauungsplanes als Verkehrsflächen für ein neues Wohngebiet genutzt werden sollen, fordert das Wohl der Allgemeinheit die Enteignung zum gegenwärtigen Zeitpunkt nicht, wenn das Interesse des Eigentümers an der Erhaltung seines gesunden, durch die Enteignung aber nicht mehr lebensfähigen Hofes überwiegt. Die Enteignung kann jedoch später gerechtfertigt sein, wenn die Gemeinde dem Eigentümer geeignetes Ersatzland anbietet und ihm die Möglichkeit zur Ansiedlung seines Hofes eröffnet (BGHZ 68, 100 (104); *Halama* in BK § 87 Rn. 53; krit. *Ziegler* ZfBR 1979, 140). Das Wohl der Allgemeinheit erfordert keine Enteignung für eine durch Satzung festgesetzte naturschutzrechtliche Ausgleichsmaßnahme für einen Golfplatz (BVerwG NuR 2004, 167). Eine Enteignung ist dann nicht zum Wohle der Allgemeinheit erforderlich, wenn sie nicht mehr geboten ist, weil der zu verwirklichende Plan noch wirksam ist, aber seine Festsetzungen „veraltet" sind, zB wegen Aufgabe der zugrunde liegenden Planungskonzeption (OLG Hamburg BBauBl. 1966, 120). Zum Außerkrafttreten eines Bebauungsplanes wegen Funktionslosigkeit → § 10 Rn. 8. Ein Vergleich mit § 88 zeigt, dass die Erforderlichkeit iSv Abs. 1 keine zwingenden städtebaulichen Gründe voraussetzt. Dies und das Vorstehende gilt entsprechend auch für eine Enteignung zur Schließung von **Baulücken.** Verfolgt die Gemeinde insoweit ein sachlich begründetes schlüssiges Konzept, so ist ein schrittweises Vorgehen, das zunächst nur ein Grundstück herausgreift, zulässig (s. a. *Runkel* in EZBK § 87 Rn. 46).

3a Festsetzungen eines Bebauungsplans können anders als Planfeststellungsbeschlüsse (dazu *Paetow,* FS Sellner, 2010, 509) auch nicht ausnahmsweise **enteignende Vorwirkung** haben, da das Planungsvorhaben nicht Bestandteil des Enteignungsverfahrens ist und die Gemeinde keine Enteignungskompetenz besitzt (BVerfG NVwZ 1999, 979; BVerfG K 16, 35 (39); s. a. *Runkel* in EZBK § 87 Rn. 36; BVerwGE 134, 355, 24); DÖV 1991, 510; NVwZ-RR 1998, 483; BauR 1998, 515; BGH ZfBR 2002, 266; OVG Bremen NuR 2002, 753; *Reisnecker* in Kohlhammer-Komm., § 87, Rn. 11; *Runkel* in EZBK § 87 Rn. 47; aA *Berkemann* in BK 2. Aufl. § 87 Rn. 22; *Frenzel,* Das öffentliche Interesse als Voraussetzung der Enteignung, 1978, 220ff.; *Dolde,* FS Sendler, 1991, 225 (233); *Krohn,* FS Schlichter, 1995, 439 (452) Fn. 67). Auch wenn Art. 14 Abs. 3 GG nicht unmittelbar eingreift, ist das darin zum Ausdruck kommende Gewicht des Eigentumsschutzes bei der Abwägung nach § 1 Abs. 7 zu beachten. In die Abwägung ist einzustellen, dass sich der Entzug der baulichen Nutzungsmöglichkeiten wie eine Teilenteignung auswirken kann und dass dem Bestandsschutz daher ein den von Art. 14 Abs. 3 GG unmittelbar erfassten Fällen vergleichbares Gewicht zukommt (BVerfG NVwZ 1999, 979 (980); BVerwGE 134, 355, Rn. 27; OVG Berlin-Brandenburg NVwZ-RR 2010, 956). BVerfG NVwZ 2003, 51 erkennt auch die enteignungsrechtliche Vorwirkung einer Entwicklungssatzung (§ 165 Abs. 6) an (*Runkel* in EZBK § 87 Rn. 53). Zur Vorwirkung eines durchführungsbezogenen Bebauungsplans de lege ferenda *Runkel* in Spannowsky/Mitschang, Nachhaltige städtebauliche Entwicklung, 2000, 115 (125). Zur Vorverlagerung der Prüfung der Enteignungsvoraussetzungen bei der Festlegung eines städtebaulichen Entwicklungsbereichs BGH NVwZ 1987, 923.

1. Abschnitt. Zulässigkeit der Enteignung § 87

c) Geringst möglicher Eingriff. Die Enteignung ist zudem nur zulässig, wenn 4 der Enteignungszweck auf andere zumutbare Weise nicht erreicht werden kann (Abs. 1 Halbs. 2). Dieses **Gebot des geringst möglichen Eingriffs** ist eine weitere Ausprägung des verfassungsrechtlichen Übermaßverbotes (BVerfGE 24, 367 (404); → Vorb §§ 85–122 Rn. 10), demzufolge die Enteignung zum Schutze des Grundeigentums stets Ultima Ratio bleiben muss (s. a. BVerwGE 2, 36; BGH NJW 1986, 933 (934)). Kann der um des Gemeinwohls willen erforderliche Zweck auf weniger einschneidende Weise erreicht werden, so ist die Enteignung unzulässig. Weniger einschneidende Mittel sind freiwillige Belastung mit einem dinglichen Recht, freihändiger Kauf, zwangsweise Belastung des Eigentums (§ 92 Abs. 1 S. 2), insbesondere aber auch Umlegung (OLG Stuttgart NVwZ 1986, 335; *Kirchberg* VBlBW 1990, 161 (164)), städtebauliche Gebote (→ Rn. 5) oder die Durchsetzung einer planerischen Festsetzung nach § 15 BKleingG anstelle der zwangsweisen Begründung eines Pachtverhältnisses durch Enteignung nach § 86 Abs. 1 Nr. 4. Eine Umlegung ist dann kein milderes Mittel, wenn das bodenordnende Ziel mit der Enteignung eines einzelnen Eigentümers erreicht werden kann oder wenn im Enteignungsweg wesentlich weniger Grundstücke betroffen werden (LG Darmstadt NVwZ 2000, 116). Zum Abschluss eines Gestattungsvertrages anstelle einer Enteignung BVerwG DVBl. 1969, 210; *Stich* BB 1965, 107; BGH LM, § 9 BBauG Nr. 1. Der Einsatz der weniger einschneidenden Mittel muss sowohl dem Begünstigten wie dem Belasteten, aber auch der Allgemeinheit, zB hinsichtlich der Mehrkosten (BGH BRS 19, 87; BVerwGE 28, 260) zumutbar sein (*Runkel* in EZBK § 87 Rn. 65) und darf den Enteignungszweck (auch in zeitlicher Hinsicht) nicht gefährden. Eine Enteignung ist unzulässig, wenn zur Verwirklichung des Enteignungszwecks ähnlich geeignete Grundstücke der öffentlichen Hand zur Verfügung stehen (BVerfG NVwZ 2003, 727 – Grüngürtel; NVwZ 2003, 726 – Erschließungsstraße; BVerwG NuR 2002, 746 – Gemeinbedarfsflächen; BGH VerwRspr 30, 188 (192)). Das gilt auch, wenn der Zugriff dadurch nur vermindert wird (VGH München BayVBl. 1993, 117 zu Art. 3 I BayEG, der insoweit § 87 Abs. 2 BBauG aF gleicht, welcher aus Praktikabilitätsgründen vereinfacht worden ist, ohne deshalb die verfassungsrechtlichen gebotenen Anforderungen nach Abs. 1 zu mindern). Kann der Enteignungszweck auf andere zumutbare Weise nicht verwirklicht werden, so darf die Enteignung nur in dem vom Zweck gebotenen Umfang erfolgen, zB Entzug nur einer Teilfläche, wenn diese der Zweckverwirklichung genügt und der Verbleib der Restfläche dem Interesse des Belasteten entspricht.

d) Verhältnis zu den städtebaulichen Geboten. Die Klarstellung des Abs. 4, 5 dass die Zulässigkeit der Enteignung nicht durch die Vorschriften über die **städtebaulichen Gebote** (§§ 175–179) berührt wird, suspendiert nicht vom verfassungsrechtlich begründeten Gebot des geringstmöglichen Eingriffs (BVerwG DVBl. 1990, 576 (580)). Wenn der Verwirklichung eines Gebotes im Einzelfall geringer in das Eigentum eingreift als eine Enteignung, so ist die Enteignung unzulässig (*Berkemann* in BK 2. Aufl. § 87 Rn. 125). Mit dem die Selbstständigkeit der städtebaulichen Gebote und der Enteignung verdeutlichenden Zweck des Abs. 4 wäre es aber unvereinbar, stets vor einer Enteignung den Weg über diese Gebote zu suchen. Zur beschleunigten Einleitung und Durchführung des Enteignungsverfahrens zur Durchsetzung eines Baugebotes gem. § 176 Abs. 7 bis 9 → § 85 Rn. 6.

3. Besondere Zulässigkeitsvoraussetzungen. a) Freihändiger Erwerb. Als 6 **besondere Zulässigkeitsvoraussetzung** verlangt Abs. 2 S. 1 in verfahrensrechtlicher Ausgestaltung des Grundsatzes der Verhältnismäßigkeit, dass sich der Antragsteller ernsthaft um den freihändigen Erwerb des zu enteignenden Grundstücks bemüht hat. Hat der Eigentümer im Enteignungsfall einen Anspruch auf Ersatzlandentschädigung (§ 100 Abs. 1, Abs. 3), muss der Antragsteller geeignetes Ersatzland angeboten haben. Wenn der Eigentümer nur nach pflichtgemäßem Ermessen der Behörde gem. § 100 Abs. 4 eine Entschädigung in Ersatzland erhalten kann, setzt die Enteig-

nung nicht voraus, dass der Begünstigte dem Eigentümer zuvor ein angemessenes Tauschangebot unterbreitet hat (BGH MDR 1984, 741). Abs. 2 S. 1 verdeutlicht ebenso wie die Einigung (§ 110) und die Teileinigung (§ 111) das Anliegen des Gesetzgebers, die Zwangsmaßnahme der Enteignung möglichst reibungslos abzuwickeln (BGHZ 61, 240 (244)). Ausgangspunkt für ein angemessenes Angebot ist der Verkehrswert (§ 194). Ein angemessenes Angebot muss grundsätzlich nicht nur den Betrag für den durch die Enteignung eintretenden Rechtsverlust, sondern auch für andere durch die Enteignung eintretende entschädigungspflichtige Vermögensnachteile umfassen, zB noch nicht abgegoltene Planungsschäden (BGH NJW 1966, 2012). Das Angebot muss hinsichtlich der Höhe der Entschädigungsposten nur in etwa der Enteignungsentschädigung entsprechen (BGH NJW 1966, 2012). Ein Angebot ist idR unangemessen, wenn es nur eine Abschlagszahlung (80%) auf die vorläufig errechnete Entschädigungssumme enthält und die Auszahlung des Restbetrages nach einer späteren katasteramtlichen Neuvermessung des Grundstückes sowie einer anschließenden Festsetzung des endgültigen Preises durch die Enteignungsbehörde erfolgen soll (BGH DVBl. 1976, 161 mAnmv *Meilicke*). Ein angemessenes Angebot, von dem der Begünstigte noch vor der Einleitung des Enteignungsverfahrens abrückt, verliert seine Wirkung als Zulässigkeitsvoraussetzung der Enteignung (BGH MDR 1984, 741). Die Verpflichtung aus Abs. 2 S. 1 erlischt, wenn der Eigentümer zu erkennen gibt, dass er jedes angemessene Angebot ablehnen wird (BGH NJW 1966, 2012 (2014)), zB wenn er im Laufe eines Rechtsstreits die Zulässigkeit der Enteignung aus Planungsgründen bestreitet und damit zum Ausdruck bringt, dass er auf ein nachträgliches angemessenes Angebot hin das Grundstück freiwillig nicht abtreten wird (BGHZ 77, 338 (346)), oder wenn er statt der (angebotenen, aber zu niedrigen) Geldentschädigung auf einer Ersatzlandentschädigung beharrt (BGH BauR 1983, 249). Ein angemessenes Angebot erfordert idR nicht das Angebot geeigneten Ersatzlandes (BGH BRS 34 Nr. 88, wohl aber bei Landwirt, EGMR Urt. v. 11.4.2002, Nr. 46044/99 – Lallement). Verkauft ein Grundstückseigentümer angesichts eines drohenden Enteignungsverfahrens sein Grundstück an die öffentliche Hand, so beurteilen sich nicht nur die vertraglichen Haupt- und Nebenpflichten, sondern auch die vorvertraglichen Pflichten, zB Aufklärung über das Ergebnis eines absprachegemäß eingeholten Wertgutachtens, nach hM allein nach Privatrecht (BGHZ 84, 1; 95, 1; 100, 329; BGH NuR 2004, 554 (555); *Reisnecker* in KK BauGB § 87, Rn. 32); eine Haftung aus Amtspflichtverletzung scheidet aus (BGH StT 1981, 483). Mit guten Gründen für die öffentlich-rechtliche Qualifizierung und Eingrenzung des enteignungsabwehrenden freihändigen Erwerbs *Gassner*, Der freihändige Grunderwerb der öffentlichen Hand, 1983; *Krebs* DÖV 1989, 969. Wird im Rahmen der Verhandlungen über den freihändigen Erwerb von der Gemeinde erklärt, dem Eigentümer werde das Grundstück im Wege der Enteignung entzogen, falls er nicht freiwillig veräußere, so liegt darin keine zur Anfechtung des Vertrages berechtigende widerrechtliche Drohung (BayObLG BayVBl. 1992, 157).

7 **b) Angemessene Frist.** Nach Abs. 2 S. 2 muss der Antragsteller glaubhaft darlegen, dass das Grundstück innerhalb angemessener Frist zu dem vorgesehenen Zweck verwendet wird. Die Angemessenheit der Frist ist nach den Umständen des Einzelfalls zu bestimmen. Gerade bei Enteignungen zugunsten Privater ist die Glaubhaftmachung der angemessenen Zweckverwirklichung anhand der nachzuweisenden Finanzkraft zu überprüfen. Zur Fristbestimmung im Enteignungsbeschluss s. § 113 Abs. 2 Nr. 3; zum Anspruch auf Rückenteignung bei Fristüberschreitung → § 102 Rn. 1, 5, 6.

8 **4. Enteignungsprivileg der Gemeinde und öffentlicher Träger.** Das **Enteignungsprivileg der Gemeinde** dient der Verwaltungsvereinfachung. Die Regelung lässt die Notwendigkeit eines **transitorischen Eigentumserwerbs** (→ § 85 Rn. 2) der Gemeinde nicht generell in den Fällen entfallen, in denen eine private Ge-

sellschaft mit der Baureifmachung eines Gebietes beauftragt ist. Nur wenn im förmlich festgelegten Sanierungsgebiet (§ 142) die Enteignung zugunsten der Gemeinde zulässig ist, kann stattdessen auch zugunsten eines Sanierungsträgers (§§ 158f.) enteignet werden (Abs. 3 S. 3). Abs. 3 S. 2 verdeutlicht die Pflichten des Bauwilligen im Falle eines erfolglosen Baugebots. Der durch Abs. 3 S. 2 privilegierte Bauwillige muss, ehe zu seinen Gunsten eine Enteignung zur Verwirklichung des Enteignungszweckes gem. § 85 Abs. 1 Nr. 5 (→ § 85 Rn. 6) beginnt, in der Lage sein, die im Baugebot angeordneten Baumaßnahmen innerhalb angemessener Frist durchzuführen, und sich hierzu zu verpflichten (*Halama*, BK § 87 Rn. 84). Das Enteignungsprivileg der Gemeinde und das abgeleitete Enteignungsprivileg des Sanierungsträgers wird ergänzt durch § 88, der beiden abweichend von Abs. 2 eine Sonderstellung einräumt, wenn sie eine Enteignung aus zwingenden städtebaulichen Gründen beantragen. Mit dem Enteignungsprivileg der Gemeinde korreliert idR die Veräußerungspflicht gem. § 89 (BGHZ 61, 128; BVerfGE 74, 264). Eine Wohnungsbaugesellschaft kann im Zuge der Erschließung und Bebauung eines Grundstücks nicht zugunsten der Gemeinde die Enteignung eines im Bebauungsplan als Verkehrsfläche ausgewiesenen und von der Gemeinde zu diesem Zweck einzurichtenden Grundstücks beantragen (BGHZ 61, 128).

5. Rechtsschutz. Die Enteignungsvoraussetzungen der Abs. 1, 2 enthalten unbestimmte Rechtsbegriffe ohne Beurteilungsspielraum. Sie unterliegen nicht der beschränkten Ermessenskontrolle iSv § 223, sondern sind entsprechend dem vom BVerfG (E 35, 348 (361); 37, 132 (148); 58, 300 (322), NVwZ 2002, 727; NVwZ 2003, 71; E 134, 242/299; insoweit krit. *Beier*, DÖV 2015, 309) betonten Zusammenspiel von **Rechtsschutz-** (Art. 19 Abs. 4 GG) und **Bestandsgarantie** (Art. 14 Abs. 1 GG) voll gerichtlich kontrollierbar (BVerfG GK 16, 35 (38); *Halama* in BK § 87 Rn. 106; *Reisnecker* in KK § 87, Rn. 7). Im Falle der planakzessorischen Enteignung ist jedoch zu beachten, dass nicht nur die Enteignungsbehörde an die allgemeinwohlverwirklichenden (§ 1 Abs. 7) Festsetzungen eines Bebauungsplans gebunden ist, sondern dass diese Festsetzungen auch vom Baulandgericht incidenter nach den allgemeinen Grundsätzen über die Plankontrolle (→ § 1 Rn. 90 f.) überprüft werden können (s. BVerfGE 74, 264 (293); NVwZ 2003, 71 (72); BGHZ 66, 322; 67, 320 (324); teilweise bedenklich BGHZ 68, 100 (114); → Rn. 3, 4). Die Gerichte sind auch verpflichtet, die Gemeinwohlerforderlichkeit der Planung hinsichtlich deren konzeptionellen Grundzüge zu überprüfen (BVerfG NVwZ 2003, 726). BGH NJW 1978, 1162 hat der Enteignungsbehörde als „sach-neutraler" Stelle einen Beurteilungsspielraum hinsichtlich der Überprüfung der Rechtsauffassung, die einer Aufklärungsanordnung (§ 208) zugrunde lag zugesprochen. Dies ist auf die materiellrechtliche Entscheidung gem. § 87 nicht übertragbar (→ § 223 Rn. 3; aA *Menger* VerwArch 1979, 177).

§ 88 Enteignung aus zwingenden städtebaulichen Gründen

[1]Wird die Enteignung eines Grundstücks von der Gemeinde zu den in § 85 Abs. 1 Nr. 1 und 2 bezeichneten Zwecken aus zwingenden städtebaulichen Gründen beantragt, so genügt anstelle des § 87 Abs. 2 der Nachweis, dass die Gemeinde sich ernsthaft um den freihändigen Erwerb dieses Grundstücks zu angemessenen Bedingungen vergeblich bemüht hat. [2]Satz 1 ist entsprechend anzuwenden, wenn die Enteignung eines im förmlich festgelegten Sanierungsgebiet gelegenen Grundstücks zugunsten der Gemeinde oder eines Sanierungsträgers beantragt wird.

§ 89

Übersicht

	Rn.
1. Enteignungszweck	1
2. Zwingende städtebauliche Gründe	2

1. Enteignungszweck. § 88 befreit Gemeinden und Sanierungsträger von den besonderen Enteignungsvoraussetzungen des § 87 Abs. 2, wenn sie zu den Zwecken des § 85 Abs. 1 Nr. 1 oder 2 enteignen wollen. Die widerlegliche Vermutung (*Halama* in BK § 88 Rn. 18; *Breuer* in SCH § 88 Rn. 11; *Reisnecker* in KK § 88 Rn. 8; aA *Runkel* in EZBK § 88 Rn. 41, 44) des S. 2 gilt nur im förmlich festgelegten Sanierungsgebiet (§ 142 Abs. 3). Zur Enteignung zugunsten eines Sanierungsträgers → § 87 Rn. 9. Unerheblich ist, ob die Gemeinde das Grundstück selbst nutzen oder ob sie es für die Nutzung vorbereiten oder einer baulichen Nutzung zuführen will. Im Unterschied zu § 87 Abs. 2 genügt es, dass sich die Gemeinde ernsthaft um den freihändigen Erwerb des Grundstücks zu angemessenen Bedingungen (→ § 87 Rn. 6) bemüht hat; insoweit zu § 22 Abs. 1 S. 1 StBfG BGHZ 77, 338 (344). Der Wortlaut von Satz 1 soll die Notwendigkeit eines angemessenen Ersatzlandangebotes unter den Voraussetzungen des § 100 Abs. 1, 3 nicht ausschließen (*Breuer* in SCH § 88 Rn. 9). Durch die Vereinfachung des § 87 Abs. 2 (→ § 87 Rn. 8) hat § 88 an Bedeutung verloren. Im städtebaulichen Entwicklungsbereich gilt § 88 nicht (§ 169 Abs. 3 S. 3).

2. Zwingende städtebauliche Gründe. Zwingende städtebauliche Gründe liegen vor, wenn gerade die Enteignung des konkreten in Aussicht genommenen Grundstückes nach dem Inhalt des Bebauungsplanes oder zur Beseitigung von städtebaulichen Missständen zum gegenwärtigen Zeitpunkt unaufschiebbar geboten ist. Beide Aspekte, der räumliche und der zeitliche, können insbesondere bei der Schließung von Baulücken, anlässlich von Stadtsanierungen, bei der Anlage oder Verbreiterung von Verkehrsanlagen oder angesichts der Schlüsselstellung eines Grundstücks für ein städtebauliches Großvorhaben vorliegen (BGH BRS 19, Nr. 55; einschränkend *Gaentzsch* BauGB § 88, Rn. 3). Es genügt nicht, dass der Bebauungsplan die beabsichtigte Nutzung erlaubt. Die Festsetzungen des Bebauungsplanes selbst müssen allerdings nicht aus zwingenden städtebaulichen Gründen geboten sein (BGH BRS 19, Nr. 55).

§ 89 Veräußerungspflicht

(1) ¹**Die Gemeinde hat Grundstücke zu veräußern,**
1. **die sie durch Ausübung des Vorkaufsrechts erlangt hat oder**
2. **die zu ihren Gunsten enteignet worden sind, um sie für eine bauliche Nutzung vorzubereiten oder der baulichen Nutzung zuzuführen.**

²Dies gilt nicht für Grundstücke, die als Austauschland für beabsichtigte städtebauliche Maßnahmen, zur Entschädigung in Land oder für sonstige öffentliche Zwecke benötigt werden. ³Die Veräußerungspflicht entfällt, wenn für das Grundstück entsprechendes Ersatzland hergegeben oder Miteigentum an einem Grundstück übertragen wurde oder wenn grundstücksgleiche Rechte, Rechte nach dem Wohnungseigentumsgesetz oder sonstige dingliche Rechte an einem Grundstück begründet oder gewährt wurden.

(2) **Die Gemeinde soll ein Grundstück veräußern, sobald der mit dem Erwerb verfolgte Zweck verwirklicht werden kann oder entfallen ist.**

(3) ¹**Die Gemeinde hat die Grundstücke unter Berücksichtigung weiter Kreise der Bevölkerung an Personen zu veräußern, die sich verpflichten, das Grundstück innerhalb angemessener Frist entsprechend den baurechtlichen Vorschriften oder den Zielen und Zwecken der städtebaulichen Maß-**

1. Abschnitt. Zulässigkeit der Enteignung § 89

nahme zu nutzen. ²Dabei sind in den Fällen des Absatzes 1 Satz 1 Nr. 1 die früheren Käufer, in den Fällen des Absatzes 1 Satz 1 Nr. 2 die früheren Eigentümer vorrangig zu berücksichtigen.

(4) ¹Die Gemeinde kann ihrer Veräußerungspflicht nachkommen, indem sie
1. das Eigentum an dem Grundstück überträgt,
2. grundstücksgleiche Rechte oder Rechte nach dem Wohnungseigentumsgesetz oder
3. sonstige dingliche Rechte

begründet oder gewährt. ²Die Verschaffung eines Anspruchs auf den Erwerb solcher Rechte steht ihrer Begründung oder Gewährung oder der Eigentumsübertragung gleich.

Übersicht

	Rn.
1. Allgemeines	1
2. Umfang und Zeitpunkt der Veräußerungspflicht	2
a) Erwerb durch Ausübung des Vorkaufsrechts oder durch Enteignung	2
b) Befreiungen	3
c) Zeitpunkt	4
d) Veräußerungspreis	5
3. Verteilungsgrundsätze	6
a) Systematik	6
b) Allgemeine Verteilung	7
c) Verteilung an Bevorrechtigte	8
4. Rechtsformen des Erwerbs	9
5. Rechtsschutz	10

1. Allgemeines. Die Vorschrift über die Veräußerungspflicht ist von geringer 1 praktischer, aber umso größerer rechtsdogmatischer und rechtspolitischer Relevanz – transitorische Enteignung, Eigentumsstreuung durch soziale Umverteilung von Grund und Boden, kommunale Bodenvorratspolitik und -wertabschöpfung (dazu BVerfGE 74, 264; BVerwG DVBl. 1998, 1294; *Battis* NJ 1999, 100; *Halama* in BK § 89 Rn. 12; *Runkel* in EZBK § 89 Rn. 5–11; *Frey,* Die Verfassungsmäßigkeit der transitorischen Enteignung, 1983; *Schmidbauer,* Enteignung zugunsten Privater, 1989; *Gassner,* Der freihändige Grundstückserwerb der öffentlichen Hand, 1983, 222; *Gassner,* Grundstückseigentum und Grundstückserwerbsgeschäfte der öffentlichen Hand als Marktfaktoren, in Chiotellis/Fikentscher, Rechtstatsachenforschung, 1985, 249 (316); zum Ausweichen auf vertragliche Lösungen *Patzelt,* Abschöpfung des Planungsgewinns in der Bauleitplanung, 2011; *Groß,* FS Krautzberger, 2008, 35 (47); kontrovers *Labbé/Bühring* BayVBl. 2007, 289; *Reicherer* BayVBl. 2007, 709; zum sogenannten Münchner Modell krit. *Huber* DÖV 1999, 173; *Huber,* Der planungsbedingte Wertzuwachs als Gegenstand städtebaulicher Verträge, 1995; s. a. *Gassner* BayVBl. 1998, 577; zum sogenannten Berliner Modell *Bunzel,* ZfBR 2015, 11; krit. *Hellriegel/Zimmermann,* BauR 2014, 189 → Rn. 5 und § 95 Rn. 1). Abs. 1 S. 1 bestimmt, welche Grundstücke der Veräußerungspflicht unterliegen. Abs. 1 S. 2 nimmt für beabsichtigte städtebauliche Maßnahmen, als Austausch- oder Ersatzland oder für sonstige öffentliche Zwecke benötigte Grundstücke von der Veräußerungspflicht aus. Abs. 1 S. 3 lässt die Veräußerungspflicht wegen Gewährung von Ersatzland oder Ersatzrechten entfallen. Abs. 2 bestimmt den Zeitpunkt der Veräußerung, Abs. 3 den Kreis der Privatisierungs- und Reprivatisierungsberechtigten. Zugleich wird die bodenpolitische Zielsetzung insoweit verdeutlicht, als der Zweck der Veräußerungspflicht, die Grundstücke privater Nutzung zuzuführen, betont wird. Abs. 4 regelt die

§ 89 I. Kapitel. V. Teil. Enteignung

Rechtsformen der Veräußerung. Die Abs. 1–3 gelten nicht für städtebauliche Entwicklungsbereiche (§ 169 Abs. 3 S. 3). Auf die Veräußerungspflicht nach § 169 Abs. 5, 6 ist § 89 Abs. 4 anzuwenden (§ 169 Abs. 6 S. 3).

2 **2. Umfang und Zeitpunkt der Veräußerungspflicht. a) Erwerb durch Ausübung des Vorkaufsrechts oder durch Enteignung.** Gemäß Abs. 1 S. 1 hat die Gemeinde nur die Grundstücke zu veräußern, die sie durch Ausübung eines **Vorkaufsrechts** (§§ 24, 25) erlangt hat oder die zu ihren Gunsten **enteignet** worden sind, um sie für eine bauliche Nutzung vorzubereiten oder der baulichen Nutzung zuzuführen (§ 85 Abs. 1 Nr. 1). Zur Wahrung des kommunalen Bodenvorratsfonds nimmt Abs. 1 S. 3 solche Grundstücke von der Veräußerungspflicht aus, für die entsprechendes Ersatzland hergegeben oder Miteigentum an einem Grundstück übertragen wurde oder wenn grundstücksgleiche Rechte, Rechte nach dem WEG oder sonstige dingliche Rechte an einem Grundstück begründet oder gewährt worden sind. Anders als in § 89 Abs. 1 S. 1 BBauG werden solche Grundstücke von der Veräußerungspflicht ausgenommen, die die Gemeinde auf Grund eines Übernahmeverlangens, zB anlässlich des Einsatzes eines städtebaulichen Gebotes iSd §§ 175 ff., erwerben musste. Anders als gem. § 25 Abs. 1 S. 1 StBauFGB besteht die Veräußerungspflicht auch nicht für solche Grundstücke, die die Gemeinde nach der förmlichen Festlegung des Sanierungsgebietes freihändig oder in anderer Weise als durch Enteignung oder Vorkaufsrecht erworben hat, zB im Umlegungsverfahren.

3 **b) Befreiungen.** Das beiden Fallgruppen des Abs. 1 zugrunde liegende Konzept des bloßen Durchgangserwerbs der Gemeinde wird dadurch gelockert, dass Abs. 1 S. 2 bestimmte Grundstücke von der Veräußerungspflicht freistellt. Grundstücke, die für öffentliche Zwecke benötigt werden, zB für Versorgungsflächen (§ 9 Abs. 1 Nr. 12) oder Flächen für den Gemeinbedarf (§ 9 Abs. 1 Nr. 5), sind nur dann von der Veräußerungspflicht befreit, wenn sie in einem einfachen oder qualifizierten Bebauungsplan ausgewiesen sind (*Weiß* in JDW § 89 Rn. 3; *Wünschmann* in SU § 89 Rn. 15; ähnl. *Halama* in BK § 89 Rn. 40; *Breuer*, SCH § 89 Rn. 14; großzügiger *Reisnecker* in KK § 89, Rn. 14; *Runkel* in EZBK § 89 Rn. 44). Entfällt die Zweckbestimmung für eine derartige im Bebauungsplan ausgewiesene Fläche nachträglich, so entsteht die Veräußerungspflicht (BGH NJW 1967, 1566). Der Veräußerungspflicht unterliegen gem. Abs. 1 S. 2 auch nicht Grundstücke, die für konkret beabsichtigte städtebauliche Maßnahmen als Austauschland oder zur Entschädigung in Land im Rahmen von § 101 benötigt werden. Austauschland sind Grundstücke, die die Gemeinde in frei vereinbarten Tauschgeschäften hergibt. Aus der Zweckbindung des Austausch- und Ersatzlandes für beabsichtigte städtebauliche Maßnahmen folgt, dass ein konkreter Bedarf auf Grund städtebaulicher Entwicklungsziele, die sich im Stadium der planerischen Festlegung oder der Planreife befinden, bestehen muss (BT-Drs. 7/2496, 46). Mit diesen **Befreiungen** ermöglicht das Gesetz der Gemeinde eine begrenzte Bodenvorratspolitik (*Runkel* in EZBK § 89 Rn. 40).

4 **c) Zeitpunkt.** Die Veräußerungspflicht **entsteht** gem. Abs. 2, sobald der mit dem Erwerb des Grundstücks verfolgte Zweck verwirklicht werden kann oder entfallen ist. Die Veräußerungspflicht knüpft also an die Möglichkeit der Verwirklichung des Enteignungszweckes an. Hat die Gemeinde ihre Hoheitsrechte über die Enteignung oder dem Vorkaufsrecht hingegen nur ausgeübt, um zusätzliche Grundstücke für ihr Fiskalvermögen zu erlangen, so liegt eine unzulässige anfechtbare Enteignung bzw. Ausübung eines Vorkaufsrechtes vor. Die Entstehung der Veräußerungspflicht stellt dagegen ab auf den Fall der rechtmäßigen Ausübung der Hoheitsrechte. Die Veräußerungspflicht soll auch entstehen, sobald der mit dem Erwerb verfolgte Zweck (endgültig) entfallen ist. Wenn das Grundstück durch Enteignung erworben worden ist, so hat der Enteignete im Fall des endgültigen Wegfalls des Enteignungszwecks einen aus Art. 14 Abs. 1 GG ableitbaren Anspruch auf Rückenteignung analog

1. Abschnitt. Zulässigkeit der Enteignung § 89

§ 102. Dieser aus der Bestandsgarantie abgeleitete Anspruch (→ § 102 Rn. 1) geht der einfachgesetzlichen Verpflichtung zur nur vorrangigen „Berücksichtigung" des früheren Eigentümers gem. § 89 Abs. 3 S. 2 vor; *Runkel* in EZBK § 89 Rn. 105; *Kröner*, FS Boujong, 1996, 563 (568); für Wahlrecht *Breuer*, SCH § 89 Rn. 17. Abs. 2 sieht eine bestimmte Frist für die Veräußerung von Grundstücken nach Fortfall des Erwerbszwecks nicht vor. Der Gesetzgeber hielt eine solche Frist für nicht praktikabel. Zudem bringe sie wegen möglicher Vollzugsansprüche erhebliche Unsicherheiten für die kommunale Grundstückspolitik (BR-Drs. 575/85, 110). Das heißt aber nicht, dass die Erfüllung der Veräußerungspflicht im Belieben der Gemeinde steht (→ Rn. 1, 2). Bei beiden Alternativen des Abs. 2 kann die Veräußerungspflicht im Einzelfall vor Ablauf der noch in § 89 BBauG vorgeschriebenen Frist von zwei Jahren entstehen (s. a. *Halama* in BK § 89 Rn. 55; *Breuer*, SCH § 89 Rn. 16). Nach Ausübung eines Vorkaufsrechts nach § 24 Abs. 1 Nr. 4 kann die Veräußerungspflicht mit Zweckerreichung, also in der Regel unmittelbar nach Eigentumsübergang, entstehen. Erfüllt die Gemeinde ihre Veräußerungspflicht nicht innerhalb angemessener Frist, kann der frühere Eigentümer Rückenteignung gem. § 102 Abs. 1 Nr. 2 verlangen.

d) Veräußerungspreis. Anders als in § 89 Abs. 1 BBauG wird nicht vorgeschrieben, dass die Gemeinde das Grundstück „ohne Gewinn" zu veräußern hat. Aufgrund der Entstehungsgeschichte der Novelle 1976 ist jedoch davon auszugehen, dass die Gemeinde Grundstücke oder Rechte zum Verkehrswert einschließlich neuordnungsbedingter Wertsteigerungen veräußern muss (*Reisnecker* in KK § 89, Rn. 31; *Berkemann*, Rn. 108; restriktiv *Leisner* NVwZ 1993, 935 (940); dazu *Runkel* in EZBK § 89 Rn. 92; restriktiv auch *Huber*, Der planungsbedingte Wertzuwachs als Gegenstand städtebaulicher Verträge, 1995, 37; wN *Patzelt*, Abschöpfung des Planungsgewinns in der Bauleitplanung, 2011). Auch bei Wahrung des Kopplungsverbots (§ 56 I VwVfG) und des Grundsatzes der unmittelbaren Kausalität (BVerwGE 90, 310) ermöglichen es städtebauliche Verträge (§ 11), die Kostenlast für die Planung und Aufschließung von Baugebieten und deren Ausstattung mit Infrastruktureinrichtungen zwischen Gemeinde und Investoren gerecht zu verteilen (s. *Schmidt-Eichstaedt*, BT-Drs. 13/5489, 22), ohne dass es des Rückgriffs auf die Enteignung bedarf. Der Anwendungsbereich von § 89 wird dadurch noch kleiner. Findet sich kein Käufer zum **Neuordnungspreis**, so hat die Gemeinde auf Antrag des früheren Eigentümers das Grundstück zurückzuübereignen (§ 102 Abs. 1 Nr. 2). Der Ausgleichsbetrag bemisst sich allein nach § 103. § 95 Abs. 2 Nr. 2 ist analog anwendbar (*Breuer* in SCH § 89 Rn. 20; *Halama* in BK § 89 Rn. 108; aA *Reisnecker*, KK § 89, Rn. 31).

3. Verteilungsgrundsätze. a) Systematik. An wen die Gemeinde die Grundstücke zu veräußern hat, regeln die **Verteilungsgrundsätze** des Abs. 3 (zu § 89 aF *Löhr* NJW 1979, 2169 (2170)). Ausdrücklich bevorzugt zu behandeln sind noch die verdrängten Verkäufer nach Ausübung des Vorkaufsrechts und die früheren Eigentümer von enteigneten Grundstücken (Abs. 3 S. 2). Da gem. Abs. 3 S. 1 bei der Veräußerung weite Kreise der Bevölkerung zu berücksichtigen sind, kommen zunächst in der zweiten Stufung natürliche Personen vor juristischen Personen des Privatrechts in Betracht (*Tittel* WiR 1974, 345 (354)). Juristische Personen des öffentlichen Rechts erfüllen nicht die bodenpolitische Zielsetzung des § 89 (*Reisnecker* in KK § 89, Rn. 21).

b) Allgemeine Verteilung. Gemäß Abs. 3 S. 1 hat die Gemeinde die Grundstücke an Personen zu veräußern, die sich verpflichten (→ § 87 Rn. 2), das Grundstück innerhalb angemessener Frist entsprechend den baurechtlichen Vorschriften oder den Zielen und Zwecken der städtebaulichen Maßnahmen zu nutzen. Damit sind nicht nur Ziele und Zwecke eines Bebauungsplans gemeint, sondern zB auch § 34 (iVm § 85 Abs. 1 Nr. 2) oder die Festsetzungen einer Erhaltungssatzung (§ 172 iVm § 24 Nr. 4 oder § 85 Abs. 1 Nr. 6), die Ziele und Zwecke einer städtebaulichen Maß-

nahme, zB einer städtebaulichen Sanierung ohne Bebauungsplan oder eines Stadtentwicklungskonzepts gem. § 171b Abs. 2. Soweit aber ein Bebauungsplan vorliegt, gilt dessen beherrschende Leitfunktion. Weist zB ein Bebauungsplan die Grundstücke überwiegend aus für die Bebauung mit Wohngebäuden, die mit Mitteln des sozialen Wohnungsbaus gefördert werden können (§ 9 Abs. 1 Nr. 7), oder für die Errichtung von Wohngebäuden für Personengruppen mit besonderem Wohnbedarf (§ 9 Abs. 1 Nr. 8), so sind die Grundstücke primär an Bauwillige zu veräußern, die sich verpflichten, das Grundstück innerhalb angemessener Frist plangemäß zu nutzen. Im Beispielsfall zu § 9 Abs. 1 Nr. 7 ermöglicht es Abs. 3 S. 1 zB, Grundstücke an ein im sozialen Wohnungsbau tätiges Unternehmen zu veräußern, damit dieses Wohnungen im sozialen Wohnungsbau errichtet für Mieter, die gem. einem Sozialplan unterzubringen sind. Verdrängte Käufer oder frühere Eigentümer, die dazu nicht in der Lage sind, müssen zurückstehen. Auch das der Breitenstreuung des Grundeigentums dienende Tatbestandsmerkmal „unter Berücksichtigung weiter Kreise der Bevölkerung", das dem bei der Planaufstellung zu berücksichtigenden öffentlichen Interesse an der Eigentumsbildung weiter Kreise der Bevölkerung (§ 1 Abs. 6 Nr. 2) entspricht, intendiert das Zurückstehen der privatisierungsberechtigten verdrängten Käufer und reprivatisierungsberechtigten früheren Eigentümer hinter privatisierungsberechtigten anderen Erwerbswilligen. Auch nach vorangegangener Ausübung eines Vorkaufsrechts dürfte Abs. 3 S. 2 in der Regel nicht greifen, wenn der Eigentümer sein Abwendungsrecht nach § 27 Abs. 2 hat verstreichen lassen.

8 **c) Verteilung an Bevorrechtigte.** Nur wenn entsprechend den baurechtlichen Vorschriften oder den Zielen und Zwecken der städtebaulichen Maßnahme gem. Abs. 3 S. 1 sowohl eine Veräußerung an privatisierungsberechtigte Dritte oder an verdrängte Käufer oder frühere Eigentümer zulässig ist, hat die Gemeinde gem. Abs. 3 S. 2 zunächst diese zu berücksichtigen. Die mit der hoheitlichen Zugriffsmöglichkeit korrelierende Ausgleichsfunktion der Veräußerungspflicht wird im Fall der früheren Eigentümer entsprechend der Bestandsgarantie des Art. 14 Abs. 1 S. 1 GG auf diese ausgerichtet. Im Fall der verdrängten Käufer folgt die entsprechende Wertung aus der durch Art. 2 Abs. 1 GG geschützten Erwerbsfreiheit. Ist der mit dem Erwerb verfolgte Zweck entfallen, so hat der verdrängte Käufer ebenfalls aus Abs. 3 S. 2 einen Anspruch auf vorrangige Berücksichtigung, der frühere Eigentümer hingegen einen Anspruch auf Rückenteignung (→ Rn. 4). Das Tatbestandsmerkmal „unter Berücksichtigung weiter Kreise der Bevölkerung" dient der politisch erwünschten Eigentumsstreuung. Abs. 3 S. 1 verpflichtet die Gemeinde zwingend nur zur Veräußerung. Wie sie dieser Verpflichtung nachkommt, liegt auch in den Fällen des Abs. 3 S. 2 im Ermessen der Gemeinde. Die privilegierten Personen iSv Abs. 3 S. 2 haben ebenso wie alle anderen Bewerber im Regelfall nur einen Anspruch auf Beteiligung am Veräußerungsverfahren und auf fehlerfreie Ermessensausübung (BR-Drs. 575/85, 110; *Löhr* NJW 1979, 2169 (2175); *Breuer*, SCH, § 89 Rn. 26; *Wünschmann*, SU § 89 Rn. 30; eher für Rechtsanspruch *Halama* in BK § 89 Rn. 87; JK § 89 Rn. 5). Ermessensfehlerfrei hat die Gemeinde zu entscheiden, welche Personen in welchem Umfang und in welcher Rechtsform (Abs. 4) berücksichtigt werden. In Ausnahmefällen kann die Effektuierung der Bestandsgarantie oder der Erwerbsfreiheit zu einem Anspruch auf ein bestimmtes Grundstück führen (*Battis* DÖV 1978, 113 (118).

9 **4. Rechtsformen des Erwerbs.** Abs. 4 S. 1 lässt drei **Rechtsformen des Erwerbs** zu. Die Gemeinde kann ihre Veräußerungspflichten nur dadurch erfüllen, dass sie das Eigentum an einem Grundstück überträgt (Nr. 1), grundstücksgleiche Rechte, zB Erbbaurecht (s. § 200 Abs. 2) oder Rechte nach dem WEG (Nr. 2) oder sonstige dingliche Rechte, zB Dienstbarkeit (§§ 1018–1093 BGB), dingliches Vorkaufsrecht (§§ 1094–1104 BGB) (Nr. 3) begründet oder gewährt. Diesen drei Erwerbsformen steht die Verschaffung eines Anspruchs auf den Erwerb solcher Rechte gleich, zB durch Vormerkung (Abs. 4 S. 2). Die ermessensfehlerfreie Vergabe des

1. Abschnitt. Zulässigkeit der Enteignung **§ 90**

Rechts nach Abs. 4 wird durch die Veräußerungsgrundsätze des Abs. 3 (→ Rn. 6–8) beeinflusst.

5. Rechtsschutz. Die bevorzugt zu berücksichtigenden Erwerbswilligen 10 (→ Rn. 8) können ihren Rechtsanspruch auf Beteiligung am Veräußerungsverfahren, ihren Anspruch auf fehlerfreie Ermessensausübung bei der Zuteilung von Grundstücken und Rechten und ggf. auch ihren Anspruch auf ein bestimmtes Grundstück (→ Rn. 8) gem. § 217 I S. 1, 3 vor den Baulandgerichten (*Breuer* in SCH § 89 Rn. 32; *Runkel*, Rn. 104; *Wünschmann*, SU § 89 Rn. 38) gerichtlich verfolgen (→ § 217 Rn. 4). Angesichts des der Gemeinde durch Abs. 3 u. 4 eingeräumten Gestaltungsspielraums wird anderen Interessenten regelmäßig kein einklagbares subjektives Recht zustehen (*Löhr* NJW 1979, 2169 (2175)). Ihnen bleibt die form- und fristlose Beschwerde an die Aufsichtsbehörde.

§ 90 Enteignung von Grundstücken zur Entschädigung in Land

(1) **Die Enteignung von Grundstücken zur Entschädigung in Land (Ersatzland) ist zulässig, wenn**
1. **die Entschädigung eines Eigentümers nach § 100 in Land festzusetzen ist,**
2. **die Bereitstellung von Grundstücken, die im Rahmen der beabsichtigten städtebaulichen Entwicklung als Ersatzland geeignet sind, weder aus dem Grundbesitz des Enteignungsbegünstigten noch aus dem Grundbesitz des Bundes, des Landes, einer Gemeinde (Gemeindeverband) oder einer juristischen Person des Privatrechts, an der der Bund, das Land oder eine Gemeinde (Gemeindeverband) allein oder gemeinsam überwiegend beteiligt sind, möglich und zumutbar ist sowie**
3. **von dem Enteignungsbegünstigten geeignete Grundstücke freihändig zu angemessenen Bedingungen, insbesondere, soweit ihm dies möglich und zumutbar ist, unter Angebot geeigneten anderen Landes aus dem eigenen Vermögen oder aus dem Besitzstand von juristischen Personen des Privatrechts, an deren Kapital er überwiegend beteiligt ist, nicht erworben werden können.**

(2) **Grundstücke unterliegen nicht der Enteignung zur Entschädigung in Land, wenn und soweit**
1. **der Eigentümer oder bei land- oder forstwirtschaftlich genutzten Grundstücken der sonstige Nutzungsberechtigte auf das zu enteignende Grundstück mit seiner Berufs- oder Erwerbstätigkeit angewiesen und ihm im Interesse der Erhaltung der Wirtschaftlichkeit seines Betriebs die Abgabe nicht zuzumuten ist oder**
2. **die Grundstücke oder ihre Erträge unmittelbar öffentlichen Zwecken oder der Wohlfahrtspflege, dem Unterricht, der Forschung, der Kranken- und Gesundheitspflege, der Erziehung, der Körperertüchtigung oder den Aufgaben der Kirchen und anderer Religionsgesellschaften des öffentlichen Rechts sowie deren Einrichtungen dienen oder zu dienen bestimmt sind.**

(3) **Außerhalb des räumlichen Geltungsbereichs eines Bebauungsplans und außerhalb der im Zusammenhang bebauten Ortsteile können Grundstücke zur Entschädigung in Land nur enteignet werden, wenn sie land- oder forstwirtschaftlich genutzt werden sollen.**

(4) **Die Enteignung zum Zweck der Entschädigung eines Eigentümers, dessen Grundstück zur Beschaffung von Ersatzland enteignet wird, ist unzulässig.**

§ 90 I. Kapitel. V. Teil. Enteignung

Übersicht

	Rn.
1. Systematik	1
2. Entschädigung in Land	2
3. Enteignungsverbote	3
4. Außenbereichsgrundstücke	4
5. Verbot, Kettenersatzlandenteignung	5

1 **1. Systematik.** § 90 präzisiert den in § 85 Abs. 1 Nr. 3 festgelegten Enteignungszweck, Grundstücke für **Entschädigung in Land** zu verschaffen. Zusätzlich zu den allgemeinen Voraussetzungen des § 87 Abs. 1 stellt Abs. 1 **besondere,** kumulativ geltende **Voraussetzungen** für die Ersatzenteignung auf. Die Abs. 2 u. 3 nehmen bestimmte Grundstücke von der Ersatzlandenteignung aus. Abs. 4 verbietet Kettenersatzlandenteignungen. In welchen Fällen Ersatzlandentschädigung ganz oder teilweise festzusetzen ist, regeln § 100, § 101 Abs. 1 S. 1 Nr. 2 u. 3. Die Ersatzlandenteignung ist Teil des Hauptenteignungsverfahrens (§ 112 Abs. 3 Nr. 4, § 113 Abs. 2 Nr. 9). Verfassungsrechtlichen Bedenken gegen die Ersatzlandenteignung (Bestandsgarantie des Art. 14 Abs. 1 S. 1 GG; s. *Halama* in BK § 90 Rn. 4) kann durch eine restriktive Praxis zugunsten der betroffenen Eigentümer Rechnung getragen werden. Rechtsschutz gewährt § 217 Abs. 1.

2 **2. Entschädigung in Land. Erste** besondere Voraussetzung für die Ersatzlandenteignung ist, dass die Entschädigung, für die Land beschafft werden soll, nach § 100 „in Land festzusetzen ist" (Abs. 1 Nr. 1). Ein derartiger Rechtsanspruch besteht nur in den Fällen des § 100 Abs. 1–3. Für § 100 Abs. 4 gilt § 90 nicht. **Zweite** besondere Zulässigkeitsvoraussetzung ist, dass es weder möglich noch zumutbar ist, geeignete Grundstücke aus dem Grundbesitz der öffentlichen Hand oder aus dem des antragstellenden Enteignungsbegünstigten bereitzustellen (Abs. 1 Nr. 2). Diese Zulässigkeitsvermutung verdeutlicht die aus Art. 14 Abs. 1 GG abzuleitende Ungleichgewichtigkeit von Privateigentum und Eigentum der öffentlichen Hand. Diese ist zB auch bei der Festlegung von Gemeinbedarfsflächen in einem Bebauungsplan zu berücksichtigen (BVerwG NVwZ 2002, 1506). Die **dritte** besondere Zulässigkeitsvoraussetzung verlangt über § 87 Abs. 2 Nr. 2 (→ § 87 Rn. 6–8) hinaus, dass der Enteignungsbegünstigte darlegt und nachweist, dass er geeignete andere Grundstücke freihändig zu angemessenen Bedingungen nicht erwerben kann. Dies ist orientiert an § 28 III S. 1 (→ § 28 Rn. 9) zu bestimmen (*Wünschmann*, SU § 90 Rn. 9).

3 **3. Enteignungsverbote.** Abs. 2 Nr. 1 verbietet, Grundstücke als Ersatzland zu enteignen, wenn und soweit der Eigentümer beruflich oder erwerbswirtschaftlich auf sie angewiesen ist (→ § 100 Rn. 3). Zum Begriff der Landwirtschaft s. § 201. Beim Verbot der Ersatzlandenteignung für Grundstücke, die bestimmten öffentlichen Zwecken dienen (Abs. 2 Nr. 2), kommt es nicht darauf an, ob das Grundstück im Eigentum der öffentlichen Hand ist. Werden Grundstücksteile nicht iSd Enteignungsverbots genutzt, kann Teilenteignung zulässig sein.

4 **4. Außenbereichsgrundstücke.** Entsprechend der gesetzlichen Wertung in § 1a Abs. 2 S. 2 (→ § 1a Rn. 10) ist bei Grundstücken im Außenbereich (→ § 35 Rn. 2) eine Ersatzlandenteignung nur zulässig, wenn sie künftig land- oder forstwirtschaftlich (s. § 201) genutzt werden sollen (s. a. *Halama* in BK § 90 Rn. 28).

5 **5. Verbot, Kettenersatzlandenteignung.** Abs. 4 stellt klar, was bereits aus § 90 Abs. 2 Nr. 2 iVm § 100 Abs. 1 folgt.

1. Abschnitt. Zulässigkeit der Enteignung §92

§ 91 Ersatz für entzogene Rechte

¹Die Enteignung zu dem Zweck, durch Enteignung entzogene Rechte durch neue Rechte zu ersetzen, ist nur zulässig, soweit der Ersatz in den Vorschriften des Zweiten Abschnitts vorgesehen ist. ²Für den Ersatz entzogener Rechte durch neue Rechte im Wege der Enteignung nach § 97 Abs. 2 Satz 3 gelten die in § 90 Abs. 1 und 2 für die Enteignung zur Entschädigung in Land getroffenen Vorschriften entsprechend.

§ 91 regelt die Zulässigkeit der in § 85 Abs. 1 Nr. 4 als Enteignungszweck festgelegten **Ersatzrechtsenteignung**. S. 1 stellt klar, dass die im 2. Abschn. enthaltenen § 101 Abs. 1 S. 1 Nr. 1 – Ersatzrechtsenteignung des Eigentümers – und §§ 97 Abs. 2, 100 Abs. 6 – Ersatzrechtsenteignung der Nebenberechtigten –, § 102 Abs. 5 – Rückenteignung – abschließend regeln, in welchen Fällen eine Ersatzrechtsenteignung erfolgen darf. Zusätzlich zu den auch für Ersatzrechtsenteignungen geltenden allgemeinen Voraussetzungen des § 87 Abs. 1 ordnet Satz 2 besondere Zulässigkeitsvoraussetzungen an für die Fälle, in denen für ein öffentliches Verkehrsunternehmen oder für Träger der öffentlichen Versorgung mit Elektrizität, Wasser oder Wärme gem. § 97 Abs. 2 S. 3 Ersatzrechte, möglicherweise auch an Grundstücken Dritter, begründet werden. Gem. S. 2 gelten dann die besonderen Zulässigkeits- und Ausschlussvoraussetzungen des § 90 Abs. 1, 2 entsprechend (→ § 90 Rn. 2, 3). Rechtsschutz gewährt § 217 Abs. 1.

§ 92 Umfang, Beschränkung und Ausdehnung der Enteignung

(1) ¹Ein Grundstück darf nur in dem Umfang enteignet werden, in dem dies zur Verwirklichung des Enteignungszwecks erforderlich ist. ²Reicht eine Belastung des Grundstücks mit einem Recht zur Verwirklichung des Enteignungszwecks aus, so ist die Enteignung hierauf zu beschränken.

(2) ¹Soll ein Grundstück mit einem Erbbaurecht belastet werden, kann der Eigentümer anstelle der Belastung die Entziehung des Eigentums verlangen. ²Soll ein Grundstück mit einem anderen Recht belastet werden, kann der Eigentümer die Entziehung des Eigentums verlangen, wenn die Belastung mit dem dinglichen Recht für ihn unbillig ist.

(3) Soll ein Grundstück oder ein räumlich oder wirtschaftlich zusammenhängender Grundbesitz nur zu einem Teil enteignet werden, kann der Eigentümer die Ausdehnung der Enteignung auf das Restgrundstück oder den Restbesitz insoweit verlangen, als das Restgrundstück oder der Restbesitz nicht mehr in angemessenem Umfang baulich oder wirtschaftlich genutzt werden kann.

(4) Der Eigentümer kann verlangen, dass die Enteignung auf die in § 86 Abs. 2 bezeichneten Gegenstände ausgedehnt wird, wenn und soweit er sie infolge der Enteignung nicht mehr wirtschaftlich nutzen oder in anderer Weise angemessen verwerten kann.

(5) Ein Verlangen nach den Absätzen 2 bis 4 ist schriftlich oder zur Niederschrift bei der Enteignungsbehörde bis zum Schluss der mündlichen Verhandlung geltend zu machen.

Übersicht

	Rn.
1. Systematik	1
2. Räumlicher Umfang	2

		Rn.
3.	Art und Reichweite des Zugriffs	3
	a) Übernahmeverlangen	3
	b) Restgrundstück	4
	c) Zubehör und Scheinbestandteile	5
4.	Verfahren	6

1. Systematik. § 92 konkretisiert das im Abschn. über die Enteignungsvoraussetzungen vielfach in spezifisch enteignungsrechtlicher Weise ausgestaltete (→ Vorb §§ 85–122 Rn. 11) **verfassungsrechtliche Übermaßverbot** (→ Vorb §§ 85–122 Rn. 10) in modaler und quantitativer Hinsicht. Gem. dem Grundsatz der Erforderlichkeit (geringst möglicher Eingriff) wird die Enteignung begrenzt, räumlich durch Abs. 1 S. 1 (*Halama* in BK § 92 Rn. 13; weitergehend *Reisnecker* in KK § 92 Rn. 6), modal durch Abs. 1 S. 2: statt Vollrechtsentzug nur Belastung mit einem Recht. Abs. 2 erlaubt zum Schutz des Enteignungsbetroffenen auf dessen Antrag statt der erforderlichen Belastung seines Grundstückes dessen Vollentzug. Abs. 3 überträgt dieses Übernahmeverlangen auf die Teilflächenenteignung, Abs. 4 auf Zubehör und Grundstücksbestandteile. Abs. 5 regelt das Verfahren der Enteignungsausdehnung. § 92 ist auch auf Enteignungen in städtebaulichen Entwicklungsmaßnahmen entsprechend anzuwenden (→ § 169 Rn. 10; *Runkel* in EZBK § 90 Rn. 8).

2. Räumlicher Umfang. Räumlich darf ein Grundstück nur in dem Umfang in Anspruch genommen werden, wie dies der Enteignungszweck erfordert (Abs. 1 S. 1; dazu *Müller* DVBl. 1969, 178). Ob die **Belastung mit einem Recht** statt eines teilweisen oder völligen Entzugs des Eigentums genügt (Abs. 1 S. 2), ist im Einzelfall anhand des in der Maßnahme verwirklichenden Eignungszweckes zu bestimmen (s. a. BGH LM § 9 BBauG Nr. 1). Wird wegen der Tunnelführung einer Straße ein Grundstück dauerhaft nur unterirdisch in Anspruch genommen, so reicht regelmäßig die Belastung mit einer Dienstbarkeit aus (BVerwG NJW 1996, 2113). Zur Anlegung notwendiger öffentlicher Parkplätze ist grundsätzlich die Vollenteignung des hierzu benötigten im Privateigentum stehenden Grund und Bodens – nicht nur die Begründung eines schuldrechtlichen Nutzungsverhältnisses oder die Belastung mit einer Dienstbarkeit – zulässig (BGH NJW 1967, 2305).

3. Art und Reichweite des Zugriffs. a) Übernahmeverlangen. Genügt es für die Verwirklichung des Enteignungszweckes, ein Grundstück mit einem Erbbaurecht zu belasten, so kann der Eigentümer anstelle dieser objektiv erforderlichen (Abs. 1 S. 2) Belastung gem. Abs. 2 S. 1 die Entziehung des Eigentums verlangen. Zum Rechtsinstitut des **Übernahmeverlangens** und der Abgrenzung der in § 92 geregelten ausschließlich eigentümerfreundlichen Variante von der in § 40 geregelten → § 40 Rn. 4 u. *Krohn,* FS Weyreuther, 1993, 421 (423). Stellt der Eigentümer den entsprechenden Antrag, so ist nicht mehr zu prüfen, ob die Belastung im Einzelfall unbillig ist, dh persönlich wirtschaftlich unzumutbar ist. Nach dem klaren Gesetzeswortlaut ist dieses zusätzliche Tatbestandsmerkmal nur dann zu prüfen, wenn das Grundstück mit einem anderen dinglichen Recht als dem Erbbaurecht belastet werden soll und der Eigentümer die Entziehung des Eigentums verlangt (Abs. 2 S. 2). Abs. 2 S. 2 gilt auch für die Belastung mit einem obligatorischen Recht gem. § 86 Abs. 1 Nr. 4 (*Halama* in BK § 92 Rn. 58).

b) Restgrundstück. Erlaubt der Grundsatz der Erforderlichkeit gem. Abs. 1 S. 1, ein Grundstück nur zT zu enteignen, so kann der Eigentümer die Ausdehnung der Enteignung auf das **Restgrundstück** insoweit verlangen, als dieses nicht mehr in angemessenem Umfang baulich oder in sonstiger Weise wirtschaftlich genutzt werden kann (Abs. 3). Der Eigentümer kann gem. Abs. 3 auch verlangen, dass unter Beibehaltung des Restgrundstückes nur der wirtschaftlich oder baulich nicht mehr angemes-

sen nutzbare **Restbesitz**, zB Wirtschaftsgebäude, enteignet wird. Zum Schutz bestehender Wirtschaftseinheiten gilt Abs. 3 auch für räumlich oder wirtschaftlich zusammenhängenden Grundbesitz, der wegen der Abtrennung des zu enteignenden Teiles nicht mehr angemessen genutzt werden kann. Anders als der räumlich zusammenhängende Grundbesitz muss der wirtschaftlich zusammenhängende, dh eine wirtschaftliche Einheit bildende, nicht demselben Eigentümer gehören (*Halama* in BK § 92 Rn. 33; *Breuer* in SCH § 92 Rn. 8; aA *Runkel* in EZBK § 92 Rn. 77; *Reisnecker* in KK § 92, Rn. 34). Bei der Prüfung der Voraussetzungen des Anspruchs aus Abs. 3 sind die nachteiligen Auswirkungen des Enteignungsunternehmens insgesamt, zB Bau einer Straßenanlage mit hohen Stützmauern, und nicht nur die unmittelbaren Folgen der Verkleinerung oder Zerschneidung des Grundbesitzes selbst zu berücksichtigen (BGHZ 76, 1; BGH NVwZ 2001, 351; BVerwGE 129, 83 (91) – Übernahmeentschädigung, Gärtnerei, Fluglärm; → § 96 Rn. 10). Zur Anwendung von Abs. 3 bei der Aufdeckung stiller Reserven → § 96 Rn. 5.

c) Zubehör und Scheinbestandteile. Gem. Abs. 4 iVm § 86 Abs. 2 ist die **5** Enteignung auf **Zubehör** eines Grundstücks (§ 97 BGB) und die zu einem vorübergehenden Zweck mit dem Grundstück verbundenen oder in das Gebäude eingefügten Bestandteile **(Scheinbestandteile)** auszudehnen, wenn der Eigentümer dies verlangt, weil er diese Gegenstände infolge der Enteignung nicht mehr wirtschaftlich nutzen oder in anderer Weise angemessen verwerten kann. Dies wird regelmäßig bei solchen Gegenständen der Fall sein, die gerade für Zwecke des enteigneten Grundstückes hergestellt worden sind, zB Pump- oder stationäre Verladeanlagen.

4. Verfahren. Der **Antrag** auf Übernahme des Resteigentums gem. Abs. 2–4 ist **6** schriftlich oder zur Niederschrift der Enteignungsbehörde bis zum Schluss der mündlichen Verhandlung (§ 108) zu stellen (Abs. 5). Bis zu diesem Zeitpunkt kann der Antrag auch zurückgenommen werden. Antragsberechtigt ist der Eigentümer, wenn ihre Rechte entzogen werden auch Inhaber anderer dinglicher oder obligatorischer Rechte, zB Mieter oder Pächter (→ § 86 Rn. 4, 5). Zum Rechtsschutz s. § 217.

Zweiter Abschnitt. Entschädigung

§ 93 Entschädigungsgrundsätze

(1) **Für die Enteignung ist Entschädigung zu leisten.**

(2) **Die Entschädigung wird gewährt**
1. **für die durch die Enteignung eintretenden Rechtsverlust,**
2. **für andere durch die Enteignung eintretende Vermögensnachteile.**

(3) [1]**Vermögensvorteile, die dem Entschädigungsberechtigten (§ 94) infolge der Enteignung entstehen, sind bei der Festsetzung der Entschädigung zu berücksichtigen.** [2]**Hat bei der Entstehung eines Vermögensnachteils ein Verschulden des Entschädigungsberechtigten mitgewirkt, so gilt § 254 des Bürgerlichen Gesetzbuchs entsprechend.**

(4) [1]**Für die Bemessung der Entschädigung ist der Zustand des Grundstücks in dem Zeitpunkt maßgebend, in dem die Enteignungsbehörde über den Enteignungsantrag entscheidet.** [2]**In den Fällen der vorzeitigen Besitzeinweisung ist der Zustand in dem Zeitpunkt maßgebend, in dem diese wirksam wird.**

§ 93

Übersicht

	Rn.
1. Allgemeines	1
2. Enteignungsentschädigung	2
a) Verfassungsrechtliche Grundlagen	2
b) Normativer Entschädigungsbegriff	3
c) Abgrenzung zum Schadensersatz	4
3. Umfang der Entschädigung	5
4. Vorteilsausgleich	6
5. Mitverschulden	7
6. Zeitpunkt der Qualitätsbestimmung	8

1 **1. Allgemeines.** § 93 eröffnet den Abschn. des städtebaulichen Enteignungsrechts, der mit den Entschädigungsregelungen die Junktim-Klausel (Art. 14 Abs. 3 S. 2 GG) verwirklicht. Zur internen Systematik dieses Abschn., zu seiner Ergänzung durch andere Vorschriften und zu seiner analogen Geltung für andere Vorschriften des Gesetzes → Vorb §§ 85–122 Rn. 12. Abs. 1 schließt an das von Art. 14 Abs. 3 S. 2 GG statuierte Entschädigungsgebot an, das das BauGB in den §§ 93–103 ausgestaltet. Abs. 2 gliedert die Entschädigung in solche für den durch die Enteignung eingetretenen Rechtsverlust (§ 95) und solche für andere durch die Enteignung eingetretene Vermögensnachteile (Folgeschäden, § 96). Für beide Arten der Entschädigung gelten Abs. 3 – Vorteilsausgleichung, Anrechnung mitwirkenden Verschuldens –, und Abs. 4 – maßgeblicher Zeitpunkt für die Qualitätsbestimmung. § 93 ist auch auf Sanierungsmaßnahmen anwendbar, allerdings mit der entscheidenden Modifikation, dass in förmlich festgelegten Sanierungsgebieten, sofern kein vereinfachtes Verfahren stattfindet (§§ 152, 142), gem. § 153 Abs. 1 Planungsgewinne unberücksichtigt bleiben. Mit dieser Maßgabe gilt § 93 auch in städtebaulichen Entwicklungsbereichen (§ 169 Abs. 1 Nr. 6, Abs. 3; BVerwG NVwZ 1999, 407; krit. *Schäfermeyer* NVwZ 1999, 378).

2 **2. Enteignungsentschädigung. a) Verfassungsrechtliche Grundlagen.** Der an Art. 14 Abs. 3 S. 2 GG anknüpfende Abs. 1 hat nur deklaratorische Bedeutung. Hinsichtlich der Höhe der Entschädigung bestimmt **Art. 14 Abs. 3 S. 3 GG**, dass die Entschädigung unter gerechter Abwägung der Interessen der Allgemeinheit und der Beteiligten zu bestimmen ist. Während also die nach dem GG gebotene Entschädigung das Ergebnis einer Abwägung zu sein hat, schrieb Art. 153 Abs. 2 S. 2 WRV eine angemessene Entschädigung vor. RGZ 112, 189 (192) legte Art. 153 Abs. 2 S. 2 WRV dahin aus, dass zwar kein Schadensersatz, aber doch volle Entschädigung gewährt werden müsse. Damit übereinstimmend war auch in der Literatur die Verkehrswertentschädigung nahezu unumstritten (s. *Stödter,* Öffentlich-rechtliche Entschädigung, 1933, 257 ff.; *Schulthes,* Die Höhe der Enteignungsentschädigung, 1965, 357 f.; *Rittstieg,* Eigentum als Verfassungsproblem, 2. Aufl. 1976, 421 ff.). Trotz des unterschiedlichen Wortlauts von Art. 14 Abs. 3 S. 3 GG und Art. 153 Abs. 2 S. 2 WRV setzten BGHZ 6, 270 (292); E 29, 217 (221); E 39, 198 (200) (wN bei *Opfermann,* Die Enteignungsentschädigung nach dem Grundgesetz, 1974, 57 ff.; *Breuer,* Die Bodennutzung im Konflikt zwischen Städtebau und Eigentumsgarantie, 1976, 83 f.; *Groß* in EZBK § 93 Rn. 15–21) mit Billigung der Literatur (*W. Weber* in Neumann/Nipperdey, Die Grundrechte II, 1954, 388 ff.; wN bei *Breuer,* Die Bodennutzung im Konflikt zwischen Städtebau und Eigentumsgarantie, 82) die Rspr. des RG fort. Die Abwägung gem. Art. 14 Abs. 3 S. 3 GG müsse zur **Verkehrswertentschädigung** führen, die Entschädigung müsse dem Betroffenen einen wirklichen Wertausgleich verschaffen. Der Wertausgleich sei idR so zu bemessen, dass mit seiner Hilfe eine Sache gleicher Art und Güte erlangt werden könne. Demgegenüber hat BVerfGE 24, 367 (421); E 46, 268 (285); E 52, 1 (32); NVwZ 2010, 512 (515) aus Art. 14 Abs. 3 S. 3

2. Abschnitt. Entschädigung § 93

GG abgeleitet, dass die Interessen der Allgemeinheit beim Bodeneigentum in weit stärkerem Maße zur Geltung zu bringen seien als bei anderen Vermögensgütern. Der Gesetzgeber könne je nach den Umständen vollen Ersatz, aber auch eine darunter liegende Entschädigung bestimmen. Damit verwirft das BVerfG die Ansicht, die **gerechte Abwägung** iSv Art. 14 Abs. 3 S. 3 GG müsse zur Verkehrswertentschädigung, zur grundsätzlich vollen Entschädigung führen. BGHZ 59, 250 (254); 67, 190 (192) hat zwar die Ausführungen des BVerfG übernommen, sodass auch in der Interpretation des BGH Art. 14 Abs. 3 S. 3 GG es dem Gesetzgeber erlaubt, vom Verkehrswertprinzip abzugehen (ebenso *Bielenberg* DVBl. 1974, 113; *Brohm,* Öffentliches Baurecht, § 25, Rn. 26; aA *Rüfner,* FS Scheuner, 1973, 511; *Krohn/Löwisch* Rn. 238, hinsichtlich der Einzelenteignung). De lege ferenda eröffnet jedoch die vom BVerfG aktivierte Abwägungsklausel des Art. 14 Abs. 3 S. 3 GG dem Gesetzgeber einen über die traditionelle Lehre hinausgehenden Handlungsspielraum (krit. *Leisner* NJW 1992, 1409; einschränkend *Groß* in EZBK § 93 Rn. 3; s. a. *Groß,* FS Krautzberger, 2008, 35 (47)). Art 1 des 1. Zusatzprotokolls zur EMRK verlangt bei einer Enteignung einen gerechten Ausgleich zwischen dem öffentlichen Interesse und dem Schutz der Grundrechte, garantiert aber nicht das Recht auf volle Entschädigung (EGMR NVwZ 1999, 1325; → Vorb §§ 85–122 Rn. 1).

b) Normativer Entschädigungsbegriff. Den Handlungsspielraum des Art. 14 **3** Abs. 3 S. 3 GG nutzend, hat der Gesetzgeber die Verkehrswertentschädigung als **Regelentschädigung für den Rechtsverlust** (§ 95 Abs. 1 S. 1) durch die Erweiterung des Katalogs der Reduktionsklausel in § 95 Abs. 2 und die Aufnahme normativer Bewertungsfaktoren in die Definition der Verkehrswertentschädigung in § 194 zur **normativ gefassten Verkehrswertentschädigung** entwickelt. Diese ist damit nicht mehr bloßes Spiegelbild des Marktgeschehens (*Groß* in EZBK § 93 Rn. 26). Zum Streit um die Verfassungsmäßigkeit des § 95 Abs. 2 Nr. 7 → § 95 Rn. 10. Der normativ verfassten Verkehrswertentschädigung trägt die Rspr. des BGH dadurch Rechnung, dass sie das Tatbestandsmerkmal „durch die Enteignung eintretenden Rechtsverlust" (§ 93 Abs. 2 Nr. 1, § 95 Abs. 1 S. 1) betont (s. *Streck* in BK § 93 Rn. 4, § 95 Rn. 1, 5; *Krohn,* FS Geiger, 1989, 417). In die Entschädigungsbemessung dürfen nur Nachteile einbezogen werden, die der Betroffene in seiner „konkreten, subjektiven" **Rechts**position erlitten hat (dazu BGHZ 62, 96 (99); E 64, 382 (392); NJW-RR 1992, 780 – Mieterposition; s. a. *Kapsa* NVwZ 2003, 1423; NJW 1992, 2096 u. NJW 1993, 457 – Dispens; NVwZ-RR 1993, 1 – Kiesabbau im Böschungsbereich; NJW-RR 1995, 911 (912) – Notwegrente; BGHZ 143, 362 – wasserrechtliche Erlaubnis mAnm *Ehlers* JZ 2000, 1007, NJW 1997, 391 (392) – Tierkörperbeseitigungsanstalt; NJW 1997, 2119 (2120) – objektive Nutzbarkeit eines Restgrundstücks; zu Durchschneidungen von gemeinschaftlichen Jagdbezirken BGHZ 143, 321 mAnn *Ossenbühl* LM Art. 14 (Ca) GG Nr. 44; s. a. *Rinne/Schlick* NJW-Beil. 14/2002, 4; BGHZ 145, 83; dazu *Kapsa* NVwZ 2003, 1423; krit. *Pasternak* BayVBl. 2001, 742; BGH VIZ 2002, 303 – Abwasserleitung; s. a. *Rinne/Schlick* NJW 2004, 1844 (1845); dezidiert BGHZ NJW, 2004, 381, – Spargelanbau/Pächter/formungültige Absprachen; dazu *Kapsa* NVwZ 2003, 1423 (1424); *Aust/Jacobs/Pasternak,* Die Enteignungsentschädigung, 7. Aufl. 2014, Rn. 618–627; *Kaufmann* in Spannowsky/Hofmeister, Entschädigung und Haftung in der städtebaulichen Planung, 2009, 173). Die gegenüber der Wertbestimmung vorrangige Bestimmung des „Genommenen" trifft sich zudem in der Methode mit der vom BVerfG betonten Bestimmung der enteignungsfähigen Rechtsposition, nämlich der Zusammenschau aller zum Zeitpunkt des hoheitlichen Zugriffs geltenden, die Eigentümerstellung bestimmenden privatrechtlichen und öffentlich-rechtlichen gesetzlichen Vorschriften (BVerfGE 58, 300 (336); NVwZ 1998, 271).

c) Abgrenzung zum Schadensersatz. Die normative Bestimmung der Ent- **4** schädigung dient zudem der Konkretisierung des gelegentlich verschwimmenden

Unterschieds zum Schadensersatz (s. *Kreft* WM 1977, Sonderbeilage Nr. 2, S. 8; *Schulze-Hagen* AgrarR 1981, 221). Die Abwägungsklausel des Art. 14 Abs. 3 S. 3 GG rechtfertigt den Grundsatz, dass Enteignungsentschädigung nicht mit Schadensersatz iSd BGB gleichzusetzen ist (BGHZ 61, 253 (256)). Die Enteignungsentschädigung „umfasst nur diejenigen Schäden, welche infolge des enteignenden Eingriffs an dem Objekt selbst eintreten, also den eigentlichen Substanzverlust. Einen Ersatz des weitergehenden Schadens, welcher sich als Folge hoheitlichen Eingriffs etwa eingestellt hat, insbesondere also den Ersatz des entgangenen Gewinns oder der deswegen entgangenen Nutzungen kann der Eigentümer dagegen idR nicht verlangen" (BGHZ 37, 269 (278)). Die Entschädigung ist anders als der Schadensersatz nicht darauf gerichtet, den geschehenen Eingriff ungeschehen zu machen (OLG Düsseldorf NVwZ-RR 1993, 3). Während der Schadensersatz an einer hypothetischen Vermögensentwicklung, wie sie ohne das schädigende Ereignis eingetreten wäre, ausgerichtet wird, ist die Enteignungsentschädigung allein nach der Einbuße in dem vom Eingriff bedrohten Recht zu bemessen (BGHZ 39, 199f.; E 57, 359 (368); E 59, 250 (258)). Da jedoch die Enteignungsentschädigung nicht auf die Entschädigung des Substanzverlustes beschränkt ist, sondern auch andere durch die Enteignung eintretende Vermögensnachteile – sog. Folgeschäden (Abs. 2 Nr. 2, § 96) – erfasst, nähert sich die Enteignungsentschädigung zB bei der Entschädigung für Folgeschäden gem. § 96 Abs. 1 S. 2 Nr. 1 tatsächlich dem Schadensersatz (→ § 96 Rn. 4). Kein Unterschied zwischen Schadensersatz und Entschädigung besteht beim Ersatz des merkantilen Minderwertes eines Grundstücks (BGH NJW 1981, 1663 – U-Bahn – Untertunnelung –; s. a. BGHZ 83, 61 (70); E 97, 361). Die Entschädigung soll dem Betroffenen einen Ausgleich für das ihm „Genommene" geben. Die Entschädigung soll ihn – bildhaft ausgedrückt – in die Lage versetzen, sich ein entsprechendes Ersatzgrundstück zu verschaffen (BGH NJW 1976, 1499). Diese bildhafte Ausdrucksweise „besagt nichts anderes, als dass ihm" (dem Enteigneten) „durch die Entschädigung das volle Äquivalent für das Genommene gegeben werden muss. Dabei ist nicht vorausgesetzt, dass der Enteignete sich im Einzelfall wirklich ein gleichartiges Grundstück wieder beschaffen kann oder will" (BGH NJW 1976, 1499).

5 **3. Umfang der Entschädigung.** Nach Abs. 2 wird die Entschädigung gewährt für den Rechtsverlust und für andere durch die Enteignung eintretende Vermögensnachteile. Diese Unterscheidung zum Umfang der Entschädigung wird in den §§ 95 u. 96 konkretisiert. Die beiden Entschädigungspositionen, die auch als **Substanz-** und **Folgenentschädigung** bezeichnet werden, bilden unselbstständige Rechnungspositionen einer einheitlichen, aber teilbaren Entschädigung (BGH WM 1976, 162; *Kreft* WM 1977, Sonderbeilage 2, 18; *Groß* in EZBK § 93 Rn. 35). Zum Verbot der Doppelentschädigung gem. § 96 Abs. 1 → § 96 Rn. 2.

6 **4. Vorteilsausgleich.** Abs. 3 S. 1 schreibt als allgemeinen enteignungsrechtlichen Entschädigungsgrundsatz des **Vorteilsausgleichs** vor. Der Betroffene soll für die durch die Enteignung erlittenen Nachteile Ausgleich erhalten. Vermögensvorteile, die ihm im adäquaten Zusammenhang mit der Enteignung zufließen, sind auf die Entschädigung anzurechnen (BGHZ 6, 270 (295)). Abs. 3 S. 1 betrifft nur Vermögensvorteile, also Vorteile wirtschaftlicher Art, die einen messbaren Vermögenswert haben. Unterbliebene Unannehmlichkeiten genügen nicht (s. *Kröner*, Die Eigentumsgarantie in der Rechtsprechung des BGH, 2. Aufl. 1969, 13). Zur Anrechnung der Nutzung der durch die Enteignung freigewordenen Arbeitskraft BGH LM, Art. 14 GG (Cf) Nr. 35; BGHZ 55, 295 (299). Eine Vorteilsausgleichung ist nur dann zu berücksichtigen, wenn der Vorteil ohne Enteignung nicht entstanden wäre und zwischen der Enteignung als der schädigenden Maßnahme und dem Umstand, der den Vorteil gebracht hat, ein adäquater Zusammenhang besteht (BGH NJW 1966, 1075). Ein adäquater Zusammenhang soll nicht nur bestehen, wenn der Eingriff unmittelbar und gleichzeitig den Vorteil hat entstehen lassen. Es soll genügen,

2. Abschnitt. Entschädigung § 93

wenn Schaden und Vorteil aus mehreren selbstständigen Ereignissen fließen, sofern nur das schädigende Ereignis allgemein geeignet war, derartige Vorteile mit sich zu bringen, und der Zusammenhang der Ereignisse nicht so lose ist, dass er nach vernünftiger Lebensauffassung keine Berücksichtigung mehr verdient (BGHZ 62, 305 (307)). **Allgemeine Vorteile,** die nicht nur dem Entschädigungsberechtigten, sondern einem überschaubaren Kreis von Begünstigten, zB von der Enteignung nicht betroffenen Nachbarn, zufließen, zB Erhöhung der Geschossflächenzahl infolge eines Straßenausbaus, sind anzurechnen (*Aust/Jacobs/Pasternak,* Die Enteignungsentschädigung, Rn. 934). Nicht anzurechnen sind Vorteile, die der Allgemeinheit und damit ohne einen gerade durch die Enteignung vermittelten Zusammenhang auch dem Betroffenen zufließen, zB Verbreiterung einer Straße, die nur das allgemeine Interesse an einem zügigen Verkehrsfluss fördert (BGHZ 19, 139; *Groß* in EZBK § 93 Rn. 48). Bindet eine durch Enteignung betriebene Straßenverbreiterung ua ein neu ausgewiesenes Wohngebiet an, so sind mangels ausreichenden Zusammenhangs nicht anzurechnen die allgemeinen Vorteile, die der von der Enteignung betroffene Eigentümer erhält, weil er zugleich Eigentümer eines Teils des Baugebiets ist (BGHZ 62, 305). Es ist nicht allein auf das genommene Grundstück, sondern auf die Situation abzustellen, die sich gerade für den jeweils betroffenen Entschädigungsberechtigten ergibt (BGH NJW-RR 2002, 1240; NJW 2003, 63 (65)). Zur Unterscheidung zwischen „unmittelbaren", dem Restgrundstück „besonders" zugeordneten und deshalb auszugleichenden Vorteilen und „allgemeinen", nicht abschöpfbaren planbedingten Wertsteigerungen s. a. BGH DVBl. 1977, 766 – erschließungsbedingter **Sondervorteil;** zum besonderen Wertzuwachs eines Restgrundstücks durch differenziert zugeordneten Erschließungsvorteil BGH NVwZ 2000, 1077; *Rinne/Schlick* NJW-Beil. 14/2002, 4; zur Bestimmung der im Rahmen der zumutbaren adäquat verursachten Vorteile s. a. BGHZ 67, 200; NVwZ 2000, 1077 (1079); *Küppers* DVBl. 1978, 349. Die durch die Enteignung entstandene Einbuße kann durch die erlangten Vorteile ganz ausgeglichen werden, sodass überhaupt keine Entschädigung zu zahlen ist (BGHZ 68, 100 (105); *Aust/Jacobs/Pasternak,* Die Enteignungsentschädigung, Rn. 935 mwN: Verrechnung auf null nicht mit Substanzschädigung, sondern nur mit Entschädigung für sonstige Vermögensvorteile). Werden in einem Bebauungsplan neben Bauland auch Ausgleichsflächen für den zu erwartenden Eingriff in Natur und Landschaft festgesetzt, so sind bei der Bemessung der Enteignungsentschädigung für die Abgabe dieser Fläche planungsbedingte Wertsteigerungen des Restgrundstückes zu berücksichtigen (BGH NJW 1998, 2115 (2119); *Battis* LM § 40 BauGB Nr. 2). Ein Eigentümer muss sich nicht die Vorteile anrechnen lassen, die (nur) der Voreigentümer als „Parzellierungsbegünstigter" erlangt hat (BGH NJW 1977, 1821). Ausgleichsfähig ist im Falle der Enteignung eines Streifens entlang einer Straße die Wertsteigerung des bisher nicht als Bauland einzustufenden vorgeschobenen Hinterlandes (BGH NVwZ 1982, 458; DB 1983, 2188). Anzurechnen sind auch durch eine Bausperre entstandene Wertsteigerungen (BGH DB 1983, 2188 – Wohnungsbauunternehmen). Ist die Bezahlung von Folgeschäden vertraglich zugesichert worden, kann nicht eingewandt werden, dass für einen oder mehrere Posten des Wertausgleichs die Grundsätze der Vorteilsausgleichung anzuwenden sind (OLG München BRS 34 Nr. 98). Im Rahmen eines Erschließungsvertrages findet keine Vorteilsausgleichung nach § 93 Abs. 3 statt (VG Köln KStZ 1984, 98; zu Erschließungskosten s. a. *Labbé/Wölfel* DVBl. 1990, 1141).

5. Mitverschulden. Trotz der Unterschiede von Schadensersatz und Entschädigung (→ Rn. 4) ist **§ 254 BGB analog** anwendbar, wenn bei der Entstehung eines Vermögensnachteils ein Verschulden des Entschädigungsberechtigten mitgewirkt hat (Abs. 3 S. 2). Der in § 254 BGB enthaltene Rechtsgedanke ist eine Konkretisierung des im Bürgerlichen wie im Öffentlichen Recht wirksamen Grundsatzes von Treu und Glauben, die auch dann heranzuziehen ist, wenn die Ersatzpflicht wie bei der 7

Administrativenteignung nicht an Verschulden anknüpft (BGHZ 45, 290 zur Aufopferung; aA RGZ 149, 34 (37)). Als besondere Ausprägung des Abwägungsgebots (Art. 14 Abs. 3 S. 3 GG) ist das Mitverschulden bei der Festsetzung der Enteignungsentschädigung von Amts wegen zu beachten und nicht erst, wenn es einwendungsweise geltend gemacht wird (*Groß* in EZBK § 93 Rn. 60; *Breuer* in SCH § 93 Rn. 23; *Wünschmann,* SU § 93 Rn. 19; aA *Kröner,* Die Eigentumsgarantie in der Rechtsprechung des BGH, 134). Vom Betroffenen wird erwartet, dass er nach dem erfolgten Eingriff die dadurch verursachten Nachteile abwendet oder wenigstens mindert (BGHZ 56, 57 (65); WM 1973, 46 (49)). Das Mitverschulden eines Vertreters muss sich der Betroffene anrechnen lassen. Weil gerade § 254 S. 2 BGB eine besondere mit der Vorteilsausgleichung eng verwandte Ausprägung des Grundsatzes von Treu und Glauben ist (BGHZ 45, 290 (295 f.)), kann auch die **bloße Mitverursachung,** die die Geltendmachung des (ungekürzten) Entschädigungsanspruchs rechtsmissbräuchlich erscheinen lässt, genügen (ebenso *Aust/Jacobs/Pasternak* Rn. 589; aA *Schmidt-Aßmann/Groß* in EZBK § 93 Rn. 57; *Wünschmann,* SU § 93 Rn. 17 u. Hinweis auf den Wortlaut von Abs. 3 S. 2). Die Schadensminderungspflicht kann es gebieten, betrieblich geplante Erneuerungsmaßnahmen zu verschieben (BGH NJW 1983, 1663 (1664f.)). Die analoge Anwendung des § 254 kann zum Ausschluss der Entschädigung führen (BGH WM 1976, 568 (570)), rechtfertigt es im Planungsschadensrecht aber nicht, den Eigentümer auf einen späteren Zeitpunkt der Übernahme einer Fläche deshalb zu verweisen, weil er das Grundstück vor dem Wirksamwerden des Bebauungsplans als Bauerwartungsland erworben hat (BGHZ 63, 240). Zur anzurechnenden Unterlassung, ein umgestuftes Kleingartengrundstück für eine Zwischenzeit zu nutzen, BGH LM, Art. 14 GG, (Ea) Nr. 54.

8 **6. Zeitpunkt der Qualitätsbestimmung.** Abs. 4 regelt den Zeitpunkt für die Ermittlung des Zustandes des Enteignungsobjekts – **Zeitpunkt der Qualitätsbestimmung, Qualitätsstichtag.** Davon zu unterscheiden ist der maßgebliche Zeitpunkt der Bewertung – Preisermittlungsstichtag –, den § 95 Abs. 1 S. 2 festlegt. Unter Zustand des Grundstücks ist die Gesamtheit der wertbildenden Merkmale, also die Qualität des Grundstücks, zu verstehen (BGH NJW 1966, 2211; WM 1977, 506; s. a. *Reisnecker/Baur-Buechl,* Die entschädigungsrechtliche Qualitätsbestimmung von Grundstücken, 1982). Maßgebend für die Qualitätsbestimmung ist grundsätzlich der **Zeitpunkt des Eingriffs,** das ist der Tag, an dem die Entscheidung über den Enteignungsantrag dem Betroffenen zugestellt wird BGHZ 145, 83 (90) – gemeinschaftlicher Jagdbezirk; BGH NVwZ 2001, 351 (352) – Restbesitz; s. a. BVerwGE 125, 116 (264 Rn. 411)). Bei **vorzeitiger Besitzeinweisung** (§ 116) ist gem. Abs. 4 S. 2 der Zeitpunkt maßgebend, an dem die Besitzeinweisung wirksam wird, allerdings nur, wenn tatsächlich auch ein Besitzwechsel stattfindet. Der vorzeitigen Besitzeinweisung steht die freiwillige Übertragung auf Grund einer Einigung gleich (BayObLG BayVBl. 2003, 347). Bei Eingriffen in Miet- oder Pachtrechte ist auf den Zeitpunkt abzustellen, in dem der Besitz tatsächlich verloren wird (BGH NJW 1972, 528 (529)). Der Zeitpunkt der Qualitätsbestimmung ist schließlich vorzuverlegen, wenn in den Fällen der sog. **Vorwirkung** der Enteignung (→ § 95 Rn. 5) Bauverbote, Veränderungssperren oder verbindliche Planungen ein Grundstück von jeglicher konjunktureller Weiterentwicklung ausschließen (BGHZ 64, 382; NJW 1975, 1778; NJW 1978, 941: Vorwirkung von über 80 Jahren; BGHZ 39, 198 (201); WM 1982, 565, DVBl. 1983, 625 f.; BGHZ 87, 66 – fiktive Nutzungsgenehmigung infolge Vorwirkung; BGH NVwZ 1988, 867; BauR 1991, 452; OLG München BayVwBl. 1999, 506 – vorkonstitutioneller Teil- und nachkonstitutioneller Vollentnignung; zur Vorwirkung denkmalschutzrechtlicher Maßnahmen BGH NVwZ 1988, 963; dazu *Schwager/Krohn* WM 1991, 33 (51); BayObLG NVwZ-RR 1992, 113 (114) – naturschutzrechtlicher Übernahmeanspruch; OLG München NVwZ-RR 1991, 597–100 Jahre). Eine nur vorbereitende Planung (dazu *Kulenkamp* NJW 1974,

2. Abschnitt. Entschädigung §94

836) muss ursächlich für die spätere Enteignung werden, hinreichend bestimmt sein und die spätere verbindliche Planung, die die Grundlage der Enteignung bildet, mit Sicherheit erwarten lassen (BGH BauR 1972, 162; BauR 1972, 164; BGHZ 63, 240 (242); DVBl. 1978, 378: Flächennutzungsplan). Die mit der Bekanntmachung des Umlegungsbeschlusses begründete Verfügungs- und Veränderungssperre (§51) hat idR nicht die Bedeutung, dass die im Umlegungsgebiet liegenden Grundstücke von jeder konjunkturellen Weiterentwicklung – etwa von Ackerland zu Bauerwartungsland – ausgeschlossen werden (BGH DVBl. 1982, 1086). Nach hM (BGHZ 37, 269; BRS 19 Nr. 96; BRS 19 Nr. 99; BRS 26, 196; BRS 26, 207; *Schmidt-Aßmann/Groß* in EZBK § 93 Rn. 81) ist die Veränderungssperre einer anschließenden Dauerregelung des Bebauungsplanes und der daran anknüpfenden Enteignung zuzurechnen und als Vorwirkung mitzuentschädigen. Dadurch werden nicht in sachlich ungerechtfertigter Weise die Eigentümer benachteiligt, deren Grundstücke zwar von einer Veränderungssperre, nicht aber von einer Enteignung betroffen werden (so *Aust/Jacobs/Pasternak,* Die Enteignungsentschädigung, Rn. 775; *Ziegler* DVBl. 1973, 93; *Breuer* in SCH § 93 Rn. 30).

§94 Entschädigungsberechtigter und Entschädigungsverpflichteter

(1) **Entschädigung kann verlangen, wer in seinem Recht durch die Enteignung beeinträchtigt wird und dadurch einen Vermögensnachteil erleidet.**

(2) ¹**Zur Leistung der Entschädigung ist der Enteignungsbegünstigte verpflichtet.** ²**Wird Ersatzland enteignet, so ist zur Entschädigung derjenige verpflichtet, der dieses Ersatzland für das zu enteignende Grundstück beschaffen muss.**

Übersicht

	Rn.
1. Systematik	1
2. Entschädigungsberechtigter	2
3. Entschädigungsverpflichteter	3
4. Ersatzlandentschädigung	4

1. Systematik. Ergänzend zu den anspruchsbegründenden Vorschriften der 1 §§ 93, 95–97 stellt Abs. 1 klar, wer einen Anspruch auf Enteignungsentschädigung hat – Entschädigungsberechtigter. Abs. 2 bestimmt, gegen wen sich der Anspruch richtet. Entschädigungsverpflichteter ist danach der Enteignungsbegünstigte, außer in den Fällen der Ersatzlandenteignung.

2. Entschädigungsberechtigter. Entschädigungsberechtigt ist derjenige, in 2 dessen Recht die Enteignung unmittelbar eingreift und dem dadurch (BGHZ 55, 295 (296)) ein Vermögensnachteil zugefügt wird. Inhaber verschiedener eigentumsrechtlich geschützter Positionen können nebeneinander anspruchsberechtigt sein (BGH NVwZ 1982, 646 – Eigentümer, Pächter). Derjenige, gegen den sich ein hoheitlicher Eingriff nur mittelbar auswirkt, ist nicht entschädigungsberechtigt. Unerheblich ist, ob der Eingriff gezielt ist (BGHZ 37, 44; s. a. *Gronefeld,* Preisgabe und Ersatz des enteignungsrechtlichen Finalitätsmerkmals, 1972; *Wagner* NJW 1966, 569). Entschädigt wird nur die Beeinträchtigung von Rechten, nicht aber bloßer Chancen, Hoffnungen und Aussichten, → § 93 Rn. 3, § 96 Rn. 4. Bagatellschäden werden wegen der Sozialgebundenheit des Eigentums (Art. 14 Abs. 2 GG) nicht entschädigt (BGH VersR 1961, 541). Juristische Personen des öffentlichen Rechts können entschädigungsberechtigt sein (BGHZ 87, 66; → § 86 Rn. 3).

§ 95 I. Kapitel. V. Teil. Enteignung

3 **3. Entschädigungsverpflichteter. Entschädigungsverpflichteter** ist grundsätzlich der gem. § 113 Abs. 2 Nr. 8 im Enteignungsbeschluss zu bestimmende Enteignungsbegünstigte (Abs. 2 S. 1). Das ist regelmäßig der Antragsteller. Eine gegenüber einem Privaten subsidiäre Entschädigungspflicht des Staates oder der Gemeinde besteht bei der Enteignung gem. §§ 85ff. nicht (anders § 44 Abs. 1 S. 3, Abs. 2 S. 3 im Planungsschadensrecht); s. a. zur Entschädigung bei Versetzung von Telekommunikationslinien (BGH NVwZ-RR 2008, 734).

4 **4. Ersatzlandentschädigung.** Begünstigter der (sekundären) **Ersatzlandenteignung** ist derjenige, dem durch die primäre Enteignung das Grundstück entzogen worden ist. Es wäre widersinnig, wenn dieser als Entschädigungsberechtigter (der primären Enteignung, § 100 Abs. 1, Abs. 2) entsprechend der Grundregel des Abs. 2 S. 1 das Ersatzgrundstück besorgen müsste. Daher bestimmt Abs. 2 S. 2, dass **Entschädigungspflichtiger** derjenige ist, der nicht von der Ersatzlandenteignung, sondern von der primären Enteignung begünstigt worden ist. Das ist der Antragsteller der primären Enteignung.

§ 95 Entschädigung für den Rechtsverlust

(1) ¹**Die Entschädigung für den durch die Enteignung eintretenden Rechtsverlust bemisst sich nach dem Verkehrswert (§ 194) des zu enteignenden Grundstücks oder sonstigen Gegenstands der Enteignung.** ²**Maßgebend ist der Verkehrswert in dem Zeitpunkt, in dem die Enteignungsbehörde über den Enteignungsantrag entscheidet.**

(2) **Bei der Festsetzung der Entschädigung bleiben unberücksichtigt**
1. **Wertsteigerungen eines Grundstücks, die in der Aussicht auf eine Änderung der zulässigen Nutzung eingetreten sind, wenn die Änderung nicht in absehbarer Zeit zu erwarten ist;**
2. **Wertänderungen, die infolge der bevorstehenden Enteignung eingetreten sind;**
3. **Werterhöhungen, die nach dem Zeitpunkt eingetreten sind, in dem der Eigentümer zur Vermeidung der Enteignung ein Kauf- oder Tauschangebot des Antragstellers mit angemessenen Bedingungen (§ 87 Abs. 2 Satz 1 und § 88) hätte annehmen können, es sei denn, dass der Eigentümer Kapital oder Arbeit für sie aufgewendet hat;**
4. **wertsteigernde Veränderungen, die während einer Veränderungssperre ohne Genehmigung der Baugenehmigungsbehörde vorgenommen worden sind;**
5. **wertsteigernde Veränderungen, die nach Einleitung des Enteignungsverfahrens ohne behördliche Anordnung oder Zustimmung der Enteignungsbehörde vorgenommen worden sind;**
6. **Vereinbarungen, soweit sie von üblichen Vereinbarungen auffällig abweichen und Tatsachen die Annahme rechtfertigen, dass sie getroffen worden sind, um eine höhere Entschädigungsleistung zu erlangen;**
7. **Bodenwerte, die nicht zu berücksichtigen wären, wenn der Eigentümer eine Entschädigung in den Fällen der §§ 40 bis 42 geltend machen würde.**

(3) ¹**Für bauliche Anlagen, deren Rückbau jederzeit auf Grund öffentlichrechtlicher Vorschriften entschädigungslos gefordert werden kann, ist eine Entschädigung nur zu gewähren, wenn es aus Gründen der Billigkeit geboten ist.** ²**Kann der Rückbau entschädigungslos erst nach Ablauf einer Frist gefordert werden, so ist die Entschädigung nach dem Verhältnis der restlichen zu der gesamten Frist zu bemessen.**

2. Abschnitt. Entschädigung **§ 95**

(4) **Wird der Wert des Eigentums an dem Grundstück durch Rechte Dritter gemindert, die an dem Grundstück aufrechterhalten, an einem anderen Grundstück neu begründet oder gesondert entschädigt werden, so ist dies bei der Festsetzung der Entschädigung für den Rechtsverlust zu berücksichtigen.**

Übersicht

	Rn.
1. Allgemeines	1
2. Verkehrswertentschädigung	2
3. Bewertungsstichtag	3
4. Bei der Wertermittlung nicht zu berücksichtigende Umstände	4
a) Spekulative Bodenwertsteigerungen – Abs. 2 Nr. 1	4
b) Vorwirkung der Enteignung – Abs. 2 Nr. 2	5
c) Werterhöhungen nach angemessenem Tausch- oder Kaufangebot – Abs. 2 Nr. 3	6
d) Werterhöhungen nach Veränderungssperre – Abs. 2 Nr. 4	7
e) Ungenehmigte eigenmächtige Veränderungen – Abs. 2 Nr. 5	8
f) Unübliche Vereinbarungen – Abs. 2 Nr. 6	9
g) Städtebauliche Missstände – Abs. 2 Nr. 7	10
5. Rückbau	11
6. Zeitlich befristete legale Bauten	12
7. Wertminderung durch Rechte Dritter	13

1. Allgemeines. Die Vorschrift konkretisiert die Regelung des § 93 Abs. 2 Nr. 1, **1** dass Entschädigung für den durch die Enteignung eintretenden **Rechtsverlust** zu gewähren ist (→ § 93 Rn. 3). Abs. 1 S. 1 trifft die zentrale Entscheidung, dass die Entschädigung nach dem in § 194 definierten **Verkehrswert** zu bemessen ist. Abs. 1 S. 2 legt den Zeitpunkt der Bewertung (Bewertungsstichtag Preisermittlungsstichtag) fest. Abs. 2 enthält eine normativ wertende Korrektur des auf dem Marktgeschehen basierenden Verkehrswerts durch sieben **Reduktionsklauseln**, denen zufolge bestimmte Umstände bei der Wertermittlung nicht zu berücksichtigen sind, wie spekulative Bodenwertsteigerungen (Nr. 1), städtebauliche Missstände (Nr. 7) und der allgemeine Grundsatz der Vorwirkung der Enteignung (Nr. 2). Abs. 3 S. 1 trifft eine Billigkeitsentschädigung für illegale Bauten, Abs. 3 S. 2 eine Enteignungsentschädigung für befristet legale Bauten. Abs. 4 regelt die Entschädigungsbemessung eines durch Rechte Dritter in seinem Wert geminderten Grundstücks. Bei der Entschädigungsbemessung nach § 95 sind zu beachten die in § 93 Abs. 3 geregelten Entschädigungsgrundsätze – Vorteilsausgleichung (→ § 93 Rn. 6) und Mitverschulden (§ 93 Rn. 7) – sowie der vom Bewertungsstichtag abs. Abs. 1 S. 2 zu unterscheidende Zeitpunkt der Qualitätsbestimmung (→ § 93 Rn. 8). Über die Reduktionsklauseln des Abs. 2 hinausgehend werden in förmlich festgelegten Sanierungsgebieten, sofern die Sanierung nicht im vereinfachten Verfahren durchgeführt wird (§ 152), und in Entwicklungsbereichen (§ 169 Abs. 1 Nr. 6) gem. § 153 Abs. 1 sanierungsbedingte **Bodenwertsteigerungen abgeschöpft.** Zur Verfassungsmäßigkeit der Nichtgenehmigung nach § 153 Abs. 2 bei verkehrswertüberschreitendem Preis BVerwG NVwZ 1998, 954. Zur Reduktion des Kaufpreises auf den Verkehrswert gem. § 28 Abs. 3 s. § 28, Rn. 9. Zur gescheiterten Teilabschöpfung planungsbedingter Bodenwertsteigerungen – **Planungswertausgleich** (BT-Drs. 7/2496, 19, 58; 7/4793, 43, 106; BR-Drs. 339/97, 13, 17; BT PlnProt. 13/145, 13166; BT-Drs. 13/7589, 5, 9) kontrovers *Engelken* DVBl. 1974, 750; *Gaentzsch,* Die Bodenwertabschöpfung im Städtebauförderungsgesetz, 1975; *v. Einem* DÖV 1981, 252, 956; *Schmalgemeier* DÖV 1981, 953; *Schüßler-Langeheine/ Steinfort* KStZ 1997, 107; *Groth/Streck* KJ 1998, 318; *Grziwotz* BayVBl. 2008, 709; – durch Verträge → § 89 Rn. 1.

§ 95

2 **2. Verkehrswertentschädigung.** Die Entschädigung ist nach dem Verkehrswert des Enteignungsobjekts zu bemessen (Abs. 1 S. 1). Die Definition des Verkehrswerts in § 194 knüpft an die Rspr. von RGZ 112, 189 (192) und BGHZ 6, 270 (293) zum „gemeinen Wert" an. Zur verfassungsrechtlichen Begründung und zu Handlungsmöglichkeiten des Gesetzgebers → § 93 Rn. 2. Durch die Bezugnahme von § 194 auf rechtliche Gegebenheiten und den klarstellenden Hinweis auf die bei der Wertermittlung zu berücksichtigenden besonderen Umstände, insbesondere also auf die Reduktionsklauseln in § 95 Abs. 2 verwirklicht der Gesetzgeber durch wertende Korrekturen am **Marktwert** das Modell der **normativ gefassten Verkehrswertentschädigung.** Die europarechtlich indizierte Gleichsetzung von Verkehrswert und Marktwert (§ 194) ändert materiellrechtlich nichts (s. a. *Groß* in EZBK § 95 Rn. 5). Der **Verkehrswert** (Marktwert) ist ein sich aus der Angebots- und Nachfragesituation des Grundstücksmarktes ergebender, normativ bereinigter Marktpreis. Wichtigstes wertendes Kriterium ist das Tatbestandsmerkmal „gewöhnlicher Geschäftsverkehr" (BGHZ 30, 281 (286); E 39, 198 (200)), dessen Rang durch das negative Tatbestandsmerkmal „ungewöhnliche oder persönliche Verhältnisse" unterstrichen wird. Beide Tatbestandsmerkmale schließen reine Spekulations- oder Liebhaberpreise aus. Die Enteignungsbehörde hat zur Vorbereitung der mündlichen Verhandlung ein Gutachten des Gutachterausschusses (§§ 192 ff.) einzuholen, wenn Eigentum entzogen oder ein Erbbaurecht bestellt werden soll (§ 107 Abs. 1 S. 4). Sie ist an das Gutachten grundsätzlich nicht gebunden (§ 193 Abs. 4). Die Wertermittlung ist Rechtsanwendung und voll gerichtlich nachprüfbar (BGHZ 26, 373 (376)). In der Auswahl der Methoden der Wertermittlung ist das Gericht frei, „solange gewährleistet ist, dass die jeweils angewandte Methode zu dem ‚richtigen' Ergebnis führt und ua das Wertbild nicht verzerrt" (BGH WM 1983, 997 (998); NuR 1993, 296 – Herabstufung zur öffentlichen Grünfläche; BGHZ 145, 83 – Jagdrecht). Zum Verkehrswert eines Vorkaufsrechts OLG Oldenburg NVwZ 1994, 309. § 287 ZPO ist anwendbar (BGHZ 29, 217; problematisierend *Groß*, FS Krautzberger, 2008, 35 (46)). Zur Wertermittlung s. §§ 192 ff. und die ImmoWertVO; (→ Einl. Rn. 60), *Kleiber/Simon/Schröter,* Verkehrswertermittlung von Grundstücken, 6. Aufl. 2010.

3 **3. Bewertungsstichtag.** Der Zeitpunkt, dessen Preis- und Währungsverhältnisse für die Bewertung des Enteignungsobjektes maßgeblich sind – **Bewertungsstichtag,** Preisermittlungsstichtag –, stimmt grundsätzlich überein mit dem Zeitpunkt der Qualitätsbestimmung, an dem die Qualität die durch die Enteignung Genommenen gem. § 93 Abs. 4 bestimmt wird. Bewertungsstichtag ist grundsätzlich der Tag, an dem die Enteignungsbehörde über den Enteignungsantrag entscheidet (Abs. 1 S. 2). Maßgebend ist idR der Tag der Zustellung des Bescheids (*Reisnecker* in KK § 95 Rn. 125; *Wünschmann* in SU § 95 Rn. 15; JK § 93 Rn. 7; aA *Groß* in EZBK § 95 Rn. 39: Tag der Beschlussfassung). Zum Einfluss der Sicherheits-leistung nach § 116 Abs. 2 auf die Festlegung des Stichtages → § 116 Rn. 5. Nach der unter Berufung auf Art. 14 Abs. 3 GG entwickelten **Steigerungsrechtsprechung** (dazu *Gelzer/Busse/Fischer,* Entschädigungsanspruch aus Enteignung und enteignungsgleichem Eingriff, 3. Aufl. 2010, Rn. 129–150; *Aust/Jacobs/Pasternak,* Die Enteignungsentschädigung, 7. Aufl. 2014, Rn. 679–704; *Krohn/Löwisch* Rn. 324; *Büchs,* Handbuch des Eigentums- und Entschädigungsrechts, 3. Aufl. 1996, Rn. 2534) kann sich bei schwankendem Preisniveau der Bewertungsstichtag verschieben. Hat sich die Auszahlung der richtig festgesetzten Entschädigung nicht unwesentlich (BGHZ 61, 240 (246): wenige Wochen unwesentlich) verzögert, zB weil der Enteignungsbegünstigte die Festsetzung der Enteignungsentschädigung erfolglos angegriffen hat (BGHZ 40, 87), oder hat der Betroffene die festgesetzte Entschädigung erfolgreich angefochten (BGHZ 43, 300 (306) m. Anm. v. *Dittus* NJW 1965, 1480), so **verschiebt** sich der **Bewertungsstichtag,** anders bei erfolgloser Anfechtung durch Eigentümer, s. BGH DVBl. 1983, 1147; NVwZ 1990, 740. Die Entschädigung hat dann, soweit sie nicht

2. Abschnitt. Entschädigung § 95

rechtzeitig hinterlegt – sei es auch unter einem restriktiv interpretierten Rückzahlungsvorbehalt (BGH NJW 1976, 1499; BRS 34 Nr. 141) –, ausgezahlt, oder ernsthaft und angemessen angeboten worden ist (BGHZ 44, 52; E 61, 246) – „Fixierung" des Stichtags (s. *Gelzer/Busse/Fischer,* Entschädigungsanspruch aus Enteignung und enteignungsgleichem Eingriff, Rn. 151–174; *Krohn/Löwisch,* Eigentumsgarantie, Enteignung, Entschädigung, Rn. 335–343) –, positiv oder negativ teil an der zwischenzeitlich eingetretenen Preisentwicklung (BGH NJW 1977, 1535). Wenn die ursprüngliche Festsetzung zu niedrig war, die gezahlte Entschädigung den Entschädigungsanspruch also nicht abgedeckt hat, so wird der Stichtag hinsichtlich des Wertanteils festgelegt, der durch die gezahlte oder angebotene Summe gedeckt ist. Nur der Stichtag für den nicht gedeckten Rest kann dann verschoben werden (BGH NJW 1997, 2119 in Anschluss an BGHZ 44, 52 (58)). In Zeiten fallender Preise ist allerdings die Steigerungsrechtsprechung zulasten des Eigentümers anzuwenden, wenn und soweit eine unbegründete Anfechtung bewirkt hat, dass sich die Auszahlung verzögert (BGH NJW 1992, 1830). Hat der Enteignungsbegünstigte weder einen Teilbetrag gezahlt noch angeboten, so wird die Entschädigung insgesamt nach den Preisverhältnissen der Letzten gerichtlichen Tatsachenverhandlung berechnet (BGHZ 29, 217). Ist die vorzeitige Besitzeinweisung des Antragstellers von der Leistung einer Sicherheit abhängig gemacht worden und wird diese durch vorbehaltlose Zahlung an den Eigentümer erbracht, so kann diese Zahlung geeignet sein, den Stichtag hinsichtlich der Preisverhältnisse für die noch festzusetzende Entschädigung festzulegen (BGH NVwZ 1986, 1053). In Zeiten schwankender Preise kann sich der Bewertungsstichtag verschieben, wenn sich außer einer Änderung der Verhältnisse die Auszahlung nach der Festsetzung der Entschädigung nicht unerheblich verzögert hat und die Ursache hierfür im Verantwortungsbereich des Beteiligten liegt, zu dessen Lasten der Bewertungsstichtag verschoben werden soll (BGH BauR 1975, 326). Zur Anfechtung der Vorauszahlung nach § 112 → § 112 Rn. 6. Solange der Betroffene den Grund und damit die Zulässigkeit der Enteignung angreift, wird der Bewertungsstichtag nicht verschoben. Der Betroffene wird dann so behandelt, als ob alsbald nach der Zustellung des Enteignungsbeschlusses entschädigt worden wäre (BGHZ 44, 52 (57); NJW 1972, 1317). Die Grundsätze der Steigerungsrechtsprechung sind nur anwendbar, wenn die Entschädigung nicht unwesentlich zu niedrig festgesetzt worden ist. Entsprechend der im Enteignungsrecht gebotenen wirtschaftlichen Betrachtungsweise ist dabei wichtiger als der Prozentsatz der summenmäßige Betrag (*Aust/Jacobs/Pasternak,* Die Enteignungsentschädigung, Rn. 691). Als unwesentlich zu niedrig sind bewertet worden 422,15 DM = 9% (BGH NJW 1963, 1916), aber auch 13 000,– DM = 2,6% (BGH BRS 19 Nr. 83), als wesentlich 30 700,– DM = 15% (BGHZ 64, 361), 6600,– DM = 7,3% (BGHZ 22, 225); 26 670 DM = 10,55% (BGH NJW 1997, 2119); weitere Bsp. bei *Groß* in EZBK § 95 Rn. 46; *Krohn/Löwisch* Rn. 331f. Die Steigerungsrechtsprechung gilt nicht für Folgeschäden iSv § 96 (*Krohn/Löwisch* Rn. 325; *Schmidt-Aßmann/Groß* in EZBK § 95 Rn. 41; *Reisnecker* in KK § 93, Rn. 17; aA *Aust/Jacobs/Pasternak,* Die Enteignungsentschädigung, Rn. 702). Für Übertragung der Steigerungsrechtsprechung bei verzögerter Enteignung nach vorzeitiger Besitzeinweisung *Wagner* BauR 2012, 1054; näher liegt, § 116 Abs. 4 analog anzuwenden (s. a. *Wagner* 1063). Zur Steigerungsrechtsprechung bei Entschädigung von Verkehrsimmissionen ohne förmliche Inanspruchnahme eines Grundstücks → § 96 Rn. 11.

4. Bei der Wertermittlung nicht zu berücksichtigende Umstände. a) Spekulative Bodenwertsteigerungen – Abs. 2 Nr. 1. Der auf dem Marktgeschehen aufbauende Verkehrswert (Marktwert) umfasst auch **Preissteigerungen,** mit denen der Markt auf städtebauliche Maßnahmen reagiert, und zwar auch dann, wenn der Betroffene zu diesen Wertsteigerungen keine eigenen Leistungen erbracht hat (BGHZ 39, 198; *Dittus* JuS 1964, 308). Um den damit eröffneten Spekulationsmög-

4

lichkeiten teilweise entgegenwirken zu können, betont die Reduktionsklausel des Abs. 2 Nr. 1, dass Wertsteigerungen eines Grundstücks, die in Aussicht auf eine Änderung der zulässigen Nutzung eingetreten sind, unberücksichtigt bleiben, wenn die Änderung nicht in absehbarer Zeit zu erwarten ist. Abs. 2 Nr. 1 soll „ungesunde Wertentwicklungen" **spekulativer Art,** die auf einer in absehbarer Zeit nicht zu realisierenden Bauerwartung beruhen, unberücksichtigt lassen (BT-Drs. 7/4793, 22, 43). BGH DVBl. 1982, 1086 (1088) stellt darauf ab, ob die städtebauliche Entwicklung dem gesunden Grundstücksverkehr eine objektive Grundlage für die Erwartung gegeben hat, das Grundstück werde in **absehbarer Zeit** in die Bebauung einbezogen. Die Nutzungsänderung ist nicht nur dann absehbar, wenn die Änderungsabsicht sich in verbindlichen Beschlüssen der zuständigen Gremien niedergeschlagen hat, zB Änderung des Flächennutzungsplans (BGH DVBl. 1982, 1086 (1088); *Reisnecker* in KK § 95, Rn. 146; aA *Breuer* in SCH § 95 Rn. 27–31). Der BGH lehnt eine Stellungnahme dazu ab, ob im Hinblick auf § 42 Abs. 2 nur ein Zeitraum von 7 Jahren „absehbar" ist (so *Groß* in EZBK Rn. 64; *Puhr-Westerheide* BayVBl. 1977, 659; tendenziell anders BGHZ 141, 319; → § 43 Rn. 5). Die Absehbarkeit hängt ua auch von der tatsächlichen und der prognostizierbaren Bevölkerungs- und Wirtschaftsentwicklung ab. Eine Nutzungsmöglichkeit, die erst in 30 Jahren realisiert werden soll, ist nicht absehbar (BGHZ 39, 198 (203); E 86, 61 (68); NJW 1987, 1256 (1258)).

5 b) **Vorwirkung der Enteignung – Abs. 2 Nr. 2.** Gem. Abs. 2 bleiben Wertänderungen, also Werterhöhungen oder Wertminderungen, die infolge der bevorstehenden Enteignung eingetreten sind, unberücksichtigt. Diese sog. **Vorwirkung der Enteignung** kann auch bei Qualitätsänderungen, zB durch Festsetzung eines neuen Bebauungsplanes, eintreten (BGH NJW 1967, 2306; BGHZ 103, 242, → § 93 Rn. 8). Die Kausalität muss zwischen der eingetretenen Wertänderung und der „bevorstehenden", dh mit Sicherheit zu erwartenden Enteignung bestehen. Wird ein Grundstück erstmals als Bauland ausgewiesen und zugunsten einer Wohnungsbaugesellschaft enteignet, so beruht die Werterhöhung nicht auf der bevorstehenden Enteignung, sondern auf der Festsetzung als Bauland (BGH NJW 1968, 892). Durch Abs. 2 Nr. 2 sollen nicht allgemeine Wertsteigerungen am Bodenmarkt abgeschöpft werden (BGH WM 1977, 506). Wertänderungen, die auf Festsetzungen eines Bebauungsplanes für Zwecke der Allgemeinheit beruhen, zB als Grünfläche für ein Schulzentrum, stehen in unmittelbarem Zusammenhang mit der nachfolgenden Enteignung und sind daher (auch im Falle der Werterhöhung) nicht zu berücksichtigen (BGH NJW 1967, 2306; *Maury* NJW 1964, 2048; *Maury* NJW 1965, 736; *Gelzer/Busse/Fischer,* Entschädigungsanspruch aus Enteignung und enteignungsgleichem Eingriff, Rn. 71; *Kirchberg* VBlBW 1990, 161 (165)). In der Zukunft liegende Wertsteigerungen, die ohne die Enteignung und vorwirkende Planungen eingetreten wären, bleiben unberücksichtigt. Zu berücksichtigen sind sie jedoch dann, wenn ihre Verwirklichung im Zeitpunkt der Enteignung oder deren Vorwirkung so sicher unmittelbar bevorstand, dass der allgemeine Grundstückszweck ihnen schon Rechnung trug (BGH NJW 1966, 497). Nicht zu berücksichtigende Wertänderungen infolge bevorstehender Enteignung sind zu unterscheiden von den gem. § 93 Abs. 3 anzurechnenden Vorteilen (s. *Aust/Jacobs/Pasternak,* Die Enteignungsentschädigung, Rn. 963). Entschädigungen, die gem. §§ 39 ff. für die durch die Planung ausgelösten Wertminderungen gezahlt worden sind, sind auf die Entschädigung für die nachfolgende Enteignung anzurechnen (BGH BBauBl. 1963, 76). Nicht unter Abs. 2 Nr. 2 fällt die mangelnde Vermietbarkeit eines Hauses auf Grund einer bevorstehenden Enteignung des Grundstücks während des Enteignungsverfahrens und vor dessen Abschluss. Sie ist zu entschädigen (BGH NVwZ 2008, 348). Zur gebotenen Übertragung der enteignungsrechtlichen Vorwirkung auf eine luftverkehrsrechtliche Planfeststellung BVerfG NVwZ 2010, 512.

6 c) **Werterhöhungen nach angemessenem Tausch- oder Kaufangebot – Abs. 2 Nr. 3.** Die Ausschlussklausel des Abs. 2 Nr. 3 gilt für solche Werterhöhungen,

2. Abschnitt. Entschädigung § 95

die **nach** dem Zeitpunkt eingetreten sind, in dem der Eigentümer zur Vermeidung der Enteignung ein **Kauf- oder Tauschangebot** des Antragstellers mit angemessenen Bedingungen (§ 87 Abs. 2, § 88) hätte annehmen können. Dieser allgemeine Grundsatz des Enteignungsrechts (BGHZ 98, 341; NJW 1975, 197) soll verhindern, dass ein Eigentümer, der in Zeiten schwankender Preise sein Grundstück zu Spekulationszwecken zurückhält, bessergestellt wird als derjenige, der sogleich auf ein angemessenes Angebot eingegangen ist (*Zinkahn* DÖV 1961, 578 (580); *Aust* NJW 1973, 605). Zur Angemessenheit des Angebots → § 87 Rn. 6. Die Sperrwirkung eines angemessenen Angebots entfällt, wenn der Enteignungsbegünstigte es ganz oder teilweise nicht mehr aufrechterhält, zB vor der Enteignungsbehörde oder im Prozess beantragt, auf eine geringere als die Angebotssumme zu erkennen (BGH WM 1971, 946; BGHZ 61, 240; abl. *Prokop* NJW 1974, 320) oder die Entschädigung wegen zu berücksichtigender Vorteilsausgleichung auf 0 oder geringer als das Angebot festzusetzen (BGHZ 68, 101). Da ein angemessenes Angebot, von dem der Enteignungsbegünstigte wieder abrückt, ungeeignet ist, den Stichtag für die Preisverhältnisse festzulegen, sind bei der Bemessung der Entschädigung auch die Preisveränderungen zu berücksichtigen, die in dem Zeitraum zwischen dem Zugang des Angebots und seiner Rücknahme oder Einschränkung eingetreten sind (BGH NJW 1976, 1255; → Rn. 3). Die Sperrwirkung des Abs. 2 Nr. 3 tritt nur ein, wenn sicher feststeht, dass ein Grundstück enteignet werden kann (BGH NJW 1980, 1844). Ein Angebot kann bei einer Enteignung nach § 85 Abs. 1 Nr. 1 nach Maßgabe des § 108 Abs. 2 S. 2 bereits vor Rechtsverbindlichkeit des Bebauungsplans abgegeben werden (*Reisnecker* in KK § 95 Rn. 155). Auf ein Angebot nach Einleitung des Enteignungsverfahrens ist Abs. 2 Nr. 3 analog anwendbar (BGH WM 1989, 23; *Schwager/Krohn* WM 1991, 33 (52); *Aust/Jacobs/Pasternak* Rn. 22; *Gelzer/Busse/Fischer* Rn. 166). Abs. 2 Nr. 3 schließt nicht solche Werterhöhungen aus, die der Eigentümer unter Kapital- oder Arbeitsaufwand nach einem angemessenen Angebot zulässigerweise herbeigeführt hat.

d) Werterhöhungen nach Veränderungssperre – Abs. 2 Nr. 4. Abs. 2 Nr. 4 **7** schließt wertsteigernde Veränderungen aus, die während der **Geltung einer Veränderungssperre** iSv §§ 14 ff. ohne die erforderliche Ausnahmegenehmigung (ggf. der Gemeinde) vorgenommen worden sind. Abs. 2 Nr. 4 ist auch auf Veränderungssperren, die nach anderen Gesetzen ergehen, anwendbar (*Groß* in EZBK Rn. 7; zweifelnd *Reisnecker* in KK § 95, Rn. 163).

e) Ungenehmigte eigenmächtige Veränderungen – Abs. 2 Nr. 5. Die Aus- **8** schlussklausel des Abs. 2 Nr. 5 gilt für **eigenmächtige** nach Einleitung des Enteignungsverfahrens vorgenommene **wertsteigernde Veränderungen,** iSv § 51 iVm § 109 Abs. 1. Zum Zeitpunkt der Einleitung des Enteignungsverfahrens s. § 108. Die Enteignungsbehörde darf die Zustimmung zu wertsteigernden Veränderungen iSv § 51 versagen, wenn Grund zu der Annahme besteht, dass sie die Verwirklichung des Enteignungszweckes unmöglich machen oder wesentlich erschweren würden (§ 109 Abs. 2). Die Ausschlussklausel gilt auch nicht für wertsteigernde Veränderungen, die von einer Behörde, zB der Ordnungsbehörde, zum Schutze Dritter angeordnet worden sind.

f) Unübliche Vereinbarungen – Abs. 2 Nr. 6. Die (limitierte – „soweit") Re- **9** duktionsklausel des Abs. 2 Nr. 6 verlangt als objektive Voraussetzung, dass die fraglichen Vereinbarungen von den üblichen **auffällig abweichen,** und als subjektive, dass (vom Entschädigungspflichtigen zu beweisende) Tatsachen die Annahme rechtfertigen, dass die fraglichen Vereinbarungen getroffen worden sind, um eine höhere Entschädigungsleistung zu erlangen.

g) Städtebauliche Missstände – Abs. 2 Nr. 7. Nach der Reduktionsklausel des **10** Abs. 2 Nr. 7 bleiben unberücksichtigt Bodenwerte, die nach Planungsschadensrecht gem. § 43 Abs. 4 wegen ungesunder Wohn- und Arbeitsverhältnisse und sonstiger

Battis

§ 96 I. Kapitel. V. Teil. Enteignung

städtebaulicher Missstände nicht zu entschädigen wären. Angesichts der str. Anwendbarkeit der Reduktionsklausel auf § 42 Abs. 2, 3, § 43 Abs. 3 S. 2 – Entschädigungsreduktion nach Ablauf der 7-jährigen Plangewährleistungspflicht hat BGHZ 141, 139 § 43 III S. 2 iVm § 95 II Nr. 7 verfassungskonform dahingehend ausgelegt, dass eine Sonderbelastung eines Eigentümers trotz Ablaufs der Siebenjahresfrist zu vermeiden ist (fortführend BGH NJW 2003, 63; LKV 2008, 186; billigend BVerfG (K) BauR 2009, 1424. BVerfG, DVBl 2015, 429 (434) hat die verfassungskonforme Auslegung verworfen; → § 43 Rn. 5; für Verfassungswidrigkeit *Wendt* DVBl. 1978, 356; einschränkend *Wünschmann,* SU § 95 Rn. 41; *Groß* in EZBK § 95 Rn. 101 g; *Bielenberg/Runkel* in EZBK § 42 Rn. 105a; *Schlick* in BK § 95 Rn. 52; *Weiß* in JDW, § 95 Rn. 19; *Krohn,* FS Schlichter, 1995, 439 (452); *Uechtritz* BauR 1983, 523 (530); aA *Breuer* in SCH § 95 Rn. 48).

11 5. Rückbau. Eine dem Härteausgleich (§ 181) verwandte Billigkeitsentschädigung und keine einen objektiven Wertausgleich gewährende Enteignungsentschädigung ist die in Abs. 3 S. 1 (systematisch unzutreffend; (s. a. *Groß* in EZBK § 95 Rn. 95) geregelte Entschädigung für illegale Bauten. Ob der **Rückbau** (Abbruch) der baulichen Anlagen (zum Begriff → § 29 Rn. 8 ff.) jederzeit verlangt werden kann (nicht muss), entscheidet sich regelmäßig nach dem BauO, uU auch iVm den §§ 29 ff. oder ergänzend nach allgemeinem Ordnungsrecht. Mit Rücksicht auf den Eigentumsschutz des Art. 14 Abs. 1 GG dürfen nach diesen Vorschriften nur formell und materiell illegale Bauten entschädigungslos abgebrochen werden. Die sich abzeichnende nachträgliche Legalisierung kann zur Unverhältnismäßigkeit einer Abbruchverfügung führen (dazu mwN *Battis* Rn. 592 ff.; differenzierend *Streck,* BK § 99 Rn. 12; F/O/Otto II § 13 III 1). Die Entschädigung gem. Abs. 3 S. 1 ist nur ausnahmsweise zu gewähren, nämlich dann, wenn sie nach einer umfassenden Interessenabwägung aus Billigkeitsgründen geboten ist. Das wird regelmäßig nicht der Fall sein beim vorsätzlichen formellen und materiellen Schwarzbau. Abs. 3 S. 1 ist auch anwendbar auf baufällige und damit polizeiwidrige Anlagen (*Groß* in EZBK § 95 Rn. 101; *Streck,* BK § 99 Rn. 29).

12 6. Zeitlich befristete legale Bauten. Abs. 3 S. 2 regelt die Entschädigungsberechnung für **zeitlich befristet legale Bauten.** Diese Entschädigung nach dem Verhältnis der restlichen zu der gesamten Frist ist eine Enteignungs- und keine Billigkeitsentschädigung wie in Abs. 3 S. 1, für deren zusätzliche Anwendung kein Raum ist (*Wünschmann,* SU § 95 Rn. 44; JK § 95 Rn. 11; aA *Groß* in EZBK § 95 Rn. 105;).

13 7. Wertminderung durch Rechte Dritter. Gem. Abs. 4 als **wertmindernd zu berücksichtigende** (dingliche oder obligatorische) **Rechte** können sein Rechte, die nach § 97 Abs. 1 iVm dem Enteignungsbeschluss (§ 112 Abs. 3 Nr. 1, § 113 Abs. 2 Nr. 7) an dem enteigneten Grundstück aufrechterhalten werden oder (Ersatz-) Rechte, die nach § 97 Abs. 2, § 112 Abs. 3 Nr. 2 an einem anderen Grundstück (Ersatzland oder Grundstück des Enteignungsbegünstigten) neu begründet werden, oder die in § 97 Abs. 3 aufgezählten Rechte, soweit sie gesondert entschädigt werden. Bei der Anrechnung ist zu beachten, dass die durch die dingliche oder obligatorische Belastung verursachte Wertminderung des enteigneten Grundstücks nicht identisch sein muss mit der Höhe der gesonderten Entschädigung für den Nebenberechtigten.

§ 96 Entschädigung für andere Vermögensnachteile

(1) ¹Wegen anderer durch die Enteignung eintretender Vermögensnachteile ist eine Entschädigung nur zu gewähren, wenn und soweit diese Vermögensnachteile nicht bei der Bemessung der Entschädigung für den Rechtsverlust berücksichtigt sind. ²Die Entschädigung ist unter gerechter Abwägung der Interessen der Allgemeinheit und der Beteiligten festzusetzen, insbesondere für

2. Abschnitt. Entschädigung **§ 96**

1. den vorübergehenden oder dauernden Verlust, den der bisherige Eigentümer in seiner Berufstätigkeit, seiner Erwerbstätigkeit oder in Erfüllung der ihm wesensgemäß obliegenden Aufgaben erleidet, jedoch nur bis zu dem Betrag des Aufwands, der erforderlich ist, um ein anderes Grundstück in der gleichen Weise wie das zu enteignende Grundstück zu nutzen;
2. die Wertminderung, die durch die Enteignung eines Grundstücksteils oder eines Teils eines räumlich oder wirtschaftlich zusammenhängenden Grundbesitzes bei dem anderen Teil oder durch Enteignung des Rechts an einem Grundstück bei einem anderen Grundstück entsteht, soweit die Wertminderung nicht schon bei der Festsetzung der Entschädigung nach Nummer 1 berücksichtigt ist;
3. die notwendigen Aufwendungen für einen durch die Enteignung erforderlich werdenden Umzug.

(2) Im Falle des Absatzes 1 Nr. 2 ist § 95 Abs. 2 Nr. 3 anzuwenden.

Übersicht

	Rn.
1. Gesetzessystematik	1
2. Abgrenzung der Folgeschäden von der Substanzentschädigung	2
3. Gebot der Doppelabwägung	3
4. Berufs- und Erwerbsverluste	4
a) Allgemeines	4
b) Betriebsverlagerung	5
c) Betriebsaufgabe	6
d) Miete, Pacht	7
5. Teilenteignungen	8
a) Allgemeines	8
b) Betriebsverlagerung	9
c) Betriebsaufgabe	10
d) Miete, Pacht	11
6. Umzugskosten	12

1. Gesetzessystematik. § 96 konkretisiert die Regelung des § 93 Abs. 2 Nr. 2, 1 dass Entschädigung „für andere durch die Enteignung eintretende Vermögensnachteile" gewährt wird – sog. Folgeschäden. Da sich die Entschädigung für Folgeschäden mit der Entschädigung für den Rechtsverlust (§ 93 Abs. 2 Nr. 1, § 95) überschneiden kann, bestimmt Abs. 1 S. 1 die Subsidiarität der Entschädigung für Folgeschäden – Verbot der Doppelentschädigung. Abs. 1 S. 2 Hs. 1 enthält ein Gebot der Doppelabwägung bei Folgeschäden, Abs. 2 S. 2 Hs. 2 einen nicht abschließenden Katalog anerkannter Folgeschäden: Nr. 1 Beeinträchtigung der Erwerbstätigkeit, Nr. 2 zusätzliche Wertminderung bei Teilenteignungen, Nr. 3 Umzugskosten. Gem. Abs. 2 sind in den Fällen des Abs. 1 Nr. 2 Werterhöhungen nach angemessenem Tausch- oder Kaufangebot nicht zu berücksichtigen. Bei der Bestimmung aller Folgeschäden sind zu beachten § 93 Abs. 3, Vorteilsausgleichung, mitwirkendes Verschulden, und § 93 Abs. 4, maßgeblicher Zeitpunkt für die Qualitätsbestimmung.

2. Abgrenzung der Folgeschäden von der Substanzentschädigung. Folge- 2 **schäden** iSv § 96 sind Schäden, die in der Person des Enteigneten ohne dinglichen Wertbezug durch die Enteignung unmittelbar und zwangsnotwendig begründet werden (BGH NJW 1966, 493 (495); WM 1971, 1156). Erfasst werden Beeinträchtigungen anderer rechtlich geschützter Werte, die auf dem Wertverlust am Grundstück beruhen. Nicht genügen bloße wirtschaftliche Interessen, Erwartungen, Chancen, die über den Verlust des Rechts selbst hinausgehen. Es handelt sich idR um persönlich-

§ 96 I. Kapitel. V. Teil. Enteignung

keitsbezogene individuelle Nachteile, die nicht jeden Enteigneten treffen, sondern nur im Einzelfall als erzwungene Folge der Enteignung in Erscheinung treten, zB Wohnungs- oder Betriebswechsel (BGH NJW 1971, 806; *Schmidt-Aßmann* NJW 1974, 1265; *Krohn/Löwisch*, Eigentumsgarantie, Enteignung, Entschädigung, 3. Aufl. 1984, Rn. 308; *Reisnecker* in KK § 96 Rn. 4). Die Folgenentschädigung gewährt keinen Schadensersatz (→ § 93 Rn. 4). Da die Folgeschäden von den Vermögensnachteilen durch Rechtsverlust (Substanzentschädigung, § 95 Abs. 2 Nr. 1, → § 93 Rn. 4) im Einzelfall unterschiedlich abgegrenzt werden können, je nachdem, wie der jeweilige Nachteil rechtlich eingeordnet und welche Bewertungsmethode angewendet wird, können sich beide Entschädigungspositionen überschneiden (BGHZ 67, 190; WM 1978, 458). Beide Entschädigungspositionen bilden beim Ausgleich des dem Enteigneten auferlegten Sonderopfers unselbstständige austauschbare Bestandteile der einheitlichen angemessenen Gesamtentschädigung (BGHZ 67, 200), sind Komponenten der dem Betroffenen nach § 93 zustehenden einheitlichen Entschädigung. Ob im Einzelfall ein für die Entschädigungsbemessung zu berücksichtigender Umstand der einen oder anderen Komponente zugeordnet wird, ist unerheblich, wenn nur **keine Doppelentschädigung** erfolgt (BGHZ 55, 294 (297); 67, 190 (193)). Der Betroffene hat nur einen einheitlichen Anspruch. Die Folgenentschädigung setzt nicht voraus, dass der Betroffene auch für einen Substanzverlust entschädigt wird. Ist zB die Entschädigung für ein landwirtschaftlich genutztes Grundstück nach einer höheren Qualität (Bauland, Bauerwartungsland) bemessen worden, so muss sich der Eigentümer auf eine weitere Entschädigung für Nachteile im landwirtschaftlichen Betrieb den Teil der Entschädigung für das Grundstück anrechnen lassen, der auf eine über die allgemeine landwirtschaftliche Benutzbarkeit des Grundstücks hinausgehende Qualität entfällt (BGHZ 67, 200). Zinsen der Kapitalentschädigung für die Enteignung eines landwirtschaftlich genutzten Grundstücks mit Ackerlandqualität sind hingegen nicht auf die Folgenentschädigung für Umwege sowie An- und Durchschneidungen anzurechnen (BGHZ 67, 190); zu dieser Kombination des Verbots der Doppelentschädigung mit dem Gedanken der Vorteilsausgleichung (§ 93 Abs. 3) *Schmidt-Aßmann* NJW 1974, 1176; zu Einzelfragen *Kroth/Nießlein* AgrarR 1978, 29; *Köhne* AgrarR 1978, 94. Ein Resthofschaden wird durch die Substanzentschädigung auch dann ausgeglichen, wenn der Betroffene die Entschädigung zur vorzeitigen Tilgung betrieblicher Verbindlichkeiten verwenden muss. Ein Folgeschaden liegt aber darin, dass als Folge der Enteignung des Betriebsgrundstücks der Inhaber ein günstiges Betriebsdarlehn vorzeitig ablösen muss (BGH BRS 34, 265). Keine unzulässige Doppelentschädigung wird gewährt, wenn der Grundstückseigentümer nur eine Substanz-, der Pächter nur eine Folgenentschädigung erhält (→ Rn. 4, 7). Die Substanzentschädigung umfasst auch Mietausfälle wegen Mietminderung oder nicht durchsetzbarer Mieterhöhungen (OLG Düsseldorf WuM 1994, 325; *Haase* WuM 1994, 308). Entschädigung wegen Verkehrslärm steht selbständig zur Enteignungsentschädigung, unterliegt aber auch dem Verbot der Doppelentschädigung (BGH NVwZ-RR 2013, 7).

3. Gebot der Doppelabwägung. Angesichts der gesetzlichen Regelung ist die Folgenentschädigung als solche außer Streit (*Dittus* NJW 1965, 2179; BGH NJW 1966, 493 mAnm v. *Schneider*). Aber im Gesetzeswortlaut hat sich doch ein gewisses „Gefälle" zwischen Substanz- und Folgenentschädigung niedergeschlagen (*Schmidt-Aßmann/Groß* in EZBK § 96 Rn. 6): Subsidiaritätsklausel des Abs. 1 S. 1, Entschädigung „wegen anderer" nicht „der anderen" oder gar „aller Vermögensnachteile" und insbesondere **Gebot der Doppelabwägung** nach Grund und Höhe der Entschädigung. Aus dem Gebot der Doppelabwägung (Abs. 1 S. 2) folgt auch, dass Folgekosten nicht regelmäßig in der Höhe zu erstatten sind, wie sie der Betroffene aufgewandt hat. Erstattet werden nur die Kosten für Maßnahmen, die ein verständiger Eigentümer in der gegebenen Lage vernünftigerweise getroffen haben würde (BGH BRS 19 Nr. 144).

2. Abschnitt. Entschädigung **§ 96**

4. Berufs- und Erwerbsverluste. a) Allgemeines. Die in Abs. 1 S. 2 Nr. 1 ge- 4
nannten Tätigkeitsbereiche Berufs-, Erwerbstätigkeit oder Aufgabenerfüllung, die
nicht exakt voneinander unterschieden werden, erfassen jede **vermögenswerte
Haupt- oder Nebentätigkeit.** Ihre Beeinträchtigung überschneidet sich häufig mit
den anderen in Nr. 2 und 3 genannten, weiteren unbenannten von der Rechtsprechung anerkannten und in den Rn. 4–13 mitaufgeführten Folgeschäden. Kern dieser
ersten Gruppe von Folgeschäden ist die Entschädigung für Beeinträchtigungen des
von BGHZ 23, 157 und BVerwG E 62, 224; 66, 307 entwickelten und dem Schutz
des Art. 14 GG unterstellten Rechts am eingerichteten und ausgeübten **Gewerbebetrieb** (s. a. *Papier* in MD GG Art. 14 Rn. 95). Die Rspr. des BVerfG ist uneinheitlich
(E 1, 264 (227); einschränkend E 51, 193 (223); offen E 81, 208 (227); 82, 209; 105,
252 (278) krit. *Engel* AöR 1993, 169; s. a. *Ossenbühl* AöR 1999, 1 (7); *Kollenberger*,
Der verfassungsrechtliche Schutz des eingerichteten und ausgeübten Gewerbebetriebs, 1999). Art. 14 GG gewährt nur Bestandsschutz, nicht Erwerbsschutz. Daher
erstreckt sich die geschützte Rechtsposition des Inhabers eines eingerichteten und
ausgeübten Gewerbebetriebs nicht auf künftige Chancen und Erwerbsmöglichkeiten
(BGHZ 90, 34 (46); 98, 341; 132, 181 (186); NVwZ-RR 2000, 744; BayObLG
BayVwBl. 1994, 540 – Gasleitung durch angepachtetes Gipsvorkommen; BVerwGE
91, 341 (349)), auch nicht die Chance einer „auf das sorgfältigste" geplanten Betriebserweiterung (BGHZ 34, 188 (190); NJW 1972, 758) wohl aber nicht in
Gang befindlicher aber eingerichteter Betrieb, der ohne den Eingriff unbeschränkt
ausgeübt werden könnte (BGH NJW 1965, 2101 (2103); BRS 26, 247 (249)). Soweit
die Rspr. wegen vorübergehender Erwerbsverluste der Einfachheit halber ohne Ermittlung des Betriebswertes entgangenen Gewinn entschädigt (BGHZ 23, 157
(172); E 25, 266 (270); E 57, 359), kommt die Entschädigung dem Schadensersatz
nahe (→ § 93 Rn. 4). Bei Betriebsaufgabe und dem Entzug von Miet- und Pachtrechten hingegen fällt die Entschädigung teilweise ganz aus und wird durch den Härteausgleich erfasst (BGHZ 50, 294; NJW 1982, 2181; NJW 1982, 2183; NJW 2004,
381). Vermögensschäden, die einem Gewerbebetrieb durch die Enteignung eines
Grundstücks entstanden sind, stellen keinen im Grundstückswert enthaltenen Substanzverlust dar, sondern sind als Folgekosten zu entschädigen (BGH BRS 19, 131;
NJW 1966, 493 (495)). Der Gewerbeinhaber kann neben der Entschädigung für den
Rechtsverlust für den durch dauernden oder vorübergehenden Erwerbsverlust
eintretenden Folgeschaden den Aufwand beanspruchen, um ein anderes Grundstück
in der gleichen Weise wie das enteignete zu nutzen (*Aust/Jacobs/Pasternak*, Die Enteignungsentschädigung, 7. Aufl., 2014, Rn. 367; ausf. zu den Folgeschäden bei Gewerbebeeinträchtigungen *Gelzer/Busse*, Der Umfang des Entschädigungsanspruchs
aus Enteignung und enteignungsgleichem Eingriff, 1980, Rn. 447–534; *Schmidt-Aßmann* in EZBK § 96 Rn. 66–72; *Büchs*, Handbuch des Eigentums- und Entschädigungsrechts, 3. Aufl., 1996, Rn. 2566–2571; *Reisnecker* in KK § 96 Rn. 24–36). Zur
Bestimmung der Entschädigung auf der Basis einer funktionen-spezifischen Bewertungstheorie s. *Stolze*, Enteignungsentschädigung und Unternehmensbewertung,
1986.

b) Betriebsverlagerung. Als Folgeschäden sind zu entschädigen die aus Anlass 5
der **Betriebsverlagerung** entstandenen Fahrtauslagen, Verdienstausfall, Insertions-
und Verhandlungskosten, Kosten für vorbereitende Standortuntersuchungen einschließlich betriebswirtschaftlicher Beratungen (*Gelzer/Busse/Fischer*, Entschädigungsanspruch aus Enteignung und enteignungsgleichem Eingriff, 3. Aufl. 2010,
Rn. 521; *Fernau* BauR 1975, 293, DB 1976, 254), **nicht** aber die durch die Substanzentschädigung abgegoltenen, beim Kauf des Ersatzgrundstücks anfallenden Makler-
und Vertragskosten (Gericht, Notar, Vermessung) (BGH NJW 1966, 493 (496)), der
Grundstückskaufpreis, die Baukosten für ein Ersatzgebäude (BGHZ 43, 300), einschl.
der Finanzierung und etwaiger Baunebenkosten (BGH BauR 1970, 233; NJW 1972,

§ 96 I. Kapitel. V. Teil. Enteignung

758 (760)), Kosten für die Enttrümmerung und Planierung des Ersatzgrundstückes (BGH NJW 1977, 1725), Erschließungskosten (BGH NJW 1966, 493 (496)), die nach § 121 (→ Rn. 7f.) zu erstattenden Rechtsberatungs- und Gutachtenkosten (*Reisnecker* in KK § 96, Rn. 32), **wohl aber** die Kosten für Wege- und Hofflächen, Wasserleitungen, Licht- und Kraftanlagen (BGHZ 55, 294 (297); dazu *Gelzer/Busse*, Der Umfang des Entschädigungsanspruchs an Enteignung und enteignungsgleichem Eingriff, Rn. 400). Erhält der Betroffene Entschädigung in Land, so kann er für die Kosten der Ersatzlandbeschaffung gem. § 100 Abs. 9 Aufwendungsersatz verlangen (→ § 100 Rn. 12; *Streck* in BK § 96 Rn. 6). Zu den entschädigungspflichtigen Folgeschäden zählt auch die auf die Geldentschädigung entfallende Umsatzsteuer (BGHZ 65, 253; NJW 1977, 1725), nicht aber die Grunderwerbssteuer als Teil der Grundstücksbeschaffungskosten (BGHZ 41, 354 (359)) und die Einkommensteuer (BGH WM 1976, 98). Zur Versteuerung der Veräußerungsgewinne s. BGH NJW 1976, 232; *Gelzer/Busse/Fischer*, Entschädigungsanspruch aus Enteignung und enteignungsgleichem Eingriff, Rn. 545–559; *Aust/Jacobs/Pasternak*, Die Enteignungsentschädigung, Rn. 127, 734; zu steuerrechtlichen Fragen bei der Enteignung privater und betrieblicher Grundstücke *Bublitz* BB 1982, 1869. Mittels eines Übernahmeanspruchs nach § 92 Abs. 3 kann gewährleistet werden, dass bei der Enteignung landwirtschaftlicher oder gewerblicher Betriebe die wegen Auflösung stiller Reserven fälligen Steuern berücksichtigt werden (s. BT-Drs. 13/5489, 26). Entschädigungspflichtige Folgeschäden sind auch die den Umzugskosten (Abs. 1 S. 2 Nr. 3, → Rn. 12) ähnlichen Betriebsverlagerungskosten, die Transportkosten, Demontage- und Montagekosten, Umbau- und Änderungskosten und Kosten der Ersatzbeschaffung, auf die Abzüge neu für alt anzurechnen sind (BGHZ 55, 294 (297)). Während der Betriebsverlagerung können zu entschädigende **Ertragseinbußen** entstehen, zB wegen Produktionsausfalls (BGH NJW 1966, 493 (495)), nach der Betriebsverlagerung zusätzliche Anlaufkosten, Minderung des Firmenwertes, Verlust von Kundschaft (BGH NJW 1965, 493 (496); BGHZ 55, 294), und zwar auch dann, wenn ein Betrieb vor dem Eingriff mit Verlust arbeitete, sofern die Aussicht auf künftige Gewinne nicht nur in der Zukunft mögliche Wertverbesserungen waren (BGH NJW 1972, 1574f.; s. a. *Aust/Jacobs/Pasternak*, Die Enteignungsentschädigung, Rn. 375), sondern sich bereits als sonstige Substanz des Betriebs konkretisiert hatten (BGH NJW 1975, 1966f.). Eine Verminderung des Firmenwertes kann trotz besserer Betriebsgewinne vorliegen (BGH NJW 1977, 1725f.). Lageverschlechterungen sind nur entschädigungsfähig, wenn mit der früheren Lage eine Rechtsposition und nicht nur eine faktische Chance verloren gegangen ist (*Gelzer/Busse/Fischer*, Entschädigungsanspruch aus Enteignung und enteignungsgleichem Eingriff, Rn. 531–541). Die **Obergrenze** des Ausgleichs von Erwerbsverlusten bilden die objektiv zu bestimmende Einschränkung des Abs. 1 S. 2 Nr. 2: Bis zum Betrag des Aufwandes, der erforderlich ist, um ein anderes Grundstück in der gleichen Weise wie das zu enteignende zu nutzen. Die Entschädigung für den Rechtsverlust und den Verlegungsaufwand darf den Wert des Betriebes nicht übersteigen. Zur Obergrenze der Entschädigung bei Betriebsverlagerungen *Diers* BB 1981, 1246 u. 1984, 1131; *Stolberg* BB 1983, 1955.

6 c) **Betriebsaufgabe.** Wird ein Betrieb nicht verlegt, weil der Betroffene das **Gewerbe aufgibt**, so wird ebenfalls der Verlegungsaufwand als Folgeschaden entschädigt. Allerdings müssen die Verlegungskosten fiktiv ermittelt werden (BGH BRS 19 Nr. 131; BGHZ 57, 359 (369)). In diesen Fällen entschädigt der BGH also nicht wie in den Fällen des vorübergehenden Erwerbsverlustes ohne Ermittlung des Betriebswertes den entgangenen Gewinn. Hat der Betrieb auf Dauer ohne Gewinn gearbeitet (zu vorübergehenden Verlusten → Rn. 5), wird kein Verlegungsaufwand entschädigt, sondern nur der Verkehrswert der vorhandenen Sachgüter (s. a. *Aust/Jacobs/Pasternak*, Die Enteignungsentschädigung, Rn. 376; *Krach* AgrarR 1991, 40). In Betracht kommt auch ein Härteausgleich (§ 181).

2. Abschnitt. Entschädigung § 96

d) Miete, Pacht. Auch bei der Entschädigung von Gewerbebetrieben, die auf 7
gemieteten oder gepachteten Grundstücken betrieben werden, ist zu unterscheiden zwischen der nach dem Verkehrswert des Rechts zu berechnenden Entschädigung für den Rechtsverlust (§ 95, § 96 Abs. 1 Nr. 3) und dem Ausgleich der am Gewerbebetrieb selbst eintretenden Folgeschäden (BGH NJW 1967, 1085). Dem Geschäftsinhaber sind gem. § 97 Abs. 4, § 96 als Folgeschäden die Positionen zu entschädigen, die auch einem Gewerbebetrieb auf eigenem Grundstück ausgeglichen werden (→ Rn. 5), allerdings nur insoweit, wie die Aufwendungen vorzeitig entstehen. Die Entschädigung beschränkt sich grundsätzlich auf den Zwischenzins der früher erforderlich gewordenen Aufwendungen (BGH NJW 1972, 528). Zusätzlich können Nachteile entschädigt werden, die bei einem geplanten und genügend vorbereiteten Umzug nicht aufgetreten wären. Da Art. 14 GG grundsätzlich nur konkrete subjektive Rechtspositionen, nicht dagegen bloße Chancen und Aussichten schützt, bestimmt sich beim vorzeitigen Entzug eines Miet- oder Pachtrechts die Enteignungsentschädigung für Folgeschäden nur nach dem, was der Mieter oder Pächter von seinem vertraglich und gesetzlich festgelegten Recht, seiner geschützten Nutzungsmöglichkeit hat abgeben müssen (BGH NJW 1967, 1085; NJW 1972, 528; BGHZ 50, 284 (290)). Bei der Enteignung eines Miet- oder Pachtrechtes, das vertraglich jeweils zum Jahresende kündbar ist, ist daher die mehr oder minder sichere tatsächliche Erwartung, dass das Mietverhältnis ohne die Enteignung noch über Jahre fortgesetzt worden wäre, nicht zu entschädigen. Insoweit kommt nur die Gewährung von Härteausgleich (§ 181) in Betracht (BGHZ 83, 1 (6); BGH NJW 1982, 2183; MDR 1989, 797 – Tankstelle; NJW 2004, 381; dazu *Kapsa* NVwZ 2003, 1423 (1424); ausf. zur Landpacht *de Witt/Schirp* AgrarR 1994, 109). Bei der Entschädigung eines Pächters, der auf einem enteigneten Grundstück **Kiesabbau** betreibt, ist nicht der Sachwert zugrunde zu legen, den der Kies hat, sondern nur die Summe, die den Pächter instand setzt, ein dem entzogenen Recht gleichwertiges zu erwerben (BGH NVwZ 1996, 930; NVwZ 1999, 1022 – Bims). Zur Entschädigung des Eigentums bei bergfreiem Bodenschatz in den neuen Ländern BGH NJW-RR 2003, 374; dazu und zu BVerwGE 106, 290; *Kapsa* NVwZ 2003, 1426.

5. Teilenteignungen. a) Allgemeines. Werden **Teilflächen** eines Grundstücks 8
enteignet, so können durch die Zerschneidung bewirkte Wertminderungen des verbleibenden Restbesitzes als Folgeschäden auszugleichen sein (Abs. 1 S. 2 Nr. 2). Die Vorschrift knüpft daran an, dass ein Grundstück gem. § 92 nur teilweise enteignet worden ist und der Betroffene keinen Antrag auf Übernahme des Restbesitzes gestellt hat (§ 92 Abs. 4), oder dass dieser Antrag abgelehnt worden ist. Abs. 1 S. 2 Nr. 2 enthält drei Varianten: 1. Enteignung eines Teils eines Grundstücks im rechtlichen Sinn (→ § 200 Rn. 3), 2. Enteignung eines Teils eines rechtlich oder wirtschaftlich (→ § 200 Rn. 4) zusammenhängenden Grundstücks, 3. Trennungsschaden am herrschenden Grundstück durch Enteignung eines Rechts an einem anderen Grundstück. Wie bei der Rechtsverlustentschädigung (§ 95) sind auch bei den Folgeschäden wegen Wertminderung des Restgrundstückes Verzögerungsgewinne ausgeschlossen (§ 96 Abs. 2 iVm § 95 Abs. 2 Nr. 3; → § 95 Rn. 6). Insbesondere bei der Teilenteignung von gewerblich und landwirtschaftlich genutzten Grundstücken kann es zu Überschneidungen mit Folgeschäden iSv Abs. 1 Nr. 1 kommen. Die Trennungsschäden werden im Folgenden nach den Hauptfallgruppen dargestellt, ohne Überschneidungen ganz ausschließen zu können. s. a. *Vahle* MDR 1981, 625; *Schmidt-Aßmann/Groß* in EZBK § 96 Rn. 46–51, 85–90; *Krohn/Löwisch* Rn. 314–317, 468–486; *Aust/Jacobs/Pasternak* Rn. 563 ff.; *Streck* in BK § 96 Rn. 10–21; *Büchs* Rn. 2546–2565).

b) Betriebsverlagerung. Trennungs-, Zerschneidungs- und Arrondierungsschä- 9
den können insbesondere infolge der Enteignung von **landwirtschaftlich genutzten Flächen** auftreten. Sie können unter Beachtung des Verbots der Doppelentschä-

§ 96
I. Kapitel. V. Teil. Enteignung

digung (→ Rn. 2) – wie bei Gewerbebetrieben (→ Rn. 4–7) – zusätzlich zur Substanzentschädigung (§ 95) und zur Entschädigung von Folgeschäden durch Eingriffe in den Betrieb – Verlegungskosten, Erwerbseinbußen – auszugleichen sein. Nicht zu entschädigen sind Ausgleichszahlungen nach § 13 HöfeO (BGHZ 55, 82). Eine wesentliche Orientierungshilfe, aber auch nicht mehr, geben die als Verwaltungsrichtlinien ergangenen Entschädigungsrichtlinien Landwirtschaft – 1978. Zur Bewertung hofnaher Grundstücke, *Beckmann* AgrarR 1987, 37. Zum primären verwaltungsgerichtlichen Rechtsschutz gegen Zerschneidungsschäden bei Planfeststellungen s. BVerwG NuR 1988, 339; → Rn. 11. Wird ein bisher geschlossen liegendes („arrondiertes") Landgut durch den Bau einer öffentlichen Straße durchschnitten, so kann dafür eine Entschädigung nur verlangt werden, soweit eine darauf beruhende Wertminderung auf einer Einbuße in eigentumsmäßig geschützter **Rechtsposition** beruht. Ein entschädigungsfähiger Minderwert kann nicht schon daraus hergeleitet werden, dass ein potenzieller Käufer die Durchschneidung des bis dahin geschlossen liegenden Hofes zum Anlass einer wesentlichen Wertminderung nehmen würde. Vielmehr ist zu prüfen, ob und inwieweit die Minderbewertung ihren Grund in einem Eingriff hat, durch den der Eigentümer in einer sich aus seinem Eigentum ergebenden Rechtsposition beeinträchtigt worden ist (BGHZ 64, 382 (394); E 66, 173; NJW 2004, 381; BRS 34 Nr. 131; NJW 1982, 95; NJW 1997, 2119 (2120); → § 93 Rn. 3; *Rinne* JA 1993, 193). Rechtlich gesicherte Vorteile können Erleichterungen in der Betriebswirtschaft des Betriebes und eine günstigere Stellung bei der Abwehr von Immissionen sein (BGH NVwZ 1982, 210; WM 1982, 279). In Betracht kommen auch Randschäden, Formverschlechterungsschäden, Überwachungserschwernisse (s. *Beckmann* AgrarR 1979, 39, 1980, 96, 1982, 312). Fallen Lagevorteile weg, auf die kein Rechtsanspruch besteht, so kann eine durch einen öffentlichen Weg vermittelte günstige Verbindung zwischen zwei zu demselben Betrieb gehörenden Grundstücken dem Eigentümer an diesem Betrieb nicht zugerechnet werden (BGH BRS 34 Nr. 127 u. 128). Vom Eigentumsschutz ausgenommen bleibt die rechtlich ungesicherte Erwartung, dass die Unberührtheit der Landschaft bestehen bleibe (BGHZ 64, 220 (230); DVBl. 1978, 110), ebenso die Beeinträchtigung der Verwendung eines Landgutes für gesellschaftliche, von der Bewirtschaftung abgelöste Zwecke (BGH NJW 1982, 95). Zur Berechnung des Minderwertes ist die Differenzmethode nur dann geeignet, wenn sichergestellt ist, dass in den Verkehrswert lediglich die Umstände einfließen, die auf gefestigter Rechtsposition beruhen (BGH NJW 1982, 95). Die für arrondierte Landgüter entwickelten Grundsätze hat der BGH auf **Forstgüter** (Beschl. v. 28.9.1978/III ZR 162/77), **innergemeindliche Grundstücke** (BGH NJW 1997, 2119 – abgrenzend hinsichtlich objektiver Nutzbarkeit zu BGHZ 83, 61 (67)), und **Gewerbebetriebe** (WM 1979, 16) übertragen. Zur Entschädigung der Wertminderung eines als Betriebsstätte eines Supermarktes genutzten Grundstücks, dessen Fahrzeugabstellfläche teilweise zur Verbreiterung einer Bundesstraße enteignet wird, s. BGH DVBl. 1983, 625. Zur Ermittlung der Wertminderung eines Restgrundstückes, wenn von einem unbebauten, zur Errichtung eines Geschäftshauses geeigneten Eckgrundstück eine Teilfläche zur Anlage einer Fußgängerunterführung enteignet wird, BGH NVwZ 1984, 467. BGH BRS 34, 308 bejaht einen Entschädigungsanspruch wegen Wertminderung des Restgrundstückes, weil ein Teil des Grundstückes für Straßenbauzwecke enteignet wurde und auf der Restfläche die Ausbeute eines Gesteinsvorkommens durch Sprengungen wegen des Sicherheitsabstandes zur Straße blockiert ist (s. a. BGH MDR 1980, 655); verneinend BGH NJW 1987, 1256 für den Fall, dass im Sicherheitsabstand noch keine Sprengungen stattgefunden haben. Zur Bemessung der Entschädigung, wenn von einem Wohngrundstück mit parkähnlichem Garten eine Teilfläche abgetrennt worden ist, BGH NJW 1992, 2880 mAnm v. *Breloer* NuR 1993, 299; zum Wohn- und Freizeitwert eines kombinierten Nutz- und Ziergartens, BGH NuR 1993, 42. Zu Durchschneidungsschäden an einem **Eigenjagdbezirk** BGHZ 117, 309; *Kapsa* NVwZ 2003, 1423

2. Abschnitt. Entschädigung **§ 96**

(1427); OLG Nürnberg BayVBl. 2001, 762 – verpachtete Eigenjagd an einem **gemeinschaftlichen Jagdbezirk** BGHZ 84, 261; 132, 63 (65); 143, 321 (324); 145, 83 (88); dazu *Rinne/Schlick* NJW-Beil. 14/2002, 4; zT krit. *Streck* in BK § 96 Rn. 17; *Aust* NVwZ 1998, 143; *Pasternak* BayVBl. 1997, 520; *Pasternak* BayVBl. 2001, 742; *Bewer* WF 1994, 13 u. 1996, 140: *Thies* AgrarR 1996, 388; *Fuchs* AgrarR 1996, 387. Zur **Jagdpacht** zurückhaltend *Kapsa* NVwZ 2003, 1429; *Streck* WF 2001, 85. Ein sog. **Resthofschaden,** der darin besteht, dass die Restfläche des landwirtschaftlichen Betriebes nicht unspürbare Betriebskosten mitzutragen hat (Restbetriebskosten), ist nur dann zu entschädigen, wenn die Substanzentschädigung mit ihrer abstrakten Nutzungsmöglichkeit im konkreten Fall nicht ausreicht (BGHZ 67, 190 (199f.); BRS 34 Nr. 130; → Rn. 2). Verliert durch den Entzug landwirtschaftlich genutzter Flächen die Restfläche ganz oder teilweise die Qualität als Bauerwartungsfläche, so rechtfertigt die Annahme einer rechtlich ungeschützten Bebauungserwartung allein noch keine Entschädigung (BGHZ 67, 200 (206); E 62, 96 (98); E 64, 382 (394); s. a. *Schoenemann* DVBl. 1985, 662; OLG Hamm NVwZ 1982, 394; OLG Düsseldorf BRS 34 Nr. 140: Keine Entschädigung für Resthofschaden, wenn mit den Erträgen aus der Verkehrswertentschädigung eine durch den Landentzug möglicherweise eingetretene Verschlechterung der Wirtschaftslage des Betriebs ausgeglichen wird). Zur Resthofbelastung aus betriebswirtschaftlicher Sicht *Coenenberg* DB 1986, Beilage Nr. 2.

c) **Betriebsaufgabe.** Folgeschäden iSv Abs. 1 S. 2 Nr. 2 können bei der Teilenteignung eines Grundstücks durch erhöhte **Immissionsbelastungen** des Restgrundstückes entstehen. Bei der Feststellung des Minderwertes des Restgrundstückes sind nicht nur Nachteile aus der Abtretung, sondern auch aus dem Betrieb des durch die Enteignung begünstigten „Unternehmens im Ganzen" zu berücksichtigen (BGH BRS 19 Nr. 147 u. 148; DVBl. 1974, 124; *Aust/Jacobs/Pasternak,* Die Enteignungsentschädigung, Rn. 786). Bei der Berechnung des entschädigungspflichtigen Minderwertes ist zu beachten, dass die Nachteile nicht zu berücksichtigen sind, die auch entstanden wären, wenn die Straße an der Grenze des ungeteilten Grundstücks entlanggeführt worden wäre. Dabei kommt es grundsätzlich nicht darauf an, ob tatsächlich die Möglichkeit bestand, die Straßenlage außerhalb des ungeteilten Grundstücks zu errichten (BGHZ 61, 253; NJW 1978, 318). Jedoch darf bei dem Verlauf der gedachten Straße nicht jeder Bezug zu der tatsächlich erstellten Verkehrsanlage verloren gehen (BGHZ 80, 360 (363); NJW 1986, 2424 (2425)). Soweit Nachteile ohne die Teilenteignung des Restgrundstücks zwar auch, aber nur in geringerem Maße getroffen hätten, kann eine Entschädigung nur insoweit beansprucht werden, als die jetzt eingetretenen Nachteile größer sind als diejenigen, die auch ohne Abtretung der Teilfläche entstanden wären. Das gilt jedoch nur, wenn der betroffene Eigentümer nach den Vorschriften des Nachbarrechts den Bau einer vergleichbaren Anlage durch einen Privaten dort ohne Ausgleich hätte dulden müssen; andernfalls ist darauf abzustellen, in welchem Grenzabstand die Anlage rechtmäßig hätte erbaut werden dürfen (BGHZ 76, 1). Bei der Denkfigur der **Parallelverschiebung** ist von einem hypothetischen Verlauf der Straße parallel zu der tatsächlich angelegten Trasse auszugehen. Ein öffentlicher Wirtschaftsweg, der zwischen der Hofstelle und dem von der Enteignung betroffenen landwirtschaftlich genutzten Flurstück verläuft, muss nicht stets der Annahme einer der Hofstelle vorgelagerten einheitlichen „Schutzzone" entgegenstehen, zB wenn der Weg nur geringes Verkehrsaufkommen hat (BGH NJW 1986, 2424; NJW 1992, 2880 (2881); s. a. *Aust/Jacobs/Pasternak* Rn. 788). Entschädigung darf nur gewährt werden, wenn der Eigentümer in seiner Rechtsposition betroffen ist. Die Eigentumsgarantie schützt grundsätzlich nicht dagegen, dass die Nutzbarkeit des Nachbargrundstücks durch hoheitliche Maßnahmen verändert wird (BGHZ 80, 360 (363); E 66, 173 (178); → Rn. 9 und § 93 Rn. 3). Im Falle der Bestimmung des Minderwerts eines von einer Teilenteignung betroffenen

Restbesitzes kann der Eigentümer den Ausgleich des Minderwertes nicht erst verlangen, wenn die zugelassene Nutzung der Straße die vorgegebene Grundstückssituation nachhaltig verändert und dadurch sein benachbartes Wohneigentum schwer und unerträglich iSv BGHZ 64, 220 (230) u. BVerwG 52, 122 trifft. Die Frage einer Entschädigung ist nicht davon abhängig, ob die von der Straße ausgehenden Beeinträchtigungen für sich allein genommen die Enteignungsschwelle überschreiten. Es genügt, dass ein Wegfall der „Schutzzone" den Verkehrswert des Restbesitzes im gesunden Grundstücksverkehr spürbar gemindert hat (BGH NJW 1986, 2424 (2425)).

11 d) **Miete, Pacht.** Sind **Vorgartenflächen** oder Hinterland für die zulässige Ausnutzung des Gesamtgrundstücks von Bedeutung, so kann die (Teil-)Enteignung der Vorgartenfläche zu einem Folgeschaden in Gestalt des Minderwerts des Restgrundstücks führen. Regelmäßig ist die Differenzmethode anzuwenden, nicht die Ertragswertmethode (BGH NJW 1973, 287). Der Folgeschaden wird idR bereits mit der Substanzentschädigung abgegolten sein. Der BGH (NJW 1973, 287; BRS 34 Nr. 120) geht davon aus, dass die vor der Baufluchtlinie liegende unbebaubare Vorgartenfläche regelmäßig weniger wertvoll ist als das übrige, baulich nutzbare Grundstück (s. *Aust/Jacobs/Pasternak* Rn. 928). Dies muss aber für den Einzelfall festgestellt werden. Der besondere Wert eines Vorgartens kann auch in seiner Schutzfunktion gegen Immissionen durch den Straßenverkehr liegen oder in seiner Ausstrahlung auf den Gesamteindruck eines Objektes. Bei der Bewertung ist jedoch zu beachten, dass nur solche Einwirkungen auf den Restbesitz entschädigt werden dürfen, die Folge der Teilenteignung sind, nicht aber solche Nachteile, die durch steigenden Verkehrslärm auch entstanden wären, wenn die Teilfläche nicht enteignet worden wäre (Parallelverschiebung → Rn. 10; *Gelzer/Busse/Fischer* Rn. 299f., 465f.). Zur Vorteilsausgleichung → § 93 Rn. 6.

12 6. **Umzugskosten.** Als Folgeschäden sind erstattungsfähig die notwendigen **Umzugskosten** (Abs. 1 S. 2 Ziff. 3). Die Erforderlichkeit der Kosten ist objektiv zu bestimmen. Das die dienstliche Fürsorgepflicht verwirklichende Umzugskostenrecht des öffentlichen Dienstes gibt nur Anhaltspunkte, auf die aber zurückgegriffen werden kann. Notwendige Umzugskosten können sein Transportkosten einschl. Versicherungskosten und Trinkgelder und notwendige außertarifliche Zuwendungen für das Umzugspersonal, ferner Lagerkosten, Aufwendungen für Anpassung von Einrichtungsgegenständen (zB Gardinen) und Haushaltsgeräten einschl. notwendiger Neuanschaffungen (unter Abzug von neu für alt) (BGHZ 55, 294 (302)), Kosten behördlicher Ummeldungen, nicht aber Kosten für Schönheitsreparaturen (*Aust/Jacobs/ Pasternak* Rn. 746). Stand zZt der notwendigen Räumung das Ersatzobjekt noch nicht zur Verfügung, so können auch die Kosten eines zweimaligen Umzugs erforderlich sein (*Aust/Jacobs/Pasternak* Rn. 744).

§ 97 Behandlung der Rechte der Nebenberechtigten

(1) **Rechte an dem zu enteignenden Grundstück sowie persönliche Rechte, die zum Besitz oder zur Nutzung des Grundstücks berechtigen oder den Verpflichteten in der Benutzung des Grundstücks beschränken, können aufrechterhalten werden, soweit dies mit dem Enteignungszweck vereinbar ist.**

(2) ¹**Als Ersatz für ein Recht an einem Grundstück, das nicht aufrechterhalten wird, kann mit Zustimmung des Rechtsinhabers das Ersatzland oder ein anderes Grundstück des Enteignungsbegünstigten mit einem gleichen Recht belastet werden.** ²**Als Ersatz für ein persönliches Recht, das nicht aufrechterhalten wird, kann mit Zustimmung des Rechtsinhabers ein Rechtsverhältnis begründet werden, das ein Recht gleicher Art in Bezug auf das Er-**

satzland oder auf ein anderes Grundstück des Enteignungsbegünstigten gewährt. ³Als Ersatz für dingliche oder persönliche Rechte eines öffentlichen Verkehrsunternehmens oder eines Trägers der öffentlichen Versorgung mit Elektrizität, Gas, Wärme oder Wasser, der auf diese zur Erfüllung seiner wesensgemäßen Aufgaben angewiesen ist, sind auf seinen Antrag Rechte gleicher Art zu begründen; soweit dazu Grundstücke des Enteignungsbegünstigten nicht geeignet sind, können zu diesem Zweck auch andere Grundstücke in Anspruch genommen werden. ⁴Anträge nach Satz 3 müssen vor Beginn der mündlichen Verhandlung schriftlich oder zur Niederschrift der Enteignungsbehörde gestellt werden.

(3) Soweit Rechte nicht aufrechterhalten oder nicht durch neue Rechte ersetzt werden, sind bei der Enteignung eines Grundstücks gesondert zu entschädigen
1. Erbbauberechtigte, Altenteilsberechtigte sowie Inhaber von Dienstbarkeiten und Erwerbsrechten an dem Grundstück,
2. Inhaber von persönlichen Rechten, die zum Besitz oder zur Nutzung des Grundstücks berechtigen, wenn der Berechtigte im Besitz des Grundstücks ist,
3. Inhaber von persönlichen Rechten, die zum Erwerb des Grundstücks berechtigen oder den Verpflichteten in der Nutzung des Grundstücks beschränken.

(4) ¹Berechtigte, deren Rechte nicht aufrechterhalten, nicht durch neue Rechte ersetzt und nicht gesondert entschädigt werden, haben bei der Enteignung eines Grundstücks Anspruch auf Ersatz des Werts ihres Rechts aus der Geldentschädigung für das Eigentum an dem Grundstück, soweit sich ihr Recht auf dieses erstreckt. ²Das gilt entsprechend für die Geldentschädigungen, die für den durch die Enteignung eintretenden Rechtsverlust in anderen Fällen oder nach § 96 Abs. 1 Satz 2 Nr. 2 festgesetzt werden.

Übersicht

	Rn.
1. Systematik	1
2. Anordnung der Aufrechterhaltung	2
3. Ersatzrechtsbestellung	3
a) Abs. 2 S. 1, 2	3
b) Abs. 2 S. 3, 4	4
4. Sonderentschädigung	5
5. Surrogation	6

1. Systematik. § 97 regelt die materiellrechtliche Stellung der Inhaber derjenigen Rechte, die von der gegen den Hauptberechtigten gerichteten Enteignung mitbetroffen werden – der Nebenberechtigten. Zu deren verfahrensrechtlicher Stellung → § 106 Rn. 2. Durch die Enteignung soll der Begünstigte das Grundstück grundsätzlich lastenfrei erwerben. Daher erlöschen mit der Enteignung nicht nur die Rechte des bisherigen Eigentümers, sondern grundsätzlich auch alle Rechte von Nebenberechtigten (Umkehrschluss aus § 97 Abs. 1 iVm § 112 Abs. 3 Nr. 3, § 113 Abs. 2 Nr. 7). Rechte von Nebenberechtigten an dem enteigneten Grundstück bleiben nur bestehen, wenn dies ausdrücklich angeordnet wird. Gem. Abs. 1 können deshalb die Rechte der Nebenberechtigten nur bestehen bleiben, wenn dies mit dem Enteignungszweck vereinbar ist. Ist das nicht der Fall, so erlaubt Abs. 2 eine Ersatzrechtsbestellung. Können Rechte weder nach Abs. 1 aufrechterhalten noch nach Abs. 2 ersetzt werden, so gewährt Abs. 3 Sonderentschädigungsberechtigten einen Ersatzanspruch. Den weder nach Abs. 1 noch Abs. 2 oder 3 berechtigten Nebenbe-

§ 97 I. Kapitel. V. Teil. Enteignung

rechtigten räumt Abs. 4 einen privatrechtlichen Anspruch an der Hauptentschädigung ein (Surrogationsprinzip). Werden Hypotheken, Grund- oder Rentenschulden gem. Abs. 1 aufrechterhalten oder gem. Abs. 2 ersetzt, gilt für bestimmte Fälle § 98 – Schuldübergang.

2 **2. Anordnung der Aufrechterhaltung.** Nach Abs. 1 kann die Enteignungsbehörde im Enteignungsbeschluss (§ 112 Abs. 3 Nr. 1) bestimmen, dass die an dem enteigneten Grundstück bestehenden **dinglichen Rechte** sowie die persönlichen Rechte, die als **Besitz-, Nutzungsrechte** oder **nutzungsbeschränkende Rechte** ausgestaltet sind, zB Miete, Pacht, an dem enteigneten Grundstück **aufrechterhalten** werden. Dies gilt nicht für persönliche Erwerbsrechte, zB Vorkaufsrechte, §§ 504 ff. BGB, Wiederkaufsrechte, §§ 497 ff. BGB, weil ihre Aufrechterhaltung mit dem Enteignungszweck unvereinbar ist (*Reisnecker* in KK § 97 Rn. 6; *Breuer* in SCH § 97 Rn. 3). Die Vereinbarkeit mit dem Enteignungszweck ist ein unbestimmter Rechtsbegriff und muss unter Würdigung aller Umstände des Einzelfalles geprüft werden. Ist die Aufrechterhaltung mit dem Enteignungszweck vereinbar, so gewährt Abs. 1 der Enteignungsbehörde zwar Ermessen, das Gebot des geringstmöglichen Eingriffs (→ § 87 Rn. 4) wird aber idR zur Ermessensreduzierung führen, sodass der Nebenberechtigte in diesem Fall einen Anspruch auf (Teil-)Aufrechterhaltung seines Rechts haben wird. Spricht die Enteignungsbehörde die Aufrechterhaltung der Rechte nicht aus, so erlöschen diese. Dann ist nach Abs. 3 oder 4 zu entschädigen.

3 **3. Ersatzrechtsbestellung. a) Abs. 2 S. 1, 2.** Bei den ersten beiden Varianten der **Ersatzrechtsbestellung,** des Ersatzes für **dingliche Rechte,** Abs. 2 S. 1, und des Ersatzes für **persönliche Rechte,** Abs. 2 S. 2, hat die Enteignungsbehörde von Amts wegen (→ § 208 Rn. 2) zu prüfen, ob Ersatzland oder ein Grundstück des Enteignungsbegünstigten für die Ersatzrechtsbestellung zur Verfügung steht. Ist dies der Fall, bedarf die Ersatzrechtsbestellung der Zustimmung des Nebenberechtigten, nicht aber des Eigentümers, dessen Grundstück durch das Ersatzrecht berührt wird. Ob ein gleiches Recht bzw. Recht gleicher Art vorliegt, beurteilt sich nach wirtschaftlicher Betrachtungsweise. Der Nebenberechtigte soll wirtschaftlich so gestellt werden, wie er im Zeitpunkt der Enteignung stand. Der der Behörde eingeräumte Ermessensspielraum wird wie in Abs. 1 (→ Rn. 2) idR reduziert sein. Wird **Ersatzland** belastet, so sind gem. § 91 S. 2 die in § 90 Abs. 1 u. 2 enthaltenen strengen Voraussetzungen für die Ersatzlandenteignung zu beachten. Verweigert der Nebenberechtigte die Zustimmung zur Ersatzrechtsbestellung, so ist nach Abs. 3 oder 4 zu verfahren.

4 **b) Abs. 2 S. 3, 4.** Abs. 2 S. 3 u. 4 bevorzugen **öffentliche Verkehrs- und Versorgungsunternehmen** für Elektrizität, Gas, Wärme oder Wasser, zB gemeindliche Versorgungsunternehmen, nicht aber werkseigene oder damit private Wasserversorgungseinrichtungen, bei der Ersatzrechtsbestellung für erloschene dingliche oder persönliche Rechte. Das Verkehrs- oder Versorgungsunternehmen muss auf die durch die Enteignung erloschenen Rechte angewiesen sein, dh, der Verlust dieser Rechte würde die Erfüllung der öffentlichen Aufgabe zumindest örtlich nicht unerheblich rechtlich oder wirtschaftlich beeinträchtigen (s. a. *Reisnecker* in KK § 97, Rn. 24). Abweichend von S. 1 u. 2 setzt eine Ersatzrechtsbestellung nach S. 4 einen schriftlich oder zur Niederschrift der Enteignungsbehörde vor Beginn der mündlichen Verhandlung zu stellenden Antrag des Unternehmens voraus. Der Antrag hat die Tatsachen zu enthalten, die der Enteignungsbehörde die Beurteilung ermöglichen, ob das Unternehmen der öffentlichen Versorgung dient und dafür auf das durch die Enteignung erloschene Recht angewiesen ist. Die Enteignungsbehörde hat von Amts wegen zu prüfen, ob für die Ersatzrechtsbestellung ein Grundstück des Enteignungsbegünstigten oder ob nachrangig und wegen § 91 S. 2 unter den besonderen Voraussetzungen des § 90 Abs. 1 u. 2 ein Grundstück Dritter geeignet ist.

4. Sonderentschädigung. Soweit Rechte weder nach Abs. 1 aufrechterhalten 5
noch nach Abs. 2 ersetzt werden, haben Inhaber der in Abs. 3 Nr. 1–3 abschließend
aufgezählten Rechte einen Anspruch auf **gesonderte Entschädigung** gegen den
Entschädigungsverpflichteten anstelle eines Anspruchs auf Befriedigung aus der dem
Enteignungsbetroffenen zufließenden Hauptentschädigung. Die gesonderte Entschädigung setzt voraus, dass Grundstückseigentümer und Nebenberechtigte nicht nur rechtlich, sondern auch wirtschaftlich Träger verschiedener Vermögensinteressen sind (BGHZ 43, 300; *Dittus* NJW 1965, 1480). Der Umfang der Entschädigung ist nach den §§ 93–96 zu bestimmen. Sonderentschädigungsberechtigte sind Erbbauberechtigte (§ 1 ErbbauVO; zur Ermittlung des Wertes eines Erbbaurechts BGH BRS 34 Nr. 162; LM BBauG § 40 Nr. 6; *Aust/Jacobs/Pasternak,* Die Enteignungsentschädigung, 7. Aufl. 2014, Rn. 278; *Krohn/Löwisch* Rn. 406f.), Wohnungserbbauberechtigte iSv § 30 WEG, Berechtigte nach §§ 26 u. 27 RHeimstG, Altenteilsberechtigte (§ 96 EGBGB; dazu *Aust/Jacobs/Pasternak* Rn. 1; zur höheren Bewertung eines Wohnrechts gegenüber einem bloßen Mietrecht OLG Bremen NJW 1968, 657), Inhaber von Dienstbarkeiten iS der §§ 1018 ff., 1030 ff., 1090 ff. BGB (zu deren Bewertung *Aust/Jacobs/Pasternak* Rn. 171; *Müller* NJW 1967, 1352) und des § 31 WEG, Inhaber von Erwerbsrechten, denen aber kein gesetzliches Vorkaufsrecht, zB §§ 24 ff. BauGB, im Range vorgehen darf (s. *Gelzer/Busse/Fischer,* Entschädigungsanspruch aus Enteignung und enteignungsgleichem Eingriff, 3. Aufl. 2010, Rn. 687), wie den dinglichen Vorkaufsrecht (§§ 1094 ff. BGB, zu dessen Bewertung *Müller* NJW 1967, 1352), Wiederkaufsrechten und sonstigen durch eine Vormerkung (§ 883 BGB, zu deren Bewertung *Müller* NJW 1967, 1352f.) gesicherten Rechten, Inhaber von persönlichen Rechten, die zum Besitz oder zur Nutzung des Grundstücks berechtigen (→ Rn. 2), und Inhaber von persönlichen Erwerbsrechten oder nutzungsbeschränkenden Rechten wie Leistungsansprüchen aus Kaufverträgen oder schuldrechtlichen Vorkaufsrechten, aber weder Berechtigte aus Lieferverträgen wie Bierlieferungsvertrag (s. *Gelzer/Busse/Fischer,* Entschädigungsanspruch aus Enteignung und enteignungsgleichem Eingriff, Rn. 685; *Aust/Jacobs/Pasternak* Rn. 168) noch gewerbliche Mieter, denen der Eigentümer nur deshalb wirksam gekündigt hat, weil er das Grundstück zur Vermeidung einer Enteignung an die öffentliche Hand veräußern will und einen höheren Kaufpreis erzielen kann, falls das Grundstück bei Übergabe bereits geräumt ist (BGHZ 50, 284; *Reinhardt* NJW 1969, 268; krit. *Kastner* NJW 1968, 2058; möglich ist insoweit ein Härteausgleich gem. § 181), noch Inhaber von durch die Enteignung nicht beseitigten öffentlich-rechtlichen Vorkaufsrechten, zB nach §§ 24 ff. BauGB (*Groß* in EZBK BauGB § 97 Rn. 21). Aus dem Rechtsgedanken des § 95 Abs. 2 Nr. 5 (→ § 95 Rn. 8) folgt, dass auch nicht nach Abs. 3 sonderentschädigungsberechtigt der Mieter ist, der seinen Vertrag erst nach Einleitung des Enteignungsverfahrens abgeschlossen hat (*Groß* in EZBK BauGB § 97 Rn. 22; *Streck* in BK BauGB § 97 Rn. 13).

5. Surrogation. Nebenberechtigte, deren Rechte weder nach Abs. 1 aufrechter- 6
halten noch nach Abs. 2 ersetzt noch nach Abs. 3 gesondert entschädigt werden,
haben gem. Abs. 4 einen privatrechtlichen **Anspruch auf Befriedigung aus der
Entschädigung,** die dem Hauptberechtigten gewährt wird oder ausnahmsweise dem gesondert entschädigungsberechtigten Nebenberechtigten (Abs. 4 S. 2 Hs. 1). Entsprechend dem **Surrogationsprinzip** setzen sich die Rechte der Nebenberechtigten an der für das enteignete Objekt gewährten Entschädigung fort. Berechtigte sind idR die Inhaber solcher Rechte, die der Natur nach auf Befriedigung aus dem Erlös gerichtet sind, vor allem also Grundpfandrechte (§§ 1113–1203 BGB), aber auch als öffentliche Lasten auf dem Grundstück ruhende Abgaben, Rechte der Inhaber iSv Abs. 3 Nr. 2 (→ Rn. 5), die nicht im Besitz des Grundstücks sind und nicht zu einem Altenteilsrecht gehören und damit nicht unter Abs. 3 fallende Rentenschulden und Reallasten. Abs. 4 S. 1 begründet einen Anspruch des Nebenberechtigten, wenn

ein Grundstück enteignet wird, Abs. 4 S. 2 Hs. 1 in den Fällen, in denen eine Geldentschädigung für einen Rechtsverlust festgesetzt wird, der nicht in der Enteignung eines Grundstücks besteht, Abs. 4 S. 2 Hs. 2 bei Wertminderung des Restbesitzes. Der Anspruch des Nebenberechtigten besteht nur in der Höhe des Rechtsverlustes, den er durch die Beeinträchtigung seines Rechtes erlitten hat. Etwaige andere Vermögensnachteile iSv § 96 können einen selbstständigen Entschädigungsanspruch gegen den Enteignungsbegünstigten auslösen. Einigen sich die Beteiligten nicht über die Verteilung der von der Enteignungsbehörde nur ausgewiesenen (§ 113 Abs. 2 Nr. 8), nicht aber zwischen ihnen aufgeteilten Entschädigung, so wird diese hinterlegt (§ 118) und gerichtlich verteilt (§ 119).

§ 98 Schuldübergang

(1) ¹Haftet bei einer Hypothek, die aufrechterhalten oder durch ein neues Recht an einem anderen Grundstück ersetzt wird, der von der Enteignung Betroffene zugleich persönlich, so übernimmt der Enteignungsbegünstigte die Schuld in Höhe der Hypothek. ²Die §§ 415 und 416 des Bürgerlichen Gesetzbuchs gelten entsprechend; als Veräußerer im Sinne des § 416 ist der von der Enteignung Betroffene anzusehen.

(2) Das Gleiche gilt, wenn bei einer Grundschuld oder Rentenschuld, die aufrechterhalten oder durch ein neues Recht an einem anderen Grundstück ersetzt wird, der von der Enteignung Betroffene zugleich persönlich haftet, sofern er spätestens in dem nach § 108 anzuberaumenden Termin die gegen ihn bestehende Forderung unter Angabe ihres Betrags und Grunds angemeldet und auf Verlangen der Enteignungsbehörde oder eines Beteiligten glaubhaft gemacht hat.

Übersicht

	Rn.
1. Allgemeines	1
2. Hypothek	2
3. Grund- oder Rentenschuld	3

1 **1. Allgemeines.** Wenn Hypotheken (Abs. 1) oder Grund- sowie Rentenschulden (Abs. 2) gem. § 97 Abs. 1 aufrechterhalten oder gem. § 97 Abs. 2 durch neue Rechte an einem anderen Grundstück des Enteignungsbegünstigten ersetzt werden, so ermöglicht der dem § 53 ZVG nachgebildete § 98 einen gesetzlichen Schuldübergang, um den von der Enteignung betroffenen Eigentümer von der persönlichen Schuld zu befreien und das Auseinanderfallen von dinglicher und persönlicher Schuld zu vermeiden.

2 **2. Hypothek.** Der gesetzliche Schuldübergang setzt entsprechend § 416 Abs. 2 BGB voraus, dass der Enteignungsbetroffene dem Gläubiger die Enteignung und den Schuldübergang mitteilt und dass der Gläubiger die Schuldübernahme entweder ausdrücklich oder stillschweigend in 6 Monaten entsprechend § 416 Abs. 1 BGB genehmigt (*Breuer* in SCH § 98 Rn. 3 mwN). Genehmigt der Gläubiger die Schuldübernahme nicht, so kommt diese nicht zustande. Entsprechend § 415 Abs. 3 BGB kommt es dann zu einer gesetzlichen Erfüllungsübernahme durch den Enteignungsbegünstigten. Ist der Enteignungsbetroffene nicht zugleich persönlicher Schuldner der Hypothek, ist § 98 nicht anwendbar.

3 **3. Grund- oder Rentenschuld.** Besteht für eine Grundschuld (§§ 1191 ff. BGB) oder eine Rentenschuld (§§ 1199 ff. BGB) (ausnahmsweise) eine persönliche Forderung, für die der Enteignungsbetroffene haftet, so greift die Regelung des Abs. 1 unter

den unter → Rn. 2 genannten Voraussetzungen ein, wenn zusätzlich der Enteignungsbetroffene spätestens in der mündlichen Verhandlung (§ 108) die gegen ihn bestehende Forderung unter Angabe ihres Betrages und Grundes anmeldet und auf Verlangen der Enteignungsbehörde oder eines Beteiligten (§ 106) entspr. § 294 ZPO glaubhaft gemacht hat.

§ 99 Entschädigung in Geld

(1) ¹Die Entschädigung ist in einem einmaligen Betrag zu leisten, soweit dieses Gesetzbuch nichts anderes bestimmt. ²Auf Antrag des Eigentümers kann die Entschädigung in wiederkehrenden Leistungen festgesetzt werden, wenn dies den übrigen Beteiligten zuzumuten ist.

(2) Für die Belastung eines Grundstücks mit einem Erbbaurecht ist die Entschädigung in einem Erbbauzins zu leisten.

(3) ¹Einmalige Entschädigungsbeträge sind mit 2 vom Hundert über dem Basiszinssatz nach § 247 des Bürgerlichen Gesetzbuchs jährlich von dem Zeitpunkt an zu verzinsen, in dem die Enteignungsbehörde über den Enteignungsantrag entscheidet. ²Im Falle der vorzeitigen Besitzeinweisung ist der Zeitpunkt maßgebend, in dem diese wirksam wird.

Übersicht

	Rn.
1. Allgemeines	1
2. Einmaliger Geldbetrag	2
3. Wiederkehrende Leistungen	3
4. Entschädigung in Erbbauzins	4
5. Verzinsung	5
a) Verfassungsrechtliche Grundlagen	5
b) Verzinsung einmaliger Geldbeträge	6

1. Allgemeines. Gem. Art. 14 Abs. 3 S. 2 GG muss das Enteignungsgesetz die **Art der Entschädigung** regeln. Demgemäß bestimmt § 99 Abs. 1 S. 1 als Grundsatz, dass die Entschädigung in einem einmaligen Geldbetrag geleistet wird. Nur auf Antrag des Eigentümers ist eine andere Art der Entschädigung zulässig, nämlich Entschädigung in wiederkehrenden Leistungen (§ 99 Abs. 1 S. 2), Entschädigung in einem Erbbauzins (§ 99 Abs. 2), Entschädigung in Land (§ 100) oder Entschädigung durch Gewährung anderer Rechte (§ 101), zB Wohnungseigentumsrecht. Eine Geldentschädigung nach § 99 kann als Restentschädigung auch neben einer Entschädigung in Land oder sonstigen Rechten zu leisten sein. Über die gesetzliche Regelung hinaus können Entschädigungsberechtigter und -verpflichteter **vertraglich andere Entschädigungsarten**, zB Sachleistungen, Wertpapiere vereinbaren (*Groß* in EZBK § 99 Rn. 8; *Reisnecker* in KK § 99 Rn. 5; → § 110 Rn. 5, 10f.). Mit Rücksicht auf die Interessen der Allgemeinheit ist es mit Art. 14 Abs. 1 GG vereinbar, dass § 99 Abs. 1 S. 1 den **Grundsatz der Kapitalentschädigung** (Geld) aufstellt (BGH NJW 1967, 2011; BRS 34, 170 (173); BGHZ 41, 354; s. a. BVerfGE 24, 367 (419)). Aus dem von BVerfGE 38, 175 (→ § 102 Rn. 1; → Vorb §§ 85–122 Rn. 1, 5) betonten Zusammenwirken der Bestandsgarantie des Art. 14 Abs. 1 und dem Übermaßverbot kann im Einzelfall ein Anspruch auf Entschädigung in Land auch dann entstehen, wenn er gesetzlich nicht vorgeschrieben ist, zB wenn der Betroffene zur Sicherung seiner Erwerbsfähigkeit auf Ersatzland angewiesen ist (BVerwG VerwRspr. 19, 811 (815); BGH LM GG Art. 14 (Eb) Nr. 28 (29); *Krohn/ Löwisch*, Eigentumsgarantie, Enteignung, Entschädigung, Rn. 245; *Büchs*, Handbuch

des Eigentums- und Entschädigungsrechts, 3. Aufl. 1996, 1089; ebenso EGMR Urt. v. 11.4.2002, Nr. 46044/99 – Lallement; → Vorb §§ 85–112 Rn. 2).

2. Einmaliger Geldbetrag. Sofern keine andere Art der Entschädigung beantragt bzw. bewilligt worden ist, ist die Entschädigung in einem **einmaligen Geldbetrag** zu leisten. Zum Zinsanspruch → Rn. 5. Der Betroffene darf einen ihm zu niedrig erscheinenden Entschädigungsbetrag nicht zurückweisen, da es sich nicht um eine Teilleistung iSv § 266 BGB handelt (BGH NJW 1965, 1761; NJW 1967, 2011; NJW 1973, 2202).

3. Wiederkehrende Leistungen. Auch die Entschädigung in **wiederkehrenden Leistungen** erfolgt – aus gesetzessystematischen Gründen (*Groß* in EZBK § 99 Rn. 10) – nur in Geld, und zwar in Form von Rentenzahlungen. Allerdings können sich die Beteiligten über die Leistung von wiederkehrenden Naturalleistungen vertraglich einigen. Nach dem Wortlaut von Abs. 1 S. 2 hat nur der betroffene Eigentümer ein **Antragsrecht**. Zumindest in analoger Anwendung des Abs. 1 S. 2 haben auch entschädigungsberechtigte Nebenberechtigte, zB Altenteilsberechtigte (→ § 97 Rn. 5), ein Antragsrecht (*Groß*, EZBK § 99 Rn. 11; *Breuer*, SCH § 99 Rn. 4; *Reisnecker*, KK § 99 Rn. 14; aA *Streck* in BK § 99 Rn. 3). Das weitere Tatbestandsmerkmal **Zumutbarkeit** für die übrigen Beteiligten ist erfüllt, wenn eine Abwägung der Interessen aller Beteiligten ergibt, dass die übrigen Beteiligten durch die Festsetzung der Entschädigung in wiederkehrenden Leistungen nicht unbillig belastet werden. Die Zumutbarkeit ist ein unbestimmter, voll gerichtlich kontrollierbarer Rechtsbegriff (→ § 223 Rn. 3). Zur Zulässigkeit einer Verrentung, wenn die enteignende Maßnahme in der Bestellung eines Nießbrauchs an dem in Anspruch genommenen Grundstück besteht, BGH MDR 1978, 297. Trotz positiver Zumutbarkeitsprüfung verbleibt der Behörde grundsätzlich ein Ermessensspielraum, ob sie dem Antrag stattgibt (*Groß* in EZBK § 99 Rn. 12; *Streck* in BK § 99 Rn. 4). Das finanzielle Risiko der Entschädigung in wiederkehrenden Leistungen, zB Zahlungsunfähigkeit des Entschädigungsverpflichteten, Währungsverfall, trägt der Antragsteller. Er hat keinen Anspruch auf dingliche Sicherung der Leistungen. Zu Wertsicherungsklauseln s. § 1 PreisklauselG; dazu *Palandt/Grüneberg*, BGB, 75. Aufl. 2016 § 245, Rn. 11. Zur Bestimmung der Höhe der angemessenen Rente ist von dem zu verrentenden Betrag auszugehen, der im Falle der Entschädigung in einer einmaligen Geldzahlung nach §§ 95, 96 zu entrichten wäre.

4. Entschädigung in Erbbauzins. Wird ein Grundstück gem. § 85 Abs. 1 Nr. 1 oder 2 iVm § 92 Abs. 1 im Wege der Enteignung mit einem **Erbbaurecht** belastet, so bestimmt Abs. 2 abweichend von Abs. 1 S. 2, dass weder ein Antrag des Betroffenen erforderlich ist noch der Enteignungsbehörde Ermessen zukommt. Die Behörde muss unter Beachtung der Entschädigungsgrundsätze für die Entschädigung wegen Rechtsverlustes (§ 95) den Zins nach Zeit und Höhe für die ganze Erbbauzeit im Voraus und nach seinem Rang bestimmen (s. § 9 ErbbauVO). Anstelle der behördlichen Festlegung gem. § 112 Abs. 3 Nr. 2 können sich die Parteien auch gem. § 110 über die Bestellung eines Erbbaurechts einigen und dabei hinsichtlich der Entschädigungsart und der Höhe des Erbbauzinses von den insoweit dispositiven Regelungen des § 9 ErbbauVO abweichen.

5. Verzinsung. a) Verfassungsrechtliche Grundlagen. Abs. 3 konkretisiert die vom BGH aus Art. 14 Abs. 3 S. 2 GG zum Umfang der Entschädigung entwickelten **verfassungsrechtlichen Grundlagen der Verzinsung** der Enteignungsentschädigung (; krit. *Petz* in SU § 99 Rn. 26.1). Die Verzinsung ist der abstrakt bestimmte Ausgleich dafür, dass dem Betroffenen das Grundstück nicht mehr so wie früher zur Nutzung, die an die Stelle des Grundstücks tretende Enteignungsentschädigung aber noch nicht zur Verfügung steht (BGH NJW 1969, 1897; E 37, 269 (275); E 43, 120 (122), NVwZ 2000, 230). Entschädigt wird die verlorene Nutzungsmög-

lichkeit, auch dem Eigentümer, der nur mittelbarer Besitzer war. Eine andere Art der Entschädigung wegen vorenthaltener Nutzung, zB Mietersatz, ist daneben ausgeschlossen (BGH NJW 1981, 219 (221)). Eine bestimmte Höhe des Zinssatzes ist verfassungsrechtlich nicht vorgeschrieben (BGHZ 60, 337; auch ein gesetzlich vorgeschriebener fester Zinssatz von 4 % ist verfassungsgemäß). Sieht ein Enteignungsgesetz keine Verzinsung vor, so ist die Höhe der Verzinsung nach Art. 14 Abs. 3 GG nach der im Verkehr üblichen Zinshöhe zu bestimmen. Einen Anhaltspunkt kann dann § 99 Abs. 3 geben. Zur Geltung von Abs. 3 für Umlegungsentschädigung gem. § 59 Abs. 2 S. 2 BVerfG, NVwZ 2003, 199.

b) **Verzinsung einmaliger Geldbeträge.** Gem. Abs. 3 sind nur **einmalige Entschädigungsbeträge** iSv Abs. 1 S. 1 (→ Rn. 2) zu verzinsen, nicht aber wiederkehrende Leistungen iSv Abs. 1 S. 2 (→ Rn. 3). Die Zinspflicht für einmalige Beträge umfasst aber die Substanzentschädigung (§ 95) und die Folgekostenentschädigung (§ 96). Abs. 3 schreibt vor, die Entschädigungssumme mit 2 % über dem jeweiligen Basiszinssatz nach § 247 BGB zu verzinsen (→ § 64 Rn. 7). Mit dem Wechsel des Basiszinssatzes wechselt für den entsprechenden Zeitraum also auch der Zins (BGH NJW 1972, 447). Die **Zinspflicht entsteht** in dem Zeitpunkt, in dem die Enteignungsbehörde über den Antrag auf Enteignung entscheidet (§ 112), im Falle der **vorzeitigen Besitzeinweisung** mit Wirksamwerden dieser Maßnahme (Abs. 3 S. 2 iVm § 116 Abs. 1 S. 4, → § 116 Rn. 8). Ist der Verkehrswert zwischen Zinsbeginn und Zahlung der Entschädigung gestiegen oder gesunken, so ist die jeweils angemessene Entschädigung festzustellen. Entsprechend der sog. **Steigerungsrechtsprechung** zur Verschiebung des Bewertungsstichtages in Zeiten schwankender Preise (→ § 95 Rn. 6) beginnt nur die Verzinsung des ursprünglich geschuldeten Mehrbetrages, der sich aus der Verschiebung des Stichtages ergibt, mit dem Zeitpunkt des Eingriffs, wenn die Entschädigung zu niedrig festgesetzt war. Der Steigerungsbetrag ist erst vom Zeitpunkt der für die Wertberechnung maßgebenden letzten mündlichen Verhandlung an zu verzinsen (BGH NJW 1962, 1441). Bei Zeiträumen von mehreren Jahren muss das Gericht gem. § 287 ZPO einen anderen Stichtag wählen. Üblich ist das vom BGH gebilligte (NJW 1973, 2384) Verfahren, die Zinsen nach abgestaffelten Mittelwerten für bestimmte Zeiträume festzusetzen. Rechenbeispiele bei *Aust/Jacobs/Pasternak*, Die Enteignungsentschädigung, 7. Aufl. 2014, Rn. 888; *Gelzer/Busse/Fischer*, Entschädigungsanspruch aus Enteignung und enteignungsgleichem Eingriff, 3. Aufl. 2010, Rn. 228. Hat die Enteignungsbehörde die Entschädigungssumme zu niedrig, die Zinsen hieraus aber zu hoch festgesetzt und sind diese Beträge gezahlt worden, dann ist die Steigerungsrechtsprechung nicht anzuwenden, soweit dem Zuwenig an Hauptsumme ein Zuviel an Zinsen gegenübersteht (BGH NJW 1973, 2284). Trotz der Eigenart des entschädigungsrechtlichen Zinsanspruches als Ausgleich für Nutzungsausfall gilt für ihn das **Verbot des Zinseszinses** (§ 248 Abs. 1 BGB; BGH NJW 1973, 2284; *Aust/Jacobs/Pasternak* Rn. 894; anders *Krohn/Löwisch*, Eigentumsgarantie, Enteignung, Entschädigung, 3. Aufl. 1984, Rn. 442; *Streck* in BK § 99 Rn. 12). Der BGH wendet das Verbot des Zinseszinses nicht an in Fällen, in denen keine „Zinsen im Rechtssinne", sondern eine besondere Art abstrakt berechneter Abgeltung des Nutzungsausfalls infrage steht, wie bei der Besitzeinweisungsentschädigung (WM 1974, 601; dazu krit. *Groß* in EZBK § 99 Rn. 19; → § 116 Rn. 8) oder der Bodenrente für ein „vorübergehendes", aber länger andauerndes Bauverbot (NJW 1981, 219 (221); NJW 1964, 294; s. a. *Breuer* in SCH Rn. 13). Mit der Hinterlegung der Entschädigungssumme (§ 118) **endet** die Zinspflicht (BGH NJW 1967, 2011). Wegen der Eigenart der Entschädigungszinsen als Nutzungsausgleich ist § 367 BGB nicht anwendbar (*Aust/Jacobs/Pasternak* Rn. 895). Auf die Zinsen aus der Enteignungsentschädigung für ein Grundstück ist die Nutzungsentschädigung anzurechnen, die dem Enteigneten für dieselbe Zeit zum Ausgleich des Verlustes der normalen Nutzung des Grundstücks gezahlt worden ist (BGHZ 48, 291) – **Grundsatz der**

Vorteilsausgleichung. Die Zinsen der Kapitalentschädigung für Enteignung eines landwirtschaftlich genutzten Grundstücks mit Ackerlandqualität sind nicht auf die Entschädigung für Umwege sowie An- und Durchschneidungen anzurechnen (BGHZ 67, 190). **Im Planungsschadensrecht** (§§ 39–44) ist die Entschädigung für die durch einen Bebauungsplan herbeigeführte Änderung der baulichen Nutzbarkeit eines Grundstücks vom Inkrafttreten des Bebauungsplans an, außer wenn die vorzeitige Besitzeinweisung erst nach dem Enteignungsbeschluss erfolgt ist (*Groß* in EZBK § 99 Rn. 23), zu verzinsen, jedenfalls dann, wenn durch die Umklassifizierung eines bisher unbebauten Grundstücks dessen Bebaubarkeit tatsächlich sofort ausgeschlossen wird (BGHZ 43, 120). Neben dem Übernahmeanspruch nach § 40 Abs. 2 steht dem Betroffenen keine Nutzungsentschädigung analog § 99 Abs. 3 für die Zeit der Herabzonung zu (BGHZ 50, 93 (99)). Zur Verzinsung eines rechtswidrigen 22-jährigen Bauverbots BGH WM 1980, 658. § 99 Abs. 3 ist entsprechend anzuwenden auf den von der Gemeinde bei der Ausübung des Vorkaufsrechts zu zahlenden Betrag. Bei Anfechtung der Ausübung des **Vorkaufsrechts** beginnt die Verzinsung mit dem Zeitpunkt der ersten gerichtlichen Entscheidung, andernfalls mit dem Zeitpunkt der Unanfechtbarkeit des Bescheids (BGH MDR 1986, 1003). Als Nutzungen iSv § 4 ZPO sind die Zinsen bei der Festsetzung des **Streitwerts** nicht zu berücksichtigen, wenn sie neben der Hauptsumme geltend gemacht werden (BGH BRS 26 Nr. 171; aA OLG Köln BRS 26 Nr. 170). Die **Rechtskraft** eines die Enteignungsentschädigung festsetzenden Urteils steht einer Klage nicht entgegen (BGH WM 1976, 162). Ein Grundurteil über die angemessene Entschädigung erfasst als Teil der einheitlichen Entschädigung auch die Zinsen (BGH WM 1982, 1280). Prozesszinsen können, **Verzugszinsen** können nicht verlangt werden (BGH NJW 1982, 1277).

§ 100 Entschädigung in Land

(1) Die Entschädigung ist auf Antrag des Eigentümers in geeignetem Ersatzland festzusetzen, wenn er zur Sicherung seiner Berufstätigkeit, seiner Erwerbstätigkeit oder zur Erfüllung der ihm wesensgemäß obliegenden Aufgaben auf Ersatzland angewiesen ist und

1. der Enteignungsbegünstigte über als Ersatzland geeignete Grundstücke verfügt, auf die er nicht mit seiner Berufstätigkeit, seiner Erwerbstätigkeit oder zur Erfüllung der ihm wesensgemäß obliegenden Aufgaben angewiesen ist, oder
2. der Enteignungsbegünstigte geeignetes Ersatzland nach pflichtmäßigem Ermessen der Enteignungsbehörde freihändig zu angemessenen Bedingungen beschaffen kann oder
3. geeignetes Ersatzland durch Enteignung nach § 90 beschafft werden kann.

(2) ¹Wird die Entschädigung in Ersatzland festgesetzt, sind auch der Verwendungszweck des Ersatzlands und die Frist, in der das Grundstück zu dem vorgesehenen Zweck zu verwenden ist, zu bezeichnen. ²Die §§ 102 und 103 gelten entsprechend.

(3) ¹Unter den Voraussetzungen der Nummern 1 bis 3 des Absatzes 1 ist die Entschädigung auf Antrag des Eigentümers auch dann in geeignetem Ersatzland festzusetzen, wenn ein Grundstück enteignet werden soll, das mit einem Eigenheim oder einer Kleinsiedlung bebaut ist. ²Dies gilt nicht, wenn nach öffentlich-rechtlichen Vorschriften der Rückbau des Gebäudes jederzeit entschädigungslos gefordert werden kann.

(4) Die Entschädigung kann auf Antrag des Enteigneten oder Enteignungsbegünstigten ganz oder teilweise in Ersatzland festgesetzt werden,

wenn diese Art der Entschädigung nach pflichtmäßigem Ermessen der Enteignungsbehörde unter gerechter Abwägung der Interessen der Allgemeinheit und der Beteiligten billig ist und bei dem Enteignungsbegünstigten die in Absatz 1 Nr. 1 oder 2 genannten Voraussetzungen vorliegen.

(5) [1]Auf die Ermittlung des Werts des Ersatzlands ist § 95 entsprechend anzuwenden. [2]Hierbei kann eine Werterhöhung berücksichtigt werden, die das übrige Grundvermögen des von der Enteignung Betroffenen durch den Erwerb des Ersatzlands über dessen Wert nach Satz 1 hinaus erfährt. [3]Hat das Ersatzland einen geringeren Wert als das zu enteignende Grundstück, so ist eine dem Wertunterschied entsprechende zusätzliche Geldentschädigung festzusetzen. [4]Hat das Ersatzland einen höheren Wert als das zu enteignende Grundstück, so ist festzusetzen, dass der Entschädigungsberechtigte an den durch die Enteignung Begünstigten eine dem Wertunterschied entsprechende Ausgleichszahlung zu leisten hat. [5]Die Ausgleichszahlung wird mit dem nach § 117 Abs. 5 Satz 1 in der Ausführungsanordnung festgesetzten Tag fällig.

(6) [1]Wird die Entschädigung in Land festgesetzt, sollen dingliche oder persönliche Rechte, soweit sie an dem zu enteignenden Grundstück aufrechterhalten werden, auf Antrag des Rechtsinhabers ganz oder teilweise nach Maßgabe des § 97 Abs. 2 ersetzt werden. [2]Soweit dies nicht möglich ist oder nicht ausreicht, sind die Inhaber der Rechte gesondert in Geld zu entschädigen; dies gilt für die in § 97 Abs. 4 bezeichneten Berechtigungen nur, soweit ihre Rechte nicht durch eine dem Eigentümer nach Absatz 5 zu gewährende zusätzliche Geldentschädigung gedeckt werden.

(7) Anträge nach den Absätzen 1, 3, 4 und 6 sind schriftlich oder zur Niederschrift der Enteignungsbehörde zu stellen, und zwar in den Fällen der Absätze 1, 3 und 4 vor Beginn und im Falle des Absatzes 6 bis zum Schluss der mündlichen Verhandlung (§ 108).

(8) [1]Sind Miteigentum, grundstücksgleiche Rechte oder Rechte nach dem Wohnungseigentumsgesetz ebenso zur Sicherung der Berufs- oder Erwerbstätigkeit des Berechtigten oder zur Erfüllung der ihm wesensgemäß obliegenden Aufgaben geeignet, können dem Eigentümer diese Rechte anstelle des Ersatzlands angeboten werden. [2]Der Eigentümer ist in Geld abzufinden, wenn er die ihm nach Satz 1 angebotene Entschädigung ablehnt. [3]§ 101 bleibt unberührt.

(9) [1]Hat der Eigentümer nach Absatz 1 oder 3 einen Anspruch auf Ersatzland und beschafft er sich mit Zustimmung des Enteignungsbegünstigten außerhalb des Enteignungsverfahrens Ersatzland oder die in Absatz 8 bezeichneten Rechte selbst, so hat er gegen den Enteignungsbegünstigten einen Anspruch auf Erstattung der erforderlichen Aufwendungen. [2]Der Enteignungsbegünstigte ist nur insoweit zur Erstattung verpflichtet, als er selbst Aufwendungen erspart. [3]Kommt eine Einigung über die Erstattung nicht zustande, entscheidet die Enteignungsbehörde; für den Bescheid gilt § 122 entsprechend.

Übersicht

	Rn.
1. Allgemeines	1
2. Anspruch auf Ersatzlandentschädigung	2
a) Antrag	2
b) Antragsberechtigter	3
c) Bereitstellen geeigneten Ersatzlandes	5

§ 100 — I. Kapitel. V. Teil. Enteignung

	Rn.
d) Umfang des Anspruchs	6
e) Verwendungszweck und -frist	7
3. Billigkeitsentschädigung	8
4. Ersatzlandbewertung und Wertausgleich	9
5. Nebenberechtigter	10
6. Entschädigung in Miteigentum und anderen dinglichen Rechten	11
7. Aufwendungsersatz für Selbsterwerb	12

1 **1. Allgemeines.** § 100 ermöglicht die Entschädigung in Land als Ausnahme vom Grundsatz der Geldentschädigung. Zur verfassungsrechtlichen Zulässigkeit dieses Regel-Ausnahme-Verhältnisses → § 99 Rn. 1. Die gegenüber der Geldentschädigung historisch jüngere **Ersatzlandentschädigung** soll den Fällen gerecht werden, in denen sich die Enteignung derart auf die Lebensverhältnisse des Betroffenen auswirkt, dass eine Geldentschädigung keinen angemessenen Ausgleich bieten kann. § 100 ergänzt die Regelung des § 85 Abs. 1 Nr. 3 – Ersatzlandbeschaffung als Enteignungszweck – und des § 90 – Voraussetzungen der Ersatzlandenteignung. Die Abs. 1–3 bestimmen die Voraussetzungen, unter denen der Enteignungsbetroffene einen Anspruch auf Entschädigung in Land hat. Abs. 4 regelt die im Ermessen der Enteignungsbehörde liegende Ersatzlandentschädigung aus Billigkeitsgründen, Abs. 5 die Ersatzlandbewertung und den Ausgleich von Wertunterschieden zwischen dem Ersatzland und dem enteigneten Grundstück, Abs. 6 die Behandlung der Nebenberechtigten, Abs. 7 das Antragsverfahren nach den Abs. 1, 3, 4 und 6, Abs. 8 den modifizierten Ersatzlandanspruch. Gem. Abs. 9 hat der Enteignungsbetroffene einen Aufwendungsersatzanspruch gegen den Begünstigten, wenn er sich das Ersatzland selbst beschafft hat. Verfahrensrechtlich wird § 100 durch § 112 Abs. 3 Nr. 4, § 113 Abs. 2 Nr. 8 u. 9 und § 117 Abs. 4 ergänzt. § 101 Abs. 1 S. 1 Nr. 2 u. 3 regeln zwei weitere Fälle der Entschädigung in Land. Ist ein Pachtvertrag über kleingärtnerisch genutztes Land gem. §§ 182–184 aufgehoben worden, so ist die Gemeinde grundsätzlich außer zur Geldentschädigung auch zur Beschaffung von Ersatzland verpflichtet (§ 185 Abs. 3 S. 1).

2 **2. Anspruch auf Ersatzlandentschädigung. a) Antrag.** Ein Anspruch auf Ersatzlandentschädigung gem. Abs. 1–3 **(obligatorische Ersatzlandentschädigung)** setzt als Erstes einen **Antrag** eines Antragsberechtigten voraus. Sein grundsätzlicher Anspruch auf Geldentschädigung kann dem Antragsberechtigten also gegen seinen Willen zB nicht deshalb genommen werden, weil der Enteignungsbegünstigte über ausreichend Ersatzland verfügt (BGH NJW 1979, 923). Antragsberechtigt ist der Eigentümer, nicht zB ein Nebenberechtigter. Der Antrag ist gem. Abs. 7 vor Beginn der nach § 108 anzuberaumenden mündlichen Verhandlung schriftlich oder zur Niederschrift der Enteignungsbehörde zu stellen, um die Beteiligten frühzeitig zu informieren und entsprechende Vorkehrungen zu ermöglichen. Die mündliche Verhandlung beginnt mit der Erörterung der Sache durch den Verhandlungsleiter. Gegen die Versäumung der Frist findet Wiedereinsetzung in den vorigen Stand (§ 210) statt (BGH MDR 1985, 211). Der Eigentümer kann den Antrag in der mündlichen Verhandlung noch zurücknehmen und Geldentschädigung begehren, wenn ihm das auf Grund der Verhandlung günstiger erscheint (*Gelzer/Busse/Fischer*, Entschädigungsanspruch aus Enteignung und enteignungsgleichem Eingriff, 3. Aufl. 2010, Rn. 414).

3 **b) Antragsberechtigter. aa) Angewiesenheit auf Land (Abs. 1). Antragsberechtigt** ist nach Abs. 1 Halbs. 2 nur der **Eigentümer**, der auf das Ersatzland zur Sicherung einer Berufs- oder Erwerbstätigkeit oder zur Erfüllung der ihm wesensgemäß obliegenden Aufgaben angewiesen ist. Wie in § 96 Abs. 1 Nr. 1 (→ § 96 Rn. 4) überschneiden sich die Begriffe **Berufs- und Erwerbstätigkeit**. In jedem Fall muss die Tätigkeit auf Dauer angelegt sein und zur Sicherung des Lebensunterhalts zu die-

nen bestimmt sein. Nebentätigkeiten können genügen, nicht aber bloße Hobbys (*Groß* in EZBK § 100 Rn. 11; *Breuer* in SCH, § 100 Rn. 5; *Reisnecker* in KK § 100 Rn. 13; enger *Gelzer/Busse/Fischer*, Entschädigungsanspruch aus Enteignung und enteignungsgleichem Eingriff, Rn. 392, unter Hinweis auf BGH Urt. v. 22.3.1965 III ZR 55/64; → § 201 Rn. 3). **Angewiesen** ist der Eigentümer auf Ersatzland, wenn er solches mit der Geldentschädigung nicht in zumutbarer Weise beschaffen kann und nach wirtschaftlicher Betrachtungsweise die Fortsetzung der bisherigen Berufs- und Erwerbstätigkeit ohne Ersatzland vereitelt oder zumindest erheblich gefährdet wäre. Eine Näherin, die als Nebenerwerb einige Stücke Großvieh hält, ist auf Ersatzland nicht angewiesen, wenn sie trotz der Enteignung von Weideland weiterhin Futter vom Restgrundstück oder von dritter Seite beschaffen kann (BGH Urt. v. 22.3.1965, zitiert bei *Gelzer/Busse/Fischer*, Entschädigungsanspruch aus Enteignung und enteignungsgleichem Eingriff, Rn. 392). Unter den dem Eigentümer **wesensgemäß obliegenden Aufgaben** sind nicht auf Gewinnerzielung gerichtete karitative, kirchliche, gemeinnützige oder sonstige ideelle Aufgaben zu verstehen, zB Aufgaben eines Sportvereins, Krankenhauses, Friedhofs. Die Angewiesenheit dieser Eigentümer auf Ersatzland ist wie bei der ersten Alternative des Abs. 1 Hs. 2 zu bestimmen. Allerdings tritt die wirtschaftliche Betrachtungsweise angesichts der ideellen Zielsetzung in den Hintergrund. Flächen, die der bloßen Vermögensanlage dienen, fallen nicht unter Abs. 1 Hs. 2 2. Altern. Keine bloße Vermögensanlage sind aber zB von einer Krankenanstalt im Rahmen ihrer Beschäftigungstherapie eingesetzte gärtnerisch oder landwirtschaftlich genutzte Flächen, die als solche Gewinn abwerfen.

bb) Eigentümer von Eigenheimen und Kleinsiedlungsstätten (Abs. 3). 4
Antragsberechtigt ist nach Abs. 3 auch ein Eigentümer, dessen Grundstück mit einem **Eigenheim** oder einer **Kleinsiedlungsstätte** bebaut ist. Diese zur Förderung der Eigentumsbildung im Wohnungswesen (s. a. § 1 Abs. 5 S. 2 Nr. 2, → § 1 Rn. 55) bestimmte Privilegierung vermag bei Eigentümern mit niedrigerem Einkommen den individuellen Schaden durchaus nicht immer auszugleichen, wenn diese nämlich Ersatzland erhalten, die Gebäudeentschädigung jedoch nicht für einen Neubau ausreicht (krit. *Gelzer/Busse/Fischer*, Entschädigungsanspruch aus Enteignung und enteignungsgleichem Eingriff, Rn. 402–404, die insoweit eine Erweiterung des Begriffs des Folgeschadens erwägen). Angemessener wäre eine Erweiterung des Härteausgleichs iSv § 181. Zum Begriff des Eigenheims s. § 2 Abs. 1 EigenheimzulagenG, der Kleinsiedlungsstätte s. § 2 Abs. 1 BauNVO; dazu *König/Roeser/Stock* BauNVO § 2 Rn. 8. Die Antragsberechtigung entfällt, wenn der Rückbau = Abriss des Eigenheims oder der Kleinsiedlungsstätte jederzeit auf Grund öffentlich-rechtlicher Vorschriften entschädigungslos gefordert werden kann (Abs. 3 S. 2; → § 95 Rn. 11). Entsprechend der gesetzlichen Wertung des § 95 Abs. 3 ist es aber möglich, dass dem Betroffenen eine Billigkeitsentschädigung nach § 100 Abs. 4 zugesprochen wird (s. a. *Groß* in EZBK § 100 Rn. 23; *Streck* in BK § 100 Rn. 13).

c) Bereitstellen geeigneten Ersatzlandes. Außer dem Antrag (→ Rn. 2) eines 5
Antragsberechtigten (→ Rn. 3, 4) setzt ein Anspruch auf Ersatzlandentschädigung voraus, dass der Enteignungsbegünstigte nach Maßgabe der Abs. 1 Nr. 1 oder 2 **bereitstellen** kann oder eine Ersatzlandenteignung gem. Abs. 1 Nr. 3 zulässig ist. Die Enteignungsbehörde hat nach § 107 Abs. 1 S. 2 von Amts wegen zu prüfen, ob der Enteignungsbegünstigte, der nach § 94 Abs. 2 zur Entschädigung verpflichtet ist, über **geeignetes Ersatzland** verfügt. Flächen, auf die der Begünstigte selbst mit seiner Berufs- und Erwerbstätigkeit oder zur Erfüllung der ihm wesensgemäß obliegenden Aufgaben angewiesen ist (→ Rn. 3), scheiden als Ersatzland aus. Als Ersatzland geeignet sind solche Flächen, die sowohl nach ihrer tatsächlichen wie auch nach ihrer rechtlichen Beschaffenheit, zB nach ihrer Ausweisung durch die Bauleitplanung, dem vom Enteignungsbetroffenen vorgesehenen Zweck genügen und dadurch Gefährdung der wirtschaftlichen Existenz des Betroffenen oder die Vereitelung seiner

§ 100
I. Kapitel. V. Teil. Enteignung

Aufgaben abwenden. Als zweite Möglichkeit der Bereitstellung von Ersatzland kommt in Betracht, dass der Enteignungsbegünstigte geeignetes Ersatzland freihändig zu angemessenen Bedingungen beschaffen kann (Abs. 1 Nr. 2). Die Enteignungsbehörde hat nach pflichtgemäßem Ermessen (zur Gerichtskontrolle → § 223 Rn. 2) zu entscheiden, ob der Begünstigte diese Verpflichtung erfüllen kann. Aus § 90 Abs. 1 Nr. 3 folgt, dass der Begünstigte grundsätzlich verpflichtet ist, geeignetes Ersatzland auch unter Angebot eigenen Landes aus eigenem Grundbesitz oder dem Grundbesitz juristischer Personen des Privatrechts zu beschaffen, an deren Kapital er überwiegend beteiligt ist. Kann der Enteignungsbegünstigte geeignetes Ersatzland weder nach Abs. 1 Nr. 1 oder Nr. 2 bereitstellen, so kann die Enteignungsbehörde gem. Abs. 1 Nr. 3 geeignetes Ersatzland durch Enteignung nach § 90 beschaffen. Kann kein geeignetes Ersatzland beschafft werden, entfällt der Anspruch aus § 100 Abs. 1 oder 3. Der Eigentümer ist dann regelmäßig in Geld gem. § 99 Abs. 1 S. 1 zu entschädigen.

6 **d) Umfang des Anspruchs.** Sind die genannten (→ Rn. 2–5) Voraussetzungen erfüllt, so hat der Eigentümer einen Anspruch auf Ersatzland in dem Umfang, in dem er wirtschaftlich darauf angewiesen ist. Genügt eine Teilentschädigung in Land, so kann der noch verbleibende Schaden in Geld ausgeglichen werden, auch wenn in Abs. 1 und 3, anders als in Abs. 4, von einer Teilentschädigung in Land ausdrücklich nicht die Rede ist. Der Eigentümer hat keinen Anspruch auf ein bestimmtes Grundstück, sondern nur auf eine bestimmte Entschädigungsart. Zur Modifizierung des Anspruchs aus Abs. 1 durch ein Angebot auf Ersatzrechtsgewährung nach Abs. 8 → Rn. 11. Der Eigentümer ist nicht verpflichtet, die Entschädigung in Ersatzland statt in Geld anzunehmen, auch wenn der Begünstigte über ausreichend Ersatzland verfügt (BGH NJW 1979, 923) und eine Ersatzlandentschädigung beantragt hat (*Groß* in EZBK § 100 Rn. 25). Dem Eigentümer kann jedoch als mitwirkendes Verschulden entgegengehalten werden, wenn er sich ohne einsichtigen Grund gegen die Ersatzlandentschädigung sperrt, gleichzeitig aber wegen des Verlusts seines Grundstücks über den Rechtsverlust hinaus berufliche Nachteile geltend macht, die über die Geldentschädigung nicht voll ausgeglichen werden (offen gelassen in BGH NJW 1979, 923; zutr. *Streck* in BK § 100 Rn. 8; *Gelzer/Busse/Fischer*, Entschädigungsanspruch aus Enteignung und enteignungsgleichem Eingriff, Rn. 400; aA *Reisnecker* in KK § 100 Rn. 12).

7 **e) Verwendungszweck und -frist.** Setzt die Enteignungsbehörde die Entschädigung in Ersatzland fest, so hat sie zugleich in dem Enteignungsbeschluss den **Verwendungszweck** des Ersatzlandes und die **Frist** zu bezeichnen, in der das Grundstück zu dem vorgesehenen Zweck zu verwenden ist. Abs. 2, der nicht nur bei der obligatorischen Ersatzlandenteignung (Abs. 1 und 3), sondern auch bei der Billigkeitsentschädigung nach Abs. 4 zu beachten ist, soll ausschließen, dass das Ersatzland zu Spekulationszwecken verwendet wird. Die Verwendungsfrist muss den tatsächlichen und rechtlichen Verhältnissen des Einzelfalles angemessen sein. Der Verwendungszweck folgt aus dem Antrag nach Abs. 1, 3 (→ Rn. 3, 4) oder 4 (→ Rn. 8). Verwirklicht der Entschädigungsberechtigte innerhalb der festgesetzten Frist den Verwendungszweck nicht oder gibt er den Verwendungszweck innerhalb der Frist auf, so hat der zur Ersatzlandgewährung Verpflichtete einen Anspruch auf Rückübertragung gem. §§ 102, 103.

8 **3. Billigkeitsentschädigung.** Auch die **Ersatzlandentschädigung aus Billigkeitsgründen** (Abs. 4) setzt einen Antrag voraus, der gem. Abs. 7 vor Beginn der nach § 108 anzuberaumenden mündlichen Verhandlung schriftlich oder zur Niederschrift der Enteignungsbehörde zu stellen ist (→ Rn. 2). **Antragsberechtigt** sind außer dem Eigentümer auch etwaige enteignete Nebenberechtigte, insbesondere Pächter und auch der Enteignungsbegünstigte (*Groß* in EZBK § 100 Rn. 25; enger *Reisnecker* in KK § 100, Rn. 37). Aus dem Antragsrecht des Enteignungsbegünstigten

2. Abschnitt. Entschädigung **§ 100**

folgt nicht, dass dem Enteigneten Ersatzland gegen seinen Willen aufgedrängt werden darf (ebenso *Gelzer/Busse/Fischer*, Entschädigungsanspruch aus Enteignung und enteignungsgleichem Eingriff, Rn. 392; → Rn. 6; *Breuer* in SCH § 100 Rn. 17; aA *Reisnecker* in KK § 100 Rn. 38; *Streck*, BK § 100 Rn. 15 hinsichtlich Teilenteignung). Zur Rücknahme des Antrags durch den enteigneten Eigentümer, aber auch nur durch diesen, → Rn. 3. Die Enteignungsbehörde darf eine Ersatzlandenteignung aus Billigkeitsgründen nur zuerkennen, wenn der Enteignungsbegünstigte geeignetes Ersatzland nach Maßgabe des Abs. 1 Nr. 1 oder Nr. 2 bereitstellen kann (→ Rn. 5). Liegen ein Antrag und die Voraussetzungen nach Abs. 1 vor, so kann die Enteignungsbehörde nach pflichtgemäßem Ermessen ganz oder teilweise eine Entschädigung in Land festsetzen, wenn dies nach gerechter Abwägung der Interessen der Allgemeinheit und der Beteiligten billig ist. Abs. 4 ist ein sogen. Kopplungstatbestand, der entsprechend überkommener Dogmatik (→ § 223 Rn. 2, 3) einen unbestimmten voll gerichtlich überprüfbaren Rechtsbegriff im Tatbestand der Norm („billig") mit einer Ermessenseinräumung auf der Rechtsfolgenseite verbindet (*Groß* in EZBK § 100 Rn. 27; aA *Breuer* in SCH § 100 Rn. 18, Ermessenstatbestand mit Billigkeit als Ermessensdirektive). Für einen Beurteilungsspielraum der sachneutralen (so BGH NJW 1978, 1162; → § 223 Rn. 3) Enteignungsbehörde ließe sich anführen, dass Art. 14 Abs. 3 S. 4 GG den Rechtsweg zu den Zivilgerichten nur wegen der Höhe, nicht aber wegen der Art der Entschädigung garantiert. Dagegen spricht aber die von BVerfGE 35, 348 (361); E 37, 132 (148); E 58, 300 (322) betonte Bedeutung des Zusammenspiels von Art. 19 Abs. 4 GG und Art. 14 Abs. 1 GG, verstanden als Bestandsgarantie (→ § 99 Rn. 1). Die Enteignungsbehörde vermag jedoch ihren spezifischen Sachverstand gerichtlich nicht voll kontrollierbar in die nachfolgende Ermessensentscheidung einzubringen. Denn die Kopplung des unbestimmten Rechtsbegriffs „billig" mit dem Ermessen – „kann … festgesetzt werden" – besagt, dass auch bei Vorliegen des Tatbestandes die Enteignungsbehörde eine Ersatzlandentschädigung aussprechen darf, aber nicht muss. Die gesetzliche Einräumung von Ermessen schließt nicht aus, dass es im Einzelfall nicht nur nach gerichtlicher Abwägung billig ist, sondern dass darüber hinaus auch nach pflichtgemäßer Ermessensausübung nur eine Entscheidung möglich ist, nämlich dem Enteigneten Ersatzland zu gewähren. Ausnahmsweise kann also der Enteignete auch nach Abs. 4 einen Anspruch auf Ersatzlandentschädigung haben (*Streck* in BK § 100 Rn. 16; OLG Düsseldorf BauR 1972, 169).

4. Ersatzlandbewertung und Wertausgleich. Im Regelfall besteht ein Wert- 9
unterschied zwischen dem enteigneten Grundstück und dem Ersatzland, Abs. 5 regelt daher die Bewertung des Ersatzlandes und den **Ausgleich des Wertunterschieds.** Gem. Abs. 5 S. 1 ist auf die Ermittlung des Werts des Ersatzlandes § 95 entsprechend anzuwenden. Die Grundsätze zur „konkreten" **Verkehrswertermittlung** (BGHZ 55, 294 (297)) sind auf die Bewertung von Ersatzland übertragbar (BGH WM 1975, 275; *Streck* in BK § 100 Rn. 18; *Reisnecker* in KK § 100 Rn. 42; aA *Groß*, EZBK Rn. 29). Stand zB das Ersatzland bis zur Übertragung auf den Enteigneten in keinerlei Beziehung zu dessen Gewerbebetrieb, so beeinflusst die Verwendbarkeit des Ersatzgrundstückes gerade für diesen Gewerbebetrieb den Verkehrswert nicht erhöhend. Die Anwendbarkeit des § 95 Abs. 2 ist nicht generell zu verneinen (so aber *Reisnecker*, KK § 100, Rn. 43; zutr. *Streck* in BK § 100 Rn. 19). Gem. Abs. 5 S. 2 soll bei der Bewertung eine Werterhöhung berücksichtigt werden können, die der jeweilige Grundvermögen des von der Enteignung Betroffenen durch den Erwerb des Ersatzlandes über den Verkehrswert hinaus erfährt. Als spezielle Ausprägung des Grundsatzes der Vorteilsausgleichung (§ 93 Abs. 3 S. 1) ist Abs. 5 S. 2 dahingehend auszulegen, dass Wertsteigerungen, die einen messbaren Vermögensvorteil haben und entsprechend den Grundsätzen der **Vorteilsausgleichung** (→ § 93 Rn. 6) durch die Ersatzlandentschädigung adäquat kausal verursacht wor-

§ 100

den sind, angerechnet werden müssen (*Groß*, EZBK § 100 Rn. 30). Ergibt die Bewertung, dass das Ersatzland einen geringeren Wert als das zu enteignende Grundstück hat, so hat die Enteignungsbehörde im Enteignungsbeschluss (§ 113 Abs. 2 Nr. 8) neben der Ersatzlandentschädigung eine **zusätzliche,** gem. § 99 Abs. 3 zu verzinsende **Geldentschädigung** festzusetzen (Abs. 5 S. 3). Im umgekehrten Fall, wenn das Ersatzland einen höheren Wert als das zu enteignende Grundstück hat, ist der Entschädigungsberechtigte (= Enteignungsbetroffene) verpflichtet, an den Enteignungsbegünstigten eine dem Wertunterschied entsprechende **Ausgleichszahlung** zu leisten (Abs. 5 Satz 4). Die gem. § 113 Abs. 2 Nr. 8 im Enteignungsbeschluss zu bezeichnende Ausgleichszahlung wird mit dem in der Ausführungsanordnung festzusetzenden Tag fällig, an dem nach § 117 Abs. 3 S. 1 der bisherige Rechtszustand durch den im Enteignungsbeschluss geregelten Rechtszustand ersetzt wird. Abs. 5 S. 5 soll verhindern, dass der Enteignungsbetroffene durch die Verzögerung der gem. § 99 Abs. 3 zu verzinsenden (*Groß* in EZBK § 100 Rn. 33; aA *Streck,* BK § 100 Rn. 20; *Reisnecker,* KK § 99 Rn. 23, § 100, Rn. 47) Ausgleichszahlung die Enteignung insgesamt hinausschiebt.

10 **5. Nebenberechtigter.** Dingliche oder persönliche Rechte von **Nebenberechtigten** können nach § 97 Abs. 1 nur aufrechterhalten werden, soweit dies mit dem Enteignungszweck vereinbar ist (→ § 97 Rn. 2). Soweit diese Rechte im Falle der Ersatzlandentschädigung des Hauptberechtigten nicht an dem zu enteignenden Grundstück aufrechterhalten werden, modifiziert Abs. 6 S. 1 die Regelung des § 97 Abs. 2 S. 1 u. 2 dahin, dass die Ersetzung der Rechte an dem Ersatzland auf Antrag des Nebenberechtigten ganz oder teilweise erfolgen soll. Der Antrag ist schriftlich oder zur Niederschrift der Enteignungsbehörde bis zum Schluss der mündlichen Verhandlung (§ 108) zu stellen (Abs. 7). Eine teilweise Ersatzrechtsbestellung kommt in Betracht, wenn der Hauptbetroffene teilweise in Land und teilweise in Geld entschädigt wird, sodass zB ein nebenberechtigter Hypothekar sich teilweise aus der Geldentschädigung befriedigen kann. Die Sollvorschrift des Abs. 6 S. 1 bindet die Enteignungsbehörde im Regelfall und gewährt ihr nur in Sonderfällen, in denen zB die Ersatzrechtsbestellung wirtschaftlich nicht sinnvoll ist, Ermessen. Wird ein Antrag auf Ersatzrechtsbestellung an dem Ersatzland nach Abs. 6 S. 1 nicht gestellt oder abgelehnt, so ist stattdessen eine Ersatzrechtsbestellung an einem anderen Grundstück des Enteignungsbegünstigten allein nach § 97 Abs. 2 möglich. Wird der Hauptberechtigte in Land entschädigt, können die gem. § 97 Abs. 4 Berechtigten (→ § 97 Rn. 6) nicht wie dort vorgesehen Wertersatz aus einer Geldentschädigung erhalten. Für diesen Fall erweitert Abs. 6 S. 2 Hs. 1 den Kreis der nach § 97 Abs. 3 Sonderentschädigungsberechtigten (→ § 97 Rn. 5) um die nach § 97 Abs. 4 Nebenberechtigten. Erhält der Hauptberechtigte neben der Landentschädigung eine zusätzliche und ausreichende Geldentschädigung nach § 100 Abs. 5 (→ Rn. 9), so bleibt es bei der Regelung des § 97 Abs. 4, was § 100 Abs. 6 S. 2 Hs. 2 klarstellt.

11 **6. Entschädigung in Miteigentum und anderen dinglichen Rechten.** Abs. 8 ermächtigt die Enteignungsbehörde, den Ersatzlandanspruch des Eigentümers nach Abs. 1 durch ein Angebot auf Gewährung von bestimmten **Ersatzrechten** zu modifizieren. Wenn Miteigentum, grundstücksgleiche Rechte oder Rechte nach dem WEG ebenso zur Sicherung der Berufs- oder Erwerbstätigkeit des Eigentümers oder zur Erfüllung der ihm wesensgemäß obliegenden Aufgaben (→ Rn. 3) geeignet sind – was gerichtlich voll überprüfbar ist –, so kann die Enteignungsbehörde nach Ermessen dem Eigentümer diese Rechte anstelle des Ersatzlandes anbieten (Abs. 8 S. 1). Liegen diese Voraussetzungen vor und lehnt der Eigentümer das Angebot ab, so erlischt sein Anspruch auf Ersatzlandentschädigung. Stattdessen ist er in Geld zu entschädigen (Abs. 8 S. 2). Im Rahmen ihrer Ermessensentscheidung hat die Behörde insbesondere als Ermessensrichtlinie die eigentumspolitische Intention des Abs. 8 zu beachten, eine breite Streuung der Vermögenswerte zu fördern (*Groß* in EZBK

2. Abschnitt. Entschädigung § 101

§ 100 Rn. 41). Auch wenn der Eigentümer das Angebot ablehnt, kann er auf seinen Antrag hin durch Gewährung anderer Rechte oder besonderer Arten von Ersatzland nach § 101 entschädigt werden (Abs. 8 S. 3). Die nach Abs. 3 anspruchsberechtigten Eigentümer eines Eigenheims oder einer Kleinsiedlungsstätte (→ Rn. 4) können nicht nach Abs. 8 mit Ersatzrechten abgefunden werden.

7. Aufwendungsersatz für Selbsterwerb. Mit der Entschädigung für ein 12 Grundstück werden die Kosten, die dem Enteigneten durch Beschaffung eines Ersatzgrundstückes entstehen, grundsätzlich nicht erstattet (→ § 96 Rn. 5). Davon abweichend gewährt Abs. 9 einen **Aufwendungsersatzanspruch**, um dem Enteigneten, der nach Abs. 1 oder 3 einen Anspruch auf Ersatzland hat, einen Anreiz zu geben, sich auf dem freien Markt um Ersatzland zu bemühen. Ein Enteigneter, der sich selbst Ersatzland beschafft hat, soll nicht schlechter stehen als derjenige, der das Ersatzland im Enteignungsbeschluss zugeteilt erhält und dem keine Kosten für den Erwerb des Ersatzlandes entstehen. Die Belange des Enteignungsbegünstigten wahrt Abs. 9 S. 2, indem der Aufwendungsersatzanspruch nur insoweit besteht, als der Begünstigte Aufwendungen erspart. Ersetzungsfähig sind zB Notar- und Gerichtskosten anlässlich des Kaufs und des Eigentumswechsels, Makler- und Reisekosten für Besichtigungen. Einigen sich der Enteignete und der Enteignungsbegünstigte nicht über die Höhe der zu erstattenden Aufwendungen, so entscheidet die Enteignungsbehörde. Die Entscheidung ist ein vollstreckbarer Titel iSv § 122 (Abs. 9 S. 3).

§ 101 Entschädigung durch Gewährung anderer Rechte

(1) ¹Der Eigentümer eines zu enteignenden Grundstücks kann auf seinen Antrag, wenn dies unter Abwägung der Belange der Beteiligten billig ist, ganz oder teilweise entschädigt werden
1. durch Bestellung oder Übertragung von Miteigentum an einem Grundstück, grundstücksgleichen Rechten, Rechten nach dem Wohnungseigentumsgesetz, sonstigen dinglichen Rechten an dem zu enteignenden Grundstück oder an einem anderen Grundstück des Enteignungsbegünstigten oder
2. durch Übertragung von Eigentum an einem bebauten Grundstück des Enteignungsbegünstigten oder
3. durch Übertragung von Eigentum an einem Grundstück des Enteignungsbegünstigten, das mit einem Eigenheim oder einer Kleinsiedlung bebaut werden soll.

²Bei Wertunterschieden zwischen den Rechten nach Satz 1 und dem zu enteignenden Grundstück gilt § 100 Abs. 5 entsprechend.

(2) Der Antrag nach Absatz 1 muss bis zum Schluss der mündlichen Verhandlung schriftlich oder zur Niederschrift der Enteignungsbehörde gestellt werden.

Übersicht

	Rn.
1. Systematik	1
2. Antrag	2
3. Billigkeitsentscheidung	3
4. Entschädigungsfähige Rechte	4
5. Wertausgleich	5

§ 101

1 **1. Systematik.** Abs. 1 S. 1 Nr. 1 ermöglicht es, als weitere Ausnahme vom Grundsatz der Geldentschädigung (§ 99) auf Antrag des enteigneten Eigentümers die Entschädigung durch **Gewährung anderer Rechte** festzusetzen. Abs. 1 S. 1 Nr. 2 u. 3 ermöglichen ebenfalls als Ausnahme zu § 99 zwei gegenüber § 100 spezielle Arten der **Entschädigung in Land**. Allgemein zur Entschädigung in Land → § 100 Rn. 1. Abs. 1 S. 1 Nr. 1 ergänzt die Regelungen des § 85 Abs. 1 Nr. 4 – Ersatzrechtsbestellung als Enteignungszweck – und des § 91 – Zulässigkeit der Ersatzrechtsenteignung. Abs. 1 S. 1 Nr. 2 u. 3 ergänzen ebenso wie § 100 die Regelungen des § 85 Abs. 1 Nr. 3 – Ersatzlandbeschaffung als Enteignungszweck – und des § 90 – Voraussetzungen der Ersatzlandenteignung. Verfahrensrechtlich wird § 101 durch § 115 ergänzt. Die Entschädigung nach § 101 kann für den Rechtsverlust (§ 95) u. für Folgeschäden (§ 96) gewährt werden (*Groß* in EZBK § 101 Rn. 16; *Breuer* in SCH, § 101 Rn. 6; aA *Reisnecker* in KK § 101 Rn. 5). Von der Ersatzrechtsentschädigung des Eigentümers (Hauptberechtigten) gem. Abs. 1 S. 1 Nr. 1 ist zu unterscheiden die in den §§ 97 Abs. 2, 100 Abs. 6 geregelte Ersatzrechtsentschädigung der Nebenberechtigten (→ § 97 Rn. 3, 4, → § 100 Rn. 10). Zur Entwicklung der gegenüber der Geld- und Ersatzlandentschädigung jüngsten Entschädigungsart s. *Groß* in EZBK § 101 Rn. 6, 7.

2 **2. Antrag.** Beide Arten der Entschädigung nach § 101 setzen einen **Antrag** des Eigentümers voraus. Dem Eigentümer gleichzustellen ist der Erbbauberechtigte, insoweit als die in Abs. 1 S. 1 Nr. 1 genannten Rechte geeignet sind, ihn in angemessener, seiner Rechtsstellung entsprechender Weise und ohne Überkompensation zu entschädigen (*Groß*, EZBK § 101 Rn. 8). Der Antrag kann gem. Abs. 2 wie in § 100 Abs. 6 und anders als in den Fällen des § 100 Abs. 1 u. 4 bis zum Schluss der mündlichen Verhandlung schriftlich oder zur Niederschrift der Enteignungsbehörde gestellt werden. Der Enteignete kann durch Stellung von Haupt- und Hilfsanträgen das ihm durch §§ 100, 101 zwischen den verschiedenen Entschädigungsarten eingeräumte **Wahlrecht** ausüben. § 100 Abs. 1 u. 3 geben einen Anspruch auf Ersatzland, der allerdings im Falle des § 100 Abs. 1 durch Gewährung von Ersatzrechten modifiziert werden kann (§ 100 Abs. 8, → § 100 Rn. 11). Von der Enteignungsbehörde Ermessen einräumenden Vorschriften ist § 100 Abs. 1 S. 1 Nr. 1 nur auf Ersatzrechte gerichtet, während § 101 Abs. 1 S. 1 Nr. 2 u. 3 gegenüber § 100 Abs. 4 in der Rechtsfolge spezieller, im Tatbestand enger und daher insoweit und auch hinsichtlich der Antragsfrist (§ 101 Abs. 2) für den Enteigneten günstiger ist.

3 **3. Billigkeitsentscheidung.** Hat die Enteignungsbehörde auf Grund des Antrags die Belange der Beteiligten und die der Allgemeinheit, deren Berücksichtigung aus Art. 14 Abs. 3 S. 3 GG folgt, abgewogen und kommt sie zu dem Ergebnis, dass die Entschädigung gem. § 101 der **Billigkeit** entspricht, so kann sie ganz oder teilweise eine Ersatzrechtsentschädigung gem. Nr. 1 oder eine Ersatzlandentschädigung gem. Nr. 2 und 3 festsetzen. Zum Verfahren s. § 115. Abs. 1 S. 1 ist wie § 100 Abs. 4 eine sog. Kopplungsvorschrift, die grundsätzlich keinen Anspruch auf Entschädigung gewährt (*Groß* in EZBK § 101 Rn. 15; *Reisnecker* in KK § 101 Rn. 12; *Büchs*, Handbuch des Eigentums- und Entschädigungsrechts, 3. Aufl. 1996, Rn. 2383; aA *Streck* in BK § 101 Rn. 7: Rechtsanspruch möglich; für Ermessenstatbestand *Breuer* in SCH § 101 Rn. 3; JK, § 101 Rn. 3→ § 100 Rn. 8).

4 **4. Entschädigungsfähige Rechte.** Von den als **Entschädigung** in Betracht kommenden Rechten sind nur die in Nr. 1 genannten andere Rechte als das Eigentum. Zu ihnen im Einzelnen *Groß*, EZBK § 101 Rn. 9–10. Zu den grundstücksgleichen Rechten → § 200 Rn. 7. Zu den dinglichen Rechten an einem Grundstück → § 86 Rn. 4. Die Entschädigung durch (Mit-)Eigentum an einem bebauten Grundstück des Enteignungsbegünstigten (Nr. 2) kommt nur in Betracht, wenn auch das enteignete Grundstück bebaut ist. Bei der Entschädigung nach Nr. 3 soll der Begüns-

2. Abschnitt. Entschädigung § 102

tigte das aus dem Eigentum des Enteignungsbegünstigten übertragene Ersatzland mit einem Eigenheim (s. § 2 Abs. 1 EigenheimzulagenG) oder einer Kleinsiedlungsstätte (dazu *König/Roeser/Stock* BauNVO § 2 Rn. 8) alsbald bebauen.

5. Wertausgleich. Zum **Wertausgleich** und zur Ersatzland- bzw. Ersatzrechts- **5** bewertung analog § 100 Abs. 5, auf den Abs. 1 S. 2 verweist, → § 100 Rn. 9.

§ 102 Rückenteignung

(1) **Der enteignete frühere Eigentümer kann verlangen, dass das enteignete Grundstück zu seinen Gunsten wieder enteignet wird (Rückenteignung), wenn und soweit**
1. **der durch die Enteignung Begünstigte oder sein Rechtsnachfolger das Grundstück nicht innerhalb der festgesetzten Fristen (§ 113 Abs. 2 Nr. 3 und § 114) zu dem Enteignungszweck verwendet oder den Enteignungszweck vor Ablauf der Frist aufgegeben hat oder**
2. **die Gemeinde ihre Verpflichtung zur Übereignung nach § 89 nicht erfüllt hat.**

(2) **Die Rückenteignung kann nicht verlangt werden, wenn**
1. **der Enteignete selbst das Grundstück im Wege der Enteignung nach den Vorschriften dieses Gesetzbuchs oder des Baulandbeschaffungsgesetzes erworben hatte oder**
2. **ein Verfahren zur Enteignung des Grundstücks nach diesem Gesetzbuch zugunsten eines anderen Bauwilligen eingeleitet worden ist und der enteignete frühere Eigentümer nicht glaubhaft macht, dass er das Grundstück binnen angemessener Frist zu dem vorgesehenen Zweck verwenden wird.**

(3) ¹Der Antrag auf Rückenteignung ist binnen zwei Jahren seit Entstehung des Anspruchs bei der zuständigen Enteignungsbehörde einzureichen. ²§ 206 des Bürgerlichen Gesetzbuchs gilt entsprechend. ³Der Antrag ist nicht mehr zulässig, wenn in den Fällen des Absatzes 1 mit der zweckgerechten Verwendung begonnen oder die Veräußerung oder Ausgabe des Grundstücks in Erbbaurecht vor Eingang des Antrags bei der Enteignungsbehörde eingeleitet worden ist.

(4) **Die Enteignungsbehörde kann die Rückenteignung ablehnen, wenn das Grundstück erheblich verändert oder ganz oder überwiegend Entschädigung in Land gewährt worden ist.**

(5) ¹Der frühere Inhaber eines Rechts, das durch Enteignung nach den Vorschriften dieses Gesetzbuchs aufgehoben ist, kann unter den in Absatz 1 bezeichneten Voraussetzungen verlangen, dass ein gleiches Recht an dem früher belasteten Grundstück zu seinen Gunsten durch Enteignung wieder begründet wird. ²Die Vorschriften über die Rückenteignung gelten entsprechend.

(6) **Für das Verfahren gelten die §§ 104 bis 122 entsprechend.**

Übersicht

	Rn.
1. Allgemeines	1
a) Verfassungsrechtliche Grundlagen	1
b) Interne und externe Gesetzessystematik	2
2. Anspruchsvoraussetzungen	3
a) Anspruchsberechtigter	3
b) Zweckverfehlung	4

§ 102 I. Kapitel. V. Teil. Enteignung

	Rn.
3. Ausschluss- und Ablehnungsgründe	5
4. Verfahren	6
5. Rechtsschutz	7
6. DDR-Enteignungen	8

1 1. Allgemeines. a) Verfassungsrechtliche Grundlagen. § 102 konkretisiert den verfassungsrechtlich vorgegebenen Anspruch des enteigneten früheren Eigentümers auf Rückübereignung seines enteigneten Grundstücks, sofern es nicht oder nicht innerhalb angemessener Frist für den Enteignungszweck verwendet wird. Aus der Bestandsgarantie des Art. 14 Abs. 1 GG (→ Vorb §§ 85–122 Rn. 1, 5) hat BVerfGE 38, 175 (dazu *Kimminich* DÖV 1975, 312; *v. Mutius* VerwArch 1975, 283; zust. BGHZ 76, 365 (369)) abgeleitet, dass ein Rückerwerbsrecht des früheren Eigentümers auch ohne eine fachgesetzliche Regelung dann entsteht, wenn der Zweck der Enteignung nicht verwirklicht wird (anders noch BVerwGE 28, 184; s. a. VGH München BayVBl. 1973, 493). Wird die öffentliche Aufgabe, der die Enteignung dienen soll, nicht ausgeführt oder das enteignete Grundstück hierzu nicht benötigt, so entfällt die aus Art. 14 Abs. 3 S. 1 GG herzuleitende Legitimation für den Zugriff auf das Privateigentum und der Rechtsgrund für den Eigentumserwerb der öffentlichen Hand. Daher kann der Enteignete, gestützt auf die **Bestandsgarantie** des Art. 14 Abs. 1 S. 1 GG, Rückübereignung seines Grundstücks fordern. Für Enteignungen, die vor Inkrafttreten des GG vollzogen worden sind, besteht kein verfassungsrechtlicher Rückübereignungsanspruch (BVerfG NVwZ 2000, 792; VGH München BayVBl. 1984, 147 (149)). Die Rückenteignung ist keine Enteignung iSv Art. 14 Abs. 3 GG (BVerfGE 38, 175 (183); BGHZ 76, 365 (368)), sondern die **öffentlich-rechtliche Rückabwicklung** einer rechtmäßigen – nicht etwa wegen der Zweckverfehlung rechtswidrig werdenden – Enteignung (s. a. BGH WM 1961, 539: Kehrseite der Enteignung; *Kröner,* FS Boujong, 1996, 563 (565)). Zur historischen Entwicklung *Groß* in EZBK § 102 Rn. 1–4. Bezugnehmend auf BVerfGE 38, 175 hat BGHZ 76, 365 im Wege „rechtsfindender Lückenausfüllung" entschieden, dass Ansprüche auf Entschädigung wegen Rückenteignung im Anwendungsbereich des prEnteignungsG durch die Enteignungsbehörde festzustellen und dass Klagen hiergegen im ordentlichen Rechtsweg zulässig sind. In Abgrenzung zu diesem Fall, bei dem vor Inkrafttreten von § 102 BBauG der Enteignungszweck weggefallen war, hat BVerwG NJW 1990, 2400 (zust. BGH NJW 1995, 1278; *Kröner,* FS Boujong, 566; *Groß* in EZBK § 102 Rn. 18) in einem Fall, bei dem nach Inkrafttreten des BBauG der Enteignungszweck weggefallen war, entschieden, dass die Rückabwicklung durch § 102 Abs. 1–4 auch dann abschließend einfachgesetzlich geregelt ist, wenn Grünflächen vor dem Inkrafttreten dieser Vorschrift auf Grund entsprechender landesrechtlicher Vorschriften enteignet wurden. Da die Enteignung mit ihrem Vollzug abgeschlossen sei, entstehe der Rückübertragungsanspruch erst mit der Zweckverfehlung. Die Entscheidung vermeidet ebenso wie BVerwGE 85, 96 – keine Rückabwicklung bei zweckverfehlter Umlegung – den Rekurs auf verfassungsrechtliche Ableitungen da die Auslegung einfachgesetzlicher Regelungen hinreicht (Mitt. NJW 1990, 1834 (1835); *Bryde* JuS 1993, 283 (285)).

1a Art. 14 Abs. 1 iVm Abs. 3 GG gibt keinen Rückgabeanspruch nach Aufgabe einer langjährig betriebenen Bahnstrecke (BVerwG NJW 1994, 1749); anders zu § 57 LandbeschaffungsG BVerwGE 107, 196 gegen VGH Mannheim VBlBW 1997, 433 – Aufgabe einer Raketenkontrollstation; s. a. BVerwG ZfBR 2001, 195 – Bombenabwurfplatz; BVerwG NVwZ 2001, 198 – Wohnraum für Bundeswehrsoldaten; BVerwGE 91, 227 – NATO-Wohnungen. Art. 14 GG steht einer gesetzlichen Regelung nicht entgegen, wonach eine Rückenteignung abgelehnt werden kann, wenn das enteignete Grundstück erheblich zB durch umfangreiche Bau- und Erdarbeiten verändert worden ist (BVerwG NVwZ 1987, 49; s. a. Rn. 5). Hingegen dürfte der

2. Abschnitt. Entschädigung **§ 102**

Ausschluss eines Rückenteignungsanspruchs durch ein bloßes Vorkaufsrecht wie in § 57 Abs. 2 prEnteignungsG Art. 14 Abs. 1 GG nicht genügen (krit. *v. Mutius* VerwArch 1975, 283). Zur zulässigen Rückenteignung zulasten der DB ohne Zustimmung der Bundesregierung BVerwG NVwZ 1987, 50. Da Art. 14 GG ausschließlich dem Schutz des Bürgers und nicht dem der öffentlichen Hand dient, lässt sich aus Art. 14 GG nach vollzogener Enteignung **kein Rückgaberecht** der öffentlichen Hand und damit auch keine Rücknahmepflicht des früheren Eigentümers herleiten, wenn das Interesse der öffentlichen Hand an dem erworbenen Grundstück weggefallen ist (BGHZ 71, 293 (294)). Trotz fehlender gesetzlicher Regelung besteht ein Anspruch auf Rückübereignung in den Fällen, in denen Enteignungsbegünstigter nicht die öffentliche Hand, sondern ein Privater ist (*Groß* in EZBK § 102 Rn. 10). Dagegen bewirkt die Bestandsgarantie des Art. 14 Abs. 1 S. 1 GG nicht, dass in allen Fällen, in denen die öffentliche Hand außerhalb eines Enteignungsverfahrens zur Erfüllung ihrer Aufgaben Grundbesitz erwirbt, der privatrechtliche Übertragungsvertrag dahin als ergänzt anzusehen ist, dass bei Wegfall oder anderweitiger Erledigung der öffentlichen Aufgabe dem früheren Eigentümer ein Anspruch auf Besitzübertragung des verkauften Grundstücks zusteht, idR auch dann nicht, wenn der frühere Eigentümer eine drohende Enteignung hat abwenden wollen (BGHZ 84, 1; krit. *Berkemann* in BK 2. Aufl. § 87 Rn. 102). Trotz des grundsätzlichen Vorrangs des bürgerlich-rechtlichen Eigentumsschutzes hält BGHZ 84, 1 es unter besonderen Voraussetzungen für möglich, im Wege der **ergänzenden Vertragsauslegung** einem zur Abwendung einer drohenden Enteignung geschlossenen Vertrag über die Übertragung mehrerer Grundstücke einen Art. 16 BayEnteignungsG nachgebildeten Anspruch des früheren Eigentümers auf Rückübertragung des nicht umgestalteten Teils der Grundstücke zu entnehmen, wenn das begonnene Vorhaben nicht weitergeführt wird; ebenso BGHZ 135, 92 – nach Änderung des Bebauungsplans. BGHZ 84, 1 verneint auch eine (teilweise) Rückabwicklung über die in diesen Fällen vorrangig anwendbaren zivilrechtlichen Grundsätze über den **Wegfall der Geschäftsgrundlage;** einschränkend *Aust/Jacobs/Pasternak*, Die Enteignungsentschädigung, 7. Aufl. 2014, Rn. 951 wegen OLG Köln Urt. v. 17.10.1973 – 17 U 22/73).

b) Interne und externe Gesetzessystematik. § 102 gestaltet die Rückenteignung dahin aus, dass in den Fällen des Abs. 1 Nr. 1 u. 2 der enteignete frühere Eigentümer oder gem. Abs. 5 iVm Abs. 1 der frühere Inhaber eines durch Enteignung aufgehobenen Rechtes, einen Anspruch auf Rückenteignung haben, sofern die Berechtigten innerhalb der Antragsfrist (Abs. 3 S. 1 u. 2) einen Antrag gestellt haben und keiner der Ausschlussgründe des Abs. 2 Nr. 1 u. 2 oder des Abs. 3 S. 3 oder kein Ablehnungsgrund gem. Abs. 4 eingreift. Für das Rückenteignungsverfahren gelten, abgesehen von Abs. 3 (Antrag) und § 121 Abs. 1 S. 3 (Kosten), gem. Abs. 6 die Vorschriften des Enteignungsverfahrens entsprechende. Wird dem Antrag auf Rückübereignung stattgegeben, so ist die Entschädigung gem. der den Antragsteller begünstigenden Sondervorschrift des § 103 festzusetzen. § 100 Abs. 2 S. 2 gewährt dem Enteignungsbetroffenen im Falle der Ersatzlandentschädigung bei Verfehlung des Verwendungszweckes oder Ablauf der Verwendungsfrist analog §§ 102, 103 einen Anspruch auf Rückenteignung. Zur gesetzessystematisch verfehlten Stellung des § 102 → Vorb §§ 85–122 Rn. 12. Nach einem Enteignungsverfahren auf Grund eines Übernahmeverlangens gem. § 40 Abs. 2 S. 1, § 42 Abs. 9 iVm § 43 Abs. 1 S. 1, 2 ist § 102 analog anwendbar (*Reisnecker* in KK § 102 Rn. 29; *Kröner*, FS Boujong, 563 (567)); ebenso bem. § 27a Abs. 3 Satz 2 beim Vorkaufsrecht zugunsten Dritter. In der Umlegung ist § 102 nicht anwendbar (BGHZ 111, 92; *Kröner*, FS Boujong, 570). Ggf. zusätzlich zum Anspruch auf Rückenteignung gewährt § 164 nach Aufhebung einer Sanierungssatzung einen Anspruch auf Rückübertragung. Zur Berechnung der Entschädigung s. § 164 Abs. 5 S. 2. Vom Anspruch auf Rückübereignung (Rückent-

§ 102 I. Kapitel. V. Teil. Enteignung

eignung) nach § 102 und dem Anspruch auf Rückübertragung nach § 164 ist zu unterscheiden ein der Reprivatisierungspflicht der Gemeinde entsprechender Anspruch nach § 89 BauGB. Zum Anspruch aus § 102 Abs. 1 Nr. 2 – Zweckverfehlung wegen Nichteinhaltung der Privatisierungspflicht – s. Rn. 4. Neben § 102 scheidet ein Widerruf des Enteignungsbeschlusses gem. § 49 VwVfG aus (BGH UPR 1989, 423).

3 **2. Anspruchsvoraussetzungen. a) Anspruchsberechtigter. Anspruchsberechtigte** sind nach Abs. 1 der frühere Eigentümer des Grundstücks, sein Rechtsnachfolger sowie der Inhaber eines enteigneten grundstücksgleichen Rechts iSv § 200 Abs. 2 (→ § 200 Rn. 7) und dessen Rechtsnachfolger, nach Abs. 5 die früheren Inhaber anderer Rechte, die durch die Enteignung aufgehoben worden sind (§ 86 Abs. 1 Nr. 2, 3), und zwar unabhängig davon, ob auch der frühere Eigentümer seinen Anspruch nach Abs. 1 durchsetzt. Wegen der verfassungsrechtlichen Grundlage des Anspruchs (→ Rn. 1) sind trotz des Wortlauts des Abs. 1 – „enteignetes Grundstück" – und des Abs. 5 – „aufgehoben ist" statt „belastet ist" – der vollen Enteignung die Fälle gleichzusetzen, in denen ein Grundstück im Wege der Enteignung mit einem anderen Recht im Enteignungswege mit einem Recht belastet worden ist (*Groß* in EZBK § 102 Rn. 15; *Breuer* in SCH § 102 Rn. 6). Nach Veräußerung des Grundstücks durch den Begünstigten dürfte dem früheren Eigentümer anstelle des erloschenen Anspruchs auf Rückübereignung ein Anspruch auf Entschädigung oder auf das Surrogat zustehen (VGH München BayVBl. 1973, 493; *Krohn/Löwisch*, Eigentumsgarantie, Enteignung, Entschädigung, Rn. 510; a. A. *Aust/Jacobs/Pasternak*, Rn. 636).

4 **b) Zweckverfehlung.** Der gegen die Körperschaft, deren Behörde die Enteignungsbehörde ist, zu richtende und nach dem Gesetzeswortlaut – „wenn und soweit" – uU auf eine Teilrückenteignung beschränkte Anspruch setzt voraus, dass der Enteignungsbegünstigte oder sein Rechtsnachfolger innerhalb der Verwendungsfrist des § 113 Abs. 1 Nr. 3 durch Unterlassen oder positives Handeln ganz oder teilweise zu erkennen gegeben hat, dass er den Enteignungszweck nicht erfüllen kann oder will (Abs. 1 Nr. 1), langes Zuwarten der Gemeinde genügt nicht (BGH ZfBR 2010, 670). Der an die **Zweckverfehlung** anknüpfende Anspruch auf Rückenteignung entfällt nicht deshalb, weil der Begünstigte den Enteignungsgegenstand durch einen Zweckaustausch zu einem anderen von § 85 gedeckten Enteignungszweck verwenden kann und will (VGH München BayVBl. 1984, 147 (148f.)). Ein Anspruch auf Rückenteignung entsteht nach Abs. 1 Nr. 2, wenn die Gemeinde nicht innerhalb angemessener Frist (→ § 89 Rn. 4) ihrer Privatisierungspflicht aus § 89 nachkommt. Etwaige Ansprüche aus §§ 89 u. 102 schließen sich bei teilweise überschneidenden Kreisen von Anspruchsberechtigten gegenseitig aus. Im ersten Fall erfüllt die Gemeinde ihre Verpflichtung aus § 89, im zweiten Fall gerade nicht (→ § 89 Rn. 4). Zum Anspruch auf Rückenteignung wegen Zweckverfehlung bei der Ersatzlandentschädigung gem. § 100 Abs. 2 S. 2 → § 100 Rn. 7.

5 **3. Ausschluss- und Ablehnungsgründe.** Trotz Vorliegens der Voraussetzungen nach Abs. 1 oder 5 besteht kein Anspruch auf Rückenteignung, wenn einer der **Ausschlussgründe** nach Abs. 2 oder 3 oder der Ablehnungsgrund nach Abs. 4 eingreift. Der Anspruch ist ausgeschlossen, wenn der Enteignete selbst das Grundstück im Wege der Enteignung erworben hatte (Abs. 2 Nr. 1), wenn ein Enteignungsverfahren mit dem Ziel anhängig ist, das Grundstück zugunsten eines anderen Bauwilligen zu enteignen, es sei denn, der frühere Eigentümer macht glaubhaft, dass er das Grundstück innerhalb angemessener Frist zu den vorhandenen Zweck verwendet, (Abs. 2 Nr. 2), oder wenn während des Laufs der Antragsfrist nach Abs. 3 S. 1 doch noch mit der zweckgerichteten Verwendung begonnen oder die Veräußerung oder Ausgabe des Grundstücks in Erbbaurecht vor Eingang des Antrags bei der Enteignungsbehörde eingeleitet worden ist (Abs. 3 S. 3). Der Ausschlussgrund gem. Abs. 3 S. 3 soll der Rechtssicherheit dienen. Daher sind an die Tatbestandsmerkmale „zweckgerecht be-

gonnen" bzw. „eingeleitet" strenge Anforderungen zu stellen (*Breuer* in SCH § 102 Rn. 18). Abs. 3 S. 2 verweist auf die Hemmung der Verjährung bei höherer Gewalt innerhalb der Letzten sechs Monate der Verjährungsfrist gem. § 206 BGB = § 203 Abs. 2 aF. Die Verwendung wird nicht zweckgerecht begonnen, wenn sie den Anforderungen, die der Grundsatz der Erforderlichkeit in sachlicher und zeitlicher Hinsicht stellt (→ § 87 Rn. 3, → § 114 Rn. 1, 5), nicht genügt, wenn also eine Zweckverwirklichung auch innerhalb angemessener Verlängerung der Verwendungsfrist (§ 114 Abs. 2) nicht zu erwarten ist. Um unverhältnismäßig aufwändige Rückenteignungen zu vermeiden, kann die Enteignungsbehörde nach Abs. 4 den Rückenteignungsantrag **ablehnen,** wenn das Grundstück erheblich verändert oder ganz oder überwiegend Entschädigung in Land gewährt worden ist. Eine erhebliche Veränderung des Grundstücks kann in erheblichen Veränderungen seiner Grenzen – § 51 Abs. 4 BauLBG – zB durch den Zusammenschluss mit anderen Grundstücken des Enteignungsbegünstigten zu einer rechtlichen und/oder wirtschaftlichen Einheit liegen oder zB auch in erheblichen Veränderungen der Erdoberfläche durch Abgrabungen, Aufschüttungen oder die Errichtung von baulichen Anlagen (dazu BVerwG NVwZ 2001, 198 (200); NVwZ 1987, 49; VGH München BayVBl. 1984, 147 (149)). Abs. 4 greift nicht, wenn die Bebauung nach Aufgabe des Verwendungszwecks veranlasst worden ist und auch nicht bei Rückabwicklung nach freihändigem Erwerb gem. § 87 Abs. 2 (BGHZ 135, 92; Anm. *Schmidt* LM § 157 (D) BGB Nr. 70). Die den Anspruch auf Rückenteignung ausschließenden Tatbestandsmerkmale des Abs. 4 sind gerichtlich voll überprüfbar. Liegt ein Ablehnungsgrund vor, so steht es im pflichtgemäßen Ermessen der Behörde, nach gerechter Abwägung der beteiligten öffentlichen und privaten Interessen den Antrag abzulehnen. Zu derartigen Kopplungsvorschriften → § 100 Rn. 8. Die Interessenbewertung des § 103, der neben anderen Risiken auch das Risiko anderer als grundstückswerterhöhender, dem beabsichtigten Enteignungszweck verwirklichender Aufwendungen bewusst dem Enteignungsbegünstigten aufbürdet (→ § 103 Rn. 2), darf die Enteignungsbehörde bei ihrer Entscheidung nach Abs. 4 nicht unterlaufen (s. a. *Aust/Jacobs/Pasternak,* Die Enteignungsentschädigung, Rn. 637f.). § 103 begrenzt den von Abs. 4 gewährten Ermessensspielraum.

4. Verfahren. Das **Rückenteignungsverfahren** wird entsprechend den für das Enteignungsverfahren geltenden Vorschriften vor der Enteignungsbehörde abgewickelt (Abs. 6). Anders als der Enteignungsantrag (§ 105) ist der Antrag auf Rückenteignung bei der Enteignungsbehörde einzureichen (Abs. 3 S. 1). Die **Zweijahresfrist** des Abs. 3 S. 1 beginnt mit der Entstehung des Anspruchs zu laufen, dies entweder mit dem Ablauf der nach § 113 Abs. 2 Nr. 3 festgesetzten und dem Berechtigten mit dem Enteignungsbeschluss mitgeteilten, uU nach § 114 verlängerten Frist iSv Abs. 1 Nr. 1 oder der nach § 89 Abs. 2 angemessenen Frist (→ § 89 Rn. 4) iSv Abs. 1 Nr. 2 oder dem Zeitpunkt der Aufgabe des Enteignungszweckes durch den Begünstigten. Im zweiten und dritten Fall beginnt die Frist erst mit Kenntnisnahme durch den Berechtigten zu laufen (*Reisnecker* in KK § 102, Rn. 51; aA *Breuer,* SCH § 102 Rn. 19; *Groß* in EZBK § 102 Rn. 39), da der Berechtigte bei Unkenntnis des den Fristablauf auslösenden Verhaltens durch § 210 – Wiedereinsetzung in den vorigen Stand – geschützt wird. Dies gilt jedoch nicht bei Rückabwicklung nach freihändigem Erwerb zur Abwehr einer Enteignung (§ 87 Abs. 2). Dann zumindest läuft die Frist erst 2 Jahre nach Kenntnis der Aufgabe des Verwendungszwecks (BGH NVwZ 1997, 932). Auf den Lauf der Antragsfrist sind darüber hinaus § 206 BGB – sechsmonatige Hemmung der Frist bei höherer Gewalt – und auch § 209 BGB – entsprechende Verlängerung der Antragsfrist – entsprechend anzuwenden (Abs. 3 S. 2; s. a. *Breuer,* SCH § 102 Rn. 20). Im Rückenteignungsverfahren ist ein Austausch des Enteignungszwecks unzulässig (OLG Hamm NVwZ 1990, 299; *Aust/Jacobs/Pasternak,* Die Enteignungsentschädigung, Rn. 644). Zur Sonderregelung für die **Kosten** des Rückenteignungsverfahrens s. § 121 Abs. 1 S. 3.

7 **5. Rechtsschutz.** Wird ein Antrag nach Abs. 1 oder 5 oder § 100 Abs. 2 S. 2 abgelehnt, so kann der Antragsteller mit einem Verpflichtungsantrag (→ § 217 Rn. 5) **Rechtsschutz** vor den Baulandgerichten gem. § 217 begehren (hM; *Schmidt-Aßmann/Groß* in EZBK § 102 Rn. 43). Soll mangels einfachgesetzlicher Regelung der verfassungsrechtlich begründete Anspruch auf Rückenteignung (→ Rn. 1) durchgesetzt werden, so ist für die Entscheidung über den Grund eines solchen Anspruchs der Verwaltungsrechtsweg, für die Entscheidung über die Höhe der Entschädigung der Zivilrechtsweg (Art. 14 Abs. 3 GG) gegeben (*Groß* in EZBK § 102 Rn. 43; *Büchs,* Handbuch des Eigentums- und Entschädigungsrechts, 3. Aufl. 1996, Rn. 2021 unter Hinweis auf VGH München BayVBl. 1972, 493, aA BGHZ 76, 365: nur Zivilgerichte).

8 **6. DDR-Enteignungen.** Auf Enteignung durch Organe der **DDR** ist § 102 nicht anwendbar, da das G. zur Regelung offener Vermögensfragen als lex specialis vorgeht (BVerwGE 96, 172; 98, 1; LKV 2006, 274; BGH NJW 1995, 1280; aA KG VIZ 1993, 501 u. DtZ 1997, 91; s. a. *Gornig/Murswiek* (Hrsg.), Eigentumsrecht und Enteignungsunrecht, 2008). Der frühere Eigentümer kann weder die Rückgabe einer nach dem Aufbau- oder BaulandG der DDR fehlgeschlagenen Enteignung aus § 102 herleiten, wenn das beabsichtigte Vorhaben **vor** dem Beitritt der DDR endgültig aufgegeben worden war (BGH NJW 1995, 1280) noch dann, wenn das beabsichtigte Vorhaben erst **nach** dem Beitritt der DDR endgültig aufgegeben worden ist (BVerfG 97, 89 *Battis* NJ 1998, 254; BVerfG NJ 1998, 416; BVerwGE 96, 172; BGH NJW 1998, 222; zweifelnd *Weber,* Anm. LM GG Art. 14 Nr. 83; *Schmidt-Aßmann/Groß* in EZBK § 102 Rn. 4; *Breuer* in SCH § 102 Rn. 11). Die verfassungsrechtliche Grundlage der Rückenteignung, weil Art. 14 GG in der DDR gerade nicht galt (s. a. BVerfG NVwZ 2000, 792). Für die sog. Alterbfälle von Bodenreformland gilt dies nicht. Zur Qualifizierung dieser Fälle als Enteignung iS von Art. 1 Abs. 1 S. 2 Zusatzprotokoll zur EMRK s. EGMR NJW 2004, 923, NJW 2005, 2530 u. 2907; *Dörr* JuS 2004, 808 u. 2006, 65 u. 350; *Cremer* EuGRZ 2004, 134, der zutreffend darauf verweist (S. 141), dass es sich nach der Terminologie des BVerfG um Inhaltsbestimmungen iS von Art. 14 Abs. 1 S. 2 GG handelt (→ Vorb. §§ 85–122 Rn. 1, 4); s. a. *Nußberger,* Handbuch des Staatsrechts, X, 3. Aufl. 2012, § 209 Rn. 58.

§ 103 Entschädigung für die Rückenteignung

¹Wird dem Antrag auf Rückenteignung stattgegeben, so hat der Antragsteller dem von der Rückenteignung Betroffenen Entschädigung für den Rechtsverlust zu leisten. ²§ 93 Abs. 2 Nr. 2 ist nicht anzuwenden. ³Ist dem Antragsteller bei der ersten Enteignung eine Entschädigung für andere Vermögensnachteile gewährt worden, so hat er diese Entschädigung insoweit zurückzugewähren, als die Nachteile auf Grund der Rückenteignung entfallen. ⁴Die dem Eigentümer zu gewährende Entschädigung darf den bei der ersten Enteignung zugrunde gelegten Verkehrswert des Grundstücks nicht übersteigen, jedoch sind Aufwendungen zu berücksichtigen, die zu einer Werterhöhung des Grundstücks geführt haben. ⁵Im Übrigen gelten die Vorschriften über die Entschädigung im Zweiten Abschnitt entsprechend.

Übersicht

	Rn.
1. Allgemeines	1
2. Höhe der Entschädigung	2
3. Rückgewähr	3
4. Rückenteignungsbeschluss	4

2. Abschnitt. Entschädigung § 103

1. **Allgemeines.** § 103 zieht durch besondere Entschädigungsregelungen zu- 1
gunsten des nach § 102 anspruchsberechtigten früheren Eigentümers und zulasten
des rückenteignungsverpflichteten Enteignungsbegünstigten die verfassungsrechtlich gebotenen Konsequenzen daraus, dass die Rückenteignung keine Enteignung,
sondern eine spezifische Ausprägung der in Art. 14 Abs. 1 S. 1 enthaltenen Bestandsgarantie ist (→ § 102 Rn. 1). Abweichend von den im Übrigen entsprechend
geltenden §§ 93 ff. beschränken S. 1 und 2 die Entschädigung für die Rückenteignung auf den Rechtsverlust, zieht S. 4 Hs. 1 eine Obergrenze der Entschädigung,
verpflichtet S. 4 Hs. 2 den Antragsteller nur zum Ersatz werterhöhender Aufwendungen und verpflichtet S. 3 den Antragsteller zur Erstattung einer an ihn geleisteten Folgenentschädigung. Die Sonderregelungen des § 103 sind auf einen mangels
einfachgesetzlicher Regelung verfassungsrechtlich begründeten Rückenteignungsanspruch übertragbar (BGHZ 76, 365 (369); *Aust/Jacobs/Pasternak*, Die Enteignungsentschädigung, 7. Aufl. 2014, Rn. 634). Für den besonderen Anspruch auf
Rückübertragung von Grundstücken nach Aufhebung der Satzung über die förmliche Festlegung eines Sanierungsgebietes gem. § 164 Abs. 2 S. 2 BauGB ist der volle
Verkehrswert des entzogenen Grundstücks im Zeitpunkt der Aufhebung der Satzung einschließlich aller zwischenzeitlichen Bodenwerterhöhungen maßgebend
(*Mitschang* in BK, § 164 Rn. 13; *Köhler/Fieseler* in Schroedter, § 164 Rn. 11; aA
Groß in EZBK § 103 Rn. 6: nur Qualitätserhöhung zu berücksichtigen, nicht Erhöhungen des Bodenwertgefüges; zweifelnd *Breuer* in SCH § 103, Rn. 4; unentschieden BGHZ 76, 365 (370)).

2. **Höhe der Entschädigung. Beschränkung** der Entschädigung **auf den** 2
Rechtsverlust (S. 1) bedeutet, dass der Antragsteller grundsätzlich dem rückenteignungsverpflichteten Enteignungsbegünstigten nur die Entschädigung für den Rechtsverlust zurückerstatten muss, die er selbst bei der Enteignung seines Grundstücks erhalten hat. S. 2 stellt klar, dass der Antragsteller nicht verpflichtet ist, dem
Enteignungsbegünstigten eine Entschädigung für sonstige Vermögensnachteile, also
eine Folgenentschädigung iSv § 93 Abs. 2 Nr. 2, § 96 zu leisten. Das Gesetz belässt etwaige durch die Zweckverfehlung der Enteignung eingetretene Folgeschäden bei
dem Enteignungsbegünstigten. Bei der dem Enteignungsbegünstigten zu zahlenden
Entschädigung für den Rechtsverlust (§ 93 Abs. 2 Nr. 1, § 95) ist vom Verkehrswert
des Grundstücks auszugehen (S. 4 Hs. 2). Für die Qualitätsermittlung (§ 93) und für
die Ermittlung des Preisgefüges (§ 95 Abs. 1 S. 1) ist auf den Termin abzustellen, an
dem die Enteignungsbehörde über den Rückenteignungsantrag entscheidet. Ist der
Wert zu diesem Zeitpunkt geringer als der für die wegen Zweckverfehlung zurückabzuwickelnde Enteignung festgesetzte Wert, so bemisst sich die Entschädigung für
die Rückenteignung nach dem niedrigeren Verkehrswert. Das Risiko eines Wertverfalls trägt also der rückenteignungsverpflichtete Enteignungsverpflichtete. Ein etwaiger Wertzuwachs steht grundsätzlich nicht ihm, sondern dem Antragsteller zu. Der
anspruchsberechtigte frühere Eigentümer soll entsprechend der Bestandsgarantie
seine frühere Rechtsposition ohne zusätzliche Aufwendungen wiedererhalten
(BGHZ 76, 365 (370)). Nur solche Aufwendungen, die zu einer Werterhöhung des
Grundstücks geführt haben, hat gem. S. 4 Hs. 2 der anspruchsberechtigte frühere Eigentümer dem rückenteignungsverpflichteten Enteignungsbegünstigten zu ersetzen.
Der Enteignungsbegünstigte trägt also auch das Risiko der Aufwendungen, die er im
Hinblick auf den beabsichtigten Enteignungszweck getätigt hat, ohne dass sie den
Grundstückswert erhöht haben. Hat er werterhöhende Aufwendungen gemacht, die
nicht dem beabsichtigten Enteignungszweck entsprechen, und lehnt der Antragsteller
deren Ersetzung ab, so hat der Enteignungsbegünstigte entsprechend den Grundsätzen der aufgedrängten Bereicherung insoweit nur ein Wegnahmerecht, aber keinen
Ersatzanspruch (*Groß* in EZBK § 103 Rn. 4).

Battis 939

3. Rückgewähr. Hat der Antragsteller wegen der Enteignung seines nunmehr zurückzuübereignenen Grundstückes eine **Entschädigung** für andere Vermögensnachteile erhalten (§ 93 Abs. 2 Nr. 2, § 96), so hat er diese insoweit **zurückzugewähren,** als diese Nachteile durch die Rückenteignung entfallen (S. 3), zB Folgenentschädigung nach § 93 Abs. 1 S. 2 Nr. 2 für einen durch die Rückenteignung wieder entfallenden Durchschneidungsschaden. Nicht zurückzuerstatten sind trotz der Rückenteignung nicht entfallende Kosten wie Sachverständigen-, Rechtsvertretungs- oder Betriebsverlagerungskosten (s. a. BGHZ 174, 24). Ist der Antragsteller fiktiv für eine nicht erfolgte Betriebsverlagerung entschädigt worden, so ist der Aufwendungsersatz grundsätzlich nicht zurückzugewähren (*Krohn* in BK 2. Aufl. § 103 Rn. 2 unter Rückgriff auf BGHZ 65, 253, 259; *Petz,* SU § 103 Rn. 17; aA *Aust/Jacobs/Pasternak,* Die Enteignungsentschädigung, Rn. 634; *Reisnecker* in KK § 103 Rn. 8; *Schlick* in BK § 103 Rn. 3). Ob S. 3 eingreift, hängt davon ab, ob die Rückgewähr vor oder nach dem Zeitpunkt erfolgte, bis zu dem die besonderen Nachteile einer Betriebsverlagerung entschädigt worden sind.

4. Rückenteignungsbeschluss. Über die Höhe der Rückenteignungsentschädigung und eines etwaigen Erstattungsanspruches entscheidet die Enteignungsbehörde durch **Rückenteignungsbeschluss.** Zum Verfahren und zum Rechtsschutz → § 102 Rn. 6, 7. S. 4 begrenzt die Rückenteignungsschädigung auf den bei der Enteignung zugrunde gelegten Verkehrswert (anders § 57 Abs. 4 iVm § 17 Abs. 3 S. 4 LBeschG; dazu BGHZ 176, 99, 107; Verzinsung ab dem Erlass des Rückenteignungsbeschlusses).

Dritter Abschnitt. Enteignungsverfahren

§ 104 Enteignungsbehörde

(1) **Die Enteignung wird von der höheren Verwaltungsbehörde durchgeführt (Enteignungsbehörde).**

(2) **Die Landesregierungen können durch Rechtsverordnung bestimmen, dass an den Entscheidungen der Enteignungsbehörde ehrenamtliche Beisitzer mitzuwirken haben.**

Übersicht

	Rn.
1. Höhere Verwaltungsbehörde	1
2. Beisitzer	2

1. Höhere Verwaltungsbehörde. Enteignungsbehörde ist traditionell die **staatliche höhere Verwaltungsbehörde.** Da der Gemeinde die meisten Aufgaben nach dem BauGB obliegen, vermeidet die Regelung des Abs. 1 Interessenkollisionen, die bei einer kommunalen Enteignungsbehörde auftreten könnten. Gleichwohl lässt es § 203 Abs. 3 zu, dass abweichend von Abs. 1 neben anderen staatlichen auch **kommunale Behörden** Enteignungsbehörde sein können (→ § 203 Rn. 1, 8). Wer höhere Verwaltungsbehörde ist, bestimmt das Landesrecht, bei 3-stufigem Verwaltungsaufbau ist dies die Mittelbehörde, traditionell Bezirksregierung, Regierungspräsidium sonst ein Landesamt. In Ländern ohne höhere Verwaltungsbehörde ist gem. § 206 Abs. 2 die oberste Landesbehörde zuständig. In den Stadtstaaten gilt § 246 Abs. 4. Zur Weisungsbefugnis des Dienstvorgesetzten VGH München BayVBl. 2005, 405; *Dösing* in SU § 104 Rn. 6.

2. Beisitzer. Abs. 2 ermächtigt die Länder, vom Regelfall der monokratisch bestellten obersten Verwaltungsbehörde abzuweichen und zum Zwecke größerer Ra-

tionalität und Objektivität des Entscheidungsergebnisses durch Rechtsverordnung die Mitwirkung **ehrenamtlicher Beisitzer** an der Entscheidung der Enteignungsbehörde einzuführen. Von der Ermächtigung haben Gebrauch gemacht Baden-Württemberg, Bremen, Hamburg, Schleswig-Holstein, Mecklenburg-Vorpommern (dazu mwN *Dösing* in SU, § 104 Rn. 5.1; *Möllers* NVwZ 1997, 858, der ein Mitentscheidungsrecht der Beisitzer im Enteignungsverfahren als Verstoß gegen das Demokratiegebot versteht; zu Unrecht *Groß*, FS Krautzberger, 2008, 35 (43)). Eine Beschränkung der Mitwirkung der Beisitzer auf Entscheidungen auf Grund mündlicher Verhandlung ist zulässig (→ § 108 Rn. 7). Mangels gesetzlicher Regelung sind diese **Kollegialorgane** nicht weisungsfrei (*Möllers* NVwZ 1997, 858; *Dösing*, aaO Rn. 7; aA *Breuer*, SCH § 104 Rn. 8; *Holtbrüggev* BK § 104 Rn. 4; *Menger* VerwArch 1979, 177 (181).

§ 105 Enteignungsantrag

¹**Der Enteignungsantrag ist bei der Gemeinde, in deren Gemarkung das zu enteignende Grundstück liegt, einzureichen.** ²**Die Gemeinde legt ihn mit ihrer Stellungnahme binnen eines Monats der Enteignungsbehörde vor.**

Übersicht

	Rn.
1. Systematik	1
2. Antragsbefugnis	2
3. Form und Inhalt	3
4. Antragsempfänger	4

1. Systematik. Beim Enteignungsverfahren (§§ 104 bis 122, Überblick → Vorb 1 §§ 85–122 Rn. 13) ist zwischen **vorbereitendem Verfahren** nach Eingang des Enteignungsantrags bei der Gemeinde, geregelt in §§ 105, 107, und der eigentlichen **Einleitung des Enteignungsverfahrens** zu unterscheiden, die gem. § 108 Abs. 1 S. 1 durch die Anberaumung eines Termins zur mündlichen Verhandlung mit den Beteiligten erfolgt (BGHZ 48, 286). Zuständig zur Entgegennahme des Enteignungsantrags ist gem. S. 1 die **Gemeinde**, da sie wegen ihrer Ortsnähe mit der Angelegenheit vertraut ist und häufig in der Lage sein wird, im vorbereitenden Verfahren die Einleitung eines förmlichen Enteignungsverfahrens zu vermeiden. Satz 2 verpflichtet die Gemeinde zur Stellungnahme und zur fristgerechten Weiterleitung des aufrechterhaltenen Antrags an die Enteignungsbehörde. Stellt die Gemeinde selbst den Enteignungsantrag, so hat sie ihn bei der Enteignungsbehörde einzureichen. **Andere Anträge** in Enteignungssachen, wie der Antrag auf Entschädigung in wiederkehrenden Leistungen (§ 99 Abs. 1), in Land (§ 100) oder durch Gewährung anderer Rechte (§ 101), auf Rückenteignung (§ 102), auf vorzeitige Besitzeinweisung (§ 116), auf Aufhebung des Enteignungsbeschlusses (§ 120), auf Entziehung des Eigentums oder der Begründung eines Rechtes (§ 43 Abs. 1), sind ohne vorbereitendes Verfahren unmittelbar bei der Enteignungsbehörde zu stellen. Ein Antrag nach § 105 kann auch ein isoliertes Entschädigungsfeststellungsverfahren betreffen (BGHZ 95, 1; → § 111 Rn. 4).

2. Antragsbefugnis. Antragsbefugt ist jede natürliche oder juristische Person 2 des privaten oder öffentlichen Rechts, die die Absicht hat, einen der in § 85 genannten Enteignungszwecke zu verwirklichen, soweit sie nicht ausdrücklich (§ 87 Abs. 3, § 88) von der Antragstellung ausgeschlossen ist. Da nur der antragsbefugt ist, zu dessen Gunsten die Enteignung erfolgen soll, kann eine Wohnungsbaugesellschaft im Zuge der Erschließung und Bebauung eines Geländes nicht zugunsten der Gemeinde die Enteignung eines im Bebauungsplan als Verkehrsfläche ausgewiesenen und von der

§ 105 I. Kapitel. V. Teil. Enteignung

Gemeinde zu diesem Zweck einzurichtenden Grundstücks beantragen (BGHZ 61, 128). Nicht antragsbefugt zugunsten der Gemeinde ist ein Dritter, auf den die Gemeinde durch öffentlich-rechtlichen Erschließungsvertrag die Erschließung übertragen hat (*Breuer,* SCH § 105 Rn. 4; BGHZ 61, 128 (134); aA *Müller* DVBl. 1967, 275). Im Planungsschadensrecht (§§ 39–44) und im Recht der städtebaulichen Gebote (§§ 175–179) kann der Eigentümer, mit dem eine Einigung über Übernahme seines Grundstücks nicht zustande kommt, gem. § 43 Abs. 1 ggf. iVm § 176 Abs. 4 den Antrag auf Entziehung des Eigentums oder auf Begründung eines Rechts selbst stellen (BGHZ 63, 240).

3 **3. Form und Inhalt.** Form und Inhalt des Antrags regelt § 105 nicht. Aus Gründen der Rechtssicherheit muss der Antrag schriftlich oder zur Niederschrift der Gemeinde eingereicht und, um sachlich entschieden werden zu können, mit einer Begründung (Angabe des Enteignungszwecks und Bezeichnung des zu enteignenden Grundstücks) versehen werden. Die Begründung kann nachgereicht werden. Der Antrag ist **nicht fristgebunden.**

4 **4. Antragsempfänger.** Zuständig für die **Entgegennahme** des Enteignungsantrags ist gem. S. 1 die Gemeinde, in deren Gemarkung das zu enteignende Grundstück liegt. Der Begriff der Gemarkung iSv S. 1 ist gleichzusetzen mit dem Gemeindegebiet (*Dyong* in EZBK § 105 Rn. 6). Besteht das zu enteignende Grundstück aus mehreren Flurstücken, die in verschiedenen Gemeinden liegen, so ist jede Gemeinde für das jeweilige in ihrer Gemarkung liegende Flurstück zuständig. Erstreckt sich ein Flurstück auf das Gebiet mehrerer Gemeinden, so muss der Antragsteller zwischen den zur Entgegennahme zuständigen Gemeinden eine auswählen. Den anderen Gemeinden ist von der Enteignungsbehörde Gelegenheit zur Stellungnahme zu geben. Dem Sinn des vorbereitenden Verfahrens vor der Gemeinde entspricht es, dass die Gemeinde beratend und klärend die förmliche Einleitung des Enteignungsverfahrens vorbereitet, oder aber dessen Einleitung gerade zu vermeiden hilft. Die Gemeinde ist jedoch nicht befugt, offensichtlich unzulässige oder unbegründete Anträge durch eine Verfahrens- oder Sachentscheidung zurückzuweisen. Satz 2 berechtigt und verpflichtet die Gemeinde allein dazu, binnen eines Monats den **Antrag** und eine **Stellungnahme** der Enteignungsbehörde **vorzulegen**. In der Stellungnahme hat sich die Gemeinde zu allen formell- und materiellrechtlichen Fragen der beantragten Enteignung, insbesondere in städtebaulicher Hinsicht, zu äußern, und zwar in einem der kurzen Frist angemessenen Umfang. Zur Behandlung offensichtlich aussichtsloser Anträge → § 107 Rn. 7. Unterlässt es die Gemeinde, den Antrag fristgerecht weiterzuleiten, so hat der Antragsteller gegen diese behördliche, nicht vollstreckbare und auch nicht gegen Nichtbeteiligte ergehende Verfahrenshandlung keinen formellen **Rechtsbehelf** (s. § 44a VwGO; *Dyong* in EZBK § 105 Rn. 15). Der Antragsteller ist aber berechtigt, seinen Antrag nunmehr bei der Enteignungsbehörde zu wiederholen. Unbenommen ist auch eine form- und fristlose Beschwerde bei der Kommunalaufsichtsbehörde. Gegen die Untätigkeit der Enteignungsbehörde kann er sich mit einer Untätigkeitsklage vor den Baulandgerichten (→ § 217 Rn. 5) wehren. Weist die Gemeinde einen Antrag als unzulässig oder unbegründet zurück, ist gegen diesen in jedem Fall wegen fehlender Ermächtigungsgrundlage rechtswidrigen Verwaltungsakt Rechtsschutz vor den Baulandgerichten gegeben (*Dyong* in EZBK § 106 Rn. 5). Zur Haftung Amtshaftung wegen einer mangelhaften Stellungnahme s. BayObLG BayVBl. 1964, 59.

3. Abschnitt. Enteignungsverfahren **§ 106**

§ 106 Beteiligte

(1) In dem Enteignungsverfahren sind Beteiligte
1. der Antragsteller,
2. der Eigentümer und diejenigen, für die ein Recht an dem Grundstück oder an einem das Grundstück belastenden Recht im Grundbuch eingetragen oder durch Eintragung gesichert ist,
3. Inhaber eines nicht im Grundbuch eingetragenen Rechts an dem Grundstück oder an einem das Grundstück belastenden Recht, eines Anspruchs mit dem Recht auf Befriedigung aus dem Grundstück oder eines persönlichen Rechts, das zum Erwerb, zum Besitz oder zur Nutzung des Grundstücks berechtigt oder die Benutzung des Grundstücks beschränkt,
4. wenn Ersatzland bereitgestellt wird, der Eigentümer und die Inhaber der in den Nummern 2 und 3 genannten Rechte hinsichtlich des Ersatzlands,
5. die Eigentümer der Grundstücke, die durch eine Enteignung nach § 91 betroffen werden, und
6. die Gemeinde.

(2) ¹Die in Absatz 1 Nr. 3 bezeichneten Personen werden in dem Zeitpunkt Beteiligte, in dem die Anmeldung ihres Rechts der Enteignungsbehörde zugeht. ²Die Anmeldung kann spätestens bis zum Schluss der mündlichen Verhandlung mit den Beteiligten erfolgen.

(3) ¹Bestehen Zweifel an einem angemeldeten Recht, so hat die Enteignungsbehörde dem Anmeldenden unverzüglich eine Frist zur Glaubhaftmachung seines Rechts zu setzen. ²Nach fruchtlosem Ablauf der Frist ist er bis zur Glaubhaftmachung seines Rechts nicht mehr zu beteiligen.

(4) ¹Der im Grundbuch eingetragene Gläubiger einer Hypothek, Grundschuld oder Rentenschuld, für die ein Brief erteilt ist, sowie jeder seiner Rechtsnachfolger hat auf Verlangen der Enteignungsbehörde eine Erklärung darüber abzugeben, ob ein anderer die Hypothek, Grundschuld oder Rentenschuld oder ein Recht daran erworben hat; die Person eines Erwerbers hat er dabei zu bezeichnen. ²§ 208 Satz 2 bis 4 gilt entsprechend.

Übersicht

	Rn.
1. Systematik	1
2. Beteiligte	2
a) Kraft Gesetzes	2
b) Kraft Anmeldung	3
3. Zeitpunkt	4
a) Beteiligte nach Abs. 1 Nr. 4	4
b) Beteiligte nach Abs. 1 Nr. 3	5

1. Systematik. Abs. 1 bestimmt, wer **Beteiligter am Enteignungsverfahren** 1 ist. Wie § 48 für das Umlegungsverfahren unterscheidet § 106 zwischen Beteiligten kraft Gesetzes (Abs. 1 Nr. 1, 2, 4, 5) und Beteiligten kraft Anmeldung (Abs. 1 Nr. 3, Abs. 2). Zur Beseitigung von Zweifeln bei der Ermittlung der Beteiligteneigenschaft dienen Abs. 3 hinsichtlich der Beteiligten kraft Anmeldung und Abs. 4 hinsichtlich der Gläubiger von Grundpfandrechten, einer Untergruppe der Beteiligten kraft Gesetzes. Abs. 1 ist nicht abschließend (*Dyong*, EZBK § 106 Rn. 18a unter Rückgriff auf BGHZ 54, 208 – Eigentümer von Scheinbestandteilen). Welche materiellen Rechtsfolgen an die Beteiligteneigenschaft anknüpfen, bestimmen andere Vorschriften (zB §§ 108–111, 113, 117, 119, 120). Ob ein am Enteignungsverfahren Beteiligter auch

§ 106

an einem nachfolgenden Verfahren vor den Baulandgerichten beteiligt ist, regelt nicht § 106, sondern § 222.

2 **2. Beteiligte. a) Kraft Gesetzes.** Zum Kreis der Beteiligten gehört als **Beteiligter kraft Gesetzes** der **Antragsteller** (Abs. 1 Nr. 1). Antragsteller ist derjenige, der die Einleitung des Verfahrens gem. § 105 beantragt hat. Auf die Zulässigkeit oder Begründetheit des Antrags kommt es nicht an. Mehrere Antragsteller sind alle Beteiligte. Gem. Abs. 1 Nr. 2 1. Altern. ist auch Beteiligter kraft Gesetzes der **Eigentümer;** ebenso der zu Unrecht nicht Eingetragene und derjenige, für den ein Widerspruch nach § 899 BGB eingetragen ist (*Dösing* in SU § 106 Rn. 10.1; *Reisnecker* in KK § 106, Rn. 11; aA *Dyong* in EZBK § 106 Rn. 10). Der zu Unrecht als Eigentümer Eingetragene ist ebenfalls Beteiligter, und zwar gem. Abs. 1 Nr. 2 2. Altern., zur Löschung (OLG München BayVBl. 1973, 468). Mehrere Eigentümer sind alle Beteiligte. Zur Vertreterbestellung s. § 207 Abs. 1 Nr. 4. Eigentümer iSv Abs. 1 Nr. 2 sind auch (bloße) Gebäudeeigentümer iSv Art. 231 § 5, Art. 233 § 2b EGBGB (dazu *Schöner/Stöber*, Grundbuchrecht, 15. Aufl. 2012, Rn. 699a). Eigentümern iSv Abs. 1 Nr. 2 stehen gleich Wohnungs- oder Teileigentümer sowie die **Inhaber grundstücksgleicher Rechte** iSv § 200 Abs. 2, insbesondere Erbbauberechtigte. Gem. Abs. 1 Nr. 2 2. Altern. sind auch diejenigen Beteiligte kraft Gesetzes, die im Grundbuch als **Inhaber dinglicher Rechte** (Hypotheken, Grund- und Rentenschulden, Eigentümergrundpfandrechte, Reallasten, Grunddienstbarkeiten, Nießbrauch gem. §§ 1030 ff. BGB) oder eines Rechtes an einem solchen (Pfandrecht, Nießbrauch gem. §§ 1068 ff. BGB) eingetragen sind oder der Inhaber einer Vormerkung (§ 883 BGB; *Dyong* in EZBK § 106 Rn. 9a). Gem. Abs. 1 Nr. 4 sind Beteiligte kraft Gesetzes diejenigen, die an einem von einer **Ersatzlandenteignung** gem. § 90 betroffenen Grundstück Rechte i. S. v. § 106 Abs. 1 Nr. 2 oder 3 haben. Abs. 1 Nr. 4 gilt auch, wenn Ersatzland freiwillig zur Verfügung gestellt wird. Die Beteiligteneigenschaft beginnt mit dem Zeitpunkt der freiwilligen Zurverfügungstellung, andernfalls, wenn die Ersatzlandenteignung ernsthaft erwogen wird (*Dyong* in EZBK § 106 Rn. 16). Gem. Abs. 1 Nr. 5 sind kraft Gesetzes Beteiligte die Eigentümer der Grundstücke, die durch eine Ersatzlandenteignung gem. § 91 betroffen sind. Schließlich ist gem. Abs. 1 Nr. 6 immer auch die **Gemeinde** kraft Gesetzes beteiligt, auch wenn sie nicht Antragstellerin oder Inhaberin von Rechten ist, die gem. Abs. 1 Ziff. 1–5 zur Beteiligung berechtigen. Damit wird die durch § 105 (→ Rn. 5) begründete Sonderstellung der Gemeinde zur Wahrung der ihr obliegenden bau- und planungsrechtlichen Aufgaben fortgeführt.

3 **b) Kraft Anmeldung. Beteiligte kraft Anmeldung** sind gem. Abs. 1 Ziff. 3 die **Inhaber von nicht im Grundbuch eingetragenen Rechten** an dem Grundstück oder einem das Grundstück belastenden Recht. Dazu zählen insbesondere die Rechte an einem Grundstück (dingliche Rechte iSv Abs. 1 Nr. 2), die außerhalb des Grundbuchs durch Erbschaft (§§ 1922 ff. BGB), durch Zuschlag im Zwangsversteigerungsverfahren (§§ 90, 130 ZVG), Übergang des Rechts am Grundstück durch Vereinigung oder Befriedigung (§§ 1182, 1200 BGB) oder durch Abtretung der durch eine Briefhypothek gesicherten Forderung (§ 1154 BGB) entstehen, schließlich Überbau- und Notwegerecht (§§ 914, 917 BGB). Wer Inhaber eines Anspruchs mit dem **Recht auf Befriedigung aus dem Grundstück** und damit gem. Abs. 1 Nr. 3 Beteiligter kraft Anmeldung ist, ergibt sich im Wesentlichen aus § 10 Abs. 1 Nr. 1–3 ZVG, zB Gemeinde als Gläubigerin von Grundsteuern, Erschließungsbeiträgen oder Kanalanschlussgebühren. **Persönliche Rechte** iSv Abs. 1 Nr. 3, die zum Erwerb, zum Besitz oder zur Nutzung des Grundstücks berechtigen oder die Benutzung des Grundstücks beschränken, sind zB Erwerbsrechte auf Grund eines Kauf- oder Tauschvertrags (§§ 433 ff. BGB) oder eines obligatorischen Vorkaufsrechts (§ 507 BGB), Besitz- oder Nutzungsrechte aus Miete oder Pacht oder Rechte aus schuldrechtlichen Baubeschränkungsverträgen (*Dyong* in EZBK § 106 Rn. 11–15).

3. Abschnitt. Enteignungsverfahren § 107

3. Zeitpunkt. a) Beteiligte nach Abs. 1 Nr. 4. Die Beteiligteneigenschaft kraft 4
Gesetzes (→ Rn. 2) **entsteht** mit der Einleitung des Enteignungsverfahrens, in den
Fällen des Abs. 1 Nr. 4 mit der Bereitstellung des Ersatzlandes. Sie ist von der Enteignungsbehörde von Amts wegen (→ § 208 Rn. 2) zu ermitteln. Der Enteignungsbehörde stehen insoweit auch die Zwangsbefugnisse des § 208 zur Verfügung, aber sie darf angesichts der klaren Abgrenzung zu Abs. 1 Nr. 3 von den im Grundbuch Eingetragenen nicht die Glaubhaftmachung ihrer Rechte verlangen (OLG München BayVBl. 1973, 468; *Dyong* in EZBK § 106 Rn. 20). Da bei **Briefpfandrechten** der Rechtserwerb außerhalb des Grundbuchs erfolgen kann (§ 1154 BGB), muss der jeweilige Inhaber dieser Rechte nicht im Grundbuch eingetragen sein. Abs. 4 S. 1 verpflichtet daher die Gläubiger von Briefpfandrechten, Erklärungen über die etwaige Abtretung der Rechte abzugeben, damit die Enteignungsbehörde den derzeitigen Inhaber des Grundpfandrechts ermitteln kann. Die Behörde kann die Verpflichtung aus Abs. 4 mit den Zwangsmitteln des § 208 durchsetzen (Abs. 4 S. 2).

b) Beteiligte nach Abs. 1 Nr. 3. Die Inhaber der in Abs. 1 Nr. 3 bezeichneten 5
Rechte (→ Rn. 3) werden in der öffentlichen Bekanntmachung der Einleitung des Enteignungsverfahrens gem. § 108 Abs. 5 zusammen mit den anderen Beteiligten aufgefordert, ihre Rechte spätestens in der mündlichen Verhandlung wahrzunehmen. Sie werden in dem Zeitpunkt Beteiligte, in dem die **Anmeldung** ihres Rechts der Enteignungsbehörde schriftlich oder mündlich zugeht (Abs. 2 S. 1). Die Anmeldung muss spätestens in der Letzten mündlichen Verhandlung mit den Beteiligten erfolgen (Abs. 2 S. 2). Nicht angemeldete und in dem Enteignungsbeschluss nicht aufrechterhaltene Rechte gehen unter (§ 117). Bestehen Zweifel an dem angemeldeten Recht, so hat die Enteignungsbehörde dem Anmeldenden unverzüglich (§ 121 BGB) eine Frist zur Glaubhaftmachung seines Rechts zu setzen (Abs. 3 S. 1). Für die Glaubhaftmachung gilt § 294 ZPO entsprechend. Nach fruchtlosem Ablauf der Frist ist der Anmeldende so lange nicht zu beteiligen, bis er sein Recht glaubhaft gemacht hat (Abs. 3 S. 2). Dies hat die Enteignungsbehörde aus Rechtssicherheits- und Rechtsschutzgründen durch einen nach § 217 anfechtbaren Verwaltungsakt festzustellen (hM, s. *Holtbrügge* in BK § 106 Rn. 13; *Dösing* in SU § 106 Rn. 21; aA *Reisnecker*, KK § 106, Rn. 24: nur empfehlenswert).

§ 107 Vorbereitung der mündlichen Verhandlung

(1) ¹**Das Enteignungsverfahren soll beschleunigt durchgeführt werden.** ²Die Enteignungsbehörde soll schon vor der mündlichen Verhandlung alle Anordnungen treffen, die erforderlich sind, um das Verfahren tunlichst in einem Verhandlungstermin zu erledigen. ³Sie hat dem Eigentümer, dem Antragsteller sowie den Behörden, für deren Geschäftsbereich die Enteignung von Bedeutung ist, Gelegenheit zur Äußerung zu geben. ⁴Bei der Ermittlung des Sachverhalts hat die Enteignungsbehörde ein Gutachten des Gutachterausschusses (§ 192) einzuholen, wenn Eigentum entzogen oder ein Erbbaurecht bestellt werden soll.

(2) Die Enteignungsbehörde hat die Landwirtschaftsbehörde zu hören, wenn landwirtschaftlich genutzte Grundstücke, die außerhalb des räumlichen Geltungsbereichs eines Bebauungsplans liegen, zur Entschädigung in Land enteignet werden sollen.

(3) ¹Enteignungsverfahren können miteinander verbunden werden. ²Sie sind zu verbinden, wenn die Gemeinde es beantragt. ³Verbundene Enteignungsverfahren können wieder getrennt werden.

§ 107
I. Kapitel. V. Teil. Enteignung

Übersicht

	Rn.
1. Allgemeines	1
2. Beschleunigungsgrundsatz	2
3. Sachverhaltsermittlung und Konzentrationsmaxime	3
4. Anhörungsrechte	4
5. Einholung von Gutachten	5
6. Verbindung und Trennung von Enteignungssachverhalten	6
7. Ablehnung vor mündlicher Verhandlung	7
8. Rechtsschutz des Antragstellers	8

1 **1. Allgemeines.** Anknüpfend an § 105 regelt § 107 den weiteren Verlauf des vorbereitenden Verfahrens (→ § 105 Rn. 1). § 107 stellt in Abs. 1 S. 1 den im gesamten Enteignungsverfahren und darüber hinaus auch im Verfahren vor den Baulandgerichten (→ Vorb. §§ 217–232 Rn. 3) geltenden Beschleunigungsgrundsatz auf. Abs. 1 S. 2 u. 3 konkretisiert den Beschleunigungsgrundsatz für das vorbereitende Verfahren und verbindet ihn mit der Konzentrationsmaxime. Der beschleunigten Sachverhaltsermittlung dienen Anhörungsrechte des Eigentümers, des Antragstellers und betroffener Behörden, unter denen die Landwirtschaftsbehörde unter den Voraussetzungen des Abs. 2 ausdrücklich benannt ist, sowie die Pflicht zur Einholung von Gutachten der Gutachterausschüsse. Ebenfalls im Interesse der Beschleunigung erlaubt (S. 1) bzw. gebietet (S. 2) Abs. 3, Enteignungsverfahren miteinander zu verbinden oder wieder zu trennen (S. 3). § 169 Abs. 3 erlaubt als Besonderheit für städtebauliche Entwicklungsbereiche über die Regelung des § 108 Abs. 2 hinausgehend die Enteignung ohne Bebauungsplan zugunsten der Gemeinde oder des Entwicklungsträgers. Die Regelungen des Abs. 1 u. 2 über die Ermittlung des Sachverhalts werden insbesondere durch § 208 – Anordnungen zur Erforschung des Sachverhalts –, § 24 VwVfG – Untersuchungsgrundsatz –, § 209 – Vorarbeiten auf dem Grundstück –, §§ 4–8 VwVfG – Amtshilfe – ergänzt.

2 **2. Beschleunigungsgrundsatz.** Der **Beschleunigungsgrundsatz** (Abs. 1 S. 1) soll vornehmlich die Verwirklichung der im öffentlichen Interesse liegenden Enteignungszwecke fördern, aber auch im Interesse der Enteignungsbetroffenen die durch die Antragstellung eingetretene Ungewissheit reduzieren. Außer den Regelungen des Abs. 1 S. 2–4, Abs. 2 und 3 dienen vor allem der Beschleunigung § 108 – Einleitung des Enteignungsverfahrens und Anberaumung des Termins zur mündlichen Verhandlung –, § 109 – Genehmigungspflicht für Vorgänge, die der Verwirklichung des Enteignungszwecks zuwiderlaufen –, § 110 – Einigung –, § 111 – Teileinigung –, § 112 Abs. 2, § 117 Abs. 1 – Rechtsübergang auf Grund einer Vorabentscheidung über den Grund der Enteignung vor einer Entscheidung über die Höhe der Entschädigung –, § 113 Abs. 3 – Beschränkung des Enteignungsbeschlusses in den Fällen der Teileinigung und Vorabentscheidung –, § 113 Abs. 4, § 114 – Lauf der Verwendungsfrist –, § 116 – Vorzeitige Besitzeinweisung – § 117 Abs. 3 – vorläufige Kennzeichnung von Teilflächen und § 122 – Vollstreckungstitel. Ein Verstoß gegen die Beschleunigungspflicht ist eine Amtspflichtverletzung gegenüber den Beteiligten, die gem. § 839 BGB iVm Art. 34 GG Schadensersatzansprüche auslösen kann. Abs. 1 S. 2 konkretisiert den Beschleunigungsgrundsatz für das **vorbereitende Verfahren** dahin, dass die Enteignungsbehörde vor der mündlichen Verhandlung (§ 108) alle erforderlichen Anordnungen, also insbesondere die nach Abs. 1 S. 2–4, Abs. 2 u. 3, treffen soll, um das Verfahren möglichst in einem Verhandlungstermin zu erledigen. Neben den in § 107 ausdrücklich genannten Anordnungen können im Einzelfall auch die Anordnungen geboten sein, die in § 150 Abs. 2 und in § 273 Abs. 2 ZPO aufgezählt sind.

3 **3. Sachverhaltsermittlung und Konzentrationsmaxime.** Zur Vorbereitung der mündlichen Verhandlung hat die Enteignungsbehörde den gesamten **Sachver-**

3. Abschnitt. Enteignungsverfahren § 107

halt, soweit es für dieses Enteignungsverfahren von Bedeutung ist, **von Amts wegen zu ermitteln** (§ 24 VwVfG; → § 208 Rn. 1, 2). Neben den in Rn. 2, 4 u. 5 genannten Anordnungen wird es regelmäßig erforderlich sein, festzustellen, ob die Voraussetzungen der Enteignung gem. § 85, § 87 vorliegen, insbesondere der vom Antragsteller darzulegende Versuch eines freihändigen Erwerbs zu angemessenen Bedingungen gem. § 87 Abs. 2, und bei einer Enteignung zur Verwirklichung der Festsetzungen eines Bebauungsplanes bzw. eines Entwurfes eines Bebauungsplanes, ob dieser rechtswirksam ist bzw. werden kann. Nur so wird regelmäßig das § 87 Abs. 1 S. 1 VwGO nachgebildete Gebot, das Verfahren tunlichst in einem Verhandlungstermin zu erledigen – **Konzentrationsmaxime** –, erfüllt werden können.

4. Anhörungsrechte. Zur beschleunigten Sachverhaltsermittlung ist die Enteignungsbehörde verpflichtet, dem Eigentümer, dem Antragsteller (§ 105) sowie den Behörden, für deren Geschäftsbereich die Enteignung von Bedeutung ist, Gelegenheit zur Äußerung zu geben (Abs. 1 S. 3). Die Gelegenheit zur Äußerung muss im vorbereitenden Verfahren, also vor der mündlichen Verhandlung gem. § 108 erfolgen, zB mit der Ladung. Das **Äußerungsrecht** ist nicht wie in § 28 Abs. 1 VwVfG auf die für die Entscheidung erheblichen Tatsachen beschränkt, sondern umfasst wie in § 66 Abs. 1 VwVfG auch Rechtsausführungen. Äußerungsberechtigt sind je nach Einzelfall diejenigen Behörden, die hinsichtlich des Enteignungszweckes Berechtigte sind. § 4 sind. Die Gemeinde gehört entsprechend § 106 Abs. 1 Nr. 6 stets zum Kreis der äußerungsberechtigten Behörden. Sollen landwirtschaftliche Flächen, die außerhalb des räumlichen Geltungsbereichs eines qualifizierten oder nicht qualifizierten Bebauungsplans liegen, zur Entschädigung in Land (§ 85 Abs. 1 Nr. 3, § 90, § 100) enteignet werden, so ist immer die **Landwirtschaftsbehörde** zu hören (Abs. 2). Das Anhörungsrecht nach Abs. 2 ist gegenständlich ebenso umfassend wie das Äußerungsrecht nach Abs. 1 S. 3. Wer Landwirtschaftsbehörde ist, bestimmt sich nach Landesrecht. Liegen landwirtschaftlich genutzte Grundstücke innerhalb des Geltungsbereiches eines Bebauungsplans, so ist die Landwirtschaftsbehörde nach Abs. 1 S. 3 äußerungsberechtigt. Wegen der Nichtbeachtung der Anhörungspflichten nach Abs. 1 S. 3 und Abs. 2 ist der Enteignungsbeschluss rechtswidrig, sofern nicht – wie regelmäßig – der Rechtsfehler durch Anhörung in der mündlichen Verhandlung analog § 45 Abs. 1 Nr. 3, Abs. 2 VwVfG bis spätestens im gerichtlichen Verfahren geheilt wird.

5. Einholung von Gutachten. Wenn Eigentum entzogen oder ein Erbbaurecht bestellt werden soll, ist die Enteignungsbehörde verpflichtet, zur Vorbereitung der mündlichen Verhandlung ein **Gutachten** des Gutachterausschusses (§ 192) über den Wert des Enteignungsobjektes einzuholen. Die Enteignungsbehörde ist an das Gutachten nicht gebunden (§ 192 Abs. 3). Der Beschleunigungs- und insbesondere der Konzentrationsmaxime (→ Rn. 3) dient es, dass die Enteignungsbehörde das Gutachten den Beteiligten als Teil der Sachverhaltsermittlung vor der mündlichen Verhandlung zur Kenntnis und den Berechtigten (→ Rn. 4) damit auch insoweit Gelegenheit zur Anhörung gibt.

6. Verbindung und Trennung von Enteignungssachverhalten. Abs. 3 S. 1 stellt es in das Ermessen der Enteignungsbehörde, durch Verfügung **Enteignungsverfahren miteinander zu verbinden.** Nur wenn die Gemeinde dies für ein auf ihrem Gebiet liegendes Grundstück (so *Dyong* in EZBK § 107 Rn. 9a) beantragt, ist die Enteignungsbehörde zur Verbindung verpflichtet (Abs. 3 S. 2). Die Enteignungsbehörde hat ihr Ermessen bei der Entscheidung darüber, ob sie Verfahren verbindet oder gem. Abs. 3 S. 3 wieder trennt, am Beschleunigungsgrundsatz auszurichten. Die Verbindung oder **Trennung** kann im vorbereitenden Verfahren oder im eigentlichen Enteignungsverfahren (→ § 105 Rn. 1) angeordnet werden.

7. Ablehnung vor mündlicher Verhandlung. Was die Enteignungsbehörde zu tun hat, wenn die Sachverhaltsermittlungen gem. Abs. 1 ergeben, dass der Antrag un-

§ 108 I. Kapitel. V. Teil. Enteignung

zulässig oder aus anderen Gründen aussichtslos ist nicht ausdrücklich geregelt. Anders als die Gemeinde (→ § 105 Rn. 4) darf die Enteignungsbehörde einen **aussichtslosen Antrag** bereits vor der eigentlichen Einleitung des Enteignungsverfahrens gem. § 108 ohne Anberaumung und Durchführung einer mündlichen Verhandlung ablehnen (BGHZ 48, 286). Erhält der Antragsteller zuvor Gelegenheit zur Äußerung, so ist die Zurückverweisung aussichtsloser Anträge bedenkenfrei und mit Rücksicht auf die Verfahrensökonomie und die Interessen des Eigentümers angebracht. Eine solche Entscheidung ohne mündliche Verhandlung kann nach Landesrecht (→ § 104 Rn. 2) ohne Beisitzer gefällt werden (BGHZ 48, 286 (289)).

8 **8. Rechtsschutz des Antragstellers.** Gegen den ablehnenden Bescheid kann der Antragsteller gem. § 217 gerichtliche Entscheidung beantragen. Ist der Antrag nach dem Sach- und Streitstand der Letzten mündlichen Verhandlung vor dem Tatrichter begründet, hebt das Gericht den ablehnenden Bescheid auf und verpflichtet die Enteignungsbehörde, den Antragsteller unter Beachtung der Rechtsauffassung des Gerichtes neu zu bescheiden (BGHZ 48, 286 (290)). Der antragsbefugte Antragsteller (→ § 105 Rn. 2) hat einen formellrechtlichen Anspruch auf ordnungsgemäße Prüfung und Bescheidung seines Antrags, den er ggf. durch Untätigkeitsklage (→ § 217 Rn. 5) vor den Baulandgerichten durchsetzen kann. Ob der Antragsteller auch einen materiellrechtlichen **Anspruch auf Einleitung der Enteignung** haben kann, ist umstritten (bejahend *Reisnecker* in KK § 108, Rn. 16; abl. *Dyong* in EZBK § 107 Rn. 10: weites Auswahlermessen; für engere Ermessensgrenzen *Breuer* in SCH § 107, Rn. 9). Die Entscheidung der Enteignungsbehörde, ob sie ein Enteignungsverfahren einleitet, ist keine Ermessensentscheidung (*Dösing* in SU § 108 Rn. 9). Die §§ 85 ff. dürfen wegen Art. 14 GG der Enteignungsbehörde kein Ermessen gewähren (→ § 87 Rn. 3, 10). Die Enteignungsbehörde handelt rechtswidrig, wenn sie – das Vorliegen aller Voraussetzungen der §§ 85 ff. unterstellt – zB den Antrag allein mit der Begründung ablehnt, der Antragsteller sei in der Bevölkerung zu unbeliebt (aA *Dyong* in EZBK § 107 Rn. 10; „ermessensfehlerhaft", *Breuer* in SCH, § 107 Rn. 9; *Reisnecker* in KK § 108, Rn. 17). Wenn eine Enteignung allerdings zum Wohle der Allgemeinheit nicht erforderlich ist, kann der Antragsteller weder einen materiellrechtlichen Anspruch noch mangels Betroffenheit in eigenen Rechten eine prozessuale Antragsbefugnis iSv § 217 (→ § 217 Rn. 6) haben. Kann die Enteignungsbehörde „auf die konkrete Alternative eines konkurrierenden, bereits gestellten oder alsbald bevorstehenden Antrags verweisen" (so *Breuer* in SCH § 107 Rn. 9), so handelt sie rechtmäßig, wenn sie es verneint, dass die Enteignung zugunsten des ersten Antragstellers zum Wohle der Allgemeinheit erforderlich ist.

§ 108 Einleitung des Enteignungsverfahrens und Anberaumung des Termins zur mündlichen Verhandlung; Enteignungsvermerk

(1) ¹**Das Enteignungsverfahren wird durch Anberaumung eines Termins zu einer mündlichen Verhandlung mit den Beteiligten eingeleitet.** ²**Zu der mündlichen Verhandlung sind der Antragsteller, der Eigentümer des betroffenen Grundstücks, die sonstigen aus dem Grundbuch ersichtlichen Beteiligten und die Gemeinde zu laden.** ³**Die Ladung ist zuzustellen.** ⁴**Die Ladungsfrist beträgt einen Monat.**

(2) ¹**Das Enteignungsverfahren zugunsten der Gemeinde kann bereits eingeleitet werden, wenn**
1. **der Entwurf des Bebauungsplans nach § 3 Abs. 2 ausgelegen hat und**
2. **mit den Beteiligten die Verhandlungen nach § 87 Abs. 2 geführt und die von ihnen gegen den Entwurf des Bebauungsplans fristgemäß vorgebrachten Anregungen erörtert worden sind. Die Gemeinde kann in dem-**

selben Termin die Verhandlungen nach § 87 Abs. 2 führen und die Anregungen erörtern. ²Das Verfahren ist so zu fördern, dass der Enteignungsbeschluss ergehen kann, sobald der Bebauungsplan rechtsverbindlich geworden ist. ³Eine Einigung nach § 110 oder § 111 kann auch vor Rechtsverbindlichkeit des Bebauungsplans erfolgen.

(3) Die Ladung muss enthalten
1. die Bezeichnung des Antragstellers und des betroffenen Grundstücks,
2. den wesentlichen Inhalt des Enteignungsantrags mit dem Hinweis, dass der Antrag mit den ihm beigefügten Unterlagen bei der Enteignungsbehörde eingesehen werden kann,
3. die Aufforderung, etwaige Einwendungen gegen den Enteignungsantrag möglichst vor der mündlichen Verhandlung bei der Enteignungsbehörde schriftlich einzureichen oder zur Niederschrift zu erklären, und
4. den Hinweis, dass auch bei Nichterscheinen über den Enteignungsantrag und andere im Verfahren zu erledigende Anträge entschieden werden kann.

(4) Die Ladung von Personen, deren Beteiligung auf einem Antrag auf Entschädigung in Land beruht, muss außer dem in Absatz 3 vorgeschriebenen Inhalt auch die Bezeichnung des Eigentümers, dessen Entschädigung in Land beantragt ist, und des Grundstücks, für das die Entschädigung in Land gewährt werden soll, enthalten.

(5) ¹Die Einleitung des Enteignungsverfahrens ist unter Bezeichnung des betroffenen Grundstücks und des im Grundbuch als Eigentümer Eingetragenen sowie des ersten Termins der mündlichen Verhandlung mit den Beteiligten ortsüblich bekannt zu machen. ²In der Bekanntmachung sind alle Beteiligten aufzufordern, ihre Rechte spätestens in der mündlichen Verhandlung wahrzunehmen mit dem Hinweis, dass auch bei Nichterscheinen über den Enteignungsantrag und andere im Verfahren zu erledigende Anträge entschieden werden kann.

(6) ¹Die Enteignungsbehörde teilt dem Grundbuchamt die Einleitung des Enteignungsverfahrens mit. ²Sie ersucht das Grundbuchamt, in das Grundbuch des betroffenen Grundstücks einzutragen, dass das Enteignungsverfahren eingeleitet ist (Enteignungsvermerk); ist das Enteignungsverfahren beendigt, ersucht die Enteignungsbehörde das Grundbuchamt, den Enteignungsvermerk zu löschen. ³Das Grundbuchamt hat die Enteignungsbehörde von allen Eintragungen zu benachrichtigen, die nach dem Zeitpunkt der Einleitung des Enteignungsverfahrens im Grundbuch des betroffenen Grundstücks vorgenommen sind und vorgenommen werden.

(7) Ist im Grundbuch die Anordnung der Zwangsversteigerung oder Zwangsverwaltung eingetragen, gibt die Enteignungsbehörde dem Vollstreckungsgericht von der Einleitung des Enteignungsverfahrens Kenntnis, soweit dieses das Grundstück betrifft, das Gegenstand des Vollstreckungsverfahrens ist.

Übersicht

	Rn.
1. Allgemeines	1
2. Einleitung des Enteignungsverfahrens	2
3. Vorzeitige Einleitung	3
4. Ladung	4
a) Formalia	4
b) Inhalt	5
c) Ortsübliche Bekanntmachung	6

§ 108 I. Kapitel. V. Teil. Enteignung

Rn.
5. Mitteilungen an Grundbuchamt und Vollstreckungsgericht; Enteignungsvermerk ... 7
6. Gang der mündlichen Verhandlung 8
7. Rechtsfolgen eines Verfahrensfehlers 9

1 **1. Allgemeines.** Mit der Anberaumung eines Termins zur mündlichen Verhandlung durch die Enteignungsbehörde (Abs. 1 S. 1) endet das vorbereitende Verfahren (→ § 105 Rn. 1) und beginnt das Enteignungsverfahren (BGHZ 48, 286: „eigentliche Einleitung des Verfahrens"). Abs. 1 S. 2–4 bestimmen Ladungsempfänger, -zustellung und -frist. Abs. 2 erlaubt die vorzeitige Einleitung eines Enteignungsverfahrens vor Inkrafttreten des Bebauungsplans. Die Abs. 3 u. 4 regeln den Inhalt der Ladung. Die öffentliche Bekanntmachung der Einleitung des Enteignungsverfahrens gem. Abs. 5 dient dem Schutz der Beteiligten kraft Anmeldung (§ 106 Abs. 1 Nr. 3) und löst die Genehmigungspflicht des § 109 aus. Abs. 6 bzw. Abs. 7 verpflichten die Enteignungsbehörde, das Grundbuchamt bzw. das Vollstreckungsgericht von der Einleitung des Enteignungsverfahrens zu benachrichtigen. Abs. 6 S. 2 regelt den Enteignungsvermerk. § 108 gilt nur für die erstmalige, das Enteignungsverfahren eröffnende Anberaumung eines Termins für die mündliche Verhandlung und die diesbezüglichen Ladungen. Den Ablauf der mündlichen Verhandlung regelt das Gesetz im Einzelnen nicht.

2 **2. Einleitung des Enteignungsverfahrens.** Zuständig für die **Anberaumung eines Termins** zur mündlichen Verhandlung ist der Leiter der Enteignungsbehörde. Bei kollegialer Besetzung (→ § 104 Rn. 2) sind Beisitzer ohne ausdrückliche landesrechtliche Anordnung an dieser Entscheidung ohne mündliche Verhandlung nicht zu beteiligen. Die öffentliche Bekanntmachung (Abs. 5, → Rn. 6) der Einleitung des Enteignungsverfahrens gem. Abs. 1 löst eine **Genehmigungspflicht** für Rechtsvorgänge, Vorhaben und Teilungen nach § 109 aus, greift also in Rechte der Enteignungsbetroffenen ein. Die Einleitung des Enteignungsverfahrens ist daher nach hM ein selbstständig anfechtbarer ein Verwaltungsakt; zweifelnd *Dösing* in BeckOK BauGB § 108 Rn. 2). Gem. § 95 Abs. 2 Nr. 5 bleiben bei der Festsetzung der Entschädigung solche wertsteigernde Veränderungen unberücksichtigt, die nach Einleitung des Enteignungsverfahrens ohne behördliche Anordnung oder Zustimmung der Behörde vorgenommen worden sind (→ § 95 Rn. 8). Zu den vorangehenden, der Beschleunigung dienenden Maßnahmen des vorbereitenden Verfahrens → § 107 Rn. 2–6. Zur Ablehnung der Einleitung des Enteignungsverfahrens vor der mündlichen Verhandlung wegen Aussichtslosigkeit → § 107 Rn. 7.

3 **3. Vorzeitige Einleitung.** Zur Beschleunigung ermöglicht Abs. 2 S. 1, das Enteignungsverfahren **vor Inkrafttreten des Bebauungsplanes** einzuleiten. Die Vorschrift gilt nur für Enteignungsverfahren zugunsten der Gemeinde und nur für Enteignungen, die den Enteignungszweck gem. § 85 Abs. 1 Nr. 1 verwirklichen sollen. Die Anwendung des gegenständlich so beschränkten Abs. 2 S. 1 setzt zum Schutz der Betroffenen voraus, dass der Entwurf des Bebauungsplanes nach § 3 Abs. 2 ausgelegen hat (Nr. 1), dass die Gemeinde sich ernsthaft um den **freihändigen Erwerb** des zu enteignenden Grundstücks zu angemessenen Bedingungen iSv § 87 Abs. 2 bemüht hat (Nr. 2) und dass sie die von den Beteiligten gegen den Entwurf des Bebauungsplanes vorgebrachten **Anregungen** mit diesen erörtert hat (Nr. 2), und zwar mit dem zu beschließenden (*Reisnecker* in KK § 108, Rn. 11; *Dösing* in SU Rn. 4; aA *Dyong* in EZBK § 108 Rn. 7d) Ergebnis, dass eine Änderung des Bebauungsplanes auf Grund der Erörterung nicht notwendig ist. Zur weiteren Beschleunigung ermöglicht es Abs. 2 S. 2 der Gemeinde, in demselben Termin die Verhandlungen nach § 87 Abs. 2 zu führen und Anregungen zu erörtern. Die Erörterung der Anregungen nach Abs. 2 Nr. 2 ersetzt nicht ein etwaiges Verfahren nach § 3 Abs. 2 S. 6: Beifügung der nicht berücksichtigten Anregungen bei der Vorlage des Bebauungsplans zur ausnahmsweise erforderlichen Genehmigung durch

3. Abschnitt. Enteignungsverfahren § 108

die höhere Verwaltungsbehörde und Stellungnahme der Gemeinde dazu. § 108 Abs. 2 S. 3 soll die Pflicht zur Beschleunigung verstärken: Die Enteignungsbehörde hat das Enteignungsverfahren so zu führen, dass der Enteignungsbeschluss ergehen kann, sobald der Bebauungsplan rechtsverbindlich geworden ist. Aus dieser Regelung folgt auch, dass der Enteignungsbeschluss in jedem Fall erst ergehen darf, wenn der Bebauungsplan beschlossen und rechtsverbindlich geworden ist. Abs. 2 S. 4 stellt allerdings sicher, dass **Voll-** oder **Teileinigungen** nach den §§ 110, 111 auch in Verfahren der vorzeitigen Einleitung des Enteignungsverfahrens erfolgen können, also zu einem Zeitpunkt, in dem der Bebauungsplan noch nicht rechtsverbindlich geworden ist, sein Inhalt aber weitgehend feststeht (BT-Drs. 7/4793, 44). In diesem Fall kann das Enteignungsverfahren vor Rechtsverbindlichkeit des Bebauungsplanes durch einen auf die Einigung gestützten Enteignungsbeschluss beendet werden.

4. Ladung. a) Formalia. Nach Abs. 1 S. 2 sind der Antragsteller, der Eigentümer **4** des betroffenen Grundstücks, die sonstigen aus dem Grundbuch ersichtlichen Beteiligten und die Gemeinde zu **laden.** Die Beteiligten nach § 106 Abs. 1 Nr. 3 werden durch öffentliche Bekanntmachung nach Abs. 5 benachrichtigt. Sind sie der Enteignungsbehörde aber bereits auf Grund der vorbereitenden Sachverhaltsermittlung bekannt geworden, so entspricht es regelmäßig der Beschleunigungspflicht und der Konzentrationsmaxime (→ § 107 Rn. 2, 3), sie gem. § 107 Abs. 1 S. 2 ebenfalls individuell von der Anberaumung der mündlichen Verhandlung zu benachrichtigen (*Holtbrügge* in BK § 108 Rn. 2; für strikte Ladungspflicht *Reisnecker* in KK § 108 Rn. 18). Die Ladung ist nach dem VwZG der Länder zuzustellen. Die **Ladungsfrist** von einem Monat (Abs. 1 S. 4) ist nach § 31 VwVfG zu berechnen.

b) Inhalt. Den wesentlichen **Inhalt der Ladung** legen die Abs. 3 u. 4 ausführlich **5** fest. Die Ladung muss enthalten die Angabe von Ort und Zeitpunkt der mündlichen Verhandlung, die Bezeichnung des Antragstellers und des betroffenen Grundstücks (Abs. 3 Nr. 1), den wesentlichen Inhalt des Enteignungsantrags – außer den Angaben nach Nr. 1 Angabe des Enteignungszwecks (§ 85), des Gegenstands der Enteignung (§ 86) und Darlegung der Voraussetzungen nach § 87 – nebst dem Hinweis, dass der Antrag mit den ihm beigefügten Unterlagen bei der Enteignungsbehörde eingesehen werden kann (Abs. 3 Ziff. 2), die spätere Einwendungen nicht präkludierende Aufforderung, etwaige Einwendungen gegen den Enteignungsantrag möglichst vor der mündlichen Verhandlung bei der Enteignungsbehörde schriftlich einzureichen oder zur Niederschrift zu erklären (Abs. 3 Nr. 3) und den aus dem Amtsermittlungsgrundsatz (→ § 208 Rn. 1, 2) folgenden Hinweis, dass auch bei Nichterscheinen über den Enteignungsantrag und andere Anträge entschieden werden kann (Abs. 3 Nr. 4). Wird ein Antrag auf **Entschädigung in Land** vor der mündlichen Verhandlung gestellt, so ist nach Abs. 4 den Personen, deren Land zur Entschädigung verwendet werden soll, die Ladung mit dem Inhalt nach Abs. 3 zuzustellen. Zusätzlich muss diese Ladung die Bezeichnung des Eigentümers enthalten, der das Ersatzland erhalten soll, sowie das Grundstück, für das Ersatzland gewährt werden soll.

c) Ortsübliche Bekanntmachung. Die Beteiligten kraft Anmeldung iSv § 106 **6** Abs. 1 Nr. 3 (→ § 106 Rn. 3), die nicht nach Abs. 1 S. 2 geladen werden (→ Rn. 4), erhalten durch **ortsübliche Bekanntmachung** nach Abs. 5 Gelegenheit, ihre Rechte nach § 106 Abs. 2 anzumelden (→ § 106 Rn. 5) und wahrzunehmen. Die ortsübliche Bekanntmachung dient auch der Unterrichtung der im Grundbuch zu Unrecht nicht eingetragenen Berechtigten, zB des wahren Eigentümers (→ § 106 Rn. 2). Die ortsübliche Weise der Bekanntmachung ergibt sich aus Landesrecht und Ortsrecht. Die Dauer der Bekanntmachung muss aus Gründen der Gleichbehandlung wie in Abs. 1 einen Monat betragen. Den **Inhalt** der Bekanntmachung schreibt Abs. 5 vor. Erstreckt sich die beabsichtigte Enteignung auf das Gebiet mehrerer Gemeinden, so hat die Bekanntmachung in jeder Gemeinde in der jeweils ortsüblichen

§ 108

Weise zu erfolgen. Die Bekanntmachung ist zu wiederholen, wenn sich herausstellt, dass ein betroffenes Grundstück in ihr nicht genannt ist. Ohne die ortsübliche Bekanntmachung entsteht die Genehmigungspflicht für Rechtsvorgänge, Vorhaben und Teilungen gem. § 109 nicht.

7 **5. Mitteilungen an Grundbuchamt und Vollstreckungsgericht; Enteignungsvermerk.** Die Enteignungsbehörde hat dem **Grundbuchamt** die Einleitung des Enteignungsverfahrens mitzuteilen (Abs. 6 S. 1). Zugleich ersucht die Enteignungsbehörde das Grundbuchamt, in das Grundbuch des betroffenen Grundstücks einen **Enteignungsvermerk** einzutragen (Abs. 6 S. 2 Hs. 1). Dieser soll den Erwerber eines Grundstücks, das in ein Enteignungsverfahren einbezogen ist, schützen. Zugleich soll der Enteignungsvermerk sicherstellen, dass das Verfahren nach § 109 (Genehmigungspflicht) beachtet, die durch die ortsübliche Bekanntmachung über die Einleitung des Enteignungsverfahrens (→ Rn. 6) nach § 109 bewirkte Verfügungsbeschränkung also durchgesetzt wird (→ § 109 Rn. 1). Der Enteignungsvermerk hat insoweit dieselbe Funktion wie ein Umlegungsvermerk iSv § 54 Abs. 1 S. 2 (→ § 54 Rn. 1 ff.). Zum Sanierungsvermerk iSv § 143 Abs. 2 S. 2 → § 143, Rn. 1 ff. Aufgrund der Mitteilung der Enteignungsbehörde nach Abs. 6 S. 1 hat das Grundbuchamt die Enteignungsbehörde von allen nach der Einleitung des Enteignungsverfahrens vorgenommenen oder bevorstehenden Eintragungen zu benachrichtigen (Abs. 6 S. 3). Ohne die erforderliche Genehmigung nach § 109 darf das Grundbuchamt nach § 29 GBO keine Eintragung im Grundbuch vornehmen (→ § 51 Rn. 37 f.). Ist im Grundbuch die Anordnung einer Zwangsversteigerung oder Zwangsverwaltung eingetragen (§ 19 Abs. 1 GBO, § 146 Abs. 1 ZVG), so hat die Enteignungsbehörde von der Einleitung des Enteignungsverfahrens Kenntnis zu geben (Abs. 7). Ist das Enteignungsverfahren beendigt, hat die Enteignungsbehörde das Grundbuchamt zu ersuchen, den Enteignungsvermerk zu löschen (Abs. 6 S. 2 Hs. 2).

8 **6. Gang der mündlichen Verhandlung.** Den **Gang der mündlichen Verhandlung** regelt das Gesetz nicht ausdrücklich. Aus § 112 Abs. 1 folgt aber, dass der entscheidungserhebliche Sachverhalt in der mündlichen Verhandlung eingehend zu erörtern ist, aus § 110 Abs. 1, dass die Enteignungsbehörde auf eine Einigung zwischen den Beteiligten hinzuwirken hat, aus § 92 Abs. 5, dass die Möglichkeit bestehen muss, etwas zur Niederschrift der Enteignungsbehörde erklären zu können. Zur Konzentrationsmaxime → § 107 Rn. 3. Im Übrigen kann entsprechend § 68 VwVfG verfahren werden (s. a. *Breuer* in SCH, § 108 Rn. 8), obwohl die Anwendung dieser Vorschrift als Teil des förmlichen Verwaltungsverfahrens iSd §§ 63–71 VwVfG auf die im Übrigen spezielleren Vorschriften über das Enteignungsverfahren (§§ 104–122 BauGB) nicht nach § 63 Abs. 1 VwVfG ausdrücklich durch Rechtsvorschrift angeordnet ist. Zu Einzelheiten des Verfahrens *Dyong* in EZBK § 108 Rn. 20. Nach Abschluss der mündlichen Verhandlung kann wegen einer sich neu eröffnenden Alternative zur bisherigen Planung eine weitere mündliche Verhandlung erforderlich sein (VGH Mannheim NVwZ-RR 2001, 562).

9 **7. Rechtsfolgen eines Verfahrensfehlers.** Verstöße gegen die Verfahrensregeln des § 108 kann ein Beteiligter bei der **Anfechtung** der (vorzeitigen) Einleitung des Enteignungsverfahrens (→ Rn. 2) oder bei der Anfechtung des Enteignungsbeschlusses gem. § 217 gerichtlich geltend machen. Die Anfechtungsbefugnis (→ § 217 Rn. 6) besitzt aber nur der Beteiligte, der durch die verletzte Verfahrensvorschrift geschützt werden soll und der durch den Rechtsverstoß einen Nachteil erlitten hat. Liegt kein gem. § 44 Abs. 1, 2, 4 VwVfG zur Nichtigkeit führender Fehler vor, so kann die Aufhebung des Verwaltungsaktes nach § 46 VwVfG nicht allein deshalb beansprucht werden, weil der unter Verletzung von Vorschriften über das Verfahren, die Form oder die örtliche Zuständigkeit zustande gekommen ist, wenn offensichtlich ist, dass die Verletzung die Entscheidung in der Sache nicht beeinflusst hat.

§ 109 Genehmigungspflicht

(1) Von der Bekanntmachung über die Einleitung des Enteignungsverfahrens an bedürfen die in § 51 bezeichneten Rechtsvorgänge, Vorhaben und Teilungen der schriftlichen Genehmigung der Enteignungsbehörde.

(2) Die Enteignungsbehörde darf die Genehmigung nur versagen, wenn Grund zu der Annahme besteht, dass der Rechtsvorgang, das Vorhaben oder die Teilung die Verwirklichung des Enteignungszwecks unmöglich machen oder wesentlich erschweren würde.

(3) ¹Sind Rechtsvorgänge oder Vorhaben nach Absatz 1 vor der Bekanntmachung zu erwarten, kann die Enteignungsbehörde anordnen, dass die Genehmigungspflicht nach Absatz 1 bereits zu einem früheren Zeitpunkt eintritt. ²Die Anordnung ist ortsüblich bekannt zu machen und dem Grundbuchamt mitzuteilen.

(4) § 22 Absatz 5 Satz 2 bis 5, § 51 Absatz 2 und § 116 Absatz 6 sind entsprechend anzuwenden.

Übersicht

	Rn.
1. Systematik	1
2. Genehmigungspflicht	2
3. Genehmigungspflichtige Vorgänge	3
4. Versagung der Genehmigung	4
5. Entschädigung	5

1. Systematik. Abs. 1 statuiert eine Genehmigungspflicht für bestimmte Rechts- 1 vorgänge und Vorhaben, beginnend mit der Bekanntmachung der Einleitung des Enteignungsverfahrens (→ § 108 Rn. 6). Abs. 2 bestimmt abschließend, unter welchen Voraussetzungen die Enteignungsbehörde die Genehmigung versagen darf. Abs. 3 ermächtigt die Enteignungsbehörde, die Genehmigungspflicht früher als im Regelfall des Abs. 1 einzuführen. Die Verweisung des Abs. 4 ermöglicht Bestandsschutz und Entschädigung. Ohne die Regelungen des § 109 hätte die Enteignungsbehörde nach der förmlichen Einleitung des Enteignungsverfahrens keine rechtliche Handhabe, auf Rechtsvorgänge und Vorhaben Einfluss zu nehmen, die, wie zB bauliche Veränderungen, das Verfahren und die Verwirklichung des Enteignungszwecks erschweren oder vereiteln könnten. § 109 soll in Anlehnung an § 51 durch ein präventives Verbot mit Erlaubnisvorbehalt, das im öffentlichen Interesse und nicht zum Schutz des Enteignungsbegünstigten ergeht, der Enteignungsbehörde die erforderlichen Überprüfungen ermöglichen. Der einen Gutglaubensschutz ausschließende Enteignungsvermerk (→ § 108 Rn. 7) effektuiert § 109.

2. Genehmigungspflicht. Im Regelfall beginnt die **Genehmigungspflicht** 2 nach Abs. 1 kraft Gesetzes mit der öffentlichen Bekanntmachung über die Einleitung des Enteignungsverfahrens (→ § 109 Rn. 6). Abs. 3 ermächtigt die Enteignungsbehörde, vor der Einleitung des Enteignungsverfahrens gem. § 109 nach Ermessen einen **früheren Termin** zu bestimmen, wenn Rechtsvorgänge oder Vorhaben, wie in § 51 bezeichnet, zu erwarten sind. Abs. 3 setzt nicht voraus, dass die zu erwartenden, also noch nicht eingetretenen Rechtsvorgänge oder Vorhaben die Verwirklichung des Enteignungszweckes unmöglich machen oder wesentlich erschweren würden. Dies ist erst im nachfolgenden Genehmigungsverfahren zu prüfen. Wenn es allerdings von vornherein offensichtlich ist, dass die zu erwartenden Rechtsvorgänge oder Vorhaben unter keinem Gesichtspunkt dem Enteignungszweck zuwiderlaufen können, so würde eine Anordnung nach Abs. 3 ermessensfehlerhaft sein (*Dyong* in

§ 109 I. Kapitel. V. Teil. Enteignung

EZBK § 109 Rn. 13). Frühester Zeitpunkt der Anordnung nach Abs. 3 ist der Eingang des Enteignungsantrags bei der Enteignungsbehörde. Eines Antrags eines Beteiligten auf Erlass der Anordnung nach Abs. 3 bedarf es nicht (*Reisnecker/Scharmer*, KK § 109, Rn. 12; *Holtbrügge*, BK § 109 Rn. 7; *Dösing*, SU § 109 Rn. 6.1; aA *Dyong* in EZBK § 109 Rn. 10; *Breuer* in SCH § 109 Rn. 5). Gem. Abs. 3 S. 2 ist die Anordnung ebenso wie die Einleitung des Enteignungsverfahrens ortsüblich bekannt zu machen (→ § 108 Rn. 6) und dem Grundbuchamt mitzuteilen (→ § 108 Rn. 7). Wegen ihrer Rechtswirkung nach außen – Genehmigungspflicht – ist die Anordnung ebenso wie die Bekanntmachung der Einleitung des Enteignungsverfahrens nach § 108 Abs. 5 ein Verwaltungsakt, der gem. §§ 217 ff. **angefochten** werden kann. Die Genehmigungspflicht nach Abs. 1 **endet** mit der Einstellung des Verfahrens nach Zurücknahme des Enteignungsantrags, mit unanfechtbarer Ablehnung des Enteignungsantrags, mit unanfechtbarer Aufhebung des Enteignungsbeschlusses und bei (Teil-)Einigung (§§ 110, 111), Vorabentscheidung (§ 112 Abs. 2) sowie Erlass des Enteignungsbeschlusses mit Erlass der (rechtsgestaltenden, → § 110 Rn. 5) Ausführungsanordnung (*Dyong*, EZBK § 109 Rn. 16; *Breuer* in SCH § 109 Rn. 6; aA *Reisnecker/Scharmer* in KK § 109 Rn. 15). Die Genehmigungspflicht auf Grund einer Anordnung nach Abs. 3 endet regelmäßig mit der Bekanntmachung der Einleitung des Enteignungsverfahrens (§ 108 Abs. 5), die damit an die Stelle der Genehmigungspflicht nach Abs. 1 tritt, oder durch vorzeitige Ablehnung des Enteignungsantrags (→ § 107 Rn. 7) oder durch eine vor der mündlichen Verhandlung stattfindende Einigung (→ § 110 Rn. 2).

3 **3. Genehmigungspflichtige Vorgänge.** Welche **Rechtsvorgänge, Vorhaben und Teilungen genehmigungspflichtig** sind, bestimmt § 51 Abs. 1 abschließend. Wegen eines Redaktionsversehens nennt Abs. 3 Teilungen nicht (*Dyong* in EZBK § 109 Rn. 12). Die Genehmigungspflicht nach Abs. 3 gilt daher auch für Teilungen. Gem. Abs. 4 iVm § 51 Abs. 2 sind Vorhaben, die vor dem Inkrafttreten der Anordnungen nach Abs. 1 oder 3 baurechtlich genehmigt worden sind, Unterhaltungsarbeiten und die Fortführung einer bisher ausgeübten Nutzung nicht genehmigungspflichtig. Insoweit gewährt Abs. 4 Bestandsschutz.

4 **4. Versagung der Genehmigung.** Nach Abs. 2, der § 51 Abs. 3 nachgebildet ist, darf die Enteignungsbehörde die Genehmigung nur versagen, wenn Grund zu der Annahme besteht, dass der Rechtsvorgang, das Vorhaben oder die Teilung die Verwirklichung des Enteignungszweckes (§ 85) (nicht nur des -verfahrens) unmöglich machen oder wesentlich erschweren würde. Eine wesentliche Erschwerung liegt zB vor, wenn die genehmigungspflichtige Maßnahme die Enteignung ernsthaft in Frage stellt (*Holtbrügge*, in BK § 109 Rn. 6; *Breuer* in SCH § 109 Rn. 9; weniger streng *Reisnecker/Scharmer*, KK § 109 Rn. 33). Liegt kein **Versagungsgrund** vor, hat der Betroffene einen Rechtsanspruch auf Genehmigung. Abs. 2 gewährt der Enteignungsbehörde **kein Ermessen.** Die Genehmigung darf mit einer **Nebenbestimmung** versehen werden, wenn diese sicherstellen soll, einen Versagungsgrund auszuräumen, also dazu dient, dass statt der Ablehnung wegen fehlender Voraussetzungen ein dem Betroffenen günstiger Bescheid ergeht (§ 36 Abs. 1 2. Altern. VwVfG; *Reisnecker/Scharmer*, KK § 109 Rn. 30; *Dyong* in EZBK § 109 Rn. 4; *Holtbrügge* in BK § 109 Rn. 6). Genehmigungspflichtige Rechtsgeschäfte sind bis zur Entscheidung über den Antrag auf Genehmigung **schwebend unwirksam.** Ohne die Genehmigung darf das Grundbuchamt nach § 29 GBO keine Eintragung im Grundbuch vornehmen. Nicht genehmigte wertsteigernde Veränderungen sind nach § 95 Abs. 2 Nr. 5 bei der Festsetzung der Entschädigung nicht zu berücksichtigen (→ § 95 Rn. 8). Die Versagung der Genehmigung kann gem. § 217 angefochten werden.

5 **5. Entschädigung.** Der Verweis des Abs. 4 auf § 116 Abs. 6 besagt, dass der Antragsteller, dessen Enteignungsantrag abgewiesen worden ist, dem Betroffenen für alle durch die Geltung der Genehmigungspflicht des § 109 entstandenen „besonderen

3. Abschnitt. Enteignungsverfahren § 110

Nachteile" **Entschädigung** zu leisten hat. Über Art und Höhe der Entschädigung entscheidet die Enteignungsbehörde. Weitere Entschädigungsregelungen trifft das Gesetz für die Versagung der Genehmigung nach § 109 wie bei der Verfügungs- und Veränderungssperre nach § 51 nicht. Die Umlegungssperre entspricht ebenso wie die gesamte letztlich durch ihre Privatnützigkeit geprägte Umlegung (→ Vorb. §§ 45–84 Rn. 8) neben öffentlichen Interessen überwiegend den privaten Interessen der Betroffenen. Die Enteignungssperre nach § 109 hingegen ist ebenso wie die Enteignung aus der Sicht der Betroffenen allein fremdnützig. Die Genehmigung nach § 109 darf daher, soll sie mit Art. 14 GG vereinbar sein, nicht länger entschädigungslos angeordnet werden, als dies bei der ebenfalls fremdnützigen Veränderungssperre (§ 18) geschehen darf (*Breuer* in SCH § 109 Rn. 13; *Dösing* in SU § 109 Rn. 3.1; aA *Dyong* in EZBK Rn. 17, 20; weitergehend *Reisnecker/Scharmer*, KK § 109, Rn. 8, Verfassungswidrigkeit von § 109; *Breuer* in SCH § 109 Rn. 14). Außer einem Anspruch aus Amtshaftung (§ 839 BGB, Art. 34 GG) kann eine Entschädigungspflicht aus enteignungsgleichem Eingriff entstehen, wenn die Enteignungsbehörde den Enteignungsantrag entgegen ihrer Verpflichtung nach § 107 verzögerlich behandelt (BGH NJW 1965, 2101 zu § 51) und der Betroffene die Entstehung des Schadens nicht durch den zumutbaren Gebrauch von Rechtsmitteln verhindert hat (→ § 18 Rn. 4).

§ 110 Einigung

(1) **Die Enteignungsbehörde hat auf eine Einigung zwischen den Beteiligten hinzuwirken.**

(2) ¹**Einigen sich die Beteiligten, so hat die Enteignungsbehörde eine Niederschrift über die Einigung aufzunehmen.** ²**Die Niederschrift muss den Erfordernissen des § 113 Abs. 2 entsprechen.** ³**Sie ist von den Beteiligten zu unterschreiben.** ⁴**Ein Bevollmächtigter des Eigentümers bedarf einer öffentlich beglaubigten Vollmacht.**

(3) ¹**Die beurkundete Einigung steht einem nicht mehr anfechtbaren Enteignungsbeschluss gleich.** ²**§ 113 Abs. 5 ist entsprechend anzuwenden.**

Übersicht

	Rn.
1. Allgemeines	1
a) Zweck und Systematik der Regelung	1
b) Rechtsnatur und Inhalt der Einigung iSv § 110	2
c) Privatrechtliche Einigung	3
2. Form und Verfahrenserfordernisse	4
3. Rechtswirkung und Vollstreckung	5

1. Allgemeines. a) Zweck und Systematik der Regelung. Das aus dem verfassungsrechtlichen **Übermaßverbot** (→ Vorb. §§ 85–122 Rn. 11) abgeleitete enteignungsrechtliche Gebot des geringstmöglichen Eingriffs – Enteignung als Ultima Ratio (→ § 87 Rn. 4) – wird durch die besondere Zulässigkeitsvoraussetzung des § 87 Abs. 2 S. 1 – Versuch des freihändigen Erwerbs (→ § 87 Rn. 6) – und nach Einleitung des Enteignungsverfahrens durch das Gebot an die Enteignungsbehörde, auf eine Einigung zwischen den Beteiligten hinzuwirken (§ 110 Abs. 1), ausgestaltet. Abs. 2 bestimmt, wer sich in welcher Form und mit welchem Mindestinhalt vor der Enteignungsbehörde einigen muss, damit der das Enteignungsverfahren erheblich **beschleunigende** Effekt der Einigung eintritt, nämlich die Gleichsetzung der beurkundeten Einigung mit einem nicht mehr anfechtbaren Enteignungsbeschluss (Abs. 3 S. 1). In einem Enteignungsverfahren nach § 85 Abs. 1 Nr. 1 setzt eine Einigung nach § 110 im Interesse der Beschleunigung nicht voraus, dass bereits ein wirksamer Be- 1

§ 110

bauungsplan vorliegt (§ 108 Abs. 2 S. 4; → § 108 Rn. 3). Der Beschleunigung dient auch die auf den Rechtsübergang bzw. die Belastung des Eigentums beschränkte Teileinigung nach § 111. In den Vorschriften über die (Teil-)Einigung (§§ 110, 111) und über den freihändigen Erwerb (§ 87 Abs. 2 S. 1) äußert sich das Anliegen des Gesetzgebers, die unerwünschte Zwangsmaßnahme der Enteignung möglichst reibungslos abzuwickeln (BGHZ 61, 240 (244)). Dies gelingt in fast 40% aller Verfahren (s. BT-Drs. 13/5489, 25) mit erheblichen regionalen Schwankungen (s. *Groß*, FS Krautzberger, 2008, 35 (36)). Das Gesetz regelt nicht die ebenfalls mögliche Einigung der Beteiligten außerhalb des Enteignungsverfahrens, sei es vor der Einleitung des Enteignungsverfahrens gem. § 108, sei es nach dessen Einleitung, aber ohne Mitwirkung der Behörde. Bei Großvorhaben kann auch ein Mediationsverfahren in Betracht kommen (*Kühnl*, Enteignung und Mediation 2012 → § 4b Rn. 1).

2 b) Rechtsnatur und Inhalt der Einigung iSv § 110. Die von der Enteignungsbehörde beurkundete Einigung ist eine **Verfahrenshandlung,** durch die statt durch Enteignungsbeschluss (§ 112) über den Enteignungsantrag (§ 105) entschieden wird und die kraft Gesetzes (Abs. 3 S. 1 iVm § 117) die Enteignungsbehörde verpflichtet, eine Ausführungsanordnung zu erlassen. Gleichzeitig ist die Einigung, darin der von der hM vertretenen Doppelnatur des Prozessvergleichs (s. *Thomas/Putzo*, ZPO, 36. Aufl. 2015, § 794 Rn. 3, entsprechend, ein **materiell-rechtliches Rechtsgeschäft.** Die Beteiligten (§ 106), die von der Einigung materiell betroffen sind, wozu die Gemeinde nicht immer gehört (s. *Dyong* in EZBK §§ 110, 111 Rn. 18), einigen sich dadurch über den Übergang oder die Belastung des Eigentums an dem zu enteignenden Grundstück oder eines sonstigen enteignungsfähigen Rechts (§ 86 Abs. 1 Nr. 3; KG NJW 1970, 103) und über die Höhe der Entschädigung (dazu und zur Anfechtung wegen Nichtbeachtung der Einigung gem. § 217 OLG Karlsruhe NVwZ 1995, 934). Über diese Vertragsgegenstände können sich die Beteiligten, die ausschließlich Private sein können (*Breuer*, SCH § 110 Rn. 3), außerhalb des Enteignungsverfahrens zwar durch privatrechtlichen Vertrag einigen (→ Rn. 3). Einigen sie sich darüber aber entsprechend der Ermächtigung des § 110 mit dem Inhalt, der gem. § 110 Abs. 2 S. 2 iVm § 113 Abs. 2 für den Enteignungsbeschluss vorgeschrieben ist, zB auch über Enteignungszweck und Verwendungsfrist, so handelt es sich bei dem gesamten Vertrag um einen **öffentlich-rechtlichen Vertrag** (*Wünschmann* in SU § 110 Rn. 13). Ausschlaggebend ist der übereinstimmende Wille der Beteiligten, dass der Eigentumsübergang nicht in privatrechtlichen Formen, zB auf Grund eines Kaufes oder Tausches und durch Einigung und Eintragung (§ 873 BGB), sondern durch einen rechtsgestaltenden Verwaltungsakt, die Ausführungsanordnung (→ Rn. 5), ergehen soll (zust. *Weiß*, J/D/W § 110 Rn. 3; *v. Mutius*, Liber Amicorum Erichsen, 2004, 135 (148)). Die Enteignungsbehörde ist nicht selbst Vertragspartner, sondern nur insofern am Zustandekommen der Einigung beteiligt, als sie ihre Aufklärungs- und Förderungspflichten nach §§ 108, 110 Abs. 1, 208 erfüllt und nach § 110 Abs. 2 S. 1 eine Niederschrift über die Einigung aufzunehmen hat. Da die Enteignungsbehörde kraft Gesetzes (Abs. 3 S. 1 iVm § 117) und nicht auf Grund einer gegenüber den Vertragspartnern (Beteiligten) abgegebenen Willenserklärung zum Erlass der Ausführungsanordnung (eines Verwaltungsaktes) verpflichtet ist, ist die Einigung nicht wegen dieser Rechtsfolge ein öffentlich-rechtlicher Vertrag (aA *Dyong*, EZBK §§ 110, 111 Rn. 8: öffentlich-rechtlicher Vertrag zulasten der Enteignungsbehörde) und auch kein subordinationsrechtlicher öffentlich-rechtlicher Vertrag (einschränkend *Wünschmann* in SU § 110 Rn. 14). § 55 VwVfG, der den subordinationsrechtlichen (s. § 54 S. 2 VwVfG) öffentlich-rechtlichen Vergleichsvertrag regelt, kann daher auf die Einigung, soweit die übrigen Voraussetzungen erfüllt sind, nur analog angewendet werden (JK, § 110 Rn. 1; aA *Breuer* in SCH § 110 Rn. 3; s. a. BGH NJW 1972, 157; OLG Frankfurt NJW 1972, 166, die zutr. Vergleichsvertrag bejahen). Ein derartiger koordinationsrechtlicher öffentlich-rechtlicher Vertrag (*Holtbrügge*, BK

§ 110 Rn. 5) ist ein „anderer städtebaulicher Vertrag" iSv § 11 Abs. 4. Er ist nichtig, wenn er evident gegen zwingende Rechtsvorschriften verstößt (§ 59 Abs. 1 VwVfG iVm § 134 BGB), BVerwGE 98, 58 (63)). Aus aus den zT analog anwendbaren §§ 55, 59 VwVfG folgt, dass nicht jeder rechtswidrige Verwaltungsvertrag nichtig ist. Nichtigkeit ist aber anzunehmen bei offenkundiger Unzulässigkeit des Enteignungsverfahrens (BGH NJW 1967, 1324), wenn zB die Beteiligten sich nach § 110 über eine Enteignung nach § 85 Abs. 1 Nr. 1 einigen wollen, obwohl offenkundig kein gültiger Bebauungsplan vorliegt. Eine solche Einigung ginge über die Dispositionsbefugnis der Beteiligten hinaus, da insoweit die Voraussetzungen der Enteignung sich objektiv bestimmen und nicht vom Willen der Beteiligten abhängig sein können. Zulässig ist es hingegen in einem Fall, in dem die Sach- und Rechtslage von den Beteiligten verschieden beurteilt wird, ohne dass die Unzulässigkeit des Enteignungsverfahrens offen zutage liegt, die infolge der gegenteiligen Ansichten der Beteiligten zweifelhafte Sach- und Rechtslage nicht der Entscheidung der Enteignungsbehörde zu unterstellen, sondern im Interesse der Vereinfachung und Beschleunigung des Verfahrens durch die Einigung gegenstandslos zu machen (BGH NJW 1967, 1324). Wie bei jedem Vergleich legen die Beteiligten in diesem Fall einen zwischen ihnen bestehenden Streit bei, ohne sich über zwingende Voraussetzungen des Enteignungsverfahrens hinwegzusetzen. Die Einigung kann bis zur Unanfechtbarkeit der Ausführungsanordnung analog §§ 119, 123 BGB angefochten werden. Nach einer wirksamen **Anfechtung** hat die Enteignungsbehörde über den Enteignungsantrag auf Grund der mündlichen Verhandlung zu entscheiden (§ 112 Abs. 1). Dazu BVerwG BRS 68 Nr. 212.

c) Privatrechtliche Einigung. Von der Einigung nach § 110 ist zu unterscheiden eine **privatrechtliche Einigung** der Beteiligten außerhalb des Enteignungsverfahrens (krit. *Gassner,* Der freihändige Grunderwerb der öffentlichen Hand, 1983; *Krebs* DÖV 1989, 969; → § 87 Rn. 6). Abgesehen von dem Fall, dass ein Kaufvertrag zur Vermeidung eines Enteignungsverfahrens geschlossen wird (→ § 87 Rn. 5), kommen in Betracht eine Einigung nach Stellung des Enteignungsantrags (§ 105), aber vor der Einleitung des Enteignungsverfahrens ohne Mitwirkung der Enteignungsbehörde. Derartige Einigungen können in Vergleichsverträgen gem. § 779 BGB erzielt werden. Genügen solche privatrechtlichen Einigungen den Anforderungen der Einigung nach § 110, insbesondere auch hinsichtlich der Enteignungsvoraussetzungen (→ Rn. 2), so können sie in das Enteignungsverfahren eingebracht und mit dem Inhalt nach § 113 Abs. 2 in der mündlichen Verhandlung oder in einem zu diesem Zweck angesetzten Erörterungstermin vor der Enteignungsbehörde gem. Abs. 2 beurkundet und damit in eine öffentlich-rechtliche Einigung iSv § 110 mit der dieser eigenen spezifischen öffentlich-rechtlichen Rechtsfolgen (→ Rn. 2) umgewandelt werden. Wird eine Einigung nicht von der Enteignungsbehörde beurkundet, zB weil offenkundig von zwingenden Enteignungsvoraussetzungen abgewichen werden soll (BGH NJW 1967, 1324), so ist bei beabsichtigter Übertragung oder Belastung dinglicher Rechte eine Beurkundung nach § 313 BGB erforderlich (BGH DVBl. 1983, 1150). Eine solche privatrechtliche Einigung ist zudem anders als die Einigung nach § 110 kein vollstreckbarer Titel (§ 122). Durch einen derartigen Vertrag kann sich jedoch der Enteignungsantrag erledigen (BGH NJW 1986, 933). Zur zulässigen gütlichen Beilegung eines baulandgerichtlichen Verfahrens durch eine Einigung in Form des § 110 Abs. 2 s. BGH NJW 2003, 757 u. → § 231 Rn. 2.

2. Form und Verfahrenserfordernisse. Haben die durch die Einigung materiell betroffenen Beteiligten eine wirksame Einigung iSv § 110 erzielt (→ Rn. 2), so ist die Enteignungsbehörde verpflichtet, hierüber eine **Niederschrift** aufzunehmen. Die Niederschrift – und damit auch die Einigung – muss den Erfordernissen entsprechen, die § 113 Abs. 2 für einen stattgebenden Enteignungsbeschluss vorschreibt. Alle materiell Beteiligten müssen die Niederschrift unterschreiben (Abs. 2 S. 3), ohne aber bei der Unterschriftsleistung alle gleichzeitig anwesend zu sein. Der Vertreter eines

§ 111 I. Kapitel. V. Teil. Enteignung

Eigentümers kann nur dann eine bindende Einigungserklärung abgeben, wenn er eine öffentlich beglaubigte Vollmacht (§ 129 BGB) besitzt (Abs. 2 S. 4). Eine Vollmacht für das Enteignungsverfahren umfasst auch die Vollmacht für die Abgabe einer Einigungserklärung.

5 **3. Rechtswirkung und Vollstreckung.** Eine Einigung, die den Formvorschriften des Abs. 2 genügt, steht einem unanfechtbaren **Enteignungsbeschluss gleich** (Abs. 3 S. 1) und beendet wie ein Prozessvergleich das Verfahren. Wenn im Grundbuch die Anordnung der Zwangsversteigerung oder Zwangsverwaltung eingetragen ist, muss die Enteignungsbehörde dem Vollstreckungsgericht die Einigung mitteilen (Abs. 3 S. 2). Die mit der Einigung beabsichtigte materielle Rechtsänderung erfolgt durch die **Ausführungsanordnung** nach § 117, also durch rechtsgestaltenden Verwaltungsakt außerhalb des Grundbuchs. Der in der Einigung geregelte Rechtszustand tritt mit dem in der Ausführungsanordnung festgesetzten Tag ein (§ 117 Abs. 5). Vom Zeitpunkt des Erlasses der Ausführungsanordnung an erhält die Einigung Rechtskraftwirkung wie ein Enteignungsbeschluss, sodass sie, obwohl auch öffentlich-rechtlicher Vertrag zwischen den Beteiligten (→ Rn. 2), von diesen dann nicht mehr analog §§ 119, 123 BGB beseitigt werden kann. Aus der Niederschrift über die Einigung findet die **Zwangsvollstreckung** nach den Vorschriften der ZPO (§§ 704 ff.) über die Vollstreckung von Urteilen in bürgerlichen Rechtsstreitigkeiten wegen der in der Niederschrift bezeichneten Leistungen, und zwar Entschädigungsleistungen und Ausgleichszahlungen, statt (§ 122 Abs. 1 Nr. 1).

§ 111 Teileinigung

¹Einigen sich die Beteiligten nur über den Übergang oder die Belastung des Eigentums an dem zu enteignenden Grundstück, jedoch nicht über die Höhe der Entschädigung, so ist § 110 Abs. 2 und 3 entsprechend anzuwenden. ²Die Enteignungsbehörde hat anzuordnen, dass dem Berechtigten eine Vorauszahlung in Höhe der zu erwartenden Entschädigung zu leisten ist, soweit sich aus der Einigung nichts anderes ergibt. ³Im Übrigen nimmt das Enteignungsverfahren seinen Fortgang.

Übersicht

	Rn.
1. Systematik	1
2. Teileinigung	2
3. Gleichstellung mit Enteignungsbeschluss	3
4. Fortsetzung des Enteignungsverfahrens	4

1 **1. Systematik.** Die Vorschrift verwirklicht ebenso wie § 110 – Volleinigung – und § 87 Abs. 2 S. 1 – Versuch des freihändigen Erwerbs – das Anliegen des Gesetzgebers, die Zwangsmaßnahme der Enteignung möglichst reibungslos abzuwickeln (BGHZ 61, 240 (244)). Gem. dem Übermaßverbot schreibt § 110 Abs. 1 vor, dass die Enteignungsbehörde auf eine Einigung zwischen den Beteiligten hinzuwirken hat (→ § 110 Rn. 1). Dementsprechend ist die Enteignungsbehörde auch verpflichtet, eine Teileinigung der materiell Betroffenen analog § 110 Abs. 2 zu beurkunden. Gem. dem **Grundsatz des geringstmöglichen Eingriffs** stehen von der Enteignungsbehörde beurkundete Teileinigungen einem nicht mehr anfechtbaren Enteignungsbeschluss gleich (§ 110 III analog). Folgerichtig ist die Enteignungsbehörde gem. S. 2 verpflichtet, anzuordnen, dass dem Berechtigten eine Vorauszahlung in Höhe der zu erwartenden Entschädigung zu leisten ist, soweit sich aus der Teileinigung nichts anderes ergibt. Satz 3 zieht die Konsequenz daraus, dass die Beteiligten sich nur teilweise geeinigt haben. Zur Rechtsnatur der Teileinigung gilt das unter

3. Abschnitt. Enteignungsverfahren § 111

→ § 110 Rn. 2 Gesagte entsprechend. § 111 schließt Teileinigungen außerhalb des Enteignungsverfahrens nicht aus (BGHZ 120, 38). In einem Enteignungsverfahren nach § 85 Abs. 1 Nr. 1 setzt eine Teileinigung nach § 111 im Interesse der Beschleunigung nicht voraus, dass bereits ein wirksamer Bebauungsplan vorliegt (§ 108 Abs. 2 S. 4; → § 108 Rn. 3 einschränkend *Wünschmann* in SU § 110 Rn. 9.1). § 111 ist ebenso wie § 110 im Verfahren vor den Baulandgerichten analog anwendbar (§ 231).

2. Teileinigung. Bei der **Teileinigung** einigen sich die von ihr materiell betroffenen Beteiligten (→ § 110 Rn. 2) **über den Grund,** also über den Übergang oder die Belastung des Eigentums an dem von der Enteignung betroffenen Grundstück, nicht aber über die Höhe der Entschädigung. Auch die Rechte, die wie das Mietrecht gem. § 86 Abs. 1 Nr. 3 Gegenstand der Enteignung sein können, können Gegenstand der Teileinigung sein (KG NJW 1970, 103). Hinsichtlich der Zulässigkeit der Teileinigung gilt das zur Volleinigung Gesagte (→ § 110 Rn. 2) entsprechend. Die Enteignungsbehörde darf eine Teileinigung nicht beurkunden, die sich offenkundig – sei es auch im Vergleichswege – über zwingende Enteignungsvoraussetzungen hinwegsetzt. Nicht ausgeschlossen ist insoweit ein **privatrechtlicher Vergleich,** der zwar nicht gem. §§ 111, 110 Abs. 2 beurkundet werden darf, aber das Enteignungsverfahren insoweit teilweise erledigt (BGH NJW 1967, 1324). Das zur privatrechtlichen Volleinigung Gesagte (→ § 110 Rn. 3) gilt für die Teileinigung entsprechend. Möglich ist auch, dass sich die Beteiligten außerhalb oder innerhalb des Enteignungsverfahrens über nicht in § 111 S. 1 enthaltene Gegenstände einigen, zB über die Besitzüberlassung und vorzeitige Besitzeinweisung (KG NJW 1970, 103; BRS 24 Nr. 164) oder über die Entschädigung für Veränderungssperre (OLG Karlsruhe NVwZ 1995, 934). Eine derartige Teileinigung fällt nicht unter § 111. Sie darf aber von der Enteignungsbehörde analog § 110 Abs. 2 beurkundet werden, wenn sie nicht offenkundig von zwingenden Rechtsvorschriften abweicht. § 110 Abs. 3 darf auf eine solche Teileinigung jedoch nicht analog angewendet werden. Im Interesse der beschleunigten und reibungslosen Abwicklung des Enteignungsverfahrens (BGH NJW 1967, 1324) wird die Enteignungsbehörde auf Grund dieser Teileinigung den Besitzeinweisungsbeschluss erlassen (KG NJW 1970, 103; *Reisnecker* in KK § 111 Rn. 14). Gem. S. 1 iVm § 110 Abs. 2 sind auf die Teileinigung (nur) die für die Volleinigung geltenden **Form- und Verfahrenserfordernisse** entsprechend anzuwenden (→ § 110 Rn. 4).

3. Gleichstellung mit Enteignungsbeschluss. Gem. S. 1 iVm § 110 Abs. 3 steht die beurkundete Teileinigung einem nicht mehr anfechtbaren Enteignungsbeschluss gleich. Die **Ausführungsanordnung** darf also ergehen, bevor im Enteignungsbeschluss die Entschädigung festgesetzt worden ist. Die Teileinigung muss also nicht mehr als unanfechtbarer Teil in den Enteignungsbeschluss (§ 113) aufgenommen worden ist (so noch BGH NJW 1967, 1324). Damit aber der Eigentümer im Fall der (freiwilligen) Teileinigung nicht schlechter gestellt ist als im Fall der inhaltlich entsprechenden Vorabentscheidung über den Grund der Enteignung (§ 112 Abs. 2), verpflichtet S. 2 die Enteignungsbehörde dazu, anzuordnen, dass dem Berechtigten eine **Vorauszahlung** in Höhe der zu erwartenden Entschädigung zu leisten ist. Die Beteiligten können insoweit eine abweichende Regelung treffen. Die Enteignungsbehörde darf also die Ausführungsanordnung erst erlassen, wenn der Anordnung gem. § 111 S. 2 über die Vorauszahlung oder der diesbezüglichen Einigung der Beteiligten Genüge getan worden ist (§ 117 Abs. 2). Auch aus der Niederschrift über die Teileinigung findet die **Zwangsvollstreckung** nach den §§ 704 ff. ZPO wegen der in der Niederschrift bezeichneten Leistungen statt (§ 122 Abs. 1 Nr. 1). Vom Zeitpunkt des Erlasses der Ausführungsanordnung an können die Beteiligten die Teileinigung nicht mehr durch Anfechtung analog § 119 BGB beseitigen (→ § 110 Rn. 5).

4. Fortsetzung des Enteignungsverfahrens. Soweit sich die Beteiligten nicht geeinigt haben, wird das **Enteignungsverfahren fortgesetzt** (S. 3). Die Enteig-

nungsbehörde wird also einen inhaltlich beschränkten (§ 113 Abs. 3) (Teil-)Enteignungsbeschluss über die Höhe der Entschädigung erlassen, es sei denn, die Beteiligten einigen sich noch privatrechtlich über die Höhe der Entschädigung, wodurch sich das Enteignungsverfahren auch insoweit erledigt, oder sie ergänzen rechtzeitig vor der Enteignungsbehörde ihre Teileinigung zu einer Volleinigung iSv § 110. Haben sich der Enteignungsbegünstigte und der Eigentümer vor Einleitung des Enteignungsverfahrens (ohne Mitwirkung der Enteignungsbehörde) teilweise geeinigt, zB in einem notariellen Vertrag über die Übertragung des Eigentums, so ist ein gesondertes Entschädigungsfeststellungsverfahren statthaft. Eine derartige Teileinigung ist kein ausreichender schuldrechtlicher Rechtsgrund für den Erwerb des Grundstücks. Aber § 111 S. 3 ist entsprechend anwendbar, soweit keine Einigung besteht (BGHZ 95, 1). Vor Abschluss des Verfahrensteils nach S. 3 kann keine gerichtliche Entscheidung über die Höhe der Entschädigung herbeigeführt werden (BGH NJW 1993, 457). Dies gilt aber nur für Teileinigungen innerhalb eines Enteignungsverfahrens, nicht für solche außerhalb desselben (BGH NJW 1993, 457, abgrenzend zu BGHZ 95, 1 – Einigung über vorweg durchzuführendes Entschädigungsverfahren).

§ 112 Entscheidung der Enteignungsbehörde

(1) **Soweit eine Einigung nicht zustande kommt, entscheidet die Enteignungsbehörde auf Grund der mündlichen Verhandlung durch Beschluss über den Enteignungsantrag, die übrigen gestellten Anträge sowie über die erhobenen Einwendungen.**

(2) **[1]Auf Antrag eines Beteiligten hat die Enteignungsbehörde vorab über den Übergang oder die Belastung des Eigentums an dem zu enteignenden Grundstück oder über sonstige durch die Enteignung zu bewirkende Rechtsänderungen zu entscheiden. [2]In diesem Falle hat die Enteignungsbehörde anzuordnen, dass dem Berechtigten eine Vorauszahlung in Höhe der zu erwartenden Entschädigung zu leisten ist.**

(3) **Gibt die Enteignungsbehörde dem Enteignungsantrag statt, so entscheidet sie zugleich**
1. **darüber, welche Rechte der in § 97 bezeichneten Berechtigten an dem Gegenstand der Enteignung aufrechterhalten bleiben,**
2. **darüber, mit welchen Rechten der Gegenstand der Enteignung, das Ersatzland oder ein anderes Grundstück belastet werden,**
3. **darüber, welche Rechtsverhältnisse begründet werden, die Rechte der in § 86 Abs. 1 Nr. 3 und 4 bezeichneten Art gewähren,**
4. **im Falle der Entschädigung in Ersatzland über den Eigentumsübergang oder die Enteignung des Ersatzlands.**

Übersicht

	Rn.
1. Allgemeines	1
2. Enteignungsbeschluss	2
a) Rechtswirkungen	2
b) Zugrunde zu legende Enteignungsanträge	3
c) Weitere Anträge	4
d) Materieller Inhalt stattgebender Entscheidung	5
3. Vorabentscheidung	6
a) Entschädigungsinhalt	6
b) Rechtsschutz	7

3. Abschnitt. Enteignungsverfahren § 112

1. Allgemeines. Soweit sich die Beteiligten nicht ganz oder teilweise einigen (§§ 110, 111) oder die Enteignungsbehörde den Enteignungsantrag nicht als offensichtlich unzulässig oder unbegründet ohne mündliche Verhandlung abweist (→ § 107 Rn. 7), ist die Enteignungsbehörde verpflichtet, durch Beschluss auf Grund der mündlichen Verhandlung über den Enteignungsantrag, die übrigen gestellten Anträge und die erhobenen Einwendungen zu **entscheiden** (Abs. 1). Da ein positiver Enteignungsbeschluss nicht nur über die Entziehung des Eigentums entscheidet, legt Abs. 3 den materiellen Inhalt einer stattgebenden Entscheidung fest – sogen. **Nebenentscheidungen.** Die **Form** eines stattgebenden Beschlusses bestimmt § 113 Abs. 2. Im Interesse der Beschleunigung ermöglicht Abs. 2 eine **Vorabentscheidung über den Grund** der Enteignung. 1

2. Enteignungsbeschluss. a) Rechtswirkungen. Der Enteignungsbeschluss entscheidet über den Enteignungsantrag. Im Falle einer dem Antrag stattgebenden Entscheidung treten die durch diesen Verwaltungsakt beschlossenen Rechtsänderungen aber weder mit seinem Erlass noch mit seiner Unanfechtbarkeit ein, sondern erst mit dem in der **Ausführungsanordnung** festgelegten Tag. § 117 Abs. 5 bestimmt, dass mit diesem Tag der bisherige Rechtszustand durch den im Enteignungsbeschluss genannten neuen Rechtszustand ersetzt wird. Die Enteignungsbehörde ist befugt, einen angefochtenen Enteignungsbeschluss zurückzunehmen (OLG Koblenz NJW 1983, 2036). Der nicht mehr anfechtbare Enteignungsbeschluss ist gem. § 122 Abs. 1 Nr. 2 wegen der zu zahlenden Geldentschädigung und nach Unanfechtbarkeit der Ausführungsanordnung auch hinsichtlich einer Ausgleichszahlung ein **vollstreckbarer Titel.** Zur Aufhebung auf Antrag eines Beteiligten s. § 120. 2

b) Zugrunde zu legende Enteignungsanträge. Aus der Verpflichtung der Enteignungsbehörde, grundsätzlich auf Grund einer **mündlichen Verhandlung** zu entscheiden (zu Ausnahmen → § 107 Rn. 7), folgt nicht, dass die Enteignungsbehörde bei ihrer Entscheidung auf das Vorbringen in der mündlichen Verhandlung beschränkt ist. Eine derartige Beschränkung wäre unvereinbar mit dem Amtsermittlungsgrundsatz (→ § 107 Rn. 3) und widerspräche der Regelung des § 108 Abs. 3 Nr. 4, derzufolge auch in Abwesenheit der Beteiligten über den Enteignungsantrag und andere im Verfahren zu erledigende Anträge entschieden werden kann. Die Enteignungsbehörde muss also auch die **schriftlichen Ausführungen und Anträge** der Beteiligten berücksichtigen, die bis zum Schluss der mündlichen Verhandlung eingereicht worden sind. Sie darf ihre Entscheidung aber nur auf Tatsachen und Beweisergebnisse stützen, zu denen sich zu äußern die Beteiligten in der mündlichen Verhandlung Gelegenheit hatten. Der Enteignungsbeschluss braucht nicht in der mündlichen Verhandlung zu ergehen. Zum Gang der mündlichen Verhandlung → § 108 Rn. 8. 3

c) Weitere Anträge. Außer der Entscheidung über den Enteignungsantrag muss der Beschluss die Entscheidung über die **übrigen gestellten Anträge** enthalten. Solche Anträge sind zB die Anträge nach § 92 Abs. 2–4 (Ausdehnung der Enteignung auf Verlangen des Eigentümers), § 97 Abs. 2 (Begründung von Rechten für Versorgungsunternehmen), § 99 Abs. 1 (Entschädigung in wiederkehrenden Leistungen), § 100 Abs. 1, 3, 4, 6 (Entschädigung in Ersatzland), § 100 Abs. 5 (Ersetzung enteigneter Nebenrechte), § 101 (Entschädigung durch Gewährung anderer Rechte) (s. *Dyong* in EZBK BauGB § 112 Rn. 4). Über die die Anträge betreffenden Einwendungen entscheidet die Enteignungsbehörde nicht im Tenor des Beschlusses. Sie muss sich mit ihnen in der Begründung des Enteignungsbeschlusses (§ 113) auseinander setzen. Wird der Enteignungsantrag zurückgenommen, so entscheidet die Enteignungsbehörde allein über die Verfahrenskosten. Auch dieser Beschluss ist nach § 217 anfechtbar (BGH DVBl. 1974, 130). 4

d) Materieller Inhalt stattgebender Entscheidung. Für den Fall einer dem Enteignungsantrag stattgebenden Entscheidung schreibt Abs. 3 der Enteignungsbe- 5

§ 112 I. Kapitel. V. Teil. Enteignung

hörde vor, über welche Rechtsverhältnisse mit entschieden werden muss. Abs. 3 regelt den **materiellen Inhalt**, § 113 Abs. 2 die Form des dem Enteignungsantrag **stattgebenden Enteignungsbeschlusses**. Da mit dem in der Ausführungsanordnung festgesetzten Tag der bisherige Rechtszustand durch den im Enteignungsbeschluss geregelten neuen Rechtszustand ersetzt wird, der Enteignungsbeschluss also originären Eigentumserwerb bewirkt, gehen alle privaten Rechte am Grundstück und auf das Grundstück unter, soweit sie nicht gem. §§ 112 Abs. 3, 113 Abs. 2 aufrechterhalten oder geändert werden. Werden im Enteignungsbeschluss nicht ausdrücklich Rechte gem. Abs. 3 Nr. 1 aufrechterhalten oder gem. Abs. 3 Nr. 2 oder 3 neu begründet, so erwirbt der Begünstigte lastenfreies Eigentum. Auch Rechte, die nicht nach § 106 Abs. 2 angemeldet worden sind, gehen ohne ausdrückliche Nebenentscheidung unter. Weil es kein selbstständiges Enteignungsverfahren zur Beschaffung von Ersatzland für die Entschädigung anderweitig Enteigneter gibt, stellt Abs. 3 Nr. 4 klar, dass in dem Beschluss über den Enteignungsantrag zugleich über die **Ersatzlandenteignung** zu entscheiden ist.

6 3. **Vorabentscheidung. a) Entschädigungsinhalt.** Die **Vorabentscheidung** nach Abs. 2 ermöglicht es, das Enteignungsverfahren über den Grund der Enteignung und über die Höhe der Entschädigung zu trennen. Auseinandersetzungen über die Höhe der Entschädigung sollen die Verwirklichung des Vorhabens nicht hemmen. Die Vorabentscheidung setzt einen Antrag eines Beteiligten iSv § 106 voraus. Wird der Antrag gestellt, so muss die Enteignungsbehörde vorab entscheiden, wenn das nach dem Sachstand möglich ist, und zwar nach hM auch dann, wenn sie in der Lage wäre, bereits über die Höhe der Entschädigung zu entscheiden (*Schneider* BauR 2012, 1736 (1739); einschränkend *Wünschmann*, SU § 112 Rn. 18, sofern andere materiell Betroffene Vorabentscheidungen ablehnen. Die Vorabentscheidung betrifft gem. Abs. 2 S. 1 den Übergang oder die Belastung des Eigentums an dem zu enteignenden Grundstück oder sonstige durch die Enteignung zu bewirkende Rechtsänderungen, zB persönliche Rechte, die zum Erwerb, zum Besitz oder zur Nutzung von Grundstücken berechtigen (§ 113 Abs. 2 Nr. 4c). Abs. 2 S. 1 erwähnt die in Abs. 3 Nr. 1–3 genannten Rechte (→ Rn. 5) nicht. Der Wortlaut ermöglichte damit, einen gesonderten Enteignungsbeschluss über diese das Eigentum belastenden Rechte zu treffen, sofern man nicht aus gesetzessystematischen Gründen auch mit der Entscheidung nach Abs. 2 die Verpflichtung zur Entscheidung nach Abs. 3 verbindet, was verhindert, dass abweichend vom Grundsatz (→ Rn. 5) trotz fehlender ausdrücklicher Aufrechterhaltung bzw. Begründung dieser Rechte kein lastenfreier Erwerb eintritt. Rechtssicherheit und Praktikabilität sprechen dafür, die in der Vorabentscheidung nicht erwähnten Rechte nach Abs. 3 Nr. 1–3 durch eine auf der Vorabentscheidung fußende Ausführungsanordnung (§ 117 Abs. 1, 5) untergehen zu lassen, sofern nicht die Vorabentscheidung ausdrücklich besagt, dass es sich nicht um eine abschließende Entscheidung über alle Enteignungsgegenstände handelt (weiter *Dyong* in EZBK § 112 Rn. 5c; enger *Reisnecker* in KK § 112 Rn. 20; *Holtbrügge* in BK § 112 Rn. 8; *Wünschmann*, SU Rn. 19). Die Enteignungsbehörde ist an die Höhe der im Verfahren nach § 112 Abs. 2 angeordneten Vorauszahlung im Enteignungsfeststellungsverfahren nicht gebunden (BGH BRS 53 Nr. 189). Wegen des vorläufigen Charakters der Vorauszahlung liege in der Intention der gesetzlichen Regelung gewissermaßen ein Widerrufsvorbehalt (*Reisnecker* in KK § 112 Rn. 22). Deshalb ist eine spätere niedrigere Festsetzung im Enteignungsentschädigungsbeschluss keine (Teil-)Rücknahme der Vorabentscheidung, die an § 48 Abs. 2 S. 1 VwVfG zu messen wäre (BGH ZfBR 2005, 66; *Schneider* BauR 2012, 1736 (1741); aA *Lässig* DVBl. 1981, 483 (486)). Zum Schutz des Betroffenen muss die Enteignungsbehörde mit der Entscheidung nach Abs. 2 S. 1 gleichzeitig gem. Abs. 2 S. 2 anordnen, dass eine **Vorauszahlung** in Höhe der zu erwartenden Entschädigung zu leisten ist. Diesen Betrag darf der Berechtigte nicht als Teilleistung iSv § 266 BGB ablehnen. Auf eine Entschädigung in Land ist Abs. 2 nicht anwendbar, da insoweit keine Vorauszahlung möglich ist.

3. Abschnitt. Enteignungsverfahren § 113

b) Rechtsschutz. Die gem. § 113 Abs. 2, 3 beschränkte Vorabentscheidung kann 7
gem. § 217 **angefochten** werden. Hinsichtlich der Höhe der Vorauszahlung sollen
mit Rücksicht auf deren vorläufigen und pauschalierenden Charakter nur offensichtliche Fehlentscheidungen, nicht aber Einzelheiten der Entschädigung mit Erfolg geltend gemacht werden können (BGHZ 77, 338 (346); zweifelnd BGH DVBl. 1983,
1147 (1149), ob nicht mit dieser Begründung nur die Festsetzung der Vorauszahlung
selbst angegriffen werden könne). Eine offensichtlich fehlerhafte Festsetzung liegt zB
vor, wenn unter Verstoß gegen die zu beachtenden Entschädigungsgrundsätze nicht
die rechtlich zulässige Nutzbarkeit, sondern die ausgeübte Nutzung der Bewertung
zugrunde gelegt wird (BGHZ 77, 338 (347)). Wird die Zulässigkeit der Enteignung
damit angegriffen, die Vorauszahlung sei offensichtlich fehlerhaft festgesetzt, so sind
die Grundsätze der Steigerungsrechtsprechung (→ § 95 Rn. 3) zu beachten (BGH
DVBl. 1983, 1147 (1148)).

§ 113 Enteignungsbeschluss

(1) ¹Der Beschluss der Enteignungsbehörde ist den Beteiligten zuzustellen. ²Der Beschluss ist mit einer Belehrung über Zulässigkeit, Form und Frist des Antrags auf gerichtliche Entscheidung (§ 217) zu versehen.

(2) Gibt die Enteignungsbehörde dem Enteignungsantrag statt, so muss der Beschluss (Enteignungsbeschluss) bezeichnen
1. die von der Enteignung Betroffenen und den Enteignungsbegünstigten;
2. die sonstigen Beteiligten;
3. den Enteignungszweck und die Frist, innerhalb der das Grundstück zu dem vorgesehenen Zweck zu verwenden ist;
4. den Gegenstand der Enteignung, und zwar
 a) wenn das Eigentum an einem Grundstück Gegenstand der Enteignung ist, das Grundstück nach Größe, grundbuchmäßiger, katastermäßiger und sonst üblicher Bezeichnung; im Falle der Enteignung eines Grundstücksteils ist zu seiner Bezeichnung auf Vermessungsschriften (Vermessungsrisse und -karten) Bezug zu nehmen, die von einer zu Fortführungsvermessungen befugten Stelle oder von einem öffentlich bestellten Vermessungsingenieur gefertigt sind,
 b) wenn ein anderes Recht an einem Grundstück Gegenstand einer selbständigen Enteignung ist, dieses Recht nach Inhalt und grundbuchmäßiger Bezeichnung,
 c) wenn ein persönliches Recht, das zum Erwerb, zum Besitz oder zur Nutzung von Grundstücken berechtigt oder den Verpflichteten in der Nutzung von Grundstücken beschränkt, Gegenstand einer selbständigen Enteignung ist, dieses Recht nach seinem Inhalt und dem Grund seines Bestehens,
 d) die in § 86 Abs. 2 bezeichneten Gegenstände, wenn die Enteignung auf diese ausgedehnt wird;
5. bei der Belastung eines Grundstücks mit einem Recht die Art, den Inhalt, soweit er durch Vertrag bestimmt werden kann, sowie den Rang des Rechts, den Berechtigten und das Grundstück;
6. bei der Begründung eines Rechts der in Nummer 4 Buchstabe c bezeichneten Art den Inhalt des Rechtsverhältnisses und die daran Beteiligten;
7. die Eigentums- und sonstigen Rechtsverhältnisse vor und nach der Enteignung;
8. die Art und Höhe der Entschädigungen und die Höhe der Ausgleichszahlungen nach § 100 Abs. 5 Satz 4 und § 101 Abs. 1 Satz 2 mit der Angabe, von wem und an wen sie zu leisten sind; Geldentschädigungen, aus denen

§ 113 I. Kapitel. V. Teil. Enteignung

andere von der Enteignung Betroffene nach § 97 Abs. 4 zu entschädigen sind, müssen von den sonstigen Geldentschädigungen getrennt ausgewiesen werden;

9. bei der Entschädigung in Land das Grundstück in der in Nummer 4 Buchstabe a bezeichneten Weise.

(3) In den Fällen der §§ 111 und 112 Abs. 2 ist der Enteignungsbeschluss entsprechend zu beschränken.

(4) ¹Kann ein Grundstücksteil noch nicht entsprechend Absatz 2 Nr. 4 Buchstabe a bezeichnet werden, so kann der Enteignungsbeschluss ihn auf Grund fester Merkmale in der Natur oder durch Bezugnahme auf die Eintragung in einen Lageplan bezeichnen. ²Wenn das Ergebnis der Vermessung vorliegt, ist der Enteignungsbeschluss durch einen Nachtragsbeschluss anzupassen.

(5) Ist im Grundbuch die Anordnung der Zwangsversteigerung oder der Zwangsverwaltung eingetragen, gibt die Enteignungsbehörde dem Vollstreckungsgericht von dem Enteignungsbeschluss Kenntnis, wenn dem Enteignungsantrag stattgegeben worden ist.

Übersicht

	Rn.
1. Systematik	1
2. Formelle Anforderungen	2
3. Stattgebende Entscheidung	3
4. Teilgenehmigung, Vorabentscheidung	4
5. Vorläufige Kennzeichnung	5
6. Zwangsversteigerung, Zwangsverwaltung	6

1. Systematik. § 113 bestimmt die **verfahrensrechtlichen Anforderungen,** denen ein Enteignungsbeschluss genügen muss. Abs. 1 gilt für **stattgebende** wie für **ablehnende Beschlüsse.** Die übrigen Absätze gelten nur für stattgebende Beschlüsse. Damit sich die von der Enteignung betroffenen Personen und Gegenstände sowie die Wirkungen der Enteignung in einer auch für den Rechtsunkundigen klar erkennbaren Weise ergeben, formalisiert Abs. 2 den in § 112 Abs. 1 und 3 geregelten materiellen Inhalt eines Enteignungsbeschlusses. Zur Verfahrensbeschleunigung schränkt Abs. 3 für die Teileinigung (§ 111) und die Vorabentscheidung (§ 112 Abs. 2) die Anforderungen des Abs. 2 ein, ermöglicht Abs. 4 die Enteignung noch nicht vermessener Grundstücke. Abs. 5 verpflichtet die Enteignungsbehörde, das Vollstreckungsgericht zu benachrichtigen. Zum materiellen Inhalt und zu den Rechtswirkungen des Enteignungsbeschlusses s. § 112.

2. Formelle Anforderungen. Der Beschluss der Enteignungsbehörde ist zu **begründen** (§ 39 Abs. 1 VwVfG). Andernfalls ist er rechtswidrig und damit anfechtbar, aber auch gem. § 45 Abs. 1 Nr. 2, Abs. 2 VwVfG heilbar (→ § 107 Rn. 4). Der Beschluss ist den Beteiligten (§ 106) **zuzustellen,** andernfalls wird er ihnen gegenüber nicht wirksam (§ 43 Abs. 1 S. 1 VwVfG), sodass keine Ausführungsanordnung (§ 117) ergehen und keine vollstreckbare Ausfertigung (§ 122 Abs. 1 Nr. 2) erteilt werden darf. Bei einer unterlassenen oder fehlerhaften **Belehrung** über die Zulässigkeit, Form und Frist des Antrags auf gerichtliche Entscheidung (§ 217) gilt § 58 II VwGO (zumindest analog) (BGHZ 140, 208; *Wünschmann* in SU § 113 Rn. 3); für Wiedereinsetzung in den vorigen Stand *Dyong* in EZBK § 113 Rn. 5).

3. Stattgebende Entscheidung. Der in Abs. 2 formalisierte, in § 112 Abs. 1 und 3 materiell geregelte Inhalt des Enteignungsbeschlusses muss bei ganz oder teilweise **stattgebender Entscheidung** eingehalten werden, allerdings nur insoweit, wie die

3. Abschnitt. Enteignungsverfahren § 114

in Abs. 2 bezeichneten Personen und Rechte durch den konkreten Enteignungsbeschluss betroffen werden. Der Inhalt des Enteignungsbeschlusses kann ergänzt werden durch die Gewährung anderer Rechte (§ 115) und die Festsetzung der Besitzeinweisungsentschädigung (§ 116 Abs. 4 S. 2) und durch einen Nachtragsbeschluss (→ Rn. 5) über eine vorbehaltene zusätzliche Entschädigung von Nebenschäden (BGH, BRS 34 Nr. 84). Zum Muster eines Enteignungsbeschlusses s. *Dyong* in EZBK § 113 Rn. 7. Fehlt ein notwendiger Bestandteil des Beschlusses, so ist seine etwaige Nichtigkeit nach § 44 VwVfG zu beurteilen. Die Enteignungsbehörde muss den Fristbeginn nach Abs. 2 Nr. 3 nicht durch Angabe eines bestimmten Datums bezeichnen (BGH NVwZ 1986, 506; dort auch zur hinreichenden Bezeichnung des Enteignungszwecks: Bebauung des Grundstücks gem. den Festsetzungen eines Bebauungsplans anlässlich einer Sanierung).

4. Teilgenehmigung, Vorabentscheidung. Abs. 3 stellt klar, dass in den Fällen 4 der **Teileinigung** (§ 111) oder der **Vorabentscheidung** (§ 112 Abs. 2) der Enteignungsbeschluss nur noch über die Punkte eine Aussage treffen muss, über die im Falle der Teileinigung keine Einigung erzielt oder im Falle der Vorabentscheidung noch nicht entschieden worden ist.

5. Vorläufige Kennzeichnung. Kann ein Grundstücksteil noch nicht gem. 5 Abs. 2 Nr. 4 katastermäßig bezeichnet werden, so ermöglicht Abs. 4 S. 1 die **vorläufige Kennzeichnung** des Grundstücksteils durch die Angabe fester Merkmale in der Natur oder durch Bezugnahme auf die Eintragung in einem Lageplan. Dadurch wird vermieden, dass sich das Enteignungsverfahren wegen Fehlens eines vermessungsamtlichen Veränderungsnachweises verzögert (BGH BRS 34 Nr. 176, für Übertragbarkeit auf prEnteigG). Die Eintragung in einem Lageplan muss Bestandteil des Enteignungsbeschlusses sein (s. a. BayVGHE nF 28, 54). Wenn das Ergebnis der Vermessung vorliegt, wird die vorläufige Kennzeichnung durch einen **Nachtragsbeschluss** gem. Abs. 4 S. 2 ersetzt. Unter welchen Voraussetzungen die Ausführungsanordnung für ein gem. Abs. 4 vorläufig gekennzeichnetes Grundstück zu erlassen ist, regelt § 117 Abs. 3.

6. Zwangsversteigerung, Zwangsverwaltung. Wenn im Grundbuch die An- 6 ordnung der **Zwangsversteigerung** oder **Zwangsverwaltung** eingetragen ist (§ 19 Abs. 1 GBO, § 146 Abs. 1 ZVG), so hat die Enteignungsbehörde dem Vollstreckungsgericht von einer stattgebenden Entscheidung über den Enteignungsbeschluss Kenntnis zu geben (Abs. 5). Die Benachrichtigungspflicht besteht bei einem abweisenden Beschluss nicht. Doch ist es angebracht, auch in diesem Fall die Mitteilung gem. § 108 Abs. 7 (→ § 108 Rn. 7) entsprechende Benachrichtigung vorzunehmen.

§ 114 Lauf der Verwendungsfrist

(1) **Die Frist, innerhalb der der Enteignungszweck nach § 113 Abs. 2 Nr. 3 zu verwirklichen ist, beginnt mit dem Eintritt der Rechtsänderung.**

(2) ¹**Die Enteignungsbehörde kann diese Frist vor ihrem Ablauf auf Antrag verlängern, wenn**
1. **der Enteignungsbegünstigte nachweist, dass er den Enteignungszweck ohne Verschulden innerhalb der festgesetzten Frist nicht erfüllen kann, oder**
2. **vor Ablauf der Frist eine Gesamtrechtsnachfolge eintritt und der Rechtsnachfolger nachweist, dass er den Enteignungszweck innerhalb der festgesetzten Frist nicht erfüllen kann.**

²**Der enteignete frühere Eigentümer ist vor der Entscheidung über die Verlängerung zu hören.**

§ 114

Übersicht

	Rn.
1. Allgemeines	1
2. Fristbeginn	2
3. Antragsberechtigte	3
a) Enteignungsbegünstigter	3
b) Gesamtrechtsnachfolger	4
4. Antrag	5
5. Anhörung	6
6. Entscheidung	7
7. Rechtsschutz	8

1 **1. Allgemeines.** Nach § 113 Abs. 2 Nr. 3 muss der Enteignungsbeschluss außer dem Enteignungszweck auch die Frist bestimmen, innerhalb derer das Grundstück zu dem vorgesehenen Zweck zu verwenden ist. Diese Verwendungsfrist verwirklicht den verfassungsrechtlich gebotenen (Art. 14 Abs. 3 S. 1 GG), in § 87 Abs. 1 wiederholten **Grundsatz der Erforderlichkeit** in zeitlicher Hinsicht. Das Wohl der Allgemeinheit muss es gebieten, ein bestimmtes Grundstück gerade zum festgesetzten Zeitpunkt einem bestimmten Zweck zwangsweise zuzuführen (BGHZ 68, 101; 105, 94 (97); BauR 2002, 290; BVerfG NVwZ 2003, 726; wN → § 87 Rn. 3). Abs. 1 bestimmt, dass die Verwendungsfrist mit dem Eintritt der Rechtsänderung beginnt. Abs. 2 S. 1 berechtigt die Enteignungsbehörde, dem Enteignungsbegünstigten oder seinem Rechtsnachfolger Fristverlängerung zu gewähren wegen schuldloser Nichterfüllung des Enteignungszweckes (Nr. 1) oder wegen Eintritts der Gesamtrechtsnachfolge (Nr. 2). Abs. 2 S. 2 verpflichtet die Enteignungsbehörde, vor ihrer Entscheidung den enteigneten früheren Eigentümer anzuhören. Wird die Frist nämlich nicht verlängert, so hat der frühere Eigentümer nach Ablauf der Verwendungsfrist gem. § 102 Abs. 1 Nr. 1 einen Anspruch auf Rückenteignung. Die **Fristverlängerung** wahrt den Grundsatz der Erforderlichkeit in den Fällen, in denen aus besonderen Gründen die Verwirklichung des Enteignungszweckes trotz der Verzögerung noch zu erwarten ist. Auf diese Weise wird die überflüssige Prozedur einer Rückenteignung und einer dann zur Verwirklichung des Allgemeinwohls erneut erforderlichen Enteignung vermieden. Nach Ablauf der verlängerten Verwendungsfrist bleibt es beim Anspruch des Eigentümers auf Rückenteignung (§ 102 Abs. 1 Nr. 1).

2 **2. Fristbeginn.** Die **Verwendungsfrist beginnt** mit dem Eintritt der Rechtsänderung (Abs. 1), also an dem in der Ausführungsanordnung festgesetzten Tag (§ 117 Abs. 5). Zuvor muss der Enteignungsbeschluss unanfechtbar geworden und die Geldentschädigung geleistet worden sein. Eine vorzeitige Besitzeinweisung nach § 116 setzt die Verwendungsfrist mangels Rechtsänderung nicht in Gang.

3 **3. Antragsberechtigte. a) Enteignungsbegünstigter.** Beantragt der **Enteignungsbegünstigte** (§ 113 Abs. 2 Nr. 1) gem. Abs. 2 S. 1 Nr. 1 **Fristverlängerung** (→ Rn. 1), so muss er nachweisen (nicht nur glaubhaft machen), dass er ohne Verschulden (§ 276 BGB) den Enteignungszweck nicht innerhalb der nach § 113 Abs. 2 Nr. 3 festgesetzten Frist erfüllen kann. Der Enteignungsbegünstigte kann die ihm obliegende Beweislast mit den Beweismitteln der ZPO oder auch mit anderen Beweismitteln, zB Tonbandaufnahmen, erfüllen (s. a. § 65 VwVfG). Die Enteignungsbehörde ist auch insoweit nicht gehindert, zur Verwirklichung des in ihrem öffentlichen Interesse geforderten Enteignungszweckes von Amts wegen den Sachverhalt zu erforschen (*Dyong* in EZBK § 114 Rn. 10). Nicht ausreichende Finanzierungsmittel können unter besonderen, vom Enteignungsbegünstigten nicht zu vertretenden, außerhalb seiner Person liegenden und nicht voraussehbaren Umständen ein Nichtverschulden begründen (dazu *Dyong* in EZBK § 114 Rn. 11; *Reisnecker* in KK § 114 Rn. 10). Dem Enteignungsbegünstigten steht derjenige gleich, der im Wege

3. Abschnitt. Enteignungsverfahren § 114

der **Einzelrechtsnachfolge** in dessen Rechtsstellung eingetreten ist, zB Käufer eines Unternehmens, zu dessen Gunsten eine zum Allgemeinwohl erforderliche privatnützige Enteignung angeordnet worden ist.

b) Gesamtrechtsnachfolger. Gem. Abs. 2 S. 1 Nr. 2 braucht der **Gesamt-** **4** **rechtsnachfolger** anders als der ursprüngliche Enteignungsbegünstigte nicht sein Nichtverschulden an der Nichterfüllung des Enteignungszweckes nachzuweisen. Nr. 2 stellt nicht auf die im Verkehr erforderliche Sorgfalt, sondern allein auf die individuellen Verhältnisse des Antragstellers ab. Diese Privilegierung gegenüber dem ursprünglich Enteignungsbegünstigten wird dadurch gerechtfertigt, dass dem Gesamtrechtsnachfolger typischerweise weder die ganze, dem ursprünglich Enteignungsbegünstigten bewilligte Verwendungsfrist zur Verfügung steht, noch auf Grund der späteren Beteiligung am Enteignungsverfahren eine dem ursprünglich Enteignungsbegünstigten entsprechende Vertrautheit mit dem Vorgang zu Eigen ist. Gesamtrechtsnachfolge iSv Nr. 2 beinhaltet alle übergangsfähigen Verpflichtungen und Berechtigungen von einer natürlichen oder juristischen Person auf eine andere, zB der Vermögensübergang durch Erbfall (§ 1922 BGB), durch Verschmelzung, Umwandlung sowie Vermögensübergang nach dem Aktiengesetz, durch Eingemeindung, nicht aber die vertragliche Schuldübernahme nach § 419 BGB (*Dyong* in EZBK § 114 Rn. 4).

4. Antrag. Der **Antrag** ist vor Ablauf der Verwendungsfrist zu stellen. Da die **5** Einhaltung der Frist keine Verfahrenshandlung ist, ist keine Wiedereinsetzung nach § 210 möglich. Hat der Enteignungsbegünstigte oder sein Rechtsnachfolger die zweckgerechte Verwendung des Enteignungsobjektes begonnen und stetig weitergefördert (BGH BRS 19 Nr. 45), ist aber abzusehen, dass der Enteignungszweck innerhalb der Verwendungsfrist nicht vollständig erfüllt werden wird, so braucht er nach hM (*Dyong* in EZBK § 114 Rn. 9; Holtbrügge, BK, § 114 Rn. 4, keinen Antrag auf Fristverlängerung zu stellen, da gem. § 102 Abs. 3 S. 3 in diesem Fall kein Anspruch auf Rückenteignung entstehen könne (→ § 102 Rn. 5); aA *Wünschmann*, SU BauGB § 114 Rn. 2 – Tätigkeit darf nicht nur begonnen worden, sondern Erfolg muss eingetreten sein. Ist hingegen nicht zu erwarten, dass der Enteignungsbegünstigte oder sein Rechtsnachfolger innerhalb einer Fristverlängerung entsprechend den zeitlichen und sachlichen Anforderungen des Grundsatzes der Erforderlichkeit den Enteignungszweck ganz verwirklichen wird, so ist der Antrag mit Rücksicht auf den durch Art. 14 Abs. 1 S. 1 GG legitimierten Anspruch des Enteignungsbegünstigten auf Rückenteignung aussichtslos. Abs. 2 betrifft also die Fälle, in denen ohne Verschulden die zweckgerichtete Verwendung noch nicht begonnen oder nicht stetig weitergefördert worden ist.

5. Anhörung. Vor einer dem Antrag auf Fristverlängerung stattgebenden Ent- **6** scheidung hat die Enteignungsbehörde den enteigneten früheren Eigentümer zu **hören** (Abs. 2 S. 2). Bei einer ablehnenden Entscheidung der Enteignungsbehörde bedarf der Enteignete zur Wahrung seiner Rechte aus § 102 dieses Schutzes nicht. In der Anhörung kann er seine Rechte nur wirksam wahren, wenn er den Antrag des Enteignungsbegünstigten kennt.

6. Entscheidung. Bei ihrer **Entscheidung** über den Antrag auf Fristverlänge- **7** rung hat die Enteignungsbehörde die vom Antragsteller vorgetragenen Gründe zu prüfen. Gelingt dem Antragsteller der nach Abs. 2 S. 1 Nr. 1 oder 2 erforderliche Nachweis nicht, ist der Antrag abzuweisen. Gelingt der Nachweis, so hat die Enteignungsbehörde zu prüfen, ob der für das Allgemeinwohl erforderliche Enteignungszweck durch den Antragsteller nach Verlängerung noch zweckgerecht innerhalb der zeitlichen und sachlichen Anforderungen des Erforderlichkeitsgrundsatzes verwirklicht werden kann oder ob nicht in einem neuen Enteignungsverfahren ein anderer den Enteignungszweck verwirklichen soll. Bei ihrer Entscheidung hat die Behörde

den durch Art. 14 Abs. 1 GG legitimierten Anspruch des Enteigneten aus § 102 zu berücksichtigen. Die Entscheidung über die Dauer der Frist ergeht nach pflichtgemäßem Ermessen. In besonderen Fällen ist eine mehrmalige Fristverlängerung möglich (*Reisnecker* in KK § 114 Rn. 5).

8 **7. Rechtsschutz.** Der frühere Eigentümer kann die Verlängerung der Verwendungsfrist gem. § 217 mit aufschiebender Wirkung anfechten (Umkehrschluss aus § 224 I S. 1 – *Wünschmann* in SU § 114 Rn. 15). Gegen die Ablehnung der Fristverlängerung kann der Enteignungsberechtigte einen Verpflichtungsantrag (§ 217 I S. 3) stellen, der keine aufschiebende, zur vorläufigen Fristverlängerung führende Wirkung hat. Vorläufige Fristverlängerung ist im Wege der einstweiligen Verfügung (§§ 935, 940 ZPO) und endgültige Fristverlängerung analog § 226 Abs. 3 zu erstreiten (*Breuer* in Schrödter, § 114 Rn. 13; *Reisnecker* in KK § 114, Rn. 16; nur für einstweilige Verfügung *Holtbrügge*, BK § 114 Rn. 9; *Wünschmann*, SU § 114 Rn. 16; für Antrag nach § 123 VwGO *Dyong* in EZBK § 114 Rn. 8).

§ 115 Verfahren bei der Entschädigung durch Gewährung anderer Rechte

(1) **Soll die Entschädigung des Eigentümers eines zu enteignenden Grundstücks nach § 101 festgesetzt werden und ist die Bestellung, Übertragung oder die Ermittlung des Werts eines der dort bezeichneten Rechte im Zeitpunkt des Erlasses des Enteignungsbeschlusses noch nicht möglich, kann die Enteignungsbehörde, wenn es der Eigentümer unter Bezeichnung eines Rechts beantragt, im Enteignungsbeschluss neben der Festsetzung der Entschädigung in Geld dem Enteignungsbegünstigten aufgeben, binnen einer bestimmten Frist dem von der Enteignung Betroffenen ein Recht der bezeichneten Art zu angemessenen Bedingungen anzubieten.**

(2) ¹Bietet der Enteignungsbegünstigte binnen der bestimmten Frist ein Recht der bezeichneten Art nicht an oder einigt er sich mit dem von der Enteignung Betroffenen nicht, so wird ihm ein solches Recht auf Antrag zugunsten des von der Enteignung Betroffenen durch Enteignung entzogen. ²Die Enteignungsbehörde setzt den Inhalt des Rechts fest, soweit dessen Inhalt durch Vereinbarung bestimmt werden kann. ³Die Vorschriften dieses Teils über das Verfahren und die Entschädigung sind entsprechend anzuwenden.

(3) **Der Antrag nach Absatz 2 kann nur innerhalb von sechs Monaten nach Ablauf der bestimmten Frist gestellt werden.**

Übersicht

	Rn.
1. Allgemeines	1
2. Gewährung anderer Rechte	2
a) Antrag	2
b) Entscheidung	3
c) Angebot	4
3. Nachverfahren	5
a) Antrag	5
b) Beschluss	6

1 **1. Allgemeines.** § 115 ist die verfahrensrechtliche Ergänzung von § 101. Nach § 101 kann der Eigentümer des zu enteignenden Grundstücks auf seinen Antrag hin statt in Geld ganz oder teilweise durch Gewährung **anderer Rechte,** zB Miteigentum, Wohnungseigentum, entschädigt werden. Ist die Entschädigung durch Gewäh-

rung anderer Rechte im Zeitpunkt des Erlasses des Enteignungsbeschlusses noch nicht möglich, so kann die Enteignungsbehörde gem. Abs. 1 auf Antrag des Eigentümers des zu enteignenden Grundstücks im Enteignungsbeschluss die Entschädigung in Geld festsetzen und gleichzeitig dem Enteignungsbegünstigten aufgeben, binnen einer bestimmten Frist dem von der Enteignung Betroffenen ein Recht zu angemessenen Bedingungen anzubieten. Führt dieses **Angebot** zur Einigung, so erwirbt der Enteignungsbetroffene das Recht nach den einschlägigen zivilrechtlichen Vorschriften. Ergeht kein fristgerechtes Angebot oder einigen sich die Betroffenen nicht, so entzieht die Enteignungsbehörde auf Grund des befristeten Antrags (Abs. 3) des Enteignungsbetroffenen dem Enteignungsbegünstigten in einem besonderen **Nachverfahren,** auf das die Vorschriften über das Enteignungsverfahren und die Entschädigung anzuwenden sind (Abs. 2 S. 3), zwangsweise ein solches Recht (Abs. 2 S. 1, 2). § 115 trägt dem Umstand Rechnung, dass im Zeitpunkt des Erlasses des Enteignungsbeschlusses zwar der Geldwert der Entschädigung „sicherheitshalber" festsetzbar ist, aber regelmäßig die Entschädigung durch Gewährung von Rechten noch nicht festgesetzt werden kann, weil das Substrat dieser Rechte, zB Wohnanlage, noch nicht existiert und damit auch noch nicht bewertet werden kann. Das den Enteignungsbetroffenen schützende Verfahren nach § 115 ist **unanwendbar,** wenn der Enteignungsbegünstigte eine vom Enteignungsbetroffenen beantragte Entschädigung nach § 101 bereits im Zeitpunkt des Erlasses des Enteignungsbeschlusses durch Gewährung eines solchen Rechtes erfüllen kann. Dann ist der Enteignungsbehörde die Bestellung, Übertragung und Bewertung des Rechtes möglich, sodass sie dieses Recht bereits im Enteignungsbeschluss festsetzt (§ 113 Abs. 2 Nr. 5).

2. Gewährung anderer Rechte. a) Antrag. Der formlose (*Dyong* in EZBK 2 § 115 Rn. 5; *Wünschmann* in SU § 115 Rn. 3; aA *Holtbrügge* in BK § 115 Rn. 2; *Reisnecker,* KK § 115, Rn. 7: § 101 II analog) **Antrag** nach § 115 muss bis zum Schluss der Letzten mündlichen Verhandlung vor der Enteignungsbehörde gestellt werden. Er muss mindestens die Art des Rechtes bezeichnen, das als Entschädigung gewährt wird. Angaben zur Größe, Lage etc. sind zweckmäßig. Antragsberechtigt sind der Eigentümer des zu enteignenden Grundstücks und der Erbbauberechtigte insoweit, als die in § 101 genannten Rechte geeignet sind, ihn in angemessener, seiner Rechtsstellung entsprechender Weise zu entschädigen (→ § 101 Rn. 2).

b) Entscheidung. Außer dem Antrag setzt die **Entscheidung der Behörde** 3 nach Abs. 1 voraus, dass nach § 101 entschieden ist, dass die Entschädigung durch Gewährung eines anderen Rechts geleistet werden soll (→ § 101 Rn. 3). Zusätzlich darf die Bestellung, Übertragung oder Bewertung eines der dort bezeichneten Rechte im Zeitpunkt des Erlasses des Enteignungsbeschlusses noch nicht möglich sein. Das ist zB der Fall, wenn die Wohnungsanlage, an der ein Recht bestellt werden soll, noch nicht fertiggestellt oder noch nicht im Eigentum des Enteignungsbegünstigten ist. Liegen diese Voraussetzungen vor, so kann die Enteignungsbehörde das Verfahren nach § 115 beschließen. Ihr Ermessen bezieht sich jedoch nur auf solche Umstände, die bei der vorangegangenen Entscheidung nach § 101 noch nicht berücksichtigt werden konnten, zB verschlechterte Vermögensverhältnisse des Enteignungsbegünstigten oder auch im Hinblick auf etwaige Ausgleichszahlungen des Enteignungsbegünstigten. Entscheidet sich die Enteignungsbehörde für das Verfahren nach § 115, so muss sie im Enteignungsbeschluss die Summe festsetzen, die die volle Höhe der dem Enteignungsbetroffenen zu gewährenden Entschädigung umfasst. Zugleich hat die Enteignungsbehörde dem Enteignungsbegünstigten eine **Frist** zu setzen, binnen derer er dem Enteignungsbetroffenen ein von diesem beantragtes Recht zu angemessenen Bedingungen anzubieten hat. Die Frist ist nach der voraussichtlichen Fertigstellung des Gebäudes zu bemessen, an dem das Recht begründet wird, zuzüglich der Zeit, die erforderlich ist, um die Voraussetzungen für die Bestellung des Rechts zu schaffen.

4 c) Angebot. Die Entscheidung der Enteignungsbehörde nach Abs. 1 verpflichtet den Enteignungsbegünstigten, innerhalb der festgesetzten Frist dem Enteignungsbetroffenen ein Recht der im Enteignungsbeschluss bezeichneten Art zu angemessenen Bedingungen zum Erwerb anzubieten. Form und Inhalt des **Angebots** richten sich nach den für das angebotene Recht geltenden zivilrechtlichen Vorschriften, zB WEG, § 313 BGB. Nimmt der Enteignungsbetroffene das Angebot an oder einigt er sich nach weiteren Verhandlungen mit dem Enteignungsbegünstigten insbesondere über die Verrechnung der nach Abs. 1 geleisteten Geldentschädigung mit dem angebotenen Recht, so wird das Recht nach den zivilrechtlichen Vorschriften bestellt, ohne dass die Enteignungsbehörde im Nachverfahren nach Abs. 2 tätig wird.

5 3. Nachverfahren. a) Antrag. Bietet der Enteignungsbegünstigte binnen der von der Enteignungsbehörde bestimmten Frist ein Recht der im Enteignungsbeschluss bezeichneten Art nicht an oder einigt er sich mit dem Enteignungsbetroffenen nicht, zB weil dieser ein angemessenes Angebot ablehnt, so kommt es auf **Antrag** des Enteignungsbetroffenen zum **Nachverfahren** gem. Abs. 2. Stellt der Enteignungsbetroffene innerhalb von 6 Monaten nach Ablauf der nach S. 1 bestimmten Ausschlussfrist keinen Antrag nach Abs. 2, so bleibt es bei der Geldentschädigung. Der Anspruch des Enteignungsbetroffenen gegen die Enteignungsbehörde auf Durchführung des Nachverfahrens ist dann erloschen. Der Anspruch des Enteignungsbetroffenen auf Entschädigung ist durch die nach Abs. 1 festgesetzte Geldentschädigung abgegolten.

6 b) Beschluss. Hat der Enteignungsbetroffene den Antrag nach Abs. 2 fristgemäß bei der Enteignungsbehörde gestellt, so hat diese das **Nachverfahren** unter entsprechender Anwendung der Vorschriften über das Enteignungsverfahren und die Entschädigung durchzuführen. Auch wenn die Enteignungsbehörde das Angebot des Enteignungsbegünstigten nach Abs. 1 für angemessen hält, darf sie den Antrag des Enteignungsbetroffenen nach Abs. 2 nicht zurückweisen. Die Enteignungsbehörde muss über den Antrag nach mündlicher Verhandlung durch **Enteignungsbeschluss** entscheiden und dem Enteignungsbegünstigten ein Recht der bezeichneten Art entziehen und den Inhalt des Rechts festsetzen. Im Enteignungsbeschluss ist auch der Betrag festzusetzen, den der antragstellende Enteignungsbetroffene an den Enteignungsbegünstigten (des 1. Enteignungsverfahrens) als Entschädigung für das Recht zu zahlen hat. Der Enteignungsbeschluss des Nachverfahrens wird nach den §§ 117 ff. ausgeführt. Hat der Enteignungsbegünstigte die Bestellung eines Rechts schuldhaft unmöglich gemacht, zB durch Veräußerung der einzigen Wohnanlage, an der ein Recht bestellt werden sollte, so ist kein Nachverfahren möglich. Es bleibt bei der Geldentschädigung nach Abs. 1. Anlass für einen Schadensersatzanspruch des vollentschädigten Enteignungsbetroffenen gegen den Enteignungsbegünstigten kann nur in atypischen Ausnahmefällen bestehen (s. a. *Reisnecker,* KK § 115 Rn. 24; *Holtbrügge* in BK § 115 Rn. 8; gegen jeden Schadensersatzanspruch *Breuer* in SCH § 115 Rn. 12; *Dyong* in EZBK § 115 Rn. 13).

§ 116 Vorzeitige Besitzeinweisung

(1) ¹Ist die sofortige Ausführung der beabsichtigten Maßnahme aus Gründen des Wohls der Allgemeinheit dringend geboten, so kann die Enteignungsbehörde den Antragsteller auf Antrag durch Beschluss in den Besitz des von dem Enteignungsverfahren betroffenen Grundstücks einweisen. ²Die Besitzeinweisung ist nur zulässig, wenn über sie in einer mündlichen Verhandlung verhandelt worden ist. ³Der Beschluss über die Besitzeinweisung ist dem Antragsteller, dem Eigentümer und dem unmittelbaren Besit-

3. Abschnitt. Enteignungsverfahren § 116

zer zuzustellen. ⁴Die Besitzeinweisung wird in dem von der Enteignungsbehörde bezeichneten Zeitpunkt wirksam. ⁵Auf Antrag des unmittelbaren Besitzers ist dieser Zeitpunkt auf mindestens zwei Wochen nach Zustellung der Anordnung über die vorzeitige Besitzeinweisung an ihn festzusetzen.

(2) ¹Die Enteignungsbehörde kann die vorzeitige Besitzeinweisung von der Leistung einer Sicherheit in Höhe der voraussichtlichen Entschädigung und von der vorherigen Erfüllung anderer Bedingungen abhängig machen. ²Auf Antrag des Inhabers eines Rechts, das zum Besitz oder zur Nutzung des Grundstücks berechtigt, ist die Einweisung von der Leistung einer Sicherheit in Höhe der ihm voraussichtlich zu gewährenden Entschädigung abhängig zu machen. ³Die Anordnung ist dem Antragsteller, dem Besitzer und dem Eigentümer zuzustellen.

(3) ¹Durch die Besitzeinweisung wird dem Besitzer der Besitz entzogen und der Eingewiesene Besitzer. ²Der Eingewiesene darf auf dem Grundstück das von ihm im Enteignungsantrag bezeichnete Bauvorhaben ausführen und die dafür erforderlichen Maßnahmen treffen.

(4) ¹Der Eingewiesene hat für die durch die vorzeitige Besitzeinweisung entstehenden Vermögensnachteile Entschädigung zu leisten, soweit die Nachteile nicht durch die Verzinsung der Geldentschädigung (§ 99 Abs. 3) ausgeglichen werden. ²Art und Höhe der Entschädigung werden durch die Enteignungsbehörde spätestens in dem in § 113 bezeichneten Beschluss festgesetzt. ³Wird der Beschluss über Art und Höhe der Entschädigung vorher erlassen, so ist er den in Absatz 2 Satz 3 bezeichneten Personen zuzustellen. ⁴Die Entschädigung für die Besitzeinweisung ist ohne Rücksicht darauf, ob ein Antrag auf gerichtliche Entscheidung gestellt wird, zu dem in Absatz 1 Satz 4 bezeichneten Zeitpunkt fällig.

(5) ¹Auf Antrag einer der in Absatz 2 Satz 3 bezeichneten Personen hat die Enteignungsbehörde den Zustand des Grundstücks vor der Besitzeinweisung in einer Niederschrift feststellen zu lassen, soweit er für die Besitzeinweisungs- oder die Enteignungsentschädigung von Bedeutung ist. ²Den Beteiligten ist eine Abschrift der Niederschrift zu übersenden.

(6) ¹Wird der Enteignungsantrag abgewiesen, so ist die vorzeitige Besitzeinweisung aufzuheben und der vorherige unmittelbare Besitzer wieder in den Besitz einzuweisen. ²Der Eingewiesene hat für alle durch die vorzeitige Besitzeinweisung entstandenen besonderen Nachteile Entschädigung zu leisten. ³Absatz 4 Satz 2 gilt entsprechend.

Übersicht

	Rn.
1. Allgemeines	1
a) Interne und externe Systematik	1
b) Besitzeinweisung in Rechte	2
2. Voraussetzungen der vorzeitigen Besitzeinweisung	3
a) Antrag	3
b) Materielle Voraussetzungen	4
c) Sicherheitsleistung	5
3. Verfahren	6
4. Rechtsfolgen der vorzeitigen Besitzeinweisung	7
5. Entschädigung	8
a) Verzinsung der Hauptentschädigung	8
b) Sonderentschädigung – Abs. 4	9
6. Beweissicherung	10

	Rn.
7. Aufhebung der vorzeitigen Besitzeinweisung	11
a) Beschluss	11
b) Entschädigung	12
8. Rechtsschutz	13

1. Allgemeines. a) Interne und externe Systematik. § 116 ermöglicht es zur beschleunigten Verwirklichung des zum allgemeinen Wohl erforderlichen Enteignungszweckes, dass vor dem Eigentumswechsel der Enteignungsbegünstigte auf seinen Antrag hin in den Besitz des Enteignungsobjektes gelangt und auf dem Grundstück das von ihm im Enteignungsantrag bezeichnete Bauvorhaben ausführen darf. Abs. 1 S. 1 und 2 bestimmen die formellen und materiellen Voraussetzungen der Entscheidung der Enteignungsbehörde. Abs. 1 S. 3 regelt die Zustellung des Besitzeinweisungsbeschlusses. In Abs. 1 S. 4, 5 ist der Zeitpunkt der Wirksamkeit, in Abs. 3 sind die materiellen Rechtsfolgen der vorzeitigen Besitzeinweisung geregelt. Die Interessen der Enteignungsbetroffenen schützen Abs. 2 – Sicherheitsleistung und andere Bedingungen – und Abs. 4 – über § 99 Abs. 3 S. 2 hinausgehende Entschädigung wegen der durch die vorzeitige Besitzeinweisung erfolgenden Teilenteignung. Abs. 6 regelt die Aufhebung der vorläufigen Besitzeinweisung und die daran anknüpfende besondere Entschädigung. Dem Interessenausgleich insbesondere bei der Entschädigung nach Abs. 4 oder 6 dient die Beweissicherung nach Abs. 5. Die vorzeitige Besitzeinweisung ist ein **spezielles enteignungsrechtliches Institut,** das bei besonderer Dringlichkeit Funktionen der bei anderen Verwaltungsakten möglichen sofortigen Vollziehung (§ 80 Abs. 2 Nr. 4 VwGO) erfüllen kann. Anders als die sofortige Vollziehung setzt die vorzeitige Besitzeinweisung jedoch weder voraus, dass bereits ein zu vollstreckender Verwaltungsakt – der Enteignungsbeschluss – vorliegt (s. a. OLG München BRS 34 Nr. 201), noch vollzieht er vorläufig dessen Rechtsfolgen. Statt des vorläufigen Vollzugs der Rechtsfolgen des Enteignungsbeschlusses – Eigentumswechsel – führt die vorzeitige Besitzeinweisung zur vorläufigen **Änderung des Besitzrechts,** einschließlich der Befugnis, mit der **vorläufigen Verwirklichung des Enteignungszweckes** zu beginnen. Zur vorzeitigen Besitzeinweisung bei der Umlegung s. § 77. Die seit langem verbreitete (s. *Müller* NJW 1964, 188) vorzeitige Besitzeinweisung soll wie andere Institute, zB § 108 Abs. 2 – vorzeitige Einleitung des Enteignungsverfahrens –, § 110 – Einigung –, § 111 – Teileinigung –, §§ 112 Abs. 2, 117 Abs. 1 – Vorabentscheidung –, §§ 113 Abs. 4, 117 Abs. 3 – vorläufige Kennzeichnung –, den **Beschleunigungsgrundsatz** (→ § 107 Rn. 2) im Enteignungsverfahren verwirklichen, § 224 beim Rechtsschutz gegen die vorläufige Besitzeinweisung. Zur Verfassungsmäßigkeit BayVerfGH NVwZ 1985, 106 – Art. 9 bayEnteigG; zur Nichtanwendbarkeit von § 116 bei einer Enteignung zum Zwecke der Energieversorgung in Sachsen SächsVerfGH LKV 2000, 301; abl. *Jaeckel* SächsBl. 2000, 205. § 116 ist auf die städtebauliche Enteignung nach § 85 begrenzt; zu anderen bundes- und landesrechtlichen Regelungen s. *Scheidler* BauR 2010, 42 (43); *ders.* ThürVBl. 2009, 121; *ders.* BayVBl. 2010, 453. Diese können auch dann eingesetzt werden, wenn das Vorhaben städtebaulich relevant ist (VGH München BayVBl. 2009, 181), nicht aber wenn ausschließlich zu einem städtebaulichen Zweck enteignet werden soll (VGH München B. v. 21.7.2009/8 ZB 07.2105 – juris; *Scheidler* BauR 2010, 42 (43)).

b) Besitzeinweisung in Rechte. Die vorzeitige Besitzeinweisung gewährt den Besitz des Grundstücks. Eine vorzeitige **Besitzeinweisung in Rechte** ist grundsätzlich ausgeschlossen, da es keinen Besitz an Rechten gibt. Ausnahmen sind Grunddienstbarkeit (§ 1029 BGB, Nießbrauch § 1030 BGB)) und beschränkt persönliche Dienstbarkeit (§ 1090 BGB) (*Petz,* SU § 116 Rn. 4.1; aA *Dyong,* EZBK § 116 Rn. 2). Möglich ist aber die vorzeitige Besitzeinweisung in ein zu enteignendes Recht, das zum Besitz oder zur Nutzung des Grundstücks berechtigt, zB Pacht (§ 85 Abs. 1 Nr. 4) (BGH NJW 1969, 1897; *Reisnecker,* KK § 116 Rn. 8).

3. Abschnitt. Enteignungsverfahren § 116

2. Voraussetzungen der vorzeitigen Besitzeinweisung. a) Antrag. Die Ent- 3
eignungsbehörde darf die vorzeitige Besitzeinweisung nur auf **Antrag** desjenigen anordnen, der den Antrag auf Enteignung gestellt hat (→ § 105 Rn. 2) und in den Besitz des von der Enteignung betroffenen Grundstücks eingewiesen werden will, um auf ihm das im Enteignungsantrag bezeichnete Vorhaben auszuführen. Beide Anträge können gleichzeitig gestellt werden, auch bevor der durchzuführende Bebauungsplan rechtsverbindlich ist (*Reisnecker* in KK § 116 Rn. 13). Über den Antrag nach § 110 darf auch vor förmlicher Einleitung des Enteignungsverfahrens nach § 108 entschieden werden (LG Darmstadt NVwZ 2000, 116; *Müller* NJW 1964, 188; aA *Dyong* in EZBK § 116 Rn. 3; *Holtbrügge*, BK § 116 Rn. 4; zur klaren Bezeichnung der betroffenen Flächen s. VGH München BayVBl. 2009, 434 (435)). Gem. Abs. 1 S. 2 muss eine mündliche Verhandlung über die vorzeitige Besitzeinweisung stattgefunden haben, die den von der Besitzeinweisung, die noch keine Änderung eingetragener Rechte zu Folge hat, nachteilig (OLG Oldenburg BRS 45 Nr. 212) Betroffenen nicht aber vor der Einreichung des Enteignungsantrags bei der Gemeinde (*Petz* in SU § 116 Rn. 9) Grundeigentümer, aber auch unmittelbare Besitzer wie Mieter oder Pächter und Inhaber solcher Rechte, die zum Besitz oder zur Nutzung des Grundstücks berechtigen, zB Nießbraucher, aber auch Testamentsvollstrecker, s. BGHZ 96, 1. Unter Berücksichtigung der Belange der Betroffenen und der Notwendigkeit der Beschleunigung des Besitzeinweisungsverfahrens wird eine Ladungs- und Einlassungsfrist von zwei Wochen für ausreichend gehalten (OVG Lüneburg NJW 1979, 2038 zum FStrG; *Breuer* in SCH § 116 Rn. 5; *Müller* NJW 1964, 189f.). Nach hM (*Dittus* NJW 1963, 794; *Petz,* SU § 116 Rn. 10; aA *Hönn* NJW 1962, 143) darf die Besitzeinweisung bis zur Rechtskraft der Ausführungsanordnung (§ 117) angeordnet werden, also auch noch nach Erlass des Enteignungsbeschlusses und nach dessen Anfechtung gem. § 217.

b) Materielle Voraussetzungen. Materielle Voraussetzung der vorzeitigen Be- 4
sitzeinweisung ist gem. Abs. 1 S. 1, dass die sofortige **Ausführung** der beabsichtigten Maßnahme aus Gründen des Wohls der Allgemeinheit **dringend** geboten ist. Es genügt also nicht, wie bei der Zulässigkeit der Enteignung, dass das Wohl der Allgemeinheit die Maßnahme erfordert (§ 87 Abs. 1). Zu dem auch in Art. 14 Abs. 3 S. 1 GG verwendeten Begriff des Wohls der Allgemeinheit → § 87 Rn. 2. Bei ihrer Entscheidung nach Abs. 1 S. 1 hat die Enteignungsbehörde das Interesse der Allgemeinheit an der sofortigen Ausführung der beabsichtigten Maßnahme mit den durch Art. 14 Abs. 1 S. 1 GG legitimierten privaten Interessen der Betroffenen abzuwägen und zu prüfen, ob mit hoher Wahrscheinlichkeit zu erwarten ist, dass dem Enteignungsantrag entsprochen werden wird. Entsprechend der Eigenart des Besitzeinweisungsverfahrens, das anders als das Enteignungsverfahren auf eine vorzeitige, weil dringliche, aber auch nur vorläufige Regelung gerichtet ist (→ Rn. 1), sind die materiellen Voraussetzungen der vorläufigen Besitzeinweisung teilweise – bezüglich der Dringlichkeit des Vorhabens – strenger, teilweise – bezüglich der Prognose über den Enteignungsantrag – aber weniger streng als diejenigen des Enteignungsverfahrens (VGH München BayVBl. 1983, 308f.; *Wienke* BayVBl. 1983, 297 (299f.)). Bei der Abwägung hinsichtlich der Dringlichkeit der Maßnahme müssen die öffentlichen Interessen die privaten ganz erheblich überwiegen. Ein solches qualifiziertes öffentliches Interesse ist gegeben, wenn nur durch die vorzeitige Besitzeinweisung von der Allgemeinheit **wesentliche Nachteile**, zB Gefahrenlage, abgewendet oder wenn ihr wesentliche Vorteile erhalten bleiben, die bei der Ausführung zu einem späteren Zeitpunkt verloren gingen, zB auch empfindlicher Zeitverlust und erhebliche Mehrkosten (OVG Lüneburg NJW 1965, 554f.; *Kirchberg* VBlBW 1990, 161 (168)) oder technisch konstruktive Gründe (*Dyong* in EZBK § 116 Rn. 5); dazu anlässlich der Entwicklungsmaßnahme Hauptstadt Berlin – Parlaments- und Regierungsviertel KG NJW 1998, 3064. Hinsichtlich der Prognose über den Enteignungsantrag genügt es,

§ 116

dass dem Enteignungsantrag mit hoher Wahrscheinlichkeit, nicht aber mit an Sicherheit grenzender Wahrscheinlichkeit stattzugeben sein wird (KG NJW 1998, 3064 (3065); VGH München BayVBl. 1983, 308 f.; OLG Düsseldorf BauR 1972, 169 – nach einer ersten Prüfung unzulässiger oder offensichtlich unbegründeter Enteignungsantrag; s. a. *Labbé* BayVBl. 1978, 201). Die vorzeitige Besitzeinweisung setzt ernstliche Verhandlungen über den freihändigen Erwerb voraus. Einwände gegen die Art und Höhe der Entschädigung sind insoweit unbeachtlich (OVG Lüneburg NJW 1965, 554; LG Darmstadt NVwZ 2000, 116 (117); *Wienke* BayVBl. 1983, 297 (300); → Rn. 9). In den Fällen des § 85 Abs. 1 Nr. 1 setzt die vorzeitige Besitzeinweisung voraus, dass ein verbindlicher Bebauungsplan vorliegt (*Dyong* in EZBK § 116 Rn. 6). Wegen des gesetzlich vorgeschriebenen hochformalisierten Planungsverfahrens kann bei der städtebaulichen Administrativenteignung anders als bei vielen fachplanerischen Administrativenteignungen das Verfahren der vorläufigen Besitzeinweisung nicht auch die vorläufige Entscheidung über das Planungsverfahren ersetzen. Wenn die sofortige Ausführung aus Gründen des öffentlichen Wohls dringend geboten ist, wird die Enteignungsbehörde im Regelfall trotz des ihr eingeräumten Ermessens (aA *Reisnecker*, KK § 116 Rn. 33) die Anordnung treffen müssen (s. a. *Breuer* in SCH § 116 Rn. 7; *Dyong* in EZBK § 116 Rn. 8). Es kann aber zB auch zweckmäßiger sein, das Enteignungsverfahren so zu beschleunigen, dass eine vorzeitige Besitzeinweisung sich erübrigt. Das Ermessen besteht auch hinsichtlich des Zeitpunkts des Wirksamwerdens der Besitzeinweisung.

5 c) **Sicherheitsleistung.** Die Einweisungsanordnung kann von einer **Sicherheitsleistung** abhängig gemacht werden. Maßgeblich für die Ermessensentscheidung nach Abs. 2 S. 1 sind vornehmlich der Umfang des beabsichtigten Bauvorhabens, die Dauerhaftigkeit der dafür erforderlichen Maßnahmen und die finanziellen Verhältnisse des Enteignungsbegünstigten. Die Enteignungsbehörde muss eine Sicherheitsleistung festsetzen, wenn der Inhaber eines Rechtes, das zum Besitz oder zur Nutzung des Grundstücks berechtigt (→ § 106 Rn. 3), dies beantragt (Abs. 2 S. 2 – kein Ermessen OLG Jena NVwZ 1998, 771). Die Ermessensentscheidung über die Höhe der Sicherheitsleistung wird durch die Höhe der voraussichtlichen Enteignungsentschädigung begrenzt. Der Antragsteller nach Abs. 2 S. 2 kann sich mit einer geringeren Sicherheitsleistung einverstanden erklären. Wird die Sicherheitsleistung vorbehaltlos erbracht, so kann diese Zahlung geeignet sein, den Stichtag hinsichtlich der Preisverhältnisse für die noch festzusetzende Enteignungsentschädigung festzulegen (BGH NVwZ 1986, 1053). Andere nach Ermessen ergehende **Bedingungen** können bestimmte Handlungen oder Unterlassungen des Enteignungsbegünstigten betreffen, die zum Schutze der Enteignungsbetroffenen dienlich sind, zB Gestattung der Aberne eines Grundstücks, Gestattung einer Zufahrt, vorübergehende Unterbringung des Enteignungsbetroffenen auf einem Grundstück des Enteignungsbegünstigten (s. *Dyong* in EZBK § 116 Rn. 13; *Holtbrügge* in BK § 116 Rn. 13). Die Sicherheitsleistung oder die anderen Bedingungen werden regelmäßig im **Beschluss** über die vorläufige Besitzeinweisung mit festgesetzt. Sie können aber auch zuvor in einem gesonderten Beschluss angeordnet werden (*Reisnecker* in KK § 116 Rn. 31). In jedem Fall müssen Sicherheitsleistung oder sonstige Bedingungen vor Wirksamwerden der Einweisungsanordnung erfüllt werden. Werden Sicherheitsleistung oder Bedingung nicht erfüllt, so wird die Besitzeinweisung nicht wirksam. Die Rechtsfolgen nach Abs. 3 (→ Rn. 7) treten nicht ein. Eines Aufhebungsbeschlusses bedarf es nicht (*Reisnecker* in KK § 116 Rn. 32; *Breuer* in SCH, § 116 Rn. 12; einschränkend *Dyong* in EZBK § 116 Rn. 15).

6 3. **Verfahren.** Wegen der Eilbedürftigkeit der Sache und der Vorläufigkeit der Entscheidung ist das auf Antrag (→ Rn. 3) eingeleitete **Verfahren** der vorläufigen Besitzeinweisung anders als das Enteignungsverfahren nicht förmlich ausgestaltet. Ein offensichtlich unzulässiger oder unbegründeter Antrag kann im Vorprüfungsver-

3. Abschnitt. Enteignungsverfahren § 116

fahren ohne mündliche Verhandlung zurückgewiesen werden (→ § 107 Rn. 7). Nach Ladung der Betroffenen (→ Rn. 3) hat bei positiver Entscheidung über den Antrag eine mündliche Verhandlung stattzufinden (Abs. 1 S. 2); zur erforderlichen erneuten mündlichen Verhandlung wegen einer Alternative VGH Mannheim NVwZ-RR 2001, 562. Für die Besetzung der Enteignungsbehörde gilt § 104 Abs. 2 entsprechend. Analog § 108 Abs. 3 Nr. 4 kann auch ohne Anwesenheit eines Betroffenen die vorläufige Besitzeinweisung ausgesprochen werden, wenn in der Ladung darauf hingewiesen worden ist (*Müller* NJW 1964, 188; *Reisnecker* in KK § 116 Rn. 17). Ermessen steht der Enteignungsbehörde zu hinsichtlich des Zeitpunkts, möglicher Verfahrensalternativen, in der Regel aber nicht wegen des Obs der Anordnung (*Petz*, SU § 116 Rn. 31). Zur Abwägung der Belange der Allgemeinheit und des Betroffenen OLG Weimar MDR, 2008, 407; *Scheidler* BauR 2010, 42 (46). Der Beschluss über die vorläufige Besitzeinweisung hat zu enthalten die Bezeichnung des Antragstellers, des betroffenen Grundstücks, des Eigentümers und eines etwaigen unmittelbaren Besitzers (Pächters), BGHZ 96, 1, die Verfügung der Besitzeinweisung (Abs. 3), die Angabe des Zeitpunkts, in dem die Einweisung wirksam wird (Abs. 3 S. 4), der auf Antrag des unmittelbaren Besitzers mindestens zwei Wochen nach Zustellung des Einweisungsbeschlusses an ihn festzusetzen ist (Abs. 1 S. 5), eine Rechtsbehelfsbelehrung (§ 211) über die Rechtsschutzmöglichkeit nach § 217. Der Beschluss kann auch Bestimmungen über die Sicherheitsleistung und andere Bestimmungen (Abs. 2; → Rn. 5) und die Entschädigung (Abs. 4; → Rn. 8, 9) enthalten. Er ist dem Antragsteller, dem Eigentümer und dem unmittelbaren Besitzer (dazu VGH Kassel BRS 19 Nr. 68), nicht aber allen am Enteignungsverfahren Beteiligten (§ 106) zuzustellen (Abs. 1 S. 3).

4. Rechtsfolgen der vorzeitigen Besitzeinweisung. Durch die vorzeitige Besitzeinweisung wird dem unmittelbaren und/oder mittelbaren Besitzer der **Besitz entzogen** und der Eingewiesene Besitzer iSv § 854 BGB (Abs. 3 S. 1). Die **Rechtsstellung des Eingewiesenen** bestimmt sich auch gegenüber dem betroffenen Eigentümer nach den §§ 854–872 BGB. Endgültig wird die durch die vorzeitige Besitzeinweisung bewirkte Änderung des Besitzverhältnisses erst mit dem Inkrafttreten des Enteignungsbeschlusses. Der Eingewiesene darf aber bereits die aus dem Besitzrecht möglichen Handlungen vornehmen, die der **Verwirklichung des Enteignungszweckes** dienen. Neben der Befugnis des Eingewiesenen, seine Besitzansprüche zivilrechtlich durchzusetzen, besteht die Verpflichtung der Enteignungsbehörde, gegen den Enteignungsbetroffenen Verwaltungszwang anzuwenden, wenn er seiner Verpflichtung aus der Besitzeinweisung nicht nachkommt (OVG Münster NVwZ-RR 1996, 182; *Reisnecker* in KK § 116, Rn. 38; *Breuer* in SCH § 116 Rn. 13; aA *Aust/Jacobs/Pasternak*, Die Enteignungsentschädigung, 7. Aufl. 2014, Rn. 118; *Lange* DÖV 1988, 812; offen gelassen von BGHZ 96, 1). Gem. § 224 bedürfen Zwangsmaßnahmen der Enteignungsbehörde zur Verschaffung des Besitzes nicht der Zustimmung des Gerichtes, auch wenn gegen die vorzeitige Besitzeinweisung Antrag auf gerichtliche Entscheidung gestellt worden ist.

7

5. Entschädigung. a) Verzinsung der Hauptentschädigung. Der Entzug des Besitzes durch die vorzeitige Besitzeinweisung ist gem. § 99 Abs. 3 S. 2 als Ausgleich für den vorzeitigen Entzug eines Teils der Eigentumssubstanz zusätzlich zur Hauptentschädigung für den Eigentumsverlust zu entschädigen. Vom Zeitpunkt des Wirksamwerdens der vorzeitigen Besitzeinweisung an (→ Rn. 6) ist die **Hauptentschädigung** mit jährlich 2% über dem Basiszinssatz (§ 247 BGB) **zu verzinsen**. Die Verzinsung der Entschädigungssumme ist der abstrakt berechnete Ausgleich dafür, dass dem Betroffenen das Grundstück nicht mehr so wie bisher zur Nutzung, die an die Stelle des Grundstücks tretende Entschädigung aber noch nicht zur Verfügung steht (BGHZ 48, 291 (293); NJW 1969, 1897; NVwZ 1984, 602; NVwZ, 2000, 230 (231); s. a. *Jung* NJW 1967, 231). Eine Entschädigung für die durch die vorzeitige

8

§ 116
I. Kapitel. V. Teil. Enteignung

Besitzeinweisung entstandenen Vermögensnachteile kommt nur in Betracht, soweit die Nachteile nicht durch die Verzinsung der Geldentschädigung ausgeglichen werden. Es kommt also zu keiner Doppelentschädigung (BGHZ 48, 291; NVwZ 1984, 602). Ein Eigentümer, der die Besitzeinweisung erfolglos angefochten hat, muss sich die von ihm während der Anfechtungszeit gezogenen Nutzungen auf die als Besitzeinweisungsentschädigung geschuldete Verzinsung der Enteignungsentschädigung anrechnen lassen (BGH NVwZ 1984, 602). Als abstrakte Berechnung des teilentgeltnenden Entzugs einer Nutzungsmöglichkeit unterliegt diese Verzinsung nicht dem Verbot des Zinseszinses (BGH NJW 1964, 294, WM 1974, 601; *Jung* NJW 1967, 234; *Aust/Jacobs/Pasternak,* Die Enteignungsentschädigung, Rn. 895; *Gelzer/Busse/ Fischer,* Entschädigung wegen Enteignung und enteignungsgleichem Eingriff, 3. Aufl. 2010, Rn. 231 aA *Reisnecker,* KK § 116, Rn. 43: Verzinsung nur der Sonderentschädigung; → Rn. 9). Zur Abgrenzung zu BGH NJW 1973, 2284 und zu anderen Fragen der Verzinsung → § 99 Rn. 5, 6. Die Zinsen nach § 99 Abs. 3 S. 2 gehören zu den Einkünften aus Kapitalvermögen, wenn der Enteignungsbegünstigte mit dem Zeitpunkt des Wirksamwerdens der vorzeitigen Besitzeinweisung wirtschaftlich Eigentum am Grundstück erlangt (BFH DB 1981, 506).

9 **b) Sonderentschädigung – Abs. 4.** Zusätzlich zur Verzinsung der Hauptentschädigung hat der Eingewiesene für die durch die vorzeitige Besitzeinweisung entstehenden Vermögensnachteile eine zusätzliche Entschädigung zu leisten, sofern die Nachteile nicht nach § 99 Abs. 3 S. 2 ausgeglichen werden (Abs. 4 S. 1). Diese **Sonderentschädigung** (*Schmidt-Aßmann/Groß* in EZBK § 99 Rn. 24) gewährt einen Wertausgleich für Substanzverluste in konkreten Werten, die im Substanzwert des Grundstücks nicht enthalten und daher auch nicht durch die Verzinsung nach § 99 Abs. 3 S. 2 abgegolten sind (BGH NJW 1962, 2051). Derartige konkrete Werte können zB anlässlich der vorzeitigen Einweisung in ein noch nicht abgeerntetes Grundstück zusätzlich zu entschädigen sein (BGHZ 32, 338), wenn die Hauptentschädigung nur den Wert des Grundstücks umfasst. Die Pflicht zur Leistung einer Entschädigung entfällt, wenn der Eingewiesene vor oder zugleich mit der Erlangung des Besitzes die festgesetzte Hauptentschädigung zahlt (BGH BRS 34, 316 (318); KG NJW 1968, 1065) oder wenn der Eigentümer erst nach dem Eigentumsübergang das Grundstück geräumt hat (BGH BRS 34, 316 (318); KG NJW 1968, 1065). Dies kann nur für die Entschädigung nach § 99 Abs. 3 S. 2, nicht aber für die Sonderentschädigung nach Abs. 4 gelten, da diese weder von der vorzeitig gezahlten Hauptentschädigung noch von deren (entfallender) Verzinsung umfasst wird (*Reisnecker* KK § 116, Rn. 41). Der den Grundsatz der **Vorteilsausgleichung** (→ § 93 Rn. 6) verwirklichende und insoweit übertragbare Abs. 4 (BGHZ 48, 291 (293)) verbietet eine Doppelentschädigung für Nutzungsausfall. Hat ein Eigentümer die vorzeitige Besitzeinweisung erfolglos angefochten, so muss er sich die von ihm während der Anfechtungszeit gezogenen Grundstücksnutzungen auf die als Besitzeinweisungsentschädigung geschuldete Verzinsung der Enteignungsentschädigung anrechnen lassen (BGHZ 88, 337). Zur analogen Anwendung von Abs. 4 bei verzögerter Enteignung → § 95 Rn. 3 aE Die Enteignungsbehörde hat die Entschädigung nach Art und Höhe festzusetzen, und zwar nach den Grundsätzen der §§ 93ff. (ebenso *Breuer* in SCH § 116 Rn. 21). Gegen eine Beschränkung auf die Entschädigungsarten des 5. Teils des BauGB *Reisnecker* in KK § 116, Rn. 44; *Dyong* in EZBK § 116 Rn. 18. Dadurch wird jedoch die Grenze zu den Bedingungen nach Abs. 2(→ Rn. 5) verwischt und die Gesetzessystematik ohne zwingenden Grund gesprengt. Die Entschädigung kann im **Beschluss** über die vorzeitige Besitzeinweisung oder in einem besonderen, vor (aA *Reisnecker,* KK § 116, Rn. 44) dem Enteignungsbeschluss ergehenden Entschädigungsbeschluss festgesetzt werden. Spätestens ist sie im Enteignungsbeschluss festzusetzen (Abs. 4 S. 2; dazu BVerwG BRS 16 Nr. 49). Der Beschluss über die Art und Höhe der Entschädigung ist selbstständig anfechtbar (BVerwG BRS 34 Nr. 73). Wird die Entschädigung

3. Abschnitt. Enteignungsverfahren **§ 116**

vor dem Enteignungsbeschluss festgesetzt, so ist der diesbezügliche Beschluss dem Antragsteller, dem Besitzer und dem Eigentümer zuzustellen (Abs. 4 S. 3). Die Entschädigung ist – auch wenn Antrag auf gerichtliche Entscheidung gestellt ist – fällig zu dem Zeitpunkt, in dem die Besitzeinweisung entsprechend dem Einweisungsbeschluss (Abs. 1 S. 4) wirksam wird (Abs. 4 S. 4). Von diesem Zeitpunkt an ist die Entschädigung zu **verzinsen** (BGH BRS 34 Nr. 109). Die Zahlungspflicht entsteht erst nach Festsetzung durch die Enteignungsbehörde (*Dyong* in EZBK § 116 Rn. 19). Zur Bemessung der Besitzeinweisungsentschädigung, wenn die spätere enteignende Maßnahme in der Bestellung eines Nießbrauchs besteht, s. BGH DÖV 1976, 636 u. BRS 34 Nr. 83 – Rente.

6. Beweissicherung. Trotz der Vorläufigkeit der vorzeitigen Besitzeinweisung **10** werden regelmäßig durch die Maßnahmen zur Verwirklichung des Enteignungszwecks, zB Abrissarbeiten (→ Rn. 7), irreparable Folgen eintreten. Zum Interessenausgleich zwischen dem die Besitzeinweisung beantragenden Enteignungsbegünstigten und dem Eigentümer, ggf. dem unmittelbaren Besitzer, im Hinblick auf die Festsetzung der Enteignungsentschädigung, verpflichtet Abs. 5 S. 1 die Enteignungsbehörde auf Antrag dieser Personen, den Zustand des Grundstücks vor der Besitzeinweisung in einer Niederschrift feststellen zu lassen. Die Form der **Beweissicherung** ist nicht vorgeschrieben. Statt zB einen Sachverständigen zu beauftragen, kann die Enteignungsbehörde die notwendigen Untersuchungen, zB Augenscheinnahme, selbst vornehmen. Statt auf Antrag kann die Enteignungsbehörde auch von Amts wegen zur Erforschung des Sachverhalts (→ § 107 Rn. 3) die Beweissicherung vornehmen *Petz*, SU § 116 Rn. 47; aA *Holtbrügge* in BK § 116 Rn. 18. Den Beteiligten (§ 106) ist eine Abschrift der Niederschrift zu übersenden (Abs. 5 S. 2). Die Niederschrift ist anders als die Ablehnung eines Beweissicherungsantrages kein nach § 217 anfechtbarer Verwaltungsakt. Ein Besitzeinweisungsbeschluss, der ohne Entscheidung über einen vorher gestellten Beweissicherungsantrag ergeht, ist rechtswidrig (OLG Düsseldorf BRS 34 Nr. 72).

7. Aufhebung der vorzeitigen Besitzeinweisung. a) Beschluss. Als vorläu- **11** fige Maßnahme ist die Besitzeinweisung in ihrem Bestand abhängig von der Entscheidung über den Enteignungsantrag. Wird dieser abgewiesen, so muss die Enteignungsbehörde die **vorzeitige Besitzeinweisung aufheben** und den vorherigen unmittelbaren Besitzer wieder in den Besitz einweisen. Die Entscheidung nach Abs. 6 S. 1 muss gleichzeitig mit der Abweisung des Enteignungsantrages erfolgen, und zwar zweckmäßigerweise (statt durch besonderen Beschluss) im Enteignungsbeschluss. Hebt ein Gericht den Enteignungsbeschluss auf, so muss die Enteignungsbehörde mit Rechtskraft der Entscheidung den Besitzeinweisungsbeschluss aufheben und den vorherigen unmittelbaren Besitzer wieder in den Besitz einweisen. Der vorherige Besitzer erhält den Besitz mit Wirksamwerden des Aufhebungs- und Einweisungsbeschlusses. Die Enteignungsbehörde ist verpflichtet, zur Durchsetzung der Besitzansprüche Verwaltungszwang anzuwenden. Daneben kann der eingewiesene vorherige Besitzer die zivilrechtlichen Besitzansprüche selbst geltend machen (→ Rn. 7). Der Antrag auf gerichtliche Entscheidung gegen die Aufhebung der vorzeitigen Besitzeinweisung hat keine aufschiebende Wirkung (§ 224 analog, *Breuer* in SCH § 116 Rn. 32). Abs. 6 S. 1 gilt entsprechend, wenn der Enteignungsbeschluss nach § 120 aufgehoben wird. Wird der Beschluss über die vorläufige Besitzeinweisung aufgehoben, so tritt der frühere Rechtszustand wieder ein (*Reisnecker* in KK § 116 Rn. 37).

b) Entschädigung. Wird die vorzeitige Besitzeinweisung aufgehoben, so hat der **12** vorzeitig Eingewiesene für alle durch die vorzeitige Besitzeinweisung entstandenen besonderen Nachteile **Entschädigung** zu leisten. Abs. 6 S. 2 soll all die Schäden ausgleichen, die nicht bereits nach Abs. 4 entschädigt worden sind, insbesondere also die

§ 117 I. Kapitel. V. Teil. Enteignung

Kosten, die zur Beseitigung der Folgen der Maßnahmen, die der Eingewiesene zur Verwirklichung des Enteignungszweckes durchgeführt hat (Baumaßnahmen), und die Kosten, die zur Wiederherstellung der alten Nutzung erforderlich sind. Obwohl als Entschädigungsanspruch konzipiert, gewährt Abs. 6 S. 2 wie § 945 ZPO vollen Schadensausgleich in dem Falle, dass sich die Anordnung einer einstweiligen Verfügung als von Anfang an ungerechtfertigt erweist (BGHZ 43, 168 (171)). Bei der Bemessung der Entschädigungshöhe ist der Grundsatz der Vorteilsausgleichung (§ 93 Abs. 3 S. 1) zu beachten. Art (nicht notwendig nur Geldleistung; *Petz*, SU § 116 Rn. 56; *Holtbrügge*, BK § 116 Rn. 20; aA *Dyong* in EZBK § 116 Rn. 22) und Höhe der Entschädigung werden durch die Enteignungsbehörde im Beschluss über die Abweisung des Enteignungsantrages oder in einem gesonderten Aufhebungsbeschluss festgesetzt (Abs. 6 S. 3).

13 **8. Rechtsschutz.** Die vorzeitige Besitzeinweisung und die Aufhebung der vorzeitigen Besitzeinweisung können durch **Antrag auf gerichtliche Entscheidung** (§ 217) angefochten werden. Der Antrag hat gem. § 224 **keine aufschiebende Wirkung;** möglich ist aber eine Anordnung entspr. § 80 Abs. 5 VwGO (BGHZ 96, 1 – auch zum Schadensersatz nach § 945 ZPO wegen eines durch später aufgehobene einstweilige Verfügung vollzogenen Besitzeinweisungsbeschlusses). Zur uneinheitlichen Rspr. zu den **Rechtsmitteln** gegen einen Beschluss entsprechend § 80 Abs. 5 VwGO → § 224 Rn. 2. Der Streitwert in Besitzeinweisungsstreitigkeiten beträgt idR 20% des Wertes des Gegenstandes, um dessen Besitz es geht (BGHZ 61, 240). § 121 erfasst auch die Rechtsberatungskosten des Eigentümers im Verfahren der vorzeitigen Besitzeinweisung.

§ 117 Ausführung des Enteignungsbeschlusses

(1) ¹Ist der Enteignungsbeschluss oder sind die Entscheidungen nach § 112 Abs. 2 nicht mehr anfechtbar, so ordnet auf Antrag eines Beteiligten die Enteignungsbehörde die Ausführung des Enteignungsbeschlusses oder der Vorabentscheidung an (Ausführungsanordnung), wenn der durch die Enteignung Begünstigte die Geldentschädigung, im Falle der Vorabentscheidung die nach § 112 Abs. 2 Satz 2 festgesetzte Vorauszahlung gezahlt oder in zulässiger Weise unter Verzicht auf das Recht der Rücknahme hinterlegt hat. ²Auf Antrag des Entschädigungsberechtigten kann im Falle des § 112 Abs. 2 die Enteignungsbehörde die Ausführungsanordnung davon abhängig machen, dass der durch die Enteignung Begünstigte im Übrigen für einen angemessenen Betrag Sicherheit leistet.

(2) ¹In den Fällen des § 111 ist auf Antrag eines Beteiligten die Ausführungsanordnung zu erlassen, wenn der durch die Enteignung Begünstigte den zwischen den Beteiligten unstreitigen Entschädigungsbetrag gezahlt oder in zulässiger Weise unter Verzicht auf das Recht der Rücknahme hinterlegt hat. ²Absatz 1 Satz 2 gilt entsprechend, soweit sich nicht aus der Einigung etwas anderes ergibt.

(3) ¹Im Falle des § 113 Abs. 4 ist auf Antrag eines Beteiligten die Ausführungsanordnung zu erlassen, wenn der durch die Enteignung Begünstigte die im Enteignungsbeschluss in Verbindung mit dem Nachtragsbeschluss festgesetzte Geldentschädigung gezahlt oder zulässigerweise unter Verzicht auf das Recht der Rücknahme hinterlegt hat. ²Der Nachtragsbeschluss braucht nicht unanfechtbar zu sein.

(4) ¹Die Ausführungsanordnung ist allen Beteiligten zuzustellen, deren Rechtsstellung durch den Enteignungsbeschluss betroffen wird. ²Die Ausführungsanordnung ist der Gemeinde abschriftlich mitzuteilen, in deren

Bezirk das von der Enteignung betroffene Grundstück liegt. ³§ 113 Abs. 5 gilt entsprechend.

(5) ¹Mit dem in der Ausführungsanordnung festzusetzenden Tag wird der bisherige Rechtszustand durch den im Enteignungsbeschluss geregelten neuen Rechtszustand ersetzt. ²Gleichzeitig entstehen die nach § 113 Abs. 2 Nr. 6 begründeten Rechtsverhältnisse; sie gelten von diesem Zeitpunkt an als zwischen den an dem Rechtsverhältnis Beteiligten vereinbart.

(6) Die Ausführungsanordnung schließt die Einweisung in den Besitz des enteigneten Grundstücks und des Ersatzlands zu dem festgesetzten Tag ein.

(7) Die Enteignungsbehörde übersendet dem Grundbuchamt eine beglaubigte Abschrift des Enteignungsbeschlusses und der Ausführungsanordnung und ersucht es, die Rechtsänderungen in das Grundbuch einzutragen.

Übersicht

	Rn.
1. Allgemeines	1
2. Voraussetzungen der Ausführungsanordnung	2
a) Antrag	2
b) Unanfechtbarer Enteignungsbeschluss	3
c) Leistung der Entschädigung	4
d) Vorabentscheidung	5
e) Nachtragsbeschluss	6
f) Einigung	7
g) Teileinigung	8
3. Verfügung	9
4. Rechtswirkungen	10
5. Grundbuchberichtigung	11
6. Rechtsschutz	12

1. Allgemeines. Die in einem stattgebenden Enteignungsbeschluss (§§ 112, 113) **1** geregelten **Rechtsänderungen** treten nicht wie bei anderen Verwaltungsakten mit dessen Unanfechtbarkeit ein. Im Interesse der Rechtssicherheit und zum Schutz des Enteignungsbetroffenen treten die Rechtsänderungen erst **durch** einen besonderen rechtsgestaltenden Verwaltungsakt ein, nämlich die **Ausführungsanordnung** gem. § 117. Ihr Erlass ist von besonderen Voraussetzungen abhängig: Unanfechtbarkeit des Enteignungsbeschlusses, Antrag, Zahlung der Geldentschädigung oder deren zulässige Hinterlegung (Abs. 1 S. 1). Verfahrensrechtliche Regelungen enthalten die Abs. 4 und 7: Bekanntmachung der Ausführungsanordnung und deren Übersendung an das Grundbuchamt. Die Rechtswirkungen der Ausführungsanordnung regeln die Abs. 5 u. 6, insbesondere Abs. 5 S. 1, demzufolge die Ausführungsanordnung den Tag festsetzt, an dem der bisherige Rechtszustand durch den im Enteignungsbeschluss geregelten neuen Rechtszustand ersetzt wird, und zwar ohne Änderung des unrichtig werdenden Grundbuchs. Abgesehen von der Genehmigungspflicht nach § 109 und der Änderung des Besitzes durch eine vorzeitige Besitzeinweisung (§ 116) bildet die Ausführungsanordnung die Voraussetzung aller unmittelbaren Wirkungen des Enteignungsverfahrens auf Rechte und Rechtsverhältnisse (KG NJW 1966, 1033f.). Zur Verfahrensbeschleunigung kann die Ausführungsanordnung nicht nur nach Unanfechtbarkeit des Enteignungsbeschlusses oder der ihm gleichgestellten Einigung (§ 110 Abs. 3 S. 1) ergehen, sondern unter besonderen Voraussetzungen auch auf Grund einer Vorabentscheidung (Abs. 1, § 112 Abs. 2), einer Teileinigung (Abs. 2, § 111) oder eines um einen Nachtragsbeschluss zu ergänzenden Enteignungsbeschlusses (Abs. 3, § 113 Abs. 4). Schwebt ein Verfahren vor den Baulandgerichten, so kann § 117 durch besondere Vorschriften ergänzt werden; schränkt § 218 Abs. 2: die

§ 117 I. Kapitel. V. Teil. Enteignung

Folgen der Wiedereinsetzung in den vorigen Stand bei der Anfechtung des Enteignungsbeschlusses ein; ist nur noch die Höhe der Geldentschädigung streitig, so ermöglicht § 225 im Interesse des Enteignungsbegünstigten eine vorzeitige Ausführungsanordnung. § 117 entsprechende Regelungen gelten für die Umlegung (§§ 71, 72 Abs. 1) und die vereinfachte Umlegung (§ 83).

2 **2. Voraussetzungen der Ausführungsanordnung. a) Antrag.** Erste Voraussetzung für den Erlass der Ausführungsanordnung ist gem. Abs. 1 S. 1 ein **Antrag** eines Beteiligten. Der Antrag eines jeden Beteiligten (§ 106) bedarf weder einer besonderen Antragsbefugnis noch einer bestimmten Form noch einer Frist. Str ist, ob eine weitere Anhörung der Beteiligten möglich, ggf. geboten, ist (verneinend *Dyong* in EZBK § 117 Rn. 3; *Reisnecker* in KK, § 117 Rn. 4; aA *Holtbrügge* in BK § 117 Rn. 3; *Petz* in SU § 117 Rn. 8).

3 **b) Unanfechtbarer Enteignungsbeschluss.** Zweite Voraussetzung für den Erlass der Ausführungsanordnung ist die **Unanfechtbarkeit des Enteignungsbeschlusses** (Abs. 1 S. 1). Der Enteignungsbeschluss ist unanfechtbar, wenn er allen Beteiligten zugestellt worden ist, deren Rechtsstellung er betrifft, und keiner dieser Beteiligten mehr ein Rechtsmittel einlegen kann. Unterbleibt die Zustellung an einen dieser Beteiligten, so wird der Enteignungsbeschluss nicht unanfechtbar, auch nicht innerhalb der Jahresfrist des § 58 Abs. 2 VwGO (BVerwG DÖV 1974, 385). Keiner der Beteiligten kann noch Rechtsmittel einlegen, wenn die Rechtsmittelfrist verstrichen ist, ohne dass ein Antrag auf gerichtliche Entscheidung gestellt worden ist, oder wenn das eingelegte Rechtsmittel durch gerichtliche Entscheidung oder auf sonstige Weise (Einigung, § 110, Vergleich, Erledigung der Hauptsache, Rücknahme des Antrags auf gerichtliche Entscheidung, Ablauf der Berufungs- oder Revisionsfrist) erledigt ist. Eine eingelegte Verfassungsbeschwerde bleibt außer Betracht (BGHZ 61, 136; NJW 1973, 1749). Zur **vorzeitigen Ausführungsanordnung** vor rechtskräftiger Gerichtsentscheidung, wenn nur noch um die Höhe der Entschädigung gestritten wird, s. § 225. Im Interesse der Rechtssicherheit gilt der Enteignungsbeschluss nicht als angefochten iSv Abs. 1 S. 1, wenn der Antrag auf gerichtliche Entscheidung statt bei der Enteignungsbehörde bei der Kammer für Baulandsachen gestellt worden ist (*Dyong* in EZBK § 117 Rn. 4 zu LG Wiesbaden Urt. v. 22.4.1964/80 BauL X 1/64; aA OLG München NJW 1963, 911). Ist wegen Versäumung der Anfechtungsfrist gegen den Enteignungsbeschluss **Wiedereinsetzung in den vorigen Stand** gewährt, aber durch die Ausführungsanordnung bereits der neue Rechtszustand geschaffen worden (§ 117 Abs. 5), kann das Gericht nach § 218 Abs. 2 den Enteignungsbeschluss nicht mehr aufheben. Zu der dann geltenden Sonderregelung → § 218 Rn. 5. Ist vor der Wiedereinsetzung zwar die Ausführungsanordnung schon ergangen, aber die Rechtsänderung noch nicht eingetreten, muss der Antragsteller auch gegen die Ausführungsanordnung Antrag auf gerichtliche Entscheidung stellen (*Dyong* in EZBK § 117 Rn. 5). Ist dem Wiedereinsetzungsantrag stattgegeben worden, aber noch keine Ausführungsanordnung ergangen, ist der Enteignungsbeschluss nicht unanfechtbar. Sind Verfahren nach § 107 Abs. 3 verbunden worden, so müssen alle Verfahren unanfechtbar sein (*Reisnecker* in KK § 117, Rn. 7).

4 **c) Leistung der Entschädigung.** Dritte Voraussetzung für den Erlass der Ausführungsanordnung ist gem. Abs. 1 S. 1, dass der Enteignungsbegünstigte die **Geldentschädigung gezahlt** oder zulässigerweise unter Verzicht auf das Recht der Rücknahme hinterlegt hat. Ausgleichszahlungen müssen noch nicht geleistet worden sein (dazu § 122 Abs. 1 Nr. 2). Für die Erfüllung der Entschädigungspflicht gelten die §§ 362 ff. BGB entsprechend. Zulässig sind auch Stundung und Erfüllungssurrogate wie Erlass (§ 397 BGB), Fusion und Aufrechnung mit anerkannter Forderung (*Holtbrügge* in BK § 117 Rn. 11; *Dyong* in EZBK § 117 Rn. 11; aA *Reisnecker* in KK § 117 Rn. 11; *Breuer*, SCH § 117 Rn. 14). Die Zahlung der Geldentschädigung ist der Ent-

3. Abschnitt. Enteignungsverfahren § 117

eignungsbehörde nachzuweisen, zB durch Vorlage der dem Enteignungsbegünstigten auszustellenden Quittung (§ 368 BGB). Wann eine der Zahlung gleichgestellte **Hinterlegung** zulässig ist, ergibt sich in einem Sonderfall aus § 118 Abs. 1, im Übrigen aus allgemeinen zivilrechtlichen Vorschriften (§ 118 Abs. 2). Ist die Entschädigung (auf Antrag des Eigentümers) in wiederkehrenden Leistungen festgesetzt worden (§ 99 Abs. 1 S. 2), so genügt es dem Schutz des Eigentümers, wenn die Ausführungsanordnung ergeht, ohne dass vorher ein Geldbetrag gezahlt worden ist (*Reisnecker* in KK § 117 Rn. 10). Zur Aufhebung des Enteignungsbeschlusses wegen Nichtzahlung s. § 120.

d) **Vorabentscheidung.** Im Falle einer **Vorabentscheidung** gem. § 112 Abs. 2 **5** darf die Enteignungsbehörde die Ausführung der Vorabentscheidung erst anordnen, wenn die nach § 112 Abs. 2 festgesetzte Vorauszahlung gezahlt oder in zulässiger Weise unter Verzicht auf das Recht der Rücknahme hinterlegt worden ist (Abs. 1 S. 1). Im Übrigen gelten für diese der Beschleunigung dienende Regelung dieselben Voraussetzungen wie bei der Anordnung der Ausführung eines Enteignungsbeschlusses, abgesehen davon, dass gem. Abs. 1 S. 2 die Enteignungsbehörde auf Antrag des Entschädigungsberechtigten die Ausführungsanordnung von einer Sicherheitsleistung des Enteignungsbegünstigten abhängig machen kann. Eine stattgebende (nach § 217 anfechtbare) Ermessensentscheidung kommt nur in Betracht, wenn hinsichtlich der Entschädigungshöhe erhebliche Unsicherheit besteht (*Dyong* in EZBK § 117 Rn. 13a). Der angemessene, nach den allgemeinen zivilrechtlichen Vorschriften (s. § 118 Abs. 2) zu hinterlegende Betrag darf die Differenz zwischen dem zu erwartenden Höchstbetrag der Entschädigung und der nach § 112 Abs. 2 festgesetzten Vorauszahlung nicht überschreiten.

e) **Nachtragsbeschluss.** Ist der Enteignungsbeschluss ohne grundbuch-, katas- **6** termäßige oder sonst übliche Bezeichnung des enteigneten Grundstücks(-teils) ergangen (§ 113 Abs. 4), ist nach Abs. 3 S. 1 auf Antrag eines Beteiligten die Ausführungsanordnung zu erlassen, wenn der Enteignungsbegünstigte die im Enteignungsbeschluss iVm dem bereits ergangenen, nicht notwendig schon unanfechtbaren (Abs. 3 S. 2) **Nachtragsbeschluss** festgesetzte Geldentschädigung gezahlt oder zulässigerweise unter Verzicht auf das Recht der Rücknahme hinterlegt (s. § 118) hat.

f) **Einigung.** Gem. § 110 Abs. 3 S. 1 steht eine den Formvorschriften des § 110 **7** Abs. 2 genügende **Einigung** zwischen den Beteiligten einem unanfechtbaren Enteignungsbeschluss gleich (→ § 110 Rn. 5). Für sie gelten also die Voraussetzungen des Abs. 1 S. 1 (→ Rn. 2–4).

g) **Teileinigung. Im Falle einer Teileinigung** (§ 111) ist die Ausführungsan- **8** ordnung auf Antrag eines Beteiligten gem. Abs. 2 zu erlassen, wenn der zwischen den Beteiligten unstreitige, dh von ihnen nicht angefochtene, gem. § 111 S. 2 als Vorauszahlung festgesetzte Entschädigungsbetrag gezahlt oder in zulässiger Weise unter Verzicht auf das Recht der Rücknahme hinterlegt (→ § 118 Rn. 2) worden ist. Soweit sich die Beteiligten über die Vorauszahlung und die Modalitäten ihrer Leistung geeinigt haben, hat die Enteignungsbehörde beim Erlass der Ausführungsanordnung entsprechend zu verfahren. Soweit keine Einigung vorliegt und keine Vorauszahlung festgesetzt ist, kann die Enteignungsbehörde auf Antrag des Enteignungsberechtigten den Erlass der Ausführungsanordnung davon abhängig machen, dass der Enteignungsbegünstigte für einen angemessenen Betrag Sicherheit leistet (Abs. 2 S. 2). Zu dieser Ermessensentscheidung → Rn. 5.

3. Verfügung. Liegen die gesetzlichen Voraussetzungen (→ Rn. 2–6) vor, so hat **9** die Enteignungsbehörde die Ausführungsanordnung durch **Verfügung,** nicht als uU kollegialer Entscheidung bedürftigen Beschluss, zu erlassen. In der Ausführungsan-

§ 117

ordnung ist der **Tag festzusetzen,** an dem der bisherige Rechtszustand durch den im Enteignungsbeschluss geregelten neuen Rechtszustand ersetzt wird (Abs. 5 S. 1). Im Interesse der Rechtsklarheit ist dieser Tag genau zu bestimmen. Zu unbestimmt wäre die Festsetzung „einen Monat nach Unanfechtbarkeit der Ausführungsanordnung" (*Dyong* in EZBK § 117 Rn. 15). Die Bestimmung des zweckmäßigerweise nach Ablauf der Rechtsmittelfrist gegen die Ausführungsanordnung liegenden Tages steht im Ermessen der Enteignungsbehörde, die den schutzwerten Belangen der Beteiligten Rechnung zu tragen hat. Als Verwaltungsakt ist die Ausführungsanordnung allen Beteiligten (§ 106) zuzustellen, deren Rechtsstellung durch den Enteignungsbeschluss begünstigend oder belastend betroffen wird (Abs. 4 S. 1). Gehört die **Gemeinde,** in deren Bezirk das von der Enteignung betroffene Grundstück liegt, nicht zu den Beteiligten iSv Abs. 4 S. 1, so ist ihr die Ausführungsanordnung abschriftlich mitzuteilen (Abs. 4 S. 2). Ist im Grundbuch die Anordnung der Zwangsversteigerung oder der Zwangsverwaltung eingetragen, so gibt die Enteignungsbehörde gem. Abs. 4 S. 3 iVm § 113 Abs. 5 dem **Vollstreckungsgericht** vom Erlass der Ausführungsanordnung Kenntnis, damit das Vollstreckungsgericht die Zwangsversteigerung oder die Zwangsverwaltung aufhebt.

10 **4. Rechtswirkungen.** An dem in der Ausführungsanordnung festgesetzten Tag wird der bisherige Rechtszustand durch den im Enteignungsbeschluss, der Vorabentscheidung, der Einigung oder der Teileinigung geregelten Rechtszustand ersetzt (Abs. 5 S. 1). Die Ausführungsanordnung bewirkt als Verwaltungsakt kraft öffentlichen Rechts originäre, inhaltlich im Enteignungsbeschluss festgelegte **Rechtsänderungen** unabhängig von den dafür geltenden privatrechtlichen Vorschriften, also Eigentumswechsel außerhalb des Grundbuchs auch, dann, wenn der Enteignete nicht, wie im Enteignungsverfahren vorausgesetzt, Eigentümer war oder wenn zwischen Enteignungsbeschluss und dem in der Ausführungsanordnung festgesetzten Tag die Rechtsverhältnisse sich geändert haben (s. *Dyong* in EZBK § 117 Rn. 18, 20). Der Enteignungsbegünstigte erwirbt lastenfreies Eigentum, soweit private Rechte im Enteignungsbeschluss nicht ausdrücklich aufrechterhalten worden sind (→ § 112 Rn. 5). Öffentlich-rechtliche Belastungen bleiben bestehen (*Breuer* in SCH § 117 Rn. 20; *Dyong* in EZBK § 117 Rn. 19; *Petz,* SU § 117 Rn. 35; aA *Reisnecker* in KK § 117 Rn. 25). Mit dem in der Ausführungsanordnung festgesetzten Tag entstehen die nach § 113 Abs. 2 Nr. 6 begründeten (persönlichen) Rechtsverhältnisse, die kraft Hoheitsaktes als vereinbart gelten (Abs. 5 S. 2). Gleichzeitig gilt der Begünstigte als in den Besitz des enteigneten Grundstücks und ggf. des Ersatzlandes eingewiesen (Abs. 6), soweit er nicht gem. § 116 vorzeitig in den Besitz eingewiesen worden ist.

11 **5. Grundbuchberichtigung.** Die mit dem in der Ausführungsanordnung festgesetzten Tag eingetretene Änderung der dinglichen Rechtslage macht das **Grundbuch unrichtig.** Abs. 7 verpflichtet daher die Enteignungsbehörde, dem Grundbuchamt eine beglaubigte Abschrift des Enteignungsbeschlusses und der Ausführungsanordnung zu übersenden und es zu ersuchen, die Rechtsänderung in das Grundbuch einzutragen. Dem nach § 29 GBO zu unterschreibenden und mit Dienstsiegel zu versehenden Ersuchen muss das Grundbuchamt nach § 38 GBO nachkommen.

12 **6. Rechtsschutz.** Die Ausführungsanordnung kann nach § 217 vor den Baulandgerichten angefochten werden, um die Voraussetzungen für ihren Erlass gerichtlich überprüfen zu lassen. In diesem Verfahren können die Enteignungsbeschluss oder die Vorabentscheidung nach § 112 Abs. 2 nicht mehr angegriffen werden (OLG Bremen BRS 45 Nr. 226). Der Antrag nach § 217 Abs. 1 S. 1 hat aufschiebende Wirkung (BGH, BauR 2013, 2012; *Holtbrügge* in BK § 117 Rn. 23). Diese kann gerichtlich festgestellt werden, um den Antragsteller vor einer sog. faktischen Vollziehung zu schützen (OLG Koblenz NVwZ 1984, 678). Eine Anordnung der Enteignungsbehörde nach § 80 Abs. 3 Nr. 4 scheidet aus (*Holtbrügge* in BK § 117 Rn. 23).

§ 118 Hinterlegung

(1) ¹Geldentschädigungen, aus denen andere Berechtigte nach § 97 Abs. 4 zu befriedigen sind, sind unter Verzicht auf das Recht der Rücknahme zu hinterlegen, soweit mehrere Personen auf sie Anspruch haben und eine Einigung über die Auszahlung nicht nachgewiesen ist. ²Die Hinterlegung erfolgt bei dem Amtsgericht, in dessen Bezirk das von der Enteignung betroffene Grundstück liegt; § 2 des Zwangsversteigerungsgesetzes gilt entsprechend.

(2) Andere Vorschriften, nach denen die Hinterlegung geboten oder statthaft ist, werden hierdurch nicht berührt.

Übersicht

	Rn.
1. Systematik	1
2. Hinterlegungspflicht	2
3. Hinterlegung nach allgemeinen Vorschriften	3

1. Systematik. Abs. 1 bestimmt zum Schutze der Nebenberechtigten, deren 1 Rechte gem. § 97 Abs. 1–3 weder aufrechterhalten noch ersetzt noch gesondert entschädigt werden und die daher gem. § 97 Abs. 4 nur einen Anspruch auf Befriedigung aus der dem Hauptberechtigten oder ausnahmsweise dem gesondert entschädigungsberechtigten Nebenberechtigten gewährten Entschädigung haben (→ § 97 Rn. 6), unter welchen Voraussetzungen und in welcher Weise die nach § 113 Abs. 2 Nr. 8 festgesetzte Entschädigung zu hinterlegen ist (**spezielle obligatorische Hinterlegung**). Die Verteilung der hinterlegten Entschädigung regelt § 119. Abs. 2 stellt klar, dass in allen anderen Fällen sich die Zulässigkeit der Hinterlegung nach den allgemeinen Vorschriften richtet.

2. Hinterlegungspflicht. Die **Pflicht zur Hinterlegung** besteht nach Abs. 1 2 S. 1 nur, wenn **mehrere Personen** einen Anspruch auf die nach § 113 Abs. 2 Nr. 8 in ihrer Gesamtheit, und noch nicht nach Beteiligten gesonderte (*Breuer* in SCH § 118 Rn. 3), festgesetzte Entschädigung haben und eine Einigung nicht nachgewiesen ist. Besteht ein Anspruch nach § 97 Abs. 4, so sind notwendigerweise mehrere Personen vorhanden, nämlich mindestens ein nach § 97 Abs. 4 anspruchsberechtigter Nebenberechtigter und ein anspruchsverpflichteter Enteigneter. Die erste Voraussetzung des § 118 Abs. 1 S. 1 ist also überflüssig (*Dyong* in EZBK § 118 Rn. 3). Haben sich der Enteignete und der Nebenberechtigte über ihren Anteil an der Entschädigung geeinigt, so ist eine Hinterlegung entbehrlich. Der Nachweis der Einigung ist entsprechend den §§ 13, 14 Hinterlegungsordnung zu führen, und zwar gegenüber dem Entschädigungsverpflichteten. Die Hinterlegung erfolgt bei dem **Amtsgericht**, in dessen Bezirk das von der Enteignung betroffene Grundstück liegt. Liegt das Grundstück in den Bezirken verschiedener Amtsgerichte oder ist die Zuständigkeit mit Rücksicht auf die Grenzen der Bezirke ungewiss, so gilt § 2 ZVG entsprechend. Im Übrigen gelten für das **Hinterlegungsverfahren** die Vorschriften der HinterlegungsO. Die ordnungsgemäße Hinterlegung hat für den Hinterleger in Höhe des hinterlegten Betrages befreiende Wirkung, selbst wenn die Entschädigung im Gerichtsverfahren nachträglich erhöht wird (BGH NJW 1967, 2011).

3. Hinterlegung nach allgemeinen Vorschriften. Liegt kein Fall der beson- 3 deren obligatorischen Hinterlegung nach Abs. 1 vor, ist gem. Abs. 2 nach den **allgemeinen Vorschriften** zu verfahren, nach denen eine Hinterlegung als Erfüllungssurrogat geboten oder statthaft ist. Auf die öffentlich-rechtliche Enteignungsentschädigung sind also insbesondere die §§ 372 ff. BGB anwendbar.

§ 119 Verteilungsverfahren

(1) Nach Eintritt des neuen Rechtszustands kann jeder Beteiligte sein Recht an der hinterlegten Summe gegen einen Mitbeteiligten, der dieses Recht bestreitet, vor den ordentlichen Gerichten geltend machen oder die Einleitung eines gerichtlichen Verteilungsverfahrens beantragen.

(2) Für das Verteilungsverfahren ist das Amtsgericht zuständig, in dessen Bezirk das von der Enteignung betroffene Grundstück liegt; in Zweifelsfällen gilt § 2 des Zwangsversteigerungsgesetzes entsprechend.

(3) Auf das Verteilungsverfahren sind die Vorschriften über die Verteilung des Erlöses im Falle der Zwangsversteigerung mit folgenden Abweichungen entsprechend anzuwenden:
1. Das Verteilungsverfahren ist durch Beschluss zu eröffnen;
2. die Zustellung des Eröffnungsbeschlusses an den Antragsteller gilt als Beschlagnahme im Sinne des § 13 des Zwangsversteigerungsgesetzes; ist das Grundstück schon in einem Zwangsversteigerungs- oder Zwangsverwaltungsverfahren beschlagnahmt, so hat es hierbei sein Bewenden;
3. das Verteilungsgericht hat bei Eröffnung des Verfahrens von Amts wegen das Grundbuchamt um die in § 19 Abs. 2 des Zwangsversteigerungsgesetzes bezeichneten Mitteilungen zu ersuchen; in die beglaubigte Abschrift des Grundbuchblatts sind die zur Zeit der Zustellung des Enteignungsbeschlusses an den Enteigneten vorhandenen Eintragungen sowie die später eingetragenen Veränderungen und Löschungen aufzunehmen;
4. bei dem Verfahren sind die in § 97 Abs. 4 bezeichneten Entschädigungsberechtigten nach Maßgabe des § 10 des Zwangsversteigerungsgesetzes zu berücksichtigen, wegen der Ansprüche auf wiederkehrende Nebenleistungen jedoch nur für die Zeit bis zur Hinterlegung.

(4) [1]Soweit auf Grund landesrechtlicher Vorschriften die Verteilung des Erlöses im Falle einer Zwangsversteigerung nicht von dem Vollstreckungsgericht, sondern von einer anderen Stelle wahrzunehmen ist, kann durch Landesrecht bestimmt werden, dass diese andere Stelle auch für das Verteilungsverfahren nach den Absätzen 1 bis 3 zuständig ist. [2]Wird die Änderung einer Entscheidung dieser anderen Stelle verlangt, so ist die Entscheidung des Vollstreckungsgerichts nachzusuchen. [3]Die Beschwerde findet gegen die Entscheidung des Vollstreckungsgerichts statt.

Übersicht

	Rn.
1. Systematik	1
2. Zuständigkeit	2
3. Anwendbarkeit des ZVG	3
4. Abweichungskompetenz der Länder	4

1. Systematik. § 119 regelt für die besondere obligatorische Hinterlegung nach § 118 Abs. 1 ein **besonderes gerichtliches Verteilungsverfahren.** Ist nicht nach § 118 Abs. 1, sondern nach den allgemeinen Vorschriften hinterlegt worden (→ § 118 Rn. 3) und einigen sich die Beteiligten nicht, so kann jeder Beteiligte sein Recht an der hinterlegten Summe gegen einen Mitbeteiligten, der dieses Recht bestreitet, vor den ordentlichen Gerichten geltend machen. In den Fällen des § 118 Abs. 1 kann ein Beteiligter wählen, ob er den Klageweg oder das besondere gerichtliche Verteilungsverfahren nach § 119 einschlägt (Abs. 1). Nach Hinterlegung der Entschädigungssumme unter Verzicht auf das Recht der Rücknahme und Erlass der

3. Abschnitt. Enteignungsverfahren §120

Ausführungsanordnung (§ 117) ist der Entschädigungspflichtige nicht mehr Beteiligter.

2. Zuständigkeit. Örtlich und sachlich zuständig für das besondere Verteilungs- 2
verfahren ist das **Amtsgericht,** in dessen Bezirk das von der Enteignung betroffene Grundstück liegt, also das Amtsgericht, bei dem nach § 118 Abs. 1 S. 2 hinterlegt worden ist. Liegt das Grundstück in den Bezirken verschiedener Amtsgerichte oder ist die Zuständigkeit mit Rücksicht auf die Grenzen der Bezirke ungewiss, so gilt § 2 ZVG entsprechend (§ 119 Abs. 2).

3. Anwendbarkeit des ZVG. Für das besondere Verteilungsverfahren gelten 3
grundsätzlich die Vorschriften des Gesetzes über die Zwangsversteigerung und Zwangsverwaltung (ZVG) entsprechend, soweit nicht Abs. 3 Nr. 1–4 Spezielleres vorschreibt.

4. Abweichungskompetenz der Länder. Von der Ermächtigung des Abs. 4, 4
eine abweichende landesrechtliche Zuständigkeitsregelung für das Verteilungsverfahren zu erlassen, hat noch kein Land Gebrauch gemacht.

§ 120 Aufhebung des Enteignungsbeschlusses

(1) ¹**Ist die Ausführungsanordnung noch nicht ergangen, so hat die Enteignungsbehörde den Enteignungsbeschluss auf Antrag aufzuheben, wenn der durch die Enteignung Begünstigte die ihm durch den Enteignungsbeschluss auferlegten Zahlungen nicht innerhalb eines Monats nach dem Zeitpunkt geleistet hat, in dem der Beschluss unanfechtbar geworden ist.** ²**Antragsberechtigt ist jeder Beteiligte, dem eine nicht gezahlte Entschädigung zusteht oder der nach § 97 Abs. 4 aus ihr zu befriedigen ist.**

(2) ¹**Vor der Aufhebung ist der durch die Enteignung Begünstigte zu hören.** ²**Der Aufhebungsbeschluss ist allen Beteiligten zuzustellen und der Gemeinde und dem Grundbuchamt abschriftlich mitzuteilen.**

Übersicht

	Rn.
1. Zweck der Regelung	1
2. Voraussetzungen der Aufhebung	2
a) Unanfechtbarkeit des Enteignungsbeschlusses	2
b) Noch nicht ergangene Ausführungsanordnung	3
c) Nichtleistung der Geldentschädigung	4
d) Antrag	5
3. Aufhebungsverfahren	6
4. Rechtsschutz	7

1. Zweck der Regelung. Zahlt der Enteignungsbegünstigte nach Unanfechtbar- 1
keit des Enteignungsbeschlusses, aber vor Erlass der Ausführungsanordnung (§ 117) innerhalb der Zahlungsfrist die Entschädigung nicht, wird auf Antrag eines entschädigungsberechtigten Beteiligten der **Enteignungsbeschluss aufgehoben.** Dies soll den Enteigneten und sonstige Entschädigungsberechtigte davor schützen, dass der Enteignungsbegünstigte durch Nichtzahlung den Erlass der Ausführungsanordnung und damit den Zeitpunkt des Eigentumswechsels verzögert. Der Beschluss nach § 120 beendet das Enteignungsverfahren. Statt des Antrags nach Abs. 1 können Entschädigungsberechtigte gem. § 122 Abs. 1 Nr. 2 wegen der Geldentschädigung die Zwangsvollstreckung betreiben.

§ 120

2 **2. Voraussetzungen der Aufhebung. a) Unanfechtbarkeit des Enteignungsbeschlusses.** Erste Voraussetzung für die Aufhebung des Enteignungsbeschlusses ist dessen **Unanfechtbarkeit** (Abs. 1 S. 1; → § 117 Rn. 3). Die Enteignungsbehörde kann den unanfechtbaren Enteignungsbeschluss vor Erlass der Ausführungsanordnung gem. §§ 48, 49 VwVfG durch Rücknahme oder Widerruf **aufheben** (OLG Koblenz NJW 1983, 2036; *Breuer* in SCH § 120 Rn. 3). Die Antragsberechtigten haben einen **Auskunftsanspruch** gegen die Enteignungsbehörde, ob der Enteignungsbeschluss unanfechtbar ist (*Reisnecker* in KK § 120 Rn. 7). Dem unanfechtbaren Enteignungsbeschluss steht gleich eine Einigung (§ 110) oder Teileinigung (§ 111).

3 **b) Noch nicht ergangene Ausführungsanordnung.** Zweite Voraussetzung für die Aufhebung des Enteignungsbeschlusses ist, dass die **Ausführungsanordnung noch nicht ergangen** ist. Die Ausführungsanordnung (§ 117) ist ergangen, wenn sie allen Beteiligten (§ 106) zugestellt ist. Die Entschädigungsberechtigten haben insoweit einen **Auskunftsanspruch** gegen die Enteignungsbehörde (*Dyong* in EZBK § 120 Rn. 2). Ist die Ausführungsanordnung unter Verstoß gegen § 117 erlassen worden, so ist § 120 nicht anwendbar (*Dyong*, EZBK § 120 Rn. 2; für analoge Anwendung *Andersson* NJW 1964, 183). Mit Eintritt der Rechtsänderung darf die Enteignungsbehörde die Ausführungsanordnung auch nicht mehr nach § 48 VwVfG zurücknehmen (*Breuer* in SCH, § 120, Rn. 6; *Reisnecker* in KK § 120 Rn. 8). Insoweit geht § 120 im Interesse der Rechtssicherheit vor. Möglich bleibt die Aufhebung durch das Baulandgericht auf Grund eines Antrags nach § 217.

4 **c) Nichtleistung der Geldentschädigung.** Dritte Voraussetzung ist, dass der Enteignungsbegünstigte die ihm durch den Enteignungsbeschluss auferlegten **Zahlungen nicht** innerhalb eines Monats nach dem Zeitpunkt **geleistet** hat, in dem der Beschluss unanfechtbar geworden ist. Zur Zahlung der Geldentschädigung → § 117 Rn. 4. Die **Monatsfrist** berechnet sich nach § 187 Abs. 1, § 188 Abs. 2 BGB. Trotz Versäumung der Monatsfrist darf der Enteignungsbeschluss nicht nach § 120 aufgehoben werden, wenn der Enteignungsbegünstigte nach Anhörung zu dem Aufhebungsantrag die Entschädigung unverzüglich leistet oder hinterlegt (BGHZ 61, 136). Auf diese Weise bleiben schutzwürdige Interessen des Enteigneten gewahrt und die Anhörung behält ihren Sinn. Eine Aufhebung ist auch ausgeschlossen, wenn die Zahlung zwar nach Ablauf der Frist, aber vor Stellung des Antrags auf Aufhebung eingeht. Ist die Geldentschädigung in **wiederkehrenden Leistungen** zu erbringen, so liegt eine Nichtzahlung iSv Abs. 1 S. 1 nur vor, wenn die erste Zahlung innerhalb der Monatsfrist erfolgen soll und unterbleibt (s. *Dyong* in EZBK § 120 Rn. 5).

5 **d) Antrag.** Die Aufhebung des Enteignungsbeschlusses setzt einen **Antrag** voraus (Abs. 1 S. 1). Antragsberechtigt sind nur die Beteiligten (§ 106), denen eine nicht gezahlte Entschädigung zusteht oder die nach § 97 Abs. 4 als Nebenberechtigte aus ihr zu befriedigen sind (Abs. 1 S. 2).

6 **3. Aufhebungsverfahren.** Über den Antrag auf Aufhebung des Enteignungsbeschlusses entscheidet die Enteignungsbehörde durch **Beschluss**. Eine mündliche Verhandlung ist nicht vorgeschrieben, ebenso wenig eine Mitwirkung der ehrenamtlichen Beisitzer. Vor einer dem Antrag stattgebenden Entscheidung ist der Enteignungsbegünstigte zu hören (Abs. 2 S. 1). Legt der Enteignungsbegünstigte in der **Anhörung** dar, dass er unverzüglich zahlen wird, so darf wegen der Fristversäumung der Enteignungsbeschluss nicht aufgehoben werden (BGHZ 61, 136; → Rn. 4). Ein dem Aufhebungsantrag stattgebender Beschluss ist allen Beteiligten (§ 106) zuzustellen, der Gemeinde und dem Grundbuchamt ist er nur abschriftlich mitzuteilen (Abs. 2 S. 2); *Reisnecker* in KK § 120 Rn. 12; *Petz*, SU § 120 Rn. 9. Ein unanfechtbarer Aufhebungsbeschluss beendet das Enteignungsverfahren. Der Enteignungsbegünstigte hat nur die Möglichkeit, die Einleitung eines neuen Enteignungsverfahrens zu betreiben, in dem wegen der Nichtzahlung im vorangegangenen Verfahren die Voraussetzungen

3. Abschnitt. Enteignungsverfahren § 121

des § 87 Abs. 2 S. 2 besonders sorgfältig zu prüfen sind. Hat der Enteignungsbegünstigte an den Antragsteller fristgemäß die Entschädigung gezahlt, an einen anderen Beteiligten aber nicht, so ist der Antrag dennoch abzulehnen, wenn der andere Beteiligte selbst keinen Antrag nach § 120 gestellt hat (*Dyong* in EZBK § 120 Rn. 10). Ein ablehnender Beschluss ist nur dem Antragsteller zuzustellen.

4. Rechtsschutz. Gegen die Ablehnung des Antrags auf Aufhebung des Enteignungsbeschlusses kann der Antragsteller Antrag auf **gerichtliche Entscheidung** stellen (§ 217). Hält das Baulandgericht den Antrag für begründet, so hebt es den ablehnenden Beschluss auf und verpflichtet die Enteignungsbehörde, den Enteignungsbeschluss aufzuheben (§ 226 Abs. 2 S. 2). Den Beschluss, den Enteignungsbeschluss aufzuheben, kann der Enteignungsbegünstigte nach § 217 anfechten. Der Antrag hat aufschiebende Wirkung. Zur Möglichkeit des Gerichts, den Enteignungsbeschluss zu ändern, s. § 226 Abs. 3. 7

§ 121 Kosten

(1) ¹Der Antragsteller hat die Kosten zu tragen, wenn der Antrag auf Enteignung abgelehnt oder zurückgenommen wird. ²Wird dem Antrag auf Enteignung stattgegeben, so hat der Entschädigungsverpflichtete die Kosten zu tragen. ³Wird einem Antrag auf Rückenteignung stattgegeben, so hat der von der Rückenteignung Betroffene die Kosten zu tragen. ⁴Wird ein Antrag eines sonstigen Beteiligten abgelehnt oder zurückgenommen, sind diesem die durch die Behandlung seines Antrags verursachten Kosten aufzuerlegen, wenn sein Antrag offensichtlich unbegründet war.

(2) ¹Kosten sind die Kosten des Verfahrens und die zur zweckentsprechenden Rechtsverfolgung und Rechtsverteidigung notwendigen Aufwendungen der Beteiligten. ²Die Gebühren und Auslagen eines Rechtsanwalts oder eines sonstigen Bevollmächtigten sind erstattungsfähig, wenn die Zuziehung eines Bevollmächtigten notwendig war. ³Aufwendungen für einen Bevollmächtigten, für den Gebühren und Auslagen gesetzlich nicht vorgesehen sind, können nur bis zur Höhe der gesetzlichen Gebühren und Auslagen von Rechtsbeiständen erstattet werden.

(3) Aufwendungen, die durch das Verschulden eines Erstattungsberechtigten entstanden sind, hat dieser selbst zu tragen; das Verschulden eines Vertreters ist dem Vertretenen zuzurechnen.

(4) ¹Die Kosten des Verfahrens richten sich nach den landesrechtlichen Vorschriften. ²Die Enteignungsbehörde setzt die Kosten im Enteignungsbeschluss oder durch besonderen Beschluss fest. ³Der Beschluss bestimmt auch, ob die Zuziehung eines Rechtsanwalts oder eines sonstigen Bevollmächtigten notwendig war.

Übersicht

	Rn.
1. Allgemeines	1
2. Kostentragungspflichtige	2
a) Antragsteller	2
b) Entschädigungsverpflichteter	3
c) Rückenteignungsverpflichteter	4
d) Sonstige Beteiligte	5
3. Erstattungsfähige Kosten	6
a) Kosten der Enteignungsbehörde	6
b) Aufwendungen der Beteiligten	7

§ 121 I. Kapitel. V. Teil. Enteignung

	Rn.
c) Rückenteignungsverpflichteter	8
d) Sonstige Beteiligte	11
4. Kostenfestsetzungen	12

1 1. Allgemeines. Abs. 1 bestimmt differenziert nach Gegenstand und Ausgang des Verfahrens, **wer** – Antragsteller (S. 1), Entschädigungsverpflichteter (S. 2), von der Rückenteignung Betroffener (S. 3), sonstige Beteiligte (S. 4) –, **wann** – bei Ablehnung des Enteignungsantrags im Enteignungsfall, bei Rückenteignung, bei offensichtlich unbegründetem Antrag – die Kosten des Enteignungsverfahrens zu tragen hat. Abs. 2 bestimmt den **Umfang** der zu erstattenden Kosten. Abs. 3 trifft eine Sonderregelung bei Verschulden eines Erstattungsberechtigten. Abs. 4 S. 2, 3 regelt die Kostenfestsetzung. Abs. 4 S. 1 verweist hinsichtlich der Höhe der Kosten des Enteignungsverfahrens auf landesrechtliche Vorschriften.

2 2. Kostentragungspflichtige. a) Antragsteller. Wird der Enteignungsantrag (§ 105) durch Enteignungsbeschluss (§ 112) abgelehnt oder wird der Antrag vom Antragsteller zurückgenommen, so hat der **Antragsteller** die Kosten zu tragen (Abs. 1 S. 1). Wird der Antrag zurückgenommen, nachdem sich die Beteiligten außerhalb des Enteignungsverfahrens geeinigt haben, so geht eine etwaige abweichende Vereinbarung der Regelung des Abs. 1 S. 1 vor (*Dyong* in EZBK § 121 Rn. 6). Eine Einigung oder Teileinigung innerhalb des Enteignungsverfahrens (§§ 110, 111) steht einem Enteignungsbeschluss gleich (§ 110 Abs. 3 S. 1), sodass auch für sie Abs. 1 S. 1 oder S. 2 gilt, sofern die Beteiligten nicht Abweichendes vereinbart haben. Die Kosten des **Besitzeinweisungsverfahrens** sind auch erstattungsfähig, wenn das Besitzeinweisungsverfahren vorzeitig endet.

3 b) Entschädigungspflichteter. Wird dem Enteignungsantrag (§ 105) durch Enteignungsbeschluss (§ 112) stattgegeben, so hat der **Entschädigungsverpflichtete** (§ 94 Abs. 2) die Kosten zu tragen. Abs. 1 S. 2 gilt auch für Einigungen (§ 110) oder Teileinigungen (§ 111), sofern diese nicht Abweichendes vorsehen (→ Rn. 2). Wenn der Eigentümer den Antrag auf Entziehung des Eigentums gestellt hat, weil es hinsichtlich seines **Übernahmeanspruches** zu keiner Einigung gekommen ist (§ 43 Abs. 1), ist nicht der antragstellende Eigentümer, sondern der Übernahmeverpflichtete (idR Gemeinde) entschädigungs- und kostenpflichtig.

4 c) Rückenteignungsverpflichteter. Wird einem Antrag auf **Rückenteignung** (§ 102) stattgegeben, so hat der von der Rückenteignung Betroffene – der Begünstigte des rückabgewickelten Enteignungsverfahrens – die Kosten zu tragen. Abs. 1 S. 3 überträgt den Grundsatz des Abs. 1 S. 1 auf die besondere Situation der Rückenteignung und wahrt die verfassungsrechtlich (Art. 14 Abs. 1 S. 1 GG) geschützte Position des ursprünglichen Eigentümers auch hinsichtlich der Kosten.

5 d) Sonstige Beteiligte. Abs. 1 S. 4 schränkt die Kostentragungspflicht des Antragstellers nach Abs. 1 S. 1, die des Entschädigungsverpflichteten nach Abs. 1 S. 2 und die des Rückenteignungsbetroffenen nach Abs. 1 S. 3 ein. Wird der Antrag eines **sonstigen Beteiligten** (§ 106) abgelehnt oder zurückgenommen, sind diesem die durch die Behandlung seines Antrags verursachten Kosten aufzuerlegen, wenn der Antrag offensichtlich unbegründet war. Die Einschränkung soll verhindern, dass, aus Angst vor der Kostentragungspflicht von sachgerechten Anträgen abgesehen wird. Da die Enteignungsbehörde aber offensichtlich unbegründete Anträge nicht zu behandeln braucht (→ § 107 Rn. 7), also regelmäßig auch keine Kosten entstehen werden, hat die Regelung geringe praktische Bedeutung (*Dyong* in EZBK § 121 Rn. 9).

6 3. Erstattungsfähige Kosten. a) Kosten der Enteignungsbehörde. Zu **erstattende Kosten** sind gem. Abs. 2 S. 1 1. Altern. erstens **Kosten des Verfahrens**

3. Abschnitt. Enteignungsverfahren § 121

der **Enteignungsbehörde,** also Verwaltungsgebühren und Auslagen, zB für Schreibarbeiten, Tagegelder, Wahrnehmung auswärtiger Termine. Die Höhe dieser Kosten des Verfahrens richtet sich gem. Abs. 4 S. 1 nach landesrechtlichen Vorschriften. Die Gebührengesetze und Verwaltungsgebührenordnungen der Länder können für das Enteignungsverfahren Gebührenfreiheit vorsehen (*Reisnecker* in KK § 121, Rn. 23).

b) Aufwendungen der Beteiligten. Zu erstattende Kosten sind zweitens gem. 7 Abs. 2 S. 1 2. Altern. die **Aufwendungen der Beteiligten,** die zur zweckentsprechenden Rechtsverfolgung oder Rechtsverteidigung **notwendig** waren (ebenso § 80 Abs. 1 S. 1 VwVfG, § 162 Abs. 1 VwGO), also alle Aufwendungen, die ein verständiger Beteiligter im Hinblick auf die Bedeutung und rechtliche oder sachliche Schwierigkeit der Sache, die Gegenstand des Verfahrens ist, vernünftigerweise für erforderlich halten durfte. Nicht abzustellen ist auf die Sicht eines Rechtskundigen oder auf eine Ex-post-Beurteilung. Die Sach- und Rechtskunde des Beteiligten ist zu berücksichtigen. Alle unnötigen und unzweckmäßigen Aufwendungen sind nicht zu erstatten. Erstattungsfähig sind zB Kosten für die Teilnahme am Termin, Schriftverkehrskosten, Verdienstausfall, nicht der Arbeits- und Zeitaufwand des Beteiligten (s. *Dyong* in EZBK § 121 Rn. 11; *Petz* in SU § 121 Rn. 28). Kosten für ein Gutachten sind erstattungsfähig, wenn dadurch das Verfahren gefördert wurde (OLG Bamberg WF 1988, 210), wenn dies zur Wahrnehmung berechtigter Interessen erforderlich war, zB bei schwierigen speziellen Bewertungsvorgängen anlässlich einer Betriebsverlagerung (BGHZ 61, 240 (250); s. a. *Aust/Jacobs/Pasternak,* Die Enteignungsentschädigung, 7. Aufl. 2014, Rn. 843, 858; *Gelzer/Busse/Fischer,* Entschädigung aus Enteignung und enteignungsgleichem Eingriff, 3. Aufl. 2010, Rn. 439–441).

c) Rückenteignungsverpflichteter. aa) Notwendigkeit der Zuziehung 8 **eines Rechtsanwalts.** Abs. 2 S. 2 trifft hinsichtlich der Gebühren und Auslagen für die Hinzuziehung von **Rechtsanwälten** und sonstigen **Bevollmächtigten** eine Sonderregelung (ebenso § 80 Abs. 2 VwVfG, § 162 Abs. 2 VwGO). Deren Gebühren und Auslagen sind nur erstattungsfähig, wenn die Zuziehung eines Rechtsanwaltes oder sonstigen Bevollmächtigten **notwendig** war. Dies ist im Enteignungsverfahren für den Enteigneten angesichts der zahlreichen zu beurteilenden Rechtsfragen regelmäßig gem. dem Grundsatz der Waffengleichheit der Fall, auch wenn er selbst rechtskundig ist (*Gelzer/Busse/Fischer,* Entschädigung aus Enteignung und enteignungsgleichem Eingriff, Rn. 443; *Kirchberg* VBlBW 1990, 161 (167); einschr. *Reisnecker,* KK § 121, Rn. 32). Für sonstige Beteiligte (§ 106) gilt grundsätzlich nichts anderes (einschr. *Dyong* in EZBK § 121 Rn. 13). Ausnahmen sind insoweit eher möglich, wenn zB das Recht des sonstigen Beteiligten von geringer Bedeutung ist oder wenn es durch die Enteignung wirtschaftlich nicht gefährdet wird. Ein Rechtsanwalt, der sich selbst vertritt, hat einen Anspruch auf Kostenerstattung (BVerwG BayVBl. 1981, 93; VGH München BayVBl. 1972, 645; VGH Mannheim ESVGH 26, 178; aA VGH München NJW 1978, 2414 mwN; BFH 104, 306; 108, 574; VGH Mannheim NVwZ 1982, 633; *Reisnecker* in KK § 121, Rn. 32; *Breuer* in SCH § 121 Rn. 26).

bb) Aufwendungen vor Einleitung eines Enteignungsverfahrens. Kommt 9 es **vor Einleitung des Enteignungsverfahrens** zur Vermeidung der Enteignung zu einer Einigung, so sind die dadurch entstandenen Rechtsberatungskosten mangels eingeleiteten Enteignungsverfahrens nach § 121 unmittelbar nicht zu erstatten. *Aust/Jacobs/Pasternak,* Die Enteignungsentschädigung, Rn. 858, plädieren unter Berufung auf BGHZ 61, 240 (250), wo allerdings nur von Kosten des Enteignungsverfahrens die Rede ist, dafür, auch nach der Neuregelung der Kostenerstattung (→ Rn. 1) diese Aufwendungen in „sachgerechter Auslegung des § 96" als Folgekosten einer drohenden Enteignung zu erstatten, sofern die Kosten vom Standpunkt eines vernünftigen Eigentümers für die zweckentsprechende Wahrnehmung seiner Rechte erforderlich waren. Seitdem anstelle der teils folgeschadensrechtlichen, teils erstattungsrechtli-

§ 121
I. Kapitel. V. Teil. Enteignung

chen, eine einheitliche erstattungsrechtliche Lösung gilt (BT-Drs. 7/2496, 61), erscheint es aus Gründen der Gesetzessystematik und zur Gewährleistung einheitlicher Ergebnisse geboten, auch die vor Einleitung eines Enteignungsverfahrens entstandenen Kosten zumindest **analog § 121 Abs. 2 S. 2** zu erstatten (s. a. *Schmidt-Aßmann/ Groß* in EZBK § 96 Rn. 89; *Gelzer/Busse/Fischer,* Entschädigungsanspruch aus Enteignung und enteignungsgleichem Eingriff, Rn. 453; aA *Breuer,* SCH Rn. 6; *Reisnecker* in KK § 121, Rn. 21; *Holtbrügge* in BK § 121 Rn. 8; *Petz,* SU § 121 Rn. 29.1). Gerade vor Einleitung eines Enteignungsverfahrens kann Rechtsberatung geboten sein (*Gelzer/Busse/Fischer,* Entschädigungsanspruch aus Enteignung und enteignungsgleichem Eingriff, Rn. 444). Bei einer Einigung nach § 100 kann zusätzlich zur Geschäftsgebühr eine Einigungsgebühr nach Nr. 1000 Vergütungsverzeichnis verlangt werden (*Gelzer/Busse/Fischer,* Entschädigungsanspruch aus Enteignung und enteignungsgleichem Eingriff, Rn. 452; zur alten Rechtslage s. Vorauflage). Ein ausreichend konkretes Rechtsverhältnis ist gegeben, wenn die Einigung zwar vor Einleitung des Enteignungsverfahrens, aber nach Erlass des Bebauungsplans erzielt worden ist (*Gelzer/Busse/Fischer* Rn. 454; *Aust/Jacobs/Pasternak* Rn. 863; *Büchs,* Handbuch des Eigentums- und Entschädigungsrechts, 3. Aufl. 1996, Rn. 3777). Vor dem Beschluss zur Aufstellung eines Bebauungsplanes liegt regelmäßig noch kein Rechtsverhältnis vor, weil noch nicht erkennbar ist, ob ein bestimmtes Grundstück für Enteignungszwecke benötigt werden wird (BGHZ 59, 69 (71) zum Planfeststellungsbeschluss). Gleiches soll gelten, wenn das Grundstück in einem Sanierungsgebiet liegt (BGH WM 1979, 1102; zust. *Gelzer/Busse/Fischer* Rn. 456). An einem gegenseitigen Nachgeben iSv § 779 BGB wird es idR nur fehlen, wenn das Entschädigungsangebot ohne weiteres angenommen worden ist.

10 **cc) Aufwendungen sonstiger Bevollmächtigter.** Die Zuziehung eines **anderen Bevollmächtigten** als eines Rechtsanwaltes, zB eines Steuerberaters, Wirtschaftsprüfers oder Architekten kann notwendig sein, wenn zB wegen der Besonderheit eines gewerblich genutzten Grundstücks der Schwerpunkt nicht in rechtlichen, sondern wirtschaftlichen Fragen liegt (*Schmidt-Aßmann/Groß* in EZBK § 96 Rn. 90). Abs. 2 S. 3 begrenzt ebenso wie § 139 Abs. 3 S. 2 FGO die Erstattung von Aufwendungen für einen Bevollmächtigten, für den Gebühren und Auslagen gesetzlich nicht vorgesehen sind, bis zur Höhe der gesetzlichen Gebühren und Auslagen von Rechtsbeiständen.

11 **d) Sonstige Beteiligte.** Auch wenn Aufwendungen eines Erstattungsberechtigten zur zweckentsprechenden Rechtsverfolgung oder -verteidigung notwendig waren, entfällt der Erstattungsanspruch, wenn die Aufwendungen durch das **Verschulden des Erstattungsberechtigten** oder seines Vertreters entstanden sind. Abs. 3 entspricht § 80 Abs. 1 S. 4 VwVfG. Wie dieser bewirkt Abs. 3 nur eine Minderung des eigenen Erstattungsanspruchs eines im Übrigen Erstattungsberechtigten. Anders als § 155 Abs. 5 VwGO ist Abs. 3 hingegen keine selbstständige Anspruchsgrundlage für Aufwendungen, die anderen Erstattungsberechtigten entstanden sind.

12 **4. Kostenfestsetzungen.** Abs. 4 S. 2 stellt es in das Ermessen der Enteignungsbehörde, ob sie die Kosten im Enteignungsbeschluss (§ 112) oder durch besonderen Beschluss **festsetzt.** Ein besonderer Beschluss muss nur ergehen, wenn der Enteignungsantrag abgelehnt oder zurückgenommen worden ist. Im Enteignungsbeschluss oder in dem besonderen Kostenfestsetzungsbeschluss ist gem. Abs. 4 S. 3 auch zu bestimmen, ob die Zuziehung eines Rechtsanwalts oder eines sonstigen Bevollmächtigten notwendig war. Diese für die Erstattung wichtige Entscheidung (→ Rn. 8) trifft die Enteignungsbehörde nicht nach Ermessen. Vielmehr ist diese Rechtsfrage gerichtlich voll überprüfbar, wenn die Kostenentscheidung des Enteignungsbeschlusses oder der besondere Kostenfestsetzungsbeschluss nach § 217 angefochten werden. Der Kostenanspruch kann analog § 122 Abs. 1 Nr. 2 durchgesetzt werden (*Dyong* in EZBK § 121 Rn. 15).

3. Abschnitt. Enteignungsverfahren § 122

§ 122 Vollstreckbarer Titel

(1) ¹Die Zwangsvollstreckung nach den Vorschriften der Zivilprozessordnung über die Vollstreckung von Urteilen in bürgerlichen Rechtsstreitigkeiten findet statt
1. aus der Niederschrift über eine Einigung wegen der in ihr bezeichneten Leistungen;
2. aus nicht mehr anfechtbarem Enteignungsbeschluss wegen der zu zahlenden Geldentschädigung oder einer Ausgleichszahlung;
3. aus einem Beschluss über die vorzeitige Besitzeinweisung oder deren Aufhebung wegen der darin festgesetzten Leistungen.

²Die Zwangsvollstreckung wegen einer Ausgleichszahlung ist erst zulässig, wenn die Ausführungsanordnung wirksam und unanfechtbar geworden ist.

(2) ¹Die vollstreckbare Ausfertigung wird von dem Urkundsbeamten der Geschäftsstelle des Amtsgerichts erteilt, in dessen Bezirk die Enteignungsbehörde ihren Sitz hat und, wenn das Verfahren bei einem Gericht anhängig ist, von dem Urkundsbeamten der Geschäftsstelle dieses Gerichts. ²In den Fällen der §§ 731, 767 bis 770, 785 und 786 der Zivilprozessordnung tritt das Amtsgericht, in dessen Bezirk die Enteignungsbehörde ihren Sitz hat, an die Stelle des Prozessgerichts.

Übersicht

	Rn.
1. Allgemeines	1
2. Arten der Vollstreckungstitel	2
a) Einigung	2
b) Enteignungsbeschluss	3
c) Besitzeinweisungsbeschluss	4
3. Vollstreckungsverfahren	5
a) Einigung	5
b) Enteignungsbeschluss	6

1. Allgemeines. Abs. 1 erklärt die Einigung nach § 110 Abs. 2 und bestimmte Beschlüsse der Enteignungsbehörde (= Verwaltungsakte) zu Titeln, aus denen die **Zwangsvollstreckung nach den §§ 704 ff. ZPO** – Vollstreckung von Urteilen in bürgerlich-rechtlichen Streitigkeiten – stattfindet. Abs. 2 bestimmt Besonderheiten für das Vollstreckungsverfahren der Titel nach Abs. 1. Zur sukzessiven Erweiterung des Katalogs der vollstreckbaren Titel nach Abs. 1 s. BT-Drs. 7/4793, 44. Dadurch, dass gem. Abs. 1 S. 1 Nr. 2 der Enteignungsbeschluss auch wegen der darin festgesetzten Entschädigungen vollstreckbarer Titel sein kann, ist weder das Prinzip der vorgängigen Entschädigung noch die Alternative beseitigt, den Enteignungsbeschluss nach § 120 anzufechten. Die auf ein Dulden gerichtete **vorzeitige Besitzeinweisung** (§ 116) und die **Ausführungsanordnung** (§ 117) werden nicht nach der ZPO, sondern nach den **Verwaltungsvollstreckungsgesetzen** der Länder durchgesetzt (s. a. *Petz* in BeckOK BauGB § 122 Rn. 3.1; für vorzeitige Besitzeinweisung offen gelassen von BGHZ 96, 1). Keiner Vollstreckung bedürfen die rechtsgestaltenden Anordnungen des Enteignungsbeschlusses, nämlich die Entziehung des Grundeigentums und seine Übertragung auf den Enteignungsbegünstigten sowie die Aufhebung, Änderung und Neubegründung von Rechten einschließlich der Enteignung im Nachverfahren nach § 115 Abs. 2. § 122 gilt kraft Gesetzes entsprechend für die Veränderungssperre (§ 18 Abs. 2 S. 5), im Planungsschadensrecht (§ 43 Abs. 2 S. 3) und bei der Ersatzlandbeschaffung (§ 100 Abs. 9 S. 3). Abs. 1 S. 1 Nr. 2 ist auch analog anwendbar auf die Vollstreckung des Kostenanspruchs des Enteignungsbeschlusses (§ 121) (*Dyong* in EZBK § 121 Rn. 15).

§ 122

2 2. Arten der Vollstreckungstitel. a) Einigung. Nach Abs. 1 S. 1 Nr. 1 ist Vollstreckungstitel die Niederschrift über eine **Einigung** (§ 110 Abs. 2) wegen der in ihr bezeichneten Leistungen, und zwar sowohl wegen der Geldentschädigung wie der Ausgleichszahlungen, nicht jedoch wegen des Übergangs oder der Belastung des Eigentums, da die dem Enteignungsbeschluss gleichstehende (§ 110 Abs. 3 S. 1) Einigung insoweit keine weitergehende Rechtswirkung als dieser haben kann.

3 b) Enteignungsbeschluss. Nach Abs. 1 S. 1 Nr. 2 ist Vollstreckungstitel der nicht mehr anfechtbare (→ § 117 Rn. 3) **Enteignungsbeschluss wegen der** zu zahlenden **Geldentschädigung** (→ Rn. 1) oder einer **Ausgleichsleistung,** die bei einer Entschädigung in Land oder Rechten (§ 100 Abs. 5 S. 4, § 101 Abs. 1 S. 2) festgesetzt worden ist. Da die Ausgleichszahlung Wertunterschiede zwischen enteigneten und zugewiesenen Grundstücken bzw. Rechten ausgleichen soll, ist ihre Zahlung erst gerechtfertigt, wenn das Eigentum am Grundstück übergegangen ist. Daher ist gem. Abs. 1 S. 2 die Zwangsvollstreckung wegen einer Ausgleichsleistung erst zulässig, wenn die den Eigentumswechsel bewirkende Ausführungsanordnung (§ 117) wirksam und unanfechtbar geworden ist. Unanfechtbar ist auch der durch baulandgerichtliches Urteil bestätigte Enteignungsbeschluss. Er und nicht das keine Leistung bestimmende Urteil ist daher auch in nach Abs. 1 S. 1 Nr. 2 vollstreckbarer Titel (*Dyong* in EZBK § 122 Rn. 8). Setzt das Urteil gem. § 226 Abs. 2 die Entschädigung oder die Ausgleichsleistung anders fest, so ist nicht der geänderte Enteignungsbeschluss, sondern gem. § 221 Abs. 1 S. 1 BauGB, § 704 ZPO das **Urteil** ein vollstreckbarer Titel, der hinsichtlich der Entschädigung auch vor Erlass der Ausführungsanordnung (so *Breuer* in SCH § 122 Rn. 12; *Dyong* in EZBK § 121 Rn. 2 u. 8) hinsichtlich der Ausgleichsleistung wegen Abs. 1 S. 2 erst nach Wirksamkeit und Unanfechtbarkeit der Ausgleichsanordnung vollstreckt werden kann.

4 c) Besitzeinweisungsbeschluss. Nach Abs. 1 S. 1 Nr. 3 ist Vollstreckungstitel der Beschluss über die **vorzeitige Besitzeinweisung** oder deren Aufhebung (→ § 116 Rn. 11) wegen der darin festgesetzten Leistungen, nämlich der in Geld oder einem Tun oder Unterlassen bestehenden Entschädigung nach § 116 Abs. 4 oder nach § 116 Abs. 6 (→ § 116 Rn. 9, 12). Vollstreckungstitel nach Abs. 1 S. 1 Nr. 3 entstehen auch, wenn die Entschädigung nach § 116 Abs. 4 nicht im Besitzeinweisungsbeschluss, sondern gesondert oder im Enteignungsbeschluss (→ § 116 Rn. 6) festgesetzt wird (*Reisnecker*, KK § 122 Rn. 12).

5 3. Vollstreckungsverfahren. a) Einigung. Abs. 2 S. 1 bestimmt als Besonderheit für das **Vollstreckungsverfahren** der Titel nach Abs. 1, dass die **vollstreckbare Ausfertigung** von dem Urkundsbeamten der Geschäftsstelle des AG erteilt wird, in dessen Bezirk die Enteignungsbehörde ihren Sitz hat. Ist ein Baulandprozess anhängig (§ 253 ZPO), ist der Urkundsbeamte der Geschäftsstelle des Baulandgerichtes zuständig. Bei einer Vollstreckung wegen einer Ausgleichszahlung (Abs. 1 S. 1 Nr. 2) darf die vollstreckbare Ausfertigung erst erteilt werden, wenn die Voraussetzungen des Abs. 1 S. 2 vorliegen (→ Rn. 3). Erst dann ist der Titel vollstreckungsreif. Der mit der Vollstreckungsklausel versehene Titel ist spätestens gleichzeitig mit der durch den Gerichtsvollzieher durchzuführenden Zwangsvollstreckung zuzustellen.

6 b) Enteignungsbeschluss. Abs. 2 S. 2 verlagert die Zuständigkeit des Prozessgerichts auf das Amtsgericht, in dessen Bezirk die Enteignungsbehörde ihren Sitz hat, und zwar für folgende **Zwangsvollstreckungsbehelfe:** Klage auf Erteilung der Vollstreckungsklausel (§ 731 ZPO), Vollstreckungsgegenklage (§ 767 ZPO), Klage gegen die Vollstreckungsklausel (§ 768 ZPO), Antrag auf Erlass einer einstweiligen Anordnung in den Fällen der §§ 767, 768 ZPO (§§ 769, 770 ZPO), Vollstreckungsabwehrklage eines Erben (§ 785 ZPO) und Vollstreckungsabwehrklage bei beschränkter Haftung (§ 786 ZPO). Die Novelle 2012 (→ Einl. Rn. 62) hat den Hinweis auf § 791 ZPO gestrichen, da dieser durch das EG-Vollstreckungstitel-Durchführungsgesetz v. 18.8.2005 BGBl. I. 2477 aufgehoben worden ist.

Sechster Teil. Erschließung

Vorbemerkung zu den §§ 123 bis 135

Übersicht

	Rn.
1. Erschließung als umfassende gemeindliche Aufgabe	1
2. Bedeutung der Erschließung für die bauliche Nutzung der Grundstücke	5
3. Begriff der Erschließung im Sechsten Teil des Ersten Kapitels	6
4. Gesetzgebungskompetenz	8
5. Regelung der Erschließung	9
a) Erschließungslast	10
b) Zeitpunkt und Umfang der Erschließung	11
c) Pflichten des Eigentümers	12
d) Erschließungsbeitrag	13

1. Erschließung als umfassende gemeindliche Aufgabe. Das BauGB enthält **1 keine Definition des Begriffs der Erschließung.** Der Begriff hat an verschiedenen Stellen im BauGB zudem auch unterschiedliche Bedeutungen. Ein Baugebiet ist zB für Wohnzwecke erst dann in vollem Umfang funktional und sozialgerecht nach § 1 Abs. 5 S. 1 (→ § 1 Rn. 44 ff.) nutzbar, wenn es umfassend „erschlossen" ist (gebietsbezogene Erschließung). Zur **Erschließung in diesem umfassenden Sinn** gehört, dass das Gebiet in **verkehrlicher, technischer und sozialer Hinsicht** erschlossen ist, ohne dass diese Arten der Erschließung trennscharf gegeneinander im BauGB abgegrenzt sind.

Zur Nutzbarkeit in diesem Sinn gehört, dass das Baugebiet an das allgemeine **Stra- 2 ßennetz** angeschlossen und dieses **beleuchtet** ist, mit **Wasser, Strom, Telefon, Gas** und **Wärme** versorgt wird und das **Abwasser, ggf. über Regenklär- und Regenüberlaufbecken, abgeleitet** wird (vgl. BGH Urt. v. 22.10.2004 – V ZR 7/04, NVwZ 2005, 238 f.). Zur Schaffung eines angemessenen Kleinklimas und zur Naherholung müssen **Grünanlagen** angelegt werden. Unter Umständen muss das Gebiet **gegen schädliche Umwelteinwirkungen,** wie zB Verkehrs- oder Gewerbelärm, **abgeschirmt** werden.

Ferner muss das Gebiet mit Einrichtungen des **öffentlichen Personennahver- 3 kehrs** erreicht werden können, muss der **Abfall** entsorgt werden, für eine Sammlung und schadlose Beseitigung des anfallenden Abwassers müssen **Kläranlagen** verfügbar sein. Auch muss die **Versorgung** des Gebiets mit Ärzten und Apotheken, mit Schulen und Kindergärten, mit Sport- und Freizeiteinrichtungen sowie mit Einrichtungen zur Deckung des täglichen Bedarfs sichergestellt sein.

Die in dieser nicht abschließenden Aufzählung genannten Anlagen und Einrich- 4 tungen zur Erschließung eines Wohnbaugebiets ergeben sich aus einer Gesamtschau insbesondere der §§ 1, 5, 9, 55, 126 und 127. Die Sicherstellung einer solchen **umfassenden Erschließung (Infrastruktur)** obliegt im Rahmen der Erfüllung ihrer Aufgaben der **Daseinsvorsorge der Gemeinde.** Dies bedeutet nicht, dass die Gemeinde alle Anlagen auch selbst herstellen muss. Hierfür kommen vielmehr nach öffentlich-rechtlichen Vorschriften außerhalb des BauGB auch andere Träger in Betracht, so zB der Bund oder das jeweilige Land als Träger der Straßenbaulast für die Ortsdurchfahrten überörtlichen Straßen in kleineren Gemeinden. Teilweise kann die Gemeinde auch nur die Voraussetzungen dafür schaffen, dass bestimmte Einrichtungen von Privaten geschaffen werden (zB Einzelhandel, Arztpraxen oder Apotheken). Soweit es um Anlagen und Einrichtungen des Gemeinbedarfs geht, kann die Ge-

Vorb §§ 123–135 I. Kapitel. VI. Teil. Erschließung

meinde die Durchführung oder die ihr entstehenden Kosten durch einen **städtebaulichen Vertrag** abwälzen (→ § 11 Rn. 33 und 36).

5 **2. Bedeutung der Erschließung für die bauliche Nutzung der Grundstücke.** Das BauGB verwendet den Begriff der **Erschließung nicht einheitlich**, sondern in unterschiedlicher Bedeutung nach dem jeweiligen Regelungserfordernis, so zB in den §§ 30, 34, 35, 123 ff., 127 ff. Baulich nutzbar sind **Grundstücke** immer nur dann, wenn die **Erschließung gesichert** ist. Hiermit ist nicht eine gebietsbezogene Erschließung (Rn. 1 ff.) gemeint, sondern eine ausschließlich **grundstücksbezogene Erschließung**. Für die ordnungsgemäße Erschließung eines Grundstücks ist in der Regel mindestens der Anschluss an das öffentliche Straßennetz, die Versorgung mit Elektrizität und Wasser sowie die Abwasserbeseitigung notwendig (→ § 30 Rn. 21). Die Anforderungen an die Erschließung im nicht qualifiziert beplanten Innenbereich nach § 34 und erst recht im Außenbereich nach § 35 können dahinter zurückbleiben (vgl. *Weyreuther* DVBl. 1970, 3 (7)).

6 **3. Begriff der Erschließung im Sechsten Teil des Ersten Kapitels.** Über den grundstücksbezogenen Erschließungsbegriff (Rn. 5), der auf die unmittelbaren Erfordernisse für eine Bebauung des einzelnen Grundstücks abstellt, geht das Gesetz im **Ersten Abschnitt** des Sechsten Teils des Ersten Kapitels über die Erschließung hinaus. § 123 Abs. 2 verweist ausdrücklich auf die Erfordernisse „der Bebauung" und „des Verkehrs" und bezieht sich damit auf ein Gebiet, nicht auf ein einzelnes Grundstück (→ § 123 Rn. 17); § 123 Abs. 1 weist den Gemeinden ganz allgemein „die Erschließung" als Aufgabe zu. Gemeint ist damit die **gebietsbezogene Erschließung**. Wegen der Beschränkung der Gesetzgebungskompetenz des Bundes auf das Bodenrecht ist damit jedoch nicht die umfassende, die Daseinsvorsorge einschließende, Erschließung eines Baugebiets (→ Rn. 1) angesprochen. Es geht vielmehr nur um die **zur Baureifmachung der Grundflächen erforderlichen Maßnahmen** (BVerfG G. v. 16.6.1954 – 1 PBvV 2/52, BVerfGE 3, 407 (429); dass. Beschl. v. 8.11.1972 – 1 BvL 15/68, BVerfGE 34, 139). Zur Erschließung in diesem Sinne gehören alle Anlagen, die dazu dienen, die Baugebiete in baurechtlich zulässiger Weise nutzen zu können; dies sind die in Rn. 2 aufgeführten Anlagen. Dabei ist es unerheblich, ob sich die Herstellung, Unterhaltung, Erweiterung oder Verbesserung dieser Anlagen nach Bundes- oder nach Landesrecht richten, ob hierfür Erschließungsbeiträge, Kommunalabgaben (insbesondere Ausbaubeiträge) oder keinerlei Abgaben erhoben werden dürfen. Auch die Belegenheit der Erschließungsanlagen innerhalb oder außerhalb des erschlossenen Gebiets ist hierfür nicht maßgebend.

7 Im **Zweiten Abschnitt über den Erschließungsbeitrag** wird ein gegenüber dem Ersten Abschnitt nochmals **verengter gebietsbezogener Erschließungsbegriff** verwandt. Der Erschließungsbegriff des Erschließungsrechts wird dabei zu zwei Seiten hin begrenzt: Zum einen können Beiträge nur für die abschließend aufgeführten **Erschließungsanlagen** erhoben werden (vgl. § 127 Abs. 2 und 4). Zum anderen sind die Kosten auch für die erstmalige Herstellung von Erschließungsanlagen im Sinne des § 127 Abs. 2 nur insoweit beitragsfähig, als diese Anlagen selbst nach Art und Umfang ihres Ausbaus **erforderlich** sind, um die Bauflächen in baurechtlich zulässiger Weise nutzen zu können. Dieser Gebietsbezug ergibt sich daraus, dass die Erschließungsanlagen zur **Nutzung von Bauflächen** dienen müssen, wenn für sie Beiträge erhoben werden sollen (vgl. § 129 Abs. 1 S. 1).

8 **4. Gesetzgebungskompetenz.** Das Erschließungsbeitragsrecht gehörte traditionell zum Bodenrecht im Sinne des Art. 74 Abs. 1 Nr. 18 GG, so dass dem Bund hier das Recht der konkurrierenden Gesetzgebung zustand (vgl. BVerfG G. v. 16.6.1954 – 1 PBvV 2/52, BVerfGE 3, 407 (429); dass. Beschl. v. 5.7.1972 – 2 BvL 6/66 – BVerfGE 33, 265 (286 ff.); dass. Beschl. v. 8.11.1972 – 1 BvL 15/68, BVerfGE 34, 139 (144)). Durch das Gesetz zur Änderung des Grundgesetzes vom 27.10.1994

Vorbemerkung zu den §§ 123–135 **Vorb §§ 123–135**

(BGBl. I S. 3146) sind die Gesetzgebungszuständigkeiten zwischen Bund und Ländern neu verteilt worden. Unter anderem wurde in Art. 74 Abs. 1 Nr. 18 hinter dem Wort Bodenrecht der Klammerzusatz „ohne das Recht der Erschließungsbeiträge" eingefügt und damit den Ländern das Recht der Gesetzgebung auf diesem Gebiet übertragen. Die durch die Rechtsprechung des Bundesverwaltungsgerichts erreichte Rechtseinheitlichkeit und Rechtssicherheit in diesem für die städtebauliche Entwicklung wichtigen Gebiet wird dadurch zumindest in Frage gestellt (vgl. auch *Quaas* NVwZ 2007, 757 (762f.); s. aber auch andererseits *Becker/Rieck* LKV 2011, 157 im Hinblick auf Abgrenzungsprobleme zum Straßenausbaubeitragsrecht; *Schmidt-Eichstaedt* DVBl. 2011, 691ff.; *Köster* BauR 2011, 932ff. zu BVerwG Urt. v. 1.12.2010 – 9 C 8/09, NVwZ 2011, 690). Allerdings sieht Art. 125a Abs. 1 GG vor, dass das Erschließungsbeitragsrecht als Bundesrecht fortgilt, bis es durch ein Landesgesetz ersetzt wird. Ob und wann dies geschieht, ist den Ländern überlassen. **Bayern** hat für Grünanlagen eine einschränkende Sonderregelung getroffen (→ § 127 Rn. 33) und im Übrigen in § 5a KAG in der Fassung des Änderungsgesetzes vom 27.12.1996 (GVBl. S. 541) die §§ 127 bis 135 in bayerisches Landesrecht überführt (vgl. BVerwG Beschl. v. 9.8.2002 – 9 B 35/02, NVwZ 2002, 1505). **Baden-Württemberg** hat mit einer Novellierung seines KAG (GBl. 2005 S. 206) in den §§ 3ff. eine eigenständige Regelung des Erschließungsbeitragsrechts eingeführt, die sich weitgehend an das bisherige Bundesrecht anlehnt, aber teilweise eigene Akzente setzt und eine Rechtsbereinigung mit dem übrigen Kommunalabgabenrecht anstrebt, erlassen (hierzu *Driehaus* NVwZ 2005, 1136ff.; *Reif/Rieche/Gloser* BWGZ 2005, 595ff.). In **Bremen** existiert ein Ortsgesetz über die Erhebung von Erschließungsbeiträgen vom 20.12.1982 (Brem. GBl. S. 405) zuletzt geändert am 25.5.2010 (Brem. GBl. S. 305)). Nach dessen § 1 erhebt die Stadtgemeinde Bremen Erschließungsbeiträge nach den Bestimmungen des BauGB und des Ortsgesetzes. Auch **Berlin** hat ein eigenes Erschließungsbeitragsgesetz erlassen (GVBl. 1995 S. 444). Für **Sachsen** trifft das SächsKAG in den §§ 26ff. für Beiträge zu Verkehrsanlagen lediglich Regelungen „soweit das Baugesetzbuch nicht anzuwenden ist" (vom 26.8.2004, SächsGVBl. S. 418, zuletzt geändert am 28.11.2013, SächsGVBl. S. 822).

5. Regelung der Erschließung. Da die Erschließung im Grundsatz eine Aufgabe der Gemeinde ist und sich weitgehend auch nach landesrechtlichen Vorschriften richtet, enthalten die allgemeinen Vorschriften der §§ 123 bis 126 lediglich einige **Grundsätze über die Erschließung**. Schwerpunkt der Regelungen im BauGB sind die §§ 127 bis 135 über den **Erschließungsbeitrag** (ausführlich hierzu *Driehaus* § 8 Rn. 1ff.; *Richarz/Steinmetz*, Erschließung in der kommunalen Praxis, 2. Aufl. 2000, 32ff.). 9

a) Erschließungslast. § 123 regelt zunächst die **Erschließungslast**. Nach § 123 Abs. 1 ist die erstmalige Erschließung grundsätzlich Aufgabe der Gemeinde, soweit sie nicht gesetzlich oder vertraglich einem anderen obliegt. Durch einen städtebaulichen Vertrag über die Erschließung **(Erschließungsvertrag)** nach § 11 Abs. 1 S. 2 Nr. 1 kann nur die Durchführung der Erschließung, nicht aber die Erschließungslast selbst, auf einen Dritten übertragen werden. Die Übernahme der wesentlichen Regelungen aus § 124 in die Bestimmungen über den städtebaulichen Vertrag (§ 11) durch die **Innenentwicklungsnovelle 2013** hat daran nichts geändert. 10

b) Zeitpunkt und Umfang der Erschließung. Ferner sind im Ersten Abschnitt **Zeitpunkt und Ausmaß der Erschließung** im Grundsatz bestimmt. Nach § 125 Abs. 1 setzt die Herstellung der Erschließungsanlagen im Sinne des § 127 Abs. 2 grundsätzlich einen Bebauungsplan voraus. Nach § 123 Abs. 2 sollen jedoch nicht nur diese, sondern auch die übrigen Erschließungsanlagen bis zur Fertigstellung der anzuschließenden baulichen Anlagen zwar noch nicht endgültig hergestellt, wohl aber benutzbar sein, aber benutzt werden können. Dieselben Vorschriften regeln 11

auch den Umfang der Erschließung. Nach § 125 Abs. 1 hat sich die Erschließung grundsätzlich nach den Festsetzungen des Bebauungsplans zu richten. Ergänzend bestimmt § 123 Abs. 2, dass die Erschließung an den Erfordernissen der Bebauung und des Verkehrs, nicht hingegen am nur Wünschenswerten, ausgerichtet werden soll und insbesondere kostengünstig auszuführen ist. Ein **Anspruch auf Erschließung** besteht nach § 123 Abs. 3 grundsätzlich nicht, kann sich aber aus einem bestimmten Verhalten der Gemeinde ergeben (→ § 11 Rn. 19, § 123 Rn. 4).

12 c) **Pflichten des Eigentümers.** Schließlich sind einige **Duldungs- und Handlungspflichten** des Eigentümers geregelt. So hat er nach § 126 Abs. 1 das Anbringen von Kennzeichen und Hinweisschildern für die Erschließungsanlagen sowie das Anbringen von Haltevorrichtungen, zB für die Straßenbeleuchtung, zu dulden. Nach § 126 Abs. 3 S. 1 hat er sein Grundstück mit der hierfür festgesetzten Nummer zu versehen.

13 d) **Erschließungsbeitrag.** Im Mittelpunkt der Regelungen des BauGB über die Erschließung stehen die Vorschriften über die **Erhebung des Erschließungsbeitrags.** Diese Bestimmungen regeln die beitragsfähigen **Aufwendungen** der Gemeinde, die **Verteilung** dieses Aufwandes auf die erschlossenen Grundstücke sowie die **Heranziehung** der Eigentümer zu Erschließungsbeiträgen. Die Vorschriften lassen sich thematisch in fünf Gruppen zusammenfassen:

14 aa) **Erschließungsanlagen.** Zunächst werden in § 127 Abs. 2 die **Erschließungsanlagen** bestimmt, für die überhaupt Erschließungsbeiträge nach dem BauGB erhoben werden können. Dies sind im Wesentlichen **die zum Anbau bestimmten Straßen,** die Sammelstraßen, Parkflächen, Grünanlagen und Anlagen zum Immissionsschutz. Für andere Anlagen, die für eine ordnungsgemäße Erschließung notwendig sind, wie zB die vom Erschließungsbeitragsrecht nicht mehr erfassten selbstständigen Kinderspielplätze (s. § 127 Abs. 2 Nr. 4), können allenfalls Beiträge nach dem Kommunalabgabenrecht der Länder erhoben werden, sofern sie nicht aus allgemeinen Deckungsmitteln der Gemeinde bestritten werden müssen. Sie können auch Gegenstand eines städtebaulichen Vertrags nach § 11 sein.

15 bb) **Erschließungsaufwand.** Sodann wird bestimmt, welche Kosten als **Erschließungsaufwand** den Erschließungsbeiträgen zugrunde gelegt werden können. Dies sind im Wesentlichen die Kosten für die **Flächen,** auf denen die Erschließungsanlagen errichtet werden, und für den **Bau** der Erschließungsanlagen, soweit diese **erforderlich** sind, um die Bauflächen entsprechend den baurechtlichen Vorschriften nutzen zu können. Von diesen Kosten hat die Gemeinde mindestens 10% selbst zu tragen (§ 129 Abs. 1 S. 3), sofern nicht in einem Erschließungsvertrag nach § 11 Abs. 1 S. 2 Nr. 1 eine andere Regelung getroffen wurde (→ § 11 Rn. 37).

16 cc) **Verteilung des Erschließungsaufwands.** Der dritte Regelungskomplex sind die Vorschriften über die **Ermittlung des Erschließungsaufwands und seine Verteilung** auf die erschlossenen Grundstücke. Die Ermittlung des beitragsfähigen Erschließungsaufwands kann auf der Grundlage der tatsächlich entstandenen Kosten oder nach Einheitssätzen erfolgen (§ 130 Abs. 1 S. 1). Als **Verteilungsmaßstab** sieht das Gesetz insbesondere die Verteilungen nach Art und Maß der baulichen oder sonstigen Nutzung vor (§ 131 Abs. 2 Nr. 1, Abs. 3). In einfacher gelagerten Fällen kann der Erschließungsaufwand auch nach der erschlossenen Grundstücksfläche (Flächenmaßstab) oder nach der Grundstücksbreite an der Erschließungsanlage (Frontmetermaßstab) verteilt werden.

17 dd) **Erschließungsbeitragssatzung.** Die für die Beitragserhebung wesentlichen Gesichtspunkte hat die Gemeinde vor Beitragserhebung in einer **Satzung** festzulegen. In ihr müssen insbesondere enthalten sein: Die Erschließungsanlagen im Sinne des § 127 Abs. 2, für die Beiträge erhoben werden sollen; die Art der Ermittlung des

Vorbemerkung zu den §§ 123–135

Erschließungsaufwands; der Verteilungsmaßstab sowie die Einrichtungen und der Ausbaustandard der Erschließungsanlagen, also die Merkmale, von denen die Gemeinde die endgültige Herstellung einer Erschließungsanlage als Grundlage für die Beitragserhebung abhängig machen will.

ee) Beitragszahlung. In einem letzten Komplex lassen sich die Vorschriften zur **18 Beitragserhebung und Beitragsentrichtung** zusammenfassen. Hierzu gehören die Bestimmungen, in welchem Zeitpunkt die Beitragspflicht entsteht (**Bebaubarkeit** des Grundstücks **und endgültige Herstellung** der Erschließungsanlage nach § 133), wer beitragspflichtig ist und wie der Beitrag erhoben wird (§ 134) sowie wann der Beitrag fällig wird und wie er zu zahlen ist (§ 135). Ebenfalls hierzu gerechnet werden können die Möglichkeiten, bestimmte Arten der Kosten der Erschließungsanlagen getrennt abzurechnen (**Kostenspaltung** nach § 127 Abs. 3), die Bildung eines **Abrechnungsgebiets** nach § 130 Abs. 2 sowie die Erhebung von **Vorausleistungen** auf den Erschließungsbeitrag und dessen **Ablösung** nach § 133 Abs. 3. Schließlich gehört hierzu die Möglichkeit, zur Vermeidung unbilliger Härten oder aus einem besonderen öffentlichen Interesse heraus von der Erhebung des Erschließungsbeitrags **abzusehen** (§ 135 Abs. 5).

ff) Übersicht: Ermittlung des beitragsfähigen Erschließungsaufwands. 19 Die **Ermittlung des beitragsfähigen Erschließungsaufwands** in seiner Gesamtheit geht in folgenden Stufen vor sich:
– Erschließungsanlage im Sinne des § 127 Abs. 2,
– erstmalige Herstellung im Sinne des § 128 Abs. 1,
– Ausbau entsprechend Bebauungsplan oder den Anforderungen des § 1 Abs. 4 bis 6, § 1 a nach § 125 und Satzung nach § 132 Nr. 1 und 4,
– Erforderlichkeit im Sinne des § 129 Abs. 1 S. 1,
– Ermittlung des Aufwands nach tatsächlichen Kosten oder nach Einheitssätzen für die Erschließungsanlage, für einen Abschnitt der Anlage oder für eine Erschließungseinheit nach § 130,
– Abzug des gemeindlichen Anteils von 10% nach § 129 Abs. 1 S. 3, sofern keine abweichende Vereinbarung in einem Erschließungsvertrag nach § 11 Abs. 1 S. 2 Nr. 1 getroffen wurde.

gg) Übersicht: Ermittlung des Erschließungsbeitrags. Die **Beitragspflicht 20** und die **Höhe des Beitrags für das einzelne Grundstück** ergeben sich folgendermaßen:
– Erschlossensein durch eine Erschließungsanlage nach § 131 Abs. 1,
– anteiliger Betrag des beitragsfähigen Erschließungsaufwands gemäß dem Verteilungsmaßstab nach § 131 Abs. 2 und Bestimmung in der Satzung nach § 132 Nr. 2.

hh) Übersicht: Fälligkeit und Vorausleistung des Erschließungsbeitrags. 21 Fällig wird der Beitrag, wenn folgende Voraussetzungen erfüllt sind:
– Nutzbarkeit und Erschlossensein des Grundstücks nach § 133 Abs. 1,
– endgültige Herstellung der Erschließungsanlage nach § 133 Abs. 2 (Entstehung der Beitragspflicht),
– Bekanntgabe des Beitragsbescheids mittels Zustellung an den Eigentümer oder Erbbauberechtigten nach § 134,
– Ablauf eines Monats nach Bekanntgabe, § 135 Abs. 1,
– Möglichkeit der Ratenzahlung, Verrentung, Stundung oder Freistellung nach § 135 Abs. 2 bis 5 bzw. Abs. 6 iVm landesrechtlichen Billigkeitsregelungen.

Vorher können bei Genehmigung eines Bauvorhabens oder Beginn der Herstel- **22** lung der Erschließungsanlagen **Vorausleistungen** nach § 133 Abs. 3 erhoben werden.

Erster Abschnitt. Allgemeine Vorschriften

§ 123 Erschließungslast

(1) **Die Erschließung ist Aufgabe der Gemeinde, soweit sie nicht nach anderen gesetzlichen Vorschriften oder öffentlich-rechtlichen Verpflichtungen einem anderen obliegt.**

(2) **Die Erschließungsanlagen sollen entsprechend den Erfordernissen der Bebauung und des Verkehrs kostengünstig hergestellt werden und spätestens bis zur Fertigstellung der anzuschließenden baulichen Anlagen benutzbar sein.**

(3) **Ein Rechtsanspruch auf Erschließung besteht nicht.**

(4) **Die Unterhaltung der Erschließungsanlagen richtet sich nach landesrechtlichen Vorschriften.**

Übersicht

	Rn.
I. Erschließungslast (Abs. 1 und 3)	1
1. Gemeindliche Selbstverwaltungsaufgabe	1
2. Andere Träger	2
a) Aufgrund gesetzlicher Vorschrift	2
b) Aufgrund öffentlich-rechtlicher Verpflichtung	3
3. Erschließungspflicht	4
II. Erschließungsanlagen (Abs. 2 und 4)	5
1. Erfordernisse der Bebauung	6
2. Erfordernisse des Verkehrs	8
3. Zeitpunkt der Benutzbarkeit	9
4. Unterhaltung (Abs. 4)	10
5. Selbstständige Erschließungsanlagen	11

I. Erschließungslast (Abs. 1 und 3)

1. Gemeindliche Selbstverwaltungsaufgabe. Das BauGB hat die – erstmalige (BVerwG Beschl. v. 6.5.2008 – 9 B 18/08, NVwZ 2008, 905 sowie zum Erschließungsbeitrag § 128 Abs. 1 S. 1 Nr. 2) – **Erschließung** im Grundsatz als Aufgabe der Gemeinde ausgestaltet. Diese Aufgabe liegt jedoch nach dem Gesetz nicht im freien kommunalpolitischen Ermessen. Zum einen handelt es sich um eine **Pflichtaufgabe der Gemeinde.** Die Gemeinde ist daher nicht nur ermächtigt, sondern in gewissem Umfang auch verpflichtet, von ihr planerisch vorgesehene Baugebiete zu erschließen (hierzu *Weyreuther* DVBl. 1970, 3 (4ff.); *Schrader* BWGZ 2008, 228ff.; → auch Rn. 4). Die Erschließungslast der Gemeinde **endet** für die jeweilige Erschließungsanlage mit deren endgültiger Herstellung (vgl. BVerwG Urt. v. 28.10.1981 – 8 C 4/81, DVBl. 1982, 540). Zudem enthält das Gesetz über die Regelung der **Beitragsfähigkeit** und damit der Refinanzierung von Erschließungsanlagen im praktischen Ergebnis eine recht weitgehende inhaltliche Bestimmung jedenfalls der verkehrlichen Erschließung. Die Gestaltung und Finanzierung der technischen Erschließung nach § 127 Abs. 4 sowie die soziale Erschließung (→ Vorb. §§ 123–135 Rn. 1) und die Unterhaltung (Abs. 4) sowie dr Ausbau von Erschließungsanlagen unterfallen unabhängig von Fragen der Erschließungslast dem Landesrecht (Rn. 10 sowie Vorb. §§ 123–135 Nr. 6). So gehört etwa die Reinigung des auf den Straßen anfallenden Regenwassers nicht zu den Erschließungsaufgaben der Gemeinde nach Abs. 1 (vgl. BVerwG Urt. v. 18.4.1986 – 8 C 90/84, NVwZ 1987, 143).

1. Abschnitt. Allgemeine Vorschriften § 123

2. **Andere Träger. a) Aufgrund gesetzlicher Vorschrift.** Soweit aufgrund **gesetzlicher Vorschriften** für bestimmte Erschließungsanlagen ein **anderer Träger** als die Gemeinde bestimmt ist oder bestimmt wird, steht dem die Regelung in **Abs. 1** nicht entgegen. Sie enthält einen ausdrücklichen Vorbehalt für abweichende Regelungen. Diese Bestimmung hat insbesondere Bedeutung für die **Straßenbaulast** (vgl. VGH Kassel Urt. v. 5.12.2007 – 5 UE 136/07, NVwZ-RR 2008, 446) und für die Finanzierung durch Erschließungsbeiträge (BVerwG Beschl. v. 6.5.2008 – 9 B 18/08, NVwZ 2008, 905). So ist nach § 5 Abs. 2 iVm Abs. 3 FStrG grundsätzlich der Bund Träger der Straßenbaulast für die Ortsdurchfahrten im Zuge von Bundesstraßen bei Gemeinden, die nicht mehr als 80 000 Einwohner haben. Ebenso sind bei diesen Gemeinden in der Regel das Land oder der Kreis Träger der Straßenbaulast für die Ortsdurchfahrten der Straßen in ihrer Straßenbaulast (s. etwa § 43 Abs. 1 iVm § 3 StrWG NRW). Ferner gehört hierher die Verpflichtung von Energieversorgungsunternehmen nach § 14 bzw. § 16a EnWG, die Bevölkerung mit **Strom und Gas** zu versorgen. Ebenso ist hier zu nennen die Pflicht der Teilnehmergemeinschaft nach § 42 FlurbG, u. a. Wege und Straßen entsprechend dem Wege- und Gewässerplan nach § 41 FlurbG herzustellen und zu unterhalten.

b) Aufgrund öffentlich-rechtlicher Verpflichtung. Die Erschließungspflicht 3 kann auch aufgrund **öffentlich-rechtlicher Verpflichtung,** sei es durch Verwaltungsakt, sei es durch Vertrag, einem Dritten obliegen. Hier kommen insbesondere **Planfeststellungen** nach den Fachplanungsgesetzen in Betracht. Auch kann die Erschließungsaufgabe durch **Rechtsverordnung nach § 203** auf eine benachbarte Gemeinde übertragen werden, wenn dies eine andernfalls nicht mögliche Beitragserhebung für gemeindegebietsfremde Grundstücke erlaubt, die durch eine auf dem Gebiet beider Gemeinden liegende Anbaustraße erschlossen werden (BVerwG Urt. v. 28.11.2007 – 9 C 10/07, BVerwGE 130, 52). Denn die Erschließungslast der Gemeinde und die Befugnis, für die Herstellung von Erschließungsanlagen Beiträge zu erheben, sind auf das **Gemeindegebiet** beschränkt (BVerwG Urt. v. 28.11.2007, aaO, 52 (62); → § 127 Rn. 7). Nicht hierher gehört der Erschließungsvertrag nach § 11 Abs. 1 S. 2 Nr. 1, da durch ihn nicht die Erschließungslast übertragen wird (*Quaas* in Schrödter, § 123 Rn. 7; → § 11 Rn. 19).

3. **Erschließungspflicht.** Nach **Abs. 3** besteht **kein Rechtsanspruch** auf Er- 4 schließung. Damit soll jedoch lediglich ausgedrückt werden, dass die Erschließung grundsätzlich einem Ausbauprogramm der Gemeinde und damit einer ordnungsgemäßen und wirtschaftlichen Haushaltsführung und nicht Wünschen oder Forderungen Einzelner folgen soll. Die in der Erschließungslast der Gemeinde zum Ausdruck kommende allgemeine Erschließungspflicht kann sich aber zu einer **Erschließungspflicht verdichten** (s. § 124).

II. Erschließungsanlagen (Abs. 2 und 4)

Hinsichtlich **Art und Umfang der Erschließung** beschränkt sich **Abs. 2** auf die 5 Angabe allgemeiner Vorgaben. Einzelheiten ergeben sich insbesondere aus den Bauordnungen und den Straßengesetzen der Länder (vgl. zB Art. 4 Abs. 1 Nr. 2 BayBO über die Zugänglichkeit der Grundstücke von einer befahrbaren öffentlichen Verkehrsfläche). Die Verpflichtung zu einer **kostengünstigen Ausführung** der Erschließung hat bereits **frühzeitig bei der Planerstellung Berücksichtigung** zu finden (BT-Drs. 13/6392, 63; vgl. auch *Stadler* ZfBR 1998, 12 (15)). Erschließungsanlagen iSv Abs. 2 können auch **Privatwege** sein (s. etwa BVerwG Urt. v. 23.3.1984 – 8 C 65/82, DVBl. 1984, 683; *Driehaus* § 5 Rn. 4).

1. **Erfordernisse der Bebauung.** Mit der Verpflichtung, eine Erschließung ent- 6 sprechend den **Erfordernissen** der Bebauung und des Verkehrs herzustellen, wird

§ 123 I. Kapitel. VI. Teil. Erschließung

die Erschließungspflicht der Gemeinden zu zwei Seiten hin eingegrenzt. Zum einen ist **mindestens** das an Erschließung bereitzustellen, was zu einer **funktionsgerechten Nutzung** der baulichen Anlagen auf den Grundstücken erforderlich ist (→ § 30 Rn. 21). Auf der anderen Seite darf die Erschließung nicht weiter gehen, als sie im Hinblick auf Bebauung und Verkehr **erforderlich** ist. Hierbei ist die gemeindliche Erschließungshoheit zu beachten. Es bleibt im Wesentlichen den städtebaulichen Vorstellungen der Gemeinde überlassen, welche Art und welchen Umfang an Erschließung sie für ein Baugebiet für erforderlich hält. Damit ist allerdings noch nichts ausgesagt über die Beitragsfähigkeit dieser Erschließungsanlagen. Dies bestimmt sich nach den §§ 127 ff. (→ insbesondere § 129 Rn. 5 ff.).

7 Durch die Verwendung des Begriffs der **Bebauung** ohne einschränkenden Zusatz wird deutlich, dass bei der Bestimmung von Art und Umfang der Erschließung nicht von den Bedürfnissen eines einzelnen Bauvorhabens auszugehen ist, sondern von denen der **Bebauung eines Gebiets** (BVerwG Urt. v. 13.8.1976 – IV C 23/74, BRS 37 Nr. 142) entsprechend den Festsetzungen eines Bebauungsplans oder den baurechtlichen Vorschriften der §§ 34 und 35. Gemeint ist damit die Dimensionierung der Straßen und Kanäle sowie der übrigen Ver- und Entsorgungsanlagen.

8 **2. Erfordernisse des Verkehrs.** Mit den **Erfordernissen des Verkehrs** sind die Anforderungen des **örtlichen** öffentlichen Straßenverkehrs gemeint. Insoweit stellt § 125 Abs. 1 eine enge Koppelung von Verkehrsanlagen und Bebauungsplan her. Vor allem bei der Planung und Herstellung der Verkehrsanlagen ist es nicht nur zulässig, sondern auch erforderlich, künftige Verkehrsbedürfnisse soweit als möglich prognostisch zu berücksichtigen.

9 **3. Zeitpunkt der Benutzbarkeit.** Nach Abs. 2 sollen, d. h. im Regelfall müssen die Erschließungsanlagen **bis zur Fertigstellung der an sie anzuschließenden baulichen Anlagen benutzbar** sein. Dies bedeutet, dass sie zwar noch nicht endgültig im Sinne des § 133 Abs. 2 hergestellt sein müssen, jedoch eine gefahrlose und funktionsgerechte Benutzung gewährleistet sein muss. Bedeutung hat diese Unterscheidung zwischen Benutzbarkeit und endgültiger Herstellung insbesondere für Straßen. So wird es bei einem Neubaugebiet in aller Regel zweckmäßig sein, bis zur endgültigen Herstellung der baulichen Anlagen, die durch eine Straße erschlossen werden, die Straße lediglich als Baustraße auszugestalten und die oberste Deckschicht erst später aufzubringen, damit sie nicht durch häufigen Lastwagenverkehr wieder zerstört wird.

10 **4. Unterhaltung (Abs. 4).** Die Erschließungslast der Gemeinde nach Abs. 1 erstreckt sich nur auf die **erstmalige Herstellung** der Erschließungsanlagen (BVerwG Beschl. v. 6.5.2008 – 9 B 18/08, NVwZ 2008, 905; dass. Urt. v. 28.10.1981 – 8 C 4/81, BVerwGE 64, 186 (188 f.)). Die **Unterhaltung** der hergestellten Erschließungsanlagen richtet sich gem. Abs. 4 nach landesrechtlichen Vorschriften. Umstritten ist, ob auch die **Verbesserung und Erweiterung** von Erschließungsanlagen zur Erschließungslast nach Abs. 1 gehört (ablehnend BVerwG Beschl. v. 6.5.2008 – 9 B 18/08, NVwZ 2008, 905; dass. Urt. v. 11.11.1987 – 8 C 4/86, BVerwGE 78, 266; *Dirnberger* in JDW § 123 Rn. 2; befürwortend unter Hinzuziehung der Entstehungsgeschichte *Ernst/Grziwotz* in EZBK § 123 Rn. 5; *Ernst* BWGZ 1984, 699 f.; *Quaas* in Schrödter § 123 Rn. 19; *Fischer/Korbmacher* in Hoppenberg/de Witt, Kap. F, Rn. 10). Aus der Regelung in § 128 Abs. 1 S. 1 Nr. 2 in Verbindung mit Abs. 2 S. 1, dass für Erweiterungen und Verbesserungen keine Erschließungsbeiträge, sondern allenfalls Beiträge nach dem Kommunalabgabenrecht der Länder erhoben werden können, kann hierfür nichts hergeleitet werden. Denn die Erschließungslast der Gemeinden geht über die Herstellung beitragsfähiger Erschließungsanlagen nach den §§ 127 ff. hinaus. So gehört zur Erschließungslast der Gemeinden, sofern nicht nach anderen gesetzlichen Vorschriften oder öffentlich-rechtlichen Verpflichtungen ein anderer

1. Abschnitt. Allgemeine Vorschriften § 123

Träger in Betracht kommt (→ Rn. 2f.), die Herstellung der technischen Erschließung, also der Versorgung mit Elektrizität, Gas, Wärme und Wasser sowie die Ableitung von Abwasser, obwohl auch hierfür keine Erschließungsbeiträge erhoben werden können (vgl. § 127 Abs. 4 S. 2). Es spricht daher vieles dafür, in § 123 auch eine Aufgabenzuweisung an die Gemeinden zu sehen, die Erschließung nach Art, Umfang und Qualität jeweils auf dem erforderlichen und zeitgerechten Niveau zu halten, auch wenn hierfür keine Beiträge erhoben werden können.

5. Selbstständige Erschließungsanlagen. Erschließungsanlagen im Sinne des Abs. 2 sind nicht notwendig auch Erschließungsanlagen im Sinne des § 127 Abs. 2 (→ Rn. 10). Dies gilt auch für die wichtigste Art von Erschließungsanlagen, die öffentlichen zum Anbau bestimmten Straßen im Sinne des § 127 Abs. 2 Nr. 1. Daher kann zB auch ein **Privatweg** eine **selbstständige Erschließungsanlage** im Sinne des Abs. 2 sein (→ Rn. 5), wenn er zum Anbau bestimmt und zur Erschließung geeignet ist (→ zu diesen Merkmalen § 127 Rn. 17ff.). Es kommt nicht darauf an, ob eine solche private Erschließungsstraße die satzungsmäßigen Merkmale der endgültigen Herstellung (§ 132 Nr. 4) erfüllt. Es genügt vielmehr, wenn der Weg den gesetzlichen Mindestanforderungen an eine Erschließungsanlage entspricht, wenn also die Gemeinde den Privatweg, so wie er ist, als Erschließungsanlage „hätte herstellen dürfen" (BVerwG Urt. v. 24.3.1976 – IV C 16/74, BauR 1976, 428). Werden Grundstücke durch einen solchen Privatweg erschlossen, scheidet für sie eine Beitragserhebung aus (BVerwG Beschl. v. 29.8.2000 – 11 B 48/00, NVwZ-RR 2001, 180; dass. Urt. v. 14.1.1983 – 8 C 81/81, NVwZ 1983, 669 (671); dass. Urt. v. 23.3.1984 – 8 C 65/82, DVBl. 1984, 683; OVG Koblenz Urt. v. 9.2.2011 – 6 A 11 029/10, NVwZ-RR 2011, 540).

Erschlossen wird ein Grundstück grundsätzlich durch die nächste von ihm aus erreichbare Straße (BVerwG Urt. v. 30.1.1970 – IV C 151/68, DVBl. 1970, 839). Keine Straße in diesem Sinn sind **unselbstständige Zufahrten**. Für die **Abgrenzung zwischen einer unselbstständigen Zufahrt und einer selbstständigen Erschließungsanlage** im Sinne des Abs. 2 ist auf den Gesamteindruck abzustellen, den die tatsächlichen Verhältnisse vermitteln. Maßgebend ist insofern grundsätzlich die Größe der Anlage, ihre Länge und Breite, ihre Ausstattung mit Fahrbahnen, Gehwegen, Beleuchtungs- und Entwässerungseinrichtungen; auch Art und Anzahl der angrenzenden Grundstücke können bedeutsam sein, ebenso eine eigene Bezeichnung (BVerwG Urt. v. 2.7.1982 – 8 C 28/81, BVerwGE 66, 69; dass. Urt. v. 14.1.1983 – 8 C 81/81, NVwZ 1983, 669 (671f.)). Eine Stichstraße unter 100 m Länge wird wegen ihrer mangelnden Verbindungsfunktion regelmäßig als unselbstständig anzusehen sein (vgl. BVerwG Urt. v. 10.6.2009 – 9 C 2/08, BVerwGE 134, 139 (146); dass. Urt. v. 25.1.1985 – 8 C 106/83, NVwZ 1985, 753). Jedoch kann zB eine Stichstraße von 90 m Länge selbstständig sein, wenn sie einen annähernd rechtwinkligen Knick aufweist (BVerwG Urt. v. 16.9.1998 – 8 C 8/97, NVwZ 1999, 997 (999f.)); auch kann die Selbstständigkeit einer 75 m langen Stichstraße wegen beidseitiger massiver Bebauung gegeben sein (BVerwG Urt. v. 26.9.2001 – 11 C 16/00, NVwZ 2002, 607f.; vgl. auch VGH Kassel Beschl. v. 22.8.2006 – 5 TG 1481/06, KStZ 2007, 77f.). Nicht zur Unselbstständigkeit führt ein in sanftem Bogen verlaufender Knick einer Straße von 120 m (VGH Mannheim Urt. v. 28.2.2002 – 2 S 2327/01, BWGZ 2002, 538f.; zur Unselbstständigkeit einer nur für eine Teilstrecke dem öffentlichen Verkehr gewidmeten Erschließungsanlage vgl. BVerwG Urt. v. 23.6.1995 – 8 C 33/94, NVwZ-RR 1995, 695; vgl. zu einer Buswendeschleife VGH München Urt. v. 29.5.1989 – 6 B 85 A. 864, KStZ 1990, 53). Ist eine Stichstraße erst nach endgültiger Herstellung der Straße, in die sie einmündet, angelegt worden, ist auch bei geringer Größe von einer selbstständigen Erschließungsanlage auszugehen (BVerwG Urt. v. 18.5.1990 – 8 C 80/88, NVwZ 1991, 77 (78f.)).

§ 124 Erschließungspflicht nach abgelehntem Vertragsangebot

Hat die Gemeinde einen Bebauungsplan im Sinne des § 30 Absatz 1 erlassen und lehnt sie das zumutbare Angebot zum Abschluss eines städtebaulichen Vertrags über die Erschließung ab, ist sie verpflichtet, die Erschließung selbst durchzuführen.

Übersicht

	Rn.
1. Verhältnis zu § 123 Abs. 3	1
2. Fälle einer möglichen gemeindlichen Erschließungspflicht	2
a) Erlass eines qualifizierten Bebauungsplanes und Ablehnung eines zumutbaren Vertragsangebotes, vergleichbare Situationen im Innenbereich und Außenbereich	2
b) Gemeindliche Erschließungspflicht ohne Angebot zum Abschluss eines städtebaulichen Vertrages	7
3. Folgen der Erschließungspflicht für die Genehmigungserteilung	13

1. Verhältnis zu § 123 Abs. 3. Nach § 123 Abs. 3 besteht **kein Rechtsanspruch** auf Erschließung (→ § 123 Rn. 4). Die in der Erschließungslast der Gemeinde zum Ausdruck kommende allgemeine Erschließungspflicht kann sich aber zu einer **aktuellen Erschließungspflicht verdichten**. In diesem Fall kann ein Anspruch Dritter auf Herstellung bestimmter Erschließungsanlagen bestehen (grundlegend BVerwG Urt. v. 4.10.1974 – IV C 59/72, NJW 1975, 402; dass. Urt. v. 28.10.1981 – 8 C 4/81, BVerwGE 64, 186). Da die Erschließung nach § 123 Abs. 1 grundsätzlich eine Selbstverwaltungsaufgabe der Gemeinden ist, verstößt eine solche Verdichtung der Erschließungslast zu einer aktuellen Erschließungspflicht jedoch nur dann nicht gegen die in Art. 28 Abs. 2 S. 1 GG enthaltene Garantie der gemeindlichen Selbstverwaltung, wenn die Gemeinde durch ein bestimmtes und ihr zurechenbares Verhalten Veranlassung gibt, eine Erschließungspflicht anzunehmen (vgl. BVerwG Urt. v. 28.10.1981 – 8 C 4/81, BVerwGE 64, 186 (189f.); dass. Urt. v. 11.11.1987 – 8 C 4/86, BVerwGE 78, 266; vgl. zum Anspruch auf Erschließung ausführlich *Driehaus* § 5 Rn. 22ff.). § 124 regelt einen der wesentlichen Fälle, in denen eine Verpflichtung der Gemeinde bestehen kann, die Erschließung durchzuführen. Die Vorschrift war inhaltlich identisch bis zur **Innenentwicklungsnovelle 2013** in § 124 Abs. 3 S. 2 BauGB enthalten. Nachdem die Bestimmungen zum Erschließungsvertrag, die zuvor ebenfalls Gegenstand von § 124 waren, in den § 11 Abs. 1 S. 2 Nr. 1 überführt worden sind (→ § 11 Rn. 18ff.), ist die Erschließungspflicht der Gemeinde nach abgelehntem Vertragsangebot als alleiniger Regelungsgegenstand verblieben.

2. Fälle einer möglichen gemeindlichen Erschließungspflicht. a) Erlass eines qualifizierten Bebauungsplanes und Ablehnung eines zumutbaren Vertragsangebotes, vergleichbare Situationen in Innenbereich und Außenbereich. Hat die Gemeinde einen qualifizierten Bebauungsplan (§ 30 Abs. 1) erlassen und dadurch eine gewisse, wenn auch zeitlich hinausgeschobene Verdichtung ihrer Erschließungspflicht bewirkt, wird diese Erschließungspflicht durch das **zumutbare Angebot eines Dritten,** die Erschließung auf der Grundlage eines Erschließungsvertrages (§ 11 Abs. 1 S. 2 Nr. 1) selbst herbeizuführen, aktualisiert. Nimmt sie dieses Angebot nicht an, ist sie selbst gem. § 124 zur Erschließung verpflichtet. Da dieser Anspruch mit der Ablehnung des zumutbaren Angebotes besteht, kann er sofort gegenüber der Gemeinde geltend gemacht werden. Zugleich entsteht damit die Pflicht der Gemeinde zur Durchführung der notwendigen Maßnahmen (→ Rn. 4). Zumutbar ist das Angebot dann, wenn erwartet werden kann, dass der Bauherr zur regelgerechten Erschließung von seiner organisatorischen Struktur und Finanzkraft her in

der Lage ist. Das Angebot muss so konkret sein, dass es auf seine Eignung überprüft werden kann, einen Zustand herbeizuführen, der die gleiche Gewähr der Verlässlichkeit bietet, als wenn das Baugrundstück bereits erschlossen wäre (BVerwG Urt. v. 20.5.2010 – 4 C 7/09, BVerwGE 137, 74 Rn. 40; dass. Beschl. v. 13.2.2002 – 4 B 88/01, ZfBR 2002, 503f.; VGH München Urt. v. 17.9.2001 – 26 B 99/2654, BauR 2002, 54 (56f.)). Regelmäßig setzt dies voraus, dass das Angebot mit hinreichenden Sicherheiten (zB Bürgschaften) verbunden wird (→ zu Sicherheiten in städtebaulichen Verträgen § 11 Rn. 64 ff.). Der Nachweis liquider Mittel ist nicht notwendig (BVerwG Urt. v. 20.5.2010, aaO, Rn. 41). Ein Nachbesserungsbedarf hinsichtlich des Angebotes für die Sicherung der Erschließung ist unschädlich, wenn eine Nachbesserung des Angebotes durch den Bauherrn absehbar ist.

Auch bei **Innenbereichsvorhaben** (vgl. *Bosch* BauR 1998, 276 (278)) sowie bei **3 privilegierten Vorhaben im Außenbereich** kann die Gemeinde verpflichtet sein, ein Erschließungsangebot anzunehmen (vgl. BVerwG Urt. v. 20.5.2010 – 4 C 7/09, BVerwGE 137, 74; dass. Urt. v. 30.8.1985 – 4 C 48/81, BauR 1985, 661 (663f.), → noch Rn. 7 ff.). Bei **nicht privilegierten Vorhaben** gilt dies hingegen selbst dann nicht, wenn ihnen keine öffentlichen Belange entgegenstehen, weil die Erschließung auch ein Instrument der Gemeinde zur Sicherung einer ordnungsgemäßen städtebaulichen Entwicklung ist (BVerwG Urt. v. 7.2.1986 – 4 C 30/84, BVerwGE 74, 19).

Die Ablehnung eines zumutbaren Angebots auf einen Vertragsabschluss begründet **4** einen **Anspruch auf Erschließung, nicht** aber **auf den Abschluss eines Erschließungsvertrags**. Auf welche Art und Weise die Gemeinde ihrer dann bestehenden Erschließungspflicht nachkommt, bleibt ihr überlassen. Kann die Gemeinde jedoch anders ihrer Erschließungspflicht nicht nachkommen, wird sie das Angebot annehmen müssen. Beschränkt ist beides auf die Erschließung, die **erforderlich** ist, um die Genehmigungsvoraussetzungen des § 30 Abs. 1 (→ gesicherte Erschließung § 30 Rn. 18 ff.) bzw. des § 34 oder § 35 herbeizuführen (grundstücksbezogene Erschließung). Dies bedeutet eine funktionsfähige Ver- und Entsorgung sowie eine ausreichende wegemäßige Erschließung (BVerwG Urt. v. 28.10.1981 – 8 C 4/81, BVerwGE 64, 186 (194f.)). Zudem muss die Gemeinde für eine solche **funktionsgerechte** Erschließung zuständig sein oder jedenfalls auf deren Durchführung hinwirken können (→ § 11 Rn. 23 und 33).

Allerdings könnte die Gemeinde durch die Verpflichtung, zu einem bestimmten **5** Zeitpunkt ein Angebot auf Abschluss eines Erschließungsvertrages annehmen zu müssen, weil sie nicht selbst erschließen kann oder will, zu dem ihr von außen aufgedrängten Zeitpunkt finanziell überfordert sein. Auch dies berührt unmittelbar die Frage der Zumutbarkeit. Dieser Zwangslage kann und muss sich die Gemeinde ggf. dadurch entziehen, dass sie eine **spätere Fälligkeit ihres Kostenanteils** (s. insbesondere § 129 Abs. 1 S. 3; vgl. auch BVerwG Urt. v. 4.2.1972 – IV C 59/70, NJW 1972, 1588; dass. Urt. v. 23.4.1969 – IV C 69/67, BVerwGE 32, 37) vereinbart oder ggf. verlangt, dass der Bauherr die **gesamten Kosten der Erschließung** übernimmt (s. § 11 Abs. 2 S. 3). Die Angemessenheit (s. § 11 Abs. 2 S. 1) muss jedoch gewahrt bleiben.

Hat ein Bauherr trotz ungewisser Erschließungspflicht der Gemeinde und ohne **6** Erschließungsvertrag selbst mit der Erschließung eines Baugebiets begonnen, erfolgt dies auf eigenes Risiko. Er kann nicht, etwa bei Nichtzustandekommen des notwendigen Bebauungsplans, von der Gemeinde unter dem Gesichtspunkt der **Geschäftsführung ohne Auftrag** in entsprechender Anwendung der §§ 677 ff. BGB Ersatz seiner Aufwendungen verlangen (BVerwG Beschl. v. 13.2.1992 – 8 B 1/92, NVwZ 1992, 672f.). Ein solcher Anspruch kann allenfalls gegenüber anderen Anliegern bestehen, wenn ein Erschließungsträger auf der Grundlage eines wirksamen oder jedenfalls von den Parteien nicht beanstandeten Erschließungsvertrages mit der Gemeinde die gesamte Erschließung herstellt und deren Kosten getragen hat und nun von den

§ 124

anderen Anliegern Erstattung seiner Kosten verlangt, soweit sie nach den Grundsätzen des Erschließungsbeitragsrechts anteilig von diesen zu tragen wären (vgl. BGH Urt. v. 8.11.2001 – III ZR 294/00, NVwZ 2002, 511 f.).

7 **b) Gemeindliche Erschließungspflicht ohne Angebot zum Abschluss eines städtebaulichen Vertrages.** Über § 124 hinausgehend kann sich die gemeindliche Erschließungslast auch in anderen Fällen zu einer Erschließungspflicht verdichten (→ Rn. 3). Die Ablehnung eines der Gemeinde zumutbaren Vertragsangebotes ist dafür nicht stets erforderlich. Ein solcher Fall liegt dann vor, wenn die Gemeinde einen **qualifizierten Bebauungsplan** (§ 30 Abs. 1) aufgestellt hat und nicht die konkrete Absicht besteht, diesen Plan wieder aufzuheben oder zu ändern. War in diesem Fall vor Aufstellung des Bebauungsplanes ein Vorhaben nach § 34 oder § 35 zulässig, insbesondere auch die Erschließung gesichert, kann ein nunmehr aufgestellter Bebauungsplan etwa wegen einer abweichenden Lage der Erschließungsanlagen die Realisierung eines Bauvorhabens **sperren.** Diese Sperrwirkung kann dazu führen, dass über § 124 hinaus und abweichend von § 123 Abs. 3 eine Erschließungspflicht der Gemeinde entsteht, der die Gemeinde innerhalb eines angemessenen Realisierungszeitraums nachkommen muss (→ Rn. 11 f.; vgl. BVerwG Urt. v. 3.5.1991 – 8 C 77/89, BVerwGE 88, 166; dass. Urt. v. 21.2.1986 – 4 C 10/83, BauR 1986, 305; OVG Münster Urt. v. 9.9.2010 – 2 A 3182/08, BauR 2011, 230). Bei einem bereits bebauten Grundstück fehlt es hingegen an einer solchen Sperrwirkung des Bebauungsplans, so dass in diesen Fällen eine Pflicht zu einer – weitergehenden – Erschließung ausscheidet (vgl. BVerwG Urt. v. 6.2.1985 – 8 C 44/84, NVwZ 1985, 564).

8 Unabhängig von dieser Sperrwirkung eines Bebauungsplans für zuvor zulässige Vorhaben kann nach dem Maßstab von **Treu und Glauben** eine Erschließungspflicht der Gemeinde bestehen, wenn die Gemeinde nach Erlass eines qualifizierten Bebauungsplans zu erkennen gibt, diesen Plan überhaupt nicht verwirklichen zu wollen. Denn die Gemeinde ist grundsätzlich gehalten, alles zu tun, um die Rechtswirkungen des § 30 in vollem Umfang eintreten zu lassen (vgl. BVerwG Urt. v. 22.1.1993 – 8 C 46/91, BVerwGE 92, 8). Dies gilt auch, wenn die Gemeinde zwar an dem Bebauungsplan (formal) festhält, dessen Verwirklichung aber **ungebührlich verzögert.** Wann dies der Fall ist, hängt von den konkreten Umständen ab. Dazu gehört auch die Frage, ob die Durchführung der Erschließung für die Gemeinde zumutbar ist. Dies kann zu verneinen sein, wenn die Gemeinde mangels Grundstücksverfügbarkeit noch gar nicht in der Lage ist, eine bebauungsplankonforme wegemäßige Erschließung herbeizuführen. Jedoch ist es der Gemeinde zumutbar, wenn ein freihändiger Erwerb nicht gelingt, einen **Enteignungsantrag** zu stellen, um ggf. auf diese Weise die Durchführung der Erschließung zu ermöglichen, sofern die Stellung eines Enteignungsantrages bei summarischer Prüfung hinreichende Aussicht auf Erfolg bietet (OVG Münster Urt. v. 9.9.2010 – 2 A 3182/08, BauR 2011, 230).

9 Die bestandskräftige **Erteilung einer Baugenehmigung** oder das einvernehmliche Mitwirken an deren Erteilung durch die Gemeinde (vgl. § 36 Abs. 1) kann ebenfalls zu einer Erschließungspflicht führen. Wird im Vertrauen auf eine solche Baugenehmigung das Vorhaben verwirklicht, ist es nicht allein Sache des Bauherrn, mit diesem Zustand fertig zu werden. Vielmehr kann er in einem solchen Fall die (nachträgliche) Herstellung der erforderlichen Erschließung verlangen (BVerwG Urt. v. 3.5.1991 – 8 C 77/89, BVerwGE 88, 166; dass. Urt. v. 11.11.1987 – 8 C 4/86, BVerwGE 78, 266). Dies gilt auch für die Aufrechterhaltung oder Instandsetzung vorhandener, jedoch sanierungsbedürftiger Erschließungsanlagen (vgl. VGH Kassel Urt. v. 29.8.2000 – 5 TG 2641/00, UPR 2001, 393).

10 Der Anspruch besteht jedoch nicht, soweit es um eine ohne Zustimmung des Rates der Gemeinde erteilte Baugenehmigung nach dem Recht der ehemaligen DDR

geht, da die Gemeinden nicht mit dem staatlichen Organ „Rat der Stadt" identisch sind (vgl. BVerwG Beschl. v. 12.9.2006 – 5 B 12/06, BeckRS 2006, 25797; OVG Greifswald Beschl. v. 3.3.2009 – 3 O 1/09, juris). Eine Verdichtung der allgemeinen Erschließungslast der Gemeinde zu einer Erschließungspflicht mit entsprechendem Anspruch des Bauherrn auf Erschließung scheidet trotz erteilter Baugenehmigung auch aus, wenn eine wesentliche **Ursache** für die eingetretene Unzuträglichkeit **durch den Bauherren selbst gesetzt** wurde. Insbesondere dann, wenn das Vorhaben bereits vor Erteilung der Baugenehmigung errichtet wurde, hat deren Erteilung zum Entstehen des rechtswidrigen Zustandes nichts beigetragen und kann daher einen solchen Anspruch nicht begründen (BVerwG Urt. v. 3.5.1991 – 8 C 77/89, BVerwGE 88, 166; dass. Urt. v. 11.11.1987 – 8 C 4/86, BVerwGE 78, 266). Keine Erschließungspflicht der Gemeinde ergibt sich daraus, dass sie Maßnahmen der **Bodenordnung,** insbesondere eine Umlegung, durchgeführt hat (BVerwG Urt. v. 22.1.1993 – 8 C 46/91, BVerwGE 92, 8), oder daraus, dass sie **Vorausleistungen** auf Erschließungsbeiträge erhoben hat, da in diesem Fall lediglich der in § 133 Abs. 3 S. 3 und 4 geregelte Rückzahlungsanspruch greift (BVerwG Urt. v. 23.4.1993 – 8 C 35/91, BVerwGE 92, 242; *Driehaus* § 5 Rn. 34; *Fischer/Korbmacher* in Hoppenberg/de Witt, Kap. F, Rn. 29; aA *Ernst/Grziwotz* in EZBK § 123 Rn. 29j).

Entfaltet ein Bebauungsplan Sperrwirkung für ansonsten zulässige Nutzungen, **11** kann sich der von den Grundstückseigentümern **hinzunehmende Realisierungszeitraum** für die Durchführung der notwendigen Erschließung an der zulässigen Dauer einer Veränderungssperre nach § 17 orientieren (vgl. BVerwG Urt. v. 28.10.1981 – 8 C 4/81, BVerwGE 64, 186). Vorher gibt es, abgesehen von dem Fall, dass die Unterlassung der Erschließung treuwidrig ist (Rn. 8), keine vor der Aufhebung oder Änderung des Plans allein zur Vermeidung von Entschädigungspflichten aus § 42 unterbleibt, keine schützenswerte Rechtsposition, die eine Durchbrechung des in § 123 Abs. 3 enthaltenen Grundsatzes rechtfertigt (BVerwG Urt. v. 21.2.1986 – 4 C 10/83, BauR 1986, 305). Bei treuwidrigem Verhalten der Gemeinde ist hingegen davon auszugehen, dass ein Anspruch gegen die Gemeinde, die zur Erschließung entsprechend den Festsetzungen des Bebauungsplans notwendigen Maßnahmen durchzuführen, sogleich geltend gemacht werden kann (so wohl auch OVG Münster Urt. v. 9.9.2007 – 2 A 3182/08, BauR 2011, 230).

War bei Erteilung der Baugenehmigung die rechtzeitige Erschließung nach den **12** allgemeinen Kriterien (→ § 30 Rn. 18 ff.) durch die Gemeinde abzusehen, ist es dazu jedoch nicht gekommen, kann ein Anspruch auf Durchführung der Erschließung ebenfalls sogleich in dem Umfang geltend gemacht werden, der für eine funktionsgerechte Nutzung des Vorhabens unverzichtbar ist. Darüber hinaus wird man der Gemeinde einen deutlich längeren Realisierungszeitraum einräumen müssen (vgl. BVerwG Urt. v. 28.10.1981 – 8 C 4/81, BVerwGE 64, 186 (191 f.); dass. Urt. v. 4.10.1974 – IV C 59/72, NJW 1975, 402). Genannt wird für den Fall, dass die Baugenehmigung ohne gesicherte Erschließung, dh ohne deren Absehbarkeit für den Zeitpunkt der Fertigstellung des Bauvorhabens (→ § 30 Rn. 23) erteilt wurde, ein Zeitraum von etwa 10 bis 12 Jahren (vgl. OVG Schleswig Urt. v. 10.12.2008 – 2 LB 9/08; *Driehaus* § 5 Rn. 33; ebenso *Jaeger* in SU § 123 Rn. 20; *Fischer/Korbmacher* in Hoppenberg/de Witt, Kap. F, Rn. 28).

3. Folgen der Erschließungspflicht für die Genehmigungserteilung. Für **13** die zur Erteilung einer Baugenehmigung erforderliche **Sicherung** der Erschließung reicht ein Anspruch des Bauherrn gegen die Gemeinde auf Durchführung der Erschließung jedenfalls dann nicht aus, wenn dieser **streitig** ist (vgl. BVerwG Beschl. v. 3.4.1996 – 4 B 253/95, NVwZ 1997, 389; OVG Münster Urt. v. 15.1.1992 – 7 A 81/89, NVwZ 1993, 493). Der Bauherr muss dann zuvor die Gemeinde auf Durchführung der aus seiner Sicht notwendigen Maßnahmen in Anspruch nehmen, um eine vollstreckbare gerichtliche Entscheidung hierzu zu erhalten oder aber ihr ein zu-

mutbares Erschließungsangebot (Rn. 2f.) unterbreiten. Damit können zugleich auch die, im konkreten Einzelfall ohnehin schwer bestimmbaren, Fristen, die der Gemeinde zur Erfüllung einer Erschließungspflicht eingeräumt sind (→Rn. 11), vermieden werden. Das Angebot kann ggf. mit der Einreichung eines Bauantrages sachlich und zeitlich verbunden werden. Mit einem solchen Angebot kann der Bauherr also die Möglichkeit schaffen, das Genehmigungshindernis der fehlenden Erschließung zu überwinden (BVerwG Urt. v. 25.5.2010 – 4 C 7/09, BVerwGE 137, 74 Rn. 40). Notwendig ist allerdings, dass die Annahme eines solchen Erschließungsangebotes der Gemeinde sowohl im Hinblick auf die planungsrechtliche Situation als auch unter Berücksichtigung des konkreten Angebots zumutbar ist.

§ 125 Bindung an den Bebauungsplan

(1) **Die Herstellung der Erschließungsanlagen im Sinne des § 127 Abs. 2 setzt einen Bebauungsplan voraus.**

(2) **Liegt ein Bebauungsplan nicht vor, so dürfen diese Anlagen nur hergestellt werden, wenn sie den in § 1 Abs. 4 bis 7 bezeichneten Anforderungen entsprechen.**

(3) **Die Rechtmäßigkeit der Herstellung von Erschließungsanlagen wird durch Abweichungen von den Festsetzungen des Bebauungsplans nicht berührt, wenn die Abweichungen mit den Grundzügen der Planung vereinbar sind und**
1. **die Erschließungsanlagen hinter den Festsetzungen zurückbleiben oder**
2. **die Erschließungsbeitragspflichtigen nicht mehr als bei einer plangemäßen Herstellung belastet werden und die Abweichungen die Nutzung der betroffenen Grundstücke nicht wesentlich beeinträchtigen.**

Übersicht

	Rn.
I. Bebauungsplan	1
1. Voraussetzung für die Herstellung von Erschließungsanlagen (Abs. 1)	1
2. Voraussetzung für die Erhebung von Erschließungsbeiträgen	4
3. Abweichungsmöglichkeiten (Abs. 3)	6
a) Planunterschreitung (Nr. 1)	7
b) Planüberschreitung (Nr. 2)	8
II. Anforderungen nach § 1 Abs. 4 bis 7 (Abs. 2)	11

I. Bebauungsplan

1. Voraussetzung für die Herstellung von Erschließungsanlagen (Abs. 1). § 125 ist eine spezifisch erschließungsbeitragsrechtliche Regelung (BVerwG Urt. v. 1.11.1974 – IV C 38/71, BVerwGE 47, 144), die allerdings als grundsätzliches Planungserfordernis auch darüber hinaus (sowie ergänzend zu den §§ 29 ff.) für die städtebauliche Entwicklung und Ordnung Bedeutung hat. Dies gilt insbesondere für den Abschluss eines Erschließungsvertrages gem. § 11 Abs. 1 S. 2 Nr. 1 (vgl. *Driehaus* § 6 Rn. 32). Abs. 1 und 2 enthalten das erschließungsrechtliche Plan- oder Übereinstimmungserfordernis. Abs. 3 regelt Lockerungen zu den planungsrechtlichen Bindungen des Abs. 1. **Abs. 1** begründet dabei für alle Erschließungsanlagen im Sinne des § 127 Abs. 2, also nicht nur für die öffentlichen Verkehrs- und Grünanlagen, sondern auch die Immissionsschutzanlagen, das **Erfordernis eines rechtsverbindlichen Bebauungsplans** (BVerwG Urt. v. 10.11.1989 – 8 C 27/88, BVerwGE 84, 80). In Betracht kommt auch ein einfacher Bebauungsplan gem. § 30 Abs. 3, soweit er Festsetzungen für Erschließungsanlagen enthält und diese so konkret sind, dass zumindest

1. Abschnitt. Allgemeine Vorschriften **§ 125**

Verlauf, Länge und Breite sowie Abgrenzungen der Anlagen voneinander ausgewiesen werden (OVG Hamburg Beschl. v. 11.8.1995 – Bs VI 27/94, NVwZ-RR 1996, 10). Durch das Planerfordernis soll sichergestellt werden, dass die bauliche Entwicklung der Gemeinde, die durch die Erschließung vorbereitet und erst möglich gemacht wird, den an die städtebauliche Entwicklung und Ordnung zu stellenden Anforderungen genügt (zur **Inzidentkontrolle** eines Bebauungsplans im Beitragsverfahren vgl. *Uechtritz* NVwZ 1990, 734 ff.; allgemein zur Inzidentkontrolle § 10 Rn. 25). Durch diese Regelung wird allerdings nicht der Grundsatz des § 1 Abs. 3 S. 1 in Frage gestellt, nach dem die Gemeinden Bauleitpläne nur aufzustellen haben, soweit es für die städtebauliche Entwicklung und Ordnung erforderlich ist. Ist daher die Herstellung der Erschließungsanlagen ohne Bebauungsplan möglich und sinnvoll, sind sie aufgrund der Regelungen in Abs. 2 zulässig.

Dem Planerfordernis unterliegen **nur die** in Abs. 1 ausdrücklich **bezeichneten** **2 Erschließungsanlagen im Sinne des § 127 Abs. 2.** Anlagen der technischen Erschließung, wie zB die Versorgung mit Elektrizität, Gas, Wärme und Wasser und die Anlagen zur Abwasserbeseitigung (§ 127 Abs. 4), werden nicht erfasst. Ob diese Anlagen in einem Bebauungsplan festgesetzt werden, richtet sich nach allgemeinen planungsrechtlichen Grundsätzen. Als Festsetzungen für Anlagen im Sinne des Abs. 1 kommen daher im Wesentlichen § 9 Abs. 1 Nr. 11 (Verkehrsflächen), Nr. 15 (Grünflächen) und Nr. 24 (Immissionsschutzanlagen) in Betracht. Da für die von Abs. 1 S. 1 erfassten Erschließungsanlagen dieselben Voraussetzungen und Rechtsfolgen gelten, brauchen sie nicht untereinander exakt abgegrenzt zu werden. Allerdings kann es sich hierbei nur um **örtliche** Verkehrs-, Grün- und Immissionsschutzanlagen handeln, da nur solche Anlagen von dem Begriff der Erschließung im Sinne des § 123 erfasst werden (BVerwG Urt. v. 30.5.1997 – 8 C 6/95, NVwZ 1998, 290; → zu möglichen Zwischennutzungen, die zwar den Festsetzungen des Bebauungsplans nicht entsprechen, aber die Verwirklichung des Plans auch nicht verhindern oder wesentlich erschweren § 29 Rn. 2; s. auch *Ernst/Grziwotz* in EZBK § 125 Rn. 3).

Werden Straßen auf der Grundlage eines bundes- oder landesrechtlichen **Plan-** **3 feststellungsverfahrens** hergestellt, steht dies der Herstellung aufgrund eines Bebauungsplans gleich (*Quaas* in Schrödter § 125 Rn. 4). Weicht ein Bebauungsplan von einer bestandskräftigen Planfeststellung inhaltlich ab, so ist nicht er, sondern die Planfeststellung für die Beurteilung der Rechtmäßigkeit der Herstellung maßgeblich, soweit es sich um eine § 38 unterfallende Straße handelt (BVerwG Urt. v. 30.5.1997 – 8 C 6/95, NVwZ 1998, 290 (291 f.)). Unter Herstellung iSv Abs. 1 ist dabei **nur die erstmalige Herstellung**, nicht auch die Verbesserung und Erweiterung einer Erschließungsanlage zu verstehen (BVerwG Beschl. v. 6.5.2008 – 9 B 18/08, NVwZ 2008, 905; dass. Urt. v. 18.9.1981 – 8 C 22/81, DÖV 1982, 118 (119); *Fischer/Korbmacher* in Hoppenberg/de Witt, Kap. F, Rn. 64; grundsätzlich abweichend und auch die Verbesserung dazurechnend *Ernst/Grziwotz* in EZBK § 125 Rn. 2b). Das BauGB unterscheidet in allen einschlägigen Bestimmungen systematisch zwischen Herstellung einerseits sowie Verbesserung und Erweiterung andererseits. Verbesserung und Erweiterung gehen über die erstmalige bebauungsplangemäße Herstellung hinaus und unterliegen daher gemäß § 123 Abs. 2 (→ § 123 Rn. 10) und § 128 Abs. 2 (→ § 128 Rn. 26) landesrechtlichen Bestimmungen. Sich aus einem Bebauungsplan ergebende Bindungen nach Maßgabe der §§ 29, 30, die vor allem für die Erweiterungen Bedeutung haben können, lässt dies unberührt (→ zur sog. Planüberschreitung bei der erstmaligen Herstellung Rn. 8 ff.).

2. Voraussetzung für die Erhebung von Erschließungsbeiträgen. Da Bei- **4** träge nur für rechtmäßig hergestellte Erschließungsanlagen erhoben werden können, ist § 125 nicht nur von erschließungsrechtlicher Relevanz, sondern auch **von erheblicher Bedeutung für das Erschließungsbeitragsrecht.** Nur wenn ein rechtswirksamer Bebauungsplan vorliegt und die Herstellung der genannten Erschlie-

ßungsanlagen seinen Festsetzungen folgt, kann eine Erschließungsbeitragspflicht entstehen (BVerwG Urt. v. 21.10.1994 – 8 C 2/93, BVerwGE 97, 62).

5 Anders als bei der Genehmigung von Vorhaben genügt für die Erhebung von Erschließungsbeiträgen weder der **Beschluss**, einen Bebauungsplan aufzustellen, noch ein **Planentwurf** den Anforderungen des Abs. 1 (BVerwG Urt. v. 29.5.1970 – IV C 141/68, BVerwGE 35, 222; dass. Urt. v. 18.9.1981 – 8 C 26/81, DÖV 1982, 327 (328)). Allerdings reicht es aus, wenn der Bebauungsplan während eines etwaigen Rechtsbehelfsverfahrens in Kraft tritt bzw. geheilt wird. Hierdurch wird der bis dahin rechtswidrige Erschließungsbeitragsbescheid rechtmäßig und die Erschließungsbeitragspflicht entsteht zu diesem Zeitpunkt (BVerwG Urt. v. 18.9.1981 – 8 C 21/81, DVBl. 1982, 79). Dasselbe gilt im Falle eines planabweichenden Ausbaus, wenn die Gemeinde den Bebauungsplan später ändert (OVG Münster Beschl. v. 26.7.1982 – 3 B 1260/82, NVwZ 1984, 251 (252)).

6 **3. Abweichungsmöglichkeiten (Abs. 3).** Durch **Abs. 3** wird für die davon umfassten Planabweichungen die **Bindung an den Bebauungsplan kraft Gesetzes gelockert** (BVerwG Urt. v. 30.5.1997 – 8 C 6.96, DVBL 1998, 47; VGH München Urt. v. 23.4.2015 – 6 BV 14.1621, BeckRS 2015, 45810; OVG Schleswig Urt. v. 18.12.2014 – 4 LB 35/14, NorÖR 2015, 227). Dabei erfasst Abs. 3 trotz seines umfassenden Wortlauts entsprechend dem Sinngehalt des § 125 (→ Rn. 1) nur die in Abs. 1 genannten Erschließungsanlagen iSv § 127 Abs. 2. Voraussetzung hierbei ist allerdings stets und über Abs. 3 Nr. 1 oder Nr. 2 hinaus, dass die Abweichungen nicht die **Grundzüge der Planung** berühren. Unter den Grundzügen der Planung (zu diesem Begriff allgemein § 13 Rn. 2) ist hier vor allem die in der Verkehrserschließung nach dem Bebauungsplan zum Ausdruck kommende planerische Konzeption der Gemeinde zu verstehen (vgl. BVerwG Urt. v. 9.3.1990 – 8 C 76/88, BVerwGE 85, 66; dass. Urt. v. 15.2.1991 – 4 C 46/89, NVwZ 1991, 1092 (1093)). Die Anlage eines unselbstständigen Kinderspielplatzes (→ § 127 Rn. 36) ist dabei von der Festsetzung Grünfläche/Parkanlage gedeckt (BVerwG Urt. v. 8.12.1995 – 8 C 11/94, BVerwGE 100, 104). Dagegen ist die Erstellung eines Bolzplatzes anstelle des planerisch vorgesehenen normalen Spielplatzes wegen der höheren Lärmentwicklung mit den Grundzügen der Planung nicht vereinbar (VGH Mannheim Urt. v. 13.6.1985 – 2 S 571/83, BWGZ 1986, 35f.). Bei Reduzierung der Straßenbreite um mehr als ein Drittel gegenüber der Festsetzung im Bebauungsplan können ebenfalls die Grenzen einer nach Abs. 3 zulässigen Planabweichung überschritten sein (VGH Kassel Beschl. v. 2.8.1989 – 5 TH 1416/88, ZfBR 1990, 47).

7 **a) Planunterschreitung (Nr. 1).** Zulässig ist eine Planabweichung bei einer **Planunterschreitung** nach **Nr. 1.** Diese ist gegeben, wenn die Herstellung der in Abs. 1 genannten Erschließungsanlagen endgültig (OVG Schleswigig Urt. v. 18.12.2014 – 4 LB 35/14, NordÖR 2015, 227) hinter der im Bebauungsplan festgesetzten Ausführung in beachtlicher Weise zurückbleibt, zB also ein Gehweg nicht zwei, sondern nur einen Meter **breit** angelegt wird (vgl. hierzu *Ernst/Grziwotz* in EZBK § 125 Rn. 15). Eine Planunterschreitung liegt zB auch vor, wenn von zweiarmig geplanten Verbindungsstraße ein Arm als Grünfläche hergestellt wird (BVerwG Urt. v. 12.12.1986 – 8 C 9/86, NVwZ 1987, 420). Auch ein Zurückbleiben in der **Länge** kann den Tatbestand der Planunterschreitung erfüllen (BVerwG Urt. v. 25.2.1994 – 8 C 14/92, BVerwGE 95, 176; *Driehaus* § 7 Rn. 32; *Quaas* in Schrödter § 125 Rn. 7; anders *Ernst/Grziwotz*, aaO, Rn. 15: geringere Länge kein Problem des § 125, da Abschnittsbildung möglich ist). Für die Beurteilung einer Planabweichung maßgeblich sind nur die nach § 9 zulässigen Festsetzungen, also vor allem die **Fläche** und der **Verlauf** einer Erschließungsanlage, nicht aber etwaige darüber hinausgehende nachrichtliche Angaben zB über die Art und Weise des Straßenausbaus (BVerwG Urt. v. 10.11.1989 – 8 C 27/88, BVerwGE 84, 80; dass. Urt. v. 18.1.1991 – 8 C 14/89, BVerwGE 87, 288). Werden Erschließungsanlagen

sparsamer als im Bebauungsplan vorgesehen angelegt (→ auch Rn. 8), sind als öffentliche Belange – auch ohne dass sie im Gesetz ausdrücklich genannt sind – insbesondere die Sicherheit und Leichtigkeit des Verkehrs in Rechnung zu stellen (BVerwG Urt. v. 12.12.1986, ebd.). Die Erschließungsbeitragspflicht entsteht – bei Vorliegen der übrigen Voraussetzungen (→ § 133 Rn. 15) – mit der endgültigen Herstellung der Anlage; einer besonderen Fertigstellungserklärung im Hinblick auf die Planunterschreitung bedarf es nicht.

b) Planüberschreitung (Nr. 2). Der zweite Fall möglicher Planabweichung ist 8 die **Planüberschreitung** oder der **Planwiderspruch** nach **Nr. 2.** Hier wird eine Erschließungsanlage über das im Bebauungsplan Festgesetzte hinaus bzw. davon abweichend hergestellt. Neben der Vereinbarkeit mit den Grundzügen der Planung (→ Rn. 6) müssen hier zwei weitere Bedingungen erfüllt sein, wenn der Planwiderspruch zulässig sein soll. Zunächst dürfen die Beitragspflichtigen durch die abweichende Ausführung der Erschließungsanlagen **nicht stärker belastet** werden. Dies kann die Gemeinde zB dadurch herbeiführen, dass sie die entstandenen Mehrkosten selbst trägt (BVerwG Urt. v. 9.3.1990 – 8 C 76/88, BVerwGE 85, 66 (74); VGH München Urt. v. 14.11.2013 – 6 B 12.704, BayVBL 2014, 241; OVG Münster Beschl. v. 26.7.1982 – 3 B 1260/82, NVwZ 1984, 251 (252); *Driehaus* § 7 Rn. 35; aA im Hinblick auf den Grundsatz der Abgabengerechtigkeit *Ernst/Grziwotz* in EZBK § 125 Rn. 16a). Es genügt, wenn diese **Verzichtserklärung** von der Gemeindeverwaltung abgegeben wird; eines Ratsbeschlusses oder einer Satzungsänderung bedarf es nach dem BauGB nicht (OVG Münster Beschl. v. 26.7.1982, ebd.; *Driehaus* § 7 Rn. 35; aA *Ernst/Grziwotz* ebd., der einen Beschluss des Gemeinderats als dem für die Aufstellung des Bebauungsplans zuständigen Gemeindeorgan für erforderlich hält). Die Erklärung kann auch konkludent – durch entsprechend verminderte Abrechnung – erfolgen.

Eine **Kompensation** der Mehrkosten einer Planüberschreitung durch mutmaßli- 9 che Minderkosten einer Planunterschreitung an anderer Stelle ist **nicht möglich** (vgl. OVG Münster Urt. v. 31.1.1991 – 3 A 563/87, DVBl. 1991, 1311). Allerdings kann die Gemeinde die abweichende Herstellung auch durch eine Änderung des Bebauungsplans nachträglich absichern. Die Erschließungsbeitragspflicht entsteht, sofern die übrigen Voraussetzungen erfüllt sind (→ § 133 Rn. 15), erst mit der Abgabe dieser Erklärung oder der Änderung des Bebauungsplans (OVG Münster ebd.; hierzu *Honsdorf/Dettner* KStZ 1984, 47 ff.). Bleibt der Bebauungsplan hinter den Herstellungsmerkmalen in der Erschließungsbeitragssatzung (§ 132 Nr. 4) zurück, ist der Bebauungsplan maßgebend (vgl. VGH Kassel Beschl. v. 22.3.1988 – 5 TH 780/87, KStZ 1989, 14f.). Bleibt der tatsächliche Straßenausbau flächenmäßig hinter den Festsetzungen in einem Bebauungsplan zurück, ist eine Merkmalsregelung in einer Erschließungsbeitragssatzung, die gleichwohl für den Flächenerwerb an den Bebauungsplan anknüpft, insoweit nichtig; denn maßgeblich für das Erschließungsbeitragsrecht ist die Anlage in ihrem tatsächlichen Umfang (BVerwG Urt. v. 15.2.1991 – 8 C 56/89, BVerwGE 88, 53).

Des Weiteren darf durch die Abweichung die **Nutzung der betroffenen Grund-** 10 **stücke nicht wesentlich beeinträchtigt** werden. Maßgeblich ist hierbei nicht das Angrenzen eines Grundstücks an die Erschließungsanlage oder das Erschlossensein durch sie, sondern die Beeinträchtigung der Nutzung. Wird die Nutzung wesentlich beeinträchtigt, ist auch ein nicht erschlossenes Grundstück „betroffen". Wesentlich beeinträchtigt ist die Nutzung eines Grundstücks, wenn die im Bebauungsplan festgesetzte bauliche Nutzbarkeit durch die Abweichung eingeschränkt wird. In Betracht kommt etwa eine Beeinträchtigung der Nutzung des Grundstücks neben einer Flächeninanspruchnahme etwa auch durch eine vermehrte Geräuschbelastung, die infolge verstärkten Verkehrs auf einer gegenüber den Festsetzungen des Bebauungsplans verbreiterten Straße entsteht (vgl. auch *Driehaus* § 7 Rn. 35).

II. Anforderungen nach § 1 Abs. 4 bis 7 (Abs. 2)

11 Liegt ein Bebauungsplan nicht oder noch nicht vor oder enthält er keine Festsetzungen zu den Erschließungsanlagen nach Abs. 1, soll aber gleichwohl die Erschließung erstellt werden, so bedurfte es hierzu bis zum Inkrafttreten des BauROG 1998 nach dem **früheren Abs. 2 S. 1** grundsätzlich der Zustimmung der höheren Verwaltungsbehörde. Dieses **Zustimmungserfordernis** ist **entfallen** (zu vorher erteilten Zustimmungen und deren Fortgeltung VGH München Urt. v. 23.4.2015 – 6 BV 14.1621, BeckRS 2015, 45810; allgemein zur Überleitung auch § 233 Abs. 1). Dies ist konsequent, da selbst Bebauungspläne von einer Genehmigung grundsätzlich freigestellt sind. Die für die Erteilung der Zustimmung bis dahin in Abs. 2 S. 3 vorgesehenen Prüfkriterien (→ Rn. 12) gelten nun unmittelbar, sind also von der Gemeinde in eigener Verantwortung zu beachten (OVG Münster Beschl. v. 28.5.2010 – 15 A 3231/07, DVBl. 2011, 109). Abs. 2 kommt zudem **nur** zur Anwendung, wenn – etwa in Gebieten nach § 34 – **kein Planungserfordernis nach** § 1 Abs. 3 S. 1 besteht.

12 Erschließungsanlagen nach § 127 Abs. 2 dürfen ohne Bebauungsplan nur hergestellt werden, wenn sie den **Zielen der Landesplanung** nach § 1 Abs. 4 angepasst sind und ihrer Herstellung eine **fehlerfreie Abwägung** der öffentlichen und privaten Belange nach § 1 Abs. 5 bis 7 zugrunde liegt (vgl. hierzu BVerwG Urt. v. 27.4.1990 – 8 C 77/88, NVwZ 1991, 76; VGH Mannheim Beschl. v. 18.12.2007 – 2 S 1657/06, NVwZ-RR 2008, 444; *Driehaus* § 7 Rn. 21 ff.). Dies schließt die Berücksichtigung der Vermeidung und des **Ausgleichs von Eingriffen in Natur und Landschaft** nach § 1a Abs. 3 S. 1 (→ § 1a Rn. 12 ff.) ein, wobei allerdings häufig § 1a Abs. 3 S. 6 zur Anwendung kommt. Handelt es sich bei der Erschließungsmaßnahme nicht um ein Vorhaben in Gebieten nach den §§ 30, 33 oder 34, so ist nach § 18 Abs. 2 S. 1 BNatSchG die Eingriffsregelung nach den §§ 14 bis 17 BNatSchG anzuwenden. Auch die danach erforderlichen Voraussetzungen müssen also erfüllt sein, damit die Erschließungsanlage rechtmäßig hergestellt werden kann.

13 Zuständig für die Abwägung nach Abs. 2 ist die **Gemeindevertretung** oder bei einer nach Landesrecht ebenfalls möglichen Aufgabenübertragung der zuständige Ausschuss oder der Bürgermeister. Sie sind vor ihrer Entscheidung konkret auf die für die Abwägung relevanten Umstände hinzuweisen. Ein Zugriff auf das Abwägungsmaterial muss möglich sein (OVG Münster Urt. v. 28.5.2010 – 15 A 3231/07, DVBl. 2011, 109; vgl. auch VGH München Urt. v. 23.4.2015 – 6 BV 14.1621, BeckRS 2015, 45810). Es geschieht also letztlich nichts anderes als bei der Abwägungsentscheidung über einen Bebauungsplan (→ § 10 Rn. 21). Im Übrigen ist kein besonderes Verfahren erforderlich (vgl. VGH Mannheim Urt. v. 14.12.2004 – 2 S 191/03, Beck RS 2005, 20 578; dass. Urt. v. 21.3.2002 – 2 S 2585/01, BWGZ 2002, 427; *Driehaus* § 7 Rn. 20). Die Planerhaltungsvorschrift des § 214 Abs. 3 S. 2 kann entsprechend angewandt werden, so dass nur ein das Ergebnis beeinflussender Mangel des Abwägungsvorgangs rechtlich erheblich ist (vgl. BVerwG Urt. v. 26.11.2003 – 9 C 2/03, NVwZ 2004, 483).

14 Da die Gemeinde in Gebieten ohne Bebauungsplan selbst über Art und Ausmaß der Herstellung einer Erschließungsanlage entscheidet, kann darin ein **Angriffspunkt für eine Klage** gegen einen Erschließungsbeitragsbescheid liegen. Denn die Einhaltung der materiellen Anforderungen (→ Rn. 12) ist im Beitragsverfahren ebenso zu prüfen wie die Rechtmäßigkeit eines Bebauungsplans (OVG Münster Beschl. v. 28.5.2010 – 15 A 3231/07, DVBl. 2011, 109; → Rn. 1). Die Gemeinde sollte ihre Überlegungen zur Herstellung der Anlage daher hinreichend dokumentieren, am besten im Rahmen des Ausbauprogramms (→ § 132 Rn. 24; *Driehaus* § 7 Rn. 20; *Fischer/Korbmacher* in Hoppenberg/de Witt, Kap. F, Rn. 159; *Stadler* ZfBR 1998, 12 (15)).

1. Abschnitt. Allgemeine Vorschriften § 126

§ 126 Pflichten des Eigentümers
(1) ¹**Der Eigentümer hat das Anbringen von**
1. **Haltevorrichtungen und Leitungen für Beleuchtungskörper der Straßenbeleuchtung einschließlich der Beleuchtungskörper und des Zubehörs** sowie
2. **Kennzeichen und Hinweisschildern für Erschließungsanlagen**
auf seinem Grundstück zu dulden. ²Er ist vorher zu benachrichtigen.

(2) ¹**Der Erschließungsträger hat Schäden, die dem Eigentümer durch das Anbringen oder das Entfernen der in Absatz 1 bezeichneten Gegenstände entstehen, zu beseitigen; er kann stattdessen eine angemessene Entschädigung in Geld leisten.** ²Kommt eine Einigung über die Entschädigung nicht zustande, so entscheidet die höhere Verwaltungsbehörde; vor der Entscheidung sind die Beteiligten zu hören.

(3) ¹**Der Eigentümer hat sein Grundstück mit der von der Gemeinde festgesetzten Nummer zu versehen.** ²Im Übrigen gelten die landesrechtlichen Vorschriften.

Übersicht

	Rn.
1. Duldungspflicht (Abs. 1)	1
2. Pflicht des Erschließungsträgers zu Schadensbeseitigung oder Entschädigung (Abs. 2)	5
3. Leistungspflicht (Abs. 3)	7

1. Duldungspflicht (Abs. 1). Zu einer ordnungsgemäßen Erschließung gehört 1 die Straßenbeleuchtung ebenso wie die Bezeichnung der Straßen und die Hinweise auf bestimmte Versorgungsanlagen und -einrichtungen (zB Wasserleitungen, Abwasserkanäle, Stromversorgung). Nach **Abs. 1 S. 1** hat der Eigentümer **das Anbringen** und in der Folge auch **die Unterhaltung und Verbesserung sowie das Entfernen** der in Nr. 1 und 2 genannten **Schilder** und **Anlagen** im Rahmen der Sozialpflichtigkeit des Grundeigentums **entschädigungslos zu dulden** (→ zu den Grenzen der Duldungspflicht Rn. 4). Dies schließt ein **Betretungsrecht** in dem notwendigen Umfang ein (VGH Mannheim Beschl. v. 14.2.2007 – 2 S 2626/06, NVwZ-RR 2008, 228 (230)). Vor Beginn hierzu erforderlicher Arbeiten ist der Eigentümer nach **Abs. 1 S. 2** zu **benachrichtigen.** Diese Benachrichtigung ist kein Verwaltungsakt, da sie keinen eigenständigen regelnden Inhalt hat, sondern lediglich – gegebenenfalls unter Hinweis auf das Bestehen der Duldungspflicht nach Abs. 1 S. 1 – tatsächliche Arbeiten **ankündigt** (*Fischer/Korbmacher* in Hoppenberg/de Witt, Kap. F, Rn. 58; *Jaeger* in SU § 126 Rn. 8; aA *Ernst/Grziwotz* in EZBK § 126 Rn. 13 a f., die in der Ankündigung einen Verwaltungsakt sehen, weil hiermit Zeit und Umfang der Duldungspflicht konkretisiert werden). Hiervon geht ersichtlich auch das Gesetz aus. Ist die Erschließung durch einen Erschließungsvertrag nach § 11 Abs. 1 S. 2 Nr. 1 auf einen privaten Dritten übertragen worden, handelt dieser nicht als beliehener Unternehmer (→ § 11 Rn. 19) und ist daher nicht befugt, Verwaltungsakte zu erlassen. Weder das Anbringen noch das Ankündigen kann daher generell ein Verwaltungsakt sein. Andernfalls müsste stets die Gemeinde anstelle eines privaten Erschließungsträgers die Anbringung ankündigen, wenn Grundstückseigentümer und Erschließungsträger nicht dieselbe Person sind.

Die Duldungspflicht besteht nicht nur gegenüber der Gemeinde, sondern, wie die 2 begriffliche Unterscheidung zwischen Gemeinde und Erschließungsträger in Abs. 2 und 3, nicht aber in Abs. 1, deutlich macht, **gegenüber dem jeweiligen Erschlie-**

Reidt 1011

§ 126
I. Kapitel. VI. Teil. Erschließung

ßungsträger (*Driehaus* in BK § 126 Rn. 1; *Ernst/Grziwotz* in EZBK § 126 Rn. 8a; *Richarz/Steinmetz*, Erschließung in der kommunalen Praxis, 2. Aufl. 2000, 32; aA *Quaas* in Schrödter § 126 Rn. 1, der die Duldungspflicht als öffentlich-rechtliches Verhältnis ansieht und sie daher nur im Verhältnis zur Gemeinde oder einem öffentlich-rechtlichen Erschließungsträger, der gem. § 123 Abs. 1 nach anderen gesetzlichen Vorschriften oder öffentlich-rechtlichen Verpflichtungen zur Erschließung verpflichtet ist, anerkennt).

3 Der Duldungspflicht unterliegen nicht nur die **Eigentümer**, sondern nach § 200 Abs. 2 auch die Inhaber grundstücksgleicher Rechte, also insbesondere **Erbbaurechtsnehmer**.

4 **Durchgesetzt** werden kann die Duldungspflicht durch Erlass eines die Duldung anordnenden Verwaltungsakts, gegen den der Eigentümer Widerspruch einlegen und Klage erheben kann (*Driehaus* in BK § 126 Rn. 3; *Quaas* in Schrödter § 126 Rn. 3). Die Duldungspflicht findet ihre **Grenze**, wenn durch das Anbringen der Anlagen oder Schilder das **Übermaßverbot** verletzt wird. Danach dürfen nur solche Einrichtungen angebracht werden, die für die jeweilige Erschließung geeignet und erforderlich sind (vgl. VGH Mannheim Beschl. v. 14.2.2007 – 2 S 2626/06, NVwZ-RR 2008, 228; VGH München Urt. v. 25.3.1986 – 15 B 85 A.1126, BayVBl. 1986, 369f.). **Weitere Pflichten zur Duldung** des Anbringens von Schildern uÄ bestehen nach Landesrecht (zB Feuermelder, Notrufsäulen) und zB nach § 5b Abs. 6 S. 1 StVG (Verkehrszeichen).

5 **2. Pflicht des Erschließungsträgers zu Schadensbeseitigung oder Entschädigung (Abs. 2).** Entstehen bei dem Anbringen im Rahmen von Abs. 1 **Schäden**, hat der Erschließungsträger diese nach **Abs. 2 S. 1 Hs. 1** grundsätzlich zu beseitigen. Dies entspricht dem Grundsatz der Naturalherstellung in § 249 BGB. Nach **Abs. 2 S. 1 Hs. 2** kann der Erschließungsträger statt der Beseitigung eine **Geldentschädigung** leisten. Dies wird aber nur dann in Betracht kommen, wenn die Naturalherstellung nicht möglich oder nur mit unverhältnismäßigen Aufwendungen möglich wäre (vgl. § 251 Abs. 2 BGB) oder wenn der Entschädigungsberechtigte dies wünscht, weil er die Wiederherstellung selbst vornehmen will. Obgleich die beiden Varianten nicht durch das Wort „oder" in einem Satz miteinander verbunden sind, steht dem Erschließungsträger nach Abs. 2 S. 1 **ein Wahlrecht** zu (*Driehaus* in BK § 126 Rn. 4; *Ernst/Grziwotz* in EZBK § 126 Rn. 16; *Quaas* in Schrödter § 126 Rn. 4; *Dirnberger* in JDW § 126 Rn. 6). Der Rahmen für die **Höhe der Geldentschädigung** ist begrenzt: Sie muss zur Beseitigung des angerichteten Schadens ausreichen, braucht aber keineswegs alle möglicherweise eintretenden Folgeschäden mit abzudecken (*Ernst/Grziwotz*, aaO, Rn. 16b).

6 Einigen sich Entschädigungsberechtigter und -verpflichteter nicht über die **Höhe der Geldentschädigung**, entscheidet gemäß **Abs. 2 S. 2** nach Anhörung der Beteiligten die höhere Verwaltungsbehörde. Ihre Entscheidung ist ein **Verwaltungsakt**, der nach § 217 Abs. 1 durch Antrag auf gerichtliche Entscheidung angefochten werden kann. Eines – weiteren – Vorverfahrens bedarf es insoweit nicht, da sich § 212 nur auf Verwaltungsakte nach dem Vierten oder Fünften Teil des Ersten Kapitels bezieht und die §§ 68ff. VwGO nicht anwendbar sind. Entstehen nicht auflösbare Meinungsverschiedenheiten über die **Naturalherstellung**, so steht hierfür unmittelbar der Rechtsweg zu den Verwaltungsgerichten offen (*Driehaus* in BK § 126 Rn. 5; *Quaas* in Schrödter § 126 Rn. 4; aA *Ernst/Grziwotz* in EZBK § 126 Rn. 17f.). Zwar sind Klagen auf Schadensersatz in Geld nach § 40 Abs. 2 S. 1 VwGO den Zivilgerichten zugewiesen, doch bezieht sich diese Zuweisung nicht auf den Schadensersatz durch Naturalrestitution (hierzu *Kopp/Schenke* § 40 Rn. 73). Um eine öffentlich-rechtliche Streitigkeit im Sinne des § 40 Abs. 1 VwGO handelt es sich aus denselben Gründen, die für die Zuordnung des Erschließungsvertrages zum öffentlichen Recht sprechen (→ § 11 Rn. 31).

2. Abschnitt. Erschließungsbeitrag **§ 127**

3. Leistungspflicht (Abs. 3). Zur ordnungsgemäßen Erschließung gehört nicht 7
nur die Bezeichnung der Straße, sondern auch die **Nummerierung der Grundstücke** (nicht nur der Gebäude) in der Straße. Insoweit überträgt **Abs. 3 S. 1** die Kennzeichnungspflicht dem **Eigentümer.** Damit der Eigentümer dieser Verpflichtung nachkommen kann, ist die Nummer ihm gegenüber durch Verwaltungsakt festzusetzen und mitzuteilen. Die Nummerierung im Einzelnen richtet sich gemäß **S. 2** nach **landesrechtlichen Vorschriften.** Zu diesen zählen auch Ortssatzungen, die auf der Grundlage entsprechender Ermächtigungen in Landesgesetzen erlassen wurden (*Ernst/Grziwotz* in EZBK § 126 Rn. 20f.). Zum Teil sind in den Ländern entsprechende Gesetze über die Grundstücksnummerierung erlassen worden; in Nordrhein-Westfalen erfolgt die Nummerierung auf der Grundlage des Ordnungsbehördengesetzes (OVG Münster Urt. v. 21.5.1968 – IV A 750/67, DVBl. 1968, 758; dass. Urt. v. 22.3.1972 – IV A 196/71, DÖV 1972, 867). Das Landesrecht enthält noch **weitere Leistungspflichten** des Grundstückseigentümers im Hinblick auf Erschließungsanlagen, so etwa die Straßenreinigungspflicht (vgl. zB § 4 Abs. 1 Straßenreinigungsgesetz NRW) oder die Pflicht zur Beleuchtung von Hausnummern (vgl. OVG Berlin Beschl. v. 26.6.1989 – 2 B 47/87, NJW 1990, 1747f.; ausführlich zu diesem Fragenkreis *Schürmann/Schwind* DVBl. 2001, 1479ff.).

Ebenso wie bei dem Anbringen von Vorrichtungen und Schildern nach Abs. 1 be- 8
zieht sich Abs. 3 S. 1 nicht nur auf die erstmalige Anbringung eines Nummernschilds, sondern erfasst auch die Verpflichtung zu dessen **Unterhaltung** und zur eventuellen Ersetzung durch eine neue Hausnummer (OVG Münster Urt. v. 22.3.1972 – IV A 196/71, DÖV 1972, 867).

Zweiter Abschnitt. Erschließungsbeitrag

§ 127 Erhebung des Erschließungsbeitrags

(1) **Die Gemeinden erheben zur Deckung ihres anderweitig nicht gedeckten Aufwands für Erschließungsanlagen einen Erschließungsbeitrag nach Maßgabe der folgenden Vorschriften.**

(2) **Erschließungsanlagen im Sinne dieses Abschnitts sind**
1. **die öffentlichen zum Anbau bestimmten Straßen, Wege und Plätze;**
2. **die öffentlichen aus rechtlichen oder tatsächlichen Gründen mit Kraftfahrzeugen nicht befahrbaren Verkehrsanlagen innerhalb der Baugebiete (z.B. Fußwege, Wohnwege);**
3. **Sammelstraßen innerhalb der Baugebiete; Sammelstraßen sind öffentliche Straßen, Wege und Plätze, die selbst nicht zum Anbau bestimmt, aber zur Erschließung der Baugebiete notwendig sind;**
4. **Parkflächen und Grünanlagen mit Ausnahme von Kinderspielplätzen, soweit sie Bestandteil der in den Nummern 1 bis 3 genannten Verkehrsanlagen oder nach städtebaulichen Grundsätzen innerhalb der Baugebiete zu deren Erschließung notwendig sind;**
5. **Anlagen zum Schutz von Baugebieten gegen schädliche Umwelteinwirkungen im Sinne des Bundes-Immissionsschutzgesetzes, auch wenn sie nicht Bestandteil der Erschließungsanlagen sind.**

(3) **Der Erschließungsbeitrag kann für den Grunderwerb, die Freilegung und für Teile der Erschließungsanlagen selbständig erhoben werden (Kostenspaltung).**

(4) ¹**Das Recht, Abgaben für Anlagen zu erheben, die nicht Erschließungsanlagen im Sinne dieses Abschnitts sind, bleibt unberührt.** ²**Dies gilt insbesondere für Anlagen zur Ableitung von Abwasser sowie zur Versorgung mit Elektrizität, Gas, Wärme und Wasser.**

§ 127 I. Kapitel. VI. Teil. Erschließung

Übersicht

	Rn.
I. Wesen des Erschließungsbeitrags (Abs. 1)	1
1. Beitrag	1
a) Aufwand	2
b) Vorteil	4
2. Objektbegrenzung	5
3. Erhebungspflicht	7
4. Abweichende Regelung des besonderen Sanierungsrechts	8
II. Erschließungsanlagen (Abs. 2)	10
1. Öffentliche zum Anbau bestimmte Straßen, Wege und Plätze (Nr. 1)	11
a) Straßenrechtliche Widmung	12
b) Bestimmungen zum Anbau	17
2. Wohn- und Fußwege (Nr. 2)	24
3. Sammelstraßen (Nr. 3)	26
4. Parkflächen und Grünanlagen (Nr. 4)	28
5. Immissionsschutzanlagen (Nr. 5)	37
III. Kostenspaltung (Abs. 3)	40
1. Grunderwerb, Freilegung und Teileinrichtungen	41
2. Endgültige Herstellung bei Teileinrichtungen	42
3. Regelung in der Satzung	45
IV. Sonstige Erschließungsanlagen (Abs. 4)	49

I. Wesen des Erschließungsbeitrags (Abs. 1)

1 **1. Beitrag.** Der Zweite Abschnitt des Sechsten Teils des Ersten Kapitels enthält die Regelungen zur **Deckung der Kosten,** die der Gemeinde durch die Erfüllung ihrer Erschließungslast nach § 123 Abs. 1 entstanden sind. Das Bundesbaugesetz hat sich in **Abs. 1** weder für eine steuerliche Inanspruchnahme der erschlossenen Grundstücke noch für die Abschöpfung des durch die Erschließung verursachten Wertzuwachses der Grundstücke entschieden. Es hat stattdessen eine **Beitragslösung** gewählt. Das **Baugesetzbuch** hat hieran festgehalten (zu möglichen Alternativen vgl. Vorschläge für eine Novellierung des Sechsten Teils (Erschließung) des Bundesbaugesetzes, Schriftenreihe „Städtebauliche Forschung" des BMBau, Heft 03.058, 1977; → zu einem Überblick über die Bestimmungen Vorb. §§ 123–135 Rn. 7 und 13 ff.).

2 **a) Aufwand.** Beiträge sind durch den Aufwandsersatz und die Vorteilsbezogenheit gekennzeichnet (vgl. die Legaldefinition des Beitrags in § 8 Abs. 2 S. 1 und 2 KAG NRW). Dementsprechend bestimmt Abs. 1, dass Erschließungsbeiträge zur **Deckung des gemeindlichen Aufwands** erhoben werden. Welcher Aufwand im Einzelnen beitragsfähig ist, wird in den §§ 128 und 129 geregelt. Beiträge können zur Deckung von Kosten nur dann erhoben werden, wenn diese Kosten – vorbehaltlich der Beitragserhebung – der Gemeinde tatsächlich entstanden, also **nicht anderweitig gedeckt** sind. Da Kostenträger der Erschließung grundsätzlich die Gemeinde und die Eigentümer der erschlossenen Grundstücke sind, können deren Leistungen grundsätzlich nicht zur anderweitigen Deckung führen. Es muss sich vielmehr um die Leistung eines Dritten handeln, der die Kosten der Erschließung in keiner Weise zu tragen hat. In Betracht kommen zB Zuwendungen des Bundes oder des Landes für den Straßenbau (→ im Einzelnen zur anderweitigen Deckung § 129 Rn. 18 ff.).

3 Aus dieser Konstruktion einer Erhebung von Beiträgen für einen entstandenen Aufwand folgt, dass grundsätzlich die **Gemeinde vorleistungspflichtig** ist. Eine Milderung dieser gemeindlichen Pflicht zur Vorfinanzierung der Erschließungsanlagen ist durch die Pflicht zu **Vorausleistungen** nach § 133 Abs. 3 S. 1 bis 4 und die

Möglichkeit der **Ablösung** nach § 133 Abs. 3 S. 5 gegeben (→ § 133 Rn. 27 ff. und 50 ff.). Zudem bestehen **vertragliche Gestaltungsmöglichkeiten** (vgl. § 11).

b) Vorteil. Zweites Merkmal des Beitrags ist seine **Vorteilsbezogenheit.** Die Sicherung der Erschließung ist nach dem Bauplanungsrecht (vgl. zum Erfordernis der Erschließung § 30 Abs. 1, § 33 Abs. 1 Nr. 4, § 34 Abs. 1 S. 1 und § 35 Abs. 1) Voraussetzung für die Verwirklichung der im Bebauungsplan festgesetzten oder sonst zulässigen Nutzung der Grundstücke. Durch die Erschließung erhöht sich daher der Gebrauchswert und damit der Verkehrswert dieser Grundstücke beträchtlich. Der **Erschließungsvorteil** besteht in dem, was die Herstellung der Erschließungsanlagen für die bauliche oder gewerbliche Nutzbarkeit des Grundstücks hergibt (BVerwG Beschl. v. 14.12.2010 – 9 B 58/10, NVwZ-RR 2011, 209; dass. Urt. v. 27.9.2006 – 9 C 4/05, BVerwGE 126, 378 (383) Rn. 22; dass. Urt. v. 10.6.1981 – 8 C 15/81, BVerwGE 62, 300 (302f.)). Dieses Vorteilsprinzip ist im Rahmen des § 129 Abs. 1 S. 1 zu beachten, nach dem Beiträge nur insoweit erhoben werden dürfen, als die Anlagen erforderlich sind. Es hat ebenfalls Bedeutung bei der Bildung einer Erschließungseinheit und bei einer Abschnittsbildung nach § 130 Abs. 2, für die sachgerechte Ausgestaltung der Verteilungsregelung nach § 131 und für die Erhebung von Vorausleistungen nach § 133 Abs. 3 (dazu, dass bereits der ernsthafte Beginn der Herstellung einen ausreichenden Vorteil für die Erhebung von Vorausleistungen darstellen kann, → § 133 Rn. 33). Ohne Bedeutung ist, ob der jeweilige Eigentümer diesen Erschließungsvorteil subjektiv als solchen empfindet. Zum einen ist für das Abgabenrecht insgesamt eine **typisierende Betrachtungsweise** zu Grunde zu legen, die im Interesse einer größeren Praktikabilität und damit letztlich auch einer größeren Gerechtigkeit Verallgemeinerungen und Pauschalierungen zulässt (BVerfG Beschl. v. 3.12.1958 – 1 BvR 488/57, BVerfGE 9, 3 (13); dass. Urt. v. 10.5.1962 – 1 BvL 31/58, BVerfGE 14, 76 (102); *Driehaus* § 9 Rn. 22). Zum anderen ist der **Vorteil objektiv zu beurteilen,** also danach, ob die Möglichkeit gegeben ist, den Zugang zu der abzurechnenden Erschließungsanlage vorteilhaft zu nutzen, weil sie dem Grundstück die Erreichbarkeit für dessen bauliche oder gewerbliche Nutzung vermittelt (BVerwG Urt. v. 27.9.2006 – 9 C 4/05, BVerwGE 126, 378). Darauf, ob der betroffene Eigentümer zB eine weitere Erschließung eher als störend denn als vorteilhaft empfindet, kommt es also nicht an (BVerwG Urt. v. 23.5.1973 – IV C 19/72, DVBl. 1973, 887; dass. Urt. v. 29.4.1977 – IV C 1/75, BVerwGE 52, 364; dass. Urt. v. 10.2.1978 – IV C 4/75, NJW 1978, 2311; vgl. auch *Weyreuther* DVBl. 1970, 3 (8ff.)).

2. Objektbegrenzung. Beiträge können für Erschließungsanlagen nur nach Maßgabe der §§ 127 bis 135 erhoben werden. Daraus ergibt sich eine erhebliche **Begrenzung der Beitragsgegenstände.** Vor allem sind Erschließungsanlagen in diesem Sinne nicht sämtliche Anlagen, zu deren Herstellung die Gemeinde aufgrund ihrer Erschließungslast nach § 123 Abs. 1 verpflichtet sein kann. Es sind vielmehr nur **die in Abs. 2 enumerativ aufgeführten Erschließungsanlagen** (→ Rn. 10 ff. sowie § 123 Rn. 11).

Eine weitere Begrenzung des Gegenstands einer möglichen Beitragspflicht ergibt sich aus dem inhaltlichen **Zusammenhang zwischen Abs. 1 und § 123 Abs. 1.** Ist in § 123 Abs. 1 die Erschließungslast der Gemeinde begründet, so ist in Abs. 1 den Gemeinden die Möglichkeit eingeräumt, diese Kosten – jedenfalls zum Teil – auf die Eigentümer der erschlossenen Grundstücke umzulegen. Hieraus folgt aber zugleich, dass diese Umlagebefugnis **nur für solche Erschließungsanlagen besteht, die die Gemeinde in Erfüllung ihrer Erschließungspflicht nach § 123 Abs. 1 hergestellt hat** (BVerwG Urt. v. 25.11.1981 – 8 C 10/81, NVwZ 1982, 435). Obliegt die Herstellung von Erschließungsanlagen nicht der Gemeinde, sondern einem anderen Träger – zB dem Bund für die Herstellung von Bundesfernstraßen aufgrund einer Planfeststellung nach § 17 FStrG –, so steht weder diesem noch der Gemeinde ein Recht zur Erhebung von Erschließungsbeiträgen zu. Die entstandenen Kosten sind

§ 127

also nicht umlagefähig. Hieran ändert sich auch nichts dadurch, dass die Gemeinde mit dem anderen Träger der Erschließungslast einen Vertrag über den Bau einer von diesem herzustellenden Erschließungsanlage schließt und die Kosten hierfür übernimmt. Eine Erhebung von Beiträgen für diese Anlagen würde nicht nur dem systematischen Zusammenhang zwischen Abs. 1 und § 123 Abs. 1 widersprechen, sondern gerade auch die Anlieger von solchen Erschließungsanlagen belasten, die nach dem Willen des Gesetzgebers beitragsfrei bleiben sollen (BVerwG Urt. v. 25.11.1981, aaO; dass. Urt. v. 5.9.1975 – IV C 2/73, DÖV 1975, 855). Dieser Ausschluss der Beitragserhebung gilt auch dann, wenn der andere Träger eine Anbaustraße **nach den Merkmalen der kommunalen Erschließungsbeitragssatzung hergestellt** hat; es bleibt aber die Möglichkeit der Erhebung von Straßenbaubeiträgen nach Landesrecht (VGH Kassel Urt. v. 5.12.2007 – 5 UE 136/07, NVwZ-RR 2008, 446; s. auch § 242 Abs. 1 zu vorhandenen Erschließungsanlagen; dazu aber auch OVG Koblenz Urt. v. 9.2.2011 – 6 A 11 029/10, NVwZ-RR 2011, 540).

7 **3. Erhebungspflicht.** Die Gemeinden haben nach Abs. 1 nicht nur die Befugnis, Beiträge zu erheben, sondern es besteht auch eine **Pflicht zur Erhebung von Erschließungsbeiträgen** (zur Unzulässigkeit eines Beitragsvorausverzichtes BVerwG Urt. v. 30.5.2012 – 9 C 5/11, NVwZ 2013, 218; zur Strafbarkeit wegen Untreue nach § 266 StGB bei absichtlicher Nichterhebung von Erschließungsbeiträgen vgl. OLG Naumburg Urt. v. 18.7.2007 – 2 Ss 188/07, *Driehaus* KStZ 2008, 101 (104ff.); zur Ablösung von Erschließungsbeiträgen → § 133 Rn. 50ff.). Dies ergibt sich aus der Verwendung der Präsensform des Verbs „erheben". Der Erhebungszwang dient nicht nur der Kostendeckung. Er soll auch einen **bodenpolitischen Zweck** erfüllen. Durch die Pflicht zur Entrichtung von Erschließungsbeiträgen wird das Halten eines Grundstücks verteuert, so dass hierdurch ein Druck auf den Eigentümer ausgeübt wird, entweder das Grundstück selbst zu bebauen oder aber an einen Bauwilligen zu veräußern. Der Erhebungszwang umfasst auch die Pflicht zur **Nacherhebung** von Beiträgen für irrtümlich nicht abgerechnete Kosten (vgl. BVerwG Urt. v. 26.1.1996 – 8 C 14/94, NVwZ-RR 1996, 465; zum Ausschluss einer Nachforderung aufgrund bestehenden Vertrauensschutzes vgl. OVG Lüneburg Beschl. v. 23.12.1988 – 9 B 95/88, NVwZ 1989, 1193f.). Im Übrigen dient der Erhebungszwang auch der **Beitragsgerechtigkeit** (BVerwG Urt. v. 18.11.1977 – IV C 104/74, DÖV 1978, 611). Dieser Pflicht darf sich die Gemeinde nach dem bundesgesetzlichen Erschließungsbeitragsrecht nicht entziehen, weder durch den Verzicht auf Erschließungsbeiträge im Einzelfall oder allgemein, sofern nicht die Voraussetzungen des § 135 Abs. 5 vorliegen (vgl. BVerwG Urt. v. 25.11.1988 – 8 C 58/87, NVwZ-RR 1990, 433), noch durch einen hinter den Anforderungen der endgültigen Herstellung zurückbleibenden Ausbau der Erschließungsanlagen, um so die Entstehung des Erschließungsbeitrags zu vermeiden (vgl. auch BVerwG Urt. v. 18.3.1988 – 8 C 92/87, BVerwGE 79, 163; dass. Urt. v. 18.3.1988 – 8 C 115/86, NVwZ 1988, 938f.; → auch § 134 Rn. 13). Dies gilt jedoch zumindest einschränkungslos dann nicht mehr, wenn das Erschließungsbeitragsrecht in **Landesrecht** überführt wurde. So räumt **§ 20 Abs. 3 KAG BW** den Gemeinden für die Erhebung von Erschließungsbeiträgen für andere Erschließungsanlagen als Anbaustraßen und Wohnwege ein Ermessen ein (hierzu *Reif/Rieche/Gloser* BWGZ 2005, 595 (602f.); kritisch hierzu, weil eine Kostenbelastung der Gemeinden erwartend, *Driehaus* NVwZ 2005, 1136 (1137)). Da die Gemeinden daher grundsätzlich gezwungen sind, Erschließungsbeiträge zu erheben, besteht auch die Pflicht, als Voraussetzung hierfür eine Erschließungsbeitragssatzung nach § 132 zu erlassen (hierzu *Grziwotz* in EZBK § 127 Rn. 7a). Allerdings beschränkt sich die Pflicht und die rechtliche Möglichkeit zur Beitragserhebung auf die **innerhalb des Gemeindegebiets** gelegenen Grundstücke. Errichtet eine Gemeinde eine Straße, durch die Grundstücke **außerhalb** ihres Gemeindegebiets erschlossen werden, kann sie insoweit keine Erschließungsbeiträge er-

2. Abschnitt. Erschließungsbeitrag § 127

heben, weil ihre Abgabenhoheit an der Gemeindegrenze endet. Die Nachbargemeinde kann keine Beiträge erheben, weil ihr keine Kosten entstanden sind (→ § 128 Rn. 2). Gleichwohl sind diese Grundstücke bei der Verteilung des umlagefähigen Erschließungsaufwands zu berücksichtigen (→ § 131 Rn. 6). Dieses Ergebnis kann durch entsprechende Planung der Erschließungsstraße, ggf. in Abstimmung mit der Nachbargemeinde – zB bei Errichtung der Straße auf der Gemeindegrenze unter Kostenteilung –, vermieden werden. Möglich ist auch ein öffentlich-rechtlicher Vertrag sowie die Aufgabenübertragung durch Rechtsverordnung des Landes nach § 203 (vgl. BVerwG Urt. v. 3.6.2010 – 9 C 3/09, BVerwGE 137, 95; dass. Urt. v. 28.11.2007 – 9 C 10/07, BVerwGE 130, 52; → § 131 Rn. 6 und § 123 Rn. 3).

4. Abweichende Regelung des besonderen Sanierungsrechts. Nach § 154 **8** Abs. 1 S. 3 ist die Erhebung von Erschließungsbeiträgen ausgeschlossen, wenn Erschließungsanlagen im Sinne des Abs. 2 in einem **förmlich festgelegten Sanierungsgebiet** hergestellt, erweitert oder verbessert werden. Da dieser Ausschluss sich auch auf Erweiterungen und Verbesserungen erstreckt, gilt er nicht nur für Erschließungsbeiträge, sondern auch für Straßenbaubeiträge nach dem Kommunalabgabenrecht der Länder. Der Bundesgesetzgeber ist auf der Grundlage seiner konkurrierenden Gesetzgebungszuständigkeit für das Bodenrecht (Art. 74 Abs. 1 Nr. 18 GG) befugt, eine solche Regelung zu treffen (BVerwG Urt. v. 21.10.1983 – 8 C 40/83, BVerwGE 68, 130). Zweck dieser Regelung ist es, eine Doppelbelastung der Eigentümer von Grundstücken **im** Sanierungsgebiet zu vermeiden Denn nach § 154 Abs. 1 S. 1 hat der Eigentümer eines im förmlich festgelegten Sanierungsgebiet gelegenen Grundstücks entsprechend der sanierungsbedingten Wertsteigerung seines Grundstücks an die Gemeinde einen **Ausgleichsbetrag** in Geld zu entrichten. Dieser Ausgleichsbetrag soll nach dem Sinngehalt des § 154 Abs. 1 S. 3 an die Stelle des Erschließungsbeitrags oder eines sonstigen Straßenbaubeitrags treten (hierzu *Driehaus* § 3 Rn. 4ff.). Dies gilt auch, wenn der Ausgleichsbetrag gemäß § 154 Abs. 2a nach dem Aufwand für die Erweiterung oder Verbesserung der Erschließungsanlagen gem. § 127 Abs. 2 (→ § 154 Rn. 15f.) berechnet wird. Über die Belegenheit von Grundstück und Straße im Sanierungsgebiet hinaus stellt das Gesetz für die Beitragsfreiheit **keine weiteren Voraussetzungen** auf; vor allem kommt es nicht auf eine sanierungsrechtliche Erforderlichkeit an, wenngleich diese in der Regel gegeben sein wird (BVerwG Urt. v. 28.4.1999 – 8 C 7/98, NVwZ-RR 1999, 669).

Aus diesem Sinngehalt und dem klaren Wortlaut des § 154 Abs. 1 S. 3, der eine **9** Anwendbarkeit des Erschließungsbeitragsrechts nur für Grundstücke im Sanierungsgebiet ausschließt (vgl. BT-Drs. 10/4630, 125, zu § 150 Abs. 4 Regierungsentwurf BauGB 1987), folgt, dass **Grundstücke außerhalb des förmlich festgelegten Sanierungsgebiets** dem Grunde nach **weiter erschließungsbeitragspflichtig** bleiben, da für sie eine Ausgleichsbetragspflicht nicht entsteht (BVerwG Urt. v. 21.10.1983 – 8 C 40/83, BVerwGE 68, 130). Die Grundstücke außerhalb des Sanierungsgebiets sind jedoch nur insofern erschließungs- oder straßenbaubeitragspflichtig, als die Herstellung, Erweiterung oder Verbesserung der **Erschließungsanlage nicht für die Erreichung des Sanierungszwecks erforderlich** war (OVG Koblenz Urt. v. 30.6.2015 – 6 A 11016/14, juris). Zwar sind Erschließungsmaßnahmen im Sanierungsgebiet nach § 147 Abs. 1 S. 1 Nr. 4 Ordnungsmaßnahmen, doch gilt dies nach § 146 Abs. 1 nur insoweit, als die Erschließungsmaßnahmen erforderlich sind, um das Sanierungsziel zu erreichen. Danach bleibt die Gemeinde in einem durch Beiträge zu deckender Aufwand, soweit die Erschließungsanlage überwiegend der Erschließung von Grundstücken außerhalb des Sanierungsgebiets dient. Es können daher nicht die Kosten der gesamten Erschließungsanlage rechnerisch auf alle erschlossenen Grundstücke umgelegt und dann bei den Grundstücken außerhalb des Sanierungsgebiets entsprechende Beiträge erhoben werden, sondern es sind **Teile im Sinne des Abs. 3** (→ Rn. 40ff.) zu bilden. Diese können dann den jeweils durch sie

Reidt

erschlossenen Grundstücken zugeordnet und entsprechend abgerechnet werden. Teile der Erschließungsanlage, deren Funktion die gesamte Erschließungsanlage umfasst, wie zB die Fahrbahn selbst, die Straßenentwässerung und -beleuchtung, können nicht in sich aufgespalten werden. Sie sind entweder als Ganzes für die Sanierung erforderlich oder nicht erforderlich und entsprechend zuzuordnen. Eine Aufspaltung ist aber möglich für solche Teile der Erschließungsanlage, die nur auf einer Seite der Erschließungsanlage verlaufen und daher nur die hier angrenzenden Grundstücke erschließen. Dies gilt etwa für einseitige Geh- und Radwege sowie für Parkstreifen (hierzu BVerwG Urt. v. 21.10.1983, aaO, 136). Liegt die **Erschließungsanlage außerhalb des Sanierungsgebiets,** ist § 154 Abs. 1 S. 3 nicht anwendbar, so dass in diesem Fall auch die Grundstücke im Sanierungsgebiet der Erschließungsbeitragspflicht unterliegen, obwohl für sie auch Ausgleichsbeträge anfallen können. Hierin liegt keine unzulässige Doppelbelastung, weil eine etwaige Werterhöhung der Grundstücke durch die Erschließungsanlage nicht „durch die Sanierung bedingt" ist und bei der Ermittlung des für den Ausgleichsbetrag maßgeblichen Endwerts nach § 154 Abs. 2 nicht zu berücksichtigen ist, also nicht zur Erhöhung des Ausgleichsbetrags führt (vgl. *Driehaus* § 3 Rn. 7).

II. Erschließungsanlagen (Abs. 2)

10 Abs. 2 enthält eine **abschließende Aufzählung** der Erschließungsanlagen, für die Beiträge erhoben werden können. Diese Aufzählung kann von der Gemeinde nicht erweitert werden (BVerfG Beschl. v. 5.7.1972 – 2 BvL 6/66, BVerfGE 33, 265). Beitragsfähig sind die Erschließungsanlagen jeweils in ihrem **tatsächlich angelegten Umfang,** nicht nach etwaigen planerischen Festsetzungen (BVerwG Urt. v. 25.2.1994 – 8 C 14/92, BVerwGE 95, 176; → Rn. 16). Maßnahmen, die vor der Sanierung bereits tatsächlich abgeschlossen wurden, fallen nicht unter § 154 Abs. 1 S. 3, selbst wenn die sachliche Beitragspflicht (→ § 135 Rn. 15) erst nach der förmlichen Festlegung als Sanierungsgebiet entstanden ist (OVG Lüneburg Beschl. v. 8.2.2012 – 9 LA 42/11, DVBl. 2012, 583).

11 **1. Öffentliche zum Anbau bestimmte Straßen, Wege und Plätze (Nr. 1).** Die wichtigste Gruppe der beitragsfähigen Erschließungsanlagen sind die öffentlichen zum Anbau bestimmten Straßen, Wege und Plätze nach **Nr. 1.** Diese Begriffe werden im Gesetz nicht weiter erläutert. Sie sind bundesrechtliche Begriffe des Erschließungsbeitragsrechts und entsprechend auszulegen (vgl. *Driehaus* § 12 Rn. 10).

12 **a) Straßenrechtliche Widmung. Um öffentliche Straßen, Wege oder Plätze** handelt es sich, wenn diese erschließungsrechtlich **selbstständig** (→ § 123 Rn. 11) und nach Maßgabe des Landesstraßenrechts (vgl. zB § 2 Abs. 1 Straßen- und WegeG NRW) **dem öffentlichen Verkehr gewidmet** sind (BVerwG Urt. v. 14.6.1968 – IV C 65/66, DVBl. 1968, 808 (809); dass. Urt. v. 12.12.1969 – IV C 100/68, NJW 1970, 876; s. auch die eine Widmung uU erübrigende Sonderregelung in § 2 Abs. 1 S. 2 HStrG, hierzu VGH Kassel Beschl. v. 30.6.1987 – 5 TE 978/87, UPR 1988, 274; zur Vermutung der Widmung durch unvordenkliche Verjährung vgl. VG Sigmaringen Urt. v. 20.8.1999 – 5 K 597/98, BWGZ 2001, 200 ff.; VGH Mannheim Urt. v. 19.4.1983 – 5 S 51/83, NJW 1984, 819; *Sauthoff,* Öffentliche Straßen, 2. Aufl. 2010, Rn. 121; zu Problemen, die Öffentlichkeit alter Wege in Ostdeutschland festzustellen, vgl. OVG Greifswald Beschl. v. 8.12.1999 – 2 M 54/99, LKV 2000, 542 f.; OVG Magdeburg Beschl. v. 12.1.2000 – A 1 S 85/99, LKV 2000, 543 f.; *Zörner* LKV 1998, 264 ff.). Dementsprechend entsteht die Beitragspflicht nach § 133 Abs. 2 nicht notwendig bereits mit der faktischen endgültigen Herstellung der Straße, sondern erst mit einer gegebenenfalls darauf folgenden Widmung (BVerwG Urt. v. 14.6.1968, ebd.). Die Widmung ist allerdings nicht Bestandteil der Herstellung, sondern ist, unabhängig hiervon, **Voraussetzung für das Vorliegen einer öf-**

2. Abschnitt. Erschließungsbeitrag § 127

fentlichen Straße. Die Widmung hat daher auf die Kostenspaltung (→ Rn. 40ff.) oder auf das Verlangen einer Vorausleistung (§ 133 Abs. 3) keinen Einfluss (BVerwG Urt. v. 14.6.1968, ebd.). Hat die Gemeinde bereits vor der Widmung Beitragsbescheide erlassen, sind diese rechtswidrig. Sie werden aber bei Nachholen der Widmung mit dem Zeitpunkt der Widmung rechtmäßig (BVerwG Urt. v. 15.9.1978, IV C 50/76, BVerwGE 56, 238). Ist in der Zwischenzeit eine neue Erschließungsbeitragssatzung in Kraft getreten, ist deren Verteilungsmaßstab zugrunde zu legen. Dies gilt hingegen nicht für abweichende Merkmale der endgültigen Herstellung. Insoweit verbleibt es bei der nach der früheren Satzung zu beurteilenden endgültigen Herstellung der Erschließungsanlage (BVerwG Urt. v. 22.8.1975 – IV C 11/73, BVerwGE 49, 131).

Aus dem Erfordernis der Widmung folgt, dass **nur tatsächlich öffentliche Straßen** keine öffentlichen Straßen im Sinne der Nr. 1 sind. Hierzu gehören vor allem Privatwege, die zwar vom Eigentümer, ggf. also auch von der Gemeinde, einem öffentlichen Verkehr zugänglich gemacht werden, nicht aber hierzu gewidmet sind (*Sauthoff,* Öffentliche Straßen, 2. Aufl. 2010, Rn. 3, 33f.). Erst die Widmung verleiht der Straße und ihrem Erschließungscharakter eine derartige Beständigkeit und Verlässlichkeit, die die Erhebung von Erschließungsbeiträgen rechtfertigt. 13

Die straßenrechtliche Widmung hat auch Bedeutung dafür, ob die Straße oder der Weg „**das bundesrechtliche Erschließungserfordernis**" (BVerwG Urt. v. 3.6.1983 – 8 C 70/82, BVerwGE 67, 216) erfüllen. Danach ist es für Anlagen nach Nr. 1 u. a. erforderlich, dass den durch sie erschlossenen Grundstücken eine **Zufahrt** geboten (BVerwG Urt. v. 13.2.1976 – IV C 53/74, NJW 1976, 1855; dass. Urt. v. 12.11.2014 – 9 C 4/13, NVwZ 2015, 528; → aber auch Rn. 25). Diese **Anfahrmöglichkeit** muss in tatsächlicher Hinsicht durch eine ausreichende Breite und Festigkeit der Anlage sichergestellt werden. Für die rechtliche Anfahrmöglichkeit genügt nicht die Zulassung im Einzelfall, sondern es ist eine entsprechende Widmung erforderlich; allerdings kann diese Widmung hinsichtlich Benutzerkreis, Benutzerzweck oder Benutzungszeit eingeschränkt sein. Fehlt es an einer hinreichenden, also der Erschließung ausreichend Rechnung tragenden Widmung, ist die Straße nicht nach Nr. 1 beitragsfähig (BVerwG Urt. v. 3.6.1983, ebd.; → zur Aufteilung einer Verkehrsanlage in eine dem öffentlichen Verkehr gewidmete und damit zum Anbau bestimmte (zu diesem Merkmal Rn. 17) und eine dem Fußgängerverkehr vorbehaltene und damit nicht zum Anbau bestimmte Erschließungsanlage BVerwG Urt. v. 23.6.1995 – 8 C 33/94, NVwZ-RR 1995, 695). Dabei reicht es für das Erschlossensein eines Grundstücks grundsätzlich aus, wenn mit Fahrzeugen an die Grundstücksgrenze **heran**gefahren werden kann. Bei Grundstücken in Gewerbegebieten und auch bei außerhalb solcher Gebiete liegenden gewerblich genutzten Grundstücken kann jedoch ein Herauffahrenkönnen erforderlich sein. Maßgeblich für Abweichungen von diesem Grundsatz ist allein das Bebauungsrecht, vor allem also der Inhalt eines Bebauungsplans (vgl. BVerwG Urt. v. 3.11.1987 – 8 C 77/86, BVerwGE 78, 237; s. auch die krit. Anm. von *Quaas* DVBl. 1988, 243). **Fußgängerbereiche** oder **verkehrsberuhigte Straßen,** in denen ein zumindest zeitlich oder sachlich beschränkter Fahrverkehr zugelassen ist, sind nach Nr. 1 abrechenbar (vgl. *Driehaus* § 12 Rn. 34). Die Zufahrt muss nicht nur für Personenwagen, sondern auch für Versorgungsfahrzeuge wie zB Müllabfuhr-, Feuerwehr-, Krankenwagen uÄ möglich sein. Dabei ist es hinreichend, wenn die Zufahrt zum einzelnen Grundstück durch eine unselbstständige Erschließungsanlage oder eine private Zuwegung (→ zur Abgrenzung gegenüber selbstständigen Erschließungsanlagen § 123 Rn. 11) hergestellt wird. Maßgebend ist das Bebauungsrecht (vgl. hierzu BVerwG Urt. v. 4.6.1993 – 8 C 33/91, BVerwGE 92, 304; → aber auch zur Verteilungsphase § 131 Rn. 4ff. sowie zur Heranziehungsphase § 133 Rn. 1ff.). 14

Aus dem Verweis in Abs. 2 Nr. 4 u. a. auf die Verkehrsanlagen nach Nr. 1 ergibt sich, dass nicht nur Straßen und Wege, sondern auch **Plätze** lediglich dann zur Erhe- 15

§ 127 I. Kapitel. VI. Teil. Erschließung

bung von Erschließungsbeiträgen berechtigen, wenn es sich um **Verkehrsanlagen** handelt. Zwar sind Kreisverkehrsanlagen Verkehrsanlagen, aber wegen des hier geltenden Halteverbots in aller Regel nicht zum Anbau bestimmt (vgl. *Driehaus* § 12 Rn. 33); im Übrigen folgt ihre erschließungsbeitragsrechtliche Behandlung je nach Sachverhalt derjenigen von Abbiegespuren oder Kreuzungen (vgl. *Thielmann* KStZ 2003, 141).

16 Zu den Straßen als Erschließungsanlagen gehören auch **Bürgersteige,** Gehwege, **Radwege** oder Parkstreifen (BVerwG Urt. v. 21.10.1983 – 8 C 40/83, BVerwGE 68, 130). Dabei ist es unerheblich, ob diese Teile der Straße gleichzeitig mit ihr oder erst später angelegt werden, ob es sich um die Ortsdurchfahrt einer Bundesstraße handelt (zu beidem BVerwG Urt. v. 30.1.1970 – IV C 131/68, BRS 37 Nr. 57; vgl. auch BVerwG Urt. v. 20.8.1986 – 8 C 58/85, NVwZ 1987, 56) oder ob die Baulast zB für Gehweg und Straße beim selben Träger liegt (BVerwG Urt. v. 31.1.1969 – IV C 47/67, BayVBl. 1970, 65). Zur Erschließungsanlage gehört aber nur, was ihr bei **„natürlicher Betrachtungsweise" der tatsächlichen Gegebenheiten** zugerechnet werden kann (BVerwG Urt. v. 10.6.2009 – 9 C 2/08, BVerwGE 134, 139 (144); dass. Urt. v. 22.3.1996 – 8 C 17/94, BVerwGE 101, 12); so gehört die Fläche eines Anliegergrundstücks, auf der eine Böschung zur Stützung der Anbaustraße angelegt wurde, nicht als Teilanlage zur beitragsfähigen Erschließungsanlage „Straße", weil sich eine auf dieser Fläche befindliche Person aus der insoweit maßgeblichen Sicht eines unbefangenen Beobachters nicht auf der Straße, sondern auf dem an diese Straße angrenzenden Grundstück aufhält (BVerwG Urt. v. 29.10.1993 – 8 C 53/91, NVwZ 1994, 909 (910)). Auf diese Weise ist auch zu entscheiden, ob es sich um eine oder zwei Erschließungsstraßen handelt; die Namensgebung ist demgegenüber unerheblich (BVerwG Urt. v. 22.4.1994 – 8 C 18/92, ZfBR 1995, 35 (36)).

17 b) **Bestimmungen zum Anbau.** Erschließungsbeitragsfähig ist eine öffentliche Straße nur dann, wenn und soweit sie **zum Anbau bestimmt** ist (hierzu *Driehaus* § 12 Rn. 31ff.). Dabei ist der **Begriff des Anbaus** nicht mit dem der baulichen Anlage in § 29 Abs. 1 identisch. Er bleibt zum Teil dahinter zurück, geht zum Teil aber auch darüber hinaus. Entscheidendes Kriterium für die Bestimmung zum Anbau ist, ob an einer Straße zumindest überwiegend solche **Nutzungen** ausgeübt werden dürfen, **die auf das Vorhandensein einer Straße angewiesen sind,** weil die zweckmäßige und wirtschaftliche Ausübung der Nutzung erst durch die Benutzung der Straße ermöglicht wird (s. etwa BVerwG Urt. v. 27.9.2006 – 9 C 4/05, BVerwGE 126, 378; *Driehaus* § 12 Rn. 32). Dies bedeutet, dass bloße Einfriedungen, Masten oder Hinweistafeln, selbst wenn sie Vorhaben iSd §§ 29ff. sind, die Bestimmung einer Straße zum Anbau nicht begründen. Andererseits kann eine **gewerbliche Nutzung** einen „Anbau" darstellen, auch wenn, wie zB bei einem unbefestigten Lagerplatz oder einer Abstellfläche für Kraftwagen eines Gebrauchtwagenhändlers oder einer Speditionsfirma (hierzu BVerwG Urt. v. 14.1.1983 – 8 C 81/81, NVwZ 1983, 669 (670)), für ihre Ausübung keinerlei bauliche Anlagen vorhanden oder erforderlich sind. Dies folgt im Übrigen auch daraus, dass zB in § 129 Abs. 1 S. 1 und in § 133 Abs. 1 S. 1 die gewerbliche der baulichen Nutzung gleichgestellt ist (hierzu auch *Driehaus* § 23 Rn. 8f.). Als Anbau in diesem Sinne sind **auch andere als gewerbliche oder bauliche Nutzungen** anzusehen, wenn sie auf die Verbindung zur Straße angewiesen sind und einen erheblichen Ziel- und Quellverkehr nach sich ziehen. Dies gilt zB für **Friedhöfe** (BVerwG Urt. v. 3.6.1971 – IV C 10/70, DÖV 1971, 817; dass. Urt. v. 4.5.1979 – IV C 25/76, BauR 1980, 60), **Dauerkleingärten** (BVerwG Urt. v. 1.2.1980 – IV C 43/76, BauR 1980, 349ff.; dass. Urt. v. 1.2.1980 – IV C 63/78, BauR 1980, 351), **Sportplätze und Schwimmbäder** (BVerwG Urt. v. 3.6.1971 – IV C 28/70, BVerwGE 38, 147). Sogar für ungewidmete (private) **Kinderspielplätze** und schmale **Grünstreifen** kann dies gelten (BVerwG Urt. v. 22.3.1974 – IV C 23/72, BauR 1974, 337), wenn solche Flächen einer Bebauung

2. Abschnitt. Erschließungsbeitrag § 127

nicht schlechthin entzogen sind und das umliegende Gelände bebaut ist oder bebaut werden kann (BVerwG Urt. v. 11.5.1973 – IV C 7/72, BauR 1973, 243). Da sich die Merkmale „zum Anbau bestimmt" in Abs. 2 Nr. 1 und „erschlossen" in § 131 Abs. 1 im Kern decken (BVerwG Urt. v. 26.9.1983 – 8 C 86/81, BVerwGE 68, 41), gehören die Grundstücke, auf denen die genannten Nutzungen zulässig sind, auch zum Kreis der in die Verteilung des umlagefähigen Erschließungsaufwands einzubeziehenden **erschlossenen Grundstücke im Sinne des § 131 Abs. 1** (→ § 131 Rn. 4ff.). Zwischen § 127 Abs. 2, § 131 Abs. 1 und § 133 Abs. 1 besteht also ein **enger Systemzusammenhang** (→ § 133 Rn. 1 und § 131 Rn. 5).

Zum Anbau **bestimmt** im Sinne der Nr. 1 ist nach der Formulierung des Bundesverwaltungsgerichts jede Straße, „wenn an ihr (tatsächlich) gebaut werden kann und (rechtlich) gebaut werden darf, oder genauer: wenn von Baugrundstücken zu ihr Zugang genommen werden kann und darf" (BVerwG Urt. v. 23.5.1973 – IV C 19/72, DVBl. 1973, 370). Dabei kommt es konstitutiv auf die Möglichkeit der **Zufahrt** an (→ Rn. 14). Hierfür ist nicht entscheidend, dass diese rechtliche oder tatsächliche Zugänglichkeit von jedem einzelnen an der Straße angrenzenden Grundstück gegeben ist. Vielmehr ist von der Straße als Gesamtheit auszugehen und insoweit im Hinblick auf das einzelne Grundstück zu verallgemeinern (BVerwG Urt. v. 29.4.1977 – IV C 1/75, BVerwGE 52, 364). Die Bestimmung einer Straße zum Anbau bedarf daher nicht, wie etwa die Widmung (Rn. 12ff.), eines besonderen Aktes, sondern ergibt sich ohne weiteres aus der **rechtlichen und tatsächlichen Eignung einer Straße zum Anbau**. Ist eine tatsächlich einheitliche Straße auf einer Teilstrecke von ca. 100 Metern beidseitig nicht zum Anbau bestimmt und ergibt sich so der Eindruck einer gewissen erschließungsrechtlichen Selbstständigkeit dieses Stücks, können hierfür keine Erschließungsbeiträge erhoben werden (BVerwG Beschl. v. 25.4.2000 – 11 B 46/99, NVwZ-RR 2000, 630; → auch Rn. 22). Die Anbaueignung kann die Gemeinde durch Festsetzungen im Bebauungsplan oder durch die Gestaltung des Ausbaus der Straße maßgeblich beeinflussen (vgl. etwa BVerwG Urt. v. 6.12.1996 – 8 C 32/95, BVerwGE 102, 294). Dies kann auch nach endgültiger Festlegung erfolgen, indem eine nicht zum Anbau bestimmte Straße zu einer zum Anbau bestimmten Straße „umgewandelt" wird (s. etwa BVerwG Urt. v. 5.5.2015 – 9 C 14.14, DVBl 2015, 1117) auch zu den zuvor bereits angefallenen Fremdfinanzierungskosten; dazu auch § 128 Nr. 41; zu nur einseitig anbaubaren Straßen, weil eine Seite im Außenbereich liegt, Rn. 20ff.). 18

Bei der erforderlichen verallgemeinernden Betrachtungsweise für die Beurteilung der Anbaueignung einer Straße kommt dem Umstand maßgebliche Bedeutung zu, in welchem **planungsrechtlichen Bereich** (→ Vorb. §§ 29–38 Rn. 4 bis 7) die Straße liegt, ob sie also im Innenbereich oder im qualifiziert beplanten Bereich verläuft oder ob sie dem Außenbereich zuzuordnen ist. Denn während Innenbereich und qualifiziert beplanter Bereich typischerweise baulich oder gewerblich nutzbar sind, sind **Grundstücke im Außenbereich** typischerweise nicht in dieser Weise nutzbar (*Driehaus* § 12 Rn. 36ff.). Ob im Einzelfall ein Außenbereichsgrundstück gleichwohl baulich oder gewerblich genutzt wird und hierzu auf die Straße angewiesen ist, zB weil auf einem Außenbereichsgrundstück ein Gebäude mit Bestandsschutz vorhanden ist (BVerwG Urt. v. 20.9.1974 – IV C 70/72, NJW 1975, 323) oder weil auf dem Grundstück eine nach § 35 zulässige Nutzung ausgeübt wird (BVerwG Urt. v. 29.4.1977 – IV C 1/75, BVerwGE 52, 364; VGH Mannheim Urt. v. 24.6.1982 – 2 S 1869/81, NVwZ 1983, 684), ist unerheblich (BVerwG Urt. v. 14.2.1986 – 8 C 115/84, NVwZ 1986, 568f.; kritisch zu dieser Rechtsprechung, weil das unmittelbaren Aufeinandertreffen von Plan- oder Innenbereich mit zulässigerweise baulich genutztem Außenbereich vor allem bei einseitig anbaubaren Straßen – → Rn. 20, zweite Fallgruppe – zu ungerecht wirkenden Ergebnissen führt, *Dohle* NVwZ 1983, 658ff. mit dem Vorschlag, bei Ortsstraßen unabhängig von ihrer Zuordnung zu einem der drei planungsrechtlichen Bereiche auf die tatsächliche Erschließungsfunk- 19

§ 127 I. Kapitel. VI. Teil. Erschließung

tion abzustellen). Die Bestimmung zum Anbau **endet** daher regelmäßig dort, wo die Erschließungsanlage in den Außenbereich übergeht.

20 Zum Anbau bestimmt im Sinne der Nr. 1 ist in vollem Umfang auch eine Straße, die aus tatsächlichen oder rechtlichen Gründen nur **einseitig anbaubar** ist. Zu den sich hieraus ergebenden Problemen hat das BVerwG mit Urteil vom 29. 4. 1977 (IV C 1/75, BVerwGE 52, 364; eingehend zur einseitig anbaubaren Straße *Driehaus* in FS Weyreuther 1993, 435 ff.; *ders.* § 12 Rn. 42 ff.) ausführlich Stellung genommen. Dabei stellt das Bundesverwaltungsgericht, ausgehend von dem Begriff des Erschließungsvorteils (→ Rn. 4), eine unmittelbare Verbindung zwischen der Erschließung eines Grundstücks und seiner baulichen, ge-werblichen oder sonst vergleichbaren Nutzbarkeit her. Aus diesem engen Zusammenhang folge, dass **Grundstücke insoweit erschlossen** im Sinne des § 131 Abs. 1 sind, **als die Straße** nach Nr. 1 **zum Anbau bestimmt** ist (→ Rn. 17). Um zu vermeiden, dass die erschlossenen Grundstücke mit Erschließungsbeiträgen auch für die Kosten herangezogen werden, die auf einen nicht zum Anbau bestimmten Teil der Straße entfallen, der also nicht ihrer Erschließung dient, muss die Straße für die Verteilung des Erschließungsaufwands ideell in einen anbau- und damit erschließungsbeitragsfähigen Teil und einen nicht anbaufähigen Teil aufgeteilt werden (sog. erschließungsbeitragsrechtlicher **Halbteilungsgrundsatz;** → auch Rn. 21). Auf dieser Grundlage unterscheidet das Bundesverwaltungsgericht **drei Fallgruppen** und **drei Ausnahmen** von dem Grundsatz der Kostenteilung. Ist – **erste Fallgruppe** – eine **voll ausgebaute** Straße nur einseitig zum Anbau bestimmt, aber **absehbar, dass die andere Straßenseite ebenfalls der Bebauung zugeführt wird,** sind die **Kosten zu teilen.** Andernfalls müssten die umlagefähigen Kosten der Straße von den Anliegern der einen Straßenseite getragen werden. Werden die Grundstücke auf der anderen Straßenseite bebaubar, können dann die auf sie entfallenden Kosten umgelegt werden (→ Rn. 21); bis dahin muss die Gemeinde die entsprechenden Kostenanteile selbst tragen. Dasselbe – **zweite Fallgruppe** – gilt, wenn die **nicht anbaubare Straßenseite zum Außenbereich gehört** und die Straße insoweit die Funktion einer nicht zum Anbau bestimmten Außenbereichsstraße (→ Rn. 19) hat. Denn grundsätzlich kann die Gemeinde bei nicht zum Anbau bestimmten Straßen keine Kosten abwälzen. Bei nur einseitiger Anbaubarkeit der Straße hat die Gemeinde daher die Kosten insoweit selbst zu tragen, als die Straße nicht dem Anbau dient. Dies kann dann im Ergebnis dazu führen, dass die Anlieger der einen Straßenseite, wenn auch nur anteilig, zu Erschließungsbeiträgen herangezogen werden, etwaige Anlieger der anderen Straßenseite, die eine im Außenbereich zulässige Nutzung ausüben und dazu die Straße benutzen und benötigen, aber nicht (vgl. zu den Fallgruppen auch *Dohle* NVwZ 1983, 658 (660): ein zwischen zusammenhängender Bebauung und Außenbereich gelegenes weitläufiges Sportgelände, ein im Außenbereich gelegener Steinbruch mit Schotterherstellung, ein Friedhof im Anschluss an einen im Zusammenhang bebauten Ortsteil). Dem gleichzusetzen ist der Fall, dass sich die nur einseitige Anbaubarkeit einer Straße dadurch ergibt, dass die Grundstücke an einer Straßenseite in einem Bebauungsplan als Grünfläche festgesetzt sind (vgl. BVerwG Urt. v. 3. 3. 2004 – 9 C 6/03, NVwZ 2004, 1118 ff.). Ist – **dritte Fallgruppe** – eine einseitig anbaubare Straße nicht auf der Grundlage eines Bebauungsplans, sondern von der Gemeinde **nach § 125 Abs. 2** entsprechend den Anforderungen des § 1 hergestellt worden, können in der Regel nur die auf die Hälfte der Straßenbreite entfallenden Kosten abgerechnet werden, weil hier mangels Bebauungsplans die Beurteilungsgrundlage fehlt, ob die Straße voll oder nur im Hinblick auf die Erfordernisse einseitiger Anbaubarkeit gebaut worden ist (→ aber auch die erste Ausnahme zum Grundsatz der Kostenteilung Rn. 22).

21 Eine Kostenteilung auf dieser Grundlage beinhaltet **keine reale Halbierung der Kosten,** sondern „allein eine **entsprechende Teilung der Kostenmasse**" (BVerwG Urt. v. 29. 4. 1977 – IV C 1/75, BVerwGE 52, 364). Dies bedeutet, dass die Kosten für die Herstellung der Straße insoweit vollständig angesetzt werden kön-

nen, als die Straße für die Erschließung „schlechthin unentbehrlich" (hierzu BVerwG Urt. v. 29.4.1977, aaO, 372) oder – ohne dass hierin ein materieller Unterschied liegt (*Driehaus* § 12 Rn. 46) – „**unerlässlich**" ist (vgl. BVerwG Urt. v. 31.1.1992 – 8 C 31/90, BVerwGE 89, 362). Schlechthin unentbehrlich oder unerlässlich in diesem Sinne ist, „was eine Gemeinde bei angemessener Bewertung der von den erschlossenen Grundstücken – freilich zugleich: unter angemessener Berücksichtigung der Tatsache der nur einseitigen Erschließung – für geboten halten darf" (BVerwG Urt. v. 26.5.1989 – 8 C 6/88, BVerwGE 82, 102). Gemeint ist damit, dass die Gemeinde nach modernen verkehrsplanerischen Grundsätzen den nach dem zu erwartenden Verkehrsaufkommen notwendigen Ausbaustandard einer Erschließungsstraße festlegen kann, ohne aus erschließungsbeitragsrechtlichen Gründen – über § 129 Abs. 1 S. 1 hinaus – an einen Mindeststandard gebunden zu sein. Der Gemeinde steht daher bei der Entscheidung über Art und Umfang des Ausbaus einer Straße ein **(nur straßenrechtlich gebundenes) Ermessen** zu (BVerwG Urt. v. 26.5.1989 – 8 C 6/88, BVerwGE 82, 102 (110f.); vgl. auch *Bayer* ZMR 2006, 10 (13ff.); *Grziwotz* in EZBK § 127 Rn. 15 m: nur Entscheidungsprärogative, kein Ausbauermessen der Gemeinde). Die erschließungsbeitragsrechtliche Konsequenz daraus, ob der aus Gründen der Sicherheit und Leichtigkeit des Verkehrs einschließlich städtebaulicher Gesichtspunkte gebotene oder jedenfalls zweckmäßige Ausbaustandard „schlechthin unentbehrlich" oder „unerlässlich" ist, unterliegt nicht dem gemeindlichen Ermessen; allerdings steht der Gemeinde hier ein die richterliche Kontrolle einschränkender **Beurteilungsspielraum** zu (BVerwG Urt. v. 26.5.1989, ebd.; ausführlich hierzu *Driehaus* § 12 Rn. 52ff.). Dabei können sich Unterschiede im Straßenausbau zB daraus ergeben, ob ein Gegenverkehr vorgesehen werden muss oder eine nur einspurige Verkehrsführung ausreicht. Ferner kann von Bedeutung sein, welcher Art der Anliegerverkehr ist, ob es sich zum Beispiel nur um Personenkraftwagen- oder auch um Lastwagenverkehr handelt. Fußwege und Parkstreifen werden in der Regel erforderlich sein. Ist eine Straße im Hinblick auf eine nur einseitige Anbaubarkeit einmal endgültig hergestellt, ist bei einer später hinzukommenden Anbaubarkeit auch der zweiten Straßenseite für eine Erhebung von Erschließungsbeiträgen kein Raum mehr. Die Erschließungsbeitragspflicht kann nur einmal entstehen, und zwar im Grundsatz mit endgültiger Herstellung (→ § 133 Rn. 17 sowie § 130 Rn. 46). Erweist sich ein weiterer Ausbau als nötig, kommt nur eine Beitragserhebung nach dem Kommunalabgabenrecht der Länder in Betracht (vgl. BVerwG Urt. v. 31.1.1992 – 8 C 31/90, BVerwGE 89, 362; *Driehaus* in FS Weyreuther, 1993, 447f.). Ist dieser Ausbau allerdings von vornherein im Bebauungsplan vorgesehen gewesen oder durch eine Änderung des Bebauungsplans vor der endgültigen Herstellung der Straße lediglich ins Auge gefasst worden, gilt Folgendes: Ist die Straße von vornherein für einen beabsichtigten Anbau ausgebaut worden, kann eine Umlegung der über den unerlässlichen Teil hinausgehenden Kosten erst erfolgen, wenn die andere Seite auch bebaubar wird (→ Rn. 20). Soweit die zunächst nur einseitig anbaubare Straße im dafür „unerlässlichen" Umfang gebaut wurde (und die Voraussetzungen des § 125 Abs. 3 Nr. 1 vorliegen), können die beitragsfähigen Kosten auf die erschlossenen Grundstücke abgewälzt werden. Die weiteren Kosten eines späteren vollen Ausbaus können dann den zusätzlich erschlossenen Grundstücken im zulässigen Umfang aufgebürdet werden (BVerwG Urt. v. 31.1.1992, aaO, 366; vgl. auch *Driehaus* in FS Weyreuther, 1993, 446f.).

Auf dem Gedanken des „unerlässlichen" Ausbaus bei der Herstellung einer Erschließungsanlage bei nur einseitiger Bestimmung zum Anbau beruhen auch die **Ausnahmen vom Halbteilungsgrundsatz**, bei denen es nach Ansicht des Bundesverwaltungsgerichts gerechtfertigt ist, die **Kosten voll den Anliegern der einen Straßenseite** aufzuerlegen. Hat – **erste Ausnahme** – die Gemeinde sich von vornherein darauf beschränkt, die Straße nur insoweit auszubauen, als es **für die Erschließung** der durch sie erschlossenen Grundstücke **unerlässlich,** dh letztlich in der kon-

22

§ 127

kreten Situation **verkehrsplanerisch angemessen** ist, braucht sie diese Kosten nicht aufzuteilen (BVerwG Urt. v. 29.4.1977 – IV C 1/75, BVerwGE 52, 364; dass. Urt. v. 31.1.1992 – 8 C 31/90, BVerwGE 89, 362; VGH München Urt. v. 3.7.2006 – 6 B 03/2544, BauR 2006, 1942). Dabei ist jedoch stets das erschließungsrechtliche **Planerfordernis nach § 125 Abs. 1 und 2** zu beachten, also die Rechtmäßigkeit der Herstellung im Hinblick auf einen Bebauungsplan oder die Anforderungen des § 1 Abs. 4 bis 7. Fehlt es daran, ist für die Erhebung von Erschließungsbeiträgen keine Grundlage gegeben (BVerwG Urt. v. 10.11.1989 – 8 C 27/88, BVerwGE 84, 80; dass. Urt. v. 26.5.1989 – 8 C 6/88, BVerwGE 82, 102; OVG Lüneburg Urt. v. 8.11.1988 – 9 A 11/87, NVwZ 1989, 582). Ebenso – **zweite Ausnahme** – entfällt eine Kostenteilung, wenn der nicht zum Anbau bestimmte Teil der Straße **einer Bebauung** aus topographischen Gründen **dauerhaft entzogen** ist. Dies ist der Fall, wenn die Straße zB an einer Felswand, einem See oder einem Fluss vorbeiführt (BVerwG Urt. v. 29.4.1977, ebd.). Dasselbe – **dritte Ausnahme** – gilt, wenn solche dauerhaften Anbau-hindernisse nur bei einer im Verhältnis zur gesamten Straßenlänge kurzen Strecke beidseitig gegeben sind (BVerwG Urt. v. 29.4.1977, ebd.; dass. Urt. v. 8.10.1976 – IV C 76/74, DÖV 1977, 218; hierzu auch *Driehaus* § 12 Rn. 51; → auch Rn. 18).

23 Ist eine Straße nach den dargestellten Kriterien zum Anbau bestimmt, verliert sie diesen Charakter nicht dadurch, dass sie zugleich dem **überörtlichen Durchgangsverkehr** dient (BVerwG Urt. v. 7.10.1977, IV C 103/74, NJW 1978, 438). § 128 Abs. 3 Nr. 2 (→ § 128 Rn. 43) ist selbst dann nicht entsprechend anzuwenden, wenn die Straße die Funktion einer Ortsdurchfahrt einer Bundes- oder Landstraße erfüllt und straßenverkehrsrechtlich – etwa nach § 2 Abs. 3a FStrG zur Bundesstraße – aufgestuft werden könnte; das Abgabenrecht erfordert insofern eindeutige Abgrenzungen (BVerwG Urt. v. 24.11.1978 – IV C 18/76, NJW 1979, 2220). In diesem Fall ergibt sich jedoch durch die Erforderlichkeit nach § 129 Abs. 1 S. 1 eine Begrenzung des beitragsfähigen Aufwands (→ § 129 Rn. 11; zur Frage, wann eine Bundesstraße im Sinne des § 9 Abs. 1 und 6 FStrG zur Erschließung bestimmt ist, vgl. BVerwG Urt. v. 30.11.1984 – 4 C 2/82, NVwZ 1985, 825 – maßgebend sind straßenrechtliche Gesichtspunkte und tatsächliche Gegebenheiten). Auch eine Straße, die einem allgemeinen **innerörtlichen Verbindungsverkehr** dient, verliert hierdurch nicht ihre Bestimmung zum Anbau (BVerwG Urt. v. 26.5.1989 – 8 C 6/88, BVerwGE 82, 102); dieser über die Erschließungsfunktion hinausreichenden Verbindungsfunktion wird durch den Gemeindeanteil an den Herstellungskosten (→ § 129 Rn. 28 ff.) Rechnung getragen (BVerwG Urt. v. 10.2.1978 – IV C 4/75, NJW 1978, 2311). Entscheidend für die grundsätzliche Beitragsfähigkeit ist insoweit allein, dass die Straße **in Erfüllung der gemeindlichen Erschließungslast** nach § 123 Abs. 1 hergestellt wurde (vgl. BVerwG Urt. v. 18.5.1990 – 8 C 80/88, NVwZ 1991, 77 (78)).

24 **2. Wohn- und Fußwege (Nr. 2).** Mit der durch das BauGB 1987 eingeführten Regelung in **Nr. 2** werden die öffentlichen aus rechtlichen oder tatsächlichen Gründen mit Kraftfahrzeugen nicht befahrbaren Verkehrsanlagen wie zB Fuß- oder Wohnwege **gesondert** in den Kreis der beitragsfähigen Erschließungsanlagen aufgenommen. **Wohnwege** sind dabei nach der Legaldefinition der Nr. 2 solche Verkehrsanlagen, die aus **rechtlichen oder tatsächlichen Gründen** mit Kraftfahrzeugen nicht befahrbar sind. Dieser bundesrechtliche Wohnwegbegriff unterscheidet sich von den landesrechtlichen Wohnwegbegriffen. Anders als im Landesrecht muss es sich bei den Wohnwegen nach Bundesrecht, wie bei den Anbaustraßen, um **öffentliche Verkehrsanlagen** (→ Rn. 12) handeln. Während nach Landesrecht Wohnwege zu den Verkehrsflächen gehören und das Merkmal der Befahrbarkeit oder Nichtbefahrbarkeit für sie nicht konstitutiv ist, ist ein Wohnweg nach Bundesrecht nur dann gegeben, wenn er nicht mit Kraftwagen befahrbar ist. Die begrenzende Regelung in manchen Landesgesetzen (vgl. etwa § 4 Abs. 1 Nr. 1 Hs. 2 BauO NRW; § 4

2. Abschnitt. Erschließungsbeitrag § 127

Abs. 1 Nr. 2 Hs. 2 BbgBO), nach der unbefahrene Wohnwege nicht länger als 50 m sein dürfen, bedeutet, dass an darüber hinausgehenden Teilstrecken keine Wohngebäude errichtet werden dürfen, so dass diese Teilstrecken keine beitragsfähigen Erschließungsanlagen sind (BVerwG Urt. v. 1.3.1996 – 8 C 26/94, NVwZ-RR 1996, 463 (464); dass. Urt. v. 17.6.1998 – 8 C 34/96, NVwZ 1998, 1187f.; *Driehaus* § 12 Rn. 65; vgl. auch OVG Münster Urt. v. 21.12.2001 – 3 A 5290/98, NVwZ-RR 2002, 414). Wohnwege nach Nr. 2 vermitteln den nur an sie angrenzenden Grundstücken die Erschließung **nur im Zusammenhang mit der nächsten befahrbaren Anbaustraße** (hierzu BVerwG Urt. v. 10.12.1993 – 8 C 59/91, NVwZ 1994, 910 (911)). Die Eigentümer der Grundstücke sind daher sowohl zu den Kosten des Wohnweges als auch zu den Kosten der zu ihm hinführenden Anbaustraße im Sinne des Abs. 2 Nr. 1 heranzuziehen. Wohnwege sind allerdings nicht Bestandteil dieser Anbaustraße (vgl. BVerwG Beschl. v. 29.9.2015 – 9 B 42.15 LKV 2015, 556; dass. Urt. v. 10.12.1993 – 8 C 58/91, NVwZ 1994, 192; aA *Schmaltz* DVBl. 1987, 207 (210)) und dürfen auch nicht mit dieser zu einer Erschließungseinheit nach § 130 Abs. 2 S. 3 zusammengefasst werden (→ § 130 Rn. 33), da in diesem Fall die Eigentümer derjenigen Grundstücke, die nur durch die Anbaustraße erschlossen sind, ungerechtfertigterweise auch zu den Kosten des Wohnwegs herangezogen würden (→ zur **Mehrfacherschließung** § 131 Rn. 7, 10f.).

Im Unterschied zu Wohnwegen können reine **Fußwege** einem Grundstück nicht 25 die für seine Bebaubarkeit notwendige Erschließung vermitteln (hierzu kritisch *Quaas* in Schrödter § 127 Rn. 26; *Fischer/Korbmacher* in Hoppenberg/de Witt, Kap. F, Rn. 107f.). Sie dienen nur im Sinne einer Ergänzung zur **Verbesserung der Erschließung**. Ihre Erschließungswirkung hängt von ihrer städtebaulichen Zweckbestimmung und der Ausgestaltung im Einzelnen ab; sie kann daher unterschiedlich sein (vgl. auch OVG Koblenz Urt. v. 9.9.1986 – 6 A 22/86, KStZ 1987, 75 (76)). Der Kreis der durch sie erschlossenen Grundstücke kann ähnlich wie bei einer **Grünanlage** zu bestimmen sein (→ Rn. 31; im Einzelnen § 131 Rn. 7). Dies ist etwa dann der Fall, wenn der Fußweg einer getrennten Führung des Fußgänger- und ggf. auch Radfahrverkehrs dient. Der Fußweg kann auch selbst eine Grünanlage sein, wenn er nicht nur untergeordnet begrünt ist. Denkbar ist schließlich auch, dass Fußwege dazu dienen, zB Reihenhäusern eine **gartenseitige zweite Erschließung** zu bieten. In diesem Fall sind von dem Fußweg aus die anliegenden Grundstücke erschlossen (vgl. aber auch OVG Koblenz Urt. v. 9.9.1986 – 6 A 22/86, KStZ 1987, 75 (76f.)).

3. Sammelstraßen (Nr. 3). Erschließungsanlagen sind nach **Nr. 3** auch **Sam-** 26 **melstraßen.** Nach der Legaldefinition in Nr. 3 sind dies solche dem öffentlichen Verkehr gewidmeten Straßen, Wege und Plätze **innerhalb der Baugebiete** (hierzu BVerwG Urt. v. 26.2.1992 – 8 C 24/90, NVwZ 1992, 673 (674)), die **für die Erschließung** der Grundstücke eines Baugebiets **notwendig**, **aber nicht selbst zum Anbau bestimmt** sind. Aus dieser Begriffsbestimmung folgt, dass Sammelstraßen hinsichtlich ihrer **Öffentlichkeit,** dh hinsichtlich der Widmung, den Verkehrsanlagen nach Nr. 1 entsprechen müssen (→ Rn. 12). Hinsichtlich der **Anbaueignung** sind die zu Nr. 1 entwickelten Kriterien umgekehrt anzuwenden. Eine Straße kann danach entweder zum Anbau bestimmt sein oder aber nicht zum Anbau bestimmt sein. Sammelstraßen dienen daher der **mittelbaren Erschließung** von Grundstücken, die unmittelbar von zum Anbau bestimmten Straßen erschlossen werden. Ihre Erschließungsfunktion besteht darin, dass sie den Verkehr aus mehreren selbstständigen zum Anbau bestimmten Erschließungsstraßen **sammeln** und an das gemeindliche Straßennetz weiterführen oder umgekehrt einen gesammelten Verkehr aus dem gemeindlichen Straßennetz in das Baugebiet leiten (BVerwG Urt. v. 8.8.1975 – IV C 74/73, DÖV 1976, 347; dass. Urt. v. 25.11.1981 – 8 C 16–19/81, NVwZ 1982, 555 (556)). **Notwendig** zur Erschließung ist eine Sammelstraße, wenn sie aus städtebaulichen Gründen für die verkehrliche Bedienung des Baugebiets angemessen und

bedarfsgerecht ist (BVerwG Urt. v. 3.6.1988 – 8 C 114/86, NVwZ-RR 1989, 322). So kann zB auch eine weitere, nur fußläufige Erschließungsanlage, etwa eine steile Treppenanlage, als Sammelstraße notwendig sein, um den Fußgängerverkehr von einer befahrenen Durchgangsstraße abzuziehen (BVerwG Urt. v. 23.5.1973 – IV C 19/72, DVBl. 1973, 887).

27 Die Annahme einer Sammelstraße im Sinne der Nr. 3 scheitert jedoch sehr häufig an einem weiteren nicht im Gesetz unmittelbar zum Ausdruck kommenden Merkmal. Für die Erhebung von Beiträgen für Erschließungsanlagen ist es erforderlich, dass der Kreis der beitragspflichtigen Grundstücke hinreichend genau bestimmt und abgegrenzt werden kann. Ohne diese **Abgrenzbarkeit** lassen sich weder Kosten noch Vorteil auf den Beitrag für ein bestimmtes Grundstück umrechnen. An dieser Abgrenzbarkeit fehlt es bei einer Sammelstraße, wenn sie **nicht die einzige Straße** ist, über die vom Baugebiet aus das übrige Straßennetz der Gemeinde erreicht werden kann. Dabei ist es unerheblich, ob diese anderen Verbindungen Sammelstraßen im Sinne der Nr. 3 sind oder ob es sich bei ihnen um Erschließungsanlagen im Sinne der Nr. 1 handelt, die zugleich auch eine Sammelfunktion erfüllen (BVerwG Urt. v. 25.11.1981 – 8 C 16–19/81, NVwZ 1982, 555 (556)). Anders als bei den zum Anbau bestimmten Straßen im Sinne der Nr. 1 ist für die Abgrenzung des Vorteils bei Sammelstraßen, sofern nicht topographisch oder städtebaulich eindeutige Grenzen vorliegen, kein Kriterium ersichtlich, das auch in Grenzbereichen eine eindeutige Zuordnung eines Grundstücks zum Kreis der beitragspflichtigen oder der nicht beitragspflichtigen Grundstücke ermöglicht. Eine Sammelstraße wird daher **„nur ganz ausnahmsweise"** als **beitragsfähige Erschließungsanlage** angesehen werden können (BVerwG Urt. v. 3.6.1983 – 8 C 70/82, BVerwGE 67, 216; *Driehaus* § 12 Rn. 74).

28 **4. Parkflächen und Grünanlagen (Nr. 4).** Nach **Nr. 4** gehören auch **Grünanlagen und Parkflächen** (Flächen zum Parken von Fahrzeugen im Sinne des § 9 Abs. 1 Nr. 11) zu den beitragsfähigen Erschließungsanlagen. Bei beiden Anlagearten sind nach Nr. 4 zwei Gruppen zu unterscheiden: die **selbstständigen** Parkflächen oder Grünanlagen nach dem zweiten Satzteil der Nr. 4 und die Parkflächen und Grünanlagen, die **Bestandteile von Verkehrsanlagen** nach Nr. 1 bis 3 sind (unselbstständige Parkflächen und Grünanlagen). Da die Parkflächen und Grünanlagen als Bestandteile der Verkehrsanlagen von Nr. 1 bis 3 erfasst werden, bedürfte es ihrer ausdrücklichen Erwähnung in Nr. 4 nicht. Ihre Hervorhebung verdeutlicht jedoch die Pflicht der Gemeinde, in der Satzung nach § 132 Nr. 1 auch Art und Umfang der Parkflächen und Grünanlagen als Bestandteile der Verkehrsanlagen zu regeln. Die Größe der Anlagen ist neben ihrer Lage das entscheidende Kriterium für ihre Abgrenzung zu selbstständigen Parkflächen und Grünanlagen.

29 **Unselbstständige Parkflächen** sind **Bestandteil der Straße, nicht** aber – wie am Rande der Fahrbahn verlaufende Standspuren, die als Fahrbahn ausgebaut sind und befahren werden können – Bestandteil **der Fahrbahn** der Straße (BVerwG Urt. v. 14.7.1972 – IV C 28/71, DVBl. 1972, 894). Diese Unterscheidung ist bedeutsam für die Möglichkeit der Kostenspaltung nach Abs. 3 und dementsprechend dafür, ob eine solche Parkfläche auch nach endgültiger Herstellung der Fahrbahn noch auf Kosten der Anlieger errichtet werden kann (hierzu bejahend BVerwG Urt. v. 14.7.1972, ebd.; dass. Urt. v. 11.12.1970 – IV C 24/69, BRS 37 Nr. 43).

30 Parkflächen als Bestandteile der Verkehrsanlagen nach Nr. 1 bis 3 sind von deren Widmung zur öffentlichen Verkehrsfläche mit umfasst und daher öffentliche Anlagen. **Selbstständige Parkflächen** bedürfen ebenfalls einer **straßenrechtlichen Widmung** (→ Rn. 12). Beitragsfähig sind solche selbstständigen Parkflächen jedoch nur, wenn sie **nach städtebaulichen Grundsätzen,** dh aus städtebaulichen Gründen, für die Erschließung eines Baugebiets **notwendig** (→ Rn. 26) sind. Durch diese Verknüpfung mit städtebaulichen Grundsätzen wird der Begriff der Notwendigkeit

2. Abschnitt. Erschließungsbeitrag § 127

deutlich gemildert und auf die jeweilige städtebauliche Situation bezogen. Die Notwendigkeit lässt sich daher nur von Fall zu Fall bestimmen. Maßgeblich ist, welche anderen Parkmöglichkeiten auch privater Art, etwa auf privaten Stellplätzen oder in Parkhäusern, gegeben sind und welcher Bedarf für die Aufnahme des ruhenden Verkehrs in dem Baugebiet nach seiner Nutzung zu erwarten ist (→ aber noch Rn. 35).

Abrechnungsfähig sind Parkflächen schließlich nur dann, wenn sie **innerhalb des** 31 **Baugebiets** liegen, zu dessen Erschließung sie dienen sollen. Dabei ist entscheidend, ob sie bei funktionaler Betrachtung als zum Baugebiet gehörig angesehen werden können. Dazu kann auch eine Randlage ausreichen, wenn diese eindeutig dem erschlossenen Baugebiet zugeordnet ist (vgl. auch *Driehaus* § 12 Rn. 84). Dabei ist zu beachten, dass eine Parkfläche selbst **nicht zum Anbau bestimmt** ist. Anderenfalls handelt es sich nicht um eine selbstständige, sondern um eine unselbstständige Parkfläche als Teileinrichtung zB einer Verkehrsanlage „Platz" (hierzu OVG Münster Urt. v. 27. 9. 1972 – III A 667/70, DÖV 1973, 211). Entscheidend für die Beitragsfähigkeit einer selbstständigen Parkfläche ist die genaue und nachvollziehbare **Abgrenzbarkeit** des Kreises der Grundstücke, denen die Parkfläche einen beitragsbegründenden Sondervorteil bringt, von den Grundstücken, die nur einen beitragsfreien Gemeinvorteil von ihr haben. Nach Auffassung des BVerwG ist eine solche Abgrenzbarkeit bei selbstständigen Parkflächen nur gegeben, wenn sie in einem infolge einer „Insellage" geschlossenen Gebiet liegen. Daher sind nach der Rechtsprechung des BVerwG **selbstständige Parkflächen in aller Regel nicht beitragsfähig** (vgl. BVerwG Urt. v. 24. 9. 1987 – 8 C 75/86, BVerwGE 78, 125; *Driehaus* § 12 Rn. 141).

Auch bei **Grünanlagen** ist zwischen selbstständigen und unselbstständigen Grün- 32 anlagen zu unterscheiden. So können Grünanlagen Bestandteile von Verkehrsanlagen sein, etwa als Mittelstreifen, als Trennstreifen zwischen Fahrbahn und Fußweg oder als innere Platzbepflanzung. Hier gilt dasselbe wie für unselbstständige Parkflächen (→ Rn. 29).

Selbstständige Grünanlagen im Sinne der Nr. 4 sind nur solche Flächen, die 33 **tatsächlich begrünt** sind und der **Erschließung eines bestimmten Gebiets** dienen. Sie erfüllen zB die Funktion, ein Baugebiet zu gliedern, für ein besseres **Kleinklima** zu sorgen und eine Naherholungsmöglichkeit zu bieten. Der Begriff der Grünanlage im Sinne des Erschließungsbeitragsrechts ist daher erheblich enger als der Begriff der Grünfläche im Sinne des Planungsrechts, wie er zB in § 5 Abs. 2 Nr. 5 und § 9 Abs. 1 Nr. 15 verwendet wird. Nur wenn Grünanlagen den genannten Kriterien entsprechen, sind sie für die Erschließung eines Baugebiets städtebaulich angemessen und damit **notwendig** im Sinne der Nr. 4 (vgl. BVerwG Urt. v. 9. 12. 1994 – 8 C 6/93, BVerwGE 97, 195; VGH Mannheim Urt. v. 13. 10. 1994 – 2 S 2142/93, NuR 1996, 35 f.). Hieraus folgt, dass die Grünanlage eine bestimmte **Mindestgröße** haben muss (400 qm reichen dafür wohl nicht aus); andererseits darf die Anlage – allein oder zusammen mit einer weiteren (vgl. hierzu BVerwG Urt. v. 13. 8. 1993 – 8 C 47/91, NVwZ 1994, 908) – **nicht eine bestimmte Größe überschreiten,** weil sie dann einen zu großen Bereich der Gemeinde erschließt und damit nicht mehr einem bestimmten Baugebiet zugeordnet werden kann (BVerwG Urt. v. 11. 11. 1988 – 8 C 71/87, DVBl. 1989, 418; dass. Urt. v. 21. 10. 1970 – IV C 51/69, BauR 1971, 121). Eine etwa 11 000 qm große Grünanlage kann noch einem Baugebiet zugeordnet sein (vgl. *Fischer/Korbmacher* in Hoppenberg/de Witt, Kap. F, Rn. 123). Erreicht eine Grünanlage diese Größenordnung, verliert sie durch eingeschlossene Wege nicht ihre Selbstständigkeit (BVerwG Urt. v. 2. 10. 1970, ebd.). Da Grünanlagen im Wesentlichen der Naherholung dienen sollen, gehören zu ihnen auch **Sitzbänke** und **Wege** zum Spazierengehen (BVerwG Urt. v. 8. 12. 1995 – 8 C 11/94, BVerwGE 100, 104). **Bayern** hat durch Gesetz vom 27. 12. 1996 (GVBl 1996, 541; zur Begründung des Gesetzentwurfs vgl. Bayer. Landtag, Drs. 13/4553 vom 28. 3. 1996) in sein KAG einen Art. 5a Abs. 1 eingefügt, der den Begriff der Notwendigkeit sehr eng fasst. Danach ist eine **Grünanlage nicht notwendig,** wenn bereits Anlagen in aus-

§ 127

reichender Größe, die den **Ansprüchen der Bewohner genügen,** vorhanden sind, wenn es wegen **innerörtlichen Grüns** einer weiteren Begrünung städtebaulich nicht bedarf oder wenn die Grünanlagen über die unmittelbare Bedeutung und den unmittelbaren Nutzen für das Baugebiet hinausgehen, etwa weil sie wegen der **Vernetzung vorhandener Grünflächen** nach Größe und Ausbau baugebietsübergreifende Bedeutung haben. Diese Regelung gilt **rückwirkend** für Erschließungsbeiträge, die nach dem 15.11.1994 (dem Inkrafttreten der die Gesetzgebungskompetenz der Länder begründenden Änderung des Grundgesetzes) entstanden sind. Ist der Erschließungsbeitrag vorher entstanden, der Beitragsbescheid aber noch nicht unanfechtbar, soll die Gemeinde von der Erhebung absehen, wenn der Beitrag bei Geltung des Art. 5a BayKAG nicht entstanden wäre. Durch diese Bestimmung wird die städtebauliche Gestaltungsfreiheit der Gemeinde bei der Anlage von Grünanlagen deutlich eingeschränkt (zu der bayerischen Regelung vgl. VGH München Urt. v. 21.3.2007 – 6 BV 04/2161, BeckRS 2009, 40 517, das Art. 5a Abs. 1 Nr. 3 lediglich auf „Baugebiete mit Gartenstadtcharakter anwendet"; *Driehaus* § 12 Rn. 86; *Hesse* BayVBl. 1998, 485 ff.; *Wiens* BayVBl. 1998, 481 ff.).

34 Erschlossen werden von Grünanlagen nach der Rechtsprechung nur Grundstücke, die von der Grünanlage bis zu **etwa 200 Meter Luftlinie** entfernt liegen (BVerwG Urt. v. 10.5.1985 – 8 C 17–20/84, NVwZ 1985, 833 (835); dass. Urt. v. 9.12.1994 – 8 C 6/93, BVerwGE 97, 195). Dies gilt auch, wenn sich hieraus eine Mehrfacherschließung durch Grünanlagen ergibt (BVerwG Urt. v. 9.12.1994, aaO). Dabei ist diese Luftlinie von 200 Metern nicht als starre Grenze zu verstehen, sondern sollte möglichst deutlich sichtbaren Abgrenzungen der Verkehrsanlagen oder natürlichen Begrenzungen folgen; jedoch darf es sich nur um relativ geringfügige Überschreitungen handeln, keineswegs etwa um ein Drittel der hiernach zulässigen Strecke (für die insoweit vergleichbare frühere Rechtsprechung BVerwG Urt. v. 25.4.1975 – IV C 37/73, BVerwGE 48, 205). Neben dieser Begrenzung des Kreises der erschlossenen Grundstücke ist es nicht erforderlich, dass eine Grünanlage nach Nr. 4 optisch eindeutig einem bestimmten Baugebiet zugeordnet ist. Sie kann vielmehr auch auf der Grenze zwischen zwei Baugebieten liegen (BVerwG Urt. v. 21.10.1970 – IV C 72/69, BVerwGE 36, 155). Bei den Grünanlagen nach Nr. 4 kann es sich nur um **öffentliche Anlagen** handeln (→ Rn. 12); auch insoweit ist also eine Widmung erforderlich, die allerdings formlos und durch tatsächliche Indienststellung erfolgen kann (vgl. BVerwG Urt. v. 10.5.1985, ebd.).

35 Umgelegt werden können die Kosten für Grünanlagen nur insoweit, wie sie nach § 129 Abs. 1 S. 1 zur Erschließung des Baugebiets nach Art und Umfang **erforderlich** sind (→ zur städtebaulichen Notwendigkeit Rn. 30, 33). Dies wird bei größeren Anlagen in aller Regel nur **anteilig** der Fall sein. So hat das Bundesverwaltungsgericht bei einer 6000 qm großen Anlage die Umlegung der Kosten bis zu einer Größe der Anlage, die 25% der zugelassenen Geschossfläche der erschlossenen Grundstücke ausmacht, nicht beanstandet (BVerwG Urt. v. 21.10.1970 – IV C 72/69, BVerwGE 36, 155; dass. Urt. v. 25.4.1975 – IV C 37/73, BVerwGE 48, 205). In seinem Urteil vom 11.11.1988 (8 C 71/87, NVwZ-RR 1989, 212) hat das BVerwG entschieden, dass eine Grünanlage nur dann nicht städtebaulich notwendig im Sinne des § 127 Abs. 2 Nr. 4 ist, wenn sie erheblich größer ist als eine typische Grünanlage innerhalb eines Baugebiets. Beispielhaft für solche übergroßen Grünanlagen führt das Gericht den Tiergarten in Berlin und den Englischen Garten in München an. Wird eine Grünanlage in erheblich überwiegendem Maße von nicht nach § 131 Abs. 1 erschlossenen Grundstücken aus genutzt und muss die Gemeinde deswegen zur Vermeidung einer „schlechthin unangemessenen Belastung der Beitragspflichtigen" (BVerwG Urt. v. 11.11.1988, aaO) den **Eigenanteil erhöhen,** bedarf es hierzu wegen eines solchen atypischen Einzelfalls **keiner Satzungsregelung.** Es reicht vielmehr, „wenn die Gemeinde zB durch eine Verminderung des beitragsfähigen Aufwandes um rechtlich berücksichtigungsfähige Kosten im wirtschaftlichen Ergebnis ihren Eigenanteil er-

§ 127

höht" (BVerwG Urt. v. 11.11.1988, aaO). Über den Umfang der Anteilserhöhung „hat die Gemeinde auf der Grundlage einer nach ihrem Ermessen vorzunehmenden Vorteilsbewertung zu befinden" (BVerwG, aaO). Hierbei ist nicht auf die Erforderlichkeit für eine ordnungsgemäße Nutzung der erschlossenen Grundstücke abzustellen, sondern auf den Beitrag zur Verbesserung der Wohnsituation (vgl. BVerwG Urt. v. 10.5.1985, aaO, 835f.).

Selbständige Kinderspielplätze sind nicht beitragsfähig. Hingegen sind **un- 36 selbstständige Kinderspielplätze**, also solche, die nach ihrer tatsächlichen Beschaffenheit und Funktion untergeordneter Bestandteil einer Grünanlage sind, beitragsfähig. Ihr Herstellungsaufwand gehört zum Erschließungsaufwand der Grünanlage (vgl. BVerwG Urt. v. 8.12.1995 – 8 C 11/94, BVerwGE 100, 104; *Fischer/Korbmacher* in Hoppenberg/de Witt, Teil F, Rn. 126ff.; *Grziwotz* in EZBK § 127 Rn. 19c). Eine aus den **Kommunalabgabengesetzen** der Länder begründete Möglichkeit oder Pflicht zur Beitragserhebung für selbständige Kinderspielplätze wird durch die bundesgesetzliche Regelung allerdings nicht berührt (vgl. hierzu *Kortmann* KStZ 1988, 49ff.). Nach § 33 S. 1 Nr. 6 **KAG BW** gehören Kinderspielplätze generell zu den Erschließungsanlagen (hierzu *Reif/Rieche/Gloser* BWGZ 2005, 594 (616f.)). Allerdings steht die Erhebung von Beiträgen für sie im Ermessen der Gemeinde (→ Rn. 7).

5. Immissionsschutzanlagen (Nr. 5). Nach **Nr. 5** können auch für die Kosten 37 von bestimmten **Immissionsschutzanlagen** Erschließungsbeiträge erhoben werden. Immissionsschutzanlagen können nach § 9 Abs. 1 Nr. 24, 3. Alt. im Bebauungsplan festgesetzt werden (→ § 9 Rn. 144). Unter **Anlagen** zum Immissionsschutz sind weder Vorkehrungen zum Immissionsschutz, wie zB Schutzpflanzungen, noch immissionsmindernde oder immissionsvermeidende Vorkehrungen an den Baulichkeiten selbst zu verstehen. Letztere sind zudem objektbezogen, während das Erschließungsbeitragsrecht durch einen notwendigen Grundstücks- und Gebietsbezug gekennzeichnet ist. Durch die Einbeziehung in § 125 Abs. 1 (→ § 125 Rn. 1) ist auch für die Beitragsfähigkeit von Immissionsschutzanlagen idR ihre Festsetzung im Bebauungsplan notwendig. Stets erforderlich ist auch, dass die Anlagen von der Gemeinde in **Erfüllung ihrer Erschließungslast** nach § 123 Abs. 1 errichtet werden (VGH München Urt. v. 11.3.2015 – 6 BV 14.280, NVwZ-RR 2015, 597; *Driehaus* § 12 Rn. 101). Dies folgt daraus, dass zum Erschließungsaufwand nach § 127 Abs. 1 nur der in Erfüllung der Erschließungslast anfallende Aufwand gehört (hierzu BVerwG Urt. v. 5.9.1975 – IV C 2/73, DÖV 1975, 855; → Rn. 6). Wird die Immissionsschutzanlage daher von einem Dritten aufgrund gesetzlicher oder sonstiger Verpflichtungen hergestellt, können ihre Kosten nicht in den beitragsfähigen Erschließungsaufwand der Gemeinde einbezogen werden. Siedelt sich zB in einem auch dem Wohnen dienenden Gebiet ein **emittierender Gewerbebetrieb** an, so hat er etwa notwendige Immissionsschutzanlagen nach den §§ 5 oder 22 BImSchG selbst zu errichten. Dasselbe gilt für **überörtliche Straßen**. Bei ihnen hat der Träger der Straßenbaulast nach § 41 BImSchG gegebenenfalls notwendige Anlagen zum Lärmschutz zu errichten. Diese Anlagen werden selbst dann nicht beitragsfähig, wenn die Gemeinde für die Ortsdurchfahrt einer Bundesfernstraße selbst Trägerin der Straßenbaulast ist. Ihre Verpflichtung zur Errichtung dieser Anlage ergibt sich dann nicht aus ihrer Erschließungslast, sondern aus ihrer Straßenbaulast für die Fernstraße. Entsprechend dem Rechtsgedanken in § 128 Abs. 3 Nr. 2 kann sie daher die hierdurch entstandenen Kosten nicht umlegen. Baut die Gemeinde dagegen eine zum Ausbau bestimmte **Gemeindestraße**, so erfüllt sie hiermit ihre Erschließungslast und kann die Kosten auch für Immissionsschutzanlagen abrechnen. Wird die **Bebauung** nahe einer vorhandenen Fernstraße oder einem vorhandenen Gewerbegebiet zugelassen und dadurch eine Immissionsschutzanlage erforderlich, sind die hierfür entstehenden Kosten ebenfalls beitragsfähig (VGH München Urt. v. 11.3.2015 – 6 BV 14.280, NVwZ-RR 2015, 597).

38 Von Nr. 5 werden **selbstständige und unselbstständige Immissionsschutzanlagen** erfasst. Nr. 5 gilt also unabhängig davon, ob die Immissionsschutzanlage auf einer eigens für sie vorgesehenen Fläche oder auf der Fläche einer anderen Erschließungsanlage, zB einer Straße oder einer Grünanlage, errichtet wird. Dies wird aus der gesetzlichen Formulierung deutlich, nach der von Nr. 5 Anlagen erfasst werden, „auch wenn sie nicht Bestandteil der Erschließungsanlagen sind". Das bedeutet, dass sie auch dann unter Nr. 5 fallen, wenn sie Bestandteil der Erschließungsanlagen sind (*Förster* ZfBR 1979, 226 (227); aA *Grziwotz* in EZBK § 127 Rn. 19 a; *Fischer/Korbmacher* in Hoppenberg/de Witt, Kap. F, Rn. 136; *Quaas* in Schrödter § 127 Rn. 37; *Driehaus* § 12 Rn. 98, die die unselbstständigen Immissionsschutzanlagen der Erschließungsanlage zurechnen, deren Bestandteil sie sind). Diese einheitliche Behandlung der Immissionsschutzanlagen rechtfertigt sich aus dem unterschiedlichen Kreis der durch sie und der durch die Erschließungsanlage erschlossenen Grundstücke, der Differenziertheit der durch eine Immissionsschutzanlage für die erschlossenen Grundstücke begründeten Vorteile (→ § 131 Rn. 14) und aus den in der Regel entstehenden erheblichen Kosten von Immissionsschutzanlagen. Anders als Wege oder Bänke, die integrierter Bestandteil einer der Naherholung dienenden Grünfläche sind, werden unselbstständige Immissionsschutzanlagen einer Erschließungsanlage nur hinzugefügt. Diese planerische Verselbstständigung rechtfertigt auch die erschließungsbeitragsrechtliche Sonderbehandlung von Immissionsschutzanlagen. Wird daher eine Immissionsschutzanlage nicht völlig selbstständig errichtet, sondern auf dem Grund und Boden einer anderen Erschließungsanlage, sind die dafür anfallenden Kosten dementsprechend der Immissionsschutzanlage und nicht der anderen Erschließungsanlage zuzuordnen. Die Neuregelung des Erschließungsbeitragsrechts in Baden-Württemberg unterscheidet ebenfalls nicht zwischen selbstständigen und unselbstständigen Lärmschutzanlagen (vgl. § 33 S. 1 Nr. 7 **KAG BW,** hierzu LT-Drs. 13/3966, 57).

39 Anders als zB bei selbstständigen Parkflächen und Grünanlagen nach Nr. 4 ist es für Immissionsschutzanlagen nach Nr. 5 **nicht erforderlich,** dass sie **innerhalb der Baugebiete** liegen. Entscheidend ist allein, dass sie dem **Schutz dieser Baugebiete** dienen und sich dort merklich auswirken (→ noch § 131 Rn. 14). So kann es zweckmäßig sein, die Immissionsschutzanlage möglichst nahe an einem emittierenden Gewerbebetrieb und damit außerhalb des Baugebiets anzusiedeln, um die Schutzwirkung zu verbessern (vgl. auch *Driehaus* § 12 Rn. 99).

III. Kostenspaltung (Abs. 3)

40 Die in **Abs. 3** vorgesehene **Kostenspaltung** ist neben der Möglichkeit der Abschnittsbildung und der Erhebung von Vorausleistungen ein wichtiges Mittel, um die Vorfinanzierungslast der Gemeinde zu mildern (hierzu *Richarz/Steinmetz,* Erschließung in der kommunalen Praxis, 2. Aufl. 2000, 55 f.; 121 ff.; *Driehaus* § 20 Rn. 1 ff.). Hiernach kann die Gemeinde bereits für bestimmte Kosten Erschließungsbeiträge erheben, wenn die Anlage als Ganzes noch nicht endgültig hergestellt ist. Auch die Erhebung von Erschließungsteilbeiträgen für abgespaltene Kosten setzt indes voraus, dass das Grundstück nach § 133 Abs. 1 bebaut oder gewerblich genutzt werden darf (→ § 133 Rn. 4 ff.). Die Erschließungsanlage muss daher **bereits benutzbar** sein; für eine Erschließungsstraße kommt es dagegen nicht darauf an, dass sie bereits gewidmet und damit eine öffentliche Straße ist (BVerwG Urt. v. 14.6.1968 – IV C 65/66, DVBl. 1968, 808 (809)). Allerdings muss sie **rechtmäßig** im Sinne des § 125 **hergestellt** worden sein (BVerwG Urt. v. 18.1.1991 – 8 C 14/89, BVerwGE 87, 288).

41 **1. Grunderwerb, Freilegung und Teileinrichtungen.** Eine Kostenspaltung kann erfolgen für den **Grunderwerb** und die **Freilegung** der Fläche, auf der die Erschließungsanlage errichtet werden soll. Dabei kann auch der Grunderwerb für eine flächenmäßige Teilanlage, wie zB die Fahrbahn oder einen Gehweg, im Wege der

2. Abschnitt. Erschließungsbeitrag § 127

Kostenspaltung abgerechnet werden. Es muss also nicht der Grunderwerb insgesamt getätigt sein (BVerwG Urt. v. 3.2.1989 – 8 C 78/88, NVwZ 1989, 1072 (1073)). Ferner können die Kosten für **Teile** von Erschließungsanlagen selbstständig erhoben werden. Dabei sind unter Teilen der Erschließungsanlage **nicht Teillängen, sondern Teileinrichtungen** gemeint. Kostenspaltung ist daher nur die sogenannte **Längsspaltung,** nicht auch eine Querspaltung (grundlegend BVerwG Urt. v. 15.9.1978 – IV C 50/76, BVerwGE 56, 238). Wird allerdings die Reststrecke einer zu Unrecht im Wege der Querspaltung abgerechneten Erschließungsstraße ausgebaut und damit die Erschließungsanlage endgültig hergestellt, ist ein bis dahin rechtswidriger Beitragsbescheid mit diesem Zeitpunkt geheilt (BVerwG Urt. v. 15.9.1978 – IV C 50/76, BVerwGE 56, 238). Beiträge können daher im Wege der Kostenspaltung nur für solche Einrichtungen erhoben werden, die für die gesamte Länge der Erschließungsanlage errichtet wurden. Solche Teileinrichtungen sind zB **Fahrbahnen, Gehwege, Beleuchtungsanlagen, Straßenentwässerung** sowie Straßenbegleitflächen (Straßenbegleitgrün), letztere jedoch nur, wenn ihnen wegen ihres Umfangs und ihrer Gestaltung ein Gewicht zukommt, dass es rechtfertigt, ihnen eigenständige Bedeutung beizumessen (OVG Lüneburg Beschl. v. 9.9.2009 – 9 ME 8/09, NVwZ 2010, 76). Für die Abrechnung von **Teillängen** einer Erschließungsanlage stellt das Gesetz in § 130 Abs. 2 S. 1 die Möglichkeit der **Abschnittsbildung** zur Verfügung. Hiernach kann für einen mit allen Teileinrichtungen vollständig hergestellten räumlichen Abschnitt einer Erschließungsanlage ein Erschließungsbeitrag erhoben werden (→ § 130 Rn. 21ff.). Hat die Gemeinde eine **Erschließungseinheit** im Sinne des § 130 Abs. 2 S. 2 (→ § 130 Rn. 27ff.) gebildet, kann auch hierbei eine Kostenspaltung durchgeführt werden. Allerdings können auch in diesem Fall nur die Kosten von endgültig hergestellten Teileinrichtungen, nicht aber die Kosten von mit allen Teileinrichtungen endgültig hergestellten einzelnen Straßen oder Straßenteilen dieser Erschließungseinheit abgerechnet werden (BVerwG Urt. v. 15.9.1978 – IV C 36, 38–41/76, BauR 1979, 51; → § 130 Rn. 25, 27).

2. Endgültige Herstellung bei Teileinrichtungen. Teileinrichtungen dürfen 42 im Wege der Kostenspaltung erst dann abgerechnet werden, wenn sie **endgültig hergestellt** sind. Dies schließt es zB aus, für die Fahrbahn einer Baustraße, der noch die **Verschleißdecke fehlt,** bereits Beiträge im Wege der Kostenspaltung zu erheben (sog. Schichtspaltung); die Fahrbahn ist ohne Verschleißdecke noch nicht endgültig hergestellt (BVerwG Urt. v. 11.2.1977 – IV C 102/74, DÖV 1977, 678). Dabei ist es unerheblich, ob auch die unfertige Straße den vollen Erschließungsvorteil bietet (BVerwG Urt. v. 3.10.1975 – IV C 78/73, DÖV 1976, 97). Eine andere Auslegung würde zu einer „Atomisierung" der abrechenbaren Baumaßnahmen und damit zu einer völligen Unübersichtlichkeit der Erhebung des Erschließungsbeitrags für den Erschließungsbeitragspflichtigen führen (BVerwG Beschl. v. 7.2.1977 – IV B 138/76, BRS 37 Nr. 39; dass. Urt. v. 11.2.1977 – IV C 102/74, DÖV 1977, 678). Daher kann zB auch das Setzen von **Bordsteinen** zur Eingrenzung einer Fahrbahn, eines Geh- oder eines Radwegs im Wege der Kostenspaltung nicht selbstständig abgerechnet werden (BVerwG Beschl. v. 7.2.1977, ebd.); diese Kosten können wahlweise zusammen mit der Fahrbahn oder zusammen mit dem Bürgersteig abgerechnet werden (BVerwG Urt. v. 10.6.1981 – 8 C 20/81, BVerwGE 62, 308 (315f.)).

Dagegen können **Parkstreifen** als Teileinrichtungen selbstständig abgerechnet 43 werden. Voraussetzung hierfür ist, dass sie dem ruhenden und nicht dem fließenden Verkehr dienen. Dem fließenden Verkehr dient zB die Standspur an einer Straße, die zum Befahren geeignet ist und die darüber hinaus den Zweck hat, fahruntüchtig gewordene Fahrzeuge aus dem fließenden Verkehr auszugliedern und abzustellen. Ob der Parkstreifen unmittelbar neben der Straße verläuft oder über eine besondere Zufahrt oder über einen Randstein erreicht wird, ist unerheblich (BVerwG Urt. v. 14.7.1972 – IV C 28/71, BauR 1972, 371). Ebenso kann es als endgültige Herstel-

Reidt 1031

§ 127

lung einer Teileinrichtung anzusehen sein, wenn eine von zwei **Richtungsfahrbahnen** einer Straße fertiggestellt ist. Voraussetzung hierfür ist allerdings, dass diese etwa durch einen Grünstreifen deutlich sichtbar voneinander getrennt sind (BVerwG Urt. v. 8.8.1975 – IV C 74/73, DÖV 1976, 347). Entscheidend hierfür ist eine „natürliche Betrachtungsweise" im Hinblick auf das **Erscheinungsbild der Straße** nach Straßenführung, -breite, -länge und -ausstattung (BVerwG Urt. v. 21.9.1979 – IV C 55/76, BauR 1980, 165). Dabei ist davon auszugehen, dass eine solche „Längsspaltung" nur im Ausnahmefall und bei unzweifelhafter Deutlichkeit der Trennung der beiden Fahrbahnen zulässig ist. Eine solche eindeutige Unterscheidbarkeit ist zB nicht mehr gegeben, wenn die beiden Fahrbahnen nur durch einen unterschiedlich breiten Grünstreifen und zum Teil nur durch eine Aufpflasterung voneinander getrennt sind (VGH München Urt. v. 5.8.1982 – 6 B 81 A.1950, BayVBl. 1983, 438). Ist die Trennung dagegen so weitgehend, dass jede Fahrbahn als Gesamtanlage einer selbstständigen Straße anzusehen ist, handelt es sich um zwei selbstständige Erschließungsanlagen im Sinne des § 130 Abs. 2 S. 1, so dass eine Kostenspaltung insoweit weder möglich noch nötig ist.

44 Erhebt die Gemeinde Erschließungsbeiträge im Wege der Kostenspaltung für bestimmte Teileinrichtungen, ist sie **nicht verpflichtet,** die Kosten **sämtlicher** endgültig hergestellter Teileinrichtungen anzufordern. Sie kann dies auch der endgültigen Beitragserhebung überlassen (BVerwG Urt. v. 19.11.1982 – 8 C 39–41/81, NVwZ 1983, 473). Ebenso besteht **keine Verpflichtung** der Gemeinde, wenn sie in der Satzung die Kostenspaltung als Möglichkeit vorgesehen hat (→ Rn. 45), die Beiträge **unmittelbar nach Fertigstellung** der Teileinrichtung zu erheben. Sie kann dies auch noch Jahre später nachholen (BVerwG Urt. v. 21.9.1973 – IV C 39/72, BauR 1974, 54; dass. Urt. v. 24.10.1972 – IV C 30/71, BVerwGE 41, 72). Ist dagegen die Erschließungsanlage **insgesamt endgültig hergestellt,** ist eine Beitragserhebung im Sinne der **Kostenspaltung nicht mehr möglich** (BVerwG Urt. v. 14.6.1968 – IV C 65/66, DVBl. 1968, 808 (809)). Das Fehlen der **Widmung** hindert zwar nicht die endgültige Herstellung der Erschließungsanlage, da die Widmung nicht Merkmal der endgültigen Herstellung, sondern Voraussetzung der Öffentlichkeit der Erschließungsanlage ist (→ Rn. 12); gleichwohl ist bis dahin eine Beitragserhebung im Wege der Kostenspaltung möglich (BVerwG Urt. v. 14.6.1968, ebd.; aA OVG Hamburg Beschl. v. 17.7.1992 – Bs VI 46/92, NVwZ-RR 1993, 162).

45 **3. Regelung in der Satzung.** Die Gemeinde kann Beiträge im Wege der Kostenspaltung nur erheben, wenn sie in ihre **Satzung** nach § 132 Nr. 3 eine entsprechende Regelung aufgenommen hat (→ § 132 Rn. 25). Dabei kann die Gemeinde entweder bestimmen, dass **mit endgültiger Herstellung** von Teileinrichtungen die hierauf entfallenden Erschließungsbeiträge **zwingend entstehen.** Aufgrund einer solchen Regelung ist die Gemeinde dann gezwungen, mit jeder Herstellung einer Teileinrichtung Beiträge zu erheben, um deren Verjährung zu vermeiden. Dies kann zu einer erheblichen Belastung für die Verwaltung führen. Zweckmäßiger ist es daher, wenn sich die Gemeinde das Recht zur Beitragserhebung im Wege der Kostenspaltung **als Möglichkeit vorbehält.** In diesem Fall entsteht die Beitragspflicht nicht mit der endgültigen Herstellung der Teileinrichtung, sondern erst – sofern er der endgültigen Herstellung nachfolgt (→ Rn. 47) – mit dem **Ausspruch der Kostenspaltung** (BVerwG Urt. v. 29.10.1969 – IV C 43/68, BauR 1970, 42; dass. Urt. v. 21.9.1973 – IV C 39/72, BRS 37 Nr. 158 = BauR 1974, 54). Dieser „Ausspruch" muss als „innerdienstlicher Ermessensakt" in den Akten nachweisbar zum Ausdruck kommen und hnreichend eindeutig bestimmen, welche Teileinrichtungen von der Kostenspaltung erfasst sein (OVG Berlin-Brandenburg Urt. v. 3.7.2014 – 5 B 2.14, juris); mitgeteilt werden muss er dem Beitragspflichtigen nur im Heranziehungsbescheid. Dabei genügt es, wenn der Ausspruch der Kostenspaltung der Sache nach er-

kennbar ist. Weitere Anforderungen (etwa eine Veröffentlichung) stellt das Gesetz nicht (BVerwG Urt. v. 26.9.1983 – 8 C 47, 67–69/82, BVerwGE 68, 48). Dies schließt nicht aus, dass der Ausspruch der Kostenspaltung oder das Absehen davon nicht ein „einfaches Geschäft der laufenden Verwaltung", sondern dem Gemeinderat vorbehalten ist. In diesem Fall ist ein nicht veröffentlichungsbedürftiger **Ratsbeschluss** erforderlich (hierzu OVG Münster Urt. v. 29.7.1975 – III A 472/73, DÖV 1976, 358; VGH Mannheim Urt. v. 8.12.1970 – II 852/67, ESVGH 22, 21 (23); *Fischer/Korbmacher* in Hoppenberg/de Witt, Kap. F, Rn. 223).

Hat die Gemeinde Beiträge im Wege der Kostenspaltung erhoben, liegt **insoweit eine endgültige Beitragserhebung** vor. Für dieselbe Teileinrichtung kann später kein ergänzender Erschließungsbeitragsbescheid mehr erlassen werden, da auch insoweit die Beitragspflicht nur einmal entsteht (BVerwG Urt. v. 22.3.1974 – IV C 23/72, BauR 1974, 337; dass. Urt. v. 22.6.1979 – IV C 29/76, DÖV 1980, 48; → § 130 Rn. 46). Ist allerdings die Beitragspflicht gar nicht entstanden, etwa weil sich die Satzung als ungültig erwies, ist die Gemeinde auch an den Kostenspaltungsbeschluss nicht gebunden. Sie kann ihn vielmehr aufheben und den Aufwand auch für die hiernach abgerechnete Teileinrichtung mit den endgültigen Erschließungsbeitragsbescheid abrechnen (BVerwG Urt. v. 22.6.1979, aaO). 46

Die Beitragspflicht **entsteht** bei der Kostenspaltung **mit dem Ausspruch der Kostenspaltung** oder – entsprechend dem Regelfall des § 133 Abs. 2 S. 1 – mit der nachfolgenden endgültigen Herstellung der Teileinrichtung (BVerwG Urt. v. 26.9.1983 – 8 C 47, 67–69/82, BVerwGE 68, 48). Wird die Möglichkeit der Kostenspaltung erst durch eine Änderung der Satzung nach endgültiger Herstellung der Erschließungsteilanlage geschaffen, entsteht die Teil-Beitragspflicht ebenfalls erst in dem Zeitpunkt des Ausspruchs der Kostenspaltung. Dies bedeutet, dass auch vor Inkrafttreten der Satzung endgültig hergestellte Teileinrichtungen erst mit diesem Zeitpunkt beitragspflichtig werden. Einer **Rückwirkung der Satzung** bedarf es daher **nicht** (BVerwG Urt. v. 22.9.1967 – IV C 116/65, BVerwGE 27, 345 (347)). 47

Die Kostenspaltung kann bei einem Verwaltungsstreitverfahren noch **bis zum Abschluss der letzten mündlichen Verhandlung der letzten Tatsacheninstanz** wirksam ausgesprochen werden und insoweit einen mangels Entstehens der Beitragspflicht – zB wegen noch nicht abgeschlossenen Grunderwerbs – fehlerhaften Erschließungsbeitragsbescheid heilen. Dies gilt nicht nur, wenn sich der Erschließungsbeitragsbescheid ausschließlich auf die von der Kostenspaltung erfassten Teileinrichtungen erstreckt, sondern auch, wenn er weitere Teileinrichtungen umfasst. Die Heilung umschließt dann allerdings nur den Teil, der sich auf die abgespaltene Teileinrichtung bezieht (BVerwG Urt. v. 26.9.1983 – 8 C 47, 67–69/82, BVerwGE 68, 48). Ein erneuter Bescheid ist insoweit nicht erforderlich (VGH München Urt. v. 22.12.1980 – 30 VI 77, BayVBl. 1981, 536 (537)). 48

IV. Sonstige Erschließungsanlagen (Abs. 4)

Das Erschließungsbeitragsrecht umfasst nicht alle Maßnahmen, die zur Erfüllung der Erschließungslast der Gemeinden gehören. Es ist hinsichtlich der Anlagen (nur die in Abs. 2 genannten Erschließungsanlagen werden erfasst) und der Maßnahmen (nur die erstmalige Herstellung nach § 128 Abs. 1 S. 1 Nr. 2 ist beitragsfähig) beschränkt. **Abs. 4 S. 1** stellt klar, dass auch **für die erstmalige Herstellung anderer Anlagen** als die in Abs. 2 genannten **Abgaben** erhoben werden können, sofern dies in anderen Gesetzen vorgesehen ist. **S. 2** enthält hierfür eine **beispielhafte Aufzählung.** Rechtsgrundlage hierfür sind insbesondere die **Kommunalabgabengesetze** der Länder. 49

Auch im Hinblick auf **andere Maßnahmen** als die erstmalige Herstellung ist das Erschließungsbeitragsrecht des BauGB nicht abschließend. So bestimmt zB § 123 Abs. 4, dass sich die **Unterhaltung** – und damit auch die Kostentragung der Unter- 50

§ 128 I. Kapitel. VI. Teil. Erschließung

haltung – nach landesrechtlichen Vorschriften bestimmt. Soweit es daher nicht um die erstmalige Herstellung sondern um **Erweiterungen** oder **Verbesserungen** geht, können auch **§ 128 Abs. 2** ebenfalls die **Kommunalabgabengesetze** der Länder zur Anwendung gebracht werden (zur möglichen Umdeutung eines Ausbaubeitragsbescheides in einem Erschließungsbeitragsbescheid OVG Münster Beschl. v. 2.6.2014 – 12 K 1930/11, DVBl. 2014, 1200; → auch § 128 Rn. 38).

51 Abs. 4 S. 1 nennt als nicht berührte Finanzierungsmöglichkeit allgemein die Erhebung von Abgaben. Gemeint sind daher nicht nur Beiträge, sondern vor allem **auch Benutzungsgebühren** (zB für die Abfallentsorgung) und **Anschlusskosten** (zB für den Anschluss an die gemeindliche Abwasserkanalisation).

§ 128 Umfang des Erschließungsaufwands

(1) ¹Der Erschließungsaufwand nach § 127 umfasst die Kosten für
1. den Erwerb und die Freilegung der Flächen für die Erschließungsanlagen;
2. ihre erstmalige Herstellung einschließlich der Einrichtungen für ihre Entwässerung und ihre Beleuchtung;
3. die Übernahme von Anlagen als gemeindliche Erschließungsanlagen.

²Der Erschließungsaufwand umfasst auch den Wert der von der Gemeinde aus ihrem Vermögen bereitgestellten Flächen im Zeitpunkt der Bereitstellung. ³Zu den Kosten für den Erwerb der Flächen für Erschließungsanlagen gehört im Falle einer erschließungsbeitragspflichtigen Zuteilung im Sinne des § 57 Satz 4 und des § 58 Abs. 1 Satz 1 auch der Wert nach § 68 Abs. 1 Nr. 4.

(2) ¹Soweit die Gemeinden nach Landesrecht berechtigt sind, Beiträge zu den Kosten für Erweiterungen oder Verbesserungen von Erschließungsanlagen zu erheben, bleibt dieses Recht unberührt. ²Die Länder können bestimmen, dass die Kosten für die Beleuchtung der Erschließungsanlagen in den Erschließungsaufwand nicht einzubeziehen sind.

(3) Der Erschließungsaufwand umfasst nicht die Kosten für
1. Brücken, Tunnels und Unterführungen mit den dazugehörigen Rampen;
2. die Fahrbahnen der Ortsdurchfahrten von Bundesstraßen sowie von Landstraßen I. und II. Ordnung, soweit die Fahrbahnen dieser Straßen keine größere Breite als ihre anschließenden freien Strecken erfordern.

Übersicht

	Rn.
I. Erschließungsaufwand	1
II. Erschließungskosten (Abs. 1)	3
1. Flächen	4
a) Erwerb (S. 1 Nr. 1, S. 3)	4
b) Bereitstellung (S. 2)	10
c) Freilegung (S. 1 Nr. 1)	15
2. Anlagen	16
a) Erstmalige Herstellung (S. 1 Nr. 2)	17
b) Übernahme (S. 1 Nr. 3)	37
c) Erweiterungen und Verbesserungen (Abs. 2)	38
3. Personal und Kapital, sonstiges	40
III. Ausgeschlossene Kosten (Abs. 3)	42
1. Brücken, Tunnels und Unterführungen (Nr. 1)	42
2. Ortsdurchfahrten von Bundes- und Landesstraßen (Nr. 2)	43

§ 128

I. Erschließungsaufwand

Nach § 123 Abs. 1 trifft die Gemeinde die Erschließungslast. Die ihr bei der Erfül- 1
lung dieser Aufgabe entstehenden Kosten kann die Gemeinde durch die Erhebung
von Erschließungsbeiträgen (→ zu vertraglichen Gestaltungsmöglichkeiten § 11
Rn. 36 ff.) nicht voll auf die Eigentümer der erschlossenen Grundstücke umlegen,
sondern nach Maßgabe des § 127 nur für die dort abschließend aufgeführten **Erschließungsanlagen** und nach Maßgabe des § 128 nur für den dort ebenfalls abschließend umschriebenen **Erschließungsaufwand**. Dieser Erschließungsaufwand
ist zudem **beitragsfähig** nur im Rahmen des § 129 (**Erforderlichkeit**) und der Regelungen in der gemeindlichen **Satzung** nach § 132.

Der Erschließungsaufwand nach § 128 ist zum einen gekennzeichnet durch das 2
Element der **Kosten** (vgl. *Driehaus* § 13 Rn. 2 ff.). Die Gemeinde kann Erschließungsbeiträge nur insoweit erheben, als ihr tatsächlich Kosten entstanden sind. Hat
sie für die Herstellung oder den Erwerb von Erschließungsanlagen keine Kosten gehabt, kann sie diese Erschließungsanlage oder diesen Teil der Erschließungsanlage bei
der Verteilung des Aufwandes nicht berücksichtigen. Das zweite Merkmal des Erschließungsaufwands ist sein **Bezug zur Erschließungslast**. Nur was die Gemeinde
in Erfüllung ihrer Aufgabe als Erschließungsträger aufwenden **musste,** kann Erschließungsaufwand im Sinne des Abs. 1 sein. Konnte sie einen vorhandenen Bestand
für die Erschließung mitverwerten, ist ihr insoweit ein Erschließungsaufwand im
Sinne des Abs. 1 nicht entstanden (BVerwG Urt. v. 4.5.1979 – IV C 16/76, BauR
1979, 417).

II. Erschließungskosten (Abs. 1)

Der Erschließungsaufwand nach **Abs. 1** umfasst **drei Kostengruppen:** Die Kos- 3
ten für die Flächen, auf denen die Erschließungsanlagen errichtet werden (Rn. 4 ff.),
die Kosten für die Errichtung der Anlagen (Rn. 16 ff.) sowie die Kosten für Personal
und Kapital (Rn. 40 f.). Die Aufzählung ist abschließend (s. etwa BVerwG ‚Urt. v.
2.3.2015 – 9 C 7/14, ZfBR 2015, 375).

1. Flächen. a) Erwerb (S. 1 Nr. 1, S. 3). Nach **S. 1 Nr. 1** gehören zum Er- 4
schließungsaufwand die Kosten für den **Grunderwerb** (hierzu *Driehaus* § 13
Rn. 34 ff.). Dazu zählen alle Aufwendungen, die erforderlich waren, um das Eigentum an den für die Erschließungsanlage notwendigen Grundstücken zu erlangen.
Auf den Erwerbsgrund kommt es nicht an; es kann sich um Kauf, Tausch, Umlegung
oder Enteignung handeln. Zugrunde zu legen sind jeweils die **gesamten** hierbei anfallenden Kosten. Dabei ist es unerheblich, ob die Grundstücke **bebaut oder unbebaut** waren oder ob sich auf ihnen ein werterhöhender **Aufwuchs** befand. Auch die
auf vorhandene Gebäude oder den Aufwuchs entfallenden Kostenanteile gehören
zum Erschließungsaufwand (OVG Münster Urt. v. 17.5.1984 – 3 A 1117/83,
NVwZ 1986, 499 f.). Unter Nr. 1 fallen zudem die Grunderwerbs-**Nebenkosten:**
Kosten für die katasteramtliche Vermessung (BVerwG Urt. v. 14.11.1975 – IV C
76/73, DÖV 1976, 351; *Ruff* KStZ 1992, 221 (223 f.); zur Schlussvermessung vgl.
VGH Kassel Urt. v. 31.5.2001 – 5 UE 2832/00, NVwZ-RR 2002, 67; OVG Koblenz Urt. v. 29.10.2002 – 6 A 10 419/02, NVwZ-RR 2003, 523), Kosten der notariellen Beurkundung oder für die Eintragung oder Löschung von Rechten im
Grundbuch (vgl. *Grziwotz* in EZBK § 128 Rn. 4). Zu berücksichtigen sind stets die
tatsächlich angefallenen Kosten, nicht etwa sogenannte **fiktive Kosten,** der die
Gemeinde hätten entstehen können, wenn sie ein Grundstück zu einem früheren
oder späteren Zeitpunkt erworben hätte. Dabei ist es unerheblich, ob eine solche Abrechnung im Einzelfall zu höheren oder niedrigeren Grunderwerbskosten führt. Eine
auf fiktive Kosten abstellende Satzungsbestimmung (§ 132) **kann** möglicherweise zu
höheren Grunderwerbskosten führen und damit die Beitragspflichtigen mit höheren

§ 128 I. Kapitel. VI. Teil. Erschließung

Kosten belasten, als dies im Gesetz vorgesehen ist. Eine entsprechende Bestimmung in der Satzung ist daher nichtig (hierzu BVerwG Urt. v. 13.5.1977 – IV C 82/74, BauR 1977, 411).

5 Die Grunderwerbskosten gehören grundsätzlich auch dann zum Erschließungsaufwand, wenn sie in der gemeindlichen Satzung nach § 132 **nicht als Merkmal der endgültigen Herstellung** aufgeführt sind. Das folgt daraus, dass in Abs. 1 S. 1 die Grunderwerbskosten und die Kosten für die **erstmalige** Herstellung einer Erschließungsanlage (→ Rn. 16 ff.) getrennt aufgeführt sind und § 133 Abs. 2 S. 1 die Entstehung der Beitragspflicht an die **endgültige** Herstellung der Erschließungsanlage knüpft (BVerwG Urt. v. 13.5.1977 – IV C 82/74, BauR 1977, 411). Zur endgültigen Herstellung in diesem Sinne kann jedoch auch der Grunderwerb gehören.

6 Ist der Grunderwerb nicht als Merkmal der endgültigen Herstellung in der Satzung genannt, bedeutet dies zwar einerseits, dass die Beitragspflicht bereits entstehen kann, bevor der Grunderwerb – etwa infolge eines langwierigen Enteignungsverfahrens – endgültig erfolgt ist. Entstehen dann jedoch noch Grunderwerbskosten nach endgültiger Herstellung, können diese andererseits jedoch nicht mehr in den Erschließungsaufwand einbezogen werden (vgl. BVerwG Urt. v. 29.11.1985 – 8 C 59/84, NVwZ 1986, 303f.), da der Erschließungsbeitrag für jedes Grundstück nur einmal entsteht (→ § 130 Rn. 46) und nachher nicht mehr erhöht werden kann. Dieses Risiko kann die Gemeinde vermeiden, indem sie – zulässigerweise – den Grunderwerb als Merkmal der endgültigen Herstellung in die Satzung aufnimmt. In diesem Fall entsteht jedoch die Beitragspflicht erst mit dem vollständigen Abschluss des Grunderwerbs (hierzu BVerwG Urt. v. 13.5.1977, aaO; vgl. auch BVerwG Urt. v. 20.1.1978 – IV C 2/75, BauR 1978, 394).

7 In entsprechender Anwendung des Erforderlichkeitsgrundsatzes des § 129 Abs. 1 S. 1 ist die **äußerste Grenze** für einen beitragsfähigen Kaufpreis eine für die Gemeinde erkennbare **grob unangemessene Höhe**; ist der Preis „sachlich schlechthin unvertretbar", kann er nicht als Erschließungsaufwand im Sinne der Nr. 1 angesehen werden (BVerwG Urt. v. 14.12.1979 – IV C 28/76, BVerwGE 59, 249; → auch § 129 Rn. 17).

8 Als ein Grunderwerb ist es auch anzusehen, wenn der Gemeinde in einer **Umlegung** Flächen nach § 55 Abs. 2 zugeteilt werden (ausführlich hierzu *Driehaus* § 13 Rn. 43ff.). **S. 3** bestimmt dies ausdrücklich. Voraussetzung ist allerdings, dass die Grundstücke **„erschließungsbeitragspflichtig" zugeteilt** wurden (→ § 57 Rn. 20f.). Die für diesen Grunderwerb anzusetzenden Kosten ergeben sich nach der Wertangabe im Umlegungsverzeichnis gemäß § 68 Abs. 1 Nr. 4 (→ § 68 Rn. 10). Da jedoch nach § 55 Abs. 2 der Gemeinde mehr Flächen zugeteilt werden können, als nach § 127 Abs. 2 beitragsfähig sind, ist S. 3 einengend dahingehend auszulegen, dass nur der Wert der von § 127 Abs. 2 umfassten Flächen zu den Grunderwerbskosten gehört.

9 Der Aufwand für den Grunderwerb entsteht der Gemeinde bereits im **Zeitpunkt des Abschlusses des Kaufvertrags,** nicht erst beim Eigentumsübergang. Mit dem Kaufvertrag entsteht die Verpflichtung zur Erbringung der geschuldeten Leistung, die auch hinreichend bestimmt ist (BVerwG Urt. v. 13.5.1977 – IV C 82/74, BauR 1977, 411).

10 **b) Bereitstellung (S. 2).** Vom Erwerb eines Grundstücks für Erschließungszwecke ist die **Bereitstellung** eines Grundstücks nach **Abs. 1 S. 2** zu unterscheiden (hierzu *Driehaus* § 13 Rn. 37ff.). S. 1 Nr. 1 (Erwerb) ist einschlägig, wenn die Gemeinde ein Grundstück zum Zweck der Herstellung einer konkreten Erschließungsanlage von einem Dritten erwirbt; S. 2 (Bereitstellung) ist maßgeblich, wenn die Gemeinde Grundstücke, die sich bereits in ihrem **allgemeinen Liegenschaftsvermögen** befinden, für den Bau einer Erschließungsanlage verwendet (hierzu BVerwG Urt. v. 4.2.1981 – 8 C 13/81, BVerwGE 61, 316 (323f.)). Ist unaufklärbar, ob ein

2. Abschnitt. Erschließungsbeitrag § 128

Grunderwerb oder eine Bereitstellung vorliegt, ist von der die Beitragspflichtigen weniger belastenden Möglichkeit auszugehen (BVerwG Urt. v. 15.11.1985 – 8 C 41/84, NVwZ 1986, 299 (302)). Da der Gemeinde bei der Bereitstellung von Grundstücken aus dem allgemeinen Liegenschaftsvermögen keine Erwerbskosten im Zusammenhang mit der Herstellung der Erschließungsanlage entstehen, bestimmt Abs. 1 S. 2, dass in diesem Fall der **Wert des Grundstücks** zugrunde zu legen ist. Dabei ist zu beachten, dass Grundstücke, die bereits als Straßenland genutzt wurden, keinen Verkehrswert mehr haben (→ § 55 Rn. 29 f.).

Das Grundstück ist mit dem Wert als Kostenfaktor bei der Erschließung anzusetzen, den es im **Zeitpunkt der Bereitstellung** hatte. Unter Bereitstellung ist das gemeindliche Handeln zu verstehen, „durch das **erstmalig die Verwendung der Flächen für die Erschließungsanlage erkennbar wird**" (BVerwG Urt. v. 23.5.1980 – IV C 62 u. 73/77, BauR 1981, 65 (66); dass. Urt. v. 27.1.1995 – 8 C 12/93, NVwZ 1995, 265). Ein **formeller Rechtsakt**, vergleichbar einer Widmung öffentlicher Straßen, ist hierfür **nicht erforderlich**. Fehlt es an einem Bereitstellungsakt, ist als Bereitstellungszeitpunkt der Eintritt der formellen Planreife nach § 33 Abs. 1 Nr. 1 anzusehen den – im unbeplanten Innenbereich – die Fertigstellung eines formlosen Bauprogramms, das Grundlage für die Durchführung des Straßenbaus ist (→ Rn. 17, § 125 Rn. 14 sowie § 132 Rn. 19). Es ist daher in aller Regel nicht der Zeitpunkt, zu dem die Flächen für die Erschließungsanlage vermessen oder das hierfür benötigte Grundstück grundbuchlich abgeschrieben wird (BVerwG Urt. v. 23.5.1980, ebd.). Allerdings gehören die durch die Vermessung verursachten und mit der Grundstücksabschreibung verbundenen Kosten zu den Kosten der Erschließung. **11**

Der für das Grundstück in diesem Zeitpunkt anzusetzende Wert ist der maßgebliche **Verkehrswert** (*Grziwotz* in EZBK § 128 Rn. 15). Da Straßenland keinen Wert verkörpert, also auch nicht an den konjunkturellen Weiterentwicklung teilnimmt, ist auch dann von diesem nominellen Wert auszugehen, wenn der Zeitpunkt der Bereitstellung lange zurückliegt (BVerwG Urt. v. 23.5.1980 – IV C 62 u. 73/77, BauR 1981, 65 (66)). **12**

Erwirbt die Gemeinde eine **größere Fläche** oder wird sie für die Vorbereitung der baulichen Nutzung zu ihren Gunsten enteignet und fallen in diese Fläche **auch im Bebauungsplan festgesetzte Verkehrsflächen** oder sonstige Erschließungsflächen, findet insoweit ein **Erwerb** im Sinne des S. 1 Nr. 1 statt. Die Flächen werden daher nicht zu einem anderen Zeitpunkt aus dem gemeindlichen Vermögen bereitgestellt (*Grziwotz* in EZBK § 128 Rn. 13). **13**

Werden der Gemeinde im **Umlegungsverfahren** Flächen nach § 55 Abs. 2 zugeteilt (hierzu *Driehaus* § 13 Rn. 43 ff.), liegt hierin keine Bereitstellung aus dem Gemeindevermögen, sondern ein **Erwerb** (→ Rn. 8). Eine **Bereitstellung** liegt dagegen bei der Umlegung insoweit vor, als der Gemeinde als Erschließungsträgerin Flächen nach **§ 55 Abs. 5** zugeteilt werden. Hierfür hat die Gemeinde Ersatzland bereitzustellen, das nicht für die jeweiligen Erschließungsanlagen im Umlegungsgebiet erworben worden war. **14**

c) Freilegung (S. 1 Nr. 1). Nach S. 1 Nr. 1 gehören auch die Kosten für die **Freilegung** der Flächen zum Erschließungsaufwand (hierzu *Driehaus* § 13 Rn. 48 ff.). Unter Freilegung sind sämtliche Maßnahmen zur **Beseitigung von tatsächlichen Hindernissen** zu verstehen, die der Errichtung einer Erschließungsanlage im Sinne des § 127 Abs. 2 entgegenstehen. Hierzu können der Abriss eines Gebäudes, die Rodung von Waldflächen, die Beseitigung von Zäunen oder Mauern usw. gehören (s. etwa OVG Münster Urt. v. 17.5.1984 – 3 A 1117/83, NVwZ 1986, 499 (500), das für den Fall des Versetzens von Einfriedungen neben der Beseitigung der alten auch die Errichtung neuer Einzäunungen unter den Begriff des Freilegens fasst; aA *Driehaus* § 13 Rn. 50, der die Umlegung von Zaunanlagen zum Grund- **15**

§ 128 I. Kapitel. VI. Teil. Erschließung

erwerb zählt). Dabei kommt es nicht darauf ankommen, ob diese Hindernisse – wie zB ein in das Erdreich hineinragender Felsbrocken – **oberhalb oder unterhalb der Erdoberfläche** liegen (BVerwG Urt. v. 13.11.1992 – 8 C 41/90, NVwZ 1993, 1203 (1204); *Quaas* in Schrödter § 128 Rn. 6). Dagegen gehören zB die Kosten für die Ausgrabung, dh Freilegung und Bergung, eines Bodendenkmals oder auch dessen denkmalrechtlich notwendige Dokumentation nicht zu den Freilegungs-, sondern zu den Herstellungskosten nach Nr. 2 (→ Rn. 18). Dient die Maßnahme allerdings dazu, das Verlegen von Versorgungsleitungen für Anlagen nach § 123 Abs. 4 zu ermöglichen, gehören diese Kosten nicht zur Freilegung für die Erschließungsanlage, da insoweit keine Erschließungsbeiträge nach dem BauGB erhoben werden können. Nicht hierzu, sondern zu den Grunderwerbs- oder gegebenenfalls zu den Bereitstellungskosten gehört das **Beseitigen dinglicher oder obligatorischer Rechte,** die einer Herstellung der Erschließungsanlage entgegenstehen; denn unter Freilegung ist nur das Beseitigen tatsächlicher, nicht auch rechtlicher Hindernisse zu verstehen (BVerwG Urt. v. 14.11.1975 – IV C 76/73, DÖV 1976, 351; *Grziwotz* in EZBK § 128 Rn. 18b). Zu den Freilegungskosten gehört dagegen eine für den straßenbaubedingten Eingriff in den Naturhaushalt durch die Beseitigung von Bäumen und Sträuchern zu leistende **Zahlung nach dem Naturschutzrecht oder Forstrecht** (*Blume* NuR 1989, 332 (336); *Fischer/Korbmacher* in Hoppenberg/de Witt, Kap. F, Rn. 286; → auch Rn. 18).

16 **2. Anlagen.** Zum Erschließungsaufwand gehören nach **Abs. 1 S. 1 Nr. 2** die Kosten für die **erstmalige Herstellung** der Erschließungsanlagen einschließlich der Beleuchtung und Entwässerung (hierzu *Driehaus* § 13 Rn. 51 ff.). Gegenüber dem in § 132 Nr. 4 und § 133 Abs. 2 S. 1 verwendeten Begriff der endgültigen Herstellung ist der Begriff der erstmaligen Herstellung enger. Während zur endgültigen Herstellung zB auch der Grunderwerb gehören kann, fällt dieser nicht unter Abs. 1 S. 1 Nr. 2. Das ergibt sich schon daraus, dass für den Grunderwerb in Abs. 1 S. 1 Nr. 1 eine eigene Regelung getroffen ist (→ Rn. 5; *Quaas* in Schrödter § 128 Rn. 7; *Driehaus* § 13 Rn. 51).

17 **a) Erstmalige Herstellung (S. 1 Nr. 2). aa) Erschließungsanlage.** Unter **Herstellung** ist der **sichtbare technische Bau der Erschließungsanlage** zu verstehen (zum Straßenausbau vgl. BVerwG Urt. v. 13.5.1977 – IV C 82/74, BauR 1977, 411). Wann die Erschließungsanlage in diesem Sinne endgültig hergestellt ist, richtet sich nach den Bestimmungen in der **Erschließungsbeitragssatzung** über Art und Umfang der Erschließungsanlagen sowie über die Merkmale der endgültigen Herstellung (**Ausbauprogramm;** → § 132 Rn. 20 ff.). Neben dieser notwendig abstrakt gehaltenen Regelung in der Satzung bestimmen sich die Anforderungen im Einzelfall nach dem jeweiligen **Straßenbauprogramm** oder kurz Bauprogramm der Gemeinde (hierzu *Richarz/Steinmetz*, Erschließung in der kommunalen Praxis, 2. Aufl. 2000, 51 f., 126 f.). Das Bauprogramm enthält technische Bestimmungen über den Ausbau der Straße im Einzelnen und ist bundesrechtlich an keine bestimmte Rechtsform gebunden. Es ist von dem für die endgültige Herstellung maßgebenden Teileinrichtungs- und Ausbauprogramm in der Satzung (→ § 132 Rn. 18) zu unterscheiden. Das Bauprogramm muss den Anforderungen der Satzung, bei Verkehrs- und Grünanlagen dem Bebauungsplan, gegebenenfalls dem Landesstraßengesetz und dem Grundsatz der Erforderlichkeit des § 129 Abs. 1 S. 1 (→ § 129 Rn. 5 ff.) genügen (hierzu *Grziwotz* in EZBK § 128 Rn. 20). **Ändert** die Gemeinde ihr **Bauprogramm** in diesem Rahmen, so können infolgedessen unter Umständen höhere Kosten der Erschließungsbeitragserhebung zugrunde gelegt werden. Dies gilt jedoch nicht für solche Teileinrichtungen (→ § 127 Rn. 41), die bereits – und zwar in ihrer gesamten Länge – endgültig hergestellt waren (BVerwG Urt. v. 13.12.1985 – 8 C 66/84, NVwZ 1986, 925; dass. Urt. v. 22.11.1968 – IV C 82/67, BVerwGE 31, 90 (92 f.)). Die Kosten für die Herstellung der Anlage in ihrem ursprünglichen Zustand

bleiben dagegen beitragsfähig (BVerwG Urt. v. 23.3.1973 – IV C 34/71, BayVBl. 1974, 49). Ist die Erschließungsanlage insgesamt endgültig hergestellt, kann das diesbezügliche Bauprogramm ebenfalls nicht mehr beitragswirksam geändert werden (BVerwG Urt. v. 14.3.1975 – IV C 34/73, NJW 1975, 1426; dass. Urt. v. 16.3.1970 – IV C 69/68, DVBl. 1970, 838). Zum Bauprogramm gehört auch die Festlegung des zeitlichen Ablaufs der Herstellung sowie der für die Erschließungsanlage vorgesehenen Teileinrichtungen. Auch hinsichtlich der Teileinrichtungen müssen in der Satzung aber Mindestforderungen festgelegt werden (BVerwG Urt. v. 23.6.1972 – IV C 15/71, BVerwGE 40, 177; →im Übrigen § 132 Rn. 18, 20f., 25ff.).

(1) Herstellung. Zu den **Herstellungskosten bei Straßen, Wegen und Plätzen** im Sinne des § 127 Abs. 2 Nr. 1 gehören **zum Beispiel** die Kosten für den Unterbau der Straße und die Straßendecke, etwaige Geh- und Radwege, Parkflächen, Mittelstreifen und Bankette, Bordsteine, Gräben. Die Kosten für **Stützmauern und Böschungen** gehören nur dann zu den Herstellungskosten, wenn sie für die Straße selbst erforderlich sind, insbesondere zu ihrer Abstützung oder zu ihrer Absicherung. Dagegen ist es unerheblich, ob die Flächen für Stützmauern und Böschungen im Bebauungsplan nach § 9 Abs. 1 Nr. 26 festgesetzt sind oder nicht (BVerwG Urt. v. 7.7.1989 – 8 C 86/87, BVerwGE 82, 215; *Driehaus* § 13 Rn. 56). Dabei können die Stützmauern oder Böschungen auch auf den angrenzenden Privatgrundstücken liegen; insoweit ist jedoch erforderlich, dass der Bestand der Mauer auf Dauer gesichert ist, also keine konkreten Anhaltspunkte für eine Beseitigung der Stützmauer gegeben sind (BVerwG Urt. v. 7.7.1989, aaO, 223). Wird die Böschung ganz oder teilweise auf einem privaten Anliegergrundstück angelegt und ist die Böschung zur Herstellung der Straße erforderlich, gehört der Erwerb der Fläche des Anliegergrundstücks zum beitragsfähigen Herstellungsaufwand (BVerwG Urt. v. 29.10.1993 – 8 C 53/91, NVwZ 1994, 909; → zur (Nicht-)Zugehörigkeit dieser Fläche zur Erschließungsanlage § 127 Rn. 16). Sonstige Folgearbeiten auf privaten Grundstücken sind dagegen wegen ihrer Unkontrollierbarkeit für die Beitragspflichtigen nicht Kosten der erstmaligen Herstellung (BVerwG Urt. v. 13.5.1977 – IV C 82/74, BauR 1977, 411). Sieht ein Bebauungsplan zum Ausgleich für den mit dem Straßenbau verbundenen Eingriff in Natur und Landschaft Kompensationsmaßnahmen vor (→ § 9 Rn. 160ff.), gehören auch die hierfür anfallenden Kosten zum beitragsfähigen Erschließungsaufwand (vgl. *Driehaus* § 13 Rn. 57). Nichts anderes gilt für **archäologische Maßnahmen**, die nach dem Denkmalschutzrecht eines Landes **erforderlich** sind, etwa um ein Bodendenkmal wissenschaftlich zu untersuchen und zu dokumentieren, auszugraben und zu bergen (→ auch Rn. 15), wenn diese Maßnahmen durch die Herstellung der Erschließungsanlage verursacht sind und die Herstellung der Anlage hiervon **abhängt** (*Grziwotz* in EZBK § 128 Rn. 18a).

Werden bei der Herstellung einer Straße **Gehwegüberfahrten** von der Fahrbahn 19 zu den Grundstücken geschaffen, sind hierdurch etwa entstehende Mehrkosten nur dann beitragsfähig, wenn sie entweder unerheblich sind oder aber für alle Grundstücke, die von der Erschließungsanlage erschlossen werden, hergestellt werden müssen. Andernfalls würden die Eigentümer der Grundstücke, für die ausnahmsweise Gehwegüberfahrten hergestellt wurden, gegenüber den anderen begünstigt. Die Eigentümer müssen daher die Mehrkosten insoweit selbst tragen. Soweit die Eigentümer die Mehrkosten für Gehwegüberfahrten selbst getragen haben, ist der Gemeinde kein Aufwand entstanden, so dass insoweit auch keine Erschließungsbeiträge erhoben werden können; die von den Anliegern aufgebrachten Kosten können dabei nicht als freiwillige Vorausleistung auf den Erschließungsbeitrag angesehen und als Erschließungsaufwand in die Beitragserhebung eingerechnet werden (BVerwG Urt. v. 4.5.1979 – IV C 16/76, BauR 1979, 417; → auch Rn. 2).

Die Kosten von **Straßenkreuzungen** und **Einmündungen** sind unter den bei- 20 den Straßen im **Verhältnis der Fahrbahnbreiten** zueinander aufzuteilen (*Grziwotz*

§ 128
I. Kapitel. VI. Teil. Erschließung

in EZBK § 128 Rn. 23 f.; → näher § 130 Rn. 37 ff.). Dies gilt auch bei der Errichtung von Kreisverkehrsanlagen anstelle von Kreuzungen oder Einmündungen (vgl. *Thielmann* KStZ 2003, 141 f.).

21 Hat die Gemeinde Erschließungsanlagen für einen möglichst frühzeitigen Gebrauch provisorisch errichtet, können die Kosten für solche **Provisorien** nur insoweit zum Erschließungsaufwand gerechnet werden, als sie für die endgültige Herstellung der Anlage technisch **erforderlich** sind; zusätzliche Aufwendungen der Gemeinde für Anlagenteile, die bei der endgültigen Herstellung überflüssig sind und wieder entfernt werden, können hingegen nicht in den Erschließungsaufwand einbezogen werden, wenn die provisorische Anlage allein aus finanziellen Erwägungen geschaffen wurde (BVerwG Urt. v. 5.9.1969 – IV C 67/68, BVerwGE 34, 19 f.; → § 129 Rn. 12).

22 Ist an einer Straße ein **Gehweg nur einseitig angelegt,** gehören die Kosten auch insoweit zum allgemein beitragsfähigen Erschließungsaufwand. Dies gilt selbst dann, wenn die Anlieger auf der „gehweglosen" Straßenseite auf eigene Kosten einen Gehweg angelegt haben (BVerwG Urt. v. 30.1.1970 – IV C 131/68, BRS 37 Nr. 57).

23 Nicht zu den Herstellungskosten gehören die **Einrichtungen** der Straße, die nicht für die Straße selbst notwendig sind, sondern für den auf ihr stattfindenden **Verkehr.** Dies gilt etwa für Verkehrszeichen, Verkehrsampeln, Zebrastreifen usw. (VGH Mannheim Urt. v. 2.10.1986 – 2 S 1702/84, VBlBW 1987, 337; OVG Koblenz Urt. v. 18.10.1978 – 6 A 27/76, VerwRspr 1979, 695; s. auch *Driehaus* § 13 Rn. 55). Die Regelung darüber, wer die Kosten der Verkehrszeichen zu tragen hat, findet sich in § 5b StVG.

24 **Herstellungskosten einer Grünanlage** sind die Kosten für die jeweiligen Bepflanzungen, Wege, Sitzbänke einschließlich ihrer Zuwegungen usw. (BVerwG Urt. v. 21.10.1969 – IV C 51/69, BauR 1971, 121). Was zur **Herstellung von Immissionsschutzanlagen** gehört, ist sehr vom Einzelfall abhängig. Ähnlich wie bei Straßen gehören hierzu alle Elemente, die für eine modernen Anforderungen entsprechende Ausgestaltung der Anlage erforderlich sind. Dies schließt Anpflanzungen, Beleuchtungseinrichtungen oder auch Entwässerungseinrichtungen ein.

25 Erbringt die Gemeinde zur Herstellung der Erschließungsanlage **Sachaufwendungen** wie zB Bepflanzungen oder Baumaterial, gehören auch diese Kosten – entsprechend der Regelung in Abs. 1 S. 2 für von der Gemeinde bereitgestellte Grundstücke – zum Erschließungsaufwand (BVerwG Urt. v. 5.9.1969 – IV C 67/68, BVerwGE 34, 19; → zu Personal- und Kapitalkosten als Erschließungsaufwand Rn. 40 f.).

26 **(2) Erstmaligkeit.** Zum Erschließungsaufwand nach dem BauGB gehören die Herstellungskosten nur dann und nur insoweit, als sie der **erstmaligen** Herstellung einer Erschließungsanlage dienen. Erweiterungen oder Verbesserungen vorhandener oder sonst endgültig hergestellter Erschließungsanlagen können nach Abs. 2 allenfalls nach Landesrecht abgerechnet werden (→ Rn. 38 f.). Maßgeblich ist in diesem Zusammenhang, ob die Erschließungsanlage im Sinne des § 127 Abs. 2 **insgesamt** bereits vorhanden oder sonst endgültig hergestellt war. Sind für die Herstellung etwa einer neuen Anbaustraße auch Kosten für Teilflächen angefallen, auf denen vorher eine niemals eingezogene Anbaustraße verlief, sind diese Kosten – mit Ausnahme des Bodenwerts der wiederverwendeten Flächen – beitragsfähiger Erschließungsaufwand nach Nr. 1, wenn nicht die neue Straße mit der vorherigen – vor allem in ihrer Führung – **identisch** ist (BVerwG Urt. v. 21.10.1988 – 8 C 64/87, NVwZ-RR 1989, 382; *Quaas* in Schrödter § 128 Rn. 8). Anlieger der eingezogenen Straße werden nach straßenrechtlichen Grundsätzen entschädigt, wenn der Träger der Straßenbaulast nicht einen angemessenen Ersatz für Zufahrten und Zugänge schaffen kann (s. etwa § 20 Abs. 5 StrWG NRW), so dass unbillige Doppelbelastungen vermieden werden (BVerwG Urt. v. 21.10.1988, aaO, 383).

27 Dass nur die Kosten für die erstmalige Herstellung beitragsfähig sind, bedeutet zum einen, dass für sog. **vorhandene Erschließungsanlagen** im Sinne des § 242 Abs. 1

2. Abschnitt. Erschließungsbeitrag § 128

(für die alten Bundesländer) und Abs. 9 (für die neuen Bundesländer) keine Erschließungsbeiträge mehr erhoben werden können. Als vorhanden im Sinne des **§ 242 Abs. 1** ist eine Erschließungsanlage anzusehen, wenn sie bereits **vor Inkrafttreten des Erschließungsbeitragsrechts des BBauG** – also vor dem 30.6.1961 – zu irgendeinem Zeitpunkt nach dem bis zum 29.6.1961 geltenden Landes- und Ortsrecht **endgültig hergestellt** war. Im Bereich des früheren preußischen Rechts war dies der Fall, wenn die Straße bei **Inkrafttreten des ersten wirksamen Ortsstatuts** nach § 15 des Preußischen Fluchtliniengesetzes vom 2.7.1875 (GS 1875, 561 ff., geändert vor allem durch das Wohnungsgesetz vom 28.3.1918, GS 1918, 23 ff.) nach dem insoweit maßgeblichen Willen der Gemeinde ausreichend ausgebaut war und dem Anbau und innerörtlichen Verkehr tatsächlich bestimmungsgemäß gedient hat (BVerwG Urt. v. 10.10.1995 – 8 C 12/94, NVwZ 1996, 800 mit Bezug auf die württembergische Neue Allgemeine Bauordnung in der Fassung vom 6.10.1872; OVG Münster, KStZ 1976, 36; hierzu näher *Schmid* KStZ 1983, 157 ff.); ein bestimmtes Bauprogramm brauchte nicht vorzuliegen (OVG Münster KStZ 1969, 41 f.). Lag in der Gemeinde kein oder kein wirksames Ortsstatut vor, ist als Zeitpunkt für die Beurteilung des Vorhandenseins der Straße der letzte Tag anzusetzen, an dem die Gemeinde ein solches Ortsstatut hätte in Kraft setzen können (hierzu OVG Münster KStZ 1975, 12). Dies war der 29.6.1961, also der Tag vor Inkrafttreten des BBauG (BVerwG Urt. v. 13.8.1976 – IV C 23/74, BRS 37 Nr. 142). Zu den vorhandenen Straßen in diesem Sinn gehören auch **historischen Straßen**, die zB nach § 12 des Preußischen Fluchtliniengesetzes „gemäß den baupolizeilichen Bestimmungen des Orts für den öffentlichen Verkehr und den Anbau fertig hergestellt", also einem ortsrechtlichen Bauprogramm entsprechend errichtet wurden. Eine Straße ist danach in aller Regel nicht als „vorhanden" anzusehen, wenn sie außerhalb einer geschlossenen Ortslage verlief und die Gemeinde sie nicht eindeutig für den Anbau und den innerörtlichen Verkehr bestimmt hat (vgl. OVG Münster Urt. v. 23.11.2001 – 3 A 1725/00, NVwZ-RR 2002, 876; vgl. auch VGH Mannheim Urt. v. 8.11.2001, 2 S 978/00, BWGZ 2002, 183 ff.). **Nicht „vorhanden"** in diesem Sinn ist eine Straße auch dann, wenn sie bei Inkrafttreten zB des ersten Ortsstatutes **noch in der Anlegung** begriffen war. Dies ist bereits dann der Fall, wenn sie entweder objektiv (innerörtliche Gemeindestraße, Ermöglichung des Anbaus und des innerörtlichen Verkehrs) oder subjektiv (von der Gemeinde als zu dem genannten Zweck geeignet und hinreichend angesehen) nicht die Merkmale einer vorhandenen Straße erfüllte. Wann eine Straße in diesem Sinn als „vorhanden" anzusehen ist, lässt sich nur im Einzelfall beurteilen. Dies richtet sich nicht nach dem technischen Ausbauzustand der Straße im Verhältnis zu vergleichbaren Straßen, nach der Größe der Gemeinde und dem tatsächlichen Verkehr oder der Verkehrseignung für einen ungefährdeten Verkehr von Haus zu Haus. Eine **teilweise Bebauung** der angrenzenden Grundstücke ist hierfür **ohne Belang**, solange die Bebauung von der Gemeinde nicht planvoll betrieben wurde (zu den Kriterien im Einzelnen vgl. ausführlich *Schmid* KStZ 1983, 157 (159 f.)). Eine Privatstraße genügt nicht (OVG Koblenz U. v. 9.2.2011 – 6 A 11029/10, NVwZ-RR 2011, 540).

Nach **§ 242 Abs. 9** kann auch für Erschließungsanlagen im **Gebiet der ehemaligen DDR**, soweit sie am 3.10.1990 bereits hergestellt waren, kein Erschließungsbeitrag mehr erhoben werden (zum räumlichen Umgriff entsprechend § 127 Abs. 2 OVG Magdeburg Beschl. v. 9.3.2011 – 4 L 127/10, BeckRS 2011, 48 538). Dasselbe gilt für Teile im Sinne von Teileinrichtungen (→ § 127 Rn. 41 ff.) einer solchen Erschließungsanlage (BVerwG Urt. v. 18.11.2002 – 9 C 2/02, BVerwGE 117, 200; OVG Greifswald Beschl. v. 3.6.1996 – 6 M 20/95, DVBl. 1997, 501 (503); OVG Magdeburg Beschl. v. 9.3.2011 – 4 L 127/10, BeckRS 2011, 48538; *Driehaus* ZMR 1994, 45 (46); *ders.* ZMR 2002, 241 ff.). Für die Anwendung des § 242 Abs. 9 ist es unerheblich, ob die Anlage etwa schon in den dreißiger Jahren, also vor der Teilung Deutschlands, angelegt worden ist (BVerwG Urt. v. 18.11.2002, aaO, 200 (202);

28

§ 128 I. Kapitel. VI. Teil. Erschließung

OVG Magdeburg Beschl. v. 9.3.2011 – 4 L 127/10, BeckRS 2011, 48538; *Fuhrmann* KStZ 2003, 228 ff.). Hergestellt in diesem Sinne ist eine Erschließungsanlage oder eine Teileinrichtung davon, wenn sie bis zum 3.10.1990 zu irgendeinem Zeitpunkt, d. h. unter Umständen auch schon vor Entstehen der DDR, einem damals gültigen technischen Ausbauprogramm oder – nur wenn ein solches nicht feststellbar ist – den örtlichen Ausbaugepflogenheiten entsprach (vgl. BVerwG Urt. v. 11.7.2007 – 9 C 5/06, BVerwGE 129, 100; *Driehaus* § 2 Rn. 37). Es ist in der Regel belanglos, wer das Ausbauprogramm erstellt hat, da zu Zeiten der DDR hierfür keine einheitliche Zuständigkeit festgelegt war (OVG Greifswald Beschl. v. 3.6.1996, aaO, 502 f.). Es muss dafür auch kein Beschluss des Gemeinderates vorliegen; allerdings reicht die Eigeninitiative einiger Privatpersonen nicht aus, wohl aber ein Projektplan des für den Ausbau zuständigen Betriebs (BVerwG Urt. v. 11.7.2007, aaO, 110 Rn. 37). Auch technische Ausbauprogramme aus der Zeit vor der Teilung Deutschlands können hierfür herangezogen werden. Zur Beurteilung der örtlichen Ausbaugepflogenheiten kommt es auf den tatsächlichen Zustand vergleichbarer Straßen in einem abgegrenzten, optisch eine Einheit bildenden Gebiet an, das bei größeren Gemeinden nicht das gesamte Gemeindegebiet sein muss (BVerwG Urt. v. 11.7.2007, aaO, 113 Rn. 41; OVG Greifswald Beschl. v. 3.6.1996, aaO, 503). Notwendig ist dabei aber ein Mindestmaß an technischer Herrichtung, nämlich eine befestigte Fahrbahn, eine über eine Versickerung hinausgehende Straßenentwässerung und eine den ungefährdeten Haus-zu-Haus-Verkehr ermöglichende Straßenbeleuchtung (BVerwG, aaO, 112 Rn. 40; dass. Urt. v. 24.2.2010 – 9 C 1/09, BVerwGE 136, 126 (128) Rn. 15; → zu § 242 Abs. 9 im Übrigen § 242 Rn. 11 f.). Die räumliche Ausdehnung der Erschließungsanlage ist auch in Fällen von § 242 Abs. 9 nach den zu § 127 Abs. 2 entwickelten Grundsätzen (→ § 127 Rn. 17 ff.) festzustellen (BVerwG Urt. v. 24.2.2010 – 9 C 1/09, BVerwGE 136, 126 (129)).

29 Lässt sich nicht mehr feststellen, ob eine Straße in diesem Sinne als vorhanden oder als zu einem früheren Zeitpunkt endgültig hergestellt anzusehen ist, trägt die Gemeinde die **Feststellungslast**. Die Unerweislichkeit der Merkmale für die Herstellung oder des Vorhandenseins einer Straße geht also zu Lasten der Gemeinde (BVerwG Urt. v. 26.1.1979 – IV C 52/76, BauR 1979, 313; dass. Urt. v. 9.12.1988 – 8 C 72/87, NVwZ-RR 1989, 497). Lässt sich allerdings nicht feststellen, ob **überhaupt** unter der Geltung des alten Rechts eine funktionstüchtige, zur Erschließung geeignete Straße **vorhanden** war, trägt insoweit der Anlieger die Feststellungslast (BVerwG Urt. v. 26.1.1979, ebd.).

30 Um eine erstmalige Herstellung im Sinne des Abs. 1 S. 1 Nr. 2 handelt es sich auch dann nicht, wenn die Erschließungsanlage **nach den Vorschriften des BBauG oder des BauGB bereits einmal endgültig hergestellt** war und nur verbessert oder erweitert wurde. Wird aber eine endgültig hergestellte **Außenbereichsstraße** durch Einbeziehung in einen Bebauungsplan zu einer **Anbaustraße,** kann sie erschließungsbeitragsrechtlich unfertig sein und muss daher unter diesem Gesichtspunkt neu beurteilt werden (BVerwG Urt. v. 10.10.1995 – 8 C 13/94, BVerwGE 99, 308). Ebenso kann die Verlängerung einer endgültig festgestellten Erschließungsanlage als selbstständig anzusehen sein (BVerwG Urt. v. 24.2.2010 – 9 C 1/09, BVerwGE 136, 126 (130) Rn. 17). Die Unterscheidung zwischen erstmaliger Herstellung einerseits und Verbesserung oder Erweiterung einschließlich Verlängerung andererseits ist also danach zu treffen, ob die Straße bereits zu irgendeinem Zeitpunkt entsprechend einer wirksamen Satzung und eines Ausbauprogramms endgültig hergestellt war. Ist dies der Fall, können für weitere Baumaßnahmen an dieser Erschließungsanlage nicht Erschließungsbeiträge, sondern allenfalls Straßenausbaubeiträge nach dem Kommunalabgabenrecht der Länder erhoben werden. Allerdings kann ein Erschließungsbeitragsbescheid in die Erhebung eines Straßenbaubeitrags nach Kommunalabgabenrecht **umgedeutet werden oder** es kann ihm, ohne dass die Voraussetzungen einer Umdeutung vorliegen müssen, durch Anwendung des Straßenbau-

2. Abschnitt. Erschließungsbeitrag § 128

beitragsrechts nach § 113 Abs. 1 S. 1 VwGO eine **andere Rechtsgrundlage gegeben** werden, sofern das jeweilige Landesrecht hierfür einen Beitragstatbestand enthält und die Gemeinde eine wirksame Straßenbaubeitragssatzung erlassen hat (OVG Münster Beschl. v. 2.6.2014 – 12 K 1930/11, DVBl. 2014, 1200; *Driehaus* § 2 Rn. 65; *Prutsch* DÖV 1981, 941 (944ff.)). Die Umdeutung oder eine andere Rechtfertigung des Bescheids kann nicht nur die den Bescheid erlassende Behörde, sondern **auch durch das Gericht** erfolgen (OVG Münster, edb.; *Driehaus* § 2 Rn. 64f.). Die Umdeutung eines auf Landesrecht beruhenden Ausbaubeitragsbescheids in einen Erschließungsbeitragsbescheid ist ebenfalls möglich, wenn auch in der Regel nicht in vollem Umfang (vgl. *Driehaus* § 2 Rn. 65). Vor einer Umdeutung ist jedoch auch insoweit zu prüfen, ob nicht ein auf das Straßenbaubeitragsrecht gestützter Bescheid durch „schlichte" Anwendung des Erschließungsbeitragsrechts nach § 113 Abs. 1 S. 1 VwGO aufrechterhalten werden kann. Dies setzt voraus, dass die getroffene Regelung nicht durch eine andere ersetzt werden muss, sondern lediglich seine Rechtsgrundlage auszuwechseln ist; eine Bezugnahme auf ein falsches Gesetz ist unschädlich (BVerwG Urt. v. 19.8.1988 – 8 C 29/87, BVerwGE 80, 96; dass. Urt. v. 9.12.1988 – 8 C 72/87, NVwZ-RR 1989, 497; enger OVG Münster Beschl. v. 14.6.1991 – 3 A 960/86, NVwZ-RR 1992, 209: nur Umdeutung möglich).

bb) Entwässerungs- und Beleuchtungseinrichtungen. Ausdrücklich als 31 möglicher Erschließungsaufwand aufgeführt sind in Abs. 1 S. 1 Nr. 2 die Kosten für **Entwässerungs- und Beleuchtungseinrichtungen** der Erschließungsanlage. Die Anlegung einer **Tiefendrainage,** die zur Ableitung des **Grundwassers** in einem Baugebiet erforderlich ist, kann hingegen **nicht** zu erschließungsbeitragsfähigen Kosten führen, denn eine Tiefendrainage ist weder eine Anlage nach § 127 Abs. 2 und wird auch von Abs. 1 S. 1 Nr. 2 nicht erfasst (vgl. BVerwG Urt. v. 13.11.1992 – 8 C 41/90, NVwZ 1993, 1203). Beitragsfähig sind Entwässerungs- und Beleuchtungseinrichtungen zudem nur, wenn sie **in der Erschließungsbeitragssatzung** ausdrücklich als Merkmal der endgültigen Herstellung der Erschließungsanlage **aufgeführt** sind (BVerwG Urt. v. 13.6.1973 – IV C 66/71, BauR 1973, 311). Dies ist nicht nur wegen der erheblichen Kosten erforderlich, die die Herstellung dieser Einrichtungen erfordert, sondern auch wegen der Möglichkeit, zumindest Teilstrecken von Straßen ohne diese Einrichtungen herzustellen.

Beitragsfähig sind nur die Anlagen zur **Straßenentwässerung, nicht** auch die zur 32 **Grundstücksentwässerung** und **Schmutzwasserableitung** von den Grundstücken (hierzu *Fischer/Korbmacher* in Hoppenberg/de Witt, Kap. F, Rn. 299ff.). Dies schließt es nicht aus, dass die Gemeinde für beide Arten der Entwässerung eine **gemeinschaftliche Regenwasserkanalisation** oder eine **Mischkanalisation** (für Regen- und Schmutzwasser) anlegt. In einem solchen Fall sind für die notwendige Kostenaufteilung zunächst die Kosten nach **drei Kostengruppen** zu ermitteln: Die Kosten für die Bestandteile der Kanalisation, die **nur der Straßenentwässerung** dienen (Straßenrinnen, Straßensinkkästen), die Kosten für die Bestandteile, die **nur der Grundstücksentwässerung** dienen (Grundstücksanschlussleitungen) sowie die Kosten für die Bestandteile, die **sowohl der Straßen- als auch der Grundstücksentwässerung** dienen (Hauptkanal). Während die **erste Kostengruppe ohne weiteres beitragsfähig ist**, ist die **zweite Gruppe** ebenso eindeutig **nicht beitragsfähig**. Die **dritte Kostengruppe** ist dagegen **aufzuteilen** und nur hinsichtlich der Straßenentwässerung beitragsfähig.

Bei der Abrechnung der Entwässerungsanlagen ist die Ermittlung und die Zuord- 33 nung der Kosten zu unterscheiden (im Einzelnen hierzu *Driehaus* § 13 Rn. 64ff.). Zunächst muss die Gemeinde die Kosten für jede dieser drei Kostengruppen im Einzelnen **ermitteln.** Dies ist relativ problemlos bei den **Materialkosten,** da diese eindeutig einer der drei Kostengruppen zugeordnet werden können. Bei den **Lohnkosten** ist es zulässig, dass die Gemeinde „auf der Grundlage gesicherter Erfahrungs-

§ 128

sätze die Anteile **schätzt**" (BVerwG Urt. v. 9.12.1983 – 8 C 112/82, BVerwGE 68, 249, für eine gemeinschaftliche Regenwasserkanalisation; dass. Urt. v. 27.6.1985 – 8 C 124/83, NVwZ 1986, 221 (222ff.), für eine Mischkanalisation) die auf die Kosten für die Herstellung der drei Bestandteilsgruppen entfallen.

34 Für die **Zuordnung der Kosten** ist darauf abzustellen, welche Kosten anteilig angefallen wären, wenn die Gemeinde statt einer Gemeinschaftseinrichtung für jede Abwasserart (Straßenentwässerung, Grundstücksoberflächenentwässerung, Schmutzwasserableitung) eine eigene Kanalisation hergestellt hätte. Dabei ist für die Kostenzuordnung in aller Regel **nicht** auf die jeweils **anfallenden Wassermengen, sondern auf die durch die Anlage einer Gemeinschaftseinrichtung ersparten Herstellungskosten** abzustellen (BVerwG Urt. v. 9.12.1983, aaO, 255). Dahinter steht die Erkenntnis, dass für die Kostenaufteilung weniger die Materialersparnis – im Hinblick auf die geringere Dimensionierung der Rohre – als vielmehr die Ersparnis an Lohn und Maschinenkosten bei der Verlegung einer gemeinschaftlichen Kanalisation entscheidend ist (zu Fall- und Rechenbeispielen vgl. *Driehaus* § 13 Rn. 72ff.). Dient der Regenwasserkanal als Hauptsammler zugleich der Ableitung des Regenwassers weiterer Stadtgebiete, können die Kosten nur insoweit auf die erschlossenen Grundstücke umgelegt werden, als sie für eine nur das Erschließungsgebiet umfassende Straßenentwässerung erforderlich gewesen wären (VGH Mannheim Urt. v. 28.2.2002 – 2 S 2327/01, BWGZ 2002, 538 (539ff.)).

35 Da die Straßenentwässerung nur funktionstüchtig ist, wenn das gesamte Entwässerungssystem der Gemeinde funktioniert, kann die Gemeinde bei der Abrechnung auch auf das **gesamte Entwässerungsnetz** abstellen und einen dem Anlagenteil entsprechenden Anteil an den Gesamtkosten der Straßenentwässerung zugrunde legen (BVerwG Urt. v. 29.7.1977 – IV C 3/75, BRS 37 Nr. 80; dass. Urt. v. 29.7.1977 – IV C 86/75, BVerwGE 54, 225 (226ff.)). Zweckmäßig ist es in diesem Fall, für die Abrechnung **Einheitssätze** nach § 130 Abs. 1 S. 1 zugrunde zu legen (BVerwG Urt. v. 29.7.1977, ebd.). Rechnet die Gemeinde jedoch nach den tatsächlich entstandenen Erschließungskosten ab, kann sie gleichwohl bei der Beitragserhebung für die Straßenentwässerung einen auf die Gesamtkosten des Straßenentwässerungsnetzes abstellenden **Durchschnittssatz** ermitteln (VGH Kassel Urt. v. 4.6.1980 – V OE 77/77, DÖV 1982, 127 (128)). Auch in diesem Fall wird der Beitragsgerechtigkeit entsprochen, da nicht die Anlieger von Erschließungsanlagen mit einer „billigeren" Straßenentwässerung gegenüber den Anliegern von Erschließungsanlagen mit aus technischen Gründen „teurerer" Entwässerung begünstigt werden, obwohl auch sie wegen des Systemzusammenhangs bei der Straßenentwässerung auf die „teureren" Anlagen angewiesen sind (→ auch § 130 Rn. 13). Auch bei der Straßenentwässerung ist **nur die erstmalige Herstellung** beitragsfähig, nicht aber die Verbesserung oder Unterhaltung der Entwässerungsanlagen.

36 Für die **Straßenbeleuchtung** (hierzu *Driehaus* § 13 Rn. 62f.) gilt hinsichtlich Herstellung und Abrechnung dasselbe wie für die Straßenentwässerung. **Zentrale Kläranlagen** oder **Anlagen zur Stromversorgung** der Gemeinde dienen der Erfüllung einer allgemeinen Aufgabe, etwa der Wahrung der Gesundheit und des Umweltschutzes oder der Bereitstellung von Elektrizität, nicht aber der Erfüllung der Erschließungsaufgabe nach § 123 Abs. 1; sie können nicht als Einrichtungen der Straßenbeleuchtung oder Straßenentwässerung abgerechnet werden (hierzu BVerwG Urt. v. 18.4.1986 – 8 C 90/84, NVwZ 1987, 143).

37 b) Übernahme (S. 1 Nr. 3). Übernimmt die Gemeinde bereits **endgültig hergestellte Erschließungsanlagen,** etwa Privatstraßen oder sonstige privat hergestellte und insofern nicht abrechenbare, § 127 Abs. 2 unterfallende Erschließungsanlagen (Eigentumserwerb; vgl. OVG Saarlouis Urt. v. 7.4.1988 – 1 R 108/87, KStZ 1989, 148), kann sie die Kosten für die Übernahme dieser Anlagen als gemeindliche Erschließungsanlagen nach **Abs. 1 S. 1 Nr. 3** der Erhebung von Erschließungsbeiträ-

gen zugrunde legen. Waren die Anlagen noch nicht endgültig hergestellt, kann die Gemeinde die Übernahmekosten nach Nr. 3 und die anschließenden Kosten für die endgültige Herstellung nach Abs. 1 S. 1 Nr. 1 und 2 abrechnen. Ein solcher Fall kann sich zB ergeben, wenn ein Erschließungsvertrag nach § 11 Abs. 1 S. 2 Nr. 1 durch den Unternehmer nicht vollständig erfüllt wurde (OVG Koblenz Urt. v. 9.2.2011 – 6 A 11 029/10, NVwZ-RR 2011, 540; vgl. *Quaas* in Schrödter § 128 Rn. 12).

c) Erweiterungen und Verbesserungen (Abs. 2). In **Abs. 2 S. 1** wird ausdrücklich bestimmt, dass Kosten für **Erweiterungen oder Verbesserungen,** also für den Ausbau von Erschließungsanlagen nach Landesrecht beitragspflichtig sein können (zum Ausbaubeitragsrecht *Driehaus,* §§ 28 ff.). Dies gilt allerdings nicht in förmlich festgelegten Sanierungsgebieten, da § 154 Abs. 1 S. 2 wegen der Erhebung von Ausgleichsbeträgen allgemein die Erhebung von Beiträgen für diese Maßnahmen ausschließt. Dies gilt auch für Beiträge nach den Kommunalabgabengesetzen der Länder (BVerwG Urt. v. 21.10.1983 – 8 C 40/83, BVerwGE 68, 130).

38

Abs. 2 S. 2 bestimmt, dass die Länder die Kosten für die Straßenbeleuchtung vom Erschließungsaufwand ausnehmen können. Von dieser Ermächtigung hat jedoch kein Land Gebrauch gemacht (→ allgemein zum Recht der Länder, das Erschließungsbeitragsrecht auch darüber hinaus eigenständig zu regeln Vorb. §§ 123–135 Rn. 8; → zur Begründung der erstmaligen Herstellung von der Erweiterung und Verbesserung einer Erschließungsanlage Rn. 30; → zur Möglichkeit der Umdeutung von Straßenbaubeiträgen in Erschließungsbeiträge und umgekehrt Rn. 30).

39

3. Personal und Kapital, sonstiges. Allgemeine Personalkosten in Form eines **pauschalen Verwaltungskostenzuschlags** kann die Gemeinde **nicht** in den Erschließungsaufwand einbeziehen, da diese Kosten in aller Regel nicht eindeutig und ausschließlich für die Erschließung durch eine bestimmte Anlage entstehen oder ihr nicht nachweisbar zugeordnet werden können (BVerwG Urt. v. 22.11.1968, IV C 82/67, BVerwGE 31, 90 (93 ff.)). Kann allerdings eine Gemeinde auf der Grundlage einer **Kosten-Leistungs-Rechnung** den Personalaufwand für eine konkrete Erschließungsmaßnahme auch in der **Verwaltung** exakt ermitteln, darf sie diese Kosten auch abrechnen. Einer besonderen Satzungsregelung zur Berücksichtigung von Verwaltungskosten bedarf es nicht; die Gemeinde kann, wie jedes von ihr beauftragte Unternehmen dies zur Vermeidung von Verlusten (vgl. zum Minus-Geschäft der Beitragserhebung ohne die Abrechnung der mittelbaren Personalkosten *Thyen* KStZ 1986, 186 ff.) auch macht, neben den unmittelbaren Herstellungskosten auch solche mittelbaren Herstellungskosten abrechnen, da ohne sie die technische Herstellung gar nicht möglich wäre (vgl. *Driehaus* § 13 Rn. 4). Werden Dienstkräfte speziell für die technische **Herstellung** einer bestimmten Anlage eingesetzt (zB Mitarbeiter des kommunalen Bauhofs), können die Kosten in jedem Fall abgerechnet werden (vgl. etwa *Driehaus* § 13 Rn. 4). Beide Arten von Personalkosten gehören zur Herstellung im Sinne des Abs. 1 Nr. 2 und sind daher im Sinne einer dem Gesetzeszweck entsprechenden „möglichst wirklichkeitsgerechten Kostenermittlung" (vgl. BVerwG Urt. v. 23.2.2000 – 11 C 3/99, BVerwGE 110, 344) in den Erschließungsaufwand einzubeziehen (aA zum Straßenausbaubeitragsrecht OVG Münster Urt. v. 29.1.2002 – 15 A 5565/99, NVwZ-RR 2002, 870).

40

Dieselben Grundsätze gelten auch für **Fremdfinanzierungskosten** (hierzu *Richarz/Steinmetz,* Erschließung in der kommunalen Praxis, 2. Aufl. 2000, 156; *Klausing* DVBl. 2001, 516 ff.; *Driehaus* § 13 Rn. 12 ff.; *Fischer/Korbmacher* in Hoppenberg/de Witt, Kap. F, Rn. 285 ff.) anzuwenden. Lassen sich diese nicht eindeutig einer bestimmten Erschließungsanlage zuordnen, gehören sie nicht zum beitragsfähigen Erschließungsaufwand. Werden die Fremdmittel jedoch „aus sachlichen Gründen im Rahmen einer ordnungsmäßigen Haushaltsführung" zu banküblichen Zinsen aufgenommen und sind sie „feststellbar als Kosten für die Herstellung der konkreten Erschließungsanlage (Abschnitt, Erschließungseinheit) angefallen" und verwendet wor-

41

§ 128

den (BVerwG Urt. v. 21.6.1974 – IV C 41/72, BVerwGE 45, 215; dass. Urt. v. 18.3.2009 – 9 C 4/08, BVerwGE 133, 280; dass. Urt. v. 5.5.2015 – 9 C 14/14, DVBl 2015, 1117), können sie für die jeweilige Erschließungsanlage abgerechnet werden. Dem steht der Übergang zum Gesamtdeckungsprinzip im Gemeindehaushaltsrecht nicht entgegen (BVerwG Urt. v. 23.8.1990 – 8 C 4/89, BVerwGE 85, 306; hierzu *Richarz* KStZ 1991, 105 ff.). Vielmehr genügt es, wenn der durch die Erschließungsmaßnahme ausgelöste Kreditbedarf ermittelt und dieser dann unter Rückgriff auf die Fremdfinanzierungsquote des betreffenden Haushaltsjahres, d. h. des Jahres, in dem der Erschließungsaufwand entstanden ist (BVerwG Urt. v. 23.2.2000 – 11 C 3/99, BVerwGE 110, 344), für alle Investitionen anteilig den Kosten für die Erschließungsmaßnahme zugeordnet wird (aA für das insoweit vergleichbare Straßenausbaubeitragsrecht OVG Münster Urt. v. 29.1.2002 – 15 A 5565/99, NVwZ-RR 2002, 870: Kapitalkosten sind nicht beitragsfähige Gemeinkosten). Bei mehreren von der Gemeinde aufgenommenen Darlehen mit unterschiedlichen Zinssätzen hat eine gemittelte Berücksichtigung zu erfolgen (BVerwG Urt. v. 18.3.2009 – 9 C 4/08, BVerwGE 133, 280; *Driehaus* § 13 Rn. 21). Dass diese Zurechnung gleichwohl nicht centgenau erfolgen kann, ist unschädlich (BVerwG Urt. v. 18.3.2009 – 9 C 4/08, BVerwGE 133, 280); **Eigenkapital** der Gemeinde findet allerdings keine Berücksichtigung in Form einer fiktiven Verzinsung (BVerwG Urt. v. 23.8.1990 – 8 C 4/89, BVerwGE 85, 306). Die Gemeinde darf für andere Maßnahmen haushaltsrechtlich zweckgebundene Zuschüsse bei der Berechnung der Fremdfinanzierungsquote abziehen (BVerwG Urt. v. 23.2.2000, ebd.). Der **Zeitraum,** während dessen Zinsen, ermittelt nach dem Durchschnittssatz des betreffenden Jahres, berechnet werden können, **beginnt** mit der feststellbaren **Inanspruchnahme** von Zinsen für die Herstellung einer konkreten Anlage. Dies gilt auch für eine endgültig fertiggestellte Außenbereichsstraße, die iSv § 127 Abs. 2 Nr. 1 zu einer zum Anbau bestimmten Straße „umgewandelt" wird (BVerwG Urt. v. 5.5.2015 – 9 C 14/14, DVBl 2015, 1117). Er **endet** mit dem Entstehen der sachlichen Erschließungsbeitragspflicht nach § 133 Abs. 2 S. 1 (BVerwG Urt. v. 5.5.2015 – 9 C 14/14, DVBl 2015, 1117; dass. Urt. v. 23.8.1990 – 8 C 4/89, BVerwGE 85, 306; → § 133 Rn. 15 ff.). Hat die Gemeinde jedoch ohne sachlichen Grund die Entstehung der Beitragspflicht hinausgeschoben, können die hierdurch verursachten Fremdfinanzierungskosten nicht in Ansatz gebracht werden; hier fehlt es an der entsprechend § 129 Abs. 1 S. 1 gebotenen Erforderlichkeit der angefallenen Kosten (→ § 129 Rn. 16; BVerwG Urt. v. 5.5.2015 aaO; dass. Urt. v. 23.2.2000, aaO). Auch im Übrigen können sich aus der Laufzeit der Fremdfinanzierung Grenzen für die Beitragsfähigkeit ergeben (so tendenziell BVerwG Urt. v. 5.5.2015 – 9 C 14/14, DVBl 2015, 1117) bei einem Zeitraum von 20 Jahren). Der Ansatz von Fremdfinanzierungskosten ist daher in besonderer Weise zu begründen oder zu rechtfertigen (vgl. *Becker* BauR 2001, 1853 (1857 f.); s. auch *Klinkhardt* NVwZ 2001, 1375 ff.). Hat ein Anlieger **Vorausleistungen** auf den Erschließungsbeitrag erbracht, entsteht ihm hieraus nicht ein Anspruch auf eine Zinsgutschrift, weil die Gemeinde hierdurch insoweit kein Fremdkapital in Anspruch nehmen musste (BVerwG Urt. v. 5.5.2015 aaO; dass. Urt. v. 23.8.1990, aaO). Allerdings gehen die Vorausleistungen, wie unter Umständen Finanzierungszuschüsse von dritter Seite (zur beitragsmindernden Berücksichtigung von Zuschüssen vgl. VGH Kassel Beschl. v. 27.8.1991 – 5 TH 3093/90, KStZ 1991, 215; → aber auch § 129 Rn. 18 f.), bedarfsmindernd in die Berechnung des Kreditbedarfs der jeweiligen Erschließungsmaßnahme ein, da es sich um zweckgebundene Zahlungen handelt (BVerwG Urt. v. 23.8.1990, aaO, 306 (309); *Richarz* KStZ 1991, 105 (106); zur betriebswirtschaftlich korrekten Berücksichtigung von Vor- und Zwischenfinanzierungskosten bei der Ermittlung des Herstellungsaufwands für eine Erschließungsanlage vgl. *Klinkhardt* NVwZ 1999, 47 ff.). Bei späteren, also nach dem Entstehungsjahr der kreditbelastenden Aufwendungen eingehenden Vorausleistungen, sind diese im Rahmen der (fiktiven) Kreditkostenberechnungen wie Tilgungen zu berücksichtigen

(BVerwG Urt. v. 18.3.2009 – 9 C 4/08, BVerwGE 133 (280)). Nicht zu den umlagefähigen Kosten zählen **Rechtsanwalts. oder sonstige Beratungskosten**, die im Zusammenhang mit der Berechnung von Erschließungsbeiträgen entstehen (BVerwG Urt. v. 2.3.2015 – 9 C 7/14, NVwZ 2015, 1465).

III. Ausgeschlossene Kosten (Abs. 3)

1. **Brücken, Tunnels und Unterführungen (Nr. 1).** Um die abrechenbaren 42 Kosten für die Beitragspflichtigen in tragbaren Grenzen zu halten, sind nach **Abs. 3 Nr. 1** die **Kosten für besonders aufwendige Teile** von Erschließungsstraßen vom umlagefähigen Erschließungsaufwand ausgeschlossen. Dies gilt jedoch nur für Kosten, die für **Brücken, Tunnels und Unterführungen** gegenüber einer „normalen" Straßenführung **zusätzlich** entstehen. Kosten für Grunderwerb und Freilegung, für Straßenbelag und sonstige Teile der Straße, die auch ohne die Errichtung der Brücke, des Tunnels oder der Unterführung angefallen wären, bleiben Bestandteil des Erschließungsaufwands (OVG Münster Urt. v. 17.5.1984 – 3 A 2691/82, KStZ 1985, 16; *Driehaus* § 13 Rn. 83; *Grziwotz* in EZBK § 128 Rn. 47).

2. **Ortsdurchfahrten von Bundes- und Landesstraßen (Nr. 2).** Nach **Abs. 3** 43 **Nr. 2** sind ebenfalls vom Erschließungsaufwand ausgenommen die Kosten für die **Fahrbahnen der Ortsdurchfahrten** von Bundes- oder Landstraßen, soweit diese Ortsdurchfahrten der anschließenden – tatsächlichen, nicht etwa nur geplanten (vgl. BVerwG Urt. v. 12.4.2000 – 11 C 11/99, NVwZ-RR 2000, 530) – freien Strecke der Straße entsprechen (zum maßgeblichen **Zeitpunkt** für die Feststellung einer klassifizierten Straße, dh zum Zeitpunkt der technischen Fertigstellung s. BVerwG Urt. v. 9.3.1990 – 8 C 76/88, BVerwGE 85, 66; zur Abschnittsbildung, s. BVerwG Urt. v. 12.4.2000, aaO). Hierdurch soll dem Gedanken Rechnung getragen werden, die Anlieger nur mit den für sie erforderlichen Straßenbaukosten zu belasten (*Grziwotz* in EZBK § 128 Rn. 45). Dass diese Kostenteilung **verfassungsrechtlich zulässig** ist und nicht zu einer willkürlichen Begünstigung der Anlieger solcher Ortsdurchfahrten führt, hat das Bundesverfassungsgericht mit Urteil vom 8.11.1972 (1 BvL 15/68, BVerfGE 34, 139) festgestellt. Eine **Ortsdurchfahrt** ist nach § 5 Abs. 4 FStrG der Teil einer Bundesstraße, der **innerhalb der geschlossenen Ortslage** liegt und auch der Erschließung der anliegenden Grundstücke oder der mehrfachen Verknüpfung des Ortsstraßennetzes dient. Dabei ist der Begriff der geschlossenen Ortslage nicht mit dem Begriff des im Zusammenhang bebauten Ortsteils nach § 34 identisch. Er ist vielmehr entsprechend seiner anderen Funktion weiter als dieser, da es hiernach nicht auf die konkrete Bebaubarkeit einzelner Grundstücke ankommt, sondern lediglich auf die **Verteilung der Straßenbaulast**. Maßgebend ist daher eine **weiträumige Betrachtungsweise**, die auf die (uU auch durch größere Baulücken unterbrochene) Gesamtbebauung abstellt. Dementsprechend bestimmt § 5 Abs. 4 S. 3 FStrG, dass einzelne unbebaute Grundstücke, zur Bebauung ungeeignetes oder ihr entzogenes Gelände oder eine einseitige Bebauung, zB bei einer Uferstraße, den Zusammenhang nicht unterbrechen (s. hierzu auch BVerwG Urt. v. 18.3.1983 – 4 C 10/80, BVerwGE 67, 79; *Sauthoff*, Öffentliche Straßen, 2. Aufl. 2010, Rn. 919). Abs. 2 Nr. 3 kann auf andere Straßen mit überörtlicher Verkehrsfunktion nicht entsprechend angewendet werden (→ § 127 Rn. 23).

§ 129 Beitragsfähiger Erschließungsaufwand

(1) ¹Zur Deckung des anderweitig nicht gedeckten Erschließungsaufwands können Beiträge nur insoweit erhoben werden, als die Erschließungsanlagen erforderlich sind, um die Bauflächen und die gewerblich zu nutzenden Flächen entsprechend den baurechtlichen Vorschriften zu nutzen

§ 129

(beitragsfähiger Erschließungsaufwand). ²Soweit Anlagen nach § 127 Abs. 2 von den Eigentümern hergestellt sind oder von ihm auf Grund baurechtlicher Vorschriften verlangt werden, dürfen Beiträge nicht erhoben werden. ³Die Gemeinden tragen mindestens 10 vom Hundert des beitragsfähigen Erschließungsaufwands.

(2) Kosten, die ein Eigentümer oder sein Rechtsvorgänger bereits für Erschließungsmaßnahmen aufgewandt hat, dürfen bei der Übernahme als gemeindliche Erschließungsanlagen nicht erneut erhoben werden.

Übersicht

	Rn.
I. Beitragsfähiger Erschließungsaufwand (Abs. 1 S. 1)	1
1. Flächenbezug	2
2. Zulässige Nutzung	4
3. Begrenzung	5
a) Erschließungsaufwand nach § 128	6
b) Satzungsbestimmung nach § 132 Nr. 1	7
c) Erforderlichkeit	8
4. Keine anderweitige Deckung	18
II. Vom Eigentümer hergestellte Erschließungsanlagen (Abs. 1 S. 2)	24
III. Eigenanteil der Gemeinde (Abs. 1 S. 3)	28
1. Verteilungsbestimmung	28
2. Zweck	29
3. Höhe	30
4. Berechnung	32
IV. Vermeidung von Doppelbelastungen (Abs. 2)	33

I. Beitragsfähiger Erschließungsaufwand (Abs. 1 S. 1)

1 § 129 enthält keine Regelung über die **Ermittlung** des beitragsfähigen Erschließungsaufwands (→ Vorb. §§ 123–135 Rn. 15), **sondern** eine **Begrenzung** des nach anderen Vorschriften ermittelten Erschließungsaufwands im Hinblick auf die Beitragserhebung. Auf diese Begrenzung bezieht sich auch das Wort „können" in Abs. 1 S. 1. Es besagt nicht etwa in Abweichung von § 127 Abs. 1, dass die Beitragserhebung im Ermessen der Gemeinde steht, sondern beschränkt – in Verbindung mit dem Wort „nur" – die Möglichkeit der Beitragserhebung auf **das für die Nutzung der erschlossenen Bauflächen Erforderliche**. Der Gemeinde bleibt es unbenommen, die Erschließungsanlagen aufwendiger herzustellen; Beiträge hierfür kann sie jedoch nur in dem durch § 129 gezogenen Rahmen erheben (*Ernst/Grziwotz* in EZBK § 129 Rn. 3 f.).

2 **1. Flächenbezug. Abs. 1 S. 1** bezieht die Erforderlichkeit einer Erschließungsanlage nicht auf das einzelne von ihr erschlossene Grundstück, sondern auf **Bauflächen**. Die Verwendung des Begriffs „Bauflächen" erfolgt hier in einem **spezifisch erschließungsbeitragsrechtlichen, nicht planungsrechtlichen Sinne**. Damit sind nicht die Bauflächen, die in einem Flächennutzungsplan nach § 5 Abs. 2 Nr. 1 dargestellt werden können, aber auch nicht notwendig die in einem Bebauungsplan nach § 9 Abs. 1 Nr. 1 in Verbindung mit § 1 Abs. 2, §§ 2 ff. BauNVO festgesetzten Baugebiete gemeint. Unter Bauflächen im Sinne des Abs. 1 S. 1 ist vielmehr **das gesamte zu erschließende Gebiet** zu verstehen (vgl. OVG Magdeburg Beschl. v. 9.3.2010 – 4 L 169/07, KStZ 2010, 175; OVG Münster Urt. v. 15.3.1984 – 3 A 2078/83, NVwZ 1984, 656). Hierbei wird es sich also in der Regel um eine Zusammenfassung mehrerer im Bebauungsplan festgesetzter Baugebiete handeln (hierzu BVerwG Urt. v. 6.5.1966 – IV C 136/65, NJW 1966, 1832 (1833); dass. Urt. v.

13.8.1976 – IV C 23/74, DÖV 1977, 217). Damit wird dem Gesichtspunkt Rechnung getragen, dass die Erschließung eines einzelnen Grundstücks zwangsläufig in die Erschließung eines größeren Gebiets eingebettet ist. Dies kann daher ohne weiteres dazu führen, dass eine Straße aufwendiger hergestellt werden muss, als es für die Erschließung eines einzelnen Grundstücks erforderlich gewesen wäre. Unter dem Begriff der Bauflächen ist daher das **Erschließungsgebiet** zu verstehen (vgl. *Driehaus* § 15 Rn. 5; → auch § 127 Rn. 17).

Die Erwähnung der **gewerblich zu nutzenden Flächen** neben den Bauflächen hat keine eigenständige Bedeutung. Sie gehören planungsrechtlich ebenfalls zu den Bauflächen oder Baugebieten. Daher werden sie auch von dem allein maßgeblichen Begriff des Erschließungsgebiets umfasst. 3

2. Zulässige Nutzung. Der zweite Bezugspunkt für die Erforderlichkeit der Erschließungsanlagen ist die auf den Grundstücken **baurechtlich zulässige Nutzung.** Diese, nicht die tatsächlich ausgeübte Nutzung, muss die Gemeinde bei der Planung und Ausführung der Erschließungsanlagen berücksichtigen. Je nach der zulässigen Art der Nutzung (insbesondere Wohngebiet, Mischgebiet oder Gewerbegebiet) und dem Maß der zulässigen Nutzung (insbesondere ein- oder mehrgeschossige Bebauung) sind die Erschließungsanlagen größer und aufwendiger oder kleiner und weniger aufwendig zu errichten. Eine hinter der zulässigen Nutzung zurückbleibende tatsächliche Nutzung kann den Erschließungsaufwand nicht reduzieren, solange rechtlich eine intensivere Nutzung zulässig ist. Umgekehrt vermittelt eine rechtswidrig über die zulässige Nutzung hinausgehende tatsächliche Nutzung jedoch keinen „Anspruch" auf eine aufwendigere Herstellung der Erschließungsanlagen. Allerdings kann die Gemeinde bei der **Verteilung** des Erschließungsaufwands uU auch an die tatsächliche Nutzung anknüpfen (→ § 131 Rn. 44 ff.). Dieser grundsätzlich notwendigen Ausrichtung für Erschließungsanlagen an der baurechtlich zulässigen Nutzung hat die Gemeinde auch bei Erlass ihrer Erschließungsbeitragssatzung nach § 132 Nr. 1 Rechnung zu tragen (→ § 132 Rn. 13). 4

3. Begrenzung. Die Begrenzung des beitragsfähigen Erschließungsaufwands durch das Merkmal der **Erforderlichkeit** in Abs. 1 S. 1 ist im **Zusammenhang mit den Regelungen in § 128 und § 132 Nr. 1** zu sehen. Letztlich geht es um die Bestimmung des **Erschließungsvorteils** (BVerwG Urt. v. 3.3.1995 – 8 C 25/93, ZfBR 1995, 267 (268); → auch § 127 Rn. 4). 5

a) Erschließungsaufwand nach § 128. § 128 bestimmt, **welche Kosten** für die Herstellung von Erschließungsanlagen im Sinne des § 127 Abs. 2 **grundsätzlich in den Erschließungsaufwand einbezogen** werden **können.** Danach gehören zB Kosten für die Verbesserung oder Erweiterung von endgültig hergestellten Erschließungsanlagen und Kosten für bestimmte Bauteile einer Erschließungsanlage (vgl. § 128 Abs. 3) nicht zum Erschließungsaufwand. Hieraus ergibt sich eine **allgemeine gesetzliche Begrenzung** des beitragsfähigen Erschließungsaufwands. 6

b) Satzungsbestimmung nach § 132 Nr. 1. Eine **zweite Begrenzung** der abrechenbaren Kosten ergibt sich aus den Bestimmungen in der **Erschließungsbeitragssatzung nach § 132 Nr. 1.** Danach müssen die Gemeinden im Vorhinein festlegen, welchen **Umfang von Erschließungsanlagen** sie der Abrechnung zugrunde legen wollen. Dies schließt eine umfangreichere, dann allerdings insoweit erschließungsbeitragsfreie Herstellung der Erschließungsanlagen nicht aus. 7

c) Erforderlichkeit. Der so im Hinblick auf die Beitragserhebung bereits reduzierte Erschließungsaufwand kann durch die **Prüfung der Erforderlichkeit nach Abs. 1 S. 1** eine **weitere Begrenzung** im konkreten Fall erfahren. Dabei bezieht sich die Erforderlichkeit auf die Erschließungsanlage selbst, auf ihre Art und ihren Umfang sowie auf die hierfür angefallenen tatsächlichen Kosten. Zwar handelt es 8

§ 129 I. Kapitel. VI. Teil. Erschließung

sich bei dem Begriff der Erforderlichkeit um einen **unbestimmten Gesetzesbegriff** (hierzu *Ernst/Grziwotz* in EZBK § 129 Rn. 10), der gerichtlich grundsätzlich voll überprüfbar ist. Allerdings hat die Gemeinde hierbei einen gewissen **Beurteilungsspielraum** (BVerwG Urt. v. 23.6.1972 – IV C 15/71, BVerwGE 40, 177; dass. Urt. v. 24.11.1978 – IV C 18/76, NJW 1979, 2220; OVG Münster Urt. v. 15.3.1984 – 3 A 2078/83, NVwZ 1984, 656; VGH Mannheim Urt. v. 28.2.2002 – 2 S 2327/01, BWGZ 2002, 538 (540); kritisch hierzu *Bayer* ZMR 2006, 10 (11 ff.)). So kann die Gemeinde zB unter mehreren Ausstattungsvarianten zur Verminderung künftiger Unterhaltungskosten die dauerhaftere wählen oder bei der Herstellung einer Erschließungsstraße auch die Leichtigkeit des Verkehrs berücksichtigen (BVerwG Urt. v. 24.11.1978, aaO). **Gerichtlich überprüfbar** ist daher letztlich nur, ob die Gemeinde die Grenzen ihres Beurteilungsspielraums und damit die **Grenzen des nach Abs. 1 S. 1 Erforderlichen** überschritten hat (BVerwG Urt. v. 24.11.1978, aaO). Erweist sich eine Erschließungsanlage als nur zum Teil „erforderlich", sind die für ihre Herstellung tatsächlich aufgewendeten Gesamtkosten im Wege der Verhältnisrechnung zu reduzieren.

9 **aa) Erschließungsanlage.** Die Erforderlichkeit bezieht sich zunächst darauf, **ob die Erschließungsanlage als solche** für eine baurechtlich zulässige Nutzung der Grundstücke überhaupt **notwendig** ist (BVerwG Urt. v. 10.2.1978 – IV C 4/75, NJW 1978, 2311). Eine Erschließungsanlage im Sinne des § 127 Abs. 2, mit der ein Grundstück **erstmals erschlossen** wird, ist **praktisch immer erforderlich**. In Frage stehen kann die Erforderlichkeit bei einer Erschließungsstraße im Sinne des § 127 Abs. 2 Nr. 1 jedoch dann, wenn es sich um eine **Zweit- oder Drittserschließung** handelt, die angrenzenden Grundstücke also bereits durch andere Erschließungsstraßen erschlossen sind. Auch bei der Beurteilung der Erforderlichkeit in diesen Fällen kommt es **nicht** auf das **subjektive Empfinden** der Grundstückseigentümer an. Maßgeblich ist vielmehr allein, ob die Zweiterschließung „dem Grundstück eine **prinzipiell bessere Qualität der Erschließung im bebauungsrechtlichen Sinne** vermittelt" (BVerwG Urt. v. 10.2.1978, ebd.; dass. Urt. v. 3.3.1995 – 8 C 25/93, NVwZ 1995, 1208). Es geht mithin nicht um eine am Mindestmaß orientierte Notwendigkeit, sondern um die Notwendigkeit der Erschließung nach dem städtebaulichen Erschließungskonzept der Gemeinde für ein Baugebiet. Hieran wird es auch bei einer Zweiterschließung **nur ausnahmsweise fehlen**, etwa wenn eine auch zum Anbau geeignete Straße ganz überwiegend nicht der Erschließung, sondern einem anderen Zweck dient. Dies kann etwa – je nach den Umständen des Einzelfalles – der Fall sein bei Zugängen zu Erholungs- oder Sportstätten (BVerwG Urt. v. 10.2.1978, aaO). An der Erforderlichkeit in diesem Sinne fehlt es auch, wenn ein Teilstück einer Erschließungsstraße nur angelegt wurde, um die – an anderer Stelle auch mögliche, aber nur schwer herzustellende – Zufahrt zu einem einzelnen Grundstück zu erleichtern (vgl. OVG Münster Urt. v. 15.3.1984 – 3 A 2078/83, NVwZ 1984, 656 f.).

10 **bb) Art und Umfang des Ausbaus.** Des Weiteren bezieht sich die Erforderlichkeit auf **Art und Umfang der Erschließung.** Hierzu hat die **Erschließungsbeitragssatzung** nach § 132 Nr. 1 Bestimmungen zu enthalten. Da diese aber wegen der notwendigen Generalisierung zB für den **Umfang** von Erschließungsanlagen **nur Höchstgrenzen** festlegen kann und muss (BVerwG Urt. v. 13.8.1976 – IV C 23/74, DÖV 1977, 217; für Sammelstraßen BVerwG Urt. v. 8.8.1975 – IV C 74/73, DÖV 1976, 347), bleibt die Prüfung der Erforderlichkeit im Hinblick auf die konkrete Erschließungsanlage gleichwohl notwendig (BVerwG Urt. v. 8.8.1975, aaO; vgl. auch *Becker* BauR 2001, 1853 (1854 f.)). Fehlt eine entsprechende Bestimmung in der Satzung, ist insofern unmittelbar auf Abs. 1 S. 1 zurückzugreifen (vgl. OVG Berlin Urt. v. 6.12.1985 – 2 B 132/83, ZfBR 1986, 152; *Driehaus* § 11 Rn. 37). Wenn dies nicht ausdrücklich bestimmt ist, kann eine Erschließungsbeitragssatzung

2. Abschnitt. Erschließungsbeitrag §129

nicht dahin ausgelegt werden, dass nur eine Herstellung entsprechend den anerkannten Regeln der Technik satzungsgemäß ist; dies kann von den Bürgern nicht oder allenfalls nur unter großen Schwierigkeiten erkannt werden, so dass sie sich nicht, wie erforderlich, ein eigenes Urteil über die Herstellung der Straße bilden könnten (BVerwG Beschl. v. 18.7.2001 – 9 B 23/01, NVwZ-RR 2001, 711).

Anlass für eine Prüfung der Erforderlichkeit besteht insbesondere dann, wenn eine Erschließungsanlage neben der Erschließung **auch anderen Zwecken dient.** Dies kann der Fall sein bei zum Anbau bestimmten Straßen oder bei Sammelstraßen, die zugleich einem **überörtlichen Durchgangsverkehr** dienen. Ist die Straße aus diesem Grund breiter angelegt (zB mit vier statt nur mit zwei Fahrbahnen) als es für die Erschließung notwendig wäre, überschreitet sie insoweit das Maß des Erforderlichen. Ist die Straße dagegen aufwendiger ausgestattet als es für den bloßen Anliegerverkehr erforderlich wäre, um auch einen **innerörtlichen Verbindungsverkehr** aufnehmen zu können, berührt dies die Erforderlichkeit der Anlage nicht. Dies gehört grundsätzlich mit zur Erschließungsfunktion einer Straße (hierzu BVerwG Urt. v. 8.8.1975 – IV C 74/73, DÖV 1976, 347; dass. Urt. v. 24.11.1978 – IV C 18/76, NJW 1979, 2220). Das Maß des Erforderlichen kann auch eine Straße überschreiten, deren **Parkstreifen** nicht Erschließungszwecken, sondern einer nahegelegenen Sportanlage oder einem Messezentrum dienen (hierzu BVerwG Urt. v. 11.12.1970 – IV C 25/69, DVBl. 1971, 508). Beim heutigen Motorisierungsgrad wird aber die Anlegung von Parkstreifen zumindest an größeren Straßen in aller Regel erforderlich sein. **11**

Die Erforderlichkeit bezieht sich auch auf die **Art der Herstellung** einer Erschließungsanlage. So ist es zB nicht erforderlich, eine Anliegerstraße in einem reinen Wohngebiet mit einem **Unterbau** zu versehen, der für starken Lkw-Verkehr geeignet ist. Dasselbe gilt, wenn eine besonders aufwendige **Straßendecke** (zB eine kostspielige Mosaikpflasterung) aufgebracht wurde, um den Anforderungen eines Baudenkmals gerecht zu werden (hierzu BVerwG Urt. v. 14.12.1979 – IV C 28/76, BVerwGE 59, 249 Rn. 12). Hingegen kann es erforderlich sein, während der Hochbauarbeiten auf den erschlossenen Grundstücken zum Schutz der Straßentragschichten vorübergehend eine Straßendecke aufzubringen, die nach Abschluss der Bauarbeiten auf den Anliegergrundstücken wieder entfernt und durch die endgültige Straßendecke ersetzt wird (vgl. OVG Münster Urt. v. 4.3.2008 – 3 A 76/04, NVwZ-RR 2008, 724; → zur Unterscheidung von technisch erforderlichen und allein aus Kostengründen eingesetzten Provisorien § 128 Rn. 21). **12**

Bei Anlagen zur **Straßenentwässerung** ist nicht allein auf den Kanal der abzurechnenden Straße abzustellen, sondern auf die Erforderlichkeit des gesamten Entwässerungssystems der Gemeinde (hierzu BVerwG Urt. v. 29.7.1977 – IV C 3/75, BRS 37 Nr. 80; → auch § 128 Rn. 35). **13**

Auch **Grünanlagen** unterliegen der Erforderlichkeitsprüfung. Zwar sind sie nach § 127 Abs. 2 Nr. 4 nur dann beitragsfähige Erschließungsanlagen, wenn sie zur Erschließung „notwendig" sind; damit ist jedoch nur die städtebauliche Notwendigkeit der Anlage, nicht die Erforderlichkeit der Grünanlage nach Art und Umfang gemeint. Die Erforderlichkeit setzt daher einer Grünanlage nach Größe, Ausführung und Einrichtungen eine obere Grenze. Soweit diese überschritten ist, fällt der hierfür entstandene Aufwand der Gemeinde zur Last. Für die Beurteilung dieser Frage ist sehr stark auf den Einzelfall abzustellen. Von Bedeutung ist hierbei auf der einen Seite die **Bebauung und Nutzung des Gebiets.** Für dieses muss es sich um eine „vernünftige" Lösung handeln (OVG Berlin-Brandenburg Beschl. v. 10.2.2010 – 9 S 114/09, BauR 2010, 828). So werden zB in einem Einfamilienhausgebiet mit großen Gärten öffentliche Grünanlagen zur Erschließung kaum erforderlich sein. Auf der anderen Seite ist von Bedeutung, **durch welche Personen** eine Grünanlage genutzt wird (vgl. § 127 Nr. 33f.). Dient sie nicht nur den Bewohnern des erschlossenen Gebiets, sondern auch oder sogar überwiegend Personen, die außerhalb des Erschließungsgebiets wohnen, ist die Anlage allenfalls zu einem bestimmten Prozentsatz er- **14**

§ 129

forderlich im Sinne des Abs. 1 S. 1 und damit beitragsfähig. Dieselben Grundsätze sind auf **Fußwege** anzuwenden, die nicht nur der hinteren Erschließung der anliegenden Grundstücke dienen.

15 Bei **Immissionsschutzanlagen** nach § 127 Abs. 2 Nr. 5 ist ebenfalls die Erforderlichkeit im Einzelfall festzustellen. Hier stehen die Erforderlichkeit der Anlage und ihre Ausführung in enger Beziehung zueinander (§ 127 Nr. 37 f.). Die Erforderlichkeit der Anlage sowie deren Art und Umfang sind abhängig von den Emissionen, gegen die ein Wohngebiet abgeschirmt werden soll, und von der Art seiner Bebauung. Hier lassen sich daher keinerlei generellen Angaben machen (vgl. BVerwG Urt. v. 13.8.1993 – 8 C 36/91, NVwZ 1994, 905 (907)). Soweit es um Schall geht, bedarf es einer merkbaren Schallpegelminderung, die regelmäßig ab 3 dB(A) angenommen werden kann (VGH München Urt. v. 1.3.2015 – 6 BV 14.280, NVwZ-RR 2015, 597)

16 cc) **Kosten der Herstellung.** Seinem Wortlaut nach bezieht sich Abs. 1 S. 1 lediglich auf die Erforderlichkeit der Erschließungsanlagen. Nicht erfasst würden damit die für die Herstellung der Erschließungsanlagen **angefallenen Kosten** (hierzu *Becker* BauR 2001, 1853 (1855ff.); → auch § 127 Rn. 35). Für den Grunderwerb oder die Herstellung der Anlage angefallene überhöhte Kosten können aber den Gesamtaufwand unter Umständen erheblich stärker beeinflussen als eine aufwendigere Herstellung zu üblichen Preisen. Nach dem Zweck des Abs. 1 S. 1, den Aufwand für die Erschließungsanlagen und damit die von den Eigentümern der erschlossenen Grundstücke zu erbringenden Leistungen möglichst gering zu halten, ist daher eine **entsprechende Anwendung des Abs. 1 S. 1** geboten. Dem Schutzzweck dieser Vorschrift kann nur entsprochen werden, wenn die Erforderlichkeitsprüfung auch auf die jeweils angefallenen Kosten erstreckt wird (BVerwG Urt. v. 10.11.1989 – 8 C 50/88, NVwZ 1990, 870 (871f.); dass. Urt. v. 23.2.2000 – 11 C 3/99, BVerwGE 110, 344 (353); → auch § 128 Rn. 41 zu Fremdfinanzierungskosten). Kosten, die durch **Mängel im Vergabeverfahren** entstanden sind, können abgerechnet werden, solange sie nicht grob unangemessen sind (BVerwG Beschl. v. 18.7.2001 – 9 B 23/01, NVwZ-RR 2001, 711; s. auch BVerwG Urt. v. 30.1.2013 – 9 C 11/11, BauR 2013, 479 zu einer Kostenvereinbarung in einem der Erschließung dienenden städtebaulichen Vertrag).

17 Die der Gemeinde entstandenen Kosten sind auch im Übrigen nicht zu beanstanden, solange die Gemeinde im Rahmen ordnungsgemäßer Wirtschaftsführung gehandelt hat. So ist sie zB nicht gezwungen, von mehreren Angeboten für die **Herstellung** einer Erschließungsanlage das billigste (!) zu wählen. Sie kann auch ein teureres Angebot akzeptieren, wenn ihr zB eine bessere Qualität angeboten wird. Nimmt die Gemeinde jedoch ein weit über dem marktüblichen Preis liegendes Angebot an, verletzt sie die ihr durch die entsprechende Anwendung des Abs. 1 S. 1 gezogenen Grenzen (*Driehaus* § 15 Rn. 18). Auch beim **Grunderwerb** ist die Gemeinde nicht verpflichtet, lediglich einen Kaufpreis in Höhe des Verkehrswerts des Grundstücks zu zahlen. Es kann durchaus gerechtfertigt sein, diesen Wert zu überschreiten, wenn dies zur Vermeidung eines langwierigen Enteignungsverfahrens – und damit zur Vermeidung anderweitiger Kostensteigerungen – gerechtfertigt ist. Erst bei Zahlung eines für die Gemeinde erkennbar grob unangemessenen Kaufpreises ist das Gebot der Erforderlichkeit verletzt (BVerwG Urt. v. 14.12.1979 – IV C 28/76, BVerwGE 59, 249; VGH München Urt. v. 30.1.1992 – 6 B 88/2083, NVwZ-RR 1992, 172; → auch § 128 Rn. 4 ff.).

18 **4. Keine anderweitige Deckung.** Erschließungsbeiträge können nur insoweit erhoben werden, als der Erschließungsaufwand der Gemeinde **nicht anderweitig gedeckt** ist. Dies ist insbesondere der Fall, wenn die Gemeinde einen **Erschließungsvertrag** im Sinne des § 11 Abs. 1 S. 2 Nr. 1 (→ § 11 Rn. 18 ff.) abgeschlossen hat. Entstehen der Gemeinde aber gleichwohl Kosten, etwa für den Grunderwerb,

kann sie diese durch die Erhebung von Beiträgen decken (vgl. BVerwG Urt. v. 9.11.1984 – 8 C 77/83, BVerwGE 70, 247 (256)). Als eine anderweitige Deckung in diesem Sinne ist es auch anzusehen, wenn die Gemeinde **von dritter Seite Zuwendungen** für die Herstellung von Erschließungsanlagen erhält (BVerwG Urt. v. 12.12.1969 – IV C 100/68, NJW 1970, 876 (877)). Dasselbe gilt, wenn **ein Dritter auf eigene Kosten** Erschließungsanlagen oder Teile von Erschließungsanlagen wie zB Gehwegüberfahrten (→ § 128 Rn. 19) selbst hergestellt hat. Auch kann bereits ein **Anspruch der Gemeinde gegen einen Dritten** auf Übernahme der Erschließungskosten zur anderweitigen Deckung führen, wenn der Durchsetzbarkeit dieses Anspruchs keine besonderen rechtlichen oder tatsächlichen Hindernisse entgegenstehen. Denn die Gemeinden sind grundsätzlich gehalten, derartige Ansprüche auch durchzusetzen, wenn nicht besonders gravierende Schwierigkeiten bestehen (hierzu BVerwG Urt. v. 18.9.1981 – 8 C 21/81, DVBl. 1982, 79 (80)). Ein Anspruch gegen einen Erschließungsunternehmer wegen Nichterfüllung stellt im Regelfall jedoch keine anderweitige Deckung dar (VGH Mannheim Urt. v. 17.6.1999 – 2 S 3245/96, NVwZ-RR 2000, 461). Erst recht liegt keine anderweitige Deckung vor, wenn die Gemeinde dem Erschließungsunternehmer die angefallenen Kosten wegen Unwirksamkeit des Erschließungsvertrages erstatten muss (OVG Berlin-Brandenburg Beschl. v. 25.11.2008 – 10 S 25.08, juris).

Erhält die Gemeinde für die Herstellung von Erschließungsanlagen **öffentliche Mittel**, ist zu prüfen, ob diese zur Reduzierung des beitragsfähigen Erschließungsaufwands dienen oder nur der **Minderung der gemeindlichen Kostenbeteiligung.** Entscheidend für die Qualifizierung der Zuwendungen Dritter als anderweitige Deckung oder als Deckung der von der Gemeinde „endgültig" zu tragenden Kosten ist deren **Zweckbestimmung.** Mittel aus der **Gemeinschaftsaufgabe „Verbesserung der regionalen Wirtschaftsstruktur"** dienen der Investitionsförderung Privater und damit der Entlastung der Beitragspflichtigen. Sie sind daher als eine „anderweitige Deckung" anzusehen. Zuwendungen nach dem **Gemeindeverkehrsfinanzierungsgesetz** (GVFG) dienen hingegen allein der Finanzierung solcher Kosten, die sonst von der Gemeinde endgültig zu tragen wären; sie führen daher nicht zu einer Entlastung der Beitragspflichtigen (vgl. BVerwG Urt. v. 30.1.1987 – 8 C 10/86, BVerwGE 75, 356). Erst wenn der Zuschuss über den von der Gemeinde zu tragenden Kostenanteil hinausreicht oder als Zuwendungszweck ausdrücklich eine Beitragsminderung festgelegt wurde, ist der Zuschuss des Dritten vom umlagefähigen Erschließungsaufwand (→ § 131 Rn. 1) abzusetzen (*Driehaus* § 16 Rn. 11 ff.), sofern er nicht in dem über den kommunalen Eigenanteil hinausgehenden Umfang zu erstatten ist (BVerwG, ebd.). Dies gilt etwa bei Zuwendungen nach dem GVFG oder für Finanzzuweisungen nach den **Finanzausgleichsgesetzen** der Länder (vgl. zu Zuweisungen nach § 27 Abs. 1 FAG BW BVerwG Urt. v. 30.5.1997 – 8 C 6/96, NVwZ-RR 1998, 64). Diese setzen in der Regel sogar voraus, dass die Gemeinden ihre Einnahmequellen in dem rechtlich zulässigen Maß ausschöpfen, also zB bei Erschließungsbeiträgen, sofern rechtlich möglich, nicht mehr als den gemeindlichen Mindestanteil nach Abs. 1 S. 3 übernehmen (OVG Koblenz Urt. v. 6.12.1988 – 7 A 29/88, DÖV 1989, 91 zu § 17 Abs. 3 S. 1 FAG RP).

Lässt sich nicht feststellen, wer die Kosten für die Herstellung einer Erschließungsanlage oder eines Teils einer Erschließungsanlage **aufgebracht hat,** geht diese Unklarheit nach den allgemeinen Regeln der Beweis- oder Feststellungslast **zu Lasten der Gemeinde,** die die Voraussetzungen für das Bestehen der Beitragspflicht nachzuweisen hat (allgemein hierzu *Kopp/Schenke* VwGO § 108 Rn. 11 ff.). Die Gemeinde kann daher insoweit keine Erschließungsbeiträge – auch nicht bei Ermittlung des Erschließungsaufwands nach Einheitssätzen – erheben (BVerwG Urt. v. 29.7.1977 – IV C 3/75, BRS 37 Nr. 80).

Ist der beitragsfähige Erschließungsaufwand voll abgerechnet, dabei aber ein **beitragspflichtiges Grundstück übersehen** worden, kann für dieses Grundstück der

§ 129 I. Kapitel. VI. Teil. Erschließung

Erschließungsbeitrag **nacherhoben** werden. Insoweit ist durch die überhöhten Zahlungen der anderen Beitragspflichtigen keine anderweitige Deckung eingetreten (BVerwG Beschl. v. 16.7.1982 – 8 B 35/82, NVwZ 1983, 152 f.). Eine anderweitige Deckung kann nur durch Leistungen von „dritter" Seite eintreten, also nicht durch Leistungen der Gemeinde und nicht durch Leistungen der Beitragspflichtigen (→ § 127 Rn. 2). Etwas anderes gilt nur, sofern Beitragspflichtige einen ihre festgesetzte Beitragspflicht übersteigenden Beitrag leisten.

22 Eine solche Nacherhebung würde allerdings bei im Übrigen vollständig erhobenen Erschließungsbeiträgen dazu führen, dass die Gemeinde im Ergebnis weniger als 10% des beitragsfähigen Erschließungsaufwands trägt (→ Rn. 28 ff.) und die Beitragspflichtigen entsprechend zu hoch belastet worden sind. Die Gemeinde wird daher auf Antrag eines Beitragspflichtigen den **Heranziehungsbescheid teilweise zurücknehmen** und dem Beitragspflichtigen den überzahlten Betrag **erstatten** müssen. Es handelt sich hierbei um eine **Teilrücknahme nach § 48 VwVfG,** die grundsätzlich im Ermessen der erlassenden Behörde liegt (vgl. allgemein hierzu *Kopp/Ramsauer* VwVfG § 48 Rn. 49), und nicht um ein Wiederaufgreifen des Verfahrens nach § 51 VwVfG, der dem Betroffenen bei Vorliegen seiner Voraussetzungen einen Anspruch einräumt. Die Voraussetzungen für ein Wiederaufgreifen des Verfahrens – einschlägig wäre hier eine Änderung der Sach- oder Rechtslage – liegen jedoch nicht vor, da sich beide nicht verändert haben (unklar BVerwG Beschl. v. 16.7.1982 – 8 B 35/82, NVwZ 1983, 152 (153), das einerseits vom Wiederaufgreifen spricht, andererseits aber ein Ermessen der Gemeinde voraussetzt; eingehend *Driehaus* § 25 Rn. 7 ff.). Das bei der Rücknahme eines bestandskräftigen Verwaltungsakts grundsätzlich bestehende Ermessen dürfte aber in diesen Fallkonstellationen auf Null geschrumpft sein (so auch BVerwG, ebd.).

23 Keine anderweitige Deckung in diesem Sinne ist es, wenn die Gemeinde zur Finanzierung der Erschließung **Darlehen** in Anspruch nimmt oder eigene – nicht aus Erschließungsbeiträgen aufgebrachte – Mittel bereitstellt. In diesem Fall liegt lediglich eine **Deckung im Sinne des Haushaltsrechts** vor, nicht aber eine Deckung im Sinne des Abs. 1 S. 1 (BVerwG Urt. v. 12.12.1969 – IV C 100/68, NJW 1970, 876 (877)).

II. Vom Eigentümer hergestellte Erschließungsanlagen (Abs. 1 S. 2)

24 Abs. 1 S. 2 kommt **keine eigenständige Bedeutung** zu (vgl. auch *Driehaus* in BK § 129 Rn. 23). Die dort im Einzelnen getroffenen Regelungen sind an anderer Stelle des Gesetzes bereits als allgemeine Grundsätze hinreichend formuliert.

25 Nach der **ersten** in Abs. 1 S. 2 genannten **Alternative** dürfen keine Erschließungsbeiträge für solche Erschließungsanlagen erhoben werden, die der **Eigentümer selbst hergestellt** hat. Insoweit sind dann allerdings der Gemeinde ohnehin keine Aufwendungen entstanden, so dass schon nach § 128 Abs. 1 S. 1 die Grundlage für die Erhebung von Erschließungsbeiträgen fehlt (→ § 128 Rn. 2 ff.).

26 Der noch im BBauG enthaltene Hinweis auf die Reichsgaragenordnung ist mit dem BauGB 1987 entfallen, da die Reichsgaragenordnung durch Art. 2 Nr. 27 des Gesetzes über das Baugesetzbuch v. 8.12.1986 (BGBl. I S. 2191) aufgehoben wurde.

27 Baurechtliche Vorschriften, nach denen entsprechend der **zweiten Alternative** die Herstellung von Erschließungsanlagen im Sinne des § 127 Abs. 2 **verlangt werden** kann, sind nicht ersichtlich. Gemeint sein dürften hier die Vorschriften der Bauordnungen der Länder, die an die Stelle der entsprechenden Vorschriften der Reichsgaragenordnung getreten sind (vgl. *Ernst/Grziwotz* in EZBK § 129 Rn. 14 ff.). Danach kann aber allenfalls die Schaffung privater Stellplätze verlangt werden (vgl. etwa § 51 BauO NRW), nicht aber von Erschließungsanlagen im Sinne des § 127 Abs. 2, für die allein Erschließungsbeiträge erhoben werden können.

III. Eigenanteil der Gemeinde (Abs. 1 S. 3)

1. Verteilungsbestimmung. Nach **Abs. 1 S. 3** hat die Gemeinde **mindestens** 28 **10% des beitragsfähigen Erschließungsaufwands** zu tragen. Der Gemeindeanteil ist daher nicht vom Erschließungsaufwand insgesamt abzusetzen, sondern er ist erst abzuziehen, nachdem der beitragsfähige Erschließungsaufwand nach Abs. 1 S. 1 ermittelt worden ist. Es handelt sich also bei Abs. 1 S. 3 um eine **Regelung nicht der Ermittlung, sondern bereits der Verteilung** des Erschließungsaufwands zwischen Gemeinde und Beitragspflichtigen (*Driehaus* § 16 Rn. 3). Dementsprechend hat die Gemeinde die Bestimmung des von ihr zu tragenden Anteils nach § 132 Nr. 2 **in der Erschließungsbeitragssatzung festzulegen**. Fehlt eine entsprechende Regelung, gilt der gesetzliche Mindestsatz (→ § 132 Rn. 16; *Driehaus* § 16 Rn. 3).

2. Zweck. Die gemeindliche Eigenbeteiligung verdeutlicht die Verantwortung 29 der Gemeinden für eine **sachgerechte Erschließung** und ist somit Ausdruck der **gemeindlichen Planungshoheit**. Durch sie wird gewährleistet, dass der Einfluss der Gemeinde auf die städtebauliche Entwicklung in ihrem Gebiet erhalten bleibt. Zudem wird hiermit ausgedrückt, dass Erschließungsanlagen **auch dem Vorteil der Allgemeinheit** und nicht nur dem Vorteil der erschlossenen Grundstücke dienen. Auch dies rechtfertigt, dass ein Teil der Kosten von der Gemeinde und damit von der Allgemeinheit getragen wird. Schließlich kommt hier auch der das Erschließungsbeitragsrecht prägende Gedanke zum Tragen, die Beitragslast der Eigentümer auf das Erforderliche zu beschränken. Insoweit dient also auch die gemeindliche Eigenbeteiligung auch der **Entlastung der Beitragspflichtigen** (hierzu BVerwG Urt. v. 4.2.1972 – IV C 59/70, NJW 1972, 1588; dass. Urt. v. 23.4.1969 – IV C 69/67, BVerwGE 32, 37; /→ zur nach § 11 Abs. 2 S. 3 möglichen **vertraglichen Abwälzung sämtlicher Kosten** § 11 Rn. 37).

3. Höhe. Das Gesetz legt für die **Höhe** der gemeindlichen Beteiligung nur eine 30 **Mindestgrenze** fest. Es steht im Übrigen im **Ermessen** der Gemeinde, mit welchem Anteil sie sich am beitragsfähigen Erschließungsaufwand beteiligen will. Allerdings sind ihr hierbei **Grenzen** gesetzt. So ist sie nach dem **Gemeindehaushaltsrecht** verpflichtet, Erschließungsanlagen so sparsam und wirtschaftlich wie möglich herzustellen. Dies bedeutet auch, anderweitige Deckungsmöglichkeiten soweit als möglich zu nutzen. Zudem steht einer zu weit gehenden Erhöhung des gemeindlichen Eigenanteils der **bodenpolitische Zweck** der Erschließungsbeiträge entgegen. Durch sie soll das Halten von erschlossenen Grundstücken verteuert und damit der Eigentümer veranlasst werden, sein Grundstück entweder zu bebauen oder an einen Bauwilligen zu veräußern. Dieser – ohnehin durch die Erschließungsbeitragspflicht nur unvollkommen erreichte – bodenpolitische Zweck würde noch mehr in Frage gestellt, wenn die Gemeinde den Erschließungsaufwand weitgehend selbst trüge. Allerdings setzt die verfassungsrechtliche Garantie der kommunalen Selbstverwaltung einer Überprüfung dieser Ermessensentscheidung verhältnismäßig enge Grenzen (vgl. zB VGH München Urt. v. 12.3.1971 – 290 VI 70, KStZ 1971, 140f., in der eine Selbstbeteiligung der Gemeinde von 75% im Ergebnis nicht beanstandet hat).

Die Gemeinde braucht ihren Eigenanteil nicht für bestimmte **Arten von Gebie-** 31 **ten** – wie zB Wohn- oder Industriegebiete – unterschiedlich festzusetzen. Sie verletzt ihr Ermessen nicht, wenn sie gemeindeweit einen **einheitlichen Beteiligungssatz** bestimmt (BVerwG Urt. v. 31.1.1968 – IV C 221/65, BVerwGE 29, 90 (91f.); dass. Urt. v. 12.12.1969 – IV C 100/68, NJW 1970, 876 (877)). Unterschiedliche Kosten von Erschließungsanlagen und unterschiedliche Nutzungsmöglichkeiten der Grundstücke sind nicht durch eine differenzierte Eigenbeteiligung der Gemeinde, sondern durch eine entsprechende Verteilungsregelung in Ansatz zu bringen (BVerwG Urt. v. 12.12.1969, ebd.). Eine sachgerecht vorgenommene gebietsweise Differenzierung

§ 130

des Eigenanteils, zB nach Industriestraßen und nach Wohnstraßen, ist dadurch aber nicht ausgeschlossen. Nicht zulässig ist jedoch eine unterschiedliche Festsetzung des Eigenanteils im Hinblick auf **einzelne** Straßen oder sonstige Erschließungsanlagen (*Ernst/Grziwotz* in EZBK § 129 Rn. 20).

32 **4. Berechnung.** Der von der Gemeinde zu tragende Anteil des Erschließungsaufwands ist – je nach Abrechnungsweise der Gemeinde – für die einzelne Erschließungsanlage, für den Abschnitt einer Erschließungsanlage, für eine Erschließungseinheit oder für abgespaltene Teileinrichtungen anzusetzen. Da es sich bei der Eigenbeteiligung nicht um eine Ermittlungs-, sondern um eine Verteilungsregelung handelt (→ Rn. 28), ist die Eigenbeteiligung nicht als Aufwandsminderung anzusetzen, sondern **vom endgültig ermittelten beitragsfähigen Erschließungsaufwand abzuziehen.** Dies gilt auch, wenn der Erschließungsaufwand nach **Einheitssätzen** iSd § 130 Abs. 1 S. 1 ermittelt wird. Allerdings ist im Ergebnis eine entsprechende Minderung der Einheitssätze dann unschädlich, wenn dies im Ergebnis zu einer mindestens 10%igen Eigenbeteiligung der Gemeinde **bei jeder Beitragserhebung** führt (BVerfG Beschl. v. 5.7.1972 – 2 BvL 6/66, BVerfGE 33, 265 (298)).

IV. Vermeidung von Doppelbelastungen (Abs. 2)

33 Der Anwendungsbereich des **Abs. 2,** mit dem **Doppelbelastungen** des Eigentümers **vermieden** werden sollen, ist sehr begrenzt. Hat die Gemeinde von einem Eigentümer eine Erschließungsanlage übernommen und hierfür den **vollen Preis entrichtet,** kann eine Doppelbelastung des Eigentümers nicht entstehen. Dies gilt auch, wenn sie dem Erschließungsbeitragspflichtigen die von ihm (zunächst) übernommenen Kosten erstatten muss (OVG Berlin-Brandenburg Beschl. v. 25.11.2008 – 10 S 25.08, juris). Die Gemeinde kann daher in vollem Umfang Erschließungsbeiträge erheben. Hat die Gemeinde die Anlage jedoch **unentgeltlich übernommen,** ist ihr insoweit kein Aufwand entstanden; sie kann dann hierfür auch keine Erschließungsbeiträge erheben (BVerwG Urt. v. 4.2.1972 – IV C 74/70, BRS 73 Nr. 61). Inwieweit eine unentgeltliche Überlassung von Erschließungsanlagen oder von Teilen von Erschließungsanlagen zu einer Minderung der Beitragslast des Eigentümers führt, hängt von dem geschlossenen Übernahmevertrag ab. Die Rechtslage entspricht insoweit der bei den unentgeltlichen Landabtretungen (BVerwG Urt. v. 4.2.1972, ebd.).

34 Als **Anwendungsbereich** des Abs. 2 verbleibt danach im Wesentlichen nur der Fall, dass die Gemeinde eine Erschließungsanlage **zu einem nicht kostendeckenden Preis übernommen** hat. Hier hat der Eigentümer bereits Kosten für die Erschließung aufgebracht, die ihm bei der Berechnung **seines** Erschließungsbeitrags gutzuschreiben sind. Ein solcher Abzug von der Beitragsschuld kann jedoch nur insoweit erfolgen, als der Eigentümer für die Anlage oder den Anlagenteil Aufwendungen erbracht hat, für den Beiträge erhoben werden. War die Anlage nicht endgültig hergestellt und hat die Gemeinde weitere Teileinrichtungen erstellt, für die nun Beiträge erhebt, greift Abs. 2 nicht. Denn insoweit waren dem Eigentümer keine Kosten entstanden, so dass auch keine Doppelbelastung vorliegt.

§ 130 Art der Ermittlung des beitragsfähigen Erschließungsaufwands

(1) ¹**Der beitragsfähige Erschließungsaufwand kann nach den tatsächlich entstandenen Kosten oder nach Einheitssätzen ermittelt werden.** ²**Die Einheitssätze sind nach den in der Gemeinde üblicherweise durchschnittlich aufzuwendenden Kosten vergleichbarer Erschließungsanlagen festzusetzen.**

(2) ¹**Der beitragsfähige Erschließungsaufwand kann für die einzelne Erschließungsanlage oder für bestimmte Abschnitte einer Erschließungsanlage ermittelt werden.** ²**Abschnitte einer Erschließungsanlage können nach ört-**

lich erkennbaren Merkmalen oder nach rechtlichen Gesichtspunkten (z. B. Grenzen von Bebauungsplangebieten, Umlegungsgebieten, förmlich festgelegten Sanierungsgebieten) gebildet werden. ³Für mehrere Anlagen, die für die Erschließung der Grundstücke eine Einheit bilden, kann der Erschließungsaufwand insgesamt ermittelt werden.

Übersicht

	Rn.
1. Ermittlungsart (Abs. 1)	1
a) Tatsächliche Kosten	2
b) Einheitssätze	5
c) Bestimmung der Ermittlungsart	14
2. Ermittlungsraum (Abs. 2)	18
a) Einzelne Erschließungsanlage	19
b) Abschnittsbildung	21
c) Erschließungseinheit	27
d) Kreuzungen und Einmündungen	37
e) Bestimmung des Ermittlungsraums	42

1. Ermittlungsart (Abs. 1). Während in den §§ 127 bis 129 geregelt ist, **welcher** Erschließungsaufwand beitragsfähig ist, bestimmt § 130, **wie** dieser Aufwand zu ermitteln ist. Dabei beschränkt sich die **Ermittlung** nicht von vornherein auf den beitragsfähigen Aufwand im Sinne des § 129 Abs. 1 S. 1, sondern auf den **gesamten Erschließungsaufwand.** Bleibt der beitragsfähige Aufwand dahinter zurück, ist dieser Aufwand durch eine Verhältnisrechnung aus dem Gesamtaufwand zu ermitteln (hierzu *Grziwotz* in EZBK § 130 Rn. 1; *Fischer/Korbmacher* in Hoppenberg/de Witt, Kap. F, Rn. 270 ff.).

a) Tatsächliche Kosten. Die erste Ermittlungsart, die das Gesetz in **Abs. 1 S. 1** den Gemeinden zur Verfügung stellt, ist die **Ermittlung nach den tatsächlich entstandenen Kosten.** Diese Ermittlungsart entspricht uneingeschränkt dem Kostenerstattungsprinzip des Beitragsrechts. Ihre Anwendung ist für die Gemeinde daher auch **mit keinem rechtlichen Risiko verbunden.** Allerdings ist ihre Anwendung verwaltungspraktisch nur dann einfach, wenn die eingehenden Abrechnungen der Bauunternehmer räumlich oder sachlich mit dem Ermittlungsraum oder mit den abzurechnenden Teileinrichtungen übereinstimmen. In diesem Fall sind die Rechnungen lediglich auf ihre Richtigkeit zu prüfen, was die Gemeinde aus haushaltsrechtlichen Gründen ohnehin machen muss. Stimmen die Abrechnungen jedoch hiermit nicht überein, muss entweder der Bauunternehmer zu einer entsprechenden Rechnungslegung veranlasst werden, was nicht selten zu Schwierigkeiten und zusätzlichen Unwägbarkeiten führt, oder aber die Gemeinde muss die Kosten selbst dem Ermittlungsraum oder der Teileinrichtung zuordnen (→ vgl. Rn. 4). Im Übrigen hat die Gemeinde die Kosten im Hinblick auf ihre Erforderlichkeit (→ § 129 Rn. 16 f.) zu prüfen. **Nicht notwendig** ist es, dass die Rechnung vor der Beitragserhebung **beglichen** ist. Der Aufwand ist der Gemeinde bereits in dem Augenblick entstanden, in dem die Zahlungsverpflichtung entstanden ist (→ für den Grunderwerb § 128 Rn. 9). Ist eine exakte **Kostenermittlung nicht mehr möglich,** etwa weil die Herstellung lange zurückliegt und die Rechnungen der Gemeinde nicht zugänglich sind, kann sie die Kosten ausnahmsweise auf der Grundlage der zurzeit der Herstellung handelsüblichen Preise **schätzen,** wobei der Gemeinde ein gewisser Spielraum hinsichtlich der Vorgehensweise und des Ergebnisses der Schätzung einzuräumen ist (BVerwG Urt. v. 16. 8. 1985 – 8 C 120–122/83, NJW 1986, 1122 (1124); dass. Urt. v. 15. 11. 1985 – 8 C 41/84, NVwZ 1986, 299 (302)).

Nachteil dieser Ermittlungsart ist, abgesehen von dem notwendigen Verwaltungsaufwand, dass hierdurch in aller Regel die **Beitragserhebung hinausgezögert**

§ 130

wird. Zwischen endgültiger Herstellung der Erschließungsanlage oder des Teils der Erschließungsanlage und der **Rechnungslegung durch den letzten Unternehmer** – erst ab diesem Zeitpunkt können die Beiträge festgesetzt werden – vergeht eine gewisse Zeit. Hinzu kommt der Zeitraum, in dem die Gemeinde die Rechnungen prüft und gegebenenfalls den abzurechnenden Anlagen zuordnet. So kann zwischen endgültiger technischer Herstellung der Erschließungsanlage und der Möglichkeit der Beitragserhebung auf der Grundlage der vollständig ermittelten Kosten beträchtliche Zeit verstreichen.

4 Hat ein Unternehmer zu einem **Gesamtpreis** verschiedene Straßen im Gemeindegebiet erstellt, die keine Erschließungseinheit bilden, muss zur Kostenermittlung in aller Regel dem Unternehmer aufgegeben werden, seine **Abrechnung für jede der hergestellten Straßen zu spezifizieren** (→ Rn. 2). Hiervon kann nur dann abgesehen werden, wenn alle Umstände des Straßenbaus derart gleich sind, dass aus der Gesamtabrechnung des Unternehmers unmittelbar die Kosten der jeweils abzurechnenden Straße abgeleitet werden können. Dies ist jedoch nur in seltenen Fällen anzunehmen, so dass diese Art der Kostenermittlung „wohl besser vermieden" wird (BVerwG Urt. v. 16. 3. 1970 – IV C 69/68, DVBl. 1970, 838).

5 **b) Einheitssätze.** Um den Gemeinden den mit der Abrechnung nach tatsächlichen Kosten häufig entstehenden Verwaltungsaufwand zu ersparen, hat der Gesetzgeber ihnen in Abs. 1 S. 1 alternativ die Möglichkeit der **Kostenermittlung nach Einheitssätzen** eingeräumt. Die Beiträge können hierbei mit Abschluss der Bauarbeiten festgesetzt werden. Mit dieser Möglichkeit zur **Pauschalierung** der Kosten werden zwar Abweichungen von den für die Herstellung einer Erschließungsanlage tatsächlich entstandenen Kosten in Kauf genommen, jedoch wird damit nicht das Kostenerstattungsprinzip als solches aufgegeben. Denn **Abs. 1 S. 2** bestimmt, dass die Einheitssätze nach den üblicherweise für solche Anlagen aufzuwendenden Kosten zu bemessen sind. Dabei kann eine Gemeinde Einheitssätze nicht erst dann bilden, wenn sie **vergleichbare Anlagen** bereits selbst einmal hergestellt hat; es genügt, wenn die Vergleichspreise aus entsprechenden Bauarbeiten in der Umgebung stammen (BVerwG Urt. v. 29. 7. 1977 – IV C 86/75, BVerwGE 54, 225 (232)).

6 Wegen dieser Orientierung an den tatsächlichen Kosten sind bei der Ermittlung des beitragsfähigen Erschließungsaufwands nach Einheitssätzen jeweils die Einheitssätze zugrunde zu legen, die im **Zeitpunkt des Abschlusses der Herstellungsarbeiten** für die Erschließungsanlage oder eine Teilanlage gelten; werden verschiedene Teilanlagen zu unterschiedlichen Zeitpunkten hergestellt, sind ggf. auch unterschiedliche Einheitssätze anzuwenden (BVerwG Urt. v. 25. 1. 1985 – 8 C 55/83, BVerwGE 71, 25). Als **Teilanlage** sieht das BVerwG dabei solche Anlagen an, für die in der Satzung nach § 132 Nr. 2 ein besonderer Einheitssatz festgelegt ist (→ Rn. 11). Hat die Gemeinde eine solche Festlegung nicht getroffen, sind als Teilanlage die nach § 127 Abs. 3 abspaltbaren Teile einer Erschließungsanlage (→ § 127 Rn. 41 ff.) anzusehen (BVerwG Urt. v. 25. 1. 1985, aaO, 27). Dabei kommt es für die Einheitssätze nicht darauf an, ob die Teilanlagen im Wege der Kostenspaltung auch gesondert abgerechnet werden. Allerdings ist dies bei unterschiedlichen Fertigstellungszeitpunkten häufig sinnvoll, da der Aufwand ohnehin getrennt ermittelt werden muss.

7 Da die Gemeinde die Einheitssätze „in einer Höhe festsetzt, die den Durchschnittskosten für den Zeitraum **nach** Inkrafttreten dieser Einheitssätze entspricht" (BVerwG Urt. v. 25. 1. 1985, aaO, 27), wird ihr eine **Prognose der Preisentwicklung** zugemutet. Dies ist in Zeiten relativer Preisstabilität wenig problematisch, kann aber bei sich ändernden – steigenden oder fallenden – Preisen zu Ungerechtigkeiten entweder zu Lasten der Gemeinde, dh der Allgemeinheit, oder der Beitragspflichtigen oder aber dazu führen, dass die Einheitssätze nicht anwendbar sind und daher nach den tatsächlichen Kosten abgerechnet werden muss (vgl. etwa BVerwG Urt. v. 15. 11. 1985 – 8 C 41/84, NVwZ 1986, 299 (301); vgl. auch *Driehaus* § 14 Rn. 7 f.).

2. Abschnitt. Erschließungsbeitrag § 130

Besteht die Gefahr eines solchen groben Missverhältnisses, kann die Gemeinde in ihrer Satzung vorsorglich Abschläge vom Einheitssatz vorsehen.

Die Zulässigkeit der Bildung von Einheitssätzen und das Erfordernis einer Preisprognose setzen gleichwohl voraus, dass die **tatsächlich entstandenen Kosten nicht die obere Grenze** der durch Einheitssätze ermittelten Kosten darstellen. Entsprechend dem Wesen der Pauschalierung kann die Kostenermittlung nach Einheitssätzen entweder hinter den tatsächlichen Kosten zurückbleiben, oder aber die tatsächlichen Kosten übersteigen (BVerwG Urt. v. 22.1.1971 – IV C 60/69, BVerwGE 37, 99). 8

Um dem auch bei der Anwendung von Einheitssätzen geltenden Grundsatz der Kostenerstattung zu genügen, muss die Gemeinde ihre Einheitssätze der – absehbaren – Kostenentwicklung in angemessenen Zeitabständen anpassen (BVerwG Urt. v. 25.1.1985 – 8 C 55/83, BVerwGE 71, 25). Zulässig ist es auch, die Einheitssätze an einen **Baukostenindex** zu binden; es handelt sich dabei nicht um eine genehmigungsbedürftige Preisindexklausel (BVerwG Beschl. v. 12.5.1977 – VII B 27/76, DÖV 1977, 682 (683); vgl. auch BVerwG Urt. v. 6.12.1968 – IV C 30/67, DVBl. 1969, 272). 9

Für die Abrechnung von **Entwässerungsanlagen** sind wegen des Systemzusammenhangs der gemeindlichen Entwässerung **Einheitssätze die zweckmäßigste Grundlage** für die Abrechnung. Für ihre Bemessung ist nach den dargelegten Grundsätzen vorzugehen (→ noch Rn. 14 sowie § 128 Rn. 31 ff.). Hat die Gemeinde für die Entwässerung das **Mischsystem** verwendet, ist bei den Einheitssätzen der auf die Straßenentwässerung entfallende Anteil zugrunde zu legen. Werden beide Systeme, sowohl **Misch- als auch Trennsystem**, verwendet, müssen gegebenenfalls die hierdurch bedingten Kostenunterschiede durch **unterschiedliche Einheitssätze** berücksichtigt werden (BVerwG Urt. v. 29.7.1977 – IV C 86/75, BVerwGE 54, 225 (232f.)). 10

Zwar sollen Einheitssätze der Vereinfachung der Abrechnung dienen, doch können wegen der **der Pauschalierung gesetzten Grenzen** die tatsächlichen Kosten der Anlagen oder Teilanlagen nicht völlig unberücksichtigt bleiben. Entstehen daher für die Herstellung verschiedener Teilanlagen **verschieden hohe Kosten**, müssen auch jeweils **entsprechende Einheitssätze** festgesetzt werden. Dies gilt zB für **Fahrbahnen und Gehwege**, aber zB auch für stark unterschiedlich belastete und entsprechend ausgebaute Straßen wie etwa Vorort- und Hauptverkehrsstraßen. Allerdings braucht hierbei nicht zu sehr differenziert zu werden, um nicht die Vorteile der pauschalierten Abrechnung, die der Gesetzgeber den Gemeinden einräumt, in ihr Gegenteil zu verkehren. In jedem Fall muss aber die **Zahl der Einheitssätze** der **Zahl der** in der Gemeinde gegebenen **Abrechnungsmöglichkeiten** entsprechen. Eröffnet sich die Gemeinde zB in ihrer Satzung die Möglichkeit der **Kostenspaltung** nach § 127 Abs. 3 (§ 132 Nr. 3), müssen für die abspaltbaren Teile der Erschließungsanlagen eigene Einheitssätze gebildet werden. Dabei ist es unerheblich, ob diese Einheitssätze für die Teileinrichtungen selbstständig gebildet oder aber durch prozentuale Abschläge von dem für die gesamte Anlage geltenden Einheitssatz ermittelt werden. Zu achten ist darauf, dass der Einheitssatz alle die Maßnahmen umfasst, die mit bei der Abrechnung einer Teileinrichtung zusammengefasst werden. Werden zB Bordsteine, die nicht allein als Teileinrichtung abrechenbar sind (→ § 127 Rn. 42), im Wege der Kostenspaltung zusammen mit der Fahrbahn abgerechnet, muss der Einheitssatz auch die Kosten der Bordsteine mit umschließen. Bei der Abrechnung der Gehwege können die Bordsteine dann nicht noch einmal berücksichtigt werden. Die Zuordnung solcher, die Teileinrichtungen trennenden oder verbindenden Maßnahmen zu einer der beiden Teileinrichtungen, sollte in der Satzung klargestellt werden (hierzu OVG Koblenz Urt. v. 30.1.1978 – 6 A 42/76, KStZ 1978, 178 (179), wo die Bordsteine dem Gehweg zugerechnet wurden). 11

Einheitssätze sind auf eine bestimmte **Bezugsgröße** hin auszurichten. In jedem Fall anwendbar ist als Bezugseinheit der **Quadratmeter Grundfläche** der Erschlie- 12

ßungsanlage. Bei Straßen kann der Einheitssatz auch auf den **laufenden Meter Straße** bezogen werden. In diesem Fall ist es jedoch nicht zulässig, denselben Einheitssatz für Straßen anzuwenden, die sich in ihrer Breite um mehr als zwei Meter voneinander unterscheiden (BVerwG Urt. v. 6.9.1968 – IV C 96/66, BVerwGE 30, 207 (209)). Es muss dann die **Straßenbreite** als zusätzliches Differenzierungskriterium bei der Festlegung der Einheitssätze berücksichtigt werden.

13 Die Einheitssätze dienen der Vereinfachung der Abrechnung, wobei eine Überschreitung der tatsächlich entstandenen Kosten im gewissen Rahmen hingenommen werden kann. Sie dürfen aber nicht dazu führen, dass Erschließungsanlagen oder Teile von Erschließungsanlagen abgerechnet werden, für die der Gemeinde **keine Kosten entstanden** sind oder für die sich nicht nachweisen lässt, dass der Gemeinde ein Aufwand entstanden ist. Diese Teile sind auch bei der Abrechnung nach Einheitssätzen nicht zu berücksichtigen (BVerwG Urt. v. 29.7.1977 – IV C 3/75, BRS 37 Nr. 80).

14 **c) Bestimmung der Ermittlungsart.** Die Gemeinde hat die Art der Ermittlung des beitragsfähigen Erschließungsaufwands nach § 132 Nr. 2 in der **Erschließungsbeitragssatzung** zu regeln. Dabei muss sie sich nicht generell für eine der beiden Ermittlungsarten entscheiden. Sie kann diese **beiden Ermittlungsarten auch kombinieren.** Sowohl die Abrechnung nach tatsächlichen Kosten als auch die Abrechnung nach Einheitssätzen sind **nicht für jeden Aufwand gleichermaßen geeignet.** So scheidet zB für die Abrechnung von **Entwässerungs-** und wohl auch **Beleuchtungsanlagen** die Abrechnung nach tatsächlichen Kosten praktisch aus, wenn nicht Durchschnittssätze gebildet werden (→ Rn. 10 sowie § 128 Rn. 35). Umgekehrt ist eine Abrechnung nach den tatsächlich entstandenen Kosten zweckmäßig bei den Kosten des **Grunderwerbs** und der **Freilegung.** Diese werden sich in aller Regel von Anlage zu Anlage so stark unterscheiden, dass sie einer Pauschalierung nicht zugänglich sind. Dasselbe gilt zumeist bei den Kosten für die Herstellung von **Immissionsschutzanlagen,** sofern nicht in einer Gemeinde stets derselbe Typ, allenfalls in unterschiedlicher Größe, hergestellt wird. Einheitssätze bieten sich demgegenüber an bei allen Einrichtungen, die im Wesentlichen stets nach den gleichen Grundsätzen hergestellt werden, wie zB **Straßen,** gegebenenfalls auch **Grünanlagen,** sofern hier nicht sehr verschiedene Ausstattungsniveaus gewählt werden.

15 Hieraus folgt, dass auch **für ein und dieselbe Erschließungsanlage** im Sinne des § 127 Abs. 2 **verschiedene Ermittlungsarten** angewandt werden können, so zB bei einer Erschließungsstraße die Abrechnung nach tatsächlichen Kosten für Grunderwerb und Freilegung, die Abrechnung nach Einheitssätzen für Fahrbahnen und Gehwege sowie Entwässerungs- und Beleuchtungseinrichtungen (hierzu BVerwG Urt. v. 31.1.1968 – IV C 221/65, BVerwGE 29, 90 (92)).

16 Grundsätzlich möglich ist es dagegen, für bestimmte Erschließungsanlagen oder Teile von Erschließungsanlagen für den einen **Ortsteil** die Ermittlung nach Einheitssätzen und für den anderen Ortsteil die Ermittlung nach den tatsächlich entstandenen Kosten vorzusehen. Da die verschiedenen Ermittlungsarten durchaus zu unterschiedlichen Belastungen der Beitragspflichtigen führen können, bestehen hier unter Gleichbehandlungsgesichtspunkten sowie im Hinblick auf die sachliche Rechtfertigung erhebliche Bedenken.

17 Die Gemeinde hat **in ihrer Satzung** die **Wahl der Ermittlungsart,** die Erschließungsanlagen oder die Einrichtungen von Erschließungsanlagen, für die bestimmte Ermittlungsarten angewandt werden sollen, und die **Höhe der Einheitssätze exakt festzulegen.** Hat die Gemeinde im Zeitpunkt des Eingangs der letzten Unternehmerrechnung (→ Rn. 3) Einheitssätze nicht oder nicht rechtswirksam festgesetzt, entsteht die Beitragspflicht kraft Gesetzes auf der Grundlage der tatsächlichen Kosten als dem gesetzlichen Regelfall (BVerwG Urt. v. 15.11.1985 – 8 C 41/84, NVwZ 1986, 299 (301 f.); → zum Erfordernis, die Höhe der Einheitssätze der Preisentwicklung anzupassen oder bestimmte Gleitklauseln vorzusehen Rn. 7, 9).

§ 130

2. Ermittlungsraum (Abs. 2). Entgegen seiner Überschrift regelt § 130 nicht 18
nur die Art der Aufwandsermittlung, sondern bestimmt auch den Raum, auf den die
Ermittlung zu beziehen ist **(Ermittlungsraum).** Unter Ermittlungsraum ist dabei
nicht das Abrechnungsgebiet im Sinne des § 131 Abs. 1 zu verstehen, sondern die
räumliche Begrenzung der Erschließungsanlagen, die abgerechnet werden sollen. Dabei sieht **Abs. 2** als **Regelfall** die Aufwandsermittlung für eine **einzelne Erschließungsanlage** vor. Daneben gibt Abs. 2 die Möglichkeit, den Aufwand für **Abschnitte** einzelner Erschließungsanlagen oder für mehrere Erschließungsanlagen, die eine **Erschließungseinheit** bilden, zu ermitteln.

a) Einzelne Erschließungsanlage. Bei der Beurteilung, ob eine Straße eine 19
einzelne Erschließungsanlage im Sinne des Abs. 2 S. 1 darstellt, ist von einer „natürlichen Betrachtungsweise" auszugehen (vgl. BVerwG Urt. v. 10.6.2009 – 9 C 2/08, BVerwGE 134, 139 (144); dass. Urt. v. 7.6.1996 – 8 C 30/94, BVerwGE 101, 225). Maßgeblich ist danach das tatsächliche **Erscheinungsbild der Straße nach Führung, Breite, Länge und Ausstattung.** Unerheblich ist dagegen die **Straßenbezeichnung.** Eine Straße kann eine einzelne Erschließungsanlage sein, obwohl sie in Abschnitten unterschiedliche Straßenbezeichnungen trägt (BVerwG Urt. v. 30.5.1997 – 8 C 6/95, NVwZ 1998, 290 (291)); umgekehrt kann sich eine Straße mit einer einheitlichen Straßenbezeichnung aus mehreren einzelnen Erschließungsanlagen bestehen (BVerwG Urt. v. 3.5.1974 – IV C 16/72, BauR 1974, 406). Auch die **Erschließungsfunktion** ist grundsätzlich nicht ausschlaggebend. Unterscheiden sich allerdings die Erschließungsfunktionen von zwei Teilen einer Erschließungsanlage beträchtlich, kann diese Anlage nicht als einzelne Erschließungsanlage im Sinne des Abs. 2 S. 1 aufgefasst werden. Dies ist zB der Fall, wenn ein Teil der Erschließungsanlage als Fußweg, der andere Teil als Fahrstraße mit Gehwegen ausgebaut ist (hierzu BVerwG Urt. v. 23.6.1972 – IV C 16/71, BVerwGE 40, 182; → auch § 127 Rn. 16). Möglicherweise kann dann jedoch eine Erschließungseinheit nach Abs. 2 S. 3 gebildet werden (→ Rn. 27ff.). Ist eine Straße zum Teil breiter, zum Teil schmaler ausgebaut, oder wird ein Grundstück über eine unselbstständige Zufahrt (→ § 127 Rn. 14) erschlossen, hindert dies noch nicht daran, die Straße als einzelne Erschließungsanlage anzusehen (BVerwG, ebd.). Nur Unterschiede, die „jeden der Straßenteile zu einem **augenfällig abgegrenzten Element des öffentlichen Straßennetzes** machen" (BVerwG Urt. v. 21.9.1979, IV C 55/76, BauR 1980, 165; dass. Urt. v. 13.12.1985 – 8 C 66/84, NVwZ 1986, 925), rechtfertigen es, jeden dieser Straßenteile als einzelne Erschließungsanlage anzusehen. Die Bestimmung der einzelnen Erschließungsanlage richtet sich daher nach objektiven Kriterien, nicht nach einem Ermessen der Gemeinde (BVerwG Urt. v. 21.9.1979, ebd.). In der Regel ist es so, dass jede Straße, unabhängig davon, ob Hauptstraße, Nebenstraße oder Querverbindung, als einzelne Erschließungsanlage anzusehen ist. Dies gilt auch, wenn diese Straßen miteinander verbunden sind und eine gleiche Erschließungsfunktion erfüllen. Sie sind daher jeweils gesondert abrechenbare Erschließungsanlagen (BVerwG Urt. v. 3.5.1974 – IV C 16/72, BauR 1974, 406).

Ist eine Erschließungsstraße nach diesen Grundsätzen als einzelne Erschließungs- 20
anlage anzusehen, ändert sich dies auch durch eine **nur teilweise Widmung** der Straße nicht. Vielmehr fehlt es dann an der Voraussetzung für die Erhebung von Erschließungsbeiträgen, da es sich hierbei (noch) nicht um eine insgesamt öffentliche Straße im Sinne des § 127 Abs. 2 Nr. 1 (→ § 127 Rn. 12ff.) handelt. In diesem Fall hat die Gemeinde, um die Straße abrechnen zu können, entweder die Widmung auch für die übrigen Teile nachzuholen, oder aber sie hat, sofern dies möglich ist, Abschnitte zu bilden (BVerwG Urt. v. 21.1.1977 – IV C 84–92/74, NJW 1977, 1740). Eine solche nachträgliche Abschnittsbildung kann zur Heilung eines bereits vorher ergangenen rechtswidrigen Beitragsbescheids führen (vgl. BVerwG Urt. v. 21.1.1977, ebd.).

§ 130 I. Kapitel. VI. Teil. Erschließung

21 **b) Abschnittsbildung.** Wenn die Gemeinde mit der Beitragserhebung nicht bis zur endgültigen Herstellung der gesamten Erschließungsanlage warten will, kann sie gem. Abs. 2 S. 1 vor dem Entstehen der sachlichen Beitragspflicht (§ 133 Rn. 15 ff.) die Erschließungsanlage in einzelne **Abschnitte** aufteilen und diese Teilstrecken getrennt abrechnen (BVerwG Urt. v. 25.2.1994 – 8 C 14/92, NVwZ 1994, 913 (916) OVG Berlin-Brandenburg Urt. v. 3.7.2014 – 5 B 2.14, juris Rn. 27). Ob die Gemeinde eine solche Abschnittsbildung vornimmt, liegt in ihrem **Ermessen** (BVerwG Urt. v. 9.1.2013 – 9 B 33.12, juris Rn. 7; dass. Urt. v. 19.11.1982 – 8 C 39–41/81, NVwZ 1983, 473 (474)). Aus diesem Grund kann auch nicht das Gericht sein Ermessen an die Stelle des Ermessens der Gemeinde setzen und zur wenigstens teilweisen Aufrechterhaltung eines Beitragsbescheids, der für eine gesamte Erschließungsanlage ergangen ist, eine solche Abschnittsbildung vornehmen, etwa weil nur bestimmte Abschnitte einer Straße gewidmet sind (BVerwG Urt. v. 21.1.1977 – IV C 84–92/74, NJW 1977, 1740).

22 Allerdings darf die Abschnittsbildung **nicht** zu **willkürlichen Beitragserhebungen** führen (BVerwG Urt. v. 11.12.1970 – IV C 24/69, BRS 37 Nr. 43). Die Grenzziehung bei einer Abschnittsbildung muss sich daher gem. Abs. 2 S. 2 an **erkennbaren Markierungen** orientieren und darf nicht den zufälligen Ausbaustrecken einer Straße folgen. Als Grenzen einer möglichen Abschnittsbildung kommen etwa einmündende Straßen (hierzu BVerwG Urt. v. 15.9.1978 – IV C 50/76, BVerwGE 56, 238; dass. Urt. v. 15.9.1978 – IV C 7/76, NJW 1979, 1996 ff.; dass. Urt. v. 15.9.1978 – IV C 22/76, DÖV 1979, 175 ff.), Brücken und topographische oder sonstige örtliche Gegebenheiten in Betracht (*Driehaus* § 14 Rn. 21). Einer nach diesen Kriterien an sich möglichen Abschnittsbildung kann aber entgegenstehen, dass die Herstellung bestimmter Abschnitte der Straße mit **besonderen Kosten** verbunden ist, die für die anderen Abschnitte der Straße nicht entstehen. Dies kann etwa aus besonderen Gründungsproblemen folgen, aber auch aus in bestimmten Abschnitten vorgesehenen Grünanlagen oder sonstigen Teileinrichtungen, die nicht nur den Anliegern der jeweiligen Abschnitts, sondern den Anliegern der gesamten Erschließungsanlage zugute kommen und daher von allen anteilig zu tragen sind (vgl. BVerwG Urt. v. 16.3.1970 – IV C 69/68, DVBl. 1970, 838). Wenn solche **ausstattungsbedingten Mehrkosten** zu einer Kostendifferenz zwischen zwei Abschnitten von **mehr als einem Drittel** führen, verstößt die Abschnittsbildung gegen das Willkürverbot. Dasselbe gilt für absehbar entsprechend höhere **Grunderwerbskosten** (BVerwG Urt. v. 30.5.1997 – 8 C 9/96, NVwZ 1998, 293 f.). **Preissteigerungsbedingte Mehrkosten** dagegen sind im Regelfall nicht als in diesem Sinne erheblich und damit Willkür begründend anzusehen (BVerwG Urt. v. 7.6.1996 – 8 C 30/94, BVerwGE 101, 225).

23 Abs. 2 S. 2 bestimmt im weiteren, dass Abschnitte auch **nach rechtlichen Gesichtspunkten**, etwa entlang den Grenzen von Umlegungs- und Sanierungsgebieten (vgl. OVG Hamburg Urt. v. 2.2.2012 – 4 Bf 75/09, ZfBR 2012, 689), nicht aber von – durch Beitragspflichtige nicht feststellbaren – Erschließungsvertragsgebieten (*Driehaus* § 14 Rn. 22) gebildet werden können. In Umlegungsgebieten wird damit die erschließungsflächenbeitragsfreie Zuteilung (→ § 57 Rn. 19) erleichtert und damit die Erhebung von Erschließungsbeiträgen insoweit entbehrlich. Auch bei Sanierungsgebieten, in denen Ausgleichsbeträge erhoben werden und daher die Erhebung von Erschließungsbeiträgen nach § 154 Abs. 1 S. 2 ausgeschlossen ist, kann eine Abschnittsbildung nach den Gebietsgrenzen schwierige Zuordnungsfragen vermeiden (→ § 154 Rn. 8 sowie § 127 Rn. 8 f.). Der Abschnittsbildung nach den Grenzen eines Bebauungsplangebiets kann ebenfalls Bedeutung für die Bildung von Erschließungseinheiten zukommen.

24 Eine **Kombination von Abschnittsbildung und Kostenspaltung** im Sinne einer sog. **Querspaltung** (→ § 127 Rn. 41) ist **nicht zulässig,** da hiermit die Durchsichtigkeit und Erkennbarkeit der Beitragsberechnung für den Bürger nicht mehr ge-

2. Abschnitt. Erschließungsbeitrag § 130

geben wäre (BVerwG Urt. v. 15.9.1978 – IV C 7/76, NJW 1979, 1996ff.). Dagegen ist es grundsätzlich **zulässig, innerhalb eines zulässigerweise gebildeten Abschnitts** eine Kostenspaltung iSv § 127 Abs. 3 (→ § 127 Rn. 40ff.) vorzunehmen (BVerwG Urt. v. 10.12.1971 – IV C 12/70, BauR 1972, 107). Um jedoch die Durchsichtigkeit der Abrechnung für die Beitragspflichtigen soweit als möglich zu erhalten, ist die **Gemeinde an** eine bei einer Abrechnung von Teileinrichtungen **einmal vorgenommene Abschnittsbildung gebunden.** Hat die Gemeinde daher für die Abrechnung zB des Grunderwerbs einen bestimmten Abschnitt gebildet, kann sie für die spätere Abrechnung der Herstellungskosten nicht einen davon abweichenden Abschnitt bilden. Da sich hierdurch der Kreis der beitragspflichtigen Grundstücke ändern kann, würde die Beitragsberechnung ansonsten völlig unübersichtlich. Abschnitte im Sinne des Abs. 2 S. 1 können sich daher immer nur auf **dieselbe Teilstrecke einer Erschließungsanlage** erstrecken und dürfen sich **nicht überschneiden** (BVerwG Urt. v. 4.10.1974 – IV C 9/73, BVerwGE 47, 64).

Innerhalb einer Erschließungseinheit nach Abs. 2 S. 3 ist eine **Abschnittsbildung nicht möglich.** Das Gesetz stellt die Möglichkeiten der Abrechnung nach den drei Ermittlungsräumen ausdrücklich nebeneinander (vgl. BVerwG Urt. v. 30.1.2013 – 9 C 1/12, NVwZ 2013, 876). Auch würde eine Abschnittsbildung innerhalb einer Erschließungseinheit, dh die Abrechnung einer endgültig hergestellten einzelnen Straße innerhalb der Erschließungseinheit, dazu führen, dass die Eigentümer, die nicht unmittelbar Anlieger der hergestellten Straße sind, bereits zu einem Zeitpunkt mit Erschließungsbeiträgen belastet werden, zu dem ihnen der Vorteil durch die Erschließung noch nicht voll zukommt (BVerwG Urt. v. 15.9.1978 – IV C 36, 38–41/76, BauR 1979, 51). Im Übrigen würde eine solche Kombination von Erschließungseinheit und Abschnittsbildung zu denselben Problemen führen, die eine Kombination von Kostenspaltung und Abschnittsbildung mit sich bringt, nämlich Unübersichtlichkeit der Beitragserhebung und Steigerung des Verwaltungsaufwands (BVerwG Urt. v. 15.9.1978 – IV C 50/76, BVerwGE 56, 238). Umgekehrt können dagegen **mehrere Abschnitte** unterschiedlicher Erschließungsanlagen **zu einer Erschließungseinheit** zusammengefasst werden; der in Abs. 2 S. 3 verwendete Begriff der Anlagen umfasst sowohl eine einzelne Erschließungsanlage als auch den Abschnitt einer Erschließungsanlage (BVerwG Urt. v. 21.9.1979 – IV C 55/76, BauR 1980, 165; dass. Urt. v. 9.12.1983 – 8 C 112/82, BVerwGE 68, 249).

Die angeführten Grundsätze der Abschnittsbildung, die für Erschließungsstraßen entwickelt wurden, gelten in gleicher Weise für **selbstständige Grünanlagen und Immissionsschutzanlagen.** Bei Plätzen und selbstständigen Parkflächen ist die Abschnittsbildung wenig zweckmäßig und praktisch ohne Bedeutung.

c) Erschließungseinheit. Nach Abs. 2 **S. 3** kann die Gemeinde mehrere Erschließungsanlagen im Sinne des Abs. 2 S. 1 für die Ermittlung des Erschließungsaufwands rechnerisch zu einer **Erschließungseinheit** zusammenfassen (zu praktischen Problemen bei der Bildung von Erschließungseinheiten vgl. *Thyen* KStZ 1986, 186ff.). Es entsteht hierdurch allerdings keine neue Erschließungsanlage (*Grziwotz* in EZBK § 130 Rn. 20a). Hat die Gemeinde wirksam beschlossen, eine Erschließungseinheit zu bilden, „sperrt" sie hiermit das **Entstehen der Beitragspflicht** für die in der Erschließungseinheit zusammengefassten einzelnen Erschließungsanlagen; die Beitragspflicht entsteht frühestens, **wenn alle zusammengefassten Anlagen** im Sinne des § 133 Abs. 2 S. 1 **endgültig hergestellt** sind (BVerwG Urt. v. 30.1.2013 – 9 C 1/12, NVwZ 2013, 876; dass. Urt. v. 10.6.2009 – 9 C 2/08, BVerwGE 134, 139 (149); dass. Urt. v. 15.9.1978 – IV C 50/76, BVerwGE 56, 238). Diese Sperrwirkung kann aber nur erzielt werden, wenn der Beschluss, eine Erschließungseinheit zu bilden, gefasst wird, **bevor der Erschließungsbeitrag für eine der zusammengefassten Anlagen entsteht** (→ Rn. 46). Sie entsteht allerdings auch dann, wenn die Bildung einer Erschließungseinheit nicht auf einer gemeinsamen Abrechnung nach

§ 130

Ermessen der Gemeinde und einer entsprechenden Zusammenfassungsentscheidung beruht, sondern wenn eine Rechtspflicht zur gemeinsamen Abrechnung besteht (→ Rn. 34).

28 Zu einer Erschließungseinheit im Sinne des Abs. 2 S. 3 können Anlagen für die Aufwandsermittlung dann zusammengefasst werden, wenn eine funktionale Abhängigkeit von Erschließungsanlagen besteht (BVerwG Urt. v. 10.6.2009 – 9 C 2/08, BVerwGE 134, 139 (146), auch zur Entwicklung der Rechtsprechung; s. auch OVG Münster Beschl. v. 23.3.2011 – 15 A 647/07, BeckRS 2011, 51651).

29 Ein solcher **Funktionszusammenhang** besteht nur, wenn ausschließlich eine Anlage einer anderen Anlage die Anbindung an das übrige Straßennetz vermittelt, mithin der Anlieger der Nebenstraße darauf angewiesen ist, die Hauptstraße zu benutzen, um das übrige Straßennetz zu erreichen (BVerwG Urt. v. 10.6.2009 – 9 C 2/08, BVerwGE 134, 139 (146)). Ein solcher Benutzungszwang ist typischerweise gegeben bei einem Hauptstraßenzug mit einer davon abweichenden selbstständigen Stichstraße oder einer sich „ringförmig" anschließenden Straße. Auch **mehrere selbstständige Nebenstraßen,** die von einer Hauptstraße abzweigen, können mit der Hauptstraße zu einer Erschließungseinheit zusammengefasst werden (BVerwG Urt. v. 30.1.2013 – 9 C 1/12, NVwZ 2013, 876). Eine besondere **Abgrenzbarkeit** des Gebietes der Erschließungseinheit, wie sie das BVerwG in seiner älteren Rechtsprechung noch gefordert hatte, ist jedoch **entbehrlich** (BVerwG Urt. v. 10.6.2009 – 9 C 2/08, BVerwGE 134, 139 (147)).

30 Der für die Bildung einer Erschließungseinheit erforderliche Funktionszusammenhang kann auch durch solche **Erschließungsanlagen** vermittelt werden, die **ihrerseits nicht abrechnungsfähig** sind. Dies gilt zB für Privatstraßen, die selbstständige Erschließungsanlagen im Sinne des § 123 Abs. 2 sind, für vorhandene Anlagen im Sinne des § 242 Abs. 1 oder 9 oder für bereits endgültig hergestellte und abgerechnete Erschließungsanlagen (BVerwG Urt. v. 26.9.1983 – 8 C 47, 67–69/82, BVerwGE 68, 48; dass. Urt. v. 8.10.1976 – IV C 76/74, BRS 37 Nr. 85). Allerdings werden die durch die vorhandenen Straßen erschlossenen Grundstücke durch die Bildung der Erschließungseinheit nicht noch einmal beitragspflichtig; es kann daher notwendig sein, dass die Gemeinde den Anteil der Erschließungsbeiträge, der auf die bereits erschlossenen Grundstücke über den früher geleisteten Erschließungsbeitrag hinaus anfallen würde, zur Entlastung der Beitragspflichtigen der Erschließungseinheit selbst trägt (BVerwG Urt. v. 3.11.1972 – IV C 37/71, BauR 1973, 43).

31 Voraussetzung für die Bildung einer Erschließungseinheit ist weiterhin, dass der **Kreis der Grundstücke,** die von den in der Erschließungseinheit zusammengefassten Erschließungsanlagen erschlossen werden, **im Hinblick auf jede Art von Anlagen übereinstimmt.** Werden zB Straßen und selbstständige Grünanlagen zu einer Erschließungseinheit zusammengefasst, ist dies nur dann zulässig, wenn alle von der Straße erschlossenen Grundstücke auch von der **Grünanlage** erschlossen werden. Sollen eine längere Straße und eine kleinere Grünanlage zusammengefasst werden, ist dies nicht der Fall. Dasselbe gilt für – ausnahmsweise beitragsfähige (→ § 127 Rn. 26f.) – **Sammelstraßen.** Werden sie in eine Erschließungseinheit einbezogen, müssen alle die Straßen miteinbezogen werden, die dieselben Grundstücke erschließen wie die Sammelstraße.

32 Die Bildung einer Erschließungseinheit ist immer dann angebracht, wenn die Abrechnung einzelner Erschließungsanlagen zu **groben Ungerechtigkeiten** führen würde. Hauptanwendungsfall des Abs. 2 S. 3 ist daher die Erschließungseinheit, die aus einer oder mehreren größeren Straßen und hiervon abzweigenden kleineren **Stichstraßen** gebildet wird. Bei getrennter Abrechnung dieser Erschließungsanlagen würden die Anlieger der Stichstraßen in der Regel erheblich niedrigere Beiträge bezahlen müssen als die Anlieger der größeren Straßen, obwohl sie für die Nutzung ihrer Grundstücke in gleichem Maße wie die Anlieger der größeren Straßen auf diese angewiesen sind (BVerwG Urt. v. 10.6.2009 – 9 C 2/08, BVerwGE 134, 139 (148)).

2. Abschnitt. Erschließungsbeitrag § 130

Zudem haben sie noch den Vorteil der ruhigeren Lage (BVerwG Urt. v. 9.11.1984 – 8 C 77/83, BVerwGE 70, 247).

Die Gemeinde kann eine Zusammenfassung aber nur vornehmen, wenn die funktionell abhängige Verkehrsanlage zugleich die preiswertere ist. Hingegen darf die Bildung einer Erschließungseinheit aus Haupt- und Nebenstraßen für die Anlieger der Hauptstraße nicht zu einer höheren Belastung mit Erschließungsbeiträgen führen als eine Einzelabrechnung (BVerwG Urt. v. 30.1.2013 – 9 C 1/12, NVwZ 2013, 876; dass. Urt. v. 25.2.1994 – 8 C 14/92, BVerwGE 95, 176). Dies hat die Gemeinde durch eine Prognose abzuschätzen (BVerwG Urt. v. 22.5.1992 – 8 C 4/92, NVwZ 1993, 1202). Ebenso kann auch ein **Wohnweg nicht** mit der zugehörigen Anbaustraße zu einer Erschließungseinheit zusammengefasst werden (BVerwG Urt. v. 10.12.1993 – 8 C 58/91, NVwZ 1994, 912). Denn anders als bei einer Stichstraße werden die Anliegergrundstücke des Wohnwegs nicht durch diesen allein erschlossen, sondern durch den Wohnweg und die nächste Anbaustraße zusammen. Sie sind also ohnehin an den Kosten der Anbaustraße zu beteiligen. Die Anlieger der Anbaustraße aber würden bei Bildung einer Erschließungseinheit zu Unrecht auch an den Kosten des Wohnwegs beteiligt (vgl. *Driehaus* § 14 Rn. 45; → auch § 127 Rn. 24). 33

Das Gebot der **Abgabengerechtigkeit** kann sogar dazu führen, dass die Gemeinde verpflichtet ist, eine Erschließungseinheit zu bilden. Eine Ermessensreduzierung auf Null mit der **Verpflichtung** zur Bildung einer Erschließungseinheit ist dann anzunehmen, wenn bei der Einzelabrechnung der Erschließungsanlagen die Kostenlast der Anlieger der Hauptstraße, deren Mehrkosten regelmäßig auf ausstattungsbedingten Aufwandsunterschieden beruhen werden, um mehr als 1/3 höher liegt als die der Anlieger der von ihr funktional abhängigen Nebenstraßen (BVerwG Urt. v. 30.1.2013 – 9 C 1/12, NVwZ 2013, 876; dass. Urt. v. 10.6.2009 – 9 C 2/08, BVerwGE 134, 139 (148f.); OVG Magdeburg Beschl. v. 1.6.2010 – 4 L 451/08, BeckRS 2010, 50610; anders für die Rechtslage in Baden-Württemberg VGH Mannheim Urt. v. 20.2.2014 – 2 S 1215/13, DVBl. 2014, 865; → noch Rn. 35). Die Gemeinde hat hierzu eine **Prognose** anzustellen, die durch nachträgliche Veränderungen nicht mehr in Frage gestellt wird. Unterlässt sie die Prognose ist für die Frage, ob eine Rechtspflicht zur gemeinsamen Abrechnung besteht, eine nachträgliche Prognose bezogen auf die Verhältnisse unmittelbar vor endgültiger Herstellung der ersten Straße der (möglichen) Erschließungseinheit vorzunehmen. 34

§ 37 Abs. 3 **KAG BW** setzt die Anforderungen an die Bildung einer dort Abrechnungseinheit genannten Erschließungseinheit für „Anbaustraßen, die eine städtebaulich zweckmäßige Erschließung des Baugebiets ermöglichen und miteinander verbunden sind", deutlich herab (VGH Mannheim Urt. v. 20.2.2014 – 2 S 1215/13, DVBl. 2014, 865; LT-Drs. 13/3966 des Landtags BW, 58f.; hierzu *Reif/Rieche/Gloser* BWGZ 2005, 594 (606ff.); *Driehaus* § 14 Rn. 51f.). 35

Auch bei der Bildung einer Erschließungseinheit kann eine **Vorausleistung** nach § 133 Abs. 3 S. 1 erhoben werden. Diese setzt allerdings voraus, dass die Gemeinde bereits vorher wirksam eine Erschließungseinheit gebildet hat. Es ist auch möglich, dass eine Vorausleistung zunächst für eine einzelne Erschließungsanlage und eine zweite Vorausleistung später für die voraussichtlichen Kosten einer die Anlage umfassenden Erschließungseinheit erhoben wird (vgl. BVerwG Urt. v. 22.2.1985 – 8 C 114/83, NVwZ 1985, 751 (752)). Eine **Kostenspaltung** ist bei einer Erschließungseinheit ebenfalls möglich. Allerdings können, wie stets bei der Kostenspaltung nach § 127 Abs. 3, **nur endgültig hergestellte Teileinrichtungen** abgerechnet werden. Endgültig hergestellt sind Teileinrichtungen in einer Erschließungseinheit nur dann, wenn sie für alle von der Erschließungseinheit erfassten Anlagen fertiggestellt sind. Nicht möglich ist es, einzelne fertiggestellte Straßen oder Straßenabschnitte getrennt abzurechnen (→ Rn. 25). 36

§ 130

37 **d) Kreuzungen und Einmündungen.** Besondere Probleme bei der Zuordnung von Kosten entstehen bei **Kreuzungen und Einmündungen,** zumal das Gesetz hierzu keinerlei Regelung enthält (s. *Driehaus* § 14 Rn. 53 ff.). Hier sind **vier Fallgestaltungen** zu unterscheiden:
- Kreuzungen oder Einmündungen **neuer Erschließungsstraßen;**
- Kreuzungen oder Einmündungen neuer Erschließungsstraßen mit bereits **bestehenden Straßen;**
- Kreuzungen und Einmündungen von Verkehrsanlagen mit deutlich **unterschiedlicher Bedeutung;**
- Kreuzungen von **Verkehrsanlagen mit Grünflächen.**

Werden statt Kreuzungen oder Einmündungen Kreisverkehrsanlagen errichtet, gelten dieselben Grundsätze (*Thielmann* KStZ 2003, 141 ff.).

38 Kreuzen sich neue Erschließungsanlagen **(erste Fallgruppe),** kann für die Kostenverteilung an die Regelung in § 12 FStrG und die entsprechenden Bestimmungen in den Landesstraßengesetzen angeknüpft werden. So haben nach § 12 Abs. 2 FStrG die jeweiligen Träger der Straßenbaulast die Kosten der Kreuzungsanlage **im Verhältnis der Fahrbahnbreiten** der an der Kreuzung beteiligten Straßen zu tragen. Ist daher die Gemeinde nicht Trägerin der Straßenbaulast aller an der Kreuzung beteiligten Straßen, fallen ihr nur anteilige Kosten zur Last. Nur dieser Anteil kann daher dem Erschließungsaufwand zugerechnet werden.

39 Entsteht eine neue Kreuzung oder eine neue Einmündung, weil eine neue Straße auf eine bestehende Straße trifft **(zweite Fallgruppe),** kann ebenfalls der Regelung in den Straßengesetzen gefolgt werden. Für diesen Fall bestimmt § 12 Abs. 1 FStrG, dass der Träger der Straßenbaulast der **neu hinzugekommenen Straße** die **Kosten der Kreuzung zu tragen** hat. Zu den Kosten der Kreuzung gehören dabei auch alle notwendigen Änderungen der anderen Straße. Entsteht also durch eine Erschließungsstraße eine neue Einmündung oder Kreuzung, gehören alle hierfür anfallenden Kosten – einschließlich einer auf der bestehenden Straße ggf. anzulegenden Abbiegespur – zum Erschließungsaufwand (vgl. BVerwG Urt. v. 23.2.1990 – 8 C 75/88, BVerwGE 85, 1).

40 Treffen zwei Verkehrsanlagen mit erheblich unterschiedlicher Bedeutung aufeinander, zB ein Fußweg auf eine Straße **(dritte Fallgruppe),** sind bei vollständiger Neuanlage der Kreuzung die **Kreuzungskosten der Straße zuzurechnen.** Dies gilt auch, wenn die Straße auf einen bestehenden Fußweg trifft. Kommt jedoch umgekehrt der Fußweg zu einer bestehenden Straße hinzu, sind die hierdurch entstehenden Kreuzungskosten dem Fußweg anzulasten.

41 Kreuzt eine Verkehrsanlage eine Grünfläche **(vierte Fallgruppe),** ist, wenn es sich bei der kreuzenden Verkehrsanlage um eine **Straße** handelt, die für die Kreuzung aufgewandte Kostenmasse der Straße zuzurechnen. Handelt es sich bei der Verkehrsanlage um einen **Fuß- oder Radweg,** kommt es auf die Situation im Einzelnen an. Bei einer größeren Grünanlage wird in der Regel die Bedeutung des Wegs so zurücktreten, dass ihm kein Anteil an den Kreuzungskosten zugerechnet werden kann. Bei einer größeren **Promenade** kann dies aber bereits anders sein. Im letzteren Fall ist die Kostenzuordnung wie bei der Kreuzung von Straßen vorzunehmen.

42 **e) Bestimmung des Ermittlungsraums.** Die **Wahl des Ermittlungsraums** (Rn. 18) liegt grundsätzlich im **Ermessen** der Gemeinde (→ zur Abschnittsbildung bereits Rn. 21, zur Erschließungseinheit → Rn. 34). Einer Festlegung in der **Erschließungsbeitragssatzung** bedarf es hierzu **nicht,** da eine abstrakte Regelung der möglichen Fallkonstellationen, die zur Wahl des einen oder des anderen Ermittlungsraums führen, nicht sinnvoll erfolgen könnte. Die **Entscheidung** über die Bildung eines Abschnitts oder einer Erschließungseinheit kann daher **unmittelbar aufgrund des Abs. 2** erfolgen (BVerwG Urt. v. 12.6.1970 – IV C 5/68, DVBl. 1970, 904; VGH Kassel Beschl. v. 5.7.2006 – 5 ZU 2743/05, KStZ 2006, 196). Die Be-

stimmung in § 132 Nr. 2, nach der in der Satzung die Art der Ermittlung des Erschließungsaufwands festzulegen ist, bezieht sich lediglich auf die Ermittlungsart, nicht auch auf den Ermittlungsraum, obwohl die Überschrift des § 130 diese Auffassung nahe legen könnte (BVerwG Urt. v. 12.6.1970, ebd.). Trifft die Gemeinde keine besondere Entscheidung, entsteht der Erschließungsbeitrag für die einzelne Erschließungsanlage (→ Rn. 18). Dies ist der vom Gesetz vorgesehene Regelfall.

Welche **Stelle innerhalb der Gemeinde** für diese Entscheidung **zuständig** ist, 43 richtet sich nach Landesrecht. Soll entsprechend dem **Regelfall,** also in Bezug auf eine einzelne Erschließungsanlage, abgerechnet werden, handelt es sich zumeist um ein **Geschäft der laufenden Verwaltung,** für das der Gemeindedirektor oder Bürgermeister zuständig ist.

Soll jedoch ein **anderer Ermittlungsraum** gewählt werden, so ist hierfür nach 44 dem jeweils einschlägigen Landesrecht in aller Regel die Entscheidung des **Gemeinderats** (OVG Münster Urt. v. 29.7.1975 – III A 472/73, DÖV 1976, 358; VGH Mannheim Urt. v. 8.12.1970 – II 852/67, juris) oder des damit beauftragten Ausschusses (vgl. *Fischer/Korbmacher* in Hoppenberg/de Witt, Kap. F, Rn. 256) erforderlich. Dabei ist es jedoch weder notwendig, die Erschließungseinheit ausdrücklich als solche zu bezeichnen noch den Beschluss zu veröffentlichen. Es genügt, wenn sich aus dem Beschluss eindeutig ergibt, dass die Gemeinde mehrere Anlagen gemeinsam abrechnen will und um welche Anlagen es sich handelt (BVerwG Beschl. v. 20.11.2011 – 9 B 54.01, juris Rn. 11; OVG Berlin-Brandenburg Urt. v. 3.7.2014 – 5 B 2.14, juris Rn. 27). Inhalt und Zeitpunkt des Beschlusses müssen aus den Akten nachweisbar sein (so für den Ausspruch der – insoweit vergleichbaren – Kostenspaltung BVerwG Urt. v. 26.9.1983 – 8 C 47/82, BVerwGE 68, 48).

Da Bundesrecht für diese Entscheidung kein Ortsrecht verlangt, können nicht 45 durch Landesrecht an diese Entscheidung solche Anforderungen gestellt werden, die sie letztlich doch einem Ortsgesetz vergleichbar machen (BVerwG Urt. v. 26.9.1983, ebd.). Die Entscheidung über den Ermittlungsraum ist daher **weder** ein für sich angreifbarer **Verwaltungsakt noch eine Satzung.** Ihre Kontrolle erfolgt vielmehr nur bei einer etwaigen Überprüfung des Erschließungsbeitragsbescheids.

Voraussetzung für die Abrechenbarkeit der Kosten einer Erschließungsanlage im 46 Wege der Abschnittsbildung oder der Bildung einer Erschließungseinheit ist, dass die entsprechende **Wahl des Ermittlungsraums getroffen** wurde, **bevor die Erschließungsbeitragspflicht für die einzelne Erschließungsanlage entstanden** ist. Denn nach § 133 Abs. 2 S. 1 **entsteht die Beitragspflicht** mit der endgültigen Herstellung einer Erschließungsanlage unabhängig von einem hierauf gerichteten Willen der Gemeinde und unabhängig von einer Erhebung des Erschließungsbeitrags **kraft Gesetzes.** In diesen Fällen kann der Erschließungsbeitrag, entsprechend der Grundregel des Gesetzes, nur für die einzelne Erschließungsanlage im Sinne des Abs. 2 S. 1 erhoben werden. Ist er bereits einmal entstanden, kann er nicht durch eine spätere Entscheidung der Gemeinde noch einmal entstehen. Der Rechtsgrundsatz, dass die **Beitragspflicht** für ein Grundstück im Hinblick auf dieselbe Erschließungsanlage **nur einmal entsteht,** dient nicht nur der Vermeidung einer sonst möglichen Mehrfachbelastung, sondern – gerade wegen des Zeitpunkts des Entstehens der Beitragspflicht – auch der Sicherheit des Rechtsverkehrs. Da der Erschließungsbeitrag als öffentliche Last auf dem Grundstück ruht, muss, etwa bei einem Eigentümerwechsel oder einer Zwangsversteigerung, feststehen, wie das Grundstück belastet ist (BVerwG Urt. v. 20.1.1978 – IV C 2/75, BauR 1978, 394; ebenso für § 37 KAG BW, Rn. 35, VGH Mannheim Urt. v. 20.2.2014 – 2 S 1215/13, DVBl. 2014, 865). Ein „vorzeitiges" Entstehen der Beitragspflicht kann die Gemeinde vermeiden, indem sie vor dem Entstehen der Beitragspflicht für die Einzelanlagen eine andere Wahl des Erschließungsraums trifft; eine solche Entscheidung „sperrt" das Entstehen einer Beitragspflicht für die von der Entscheidung betroffenen Einzelanlagen (BVerwG Urt. v. 26.9.1983 – 8 C 47/82, BVerwGE 68, 48; dass. Urt. v.

9.12.1983 – 8 C 112/82, BVerwGE 68, 249). Die Wahl eines Ermittlungsraums bindet die Gemeinde erst, wenn auf ihrer Grundlage eine Beitragspflicht entstanden ist. Ist dies nicht der Fall, kann die Gemeinde ihre Entscheidung revidieren und einen anderen Ermittlungsraum wählen. Ebenfalls kann sie noch eine Kostenspaltung aussprechen (BVerwG Urt. v. 26.9.1983, aaO, 57). Anders ist dies in Fällen, in denen eine **Rechtspflicht** zur Bildung einer Erschließungseinheit besteht (→ Rn. 34). Hier entsteht die Beitragspflicht für die Einzelanlage auch ohne Zusammenfassungsentscheidung der Gemeinde nicht, sondern erst dann, wenn die Erschließungseinheit als Ganze endgültig hergestellt ist (BVerwG Urt. v. 30.1.2013 – 9 C 1/12, NVwZ 2013, 876).

47 Ist in sonstigen Fällen ein **Heranziehungsbescheid** zur Abrechnung einer Erschließungseinheit ergangen, **ohne** dass eine **wirksame Wahl** des entsprechenden Ermittlungsraums vorliegt, gilt Folgendes: Die Wahl des Ermittlungsraums kann bis zur letzten mündlichen Verhandlung der letzten Tatsacheninstanz **nachgeholt** werden mit der Folge, dass der ursprünglich fehlerhafte Bescheid hierdurch **geheilt** wird (zur Änderung ursprünglich fehlerhafter Beitragsbescheide etwa *Driehaus* § 14 Rn. 13 ff.). Ist in der Zeit zwischen Erlass des Bescheids und letzter mündlicher Verhandlung jedoch die **Beitragspflicht** für die einzelne Erschließungsanlage, durch die das betreffende Grundstück erschlossen wird, **entstanden,** muss der Beitragsbescheid in Höhe des für diese Anlage zu entrichtenden Erschließungsbeitrags **bestehen bleiben** (BVerwG Urt. v. 26.9.1983 – 8 C 27/82, DÖV 1984, 117). Ist eine **Heilung nicht erfolgt** und ist eine **Beitragspflicht** für die das Grundstück erschließende Erschließungsanlage noch **nicht entstanden,** ist der Bescheid **in voller Höhe rechtswidrig.** Bei der Abschnittsbildung gilt dasselbe (hierzu *Driehaus* § 14 Rn. 15).

§ 131 Maßstäbe für die Verteilung des Erschließungsaufwands

(1) ¹Der ermittelte beitragsfähige Erschließungsaufwand für eine Erschließungsanlage ist auf die durch die Anlage erschlossenen Grundstücke zu verteilen. ²Mehrfach erschlossene Grundstücke sind bei gemeinsamer Aufwandsermittlung in einer Erschließungseinheit (§ 130 Abs. 2 Satz 3) bei der Verteilung des Erschließungsaufwands nur einmal zu berücksichtigen.

(2) ¹Verteilungsmaßstäbe sind
1. die Art und das Maß der baulichen oder sonstigen Nutzung;
2. die Grundstücksflächen;
3. die Grundstücksbreite an der Erschließungsanlage.

²Die Verteilungsmaßstäbe können miteinander verbunden werden.

(3) In Gebieten, die nach dem Inkrafttreten des Bundesbaugesetzes erschlossen werden, sind, wenn eine unterschiedliche bauliche oder sonstige Nutzung zulässig ist, die Maßstäbe nach Absatz 2 in der Weise anzuwenden, dass der Verschiedenheit dieser Nutzung nach Art und Maß entsprochen wird.

Übersicht

	Rn.
I. Verteilung	1
1. Gegenstand	1
a) Umlagefähiger Aufwand	1
b) Ermittlungsraum	2
2. Erschlossene Grundstücke	3
a) Grundstücksbegriff	3
b) Erschlossensein	4

	Rn.
c) Umfang des Erschlossenseins	16
d) Eigentumsverhältnisse	24
e) Zeitpunkt	25
3. Nicht erschlossene Grundstücke	26
II. Einfache Verteilungsmaßstäbe für alterschlossene und für einheitlich nutzbare Gebiete	28
1. Gebietstypen	33
a) Alterschlossene Gebiete	34
b) Einheitlich nutzbare Gebiete	36
2. Anwendbare Verteilungsmaßstäbe	37
a) Grundstücksflächenmaßstab (Abs. 2 S. 1 Nr. 2)	37
b) Frontmetermaßstab (Abs. 2 S. 1 Nr. 3)	38
c) Maßstabsverbindung (Abs. 2 S. 2)	39
d) Maßstabsmodifikation	40
III. Qualifizierte Verteilungsmaßstäbe für neu erschlossene, unterschiedlich nutzbare Gebiete	41
1. Vorteilsgerechte Verteilung	42
a) Erschließungsvorteil	42
b) Bemessung	43
2. Berücksichtigung des Maßes der Nutzung	53
a) Bauliche oder sonstige Nutzung	53
b) Grundstücksfläche und Zahl der Vollgeschosse (Vollgeschossmaßstab)	54
c) Grundstücksfläche und Geschossflächen (Geschossflächenmaßstab)	60
3. Berücksichtigung der Art der Nutzung	64
a) Wohn- und Mischnutzung sowie gewerbliche und industrielle Nutzung	64
b) Grundstücksbezogener Artzuschlag	66
IV. Besonderheiten bei anderen Erschließungsanlagen als Anbaustraßen	68

I. Verteilung

1. Gegenstand. a) Umlagefähiger Aufwand. Abs. 1 nennt als **Gegenstand der Verteilung** den beitragsfähigen Erschließungsaufwand. Dies ist insofern nicht genau, als von diesem Aufwand nach § 129 Abs. 1 S. 3 mindestens 10% von der Gemeinde zu tragen sind. Diese Verteilung im weiteren Sinne zwischen der Gemeinde einerseits und den Beitragspflichtigen andererseits ist daher hier bereits vorauszusetzen. Abs. 1 meint nur die Verteilung im engeren Sinne, also die Verteilung des Erschließungsaufwands unter den Beitragspflichtigen. Gegenstand der Verteilung im Sinne des Abs. 1 ist daher nicht der beitragsfähige, sondern **nur der umlagefähige Erschließungsaufwand** (*Driehaus* § 16 Rn. 1). 1

b) Ermittlungsraum. Der Verteilungsgegenstand wird in Abs. 1 ferner durch die Benennung eines konkreten **Ermittlungsraums** (→ § 130 Rn. 18 ff.) weiter eingegrenzt. Aus dem Zusammenhang der Verteilung mit der Ermittlung des Erschließungsaufwands folgt, dass sich Ermittlungsraum und Erschließungsaufwand decken müssen. Da das Gesetz für die drei ihm zur Verfügung gestellten Ermittlungsräume (einzelne Erschließungsanlage, Abschnitt einer Erschließungsanlage, Erschließungseinheit) keinen Oberbegriff gebildet hat, wie er hier mit dem Begriff des Ermittlungsraums verwendet wird, ist in Abs. 1 nur der Regelfall des Ermittlungsraums, nämlich die einzelne Erschließungsanlage, genannt. Damit soll jedoch die Verteilung des Erschließungsaufwands für andere Ermittlungsräume nicht ausgeschlossen sein. Es 2

§ 131 I. Kapitel. VI. Teil. Erschließung

kann daher nach den Verteilungsregelungen des Gesetzes auch der für den Abschnitt einer Erschließungsanlage oder für eine Erschließungseinheit ermittelte Erschließungsaufwand verteilt werden (Grziwotz in EZBK § 131 Rn. 3).

3 2. Erschlossene Grundstücke. a) Grundstücksbegriff. Das BauGB enthält an keiner Stelle eine Bestimmung des Begriffs des Grundstücks, da ihm entsprechend den verschiedenen Sachzusammenhängen verschiedene Grundstücksbegriffe zu Grunde liegen (→ § 200 Rn. 2ff.). Im Erschließungsbeitragsrecht ist grundsätzlich einheitlich vom **formellen Grundstücksbegriff des Grundbuchrechts** auszugehen (grundlegend BVerwG Urt. v. 16.4.1971 – IV C 82/69, BVerwGE 38, 35; s. auch BVerwG Urt. v. 24.2.2010 – 9 C 1/09, BVerwGE 136, 126 (134)). In besonderen Ausnahmefällen, „in denen es nach dem Inhalt und Sinn des Erschließungsbeitragsrechts gröblich unangemessen wäre, an diesem Grundstücksbegriff festzuhalten" (BVerwG Urt. v. 2.7.1982 – 8 C.28/81, BVerwGE 66, 69; dass. Urt. v. 12.12.1986 – 8 C 9/86, NVwZ 1987, 420f.), ist es geboten, aus Gründen der Beitragsgerechtigkeit anstelle des der Rechtsklarheit und der Rechtssicherheit dienenden formellen Grundstücksbegriffs den Begriff der **wirtschaftlichen Grundstückseinheit** zugrunde zu legen (grundlegend BVerwG Urt. v. 20.6.1973 – IV C 62/71, BVerwGE 42, 269). „Gröblich unangemessen" ist das Festhalten am bürgerlich-rechtlichen Grundstücksbegriff „einzig dann", wenn ein zusammen mit anderen Grundstücken desselben Eigentümers baulich angemessen nutzbares Grundstück bei der Verteilung des umlagefähigen Erschließungsaufwands „völlig **unberücksichtigt**" bliebe (BVerwG Urt. v. 24.2.2010 – 9 C 1/09, BVerwGE 136, 126 (134); dass. Urt. v. 3.2.1989 – 8 C 78/88, NVwZ 1989, 1072 (1074); dass. Urt. v. 4.10.1990 – 8 C 1/89, NVwZ 1991, 484f.). So können zB mehrere nebeneinander liegende Grundstücke **desselben Eigentümers**, die zwar nicht jedes für sich, aber gemeinsam bebaubar sind, im Sinne des Erschließungsbeitragsrechts als einheitliches Grundstück angesehen und entsprechend zu Erschließungsbeiträgen herangezogen werden; eine tatsächlich einheitliche Nutzung allein rechtfertigt die Zusammenfassung dagegen noch nicht (BVerwG Urt. v. 15.1.1988 – 8 C 111/86, BVerwGE 79, 1). Ebenso können dann mehrere Grundstücke zu einer Wirtschaftseinheit zusammengefasst werden, wenn zwar nur eines der Grundstücke bebaut werden soll, aber die Grundstücke **einheitlich genutzt** werden und die Bebauung des einen Grundstücks daher auch den anderen Grundstücken zugute kommt; in diesem Fall haben alle einheitlich genutzten Grundstücke einen Vorteil von der Erschließungsanlage, so dass es gerechtfertigt ist, sie einheitlich zu behandeln (so für ein aus mehreren Grundstücken bestehendes Industriegelände BVerwG Urt. v. 16.4.1971 – IV C 82/69, BVerwGE 38, 35). Wird ein einheitliches Baugrundstück, das einheitlich nutzbar ist, **tatsächlich unterschiedlich genutzt**, rechtfertigt dies nicht seine Aufteilung unter wirtschaftlichen Gesichtspunkten (OVG Koblenz Urt. v. 25.1.1983 – 6 A 2/82, DÖV 1983, 947; → zu der hiervon zu unterscheidenden Frage, in welchem Umfang ein Grundstück erschlossen ist Rn. 15 ff.). Die Gemeinden sind an diesen bundesrechtlichen Grundstücksbegriff gebunden. Sie können daher ihrer Erschließungsbeitragssatzung nicht einen anderen Grundstücksbegriff zugrunde legen (BVerwG Urt. v. 30.7.1976 – IV C 65/74, DÖV 1977, 247: zur Beurteilung einer **Grundstücksteilung** zum Zweck der Vermeidung einer Erschließungsbeitragspflicht als **missbräuchlich** im Sinne des § 42 AO vgl. BVerwG Beschl. v. 14.1.1997 – 8 B 247/96, NVwZ 1998, 76; s. auch BVerwG Urt. v. 12.10.11.2014 – 9 C 4/13, NVwZ 2015, 52). In **Umlegungsgebieten** kann weder das „untergehende" Grundstück als Teil der Umlegungsmasse, noch vor Abschluss des Umlegungsverfahrens das (zukünftige) Abfindungsgrundstück Gegenstand der Erschließungsbeitragspflicht noch Vorausleistungspflicht sein (BVerwG Urt. v. 5.5.2015 – 9 C 14/14 DVBl. 2015, 1117; → noch § 133 Rn. 27).

4 b) Erschlossensein. Abs. 1 bestimmt durch das Merkmal des **Erschlossenseins** den Kreis der Grundstücke, auf die in der Verteilungsphase der umlagefähige Er-

2. Abschnitt. Erschließungsbeitrag § 131

schließungsaufwand zu verteilen ist. Erschlossen in diesem Sinne kann ein Grundstück nur sein, wenn ihm von der Erschließungsanlage ein **Erschließungsvorteil** (→ § 127 Rn. 4) geboten wird. Da somit die Bestimmung der erschlossenen Grundstücke – neben der Verteilungsregelung im Einzelnen – ausschlaggebend für die Höhe der auf jedes Grundstück entfallenden Beitragsbelastung ist, gebietet es die Abgabengerechtigkeit, den erschlossenen Grundstücken nicht nur baulich oder gewerblich nutzbare Grundstücke zuzurechnen (wie es dem Wortlaut des § 129 Abs. 1 S. 1 und § 133 Abs. 1 S. 1 entspräche), sondern auch alle anderen Grundstücke, die für ihre Nutzung auf die Straße angewiesen sind und daher ebenfalls aus ihr einen Vorteil ziehen (hierzu *Gern* NJW 1981, 1424 f.; *David* BauR 1983, 120 (122); → auch § 127 Rn. 17; § 133 Rn. 4 ff.,). Maßgeblich ist grundsätzlich die nächste von einem Grundstück aus erreichbare Erschließungsanlage (BVerwG Beschl. v. 29.8.2000 – 11 B 48/00, NVwZ-RR 2001, 180). Dies kann auch ein erschließungsrechtlich selbstständiger Privatweg sein, wenn er zum Anbau bestimmt sowie zur Erschließung des an ihn grenzenden Grundstücks geeignet ist. In diesem Fall können die betreffenden Grundstücke, anders als bei einem unselbstständigen Privatweg, nicht an der Verteilung der nächsten öffentlichen Erschließungsstraße herangezogen werden (→ § 123 Rn. 11).

Der Begriff des erschlossenen Grundstücks im Sinne des Abs. 1 **deckt sich nicht** 5 **mit dem Begriff des erschlossenen Grundstücks im Sinne des § 133 Abs. 1 S. 2** (→ zum systematischen Zusammenhang zwischen Abs. 1, § 133 Abs. 1 und § 127 Abs. 2, § 133 Rn. 1; s. auch Rn. 7). Erschlossen im Sinne des Abs. 1 sind alle die Grundstücke, deren Eigentümer „die tatsächliche und rechtliche Möglichkeit haben, von der Erschließungsanlage eine Zufahrt bzw. einen Zugang zu ihren Grundstücken zu nehmen" (BVerwG Urt. v. 7.10.1977 – IV C 103/74, NJW 1978, 438; s. auch BVerwG Urt. v. 12.11.2014 – 9 C 4/13, NVwZ 2015, 528; OVG Magdeburg Beschl. v. 9.3.2010 – 4 L 169/07, KStZ 2010, 175). Im Sinne des § 133 Abs. 1 ist ein Grundstück dagegen erst dann erschlossen, wenn „neben der tatsächlich herstellbaren Zugänglichkeit die rechtliche Möglichkeit von Zufahrt bzw. Zugang bereits voll gesichert" ist (BVerwG Urt. v. 7.10.1977, aaO). Während also für das Erschlossensein im Sinne des **Abs. 1** die **herstellbare Möglichkeit der Zufahrt** (→ zum Zugang Rn. 7) ausreicht, muss im Sinne des **§ 133 Abs. 1** diese Möglichkeit in tatsächlicher und rechtlicher Hinsicht **in vollem Umfang und verlässlich gesichert** sein. Bedeutung hat dies in aller Regel nur für so genannte **Hinterliegergrundstücke** und für durch **Böschungen** oder ähnliche Hindernisse von der Straße getrennte Grundstücke (→ Rn. 7 f. und § 133 Rn. 2). Ist danach ein Grundstück erschlossen im Sinne des Abs. 1, aber **noch nicht** erschlossen im Sinne des § 133 Abs. 1 und damit auch **noch nicht** beitragspflichtig, ist der auf dieses Grundstück entfallende Anteil des Erschließungsaufwands von der Gemeinde zu tragen, bis das ausgenommene Grundstück erschließungsbeitragspflichtig geworden ist (BVerwG Urt. v. 7.10.1977, aaO). Der für dieses Grundstück zu erhebende Erschließungsbeitrag kann nicht durch eine spätere aufwendigere Herstellung der Erschließungsanlage aufgrund einer geänderten Erschließungsbeitragssatzung seinerseits geändert werden; hinsichtlich einer einmal endgültig hergestellten Straße kann auch das Bauprogramm (→ § 128 Rn. 17) nicht zu Lasten der Beitragspflichtigen geändert werden (BVerwG Urt. v. 14.3.1975 – IV C 34/73, NJW 1975, 1426).

Liegen die erschlossenen Grundstücke **außerhalb des Gemeindegebiets,** sind 6 auch sie erschlossen im Sinne des Abs. 1, sodass sie in die Verteilung des umlagefähigen Erschließungsaufwands einzubeziehen sind. Der auf sie entfallende Anteil ist jedoch von der Gemeinde selbst zu tragen (BVerwG Urt. v. 28.11.2007 – 9 C 10/07, BVerwGE 130, 52; → § 127 Rn. 7), es sei denn, die Gemeinde ist berechtigt, auch die gemeindegebietsfremden Grundstücke in ihre Erschließungsbeitragssatzung einzubeziehen. Hierfür kommt nach Maßgabe des Landesrechts insbesondere eine öffentlich-rechtliche Vereinbarung (zB auf der Grundlage eines Gesetzes zur kommunalen Ge-

§ 131 I. Kapitel. VI. Teil. Erschließung

meinschaftsarbeit) oder eine Rechtsverordnung nach § 203 Abs. 1 in Betracht (BVerwG Urt. v. 3.6.2010 – 9 C 3/09, BVerwGE 137, 95; dazu *Tysper* ZfIR 2010, 788 ff.).

7 **aa) Verkehrsanlage im Sinne des § 127 Abs. 2 Nr. 1 und 2.** Durch eine **zum Anbau bestimmte Verkehrsanlage** im Sinne des § 127 Abs. 2 Nr. 1 ist ein Grundstück jedenfalls dann erschlossen (→ zur inhaltlichen Übereinstimmung von Anbaubestimmung und Erschließung im Sinne des Abs. 1 § 127 Rn. 20), wenn diese Verkehrsanlage „tatsächlich wie rechtlich gewährleistet, dass – gegebenenfalls (bei Hinterliegergrundstücken) unter Inanspruchnahme eines vermittelnden privaten Zuweges – mit Personen- und Versorgungsfahrzeugen an die Grundstücksgrenzen **herangefahren** werden kann" und so dem Grundstück eine **Zufahrt im straßenrechtlichen Sinne** geboten wird (BVerwG Beschl. v. 29.8.2000 – 11 B 48/00, NVwZ-RR 2001, 180; dass. Urt. v. 12.11.2014 – 9 C 4/13, NVwZ 2015, 528; OVG Koblenz Urt. v. 9.2.2011 – 6 A 11029/10, NVwZ-RR 2011, 540; zum Sonderfall einer im Wege der Ausnahme zugelassenen Wohnbebauung im Gewerbegebiet bei mit Zu- und Abfahrtverbot belegter Anbaustraße, aber genehmigtem Zugang BVerwG Urt. v. 17.6.1994 – 8 C 24/92, BVerwGE 96, 116). Dabei ist es nicht erforderlich, dass auf das Grundstück hinaufgefahren werden kann; andernfalls wären zB Grundstücke, die in geschlossener Bauweise ohne Vorgarten oder Stellplatz bebaut sind, durch die vor ihrer Grenze verlaufende Straße nicht erschlossen. Es **genügt,** wenn mit einem Kfz auf der Fahrbahn **bis auf die Höhe des Grundstücks gefahren** und von dort das Grundstück, ggf. über eine Treppe oder einen Gehweg, betreten werden kann (vgl. BVerwG Urt. v. 1.3.1991 – 8 C 59/89, BVerwGE 88, 70; *Fischer/Korbmacher* in Hoppenberg/de Witt, Kap. F, Rn. 335; → auch Rn. 8). Grenzt ein Grundstück jedoch nur in einer Breite von 2 m an eine Anbaustraße, reicht dies für das Heranfahrenkönnen und damit für das Erschlossensein nicht aus (VGH München Urt. v. 2.5.1988 – 6 B 85 A. 1837, BayVBl. 1989, 343). Dieser **Grundsatz** kann allerdings **durch das Bebauungsrecht modifiziert** werden. Erfordert dieses, dass auf das Grundstück hinaufgefahren werden kann, ist dies grundsätzlich auch für das Erschlossensein des Grundstücks nach Abs. 1 notwendig (BVerwG Urt. v. 21.10.1988 – 8 C 56/87, NVwZ 1989, 570 f.; dass. Urt. v. 17.6.1994 – 8 C 24/92, BVerwGE 96, 116; die Festsetzung von Stellplätzen auf dem Grundstück bedeutet allerdings nicht, dass damit ein „Herauffahrenkönnen" mit Kraftwagen bebauungsrechtlich erforderlich ist, wie es bei einer Festsetzung nach § 9 Abs. 1 Nr. 11 über den Anschluss von Grundstücken an eine Straße der Fall wäre, BVerwG Urt. v. 1.3.1991 – 8 C 59/89, BVerwGE 88, 70; → auch § 127 Rn. 14). Ausnahmsweise kann das **Gebot der Verteilungsgerechtigkeit** dazu führen, dass auch ein bebauungsrechtlich nicht, tatsächlich aber dennoch von einer Erschließungsanlage erschlossenes Grundstück bei der Verteilung des umlagefähigen Erschließungsaufwands zu berücksichtigen ist (BVerwG Urt. v. 17.6.1994 – 8 C 24/92, BVerwGE 96, 116). Bei Grundstücken in **Gewerbegebieten** wird ein Herauffahrenkönnen in der Regel für das Erschlossensein nötig sein (vgl. etwa OVG Lüneburg Urt. v. 18.5.1992 – 9 L 4530/91, KStZ 1993, 14 f.), bei Grundstücken in **Mischgebieten** dagegen nicht, da nicht auf jedem Grundstück, sofern nicht weitere Festsetzungen hinzukommen, eine gewerbliche Nutzung, die das Herauffahrenkönnen erfordert, zulässig ist (vgl. BVerwG Urt. v. 17.6.1994, aaO, 116 (120); dass. Urt. v. 27.9.2006 – 9 C 4/05, BVerwGE 126, 378: die abstrakte rechtliche Ermöglichung einer der in § 6 Abs. 2 BauNVO für ein Mischgebiet vorgesehenen Nutzungen, etwa die Errichtung von Wohngebäuden, reicht für das Erschlossensein selbst dann aus, wenn das Grundstück aktuell gewerblich genutzt wird). Lässt ein Bebauungsplan für die Bebaubarkeit eines Grundstücks eine bloße **Zugangs**möglichkeit ausreichen, tritt bereits hierdurch der durch die Anbaustraße – bspw. iVm einem Wohnweg – vermittelte Erschließungsvorteil, also die bauliche oder gewerbliche Nutzbarkeit des Grundstücks, ein. Das Er-

schließungsbeitragsrecht kann demgegenüber keine weiterreichenden Anforderungen an die Erschließung stellen (BVerwG Urt. v. 18.4.1986 – 8 C 51/85, BVerwGE 74, 149; dass. Urt. v. 21.10.1988 – 8 C 56/87, NVwZ 1989, 570). In diesem Fall ist auch ein nur zugängliches Grundstück erschlossen im Sinne des Abs. 1. Für **Wohnwege** und Fußwege nach § 127 Abs. 2 Nr. 2 ist also nicht die grundsätzliche Befahrbarkeit, sondern umgekehrt die Nicht-Befahrbarkeit konstitutiv. Die Kosten einer Anbaustraße sind auf deren Anlieger und die Anlieger des nicht befahrbaren Weges zu verteilen, die Kosten des Wohnweges dagegen nur auf dessen Anlieger (→ § 130 Rn. 33 f.). Grenzt ein Grundstück sowohl an eine Anbaustraße, als auch an einen unbefahrbaren Wohnweg an, wird es nur durch die Anbaustraße erschlossen im Sinne des Abs. 1, so dass eine anteilige Belastung dieses Grundstücks mit den Kosten des Wohnwegs ausscheidet (BVerwG Urt. v. 10.12.1993 – 8 C 58/91, NVwZ 1994, 912 (913)). Ein ausschließlich an einem nicht befahrbaren Wohnweg liegendes Grundstück wird primär von der Anbaustraße und sekundär von dem Wohnweg, also von beiden, erschlossen. Verbindet der Wohnweg zwei Anbaustraßen, so werden an dem Wohnweg liegende Grundstücke nicht nur von der nächstgelegenen, sondern zusätzlich auch von der entfernteren Anbaustraße primär erschlossen (BVerwG Urt. v. 1.3.1996 – 8 C 26/94, NVwZ-RR 1996, 463). Denn denkt man, wie bei Mehrfacherschließung erforderlich (→ Rn. 10), eine der beiden Anbaustraßen weg, vermittelt immer noch die andere die nötige Primärerschließung. Grenzt ein Grundstück an zwei Wohnwege, die zu derselben Anbaustraße führen, wird es durch beide Wohnwege und die Anbaustraße erschlossen, da auch hier die „Wegdenkenstheorie" (→ Rn. 10) anzuwenden ist (BVerwG Urt. v. 17.6.1998 – 8 C 34/96, NVwZ 1998, 1187 f.). Bei **Fußwegen** (→ zu deren Erschließungswirkung § 127 Rn. 25) wird, auch wenn sie mit einer Grünanlage vergleichbar sind, der Einzugsbereich über 200 m hinausgehen können (→ § 127 Rn. 34, *Driehaus* § 17 Rn. 115), da auch die Erschließungsfunktion davon abweichen kann. Abzustellen ist auf die städtebauliche Funktion des Fußwegs und daher ein Wohngebiet einzubeziehen, dem der Fußweg nach seiner Anlage dienen soll. Ist der Fußweg als reiner „Sammelweg" anzusehen, folgt seine Erschließungswirkung den Grundsätzen für Sammelstraßen (→ Rn. 12). Dient er der gartenseitigen zweiten Erschließung, sind nur die anliegenden Grundstücke erschlossen (→ § 127 Rn. 25).

An der Gewährleistung der Zufahrt oder des Zugangs fehlt es für die Verteilung **8** des umlagefähigen Erschließungsaufwandes nicht, wenn einer Erreichbarkeit aktuell noch tatsächliche oder rechtliche Hindernisse entgegenstehen. Lässt sich ein solches **tatsächliches Hindernis** mit einem vertretbaren finanziellen Aufwand ausräumen – und würde ein „vernünftiger" Eigentümer diese Mittel zur Erreichung der Bebaubarkeit seines Grundstücks aufbringen –, ist das Grundstück erschlossen im Sinne des Abs. 1 (BVerwG Urt. v. 29.4.1988 – 8 C 24/87, BVerwGE 79, 283; dass. Urt. v. 17.6.1994 – 8 C 22/92, NVwZ 1995, 1213; dass. Urt. v. 25.10.1996 – 8 C 21/95, NVwZ 1998, 73f.). Als nicht mehr zumutbar in diesem Sinne wird das Erfordernis anzusehen sein, zwischen Straße und Grundstück einen erheblichen **Höhenunterschied** zu überwinden; 8 m Höhenunterschied müssen nicht entgegenstehen, OVG Saarlouis Urt. v. 25.10.1990 – 1 R 96/87, KStZ 1991, 237f.; → zu einem ausräumbaren, aber noch nicht ausgeräumten tatsächlichen Hindernis § 133 Rn. 1). Ein **rechtliches Hindernis** kann darin bestehen, dass zwischen einem Grundstück **(Hinterliegergrundstück)** und der Straße ein anderes Grundstück (Anliegergrundstück) liegt (→ noch § 133 Rn. 2; ausführlich *Driehaus* § 17 Rn. 85ff.). Bei Hinterliegergrundstücken ist dabei zu unterscheiden, ob sie gefangen oder nicht gefangen sind, ob sie eine eigene Zuwegung verfügen oder nicht (ausführlich *Driehaus*, LKV 2015, 248/252). Bei **gefangenen** Hinterliegergrundstücken reicht grundsätzlich die **Eigentümeridentität** aus, um eine Erschließung iSv Abs. 1 zu bejahen (BVerwG Urt. v. 26.2.1993 – 8 C 35.82, BVerwGE 92, 157; *Driehaus*, LKV 2015, 248/253; offenlassend allerdings BVerwG Urt. v. 12.11.2014 – 9 C 4.13, NVwZ

2015, 528). Bei **nicht gefangenen** Hinterliegergrundstücken steht der Annahme einer Erschließung iSv Abs. 1 nicht entgegen, dass bereits eine andere Anbindung an das Straßennetz besteht. Diese ist vielmehr hinwegzudenken. Notwendig ist allerdings gleichwohl neben der auch hier erforderlichen Eigentümeridentität eine **einheitliche Nutzung** mit dem Anliegergrundstück, so dass die Grenze zwischen Anlieger- und Hinterliegergrundstück „gleichsam verwischt". Brachliegende Hinterliegergrundstücke sind also nicht iSv Abs. 1 erschlossen, da der Grundstückszustand in diesem Fall offenlässt, ob und wie die Fläche zukünftig bebaut wird. Entsprechendes gilt bei unwesentlichen Nutzungen oder Zwischennutzungen (BVerwG Urt. v. 12.11.2014 – 9 C 4.13, NVwZ 2015, 528 zu einer Nutzung als Pferdekoppel; dazu auch *Driehaus*, LKV 2015, 248/252ff.).

9 Ein zwischen Straße und Grundstück verlaufender Geh- oder Radweg ist kein der Erschließung entgegenstehendes rechtliches Hindernis (BVerwG Urt. v. 1.3.1991 – 8 C 59/89, BVerwGE 88, 70; dass. Urt. v. 29.11.1991 – 8 C 105/89, BVerwGE 89, 222), auch nicht ein schmaler Pflanzstreifen (VG Münster Urt. v. 3.12.1991 – 3 K 399/91, KStZ 1992, 113f.) oder eine nach § 9 Abs. 1 Nr. 15 getroffene Festsetzung „private Grünfläche – Hausgärten" (BVerwG Urt. v. 17.6.1994 – 8 C 22/92, NVwZ 1995, 1213; vgl. aber VGH München Beschl. v. 18.12.2006 – 6 ZB 05/672, BauR 2007, 926, der eine im Bebauungsplan festgesetzte Verkehrsgrünfläche mit Pflanzbindung von 18 bis 25 Metern Breite als unzumutbares Hindernis für ein Erschlossensein betrachtet). Nicht ausräumbar in diesem Sinne ist der Zufahrtsmöglichkeit entgegenstehendes rechtliches Hindernis jedoch, wenn seine Beseitigung eine – ggf. vereinfachte – **Änderung des Bebauungsplans** erfordert, denn mit einer solchen Änderung, zudem mit einem bestimmten Ergebnis, kann nicht „sicher" gerechnet werden (BVerwG Urt. v. 25.1.1984 – 8 C 77/82, NVwZ 1984, 583). Ist das zwischenliegende Grundstück selbst nicht baulich oder gewerblich nutzbar – und unterbreitet der Eigentümer des trennenden Grundstücks sogar ein die **Zufahrt** erlaubendes Vertragsangebot –, ist dieses rechtliche Hindernis objektiv ausräumbar. Ob der Eigentümer des Hinterliegergrundstücks von diesem Angebot Gebrauch machen will oder kann, ist für das Erschlossensein im Sinne des Abs. 1 nicht erheblich (BVerwG Urt. v. 7.10.1977 – IV C 103/74, NJW 1978, 438). Besteht zu dem Hinterliegergrundstück eine mit Zustimmung des Eigentümers nutzbare Zufahrt über das trennende Anliegergrundstück, ist das Hinterliegergrundstück erst Recht durch die Anbaustraße erschlossen (BVerwG Urt. v. 3.2.1989 – 8 C 78/88, NVwZ 1989, 1072 (1073)). Liegt dagegen zwischen Hinterliegergrundstück und Straße ein anderes baulich nutzbares Grundstück und ist das Hinterliegergrundstück eventuell zur anderen Seite hin bereits erschlossen, reicht die theoretisch bestehende Möglichkeit einer Zufahrt (auch) über das andere Grundstück zur Erschließungsstraße nicht aus, um ein Erschlossensein durch diese Straße anzunehmen (vgl. zum insoweit gleichgelagerten Straßenausbaubeitragsrecht OVG Magdeburg Urt. v. 3.4.2007 – 4 L 230/06, KStZ 2007, 178f.). Zu welchen von mehreren Erschließungsstraßen ein Grundstück „orientiert" ist, muss bei „räumlich-natürlicher Betrachtungsweise – gerade auch aus der Sicht der anderen Anlieger" – beurteilt werden (BVerwG Urt. v. 7.10.1977 – IV C 103/74, NJW 1978, 438 (439); dass. Urt. v. 14.1.1983 – 8 C 81/81, NVwZ 1983, 669). Probleme bei Hinterliegergrundstücken bestehen insofern also nur bei sog. gefangenen, d. h. ausschließlich über Anliegergrundstücke erschlossenen Grundstücken (→ § 133 Rn. 2), nicht hingegen bei auch anders erschlossenen Grundstücken; bei letzteren geht es nur um eine Zweiterschließung (vgl. *Driehaus* § 17 Rn. 85; *ders.*, KStZ 2007, 161; → zur **Zweiterschließung** Rn. 10).

10 Grundsätzlich wird ein Grundstück durch „die **nächste vom Grundstück aus erreichbare Straße**" erschlossen (BVerwG Urt. v. 30.1.1970 – IV C 151/68, DVBl. 1970, 839). Dies gilt allerdings nur, wenn es sich bei dieser Straße um eine **selbstständige Erschließungsanlage** im Sinne des § 123 Abs. 2 und nicht um eine

unselbstständige private oder öffentliche Zufahrt handelt (→ zur Abgrenzung § 123 Rn. 11 f.). Durch welche Straße oder Straßen ein Grundstück erschlossen wird, bestimmt sich nach den Festsetzungen des Bebauungsplans und dem ihnen zugrunde liegenden Gesamtkonzept des Wegesystems (OVG Münster Urt. v. 22.6.2006 – 3 A 2112/04, NVwZ-RR 2007, 125). Führt eine neue Erschließung zum Verlust einer früher vorhandenen Erschließung, weil für die neue Anbaustraße der an die alte Erschließungsstraße angrenzende Grundstückteil in Anspruch genommen wurde, ist das Grundstück gleichwohl durch die neue Straße erschlossen (BVerwG Beschl. v. 14.12.2010 – 9 B 58/10, NVwZ-RR 2011, 209); für den Verlust der alten Erschließung ist eine Entschädigung nach straßenrechtlichen Grundsätzen zu gewähren (BVerwG Urt. v. 1.12.1989 – 8 C 52/88, NVwZ 1990, 872 f.).

Ein bereits durch eine Anbaustraße erschlossenes Grundstück kann durch andere Erschließungsstraßen noch weiterhin erschlossen werden. Dies ist auch der Fall, wenn ein Grundstück an zwei sich aneinander anschließende selbstständige Anbaustraßen grenzt und von beiden erschlossen wird (BVerwG Urt. v. 10.10.1995 – 8 C 12/94, NVwZ 1996, 800 (802)). An eine solche **Zweit- oder auch Dritterschließung** sind nach der Rechtsprechung des Bundesverwaltungsgerichts **keine anderen Anforderungen als an die Ersterschließung** zu richten. Auch werden die Grundstücke grundsätzlich jeweils in ihrer vollen Fläche erschlossen (vgl. BVerwG Urt. v. 27.6.1985 – 8 C 30/84, BVerwGE 71, 363; → aber noch Rn. 15 ff.). Eine Rechtfertigung für eine erneute Beitragserhebung ist jedoch nur dann gegeben, wenn auch der volle Erschließungsvorteil geboten wird. Dies gilt umso mehr, als mehrfach erschlossene Grundstücke keinen generellen Anspruch auf Ermäßigung haben (→ Rn. 48). Die Gleichbehandlung von Erst- und Zweiterschließung entspricht auch der Beitragsgerechtigkeit. Wird einem Grundstück der volle Erschließungsvorteil durch die Möglichkeit einer weiteren Zufahrt zuteil, ist es auch im Interesse der übrigen Anlieger gerechtfertigt, dieses Grundstück zum vollen Erschließungsbeitrag heranzuziehen. Wird ihm dagegen nur ein geminderter Erschließungsvorteil zuteil, kann sich dies für die anderen Anlieger nicht allein deshalb beitragsmindernd auswirken, weil dieses Grundstück bereits – gewissermaßen zufällig – eine Zufahrt von einer anderen Straße aus besitzt (BVerwG Urt. v. 26.9.1983 – 8 C 86/81, BVerwGE 68, 41). Eine andere für das Grundstück bestehende Anbaustraße oder einer von zwei das Grundstück erschließenden Wohnwegen (BVerwG Urt. v. 17.6.1998 – 8 C 34/96, NVwZ 1998, 1187 (1188)) muss gewissermaßen **„hinweggedacht"** werden (BVerwG Urt. v. 12.11.2014 – 9 C 4/13, VNwZ 2015, 528; dass. Urt. v. 1.3.1996 – 8 C 26/94, NVwZ-RR 1996, 463). Erst recht gilt dies, wenn die Ersterschließung sogar real weg fällt (BVerwG Beschl. v. 14.12.2010 – 9 B 58/10, NVwZ-RR 2011, 209).

Liegt eine **Mehrfacherschließung** vor, ist das entsprechende Grundstück – vorbehaltlich einer in der Satzung gemäß § 131 Abs. 2 getroffenen sog. Eckgrundstücksermäßigung (→ Rn. 48 ff.) – auch **mehrfach zu Erschließungsbeiträgen heranzuziehen**. Durch **Abs. 1 S. 2** wird bestimmt, dass mehrfach erschlossene Grundstücke **im Rahmen einer Erschließungseinheit** bei der Verteilung des Erschließungsaufwands **nur einmal zu berücksichtigen** sind. Hierdurch soll das Abrechnungsverfahren vereinfacht werden (vgl. BT-Drs. 10/4630, 115). Der Gesetzgeber des Baugesetzbuches 1987 hat sich im Widerstreit zwischen dem aus dem Gleichheitssatz des Art. 3 Abs. 1 GG folgenden Grundsatz der Beitragsgerechtigkeit und dem der **Verwaltungspraktikabilität** (vgl. *Driehaus* § 9 Rn. 18) zugunsten des Letzteren entschieden. Die Beitragsgerechtigkeit fordert, mehrfach erschlossene – und damit einen größeren Erschließungsvorteil genießende – Grundstücke im Verhältnis zu nur einmal erschlossenen Grundstücken auch stärker zu Erschließungsbeiträgen heranzuziehen. Andererseits aber wird die Abrechnung von Erschließungseinheiten erheblich vereinfacht, wenn alle hier zusammengefassten Grundstücke einheitlich herangezogen werden können. Dies gilt insbesondere dann, wenn, wie in

§ 131 I. Kapitel. VI. Teil. Erschließung

der Regel, für mehrfach erschlossene Grundstücke Eckgrundstücksermäßigungen gewährt werden (→ Rn. 48 ff.). Die in Abs. 1 S. 2 gewählte Lösung bewegt sich daher in dem dem Gesetzgeber eingeräumten Pauschalierungsspielraum (hierzu *Driehaus* § 9 Rn. 22). Einer möglicherweise nicht gerechtfertigten Ungleichbehandlung (hierzu *Driehaus* § 17 Rn. 109; vgl. auch *Quaas* in Schrödter § 131 Rn. 65) ist bei der Bildung von Erschließungseinheiten Rechnung zu tragen.

13 **bb) Sammelstraßen im Sinne des § 127 Abs. 2 Nr. 3.** Durch **Sammelstraßen** werden (mittelbar) alle diejenigen Grundstücke erschlossen, für die die Sammelstraße **notwendig** ist, deren Zufahrt vom Straßennetz der Gemeinde also über die Sammelstraße erfolgen muss (→ zur Notwendigkeit der Sammelstraße als der einzigen Straße, über die das Baugebiet vom übrigen Straßennetz der Gemeinde erreicht werden kann § 127 Rn. 27). Ist eine Sammelstraße danach notwendig, sind von ihr alle diejenigen Grundstücke erschlossen, deren Verkehr die Sammelstraße sammelt.

14 **cc) Selbstständige Parkflächen und Grünanlagen im Sinne des § 127 Abs. 2 Nr. 4.** Auch hinsichtlich der **Grünanlagen** und **Parkflächen** kann auf die Ausführungen zu § 127 verwiesen werden (→ § 127 Rn. 30 f., 34). Nach der Rechtsprechung des BVerwG ist eine Erschließungswirkung von selbstständigen Parkflächen nur im Ausnahmefall gegeben, bei Grünflächen erstreckt sie sich auf einen Umkreis von ca. 200 Metern. Dabei ist es angemessen, Wohngrundstücke gegenüber Gewerbegrundstücken bei der Verteilung stärker zu belasten (vgl. BVerwG Urt. v. 9.12.1994 – 8 C 6/93, BVerwGE 97, 195).

15 **dd) Immissionsschutzanlagen im Sinne des § 127 Abs. 2 Nr. 5.** Schwer zu bestimmen ist der Kreis der Grundstücke, die durch **Immissionsschutzanlagen** erschlossen sind. Das BVerwG hält hierzu eine **horizontale Differenzierung** für erforderlich (BVerwG Urt. v. 19.8.1988 – 8 C 51/87, BVerwGE 80, 99; s. auch *Driehaus* § 12 Rn. 97 ff.; § 17 Rn. 121 ff.): Danach sind sog. **Lärmschutzzonen,** dh Gruppen von Grundstücken, zu bilden, „die im Wesentlichen vergleichbare Schallpegelminderungen erfahren". Eine vom BVerwG für zulässig gehaltene horizontale Differenzierung kann etwa drei Gruppen von Grundstücken unterscheiden, nämlich solche mit einer Schallpegelminderung von mehr als 9 dB(A), von mehr als 6 dB(A) und von mindestens 3 dB(A). Maßgeblich ist dabei allein die **Schutzwirkung,** nicht hingegen die Lärmquelle, etwa Gewerbe- oder Verkehrslärm (OVG Münster Beschl. v. 30.1.2014 – 15 A 2566/13, BauR 2014, 1277). Auf die genannten Gruppen kann der Aufwand für die Immissionsschutzanlage im Verhältnis 3: 2: 1 verteilt werden. Innerhalb jeder Gruppe ist bei der Verteilung der „allgemeine" Verteilungsmaßstab anzuwenden (BVerwG Urt. v. 19.8.1988, ebd.). Bei einer Schallpegelminderung von weniger als 3 dB(A) ist ein Grundstück nicht durch die Immissionsschutzanlage erschlossen, da eine solch geringe Lärmminderung vom menschlichen Ohr kaum noch wahrgenommen werden kann und die Anlage daher ihre bestimmungsgemäße Funktion für das Grundstück nicht erfüllt (BVerwG Urt. v. 19.8.1988, ebd.; dass. Urt. v. 23.6.1995 – 8 C 20/93, BVerwGE 99, 18; VGH Münster Urt. v. 11.3.2015 – 6 BV 14.280, NVwZ-RR 2015, 597). Da eine Lärmschutzanlage bei den oberen Geschossen eines Gebäudes eine geringere Wirkung entfaltet als bei unteren Geschossen, ist bei der Verteilungsregelung auch eine **vertikale Differenzierung** nach Vollgeschossen vorzunehmen, sofern eine Verteilung nach Vollgeschossen oder Geschossflächen erfolgt (BVerwG Urt. v. 19.8.1988, aaO, 105): Ein mit einem viergeschossigen Gebäude bebautes Grundstück, von dem nur die unteren zwei Geschosse durch die Immissionsschutzanlage eine beitragsrechtlich relevante Schallpegelminderung erfahren, kann aus Gleichheitsgründen hierfür nicht zu höheren Erschließungsbeiträgen herangezogen werden als ein zweigeschossig bebautes Grundstück. Eine Differenzierung innerhalb der geschützten Vollgeschosse nach der konkret erfassten Fläche ist jedoch nicht erforderlich. Ein nur mit **Garagen** bebaubares Grundstück wird von einer

Lärmschutzanlage nicht erschlossen (BVerwG Urt. v. 23.6.1995 – 8 C 18/94, NVwZ 1996, 403 (405 f.); s. auch OVG Münster Beschl. v. 30.1.2014 – 15 A 2566/13, BauR 2014, 1277). Wenn eine Lärmschutzanlage gezielt auch Freiflächen schützen soll, sind auch diese durch die Anlage erschlossen, wenn sie eine Schallpegelminderung von mindestens 3 d(A) erfahren (OVG Münster Beschl. v. 30.1.2014 – 15 A 2566/13, BauR 2014, 1277).

c) Umfang des Erschlossenseins. Wird ein Grundstück durch eine Erschließungsanlage erschlossen, ist es wegen des anzuwendenden grundbuchrechtlichen Grundstücksbegriffs **grundsätzlich mit seiner gesamten Fläche** als erschlossen anzusehen. Infolge der Bindung des Erschließungsbeitrags – und damit des Erschlossenseins – an den Erschließungsvorteil kann jedoch in besonderen Fallgestaltungen ein Grundstück als nur zu einem Teil erschlossen im Sinne des Abs. 1 angesehen werden (vgl. BVerwG Urt. v. 27.6.1985 – 8 C 20/84, BVerwGE 71, 363). Maßgeblich ist hierfür stets die **Ausnutzbarkeit des Grundstücks** (*Quaas* in Schrödter § 131 Rn. 10; vgl. auch VGH München Beschl. v. 18.12.2006 – 6 ZB 05.672, BauR 2007, 926). Dabei ist zwischen beplanten und unbeplanten Gebieten zu unterscheiden. 16

aa) Bebaubare Fläche in beplanten Gebieten. In beplanten Gebieten ergibt sich die Ausnutzbarkeit eines Grundstücks in der Regel aus den Festsetzungen des Bebauungsplanes (→ auch Rn. 23). Setzt dieser das Maß der zulässigen Nutzung durch die Angabe einer Grundflächenzahl, einer Geschossflächenzahl oder einer Baumassenzahl fest, wird damit an die Grundstücksfläche angeknüpft (→ § 9 Rn. 20). In diesem Fall ist daher grundsätzlich die **gesamte vom Bebauungsplan erfasste Grundstücksfläche** als erschlossen im Sinne des Abs. 1 anzusehen (BVerwG Urt. v. 19.2.1982 – 8 C 27/81, BVerwGE 65, 61 (67)). 17

Ist jedoch ein einheitliches Grundstück im Sinne des Grundbuchrechts nur zum Teil als bebaubar festgesetzt, zum Teil aber als zB **öffentliche** Grünfläche, ist **nur der bebaubare Grundstücksteil** erschlossen im Sinne des Abs. 1 (BVerwG Urt. v. 25.2.1977 – IV C 35/74, NJW 1977, 1549). Für das Erschlossensein im Sinne des Abs. 1 ist daher stets auf die bebaubare und darüber hinaus einheitlich privat nutzbare Fläche eines Grundstücks abzustellen (BVerwG Beschl. v. 29.11.1994 – 8 B 171/94, NVwZ 1995, 1215; dass. Urt. v. 25.2.1977, ebd.). Dies gilt auch dann, wenn zB ein Teil des Grundstücks nach § 9 Abs. 1 Nr. 15 als **private** Grünfläche festgesetzt ist, sofern sich die einheitliche private Nutzung, etwa in Form eines Hausgartens, auch auf diesen Grundstücksteil erstreckt (BVerwG Beschl. v. 29.11.1994 – 8 B 171/94, NVwZ 1995, 1215; BVerwG Urt. v. 12.11.2014 – 9 C 7.13, BVerwGE 150, 316). Eine solche für das Erschlossensein **irrelevante** Baubeschränkung kann sich nicht nur aus einer anderen Nutzungsfestsetzung für ein Teilgrundstück ergeben, sondern auch aus einer Einschränkung der Bebaubarkeit durch die **Festsetzung der überbaubaren Grundstücksfläche** (→ § 9 Rn. 27) oder etwa durch Abstandsgebote und Baugrenzen im Sinne der §§ 22 Abs. 2, 23 Abs. 3 BauNVO (hierzu BVerwG Urt. v. 25.1.1985 – 8 C 106/83, NVwZ 1985, 753 (754)). Weiter kann sich eine **Baubeschränkung aus anderen öffentlich-rechtlichen Bestimmungen** ergeben; dies gilt zB für umweltschutzrechtliche Nutzungsverbote, straßenrechtliche Anbauverbote (vgl. zB § 9 FStrG) und denkmalschutzrechtliche Änderungsverbote. Auch diese ändern nichts daran, dass das gesamte Grundstück erschlossen ist (*Driehaus* in BK § 131 Rn. 24 f.). 18

Hieraus folgt, dass Nutzungsbeschränkungen sich erschließungsbeitragsrechtlich nicht auswirken, wenn eine – rechtlich einwandfreie – Verteilungsregelung nur auf die Grundstücksfläche oder -breite (Abs. 2 Nr. 2 und 3) und nicht auf das Maß der baulichen Nutzung abstellt. Dasselbe gilt, wenn die Nutzungsbeschränkung ein anderes Nutzungsmaß betrifft als das nach der Verteilungsregelung ausschlaggebende, also zB die Anzahl der Vollgeschosse anstatt der überbaubaren Grundstücksfläche. 19

§ 131 I. Kapitel. VI. Teil. Erschließung

Stellt die Verteilungsregelung aber auf das beschränkte Nutzungsmaß ab, ist als „zulässig" nur das Nutzungsmaß zu verstehen, „das unter Berücksichtigung auch öffentlich-rechtlicher Baubeschränkungen auf dem jeweiligen erschlossenen Grundstück verwirklicht werden darf" (BVerwG Urt. v. 3.2.1989 – 8 C 66/87, BVerwGE 81, 251 (257); dass. Urt. v. 10.10.1996 – 8 C 12/94, NVwZ 1996, 800). Steht der Wortlaut einer Erschließungsbeitragssatzung dem entgegen, wird er in der Satzungsauslegung durch Abs. 3 verdrängt (BVerwG Urt. v. 3.2.1989, ebd.). Dies gilt jedoch nur, wenn die Baubeschränkung bereits bei Entstehung des Erschließungsbeitrags bestand. Kommt es erst nach diesem Zeitpunkt zu einer Baubeschränkung, ist dies erschließungsbeitragsrechtlich nicht relevant (BVerwG Urt. v. 9.12.1983 – 8 C 112/82, BVerwGE 68, 249).

20 Ein Grundstück ist auch dann nicht in vollem Umfang durch eine Erschließungsanlage erschlossen, wenn es sich um ein **sehr tiefes Grundstück zwischen zwei parallelen Straßen** handelt und das Grundstück an jeder Straßenseite etwa gleichgewichtig bebaut oder bebaubar ist („durchlaufendes" Grundstück). Ein solches Grundstück, bei dem sich der Eindruck aufdrängt, es handle sich planerisch um zwei unabhängige Grundstücke, ist daher so zu behandeln, als sei es in der Mitte oder an der sich nach dem Bebauungsplan anbietenden Stelle geteilt (BVerwG Urt. v. 27.6.1985 – 8 C 30/84, BVerwGE 71, 363; dass. Beschl. v. 26.4.2006 – 9 B 1/06, NVwZ 2006, 935f.; *Driehaus* § 17 Rn. 49f.). Entscheidend sind dabei in beplanten Gebieten ausschließlich die planerischen Bestimmungen, nicht hingegen rein tatsächliche Verhältnisse, die die Zuordnung einer Teilfläche zu einer bestimmten Anbaustraße begründen könnten (BVerwG Urt. v. 4.10.1990 – 8 C 1/89, NVwZ 1991, 484 (485)). Im Grundsatz verbleibt es daher beim formellen Grundstücksbegriff (→ Rn. 3), nach dem auch ein solches Grundstück von beiden Straßen voll erschlossen ist (vgl. *Driehaus* § 17 Rn. 49). Gleiches gilt, wenn ein Hinterliegergrundstück über eine rechtlich unbedenkliche Zufahrt über ein Anliegergrundstück verfügt oder wenn das Hinterliegergrundstück zulässigerweise zusammen mit dem Anliegergrundstück einheitlich genutzt wird (BVerwG Urt. v. 3.2.1989 – 8 C 78/88, NVwZ 1989, 1072 (1074f.); dass. Urt. v. 15.1.1988 – 8 C 111/86, BVerwGE 79, 1). Bei einem sog. **übergroßen Eckgrundstück**, das zu jeder Straße hin mit einem Gebäude bebaut ist oder bebaubar werden kann, kann – unter den genannten Voraussetzungen – nur der Teil des Grundstücks als erschlossen anzusehen sein, der an der angrenzenden Straße bebaut oder bebaubar ist (*David* BauR 1983, 120 (122); vgl. auch BVerwG Urt. v. 8.10.1976 – IV C 56/74, BVerwGE 51, 158, das in einem solchen Fall nur für einen Teil des Grundstücks die Eckgrundstücksermäßigung zulässt, während der andere Teil wie im Mittelgrundstück behandelt wird; vgl. auch BVerwG Urt. v. 3.2.1989, aaO, 1072 (1075); OVG Magdeburg Beschl. v. 9.3.2010 – 4 L 169/07, KStZ 2010, 175). Im Ergebnis gelangt das Bundesverwaltungsgericht durch die Berücksichtigung der planerischen Festsetzungen zur Ausnutzbarkeit bei der Frage des Erschlossenseins eines Grundstücks letztlich zur Anwendung eines (tendenziell) wirtschaftlichen Grundstücksbegriffs (vgl. auch *David* BauR 1983, 120 (122)). Eine wirtschaftliche Betrachtungsweise kann daher bei der im Einzelfall oft schwierigen Beurteilung, inwieweit ein Grundstück erschlossen ist, hilfreich sein.

21 **bb) Tiefenbegrenzung in unbeplanten Gebieten.** In unbeplanten Gebieten gilt für **öffentlich-rechtliche Baubeschränkungen** dasselbe wie in beplanten Gebieten (BVerwG Urt. v. 10.10.1995 – 8 C 12/94, NVwZ 1996, 800; → Rn. 18). Im Übrigen ist grundsätzlich für jedes Grundstück zu entscheiden, bis zu welcher Grenze es in erschließungsbeitragsrechtlich relevanter Weise ausgenutzt werden kann und wie weit dementsprechend der Erschließungsvorteil und das Erschlossensein reichen (BVerwG Urt. v. 19.2.1982 – 8 C 27/81, BVerwGE 65, 61 (66); dass. Urt. v. 10.6.1981 – 8 C 20/81, BVerwGE 62, 308 (314)). Dieses Problem stellt sich insbesondere bei **überdurchschnittlich tiefen Grundstücken.** Verlaufen sie zwischen

2. Abschnitt. Erschließungsbeitrag § 131

zwei parallelen Straßen und sind sie an jeder Straßenseite bebaubar, ist das Grundstück wie in beplanten Gebieten nur jeweils bis zu einer gedachten Trennlinie als erschlossen zu behandeln (BVerwG Urt. v. 22.4.1994 – 8 C 18/92, ZfBR 1995, 35 (37); VGH Kassel Beschl. v. 14.2.1986 – 5 TH 2439/84, NVwZ 1986, 587). Im Übrigen ist bei ihnen der Erschließungsvorteil in aller Regel nicht größer als bei normal geschnittenen Grundstücken, so dass diese Grundstücke auch nur mit einem entsprechenden Grundstücksteil in die Verteilung des Erschließungsaufwands einbezogen werden können. Liegt ein überdurchschnittlich tiefes Grundstück **teilweise im Außenbereich**, ist es dabei hinsichtlich der im Außenbereich liegenden Fläche bei der Verteilung des Erschließungsaufwandes gemäß Abs. 1 nicht zu berücksichtigen (BVerwG Urt. v. 12.11.2014 – 9 C 7.13, BVerwGE 150, 316).

Liegt ein überdurchschnittlich tiefes Grundstück **vollständig im Innenbereich**, 22 bedarf es einer unmittelbar aus Abs. 1 Satz 1 abzuleitenden Tiefenbegrenzung. Dabei geht es um die Frage, welche Tiefe eines Grundstücks in erschließungsbeitragsrechtlich relevanter Weise nutzbar und deshalb erschlossen iSv Abs. 1 Satz 1 ist. Mangels baulicher oder sonstiger erschließungsbeitragsrechtlich relevanter Ausnutzbarkeit fehlt es im Bereich der Übertiefe an einem Erschlossensein in diesem Sinne (BVerwG Urt. v. 12.11.2014 – 9 C 7.13, BVerGE 150, 316; dass. Urt. v. 1.9.2004 – 9 C 15.03, BVerwGE 121, 365). Eine dann notwendige Tiefenbegrenzung kann sowohl in der **Satzung** geregelt werden also auch im **Einzelfall** erfolgen. Letzteres ist allerdings mit Unwegbarkeiten verbunden, so dass sich in der Regel eine Tiefenbegrenzung durch Satzung empfiehlt (BVerwG Urt. v. 12.11.2014 – 9 C 7.13, BVerwGE 150, 316). Die satzungsmäßige Tiefenbegrenzung begründet, sofern sie sich an der ortsüblichen baulichen Nutzung orientiert, eine Vermutung dafür, dass im unbeplanten Innenbereich alle Grundstücke bis zur festgesetzten Tiefenbegrenzung erschlossen sind (BVerwG Urt. v. 1.9.2004 – 9 C 15.03, BVerwGE 121, 365; das. Urt. v. 12.11.2014 – 9 C 7.13, BVerwGE 150, 316; s. auch VGH München Urt. v. 23.4.2015 – 6 BV 14.1621, BeckRS 2015, 45810). Die satzungsmäßige Tiefenbegrenzung ist daher auch nicht darauf beschränkt, den Innenbereich vom Außenbereich abzugrenzen. Es geht vielmehr um die **ortsübliche Bautiefe innerhalb des Innenbereichs**. Hierbei steht der Gemeinde im Hinblick auf eine realitätsgerechte und an den in der Gemeinde typischen Grundstücksverhältnissen orientierten Regelung eine Typisierungsbefugnis zu.

Die von der satzungsrechtlichen Tiefenbegrenzung ausgehende Vermutung, dass 23 ein innerhalb der Tiefenbegrenzung liegendes Grundstück im Innenbereich liegt und bis zu der festgelegten Grenze hin erschlossen ist, kann im Einzelfall widerlegt sein. Dies ist insbesondere bei Vorhandensein einer **Klarstellungssatzung** iSv § 34 Abs. 4 Satz 1 Nr. 1 denkbar, die in diesem Fall Vorrang genießt. Bleibt hingegen die Tiefenbegrenzung hinter der Klarstellungssatzung zurück, hat diese für die Festlegung der Reichweite der Erschließungswirkung Vorrang (BVerwG Urt. v. *12.11.2014* – 9 C 7.13, BVerwGE 150, 316; kritisch hierzu etwa *Driehaus*, LKV 2015, 248/250ff.).

d) Eigentumsverhältnisse. Für die Frage des Erschlossenseins eines Grundstücks 24 im Sinne des Abs. 1 sind die **Eigentumsverhältnisse ohne Belang**. Erschlossen in diesem Sinne sind auch Grundstücke, die im Eigentum der **öffentlichen Hand** stehen, also zB mit öffentlichen Verwaltungsgebäuden, Schulen, Kirchen usw. bebaute Grundstücke. Es gelten für sie dieselben Kriterien, die auch bei anderen Grundstücken für das Erschlossensein ausschlaggebend sind (→ Rn. 4ff.). Auch die **Deutsche Bahn AG** ist nicht von der Entrichtung von Erschließungsbeiträgen befreit. Erschlossen sind allerdings nur die als Bahnhofs-, nicht auch die als Schienengelände genutzten Grundstücke (BVerwG Urt. v. 11.12.1987 – 8 C 85/86, BVerwGE 78, 321; → auch Rn. 65). Ebenso ist es unerheblich, ob ein Grundstück im **Miteigentum** mehrerer Personen steht. Dies gilt insbesondere auch für Grundstücke, auf denen Gebäude errichtet sind, an denen **Wohnungseigentum** besteht. Für das Er-

schließungsbeitragsrecht kommt es allein darauf an, was die Erschließung für die bauliche oder gewerbliche Nutzbarkeit **des Grundstücks** hergibt (→ § 127 Rn. 4). Auf die auf dem Grundstück etwa geschaffenen baulichen Anlagen oder die privatrechtlichen Verhältnisse zwischen Miteigentümern kommt es nicht an (BVerwG Urt. v. 29.7.1981 – 8 C 23/81, BVerwGE 64, 4; → auch § 134 Rn. 5).

25 e) **Zeitpunkt.** Die Feststellung der erschlossenen Grundstücke dient der Verteilung des umlagefähigen Erschließungsaufwands und ist daher ein wesentlicher Faktor für die Bestimmung der Beitragshöhe und der Beitragspflichtigen. Für die Feststellung der erschlossenen Grundstücke muss aus diesem Grunde ein **Zeitpunkt** gewählt werden, der die Berücksichtigung möglichst aller Beitragspflichtigen gewährleistet. Dies ist nicht der Zeitpunkt der endgültigen Herstellung der Erschließungsanlage im Sinne des § 133 Abs. 2, sondern der Zeitpunkt des **Entstehens der Beitragspflicht** (Grziwotz in EZBK § 131 Rn. 3a; *Driehaus* § 17 Rn. 12; → zum Zeitpunkt des Entstehens der Beitragspflicht § 133 Rn. 17ff., 22ff.). Dieser Zeitpunkt wird häufig mit dem Zeitpunkt der endgültigen Herstellung der Erschließungsanlage übereinstimmen, kann aber auch deutlich später liegen, zB wenn erst zu einem späteren Zeitpunkt eine Widmung erfolgt (→ § 127 Rn. 12).

26 3. **Nicht erschlossene Grundstücke.** Grundstücke, die weder baulich, noch gewerblich, noch in einer sonst vergleichbaren Weise genutzt werden können, haben von der Herstellung einer Erschließungsanlage keinen Vorteil. Sie sind daher **nicht erschlossen** im Sinne des Abs. 1. Dies gilt etwa für die Flächen angrenzender **anderer Erschließungsanlagen** im Sinne des § 123 Abs. 2 und sonstiger öffentlicher Verkehrs- oder – nur begrünter – Grünanlagen (BVerwG Urt. v. 23.10.1996 – 8 C 40/95, BVerwGE 102, 159; Grziwotz in EZBK § 131 Rn. 10a). Auch Grundstücke, für die aus rechtlichen oder tatsächlichen Gründen **auch zu späteren Zeitpunkten eine Beitragserhebung nicht in Betracht kommt**, sind ebenfalls nicht als erschlossen iSv Abs. 1 anzusehen (BVerwG Urt. v. 4.5.1979 – IV C 25/76, BauR 1980, 60). Aus diesem Grund sind daher zB auch **oberirdische Gewässer** nicht erschlossen im Sinne des Abs. 1 (BVerwG Beschl. v. 15.9.1981 – 8 B 77/81, DÖV 1982, 114). Etwas anderes mag allerdings gelten, wenn auf dem Gewässer ein als bauliche Anlage anzusehendes Wohnboot liegt (→ § 29 Rn. 10).

27 Friedhöfe, Kleingärten, Sportplätze und Schwimmbäder **in beplanten Gebieten** sind dagegen Nutzungen, die zum Erschlossensein der betreffenden Flächen führen (→ § 127 Rn. 17). Nicht erschlossen iSv Abs. 1 sind **Grundstücke im Außenbereich,** selbst wenn sie baulich oder gewerblich genutzt werden oder werden dürfen (BVerwG Urt. v. 25.6.1969 – IV C 14/68, BVerwGE 32, 226 (227f.); dass. Urt. v. 14.2.1986 – 8 C 115/84, NVwZ 1986, 568f.; → § 127 Rn. 19). Auch **Sportplatzgrundstücke** können bei entsprechender Größe zum Außenbereich gehören und sind dann nicht erschlossen im Sinne des § 131 Abs. 1 (BVerwG Urt. v. 19.8.1994 – 8 C 23/92, NVwZ 1996, 194).

II. Einfache Verteilungsmaßstäbe für alterschlossene und für einheitlich nutzbare Gebiete

28 Kernstück des Erschließungsbeitragsrechts sind die Vorschriften der **Abs. 2 und 3** über die **Maßstäbe,** nach denen der umlagefähige Erschließungsaufwand auf die erschlossenen Grundstücke zu **verteilen** ist. Dabei stellt das Gesetz drei verschiedene Grundmaßstäbe zur Verfügung, die modifiziert und miteinander kombiniert werden können. In diesen gesetzlich vorgegebenen Rahmen können die Gemeinden eine auf ihre konkreten Verhältnisse bezogene Verteilungsregelung nach § 132 Nr. 2 in ihre Erschließungsbeitragssatzung aufnehmen. Ein darüber hinausgehendes „Maßstabserfindungsrecht" steht ihnen nicht zu. Unter Gebiet im Sinne des Abs. 3 ist das **Abrechnungsgebiet** zu verstehen, dh die Gesamtheit der Grundstücke, die von

2. Abschnitt. Erschließungsbeitrag § 131

dem Ermittlungsraum (→ einzelne Erschließungsanlage, Abschnitt der Erschließungsanlage oder Erschließungseinheit Rn. 2) erschlossen werden (BVerwG Urt. v. 21.1.1977 – IV C 84–92/74, NJW 1977, 1740; dass. Urt. v. 16.9.1977 – IV C 99/74, BRS 37 Nr. 176). Dabei wird im Folgenden von dem Hauptfall der Erschließungsanlage, der **Anbaustraße**, ausgegangen (→ zu den übrigen Anlagen Rn. 68).

Nach dem Gesetz lassen sich **zwei Gruppen von erschlossenen Gebieten** und 29 ihnen zugeordneter Arten von Verteilungsmaßstäben unterscheiden: Zum einen die **alterschlossenen Gebiete und die neuerschlossenen einheitlich nutzbaren Gebiete,** die nach **einfachen Verteilungsmaßstäben** abgerechnet werden können (→ Rn. 33 ff.); zum anderen die **neuerschlossenen unterschiedlich nutzbaren Gebiete,** die nach einem **qualifizierten Verteilungsmaßstab** abzurechnen sind (→ Rn. 41 ff.). Dabei ist zu unterscheiden: In der Satzung hat die Gemeinde für alle im Zeitpunkt des Erlasses der Satzung in ihrem Gemeindegebiet vorhandenen oder konkret zu erwartenden Gebietsarten nach dem **Grundsatz der konkreten Vollständigkeit** eine sachlich angemessene Verteilungsregelung bereitzustellen. Nur so kann dem Grundsatz der Abgabengerechtigkeit und der Vorhersehbarkeit von Abgabepflichten entsprochen werden (BVerwG Urt. v. 28.11.1975 – IV C 45/74, BVerwGE 50, 2). Allerdings bezieht sich dieser Grundsatz jeweils nur auf die abzurechnende Art von Erschließungsanlagen: So ist es für die Abrechnung zB von Anbaustraßen unerheblich, ob der Verteilungsmaßstab für Grünanlagen vollständig ist (vgl. *Driehaus* § 18 Rn. 9). Der Grundsatz der konkreten Vollständigkeit bedeutet ebenfalls nicht, dass alle Gebiete (→ Rn. 64 ff.) nach einer einheitlichen Verteilungsregelung abzurechnen sind. Vielmehr kann durchaus – je nach Art des Gebietes – in einem Gebiet nach einem qualifizierten Maßstab und in einem anderen Gebiet nach einem einfachen Maßstab abgerechnet werden (*Driehaus* § 18 Rn. 19). Die Erschließungsbeitragssatzung sollte daher neben dem regelmäßig erforderlichen qualifizierten Verteilungsmaßstab auch für einheitlich nutzbare Gebiete einen einfachen Verteilungsmaßstab enthalten.

Genügt eine Verteilungsregelung dem Gebot der konkreten Vollständigkeit nicht, 30 so ist die **gesamte Verteilungsregelung nichtig,** auch wenn sich der Fehler bei der Abrechnung eines konkreten Erschließungsgebiets nicht bemerkbar macht (→ aber noch Rn. 32). Für die Annahme einer **Teilnichtigkeit** ist bei **Unvollständigkeit** der Verteilungsregelung kein Raum, da bei Unvollständigkeit ein Verstoß gegen § 131 vorliegt (BVerwG Urt. v. 28.11.1975 – IV C 45/74, BVerwGE 50, 2; dass. Beschl. v. 27.11.1981 – 8 B 189/81, NVwZ 1982, 500).

Raum für die Annahme einer Teilnichtigkeit der Verteilungsregelung ist jedoch 31 insoweit, als sie trotz teilweiser Nichtigkeit vollständig im Sinne des § 131 bleibt. Dies kann zB der Fall sein, wenn sich – nichtige – Verteilungsregelungen auf Bebauungsplanentwürfe (→ § 33, s. auch Rn. 43) beziehen, die Satzung aber zugleich und gewissermaßen ersatzweise – wirksame – Verteilungsregelungen für bislang unbeplante Gebiete nach § 34 und auch zuvor bereits beplante Gebiete bereitstellt. Ob bei einer solchen, die Vollständigkeit der Regelung unberührt lassenden Teilnichtigkeit die Verteilungsregelung nach den Grundsätzen des § 139 BGB im Übrigen aufrechterhalten bleiben kann, ist eine Frage des Kommunalrechts der Länder und daher nicht revisibel (BVerwG Beschl. v. 27.11.1981, ebd.).

Allerdings führt eine unwirksame Verteilungsregelung **nicht zur Nichtigkeit der** 32 **gesamten Satzung.** Es genügt daher, wenn in einem solchen Fall lediglich die jeweils nichtige Vorschrift in den erneuten Satzungsbeschluss einbezogen wird (BVerwG Urt. v. 28.11.1975 – IV C 45/74, BVerwGE 50, 2). Ist nur die Verteilungsregelung nichtig, ist ein auf ihrer Grundlage erlassener Beitragsbescheid gleichwohl fehlerhaft, da eine Erschließungsbeitragspflicht mangels Verteilungsregelung noch nicht entstanden ist (→ § 133 Rn. 24).

1. Gebietstypen. Vor Inkrafttreten des BBauG wurden Anliegerbeiträge in der 33 Regel nach einem sehr **einfachen Maßstab** erhoben. So sah zB § 15 des Preußischen

Reidt 1081

§ 131 I. Kapitel. VI. Teil. Erschließung

Fluchtliniengesetzes (→ § 128 Rn. 27) vor, dass die umlagefähigen Kosten auf die Anlieger nach dem „Verhältnis der Länge ihrer die Straße berührenden Grenze" (sogenannter Frontmetermaßstab) zu verteilen seien. Etwaige Unterschiede bei Art oder Maß der Nutzung oder Tiefe dieser Grundstücke wurden vernachlässigt.

34 **a) Altersschlossene Gebiete.** Aus der Bestimmung in Abs. 3, dass die **Verschiedenheit der Nutzung** nach Art und Maß bei Gebieten, die nach dem Inkrafttreten des BBauG erschlossen werden, zu berücksichtigen ist, folgt, dass diese Berücksichtigungspflicht **nicht** gegeben ist bei Gebieten, die **vor Inkrafttreten des BBauG** bereits erschlossen, aber noch nicht abgerechnet waren (sog. **alterschlossene Gebiete**). Erschlossen in diesem Sinne war ein Gebiet bereits, wenn die bebauten Grundstücke durch eine **befestigte Sandstraße** ohne Schwierigkeiten erreicht werden konnten (BVerwG Urt. v. 28.11.1975 – IV C 45/74, BVerwGE 50, 2) und eine **Entwässerungsanlage** vorhanden war (BVerwG Urt. v. 24.10.1972 – IV C 30/71, BVerwGE 41, 72). Darüber hinaus ist erforderlich, dass die Straße den Grundstücken die beitragsrechtlich relevante Nutzbarkeit vermittelte und die Grundstücke überwiegend baulich, gewerblich oder sonst beitragsrechtlich relevant genutzt werden konnten (vgl. BVerwG Urt. v. 12.9.1984 – 8 C 124/82, BVerwGE 70, 96). Nur in diesem Fall rechtfertigt das Vertrauen der Anlieger die weitere Anwendung dieses eher „ungerechten" Verteilungsmaßstabs.

35 In solchen alterschlossenen Gebieten kann nach Inkrafttreten des BBauG und trotz unterschiedlicher Nutzung nach einem **einfachen Maßstab**, zB nach dem Frontmetermaßstab (Abs. 2 S. 1 Nr. 3, → Rn. 38), abgerechnet werden. Hierin liegt keine unbillige Härte (→ § 135 Rn. 7). Allerdings ist in diesem Fall in der Satzung für Hinterliegergrundstücke (→ Rn. 8), die nicht an die Erschließungsanlage angrenzen, ein **Ersatzmaßstab** festzulegen, um auch diese Grundstücke in die Verteilung des Erschließungsaufwands aufnehmen zu können. Ob ein geeigneter Ersatzmaßstab im Wege der Satzungsauslegung ermittelt werden kann, ist zweifelhaft (wohl dafür BVerwG Urt. v. 30.1.1970 – IV C 151/68, DVBl. 1970, 839; anders OVG Münster Urt. v. 20.12.1972 – III A 625/71, DÖV 1973, 355; ihm folgend *Driehaus* § 18 Rn. 22).

36 **b) Einheitlich nutzbare Gebiete.** Auch bei Gebieten, die **nach Inkrafttreten des BBauG** erschlossen wurden, kann die Abrechnung nach einem leicht zu handhabenden einfachen Verteilungsmaßstab erfolgen, wenn sie **einheitlich nutzbar** sind. Dies kann zB der Fall sein bei der Erschließung eines Gewerbegebiets, in dem lediglich gleichartig gewerblich nutzbare Grundstücke liegen (BVerwG Urt. v. 2.7.1971 – IV C 71/69, NJW 1972, 700).

37 **2. Anwendbare Verteilungsmaßstäbe. a) Grundstücksflächenmaßstab (Abs. 2 S. 1 Nr. 2).** Beim **Grundstücksflächenmaßstab** nach **Abs. 2 S. 1 Nr. 2** wird der umlagefähige Erschließungsaufwand auf die Eigentümer der erschlossenen Grundstücke nach dem Verhältnis der Grundstücksflächen in Quadratmetern aufgeteilt. Er ist sehr einfach zu handhaben. Eine Problematik liegt jedoch darin, dass er Lage, Zuschnitt und Zugänglichkeit des Grundstücks von der Erschließungsanlage aus unberücksichtigt lässt. Er ist für sich allein genommen auch bei gleichartiger Nutzbarkeit der Grundstücke nur bei sehr einheitlichen Grundstücksverhältnissen vertretbar. Allerdings ermöglicht er auch die Einbeziehung von Hinterliegergrundstücken.

38 **b) Frontmetermaßstab (Abs. 2 S. 1 Nr. 3).** Der zweite einfache Verteilungsmaßstab, den das Gesetz zur Verfügung stellt, ist nach **Abs. 2 S. 1 Nr. 3** der Grundstücksbreiten- oder **Frontmetermaßstab**. Er ist der am einfachsten zu handhabende Verteilungsmaßstab, da bei ihm die umlagefähigen Kosten im Verhältnis der Grundstücksbreiten an der Erschließungsanlage verteilt werden. Seine Problematik liegt darin, dass er die Größe und Nutzbarkeit der Grundstücke unberücksichtigt lässt und

die Erfassung von **Hinterliegergrundstücken** nicht ermöglicht (→ Rn. 35). Im Übrigen ist er nur anwendbar bei Erschließungsanlagen im Sinne des § 127 Abs. 2 Nr. 1 und 2, da nur bei diesen eine Beziehung zwischen Erschließungsanlage und Grundstücksbreite an der Erschließungsanlage besteht. Bei den anderen Erschließungsanlagen im Sinne des § 127 Abs. 2, die gerade nicht oder jedenfalls nicht nur die angrenzenden Grundstücke erschließen, versagt er. Grundstücke mit **ungewöhnlichen Grundstückszuschnitten,** wie zB einer sehr großen Grundstücksbreite, aber einer nur sehr geringen Tiefe, oder umgekehrt einer sehr geringen Grundstücksbreite an der Erschließungsanlage, aber mit nach hinten zunehmender Ausdehnung (sog. Hammergrundstück), können durch den Frontmetermaßstab ebenfalls zumeist nicht angemessen erfasst werden.

c) Maßstabsverbindung (Abs. 2 S. 2). Nach **Abs. 2 S. 2** können die **Maßstäbe miteinander verbunden** werden. Dies wird zur Erfüllung der Anforderungen des Abs. 3, Unterschiede bei Art und Maß der Nutzung zu berücksichtigen, in der Regel erforderlich sein. Eine Kombination der beiden einfachen Verteilungsmaßstäbe jedoch würde ihre aufgezeigten Nachteile nicht vermindern, sondern addieren. Diese Kombination ist daher in der Regel **nicht geeignet,** um eine vorteilsgerechte Lastenverteilung herbeizuführen (OVG Münster Urt. v. 20.12.1972 – III A 625/71, DÖV 1973, 355, das sie deswegen im Hinblick auf Hinterliegergrundstücke für unanwendbar hält). 39

d) Maßstabsmodifikation. Um die den einfachen Verteilungsmaßstäben anhaftenden Nachteile zu vermeiden oder zu verringern, können sie **modifiziert** werden. So kann zB beim Grundstücksbreitenmaßstab ergänzend bestimmt werden, bei Hinterlieger- und Hammergrundstücken die auf die Straßengrenze **projizierte mittlere Grundstücksbreite** anzusetzen. Die Festlegung einer bei der Abrechnung wenigstens zu berücksichtigenden Mindestgrundstücksbreite ist dagegen unzulässig, da sie mit dem Gleichbehandlungsgebot nicht zu vereinbaren ist. Im Übrigen können sowohl der Frontmetermaßstab als auch der Grundstücksflächenmaßstab dadurch modifiziert werden, dass in gewissen Abstufungen Art oder Maß der Nutzung berücksichtigt werden (→ zur Möglichkeit, eine Tiefenbegrenzung vorzusehen Rn. 20 ff.). 40

III. Qualifizierte Verteilungsmaßstäbe für neu erschlossene, unterschiedlich nutzbare Gebiete

Sind die Voraussetzungen für die Anwendung einfacher Verteilungsmaßstäbe nicht gegeben, müssen sog. **qualifizierte Verteilungsmaßstäbe** (hierzu *Driehaus* § 18 Rn. 24 ff.) oder qualifizierte Maßstabskombinationen angewandt werden. 41

1. Vorteilsgerechte Verteilung. a) Erschließungsvorteil. In Gebieten mit **nach Art und Maß unterschiedlicher Nutzung** ist die Anwendung qualifizierter Verteilungsmaßstäbe erforderlich, um sicherzustellen, dass der umlagefähige Erschließungsaufwand auf die erschlossenen Grundstücke **entsprechend ihrem jeweiligen Erschließungsvorteil** umgelegt wird (→ zum Erschließungsvorteil § 127 Rn. 4). Danach liegt der Erschließungsvorteil in dem, was die Erschließung für die bauliche oder gewerbliche Nutzbarkeit des Grundstücks hergibt. Da die tatsächliche Inanspruchnahme einer Erschließungsanlage von einem Grundstück aus praktikabel nicht für alle Grundstücke ermittelt werden kann (sog. Wirklichkeitsmaßstab), ist von der **zulässigen Ausnutzbarkeit** des Grundstücks nach Art und Maß der Nutzung (BVerwG Urt. v. 10.6.1981 – 8 C 15/81, BVerwGE 62, 300 (302 f.)) auf das Maß des Erschließungsvorteils zu schließen (sog. **Wahrscheinlichkeitsmaßstab**). Alle vom Gesetz zur Verfügung gestellten Maßstäbe und die hieran gestellten Anforderungen sind daher Wahrscheinlichkeitsmaßstäbe (→ aber noch Rn. 44 ff.). Insbesondere **Abs. 3** ermöglicht es, von Art und Maß der zulässigen Nutzung auf den Erschlie- 42

Bungsvorteil zu schließen; diese sind jedoch **nur** „inhaltliche **Anknüpfungspunkte** für die Verwirklichung des Vorteilsprinzips, nicht jedoch absoluter Maßstab für eine vorteilsgerechte Verteilung des Erschließungsaufwands" (BVerwG Urt. v. 26.1.1979 – IV C 61/75 u. a., BVerwGE 57, 240 (246)). Hierdurch wird bereits vorausgesetzt, dass an die genaue Bestimmung des Erschließungsvorteils keine überspitzten Anforderungen gestellt werden können. Die auch sonst das Abgabenrecht beherrschenden Grundsätze der **Typengerechtigkeit** (→ § 127 Rn. 4), der **Praktikabilität** und der **Überschaubarkeit** des Heranziehungsverfahrens rechtfertigen dies (vgl. auch *Quaas* in Schrödter § 131 Rn. 44). Es ist daher bei der Verteilungsregelung ein Ausgleich zu finden zwischen einer **Differenzierung aus Gründen der Vorteilsgerechtigkeit** und einer **Typisierung aus Gründen der Handhabbarkeit** der Verteilungsregelung (BVerwG Urt. v. 26.1.1979, ebd.).

43 **b) Bemessung. aa) Zulässige Nutzung.** Für die Bestimmung der Art und des Maßes der Nutzung, die als Anknüpfungspunkte für die Bestimmung des Erschließungsvorteils dienen, ist nach Abs. 3 grundsätzlich von der **zulässigen Nutzung** auszugehen (BVerwG Urt. v. 3.6.1971 – IV C 28/70, BVerwGE 38, 147 (148f.); dass. Beschl. v. 4.9.1980 – 4 B 119/80, DVBl. 1981, 827). Die zulässige Nutzung ergibt sich aus den **Festsetzungen eines Bebauungsplans** oder den sonstigen baurechtlichen Vorschriften, insbesondere aus **§ 34** (vgl. etwa BVerwG Urt. v. 29.11.1985 – 8 C 59/84, NVwZ 1986, 303 (304)). Dabei ist jedoch ergänzend zu berücksichtigen, ob das im Bebauungsplan angegebene Maß der zulässigen Nutzung auch tatsächlich erreicht werden kann oder ob einer vollen Ausnutzbarkeit des Grundstücks **öffentlich-rechtliche Baubeschränkungen** entgegenstehen (→ Rn. 17). In einem solchen Fall ist nur ein entsprechend vermindertes Maß der Nutzung anzusetzen. Hat ein Bebauungsplan **Planreife** nach § 33 erlangt, **kann** die Gemeinde für solche Fälle, in denen Bauvorhaben nach § 33 genehmigt worden sind, die Berücksichtigung der in dem **Bebauungsplanentwurf vorgesehenen zulässigen Nutzung** in der Satzung vorsehen. Sie ist allerdings **nicht gehalten**, die künftige planungsrechtliche Situation in Rechnung zu stellen (BVerwG Beschl. v. 27.11.1981 – 8 B 189/81, NVwZ 1982, 500 (502); *David* NVwZ 1982, 170 (173)).

44 **bb) Tatsächliche Nutzung.** Auch Art und Maß der **tatsächlichen Nutzung** können bei der Bestimmung des Erschließungsvorteils herangezogen werden. Da jedoch ein Abstellen auf die zulässige Nutzung für die Ermittlung des Erschließungsvorteils stets möglich ist, **kann nicht generell von der tatsächlichen Nutzung ausgegangen werden.** Dies widerspräche zum einen dem bodenpolitischen Zweck der Erschließungsbeiträge (→ § 127 Rn. 7) und wäre zum anderen unpraktikabel, da spätere Änderungen der tatsächlichen Nutzung einerseits zu Nacherhebungen und andererseits zu Erstattungen führen würden. Aus Gründen der Praktikabilität ist es jedoch **zulässig, in unbeplanten Gebieten das Maß der tatsächlichen Nutzung zugrunde zu legen.** Dabei kann sowohl von der im Einzelfall zu ermittelnden tatsächlichen Nutzung nach der Zahl der Vollgeschosse oder – was häufig schwierig sein wird – der Geschossfläche ausgegangen werden; es ist jedoch auch unbedenklich, ohne Rücksicht auf eine vorhandene oder fehlende Bebauung auf das in der näheren Umgebung des abzurechnenden Grundstücks überwiegend oder durchschnittlich vorhandene Maß der Nutzung oder auch auf das Durchschnittsmaß der Nutzung aller von der Erschließungsanlage erschlossenen Grundstücke abzustellen (BVerwG Urt. v. 14.12.1979 – IV C 12/77 u. a., NJW 1980, 2209; dass. Urt. v. 10.11.1989 – 8 C 50/88, NVwZ 1990, 870f.).

45 Wird von der tatsächlichen Nutzung ausgegangen, muss aber auch bestimmt werden, welches Nutzungsmaß bei **unbebauten Grundstücken** für die Abrechnung zugrunde zu legen ist. Sonst würde etwa bei einem kombinierten Grundstücksflächen- und Geschossflächenmaßstab ein unbebautes Grundstück in ungerechtfertigter Weise bevorzugt werden (BVerwG Urt. v. 10.6.1981 – 8 C 66/81, NVwZ 1982, 37

2. Abschnitt. Erschließungsbeitrag § 131

(38)). In hinsichtlich des Maßes der Nutzung **unvollständig beplanten Gebieten** sind die Grundsätze über unbeplante Gebiete ebenfalls anzuwenden. Auch in **beplanten Gebieten** kann es **zulässig** sein, auf die tatsächliche Nutzung **46** abzustellen. Dies kann etwa dann erfolgen, wenn die tatsächliche Nutzung über die im Bebauungsplan festgesetzte zulässige Nutzung, etwa aufgrund einer Befreiung oder einer ungenehmigten, aber geduldeten Überschreitung, hinausreicht (BVerwG Beschl. v. 4.9.1980 – 4 B 119/80, DVBl. 1981, 827). Allerdings ist es aus Gründen der Praktikabilität **nicht zwingend geboten**, eine solche das Maß der zulässigen Nutzung überschreitende tatsächliche Nutzung bei der Verteilung zu berücksichtigen (BVerwG Beschl. v. 27.11.1981 – 8 B 189/81, NVwZ 1982, 500 (501 f.)).

Zur **Ermittlung** von Art und Maß der tatsächlichen Nutzung und zur daran an- **47** knüpfenden Verteilung des umlagefähigen Erschließungsaufwandes kann **in der Erschließungsbeitragssatzung unmittelbar** eine entsprechende Regelung getroffen werden. Es kann aber auch in der Satzung vorgesehen werden, dass die tatsächliche Nutzung in einer die Satzung ergänzenden sog. **Einzelsatzung** (→ § 132 Rn. 9) „festgelegt" wird (BVerwG Urt. v. 28.11.1975 – IV C 18/74 u. a., DÖV 1976, 351).

cc) Mehrfacherschließung. Werden Grundstücke durch zwei oder mehr Er- **48** schließungsanlagen der gleichen Art (hierzu VGH Kassel Beschl. v. 13.2.2003 – 5 ZU 35/03, KStZ 2003, 172f.) in ihrer gesamten Fläche erschlossen **(Mehrfacherschließung),** kann dies Anlass für eine Sonderbehandlung bei der Verteilung des umlagefähigen Erschließungsaufwands sein. Da Grundstücke durch eine zweite Erschließung häufig nicht denselben Vorteil wie bei der ersten Erschließung erhalten (vgl. BVerwG Urt. v. 15.9.1989 – 8 C 4/88, NVwZ 1990, 374 (375)), **können** die Gemeinden in ihren Erschließungsbeitragssatzungen eine sog. **Eckgrundstücksermäßigung** vorsehen, in der zB die Grundstücksfläche nur mit zwei Dritteln angesetzt wird. Bei stark gekrümmten oder geknickten, aber als einheitliche Anlage anzusehenden Erschließungsstraßen ist eine Eckgrundstücksermäßigung nicht angebracht. Wird aber zB eine ein Grundstück voll erschließende Straße so verlängert, dass die Verlängerung eine weitere eigenständige Erschließungsanlage ist (vgl. etwa BVerwG Urt. v. 27.9.1982 – 8 C 145/81, BauR 1983, 359; dass. Urt. v. 5.10.1984 – 8 C 41/83, DVBl. 1985, 295), und erschließt die Verlängerung das ganze Grundstück noch einmal, so liegt eine die „Eckermäßigung" rechtfertigende Mehrfacherschließung vor (vgl. OVG Lüneburg Urt. v. 19.5.1988 – 9 A 144/87, ZMR 1989, 393; vgl. auch BVerwG Urt. v. 10.10.1995 – 8 C 12/94, NVwZ 1996, 800). Stoßen dagegen zwei Abschnitte einer einheitlichen Erschließungsanlage vor einem Grundstück aneinander, ist das Grundstück jeweils mit der erschlossenen Anteilsfläche (ausschlaggebend ist das Verhältnis der Frontlängen an dem einen und dem anderen Abschnitt) in die Verteilung einzubeziehen (BVerwG Urt. v. 10.10.1995 – 8 C 12/94, NVwZ 1996, 800 (802)). Ob die zweite das Grundstück erschließende Straße für die Gewährung einer Eckgrundstücksbegünstigung nur als öffentliche Straße tatsächlich vorhanden oder aber im strengen Sinn endgültig hergestellt sein muss, ist streitig (vgl. VGH Mannheim Urt. v. 28.9.2000 – 2 S 198/99, BWGZ 2001, 647). Die Problematik stellt sich auch bei an zwei parallel verlaufende Erschließungsanlagen angrenzenden Grundstücken, also bei sog. **vorderer und hinterer Erschließung** (→ zur auch möglichen lediglich begrenzten Erschließung eines Grundstücks bis zu einer gedachten Trennlinie Rn. 19f.).

Es ist allerdings auch möglich, dass die Zweiterschließung dem Grundstück den- **49** selben Vorteil wie eine Ersterschließung bietet. Dies wird insbesondere bei gewerblichen Grundstücken, die durch eine zweite Zufahrt erhalten, der Fall sein, kann aber auch bei Wohngrundstücken zu einem ungeschmälerten weiteren Vorteil führen. Deshalb stehen der Gemeinde **drei Möglichkeiten** zur Verfügung: Sie kann **insgesamt** von einer Eckgrundstücksermäßigung **absehen,** sie kann **generell** eine Eckgrundstücksermäßigung **gewähren,** sie kann eine Eckgrundstücksermäßigung

Reidt 1085

zB **nur für Wohngrundstücke** gewähren (grundlegend BVerwG Urt. v. 8.10.1976 – IV C 56/74, BVerwGE 51, 158). Dieser **Ermessensspielraum** der Gemeinde wird durch den Grundsatz der im Abgabenrecht notwendigen typisierenden Betrachtungsweise gedeckt. Gewährt die Gemeinde die Eckermäßigung nur für Wohngrundstücke, bleibt es ihr überlassen, ob sie insoweit auf die zulässige oder auf die tatsächlich ausgeübte Nutzung abstellt (BVerwG Urt. v. 13.8.1976 – IV C 23/74, DÖV 1972, 217; vgl. auch OVG Münster Urt. v. 31.10.1984 – 3 A 2525/82, ZMR 1985, 165). Allerdings sind dem Ermessen der Gemeinde durch Abs. 2 und den Gleichheitssatz des Art. 3 Abs. 1 GG Grenzen gesetzt (BVerwG Urt. v. 13.8.1976, aaO). Denn sieht die Gemeinde eine Eckgrundstücksermäßigung vor, führt dies zu einer entsprechenden **Höherbelastung der übrigen erschlossenen Grundstücke.** Allerdings darf die für die „Mittelanlieger" infolge der Eckgrundstücksermäßigung entstehende Mehrbelastung nicht mehr als die Hälfte dessen betragen, was sie an Erschließungsbeiträgen bei voller Belastung des Eckgrundstücks zu entrichten hätten (BVerwG Urt. v. 4.9.1970 – IV C 98/69, BauR 1971, 48; dass. Beschl. v. 14.12.2010 – 9 B 58/10, NVwZ-RR 2011, 209). Wird diese Grenze überschritten, hat die Gemeinde die Mehrbeträge selbst zu tragen (BVerwG Urt. v. 30.5.1997 – 8 C 6/96, NVwZ-RR 1998, 64; ablehnend *Reif* BWGZ 1997, 790, nach dem der überschießende Betrag anteilig von den Eckgrundstücken zu tragen ist). Des Weiteren darf die Belastung eines **Eckgrundstücks** mit Erschließungsbeiträgen für beide Straßen insgesamt **nicht wesentlich, dh um mehr als 10%, niedriger** sein als die Belastung eines vergleichbaren **Mittelgrundstücks** an einer der beiden Straßen (BVerwG Urt. v. 13.12.1985 – 8 C 24/85, NVwZ 1986, 566 (567f.). Führt eine Satzungsbestimmung zu einer darüber hinausgehenden Ermäßigung, kann sie unter den Voraussetzungen des § 135 Abs. 5 als Regelung eines Beitragserlasses umzudeuten sein (mit Recht kritisch hierzu *Schenk* DÖV 1986, 512ff.). Eine Eckermäßigung kann auch gewährt werden, wenn **nur** Eckgrundstücke zu veranlagen sind. Auch dann ist jedoch die Begrenzung der Mehrbelastung der jeweils anderen Eckanlieger zu beachten, und zwar gemessen an einem fiktiven nicht ermäßigten Beitrag (hierzu OVG Bremen Urt. v. 13.9.1983 – 1 BA 71/82, DÖV 1984, 125).

50 Die Gemeinde braucht die Gewährung einer Eckgrundstücksermäßigung **nicht davon abhängig** zu machen, dass für die Ersterschließung **bereits ein Erschließungsbeitrag gezahlt** wurde oder noch zu zahlen ist; allerdings ist sie nicht gehindert, die Eckgrundstücksermäßigung nur zur Vermeidung einer konkreten Doppelbelastung, also nur bei anderweitiger Erschließungsbeitragszahlung, zu gewähren. Letzteres kann allerdings die Gemeinde zu umfangreichen Nachforschungen und Überprüfungen zwingen, so dass es häufig zweckmäßig ist, die Eckgrundstücksermäßigung ohne Rücksicht auf eine bereits für die Ersterschließung erfolgte oder noch erfolgende Beitragszahlung zu gewähren. Die Rechte der „Mittelanlieger" werden dadurch nicht berührt, da diese Verteilungsregelung einem in der Regel geringeren Vorteil des Eckgrundstücks durch die Zweiterschließung und dem entsprechend höheren Vorteil für die erstmals erschlossenen Grundstücke entspricht. Im Übrigen werden sie durch die Beitragsbegrenzung (→ Rn. 49) hinreichend geschützt (BVerwG Urt. v. 8.10.1976 – IV C 56/74, BVerwGE 51, 158).

51 Kann eine der die Ecklage begründenden Straßen keine Erschließungsbeitragspflicht auslösen, etwa weil es sich um die Ortsdurchfahrt einer klassifizierten Straße handelt, deren Fahrbahnen unter den Voraussetzungen des § 128 Abs. 3 Nr. 2 vom Erschließungsaufwand ausgenommen sind (→ § 128 Rn. 43), scheidet eine Doppelbelastung des Eckgrundstücks insoweit aus; für eine Vergünstigung ist dann kein Raum (BVerwG Urt. v. 15.9.1989 – 8 C 4/88, NVwZ 1990, 374 (375f.)).

52 Will die Gemeinde einem Grundstückseigentümer, der für die Ersterschließung in vollem Umfang herangezogen worden ist, die Eckgrundstücksermäßigung nicht nur für die Zweiterschließung, sondern – im Nachhinein – auch für die Ersterschließung zukommen lassen, um ihn mit anderen Eigentümern von Eckgrundstücken, die zwei-

2. Abschnitt. Erschließungsbeitrag § 131

mal nur zum ermäßigten Erschließungsbeitrag herangezogen worden sind, gleich zu behandeln, kann sie dies nur durch eine zu ihren Lasten gehende **Freistellung** nach § 135 Abs. 5 erreichen. Hingegen kann sie nicht den Betrag, der sich aus der Differenz zwischen vollem und ermäßigtem Beitrag für die Ersterschließung ergibt, als freiwillige Vorausleistung auf den Erschließungsbeitrag für die neue Straße betrachten. Denn dann wäre dieser Betrag von den übrigen Anliegern der neuen Erschließungsstraße aufzubringen, obwohl der Grund für die Ermäßigung in der Anlage der ersten Erschließungsstraße liegt und daher allenfalls von den Anliegern dieser Straße aufzubringen gewesen wäre (hierzu auch *Driehaus* § 18 Rn. 85; → zur Behandlung von Eckgrundstücken, die an Erschließungsstraßen liegen, die im Wege der Bildung einer **Erschließungseinheit** nach § 130 Abs. 2 S. 2 abgerechnet werden sollen Rn. 11; → zur besonderen Problematik **übergroßer Eckgrundstücke**, die von jeder Erschließungsanlage hin wie ein selbstständiges Grundstück genutzt werden können und daher von jeder Erschließungsanlage in vollem Umfang erschlossen werden, Rn. 19).

2. Berücksichtigung des Maßes der Nutzung. a) Bauliche oder sonstige 53
Nutzung. Die als **Maß der Nutzung** zu berücksichtigende zulässige oder tatsächliche Nutzung (→ Rn. 43 ff.) ist nur bei baulich nutzbaren oder genutzten Grundstücken vorhanden. Bei nicht baulich, sondern **nur gewerblich oder als Grünfläche nutzbaren Grundstücken** muss ein **Nutzungsmaß fingiert** werden. In einer vom Bundesverwaltungsgericht gebilligten Verteilungsregelung wurde für Grundstücke, die nicht baulich oder gewerblich genutzt sind und auch nicht baulich oder gewerblich genutzt werden dürfen, die **halbe Grundstücksfläche** angesetzt (BVerwG Urt. v. 26. 1. 1979 – IV C 61/75 u. a., BVerwGE 57, 240 (244, 246); → auch Rn. 56). Bei nicht baulich, aber gewerblich nutzbaren Grundstücken ebenso wie bei Grundstücken, auf denen Garagen oder Stellplätze gebaut werden dürfen, kann zudem eine **eingeschossige Bebauung** fingiert werden (BVerwG, aaO, 240 (244)).

b) Grundstücksfläche und Zahl der Vollgeschosse (Vollgeschossmaßstab). 54
Bei der Wahl eines Maßstabs für die Berücksichtigung des Maßes der baulichen Nutzung darf nicht außer Acht gelassen werden, dass das Maß der baulichen Nutzung nur ein Anknüpfungspunkt für die Ermittlung des Erschließungsvorteils ist (→ Rn. 42). Daraus folgt zunächst, dass die Verteilungsregelung **nicht an die Tabellengrenzen des Maßes der baulichen Nutzung nach § 17 Abs. 1 BauNVO gebunden** ist. Die Gemeinde kann sich daran orientieren, sie muss es aber nicht (vgl. auch OVG Münster Urt. v. 29. 10. 1984 – 3 A 1271/84, ZMR 1985, 247 zur Gleichbehandlung ein- und zweigeschossiger Wohnbebauung). Die Beitragsbelastung der einzelnen Grundstücke in einem Abrechnungsgebiet muss zudem nicht in demselben Verhältnis zueinander stehen wie das Maß der jeweils höchstzulässigen Nutzbarkeit (BVerwG Urt. v. 26. 1. 1979 – IV C 61/75 u. a., BVerwGE 57, 240 (246)). So wie die Gemeinde bei Aufstellung eines Bebauungsplans hinter der Maßobergrenzen des § 17 Abs. 1 BauNVO zurückbleiben darf und auch nicht zu allen Maßkriterien Festsetzungen treffen muss, ist sie auch nicht an die Staffelung in § 17 Abs. 1 BauNVO gebunden. Insoweit steht der Gemeinde vielmehr ein **weites Ermessen** zu (BVerwG Urt. v. 7. 3. 1980 – 4 C 40/78, BauR 1980, 563 (564)).

Aus diesem Grunde ist ein aus Grundstücksfläche und Zahl der Vollgeschosse 55
kombinierter sog. **Vollgeschossmaßstab zulässig** (s. etwa VGH München Urt. v. 23. 4. 2015 – 6 BV 14.1621, juris Rn. 27; *Driehaus* § 18 Rn. 30 ff.). Zwar würde das zulässige Maß der Nutzung durch die Wahl des Geschossflächenmaßstabs genauer erfasst, doch ergäben sich hieraus erhebliche Probleme, vor allem in nicht beplanten Gebieten, so dass auch ein einfacherer Maßstab dem Grundsatz der vorteilsgerechten Beitragserhebung gerecht wird. Er kann zudem die **Verständlichkeit und Überschaubarkeit** des Maßstabs – vor allem für den abgabepflichtigen Bürger – deutlich erhöhen, da dieser beim Geschossflächenmaßstab häufig verwendeten Formeln nur schwer nachvollziehen kann (BVerwG Urt. v. 26. 1. 1979 – IV C 61/75 u. a.,

§ 131

BVerwGE 57, 240 (247)). Aus diesen Gründen hat das Bundesverwaltungsgericht hinsichtlich des Maßes der Nutzung **zum Beispiel** folgende Verteilungsmaßstäbe als zulässig erachtet:

56 Beispiel I: „§ 6. Verteilung des beitragsfähigen Erschließungsaufwandes
A. (1) Der nach § 3 ermittelte Erschließungsaufwand wird nach Abzug des Anteils der Gemeinde (§ 5) auf die erschlossenen Grundstücke des Abrechnungsgebietes (§ 4) nach den Grundstücksflächen verteilt. Dabei wird die unterschiedliche Nutzung der Grundstücke nach Maß (Absatz B) und Art (Absatz V) berücksichtigt.
(2) Als Grundstücksfläche gilt:
a) bei Grundstücken im Bereich eines Bebauungsplanes die Fläche, die der Ermittlung der zulässigen Nutzung zugrunde zu legen ist,
b) wenn ein Bebauungsplan nicht besteht oder die erforderlichen Festsetzungen nicht enthält, die tatsächliche Grundstücksfläche bis zu einer Tiefe von 50 m von der Erschließungsanlage oder von der Erschließungsanlage zugewandten Grenze des Grundstücks. Reicht die bauliche oder gewerbliche Nutzung über diese Begrenzung hinaus, so ist die Grundstückstiefe maßgebend, die durch die hintere Grenze der Nutzung bestimmt wird. Grundstücksteile, die lediglich die wegemäßige Verbindung zur Erschließungsanlage herstellen, bleiben bei der Bestimmung der Grundstückstiefe unberücksichtigt.
B. (1) Entsprechend der Ausnutzbarkeit wird die Grundstücksfläche mit einem Nutzungsfaktor vervielfacht, der im Einzelnen beträgt:
1. bei eingeschossiger Bebaubarkeit oder gewerblich nutzbaren Grundstücken, auf denen keine Bebauung zulässig ist 1,0
2. bei zweigeschossiger Bebaubarkeit 1,25
3. bei dreigeschossiger Bebaubarkeit 1,5
4. bei vier- und fünfgeschossiger Bebaubarkeit 1,75
5. bei sechs- und mehrgeschossiger Bebaubarkeit 2,0
(2) Als zulässige Zahl der Geschosse gilt die im Bebauungsplan festgesetzte höchstzulässige Zahl der Vollgeschosse. Weist der Bebauungsplan nur Grundflächen- und Baumassenzahl aus, so gilt als Geschosszahl die Baumassenzahl geteilt durch 2,8, wobei Bruchzahlen auf die nächstfolgende volle Zahl aufgerundet werden.
(3) Ist im Einzelfall eine größere Geschosszahl zugelassen oder vorhanden und geduldet, so ist diese zugrunde zu legen.
(4) Grundstücke, auf denen nur Garagen oder Stellplätze gebaut werden dürfen, gelten als eingeschossig bebaubare Grundstücke.
(5) Grundstücke, die nicht baulich oder gewerblich genutzt sind und auch nicht baulich oder gewerblich genutzt werden dürfen, werden mit 0,5 der Grundstücksflächen angesetzt.
(6) In unbeplanten Gebieten und Gebieten, für die ein Bebauungsplan weder die Geschosszahl noch Grundflächen- und Baumassenzahl festsetzt, ist
a) bei bebauten Grundstücken die Zahl der tatsächlich vorhandenen,
b) bei unbebauten, aber noch bebaubaren Grundstücken die Zahl der auf den benachbarten Grundstücken des Abrechnungsgebietes überwiegend vorhandenen
Geschosse maßgebend.
(7) Ist eine Geschosszahl wegen der Besonderheiten des Bauwerkes nicht feststellbar, werden je angefangene 2,8 m Höhe des Bauwerkes als ein Vollgeschoss gerechnet ..."
(In BVerwG U. v. 26. 1. 1979, 4 C 61–68 und 80–84.75, BVerwGE 37, 240; s. auch VGH München Urt. v. 23. 4. 2015 – 6 BV 14.1621, juris).

57 Beispiel II: „§ 6. Verteilung des beitragsfähigen Erschließungsaufwandes
(1) Der nach § 3 ermittelte Erschließungsaufwand wird nach Abzug des Anteils der Stadt (§ 4) auf die Grundstücke des Abrechnungsgebietes (§ 5) nach den Grundstücksflächen verteilt.
Dabei wird die Grundstücksfläche entsprechend der Ausnutzbarkeit mit einem Vomhundersatz vervielfacht, der im Einzelnen beträgt:
1. bei eingeschossiger Bebaubarkeit 100 v. H.
2. bei zweigeschossiger Bebaubarkeit 125 v. H.

3. bei dreigeschossiger Bebaubarkeit 150 v. H.
4. bei viergeschossiger Bebaubarkeit 175 v. H.
5. bei fünfgeschossiger Bebaubarkeit 180 v. H.
6. bei sechsgeschossiger Bebaubarkeit 185 v. H.
7. bei sieben- und mehrgeschossiger Bebaubarkeit 190 v. H.
§ 7. Verteilung des beitragsfähigen Erschließungsaufwandes in beplanten Gebieten
(1) In beplanten Gebieten gilt als Geschosszahl die im Bebauungsplan festgesetzte höchstzulässige Zahl der Vollgeschosse.
(2) Bei Grundstücken, für die der Bebauungsplan nur Grundflächenzahl und Baumassenzahl aufweist, wird die Anzahl der Vollgeschosse wie folgt ermittelt:
Die Baumassenzahl wird durch 3,5 geteilt.
Das Ergebnis wird zur Zahl der Vollgeschosse wie folgt in Bezug gesetzt:
bis 1,0 = 1 Geschoss,
bis 1,6 = 2 Geschosse,
bis 2,0 = 3 Geschosse,
bis 2,2 = 4 Geschosse,
bis 2,3 = 5 Geschosse,
bis 2,4 = 6 Geschosse,
bis 2,7 = 7 Geschosse ..."
(In BVerwG, U. v. 23.5.1980, 4 C 83.79 u. a., DVBl. 1980, 757, 758).

Ausführlich und instruktiv zur Mustersatzung der Bundesvereinigung der kommunalen Spitzenverbände, die dort auch vollständig abgedruckt ist, *Richarz/Steinmetz*, Erschließung in der kommunalen Praxis, 2. Aufl. 2000, 100 ff., insbes. 110 ff. zur Verteilungsregelung).

Die Bestimmung des Maßes der baulichen Nutzung nach der Zahl der Vollgeschosse versagt, wenn in einem Bebauungsplan lediglich Baumassenzahl und Grundflächenzahl festgesetzt sind, wie dies bei Industriegebieten häufig der Fall ist. Es bedarf dann eines **Umrechnungsfaktors**. In § 21 Abs. 4 BauNVO wird ein Umrechnungsfaktor von 3,5 zugrunde gelegt, der auch in einer Erschließungsbeitragssatzung zulässig ist (BVerwG Urt. v. 23.5.1970 – 4 C 83/79 u. a., DVBl. 1980, 757, → das Beispiel in Rn. 57). Hieran ist die Gemeinde jedoch nicht gebunden. Es ist im Rahmen des der Gemeinde hierbei zustehenden weiten Ermessens auch zulässig, zB einen Umrechnungsfaktor von 2,8 zu wählen (BVerwG Urt. v. 26.1.1979 – IV C 61/75 u. a., BVerwGE 57, 240 (250 f.); dass. Urt. v. 7.3.1980 – 4 C 40/78, BauR 1980, 563 (564); → das Beispiel in Rn. 56).

58

Durch einen solchen Umrechnungsfaktor wird gewährleistet, dass die **unterschiedliche Nutzung von zB Wohn- und Industriegrundstücken in etwa vergleichbar** wird. Eine exaktere Relation kann im Ergebnis praktisch nicht hergestellt werden, da die Größe der Bauten auf Industriegrundstücken in der Regel dem technischen oder maschinellen Bedarf dient und nicht unbedingt Anzeichen eines bestimmten Verkehrsaufkommens ist. Auch kann sich der Erschließungsvorteil durch die Straße reduzieren, wenn ein Gleisanschluss oder ein Hafen anderweitige Erschließungsmöglichkeiten bieten. Diese Ungenauigkeit kann hingenommen werden, da die Vergleichbarkeit der Nutzung von Wohn- und Industriegrundstücken für die Verteilungsproblematik **„nicht von zentraler Bedeutung"** ist (BVerwG Urt. v. 26.1.1979 – 4 C 61/75 u. a., BVerwGE 57, 240 (250)). Notwendig ist eine solche Umrechnungsformel ohnehin nur in den Fällen, in denen in der Gemeinde Abrechnungsgebiete vorhanden oder zu erwarten sind, in denen Grundstücke mit Festsetzungen als Industriegebiet und Grundstücke anderer Nutzungsart zusammentreffen. Dies ist – vor allem in kleineren Gemeinden – eher selten der Fall (BVerwG Urt. v. 26.1.1979, aaO; zur Problematik der Umrechnung von Baumassenzahl in Geschosszahl *David* KStZ 1979, 201 (207 ff.)).

59

§ 131

60 **c) Grundstücksfläche und Geschossflächen (Geschossflächenmaßstab).** Anstatt den Verteilungsmaßstab aus der Kombination der Grundstücksfläche mit der Zahl der Vollgeschosse zu bilden, kann ein qualifizierter Maßstab auch aus der Kombination von Grundstücks- und Geschossfläche bestehen. Zu diesem sog. **Geschossflächenmaßstab,** der das Maß der zulässigen oder tatsächlichen Nutzung wesentlich exakter erfasst als der Vollgeschossmaßstab, gelten im Prinzip die zu diesem Maßstab gemachten Ausführungen (→ Rn. 55).

61 Bei der Wahl des Geschossflächenmaßstabs muss die Satzung bestimmen, wie die zulässige **Geschossfläche zu ermitteln** ist (vgl. *Quaas* in Schrödter § 131 Rn. 53). Eine vom Bundesverwaltungsgericht gebilligte Regelung lautet wie folgt:
„Die Geschossfläche des einzelnen Grundstücks ergibt sich durch Vervielfachung der Grundstücksfläche mit der Geschossflächenzahl. Die Geschossflächenzahl ergibt sich aus den Festsetzungen des Bebauungsplans. Ist eine Geschossflächenzahl nicht festgesetzt, so ist die nach § 17 Abs. 1 BauNVO für das jeweilige Baugebiet höchstzulässige Geschossflächenzahl maßgebend; dabei wird als zulässige Zahl der Vollgeschosse die Geschosszahl zugrunde gelegt, die nach § 34 *BBauG* unter Berücksichtigung der überwiegend vorhandenen Geschosszahl zulässig ist."
(BVerwG Urt. v. 10.6.1981 – 8 C 20/81, BVerwGE 62, 308 (310); das BauGB hat an der Grundlage dieses Urteils nichts geändert.)

62 S. 1 und 2 dieser Verteilungsbestimmung regeln die Ermittlung der Geschossfläche in qualifiziert beplanten Gebieten, S. 3 in nicht oder nicht vollständig beplanten Gebieten. Eine – bloße – Verweisung auf § 34 bewirkt für den Verteilungsmaßstab, dass auf die für das einzelne Grundstück jeweils zulässige Nutzung abgestellt wird. Ein solcher Verweis ist angesichts der im Wesentlichen geklärten Auslegung des § 34 hinreichend bestimmt (BVerwG Urt. v. 23.5.1980 – 4 C 83/79 u. a., DVBl. 1980, 757 (759f.); VGH München Urt. v. 23.4.2015 – 6 BV 14.1621, juris Rn. 29). Dabei ist S. 3 der in Rn. 61 abgedruckten Regelung dahingehend auszulegen, dass durch den **Verweis auf § 34** nach dieser Vorschrift nicht nur die Zahl der zugrunde zu legenden **Vollgeschosse,** sondern auch die für die Ermittlung der Geschossfläche darüber hinaus wichtige **Gebietsart** – nämlich durch die überwiegend vorhandenen Nutzungsart – zu ermitteln ist (BVerwG Urt. v. 10.6.1981, aaO, 312). Dies könnte daher auch ausdrücklich in die Regelung aufgenommen werden. Da die Regelung auf die „überwiegend vorhandene" Nutzungsart abstellt, ist sie auch anwendbar in **diffus bebauten Gebieten,** die nicht einer der Gebietsarten der BauNVO zuzuordnen sind. Dass insoweit auf die tatsächliche Nutzung Bezug genommen wird, ist zulässig (→ Rn. 44ff.). Da die Regelung zudem sowohl **bebaute als auch unbebaute Grundstücke** erfasst, berücksichtigt sie die aus der Erschließung folgenden Vorteile nach dem Nutzungsmaß hinreichend abgabengerecht (BVerwG Urt. v. 10.6.1981 – 8 C 20/81, BVerwGE 62, 308 (313)). Eine Ermittlung der zugrunde zu legenden Geschossfläche nach der in der Nachbarschaft **überwiegend vorhandenen Geschossfläche** (nicht der Zahl der Vollgeschosse) ist allerdings **zu unbestimmt** (OVG Koblenz Urt. v. 9.2.2011 – 6 A 11029/10, NVwZ-RR 2011, 540). Sie würde zudem wegen der starken Abhängigkeit der tatsächlich vorhandenen Geschossfläche von der Grundstücksfläche dazu führen, dass große unbebaute Grundstücke im Verhältnis zu kleinen unbebauten Grundstücken in sachlich nicht gerechtfertigter Weise bevorzugt würden. Die so ermittelte Geschossfläche muss daher in etwa dem zulässigen Nutzungsmaß entsprechen (*Driehaus* § 18 Rn. 41ff.).

63 Eine Regelung, nach der in unbeplanten Gebieten die zulässige **Geschossfläche je nach der Gebietsart** zu bestimmen ist, der der betreffende Bereich entspricht, **genügt nicht den Anforderungen** des Abs. 3. Danach lässt sich eine Gebietsart nämlich nur dann bestimmen, wenn eine einheitliche Gebietsart zu erkennen ist (vgl. § 34 Abs. 2). Bei einer Bebauung in diffuser Weise (§ 34 Abs. 1), lassen sich die von einer Straße erschlossenen Grundstücke nicht ein und demselben Baugebietstyp zuordnen,

so dass auch eine entsprechende Feststellung der zulässigen Geschossfläche nicht erfolgen kann (BVerwG Urt. v. 24.9.1976 – IV C 22/74, BauR 1977, 126).

3. Berücksichtigung der Art der Nutzung. a) Wohn- und Mischnutzung **64**
sowie gewerbliche und industrielle Nutzung. Abs. 3 verlangt für Gebiete mit unterschiedlicher Nutzung nicht nur eine Berücksichtigung des Maßes der Nutzung, sondern auch eine Beachtung der unterschiedlichen **Art der Nutzung**. Entsprechend der Vorteilsbezogenheit der Verteilungsregelung müssen die unterschiedlichen Gebrauchsvorteile, die die Erschließung unterschiedlichen Nutzungsarten vermittelt, bei der Verteilung des Erschließungsaufwands – etwa durch einen **Artzuschlag** oder **Artabschlag** (→ Rn. 66) – berücksichtigt werden. Dabei ist es jedoch nicht erforderlich, nach den in § 1 Abs. 2 BauNVO vorgesehenen Baugebieten zu differenzieren. Es genügt, wenn die Verteilungsregelung zwischen **einerseits Wohnnutzung und gemischter Nutzung** und **andererseits gewerblicher und industrieller Nutzung** unterscheidet (BVerwG Urt. v. 24.9.1976 – IV C 22/74, BauR 1977, 126; dass. Urt. v. 10.6.1981 – 8 C 66/81, NVwZ 1982, 37; zur Bestimmung der einen Artzuschlag rechtfertigenden „überwiegenden" gewerblichen Nutzung vgl. OVG Münster Urt. v. 31.10.1984 – 3 A 2525/82, ZMR 1985, 165f.). Allerdings ist es zulässig, die zu den gemischt nutzbaren Bauflächen zu rechnenden **Kerngebiete** für die Verteilung des Erschließungsaufwands den gewerblich und industriell nutzbaren Grundstücken und Gebieten gleichzustellen (BVerwG Urt. v. 10.6.1981, aaO; dass. Urt. v. 19.2.1982 – 8 C 27/81, BVerwGE 65, 61 (63f.); nach Ansicht des OVG Koblenz (Beschl. v. 27.6.1995 – 6 B 11 603/95, NVwZ 1996, 203) gilt dies auch für **Mischgebiete**). **Besondere Wohngebiete** nach § 4a BauNVO sind dagegen wie Wohngebiete zu behandeln, die also dem „vorwiegend dem Wohnen" dienen (BVerwG Urt. v. 25.6.1982 – 8 C 82/81 u.a., NVwZ 1983, 290 (291)). Eine **Differenzierung zwischen Grundstücken mit gewerblicher und mit industrieller Nutzung** kann vorgenommen werden (BVerwG Urt. v. 10.6.1981 – 8 C 15/81, BVerwGE 62, 300 (304). Eine solche unterschiedliche Behandlung von industriell und gewerblich nutzbaren Grundstücken ist jedoch **nicht erforderlich**, da sich diese Grundstücke im Hinblick auf den Erschließungsvorteil in der Regel nicht wesentlich voneinander unterscheiden (BVerwG Urt. v. 10.6.1981 – 8 C 66/81, NVwZ 1982, 37). Generell ist ein **gebiets**bezogener Artzuschlag ausreichend, aber auch ein **grundstücks**bezogener Artzuschlag möglich (OVG Koblenz Urt. v. 5.7.2011 – 6 A 10235/11, BeckRS 2011, 52686; *Reif* BWGZ 1997, 790; → noch Rn. 66).

Dabei entspricht es jedoch in der Regel der Abgabengerechtigkeit, nicht nur die **65** Grundstücke in Gewerbe- oder Industriegebieten stärker zu belasten als die Grundstücke in Wohn- und Mischgebieten, sondern auch die in anderen beplanten oder unbeplanten Gebieten **tatsächlich gewerblich genutzten Grundstücke** entsprechend stärker heranzuziehen (BVerwG Urt. v. 15.11.1985 – 8 C 41/84, NVwZ 1986, 299 (300); dass. Urt. v. 30.5.1997 – 8 C 6/96, NVwZ-RR 1998, 64, jeweils auch zu den notwendigen Bestimmungen in der Erschließungsbeitragssatzung). Bei einer Beschränkung der Mehrbelastung auf die jeweils entsprechenden Gebiete ist im Ergebnis die Differenzierung nach der Art der Nutzung weithin bedeutungslos. Denn soweit in solchen Gebieten die Grundstücke einheitlich genutzt werden, spielt eine in der Satzung vorgesehene Mehrbelastung für gewerbliche Nutzungen keine Rolle mehr, da alle Grundstücke entsprechend mehr zu belasten wären. Es kann daher gerade auch in unterschiedlich genutzten Gebieten, seien diese beplant oder nicht, auf die tatsächlich ausgeübte Nutzung abgestellt werden (BVerwG Urt. v. 26.1.1979 – 4 C 61/75 u.a., BVerwGE 57, 240). Allerdings ist die Gemeinde nicht gehalten, beplante und unbeplante Gebiete in dieser Hinsicht gleich zu behandeln; sie kann also durchaus in unbeplanten Gebieten tatsächlich gewerblich genutzte Grundstücke mit einem Artzuschlag belegen, dies aber für tatsächlich gewerblich genutzte Grundstücke in beplanten Wohngebieten unterlassen. Angesichts der notwendigen

§ 131 I. Kapitel. VI. Teil. Erschließung

typisierenden Betrachtungsweise (→ Rn. 42) können Nutzungsunterschiede in beplanten Gebieten vernachlässigt werden (so für tatsächlich gewerblich genutzte Flächen in Mischgebieten VGH Mannheim Beschl. v. 4.4.2005 – 2 S 2441/04, NVwZ-RR 2006, 420). Dies ist gegenüber unbeplanten Gebieten keine Ungleichbehandlung, da diese in wesentlich größerem Ausmaß einer gewerblichen Nutzung zugänglich sind als etwa ein beplantes Wohngebiet (BVerwG Urt. v. 19.2.1982 – 8 C 36/81, NVwZ 1982, 434). Auch **andere als gewerbliche** Nutzungen können mit einem Artzuschlag belegt werden, wenn sie ähnlich wie eine gewerbliche Nutzung zu einer deutlich intensiveren Nutzung der Anbaustraße führen als eine Wohnnutzung, weil sie auf Kundennutzung mit beachtlichem Ziel- und Quellverkehr ausgerichtet sind; dies gilt etwa für einen Güter- und Personenbahnhof (BVerwG Urt. v. 11.12.1987 – 8 C 85/86, BVerwGE 78, 321; → auch Rn. 24).

66 **b) Grundstücksbezogener Artzuschlag.** Auf welche Art und Weise die unterschiedliche Art der Nutzung berücksichtigt wird, überlässt Abs. 3 der Gemeinde. Als praktikabel hat sich hier herausgestellt, für die Berücksichtigung der Art der Nutzung an das Maß der Nutzung anzuknüpfen und einen sog. **Artzuschlag** (hierzu *Niethammer* BayVBl. 1981, 452 (455ff.)) oder einen **Artabschlag** (hierzu für durch **Grünanlagen** erschlossene Grundstücke im Gewerbegebiet BVerwG Urt. v. 9.12.1994 – 8 C 6/93, BVerwGE 97, 195; zur Unzulässigkeit eines Artzuschlags für durch Grünanlagen erschlossene gewerblich genutzte Grundstücke BVerwG Urt. v. 8.12.1995 – 8 C 11/94, BVerwGE 100, 104; zum Art**ab**schlag bei Grünanlagen vgl. *Kneer* KStZ 1996, 101ff.) zu erheben. Hierbei ist den Gemeinden ein weites Bewertungsermessen eingeräumt, da eine exakte Quantifizierung des zusätzlichen Erschließungsvorteils, der auf die Art der Nutzung zurückzuführen ist, nicht möglich ist (BVerwG Urt. v. 10.6.1981 – 8 C 15/81, BVerwGE 62, 300 (304); dass. Urt. v. 10.6.1981 – 8 C 20/81, BVerwGE 62, 308 (310f.); vgl. aber BVerwG Urt. v. 30.5.1997 – 8 C 6/96, NVwZ-RR 1998, 64, zu der mit einer Mehrbelastung von 10% erreichten äußersten Grenze des Ermessens). Maßgeblich sind daher die **örtlichen Verhältnisse**, dh die vorhandenen und die in Zukunft zu erwartenden Abrechnungsgebiete. Die Maßgeblichkeit der tatsächlichen Verhältnisse kann auch dazu führen, dass bei einer Zweiterschließung eines gewerblich genutzten Grundstücks in einem Wohngebiet kein Artzuschlag erhoben werden darf, wenn der durch die gewerbliche Nutzung verursachte Verkehr aufgrund der erkennbaren Verhältnisse auf dem Grundstück ausschließlich über die bereits vorhandene Anbaustraße abgewickelt wird (BVerwG Urt. v. 23.1.1998 – 8 C 12/96, BVerwGE 106, 147). Die Gemeinde muss also beurteilen, um wie viel größer der Erschließungsvorteil für gewerblich genutzte Grundstücke im Verhältnis zu Grundstücken mit bloßer Wohnnutzung ist oder sein wird. Von diesem Ausgangspunkt aus hat das Bundesverwaltungsgericht **zum Beispiel folgende grundstücksbezogenen Artzuschläge für rechtmäßig erachtet:**

67 – nominaler Zuschlag auf die sich aus dem Maß der Nutzung ergebenden Beiträge für Grundstücke in Kern-, Gewerbe- und Industriegebieten um 25% (BVerwG Urt. v. 7.3.1980 – 4 C 40/78, BauR 1980, 563 (565)),
 – Artzuschlag für Grundstücke in Kern-, Gewerbe- und Industriegebieten um 50% (BVerwG Urt. v. 23.5.1980 – 4 C 83/79 u. a., DVBl. 1980, 757 (759f.)),
 – Artzuschlag von 50% für Grundstücke in Kern- und Gewerbegebieten (BVerwG Urt. v. 19.2.1982 – 8 C 27/81, BVerwGE 65, 61 (64)),
 – Artzuschlag für die Grundstücke in Kern-, Gewerbe- und Industriegebieten sowie auf überwiegend gewerblich oder industriell genutzte Grundstücke von 10% (BVerwG Urt. v. 10.6.1981 – 8 C 20/81, BVerwGE 62, 308 (310f.)),
 – Artzuschlag von 20% bei Grundstücken mit überwiegend gewerblicher Nutzung und 50% bei Grundstücken mit überwiegend industrieller Nutzung, wobei die Artzuschläge nur von den zulässigen Geschossflächen, nicht auch von den Grund-

stücksflächen berechnet werden (BVerwG Urt. v. 10.6.1981 – 8 C 15/81, BVerwGE 62, 300 (303f.)),
– Artzuschlag für Grundstücke in Kern-, Gewerbe- und Industriegebieten sowie auf überwiegend gewerblich oder industriell genutzte Grundstücke, wobei die Verteilung zu 25% nach den Grundstücksflächen und zu 75% nach den Geschossflächen vorgesehen ist; es erfolgt ein Zuschlag von 20% auf den Berechnungswert, der sich aus der Berücksichtigung der Geschossflächen ergibt (BVerwG Urt. v. 10.6.1981 – 8 C 66/81, NVwZ 1982, 37),
– Artzuschlag für Grundstücke in beplanten und – in sinngemäßer Anwendung des § 34 ermittelten – unbeplanten Gewerbe- und Industriegebieten durch Ansetzen des 1,5-fachen der Geschossfläche bei einer auf die Summe aus Grundstücksflächen und zulässigen Geschossflächen abhebenden Verteilungsregelung (BVerwG Urt. v. 15.11.1985 – 8 C 41/84, NVwZ 1986, 299 (300)).

IV. Besonderheiten bei anderen Erschließungsanlagen als Anbaustraßen

Bei den Erschließungsanlagen, die nicht zum Anbau bestimmte Verkehrsanlagen oder Sammelstraßen im Sinne des § 127 Abs. 2 Nr. 1 bis 3 sind, also bei **Parkflächen, Grünanlagen und Immissionsschutzanlagen,** ist in der Regel für die Verteilung allein vom Maß der Nutzung auszugehen (→ zu Besonderheiten bei Immissionsschutzanlagen Rn. 14; ein Artzuschlag kommt bei ihnen grundsätzlich nicht in Betracht, BVerwG Urt. v. 23.6.1995 – 8 C 18/94, NVwZ 1996, 403 (404); → zu Grünanlagen Rn. 66). Bei **Sammelstraßen** dagegen sind die für Anbaustraßen entwickelten Verteilungsgrundsätze – abgesehen von der Eckgrundstücksermäßigung – entsprechend anwenbar. Ansonsten aber es empfehlenswert, in der Erschließungsbeitragssatzung für die Abrechnung dieser Anlagen auf eine **ergänzende Einzelsatzung** zu verweisen, in der dann die dem Einzelfall gerecht werdende Bestimmung der Herstellungsmerkmale und die Verteilung des beitragsfähigen Erschließungsaufwands geregelt werden (vgl. auch *Driehaus* § 18 Rn. 88 zu Immissionsschutzanlagen).

68

§ 132 Regelung durch Satzung

Die Gemeinden regeln durch Satzung
1. **die Art und den Umfang der Erschließungsanlagen im Sinne des § 129,**
2. **die Art der Ermittlung und der Verteilung des Aufwands sowie die Höhe des Einheitssatzes,**
3. **die Kostenspaltung (§ 127 Abs. 3) und**
4. **die Merkmale der endgültigen Herstellung einer Erschließungsanlage.**

Übersicht

	Rn.
I. Erforderlichkeit	1
II. Zustandekommen	4
1. Zuständigkeit	4
2. Befangenheit	5
3. Genehmigung	6
4. Ausfertigung, Bekanntmachung	7
5. Änderung und Ergänzung	8
III. Inhalt	11
1. Notwendiger Inhalt	12
a) Art und Umfang der Erschließungsanlagen (Nr. 1)	12
b) Art der Ermittlung des Erschließungsaufwands (Nr. 2)	14

	Rn.
c) Art der Verteilung des Erschließungsaufwands (Nr. 2)	16
d) Merkmale der endgültigen Herstellung (Nr. 4)	17
2. Zulässiger Inhalt	25
a) Kostenspaltung (Nr. 3), Teileinrichtungsprogramm	25
b) Ablösungsbestimmungen	28
c) Grunderwerb	29
IV. Rückwirkung der Satzung und Heilung fehlerhafter Erschließungsbeitragsbescheide	34

I. Erforderlichkeit

1 Die Pflicht zur Entrichtung von Erschließungsbeiträgen entsteht nach § 133 Abs. 2 mit der endgültigen Herstellung der Erschließungsanlage. Wann eine Erschließungsanlage als endgültig hergestellt angesehen werden kann, hat die Gemeinde nach § 132 Nr. 4 durch die Regelung der Merkmale der endgültigen Herstellung einer Erschließungsanlage in ihrer Erschließungsbeitragssatzung zu regeln (Merkmalsregelung, BVerwG Urt. v. 21.9.1973 – IV C 39/72, BauR 1974, 54). Auch die Ermittlungs- und Verteilungsregelung nach § 132 Nr. 2 sowie die Bestimmung von Art und Umfang der Erschließungsanlagen nach § 132 Nr. 1 sind **erforderlich, um die Erschließungsbeitragspflicht entstehen zu lassen,** da ohne diese Regelungen die Höhe der im Einzelfall zu entrichtenden Erschließungsbeiträge nicht feststellbar ist (vgl. etwa BVerwG Urt. v. 14.3.1975 – IV C 34/73, NJW 1975, 1426). Die Satzung ist zudem nicht nur Voraussetzung für das Entstehen der Beitragspflicht, sondern auch **Rechtsgrundlage für den Erlass der Beitragsbescheide** (BVerwG Urt. v. 3.6.2010 – 9 C 3/09, BVerwGE 137, 95; dass. Urt. v. 25.11.1981 – 8 C 14/81, BVerwGE 64, 218 (223)). Da die Gemeinden nach § 127 Abs. 1 zur Erhebung von Erschließungsbeiträgen verpflichtet sind (→ § 127 Rn. 7), sind sie auch **zum Erlass einer Erschließungsbeitragssatzung verpflichtet,** sofern in der Gemeinde eine Erschließungstätigkeit in Aussicht genommen ist (BVerwG Urt. v. 23.4.1969, IV C 15/67, DÖV 1970, 203). Insoweit kann daher von einem **Satzungszwang** gesprochen werden.

2 Verfassungsrechtliche Bedenken gegen die Regelung des § 132, etwa unter dem Gesichtspunkt der **Gesetzgebungszuständigkeit des Bundes,** bestehen nicht. Der Gesetzgeber wäre auch befugt gewesen, eine inhaltliche Vollregelung zu treffen. Eine entsprechende Satzungsermächtigung ist daher ebenfalls nicht zu beanstanden (BVerwG Urt. v. 2.7.1971 – IV C 71/69, NJW 1972, 700). Trotz der bundesrechtlichen Ermächtigung sind die Erschließungsbeitragssatzungen **Orts- und nicht Bundesrecht** (*Driehaus* § 11 Rn. 2). Sind einzelne Bestimmungen der Satzung nichtig, etwa die Verteilungsregelung oder die Bestimmung der Merkmale der endgültigen Herstellung, bleibt die Satzung im Übrigen wirksam (→ Rn. 27 sowie § 131 Rn. 32).

3 Musterentwürfe für kommunale Erschließungsbeitragssatzungen haben die kommunalen Spitzenverbände erarbeitet. Hilfreich sind insbesondere die **Mustersatzungen** der Bundesvereinigung der kommunalen Spitzenverbände (abgedruckt bei Grziwotz in EZBK § 132 Rn. 37; hierzu ausführlich *Richarz/Steinmetz,* Erschließung in der kommunalen Praxis, 2. Aufl. 2000, 99 ff.; Einzelformulierungen im Hinblick auf Hinterliegergrundstücke und Ablösung auch bei *Driehaus,* LKV 2015, 248 ff.).

II. Zustandekommen

4 **1. Zuständigkeit. Zuständig** für den Erlass von Erschließungsbeitragssatzungen sind nach dem BauGB ausschließlich die **Gemeinden.** So kann zB ein Planungsverband nach § 205 anstelle der Gemeinden zwar Bauleitpläne aufstellen (§ 205 Abs. 1),

nicht jedoch Erschließungsbeiträge erheben und die dafür erforderliche Erschließungsbeitragssatzung erlassen. Welches **Organ** innerhalb der Gemeinde für den Satzungserlass zuständig ist, richtet sich nach dem Kommunalrecht der (s. zB § 41 Abs. 1 S. 2 lit. f GO NRW). In der Regel ist dies der **Gemeinderat** sein (allgemein zu den formellen Anforderungen an Abgabensatzungen *Koglin* KStZ 1996, 211ff.).

2. Befangenheit. Da die Beitragssatzung das gesamte Gemeindegebiet erfasst und eine allgemeine Abgabenregelung trifft, sind Ratsmitglieder, die Grundeigentum in der Gemeinde haben, nicht von der Beschlussfassung als **befangen** ausgeschlossen (VGH Mannheim Beschl. v. 21.9.1977 – II 827/76, KStZ 1978, 55). Beschließt der Gemeinderat jedoch für ein bestimmtes Gebiet eine Abschnittsbildung oder die Bildung einer Erschließungseinheit (→ § 130 Rn. 5ff.), können hieran nicht Ratsmitglieder mitwirken, denen hierdurch unmittelbar Vorteile oder Nachteile im Sinne zB des § 31 Abs. 1 S. 1 GO NRW entstehen können (hierzu OVG Münster Urt. v. 29.3.1973 – III A 91/71, DÖV 1974, 211; → zur Befangenheit von Ratsmitgliedern auch § 10 Rn. 5ff.).

3. Genehmigung. Nach dem Kommunalrecht der Länder bestimmt sich auch, inwieweit Erschließungsbeitragssatzungen einer **Genehmigung** bedürfen. Maßgeblich hierfür sind die Gemeindeordnungen im Zusammenhang mit den Kommunalabgabengesetzen der Länder (s. zB § 7 Abs. 1 S. 2 GO NRW und § 2 Abs. 2 KAG NRW, aus denen sich ergibt, dass Erschließungsbeitragssatzungen – anders als Steuersatzungen – keiner Genehmigung bedürfen).

4. Ausfertigung, Bekanntmachung. Auch die über das bundesrechtliche Rechtsstaatsprinzip mit seinen Mindestanforderungen hinausgehenden Erfordernisse an die Ausfertigung und Bekanntmachung von Satzungen richten sich nach landesrechtlichen Bestimmungen (→ § 10 Rn. 30ff.). So ist zB nach § 7 Abs. 5 GO NRW in Verbindung mit § 4 Abs. 2 S. 1 Bekanntmachungsverordnung NRW vom 26.8.1999 (GV NRW 1999, 516) vorgeschrieben, dass die für die Gemeinde geltende Form der Bekanntmachung in der Hauptsatzung festzulegen ist. Nach dieser Form muss auch die Erschließungsbeitragssatzung bekannt gemacht werden. Als mögliche Form öffentlicher Bekanntmachung ist dort die Veröffentlichung im Amtsblatt der Gemeinde oder des Kreises oder in einer oder mehreren Tageszeitungen, die in der Hauptsatzung im Einzelnen zu bestimmen sind, vorgesehen.

5. Änderung und Ergänzung. Es ist rechtlich nicht erforderlich, dass alle nach § 132 zu treffenden und im Einzelfall bedeutsamen Regelungen in **einer** Satzung enthalten sind. Dies ist jedoch nicht dahin gehend zu verstehen, dass die Gemeinde für jeden Abrechnungsfall eine eigene Erschließungsbeitragssatzung erlassen könnte. Im Interesse der Vorhersehbarkeit und Überschaubarkeit der Beitragspflichtigkeit für die Bürger ist es vielmehr geboten, die nach § 132 erforderliche Regelung **möglichst in einer einzigen nach Inhalt und Umfang übersehbaren Ortssatzung** zu treffen (BVerwG Urt. v. 13.8.1976 – IV C 23/74, DÖV 1977, 217).

Da es aber nicht möglich ist, für jede aus den Umständen des Einzelfalls folgende Besonderheit eine allgemeine Regelung zu treffen, ist es zulässig, die Erschließungsbeitragssatzung durch sog. **Einzelsatzungen,** zB für die Merkmale der endgültigen Herstellung einzelner Erschließungsanlagen (BVerwG Urt. v. 3.6.2010 – 9 C 3/09, BVerwGE 137, 95 (98) Rn. 19), zu ändern oder zu ergänzen (BVerwG Urt. v. 5.9.1975 – IV CB 75/73, NJW 1976, 818). Solche ergänzenden Regelungen zur Erschließungsbeitragssatzung können mit einer anderen Satzung, zB einer Straßenbaubeitragssatzung nach dem Kommunalabgabenrecht, verbunden werden. Unzulässig ist es allerdings, erschließungsbeitragsrechtliche Festlegungen in den Bebauungsplan aufzunehmen, denn für diesen enthält § 9 eine abschließende Aufzählung der möglichen Regelungsinhalte (BVerwG Urt. v. 21.1.1977 – IV C 84/74, NJW 1977, 1740; → auch § 9 Rn. 2). Auch § 9 Abs. 4 ist hierfür keine geeignete Grundlage.

§ 132 I. Kapitel. VI. Teil. Erschließung

10 § 132 ist insofern zwingend, als die hierdurch der Satzung zugewiesenen Regelungsmaterien von der Gemeinde **nicht in einer anderen Rechtsform** geregelt werden können. Will sie von den in der Satzung getroffenen Bestimmungen abweichen, bedarf es hierzu einer Satzungsänderung oder einer Einzelsatzung. Für beide gelten die gleichen Anforderungen wie für die Ausgangssatzung.

III. Inhalt

11 Die Aufzählung der Regelungsmaterien in Nr. 1 bis 4 ist weder im Sinne einer abschließenden Aufzählung noch im Sinne eines notwendigen Mindestinhalts zu verstehen. Es ist den Gemeinden unbenommen, im Interesse einer aus der Satzung allein heraus zu verstehenden Regelung **weitere Regelungsinhalte** in die Satzung aufzunehmen, auch wenn es sich dabei um Wiederholungen gesetzlicher Bestimmungen handelt. **Ebensowenig** ist die Gemeinde **gezwungen, sämtliche** in § 132 aufgeführte Materien zu regeln. Wenn sie etwa von der Möglichkeit der **Kostenspaltung** keinen Gebrauch machen will, braucht sie eine entsprechende Regelung nicht aufzunehmen. Dasselbe gilt für die Höhe der **Einheitssätze.** Will die Gemeinde nur nach tatsächlichen Kosten abrechnen, braucht sie keine Einheitssätze anzugeben. Nicht zwingend notwendig ist zudem eine Regelung über den **Umfang der Erschließungsanlagen,** weil der auch in unmittelbarer Anwendung des § 129 Abs. 1 S. 1 bestimmt werden kann (→ § 129 Rn. 10).

12 **1. Notwendiger Inhalt. a) Art und Umfang der Erschließungsanlagen (Nr. 1).** Die **Arten der beitragsfähigen Erschließungsanlagen** sind in § 127 Abs. 2 abschließend aufgezählt (→ § 127 Rn. 10). Gleichwohl muss die Gemeinde diese Arten von Erschließungsanlagen nach **Nr. 1** in ihrer Satzung noch einmal aufführen. Denn für Arten von Erschließungsanlagen, die in der Satzung nicht genannt sind, kann die Gemeinde auch keine Beiträge erheben (vgl. *Dirnberger* in JDW § 132 Rn. 5). Es ist allerdings unschädlich, wenn die Gemeinde eine entsprechende Satzungsergänzung erst vornimmt, nachdem die entsprechende Anlage bereits hergestellt ist. Dass für solche Arten von Anlagen Erschließungsbeiträge erhoben werden müssen, folgt bereits aus der Regelung in § 127. Ein Vertrauensschutz, von Erschließungsbeiträgen verschont zu bleiben, besteht nicht. Geschützt ist der Bürger vielmehr nur davor, dass eine Heranziehung zu Beiträgen nicht erfolgt, solange keine wirksame Satzungsregelung vorhanden ist (*Driehaus* § 11 Rn. 4f.).

13 Der Erschließungsaufwand ist nur insofern beitragsfähig, als er – ausgehend von der baurechtlich zulässigen Nutzung des Erschließungsgebiets – **erforderlich** im Sinne des § 129 Abs. 1 S. 1 ist. Nach Nr. 1 ist es Aufgabe der Gemeinde, in der Satzung zu bestimmen, welchen **Umfang** von Erschließungsanlagen sie für erforderlich in diesem Sinne hält. Da eine sinnvolle Erfassung der Vielzahl möglicher Fallgestaltungen gerade im Hinblick auf die Erforderlichkeit in einer Satzung nicht möglich ist, genügt es, wenn die Gemeinde in der Satzung zB für Straßen **Höchstbreiten,** evtl. in Verbindung mit Mindestbreiten, angibt und hierbei nach dem Nutzungszweck der Straße differenziert (→ § 129 Rn. 7, 10). Eine gerichtliche Prüfung der Erforderlichkeit nach § 129 Abs. 1 S. 1 wird hierdurch allerdings nicht ausgeschlossen.

14 **b) Art der Ermittlung des Erschließungsaufwands (Nr. 2).** Weiter muss in der Satzung bestimmt werden, welche **Art der Ermittlung** des Erschließungsaufwands die Gemeinde anwenden will. § 130 Abs. 1 sieht hierfür die Ermittlung nach den tatsächlich entstandenen Kosten oder nach Einheitssätzen vor (→ § 130 Rn. 2ff.; → zu den an die Regelung in der Satzung zu stellenden Anforderungen § 130 Rn. 14ff.). Wählt die Gemeinde für bestimmte Erschließungsanlagen oder für bestimmte Teileinrichtungen von Erschließungsanlagen die Ermittlung nach Einheitssätzen, muss sie auch die Höhe der entsprechenden Einheitssätze in der Satzung fest-

legen. Trifft die Gemeinde keine Bestimmung über die Ermittlungsart, kann und muss sie nach den tatsächlich entstandenen Kosten abrechnen (→ § 130 Rn. 17).

Die Gemeinde muss in der Satzung nur die Ermittlungsart, **nicht auch den Ermittlungsraum**, festlegen, obwohl § 130 unter der mit Nr. 1 gleich lautenden Überschrift „Art der Ermittlung" auch den Ermittlungsraum regelt. Die Bildung von Abschnitten einer Erschließungsanlage oder einer Erschließungseinheit kann **unmittelbar aufgrund des § 130 Abs. 2** erfolgen und bedarf keiner Regelung in der Satzung (→ § 130 Rn. 42; → zur Einbeziehung von erschlossenen Grundstücken in einer Nachbargemeinde § 131 Rn. 6).

15

c) Art der Verteilung des Erschließungsaufwands (Nr. 2). Ferner muss die Satzung eine **Verteilungsregelung** enthalten (→ § 131 Rn. 28 ff.). Dabei wird der Begriff der Verteilung in **Nr. 2** im weiteren Sinne verwandt. Er umfasst auch die Verteilung zwischen der Gemeinde einerseits und den Beitragspflichtigen andererseits (→ § 129 Rn. 28; § 131 Rn. 1). Die Gemeinde hat daher in der Satzung auch ihren **Eigenanteil** am beitragsfähigen Erschließungsaufwand festzulegen (→ zu den Grenzen des Ermessens bei der Bestimmung des Gemeindeanteils § 129 Rn. 30 f.). Eine Tiefenbegrenzung ist nicht Teil der Regelung über die Verteilung, sondern der über das Erschlossensein (BVerwG Urt. v. 12.11.2014 – 9 C 7.13, BVerwGE 150, 316; VGH Mannheim Urt. v. 26.9.2003 – 2 S 793/03, DÖV 2004, 258; s. auch § 131 Rn. 21 ff.).

16

d) Merkmale der endgültigen Herstellung (Nr. 4). Gem. Nr. 4 muss die Satzung die Merkmale angeben, die zur endgültigen Herstellung einer Erschließungsanlage von der Gemeinde als erforderlich angesehen werden, hierzu gehören vor allem Abgaben zu den **flächenhaften** Bestandteilen der Erschließungsanlagen (insbes. Fahrbahn, Geh- und Radweg, Grün- und Parkstreifen), wenn auch ohne weitere Unterteilung innerhalb der Gesamtfläche (BVerwG Urt. v. 15.5.2013 – 9 C 3,14, BauR 2014, 94; → zur Abgrenzung des Begriffs „endgültige" Herstellung zum Begriff der „erstmaligen" Herstellung in § 128 Abs. 1 S. 1 Nr. 2, § 128 Rn. 16; → zum Verhältnis zwischen der Merkmalsregelung und einem Bebauungsplans § 125 Rn. 9).

17

Ein besonderes **Teileinrichtungsprogramm**, aus dem sich die für die endgültige Herstellung notwendigen Teileinrichtungen (→ § 127 Rn. 41) der Erschließungsanlage ergeben, ist nach Nr. 4 nicht zwingend notwendig, wenn auch in der Praxis regelmäßig anzutreffen. Es ist zudem in der Satzung unverzichtbar, wenn im Wege der Kostenspaltung Erschließungsbeiträge für Teileinrichtungen erhoben werden sollen (Rn. 25 ff.; BVerwG Urt. v. 10.10.1995 – 8 C 13/94, BVerwGE 99, 308; OVG Lüneburg Beschl. v. 9.9.2009 – 9 ME 8/09, NVwZ-RR 2010, 76; s. auch Grziwotz in EZBK § 132 Rn. 20b).

18

aa) Ausbauprogramm. Zwingend in die Erschließungssatzung aufzunehmen ist allerdings das sogenannte **Ausbauprogramm**, dass die letztlich angestrebte bautechnische Ausgestaltung der Erschließungsanlage bestimmt. Es ist abzugrenzen von dem formlos möglichen (Straßen-)Bauprogramm, dass technische Bestimmungen über den Ausbau der Erschließungsanlage im Einzelnen enthält (→ § 128 Rn. 17; s. auch noch Rn. 26 zum Fehlen eines Teileinrichtungsprogramms).

19

Im Ausbauprogramm hat die Gemeinde die von ihr vorgesehene Herstellungsweise für die Erschließungsanlagen in solcher **Eindeutigkeit** und **Bestimmtheit** anzugeben, dass es dem interessierten Bürger möglich ist, die endgültige Herstellung der Anlage im Rechtssinn festzustellen (vgl. etwa BVerwG Urt. v. 15.5.2013 – 9 C 3.12, BauR 2014, 94; dass. Urt. v. 18.1.1991 – 8 C 14/89, BVerwGE 87, 288). Die Gemeinde kann daher in der Satzung insoweit nicht zB auf ihr Straßenbauprogramm verweisen oder auf eine von ihr vorzunehmende öffentliche Bekanntmachung abstellen. In diesen Fällen kann der Bürger aus der Satzung selbst nicht oder jedenfalls nicht mit hinreichender Bestimmtheit entnehmen, wie die Erschließungsanlage sein soll

20

§ 132 I. Kapitel. VI. Teil. Erschließung

und wann sie endgültig hergestellt ist. Ebenso können daher nicht derart unbestimmte Merkmale verwendet werden, die der Gemeinde einen weiten Spielraum bei ihrer Auslegung belassen. So genügt es zB nicht, auf die Erfordernisse des Verkehrs (BVerwG Urt. v. 6.9.1968 – IV C 96/66, BVerwGE 30, 207 (210)) oder die Regeln der Baukunst und der Technik abzustellen (BVerwG Urt. v. 15.5.2013 – 9 C 3.12, BauR 2014, 94; dass. Urt. v. 14.11.1975 – IV C 76/73, DÖV 1976, 351) oder auf eine „sonst vorgesehene Ausführung" hinsichtlich der Straßenbefestigung zu verweisen (BVerwG Urt. v. 25.2.1981 – 8 C 7/81, BauR 1982, 480). Bei **Immissionsschutzanlagen** ist jedoch aufgrund der Vielzahl möglicher Gestaltungen eine generalisierende Merkmalsregelung wie etwa bei Anbaustraßen nicht möglich. Hier kann daher auf das jeweilige konkrete Ausbauprogramm in einer **Einzelsatzung** verwiesen werden (→ § 131 Rn. 65; BVerwG Urt. v. 19.8.1988 – 8 C 51/87, BVerwGE 80, 99; *Driehaus* § 11 Rn. 36).

21 Dagegen ist es grundsätzlich zulässig, in der Merkmalsregelung dem Straßenbauprogramm (→ § 128 Rn. 17) etwa die **Wahl zwischen mehreren Materialien** für die Straßenbefestigung zu belassen. Voraussetzung hierfür ist allerdings, dass die vorgesehenen Befestigungsarten unter sich in etwa vergleichbar sind und die endgültige Herstellung jeweils deutlich erkennen lassen. Insofern ist es dann auch zulässig, für die Herstellung einer Fahrbahndecke neben zB Asphalt, Teer, Beton oder Pflaster auch ein „ähnliches Material neuzeitlicher Bauweise" zu bestimmen (BVerwG Urt. v. 15.5.2013 – 9 C 3.12, BauR 2014, 94; dass. Beschl. v. 4.9.1980 – 4 B 119/80, BauR 1981, 366). Allerdings ist bei der Eröffnung einer Wahlmöglichkeit zu beachten, dass in diesem Fall bei der Herstellung einer Straße mit einem der Materialien bereits eine endgültige Herstellung erfolgt ist, auch wenn die Gemeinde im konkreten Fall diese Herstellungsart nur als **Provisorium** betrachtet. Will sie das Entstehen der Beitragspflicht zu diesem Zeitpunkt vermeiden, muss sie eine abändernde Einzelsatzung erlassen (BVerwG Urt. v. 5.9.1975 – IV CB 75/73, NJW 1976, 818). Wird eine Straße als **verkehrsberuhigter Bereich** mit einer einheitlichen Mischfläche ausgebaut und enthält die Merkmalsregelung hierzu keine Festlegungen, bedarf es zur endgültigen Herstellung der Erfüllung aller Herstellungsmerkmale der in die Mischfläche integrierten Teilanlagen wie zB von Fahrbahn, Rad- und Gehweg sowie Parkflächen (vgl. OVG Bremen Urt. v. 30.8.1988 – 1 BA 23/88, DÖV 1989, 176) oder einer Einzelsatzung (vgl. OVG Lüneburg Beschl. v. 18.3.1992 – 9 M 899/92, KStZ 1992, 172 (173)).

22 Solange eine Erschließungsanlage **nicht endgültig hergestellt** in diesem Sinne ist, kann die Gemeinde das in der Satzung festgelegte Ausbauprogramm jederzeit, **auch zu Lasten der Beitragspflichtigen, ändern** (BVerwG Urt. v. 18.1.1991 – 8 C 14/89, BVerwGE 87, 288; dass. Urt. v. 16.3.1970 – IV C 69/68, DVBl. 1970, 838). Eine solche Änderung kann jedoch nur im Wege der **Satzungsänderung** oder des Erlassens einer **Einzelsatzung** (Rn. 9) erfolgen. Hingegen ist auch eine Änderung des Bauprogramms formlos möglich (→ Rn. 19). War die Straße oder die Teileinrichtung jedoch bereits einmal endgültig hergestellt, ändert hieran auch die rückwirkende Inkraftsetzung einer Satzung mit anderen Herstellungsmerkmalen nichts. Sobald eine Erschließungsanlage endgültig hergestellt ist, kann sie nicht durch eine rückwirkende Satzung erneut „in den Zustand der Unfertigkeit rückversetzt werden" (BVerwG Urt. v. 2.2.2010 – 9 C 1/09, BVerwGE 136, 126 (130); BVerwG Urt. v. 2.12.1977 – IV C 55/75, BauR 1978, 133). Denn da mit der endgültigen Herstellung auf der Grundlage der früheren Herstellungsmerkmale – bei Vorliegen auch der übrigen Voraussetzungen – die Erschließungsbeitragspflicht bereits einmal entstanden ist, kann sie nicht durch die neue Satzung erneut entstehen; die Erschließungsbeitragsforderung entsteht im Hinblick auf jede Erschließungsanlage bzw. jede Teileinrichtung (→ Rn. 25ff.) also nur einmal (BVerwG Urt. v. 13.5.1977 – IV C 82/74, BauR 1977, 411; → auch § 130 Rn. 46).

23 **bb) Teilnichtigkeit.** Die **Nichtigkeit einer einzelnen Merkmalsregelung** (Rn. 17f.) führt nicht zur Nichtigkeit der Merkmalsregelung oder der Satzung insge-

2. Abschnitt. Erschließungsbeitrag **§ 132**

samt (BVerwG Urt. v. 20.1.1978 – IV C 70/75, BauR 1978, 396), wenn es sich nicht um die Nichtigkeit eines essentiellen Merkmals (→ Rn. 27) handelt. Ist zB die Regelung des Herstellungsmerkmals über die Beleuchtung unwirksam, bleibt die restliche Regelung in Kraft. Jedoch kann die Gemeinde auf der Grundlage der Satzung **keine Kosten** für die Beleuchtung **abrechnen** (BVerwG Urt. v. 2.12.1977 – IV C 55/75, BauR 1978, 133). Allerdings kann ein insofern fehlerhafter Beitragsbescheid durch das spätere Inkraftsetzen einer wirksamen Merkmalsregelung geheilt werden (→ Rn. 35).

Die **Auslegung von Satzungen** als Ortsrecht ist für das Bundesverwaltungsgericht **nicht revisibel** (s. etwa BVerwG Urt. v. 25.2.1981 – 8 C 7/81, BauR 1982, 480). Jedoch darf die Auslegung nicht Bundesrecht verletzen und daher zur Nichtigkeit der Satzung führen. So kann zB eine Satzung, die den Grunderwerb als Merkmal der endgültigen Herstellung angibt, nicht dahingehend ausgelegt werden, dass der fehlende Erwerb einer „völlig unbedeutenden Restfläche" der endgültigen Herstellung nicht entgegensteht. Durch diese Auslegung verliert die Satzungsbestimmung ihre notwendige Bestimmtheit und verstößt dann gegen § 132 Nr. 4 (BVerwG Urt. v. 19.11.1982 – 8 C 39–41/81, NVwZ 1983, 473 (474)). 24

2. Zulässiger Inhalt. a) Kostenspaltung (Nr. 3), Teileinrichtungsprogramm. Die in **Nr. 3** vorgesehene Regelung der **Kostenspaltung** ist für die Satzung nicht zwingend erforderlich. Die Kostenspaltung ist in § 127 Abs. 3 ausdrücklich als Möglichkeit, nicht als Verpflichtung der Gemeinde ausgestaltet. Wenn die Gemeinde daher auf eine entsprechende Regelung verzichtet, führt dies nicht zur Unvollständigkeit oder Unwirksamkeit der Erschließungsbeitragssatzung. Allerdings kann die Gemeinde dann von der Möglichkeit der Kostenspaltung keinen Gebrauch machen (→ zur Kostenspaltung § 127 Rn. 40ff.). 25

Auch ein **Teileinrichtungsprogramm** für Teileinrichtungen, für die auf der Grundlage einer Kostenspaltung Erschließungsbeiträge erhoben werden können (→ § 127 Rn. 41), ist nicht zwingend erforderlich. Dies gilt sowohl für die flächenhaften Einrichtungen (Rn. 17) als auch für die nicht flächenhaften Einrichtungen (Entwässerung, Beleuchtung). Gem. § 132 Nr. 4 darf zwar, muss aber nicht in der Satzung festgelegt werden, welche Teileinrichtungen (Bestandteile der Erschließungsanlage, Rn. 17) auf der Fläche einer Anbaustraße angelegt und welchen Anteil die einzelnen Teileinrichtungen an dieser Fläche haben sollen (BVerwG Urt. v. 10.10.1995 – 8 C 13/94, BVerwGE 99, 308; OVG Lüneburg Beschl. v. 9.9.2009 – 9 ME 8/09, NVwZ-RR 2010, 76). Für die Frage, wann eine bestimmte Straße im Sinne des § 133 Abs. 2 Nr. 1 endgültig hergestellt ist, muss ggf. anstelle des satzungsmäßigen Teileinrichtungsprogramms auf das ohne die konkrete Einzelanlage betreffende Bauprogramm (Rn. 19) abgestellt werden, das bestimmt, welche flächenmäßigen Teileinrichtungen (Rn. 17) in welchem Umfang die gesamte Breite der jeweiligen Straße in Anspruch nehmen sollen (BVerwG Urt. v. 18.1.1993 – 8 C 14/89, BVerwGE 87, 288). 26

Wenn die Erhebung von Erschließungsbeiträgen für Teileinrichtungen beabsichtigt ist, bietet sich die Aufnahme eines Teileinrichtungsprogramms in die Satzung gem. § 132 Nr. 4 vor allem für die essentiellen Teileinrichtungen an, insbesondere also für die Fahrbahn (BVerwG Urt. v. 2.12.1977 – IV C 55/75, BauR 1978, 133), die Entwässerung und die Beleuchtung (BVerwG Urt. v. 13.6.1973 – IV C 66/71, BRS 37 Nr. 137 = BauR 1973, 311; dass. Urt. v. 23.6.1972 – IV C 15/71, BVerwGE 40, 177; dass. Urt. v. 2.12.1977 – IV C 55/75, BauR 1978, 133; → dazu, in der Erschließungsbeitragssatzung die Erhebung von Erschließungsbeiträgen für Grunderwerb, Freilegung oder Teileinrichtungen als bloße Möglichkeit zu regeln, → § 127 Rn. 45). 27

b) Ablösungsbestimmungen. Ebenso ist es zulässig, dass eine Gemeinde, die von der Möglichkeit der **Ablösung** nach § 133 Abs. 3 S. 5 Gebrauch machen will, 28

Reidt 1099

§ 132

die hierfür erforderlichen Bestimmungen bereits in der Satzung trifft (*Driehaus* § 11 Rn. 45; → im Einzelnen § 133 Rn. 52f.).

29 **c) Grunderwerb.** Den Grunderwerb kann die Gemeinde in der Satzung als Merkmal der endgültigen Herstellung bestimmen. Sie ist dazu allerdings nicht verpflichtet (→ § 128 Rn. 4ff.). Unzulässig ist es jedoch, den Abschluss zB eines Besitzüberlassungsvertrages zwischen dem Eigentümer und der Gemeinde als Merkmal der endgültigen Herstellung – etwa bei der Übernahme der Anlagen nach § 128 Abs. 1 Nr. 3 – anzugeben. Da der Abschluss und die Erfüllung eines solchen Vertrages für den beitragspflichtigen Bürger nicht erkennbar ist, würde der Zweck der Regelung in Nr. 4 unterlaufen (vgl. BVerwG Urt. v. 21.1.1977 – IV C 84/74, NJW 1977, 1740). Dasselbe gilt, wenn eine Merkmalsregelung den Grunderwerb unter der Bedingung zum Herstellungsmerkmal erklärt, dass ein Eigentümer einen Antrag auf Erwerb seines Grundstücks an die Gemeinde richtet (vgl. BVerwG Urt. v. 14.8.1987 – 8 C 60/86, NVwZ 1988, 361).

30 **3. Widmung.** Kein Merkmal der endgültigen Herstellung einer Erschließungsanlage und damit auch kein Regelungsgegenstand der Erschließungsbeitragssatzung ist die Widmung der Anlage. Sie ist vielmehr Voraussetzung für das Vorliegen einer öffentlichen Straße und insofern für das Entstehen der Beitragspflicht erforderlich (→ § 127 Rn. 12).

31 **4. Wiederholung gesetzlicher Regelungen.** Unschädlich, wenn auch nicht erforderlich ist es, wenn die Gemeinde in der Satzung zum besseren Verständnis und zur Vollständigkeit der Satzungsregelung **gesetzliche Bestimmungen,** die unabhängig von einer Aufnahme in die Satzung Geltung haben, **wiederholt.** Dies kann zB sinnvoll sein für die Regelungen über das Entstehen der Beitragspflicht nach § 133 Abs. 2, über die Erhebung von Vorausleistungen nach § 133 Abs. 3 S. 1, über den Beitragspflichtigen nach § 134 Abs. 1 sowie über Fälligkeit und Zahlung des Beitrags nach § 135.

32 **5. Inkrafttreten.** Nicht erforderlich, aber zweckmäßig ist eine Regelung über das **Inkrafttreten** der Satzung, auch wenn keine Rückwirkung (→ Rn. 34) beabsichtigt ist. Fehlt eine solche Bestimmung, tritt die Satzung in der Regel mit dem Tage nach der Bekanntmachung in Kraft (s. zB § 7 Abs. 4 S. 2 GO NRW).

33 Der Satzung ist eine **Präambel** voranzustellen, aus der die Rechtsgrundlage der Satzung und das Datum des Ratsbeschlusses hervorgehen (hierzu *Reimer* KStZ 1972, 107ff.). Ein falsches Datum berührt die Rechtswirksamkeit der Satzung, anders als ein gänzliches Fehlen des Datums nicht (*Driehaus* § 11 Rn. 15).

IV. Rückwirkung der Satzung und Heilung fehlerhafter Erschließungsbeitragsbescheide

34 Es ist grundsätzlich zulässig, Erschließungsbeitragssatzungen auch **rückwirkend** in Kraft zu setzen (hierzu *Driehaus* § 11 Rn. 70ff.). Ein der Rückwirkung entgegenstehender **Vertrauensschutz** der Bürger **besteht nicht,** da spätestens mit dem Inkrafttreten des BBauG 1960 – in den **neuen Ländern** mit Inkrafttreten des BauGB am 3.10.1990 – damit gerechnet werden musste, dass die Gemeinden für die erstmalige Herstellung von Erschließungsanlagen Erschließungsbeiträge erheben (grundlegend BVerwG Urt. v. 28.11.1975 – IV C 45/74, BVerwGE 50, 2; dass. Urt. v. 20.1.1978 – IV C 2/75, BauR 1978, 394; vgl. auch BayVerfGH Beschl. v. 24.2.1984 – Vf. 98-VI-82, NVwZ 1984, 644). Eine **zeitliche Grenze** der Rückwirkung ist nach Auffassung des Bundesverwaltungsgerichts **nicht gegeben;** insbesondere gibt der Gedanke der Verjährung hierfür nichts her. Allerdings ist bei rückwirkender Inkraftsetzung von Beitragssatzungen daran zu denken, dass mit Inkrafttreten der Satzung – bei Vorliegen der sonstigen Voraussetzungen – auch die Erschließungsbeitragspflicht entsteht (→ § 133 Rn. 15ff.). Hieraus folgt auch, dass

ein Heranziehungsbescheid, der nach Ablauf der Frist zur Festsetzungsverjährung erlassen wurde, rechtswidrig ist, da die Verjährung von Amts wegen zu berücksichtigen ist (→ § 135 Rn. 30). Auch hieraus ist aber keine zeitliche Grenze für die Rückwirkung herzuleiten (BVerwG Urt. v. 28.11.1975, aaO, 2, 9; → aber auch Rn. 37).

Allerdings hat die rückwirkende Inkraftsetzung von Erschließungsbeitragssatzungen nur geringe praktische Bedeutung. Insbesondere ist sie notwendig um einen auf eine unwirksame Satzung gestützten und damit rechtswidrigen Beitragsbescheid zu heilen. Denn hierfür genügt es, wenn überhaupt eine wirksame Satzung in Kraft tritt (BVerwG Urt. v. 25.11.1981 – 8 C 14/81, BVerwGE 64, 218 (220); → zur rechtswidrigen Querspaltung und deren „Heilung" § 127 Rn. 41). Dasselbe gilt für die erst nach Erlass eines Beitragsbescheids erfolgte **Widmung** als Voraussetzung für das Vorliegen einer „öffentlichen" Straße (→ § 127 Rn. 12). Ebenso kann ein nachträglich in Kraft tretender **Bebauungsplan,** der für die Herstellung der Erschließungsanlage erforderlich ist, einen Beitragsbescheid heilen (→ § 125 Rn. 4). Auch eine nachträglich erklärte Kostenspaltung oder Abschnittsbildung kann Heilungswirkung entfalten (→ § 127 Rn. 47f., und § 130 Rn. 20). **Grenze für solche Heilungsmöglichkeiten** ist die Wesensänderung des Beitragsbescheides (hierzu Kopp/Schenke VwGO § 113 Rn. 65ff.). Eine solche Wesensänderung liegt etwa vor, wenn die Abgabenart (Steuer statt Beitrag) gewechselt oder der Bezugsgegenstand des Bescheides (anderes Grundstück desselben Beitragspflichtigen oder andere Erschließungsanlage) ausgetauscht würden (hierzu BVerwG Urt. v. 27.1.1982 – 8 C 12/81, BVerwGE 64, 356 (358); zur Möglichkeit einer Umdeutung im Hinblick auf Straßenbaubeiträge nach Landesrecht → § 127 Rn. 50). Dieselbe Grenze gilt auch für die Pflicht des Gerichts, nach § 113 Abs. 1 S. 1 VwGO zu prüfen, ob der angefochtene Bescheid auf **andere als die von der Behörde ausdrücklich angeführten Begründungen oder Tatsachen** gestützt und damit aufrechterhalten werden kann. Eine derartige Untersuchungspflicht kommt dem Verwaltungsgericht insbesondere bei Abgabenbescheiden zu, da diese eine durch das materielle Recht begründete Abgabenpflicht nur deklaratorisch festsetzen (BVerwG Urt. v. 27.1.1982, aaO; kritisch hierzu allgemein Kopp/Schenke VwGO § 113 Rn. 20ff.). Danach können insbesondere **Berechnungsfehler** „geheilt" werden, die sich zB auf die Grundstücksgröße, die Abgrenzung des Abrechnungsgebiets, die maßgeblichen Verteilungsfaktoren wie Art und Maß der Nutzung oder die Ermittlung des Erschließungsaufwands beziehen. So kann etwa eine Beitragsberechnung aufgrund einer rechtswidrig gebildeten Erschließungseinheit durch eine Beitragsberechnung aufgrund der Erschließung durch die einzelne Erschließungsanlage ersetzt werden, wenn diese Bestandteil der Erschließungseinheit war (BVerwG Urt. v. 27.1.1982, aaO, 359). Ist jedoch für die Beitragsberechnung ein Willensakt der Gemeinde erforderlich, etwa die Vornahme einer Kostenspaltung oder einer Abschnittsbildung oder einer Willensscheidung ersetzt werden, kann sie nicht durch das Gericht ersetzt werden; das Gericht darf nicht sein Ermessen an die Stelle des Ermessens der Gemeinde setzen (BVerwG Urt. v. 27.1.1982, aaO). Wird daher nachträglich eine – insbesondere hinsichtlich der Verteilungs- und Merkmalsregelung – **wirksame Erschließungsbeitragssatzung** erlassen, kann auch dies einen bis dahin rechtswidrigen Heranziehungsbescheid heilen. Diese **Heilung ist bis zur letzten mündlichen Verhandlung im Revisionsverfahren** zu beachten, da es sich insoweit nicht um eine Tatsachenänderung handelt, sondern um eine **Rechtsänderung** (BVerwG Urt. v. 25.11.1981 – 8 C 14/81, BVerwGE 64, 218 (223)). 35

Bedarf für ein rückwirkendes Inkraftsetzen einer Erschließungsbeitragssatzung mit einer **Heilung** von Beitragsbescheiden **mit Wirkung ex tunc** (dh zum Zeitpunkt des Erlasses des Bescheides) besteht etwa in den Fällen, in denen zwischen dem Erlass des Heranziehungsbescheids und dem Erlass der neuen Beitragssatzung der **Beitragspflichtige gewechselt** hat und die Gemeinde keinen neuen Erschließungsbeitragsbescheid erlassen will. Denn ohne eine solche Rückwirkung ist in diesem Fall der Bescheid nicht dem – inzwischen – Beitragspflichtigen zugestellt worden und da- 36

§ 133 I. Kapitel. VI. Teil. Erschließung

her rechtswidrig (→ § 134 Rn. 15). Dasselbe gilt, sofern ein **Wechsel des Erbbauberechtigten** eingetreten sein sollte. Die Rückwirkung muss in diesen Fällen zumindest so weit reichen, dass sie den Zeitpunkt des **Zugangs des Widerspruchsbescheids** umfasst, da Beitragsbescheid und Widerspruchsbescheid als eine einheitliche Verwaltungsentscheidung anzusehen sind, mit der der Erschließungsbeitrag verlangt wird, denn nach § 79 Abs. 1 Nr. 1 VwGO ist Gegenstand der Anfechtungsklage der Verwaltungsakt in der Gestalt, die er durch den Widerspruchsbescheid gefunden hat (BVerwG Urt. v. 14.12.1979 – 4 C 12/77, NJW 1980, 2209).

37 Die Gemeinde darf durch eine Rückwirkung **nicht** versuchen, die **Erhebungspflicht** nach § 127 Abs. 1 zu **umgehen,** indem sie der Satzung eine so weitgehende Rückwirkung beimisst, dass Erschließungsbeiträge in wesentlichen Teilen bereits bei Erlass der Satzung **verjährt** sind (BVerwG Urt. v. 21.1.1977 – IV C 84/74 u. a., NJW 1977, 1740). Auch kann durch eine rückwirkende (oder auch nicht rückwirkende) neue Erschließungsbeitragssatzung eine bereits einmal entstandene Erschließungsbeitragsforderung **in ihrer Höhe nicht mehr geändert werden,** da diese Forderung nur einmal entstehen kann (vgl. BVerwG Urt. v. 7.4.1989 – 8 C 83/87, NVwZ 1990, 168; → auch § 130 Rn. 46). Nicht ausgeschlossen ist es allerdings, dass durch die rückwirkende Inkraftsetzung einer wirksamen Beitragssatzung ein **bisher nicht beitragspflichtiger Grundstückseigentümer** nunmehr **herangezogen werden** kann. Ein schutzwürdiges Interesse dahingehend, aufgrund einer ungültigen Erschließungsbeitragssatzung nicht beitragspflichtig zu werden, besteht nicht (BVerwG Urt. v. 20.1.1978 – IV C 70/75, BauR 1978, 396). Auch kann sich die **Beitragspflicht** gegenüber der nach einer nichtigen Satzung scheinbar entstandenen Beitragspflicht – zB infolge einer nunmehr fehlerfreien Verteilungsregelung – **erhöhen** (BVerwG Urt. v. 15.4.1983 – 8 C 170/81, BVerwGE 67, 129). Ändert die Gemeinde jedoch darüber hinaus auch eine rechtlich unbedenkliche Maßstabskomponente (zB eine in der Satzung enthaltene zulässige Tiefenbegrenzung), steht einer so begründeten Beitragserhöhung der Grundsatz des Vertrauensschutzes entgegen (BVerwG Urt. v. 24.2.2010 – 9 C 1/09, BVerwGE 136, 126 (131); dass. Urt. v. 7.4.1989 – 8 C 83/87, NVwZ 1990, 168).

§ 133 Gegenstand und Entstehung der Beitragspflicht

(1) ¹Der Beitragspflicht unterliegen Grundstücke, für die eine bauliche oder gewerbliche Nutzung festgesetzt ist, sobald sie bebaut oder gewerblich genutzt werden dürfen. ²Erschlossene bauliche oder gewerbliche Grundstücke, für die eine bauliche oder gewerbliche Nutzung nicht festgesetzt ist, unterliegen der Beitragspflicht, wenn sie nach der Verkehrsauffassung Bauland sind und nach der geordneten baulichen Entwicklung der Gemeinde zur Bebauung anstehen. ³Die Gemeinde gibt bekannt, welche Grundstücke nach Satz 2 der Beitragspflicht unterliegen; die Bekanntmachung hat keine rechtsbegründende Wirkung.

(2) ¹Die Beitragspflicht entsteht mit der endgültigen Herstellung der Erschließungsanlagen, für Teilbeträge, sobald die Maßnahmen, deren Aufwand durch die Teilbeträge gedeckt werden soll, abgeschlossen sind. ²Im Falle des § 128 Abs. 1 Satz 1 Nr. 3 entsteht die Beitragspflicht mit der Übernahme durch die Gemeinde.

(3) ¹Für ein Grundstück, für das eine Beitragspflicht noch nicht oder nicht in vollem Umfang entstanden ist, können Vorausleistungen auf den Erschließungsbeitrag bis zur Höhe des voraussichtlichen endgültigen Erschließungsbeitrags verlangt werden, wenn ein Bauvorhaben auf dem Grundstück genehmigt wird oder wenn mit der Herstellung der Erschließungsanlagen begonnen worden ist und die endgültige Herstellung der Erschließungsanla-

2. Abschnitt. Erschließungsbeitrag § 133

gen innerhalb von vier Jahren zu erwarten ist. ²Die Vorausleistung ist mit der endgültigen Beitragsschuld zu verrechnen, auch wenn der Vorausleistende nicht beitragspflichtig ist. ³Ist die Beitragspflicht sechs Jahre nach Erlass des Vorausleistungsbescheids noch nicht entstanden, kann die Vorausleistung zurückverlangt werden, wenn die Erschließungsanlage bis zu diesem Zeitpunkt noch nicht benutzbar ist. ⁴Der Rückzahlungsanspruch ist ab Erhebung der Vorausleistung mit 2 vom Hundert über dem Basiszinssatz nach § 247 des Bürgerlichen Gesetzbuchs jährlich zu verzinsen. ⁵Die Gemeinde kann Bestimmungen über die Ablösung des Erschließungsbeitrags im Ganzen vor Entstehung der Beitragspflicht treffen.

Übersicht

	Rn.
I. Gegenstand der Beitragspflicht (Abs. 1)	1
1. Erschlossenes Grundstück	1
2. Festsetzung baulicher oder gewerblicher Nutzung (S. 1)	4
3. Zur Bebauung anstehendes Bauland (S. 2 und 3)	12
II. Entstehung der Beitragspflicht (Abs. 2)	15
1. Endgültige Herstellung (Abs. 2 S. 1)	19
a) Zeitpunkt	19
b) Erschließungsanlage	22
c) Teileinrichtungen	23
2. Weitere Anforderungen	24
3. Übernahme der Erschließungsanlage (Abs. 2 S. 2)	25
III. Vorausleistungen (Abs. 3 S. 1 bis 4)	27
1. Erschlossenes Grundstück	27
a) Beitragspflichtigkeit	28
b) Baugenehmigung oder Beginn der Herstellung	29
c) Absehbarkeit der Erschließung	34
d) Erschließungsbeitragssatzung	37
2. Bemessung	38
3. Rechtsform	40
a) Anforderung	40
b) Vereinbarung	42
4. Abrechnung	43
a) Anrechnung auf Erschließungsbeitrag	43
b) Erstattung	46
IV. Ablösung (Abs. 3 S. 5)	49
1. Unterschied zu Vorausleistungen	49
2. Voraussetzungen	52
3. Abgrenzung zu einem Kostenübernahmevertrag gem. § 11 Abs. 1 S. 2 Nr. 3	56

I. Gegenstand der Beitragspflicht (Abs. 1)

1. Erschlossenes Grundstück. Der Beitragspflicht unterliegen nur **Grundstücke**, die durch die betreffende Erschließungsanlage unter Hinwegdenken einer anderweitigen vorhandenen Erschließung **erschlossen** sind (BVerwG Urt. v. 24.2.2010 – 9 C 1/09, BVerwGE 136, 126 (133)). Diese nur in Abs. 1 S. 2 ausdrücklich erwähnte Voraussetzung gilt auch im Rahmen des Abs. 1 S. 1 (BVerwG Urt. v. 7.10.1977 – IV C 103/74, NJW 1978, 438). Nicht beitragspflichtig sind Grundstücke, die Teil der Umlegungsmasse (§ 55 Abs. 1) im Rahmen einer Umlegung sind (BVerwG Urt. v. 5.5.2015 – 9 C 14/14, DVBl 2015, 1117; zur Vorausleistung → noch Rn. 27). Der Verweis auf das Erschlossensein des Grundstücks, der sich auch

§ 133

in § 131 Abs. 1 findet und der der Sache nach auch in der „Anbaubestimmung" öffentlicher Verkehrsanlagen nach § 127 Abs. 2 Nr. 1 enthalten ist, macht den **Systemzusammenhang** dieser drei Vorschriften deutlich. Die Merkmale der Anbaubestimmung in § 127 Abs. 2 Nr. 1 und des Erschlossenseins nach § 131 Abs. 1 stimmen im Kern überein (BVerwG Urt. v. 26.9.1983 – 8 C 86/81, BVerwGE 68, 41). Lediglich die Blickrichtung ist eine andere: Während § 127 Abs. 2 Nr. 1 die gesamte Erschließungsstraße im Auge hat und sie auf ihre Anbaueignung hin betrachtet, geht § 131 Abs. 1 vom einzelnen Grundstück aus. Stets kommt es jedoch darauf an, ob die konkrete Straße geeignet ist, von den anliegenden Grundstücken aus in erschließungsrechtlich relevanter Weise genutzt zu werden. Dabei ist es weder für § 127 Abs. 2 Nr. 1 noch für § 131 Abs. 1 entscheidend, dass die Nutzung der Erschließungsstraße vom Grundstück aus bereits in dem jeweils maßgeblichen Zeitpunkt möglich ist. Es genügt auch für die in § 131 Abs. 1 geregelte **Verteilungsphase,** wenn die **Hindernisse,** die einer solchen Nutzung noch entgegenstehen, in absehbarer Zeit **ausgeräumt werden können.** In dieser Nutzungsmöglichkeit liegt der Unterschied der Begriffe des Erschlossenseins in § 131 Abs. 1 und Abs. 1, der die **Heranziehungsphase** betrifft (BVerwG Urt. v. 24.2.2010 – 9 C 1/09, BVerwGE 136, 126 (137)). Während das Erschlossensein im Sinne des § 131 Abs. 1 nicht daran scheitert, dass der erforderlichen **Zufahrt** oder dem **Zugang** noch ausräumbar erscheinende tatsächliche oder rechtliche Hindernisse entgegenstehen, verlangt das – strengere – Erfordernis des Erschlossenseins im Sinne des Abs. 1 für die Beitragspflicht, dass diese **Hindernisse beseitigt** sind. Zwischen dem Erschlossensein nach § 131 Abs. 1 und dem nach Abs. 1 besteht also vor allem eine **zeitliche Differenz:** Abs. 1 setzt die Erschließung nach § 131 Abs. 1 (→ § 131 Rn. 4ff.) voraus (BVerwG Urt. v. 14.1.1983 – 8 C 81/81, NVwZ 1983, 669); erschlossen iS des § 131 Abs. 1 können nur Grundstücke sein, für die eine Beitragspflicht nach § 133 Abs. 1 überhaupt entstehen kann (BVerwG Urt. v. 12.11.2014 – 9 C 7.13, BVerwGE 150, 316; dass. Urt. v. 24.2.2010 – 9 C 1/09, BVerwGE 136, 126 (137); aaO, 439; s. auch BVerwG Urt. v. 23.10.1996 – 8 C 40/95, BVerwGE 102, 159 zu Grundstücken im **Außenbereich** – → auch Rn. 13 – und als **Verkehrs- oder Grünfläche** festgesetzten Grundstücken; dass. Urt. v. 25.10.1996 – 8 C 21/95, NVwZ 1998, 73, zu nur **„unterwertig" nutzbaren** Grundstücken).

2 Ein **rechtliches Hindernis,** das dem Erschlossensein im Sinne des § 131 Abs. 1 nicht entgegensteht, jedoch das Erschlossensein im Sinne des Abs. 1 ausschließt, ist das Erfordernis einer **Zufahrt** oder eines **Zugangs** zur Erschließungsstraße **über ein fremdes Grundstück** (→ § 131 Rn. 8). Ein sog. **Hinterliegergrundstück** (→ dazu § 131 Rn. 21ff.), das durch ein anderes Grundstück von der Erschließungsstraße getrennt ist, ist erschlossen im Sinne des Abs. 1 erst dann, wenn die Zufahrt zu der Straße **auf Dauer rechtlich gesichert** ist (BVerwG Urt. v. 24.2.2010 – 9 C 1/09, BVerwGE 136, 126 (133); dass. Urt. v. 22.8.1975 – IV C 11/73, BVerwGE 49, 131). Die dauerhafte Sicherung einer solchen Zufahrt hat in der Regel zu erfolgen durch die Einräumung eines Wegerechts als **Grunddienstbarkeit** nach § 1018 BGB (BVerwG Urt. v. 14.1.1983 – 8 C 81/81, NVwZ 1983, 669 (671); hierzu *Bassenge* in Palandt, BGB, 74. Aufl. 2015, § 1018 Rn. 16; zum Inhalt einer solchen Grunddienstbarkeit vgl. auch *Grziwotz* NJW 2008, 1851ff.). Eine **Baulast** allein, dh ohne privatrechtliche Grundlage, ist regelmäßig nicht geeignet, die dauerhafte Zugänglichkeit eines Hinterliegergrundstücks zu sichern (vgl. BVerwG Urt. v. 8.5.2002 – 9 C 5/01, NVwZ-RR 2002, 770; OVG Münster Urt. v. 28.2.2002 – 3 A 4165/99, NVwZ 2003, 226ff.; VGH Mannheim Urt. v. 11.4.2002 – 2 S 2239/00, BWGZ 2002, 486ff.; vgl. aber auch BVerwG Urt. v. 28.3.2007 – 9 C 4/06, BVerwGE 128, 246). Eine bloß schuldrechtliche vertragliche Regelung mit dem Eigentümer des trennenden Grundstücks genügt ebenfalls nicht. Allerdings reicht es, wenn Anlieger- und Hinterliegergrundstück demselben Eigentümer gehören oder ein **Miteigentümer** des Hinterliegergrundstückes Alleineigentümer des Vordergrundstückes ist, nicht

aber umgedreht (vgl. BVerwG Urt. v. 24.2.2010 – 9 C 1/09, BVerwGE 136, 126 (134)), und beide Grundstücke grenzüberschreitend einheitlich genutzt sind (BVerwG Urt. v. 12.11.2014 – 9 C 4.13, NVwZ 2015, 528; dass. Urt. v. 28.3.2007 – 9 C 4/06, BVerwGE 128, 246). Bei einer solchen **Eigentümeridentität** im Zeitpunkt der Entstehung der sachlichen Beitragspflicht liegt es in der Hand des Eigentümers, die baurechtlich notwendigen Erreichbarkeitsanforderungen zu erfüllen. Diese Befugnis des Eigentümers entfällt allerdings, wenn das Anliegergrundstück mit einem **Erbbaurecht** belastet ist (vgl. *Driehaus* § 17 Rn. 91). Eine einheitliche Nutzung bei Eigentümerverschiedenheit kann zwar für die Erschließung iSv § 131 Abs. 1 genügen, nicht aber für § 133 Abs. 1 (BVerwG Urt. v. 24.2.2010 – 9 C 1/09, BVerwGE 136, 126 (135)). Ebenso wenig reicht für die Beitragspflicht eine eheliche Lebensgemeinschaft zwischen den Eigentümern von Anlieger- und Hinterliegergrundstück. Allerdings kann im Einzelfall ein Missbrauch der Gestaltungsmöglichkeiten vorliegen (zB bei Abtrennung und Übertragung von Grundstücken allein zur Vermeidung oder Verminderung der Beitragspflicht vgl. BVerwG Urt. v. 24.2.2010 – 9 C 1/09, BVerwGE 136, 126 (138 f.)).

Ein **tatsächliches Hindernis** kann zB darin bestehen, dass zwischen der Straße 3 und dem nach § 131 Abs. 1 erschlossenen Grundstück ein überwindbarer Höhenunterschied, etwa eine **Böschung** von einem Meter Tiefe und 1,50 Meter Höhe, besteht (vgl. etwa VGH Mannheim Urt. v. 11.4.2002 – 2 S 2239/00, BWGZ 2002, 486 (488 f.)) oder dass auf dem trennenden Grundstück ein dichter Bewuchs mit Bäumen und Sträuchern vorhanden ist (OVG Münster Urt. v. 28.2.2002 – 3 A 4165/99, NVwZ 2003, 226). Obwohl für ein solches Grundstück die Erschließung nach den §§ 30 ff. gesichert und es damit bebaubar ist, unterliegt es **noch nicht** der Beitragspflicht nach Abs. 1. Denn während für die gesicherte Erschließung zB nach § 30 die verlässliche Aussicht auf eine Erschließung bis zur Fertigstellung der baulichen Anlage ausreicht (→ § 30 Rn. 23), kann eine Erschließungsbeitragspflicht für ein Grundstück nur dann entstehen, wenn die Erschließungsanlage endgültig hergestellt ist. Hierzu gehört aber auch, dass der Nutzung der Anlage durch die erschlossenen Grundstücke kein rechtliches oder tatsächliches Hindernis mehr entgegensteht, das Hindernis also ausgeräumt ist (BVerwG Urt. v. 26.9.1983 – 8 C 86/81, BVerwGE 68, 41; VGH Mannheim Urt. v. 11.4.2002, aaO). Scheitert die Beseitigung des Hindernisses jedoch allein daran, dass der Eigentümer des Grundstücks den erforderlichen Bauarbeiten auf seinem Grundstück die Zustimmung verweigert, hindert das die Erschlossensein nicht (BVerwG Urt. v. 29.5.1991 – 8 C 67/89, BVerwGE 88, 248).

2. Festsetzung baulicher oder gewerblicher Nutzung (S. 1). Ist ein Grund- 4 stück durch eine Erschließungsanlage nach § 127 Abs. 2 erschlossen, wird es gleichwohl erst beitragspflichtig, wenn es **Baureife** erlangt hat, wenn also seine Bebauung oder sonstige gewerbliche **Nutzung zulässig** ist. Hierfür setzt Abs. 1 **S. 1** voraus, dass für das Grundstück in einem einfachen oder in einem qualifizierten Bebauungsplan (→ § 30 Rn. 4, 9) eine bauliche oder gewerbliche Nutzung (→ zu sonstigen Nutzungen Rn. 11) festgesetzt ist. Die Bebauung muss dann **planungsrechtlich möglich** sein. Da Abs. 1 S. 1 über die entsprechende Festsetzung im Bebauungsplan hinaus die Zulässigkeit der baulichen oder gewerblichen Nutzung fordert, können hiermit nur **außerplanungsrechtliche Erfordernisse** gemeint sein. Hierzu gehört vor allem die Beachtung bauordnungsrechtlicher Anforderungen (hierzu OVG Münster Urt. v. 31.5.1991 – 3 A 1593/90, NVwZ 1992, 587; OVG Lüneburg Beschl. v. 28.5.1990 – 9 M 11/90, KStZ 1991, 134), aber zB auch straßenrechtliche Anbauverbote oder sonstige Baubeschränkungen (→ § 131 Rn. 17). Eine **beschränkte persönliche Dienstbarkeit,** das Grundstück nicht zu bebauen, oder auch eine vergleichbare zivilrechtliche Regelung steht seiner Bebaubarkeit in erschließungsrechtlicher Hinsicht jedoch nicht entgegen (BVerwG Beschl. v. 24.3.1982 – 8 B 94/81, NJW 1982, 2458).

§ 133 I. Kapitel. VI. Teil. Erschließung

5 Ist ein Grundstück nach **Lage, Form oder Größe** für sich allein nicht bebaubar, unterliegt es nicht der Beitragspflicht. Denn maßgebend für das Entstehen der Beitragspflicht nach Abs. 1 ist nicht die abstrakte Bebaubarkeit, wie sie für das Erschlossensein nach § 131 Abs. 1 ausreichen kann, sondern die **konkrete** bauliche oder gewerbliche Nutzbarkeit des Grundstücks. Ist ein Grundstück danach erschlossen im Sinne des § 131 Abs. 1, aber nicht oder noch nicht bebaubar, ist es bei der Verteilung des umlagefähigen Erschließungsaufwands zu berücksichtigen, kann aber noch nicht zu Erschließungsbeiträgen herangezogen werden (BVerwG Urt. v. 11.5.1973 – IV C 7/72, BauR 1973, 243; → auch § 131 Rn. 5). Gehören jedoch mehrere nebeneinander liegende Grundstücke, die jedes für sich nicht bebaubar sind, demselben Eigentümer, kann dies Anlass sein, von dem grundsätzlich zugrunde zu legenden grundbuchrechtlichen Grundstücksbegriff abzugehen und eine wirtschaftliche Grundstückseinheit anzunehmen (→ § 131 Rn. 3).

6 Ist ein Grundstück in diesem Sinne bebaubar, unterliegt es nur dann nicht der Beitragspflicht, wenn lediglich „eine gänzlich **unterwertige Bebauung** zulässig ist" (BVerwG Urt. v. 16.9.1977 – IV C 71/74, BauR 1978, 128; dass. Urt. v. 8.11.1991 – 8 C 89/89, BVerwGE 89, 177). **Nicht** als unterwertig in diesem Sinne sind neben Wohngebäuden oder gewerblich nutzbaren Bauten in der Regel Garagen oder garagenähnliche Gebäude (anders, wenn aus topographischen Gründen eine Nutzung nicht zu erwarten ist, vgl. BVerwG Urt. v. 25.10.1996 – 8 C 21/95, NVwZ 1998, 73), Verkaufskioske (BVerwG Urt. v. 25.10.1996, aaO), Transformatorenstationen (BVerwG Urt. v. 23.10.1996 – 8 C 40/95, BVerwGE 102, 159; vgl. auch VGH Mannheim Urt. v. 14.2.2002 – 2 S 1696/00, BWGZ 2002, 274 (276f.)) oÄ anzusehen. Darauf, ob das Grundstück durch die dort allenfalls zulässige Nutzung voll ausgenutzt würde, kommt es nicht an; so kann bereits ein 3,70 Meter breites und 4 Meter langes massives Gebäude, das der Holzlagerung und dem Abstellen eines Kraftwagens dient, die Beitragspflicht auslösen (BVerwG Urt. v. 16.9.1977 – IV C 71/74, BauR 1978, 128; dass. Urt. v. 8.11.1991 – 8 C 89/89, BVerwGE 89, 177).

7 Der rechtlichen Bebaubarkeit aufgrund von Festsetzungen eines Bebauungsplans steht die Zulässigkeit eines Bauvorhabens aufgrund von Bestimmungen in einem **Planfeststellungsbeschluss** gleich (zB für ein Bahnhofsgebäude). Dies gilt unabhängig davon, ob es sich um ein privilegiertes Planfeststellungsverfahren nach § 38 handelt oder nicht (vgl. *Ernst* in EZBK § 133 Rn. 6).

8 Ist ein Grundstück bebaubar, wird das Entstehen der Beitragspflicht für dieses Grundstück nicht dadurch gehindert, dass es diese Eigenschaft demnächst wahrscheinlich oder „sicher" wieder verlieren wird. Ein solcher **Verlust der Bebaubarkeit** kann – unabhängig davon, ob es sich um ein Grundstück im Sinne des Abs. 1 S. 1 oder des Abs. 1 S. 2 handelt – durch Inkrafttreten eines Bebauungsplans oder einer **Veränderungssperre** nach § 14 eintreten (BVerwG Urt. v. 4.10.1974 – IV C 9/73, BVerwGE 47, 64). Die Beitragspflicht entsteht in diesen Fällen nur nicht, wenn die Bebaubarkeit bereits zum Zeitpunkt des Entstehens der Beitragspflicht nach den dafür maßgeblichen Voraussetzungen rechtlich entfallen ist. Selbst wenn sich die Erwartung des Wegfalls der Bebaubarkeit erfüllt, ist die Heranziehung eines solchen Grundstücks zu Erschließungsbeiträgen nicht unbillig, da der Wegfall der Bebaubarkeit in der Regel einen **Entschädigungsanspruch** nach den §§ 39 ff. zur Folge hat, bei dessen Bemessung der gezahlte Erschließungsbeitrag zu berücksichtigen ist (BVerwG Urt. v. 4.10.1974, aaO, 64 (68)). Etwas anderes muss jedoch gelten, wenn die – zB mangels Erschließung – nicht verwirklichte Bebaubarkeit nach § 42 Abs. 3 durch das Inkrafttreten eines Bebauungsplans **entschädigungslos wegfällt**, weil die Frist von 7 Jahren nach § 42 Abs. 2 (→ § 42 Rn. 7 f.) abgelaufen ist. Zwar muss es auch in diesen Fällen aus den vom Bundesverwaltungsgericht angeführten Gründen der Rechtssicherheit im Hinblick auf die Bestimmbarkeit des Zeitpunkts des Entstehens der Beitragspflicht und die Unbestimmbarkeit eines möglichen Wegfalls der Bebaubarkeit bei dem Entstehen der Beitragspflicht bleiben. Allerdings dürfte in der Erhe-

bung von Erschließungsbeiträgen in einem solchen Fall eine unbillige Härte zu sehen sein, die die Gemeinde zum Erlass des Beitrags oder zur Freistellung nach § 135 Abs. 5 nicht nur veranlassen, sondern auch verpflichten kann (zu einer Andeutung in diese Richtung vgl. BVerwG Urt. v. 4.10.1974, aaO, 64 (69)). Ist ein Grundstück in dem für die Entstehung der Beitragspflicht im Übrigen maßgebenden Zeitpunkt **noch nicht bebaubar**, weil es zB noch einer **Veränderungssperre** unterliegt, kann die Beitragspflicht gleichwohl entstehen, wenn die Veränderungssperre bis zu dem Zeitpunkt, in dem eine Baugenehmigung erteilt werden müsste, in jedem Fall abläuft und nicht verlängert werden kann (BVerwG Urt. v. 12.12.1969 – IV C 100/68, NJW 1970, 876).

Abs. 1 stellt auf die Bebaubarkeit des Grundstücks ab. Ist ein Grundstück **bereits bebaut**, so unterliegt es erst recht der Beitragspflicht, auch wenn eine weitere Bebauung nicht mehr möglich ist. Durch die Regelung in Abs. 1 S. 1 und auch in Abs. 1 S. 2 soll der jeweils frühestmögliche Zeitpunkt für das Entstehen der Beitragspflicht bestimmt, nicht aber für einen späteren Zeitpunkt die Beitragspflicht ausgeschlossen werden. Auch ein bebautes Grundstück ist danach bebaubar im Sinne des Abs. 1 S. 1 oder steht zur Bebauung im Sinne des Abs. 1 S. 2 an (BVerwG Urt. v. 16.9.1977 – IV C 71/74, BRS 37 Nr. 149).

Auch eine rein **gewerbliche Nutzung genügt**, um die Beitragspflicht für das Grundstück zu begründen. Dies folgt nicht nur aus der besonderen Erwähnung der gewerblichen neben der baulichen Nutzung, sondern auch aus dem spezifisch erschließungsbeitragsrechtlichen Gehalt der Regelung des Abs. 1. Maßgeblich ist allein, ob die Nutzung auf die Verbindung mit der Straße angewiesen ist, weil sie einen Ziel- und Quellverkehr verursacht. In diesem Fall kommt dem Grundstück der Erschließungsvorteil zu, so dass es gerechtfertigt ist, es mit Erschließungskosten zu belasten (BVerwG Urt. v. 14.1.1983 – 8 C 81/81, NVwZ 1983, 669 (670)).

Aus der spezifisch erschließungsbeitragsrechtlichen Funktion des Abs. 1 folgt auch, dass nicht nur baulich oder gewerblich, sondern auch **gleichartig genutzte Grundstücke** der Erschließungsbeitragspflicht unterfallen. Wenn sie ebenfalls auf der Verbindung mit der Straße angewiesen sind, weil ihre Nutzung einen Zu- oder Abgangsverkehr hervorruft, entsteht auch für sie ein Erschließungsvorteil, der es rechtfertigt, sie mit Erschließungsbeiträgen zu belasten. Dies gilt zB für Friedhöfe, Kleingärten, Sportplätze oder Schwimmbäder (→ § 127 Rn. 17). Hier kommt aber unter Umständen ein zumindest **teilweiser Erlass** in Betracht (→ § 135 Rn. 19 ff.).

3. Zur Bebauung anstehendes Bauland (S. 2 und 3). Abs. 1 S. 2 bestimmt, welche Grundstücke im **unbeplanten Innenbereich nach § 34,** für die also eine Nutzungsfestsetzung in einem Bebauungsplan nicht vorhanden ist, der Beitragspflicht unterfallen (→ zu einer möglichen **Tiefenbegrenzung** § 131 Rn. 21 ff.). Dabei ist der Begriff **Bauland** dem Begriff der baulichen oder gewerblichen Nutzbarkeit in Abs. 1 S. 1 gleichzustellen, so dass gleichartig genutzte Grundstücke unabhängig von ihrer Belegenheit in einem Plangebiet oder in einem nicht beplanten Innenbereich gleich behandelt werden (BVerwG Urt. v. 1.2.1980 – 4 C 63/78, BauR 1980, 351; dass. Urt. v. 14.1.1983 – 8 C 81/81, NVwZ 1983, 669 (670)). Insoweit kann daher auf die Ausführungen unter Rn. 3 ff. verwiesen werden. Ein Grundstück **steht** im Sinne des Abs. 1 S. 2 dann **zur Bebauung an,** sobald es im Sinne des Abs. 1 S. 1 bebaut werden darf. Auch diese beiden Merkmale in S. 1 und S. 2 entsprechen sich. S. 2 stellt daher keine strengeren Anforderungen an die Begründung der Beitragspflicht als S. 1; insbesondere ist es nicht erforderlich, dass sich die Bebauung geradezu „anbietet" oder „aufdrängt" (BVerwG Urt. v. 16.9.1977 – IV C 71/74, BauR 1978, 128).

Grundstücke im **unbeplanten Außenbereich nach § 35** können **nicht** Bauland im Sinne des Abs. 1 S. 2 sein, weil Straßen im oder am Außenbereich (insoweit) nicht zum Anbau bestimmt sind (→ § 127 Rn. 19) und sie wegen der rechtlichen Übereinstimmung der Merkmale der Anbaueignung im Sinne des § 127 Abs. 2 Nr. 1 und des

§ 133

Erschlossenseins im Sinne des § 131 Abs. 1 (→ Rn. 1) nicht erschlossen sind (BVerwG Urt. v. 25.6.1969 – IV C 14/68, BVerwGE 32, 226 (227f.)). Dies gilt auch für Teilflächen von Grundstücken (→ § 131 Nr. 22).

14 Nach **Abs. 1 S. 3** hat die Gemeinde **bekannt zu geben,** welche Grundstücke im unbeplanten Innenbereich einer Beitragspflicht unterliegen. Hierdurch sollen die Eigentümer der betreffenden Grundstücke auf das grundsätzliche Bestehen der Beitragspflicht **hingewiesen** werden, damit sie sich auf eine mögliche Heranziehung zu Erschließungsbeiträgen einrichten können. Weitergehende Bedeutung hat die Bekanntmachung nicht. Insbesondere ist sie ohne Einfluss auf das Entstehen einer Beitragspflicht und die Zulässigkeit der Heranziehung eines Eigentümers zu Erschließungsbeiträgen. Das Gesetz hebt ausdrücklich hervor, dass die Bekanntmachung, für die keine besondere Form vorgeschrieben ist, **keinerlei rechtsbegründende Wirkung** hat, insbesondere also kein Verwaltungsakt ist. Allerdings kann eine fehlerhafte Bekanntmachung zu Amtshaftungsansprüchen nach § 839 BGB, Art. 34 GG führen, wenn sie für einen Schaden des Eigentümers ursächlich war (vgl. *Quaas* in Schrödter § 133 Rn. 6).

II. Entstehung der Beitragspflicht (Abs. 2)

15 **Abs. 2** regelt den **Zeitpunkt, in dem die sachliche Beitragspflicht entsteht** (→ zur persönlichen Beitragspflicht § 134 Rn. 1). Dabei geht das Gesetz von folgendem **Normalfall** aus: Es liegt eine gültige Erschließungsbeitragssatzung vor, die Erschließungsanlage ist nach § 125 Abs. 1 auf der Grundlage eines wirksamen Bebauungsplans, nach § 125 Abs. 2 ohne Bebauungsplan entsprechend den Anforderungen des § 1 Abs. 4 bis 7 oder im Rahmen des § 125 Abs. 3 planabweichend endgültig hergestellt worden, die Straße ist gewidmet und daher öffentlich. Sind diese Voraussetzungen gegeben, entsteht die Beitragspflicht in dem in Abs. 2 bestimmten Zeitpunkt. **Ändert sich jedoch diese Reihenfolge, ändert sich auch der Zeitpunkt des Entstehens der Beitragspflicht** (→ Rn. 24).

16 Der Zeitpunkt des **Entstehens** der Beitragspflicht ist von dem Zeitpunkt der **Fälligkeit** des Erschließungsbeitrags zu **unterscheiden.** Die Fälligkeit tritt nach § 135 Abs. 1 erst einen Monat nach der Bekanntgabe eines Beitragsbescheids ein. Während die sachliche Beitragspflicht kraft Gesetzes entsteht und keines hierauf gerichteten Akts der Gemeinde bedarf, wird die Fälligkeit also erst durch die Bekanntgabe des Beitragsbescheids begründet (→ zum **Ende des Beitragsschuldverhältnisses** § 134 Rn. 13).

17 Die endgültige Herstellung im Sinne des Abs. 2 hat Bedeutung für das **Entstehen der Beitragspflicht** und **für den beitragsfähigen Erschließungsaufwand.** Ist eine Erschließungsanlage nach den in der Erschließungsbeitragssatzung festgelegten Merkmalen endgültig hergestellt, so können nach diesem Zeitpunkt entstehende Kosten nicht mehr zum Erschließungsaufwand gerechnet werden. Eine spätere Änderung der Erschließungsbeitragssatzung ändert daran nichts. **Für die Beurteilung der endgültigen Herstellung bleibt die Satzung maßgebend, die im Zeitpunkt der endgültigen Herstellung Geltung hatte.** Durch eine spätere Satzung mit weitergehenden Anforderungen kann eine einmal endgültig hergestellte Erschließungsanlage nicht in den Zustand der Unfertigkeit zurückversetzt werden (BVerwG Urt. v. 29.11.1985 – 8 C 59/84, NVwZ 1986, 303). **Im Übrigen** jedoch hat sich der Beitragsbescheid nach der Satzung zu richten, die im **Zeitpunkt des Entstehens der Beitragsforderung** gilt (BVerwG Urt. v. 22.8.1975 – IV C 11/73, BVerwGE 49, 131). Bedeutung hat der Kostenausschluss auch für den **Grunderwerb.** Ist dieser in der Satzung nicht als Merkmal der endgültigen Herstellung angegeben, sind nur diejenigen Grunderwerbskosten dem beitragsfähigen Erschließungsaufwand zuzurechnen, die bis zur endgültigen Herstellung im Sinne des Abs. 2 angefallen sind (→ Rn. 20 und § 128 Rn. 5). Nur bei Aufführung des Grunderwerbs

als Merkmal der endgültigen Herstellung in der Satzung kann auch der Abschluss zB der Vermessungsarbeiten maßgeblich für den Zeitpunkt des Entstehens der Beitragspflicht sein (BVerwG Urt. v. 26.1.1979 – IV C 17/76, BauR 1979, 415).

Der Zeitpunkt der endgültigen Herstellung bestimmt sich somit nach **objektiven Kriterien**. Ein „Fertigstellungsbeschluss" der Gemeinde, mit dem bei einer tatsächlichen Abweichung nach § 125 Abs. 3 (→ § 125 Rn. 6ff.) die endgültige Herstellung der Erschließungsanlage festgestellt wird, hat daher keinerlei konstitutive Bedeutung (*Driehaus* § 7 Rn. 55). Er hat lediglich informatorischen Charakter. **18**

1. Endgültige Herstellung (Abs. 2 S. 1). a) Zeitpunkt. Endgültig hergestellt im Sinne des Abs. 2 S. 1 ist eine Erschließungsanlage in dem **Zeitpunkt**, „in dem im Anschluss an die Beendigung der technischen Arbeiten der hierfür entstandene **Aufwand feststellbar** ist, regelmäßig bei Eingang der letzten, im Anschluss an die Bauarbeiten erteilten Unternehmerrechnung" (BVerwG Urt. v. 22.8.1975 – IV C 11/73, BVerwGE 49, 131; *Driehaus* § 19 Rn. 9). Die Maßgeblichkeit der **letzten Unternehmerrechnung**, auch wenn sie trotz gemeindlicher Bemühens verzögert eingeht, und nicht des nach außen sichtbaren Abschlusses der Bauarbeiten folgt daraus, dass der Erschließungsbeitrag der Kostendeckung dient. Eine Beitragspflicht kann daher erst entstehen, wenn der zu deckende Aufwand feststeht (vgl. VGH Mannheim Urt. v. 26.6.2003 – 2 S 344/03, KStZ 2004, 38 (39)). Erst dann beginnt die Festsetzungsverjährung (→ § 135 Rn. 30). Erhält die Gemeinde **öffentliche Fördermittel** (→ § 129 Rn. 19), die der Entlastung der Beitragspflichtigen dienen sollen, wie es etwa bei der Gemeinschaftsaufgabe „Verbesserung der regionalen Wirtschaftsstruktur" der Fall ist, kann der – maßgebliche – umlagefähige Aufwand (→ § 131 Rn. 1) erst bestimmt werden, wenn der Zuschussgeber die **endgültige Zuschusshöhe mitgeteilt** hat. Die Beitragspflicht entsteht nur „voll ausgebildet", dh in bestimmter Höhe, die durch den Eintritt späterer Umstände, auch durch eine geänderte Satzung (→ Rn. 17), nicht mehr geändert werden kann und die daher die Verjährungsfrist in Lauf setzt (BVerwG Urt. v. 22.8.1975, aaO, 131 (135); dass. Urt. v. 24.2.2010 – 9 C 1/09, BVerwGE 136, 126 (130)). Hieraus folgt zugleich auch, dass in Bezug auf eine Erschließungsanlage die Beitragspflicht für ein Grundstück **nur einmal entstehen** kann (grundlegend BVerwG Urt. v. 20.1.1978 – IV C 2/75, BauR 1978, 394; → auch § 130 Rn. 46). **19**

Die Maßgeblichkeit der letzten Unternehmerrechnung gilt jedoch nur insoweit, als sie sich auf **Arbeiten** bezieht, **die der endgültigen Herstellung der Anlage im Sinne der Erschließungsbeitragssatzung dienen.** Ist zB der Grunderwerb nicht als Merkmal der endgültigen Herstellung aufgeführt, gehören **Vermessungskosten**, die den Grunderwerbskosten zuzuordnen sind, zu dem für Abs. 2 S. 1 maßgeblichen Aufwand nur, wenn sie vor Abschluss der Straßenbauarbeiten im Übrigen anfallen. Geht eine diesbezügliche Rechnung erst später ein, hindert dies nicht die Entstehung der Beitragspflicht in dem – früheren – Zeitpunkt, in dem die Anlage entsprechend den satzungsgemäßen Merkmalen der endgültigen Herstellung fertig gestellt ist und die hierauf bezogenen Unternehmerrechnungen eingegangen sind (BVerwG Urt. v. 26.1.1979 – IV C 17/76, BauR 1979, 415). **20**

Die Merkmale der endgültigen Herstellung ergeben sich grundsätzlich aus der Satzung nach § 132 Nr. 4 (→ § 132 Rn. 17ff.). Maßgeblich ist daher vor allem das Ausbauprogramm, soweit in der Satzung geregelt (insbesondere für die Kostenspaltung) das Teileinrichtungsprogramm sowie ergänzend das auf die einzelne Anlage bezogene Bauprogramm, das jedoch nicht Bestandteil der Satzung ist. **Unterschiedliche Arten von Erschließungsstraßen** können sich dabei im Grad ihrer Herstellung unterscheiden. So kann zB für eine Sammelstraße im Teileinrichtungsprogramm der Satzung angegeben sein, dass hierfür ein Gehweg nicht erforderlich ist. Wird diese Sammelstraße jedoch vor ihrer endgültigen Fertigstellung zu einer zum Anbau bestimmten Straße, ist sie unfertig, wenn hierfür, wie regelmäßig der Fall, Gehwege er- **21**

§ 133 I. Kapitel. VI. Teil. Erschließung

forderlich sind (vgl. BVerwG Urt. v. 21.10.1968 – IV C 94/67, DVBl. 1969, 275 (276), zur Notwendigkeit einer Neubeurteilung des Grades der Herstellung einer Verbindungsstraße, die erst nach ihrer Fertigstellung zu einer Anbaustraße wird). Wird eine bereits einmal endgültig hergestellte **Straße verlängert,** handelt es sich bei beiden Straßenteilen um selbstständige Erschließungsanlagen (vgl. VGH Kassel Urt. v. 22.8.2007 – 5 UE 1466/06, KStZ 2007, 238).

22 b) **Erschließungsanlage.** Abs. 2 S. 1 geht von der Herstellung der „Erschließungsanlage" aus. Damit ist jedoch unmittelbar nur der Regelfall angesprochen. Nach § 130 Abs. 2 kann die Gemeinde statt der Abrechnung einer **einzelnen Erschließungsanlage** bereits den **Abschnitt** einer Erschließungsanlage abrechnen, sie kann aber auch eine **Erschließungseinheit** zur Abrechnungsgrundlage bestimmen (→ § 130 Rn. 21 ff. und Rn. 27 ff.). Hat die Gemeinde rechtzeitig, dh vor endgültiger Herstellung der einzelnen Erschließungsanlage, einen hiervon abweichenden Ermittlungsraum zur Abrechnungsgrundlage gemacht (→ § 130 Rn. 46), bestimmt sich die Entstehung der Beitragspflicht nach dem Zeitpunkt, in dem der Abschnitt der Erschließungsanlage oder die Erschließungseinheit endgültig hergestellt sind (BVerwG Urt. v. 15.9.1978 – 4 C 7/76, NJW 1979, 1996, 1997; dass. Urt. v. 26.2.1993 – 8 C 4/91, NVwZ 1993, 1205; zu Besonderheiten bei einer Verpflichtung zur Bildung einer Erschließungseinheit → § 130 Rn. 34).

23 c) **Teileinrichtungen.** Hat die Gemeinde nicht einen anderen Ermittlungsraum (Rn. 22) gewählt, sondern von der Möglichkeit der **Kostenspaltung** Gebrauch gemacht, so entsteht die hierauf bezogene Beitragspflicht mit der endgültigen Herstellung der Teileinrichtung (BVerwG Urt. v. 24.2.2010 – 9 C 1/09, BVerwGE 136, 126 (129); *Driehaus* § 20 Rn. 1; → zu den satzungsrechtlichen Ausgestaltungsmöglichkeiten § 127 Rn. 45). Eine Widmung ist nicht erforderlich (→ § 127 Rn. 44). Auch in diesem Fall ist es allerdings notwendig, dass die Grundstücke durch die Anlage bereits eine **funktionsfähige Erschließung** erfahren, ihnen also der die Beitragspflicht rechtfertigende Erschließungsvorteil (s. Abs. 1 S. 1 und S. 2, → Rn. 1 ff.) bereits zukommt (anders OVG Lüneburg Beschl. v. 9.5.2014 – 9 LA 147/12, BauR 2014, 1281: Das Hinzudenken weiterer Teileinrichtungen, durch die dann die Erschließung erfolgt, genügt.)

24 2. **Weitere Anforderungen.** Das Entstehen der Beitragspflicht ist neben der endgültigen Herstellung der Erschließungsanlage an **weitere Merkmale** geknüpft. Es bedarf einer **gültigen Erschließungsbeitragssatzung** (BVerwG Urt. v. 21.9.1973 – IV C 39/72, BauR 1974, 112), insbesondere einer Regelung über die **Herstellungsmerkmale** (BVerwG Urt. v. 26.1.1979 – IV C 17/76, BauR 1979, 415) und die **Verteilung** des beitragsfähigen Erschließungsaufwands (BVerwG Urt. v. 20.1.1978 – IV C 70/75, BauR 1978, 396) sowie (außer im Fall der Kostenspaltung, → Rn. 23 sowie → § 127 Rn. 44) einer **Widmung** der Straße für den öffentlichen Verkehr (BVerwG Urt. v. 14.6.1968 – IV C 65/66, DVBl. 1968, 808 (809)). Das Vorliegen eines (wirksamen) **Bebauungsplanes** ist nicht Voraussetzung, wenn die Anforderungen des § 125 Abs. 2 erfüllt sind. Ferner ist für das Entstehen der Beitragspflicht nach Abs. 2 Voraussetzung, dass das Grundstück **bebaubar** im Sinne des Abs. 1 ist (BVerwG Urt. v. 19.9.1969 – IV C 68/68, DVBl. 1970, 82 (83); → Rn. 4 ff.). Für das Entstehen der Beitragspflicht nach Abs. 2 ist daher zusammengefasst der Zeitpunkt maßgeblich, „in dem die in der Satzung festgelegten **Herstellungsmerkmale und alle weiteren** unmittelbar vom Gesetz aufgestellten **Voraussetzungen** für das Entstehen der Beitragspflicht erfüllt sind" (BVerwG Urt. v. 13.5.1977 – IV C 82/74, BauR 1977, 411). Tritt die letzte Voraussetzung ein, wird ein **vorzeitig erlassener Beitragsbescheid** mit diesem Zeitpunkt insoweit **geheilt** (→ § 132 Rn. 35).

25 3. **Übernahme der Erschließungsanlage (Abs. 2 S. 2).** Nach **Abs. 2 S. 2** entsteht die Beitragspflicht im Falle der **Übernahme einer Erschließungsanlage**

2. Abschnitt. Erschließungsbeitrag § 133

durch die Gemeinde nach § 128 Abs. 1 S. 1 Nr. 3 (→ § 128 Rn. 37) mit dem Zeitpunkt der Übernahme. Unter Übernahme ist hierbei der Zeitpunkt zu verstehen, zu dem alle Voraussetzungen für das Entstehen der Beitragspflicht nach Abs. 2 S. 1, die sich nicht auf die technische Herstellung der Anlage selbst beziehen, vorliegen. Erforderlich ist also die Widmung zur öffentlichen Straße, das Vorhandensein einer gültigen Erschließungsbeitragssatzung sowie insbesondere die Feststellbarkeit des der Gemeinde entstandenen Aufwands (*Ernst* in EZBK § 133 Rn. 37).

Wird eine **unfertige Anlage** übernommen, können noch weitere Kosten entstehen. Die nach Abs. 2 S. 2 entstehende Beitragspflicht ist dann allenfalls eine Teilbeitragspflicht. Insofern gelten die für die endgültige Herstellung der Erschließungsanlagen oder – im Falle der Kostenspaltung – der Teileinrichtung dargestellten Voraussetzungen (→ Rn. 15 ff.). **26**

III. Vorausleistungen (Abs. 3 S. 1 bis 4)

1. Erschlossenes Grundstück. Zur Milderung der Vorfinanzierungslast der Gemeinde gibt ihr **Abs. 3 S. 1** bis 4 das Recht, **Vorausleistungen** auf den Erschließungsbeitrag zu erheben. Diese sind **zweckgebunden** für den Bau der Straße einzusetzen (BVerwG Urt. v. 5.9.1975 – IV CB 75/73, NJW 1976, 818). Aus dieser Bezogenheit der Vorausleistungen auf den Erschließungsbeitrag folgt, dass es sich bei ihnen um Leistungen handelt, die im Voraus, d. h. vor Entstehen der Beitragspflicht (→ Rn. 15), erbracht werden. Sie sind bei der endgültigen Beitragserhebung auf den Erschließungsbeitrag anzurechnen. Sie teilen daher – bei Anforderung durch Verwaltungsakt – auch den **Rechtscharakter des Erschließungsbeitrags** und ruhen ab Erlass des Vorausleistungsbescheides wie dieser nach § 134 Abs. 2 als **öffentliche Last** auf dem Grundstück (OVG Berlin-Brandenburg Beschl. v. 26.1.2010 – 9 S 1/09, NVwZ-RR 2010, 494). Vorausleistungspflichtig sind diejenigen, die – bei endgültiger Herstellung – erschließungsbeitragspflichtig wären. Die Gemeinde kann einen Grundstückseigentümer auch mehrmals zu Vorausleistungen heranziehen (→ auch § 130 Rn. 36). Zwar spricht das Gesetz von Vorausleistungen und nicht, wie beim Ausgleichsbetrag (vgl. § 154 Abs. 6), von Vorauszahlungen. Wegen des Charakters der Vorausleistungen als vorgezogener Erschließungsbeitrag kann die durch Verwaltungsakt angeforderte Vorausleistung gleichwohl jedoch nur eine **Geldzahlung**, nicht eine Sachleistung sein (BVerwG Urt. v. 25.9.1968 – IV C 81/66, BVerwGE 30, 240; *Driehaus* § 21 Rn. 7). Die Gemeinde ist allerdings nicht gehindert, bei einer vertraglichen Regelung der Vorausleistung Abtretungen von Straßenland zu vereinbaren (BVerwG Urt. v. 25.9.1968, ebd.). **27**

a) Beitragspflichtigkeit. Aus der Natur der Vorausleistungen als einer vorgezogenen Finanzierung (BVerwG Urt. v. 15.9.1978 – IV C 50/76, BVerwGE 56, 238) folgt, dass bei dem betreffenden Grundstück (zum Grundstücksbegriff → Rn. 1 ff.) alle Voraussetzungen erfüllt sein müssen, die bei der späteren Herstellung der Erschließungsanlage die **Beitragspflicht** entstehen lassen (BVerwG Urt. v. 5.5.2015 – 9 C 14/14, DVBl 2015, 1117; dass. Urt. v. 20.6.1973 – IV C 62/71, BVerwGE 42, 269). Anders als beim Erschließungsbeitrag (→ Rn. 1) können in der **Umlegung** befindliche Grundstücke zu Vorausleistungen herangezogen werden, da die Berechnung hier nicht „quadratzentimetergenau" sein muss, sofern ein hinreichender „**Sicherheitsabstand**" bei der Festlegung der Voraussetzung gewahrt ist (BVerwG Urt. v. 5.5.2015 – 9 C 14/14, DVBl 2015, 1117). **28**

b) Baugenehmigung oder Beginn der Herstellung. Auch das Verlangen einer Vorausleistung setzt für das betroffene Grundstück einen **Vorteil** voraus (hierzu etwa *Ernst* in EZBK § 133 Rn. 42a ff.; *Thedieck* KStZ 1991, 61 (62 ff.)). Die Art des Vorteils ist bei den beiden Vorausleistungsalternativen des Gesetzes jedoch verschieden. Abs. 3 **S. 1** knüpft die Berechtigung der Gemeinde, Vorausleistungen zu verlan- **29**

§ 133

gen, entweder an die **Genehmigung eines Bauvorhabens** auf dem Grundstück (**Genehmigungsalternative**) oder an den Beginn der Herstellung der Erschließungsanlage (**Herstellungsalternative**).

30 Eine Baugenehmigung begründet das Recht, Vorausleistungen zu verlangen, wenn ein Bauvorhaben genehmigt wird, „für das nach Umfang und Lage die **Erschließungsanlage von Bedeutung** sein kann und das sich somit auch seinerseits **auf eine frühere Herstellung** der Erschließungsanlage **auswirken** kann" (BVerwG Urt. v. 31.1.1968 – IV C 221/65, BVerwGE 29, 90 (93)). Der Begriff des Bauvorhabens in Abs. 3 S. 1 deckt sich daher nicht mit dem Begriff des Vorhabens in § 29 (→ § 29 Rn. 8 ff.), sondern ist spezifisch erschließungsbeitragsrechtlich zu verstehen. Nicht erforderlich ist, dass die Erschließungsanlage dem Bauvorhaben bereits bei seiner Ausführung einen unmittelbaren Vorteil bietet. Jedoch muss ein solcher Nutzen, etwa durch die Anlegung eines Zugangs zur Straße, entstehen können (BVerwG Urt. v. 31.1.1968, aaO, 90 (93); → zur **Verdichtung der Erschließungspflicht** der Gemeinde § 123 Rn. 4). Der hiernach notwendige potenzielle Nutzen der Erschließungsanlage für das genehmigte Vorhaben ist nicht nur gegeben, wenn ein **neues Gebäude** errichtet wird, sondern zB auch, wenn in einem bestehenden Gebäude eine **zusätzliche Wohnung** ausgebaut wird (BVerwG Urt. v. 4.4.1975 – IV C 1/73, BVerwGE 48, 117).

31 Maßgeblich für das Recht, Vorauszahlungen zu verlangen, ist jedoch weniger die Erteilung der Baugenehmigung, sondern vor allem die hierin liegende **Freigabe des Bauens** (BVerwG Urt. v. 8.11.1991 – 8 C 89/89, BVerwGE 89, 177). Nutzt der Eigentümer eine erteilte Baugenehmigung nicht aus, so dass diese nach Ablauf der ub der Landesbauordnung geregelten Frist erlischt (s. etwa Art. 69 Abs. 1 BayBO), verliert der Vorausleistungsbescheid damit zwar nicht seine Rechtmäßigkeit, jedoch kann die Gemeinde ihn nicht mehr vollziehen. Erhält der Betroffene eine erneute Baugenehmigung, entfällt dieses **Vollzugshindernis** (BVerwG Urt. v. 4.4.1975 – IV C 1/73, BVerwGE 48, 117). Rechtswidrig wird ein Vorausleistungsverlangen erst dann, wenn das Grundstück endgültig und vollständig seine Bebaubarkeit im Sinne des Abs. 1 verliert oder die Gemeinde endgültig entscheidet, die Straße nicht herzustellen. In diesen Fällen entbehrt das Vorausleistungsverlangen jeglicher Grundlage, so dass es nicht aufrechterhalten bleiben kann (BVerwG Urt. v. 13.12.1974 – IV C 26/73, BauR 1975, 127).

32 Wird die Baugenehmigung für ein Vorhaben auf einem Grundstück erteilt, wird dieses Grundstück aber mit mehreren anderen Grundstücken **einheitlich genutzt**, so dass die Bebauung auch den anderen Grundstücken zum Vorteil gereicht, können diese Grundstücke abweichend vom grundbuchrechtlichen Grundstücksbegriff zu einer **Wirtschaftseinheit** zusammengefasst (→ § 131 Rn. 3) und insgesamt zu Vorausleistungen herangezogen werden.

33 Um die Vorfinanzierungslast der Gemeinden zu mildern und ihnen bei entsprechendem Bedarf die Bereitstellung von Baugrundstücken zu erleichtern, besteht für die Gemeinden **zum anderen** die Möglichkeit, Vorausleistungen bereits bei **Beginn der Herstellung der Erschließungsanlage** zu verlangen. Der für die Anforderung von Vorausleistungen ebenso wie für die Erhebung von Erschließungsbeiträgen vorauszusetzende Vorteil (hierzu *Driehaus* § 21 Rn. 12 ff.; *Thedieck* KStZ 1991, 61 (64 ff.)) liegt bei der Herstellungsalternative darin, dass die Bebaubarkeit des Grundstücks früher eintritt als bei „normaler" Finanzierung ohne Vorausleistungen. Der Vorteil der Bebaubarkeit tritt gewissermaßen Schritt für Schritt ein, ist aber bereits bei Beginn der Herstellungsarbeiten deutlich erkennbar, da der Grundstücksverkehr die von der neuen Straße zu erschließenden Grundstücke sofort höher bewertet (die Vereinbarkeit mit dem verfassungsrechtlichen Übermaßverbot bezweifelnd *Driehaus* § 21 Rn. 14 f.; *Thedieck* KStZ 1991, 61 (64 ff.); → zur Bedeutung des Vorteils für die Höhe der Vorauszahlung Rn. 38).

34 **c) Absehbarkeit der Erschließung.** Anders als bei der Kostenspaltung wird die Vorausleistung nicht für erbrachte Arbeiten erhoben, sondern kann **auch für künf-**

tige **Arbeiten** verlangt werden. Soll sie für eine Teilstrecke erhoben werden, muss vorher eine ordnungsgemäße Abschnittsbildung (→ § 130 Rn. 21 ff.) erfolgen (VGH Kassel Beschl. v. 5.7.2006 – 5 ZU 2743/05, BauR 2006, 1943). Zwischen dem Verlangen einer Vorausleistung und der Herstellung der Erschließungsanlage muss ein **zeitlicher Zusammenhang** bestehen. Vorausleistungen können daher nur verlangt werden, wenn die endgültige Herstellung der Erschließungsanlage innerhalb von **vier Jahren** zu erwarten ist, also nicht nur der Beginn der Bauarbeiten (BVerwG Urt. v. 8.11.1991 – 8 C 89/89, BVerwGE 89, 177). Dies gilt sowohl für die Genehmigungsalternative als auch für die Herstellungsalternative (vgl. OVG Saarlouis Beschl. v. 23.11.1987 – 1 W 996/87, KStZ 1988, 72). Maßgeblich dafür ist nicht das Entstehen der sachlichen Erschließungsbeitragspflicht, sondern der Abschluss der Kosten verursachenden Erschließungsmaßnahmen (BVerwG Urt. v. 17.11.1995 – 8 C 4/94, NVwZ 1996, 798 (799)). Zu erwarten ist die Herstellung einer Erschließungsanlage, wenn sie binnen **vier Jahren nach Abschluss des die Vorausleistung betreffenden Verwaltungsverfahrens** erfolgt (vgl. BVerwG Urt. v. 22.2.1985 – 8 C 114/83, NVwZ 1985, 751 (752)).

Stellt die Gemeinde binnen dieser Zeitspanne die Erschließungsanlage nicht her, 35 besteht – ähnlich wie bei einer erloschenen Baugenehmigung (Rn. 31) – ein **Vollzugshindernis,** bis sich die Gemeinde zum alsbaldigen Straßenausbau entschließt (BVerwG Urt. v. 4.4.1975 – IV C 1/73, BVerwGE 48, 117). Hierdurch kann sie einen mangels Absehbarkeit der endgültigen Herstellung rechtswidrigen Vorausleistungsbescheid auch noch während des gerichtlichen Verfahrens **heilen** (BVerwG Urt. v. 22.2.1985, aaO). Auch durch eine nachträgliche Bestimmung des Abschlusses der Herstellung einer Erschließungsanlage auf einen Zeitpunkt innerhalb von vier Jahren nach Abschluss des die Vorausleistung betreffenden Widerspruchsverfahrens kann ein ursprünglich mangels Absehbarkeit rechtswidriger Vorausleistungsbescheid geheilt werden (BVerwG Urt. v. 8.11.1991 – 8 C 89/89, BVerwGE 89, 177).

Vorausleistungen können auch erhoben werden, wenn bereits einzelne Teilein- 36 richtungen endgültig hergestellt worden sind und der hierfür entstandene Aufwand im Wege der **Kostenspaltung** nach § 127 Abs. 3 geltend gemacht worden ist (BVerwG Urt. v. 25.9.1968 – IV C 81/66, BVerwGE 30, 240 (241)). Dieses **Wahlrecht** besteht jedoch nur, wenn die Voraussetzungen sowohl für die Kostenspaltung (→ § 127 Rn. 40 ff.) als auch für die Vorausleistungen gegeben sind (BVerwG Urt. v. 19.3.1982 – 8 C 34/81, DÖV 1982, 992). Auch wenn nur noch die **Widmung** fehlt, steht dies der Erhebung von Vorausleistungen nicht entgegen (BVerwG Urt. v. 14.6.1968 – IV C 65/66, DVBl. 1968, 808 (809); *Quaas* in Schrödter § 133 Rn. 27; s. aber auch OVG Koblenz Urt. v. 1.4.2003 – 6 A 10778/02, NVwZ-RR 2004, 373). Ein **unwirksamer Bebauungsplan** oder sonst eine nicht rechtmäßige Herstellung nach § 125 hindern die Anforderung von Vorausleistungen als beiden Alternativen – anders als die Erhebung eines Erschließungsbeitrags (→ § 125 Rn. 4) – ebenfalls nicht (BVerwG Urt. v. 21.10.1994 – 8 C 2/93, BVerwGE 97, 62; dass. Urt. v. 17.11.1995 – 8 C 4/94, NVwZ 1996, 798 f.; *Driehaus* § 21 Rn. 31). Ist dagegen die Beitragspflicht infolge endgültiger Herstellung der Anlage bereits entstanden, ist ein Vorausleistungsbescheid rechtswidrig. Einer **Umdeutung** (hierzu *Kopp/Ramsauer* § 47 Rn. 1 ff.) des Vorausleistungsbescheides in einen endgültigen Beitragsbescheid steht in der Regel § 128 Abs. 2 AO (oder der gleichlautende § 47 Abs. 2 VwVfG) entgegen (str.; gegen die Zulässigkeit einer Umdeutung OVG Koblenz Urt. v. 1.4.2003, aaO; dafür OVG Münster Urt. v. 31.1.2003 – 3 A 835/00, KStZ 2003, 134 (135); → zur Umdeutung oder anderweitigen Rechtfertigung von Beitragsbescheiden auch § 128 Rn. 30).

d) Erschließungsbeitragssatzung. Da die Höhe der Vorausleistung an der 37 Höhe der späteren Beitragsforderung zu orientieren ist (vgl. OVG Lüneburg Beschl. v. 21.11.2002 – 9 LA 248/02, KStZ 2003, 95), muss bereits bei der Erhebung der Vo-

rausleistung abgeschätzt werden können, wie hoch der künftige Erschließungsbeitrag sein wird. Hierzu ist es erforderlich, dass eine **gültige Erschließungsbeitragssatzung** vorliegt (→ zu einer Vorausleistungsvereinbarung Rn. 42); insbesondere bedarf es einer gültigen Regelung der Verteilung des beitragsfähigen Erschließungsaufwands (BVerwG Urt. v. 1.3.1967 – IV C 15/66, BVerwGE 26, 247; dass. Urt. v. 16.9.1977 – IV C 99/74, DÖV 1978, 61) sowie der Merkmale der endgültigen Herstellung (→ Rn. 19 ff.). Allerdings kann die Satzung später, auch zu Lasten des Vorausleistenden, geändert werden (→ auch § 132 Rn. 34 ff.). Sofern die Gemeinde nicht den Regelfall der Abrechnung, nämlich die Abrechnung einer einzelnen Erschließungsanlage im Sinne des § 130 Abs. 2 S. 1, zugrunde legt, bedarf es auch einer Entscheidung über den Ermittlungsraum (→ § 130 Rn. 21 ff.).

38 **2. Bemessung.** Bei der Bemessung der **Höhe der Vorausleistung** muss die Gemeinde von der **voraussichtlichen Höhe des künftigen Erschließungsbeitrags** ausgehen. Dementsprechend können nur solche Kosten in die Vorausschätzung einbezogen werden, die auch bei der Schlussabrechnung – insbesondere im Hinblick auf die Regelung der Merkmale der endgültigen Herstellung – beitragsfähig wären. Maßgeblich ist dabei der Zeitpunkt des Erlasses des Vorausleistungsbescheides (OVG Lüneburg Urt. v. 13.8.2010 – 9 LB 148/08, NVwZ-RR 2010, 937). Haben sich aber bis zum Abschluss eines Widerspruchsverfahrens die zugrunde gelegten tatsächlichen oder rechtlichen Verhältnisse geändert, hat die Gemeinde dem zumindest bei einem deutlichen Missverhältnis zwischen Vorausleistung und tatsächlichen Kosten Rechnung zu tragen (OVG Berlin-Brandenburg Beschl. v. 22.11.2010 – 9 S 29.10, juris). Die Vorausleistung braucht andererseits aber auch nicht niedriger zu sein als der künftige Erschließungsbeitrag (BVerwG Urt. v. 20.6.1973 – IV C 62/71, BVerwGE 42, 269). Für den Fall der Erhebung von **Vorausleistungen mit Beginn der Herstellung** der Erschließungsanlage (→ Rn. 33) wird vertreten, dass aus Gründen der Angemessenheit die Vorausleistung in der Höhe erheblich hinter der voraussichtlichen Höhe des späteren Erschließungsbeitrags zurückbleiben muss, da nur ein geringerer Vorteil als bei der anderen Variante der Vorausleistung geboten werde (*Driehaus* § 21 Rn. 14 ff.; *Thedieck* KStZ 1991, 61 (64 f.); *Quaas* in Schrödter § 133 Rn. 26; anders *Fischer/Korbmacher* in Hoppenberg/de Witt, Kap. F, Rn. 240). Allerdings kann auch der Beginn der Herstellung einen das Verlangen von Vorausleistungen in voller Höhe rechtfertigenden Vorteil bieten (vgl. auch *Ernst* in EZBK § 133 Rn. 63; zu Grundstücken in der → Umlegung Rn. 28). Zwar ist hier der **Vorteil anders geartet** als bei der Vorausleistung im Zusammenhang mit der Erteilung einer Baugenehmigung, **aber nicht zwangsläufig geringer.** Denn mit dem Beginn der Herstellung der Anbaustraße – als dem wichtigsten Fall der Erhebung von Vorausleistungen – ist regelmäßig die Erschließung im Sinne der §§ 30 oder 34 gesichert, sodass auch eine Baugenehmigung zu erteilen wäre. Da auch an die Absehbarkeit der endgültigen Herstellung dieselben Anforderungen wie bei der Genehmigungsalternative zu stellen sind (→ Rn. 34), bestehen zwischen den beiden Erhebungsalternativen im Hinblick auf den – allein maßgeblichen – **grundstücks**relevanten Vorteil nicht generell solche Unterschiede, dass eine abweichende Begrenzung der Höhe der Vorausleistung notwendig wäre. Dass von einer Vorausleistung auch ein gar **nicht bauwilliger Eigentümer** betroffen sein kann, ist beitragsrechtlich irrelevant und entspricht im Übrigen dem bodenpolitischen Zweck des Erschließungsbeitragsrechts, zur Baulandnutzung oder -mobilisierung beizutragen (→ § 127 Rn. 7).

39 Da die Zahlung einer Vorausleistung den Pflichtigen insoweit einen Vorteil bringt, als hierdurch die Erschließungspflicht der Gemeinde verdichtet wird, ist ihm zuzumuten, die Vorausleistung **zinslos** zu erbringen (BVerwG Urt. v. 23.5.1975 – IV C 73/73, BVerwGE 48, 247; dass. Urt. v. 13.12.1991 – 8 C 8/90, NVwZ 1992, 495). Dies gilt auch dann, wenn die Höhe der Vorausleistung den endgültigen Erschließungsbeitrag im Einzelfall übersteigen sollte (vgl. BVerwG Urt. v. 16.8.1985 –

8 C 120/83 u. a., NJW 1986, 1122 (1125)). Dabei ist auch zu berücksichtigen, dass sich der Erschließungsaufwand vermindert, da die Vorausleistung den Rückgriff auf Kreditmittel entbehrlich macht (→ § 128 Rn. 41; zu Abs. 3 S. 4 → Rn. 45 ff.).

3. Rechtsform. a) Anforderung. Abs. 3 S. 1 bestimmt nicht, in welcher **40 Rechtsform** die Vorausleistung anzufordern ist. Da die Vorausleistung gewissermaßen ein vorgezogener Erschließungsbeitrag ist, wird die Heranziehung **im Regelfall durch Verwaltungsakt** erfolgen (*Ernst* in EZBK § 133 Rn. 68). Ob die Gemeinde Vorausleistungen erhebt, liegt dabei in ihrem **Ermessen** (OVG Berlin-Brandenburg Beschl. v. 26.1.2010 – 9 S 1/09, NVwZ-RR 2010, 494). Es ist nicht ermessenswidrig, sofern sachliche Gründe hierfür gegeben sind, über einen langen Zeitraum hinweg Baugenehmigungen zu erteilen und gleichwohl keine Vorausleistungen zu erheben, von dieser Praxis aber ab einem bestimmten Zeitpunkt abzurücken (BVerwG Urt. v. 20.6.1973 – IV C 62/71, BVerwGE 42, 269). Die Entscheidung obliegt – abhängig vom Kommunalrecht der Länder – in der Regel dem Gemeinderat (OVG Koblenz Urt. v. 13.9.1983 – 6 A 66/82, DÖV 1984, 638).

Rechtsgrundlage für die Anforderung von Vorausleistungen ist **unmittelbar 41 Abs. 3.** Einer Satzungsbestimmung bedarf es hierfür insoweit (→ aber Rn. 37) nicht (BVerwG Urt. v. 16.9.1977 – IV C 99/74, DÖV 1978, 61).

b) Vereinbarung. Anstatt einen Verwaltungsakt zu erlassen, kann die Gemeinde **42** mit dem Eigentümer auch eine **Vereinbarung** über die Vorausleistung treffen (BVerwG Urt. v. 22.8.1975 – IV C 7/73, BVerwGE 49, 125; *Driehaus* § 21 Rn. 52 ff.). Es handelt sich hierbei um einen **öffentlich-rechtlichen Vertrag,** der in seinen Voraussetzungen von Abs. 3 losgelöst ist (→ zur grundsätzlichen Zulässigkeit solcher Verträge § 11 Rn. 36 ff.). So können zB auch **Sachleistungen,** etwa die Übereignung von Grundstücksteilen zu einem bestimmten Wert, vereinbart werden. Eine vereinbarte Vorauszahlung ruht **nicht** als **öffentliche Last** auf dem Grundstück (vgl. § 134 Abs. 2; BVerwG Urt. v. 28.10.1981 – 8 C 8/81, NVwZ 1982, 377 (378)). Eine **Erschließungsbeitragssatzung** ist **nicht** erforderlich (→ ansonsten Rn. 37). Eine Überprüfung der Höhe der vereinbarten Vorausleistung ist danach nicht möglich. Sie ist jedoch auch weitgehend entbehrlich, da der Bürger den Vertrag freiwillig eingegangen ist und der von ihm entrichtete Vorausleistungsbetrag – ebenso wie eine angeforderte Vorausleistung – der **späteren Verrechnung** mit dem endgültigen Erschließungsbeitrag unterliegt (BVerwG Urt. v. 22.8.1975, aaO, 125 (130 f.)). Die allgemeinen Anforderungen an städtebauliche Verträge (→ § 11 Rn. 11, 72 ff.) müssen aber in jedem Fall gewahrt sein. Eine Anrechnung auf den Erschließungsbeitrag erfolgt nur, wenn die Anrechenbarkeit der Vorausleistung auf den Erschließungsbeitrag ausdrücklich oder sinngemäß **aus dem Vertrag hervorgeht.** Ferner ist die Anrechenbarkeit nur gegeben, wenn – bei anderen als Geldleistungen – eine Leistung erbracht wird, die ansonsten die Gemeinde in Erfüllung ihrer Erschließungslast selbst zu erbringen gehabt hätte. Leistungen, die der Anlieger – zB nach landesstraßenrechtlichen Vorschriften – selbst erbringen muss, können nicht als freiwillige Vorausleistungen angesehen werden (BVerwG Urt. v. 4.5.1979 – IV C 16/76, BauR 1979, 417).

4. Abrechnung. a) Anrechnung auf Erschließungsbeitrag. Die Vorausleis- **43** tung ist als vorläufige Leistung mit dem später festzusetzenden Erschließungsbeitrag, wie **Abs. 3 S. 2** ausdrücklich bestimmt, zu **verrechnen** (zu den Folgen der irrtümlichen Anrechnung einer – nicht gezahlten – Vorausleistung OVG Lüneburg Urt. v. 14.12.1988 – 9 A 66/87, NVwZ 1989, 1192; zur Rückforderung eines zu viel erstatteten Vorausleistungsbetrages VGH Mannheim Urt. v. 26.11.1998 – 2 S 758/96, NVwZ-RR 1999, 679; → auch Rn. 49). Dies bedeutet, dass die Erschließungsbeitragsforderung durch die Vorausleistung **in entsprechender Höhe getilgt** ist (vgl. BVerwG Urt. v. 26.1.1996 – 8 C 14/94, NVwZ-RR 1996, 465). Die Tilgungswirkung tritt im Zeitpunkt des Entstehens der Beitragspflicht ein, ohne dass es eines be-

sonderen hierauf gerichteten Verwaltungsaktes bedürfte (BVerwG Urt. v. 5.9.1975 – IV CB 75/73, NJW 1976, 818). Allerdings bedarf es – selbst bei gleicher Höhe von Vorausleistung und Beitragsforderung – des Erlasses eines Beitragsbescheids, „um mit der dem Bescheid eigenen Unanfechtbarkeits- und Bestandskraftwirkung zu bestimmen, in welcher Höhe die Beitragsforderung als zur Tilgung geeignet entstanden ist, so dass weiter feststeht, in welchem Umfang die Beitragsforderung der Gemeinde noch nicht befriedigt oder durch eine zu hohe Vorausleistung etwa übererfüllt ist" (BVerwG Urt. v. 5.9.1975, aaO; →zur Durchsetzung eines Erstattungsanspruchs Rn. 46).

44 S. 2 enthält für die Gemeinden eine wesentliche **Verfahrenserleichterung** im Falle eines **Eigentümerwechsels** nach Anforderung einer Vorausleistung. Nach dem vor Inkrafttreten des BauGB geltenden Recht hatte der frühere Eigentümer gegen die Gemeinde einen Rückzahlungsanspruch, der allerdings erst mit der Fälligkeit des Erschließungsbeitrags fällig wurde (vgl. hierzu BGH Urt. v. 12.2.1988 – V ZR 8/87, NJW 1988, 2099). Die Anrechnungsregelung des S. 2 sieht demgegenüber vor, dass die Vorausleistung auch dann mit dem Erschließungsbeitrag zu verrechnen ist, wenn der Vorausleistende nicht (mehr) beitragspflichtig ist. Der Grundstücksverkäufer muss daher eine erbrachte Vorausleistung in den Kaufvertrag einbeziehen; er hat hingegen keinen Anspruch gegen die Gemeinde. Der neue Eigentümer tritt hinsichtlich der Vorausleistung in die Rechtsposition des früheren Eigentümers ein. Er muss einen bestandskräftigen Vorausleistungsbescheid gegen sich gelten lassen. Die Gemeinde kann daher aus dem Vorausleistungsbescheid ggf. auch gegen den neuen Eigentümer vollstrecken. Der Erstattungsanspruch bei zu hoher Vorausleistung (Rn. 46) steht ebenfalls dem neuen Eigentümer zu (aA BVerwG Urt. v. 24.1.1997 – 8 C 42/95, NVwZ 1998, 294; *Eiding* in SU § 133 Rn. 80; *Fischer/Korbmacher* in Hoppenberg/de Witt, Kap. F, Rn. 243 mwN).

45 Ist auf den Vorausleistungsbescheid **keine Zahlung erfolgt,** wird er durch den endgültigen Beitragsbescheid **abgelöst.** Ein etwaiger dazu anhängiger Rechtsstreit erledigt sich. Ist eine **teilweise Zahlung** erfolgt und wird nur der überschießende Betrag in dem endgültigen Beitragsbescheid angefordert, erledigt er sich teilweise.

46 **b) Erstattung.** Ist die Vorausleistung dem Grund oder der Höhe nach (Überzahlung) zu Unrecht gezahlt worden, hat die Gemeinde den entsprechenden Betrag **zurückzuzahlen.** Der **prozessuale Weg** für den Beitragspflichtigen, eine Rückzahlung zu verlangen, geht in der Regel bei Erlass eines bestandskräftigen Bescheid dahin, nach Geltendmachung des Anspruchs, ggf. nach Widerspruch, eine Verpflichtungsklage vor dem Verwaltungsgericht zu erheben mit dem Ziel, dass der **Vorausleistungsbescheid** als Rechtsgrund für die Zahlung **zurückgenommen** wird. Eine vollständige Rückzahlung kann allerdings nur verlangt werden, wenn eine Beitragspflicht für den Kläger endgültig nicht mehr entstehen kann. Kann eine Beitragspflicht nicht (mehr) oder jedenfalls nicht mehr in Höhe der geleisteten Vorauszahlung entstehen, entsteht in diesem Zeitpunkt der **Anspruch auf Rückzahlung** (BVerwG Urt. v. 16.9.1981 – 8 C 1 u. 2/81, BVerwGE 64, 67; dass. Urt. v. 13.8.1993 – 8 C 36/91, NVwZ 1994, 905 (906)). Für **vertraglich vereinbarte Vorauszahlungen** gelten dieselben Grundsätze (BVerwG Urt. v. 16.9.1981, aaO).

47 Nach **Abs. 3 S. 3** besteht für beide Vorausleistungsvarianten (vgl. *Fischer/Korbmacher* in Hoppenberg/de Witt, Kap. F, Rn. 246) zudem ein **gesetzlicher Rückzahlungsanspruch,** wenn die Erschließungsanlage sechs Jahre nach Anforderung der Vorausleistung immer noch nicht benutzbar ist **(verzögerte Herstellung).** Auf die endgültige Herstellung kommt es also nicht an. Der Rückzahlungsanspruch ist nach **S. 4** mit 2 vom Hundert über dem Basiszinssatz nach § 247 BGB jährlich zu **verzinsen** (BVerwG Beschl. v. 13.12.2010 – 9 B 45/10, BeckRS 2011, 45589; dass. Urt. v. 13.12.1991 – 8 C 8/90, NVwZ 1992, 495). Die Umstellung vom Diskontsatz der Deutschen Bundesbank auf den **Basiszinssatz** erfolgte durch die Innentwicklungs-

2. Abschnitt. Erschließungsbeitrag § 133

novelle 2013. Er war allerdings auch vorher schon gem. § 1 Abs. 1 Diskontsatz-Überleitungsgesetz (Art. 1 des Euro-Einführungsgesetzes vom 9.7.1998, BGBl. I S. 1242) maßgeblich. Die Verzinsung erfolgt **ab Erhebung** der Vorausleistung. Dabei ist unter Erhebung nicht der Zeitpunkt der Anforderung der Vorausleistung zu verstehen, sondern der des Zahlungseingangs. Hiermit soll auf die Gemeinde Druck ausgeübt werden, die Erschließungsanlage in einem angemessenen Zeitraum zumindest bis zur funktionsgerechten Benutzbarkeit herzustellen (vgl. BT-Drs. 10/4630, 116).

Eine entsprechende Anwendung des S. 4 auf nicht durch S. 3 begründete Erstattungsansprüche (→ Rn. 46) ist allenfalls bei Fällen denkbar, die einen mit den Regelungen in S. 3 und 4 vergleichbaren Tatbestand und eine ähnliche Zielsetzung aufweisen (vgl. BVerwG Urt. v. 13.12.1991 – 8 C 8/90, NVwZ 1992, 495 (496)). Die **Abwicklung** von Erstattungsansprüchen richtet sich nach **Landesrecht**, da der Bundesgesetzgeber lediglich Inhalt, Schuldner, Entstehen und Fälligkeit des Beitrags geregelt hat. Dasselbe gilt für vertraglich vereinbarte Vorauszahlungsansprüche und ihre mögliche Erstattung (BVerwG Urt. v. 28.10.1981 – 8 C 8/81, NVwZ 1982, 377; VGH Mannheim Urt. v. 26.11.1998 – 2 S 758/96, NVwZ-RR 1999, 679). **48**

IV. Ablösung (Abs. 3 S. 5)

1. Unterschied zu Vorausleistungen. Während die Vorausleistung einen Vorschuss auf die endgültige Beitragsforderung darstellt, der diese entsprechend der Höhe der Vorausleistung erst mit ihrem Entstehen tilgt (→ Rn. 43), ist die in **Abs. 3 S. 5** vorgesehene **Ablösung,** die in Form eines **öffentlich-rechtlichen Vertrages** erfolgt (*Driehaus* § 22 Rn. 3; *Quaas* BauR 1999, 1113 (1125 ff.); OVG Lüneburg Urt. v. 12.1.1988 – 9 A 220/86, NJW 1988, 2126; zu einem Ablösungsbescheid s. OVG Münster Urt. v. 29.9.2004 – 3 A 1787/02, BeckRS 2005, 30620; s. auch VGH Mannheim Urt. v. 14.4.2011 – 2 S 2898/10, BauR 2011, 1376), eine **vorweggenommene Tilgung des gesamten künftigen Erschließungsbeitrags** für die betreffende Erschließungsanlage und das durch die Ablösung begünstigte Grundstück in seiner der Ablösung zugrunde liegenden Größe (zur Unzulässigkeit eines Beitragsvorausverzichtes BVerwG Urt. v. 30.5.2012 – 9 C 5/11, NVwZ 2013, 218). Die Ablösung, die nur bis zur Entstehung der sachlichen Beitragspflicht möglich ist, kann durch eine **Geldzahlung,** aber auch durch andere **geldwerte Leistungen** an die Gemeinde erfolgen, die sie ohne die Ablösung nicht beanspruchen könnte. Eine Beitragspflicht kann spätestens mit der erfolgten Leistung nicht mehr entstehen. Andererseits scheidet eine Ablösung nach dem Entstehen der sachlichen Beitragspflicht aus. Da Abs. 3 S. 5 lediglich die Ablösung des Erschließungsbeitrags „im Ganzen" vorsieht, ist die **Ablösung von Teilbeträgen für eine Erschließungsanlage nicht zulässig.** **49**

Liegt der vereinbarte und gezahlte Ablösungsbetrag über dem einem Grundstück später zugeordneten Erschließungsbeitrag, ist dies für den Bestand des Vertrages grundsätzlich irrelevant. Früher hat die Rechtsprechung jedoch eine sehr trennscharfe **Missbilligungsgrenze** gezogen, um **ablösungsuntypischen Entwicklungen** Rechnung zu tragen. Diese Grenze war erreicht, wenn der rechnerische Erschließungsbeitrag wenigstens das Doppelte oder höchstens die Hälfte des Ablösungsbetrags ausmachte (s. insbesondere BVerwG Urt. v. 9.11.1990 – 8 C 36/89, BVerwGE 87, 77). Diese zwar einerseits starre, andererseits jedoch für die Rechtssicherheit und Rechtsklarheit durchaus hilfreiche Grenze hat das Bundesverwaltungsgericht zwischenzeitlich aufgegeben. Die Grenze, bis zu der ein Auseinanderfallen von Ablösebetrag und Erschließungsbeitrag hinzunehmen ist, bestimmt sich danach vielmehr im **Einzelfall** nach den Grundsätzen über den **Wegfall der Geschäftsgrundlage** anhand einer Abwägung aller sich im Zusammenhang mit Ablöseverträgen ergebenden Umstände und gegenläufigen Interessen. Das Fehlen einer gesetzlichen Regelung zur Begrenzung der mit einer Ablösung verbundenen Risiken **50**

§ 133 I. Kapitel. VI. Teil. Erschließung

könne nicht durch eine aus dem allgemeinen Regelungssystem des gesetzlichen Erschließungsbeitragsrechts abgeleitete und zudem noch gegriffene richterrechtliche Missbilligungsgrenze überspielt werden (BVerwG Urt. v. 21.1.2015 – 9 C 1.14, NVwZ 2015, 1463; kritisch dazu *Driehaus*, LKV 2015, 248 (249)). Ist die auftretende Differenz allein oder weit überwiegend inflationsbedingt, handelt es sich danach selbst bei einem Überschreiten der früheren Missbilligungsgrenze um ein ablösungstypisches Risiko, das die Geschäftsgrundlage der Ablösevereinbarung unberührt lässt (BVerwG, ebd.). Die Einordnung des Auseinanderfallens von Ablösungsbetrag und Erschließungsbeitrag als ein die Geschäftsgrundlage des Ablösungsvertrages betreffenden Umstand hat zur Folge, dass der Vertrag bei einem solchen Auseinanderfallen nicht ganz oder teilweise unwirksam ist. Es bedarf vielmehr der **Geltendmachung** eines, ggf. im Wege der Leistungsklage durchzusetzenden, Anspruchs auf Anpassung der Geschäftsgrundlage, eventuell auch eines Rücktritts von dem abgeschlossenen Vertrag (vgl. § 313 BGB).

51 Um die Überprüfung einer Ablösungsvereinbarung nach den Grundsätzen der Abgabengerechtigkeit und Abgabengleichheit zu ermöglichen, müssen Ablösungsbeträge für unterschiedliche Sachverhalte offen gelegt, d. h. getrennt ausgewiesen werden. Sie dürfen also nicht in einem Betrag zusammengefasst werden (**Offenlegungsgebot;** BVerwG Urt. v. 1.12.1989 – 8 C 44/88, BVerwGE 84, 183; OVG Weimar Urt. v. 17.1.2012 – 4 KO 736.09, LKV 2012, 472; VGH Mannheim Urt. v. 26.6.2003 – 2 S 2567/01, KStZ 2004, 16). Klauseln in Grundstückskaufverträgen der Gemeinden, die den Käufer pauschal von Erschließungsbeiträgen freistellen, sind unzulässige **verdeckte Ablösungsvereinbarungen,** die zur zumindest teilweisen Unwirksamkeit des Grundstückskaufvertrages führen können (vgl. VGH Mannheim Urt. v. 26.6.2003, aaO; OVG Greifswald Beschl. v. 23.2.2004 – 1 M 10/04, juris). Es genügt jedoch, wenn sich aus dem Vertrag ersehen lässt, welcher Teil des Kaufpreises auf die Ablösung entfallen soll (BVerwG Urt. v. 1.12.1989, aaO; *Ernst* in EZBK § 133 Rn. 75). Die Regelung zur Tragung öffentlicher Lasten, insbes. von Erschließungsbeiträgen, bei Grundstücksverkäufen in § 436 Abs. 1 BGB kann zwar eine Zahlungs– oder Freistellungspflicht des Verkäufers begründen (vgl. *Weidenkaff* in Palandt, 74. Aufl. 2015, § 436 Rn. 5), lässt aber das öffentlich-rechtliche Abgabenverhältnis unberührt. Die Gemeinde hat daher ggf. als Grundstücksverkäuferin eine Aufklärungspflicht hinsichtlich noch zu erwartender Erschließungsbeiträge (*Grziwotz* BauR 2008, 471 (473 ff.)).

52 **2. Voraussetzungen.** Anders als bei der Vorausleistung ist es für eine Ablösungsvereinbarung nicht zwingend notwendig, dass eine (wirksame) **Erschließungsbeitragssatzung** vorliegt, die Ablösungsbestimmungen enthält (vgl. *Driehaus* § 22 Rn. 15). Ebenso wie bei der Vorausleistung ist es aber erforderlich, dass das Grundstück überhaupt einer **Beitragspflicht** unterliegt. Eine Fertigstellung der Straße, eine Widmung oder eine bereits erteilte **Baugenehmigung** sind jedoch **nicht erforderlich** (*Driehaus* in BK § 133 Rn. 77).

53 Die Gemeinde kann eine Ablösungsvereinbarung nur dann schließen, wenn sie hierüber **vorher „Bestimmungen"** getroffen hat. Über Inhalt und Form dieser Bestimmungen enthält Abs. 3 S. 5 keine Regelungen. Zweck dieser Bestimmungen ist es, im Interesse der Abgabengerechtigkeit und der Abgabengleichheit eine gleichmäßige Handhabung der Ablösungsmöglichkeit sicherzustellen. Die Bestimmungen können als **allgemeine Verwaltungsvorschriften** ergehen **oder** aber in die **Erschließungsbeitragssatzung** (hierzu BVerwG Urt. v. 27.1.1982 – 8 C 99/81, NJW 1982, 2392) aufgenommen werden. Allerdings ist in der Regel nach dem Kommunalrecht der Länder erforderlich, dass die Bestimmungen vom **Gemeinderat** beschlossen werden, da es sich – anders als beim Abschluss einer Ablösungsvereinbarung – nicht um ein einfaches Geschäft der laufenden Verwaltung handelt (OVG Koblenz Urt. v. 10.3.1975 – GA 50/73, DÖV 1975, 718 (719); *Driehaus* § 22

2. Abschnitt. Erschließungsbeitrag §133

Rn. 15). Bei einer Ablösungsvereinbarung ist die Gemeinde dann an diese Bestimmungen **gebunden** (BVerwG Urt. v. 1.12.1989 – 8 C 44/88, BVerwGE 84, 183). Wenn der Ablösung eine Erschließungseinheit (vgl. § 130 Abs. 2 S. 3) zugrunde gelegt werden soll, bedarf es zuvor eines entsprechenden Beschlusses des Gemeinderats (vgl. OVG Münster Urt. v. 7.5.2002 – 3 A 2910/99, KStZ 2003, 99; VGH Mannheim Urt. v. 25.3.2002 – 2 S 1696/00, BWGZ 2002, 274 (275 f.)).

Ablösungsbestimmungen, die sich auch nur auf einen Teil des Gemeindegebiets 54 erstrecken können, treten für die Festlegung der Höhe der Ablösung gewissermaßen **an die Stelle der Erschließungsbeitragssatzung.** Sie müssen mindestens Aussagen darüber enthalten, wie der zu vereinbarende Ablösungsbetrag im Einzelfall errechnet werden soll. Hierzu gehören insbesondere Bestimmungen über die Ermittlung des Erschließungsaufwands (Einheitssätze oder geschätzte tatsächliche Kosten) sowie darüber, wie er verteilt werden soll. Die übrigen für die Bestimmung des Ablösungsbetrages maßgeblichen Vorschriften ergeben sich aus zwingendem Recht, zB aus § 129 Abs. 1 S. 3 und § 131 Abs. 1.

Für die **Verteilung** können die Ablösungsbestimmungen von den Verteilungsre- 55 gelungen in der Satzung abweichen, sie können sie aber auch übernehmen oder darauf Bezug nehmen. Allerdings müssen sich die Verteilungsregelungen in jedem Fall auch an § 131 Abs. 2 und 3 messen lassen. Die **Anforderungen** sind jedoch **nicht so hoch wie bei der Satzung,** da die Verteilungsentscheidung ohnehin nur auf einer Kostenschätzung beruht. Der Verteilungsmaßstab muss lediglich dazu führen, „den für eine bestimmte Erschließungsanlage mutmaßlich entstehenden beitragsfähigen Aufwand **angemessen vorteilsgerecht** den in Betracht kommenden Grundstücken zuzuordnen" (BVerwG Urt. v. 27.1.1982 – 8 C 24/81, BVerwGE 64, 361 (364 ff.); vgl. auch OVG Lüneburg Urt. v. 12.1.1988 – 9 A 220/86, NJW 1988, 2126). Enthalten die Bestimmungen nicht die erforderliche Verteilungsregelung, ist der auf ihrer Grundlage geschlossene Ablösungsvertrag **nichtig.** Da die erforderlichen Bestimmungen nicht vorliegen, verstößt dieser Vertrag gegen ein **gesetzliches Verbot** (§ 127 Abs. 1 iVm § 132; vgl. BVerwG Urt. v. 1.12.1989 – 8 C 44/88, BVerwGE 84, 183; VGH Mannheim Urt. v. 25.3.2002 – 2 S 1696/00, BWGZ 2002, 274 (275 f.)). Fällt das gesetzliche Verbot infolge des Erlasses wirksamer Ablösungsbestimmungen später weg, berührt dies die Nichtigkeit des Vertrages nur, wenn die Parteien dies von vornherein vereinbart haben (BVerwG Urt. v. 27.1.1982 – 8 C 99/81, NJW 1982, 2392; zu Entstehung und **Verjährung des öffentlich-rechtlichen Erstattungsanspruchs** aus einem nichtigen Ablösungsvertrag vgl. OVG Lüneburg Urt. v. 10.10.1995 – 9 L 6025/93, KStZ 1997, 78; zur notwendigen Anpassung der Geschäftsgrundlage bei erheblichen Differenzen von Ablösebetrag und Erschließungsbeitrag aufgrund von ablösungsuntypischen Risiken → Rn. 49).

3. Abgrenzung zu einem Kostenübernahmevertrag gem. § 11 Abs. 1 S. 2 56 Nr. 3.

Seit Inkrafttreten der Innenentwicklungsnovelle 2013 und dem Wegfall des Erschließungsvertrages gem. § 124 aF können sich Abgrenzungsfragen zwischen einem Kostenübernahmevertrag iSv § 11 Abs. 1 S. 2 Nr. 3 einerseits und einem Ablösungsvertrag andererseits stellen. Der Gesetzgeber hat mit der Übernahme des Erschließungsvertrages in § 11 den Handlungsspielraum der Gemeinden erweitert (s. Begründung zum Gesetzesentwurf für die Innenentwicklungsnovelle 2013, BR-Drucks. 474/12, S. 17). Daher sind vertragliche Vereinbarungen auf der Grundlage von § 11 auch in Bezug auf Kosten für beitragspflichtige Erschließungsanlagen auch möglich, wenn und soweit keine Bestimmungen über die Ablösung des Erschließungsbeitrags vorliegen oder sie ggf. auch davon abweichen, solange die Beitragspflicht als solche noch nicht entstanden ist (→ § 11 Rn. 55). Dies kann sinnvoll sein, wenn die Gemeinde die Arbeiten selbst durchführen möchte, etwa um die regelmäßig sehr komplizierten Regelungen zu Sicherheiten und Gewährleistung durch den privaten Vertragspartner in einem Erschließungsvertrag zu vermeiden. Allerdings

muss, auch mit Blick auf die Lastengerechtigkeit im Hinblick auf verschiedene begünstigte Grundstückseigentümer, das Gebot der Gleichbehandlung gewahrt bleiben (→ § 11 Rn. 77). Liegen die Voraussetzungen für den Abschluss eines städtebaulichen Vertrages nicht vor, etwa weil der Grundstückseigentümer einen Anspruch auf die gemeindliche Gegenleistung hat (§ 11 Abs. 2 S. 2), kommt nur noch der Abschluss eines Ablösungsvertrages in Betracht, dies allerdings ebenfalls nur solange, bis die Beitragspflicht entstanden ist.

§ 134 Beitragspflichtiger

(1) ¹**Beitragspflichtig ist derjenige, der im Zeitpunkt der Bekanntgabe des Beitragsbescheids Eigentümer des Grundstücks ist.** ²**Ist das Grundstück mit einem Erbbaurecht belastet, so ist der Erbbauberechtigte anstelle des Eigentümers beitragspflichtig.** ³**Ist das Grundstück mit einem dinglichen Nutzungsrecht nach Artikel 233 § 4 des Einführungsgesetzes zum Bürgerlichen Gesetzbuche belastet, so ist der Inhaber dieses Rechts anstelle des Eigentümers beitragspflichtig.** ⁴**Mehrere Beitragspflichtige haften als Gesamtschuldner; bei Wohnungs- und Teileigentum sind die einzelnen Wohnungs- und Teileigentümer nur entsprechend ihrem Miteigentumsanteil beitragspflichtig.**

(2) **Der Beitrag ruht als öffentliche Last auf dem Grundstück, im Falle des Absatzes 1 Satz 2 auf dem Erbbaurecht, im Falle des Absatzes 1 Satz 3 auf dem dinglichen Nutzungsrecht, im Falle des Absatzes 1 Satz 4 auf dem Wohnungs- oder dem Teileigentum.**

Übersicht

	Rn.
I. Beitragspflichtiger (Abs. 1)	1
1. Personen	2
a) Eigentümer, Erbbauberechtigter, dinglich Nutzungsberechtigter (S. 1 bis 3)	2
b) Mehrere Eigentümer oder Erbbauberechtigte (S. 4, Hs. 1)	3
c) Wohnungs- und Teileigentümer (S. 4, Hs. 2)	5
d) Gemeinde als Eigentümerin oder Erbbauberechtigte	6
2. Zeitpunkt (S. 1)	10
a) Beitragsbescheid	11
b) Bekanntgabe	14
c) Rechtsänderungen nach Bekanntgabe	17
3. Verfahren	18
II. Öffentliche Last (Abs. 2)	20

I. Beitragspflichtiger (Abs. 1)

1 Während in § 133 das Entstehen der – grundstücksbezogenen – **sachlichen Beitragspflicht** geregelt ist (→ § 133 Rn. 15), bestimmt Abs. 1 die – personenbezogene – **persönliche Beitragspflicht**. Mit Entstehen der sachlichen Beitragspflicht ist die Beitragsforderung der Gemeinde bereits „derartig voll als Anspruch ausgestaltet, dass sie das Beitragsschuldverhältnis in Bezug auf das Grundstück und gegenüber dem nach § 134 Abs. 1 BauGB Beitragspflichtigen begründet und zB schon den Lauf der Verjährungsfrist in Gang setzt" (BVerwG Urt. v. 5.9.1975 – IV CB 75/73, NJW 1976, 818). Wer **Schuldner dieser Beitragsschuld** ist, ergibt sich aus **Abs. 1**.

2 **1. Personen. a) Eigentümer, Erbbauberechtigter, dinglich Nutzungsberechtigter (S. 1 bis 3).** Beitragspflichtig ist nach **S. 1** grundsätzlich der **Eigentümer**

2. Abschnitt. Erschließungsbeitrag §134

des erschlossenen Grundstücks. Gemeint ist damit der grundbuchmäßige Eigentümer. Dies gilt auch bei einer von der Gemeinde beherrschten Gesellschaft (OVG Berlin-Brandenburg Beschl. v. 22.7.2008 – 10 S 2/08, juris; → zur Gemeinde als Eigentümerin Rn. 6). Ist an dem Grundstück ein Erbbaurecht bestellt, bestimmt S. 2, dass der **Erbbauberechtigte** nicht neben dem Eigentümer, sondern **anstelle des Eigentümers** Beitragsschuldner ist. Er hat (öffentlich-rechtlich) auch keinen Erstattungsanspruch gegen den Eigentümer. Durch diese spezielle Regelung ist die Anwendung des § 200 Abs. 2, die dazu führen würde, dass der Erbbauberechtigte als Inhaber eines grundstücksgleichen Rechts neben dem Eigentümer für die Beitragsschuld haften würde, ausgeschlossen (*Ernst* in EZBK § 134 Rn. 5). Beitragspflichtig können sowohl natürliche als auch juristische Personen sein, **auch juristische Personen des öffentlichen Rechts** (BVerwG Urt. v. 4.5.1979 – IV C 25/76, BauR 1980, 60). Durch Art. 11 § 8 des 2. Vermögensrechtsänderungsgesetzes vom 14.7.1992 (BGBl. I S. 1257) wurden **Inhaber eines dinglichen Nutzungsrechts an volkseigenen Grundstücken** gemäß den §§ 287 bis 294 des Zivilgesetzbuches der DDR vom 19.7.1975 (GBl. I S. 465) **Erbbauberechtigten gleichgestellt (S. 3)**. Nur den Beitragspflichtigen gegenüber obliegen der Gemeinde die bei Erlass eines Beitragsbescheids bestehenden **Amtspflichten** (BayObLG Urt. v. 5.7.1993 – 2Z RR 260/92, NVwZ 1995, 931).

b) Mehrere Eigentümer oder Erbbauberechtigte (S. 4, Hs. 1). Nach S. 4 Hs. 1 haften mehrere Beitragspflichtige als **Gesamtschuldner** nach den §§ 421 bis 426 BGB. Das gilt nicht füreine BGB-Gesellschaft, die zwar keine juristische Person ist, gleichwohl aber Grundstückseigentümer sein kann (→ noch Rn. 15). Da Abs. 1 S. 1 für das Entstehen der persönlichen Beitragspflicht auf einen bestimmten Zeitpunkt abstellt, ist mit der Regelung zudem nicht gemeint, dass mehrere aufeinander folgende Eigentümer gesamtschuldnerisch für die Beitragsforderung haften. Erfasst wird vielmehr nur der Fall, dass das Eigentum **mehreren Eigentümern** nach Bruchteilen (§ 1008 BGB) oder das Erbbaurecht mehreren Erbbauberechtigten gemeinsam zusteht.

Gesamtschuldnerschaft bedeutet nach § 421 BGB, der zumindest sinngemäß anwendbar ist (BVerwG Urt. v. 31.1.1975 – IV C 46/72, BRS 37 Nr. 373), dass der Gläubiger die Leistung nach seinem Belieben **von jedem der Schuldner ganz oder zu einem Teil** fordern kann. Dies dient der Verwaltungsvereinfachung und Effizienz (vgl. OVG Berlin-Brandenburg Beschl. v. 30.11.2010 – 9 S 27/10, juris) und ist verfassungsrechtlich unbedenklich (BVerfG Beschl. v. 24.5.1995 – 1 BvR 923/95, NVwZ 1995, 1198). Im Beitragsbescheid ist daher genau anzugeben, in welcher Höhe der oder die Gesamtschuldner in Anspruch genommen werden sollen (vgl. *Eiding* in SU § 134 Rn. 18). Fehlt es an dieser Bestimmung, kann der Bescheid nicht als Vollstreckungstitel dienen und ist daher nichtig (VGH München Urt. v. 15.9.1983 – 23 B 80 A. 861, NJW 1984, 186; s. auch *Quaas* in Schrödter § 134 Rn. 7; → auch Rn. 15). Da die Gesamtschuldner im Verhältnis untereinander nach § 426 Abs. 1 BGB grundsätzlich zu gleichen Anteilen verpflichtet sind, hat der Gesamtschuldner, der allein eine Leistung erbracht hat, nach § 426 Abs. 2 BGB gegen die übrigen Gesamtschuldner einen **Ausgleichsanspruch**. Dieser ist in weitgehendem Maße selbstständig. Dies bedeutet, dass das Vorliegen seiner Voraussetzungen, d. h. die Berechtigung der Zahlung an den Gläubiger, unabhängig von Rechtskraft diesbezüglicher Urteile oder der Bestandskraft von Verwaltungsakten, erneut einer Überprüfung unterliegt. Hieraus folgt, dass die Heranziehung eines von mehreren Gesamtschuldnern **die übrigen nicht in ihren Rechten beeinträchtigen** kann. Sie können daher nur gegen die Geltendmachung des Ausgleichsanspruchs ihnen selbst gegenüber, nicht aber gegen die Heranziehung eines anderen Gesamtschuldners mit Rechtsbehelfen vorgehen (BVerwG Urt. v. 31.1.1975, aaO).

c) Wohnungs- und Teileigentümer (S. 4, Hs. 2). Zum **Wohnungs- oder Teileigentum** nach dem Wohnungseigentumsgesetz gehört ein entsprechender Mit-

eigentumsanteil am Grundstück. Auch die Wohnungseigentümer sind daher im Außenverhältnis Gesamtschuldner von grundstücksbezogenen Forderungen (vgl. hierzu *Bassenge* in Palandt BGB, 74. Aufl. 2015, § 16 WEG Rn. 1; *Ernst* in EZBK § 134 Rn. 7). **S. 4 Hs. 2** bestimmt jedoch, dass die einzelnen Wohnungs- und Teileigentümer nur in der **Höhe ihres Miteigentumsanteils** beitragspflichtig sind. Ein Wohnungseigentümer kann daher nicht – wie es bei anderen Gesamtschuldnern möglich wäre – wegen der vollen Höhe des Erschließungsbeitrags für das Grundstück in Anspruch genommen werden. Wird ein Grundstück durch eine Erschließungsstraße nur zum Teil erschlossen (→ § 131 Rn. 15 ff.), muss die Gemeinde gleichwohl den Erschließungsbeitrag auf alle Wohnungseigentümer als Miteigentümer des Grundstücks aufteilen, nicht nur auf die, deren Wohnungen sich auf dem erschlossenen Grundstücksteil befinden (VGH Kassel Beschl. v. 25.3.1986 – 5 TH 2993/84, ZMR 1986, 330; → auch § 131 Rn. 24).

6 **d) Gemeinde als Eigentümerin oder Erbbauberechtigte.** Stehen erschlossene Grundstücke im Sinne des § 131 Abs. 1 im **Eigentum der Gemeinde,** kann für sie eine **Beitragspflicht von vornherein nicht entstehen.** Nach § 133 Abs. 2 entsteht das Beitragsschuldverhältnis bei Vorliegen aller Voraussetzungen „nicht nur in Bezug auf das Grundstück, sondern auch gegenüber einem persönlichen Schuldner, dem Beitragspflichtigen", wobei die genaue Bestimmung des Beitragsschuldners nach Abs. 1 zu erfolgen hat (BVerwG Urt. v. 20.9.1974 – IV C 32/72, BVerwGE 47, 49 (53)). Ist aber die Gemeinde Eigentümerin des erschlossenen Grundstücks, entstünde die Forderung nicht gegenüber einem Dritten, sondern unmittelbar gegenüber der Gemeinde, also gegenüber der Gläubigerin selbst. Dies aber ist ausgeschlossen, da „niemand sein eigener Schuldner sein kann" (BGH Urt. v. 1.6.1967 – II ZR 150/66, BGHZ 48, 214 (218)). Raum für eine „Konfusion", d. h. für eine Tilgung der Beitragsforderung durch Vereinigung von Forderung und Schuld in derselben Person, hier der Gemeinde (so OVG Münster Urt. v. 15.2.1982 – 3 A 2160/81, KStZ 1982, 134 (135)), ist daher mangels Entstehens der Forderung nicht gegeben. Gemeindeinterne Verrechnungen bleiben hiervon unberührt und auf das Entstehen der Beitragspflicht ohne Wirkung. Die Beitragspflicht gem. § 133 Abs. 2 kann daher erst **entstehen, wenn die Gemeinde das Grundstück übereignet** (BVerwG Urt. v. 21.10.1983 – 8 C 29/82, DVBl. 1984, 188; *Driehaus* § 24 Rn. 50).

7 Der Fall einer Konfusion ist jedoch gegeben, wenn die Gemeinde ein Grundstück **erwirbt,** für das eine **sachliche Beitragspflicht** nach § 133 Abs. 2 **entstanden** ist, die aber noch nicht durch Zustellung eines Beitragsbescheids gegenüber einem bestimmten Eigentümer konkretisiert wurde. Hier fällt eine zunächst in der Person eines Dritten entstandene Schuld mit der Forderung der Gemeinde zusammen, so dass sie durch Konfusion erfüllt wird. Ist bereits die **persönliche Beitragspflicht** nach Abs. 1 **eingetreten,** wird die Erschließungsbeitragspflicht durch den Erwerb des Grundstücks durch die Gemeinde nicht berührt; es gelten die allgemeinen Grundsätze (*Driehaus* § 24 Rn. 50; → Rn. 17).

8 Ist die Beitragspflicht infolge einer **Kostenspaltung** nur zum Teil entstanden, gelten die angeführten Grundsätze nur hinsichtlich dieses Teils der Beitragsforderung.

9 Ist an einem gemeindeeigenen Grundstück ein **Erbbaurecht** bestellt, hat dies auf die Entstehung der Beitragsschuld keine Auswirkung, da der Erbbauberechtigte nach Abs. 1 S. 2 den Eigentümer aus seiner Stellung als Beitragsschuldner verdrängt (→ Rn. 2).

10 **2. Zeitpunkt (S. 1).** Die Konkretisierung des persönlich Beitragspflichtigen der nach § 133 Abs. 2 entstandenen Beitragsschuld erfolgt durch **Bekanntgabe eines Beitragsbescheids.**

11 **a) Beitragsbescheid.** Der Beitragsbescheid ist ein belastender **Verwaltungsakt.** Er muss den Anforderungen der §§ 118 ff. AO (hierzu etwa *Ratschow* in Klein AO,

12. Aufl. 2014, §§ 118 ff.; *Fritsch* in Koenig AO, 3. Aufl. 2014, §§ 118 ff.) genügen, also insbesondere hinreichend **bestimmt** und schriftlich **begründet** sein (→ zur Möglichkeit der **Heilung** oder **anderen Begründung** des Beitragsbescheides § 132 Rn. 35). Die Verwaltungsverfahrensgesetze der Länder sind nicht anwendbar, da sie regelmäßig nicht für Verwaltungsverfahren gelten, in denen Rechtsvorschriften der Abgabenordnung anzuwenden sind (s. zB § 2 Abs. 2 Nr. 1 VwVfG NRW). Die Kommunalabgabengesetze der Länder bestimmen aber durchweg die entsprechende Anwendung von Bestimmungen der Abgabenordnung, so zB auch über den Verwaltungsakt (vgl. zB § 12 Abs. 1 Nr. 3b KAG NRW; s. etwa *Ernst* in EZBK § 134 Rn. 8). Der Beitragsbescheid muss nach § 211 eine **Rechtsbehelfsbelehrung** enthalten. Hinreichend bestimmt ist der Beitragsbescheid nur dann, wenn aus ihm eindeutig hervorgeht, **wer in welchem Umfang** als **Beitragspflichtiger** herangezogen werden soll und für **welches Grundstück** und **welche Erschließungsmaßnahme** der Beitrag gefordert wird. Bei mehreren erschlossenen Buchgrundstücken muss für jedes Grundstück ein eigener Erschließungsbeitragsbescheid ergehen, wenn nicht eine wirtschaftliche Grundstückseinheit vorliegt (OVG Münster Urt. v. 17.10.1991 – 3 A 508/88, NVwZ 1993, 288). Allerdings können die Bescheide in einem Schriftstück zusammengefasst werden. Ein mehrere Grundstücke inhaltlich zusammenfassender Bescheid ist jedoch nicht nichtig; der Mangel der inhaltlichen Unbestimmtheit kann durch Änderungsbescheid behoben werden (OVG Münster Urt. v. 15.3.1989 – 3 A 2807/88, NVwZ 1989, 1086). Die angeforderte Summe muss für den Pflichtigen so aufgeschlüsselt werden, dass sie **nachrechenbar** ist (OVG Lüneburg Beschl. v. 21.3.1978 – IX B 45/77, KStZ 1978, 195 mit einer Zusammenstellung des notwendigen Inhalts eines Beitragsbescheides). Eine vorherige **Anhörung** ist jedoch **nicht erforderlich.** Nach § 91 Abs. 2 AO kann von ihr abgesehen werden, „wenn sie nach den Umständen des Einzelfalls nicht geboten ist". Eine Anhörung kann jedoch etwa dann zweckmäßig und geboten sein, wenn die Gemeinde bei der Veranlagung vom grundbuchrechtlichen Grundstücksbegriff abweichen und eine Grundstückseinheit zugrunde legen will. Hier kann es sinnvoll sein, den Eigentümer wegen der Nutzung seiner Grundstücke zu befragen. Dies gilt auch, wenn es um die Inanspruchnahme von gesamtschuldnerisch haftenden Beitragspflichtigen geht (→ Rn. 3f.).

Zuständig für den Erlass eines Beitragsbescheids ist grundsätzlich die **Gemeinde.** 12 Landesrechtlich können jedoch Besonderheiten bestehen, zB bei Samtgemeinden oder Ämtern.

Es ist zulässig, den Beitragsbescheid in mehreren **Teilforderungen** zu erheben, 13 also mehrere Beitragsbescheide zu erlassen. In diesem Fall wird gleichwohl die persönliche Beitragspflicht mit dem ersten Bescheid bereits in voller Höhe konkretisiert, bleibt also von einem nachfolgenden Eigentümerwechsel unberührt. Dasselbe gilt für eine etwaige Nachforderung, weil Teileinrichtungen versehentlich nicht abgerechnet worden sind (hierzu OVG Schleswig Beschl. v. 24.6.1998 – 2 M 7/98, juris; *Driehaus* in BK § 134 Rn. 15). Das **Beitragsschuldverhältnis endet** erst dann, wenn der **Beitragsanspruch erlischt,** nicht etwa mit der Bestandskraft eines – nur vermeintlich – den gesamten Erschließungsbeitrag anfordernden Bescheids (BVerwG Urt. v. 18.3.1988 – 8 C 92/87, BVerwGE 79, 163; → zur Nacherhebungspflicht der Gemeinden § 127 Rn. 7).

b) Bekanntgabe. Nach Abs. 1 S. 1 bedarf es lediglich einer **Bekanntgabe,** nicht 14 einer Zustellung des Beitragsbescheids. Die Bekanntgabe richtet sich nach **Landesrecht.** Sie erfolgt dadurch, dass der Bescheid durch einfachen Brief verschlossen zugesandt wird. Die Bekanntgabe gilt dann grundsätzlich mit dem dritten Tag nach der Aufgabe zur Post als bewirkt (vgl. § 122 Abs. 2 Nr. 1 AO). Maßgeblich für die Bestimmung des persönlich Beitragspflichtigen ist der **Zugang des Beitragsbescheids,** nicht die Ausfertigung oder Absendung. Diese Bekanntgabe kann zu Schwierigkeiten

bei der Bestimmung des persönlich Beitragspflichtigen führen, wenn der Zugang des Beitragsbescheids nicht nachgewiesen werden kann (vgl. *Driehaus* § 24 Rn. 42). Im Zweifel sollte daher an der Zustellung, wie sie bis zum Inkrafttreten des BauGB vorgeschrieben war, festgehalten werden.

15 Da die Bekanntgabe die Konkretisierung des persönlich Beitragspflichtigen bewirkt, kann sie nur wirksam sein, wenn zum einen aus ihr der in Anspruch genommene **Beitragspflichtige eindeutig hervorgeht** und zum anderen im Zeitpunkt der Zustellung die sachliche **Beitragspflicht (noch) besteht** (→ zu Letzterem § 133 Rn. 7). An einer hinreichend genauen Bestimmung des Beitragspflichtigen fehlt es zB, wenn der – einheitliche – Bescheid lediglich an eine „**Erbengemeinschaft**" adressiert ist, da die Erbengemeinschaft nicht rechtsfähig ist und damit nicht selbst Abgabenschuldner sein kann. Es ist daher an die einzelnen Miterben, die als Gesamtschuldner haften (→ Rn. 4), oder deren Empfangsbevollmächtigten zu adressieren (VGH München Urt. v. 15.9.1983 – 23 B 80 A.861, NJW 1984, 626). Ungenau ist auch die Adressierung an einen genau bestimmten von mehreren **Miteigentümern** „und die übrigen Miteigentümer" (in diesem Fall allerdings nur hinsichtlich der übrigen Miteigentümer). Nach § 155 Abs. 3 AO (→ Rn. 11) kann an Miteigentümer auch ein einheitlicher – zusammengefasster – Bescheid ergehen, der allerdings allen Miteigentümern gesondert, dh in je einer Ausfertigung, bekannt zu geben ist (vgl. *Rüsken* in Klein AO, 12. Aufl. 2014, § 155 Rn. 45; *Driehaus* § 24 Rn. 45). Soll dagegen nur einer von mehreren Miteigentümern in Anspruch genommen werden, müssen nicht die übrigen Miteigentümer genannt werden (→ zu den rechtlichen Folgen einer solchen Heranziehung nur eines von mehreren Miteigentümern Rn. 4). Bei **Wohnungs- oder Teileigentümern,** die vom BauGB nicht als Gesamtschuldner behandelt werden, muss sich die Gemeinde anteilig an jeden Wohnungs- oder Teileigentümer wenden (→ Rn. 5). Ein an die „Wohnungseigentümergemeinschaft" gerichteter Bescheid genügt daher nicht dem Bestimmtheitsgebot (vgl. VGH Kassel Urt. v. 11.3.1985 – 5 OE 26/83, DÖV 1986, 886). Wird der Beitragsbescheid einer Person bekannt gegeben, die **nicht Eigentümer** des Grundstücks oder an ihm erbbauberechtigt ist, wird diese Person hierdurch zwar nicht beitragspflichtig, darf den Bescheid aber nicht bestandskräftig werden lassen (*Eiding* in SU § 134 Rn. 35). Wird der Bescheid an einen **Verstorbenen** adressiert, ist er nichtig. Wird an einen von zwei **Ehegatten** als Miteigentümern ein Bescheid zugestellt, die in einer gemeinsamen Wohnung leben, wird der Mangel, dass ein einheitlicher Heranziehungsbescheid nicht, wie grundsätzlich erforderlich, jedem Gesamtschuldner gesondert bekannt gegeben wurde, nicht dadurch geheilt, dass jeder Ehegatte den Bescheid tatsächlich erhalten hat; es ist vielmehr jedem Eigentümer eine eigene Urschrift des – zusammengefassten – Bescheids bekannt zu geben (vgl. *Preißer* NVwZ 1987, 867 (869f.) mwN; BFH Urt. v. 8.6.1995 – IV R 104/94, NJW 1995, 3207; anders *Driehaus* § 24 Rn. 43). Ist eine **Gesellschaft bürgerlichen Rechts** (GbR) Eigentümerin, ist der Beitragsbescheid, da die GbR rechtsfähig ist (vgl. BGH Urt. v. 29.1.2001 – II ZR 331/00, BGHZ 146, 341), dieser und nicht den Gesellschaftern zuzustellen (VG Schleswig Beschl. v. 15.1.2003 – 9 B 100/02, NVwZ 2004, 372; *Quaas* in Schrödter, § 134 Rn. 3; vgl. auch für den Bereich des KAG OVG Münster Urt. v. 7.5.2002 – 15 A 5299/00, NVwZ-RR 2003, 149; VG Gera Urt. v. 27.3.2003 – 4 K 429/02.GE, KStZ 2003, 232).

16 Wird der Erschließungsbeitragsbescheid einem **falschen Adressaten** bekannt gegeben, legt dieser Widerspruch ein und wird nun der **Widerspruchsbescheid dem tatsächlich Beitragspflichtigen bekanntgegeben,** wird hierdurch der Beitragsbescheid gleichwohl nicht wirksam (OVG Münster Urt. v. 23.6.1971 – II B 96/71, DÖV 1971, 715). Zwar bestimmt § 79 Abs. 1 Nr. 1 VwGO, dass Gegenstand einer Anfechtungsklage der Verwaltungsakt in der Form ist, die er durch den Widerspruchsbescheid gefunden hat. Dies rechtfertigt jedoch nicht, den Adressaten des Verwaltungsakts auszuwechseln und dadurch den ursprünglichen Verwaltungsakt in seinem

2. Abschnitt. Erschließungsbeitrag § 134

Wesen zu verändern (→ § 128 Rn. 30). War die Heranziehung eines – beitragspflichtigen – Eigentümers rechtswidrig, zB weil es an der endgültigen Herstellung der Erschließungsanlage im Sinne des § 133 Abs. 2 gefehlt hat, ist der erneute Beitragsbescheid im Falle eines Eigentümerwechsels an den neuen Eigentümer zu richten. Eine **Heilung ex nunc,** wie sie vielfach eintreten kann (→ § 132 Rn. 35), setzt daher stets voraus, dass hinsichtlich des betreffenden Grundstücks **kein Eigentümerwechsel** stattgefunden hat. Eine Heilung mit Wirkung ex tunc, zB durch das rückwirkende Inkraftsetzen einer Beitragssatzung (→ § 132 Rn. 34), ist dagegen immer möglich, da der Beitragsbescheid in diesem Fall als von Anfang an fehlerfrei anzusehen ist (hierzu *Driehaus* § 24 Rn. 19).

c) Rechtsänderungen nach Bekanntgabe. Eine Änderung der **Eigentums-** 17 **verhältnisse** oder der Inhaberschaft des Erbbaurechts nach Bekanntgabe des Beitragsbescheids lässt die **persönliche Beitragspflicht unberührt.** Der Eigentümer, dem der Bescheid wirksam bekannt gegeben worden ist, bleibt auch beitragspflichtig, wenn er das Grundstück veräußert (vgl. OVG Greifswald Beschl. v. 4.9.2014 – 1 L 84/13, NordÖR 2043; *Driehaus* § 24 Rn. 47). Der neue Eigentümer wird auch durch eine etwaige erneute Bekanntgabe des Beitragsbescheids nicht beitragspflichtig. Die finanziellen Folgen dieser Rechtslage müssen Veräußerer und Käufer des Grundstücks bei der Preis- und Vertragsgestaltung berücksichtigen. Für die Gemeinde als Gläubigerin entsteht hierdurch kein Nachteil, da der Erschließungsbeitrag mit seinem Entstehen nach Abs. 2 als öffentliche Last (→ Rn. 20 ff.) auf dem Grundstück ruht, so dass sich die Gemeinde trotz des Eigentümerwechsels aus dem Grundstück befriedigen, also auch den neuen Eigentümer heranziehen kann (BVerwG Urt. v. 20.9.1974 – IV C 32/72, BVerwGE 47, 49).

3. Verfahren. Das **Verfahren der Beitragserhebung** richtet sich nach den Vor- 18 schriften der **Kommunalabgabengesetze** der Länder (*Ernst* in EZBK § 134 Rn. 11). Diese verweisen für die Festsetzung der Abgabe durchweg auf die entsprechenden Vorschriften der **Abgabenordnung** (→ zu Fragen der Verjährung, Verwirkung, Aufrechnung und Verzinsung § 135 Rn. 29 ff.).

Für das Beitragsverfahren kann nicht auf die Regelungen der Verwaltungsverfah- 19 rensgesetze der Länder zurückgegriffen werden, da Verfahren, in denen Vorschriften der Abgabenordnung anzuwenden sind, vom Geltungsbereich der Verwaltungsverfahrensgesetze ausgenommen sind. Dies gilt unabhängig davon, in welchem Umfang im Einzelnen die Abgabenordnung anzuwenden ist und ob für das Verfahren dadurch Lücken entstehen. Umstritten ist jedoch, ob dieser Ausschluss auch für das **Widerspruchsverfahren** gilt. Bedeutung hat dies im Hinblick auf die Regelung in § 80 der Verwaltungsverfahrensgesetze der Länder, nach der die Behörde die Kosten eines erfolgreichen Widerspruchsverfahrens zu erstatten hat (hierzu im Einzelnen *Kopp/ Ramsauer* § 80 Rn. 1 ff.). Wird dem Widerspruchsverfahren im Verhältnis zum Abgabenverfahren eigenständige Bedeutung beigemessen, lässt sich die Auffassung vertreten, das Widerspruchsverfahren werde von der Verweisung auf die Abgabenordnung nicht erfasst (Übersicht zum Diskussionsstand bei *Kopp/Ramsauer* VwVfG § 80 Rn. 21 f.; *Driehaus* § 25 Rn. 11 ff.). Maßgebend ist letztlich die Ausgestaltung des jeweiligen Landesrechts (*Driehaus*, ebd.).

II. Öffentliche Last (Abs. 2)

Der nach Abs. 2 als **öffentliche Last** auf dem Grundstück, dem Erbbaurecht oder 20 dem Wohnungs- oder Teileigentum ruhende Beitrag ist **abhängig von der Entstehung der Beitragspflicht** nach § 133 Abs. 2 oder dem sonst maßgeblichen Zeitpunkt (→ § 133 Rn. 19 ff., 24 ff.) und **nicht von der Bekanntgabe** eines Beitragsbescheids. Mit Entstehen der Beitragspflicht entsteht auch die öffentliche Last (BVerwG Urt. v. 31.1.1975 – IV C 46/72, DÖV 1975, 397; ausführlich und teilweise kritisch

§ 135 I. Kapitel. VI. Teil. Erschließung

hierzu *Becker* BauR 1999, 1228 ff.). Sie wird daher – als dingliche Sicherung – von einem Eigentümerwechsel nicht berührt, wohl aber bei einem Erbbaurecht von dessen Löschung. Sie geht in diesem Fall nicht auf das Grundstück über (VG Hamburg Beschl. v. 22.12.2008 – 7 E 3071/08, NVwZ-RR 2009, 411). Die öffentliche Last erlaubt es der Gemeinde, nach Begründung auch der persönlichen Beitragspflicht durch Bekanntgabe des Erschließungsbeitragsbescheids (Akzessorietät von dinglicher Haftung und persönlicher Schuld, vgl. BVerwG Urt. v. 22.2.1985 – 8 C 107/83, NJW 1985, 2658 (2659)), durch Erlass eines **Duldungs- oder Haftungsbescheids** nach § 191 AO den jeweiligen Grundstückseigentümer in Anspruch zu nehmen. Ist der Grundstückseigentümer nicht mehr der persönlich Beitragspflichtige, haftet er allerdings nicht mit seinem gesamten Vermögen, sondern nur mit dem Grundstück. Wird fehlerhaft einem nicht persönlich beitragspflichtigen Eigentümer ein Heranziehungsbescheid zugestellt, kann dieser **nicht** in einen Duldungs- oder Haftungsbescheid **umgedeutet** werden. Dies folgt aus den unterschiedlichen Rechtsfolgen im Hinblick auf die Haftung des Eigentümers (gesamtes Vermögen oder nur das Grundstück; hierzu *Driehaus* § 27 Rn. 13).

21 Wird ein Grundstück **mehrfach erschlossen,** entsteht **mehrfach eine Beitragspflicht** und entsprechend auch **mehrfach eine öffentliche Last.** Werden mehrere Grundstücke als **Wirtschaftseinheit** gemeinsam veranlagt, ruht die entsprechende öffentliche Last wie eine Gesamthypothek nach § 1132 BGB ungeteilt auf der Grundstückseinheit (BVerwG Urt. v. 27.2.1976 – IV C 24/74, NJW 1976, 1908).

22 Die öffentliche Last kann nach § 54 GBO **nicht ins Grundbuch** eingetragen werden. Zulässig ist jedoch eine dingliche Sicherung des Erschließungsbeitrags durch Eintragung einer Grundschuld ins Grundbuch (BVerwG Urt. v. 12.12.1969 – IV C 41/69, ZMR 1970, 149 (150)).

23 **Erlischt** die Beitragsforderung, erlischt auch die öffentliche Last. Bei teilweisem Erlöschen der Beitragsforderung erlischt auch die öffentliche Last nur teilweise; der Erlass eines Beitragsbescheids ist demgegenüber ohne Einfluss (vgl. BVerwG Urt. v. 18.3.1988 – 8 C 115/86, NVwZ 1988, 938). Wird eine **Vorausleistung** erhoben, wird auch sie wegen ihres Charakters als vorgezogener Erschließungs(teil)beitrag durch die öffentliche Last gesichert (*Driehaus* § 27 Rn. 6; → auch § 133 Rn. 27). Dies gilt allerdings nur, soweit die Vorausleistung durch Bescheid angefordert wird, nicht hingegen für eine vertraglich vereinbarte Vorauszahlung (BVerwG Urt. v. 28.10.1981 – 8 C 8/81, NVwZ 1982, 377 (378)). Auch eine Ablösungsforderung ruht nicht als öffentliche Last auf dem Grundstück.

24 Bei **Insolvenz** des Beitragsschuldners genießt die öffentliche Last keinerlei Vorrang. Sie begründet aber nach § 49 InsO ein Recht auf abgesonderte Befriedigung aus dem Grundstück, die durch Zwangsversteigerung des Grundstücks erfolgt. Im Falle einer Zwangsversteigerung steht der Gemeinde, wenn sie ihr Recht rechtzeitig anmeldet, ein Vorrecht nach § 10 Abs. 1 Nr. 3 ZVG zu, also Befriedigung an 3. Rangstelle für die aus den letzten vier Jahren rückständigen Beiträge, worunter auch ein einzelner Beitrag zu verstehen ist (BVerwG Urt. v. 31.1.1975 – IV C 46/72, DÖV 1975, 397; dass. Urt. v. 12.12.1969 – IV C 41/69, ZMR 1970, 149 (150); näher hierzu *Driehaus* § 27 Rn. 18 ff.).

§ 135 Fälligkeit und Zahlung des Beitrags

(1) **Der Beitrag wird einen Monat nach der Bekanntgabe des Beitragsbescheids fällig.**

(2) ¹**Die Gemeinde kann zur Vermeidung unbilliger Härten im Einzelfall, insbesondere soweit dies zur Durchführung eines genehmigten Bauvorhabens erforderlich ist, zulassen, dass der Erschließungsbeitrag in Raten oder**

2. Abschnitt. Erschließungsbeitrag § 135

in Form einer Rente gezahlt wird. ²Ist die Finanzierung eines Bauvorhabens gesichert, so soll die Zahlungsweise der Auszahlung der Finanzierungsmittel angepasst, jedoch nicht über zwei Jahre hinaus erstreckt werden.

(3) ¹Lässt die Gemeinde nach Absatz 2 eine Verrentung zu, so ist der Erschließungsbeitrag durch Bescheid in eine Schuld umzuwandeln, die in höchstens zehn Jahresleistungen zu entrichten ist. ²In dem Bescheid sind Höhe und Zeitpunkt der Fälligkeit der Jahresleistungen zu bestimmen. ³Der jeweilige Restbetrag ist mit höchstens 2 vom Hundert über dem Basiszinssatz nach § 247 des Bürgerlichen Gesetzbuchs jährlich zu verzinsen. ⁴Die Jahresleistungen stehen wiederkehrenden Leistungen im Sinne des § 10 Abs. 1 Nr. 3 des Zwangsversteigerungsgesetzes gleich.

(4) ¹Werden Grundstücke landwirtschaftlich oder als Wald genutzt, ist der Beitrag so lange zinslos zu stunden, wie das Grundstück zur Erhaltung der Wirtschaftlichkeit des landwirtschaftlichen Betriebs genutzt werden muss. ²Satz 1 gilt auch für die Fälle der Nutzungsüberlassung und Betriebsübergabe an Familienangehörige im Sinne des § 15 der Abgabenordnung. ³Der Beitrag ist auch zinslos zu stunden, solange Grundstücke als Kleingärten im Sinne des Bundeskleingartengesetzes genutzt werden.

(5) ¹Im Einzelfall kann die Gemeinde auch von der Erhebung des Erschließungsbeitrags ganz oder teilweise absehen, wenn dies im öffentlichen Interesse oder zur Vermeidung unbilliger Härten geboten ist. ²Die Freistellung kann auch für den Fall vorgesehen werden, dass die Beitragspflicht noch nicht entstanden ist.

(6) **Weitergehende landesrechtliche Billigkeitsregelungen bleiben unberührt.**

Übersicht

	Rn.
1. Fälligkeit (Abs. 1)	1
2. Zahlungsweise	4
a) Billigkeit	4
b) Ratenzahlung (Abs. 2)	8
c) Stundung (Abs. 4)	11
d) Verrentung (Abs. 2 und 3)	16
3. Erlass (Abs. 5 S. 1)	19
4. Freistellung (Abs. 5 S. 2)	24
5. Landesrechtliche Billigkeitsregelungen (Abs. 6)	27
6. Vergleich	28
7. Abwicklung im Übrigen	29
a) Verjährung, Verwirkung, absolute zeitliche Grenze der Beitragserhebung	30
b) Aufrechnung, Verzinsung, Säumniszuschlag	33
c) Erstattung, Vollstreckung	37

1. Fälligkeit (Abs. 1). Abs. 1 bestimmt als Fälligkeitszeitpunkt **einen Monat** 1 **nach Bekanntgabe.** Die Frist beginnt nach § 187 Abs. 1 BGB am Tag nach dem Zugang des Beitragsbescheids; sie endet nach § 188 Abs. 2 BGB mit dem Tag, der dieselbe Zahl trägt wie der Fristbeginn. Ist daher der Beitragsbescheid am 25. Januar zugegangen, beginnt die Frist am 26. Januar und läuft am 26. Februar ab. Ist der Bescheid am 30. Januar zugegangen, beginnt die Frist am 31. Januar und läuft nach § 188 Abs. 3 am letzten Tag des folgenden Monats, also am 28. oder gegebenenfalls am 29. Februar ab. Fällt dieser Tag auf einen Samstag, einen Sonntag oder auf einen am Leistungsort staatlich anerkannten allgemeinen Feiertag, läuft die Frist nach § 193 BGB erst am nächsten Werktag ab.

2 Wird ein vorzeitig erlassener Beitragsbescheid durch eine nachträglich eintretende Rechts- oder Tatsachenänderung geheilt, wird der Beitrag **einen Monat nach Eintritt des die Heilung bewirkenden Ereignisses** fällig (BVerwG Urt. v. 25.11.1981 – 8 C 14/81, BVerwGE 64, 218 (222)). Auch in diesem Fall ist der Tag, an dem das Ereignis eintritt, bei der Fristberechnung nicht mitzurechnen.

3 **Widerspruch und Anfechtungsklage** gegen einen Erschließungsbeitragsbescheid haben nach § 80 Abs. 2 S. 1 Nr. 1 VwGO **keine aufschiebende Wirkung** (hierzu *Kopp/Schenke* § 80 Rn. 59). Allerdings kann die **Widerspruchsbehörde** nach § 80 Abs. 4 S. 1 und 2 VwGO auf Antrag oder von Amts wegen, gegebenenfalls gegen Sicherheitsleistung, die **Vollziehung aussetzen**. Sie soll die Vollziehung aussetzen, wenn die Rechtmäßigkeit des Beitragsbescheids zweifelhaft ist oder wenn die Vollziehung für den Abgabenpflichtigen eine unbillige Härte zur Folge hätte (hierzu im Einzelnen *Kopp/Schenke* § 80 Rn. 107 ff.). Auf Antrag kann auch das **Verwaltungsgericht**, das in der Hauptsache zu entscheiden hat, nach § 80 Abs. 5 S. 1 VwGO die **aufschiebende Wirkung anordnen** (zu dann uU entstehender **Aussetzungszinsen** *Driehaus* § 24 Rn. 56 ff.; zu Säumniszuschlägen bei verspäteter Zahlung *Junker* LKV 2012, 499 ff.).

4 **2. Zahlungsweise. a) Billigkeit.** Grundsätzlich wird nach Abs. 1 der Beitrag **sofort und in einem Betrag** fällig. Der Beitragsschuldner hat also sofort zu leisten. Die Gemeinde darf sofort die Beitreibung in die Wege leiten. Allerdings sehen **Abs. 2 bis 4** Möglichkeiten vor, die durch Abs. 1 festgelegte **Zahlungsweise zu modifizieren**. Voraussetzung für solche Modifikationen ist das Vorliegen einer unbilligen Härte im Einzelfall oder – im Fall des Abs. 4 – eines landwirtschaftlichen Betriebs. Als Beispiel für eine **unbillige Härte** nennt das Gesetz in Abs. 2 die Durchführung eines Bauvorhabens, das die Finanzmittel des Bauherrn bindet. Um in diesem Fall die Durchführung des Bauvorhabens nicht zu gefährden, kann die Gemeinde eine abweichende Zahlungsweise zulassen. In besonderen Fällen kommen sogar **Erlass oder Freistellung nach Abs. 5** in Betracht (→ Rn. 19 ff.). Eine solche Billigkeitsmaßnahme steht – außer im Fall des Abs. 4 – im **Ermessen** der Gemeinde (BVerwG Urt. v. 10.9.1971 – IV C 22/70, BVerwGE 38, 297; zu Einzelheiten vgl. *Richarz/Steinmetz*, Erschließung in der kommunalen Praxis, 2. Aufl. 2000, 208 ff.). Inhalt und Grenzen der Ermessensausübung werden durch den Begriff der Billigkeit bestimmt (GemS OGB Beschl. v. 19.10.1971 – GmS-OGB 3/70, BGHZ 58, 399; BVerwG Urt. v. 10.9.1971 – IV C 22/70, BVerwGE 38, 297; dass. Urt. v. 12.12.1969 – IV C 41/69, ZMR 1970, 149). Den Grundsätzen der Billigkeit entspricht eine Maßnahme, wenn sie für den Beitragspflichtigen bei **Berücksichtigung seiner wirtschaftlichen oder allgemeinen Verhältnisse** und der ihm sonst obliegenden Verpflichtungen keine den Umständen nach **unangemessene Zumutung** darstellt.

5 Allerdings dürfen Billigkeitserwägungen angesichts der grundsätzlichen Erhebungspflicht nicht zu einer breiten Durchführung von Billigkeitsmaßnahmen führen. Abs. 2 S. 1 bestimmt daher ausdrücklich, dass eine unbillige Härte **nur im Einzelfall** vorliegen kann. Die allgemeine „Härte", die in der Erhebung von Erschließungsbeiträgen liegt, ist vom Gesetz gewollt und kann nicht generell durch Billigkeitsmaßnahmen gemildert oder gar beseitigt werden. Billigkeitsmaßnahmen können daher nur in solchen Fällen in Betracht kommen, die „gegenüber der mit einer Normierung notwendig verbundenen typisierenden Verallgemeinerung ... im Verhältnis zu den vom Gesetz erfassten Regelfällen als Sonderfälle erscheinen" (BVerwG Urt. v. 18.11.1977 – IV C 104/74, DÖV 1978, 611, zu dem insoweit gleichgelagerten Abs. 5). Allerdings ist es nicht ausgeschlossen, **in mehreren Einzelfällen** Billigkeitsentscheidungen zu treffen, wenn in jedem Einzelfall die Voraussetzungen hierfür erfüllt sind (BVerwG Urt. v. 6.6.1975 – IV C 27/73, DVBl. 1976, 306).

6 Billigkeitsgründe können in der Natur der Sache **(sachliche Billigkeitsgründe)** oder in den persönlichen Verhältnissen des Abgabenpflichtigen **(persönliche Billig-**

keitsgründe) begründet sein (*Driehaus* § 26 Rn. 5 ff.). Da sachliche Billigkeitsgründe in der Regel auf unveränderlichen Tatsachen beruhen und daher bereits die Festsetzung des Beitrags als unbillig erscheinen lassen, führen sie in der Regel zu einem vollständigen oder teilweisen **Erlass** der Beitragsforderung (→ Rn. 19 ff.). Persönliche Billigkeitsgründe berühren dagegen in der Regel nicht die Festsetzung des Beitrags, sondern seine Zahlung. Zudem können sie sich leicht ändern, so dass sie zumeist nur zu **Modifikationen der Zahlungsweise** führen. Der Gemeinde offensichtliche sachliche Billigkeitsgründe sind bei der Festsetzung des Beitrags **von Amts wegen**, persönliche Billigkeitsgründe dagegen in der Regel nur **auf Antrag** zu berücksichtigen (vgl. etwa BVerwG Beschl. v. 14.12.2010 – 9 B 58/10, NVwZ-RR 2011, 209; dass. Urt. v. 30.1.1970 – IV C 151/68, BRS 37 Nr. 2). Verstößt eine Gemeinde gegen die von Amts wegen bestehende Berücksichtigungspflicht, berührt dies allerdings nicht die Rechtmäßigkeit des Heranziehungsbescheids (BVerwG Urt. v. 12.9.1984 – 8 C 124/82, BVerwGE 70, 96).

Ist die Herstellung einer Erschließungsanlage erforderlich im Sinne des § 129 Abs. 1 und ist sie nur im Rahmen des Erforderlichen abgerechnet worden, kann hierin keine unbillige Härte begründet sein. Die unbillige Härte kann sich vielmehr immer nur **aus den Besonderheiten des erschlossenen Grundstücks** oder den **besonderen Verhältnissen des Beitragsschuldners** ergeben (vgl. hierzu die bei *Driehaus* § 26 Rn. 9 ff., angeführten Beispiele, in denen **keine** unbillige Härte anzunehmen ist: breitere Straße als für das Grundstück selbst erforderlich; Verkehrsimmissionen; mehrfache Erschließung; geringe Straßenfront). Auch Mehrbelastungen, die sich in alterschlossenen Gebieten (→ § 131 Rn. 34 f.) durch die Anwendung des Frontmetermaßstabes statt eines differenzierteren Maßstabes ergeben, stellen keine unbillige Härte dar (BVerwG Urt. v. 12.9.1984 – 8 C 124/82, BVerwGE 70, 96).

b) Ratenzahlung (Abs. 2). Nach **Abs. 2 S. 1** kann die Gemeinde dem Beitragspflichtigen gestatten, den Erschließungsbeitrag in mehreren **Raten** zu zahlen. Die Gewährung der Ratenzahlung ist eine besondere **Form der Stundung:** Die einheitliche Beitragsschuld wird in mehrere Teilbeträge aufgespalten, die zu verschiedenen aufeinander folgenden Zeitpunkten zu zahlen sind (hierzu *Ernst* in EZBK § 135 Rn. 13). Die Höhe der einzelnen Raten muss bei der Gewährung der Ratenzahlung bestimmt werden.

Eine bestimmte **Laufzeit** der Ratenzahlung ist im Gesetz nicht festgelegt. **Abs. 2 S. 2** besagt lediglich, dass für den vom Gesetz angenommenen Billigkeitsfall, nämlich die Durchführung eines Bauvorhabens, die Zahlungsweise der **Auszahlung der Finanzierungsmittel angepasst,** jedoch ein Zeitraum von **2 Jahren** nicht überschritten werden soll. Dies schließt die Vereinbarung eines längeren Zeitraums im Einzelfall nicht aus. Die Gemeinde sollte jedoch darauf achten, dass der in § 10 Abs. 1 Nr. 3 ZVG (→ § 134 Rn. 24) bestimmte Zeitraum von 4 Jahren für das Befriedigungsrecht an dritter Rangstelle nicht überschritten wird.

Die Gewährung der Ratenzahlung kann **nur auf Antrag** erfolgen. Sie ist ein **mitwirkungsbedürftiger begünstigender Verwaltungsakt** (s. etwa OVG Münster Urt. v. 29.4.1975 – III A 872/72, KStZ 1975, 216). Die Gewährung der Ratenzahlung kann mit **Nebenbestimmungen** verbunden werden. Hierzu gehören zB die Vereinbarung sofortiger Fälligkeit bei Nichtzahlung einer Rate oder bei Veräußerung des Grundstücks oder das Verlangen nach **Stellung von Sicherheiten** (→ zur Verzinsung Rn. 13, 33 ff.).

c) Stundung (Abs. 4). Zwar sieht das Gesetz nur eine Stundung in Form der Gewährung von Ratenzahlung ausdrücklich vor. Hieraus kann jedoch nicht geschlossen werden, dass eine **weitergehende Stundung,** insbesondere für den **gesamten Erschließungsbeitrag,** unzulässig ist. Auch insoweit liegt die Entscheidung im Ermessen der Gemeinde (BVerwG Urt. v. 10.9.1971 – IV C 22/70, BVerwGE 38, 297).

12 Ausdrücklich geregelt ist in **Abs. 4** die **Stundung für landwirtschaftlich oder – im Rahmen eines landwirtschaftlichen Betriebes – als Wald genutzte Grundstücke.** Zum Schutz rentabel arbeitender landwirtschaftlicher Betriebe, deren Wirtschaftlichkeit durch die Veräußerung eines Grundstücks gefährdet wäre (so BVerwG Urt. v. 24.10.1980 – IV C 93/77, BVerwGE 61, 124 (126)), stellt das Gesetz in Abs. 4 den bodenpolitischen Zweck der Erhebung von Erschließungsbeiträgen, die Bebauung der erschlossenen Grundstücke herbeizuführen, zurück. Forstwirtschaftliche Betriebe fallen nicht unter Abs. 4. Dabei erfasst die Stundungspflicht das ganze Grundstück auch dann, wenn es teilweise mit Wohngebäuden bebaut ist und insoweit daher nicht landwirtschaftlich genutzt wird (BVerwG Urt. v. 23.8.1996 – 8 C 34/94, BVerwGE 101, 382). Da der **landwirtschaftliche Betrieb als solcher geschützt** werden soll, kann sich ein Eigentümer nicht auf diese Vorschrift berufen, der nicht selbst die Landwirtschaft betreibt. Dies gilt zB für den **Verpächter** landwirtschaftlich genutzter Flächen oder eines gesamten Betriebs. Zwar könnte sich der Verpächter bei der Erhebung von Erschließungsbeiträgen veranlasst sehen, den Pachtvertrag zu kündigen. Aber abgesehen davon, dass hierfür die besonderen Voraussetzungen nach § 595 BGB gegeben sein müssen, erfordert der Normzweck des Abs. 4 eine hinreichend bestimmbare „**Kausalität zwischen der Belastung durch den Erschließungsbeitrag und einer Gefährdung des landwirtschaftlichen Betriebs**" (BVerwG Urt. v. 1.4.1981 – 8 C 11/81, BVerwGE 62, 125; dass. Urt. v. 23.8.1996 – 8 C 34/94, BVerwGE 101, 382). Die bloße theoretische Kündigungsmöglichkeit reicht für die erforderliche Ursächlichkeit schon angesichts des Gesetzeswortlauts nicht aus. Dies gilt selbst dann, wenn der Verpächter den Erschließungsbeitrag auf den Pächter abwälzen kann. Der Pächter, der eine solche vertragliche Regelung eingegangen ist, konnte sich auf die mögliche Zahlung von Erschließungsbeiträgen einstellen und ist daher insoweit nicht schutzbedürftig (BVerwG, aaO; für eine einzelfallbezogene Differenzierung *Rudisile* BauR 1986, 497 (499 ff.)). Ist der Betrieb – auch unter Einbeziehung öffentlicher Förderung – nicht rentabel, sind die Voraussetzungen nach Abs. 4 nicht gegeben. In diesem Fall geht es dann nicht um die Erhaltung der Wirtschaftlichkeit. Ob eine Stundung aus anderen Billigkeitsgründen zu gewähren ist, wird durch Abs. 4 nicht beeinflusst. Eine **Ausnahme** von dem Grundsatz, dass nur der selbst Landwirtschaft betreibende Eigentümer von der Billigkeitsregelung begünstigt wird, enthält **Abs. 4 S. 2.** Danach findet S. 1 auch dann Anwendung, wenn der Eigentümer das Grundstück **Familienangehörigen** im Sinne des § 15 AO zur landwirtschaftlichen Nutzung überlassen oder an diese schon den ganzen Betrieb übergeben hat. Damit wird der landwirtschaftliche Familienbetrieb auch dann geschützt, wenn er sich aufgrund eines Generationenwechsels in einer Übergangsphase befindet.

13 Um diesen Schutzzweck sicher zu erreichen, bestimmt **Abs. 4 S. 1,** dass der Gemeinde bei Vorliegen der gesetzlichen Voraussetzungen **kein Ermessen** zusteht, sondern sie die Stundung zu gewähren hat. Auch darf sie **keine Zinsen** verlangen. Dies gilt für den vollen Beitrag auch dann, wenn Teilflächen des Grundstücks nicht landwirtschaftlich genutzt werden (BVerwG Urt. v. 23.8.1996 – 8 C 34/94, BVerwGE 101, 382).

14 **Abs. 4 S. 3** bestimmt, dass der Beitrag auch dann zinslos gestundet werden muss, solange Grundstücke als **Kleingärten** im Sinne des Bundeskleingartengesetzes genutzt werden. Hier gelten dieselben Grundsätze wie bei landwirtschaftlich genutzten Grundstücken.

15 Durch Abs. 4 wird die **Haftung** des Beitragspflichtigen zwar **nicht auf das Grundstück beschränkt.** Da aber der Gemeinde kein Ermessensspielraum zusteht (Rn. 13), ist es für die Stundung unerheblich, ob das erschlossene Grundstück von einem Nebenerwerbslandwirt bewirtschaftet wird, der den Erschließungsbeitrag – etwa in Raten oder in Form einer Rente – aus seinen sonstigen Einkünften heraus zahlen kann (vgl. auch BVerwG Urt. v. 12.12.1969 – IV C 41/69, ZMR 1970, 149

2. Abschnitt. Erschließungsbeitrag § 135

(150)). Die sonstigen wirtschaftlichen Verhältnisse des Eigentümers sind bei der Beurteilung, ob der Betrieb wirtschaftlich und die Nutzung des Grundstücks hierfür erforderlich ist, außer Acht zu lassen.

d) Verrentung (Abs. 2 und 3). Nach Abs. 2 S. 1 kann die Gemeinde eine **Ver-** **16** **rentung** des Erschließungsbeitrags zulassen (→ zur Abgrenzung gegenüber einer Ratenzahlung Rn. 8 ff.). Hierfür enthält **Abs. 3** nähere und abschließende Bestimmungen. Danach setzt die Verrentung einen **auf Antrag** ergehenden **Bescheid** voraus, in dem der Erschließungsbeitrag oder ein Teil des Erschließungsbeitrags in eine **Rentenschuld umgewandelt** wird. Diese Umwandlung betrifft aber nicht die Forderung selbst, sondern **lediglich die Zahlungsweise**, da Abs. 2 S. 1 bestimmt, dass die Zahlung auch „in Form" einer Rente erfolgen kann (vgl. *Ernst* in EZBK § 135 Rn. 14). Die **öffentliche Last** wird also durch diese Umwandlung **nicht berührt**. Der Beitrag ist nach **Abs. 3 S. 1** in höchstens 10 Jahresleistungen zu entrichten. Mindestens sind zwei Rentenzahlungen erforderlich, da andernfalls keine wiederkehrenden Leistungen (→ Rn. 18) vorliegen. Die **Höhe** der jeweiligen Leistung **und der Zeitpunkt** der Fälligkeit sind nach **Abs. 3 S. 2** im Bescheid im Einzelnen zu bestimmen. Auch können dem Bescheid als begünstigendem Verwaltungsakt **Nebenbestimmungen** beigefügt werden, zB ein Widerrufsvorbehalt bei Änderungen der persönlichen Verhältnisse oder eine auflösende Bedingung für den Fall der Veräußerung des Grundstücks.

Abs. 3 S. 3 bestimmt zwingend, dass der jeweilige Restbetrag zu **verzinsen** ist. **17** Allerdings kann von der Verzinsung abgesehen werden, wenn die Voraussetzungen des Abs. 5 gegeben sind. Die Zinsen dürfen nach Abs. 3 S. 3 höchstens 2 vH über dem Basiszinssatz gem. § 247 BGB liegen. Wird in dem Bescheid ein fester Zinssatz bestimmt, so ist der Bescheid teilweise nichtig, wenn dieser Zinssatz bei Erlass des Bescheids oder zu einem Zeitpunkt während des Laufs der Rente über diesem Zinshöchstsatz liegt. Dies führt jedoch im Ergebnis lediglich zu einer entsprechenden Beschränkung der Verzinsungspflicht.

Abs. 3 S. 4 bestimmt, dass die Jahresleistungen als **wiederkehrende Leistungen** **18** im Sinne des § 10 Abs. 1 Nr. 3 ZVG anzusehen sind, so dass sich im Falle der Zwangsversteigerung die Gemeinde an dritter Rangstelle lediglich für die Leistungen der letzten zwei Jahre befriedigen kann. Hierdurch soll die Beleihungsmöglichkeit des Grundstücks verbessert werden (*Ernst* in EZBK § 135 Rn. 14).

3. Erlass (Abs. 5 S. 1). Trotz seines Wortlauts regelt **Abs. 5 S. 1** nicht das Absehen **19** von einer Beitragserhebung, sondern den vollständigen oder teilweisen **Erlass** des Erschließungsbeitrags (*Driehaus* § 26 Rn. 32; *Quaas* in Schrödter § 135 Rn. 10). Abgabenrechtlich dient das Absehen von der Beitragserhebung der Verwaltungsvereinfachung und ist nur für Kleinbeträge vorgesehen (vgl. für Steuern zB § 156 AO). Abs. 5 S. 1 regelt demgegenüber vielmehr den Erlass einer bestehenden Beitragsforderung im öffentlichen Interesse oder zur Vermeidung unbilliger Härten (vergleichbar § 227 AO). Der erlassene Beitrag geht **zu Lasten der Gemeinde** und kann nicht als Erschließungsaufwand auf die übrigen Beitragspflichtigen umgelegt werden. Abs. 5 ist **auch auf Vorausleistungen** anwendbar, da diese wie der Erschließungsbeitrag Erfüllungswirkung haben, so dass die Vorschriften über den Erschließungsbeitrag sinngemäß auch für die Vorausleistung gelten (BVerwG Urt. v. 18. 11. 1998 – 8 C 20/97, NVwZ 1999, 543).

Ein **Erlass wegen einer unbilligen Härte** (zum Begriff Rn. 4ff.) kommt insbe- **20** sondere dann in Betracht, wenn der mit einer Erschließung verbundene Vorteil wegen der besonderen Umstände des Einzelfalls nur in wesentlich vermindertem Umfang eintritt (BVerwG Urt. v. 30. 1. 1970 – IV C 151/68, BRS 37 Nr. 2). Dies ist etwa bei sehr großflächigen Grundstücken anzunehmen, die zwar Bauland im Sinne des § 133 Abs. 1 (→ § 133 Rn. 3 ff.) sind, aber – im eigentlichen Sinne – weder baulich noch gewerblich genutzt werden, zB Friedhöfe (BVerwG Urt. v. 4. 5. 1979 – IV

§ 135 I. Kapitel. VI. Teil. Erschließung

C 25/76, BauR 1980, 60) oder Kleingärten (BVerwG Urt. v. 1.2.1980 – IV C 63/78 u. a., BauR 1980, 351 (353); dass. Urt. v. 22.5.1992 – 8 C 50/90, BVerwGE 90, 202). Auch bei einer öffentlich-rechtlichen Körperschaft, zB einer Kirchengemeinde, kann in der Beitragsforderung eine unbillige Härte zu sehen sein (BVerwG Urt. v. 4.5.1979, aaO).

21 Ein **Erlass** ist auch dann möglich, wenn dies **im öffentlichen Interesse** liegt. Durch die Verwendung und Stellung des Wortes „dies" wird deutlich, dass sich das öffentliche Interesse gerade auf die Nichterhebung des Beitrags beziehen muss. Das bedeutet, dass das öffentliche Interesse darauf gerichtet sein muss, von einem bestimmten Grund-stückseigentümer keine Erschließungsbeiträge zu erheben. Dies kann etwa dann der Fall sein, wenn die Gemeinde durch den Erlass die **Ansiedlung eines Industrieunternehmens** (BVerwG Urt. v. 31.1.1969 – IV C 47/67, ZMR 1969, 248; dies kann aber beihilferechtlich problematisch sein, da auch ein Verzicht auf eine Abgabe den Beihilfetatbestand des Art. 107 Abs. 1 AEUV erfüllt; s. etwa *Cremer* in Calliess/Ruffert, EUV/AEUV, 4. Aufl. 2011, Art. 107 AEUV Rn. 38) oder die **Errichtung von Wohnungen** im sozialen Wohnungsbau (BVerwG Urt. v. 23.8.1974 – IV C 38/72, BauR 1974, 408) fördern will. Dasselbe gilt für die Errichtung eines im öffentlichen Interesse der Gemeinde erforderlichen Krankenhauses, eines Kindergartens oder einer Bildungsstätte (BVerwG Urt. v. 6.6.1975 – IV C 27/73, DVBl. 1976, 306; *Quaas* in Schrödter § 135 Rn. 13). Neben einer unbilligen Härte kann somit auch das öffentliche Interesse der Gemeinde den Beitragserlass für Friedhöfe (BVerwG Urt. v. 4.5.1979 – 4 C 25/76, BauR 1980, 60) oder auch für Kleingartengrundstücke (BVerwG Urt. v. 1.2.1980 – 4 C 63/78 u. a., BauR 1980, 351 (353)) rechtfertigen, weil hierdurch die Gemeinde von der eigenen Wahrnehmung dieser Aufgabe entlastet oder ein besonderes soziales Anliegen gefördert wird. Die Gemeinde kann hingegen nicht wegen eines anderen als ihres eigenen öffentlichen Interesses einen Beitragserlass vornehmen (BVerwG Urt. v. 22.5.1992 – 8 C 50/90, BVerwGE 90, 202).

22 An einem öffentlichen Interesse fehlt es, wenn die Gemeinde einen Erlass ausspricht, um den **Erwerb des benötigten Straßenlands** zu erleichtern. Die Kosten für den Grunderwerb gehören – auch bei der Enteignung – zum beitragsfähigen Erschließungsaufwand. Nicht jeder Fall, in dem Grunderwerb auf Schwierigkeiten stößt, ist deswegen schon ein atypischer Sonderfall. Der Beitragserlass nach Abs. 5 dient nicht dazu, Schwierigkeiten beim Grunderwerb oder bei der Enteignung zu überwinden (BVerwG Urt. v. 18.11.1977 – IV C 104/74, DÖV 1978, 611). Auch die durch den Straßenbau gegebene **Förderung der Sicherheit und Leichtigkeit des Verkehrs** rechtfertigt keinen Beitragserlass. Hier fehlt es an dem unmittelbaren Zusammenhang zwischen Beitragserlass und Förderung eines öffentlichen Interesses sowie daran, dass kein atypischer Einzelfall vorliegt. Denn die Förderung der Sicherheit und Leichtigkeit des Verkehrs durch den Straßenbau ist gerade – neben der Erschließung – einer der Hauptgründe für die Errichtung von Straßen (BVerwG Urt. v. 18.11.1977, aaO).

23 Der Erlass ist nur möglich, wenn er aus den genannten Gründen **geboten** ist. Hierdurch wird dem **Ermessen** der Gemeinde bei Vorliegen der tatbestandlichen Voraussetzungen eine **enge Grenze** gesetzt. Vor allem soll hiermit vermieden werden, dass die Gemeinde **Gefälligkeitserlasse** vornimmt (BVerwG Urt. v. 22.5.1992 – 8 C 50/90, BVerwGE 90, 202). Andererseits aber ist der Ermessensentscheidung bei Vorliegen der tatbestandlichen Voraussetzungen eine Richtung dahingehend vorgegeben, dass der **Billigkeitserlass grundsätzlich zu gewähren** und nur ausnahmsweise bei gewichtigen Gründen zu versagen ist (intendiertes Ermessen, BVerwG Urt. v. 1.8.1986 – 8 C 54/85, NVwZ 1987, 601). Zu prüfen ist dabei allerdings stets auch, ob nicht ein teilweiser Erlass ausreichend ist. Ob ein Gesetzesverstoß zur Nichtigkeit oder nur zur Rechtswidrigkeit (und damit Rücknehmbarkeit) des Beitragsverzichts führt, bestimmt sich nach Landesrecht. In der Regel ist dies eine

Frage der Offenkundigkeit des Gesetzesverstoßes (s. etwa BVerwG Urt. v. 21.10.1983 – 8 C 174/81, DVBl. 1984, 192 (193f.)).

4. Freistellung (Abs. 5 S. 2). Abgabenrechtlich entspricht die **Freistellung** gesetzessystematisch der Festsetzung einer Abgabe. Ein Freistellungsbescheid ist daher nach § 155 Abs. 1 S. 3 AO einem Steuerbescheid gleichgesetzt. **Abs. 5 S. 2** bestimmt demgegenüber, dass die Freistellung nicht erst in dem Augenblick möglich ist, in dem nach § 134 Abs. 1 ein Beitragsbescheid zu erlassen wäre (sog. **nachträgliche Freistellung**), sondern dass die Freistellung bereits in dem Zeitpunkt, in dem noch keine Beitragspflicht entstanden ist, erfolgen kann (sog. **vorzeitige Freistellung**). Die Voraussetzungen für die Freistellung entsprechen denen des Erlasses nach Abs. 5 S. 1 (vgl. *Driehaus* § 26 Rn. 37). 24

Keine Freistellung in diesem Sinne ist die Erstellung einer sog. **Anliegerbescheinigung**. Hierbei handelt es sich um eine unverbindliche **Rechtsauskunft**, die jedoch bei Fehlerhaftigkeit amtshaftungsrechtlich Ansprüche (§ 839 BGB iVm Art. 34 GG) begründen kann. Wird ein eindeutig erklärter ganzer oder teilweiser **Verzicht** ausgesprochen, ist die Bescheinigung nur insoweit wirksam, als die Voraussetzungen für eine vorzeitige Freistellung gegeben sind. Ansonsten ist sie, sofern Beiträge zu erheben sind oder wären, ganz oder teilweise unwirksam (*Ernst* in EZBK § 135 Rn. 28ff.; zum Vorausverzicht BVerwG Urt. v. 21.10.1983 – 8 C 174/81, DVBl. 1984, 192 (193f.)). 25

Ist bereits **vor Inkrafttreten des Bundesbaugesetzes** ein Erlass oder eine Freistellung ausgesprochen worden, ist die Gemeinde hieran nur gebunden, soweit die Voraussetzungen des Abs. 5 erfüllt sind, also auch nach geltendem Recht ein Erlass oder eine Freistellung zulässig wären (BVerwG Urt. v. 23.8.1974 – IV C 38/72, BauR 1974, 408). 26

5. Landesrechtliche Billigkeitsregelungen (Abs. 6). Nach **Abs. 6** bleiben weitergehende **landesrechtliche Billigkeitsregelungen** unberührt. Damit sollen weitere, im Kommunalabgabenrecht enthaltene oder einzuführende Billigkeitsregelungen auch für Erschließungsbeiträge anwendbar gemacht werden. So verweist etwa § 12 Abs. 1 Nr. 5 a KAG NRW, ähnlich wie andere Kommunalabgabengesetze, u. a. auf die §§ 222ff. AO und dann gegebenen Stundungs- und Erlassmöglichkeiten. § 14 KAG RP und Art. 13 Abs. 3 BayKAG enthalten eigenständige Billigkeitsregelungen (*Dirnberger* in JDW § 135 Rn. 21). 27

6. Vergleich. Ein Erlass ist nur unter den in Abs. 5 aufgeführten Voraussetzungen zulässig. Er dient nicht dazu, rechtlich oder tatsächlich **unklare Fälle** zu bereinigen. Allerdings schließt es Abs. 5 auch nicht aus, dass in solchen Fällen ein **Vergleichsvertrag** geschlossen wird. Ein solcher Vertrag ist nach dem sinngemäß heranzuziehenden § 55 VwVfG jedoch nur dann zulässig, wenn durch ihn „eine bei verständiger Würdigung des Sachverhalts oder der Rechtslage bestehende **Ungewissheit** durch **gegenseitiges Nachgeben** beseitigt wird (und) ... die Behörde den Abschluss des Vergleichs ... für **zweckmäßig** hält" (hierzu BVerwG Urt. v. 18.11.1977 – IV C 104/74, DÖV 1978, 611; allgemein zum Vergleichsvertrag vgl. *Kopp/Ramsauer* § 55 Rn. 8ff.). 28

7. Abwicklung im Übrigen. § 135 enthält nur eine unvollständige Regelung über die **Abwicklung** von Beitragsbescheiden. Soweit er keine abschließende Regelung enthält, wie zB bei der Verzinsung gestundeter Beiträge bei landwirtschaftlich genutzten Grundstücken nach Abs. 4 (→ Rn. 12ff.), ist er durch die **kommunalabgabenrechtlichen Vorschriften der Länder zu ergänzen**. Soweit diese ihrerseits die Abgabenordnung ganz oder teilweise für entsprechend anwendbar erklären, sind die Vorschriften der – bundesrechtlichen – Abgabenordnung als Ergänzung zum insoweit maßgeblichen Landesrecht **nicht revisibel** (BVerwG Urt. v. 14.2.2001 – 11 C 9/00, BVerwGE 114, 1). 29

§ 135 I. Kapitel. VI. Teil. Erschließung

30 a) **Verjährung, Verwirkung, alsolute zeitliche Grenze der Beitragserhebung.** Nach Landesrecht richtet sich insbesondere die **Verjährung** einschließlich der Bestimmung des Ereignisses, das die Verjährungsfrist in Gang setzt. Dies kann bedeutsam sein bei der rückwirkenden Inkraftsetzung von Satzungen, da der Beginn der Verjährungsfrist entweder an den Zeitpunkt geknüpft werden kann, zu dem die Beitragsforderung entstanden ist, oder an den Zeitpunkt, zu dem die Satzung verkündet wurde (vgl. BVerwG Urt. v. 21.1.1977 – IV C 84–92/74, NJW 1977, 1740). Regelmäßig verjährt die **Beitragsforderung** nach Ablauf von **4 Jahren (Festsetzungsverjährung,** vgl. zB § 12 Abs. 1 Nr. 4b KAG NRW in Verbindung mit § 169 Abs. 2 AO; hierzu *Cöster* in Koenig, Abgabenordnung, 3. Aufl. 2014, § 169 Rn. 47 ff.). Die **Frist für die Festsetzung** des Erschließungsbeitrags beginnt nach § 170 Abs. 1 AO mit Ablauf des Kalenderjahres, in dem die sachliche Beitragspflicht (→ zur Unterscheidung zwischen sachlicher und persönlicher Beitragspflicht § 134 Rn. 1) entstanden ist (vgl. VGH Kassel Urt. v. 22.8.2007 – 5 UE 1466/06, KStZ 2007, 238). Auf das Entstehen der (persönlichen) Beitragspflicht kommt es also für die Festsetzungsverjährung nicht an (vgl. BVerwG Urt. v. 14.2.2001 – 11 C 9/00, BVerwGE 114, 1). Den Zeitpunkt des Entstehens der sachlichen Beitragspflicht regelt grundsätzlich § 133 Abs. 2 (→ § 133 Rn. 15 ff.). Die **Frist für die Zahlung** der festgesetzten Beitragsforderung beträgt **5 Jahre** (vgl. zB § 12 Abs. 1 Nr. 5a KAG NRW in Verbindung mit § 228 AO; hierzu *Fritsch* in Koenig, Abgabenordnung, 3. Aufl. 2014, § 228 Rn. 6 ff.). Sie beginnt mit Ablauf des Kalenderjahres, in dem der Anspruch erstmals nach Abs. 1 (→ Rn. 1 ff.) fällig geworden ist (§ 229 AO), also einen Monat nach Bekanntgabe. Danach tritt die Verjährung der **Vollstreckbarkeit** aus dem bekannt gegebenen Beitragsbescheid ein (**Zahlungsverjährung,** zB § 12 Abs. 1 Nr. 5a KAG NRW in Verbindung mit § 228 AO; zum Unterschied zwischen der Festsetzungs- oder Forderungsverjährung und der Vollstreckungs- oder Zahlungsverjährung s. auch *Driehaus* § 19 Rn. 38 ff.). Der Ablauf der Frist für die Zahlungsverjährung bewirkt das **Erlöschen des Anspruchs** (vgl. BVerwG Urt. v. 14.2.2001, aaO; VGH Mannheim Urt. v. 10.4.2000 – 2 S 2019/99, BWGZ 2000, 787). Dies gilt auch dann, wenn die Festsetzungsfrist noch nicht abgelaufen ist. Der Ablauf der Zahlungsverjährungsfrist ist daher – im Gegensatz zur Verjährung nach dem BGB – **von Amts wegen** zu berücksichtigen. Durch Erlass eines Beitragsbescheids wird der Ablauf der Festsetzungsverjährung unterbrochen, und zwar auch dann, wenn dieser später aufgehoben und durch einen neuen Beitragsbescheid ersetzt wird (OVG Münster Urt. v. 4.2.1970 – III A 357/69, VerwRspr 1970, 989). Teilbeträge, die aufgrund einer Kostenspaltung oder eines Vorausleistungsverlangens erbracht wurden, unterliegen selbständig der Verjährung.

31 Nach Landesrecht richtet sich auch die **Verwirkung** des Rechts zur Erhebung von Erschließungsbeiträgen (BVerwG Urt. v. 14.8.1987 – 8 C 60/86, NVwZ 1988, 361 (362)). Bundesrecht steht einer solchen Verwirkung nicht entgegen. Allerdings vermag der Zeitablauf allein eine Verwirkung nicht zu begründen. Es bedarf hierfür der Setzung eines Vertrauenstatbestandes durch die Gemeinde sowie eines tatsächlichen Vertrauens des Beitragsschuldners (BVerwG Urt. v. 24.11.1971 – IV C 24/70, DVBl. 1972, 226; dass. Urt. v. 4.12.2001 – 4 C 2.00, BVerwGE 115, 274; VGH Mannheim Urt. v. 31.3.2014 – 2 S 2366/13, DVBl. v. 2014, 861). Eine Verwirkung kann zB vorliegen, wenn die Behörde die Beitragserhebung gegen Treu und Glauben in illoyaler Weise über längere Zeit hinaus verzögert hat und wissen musste, dass der Bürger inzwischen darauf vertraute, dass eine Beitragserhebung nicht mehr erfolgen würde (hierzu *Driehaus* § 19 Rn. 49 ff.; *Kopp/Ramsauer* § 53 Rn. 15, 41 ff.; → zur Verwirkung. auch Vorb. § 29–38 Rn. 75). Bei öffentlichen Abgaben sind die Voraussetzungen besonders streng zu prüfen, da nach § 127 Abs. 1 eine **Erhebungspflicht** der Gemeinde besteht.

32 Allerdings ist unabhängig von Fragen der Festsetzungsverjährung und auch der Verwirkung zu berücksichtigen, dass auch im öffentlichen Recht zugunsten des Bür-

2. Abschnitt. Erschließungsbeitrag § 135

gers der Grundsatz von **Treu und Glauben** gilt. Dies schließt das Gebot der Belastungsklarheit und -vorhersehbarkeit ein. Danach können lange zurückliegende, in tatsächlicher Hinsicht abgeschlossene Vorgänge nicht unbegrenzt zur Anknüpfung neuer Lasten herangezogen werden (BVerfG, Beschl. v. 5.3.2013 – 1 BvR 2457/08, NVwZ 2013, 1004; s. auch BVerwG, Urt. v. 20.3.2014 – 4 C 11/13, BVerwGE 149, 211). Anknüpfend an die regelmäßige längste Verjährungsfrist von 30 Jahren, die die Rechtsordnung kennt (s. insbes. § 197 BGB, § 53 Abs. 2 Satz 1 VwVfG) scheidet daher eine Festsetzung von Erschließungsbeiträgen ohne Rücksicht auf das Entstehen der Beitragsschuld und unbeschadet von Verjährungsregelungen und auch der an eine Verwirkung zu stellenden Anforderungen dann aus, wenn seit dem Entstehen der Vorteilslage durch die endgültige technische Fertigstellung der Erschließungsanlage **mehr als 30 Jahre** vergangen sind (VGH München, Urt. v. 14.11.2013 – 6 B 12.704, BayVBl. 2014, 241; s. auch VGH Mannheim, Urt. v. 31.3.2014 – 2 S 1366/13, DVBl. 2014, 861).

b) Aufrechnung, Verzinsung, Säumniszuschlag. Auch die Möglichkeit der **33 Aufrechnung** richtet sich nach den Kommunalabgabengesetzen der Länder (*Driehaus* § 2 Rn. 20; → zur **Anrechnung** von Vorausleistungen § 133 Rn. 43f., von Herstellungsaufwand § 128 Rn. 19). Danach kann nur mit unbestrittenen oder rechtskräftig festgestellten Gegenansprüchen aufgerechnet werden (s. zB § 12 Abs. 1 Nr. 5a KAG NRW in Verbindung mit § 226 AO). § 226 Abs. 1 AO verweist seinerseits für die Aufrechnung auf die §§ 387ff. BGB. Hiernach ist die Aufrechnung nur zulässig bei gegenseitigen, gleichartigen, fälligen und erfüllbaren Forderungen (hierzu *Grüneberg* in Palandt, 74. Aufl. 2015, § 387 Rn. 3ff.).

Stundet die Gemeinde die Beitragsforderung, **kann** sie hierfür bundesrechtlich – **34** mit Ausnahme der Fälle des Abs. 4 (→ Rn. 13) – **Stundungszinsen** verlangen (→ zu Stundungszinsen nach Abs. 3 S. 3 Rn. 17). Aus der in Abs. 3 bestimmten Verzinsungspflicht bei Verrentung der Beitragsforderung kann nicht im Umkehrschluss geschlossen werden, dass in anderen Fällen ein Zinsverbot besteht. Erklärt das Landesrecht § 234 Abs. 1 AO für anwendbar (vgl. zB § 12 Abs. 1 Nr. 5b KAG NRW), **müssen** die Gemeinden Stundungszinsen erheben, sofern nicht eine Unbilligkeit im Sinne des § 234 Abs. 2 AO vorliegt (vgl. OVG Münster Urt. v. 9.11.1983 – 3 A 2041/83, NVwZ 1984, 322) oder ein Zinsverbot wie nach Abs. 4 besteht. Auf **Prozess- oder Verzugszinsen** ergibt sich mangels ausdrücklicher Regelung **bundesrechtlich kein Anspruch** (vgl. BVerwG Urt. v. 17.12.1971 – IV C 17/69, BVerwGE 37, 239). Auch landesrechtlich ergeben sich in der Regel **keine Grundlagen** für die Erhebung von **Verzugszinsen** (vgl. zB § 12 Abs. 1 Nr. 5b KAG NRW iVm § 233 AO).

Jedoch können – sofern für anwendbar erklärt – nach § 240 AO **Säumniszu- 35 schläge** erhoben werden (hierzu *Lenzen* BayVBl. 1986, 427ff.). Die Erhebung liegt nicht im Ermessen der Gemeinde, sondern ist eine vom Gesetz an die Versäumung der Zahlungsfrist geknüpfte Rechtsfolge. Insoweit kommt allerdings wiederum ein Billigkeitserlass in Betracht. Säumniszuschläge sind keine öffentlichen Abgaben, so dass einem Widerspruch aufschiebende Wirkung zukommt (OVG Lüneburg Beschl. v. 27.1.1988 – 9 B 104/87, NVwZ-RR 1989, 325). Ggf. können auch **Aussetzungszinsen** nach § 237 AO verlangt werden, sofern das Landesrecht (zB § 12 Abs. 1 Nr. 5 lit. b KAG NRW) eine entsprechende Verweisung enthält und auf einen Widerspruch hin die Vollstreckung des Beitragsbescheids ausgesetzt wurde (BVerwG Urt. v. 9.3.1984 – 8 C 45/82, NVwZ 1984, 435; OVG Münster Urt. v. 29.9.1983 – 3 A 1635/82, NVwZ 1984, 321; dass. Beschl. v. 2.2.2007 – 3 A 5042/04, NVwZ-RR 2007, 413).

Schließt die Gemeinde einen **Vertrag** über ihre Beitragsforderung, trifft sie also **36** zB eine **Vorauszahlungsvereinbarung** oder vereinbart sie eine **Ablösung** des Erschließungsbeitrags, gilt hinsichtlich der Zinsen Vertragsrecht. Der Ausschluss der Verwaltungsverfahrensgesetze greift in diesen Fällen nicht ein, da es sich nicht mehr

um eine „Abgabenangelegenheit" im technischen Sinn handelt. Daher kommen über § 62 S. 2 VwVfG die Vorschriften des BGB zur Anwendung. Hiernach können bei Zahlungsverzug gemäß § 288 Abs. 1 BGB Zinsen in Höhe von 5% über dem Basiszinssatz ab Fälligkeit gefordert werden. Auch im Prozessfalle können nach den §§ 291, 288 BGB Zinsen verlangt werden (hierzu *Grüneberg* in Palandt, BGB, 74. Aufl. 2015, § 291 Rn. 1 ff.).

37 **c) Erstattung, Vollstreckung.** Zu Unrecht erhobene Erschließungsbeiträge sind zu **erstatten.** Diesbezügliche Streitigkeiten sind nach § 40 Abs. 1 S. 1 VwGO vor den Verwaltungsgerichten auszutragen (BVerwG Urt. v. 12.1.1983 – 8 C 78/81 u. a., NVwZ 1983, 472). Dies gilt auch für die Geltendmachung von Schadensersatzansprüchen infolge verspäteter Erstattung etwa von Vorauszahlungen (OVG Münster Beschl. v. 18.11.1997 – 3 E 1342/95, NVwZ 1998, 974). Ist der Beitragsbescheid noch nicht wirksam aufgehoben, ist er nach § 80 Abs. 2 S. 1 Nr. 1 VwGO vorläufig verbindlich und damit taugliche Rechtsgrundlage für die hiernach geforderte Leistung (→ Rn. 3). Dies gilt auch, wenn der Beitragsbescheid im Widerspruchsverfahren zwar aufgehoben wurde, die Gemeinde jedoch dagegen klagt. Solange in einem solche Fall daher Erstattungsansprüche noch nicht geltend gemacht werden können, können (idR bis zu einem rechtskräftigen Urteil, mit dem der Bescheid aufgehoben wird) hierfür auch keine Prozesszinsen entstehen (BVerwG Urt. v. 12.1.1983, aaO, 472, 473).

38 Die **Vollstreckung** von Beitragsforderungen der Gemeinde richtet sich ebenfalls nach Landesrecht (s. zB § 1 Abs. 1 Verwaltungsvollstreckungsgesetz NRW). Dabei muss sich die der Verwaltungsvollstreckung vorausgehende Aufforderung zur Leistung (Leistungsgebot) nur auf die Hauptforderung erstrecken. Sie braucht nicht Säumniszuschläge und Zinsen zu erfassen (s. zB § 12 Abs. 1 Nr. 6 KAG NRW in Verbindung mit § 254 Abs. 2 AO).

Siebter Teil. Maßnahmen für den Naturschutz

§ 135a Pflichten des Vorhabenträgers; Durchführung durch die Gemeinde; Kostenerstattung

(1) Festgesetzte Maßnahmen zum Ausgleich im Sinne des § 1a Abs. 3 sind vom Vorhabenträger durchzuführen.

(2) ¹Soweit Maßnahmen zum Ausgleich an anderer Stelle den Grundstücken nach § 9 Abs. 1a zugeordnet sind, soll die Gemeinde diese anstelle und auf Kosten der Vorhabenträger oder der Eigentümer der Grundstücke durchführen und auch die hierfür erforderlichen Flächen bereitstellen, sofern dies nicht auf andere Weise gesichert ist. ²Die Maßnahmen zum Ausgleich können bereits vor den Baumaßnahmen und der Zuordnung durchgeführt werden.

(3) ¹Die Kosten können geltend gemacht werden, sobald die Grundstücke, auf denen Eingriffe zu erwarten sind, baulich oder gewerblich genutzt werden dürfen. ²Die Gemeinde erhebt zur Deckung ihres Aufwands für Maßnahmen zum Ausgleich einschließlich der Bereitstellung hierfür erforderlicher Flächen einen Kostenerstattungsbetrag. ³Die Erstattungspflicht entsteht mit der Herstellung der Maßnahmen zum Ausgleich durch die Gemeinde. ⁴Der Betrag ruht als öffentliche Last auf dem Grundstück.

(4) Die landesrechtlichen Vorschriften über kommunale Beiträge einschließlich der Billigkeitsregelungen sind entsprechend anzuwenden.

§ 135a Pflichten des Vorhabenträgers

Übersicht

	Rn.
1. Überblick	1
2. Verursacherprinzip (Abs. 1)	2
3. Durchführung durch die Gemeinde (Abs. 2 S. 1)	3
4. „Öko-Konto" (Abs. 2 S. 2)	5
5. Kostenerstattung (Abs. 3)	6
6. Anwendung landesrechtlicher Vorschriften	8
7. Rechtsschutz	9

1. Überblick. Der **Siebte Teil des Ersten Kapitels** ist Teil des gesetzgeberischen Konzepts zur Verzahnung der naturschutzrechtlichen Eingriffsregelung mit dem Städtebaurecht (→ § 1a Rn. 12f.). Die Regelungen knüpfen an die §§ 1a Abs. 3, § 5 Abs. 2a, § 9 Abs. 1a und § 200a BauGB an. **1**

2. Verursacherprinzip (Abs. 1). Abs. 1 enthält das **Verursacherprinzip** der naturschutzrechtlichen Eingriffsregelung (*Mitschang* ZfBR 2005, 644). Die Durchführung der festgesetzten Maßnahmen zum Ausgleich iSd § 1a Abs. 3 obliegt dem Vorhabenträger als Verursacher des Eingriffs. Das Gesetz selbst enthält keine weitergehenden Regelungen über die Durchführung von Festsetzungen für den Ausgleich auf den Eingriffsflächen. Entsprechende Festsetzungen können dem Bauherrn im Wege von Nebenbestimmungen zur Baugenehmigung aufgegeben werden, sofern sie nicht bereits Gegenstand des Bauantrags sind. Es handelt sich dann idR um unselbstständige Nebenbestimmungen zur Baugenehmigung, die mit dieser zusammen angefochten und vollzogen werden können. Die Realisierung dieser Festsetzungen kann vom Bauherrn erst verlangt werden, wenn dieser den Bau oder Eingriff durchführt. Die Gemeinde kann die dem Vorhabenträger obliegende Verpflichtung bei Vorliegen der gesetzlichen Voraussetzungen ggf. durch ein **Pflanzgebot** nach § 178 durchsetzen. Soweit eine vertragliche Vereinbarung vorliegt (§ 1a Abs. 3 S. 4), kann die Gemeinde von den vertraglich eingeräumten Möglichkeiten zur Sicherstellung der Verpflichtung des § 135a Abs. 1 Gebrauch machen. **2**

3. Durchführung durch die Gemeinde (Abs. 2 S. 1). Soweit Maßnahmen zum Ausgleich nicht auf dem Eingriffsgrundstück selbst, sondern „an anderer Stelle" den Grundstücken nach § 9 Abs. 1a zugeordnet sind, soll die **Gemeinde** diese gem. **Abs. 2 S. 1** anstelle und auf Kosten der Vorhabenträger oder der Eigentümer der Grundstücke **durchführen**. Eine solche Verpflichtung der Gemeinde ist immer dann anzunehmen, wenn die Durchführung der Maßnahme nicht auf andere Weise gesichert ist (vgl. weiterhin *Mitschang* ZfBR 2005, 644). Als anderweitige Sicherung kommen insbesondere städtebauliche Verträge nach § 11 Abs. 1 S. 2 Nr. 2 in Betracht. Während die Frage, ob die Gemeinde Sammel-Ausgleichsmaßnahmen den Flächen zuordnet, auf denen Eingriffe zu erwarten sind, dem planerischen Ermessen obliegt, geht der Gesetzgeber beim Vollzug solcher zugeordneter Festsetzungen regelmäßig von der Verpflichtung der Gemeinde zur Durchführung der Maßnahmen aus, wenn die Realisierung dieser Festsetzungen auf andere Weise nicht gesichert ist. Zu den sachlichen Voraussetzungen vgl. zu § 1a Abs. 3 und § 9 Abs. 1a. **3**

Solche „Sammel-Ausgleichsmaßnahmen" werden von der Gemeinde durchgeführt. Dem Bauherrn kann im Rahmen der **Baugenehmigung** in der Regel nicht aufgegeben werden, einen bestimmten Teil oder Abschnitt dieser Maßnahme durchzuführen. Mit Blick auf die gesetzliche Verantwortung der Gemeinde obliegt es ihrer sachgerechten Beurteilung, den Vollzug solcher Sammel-Ausgleichsmaßnahmen von Baugenehmigungsverfahren bzw. von sonstigen Verfahren der Zulassung von Vorhaben abzukoppeln. **4**

§ 135a I. Kapitel. VII. Teil. Maßnahmen für den Naturschutz

5 **4. „Öko-Konto" (Abs. 2 S. 2).** Nach **Abs. 2 S. 2** können Maßnahmen zum Ausgleich bereits vor den Baumaßnahmen und der Zuordnung durchgeführt werden. Hierdurch hat die Gemeinde ua die Möglichkeit, bereits im Vorgriff auf spätere Baugebietsfestsetzungen Maßnahmen zum Ausgleich durchzuführen und diese dann den neuen Baugebieten zuzuordnen; **„Öko-Konto".** Im A-Ber/BauROG, S. 12, wurde hierzu ausgeführt, dass es durch das Öko-Konto jedoch nicht möglich ist, in der Vergangenheit, dh vor Inkrafttreten der Gesetzesänderung durchgeführte Maßnahmen zugunsten des Naturschutzes nachträglich noch als Ausgleichsmaßnahmen „umzuwidmen". Jedoch könne die insgesamt „gute ökologische Situation einer Gemeinde" auf Grund vorangegangener Maßnahmen für den Naturschutz und die Landschaftspflege im Gemeindegebiet bei der Aufstellung von Bauleitplänen bei der Abwägung zu berücksichtigen sein; → § 1a Rn. 24. Die Führung eines Öko-Kontos durch die Gemeinde darf das **Abwägungsergebnis** bei der Aufstellung eines Bebauungsplans **nicht präjudizieren.** Jedoch muss bei der Durchführung der Maßnahme für den Naturschutz bereits eindeutig erkennbar sein, dass sie die Funktion eines an sich erst später erforderlich werdenden Ausgleichs wahrnimmt. Diese Darlegung der künftigen Ausgleichsfunktionen kann durch eine entsprechende Erläuterung bei der Darstellung von Flächen für Natur und Landschaft im Flächennutzungsplan erfolgen, durch die Begründung des vorgezogenen Ausgleichsbebauungsplans geschehen oder auf andere Weise (zB in einem Landschaftsplan) dokumentiert werden. Auch kann im Flächennutzungsplan gem. § 5 Abs. 2a bereits eine Zuordnung von Flächen zum Ausgleich, auf denen Eingriffe zu erwarten sind, erfolgen. Vgl. weiterhin § 1a Abs. 3 S. 3 über die sich aus den Zielen der Raumordnung ergebenden Vorgaben sowie die Vorgaben einer Landschaftsplanung.

6 **5. Kostenerstattung (Abs. 3). Abs. 3 S. 1** bestimmt den Zeitpunkt, zu dem die Gemeinde die **Kosten geltend machen** kann, die ihr gem. Abs. 2 entstanden sind. Die Gemeinde kann die Kosten (frühestens) geltend machen, wenn die Grundstücke, auf denen Eingriffe zu erwarten sind, baulich oder gewerblich genutzt werden können. Dies entspricht der Regelung des Erschließungsbeitragsrechts in § 133 Abs. 1 S. 1. Art und Umfang der Ausgleichsmaßnahme ergeben sich aus den Festsetzungen des Bebauungsplans und ggf. aus der Satzung gem. § 135c. Adressat des Kostenerstattungsbetrags ist der Vorhabenträger oder Eigentümer, nicht dagegen der Erbbauberechtigte (entsprechend § 134 Abs. 1 S. 2–4). Die Kostenerstattungsregelung macht einen evtl. Anspruch eines Dritten gem. § 44 Abs. 2 insoweit entbehrlich.

7 **Abs. 3 S. 2–4** regeln, dass die Kostenerstattung durch einen **Kostenerstattungsbetrag** erfolgt. Der Kostenerstattungsbetrag umfasst auch die Kosten der Bereitstellung der für die Ausgleichsmaßnahmen erforderlichen Flächen; **Abs. 3 S. 2** (zum Kostenumfang vgl. *Mitschang* ZfBR 2005, 644). Die Erstattungspflicht entsteht mit der Herstellung der Maßnahmen zum Ausgleich durch die Gemeinde; **Abs. 3 S. 3** (vgl. § 135 Abs. 2 S. 1). Der Betrag ruht als **öffentliche Last** auf dem Grundstück; **Abs. 3 S. 4.** Auch insoweit ist der Kostenerstattungsbetrag dem Erschließungsbeitragsrecht angeglichen. In einem **förmlich festgelegten Sanierungsgebiet,** das nicht im vereinfachten Sanierungsverfahren durchgeführt wird (§ 152), ist die Vorschrift über die Erhebung von Kostenerstattungsbeträgen iSd § 135a Abs. 3 nicht anzuwenden; **§ 154 Abs. 1 S. 4.**

8 **6. Anwendung landesrechtlicher Vorschriften.** Nach **Abs. 4** sind in Anlehnung an § 135 Abs. 5 und 6 die landesrechtlichen Vorschriften über kommunale Beiträge einschließlich der Billigkeitsregeln entsprechend anwendbar.

9 **7. Rechtsschutz.** Die Erhebung des Kostenerstattungsbetrags ist ein öffentlich-rechtlicher Erstattungsanspruch, der entsprechend VwGO mit Widerspruch und Verwaltungsklage überprüft werden kann. Nach **§ 212a Abs. 2** haben Widerspruch und Anfechtungsklage gegen die Geltendmachung des Kostenerstattungsbetrags nach § 135a Abs. 3 keine aufschiebende Wirkung.

§ 135b Verteilungsmaßstäbe für die Abrechnung

¹Soweit die Gemeinde Maßnahmen zum Ausgleich nach § 135a Abs. 2 durchführt, sind die Kosten auf die zugeordneten Grundstücke zu verteilen. ²Verteilungsmaßstäbe sind
1. die überbaubare Grundstücksfläche,
2. die zulässige Grundfläche,
3. die zu erwartende Versiegelung oder
4. die Schwere der zu erwartenden Eingriffe.

³Die Verteilungsmaßstäbe können miteinander verbunden werden.

§ 135b regelt die Verteilung der Kosten auf die Grundstücke (S. 1) sowie die Maßstäbe, nach denen die Kosten für die von der Gemeinde durchgeführten Ausgleichsmaßnahmen nach § 135a auf die zugeordneten Grundstücke verteilt werden (S. 2). Das Gesetz sieht eine Eigenbeteiligung der Gemeinde nicht vor (VGH Kassel NuR 2002, 557). Eine solche kommt dann in Betracht, wenn von den zugeordneten Flächen auch einzelne im Eigentum der Gemeinde stehen oder es sich zB um Verkehrsflächen handelt. In diesen Fällen ist die Gemeinde wie jeder andere Bauherr oder Eigentümer an den Kosten zu beteiligen. Im Falle von Verkehrsflächen oder Flächen für sonstige Erschließungsanlagen kann die Gemeinde die auf sie entfallenden Kostenanteile in den Erschließungsaufwand nach § 128 Abs. 1 mit einbeziehen. 1

§ 135b S. 2 sieht **vier** Verteilungsmaßstäbe vor. Sie dienen dazu, die Kostenerstattungsbeträge möglichst gerecht auf die Kostenverursacher zu verteilen. Nach § 135b S. 3 können sie miteinander verbunden werden. Die Verteilungsmaßstäbe sind: überbaubare Grundstücksfläche (S. 2 Nr. 1; vgl. § 30 Abs. 1), die zulässige Grundfläche (S. 2 Nr. 2; vgl. § 19 Abs. 2 BauNVO), die zu erwartende Versiegelung (S. 2 Nr. 3) oder die Schwere der zu erwartenden Beeinträchtigungen (S. 2 Nr. 4; vgl. § 14 Abs. 1 BNatSchG). Die Wahl des sachgerechten Verteilungsmaßstabes hat nach Gesichtspunkten der Kostenverteilungsgerechtigkeit und der Praktikabilität zu erfolgen. Der Verteilungsmaßstab der zulässigen Grundfläche dürfte in der Praxis im Vordergrund stehen. Sind die Flächen im Plangebiet hinsichtlich Natur und Landschaft im Wesentlichen gleichwertig, sollte als Verteilungsmaßstab die zulässige Grundfläche oder die überbaubare Grundfläche gewählt werden. Ist die Wertigkeit der Flächen deutlich unterschiedlich, kann als Verteilungsmaßstab auch die Schwere der zu erwartenden Beeinträchtigungen ganz oder teilweise herangezogen werden. Die Verteilungsmaßstäbe nach der überbaubaren Grundstücksfläche, der zulässigen Grundfläche oder der zu erwartenden Versiegelungen erlauben „Feinsteuerungen" im Hinblick auf die planerischen Festsetzungen. Das Gesetz erlaubt der Gemeinde insgesamt pauschale Vorgehensweisen, da sie zB die Unterschreitung des Maßes der zulässigen Nutzung nicht berücksichtigen muss, weil Baurechte nicht voll ausgeschöpft werden oder die Überschreitung wegen der Inanspruchnahme von Befreiungen nach § 31 Abs. 2 überschritten werden. 2

§ 135c Satzungsrecht

Die Gemeinde kann durch Satzung regeln
1. Grundsätze für die Ausgestaltung von Maßnahmen zum Ausgleich entsprechend den Festsetzungen eines Bebauungsplans,
2. den Umfang der Kostenerstattung nach § 135a; dabei ist § 128 Abs. 1 Satz 1 Nr. 1 und 2 und Satz 2 entsprechend anzuwenden,
3. die Art der Kostenermittlung und die Höhe des Einheitssatzes entsprechend § 130,

§ 135c I. Kapitel. VII. Teil. Maßnahmen für den Naturschutz

4. **die Verteilung der Kosten nach § 135b einschließlich einer Pauschalierung der Schwere der zu erwartenden Eingriffe nach Biotop- und Nutzungstypen,**
5. **die Voraussetzungen für die Anforderung von Vorauszahlungen,**
6. **die Fälligkeit des Kostenerstattungsbetrags.**

§ 135c ermächtigt die Gemeinde zum Erlass einer Satzung für die von ihr durchgeführten Sammel-Ausgleichsmaßnahmen. Die Satzung kann gemeindeweit den Vollzug der Kostenerstattung konkretisieren. Die Satzung kann insbesondere Regelungen treffen zu den Grundsätzen für die Ausgestaltung von Ausgleichsmaßnahmen (Nr. 1), den Umfang der Kostenerstattung (Nr. 2), die Art der Kostenermittlung (Nr. 3), die Verteilung der Kosten einschließlich einer Pauschalierung (Nr. 4), die Voraussetzungen für die Anforderungen von Vorauszahlungen (Nr. 5) sowie die Fälligkeit des Kostenerstattungsbetrages (Nr. 6); vgl. hierzu die von den kommunalen Spitzenverbänden herausgegebene **Mustersatzung** (abgedruckt zB in EZBK § 135c Rn. 2). Vgl. weiterhin *Mitschang* ZfBR 2005, 644, der darauf hinweist, dass in § 135c ua eine Regelung entspr. § 133 Abs. 3 S. 5 (Ablösung) fehlt; auch die vorgenannte Mustersatzung empfiehlt die Aufnahme einer entsprechenden Regelung.

Zweites Kapitel. Besonderes Städtebaurecht

Erster Teil. Städtebauliche Sanierungsmaßnahmen

Vorbemerkung zu den §§ 136 bis 164b

Zwar war bereits bei der Erarbeitung des BBauG 1960 erkannt worden, dass der Städtebau bei der Sanierung überalterter Baugebiete, bei der Entwicklung in den Randzonen der Verdichtungsgebiete und beim Bau neuer Orte vor Aufgaben stand, deren Lösung eines über das BBauG hinausgehenden Instrumentariums bedarf. Von wenigen Regelungen abgesehen, hat der damalige Gesetzgeber die eingehende Regelung der städtebaulichen Erneuerung jedoch einem späteren Gesetz vorbehalten; dies vor allem, um die Verabschiedung des Gesetzes nach zehnjähriger Erarbeitungszeit nicht noch weiter zu verzögern. Schon bald nach Inkrafttreten des BBauG wurde daher mit den Vorarbeiten für ein Stadterneuerungsgesetz begonnen. Nach einem langwierigen Gesetzgebungsverfahren wurden die Sonderregelungen für städtebauliche Sanierungs- und Entwicklungsmaßnahmen mit dem Städtebauförderungsgesetz vom 27.7.1971 (BGBl. I S. 1125) in einem neben dem BBauG anzuwendenden Gesetz zusammengefasst. Das StBauFG hat ein Sonderrecht geschaffen: In sachlicher Hinsicht war es beschränkt auf städtebauliche Sanierungs- und Entwicklungsmaßnahmen; die Anwendung des Gesetzes war damit auch räumlich auf diese Maßnahmen und zeitlich auf deren Vorbereitung und Durchführung begrenzt. Jedoch enthielt das StBauFG innerhalb des so begrenzten Anwendungsbereichs keine abschließende bodenrechtliche Regelung, so dass auch sonstige bodenrechtliche Vorschriften anderer Gesetze – soweit im StBauFG nicht ausdrücklich ausgeschlossen – Anwendung fanden. Dies galt vor allem für die Anwendung des BBauG, das für Sanierungs- und Entwicklungsmaßnahmen neben den Vorschriften des StBauFG – zT erheblich modifiziert – anzuwenden war. Dieses „Nebeneinander" begründete in der Folge die rechtspolitische Absicht, BBauG und StBauFG zusammenzufassen. Mit dem BauGB 1987 und seiner Zusammenfassung beider Gesetze wurde diese Rechtsentwicklung vorläufig abgeschlossen. Der Gesetzgeber hat allerdings davon abgesehen, das Sanierungsrecht vollständig „aufzulösen" und zu einem allgemein anwendbaren Recht zu machen. Es bleibt bei der Konstruktion des Sanierungsrechts als eines Sonderrechts für besonders schwerwiegende städtebauliche Problemstellungen. Von einer allgemeinen Anwendbarkeit in dem Sinne, dass die besonderen Instrumente des Sanierungsrechts in allen Gemeindegebieten zur Anwendung kommen können, hat der Gesetzgeber durch die Begrenzung des Anwendungsbereichs auf „städtebauliche Missstände" (§ 136 Abs. 2 und 3) abgesehen. Eine Erweiterung des Anwendungsbereichs des Sanierungsrechts auf alle städtebaulichen Planungen und Maßnahmen wurde vom Gesetzgeber – unbeschadet rechtlicher und ordnungspolitischer Fragen – mit der Begründung abgelehnt, dass für eine Ausdehnung des Anwendungsbereichs des bisherigen Sanierungsrechts kein Bedürfnis besteht (A-Ber., 146). Das Bodenrecht des BauGB mit besonderen Verfahrens-, Planungs- und Steuerungsinstrumenten mit einem besonderen bodenpolitischen Konvent (vgl. §§ 152 ff.) wird durch ein besonderes Finanzierungs- und Förderungsrecht (ua §§ 164a, 164b) sowie flankierenden Vergünstigungen unterstützt. Der Regierungsentwurf sah noch über die im „Gesetz zur Förderung des Klimaschutzes bei der Entwicklung in den Städten und Gemeinden" (vgl. BT-Drs. 17/6076) letztlich enthaltenen Regelungen hinausgehende Ergänzungen des Sanierungsrechts

1

vor (hierzu *Krautzberger* DVBl. 2012, 69; *Krautzberger/Stüer* DVBl. 2013, 805 (813ff.)), die jedoch im Gesetzgebungsverfahren zugunsten einer Prüfbitte zurückgestellt wurden (vgl. BT-Drs. 17/6357). So wurde lediglich in § 148 Abs. 2 Nr. 5 eine Ergänzung in Bezug auf die sanierungsrelevanten Baumaßnahmen vorgenommen. Hiernach zählen auch die Errichtung oder Erweiterung von Anlagen und Einrichtungen zur dezentralen und zentralen Erzeugung, Verteilung, Nutzung oder Speicherung von Strom, Wärme oder Kälte aus erneuerbaren Energien oder Kraft-Wärme-Kopplung zu den Maßnahmen iS des Sanierungsrechts. Mit dem „Gesetz zur Stärkung der Innenentwicklung in den Städten und Gemeinden und weiteren Fortentwicklung des Städtebaurechts" (Innenentwicklungsnovelle 2013) haben die im Rahmen der Klimaschutznovelle 2011 noch zurückgestellten Belange des Klimaschutzes und der Klimaanpassung schließlich doch noch Eingang in das Sanierungsrecht gefunden und sind durch Änderungen in § 136 Abs. 2 S. 2 Nr. 1, Abs. 3 Nr. 1h und Abs. 4 S. 2 Nr. 1 sowohl in den Sanierungszielen als auch bei den möglichen Gegenständen städtebaulicher Missstände berücksichtigt worden (vgl. *Battis/Mitschang/Reidt* NVwZ 2013, 961 (966)).

Erster Abschnitt. Allgemeine Vorschriften

§ 136 Städtebauliche Sanierungsmaßnahmen

(1) Städtebauliche Sanierungsmaßnahmen in Stadt und Land, deren einheitliche Vorbereitung und zügige Durchführung im öffentlichen Interesse liegen, werden nach den Vorschriften dieses Teils vorbereitet und durchgeführt.

(2) ¹Städtebauliche Sanierungsmaßnahmen sind Maßnahmen, durch die ein Gebiet zur Behebung städtebaulicher Missstände wesentlich verbessert oder umgestaltet wird. ²Städtebauliche Missstände liegen vor, wenn
1. das Gebiet nach seiner vorhandenen Bebauung oder nach seiner sonstigen Beschaffenheit den allgemeinen Anforderungen an gesunde Wohn- und Arbeitsverhältnisse oder an die Sicherheit der in ihm wohnenden oder arbeitenden Menschen auch unter Berücksichtigung der Belange des Klimaschutzes und der Klimaanpassung nicht entspricht oder
2. das Gebiet in der Erfüllung der Aufgaben erheblich beeinträchtigt ist, die ihm nach seiner Lage und Funktion obliegen.

(3) Bei der Beurteilung, ob in einem städtischen oder ländlichen Gebiet städtebauliche Missstände vorliegen, sind insbesondere zu berücksichtigen
1. die Wohn- und Arbeitsverhältnisse oder die Sicherheit der in dem Gebiet wohnenden und arbeitenden Menschen in Bezug auf
 a) die Belichtung, Besonnung und Belüftung der Wohnungen und Arbeitsstätten,
 b) die bauliche Beschaffenheit von Gebäuden, Wohnungen und Arbeitsstätten,
 c) die Zugänglichkeit der Grundstücke,
 d) die Auswirkungen einer vorhandenen Mischung von Wohn- und Arbeitsstätten,
 e) die Nutzung von bebauten und unbebauten Flächen nach Art, Maß und Zustand,
 f) die Einwirkungen, die von Grundstücken, Betrieben, Einrichtungen oder Verkehrsanlagen ausgehen, insbesondere durch Lärm, Verunreinigungen und Erschütterungen,
 g) die vorhandene Erschließung,

§ 136

h) die energetische Beschaffenheit, die Gesamtenergieeffizienz der vorhandenen Bebauung und der Versorgungseinrichtungen des Gebiets unter Berücksichtigung der allgemeinen Anforderungen an den Klimaschutz und die Klimaanpassung;
2. die Funktionsfähigkeit des Gebiets in Bezug auf
 a) den fließenden und ruhenden Verkehr,
 b) die wirtschaftliche Situation und Entwicklungsfähigkeit des Gebiets unter Berücksichtigung seiner Versorgungsfunktion im Verflechtungsbereich,
 c) die infrastrukturelle Erschließung des Gebiets, seine Ausstattung mit Grünflächen, Spiel- und Sportplätzen und mit Anlagen des Gemeinbedarfs, insbesondere unter Berücksichtigung der sozialen und kulturellen Aufgaben dieses Gebiets im Verflechtungsbereich.

(4) ¹Städtebauliche Sanierungsmaßnahmen dienen dem Wohl der Allgemeinheit. ²Sie sollen dazu beitragen, dass
1. die bauliche Struktur in allen Teilen des Bundesgebietes nach den allgemeinen Anforderungen an den Klimaschutz und die Klimaanpassung sowie nach den sozialen, hygienischen, wirtschaftlichen und kulturellen Erfordernissen entwickelt wird,
2. die Verbesserung der Wirtschafts- und Agrarstruktur unterstützt wird,
3. die Siedlungsstruktur den Erfordernissen des Umweltschutzes, den Anforderungen an gesunde Lebens- und Arbeitsbedingungen der Bevölkerung und der Bevölkerungsentwicklung entspricht oder
4. die vorhandenen Ortsteile erhalten, erneuert und fortentwickelt werden, die Gestaltung des Orts- und Landschaftsbilds verbessert und den Erfordernissen des Denkmalschutzes Rechnung getragen wird.

³Die öffentlichen und privaten Belange sind gegeneinander und untereinander gerecht abzuwägen.

Übersicht

	Rn.
1. Anwendungsbereich (Abs. 1)	1
a) Allgemeines	1
b) Städtebauliche Gesamtmaßnahme	3
c) „In Stadt und Land"	6
d) „Anwendungspflicht"	7
e) Förderung	8
2. Begriff der städtebaulichen Sanierungsmaßnahme (Abs. 2 u. 3)	9
a) Allgemeines	9
b) Substanzschwächensanierung	14
c) Funktionsschwächensanierung	16
d) Missstände im Gebiet und auf Grundstücken	20
e) Zur Frage „vorbeugender" Sanierungsmaßnahmen	24
3. Sanierungsgrundsätze (Abs. 4)	27
a) Wohl der Allgemeinheit (Abs. 4 S. 1)	27
b) Allgemeine Ziele (Abs. 4 S. 2)	28
c) Abwägungsgebot (Abs. 4 S. 3)	34

1. Anwendungsbereich (Abs. 1). a) Allgemeines. § 136 Abs. 1 bestimmt in sachlicher Hinsicht den **Anwendungsbereich** des Sanierungsrechts nach dem BauGB: Es findet auf städtebauliche Sanierungsmaßnahmen Anwendung, deren einheitliche und zügige Durchführung im öffentlichen Interesse liegt. Das BauGB schafft für die in Abs. 1 bezeichneten und in Abs. 2 näher definierten städtebaulichen Maßnahmen ein **Sonderrecht**. Der Anwendungsbereich ist sachlich (§ 136

§ 136
II. Kapitel. I. Teil. Städtebauliche Sanierungsmaßnahmen

Abs. 2), räumlich (§ 142) und **zeitlich** (§§ 162 f.) **begrenzt.** Das Sanierungsrecht nach §§ 136 ff. enthält innerhalb des so begrenzten Anwendungsbereichs **keine abschließende bodenrechtliche Regelung.** Vielmehr finden in den Sanierungsgebieten auch sonstige bodenrechtliche Vorschriften des BauGB und anderer Gesetze Anwendung, soweit dies nicht ausdrücklich ausgeschlossen ist. Die Bereitstellung entsprechender Finanzmittel für die städtebauliche Sanierung wird, ohne dass eine diesbezügliche Erwähnung in § 136 Abs. 1 erfolgt, vorausgesetzt. Aus bodenrechtlicher Sicht ist eine Finanzierbarkeit der Maßnahmen erforderlich (→ § 141 Rn. 2). Das BauGB enthält keine allgemein verbindliche oder abschließende Definition dessen, was unter städtebaulicher Sanierung zu verstehen ist. Die Verbesserung oder Umgestaltung von Gebieten (Sanierung, Abs. 2 S. 1) sind städtebauliche Vorhaben, die auch ohne Anwendung des Sanierungsrechts durchgeführt werden. Der Anwendungsbereich des Gesetzes ist daher auf Sanierungsmaßnahmen „iSd BauGB" beschränkt, also auf Maßnahmen, wie sie im Gesetz im Einzelnen näher ausgestaltet sind. Zur **„Anwendungspflicht"** → Rn. 7.

2 Das Sanierungsrecht enthält Regelungen für folgende Gebiete und Flächen:

(1) **Untersuchungsgebiete,** dh Gebiete, für die Sanierungsmaßnahmen in Betracht kommen und für die von der Gemeinde gem. § 141 Abs. 3 die Durchführung vorbereitender Untersuchungen beschlossen wird. Zu den Rechtsfolgen vgl. vor allem → § 138 über die Auskunftspflicht der Sanierungsbetroffenen.

(2) förmlich festgelegte **Sanierungsgebiete;** §§ 142, 143. Nach Maßgabe des § 142 Abs. 4 wird die Sanierung im **vereinfachten Sanierungsverfahren** durchgeführt. Zu den Rechtswirkungen der förmlichen Festlegung und den Besonderheiten bei Durchführung der Sanierung im vereinfachten Sanierungsverfahren vgl. den Überblick in → § 142 Rn. 45 ff.

(3) förmlich festgelegte **Ersatz- und Ergänzungsgebiete;** § 142 Abs. 2. Zu den Rechtswirkungen der förmlichen Festlegung → § 142 Rn. 23 ff.

(4) **Außerhalb der förmlich festgelegten Sanierungsgebiete** können gem. § 147 S. 3, § 148 Abs. 1 S. 2 Ersatzbauten, Ersatzanlagen und durch die Sanierung bedingte Gemeinbedarfs- und Folgeeinrichtungen liegen. Zu den Rechtswirkungen → § 147 Rn. 9.

(5) für **Flächen eines land- oder forstwirtschaftlichen Betriebs,** die sowohl innerhalb als auch **außerhalb des Sanierungsgebiets** liegen, enthält § 145 Abs. 5 S. 2 einen Übernahmeanspruch.

3 **b) Städtebauliche Gesamtmaßnahme.** Als Sanierungsmaßnahmen iS des BauGB kommen nach Abs. 1 nur solche städtebaulichen Maßnahmen in Betracht, deren einheitliche Vorbereitung und zügige Durchführung im öffentlichen Interesse liegen. Städtebauliche Maßnahmen iS des § 136 sind **Gesamtmaßnahmen.** Städtebauliche Gesamtmaßnahmen sind gegenüber sonstigen städtebaulichen Maßnahmen (einzelnen Planungen, Vorhaben) besonders zur Lösung von städtebaulichen Problemen in Gebieten bestimmt, in denen ein qualifizierter städtebaulicher Handlungsbedarf besteht, der aus Gründen des öffentlichen Interesses ein planmäßiges und aufeinander abgestimmtes Vorgehen erfordert, weil in diesen Gebieten nicht nur einzelne, sondern ein Bündel städtebaulicher Maßnahmen erforderlich sind. Es handelt es sich um **gebietsbezogene Maßnahmen,** dh um Maßnahmen mit gebietlichem Bezug und gebietlicher Auswirkung. Eine städtebauliche Sanierungsmaßnahme kann zwar in einer **Einzelmaßnahme** (zB die Neugestaltung eines Marktplatzes; die Verlagerung eines störenden Betriebes) ihren Schwerpunkt haben; die Anwendung des Sanierungsrechts kommt in einem solchen Fall jedoch nur in Betracht, wenn die Auswirkungen der Einzelmaßnahme für ein Gebiet (die Umgebung) besonders bedeutsam und die einheitliche Vorbereitung und zügige Durchführung der Sanierung auch für das ganze Gebiet, das zum Sanierungsgebiet erklärt wird (§ 142), erforderlich ist („ganzheitliche Betrachtung"). Im **„öffent-**

1. Abschnitt. Allgemeine Vorschriften § 136

lichen Interesse" (Abs. 1) liegt daher nur die Durchführung einer gebietsbezogenen Gesamtmaßnahme. Als öffentliche Interessen iS des Abs. 1 kommen gewichtige städtebauliche Belange (vgl. § 1 Abs. 5 und 6) in Betracht; zum Allgemeinwohl vgl. Rn. 27. Weitere städtebauliche Gesamtmaßnahmen nach dem BauGB sind die städtebauliche Entwicklungsmaßnahme (§ 165), der Stadtumbau (§ 171a) und die Soziale Stadt (§ 171e).

Kennzeichnend für das gesetzgeberische Konzept der städtebaulichen Gesamt- 4 maßnahme ist ihre **einheitliche Vorbereitung und zügige Durchführung** durch die Gemeinde (§§ 140ff., §§ 146ff. BauGB). Die Gesamtverantwortung der Gemeinde für die Vorbereitung und Durchführung der Sanierung ist Ausfluss des gemeindlichen Selbstverwaltungsrechts (Art. 28 Abs. 2 GG). Die einheitliche Vorbereitung und zügige Durchführung erfordert vor allem eine **Planung** der Maßnahme durch die Gemeinde. Zur Planung rechnen insbesondere städtebauliche Planungen, wie zB Bauleitpläne, städtebauliche Rahmenpläne, Strukturpläne oder Stadtteilentwicklungspläne (vgl. weiterhin § 140 Nr. 4). Die Planung der Sanierungsmaßnahme erfordert weiterhin einen Zeit-Maßnahmenplan mit Kosten- und Finanzierungsüberlegungen (vgl. § 149). Die Gesamtplanung für das Sanierungsgebiet fließt in das **Sanierungskonzept der Gemeinde** ein; das Gesetz bezeichnet dieses Konzept als „**Ziele und Zwecke der Sanierung**" (§ 140 Nr. 3). Das Konzept wird entsprechend dem Stand der Vorbereitung und Durchführung der Maßnahmen weiter konkretisiert. Es ist keine statische, sondern eine fortschreibungsbedürftige Planung.

Abs. 1 hebt weiterhin das öffentliche Interesse an **zügiger Durchführung** der 5 städtebaulichen Sanierung hervor. Die zügige Durchführung einer Maßnahme ist wegen der besonderen Einschränkungen geboten, denen die Eigentümer und Nutzungsberechtigten in den Sanierungsgebieten ausgesetzt sind. Besondere Bedeutung hat das Gebot der zügigen Durchführung für die **Genehmigungspflicht für Vorhaben und Rechtsvorgänge** nach § 144. Die Verfügungs- und Veränderungssperre überschreitet die Grenze von der Sozialbindung des Eigentums zur Enteignung, wenn die Sanierung nicht sachgemäß und ohne behördenbedingte Verzögerung, also nicht zügig durchgeführt wird (vgl. entsprechend zu § 51 BGH NJW 1965, 2101 (2102)). Das Gebot bedeutet jedoch nicht, dass Sanierungsmaßnahmen **kurzfristig** durchführbar sein müssen; Sanierungsmaßnahmen erstrecken sich in der Regel **über Jahre** (→ § 142 Rn. 11). Die Sanierungsmaßnahme muss jedoch innerhalb eines **absehbaren** Zeitraums durchführbar sein (BVerwG NVwZ 2003, 1389); vgl. § 149 Abs. 4 S. 2.

c) „In Stadt und Land". Das Sanierungsrecht ist nach Abs. 1 „**in Stadt und** 6 **Land**" anzuwenden. Die Vorstellung, städtebauliche Sanierungsmaßnahmen beträfen in erster Linie die **Städte** und nicht ebenso den **ländlichen Raum,** wäre daher verfehlt. Auch in **Dörfern** kommt demgemäß die Durchführung von Sanierungsmaßnahmen in Betracht. Nicht die Größe einer Gemeinde ist hierbei maßgeblich, sondern die städtebauliche Situation und damit das Erfordernis, vorhandene städtebauliche Missstände durch Sanierungsmaßnahmen zu beheben. Für die Anwendung des Sanierungsrechts in Stadt und Land gilt somit nichts anderes als für die einheitliche Anwendung zB der Bauleitplanung in allen Gemeinden. Vgl. zur Dorferneuerung weiterhin → § 187 Rn. 8 mwN Zum Zusammenwirken von Gemeinde und Flurbereinigungsbehörde vgl. §§ 187 bis 191.

d) „Anwendungspflicht". Nach Abs. 1 **ist** bei Vorliegen der tatbestandlichen 7 Voraussetzungen für Sanierungsmaßnahmen iS des Gesetzes zu verfahren. Diese „**Anwendungspflicht**" hat vor allem Bedeutung im Hinblick auf die Gleichbehandlung der betroffenen Eigentümer und Nutzungsberechtigten. Allerdings sind für die förmliche Festlegung eines Sanierungsgebietes vielfältige Gesichtspunkte maßgebend, insbesondere die konkrete städtebauliche Situation, die Eigentums-

§ 136
II. Kapitel. I. Teil. Städtebauliche Sanierungsmaßnahmen

struktur, die Mitwirkungsbereitschaft der Betroffenen, die Maßnahmen und Planungen sonstiger Träger öffentlicher Belange, das Erfordernis für die Anwendung des besonderen Sanierungsrechts, die Bereitstellung von Förderungsmitteln oder die jeweilige Finanz- und Verwaltungskraft. Insoweit ist die Anwendungspflicht des § 136 Abs. 1 als **Wertung** des Gesetzgebers zu verstehen, dass bei Vorliegen der Tatbestandsvoraussetzungen für Sanierungsmaßnahmen das Erfordernis für die Anwendung des BauGB vermutet werden kann, ohne dass hierdurch eine „städtebauliche Sperre" eintritt.

8 e) **Förderung.** Die **Bereitstellung von Förderungsmitteln** ist für Sanierungsmaßnahmen meist Voraussetzung für eine sachgerechte Durchführung. Sie ist jedoch keine tatbestandliche Voraussetzung für die Anwendung des Sanierungsrechts, insbesondere auch nicht Bestandteil des Sanierungsbegriffs, zur Städtebauförderung vgl. §§ 164a, 164b. Allerdings ist die **Durchführbarkeit der Sanierung in einem absehbaren Zeitraum** und damit die Finanzierbarkeit der Maßnahme ggf. durch Bereitstellung oder Inaussichtstellung der voraussichtlich erforderlichen Mittel aus öffentlichen Haushalten Voraussetzung für die förmliche Festlegung: vgl. auch § 149 Abs. 4 S. 2. Weiterhin ist die Sanierungssatzung dann aufzuheben, wenn ua die erforderlichen Sanierungsmittel nicht beschafft werden können (vgl. § 162 Abs. 1 S. 1 Nr. 2).

9 2. **Begriff der städtebaulichen Sanierungsmaßnahme (Abs. 2 u. 3).** a) **Allgemeines.** Der **Begriff der Sanierungsmaßnahme** ist in **Abs. 2 S. 1** definiert. Er enthält objektive und finale Tatbestandsmerkmale. Objektive Voraussetzung für die Durchführung von Sanierungsmaßnahmen ist das Vorliegen **städtebaulicher Missstände.** In finaler Hinsicht muss die Sanierungsmaßnahme **der Behebung städtebaulicher Missstände dienen,** und zwar durch wesentliche Verbesserung oder Umgestaltung des Gebiets. Durch die Objektivierung des Sanierungsbegriffs mit dem Tatbestandsmerkmal „städtebauliche Missstände" trägt das Gesetz auch dem Schutz des Eigentums (Art. 14 Abs. 1 S. 2, Abs. 2 GG) und der Gleichbehandlung (Art. 3 GG) Rechnung. Der Begriff **„städtebauliche Missstände"** ist in Abs. 2 S. 2 und 3 definiert.

10 Während das Begriffsmerkmal „städtebauliche Missstände" auf die Ausgangslage der Sanierung abstellt, dh auf den Zustand, der die Einleitung von Sanierungsmaßnahmen erfordert, stellt das Begriffsmerkmal **„Behebung"** städtebaulicher Missstände auf das Ziel der Sanierung ab. Das Gesetz räumt dabei der Gemeinde einen **planerischen Gestaltungsrahmen** ein. Einen objektiven Rahmen iS einer „Mindestanforderung" an Sanierungsziele und durchgeführte Maßnahmen setzen die Begriffsmerkmale **„wesentliche Verbesserung"** oder **„Umgestaltung".** Wesentliche Verbesserung bedeutet, dass sich die städtebauliche Maßnahme auf das Gebiet deutlich auswirken muss. Die eigentumsrechtlichen und sonstigen Einschränkungen des Gesetzes sind nur gerechtfertigt, wenn die Situation des Gebiets durch die Sanierungsmaßnahme deutlich verbessert werden soll. Daher ist zB die Einleitung der Sanierung ausschließlich aus der Erwägung, in dem Gebiet die Anwendung der besonderen bodenrechtlichen Bestimmungen zu ermöglichen, ebenso unzulässig wie die förmliche Festlegung mit der Absicht, nur einzelne Durchführungsmaßnahmen vorzunehmen, die sich auf die gebietliche Gesamtsituation lediglich unwesentlich auswirken.

11 Auch wenn der **Begriff des städtebaulichen Missstandes** auf das bereits Vorhandene abhebt, so ist er doch offen gegenüber sich wandelnden städtebaulichen Aufgaben, wie der Weg von der **Flächensanierung** zur **erhaltenden Stadterneuerung** belegt. Ebenso ist der Missstandsbegriff gegenüber sich ändernden sozialen Vorstellungen über gesundes Wohnen offen (BGHZ 48, 193). Der gesetzliche Missstandstatbestand im Falle der sog. **Funktionsschwäche** nach § 136 Abs. 2 S. 2 Nr. 2, Abs. 3 Nr. 2 BauGB zeigt die Offenheit sowie innere Dynamik des Sanie-

1. Abschnitt. Allgemeine Vorschriften § 136

rungsbegriffs: So ist es für den Tatbestand der **Funktionsschwächensanierung** geradezu kennzeichnend, dass der städtebauliche Missstand mit der erst **zukünftigen Struktur und Funktion** des Sanierungsgebiets im gemeindlichen Bereich begründet wird (vgl. grundlegend BVerwG NVwZ 1985, 184). Zur zukünftigen Funktion gehört sowohl das, was nach dem Sanierungskonzept zB erhalten, als auch das, was durch einen Funktionswandel erreicht werden soll. Noch deutlicher als beim (objektiven) Tatbestandsmerkmal des Vorliegens städtebaulicher Missstände zeigt sich beim (finalen) Tatbestandsmerkmal der „**Behebung**", dass sich das Vorliegen eines Sanierungsbedürfnisses und damit die Voraussetzung für die Anwendung des Sanierungsrechts nicht generell beantworten lässt, sondern sich nur aus den Umständen des Einzelfalls, und zwar sowohl im Hinblick auf die jeweilige **städtebauliche Situation** als auch im Hinblick auf die **gemeindliche Planungskonzeption** zur Behebung des Missstands erschließt. Ziele und Eingriffsintensität der Sanierung bestimmen sich daher vornehmlich nach der gemeindlichen Sanierungsplanung. Das Gesetz räumt damit der Gemeinde einen **planerischen Gestaltungsrahmen** ein (BVerwG Beschl. v. 24.3.2010 – 4 BN 60/09, ZfBR 2010, 479). Hieraus ergibt sich, dass die Behebung städtebaulicher Missstände nicht mit einer **Totalsanierung** gleichgesetzt werden muss; auch eine **Minderung von städtebaulichen Missständen** kann ein Gebiet wesentlich verbessern und damit städtebauliche Missstände beheben (*Krautzberger* DVBl. 1984, 1149). Da die Begriffsmerkmale „wesentliche Verbesserung" und „Umgestaltung" somit der Ausfüllung durch ein planerisches gemeindliches Sanierungskonzept bedürfen, ist hierdurch die Offenheit des Sanierungsbegriffs gegenüber sich wandelnden städtebaulichen Zielvorstellungen gesichert.

Wiederholt wurde der Sanierungsbegriff im Hinblick auf aktuelle und absehbare 12 **zukünftige städtebauliche Aufgaben** geprüft. Schon bei der parlamentarischen Beratung des BauGB (A-Ber./BauGB 1987, S. 146) wurde auf die Offenheit des Sanierungsbegriffs für neue städtebauliche Fragestellungen abgehoben, so dass zu den Sanierungsaufgaben ua folgende städtebauliche Aufgaben gerechnet wurden: Umnutzung von Flächen aus Gründen einer städtebaulichen Umstrukturierung; bauliche Verdichtung in bisher aufgelockert bebauten Siedlungsgebieten zum Zwecke der Baulandversorgung; Umwidmung bisher baulich genutzter Flächen wegen zurückgehenden Siedlungsflächenbedarfs; verträgliche Gestaltung unterschiedlicher Nutzungen in Mischgebieten; Sanierungsaufgaben bei Maßnahmen des Bodenschutzes, ua bei der Wiederaufbereitung alter Industrie- und Gewerbegebiete („Altlasten"); Aufgaben der Lärmsanierung. Seit 1990 sind verstärkt Aufgaben der Konversion ehemals militärisch oder gewerblich genutzter Flächen Gegenstand von Sanierungsmaßnahmen. § 164b Abs. 2 enthält eine gesetzgeberische Schwerpunktsetzung darüber, für welche städtebauliche Aufgaben die Finanzhilfen des Bundes verwendet werden sollen: Stärkung der Innenstädte und Ortsteilzentren, Wiedernutzung von Flächen und Behebung sozialer Missstände. Zielsetzung einer Sanierung, sofern die Voraussetzungen des § 136 im Übrigen erfüllt sind, kann auch die Erhaltung der Zusammensetzung der Wohnbevölkerung sein (OVG Berlin NVwZ 1996, 920). Aufgaben des **Stadtumbaus** und der **Sozialen Stadt** können bei Vorliegen der Voraussetzungen des § 136 als Sanierungsmaßnahmen durchgeführt werden; kumulativ, ggf. auch eigenständig kommt die Anwendung der §§ 171a ff., 171e in Betracht.

Noch im Regierungsentwurf (vgl. BT-Drs. 17/6076, S. 10f.) zur **Klimaschutz-** 12a **novelle 2011** (BGBl. I S. 1509) waren verschiedene Regelungen enthalten, durch die das Sanierungsrecht in Bezug auf die mit dem „Gesetz zur Förderung des Klimaschutzes bei der Entwicklung in den Städten und Gemeinden" verfolgten Zielsetzungen des Klimaschutzes und der Anpassung an den Klimawandel in bebauten Gebieten zeitgemäß erweitert werden sollte (vgl. *Battis/Krautzberger/Mitschang/Reidt/Stüer* NVwZ 2011, 897 (904); *Krautzberger* DVBl. 2012, 69 (70); *Krautzberger/Stüer* DVBl.

2013, 805 (813)). Erfolgt ist dies allerdings erst mit dem „Gesetz zur Stärkung der Innenentwicklung in den Städten und Gemeinden und weiteren Fortentwicklung des Städtebaurechts" (Innenentwicklungsnovelle 2013), welches Änderungen in § 136 Abs. 2 S. 2 Nr. 1, Abs. 3 Nr. 1h sowie Abs. 4 S. 2 Nr. 1 vorsieht. Die Belange des Klimaschutzes und der Klimaanpassung werden insoweit bei den Voraussetzungen und Bewertungen für das Vorliegen von städtebaulichen Missständen sowie bei den Zielen der städtebaulichen Sanierung berücksichtigt (vgl. *Battis/Mitschang/Reidt* NVwZ 2013, 961 (966)).

13 Der Begriff des städtebaulichen Missstands ist in Abs. 2 S. 2 und Abs. 3 weiter konkretisiert. In **Abs. 2 S. 2** ist die Legaldefinition des städtebaulichen Missstands enthalten. Das Gesetz unterscheidet zwischen den Fällen der **Substanzschwäche** (Nr. 1) und der **Funktionsschwäche** (Nr. 2). Die Fälle der Substanzschwächensanierung sind dadurch gekennzeichnet, dass ein Gebiet nach seiner vorhandenen Bebauung oder seiner sonstigen Beschaffenheit den allgemeinen Anforderungen an gesunde **Wohn- und Arbeitsverhältnisse** oder an die Sicherheit der in ihm wohnenden oder arbeitenden Menschen auch unter Berücksichtigung der Belange des Klimaschutzes und der Klimaanpassung nicht entspricht. Vgl. zu diesen Anforderungen als allgemeine städtebauliche Belange auch § 1 Abs. 6 Nr. 1 sowie § 1a Abs. 5. Die Funktionsschwächensanierung kommt demgegenüber in Gebieten in Betracht, die **in der Erfüllung der Aufgaben**, die ihnen nach Lage und Funktion obliegen, **erheblich beeinträchtigt** sind. **Abs. 3 enthält beispielhaft** und nicht **abschließend** („insbesondere") diejenigen Merkmale, die für die Beurteilung, ob in einem Gebiet städtebauliche Missstände vorliegen, maßgeblich sind. Es handelt sich bei dem vom Bestand ausgehenden Begriff des städtebaulichen Missstandes allerdings um einen gegenüber sich wandelnden städtebaulichen Aufgaben offenen (→ Rn. 10 ff.) so dass auch schon bisher rechtlich anerkannt war, dass die städtebauliche Sanierungsmaßnahme etwa gebietsbezogene Maßnahmen im energetischen Bereich (zB die Errichtung von Blockheizkraftwerken oder Fernwärmenetze) zulässt. Dies entspricht im Übrigen der in der Praxis vorzufindenden kommunalen Aktivitäten im Rahmen einer „klimagerechten Stadterneuerung" (*Krautzberger* GuG 2012, 129 (132)).

14 **b) Substanzschwächensanierung.** Städtebauliche Missstände liegen nach Abs. 2 S. 2 Nr. 1, Abs. 3 Nr. 1 vor, wenn das Gebiet nach seiner **Bebauung** oder nach seiner **sonstigen Beschaffenheit** den allgemeinen Anforderungen an gesunde Wohn- und Arbeitsverhältnisse oder an die Sicherheit der in dem Gebiet wohnenden und arbeitenden Menschen auch unter Berücksichtigung der **Belange des Klimaschutzes und der Klimaanpassung** nicht entspricht. Mit der ergänzenden Einbeziehung auch der klimaschutz- und anpassungsbezogenen Belange unter Nr. 1 wird verdeutlicht, dass auch diese bei der städtebaulichen Sanierung im Rahmen einer Gesamtmaßnahme zu erfassen und zu gewichten sind, soweit es jedenfalls nach den örtlichen Gegebenheiten und Verhältnissen angezeigt ist und dem planerischen Ermessen der Gemeinde entspricht, und zwar auch in schon bestehenden Sanierungsgebieten. Der Tatbestand der **Substanzschwäche** knüpft somit an den Zustand des Gebiets an. Für die Beurteilung des Zustands des Gebiets sind vor allem die Bebauung und ihre Beschaffenheit maßgeblich. Abs. 3 Nr. 1 Buchst. a, b und h enthalten hierzu Konkretisierungen. Für die Beurteilung der Sanierungsbedürftigkeit eines Gebiets kommt weiterhin die sonstige Beschaffenheit in Betracht; auch hierzu enthält Abs. 3 Nr. 1 Konkretisierungen (Buchst. c bis g).

15 Die **Anforderungen an gesunde Wohn- und Arbeitsverhältnisse** und an die **Sicherheit** ergeben sich ua aus dem Bauordnungsrecht der Länder sowie aus sonstigen öffentlich-rechtlichen Bauvorschriften. Aus dem Bauordnungsrecht ergeben sich insbesondere die Anforderungen an die **Belichtung, Besonnung** und **Belüftung** von Wohnungen und Arbeitsstätten (Abs. 3 Nr. 1 Buchst. a) sowie an die **bau-**

liche Beschaffenheit von Gebäuden, Wohnungen und Betriebsstätten (zur letzteren vgl. auch das Arbeitsstättenschutzrecht). → Vgl. auch die Erl. zu § 177 Abs. 2. Die Substanzschwäche kann sich auch aus der **Zugänglichkeit der Grundstücke** (Abs. 3 Nr. 1 Buchst. c) ergeben, insbesondere wegen fehlenden Anschlusses an öffentliche Verkehrsflächen, aber auch wegen unzugänglicher Hinterhofbebauungen. Abs. 3 Nr. 1 Buchst. d und f enthalten zwei sich zT überschneidende Mischstandsmerkmale, nämlich die Auswirkung einer vorhandenen **Mischung von Wohn- und Arbeitsstätten** (Buchst. d) einerseits und der **Einwirkungen,** die von Grundstücken, Betrieben, Einrichtungen oder Verkehrsanlagen ausgehen (Buchst. f) andererseits. In beiden Fällen ergibt sich der Missstand insbesondere aus sich gegenseitig negativ berührenden unterschiedlichen Nutzungen. Im Falle des Buchst. d geht es vor allem um die negativen Auswirkungen innerhalb des Sanierungsgebiets, während die Einwirkungen durch Lärm, Verunreinigung und Erschütterungen iS des Buchst. f auch auf das umliegende Gebiet ausstrahlen können. Zur planerischen Problematik von sog. **Gemengelagen** → § 1 Rn. 110 f. Als weiteres Missstandsmerkmal nennt Abs. 3 Nr. 1 Buchst. e die Nutzung von bebauten und unbebauten Flächen nach Art, Maß und Zustand. Hinsichtlich von Art und Maß der Nutzung bebauter Grundstücke kann als Anhaltspunkte für zeitgerechte städtebauliche Vorstellungen auf Bestimmungen über die Art und das Maß der baulichen Nutzung nach der **BauNVO** zurückgegriffen werden. Hinsichtlich des Zustandes bebauter oder unbebauter Flächen und ihrer Nutzung kann sich ein Missstand ua aus vorhandenen Bodenbelastungen („Altlasten") ergeben; vgl. auch Abs. 4 Nr. 3. Auch aus der vorhandenen **Erschließung** (Abs. 3 Nr. 2 Buchst. g) kann sich die Sanierungsbedürftigkeit des Gebiets ergeben. Angesichts der städtebaulichen Dimension von **Klimaschutzaufgaben** (vgl. § 1 a Abs. 5) können auch Defizite in der zeitgemäßen energetischen Erneuerung als Missstände angesehen werden (→ Rn. 12 a und 13), sei es wegen der unzureichenden Gebäudesubstanz, sei es wegen einer unzureichenden energetischen Infrastruktur (zB Blockheizkraftwerke und deren Anschluss an die Gebäude); vgl. hierzu auch die Erweiterungen in § 11 Abs. 1 S. 2 Nr. 4 und 5. Insoweit bestimmt die durch die Innenentwicklungsnovelle 2013 neu eingeführte Regelung in § 136 Abs. 3 Nr. 1 h, dass auch die energetische Beschaffenheit, die Gesamtenergieeffizienz der vorhandenen Bebauung und der Versorgungseinrichtungen des Gebiets unter Berücksichtigung der allgemeinen Anforderungen an den Klimaschutz und die Klimaanpassung bei der Beurteilung ob städtebauliche Missstände vorliegen, zu berücksichtigen sind (vgl. *Battis/Mitschang/Reidt* NVwZ 2013, 961 (966)).

c) Funktionsschwächensanierung. Nach **Abs. 2 S. 2 Nr. 2** liegen städtebauliche Missstände weiterhin dann vor, wenn ein **Gebiet in der Erfüllung der Aufgaben erheblich beeinträchtigt ist,** die ihm nach seiner Lage und Funktion obliegen. **Abs. 3 Nr. 2** nennt beispielhaft hierbei in Betracht kommende Missstandsmerkmale. Für die Beurteilung der **Funktionsschwäche** kommt es – ausgehend vom Bestand – auf die derzeitige oder die zukünftige Funktion des Gebiets an. Im ersteren Fall können sich Überschneidungen mit der Substanzschwächensanierung nach Abs. 3 Nr. 1 ergeben. Allerdings müssen im Fall der Funktionsschwäche nicht zugleich „physische" Mängel iS des Abs. 3 Nr. 1 vorliegen. Die Funktionsschwäche bezieht sich im Übrigen auf Fehlentwicklungen eines Gebiets, die sich sowohl aus der Funktion des Gebiets selbst als auch aus seiner Funktion für benachbarte Gemeindeteile, die gesamte Stadt oder den Nachbargemeinden ergeben.

Abs. 3 Nr. 2 Buchst. a bis c nennen mehrere Indikatoren, aus denen sich die Sanierungsbedürftigkeit ergeben kann. Die Funktionsfähigkeit des Gebiets in Bezug auf den **fließenden und ruhenden Verkehr** (Abs. 3 Nr. 2 Buchst. a) kann im Hinblick auf das Verhältnis zwischen Verkehrsfläche und Verkehr, auf Immissionen, die vom Verkehr ausgehen (vgl. auch Abs. 3 Nr. 1 Buchst. f) oder auf fehlende Stellplätze (vgl.

§ 136
II. Kapitel. I. Teil. Städtebauliche Sanierungsmaßnahmen

auch Abs. 3 Nr. 1 Buchst. g) beeinträchtigt sein. Ein Missstand hinsichtlich der Funktionsfähigkeit des Gebiets in Bezug auf die **wirtschaftliche Situation und Entwicklungsfähigkeit** (Abs. 3 Nr. 2 Buchst. b) des Gebiets kann in einer gestörten Versorgungsfunktion liegen; zB fehlende Einkaufsmöglichkeiten oder Fehlen sonstiger der Versorgung dienenden Einrichtungen. Der Missstand kann auch darin liegen, dass das Gebiet seiner Versorgungsfunktion im **„Verflechtungsbereich"** nicht entspricht. Mit „Verflechtungsbereich" können – je nach Situation und Funktion des Gebiets – benachbarte Gemeindegebiete, die Gesamtgemeinde oder das Umland der Gemeinde bezeichnet sein. Der Missstand kann sich zB aus einer einseitigen, der Funktion des Gebiets nicht entsprechenden Konzentration einzelner Nutzungsarten ergeben; zB fehlende Mischung von Nutzungen zur Erhaltung eines lebensfähigen Gemeinwesens; vgl. weiterhin den auf gegenseitige Beeinträchtigung abstellenden Substanzschwächenfall nach Abs. 3 Nr. 1 Buchst. d. Die Funktionsschwäche kann sich auch daraus ergeben, dass durch großflächige Einzelhandelsbetriebe in Nachbargemeinden oder in anderen Stadtteilen die Einzelhandelsbetriebe zur verbrauchernahen Versorgung die Lebensgrundlage verlieren. In Betracht kommen damit insbesondere Fälle der funktionellen „Verödung" eines Gebiets. Auch fehlende Arbeitsplätze können eine Funktionsschwäche ebenso begründen wie Defizite im Bereich des Tourismus (OVG Münster Urt. v. 24.7.2009 – 7 D 130/08.NE, BauR 2009, 1876 (1877)). Ein besonders wichtiger Sanierungsgrund ist die unzureichende **infrastrukturelle Erschließung des Gebiets** (Abs. 3 Nr. 2 Buchst. c). Das Gesetz nennt hier beispielhaft die Ausstattung eines Gebiets mit Grünflächen, Spiel- und Sportplätzen und Anlagen des Gemeinbedarfs. Auch hierbei ist sowohl auf die infrastrukturelle Situation des Sanierungsgebiets selbst als auch auf seine Bedeutung für den „Verflechtungsbereich" abzustellen. Das Gesetz nennt hier insbesondere die „sozialen und kulturellen Aufgaben" eines Gebiets, also zB die Anlagen des Gesundheitswesens (Krankenhäuser), Erholungs- und Sporteinrichtungen, Schulen, Kinos, Museen sowie der sozialen Infrastruktur. Auch Defizite in der **energetischen Infrastruktur** – § 11 Abs. 1 S. 2 Nr. 4 und 5 nennen einige Beispiele – können funktionelle Missstände begründen.

18 Die Funktionen, die ein bestimmtes Gebiet zu erfüllen hat, ergeben sich vor allem aus der **städtebaulichen Planung** der Gemeinde. In Betracht kommen insbesondere die planerischen Absichten der Gemeinde, die sich aus einem Bauleitplan, einer städtebaulichen Entwicklungsplanung oder einer Rahmenplanung der Gemeinde (vgl. § 140 Nr. 4) ergeben. Auch eine überörtliche Planung (zB die Raumordnung), soweit sie in die städtebauliche Planung umgesetzt ist (vgl. § 1 Abs. 4), kann die Funktion des Gebiets bestimmen. Zur Beurteilung der Funktionsschwäche ist ein **Soll-Ist-Vergleich** zwischen dem Zustand des Gebiets und der ihm nach der städtebaulichen Planung obliegenden Funktion anzustellen (vgl. BVerwG NVwZ 1985, 184): Ist das Gebiet iS des Abs. 3 Nr. 2 **erheblich** in seiner Lage und Funktion **beeinträchtigt,** die sich nach der städtebaulichen Situation und der sich hieraus beziehenden städtebaulichen Planung ergibt, kann eine Funktionsschwäche iS des Abs. 2 S. 2 Nr. 2 vorliegen.

19 Die Funktionsschwäche kann sich damit auf die **gegenwärtige Funktion** eines Gebiets beziehen, wenn das Gebiet bereits derzeit in den ihm nach Lage und Funktion obliegenden Aufgaben beeinträchtigt wird. Die Funktionsschwäche kann sich aber auch auf eine dem Gebiet **zukünftig zugedachte Funktion** beziehen. Zur zukünftigen Funktion gehört sowohl das, was nach dem planerischen Konzept der Gemeinde (Ziele und Zwecke der Sanierung, § 140 Nr. 3) erhalten, als auch das, was durch einen Funktionswandel erreicht werden soll (BVerwG NVwZ 1985, 184). Soll zB ein Gebiet nach dem Sanierungskonzept die Funktion eines Einkaufsbereichs bestimmter Ausprägung haben, so kann sich aus dem Vorhandensein oder dem Überhandnehmen anderer Nutzungen wie zB Versicherungen, Verwaltungen und Banken, die sich in diesem Bereich ansiedeln wollen, eine Funktionsschwäche ergeben

1. Abschnitt. Allgemeine Vorschriften § 136

(vgl. BVerwG NVwZ 1985, 184). Anhaltspunkte, die eine Funktionsschwächensanierung rechtfertigen, müssen sich aus der vorhandenen gebietlichen Situation ergeben („Situationsbezogenheit"); → vgl. hierzu sowie zur Abgrenzung von nur „präventiven" Maßnahmen Rn. 24–26.

d) Missstände im Gebiet und auf Grundstücken. Die zum **Entschädi-** 20
gungsrecht (→ vgl. die Erl. zu **§ 43 Abs. 4**) entwickelten Maßstäbe über die allgemeinen Anforderungen an gesunde Wohn- und Arbeitsverhältnisse oder an die Sicherheit der im Gebiet arbeitenden und wohnenden Menschen können **allgemein** zur Beurteilung der Sanierungsbedürftigkeit eines Gebiets herangezogen werden: vgl. insbesondere BGHZ 81, 374 (381).

Die zum Entschädigungsrecht entwickelten Maßstäbe können jedoch nicht in 21
dem Sinne für die Beurteilung der Sanierungsbedürftigkeit nach § 136 herangezogen werden, dass alle oder nahezu alle **Grundstücke** davon geprägt sein müssen. Die **unterschiedliche Bedeutung des Missstandsbegriffs** in den Fällen des § 136 Abs. 2 und des § 43 Abs. 4 ergibt sich aus Folgendem: § 43 Abs. 4 bezieht den Missstand auf ein individuelles Grundstück. Auch wenn ein die Substanzsanierung rechtfertigender Missstand im Gebiet besteht, so ist der Entschädigungsausschluss nach § 43 Abs. 4 Nr. 1 nur gerechtfertigt, wenn zusätzlich die Nutzung des betroffenen Grundstücks zu diesem Missstand wesentlich beiträgt. Das Gleiche gilt für die Fälle der Funktionsschwäche gem. § 43 Abs. 4 Nr. 2: Auch hier muss das Grundstück selbst zur Funktionsschwäche des Gebiets insgesamt, dh zum Missstand iS einer qualifizierten Kausalität beitragen; → § 43 Rn. 7.

§ 136 Abs. 2 und 3 stellt dagegen nicht auf einen grundstücksbezogenen Miss- 22
stand ab, sondern auf die **Prägung eines Gebiets** durch Defizite iS des § 136 Abs. 2 und 3. Liegen in einem Gebiet zahlreiche Grundstücke, auf denen Missstände iS des Abs. 2 und Abs. 3 bestehen, ist die Sanierungsbedürftigkeit des Gebietes aus städtebaulichen Gründen regelmäßig indiziert. So kann auch eine Häufung von Wohnungsausstattungsmängeln (ua fehlende sanitäre Einrichtungen), die nur individuelle, grundstücksbezogene Missstände darstellen, infolge der Häufung in einem Gebiet und der sich hieraus ergebenden sozialen und wirtschaftlichen Probleme in einen städtebaulichen Missstand umschlagen; → § 177 Rn. 7. Für die Beurteilung des sanierungsrechtlichen Missstands kommt es rechtlich gesehen nicht auf die Häufigkeit von grundstücksbezogenen Einzelmissständen an, sondern darauf, dass diese **ein Gebiet insgesamt prägen.** Auch wenn das **einzelne Grundstück selbst keine Missstände aufweist**, ist es infolge seiner Zugehörigkeit zu dem insgesamt sanierungsbedürftigen Gebiet vorbelastet und damit iS eines städtebaulichen Missstands geprägt (vgl. BVerwG NVwZ 1985, 184); → § 142 Rn. 9.

Vom Fall einer situationsbedingten Vorbelastung bzw. Prägung eines **Grund-** 23
stücks, das selbst keine städtebaulichen Missstände aufweist, sind die Fälle des § 142 Abs. 1 S. 3 zu unterscheiden, wonach einzelne Grundstücke, die nicht von der Sanierung betroffen werden, aus dem Gebiet ausgenommen bzw. (im Umkehrschluss) in dieses auch einbezogen werden können. Hierbei handelt es sich um eine Festlegung aus **Zweckmäßigkeitserwägungen.** Derartige Grundstücke sind nicht durch einen gebietsbezogenen Missstand geprägt; dies wird insbesondere bei einer Genehmigung nach §§ 144, 145 zu berücksichtigen sein. Das Gesetz will hiermit vermeiden, dass die Gemeinden bereits bei der Gebietsfestlegung alle Grundstücke individuell beurteilen und von vornherein nichtbelastete Grundstücke aussparen müssen; hierdurch wird auch vermieden, dass Gebiete mit nicht-sanierungsbedürftigen „Inseln" entstehen.

e) Zur Frage „vorbeugender" Sanierungsmaßnahmen. Missstände iS des 24
Abs. 2 S. 2 Nr. 1 (**Substanzschwäche**) drängen sich in der Regel bereits dem unbefangenen Betrachter auf; sie sind meist unmittelbar erkennbar („physische" Miss-

§ 136 II. Kapitel. I. Teil. Städtebauliche Sanierungsmaßnahmen

stände). Dies ist keine rechtliche Voraussetzung, kann jedoch als Anhaltspunkt für die Feststellung der Prägung eines Gebiets durch einen Missstand gelten. Dagegen sind die Fälle der **Funktionsschwäche** (Abs. 2 S. 2 Nr. 2) eher dadurch gekennzeichnet, dass sie sich aus dem Soll-Ist-Vergleich zwischen der tatsächlichen Wahrnehmung und der ihm nach seiner Lage und Funktion an sich obliegenden Aufgaben ergeben (→ Rn. 19). Auch dies kann dem Gebiet physisch „ablesbar" sein; die Funktionsschwäche ist jedoch mehr durch ein planerisches Defizit gekennzeichnet, also durch ein Missverhältnis zwischen der tatsächlichen Situation und jener, die dem Gebiet nach seiner Lage und Funktion obliegen sollte.

25 Diese Unterscheidung zwischen beiden Missstandsfällen ist für die Beurteilung der Frage von Bedeutung, ob im Rahmen der Sanierung auch **präventive,** also dem Entstehen von **Missständen vorbeugende Maßnahmen** zulässig sind. § 136 erlaubt die Sanierung nur dann, wenn das Gebiet durch einen Missstand geprägt ist. Weisen daher zB bereits eine Reihe von Grundstücken Substanzschwächen auf und ist davon auszugehen, dass ein entsprechender Verfallprozess auf Grund **objektiver Anhaltspunkte** um sich greifen wird, so kann bereits der städtebauliche Missstand für das Gebiet insgesamt gegeben sein; dies jedenfalls dann, wenn dieser Verfallprozess nur durch eine städtebauliche Sanierungsmaßnahme iS des Abs. 1 behoben werden kann. In diesem Fall liegt aber **keine vorbeugende Maßnahme,** sondern bereits die **Behebung eines Missstands** vor. Reine präventive Maßnahme ohne das Gebiet prägende Anhaltspunkte rechtfertigen dagegen die Durchführung einer Sanierung aus Gründen der **Substanzschwäche** nicht; andernfalls wäre im Grenzfall jedes Gemeindegebiet im Hinblick auf einen denkbaren späteren städtebaulichen „Verfall" ein potentielles Sanierungsgebiet, in dem Sanierungsmaßnahmen durchgeführt werden können.

26 Auch die **Funktionsschwächensanierung** ist rechtlich gesehen **keine präventive** Sanierung. Auch soweit hier der Missstand auf Grund eines Soll-Ist-Vergleichs auf die einem Gebiet obliegende zukünftige Funktion festgestellt wird, liegt hierin keine Prävention: Denn die Funktionsschwäche muss bei der Festlegung dieses Gebiets bereits gegeben sein. Sie liegt auch dann vor, wenn das Gebiet in der Erfüllung der Aufgaben beeinträchtigt ist, die ihm nach den objektiven städtebaulichen Gegebenheiten und iS einer geordneten und nachhaltigen städtebaulichen Entwicklung (vgl. § 1 Abs. 3 und 5), also insbesondere auch nach der gemeindlichen Entwicklungsvorstellung konkret zukommen soll. Es handelt sich also auch in diesen Fällen nicht um Prävention, sondern bereits unmittelbar um die Behebung eines städtebaulichen Defizits.

27 **3. Sanierungsgrundsätze (Abs. 4). a) Wohl der Allgemeinheit (Abs. 4 S. 1).** Sanierungsmaßnahmen dienen nach **Abs. 4 S. 1** dem **Wohl der Allgemeinheit.** Die Bestimmung hat programmatische Bedeutung. Sie enthält keine gesetzliche Fiktion, dass zB die Enteignung in Sanierungsgebieten vom Wohl der Allgemeinheit erfordert ist; vgl. § 87 Abs. 1 (vgl. aber die erleichterte Enteignung in Sanierungsgebieten gem. § 88 S. 2). Sanierungsmaßnahmen müssen auch nicht aus Gründen des Wohls der Allgemeinheit erforderlich sein; vgl. demgegenüber § 165 Abs. 3 S. 1 Nr. 2, wonach die förmliche Festlegung eines **städtebaulichen Entwicklungsbereichs** voraussetzt, dass das Wohl der Allgemeinheit die Durchführung der Entwicklungsmaßnahme erfordert (zur zulässigen Umstellung einer städtebaulichen Sanierungsmaßnahme auf eine städtebauliche Entwicklungsmaßnahme, vgl. BVerwG Beschl. v. 8.7.2009 – 4 BN 12.09, ZfBR 2009, 692). Das Gesetz fordert jedoch in Abs. 1, dass Sanierungsmaßnahmen im **öffentlichen Interesse** liegen (→ Rn. 3). Abs. 4 S. 1 hebt somit vor allem das besondere Gewicht von Sanierungsmaßnahmen hervor, die ihnen bei der Lösung komplexer Sachverhalte zukommt.

b) Allgemeine Ziele (Abs. 4 S. 2). Abs. 4 S. 2 nennt **allgemeine** Ziele städtebaulicher Sanierungsmaßnahmen. Die Bestimmung ist als **Soll-Vorschrift** ausgestaltet, sie hat also mehr als nur programmatische Bedeutung und sie wurde jüngst in Nr. 1 durch die Innenentwicklungsnovelle 2013 um „die allgemeinen Anforderungen an den Klimaschutz und die Klimaanpassung" erweitert (*Battis/Mitschang/ Reidt* NVwZ 2013, 961 (966)). Dadurch soll insbesondere auf die nachhaltige Ausstattung der baulichen Anlagen mit Erneuerbaren Energien, Kraft-Wärme-Kopplungsanlagen sowie auch mit Wärmedämmungsmaßnahmen abgestellt werden (*Krautzberger* GuG 2012, 129 (133); *Krautzberger/Stüer* DVBl. 2013, 805 (813)). Durch die Bezugnahme auf „allgemeine" Anforderungen soll auf die Standards des Energiefachrechts hingewiesen werden, da diese bereits die Grundsätze des Verhältnismäßigkeitsgebots beachten. Soll-Vorschriften sind im öffentlichen Recht Muss-Vorschriften, soweit nicht besondere Umstände des Einzelfalls eine Abweichung rechtfertigen. Sanierungsmaßnahmen müssen mindestens einem der in Abs. 4 S. 2 genannten Ziele dienen. Die Aufzählung ist alternativ („oder"). Aus der Vorschrift ergeben sich Anhaltspunkte dafür, ob ein öffentliches Interesse iS des Abs. 1 zur Durchführung einer städtebaulichen Sanierungsmaßnahme iS des BauGB gegeben ist.

Für das Verhältnis zum Katalog der **städtebaulichen Belange iS des § 1 Abs. 6** gilt Folgendes: § 1 Abs. 6 enthält die für das gesamte Städtebaurecht maßgeblichen und zu beachtenden städtebaulichen Belange und städtebaulichen Zielvorstellungen. Die in Abs. 4 S. 2 bezeichneten Sanierungsziele heben diejenigen städtebaulichen Belange besonders hervor, die im Hinblick auf die Durchführung einer städtebaulichen Sanierungsmaßnahme von besonderem Gewicht sind, und zwar insbesondere im Hinblick auf die Festlegung eines Gebiets. Die in dem Katalog des Abs. 4 S. 2 nicht ausdrücklich bezeichneten städtebaulichen Belange sind jedoch gleichwohl für die Sanierung maßgeblich, und zwar für die sanierungsrechtliche Abwägung bei der Gebietsfestlegung, die sonstige Vorbereitung und die Durchführung der Sanierung (Abs. 4 S. 3), also auch für die Sanierungsplanung (vgl. § 140 Nr. 3).

Sanierungsmaßnahmen sollen zur Entwicklung der **baulichen Struktur** beitragen **(Abs. 4 S. 2 Nr. 1).** Besonders hervorgehoben sind einerseits die allgemeinen Anforderungen an den Klimaschutz und die Klimaanpassung sowie andererseits die sozialen, hygienischen, wirtschaftlichen und kulturellen Erfordernisse. Die Sanierungsmaßnahmen sollen **in allen Teilen des Bundesgebiets** durchgeführt werden; hierdurch soll eine unter raumordnerischen Gesichtspunkten unerwünschte einseitige Begünstigung oder Vernachlässigung bestimmter Gebiete unterbunden werden. Zu den **klimaschutz- und anpassungsbezogenen Anforderungen** vgl. § 1a Abs. 5; zu den **sozialen** Erfordernissen vgl. § 1 Abs. 6 Nr. 3; zu den hygienischen Erfordernissen vgl. § 1 Abs. 6 Nr. 1 und 7; zu den **wirtschaftlichen** Erfordernissen vgl. § 1 Abs. 6 Nr. 8; zu den **kulturellen** Erfordernissen vgl. § 1 Abs. 6 Nr. 3 und 5.

Gem. **Abs. 4 S. 2 Nr. 2** sollen Sanierungsmaßnahmen die **Verbesserung der Wirtschafts- und Agrarstruktur** unterstützen; vgl. hierzu auch § 1 Abs. 6 Nr. 8. Die Sanierungsmaßnahmen tragen zur Verbesserung der Wirtschaftsstruktur vor allem durch Verbesserung der Rahmenbedingungen für private Investitionen, durch die Ansiedlung von Gewerbe- oder Versorgungsbetrieben sowie durch die Schaffung von Arbeitsplätzen bei. Die auf Grund von **Verwaltungsvereinbarungen** (vgl. § 164b Abs. 1) bereitgestellten **Bundesfinanzhilfen** zur Durchführung städtebaulicher Sanierungsmaßnahmen (vgl. Art. 104b GG) werden zT mit der Förderung des wirtschaftlichen Wachstums begründet. Sie dienen aber auch dem Ausgleich unterschiedlicher Wirtschaftskraft. Zu städtebaulichen Maßnahmen im Zusammenhang mit Maßnahmen zur Verbesserung der Agrarstruktur vgl. weiterhin §§ 187 bis 191.

§ 137 II. Kapitel. I. Teil. Städtebauliche Sanierungsmaßnahmen

32 Abs. 4 S. 2 Nr. 3 nennt als weiteres Sanierungsziel, dass die Siedlungsstruktur den Erfordernissen des Umweltschutzes (vgl. § 1 Abs. 6 Nr. 7), den Anforderungen an gesunde Lebens- und Arbeitsbedingungen der Bevölkerung (vgl. § 1 Abs. 6 Nr. 1 und 8) und der Bevölkerungsentwicklung (vgl. § 1 Abs. 6 Nr. 2) entspricht. Die Berücksichtigung der Erfordernisse des **Umweltschutzes** stellt sicher, dass Sanierungsmaßnahmen auch Maßnahmen sein können, die dazu beitragen, die Leistungsfähigkeit des Naturhaushalts in den Siedlungsgebieten zu verbessern und einen wirksamen Umweltschutz zu erreichen. Das Sanierungsziel der Anforderungen der **Bevölkerungsentwicklung** zeigt, dass Sanierungsmaßnahmen zur Lösung der städtebaulichen Folgen beitragen sollen, die sich aus der Bevölkerungsentwicklung und hieraus sich möglicherweise ergebender unterschiedlicher Rückwirkungen auf die Siedlungsstruktur („Rückbau" oder „Nachverdichtung") ergeben.

33 Abs. 4 S. 2 Nr. 4 bezeichnet als weiteres Sanierungsziel die Erfordernisse der **Stadt- und Dorferhaltung**. Sanierungsmaßnahmen sollen zur Erhaltung, Erneuerung und Fortentwicklung vorhandener Ortsteile beitragen und den Erfordernissen des Denkmalschutzes Geltung verschaffen (vgl. auch § 164b Abs. 2 Nr. 1). Die Ziele der Stadt- und Dorferhaltung rechtfertigen die Festlegung eines Sanierungsgebiets. Ein städtebaulicher Missstand kann sich in diesen Fällen sowohl aus dem Zustand des Gebiets (Abs. 3 Nr. 1) als auch im Hinblick auf die Funktionsfähigkeit des Gebiets (Abs. 3 Nr. 2) ergeben.

34 c) **Abwägungsgebot (Abs. 4 S. 3)**. Abs. 4 S. 3 regelt das **sanierungsrechtliche Abwägungsgebot**. Danach sind bei den städtebaulichen Sanierungsmaßnahmen die öffentlichen und privaten Belange gegeneinander und untereinander gerecht abzuwägen. Gegenstand der Abwägung ist die **Sanierungsplanung** (hierzu im Einzelnen § 140 Nr. 3: „Ziele und Zwecke der Sanierung"), nicht die einzelne Vorbereitungs- oder Durchführungsmaßnahme. Die Formulierung ist angelehnt an § 1 Abs. 7. Das Abwägungsgebot ist ein zentrales **Gebot rechtsstaatlicher Planung** (BVerwGE 45, 309 (312ff.)); vgl. im Einzelnen die Erl. in → § 1 Rn. 87ff. sowie → § 142 Rn. 4ff. In zeitlicher Hinsicht ergeben sich Unterschiede zwischen dem sanierungsrechtlichen Abwägungsgebot und dem Abwägungsgebot bei der Bauleitplanung vor allem daraus, dass die **Sanierungsplanung** in der Regel nach förmlicher Festlegung eines Sanierungsgebiets konkretisiert und fortgeschrieben wird (BVerwG NVwZ 1999, 1336). Bereits die vor der förmlichen Festlegung erarbeiteten häufig noch wenig konkretisierten Sanierungskonzepte (vgl. BVerwG NVwZ 1985, 184) müssen zwar von einer gerechten Abwägung getragen sein; diese kann freilich entsprechend dem Verfahrensstand nicht den in § 1 Abs. 5–7 normierten Anforderungen entsprechen. Erst mit zunehmender Verdichtung und besonders hinsichtlich der Durchführung der einzelnen Sanierungsmaßnahmen sind die wechselseitigen Belange verstärkt abzuwägen. Das Abwägungsgebot ist ferner – und insoweit beschränkt auf den Akt der förmlichen Festlegung – für die **Bestimmung des räumlichen Geltungsbereichs der Sanierungssatzung** bedeutsam (BVerwG NVwZ 1999, 420; OVG Koblenz BauR 1998, 754); → § 142 Rn. 9ff.

§ 137 Beteiligung und Mitwirkung der Betroffenen

¹Die Sanierung soll mit den Eigentümern, Mietern, Pächtern und sonstigen Betroffenen möglichst frühzeitig erörtert werden. ²Die Betroffenen sollen zur Mitwirkung bei der Sanierung und zur Durchführung der erforderlichen baulichen Maßnahmen angeregt und hierbei im Rahmen des Möglichen beraten werden.

1. Abschnitt. Allgemeine Vorschriften § 137

Übersicht

	Rn.
1. Allgemeines	1
2. Verhältnis zu anderen Vorschriften	3
3. Betroffenenbeteiligung (S. 1)	5
4. Beratung (S. 2)	8
5. Rechtsschutz	9

1. Allgemeines. § 137 enthält **zwei sanierungsrechtliche Grundsätze:** Die 1
Sanierungsbetroffenen sind an Vorbereitung und Durchführung der Sanierung **zu beteiligen**, insbesondere durch möglichst frühzeitige Erörterung der beabsichtigten Planungen und Maßnahmen **(S. 1)**; die Sanierungsbetroffenen sollen darüber hinaus von der Gemeinde zur **Mitwirkung** angeregt und hierbei soweit möglich **beraten** werden **(S. 2)**. Die Vorschrift zielt damit in mehrere Richtungen: Sie soll die **frühzeitige Betroffenenbeteiligung** als Mittel zur besseren Information der planenden Gemeinde über die Vorstellungen der Betroffenen sicherstellen. Darüber hinaus soll sie im Hinblick auf die Eingriffsbefugnis der Gemeinde die **Öffentlichkeit der Planung** erhöhen. Sie soll schließlich die Berücksichtigung abwägungs- und entscheidungserheblicher Belange der Betroffenen verbessern (vgl. § 136 Abs. 4 S. 3). § 137 findet auch im **städtebaulichen Entwicklungsrecht** Anwendung; § 165 Abs. 4 S. 2, § 169 Abs. 1 Nr. 1.

Die Mitwirkung der Betroffenen an der Vorbereitung und Durchführung soll die- 2
sen auch eine **verbesserte Möglichkeit zur Wahrung ihrer Rechtsposition** im Hinblick auf die weit reichenden Eingriffsmöglichkeiten der Gemeinde im Rahmen der Sanierung geben. Die Gemeinde kann sich hierbei nicht mit der formalen Beteiligung begnügen, was sich insbesondere aus S. 2 ergibt: Sie soll die Sanierungsbetroffenen möglichst in die Lage versetzen, an der Sanierung aktiv mitzuwirken, sei es durch **Information**, durch **Beratung** oder durch **sonstige Hilfestellungen**. Insoweit kommen in der Vorschrift die Gedanken der Effektivitätssicherung, der Transparenz und der Akzeptanz zum Ausdruck, dass durch enge Abstimmung der öffentlichen und privaten Maßnahmen die Sanierungsplanung verbessert und der Erfolg der städtebaulichen Maßnahmen erhöht werden. Die Vorschrift dient aber ebenso dem Anliegen, den Schutz rechtlicher Positionen zu stärken und nachteilige Auswirkungen der Sanierung im Rahmen der Sozialplanung zu vermeiden oder zu mindern. Zur Bedeutung der Öffentlichkeitsbeteiligung für städtebauliche Planungen und Maßnahmen vgl. weiterhin § 3. Zur **verfassungsrechtlichen Einordnung** der frühzeitigen Öffentlichkeitsbeteiligung vgl. zB *Battis*, Partizipation im Städtebaurecht, Berlin 1976, S. 60.

Eine **Verpflichtung der Betroffenen**, sich an den Erörterungen zu beteiligen, sieht das Gesetz nicht vor. Unterlässt es ein Betroffener, seine Betroffenheit vorzutragen, geht dies zu seinen Lasten, es sei denn, seine Betroffenheit müsse sich der Gemeinde aufdrängen (BVerwGE 59, 87). Hier kann sinngemäß auf § 4a Abs. 6 (Präklusion) hingewiesen werden. Hiervon bleibt die Verpflichtung der Eigentümer und sonstigen Nutzungsberechtigten zur Auskunft über sanierungsrelevante Sachverhalte gemäß **§ 138** unberührt einschließlich der dort näher geregelten „Sanktionsmöglichkeiten"; vgl. § 138 Abs. 4.

2. Verhältnis zu anderen Vorschriften. Die Beteiligung der Sanierungsbetrof- 3
fenen an der Sanierungsplanung lässt Pflichten der Gemeinde zur **Beteiligung der Öffentlichkeit nach anderen Vorschriften** unberührt; vgl. insbesondere §§ 3, 13, 34 Abs. 5, §§ 50, 70, 173 Abs. 3 S. 1, §§ 175 und 180. § 137 zählt nicht zu den Verfahrensvorschriften, deren Verletzung nach § 214 Abs. 1 S. 1 Nr. 2 beachtlich ist (kritisch: *Waechter* DVBl. 2013, 613 (614). Insoweit ist die Umstellung einer städtebaulichen Sanierungsmaßnahme auf eine Entwicklungsmaßnahme ohne erneute Beteiligung

§ 137

der Planbetroffenen zwar zulässig (vgl. BVerwG Beschl. v. 8.7.2009 – 4 BN 12.09, ZfBR 2009, 692f.), sie empfiehlt sich aber schon allein aus Gründen der Transparenz und Akzeptanz von Planungsverfahren nicht. Die Beteiligung nach § 137 ersetzt daher nicht die für Bauleitplanverfahren nach § 3 vorgesehene „Beteiligung der Öffentlichkeit". Die Gemeinde kann die **Beteiligungsverfahren** nach § 3 mit der Beteiligung nach § 137 **verbinden,** sofern im Rahmen einer Sanierung Bauleitpläne aufgestellt, geändert, ergänzt oder aufgehoben werden sollen. Die Gemeinde ist in der Verfahrensentscheidung frei. Die Erörterungspflicht nach § 137 S. 1 geht allerdings in zeitlicher Hinsicht weiter als die Beteiligungspflicht nach § 3; im Rahmen der sanierungsrechtlichen Betroffenenbeteiligung kann auch die Verwirklichung eines beschlossenen Bebauungsplans erforderlicher Gegenstand der Beteiligung sein. Soweit die Gemeinde die Beteiligungsverfahren nach §§ 3 und 137 S. 1 verbindet, ergeben sich Besonderheiten hinsichtlich des **Adressatenkreises.** Bei der Beteiligung nach § 3 ist „die" Öffentlichkeit zu beteiligen. Die Beteiligung nach § 137 bezieht sich dagegen auf die Sanierungsbetroffenen ieS.

4 Eine Verbindung der Beteiligungsverfahren kann weiterhin dann Bedeutung haben, wenn die Gemeinde das **Sanierungskonzept** (§ 140 Nr. 3) auf der Grundlage einer **städtebaulichen Rahmenplanung** (§ 140 Nr. 4) entwickelt. Sofern die Gemeinde innerhalb der Rahmenplanung die Öffentlichkeit unterrichtet und die Neugestaltung oder Entwicklung des Gebiets mit dieser erörtert hat (→ § 1 Rn. 81), so kann sie gem. § 3 Abs. 1 S. 2 Nr. 3 von einer gesonderten vorgezogenen Öffentlichkeitsbeteiligung absehen.

5 **3. Betroffenenbeteiligung (S. 1).** § 137 enthält keine Differenzierung hinsichtlich der Aufgaben und des Adressatenkreises der Betroffenenbeteiligung in den verschiedenen Phasen der Sanierung; vgl. demgegenüber die zweistufige Regelung in § 4 Abs. 1 S. 2 und § 9 StBauFG für die Zeit vor und nach der förmlichen Festlegung des Gebiets. Durch **S. 1** ist vielmehr generell eine **frühzeitige** Erörterung mit allen Sanierungsbetroffenen angeordnet. Die Erörterung hat **„möglichst frühzeitig"** zu erfolgen. Sie bezieht sich zeitlich auf den Gesamtbereich der Sanierung, also sowohl auf die Vorbereitungs- als auch auf die Durchführungsphase. Dabei besteht **in allen Phasen der Sanierung** – soweit dies nach dem Stand der Planung jeweils möglich und erforderlich ist – die Verpflichtung, nicht nur die Mitwirkungsbereitschaft festzustellen, sondern darüber hinaus auch Planungs- oder Durchführungsvorstellungen mit den Betroffenen zu erörtern. S. 1 macht die Betroffenenbeteiligung zum durchgehenden Prinzip der Sanierung; sie ist vor und nach förmlicher Festlegung mit gleicher Intensität durchzuführen und – wie auch die hervorgehobene Stellung im Gesetz zeigt – eine **vorrangige Aufgabe der Gemeinde.**

6 Nach S. 1 sind ganz allgemein die **von der Sanierung Betroffenen** zu beteiligen. Dies sind vor allem die im künftigen oder bereits festgelegten Sanierungsgebiet Wohnhaften, Arbeitenden oder Nutzungsberechtigten (vor allem Eigentümer, Erbbauberechtigte, Mieter, Pächter). Die Sanierung kann sich aber auch **außerhalb des Sanierungsgebiets** auswirken und insoweit „Betroffenheit" iS des S. 1 auslösen (zB durch Immissionen, oder aber für Betriebe und Arbeitsplätze).

7 Zur **Durchführung** der Beteiligung vgl. im Einzelnen – entsprechend – die Erl. zu → § 3.

8 **4. Beratung (S. 2).** Die frühzeitige Beteiligung der von der beabsichtigten Sanierung Betroffenen trägt weiterhin dem Umstand Rechnung, dass der Erfolg einer Sanierungsmaßnahme wesentlich davon abhängt, dass die Betroffenen bei der Durchführung **beraten, betreut und erforderlichenfalls finanziell unterstützt** werden (vgl. auch § 171e Abs. 5) und dass die Maßnahmen der privaten wie der öffentlichen Seite zur Sicherstellung des Sanierungserfolgs miteinander abgestimmt werden; **S. 2.** Vgl. zur Aufgabenaufteilung zwischen den Eigentümern und der Gemeinde bei der **Durchführung** der Sanierung §§ 146–148, insbes. § 146 Abs. 3 und § 148 Abs. 1.

1. Abschnitt. Allgemeine Vorschriften § 138

5. Rechtsschutz. Zum **Rechtsschutz** vgl. entsprechend die Erl. zu → § 3; dort 9
auch zu den Rechtsfolgen bei Verletzung der Beteiligung gem. § 137 im Hinblick auf
die Rechtmäßigkeit der Sanierungssatzung ergeben.

§ 138 Auskunftspflicht

(1) ¹Eigentümer, Mieter, Pächter und sonstige zum Besitz oder zur Nutzung eines Grundstücks, Gebäudes oder Gebäudeteils Berechtigte sowie ihre Beauftragten sind verpflichtet, der Gemeinde oder ihren Beauftragten Auskunft über die Tatsachen zu erteilen, deren Kenntnis zur Beurteilung der Sanierungsbedürftigkeit eines Gebiets oder zur Vorbereitung oder Durchführung der Sanierung erforderlich ist. ²An personenbezogenen Daten können insbesondere Angaben der Betroffenen über ihre persönlichen Lebensumstände im wirtschaftlichen und sozialen Bereich, namentlich über die Berufs-, Erwerbs- und Familienverhältnisse, das Lebensalter, die Wohnbedürfnisse, die sozialen Verflechtungen sowie über die örtlichen Bindungen, erhoben werden.

(2) ¹Die nach Absatz 1 erhobenen personenbezogenen Daten dürfen nur zu Zwecken der Sanierung verwendet werden. ²Wurden die Daten von einem Beauftragten der Gemeinde erhoben, dürfen sie nur an die Gemeinde weitergegeben werden; die Gemeinde darf die Daten an andere Beauftragte im Sinne des § 157 sowie an die höhere Verwaltungsbehörde weitergeben, soweit dies zu Zwecken der Sanierung erforderlich ist. ³Nach Aufhebung der förmlichen Festlegung des Sanierungsgebiets sind die Daten zu löschen. ⁴Soweit die erhobenen Daten für die Besteuerung erforderlich sind, dürfen sie an die Finanzbehörden weitergegeben werden.

(3) ¹Die mit der Erhebung der Daten Beauftragten sind bei Aufnahme ihrer Tätigkeit nach Maßgabe des Absatzes 2 zu verpflichten. ²Ihre Pflichten bestehen nach Beendigung ihrer Tätigkeit fort.

(4) ¹Verweigert ein nach Absatz 1 Auskunftspflichtiger die Auskunft, ist § 208 Satz 2 bis 4 über die Androhung und Festsetzung eines Zwangsgelds entsprechend anzuwenden. ²Der Auskunftspflichtige kann die Auskunft auf solche Fragen verweigern, deren Beantwortung ihn selbst oder einen der in § 383 Abs. 1 Nr. 1 bis 3 der Zivilprozessordnung bezeichneten Angehörigen der Gefahr strafrechtlicher Verfolgung oder eines Verfahrens nach dem Gesetz über Ordnungswidrigkeiten aussetzen würde.

Übersicht

	Rn.
1. Allgemeines	1
2. Auskunftspflicht (Abs. 1)	2
3. Verwendung und Weitergabe (Abs. 2)	6
4. Verpflichtung der Beauftragten (Abs. 3)	9
5. Verletzung der Auskunftspflicht (Abs. 4)	10
6. Verhältnis zu sonstigen Vorschriften	11

1. Allgemeines. § 138 begründet eine **Auskunftspflicht aller Nutzungsbe- 1
rechtigten und deren Beauftragten** (Eigentümer, Mieter, Pächter und sonstige
Berechtigte) über sanierungserhebliche Daten. Hierdurch soll die Gemeinde in die
Lage versetzt werden, die Informationen zu erhalten, die zur präzisen Einschätzung
der Sanierungsbedürftigkeit und der erforderlichen Planungen und Maßnahmen benötigt werden, auch um iS der Schonung der Rechte Betroffener die Sanierung zügig

§ 138

durchzuführen. Die Auskunftspflicht der Nutzungsberechtigten und die Verwendung und Weitergabe für die Vorbereitung und Durchführung der Sanierung erhobenen Daten wurde im BauGB 1987 im Hinblick auf die sich aus dem **Volkszählungsurteil des BVerfG** (BVerfGE 65, 1) ergebenden Anforderungen an den Datenschutz neu gestaltet.

2 **2. Auskunftspflicht (Abs. 1).** Die Auskunftspflicht der Nutzungsberechtigten und ihrer Beauftragten gem. Abs. 1 S. 1 bezieht sich in **sachlicher Hinsicht** auf alle Tatsachen, deren Kenntnis zur Beurteilung der Sanierungsbedürftigkeit eines Gebiets erforderlich sind. Dies hat vor allem Bedeutung für die von der Gemeinde durchzuführenden **vorbereitenden Untersuchungen** nach § 141. Die Auskunftspflicht besteht aber auch im Hinblick auf die sonstigen Maßnahmen der **Vorbereitung** (§ 140) und **Durchführung** (§ 146) der Sanierung. Die **Auskunftspflicht** gem. § 138 **besteht** ab Einleitung der Sanierung durch den Beschluss der Gemeinde über den Beginn der vorbereitenden Untersuchungen (vgl. § 141 Abs. 3), bei Absehen von vorbereitenden Untersuchungen (§ 141 Abs. 2) ab förmlicher Festlegung. In der ortsüblichen Bekanntmachung des Einleitungsbeschlusses ist daher auf die Auskunftspflicht nach § 138 hinzuweisen; Abs. 3 S. 3. Die **Auskunftspflicht endet** mit der Aufhebung der Sanierungssatzung (§ 162). Wird ein Grundstück gem. § 163 vorzeitig aus der Sanierung entlassen, entfällt gleichfalls die Auskunftspflicht. § 163 Abs. 3 regelt dies zwar nicht ausdrücklich. Jedoch entfällt das schutzwürdige Interesse der Gemeinde an der Erhebung von Auskünften, wenn sie in Bezug auf ein Grundstück die Sanierung als abgeschlossen erklärt hat.

2a Die Auskunftspflicht nach § 138 findet auch im **städtebaulichen Entwicklungsrecht** Anwendung. § 138 ist ab Bekanntmachung des Beschlusses über den Beginn von vorbereitenden Untersuchungen anzuwenden (§ 165 Abs. 4 S. 2). Soweit von vorbereitenden Untersuchungen abgesehen wird (vgl. § 141 Abs. 2), ist § 138 ab förmlicher Festlegung des Gebiets (vgl. § 169 Abs. 1 Nr. 1) anzuwenden. Auch in den Satzungsgebieten zur Sicherung von **Stadtumbaumaßnahmen** findet § 138 Anwendung (§ 171d Abs. 4).

3 Die Auskünfte sind der **Gemeinde** oder ihren **Beauftragten** zu erteilen. Als Beauftragte kommen insbesondere Sanierungsträger und andere Beauftragte iS des § 157 in Betracht. Die zur Erhebung der Daten Beauftragten sind gem. Abs. 3 besonders zu verpflichten; → Rn. 9.

4 Die Auskunftspflicht gem. Abs. 1 bezieht sich sowohl auf **objekt-** als auch auf **personenbezogene Daten.** Nach **Abs. 1 S. 1** sind insbesondere Auskünfte über die bauliche Beschaffenheit von Gebäuden, Wohnungen und Arbeitsstätten, über die Zugänglichkeit der Grundstücke oder über Immissionsbeeinträchtigungen zu geben; vgl. hierzu im Einzelnen die Beurteilungsmaßstäbe nach § 136 Abs. 3. Da Abs. 1 S. 1 – anders als S. 2 über die personenbezogenen Daten – keine ins Einzelne gehende Aufzählung der in Betracht kommenden objektbezogenen Daten enthält, ist auf den in § 136 Abs. 3 vorgegebenen Rahmen zurückzugreifen. Im Rahmen der Befragung nach § 138 sind die Nutzungsberechtigten zB nicht zu Auskünften verpflichtet, die nicht die Sanierungsbedürftigkeit des Gebiets oder die Vorbereitung und Durchführung der Sanierung zum Gegenstand haben, sondern zB für die sonstige städtebauliche Planung der Gemeinde erheblich sind. § 138 ermächtigt also nicht zur Erhebung **allgemeiner städtebaulicher Daten.** Andererseits können im Einzelfall auch die Auswirkungen der Sanierung auf den „Verflechtungsbereich" für die Beurteilung der Sanierungsbedürftigkeit von Bedeutung sein; insoweit besteht die Auskunftspflicht auch über Tatsachen, die sich auf Grundstücke oder Verhältnisse außerhalb des Sanierungsgebiets beziehen; vgl. insbesondere die Fälle der Funktionsschwächensanierung nach § 136 Abs. 2 S. 2 Nr. 2.

5 **Abs. 1 S. 2** regelt, welche **personenbezogenen Daten** erhoben werden können. Die Aufzählung ist zwar nicht abschließend („insbesondere"). Da aus datenschutz-

1. Abschnitt. Allgemeine Vorschriften **§ 138**

rechtlichen Gründen an die in Betracht kommenden Daten strenge Maßstäbe anzulegen sind, dürfen nur in Ausnahmefällen zusätzliche, nämlich wegen der konkreten Sanierungssituation notwendige personenbezogene Daten erhoben werden. Zur **Verwendung** und **Weitergabe** der nach Abs. 1 S. 2 erhobenen personenbezogenen Daten vgl. Abs. 2.

3. Verwendung und Weitergabe (Abs. 2). Abs. 2 enthält eine Regelung über 6 die **Verwendung und Weitergabe** der nach Abs. 1 S. 2 erhobenen personenbezogenen Daten. Nach Abs. 2 S. 1 dürfen personenbezogene Sanierungsdaten nur zu Zwecken der Sanierung verwendet werden. Die von einem **Beauftragten** der Gemeinde **(Abs. 2 S. 2)** erhobenen Daten dürfen nur an die Gemeinde weitergegeben werden (Hs. 1). Die Gemeinde darf ihrerseits die erhobenen personenbezogenen Daten nur an folgende Stellen weitergeben, und zwar nur, soweit dies zu Zwecken der Sanierung erforderlich ist: an **Beauftragte** iS des § 157 (insbesondere Sanierungsträger). Mit Abschaffung des Anzeige- bzw. Genehmigungsverfahrens durch das BauROG 1998 gibt es keinen zwingenden sachlichen Grund, Daten auch an die **höhere Verwaltungsbehörde** weiterzugeben **(Abs. 2 S. 2 Hs. 2)**, allenfalls im Hinblick auf Einzelfragen der Rechtsaufsicht oder die Bewilligung von Förderungsmitteln.

Nach **Abs. 2 S. 4** dürfen die Daten weiterhin an die **Finanzbehörden** weiterge- 7 geben werden. Abs. 2 S. 4 schränkt die Ermächtigung auf solche personenbezogenen Daten ein, die „für die Besteuerung erforderlich sind". Die Begründung zum RegE/ BauGB 1987 (BT-Drs. 10/4630, 119) hebt hierzu hervor, dass die Finanzbehörden die Daten „nur beim Vorliegen konkreter Anhaltspunkte nach Abschluss der vorbereitenden Untersuchung anfordern" werden. Die Neuregelung präzisiert somit – einengend – die Voraussetzungen für die Weitergabe von Sanierungsdaten: Sie darf nur auf **ausdrückliche Anforderung durch die Finanzverwaltung** erfolgen; nur solche Informationen dürfen weitergegeben werden, deren Kenntnis für das Besteuerungsverfahren erforderlich ist. Bei diesen Einengungen erscheint nicht ersichtlich, in welchen Fällen eine Weitergabe personenbezogener Daten für Zwecke der Besteuerung in Betracht kommen könnte; dies besonders auch deshalb, weil die in der Sanierung erhobenen Daten für aktuelle Besteuerungszwecke in aller Regel überholt sein dürften. Der Gesetzgeber hat mit dieser Regelung offenbar der Wahrung eines abstrakten Zugriffsrechts der Steuerbehörden den Vorrang gegeben gegenüber dem Grundsatz einer Beschränkung von Gesetzen auf zweckmäßige und erforderliche Regelungen. Der Befürchtung, die Hervorhebung der Weitergabemöglichkeit von personenbezogenen Sanierungsdaten an die Finanzbehörden könne die Mitwirkungsbereitschaft der Betroffenen mindern, kann mit dem Hinweis auf die weitgehende **praktische Irrelevanz dieser Regelung** entgegengetreten werden. Vgl. zu den datenschutzrechtlichen Bedenken gegen diese Regelung den Tätigkeitsbericht des Bundesbeauftragten für den Datenschutz, BT-Drs. 10/6816, 21.

Die erhobenen Daten sind nach Aufhebung der förmlichen Festlegung zu **lö-** 8 **schen; Abs. 2 S. 3**. Die Vorschrift richtet sich nach Stellung und Entstehungsgeschichte an Gemeinde, Beauftragte und höhere Verwaltungsbehörde (Abs. 1, Abs. 2 S. 1 und 2), nicht an die Finanzbehörden (S. 4); insoweit richtet sich die Löschung nach den Bestimmungen der Abgabenordnung über die Aufbewahrung und Aussonderung von Daten. Entsprechend ist zu verfahren, soweit bestimmte Daten für noch ausstehende oder anhängige Verfahren (zB Veräußerung von Grundstücken; Ausgleichsbetragserhebung) benötigt werden; diese Daten sind nach Abschluss der jeweiligen Verfahren nach allgemeinen Bestimmungen zu vernichten.

4. Verpflichtung der Beauftragten (Abs. 3). Abs. 3 regelt den Datenschutz, 9 wenn bei der Erhebung der personenbezogenen Daten ein **Beauftragter** eingeschaltet wird. Für die von der Gemeinde selbst, also durch Beamte, Angestellte oder Arbeiter der Gemeinde erhobenen Daten, ergibt sich diese Verpflichtung aus § 138 iVm den Treuepflichten und dienstlichen Obliegenheiten der Bediensteten; für die Rats-

§ 139　II. Kapitel. I. Teil. Städtebauliche Sanierungsmaßnahmen

mitglieder ergeben sich aus dem Kommunalverfassungsrecht besondere Verschwiegenheitspflichten. Die Verpflichtung der „privaten" Beauftragten ist strafbewehrt; § 203 Abs. 2 StGB. Ein Muster zur „Datenschutzrechtliche Verpflichtung nach § 138 Abs. 3 BauGB" ist abgedruckt in EZBK § 138 Anhang.

10　**5. Verletzung der Auskunftspflicht (Abs. 4).** Für den Fall, dass ein nach Abs. 1 zur Auskunft Verpflichteter diese **Auskunft verweigert,** sieht Abs. 4 Folgendes vor: Nach **Abs. 4 S. 1** kann die Auskunftspflicht zwangsweise durchgesetzt werden, und zwar durch Festsetzung eines Zwangsgelds; § 208 S. 2 bis 4 ist entsprechend anzuwenden. **Abs. 4 S. 2** enthält jedoch ein **Auskunftsverweigerungsrecht.** Dieses Recht steht dem Auskunftspflichtigen dann zu, wenn er durch die Erteilung der Auskunft sich oder einen Angehörigen der Gefahr strafrechtlicher Verfolgung oder eines Verfahrens nach dem Gesetz über Ordnungswidrigkeiten aussetzen würde. Zum **Rechtsschutz** vgl. entsprechend die Erl. zu → § 208.

11　**6. Verhältnis zu sonstigen Vorschriften.** § 138 verpflichtet ausschließlich zur Erteilung von Auskünften über die Sanierungsbedürftigkeit eines Gebiets oder über Tatsachen, deren Kenntnis zur Vorbereitung oder Durchführung der Sanierung erforderlich ist. Die Vorschrift ersetzt damit nicht die gem. § 208 in Betracht kommenden Anordnungen zur **Erforschung des Sachverhalts.** Die Gemeinde kann jedoch eine Auskunftspflicht durch eine Anordnung gem. § 208 durchsetzen. Gem. § 208 S. 1 Nr. 1 kann sie insbesondere das persönliche Erscheinen eines Auskunftspflichtigen anordnen. § 208 enthält keine eigenständige gesetzliche Ermächtigung, die Abgabe von Erklärungen zu erzwingen. Rechtsgrundlage hierfür ist ausschließlich § 138. Zu **Vorarbeiten auf Grundstücken,** die Eigentümer und Besitzer zu dulden haben, insbesondere zur Duldung des Betretens und der Durchführung von Vermessungen, vgl. § 209.

§ 139　Beteiligung und Mitwirkung öffentlicher Aufgabenträger

(1) **Der Bund, einschließlich seiner Sondervermögen, die Länder, die Gemeindeverbände und die sonstigen Körperschaften, Anstalten und Stiftungen des öffentlichen Rechts sollen im Rahmen der ihnen obliegenden Aufgaben die Vorbereitung und Durchführung von städtebaulichen Sanierungsmaßnahmen unterstützen.**

(2) ¹**§ 4 Abs. 2 und § 4a Abs. 1 bis 4 und 6 sind bei der Vorbereitung und Durchführung der Sanierung auf Behörden und sonstige Träger öffentlicher Belange sinngemäß anzuwenden.** ²**Die Träger öffentlicher Belange haben die Gemeinde auch über Änderungen ihrer Absichten zu unterrichten.**

(3) **Ist eine Änderung von Zielen und Zwecken der Sanierung oder von Maßnahmen und Planungen der Träger öffentlicher Belange, die aufeinander abgestimmt wurden, beabsichtigt, haben sich die Beteiligten unverzüglich miteinander ins Benehmen zu setzen.**

Übersicht
　　　　　　　　　　　　　　　　　　　　　　　　　　　　　　Rn.
1. Allgemeines . 1
2. Mitwirkung öffentlicher Aufgabenträger (Abs. 1) 2
3. Beteiligung der Träger öffentlicher Belange (Abs. 2) 6
4. Änderung abgestimmter Maßnahmen und Planungen (Abs. 3) 7

1　**1. Allgemeines.** § 139 regelt mehrere Rechtspflichten im Verhältnis zwischen **Gemeinde und Behörden sowie sonstigen Trägern öffentlicher Belange.** Die Vorschrift enthält eine Regelung, die § 4 über die Beteiligung der Behörden und

1. Abschnitt. Allgemeine Vorschriften **§ 139**

sonstigen Trägern öffentlicher Belange bei der Aufstellung von Bauleitplänen entspricht. § 4 ist in der Sanierung unbeschadet des § 139 auch unmittelbar anzuwenden, soweit im Rahmen der Sanierung ein Bauleitplan aufgestellt, geändert, ergänzt oder aufgehoben werden soll. Die Beteiligungsverfahren können verbunden werden. **Abs. 1** enthält die Verpflichtung wichtiger Träger öffentlicher Belange zur **Unterstützung** städtebaulicher Sanierungsmaßnahmen. **Abs. 2** regelt die **Beteiligung** der Behörden im Rahmen der Vorbereitung und Durchführung der Sanierung. **Abs. 3** regelt eine gegenseitige **Unterrichtungspflicht** von Gemeinde und Trägern öffentlicher Belange im Hinblick auf die Änderung aufeinander abgestimmter Maßnahmen oder Planungen.

2. Mitwirkung öffentlicher Aufgabenträger (Abs. 1). Die Verpflichtung der 2 in **Abs. 1** bezeichneten Körperschaften, Anstalten und Stiftungen des öffentlichen Rechts zur Unterstützung der Gemeinde bei der Vorbereitung und Durchführung von städtebaulichen Sanierungsmaßnahmen reicht über die allgemeine Amtshilfe hinaus (→ Rn. 5). Die Unterstützung ist als **Pflichtaufgabe der betroffenen Träger öffentlicher Belange** ausgestaltet; „Soll"-Vorschriften entsprechen von – hier schwer vorstellbaren – Ausnahmefällen abgesehen „Muss"-Vorschriften.

Verpflichtet ist der **Bund**, einschließlich seiner Sondervermögen: Verpflichtet sind 3 danach insbesondere auch die Bundesfinanz- und Zollverwaltungen und die Bundeswehr, aber nicht die (privatisierten) Nachfolgeunternehmen von Bundes- und Reichsbahn sowie Bundespost, da sie keine gesetzlich übertragenen öffentlichen Aufgaben wahrnehmen. Verpflichtet sind weiterhin die **Länder** mit ihren vielfältigen Behörden, also nicht nur die Aufsichtsbehörden. Auch die **Gemeindeverbände (Kreise)** unterliegen der Unterstützungspflicht. Der Begriff der **„sonstigen"** Körperschaften, Anstalten und Stiftungen des öffentlichen Rechts umfasst im Übrigen alle öffentlichen Aufgabenträger, nicht aber die Kirchen und Religionsgesellschaften des öffentlichen Rechts.

Die Unterstützungspflicht besteht nur im Rahmen der den Trägern öffentlicher 4 Belange obliegenden Aufgaben. Es handelt sich also nicht um eine allgemeine Verpflichtung, sondern eine auf das jeweilige Sanierungsgebiet bezogene Verpflichtung. Hieraus kann sich zB die Verpflichtung zur **Landabtretung** an die Gemeinde ergeben.

Die Verpflichtung nach Abs. 1 ist eine eigenständige Pflichtaufgabe, die unbescha- 5 det von ggf. bestehenden Verpflichtungen zur **Amtshilfe** besteht, vgl. Art. 35 Abs. 1 GG; §§ 4 bis 8 VwVfG. § 139 ist der Sache nach jedoch keine Amtshilfe. Der Begriff der Amtshilfe umfasst nicht Handlungen, die zwar im Interesse einer anderen Behörde liegen, die aber zum eigenen Aufgabenbereich der verpflichteten Behörde gehören. § 139 Abs. 1 begründet jedoch Pflichten der jeweiligen Bedarfsträger bei der Wahrnehmung der eigenen Aufgaben.

3. Beteiligung der Träger öffentlicher Belange (Abs. 2). Nach **Abs. 2 S. 1** ist 6 die Gemeinde verpflichtet, den Behörden, deren Aufgabe durch die Sanierung berührt werden kann, möglichst frühzeitig **Gelegenheit zur Stellungnahme** zu geben. Wer Behörde oder sonstiger Träger öffentlicher Belange ist, ergibt sich aus entsprechender Anwendung des **§ 4**. Die Träger öffentlicher Belange sind ihrerseits zur Stellungnahme verpflichtet. Sie sind insbesondere verpflichtet, die Gemeinde über Änderungen ihrer Absichten zu unterrichten; **Abs. 2 S. 2**. Die Träger sind bei der **Vorbereitung und Durchführung** der Sanierung zu beteiligen. Dies bedeutet nicht, dass die Gemeinde die Träger öffentlicher Belange laufend über alle Maßnahmen der Vorbereitung und Durchführung zu unterrichten und zu beteiligen hat. Die Beteiligungspflicht beschränkt sich vielmehr auf solche Maßnahmen und Planungen der Vorbereitung und Durchführung, die die von Trägern öffentlicher Belange wahrgenommenen Interessen berühren können; vgl. Abs. 2 S. 1 iVm § 4 Abs. 1 S. 1. Der sachliche Umfang der Beteiligungspflicht ergibt sich somit vor allem aus Abs. 1, so-

§ 140 II. Kapitel. I. Teil. Städtebauliche Sanierungsmaßnahmen

weit der Träger öffentlicher Belange die Sanierung unterstützen kann. Abzustimmen ist insbesondere die **Sanierungsplanung** (§ 140 Nr. 3). Hinsichtlich der Beteiligung an der städtebaulichen Planung gem. § 140 Nr. 4 besteht (bei der Bauleitplanung) eine unmittelbare Beteiligungspflicht aus § 4. Zum Verhältnis der Beteiligungsregeln in der Sanierung und bei der Bauleitplanung vgl. sinngemäß → § 137 Rn. 3. Hinsichtlich einer städtebaulichen Rahmenplanung ergibt sich die Beteiligungspflicht aus § 140 Nr. 4 iVm § 139 Abs. 2. Der sachliche Umfang der Beteiligungspflicht ergibt sich weiterhin aus der Unterrichtungspflicht nach Abs. 3 und dem Zustimmungserfordernis nach Abs. 4. Zum **Inhalt** der Stellungnahme vgl. sinngemäß § 4 Abs. 2 S. 3, zur Frist hierfür vgl. § 4 Abs. 2 S. 2.

7 **4. Änderung abgestimmter Maßnahmen und Planungen (Abs. 3).** Nach **Abs. 3** haben sich Gemeinde und Träger öffentlicher Belange unverzüglich „miteinander ins Benehmen zu setzen", wenn beabsichtigt ist, bereits aufeinander abgestimmte Ziele und Zwecke der Sanierung (§ 140 Nr. 3; Sanierungsplanung, Sanierungskonzept) oder Maßnahmen und Planungen der Träger öffentlicher Belange zu ändern. Die Vorschrift soll die **gegenseitige Unterrichtung** über beabsichtigte Änderungen sicherstellen. Sie soll den jeweiligen Adressaten der Mitteilungspflicht in die Lage versetzen, seine eigenen Planungen oder Maßnahmen zu überprüfen oder zu den Maßnahmen und Planungen des anderen Stellung zu nehmen. Die Benehmenspflicht nach Abs. 3 besteht im Übrigen unbeschadet einer sonstigen Verpflichtung zur Beteiligung, wie sie zB nach § 4 im Verhältnis zwischen Gemeinde und Träger öffentlicher Belange oder nach § 7 S. 3 im Verhältnis zwischen Träger öffentlicher Belange und Gemeinde besteht. Vgl. auch die Erörterungspflicht nach § 37 Abs. 4.

Zweiter Abschnitt. Vorbereitung und Durchführung

§ 140 Vorbereitung

Die Vorbereitung der Sanierung ist Aufgabe der Gemeinde; sie umfasst
1. die vorbereitenden Untersuchungen,
2. die förmliche Festlegung des Sanierungsgebiets,
3. die Bestimmung der Ziele und Zwecke der Sanierung,
4. die städtebauliche Planung; hierzu gehört auch die Bauleitplanung oder eine Rahmenplanung, soweit sie für die Sanierung erforderlich ist,
5. die Erörterung der beabsichtigten Sanierung,
6. die Erarbeitung und Fortschreibung des Sozialplans,
7. einzelne Ordnungs- und Baumaßnahmen, die vor einer förmlichen Festlegung des Sanierungsgebiets durchgeführt werden.

Übersicht

	Rn.
1. Allgemeines	1
2. Vorbereitende Untersuchungen (Nr. 1); förmliche Festlegung (Nr. 2); Erörterung der beabsichtigten Sanierung (Nr. 5); Sozialplan (Nr. 6)	2
3. Bestimmung der Ziele und Zwecke der Sanierung (Nr. 3)	3
4. Städtebauliche Planung (Nr. 4)	4
5. Maßnahmen vor förmlicher Festlegung (Nr. 7)	9

1 **1. Allgemeines.** § 140 regelt den **Begriff** der sanierungsrechtlichen Vorbereitung. Zugleich wird die Vorbereitung als **Aufgabe der Gemeinde** bestimmt. Der **Katalog der Vorbereitungsaufgaben** in § 140 ist abschließend. Die in den Nrn. 1 bis 7 bezeichneten Aufgaben sind zT in weiteren Bestimmungen des BauGB näher ausgestaltet (→ Rn. 2). Die ausdrückliche Aufführung der Vorbereitungsaufgaben,

2. Abschnitt. Vorbereitung und Durchführung **§ 140**

auch soweit besondere Ausführungsvorschriften hierzu nicht bestehen, hat – neben Gründen der Gesetzessystematik – **rechtliche Bedeutung** im Hinblick auf solche Vorschriften, die an den Begriff der Vorbereitung anschließen. Auf den Begriff der Vorbereitung bezieht sich zB die Auskunftspflicht gem. § 138. Das Gleiche gilt für die Beteiligungs- und Mitwirkungspflichten gem. §§ 137, 139. Vgl. weiterhin die abgaben- und steuerrechtlichen Vorschriften, soweit sie auf den Tatbestand der „Vorbereitung" abstellen (zB § 151). Aus § 140 ergibt sich im Übrigen, dass die Aufgaben der Vorbereitung mit der förmlichen Festlegung des Gebiets nach §§ 142, 143 nicht abgeschlossen sind: Die Vorbereitung iS der **Planung der städtebaulichen Gesamtmaßnahme** (→ § 136 Rn. 3) umfasst alle Phasen der Sanierung. Nur die in Nrn. 1 und 7 bezeichneten Aufgaben beschränken sich auf den Zeitraum **vor** der förmlichen Festlegung des Gebiets (Nr. 3).

2. Vorbereitende Untersuchungen (Nr. 1); förmliche Festlegung (Nr. 2); 2
Erörterung der beabsichtigten Sanierung (Nr. 5); Sozialplan (Nr. 6). Für folgende Vorbereitungsaufgaben enthält das BauGB besondere Regelungen: **Nr. 1:** vgl. § 141 über die **vorbereitenden Untersuchungen; Nr. 2:** vgl. §§ 142, 143 über die **förmliche Festlegung** des Sanierungsgebiets; **Nr. 5:** vgl. § 137 über die **Beteiligung und Mitwirkung der Betroffenen** und § 139 über die **Beteiligung und Mitwirkung öffentlicher Aufgabenträger; Nr. 6:** vgl. § 180 über den **Sozialplan;** Nr. 6 hebt besonders das Erfordernis der Fortschreibung des Sozialplans hervor.

3. Bestimmung der Ziele und Zwecke der Sanierung (Nr. 3). In **Nr. 3** wird 3 die **Bestimmung der Ziele und Zwecke der Sanierung** als Vorbereitungsaufgabe hervorgehoben. Das Gesetz knüpft in mehreren Regelungen an diese Rechtsfigur an; vgl. § 139 Abs. 3, § 141 Abs. 1 S. 1 („allgemeine Ziele"), § 142 Abs. 2 S. 1, § 145 Abs. 2, § 146, § 163 Abs. 1 S. 1, Abs. 2 S. 1, § 177 Abs. 5, § 182 Abs. 1; vgl. auch § 27 Abs. 1 S. 1. Mit „Zielen und Zwecken der Sanierung" ist das jeweilige **Sanierungskonzept** der Gemeinde bezeichnet. Das Sanierungskonzept orientiert sich an der allgemeinen Aufgabe der Sanierung, die mit § 136 Abs. 2 und 3 vorgegeben ist, konkretisiert diese nach den städtebaulichen Zielvorstellungen der Gemeinde für das Gebiet und verbindet sie dadurch mit den städtebaulich-planerischen Entwicklungsvorstellungen ein (zB Stärkung der ökonomischen Funktion einer Innenstadt; energetische Erneuerung eines Stadtquartiers; Verbesserung der ökologischen Gesamtsituation eines Stadt- oder Ortsteils; Stabilisierung der Wohnsituation gegenüber einer Umstrukturierung und Verdrängung usw.; zu letzteren Zielen vgl. OVG Berlin BauR 2003, 1024; *Schmidt-Eichstaedt* NVwZ 2003, 566). Verfolgt eine Gemeinde das Ziel, die **Wohnbevölkerung** vor Verdrängung zu schützen, muss sie dieses Ziel mit ihren baulichen Sanierungszielen, den Belangen der Eigentümer und den sonstigen abwägungsrelevanten öffentlichen und privaten Belangen zu einem Ausgleich zu bringen. Die Begrenzung der Mieten im Sanierungsgebiet ist kein zulässiges Mittel des Ausgleichs; sie kann deshalb auch kein Ziel der Sanierung iS der Nr. 3 sein (BVerwGE 126, 104).

Das Erfordernis der Entwicklung eines Sanierungskonzepts – und damit der Bestimmung von Zielen und Zwecken der jeweiligen Sanierungsmaßnahme – ergibt sich aus dem Erfordernis der **einheitlichen Vorbereitung** der städtebaulichen Gesamtmaßnahme (→ § 136 Rn. 4). Nr. 4 erfordert eine **Planung,** wozu insbesondere städtebauliche Planungen (s. § 140 Nr. 4) rechnen. Die Planung der Sanierungsmaßnahme erfordert weiterhin einen **Zeit-Maßnahmenplan** mit Kosten- und Finanzierungsüberlegungen (vgl. **§ 149**). Die Gesamtplanung für das Sanierungsgebiet fließt in das Sanierungskonzept der Gemeinde ein. Das Konzept wird entsprechend dem Stand der Vorbereitung und Durchführung der Maßnahme weiter konkretisiert. Es handelt sich nicht um statische, sondern um fortschreibungsbedürftige Planungen. Das Gesetz enthält keine ausdrückliche Regelung über förmliche und inhaltliche **Anforderungen** an das Sanierungskonzept. Welche gemeindlichen Organe für die

§ 140 II. Kapitel. I. Teil. Städtebauliche Sanierungsmaßnahmen

Ausstellung und Fortentwicklung der Konzepte zuständig sind, ergibt sich aus dem Kommunalverfassungsrecht der Länder; vgl. hierzu VGH München BRS 35 Nr. 226: Gemeinderat (bayerische GO); dagegen OVG Lüneburg ZfBR 1987, 206 (niedersächsische GO; das Urt. hält die Beurteilung der Sanierungsplanung als „Geschäft der laufenden Verwaltung" für möglich). In rechtlicher Hinsicht sind die Ziele und Zwecke der Sanierung bei der Genehmigung nach § 145 Abs. 2 von besonderer Bedeutung. Das **BVerwG** hat die Rechtsfigur des Sanierungskonzepts bzw. der Sanierungsziele wiederholt anerkannt (vgl. grundlegend vor allem BVerwGE 70, 83). Die Bestimmung der Ziele und Zwecke der Sanierung muss von einer gerechten Abwägung getragen sein; § 136 Abs. 2 S. 2. Die Ziele und Zwecke der Sanierung werden in der Sanierungspraxis häufig durch den **städtebaulichen Rahmenplan** konkretisiert (→ Rn. 6). Auch die **„Entwicklungskonzepte"** iS der §§ 171b Abs. 2 und 171e Abs. 4 enthalten bei Durchführung der Sanierung zugleich die Sanierungsziele.

4 **4. Städtebauliche Planung (Nr. 4).** In **Nr. 4** wird als Vorbereitungsaufgabe die **städtebauliche Planung** hervorgehoben. Sie umfasst – wie die Bestimmung der Ziele und Zwecke der Sanierung – in zeitlicher Hinsicht die gesamte Sanierung. Zur städtebaulichen Planung rechnen insbesondere die „formellen" Planungen, dh die Bauleitplanung (§ 1 Abs. 2), aber auch die „nichtformellen" Planungen, wie zB städtebauliche Rahmenplanung, Struktur-, Master-, Stadtteilentwicklungsplanung und sonstige „informelle" Planungen. Das Sanierungsrecht enthält keine Vorgabe für bestimmte Planungsarten; es lässt auch offen, zu welchem Zeitpunkt und für welche Gebiete jeweils eine besondere städtebauliche Planungsart erforderlich ist. Innerhalb der gesetzlichen Vorbereitungsaufgabe nach Nr. 4 obliegt diese Entscheidung der Gemeinde; vgl. aber die Planungspflicht gem. § 1 Abs. 3 S. 1.

5 Nr. 4 bestätigt die Sanierungspraxis, in der neben der gesetzlichen Bauleitplanung die **nicht-formelle städtebauliche Planung** eine besondere Bedeutung erlangt hat. Die Notwendigkeit solcher zusätzlicher Planungsverfahren ergibt sich vor allem aus den besonderen Bedürfnissen einer Planung im Bestand, wie er für die Sanierung kennzeichnend ist. Städtebauliche Rahmenpläne und ähnliche nicht-formelle Planwerke dienen idR der Konkretisierung des gemeindlichen Sanierungskonzepts. → Vgl. hierzu die Erl. zu **§ 1 Abs. 6 Nr. 11;** dort auch zu den inhaltlichen und verfahrensmäßigen Anforderungen an „sonstige" städtebauliche Planungen. Für die Sanierungsplanung oder die Sanierungssatzung bedarf es **keiner Umweltprüfung** iS des § 2 Abs. 4, wohl aber für die Sanierungsbebauungspläne.

6 Eine städtebauliche Rahmenplanung hat in der Sanierung – mittelbar – **rechtliche Außenwirkung**, soweit sie den Sanierungszweck iS des § 145 Abs. 2 konkretisiert. Sind die Aussagen eines städtebaulichen Rahmenplans über den Sanierungszweck iS von § 145 Abs. 2 hinreichend konkret, können sie einem Vorhaben wie eine Veränderungssperre entgegen gehalten werden. Ob der städtebauliche Rahmenplan oder eine vergleichbare „informelle" städtebauliche Planung Eingang in einen Sanierungsbebauungsplan gefunden hat, ist in diesem Zusammenhang unerheblich (OVG Lüneburg BRS 46 Nr. 217).

7 Bis zur **Novelle 1984 StBauFG** waren die Gemeinden verpflichtet, für die Neugestaltung des Sanierungsgebiets qualifizierte Bebauungspläne (§ 30 Abs. 1) aufzustellen; **§ 10 StBauFG 1971**. Die Streichung der Bestimmung wurde damit begründet (vgl. A-Ber., BT-Drs. 10/1013, S. 10), dass bei bestandsorientierten Sanierungsverfahren die Aufstellung von Bebauungsplänen häufig nicht erforderlich ist; aber auch bei Flächensanierungen besteht das Erfordernis nicht ausnahmslos für alle Flächen des Sanierungsgebiets. Die ursprüngliche Regelung war ua von der Vorstellung der „Flächensanierung" und einer umfassenden Neuordnung der Sanierungsgebiete geprägt. Gleichwohl besteht in den förmlich festgelegten Sanierungsgebieten häufig ein **Erfordernis zur Aufstellung von Bebauungsplänen** entsprechend der städtebaulichen Situation und den Sanierungszielen, sei es um eine Bodenordnung durch-

2. Abschnitt. Vorbereitung und Durchführung § 141

zuführen oder eine Erschließungsanlage herzustellen ist oder wenn in dem Gebiet Art und Maß der baulichen Nutzung geändert werden sollen. Dieses Erfordernis besteht aber in aller Regel nur für einen Teil des Sanierungsgebiets oder für einzelne Grundstücke.

Zur Wahrung stadtgestalterischer und stadterhaltender Belange kann die Gemeinde auch im Sanierungsgebiet von der Ermächtigung des § 172 zum Erlass einer **Erhaltungssatzung** Gebrauch machen; hierdurch wird im Übrigen ein unmittelbar rechtswirksamer Schutz der erhaltenswerten Gebäude erreicht; vgl. darüber hinaus § 172 Abs. 1 S. 2 über die Genehmigungspflicht für Neubauten. 8

5. Maßnahmen vor förmlicher Festlegung (Nr. 7). Aus Nr. 7 ergibt sich, dass auch **vor einer förmlichen Festlegung** des Sanierungsgebiets bereits **einzelne Ordnungs- und Baumaßnahmen** durchgeführt werden können. Ein möglichst frühzeitiger Beginn einzelner Ordnungs- und Baumaßnahmen in Gebieten, in denen die vorbereitenden Untersuchungen noch nicht abgeschlossen sind, kann im Einzelfall dazu beitragen, dass negative Entwicklungen in dem Untersuchungsgebiet aufgefangen werden und die angestrebte Verbesserung der städtebaulichen Verhältnisse rascher in Gang kommt. Die vorgezogene Durchführung von Maßnahmen hat vor allem Bedeutung für die Finanzierung städtebaulicher Maßnahmen; vgl. § 164a Abs. 2 Nr. 1. 9

§ 141 Vorbereitende Untersuchungen

(1) ¹Die Gemeinde hat vor der förmlichen Festlegung des Sanierungsgebiets die vorbereitenden Untersuchungen durchzuführen oder zu veranlassen, die erforderlich sind, um Beurteilungsunterlagen zu gewinnen über die Notwendigkeit der Sanierung, die sozialen, strukturellen und städtebaulichen Verhältnisse und Zusammenhänge sowie die anzustrebenden allgemeinen Ziele und die Durchführbarkeit der Sanierung im Allgemeinen. ²Die vorbereitenden Untersuchungen sollen sich auch auf nachteilige Auswirkungen erstrecken, die sich für die von der beabsichtigten Sanierung unmittelbar Betroffenen in ihren persönlichen Lebensumständen im wirtschaftlichen oder sozialen Bereich voraussichtlich ergeben werden.

(2) Von vorbereitenden Untersuchungen kann abgesehen werden, wenn hinreichende Beurteilungsunterlagen bereits vorliegen.

(3) ¹Die Gemeinde leitet die Vorbereitung der Sanierung durch den Beschluss über den Beginn der vorbereitenden Untersuchungen ein. ²Der Beschluss ist ortsüblich bekannt zu machen. ³Dabei ist auf die Auskunftspflicht nach § 138 hinzuweisen.

(4) ¹Mit der ortsüblichen Bekanntmachung des Beschlusses über den Beginn der vorbereitenden Untersuchungen finden die §§ 137, 138 und 139 über die Beteiligung und Mitwirkung der Betroffenen, die Auskunftspflicht und die Beteiligung und Mitwirkung öffentlicher Aufgabenträger Anwendung; ab diesem Zeitpunkt ist § 15 auf die Durchführung eines Vorhabens im Sinne des § 29 Abs. 1 und auf die Beseitigung einer baulichen Anlage entsprechend anzuwenden. ²Mit der förmlichen Festlegung des Sanierungsgebiets wird ein Bescheid über die Zurückstellung des Baugesuchs sowie ein Bescheid über die Zurückstellung der Beseitigung einer baulichen Anlage nach Satz 1 zweiter Halbsatz unwirksam.

§ 141 II. Kapitel. I. Teil. Städtebauliche Sanierungsmaßnahmen

Übersicht

	Rn.
1. Überblick	1
2. Vorbereitende Untersuchungen (Abs. 1)	2
a) Aufgabe, Inhalt, Umfang (Abs. 1 S. 1)	2
b) Nachteilige Auswirkungen der beabsichtigten Sanierung (Abs. 1 S. 2)	3
c) Mitwirkung der Betroffenen; Beteiligung der Träger öffentlicher Belange	6
d) Durchführung der vorbereitenden Untersuchungen	7
3. Absehen von vorbereitenden Untersuchungen (Abs. 2)	8
4. Beschluss und Bericht über die vorbereitenden Untersuchungen (Abs. 3)	9
a) Beschluss über die vorbereitenden Untersuchungen	9
b) Rechtswirkungen des Beschlusses	13
c) Rechtsfolgen gem. Abs. 3	14
d) Ergebnis der vorbereitenden Untersuchungen; Bericht	16
5. Rechtsschutz	17
6. Überleitung; Förderung	18

1 **1. Überblick.** Die vorbereitenden Untersuchungen haben die Aufgabe, hinreichende Beurteilungsunterlagen über die Notwendigkeit, die anzustrebenden allgemeinen Ziele und die Durchführbarkeit der Sanierung zu gewinnen; **Abs. 1 S. 1.** Mit dem Beginn der vorbereitenden Untersuchungen **(Abs. 3)** beginnt das im BauGB geregelte Sanierungsverfahren (vgl. auch **Abs. 4**). Von vorbereitenden Untersuchungen kann abgesehen werden, wenn hinreichende Beurteilungsunterlagen bereits vorliegen **(Abs. 2),** Die Ergebnisse der vorbereitenden Untersuchungen oder ggf. bereits vorliegende Beurteilungsunterlagen waren bis zum 31.12.1997 in dem durch das BauROG abgeschafften Anzeige- bzw. (neue Länder) Genehmigungsverfahren der höheren Verwaltungsbehörde in einem **Bericht** vorzulegen (§ 143 Abs. 1 S. 1); die Gemeinde muss, ohne dass dies bundesrechtlich vorgeschrieben ist, auch nach dem ab 1.1.1998 geltenden Recht über entsprechende Unterlagen als Grundlage der Entscheidung über die förmliche Festlegung (§ 142 Abs. 1) verfügen. Die vorbereitenden Untersuchungen sollen sich weiterhin auf **soziale Auswirkungen** der beabsichtigten Maßnahme erstrecken, soweit dies nach dem Stand der Planung möglich ist; **Abs. 1 S. 2.** Sie dienen insoweit der Vorbereitung eines erforderlich werdenden **Sozialplans** (§§ 140 Nr. 6, 180 Abs. 1). Die Vorschrift findet im **städtebaulichen Entwicklungsrecht** entsprechende Anwendung (§ 165 Abs. 4 S. 2).

2 **2. Vorbereitende Untersuchungen (Abs. 1). a) Aufgabe, Inhalt, Umfang (Abs. 1 S. 1).** Die Gemeinde hat vor der förmlichen Festlegung **vorbereitende Untersuchungen** durchzuführen. Die vorbereitenden Untersuchungen haben zur **Aufgabe**, die vorhandenen städtebaulichen Verhältnisse und die allgemeinen Ziele und Zwecke der Sanierungsmaßnahme festzustellen. Die Gemeinde soll hierdurch Beurteilungsgrundlagen für die weitere Vorbereitung, die Rechtfertigung der förmlichen Festlegung durch die Sanierungssatzung, und für die Durchführung der Sanierung gewinnen, insbesondere über die Notwendigkeit der Sanierung, die sozialen, strukturellen und städtebaulichen Verhältnisse und Zusammenhänge. Hierbei sollen die **allgemeinen Ziele und Zwecke der Sanierungsmaßnahme** (→ § 140 Rn. 3) festgestellt werden. Sie sind so weit zu konkretisieren, dass die **Erforderlichkeit** der Durchführung der Sanierungsmaßnahme, die **Durchführbarkeit der Sanierung im Allgemeinen** und die **zweckmäßige Abgrenzung des Sanierungsgebiets** im Hinblick auf die spätere förmliche Festlegung beurteilt werden kann. In die Klärung der Durchführbarkeit der Sanierung ist auch der Gesichtspunkt der Finanzierbarkeit des Sanierungskonzeptes einzustellen (zB bei Betriebsverlagerungen als Ordnungsmaßnahmen nach § 147 Abs. 1 Nr. 2, hierzu: VGH Hessen Urt. v. 30.9.2010 –

4 C 1718.09.N, 4 C 1718.09, BeckRS 2010, 55590). Eine darüber hinausgehende Konkretisierung der Ziele und Zwecke der Sanierungsmaßnahme vor förmlicher Festlegung ist dagegen nicht erforderlich. Sie ist auch meist nicht zweckmäßig, da die Gemeinde diese den wandelnden Verhältnissen während des Sanierungsverfahrens anzupassen hat und das Sanierungskonzept dafür ggf. ändern müsste. Der **Umfang** der vorbereitenden Untersuchungen ist entsprechend der Situation des jeweiligen Gebiets und den beabsichtigten Zielen der Sanierung von der Gemeinde zu bestimmen. Der Beurteilungsrahmen der Gemeinde ist durch das Gesetz nur dahingehend vorgegeben, dass „**hinreichende Beurteilungsgrundlagen**" (→ Rn. 8) für die spätere förmliche Festlegung des Sanierungsgebiets gewonnen werden müssen. Im Hinblick auf die Feststellung des Erfordernisses der Durchführung einer städtebaulichen Sanierungsmaßnahme muss die Gemeinde - wenn auch nur allgemein - das Erfordernis der Anwendung der besonderen bodenrechtlichen Bestimmungen des Gesetzes beurteilen können. Die vorbereitenden Untersuchungen sollen der Gemeinde daher auch die notwendigen Beurteilungsgrundlagen liefern, ob die **Durchführung eines vereinfachten Sanierungsverfahrens** (§ 142 Abs. 4) möglich ist. Neben der Feststellung der städtebaulichen Missstände iS § 136 Abs. 2 dienen die vorbereitenden Untersuchungen somit sowohl der Beurteilung der grundsätzlichen Durchführbarkeit der Sanierungsmaßnahme als auch der Entscheidung über den hierfür geeigneten Verfahrensweg.

b) Nachteilige Auswirkungen der beabsichtigten Sanierung (Abs. 1 S. 2). 3
Die vorbereitenden Untersuchungen sollen sich nach **Abs. 1 S. 2** auch auf **nachteilige Auswirkungen der beabsichtigten Sanierung** erstrecken. Die Beurteilung der nachteiligen Auswirkungen einer beabsichtigten Sanierung hat für die Sanierung in mehrfacher Hinsicht Bedeutung: Die Gemeinde muss mögliche nachteilige Auswirkungen im Rahmen der Erarbeitung des **Sanierungsziels** (§ 140 Nr. 3) berücksichtigen. Die Feststellung nachteiliger Auswirkungen hat die Gemeinde insbesondere in die **sanierungsrechtliche Abwägung** nach § 136 Abs. 4 S. 2 einzustellen. Die Regelung steht weiterhin im Zusammenhang mit der **Erörterungs- und Beratungspflicht** nach § 137. Die frühzeitige und fortgesetzte Beteiligung der Betroffenen soll die genaue Information der Gemeinde über die möglichen nachteiligen Auswirkungen der Sanierung sicherstellen. Dies soll die Gemeinden veranlassen, nachteilige Auswirkungen durch Änderung der Sanierungsplanung zu vermeiden oder durch Bereitstellung von zB finanziellen und sonstigen Hilfeleistungen zu mildern. Vgl. hierzu auch die **Beratungspflicht** § 137 S. 2.

Diese sozialen Aufgaben der vorbereitenden Untersuchungen sind in engem Zusammenhang mit der Verpflichtung der Gemeinde nach § 140 Nr. 6, § 180 zur **Aufstellung und Fortschreibung eines Sozialplans** zu sehen. Die vorbereitenden Untersuchungen dienen daher der frühestmöglichen Berücksichtigung sozialer Belange innerhalb der Sanierungsplanung selbst und sind zugleich Grundlage für die Beurteilung, ob, in welcher Richtung und in welchem Umfang sozialplanerische Maßnahmen iS des § 180 geboten sind. 4

Nachteilige Auswirkungen iS des Abs. 1 S. 2 können sich insbesondere auf folgende Bereiche beziehen: auf **die persönlichen Lebensumstände:** hierzu rechnet zB die Notwendigkeit, ggf. das Sanierungsgebiet verlassen zu müssen, mit den sich daraus ergebenden Folgen (Arbeitsplatz, Schulen, Fortbildung, Kindergärten usw.); auf **den wirtschaftlichen Bereich:** hierzu gehören zB die Auswirkungen einer zu erwartenden Mieterhöhung bei Bezug einer Neubauwohnung, negative Auswirkungen auf bestehende Beschäftigungsverhältnisse sowie Auswirkungen auf Gewerbetreibende im Untersuchungsbereich bzw. im Sanierungsgebiet, Existenzverluste usw.; auf **den sozialen Bereich:** hierunter ist zB der aus einer möglichen Umsiedlung in andere Stadtgebiete zu befürchtende Verlust an persönlichen Kontakten jeder Art zu verstehen. 5

§ 141 II. Kapitel. I. Teil. Städtebauliche Sanierungsmaßnahmen

6 **c) Mitwirkung der Betroffenen; Beteiligung der Träger öffentlicher Belange.** Die Aufgabe nach **S. 1** verpflichtet die Gemeinde zur möglichst frühzeitigen Erörterung der Sanierung mit den **Betroffenen.** Aufgabe der vorbereitenden Untersuchungen ist auch die Ermittlung der Einstellung und Mitwirkungsbereitschaft der Eigentümer, Mieter, Pächter und anderer Nutzungsberechtigter im Untersuchungsbereich; vgl. § 137. Im Rahmen der vorbereitenden Untersuchungen sind weiterhin die **Behörden** zu beteiligen; vgl. **§ 139 Abs. 2.**

7 **d) Durchführung der vorbereitenden Untersuchungen.** Die vorbereitenden Untersuchungen werden nach Abs. 1 S. 1 von der **Gemeinde** selbst **durchgeführt** oder von ihr „veranlasst", insbesondere durch die Beauftragung eines **Sanierungsträgers oder anderer Beauftragter** iS des § 157.

8 **3. Absehen von vorbereitenden Untersuchungen (Abs. 2).** Liegen bereits hinreichende Beurteilungsunterlagen vor, so kann die Gemeinde von vorbereitenden Untersuchungen **ganz oder teilweise absehen (Abs. 2).** Voraussetzung für das Absehen von vorbereitenden Untersuchungen ist, dass die Gemeinde auf Grund bereits vorliegender Unterlagen und der Kenntnis der Einstellung und Mitwirkungsbereitschaft der Betroffenen hinreichende Beurteilungsunterlagen für die Entscheidung über die förmliche Festlegung hat. Ein gänzliches Absehen von einem Beschluss nach Abs. 3 dürfte in der Praxis nicht in Betracht kommen, wohl aber die Beschränkung auf Teiluntersuchungen oder ergänzende Untersuchungen („Aktualisierungen"). Hat die Gemeinde ein städtebauliches Entwicklungskonzept iS des § 171b Abs. 2 aufgestellt und entschließt sich daraufhin, den Stadtumbau wegen sich als erforderlich ergebender sanierungsrechtlicher Flankierung zur Durchführung der Sanierung (vgl. zu § 171a Abs. 1) für das Stadtumbaugebiet oder Teile hiervon, so liegen ihr idR bereits hinreichende Beurteilungsunterlagen iS des Abs. 2 vor.

9 **4. Beschluss und Bericht über die vorbereitenden Untersuchungen (Abs. 3). a) Beschluss über die vorbereitenden Untersuchungen.** Die Gemeinde hat nach **Abs. 3 S. 1** den **Beginn der vorbereitenden Untersuchungen** zu beschließen. Mit dem **Beschluss** und seiner **Bekanntmachung** nach **Abs. 3 S. 2** beginnt das im BauGB geregelte Sanierungsverfahren. Im Beschluss ist das Untersuchungsgebiet **eindeutig abzugrenzen,** zumal im Untersuchungsgebiet die besondere **Auskunftspflicht** nach § 138 besteht und die **Rechtsfolgen** iS des Abs. 4 begründet werden (→ Rn. 14). Auch für die Mitwirkungsrechte und -pflichten der Betroffenen sowie die Beteiligung der Behörden (§§ 137, 139) bedarf es der eindeutigen gebietsweisen Abgrenzung. Die Verpflichtung zur Mitwirkung der sonstigen öffentlichen Aufgabenträger besteht jedoch unbeschadet eines Beschlusses gem. Abs. 3 gem. § 139. Der Beschluss bedarf keiner besonderen **Form,** insbesondere nicht der Satzungsform. Er wird nach Maßgabe der landesrechtlichen Gemeindeordnungen von den Gemeindevertretungen gefasst.

10 Der Beschluss über die vorbereitenden Untersuchungen und die damit verbundene Festlegung eines Untersuchungsgebiets setzt Kenntnisse der Gemeinde über die grundsätzliche Sanierungsbedürftigkeit des Gebiets voraus. **Voruntersuchungen** zur Feststellung des „Sanierungsverdachts" sind vom Gesetz jedoch nicht vorgeschrieben. Das Gesetz geht vielmehr davon aus, dass der Gemeinde entsprechende allgemeine Kenntnisse über Problemgebiete vorliegen. Eines besonderen Nachweises über die Sanierungsbedürftigkeit des Gebiets bedarf es zur Rechtfertigung der vorbereitenden Untersuchungen nicht. Die Gemeinde kann aber, wenn sie dies für sachdienlich hält, gesonderte Voruntersuchungen beschließen und durchführen, die sich zB auf die Ermittlung aller im Gemeindegebiet vorhandenen Sanierungsverdachtsgebiete, auf die Vorbereitung einer Prioritätenentscheidung für die Durchführung späterer Sanierungsmaßnahmen uÄ beziehen. Von Bedeutung können hierbei insbesondere die Ergebnisse einer städtebaulichen Entwicklungskonzepts oder einer Rahmenplanung sein (vgl. § 140 Rn. 4 ff.).

2. Abschnitt. Vorbereitung und Durchführung § 141

Der **räumliche Umgriff der Gebiete,** auf die sich Voruntersuchungen, vorbe- 11
reitende Untersuchungen und – zuletzt – die förmliche Festlegung des Sanierungsgebiets beziehen, kann unterschiedlich sein. So können Untersuchungsgebiete nach § 141 größer sein als die später förmlich festgelegten Sanierungsgebiete; sie können auch kleiner sein, sofern der Gemeinde für die übrigen Bereiche bereits hinreichende Beurteilungsgrundlagen iS des Abs. 1 S. 1 vorliegen oder sich der „größere" Umgriff erst auf Grund der vorbereitenden Untersuchungen ergibt. Sofern die Gemeinde während der Durchführung der vorbereitenden Untersuchungen das Untersuchungsgebiet erweitern oder verkleinern will, so hat sie im Hinblick auf die Auskunftspflicht nach § 138, die Rechtsfolgen nach Abs. 4 einschließlich der Beteiligungsrechte und -pflichten nach §§ 137 und 139 einen Beschluss gem. § 141 Abs. 3 herbeizuführen.

Der Beschluss über den Beginn der vorbereitenden Untersuchungen ist gem. 12
Abs. 3 S. 2 ortsüblich bekannt zu machen. Gem. **Abs. 3 S. 3** ist dabei auf die **Auskunftspflicht** nach § 138 hinzuweisen. Die ortsübliche Bekanntmachung des Beschlusses bestimmt sich nach dem jeweiligen landesrechtlichen Kommunalrecht.

b) Rechtswirkungen des Beschlusses. Der Beschluss über den Beginn der vor- 13
bereitenden Untersuchungen nach Abs. 3 ist eine „schlichte" gemeindliche Verwaltungsmaßnahme, die weder Rechtsnorm- noch Verwaltungscharakter hat. Der Beschluss hat zum einen **gemeindeinterne Wirkung,** zum anderen begründet er (nicht-justitiable) **Beteiligungsrechte** und **Beteiligungspflichten** gem. §§ 137, 139; **Abs. 4 S. 1 Hs. 1.** Auch im Hinblick auf die **Auskunftspflicht** nach § 138 hat der Beschluss selbst keine unmittelbare Rechtswirkung. Er ist vielmehr tatbestandliche Voraussetzung – und ist insoweit hinsichtlich des Vorliegens der Voraussetzungen für vorbereitende Untersuchungen inzidenter überprüfbar – der nach § 138 **gesetzlich** begründeten Auskunftspflicht.

c) Rechtsfolgen gem. Abs. 3. Eine besondere Rechtsfolge, die gleichfalls an 14
den Tatbestand der ortsüblichen Bekanntmachung des Beschlusses über den Beginn der vorbereitenden Untersuchungen anknüpft, begründet **Abs. 4 S. 1 Hs. 2.** Danach ist mit der Bekanntmachung gem. Abs. 3 S. 2 die Vorschrift des **§ 15** über die Zurückstellung von Baugesuchen auf die Durchführung von **Vorhaben iS des § 29 Abs. 1** sowie auf die **Beseitigung einer baulichen Anlage** entsprechend anzuwenden. Zur Zurückstellung vgl. sinngemäß die Erl. zu → § 15.

Wird das Sanierungsgebiet vor Ablauf des Zurückstellungszeitraums (höchstens 15
zwölf Monate) **förmlich festgelegt,** so wird ein **Bescheid** über die Zurückstellung des Baugesuchs **unwirksam; Abs. 4 S. 2.** Die Vorschrift des **§ 15 Abs. 2.** Sie stellt sicher, dass die Wirkung des § 15 Abs. 2 auch für die gem. § 141 Abs. 4 S. 1 Hs. 2 erfolgten Zurückstellungen gilt. Mit Unwirksamkeit der Zurückstellung ist der Genehmigungsantrag nunmehr nach dem sanierungsrechtlichen Genehmigungstatbestand gem. § 144 Abs. 1 Nr. 1 zu beurteilen. Kommt es innerhalb von zwölf Monaten nicht zur förmlichen Festlegung des Sanierungsgebiets, so entfällt der Grund für die Zurückstellung des Vorhabens aus sanierungsrechtlichen Gründen; die Gemeinde kann bei Vorliegen der gesetzlichen Voraussetzungen die entsprechenden Rechtswirkungen bis zur förmlichen Festlegung (vgl. § 14 Abs. 4) ggf. über eine Satzung nach § 14 erreichen.

d) Ergebnis der vorbereitenden Untersuchungen; Bericht. Das **Ergebnis** 16
der vorbereitenden Untersuchungen hat vor allem Bedeutung als **Abwägungsmaterial** (vgl. auch § 136 Abs. 4 S. 2) für die Entscheidung der Gemeinde über die förmliche Festlegung des Sanierungsgebiets nach § 142. Das Gesetz verpflichtet die Gemeinde nicht zu einer schriftlichen Zusammenfassung oder einer Begründung (→ § 142 Rn. 14). Als Grundlage für die förmliche Festlegung des Sanierungsgebiets müssen die vorbereitenden Untersuchungen ua Ergebnisse zu folgenden Bereichen

§ 142
II. Kapitel. I. Teil. Städtebauliche Sanierungsmaßnahmen

enthalten: das Vorhandensein städtebaulicher Missstände iS des § 136 Abs. 2; die bisher entwickelten allgemeinen Ziele der Sanierung (§ 140 Nr. 3); die Beurteilung der Durchführbarkeit der Sanierung im Allgemeinen; die Einstellung und Mitwirkungsbereitschaft der Sanierungsbetroffenen (§ 137), die Stellungnahmen der Behörden und der sonstigen Träger öffentlicher Belange (§ 139 Abs. 2) sowie die Gründe, warum ggf. von vorbereitenden Untersuchungen abgesehen wurde (§ 141 Abs. 2); → § 142 Rn. 4ff. Zu den besonderen Anforderungen im Hinblick auf die Entscheidung nach § 142 Abs. 4 (**vereinfachtes Sanierungsverfahren**) → § 142 Rn. 34–39.

17 **5. Rechtsschutz.** Die vorbereitenden Untersuchungen sind der **rechtsaufsichtlichen** und der **verwaltungsgerichtlichen Überprüfung** nur beschränkt zugänglich (vgl. VGH München BayVBl. 1980, 339): Gerichtlicher Nachprüfung unterliegt – inzidenter – zB die Frage, ob die Voraussetzungen für den Beschluss über die vorbereitenden Untersuchungen im Hinblick auf ein Auskunftsverlangen nach § 138 oder die Zurückstellung nach Abs. 4 S. 1 Hs. 2 vorliegen. Gerichtlicher Kontrolle unterliegt weiterhin – unmittelbar – die Frage, ob überhaupt vorbereitende Untersuchungen stattgefunden haben, ob die sachlichen Voraussetzungen für die Festlegung eines Sanierungsgebiets gegeben sind und ob die vorbereitenden Untersuchungen hinreichende Anhaltspunkte für eine Beurteilung dieser Frage ergeben. Darüber hinaus ist kein Gesichtspunkt für eine gerichtliche Nachprüfung der vorbereitenden Untersuchungen ersichtlich. Insbesondere sind die vorbereitenden Untersuchungen noch keine Detailplanungen, die in die Rechte der Sanierungsbetroffenen eingreifen würden. Es besteht daher grundsätzlich kein rechtliches Interesse der Beteiligten daran, die Durchführung oder Nichtdurchführung einzelner Verfahrensschritte zu überprüfen oder auch – was die spätere förmliche Festlegung betrifft – zur Gültigkeitsvoraussetzung der Sanierungssatzung zu machen.

18 **6. Überleitung; Förderung.** Der Beschluss über die Einleitung der Sanierungsvorbereitung gem. Abs. 3 S. 1 ist der früheste Zeitpunkt, zu dem die sanierungsrechtlichen Vorschriften des BauGB zur Anwendung kommen. Die **Überleitungsvorschrift** des § 235 Abs. 1 S. 1 knüpft hieran an.

Für die Kosten der vorbereitenden Untersuchungen können gem. §§ 140 Nr. 1, 164a Abs. 2 Nr. 1 **Städtebauförderungsmittel** eingesetzt werden.

§ 142 Sanierungssatzung

(1) ¹**Die Gemeinde kann ein Gebiet, in dem eine städtebauliche Sanierungsmaßnahme durchgeführt werden soll, durch Beschluss förmlich als Sanierungsgebiet festlegen (förmlich festgelegtes Sanierungsgebiet).** ²**Das Sanierungsgebiet ist so zu begrenzen, dass sich die Sanierung zweckmäßig durchführen lässt.** ³**Einzelne Grundstücke, die von der Sanierung nicht betroffen werden, können aus dem Gebiet ganz oder teilweise ausgenommen werden.**

(2) ¹Ergibt sich aus den Zielen und Zwecken der Sanierung, dass Flächen außerhalb des förmlich festgelegten Sanierungsgebiets
1. **für Ersatzbauten oder Ersatzanlagen zur räumlich zusammenhängenden Unterbringung von Bewohnern oder Betrieben aus dem förmlich festgelegten Sanierungsgebiet oder**
2. **für die durch die Sanierung bedingten Gemeinbedarfs- oder Folgeeinrichtungen**

in Anspruch genommen werden müssen (Ersatz- und Ergänzungsgebiete), kann die Gemeinde geeignete Gebiete für diesen Zweck förmlich festlegen. ²Für die förmliche Festlegung und die sich aus ihr ergebenden Wirkungen sind die für förmlich festgelegte Sanierungsgebiete geltenden Vorschriften anzuwenden.

(3) ¹Die Gemeinde beschließt die förmliche Festlegung des Sanierungsgebiets als Satzung (Sanierungssatzung). ²In der Sanierungssatzung ist das Sanierungsgebiet zu bezeichnen. ³Bei dem Beschluss über die Sanierungssatzung ist zugleich durch Beschluss die Frist festzulegen, in der die Sanierung durchgeführt werden soll; die Frist soll 15 Jahre nicht überschreiten. ⁴Kann die Sanierung nicht innerhalb der Frist durchgeführt werden, kann die Frist durch Beschluss verlängert werden.

(4) In der Sanierungssatzung ist die Anwendung der Vorschriften des Dritten Abschnitts auszuschließen, wenn sie für die Durchführung der Sanierung nicht erforderlich ist und die Durchführung hierdurch voraussichtlich nicht erschwert wird (vereinfachtes Sanierungsverfahren); in diesem Falle kann in der Sanierungssatzung auch die Genehmigungspflicht nach § 144 insgesamt, nach § 144 Abs. 1 oder § 144 Abs. 2 ausgeschlossen werden.

Übersicht

	Rn.
1. Festlegung des Sanierungsgebiets (Abs. 1 und 3)	1
a) Überblick	1
b) Aufgabe der Gemeinde	2
c) Abwägung; Ablaufprogramm	4
d) Abgrenzung des Gebiets	9
e) Befristung	11
f) Inhalt	12
g) Begründung	14
h) Rechtsschutz	17
2. Ersatz- und Ergänzungsgebiete (Abs. 2)	23
a) Allgemeines	23
b) Förmliche Festlegung und ihre Rechtswirkungen	25
c) Befristung	29a
3. Vereinfachtes Sanierungsverfahren (Abs. 4)	30
a) Überblick	30
b) Rechtliche Anforderungen	34
c) Verhältnis zu § 144 Abs. 3	42
d) Verfahrenswechsel	43
4. Überblick über die sanierungsrechtlichen Vorschriften in den nach Abs. 4 eröffneten Verfahrensausgestaltungen	45

1. Festlegung des Sanierungsgebiets (Abs. 1 und 3). a) Überblick. Hält die Gemeinde auf Grund der vorbereitenden Untersuchungen oder ihr bereits vorliegender Beurteilungsunterlagen (vgl. § 141) die Behebung städtebaulicher Missstände durch Sanierungsmaßnahmen für erforderlich, kann sie das Gebiet gem. § 142 durch Beschluss förmlich als Sanierungsgebiet festlegen **(Abs. 1)**. Die **förmliche Festlegung** des Sanierungsgebiets beschließt die Gemeinde als **Satzung (Abs. 3)**; zur Form der Rechtsetzung anstelle der Satzung in den Stadtstaaten (Berlin, Bremen, Hamburg) vgl. § 246 Abs. 2. § 142 regelt weiterhin die förmliche Festlegung von Ersatz- und Ergänzungsgebieten **(Abs. 2)**. **Abs. 4** ermächtigt die Gemeinde, in der Sanierungssatzung das **Sanierungsverfahren** zu bestimmen: Ausschluss der **besonderen sanierungsrechtlichen Vorschriften** des Dritten Abschnitts (§§ 152 bis 156) und damit Durchführung der Sanierung im „**vereinfachten Sanierungsverfahren**"; ggf. auch Ausschluss der Genehmigungspflicht nach § 144 (sog. „Veränderungs- und Verfügungssperre") insgesamt oder der Genehmigungspflichten nach § 144 Abs. 1 oder Abs. 2. Das **Verfahren** der Sanierungssatzung ist in **§ 143** geregelt: ortsübliche Bekanntmachung, Mitteilung an das Grundbuchamt.

§ 142 II. Kapitel. I. Teil. Städtebauliche Sanierungsmaßnahmen

2 **b) Aufgabe der Gemeinde.** Die förmliche Festlegung eines Sanierungsgebiets ist **Aufgabe der Gemeinde**. Die Vorbereitung und Durchführung städtebaulicher Sanierungsmaßnahmen gehört zu den nach Art. 28 Abs. 2 GG den Gemeinden vorbehaltenen **Selbstverwaltungsaufgaben**. Die förmliche Festlegung ist Vorbereitungsaufgabe; vgl. § 140 Nr. 2.

3 Abs. 1 S. 1 enthält die **Ermächtigung** der Gemeinde, ein Gebiet förmlich als Sanierungsgebiet festzulegen. Diese Ermächtigung ist in zweierlei Hinsicht eingeschränkt: Zum einen darf die Gemeinde das Gebiet nur festlegen, wenn die Durchführung einer Sanierungsmaßnahme **erforderlich** ist. Ob die Anwendung des Sanierungsverfahrens erforderlich ist, beurteilt sich nach der **städtebaulichen Situation** und nach den **städtebaulichen Zielvorstellungen der Gemeinde**. Insbesondere muss das Gebiet städtebauliche Missstände iS des § 136 Abs. 2 aufweisen. Das Entscheidungsermessen der Gemeinde ist andererseits an die Wertung des Gesetzgebers gebunden, bei Vorliegen der Tatbestandsvoraussetzungen das sanierungsrechtliche Instrumentarium anzuwenden; zu der von der Gemeinde hierbei anzustellenden Abwägung vgl. im Einzelnen → Rn. 4–7; vgl. zur „Anwendungspflicht" → § 136 Rn. 7.

4 **c) Abwägung; Ablaufprogramm.** Die förmliche Festlegung eines Gebiets als Sanierungsgebiet ist eine **planerische Entscheidung**. Die Gebietsfestlegung ist das Zwischenergebnis einer während der gesamten Dauer der Sanierung durchzuführenden Sanierungsplanung; → § 140 Rn. 3. Bereits bei der Entscheidung der Gemeinde, für ein Gebiet den Beginn der vorbereitenden Untersuchungen einzuleiten (§ 141 Abs. 3 S. 1), liegt eine uU noch grobe planerische Zielvorstellung zugrunde: Die Gemeinde hat in Bezug auf ein Gebiet städtebauliche Missstände festgestellt oder hat zumindest Anhaltspunkte hierfür und stellt Erwägungen an, ob ein besonderer städtebaulicher Handlungsbedarf besteht. Die **vorbereitenden Untersuchungen** dienen der Entwicklung der Sanierungsplanung (Feststellung und Mitwirkungsbereitschaft der Betroffenen, erste Abstimmung mit den Trägern öffentlicher Belange, Prüfung der Finanzierbarkeit, Formulierung erster, möglicherweise noch alternativer Zielvorstellungen). Bis zur Entscheidung über die förmliche Festlegung des Sanierungsgebiets muss die **Planung der Gemeinde** so weit entwickelt sein, dass **folgende Entscheidungen** getroffen werden können: Das Gebiet weist **Missstände** iS des § 136 Abs. 2 auf; die Durchführung einer städtebaulichen Sanierungsmaßnahme ist **geeignet und erforderlich**, das Gebiet wesentlich zu verbessern oder umzugestalten. Die planerische Entscheidung bezieht sich weiterhin auf den **räumlichen Umgriff** des Gebiets (→ Rn. 9).

5 Die förmliche Festlegung eines Gebiets ist eine planerische Entscheidung; ihr muss eine **Abwägung** zugrunde liegen (BVerwG Urt. v. 24.3.2010 – 4 BN 60.09, ZfBR 2010, 479). Das Abwägungsgebot ist das zentrale Gebot rechtsstaatlicher Planung (BVerwGE 34 301 (308ff.)); zum sanierungsrechtlichen Abwägungsgebot → § 136 Rn. 34. Die Abwägung bezieht sich auf die Entscheidung, ob **Gründe** vorliegen, die eine **förmliche Festlegung** des sanierungsbedürftigen Gebiets **rechtfertigen**. Die genaue Bezeichnung der **planerischen Ziele** ist jedoch nicht Voraussetzung für den Erlass einer Sanierungssatzung. Die Gemeinde kann zum Zeitpunkt der förmlichen Festlegung zwar bereits eine erste, meist grobe Sanierungsplanung entwickelt haben. Das Gesetz schreibt dies aber nicht zwingend vor. Es genügt – neben der Feststellung des Vorhandenseins von städtebaulichen Missständen – die Feststellung, dass diese im Rahmen einer Sanierung behoben werden können. Das **Sanierungskonzept** muss zum Zeitpunkt der förmlichen Festlegung also mindestens diejenigen Missstände bezeichnen, die den Anlass für die Sanierung geben. Dagegen sind noch nicht Festlegungen dahingehend zu treffen, welche der vorhandenen Missstände durch welche Maßnahmen in welcher zeitlichen Reihenfolge behoben werden; vgl. zu den Anforderungen an das Sanierungskonzept – „Ziele und Zwecke der Sanierung, § 140

2. Abschnitt. Vorbereitung und Durchführung § 142

Nr. 3 – BVerwG NVwZ 1999, 420; BGHZ 77, 338 (344); OVG Lüneburg ZfBR 1987, 206; → Rn. 15; dort insbesondere zur Frage der Aufnahme von Sanierungszielen in die Satzung oder in eine Begründung.

Aus dem Abwägungsgebot ergibt sich für die Gemeinde insbesondere die Verpflichtung, die **Belange der Sanierungsbetroffenen** in ihre Entscheidung einzustellen, soweit dies nach Lage der Dinge möglich ist; vgl. § 136 Abs. 4 S. 2. Dies hebt die Bedeutung der **Betroffenenbeteiligung nach** § 137 hervor; vgl. entsprechend § 139 über die Beteiligung der öffentlichen Aufgabenträger. Da die Gemeinde das Sanierungskonzept zum Zeitpunkt der förmlichen Festlegung in aller Regel nicht schon abschließend festlegen kann, bestimmen sich die Anforderungen an die Berücksichtigung der Belange der Betroffenen nach dem jeweils erreichten Planungsstand. Erst mit **zunehmender Verdichtung** und besonders hinsichtlich der **Durchführung** der einzelnen Sanierungsmaßnahmen sind in der Sanierungsplanung die Belange der Sanierungsbetroffenen verstärkt mit dem öffentlichen Interesse an der Durchführung der Sanierung abzuwägen. 6

Die sog. **„Anwendungspflicht"** des Gesetzes (→ § 136 Rn. 7) belässt dem planerischen Ermessen einen weiten Rahmen und begrenzt zugleich die Anforderungen an die Abwägung hinsichtlich des Erfordernisses einer Gebietsfestlegung: Dem Sanierungsrecht liegt die Vorstellung zugrunde, dass **bei Vorliegen städtebaulicher Missstände** die Anwendung des gesamten sanierungsrechtlichen Instrumentariums **erforderlich,** aber auch **gerechtfertigt** ist. Die gesetzliche Vermutung des Erfordernisses der Durchführung städtebaulicher Sanierungsmaßnahmen bei Vorliegen städtebaulicher Missstände entlastet die gemeindliche Planungsentscheidung. Der **Gesetzgeber** hat für Gebietstypen mit städtebaulichen Missständen **gewissermaßen vorweg geplant.** Insoweit kommt die gemeindliche Abwägung einem **Subsumtionsvorgang** nahe (OVG Koblenz BauR 1998, 754). Verglichen mit der Abwägung bei der Bauleitplanung sind die Anforderungen an die Abwägung in der Sanierungsplanung hinsichtlich der förmlichen Festlegung eines Sanierungsgebiets erheblich vereinfacht, weil diese den gesetzlichen Tatbestand nachvollzieht, nicht aber eine Gestaltungsaufgabe hat.

Die im Rahmen der Sanierung vorzunehmende Abwägung ist – verglichen mit der Bauleitplanung – durch die Struktur eines **zweistufigen Ablaufprogramms** der Sanierung entlastet (vgl. die entsprechende Struktur bei den Satzungen nach §§ 165, 171d und 172). Mit der förmlichen Festlegung des Sanierungsgebiets wird dieses zunächst nur flächenbezogen bezeichnet. Die Sanierungssatzung schafft eine Rechtsgrundlage für die Anwendung der im Gesetz bezeichneten Handlungsinstrumente. Es handelt sich bei ihr um eine Rahmenordnung, die auf Konkretisierung durch nachfolgende Planungen angelegt ist. Ein Bebauungsplan ist aus ihr nicht zu entwickeln. Anders als im Bebauungsplan trifft die Sanierungssatzung selbst zB keine rechtsverbindliche Nutzungsregelung für das einzelne Grundstück. Mit der förmlichen Festlegung des Gebiets als **erster Stufe** werden vor allem Eingriffsmöglichkeiten der Gemeinde begründet (Vorkaufsrecht, besondere Enteignungsvoraussetzungen, idR der Genehmigungsvorbehalt nach § 144). Mit der förmlichen Festlegung wird für das Sanierungsgebiet also ein „Sonderrecht" geschaffen; vgl. auch die Anwendung der Vorschriften des Dritten Abschnitts, aber auch besonderer abgaben- und steuerrechtlicher Vorschriften. Die Sanierungssatzung dient der Sicherung der Bauleitplanung, eine Aufgabe, die ansonsten von den §§ 14 und 15 übernommen wird (BVerwG Beschl. v. 15.7.1994 – 4 B 109.94, NVwZ 1995, 66). Erst auf der **zweiten Stufe,** nämlich der konkreten Anwendung der jeweiligen Sanierungsinstrumente, wird (zB in einer Entscheidung gem. §§ 144, 145) eine unmittelbar verbindliche Entscheidung zB über die bauliche oder sonstige Nutzung des Grundstücks oder die Zulässigkeit eines Rechtsgeschäfts getroffen. 7

Eine Sanierungssatzung vermag auf Grund ihrer Funktion als Rahmenordnung auch keine erhebliche Beeinträchtigung eines FFH-Gebiets in für die Erhaltungsziele 7a

§ 142
II. Kapitel. I. Teil. Städtebauliche Sanierungsmaßnahmen

maßgeblichen Bestandteilen zu bewirken. Allerdings verlangt die Durchführung der Sanierung regelmäßig Ordnungs- und Baumaßnahmen (vgl. §§ 147 und 148) innerhalb der förmlich festgelegten Sanierungsgebiets, die nach den Zielen und Zwecken des Sanierungsgebiets erforderlich sind (→ Rn. 15ff.) und mit naturschutzrechtlich relevanten Beeinträchtigungen verbunden sein können. Sind diese aber entweder verboten oder aus rechtlichen Gründen nicht ohne vorherige Durchführung eines Umweltprüfverfahrens (FFH-Verträglichkeitsprüfung, FFH-Vorprüfung, artenschutzrechtliche Prüfung) zu verwirklichen, kann es auf der Grundlage einer Sanierungssatzung nicht zu naturschutzrechtlich relevanten Beeinträchtigungen kommen (BVerwG Urt. v. 24.3.2010 – 4 BN 60.09, ZfBR 2010, 479, 480; außerdem *Frenz* NVwZ 2011, 275 (276)).

8 Aus der Zweistufigkeit des Ablaufprogramms ergibt sich für beide Stufen der **Umfang der jeweils zu treffenden Abwägung bzw. Entscheidungsbegründung.** Was auf der ersten Stufe, also der förmlichen Festlegung des Gebiets, entschieden ist (insbesondere die Feststellung städtebaulicher Missstände), bedarf nicht mehr der Prüfung auf der zweiten Stufe (zB bei der Ausübung des Vorkaufsrechts nach § 24 Abs. 1 S. 1 Nr. 3 oder der Genehmigung nach §§ 144, 145). Umgekehrt ist die erste Stufe der Gebietsfestlegung von dem Erfordernis entlastet, die Sanierungsziele vorweg vorzulegen; insoweit bestimmt sich das Erfordernis der Konkretisierung der Sanierungsziele nach den jeweiligen Anwendungssituationen. Vgl. hierzu insbesondere die Rspr. des BVerwG zu den Anforderungen an die Konkretisierung der Sanierungsziele im Hinblick auf die Versagung einer Genehmigung nach § 145 Abs. 2 (BVerwGE 70, 83; im Einzelnen → § 145 Rn. 4–6). Aus der Zweistufigkeit des Ablaufprogramms ergeben sich auch Besonderheiten für die **gerichtliche Überprüfung** der gemeindlichen Entscheidung; → Rn. 17. Der gerichtlichen Überprüfung ist vor allem das **Abwägungsergebnis** zugänglich, dh die Beurteilung, **ob städtebauliche Missstände** im Gebiet vorliegen und ob das Gebiet **sachgerecht begrenzt** wurde. Die Entscheidung darüber, dass bei Vorliegen städtebaulicher Missstände regelmäßig die förmliche Festlegung gerechtfertigt ist, nimmt (wie erwähnt, → Rn. 6) das Gesetz der Gemeinde dagegen weitgehend ab. **Der Rechtsschutz des Sanierungsbetroffenen** wird hierdurch nicht eingeschränkt, sondern tendenziell gestärkt: Mit der förmlichen Festlegung wird nicht schon pauschal über das rechtliche Schicksal der sanierungsbetroffenen Grundstücke entschieden. Ob die Sanierungsziele die Anwendung der jeweiligen Instrumentarien rechtfertigen und insoweit die Berücksichtigung der Belange der Betroffenen, bleibt der Einzelfallentscheidung auf der zweiten Stufe vorbehalten. Auch die vom Gesetz zugelassene **Einbeziehung von Grundstücken,** auf denen **keine städtebaulichen Missstände vorliegen** oder auch sonst nicht zum städtebaulichen Missstand des Gebiets beitragen, rechtfertigt sich damit, dass den Belangen eines solchen Grundstücks bei der Entscheidung auf der „zweiten Stufe" angemessen Rechnung zu tragen ist. Grundstücke sind im Übrigen auch dann – ohne dass sie selbst vom Missstand geprägt sein müssen – sanierungsbetroffen, wenn auf ihnen **Ordnungs- oder Baumaßnahmen** durchgeführt werden müssen. Vgl. auch die Einbeziehung von **außerhalb des Sanierungsgebiets** gelegenen Flächen für Ersatzbauten, Ersatzanlagen oder sanierungsbedingte Gemeinbedarfs- und Folgeeinrichtungen gem. **Abs. 2 (Ersatz- und Ergänzungsgebiete).**

9 **d) Abgrenzung des Gebiets.** Die **Abgrenzung des Sanierungsgebiets** ist eine planerische Entscheidung, die dem Gebot gerechter Abwägung entsprechen muss (→ Rn. 5; *Waechter* DVBl. 2013, 613 (618ff.)). Die Gemeinde muss das Sanierungsgebiet gem. **Abs. 1 S. 2** so begrenzen, dass sich die Sanierung **zweckmäßig durchführen** lässt. Das Gesetz gibt damit der Gemeinde einen Beurteilungsspielraum, dessen Grenzen sich insbesondere aus dem Tatbestand des § 136 Abs. 2 ergeben. Nur ein von städtebaulichen Missständen geprägtes Gebiet kann als Sanierungsgebiet förmlich festgelegt werden. Andererseits ist die Gemeinde nicht daran

2. Abschnitt. Vorbereitung und Durchführung § 142

gehindert, aus Zweckmäßigkeitsgründen auch nicht betroffene Grundstücke in die Sanierung einzubeziehen.

Dies ergibt sich auch im Umkehrschluss aus **Abs. 1 S. 3,** wonach **nicht betroffene Grundstücke** aus dem Gebiet ganz oder teilweise ausgenommen werden **können.** Ein **Grundstück** ist **nicht betroffen** iS des Abs. 1 S. 3, wenn es keine städtebaulichen Missstände aufweist und damit durch seinen eigenen Zustand nicht zum städtebaulichen Missstand beiträgt und auch nicht im Einflussbereich städtebaulicher Missstände liegt (BVerwG NVwZ 1985, 184; NVwZ-RR 1997, 155). Unter **Zweckmäßigkeitsgesichtspunkten** können nicht betroffene Einzelgrundstücke innerhalb des Gebiets in den Geltungsbereich der Satzung einbezogen werden (BVerwG NVwZ 1985, 184; NVwZ-RR 1997, 155); im Hinblick auf die Zweistufigkeit des Verfahrens sind die Belange eines nicht betroffenen Grundstücks auch bei Einbeziehung in die Satzung angemessen gewahrt.

Allerdings darf die Gemeinde den Kreis der durch die Ausstrahlungen städtebaulicher Missstände auf anderen Flächen in Mitleidenschaft gezogenen Grundstücke nur so weit ziehen, als es die **Situation rechtfertigt;** → § 136 Rn. 22. Dies kann für **intakte Grundstücke in den Randzonen** von Sanierungsgebieten von Bedeutung sein. So kann es im Einzelfall auch aus Zweckmäßigkeitsgründen nicht zu rechtfertigen sein, ein intaktes Grundstück am Rande des Sanierungsgebiets, das dem Gebiet weder gestalterisch und funktionell noch sonst aus städtebaulichen Gründen zuzurechnen ist, in das Satzungsgebiet einzubeziehen (etwa aus der Erwägung, im Hinblick auf dieses Grundstück bestimmte **sanierungsrechtliche Instrumente** zur Anwendung bringen zu können). Dagegen liegt ein Grundstück – unbeschadet seines Zustands – idR dann im Einflussbereich städtebaulicher Missstände, wenn es zu einem **„Block"** innerhalb eines Sanierungsgebiets gehört, der (zB im Blockinneren oder im Hinblick auf andere Gebäude) städtebauliche Missstände aufweist (so bereits OVG Lüneburg ZfBR 1987, 206).

Die Einbeziehung eines Grundstücks in die Sanierung kommt daher in Betracht, wenn auf Grund der **räumlichen Zuordnung** eines Grundstücks zum übrigen Sanierungsgebiet und **nach dem Stand der Planung nicht ausgeschlossen ist,** dass es von Durchführungsmaßnahmen betroffen sein wird. Hierzu kann es im Einzelfall ausreichen, dass die **Beibehaltung der derzeitigen Nutzung** aus Gründen der Sicherung des Sanierungsziels **erforderlich** ist. Trifft keiner dieser Gesichtspunkte zu, wäre die Einbeziehung eines Grundstücks nicht sachgerecht. Dass bei einem Grundstück infolge der Durchführung der Sanierung mit **sanierungsbedingten Bodenwertsteigerungen** zu rechnen ist, kann zwar ein **Anhaltspunkt** für die Betroffenheit und damit für die Zulässigkeit der Einbeziehung in das Sanierungsgebiet sein. Die **Möglichkeit von Bodenwertsteigerungen allein rechtfertigt** die Einbeziehung eines Grundstücks jedoch **nicht;** dies ergibt sich schon daraus, dass Sanierungen (auch bodenwertsteigernd) in der Regel auch auf die umliegenden Stadtgebiete **ausstrahlen** oder ein größeres Umfeld außerhalb des Sanierungsgebiets, ggf. die gesamte Gemeinde oder sogar den Verflechtungsbereich (vgl. § 136 Abs. 3 Nr. 2) aufwerten können. Soweit Grundstücke in das Sanierungsgebiet einbezogen werden, bedarf es hierfür somit stets eines städtebaulichen Zusammenhangs.

Ein Beurteilungsspielraum der Gemeinde weiterhin bei der Entscheidung zu, 10 ob sie ein **größeres Gebiet** mit städtebaulichen Missständen insgesamt oder – etwa aus Gründen der Finanzierung oder der Verwaltungsökonomie – nur eines oder mehrere **(kleinere) Teilgebiete** förmlich festlegt. Vor allem aus Gründen der **Verwaltungsökonomie** kann es geboten sein, die förmliche Festlegung auf einzelne bzw. auf Teilgebiete zu beschränken. Ein Beurteilungsspielraum steht der Gemeinde auch hinsichtlich der Entscheidung zu, welche der vorhandenen Gebiete mit städtebaulichen Missständen sie zB in welcher **zeitlichen Reihenfolge** förmlich festlegt. Für die Sanierungssatzung haben diese verwaltungsökonomischen Überlegungen auch unmittelbar rechtliches Gewicht, weil die Gemeinde wegen des Gebots der zügigen

§ 142 II. Kapitel. I. Teil. Städtebauliche Sanierungsmaßnahmen

Durchführung auch tatsächlich in der Lage sein muss, die mit der Sanierung verbundenen vielfältigen und schwierigen Aufgaben zu bewältigen; rechtfertigen Tatsachen die Annahme, dass die Gemeinde hierzu nicht in der Lage ist, dann stehen der förmlichen Festlegung rechtliche Gründe entgegen; § 143 Abs. 1 S. 3.

11 **e) Befristung.** Die Sanierung ist eine **zeitlich befristete Maßnahme.** Abs. 3 S. 3 sieht daher vor, dass bei dem Beschluss über die Sanierungssatzung zugleich durch Beschluss die Frist festzulegen ist, in der die Sanierung durchgeführt werden soll (→ Rn. 29a). Die Sanierungssatzung ist aufzuheben, wenn die Sanierung durchgeführt ist; § 162 **Abs. 1 S. 1 Nr. 1.** Die Sanierungssatzung selbst wird jedoch als **unbefristete** Satzung erlassen; die Rspr. hat zB mehr als 15 Jahre dauernde Satzungen nicht beanstandet (BVerwG NJW 1979, 2577; NJW 1996, 2807; NVwZ 2003, 1389). Die Angabe einer Frist ist zum Zeitpunkt der förmlichen Festlegung in aller Regel auch noch nicht möglich. Die Dauer der Sanierung hängt ua wesentlich von der Mitwirkungsbereitschaft der Betroffenen und der Träger öffentlicher Belange ab; hier können sich Veränderungen im Laufe der Sanierung ergeben. Auch die Veränderungen in der gesamtwirtschaftlichen Situation können im Hinblick auf erforderliche private und öffentliche Investitionen die Sanierung beschleunigen oder verlangsamen. Eine Befristung ist im Hinblick auf die Verpflichtung der Gemeinde, die Satzung nach Durchführung der Sanierung aufzuheben, auch nicht erforderlich; vgl. auch die weiteren Fälle der Aufhebungspflicht nach § 162 Abs. 1 S. 1. Hiervon bleibt die aus förderungspolitischen Gründen vorgenommene Entscheidung des Landes unberührt, der Gemeinde **Sanierungsförderungsmittel** nur für einen von vornherein **befristeten Zeitraum** in Aussicht zu stellen.

12 **f) Inhalt. Über den Inhalt der Sanierungssatzung** schreibt das Gesetz lediglich vor, dass in der Satzung das **Sanierungsgebiet zu bezeichnen** ist; **Abs. 3 S. 2.** Das Gebiet muss in der Satzung mit **ausreichender Eindeutigkeit** bezeichnet werden. Dies kann durch Umschreibung seiner Grenzen erfolgen (zB durch Benennung derjenigen Straßen, die das Gebiet umschließen). Die **Aufführung aller Grundstücke** in der Sanierungssatzung ist zulässig, aber nicht ausreichend, weil dies keine eindeutige Beschreibung des Sanierungsgebiets als Einheit ergibt. Die Aufführung der Grundstücke ist auch nicht erforderlich. Ein **Lageplan** soll der Satzung zumindest zur **Erläuterung** beigefügt werden. Weist der Lageplan irrtümlich ein Grundstück als zum Sanierungsgebiet gehörend aus, so ist dies unschädlich, wenn der Plan nicht Bestandteil der Satzung ist und die Satzung selbst die genaue räumliche Bezeichnung des Sanierungsgebiets enthält (BVerwG NVwZ 1985, 184; → Rn. 21). Der Lageplan kann aber von der Gemeinde auch als **Bestandteil der Satzung** genommen werden; dann ist er gemeinsam mit der Satzung gem. § 143 Abs. 2 bekannt zu machen.

13 Die Sanierungssatzung muss danach **folgenden Inhalt** haben:
1. Angabe der Rechtsgrundlage (BauGB, Gemeindeordnung),
2. Genaue Bezeichnung des Gebiets,
3. Anordnung der förmlichen Festlegung zur Durchführung einer städtebaulichen Sanierungsmaßnahme.

Zum Inkrafttreten vgl. § 143 Abs. 1 S. 4.

14 **g) Begründung.** Das Sanierungsrecht enthält **keine Verpflichtung,** der Sanierungssatzung eine **Begründung** beizufügen (BVerwG Buchholz 406. 15 § 5 StBauFG Nr. 4). Mit dem Wegfall des Anzeigeverfahrens (in den neuen Ländern: Genehmigung) durch das BauROG 1998 ist auch § 143 Abs. 1 S. 1 BauGB 1987 entfallen, wonach ein Bericht über die Gründe beizufügen war, die die förmliche Festlegung des sanierungsbedürftigen Gebiets rechtfertigen; → § 141 Rn. 14. Die unterschiedlichen gesetzlichen Anforderungen hinsichtlich der Begründungspflicht bei der Bauleitplanung einerseits und der Sanierungssatzung andererseits erklärt sich vor allem aus den **gesetzlich vorgegebenen eindeutigen Anwendungsvoraussetzungen,**

nämlich dem Vorliegen städtebaulicher Missstände; → Rn. 6. Im Rahmen der Bauleitplanung (§ 2a) hat die Gemeinde demgegenüber die Wahl zwischen vielfältigen, möglicherweise auch gegensätzlichen Lösungsmöglichkeiten; aus dem Erläuterungsbericht bzw. einer Begründung muss sich daher ua ergeben, aus welchen Erwägungen sie sich für eine bestimmte Lösung entschieden hat. Zur Entwicklungssatzung vgl. demgegenüber § 165 Abs. 7. Für die Sanierungssatzung ist keine **Umweltprüfung** vorgeschrieben. Eine neue Entscheidung des EuGH (Urt. v. 22. 3. 2012 – C-567/10, NuR 2012, 631 Rn. 31) kann allerdings zu einer Modifizierung führen und auch für Sanierungssatzungen eine UP-Pflicht begründen.

Die Sanierungssatzung muss auch nicht die **Ziele und Zwecke der Sanierung** 15 enthalten, und zwar auch nicht in den Grundzügen (→ Rn. 5). Sie leidet nicht an einem Rechtsfehler, wenn die Sanierungsziele im Zeitpunkt des Satzungserlasses noch nicht konkretisiert sind (BVerwG Urt. v. 27. 5. 1997 – 4 B 98.96, NVwZ-RR 1998, 216). Die Sanierungssatzung setzt die Feststellung des Sanierungsbedürfnisses und des grundsätzlichen Erfordernisses der Durchführung einer Sanierungsmaßnahme voraus. Dies schließt vor allem die Beurteilung der **Notwendigkeit** und der **Durchführbarkeit der Sanierung** sowie der anzustrebenden **allgemeinen Ziele** ein. Diese Beurteilung liegt der Beschlussfassung der Gemeindevertretung zugrunde, ist jedoch nicht Teil der Sanierungssatzung. Für das Zusammenspiel mit der **Sperrwirkung der Genehmigung nach §§ 144, 145** (→ § 145 Rn. 5) gilt: Die Genehmigung darf nach § 145 Abs. 2 nur versagt werden, wenn Grund zur Annahme besteht, dass ein Vorhaben den **Zielen und Zwecken der Sanierung** zuwiderläuft. Die Versagung der Genehmigung setzt daher eine hinreichend konkretisierte Planungskonzeption voraus. Zugleich sichert jedoch die Sperre nach § 144 die gemeindliche Planungsmöglichkeit, so dass zumindest in der Anfangsphase der Sanierung, solange die Sanierungsziele noch nicht konkretisiert sind, die Genehmigung versagt werden kann (vgl. BVerwG NJW 1982, 2787; BVerwGE 70, 83; NVwZ 1999, 420). Es ist deshalb auch unschädlich, wenn die Gemeinde zum Zeitpunkt des Erlasses der Sanierungssatzung **mehrere unterschiedliche Planungskonzeptionen** prüft oder zB der Rat der Stadt **Alternativplanungen** in Auftrag gibt (vgl. weiterhin OVG Lüneburg ZfBR 1987, 206).

Hiervon ist die Frage zu unterscheiden, ob die **Ziele und Zwecke der Sanierung** 16 iS des § 140 Nr. 3 von der **Gemeindevertretung** zu billigen sind; → § 140 Rn. 3 mwN Aus dem Bundesrecht kann für die Beantwortung dieser Frage keine Vorgabe entnommen werden. Vielmehr obliegt es dem **kommunalen Verfassungsrecht** und der hiernach den Gemeinden eingeräumten Möglichkeit der Verfahrensausgestaltung, welche kommunalen Organe (Verwaltung, Ausschüsse oder Rat) zur Sanierungsplanung befugt sind (OVG Lüneburg ZfBR 1987, 206). Da die Sanierungsplanung vor allem eine Selbstbindung der kommunalen Entscheidungsorgane bedeutet, müssen die Grundlinien der Planung – ggf. unter Einräumung von Alternativen – zu einem bestimmten Zeitpunkt vom Rat gebilligt werden; soweit die Sanierungsplanung in einem Bebauungsplan konkretisiert wird, kommt hierfür der Satzungsbeschluss in Betracht. Vgl. die entsprechende Problematik bei sonstigen informellen Planungen, wie zB der Entwicklungsplanung und der Rahmenplanung; § 1 Abs. 6 Nr. 11.

h) Rechtsschutz. Die Gültigkeit der Sanierungssatzung ist als **Vorfrage** zu prü- 17 fen, soweit über Einzelmaßnahmen im Rahmen der Sanierung zu entscheiden ist; → Rn. 8 ff. Wird daher zB die Versagung der Genehmigung nach § 145 durch ein Rechtsmittel angegriffen, wird inzidenter die Rechtmäßigkeit der Sanierungssatzung überprüft.

Die Sanierungssatzung kann nach § 47 Abs. 1 Nr. 1 VwGO im Wege der **Nor-** 18 **menkontrolle** überprüft werden (OVG Nordrhein-Westfalen Urt. v. 23. 10. 2008 – 7 D 37,07.NE, juris). Nach § 47 Abs. 2 S. 1 VwGO kann den Normenkontrollantrag jede natürliche oder juristische Person stellen, die geltend macht, durch die Rechts-

§ 142 II. Kapitel. I. Teil. Städtebauliche Sanierungsmaßnahmen

vorschrift oder deren Anwendung in ihren Rechten verletzt zu sein oder in absehbarer Zeit verletzt zu werden. Durch die Sanierungssatzung können insbesondere die Eigentümer in ihren Rechten verletzt werden. Auch die sonstigen Sanierungsbetroffenen, also vor allem Mieter und Pächter, sind zur Antragstellung befugt. Die Eigentümer, Mieter und sonstigen Sanierungsbetroffenen werden in ihren rechtlichen Verfügungs- und Nutzungsmöglichkeiten insbesondere durch den Genehmigungsvorbehalt nach § 144 eingeschränkt; vgl. für Miet- und Pachtverhältnisse § 144 Abs. 1 Nr. 2 sowie §§ 182ff. Keine Antragsbefugnis steht einem Eigentümer zu, dessen Grundstück außerhalb des Sanierungsgebiets liegt (VGH München Urt. v. 3.12.1981 – 108 II 77; OVG Lüneburg Urt. v. 25.3.1982 – C 5/79). Keine Antragsbefugnis hat auch jener Eigentümer, dessen Grundstück an das Sanierungsgebiet angrenzt und der vorträgt, die Gemeinde hätte sein Grundstück in das Sanierungsgebiet einbeziehen müssen (OVG Lüneburg ZfBR 1987, 206). Die Ungültigkeit einer Sanierungssatzung zieht nicht die **Ungültigkeit eines Bebauungsplans** nach sich, der im Zuge der beabsichtigten Sanierung (zur Sicherung der Sanierungsziele) aufgestellt worden ist (VGH München BayVBl. 1982, 468). Sanierungssatzung und Bebauungsplan sind gleichrangige, rechtlich selbstständige und in ihrem Bestand nicht voneinander abhängige Rechtssätze (so auch OVG Rheinland-Pfalz Beschl. v. 15.3.2010 – 1 B 11357.09, BauR 2010, 1195 (1197)).

19 Auch in den Fällen des **vereinfachten Sanierungsverfahrens** (vgl. Abs. 4) ist die Sanierungssatzung im Wege der Normenkontrolle angreifbar. Das vereinfachte Sanierungsverfahren hat auch in den Fällen, in denen die Gemeinde gänzlich von der Anwendung des § 144 absieht, eine **eindeutige bodenrechtliche Prägung** mit besonderen Eingriffsmöglichkeiten in das Eigentum und in Nutzungsverhältnisse; insbesondere steht der Gemeinde stets ein Vorkaufsrecht zu; auch die Enteignung ist erleichtert möglich. Durch die Sanierungssatzung kann somit auch in den Fällen des vereinfachten Sanierungsverfahrens die Möglichkeit einer Rechtsverletzung iS des § 47 VwGO ausgelöst werden.

20 Die Entscheidung im Normenkontrollverfahren ist gem. § 47 Abs. 6 VwGO **allgemeinverbindlich,** wenn die angegriffene Rechtsvorschrift für nichtig erklärt wird. Die Ungültigkeit der Vorschrift ist gegenüber jedermann festgestellt und von allen Gerichten und Behörden zu beachten. Der Entscheidungssatz ist in derselben Weise zu veröffentlichen, in der auch die Aufhebung bekannt zu machen wäre (§ 162 Abs. 2 S. 3). Die Nichtigerklärung wirkt rückwirkend auf den Zeitpunkt des Erlasses der Norm. Gem. § 47 Abs. 5 S. 3 iVm § 183 VwGO bleiben unanfechtbare Entscheidungen, die auf Grund der für nichtig erklärten Sanierungssatzung erlassen sind, wirksam. Die Ablehnung des Normenkontrollantrags hat keine allgemeinverbindliche Wirkung, sondern wirkt nur zwischen den Beteiligten. Andere Antragsteller werden dadurch nicht gehindert, ihrerseits gegen dieselbe Sanierungssatzung eine neue Normenkontrollklage zu erheben.

21 Zu Besonderheiten, die sich für den Rechtsschutz im Hinblick auf die **Zweistufigkeit** des Ablaufprogramms der Sanierung ergeben, bereits → Rn. 8. Wird ein **Grundstück zu Unrecht in die Sanierung einbezogen,** kann dies nur dann zur Nichtigkeit der gesamten Sanierungssatzung führen, wenn die Beurteilung auch des übrigen Sanierungsgebiets zum Ergebnis führen würde, dass städtebauliche Gründe die förmliche Festlegung nicht rechtfertigen. Hinsichtlich des einzelnen, nicht betroffenen Grundstücks, das **auch aus Zweckmäßigkeitsgründen** in die Sanierung nicht hätte einbezogen werden dürfen, gilt Folgendes: Die Gemeinde hat das Grundstück aus der Sanierung zu entlassen; der Eigentümer hat hierauf **analog § 163 einen Rechtsanspruch.** Einem Antrag auf Genehmigung in einem der Fälle des § 144 darf die Genehmigung nicht versagt werden. In Bezug auf das Grundstück hätte die Sanierungssatzung also keine Wirkung; insofern kann es hinsichtlich der Rechtswirkungen der Satzung offen bleiben, ob die Sanierungssatzung in Bezug auf das Grundstück nichtig ist.

22 Zur **Planerhaltung** vgl. §§ 214 ff.

2. Abschnitt. Vorbereitung und Durchführung § 142

2. Ersatz- und Ergänzungsgebiete (Abs. 2). a) Allgemeines. Die Durchführung der Sanierung kann es erforderlich machen, **Ordnungs- oder Baumaßnahmen** auf Grundstücken **außerhalb des förmlich festgelegten Sanierungsgebiets durchzuführen:** Nach § 147 S. 3 können u. a. sanierungsbedingte Erschließungsanlagen außerhalb des förmlich festgelegten Sanierungsgebiets liegen. Nach § 148 Abs. 1 S. 2 können auch Ersatzbauten, Ersatzanlagen oder sanierungsbedingte Gemeinbedarfs- und Folgeeinrichtungen außerhalb des förmlich festgelegten Sanierungsgebiets liegen. Diese Regelungen haben auf die Sanierungsplanung und die Durchführungsverantwortung im Verhältnis zwischen Gemeinde und Eigentümer ebenso Bedeutung wie für die Anwendung des Förderungsrechts (vgl. §§ 164a f.) und den Anwendungsbereich der abgaben- und steuerrechtlichen Vorschriften (vgl. § 151). § 147 S. 3 und § 148 Abs. 1 S. 2 erweitern **nicht den Anwendungsbereich des besonderen Bodenrechts** für Sanierungsgebiete. Eine solche Ermächtigung enthält jedoch **Abs. 2.** 23

Abs. 2 ermächtigt die Gemeinde zur förmlichen Festlegung von Gebieten außerhalb des eigentlichen Sanierungsgebiets in zwei Fällen: **Ersatzgebiete,** dh Gebiete für Ersatzbauten oder Ersatzanlagen zur räumlich zusammenhängenden Unterbringung von Bewohnern oder Betrieben aus dem Sanierungsgebiet. **Ergänzungsgebiete,** dh Gebiete für die durch die Sanierung bedingten Gemeinbedarfs- und Folgeeinrichtungen, soweit diese nicht im Sanierungsgebiet selbst untergebracht werden können. 24

b) Förmliche Festlegung und ihre Rechtswirkungen. Nach Abs. 2 bestehen folgende gesetzliche **Voraussetzungen** für die förmliche Festlegung eines Ersatz- und Ergänzungsgebiets: Aus den **Zielen und Zwecken der Sanierung** (§ 140 Nr. 3) muss sich das Erfordernis zur Festlegung eines Ersatz- oder Ergänzungsgebiets ergeben (zumeist schon auf Grund der vorbereitenden Untersuchungen). Bei **Ersatzgebieten** kann dies zB erforderlich sein, wenn nach den beabsichtigten Sanierungsmaßnahmen – etwa infolge von Abbruch oder Umwidmung – für die bisher ansässige Wohnbevölkerung oder für bisher ansässige Betriebe räumlich zusammenhängende Ersatzwohnungen oder -flächen im Sanierungsgebiet nicht zur Verfügung stehen. Für **Ergänzungsgebiete** kommt dies zB in Betracht, wenn die für die Sanierung erforderlichen Infrastruktureinrichtungen nicht innerhalb des Sanierungsgebiets untergebracht werden können. Weitere Voraussetzung für die Anwendung des Abs. 2 ist, dass ein **Sanierungsgebiet förmlich festgelegt** wird. Die Festlegung nach Abs. 2 kann also nicht vorgezogen werden, kann aber mit dem Beschluss nach Abs. 1 verbunden werden. 25

Im Hinblick auf den mit der Festlegung als Ersatz- oder Ergänzungsgebiet verfolgten Zweck, nämlich der räumlich zusammenhängenden Unterbringung von Bewohnern oder Betrieben oder der Inanspruchnahme für Gemeinbedarfs- oder Folgeeinrichtungen, kommen für die förmliche Festlegung als Ersatz- oder Ergänzungsgebiet **vorwiegend unbebaute oder wenig bebaute Gebiete** in Betracht. Jedoch sind bereits bebaute Gebiete nicht ausgeschlossen. Regelungen über eine Mindestgröße der Ersatz- und Ergänzungsgebiete enthält das Gesetz nicht. Es muss sich aber um „Gebiete" handelt, nicht nur um ein einzelnes Grundstück; vgl. zur Gebietsabgrenzung im Übrigen entsprechend der Erl. in → Rn. 9 bis 10. 26

Da die Ersatz- und Ergänzungsgebiete – anders als die Sanierungsgebiete – nicht städtebaulich iS des § 136 Abs. 2 vorgeprägt sein müssen, sind an das **Auswahlermessen der Gemeinde** besondere Anforderungen zu stellen: Anders als bei den Sanierungsgebieten rechtfertigen sich die besonderen Rechtswirkungen der Sanierung nicht aus der Situationsgebundenheit des Ersatz- oder Ergänzungsgebiets selbst. Insoweit ist die Festlegung dieser Gebiete „fremdnützig". Demgegenüber ist es jedoch städtebaulichen Planungen eigen, in erforderlichem Umfang **Ausgleichsmaßnahmen** für städtebaulich erforderliche Lösungen in anderen Stadtgebieten zu finden. 27

§ 142 II. Kapitel. I. Teil. Städtebauliche Sanierungsmaßnahmen

Hieraus ist die förmliche Festsetzung von Gebieten iS des Abs. 2 zu rechtfertigen. Die Ersatz- und Ergänzungsgebiete müssen aus ihrer vorhandenen Situation und im Verhältnis zu anderen Gemeindegebieten **besonders geeignet** zur Durchführung der in Abs. 2 bezeichneten Maßnahmen sein.

28 Nach **Abs. 2 S. 2** sind für die förmliche Festlegung der Ersatz- und Ergänzungsgebiete die für Sanierungsgebiete geltenden Vorschriften anzuwenden. Vor der förmlichen Festlegung eines Ersatz- und Ergänzungsgebiets sind daher **vorbereitende Untersuchungen** nach § 141 durchzuführen. Von vorbereitenden Untersuchungen kann gem. § 141 Abs. 2 abgesehen werden, wenn zB auf Grund der vorbereitenden Untersuchungen, die zur förmlichen Festlegung des Sanierungsgebiets selbst führen, bereits hinreichende Beurteilungsunterlagen für die förmliche Festlegung eines Ersatz- oder Ergänzungsgebiets vorliegen. Die Ersatz- und Ergänzungsgebiete werden durch Satzung förmlich festgelegt. Auch **Abs. 4** über das **vereinfachte Sanierungsverfahren** findet auf Grund der Verweisung des Abs. 2 S. 2 Anwendung. Das Gesetz schließt es daher zB nicht aus, dass das Sanierungsgebiet ohne Anwendung des Abs. 4, das Ersatz- oder Ergänzungsgebiet dagegen im vereinfachten Sanierungsverfahren festgelegt wird; auch der umgekehrte Fall ist vom Gesetz nicht ausgeschlossen. Maßgeblich ist, dass die gesetzlichen Voraussetzungen des Abs. 4 für die jeweiligen Gebiete erfüllt sind.

29 In den förmlich festgelegten Ersatz- und Ergänzungsgebieten finden alle für die förmlich festgelegten Sanierungsgebiete geltenden **Bestimmungen der §§ 136 bis 164 Anwendung.** Auch die für die Finanzierung von Sanierungsmaßnahmen geltenden Vorschriften (**§§ 164a, 164b**) finden für Ersatz- und Ergänzungsgebiete iS des Abs. 2 entsprechende Anwendung.

29a c) **Befristung.** Sanierungssatzungen gelten unbefristet (→ Rn. 11). Nach **Abs. 3 S. 3 und 4** (erst durch das BauGB 2007 eingefügt) haben die Gemeinden jedoch bei dem Beschluss über die Sanierungssatzung zugleich durch Beschluss die **Frist** festzulegen, in der die Sanierung durchgeführt werden soll. Die Frist soll 15 Jahre nicht überschreiten. Kann die Sanierung nicht innerhalb der Frist durchgeführt werden, kann die Frist durch Beschluss verlängert werden. Die Frist ist nicht Bestandteil der Satzung. Für laufende Sanierungssatzungen ergeben sich hieraus gleichfalls Änderungen; **§ 235 Abs. 4.** Danach sind Sanierungssatzungen, die vor dem Inkrafttreten der Innenentwicklungsnovelle 2007 (1.1.2007) bekannt gemacht worden sind, spätestens bis zum 31.12.2021 mit den Rechtswirkungen des § 162 Abs. 1 Satz 1 Nr. 4 aufzuheben, es sei denn, es ist entsprechend § 142 Abs. 3 Satz 3 oder 4 eine andere Frist für die Durchführung der Sanierung festgelegt worden.

30 **3. Vereinfachtes Sanierungsverfahren (Abs. 4). a) Überblick.** Das **vereinfachte Sanierungsverfahren** der Sanierung ist durch die **Novelle 1984 StBauFG** in das Sanierungsrecht eingeführt worden und durch das BauGB 1987 fortentwickelt worden. Nach **Abs. 4** trifft die Gemeinde die Entscheidung, ob sie die Sanierung im vereinfachten oder im „besonderen" Sanierungsverfahren durchführt, in der **Sanierungssatzung.** Zur Möglichkeit der Änderung der Sanierungssatzung und damit einem nachträglichen „Verfahrenswechsel" → Rn. 43. Die Gemeinde entscheidet mit der Sanierungssatzung, in welchem Umfang die **besonderen** sanierungsrechtlichen Instrumente anzuwenden sind.

31 Abs. 4 regelt tatsächlich nicht unterschiedliche „Verfahren", sondern die Anwendung unterschiedlicher **Sanierungsinstrumente.** Das gesetzlich geregelte Sanierungsverfahren ieS ist stets das Gleiche. Vgl. → Rn. 45 ff. mit einem **Überblick** über die im Sanierungsverfahren anzuwendenden Vorschriften sowie die Besonderheiten in den jeweiligen Fallgestaltungen des „besonderen" (§§ 152 ff.) oder des „vereinfachten" Sanierungsverfahrens.

32 Abs. 4 stellt dagegen die **Anwendung des Vorkaufsrechts** und der besonderen **enteignungsrechtlichen Vorschriften** nicht zur Disposition der Gemeinde. § 24

2. Abschnitt. Vorbereitung und Durchführung § 142

Abs. 1 S. 1 Nr. 3 sieht vor, dass das **Vorkaufsrecht** stets, also **auch in den Fällen des vereinfachten Sanierungsverfahrens,** zur Anwendung kommt. Diese Regelung gilt darüber hinaus auch für jene vereinfachten Verfahren, die noch unter StBauFG eingeleitet wurden; vgl. § 235 Abs. 2 BauGB 1987; § 233 Abs. 3 BauGB 1998. Auch § 87 **Abs. 3 S. 3** über die Enteignung zugunsten eines Sanierungsträgers sowie § 88 S. 2 über die Erleichterung der Enteignungsvoraussetzungen in der Sanierung sind im vereinfachten Sanierungsverfahren anzuwenden, und zwar auch in den vor dem 1. 7. 1987 (nach StBauFG) förmlich festgelegten Gebieten; vgl. § 240 Abs. 1 BauGB 1987; § 233 Abs. 3 BauGB 1998.

Für die Festlegung des in der Sanierung anzuwendenden Bodenrechts bestehen **33** gem. Abs. 4 **folgende Gestaltungsvarianten:**

(1) Sofern die Gemeinde in der Sanierungssatzung die Anwendung der §§ 152ff. nicht ausdrücklich ausschließt, kommen alle besonderen sanierungsrechtlichen Regelungen zur Anwendung; **Abs. 4 Hs. 1.** In diesem Fall kommen in der Sanierung – neben allen sonstigen Regelungen des BauGB – zur Anwendung: §§ 144 und 145 (genehmigungspflichtige Vorhaben und Rechtsvorgänge und ihre Genehmigung) sowie die Vorschriften des Dritten Abschnitts über besondere sanierungsrechtliche Vorschriften (§§ 152 bis 156a), also insbesondere die Sonderregelungen hinsichtlich Preisprüfung, Entschädigungs-, Umlegungs- und Ausgleichsbetragsrecht.

(2) Schließt die Gemeinde die Anwendung der Vorschriften des Dritten Abschnitts aus **(Abs. 4 Hs. 1),** so kommen – neben den sonstigen Bestimmungen des BauGB – §§ 144 und 145 (Verfügungs- und Veränderungssperre) zur Anwendung.

(3) Hat die Gemeinde die Vorschriften des Dritten Abschnitts nach Abs. 4 Hs. 1 ausgeschlossen, so hat sie nach **Abs. 4 Hs. 2** darüber hinaus folgende Entscheidungsmöglichkeiten: Die Gemeinde kann in der Satzung bestimmen, dass

(3.1) **nur § 144 Abs. 1** (Veränderungssperre, Genehmigung von insbesondere Miet- und Pachtverhältnissen) anzuwenden ist; die Verfügungssperre des § 144 Abs. 2 wird damit ausgeschlossen; daher bedarf es in diesen Fällen auch nicht der Eintragung eines Sanierungsvermerks; § 143 Abs. 2 S. 4;

(3.2) **nur § 144 Abs. 2** (Verfügungssperre) anzuwenden ist; in diesem Fall unterliegt insbesondere die rechtsgeschäftliche Veräußerung eines Grundstücks der gemeindlichen Genehmigung; die Preisprüfung findet in diesen Fällen jedoch nicht Anwendung, da diese Bestimmung im Dritten Abschnitt enthalten ist (§ 153 Abs. 2), dessen Vorschriften im vereinfachten Verfahren keine Anwendung finden;

(3.3) die Verfügungs- und Veränderungssperre nach **§ 144 keine Anwendung** findet; in diesem Fall besteht ua das Vorkaufsrecht nach § 24 Abs. 1 S. 1 Nr. 3 BauGB.

b) Rechtliche Anforderungen. Die Gemeinde muss zunächst eine Entscheidung **34** darüber treffen, ob in der Sanierung die Vorschriften des Dritten Abschnitts auszuschließen sind; **Abs. 4 Hs. 1.** Sie trifft diese Entscheidung auf Grund der Beurteilung der vorgefundenen **städtebaulichen Situation** und des sich abzeichnenden Sanierungskonzepts, also insbesondere auf Grund der Erkenntnisse aus den vorbereitenden Untersuchungen. Rechtlicher Maßstab für die Entscheidung der Gemeinde ist die „**Erforderlichkeit**" der Anwendung der „besonderen sanierungsrechtlichen Vorschriften" (§§ 152 bis 156). Das Merkmal der „Erforderlichkeit" wird im Gesetz durch den Hinweis verdeutlicht, dass der Ausschluss der §§ 152ff. die Durchführung der Sanierung „**voraussichtlich nicht erschweren wird**". Die Gemeinde muss hierzu entscheiden, ob ein Erfordernis für das vom sonstigen Städtebaurecht abweichende **besondere sanierungsrechtliche Beitrags- und Entschädigungssystem** besteht. Hinsichtlich der Anwendung der Verfügungs- und Veränderungssperre nach **§ 144** sieht Abs. 4 demgegenüber keine besondere Prüfungspflicht vor. Abs. 4 Hs. 2 ermächtigt die Gemeinde lediglich zu einer abgestuften Anwendung des § 144; → Rn. 40.

Bei der Entscheidung nach Abs. 4 ist zunächst der Grundsatz des Sanierungsrechts **35** nutzbar zu machen, wonach das Gesetz der Gemeinde bei Vorliegen städtebaulicher

§ 142 II. Kapitel. I. Teil. Städtebauliche Sanierungsmaßnahmen

Missstände besonders weitgreifende Sanierungsinstrumente zur Verfügung stellt. Das Gesetz geht davon aus, dass **bei Vorliegen städtebaulicher Missstände** iS des § 136 Abs. 2 und 3, die durch Sanierungsmaßnahmen behoben werden sollen, die **Anwendung des gesamten besonderen Sanierungsrechts grundsätzlich gerechtfertigt** ist. Das Gesetz geht also von der **Vermutung des Erfordernisses** der Anwendung des gesamten besonderen Sanierungsrechts aus. Im Rahmen der Entscheidung nach Abs. 4 Hs. 1 obliegt der Gemeinde die Prüfung und Entscheidung darüber, ob sie dieses Instrumentarium insgesamt oder nur abgestuft zur Anwendung bringen will. Die Entscheidung nach Abs. 4 ist nicht in das freie Ermessen der Gemeinde gestellt. Die Gemeinde muss sich vielmehr mit der vom Gesetz vorgegebenen „Verfahrenswahl" im Rahmen ihrer Entscheidung über die Sanierungssatzung **auseinander setzen** (→ Rn. 38 ff.).

36 Die Prüfung nach Abs. 4 Hs. 1 ist im Hinblick auf das Erfordernis der Anwendung der „besonderen sanierungsrechtlichen Vorschriften" anzustellen und bezieht sich damit auf die **Beurteilung der Bodenwertentwicklung** im Sanierungsgebiet: **sanierungsbedingte Werterhöhungen, Preisprüfung** und **Ausgleichsbetragsregelung.** Die Prüfung bezieht sich dagegen nicht auf das Erfordernis der (vorbehaltlich eine Entscheidung nach Abs. 4 Hs. 2) stets zur Verfügung stehenden Verfügungs- und Veränderungssperre sowie auf das Vorkaufsrecht oder die erleichterte Enteignung (§ 24 Abs. 1 S. 1 Nr. 3, § 87 Abs. 3 S. 3, § 88 S. 2). Allgemein ist die Anwendung der Bestimmungen des **Dritten Abschnitts** in solchen Fällen **indiziert,** in denen Bodenwertsteigerungen die Durchführung der Sanierung erschweren können. Nach den Erfahrungen der Praxis sind Erschwerungen der Durchführung der Sanierung vor allem in den **Bodenwertsteigerungen** zu erblicken, die bereits durch die Absicht zu sanieren ausgelöst werden und insbesondere den erforderlichen Grunderwerb für Ordnungsmaßnahmen beeinträchtigen können. Die **Preisprüfung** hat dämpfende Wirkung auf die Bodenpreisentwicklung. Bodenpreissteigerungen sind insbesondere infolge **planungsrechtlicher Veränderungen** zu erwarten oder im Hinblick auf **Ordnungsmaßnahmen** der Gemeinde. Hat die Sanierung im Wesentlichen die **Erhaltung, Modernisierung und Instandsetzung** vorhandener baulicher Anlagen zum Ziel, sind erfahrungsgemäß Bodenwertsteigerungen nicht oder nicht kurzfristig zu erwarten. Ist dagegen die **Umstrukturierung** eines Gebiets beabsichtigt, treten häufig sanierungsbedingte Bodenwertsteigerungen ein.

37 Andererseits ist die Gemeinde nicht gehalten, ausschließlich auf die von ihr in Aussicht genommenen Maßnahmen abzustellen. Neben den beabsichtigten Maßnahmen und der vorhandenen Situation ist auch auf die **Sanierungskonzeption** abzustellen. So kann zB auch bei **voraussichtlichen** oder doch denkbaren **Bodenwerterhöhungen** für die Gemeinde dann kein Grund zur Anwendung der §§ 152 bis 156 bestehen, wenn die für Ordnungsmaßnahmen benötigten **Grundstücke bereits gesichert** sind oder voraussichtlich zu sichern sind. Auch der Gesichtspunkt der **Mitfinanzierung durch Ausgleichsbeträge** ist von rechtlicher Bedeutung. Die Erfassung der sanierungsbedingten Bodenwertsteigerungen kann – je nach gemeindlicher Sanierungskonzeption und vorhandener städtebaulicher Situation – zu unterschiedlichen Entscheidungen der Gemeinde führen: Bestehen zB die Ordnungsmaßnahmen in der Herstellung, Erweiterung oder Änderung von Erschließungsanlagen iS von § 127 Abs. 2, so können zur Deckung der Kosten **Erschließungsbeiträge nach dem BauGB** oder nach dem jeweiligen **Kommunalabgabenrecht** des Landes erhoben werden. In diesem Fall kann zB der Ausschluss der §§ 152 bis 156 die Sanierung nicht erschweren, wenn durch die Erhebung von Ausgleichsbeträgen keine höheren Einnahmen zu erwarten sind. Die Entscheidung der Gemeinde kann aber auch von folgender Erwägung bestimmt sein: In Gebieten mit **voraussichtlich geringer Bodenwerterhöhung** kann die Gemeinde die Vorschriften des Dritten Abschnitts für erforderlich halten, um eine sachgerechte Belastung von Eigentümern und Mietern zu sichern. Die Eigentümer – und mittelbar die Mieter – werden bei

2. Abschnitt. Vorbereitung und Durchführung § 142

Anwendung der Vorschriften des Dritten Abschnitts an den Kosten der Sanierung nach einer an der tatsächlichen Werterhöhung des Grundstücks (bzw. der tatsächlichen Wertverbesserung der Wohnung) orientierten Belastungsgrenze an den Kosten der Sanierungsmaßnahme beteiligt. Da im vereinfachten Sanierungsverfahren keine Ausgleichsbeträge, sondern bundes- und landesrechtliche Beiträge zu erheben sind, kann es **bei geringen Bodenwerterhöhungen** in Gebieten mit geringer Wirtschaftskraft durch Beitragserhebungen zu – nach dem konkreten Sanierungskonzept uU unerwünschten – höheren Belastungen der Eigentümer und Mieter kommen als bei der Erhebung von Ausgleichsbeträgen (**„Schutzzweck" der Ausgleichsbeitragsregelung**).

Aus alledem ergibt sich, dass der Gemeinde **keine Ermessensentscheidung** obliegt, sondern dass sie den **unbestimmten Rechtsbegriff der „Erforderlichkeit"** auszulegen hat. Sie hat hierbei aber einen sehr weitgehenden Beurteilungsspielraum. Wesentlicher Maßstab ist ihre Beurteilung der voraussichtlichen **Entwicklung der Bodenwerte**. Allerdings können bei der Entscheidung der Gemeinde nicht die (strengeren) Maßstäbe wie bei einer für die Bauleitplanung anzustellenden **Prognose** gestellt werden (→ § 1 Rn. 117). Dies ergibt sich bereits daraus, dass eine Einschätzung der Bodenpreisentwicklung für den Zeitraum einer über 10 und mehr Jahre dauernden Sanierung weder im Hinblick auf die Entwicklung im Gebiet noch auf die allgemeine konjunkturelle Entwicklung zu leisten ist. Daher ist nicht hierauf, sondern auf die **Bewertung der möglichen Bodenwertentwicklung** im Hinblick auf das von der Gemeinde verfolgte Sanierungsziel bei Erlass der Sanierung abzustellen. Im Hinblick auf die Situation im Sanierungsgebiet und das angestrebte Sanierungsziel können voraussichtliche Bodenwertsteigerungen – wie gezeigt (→ Rn. 37) – zur Sicherung der Sanierung die Anwendung der Vorschriften des Dritten Abschnitts **erforderlich oder entbehrlich** machen. Das Gleiche gilt, wenn die Gemeinde sich auf eine eher stagnierende Bodenwertentwicklung einstellt. 38

Die Entscheidungssituation der Gemeinde kann daher insgesamt am ehesten mit der nach § 1 Abs. 3 über die sog. **„Planungspflicht" der Gemeinde verglichen** werden; auch dort ist im Wesentlichen auf die **planerische Konzeption der Gemeinde** abzustellen (→ § 1 Rn. 27 f.). Durch den mit **Abs. 4** begründeten Entscheidungsspielraum der Gemeinde sind vor allem die **prozessualen Risiken** im Hinblick auf die Entscheidung der Gemeinde „für" oder „gegen" die Anwendung der Vorschriften des Dritten Abschnitts **weitestgehend ausgeschlossen** worden. Erforderlichkeit iS des Abs. 4 Hs. 1 meint insbesondere nicht, dass ohne die besonderen bodenrechtlichen Vorschriften die Sanierung nicht durchführbar wäre. Vielmehr muss die Gemeinde den ihr **am zweckmäßigsten erscheinenden Weg** wählen, um das angestrebte Sanierungsziel zu erreichen. Die Gemeinde muss also – etwa bei der Darlegung der Sanierungsziele unter Beurteilung der Durchführbarkeit der Sanierung – eine **plausible Erwägung angestellt haben,** warum sie sich für (oder gegen) die Anwendung der Vorschriften des Dritten Abschnitts entschieden hat. Als solche Erwägungen sind erforderlich, aber auch ausreichend die in den vorstehenden Rn. 36 ff. erwähnten Fallgestaltungen (vgl. zur Frage der Begründung der Satzung → Rn. 14 ff.).

Hält die Gemeinde die Anwendung der Vorschriften des Dritten Abschnitts für erforderlich, so bedarf es hierüber keiner besonderen Regelung in der Sanierungssatzung: Das „herkömmliche" bzw. „besondere" Verfahren findet stets Anwendung, wenn die Gemeinde in der Satzung keine Bestimmung gem. Abs. 4 trifft. Ist die Anwendung dieser Vorschriften dagegen nicht erforderlich, so hat die Gemeinde die Anwendung dieser Vorschriften in der Sanierungssatzung auszuschließen. In diesem Fall wird die Sanierung im **vereinfachten Sanierungsverfahren** durchgesetzt. Die Genehmigungspflicht nach § 144 findet Anwendung. 39

Die Gemeinde hat nach Abs. 4 Hs. 2 darüber hinaus die Möglichkeit, § 144 insgesamt oder § 144 Abs. 1 oder § 144 Abs. 2 durch eine entsprechende Bestimmung in 40

der Sanierungssatzung auszuschließen. Das Gesetz hat von einer gesonderten und auf die Anwendung der Verfügungs- und Veränderungssperre bezogenen **„Erforderlichkeits-Prüfung"** bewusst abgesehen. Mit der „Kann-Regelung" wird der Gemeinde hier eine **Ermessensentscheidung** eingeräumt. Aus der Konstruktion des Abs. 4 ergibt sich eindeutig, dass die Gemeinde bei Ausschluss der Vorschriften des Dritten Abschnitts keine weiteren Erwägungen mehr anstellen muss, warum sie die Anwendung des § 144 insgesamt für erforderlich hält.

41 Abs. 4 geht im Falle des Ausschlusses der Vorschriften des Dritten Abschnitts von der **Vermutung des Erfordernisses der Anwendung des § 144** insgesamt aus. Wegen der besonderen Bedeutung der Verfügungs- und Veränderungssperre nach § 144 für die zügige Sanierung ist in der Regel der Ausschluss dieser Vorschrift – ganz oder teilweise – nur sachgerecht, wenn die sonstigen Vorschriften des BauGB als ausreichend angesehen werden können. Entscheidet sich die Gemeinde für eine dementsprechend **„abgestufte" Anwendung der Verfügungs- und Veränderungssperre,** so hat sie die Erwägungen darzulegen, die dem teilweisen Ausschluss zugrunde liegen. So kann sie zB die Anwendung des § 144 Abs. 1 mit der Erwägung ausschließen, dass die städtebauliche Entwicklung in dem betreffenden Gebiet durch andere Vorschriften des öffentlichen Baurechts ausreichend gesteuert werden kann, insbesondere durch § 51 Abs. 1 S. 1 im Falle einer Bodenordnung, durch vorhandene oder beabsichtigte (hierzu § 14) Bebauungspläne, durch Erhaltungssatzungen, durch örtliche Bauvorschriften oder durch denkmalschutzrechtliche Sicherungen. Von der Anwendung der Verfügungssperre des § 144 Abs. 2 kann die Gemeinde zB im Hinblick auf ein in der Sanierung durchgeführtes Umlegungsverfahren (insoweit gilt die umlegungsrechtliche Verfügungssperre; vgl. § 51 Abs. 1 S. 1 Nr. 1) oder deshalb absehen, weil sie durch die bei Anwendung des § 144 Abs. 2 erforderliche Eintragung eines Sanierungsvermerks (vgl. § 143 Abs. 2 S. 1) eine Belastung des Sanierungsklimas befürchtet, ohne dass die Genehmigungspflicht nach § 144 Abs. 2 erkennbar zur Sicherung des Sanierungszwecks geboten wäre. Der Ausschluss des § 144 insgesamt kommt im Hinblick auf eine gleichzeitige Bodenordnung (§ 51 Abs. 1) oder zB deshalb in Betracht, weil (etwa wegen der Eigentumssituation) im Wesentlichen kein Bedürfnis für den Genehmigungsvorbehalt nach § 144 besteht.

42 **c) Verhältnis zu § 144 Abs. 3.** Nach **§ 144 Abs. 3** kann die Gemeinde darüber hinaus durch **Vorwegerteilung der Genehmigung** den Anwendungsbereich für die sanierungsrechtliche Verfügungs- und Veränderungssperre entsprechend der jeweiligen städtebaulichen Situation zurücknehmen. Allerdings handelt es sich bei dieser Vorschrift um eine vor allem aus **verwaltungsökonomischen** Gründen vorgenommene Beschränkung des Genehmigungsumfangs, die jederzeit – ohne Satzungsänderung – widerrufbar ist (→ § 144 Rn. 18–20). § 142 Abs. 4 ermächtigt demgegenüber zu einer Regelung in der Sanierungssatzung, die Verfügungs- oder Veränderungssperre oder beide auszuschließen. Die – widerrufbare – allgemeine Erteilung der Genehmigung nach § 144 Abs. 3 kann Vorzüge haben gegenüber dem generellen Vorwegausschluss für alle Fälle des § 144 Abs. 1 oder 2 in der Sanierungssatzung.

43 **d) Verfahrenswechsel.** Das Gesetz enthält keine ausdrückliche Regelung darüber, ob während der Durchführung der Sanierung, also nach förmlicher Festlegung, die nach Abs. 4 getroffene Entscheidung geändert werden kann. Wie sich aus § 143 Abs. 3 BauGB in der bis 31.12.1997 geltenden Fassung („geringfügige Änderungen") ergibt, sind Änderungen der Sanierungssatzung auch in anderen als den dort genannten Fällen denkbar. Eine Überleitungs- bzw. Änderungsregelung für den Fall der **Umstellung von laufenden Sanierungsverfahren** auf das **vereinfachte Verfahren** ist anlässlich der Novelle 1984 StBauFG erwogen worden (vgl. die Vorschläge vom Bundesrat und die Stellungnahme der Bundesregierung hierzu in BT-Drs. 10/1013; hierzu *Krautzberger* BBauBl. 1984, 170). Der Gesetzgeber hatte diese Vorschläge nicht aufgegriffen, und zwar im Hinblick auf die Schwierigkeiten bei der

2. Abschnitt. Vorbereitung und Durchführung § 142

Ausgestaltung und beim Vollzug einer entsprechenden Änderungsermächtigung hinsichtlich der gebotenen Gleichbehandlung aller Eigentümer im Sanierungsgebiet (vgl. ABer. zur Novelle 1984 StBauFG, BT-Drs. 10/2039, 12f.); bereits im ABer. wurde aber darauf hingewiesen, dass die Möglichkeit einer Umstellung eines laufenden Sanierungsverfahrens auf das vereinfachte Verfahren nach allgemeinen Grundsätzen des Sanierungsrechts damit nicht von vornherein verwehrt sei.

Gegen eine nachträgliche **Umstellung des Verfahrens auf das vereinfachte** 44 **Sanierungsverfahren** spricht auch nicht die in Abs. 4 getroffene Regelung, wonach die Anwendung des besonderen Bodenrechts „in der Satzung" auszuschließen ist. Dies bedeutet nämlich nicht, dass dieser Ausschluss bereits im Zeitpunkt des Erlasses der Sanierungssatzung erfolgen muss. Der Gemeinde bleibt vielmehr grundsätzlich die Möglichkeit, die Anwendung des besonderen Sanierungsrechts durch eine Änderung der Sanierung erst zu einem späteren Zeitpunkt auszuschließen. Allerdings dürfte die Umstellung des Verfahrens durch Satzungsänderung aus praktischen Erwägungen dann außer Betracht bleiben, wenn bereits maßgeblich von dem besonderen bodenrechtlichen Instrumentarium der §§ 152ff. Gebrauch gemacht worden ist. In diesen Fällen dürften erhebliche Schwierigkeiten bestehen, alle Eigentümer im Sanierungsgebiet gleich zu behandeln. Eine entsprechende Änderung ist – unter diesen Voraussetzungen – daher nur in Ausnahmefällen und zwar zB dann denkbar, wenn in einem bestimmten Teilbereich des Sanierungsgebiets, in dem die Gemeinde erhebliche Umstrukturierungen beabsichtigt oder bestimmte Veränderungen verhindern will, das besondere Bodenrecht, in einem anderen Teil, in dem keine Eingriffe in die vorhandene Bau- und Nutzungssubstanz vorgenommen werden sollen, das vereinfachte Sanierungsrecht zur Anwendung kommen soll. Bei entsprechenden Satzungsänderungen sind die Sanierungsbetroffenen gem. § 137 anzuhören. In rechtlicher Hinsicht treten in diesen Fällen die Wirkungen des § 162 über die Aufhebung der Sanierungssatzung ein (insbesondere Löschung des Sanierungsvermerks, Entrichtung der Ausgleichsbeträge). Eine **Verpflichtung** zur Umstellung auf das vereinfachte Sanierungsverfahren besteht jedoch nicht (vgl. auch § 214 Abs. 3 S. 1).

4. Überblick über die sanierungsrechtlichen Vorschriften in den nach 45 **Abs. 4 eröffneten Verfahrensausgestaltungen.** Mit der förmlichen Festlegung finden im Sanierungsgebiet besondere bodenrechtliche Bestimmungen Anwendung. Sie gelten zT von Gesetzes wegen, zT werden sie durch die **Entscheidung der Gemeinde nach Abs. 4** bestimmt. Im Folgenden wird ein Überblick über diejenigen besonderen sanierungsrechtlichen Bestimmungen gegeben, die in den Sanierungsgebieten – zusätzlich zu den sonstigen Regelungen des BauGB – je nach Verfahrensentscheidung gem. Abs. 4 zur Anwendung kommen:

a) In allen Sanierungsverfahren gelten folgende besondere sanierungsrechtli- 46 che Bestimmungen:

(1) Allgemeine Vorschriften (§§ 136 bis 139): Anwendungsbereich, Betroffenenbeteiligung, Auskunftspflicht sowie Beteiligung und Mitwirkung öffentlicher Aufgabenträger.

(2) Die Vorschriften über die Vorbereitung und Durchführung der Sanierung (§§ 140 bis 143, 146 bis 151): Vorbereitung und vorbereitende Untersuchungen (§§ 140 und 141); förmliche Festlegung (§§ 142, 143); Durchführung, Ordnungsmaßnahmen und Baumaßnahmen (§§ 146 bis 148); Kosten- und Finanzierungsübersicht (§ 149); Entschädigung der Versorgungsträger (§ 150); Abgaben- und Auslagenbefreiung (§ 151).

(3) Die Vorschriften des Vierten Abschnitts über Sanierungsträger und andere Beauftragte (§§ 157 bis 161).

(4) Die Vorschriften des Fünften Abschnitts über den Abschluss der Sanierung (§§ 162 bis 164).

(5) Das Vorkaufsrecht nach § 24 Abs. 1 S. 1 Nr. 3; Ausübung zugunsten eines Sanierungsträgers nach § 27a Abs. 1 S. 1 Nr. 2.

§ 142 II. Kapitel. I. Teil. Städtebauliche Sanierungsmaßnahmen

(6) Enteignungsrechtliche Sonderbestimmungen: Enteignung zugunsten des Sanierungsträgers, erleichterte Enteignung; § 87 Abs. 3 S. 3, § 88 S. 2.
(7) Sozialplan (§ 180).
(8) Härteausgleich (§ 181).
(9) Aufhebung von Miet- und Pachtverhältnissen (§§ 182 bis 186).
(10) Die Städtebauförderung (§§ 164a und 164b).

47 **b)** Schließt die Gemeinde die **Anwendung der Vorschriften des Dritten Abschnitts** nicht aus, so gelten **zusätzlich** zu den oben in a) (Rn. 46) genannten Bestimmungen folgende Regelungen.
(1) Genehmigungspflicht für Vorhaben, Teilungen und Rechtsvorgänge; „Veränderungs- und Verfügungssperre" (§§ 144 und 145).
(2) Besonderheiten wegen der Anwendung der Veränderungs- und Verfügungssperre (§ 144) im Verhältnis zu anderen Veränderungs- und Verfügungssperren des BauGB: Im förmlich festgelegten Sanierungsgebiet finden keine Anwendung.
(2.1) die Veränderungssperre (§ 14 Abs. 4; mit der förmlichen Festlegung tritt eine bestehende Veränderungssperre außer Kraft; § 17 Abs. 6).
(2.2) die Zurückstellung von Baugesuchen (§ 15 Abs. 2; mit der förmlichen Festlegung wird ein Zurückstellungsbescheid unwirksam, § 15 Abs. 2 Hs. 2).
(2.3) die umlegungsrechtliche Verfügungs- und Veränderungssperre (§ 51 Abs. 1 S. 2).
(3) Besonderheiten wegen der Verfügungssperre: Eintragung des Sanierungsvermerks (§ 143 Abs. 2).
(4) Besondere sanierungsrechtliche Vorschriften, insbesondere Nichtberücksichtigung sanierungsbedingter Werterhöhungen bei der Bemessung von Ausgleichs- und Entschädigungsleistungen, Preisprüfung, Ausgleichsbetrag (§§ 152 bis 156).
(5) Besonderheiten wegen der Anwendung der §§ 152 bis 156 im Hinblick auf die Herstellung, Erweiterung oder Verbesserung von Erschließungsanlagen iS des § 127 Abs. 2: Anstelle von Erschließungsbeiträgen und KAG-Beiträgen wird der Ausgleichsbetrag erhoben; § 154 Abs. 1 S. 2. Das Gleiche gilt für die Erhebung von Kostenerstattungsbeträgen iS des § 135a Abs. 3.

48 **c)** Schließt die Gemeinde gem. **Abs. 4 Hs. 1** die Anwendung der Vorschriften des Dritten Abschnitts aus **(vereinfachtes Sanierungsverfahren),** so gelten zusätzlich zu den in a) (→ Rn. 46) genannten Bestimmungen folgende bodenrechtliche Regelungen:
(1), (2), (3): wie in b) (→ Rn. 47).
(4) Keine Anwendung der §§ 152 bis 156.
(5) Keine Besonderheiten im Hinblick auf die Herstellung, Erweiterung oder Verbesserung von Erschließungsanlagen iS des § 127 Abs. 2: also Erhebung von Erschließungsbeiträgen und KAG-Beiträgen; § 135a Abs. 3 findet Anwendung; keine Erhebung von Ausgleichsbeträgen.

49 **d)** Beschließt die Gemeinde, dass nur § 144 Abs. 1 zur Anwendung kommt (vgl. Abs. 4 Hs. 2; **„Veränderungssperre"**), so gelten zusätzlich zu den in a) (→ Rn. 46) genannten Bestimmungen die folgenden Regelungen:
(1) und (2) wie b) (→ Rn. 47), jedoch ist die Anwendung des § 51 nur hinsichtlich der in § 144 Abs. 1 genannten Vorhaben, nicht aber hinsichtlich der in § 144 Abs. 2 bezeichneten Verfügungen und Teilungen ausgeschlossen.
(3) Die Eintragung des **Sanierungsvermerks** entfällt (§ 143 Abs. 2 S. 4).
(4) Keine Besonderheiten im Hinblick auf die Herstellung, Erweiterung oder Verbesserung von Erschließungsanlagen iS des § 127 Abs. 2: also Erhebung von Erschließungsbeiträgen und KAG-Beiträgen; § 135a findet Anwendung; keine Erhebung von Ausgleichsbeträgen.

50 **e)** Beschließt die Gemeinde im vereinfachten Sanierungsverfahren, dass nur § 144 Abs. 2 anzuwenden ist (vgl. Abs. 4 Hs. 2; **„Verfügungssperre"**), so gelten zusätzlich zu den in a) (→ Rn. 46) genannten Bestimmungen folgende Regelungen:

2. Abschnitt. Vorbereitung und Durchführung § 143

(1) Besonderheiten wegen der Verfügungssperre im Verhältnis zur sanierungsrechtlichen Verfügungssperre: § 51 ist hinsichtlich der in § 144 Abs. 2 bezeichneten Rechtsvorgänge und Teilungen nicht anzuwenden; dagegen bleibt § 51 im Hinblick auf die in § 144 Abs. 1 bezeichneten Vorhaben anwendbar; im Übrigen uneingeschränkt Anwendung der Vorschriften über die Veränderungssperre sowie die Zurückstellung von Vorhaben.

(2) Eintragung des Sanierungsvermerks (§ 143 Abs. 2).

(3) Keine Besonderheiten im Hinblick auf die Herstellung, Erweiterung oder Verbesserung von Erschließungsanlagen iS des § 127 Abs. 2: also Erhebung von Erschließungsbeiträgen und KAG-Beiträgen; § 135a Abs. 3 findet Anwendung; keine Erhebung von Ausgleichsbeträgen.

f) Beschließt die Gemeinde gem. § 142 Abs. 4 Hs. 2, dass § 144 insgesamt ausgeschlossen ist, so kommen ausschließlich die in a) (→ Rn. 46) bezeichneten Vorschriften zur Anwendung: **51**

(1) Uneingeschränkt kommen die Veränderungssperre, die Zurückstellung von Vorhaben (§§ 14 ff.) sowie die umlegungsrechtliche Verfügungs- und Veränderungssperre (§ 51) zur Anwendung.

(2) Ein Grundbuchvermerk wird nicht eingetragen.

(3) Keine Besonderheiten im Hinblick auf die Herstellung, Erweiterung oder Verbesserung von Erschließungsanlagen iS des § 127 Abs. 2, also Erhebung von Erschließungsbeiträgen und KAG-Beiträgen; § 135a Abs. 3 findet Anwendung; keine Erhebung von Ausgleichsbeträgen.

§ 143 Bekanntmachung der Sanierungssatzung, Sanierungsvermerk

(1) ¹**Die Gemeinde hat die Sanierungssatzung ortsüblich bekannt zu machen.** ²**Sie kann auch ortsüblich bekannt machen, dass eine Sanierungssatzung beschlossen worden ist; § 10 Abs. 3 Satz 2 bis 5 ist entsprechend anzuwenden.** ³**In der Bekanntmachung nach den Sätzen 1 und 2 ist – außer im vereinfachten Sanierungsverfahren – auf die Vorschriften des Dritten Abschnitts hinzuweisen.** ⁴**Mit der Bekanntmachung wird die Sanierungssatzung rechtsverbindlich.**

(2) ¹**Die Gemeinde teilt dem Grundbuchamt die rechtsverbindliche Sanierungssatzung mit und hat hierbei die von der Sanierungssatzung betroffenen Grundstücke einzeln aufzuführen.** ²**Das Grundbuchamt hat in die Grundbücher dieser Grundstücke einzutragen, dass eine Sanierung durchgeführt wird (Sanierungsvermerk).** ³**§ 54 Abs. 2 und 3 ist entsprechend anzuwenden.** ⁴**Die Sätze 1 bis 3 sind nicht anzuwenden, wenn in der Sanierungssatzung die Genehmigungspflicht nach § 144 Abs. 2 ausgeschlossen ist.**

Übersicht

	Rn.
1. Wegfall des Anzeige- bzw. Genehmigungsverfahrens	1
2. Ortsübliche Bekanntmachung; Wirksamwerden (Abs. 1)	2
3. Sanierungsvermerk (Abs. 2)	5

1. Wegfall des Anzeige- bzw. Genehmigungsverfahrens. Die Sanierungssatzung war nach dem **StBauFG 1971** von der höheren Verwaltungsbehörde zu **genehmigen**; nach dem **BauGB 1987** war sie **anzuzeigen**; in den **neuen Ländern** verblieb es bei der **Genehmigungspflicht** (§ 246a Abs. 1 Nr. 4 BauGB 1990/1993). Das Anzeige- bzw. Genehmigungsverfahren ist mit dem **BauROG 1998** weggefallen. Der Anzeiger (bzw. Genehmigung) der Gemeinde war nach § **143 Abs. 1 S. 1 Hs. 2 aF ein Bericht** über die Gründe, die die förmliche Festlegung des sanierungs-

§ 143
II. Kapitel. I. Teil. Städtebauliche Sanierungsmaßnahmen

bedürftigen Gebiets rechtfertigen, beizufügen. Hierfür kam insbesondere das Ergebnis der vorbereitenden Untersuchungen in Betracht (→ § 141 Rn. 16). Entfallen ist auch **§ 143 Abs. 1 S. 3 BauGB 1987,** wonach schon im Stadium der Anzeige/Genehmigung der voraussichtlichen Zeitdauer der Sanierung rechtserhebliche Bedeutung zukommt. Die Aussicht, die **Sanierungsmaßnahme innerhalb eines absehbaren Zeitraums durchzuführen,** dh zum Abschluss zu bringen, hängt vielfach von ihrer **Finanzierung** ab. Dieser Rechtsgedanke ist seit dem 1.1.1998 in **§ 149 Abs. 4 S. 2** enthalten; → § 149 Rn. 10f.

2 **2. Ortsübliche Bekanntmachung; Wirksamwerden (Abs. 1).** Gem. **Abs. 1 S. 1** ist die Sanierungssatzung **ortsüblich bekannt zu machen.** Die Ersatzverkündung ist nach **Abs. 1 S. 2** zulässig. Zu Besonderheiten in den Ländern Berlin, Bremen und Hamburg vgl. § 246 Abs. 2 S. 3. Sofern die Gemeinde in der Sanierungssatzung die Anwendung der Vorschriften des Dritten Abschnitts gem. § 142 Abs. 4 nicht ausgeschlossen hat, ist in der ortsüblichen Bekanntmachung auf diese Vorschriften (§§ 152 bis 156) hinzuweisen; **Abs. 1 S. 3.**

3 Mit der Bekanntmachung wird die Sanierungssatzung **rechtsverbindlich; Abs. 1 S. 4.** Das Sanierungsgebiet ist damit („am selben Tag"; BGH NVwZ 1995, 101) „förmlich festgelegt". Soweit im Gesetz Bestimmungen für das „förmlich festgelegte Sanierungsgebiet" gelten, setzt dies die Rechtsverbindlichkeit der Sanierungssatzung gem. Abs. 1 S. 3 voraus.

4 Zum **Rechtsschutz** gegen die Sanierungssatzung → § 142 Rn. 17ff.

5 **3. Sanierungsvermerk (Abs. 2).** Nach **Abs. 2 S. 1** hat die Gemeinde dem **Grundbuchamt** die rechtsverbindliche Sanierungssatzung mitzuteilen, sofern in der Sanierungssatzung die Anwendung der Verfügungssperre (§ 144 Abs. 2) nicht ausgeschlossen ist (Abs. 2 S. 4, → Rn. 8). Sie hat hierbei die von der Sanierungssatzung betroffenen Grundstücke einzeln aufzuführen. Das Grundbuchamt hat gem. **Abs. 2 S. 2** in die Grundbücher der in der Satzung aufgeführten Grundstücke einzutragen, dass eine Sanierung durchgeführt wird; sog **Sanierungsvermerk.** Der Sanierungsvermerk hat keine unmittelbaren rechtlichen Wirkungen. Er hat eine Informations- und Sicherungsfunktion für den Grundstücksverkehr. Die rechtlichen Wirkungen der Sanierung, zB der Eintritt der Genehmigungspflicht nach § 144 oder das Entstehen des Vorkaufsrechts nach § 24 Abs. 1 S. 1 Nr. 3 sind an die förmliche Festlegung des Gebiets (Abs. 2), nicht an das Eintragen des Vermerks geknüpft. Das Fehlen des Sanierungsvermerks bewirkt auch keinen Gutglaubensschutz nach § 892 BGB. In seiner Funktion und seiner rechtlichen Bedeutung entspricht der Sanierungsvermerk dem Umlegungsvermerk nach § 54 Abs. 1. Wird eine **Umlegung** durchgeführt, sind **Sanierungs- und Umlegungsvermerk** einzutragen.

6 Der Sanierungsvermerk wird wie andere Lasten und Beschränkungen in **Abteilung II des Grundbuchs** eingetragen. Das Grundbuchamt trägt den Vermerk von Amts wegen, aber erst auf Grund der Mitteilung durch die Gemeinde ein. Zu den formellen Anforderungen der Grundbuchordnung vgl. § 29 GBO. Nach § 55 GBO sind die Eigentümer und die aus dem Grundbuch ersichtlichen Berechtigten von der Eintragung des Vermerks zu **benachrichtigen. § 54 Abs. 2 und 3** über die Benachrichtigung der Gemeinde bzw. des Vollstreckungsgerichts durch das Grundbuchamt sind entsprechend anzuwenden; **Abs. 2 S. 3.**

7 Weigert sich das Grundbuchamt, den Sanierungsvermerk einzutragen, kann die Gemeinde hiergegen nach § 71 GBO die allgemeine Grundbuchbeschwerde einlegen. Gegenüber den Rechtsinhabern hat die Eintragung keine selbstständige **Rechtswirkung** (vgl. *Krautzberger* in EZBK § 143 Rn. 33; das BVerwG hat es offen gelassen, ob der inhaltlich falsche Sanierungsvermerk – insbesondere wegen Nichtigkeit der Sanierungssatzung – ungeachtet seiner nur deklaratorischen Wirkung Eigentumsrechte verletzen kann, BVerwG NJW 1979, 2577). Der Sanierungsvermerk be-

2. Abschnitt. Vorbereitung und Durchführung § 144

rührt auch nicht die Rangstellung eingetragener Rechte. Zur **Löschung des Sanierungsvermerks** beim Abschluss der Sanierung vgl. § 162 Abs. 3.

Im „**besonderen**" **Verfahren** mit Anwendung der §§ 152 bis 156 wird stets ein Sanierungsvermerk eingetragen, da hier § 144 uneingeschränkt anzuwenden ist; § 142 Abs. 4. Im **vereinfachten Sanierungsverfahren** wird ein Sanierungsvermerk nur eingetragen, wenn in der Sanierungssatzung eine Genehmigung nach § 144 Abs. 2 („Verfügungssperre") nicht ausgeschlossen ist; **Abs. 2 S. 4**. Der Sanierungsvermerk entfällt damit in den Fällen, in denen die Sanierungssatzung nur die Anwendung der Genehmigungspflicht nach § 144 Abs. 1 oder den Ausschluss von § 144 insgesamt anordnet; vgl. § 142 Abs. 4 Hs. 2.

Zum **Rechtsschutz** → § 142 Rn. 18–21.

§ 144 Genehmigungspflichtige Vorhaben und Rechtsvorgänge

(1) Im förmlich festgelegten Sanierungsgebiet bedürfen der schriftlichen Genehmigung der Gemeinde
1. die in § 14 Abs. 1 bezeichneten Vorhaben und sonstigen Maßnahmen;
2. Vereinbarungen, durch die ein schuldrechtliches Vertragsverhältnis über den Gebrauch oder die Nutzung eines Grundstücks, Gebäudes oder Gebäudeteils auf bestimmte Zeit von mehr als einem Jahr eingegangen oder verlängert wird.

(2) Im förmlich festgelegten Sanierungsgebiet bedürfen der schriftlichen Genehmigung der Gemeinde
1. die rechtsgeschäftliche Veräußerung eines Grundstücks und die Bestellung und Veräußerung eines Erbbaurechts;
2. die Bestellung eines das Grundstück belastenden Rechts; dies gilt nicht für die Bestellung eines Rechts, das mit der Durchführung von Baumaßnahmen im Sinne des § 148 Abs. 2 im Zusammenhang steht;
3. ein schuldrechtlicher Vertrag, durch den eine Verpflichtung zu einem der in Nummer 1 oder 2 genannten Rechtsgeschäfte begründet wird; ist der schuldrechtliche Vertrag genehmigt worden, gilt auch das in Ausführung dieses Vertrags vorgenommene dingliche Rechtsgeschäft als genehmigt;
4. die Begründung, Änderung oder Aufhebung einer Baulast;
5. die Teilung eines Grundstücks.

(3) Die Gemeinde kann für bestimmte Fälle die Genehmigung für das förmlich festgelegte Sanierungsgebiet oder Teile desselben allgemein erteilen; sie hat dies ortsüblich bekannt zu machen.

(4) Keiner Genehmigung bedürfen
1. Vorhaben und Rechtsvorgänge, wenn die Gemeinde oder der Sanierungsträger für das Treuhandvermögen als Vertragsteil oder Eigentümer beteiligt ist;
2. Rechtsvorgänge nach Absatz 2 Nr. 1 bis 3 zum Zwecke der Vorwegnahme der gesetzlichen Erbfolge;
3. Vorhaben nach Absatz 1 Nr. 1, die vor der förmlichen Festlegung des Sanierungsgebiets baurechtlich genehmigt worden sind, Vorhaben nach Absatz 1 Nr. 1, von denen die Gemeinde nach Maßgabe des Bauordnungsrechts Kenntnis erlangt hat und mit deren Ausführung vor dem Inkrafttreten der Veränderungssperre hätte begonnen werden dürfen, sowie Unterhaltungsarbeiten und die Fortführung einer bisher ausgeübten Nutzung;
4. Rechtsvorgänge nach Absatz 1 Nr. 2 und Absatz 2, die Zwecken der Landesverteidigung dienen;
5. der rechtsgeschäftliche Erwerb eines in ein Verfahren im Sinne des § 38 einbezogenen Grundstücks durch den Bedarfsträger.

§ 144
II. Kapitel. I. Teil. Städtebauliche Sanierungsmaßnahmen

Übersicht

	Rn.
1. Allgemeines	1
a) Regelungszweck	1
b) Rechtswirkungen	5
c) Geltungsdauer; Entschädigung	7
d) Verfassungsmäßigkeit	9
2. Genehmigungspflichtige Vorhaben, Teilungen und Rechtsvorgänge (Abs. 1 und 2)	10
a) Allgemeines	10
b) Vorhaben und sonstige Maßnahmen (Abs. 1 Nr. 1)	11
c) Gebrauchs- und Nutzungsvereinbarungen (Abs. 1 Nr. 2)	12
d) Veräußerung eines Grundstücks; Bestellung und Veräußerung eines Erbbaurechts (Abs. 2 Nr. 1)	13
e) Bestellung eines belastenden Rechts (Abs. 2 Nr. 2)	14
f) Schuldrechtliche Verträge (Abs. 2 Nr. 3)	15
g) Baulast (Abs. 2 Nr. 4)	16
h) Teilung (Abs. 2 Nr. 5)	17
3. Vorweggenehmigung (Abs. 3)	18
4. Ausnahmen (Abs. 4)	21
5. Überleitung	26

1 **1. Allgemeines. a) Regelungszweck.** Der Grundgedanke des Genehmigungsvorbehalts nach § 144 ist, dass eine Sanierung nur dann zügig durchgeführt werden kann, wenn tatsächliche und rechtliche Veränderungen unterbunden werden, die sich erschwerend auf den Sanierungsablauf auswirken können. § 144 kommt damit für die **zügige Durchführung** der städtebaulichen Gesamtmaßnahme und für die **Durchführbarkeit** der Sanierung **zentrale Bedeutung** zu. Eine §§ 144, 145 entsprechende Regelung enthält für die Umlegung § 51; → Rn. 3. Die Gemeinde wird durch das Instrument des § 144 in die Lage versetzt, bereits vom Zeitpunkt der förmlichen Festlegung des Sanierungsgebiets an von allen für die Durchführbarkeit der Sanierung bedeutsamen Vorhaben und Rechtsvorgängen Kenntnis zu erhalten, um diese, sofern sie die Sanierung stören und erschweren, zu unterbinden (BVerwG NVwZ 1985, 184). Darüber hinaus kommt § 144 eine vorbeugende **Schutzfunktion** zu, die darin besteht, dass die Betroffenen keine Dispositionen treffen sollen, die sich möglicherweise bei weiterem Fortgang der Sanierung als verfehlt erweisen (BVerwGE 70, 83).

2 § 144 bezeichnet die Genehmigungsfälle, § 145 regelt die Genehmigung. Darüber hinaus enthält **§ 153 Abs. 2** einen besonderen Versagungsgrund für Sanierungsverfahren mit Anwendung der Vorschriften des Dritten Abschnitts (vgl. § 142 Abs. 4 Hs. 1), die sog. sanierungsrechtliche **„Preisprüfung"**. Im **vereinfachten Sanierungsverfahren** findet § 153 Abs. 2 keine Anwendung. Die Anwendung des § 144 kann im vereinfachten Sanierungsverfahren teilweise (Veränderungs- **oder** Verfügungssperre) oder insgesamt ausgeschlossen werden; **§ 142 Abs. 4 Hs. 2**.

3 Der Genehmigungsvorbehalt nach § 144 erfüllt eine Aufgabe, wie sie außerhalb förmlich festgelegter Sanierungsgebiete die **Veränderungssperre** und die **umlegungsrechtliche Verfügungs- und Veränderungssperre** erfüllen. Soweit § 144 in der Sanierung Anwendung findet (vgl. § 142 Abs. 4 Hs. 2), verdrängt die Bestimmung daher als Spezialvorschrift die Anwendung der §§ 14 ff., sowie § 51; vgl. hierzu im Einzelnen den Überblick → § 142 Rn. 45 ff. sowie § 14 Abs. 4, § 15 Abs. 2, § 15 Abs. 6 und § 51 Abs. 1 S. 2. Die Veränderungsverbote und Genehmigungspflichten des „allgemeinen Städtebaurechts" sind mit §§ 144 f. den **spezifischen Bedürfnissen der Sanierung angepasst** worden. So sind in §§ 144, 145 nicht die Voraussetzungen, sondern nur der Inhalt der Veränderungssperre des § 14 eingegangen; gegen-

2. Abschnitt. Vorbereitung und Durchführung § 144

über § 51 erfasst § 144 Abs. 1 Nr. 2 nicht alle Vereinbarungen, durch die einem anderen ein Recht zur Nutzung oder Bebauung eines Grundstücks oder Grundstücksteils eingeräumt werden, sondern nur diejenigen, durch die ein schuldrechtliches Vertragsverhältnis über den Gebrauch oder die Nutzung eines Grundstücks, Gebäudes oder Gebäudeteils auf bestimmte Zeit von mehr als einem Jahr eingegangen oder verlängert wird. Während die „allgemeine" Teilungsgenehmigung (§ 19; bis EAG Bau 2004) entfallen ist, verbleibt es bei der sanierungsrechtlichen Teilungsgenehmigung (§ 144 Abs. 2 Nr. 5). Die **Versagungsgründe** in § 145 Abs. 2 sowie § 153 Abs. 2 stellen hiermit auf die speziellen Zwecke der Sanierung ab.

Der Genehmigungsvorbehalt nach § 144 ist ein **gemeindliches Steuerungsinstrument** zur Sicherung der Sanierungsziele. Die Sperrwirkung des § 144 dient auch dazu, den Gemeinden einen angemessenen Zeitraum für die Verwirklichung ihrer Sanierungsziele und ihre endgültige Verwirklichung durch bauliche oder sonstige Maßnahmen einzuräumen; dazu zählt es insbesondere auch, erforderliche Sanierungsbebauungspläne zu sichern (BVerwG 70, 83). Zum Genehmigungsverfahren und zu den Versagungsgründen vgl. § 145.

b) Rechtswirkungen. Mit der förmlichen Festlegung des Sanierungsgebiets bedürfen die in § 144 Abs. 1 und 2 bezeichneten Vorhaben und Rechtsvorgänge der schriftlichen Genehmigung der Gemeinde. Der Genehmigungsvorbehalt des § 144 begründet ein **präventives Verbot mit Erlaubnisvorbehalt**. Die Verfügungs- und Veränderungssperre des § 144 ist **kein Bauverbot**. Die Vorhaben, Teilungen und Rechtsvorgänge im förmlich festgelegten Sanierungsgebiet bleiben zulässig, sofern nicht die Versagungsgründe nach § 145 Abs. 2 vorliegen. Die von der Verfügungs- und Veränderungssperre erfassten Grundstücke werden auch nicht von einer **wertmäßigen Weiterentwicklung** ausgeschlossen; vgl. entsprechend zur Umlegung → § 51 Rn. 3.

Vorhaben, die ohne Genehmigung durchgeführt werden, sind formell rechtswidrig. Wird ein **Vorhaben** trotz versagter Genehmigung durchgeführt, so ist es auch materiell rechtswidrig; zu den Rechtsfolgen → § 145 Rn. 16. **Verfügungen** sind bis zur Erteilung oder Versagung der Genehmigung schwebend unwirksam. Wird die Genehmigung erteilt, ist die Verfügung von Anfang an wirksam. Wird die Genehmigung versagt, ist die Verfügung als von Anfang an unwirksam anzusehen (vgl. §§ 182, 184 BGB). Zu den Rechtsfolgen bei einer Grundbucheintragung ohne Vorlage der Genehmigung → § 51 Rn. 5.

c) Geltungsdauer; Entschädigung. Der Genehmigungsvorbehalt nach § 144 besteht im förmlich festgelegten Sanierungsgebiet. Er tritt mit der **Rechtsverbindlichkeit der Sanierungssatzung in Kraft;** vgl. § 143 Abs. 1 S. 4. Er **endet** mit der Rechtsverbindlichkeit der **Aufhebungssatzung;** vgl. § 162 Abs. 2 S. 4. Der Genehmigungsvorbehalt entfällt weiterhin mit der **Entlassung des einzelnen Grundstücks** aus der Sanierung gem. § 163; vgl. § 163 Abs. 3. Die Eintragung eines **Sanierungsvermerks**, soweit sie nach § 143 Abs. 2 erforderlich ist, ist keine Voraussetzung für das Bestehen der Verfügungssperre nach § 144 Abs. 2. Der Sanierungsvermerk hat nur deklaratorische Bedeutung.

Das Sanierungsrecht enthält keine Regelung über die Dauer („Höchstdauer") der Sanierung und damit keine **zeitliche Begrenzung** der Verfügungs- und Veränderungssperre (vgl. BVerwGE 70, 83; NJW 1996, 2807 sowie → § 162 Rn. 4 und 11); vgl. demgegenüber § 17 über die Geltungsdauer der Veränderungssperre. Auch § 51 enthält keine zeitliche Begrenzung. Das BVerwG hat die Möglichkeit eines **Außerkrafttretens der Sanierungssatzung** „wegen Zeitablaufs" oder „wegen Verzögerung" und damit ein Entfallen des sanierungsrechtlichen Genehmigungsvorbehalts ausdrücklich abgelehnt (BVerwG NJW 1979, 2577); vgl. die Erl. zu → § 162. Das BVerwG hat – wie bei § 51 – zur Lösung des Konflikts, der sich aus dem Eigentumseingriff einerseits und den Erfordernissen der Sanierung andererseits ergibt

§ 144 II. Kapitel. I. Teil. Städtebauliche Sanierungsmaßnahmen

(→ Rn. 9), folgende Lösung entwickelt: Wird die Sanierung **nicht sachgemäß** und **ohne behördenbedingte Verzögerung** durchgeführt (vgl. BGH NJW 1965, 2101 (2102); → § 162 Rn. 11), so überschreitet die Verfügungs- und Veränderungssperre die Grenze zur Enteignung. Der Eigentümer kann in diesen Fällen zwar nicht eine **Entschädigung** verlangen, er hat jedoch Anspruch auf Genehmigung seines Vorhabens (vgl. BVerwG NJW 1979, 2577).

9 **d) Verfassungsmäßigkeit.** Die **Verfassungsmäßigkeit** des sanierungsrechtlichen Genehmigungsvorbehalts ist von BVerwG und BGH wiederholt bestätigt worden, auch hinsichtlich der fehlenden zeitlichen Begrenzung der Genehmigungspflicht und der fehlenden Entschädigungspflicht bei einer länger dauernden Sanierung. Die Verfügungs- und Veränderungssperre ist eine zulässige **Bestimmung von Inhalt und Schranken des Eigentums** iS von Art. 14 Abs. 1 S. 2 GG. Sie beruht auf dem Gemeinwohlinteresse daran, dass eine durch förmliche Festlegung des Sanierungsgebiets eingeleitete Sanierung nicht durch einzelne Bauvorhaben und Rechtsvorgänge nachteilig berührt werden soll (vgl. BVerwGE 57, 88; NJW 1982, 398; BGH NVwZ 1982, 329).

10 **2. Genehmigungspflichtige Vorhaben, Teilungen und Rechtsvorgänge (Abs. 1 und 2). a) Allgemeines.** Abs. 1 regelt die **Genehmigungspflicht** von **Vorhaben** und **schuldrechtlichen Gebrauchs- oder Nutzungsverhältnissen.** **Abs. 2** fasst die genehmigungspflichtigen **Vereinbarungen und Verfügungen,** die **Grundstücke** oder **Rechte** hierzu betreffen, sowie **Baulasten** und **Teilungen** zusammen. Nach **§ 142 Abs. 4 Hs. 2** kann die Gemeinde im vereinfachten Sanierungsverfahren die Genehmigungspflicht nach § 144 insgesamt sowie nach § 144 Abs. 1 oder Abs. 2 ausschließen (vgl. den Überblick in → § 142 Rn. 45 ff.).

11 **b) Vorhaben und sonstige Maßnahmen (Abs. 1 Nr. 1).** Nach **Abs. 1 Nr. 1** unterliegen die in **§ 14 Abs. 1** genannten Vorhaben und sonstigen Maßnahmen der sanierungsrechtlichen Genehmigungspflicht. § 14 Abs. 1 umfasst die Durchführung von **Vorhaben iS des § 29** (einschließlich der Nutzungsänderung; vgl. OVG Lüneburg BRS 44 Nr. 233 – bejah. – zur Genehmigungspflicht der Umwandlung eines Ladengeschäfts in eine Spielhalle) sowie die Beseitigung baulicher Anlagen (§ 14 Abs. 1 Nr. 1) und erhebliche oder wertsteigernde Veränderungen von baulichen Anlagen und von Grundstücken (§ 14 Abs. 1 Nr. 2). → Vgl. im Einzelnen die Erl. zu § 14 Abs. 1. Soweit in das Sanierungsgebiet eine nach § 38 zu beurteilende Fläche (zB Bahngelände) einbezogen ist, findet zwar nicht § 29, wohl aber § 144 Abs. 1 Nr. 1 Anwendung.

12 **c) Gebrauchs- und Nutzungsvereinbarungen (Abs. 1 Nr. 2).** Nach **Abs. 1 Nr. 2** bedürfen Vereinbarungen, durch die ein **schuldrechtliches Vertragsverhältnis** über den **Gebrauch** oder die **Nutzung** eines Grundstücks, eines Grundstücksteils, Gebäudes oder Gebäudeteils eingegangen oder verlängert wird, der sanierungsrechtlichen Genehmigung (insbesondere Miete, Pacht). Voraussetzung ist, dass die Vereinbarung für eine bestimmte Zeit von **mehr als einem Jahr** abgeschlossen wird. Dies ist auch der Fall, wenn bei unbestimmter Vertragsdauer eine Kündigungsfrist von mehr als einem Jahr vereinbart wird. Die Genehmigungspflicht besteht unabhängig davon, ob das Grundstück schon bebaut oder ob erst eine künftige Bebauung beabsichtigt ist und sich hierauf die Nutzungsvereinbarung bezieht: Die Schutzfunktion des Abs. 1 Nr. 2 kann auch in den Fällen Bedeutung haben, in denen Verträge über die Nutzung oder den Gebrauch eines noch zu errichtenden Gebäudes oder Gebäudeteils abgeschlossen werden; insoweit ist in Abs. 1 Nr. 2 nicht nur der „Ist-Zustand", sondern auch ein „Wird-Zustand" erfasst (BVerwG NJW 1985, 278).

13 **d) Veräußerung eines Grundstücks; Bestellung und Veräußerung eines Erbbaurechts (Abs. 2 Nr. 1).** Abs. 2 Nr. 1 unterwirft die rechtsgeschäftliche **Ver-**

2. Abschnitt. Vorbereitung und Durchführung § 144

äußerung eines Grundstücks (vgl. §§ 873, 925 BGB) und die **Bestellung und Veräußerung eines Erbbaurechts** (vgl. ErbbauRVO) der Genehmigungspflicht. Als Veräußerung eines Grundstücks gilt gem. § 200 Abs. 1 auch die Veräußerung eines **Grundstücksteils.** Auch die Veräußerung eines **Miteigentumsanteils** unterliegt der Genehmigungspflicht, nicht dagegen die Veräußerung eines **Erbteils** an einer Erbmasse, zu der das Grundstück gehört (→ § 51 Rn. 17). Keiner Genehmigung nach Abs. 2 Nr. 1 bedarf der durch Zuschlag in der **Zwangsversteigerung** oder der durch Verwaltungsakt begründete Erwerb bei der vereinfachten Rückübertragung nach **§ 21 b InVorG.** Ebenso wenig bedarf einer Genehmigung die Erteilung von Investitionsvorrangbescheiden oder die Abtretung eines **Restitutionsanspruchs;** hierdurch werden die Eigentumsverhältnisse nicht verändert, sondern lediglich das Recht, einen Anspruch geltend zu machen, veräußert.

e) Bestellung eines belastenden Rechts (Abs. 2 Nr. 2). Der Genehmigungspflicht bedarf nach **Abs. 2 Nr. 2** auch die **Bestellung** eines das Grundstück **belastenden Rechts.** Vgl. insbesondere §§ 1018 ff. BGB **(Grunddienstbarkeiten),** §§ 1030 ff. BGB **(Nießbrauchrechte),** §§ 1090 ff. BGB **(beschränkte persönliche Dienstbarkeiten),** §§ 1094 ff. BGB **(Vorkaufsrechte),** §§ 1105 ff. BGB **(Reallasten),** §§ 1113 ff. BGB **(Grundpfandrechte,** insbesondere Hypotheken, Grundschulden und Rentenschulden) sowie Dauerwohn- und Nutzungsrechte nach § 31 WEG. Zweck dieser Anforderungen ist es, solche Rechtsgeschäfte, die sich erschwerend auf den Ablauf der Sanierung auswirken können, einer Genehmigungspflicht durch die Sanierungsbehörde zu unterwerfen. Dieser Zweck würde verfehlt, wenn nicht auch die Verpfändung der Auflassungsansprüche genehmigungsfrei wäre (zur analogen Anwendung, vgl. BGH Beschl. v. 26.2.2015 – V ZB 86.13, BeckRS 2015, 08781 Rn. 17 f.). Zur Begründung von Rechten nach dem **WEG** → Rn. 17. Keiner Genehmigung bedarf die Eintragung einer **Zwangshypothek.** 14

Nach **Abs. 2 Nr. 2 Hs. 2** ist die Bestellung eines belastenden Rechts, das mit der Durchführung von Baumaßnahmen iS des § 148 Abs. 2 im Zusammenhang steht, nicht genehmigungspflichtig. Die Baumaßnahmen müssen im Einklang mit den Zielen und Zwecken der Sanierung (§ 140 Nr. 3) stehen. In Betracht kommt zB die Bestellung von **Hypotheken zur Finanzierung von Neubauten oder Modernisierungen.** Den Zielen und Zwecken der Sanierung wird dagegen nicht entsprochen, wenn die Belastung zB mit einer Hypothek nicht nur der Finanzierung der Baumaßnahme, sondern zugleich der Verwendung des Grundstücks als Beleihungsobjekt für sonstige Zwecke dient. Das Gleiche gilt, wenn durch die Belastung des Grundstücks erkennbar und in einer mit der Sanierungsplanung der Gemeinde nicht abgestimmten Weise die Finanzierung eines zum Abschluss der Sanierung fälligen Ausgleichsbetrags (§ 154) nicht mehr möglich wäre.

f) Schuldrechtliche Verträge (Abs. 2 Nr. 3). Auch der **schuldrechtliche Vertrag,** durch den eine Verpflichtung zu einem der in Abs. 2 Nr. 1 oder 2 genannten Rechtsgeschäfte begründet wird, bedarf nach **Abs. 2 Nr. 3** der Genehmigung. Wird der Vertrag genehmigt, so gilt auch das in Ausführung dieses Vertrags vorgenommene dingliche Rechtsgeschäft als genehmigt. Die Vereinbarung über die Abtretung eines **Restitutionsanspruchs** (→ Rn. 13) bedarf keiner Genehmigung, weil keine Verpflichtung zur Grundstücksveräußerung begründet wird. Entsprechendes gilt für die Abtretung eines **Anspruchs auf Auflassung.** 15

g) Baulast (Abs. 2 Nr. 4). Nach **Abs. 2 Nr. 4** bedürfen die Begründung, Änderung oder Aufhebung einer **Baulast** der Genehmigung; → § 51 Rn. 21. 16

h) Teilung (Abs. 2 Nr. 5). Nach **Abs. 2 Nr. 5** bedarf die Teilung eines Grundstücks der sanierungsrechtlichen Genehmigung. Zum Begriff der „Teilung eines Grundstücks" vgl. § 19 Abs. 1. Die Teilung iS des Abs. 2 Nr. 5 ist danach ein Rechtsvorgang, der zu einer **Veränderung von Grundstücksgrenzen** führt; Rechtsvor- 17

§ 144 II. Kapitel. I. Teil. Städtebauliche Sanierungsmaßnahmen

gänge, welche die realen Grenzen der Grundstücke unberührt lassen, werden hiervon nicht erfasst. Daher unterliegt die **Aufteilung in Wohnungseigentum** nicht der Genehmigungspflicht nach Abs. 2 Nr. 5. Zur Begründung eines städtebaulichen Genehmigungsvorbehalts bei Bildung von Wohnungseigentum vgl. aber § 22 und § 172 Abs. 1 S. 4.

18 **3. Vorweggenehmigung (Abs. 3).** Nach **Abs. 3** kann die Gemeinde für bestimmte Genehmigungsfälle nach Abs. 1 Nr. 1 bis 3 und Abs. 2 Nr. 1 bis 3 die **Genehmigung allgemein erteilen.** Sie kann diese Genehmigung **für das gesamte Sanierungsgebiet** oder für **Teile des Sanierungsgebiets** erteilen. Die Entscheidung ist ortsüblich bekannt zu geben. Die Gemeinde kann dagegen die Genehmigung nicht für **alle** Fälle der Genehmigungspflicht nach Abs. 1 und 2 erteilen. Dies ergibt sich sowohl aus dem Wortlaut als auch aus der hierfür nach § 142 Abs. 4 Hs. 2 bestehenden Sonderregelung. Eine generelle Suspendierung der Genehmigungsfälle nach Abs. 1 und Abs. 2 würde im Übrigen dem Zusammenspiel zwischen der sanierungsrechtlichen Verfügungs- und Veränderungssperre sowie der „allgemeinen" Veränderungssperre (§§ 14 ff., 51) widersprechen. Sofern die Sanierung nicht im vereinfachten Sanierungsverfahren durchgeführt wird, dürfte die Vorweggenehmigung für die Fälle nach **Abs. 2 Nr. 1** im Hinblick auf die Sicherung der Sanierung durch die **Preisprüfung** nach § 153 Abs. 2 nicht sachgerecht sein; vgl. hierzu auch § 155 Abs. 1 Nr. 3, wonach der Grundstückserwerber sich gegen die Heranziehung der Zahlung eines Ausgleichsbetrags auf die Vorweggenehmigung des Grundstücksgeschäfts berufen und eine Anrechnung des Betrags, der den Anfangswert überschreitet, verlangen kann.

19 Die allgemeine Erteilung der Genehmigung ist – wie die Genehmigung im Einzelfall – rechtlich ein (begünstigender) Verwaltungsakt bzw. eine **Allgemeinverfügung** (§ 35 S. 2 VwVfG; vgl. auch *Gaentzsch* NJW 1985, 881 (883), unter Hinweis auf § 183 S. 1 BGB über die Einwilligung). Die **Genehmigung** wird in den Fällen des **Abs. 2 Nr. 1** in dem Zeitpunkt **wirksam,** in dem zB der Bauantrag bei der Gemeinde eingeht oder in dem mit einer nicht-genehmigungsbedürftigen Maßnahme begonnen werden soll. In den Fällen des **Abs. 1 Nr. 2** und **Abs. 2** wird die Genehmigung in dem Zeitpunkt wirksam, in dem das genehmigungspflichtige Rechtsgeschäft privatrechtlich wirksam abgeschlossen ist. In den Fällen der Teilung nach **Abs. 2 Nr. 5** wird die Vorweggenehmigung mit Eingang der Teilungserklärung beim Grundbuchamt wirksam. Die Genehmigung gem. Abs. 3 kann von der Gemeinde **frühestens** zum Zeitpunkt der Rechtsverbindlichkeit der Sanierungssatzung (§ 143 Abs. 1 S. 4) allgemein erteilt werden. Die Gemeinde hat die Vorweggenehmigung **ortsüblich bekannt zu machen.**

20 Die Gemeinde kann die allgemein erteilte Genehmigung **widerrufen;** vgl. § 49 VwVfG. Der Widerruf ist – als actus contrarius zur Vorweggenehmigung – ebenfalls ortsüblich bekannt zu machen. Dies kann zB in Betracht kommen, wenn in einem Gebiet mit bisher geringer Bautätigkeit oder einem im Wesentlichen „ruhigen" Bodenmarkt im Laufe der Sanierung erhebliche Veränderungen auftreten (zB auf Grund der Aufwertungseffekte der Sanierung); zur Sicherung der weiteren Durchführung der Sanierung kann die Gemeinde den Widerruf einer Vorweggenehmigung für erforderlich halten. Sofern die Gemeinde den **Widerrufsvorbehalt** nicht von vornherein vorgesehen hat (§ 49 Abs. 2 Nr. 1 VwVfG), kommt der Widerruf insbesondere nach § 49 Abs. 2 Nr. 3 VwVfG in Betracht. Ob die Gemeinde widerruft, weil sie auf Grund **nachträglich eingetretener Tatsachen** berechtigt wäre, die Vorweggenehmigung nicht zu erteilen, oder weil ohne den Widerruf das **öffentliche Interesse gefährdet** würde, ist eine Ermessensentscheidung der Gemeinde (*Gaentzsch* NJW 1985, 881 (883); vgl. auch BVerwG DVBl. 1982, 795 ff. und 1004 ff.: Die „Dienlichkeit" des Widerrufs für öffentliche Interessen reicht nicht aus; jedoch sind auch fiskalische Interessen öffentliche Interessen). Bei der Ermessensentscheidung ist auch ab-

2. Abschnitt. Vorbereitung und Durchführung § 144

zuwägen, ob sich der Widerruf nur **auf künftige Vorgänge** erstrecken soll oder auch auf solche, für die die Vorweggenehmigung bereits wirksam geworden ist. In der Regel wird der Widerruf nur für künftige Vorhaben, Teilungen oder Rechtsvorgänge in Betracht kommen. Eine **Entschädigungspflicht** nach § 49 Abs. 6 VwVfG kommt nicht in Betracht, wenn sich der Widerruf nur auf „zukünftige" Fälle bezieht, weil ein Vertrauen auf den Fortbestand der allgemeinen Sanierung für die ganze Dauer des Sanierungsverfahrens nicht gerechtfertigt und nicht schutzwürdig ist.

4. Ausnahmen (Abs. 4). Abs. 4 regelt **Ausnahmen** von der Genehmigungspflicht der Abs. 1 oder 2. Nach **Abs. 4 Nr. 1** bedarf ein Vorhaben oder ein Rechtsvorgang **keiner Genehmigung,** wenn die **Gemeinde** oder der von ihr beauftragte **Sanierungsträger** für das Treuhandvermögen (vgl. § 159 Abs. 1) als Vertragsteil oder als Eigentümer beteiligt ist. Sofern die Sanierung nicht im vereinfachten Sanierungsverfahren durchgeführt wird, ist für diese Fälle § 153 Abs. 3 S. 1 bedeutsam, wonach die Gemeinde oder der Sanierungsträger keinen höheren Kaufpreis vereinbaren dürfen, als es sich in entsprechender Anwendung des § 153 Abs. 1 ergibt. 21

Nach **Abs. 4 Nr. 2** besteht die Genehmigungspflicht nach Abs. 2 nicht für Rechtsvorgänge iS des Abs. 1 bis 3, die der **Vorwegnahme der gesetzlichen Erbfolge** dienen; vgl. zB Hofübergabeverträge oder Rechtsvorgänge im Zusammenhang mit der Einräumung von Altenteilrechten sowie hypothekarische Belastungen zur Auszahlung der übrigen Erben. Die Ausnahme muss sich aus Gründen der Missbrauchsverhinderung auf Fälle im Rahmen der gesetzlichen Erbfolge beschränken; nach dem Regelungszweck (insbes. Erleichterung der Hofübergabe) sind die Fälle des § 8 Nr. 2 GrstV von dieser Ausnahme mit umfasst (LG Limburg ZMR 1977, 375). Die Veräußerung im Rahmen einer Erbauseinandersetzung dient dagegen nicht der Vorwegnahme der Erbfolge und unterliegt der Genehmigungspflicht (*Fislake* in BK § 144 Rn. 31 unter Hinweis auf OLG Bremen OLGZ 1976, 16). 22

Nach **Abs. 4 Nr. 3** bedürfen Vorhaben iS des Abs. 1 Nr. 1 keiner Genehmigung, wenn sie **vor der förmlichen Festlegung** des Sanierungsgebiets **baurechtlich genehmigt** worden oder von denen die Gemeinde nach Maßgabe des Bauordnungsrechts Kenntnis erlangt hat und mit deren Ausführung vor dem Inkrafttreten der Veränderungssperre hätte begonnen werden dürfen. Auf die Erl. zur entsprechenden Regelung in § 14 Abs. 3 wird Bezug genommen; dort auch zur Frage der Bindungswirkung eines **Bauvorbescheids.** Auch **Unterhaltungsarbeiten** sind genehmigungsfrei, und zwar auch dann, wenn mit ihnen nach förmlicher Festlegung begonnen worden ist; vgl. entsprechend § 14 Abs. 3. Weiterhin ist die Fortführung der bisher (also vor förmlicher Festlegung) **ausgeübten Nutzung** genehmigungsfrei. 23

Nach **Abs. 4 Nr. 4** bestehen Ausnahmen für Rechtsvorgänge, die den **Zwecken der Landesverteidigung** dienen. Die Genehmigungspflicht entfällt danach bei der dem Abschluss eines schuldrechtlichen Gebrauchs- oder Nutzungsverhältnisses (Abs. 1 Nr. 2) sowie bei den Rechtsvorgängen iS des Abs. 2. Sofern die Sanierung nicht im vereinfachten Sanierungsverfahren durchgeführt wird, darf der Bedarfsträger nach § 153 Abs. 3 S. 2 keinen höheren Kaufpreis vereinbaren, als sich in entsprechender Anwendung des § 153 Abs. 1 ergibt. 24

Nach **Abs. 4 Nr. 5** ist der rechtsgeschäftliche Erwerb eines in ein **Planfeststellungsverfahren** einbezogenen Grundstücks von der sanierungsrechtlichen Genehmigung ausgenommen; zum Kaufpreis im Verfahren nach §§ 152 ff. vgl. § 153 Abs. 3 S. 2. 25

5. Überleitung. Durch das **BauROG 1998** ist die Grundstücks-Teilung aus dem Anwendungsbereich das § 144 Abs. 1 in jenen des § 144 Abs. 2 übernommen worden. In diesen Fällen ist stets der Sanierungsvermerk vorgesehen (§ 143 Abs. 2 S. 4). § 235 Abs. 2 leitet die Neuregelung über. 26

§ 145 Genehmigung

(1) ¹Die Genehmigung wird durch die Gemeinde erteilt; § 22 Abs. 5 Satz 2 bis 5 ist entsprechend anzuwenden. ²Ist eine baurechtliche Genehmigung oder an ihrer Stelle eine baurechtliche Zustimmung erforderlich, wird die Genehmigung durch die Baugenehmigungsbehörde im Einvernehmen mit der Gemeinde erteilt. ³Im Falle des Satzes 2 ist über die Genehmigung innerhalb von zwei Monaten nach Eingang des Antrags bei der Baugenehmigungsbehörde zu entscheiden. ⁴§ 22 Abs. 5 Satz 3 bis 6 ist mit der Maßgabe entsprechend anzuwenden, dass die Genehmigungsfrist höchstens um zwei Monate verlängert werden darf.

(2) Die Genehmigung darf nur versagt werden, wenn Grund zur Annahme besteht, dass das Vorhaben, der Rechtsvorgang einschließlich der Teilung eines Grundstücks oder die damit erkennbar bezweckte Nutzung die Durchführung der Sanierung unmöglich machen oder wesentlich erschweren oder den Zielen und Zwecken der Sanierung zuwiderlaufen würde.

(3) Die Genehmigung ist zu erteilen, wenn die wesentliche Erschwerung dadurch beseitigt wird, dass die Beteiligten für den Fall der Durchführung der Sanierung für sich und ihre Rechtsnachfolger
1. in den Fällen des § 144 Abs. 1 Nr. 1 auf Entschädigung für die durch das Vorhaben herbeigeführten Werterhöhungen sowie für werterhöhende Änderungen, die auf Grund der mit dem Vorhaben bezweckten Nutzung vorgenommen werden, verzichten;
2. in den Fällen des § 144 Abs. 1 Nr. 2 oder Abs. 2 Nr. 2 oder 3 auf Entschädigung für die Aufhebung des Rechts sowie für werterhöhende Änderungen verzichten, die auf Grund dieser Rechte vorgenommen werden.

(4) ¹Die Genehmigung kann unter Auflagen, in den Fällen des § 144 Abs. 1 auch befristet oder bedingt erteilt werden. ²§ 51 Abs. 4 Satz 2 und 3 ist entsprechend anzuwenden. ³Die Genehmigung kann auch vom Abschluss eines städtebaulichen Vertrags abhängig gemacht werden, wenn dadurch Versagungsgründe im Sinne des Absatzes 2 ausgeräumt werden.

(5) ¹Wird die Genehmigung versagt, kann der Eigentümer von der Gemeinde die Übernahme des Grundstücks verlangen, wenn und soweit es ihm mit Rücksicht auf die Durchführung der Sanierung wirtschaftlich nicht mehr zuzumuten ist, das Grundstück zu behalten oder es in der bisherigen oder einer anderen zulässigen Art zu nutzen. ²Liegen die Flächen eines land- oder forstwirtschaftlichen Betriebs sowohl innerhalb als auch außerhalb des förmlich festgelegten Sanierungsgebiets, kann der Eigentümer von der Gemeinde die Übernahme sämtlicher Grundstücke des Betriebs verlangen, wenn die Erfüllung des Übernahmeverlangens für die Gemeinde keine unzumutbare Belastung bedeutet; die Gemeinde kann sich auf eine unzumutbare Belastung nicht berufen, soweit die außerhalb des förmlich festgelegten Sanierungsgebiets gelegenen Grundstücke nicht mehr in angemessenem Umfang baulich oder wirtschaftlich genutzt werden können. ³Kommt eine Einigung über die Übernahme nicht zustande, kann der Eigentümer die Entziehung des Eigentums an dem Grundstück verlangen. ⁴Für die Entziehung des Eigentums sind die Vorschriften des Fünften Teils des Ersten Kapitels entsprechend anzuwenden. ⁵§ 43 Abs. 1, 4 und 5 sowie § 44 Abs. 3 und 4 sind entsprechend anzuwenden.

(6) ¹§ 22 Abs. 6 ist entsprechend anzuwenden. ²Ist eine Genehmigung allgemein erteilt oder nicht erforderlich, hat die Gemeinde darüber auf Antrag eines Beteiligten ein Zeugnis auszustellen.

2. Abschnitt. Vorbereitung und Durchführung § 145

Übersicht

	Rn.
1. Genehmigung (Abs. 1)	1
2. Versagungsgründe (Abs. 2 bis 4)	3
a) Allgemeines	3
b) Prüfungsmaßstäbe	4
c) Verzicht auf Entschädigung (Abs. 3)	9
d) Auflagen (Abs. 4)	10
3. Übernahmeverlangen (Abs. 5)	12
4. Grundbuchsperre (Abs. 6)	14
5. Durchführung von Vorhaben ohne Genehmigung	16
6. Rechtsschutz	17

1. Genehmigung (Abs. 1). § 144 begründet einen **Genehmigungsvorbehalt** 1 **der Gemeinde,** der unbeschadet sonstiger öffentlich-rechtlicher Genehmigungsvorbehalte besteht. Vorhaben und Rechtsvorgänge nach § 144 bedürfen der **schriftlichen Genehmigung.** Die Genehmigung setzt einen **Antrag** iS des **Abs. 1 S. 1** voraus. Im Verhältnis zu anderen erforderlichen Genehmigungen ist die eigenständige Bedeutung des Genehmigungsverfahrens und damit auch des Genehmigungsantrags von Bedeutung: Der **Antrag auf Erteilung einer Baugenehmigung** enthält nicht bereits als solcher den Antrag auf Genehmigung nach § 145 (BVerwG BauR 2001, 1723) und setzt deshalb die Frist des Abs. 1 S. 3 iVm § 22 Abs. 5 S. 2 bis 6 nicht in Lauf; insbesondere kann er nicht zur Genehmigungsfiktion führen (BVerwG NJW 1982, 2787). Ist – neben der Sanierungsgenehmigung – auch eine baurechtliche Genehmigung an ihrer Stelle eine baurechtliche Zustimmung erforderlich, dann wird die Genehmigung nach **Abs. 1 S. 2** durch die **Baugenehmigungsbehörde** erteilt, und zwar im Einvernehmen mit der Gemeinde. Nach außen handelt dann nur eine Behörde; inhaltlich und formal bleibt es bei zwei Genehmigungen (OVG Lüneburg Urt. v. 30.4.2014 – 1 LB 200/12, BauR 1455 (1455)). Die Baugenehmigungsbehörde darf im Übrigen sanierungsrechtliche Belange bei der Entscheidung über eine bauaufsichtliche Frage (zB eine Bauvoranfrage) nicht von sich aus in einbeziehen (OVG Lüneburg NVwZ-RR 2005, 301).

Der Antrag auf Genehmigung ist **schriftlich** (oder zur Niederschrift bei der Ge- 2 meinde) zu stellen; § 22 Abs. 5 S. 2 bis 5 ist entsprechend anzuwenden. Enthält der Antrag die erforderlichen Unterlagen, so hat die Gemeinde **binnen eines Monats** nach Eingang des Antrags zu entscheiden. Werden Unterlagen und Angaben nachgefordert, so beginnt die Frist erst mit Eingang der Letzten angeforderten Unterlagen zu laufen. Kann die Genehmigungsbehörde die Prüfung nicht innerhalb der Genehmigungsfrist abschließen, hat sie nach **Abs. 1 S. 3 Hs. 1** iVm § 22 Abs. 5 S. 3 zu verfahren; → vgl. die Erl. zu § 22. Die Genehmigung gilt als erteilt, wenn die Gemeinde nicht innerhalb der Frist oder der verlängerten Frist die Genehmigung versagt (§ 22 Abs. 5 S. 4). Ist eine baurechtliche Genehmigung oder an ihrer Stelle eine baurechtliche Zustimmung erforderlich, wird die Genehmigung durch die **Baugenehmigungsbehörde im Einvernehmen mit der Gemeinde** erteilt. Im Fall des S. 2 ist über die Genehmigung innerhalb von zwei Monaten nach Eingang des Antrags bei der Baugenehmigungsbehörde zu entscheiden. Nach **Abs. 1 S. 3 Hs. 2** ist § 22 Abs. 5 S. 3 bis 6 mit der Maßgabe entsprechend anzuwenden, dass die Genehmigungsfrist höchstens um zwei Monate verlängert werden darf. § 145 Abs. 1 belässt es bei der Ein-Monats-Frist im Falle der Entscheidung durch die Gemeinde. Die Verlängerung der Frist auf bis zu 3 Monate ist möglich. Entscheidet die Baugenehmigungsbehörde im Einvernehmen mit der Gemeinde gilt eine Zwei-Monats-Frist. Hier besteht die Verlängerungsmöglichkeit um bis zu 2 Monaten, dh in beiden Fällen beträgt die Höchstfrist vier Monate.

§ 145 II. Kapitel. I. Teil. Städtebauliche Sanierungsmaßnahmen

3 **2. Versagungsgründe (Abs. 2 bis 4). a) Allgemeines.** Die Gemeinde darf die Genehmigung **nur versagen,** wenn das Vorhaben, der Rechtsvorgang (einschließlich der Teilung) oder die damit erkennbar bezweckte Nutzung die Durchführung der Sanierung unmöglich machen, wesentlich erschweren oder dem Sanierungszweck zuwiderlaufen würden. Prüfungsmaßstab für die Beurteilung, ob diese Voraussetzungen vorliegen, sind die **Ziele und Zwecke der Sanierung.** Die Versagung der Genehmigung ist **keine Ermessensentscheidung.** Die Entscheidung ist in vollem Umfang gerichtlich nachprüfbar. Auch ein Beurteilungsspielraum steht der Gemeinde dabei nicht zu. **Liegen Versagungsgründe** iS des Abs. 2 vor, **hat** die Gemeinde die Genehmigung **zu versagen.** Auch insoweit steht ihr kein Entscheidungsspielraum zu. Vgl. die entsprechende Regelung in § 51 Abs. 3. Auch wenn der Gemeinde bei der Entscheidung weder ein Ermessens- noch ein Beurteilungsspielraum zusteht, ist nicht zu übersehen, dass die Prüfungsmaßstäbe selbst maßgeblich von (fortschreibungsfähigen und -bedürftigen) Planungsentscheidungen der Gemeinde determiniert sind (insbesondere „Ziele und Zwecke der Sanierung"); insoweit kann die Gemeinde ggf. die Prüfungsmaßstäbe konkretisieren (→ Rn. 4).

4 **b) Prüfungsmaßstäbe. Prüfungsmaßstab** für die Beurteilung, ob ein Vorhaben die Durchführung der Sanierung unmöglich macht, wesentlich erschwert oder ihr zuwiderläuft, sind die **Ziele und Zwecke der Sanierung;** vgl. hierzu im Einzelnen § 140 Nr. 3. Was nicht Sanierungsziel ist, kann nicht mit Hilfe des § 145 gesichert werden; Beispiel: Die Begrenzung der Mieten im Sanierungsgebiet ist kein zulässiges Ziel der Sanierung iS der § 140 Nr. 3, § 145 Abs. 2 BauGB sein. Die sanierungsrechtliche Genehmigung von Sanierungsmaßnahmen darf daher nicht von der Einhaltung von Mietobergrenzen abhängig gemacht werden (BVerwGE 126, 104; OVG Berlin LKV 2004, 415).

Die Ziele und Zwecke der Sanierung werden von der Gemeinde idR nicht bereits beim Beginn der Sanierung entwickelt, sondern mit dem Fortgang der Sanierungsplanung konkretisiert und erforderlichenfalls fortgeschrieben. Aus dem Wortlaut der Vorschrift könnte daher gefolgert werden, dass die Gemeinde die Genehmigung nur versagen darf, wenn bereits im Mindestmaß an Konkretisierung der Sanierungsziele vorliegt. Andererseits muss nicht bereits unmittelbar nach Inkrafttreten der Sanierungssatzung erkennbar sein, wie das Sanierungsgebiet im Einzelnen genutzt werden soll. Das Sanierungskonzept wird zu diesem Zeitpunkt idR noch zu unscharf sein, um eine solche Aussage zu stützen (vgl. grundlegend BVerwGE 70, 83). Insbesondere bedarf es keiner Festlegung des Sanierungskonzepts in der Sanierungssatzung (→ § 142 Rn. 15). Die **allgemeinen Ziele** der Sanierung ergeben sich aber meist schon daraus, dass für das förmlich festgelegte Sanierungsgebiet im Rahmen der vorbereitenden Untersuchungen städtebauliche Missstände festgestellt werden, deren Behebung zunächst als allgemeines Sanierungsziel anzusehen ist. Der Anwendung des Abs. 2 steht es auch nicht entgegen, dass die Gemeinde zu Beginn der Sanierung noch **alternative Sanierungsziele** verfolgt (vgl. OVG Lüneburg ZfBR 1985, 206).

Da dem Genehmigungsvorbehalt nach § 145 die Vorstellung zugrunde liegt, dass den Gemeinden für die Verwirklichung ihrer Sanierungsziele (etwa bis hin zur Veränderung der planungsrechtlichen Beurteilung durch Aufstellung eines Sanierungsbebauungsplans) hinreichend Zeit zur Verfügung stehen muss, dürfen **zu Beginn des Sanierungsverfahrens somit keine hohen Anforderungen an die Konkretisierung der Sanierungsziele** gestellt werden. Dagegen müssen im Laufe des Sanierungsverfahrens, besonders unmittelbar vor oder während des Verfahrens zur Aufstellung eines Bebauungsplans, die Sanierungsziele sich **zunehmend verdichten** und damit **zunehmend konkreter** werden (BVerwGE 70, 83): Aus der anfänglich umfassenderen Sperrwirkung – in diesem Stadium mit der Wirkung einer Veränderungssperre nach § 14 vergleichbar – wird deswegen mit zunehmender Verdichtung der Sanierungsziele ein Rechtsinstitut, mit dessen Hilfe nur noch diejenigen Rechtsvor-

gänge und Vorhaben abgewehrt werden können, die den nunmehr detaillierten Planungsvorstellungen widersprechen (BVerwG 70, 83).

Ist eine **Sanierungssatzung** dagegen **vor längerer Zeit erlassen,** ohne dass seither das Sanierungsverfahren vorangetrieben worden ist und ohne dass die Sanierungsziele – etwa bis zur Aufstellung eines Bebauungsplans – zunehmend konkreter geworden sind, so kann dies im Einzelfall dazu führen, dass die Gemeinde einem Vorhaben oder einem Rechtsvorgang **keine Versagungsgründe** mehr entgegenhalten kann. Bei solchen Fallgestaltungen muss vielmehr ggf. die Genehmigung erteilt werden (BVerwG 70, 83; NJW 1979, 2577 (2578); NVwZ 1985, 184 (185)); → weiterhin § 144 Rn. 8.

Prüfungsmaßstab sind ausschließlich die Sanierungsziele. Es bedarf dagegen nicht des Nachweises, dass **auf dem Grundstück selbst städtebauliche Missstände** iS des § 136 Abs. 2 und 3 vorliegen. Das Vorliegen städtebaulicher Missstände in einem Gebiet ist Voraussetzung für die Rechtsgültigkeit der Sanierungssatzung. Bei der Versagung im Rahmen des § 145 Abs. 2 kommt es dagegen ausschließlich darauf an, ob das genehmigungsbedürftige Vorhaben (zB das beabsichtigte Bauvorhaben) dem Sanierungsziel widerspricht. → § 142 Rn. 7, 15 zum **Ablaufprogramm** des Sanierungsrechts. Dies kann in Einzelfällen, insbesondere in Fällen der Funktionsschwächensanierung, für die Einzelfallentscheidung bedeutsam sein (§ 136 Abs. 2 Nr. 2, Abs. 3 Nr. 2): Gerade für den Tatbestand der **Funktionsschwächensanierung** ist es kennzeichnend, dass der städtebauliche Missstand mit der zukünftigen Struktur und Funktion des Sanierungsgebiets im gemeindlichen Bereich begründet wird. Zur zukünftigen Funktion gehört sowohl das, was nach dem Sanierungskonzept erhalten, als auch das, was durch einen Funktionswandel erreicht werden soll (BVerwG NVwZ 1985, 184; NVwZ-RR 1997, 155). Soll zB in einem Gebiet nach dem Sanierungskonzept die Funktion eines Einkaufsbereichs bestimmter Ausprägung haben und sollen zB Versicherungen, Verwaltungen und Banken in diesem Bereich nicht angesiedelt werden, so kann eine Genehmigung auch versagt werden, wenn das einzelne Grundstück selbst einen städtebaulichen Missstand nicht aufweist; da durch die Zulassung des Vorhabens auf dem Grundstück die Funktionsschwäche für das Gebiet insgesamt nicht behoben bzw. diese erst verstärkt oder begründet würde, kann auch die Gefahr des Entstehens einer Funktionsschwäche die Genehmigungsversagung rechtfertigen (BVerwG NVwZ 1985, 186). Für den Prüfungsmaßstab des § 145 ist daher nicht ausschließlich der **Zustand des Grundstücks** selbst, sondern die **städtebauliche Situation insgesamt** maßgebend, von der das betroffene Grundstück selbst geprägt ist. Die Entscheidung der Gemeinde hat daher die Gesamtheit der planerischen Ziele und Festsetzungen zu berücksichtigen, die dem gerade durch die Sanierung gekennzeichneten Interessengeflecht Rechnung tragen (BVerwGE 70, 83 unter Abl. von BGH NVwZ 1982, 329; → § 136 Rn. 24–26).

Zu den Anforderungen an die Konkretisierung der Sanierungsziele im Einzelnen, → § 140 Rn. 3. Die Sanierungsziele können sich zB in einem **Bebauungsplan** konkretisieren (vgl. aber auch BGH BayVBl. 1994, 605): „Beschränkung" der durch Bebauungsplan zugelassenen Nutzung durch eine bei Erlass des Planes bereits in Kraft befindliche Sanierungssatzung, wenn durch den Plan der Sanierungszweck noch nicht erreicht wurde). Die Gemeinde kann die Sanierungsziele auch in einer **städtebaulichen Rahmenplanung** niederlegen; sind die Aussagen eines städtebaulichen Rahmenplans über die Ziele und Zwecke der Sanierung hinreichend konkret, können sie einem Vorhaben wie einer Veränderungssperre entgegenhalten werden (OVG Lüneburg ZfBR 1986, 84; ZfBR 1986, 246); → weiterhin die Erl. zur städtebaulichen Rahmenplanung in § 140 Rn. 6–9.

Sofern die Gemeinde die Sanierung nicht im vereinfachten Sanierungsverfahren durchführt, enthält **§ 153 Abs. 2** einen weiteren Versagungsgrund; sog. **„Preisprüfung".** § 153 Abs. 2 verdrängt nicht die Versagungsgründe des § 145 Abs. 2, sondern ergänzt sie (*Fieseler* LKV 1997, 278). Als wesentliche Erschwerung der Sanierung iS

des § 145 Abs. 2 gilt danach in den Fällen der rechtsgeschäftlichen Veräußerung eines Grundstücks oder der Bestellung oder Veräußerung eines Erbbaurechts, wenn der vereinbarte Gegenwert über dem Wert nach § 153 Abs. 1 liegt, also über dem von sanierungsbedingten Wertsteigerungen bereinigten Verkehrswert.

9 **c) Verzicht auf Entschädigung (Abs. 3).** Nach **Abs. 3** kann ein Versagungsgrund durch Verzichtserklärungen der Beteiligten ungeachtet einer wesentlichen Erschwerung der Sanierung durch die beabsichtigten Vorhaben oder Rechtsvorgänge ausgeräumt werden. Der **Entschädigungsverzicht** kommt in Betracht in den Fällen des § 144 Abs. 1 Nr. 1 und Nr. 2 sowie Abs. 2 Nr. 2 oder 3. Die Vorschrift dient dazu, Investitionen der Betroffenen auf eigenes Risiko zu ermöglichen. Wird der Verzicht von den Beteiligten für sich und ihre Rechtsnachfolger iS des Abs. 3 erklärt, so besteht ein **Rechtsanspruch** auf die Erteilung der Genehmigung. Voraussetzung ist jedoch, dass der Entschädigungsverzicht tatsächlich zu einer Beseitigung der wesentlichen Erschwerung der Sanierung führt. Dies ist zB dann nicht der Fall, wenn durch den Vorgang oder das Vorhaben ein Sachverhalt geschaffen wird, der die zügige Durchführung der Sanierung beeinträchtigen würde.

10 **d) Auflagen (Abs. 4).** Die Genehmigung kann nach **Abs. 4 S. 1** unter **Auflagen** erteilt werden. In den Fällen des § 144 Abs. 1 kann die Genehmigung auch befristet oder bedingt erteilt werden. **Auflagen, Befristungen** und **Bedingungen** sind Nebenbestimmungen des Verwaltungsakts; vgl. § 36 VwVfG. Vgl. weiterhin die Erl. zu dem nach **Abs. 4 S. 2** entsprechend anwendbaren → **§ 51 Abs. 4 S. 2 und 3**.

11 Nach **Abs. 4 S. 3** wird die Gemeinde ermächtigt, die Genehmigung vom Abschluss eines **städtebaulichen Vertrags** abhängig zu machen; vgl. § 11. Die Regelung gibt der Gemeinde weitergehende Möglichkeiten als es Abs. 4 S. 1 (Auflagen, Befristungen, Bedingungen) erlaubt. Die Erteilung einer Genehmigung unter einer Bedingung scheidet zB für Grundstücksveräußerungen aus, weil eine Auflassung bedingungsfeindlich ist und die Einhaltung der Auflagen durch die Möglichkeiten eines Widerrufs nur unzureichend gesichert werden kann. Da bei Vorliegen der gesetzlichen Voraussetzungen ein Rechtsanspruch auf Genehmigung besteht, ist eine vertragliche Absprache nur zulässig, wenn durch den Vertrag **Versagungsgründe ausgeräumt werden.**

12 **3. Übernahmeverlangen (Abs. 5).** Wird die Genehmigung nach Abs. 2 versagt, kann der Eigentümer nach **Abs. 5 S. 1** von der Gemeinde die **Übernahme** des Grundstücks verlangen, auf das sich das Vorhaben, die Teilung oder der Rechtsvorgang bezieht. Die Regelung lässt sonstige Ansprüche nach §§ 39 ff. unberührt. Das Übernahmeverlangen setzt voraus, dass es dem Eigentümer mit Rücksicht auf die Durchführung der Sanierung wirtschaftlich nicht zuzumuten ist, das Grundstück zu behalten oder es in der bisherigen oder einer anderen zulässigen Art zu nutzen. Eine Sonderregelung enthält **Abs. 5 S. 2** für **land- oder forstwirtschaftliche Betriebe,** deren Flächen sowohl innerhalb als auch außerhalb des förmlich festgelegten Sanierungsgebiets liegen; vgl. entsprechend § 92 Abs. 3, § 168 Abs. 1. Die Eigentümer können die Übernahme sämtlicher Grundstücke des Betriebs verlangen, sofern die Erfüllung des Übernahmeverlangens für die Gemeinde keine unzumutbare Härte bedeutet. Auf eine unzumutbare Belastung kann sich die Gemeinde jedoch dann nicht berufen, wenn die außerhalb des förmlich festgelegten Sanierungsgebiets gelegenen Grundstücke nicht mehr in angemessenem Umfang baulich oder wirtschaftlich genutzt werden können. Sofern sich Eigentümer und Gemeinde über die Übernahme nicht einigen können, kann der Eigentümer nach **Abs. 5 S. 3** die Entziehung des Eigentums an dem Grundstück oder dessen Übertragung auf die Gemeinde unter Festsetzung einer angemessenen Entschädigung verlangen (vgl. BGH Urt. v. 7.7.2011 – III ZR 156.10, ZfBR 2011, 767 (769ff.)). Im Übrigen finden die Vorschriften über die Enteignung gem. §§ 85 bis 122 entsprechende Anwendung; **Abs. 5 S. 4.** Zu den

2. Abschnitt. Vorbereitung und Durchführung § 146

Voraussetzungen des Übernahmeverlangens nach Abs. 5 S. 1, insbesondere der Voraussetzung der wirtschaftlichen Zumutbarkeit, vgl. die Erl. zu → § 40 Abs. 2.

Abs. 5 S. 5 bestimmt, dass § 43 Abs. 1, Abs. 4 und Abs. 5 BauGB sowie § 44 Abs. 3 und 4 entsprechend anzuwenden sind. Die Regelung entspricht § 22 Abs. 7, § 173 Abs. 2 und § 176 Abs. 4. Die planungsrechtlichen Regelungen der §§ 43 und 44 finden in den Fällen entsprechend Anwendung, in denen der Eigentümer wegen Versagung der sanierungsrechtlichen Genehmigung die Übernahme des Grundstücks durch die Gemeinde verlangt. 13

4. Grundbuchsperre (Abs. 6). Im Hinblick auf die Genehmigungsbedürftigkeit der Teilung im förmlich festgelegten Sanierungsgebiet (§ 144 Abs. 2 Nr. 5) und von Rechtsvorgängen iS des Abs. 2, die auf Vornahme einer Eintragung im **Grundbuch** gerichtet sind, ist nach **Abs. 6 S. 1** § 22 Abs. 6 entsprechend anzuwenden. Danach darf das Grundbuchamt eine Eintragung erst vornehmen, wenn der Genehmigungsbescheid vorgelegt ist. Unbeschadet der Verweisung auf § 22 Abs. 6 S. 1 (Eintragung nur mit Genehmigungsbescheid oder Zeugnis), können die Grundbuchämter die Eintragung vornehmen, wenn ihnen bekannt ist, dass eine Sanierungssatzung nicht vorliegt. 14

Nach **Abs. 6 S. 2** ist auf Antrag eines Beteiligten ein Zeugnis darüber zu erteilen, dass die Genehmigung allgemein erteilt ist. 15

5. Durchführung von Vorhaben ohne Genehmigung. Wenn ein Eigentümer ein Vorhaben (§ 144 Abs. 1 Nr. 1) **ohne Genehmigung** der Gemeinde (§ 145 Abs. 1) **durchführt,** kann hiergegen bauaufsichtlich vorgegangen werden. Betrifft das Vorhaben eine bauliche Anlage iS des Landesbauordnungsrechts, so kann die Bauaufsicht – unabhängig davon, ob das Vorhaben auch bauordnungsrechtlich genehmigungspflichtig ist – die Baueinstellung anordnen (OVG Weimar BauR 1999, 164). Entsprechendes gilt für eine Beseitigungsanordnung, sofern die Voraussetzungen nach Landesbauordnungsrecht hierfür vorliegen. Weiterhin → § 14 Rn. 16 sowie → § 144 Rn. 6. 16

6. Rechtsschutz. Die Entscheidung der Gemeinde über die Versagung der Genehmigung oder die Erteilung der Genehmigung unter Auflagen ist als **belastender Verwaltungsakt** mit **Widerspruch** und **Klage** nach VwGO anfechtbar: Verpflichtungsklage. Mit der baurechtlichen Nachbarklage kann nicht geltend gemacht werden, dass eine für ein Bauvorhaben erteilte Baugenehmigung nicht dem gemeindlichen Sanierungskonzept entspricht. Das **Übernahmeverlangen** nach Abs. 5 ist gem. Abs. 5 S. 4 im Rahmen eines Enteignungsverfahrens geltend zu machen. Für Rechtsstreitigkeiten sind die Baulandgerichte zuständig; § 217 Abs. 1 S. 2. 17

§ 146 Durchführung

(1) **Die Durchführung umfasst die Ordnungsmaßnahmen und die Baumaßnahmen innerhalb des förmlich festgelegten Sanierungsgebiets, die nach den Zielen und Zwecken der Sanierung erforderlich sind.**

(2) ¹Auf Grundstücken, die den in § 26 Nr. 2 bezeichneten Zwecken dienen, und auf den in § 26 Nr. 3 bezeichneten Grundstücken dürfen im Rahmen städtebaulicher Sanierungsmaßnahmen einzelne Ordnungs- und Baumaßnahmen nur mit Zustimmung des Bedarfsträgers durchgeführt werden. ²Der Bedarfsträger soll seine Zustimmung erteilen, wenn auch unter Berücksichtigung seiner Aufgaben ein überwiegendes öffentliches Interesse an der Durchführung der Sanierungsmaßnahmen besteht.

(3) ¹**Die Gemeinde kann die Durchführung der Ordnungsmaßnahmen und die Errichtung oder Änderung von Gemeinbedarfs- und Folgeeinrich-

tungen im Sinne des § 148 Abs. 2 Satz 1 Nr. 3 auf Grund eines Vertrags ganz oder teilweise dem Eigentümer überlassen. ²Ist die zügige und zweckmäßige Durchführung der vertraglich übernommenen Maßnahmen nach Satz 1 durch einzelne Eigentümer nicht gewährleistet, hat die Gemeinde insoweit für die Durchführung der Maßnahmen zu sorgen oder sie selbst zu übernehmen.

Übersicht

	Rn.
1. Allgemeines (Abs. 1)	1
2. Grundstücke besonderer Zweckbestimmung (Abs. 2)	3
3. Durchführung durch den Eigentümer (Abs. 3)	6
a) Vertrag (Abs. 3 S. 1)	6
b) Einschreiten der Gemeinde (Abs. 3 S. 2)	13

1 **1. Allgemeines (Abs. 1).** § 146 Abs. 1 enthält die Legaldefinition des sanierungsrechtlichen Begriffs der **Durchführung:** Die Durchführung umfasst die **Ordnungsmaßnahmen** (§ 147) und die **Baumaßnahmen** (§ 148), die entsprechend den Zielen und Zwecken der Sanierung erforderlich sind. Die Unterscheidung von Ordnungs- und Baumaßnahmen ist für die Zuständigkeiten bedeutsam: Die Durchführung der Ordnungsmaßnahmen obliegt der Gemeinde, die Durchführung der Baumaßnahmen ist Angelegenheit der Eigentümer. Die Unterscheidung zwischen Ordnungs- und Baumaßnahmen hat weiterhin Bedeutung im Hinblick auf die **Kostentragung:** Die Kosten der Ordnungsmaßnahmen sind von der Gemeinde, die Kosten der Baumaßnahmen sind von den Eigentümern bzw. Bauherrn zu tragen.

2 Nach Abs. 1 zählen Maßnahmen nur dann zur Durchführung der Sanierung, wenn sie innerhalb des förmlich festgelegten **Sanierungsgebiets** vorgenommen werden. Weitere Voraussetzung ist, dass sie nach den **Zielen und Zwecken** der Sanierung (vgl. § 140 Nr. 3) erforderlich sind. Sollen im Sanierungsgebiet bei Gelegenheit der Sanierung noch sonstige Maßnahmen durchgeführt werden, die diese Voraussetzungen nicht erfüllen, so rechnen sie nicht zu den Ordnungs- und Baumaßnahmen. Diese Einschränkung ist vor allem für die Finanzierung der Sanierung von Bedeutung. Vom Grundsatz, dass die Ordnungs- und Baumaßnahmen innerhalb des förmlich festgelegten Sanierungsgebiets stattfinden müssen, lassen § 147 S. 3 und § 148 Abs. 1 S. 2 Ausnahmen zu. Auch in **Ersatz- und Ergänzungsgebieten** nach § 142 Abs. 2 findet § 146 Anwendung.

3 **2. Grundstücke besonderer Zweckbestimmung (Abs. 2).** Nach **Abs. 2** dürfen im Rahmen städtebaulicher Sanierungsmaßnahmen einzelne Ordnungs- und Baumaßnahmen auf **Grundstücken besonderer Zweckbestimmung** nur mit Zustimmung des Bedarfsträgers durchgeführt werden. Nach **Abs. 2 S. 1 iVm. § 26 Nr. 2a** sind dies Grundstücke, die folgenden Zwecken dienen: Landesverteidigung, Bundesgrenzschutz, Zollverwaltung, Polizei und Zivilschutz. Das Gleiche gilt für Grundstücke, die im Eigentum von Kirchen und Religionsgesellschaften des öffentlichen Rechts stehen und für Zwecke des Gottesdienstes oder der Seelsorge verwendet werden; § 26 Nr. 2b. Nach **Abs. 2 S. 1 iVm. § 26 Nr. 3** besteht der Zustimmungsvorbehalt weiterhin für Grundstücke, auf denen sich Anlagen befinden, die den in § 38 genannten Vorschriften unterliegen; die Neufassung von § 26 Nr. 3 durch das BauROG 1998 ist insoweit missverständlich; eine Änderungsabsicht gegenüber der Fassung im BauGB 1987 ist aber nicht erkennbar.

4 Zur Einbeziehung der in Abs. 2 S. 1 bezeichneten Grundstücke besonderer Zweckbestimmung in das Sanierungsgebiet bedarf es **nicht der Zustimmung des Bedarfsträgers** (so aber § 165 Abs. 5 S. 3). Die Grundstücke sind auch nicht von der Geltung des Sanierungsrechts ausgenommen (vgl. demgegenüber § 26 Nr. 2 und 3,

2. Abschnitt. Vorbereitung und Durchführung **§ 146**

§§ 174 und 175 Abs. 4). Der Zustimmungsvorbehalt der Bedarfsträger bezieht sich ausschließlich auf die Durchführung von Maßnahmen iS der §§ 146 bis 148. Dies kann insbesondere Fälle der Duldung von Ordnungsmaßnahmen betreffen.
Nach **Abs. 2 S. 2** darf der Bedarfsträger seine Zustimmung nur ausnahmsweise versagen. Er hat eine Abwägung zwischen den ihm obliegenden Aufgaben und dem öffentlichen Interesse an der Durchführung der Sanierung vorzunehmen. Überwiegt das öffentliche Interesse an der Durchführung der Sanierung, soll er die Zustimmung erteilen. Vgl. auch die sinngemäße Regelung für die Fälle der Erhaltungssatzung (§ 174 Abs. 2) und der städtebaulichen Gebote (§ 175 Abs. 4 S. 2). Eine Regelung für den Fall des Meinungswiderstreites zwischen Gemeinde und Bedarfsträger fehlt. Ggf. steht der Gemeinde neben den Möglichkeiten der Dienstaufsichtsbeschwerde der Verwaltungsrechtsweg (Leistungsklage auf Erteilung der Zustimmung) zu. 5

3. Durchführung durch den Eigentümer (Abs. 3). a) Vertrag (Abs. 3 S. 1). 6
Die **Durchführung der Ordnungsmaßnahmen obliegt der Gemeinde.** Soweit die Ordnungsmaßnahmen auf gemeindeeigenen Grundstücken durchgeführt werden, bedarf es erforderlichenfalls der vertraglichen Regelung mit dem Eigentümer. Der Vertrag kann die Duldung der Durchführung vorsehen oder – dies regelt **Abs. 3 S. 1** – die **Durchführung durch den Eigentümer.** Ist eine vertraglich-einvernehmliche Regelung nicht möglich, so muss die Durchführung der erforderlichen Ordnungsmaßnahmen auf den Privatgrundstücken erforderlichenfalls hoheitlich durchgesetzt werden (zB Enteignung, Vorkaufsrecht, städtebauliche Gebote). Abs. 3 S. 1 über die Durchführung durch den Eigentümer auf Grund Vertrags ist § 11 vergleichbar, da die Erschließung durch Vertrag auf einen Dritten übertragen werden kann; zum **städtebaulichen Vertrag** → § 11 Rn. 18 ff. Der Sanierungsvertrag nach Abs. 3 S. 1 ist ein öffentlich-rechtlicher Vertrag; vgl. § 54 VwVfG. Im Hinblick auf die eingehenden Regelungen des VwVfG enthält das BauGB hierüber keine näheren Bestimmungen. Bei Streitigkeiten ist nach § 40 Abs. 1 S. 1 VwGO der Verwaltungsrechtsweg gegeben (OVG Koblenz Beschl. v. 10.6.2013 – 8 B 10483/13, BauR 2013, 1844 (1845)). Der Sanierungsvertrag nach Abs. 3 S. 1 bedarf als öffentlichrechtlicher Vertrag nach § 57 VwVfG der **Schriftform.** Sofern ein solcher Vertrag im Einzelfall die Verpflichtung des Eigentümers einschließt, Grundstücke an die Gemeinde zu übereignen (zB öffentliche Verkehrs- oder Gemeindebedarfsflächen), bedarf er nach § 311b Abs. 1 BGB der **notariellen Beurkundung.**

Abs. 3 S. 1 ermächtigt nicht zur **Übertragung hoheitlicher Befugnisse** der Gemeinde auf den Eigentümer. Der Eigentümer hat auf Grund des Vertragsverhältnisses mit der Gemeinde insbesondere nicht die Stellung eines beliebigen Unternehmers. Die Überlassung der Durchführung von Ordnungsmaßnahmen lässt die sonstigen hoheitlichen Befugnisse der Gemeinde unberührt. Der Vertrag ersetzt auch nicht die erforderlichen Genehmigungen nach § 144. 7

Die Entscheidung, ob die Gemeinde nach Abs. 3 S. 1 verfahren will, steht grundsätzlich in ihrem **Ermessen.** Abs. 3 S. 1 begründet **keinen Rechtsanspruch** des Eigentümers gegenüber der Gemeinde. Soweit jedoch ein Eigentümer der Gemeinde die Übernahme der Durchführung anbietet, darf die Gemeinde dies nur aus sachgerechten Gründen ablehnen, insbesondere dann, wenn höhere Kosten oder eine unsachgemäße oder unzeitige Ausführung nicht auszuschließen sind. Jedoch kann allgemein davon ausgegangen werden, dass die Durchführung durch den Eigentümer weniger belastet als die Durchführung seitens der Gemeinde. Lehnt die Gemeinde das Angebot des Eigentümers auf Übernahme der Ordnungsmaßnahme ab, so kann der Eigentümer diese Entscheidung als Verwaltungsakt anfechten und auf Ermessensfehler überprüfen lassen; zu Streitigkeiten über den Vertrag nach Abs. 3 S. 1 → Rn. 6. 8

Zur **Durchführung einzelner Ordnungsmaßnahmen** durch Eigentümer kommt insbesondere die sanierungsbedingte Beseitigung baulicher Anlagen auf dem Grundstück des Eigentümers in Betracht und – wie schon auf Grund des § 11 – die 9

Erschließung. Auch die „freiwillige Umlegung" kann hierbei in Betracht kommen (vgl. § 11 Abs. 1 S. 2 Nr. 1).

10 Die Überlassung von Ordnungsmaßnahmen hat auch für den **Umzug von Bewohnern und Betrieben** Bedeutung; vgl. § 147 S. 1 Nr. 2. Der Umzug von Betrieben setzt Kenntnisse über besondere betriebstechnische Zusammenhänge voraus, die in der Regel eher beim Betriebsinhaber als bei der Gemeinde vermutet werden können.

11 In **Abs. 3 S. 1** wird klargestellt, dass Gegenstand des Sanierungsvertrags auch die Überlassung der Errichtung oder Änderung von **Gemeinbedarfs- und Folgeeinrichtungen** iS des § 148 Abs. 2 S. 1 Nr. 3 sein kann. Der Sanierungsvertrag kann ausschließlich die Errichtung oder Änderung von Gemeinbedarfs- oder Folgeeinrichtungen zum Gegenstand haben; vgl. zum Begriff weiterhin § 148 Abs. 2 S. 1 Nr. 3.

12 Erfüllt der Eigentümer seine vertragliche Verpflichtung zur Durchführung der Ordnungsmaßnahme nicht, so muss die Gemeinde die Durchführung der Maßnahme nach **Abs. 3 S. 2** (→ Rn. 13) selbst übernehmen.

13 **b) Einschreiten der Gemeinde (Abs. 3 S. 2).** Ist die zügige und zweckmäßige Durchführung der vertraglich übernommenen Ordnungsmaßnahmen durch einzelne Eigentümer nicht (mehr) gewährleistet, so hat die Gemeinde in dem erforderlichen Umfang **für die Durchführung der Maßnahmen zu sorgen oder sie selbst zu übernehmen; Abs. 3 S. 2.** Die Pflicht der Gemeinde zum Einschreiten entsteht danach mit der Feststellung, dass die zügige und zweckmäßige Durchführung der Maßnahmen durch einzelne Eigentümer nicht gewährleistet ist. Eine Maßnahme wird **zügig** durchgeführt, wenn sie nach Beendigung erforderlicher Klärungen (zB Planungssicherheit) begonnen und ohne technisch unbegründete Verzögerung zu Ende geführt wird. Die besondere Erwähnung der „Zügigkeit" trägt dem in § 136 Abs. 1 enthaltenen Grundsatz der zügigen Durchführung der Sanierungsmaßnahme Rechnung. Eine Maßnahme wird **zweckmäßig** durchgeführt, wenn sie wirtschaftlich durchgeführt wird und zu erkennen ist, dass die Anlage dem Sanierungszweck entspricht. Die Durchführung der Maßnahme ist **gewährleistet**, wenn der Eigentümer die Absicht der Durchführung glaubhaft bekundet hat und wirtschaftlich in der Lage ist, sie zu finanzieren.

14 Liegen die Voraussetzungen gem. Abs. 3 S. 2 vor, wird die Gemeinde von einem im Vertrag vorzusehenden **Kündigungsrecht** Gebrauch machen und die Maßnahme selbst durchführen (zB die Beseitigung eines Gebäudes oder einer sonstigen baulichen Anlage, ggf. mit Anordnung eines Rückbaugebots nach § 179).

§ 147 Ordnungsmaßnahmen

¹Die Durchführung der Ordnungsmaßnahmen ist Aufgabe der Gemeinde; hierzu gehören
1. die Bodenordnung einschließlich des Erwerbs von Grundstücken,
2. der Umzug von Bewohnern und Betrieben,
3. die Freilegung von Grundstücken,
4. die Herstellung und Änderung von Erschließungsanlagen sowie
5. sonstige Maßnahmen, die notwendig sind, damit die Baumaßnahmen durchgeführt werden können.

²Als Ordnungsmaßnahme gilt auch die Bereitstellung von Flächen und die Durchführung von Maßnahmen zum Ausgleich im Sinne des § 1a Abs. 3, soweit sie gemäß § 9 Abs. 1a an anderer Stelle den Grundstücken, auf denen Eingriffe in Natur und Landschaft zu erwarten sind, ganz oder teilweise zugeordnet sind. ³Durch die Sanierung bedingte Erschließungsanlagen einschließlich Ersatzanlagen können außerhalb des förmlich festgelegten Sanierungsgebiets liegen.

2. Abschnitt. Vorbereitung und Durchführung §147

Übersicht

Rn.
1. Begriff der Ordnungsmaßnahmen 1
 a) Allgemeines .. 1
 b) Bodenordnung (S. 1 Nr. 1) 2
 c) Umzug von Bewohnern und Betrieben (S. 1 Nr. 2) 3
 d) Freilegung von Grundstücken (S. 1 Nr. 3) 4
 e) Herstellung und Änderung von Erschließungsanlagen (S. 1 Nr. 4) 6
 f) Sonstige Ordnungsmaßnahmen (S. 1 Nr. 5) 7
2. Ausgleichsmaßnahmen iS der §§ 1a Abs. 3, 9a Abs. 1a (S. 2) 8
3. Erschließungsanlagen außerhalb des Sanierungsgebiets (S. 3) 9
4. Städtebauförderung 10

1. Begriff der Ordnungsmaßnahmen. a) Allgemeines. § 147 enthält eine 1 Aufzählung derjenigen Durchführungsmaßnahmen, die zu den **Ordnungsmaßnahmen** gehören. Die Aufzählung ist **abschließend**. Sie enthält jedoch neben der Aufzählung der wichtigsten Ordnungsmaßnahmen – Bodenordnung, Umzug von Bewohner und Betriebe, Freilegung von Grundstücken, Erschließung, naturschutzrechtliche Ausgleichsmaßnahmen iS der §§ 1a Abs. 3, 9a Abs. 1a (seit BauROG 1998) – eine Generalklausel („sonstige Maßnahmen, die notwendig sind, damit die Baumaßnahmen durchgeführt werden können"). Der Begriff der Ordnungsmaßnahmen war in der **Ordnungsmaßnahmenverordnung** – Verordnung über die Kosten der Ordnungsmaßnahmen nach § 41 Abs. 2 StBauFG vom 20.1.1976 (BGBl. I S. 174; geändert durch VO vom 27.11.1978, BGBl. I S. 1833) – näher konkretisiert. Die VO ist mit Inkrafttreten des BauGB 1987 aufgehoben worden (Art. 2 Nr. 25 des Gesetzes über das BauGB). Die Durchführung der Ordnungsmaßnahmen **obliegt der Gemeinde** (S. 1 Hs. 1); die Überlassung an Eigentümer ist gem. § 146 Abs. 3 zulässig.

b) Bodenordnung (S. 1 Nr. 1). Nach den Bestimmungen des Vierten Teils des 2 Ersten Kapitels umfasst die Bodenordnung die Umlegung (§§ 45 ff.). **S. 1 Nr. 1** liegt demgegenüber ein **umfassender Begriff der Bodenordnung** zugrunde. Danach gehören zur Bodenordnung alle zur rechtlichen oder tatsächlichen Neuordnung der Grundstücke entsprechend den Sanierungszielen erforderlichen Maßnahmen. Zur Bodenordnung gehören weiterhin solche Maßnahmen, die von der Gemeinde mit gleichartiger Zielsetzung anstelle gesetzlicher Maßnahmen auf Grund vertraglicher Regelungen ergriffen werden; vgl. § 11. Zur Bodenordnung i S des § 147 S. 1 Nr. 1 rechnet daher neben der Umlegung auch die Ausübung des gemeindlichen Vorkaufsrechts (§ 24 Abs. 1 S. 1 Nr. 3), die Enteignung (§§ 85 bis 122), die Bodenordnung auf Grund vertraglicher Vereinbarung („freiwillige Umlegung", vgl. auch § 11 Abs. 1 S. 2 Nr. 1) sowie jeder **Grunderwerb**, der der Neuordnung der Grundflächen im Sanierungsgebiet dient.

c) Umzug von Bewohnern und Betrieben (S. 1 Nr. 2). Zum **Umzug von** 3 **Bewohnern und Betrieben (S. 1 Nr. 2)** gehören alle Maßnahmen, die erforderlich sind, um die Bewohner und Betriebe aus den bisher von ihnen innegehabten Räumen heraus- und sie in die für sie bereitgestellten Räume umzusetzen. Dazu rechnen auch die Beendigung, Aufhebung und ggf. Verlängerung von Miet- und Pachtverhältnissen (§§ 182 bis 186) und die Beschaffung von Ersatzwohnungen. Dagegen ist die Errichtung von Ersatzwohnungen und Ersatzbetriebsräumen ein Teil der Baumaßnahmen; vgl. § 148 Abs. 2 Nr. 2 und 4. Der Begriff des „Umzugs" schließt die Unterbringung von Bewohnern oder Betrieben in Zwischenunterkünften ein.

d) Freilegung von Grundstücken (S. 1 Nr. 3). Zur **Freilegung von Grund-** 4 **stücken (S. 1 Nr. 3)** rechnet die **Beseitigung baulicher Anlagen**. Voraussetzung

§ 147

ist, dass der Rückbau sanierungsbedingt ist. Die Beseitigung baulicher Anlagen kann nach Erwerb oder Enteignung durch die Gemeinde erfolgen. Unter den Voraussetzungen des § 179 kann die Gemeinde den Eigentümer durch ein **Rückbaugebot** dazu verpflichten, die Beseitigung einer baulichen Anlage zu dulden. Zum Rückbau im Rahmen des **Stadtumbaus** vgl. § 171a sowie § 179. Wird eine **Umlegung** durchgeführt, so ergibt sich aus § 59 Abs. 8 Folgendes: Die Gebäude oder sonstigen baulichen Anlagen, die dem Bebauungsplan widersprechen oder der Verwirklichung der im Umlegungsplan in Aussicht genommenen Neugestaltung entgegenstehen, sind im Umlegungsplan zu bezeichnen; § 59 Abs. 8 S. 1. Führt die Gemeinde die Beseitigung zum Vollzug des Umlegungsplans durch, so haben die Eigentümer und sonstigen Nutzungsberechtigten die Beseitigung der im Umlegungsplan bezeichneten Gebäude und sonstigen Anlagen zu dulden; § 59 Abs. 8 S. 2.

5 **Freilegung** umfasst nicht nur die Beseitigung baulicher Anlagen, sondern alle Maßnahmen, die nach den Zielen und Zwecken der Sanierung (dh nicht nur „bei Gelegenheit" der Sanierung) eine Freilegung des Grundstücks erforderlich machen (zB sanierungsbedingte Nutzungsänderung). Hierzu gehört auch die (sanierungsbedingte) Freilegung von Grundstücken **aus Gründen des Umweltschutzes,** zB um Grünflächen und Biotope anzulegen, verdichtete Bauplätze zu entkernen oder Frischluftschneisen zu schaffen. Vgl. weiterhin § 179 (Entsiegelungsgebot).

6 **e) Herstellung und Änderung von Erschließungsanlagen (S. 1 Nr. 4).** Die **Herstellung und Änderung von Erschließungsmaßnahmen (S. 1 Nr. 4)** zählt zu den zentralen Aufgaben der Gemeinde in der Sanierung. Im Einzelnen rechnet hierzu die **sanierungsbedingte Erschließung,** dh die Herstellung neuer oder die Änderung vorhandener Erschließungsanlagen, soweit die Erschließungsanlagen erforderlich sind, um das Sanierungsziel zu erreichen. Zur sanierungsbedingten Erschließung rechnen daher sowohl die nach § 127 Abs. 2 bundesrechtlich geregelten Erschließungsanlagen als auch die nach den kommunalen Abgabengesetzen zu beurteilenden Anlagen iS des § 127 Abs. 4. Zu den Erschließungsanlagen gehören danach insbesondere die örtlichen öffentlichen Straßen, Wege, Plätze und Grünanlagen, öffentlichen Spielplätze, öffentlichen Parkflächen (Parkplätze), Anlagen zum Zwecke der Beleuchtung, zur Versorgung mit Elektrizität, Gas, Wasser oder Wärme, zur Ableitung, Behandlung und Beseitigung von Abwässern, zur Beseitigung fester Abfallstoffe sowie Anlagen und Vorkehrungen gegen Naturgewalten und schädliche Umwelteinwirkungen. Die Erschließung umfasst jedoch nur **öffentliche Erschließungsanlagen** und nicht private Anlagen. Zur Erschließung als Ordnungsmaßnahme gehört auch die Herstellung neuer oder die Änderung vorhandener Erschließungsanlagen, die **außerhalb des Sanierungsgebiets** liegen, soweit die Erschließungsmaßnahmen zur Erreichung des Sanierungsziels erforderlich sind; vgl. S. 3.

7 **f) Sonstige Ordnungsmaßnahmen (S. 1 Nr. 5). S. 1 Nr. 5** enthält mit der Aufzählung **sonstiger Maßnahmen,** „die notwendig sind, damit die Baumaßnahmen durchgeführt werden können", einen **Auffangtatbestand.** Auch in den Nrn. 1 bis 4 nicht aufgeführte Maßnahmen können einen Beitrag zur Erreichung der Sanierungsziele leisten. Nr. 5 ist dafür „offen". Mit dem Inkrafttreten der Klimaschutznovelle (BGBl. I S. 1509) wird die Bedeutung von Maßnahmen des Klimaschutzes sowie zur Anpassung an die Folgen des Klimawandels als städtebauliche Aufgabenstellung hervorgehoben (vgl. *Battis/Krautzberger/Mitschang/Reidt/Stüer* NVwZ 2011, 897 ff.; „städtebauliche Dimension" des Klimaschutzes). Hiervon sind insbesondere Maßnahmen der **energetischen Sanierung** erfasst, durch die eine Verbesserung der Energieeffizienz erreicht werden soll (zB in Altbaubereichen). Zwar obliegen Maßnahmen, die die Errichtung und Erweiterung von Anlagen und Einrichtungen zur dezentralen und zentralen Erzeugung, Verteilung, Nutzung oder Speicherung von Strom, Wärme oder Kälte aus erneuerbaren Energien oder Kraft-

Wärme-Kopplung betreffen als Baumaßnahmen den Privaten (→ § 148 Rn. 8a). Doch fällt die Schaffung der Voraussetzungen (Planungs- und Koordinierungsleistungen) zur Durchführung der privaten und öffentlichen Baumaßnahmen in den Aufgabenbereich der Gemeinden (vgl. die Neuformulierung in § 11 Abs. 1 S. 2 Nr. 4 und 5 sowie die Bezugnahme auf § 5 Abs. 2 Nr. 2b und c und § 9 Abs. 1 Nr. 12), so dass diese Maßnahmen, die – etwa wegen nicht ausreichender oder gänzlich fehlender Verfügungsmöglichkeiten (zB die grundstücksübergreifende und gebietsbezogene Infrastruktur) der Privaten – sich als Ordnungsmaßnahmen darstellen, ohne im Einzelnen in § 147 S. 1 angeführt zu sein. Sie sind materiell für die Durchführung der Baumaßnahmen iSv § 148 aber erforderlich und von Nr. 5 aufgrund des offenen Charakters mitumfasst (*Krautzberger* DVBl. 2012, 69 (70)). Die Gemeinde kann diese nach § 146 Abs. 3 S. 1 vertraglich auch den Eigentümern überlassen.

2. Ausgleichsmaßnahmen iS der §§ 1a Abs. 3, 9a Abs. 1a (S. 2). Nach S. 2 **8** gilt als Ordnungsmaßnahme auch die Bereitstellung von Flächen und die Durchführung von Maßnahmen zum Ausgleich iS des **§ 1a Abs. 3**. Voraussetzung ist, dass die Ausgleichsmaßnahmen gem. § 9 Abs. 1a an anderer Stelle festgesetzt und den Grundstücken, auf denen die Beeinträchtigungen zu erwarten sind, ganz oder teilweise zugeordnet werden. In diesen Fällen sind die Maßnahmen zum Ausgleich von der Gemeinde durchzuführen; § 135a Abs. 2 S. 1. Nach § 147 S. 2 sind solche Maßnahmen Ordnungsmaßnahmen. Was die Erhebung des Kostenerstattungsbetrags nach § 135a Abs. 3 betrifft, vgl. die sanierungsrechtliche Sondervorschrift in § 154 Abs. 1 S. 3. Zu Ausgleichsmaßnahmen, die auf den Eingriffsgrundstücken durchgeführt werden, vgl. § 148 Abs. 2 S. 2.

3. Erschließungsanlagen außerhalb des Sanierungsgebiets (S. 3). Sanie- **9** rungsbedingte Erschließungsanlagen (einschließlich Ersatzanlagen) können **außerhalb des förmlich festgelegten Sanierungsgebiets liegen (S. 3)** (sog. „äußere Erschließung"; zur Berücksichtigung bei der Bemessung des Ausgleichsbetrags, vgl. Hmb. OVG Urt. v. 2.12.2012 – 4 Bf 75/09, ZfBR 2012, 689 (690 ff.)). Eine entsprechende Regelung für Baumaßnahmen enthält § 148 Abs. 1 S. 2. Die besonderen bodenrechtlichen Vorschriften des Gesetzes – etwa die Veränderungs- und Verfügungssperre – kommen bei Durchführung dieser Maßnahmen nicht zur Anwendung, da es sich um Maßnahmen außerhalb der förmlich festgelegten Sanierungsgebiete handelt. Die Gemeinde kann erforderlichenfalls von den sonstigen Befugnissen nach dem BauGB Gebrauch machen (zB nach §§ 175 ff.). Lediglich in den förmlich festgelegten Ersatz- und Ergänzungsgebieten kommen die Vorschriften über das förmlich festgelegte Sanierungsgebiet zur Anwendung; vgl. § 142 Abs. 2 S. 2.

4. Städtebauförderung. Zur **Förderung** von Ordnungsmaßnahmen vgl. **10** § 164a Abs. 2 Nr. 2.

§ 148 Baumaßnahmen

(1) ¹**Die Durchführung von Baumaßnahmen bleibt den Eigentümern überlassen, soweit die zügige und zweckmäßige Durchführung durch sie gewährleistet ist; der Gemeinde obliegt jedoch**
1. **für die Errichtung und Änderung der Gemeinbedarfs- und Folgeeinrichtungen zu sorgen und**
2. **die Durchführung sonstiger Baumaßnahmen, soweit sie selbst Eigentümerin ist oder nicht gewährleistet ist, dass diese vom einzelnen Eigentümer zügig und zweckmäßig durchgeführt werden.**

²**Ersatzbauten, Ersatzanlagen und durch die Sanierung bedingte Gemeinbedarfs- und Folgeeinrichtungen können außerhalb des förmlich festgelegten Sanierungsgebiets liegen.**

§ 148

(2) ¹Zu den Baumaßnahmen gehören
1. die Modernisierung und Instandsetzung,
2. die Neubebauung und die Ersatzbauten,
3. die Errichtung und Änderung von Gemeinbedarfs- und Folgeeinrichtungen,
4. die Verlagerung oder Änderung von Betrieben sowie
5. die Errichtung und Erweiterung von Anlagen und Einrichtungen zur dezentralen und zentralen Erzeugung, Verteilung, Nutzung oder Speicherung von Strom, Wärme oder Kälte aus erneuerbaren Energien oder Kraft-Wärme-Kopplung.

²Als Baumaßnahmen gelten auch Maßnahmen zum Ausgleich im Sinne des § 1a Abs. 3, soweit sie auf den Grundstücken durchgeführt werden, auf denen Eingriffe in Natur und Landschaft zu erwarten sind.

Übersicht

	Rn.
1. Verantwortung für die Durchführung (Abs. 1)	1
2. Begriff der Baumaßnahmen (Abs. 2)	3
a) Allgemeines	3
b) Modernisierung und Instandsetzung (Abs. 2 S. 1 Nr. 1)	4
c) Neubebauung und Ersatzbauten (Abs. 2 S. 1 Nr. 2)	5
d) Errichtung und Änderung von Gemeinbedarfs- und Folgeeinrichtungen (Abs. 2 S. 1 Nr. 3)	7
e) Verlagerung oder Änderung von Betrieben (Abs. 2 S. 1 Nr. 4)	8
f) Errichtung und Erweiterung von Anlagen und Einrichtungen zur Erzeugung, Verteilung, Nutzung und Speicherung von Strom, Wärme oder Kälte (Abs. 2 S. 1 Nr. 5)	8a
3. Ausgleichsmaßnahmen iS des § 1a Abs. 3 (Abs. 2 S. 2)	9
4. Städtebauförderung	10

1 **1. Verantwortung für die Durchführung (Abs. 1).** Die **Durchführung der Baumaßnahmen** bleibt gem. **Abs. 1** den **Eigentümern** überlassen. Das Sanierungsrecht ist von der Vorstellung geprägt, dass die Verantwortung der Gemeinde primär in der Schaffung der Voraussetzungen für die Durchführung der Baumaßnahmen durch die Eigentümer liegt, also den Ordnungsmaßnahmen. Zur Sicherung einer zügigen Durchführung der im öffentlichen Interesse liegenden Sanierung trägt das Gesetz zugleich dem Grundsatz der **Gesamtverantwortung der Gemeinde** für die Durchführung der Sanierung Rechnung. Dies kommt durch die **subsidiäre Verpflichtung der Gemeinde** zur Übernahme auch von Baumaßnahmen zum Ausdruck. Hieraus ergeben sich für die Gemeinden folgende Aufgaben: Den Gemeinden obliegen die Bauaufgaben für die Errichtung und Änderung der Gemeinbedarfs- und Folgeeinrichtungen **(Abs. 1 S. 1 Nr. 2)**. Die Gemeinde kann die Aufgabe gem. § 146 Abs. 3 S. 1 auf Grund eines Vertrags dem Eigentümer ganz oder teilweise überlassen. Bei sonstigen Baumaßnahmen **(Abs. 1 S. 1 Nr. 2)** obliegen der Gemeinde jene Aufgaben, die sie als Eigentümerin durchzuführen hat oder aber – subsidiär – Bauaufgaben, die von einzelnen Eigentümern nicht zügig und zweckmäßig durchgeführt werden; vgl. zu Abs. 1 S. 1 Nr. 2 → die Erl. zur entsprechenden Regelung in § 146 Abs. 3 S. 2.

2 **Abs. 1 S. 2** regelt den Fall, dass Maßnahmen **außerhalb des Sanierungsgebiets** durchgeführt werden (zur Berücksichtigung bei der Bemessung des Ausgleichsbetrags, vgl. die Erwägungen des Hmb. OVG Urt. v. 2.12.2012 – 4 Bf 75/09 –, ZfBR 2012, 689 (690ff.)). Diese Regelung hat – von der finanzierungsrechtlichen Bedeutung abgesehen (§ 164a Abs. 2 Nr. 3) – für die Kostentragung, für die Aufgabenbe-

2. Abschnitt. Vorbereitung und Durchführung § 148

reiche von Sanierungsträgern, für abgabenrechtliche Befreiungen (§ 151) und für die Tatbestände der steuerrechtlichen Vergünstigungen Bedeutung; vgl. die entsprechende Regelung für die Ordnungsmaßnahmen in § 147 S. 3.

2. Begriff der Baumaßnahmen (Abs. 2). a) Allgemeines. Abs. 2 enthält eine 3 nicht abschließende **Aufzählung der Baumaßnahmen.** Zu den Baumaßnahmen iS des Abs. 2 gehören alle baulichen Maßnahmen, die der Verwirklichung des Sanierungsziels dienen. Das Gesetz hebt folgende wichtigste Baumaßnahmen hervor:

b) Modernisierung und Instandsetzung (Abs. 2 S. 1 Nr. 1). Die **Moderni-** 4 **sierung** von Gebäuden dient der Beseitigung von Missständen durch bauliche Maßnahmen; **Instandsetzung** ist die Behebung von baulichen Mängeln. Zu den Begriffen vgl. § 177. Zur Beseitigung von Missständen oder Mängeln einer baulichen Anlage kann die Gemeinde nach § 177 ein Modernisierungs- oder Instandsetzungsgebot erlassen.

c) Neubebauung und Ersatzbauten (Abs. 2 S. 1 Nr. 2). Zur **Neubebauung** 5 gehört die Errichtung privat und öffentlich genutzter baulicher Anlagen. Auch die Grundstücksentwässerung, sonstige kommunale Einrichtungen und der Bau von Straßen, die nicht Erschließungsanlagen iS des § 147 S. 1 Nr. 4 sind, gehören zur Neubebauung. Ordnungsmaßnahmen sind dagegen solche Maßnahmen, die notwendig sind, damit die Baumaßnahmen durchgeführt werden können, also zB die Beseitigung baulicher Anlagen, die Bodenordnung oder die Erschließung.

Die Errichtung von **Ersatzbauten** kommt in Frage, wenn anstelle der beseitigten 6 Bauten und Anlagen nicht mehr gleichartige Bauten oder Anlagen erstellt werden, jedoch zur Unterbringung der Bewohner und Betriebe Ersatzräume notwendig sind. Ersatzbauten und Ersatzanlagen können nach Abs. 1 S. 2 auch außerhalb des Sanierungsgebiets errichtet werden; → Rn. 2.

d) Errichtung und Änderung von Gemeinbedarfs- und Folgeeinrichtun- 7 **gen (Abs. 2 S. 1 Nr. 3).** Unter **Gemeinbedarfseinrichtungen** sind entsprechend § 5 Abs. 2 S. 1 Nr. 2 Einrichtungen zu verstehen, die der Ausstattung des Sanierungsgebiets mit den der Allgemeinheit dienenden baulichen Anlagen und Einrichtungen dienen, insbesondere kirchlichen, sozialen, gesundheitlichen und kulturellen Zwecken dienende Gebäude und Einrichtungen. Unbeschadet der Trägerschaft werden sie als eine dem bloßen privatwirtschaftlichen Gewinnstreben entzogene öffentliche Aufgabe wahrgenommen (BVerwG NVwZ 1994, 1004). Dass solche Einrichtungen im Sanierungsgebiet bisher fehlen, kann sogar ein Grund für die Sanierungsbedürftigkeit des Gebiets sein (vgl. § 136 Abs. 3 Nr. 2c). Durch die Sanierung bedingte **Folgeeinrichtungen** können sonstige Bauten und Anlagen sein, die nicht vom Begriff Gemeinbedarf erfasst werden, aber geschaffen werden müssen, damit der Sanierungszweck verwirklicht wird. **Gemeinbedarfs- und Folgeeinrichtungen** sind zB Kindergärten, Altenpflegeheime, Krankenhäuser, Bürgerhäuser, Sporthallen, Schwimmbäder, Parkanlagen (soweit sie nicht zur Erschließung rechnen), Feuerwehranlagen, Kirchen, Schulen, Theater- und Konzertgebäude, Museen, Bibliotheken, Stadthallen, öffentliche Verwaltungsgebäude. Zur Aufgabenträgerschaft vgl. Abs. 1 S. 1 Nr. 2 (→ Rn. 1).

e) Verlagerung oder Änderung von Betrieben (Abs. 2 S. 1 Nr. 4). Zu den 8 Baumaßnahmen gehören weiterhin die Verlagerung oder Änderung von Betrieben. Die Aufgaben, die sich aus dem **sanierungsbedingten Umzug** von Betrieben ergeben, obliegen als Ordnungsmaßnahme der Gemeinde; § 147 S. 1 Nr. 2. Die hierzu erforderlichen baulichen Maßnahmen obliegen dagegen nach Abs. 2 Nr. 4 dem Eigentümer.

f) Errichtung und Erweiterung von Anlagen und Einrichtungen zur Er- 8a **zeugung, Verteilung, Nutzung und Speicherung von Strom, Wärme oder**

Kälte (Abs. 2 S. 1 Nr. 5). Mit dem Inkrafttreten der Klimaschutznovelle am 30.7.2011 wird Nr. 5 eingefügt und damit der beispielhafte Katalog von Baumaßnahmen in § 148 Abs. 2 erweitert. Nunmehr ausdrücklich als Baumaßnahmen aufgeführt werden „die Errichtung und Erweiterung von Anlagen und Einrichtungen zur dezentralen und zentralen Erzeugung, Verteilung, Nutzung oder Speicherung von Strom, Wärme oder Kälte aus erneuerbaren Energien oder Kraft-Wärme-Kopplung". Zweck dieser Regelung ist es, **klimaschutzbezogenen Anforderungen auch im baulichen Bestand** wirksam begegnen zu können. Die Errichtung und Erweiterung von derlei Anlagen und Einrichtungen können vor allen Dingen dann zum Einsatz gebracht werden, wenn klimaschutzbezogene und energetische Defizite (zB energetische Beschaffenheit und Gesamtenergieeffizienz der vorhandenen Bebauung und der Versorgungseinrichtungen) in Sanierungsgebieten angegangen werden sollen. Dies kann aber auch Maßnahmen der kommunalen Infrastruktur erfordern, die dann den Ordnungsmaßnahmen iSv § 147 zuzurechnen sind, wenngleich diese Bestimmung von der Klimaschutznovelle 2011 unberührt bleibt. § 147 S. 1 Nr. 5 ist dafür allerdings offen (vgl. *Krautzberger* DVBl. 2012, 69 (71); § 147 Rn. 7).

9 **3. Ausgleichsmaßnahmen iS des § 1a Abs. 3 (Abs. 2 S. 2).** Nach **Abs. 2 S. 2** gelten Maßnahmen zum Ausgleich iS des § 1a Abs. 3 als Baumaßnahmen, soweit sie auf den Grundstücken durchgeführt werden, auf denen Eingriffe in Natur und Landschaft zu erwarten sind. Soweit Maßnahmen zum Ausgleich gem. § 9 Abs. 1a an anderer Stelle festgesetzt und den Grundstücken, auf denen Beeinträchtigungen zu erwarten sind, ganz oder teilweise zugeordnet werden (vgl. § 135a Abs. 2 S. 1 über die Durchführung durch die Gemeinde), gelten diese nach § 147 S. 2 als Ordnungsmaßnahmen. Soweit es sich demgegenüber um Maßnahmen zum Ausgleich handelt, die auf den selben Grundstücken (zB Pflanzungen) durchgeführt werden, auf denen Beeinträchtigungen der Leistungsfähigkeit des Naturhaushalts oder des Landschaftsbilds zu erwarten sind, gelten diese als Baumaßnahmen.

10 **4. Städtebauförderung.** Zur Förderung von Baumaßnahmen im Rahmen der **Städtebauförderung** vgl. § 164a Abs. 2 Nr. 3 und Abs. 3.

§ 149 Kosten- und Finanzierungsübersicht

(1) ¹Die Gemeinde hat nach dem Stand der Planung eine Kosten- und Finanzierungsübersicht aufzustellen. ²Die Kosten- und Finanzierungsvorstellungen anderer Träger öffentlicher Belange, deren Aufgabenbereich durch die Sanierung berührt wird, abzustimmen und der höheren Verwaltungsbehörde vorzulegen.

(2) ¹In der Kostenübersicht hat die Gemeinde die Kosten der Gesamtmaßnahme darzustellen, die ihr voraussichtlich entstehen. ²Die Kosten anderer Träger öffentlicher Belange für Maßnahmen im Zusammenhang mit der Sanierung sollen nachrichtlich angegeben werden.

(3) ¹In der Finanzierungsübersicht hat die Gemeinde ihre Vorstellungen über die Deckung der Kosten der Gesamtmaßnahme darzulegen. ² Finanzierungs- und Förderungsmittel auf anderer gesetzlicher Grundlage sowie die Finanzierungsvorstellungen anderer Träger öffentlicher Belange sollen nachrichtlich angegeben werden.

(4) ¹Die Kosten- und Finanzierungsübersicht kann mit Zustimmung der nach Landesrecht zuständigen Behörde auf den Zeitraum der mehrjährigen Finanzplanung der Gemeinde beschränkt werden. ²Das Erfordernis, die städtebauliche Sanierungsmaßnahme innerhalb eines absehbaren Zeitraums durchzuführen, bleibt unberührt.

2. Abschnitt. Vorbereitung und Durchführung §149

(5) **Die Gemeinde und die höhere Verwaltungsbehörde können von anderen Trägern öffentlicher Belange Auskunft über deren eigene Absichten im förmlich festgelegten Sanierungsgebiet und ihre Kosten- und Finanzierungsvorstellungen verlangen.**

(6) ¹**Die höhere Verwaltungsbehörde kann von der Gemeinde Ergänzungen oder Änderungen der Kosten- und Finanzierungsübersicht verlangen.** ²**Sie hat für ein wirtschaftlich sinnvolles Zusammenwirken der Gemeinde und der anderen Träger öffentlicher Belange bei der Durchführung ihrer Maßnahmen zu sorgen und die Gemeinde bei der Beschaffung von Förderungsmitteln aus öffentlichen Haushalten zu unterstützen.**

Übersicht

	Rn.
1. Allgemeines	1
2. Zeitpunkt für die Aufstellung; Fortschreibung (Abs. 1 S. 1)	4
3. Verfahren (Abs. 1 S. 2, Abs. 5 und 6)	6
4. Zeitlicher Bezugsrahmen (Abs. 4)	9
5. Kostenübersicht (Abs. 2)	12
6. Finanzierungsübersicht (Abs. 3)	13

1. Allgemeines. Nach § 149 über die **Kosten- und Finanzierungsübersicht** 1 ist die Gemeinde zur Aufstellung, Abstimmung und Fortschreibung einer Kosten- und Finanzierungsübersicht über die Durchführung der Sanierung verpflichtet. Die Kosten- und Finanzierungsübersicht ist eine **Teilplanung** der Gemeinde innerhalb der gemeindlichen Gesamtplanung für die Sanierung, die nach dem Grundsatz der **„einheitlichen Vorbereitung"** (§ 136 Abs. 1) für die Sanierungsmaßnahme zu erstellen und fortzuschreiben ist.

Die Kosten- und Finanzierungsübersicht ist ein **Planungs- und Steuerungsin-** 2 **strument** der Sanierung: Sie gibt Aufschluss über die Finanzierung und damit über die Durchführbarkeit der Sanierung; sie gibt den Stand der Durchführung der Sanierung wieder; sie dient der Abstimmung der Investitionen anderer öffentlicher Bedarfsträger mit denen der Gemeinde; sie integriert die Sanierungsplanung in die kommunale Finanzplanung. Sie ist schon demgemäß nicht Bestandteil der Satzung über die förmliche Festlegung des Gebiets (so BVerwG NVwZ 2001, 1053 zur Entwicklungssatzung, § 171 Abs. 2 S. 1).

Die Kosten- und Finanzierungsübersicht ist von der Prüfung der **Finanzierung** 3 **der Einzelmaßnahme** zu unterscheiden. Nach den Förderungsbestimmungen der Länder werden Förderungsmittel zur Finanzierung der einzelnen Sanierungsmaßnahmen nur gewährt, wenn die Finanzierung durch die Bewilligung der Mittel gesichert erscheint. Von dieser Prüfung der Finanzierbarkeit der Einzelmaßnahme ist die Kosten- und Finanzierungsübersicht zu unterscheiden, die nicht das einzelne Sanierungsvorhaben, sondern die **Sanierungsmaßnahme als Ganzes** nach dem jeweiligen Stand der Planung zum Gegenstand hat.

2. Zeitpunkt für die Aufstellung; Fortschreibung (Abs. 1 S. 1). Abs. 1 S. 1 4 begründet die Verpflichtung für die **Aufstellung einer Kosten- und Finanzierungsübersicht.** Ein fester **Zeitpunkt** für die Aufstellung der Kosten- und Finanzierungsübersicht ist nicht vorgeschrieben. Die Übersicht ist „nach dem Stand der Planung" aufzustellen. Bereits im Rahmen der **vorbereitenden Untersuchungen** (§ 141) sind die Kosten der Gesamtmaßnahme überschlägig zu ermitteln und die Möglichkeiten der Finanzierbarkeit aufzuzeigen. Die Aussicht auf Finanzierbarkeit innerhalb eines absehbaren Zeitraums darf nicht von vornherein ausgeschlossen sein; vgl. **Abs. 4 S. 2.** Die zunächst nur grobe Kosten- und Finanzierungsübersicht ist nach förmlicher Festlegung des Sanierungsgebiets im Zuge der

Festlegung von Zielen und Zwecken der Sanierungsplanung (§ 140 Nr. 3) zu konkretisieren.

5 Das Gesetz schreibt die **Fortschreibung** der Kosten- und Finanzierungsübersicht zwar nicht ausdrücklich vor. Das Erfordernis der Fortschreibung und demgemäß der weiteren Abstimmung mit den anderen Trägern öffentlicher Belange und der erneuten Vorlage bei der höheren Verwaltungsbehörde ergibt sich jedoch aus dem Planungscharakter der Kosten- und Finanzierungsübersicht. Sie bedarf der Fortschreibung entsprechend der weiteren Konkretisierung der Sanierungsziele. Eine Anpassung kann auch wegen sich verändernder finanzieller Umstände erforderlich sein. Angesichts der Dauer der Sanierungsmaßnahmen und damit der möglichen Veränderung der wirtschaftlichen Verhältnisse in der Gemeinde wird eine finanzielle Umplanung nicht selten sein.

6 **3. Verfahren (Abs. 1 S. 2, Abs. 5 und 6).** Die Gemeinde hat die Kosten- und Finanzierungsübersicht mit den Kosten- und Finanzierungsvorstellungen **anderer Träger öffentlicher Belange,** deren Aufgabenbereich durch die Sanierung berührt wird, **abzustimmen.** Die frühzeitige Koordination zwischen der Gemeinde und anderen Trägern öffentlicher Belange wird bereits durch deren Beteiligung im Rahmen der vorbereitenden Untersuchungen gesichert; §§ 141, 139 Abs. 2. **Abs. 5** verdeutlicht diese sich bereits aus § 139 Abs. 1 ergebende **Unterstützungspflicht** der anderen Träger öffentlicher Belange.

7 Die Gemeinde hat die Übersicht der **höheren Verwaltungsbehörde** vorzulegen **(Abs. 1 S. 2).** Aufgabe der höheren Verwaltungsbehörde ist es, die Kosten- und Finanzierungsübersicht zu prüfen und andere Kostenträger zur Mitteilung ihrer eigenen Absichten im Sanierungsgebiet und ihrer Finanzierungsvorstellungen aufzufordern, soweit das nicht schon durch die Gemeinde geschehen ist. Die höhere Verwaltungsbehörde erhält dadurch die Möglichkeit, eine Abstimmung aller an der Sanierung beteiligten Stellen herbeizuführen. Der höheren Verwaltungsbehörde obliegt somit im Rahmen der Überprüfungspflicht eine **Betreuungspflicht.** Zur Erreichung einer allgemeinen Finanzkoordinierung zur Durchführung der Sanierung obliegt der höheren Verwaltungsbehörde dabei auch die Unterstützung der Gemeinde bei der Beschaffung von Förderungsmitteln aus öffentlichen Haushalten **(Abs. 6 S. 2).**

8 Die höhere Verwaltungsbehörde kann gem. **Abs. 6 S. 2** von der Gemeinde die **Änderung oder Ergänzung der Übersicht** verlangen; dies kann zB in Betracht kommen, weil die Finanzplanung der Gemeinde unvollständig ist, die Übersicht entsprechend den Verwaltungsvorschriften des Landes unvollständig oder fehlerhaft ist, die Angaben über den von der Gemeinde zu tragenden Kostenanteil oder die eingesetzten Städtebauförderungsmittel des Landes oder der Mittel aus anderen Haushalten nicht zutreffen oder die Koordination mit anderen öffentlichen Aufgabenträgern unzureichend ist. Soweit die Übersicht periodisch (idR jährlich) vorzulegen ist, bezieht sich das Änderungs- und Ergänzungsverlangen der höheren Verwaltungsbehörde auch auf die jeweils fortgeschriebene Übersicht. Ein darüber hinausgehendes Recht – etwa Erteilung oder Versagung einer **Genehmigung** der Kosten- und Finanzierungsübersicht – steht der höheren Verwaltungsbehörde nicht zu. Es handelt sich vielmehr um eine besonders ausgestaltete Abstimmung zwischen der höheren Verwaltungsbehörde, der Gemeinde und den anderen Kostenträgern entsprechend dem Grundgedanken des § 139. Die Gemeinde ist **verpflichtet,** zu etwaigen Änderungs- oder Ergänzungswünschen der höheren Verwaltungsbehörde Stellung zu nehmen. Sie kann ggf. im Wege der Kommunalaufsicht dazu veranlasst werden; die Gemeinde kann dagegen verwaltungsgerichtlichen Schutz in Anspruch nehmen.

9 **4. Zeitlicher Bezugsrahmen (Abs. 4).** Die Kosten- und Finanzierungsübersicht ist für den **Zeitraum der Durchführung der Sanierungsmaßnahme** (Gesamtmaßnahme) aufzustellen. In zeitlicher Hinsicht bezieht sich die Übersicht somit auf die Gesamtdauer der Sanierung und damit auf die Durchführung aller nach dem

Sanierungskonzept bis zum Abschluss der Sanierungsmaßnahme vorgesehenen Einzelmaßnahmen. Nach **Abs. 4 S. 1** kann die Kosten- und Finanzierungsübersicht mit Zustimmung der nach Landesrecht zuständigen Behörde auf den Zeitraum der **mehrjährigen Finanzplanung** der Gemeinde beschränkt werden. Hierdurch soll ermöglicht werden, dass die Kosten- und Finanzierungsübersicht einigermaßen verlässliche Aussagen darüber enthält, ob und ggf. in welcher Höhe Mittel aus öffentlichen Haushalten zur Finanzierung der Sanierungsmaßnahme bereitgestellt werden können.

Nach **Abs. 4 S. 2** bleibt das Erfordernis, die Sanierungsmaßnahme innerhalb eines absehbaren Zeitraums abzuschließen, unberührt. Die voraussichtliche Dauer der Sanierung, also der „absehbare Zeitraum", bestimmt sich nach der **jeweiligen städtebaulichen Situation**, dem Umfang und der Schwierigkeit der konkreten Sanierungsmaßnahme und nach dem **gemeindlichen Sanierungskonzept.** In der Regel kann von der Gemeinde nach Abschluss der vorbereitenden Untersuchungen nur eine überschlägige Zeit-Maßnahme-Planung angegeben werden. Dabei ist zu berücksichtigen, dass sich auch die jeweilige Dauer der Sanierung in erster Linie nach dem gemeindlichen Sanierungskonzept bestimmt (→ § 162 Rn. 4). Die Gemeinde muss aber dartun können, dass die Sanierungsmaßnahme in dem beabsichtigten Umfang überhaupt und innerhalb eines absehbaren Zeitraums durchgeführt werden soll. 10

Für die Beurteilung, ob diese Voraussetzungen vorliegen, ist die **Finanzierbarkeit** der Sanierungsmaßnahme von besonderer Bedeutung. Sofern die Gemeinde nach ihrer Finanzkraft nicht allein zur Durchführung der Sanierungsmaßnahme in der Lage ist, ist darauf abzustellen, ob **Förderungsmittel** in ausreichender Höhe zu erwarten sind. Die verbindliche Zusage der Mittel oder deren Bereitstellung im Haushalt oder in der Finanzplanung ist allerdings nicht erforderlich. Vielmehr genügt es, dass die Sanierungsmaßnahme zB in ein Landesprogramm aufgenommen wird (OVG Lüneburg NJW 1979, 1316). Auch der Nachweis der Bereitstellung entsprechender Haushaltsmittel im kommunalen Haushalt ist in der Regel nicht erforderlich (vgl. auch BGHZ 77, 338). Die Gemeinde muss jedoch eine **Vorstellung über die Größenordnung** der voraussichtlich entstehenden Kosten und der Finanzierungsmöglichkeiten darlegen. Die Finanzierbarkeit des kommunalen Eigenanteils darf nicht ausgeschlossen sein; vgl. auch OVG Bremen NVwZ 1983, 749. Sofern die **Verwaltungskraft** der Gemeinde für die weitere Vorbereitung und die Durchführung der Sanierungsmaßnahme nicht ausreicht, muss die Gemeinde Vorstellungen über die Beauftragung geeigneter Beauftragter oder Sanierungsträger (§ 157) darlegen. 11

5. Kostenübersicht (Abs. 2). Nach **Abs. 2 S. 1** hat die Gemeinde in der Kostenübersicht nur solche Kosten von Einzelmaßnahmen als **Kosten der städtebaulichen Gesamtmaßnahme** darzustellen, die ihr selbst voraussichtlich entstehen. Hierzu gehören insbesondere die Kosten der Vorbereitung (§ 140), der Ordnungsmaßnahmen (§ 147), die Kosten der der Gemeinde obliegenden Baumaßnahmen (§ 148 Abs. 1 S. 1 Hs. 2), die Kosten für den Aufwendungsersatz nach § 150, Ersatz- und Entschädigungsleistungen einschließlich Übernahmeansprüche, Kostenerstattungen bei der Modernisierung und Instandsetzung (§ 177 Abs. 4 und 5) sowie Kosten für Sanierungsträger und sonstige Beauftragte. Die Kosten **anderer öffentlicher Aufgabenträger** für Maßnahmen im Zusammenhang mit der Sanierung sind in der Kostenübersicht nachrichtlich anzugeben; **Abs. 2 S. 2.** Kosten ausschließlich privater Investitionen brauchen nicht dargestellt zu werden. 12

6. Finanzierungsübersicht (Abs. 3). In der Finanzierungsübersicht hat die Gemeinde gem. **Abs. 3 S. 1** die von ihr aufzubringenden Finanzierungsmittel anzugeben. Die Finanzierungs- und Förderungsmittel auf anderer gesetzlicher Grundlage sowie Finanzierungsvorstellungen anderer Träger öffentlicher Belange sollen nur nachrichtlich angegeben werden; **Abs. 3 S. 2.** 13

§ 150 Ersatz für Änderungen von Einrichtungen, die der öffentlichen Versorgung dienen

(1) ¹Stehen in einem förmlich festgelegten Sanierungsgebiet Anlagen der öffentlichen Versorgung mit Elektrizität, Gas, Wasser, Wärme, Telekommunikationsdienstleistungen oder Anlagen der Abwasserwirtschaft infolge der Durchführung der Sanierung nicht mehr zur Verfügung und sind besondere Aufwendungen erforderlich, die über das bei ordnungsgemäßer Wirtschaft erforderliche Maß hinausgehen, zum Beispiel der Ersatz oder die Verlegung dieser Anlagen, hat die Gemeinde dem Träger der Aufgabe die ihm dadurch entstehenden Kosten zu erstatten. ²Vorteile und Nachteile, die dem Träger der Aufgabe im Zusammenhang damit entstehen, sind auszugleichen.

(2) Kommt eine Einigung über den Erstattungsbetrag nicht zustande, entscheidet die höhere Verwaltungsbehörde.

1. § 150 über den **Ersatz für Änderung von Einrichtungen, die der öffentlichen Versorgung dienen,** trägt dem Umstand Rechnung, dass es bei Sanierungsmaßnahmen nicht selten erforderlich ist, öffentliche Versorgungsanlagen sowie Fernmeldeanlagen zu verlegen und erforderlichenfalls neu herzustellen. Die Gemeinde hat gem. § 150 dem Aufgabenträger die hierdurch entstehenden Kosten zu erstatten.

2. Zu den **öffentlichen Versorgungseinrichtungen** iS des Abs. 1 S. 1 gehören Anlagen der öffentlichen Versorgung mit Elektrizität, Gas, Wasser und Wärme, weiterhin Anlagen der Abwasserwirtschaft sowie Anlagen der Telekommunikationsdienstleistungen. Letzteres gilt unbeschadet der Postprivatisierung nämlich solange und soweit die Herstellungspflicht gilt; Anspruchsberechtigter ist in diesem Falle der Betreiber der jeweiligen Telekommunikationslinie; Voraussetzung für einen Anspruch nach § 150 ist, dass die Telekommunikationsdienstleistung für die Öffentlichkeit erbracht wird, also nicht lediglich der Versorgung geschlossener Benutzergruppen dient. Träger dieser Anlagen muss eine von der Gemeinde verschiedene Rechtsperson sein. Die Anlagen gehören nicht zu den Erschließungsanlagen iS des § 147 S. 1 Nr. 4.

3. Der Erstattungsanspruch setzt die **Änderung** einer vor Beginn der Sanierung vorhandenen öffentlichen Versorgungseinrichtung iS des Abs. 1 S. 1 voraus. Erforderlich ist weiter, dass die Anlage infolge der Ordnungs- und Baumaßnahmen im Zuge der Durchführung der Sanierung dem Aufgabenträger nicht mehr zur Verfügung steht und deshalb neu angelegt werden muss. Sofern der Bedarfsträger dafür Aufwendungen machen muss, die über das bei ordnungsgemäßer Wirtschaft erforderliche Maß hinausgehen, hat er einen Erstattungsanspruch gegen die Gemeinde. Dabei sind Vorteile und Nachteile auszugleichen; **Abs. 1 S. 2.** Vorteile können darin bestehen, dass ein neues und modernes Leitungsnetz eine größere Leistungsfähigkeit und damit größere Rentabilität aufweisen kann. Nachteile können darin liegen, dass infolge der Sanierung größeren Anforderungen an eine neue Anlage zu stellen sind.

4. Zu den Kosten, die die Gemeinde dabei zu erstatten hat, gehören auch die **Bezüge,** die den Angehörigen des Versorgungsträgers gezahlt werden; BGH MDR 1981, 567 (zu Kräften der früheren Bundespost).

5. 4. Kommt eine Einigung über den Erstattungsanspruch nicht zustande, entscheidet gem. **Abs. 2** die **höhere Verwaltungsbehörde** dem Grunde und der Höhe nach. Die in § 24 Abs. 2 S. 2 StBauFG vorgesehene **Anhörung der Beteiligten** vor der Entscheidung ist im Hinblick auf die allgemeine Regelung in **§ 28 VwVfG** im BauGB entfallen. Die **Rechtswegregelung** ist in § 217 Abs. 1 S. 1 enthalten.

§ 151 Abgaben- und Auslagenbefreiung

(1) Frei von Gebühren und ähnlichen nichtsteuerlichen Abgaben sowie von Auslagen sind Geschäfte und Verhandlungen
1. zur Vorbereitung oder Durchführung von städtebaulichen Sanierungsmaßnahmen,
2. zur Durchführung von Erwerbsvorgängen,
3. zur Gründung oder Auflösung eines Unternehmens, dessen Geschäftszweck ausschließlich darauf gerichtet ist, als Sanierungsträger tätig zu werden.

(2) ¹Die Abgabenbefreiung gilt nicht für die Kosten eines Rechtsstreits. ²Unberührt bleiben Regelungen nach landesrechtlichen Vorschriften.

(3) Erwerbsvorgänge im Sinne des Absatzes 1 Nr. 2 sind
1. der Erwerb eines Grundstücks durch eine Gemeinde oder durch einen Rechtsträger im Sinne der §§ 157 und 205 zur Vorbereitung oder Durchführung von städtebaulichen Sanierungsmaßnahmen. Hierzu gehört auch der Erwerb eines Grundstücks zur Verwendung als Austausch- oder Ersatzland im Rahmen von städtebaulichen Sanierungsmaßnahmen;
2. der Erwerb eines Grundstücks durch eine Person, die zur Vorbereitung oder Durchführung von städtebaulichen Sanierungsmaßnahmen oder zur Verwendung als Austausch- oder Ersatzland ein Grundstück übereignet oder verloren hat. Die Abgabenbefreiung wird nur gewährt
 a) beim Erwerb eines Grundstücks im Sanierungsgebiet, in dem das übereignete oder verlorene Grundstück liegt, bis zum Abschluss der städtebaulichen Sanierungsmaßnahme,
 b) in anderen Fällen bis zum Ablauf von zehn Jahren, gerechnet von dem Zeitpunkt ab, in dem das Grundstück übereignet oder verloren wurde;
3. der Erwerb eines im förmlich festgelegten Sanierungsgebiet gelegenen Grundstücks, soweit die Gegenleistung in der Hingabe eines in demselben Sanierungsgebiet gelegenen Grundstücks besteht;
4. der Erwerb eines Grundstücks, der durch die Begründung, das Bestehen oder die Auflösung eines Treuhandverhältnisses im Sinne des § 160 oder des § 161 bedingt ist.

Übersicht

	Rn.
1. Allgemeines	1
2. Befreiungstatbestände (Abs. 1 und 3)	2
3. Ausschluss der Befreiung (Abs. 2)	7

1. Allgemeines. Mit der **Abgaben- und Auslagenbefreiung** nach § 151 soll die Vorbereitung und Durchführung von Sanierungsmaßnahmen finanziell entlastet und die freiwillige Mitwirkung der betroffenen Eigentümer gesichert werden. Hierzu werden die in Abs. 1 Nr. 1 bis 3 bezeichneten Geschäfte und Verhandlungen frei von Gebühren und ähnlichen nicht-steuerlichen Abgaben gestellt, soweit die in § 151 genannten Voraussetzungen vorliegen. 1

2. Befreiungstatbestände (Abs. 1 und 3). Nach **Abs. 1** sind **Geschäfte und Verhandlungen** freigestellt. Die Kosten iS des Abs. 1 müssen aus Gründen der Beschränkung der bundesrechtlichen Kompetenz im Bundesrecht begründet sein; vgl. Abs. 2 S. 2 (→ Rn. 7). Hierzu gehören nicht nur Rechtsgeschäfte, Rechtsvorgänge oder rechtsgeschäftliche Handlungen, sondern auch tatsächliche Handlungen, die eine Abgabenpflicht begründen. 2

3 Die Freistellung bezieht sich auf **Gebühren** und **ähnliche nicht-steuerliche Abgaben**. Unter **Gebühren** sind gesetzliche und auf Grund eines Gesetzes festgelegte Entgelte für die besondere Inanspruchnahme oder für Leistungen der öffentlichen Verwaltung zu verstehen. Sie unterscheiden sich von den Steuern dadurch, dass sie nicht im Zusammenhang mit einer konkreten Gegenleistung zu dem Abgabenschuldner stehen. Der Begriff der **Abgabe** umfasst Steuern, Kosten (als Oberbegriff für Gebühren und Auslagen) sowie Beiträge. Durch den Begriff „**nicht-steuerliche Abgaben**" ist hierzu eine Einengung vorgenommen worden, aus der sich ua ergibt, dass Grundstücksübertragungen im Vollzug der Vorbereitung und Durchführung von Sanierungsmaßnahmen der Grunderwerbsteuer unterliegen (die Grunderwerbsteuer-Befreiungsvorschrift des § 77 StBauFG ist bereits durch § 24 Abs. 1 Nr. 5 des Grunderwerbsteuergesetzes vom 17.12.1982 (BGBl. I S. 1777) aufgehoben worden). Abs. 1 stellt weiterhin sanierungsbedingte Geschäfte und Verhandlungen von **Auslagen** frei. Unter Auslagen sind Aufwendungen zu verstehen, die einer Behörde im Interesse einer kostenpflichtigen Amtshandlung als Zahlung an Dritte zu leisten sind (vgl. zB § 10 VwKostG, § 3 Abs. 2 (iVm Anlage 1 Teil 9) GKG, §§ 136 ff. KostO). Um sich eine gesonderte Berechnung der regelmäßig entstehenden Auslagen zu ersparen, können die Kosten der Auslagen in die Gebühr einbezogen werden.

4 Nach **Abs. 1 Nr. 1** sind Geschäfte und Verhandlungen zur **Vorbereitung** oder **Durchführung** von städtebaulichen Sanierungsmaßnahmen freigestellt. Zum Begriff der Vorbereitung vgl. § 140, zum Begriff der Durchführung vgl. §§ 146–148. Freigestellt sind solche Geschäfte und Verhandlungen, die **durch die Sanierung veranlasst** sind und sonst nicht notwendig wären. Entscheidend ist der kausale Zusammenhang, unabhängig davon, ob das Geschäft oder die Verhandlung ein Grundstück betrifft, das innerhalb oder außerhalb des Sanierungsgebiets liegt oder zu einem Zeitpunkt vor Beginn des Sanierungsverfahrens (vgl. § 141 Abs. 3) oder nach seinem Abschluss (vgl. §§ 162 f.). Auch die Geschäfte und Verhandlungen zB zur Bestellung einer Grundschuld fallen hierunter, wenn sie der Finanzierung eines Sanierungsvorhabens (zB Modernisierung des Gebäudes) dienen, nicht aber der Finanzierung des Erwerbs von Grundstücken, soweit der Erwerbsvorgang nicht zu den in Abs. 3 bezeichneten Erwerbsvorgängen zählt (zur Kausalität OLG Karlsruhe GuG 2000, 318).

5 Nach **Abs. 1 Nr. 2** bleiben weiterhin Geschäfte und Verhandlungen zur Durchführung von **Erwerbsvorgängen** abgaben- und auslagenbefreit. Die Erwerbsvorgänge iS des Abs. 1 Nr. 2 sind in **Abs. 3** abschließend aufgezählt.

6 Frei von Abgaben und Auslagen sind nach **Abs. 1 Nr. 3** darüber hinaus Geschäfte und Verhandlungen, die zur **Gründung oder Auflösung eines Unternehmens** vorgenommen werden, dessen Geschäftszweck **ausschließlich** darauf gerichtet ist, als **Sanierungsträger** tätig zu werden. Abs. 1 Nr. 3 will natürlichen Personen die Gründung einer juristischen Person und damit von Sanierungsunternehmen iS des § 157 Abs. 1 S. 2 erleichtern.

7 **3. Ausschluss der Befreiung (Abs. 2).** Nach **Abs. 2 S. 1** wird keine Abgabenfreiheit für die **Kosten eines Rechtsstreits,** auch nicht im Rahmen eines **Vorverfahrens,** insb. nach § 212 gewährt (zu Recht: *Kleiber* in EZBK § 151 Rn. 107; *Köhler* in Schrödter § 151 Rn. 8). Für diese bleibt es bei den Regelungen der §§ 91 ff. ZPO iVm § 228 BauGB. Aus Gründen der fehlenden Kompetenz des Bundes sind nach **Abs. 2 S. 2** auch die einschlägigen landesrechtlichen Abgabenvorschriften von der Abgabenfreiheit nach Abs. 1 ausgeschlossen; → Rn. 2. Liegt die **materielle Grundlage** für den Gebührentatbestand (Genehmigung, Negativattest, Genehmigungsversagung) **im Bundesrecht** (insbesondere im BauGB, zB § 145), kommt es zur Abgaben- und Auslagenbefreiung, weil das Landesrecht (Kommunalabgabenrecht; Verwaltungskostenrecht) in diesen Fällen lediglich die verfahrensmäßige Erhebung bestimmt. Es obliegt dem Landesgesetzgeber, eine dem § 151 entsprechende Förde-

3. Abschnitt. Besondere sanierungsrechtliche Vorschriften **Vorb §§ 152–156a**

rung der Sanierung auch für die im materiellen Landesrecht bestehenden Gebührentatbestände (zB Baugenehmigung) einzuführen.

Abs. 2 S. 2 bezieht sich nicht nur auf S. 1 und die dort angeführten Kosten eines 8 Rechtsstreits, sondern vielmehr auch auf alle Tatbestände in Abs. 1. Unberührt bleiben weiterhin sonstige Befreiungsvorschriften (vgl. die Auflistung bei *Kleiber* in EZBK § 151 Rn. 110); vgl. insbesondere § 79 über die Abgaben- und Auslagenbefreiung in der **Umlegung**; zur Gebührenermäßigung für Notariatstätigkeiten, vgl. § 91 GNotKG.

Dritter Abschnitt. Besondere sanierungsrechtliche Vorschriften

Vorbemerkung zu den §§ 152 bis 156a

Die besonderen sanierungsrechtlichen Vorschriften gehören nach der Konzeption 1 des Gesetzgebers des BauGB 1987 neben zB dem Bebauungsplan oder der Verfügungs- und Veränderungssperre, zu den im Rahmen einer Sanierung einsetzbaren Instrumenten. Hierdurch werden für die Gemeinden Entscheidungsmöglichkeiten zu einem flexiblen und aufgabengerechten Instrumenteneinsatz geschaffen (vgl. BT-Drs. 10/6166, 136f.).

Das ihnen zugrunde liegende und aus dem StBauFG übernommene **bodenpoliti-** 2 **sche Konzept** ist vor allem durch die Elemente der Preisprüfung und der Ausgleichsleistungen zur Abschöpfung sanierungsbedingter Bodenwertsteigerungen geprägt: Nach § 153 Abs. 1 werden bei der **Bemessung von Ausgleichs- und Entschädigungsleistungen** solche Werterhöhungen nicht berücksichtigt, die lediglich durch die Aussicht auf die Sanierung, durch ihre Vorbereitung oder ihre Durchführung eingetreten sind. Diese Regelung trägt in erster Linie dem Umstand Rechnung, dass die Gemeinde vor allem bei der Durchführung von Ordnungsmaßnahmen zum Teil in erheblichem Umfang **Grunderwerb** oder sonstige bodenordnende Maßnahmen tätigen muss. Soweit der **Bodenmarkt** auf die bevorstehende Verbesserung der Gebietssituation, die Lage, die Ausnutzbarkeit der Grundstücke, die Erreichbarkeit und andere wertbestimmende Faktoren reagiert, kann dies die Durchführung der Sanierung uU erheblich erschweren. Bereits der erste RegE zum StBauFG aus dem Jahre 1965 enthielt daher eine dem jetzigen § 153 Abs. 1 BauGB entsprechende Regelung, zu der in der amtlichen Begründung Folgendes ausgeführt wurde (BT-Drs. IV/3491, 30): „Die Erfahrung zeigt, dass dann, wenn Sanierungsabsichten in der Öffentlichkeit bekannt werden, häufig im Hinblick auf die Sanierung Spekulationsgeschäfte vorgenommen werden, die die Grundstückspreise im künftigen Sanierungsgebiet in die Höhe treiben. Sie nehmen damit den durch die Sanierung erstrebten Erfolg, der gerade erst durch Einsatz öffentlicher Mittel und behördlicher Initiative herbeigeführt werden soll, spekulativ vorweg. Würde das zugelassen, so würde es dazu führen, dass aus der Beseitigung unwürdiger Zustände unberechtigte Gewinne erzielt werden und damit eine doppelte Belastung der Allgemeinheit eintritt. Unter diesen Umständen könnte die Sanierung vielfach überhaupt nicht durchgeführt werden."

Das bodenpolitische Konzept ist weiterhin durch die spiegelbildliche **Ausgleichs-** 3 **betragsregelung** gekennzeichnet: Nach Abschluss der Sanierungsmaßnahmen hat der Eigentümer an die Gemeinde einen Ausgleichsbetrag in Höhe der durch die Sanierung bedingten Steigerung des Bodenwerts oder – alternativ – des halben Aufwands für die Erweiterung oder Verbesserung der Erschließungsanlagen zu entrichten (§§ 154, 155; zur Finanzierungsfunktion des Ausgleichsbetrages → § 154 Rn. 4 sowie → § 156a Rn. 1). Bei der Veräußerung von Grundstücken ist nach § 153 Abs. 4 der Neuordnungswert zugrunde zu legen.

Das bodenpolitische System wird abgesichert durch die **Preisprüfung** nach § 153 4 **Abs. 2.** Danach ist die im Sanierungsgebiet erforderliche Genehmigung einer rechtsge-

schäftlichen Grundstücksveräußerung oder die Bestellung oder Veräußerung eines Erbbaurechts (§ 144 Abs. 2 Nr. 1) zu versagen, wenn der vereinbarte Gegenwert für das Grundstück oder das Recht über dem Wert liegt, der sich in Anwendung des § 153 Abs. 1 ergibt.

5 Diese bodenrechtlichen Sonderbestimmungen sind ein **aufeinander abgestimmtes Gesamtsystem;** es hat hinsichtlich des Eigentumsschutzes seine verfassungsrechtliche Grundlage in Art. 14 Abs. 1 S. 2, Abs. 2 GG (*Schmidt-Aßmann,* Grundfragen des Städtebaurechts, 1972, 289 ff.). Die **verfassungsrechtliche Beurteilung** hat sich durch die Einfügung dieser besonderen sanierungsrechtlichen Bestimmungen des StBauFG in das BauGB nicht verändert. Was die **Gleichbehandlung** der Eigentümer **innerhalb eines Sanierungsgebiets** betrifft, ist vor allem der Fall von Bedeutung, dass ein bestimmter Teil der Eigentümer durch Umplanungen, durch Grundstücksveräußerungen oder Grundstücksentziehung betroffen ist, während ein anderer Teil der Eigentümer hiervon unberührt bleibt. Während die erstgenannte Gruppe von Eigentümern bei der Bemessung von Ausgleichs- und Entschädigungsleistungen gemäß 153 Abs. 1 nur eine von den sanierungsbedingten Wertsteigerungen bereinigte Leistung erhält, „behalten" die übrigen, also die von entsprechenden Maßnahmen nicht betroffenen Eigentümer, die sanierungsbedingten Wertsteigerungen. Zur Vermeidung einer mit dem Gleichheitsgrundsatz des Art. 3 Abs. 1 GG unvereinbaren differenzierten Behandlung der verschiedenen Eigentümergruppen hat das Gesetz daher mit der Ausgleichsbetragsregelung (§§ 154 f.) eine § 153 Abs. 1 spiegelbildlich entsprechende Wertabschöpfung geschaffen. In der **„Spiegelbildlichkeit" von Entschädigungsregelung und Ausgleichsbetragsregelung** ist im Hinblick auf Art. 3 Abs. 1 GG die Rechtfertigung der besonderen Bemessung von Ausgleichs- und Entschädigungsleistungen und damit des bodenpolitischen Systems des Sanierungsrechts zu sehen (vgl. weiterhin *Bielenberg* in Gutachten B zum 49. Deutschen Juristentag, 1972, B 82; *Schmidt-Aßmann,* aaO, 284 ff.).

6 Die differenzierte Behandlung der Eigentümer innerhalb und außerhalb von (außer im vereinfachten Verfahren) förmlich festgelegten Sanierungsgebieten ist im Hinblick auf Art. 3 Abs. 1 GG als eine aus Sachgründen gerechtfertigte differenzierte Behandlung der Eigentümer anzusehen. Die mit dem besonderen Abschöpfungssystem aufgeworfenen Rechtsfragen haben eine weitgehende höchstrichterliche Klärung erfahren. Der BGH (Urt. v. 8.5.1980 – III ZR 27/77, BGHZ 77, 338, 349) hält die Erfassung der Planungsgewinne innerhalb des Ausgleichsbetrags und die Nichtberücksichtigung von Planungsgewinnen bei Entschädigungsleistungen gegenüber der außerhalb von Sanierungsgebieten geltenden Rechtslage im Hinblick auf Art. 3 sowie Art. 14 Abs. 1 GG für unbedenklich. Er stellt darauf ab, dass sich die Abschöpfung oder Nichtberücksichtigung von Wertsteigerungen auf solche Wertsteigerungen beschränkt, die lediglich durch die Aussicht auf den Einsatz des bodenrechtlichen Instrumentariums, zu dem der einzelne Eigentümer keinen Beitrag leistet, bewirkt werden. Insofern zieht er eine Parallele zur Abschöpfung umlegungsbedingter Wertsteigerungen (→ § 59 Rn. 13ff.). Auch das BVerwG hat das bodenrechtliche System des StBauFG und BauGB gebilligt (s. etwa BVerwG Urt. v. 24.11.1978 – IV C 56/76, BVerwGE 57, 88; dass. Urt. v. 21.8.1981 – 4 C 16/78, NJW 1982, 398; dass. Urt. v. 3.7.1998 – 4 CN 2/97, BVerwGE 107, 123).

7 Seit der **Einführung des vereinfachten Verfahrens** 1984 in das StBauFG, das in das BauGB übernommen wurde (seit dem BauROG 1998 als „vereinfachtes Sanierungsverfahren", vgl. § 142 Abs. 4), können Sanierungsverfahren mit und ohne Anwendung des besonderen Sanierungsrechts durchgeführt werden. Die Anwendung des „besonderen" oder „vereinfachten" Sanierungsverfahren richtet sich nach einer sachgerechten, differenzierten Behandlung der Sanierungsbetroffenen, also nach dem – gegebenen oder fehlenden – **Erfordernis der Anwendung eines besonderen Bodenrechts** (§ 142 Abs. 4) für die Durchführung der jeweiligen Sanierung (hierzu instruktiv *Gaentzsch* NJW 1985, 881 ff.; *Fieseler,* Städtebauliche Sanierungsmaßnahmen, 2000, Rn. 177 ff.).

§ 152 Anwendungsbereich

Die Vorschriften dieses Abschnitts sind im förmlich festgelegten Sanierungsgebiet anzuwenden, sofern die Sanierung nicht im vereinfachten Sanierungsverfahren durchgeführt wird.

§ 152 greift die Bestimmung in § 142 Abs. 4 Hs. 1 auf, nach der die Anwendung der Vorschriften des Dritten Abschnitts auszuschließen ist, wenn die Gemeinde es für ausreichend hält, die Sanierung im vereinfachten Sanierungsverfahren durchzuführen. Trifft die Gemeinde in der Sanierungssatzung keine ausdrückliche Regelung nach § 142 Abs. 4, sind die Vorschriften des Dritten Abschnitts anzuwenden. Mit der Anwendung des vereinfachten Sanierungsverfahrens schließt die Gemeinde das aufeinander abgestimmte bodenpolitische System des Dritten Abschnitts insgesamt aus. Dieses dient der Finanzierung der Sanierung durch die **Abschöpfung sanierungsbedingter Bodenwertsteigerungen** und der **Verhinderung von bodenpreisbedingten Erschwerungen der Sanierung**; es besteht im Wesentlichen aus zwei Hauptkomponenten: 1

– **Eigentümer im Sanierungsgebiet, die ihre Grundstücke behalten,** haben für die durch die Sanierung hervorgerufenen Steigerungen des Bodenwertes ihrer Grundstücke einen **Ausgleich zu leisten** (Ausgleichsbeträge nach den §§ 154 und 155).
– **Behalten** Eigentümer ihr **Grundstück nicht,** weil sie enteignet werden, werden bei der Bemessung der Ausgleichs- oder Entschädigungsleistungen **sanierungsbedingte Wertsteigerungen nicht berücksichtigt.** Veräußern sie ihr Grundstück, ist dieses Rechtsgeschäft nach § 145 Abs. 2 nur dann genehmigungsfähig, wenn kein über dem Entschädigungswert nach § 153 Abs. 1 liegender Kaufpreis vereinbart wurde.

Ergänzt und abgesichert wird dieses System durch den **Ausschluss der Erhebung von Erschließungsbeiträgen** nach § 154 Abs. 1 S. 2 **und von Kostenerstattungsbeiträgen im Sinne des § 135a Abs. 3 S. 2** nach § 154 Abs. 1 S. 3 und 4 sowie über eine dem Abschöpfungssystem der besonderen sanierungsrechtlichen Vorschriften entsprechende **Modifizierung der Einwurfs- und Zuteilungswerte in der Sanierungsumlegung** nach § 153 Abs. 5. Einen etwaigen **Überschuss** hat die Gemeinde an die Eigentümer nach § 156a zu verteilen. 2

§ 153 Bemessung von Ausgleichs- und Entschädigungsleistungen, Kaufpreise, Umlegung

(1) ¹Sind auf Grund von Maßnahmen, die der Vorbereitung oder Durchführung der Sanierung im förmlich festgelegten Sanierungsgebiet dienen, nach den Vorschriften dieses Gesetzbuchs Ausgleichs- oder Entschädigungsleistungen zu gewähren, werden bei deren Bemessung Werterhöhungen, die lediglich durch die Aussicht auf die Sanierung, durch ihre Vorbereitung oder ihre Durchführung eingetreten sind, nur insoweit berücksichtigt, als der Betroffene diese Werterhöhungen durch eigene Aufwendungen zulässigerweise bewirkt hat. ²Änderungen in den allgemeinen Wertverhältnissen auf dem Grundstücksmarkt sind zu berücksichtigen.

(2) ¹Liegt bei der rechtsgeschäftlichen Veräußerung eines Grundstücks sowie bei der Bestellung oder Veräußerung eines Erbbaurechts der vereinbarte Gegenwert für das Grundstück oder das Recht über dem Wert, der sich in Anwendung des Absatzes 1 ergibt, liegt auch hierin eine wesentliche Erschwerung der Sanierung im Sinne des § 145 Abs. 2. ²Dies gilt nicht, wenn in den Fällen des § 154 Abs. 3 Satz 2 oder 3 die Verpflichtung zur Entrichtung des Ausgleichsbetrags erloschen ist.

§ 153 II. Kapitel. I. Teil. Städtebauliche Sanierungsmaßnahmen

(3) ¹Die Gemeinde oder der Sanierungsträger darf beim Erwerb eines Grundstücks keinen höheren Kaufpreis vereinbaren, als er sich in entsprechender Anwendung des Absatzes 1 ergibt. ²In den Fällen des § 144 Abs. 4 Nr. 4 und 5 darf der Bedarfsträger keinen höheren Kaufpreis vereinbaren, als er sich in entsprechender Anwendung des Absatzes 1 ergibt.

(4) ¹Bei der Veräußerung nach den §§ 89 und 159 Abs. 3 ist das Grundstück zu dem Verkehrswert zu veräußern, der sich durch die rechtliche und tatsächliche Neuordnung des förmlich festgelegten Sanierungsgebiets ergibt. ²§ 154 Abs. 5 ist dabei auf den Teil des Kaufpreises entsprechend anzuwenden, der der durch die Sanierung bedingten Werterhöhung des Grundstücks entspricht.

(5) Im förmlich festgelegten Sanierungsgebiet sind
1. Absatz 1 auf die Ermittlung von Werten nach § 57 Satz 2 und im Falle der Geldabfindung nach § 59 Abs. 2 und 4 bis 6 sowie den §§ 60 und 61 Abs. 2 entsprechend anzuwenden;
2. Wertänderungen, die durch die rechtliche und tatsächliche Neuordnung des förmlich festgelegten Sanierungsgebiets eintreten, bei der Ermittlung von Werten nach § 57 Satz 3 und 4 und im Falle des Geldausgleichs nach § 59 Abs. 2 sowie den §§ 60 und 61 Abs. 2 zu berücksichtigen;
3. § 58 nicht anzuwenden.

Übersicht

	Rn.
I. Ausschluss sanierungsbedingter Werterhöhungen (Abs. 1)	1
1. Grundsätzliche Anwendung der Ausgleichs- und Entschädigungsvorschriften	1
2. Sanierungsbedingte Werterhöhungen (S. 1)	2
a) Ermittlung der Wertsteigerung	3
b) Berücksichtigung eigener Aufwendungen	8
c) Berücksichtigung allgemeiner Einflüsse (S. 2)	9
d) Gutachten des Gutachterausschusses	10
II. Überhöhter Gegenwert bei Grundstücksveräußerung (Abs. 2)	11
1. Preisprüfung	11
2. Bestimmung des Verkehrswertes	13
III. Grunderwerb durch Gemeinde, Sanierungs- oder Bedarfsträger (Abs. 3)	15
IV. Veräußerung durch Gemeinde (Abs. 4)	17
1. Verkehrswert	17
2. Tilgungsdarlehen	18
V. Besonderheiten bei einer Sanierungsumlegung (Abs. 5)	19

I. Ausschluss sanierungsbedingter Werterhöhungen (Abs. 1)

1. Grundsätzliche Anwendung der Ausgleichs- und Entschädigungsvorschriften. Das Baugesetzbuch belässt Bodenwertsteigerungen, die durch planerische Maßnahmen der öffentlichen Hand verursacht sind, grundsätzlich dem Bodeneigentümer. Er hat lediglich im Fall der Erschließung nach den §§ 127 ff. Beiträge und zum Ausgleich für Eingriffe in Natur und Landschaft nach § 135a Abs. 3 S. 2 Kostenerstattungsbeiträge zu zahlen oder im Rahmen einer Umlegung nach § 55 Abs. 2 einen Flächenabzug für öffentliche Flächen hinzunehmen und ggf. nach § 59 Abs. 2 Ausgleichsleistungen zu erbringen. Dieser Grundsatz findet darin seinen Ausdruck, dass die Bemessung von Ausgleichs- und Entschädigungsleistungen stets nach den Vorschriften im Zweiten Abschnitt des Fünften Teils, also nach den §§ 93 ff., stattfindet. Zu diesen Vorschriften gehört insbesondere § 95 Abs. 1, der bestimmt, dass sich die

3. Abschnitt. Besondere sanierungsrechtliche Vorschriften § 153

Entschädigung für den Rechtsverlust nach dem in § 194 geregelten **Verkehrswert** bemisst. Dies gilt etwa für die Entschädigung für Planungsschäden nach den §§ 39 ff. (vgl. § 43 Abs. 1 S. 3), für die Umlegung nach den §§ 45 ff. (vgl. zB § 59 Abs. 2 S. 2), für die vereinfachte Umlegung nach den §§ 80 ff. (vgl. etwa § 81 Abs. 1 S. 2) und natürlich für die Enteignung nach den §§ 85 ff. selbst. Die grundsätzliche Geltung dieser Vorschriften ordnet Abs. 1 S. 1 an, wenn er in seinem Tatbestandsteil (Hs. 1) auf Ausgleichs- oder Entschädigungsleistungen „nach den Vorschriften dieses Gesetzbuchs" Bezug nimmt. Die allgemeinen Regeln und Grundsätze der Wertermittlung nach diesen Vorschriften (§§ 192 ff.), ergänzt durch die **Immobilienwertermittlungsverordnung** (ImmoWertV), gelten daher auch bei der Bestimmung von Ausgleichs- oder Entschädigungsleistungen in Sanierungsgebieten, **sofern nicht die besonderen sanierungsrechtlichen Vorschriften** zur Anwendung kommen.

2. Sanierungsbedingte Werterhöhungen (S. 1). Abs. 1 modifiziert diese Be- **2** messung von Ausgleichs- oder Entschädigungsleistungen, indem er bestimmt, dass sämtliche **Werterhöhungen unberücksichtigt** bleiben, die **durch die Sanierung bewirkt** worden sind (vgl. auch *Köhler/Fieseler* in Schrödter § 153 Rn. 4). Dabei ist es unerheblich, ob diese Werterhöhungen auf die **Aussicht** auf die Sanierung, die **Vorbereitung** der Sanierung (§§ 140–143) oder die **Durchführung** der Sanierung (§§ 146–148) zurückzuführen sind. Diese Abweichung gegenüber der Bestimmung von Ausgleichs- und Entschädigungsleistungen im Übrigen ist **sowohl mit Art. 14 Abs. 1 als auch mit Art. 3 Abs. 1 GG vereinbar** (BGH Urt. v. 8.5.1980 – III ZR 27/77, BGHZ 77, 338 (349); *Schmidt-Aßmann*, Grundfragen des Städtebaurechts, 1972, 282 ff.; vgl. auch *Leisner* DVBl. 1992, 1065 (1066)). Der BGH sieht die Wertabschöpfung auch der Planungsgewinne in Sanierungsgebieten als unbedenklich an, weil die Abschöpfung auf Wertsteigerungen beschränkt ist, die lediglich durch die Aussicht auf den Einsatz des bodenrechtlichen Instrumentariums, zu dem der einzelne Eigentümer keinen Beitrag leistet, bewirkt werden (vgl. BGH Urt. v. 8.5.1980 – III ZR 27/77, BGHZ 77, 338 (349)). Der BGH ging dabei noch davon aus, dass die Bodenwertsteigerungen durch einen Bebauungsplan oder seine Änderung bewirkt werden. Dies entsprach der Rechtslage bis zur StBauFG-Novelle 1984, mit der die über § 1 Abs. 3 S. 1 hinausgehende Pflicht zur Aufstellung von Bebauungsplänen in Sanierungsgebieten abgeschafft wurde. Seither ist es daher noch deutlicher, dass die Bodenwerterhöhungen in der Sanierung nicht unbedingt durch einen Bebauungsplan bewirkt werden, sondern durch die Lagewertverbesserung infolge der von der öffentlichen Hand finanzierten (soweit nicht Private den kommunalen Eigenanteil finanziert haben, hierzu *Battis/Kersten* LKV 2006, 442 ff.) Sanierungsmaßnahmen (zur nach wie vor gegebenen Bedeutung eines Bebauungsplans für die Erhebung von Ausgleichsbeträgen in bestimmten Fällen vgl. *Mampel* DÖV 1992, 556 (558 f.); für die Sicherstellung etwaiger Entschädigungsansprüche der Eigentümer bei sanierungsbedingten Bodenwertminderungen *Schmidt-Eichstaedt* ZfBR 2001, 13 (16, 18 ff.)).

a) Ermittlung der Wertsteigerung. Für die Wertermittlung enthält die auf der **3** Grundlage von § 199 Abs. 1 erlassene ImmoWertV (in Kraft gesetzt zum 1.7.2010, BGBl. I S. 639) die maßgeblichen Vorschriften (zur Bindung der Gutachterausschüsse, nicht aber von Sachverständigen oder Gerichten s. etwa BVerwG Urt. v. 27.11.2014 – 4 C 31/13, NVwZ 2015, 531; dass. Beschl. v. 28.7.2010 – 4 B 11/10, ZfBR 2010, 695). Hiernach ist wie folgt vorzugehen:

In einem **ersten Schritt** ist nach § 4 ImmoWertV der **Zustand des Grund-** **4** **stücks** in dem Zeitpunkt zu ermitteln, auf den sich die Ermittlung bezieht (Stichtag der Qualitätsermittlung; zum hiervon zu unterscheidenden Wertermittlungsstichtag Rn. 9). Dabei sind grundsätzlich alle den Verkehrswert des Grundstücks beeinflussenden tatsächlichen und rechtlichen Umstände (vgl. § 4 Abs. 2 ImmoWertV) zu berücksichtigen. Aus **Abs. 1 S. 1** ergibt sich jedoch der entscheidende Unterschied, dass bei seiner Anwendung alle **Werterhöhungen, die lediglich durch** die **Aussicht** auf

die Sanierung, durch ihre **Vorbereitung** oder ihre **Durchführung** eingetreten sind, **nicht zu berücksichtigen** sind. Dies bedeutet, dass die Aussicht auf Änderungen hinsichtlich der Struktur des Gebiets und der Lage des Grundstücks, seines Entwicklungszustands, der Art und des Maßes der baulichen oder sonstigen Nutzung, der Grundstücksgestalt und des Erschließungszustands sowie der Ertragsverhältnisse, zB bei den nachhaltig erzielbaren Erträgen und Bewirtschaftungskosten, als nach § 4 Abs. 2 ImmoWertV ansonsten maßgebende tatsächliche und rechtliche Umstände außer Betracht zu lassen sind. Dabei enthält das Gesetz **keinen festgelegten Stichtag**, ab dem die Aussichten auf die Sanierung, also die sanierungsrechtlichen Vorwirkungen zur Geltung kommen. Obgleich dies bei Erlass des Städtebauförderungsgesetzes umstritten war (hierzu näher *Kleiber* in EZBK § 153 Rn. 41 ff.), haben BGH (Rn. 2) und BVerwG (Urt. v. 21.8.1981 – 4 C 16/78, NJW 1982, 398; dass. Urt. v. 21.10.1983 – 8 C 40/83, BVerwGE 68, 130) die gesetzgeberische Konzeption bestätigt. Auch die enteignungsrechtliche Vorwirkung nach § 95 Abs. 2 Nr. 2 enthält im Übrigen keine gesetzliche Fixierung eines Stichtags.

5 Das entscheidende Kriterium zur Eingrenzung der auszuschließenden Werterhöhungen ist die in einem **zweiten Schritt** zu belegende **Kausalität** zwischen Sanierung und Werterhöhung. An deren Nachweis sind durch das Erfordernis, dass **nur** die Werterhöhungen auszuschließen sind, die durch die Aussicht auf die Sanierung, ihre Vorbereitung oder Durchführung bewirkt worden sind, hohe Anforderungen zu stellen. Insbesondere allgemeine Verbesserungen, die nicht auf das Sanierungsgebiet beschränkt sind und durch die Sanierungsmaßnahmen verursacht sind, sind keine hier relevanten Werterhöhungen (vgl. auch *Kreilinger*, Grundeigentum 2004, 1075 ff.). Die Kausalität ist von Fall zu Fall näher zu bestimmen. Allgemeine Angaben lassen sich hierzu nicht machen. Die für eine Werterhöhung außer Betracht zu lassende Aussicht auf Sanierung wird jedoch nicht nur durch förmliche Maßnahmen begründet. Dies kann auch schon bei einer Beratung in der Gemeindevertretung der Fall sein oder auch aufgrund von Aussagen im Rahmen eines Gemeindewahlkampfes (vgl. auch *Köhler/Fieseler* in Schrödter § 153 Rn. 9).

6 Die an sich am besten geeignete **Methode,** den von der Sanierung unbeeinflussten Zustand der betroffenen Grundstücke zu ermitteln, ist das **Vergleichswertverfahren** nach den § 15 f. ImmoWertV, sofern hierfür ausreichende Daten zur Verfügung stehen (s. auch § 16 Abs. 1 S. 1 ImmoWertV). Dabei kann allerdings nicht unbesehen eine Wertdifferenz als Vorwirkung der Sanierung angenommen werden. Vielmehr ist zu belegen, dass es nicht andere Sonderfaktoren in dem Gebiet neben der Sanierung waren, die die Wertsteigerung verursacht haben. Insbesondere dann, wenn es an ausreichenden Daten fehlt, kann bzw. muss anstelle des Vergleichswertverfahrens eine andere geeignete Methode zur Ermittlung der Werterhöhung angewandt werden (BVerwG Beschl. v. 16.11.2004 – 4 B 71/04, NVwZ 2005, 449; zur fehlenden Bindung von Sachverständigen und Gerichten an die ImmoWertV Rn. 3). Zulässig ist dabei jede Methode, mit der der gesetzliche Auftrag, die Bodenwerterhöhung und damit den Ausgleichsbetrag nach dem Unterschied zwischen Anfangs- und Endwert zu ermitteln, erfüllt werden kann. Dies kann auch eine Methode sein, mit der aus einem marktwirtschaftlich ermittelten Endwert durch mehrfach wiederholende Iteration der Anfangswert näherungsweise gefunden wird (vgl. BVerwG Beschl. v. 28.7.2010 – 4 B 11/10, ZfBR 2010, 695). Ob die Wertermittlungsmethode in reichender Weise geeignet ist, ist eine Tat- und keine Rechtsfrage (vgl. BVerwG Urt. v. 27.11.2014 – 4 C 31/13, NVwZ 2015, 531). Dabei erstreckt sich die **gerichtliche Kontrolle** ohne besondere Einschränkung darauf, ob die Ermittlung von Wertsteigerungen auf rechtlich zulässigen und tatsächlich zutreffenden Voraussetzungen beruht. Hingegen unterliegt die darauf dann basierende Bewertung wegen des **Wertminderungsspielraums** der Gemeinde nur einer Plausibilitätskontrolle (BVerwG, aaO).

7 In Betracht kommt dafür insbesondere die sog. **Zielbaummethode,** bei der eine Rückrechnung des Anfangswertes aus dem Endwert erfolgt (Multifaktorenanalyse,

3. Abschnitt. Besondere sanierungsrechtliche Vorschriften **§ 153**

BVerwG Beschl. v. 16.11.2004 – 4 B 71/04, NVwZ 2005, 449 (450); OLG Hamburg Urt. v. 16.4.2015 – 4 Bf 66/13, BauR 2015, 1459; OVG Berlin-Brandenburg Urt. v. 5.11.2009 – 2 B 7/07, NJW-Spezial 2010, 398; *Junge* GuG 2006, 204 ff.; kritisch hierzu *Schmidt-Eichstaedt* GuG 2004, 129 ff.). Umgekehrt kann aber auch der Endwert aus dem Anfangswert auf der Grundlage empirischer Untersuchungen anhand von modellhaft berechneten sanierungsbedingten Wertsteigerungen ermittelt werden, so wie dies beim sogenannten **Niedersachsen-Modell** und seinen Abwandlungen (zB dem Modell Neuwied oder dem Chemnitzer Modell) der Fall ist (OVG Lüneburg Beschl. v. 13.3.1997 – 1 M 4892/96, NVwZ-RR 1998, 582; dass. Beschl. v. 8.5.2000 – 1 M 1287/00, juris; OVG Saarlouis Urt. v. 9.12.2009 – 1 A 387/08, juris; OVG Schleswig Beschl. v. 9.7.2001 – 1 M 22/00, NordÖR 2002, 21; OVG Bautzen Beschl. v. 5.3.2009 – 1 A 374/08, BauR 2010, 895; OVG Greifswald Urt. v. 21.5.2014 – 1 L 7/14, juris). Nicht in Betracht kommt jedoch ein Verfahren, bei dem die Herstellungskosten für Gebäude bei der Bodenwertermittlung einbezogen werden (VG Schleswig Beschl. v. 19.1.2010, aaO). Ebenso wenig kann wegen des in § 154 Abs. 1 S. 3 gesetzlich geregelten Ausschlusses der Beitragspflicht schwerpunktmäßig auf ersparte Erschließungs- oder Ausbaubeiträge abgestellt werden (BVerwG Beschl. v. 21.1.2005 – 4 B 1/05, ZfBR 2005, 387; OVG Koblenz Urt. v. 14.9.2004 – 6 A 10530/04, BeckRS 2004, 25324; ausführlich *Kleiber* in EZBK § 154 Rn. 69 ff.).

b) Berücksichtigung eigener Aufwendungen. Werterhöhende Maßnahmen, **8** die im Hinblick auf die bevorstehende Sanierung durchgeführt wurden, sind bei der Wertermittlung grundsätzlich nicht zu berücksichtigen (vgl. OVG Berlin-Brandenburg Beschl. v. 8.6.2010 – 2 S 13.10, BeckRS 2010, 49758, auch im Hinblick auf Art. 3 Abs. 1 GG). Dies gilt nach Abs. 1 S. 1 jedoch dann nicht, wenn die Werterhöhungen von dem Betroffenen zulässigerweise und durch eigene Aufwendungen bewirkt worden sind (s. auch § 155 Abs. 1 Nr. 2). Unter **eigenen Aufwendungen** ist der Einsatz von Arbeit oder Kapital zu verstehen. Diese können sich insbesondere auf Bau- und Planungsleistungen (zB Gutachten und Entwürfe für die maßnahmebedingte Bauleitplanung) beziehen, sofern sie zu einer Bodenwerterhöhung führen (→ zu Planungsleistungen § 5 ImmoWertV sowie § 194 Rn. 9). **Zulässigerweise** vorgenommen sind die Maßnahmen, wenn sie formell **und** materiell mit dem öffentlichen Recht übereinstimmen (*Schmitz* in SU § 153 Rn. 13.1; *Köhler/Fieseler* in Schrödter § 153 Rn. 20). Verstöße gegen privatrechtliche Verpflichtungen sind in diesem Zusammenhang, auch als Vereinbarungen in städtebaulichen Verträgen (§ 11), ohne Belang. Von besonderer Bedeutung ist hier die im förmlich festgelegten Sanierungsgebiet bestehende **Genehmigungspflicht nach den §§ 144 f.** Außerhalb der sanierungsrechtlichen Vorschriften sind insbesondere die allgemeinen bauplanungsrechtlichen Bestimmungen der §§ 29 ff. sowie die Veränderungssperre nach § 14 oder die Verfügungs- und Veränderungssperre nach § 51 zu beachten. Dabei ist die Werterhöhung auch dann nicht zulässigerweise bewirkt im Sinne des Abs. 1 S. 1, wenn die Maßnahme zwar materiell rechtmäßig, aber **formell – mangels Genehmigung – rechtswidrig ist** (zB aufgrund der fehlenden Baugenehmigung nach Maßgabe der einschlägigen Landesbauordnung). Es kommt also im Hinblick auf die Sanierung nicht allein auf die materielle Baurechtsmäßigkeit an, sondern auch darauf, ob bestimmte Maßnahmen die Durchführung der Sanierung erschweren könnten oder nicht. Hier kommt daher derselbe Rechtsgedanke zum Tragen, wie er für die Enteignung in § 95 Abs. 2 Nr. 4 und 5 enthalten ist. Auch kann ein sich rechtmäßig verhaltender Eigentümer, der unter Umständen die Genehmigung nicht erhalten hätte, nicht schlechter gestellt werden als jemand, der sich über bestehende Genehmigungspflichten hinweggesetzt hat. Die bloße **Zahlung eines überhöhten Kaufpreises** ist keine Werterhöhung, da sie keine Qualitätsverbesserung des Grundstücks darstellt. Es geht also immer **nur** um die bewirkten **Werterhöhungen, nicht** um die

Reidt 1223

§ 153 II. Kapitel. I. Teil. Städtebauliche Sanierungsmaßnahmen

aufgewandten **Kosten** (vgl. *Kleiber* in EZBK § 153 Rn. 72; *Schmitz* in SU § 153 Rn. 9).

9 c) **Berücksichtigung allgemeiner Einflüsse (S. 2).** Ziel des Abs. 1 ist es, sanierungsbedingte Werterhöhungen abzuschöpfen. Hierzu gehören aber, wie **Abs. 1 S. 2** ausdrücklich klarstellt, **nicht** solche Werterhöhungen, die sich infolge der **allgemeinen Preisentwicklung** auf dem Grundstücksmarkt ergeben (vgl. BGH Urt. v. 12.1.1984 – III ZR 103/82, BGHZ 89, 338 (340)). Ob es sich um allgemeine Preisentwicklungen, die auch in anderen vergleichbaren Gemeindeteilen zu beobachten sind, handelt, lässt sich durch einen Preisvergleich (→ Rn. 6) feststellen. Die allgemeinen Wertverhältnisse auf dem Grundstücksmarkt sind dabei, anders als der Zustand des Grundstücks (→ Rn. 4), nicht zurückzubeziehen, sondern gemäß § 3 Abs. 1 ImmoWertV (s. auch § 95 Abs. 1 S. 2) bezogen auf den Zeitpunkt zu ermitteln, zu dem über die Ausgleichs- oder Entschädigungsleistung dem Grunde nach entschieden wird (vgl. *Kleiber* in EZBK § 153 Rn. 36; *Schmitz* in SU § 153 Rn. 15).

10 d) **Gutachten des Gutachterausschusses.** Die Wertermittlung nach Abs. 1 ist ein komplexer Vorgang, der sich von Fall zu Fall unterscheidet. Die Gemeinde ist daher in aller Regel gut beraten, hierfür ein **Gutachten des Gutachterausschusses** anzufordern. Sie ist hierzu nach § 193 Abs. 1 S. 1 Nr. 1 berechtigt, aber nicht verpflichtet. Zwar haben die Gutachten nach § 193 Abs. 3 keine bindende Wirkung und stellen daher keine anfechtbaren Verwaltungsakte dar, doch kommen sie in einem rechtlich geordneten Verfahren zustande und sind an die Vorschriften der ImmoWertV gebunden. Sie können daher faktisch große Bedeutung erlangen und gerichtliche Auseinandersetzungen zu vermeiden helfen. Dabei obliegen dem Gutachterausschuss **Amtspflichten** nach § 839 Abs. 1 S. 1 BGB gegenüber dem Verkäufer eines Grundstücks im Sanierungsgebiet als einem „Dritten", da der Stellungnahme des Gutachterausschusses die Qualität eines Sachverständigengutachtens zukommt, die die Rechtsposition eines bestimmten Dritten tangieren kann (BGH Urt. v. 1.2.2001 – III ZR 193/99, BGHZ 146, 365 (368f.)). Ein Amtshaftungsanspruch gegen die Gemeinde, die sich bei ihrer Entscheidung auf das Gutachten gestützt hat, kommt daneben in der Regel nicht in Betracht, wohl aber ein Anspruch aus enteignungsgleichem Eingriff (BGH Urt. v. 1.2.2001, aaO, 370ff.).

II. Überhöhter Gegenwert bei Grundstücksveräußerung (Abs. 2)

11 1. **Preisprüfung. Abs. 2 S. 1** knüpft an § 145 Abs. 2 an. Danach ist die Genehmigung von Vorhaben, Teilungen und Rechtsvorgängen nach § 144 unter anderem dann zu versagen, wenn hierdurch die Sanierung wesentlich erschwert würde. Abs. 2 bestimmt im Sinne einer unwiderleglichen Fiktion, dass eine wesentliche Erschwerung der Sanierung auch darin zu sehen ist, dass bei der **Veräußerung** eines Grundstücks und der Bestellung oder Veräußerung eines Erbbaurechts ein **höherer Gegenwert vereinbart** wird, als er sich bei Anwendung des Abs. 1 ergeben würde. Hierin liegt eine zulässige Inhaltsbestimmung des Eigentums nach Art. 14 Abs. 1 S. 2 GG (BVerwG Beschl. v. 8.1.1998 – 4 B 221/97, NVwZ 1998, 954). Die Gemeinde hat hier eine sog. **Preisprüfung** durchzuführen. Damit soll zum einen ausgeschlossen werden, dass sich der **Veräußerer** eines Grundstücks der Abschöpfung sanierungsbedingter Werterhöhungen durch Verlangen eines entsprechend hohen Kaufpreises entzieht; zum anderen soll der **Erwerber** davor geschützt werden, für die sanierungsbedingten Werterhöhungen doppelt zu zahlen, also einmal bei der Entrichtung des überhöhten Kaufpreises und sodann ein zweites Mal bei der Zahlung des Ausgleichsbetrags nach § 154. Auch hier kann es ggf. zweckmäßig sein, insbesondere im Genehmigungsverfahren nach § 144 Abs. 2 Nr. 1, ein **Gutachten des Gutachterausschusses** zu beantragen (→ Rn. 10).

12 Ein derartiges Schutzinteresse für den Rechtsverkehr oder die Sanierung fehlt dann, wenn in den Fällen des § 154 Abs. 3 S. 2 oder 3 (Ablösung; vorzeitige Festset-

zung) die Verpflichtung zur Entrichtung des Ausgleichsbetrags bereits erloschen ist. **Abs. 2 S. 2** stellt daher klar, dass in diesen Fällen die Preisprüfung entfällt (vgl. *Kleiber* in EZBK § 153 Rn. 106; kritisch dazu *Schmitz* in SU § 153 Rn. 23.1). Dasselbe gilt nach § 163 Abs. 3 für Grundstücke, für die die Gemeinde die Sanierung als abgeschlossen erklärt hat.

2. Bestimmung des Verkehrswertes. Schwierig zu entscheiden ist im Einzelfall, ob der vereinbarte Gegenwert für das Grundstück „über dem Wert" liegt, der sich in Anwendung des Abs. 1 ergibt. Hierfür bedarf es einer Beantwortung der Frage, ob es für den Prüfungsmaßstab des Abs. 2 **nur einen einzigen zutreffenden Verkehrswert** gibt, der ggf. gutachterlich festzustellen und gerichtlich zu bestätigen ist (→ auch § 194 Rn. 4 ff.) oder ob man von einer **Verkehrswertspanne** ausgehen kann, innerhalb derer Preise bei einer Preisprüfung nach Abs. 2 nicht beanstandet werden können. Das Bundesverwaltungsgericht geht in seiner Rechtsprechung davon aus, dass der nach Abs. 1 modifizierte Verkehrswert mit Unsicherheiten und Ungewissheiten belastet ist. Dies können sich insbesondere aus den Unwägbarkeiten der Wertermittlung und den vereinbarten Zahlungsmodalitäten ergeben, die es zumindest erschweren, den bei dem Kaufvertrag zugrunde gelegten Wert präzise zu ermitteln. Daraus folgert das Gericht, „dass der vereinbarte Gegenwert (im Sinne des Abs. 2) so lange nicht über dem (gemäß Abs. 1) modifizierten Verkehrswert liegt, wie nicht Werte vereinbart oder zugrunde gelegt werden, die in einer **dem Rechtsverkehr erkennbaren Weise deutlich verfehlten,** was auch sonst, nämlich im gewöhnlichen Geschäftsverkehr ohne Rücksicht auf ungewöhnliche oder persönliche Verhältnisse, zu erzielen wäre" (BVerwG Urt. v. 24.11.1978 – IV C 56/76, BVerwGE 57, 87; dass. Urt. v. 21.8.1981 – 4 C 16/78, NJW 1982, 398 (399); dass. Beschl. v. 8.1.1998 – 4 B 221/97, NVwZ 1998, 954, auch zur verfassungsrechtlichen Unbedenklichkeit der Vorschrift; ebenso BGH Beschl. v. 28.9.1993 – III ZR 91/92, NVwZ 1994, 409; s. auch *Kleiber* in EZBK § 153 Rn. 125 f.; *Schlarmann/Krappel* DVBl. 2009, 1341 (1343)). Mithin sind zwei Voraussetzungen erforderlich, um einem Rechtsgeschäft wegen eines überhöhten Preises die Genehmigung zu verweigern: Der nach Abs. 1 maßgebliche Verkehrswert muss deutlich, d h mehr als nur geringfügig (nach VGH München Urt. v. 16.11.1989 – 2 B 89/1217, BRS 53 Nr. 134 zumindest mehr als 4,54%; nach OLG Köln Urt. v. 4.6.1992 – 7 U 106/91, NVwZ-RR 1993, 169 (170) mehr als 10%), verfehlt worden sein, und den Beteiligten muss diese „Verfehlung" als Abweichung vom gewöhnlichen Geschäftsverkehr erkennbar gewesen sein (*Kleiber* in EZBK § 153 Rn. 116 ff., 123: Abweichungen von 15–20% sind angesichts der Toleranzgrenzen der Verkehrswertermittlung zu akzeptieren; → aber auch § 154 Rn. 10).

Der Gemeinde muss daher auch nach ihrer Auffassung geringfügig überhöhte Preise genehmigen. Ein Versagungsermessen steht ihr in diesen Fällen nicht zu. Um aber zu vermeiden, dass diese überhöhten Preise als Vergleichsmaßstab für andere Kaufverträge genommen und wiederum „geringfügig" überschritten werden und es so zu einem langsamen Aufschaukeln der Preise trotz Preisprüfung kommt, ist der Gemeinde anzuraten, in der **Genehmigungsverfügung** ausdrücklich den **Wert im Sinne des Abs. 1 festzulegen,** der nach ihrer Auffassung maßgeblich ist (vgl. *Kleiber* in EZBK § 153 Rn. 119).

III. Grunderwerb durch Gemeinde, Sanierungs- oder Bedarfsträger (Abs. 3)

Die Preisprüfung nach Abs. 2 setzt das Vorliegen einer nach § 144 Abs. 2 Nr. 1 genehmigungspflichtigen rechtsgeschäftlichen Veräußerung eines Grundstücks oder die Bestellung und Veräußerung eines Erbbaurechts voraus. Nach § 144 Abs. 4 bedürfen aber Rechtsvorgänge keiner Genehmigung, wenn die **Gemeinde** oder der **Sanie-**

rungsträger hieran **beteiligt** sind. Abs. 2 greift hier also nicht. Daher bestimmt **Abs. 3 S. 1**, dass die Gemeinde oder der Sanierungsträger verpflichtet sind, beim Erwerb eines Grundstücks keinen Kaufpreis zu vereinbaren, der über dem Wert liegt, der sich in Anwendung des Abs. 1 ergibt. Dasselbe gilt nach Abs. 3 **S. 2** für Grundstücksteilungen und Rechtsvorgänge, die Zwecken der Landesverteidigung dienen (§ 144 Abs. 4 Nr. 4), oder für den rechtsgeschäftlichen Erwerb eines in ein Planfeststellungsverfahren nach den von § 38 erfassten Rechtsvorschriften einbezogenen Grundstücks durch den **Bedarfsträger** (§ 144 Abs. 4 Nr. 5). Unter **Gemeinde** ist dabei nur die Gemeinde zu verstehen, die die Sanierung selbst durchführt, nicht eine andere Gemeinde. Der **Sanierungsträger** ist dementsprechend ebenfalls nur dann von der Genehmigungspflicht und der Preisprüfung nach Abs. 2 befreit, wenn der Erwerb der Durchführung der Sanierung dient. Auch dies gilt für den Bedarfsträger iSv Abs. 3 S. 2 sinngemäß. Die bloße Beteiligung der Gesellschaft, die mit der Sanierung beauftragt ist, an einer Käufergesellschaft reicht hierfür jedoch nicht aus. In der **Zwangsversteigerung** wird kein Preis „vereinbart"; hier greift daher Abs. 3 trotz Genehmigungsfreiheit des Erwerbs nicht ein (*Kleiber* in EZBK § 153 Rn. 130).

16 Ein **Verstoß** gegen Verpflichtungen des Abs. 3 führt grundsätzlich zur **Nichtigkeit** des Grundstücksgeschäfts (vgl. OLG Brandenburg Urt. v. 29.6.2000 – 5 U 257/ 98, juris; *Stemmler* in BK § 153 Rn. 24; *Köhler/Fieseler* in Schrödter § 153 Rn. 37; nur Teilnichtigkeit nimmt an *Fieseler*, Städtebauliche Sanierungsmaßnahmen, 2000, Rn. 450; einschränkend auch *Kleiber* in EZBK § 153 Rn. 131). Zwar richtet sich das Verbot nur an die Gemeinde, nicht auch an den Vertragspartner, so dass das Rechtsgeschäft grundsätzlich gültig wäre (vgl. *Ellenberger* in Palandt, BGB, 74. Aufl. 2015, § 134 Rn. 9). Der Vertragspartner einer Gemeinde darf aber nicht bessergestellt werden als ein sonstiger Grundstücksveräußerer, der der Preisprüfung unterliegt. Der Zweck des Verbots muss daher aus Gleichheitsgründen in der Regel bei mehr als geringfügigen Abweichungen zur Unwirksamkeit des Vertrags führen.

IV. Veräußerung durch Gemeinde (Abs. 4)

17 **1. Verkehrswert.** Wie beim Erwerb von Grundstücken im Sanierungsgebiet sämtliche sanierungsbedingten Werterhöhungen unberücksichtigt zu bleiben haben, sind bei der **Veräußerung von Grundstücken in den Fällen der §§ 89 und 159 Abs. 3** im Sanierungsgebiet **durch die Gemeinde oder den Sanierungsträger** nach **Abs. 4 S. 1** umgekehrt alle **sanierungsbedingten Werterhöhungen** bei der Preisbildung zu **berücksichtigen**. So wird gewährleistet, dass die Wertsteigerungen, die die Grundstücke im Sanierungsgebiet infolge der Sanierung erfahren, bei einem Verkauf auch tatsächlich abgeschöpft werden und der Allgemeinheit zugute kommen. Bei der Wertermittlung für die Veräußerung von Grundstücken ist daher der **Zustand des Gebiets nach Abschluss der Sanierungsmaßnahmen** zugrunde zu legen (vgl. §§ 3, 4 ImmoWertV; → Rn. 3ff.). Hier sind also alle Änderungen infolge der Durchführung der Sanierung, ihrer Vorbereitung und Durchführung, insbesondere hinsichtlich der Struktur des Gebiets und der Lage des Grundstücks, der Entwicklungsstufe, der Art und des Maßes der baulichen Nutzung, der Grundstücksgestalt und des Erschließungszustands sowie der Ertragsverhältnisse zu berücksichtigen. Sind Maßnahmen noch nicht abgeschlossen, muss im **Vorgriff auf ihren Abschluss** die Aussicht auf die in der Planung vorgesehenen Änderungen und sonstigen Wertverbesserungen berücksichtigt werden. Um der Gemeinde bei einem **frühzeitigen Verkauf freihändig erworbener Grundstücke,** die also nicht unter die Veräußerungspflicht nach § 89 fallen, schwierige und ggf. umstrittene Wertermittlungen zu ersparen, ist die Veräußerung zum Neuordnungswert hier nicht zwingend vorgeschrieben. Dann kann die Gemeinde zu einem niedrigeren Wert veräußern, muss aber später Ausgleichsbeträge (unter Beachtung von § 155 Abs. 1 Nr. 3) erheben. Hierauf ist der Erwerber aufgrund vertraglicher Nebenpflichten in der Regel hinzu-

weisen (aA *Fieseler*, Städtebauliche Sanierungsmaßnahmen, 2000, Rn. 451). Durch die Kombination von Abs. 1 und Abs. 4 S. 1 wird also im Fall des Durchgangserwerbs der Gemeinde dieselbe Wertabschöpfung durchgeführt wie mit den Ausgleichsbeträgen in den Fällen, in denen der Eigentümer das Grundstück behält (vgl. § 154; zu einem Verstoß und zur Unwirksamkeit des Kaufvertrags BGH Beschl. v. 13.7.1993 – III ZR 86/92, NVwZ 1994, 91).

2. Tilgungsdarlehen. § 154 Abs. 5 sieht die Möglichkeit vor, den Ausgleichsbetrag in ein **Tilgungsdarlehen** umzuwandeln. Nach Abs. 4 S. 2 gilt diese Regelung entsprechend für den Teil des Kaufpreises, der der sanierungsbedingten Wertsteigerung des Grundstücks, gewissermaßen also dem in den Kaufpreis einbezogenen Ausgleichsbetrag, gleichkommt. Die Parallelität zwischen Ausgleichsbetrag und Verkauf zum Verkehrswert nach einer Neuordnung durch die Sanierung wird hier also konsequent beibehalten. 18

V. Besonderheiten bei einer Sanierungsumlegung (Abs. 5)

Abs. 5 enthält die sich aus dem Wertabschöpfungssystem der besonderen sanierungsrechtlichen Vorschriften ergebenden Modifikationen der Wertermittlung im Rahmen der **Umlegung** (→ zu Abs. 5 **Nr. 1** und 2 § 57 Rn. ff.). **Nr. 3** bestimmt, dass in Sanierungsgebieten die Flächenumlegung nach § 58 nicht zur Anwendung kommen kann (→ § 56 Rn. 13; § 57 Rn. 33; zur Sanierungsumlegung eingehend *Dieterich*, Baulandumlegung, 5. Aufl. 2006, Rn. 326 ff.). 19

§ 154 Ausgleichsbetrag des Eigentümers

(1) ¹Der Eigentümer eines im förmlich festgelegten Sanierungsgebiet gelegenen Grundstücks hat zur Finanzierung der Sanierung an die Gemeinde einen Ausgleichsbetrag in Geld zu entrichten, der der durch die Sanierung bedingten Erhöhung des Bodenwerts seines Grundstücks entspricht. ²Miteigentümer haften als Gesamtschuldner; bei Wohnungs- und Teileigentum sind die einzelnen Wohnungs- und Teileigentümer nur entsprechend ihrem Miteigentumsanteil heranzuziehen. ³Werden im förmlich festgelegten Sanierungsgebiet Erschließungsanlagen im Sinne des § 127 Abs. 2 hergestellt, erweitert oder verbessert, sind Vorschriften über die Erhebung von Beiträgen für diese Maßnahmen auf Grundstücke im förmlich festgelegten Sanierungsgebiet nicht anzuwenden. ⁴Satz 3 gilt entsprechend für die Anwendung der Vorschrift über die Erhebung von Kostenerstattungsbeträgen im Sinne des § 135a Abs. 3.

(2) Die durch die Sanierung bedingte Erhöhung des Bodenwerts des Grundstücks besteht aus dem Unterschied zwischen dem Bodenwert, der sich für das Grundstück ergeben würde, wenn eine Sanierung weder beabsichtigt noch durchgeführt worden wäre (Anfangswert), und dem Bodenwert, der sich für das Grundstück durch die rechtliche und tatsächliche Neuordnung des förmlich festgelegten Sanierungsgebiets ergibt (Endwert).

(2a) ¹Die Gemeinde kann durch Satzung bestimmen, dass der Ausgleichsbetrag abweichend von Absatz 1 Satz 1 ausgehend von dem Aufwand (ohne die Kosten seiner Finanzierung) für die Erweiterung oder Verbesserung von Erschließungsanlagen im Sinne des § 127 Abs. 2 Nr. 1 bis 3 (Verkehrsanlagen) in dem Sanierungsgebiet zu berechnen ist; Voraussetzung für den Erlass der Satzung sind Anhaltspunkte dafür, dass die sanierungsbedingte Erhöhung der Bodenwerte der Grundstücke in dem Sanierungsgebiet nicht wesentlich über der Hälfte dieses Aufwands liegt. ²In der Satzung ist zu

§ 154　II. Kapitel. I. Teil. Städtebauliche Sanierungsmaßnahmen

bestimmen, bis zu welcher Höhe der Aufwand der Berechnung zu Grunde zu legen ist; sie darf 50 vom Hundert nicht übersteigen. ³Im Geltungsbereich der Satzung berechnet sich der Ausgleichsbetrag für das jeweilige Grundstück nach dem Verhältnis seiner Fläche zur Gesamtfläche; als Gesamtfläche ist die Fläche des Sanierungsgebiets ohne die Flächen für die Verkehrsanlagen zu Grunde legen. ⁴§ 128 Abs. 1 und 3 ist entsprechend anzuwenden.

(3) ¹Der Ausgleichsbetrag ist nach Abschluss der Sanierung (§§ 162 und 163) zu entrichten. ²Die Gemeinde kann die Ablösung im Ganzen vor Abschluss der Sanierung zulassen; dabei kann zu Deckung von Kosten der Sanierungsmaßnahme auch ein höherer Betrag als der Ausgleichsbetrag vereinbart werden. ³Die Gemeinde soll auf Antrag des Ausgleichsbetragspflichtigen den Ausgleichsbetrag vorzeitig festsetzen, wenn der Ausgleichsbetragspflichtige an der Festsetzung vor Abschluss der Sanierung ein berechtigtes Interesse hat und der Ausgleichsbetrag mit hinreichender Sicherheit ermittelt werden kann.

(4) ¹Die Gemeinde fordert den Ausgleichsbetrag durch Bescheid an; der Betrag wird einen Monat nach der Bekanntgabe des Bescheids fällig. ²Vor der Festsetzung des Ausgleichsbetrags ist dem Ausgleichsbetragspflichtigen Gelegenheit zur Stellungnahme und Erörterung der für die Wertermittlung seines Grundstücks maßgeblichen Verhältnisse sowie der nach § 155 Abs. 1 anrechenbaren Beträge innerhalb angemessener Frist zu geben. ³Der Ausgleichsbetrag ruht nicht als öffentliche Last auf dem Grundstück.

(5) ¹Die Gemeinde hat den Ausgleichsbetrag auf Antrag des Eigentümers in ein Tilgungsdarlehen umzuwandeln, sofern diesem nicht zugemutet werden kann, die Verpflichtung bei Fälligkeit mit eigenen oder fremden Mitteln zu erfüllen. ²Die Darlehensschuld ist mit höchstens 6 vom Hundert jährlich zu verzinsen und mit 5 vom Hundert zuzüglich der ersparten Zinsen jährlich zu tilgen. ³Der Tilgungssatz kann im Einzelfall bis auf 1 vom Hundert herabgesetzt werden und das Darlehen niedrig verzinslich oder zinsfrei gestellt werden, wenn dies im öffentlichen Interesse oder zur Vermeidung unbilliger Härten oder zur Vermeidung einer von dem Ausgleichsbetragspflichtigen nicht zu vertretenden Unwirtschaftlichkeit der Grundstücksnutzung geboten ist. ⁴Die Gemeinde soll den zur Finanzierung der Neubebauung, Modernisierung oder Instandsetzung erforderlichen Grundpfandrechten den Vorrang vor einem zur Sicherung ihres Tilgungsdarlehens bestellten Grundpfandrecht einräumen.

(6) Die Gemeinde kann von den Eigentümern auf den nach den Absätzen 1 bis 4 zu entrichtenden Ausgleichsbetrag Vorauszahlungen verlangen, sobald auf dem Grundstück eine den Zielen und Zwecken der Sanierung entsprechende Bebauung oder sonstige Nutzung zulässig ist; die Absätze 1 bis 5 sind sinngemäß anzuwenden.

Übersicht

	Rn.
I. Ausgleichsbetrag (Abs. 1)	1
1. Funktion (S. 1)	1
2. Rechtsnatur	6
3. Ausgleichsbetragspflichtiger	7
4. Verhältnis zu Erschließungs- und Ausbaubeiträgen (S. 3) sowie Kostenerstattungsbeträgen nach § 135a Abs. 3 (S. 4)	8
II. Bemessung des Ausgleichsbetrags (Abs. 2 und 2a)	9
1. Anfangswert	10
2. Endwert	11

3. Abschnitt. Besondere sanierungsrechtliche Vorschriften § 154

	Rn.
3. Wertermittlungsstichtag	13
4. Orientierung am Aufwand (Abs. 2a)	15
III. Entstehung und Ablösung des Ausgleichsbetrags (Abs. 3)	18
1. Entstehung (S. 1)	18
2. Ablösung (S. 2)	19
3. Vorzeitige Festsetzung (S. 3)	20
IV. Erhebung des Ausgleichsbetrags (Abs. 4)	22
1. Anforderung durch Bescheid, Fälligkeit (S. 1)	22
2. Anhörung des Ausgleichsbetragspflichtigen (S. 2)	24
3. Keine öffentliche Last (S. 3)	25
V. Umwandlung in Tilgungsdarlehen (Abs. 5)	26
1. Unzumutbarkeit der Zahlung (S. 1)	26
2. Tilgung und Verzinsung (S. 2 und 3)	27
3. Verhältnis zu anderen Grundpfandrechten (S. 4)	28
VI. Vorauszahlungen auf den Ausgleichsbetrag (Abs. 6)	29

I. Ausgleichsbetrag (Abs. 1)

1. Funktion (S. 1). Der Ausgleichsbetrag hat die Funktion, die Grundstückseigentümer im Sanierungsgebiet an den **Kosten** der Sanierungsmaßnahme zu **beteiligen**. Anders aber als das Erschließungsbeitragsrecht stellt das Sanierungsrecht in **Abs. 1 S. 1** für die Bemessung des Ausgleichsbetrags nicht auf die Kosten der Sanierung ab, sondern auf **die „durch die Sanierung bedingte Erhöhung des Bodenwerts"** der Grundstücke. Diese Regelung weist gegenüber einer kostenorientierten Lösung mehrere Unterschiede auf: 1

– Sie ist nicht wie das Erschließungsbeitragsrecht auf Verteilungsmaßstäbe angewiesen, die nach einem Wahrscheinlichkeitsmaßstab die – nur möglichen – Vorteile für die Grundstücke bestimmen. Sie setzt vielmehr an die nur durch **objektive Wertermittlungsverfahren** auf der Grundlage der ImmoWertV ermittelten Bodenwerterhöhungen an, also an Vorteilen, die dem Eigentümer **real zugeflossen** sind (s. aber zu Abs. 2a Rn. 15 ff.). 2

– Sie erfasst die Vorteile nicht nur bei den Anliegern der verbesserten Straßen und Plätze, sondern auch bei den unter Umständen entfernter liegenden Grundstücken, deren Lagewert sich durch die Sanierung verbessert hat. Die **interne Kostenverteilung** vor allem zwischen Grundstücken, die direkt an den verbesserten Straßenzügen liegen, und entfernter liegenden Grundstücken, die aber an der Gebietsaufwertung teilhaben, folgt den unterschiedlichen Bodenwerterhöhungen. 3

– Der (theoretische) Fall, dass die Gemeinde durch Ausgleichsbeträge mehr einnimmt als ihr an Kosten entsteht, ist durch die Charakterisierung der Ausgleichsbeträge als Instrument **„zur Finanzierung der Sanierung"** (Abs. 1 S. 1) ausgeschlossen (zur Finanzierungsfunktion BVerwG Urt. v. 17.12.1992 – 4 C 30/90, NVwZ 1993, 1112; OVG Hamburg Urt. v. 2.2.2012 – 4 Bf 75/09, DVBl. 2012, 520; → § 156a Rn. 1). Sofern an den Bodenwertsteigerungen orientierten Ausgleichsbeträge die Sanierungskosten übersteigen, sind die überschießenden Beträge nach § 156a anteilig den Grundeigentümern im Gebiet zu erstatten. 4

– Die Bestimmung der Bodenwerterhöhungen ist angesichts des gut ausgebauten Systems von Gutachterausschüssen und Kaufpreissammlungen **häufig einfacher** als die komplizierte Kostenermittlung, -zuordnung und -verteilung nach dem Erschließungsbeitragsrecht (s. aber auch Rn. 15 ff.). 5

2. Rechtsnatur. Die doppelte Orientierung der Ausgleichsbeträge sowohl an den Maßnahmekosten als auch an den Bodenwerterhöhungen führt dazu, dass sie **weder** als **Planungswertausgleich** noch als **Beitrag** anzusehen sind. Ein Planungs- 6

§ 154 II. Kapitel. I. Teil. Städtebauliche Sanierungsmaßnahmen

wertausgleich sind sie schon deshalb nicht, weil die Sanierung keine rechtsförmliche Planung voraussetzt und weil die Ausgleichsbeträge nur erhoben werden können, soweit sie zur Finanzierung der Sanierung, d. h. zur Deckung eines anderweitig nicht gedeckten Aufwands, dienen. Um Beiträge im eigentlichen Sinne handelt es sich nicht, weil die Ausgleichsbeträge nicht als Gegenleistung für wirtschaftliche Vorteile infolge der Möglichkeit der Inanspruchnahme von Einrichtungen und Anlagen erhoben werden und sie nicht dem Ersatz des Aufwands für die Herstellung oder Verbesserung öffentlicher Einrichtungen und Anlagen dienen. Da aber der Finanzierungscharakter der Ausgleichsbeträge gleichwohl überwiegt und die Bodenwertorientierung lediglich das Instrument zur Verteilung der Kosten ist, stellen die Ausgleichsbeträge − vergleichbar dem Geldausgleich in der Umlegung (→ § 57 Rn. 25; § 64 Rn. 10) − eine **beitragsähnliche Leistung** dar (vgl. BVerwG Urt. v. 17.12.1992 − 4 C 30/90, NVwZ 1993, 1112; *Schmitz* in SU § 154 Rn. 8.1; *Kopp/Schenke* VwGO § 80 Rn. 57 aE; zur Anwendbarkeit des **Abgabenprivilegs** für **ausländische Staaten** in Art. 23 Abs. 1 des Wiener Übereinkommens vom 18.4.1991, BGBl. II, S. 957, auf den Ausgleichsbetrag OVG Münster Urt. v. 3.7.2014 − 14 A 1512/11, BauR 2015, 248). Widerspruch und Klage haben daher nach § 80 Abs. 2 S. 1 Nr. 1 VwGO keine aufschiebende Wirkung.

6a **Ertragsteuerlich** werden Ausgleichsbeträge nach § 154 genauso behandelt **wie Erschließungsbeiträge** (BFH Urt. v. 27.10.1993 − I R 65/92, BFH/NV 1994, 471; hierzu *Schindhelm/Wilde* DWW 1995, 13 ff.). **Einkommensteuerlich** handelt es sich bei Ausgleichsbeträgen um **Anschaffungs- oder Herstellungskosten**, wenn das Grundstück in seiner Substanz oder seinem Wesen verändert wird, wie es etwa bei einer erstmaligen Erschließung oder bei Maßnahmen zur Verbesserung der Bebaubarkeit der Fall ist. Die Bodenwerterhöhung muss aber mindestens 10% betragen, damit die Aufwendungen als Anschaffungs- oder Herstellungskosten anerkannt werden. Die Erhöhung des Grundstückswerts allein führt noch nicht zu Anschaffungs- oder Herstellungskosten. Um **Werbungs- oder Betriebsausgaben** handelt es sich, wenn zB vorhandene Anlagen ersetzt oder modernisiert werden, ohne dass das Grundstück dadurch in seinem Wesen verändert wird (BFH Urt. v. 2.5.1990 − VIII R 198/85, BFH/NV 1991, 29; vgl. das Schreiben des BMF vom 8.9.2003 − IV A 6 − S 2171 − 7/03, BStBl. 2003 I S. 489; *Kleiber* in EZBK § 154 Rn. 305).

7 **3. Ausgleichsbetragspflichtiger.** Ausgleichsbetragspflichtig ist nach **Abs. 1 S. 1** der **Eigentümer** des Grundstücks. Dies gilt auch bei **Gesamthandseigentum.** Die Gesamthänder haften gesamtschuldnerisch (vgl. OVG Saarlouis Urt. v. 11.12.2013 − 1 A 348/13, NVwZ 2014, 536; *Köhler/Fieseler* in Schrödter § 154 Rn. 7). Die Gemeinde kann aber auch von den einzelnen Gesamthändern nur Teilbeträge verlangen. Handelt es sich um **Miteigentümer,** haften sie gemäß **Abs. 1 S. 2 Hs. 1** ebenfalls als **Gesamtschuldner** (→ zum Erschließungsbeitragsrecht § 134 Rn. 3 f.). Wohnungs- und Teileigentümer sind nach **Abs. 1 S. 2 Hs. 2** entsprechend ihrem Miteigentumsanteil heranzuziehen (KG Berlin Urt. v. 6.4.2006 − 1 U 96/05, NVwZ-RR 2006, 591 (592)). Eine BGB-Gesellschaft ist in Bezug auf ein zum Gesellschaftsvermögen gehörendes Grundstück aufgrund ihrer Teilrechtsfähigkeit materiell-rechtliche Grundstückseigentümerin und daher Schuldnerin des Ausgleichsbetrages. Eine gesamtschuldnerische Haftung der BGB-Gesellschafter besteht in diesem Fall nicht (OVG Berlin-Brandenburg Urt. v. 18.6.2015 − 2 B 8.13, BeckRS 2015, 49805; *Köhler/Fieseler* in Schrödter, § 154 Rn. 7). Bei einer etwaigen Überschussverteilung nach § 156a wären sie wie bei der Heranziehung zu behandeln. Eine dem Erschließungsbeitragsrecht vergleichbare Vorschrift, dass der Erbbauberechtigte anstelle des Eigentümers beitragspflichtig ist (vgl. § 134 Abs. 1 S. 2), enthält das Sanierungsrecht nicht. Dies ist konsequent, da nicht an die wirtschaftlichen Vorteile aufgrund der Möglichkeit einer Inanspruchnahme öffentlicher Einrichtungen oder Anlagen, sondern an die Bodenwertsteigerung angeknüpft wird. Diese kommt unmittelbar nur dem Eigentü-

3. Abschnitt. Besondere sanierungsrechtliche Vorschriften **§ 154**

mer zugute (vgl. auch OVG Lüneburg Beschl. v. 24.9.1993 – 1 M 2991/93, NVwZ 1994, 1134; *Schmitz* in SU § 154 Rn. 13). Zudem wird die Belastung des Grundstücks mit einem Erbbaurecht bei der Ermittlung sowohl des Anfangs- als auch des Endwerts (→ Rn. 10f.) berücksichtigt (*Kleiber* in EZBK § 154 Rn. 60).

4. Verhältnis zu Erschließungs- und Ausbaubeiträgen (S. 3) sowie Kosten- 8 **erstattungsbeträgen nach § 135a Abs. 3 (S. 4). Abs. 1 S. 3** enthält eine Konfliktregelung im Verhältnis zum Erschließungs- und landesrechtlichen Ausbaubeitragsrecht (vgl. hierzu BVerwG Urt. v. 21.10.1983 – 8 C 40/83, BVerwGE 68, 130, noch zu § 6 Abs. 7 StBauFG; OVG Lüneburg Beschl. v. 26.11.2009 – 9 LA 175/08, NVwZ-RR 2010, 285). Danach sind auf Grundstücke **im** förmlich festgelegten Sanierungsgebiet die **Vorschriften über die Erhebung von Beiträgen nicht anzuwenden**, und zwar unabhängig davon, ob der Straßenausbau als Ordnungsmaßnahme im Sinne des § 147 S. 1 Nr. 4 nach den Zielen und Zwecken der Sanierung erforderlich war, da dies generell zu unterstellen ist (BVerwG Urt. v. 28.4.1999 – 8 C 7/98, NVwZ-RR 1999, 669; s. auch OVG Koblenz Urt. v. 30.6.2015 – 6 A 11016/14, juris). Dies gilt nach **S. 4** entsprechend für die **Kostenerstattungsbeträge im Sinne des § 135a Abs. 3.** Damit soll eine Doppelbelastung der **Eigentümer im** Sanierungsgebiet vermieden (OVG Lüneburg Beschl. v. 26.11.2009, aaO) und gleichzeitig sichergestellt werden, dass die **Grundstückseigentümer außerhalb** des Sanierungsgebiets, die durch die Anlage, Erweiterung oder Verbesserung von Erschließungsanlagen innerhalb des Sanierungsgebiets Vorteile erhalten, zu Erschließungs- oder Ausbaubeiträgen herangezogen werden können (→ zu den Konsequenzen dieser Regelung für das Erschließungsbeitragsrecht § 127 Rn. 8f.). Dies ist daher bei der Abgrenzung eines Sanierungsgebietes von vornherein zu bedenken (vgl. *Köhler/Fieseler* in Schrödter § 154 Rn. 15). Die Herstellung von Erschließungsanlagen ist jedoch bei der Wertermittlung angemessen zu berücksichtigen (hierzu *Schmidt* GuG 2002, 277ff.).

II. Bemessung des Ausgleichsbetrags (Abs. 2 und 2a)

Abs. 2 enthält die nähere Bestimmung über die **Höhe des zu entrichtenden** 9 **Ausgleichsbetrags,** indem er im Einzelnen festlegt, wie die durch die Sanierung bedingte Erhöhung des **Bodenwerts** eines Grundstücks zu bestimmen ist. Dies geschieht durch die Gegenüberstellung von Anfangswert und Endwert; die Differenz ergibt den zu zahlenden Ausgleichsbetrag (BVerwG Beschl. v. 16.11.2004 – 4 B 71/04, NVwZ 2005, 449; → § 153 Rn. 2ff.; hierzu eingehend *Wollny* DÖV 1993, 740ff.; unter dem Gesichtspunkt der Bedeutung der Sanierungsvorbereitung und -durchführung für die Bodenwertermittlung *Hofer* GuG 2002, 268ff.; *Schmidt* GuG 1998, 23ff.; *Gottschalk* GuG 1998, 277ff.; eingehend auch *Kleiber* in EZBK § 154 Rn. 92ff.; zu Bodenwerterhöhungen durch Erschließungsmaßnahmen außerhalb des Sanierungsgebietes gemäß §§ 147 S. 3, 148 Abs. 1 S. 3 OVG Hamburg Urt. v. 2.2.2012 – 4 Bf 75/09, DVBl. 2012, 520; vgl. auch VG Berlin Beschl. v. 11.11.1998 – 19 A 86.98, NVwZ 1999, 568ff.; VG Frankfurt Beschl. v. 25.8.1999 – 8 G 3502/98, NVwZ 2000, 227f. mit Anmerkung *Bartholomäi* NVwZ 2001, 1377f.; VG Stuttgart Urt. v. 10.11.2004 – 16 K 5676/02, ZfBR 2005, 391). Eine alternative Berechnungsmöglichkeit enthält **Abs. 2a** (Rn. 15).

1. Anfangswert. Der **Anfangswert** ist der Wert, der sich in **Anwendung des** 10 **§ 153 Abs. 1** ergibt (→ § 153 Rn. 2ff.). Im Hinblick auf den maßgeblichen Wertermittlungsstichtag (Rn. 14) handelt es sich hier um einen **fiktiven** Wert (OVG Greifswald Urt. v. 21.5.2014 – 1 L 7/14, juris). Für ihn ist nicht nach Sinn und Zweck der besonderen sanierungsrechtlichen Vorschriften nicht von einer Verkehrswertspanne (→ § 153 Rn. 13), sondern von einem exakten Wert auszugehen, da sonst der Ausgleichsbetrag nicht mit der nötigen Bestimmtheit ermittelt werden kann (vgl. *Mampel*

§ 154
II. Kapitel. I. Teil. Städtebauliche Sanierungsmaßnahmen

DÖV 1992, 556 (561f.); → auch § 155 Rn. 10). Ein Abstellen auf den gezahlten Kaufpreis ist allerdings grundsätzlich unzulässig. Dies gilt selbst dann, wenn der Bund Vertragspartner ist (BVerwG Urt. v. 17.5.2002 – 4 C 6/01, NVwZ 2003, 211 (212)). Mit der Verwendung des Wortes Bodenwert macht das Gesetz zudem deutlich, dass **nur Grund und Boden,** nicht aber auch Aufwuchs oder Gebäude zu bewerten sind (vgl. auch § 21 Abs. 2, 3 ImmoWertV). Auch Freilegungskosten bleiben regelmäßig außer Betracht, da sie nichts mit der maßnahmebedingten Bodenwerterhöhung, die durch die Differenz von Anfangs- und Endwert ermittelt werden soll, zu tun haben (*Kleiber* in EZBK § 154 Rn. 107f.). Hingegen fließt die Bebauung der anderen Grundstücke des Sanierungsgebiets in die Ermittlung des Bodenwertes ein, weil sie auch auf diesen Einfluss hat (vgl. *Kleiber* in EZBK § 154 Rn. 109).

11 2. **Endwert.** Endwert ist der Bodenwert des Grundstücks, wie er sich **nach der Neuordnung durch die Sanierung** darstellt. Hier sind daher alle wertsteigernden Einflüsse durch die Aussicht auf die Sanierung, ihre Vorbereitung und ihre Durchführung zu berücksichtigen. Ferner ist bei der Bodenwertermittlung davon auszugehen, dass das Grundstück ausgleichsbetragsfrei und infolge der Regelung in Abs. 1 S. 2 und 3 auch erschließungsbeitrags-, ausbaubeitrags- und kostenerstattungsbetragsfrei ist. Sollten landesrechtliche oder vor der Sanierung entstandene Beitragspflichten auf dem Grundstück lasten, sind sie selbstverständlich zu berücksichtigen.

12 Obwohl der Bodenwert nur im Falle eines unbebauten Grundstücks auch der Verkehrswert ist, während sich bei einem bebauten Grundstück kein besonderer Preis für den bloßen Grund und Boden ohne das aufstehende Gebäude bildet und im eigentlichen Sinne nicht (nur) von einem Bodenwert gesprochen werden kann, hat die Wertermittlung auch in diesen Fällen nach den Grundsätzen der ImmoWertV zu erfolgen (vgl. hierzu § 17 Abs. 2 Nr. 1, § 21 Abs. 1 ImmoWertV). Allerdings kann dabei eine vorhandene und noch langfristig nutzbare bauliche Anlage für die maßnahmebedingte Bodenwertsteigerung von Bedeutung sein, dies vor allem dann, wenn eine maßnahmebedingte erhöhte bauliche Ausnutzbarkeit des Grundstücks wegen dieses Bestandes nicht nutzbar ist (vgl. OVG Münster Beschl. v. 20.5.2014 – 14 A 396/12, BauR 2014, 1459).

13 3. **Wertermittlungsstichtag.** Von entscheidender Bedeutung für die Höhe des Ausgleichsbetrags ist der Zeitpunkt, auf den die Werte zu beziehen sind, also der **Wertermittlungsstichtag** nach **§ 3 Abs. 1 ImmoWertV.** Das Baugesetzbuch enthält keine ausdrückliche Bestimmung des Wertermittlungszeitpunkts. Dieser ergibt sich vielmehr aus **§ 16 Abs. 5 ImmoWertV** und entspricht dem Zweck der Ausgleichsbetragsregelung, zur Finanzierung der Sanierung die sanierungsbedingten Werterhöhungen abzuschöpfen. Hieraus folgt, dass die Ermittlung des **Endwerts** auf den **Zeitpunkt des Abschlusses der Sanierung** zu erfolgen hat. Dem entspricht die Regelung in Abs. 3 S. 1, dass der Ausgleichsbetrag nach Abschluss der Sanierung zu entrichten ist. Der Abschluss der Sanierung kann für das gesamte Sanierungsgebiet erfolgen; in diesem Fall ist der Wertermittlungsstichtag der Tag des Inkrafttretens der **Satzung nach § 162 Abs. 2 S. 1,** mit der die förmliche Festlegung des Sanierungsgebiets aufgehoben wird (→ Rn. 18). Möglich ist aber auch der Abschluss der Sanierung für ein einzelnes Grundstück nach **§ 163.** Wertermittlungsstichtag ist in diesem Fall die **Abschlusserklärung der Gemeinde** (vgl. *Mampel* DÖV 1992, 556 (559f.)). Wird der Ausgleichsbetrag nach Abs. 3 S. 2 abgelöst oder nach Abs. 3 S. 3 vorzeitig festgesetzt oder verlangt die Gemeinde Vorauszahlungen nach Abs. 6, ist jeweils auf den Zeitpunkt der Ablösungsvereinbarung, der vorzeitigen Festsetzung oder des Vorauszahlungsbescheids abzustellen.

14 Da es nicht das Ziel des Abschöpfungssystems ist, über die sanierungsbedingte Bodenwerterhöhung hinaus auch konjunkturelle Preissteigerungen der Gemeinde zukommen zu lassen, sind gem. § 16 Abs. 5 ImmoWertV Anfangs- und Endwert auf **denselben Bewertungsstichtag** zu ermitteln (s. etwa BVerwG Urt. v. 27.11.2014 – 4 C 31/13, NVwZ 2015, 531; *Kleiber* ZfBR 1986, 263 (267f.)).

3. Abschnitt. Besondere sanierungsrechtliche Vorschriften § 154

4. Orientierung am Aufwand (Abs. 2a). Die korrekte Ermittlung von Ausgleichsbeträgen über die Bestimmung der durch die Sanierung herbeigeführten Erhöhung des Bodenwertes kann im Einzelfall mit zahlreichen praktischen Schwierigkeiten und rechtlichen Unsicherheiten verbunden sein. Dies gilt insbesondere, wenn Sanierungsverfahren über lange Zeiträume laufen, wie es häufig der Fall ist (s. aber die in § 142 Abs. 3 S. 3 enthaltene Befristungsregelung, dazu *Stemmler/Hohrmann* ZfBR 2007, 224 ff.; s. auch Rn. 22). Nicht selten führt die erhebliche Dauer dazu, dass Gemeinden ein Verfahren formell nicht abschließen und damit auf die Abrechnung des Sanierungsgebiets verzichten. Orientiert am Beschluss des Bundesverwaltungsgerichts vom 21.1.2005 (4 B 1/05, BauR 2005, 1142) wurde daher durch die BauGB-Novelle 2007 in **Abs. 2a** eine **alternative Berechnungsmethode** für den Ausgleichsbetrag eingeführt. Die Neuregelung dient nicht nur der Vereinfachung und Beschleunigung der Ermittlung der Ausgleichsbeträge, sondern auch der **Abgabengerechtigkeit,** weil sie dazu führen soll, dass auch in schwierigen Fällen überhaupt Ausgleichsbeträge erhoben werden. Nach **S. 1 Hs. 1** kann die Gemeinde nach ihrem pflichtgemäßen Ermessen in der für die Anwendung der alternativen Berechnung notwendigen, das gesamte Sanierungsgebiet erfassenden (vgl. *Stemmler/Hohrmann* ZfBR 2007, 224 (228); *Halter* KStZ 2007, 41 (42)) Satzung festlegen, dass der Ausgleichsbetrag sich nicht am Bodenwert orientiert, sondern am **Aufwand** für die Erweiterung oder die Verbesserung (nicht die erstmalige Herstellung) von Erschließungsanlagen im Sinne des § 127 Abs. 2 Nr. 1–3 im **gesamten** Sanierungsgebiet. **S. 1 Hs. 2** legt dafür als Voraussetzung fest, dass die durch die Sanierung bewirkte Bodenwerterhöhung im Gebiet (nicht bei jedem einzelnen Grundstück) nicht wesentlich über der Hälfte dieses Aufwands liegt. Für die Bestimmung dieser Grenze gibt das Gesetz keinen Anhaltspunkt vor. Wenn schon die Toleranzgrenze für die Verkehrswertermittlung in der Preisprüfung bei 15–20% liegt (→ § 153 Rn. 13), wird man hier eine Bodenwerterhöhung, die nicht mehr als 30% über der Hälfte des nach Abs. 2a S. 1 Hs. 1 zu berücksichtigenden Aufwands liegt, als nicht wesentlich ansehen können (vgl. auch *Stemmler/Hohrmann* ZfBR 2007, 224 (228)). Ein Vergleich mit dem Abwassergebührenrecht, in dem die Rechtsprechung einen Wert von 12% als geringfügige Überschreitung ansieht, erscheint hier mangels sachlicher Vergleichbarkeit nicht hilfreich (so aber *Halter* KStZ 2007, 41 (42)). Dabei wird durch den Klammerzusatz zu § 127 deutlich, dass nur Verkehrsanlagen zu berücksichtigen sind. Andere Anlagen bleiben unberücksichtigt, ebenso wie der in Sanierungsgebieten ohnehin seltene Herstellungsaufwand und Kostenerstattungsbetrag nach § 135a Abs. 3. Um die sanierungsbedingte Bodenwerterhöhung als Vergleichswert zu ermitteln, bedarf es keiner umfassenden Begutachtung. Es genügt vielmehr eine summarische Prüfung (vgl. Begründung des Regierungsentwurf, BT-Drs. 16/2496, 16; *Stemmler/Hohrmann* ZfBR 2007, 224 (227)).

Abs. 2a S. 2 Hs. 1 bestimmt, dass die Gemeinde in der Satzung festlegen muss, bis zu welcher Höhe der Aufwand bei der Berechnung des Ausgleichsbetrags zugrunde zu legen ist. **S. 2 Hs. 2** legt hierfür eine Grenze von 50% des Aufwands fest. Damit trägt der Gesetzgeber der Tatsache Rechnung, dass die Durchführung von Sanierungsmaßnahmen nicht nur den Interessen der Eigentümer von Grundstücken im Sanierungsgebiet dient, sondern auch dem öffentlichen Interesse. Eine Absenkung soweit, dass die entsprechend anzuwendende Bagatellklausel des § 155 Abs. 3 eingreift, widerspricht dem Zweck des Abs. 2a (vgl. auch *Stemmler/Hohrmann* ZfBR 2007, 224 (228)) und ist daher rechtswidrig. Für die Verteilung des Aufwands auf die einzelnen Grundstücke legt **S. 3 Hs. 1** den Flächenmaßstab fest. Dies beruht auf der Überlegung, dass die Verbesserung im Gebiet auf alle Grundstücke von positivem und in der Regel bodenwertsteigerndem Einfluss ist, auch wenn sie nicht an der unmittelbar verbesserten oder erweiterten Verkehrsanlage gelegen sind. Zudem ist der Flächenmaßstab der am einfachsten zu handhabende Maßstab (→ § 131 Rn. 37). Als Ausgangspunkt für die Ermittlung des beitragsrelevanten Flächenanteils definiert **S. 3**

§ 154 II. Kapitel. I. Teil. Städtebauliche Sanierungsmaßnahmen

Hs. 2 die Gesamtfläche des Sanierungsgebiets (zum Flächenbegriff vgl. *Halter* KStZ 2007, 41 (43)) ohne die Flächen für die Verkehrsanlagen im Sanierungsgebiet. Bei Erlass der Satzung über die aufwandsbezogene Berechnungsmethode wird die Gemeinde allerdings in besonderem Maße erheblich unterschiedliche Grundstücksnutzungen und damit Gleichheitsgesichtspunkte zu berücksichtigen haben. Denn während die bodenwertbezogene Berechnungsmethode beim Ausgleichsbetrag auf die Situation der einzelnen Grundstücks abstellt, orientiert sich die aufwandsbezogene Berechnungsmethode pauschal an der Situation im gesamten Sanierungsgebiet und betrachtet die Grundstücke lediglich nach ihrer Grundfläche (vgl. die Berechnungsformel bei *Stemmler/Hohrmann* ZfBR 2007, 224 (229); s. auch BauGBÄndG 2007 – Mustererlass der Fachkommission Städtebau der Bauministerkonferenz vom 21.3.2007, 25). Ist die Grundstücksnutzung sehr uneinheitlich, können nicht hinnehmbare Ungleichbehandlungen entstehen (vgl. das sicher extreme Beispiel bei *Halter* KStZ 2007, 41 (43)). Die Anwendbarkeit der aufwandsbezogenen Berechnungsmethode ist dann im Kontext der sonstigen sanierungsrechtlichen Vorschriften zumindest rechtlich bedenklich. **S. 4** bestimmt, dass § 128 Abs. 1 und 3 entsprechend anzuwenden ist, also der Aufwand für Brücken, Tunnel usw. nicht in Ansatz zu bringen ist. Die Umlegung des Aufwands auch für die Verbesserung oder Erweiterung solcher Anlagen würde die Kostenbelastung der Eigentümer zu sehr in die Höhe treiben.

17 Unberührt von Abs. 2a bleiben die **Preisprüfung** nach 153 Abs. 2, die Möglichkeit von **Ablösevereinbarungen** nach § 154 Abs. 3 S. 2, die – allerdings eine Entscheidung der Gemeinde über das von ihr beabsichtigte Abrechnungsverfahren voraussetzende – **vorzeitige Festsetzung** des Ausgleichsbetrags nach § 154 Abs. 3 S. 3, die Möglichkeit von **Vorauszahlungen** nach § 154 Abs. 6 und die **Anrechnungen** auf den Ausgleichsbetrag nach § 155 Abs. 1 und 6. **Nicht anwendbar** sind dagegen die Vorschriften über die **Bagatellklausel** in § 155 Abs. 3 (→ Rn. 16) und den **Erlass** in § 153 Abs. 4. Letzteres ist dadurch begründet, dass durch die Gebietsorientierung gerade nicht mehr der Einzelfall betrachtet wird. Ist eine **Sanierungsumlegung** durchgeführt worden, ist für die aufwandsorientierte Berechnungsmethode kein Raum, da die Sanierungsumlegung nach § 153 Abs. 5 Nr. 3 als Wertumlegung durchgeführt wird (→ § 153 Rn. 19; § 57 Rn. 33 ff.).

III. Entstehung und Ablösung des Ausgleichsbetrags (Abs. 3)

18 **1. Entstehung (S. 1). Abs. 3 S. 1** bestimmt den Zeitpunkt des **Entstehens der sachlichen Ausgleichsbetragspflicht.** Dies ist der rechtswirksame Abschluss der Sanierung entweder für das gesamte Sanierungsgebiet nach § 162 durch Satzung nach § 162 Abs. 2 S. 1 (vgl. auch VGH München Urt. v. 31.3.2004 – 15 B 00/3239, NVwZ 2004, 1141) oder für einzelne Grundstücke nach § 163 durch Abschlusserklärungen. Dies gilt aufgrund der erforderlichen rein formalen Betrachtung auch dann, wenn die Gemeinde die Aufhebungssatzung früher hätte erlassen können, also die Aufhebung rechtswidrig verzögert wurde. Insbesondere tritt die Sanierungssatzung in diesem Fall nicht automatisch außer Kraft (BVerwG Urt. v. 20.3.2014 – 4 C 11/13, BVerwGE 149, 211). Dieser Zeitpunkt ist daher auch maßgeblich für den Beginn der **Frist für die Festsetzungsverjährung** (nach der Verweisung in den insofern maßgeblichen Kommunalabgabengesetzen der Länder auf die §§ 169 f. AO vier Jahre; BVerwG, aaO). Allerdings kann die Erhebung von Ausgleichsbeiträgen wegen eines Verstoßes gegen den von Amts wegen zu berücksichtigenden Grundsatz von **Treu und Glauben** (Einwand der unzulässigen Rechtsausübung wegen eines Verstoßes gegen das rechtsstaatliche Gebot der Belastungsklarheit und -vorhersehbarkeit) unzulässig sein. Dies ist unter Heranziehung des Rechtsgedankens in § 53 Abs. 2 VwVfG generell **30 Jahre** seit dem Entstehen der Vorteilslage, also der Möglichkeit zur Aufhebung der Sanierungssatzung und zur Geltendmachung der Ausgleichsbeträge der

3. Abschnitt. Besondere sanierungsrechtliche Vorschriften § 154

Fall (BVerwG, aaO). Allerdings kann es auch **früher** unter Berücksichtigung der **Umstände des Einzelfalls** unzumutbar sein, noch Ausgleichsbeträge zu erheben. Hierbei sind etwa Schwierigkeiten im politischen Willensbildungsprozess der Gemeinde über die Fortsetzung der Sanierungsmaßnahme, Klärungen von Finanzierungsfragen u. ä. zugunsten der Gemeinde zu berücksichtigen (BVerwG, aaO).

Die **persönliche Ausgleichsbetragspflicht** bestimmt sich nach Abs. 4 S. 1 (Rn. 22). Die Erhebung von Ausgleichsbeträgen setzt eine wirksame Sanierungssatzung voraus (s. etwa BVerwG, aaO; VGH München Urt. v. 31. 3. 2004, aaO). **18a**

2. Ablösung (S. 2). Wie bei Erschließungsbeiträgen (vgl. § 133 Abs. 3 S. 5) kann nach **Abs. 3 S.** 2 auch der Ausgleichsbetrag vor Abschluss der Sanierung durch einen öffentlich-rechtlichen Vertrag im Einvernehmen zwischen Gemeinde und Ausgleichsbetragspflichtigen **abgelöst** werden. Allerdings bedarf es für die Zulässigkeit der Ablösung von Ausgleichsbeträgen **keiner besonderen Bestimmungen** der Gemeinde hierzu. Im Übrigen aber sind die **Grundsätze der Ablösung bei Erschließungsbeiträgen sinngemäß anzuwenden** (→ § 133 Rn. 50 ff.). Dies bedeutet insbesondere, dass die Ablösung in ihrer Höhe am zu erwartenden Ausgleichsbetrag zu orientieren ist und dass sie diesen ersetzt, also keine Nachzahlungs- oder Erstattungspflicht besteht. Die Ablösung erfordert daher die Ermittlung des Endwerts des betreffenden Grundstücks unter Einbeziehung der Aussicht auf die in der Planung vorgesehenen Änderungen und sonstige durch die Sanierungsmaßnahme bedingte Wertverbesserungen. Da die wertsteigernden Sanierungsmaßnahmen zum Zeitpunkt der Ablösung noch nicht durchgeführt sind und ihre Durchführung auch keineswegs absolut sicher ist, wird für das in ihnen liegende Wagnis regelmäßig ein **Abschlag** vorgenommen (sog. Pionierabschlag, vgl. *Kleiber* in EZBK § 154 Rn. 191). Denkbar ist nach **Abs. 3 S. 2 Hs. 2** allerdings umgekehrt auch, dass sich die Gemeinde auf eine Ablösung nur bei Vereinbarung eines sog. **Sicherheitszuschlags** (hierzu *Kleiber*, aaO, Rn. 177) einlässt, um die Unsicherheit über die künftige Wertentwicklung auszugleichen. **Hs. 2** erlaubt auch eine noch **darüber hinausgehende Anhebung des Ablösungsbetrags**, wenn hiermit bestimmte Kosten der Sanierung gedeckt werden sollen. Damit kann im Rahmen eines städtebaulichen Vertrags nach § 146 Abs. 3 aufgrund der Möglichkeit einer Vereinbarung des Ausschlusses der Kostenerstattung nach § 155 Abs. 6 (§ 155 Rn. 6) bereits frühzeitig eine Ablösungsvereinbarung getroffen werden, nach der der Ablösungsbetrag über dem Ausgleichsbetrag liegt. Voraussetzung ist, wie allgemein bei städtebaulichen Verträgen (→ § 11 Rn. 74), ein **sachlicher Zusammenhang** mit den Zielen und Zwecken der Sanierungsmaßnahme sowie die **Angemessenheit** der geforderten Gegenleistung (vgl. auch die Begründung zum Regierungsentwurf der BauROG, BT-Drs. 13/6392, 68). Auch kann die Ablösung nur im Ganzen und nicht für Teilbeträge erfolgen. **19**

3. Vorzeitige Festsetzung (S. 3). Abs. 3 S. 3 räumt dem Ausgleichsbetragspflichtigen einen **Anspruch auf vorzeitige Festsetzung** des Ausgleichsbetrags ein. Die vorzeitige Festsetzung tritt an die Stelle des endgültigen Ausgleichsbetrags (vgl. *Kleiber*, in EZBK § 154 Rn. 201). Voraussetzung hierfür ist, dass der Ausgleichsbetragspflichtige an der Festsetzung vor Abschluss der Sanierung ein berechtigtes Interesse darlegen kann. Ein solches berechtigtes Interesse ist etwa dann gegeben, wenn der Eigentümer für seine wirtschaftlichen oder rechtlichen Dispositionen eine genaue Kenntnis der auf ihn zukommenden Belastungen durch den Ausgleichsbetrag benötigt (*Kleiber* in EZBK § 154 Rn. 198 ff.). Dies kann etwa Bedeutung haben bei einer geplanten Veräußerung oder Belastung des Grundstücks haben. **20**

Weitere Voraussetzung für die vorzeitige Festsetzung ist, dass der **Ausgleichsbetrag mit hinreichender Sicherheit ermittelt werden kann.** Während die Gemeinde bei der Ablösung eine Unsicherheit über die schließliche Höhe des Ausgleichsbetrags durch einen **Sicherheitszuschlag** ausgleichen kann (→ Rn. 19), ist dies bei der vorzeitigen Festsetzung **nicht möglich.** Kann der Ausgleichsbetrag aus **21**

§ 154

ermittlungstechnischen oder tatsächlichen Gründen nicht mit hinreichender Sicherheit bestimmt werden, entfällt der Anspruch des Ausgleichsbetragspflichtigen auf vorzeitige Festsetzung (vgl. *Kleiber* in EZBK § 154 Rn. 200).

IV. Erhebung des Ausgleichsbetrags (Abs. 4)

22 **1. Anforderung durch Bescheid, Fälligkeit (S. 1).** Nach **Abs. 4 S. 1 Hs. 1** fordert die Gemeinde den Ausgleichsbetrag durch Bescheid, also durch einen **anfechtbaren Verwaltungsakt,** an. Eine Zustellung ist nicht erforderlich; die Bekanntgabe durch Aufgabe zur Post reicht ebenso wie in Steuersachen aus (*Kleiber* in EZBK § 154 Rn. 218ff.). Die Vorschrift regelt nicht das Entstehen der **persönlichen Abgabenpflicht;** eine solche Bestimmung enthält das Sanierungsrecht nicht. Das Erschließungsbeitragsrecht und die meisten Kommunalabgabengesetze der Länder bestimmen, dass persönlich beitragspflichtig ist, wer im Zeitpunkt der Bekanntgabe oder der Zustellung des Beitragsbescheids Eigentümer des Grundstücks ist. Da die Ausgleichsbetragspflicht die Erschließungsbeitragspflicht ersetzt (vgl. Abs. 1 S. 2 sowie Rn. 8), könnte § 134 Abs. 1 S. 1 hier entsprechend angewandt werden. Danach wäre derjenige zahlungspflichtig, der im Zeitpunkt der Bekanntgabe des Bescheids über den Ausgleichsbetrag Eigentümer des Grundstücks ist; wechselt das Eigentum zwischen dem Entstehen der sachlichen Ausgleichsbetragspflicht nach Abs. 3 S. 1 und dem Entstehen der persönlichen Beitragspflicht nach Abs. 4 S. 1, wäre allein der neue Eigentümer ausgleichsbetragspflichtig (→ zur entsprechenden Regelung im Erschließungsbeitragsrecht § 134 Rn. 14ff.). Allerdings widerspräche eine Analogie zum Erschließungsbeitragsrecht Sinn und Zweck der besonderen sanierungsrechtlichen Vorschriften, die gerade sanierungsbedingte Bodenwerterhöhungen zur Finanzierung der Sanierung abschöpfen und nicht den privaten Eigentümer zukommen lassen wollen (→ Rn. 1ff.; § 152 Rn. 1). Nach Abschluss der Sanierung aber ist der Grundstücksverkehr wieder freigegeben, so dass der Erwerber, der mit dem Kaufpreis die sanierungsbedingten Bodenwerterhöhungen mit abgegolten hat, dies zulässigerweise getan hat. Er könnte sich daher bei der Anforderung von Ausgleichsbeträgen auf § 155 Abs. 1 Nr. 3 berufen, so dass der von ihm auf die sanierungsbedingten Bodenwerterhöhungen entrichtete Betrag auf den Ausgleichsbetrag anzurechnen wäre. Die sanierungsbedingte Bodenwerterhöhung käme folglich dem Verkäufer zugute und würde für die Finanzierung der Sanierung ausfallen. **Die persönliche Beitragspflicht entsteht daher zugleich mit der sachlichen Beitragspflicht** (→ Rn. 15), dh in der Person dessen, der im Zeitpunkt des Abschlusses der Sanierung Grundstückseigentümer ist. Dieses Ergebnis entspricht auch der Formulierung in Abs. 1 S. 1, nach der „der Eigentümer eines **im förmlich festgelegten Sanierungsgebiet gelegenen** Grundstücks" ausgleichsbetragspflichtig ist, nicht der Eigentümer, der das Grundstück erst nach Abschluss der Sanierung erworben hat (vgl. auch *Kleiber* in EZBK § 154 Rn. 39; zu Fragen der vertraglichen Ausgestaltung beim Grundstückskauf *Herz*, ZfBR 2014, 19ff.). Ist eine **Gesellschaft bürgerlichen Rechts** Eigentümerin, ist sie ebenso wie im Erschließungsbeitragsrecht selbst unmittelbar in Anspruch zu nehmen (→ auch Rn. 7 sowie § 134 Rn. 15).

23 Abs. 4 S. 1 Hs. 2 bestimmt die **Fälligkeit** des Ausgleichsbetrags, die einen Monat nach der Bekanntgabe des Bescheids eintritt (→ zur Fristberechnung § 135 Rn. 1). Über die **rechtliche Behandlung des Ausgleichsbetragsbescheids** im Hinblick auf seine Anfechtbarkeit und Vollstreckung enthält das Baugesetzbuch keine näheren Regelungen. Da es sich beim Ausgleichsbetrag jedoch um eine beitragsähnliche Leistung (→ Rn. 6) handelt, sind die für Erschließungsbeiträge geltenden Grundsätze auch auf den Ausgleichsbetrag anzuwenden (→ § 135 Rn. 3 und Rn. 29ff. sowie § 155 Rn. 24; zur Neuberechnung im gerichtlichen Verfahren BVerwG Beschl. v. 28.7.2010 – 4 B 11/10, ZfBR 2010, 695; zur Festsetzungsverjährung s. Rn. 18).

3. Abschnitt. Besondere sanierungsrechtliche Vorschriften § 154

2. Anhörung des Ausgleichsbetragspflichtigen (S. 2). Abs. 4 S. 2 wiederholt 24
die sich ohnehin aus dem allgemeinen Verwaltungsverfahrensrecht (§ 28 Abs. 1
VwVfG) ergebende Verpflichtung der Gemeinde, dem Ausgleichsbetragspflichtigen
vor der Festsetzung des Ausgleichsbetrags Gelegenheit zur **Stellungnahme und Erörterung** zu geben (s. hierzu OVG Berlin-Brandenburg Beschl. v. 31.7.2009 – 10
S 36/08, BeckRS 2010, 54770). Einer besonderen Dokumentation der Gemeinde,
etwa in Form eines Abschlussberichts, bedarf es dafür in der Regel nicht (BVerwG
Urt. v. 27.11.2014 – 4 C 31/13, NVwZ 2015, 531). Gegenstand der Anhörung sind
vor allem die besonderen Umstände des Grundstücks, soweit sie für die Wertermittlung von Bedeutung sind, und die nach § 155 Abs. 1 anzurechnenden Beträge. Hierüber muss die Gemeinde in aller Regel von dem Eigentümer nähere Informationen
erhalten, um den Ausgleichsbetrag zutreffend festsetzen zu können. Bei der Anhörung handelt es sich ebenso wie bei der Anhörung nach § 28 Abs. 1 VwVfG nicht
um einen Verwaltungsakt. Die Bekanntmachungsvorschriften für Verwaltungsakte
gelten daher nicht. Vielmehr gilt § 130 BGB entsprechend (OVG Berlin-Brandenburg Beschl. v. 31.7.2009, aaO).

3. Keine öffentliche Last (S. 3). Abs. 4 S. 3 bestimmt ausdrücklich, dass der 25
Ausgleichsbetrag im Gegensatz zum Erschließungsbeitrag **nicht als öffentliche
Last** auf dem Grundstück ruht, so dass er nicht den Vorrang des § 10 Abs. 1 Nr. 3
ZVG genießt. Ändern sich daher nach der Bekanntgabe des Ausgleichsbetragsbescheids die Eigentumsverhältnisse, kann die Gemeinde sich nur an den persönlich
Ausgleichsbetragspflichtigen halten, nicht aber die Zwangsvollstreckung aus dem
Grundstück des neuen Eigentümers betreiben, wie dies beim Erschließungsbeitrag
möglich ist (→ § 134 Rn. 17).

V. Umwandlung in Tilgungsdarlehen (Abs. 5)

1. Unzumutbarkeit der Zahlung (S. 1). Ähnlich wie im Erschließungsbei- 26
tragsrecht die Möglichkeit der Ratenzahlung oder der Verrentung für die Entrichtung
des Erschließungsbeitrags vorgesehen ist (→ § 135 Rn. 8ff., 16ff.), enthält **Abs. 5 S. 1**
die Möglichkeit, den Ausgleichsbetrag in ein **Tilgungsdarlehen** umzuwandeln.
Während der Gemeinde im Erschließungsbeitragsrecht ein Ermessen eingeräumt wird, besteht nach Abs. 5 S. 1 eine **Pflicht zur Umwandlung**, sofern die Voraussetzungen dafür erfüllt sind. Der Eigentümer hat daher einen Anspruch auf Umwandlung des Ausgleichsbetrags in ein Tilgungsdarlehen, wenn ihm **nicht
zugemutet** werden kann, die Verpflichtung bei Fälligkeit mit eigenen oder fremden
Mitteln zu erfüllen. Hierbei ist wie beim Erschließungsbeitragsrecht vor allem an den
Fall zu denken, dass die Zahlung des Ausgleichsbetrags der Verwirklichung des Sanierungszwecks, etwa der Errichtung eines Gebäudes oder seiner Instandsetzung und
Modernisierung, entgegensteht (vgl. *Kleiber* in EZBK § 154 Rn. 241).

2. Tilgung und Verzinsung (S. 2 und 3). Abs. 5 S. 2 regelt **Obergrenzen** für 27
die jährlich zu zahlenden **Zinsen** und die **Tilgung. Abs. 5 S. 3** enthält umgekehrt
die Möglichkeit zur **Herabsetzung** von Tilgungssatz und Zinsen, wenn dies **im öffentlichen Interesse** liegt oder aber zur **Vermeidung unbilliger Härten** geboten
ist. Diese Voraussetzungen knüpfen an die Möglichkeit des Erlasses von Erschließungsbeiträgen nach § 135 Abs. 5 S. 1 an. Auf die dortigen Ausführungen dazu kann
daher verwiesen werden (→ § 135 Rn. 19ff.). Darüber hinaus lässt Abs. 5 S. 3 eine
Herabsetzung von Tilgungssatz und Zinsen zur **Vermeidung der Unwirtschaftlichkeit der Grundstücksnutzung** infolge des Ausgleichsbetrags zu, sofern diese
vom Ausgleichsbetragspflichtigen nicht zu vertreten ist. Hiermit soll dem Gedanken
Rechnung getragen werden, dass die Verwirklichung des Sanierungsziels der sofortigen Erhebung des Ausgleichsbetrags vorgeht (vgl. *Schmitz* in SU § 154 Rn. 43).

§ 154　II. Kapitel. I. Teil. Städtebauliche Sanierungsmaßnahmen

28　**3. Verhältnis zu anderen Grundpfandrechten (S. 4).** Aus demselben Grund bestimmt **Abs. 5 S. 4**, dass die Gemeinde den zur Finanzierung einer Neubebauung, Modernisierung oder Instandsetzung erforderlichen **Grundpfandrechten** vor einem Grundpfandrecht, das sich die Gemeinde zur Sicherung ihres Tilgungsdarlehens hat einräumen lassen, den **Vorrang** einräumen soll. Ebenso wie bei § 64 Abs. 4 in der Umlegung (→ § 64 Rn. 12 f.) ist es auch im Fall des Abs. 5 S. 4 in der Regel erforderlich, dass durch die Einräumung des Vorrangs die Sicherheit des gemeindlichen Grundpfandrechts nicht gefährdet wird. In diesem Fall kann die Gemeinde von der Soll-Vorschrift abweichen.

VI. Vorauszahlungen auf den Ausgleichsbetrag (Abs. 6)

29　Wie bei Erschließungsbeiträgen (vgl. § 133 Abs. 3 S. 1 bis 4; → § 133 Rn. 27 ff.) kann die Gemeinde nach **Abs. 6 Hs. 1** auch auf den Ausgleichsbetrag **Vorauszahlungen** verlangen (vgl. *Kleiber* in EZBK § 154 Rn. 282 ff.). Voraussetzung hierfür ist, dass eine den Zielen und Zwecken der Sanierung (→ zum Begriff § 140 Rn. 3) entsprechende Bebauung oder sonstige **Nutzung zulässig** ist. Auf die Erteilung einer Baugenehmigung oder eines sonstigen Genehmigungsakts oder ein bestimmtes Verhalten des Eigentümers kommt es nicht an (vgl. BVerwG Urt. v. 17.5.2002 – 4 C 6/01, NVwZ 2003, 211). Auch ein Bebauungsplan ist nicht erforderlich. Das Baugesetzbuch knüpft damit für die Zulässigkeit von Vorauszahlungen an den Zeitpunkt an, in dem der Eigentümer die **wirtschaftlichen Vorteile** der Sanierung auch tatsächlich **nutzen kann**, ihm also gegenüber dem Zustand vor der Sanierung zB höhere Erträge zufließen können (BVerwG Urt. v. 17.5.2002, aaO).

30　Das Verlangen von Vorauszahlungen steht im **Ermessen** der Gemeinde. Wie im Erschließungsbeitragsrecht (→ § 133 Rn. 27) ist es auch bei den Vorauszahlungen nach Abs. 6 zulässig, den Eigentümer **mehrfach** zu Teilbeträgen heranzuziehen (vgl. *Köhler/Fieseler* in Schrödter § 154 Rn. 43). Die Höhe hat sich allerdings insgesamt an der voraussichtlichen Höhe des Ausgleichsbetrags zu orientieren, setzt also eine entsprechende Wertermittlung voraus (vgl. BVerwG Urt. v. 17.5.2002 – 4 C 6/01, NVwZ 2003, 211 (212 f.)). Vorauszahlungen können verlangt werden, solange der Ausgleichsbetrag nicht nach Abs. 3 S. 1 endgültig entstanden ist. Dies folgt aus der Natur von Vorauszahlungen und entspricht der Regelung im Erschließungsbeitragsrecht (→ § 133 Rn. 36).

31　Nach **Abs. 6 Hs. 2** sind die Absätze 1 bis 5 entsprechend anzuwenden. Hieraus folgt, dass die Vorauszahlung den **Rechtscharakter des Ausgleichsbetrags** teilt und auf sie dieselben Rechtsgrundsätze anzuwenden sind (→ zum Erschließungsbeitragsrecht § 133 Rn. 27). Dies bedeutet, dass auch die Vorauszahlung zur Finanzierung der Sanierung dient (Abs. 1), dass sie in der Höhe an dem endgültigen Ausgleichsbetrag orientiert sein muss, dass sie entsprechend Abs. 4, ggf. nach Anhörung des Zahlungspflichtigen, durch Bescheid anzufordern ist und dass der Eigentümer nach Abs. 5 die Umwandlung in ein Tilgungsdarlehen beantragen kann. Nicht auf die Vorauszahlung anwendbar sind Abs. 3 S. 1 und 2, die sich auf die Entstehung und die Ablösung des Ausgleichsbetrags im Ganzen beziehen. Anwendbar bleibt dagegen Abs. 3 S. 3, so dass der Eigentümer auch bei oder nach Heranziehung zu Vorauszahlungen die vorzeitige Festsetzung des Ausgleichsbetrags verlangen kann, wenn die Voraussetzungen dafür vorliegen (→ zur **Verrechnung der Vorauszahlung mit dem späteren Ausgleichsbetrag** § 155 Rn. 2).

§ 155 Anrechnung auf den Ausgleichsbetrag, Absehen

(1) Auf den Ausgleichsbetrag sind anzurechnen,
1. die durch die Sanierung entstandenen Vorteile oder Bodenwerterhöhungen des Grundstücks, die bereits in einem anderen Verfahren, insbesondere in einem Enteignungsverfahren berücksichtigt worden sind; für Umlegungsverfahren bleibt Absatz 2 unberührt,
2. die Bodenwerterhöhungen des Grundstücks, die der Eigentümer zulässigerweise durch eigene Aufwendungen bewirkt hat; soweit der Eigentümer gemäß § 146 Abs. 3 Ordnungsmaßnahmen durchgeführt oder Gemeinbedarfs- und Folgeeinrichtungen im Sinne des § 148 Abs. 2 Satz 1 Nr. 3 errichtet oder geändert hat, sind jedoch die ihm entstandenen Kosten anzurechnen,
3. die Bodenwerterhöhungen des Grundstücks, die der Eigentümer beim Erwerb des Grundstücks als Teil des Kaufpreises in einem den Vorschriften der Nummern 1 und 2 sowie des § 154 entsprechenden Betrag zulässigerweise bereits entrichtet hat.

(2) Ein Ausgleichsbetrag entfällt, wenn eine Umlegung nach Maßgabe des § 153 Abs. 5 durchgeführt worden ist.

(3) ¹Die Gemeinde kann für die förmlich festgelegte Sanierungsgebiet oder für zu bezeichnende Teile des Sanierungsgebiets von der Festsetzung des Ausgleichsbetrags absehen, wenn
1. eine geringfügige Bodenwerterhöhung gutachtlich ermittelt worden ist und
2. der Verwaltungsaufwand für die Erhebung des Ausgleichsbetrags in keinem Verhältnis zu den möglichen Einnahmen steht.
²Die Entscheidung nach Satz 1 kann auch getroffen werden, bevor die Sanierung abgeschlossen ist.

(4) ¹Die Gemeinde kann im Einzelfall von der Erhebung des Ausgleichsbetrags ganz oder teilweise absehen, wenn dies im öffentlichen Interesse oder zur Vermeidung unbilliger Härten geboten ist. ²Die Freistellung kann auch vor Abschluss der Sanierung erfolgen.

(5) Im Übrigen sind die landesrechtlichen Vorschriften über kommunale Beiträge einschließlich der Bestimmungen über die Stundung und den Erlass entsprechend anzuwenden.

(6) Sind dem Eigentümer Kosten der Ordnungsmaßnahmen oder Kosten für die Errichtung oder Änderung von Gemeinbedarfs- und Folgeeinrichtungen im Sinne des § 148 Abs. 2 Satz 1 Nr. 3 entstanden, hat die Gemeinde sie ihm zu erstatten, soweit sie über den nach § 154 und Absatz 1 ermittelten Ausgleichsbetrag hinausgehen und die Erstattung nicht vertraglich ausgeschlossen wurde.

Übersicht

	Rn.
I. Anrechnung auf den Ausgleichsbetrag (Abs. 1)	1
1. Andere Verfahren (Nr. 1)	2
2. Eigene Aufwendungen, Kosten von Ordnungsmaßnahmen oder Gemeinbedarfs- u. Folgeeinrichtungen (Nr. 2, Abs. 6)	5
3. Kaufpreis (Nr. 3)	7
II. Entfallen des Ausgleichsbetrags (Abs. 2)	12
III. Absehen von der Erhebung eines Ausgleichsbetrags (Bagatellklausel, Abs. 3)	14

§ 155 II. Kapitel. I. Teil. Städtebauliche Sanierungsmaßnahmen

	Rn.
1. Geringfügige Bodenwerterhöhung (S. 1 Nr. 1)	15
2. Unverhältnismäßiger Verwaltungsaufwand (S. 1 Nr. 2)	16
3. Zeitpunkt (S. 2)	21
4. Rechtsnatur, Verfahren	22
IV. Erlass des Ausgleichsbetrags (Abs. 4)	23
V. Ergänzende Anwendbarkeit landesrechtlicher Vorschriften (Abs. 5)	24
VI. Rechtsweg	25

I. Anrechnung auf den Ausgleichsbetrag (Abs. 1)

1 § 154 regelt die Ermittlung der vollen Höhe des Ausgleichsbetrags. Dies besagt jedoch nicht unbedingt, dass der Ausgleichsbetrag stets auch in dieser Höhe erhoben werden kann oder muss. Erhebbar ist vielmehr lediglich der Ausgleichsbetrag, der sich nach Anwendung der Vorschriften des § 155 ergibt.

2 **1. Andere Verfahren (Nr. 1).** Der Eigentümer soll den **Ausgleich** für die sanierungsbedingte Bodenwerterhöhung **nur einmal** erbringen. Hat er daher bereits in einem anderen Verfahren einen Ausgleich für sanierungsbedingte Bodenwerterhöhungen geleistet, ist dies bei der Ermittlung des von ihm endgültig zu entrichtenden Ausgleichsbetrags von Amts wegen, also ohne besonderen Antrag des Eigentümers (s. insoweit zur Anhörung § 154 Abs. 4 S. 2), anzurechnen. Entsprechend diesem Zweck der Vorschrift erfasst **Nr. 1** alle Verfahren, in denen sanierungsbedingte Werterhöhungen in irgendeiner Weise berücksichtigt werden können. Besonders hervorgehoben wird in Nr. 1 das **Enteignungsverfahren,** doch kommt zB auch eine **übergeleitete Umlegung** (vgl. § 156 Abs. 2) in Betracht. Überträgt man die Rechtsprechung des Bundesverwaltungsgerichts zu den Vorausleistungen nach dem Erschließungsbeitragsrecht auf die im Voraus erbrachten Leistungen auf den Ausgleichsbetrag, gehören sie nicht zu den Verfahren nach Nr. 1. Denn die Vorausleistungen tilgen die Beitragsforderung in dem Augenblick des Entstehens der Beitragspflicht, ohne dass es hierzu eines besonderen hierauf gerichteten Verwaltungsakts bedarf (→ § 133 Rn. 43). Da jedoch für das Ausgleichsbetragsrecht eine ausdrückliche Anrechnungsbestimmung vorliegt, erscheint es zweckmäßiger und für den Ausgleichsbetragspflichtigen überschaubarer, die Vorauszahlungen **unter Nr. 1 zu fassen.** Hat der Eigentümer in der Zwischenzeit gewechselt, hat der neue Eigentümer nur noch den überschießenden Betrag zu zahlen.

3 Von besonderer Bedeutung ist das ausdrücklich erwähnte **Enteignungsverfahren** (hierzu *Kleiber* in EZBK § 155 Rn. 18 ff.). Hier sind insbesondere folgende **Fallgestaltungen** denkbar:
- Der Eigentümer hat das Grundstück **durch Enteignung erworben** und dabei auch sanierungsbedingte Bodenwerterhöhungen entschädigt;
- der Eigentümer hat das Grundstück **als Entschädigung in Ersatzland** nach § 100 BauGB erworben, wobei ein Verkehrswert zugrunde gelegt wurde, der über dem Wert nach § 153 Abs. 1 lag;
- bei der Entschädigung mit Ersatzland hat der Eigentümer zwar ein höherwertiges Grundstück erhalten, dafür jedoch bereits einen entsprechenden **Geldausgleich** leisten müssen;
- ein Teil des Grundstücks ist – etwa für Straßenbauzwecke – enteignet worden und dabei ist im Rahmen des **Vorteilsausgleichs** nach § 93 Abs. 3 der Vorteil berücksichtigt worden, den die in Durchführung der Sanierung erfolgte Enteignung für den verbleibenden Teil des Grundstücks bewirkt hat.

4 Ist eine **Umlegung** mit den Wertermittlungsmaßgaben des § 153 Abs. 5 durchgeführt worden, entfällt nach Abs. 2 ein Ausgleichsbetrag vollständig (Rn. 12 f.; *Kleiber* in EZBK § 155 Rn. 21 f.). Für eine Anrechnung im Sinne der Nr. 1 ist daher kein

3. Abschnitt. Besondere sanierungsrechtliche Vorschriften §155

Raum. Ist jedoch in einem vor Beginn der Sanierung eingeleiteten Umlegungsverfahren ein Umlegungsplan oder ein Teilumlegungsplan nach § 66 Abs. 1 aufgestellt oder eine Vorwegentscheidung nach § 76 getroffen worden und sind hierbei durch die Aussicht auf die Sanierung bedingte Bodenwerterhöhungen berücksichtigt worden, ist dies dem Eigentümer anzurechnen. Hat das Grundstück durch die Sanierung weitere Bodenwerterhöhungen erfahren, so sind diese als Ausgleichsbetrag abzuschöpfen (hierzu *Kleiber,* aaO, Rn. 21; → auch § 156 Rn. 3).

2. Eigene Aufwendungen, Kosten von Ordnungsmaßnahmen oder Gemeinbedarfs- u. Folgeeinrichtungen (Nr. 2, Abs. 6). Nach **Nr. 2 Hs. 1** sind auf den Ausgleichsbetrag auch die Bodenwerterhöhungen **anzurechnen,** die der Eigentümer durch **eigene Aufwendungen zulässigerweise** bewirkt hat (→ § 153 Rn. 8; zu bodenwerterhöhenden beitragspflichtigen Erschließungsmaßnahmen außerhalb des Sanierungsgebietes OVG Hamburg Urt. v. 2.2.2012 – 4 Bf 75/09, DVBl. 2012, 520). Auf den Zeitpunkt, zu dem die Aufwendungen getätigt wurden, kommt es nicht an. Es werden daher auch solche Aufwendungen erfasst, die bereits vor der förmlichen Festlegung des Sanierungsgebiets erbracht wurden. Allerdings kommt eine Anrechnung dieser Bodenwerterhöhungen nach Nr. 2 nur dann in Betracht, wenn sie nicht bereits bei der Ermittlung des Anfangswerts nach § 154 Abs. 2 in Verbindung mit § 153 Abs. 1 berücksichtigt worden sind (vgl. *Kleiber* in EZBK § 155 Rn. 28 ff.). 5

Hat die Gemeinde dem Eigentümer die **Durchführung von Ordnungsmaßnahmen** – wie etwa die maßnahmebedingte Freilegung (ausführlich zu den sanierungsbedingten Besonderheiten vgl. *Kleiber* in EZBK § 155 Rn. 54 ff.; → zum Begriff § 128 Rn. 15) von privaten oder kommunalen Grundstücken nach § 147 Abs. 1 S. 1 Nr. 3 – aufgrund eines Vertrages überlassen (vgl. § 146 Abs. 3), werden dem Eigentümer nicht die hierdurch verursachten Bodenwertsteigerungen auf den Ausgleichsbetrag angerechnet, sondern nach **Nr. 2 Hs. 2** die ihm real entstandenen Kosten. Dasselbe gilt für die Kosten der Errichtung oder Änderung von Gemeinbedarfs- und Folgeeinrichtungen nach § 148 Abs. 2 S. 1 Nr. 3, die ein Eigentümer auf der Grundlage eines städtebaulichen Vertrags nach § 146 Abs. 3 durchgeführt hat. In beiden Fällen spart die Gemeinde, der diese Maßnahmen an sich obliegen, die entsprechenden Kosten. Sie mindern daher nach dem Willen des Gesetzgebers den Ausgleichsbetrag. Übersteigen diese Kosten den Ausgleichsbetrag, sind sie dem Eigentümer nach **Abs. 6,** sofern nicht vertraglich ausgeschlossen (→ § 154 Rn. 19), zu erstatten (*Köhler/Fieseler* in Schrödter § 155 Rn. 22; *Stemmler* in BK § 155 Rn. 10). In diesem Fall ist die Festsetzung des Ausgleichsbetrags mit der Festsetzung des Erstattungsbetrags zu verbinden. Sind dem Eigentümer Kosten nach Ermittlung des Ausgleichsbetrags entstanden, tritt unmittelbar auf der Grundlage des Abs. 6 eine Verrechnung ein, so dass der Erstattungsanspruch nur den über den Ausgleichsbetrag hinausgehenden Betrag umfasst (vgl. BVerwG Beschl. v. 26.3.1985 – 4 B 9/85, NVwZ 1985, 749). Berücksichtigungsfähig sind allerdings stets nur **sanierungsbedingte** Ordnungsmaßnahmen. Erfolgt etwa die Freilegung eines Grundstücks zum Zwecke seiner Neubebauung allein aufgrund der Investitionsabsichten des Eigentümers oder weil die Bausubstanz ohnehin abgängig ist, scheidet eine Anrechnung aus (vgl. *Schmitz* in SU § 155 Rn. 6.1). Ggf. bedarf es einer Aufteilung der Kosten (zB wenn eine Freilegung teilweise als Ordnungsmaßnahme und teilweise als Baumaßnahme zu qualifizieren ist). 6

3. Kaufpreis (Nr. 3). Nr. 3 umfasst im Wesentlichen zwei unterschiedliche Fallgestaltungen. Zum einen erfasst sind die Fälle, in denen der Eigentümer ein Grundstück **von der Gemeinde** oder dem Sanierungsträger **zum Neuordnungswert** nach § 153 Abs. 4 **erworben** hat. Hiermit sind an sich die sanierungsbedingten Bodenwerterhöhungen bereits abgeschöpft. Es kann jedoch der Fall eintreten, dass sich durch die Sanierung im weiteren Verlauf Bodenwerterhöhungen ergeben, die in dem 7

Kaufpreis noch nicht berücksichtigt werden konnten oder noch nicht berücksichtigt wurden. Für diesen Fall macht Nr. 3 deutlich, dass die Gemeinde zu einer **Nacherhebung** des Ausgleichsbetrags berechtigt ist, hierbei aber die im Rahmen des Kaufpreises berücksichtigten Bodenwerterhöhungen anzurechnen sind. Eine solche Nacherhebung kann jedoch vermieden werden, wenn mit der Veräußerung des Grundstücks zum Neuordnungswert zugleich eine Ablösungsvereinbarung nach § 154 Abs. 3 S. 2 verbunden wird. Für die Anwendung der Nr. 3 ist es unerheblich, ob die Veräußerung durch die Gemeinde und den Sanierungsträger in Erfüllung der Veräußerungspflichten nach § 89 und § 159 Abs. 3 erfolgte oder im normalen Grundstücksverkehr. Denn Nr. 3 stellt nur auf den Betrag, nicht auf das Verfahren ab.

8 Der zweite Fall, den Nr. 3 erfasst, ist der **Erwerb von einem anderen Eigentümer** als der Gemeinde oder dem Sanierungsträger. In einem solchen Kaufvertrag dürften bei korrekter Anwendung des § 153 Abs. 1 keine sanierungsbedingten Bodenwerterhöhungen berücksichtigt worden sein. Es kann aber sein, dass bei der Genehmigung des Kaufpreises der Wert nach § 153 Abs. 1 falsch berechnet worden ist oder aber der Kaufpreis genehmigt werden musste, weil er nur unwesentlich über dem Wert nach § 153 Abs. 1 lag (→ § 153 Rn. 13f.). Eine den Wert des § 153 Abs. 1 übersteigende Kaufpreiszahlung kann schließlich auch in den Fällen vorkommen, in denen die Gemeinde die Genehmigung von rechtsgeschäftlichen Veräußerungen oder der Bestellung und Veräußerung von Erbbaurechten nach § 144 Abs. 3 allgemein erteilt hat.

9 In solchen Fällen überhöhter Kaufpreiszahlungen an einen anderen Eigentümer als die Gemeinde oder den Sanierungsträger stellt sich die Frage, ob der den Wert nach § 153 Abs. 1 übersteigende Betrag **zulässigerweise entrichtet** worden ist und daher auf den Ausgleichsbetrag angerechnet werden muss. Geht man von einer formalen Betrachtungsweise aus, ist mit der Genehmigung der Kaufpreis als Wert nach § 153 Abs. 1 anerkannt worden und demzufolge der Bemessung des Ausgleichsbetrags zugrunde zu legen. Setzt die Gemeinde daher bei der Erhebung des Ausgleichsbetrags einen anderen Anfangswert an, muss der mit dem Kaufpreis entrichtete überschießende Teil nach Nr. 3 angerechnet werden (hierzu *Gronemeyer* NVwZ 1985, 145 (150)).

10 Diese Betrachtungsweise ist jedoch der Systematik und dem Sinn und Zweck der besonderen sanierungsrechtlichen Vorschriften nicht angemessen. Durch diese Regelungen soll sichergestellt werden, dass die sanierungsbedingten Bodenwerterhöhungen in vollem Umfang abgeschöpft werden und nicht durch die Vereinbarung eines über dem Anfangswert liegenden Kaufpreises zumindest teilweise doch einem privaten Eigentümer zugute kommen (→ § 154 Rn. 10). Die Zahlung eines Kaufpreises über dem Wert nach § 153 Abs. 1 ist daher keine zulässigerweise erfolgte Entrichtung der sanierungsbedingten Bodenwerterhöhungen (vgl. BVerwG Beschl. v. 26.3.1985 – 4 B 9/85, NVwZ 1985, 749). Die Pflicht zur Genehmigung von Kaufverträgen mit einem nur unwesentlich überhöhten Kaufpreis (→ § 153 Rn. 13f.) trägt lediglich der Vertragsautonomie der Parteien Rechnung, die es nicht gestattet, allein wegen einer solchen Überschreitung den gesamten Vertrag zu Fall zu bringen. Das Risiko einer überhöhten Zahlung beim Kaufpreis und der nochmaligen Entrichtung des Sanierungsmehrwerts bei der Heranziehung zu Ausgleichsbeträgen muss dann aber den Vertragsparteien bleiben. Allerdings sollte die Gemeinde dieses Risiko den Vertragsparteien bei der Genehmigung deutlich zum Ausdruck bringen (hierzu *Gaentzsch* NJW 1985, 881 (885); *Kleiber* ZfBR 1986, 263 (269); *ders.* in EZBK § 155 Rn. 77f.). Auch bei der generellen Genehmigung nach § 144 Abs. 3 wird der Grundstückspreis im Sanierungsgebiet nicht freigegeben, sondern lediglich die Beachtung der Grenzen des § 153 Abs. 1 dem Grundstücksverkehr und damit der Privatautonomie überantwortet.

11 Hiervon zu unterscheiden ist der Fall, dass im Kaufpreis solche sanierungsbedingten Bodenwerterhöhungen abgegolten werden, die der **Voreigentümer** durch ei-

gene Aufwendungen **zulässigerweise erbracht** hat. Diese Bodenwerterhöhungen hätten dem Voreigentümer, wenn er das Grundstück behalten hätte, nach Nr. 2 angerechnet werden müssen. Sie müssen daher auch dem Rechtsnachfolger angerechnet werden.

II. Entfallen des Ausgleichsbetrags (Abs. 2)

Abs. 2 bestimmt, dass **kein Ausgleichsbetrag** zu erheben ist, wenn eine **Umlegung in Anwendung von** § 153 **Abs. 5** erfolgt ist. Anders als nach Abs. 1 liegt hier also kein Verrechnungsfall vor, sondern eine vollständige **Ersetzung** des Ausgleichsbetrags durch die Wertabschöpfung in der Umlegung. Ändert sich nach Abschluss des Umlegungsverfahrens, also nach der Aufstellung des Umlegungsplans, der Bebauungsplan und hierdurch auch die Wertentwicklung im Umlegungsgebiet, sind auch in diesem Fall keine Ausgleichsbeträge zu erheben, sondern die Werte durch eine Änderung des Umlegungsplans nach § 73 Nr. 1 zu erfassen.

Abs. 2 gilt nur insoweit, als das Umlegungsverfahren nach Maßgabe des § 153 Abs. 5, also mit den dort vorgesehenen Modifizierungen der Wertermittlung, durchgeführt worden ist. Soweit ein vor Beginn der Sanierung eingeleitetes **Umlegungsverfahren übergeleitet** worden ist und der Umlegungsplan oder Teilregelungen ohne Berücksichtigung von § 153 Abs. 5 getroffen worden sind, kann insoweit ein Ausgleichsbetrag erhoben werden, als sanierungsbedingte Bodenwerterhöhungen in den Ausgleichsleistungen der Umlegung nicht erfasst sind (→ Rn. 4).

12

13

III. Absehen von der Erhebung eines Ausgleichsbetrags (Bagatellklausel, Abs. 3)

Die Erhebung von Ausgleichsbeträgen soll zur Finanzierung der Sanierung dienen. Vermag sie diese Funktion nicht oder nur unzureichend zu erfüllen, weil die zu erwartenden **Erträge nur gering** sind, stellt **Abs. 3** als eine **Bagatellklausel** unter bestimmten Voraussetzungen die Erhebung des Ausgleichsbeträge in das **Ermessen** der Gemeinde (hierzu *Schmidt* GuG 1999, 340ff.; *Kleiber* in EZBK § 155 Rn. 92ff.). Es handelt sich hier also nicht um eine Billigkeitsregelung wie in § 154 Abs. 5 oder in Abs. 4, sondern um eine allein im öffentlichen Interesse liegende Vorschrift zur Vermeidung unnötigen Verwaltungsaufwands (vgl. auch *Kleiber* ZfV 1986, 105f.).

14

1. Geringfügige Bodenwerterhöhung (S. 1 Nr. 1). Die erste Voraussetzung für ein Absehen von der Erhebung von Ausgleichsbeträgen ist nach **S. 1 Nr. 1** eine nur **geringfügige Bodenwerterhöhung**, die durch ein Gutachten festgestellt worden ist. Dieses Gutachten muss nicht unbedingt der Gutachterausschuss erstellen, auch wenn dieser auf Antrag der Gemeinde nach § 193 Abs. 1 Nr. 1 hierzu verpflichtet ist. Zur Bestimmung der Geringfügigkeit einer Bodenwerterhöhung lässt sich weder ein fester absoluter noch relativer Betrag angeben. So kann zB eine geringe prozentuale Werterhöhung bei hohen Bodenwerten zu erheblichen Ausgleichsbeträgen führen. Eine geringfügige absolute Werterhöhung kann bei großen Grundstücken oder einer Vielzahl gleichgelagerter Fälle ebenfalls zu beträchtlichen Ausgleichsbeträgen führen (*Schmitz* in SU § 155 Rn. 25; s. auch die Beispiele bei *Kleiber* in EZBK § 155 Rn. 116).

15

2. Unverhältnismäßiger Verwaltungsaufwand (S. 1 Nr. 2). Als weitere Voraussetzung ist es nach **S. 1 Nr. 2** für ein Absehen von der Ausgleichsbetragserhebung erforderlich, dass der **Verwaltungsaufwand** gemessen an den zu erwartenden Einnahmen **zu hoch** ist. Unter dem Begriff „Verwaltungsaufwand" sind die sächlichen und personellen Kosten der Gemeinde zu verstehen, die für die Ermittlung und Erhebung der Ausgleichsbeträge entstehen (im Einzelnen hierzu *Kleiber* in EZBK § 155 Rn. 129ff.).

16

17 Letztlich wird es daher für ein Absehen von der Erhebung von Ausgleichsbeträgen immer einer **Abwägung der zu erwartenden Einnahmen und der voraussichtlichen Verwaltungskosten** bedürfen. Hierbei ist insbesondere das verfassungsrechtliche Gleichheitsgebot des Art. 3 Abs. 1 GG zu beachten, das zu einer **restriktiven Auslegung** der „Bagatellklausel" zwingt:

18 Dies gilt zunächst für den **Systemzusammenhang,** der zwischen der Begrenzung der Ausgleichs- und Entschädigungsleistungen nach § 153 Abs. 1 und der Preisbeschränkung für die Veräußerung von Grundstücken nach § 153 Abs. 2, der Pflicht der Gemeinden und Sanierungsträger zur Veräußerung von Grundstücken zum Neuordnungswert nach § 153 Abs. 4 und der Erhebung von Ausgleichsbeträgen besteht. Es ist diese **Spiegelbildlichkeit der Preisbestimmungen und der Regelungen des Ausgleichsbetrags,** die die Gleichbehandlung der sanierungsbetroffenen Grundeigentümer unabhängig davon sicherstellt, ob sie ihr Grundstück im Sanierungsgebiet veräußern oder es behalten. Da die Anwendung der Bagatellklausel wegen des zwingenden Charakters der übrigen Vorschriften in diesem System **nicht** von ihrer Beachtung freistellt, muss die Bagatellklausel selbst entsprechend ausgelegt werden. Nach der Rechtsprechung des Bundesverfassungsgerichts kann der Gesetzgeber praktischen Erfordernissen der Verwaltung lediglich insoweit Rechnung tragen, als dies nur „in geringfügigen und besonders gelagerten Fällen zu Ungleichheiten" führt (s. etwa BVerfG Beschl. v. 19. 4.1977 – 1 BvL 17/75, BVerfGE 44, 283 (288); dass. Beschl. v. 14.11.1969 – 1 BvL 4/69, BVerfGE 27, 220 (230); dass. Beschl. v. 2.8.1990 – 1 BvR 1431/86, juris).

19 Die Gemeinde kann zwar für das gesamte Sanierungsgebiet oder auch für bestimmte zu bezeichnende Teile des Sanierungsgebiets von der Festsetzung des Ausgleichsbetrags absehen. Sie muss hierbei aber die **sanierungsgebietsinterne Gleichbehandlung der Eigentümer** beachten. Bei gleichgelagerten Fällen kann sie nicht in einem Teil des Sanierungsgebiets von der Festsetzung von Ausgleichsbeträgen absehen und in einem anderen nicht. Auch bei verschiedenen, aber ähnlich gelagerten Sanierungsgebieten kann sie nicht ohne sachlichen Grund im einen von der Möglichkeit nach Abs. 3 Gebrauch machen und dies im anderen unterlassen.

20 Schließlich muss die Gemeinde auch für eine **sanierungsgebietsexterne Gleichbehandlung** sorgen. Führt die Gemeinde zB in der Sanierung Verbesserungen von Straßen durch, die nach Kommunalabgabenrecht beitragsfähig sind und ggf. außerhalb des Sanierungsgebiets zur Erhebung von Ausbaubeiträgen führen, muss sie die Eigentümer innerhalb und außerhalb des Sanierungsgebiets grundsätzlich in gleicher Weise – innerhalb der jeweiligen Finanzierungssysteme – zur Finanzierung heranziehen (→ zur Problematik der Abrechnung von Erschließungsanlagen, durch die sowohl Grundstücke innerhalb als auch außerhalb des Sanierungsgebiets erschlossen werden sowie § 154 Rn. 8 sowie § 127 Rn. 8f.). Die Bagatellklausel darf nicht dazu eingesetzt werden, die Grundeigentümer in Sanierungsgebieten zu privilegieren, indem sie nicht zur Finanzierung der Maßnahmen herangezogen werden.

21 **3. Zeitpunkt (S. 2).** Es kann für die Investitionsbereitschaft der Eigentümer im Sanierungsgebiet und damit für die Zweckerreichung der Sanierung vorteilhaft sein, das Absehen von der Erhebung von Ausgleichsbeträgen bereits zu **beschließen, bevor die Sanierung abgeschlossen** ist. Rechtsgrundlage für ein solches vorzeitiges Absehen von der Ausgleichsbetragserhebung ist **S. 2.** Dies ist dann möglich, wenn nach der Art der Sanierungsmaßnahme und bei nur geringem Entwicklungsdruck im Gebiet absehbar ist, dass die Bodenwerterhöhungen geringfügig sein werden und der Verwaltungsaufwand für die Erhebung dazu in keinem Verhältnis steht. Diese Entscheidung setzt allerdings die Ermittlung der Bodenwerterhöhungen für den Zeitpunkt des Abschlusses der Sanierung voraus. Voraussetzung hierfür ist, dass die Ziele und Zwecke der Sanierung festliegen und daher der Ausgleichsbetrag wie bei § 154 Abs. 3 S. 3 mit hinreichender Sicherheit ermittelt werden kann (vgl. *Schmitz* in

SU § 155 Rn. 22). In Gebieten des Bund-Länder-Programms „**Die soziale Stadt**" (vgl. § 171 e) wird vielfach von der Erhebung von Ausgleichsbeträgen abzusehen sein, weil hier gerade keine intensive investive Gebietsaufwertung angestrebt wird und daher allenfalls ein geringfügiger Anstieg der Bodenwerte zu erwarten ist, der Erhebungsaufwand aber beträchtlich sein würde.

4. Rechtsnatur, Verfahren. Die Entscheidung nach S. 1 ist eine **Allgemeinverfügung** im Sinne des § 35 S. 2 VwVfG. Sie wird regelmäßig vom Gemeinderat zu treffen sein, da sie wegen ihrer politischen Brisanz zumeist kein Geschäft der laufenden Verwaltung sein wird, für das der Gemeindedirektor oder der Bürgermeister zuständig wäre. Eine **Zustimmung der höheren Verwaltungsbehörde** zu der Entscheidung über das Absehen ist **nicht erforderlich**. 22

IV. Erlass des Ausgleichsbetrags (Abs. 4)

Abs. 4 S. 1 enthält in Anlehnung an § 135 Abs. 5 eine Regelung über den **Erlass** des Ausgleichsbetrags im **öffentlichen Interesse** oder zur **Vermeidung unbilliger Härten**. Auf die Erläuterungen zu § 135 Abs. 5 kann daher verwiesen werden (→ § 135 Rn. 19ff.). Als Maßstab für das gegenüber dem Erschließungsbeitragsrecht eigenständig zu bestimmende öffentliche Interesse sind nur die durch den Erlass zu fördernden Ziele und Zwecke der Sanierung anzusehen, nicht auch andere öffentliche Belange der Gemeinde, die nicht in unmittelbarem Zusammenhang mit der Sanierung stehen. Die Begünstigung des Eigentümers durch die Gemeinde ist daher nur gerechtfertigt, wenn dieser seinerseits einen Beitrag zur Förderung der Sanierungsziele erbracht hat. Eine gemeinnützige Tätigkeit als solche begründet hingegen keinen Anspruch auf Erlass (BVerwG Urt. v. 13.7.2006 – 4 C 5/05, BVerwGE 126, 238 (242)). Die „allgemeine Härte", die in der Erhebung von Ausgleichsbeträgen liegt, kann nicht zum Erlass von Ausgleichsbeträgen führen. Es muss sich vielmehr um eine Besonderheit des jeweiligen Grundstücks handeln, die dazu führt, dass ihm der Sanierungsvorteil nicht in dem sonst vorhandenen Ausmaß zugute kommt (→ § 135 Rn. 20). Für die Entscheidung nach Abs. 4 ist eine **Zustimmung der höheren Verwaltungsbehörde nicht erforderlich**. Nach **Abs. 4 S. 2** kann der Erlass im Wege der **vorzeitigen Freistellung** (→ § 135 Rn. 24f.) auch schon vor Abschluss der Sanierung, dh vor Entstehen der Zahlungspflicht, erfolgen. 23

V. Ergänzende Anwendbarkeit landesrechtlicher Vorschriften (Abs. 5)

Soweit das Bundesrecht keine abschließende Regelung enthält, wie dies hinsichtlich der Entstehung, Erhebung, Bekanntgabe und Fälligkeit der Fall ist, sind nach **Abs. 5** die **landesrechtlichen Vorschriften** über kommunale Beiträge **entsprechend anzuwenden**. Dies gilt insbesondere für weitergehende landesrechtliche Billigkeitsvorschriften über die Stundung und den Erlass sowie für die Vorschriften über die Abwicklung im Übrigen, d. h. über Verjährung, Verwirkung, Aufrechnung, Verzinsung, Säumniszuschläge, Erstattung und Vollstreckung. Es besteht hier insoweit dieselbe Rechtslage wie bei den Erschließungsbeiträgen; auf die diesbezüglichen Ausführungen kann daher verwiesen werden (→ § 135 Rn. 29ff.). 24

VI. Rechtsweg

Während für die Ausgleichs- und Entschädigungsleistungen nach dem Planungsschadensrecht, dem Umlegungsrecht und dem Enteignungsrecht die Baulandgerichte zuständig sind, hat der Gesetzgeber für Rechtsstreitigkeiten über Ausgleichsbeträge **keine Rechtswegzuweisung** getroffen. Da der Ausgleichsbetrag nach § 154 Abs. 4 S. 1 durch Bescheid, also durch Verwaltungsakt, angefordert wird, handelt es sich bei 25

§ 156　II. Kapitel. I. Teil. Städtebauliche Sanierungsmaßnahmen

diesbezüglichen Auseinandersetzungen um öffentlich-rechtliche Streitigkeiten nichtverfassungsrechtlicher Art, die nach § **40 Abs. 1 S. 1 VwGO** vor den **Verwaltungsgerichten** auszutragen sind. Dies gilt auch für Streitigkeiten aufgrund von Vereinbarungen in Bezug auf Ausgleichsbeträge, da es sich hierbei um öffentlich-rechtliche Verträge im Sinne der §§ 54 ff. VwVfG handelt.

26　Soll ein Verwaltungsakt angefochten werden, ist zuvor nach § 68 VwGO ein **Widerspruchsverfahren** durchzuführen, sofern dies nicht landesrechtlich abweichend geregelt ist. Da es sich bei Ausgleichsbeträgen um beitragsähnliche Leistungen handelt, haben Widerspruch und Klage nach § 80 Abs. 2 S. 1 Nr. 1 VwGO keine aufschiebende Wirkung (→ § 154 Rn. 6).

§ 156　Überleitungsvorschriften zur förmlichen Festlegung

(1) ¹**Beitragspflichten für Erschließungsanlagen im Sinne des § 127 Abs. 2, die vor der förmlichen Festlegung entstanden sind, bleiben unberührt.** ²**Entsprechendes gilt für Kostenerstattungsbeträge im Sinne des § 135 a Abs. 3.**

(2) **Hat die Umlegungsstelle vor der förmlichen Festlegung des Sanierungsgebiets in einem Umlegungsverfahren, das sich auf Grundstücke im Gebiet bezieht, den Umlegungsplan nach § 66 Abs. 1 aufgestellt oder ist eine Vorwegentscheidung nach § 76 getroffen worden, bleibt es dabei.**

(3) **Hat die Enteignungsbehörde vor der förmlichen Festlegung des Sanierungsgebiets den Enteignungsbeschluss nach § 113 für ein in dem Gebiet gelegenes Grundstück erlassen oder ist eine Einigung nach § 110 beurkundet worden, sind die Vorschriften des Ersten Kapitels weiter anzuwenden.**

Übersicht

	Rn.
1. Erschließungsbeiträge und Kostenerstattungsbeträge nach § 135a Abs. 3 (Abs. 1)	1
2. Umlegungsverfahren (Abs. 2)	3
3. Enteignungsverfahren (Abs. 3)	4

1　**1. Erschließungsbeiträge und Kostenerstattungsbeträge nach § 135a Abs. 3 (Abs. 1).** Nach § 154 Abs. 1 S. 2 können im Sanierungsgebiet keine Erschließungs- und Ausbaubeiträge erhoben werden. **Abs. 1 S. 1** bestimmt demgegenüber, dass bereits vor der förmlichen Festlegung des Sanierungsgebiets **entstandene Beitragspflichten bestehen bleiben.** Dies kann sich sowohl auf Beitragspflichten für eine Teileinrichtung nach § 127 Abs. 3 beziehen, wenn die Gemeinde von der Möglichkeit der Kostenspaltung Gebrauch gemacht hat, als auch auf einen Erschließungsbeitrag für eine Erschließungsanlage, den Abschnitt einer Erschließungsanlage oder eine Erschließungseinheit (→ zum Entstehen der Beitragspflicht § 133 Rn. 15 ff.). Dasselbe gilt für Ausbaubeiträge nach dem Kommunalabgabenrecht und gemäß **Abs. 1 S. 2** für Kostenerstattungsbeträge im Sinne des § 135a Abs. 3.

2　Werden durch die Sanierung **Erschließungsanlagen,** für die Beiträge erhoben worden sind, für den Anlieger **wert- oder nutzlos,** entfällt der Erschließungsvorteil und damit die innere Rechtfertigung für die Erhebung von Erschließungs- oder Ausbaubeiträgen. Soweit die Beiträge noch nicht gezahlt sind, entsteht dann ein **Vollzugshindernis,** so dass die Gemeinde den Beitrag nicht vollstrecken kann. Sind die Beiträge schon gezahlt worden und ist die Straße durch einen Bebauungsplan geändert worden, steht dem Betroffenen ein Anspruch auf **Entschädigung** nach § 39 S. 2 zu. Ist die Straße durch eine Planfeststellung, etwa nach dem Landesstraßenrecht, geändert worden, kommt unter Umständen ein Entschädigungsanspruch nach diesen

3. Abschnitt. Besondere sanierungsrechtliche Vorschriften § 156a

Vorschriften, ggf. in Verbindung mit § 74 Abs. 2 S. 3 VwVfG des betreffenden Landes, in Betracht.

2. Umlegungsverfahren (Abs. 2). Bei einer Umlegung im Sanierungsgebiet ist 3 die Wertermittlung nach Maßgabe von § 153 Abs. 5 zu modifizieren. Hierdurch wird die Abschöpfung der sanierungsbedingten Bodenwerterhöhungen in der Umlegung sichergestellt, so dass nach § 155 Abs. 2 bei Durchführung einer Umlegung ein Ausgleichsbetrag entfällt. Wird jedoch eine **Umlegung** bereits vor der förmlichen Festlegung des Sanierungsgebiets eingeleitet und erst in das besondere Sanierungsrecht **übergeleitet,** nachdem bereits ein Umlegungsplan oder Teilumlegungsplan nach § 66 Abs. 1 aufgestellt oder eine Vorwegentscheidung nach § 76 getroffen wurde, werden diese Entscheidungen durch das Sanierungsrecht nach **Abs. 2** nicht mehr geändert. Da hierbei jedoch die sanierungsbedingten Bodenwerterhöhungen nicht oder nur zum Teil abgeschöpft worden sind, kann insoweit eine **Nacherhebung** erfolgen (→ § 155 Rn. 4). Wird der Umlegungsplan im Nachhinein geändert, kann auch eine Abschöpfung der Bodenwerterhöhungen durch eine Anwendung des § 153 Abs. 5 im Rahmen der Änderung nach § 73 Nr. 1 erfolgen (→ § 155 Rn. 12).

3. Enteignungsverfahren (Abs. 3). Bei der **Enteignung** von Grundstücken im 4 Sanierungsgebiet ist die Entschädigungsleistung nach Maßgabe von § 153 Abs. 1 festzusetzen. Ist jedoch bereits der Enteignungsbeschluss nach § 113 erlassen oder eine Einigung nach § 110 beurkundet und damit auch eine Entscheidung über die Art und die Höhe der Entschädigungen sowie die Höhe der Ausgleichszahlungen getroffen worden, bleiben diese Entscheidungen nach **Abs. 3** bestehen. Auch hier kommt dann allerdings eine **Nacherhebung** des Ausgleichsbetrags in Betracht.

§ 156a Kosten und Finanzierung der Sanierungsmaßnahme

(1) ¹Ergibt sich nach der Durchführung der städtebaulichen Sanierungsmaßnahme und der Übertragung eines Treuhandvermögens des Sanierungsträgers auf die Gemeinde bei ihr ein Überschuss der bei der Vorbereitung und Durchführung der städtebaulichen Sanierungsmaßnahme erzielten Einnahmen über die hierfür getätigten Ausgaben, so ist dieser Überschuss auf die Eigentümer der im Sanierungsgebiet gelegenen Grundstücke zu verteilen. ²Maßgebend sind die Eigentumsverhältnisse bei der Bekanntmachung des Beschlusses über die förmliche Festlegung des Sanierungsgebietes. ³Ist nach diesem Zeitpunkt das Eigentum gegen Entgelt übertragen worden, so steht der auf das Grundstück entfallende Anteil dem früheren Eigentümer und dem Eigentümer, der zu einem Ausgleichsbetrag nach § 154 herangezogen worden ist, je zur Hälfte zu.

(2) **Die auf die einzelnen Grundstücke entfallenden Anteile des Überschusses sind nach dem Verhältnis der Anfangswerte der Grundstücke im Sinne des § 154 Abs. 2 zu bestimmen.**

(3) ¹**Die Gemeinde hat bei der Errechnung des Überschusses Zuschüsse abzuziehen, die ihr oder Eigentümern aus Mitteln eines anderen öffentlichen Haushalts zur Deckung von Kosten der Vorbereitung oder Durchführung der Sanierungsmaßnahme gewährt worden sind.** ²**Im Übrigen bestimmt sich das Verfahren zur Verteilung des Überschusses nach landesrechtlichen Regelungen.**

Übersicht

	Rn.
1. Grundsatz der Finanzierungsfunktion der Ausgleichsbeträge	1
2. Verteilung auf die Grundstücke im Sanierungsgebiet (Abs. 1)	2

§ 156a II. Kapitel. I. Teil. Städtebauliche Sanierungsmaßnahmen

	Rn.
3. Aufteilung nach dem Anfangswert (Abs. 2)	5
4. Berücksichtigung anderweitiger Deckung (Abs. 3 S. 1)	6
5. Verfahren nach Landesrecht (Abs. 3 S. 2)	8

1 **1. Grundsatz der Finanzierungsfunktion der Ausgleichsbeträge.** Die Erhebung von Ausgleichsbeträgen dient nach § 154 Abs. 1 S. 1 der **Finanzierung der Sanierung,** nicht der allgemeinen Einnahmeerzielung der Gemeinden (→ § 154 Rn. 4; BVerwG Urt. v. 4.3.1999 – 4 C 8/98, NVwZ 1999, 1336; OVG Hamburg Urt. v. 2.2.2012 – 4 Bf 79/09, DVBl. 2012, 520). Dies erfordert zum einen die **Anrechnung** von bestimmten Leistungen der Eigentümer auf den Ausgleichsbetrag, wie es § 155 vorsieht (→ § 155 Rn. 1 f.). Zum anderen zwingt diese Zwecksetzung der besonderen sanierungsrechtlichen Vorschriften die Gemeinden dazu, einen (jedoch nur im Ausnahmefall denkbaren) **Überschuss der Einnahmen über die Ausgaben** im Zusammenhang mit der jeweiligen Sanierungsmaßnahme an die Eigentümer zurückzuzahlen. Den Grundsatz der **Überschusserstattung** und die Grundsätze der **Überschussverteilung** regeln § 156a. Bei städtebaulichen Entwicklungsmaßnahmen ist § 156a nach § 171 Abs. 1 S. 2 entsprechend anzuwenden.

2 **2. Verteilung auf die Grundstücke im Sanierungsgebiet (Abs. 1). Abs. 1 S. 1** besagt, dass ein etwaiger Überschuss nach Vorbereitung und Durchführung der Sanierungsmaßnahme auf die Eigentümer der im Sanierungsgebiet gelegenen Grundstücke zu verteilen ist. Damit wird zunächst klargestellt, dass es sich um einen Überschuss im **jeweiligen einzelnen Sanierungsgebiet** handeln muss. Hingegen kann die Gemeinde nicht zwischen verschiedenen Sanierungsgebieten eine Art „Quersubventionierung" vornehmen, also Überschüsse in dem einen Gebiet mit Verlusten in einem anderen verrechnen. Sodann ergibt sich aus Abs. 1 S. 1, dass nicht nur die **Kosten der Durchführung,** sondern **auch die Kosten der Vorbereitung** der Sanierung bei der Überschussermittlung zu berücksichtigen sind. Dabei ist es im Rahmen des § 141 im Wesentlichen Aufgabe der Gemeinde, zu bestimmen, welchen Aufwand sie etwa für vorbereitende Maßnahmen für erforderlich hält (→ § 141 Rn. 2). Hat die Gemeinde zu Unrecht von der Erhebung von Ausgleichsbeträgen abgesehen, kann dieser Erlass des Ausgleichsbetrags nicht den Überschuss mindern, sondern muss zu Lasten des gemeindlichen Haushalts gehen (vgl. VGH Mannheim Urt. v. 28.1.2005 – 8 S 1826/04, BauR 2006, 349 (351)). Einnahmeausfälle gehen hingegen nicht zu Lasten der Gemeinde. Abs. 1 S. 1 bestimmt, dass **Empfänger** des Überschusses allein die **Eigentümer der im Sanierungsgebiet gelegenen Grundstücke** sind, sofern nicht ausdrücklich, wie in Abs. 1 S. 3 (→ Rn. 4), etwas anderes bestimmt ist. Erbbauberechtigte gehören hier in Entsprechung zu der Bestimmung der Ausgleichspflichtigen in § 154 ebenso wenig zu den Empfängern wie dort. Zum Zeitpunkt der Erstattung enthält das Gesetz keine nähere Bestimmung. Die Gemeinde wird die Erstattung aber nach dem allgemeinen Gebot zügiger Durchführung von Sanierungsmaßnahmen (vgl. § 136 Abs. 1) vorzunehmen haben, wenn ein etwaiger Überschuss mit hinreichender Sicherheit zu ermitteln ist (vgl. *Kleiber* in EZBK § 156a Rn. 17).

3 **Abs. 1 S. 2** legt als Zeitpunkt für die Bestimmung des Kreises der begünstigten Eigentümer die **Bekanntmachung** des Beschlusses über die **förmliche Festlegung** des Sanierungsgebiets fest. Damit wird sichergestellt, dass alle Eigentümer, die nach § 154 Abs. 1 S. 1 ausgleichsbetragspflichtig sind, auch an einer etwaigen Überschussverteilung beteiligt werden. Wegen dieser notwendigen Spiegelbildlichkeit von § 154 Abs. 1 S. 1 und § 156a ist die Regelung in § 154 Abs. 1 S. 1, dass **Miteigentümer** im Verhältnis ihrer Anteile heranzuziehen sind (→ § 154 Rn. 7), auch hier anzuwenden.

4 Abweichend von Abs. 1 S. 2 bestimmt **Abs. 1 S. 3,** dass im Falle eines **Grundstücksverkaufs** nach der förmlichen Festlegung des Sanierungsgebiets der auf das Grundstück entfallende **Überschussanteil an den früheren und an den jetzigen**

Eigentümer je zur Hälfte auszuzahlen ist. Dies trägt dem Umstand Rechnung, dass der Kaufpreis eines Grundstücks im Sanierungsgebiet nach § 153 Abs. 2 einer Preisprüfung unterliegt und die Veräußerung nur genehmigt wird, wenn der Kaufpreis keine sanierungsbedingten Wertsteigerungen enthält (§ 153 Rn. 11). Der frühere Eigentümer zahlt so im Verkaufsfall zwar keinen Ausgleichsbetrag, erhält aber auch keine sanierungsbedingte Wertsteigerung. Der neue Eigentümer behält mit dem Grundstück auch dessen Wertsteigerungen, muss dafür aber einen Ausgleichsbetrag zahlen. Der alte und der neue Eigentümer sind daher im Ergebnis gleich belastet, so dass es konsequent ist, dass der auf das Grundstück entfallende Anteil des Überschusses ihnen nach Abs. 1 S. 3 zu gleichen Teilen zusteht.

3. Aufteilung nach dem Anfangswert (Abs. 2). Abs. 2 enthält die Regelung, 5 wie der Überschuss unter den nach Abs. 1 in die Überschussverteilung einzubeziehenden Grundstücken **aufzuteilen** ist. Als maßgebend dafür wird der **Anfangswert der Grundstücke** nach § 154 Abs. 2 (→ § 154 Rn. 10) bestimmt.

4. Berücksichtigung anderweitiger Deckung (Abs. 3 S. 1). Abs. 3 S. 1 ver- 6 pflichtet die **Gemeinde, Mittel aus einem anderen öffentlichen Haushalt,** die ihr zur **Deckung der Kosten** der Sanierungsmaßnahme zugeflossen sind, bei der Ermittlung des Überschusses abzuziehen. Wie im Erschließungsbeitragsrecht handelt es sich hierbei um eine anderweitige Deckung, die den Eigentümern und nicht der Gemeinde Entlastung bringen soll (→ § 129 Rn. 18ff.). Hier kommt die eine Erhebung von Ausgleichsbeträgen begrenzende Funktion der Ausgleichsbeträge, nur zur Finanzierung der Sanierung zu dienen (→ § 154 Rn. 1, 4), zum Ausdruck. Daher ist es folgerichtig, wenn die Einbeziehung anderweitiger Deckung wie bei der Erhebung von – allein kostenorientierten – Erschließungsbeiträgen vorgeschrieben wird. Dienen die Mittel dritter Stellen jedoch zur allgemeinen **Deckung des Gemeindehaushalts** (→ § 129 Rn. 19), sind sie bei der Errechnung des Überschusses nicht zu berücksichtigen.

Dasselbe gilt, wenn ein **Eigentümer** auf der Grundlage eines städtebaulichen Ver- 7 trags nach § 246 Abs. 3 die Durchführung von Ordnungsmaßnahmen oder die Errichtung von Gemeinbedarfs- und Folgeeinrichtungen übernommen und hierfür öffentliche Gelder erhalten hat. Hat die Gemeinde hierdurch Aufwendungen erspart, muss auch dies bei der Feststellung des Überschusses berücksichtigt werden.

5. Verfahren nach Landesrecht (Abs. 3 S. 2). Für das Verfahren zur Verteilung 8 des Überschusses verweist **Abs. 3 S. 2** auf das **Landesrecht,** dh im Wesentlichen auf die Kommunalabgabengesetze in Verbindung mit den Verwaltungsverfahrensgesetzen der Länder sowie der Abgabenordnung, auf die die Kommunalabgabengesetze ihrerseits Bezug nehmen.

Vierter Abschnitt. Sanierungsträger und andere Beauftragte

§ 157 Erfüllung von Aufgaben für die Gemeinde

(1) ¹Die Gemeinde kann sich zur Erfüllung von Aufgaben, die ihr bei der Vorbereitung oder Durchführung der Sanierung obliegen, eines geeigneten Beauftragten bedienen. ²Sie darf jedoch die Aufgabe,
1. städtebauliche Sanierungsmaßnahmen durchzuführen, die der Gemeinde nach den §§ 146 bis 148 obliegen,
2. Grundstücke oder Rechte an ihnen zur Vorbereitung oder Durchführung der Sanierung im Auftrag der Gemeinde zu erwerben,
3. der Sanierung dienende Mittel zu bewirtschaften,

nur einem Unternehmen (Sanierungsträger) übertragen, das die Voraussetzungen für die Übernahme der Aufgaben als Sanierungsträger nach § 158 erfüllt.

§ 157 II. Kapitel. I. Teil. Städtebauliche Sanierungsmaßnahmen

(2) **Die Gemeinde soll die Ausarbeitung der Bauleitpläne und die Aufgaben eines für eigene Rechnung tätigen Sanierungsträgers nicht demselben Unternehmen oder einem rechtlich oder wirtschaftlich von ihm abhängigen Unternehmen übertragen.**

Übersicht

	Rn.
1. Allgemeines	1
2. Befugnis der Gemeinde	2
3. Beauftragte	3
4. Übertragungsfähige Aufgaben	4
5. Zeitpunkt der Beauftragung	8
6. Vertrag	9

1 **1. Allgemeines.** Die Planung und Durchführung städtebaulicher Gesamtmaßnahmen ist eine schwierige gemeindliche Verwaltungsaufgabe, die nur mit erfahrenem Personal erfüllt werden kann. Zur Entlastung des eigenen Personals und um sich der Fachkenntnisse und Erfahrungen anderer zu bedienen, ist die weitgehende Beauftragung privatrechtlich tätiger natürlicher oder juristischer Personen mit der Wahrnehmung dieser Aufgabe zu empfehlen. Diese Personen werden vom Gesetz als **Beauftragte** bezeichnet (Träger und andere Beauftragte). In der Beauftragung Dritter bei der Vorbereitung und Durchführung der Sanierung ist ein wichtiger Ansatz zu sehen, mit privatwirtschaftlichen Formen die Effizienz bei der Erfüllung dieser öffentlichen Aufgaben zu erhöhen. Zum Beauftragten und Träger nach **Entwicklungsrecht** vgl. § 167.

2 **2. Befugnis der Gemeinde.** §§ 157 ff. enthalten spezielle Regelungen über **städtebauliche Verträge**; vgl. § 11. Nach **Abs. 1 S. 1** ist die Gemeinde ermächtigt, sich zur Erfüllung von Aufgaben, die ihr bei der Vorbereitung oder Durchführung der Sanierung oblagen, eines geeigneten Beauftragten zu bedienen. Die Regelung ist als **Kann-Bestimmung** gefasst. Es handelt sich um eine Ermächtigung der Gemeinde. Jedoch kann die Bewilligungsbehörde für Sanierungsförderungsmittel im Rahmen des **förderungsrechtlichen Verhältnisses** die Beauftragung eines Beauftragen aufgeben, sofern konkrete Anhaltspunkte dafür vorliegen, dass andernfalls der mit der Gewährung von Förderungsmitteln verfolgte Zweck nicht erreicht wird.

3 **3. Beauftragte.** Die Gemeinde kann ihr obliegende Sanierungsaufgaben auf einen **geeigneten Beauftragten** übertragen. **„Beauftragter"** bedeutet, dass die übertragene Aufgabe eine gemeindliche Aufgabe bleibt. Der Beauftragte muss **„geeignet"** sein, die Aufgaben für die Gemeinde wahrzunehmen. Der Begriff „Beauftragter" wird in §§ 157 ff. als Oberbegriff verwendet. Das Gesetz unterscheidet insbesondere Aufgaben, die nach Abs. 1 S. 2 nur einem **„Unternehmen"** übertragen werden können; § 157 Abs. 1 S. 2 und § 158 bezeichnen diese Unternehmen als **„Sanierungsträger"**.

4 **4. Übertragungsfähige Aufgaben.** Nach **Abs. 1 S. 1** können **alle Aufgaben,** die bei der Vorbereitung oder Durchführung der Sanierung anfallen, an einen Beauftragten übertragen werden (zu den **Ausnahmen** → Rn. 5 und 6). Zu den Aufgaben der Vorbereitung und Durchführung vgl. §§ 140, 146 bis 148. Die Übertragung der darin genannten Aufgaben findet jedoch nach dem Grundsatz der Gesetzmäßigkeit der Verwaltung dort eine Grenze, wo es sich um **hoheitliche Befugnisse** der Gemeinde handelt. § 33 Abs. 4 StBauFG hatte ausdrücklich angeordnet, dass hoheitliche Befugnisse nicht an einen Beauftragten übertragen werden dürfen. Auch für die Beauftragung nach § 157 gilt, dass es zur Übertragung hoheitlicher Verwaltungskompetenz auf einen Privatrechtsträger einer gesetzlichen Ermächtigung bedarf. Insbeson-

4. Abschnitt. Sanierungsträger und andere Beauftragte § 157

dere sind solche Aufgaben nicht übertragbar, die nach dem Gesetz zwingend einen **Beschluss der Gemeinde** voraussetzen; vgl. § 141 Abs. 3 über die Einleitung der Vorbereitung der Sanierung und § 142 Abs. 1 über den Beschluss, ein Gebiet förmlich als Sanierungsgebiet festzulegen. Auch die Ermächtigung zum **Erlass von Verwaltungsakten** ist nicht übertragbar.

Dagegen kommen als **übertragbare Aufgaben** insbesondere in Betracht: die 5 Durchführung der vorbereitenden Untersuchungen (§ 141), die Verhandlungen mit den Beteiligten (§§ 137, 139), insbesondere die Erörterung mit den Eigentümern, Mietern und sonstigen Sanierungsbetroffenen und ihre Beratung und Anregung bei der Durchführung der erforderlichen baulichen Maßnahmen, die Durchführung der erforderlichen Befragungen (vgl. § 138), die Vorarbeiten für das Sanierungskonzept (§ 140 Nr. 3) bis hin zu Bebauungsplanentwürfen (§ 140 Nr. 4), die Erarbeitung und Fortschreibung des Sozialplans (§ 140 Nr. 6), die Durchführung von Ordnungsmaßnahmen (§ 147), soweit sie nicht als Hoheitsaufgabe der Gemeinde vorbehalten sind (zB die gesetzliche, wohl aber die freiwillige Umlegung), die Baumaßnahmen (§ 148), der Grunderwerb (§ 147 S. 1 Nr. 1) im Auftrag der Gemeinde, die Bewirtschaftung der der Sanierung dienenden Mittel.

Abs. 1 S. 2 schränkt die Übertragung bestimmter Aufgaben auf solche Unterneh- 6 men ein, welche die Voraussetzungen für die Übernahme der Aufgaben nach § 158 als Sanierungsträger erfüllen. Dabei handelt es sich um folgende Aufgaben: die Durchführung der Ordnungs- und Baumaßnahmen (§§ 146 bis 148), der Erwerb von Grundstücken oder Rechten an ihnen zur Vorbereitung oder Durchführung der Sanierung im Auftrage der Gemeinde sowie die Bewirtschaftung der der Sanierung dienenden Mittel. Nach § 27 a Abs. 1 S. 1 Nr. 2 kann die Gemeinde das Vorkaufsrecht zugunsten eines Sanierungsträgers ausüben. „Sonstigen" Beauftragten, also Beauftragten, die keine Unternehmen iS des Abs. 1 S. 2 sind, können danach im Wesentlichen Aufgaben der Vorbereitung (§ 140) übertragen werden. Natürliche Personen und nicht anerkannte Unternehmen sind dagegen von der Beauftragung mit den (gemeindlichen) Durchführungsaufgaben ausgeschlossen. Umgekehrt kann ein anerkannter Sanierungsträger auch die nicht in Abs. 1 S. 2 genannten Aufgaben, also insbesondere auch die Aufgaben der Vorbereitung wahrnehmen.

Eine weitere Beschränkung bei der Übertragung von Aufgaben enthält **Abs. 2.** 7 Danach soll die Gemeinde die **Ausarbeitung der Bauleitpläne** und die Aufgaben eines **für eigene Rechnung tätigen Sanierungsträgers** nicht demselben Unternehmen oder einem rechtlich oder wirtschaftlich von ihm **abhängigen Unternehmen** übertragen. Zum Begriff des auf eigene Rechnung tätigen Sanierungsträgers vgl. § 159 Abs. 1 S. 1. Die Vorschrift schließt Unternehmensträger damit nicht generell von den Vorbereitungsaufgaben aus, sondern will nur hinsichtlich der Ausarbeitung von Bauleitplänen Konfliktsituationen vermeiden. Nach Abs. 2 iVm § 159 Abs. 1 S. 1 kann daher der auf eigene Rechnung tätige Sanierungsträger nicht gleichzeitig Ordnungs- und Baumaßnahmen für die Gemeinde durchführen **und** die Ausarbeitung von Bauleitplänen übernehmen. Die Verbotsregelung des Abs. 2 soll damit der Gefahr vorbeugen, dass ein Sanierungsunternehmer bei der Ausarbeitung der Entwürfe von Bauleitplänen seine eigenen Interessen im Hinblick auf die spätere bauliche Nutzung in den Vordergrund rücken könnte.

5. Zeitpunkt der Beauftragung. Das Gesetz enthält keine ausdrückliche Rege- 8 lung darüber, ab welchem Zeitpunkt Sanierungsaufgaben an einen Beauftragten übertragen werden können. § 33 Abs. 3 StBauFG (in das BauGB nicht übernommen) bestimmte hierzu ausdrücklich, dass ein Auftrag zur Erfüllung von Aufgaben bei der Vorbereitung der Sanierung bereits **vor einer förmlichen Festlegung** des Sanierungsgebiets erteilt werden kann. Frühester Zeitpunkt für die Übertragung von Vorbereitungsaufgaben ist der Beschluss der Gemeinde, die Vorbereitung der Sanierung einzuleiten; § 141 Abs. 3 S. 1. Soweit die Gemeinde zur Vorbereitung dieses Beschlus-

§ 158

II. Kapitel. I. Teil. Städtebauliche Sanierungsmaßnahmen

ses **Voruntersuchungen** (→ § 141 Rn. 10) durchzuführen beabsichtigt, kann sie sich hierzu Beauftragter bedienen. §§ 157 ff. finden auf solche Vertragsverhältnisse jedoch noch keine Anwendung. Die Gemeinde kann den Sanierungsvertrag auch schon vor dem Beschluss nach § 141 Abs. 3 abschließen.

9 **6. Vertrag.** Die Übertragung der Sanierungsaufgaben auf den Beauftragten erfolgt auf der Grundlage eines Vertrags zwischen dem Beauftragten und der Gemeinde. Es handelt sich um einen **öffentlich-rechtlichen Vertrag** gem. § 54 VwVfG. Vgl. entsprechend § 124 über den Erschließungsvertrag. Zu **städtebaulichen Verträgen** → weiterhin die Erl. zu § 11. § 159 Abs. 2 enthält darüber hinaus besondere Anforderungen für den Vertrag zwischen Gemeinde und Sanierungsträger, also in den Fällen der Übertragung von Aufgaben i S des Abs. 1 S. 2.

§ 158 Voraussetzungen für die Beauftragung als Sanierungsträger

Dem Unternehmen können die Aufgaben als Sanierungsträger nur übertragen werden, wenn
1. **das Unternehmen nicht selbst als Bauunternehmen tätig oder von einem Bauunternehmen abhängig ist,**
2. **das Unternehmen nach seiner Geschäftstätigkeit und seinen wirtschaftlichen Verhältnissen geeignet und in der Lage ist, die Aufgaben eines Sanierungsträgers ordnungsgemäß zu erfüllen,**
3. **das Unternehmen, sofern es nicht bereits kraft Gesetzes einer jährlichen Prüfung seiner Geschäftstätigkeit und seiner wirtschaftlichen Verhältnisse unterliegt, sich einer derartigen Prüfung unterworfen hat oder unterwirft,**
4. **die zur Vertretung berufenen Personen sowie die leitenden Angestellten die erforderliche geschäftliche Zuverlässigkeit besitzen.**

Übersicht

	Rn.
1. Überblick	1
2. Voraussetzungen	2

1 **1. Überblick.** Nach § 157 Abs. 1 S. 2 können bestimmte Sanierungsaufgaben nur einem Unternehmen übertragen werden, das die Voraussetzungen des § 158 erfüllt. Bis zum EAG Bau 2004 war in § 158 eine **Bestätigung** der nach Landesrecht zuständigen Behörde vorgesehen. Diese Bestätigung ist entfallen; begründet wurde dies mit dem Aspekt der Deregulierung und kommunalen Eigenverantwortung (BT-Drs. 15/2996 zu § 158). Die Voraussetzungen sind in § 158 Nr. 1 bis 4 enthalten. Diese Voraussetzungen müssen insgesamt erfüllt sein. Die Prüfung obliegt der Gemeinde.

2 **2. Voraussetzungen.** Nach **Abs. 1 Nr. 1** können nur solchen Unternehmen die Aufgaben als Sanierungsträger übertragen werden, die **nicht selbst als Bauunternehmen tätig** oder **von einem Bauunternehmen abhängig** sind.

3 Als **Bauunternehmen** gelten Unternehmen, die gewerblich Baustoffe und Bauelemente herstellen oder vertreiben, und Unternehmen, die Hoch- und Tiefbauten ausführen, instand setzen oder instand halten, ändern oder beseitigen. Von der Tätigkeit als Bauunternehmer ist die Tätigkeit als **Bauherr**, als **Betreuer** anderer Bauherren oder als **Verwalter** eigener oder fremder Wohnungen zu unterscheiden. Ein **Abhängigkeitsverhältnis** iS des Abs. 1 Nr. 1 liegt vor, wenn auf das eine Bestätigung beantragende, rechtlich selbstständige Unternehmen ein Bauunternehmen unmittelbar oder mittelbar einen beherrschenden Einfluss ausüben kann (vgl. entsprechend § 17 Abs. 1 Aktiengesetz).

Nach **Abs. 1 Nr. 2** ist weitere Voraussetzung, dass das Unternehmen nach seiner Geschäftstätigkeit und seinen wirtschaftlichen Verhältnissen die Aufgaben eines Sanierungsträgers **ordnungsgemäß erfüllen kann**. Dass der Unternehmer bereits in der Vergangenheit als Sanierungsträger oder an einer vergleichbaren städtebaulichen oder wohnungswirtschaftlichen Aufgabe tätig war, kann hierbei berücksichtigt werden. Jedoch ist das Gesetz für die Neugründung von Unternehmen zum speziellen Zwecke der Wahrnehmung der Trägeraufgabe offen; vgl. die entsprechenden abgabenrechtlichen Begünstigungen in § 151. An die Eignung eines Unternehmens, sind entsprechend der besonderen Verantwortung **hohe Anforderungen** zu stellen. Bei den bereits in der Sanierung tätigen Unternehmen werden die mit ihnen gemachten Erfahrungen zu berücksichtigen sein. Die Gemeinde muss sich insbesondere Kenntnisse über die rechtlichen und organisatorischen Verhältnisse und die unternehmerischen Aufgaben verschaffen. Dies gilt insbesondere auch für die Beurteilung der **wirtschaftlichen Verhältnisse** des Unternehmens. Hierzu kommen zB die Vorlage aktueller Prüfungsberichte eines Wirtschaftsprüfers oder eines zugelassenen Wirtschaftsprüfer-Unternehmens in Betracht. Bei privatrechtlich unbegrenzt haftenden Unternehmensinhabern oder Gesellschaftern ist hierbei eine Übersicht über die **privaten Vermögenswerte und Verbindlichkeiten** von Bedeutung.

Abs. 1 Nr. 3 erfordert darüber hinaus, dass sich das Unternehmen einer jährlichen Prüfung seiner Geschäftstätigkeit und seiner wirtschaftlichen Verhältnisse unterwirft, sofern es nicht bereits kraft Gesetzes einer solchen Prüfung unterliegt. Das BauGB hat die in § 34 **Abs. 3** und § 35 **Abs. 4** StBauFG enthaltenen weiteren Anforderungen hinsichtlich der **Prüfung der Geschäftstätigkeit** nicht übernommen. Nach § 34 Abs. 3 StBauFG war vorgesehen, dass für ein Unternehmen, das nicht bereits kraft Gesetzes einer Prüfung unterliegt, in der Bestätigung der Gegenstand der Prüfung zu bestimmen ist. Nach § 35 Abs. 4 StBauFG war vorgesehen, dass bei der jährlichen Prüfung der Geschäftstätigkeit des Sanierungsträgers auch die Einhaltung der Vorschriften des StBauFG und des mit der Gemeinde geschlossenen Vertrags zu prüfen ist. Diese Regelungen haben – ohne sachliche Vertiefung des Prüfungsgegenstandes – zu wiederholten Prüfungsvorgängen geführt. Auch nach der Aufhebung des § 35 Abs. 4 StBauFG und der Streichung der „Bestätigung" als Sanierungsträger (EAG Bau 2004) bleibt es dabei, dass jedes im Zuge der Sanierungsmaßnahme abgeschlossene Rechtsgeschäft und jeder sonstige sanierungsrelevante Vorgang im Rahmen der **Kommunalaufsicht** überprüft wird. Im Hinblick auf den Einsatz von öffentlichen Fördermitteln, die von Unternehmen nach § 157 Abs. 1 S. 2 Nr. 3 bewirtschaftet werden, findet eine weitere Überprüfung durch die **Bewilligungsbehörden** statt.

Abs. 1 Nr. 4 nennt als weitere Voraussetzung für die Eignung eines Unternehmens, dass die zur Vertretung des Unternehmens berufenen Personen die erforderliche **geschäftliche Zuverlässigkeit** besitzen. Das Gleiche wird von den leitenden Angestellten des Unternehmens gefordert.

Die in § 158 genannten Voraussetzungen lassen andere rechtliche Voraussetzungen unberührt wie zB die Anwendung des **Vergaberechts** bei der Auswahl des Sanierungsträgers.

§ 159 Erfüllung der Aufgaben als Sanierungsträger

(1) ¹**Der Sanierungsträger erfüllt die ihm von der Gemeinde übertragenen Aufgaben nach § 157 Abs. 1 Satz 2 Nr. 1 oder 2 im eigenen Namen für Rechnung der Gemeinde als deren Treuhänder oder im eigenen Namen für eigene Rechnung.** ²**Die ihm von der Gemeinde übertragene Aufgabe nach § 157 Abs. 1 Satz 2 Nr. 3 erfüllt er im eigenen Namen für Rechnung der Gemeinde als deren Treuhänder.** ³**Der Sanierungsträger hat der Gemeinde auf Verlangen Auskunft zu erteilen.**

§ 159 II. Kapitel. I. Teil. Städtebauliche Sanierungsmaßnahmen

(2) ¹Die Gemeinde und der Sanierungsträger legen mindestens die Aufgaben, die Rechtsstellung, in der sie der Sanierungsträger zu erfüllen hat, eine von der Gemeinde hierfür zu entrichtende angemessene Vergütung und die Befugnis der Gemeinde zur Erteilung von Weisungen durch schriftlichen Vertrag fest. ²Der Vertrag bedarf nicht der Form des § 311b Abs. 1 des Bürgerlichen Gesetzbuchs. ³Er kann von jeder Seite nur aus wichtigem Grund gekündigt werden.

(3) ¹Der Sanierungsträger ist verpflichtet, die Grundstücke, die er nach Übertragung der Aufgabe zur Vorbereitung oder Durchführung der Sanierung erworben hat, nach Maßgabe des § 89 Abs. 3 und 4 und unter Beachtung der Weisungen der Gemeinde zu veräußern. ²Er hat die Grundstücke, die er nicht veräußert hat, der Gemeinde anzugeben und auf ihr Verlangen an Dritte oder an sie zu veräußern.

(4) ¹Ist in dem von dem Erwerber an den Sanierungsträger entrichteten Kaufpreis ein Betrag enthalten, der nach den §§ 154 und 155 vom Eigentümer zu tragen wäre, hat der Sanierungsträger diesen Betrag an die Gemeinde abzuführen oder mit ihr zu verrechnen. ²In den Fällen des § 153 Abs. 4 Satz 2 hat der Sanierungsträger Ansprüche aus dem Darlehen auf Verlangen entweder an die Gemeinde abzutreten und empfangene Zinsen und Tilgungen an sie abzuführen oder sie mit ihr zu verrechnen.

(5) Der Sanierungsträger hat für die Grundstücke, deren Eigentümer er bleibt, an die Gemeinde Ausgleichsbeträge nach Maßgabe der §§ 154 und 155 zu entrichten.

(6) ¹Kündigt die Gemeinde im Falle der Eröffnung des Insolvenzverfahrens über das Vermögen des für eigene Rechnung tätigen Sanierungsträgers den mit diesem geschlossenen Vertrag, kann sie vom Insolvenzverwalter verlangen, ihr die im förmlich festgelegten Sanierungsgebiet gelegenen Grundstücke, die der Sanierungsträger nach Übertragung der Aufgaben zur Vorbereitung oder Durchführung der Sanierung erworben hat, gegen Erstattung der vom Sanierungsträger erbrachten Aufwendungen zu übereignen. ²Der Insolvenzverwalter ist verpflichtet, der Gemeinde ein Verzeichnis dieser Grundstücke zu übergeben. ³Die Gemeinde kann ihren Anspruch nur binnen sechs Monaten nach Übergabe des Grundstücksverzeichnisses geltend machen. ⁴Im Übrigen haftet die Gemeinde den Gläubigern von Verbindlichkeiten aus der Durchführung der Ordnungsmaßnahmen wie ein Bürge, soweit sie aus dem Vermögen des Sanierungsträgers im Insolvenzverfahren keine vollständige Befriedigung erlangt haben.

Übersicht

	Rn.
1. Sanierungstreuhänder und Sanierungsunternehmer (Abs. 1)	1
2. Sanierungsvertrag (Abs. 2)	2
3. Veräußerungspflicht (Abs. 3)	5
4. Sanierungsbedingte Mehrwerte; Ausgleichsbetrag (Abs. 4 und 5)	6
5. Insolvenzverfahren (Abs. 6)	7

1 **1. Sanierungstreuhänder und Sanierungsunternehmer (Abs. 1).** Abs. 1 S. 1 sieht zwei unterschiedliche Rechtsstellungen des Sanierungsträgers vor: Der Sanierungsträger kann als **Sanierungstreuhänder** tätig werden, also in eigenem Namen für Rechnung der Gemeinde als deren Treuhänder. Er kann weiterhin als **Sanierungsunternehmer** tätig werden, also im eigenen Namen für eigene Rechnung. Das Gesetz schränkt die Wahlmöglichkeiten zwischen beiden Rechtsstellungen auf die Fälle des § 157 Abs. 1 S. 2 Nr. 1 oder 2 ein, also auf die Durchführung von Bau-

und Ordnungsmaßnahmen sowie den Grunderwerb. Die Bewirtschaftung der der Sanierung dienenden Mittel (§ 157 Abs. 1 S. 2 Nr. 3) erfüllt der Sanierungsträger dagegen stets im eigenen Namen für Rechnung der Gemeinde als deren Treuhänder; **Abs. 1 S. 2.** Eine weitere Einschränkung der Wahlmöglichkeit ergibt sich hinsichtlich des Unternehmensträgers auch aus § 157 Abs. 2 über die Ausarbeitung von Bauleitplänen; → § 157 Rn. 7. Im Entwicklungsrecht ist nur der Treuhänderträger zugelassen; § 167 Abs. 2 S. 1.

2. Sanierungsvertrag (Abs. 2). Nach **Abs. 2** haben die Gemeinde und der Sanierungsträger die Aufgabenübertragung in einem **schriftlichen Vertrag** (§ 126 BGB; vgl. auch § 57 VwVfG) zu regeln. Der Sanierungsvertrag ist ein öffentlichrechtlicher Vertrag; → § 157 Rn. 7. Der Sanierungsvertrag bedarf keiner **notariellen Beurkundung** nach § 311b Abs. 1 BGB, und zwar auch dann nicht, wenn der Vertrag Verpflichtungen zur Veräußerung oder zum Erwerb von Grundstücken begründet; **Abs. 2 S. 2.**

Nach **Abs. 2 S. 1** muss der Sanierungsvertrag mindestens folgende Regelungen enthalten: Der Vertrag muss die **Aufgaben** festlegen, die dem Sanierungsträger übertragen werden. Der Sanierungsvertrag muss weiterhin die **Rechtsstellung** des Sanierungsträgers (Sanierungstreuhänder oder Sanierungsunternehmer; → Rn. 1) festlegen. Der Vertrag muss auch eine Regelung über die an den Sanierungsträger zu zahlende **angemessene Vergütung** enthalten. Von besonderer Bedeutung ist weiterhin die vertraglich einzuräumende Befugnis der Gemeinde, dem Träger **Weisungen** erteilen zu können. Im Zusammenhang mit dem Weisungsrecht der Gemeinde hat die Verpflichtung nach **Abs. 1 S. 3** besondere Bedeutung. Danach muss der Sanierungsträger der Gemeinde auf Verlangen **Auskunft** erteilen.

Der Sanierungsvertrag **endet** im Regelfall mit seiner Erfüllung. Zu den Rechtsfolgen bei Eröffnung des Insolvenzverfahrens vgl. Abs. 6 S. 1 für den Fall des im eigenen Namen für eigene Rechnung tätigen Sanierungsträgers (Sanierungsunternehmer) sowie § 161 Abs. 3 S. 1 für den Sanierungstreuhänder. Darüber hinaus sieht **Abs. 1 S. 3** vor, dass der Vertrag von jeder Seite gekündigt werden kann, jedoch **nur aus wichtigem Grund.** Ein solcher Grund ist zB die Aufgabe der Sanierungsabsicht der Gemeinde oder die zögerliche Durchführung der Sanierung durch den Sanierungsträger (vgl. weiterhin die Kündigung nach Abs. 6).

3. Veräußerungspflicht (Abs. 3). Der Sanierungsträger ist nach **Abs. 3 S. 1 verpflichtet,** die Grundstücke, die er nach Übertragung der Aufgabe zur Vorbereitung oder Durchführung der Sanierung erworben hat, unter Beachtung der Weisungen der Gemeinde **zu veräußern.** § 89 Abs. 3 und 4 über bevorrechtigte Erwerber und die zu veräußernden Rechte ist dabei zu beachten. Soweit der Träger Grundstücke nicht veräußert hat, hat er sie der Gemeinde anzugeben und auf ihr Verlangen an Dritte oder an die Gemeinde zu veräußern; **Abs. 3 S. 2.** Die Veräußerungspflicht entspricht der früheren Regelung des § 25 StBauFG, für die eine entsprechende Nachfolgeregelung in das BauGB nicht übernommen wurde. Vgl. jedoch die Sonderregelung im städtebaulichen Entwicklungsbereich; § 169 Abs. 5. Mit der Beibehaltung der besonderen Veräußerungspflicht des Trägers trotz Streichung der generellen Veräußerungspflicht der Gemeinde will das Gesetz Vertragsgestaltungen vermeiden, die es einem Sanierungsträger erlauben würden, nach Abschluss der Sanierung die sanierungsbedingt erworbenen Grundstücke zu „horten". Für die Veräußerung der Grundstücke hat das Weisungsrecht der Gemeinde (vgl. Abs. 2 S. 1) besondere Bedeutung. Da der Träger bei der Veräußerung wichtige gemeindliche Aufgaben wahrnimmt, ist die **Gemeinde** auch **gehalten,** von diesem **Weisungsrecht Gebrauch zu machen.**

4. Sanierungsbedingte Mehrwerte; Ausgleichsbetrag (Abs. 4 und 5). Der Sanierungsträger hat den **sanierungsbedingten Mehrwert,** den er bei der Veräuße-

rung der Grundstücke erhält, an die Gemeinde abzuführen oder mit ihr zu verrechnen; **Abs. 4**. Sofern der Träger ausnahmsweise Eigentümer bleibt (vgl. Abs. 3), hat er für diese Grundstücke an die Gemeinde **Ausgleichsbeträge** gem. §§ 154 und 155 zu entrichten; **Abs. 5**.

7 5. **Insolvenzverfahren (Abs. 6).** **Abs. 6** regelt die Rechtsfolgen im Verhältnis zwischen Gemeinde und dem auf eigene Rechnung tätigen Sanierungsträger sowie zwischen Gemeinde und Gläubigern im Falle der Eröffnung des **Insolvenzverfahrens**. Nach **Abs. 6 S. 1** kann die Gemeinde, wenn sie den Vertrag kündigt, vom Insolvenzverwalter verlangen, die vom Sanierungsträger zur Vorbereitung oder Durchführung der Sanierung im Sanierungsgebiet erworbenen **Grundstücke** gegen Erstattung der vom Sanierungsträger erbrachten Aufwendungen zu übereignen. Der Insolvenzverwalter hat der Gemeinde nach **Abs. 6 S. 2** ein **Verzeichnis dieser Grundstücke** zu übergeben; vgl. auch § 161 Abs. 3 S. 1. Der Anspruch kann nur binnen 6 Monaten ab Übergabe des Verzeichnisses geltend gemacht werden; **Abs. 6 S. 3**. Die Gemeinde haftet den Gläubigern von Verbindlichkeiten aus der Durchführung von Ordnungsmaßnahmen wie ein Bürge; **Abs. 6 S. 4**.

§ 160 Treuhandvermögen

(1) ¹Ist dem Sanierungsträger eine Aufgabe als Treuhänder der Gemeinde übertragen, erfüllt er sie mit einem Treuhandvermögen in eigenem Namen für Rechnung der Gemeinde. ²Der Sanierungsträger erhält von der Gemeinde für den Rechtsverkehr eine Bescheinigung über die Übertragung der Aufgabe als Treuhänder. ³Er soll bei Erfüllung der Aufgabe seinem Namen einen das Treuhandverhältnis kennzeichnenden Zusatz hinzufügen.

(2) Der als Treuhänder tätige Sanierungsträger hat das in Erfüllung der Aufgabe gebildete Treuhandvermögen getrennt von anderem Vermögen zu verwalten.

(3) ¹Zum Treuhandvermögen gehören die Mittel, die die Gemeinde dem Sanierungsträger zur Erfüllung der Aufgabe zur Verfügung stellt. ²Zum Treuhandvermögen gehört auch, was der Sanierungsträger mit Mitteln des Treuhandvermögens oder durch ein Rechtsgeschäft, das sich auf das Treuhandvermögen bezieht, oder auf Grund eines zum Treuhandvermögen gehörenden Rechts oder als Ersatz für die Zerstörung, Beschädigung oder Entziehung eines zum Treuhandvermögen gehörenden Gegenstands erwirbt.

(4) ¹Die Gemeinde gewährleistet die Erfüllung der Verbindlichkeiten, für die der Sanierungsträger mit dem Treuhandvermögen haftet. ²Mittel, die der Sanierungsträger darlehensweise von einem Dritten erhält, gehören nur dann zum Treuhandvermögen, wenn die Gemeinde der Darlehensaufnahme schriftlich zugestimmt hat. ³Das Gleiche gilt für eigene Mittel, die der Sanierungsträger einbringt.

(5) ¹Grundstücke im förmlich festgelegten Sanierungsgebiet, die der Sanierungsträger vor oder nach Übertragung der Aufgabe mit Mitteln, die nicht zum Treuhandvermögen gehören, oder unter Hergabe von eigenem Austauschland erworben hat, hat er auf Verlangen der Gemeinde gegen Ersatz seiner Aufwendungen in das Treuhandvermögen zu überführen. ²Dabei sind als Grundstückswerte die Werte zu berücksichtigen, die sich in Anwendung des § 153 Abs. 1 ergeben.

(6) ¹Der als Treuhänder tätige Sanierungsträger hat der Gemeinde nach Beendigung seiner Tätigkeit Rechenschaft abzulegen. ²Er hat nach Beendi-

4. Abschnitt. Sanierungsträger und andere Beauftragte § 160

gung seiner Tätigkeit das Treuhandvermögen einschließlich der Grundstücke, die er nicht veräußert hat, auf die Gemeinde zu übertragen. ³Von der Übertragung an haftet die Gemeinde anstelle des Sanierungsträgers für die noch bestehenden Verbindlichkeiten, für die dieser mit dem Treuhandvermögen gehaftet hat.

(7) ¹Der Sanierungsträger darf vor der Übertragung nach Absatz 6 die Grundstücke des Treuhandvermögens, die er unter Hergabe von entsprechendem nicht zum Treuhandvermögen gehörendem eigenem Austauschland oder mindestens zwei Jahre, bevor ihm die Gemeinde einen mit der Sanierung zusammenhängenden Auftrag erteilt hat, erworben und in das Treuhandvermögen überführt hat, in sein eigenes Vermögen zurücküberführen. ²Sind die von ihm in das Treuhandvermögen überführten Grundstücke veräußert oder im Rahmen der Ordnungsmaßnahmen zur Bildung neuer Grundstücke verwendet oder sind ihre Grenzen verändert worden, kann der Sanierungsträger andere Grundstücke, die wertmäßig seinen in das Treuhandvermögen überführten Grundstücken entsprechen, in sein eigenes Vermögen zurücküberführen; er bedarf hierzu der Genehmigung der Gemeinde. ³Er hat dem Treuhandvermögen den Verkehrswert der Grundstücke zu erstatten, der sich durch die rechtliche und tatsächliche Neuordnung des förmlich festgelegten Sanierungsgebiets ergibt.

Übersicht

	Rn.
1. Allgemeines (Abs. 1)	1
2. Treuhandvermögen (Abs. 2 bis 5)	3
3. Abwicklung des Treuhandverhältnisses (Abs. 6 und 7)	8

1. Allgemeines (Abs. 1). Die Vorschrift regelt insbesondere das Auftreten des 1 Treuhänders im Rechtsverkehr (Abs. 1) und die Verwaltung des Treuhandvermögens einschl. der Haftung der Gemeinde für Verbindlichkeiten (Abs. 2 bis 5) sowie die Abwicklung des Treuhandverhältnisses (Abs. 6 und 7).

Abs. 1 S. 1 stellt die Treuhändertätigkeit klar: Erfüllung der Aufgaben mit einem 2 Treuhandvermögen in eigenem Namen für Rechnung der Gemeinde. **Abs. 1 S. 2 und 3** stellen sicher, dass das Treuhandverhältnis im Außenverhältnis ersichtlich ist. Hierzu stellt die Gemeinde eine **Bescheinigung** aus (Abs. 1 S. 2). Der Treuhänder hat bei Erfüllung der Treuhandaufgaben seinem **Namen** einen entsprechenden **Zusatz** hinzuzufügen, aus dem sich das Treuhandverhältnis ergibt.

2. Treuhandvermögen (Abs. 2 bis 5). Bei dem als Treuhänder tätigen Sanie- 3 rungsträger entstehen zwei Vermögen: das Treuhandvermögen und das sonstige Vermögen des Trägers. Nach **Abs. 2** hat er das Treuhandvermögen getrennt von anderen Vermögen zu verwalten.

Was zum **Treuhandvermögen** gehört, ergibt sich aus **Abs. 3**. Hierzu rechnen die 4 Mittel, die der Sanierungsträger von der Gemeinde zur Erfüllung seiner Aufgaben erhält (insbesondere Finanzierungsmittel und Grundstücke); **Abs. 3 S. 1**. Zum Treuhandvermögen gehören weiterhin die **Surrogate**, also das, was der Sanierungsträger insbesondere mit Mitteln des Treuhandvermögens oder durch ein auf das Treuhandvermögen bezogenes Rechtsgeschäft erwirbt; **Abs. 3 S. 2**.

Darlehensmittel, die der Sanierungsträger von einem Dritten erhält, gehören 5 nur dann dem Treuhandvermögen, wenn die Gemeinde der Darlehensaufnahme schriftlich zugestimmt hat; **Abs. 4 S. 2**. Das Gleiche gilt für **eigene Mittel**, die der Sanierungsträger einbringt; **Abs. 4 S. 2**.

Nach **Abs. 4 S. 1** haftet die Gemeinde für die Erfüllung der Verbindlichkeiten, für 6 die der Sanierungsträger mit dem Treuhandvermögen haftet. Die **Haftung der Ge-**

§ 161 II. Kapitel. I. Teil. Städtebauliche Sanierungsmaßnahmen

meinde setzt sich nach Beendigung des Treuhandverhältnisses und Übertragung des Treuhandvermögens auf die Gemeinde in einer direkten Haftung der Gemeinde fort; **Abs. 6 S. 3**.

7 Soweit der Treuhänder vor oder nach der Beauftragung mit sonstigen Mitteln (Mittel, die nicht zum Treuhandvermögen gehören) im förmlich festgelegten Sanierungsgebiet **Grundstücke erworben** hat, hat er diese auf Verlangen der Gemeinde gegen Aufwendungsersatz in das Treuhandvermögen zu überführen; **Abs. 5 S. 1**. Das Gleiche gilt, wenn er die Grundstücke unter Hergabe von eigenem Austauschland, die nicht zum Treuhandvermögen gehörenden Grundstücken, erworben hat. Neben dieser auf **Verlangen der Gemeinde** vorzunehmenden Übertragung in das Treuhandvermögen ist es auch zulässig, dass der Treuhänder **mit Zustimmung der Gemeinde** Grundstücke, die er mit anderen als Treuhandmitteln erworben hat, in das Treuhandvermögen überführen **kann** (so noch ausdrücklich § 36 Abs. 5 S. 1 Hs. 1 StBauFG).

8 **3. Abwicklung des Treuhandverhältnisses (Abs. 6 und 7). Abs. 6 und 7** regeln die Beendigung und Abwicklung des Treuhandverhältnisses. Der Treuhänder hat der Gemeinde nach Beendigung seiner Tätigkeit Rechenschaft abzulegen; **Abs. 6 S. 1**. Das Treuhandvermögen einschl. der Grundstücke, die er nicht veräußert hat, hat er auf die Gemeinde zu übertragen; **Abs. 6 S. 2**. Die Gemeinde haftet von der Übertragung an anstelle des Trägers für noch bestehende Verbindlichkeiten, für die der Träger mit dem Treuhandvermögen gehaftet hat; **Abs. 6 S. 3**.

9 **Abs. 7** enthält eine Ausnahme hinsichtlich der Verpflichtung des Sanierungsträgers, nach Beendigung seiner Tätigkeit das Treuhandvermögen gem. Abs. 6 auf die Gemeinde zu übertragen. Danach ist der Träger berechtigt, vor der Übertragung nach Abs. 6 diejenigen Grundstücke des Treuhandvermögens, die er unter Hergabe von entsprechendem, nicht zum Treuhandvermögen gehörendem Austauschland erworben und in das Treuhandvermögen überführt hat (vgl. Abs. 5), in sein eigenes Vermögen zurückzuführen; **Abs. 7 S. 1**. Das Gleiche gilt für Grundstücke, die er mindestens zwei Jahre vor Erteilung des Auftrags (ohne Hergabe von Austauschland) erworben und später in das Treuhandvermögen überführt hat. Sind diese Grundstücke zwischenzeitlich veräußert worden, hat der Sanierungsträger nach **Abs. 7 S. 2** einen Ersatzanspruch; die Gemeinde muss die Überführung der Grundstücke in das eigene Vermögen in diesem Fall genehmigen. In beiden Fällen der Überführung von Grundstücken in das Vermögen des Trägers hat dieser dem Treuhandvermögen den Verkehrswert der Grundstücke nach dem Neuordnungswert zu erstatten; **Abs. 7 S. 3**.

§ 161 Sicherung des Treuhandvermögens

(1) Der Sanierungsträger haftet Dritten mit dem Treuhandvermögen nicht für Verbindlichkeiten, die sich nicht auf das Treuhandvermögen beziehen.

(2) Wird in das Treuhandvermögen wegen einer Verbindlichkeit, für die der Sanierungsträger nicht mit dem Treuhandvermögen haftet, die Zwangsvollstreckung betrieben, kann die Gemeinde auf Grund des Treuhandverhältnisses gegen die Zwangsvollstreckung nach Maßgabe des § 771 der Zivilprozessordnung Widerspruch, der Sanierungsträger unter entsprechender Anwendung des § 767 Abs. 1 der Zivilprozessordnung Einwendungen geltend machen.

(3) ¹Im Falle der Eröffnung des Insolvenzverfahrens über das Vermögen des Sanierungsträgers gehört das Treuhandvermögen nicht zur Insolvenzmasse. ²Kündigt die Gemeinde das Treuhandverhältnis, so hat der Insolvenzverwalter das Treuhandvermögen auf die Gemeinde zu übertragen und bis zur Übertragung zu verwalten. ³Von der Übertragung an haftet die Ge-

meinde anstelle des Sanierungsträgers für die Verbindlichkeiten, für die dieser mit dem Treuhandvermögen gehaftet hat. [4]Die mit der Eröffnung des Insolvenzverfahrens verbundenen Rechtsfolgen treten hinsichtlich der Verbindlichkeiten nicht ein. [5]§ 418 des Bürgerlichen Gesetzbuchs ist nicht anzuwenden.

Übersicht

	Rn.
1. Beschränkung der Haftung des Treuhandvermögens (Abs. 1)	1
2. Zwangsvollstreckung in das Treuhandvermögen (Abs. 2)	2
3. Insolvenzverfahren (Abs. 3)	3

1. Beschränkung der Haftung des Treuhandvermögens (Abs. 1). Nach **Abs. 1** haftet der Sanierungsträger gegenüber Dritten mit dem Treuhandvermögen nur für Verbindlichkeiten, die sich auf das Treuhandvermögen beziehen. Für andere Verbindlichkeiten des Trägers haftet das Treuhandvermögen nicht. Die Regelung schützt ausschließlich das Treuhandvermögen. Der Dritte kann sich an das sonstige Vermögen des Treuhänders halten; vgl. weiterhin § 160 Abs. 4 über die Gewährleistung der Gemeinde für die Erfüllung der Verbindlichkeiten, für die der Sanierungsträger mit dem Treuhandvermögen haftet.

2. Zwangsvollstreckung in das Treuhandvermögen (Abs. 2). Das Treuhandvermögen ist auch im Falle der Zwangsvollstreckung gegenüber solchen Verbindlichkeiten geschützt, für die der Sanierungsträger nicht mit dem Treuhandvermögen haftet. Nach **Abs. 2** kann die Gemeinde deshalb im Falle der Zwangsvollstreckung nach § 771 ZPO gegen die Zwangsvollstreckung Widerspruch erheben. Der Sanierungsträger kann entsprechend § 767 Abs. 1 ZPO Einwendungen geltend machen.

3. Insolvenzverfahren (Abs. 3). Für den Fall der Eröffnung des Insolvenzverfahren über das Vermögen des Treuhänders gehört das Treuhandvermögen nach Abs. 3 S. 1 nicht zum Insolvenzvermögen. **Abs. 3 S. 2–5** regeln weitere Rechtsfolgen eines Insolvenzverfahrens.

Fünfter Abschnitt. Abschluss der Sanierung

§ 162 Aufhebung der Sanierungssatzung

(1) [1]Die Sanierungssatzung ist aufzuheben, wenn
1. die Sanierung durchgeführt ist oder
2. die Sanierung sich als undurchführbar erweist oder
3. die Sanierungsabsicht aus anderen Gründen aufgegeben wird oder
4. die nach § 142 Abs. 3 Satz 3 oder 4 für die Durchführung der Sanierung festgelegte Frist abgelaufen ist.

[2]Sind diese Voraussetzungen nur für einen Teil des förmlich festgelegten Sanierungsgebiets gegeben, ist die Satzung für diesen Teil aufzuheben.

(2) [1]Der Beschluss der Gemeinde, durch den die förmliche Festlegung des Sanierungsgebiets ganz oder teilweise aufgehoben wird, ergeht als Satzung. [2]Die Satzung ist ortsüblich bekannt zu machen. [3]Die Gemeinde kann auch ortsüblich bekannt machen, dass eine Satzung zur Aufhebung der förmlichen Festlegung des Sanierungsgebiets beschlossen worden ist; § 10 Abs. 3 Satz 2 bis 5 ist entsprechend anzuwenden. [4]Mit der Bekanntmachung wird die Satzung rechtsverbindlich.

(3) Die Gemeinde ersucht das Grundbuchamt, die Sanierungsvermerke zu löschen.

§ 162

II. Kapitel. I. Teil. Städtebauliche Sanierungsmaßnahmen

Übersicht

	Rn.
1. Allgemeines	1
2. Durchführung der Sanierung	2
3. Abbruch der Sanierung	6
4. Teilaufhebung der Sanierungssatzung	9
5. Außerkrafttreten wegen Zeitablaufs	11
6. Anspruch auf Aufhebung	12
7. Aufhebungssatzung	13
8. Rechtsfolgen	17
9. Entschädigung bei ergebnislos abgebrochener oder verzögerter Sanierung	20

1. Allgemeines. Die Vorschrift regelt die Aufhebung der Satzung über die förmliche Festlegung des Sanierungsgebiets. § 162 unterscheidet folgende **vier Fälle der Beendigung der Sanierung:** Die Sanierung ist durchgeführt (Abs. 1 S. 1 Nr. 1); die Sanierung erweist sich als undurchführbar (Abs. 1 S. 1 Nr. 2); die Sanierungsabsicht wird aus anderen Gründen aufgegeben (Abs. 1 S. 1 Nr. 3) oder die für die Durchführung der Sanierung festgelegte Frist nach § 142 Abs. 3 S. 3 oder 4 ist abgelaufen. Über die Aufhebung der Sanierungssatzung bedarf es stets der ausdrücklichen Entscheidung der Gemeinde (BVerwG Beschl. v. 20.3.2014 – 4 C 28/13, ZfBR 2014, 690 Rn. 25). Auch ist in allen vier Fällen die Gemeinde zur Aufhebung der Sanierungssatzung verpflichtet. Diese Rechtspflicht der Gemeinde kann im Wege der Kommunalaufsicht durchgesetzt werden. Zur Frage des Anspruchs eines Eigentümers auf Aufhebung der Sanierungssatzung → Rn. 12. § 162 gilt gem. § 142 Abs. 2 S. 2 auch für die Aufhebung der förmlich festgelegten **Ersatz- und Ergänzungsgebiete.** § 162 findet auch Anwendung für die **Anpassungsgebiete** (§ 170 S. 4), nicht jedoch für die Anpassungsgebiete der nach StBauFG förmlich festgelegten Entwicklungsmaßnahmen (§ 235 Abs. 1 S. 2 iVm § 170 S. 4 BauGB 1987).

2. Durchführung der Sanierung. Für den Grundfall des Abschlusses einer Sanierung bestimmt **Abs. 1 S. 1 Nr. 1,** dass die Satzung der Gemeinde über die förmliche Festlegung des Sanierungsgebiets aufzuheben ist, **wenn die Sanierung durchgeführt ist.** Danach ist die Gemeinde verpflichtet, die Sanierungssatzung aufzuheben, wenn alle Maßnahmen zur Durchführung der Sanierung abgeschlossen sind (BVerwG Urt. v. 20.3.2014 – 4 C 28/13, ZfBR 2014, 690 Rn. 12). Zum Begriff der Durchführung der Sanierung vgl. § 146. Sind die Ordnungs- und Baumaßnahmen (§§ 147, 148) entsprechend den Sanierungsgrundsätzen durchgeführt und die städtebaulichen Missstände behoben, die eine Sanierung erforderlich machten, so besteht kein sachlicher Grund mehr für die sanierungsrechtlichen Verfügungsbeschränkungen der Eigentümer und damit für die Sanierungsbetroffenen.

Aufgrund der Streichung des § 10 StBauFG über die Verpflichtung zur Aufstellung von Bebauungsplänen für das Sanierungsgebiet durch die Novelle 1984 StBauFG ist die Frage, ob die Aufhebung der Sanierungssatzung einen rechtskräftigen **Sanierungsbebauungsplan** voraussetzt, entschärft (vgl. *Krautzberger* ZfBR 1983, 11 (14)). Sie hat aber Bedeutung, soweit die Gemeinde für Teilgebiete der Sanierung gem. § 1 Abs. 3 BauGB Bebauungspläne aufzustellen hat. Ist zur Durchführung der Sanierung die Aufstellung und Verwirklichung eines Bebauungsplans erforderlich, so ist die Sanierung erst dann (iSd Abs. 1 S. 1 Nr. 1) „durchgeführt", wenn die nach dem Sanierungskonzept vorgesehene bauliche oder sonstige Nutzung verwirklicht oder ihre Verwirklichung gesichert ist. Hierfür kann aber zB der Zeitpunkt der Planreife iS des § 33 (Abs. 1 **oder** 2) ausreichen. Abzustellen ist also nicht auf die formale Koppelung zwischen Bebauungsplan und Aufhebungssatzung, wohl aber auf die sachliche Abgestimmtheit beider Satzungen im Hinblick auf die Verwirklichung des Sanierungskonzepts.

5. Abschnitt. Abschluss der Sanierung § 162

Das Sanierungsrecht enthält **keine** Bestimmungen über die **zeitliche Begren-** 4
zung von Sanierungsmaßnahmen (BVerwG NJW 1996, 2807). Jedoch müssen die
Gemeinden (seit dem 1.1.2007) in der Sanierungssatzung eine **Frist** für die Durch-
führung festsetzen; → Rn. 8a; zur Überleitung vgl. § 235 Abs. 4. Wann eine Sanie-
rung durchgeführt ist, beurteilt sich nach der jeweiligen **städtebaulichen Situation**,
nach den von der Gemeinden formulierten **Sanierungszielen** (§ 140 Nr. 3), dem
darauf aufbauenden Sanierungskonzept und dem Grad seiner Verwirklichung. Das
Gesetz verpflichtet demgegenüber nicht zu einer „**Totalsanierung**" (→ Erl. zu
§ 136). Zwar ist nicht zu verkennen, dass dem StBauFG-Gesetzgeber 1971 als städ-
tebauliches Leitbild die Vorstellung einer weitgehenden „Totalsanierung", insbeson-
dere durch Flächensanierungen, vor Augen gestanden hat. Dieses Leitbild hat aber
keine gesetzliche Verbindlichkeit erlangt. Ebenso wie der Missstandsbegriff des gel-
tenden Rechts gegenüber sich verändernden städtebaulichen Aufgabenstellungen
und sich wandelnden gesellschaftlichen Vorstellungen offen ist (vgl. BGHZ 48, 193),
sind die gesetzlichen Regelungen auch im Übrigen für unterschiedliche gemeind-
liche Sanierungskonzepte offen. Auch wenn eine Gemeinde zB mit einem umfassen-
den Sanierungskonzept angetreten ist, ist sie nicht gehindert, sondern möglicherweise
sogar verpflichtet, dieses, veränderten Umständen anzupassen. Zu Letzterem mögen
auch neue finanzielle Rahmenbedingungen rechnen. Das Gesetz räumt der Ge-
meinde hierbei einen beträchtlichen Handlungsspielraum ein. Daher entscheidet die
Gemeinde im Rahmen des Gesetzes, also unter Berücksichtigung der konkreten städ-
tebaulichen Verhältnisse und des hierauf zielenden Sanierungskonzepts, selbst, ob und
wann das Ziel der Sanierung erreicht und die Sanierung somit durchgeführt ist.

Von der weitgehend der Verantwortung der Gemeinde obliegenden Beurteilung, 5
ob die Sanierung durchgeführt ist, ist das **Gebot der zügigen Durchführung der**
Sanierung (§ 136 Abs. 1), insbesondere die Durchführung der der Gemeinde oblie-
genden Ordnungsmaßnahmen (§ 147), zu unterscheiden. Die Gemeinde kann ein
Gebiet nur dann förmlich festlegen, wenn sie das Gebiet zur Behebung städtebauli-
cher Missstände wesentlich verbessern oder umgestalten will und hierzu, von den ihr
nach dem Gesetz zustehenden Befugnissen Gebrauch macht. Daher wäre es zB
rechtsmissbräuchlich, eine Sanierungssatzung nur deshalb zu erlassen oder nicht auf-
zuheben, um in dem Gebiet die Anwendung der besonderen bodenrechtlichen Be-
stimmungen, also insbesondere der §§ 144 f. zu ermöglichen. Zu den Rechtsfolgen
einer unzureichend zügigen Durchführung der Sanierung → Rn. 20.

3. Abbruch der Sanierung. Nach **Abs. 1 S. 1 Nr. 2** ist die Gemeinde zur Auf- 6
hebung der Satzung über die förmliche Festlegung des Sanierungsgebiets verpflichtet,
wenn sich die Sanierung als **undurchführbar** erweist. Die Undurchführbarkeit ist
nach **objektiven Gesichtspunkten** zu beurteilen. Die Gemeinde ist nach § 136
Abs. 1 zur zügigen Durchführung der Sanierung verpflichtet. Die Sanierungssatzung
darf nur erlassen werden, wenn Aussicht besteht, dass die Sanierungsmaßnahmen in-
nerhalb eines absehbaren Zeitraums durchgeführt werden kann; vgl. auch § 149
Abs. 4 S. 2. Diesen Grundsätzen entspricht – spiegelbildlich – die Verpflichtung, eine
sich während der Sanierung als undurchführbar erweisende Sanierungsmaßnahme zu
beenden (BVerwG NVwZ 2003, 1389). Dies kann auch der Fall sein, weil die erfor-
derlichen Finanzierungsmittel nicht beschafft werden können (so ausdrücklich § 51
Abs. 2 S. 1 StBauFG). Die mit der Sanierung regelmäßig verbundenen Eingriffe in
Rechte von Eigentümern, Mietern und anderen Betroffenen sind nur bei zügiger
Durchführung der Maßnahme vertretbar; dies setzt voraus, dass die Sanierungsmaß-
nahme finanzierbar ist. Steht fest, dass diese Voraussetzung nachträglich entfallen ist,
muss die Sanierungssatzung aufgehoben werden.

Für die Undurchführbarkeit einer im **vereinfachten Sanierungsverfahren** 7
durchgeführten Sanierung kann weiterhin der in § 142 Abs. 4 Hs. 1 genannte Grund
maßgeblich sein. So kann sich während der Durchführung des vereinfachten Sanie-

§ 162 II. Kapitel. I. Teil. Städtebauliche Sanierungsmaßnahmen

rungsverfahrens zeigen, dass der Ausschluss der in § 142 Abs. 4 bezeichneten Vorschriften die Sanierung undurchführbar macht. In diesen Fällen kommt gleichfalls eine Aufhebung der Satzung nach Abs. 1 S. 1 Nr. 2 in Betracht, sofern die Gemeinde nicht die Fortführung der Sanierung und damit eine Satzungsänderung anstrebt; → § 142 Rn. 43 f. Zu besonderen Rechtsfolgen des Sanierungsabbruchs vgl. § 164.

8 Nach **Abs. 1 S. 1 Nr. 3** ist die Sanierungssatzung weiterhin dann aufzuheben, wenn die Gemeinde die **Sanierungsabsicht aus anderen Gründen aufgibt,** also nicht deshalb, weil die Sanierung undurchführbar ist (→ Rn. 6 und 7). Dies können nicht „beliebige" Gründe sein, da die Gemeinde die begonnene Sanierung grundsätzlich zu Ende führen muss. Die Aufhebung nach Abs. 1 S. 1 Nr. 3 kann daher nur in ganz besonders gearteten Ausnahmefällen in Betracht kommen. Dies kann zB der Fall sein, wenn die Notwendigkeit einer Sanierungsmaßnahme (nachträglich) nicht mehr besteht. Dies könnte – in Ausnahmefällen – dann der Fall sein, wenn sich herausstellt, dass die Eigentümer und Sanierungsbetroffenen die Durchführung der nach dem Sanierungskonzept erforderlichen Maßnahmen selbst durchführen können und wollen (zB die erforderliche Bodenordnung „freiwillig" durchführen), gemeindliche Ordnungsmaßnahmen nicht erforderlich sind und die „freiwillige" Durchführung der Sanierung rechtlich und tatsächlich gesichert ist. Zur besonderen Rechtsfolge des Anspruchs auf Rückübertragung von Grundstücken in den Fällen der Aufhebung der Sanierungssatzung nach Abs. 1 S. 1 Nr. 3 vgl. **§ 164.**

8a Die Sanierungssatzung ist auch aufzuheben, wenn die in § 142 Abs. 3 S. 3 oder 4 für die Durchführung der Sanierung festgelegte Frist abgelaufen ist; **Abs. 1 S. 1 Nr. 4.**

9 **4. Teilaufhebung der Sanierungssatzung.** Erweist sich die Sanierung nur für einen Teil des Sanierungsgebiets als durchgeführt, als undurchführbar oder wird die Sanierungsabsicht aus anderen Gründen nur für einen Teil des Sanierungsgebiets aufgegeben, so ist die Satzung nach **Abs. 1 S. 2** für diesen Teil aufzuheben. Hiervon ist die Entlassung einzelner Grundstücke nach § 163 zu unterscheiden, die nach anderen gesetzlichen Voraussetzungen erfolgt (BVerwG ZfBR 1996, 114).

10 Für die **Rechtsfolgen der Teilaufhebung** gilt nichts anderes als für die Aufhebung der Sanierungssatzung insgesamt; → Rn. 17 bis 19.

11 **5. Außerkrafttreten wegen Zeitablaufs.** Ein langer Zeitraum seit der Inkraftsetzung der Sanierungssatzung stellt allein nicht schon die Satzung und die Ausübung der durch sie begründeten Instrumente in Frage (BVerwG NVwZ 1995, 897: 17 Jahre; → § 142 Rn. 11). Auch bei sehr langer Dauer ist die Sanierung keine Enteignung iS des Art. 14 Abs. 3 S. 1 GG (BVerwG NJW 1996, 2807); aber → Rn. 5. Die Frage, ob eine Sanierungssatzung **durch Zeitablauf „automatisch" außer Kraft** tritt, insbesondere auch deshalb, weil die Gemeinde die zügige Durchführung der Sanierung unzureichend fördert, ist vom BVerwG entsprechend der Rspr. zum Umlegungsrecht (→ § 51 Rn. 10 f.) geklärt worden (BVerwG NJW 1965, 2101 (2102); NJW 1979, 2577; Beschl. v. 12.4.2011 – 4 B 52.10, ZfBR 2011, 477 (478); Beschl. v. 20.3.2014 – 4 C 28.13, ZfBR 2014, 690 Rn. 14). Danach kann die unzureichend geförderte Sanierung für die Ausübung des Genehmigungsvorbehalts nach § 145 Abs. 2 erheblich sein (→ § 144 Rn. 8 mwN). So ist ggf. eine Genehmigung nach § 145 zu erteilen, wenn eine Sanierungssatzung vor längerer Zeit erlassen wurde, ohne dass seither das Sanierungsverfahren vorangetrieben worden ist und ohne dass die Sanierungsziele zunehmend konkreter geworden sind (BVerwGE 70, 83). Die unzureichend geförderte Sanierung schränkt danach die Rechtswirkungen der Sanierungssatzung ein, wirkt sich jedoch nicht auf die Gültigkeit der Sanierungssatzung aus.

12 **6. Anspruch auf Aufhebung.** Die **Gemeinde** ist in den Fällen des Abs. 1 zur Aufhebung der Sanierungssatzung **verpflichtet.** Der Beschluss der Gemeinde, durch

5. Abschnitt. Abschluss der Sanierung § 162

den die förmliche Festlegung des Sanierungsgebiets ganz oder teilweise aufgehoben wird, ergeht nach Abs. 2 als Satzung. Ein **Rechtsanspruch** und demgemäß eine gerichtliche Geltendmachung eines Rechtsanspruchs auf Erlass einer Norm ist im geltenden Recht jedoch nicht vorgesehen. Dem Rechtsschutz des Betroffenen ist dadurch Rechnung getragen, dass in entsprechenden Fällen insbesondere Versagungsgründe iS des § 145 Abs. 2 nicht mehr geltend gemacht werden können (→ Rn. 11).

7. Aufhebungssatzung. Die **Aufhebung der Sanierungssatzung** ist – als „actus contrarius" – in der Form vorzunehmen, in der die förmliche Festlegung des Sanierungsgebiets erfolgt, also durch Satzung der Gemeinde; **Abs. 2 S. 1.** Die Satzung ist seit dem **BauROG 1998** nicht mehr der höheren Verwaltungsbehörde anzuzeigen. Die Satzung ist in der Gemeinde ortsüblich bekannt zu machen; **Abs. 2 S. 2.** Die Ersatzverkündung ist zulässig; **Abs. 3 S. 3.** Die Satzung wird mit der Bekanntmachung rechtsverbindlich; **Abs. 2 S. 4.** 13

Die Aufhebungssatzung muss im Wesentlichen **folgenden Inhalt** haben: Es muss die Aufhebung angeordnet werden, also zB: „Die Satzung über die förmliche Festlegung des Sanierungsgebiets (Bezeichnung des Gebiets) vom (Datum des Beschlusses über die Sanierungssatzung) wird hiermit aufgehoben". Bei der **Teilaufhebung** (Abs. 1 S. 2) ist das aus der Sanierung entlassene Teilgebiet genau zu bezeichnen. Die Angabe der im Sanierungsgebiet gelegenen **Grundstücke** ist in keinem der Fälle gesetzlich geboten. Bei der Teilaufhebung kann sich die Bezeichnung der Grundstücke gleichwohl empfehlen, wenn Lageplan und schlagwortartige Beschreibung des Teilgebiets für die genaue Abgrenzung nicht ausreichen. Ist in den Grundbüchern der Sanierungsvermerk eingetragen (vgl. hierzu § 143 Abs. 2), so ist die Gemeinde verpflichtet, dem **Grundbuchamt** mit dem Löschungsersuchen (Abs. 3) auch die betroffenen Grundstücke einzeln mitzuteilen. 14

In der Aufhebungssatzung **kann** auch (deklaratorisch) darauf hingewiesen werden, dass im Sanierungsgebiet ab Rechtsverbindlichkeit der Satzung die in § 143 Abs. 1 S. 3 bezeichneten **Vorschriften** der §§ 152–156 nicht (mehr) anzuwenden sind; da die Hinweispflicht nach § 5 Abs. 3 S. 2 StBauFG weiter ging, kann sich bei den bereits nach StBauFG erlassenen Sanierungssatzungen ein entsprechender erweiterter Hinweis empfehlen. 15

Die Aufhebung der Sanierungssatzung bedarf ebenso wenig wie der Erlass der Sanierungssatzung einer gesonderten **Begründung**. Vor Erlass der Aufhebungssatzung bedarf es auch nicht der formellen **Beteiligung** der Sanierungsbetroffenen oder der Träger öffentlicher Belange. Jedoch wird die Gemeinde insbesondere im Rahmen der Beteiligungen nach §§ 137 und 139 die Frage des erfolgreichen Abschlusses oder der Aufhebung wegen Undurchführbarkeit im Hinblick auf jeweils betroffene Belange erörtern und zu klären versuchen. 16

8. Rechtsfolgen. Das Gesetz enthält keine ausdrückliche Regelung, **welche Bestimmungen** mit Aufhebung der förmlichen Festlegung des Sanierungsgebiets **fortgelten** oder **nicht mehr anzuwenden** sind. Für die Entlassung einzelner Grundstücke vgl. die Regelung des § 163 Abs. 3 (→ § 163 Rn. 11 bis 14). Hier ist vom jeweiligen Zweck der Vorschrift her zu ermitteln, ob sie auch nach Aufhebung der Sanierungssatzung Wirksamkeit entfaltet. Keine Anwendung mehr finden jene Vorschriften, die unmittelbar an die förmliche Festlegung des Sanierungsgebiets anknüpfen, also vor allem §§ 144, 145 und 153 (soweit sie anzuwenden sind; vgl. § 142 Abs. 4) und die Regelungen über Miet- und Pachtverhältnisse nach §§ 182 bis 186. Die Wirkungen der förmlichen Festlegung entfallen, so dass die während der Sanierung suspendierten Vorschriften wieder anzuwenden sind (zB Veränderungssperre). 17

Andere Bestimmungen gelten aber **über den Zeitpunkt der Aufhebung der Sanierungssatzung fort** oder entfalten erst von da an ihre Wirksamkeit. Dies gilt insbesondere für die Ausgleichsbetragsregelung nach den §§ 154 und 155 (vgl. 18

Mitschang 1263

§ 163

BVerwG Beschl. v. 12.4.2011 – 4 B 52/10, ZfBR 2011, 477 (478)) oder für die Ansprüche auf Rückübertragung nach § 164. Vgl. auch § 89. Dem trägt auch § 151 Rechnung (→ § 151 Rn. 4). Mit der Aufhebung der förmlichen Festlegung des Sanierungsgebiets sind die Sanierungsvermerke zu löschen. Die Gemeinde hat hierzu nach **Abs. 3** das Grundbuchamt zu ersuchen.

19 Nach Abschluss der Sanierung obliegen der Gemeinde insbesondere die folgenden Aufgaben der **„Abwicklung"** der Sanierung: Löschen der Sanierungsvermerke, Berichtigung von Bauleitplänen, Löschen personenbezogener Daten, Veräußerung von Grundstücken der Gemeinde, Rückübertragung von Grundstücken, Erhebung von Ausgleichsbeträgen, Abwicklung von Rechtsbeziehungen zu Sanierungsträgern, Auflösung des Treuhandvermögens bzw. des für Zwecke der Sanierung gebundenen Gemeindevermögens, Abwicklung einzelner Ordnungs- und Baumaßnahmen, sofern die Kosten vor Abschluss der Sanierungsmaßnahme entstanden sind, Abrechnung der Sanierungsmaßnahme.

20 **9. Entschädigung bei ergebnislos abgebrochener oder verzögerter Sanierung.** Das Sanierungsrecht enthält keine Regelung darüber, ob und welche **Entschädigungsansprüche** in Betracht kommen, wenn die Sanierung ergebnislos abgebrochen wird. Während der Behandlung des **StBauFG** im Deutschen Bundestag wurde eine solche Entschädigungsregelung zwar erwogen (BT-Drs. IV/2204, zu § 52). Der Gesetzgeber hatte aber von einer besonderen Regelung abgesehen, weil er die allgemeinen entschädigungsrechtlichen Bestimmungen für ausreichend hielt und somit ein Bedürfnis für Sonderregelungen nicht anerkannt wird. Er hat sich dabei ausdrücklich auf die **Rechtsprechung des BGH** zur zulässigen Dauer einer Veränderungs- und Verfügungssperre im Umlegungsverfahren nach § 51 bezogen. Der BGH hat hierzu in ständiger Rspr. entschieden, dass die Veränderungs- und Verfügungssperre erst dann zu einer entschädigungspflichtigen Enteignung wird, wenn das Verfahren sich länger als notwendig hinzieht (vgl. BGH NJW 1965, 2101 (2102); → Rn. 11). Die Verfügungs- und Veränderungssperre überschreitet nach der Rspr. des BGH die Grenze von der Sozialbindung des Eigentums zur Enteignung, wenn die Umlegungsstelle das Verfahren nicht sachgemäß und ohne behördenbedingte Verzögerungen durchführt. Der Gesetzgeber ging davon aus, dass diese Rspr. des BGH für die Sanierung entsprechend gilt, so dass der Sanierungsbetroffene als Folge der Eigentumsbeschränkung in den Fällen einer verzögerten oder nicht rechtzeitig abgebrochenen Sanierung einen sich unmittelbar aus Art. 14 Abs. 3 GG ergebenden Entschädigungsanspruch geltend machen kann. Sofern sich die Gemeinde um eine zügige Durchführung der Sanierung bemüht hat, die Sanierung jedoch abgebrochen und die Satzung aufgehoben hat, sobald sie die Undurchführbarkeit der Sanierung erkannte, entstehen dagegen keine Entschädigungsansprüche (vgl. hierzu im Einzelnen *Krautzberger* in EZBK § 162 Rn. 15f. und 26f.). Nur bei schuldhafter Verzögerung bei der Satzungsaufhebung könnten sich danach Entschädigungsansprüche ergeben.

§ 163 Fortfall von Rechtswirkungen für einzelne Grundstücke

(1) ¹Die Gemeinde kann die Sanierung für ein Grundstück als abgeschlossen erklären, wenn entsprechend den Zielen und Zwecken der Sanierung
1. das Grundstück bebaut ist oder in sonstiger Weise genutzt wird oder
2. das Gebäude modernisiert oder instandgesetzt ist.
²Auf Antrag des Eigentümers hat die Gemeinde die Sanierung für das Grundstück als abgeschlossen zu erklären.

(2) ¹Die Gemeinde kann bereits vor dem in Absatz 1 bezeichneten Zeitpunkt die Durchführung der Sanierung für einzelne Grundstücke durch Bescheid an die Eigentümer für abgeschlossen erklären, wenn die den Zielen

5. Abschnitt. Abschluss der Sanierung §163

und Zwecken der Sanierung entsprechende Bebauung oder sonstige Nutzung oder die Modernisierung oder Instandsetzung auch ohne Gefährdung der Ziele und Zwecke der Sanierung zu einem späteren Zeitpunkt möglich ist. ²Ein Rechtsanspruch auf Abgabe der Erklärung besteht in diesem Falle nicht.

(3) ¹**Mit der Erklärung entfällt die Anwendung der §§ 144, 145 und 153 für dieses Grundstück.** ²**Die Gemeinde ersucht das Grundbuchamt, den Sanierungsvermerk zu löschen.**

Übersicht

	Rn.
1. Allgemeines	1
2. Rechtsanspruch; Antragsrecht	4
3. Voraussetzungen	6
4. Entlassung aus der Sanierung	10
5. Rechtswirkungen der Entlassung	11

1. Allgemeines. Nach § 162 Abs. 1 S. 1 Nr. 1 ist die Satzung der Gemeinde über 1 die förmliche Festlegung des Sanierungsgebiets aufzuheben, wenn die Sanierung durchgeführt ist. Bereits vor Aufhebung der Sanierungssatzung kann die Gemeinde nach § 163 **einzelne Grundstücke** durch Verwaltungsakt aus der Sanierung herausnehmen, indem sie die Sanierung für diese Grundstücke als abgeschlossen erklärt. Die vorzeitige Entlassung eines Grundstücks aus der Sanierung korrespondiert mit der im Gesetz verankerten Pflicht der zügigen Durchführung; vgl. § 136 Abs. 1.

§ 163 findet gem. § 169 Abs. 1 Nr. 8, § 170 S. 4 auch in **städtebaulichen Ent-** 2 **wicklungsbereichen** und **Anpassungsgebieten** Anwendung. Auf **Ersatz- und Ergänzungsgebiete** nach § 142 Abs. 2 findet die Regelung des § 163 über den Fortfall von Rechtswirkungen für einzelne Grundstücke unmittelbar Anwendung.

§ 163 unterscheidet **zwei Fälle der Abschlusserklärung**, nämlich die Erklärung 3 des Abschlusses der Sanierung nach **Abs. 1**, wenn in Bezug auf das Grundstück die Sanierung abgeschlossen ist. In diesem Fall besteht für den Eigentümer ein Rechtsanspruch gegenüber der Gemeinde auf Erklärung des Abschlusses der Sanierung, also ein Rechtsanspruch auf Erlass eines begünstigenden Verwaltungsakts. Nach **Abs. 2** ist die Erklärung des Abschlusses der Sanierung für ein Grundstück zu einem noch früheren Zeitpunkt möglich, wenn nämlich die Durchführung der Sanierung in Bezug auf das Grundstück ohne Gefährdung des Sanierungszwecks auch zu einem späteren Zeitpunkt erfolgen kann.

2. Rechtsanspruch; Antragsrecht. Ist die Sanierung für ein Grundstück abge- 4 schlossen, so hat der Eigentümer nach **Abs. 1 S. 2** einen **Rechtsanspruch** auf Entlassung. Abs. 1 S. 1 stellt darüber hinaus klar, dass die Entlassung eines Grundstücks aus der Sanierung nicht nur auf **Antrag** des Eigentümers zu erfolgen **hat,** sondern von der Gemeinde auch von Amts wegen vorgenommen werden **kann.**

Auch in den Fällen der vorzeitigen Entlassung nach **Abs. 2** können Eigentümer 5 wie Gemeinde das Entlassungsverfahren in Gang setzen. Liegen die Voraussetzungen des Abs. 2 vor, so kann die Gemeinde das Grundstück von Amts wegen aus der Sanierung entlassen; auch der Eigentümer kann einen **Antrag** auf Entlassung stellen. Anders als in den Fällen des Abs. 1 hat der Eigentümer jedoch in diesem Fall **keinen Rechtsanspruch** auf Entlassung aus der Sanierung; Abs. 2 S. 2.

3. Voraussetzungen. Voraussetzung für die vorzeitige Entlassung eines Grund- 6 stücks ist nach **Abs. 1,** dass die Sanierung für das einzelne Grundstück durchgeführt ist; nach **Abs. 2** ist für die Entlassung die berechtigte Annahme maßgebend, dass die Durchführung der Sanierung für das einzelne Grundstück, also die Bebauung, sons-

tige Nutzung, Modernisierung oder Instandsetzung entsprechend dem Sanierungszweck, zu einem späteren Zeitpunkt möglich ist. In beiden Fallgestaltungen ist somit die **„Durchführung der Sanierung"** Voraussetzung für die Entlassung einzelner Grundstücke: in den Fällen des Abs. 1 die tatsächliche, in den Fällen des Abs. 2 die voraussichtliche Durchführung.

7 Das Gesetz lässt es seinem Wortlaut nach offen, ob neben der tatsächlichen (Abs. 1) oder voraussichtlichen bzw. gesicherten (Abs. 2) Bebauung, sonstigen Nutzung, Modernisierung oder Instandsetzung entsprechend dem Sanierungszweck **weitere Voraussetzungen** erfüllt sein müssen. Als weitere Voraussetzung kommt insbesondere die Klärung der Frage in Betracht, ob in Bezug auf das Grundstück die Anwendung der in Abs. 3 bezeichneten Vorschriften noch erforderlich sein kann. Ob bei Vorliegen der übrigen Voraussetzungen der Abs. 1 und 2 ein Erfordernis nach Anwendung der nach Abs. 3 bei der Entlassung aus der Sanierung der dort anwendbaren Vorschriften entfällt, beantwortet sich nach dem Stand der Durchführung der Sanierung insgesamt nach den Zielen der Sanierung. In den Fällen des Abs. 1 sind allerdings nur schwer Fälle vorstellbar, in denen zB nach Abschluss der baulichen Maßnahmen das besondere sanierungsrechtliche Steuerungsinstrumentarium, die Preisprüfung oder das besondere Entschädigungsrecht noch erforderlich sein könnte. Ist zB die Bodenordnung in einem Sanierungsgebiet noch nicht abgeschlossen, so kann die Entlassung eines Grundstücks nach Abs. 1 wohl nur dann in Betracht kommen, wenn die Neuordnung in Bezug auf dieses Grundstück bereits durchgeführt ist. Im Umlegungsrecht entspräche dies Fällen, die im Wege der Vorwegentscheidung nach § 76 behandelt werden könnten (*Krautzberger* ZfBR 1983, 11 (12)).

8 Nach **Abs. 1 S. 1 Nr. 1** ist Voraussetzung für die Entlassung aus der Sanierung, dass das Grundstück – entsprechend den Zielen und Zwecken der Sanierung – **bebaut** ist oder in sonstiger Weise genutzt wird **(vgl. Abs. 2 S. 1).** Es genügt nicht, dass das Grundstück überhaupt bebaut oder in sonstiger Weise genutzt wird. Dabei ist es allerdings nicht geboten den insoweit verwendeten Grundstücksbegriff allein im grundbuchrechtlichen Sinn zu verstehen. Vielmehr kann auch auf den wirtschaftlichen Grundstücksbegriff iS des „Baugrundstücks" abgestellt werden, jedenfalls dann, wenn die Bebauung eines im Sanierungsgebiet gelegenen Grundstücks Teil eines Gesamtvorhabens, das sanierungsrechtlich als Einheit anzusehen und noch nicht insgesamt abgeschlossen ist. Sind die Ziele und Zwecke der Sanierung durch die Sanierungssatzung nur sehr allgemein gefasst und später in Bezug auf bestimmte Grundstücke nicht weiter konkretisiert, kann von einer Bebauung der Grundstücke „entsprechend den Zielen und Zwecken der Sanierung" erst dann gesprochen werden, wenn die darauf nach Erlass der Sanierungssatzung vorgenommene Bebauung sanierungsrechtlich genehmigt und erkennbar abgeschlossen ist. (vgl. OVG Sachsen-Anhalt Urt. v. 16.6.2010 – 2 L 296.08, BauR 2011, 482, 485; bestätigt durch BVerwG Urt. v. 21.12.2011 – 4 C 13.10, ZfBR 2012, 246). In der bis zum 31.12.1984 geltenden Fassung des StBauFG war auf die Bebauung oder sonstige Nutzung entsprechend den Festsetzungen des Sanierungsbebauungsplans abgestellt. Die ab 1.1.1985 geltende Fassung des StBauFG stellte demgegenüber (Folgeänderung der Streichung des § 10 StBauFG über den obligatorischen Sanierungsbebauungsplan) auf den Sanierungszweck ab; das BauGB stellt (aus terminologischen Gründen; vgl. § 140 Nr. 3) nunmehr auf die **Ziele und Zwecke der Sanierung** ab (vgl. OVG Sachsen-Anhalt Urt. v. 16.6.2010 – 2 L 296.08, BauR 2011, 482). Diese Regelung ermöglicht zum einen eine frühere Entlassung aus der Sanierung, weil nicht mehr auf das Vorhandensein oder Inkrafttreten eines **Bebauungsplans** abgestellt ist. Liegt das Grundstück im Geltungsbereich eines Sanierungsbebauungsplans, so hat sich hierdurch gegenüber dem StBauFG 1971 jedoch insofern keine Änderung ergeben, als ein Sanierungsbebauungsplan zugleich die Konkretisierung des **Sanierungszwecks** ist.

9 Für die Fälle des **Abs. 1 S. 1 Nr. 2**, also die Modernisierung oder Instandsetzung eines Gebäudes, ist gleichfalls auf den **Sanierungszweck** abzustellen: Ob eine **Mo-**

5. Abschnitt. Abschluss der Sanierung § 163

dernisierung oder **Instandsetzung** in den Fällen des Abs. 1 S. 1 Nr. 2 **durchgeführt** ist, bemisst sich somit danach, welche Absichten nach der Sanierungsplanung für das konkrete Grundstück bestehen. Dieser Gesichtspunkt kann auch für die Beantwortung der Frage Bedeutung haben, was im Einzelfall unter Modernisierung und Instandsetzung rechtlich zu verstehen ist. Vor allem der **Modernisierungsbegriff** ist im geltenden Recht unterschiedlich ausgestaltet; → im Einzelnen die Erl. zu § 177. So stellte § 4 Abs. 1 ModEnG auf einen wohnungswirtschaftlichen Modernisierungsbegriff, nämlich auf zeitgemäße Ausstattungsstandards, ab; die Modernisierungsprogramme, die in einer Reihe von Ländern bestehen, verwenden weiterhin diesen Begriff. Vgl. auch § 16 Abs. 2 WoFG. Der städtebauliche Modernisierungsbegriff des § 177 stellt demgegenüber auf Missstände, nämlich auf ungesunde Wohnverhältnisse ab und ist somit enger auszulegen. VGH Mannheim (Urt. v. 31.3.1982 – 8 S 211.81) hat bei der Auslegung des Modernisierungs- und Instandsetzungsbegriffs ohne nähere Begründung auf § 39e BBauG (jetzt § 177) Bezug genommen. Diese Auslegung ist aber deshalb nicht zwingend, weil nach dem Sanierungszweck auch andere Maßnahmen erforderlich sein können, als sie sich in den Fällen der Anordnung eines Modernisierungs- oder Instandsetzungsgebots durchsetzen ließen. Dieses Ergebnis wird auch durch § 164a Abs. 3 S. 2 bestätigt, wonach dem Eigentümer Finanzierungsmittel auch für solche Maßnahmen gewährt werden können, die über die Beseitigung von Missständen und Mängeln und somit über den städtebaulich-hygienischen Mindeststandard hinausreichen. Die Durchführung solcher Maßnahmen ist dann aber vom Sanierungszweck her erforderlich bzw. gerechtfertigt.

4. Entlassung aus der Sanierung. Die **Abschlusserklärung** nach Abs. 1 und Abs. 2 ist ein **Verwaltungsakt;** zur Zulässigkeit von Nebenbestimmungen vgl. § 36 VwVfG. Vor allem in den Fällen des Abs. 2, in denen die Entlassung auf Grund der berechtigten Annahme erfolgt, dass die sanierungsgemäße Bebauung, die Verwirklichung der sonstigen Nutzung, die Modernisierung oder Instandsetzung ohne Gefährdung des Sanierungszwecks zu einem späteren Zeitpunkt möglich ist, kann sich die Entlassung auf Grund eines **städtebaulichen Vertrags** empfehlen; vgl. § 11. Im Einzelfall kann die vertragliche Regelung die spätere Verwirklichung des Sanierungszwecks im Hinblick auf die Zustimmung des Eigentümers wirksamer sicherstellen als der Verwaltungsakt mit entsprechenden Nebenbestimmungen. Die Entlassung auf Grund einer Vereinbarung zwischen Gemeinde und Eigentümer kann auch deshalb besonders zweckmäßig sein, weil sich mit ihr auch alle wesentlichen sonstigen Regelungen verbinden lassen, die aus Anlass des Fortfalls der Rechtswirkungen der Sanierung zu treffen sind. Dies bezieht sich vor allem auf die Festsetzung des Ausgleichsbetrags, der mit der Entlassung des Grundstücks aus der Sanierung entsteht (vgl. § 154 Abs. 3 S. 1). Neben der Entlassung des Grundstücks aus der Sanierung können in einer solchen Vereinbarung darüber hinaus zB Vereinbarungen über die Ablösung des Ausgleichsbetrags, die vertragliche Anerkennung der Grundlagen des Ausgleichsbetrags, der Rechtsmittelverzicht, die Anerkennung der Ergebnisse der Wertermittlung, die Zahlungsbedingungen hinsichtlich des Ausgleichsbetrags ua geregelt werden (*Krautzberger* ZfBR 1983, 11 (12)).

5. Rechtswirkungen der Entlassung. Nach **Abs. 3 S. 1** entfällt mit der **rechtswirksamen Entlassung** aus der Sanierung die Anwendung der §§ 144, 145 und 153 für diese Grundstücke. Der Gesetzeswortlaut war in der bis zum 31.12.1997 geltenden Fassung unscharf. Nach der Neufassung ist rechtlich klargestellt, dass mit der Erklärung über den Abschluss der Sanierung für einzelne Grundstücke für sämtliche nach § 144 genehmigungspflichtige Tatbestände das Genehmigungserfordernis entfällt. Dies gilt auch für gestellte, aber noch nicht beschiedene Anträge. Anstelle des § 144 finden für das Grundstück („wieder") die allgemeinen Vorschriften Anwendung, soweit die Voraussetzungen hierfür gegeben sind (vgl. § 14 Abs. 4, § 15 Abs. 2, § 19 Abs. 4 S. 1 Nr. 2, § 51 Abs. 1 S. 2). Nach **Abs. 3 S. 2** löscht das Grundbuchamt

auf Ersuchen der Gemeinde den Sanierungsvermerk. Ein Rechtsanspruch des Eigentümers hierauf besteht jedoch nicht.

12 Das „entlassene" Grundstück bleibt allerdings zumindest **formell in das Sanierungsgebiet einbezogen**. Auch die Löschung des Sanierungsvermerks kann hieran nichts ändern, da ihm lediglich eine Warn- oder Schutzfunktion, nicht aber eine konstitutive Bedeutung hinsichtlich der Zugehörigkeit des Grundstücks zum förmlich festgelegten Sanierungsgebiet zukommt. Das bedeutet zB, dass § 24 Abs. 1 S. 1 Nr. 3 und § 87 Abs. S. 3, § 88 S. 2 dem Grunde nach weiter anwendbar sind; jedoch dürften in Bezug auf das Grundstück die jeweiligen Ausübungsvoraussetzungen entfallen sein. Das nach § 163 aus der Sanierung entlassene Grundstück kann daher nur durch förmliche Änderung der Sanierungssatzung aus dem Sanierungsgebiet ausgegrenzt werden, wofür aber idR weder ein Bedürfnis noch ein Erfordernis gegeben sein dürfte. Gegenüber einer größeren Zahl von Einzelentlassungen gem. § 163 ist daher die Teilaufhebung gem. § 162 Abs. 1 S. 2 praktikabler. Zu den unterschiedlichen rechtlichen Voraussetzungen von Teilaufhebung und Einzelentlassung vgl. BVerwG NVwZ-RR 1996, 629.

13 Nach der Entlassung aus der Sanierung ist gem. § 154 Abs. 3 S. 1 der **Ausgleichsbetrag** zu entrichten. Weiterhin entfällt die Rechtsgrundlage für die Gewährung von Fördermitteln nach §§ 164a f.; die Abwicklung der Förderung in einem bereits vor der Entlassung begründeten Förderungsverhältnis bleibt hiervon jedoch unberührt. Auch die abgaben- und steuerrechtlichen Befreiungen können noch nach der Entlassung des Grundstücks einschlägig sein, zB hinsichtlich der Ausgaben- und Auslagenbefreiung (§ 151) bei einem (noch) sanierungsbedingten Geschäft.

14 Die Erklärung der Gemeinde nach Abs. 1 oder 2 – einmal wirksam abgegeben – kann nicht widerrufen werden. Dem **Widerruf** würde die privatrechtsgestaltende Wirkung der §§ 144, 145 entgegenstehen. Sofern die rechtlichen Voraussetzungen hierfür bestehen, käme in diesen Fällen – als letztes Mittel – der allerdings wenig praktikable Weg einer Änderung der Sanierungssatzung in Betracht.

15 Zu den der Gemeinde nach Abschluss der Sanierung im Einzelnen obliegenden Aufgaben der „**Abwicklung**" der Sanierung → sinngemäß die Erl. zu § 162 Rn. 19.

§ 164 Anspruch auf Rückübertragung

(1) **Wird die Sanierungssatzung aus den in § 162 Abs. 1 Satz 1 Nr. 2 oder 3 bezeichneten Gründen aufgehoben oder ist im Falle der Aufhebung nach § 162 Abs. 1 Satz 1 Nr. 4 die Sanierung nicht durchgeführt worden, hat der frühere Eigentümer eines Grundstücks einen Anspruch gegenüber dem jeweiligen Eigentümer auf Rückübertragung dieses Grundstücks, wenn es die Gemeinde oder der Sanierungsträger von ihm nach der förmlichen Festlegung des Sanierungsgebiets zur Durchführung der Sanierung freihändig oder nach den Vorschriften dieses Gesetzbuchs ohne Hergabe von entsprechendem Austauschland, Ersatzland oder Begründung von Rechten der in § 101 Abs. 1 Satz 1 Nr. 1 bezeichneten Art erworben hatte.**

(2) **Der Anspruch besteht nicht, wenn**
1. **das Grundstück als Baugrundstück für den Gemeinbedarf oder als Verkehrs-, Versorgungs- oder Grünfläche in einem Bebauungsplan festgesetzt ist oder für sonstige öffentliche Zwecke benötigt wird oder**
2. **der frühere Eigentümer selbst das Grundstück im Wege der Enteignung erworben hatte oder**
3. **der Eigentümer mit der zweckgerechten Verwendung des Grundstücks begonnen hat oder**
4. **das Grundstück auf Grund des § 89 oder des § 159 Abs. 3 an einen Dritten veräußert wurde oder**
5. **die Grundstücksgrenzen erheblich verändert worden sind.**

5. Abschnitt. Abschluss der Sanierung **§ 164**

(3) **Die Rückübertragung kann nur binnen zwei Jahren seit der Aufhebung der Sanierungssatzung verlangt werden.**
(4) Der frühere Eigentümer hat als Kaufpreis den Verkehrswert zu zahlen, den das Grundstück im Zeitpunkt der Rückübertragung hat.
(5) [1]**Ein Anspruch auf Rückenteignung nach § 102 bleibt unberührt.** [2]Die dem Eigentümer zu gewährende Entschädigung nach § 103 bemisst sich nach dem Verkehrswert des Grundstücks, der sich auf Grund des rechtlichen und tatsächlichen Zustands im Zeitpunkt der Aufhebung der förmlichen Festlegung ergibt.

Übersicht

	Rn.
1. Allgemeines	1
2. Voraussetzungen (Abs. 1)	4
3. Ausschluss des Anspruchs (Abs. 2)	6
4. Frist; Kaufpreis (Abs. 3 und 4)	11
5. Rückenteignung (Abs. 5)	12

1. Allgemeines. Die Vorschrift regelt für die Fälle der vorzeitigen Aufhebung der 1
Sanierungssatzung (§ 162 Abs. 1 S. 1 Nr. 2 und 3) den Anspruch des früheren Eigentümers eines Grundstücks auf Rückübertragung. Die Vorschrift enthält **keine abschließende Regelung der Rechtsfolgen** beim Abbruch der Sanierung. Zu den sonstigen Rechtsfolgen, insbesondere zu Entschädigungsansprüchen → § 162 Rn. 20f. Der Anspruch auf Rückübertragung nach § 164 besteht nur, wenn die **Satzung über die förmliche Festlegung** des Sanierungsgebiets aus den in **§ 162 Abs. 1 S. 1 Nr. 2 oder 3 bezeichneten Gründen aufgehoben** wurde. Das Gleiche gilt, wenn die Sanierung im Falle der Aufhebung nach § 162 Abs. 1 S. 1 Nr. 4 nicht durchgeführt wurde. Danach ist die Sanierungssatzung aufzuheben, wenn sich die Sanierung entweder als undurchführbar erweist oder wenn die Sanierungsabsicht aus anderen Gründen aufgegeben wird. Wird die Sanierungssatzung gem. § 162 Abs. 1 S. 2 nur für einen Teil des Sanierungsgebiets aufgehoben, so können in diesem Teil Ansprüche nach § 164 entstehen. § 164 findet weiterhin Anwendung in **Ersatz- und Ergänzungsgebieten.** Dies ergibt sich unmittelbar aus § 142 Abs. 2 S. 2.

§ 164 findet gem. § 169 Abs. 1 Nr. 8 auch in **städtebaulichen Entwicklungsbe-** 2
reichen „neuer Art" sowie in **Anpassungsgebieten** Anwendung, dagegen keine, auch keine analoge Anwendung in den Fällen der Aufhebung eines **städtebaulichen Entwicklungsbereichs nach StBauFG** (vgl. § 235 Abs. 1 S. 2 iVm §§ 165, 171 BauGB 1987). Für diese Entwicklungsbereiche „älterer Art" ergibt sich dies zum einen daraus, dass der Katalog der für Entwicklungsbereiche entsprechend anwendbaren Sanierungsvorschriften im Gesetz (§§ 165ff. Fassung 1987) abschließend geregelt war. Zum anderen fehlte in § 171 BauGB 1987 über die Aufhebung der Erklärung zum städtebaulichen Entwicklungsbereich eine § 162 Abs. 1 S. 1 Nr. 2 oder 3 über den Abbruch der Sanierung entsprechende Regelung. Deshalb erscheint es auch zweifelhaft, ob § 164 in **Anpassungsgebieten** nach § 170 BauGB 1987 anwendbar ist. § 170 S. 4 BauGB 1987 schließt zwar die Anwendung des § 164 nicht aus. Da aber die entsprechende Anwendung des § 162 ausgeschlossen ist, kann § 164 tatbestandsmäßig nicht zur Anwendung kommen und bedurfte daher nicht der ausdrücklichen Erwähnung.

Der Anspruch des früheren Eigentümers eines Grundstücks auf Rückübertragung 3
ist von dem **Anspruch auf Rückenteignung** zu unterscheiden. Nach der Rspr. des BVerfG (BVerfGE 38, 175) hat der Eigentümer unmittelbar aus Art. 14 Abs. 1 S. 1 GG das Recht, sein früheres Eigentum zurückzuverlangen, wenn der Enteignungsgrund später wegfällt (vgl. *Papier* in Maunz/Dürig GG Art. 14 Rn. 509). Der Anspruch auf

§ 164

Rückenteignung bestimmt sich nach § 102 (–> weiterhin Abs. 5 Rn. 12). Der Anspruch auf Rückübertragung nach § 164 ist demgegenüber nicht aus verfassungsrechtlichen Gründen geboten, sondern entspricht **Billigkeitserwägungen** (*Kröner*, FS Boujong, 1996, 563 (567 f.)): Wird die förmliche Festlegung des Sanierungsgebiets aufgehoben, weil sich die Sanierung als undurchführbar erweist oder weil die Sanierungsabsicht aus anderen Gründen aufgegeben wird, so sollen – unbeschadet möglicher Entschädigungsansprüche oder Ansprüche auf Rückenteignung – die nachteiligen Auswirkungen zwischenzeitlich durchgeführter Sanierungsmaßnahmen soweit wie möglich wieder rückgängig gemacht werden.

4 **2. Voraussetzungen (Abs. 1).** Nach **Abs. 1** hat der frühere Eigentümer eines Grundstücks einen Anspruch auf Rückübertragung gegenüber dem **jeweiligen Eigentümer,** wenn die Sanierungssatzung aus den in § 162 Abs. 1 S. 1 Nr. 2 oder 3 bezeichneten Gründen aufgehoben wird. Voraussetzung ist, dass die **Gemeinde** oder der **Sanierungsträger** das Grundstück von dem früheren Eigentümer **zur Durchführung der Sanierung erworben** hatte. Der Erwerb muss nach der förmlichen Festlegung des Sanierungsgebiets erfolgen, und zwar zu Zwecken der Durchführung der Sanierung. Dabei ist es ohne Belang, ob die Gemeinde das Grundstück freihändig oder durch Ausübung des Vorkaufsrechts oder durch Enteignung erworben hatte. Der Anspruch auf Rückübertragung ist jedoch ausgeschlossen, wenn gegen das übertragene Grundstück nicht eine Geldleistung, sondern Austauschland, Ersatzland oder Begründung von Rechten der in § 101 Abs. 1 S. 1 Nr. 1 bezeichneten Art (zB Miteigentum, grundstücksgleiche Rechte, Rechte nach dem Wohnungseigentumsgesetz) hingegeben wurde.

5 Der Anspruch auf Rückübertragung richtet sich **unmittelbar gegen den jeweiligen Eigentümer,** gegen den er geltend zu machen ist. Damit hat das Gesetz diesen Anspruch als **privatrechtlichen Rückkaufanspruch** ausgestattet (vgl. auch Abs. 4 „Kaufpreis"), über den das Zivilgericht zu entscheiden hat.

6 **3. Ausschluss des Anspruchs (Abs. 2).** Nach **Abs. 2 Nr. 1** besteht der Anspruch nicht, wenn das Grundstück in einem Bebauungsplan als Baugrundstück für den Gemeinbedarf (vgl. § 9 Abs. 1 Nr. 5) oder als Verkehrs-, Versorgungs- oder Grünfläche (vgl. § 9 Abs. 1 Nr. 11, 12, 15) festgesetzt ist. Ein Rückübertragungsanspruch wäre in diesen Fällen nicht sachgerecht, weil das Grundstück sonst später zur Verwendung für den im Bebauungsplan vorgesehenen Zweck wieder benötigt würde. Der Rückübertragungsanspruch besteht weiterhin dann nicht, wenn das Grundstück für sonstige öffentliche Zwecke benötigt wird. Eine Festsetzung im Bebauungsplan ist in diesem Fall nicht erforderlich. Jedoch muss sich die Notwendigkeit der Verwendung aus vergleichbar nachprüfbaren Tatsachen ergeben.

7 Nach **Abs. 2 Nr. 2** besteht der Anspruch nicht, wenn der frühere Eigentümer selbst das Grundstück im Wege der Enteignung erworben hatte. Das Gesetz sieht ihn insoweit nicht als schutzwürdig an.

8 Nach **Abs. 2 Nr. 3** besteht der Anspruch nicht, wenn der (jetzige) Eigentümer mit der zweckgerechten Verwendung des Grundstücks begonnen hat, also insbesondere mit der Bebauung oder ihrer tatsächlichen Vorbereitung. Das Gesetz will hierdurch das Entstehen sonst möglicher Entschädigungsansprüche des (jetzigen) Eigentümers vermeiden.

9 Nach **Abs. 2 Nr. 4** sind gegenüber einem Rückübertragungsanspruch solche Eigentümer geschützt, die das Grundstück ihrerseits von der Gemeinde oder von dem Sanierungsträger nach § 89 oder § 159 Abs. 3 erworben haben.

10 Nach **Abs. 2 Nr. 5** besteht der Anspruch nicht, wenn die Grundstücksgrenzen erheblich verändert worden sind. Nur geringfügige Änderungen der Grundstücksgrenzen (Vergrößerung oder Verkleinerung) schließen den Rückübertragungsanspruch dagegen nicht aus. Die Veränderung der Grundstücksgrenzen kann zB in der Umlegung erfolgt sein.

5. Abschnitt. Abschluss der Sanierung § 164

4. Frist; Kaufpreis (Abs. 3 und 4). Der Anspruch auf Rückübertragung kann 11
vom früheren Eigentümer nach **Abs. 3** nur **innerhalb von zwei Jahren** nach der
Aufhebung der Sanierungssatzung geltend gemacht werden. Die Frist beginnt also
mit der Bekanntmachung der Satzung gem. § 162 Abs. 2 S. 4. Als **Kaufpreis**, dh als
Entgelt für die Rückübertragung, erhält der spätere Eigentümer nach **Abs. 4** den
Verkehrswert, den das Grundstück im Zeitpunkt der Rückübertragung hat. Dem
(späteren) Eigentümer kommt demnach eine Wertsteigerung durch zwischenzeitlich
getroffene Maßnahmen zugute. Auch insoweit unterscheidet sich der Anspruch auf
Rückübertragung vom Anspruch auf Rückenteignung (→ Rn. 12).

5. Rückenteignung (Abs. 5). Abs. 5 S. 1 stellt klar, dass der besondere Rück- 12
übertragungsanspruch nach § 164 den verfassungsrechtlich gebotenen (→ Rn. 3) Anspruch auf Rückenteignung nach § 102 unberührt lässt. Nach § 102 kann der frühere
Eigentümer verlangen, dass das enteignete Grundstück zu seinen Gunsten wieder
enteignet wird, wenn der durch die Enteignung Begünstigte oder sein Rechtsnachfolger das Grundstück nicht innerhalb der festgesetzten Frist zu dem Enteignungszweck verwendet oder den Enteignungszweck vor Ablauf der Frist aufgegeben hat
oder wenn die Gemeinde ihre Verpflichtung zur Weiterveräußerung nach § 89 nicht
erfüllt hat. Ein Anspruch auf Rückenteignung kommt also in Betracht, wenn im
Rahmen der Sanierung eine Enteignung nach den §§ 85 bis 122 durchgeführt worden ist und danach – sei es auch auf Grund der Aufhebung der förmlichen Festlegung
des Sanierungsgebiets – einer der Tatbestände des § 102 erfüllt ist. Wird dem Antrag
auf Rückenteignung stattgegeben, so hat nach **§ 103** der Antragsteller dem von der
Rückenteignung Betroffenen Entschädigung für den Rechtsverlust zu leisten. Die
Entschädigungsregelung des § 103 entspricht allgemeinen Entschädigungsgrundsätzen. Danach darf die für die Rückenteignung zu gewährende Entschädigung den bei
der ersten Enteignung zugrunde gelegten Verkehrswert der entzogenen Sache nicht
übersteigen, jedoch sind Aufwendungen zu berücksichtigen, die zu einer Werterhöhung der Sache geführt haben (BGH NJW 1980, 1571).

Abs. 5 S. 2 modifiziert die Entschädigungsregelung des § 103 jedoch nicht gene- 13
rell für Sanierungsenteignungen, sondern ausschließlich für die Fälle der Aufhebung
der Satzung in den Fällen des § 162 Abs. 1 S. 1 Nr. 2 oder 3. Danach ist für die Entschädigung der Verkehrswert des entzogenen Grundstücks im Zeitpunkt der Aufhebung der Satzung einschließlich aller zwischenzeitlichen Werterhöhungen maßgebend. Der **BGH** (NJW 1980, 1571) hat hiergegen Zweifel angedeutet, jedoch die
Frage offen gelassen. Verfassungsrechtliche Zweifel könnten deshalb entstehen, weil
eine von § 103 – als Ausdruck eines allgemeinen entschädigungsrechtlichen Grundsatzes – abweichende Regelung auf eine Vereitelung der verfassungsrechtlich gebotenen Rückübertragung hinauslaufen könnte, wenn der frühere Eigentümer zum
Rückerwerb seines Eigentums den Wertzuwachs der konkreten Sache, den ihm die
in Art. 14 Abs. 1 S. 2 enthaltene Bestandsgarantie des Eigentums mitsichern will, aus
seinem übrigen Vermögen erlegen müsste. Unbestritten ist, dass nicht sanierungsbedingte, sondern auf die allgemeine Entwicklung zurückzuführende Werterhöhungen
für die Bestimmung der Rückenteignungsentschädigung unberücksichtigt bleiben
müssen (*Krohn/Löwisch,* FS Boujong, 1996, Rn. 511). Abs. 5 S. 2 widerspricht aber
auch im Übrigen nicht allgemeinen entschädigungsrechtlichen Grundsätzen: Auch
wenn dem früheren Eigentümer das Grundstück nicht auf Grund Enteignung entzogen worden wäre, hätte er nach Aufhebung der Sanierungssatzung gem. § 162 Abs. 1
iVm § 154 Abs. 3 S. 1 an die Gemeinde einen Ausgleichsbetrag entrichten müssen,
der der durch die Sanierung bedingten Werterhöhung seines Grundstücks entspricht.
Die Entschädigungsregelung des Abs. 5 S. 2 stellt den Eigentümer daher nicht
schlechter, als er ohne Enteignung gestanden wäre.

§ 164a

Sechster Abschnitt. Städtebauförderung

§ 164a Einsatz von Städtebauförderungsmitteln

(1) [1]Zur Deckung der Kosten der einheitlichen Vorbereitung und zügigen Durchführung der städtebaulichen Sanierungsmaßnahme als Einheit (Gesamtmaßnahme) werden Finanzierungs- und Förderungsmittel (Städtebauförderungsmittel) eingesetzt. [2]Für Maßnahmen im Zusammenhang mit der Sanierung, deren Finanzierung oder Förderung auf anderer gesetzlicher Grundlage beruht, sollen die in den jeweiligen Haushaltsgesetzen zur Verfügung gestellten Finanzierungs- oder Förderungsmittel so eingesetzt werden, dass die Maßnahmen im Rahmen der Sanierung durchgeführt werden können.

(2) Städtebauförderungsmittel können eingesetzt werden für
1. die Vorbereitung von Sanierungsmaßnahmen (§ 140),
2. die Durchführung von Ordnungsmaßnahmen nach § 147 einschließlich Entschädigungen, soweit durch sie kein bleibender Gegenwert erlangt wird; zu den Kosten der Ordnungsmaßnahmen gehören nicht die persönlichen oder sachlichen Kosten der Gemeindeverwaltung,
3. die Durchführung von Baumaßnahmen nach § 148,
4. die Gewährung einer angemessenen Vergütung von nach Maßgabe dieses Gesetzes beauftragten Dritten,
5. die Verwirklichung des Sozialplans nach § 180 sowie die Gewährung eines Härteausgleichs nach § 181.

(3) [1]Städtebauförderungsmittel können für Modernisierungs- und Instandsetzungsmaßnahmen im Sinne des § 177 eingesetzt werden. [2]Soweit nichts anderes vereinbart ist, gilt dies auch für entsprechende Maßnahmen, zu deren Durchführung sich der Eigentümer gegenüber der Gemeinde vertraglich verpflichtet hat, sowie für darüber hinausgehende Maßnahmen, die der Erhaltung, Erneuerung und funktionsgerechten Verwendung eines Gebäudes dienen, das wegen seiner geschichtlichen, künstlerischen oder städtebaulichen Bedeutung erhalten bleiben soll.

Übersicht

	Rn.
1. Allgemeines	1
2. Überblick	4
3. Einsatz der Städtebauförderungsmittel (Abs. 1)	5
4. Verwendungszwecke (Abs. 2)	9
5. Modernisierungs- und Instandsetzungsgebot (Abs. 3)	14

1 **1. Allgemeines.** Die Bereitstellung **öffentlicher Hilfen für die Städtebauförderung** gewinnt ihre Bedeutung daher, dass Maßnahmen der Stadterneuerung städtebaulich gezielte Veränderungen von in der Regel gewachsenen städtebaulichen, sozialen und wirtschaftlichen Strukturen zum Gegenstand haben. Sie beziehen sich zumindest teilweise immer auf bebaute oder sonst genutzte Flächen. Die aus öffentlichem Interesse vorgesehene wesentliche Verbesserung oder Umgestaltung eines Gebiets kann vielfach nicht allein mit den Instrumenten der Bauleitplanung, mit den Vorschriften über die Zulässigkeit von Vorhaben und auch nicht allein durch einseitig hoheitlichen Durchsetzung (zB Bodenordnung, Enteignung oder städtebauliche Gebote) erreicht werden. Für das städtebauliche Entwicklungsrecht ergeben sich vor allem aus dem Grunderwerb und den Infrastrukturaufgaben besondere Finanzierungsprobleme.

6. Abschnitt. Städtebauförderung § 164a

Die Förderung städtebaulicher Sanierungs- und Entwicklungsmaßnahmen ist 2 keine originäre Aufgabe des Bundes, sondern Aufgabe der Länder und der Gemeinden. Der Bund kann sich an der Förderung jedoch durch Gewährung von **Bundesfinanzhilfen** nach Art. 104b GG (bis 1.9.2006: Art. 104a Abs. 4 GG) beteiligen. Die finanzielle Beteiligung des Bundes an diesen Aufgaben war bereits zurzeit des ersten Gesetzentwurfs über das StBauFG umstritten. Die verfassungsrechtliche Grundlage für die Gewährung von Bundesfinanzhilfen wurde erst kurz vor dem abschließenden Gesetzgebungsverfahren durch die Änderung des GG im Rahmen der Finanzverfassungsreform von 1969 (Finanzreformgesetz vom 12.5.1969, BGBl. I S. 359) geschaffen. § 71 Abs. 1 StBauFG verwies demgemäß ausdrücklich auf den damaligen Art. 104a Abs. 4 GG. Die Verfassungskonformität dieser Regelung hat das BVerfG bestätigt (BVerfGE 39, 96 (106)). Die Gewährung von Bundesfinanzhilfen (so genannte „Mischfinanzierung") hat auch nach der Finanzverfassungsreform im Verhältnis von Bund und Ländern wiederholt Anlass zu rechtlichen und politischen Kontroversen gegeben (s. zB *Schlichter* WiVerw. 1984, 265 (271ff.)). Insbesondere seit der Regierungserklärung des Bundeskanzlers vom 4.5.1983 (Bulletin Nr. 43, 1983, S. 397) hatten Bund und Länder ihre Bemühungen verstärkt, **Mischfinanzierungstatbestände einzuschränken.** Die Regierungschefs von Bund und Ländern hatten sich im Vorfeld der Erarbeitung des Regierungsentwurfs über das BauGB darauf verständigt, die Mischfinanzierung im Bereich des Städtebaus mit Ablauf des Jahres 1987 abzubauen. Das BauGB 1987 enthielt entsprechend dieser **politischen Festlegung** keine Regelung mehr über die Bundesfinanzhilfen (vgl. §§ 71 bis 75 StBauFG).

Nach Verabschiedung des BauGB hat sich jedoch im politischen Raum die 3 **Rückwendung zur Bundesbeteiligung** an der Städtebauförderung durchgesetzt. Seit 1.1.1988 gewährte der Bund auf der Grundlage von **Verwaltungsvereinbarungen** (weiterhin) Bundesfinanzhilfen. Seit **Herstellung der Einheit Deutschlands** wurden die Bundesfinanzhilfen für die Städtebauförderung deutlich aufgestockt und dabei von den alten auf die **neuen Länder** umgelenkt. Die Bundesfinanzhilfen wurden auf der Grundlage von Verwaltungsvereinbarungen gewährt. Mit der Änderung des Grundgesetzes zum 1.9.2006 („Föderalismusreform"; Gesetz vom 28.8.2006 (BGBl. I S. 2034)) ist die Mischfinanzierung in **Art. 104b GG** geregelt. Im „Föderalismus-Begleitgesetz" v. 5.9.2006 (BGBl. I S. 2098) ist § 164b BauGB an die neue Verfassungslage angepasst worden; zur Überleitung vgl. § 245.

2. Überblick. Unter **Finanzierungsrecht** im engeren Sinne werden jene Rege- 4 lungen bezeichnet, in denen die Verwendung von öffentlichen Förderungsmitteln zur Deckung der Kosten der Sanierung oder Entwicklung geregelt ist; vgl. § 164a. Als **Förderungsrecht** werden Regelungen über die Gewährung von Finanzhilfen bezeichnet; vgl. § 164b BauGB 1998).

§ 164a ist entsprechend anzuwenden im **städtebaulichen Entwicklungsbereich** (§ 169 Abs. 1 Nr. 9), im **Stadtumbaugebiet** (§ 171b Abs. 4) und im Gebiet von **Maßnahmen der Sozialen Stadt** (§ 171e Abs. 6).

3. Einsatz der Städtebauförderungsmittel (Abs. 1). Abs. 1 regelt den Einsatz 5 von Städtebauförderungsmitteln. Die Finanzierung der Kosten der städtebaulichen Erneuerung, soweit sie nicht von den Eigentümern und den jeweiligen Vorhabenträgern getragen wird, obliegt der Gemeinde als Träger der städtebaulichen Maßnahme. Dies schließt nicht aus, dass zB durch städtebauliche Verträge Sanierungs- oder Entwicklungsmaßnahmen ganz oder teilweise auf Private übertragen werden (private Erneuerungs- oder Entwicklungsmaßnahmen; unternehmerischer Sanierungsträger). Die Vorschrift verpflichtet auch weder den Bund noch die Länder zur Bereitstellung von Förderungsmitteln. Die Vorschrift findet vielmehr Anwendung, soweit Bund, Länder oder Gemeinden zur Durchführung städtebaulicher Sanierungs- und Entwicklungsmaßnahmen Mittel bereitstellen; vgl. bis 31.12.1997, § 39 StBauFG. Was

§ 164a II. Kapitel. I. Teil. Städtebauliche Sanierungsmaßnahmen

unter **Städtebauförderungsmitteln** zu verstehen ist, entscheidet sich nach den Zweckbestimmungen in den jeweiligen Haushalten, in denen Mittel für die Städtebauförderung ausgewiesen sind. Abs. 1 S. 1 regelt also, wofür die in den öffentlichen Haushalten bereitgestellten Mittel zu verwenden sind.

6 Die Städtebauförderungsmittel sollen nach **Abs. 1 S. 1** zur Deckung der Kosten der einheitlichen Vorbereitung und zügigen Durchführung der städtebaulichen Sanierungsmaßnahme (vgl. § 136 Abs. 1) als Einheit eingesetzt werden; **Gesamtmaßnahme**. Gegenstand der Städtebauförderung sollen danach nicht bestimmte Einzelmaßnahmen oder Einzelvorhaben, dh nicht einzelne Bauprojekte sein. Gegenstand der Förderung ist vielmehr die städtebauliche Gesamtmaßnahme (→ zum Begriff § 136 Rn. 3–5). Idealtypisch ist Gegenstand der Förderung die Sanierungs- bzw. Entwicklungsmaßnahmen als Ganzes nach Maßgabe der gemeindlichen Kosten- und Finanzierungsübersicht (§ 149). Die konkrete Ausgestaltung der Förderung richtet sich nach den Förderungsbestimmungen der Länder; die Förderungspraxis der Länder ist im Einzelnen unterschiedlich, was Teilleistungen, Abschlagszahlungen, Anerkennung oder Ausschluss bestimmter Kostengruppen oder engere Zweckbindungen der staatlichen Finanzhilfen betrifft.

7 § 164a Abs. 1 S. 1 unterscheidet sich von der bis zum 31.12.1997 geltenden Bestimmung des § 39 StBauFG über den Einsatz von Sanierungsförderungsmitteln ua dadurch, dass **Adressat der Vorschrift** nicht mehr ausdrücklich Bund, Länder, Gemeinden und Gemeindeverbände sind. Der Gesetzgeber will hierdurch die Möglichkeit erleichtern, Stadterneuerungsaufgaben (ganz oder teilweise) in privater Trägerschaft durchzuführen. Der Gesetzgeber hat ua deshalb davon abgesehen, die Städtebauförderungsmittel als Mittel zur Deckung unrentierlicher Kosten zu definieren. Auch hierdurch soll die Möglichkeit privater Vorhabenträgerschaft eröffnet bzw. erleichtert werden.

8 **Abs. 1 S. 2** entspricht **§ 47 StBauFG.** Die Vorschrift dient der Bündelung und Koordination des Einsatzes von Mitteln aus öffentlichen Haushalten im Zusammenhang mit der Sanierung. Die Vorschrift verdeutlicht die Aufgabe anderer öffentlicher Aufgabenträger, im Rahmen der ihnen obliegenden Aufgaben, die Durchführung der Sanierung zu unterstützen und sich über den Einsatz der Mittel abzustimmen. Die Koordination aller öffentlichen Aufgabenträger wird insbesondere durch deren kontinuierliche Beteiligung nach § 139 sichergestellt; vgl. weiterhin § 149 **Abs. 6** über die Abstimmung der Kosten- und Finanzierungsübersicht der Gemeinde mit den Kosten- und Finanzierungsvorstellungen anderer Träger öffentlicher Belange. Die Vorschrift soll somit sicherstellen, dass alle Maßnahmen, die im Zusammenhang mit der Sanierung stehen und deren Durchführung im Rahmen der Sanierung erforderlich ist (zB Maßnahmen zur Verbesserung der Verkehrsverhältnisse, soziale Maßnahmen, Infrastruktur und öffentliche Baumaßnahmen), zeitlich so finanziert werden, dass die Durchführung entsprechend dem gemeindlichen Sanierungskonzept gesichert ist. Die Vorschrift bringt zugleich zum Ausdruck, dass die Städtebauförderungsmittel subsidiär, ggf. zur Zwischenfinanzierung, gegenüber anderen öffentlichen Mitteln zum Einsatz kommen sollen.

9 **4. Verwendungszwecke (Abs. 2). Abs. 2** regelt die Maßnahmenbereiche städtebaulicher Sanierungs- und Entwicklungsmaßnahmen, für die Städtebauförderungsmittel eingesetzt werden können. **Abs. 3** enthält eine ergänzende Bestimmung für Modernisierungs- und Instandsetzungsmaßnahmen. Nach **Abs. 2 Nr. 1** können Städtebauförderungsmittel für die **Vorbereitung** von Sanierungsmaßnahmen eingesetzt werden. Eine entsprechende Regelung enthielt **§ 40 StBauFG**. Der Begriff der Vorbereitung ist in **§ 140 BauGB** zusammenfassend geregelt. Nach § 140 Nr. 7 kann Gegenstand der Vorbereitung auch die Durchführung einzelner Ordnungs- und Baumaßnahmen vor einer förmlichen Festlegung des Sanierungsgebiets sein.

10 **Abs. 2 Nr. 2** regelt die Förderung von **Ordnungsmaßnahmen**. Die Vorschrift entspricht § 41 StBauFG. Zum Begriff der Ordnungsmaßnahme vgl. **§ 147 BauGB.**

6. Abschnitt. Städtebauförderung **§ 164b**

Die Durchführung der Ordnungsmaßnahmen ist Aufgabe der Gemeinde; § 147 S. 1 Hs. 1; die Aufgabe kann gem. § 146 Abs. 3 ganz oder teilweise dem Eigentümer vertraglich überlassen werden. Städtebauförderungsmittel können auch für Entschädigungen verwendet werden (insbesondere nach Planungsschadensrecht, wegen Enteignungen oder Übernahmeverlangen); **Abs. 2 Nr. 2 Hs. 2.** Zu den Kosten der Ordnungsmaßnahmen gehören nicht die persönlichen oder sachlichen Kosten der Gemeindeverwaltung; **Abs. 2 Nr. 2 Hs. 3.** Schaltet die Gemeinde gemäß §§ 157, 167 einen **Sanierungs-** bzw. **Entwicklungsträger** oder **anderen Beauftragten** ein, so rechnet dies nicht zu den Kosten der Gemeindeverwaltung iS des Abs. 2 Nr. 2 Hs. 3. Zu den **persönlichen Kosten** zählen alle Personalkosten bei der Vorbereitung und Durchführung von Sanierungsmaßnahmen. Zu den **sachlichen Kosten** zählen die Kosten des Verwaltungsaufwands, der bei der Vorbereitung und Durchführung von Sanierungsmaßnahmen anfällt.

Nach **Abs. 2 Nr. 3** können Städtebauförderungsmittel für die Durchführung von **Baumaßnahmen** eingesetzt werden; vgl. **§§ 39 Abs. 1, 44 und 45 StBauFG.** Für Modernisierungs- und Instandsetzungsmaßnahmen iS des § 177 enthält § 164a Abs. 3 eine Sondervorschrift. Für Modernisierungs- und Instandsetzungsförderungen, für die § 177 iVm § 164a Abs. 3 keine Anwendung findet (zB gemeindeeigene Gebäude, Kirchengebäude), ist, vorbehaltlich der Länderförderungsbestimmungen, grundsätzlich die Verwendung von Städtebauförderungsmitteln nach Abs. 2 Nr. 3 möglich. 11

Nach **Abs. 2 Nr. 4** können Städtebauförderungsmittel für die Gewährung einer angemessenen Vergütung von nach Maßgabe des BauGB beauftragten Dritten in Betracht kommen. Hier ist insbesondere an Beauftragte iS der §§ 157 und 167 (Träger, Beauftragte) zu denken, aber auch an Einzelverträge für Dritte zB zur Erarbeitung städtebaulicher Planungen, für die Öffentlichkeitsarbeit in der Sanierung und Entwicklung oder für Aufgaben iS des § 4b. 12

Nach **Abs. 2 Nr. 5** können die Kosten der Verwirklichung des **Sozialplans** (§ 180) sowie der Gewährung eines **Härteausgleichs (§ 181)** gefördert werden. 13

5. Modernisierungs- und Instandsetzungsgebot (Abs. 3). Nach **Abs. 3 S. 1** können die Förderungsmittel auch für **Modernisierungs- und Instandsetzungsmaßnahmen** iS § 177 BauGB eingesetzt werden. Nach **Abs. 3 S. 2** können die Städtebauförderungsmittel auch für entsprechende Maßnahmen eingesetzt werden, die auf Grund eines Modernisierungs- und Instandsetzungsvertrags zwischen Eigentümer und Gemeinde durchgeführt werden. Hierbei können auch über den engen Anwendungsbereich der Gebote hinausgehende Maßnahmen gefördert werden, soweit sie der Erhaltung, Erneuerung und funktionsgerechten Verwendung eines Gebäudes von geschichtlicher, künstlerischer oder städtebaulicher Bedeutung dienen; → im Einzelnen **§ 177 Rn. 34 ff.** 14

§ 164b Verwaltungsvereinbarung

(1) ¹**Der Bund kann zur Förderung städtebaulicher Sanierungsmaßnahmen nach Artikel 104b des Grundgesetzes den Ländern nach Maßgabe des jeweiligen Haushaltsgesetzes Finanzhilfen für Investitionen der Gemeinden und Gemeindeverbände nach einem in gleicher Weise geltenden, allgemeinen und sachgerechten Maßstab gewähren.** ²**Der Maßstab und das Nähere für den Einsatz der Finanzhilfen werden durch Verwaltungsvereinbarung zwischen Bund und Ländern festgelegt.**

(2) **Schwerpunkt für den Einsatz solcher Finanzhilfen sind**
1. **die Stärkung von Innenstädten und Ortsteilzentren in ihrer städtebaulichen Funktion unter besonderer Berücksichtigung des Wohnungsbaus sowie der Belange des Denkmalschutzes und der Denkmalpflege,**

§ 164b

2. die Wiedernutzung von Flächen, insbesondere der in Innenstädten brachliegenden Industrie-, Konversions- oder Eisenbahnflächen, zur Errichtung von Wohn- und Arbeitsstätten, Gemeinbedarfs- und Folgeeinrichtungen unter Berücksichtigung ihrer funktional sinnvollen Zuordnung (Nutzungsmischung) sowie von umweltschonenden, kosten- und flächensparenden Bauweisen,
3. städtebauliche Maßnahmen zur Behebung sozialer Missstände.

Übersicht

	Rn.
1. Finanzhilfen des Bundes	1
2. Schwerpunkte der Bundesfinanzhilfen	3
3. Überleitung	5

1 **1. Finanzhilfen des Bundes.** Nach **Art. 104b Abs. 1 S. 1 GG** kann der Bund den Ländern Finanzhilfen für besonders bedeutsame Investitionen der Länder und Gemeinden gewähren, die zur Abwehr einer Störung des gesamtwirtschaftlichen Gleichgewichts oder zum Ausgleich unterschiedlicher Wirtschaftskraft im Bundesgebiet oder zur Förderung des wirtschaftlichen Wachstums erforderlich sind. Nach **Art. 104b Abs. 2 GG** wird das „Nähere, insbesondere die Arten der zu fördernden Investitionen" durch zustimmungsbedürftiges Bundesgesetz oder auf Grund des Bundeshaushaltsgesetzes durch Verwaltungsvereinbarung geregelt. §§ 71–75 StBauFG enthielten gesetzliche Regelungen über die Gewährung von Bundesfinanzhilfen; sie wurden durch eine Verwaltungsvereinbarung zwischen Bund und Ländern ergänzt. Seit 1.1.1988 (vgl. **§ 245 Abs. 10 BauGB 1987**) wurden die Bundesfinanzhilfen nur noch auf Grund einer Verwaltungsvereinbarung gewährt, da diese Bestimmungen des StBauFG aufgehoben wurden. § 164b BauGB 1998 enthält (wieder) eine gesetzliche Grundlage über die Gewährung von Bundesfinanzhilfen für die Städtebauförderung; im Gesetzgebungsverfahren wurde die Verankerung im BauGB mit dem „Stellenwert" der Städtebauförderung begründet (BT-Drs. 13/7589, 20).

2 **Abs. 1 S. 1** begründet entsprechend Art. 104b die Bereitstellung von Bundesfinanzhilfen für die Förderung städtebaulicher Sanierungsmaßnahmen sowie nach § 169 Abs. 1 Nr. 9 für städtebauliche Entwicklungsmaßnahmen. Nach **Abs. 1 S. 2** werden „der Maßstab und das Nähere" für die Gewährung der Finanzhilfe durch Verwaltungsvereinbarung zwischen Bund und Ländern festgelegt. Vgl. zu den Verwaltungsvereinbarungen sowie zu den Erläuterungen des Finanzierungs- und Förderungsrechts *Walter* in Krautzberger Teil D.

3 **2. Schwerpunkte der Bundesfinanzhilfen.** § 164b Abs. 2 enthält die förderungsfähigen Investitionsbereiche, die schwerpunktmäßig als Verwendungszweck der Bundesfinanzhilfen bestimmt werden. Die Förderschwerpunkte sind die Stärkung von Innenstädten und Ortsteilen unter besonderer Berücksichtigung des Wohnungsbaus und der Belange des Denkmalschutzes und der Denkmalpflege **(Abs. 2 Nr. 1)**, die Wiedernutzung von Flächen, insbesondere der in Innenstädten brachliegenden Industrie-, Konversions- oder Eisenbahnflächen unter besonderer Berücksichtigung der Nutzungsmischung sowie umweltschonender, kosten- und flächensparender Bauweisen **(Abs. 2 Nr. 2)** und städtebauliche Maßnahmen zur Behebung sozialer Missstände („soziale Brennpunkte"; **Abs. 2 Nr. 3**). Vgl. hierzu den Ansatz des Bund-Länder-Programms „Die soziale Stadt" und § 171e. Im Rahmen des Gesetzgebungsverfahrens zur Klimaschutznovelle 2011 wurde vom Bundesrat angeregt (vgl. BR-Drs. 344/11, S. 5), § 164b Abs. 2 um eine neue Nr. 4 zu ergänzen, nach der „städtebauliche Maßnahmen, um die Erfordernisse einer klimagerechten Stadtentwicklung zu erfüllen" ebenfalls einen Schwerpunkt für den Einsatz von Städtebauförderungsmitteln darstellen. Der Gesetzgeber hat diese lediglich klarstellende Forderung allerdings nicht berücksichtigt.

§ 164b ist entsprechend anzuwenden im **städtebaulichen Entwicklungsbe-** 4
reich (169 Abs. 1 Nr. 9), im **Stadtumbaugebiet** (§ 171b Abs. 4) und im Gebiet von
Maßnahmen der Sozialen Stadt (§ 171e Abs. 6).

3. Überleitung. § 164b ist an die Änderungen des GG durch die sog. Föderalis- 5
musreform (→ § 164a Rn. 3) angepasst worden. Für die vor dem 1.9.2006 abgeschlossenen Verwaltungsvereinbarungen gilt gem. **§ 245 Abs. 3** spätestens bis Ende 2019 Art. 104a GG fort.

Zweiter Teil. Städtebauliche Entwicklungsmaßnahmen

Vorbemerkung zu den §§ 165 bis 171

Übersicht

		Rn.
1.	Städtebauliche Entwicklungsmaßnahme nach StBauFG und BauGB 1987	1
2.	Städtebauliche Entwicklungsmaßnahme „neuer Art" nach BauGB-MaßnahmenG 1990 und 1993	2
3.	Bau- und Raumordnungsgesetz 1998	3
4.	EAG Bau 2004	4
5.	Sonderregelung für Berlin	5

1. Städtebauliche Entwicklungsmaßnahme nach StBauFG und BauGB 1
1987. Die städtebauliche Entwicklungsmaßnahme ist durch das **StBauFG** 1971 eingeführt worden. Mit Inkrafttreten des **BauGB** erlosch die Ermächtigung zur Einleitung neuer städtebaulicher Entwicklungsmaßnahmen; die §§ 165–171 BauGB in der damaligen Fassung regelten ausschließlich solche städtebaulichen Entwicklungsmaßnahmen, die bereits vor Inkrafttreten des BauGB (1.7.1987) förmlich festgelegt waren. Zur **Überleitung** dieser „älteren" Entwicklungsmaßnahmen nach StBauFG/BauGB 1987 vgl. **§ 235 Abs. 1 S. 2.**

2. Städtebauliche Entwicklungsmaßnahme „neuer Art" nach BauGB- 2
MaßnahmenG 1990 und 1993. Durch §§ 6 und 7 des **BauGB-MaßnahmenG**
1990 wurde das Recht der städtebaulichen Entwicklungsmaßnahme wieder für neue Maßnahmen in das Städtebaurecht eingeführt. Die seit dem **BauGB-MaßnahmenG 1993** wieder in §§ 165–171 BauGB enthaltene Regelung entspricht in ihren Grundzügen der in §§ 6 und 7 BauGB-MaßnahmenG 1990 gefundenen Lösung. Gegenüber der Entwicklungsmaßnahme nach **StBauFG/BauGB 1987** bestehen im Wesentlichen folgende Unterschiede: Zwar kann die Entwicklungsmaßnahme „neuer Art" auch aus Gründen der Landes- oder Regionalentwicklung durchgeführt werden. Daneben tritt aber selbstständig (und wohl als Hauptfall gedacht) die besondere Bedeutung der Maßnahme für die städtebauliche Entwicklung und Ordnung der Gemeinde selbst. Gegenstand der Entwicklungsmaßnahme kann im Übrigen nicht nur die Entwicklung eines Ortsteils, sondern auch anderer Teile des Gemeindegebiets sein. Weiterhin stellt die Neuregelung nicht nur auf die („neue", erstmalige) Entwicklung von Ortsteilen bzw. anderer Teile des Gemeindegebiets ab, sondern lässt die Durchführung städtebaulicher Entwicklungsmaßnahmen auch für städtebauliche Neuordnungen zu. Dieser Neuakzentuierung der städtebaulichen Entwicklungsmaßnahme entspricht es, dass die förmliche Festlegung des Gebiets durch die Gemeinde **(Entwicklungssatzung)** erfolgt. Gegenüber der Entwicklungsmaßnahme „alter Art" ist die Erwerbspflicht der Gemeinde (vgl. § 166 Abs. 3 BauGB) deutlich modifiziert worden: Von der Grunderwerbpflicht

§ 165 II. Kapitel. II. Teil. Städtebauliche Entwicklungsmaßnahmen

soll auch abgesehen werden, wenn der Eigentümer eines Grundstücks eine besondere Bauverpflichtung eingeht.

3 3. **Bau- und Raumordnungsgesetz 1998.** Durch das **BauROG 1998** wurden das Sanierungs- und Entwicklungsrecht noch stärker verzahnt, die naturschutzrechtliche Eingriffsregelung berücksichtigt, die Anwendungsvoraussetzungen präzisiert, die Überschussregelung (früher § 48 StBauFG; seit BauROG 1998 § 156a BauGB) auch für das Entwicklungsrecht angeordnet sowie der Abschluss städtebaulicher Verträge erleichtert; vgl. *Gerstinger* ZfBR 1998, 65.

4 4. **EAG Bau 2004.** Durch das **EAG Bau 2004** wurde die Entwicklungssatzung von der Genehmigungspflicht freigestellt. Die Länder können jedoch nach § 246 Abs. 1a das Anzeigeverfahren einführen.

5 5. **Sonderregelung für Berlin.** § 247 Abs. 7 enthält eine Sonderregelung für Berlin als Bundeshauptstadt. Die Regelung stellt klar, dass die Entwicklung der Parlaments- und Regierungsbereiche in Berlin den Zielen und Zwecken einer städtebaulichen Entwicklungsmaßnahme nach § 165 Abs. 2 entspricht.

§ 165 Städtebauliche Entwicklungsmaßnahmen

(1) **Städtebauliche Entwicklungsmaßnahmen in Stadt und Land, deren einheitliche Vorbereitung und zügige Durchführung im öffentlichen Interesse liegen, werden nach den Vorschriften dieses Teils vorbereitet und durchgeführt.**

(2) **Mit städtebaulichen Entwicklungsmaßnahmen nach Absatz 1 sollen Ortsteile und andere Teile des Gemeindegebiets entsprechend ihrer besonderen Bedeutung für die städtebauliche Entwicklung und Ordnung der Gemeinde oder entsprechend der angestrebten Entwicklung des Landesgebiets oder der Region erstmalig entwickelt oder im Rahmen einer städtebaulichen Neuordnung einer neuen Entwicklung zugeführt werden.**

(3) ¹Die Gemeinde kann einen Bereich, in dem eine städtebauliche Entwicklungsmaßnahme durchgeführt werden soll, durch Beschluss förmlich als städtebaulichen Entwicklungsbereich festlegen, wenn
1. die Maßnahme den Zielen und Zwecken nach Absatz 2 entspricht,
2. das Wohl der Allgemeinheit die Durchführung der städtebaulichen Entwicklungsmaßnahme erfordert, insbesondere zur Deckung eines erhöhten Bedarfs an Wohn- und Arbeitsstätten, zur Errichtung von Gemeinbedarfs- und Folgeeinrichtungen oder zur Wiedernutzung brachliegender Flächen,
3. die mit der städtebaulichen Entwicklungsmaßnahme angestrebten Ziele und Zwecke durch städtebauliche Verträge nicht erreicht werden können oder Eigentümer der von der Maßnahme betroffenen Grundstücke unter entsprechender Berücksichtigung des § 166 Abs. 3 nicht bereit sind, ihre Grundstücke an die Gemeinde oder den von ihr beauftragten Entwicklungsträger zu dem Wert zu veräußern, der sich in Anwendung des § 169 Abs. 1 Nr. 6 und Abs. 4 ergibt,
4. die zügige Durchführung der Maßnahme innerhalb eines absehbaren Zeitraums gewährleistet ist.
²Die öffentlichen und privaten Belange sind gegeneinander und untereinander gerecht abzuwägen.

(4) ¹Die Gemeinde hat vor der förmlichen Festlegung des städtebaulichen Entwicklungsbereichs die vorbereitenden Untersuchungen durchzuführen oder zu veranlassen, die erforderlich sind, um Beurteilungsunterlagen über

die Festlegungsvoraussetzungen nach Absatz 3 zu gewinnen. ²Die §§ 137 bis 141 sind entsprechend anzuwenden.

(5) ¹Der städtebauliche Entwicklungsbereich ist so zu begrenzen, dass sich die Entwicklung zweckmäßig durchführen lässt. ²Einzelne Grundstücke, die von der Entwicklung nicht betroffen werden, können aus dem Bereich ganz oder teilweise ausgenommen werden. ³Grundstücke, die den in § 26 Nr. 2 und § 35 Abs. 1 Nr. 7 bezeichneten Zwecken dienen, die in § 26 Nr. 3 bezeichneten Grundstücke sowie Grundstücke, für die nach § 1 Abs. 2 des Landbeschaffungsgesetzes ein Anhörungsverfahren eingeleitet worden ist, und bundeseigene Grundstücke, bei denen die Absicht, sie für Zwecke der Landesverteidigung zu verwenden, der Gemeinde bekannt ist, dürfen nur mit Zustimmung des Bedarfsträgers in den städtebaulichen Entwicklungsbereich einbezogen werden. ⁴Der Bedarfsträger soll seine Zustimmung erteilen, wenn auch bei Berücksichtigung seiner Aufgaben ein überwiegendes öffentliches Interesse an der Durchführung der städtebaulichen Entwicklungsmaßnahme besteht.

(6) ¹Die Gemeinde beschließt die förmliche Festlegung des städtebaulichen Entwicklungsbereichs als Satzung (Entwicklungssatzung). ²In der Entwicklungssatzung ist der städtebauliche Entwicklungsbereich zu bezeichnen.

(7) ¹Der Entwicklungssatzung ist eine Begründung beizufügen. ²In der Begründung sind die Gründe darzulegen, die die förmliche Festlegung des entwicklungsbedürftigen Bereichs rechtfertigen.

(8) ¹Der Beschluss der Entwicklungssatzung ist ortsüblich bekannt zu machen. ²§ 10 Abs. 3 Satz 2 bis 5 ist entsprechend anzuwenden. ³In der Bekanntmachung nach Satz 1 ist auf die Genehmigungspflicht nach den §§ 144, 145 und 153 Abs. 2 hinzuweisen. ⁴Mit der Bekanntmachung wird die Entwicklungssatzung rechtsverbindlich.

(9) ¹Die Gemeinde teilt dem Grundbuchamt die rechtsverbindliche Entwicklungssatzung mit. ²Sie hat hierbei die von der Entwicklungssatzung betroffenen Grundstücke einzeln aufzuführen. ³Das Grundbuchamt hat in die Grundbücher dieser Grundstücke einzutragen, dass eine städtebauliche Entwicklungsmaßnahme durchgeführt wird (Entwicklungsvermerk). ⁴§ 54 Abs. 2 Satz 1 und Abs. 3 ist entsprechend anzuwenden.

Übersicht

	Rn.
1. Anwendungsbereich (Abs. 1)	1
a) Allgemeines	1
b) Städtebauliche Gesamtmaßnahme	3
c) Besondere bodenrechtliche Vorschriften; bodenpolitisches Konzept	5
2. Aufgabe der städtebaulichen Entwicklungsmaßnahme (Abs. 2)	7
a) Ziele	7
b) Ortsteile; andere Teile des Gemeindegebiets	8
c) Entwicklung; Neuordnung	10
d) Unterschiede und Abgrenzung von städtebaulichen Sanierungs- und Entwicklungsmaßnahmen	13
e) Sonderregelung für Berlin	14
3. Voraussetzungen der förmlichen Festlegung (Abs. 3)	15
a) Allgemeines	15
b) Ziele und Zwecke der Maßnahme (Abs. 3 S. 1 Nr. 1)	16
c) Wohl der Allgemeinheit (Abs. 3 S. 1 Nr. 2)	17

	Rn.
d) Verhältnis zu vertraglichen Vereinbarungen (Abs. 3 S. 1 Nr. 3)	23
e) Zügige Durchführung (Abs. 3 S. 1 Nr. 4)	24
f) Abwägungsgebot (Abs. 3 S. 2)	25
4. Vorbereitung (Abs. 4)	26
5. Abgrenzung des städtebaulichen Entwicklungsbereichs (Abs. 5)	27
6. Förmliche Festlegung des Entwicklungsbereichs	29
a) Entwicklungssatzung (Abs. 6)	29
b) Begründung (Abs. 7)	30
c) Bekanntmachung der Entwicklungssatzung (Abs. 8)	31
7. Entwicklungsvermerk (Abs. 9)	32
8. Rechtsschutzfragen	33
9. Städtebauförderung	34
10. Überleitung	35

1. Anwendungsbereich (Abs. 1). a) Allgemeines. § 165 Abs. 1 bestimmt in sachlicher Hinsicht den Anwendungsbereich des Entwicklungsrechts nach dem BauGB: Er findet auf städtebauliche Entwicklungsmaßnahmen Anwendung, deren einheitliche und zügige Durchführung im öffentlichen Interesse liegt. Die Vorschrift ist § 136 Abs. 1 über die städtebauliche Sanierungsmaßnahme nachgebildet. Für beide städtebaulichen Maßnahmen, die sich auch im Übrigen in wesentlichen Strukturelementen ähneln, schafft das BauGB ein **Sonderrecht.** Der Anwendungsbereich ist **sachlich** (§ 165 Abs. 2 und 3), **räumlich** (§ 165 Abs. 5 und 6) und **zeitlich** (§ 169 Abs. 1 Nr. 8 iVm §§ 162 ff.) **begrenzt.** Das Entwicklungsrecht enthält innerhalb dieses Anwendungsbereichs **keine abschließenden bodenrechtlichen Regelungen.** Vielmehr finden in den Entwicklungsbereichen auch sonstige Vorschriften des BauGB und anderer Gesetze Anwendung, soweit dies nicht ausdrücklich ausgeschlossen ist.

Das Entwicklungsrecht enthält Regelungen für folgende Gebiete und Flächen:
(1) **Untersuchungsgebiete,** dh Gebiete, für die Entwicklungsmaßnahmen in Betracht kommen und für die die Gemeinde gem. § 165 Abs. 4 die Durchführung von vorbereitenden Untersuchungen beschlossen hat.
(2) Förmlich festgelegte **Entwicklungsbereiche;** § 165 Abs. 6.
(3) förmlich festgelegte **Ersatz- und Ergänzungsgebiete** (§ 169 Abs. 1 Nr. 2).
(4) Förmlich festgelegte **Anpassungsgebiete;** § 170.
(5) Für **Flächen eines land- oder forstwirtschaftlichen Betriebs,** die sowohl innerhalb als auch außerhalb des Entwicklungsbereichs liegen, enthält § 168 S. 1 eine Regelung über einen Übernahmeanspruch.

b) Städtebauliche Gesamtmaßnahme. Ebenso wie die Sanierungsmaßnahme ist auch die städtebauliche Entwicklungsmaßnahme als **städtebauliche Gesamtmaßnahme** zu kennzeichnen. Zum Begriff der städtebaulichen Gesamtmaßnahme → § 136 Rn. 3 f.

Zu den Begriffen **einheitliche Vorbereitung** und **zügige Durchführung** sowie zum Begriff des **öffentlichen Interesses** → sinngemäß die Erl. zu § 136 Rn. 3–5. Zur **zügigen Durchführung** der städtebaulichen Entwicklungsmaßnahme vgl. BVerwGE 107, 123; OLG Frankfurt UPR 1991, 450; → weiterhin Rn. 20 (zu Abs. 3 S. 1 Nr. 4). Zur Durchführung „**in Stadt und Land**" → § 136 Rn. 6. Zur Frage der „**Anwendungspflicht**" sinngemäß → § 136 Rn. 7. Zum „**Ablaufprogramm**" der Maßnahme → entsprechend § 142 Rn. 7 ff.

c) Besondere bodenrechtliche Vorschriften; bodenpolitisches Konzept. Auch was die **besonderen bodenrechtlichen Vorschriften** für städtebauliche Entwicklungsmaßnahmen betrifft, hat das Entwicklungsrecht weitgehende Übereinstimmungen mit dem Sanierungsrecht. Die zentralen sanierungsrechtlichen Vorschriften

über die Vorbereitung und Durchführung der Sanierung und die Bestimmungen über die Sicherung der Sanierung gelten entsprechend auch im städtebaulichen Entwicklungsbereich; vgl. § 169 Abs. 1. Auch das bodenpolitische Konzept der städtebaulichen Entwicklungsmaßnahme entspricht vom Ansatz her dem der städtebaulichen Sanierungsmaßnahme. Die gesetzliche Regelung über die **Abschöpfung** der durch die städtebauliche Entwicklungsmaßnahme bedingten **Bodenwerterhöhungen** durch die Gemeinde zur Kosten der Finanzierung der Kosten der städtebaulichen Maßnahme ist weder nach Art. 14 Abs. 1 noch nach Art. 14 Abs. 3 S. 3 GG zu beanstanden (BVerwGE 107, 123).

Das **bodenpolitische System des Entwicklungsrechts** geht jedoch weiter und **6** unterscheidet sich vom Sanierungsrecht vor allem in folgenden Beziehungen:
(1) Nach § **169 Abs. 3** ist die **Enteignung** im städtebaulichen Entwicklungsbereich **auch ohne Bebauungsplan** zugunsten der Gemeinde oder des Entwicklungsträgers zur Erfüllung ihrer Aufgaben zulässig.
(2) Nach § 166 Abs. 3 ist die Gemeinde **verpflichtet,** die **Grundstücke** im städtebaulichen Entwicklungsbereich **zu erwerben;** eine wichtige Modifizierung hierzu enthält § 166 Abs. 3 S. 2 Nr. 2 („Abwendungsrecht des Eigentümers").
(3) Mit der Grunderwerbspflicht der Gemeinde korrespondiert die **Veräußerungspflicht** nach § **169 Abs. 5 – 8.**

Dieses Regelungssystem kennzeichnet den zentralen Einsatzzweck der Entwicklungsmaßnahme, nämlich die zügige Verwirklichung (insbesondere der Bebauung und sonstiger Nutzungen) einer von der Gemeinde angestrebten städtebaulichen Entwicklung.

2. Aufgabe der städtebaulichen Entwicklungsmaßnahme (Abs. 2). a) 7 Ziele. Die städtebauliche Entwicklungsmaßnahme verfolgt unmittelbar **städtebauliche Ziele.** Ihre Anwendung setzt einen **qualifizierten städtebaulichen Handlungsbedarf** voraus, der aus Gründen des öffentlichen Interesses ein planmäßiges und aufeinander abgestimmtes Vorgehen iS einer **städtebaulichen Gesamtmaßnahme** erfordert; **Abs. 1** (zur Gesamtmaßnahme sinngemäß → § 136 Rn. 5; BVerwGE 107, 123; Beschl. v. 27.9.2012 – 4 BN 20/12, ZfBR 2013, 51 (52)). Die Entwicklung oder Neuordnung des Gemeindegebiete (→ Rn. 8f.) kann gleichwohl aus Gründen der überörtlichen Planung **(Landes- oder Regionalplanung)** veranlasst sein; vgl. demgegenüber die noch deutlich als Instrument überörtlicher Konzepte ausgestaltete Entwicklungsmaßnahme nach dem StBauFG (vgl. § 1 Abs. 3, § 53 Abs. 1 StBauFG). Die städtebauliche Entwicklungsmaßnahme kann nach BauGB aber auch ausschließlich **örtlichen Zielen** der Orts- bzw. Stadtentwicklung dienen. Diese Ziele können sich auf das Gemeindegebiet insgesamt, auf Ortsteile oder andere Teile des Gemeindegebiets beziehen. **Abs. 3 S. 1 Nr. 2** benennt beispielhaft, aber nicht abschließend, wichtige **Ziele** städtebaulicher Entwicklungsmaßnahmen. Ausdrücklich wird die Deckung eines erhöhten Bedarfs an Wohn- und Arbeitsstätten erwähnt. Dabei können diese Nutzungen auch jeweils für sich Ziele einer Entwicklungsmaßnahme sein. Mit der Erwähnung von **Gemeinbedarfs- und Folgeeinrichtungen** stellt das Gesetz klar, dass solche Einrichtungen sowohl im Zusammenhang mit Wohn- oder Arbeitsstätten oder auch als solche selbstständig Gegenstand von städtebaulichen Entwicklungsmaßnahmen sein können. Die beispielhafte Aufführung von Maßnahmen in Abs. 3 S. 1 Nr. 2 engt die Bandbreite von in Betracht kommenden Zielen städtebaulicher Entwicklungsmaßnahmen nicht ein. Vielmehr können mit den Maßnahmen **unterschiedliche städtebauliche Ziele** verfolgt werden. Neben den in Abs. 3 S. 1 Nr. 2 benannten Gründen kommt eine Vielzahl anderer öffentlicher Interessen in Betracht, auf Grund derer die Durchführung vom Wohl der Allgemeinheit erfordert werden kann (BVerwG NVwZ, 2001, 1050). Aus der Rspr.: Entwicklung von Gewerbe- und Industriegebieten (hierzu VGH München BayVBl. 1999, 46); Umstrukturierung eines weitgehend agrarorientierten Raumes in ein Industrie-

§ 165 II. Kapitel. II. Teil. Städtebauliche Entwicklungsmaßnahmen

gebiet und ein Mittelzentrum (BVerwG NJW 1982, 398; BGHZ 89, 338); Schaffung eines Siedlungsschwerpunkts zur Entlastung eines stark verdichteten Bereichs (VGH Kassel ZfBR 1987, 204); Errichtung eines Güterverkehrszentrums (OVG Bremen NVwZ 1983, 749); Universitätsansiedlungen; Verhinderung einer Landschaftszersiedelung durch Konzentration der Siedlungsentwicklung auf einen neuen Ortsteil (BVerwG NJW 1982, 2787); Erhaltung und Fortentwicklung zentralörtlicher Funktionen; städtebauliche Entwicklung eines Parlaments- und Regierungsviertels; Deckung eines erhöhten Bedarfs an Arbeitsstätten (BVerwG NVwZ 1999, 407; sofern keine Planungsalternative vorhanden ist; BVerwG NVwZ-RR 1998, 544); Entwicklung von Wohngebieten (BVerwG NVwZ 2001, 1050; NVwZ-RR 2003, 7; VGH Mannheim BauR 2006, 1443; vgl. auch *Dürsch*, Städtebauliche Entwicklungsmaßnahmen mit Wohnungsbau, 2004; *Mitschang* Städtebauliche Entwicklungsmaßnahmen und Wohnungsnot, DVBl 2014, 276ff.); Umnutzung bisher militärisch genutzter Flächen („Konversion") im Zuge städtebaulicher Entwicklungsmaßnahmen (VGH Mannheim GuG 1995, 60; vgl. weiterhin *Schmitz*, Städtebauliches Entwicklungsrecht und militärische Konversionsgebiete); naturschutzrechtliche Ausgleichsflächen (BVerwGE 107, 123; VGH Mannheim BauR 2006, 1443 (1446)); Flächen für Dauerkleingärten (BVerwG NVwZ-RR 2004, 325; zum besonderen Begründungserfordernis hierbei BVerfG NVwZ 2003, 71); weitgehend bebaute Flächen, wenn die Bebauung beseitigt und der Bereich einer grundlegend neuen städtebaulichen Entwicklung zugeführt werden soll (BVerwG NVwZ 1998, 1298; LKV 2000, 126); dies kann auch für umfassende Rück- und Umbaumaßnahmen in Wohnbereichen mit großen Leerständen in Betracht kommen und zB kumulativ oder alternativ zu Stadtumbaumaßnahmen nach § 171a in Betracht kommen. Gegenstand der Entwicklungsmaßnahmen können dabei vorhandene Ortsteile oder erstmalig zu entwickelnde Ortsteile sein; weiterhin → Rn. 10f.

8 **b) Ortsteile; andere Teile des Gemeindegebiets.** Nach **Abs. 2** können Gegenstand städtebaulicher Entwicklungsmaßnahmen sowohl **Ortsteile** als auch **andere Teile des Gemeindegebiets** sein. Der Begriff **Ortsteil** bezeichnet Gemeindegebiete, die wesentliche Teilfunktionen des vorhandenen oder künftigen Ortes in sich vereinigen. Dabei kommt es nicht notwendigerweise auf die Selbstständigkeit des Ortsteils an. Vielmehr muss der Ortsteil wichtige Teilfunktionen wahrnehmen und auch im Gesamtgefüge des Ortes deutlich wahrnehmbar bleiben. Die Eigenschaft als Ortsteil kann auch dann vorliegen, wenn der Ortsteil zwar nicht alle wesentlichen Funktionen einer Gemeinde (Wohnen, Arbeiten, Versorgung), wohl aber wichtige Teilfunktionen erfüllt; → Rspr. in Rn. 7 (grundsätzlich zum Begriff des Ortsteils OVG Bremen NVwZ 1983, 749).

9 Gegenstand der Entwicklungsmaßnahme kann auch die Entwicklung oder Neuordnung **anderer Teile des Gemeindegebiets** sein. Damit sind solche Teile des Gemeindegebiets gemeint, die nicht notwendigerweise auch wesentliche Teilfunktionen der Gemeinde erfüllen und damit zB nicht die Eigenschaft eines Ortsteils (→ Rn. 8) erfüllen. Nach **Abs. 2** kommt es vielmehr darauf an, dass ein entsprechendes Gemeindegebiet eine besondere Bedeutung für die städtebauliche Entwicklung und Ordnung der Gemeinde oder für die angestrebte Entwicklung des Landesgebiets bzw. der Region hat. Letztere Eingrenzung soll verdeutlichen, dass städtebauliche Entwicklungsmaßnahmen iS des BauGB nicht für jede Neuentwicklung oder Neuordnung von Gemeindegebieten in Betracht kommen. Mit dem Begriff der **„besonderen Bedeutung"** wird vielmehr auf die stadtentwicklungspolitische Bedeutung der Maßnahme im konkreten örtlichen oder regionalen Umfeld abgestellt sein. Generelle Aussagen über eine **Mindestgröße** von in Betracht kommenden Flächen enthält das Gesetz weder für Ortsteile noch für andere Teile des Gemeindegebiets. Vielmehr ist auf die qualitative Bedeutung für die räumliche Planung in der konkreten Situation abzustellen. Eine Mindestgröße lässt sich deshalb auch nicht regelmäßig in

Städtebauliche Entwicklungsmaßnahmen **§ 165**

einen unmittelbaren Bezug zur Gemeindegröße stellen (OVG Koblenz NVwZ-RR 2002, 816: missbräuchlich, wenn eine relevante Größe durch Einbeziehung von also solcher nicht besonderer Entwicklung bedürftiger Bereiche erreicht wird). Der Gesetzgeber hat mit der Einführung des Begriffs „andere Teile des Gemeindegebiets" jedenfalls die Möglichkeit begründet, auch kleinteiligere Entwicklungsmaßnahmen durchzuführen (zB auch zur Schaffung von Wohnbauland bei angespannten Bodenmärkten, vgl. *Mitschang* DVBl 2014, 276 (282)). Es kann auch zulässig sein, **voneinander getrennte Teilflächen** in einem städtebaulichen Entwicklungsbereich zusammenzufassen, sofern die Teilflächen untereinander in einer funktionalen Beziehung stehen, die die gemeinsame Überplanung und einheitliche Durchführung zur Erreichung des Entwicklungsziels nahe legt (BVerwGE 107, 123). Maßstab für die Abgrenzung des Erfordernisses städtebaulicher Entwicklungsmaßnahmen zB von der Entwicklung eines Baugebiets „nur" über den Bebauungsplan sind zum einen die besondere („spezielle") Bedeutung der Maßnahme für die Gemeindeentwicklung insgesamt, zum anderen – auf der Ebene der Zulässigkeit der förmlichen Festlegung – das Gemeinwohlerfordernis und das Erfordernis des Einsatzes des besonderen entwicklungsrechtlichen Instrumentariums andererseits.

Weiterhin können auch **Ersatz- und Ergänzungsgebiete** festgelegt werden; § 169 Abs. 1 Nr. 2 (→ sinngemäß die Erl. zu § 142 Abs. 2).

c) Entwicklung; Neuordnung. Abs. 2 unterscheidet zwei Gebietskulissen städtebaulicher Entwicklungsmaßnahmen, ohne dass dadurch Mischformen ausgeschlossen sind (*Runkel* ZfBR 1991, 91 (93)). Entwicklungsmaßnahmen dienen zum einen der **erstmaligen Entwicklung** eines Ortsteils oder anderen Teils des Gemeindegebiets. Hierbei kann es sich um bislang land- oder forstwirtschaftlich genutzte Flächen handeln, die zu Siedlungsflächen entwickelt und einer zügigen Bebauung zugeführt werden sollen. Es wird sich vor allem um bislang nicht qualifiziert überplante Gebiete an den Ortsrändern handeln, die als Siedlungsflächen zB für den Wohnungsbau oder als Gewerbeflächen neu entwickelt werden sollen. Auch Flächen für einen **Ausgleich von Eingriffen in Natur und Landschaft** dürfen in einen städtebaulichen Entwicklungsbereich einbezogen werden (BVerwGE 107, 123). **10**

Mit der städtebaulichen Entwicklungsmaßnahme kann zum anderen die **städtebauliche Neuordnung** eines Ortsteils oder anderen Teils des Gemeindegebiets beabsichtigt sein, und zwar mit dem Ziel, diese einer neuen Entwicklung zuzuführen. Solche Maßnahmen können die Wiedernutzung größerer brachliegender oder mindergenutzter innerstädtischer Gebiete etwa infolge eines wirtschaftlichen Strukturwandels zum Gegenstand haben, aber auch sonstige Flächen, denen von der gemeindlichen Planung her eine neue städtebauliche Funktion zugeordnet werden soll. Gegenstand einer städtebaulichen Entwicklungsmaßnahme kann zB die Umnutzung bisher gewerblich, militärisch oder von Post und Bahn genutzter Flächen sein. Der Fall der Wiedernutzung brachliegender Flächen wird als Unterfall der Festlegungsvoraussetzungen einer städtebaulichen Entwicklungsmaßnahme in **Abs. 3 S. 1 Nr. 2** ausdrücklich hervorgehoben. **11**

Vor allem in den Fällen einer städtebaulichen Neuordnung kommt es vielfach zur **12**
Einbeziehung bereits bebauter Gebiete in den Entwicklungsbereich; zur Abgrenzung von Fällen der städtebaulichen Sanierung → Rn. 13; vgl. weiterhin § 170 über die Sonderregelung für Anpassungsgebiete. Als Entwicklungsbereich kann somit auch eine Fläche mit vorhandener Bebauung festgelegt werden, wenn diese beseitigt und der Bereich einer grundlegend neuen städtebaulichen Entwicklung zugeführt werden soll (BVerwG NVwZ 1998, 1298; → Rn. 7).

d) Unterschiede und Abgrenzung von städtebaulichen Sanierungs- und **13**
Entwicklungsmaßnahmen. Zu Abgrenzungsfragen kann es kommen, ob eine innerörtliche Fläche (bei Vorliegen der gesetzlichen Voraussetzungen im Übrigen) Gegenstand einer städtebaulichen Entwicklungs- oder einer Sanierungssatzung sein

§ 165
II. Kapitel. II. Teil. Städtebauliche Entwicklungsmaßnahmen

kann. Von der allgemeinen städtebaulichen Aufgabenstellung her können sich sowohl für die Fälle der **Substanzschwächensanierung** als auch für jene der **Funktionsschwächensanierung** (vgl. § 136 Abs. 2 Nr. 1 und 2, Abs. 3 Nr. 1 und 2 BauGB) hinsichtlich der städtebaulichen Aufgabenstellung und hinsichtlich des Gebietsumgriffs Überschneidungen ergeben (vgl. BVerwG NVwZ, 1999, 407; LKV 2000, 126). Für die Entscheidung, welche Maßnahme von der Gemeinde eingeleitet werden kann, ist darauf abzustellen, ob zur Erreichung des jeweiligen städtebaulichen Ziels das Instrumentarium des Sanierungsrechts ausreicht oder das Entwicklungsrecht erforderlich ist. Da die besonderen bodenrechtlichen Vorschriften im Sanierungs- und Entwicklungsrecht im Wesentlichen übereinstimmen, wird die Entscheidung daher vom Erfordernis der Inanspruchnahme des besonderen **bodenpolitischen Konzepts** der Entwicklungsmaßnahme abhängen; → Rn. 6. Die Gemeinde hat somit – im Rahmen einer Prognoseentscheidung (hierzu grundsätzlich BVerwGE 56, 110 (122); eingehend OVG Bremen BRS 59 Nr. 253 sowie *Schäfer* ZfBR 1997, 125 (128) zur Prognose eines Wohnbaulandbedarfs; → Rn. 22) – festzustellen, ob für die Durchführung der Entwicklungsmaßnahme insbesondere ein über das „Normalfall" deutlich hinausgehendes Erfordernis für den Grunderwerb in dem in Aussicht genommenen Entwicklungsbereich besteht, dh die Entscheidung hat die Gemeinde entsprechend den jeweiligen tatbestandlichen Voraussetzungen zu treffen (BVerwG NVwZ 1999, 407; LKV 2000, 126). Die Entscheidungsstruktur entspricht jener bei der „Verfahrenswahl" der Gemeinde zwischen dem „**vereinfachten Sanierungsverfahren**" und der Anwendung der **besonderen sanierungsrechtlichen Vorschriften;** vgl. § 142 Abs. 4 (→ § 142 Rn. 34ff.). Auch bei der sanierungsrechtlichen Verfahrenswahl muss die Gemeinde im Rahmen der Prognoseentscheidung des § 142 Abs. 4 Hs. 1 festlegen, ob die Anwendung der besonderen sanierungsrechtlichen Vorschriften erforderlich ist und die Durchführung der Sanierung ohne Anwendung dieser Vorschriften voraussichtlich nicht erschwert wird.

14 e) **Sonderregelung für Berlin.** § 247 Abs. 7 enthält eine Sonderregelung für Berlin als Bundeshauptstadt. Zur Vorbereitung und Durchführung der Entwicklung der Parlaments- und Regierungsbereiche in Berlin ist das Instrumentarium der städtebaulichen Entwicklungsmaßnahme ebenso nahe liegend gewesen, wie bereits für den Parlaments- und Regierungsbereich in der damaligen Bundeshauptstadt Bonn (damals nach StBauFG). § 247 Abs. 7 stellt im Rahmen einer gesetzlichen Fiktion klar, dass entsprechende Maßnahmen den Zielen und Zwecken einer städtebaulichen Entwicklungsmaßnahme nach § 165 Abs. 2 entsprechen.

15 **3. Voraussetzungen der förmlichen Festlegung (Abs. 3). a) Allgemeines.** **Abs. 3** regelt die materiell-rechtlichen Voraussetzungen für die förmliche Festlegung eines Entwicklungsbereichs; vgl. weiterhin Abs. 4 über die Vorbereitung und Abs. 5 über die Abgrenzung des Entwicklungsbereichs. Die förmliche Festlegung des Entwicklungsbereichs bestimmt sich nach Abs. 6–8. Der in Abs. 3 S. 1 bezeichnete Beschluss über die förmliche Festlegung erfolgt gem. Abs. 6 durch einen gemeindlichen Satzungsbeschluss (**Entwicklungssatzung**). Das Gesetz hebt vier Festlegungsvoraussetzungen hervor: Die Maßnahme muss den Zielen und Zwecken nach Abs. 1 entsprechen (**Abs. 3 S. 1 Nr. 1;** → Rn. 16); das Wohl der Allgemeinheit muss die Durchführung der Maßnahme erfordern (**Abs. 3 S. 1 Nr. 2;** → Rn. 17f.); die Ziele und Zwecke können nicht durch Verträge erreicht werden („Verhältnismäßigkeit"; **Abs. 3 S. 1 Nr. 3;** → Rn. 23); die zügige Durchführung der Maßnahme muss gewährleistet sein (**Abs. 3 S. 1 Nr. 4;** → Rn. 24. **Abs. 3 S. 2** enthält eine entwicklungsrechtliche Abwägungsklausel (→ Rn. 25).

16 **b) Ziele und Zwecke der Maßnahme (Abs. 3 S. 1 Nr. 1).** Nach **Abs. 3 S. 1 Nr. 1** ist Voraussetzung für die förmliche Festlegung als städtebaulicher Entwicklungsbereich, dass die in Aussicht genommene Maßnahme den Zielen und Zwecken

Städtebauliche Entwicklungsmaßnahmen **§ 165**

der städtebaulichen Entwicklungsmaßnahme iS des Abs. 2 entspricht. Die in Aussicht genommene Maßnahme muss also zulässiger Gegenstand einer städtebaulichen Entwicklungsmaßnahme sein; im Einzelnen → Rn. 7 ff.

c) Wohl der Allgemeinheit (Abs. 3 S. 1 Nr. 2). Nach **Abs. 3 S. 1 Nr. 2** muss 17 das **Wohl der Allgemeinheit** die Durchführung der städtebaulichen Entwicklungsmaßnahme erfordern. Vom Wohl der Allgemeinheit erfordert wird die Durchführung einer städtebaulichen Entwicklungsmaßnahme, wenn die Maßnahme durch ein dringendes, im Verhältnis zu entgegenstehenden öffentlichen – wie auch privaten – Interessen überwiegendes öffentliches Interesse gerechtfertigt ist. Die danach gebotene Bilanzierung, die zur Annahme eines solchermaßen qualifizierten öffentlichen Interesses führt, ist nicht mit planerischer Abwägung gleichzusetzen (BVerwG NVwZ 2001, 1440). Für die Durchführung der beabsichtigten städtebaulichen Maßnahme muss das Entwicklungsrecht als Ganzes **erforderlich** sein; die Erforderlichkeitsprüfung bezieht sich also nicht auf jedes einzelne der nach §§ 165ff. anzuwendenden Instrumente. Nur wenn die Anwendung der besonderen Instrumente des Entwicklungsrechts (das Instrumentenbündel, insbesondere aber die besonderen Erwerbs- und Veräußerungsregelungen und die erleichterte Enteignung) erforderlich ist, um die zügige Durchführung (insbesondere die Bereitstellung von Grundstücken und ihre tatsächliche Bebauung) der angestrebten städtebaulichen Entwicklung zu gewährleisten, kann ein Entwicklungsbereich förmlich festgelegt werden. Daran wird es zB fehlen, wenn eine für die Entwicklung des Gebiets maßgebliche Zahl der Eigentümer nicht bereit ist, die beabsichtigte Entwicklung auf der Grundlage einer Bebauungsplanung bzw. im Rahmen einer Bodenordnung entsprechend den von der Gemeinde angestrebten Zielen zu verwirklichen; **Abs. 3 S. 1 Nr. 3** (→ Rn. 19). Die bloße „Entwicklungsgewinnabschöpfung" ist für sich kein Grund für die Einleitung einer Entwicklungsmaßnahme; diese steht vielmehr in unmittelbarem Zusammenhang mit dem Erfordernis des Einsatzes des besonderen Instrumentariums und ist eine Folge hiervon. Die Entwicklungsmaßnahme muss vielmehr – im Vergleich zu den übrigen plandurchsetzenden (zB § 176) und bodenordnenden (zB §§ 45ff.) Instrumenten – das erforderliche und geeignete Verfahren zur Verwirklichung der konkreten städtebaulichen Aufgaben sein.

Das **Wohl der Allgemeinheit** muss die Durchführung der Maßnahme nach Ent- 18 wicklungsrecht erfordern. Das Gemeinwohlerfordernis bezieht sich auch auf das Erfordernis, der Anwendung des entwicklungsrechtlichen Instrumentariums. Es ist deshalb eine unverzichtbare Voraussetzung für die förmliche Festlegung eines Entwicklungsbereichs, weil die Gemeinde im städtebaulichen Entwicklungsbereich grundsätzlich alle Grundstücke erwerben soll und weil zu diesem Zwecke die **Enteignung** zugunsten der Gemeinde oder des Entwicklungsträgers zur Erfüllung ihrer Aufgaben zulässig ist; vgl. § 166 Abs. 3, § 169 Abs. 3. Bei der Prüfung, ob das Wohl der Allgemeinheit die Durchführung der Entwicklungsmaßnahme erfordert, ist daher bereits in Rechnung zu stellen, dass grundsätzlich die Überführung der Grundstücke in das Eigentum der Gemeinde erfolgen soll. Damit muss die Prüfung der **Enteignungsvoraussetzungen** auf den Zeitpunkt der förmlichen Festlegung des Entwicklungsbereichs vorverlagert werden (vgl. BVerwG NJW 1982, 2787). Bei der Prüfung, ob das Wohl der Allgemeinheit die Entwicklungsmaßnahme erfordert, ist jedoch die Großflächigkeit eines Entwicklungsbereichs und der Umstand zu berücksichtigen, dass bei Erlass der Satzung in der Regel noch keine ins Einzelne gehende Planungskonzeption vorliegt. Die Prüfung der Enteignungsvoraussetzungen ist daher nicht schon für jedes einzelne unbebaute Grundstück abschließend vorzunehmen; vielmehr handelt es sich um eine „mehr pauschale Prüfung" (so BVerwG NJW 1982, 2787). Bei der Festlegung des Entwicklungsbereichs muss jedoch beachtet werden, dass die Entwicklungsmaßnahme eine eigentumsverteilende Wirkung haben kann, so dass das Wohl der Allgemeinheit **generell** die geplante Entwicklung einschließlich

§ 165 II. Kapitel. II. Teil. Städtebauliche Entwicklungsmaßnahmen

der gebotenen Enteignungen rechtfertigen muss. Angesichts der enteignenden Vorwirkung hat die Gemeinde bei der Festlegung eines Entwicklungsbereichs **Planungsalternativen** zu berücksichtigen, wenn diese im Einzelfall ernsthaft in Betracht kommen. Hierbei können städtebauliche Vorzüge oder Nachteile der verschiedenen Bereiche den Ausschlag geben (VGH Mannheim BauR 2006, 1443; vgl. auch BVerwG NVwZ-RR 1998, 544).

Die Bedeutung der Gemeinwohlklausel des Entwicklungsrechts ist auch im Zusammenhang mit der **verfahrensrechtlichen Ausgestaltung** der Maßnahme, insbesondere mit den Voruntersuchungen nach Abs. 4 sowie mit dem Abwägungsgebot nach Abs. 3 S. 2, zu sehen. Weiterhin ist dabei die **Veräußerungspflicht** (§ 169 Abs. 5 bis 8) als dauerhafte gesetzliche Sicherung einer entwicklungsrechtlichen Grundstücksverwendung gesetzlich geboten (vgl. zuletzt BVerwG ZfBR 2006, 357 unter Hinweis auf die Boxberg-Entscheidung in BVerfGE 74, 264; s. u.); angesichts der gesetzlichen Regelung bedarf es keiner Absicherung dieser Aufgabe in der Entwicklungssatzung.

Das **BVerfG** hat in der **Boxberg-Entscheidung** (BVerfGE 74, 264) gegen eine flächendeckende Enteignung im städtebaulichen Entwicklungsbereich, die der „bodenrechtlichen Entwicklung der Gemeinden" dient, offenbar keine Bedenken gehabt. Das BVerfG hat die städtebaurechtliche Regelung (vgl. jetzt § 190 BauGB) iVm § 87 Abs. 1 FlurbG, wonach für städtebauliche Sanierungs- und Entwicklungsmaßnahmen „die Unternehmens-Flurbereinigung", rechtlich eine flächenhafte Enteignung, angeordnet werden konnte, im Hinblick auf die eindeutige Bestimmung des Enteignungszwecks im StBauFG als eine „harmonische Einheit" gedeutet. Zur Verfassungsmäßigkeit vgl. auch *Neuhausen* BauR 1995, 473.

19 Abs. 3 S. 1 Nr. 2 hebt darüber hinaus vier Fallgruppen hervor, bei denen das Wohl der Allgemeinheit gegeben sein kann: Dies gilt zum einen für die Deckung eines **erhöhten Bedarfs an Wohn- und Arbeitsstätten,** zur Errichtung von **Gemeinbedarfs- und Folgeeinrichtungen** sowie für die **Wiedernutzung brachliegender Flächen.** Vgl. hierzu die Beispiele in → Rn. 7. Es handelt sich um Verdeutlichungen dessen, was der Gesetzgeber mit dem Gemeinwohlerfordernis an konkreten Vorstellungen verbunden hat. Es handelt sich um eine beispielhafte, nicht aber abschließende Aufzählung von Gemeinwohlgründen; neben den in Abs. 3 S. 1 Nr. 2 benannten Gründen kommt eine Vielzahl anderer öffentlicher Interessen in Betracht, auf Grund derer die Durchführung vom Wohl der Allgemeinheit erfordert werden kann (BVerwG Beschl. v. 13.1.2013 – 4 BN 4/12, ZfBR 2013, 365; auch NVwZ 2001, 1050). Vgl. auch VGH Mannheim BauR 1996, 523: Das Freiwerden großflächiger **Kasernengebäude** in einer unter starkem Siedlungsdruck stehenden Universitätsstadt kann die Festsetzung rechtfertigen; dies auch, wenn sich der überwiegende Teil der betroffenen Grundstücke im Eigentum des Bundes befindet; jedenfalls dann, wenn sie für die Gemeinde zum entwicklungsunabhängigen Wert ebenso wenig verfügbar wären wie wenn sie einer Privatperson (zB **Industriebrache**) gehören würden. Auch **Infrastrukturmaßnahmen** von entspr. städtebaulichem oder landesplanerischem Gewicht rechtfertigen Maßnahmen nach § 165 (BGH NVwZ 1987, 923 (924) zur Entwicklungsmaßnahme nach StBauFG; aA zur bis zum 31.12.1997 geltenden Fassung VGH München BayVBl. 1996, 271 und *Degenhart* DVBl. 1994, 1041; hiergegen zutr. *Schäfer* ZfBR 1997, 125 f.; im BauROG 1998 sind in Reaktion hierauf die Errichtung von Gemeinbedarfs- und Folgeeinrichtungen ausdrücklich in Abs. 3 S. 1 Nr. 2 eingefügt worden). Eine Gemeinbedarfseinrichtung kann auch dazu bestimmt sein, nicht allein den künftigen Bewohnern des Gebiets zu dienen, sondern einem größeren Bevölkerungskreis (BVerwG NVwZ 2001, 558: Naherholungsfläche). Die höchstrichterliche Rspr. zum StBauFG hat im Übrigen bereits eine weitgehende Klärung herbeigeführt (vgl. BVerwG NvwZ 2001, 558; BGHZ 89, 338; 90, 243 sowie NVwZ 1987, 923; OVG Bremen NVwZ 1983, 749; vgl. weiterhin die **Rspr.-Nachweise in** → **Rn. 7**).

Zur Schaffung von Wohnungen darf eine Entwicklungsmaßnahme durchge- 20
führt werden, wenn eine objektiv (planerisch) belegbare besondere Bedarfssituation
gegeben ist; zur Rspr. → Rn. 7. Hierbei ist zu prüfen, ob im Gemeindegebiet bereits
ausreichend Bauland zur Verfügung steht sowie ob die entsprechenden Flächen mit
den Mitteln des allgemeinen Städtebaurechts baureif gemacht werden können. Dabei
ist auch von Bedeutung, ob sich die angestrebte städtebauliche Entwicklung auch
ohne hoheitlichen Eingriff im Einvernehmen mit den betroffenen Eigentümern rea-
lisieren lässt. Auch der städtebaulich unerwünschten Abwanderung der Wohnbevöl-
kerung in das Umland darf mit den Mitteln des städtebaulichen Entwicklungsrechts
entgegengewirkt werden (OVG Bremen NordÖR 1998, 386).

Auch die **Errichtung von Arbeitsstätten** ist generell ein Allgemeinwohlbelang 21
iS des Art. 14 Abs. 3 S. 1 GG, der die Enteignung erfordern kann; → Rn. 7. Die Ge-
meinden dürfen auch wirtschafts- und arbeitsmarktpolitische Ziele verfolgen, wenn
sie mit den ihnen nach dem BauGB zu Gebote stehenden städtebaulichen Instrumen-
ten die Bodennutzung regeln und aktiv steuern. Ein „erhöhter Bedarf an Arbeitsstät-
ten" iS des § 165 Abs. 3 S. 1 Nr. 2 ist dann gegeben, wenn die Nachfrage nach Flächen
zur Errichtung von Arbeitsstätten das verfügbare Angebot aus strukturellen Gründen
auf längerfristige Sicht deutlich übersteigt (BVerwG Beschl. v. 13.1.2013 – 4 BN 4/
12, ZfBR 2013, 365 (366); NVwZ 1998, 1297). Zur Deckung des erhöhten Bedarfs
sind nur solche Flächen geeignet, die den mit den städtebaulichen Entwicklungs-
maßnahmen verfolgten Zielen und den sich daraus ergebenden spezifischen Standort-
anforderungen genügen. Der Entwicklungssatzung kann nicht entgegengehalten
werden, dass an anderen, zumal verstreut liegenden Standorten beliebige Gewerbe-
flächen verfügbar sind, die zusammengenommen eine Flächengröße ergeben, die der
des förmlich festgelegten Entwicklungsbereichs entspricht (BVerwG NVwZ 1998,
1297; VGH München BayVBl. 1999, 46). Die Festlegung eines städtebaulichen Ent-
wicklungsbereiches zur Deckung eines erhöhten Bedarfs an Arbeitsstätten kann im
Einzelfall jedoch unzulässig sein, wenn das Wohl der Allgemeinheit die Durchfüh-
rung der städtebaulichen Maßnahme deshalb nicht erfordert, weil eine **Planungsal-
ternative** vorhanden ist (BVerwG NVwZ-RR 1998, 544). Grundsätzlich orientiert
sich die insoweit vorzunehmende Beurteilung am Einzelfall und ist am Maßstab der
Erreichung der städtebaulichen Zielsetzungen sowie der Bedeutung der Belange der
betroffenen Eigentümer auszurichten (vgl. BVerwG Beschl. v. 13.1.2013 – 4 BN 4/
12, ZfBR 2013, 365 (366)).

Die Bedarfsfeststellung kann nur nach den für administrative **Prognoseentschei-** 22
dungen in der Rspr. entwickelten Grundsätzen gerichtlich überprüft werden
(BVerwGE 56, 110: 69, 256; vgl. auch OVG Bremen, BRS 59 Nr. 253; → Rn. 13).
Zu Planungsalternativen → Rn. 21. Erweisen sich die **Annahmen** (zB die angenom-
mene Bevölkerungsentwicklung) im Nachhinein **als nicht zutreffend** ist die Sat-
zung ggf. wegen veränderter Umstände gem. § 169 Abs. 1 Nr. 8 iVm § 162 Abs. 1
S. 1 Nr. 2 aufzuheben (BVerwG NVwZ 2001, 1050; OVG Berlin LKV 2001, 126).

d) Verhältnis zu vertraglichen Vereinbarungen (Abs. 3 S. 1 Nr. 3). Abs. 3 23
S. 1 Nr. 3 stellt klar, dass eine städtebauliche Entwicklungsmaßnahme nur zulässig
ist, wenn sich die beabsichtigten Ziele und Zwecke der Maßnahme nicht auf der
Grundlage des allgemeinen Städtebaurechts, insbesondere nicht auf Grund vertrag-
licher Vereinbarungen mit den Eigentümern und einem freihändigen Grunderwerb
erreichen lassen. Abs. 3 S. 1 Nr. 3 stellt insofern eine Präzisierung des Allgemeinwoh-
lerfordernisses nach Nr. 2 dar (VGH Mannheim BauR 1996, 523; OVG Lüneburg
BauR 1997, 620 → Rn. 17; OVG Nordrhein-Westfalen Urt. v. 18.5.2010 – 10 D
42.06.NE, BauR 2010, 1890). Sind die Eigentümer nur bereit, Grundstücke zu Prei-
sen zu veräußern, die nach den Maßstäben des § 169 Abs. 1 Nr. 6 und Abs. 4 über-
höht sind, kann gleichfalls keine Einigungsbereitschaft angenommen werden (OVG
Lüneburg BauR 1997, 620; VGH Mannheim BauR 1996, 523). Allerdings besteht

§ 165 II. Kapitel. II. Teil. Städtebauliche Entwicklungsmaßnahmen

insoweit nach Abs. 3 S. 1 Nr. 3 auch die Verpflichtung, dass den Eigentümern ein Erwerb ihrer Grundstücke zum entwicklungsunbeeinflussten Preis tatsächlich angeboten worden ist (OVG Lüneburg Urt. v. 8.5.2014 – 1 KN 102/11, BeckRS 2014, 51852). Erklären sich die Eigentümer und sonstigen Betroffenen **nach anfänglicher Weigerung** zur Kooperation erst bereit, nachdem die Gemeinde die Entwicklungssatzung beschlossen hat, so bleibt deren Gültigkeit hiervon unberührt (BVerwG NVwZ 2001, 1050). Das **BVerwG** (BVerwGE 107, 123) bezeichnet das **Instrumentarium des sonstigen Städtebaurechts** bei städtebaulichen Gesamtmaßnahmen, deren Dimension durch § 165 Abs. 2 vorgegeben ist und mit einer Vielzahl von Betroffenen von vorneherein als **nur begrenzt tauglich;** die Chance, dass sich die Maßnahme unter angemessenem Zeit- und Kostenaufwand „zügig" verwirklichen lässt, ist desto geringer, **je größer die Zahl der Eigentümer ist,** die mitwirken müssten. Wäre die Gemeinde verpflichtet, mit jedem Eigentümer Vertragsverhandlungen zu führen, so würde das Entwicklungsrecht weitgehend leer laufen (BVerwGE 107, 123).

24 e) **Zügige Durchführung (Abs. 3 S. 1 Nr. 4).** Nach **Abs. 3 S. 1 Nr. 4** muss die **zügige Durchführung** der Maßnahme innerhalb eines **absehbaren Zeitraums** gewährleistet sein. Diese Anforderung wird auch in § 171 Abs. 2 S. 1, § 149 Abs. 4 S. 2 aufgegriffen (→ § 136 Rn. 5). Die Frage, ob eine zügige Durchführung der städtebaulichen Entwicklungsmaßnahme gewährleistet ist, lässt sich nicht abstrakt, dh allgemein und einheitlich nach einem bestimmten Zeitraum beurteilen (BVerwGE 107, 123). Die Aussicht, die städtebauliche Entwicklungsmaßnahme innerhalb eines absehbaren Zeitraums durchzuführen, dh, zum Abschluss zu bringen, kann insbesondere von ihrer **Finanzierung** abhängen. Die voraussichtliche Dauer bestimmt sich nach der jeweiligen städtebaulichen Situation, dem Umfang und der Schwierigkeit der konkreten Maßnahme und nach dem gemeindlichen Entwicklungskonzept. Bei der Schaffung neuer Ortsteile bzw. Gemeindeteile ist die Komplexität der Maßnahme in Rechnung zu stellen (zB Schaffung umfangreicher Folge- und Infrastruktureinrichtungen; Durchführung zeitraubender ökologischer Kompensationsmaßnahmen); BVerwGE 107, 123. So können sich zB Entwicklungsmaßnahmen im Innenbereich mit Blick auf die zu bewältigenden Umweltprobleme (zB Altlasten) als langwierig herausstellen. Gleichwohl kann die Anwendung des entwicklungsrechtlichen Instrumentariums auch in solchen Fällen für einen längeren Zeitraum und in Teilabschnitten (VGH Mannheim BauR 1996, 523) durchaus gerechtfertigt sein; ein wichtiges Planungsinstrument zur Beurteilung der zügigen Durchführung der Maßnahme und ihrer Finanzierung ist die Kosten- und Finanzierungsübersicht (vgl. § 171 Abs. 2 S. 1; § 149). Mit dem **BGH** (NVwZ 1987, 923) ist bei Beurteilung des von der Gemeinde eingeschätzten Durchführungszeitraums darauf abzustellen, ob die zugrunde gelegte **Prognose** hinsichtlich des Erkenntnisstands und entsprechend dem Umfang der jeweiligen Entwicklungsmaßnahme im Zeitpunkt der förmlichen Festlegung sachgerecht erstellt ist (so auch BVerwGE 107, 123). In der Rspr. sind zB veranschlagte Durchführungszeiten von 12 Jahren (BVerwGE 107, 123), 15 Jahren (VGH Kassel BRS 38 Nr. 218) und 17 Jahren (VGH Kassel ZfBR 1987, 204) als im gesetzlichen Rahmen liegend anerkannt worden (offen lassend für 10 Jahre, vgl. OVG Nordrhein-Westfalen Urt. v. 18.5.2010 – 10 D 42.06.NE, BauR 2010, 1890, 1891 f.). Erweist sich die Entwicklungsmaßnahme **im Nachhinein** mangels Finanzierbarkeit als undurchführbar, so hat dies keinen Einfluss auf die Gültigkeit der Entwicklungssatzung (ebenso, wenn Annahmen wie zB die Bevölkerungsentwicklung so nicht eintreten; BVerwG NVwZ 2001, 1050; OVG Berlin LKV 2001, 126).

25 f) **Abwägungsgebot (Abs. 3 S. 2).** Abs. 3 S. 2 regelt das **entwicklungsrechtliche Abwägungsgebot.** Die Regelung entspricht § 136 Abs. 4 S. 3 über das sanierungsrechtliche Abwägungsgebot; → § 136 Rn. 34. Für die Entwicklungssatzung ist eine **Umweltprüfung** bislang ebenso wenig vorgesehen wie für die Sanierungssat-

zung (BVerwG Beschl. v. 24.3.2010 – 4 BN 60/09, NVwZ 2010, 1490 Rn. 14; vgl. aber auch EuGH Urt. v. 22.3.2012 – C – 567/90, NuR 2012, 631 Rn. 31 ff.; differenzierend *Pietzker,* FS Kutscheid, 2003, 259 (371)). Ob diese Auffassung auch künftig aufrecht erhalten werden kann, ist angesichts der Entscheidung des EuGH (Urt. v. 22.3.2012 – C-567/10, NuR 2012, 631 Rn. 31 ff.) in Bezug auf die enteignungsrechtliche Vorwirkung der Entwicklungssatzung allerdings fraglich.

4. Vorbereitung (Abs. 4). Abs. 4 enthält eine Regelung über die Vorbereitung 26 städtebaulicher Entwicklungsmaßnahmen. Weder das StBauFG noch das BauGB-MaßnahmenG 1990 sahen eine entsprechende Regelung vor. Vgl. demgegenüber § 141 über die vorbereitenden Untersuchungen der Sanierung. Bei den durch Rechtsverordnung der Landesregierung festgelegten Entwicklungsbereichen nach StBauFG schieden vorbereitende Untersuchungen der Gemeinden mit Blick auf die Zuständigkeit des Landes aus. In der Praxis gingen der förmlichen Festlegung von Entwicklungsbereichen gleichwohl und notwendigerweise Voruntersuchungen voraus, um hinreichende Beurteilungsgrundlagen für die Festlegungsvoraussetzungen der Entwicklungsmaßnahme zu ermitteln. **Abs. 4 S. 1** regelt dies seit dem BauROG 1998 ausdrücklich entsprechend § 141 (im Inv-WoBaulG 1993 waren bereits „Voruntersuchungen" angeordnet). Die Ergebnisse der vorbereitenden Untersuchungen sind insbesondere auch wesentlicher Gegenstand der **Begründung** nach **Abs. 7 S. 1;** nach **Abs. 7 S. 2** sind in der Begründung die Gründe darzulegen, die die förmliche Festlegung des entwicklungsbedürftigen Bereichs rechtfertigen. Gegenstand der vorbereitenden Untersuchungen sind insbesondere Feststellungen über die Notwendigkeit der Entwicklung des Gebiets, die allgemeine Mitwirkungs- und Veräußerungsbereitschaft der Eigentümer, die Erforderlichkeit des besonderen entwicklungsrechtlichen Instrumentariums, die anzustrebenden allgemeinen Ziele der Entwicklung und die Einschätzung der zügigen Durchführbarkeit der Maßnahme im Allgemeinen.

Von vorbereitenden Untersuchungen kann gemäß **Abs. 4 S. 2, § 141 Abs. 2** abgesehen werden, wenn bereits **hinreichende Beurteilungsunterlagen** vorliegen; → § 141 Rn. 8.

Der Beginn der vorbereitenden Untersuchungen wird durch einen **Beschluss der Gemeinde** eingeleitet; **Abs. 4 S. 2, § 141 Abs. 3** (→ § 141 Rn. 9). Der Beschluss ist ortsüblich bekannt zu machen; Abs. 4 S. 2, § 141 Abs. 3 S. 2 (→ § 141 Rn. 12).

Die Bekanntmachung des Beschlusses über den Beginn der Voruntersuchungen hat eine Reihe von **Rechtsfolgen.** Ab diesem Zeitpunkt besteht nach Abs. 4 S. 2 die **Auskunftspflicht** nach **§ 138.** Auf die Auskunftspflicht nach § 138 ist deshalb bei der ortsüblichen Bekanntmachung des Beschlusses ausdrücklich hinzuweisen. Mit der Einleitung der Voruntersuchungen hat die Gemeinde darüber hinaus die **Beteiligungen und Mitwirkungen** entsprechend §§ 137 und 139 vorzusehen.

In bodenrechtlicher Hinsicht hat die Bekanntgabe des Beschlusses mehrfache Bedeutung. Nach Abs. 4 S. 2, § 141 Abs. 4 können **Vorhaben zurückgestellt** werden. Die öffentliche Bekanntmachung des Beschlusses kann darüber hinaus für die **enteignungsrechtliche Vorwirkung** nach § 169 Abs. 1 Nr. 6 iVm § 153 Abs. 1 Bedeutung haben, da die Gemeinde spätestens damit iS einer klaren Stichtagsregelung bei einer späteren Entschädigung Werterhöhungen ausschließt, die im Geschäftsverkehr lediglich durch die Aussicht auf die Entwicklung eingetreten sind.

5. Abgrenzung des städtebaulichen Entwicklungsbereichs (Abs. 5). Abs. 5 27 regelt die räumliche Abgrenzung des städtebaulichen Entwicklungsbereichs. Nach Abs. 5 S. 1 ist der Entwicklungsbereich so zu begrenzen, dass die Entwicklungsmaßnahme zweckmäßig durchgeführt werden kann; vgl. die entsprechende Bestimmung in § 142 Abs. 1 S. 2. Auch **Abs. 5 S. 2** über die Möglichkeit der Herausnahme einzelner Grundstücke aus dem Entwicklungsbereich entspricht dem Sanierungsrecht; vgl. § 142 Abs. 1 S. 3 (→ § 142 Rn. 9 ff.). Zur Festlegung räumlich getrennter Bereiche → Rn. 9; zur Einbeziehung im Zusammenhang bebauter Gebiete → Rn. 12.

§ 165 II. Kapitel. II. Teil. Städtebauliche Entwicklungsmaßnahmen

28 Nach **Abs. 5 S. 3** ist die **Zustimmung bestimmter Bedarfsträger** Voraussetzung für die Einbeziehung von bestimmten Grundstücken in den Entwicklungsbereich. Die Regelungen betreffen ua Grundstücke für Zwecke der Landesverteidigung. Der Bedarfsträger kann nicht nach freiem Ermessen über die Erteilung seiner Zustimmung entscheiden, vielmehr ist er bei überwiegendem öffentlichem Interesse an der Durchführung der städtebaulichen Entwicklungsmaßnahme gem. **Abs. 5 S. 4** zur Erteilung der Zustimmung verpflichtet. Vgl. weiterhin § 169 Abs. 1 Nr. 4, § 146 Abs. 2, wonach auch nach Einbeziehung der Grundstücke iS des § 165 Abs. 5 S. 3 in den Entwicklungsbereich die Durchführung von Maßnahmen der Zustimmung des Bedarfsträgers bedarf.

29 **6. Förmliche Festlegung des Entwicklungsbereichs. a) Entwicklungssatzung (Abs. 6).** Der Entwicklungsbereich wird gem. **Abs. 6 S. 1** durch die **Entwicklungssatzung** festgelegt. Die Vorschrift ist **§ 142 Abs. 3** nachgebildet. Dies gilt auch für **Abs. 6 S. 2,** wonach der städtebauliche Entwicklungsbereich in der Entwicklungssatzung zu bezeichnen ist. Aus der Entwicklungssatzung muss sich die räumliche Abgrenzung des Bereichs eindeutig ergeben. Dies kann zB durch Angabe der begrenzenden Straßenzüge geschehen. Die bloße schlagwortartige Kennzeichnung des Gebiets reicht nicht aus (*Gaentzsch* NVwZ 1991, 921 (924)). Die Angabe der Parzellennummern ist nicht notwendig, aber auch nicht ausreichend. Andererseits sind diese Angaben für die Eintragung des Entwicklungsvermerks gegenüber dem Grundbuchamt zu machen; vgl. **Abs. 9 S. 2.** Vgl. zu den Anforderungen des Abs. 6 im Übrigen die Erl. zu § 142 Abs. 3 (→ § 142 Rn. 12). Weder der Sozialplan nach § 180 (BVerwG NVwZ 2001, 1050) noch die Kosten- und Finanzierungsübersicht nach § 171 Abs. 2 S. 1 (BVerwG NVwZ 2001, 1053) sind Bestandteil der Satzung. Zu den Besonderheiten in den **Stadtstaaten** vgl. § 246 Abs. 2.

30 **b) Begründung (Abs. 7).** Der Entwicklungssatzung ist eine **Begründung** beizufügen; **Abs. 7 S. 1.** In der Begründung sind die Gründe, die die förmliche Festlegung des entwicklungsbedürftigen Bereichs rechtfertigen, darzulegen; **Abs. 7 S. 1** (vgl. OVG Lüneburg Urt. v. 15.12.2011 – 1 KN 111.08, ZfBR 2012, 262). Bis zum **EAG Bau 2004** war die Entwicklungssatzung von der höheren Verwaltungsbehörde zu genehmigen; die Gemeinde hatte dem Antrag auf Genehmigung einen **Bericht** über die Gründe beizufügen, die die förmliche Festlegung des Entwicklungsbereichs rechtfertigen. Die in Abs. 7 vorgesehene Begründungspflicht, die sonst bei den Satzungen des Besonderen Städtebaurechts nicht vorgesehen ist, soll einen gewissen Ausgleich darstellen. Allerdings können die Länder nach § 246 Abs. 1a eine präventive Rechtskontrolle (Anzeigeverfahren) einführen. Auch die Satzung über die **Aufhebung** der Entwicklungssatzung bedarf (seit BauROG 1998) weder der Anzeige noch der Genehmigung durch die höhere Verwaltungsbehörde; § 169 Abs. 1 Nr. 8, § 162 Abs. 2.

31 **c) Bekanntmachung der Entwicklungssatzung (Abs. 8).** Die Entwicklungssatzung ist **ortsüblich bekannt zu machen; Abs. 8 S. 1.** § 10 Abs. 3 S. 2–5 ist entsprechend anzuwenden; **Abs. 8 S. 2.** In der Bekanntmachung ist auf die Genehmigungspflicht für die in § 144 bezeichneten Tatbestände und auf die Versagungsgründe nach §§ 145 und 153 Abs. 2 hinzuweisen; **Abs. 8 S. 3.** Dieser Hinweis soll die betroffene Öffentlichkeit informieren; er hat lediglich deklaratorische Bedeutung und ist somit keine Wirksamkeitsvoraussetzung für die Satzung oder Anwendungsvoraussetzung für den Genehmigungsvorbehalt. Die Satzung wird mit der Bekanntmachung wirksam; **Abs. 8 S. 4.**

32 **7. Entwicklungsvermerk (Abs. 9).** In die Grundbücher der im Entwicklungsbereich gelegenen Grundstücke werden **Entwicklungsvermerke** eingetragen. **Abs. 9 S. 1** bestimmt hierzu, dass die Gemeinde dem Grundbuchamt die rechtsverbindliche Entwicklungssatzung mitteilt. Sie gibt dem Grundbuchamt hierbei die von

Zuständigkeit und Aufgaben **§ 166**

der Entwicklungssatzung betroffenen Grundstücke bekannt; **Abs. 9 S. 2.** Das Grundbuchamt hat gem. **Abs. 9 S. 3** den Entwicklungsvermerk einzutragen. Vgl. die entsprechende Regelung in § 143 Abs. 2 (→ § 143 Rn. 5 ff.).

8. Rechtsschutzfragen. Die Entwicklungssatzung unterliegt der **Normenkontrolle** nach § 47 VwGO. Sie kann durch ein ergänzendes Verfahren (zu den Anforderungen, vgl. BVerwG Beschl. v. 16.6.2010 – 4 BN 67.09, BauR 2010, 1894) zur Behebung von Fehlern rückwirkend in Kraft gesetzt werden (vgl. § 214 Abs. 4). 33

9. Städtebauförderung. Für die **Städtebauförderung** kommen gem. § 169 Abs. 1 Nr. 9 §§ 164a, 164b zur Anwendung. 34

10. Überleitung. Zur Überleitung des Rechts der städtebaulichen Entwicklungsmaßnahme nach StBauFG und nach dem BauGB-MaßnahmenG 1990 vgl. § 235 Abs. 1. 35

§ 166 Zuständigkeit und Aufgaben

(1) ¹Die Entwicklungsmaßnahme wird von der Gemeinde vorbereitet und durchgeführt, sofern nicht nach Absatz 4 eine abweichende Regelung getroffen wird. ²Die Gemeinde hat für den städtebaulichen Entwicklungsbereich ohne Verzug Bebauungspläne aufzustellen und, soweit eine Aufgabe nicht nach sonstigen gesetzlichen Vorschriften einem anderen obliegt, alle erforderlichen Maßnahmen zu ergreifen, um die vorgesehene Entwicklung im städtebaulichen Entwicklungsbereich zu verwirklichen.

(2) Die Gemeinde hat die Voraussetzungen dafür zu schaffen, dass ein funktionsfähiger Bereich entsprechend der beabsichtigten städtebaulichen Entwicklung und Ordnung entsteht, der nach seinem wirtschaftlichen Gefüge und der Zusammensetzung seiner Bevölkerung den Zielen und Zwecken der städtebaulichen Entwicklungsmaßnahme entspricht und in dem eine ordnungsgemäße und zweckentsprechende Versorgung der Bevölkerung mit Gütern und Dienstleistungen sichergestellt ist.

(3) ¹Die Gemeinde soll die Grundstücke im städtebaulichen Entwicklungsbereich erwerben. ²Dabei soll sie feststellen, ob und in welcher Rechtsform die bisherigen Eigentümer einen späteren Erwerb von Grundstücken oder Rechten im Rahmen des § 169 Abs. 6 anstreben. ³Die Gemeinde soll von dem Erwerb eines Grundstücks absehen, wenn
1. bei einem baulich genutzten Grundstück die Art und das Maß der baulichen Nutzung bei der Durchführung der Entwicklungsmaßnahme nicht geändert werden sollen oder
2. der Eigentümer eines Grundstücks, dessen Verwendung nach den Zielen und Zwecken der städtebaulichen Entwicklungsmaßnahme bestimmt oder mit ausreichender Sicherheit bestimmbar ist, in der Lage ist, das Grundstück binnen angemessener Frist dementsprechend zu nutzen, und er sich hierzu verpflichtet.

⁴Erwirbt die Gemeinde ein Grundstück nicht, ist der Eigentümer verpflichtet, einen Ausgleichsbetrag an die Gemeinde zu entrichten, der der durch die Entwicklungsmaßnahme bedingten Erhöhung des Bodenwerts seines Grundstücks entspricht.

(4) Die Vorbereitung und Durchführung der Entwicklungsmaßnahme kann einem Planungsverband nach § 205 Abs. 4 übertragen werden.

§ 166 II. Kapitel. II. Teil. Städtebauliche Entwicklungsmaßnahmen

Übersicht

	Rn.
1. Aufgaben der Gemeinde (Abs. 1 und 2)	1
2. Erwerbspflicht der Gemeinde (Abs. 3)	4
3. Planungsverband (Abs. 4)	8

1 **1. Aufgaben der Gemeinde (Abs. 1 und 2).** Die Vorbereitung und Durchführung städtebaulicher Entwicklungsmaßnahmen ist eine Selbstverwaltungsaufgabe der Gemeinde. **Abs. 1 und 2** heben diese Verantwortung und damit die Zuständigkeit der Gemeinde hervor. Abs. 1 und 2 verdeutlichen im Übrigen die Kennzeichnung der städtebaulichen Entwicklungsmaßnahmen als **„Gesamtmaßnahmen"** (→ § 165 Rn. 3). **Abs. 1 S. 2** hebt die Aufgabe der Gemeinde hervor, für den städtebaulichen Entwicklungsbereich **Bebauungspläne** aufzustellen. Zwar wird die Entwicklungsmaßnahme im Regelfall dem Bebauungsplan vorausgehen, doch ist auch der umgekehrte Fall möglich und zulässig. Erforderlich ist dann, dass die städtebauliche Entwicklungsmaßnahme über das Ziel der Finanzierung der öffentlichen Infrastrukturinvestitionen hinausgehende weitere Maßnahmen von einigem Gewicht zum Gegenstand hat, die zusammen mit dem Bebauungsplan das koordinierte Maßnahmenbündel ergeben (BVerwG Beschl. v. 27.9.2012 – 4 BN 20/12, ZfBR 2013, 51; kritisch vgl. OVG Lüneburg Urt. v. 15.12.2011 – 1 KN 111/08, ZfBR 2012, 262 (265f.)). In der Aufstellung von Bebauungsplänen ist eine Verdeutlichung der sich aus § 1 Abs. 3 S. 1 ergebenden allgemeinen Pflicht zu sehen, d. h. Bebauungspläne sind für jeweilige Teilflächen entsprechend der von der Gemeinde verfolgten planerischen Konzeption, dabei aber jeweils ohne Verzug, aufzustellen (zutr. *Schäfer* ZfBR 1997, 125 (134); zu eng VGH München BayVBl. 1996, 271). Die Gemeinde kann dieser Planungspflicht auch dadurch nachkommen, dass sie für Flächen des Entwicklungsbereichs vorhabenbezogene Bebauungspläne iS des § 12 erlässt. Entsprechendes ist für Satzungen nach § 34 Abs. 4 S. 1 Nr. 3 anzunehmen, sofern über entsprechende Satzungen die Ziele und Zwecke der Entwicklung erreicht werden können. Letztlich bleibt das nach § 1 Abs. 3 bestehende **Planungsermessen unberührt**, dh § 166 Abs. 1 S. 2 ist eine (im Einzelfall ggf. widerlegbare) Vermutung des Erfordernisses einer Bauleitplanung. Die **Nichtigkeit einer Entwicklungssatzung** macht den Bebauungsplan nicht allein deshalb abwägungsfehlerhaft (BVerwG NVwZ-RR 1998, 544).

2 Die Gemeinde hat die **Gesamtverantwortung** für die Vorbereitung und Durchführung der Entwicklungsmaßnahme, nicht aber eine Gesamtzuständigkeit. Die Zuständigkeit für die erforderlichen Einzelmaßnahmen ergibt sich aus den jeweiligen gesetzlichen Bestimmungen. Die Gesamtverantwortung der Gemeinde lässt die generelle Zuständigkeitsverteilung öffentlicher Behörden unberührt. Ebenso verbleibt es bei dem Grundsatz der Subsidiarität gemeindlichen Handelns, wie er in § 148 Abs. 1 hervorgehoben ist. So bleibt es Aufgabe der jeweiligen Eigentümer oder Bauherren, die Baumaßnahmen im Entwicklungsbereich durchzuführen, soweit die Gemeinde die Maßnahme nicht aus Gründen, die sich aus den Zielen und Zwecken der städtebaulichen Entwicklung ergeben, selbst durchzuführen hat; vgl. auch die Ausnahme von der Erwerbspflicht der Gemeinde in Abs. 3 S. 2 Nr. 2.

3 Nach **Abs. 2** hat die Gemeinde die Voraussetzungen dafür zu schaffen, dass ein **funktionsfähiger Bereich** entsprechend der beabsichtigten städtebaulichen Entwicklung und Ordnung entsteht. Diese Bestimmung verdeutlicht den Charakter als Gesamtmaßnahme, die nicht für „jede" städtebauliche Entwicklung in Betracht kommt, sondern nur für solche von besonderer qualitativer Bedeutung. So hat die Gemeinde insbesondere auch dafür zu sorgen, dass der Entwicklungsbereich nach seinem wirtschaftlichen Gefüge und der Zusammensetzung seiner Bevölkerung den Zielen und Zwecken der Maßnahme entspricht. Auch die Versorgung der Bevölkerung mit Gütern und Dienstleistungen soll hierbei sichergestellt werden.

§ 167 Entwicklungsträger

2. Erwerbspflicht der Gemeinde (Abs. 3). Die Gemeinde soll im städtebaulichen Entwicklungsbereich die Grundstücke erwerben; **Abs. 3 S. 1.** Die **Erwerbspflicht** steht im Zusammenhang mit den Voraussetzungen über die Festlegung des Entwicklungsbereichs in § 165 Abs. 3 S. 1 Nr. 2, wonach bezogen auf das Gebiet die Enteignungsvoraussetzungen (Wohl der Allgemeinheit) vorliegen müssen. Hieraus rechtfertigen (vgl. hierzu OVG Lüneburg Urt. v. 8. 5. 2014 – 1 KN 102/11, BeckRS 2014, 51852) sich letztlich auch die Zulässigkeit der **Enteignung ohne Bebauungsplan** (§ 169 Abs. 3 S. 1) sowie der Ausschluss der Vorschriften über die **Bodenordnung** (§ 169 Abs. 2). Der Erwerbspflicht der Gemeinde steht die Veräußerungspflicht nach § 169 Abs. 5–8 gegenüber; dh die Erwerbspflicht der Gemeinde bezieht sich im Ergebnis, sieht man von den im Gemeindevermögen verbleibenden Flächen (zB kommunale Infrastruktur) ab, auf einen **Durchgangserwerb**. 4

Abs. 3 S. 2 enthält **Ausnahmen von der Grunderwerbspflicht** der Gemeinde. Nach **Abs. 3 S. 3 Nr. 1** soll die Gemeinde vom Erwerb absehen, wenn bei einem baulich genutzten Grundstück **die Art und das Maß der baulichen Nutzung** bei der Durchführung der Entwicklungsmaßnahme nicht geändert werden sollen. Soweit nicht bereits ein Bebauungsplan vorliegt, wird es hier auf eine Prognose der Gemeinde ankommen. Maßgeblich sind hierbei die von der Gemeinde zu entwickelnden Ziele und Zwecke der städtebaulichen Entwicklungsmaßnahme. 5

Eine weit reichende Ausnahme von der Grunderwerbspflicht enthält **Abs. 3 S. 3 Nr. 2**. Danach soll die Gemeinde vom Grunderwerb absehen, wenn der **Eigentümer** eines (bebauten oder unbebauten) Grundstücks in der Lage ist, das Grundstück binnen angemessener Frist **entsprechend den Zielen und Zwecken der städtebaulichen Entwicklungsmaßnahme zu nutzen**, und er sich hierzu verpflichtet. Der Eigentümer, der bereit und in der Lage ist, die mit der Entwicklung verfolgten Ziele und Zwecke auf seinem Grundstück zu verwirklichen, soll daher durch die Grunderwerbspflicht hieran nicht gehindert werden. Im Ergebnis hat diese Regelung eine ähnliche Funktion wie das Abwendungsrecht des Käufers beim gesetzlichen Vorkaufsrecht der Gemeinde nach § 27 Abs. 1 S. 1; insgemäß → § 27 Rn. 2f. Die Ausgestaltung des Abs. 3 S. 2 als „Soll-Vorschrift" bedeutet, dass die Gemeinde bei atypischen Fallkonstellationen vom Grunderwerbsrecht gleichwohl Gebrauch machen kann. 6

Sieht die Gemeinde vom Grunderwerb ab, so findet das Ausgleichsbetragsrecht (§§ 154 und 155) entsprechende Anwendung; **Abs. 3 S. 4** iVm § 169 Abs. 1 Nr. 7 (vgl. OVG Münster Beschl. v. 20. 5. 2014 – 14 A 396/12, BeckRS 2014, 52447). Übt die Gemeinde dagegen das gemeindliche Grunderwerbsrecht aus, ist für die Anwendung des Ausgleichsbetragsrechts kein Raum, weil die entwicklungsbedingte Wertsteigerung dann im Rahmen der Grundstücksveräußerung gem. § 169 Abs. 5 realisiert wird. 7

3. Planungsverband (Abs. 4). Nach **Abs. 4** kann die Vorbereitung und Durchführung der Entwicklungsmaßnahme einem **Planungsverband** (§ 205) übertragen werden. 8

§ 167 Erfüllung von Aufgaben für die Gemeinde; Entwicklungsträger

(1) ¹Die Gemeinde kann sich zur Erfüllung von Aufgaben, die ihr bei der Vorbereitung oder Durchführung der städtebaulichen Entwicklungsmaßnahme obliegen, eines geeigneten Beauftragten, insbesondere eines Entwicklungsträgers, bedienen. ²§ 157 Abs. 1 Satz 2 und § 158 sind entsprechend anzuwenden.

(2) ¹Der Entwicklungsträger erfüllt die ihm von der Gemeinde übertragenen Aufgaben in eigenem Namen für Rechnung der Gemeinde als deren Treuhänder. ²§ 159 Abs. 1 Satz 3 und Abs. 2 sowie die §§ 160 und 161 sind entsprechend anzuwenden.

§ 167　II. Kapitel. II. Teil. Städtebauliche Entwicklungsmaßnahmen

(3) **Der Entwicklungsträger ist verpflichtet, die Grundstücke des Treuhandvermögens nach Maßgabe des § 169 Abs. 5 bis 8 zu veräußern; er ist dabei an Weisungen der Gemeinde gebunden.**

Übersicht

	Rn.
1. Beauftragte und Entwicklungsträger (Abs. 1)	1
2. Treuhänder (Abs. 2)	4
3. Veräußerungspflicht (Abs. 3)	5

1 **1. Beauftragte und Entwicklungsträger (Abs. 1).** Im Rahmen der gemeindlichen Gesamtverantwortung für die Vorbereitung und Durchführung der Entwicklungsmaßnahme (§ 166) kann die Gemeinde geeignete Beauftragte, insbesondere Entwicklungsträger mit bestimmten **Vorbereitungs- und Durchführungsaufgaben beauftragen (Abs. 1 S. 1).** Auf die Erl. zur entsprechenden Regelung über Beauftragte und Sanierungsträger gem. **§ 157** wird Bezug genommen. § 157 Abs. 1 S. 2 und § 158 sind entsprechend anzuwenden; **Abs. 1 S. 2** (eingeführt durch BauROG 1998). Ob die Gemeinde hiervon Gebrauch macht, obliegt ihrem Ermessen.

2 Die Gemeinde kann sich auch eines sonstigen **geeigneten Beauftragten** bedienen; **Abs. 1 S. 1.** An diesen müssen nicht die Anforderungen gestellt werden, die bezüglich der Übertragung der Durchführung von städtebaulichen Entwicklungsmaßnahmen sowie bei der Bewirtschaftung von Mitteln, die der städtebaulichen Entwicklungsmaßnahme dienen, an einen Entwicklungsträger zu stellen sind. Wie im Sanierungsrecht kann weiterhin auch ein vorbereitender Grunderwerb nicht auf einen einfachen Beauftragten übertragen werden; vgl. § 157 Abs. 1 und 2; **§ 167 Abs. 1 S. 2.**

3 Als Entwicklungsträger kommt nur ein Unternehmen in Betracht, das die Voraussetzungen für die Übernahme der Aufgaben als Entwicklungsträger erfüllt; **Abs. 1 S. 2** iVm § 157 Abs. 1 S. 2, § 158. Die früher erforderliche staatliche „Bestätigung" als Sanierungs- oder Entwicklungsträger ist mit dem EAG Bau 2004 entfallen. Zu den Trägeraufgaben kann im Rahmen der Vorbereitung und Durchführung von städtebaulichen Entwicklungsmaßnahmen insbesondere die **Bewirtschaftung der Mittel** gehören, die der Gemeinde zur Verfügung gestellt werden; § 157 Abs. 1 S. 2 Nr. 3. Auch der **Grunderwerb** im Auftrag der Gemeinde ist eine typische Trägeraufgabe; § 157 Abs. 1 S. 2 Nr. 2. Damit korrespondiert ua die Veräußerungspflicht des Trägers; **Abs. 3.**

Vgl. weiterhin **§ 27a Abs. 1 S. 1 Nr. 2** über die Ausübung des Vorkaufsrechts zugunsten eines Entwicklungsträgers.

4 **2. Treuhänder (Abs. 2).** Nach **Abs. 2** kann der Entwicklungsträger die ihm übertragenen Aufgaben nur im eigenen Namen für Rechnung der Gemeinde, dh als deren **Treuhänder,** erfüllen. Die Vorschriften, die für den als Treuhänder tätigen Sanierungsträger gelten, sind sinngemäß auch für den Entwicklungsträger maßgebend; **Abs. 2 S. 2.** Eine im Gesetzgebungsverfahren zum Inv-WoBauLG vom Bundesrat vorgeschlagene Regelung, wonach – wie im Sanierungsrecht (vgl. § 159 Abs. 1) – ein Träger auch auf eigene Rechnung (**„unternehmerischer Entwicklungsträger"**) beauftragt werden kann (vgl. BR-Drs. 868/92, 4), ist im Gesetzgebungsverfahren nicht aufgegriffen worden. Hierfür war vor allem die Überlegung maßgeblich, dass mit der Entwicklungsmaßnahme besondere Eingriffsmöglichkeiten der Gemeinde bis hin zur Enteignung von privaten Grundeigentümern verbunden sind, was bei Zulassung unternehmerischer Entwicklungsträger in der Praxis zu schwer lösbaren Konflikten führen würde (vgl. BT-Drs. 12/4208, 2).

5 **3. Veräußerungspflicht (Abs. 3). Grundstücke,** die der Entwicklungsträger erwirbt und dem Treuhandvermögen zuzuführen hat (vgl. § 160), hat er unter den-

Bes. Vorschr. f. d. städtebaul. Entwicklungsbereich § 169

selben Voraussetzungen zu **veräußern**, unter denen die Gemeinde nach § 169 Abs. 5–8 zur Veräußerung verpflichtet wäre; vgl. **Abs. 3**. Die **Gemeinde** kann dem Entwicklungsträger bindende Weisungen erteilen, insbesondere um die Erfüllung der Pflichten nach § 169 Abs. 5–8 zu erreichen.

§ 168 Übernahmeverlangen

¹Der Eigentümer eines im städtebaulichen Entwicklungsbereich gelegenen Grundstücks kann von der Gemeinde die Übernahme des Grundstücks verlangen, wenn es ihm mit Rücksicht auf die Erklärung zum städtebaulichen Entwicklungsbereich oder den Stand der Entwicklungsmaßnahme wirtschaftlich nicht mehr zuzumuten ist, das Grundstück zu behalten oder in der bisherigen oder einer anderen zulässigen Art zu nutzen. ²Die Vorschrift des § 145 Abs. 5 Satz 2 bis 5 ist entsprechend anzuwenden.

S. 1 begründet einen **Übernahmeanspruch des Eigentümers** gegenüber der 1 Gemeinde, wenn ihm mit Rücksicht auf die Erklärung zum städtebaulichen Entwicklungsbereich oder den Stand der Entwicklungsmaßnahme wirtschaftlich nicht mehr zuzumuten ist, das Grundstück zu behalten oder zu nutzen. Für das Sanierungsrecht vgl. das Übernahmeverlangen nach § 145 Abs. 5, das voraussetzt, dass eine Genehmigung für ein Vorhaben oder einen Rechtsvorgang konkret versagt worden ist. Für das entwicklungsrechtliche Übernahmeverlangen nach § 168 genügt es hingegen, dass das Grundstück – auch ohne eine konkrete Versagung – in einem Entwicklungsbereich liegt; S. 1.

Wenn Flächen eines **land- oder forstwirtschaftlichen Betriebs** sowohl inner- 2 halb als auch außerhalb des Entwicklungsbereichs liegen, so hat der Eigentümer das Recht, von der Gemeinde die Übernahme sämtlicher Grundstücke des Betriebs zu verlangen, wenn dies der Gemeinde zumutbar ist; S. 2 iVm § 145 Abs. 5 S. 2.

Nach S. 2 ist auch hinsichtlich der verfahrensmäßigen Durchsetzung des Über- 3 nehmerverlangens und die Entschädigung § 145 Abs. 5 S. 2 bis 5 entsprechend anzuwenden.

§ 169 Besondere Vorschriften für den städtebaulichen Entwicklungsbereich

(1) Im städtebaulichen Entwicklungsbereich sind entsprechend anzuwenden
1. die §§ 137, 138 und 139 (Beteiligung und Mitwirkung der Betroffenen; Auskunftspflicht; Beteiligung und Mitwirkung öffentlicher Aufgabenträger),
2. § 142 Abs. 2 (Ersatz- und Ergänzungsgebiete),
3. die §§ 144 und 145 (Genehmigungspflichtige Vorhaben und Rechtsvorgänge; Genehmigung),
4. die §§ 146 bis 148 (Durchführung; Ordnungsmaßnahmen; Baumaßnahmen),
5. die §§ 150 und 151 (Ersatz für Änderungen von Einrichtungen, die der öffentlichen Versorgung dienen; Abgaben- und Auslagenbefreiung),
6. § 153 Abs. 1 bis 3 (Bemessung von Ausgleichs- und Entschädigungsleistungen; Kaufpreise),
7. die §§ 154 bis 156, ohne § 154 Abs. 2a (Ausgleichsbetrag des Eigentümers; Anrechnung auf den Ausgleichsbetrag, Absehen; Überleitungsvorschriften zur förmlichen Festlegung),
8. §§ 162 bis 164 (Abschluss der Maßnahme),

§ 169

9. die §§ 164a und 164b (Einsatz von Städtebauförderungsmitteln; Verwaltungsvereinbarung),
10. § 191 (Vorschriften über den Verkehr mit land- und forstwirtschaftlichen Grundstücken).

(2) Die Vorschriften des Vierten Teils des Ersten Kapitels über die Bodenordnung sind im städtebaulichen Entwicklungsbereich nicht anzuwenden.

(3) [1]Die Enteignung ist im städtebaulichen Entwicklungsbereich ohne Bebauungsplan zugunsten der Gemeinde oder des Entwicklungsträgers zur Erfüllung ihrer Aufgaben zulässig. [2]Sie setzt voraus, dass der Antragsteller sich ernsthaft um den freihändigen Erwerb des Grundstücks zu angemessenen Bedingungen bemüht hat. [3]Die §§ 85, 87, 88 und 89 Abs. 1 bis 3 sind im städtebaulichen Entwicklungsbereich nicht anzuwenden.

(4) Auf land- oder forstwirtschaftlich genutzte Grundstücke ist § 153 Abs. 1 mit der Maßgabe entsprechend anzuwenden, dass in den Gebieten, in denen sich kein von dem innerlandwirtschaftlichen Verkehrswert abweichender Verkehrswert gebildet hat, der Wert maßgebend ist, der in vergleichbaren Fällen im gewöhnlichen Geschäftsverkehr auf dem allgemeinen Grundstücksmarkt dort zu erzielen wäre, wo keine Entwicklungsmaßnahmen vorgesehen sind.

(5) Die Gemeinde ist verpflichtet, Grundstücke, die sie zur Durchführung der Entwicklungsmaßnahme freihändig oder nach den Vorschriften dieses Gesetzbuchs erworben hat, nach Maßgabe der Absätze 6 bis 8 zu veräußern mit Ausnahme der Flächen, die als Baugrundstücke für den Gemeinbedarf oder als Verkehrs-, Versorgungs- oder Grünflächen in einem Bebauungsplan festgesetzt sind oder für sonstige öffentliche Zwecke oder als Austauschland oder zur Entschädigung in Land benötigt werden.

(6) [1]Die Grundstücke sind nach ihrer Neuordnung und Erschließung unter Berücksichtigung weiterer Kreise der Bevölkerung und unter Beachtung der Ziele und Zwecke der Entwicklungsmaßnahme an Bauwillige zu veräußern, die sich verpflichten, dass sie die Grundstücke innerhalb angemessener Frist entsprechend den Festsetzungen des Bebauungsplans und den Erfordernissen der Entwicklungsmaßnahme bebauen werden. [2]Dabei sind zunächst die früheren Eigentümer zu berücksichtigen. [3]Auf die Veräußerungspflicht ist § 89 Abs. 4 anzuwenden. [4]Zur land- oder forstwirtschaftlichen Nutzung festgesetzte Grundstücke sind Land- oder Forstwirten anzubieten, die zur Durchführung der Entwicklungsmaßnahme Grundstücke übereignet haben oder abgeben mussten.

(7) [1]Die Gemeinde hat bei der Veräußerung dafür zu sorgen, dass die Bauwilligen die Bebauung in wirtschaftlich sinnvoller Aufeinanderfolge derart durchführen, dass die Ziele und Zwecke der städtebaulichen Entwicklung erreicht werden und die Vorhaben sich in den Rahmen der Gesamtmaßnahme einordnen. [2]Sie hat weiter sicherzustellen, dass die neu geschaffenen baulichen Anlagen entsprechend den Zielen und Zwecken der städtebaulichen Entwicklungsmaßnahme dauerhaft genutzt werden.

(8) [1]Zur Finanzierung der Entwicklung ist das Grundstück oder das Recht zu dem Verkehrswert zu veräußern, der sich durch die rechtliche und tatsächliche Neuordnung des städtebaulichen Entwicklungsbereichs ergibt. [2]§ 154 Abs. 5 ist auf den Teil des Kaufpreises entsprechend anzuwenden, der der durch die Entwicklung bedingten Werterhöhung des Grundstücks entspricht.

Bes. Vorschr. f. d. städtebaul. Entwicklungsbereich **§ 169**

Übersicht

	Rn.
1. Allgemeines	1
2. Entsprechende Anwendung von Vorschriften (Abs. 1)	2
3. Ausschluss der Bodenordnung (Abs. 2)	12
4. Sonderregelung für die Enteignung (Abs. 3)	13
5. Land- und forstwirtschaftlich genutzte Grundstücke (Abs. 4)	15
6. Grundstücksveräußerung (Abs. 5 bis 8)	17

1. Allgemeines. In § 169 ist eine Reihe „**besonderer Vorschriften**" für den städtebaulichen Entwicklungsbereich zusammengefasst. Nach **Abs. 1** sind wichtige sanierungsrechtliche Vorschriften entsprechend anzuwenden. **Abs. 2** bestimmt, dass die Vorschriften über die Bodenordnung (Umlegung, auch die vereinfachte Umlegung) im städtebaulichen Entwicklungsbereich nicht anzuwenden sind. Die mit der Grunderwerbspflicht nach § 166 Abs. 3 korrespondierende Enteignungsvorschrift ist in **Abs. 3** geregelt. **Abs. 4** enthält eine Regelung über die Wertermittlung bei land- und forstwirtschaftlich genutzten Grundstücken. **Abs. 5–8** betreffen die Veräußerung von Grundstücken. Weitere „besondere Vorschriften" für den städtebaulichen Entwicklungsbereich sind in jeweils einschlägigen Bestimmungen des „allgemeinen Städtebaurechts" geregelt (insbesondere § 24 Abs. 1 S. 1 Nr. 3 über das gesetzliche Vorkaufsrecht der Gemeinde). 1

2. Entsprechende Anwendung von Vorschriften (Abs. 1). Nach Abs. 1 Nr. 1 sind §§ 137, 138 und 139 entsprechend anwendbar. Nach § 165 Abs. 4 S. 2 sind die §§ 137, 138 und 139 (Beteiligung und Mitwirkung der Betroffenen, Auskunftspflicht, Beteiligung und Mitwirkung öffentlicher Aufgabenträger) ab Bekanntmachung des Beschlusses über den Beginn der vorbereitenden Untersuchungen entsprechend anwendbar. Mit der Ergänzung zu Abs. 1 Nr. 1 ist klargestellt, dass diese Vorschriften nicht nur bei der Vorbereitung, sondern auch bei der Durchführung einer städtebaulichen Entwicklungsmaßnahme gelten. 2

Nach **Abs. 1 Nr. 2** ist § 142 Abs. 2 über **Ersatz- und Ergänzungsgebiete** entsprechend anwendbar. Die Regelung steht im Zusammenhang mit der durch das BauGB-MaßnahmenG 1990 wieder eingeführten Entwicklungsmaßnahme mit städtebaulicher Zielsetzung; weil hiernach auch kleinteilige Maßnahmen möglich sind, kann das Bedürfnis nach Ersatz- und Ergänzungsgebieten (zB bei Infrastruktur außerhalb des förmlich festgelegten Entwicklungsbereichs) auftreten. Die Regelung kann auch Bedeutung haben im Hinblick auf die Neuregelung § 1a Abs. 3 über den Ausgleich für Eingriffe in Natur und Landschaft. 3

Nach **Abs. 1 Nr. 3** sind im städtebaulichen Entwicklungsbereich die **§§ 144 und 145** entsprechend anzuwenden. Die dort geregelte **Genehmigungspflicht** ist das zentrale Instrument zur Sicherung der Durchführung der städtebaulichen Entwicklungsmaßnahme. Ein „vereinfachtes" Entwicklungsverfahren entsprechend dem vereinfachten Sanierungsverfahren nach § 142 Abs. 4 kennt das Entwicklungsrecht nicht. Der Genehmigungsvorbehalt nach § 144 ist daher uneingeschränkt anzuwenden. 4

Nach **Abs. 1 Nr. 4** sind §§ 146 bis 148 über die Durchführung der Sanierung, die Ordnungs- und Baumaßnahmen entsprechend anwendbar (bis 31. 12. 1997 galt dies nur für die Übertragung von Ordnungsmaßnahmen; vgl. seit BauROG 1998 § 146 Abs. 3). Im Entwicklungsbereich gelten damit auch die Regelungen des Sanierungsrechts für den **Ausgleich von Eingriffen in Natur und Landschaft** (§ 147 S. 2; § 148 Abs. 2 S. 2). 5

Nach **Abs. 1 Nr. 5** sind § 150 über den **Ersatz bei Änderungen öffentlicher Versorgungseinrichtungen** sowie die Vorschrift des § 151 über die **Abgaben- und Ausgabenbefreiung** entsprechend anzuwenden. 6

§ 169 II. Kapitel. II. Teil. Städtebauliche Entwicklungsmaßnahmen

7 Für die **Bemessung von Ausgleichs- und Entschädigungsleistungen** und die **Kaufpreise** ist § 153 Abs. 1–3 entsprechend anzuwenden; **Abs. 1 Nr. 6**. Danach finden die sanierungsrechtlichen Vorschriften über die Behandlung maßnahmebedingter Wertsteigerungen in Entwicklungsbereichen entsprechend Anwendung. Die Realisierung der entwicklungsbedingten Werterhöhungen erfolgt jedoch wegen des gemeindlichen Durchgangserwerbs – anders als im Sanierungsrecht (dort stehen Ausgleichsbetragszahlungen, Ablösungen, Vorauszahlungen im Vordergrund) – im gesetzlichen „Grundfall" durch die Wiederveräußerung von Grundstücken; vgl. Abs. 5. Die Gemeinde hat die erworbenen Grundstücke zum Neuordnungswert zu veräußern. **Ausgleichsbeträge** werden im Entwicklungsrecht dann erhoben, wenn die Gemeinde von der Ausübung des Grunderwerbsrechts absieht; vgl. § 166 Abs. 3 S. 4.

8 Nach **Abs. 1 Nr. 7** sind **§§ 154 bis 156** entsprechend anwendbar. § 154 Abs. 2a über die vereinfachte Ausgleichsbetragsregelung ist wegen der regelmäßig zu erwartenden höheren entwicklungsbedingten Wertsteigerungen nicht anzuwenden. Sie gilt auch für Kosten und Bodenwerterhöhungen im Zusammenhang mit dem **Ausgleich von Eingriffen in Natur und Landschaft;** § 154 Abs. 1 S. 3. Wird eine Entwicklungsmaßnahme durch das Normenkontrollgericht für nichtig erklärt, kann ein öffentlich-rechtlicher Erstattungsanspruch hinsichtlich bereits gezahlter Ausgleichsbeträge entstehen (VGH Mannheim GuG 2008, 185).

9 Für den **Abschluss der Entwicklungsmaßnahme** gelten gem. **Abs. 1 Nr. 8** die §§ 162–164 über den Abschluss der Sanierung entsprechend. Zur Aufhebung der Satzung wegen Funktionslosigkeit vgl. BVerwG NVwZ 2001, 1050.

10 Nach **Abs. 1 Nr. 9** sind die Vorschriften über die **Städtebauförderung** gem. §§ 164a und 164b entsprechend anwendbar.

11 § 191 regelt u. a. das Verhältnis der sanierungsrechtlichen Teilungsgenehmigung nach § 144 Abs. 2 Nr. 5 zu den Vorschriften des Grundstücksverkehrsgesetzes. **Abs. 1 Nr. 10** bestimmt, dass § 191 im Entwicklungsbereich entsprechend anzuwenden ist.

12 **3. Ausschluss der Bodenordnung (Abs. 2).** Dem städtebaulichen Entwicklungsrecht liegt das Modell des **gemeindlichen Durchgangserwerbs** der im städtebaulichen Entwicklungsbereich gelegenen Grundstücke zugrunde; vgl. insbesondere § 166 Abs. 3. Von daher ist die Regelung des **Abs. 2** zu verstehen, wonach die Vorschriften über die **Bodenordnung** nach §§ 45ff. im städtebaulichen Entwicklungsbereich nicht anzuwenden sind (vgl. OVG Lüneburg Urt. v. 8.5.2014 – 1 KN 102/11, BeckRS 2014, 51852). Etwas anderes gilt für Anpassungsgebiete (§ 170), in denen auch § 166 Abs. 3 über die Grunderwerbspflicht der Gemeinde nicht anzuwenden ist.

13 **4. Sonderregelung für die Enteignung (Abs. 3). Abs. 3** enthält eine **Sonderregelung für die Enteignung**. Nach § 165 Abs. 3 S. 1 Nr. 2 ist die Entwicklungsmaßnahme nur zulässig, wenn das Wohl der Allgemeinheit die Durchführung der Maßnahme erfordert; → § 165 Rn. 17ff. Nach **Abs. 3 S. 1** ist die Enteignung im städtebaulichen Entwicklungsbereich ohne Bebauungsplan zulässig. Die Enteignung zugunsten der Gemeinde zur Erfüllung ihrer städtebaulichen Aufgaben auch ohne Bebauungsplan und die Erleichterung gegenüber der allgemeinen städtebaulichen Enteignung nach § 85 ist **verfassungsrechtlich** insbesondere im Hinblick auf Art. 14 Abs. 3 S. 1 und 3 GG **unbedenklich** (vgl. daher § 165 Abs. 3 S. 1 Nr. 2; → § 165 Rn. 17ff.), und zwar auch, soweit die Enteignung nur dazu dient, die künftigen Festsetzungen des Bebauungsplanes entsprechende Nutzung von Grundstücken durch private Dritte zu ermöglichen (sog. Durchgangsenteignung); BVerwGE 107, 123. Bei einer Durchgangsenteignung zugunsten der Gemeinde, die darauf gerichtet ist, privaten Dritten das Eigentum zu verschaffen, muss die dauerhafte Sicherung des Enteignungszwecks nicht bereits in der Entwicklungssatzung vorgenommen werden; die Gemeinde ist jedoch gesetzlich verpflichtet, bei der Veräußerung der Grundstücke die Erreichung der Ziele und Zwecke der städtebaulichen Entwicklungsmaßnahme dauerhaft zu sichern (BVerwG ZfBR 2006, 357).

Bes. Vorschr. f. d. städtebaul. Entwicklungsbereich **§ 169**

Die Enteignung kann **zugunsten der Gemeinde oder des Entwicklungsträ- 14 gers** (§ 167) erfolgen. Sie setzt gemäß **Abs. 3 S. 2** voraus, dass sich der Antragsteller (Gemeinde oder Entwicklungsträger) ernsthaft um den freihändigen Erwerb des Grundstücks zu angemessenen Bedingungen bemüht hat (deutlich: OVG Lüneburg Urt. v. 8.5.2014 – 1 KN 102/11, BeckRS 2014, 51852). Nach **Abs. 3 S. 3** sind §§ 85, 87, 88 und 89 Abs. 1 und 3 im städtebaulichen Entwicklungsbereich nicht anzuwenden. Das Entwicklungsrecht enthält hierzu insbesondere in § 165 Abs. 3 S. 1 Nr. 2 und § 169 Abs. 3, 5–8 spezielle Regelungen. Zur Ersatzlandbeschaffung wegen Inanspruchnahme land- oder forstwirtschaftlicher Betriebe vgl. auch § 189.

5. Land- und forstwirtschaftlich genutzte Grundstücke (Abs. 4). Abs. 4 15 enthält eine Regelung zur Ermittlung des Verkehrswerts **land- oder forstwirtschaftlich genutzter Grundstücke.** Danach ist bei der Wertermittlung nach § 153 Abs. 1 der Verkehrswert maßgebend, der in vergleichbaren Fällen im gewöhnlichen Geschäftsverkehr auf dem allgemeinen Grundstücksmarkt dort zu erzielen wäre, wo keine Entwicklungsmaßnahmen vorgesehen sind. Hierbei handelt es sich um einen allgemeinen wertermittlungsrechtlichen Grundsatz. Abs. 4 ist durch das Inv-Wo-BauLG zunächst neu gefasst worden. Gegenüber der Vorläuferregelung, die im Übrigen § 57 Abs. 4 StBauFG entsprach, wurden im Hs. 2 die Worte „in den Gebieten, in denen sich kein von dem innerlandwirtschaftlichen Verkehrswert abweichender Verkehrswert gebildet hat", gestrichen. Durch das G v. 14.9.1994 (BGBl. I S. 2324) wurde die alte Fassung wiederhergestellt.

Die **Neufassung** im Inv-WoBauLG 1993 einerseits und die **Wiederherstel- 16 lung der alten Fassung** andererseits wurden jeweils mit Missverständnissen und Auslegungsschwierigkeiten begründet, wonach – fälschlicherweise – bei landwirtschaftlichen Flächen stets von Werten für agrarisch genutzte Flächen auszugehen sei. Für **andere als land- oder forstwirtschaftlich genutzte Grundstücke** gilt im Übrigen nichts anderes. Dh, es kommt auf den jeweiligen Zustand iS des Wertermittlungsrechts vor Einsetzen entwicklungsbedingter Wertbeeinflussungen an, ob die Flächen als Flächen der Land- und Forstwirtschaft, als Bauerwartungsland, als Rohbauland oder als bereits baureifes Land zu bewerten sind; vgl. § 5 ImmoWertV. In der Praxis wird der Zustand „Bauerwartungsland" id Regel im Vordergrund stehen (vgl. § 5 Abs. 2 ImmoWertV), wie bereits der Tatbestand des § 165 Abs. 2 zeigt.

6. Grundstücksveräußerung (Abs. 5 bis 8). Die **Veräußerungspflicht** nach 17 **Abs. 5 bis 8** korrespondiert mit der Grunderwerbspflicht der Gemeinde nach § 166 Abs. 3. Sie stellt sicher, dass die von der Gemeinde erworbenen Grundstücke nur **Durchgangserwerb** sind. Die Veräußerungspflicht nach **Abs. 5** besteht auch für Grundstücke, die vor förmlicher Festlegung, aber „zur Durchführung der Entwicklungsmaßnahme" erworben wurden.

Zur **verfassungsrechtlichen Bedeutung** der Veräußerungspflicht vgl. BVerfGE 74, 264; BVerwG ZfBR 2006, 357.

Die Veräußerungspflicht bezieht sich auf die Fälle des **freihändigen Erwerbs** 18 ebenso wie auf die Fälle des **Erwerbs auf Grund hoheitlicher Maßnahmen** (Vorkaufsrecht, Enteignung, Übernahme) einschließlich des freihändigen Erwerbs zur Abwendung hoheitlicher Maßnahmen.

Von der Veräußerung sind nach Abs. 5 die **Grundstücke ausgenommen,** die in 19 einem Bebauungsplan für bestimmte **öffentliche Zwecke** festgesetzt sind, die für sonstige öffentliche Zwecke benötigt werden oder die als Austauschland oder als Entschädigung in Land benötigt werden.

Die Veräußerungspflicht besteht nach der **Neuordnung und Erschließung** der 20 Grundstücke; **Abs. 6 S. 1.** Das Gesetz stellt also nicht auf den Zeitpunkt der Beendigung der Maßnahme ab. Vielmehr sollen die Grundstücke nach dem Fortgang der Entwicklungsmaßnahme, also sobald rechtlich und tatsächlich möglich, veräußert

§ 170　II. Kapitel. II. Teil. Städtebauliche Entwicklungsmaßnahmen

werden. Die Verpflichtung zur Veräußerung besteht auch nach Aufhebung des Entwicklungsbereichs weiter; sinngemäß → § 162 Rn. 19.

21　Die Grundstücke sind an **weite Kreise der Bevölkerung** und unter Beachtung der Ziele und Zwecke der Entwicklungsmaßnahme zu veräußern; **Abs. 6 S. 1**; vgl. hierzu und zu den weiteren Anforderungen entsprechend § 89 Abs. 3. Nach **Abs. 6 S. 2** sind zunächst die **früheren Eigentümer** zu berücksichtigen, § 89 Abs. 4 ist entsprechend anzuwenden; vgl. die Erl. in → § 89 Rn. 9 **(Abs. 6 S. 3)**. Nach **Abs. 6 S. 4** sollen **Land- und Forstwirte**, die zur Durchführung der Entwicklungsmaßnahme Grundstücke abgegeben haben, vorrangig bei Grundstücken berücksichtigt werden, für die eine land- oder forstwirtschaftliche Nutzung festgesetzt ist.

22　Die **Gemeinde** hat bei der Veräußerung **sicherzustellen**, dass die Grundstücke entsprechend den Zielen und Zwecken der Entwicklungsmaßnahme der vorgesehenen baulichen und sonstigen Nutzung zugeführt werden; **Abs. 7**. Die Gemeinde kann dieses Ziel insbesondere durch die Gestaltung der Veräußerungsverträge sichern.

23　Der für die Veräußerung maßgebliche **Preis** bestimmt sich nach **Abs. 8**. Danach erfolgt die Veräußerung zum **Neuordnungswert**. Der durch das Inv-WoBauLG neu gefasste **Abs. 8 S. 1** verdeutlicht entsprechend § 154 Abs. 1, dass der Veräußerungspreis (ähnlich der Regelung bei den Ausgleichsbeträgen) einerseits der gegenüber § 153 Abs. 1 spiegelbildliche Bestandteil des bodenpolitischen Systems ist, andererseits dieses System seine Rechtfertigung in der Finanzierung der städtebaulichen Maßnahme findet. Die durch die Wertermittlung ermittelten Neuordnungswerte sind damit ihrer Höhe nach im Rahmen der Veräußerung der Grundstücke durch die Gemeinde auf die sich aus den Gesamtkosten der Entwicklungsmaßnahme anteilig ergebenden Werte zu beschränken. Dieses Finanzierungsprinzip der Entwicklungsmaßnahme wird durch **§ 171** weiter verdeutlicht. **Abs. 8 S. 2** bestimmt, dass die Vorschriften über das Tilgungsdarlehen im Ausgleichsbetragsrecht entsprechend anzuwenden sind. Hierdurch, nicht jedoch durch „politische" Wertfestlegungen, können im wirtschaftlichen Ergebnis (befristete) **„Verbilligungen"** erreicht werden. Die Grundstücksverbilligung aus **Fördermitteln** bleibt hiervon unberührt, ändert aber nichts an der gesetzlichen Wertbestimmung des Abs. 8 (→ § 171 Rn. 2).

24　Zum **Rechtsschutz** vgl. entsprechend die Erl. in § 89 Rn. 10.

§ 170　Sonderregelung für Anpassungsgebiete

¹Ergeben sich aus den Zielen und Zwecken der städtebaulichen Entwicklungsmaßnahme in einem im Zusammenhang bebauten Gebiet Maßnahmen zur Anpassung an die vorgesehene Entwicklung, kann die Gemeinde dieses Gebiet in der Entwicklungssatzung förmlich festlegen (Anpassungsgebiet). ²Das Anpassungsgebiet ist in der Entwicklungssatzung zu bezeichnen. ³Die förmliche Festlegung darf erst erfolgen, wenn entsprechend § 141 vorbereitende Untersuchungen durchgeführt worden sind. ⁴In dem Anpassungsgebiet sind neben den für städtebauliche Entwicklungsmaßnahmen geltenden Vorschriften mit Ausnahme des § 166 Abs. 3 und des § 169 Abs. 2 bis 8 die Vorschriften über städtebauliche Sanierungsmaßnahmen entsprechend anzuwenden, mit Ausnahme der §§ 136, 142 und 143.

1　Nach S. 1 kann ein **im Zusammenhang bebautes Gebiet** in der Entwicklungssatzung förmlich als **Anpassungsgebiet** festgelegt werden. Der Zweck der Regelung ist die Anpassung der städtebaulichen Verhältnisse im Anpassungsgebiet an die sich aus den Zielen und Zwecken der Entwicklungsmaßnahme ergebenden Anforderungen. Das Anpassungsgebiet ist in der Entwicklungssatzung zu bezeichnen; **S. 2**.

2　Voraussetzung für die förmliche Festlegung ist die Durchführung **vorbereitender Untersuchungen** entsprechend § 141; **S. 3**. Im Hinblick auf die Regelung über

Voruntersuchungen in § 166 Abs. 4 hat die ausdrückliche Verweisung auf § 141 insbesondere deshalb Bedeutung, weil dort spezielle Regelungen über sozial nachteilige Auswirkungen der Maßnahme enthalten sind; diese können für den Anwendungsbereich des § 170 besondere Bedeutung haben.

Im Anpassungsgebiet finden die für städtebauliche Entwicklungsmaßnahmen geltenden **Vorschriften** entsprechende Anwendung, jedoch mit Ausnahme der in **S. 4** bezeichneten Vorschriften. Insbesondere hat die Gemeinde im Anpassungsrecht **kein Grunderwerbsrecht** (§ 166 Abs. 3); dementsprechend sind die hieran unmittelbar oder mittelbar anknüpfenden Bestimmungen des § 169 Abs. 2–8 nicht anzuwenden. In den Anpassungsgebieten ist daher ua die **Umlegung** (§§ 45–84) zulässig. Im Übrigen finden in den Anpassungsgebieten auch die Vorschriften über städtebauliche Sanierungsmaßnahmen entsprechend Anwendung, mit Ausnahme der §§ 136 (Sanierungstatbestand) sowie 142 und 143 (förmliche Festlegung). 3

Welche **Gebiete** in das Anpassungsgebiet einbezogen werden können, ergibt sich vor allem aus den jeweiligen **Zielen und Zwecken der Entwicklungsmaßnahme**. Es muss sich um Maßnahmen handeln, die der Verwirklichung der Ziele und Zwecke der Sanierung dienen, ohne dass dabei eine grundsätzliche Neuordnung des im Zusammenhang bebauten Gebietes erforderlich ist. Anpassungsmaßnahmen können zB der Ausbau von Straßen oder von Gemeinbedarfs- oder Folgeeinrichtungen sein, die Erschließungs- oder Ergänzungsfunktionen für den Entwicklungsbereich wahrnehmen sollen. 4

§ 171 Kosten und Finanzierung der Entwicklungsmaßnahme

(1) ¹Einnahmen, die bei der Vorbereitung und Durchführung der Entwicklungsmaßnahme entstehen, sind zur Finanzierung der Entwicklungsmaßnahme zu verwenden. ²Ergibt sich nach der Durchführung der städtebaulichen Entwicklungsmaßnahme und der Übertragung eines Treuhandvermögens des Entwicklungsträgers auf die Gemeinde bei ihr ein Überschuss der bei der Vorbereitung und Durchführung der städtebaulichen Entwicklungsmaßnahme erzielten Einnahmen über die hierfür getätigten Ausgaben, so ist dieser Überschuss in entsprechender Anwendung des § 156a zu verteilen.

(2) ¹Die Gemeinde hat entsprechend § 149 nach dem Stand der Planung eine Kosten- und Finanzierungsübersicht aufzustellen. ²Zu berücksichtigen sind die Kosten, die nach den Zielen und Zwecken der Entwicklung erforderlich sind.

§ 171 enthält ergänzende Regelungen zum **Finanzierungssystem der städtebaulichen Entwicklungsmaßnahme**. Abs. 1 S. 1 stellt klar, dass die entwicklungsbedingten Einnahmen ausschließlich zur Finanzierung der Entwicklungsmaßnahme zu verwenden sind. Die Entwicklungsmaßnahme ist – anders als zB die Umlegung – nicht „privatnützig". Jedoch wird ausgeschlossen, dass die Gemeinde aus der Maßnahme einen „Gewinn" ziehen kann. Mit dieser Regelung korrespondiert ua die Bestimmung in § 169 Abs. 8 S. 1. 1

Die Vorschrift verdeutlicht im Übrigen, dass die Absicht, entwicklungsbedingte **Wertsteigerungen „abzuschöpfen"**, die Einleitung städtebaulicher Entwicklungsmaßnahmen nicht rechtfertigt; solche fiskalischen Interessen würden allerdings ohnehin nicht dem **Allgemeinwohlerfordernis** des § 165 Abs. 3 entsprechen. Angesichts der mit städtebaulichen Entwicklungsmaßnahmen in aller Regel verbundenen hohen Kosten, die auch durch entwicklungsbedingte Bodenwertsteigerungen nicht refinanziert werden können, liegt die Bedeutung der Vorschrift in der ausdrücklichen Formulierung eines im Übrigen auch für die Sanierung geltenden Finanzie- 2

rungsprinzips (vgl. BVerwG ZfBR 1993, 145). In der verbindlichen Programmierung der Finanzierung einer Entwicklungsmaßnahme und nicht im Hinblick auf die Beurteilung „im Einzelfall" liegt die Bedeutung dieser Regelung, die somit ein gesetzgeberisches Motiv ausdrückt. Insbesondere kann damit nicht eine Verbilligung für Neuerwerber gerechtfertigt werden (zB preisgünstiges Wohnen für einkommensschwächere Personen); → § 169 Rn. 20.

3 Ergeben sich nach der Durchführung der Entwicklungsmaßnahmen **Überschüsse** der erzielten Einnahmen über die entwicklungsbedingten Ausgaben, ist der Überschuss entsprechend § 156a zu verteilen; **Abs. 1 S. 2.**

4 **Abs. 2** enthält zwei weitere Regelungen, mit denen die Finanzierungsprinzipien der städtebaulichen Entwicklungsmaßnahme weiter abgesichert werden. Die Regelung will zum einen sicherstellen, dass keine „entwicklungsfremden" Kosten in die Finanzierungsplanung einbezogen werden. Die Kosten- und Finanzierungsübersicht soll hierbei die entsprechende Transparenz sicherstellen.

5 Die **Kosten- und Finanzierungsübersicht,** die gemäß **Abs. 2 S. 1** in entsprechender Anwendung des § 149 aufzustellen ist, ist ein Instrument der Planung der städtebaulichen Entwicklungsmaßnahme. Sie ist „nach dem Stand der Planung" aufzustellen und insbesondere fortzuschreiben. Sie ist demgemäß ein selbstständiges Planungsinstrument und insbesondere nicht Bestandteil der Entwicklungsnutzung (BVerwG NVwZ 2001, 1053). Im Einzelnen → § 149.

6 **Abs. 2 S. 2** enthält eine Verdeutlichung des Begriffs der **entwicklungsbedingten Kosten.** Die Bestimmung stellt auf die „Ziele und Zwecke der Entwicklung" ab. Damit sind insbesondere die Kosten für notwendige Ordnungsmaßnahmen oder Kosten für einen Entwicklungsträger, nicht hingegen zB Kosten für allgemeine Vorhaben anzusetzen, die in keinem Sachzusammenhang mit den Zielen und Zwecken der Entwicklungsmaßnahme stehen.

Dritter Teil. Stadtumbau

Vorbemerkung zu den §§ 171a bis 171d

1 Die Regelungen über den Stadtumbau (**§§ 171a bis 171d**) wurden durch das **EAG Bau 2004** eingefügt. Sie sind als gesetzgeberische Reaktion auf tief greifende Strukturveränderungen vor allem in Demografie und Wirtschaft und den damit einhergehenden Auswirkungen auf die städtebauliche Entwicklung zu verstehen. Unmittelbarer Anstoß waren dabei die **Wohnungsleerstände,** die seit Ende der 1990er Jahre insbesondere in den ostdeutschen Ländern in erheblichem Umfang festzustellen waren (vgl. hierzu *Krautzberger* in EZBK Vorb. §§ 171a–d Rn. 1, 10f. sowie den dort im Anhang auch abgedruckten Leitfaden zur Ausgestaltung des Städtebauförderungsprogramms „Stadtumbau West", insbesondere Ziff. 2).

2 Aufgrund der **Klimaschutz-Novelle** sind die Regelungen zum Stadtumbau fortentwickelt worden (s. hierzu *Krautzberger* DVBl. 2012, 69ff.). Es geht seither nicht mehr allein um den **strukturbezogenen Stadtumbau,** mit dem Wohnungsleerständen und innerstädtischen Brachflächen Rechnung getragen werden soll, sondern auch um den **klimaschutzbezogenen Stadtumbau.** Dem liegt die gesetzgeberische Überlegung zugrunde, dass städtebauliche Funktionsverluste, die Anlass für Maßnahmen des Stadtumbaus sein können, auch dann in Betracht kommen, wenn die Erfordernisse einer klimagerechten Stadtentwicklung nicht erfüllt werden. Die zusätzliche Aufnahme des klimaschutzbezogenen Stadtumbaus in die §§ 171 a–d ist nicht zuletzt deshalb gerechtfertigt, weil für die Erfordernisse einer klimagerechten Stadtentwicklung andere Anforderungen und Ziele bestehen als in Fällen, in denen

es (nur) um ein dauerhaftes Überangebot an baulichen Anlagen für bestimmte Nutzungen geht (vgl. § 171a Abs. 2 S. 2). **Verbindendes Element** ist gleichwohl, dass den Regelungen über den Stadtumbau insgesamt das **räumliche Leitbild der kompakten Stadt** zugrunde liegt, es also sowohl beim strukturbezogenen Stadtumbau als auch beim klimaschutzbezogenen Stadtumbau um eine **Stärkung der Innenentwicklung** geht (vgl. BT-Drs. 17/6076, 11f., 20ff.; s. auch Krautzberger in EZBK § 171a Rn. 3). Die **Innenentwicklungsnovelle 2013** knüpft daran an, hat aber mit den geringfügigen Änderungen in § 171a und § 171d nicht zu einer zusätzlichen Fortentwicklung geführt.

Für die sich daraus insgesamt ergebenden städtebaulichen Aufgaben steht den Gemeinden neben den allgemeinen Instrumenten des Städtebaurechts (wie der Bauleitplanung und ihrer Sicherung) im Besonderen Städtebaurecht (vor allem mit den städtebaulichen Sanierungs- und Entwicklungsmaßnahmen) ein umfangreiches Instrumentarium zur Verfügung. Oftmals bedarf es des Einsatzes dieser Instrumente jedoch nicht bzw. nicht in vollem Umfang. Die Bestimmungen über den Stadtumbau bezwecken deshalb, den Gemeinden die rechtlichen Grundlagen für die Durchführung von Stadtumbaumaßnahmen auch in solchen Gebieten zu geben, in denen es des Einsatzes dieser städtebaurechtlichen Instrumente nicht oder nicht flächendeckend bedarf (zu den Rechtsfragen des Stadtumbaus vgl. umfassend *Möller*, Siedlungsrückbau in den neuen Ländern nach Stadtumbau- und Sanierungsrecht, 2006; *Goldschmidt/Taubeneck*, Stadtumbau, 2010; *Bunzel*, Praxiserfahrungen beim Stadtumbau Ost, LKV 2009, 241 ff.; *Mitschang/Roeper*, Stadtumbau auf Gewerbe- und Industriearealen, ZfBR 2011, 10 ff.; s. ebenfalls *Battis/Kersten/Mitschang*, Klimaschützende Stadterneuerung, ZG 2010, 246 ff.; *Spangenberger*, Städtebauförderung – Auswirkungen der Programmvielfalt, UPR 2011, 180ff.). 3

Zweck, Aufgabe und Anwendungsbereich von Stadtumbaumaßnahmen sind in § 171a geregelt. Die städtebauliche und die spezielle planerische Aufgabe regelt § 171b. Der Stadtumbau soll in weiten Teilen auch aufgrund konsensualer Regelungen – vor allem mit und zwischen den betroffenen Eigentümern – durchgeführt werden (§ 171c). Die vertraglichen Regelungen gewinnen besondere Bedeutung, soweit die öffentliche Hand **Städtebauförderungsmittel** zur Unterstützung der Stadtumbaumaßnahmen bereitstellt (vgl. die Übersichten in *Krautzberger*, Städtebauförderung, Teil D). Die §§ 171a ff. schaffen dabei den rechtlichen Rahmen für die durchzuführenden Stadtumbaumaßnahmen einschließlich der dafür erforderlichen Gebietsfestlegung, für die Städtebauförderung sowie für mögliche Regelungsgegenstände städtebaulicher Verträge. Zudem kann durch städtebauliche Satzungen (§ 171d) ergänzend die Durchführung von Stadtumbaumaßnahmen vor gegenläufigen Entwicklungen gesichert werden. 4

Für die Satzungsgebiete zur Sicherung der Stadtumbaumaßnahmen (§ 171d) besteht ein gesetzliches Vorkaufsrecht **(§ 24 Abs. 1 S. 1 Nr. 4)** und ein Enteignungstatbestand **(§ 85 Abs. 1 Nr. 7)**. 5

§ 171a Stadtumbaumaßnahmen

(1) **Stadtumbaumaßnahmen in Stadt- und Ortsteilen, deren einheitliche und zügige Durchführung im öffentlichen Interesse liegen, können auch anstelle von oder ergänzend zu sonstigen Maßnahmen nach diesem Gesetzbuch nach den Vorschriften dieses Teils durchgeführt werden.**

(2) ¹**Stadtumbaumaßnahmen sind Maßnahmen, durch die in von erheblichen städtebaulichen Funktionsverlusten betroffenen Gebieten Anpassungen zur Herstellung nachhaltiger städtebaulicher Strukturen vorgenommen werden.** ²**Erhebliche städtebauliche Funktionsverluste liegen insbesondere vor, wenn ein dauerhaftes Überangebot an baulichen Anlagen für bestimmte**

§ 171a

Nutzungen, namentlich für Wohnzwecke, besteht oder zu erwarten ist, oder wenn die allgemeinen Anforderungen an den Klimaschutz und die Klimaanpassung nicht erfüllt werden.

(3) ¹Stadtumbaumaßnahmen dienen dem Wohl der Allgemeinheit. ²Sie sollen insbesondere dazu beitragen, dass
1. die Siedlungsstruktur den Erfordernissen der Entwicklung von Bevölkerung und Wirtschaft sowie den allgemeinen Anforderungen an den Klimaschutz und die Klimaanpassung angepasst wird,
2. die Wohn- und Arbeitsverhältnisse sowie die Umwelt verbessert werden,
3. innerstädtische Bereiche gestärkt werden,
4. nicht mehr bedarfsgerechte bauliche Anlagen einer neuen Nutzung zugeführt werden,
5. einer anderen Nutzung nicht zuführbare bauliche Anlagen zurückgebaut werden,
6. brachliegende oder freigelegte Flächen einer nachhaltigen, insbesondere dem Klimaschutz und der Klimaanpassung dienenden städtebaulichen Entwicklung oder einer mit dieser verträglichen Zwischennutzung zugeführt werden,
7. innerstädtische Altbaubestände nachhaltig erhalten werden.

Übersicht

	Rn.
1. Stadtumbaumaßnahmen (Abs. 1)	1
2. Verhältnis zu anderen Vorschriften	3
3. Begriff der Stadtumbaumaßnahmen (Abs. 2)	4
4. Allgemeinwohl (Abs. 3 S. 1)	8
5. Ziele (Abs. 3 S. 2)	9
6. Rechtsschutz; Förderung; Überleitung	12

1. Stadtumbaumaßnahmen (Abs. 1). Abs. 1 setzt – ähnlich der Rechtslage in Sanierungsgebieten und Entwicklungsbereichen (§§ 136 Abs. 1, 165 Abs. 1) – allgemein voraus, dass es sich auch bei Stadtumbaumaßnahmen um **städtebauliche Gesamtmaßnahmen** handelt, deren einheitliche und zügige Durchführung im öffentlichen Interesse liegt (→ zum Begriff der städtebaulichen Gesamtmaßnahme § 136 Rn. 3ff. und § 165 Rn. 3f. sowie sinngemäß auch die Erläuterungen zu den Begriffen **einheitliche Vorbereitung** und **zügige Durchführung** unter § 136 Rn. 4, 5). Dass Maßnahmen des Stadtumbaus keine kurz- oder mittelfristig zum Abschluss zu bringenden Aufgaben sind, ist evident. Im städtebaulichen Sanierungs- und Entwicklungsrecht (§§ 136 Abs. 1, 165 Abs. 1) ist das Gebot der zügigen Durchführung vor allem vor dem Hintergrund der besonderen Eingriffsmöglichkeiten gegenüber dem Eigentum und anderen betroffenen Rechten zu sehen, aber auch – und dies gilt dann auch für den Stadtumbau – im Hinblick auf die gesetzliche Verpflichtung der Gemeinde, die Betroffenen mit ihren Problemen nicht sich selbst zu überlassen, sondern nachhaltige Lösungen zu suchen und nach Möglichkeit (gemeinsam mit ihnen) umzusetzen.

Stadtumbaumaßnahmen kommen in **Gemeinden aller Größenordnungen** in Betracht („Stadt- und Ortsteile"). Nicht die Größe, sondern die städtebauliche Situation bestimmt also die Anwendungsvoraussetzungen für den Stadtumbau (→ sinngemäß § 136 Rn. 6).

Abs. 1 formuliert mit der sprachlichen Parallele zu § 136 Abs. 1 und § 165 Abs. 1 den besonderen Auftrag und Anspruch von Stadtumbaumaßnahmen. Ihre konkrete Aufgabe und die wichtigsten Ziele des Stadtumbaus werden in Abs. 2 bestimmt, ihre wichtigsten Aufgaben sind in Abs. 3 definiert. Stadtumbaumaßnahmen sind danach

III. Teil. Stadtumbau § 171a

Maßnahmen, durch die in einem von erheblichen städtebaulichen Funktionsverlusten betroffenen Gebiet Anpassungen zur Herstellung nachhaltiger städtebaulicher Strukturen vorgenommen werden. Bei den **Funktionsverlusten** kann dabei allgemein zwischen solchen **struktureller** (strukturbezogener Stadtumbau) und solchen **klimaschutzbezogener** Art (klimaschutzbezogener Stadtumbau) unterschieden werden (→ Vorb. §§ 171 a–d Rn. 2; *Krautzberger* in EZBK § 171a Rn. 23ff.). Es handelt sich jedoch stets um eine städtebauliche Gesamtmaßnahme (zu diesem Begriff vgl. BVerwG Urt. v. 23.5.1986 – 8 C 42/84, NVwZ 1986, 917; dass. Beschl. v. 7.6.1996 – 4 B 91/96, NJW 1996, 2807). Gesamtmaßnahmen sind gegenüber sonstigen städtebaulichen Maßnahmen der Gemeinden (einzelne Bebauungspläne, Erschließungs- oder sonstige Bauvorhaben) vor allem zur Lösung von städtebaulichen Problemen in Gebieten bestimmt, in denen ein **qualifizierter Handlungsbedarf** besteht, der aus Gründen des öffentlichen Interesses ein planmäßiges und aufeinander abgestimmtes Vorgehen erfordert.

2. Verhältnis zu anderen Vorschriften. Zum **Verhältnis zu anderen Maßnahmen** des Baugesetzbuchs bestimmt **Abs. 1** weiterhin, dass deren Aufgaben und Einsatzmöglichkeiten vom Dritten Teil grundsätzlich unberührt bleiben. Die Durchführung von Stadtumbaumaßnahmen nach den §§ 171a ff. ist daher sowohl anstelle als auch ergänzend zu den sonstigen Instrumenten, beispielsweise dem Sanierungs- und Entwicklungsmaßnahmenrecht, aber auch der Bauleitplanung, immer dann zulässig, wenn die Gemeinde dies für zweckmäßig erachtet und die in den jeweiligen Vorschriften genannten Aufgaben und Ziele dies rechtfertigen. Die Vorschriften zum Stadtumbau sind also gegenüber sonstigen Vorschriften des allgemeinen und besonderen Städtebaurechts nicht subsidiär (vgl. demgegenüber § 165 Abs. 3 S. 1 Nr. 3 für die städtebauliche Entwicklungsmaßnahme). Umgedreht verdrängen die §§ 171a–d jedoch auch nicht die sonstigen städtebaulichen Handlungsinstrumentarien. 3

3. Begriff der Stadtumbaumaßnahmen (Abs. 2). Abs. 2 bestimmt den Begriff der Stadtumbaumaßnahmen. Es muss sich, ebenso wie bei der Sanierung (§ 136 Abs. 1) um **gebietsbezogene Maßnahmen** handeln (→ Rn. 1 und 7). Das von der Stadtumbaumaßnahme erfasste Gebiet muss nach **Abs. 1 S. 1** von **erheblichen städtebaulichen Funktionsverlusten** betroffen sein. Abs. 1 S. 2 hebt zwei Fälle von städtebaulichen Funktionsverlusten ausdrücklich hervor. Dies sind zum einen ein dauerhaftes Überangebot an baulichen Anlagen für bestimmte Nutzungen, namentlich für Wohnzwecke („Leerstände"). Zum anderen geht es um die Fälle, in denen gebietsbezogen die allgemeinen Anforderungen an den Klimaschutz und die Klimaanpassung nicht erfüllt werden. 4

Für den Begriff der **Funktionsverluste,** von denen ein Gebiet betroffen ist, kann der sanierungsrechtliche Begriff der „Funktionsschwäche" nach § 136 Abs. 2 S. 2 Nr. 2, Abs. 3 Nr. 2 herangezogen werden, ohne dass diese Begriffe jedoch deckungsgleich sind. Dies gilt auch für den Bereich von Klimaschutz und Klimaanpassung (vgl. *Krautzberger* in EZBK § 171a Rn. 19ff.; *ders.* DVBl. 2012, 69 (71)). Die **Funktionsschwäche** im Sinne des Sanierungsrechts geht weiter, schließt aber Funktionsverluste ein: Nach **§ 136 Abs. 2 S. 2 Nr. 2** liegen städtebauliche Missstände (auch) dann vor, wenn ein **Gebiet in der Erfüllung der Aufgaben erheblich beeinträchtigt ist,** die ihm nach seiner Lage und Funktion obliegen. **§ 136 Abs. 3 Nr. 2** nennt beispielhaft hierbei in Betracht kommende Missstandsmerkmale. Für die Beurteilung kommt es – ausgehend vom Bestand – auf die derzeitige oder die zukünftige Funktion des Gebietes an. Im ersten Fall können sich Überschneidungen mit der Substanzschwächensanierung nach § 136 Abs. 3 Nr. 1 ergeben. Die Funktionen, die ein bestimmtes Gebiet zu erfüllen hat, ergeben sich vor allem aus der **städtebaulichen Planung** der Gemeinde. In Betracht kommen insbesondere die planerischen Absichten der Gemeinde, die sich aus der kommunalen Bauleitplanung oder einer kommunalen Entwicklungsplanung (vgl. § 1 Abs. 6 Nr. 11, § 171b Abs. 2) ergeben. Auch eine überört- 5

Reidt 1305

§ 171a II. Kapitel. III. Teil. Stadtumbau

liche Planung (zB die Raumordnung), soweit sie in die städtebauliche Planung umzusetzen ist (vgl. § 1 Abs. 4), kann die Funktion des Gebietes bestimmen. Erforderlich ist ein **Soll-Ist-Vergleich** zwischen dem Zustand des Gebietes und der ihm nach der städtebaulichen Planung obliegenden Funktion (→ im Einzelnen § 136 Rn. 18, s. auch *Möller,* Siedlungsrückbau in den neuen Ländern nach Stadtumbau- und Sanierungsrecht, 2006, 75 ff., 101 ff.). Zum Ausgleich von Funktionsverlusten sind nach S. 1 Anpassungen zur **Herstellung nachhaltiger städtebaulicher Strukturen** vorzunehmen (→ § 1 Rn. 45).

6 Hauptfall strukturbezogener Funktionsverluste (Rn. 2) liegt vor, wenn ein dauerhaftes **Überangebot an baulichen Anlagen** für bestimmte Nutzungen, „namentlich für Wohnzwecke", besteht oder zu erwarten ist. Mit Rücksicht auf eine akute Leerstandproblematik in einigen Landesteilen wird dieses strukturelle, vor allem aufgrund der vorhandenen demografischen und wirtschaftlichen Rahmendaten auf lange Sicht bestehende oder zu erwartende Überangebot für bestimmte Nutzungen besonders hervorgehoben, zumal der Wohnungsleerstand die städtebauliche Breitenwirkung der Veränderungen „sichtbar" macht. In anderen Landesteilen stehen gewerbliche Leerstände und sonstige Konversionsprobleme im Vordergrund. Die städtebaulichen Funktionsverluste müssen erheblich sein. Es muss also ein konkreter kommunaler Handlungsbedarf im Hinblick auf die zu erwartenden oder schon eingetretenen Folgewirkungen bestehen.

7 Der durch die Klimaschutznovelle eingefügte **klimaschutzbezogene Funktionsverlust** ist ebenfalls gebietsbezogen zu verstehen. Die allgemeinen Anforderungen an den Klimaschutz und die Klimaanpassung müssen daher gebietsbezogen nicht erfüllt sein. Die **quartierbezogenen** Anforderungen stehen dabei neben dem gebäudebezogenen Energiefachrecht. Rechnung getragen werden soll dabei, insbesondere im Bereich des Klimaanpassung, etwa zunehmender Hitze, Schwüle oder Dürre im Sommer, sowie Starkregen- und Hochwassergefahren und entsprechenden Schäden aufgrund zu starker Versiegelungen oder Überlastungen der technischen Infrastruktur (vgl. BT-Drs. 17/6076, 11; *Mitschang* in SU § 171a Rn. 1, 9). Vor allem bei Entsiegelungsmaßnahmen oÄ zur Schaffung von Frischluftschneisen oder Retentionsflächen bestehen hierbei Überschneidungen mit strukturellen Defiziten im Hinblick auf die Beseitigung von Überangeboten an baulichen Anlagen (*Krautzberger* DVBl. 2012, 69 (72)).

8 **4. Allgemeinwohl (Abs. 3 S. 1).** Stadtumbaumaßnahmen dienen dem **Wohl der Allgemeinheit (Abs. 3 S. 1).** Diese (programmatische) Bestimmung stuft die aus Gründen des öffentlichen Interesses konkret zulässigen Maßnahmen – wegen ihrer besonderen Bedeutung für die Gemeindeentwicklung und der gesamt-gesellschaftlichen Bedeutung des Stadtumbaus – als dem Gemeinwohl dienend ein. Die Bedeutung dieser Qualifizierung entspricht § 136 Abs. 4 S. 1 für die Sanierung (§ 136 Rn. 27).

9 **5. Ziele (Abs. 3 S. 2).** Die Zielsetzung von Stadtumbaumaßnahmen wird in **Abs. 3 S. 2** durch die Aufzählung von Beispielen und damit der hauptsächlichen Handlungsfelder weiter konkretisiert: Anpassung der Siedlungsstruktur an die Erfordernisse der Bevölkerung und Wirtschaft sowie an die allgemeinen Anforderungen an Klimaschutz und Klimaanpassung (S. 2 Nr. 1), Verbesserung der Wohn-, Arbeits- und Umweltverhältnisse (S. 2 Nr. 2), Stärkung innerstädtischer Bereiche (S. 2 Nr. 3), Nutzungsänderungen (S. 2 Nr. 4), Rückbau (S. 2 Nr. 5), nachhaltige, insbesondere dem Klimaschutz und der Klimaanpassung dienende städtebaulichen Entwicklung oder jedenfalls eine damit verträgliche Zwischennutzung brachliegender oder freigelegter Flächen (S. 2 Nr. 6) und nachhaltige Erhaltung der Altbaubestände (S. 2 Nr. 7). Die Reihenfolge drückt keine Wertigkeit der einzelnen Maßnahmen aus, sondern berücksichtigt die hauptsächlichen Handlungserfordernisse im Rahmen des Stadtumbaus, die sich aus dem in den Gebieten festzustellenden Anpassungsbedarf ergeben

können (s. hierzu auch *Mitschang* in SU § 171a Rn. 14ff.; *Krautzberger* in EZBK § 171a Rn. 28ff.).

Aus der Aufzählung der verschiedenen Erfordernisse des Stadtumbaus wird deutlich, 10 dass sich dieser – auch bei Leerständen – nicht im Rückbau, beispielsweise von Wohnungen, erschöpft. Vielmehr soll der gesamthafte Charakter der Stadtumbaumaßnahmen durch die beispielhafte Aufzählung der sonstigen städtebaulichen Erfordernisse aufgezeigt werden. Die konkreten Aufgaben ergeben sich aus der jeweiligen städtebaulichen Situation und dem planerischen Gesamtkonzept (§ 171b Abs. 2). Gerade die Leerstandsproblematik ist also vielfach der akute städtebauliche Anlass des Stadtumbaus. Er kann sich aber nicht mit dem Rückbau einzelner baulicher Anlagen begnügen. Es geht vielmehr um eine gebietsbezogene konzeptionelle Entwicklung, die insgesamt den Erfordernissen der Gebietsbewohner, aber auch den städtebaulichen Belangen, einschließlich des Klimaschutzes und der Ökologie, nachhaltig Rechnung tragen soll. Stadtumbaumaßnahmen iS des BauGB liegen daher nicht vor, wenn lediglich einzelne der in Abs. 3 S. 2 genannten Maßnahmen prägender Inhalt des städtebaulichen Vorhabens sind, sondern nur dann, wenn die städtebauliche Umstrukturierung als eine **städtebauliche Gesamtmaßnahme** und damit als planerisch gesteuerte Neuordnung des Stadtumbaugebietes beabsichtigt ist (*Krautzberger* in EZBK § 171a Rn. 12f.).

Abs. 3 enthält keine Ermächtigung für Eingriffe in **Rechte Dritter,** sondern aus- 11 schließlich eine Aufgabenbestimmung. Sollen einzelne Maßnahmen hoheitlich umgesetzt werden, bedarf es hierzu des Rückgriffs auf die jeweils einschlägigen Ermächtigungsgrundlagen des allgemeinen und besonderen Städtebaurechts, zB der (verbindlichen) Bebauungsplanung, der Bodenordnung und der städtebaulichen Gebote oder auch städtebaulicher Sanierungs- und Entwicklungsmaßnahmen. Wie sich aus § 171c ergibt, sollen beim Stadtumbau vertragliche Lösungen im Vordergrund stehen. Jedoch stehen der Gemeinde mit **§ 171d** auch hoheitliche Steuerungsmöglichkeiten zur Verfügung.

6. Rechtsschutz; Förderung; Überleitung. Rechtsschutzfragen stellen sich 12 beim Stadtumbau in erster Linie hinsichtlich der Planungs- und Durchführungsmaßnahmen nach den jeweiligen Bestimmungen des Allgemeinen oder Besonderen Städtebaurechts (Bebauungspläne; Sanierungsmaßnahmen; städtebauliche Verträge usw.). Spezielle Rechtsschutzfragen des Stadtumbaus stellen sich hinsichtlich der **städtebaulichen Entwicklungskonzepte** nach § 171b Abs. 2 und hinsichtlich der **Stadtumbausatzungen** nach § 171d (Satzung; Versagung einer Genehmigung; vgl. dazu jeweils die Erläuterungen zu den einzelnen Bestimmungen).

Zur **Förderung** von Stadtumbaumaßnahmen wird auf § 171b Abs. 4 iVm den 13 §§ 164a und 164b verwiesen.

Zur **Überleitung** wird auf § 245c Abs. 1 verwiesen. 14

§ 171b Stadtumbaugebiet, städtebauliches Entwicklungskonzept

(1) ¹**Die Gemeinde legt das Gebiet, in dem Stadtumbaumaßnahmen durchgeführt werden sollen, durch Beschluss als Stadtumbaugebiet fest.** ²**Es ist in seinem räumlichen Umfang so festzulegen, dass sich die Maßnahmen zweckmäßig durchführen lassen.**

(2) ¹**Grundlage für den Beschluss nach Absatz 1 ist ein von der Gemeinde aufzustellendes städtebauliches Entwicklungskonzept, in dem die Ziele und Maßnahmen (§ 171a Abs. 3) im Stadtumbaugebiet schriftlich darzustellen sind.** ²**Die öffentlichen und privaten Belange sind gegeneinander und untereinander gerecht abzuwägen.**

(3) **Die §§ 137 und 139 sind bei der Vorbereitung und Durchführung der Stadtumbaumaßnahmen entsprechend anzuwenden.**

§ 171b

(4) Die §§ 164a und 164b sind im Stadtumbaugebiet entsprechend anzuwenden.

Übersicht

	Rn.
1. Förmliche Festlegung des Gebietes (Abs. 1)	1
2. Städtebauliches Entwicklungskonzept (Abs. 2)	5
3. Beteiligungen (Abs. 3)	9
4. Förderung (Abs. 4)	10
5. Rechtsschutz	11

1 **1. Förmliche Festlegung des Gebietes (Abs. 1).** § 171b regelt die räumliche Abgrenzung von Stadtumbaumaßnahmen sowie ihre konzeptionellen und planerischen Grundlagen. Gemäß **Abs. 1 S. 1** ist das Gebiet durch Beschluss der Gemeinde als Stadtumbaugebiet festzulegen. Es ist dabei räumlich so zu begrenzen, dass sich die Maßnahmen zweckmäßig durchführen lassen **(Abs. 1 S. 2)**. Die Vorschrift ist § 142 Abs. 1 über die förmliche Festlegung eines Sanierungsgebietes nachgebildet (→ § 142 Rn. 2 und 9f.). Die Gebietsfestlegung ist gemäß **Abs. 2** eine planerische Entscheidung. Regelmäßig wird es so sein, dass das Gebiet über ein einzelnes Flurstück hinausgeht, aber andererseits nicht so groß ist, dass die zweckmäßige Durchführung in Frage gestellt wird (vgl. BVerwG Urt. v. 4.3.1999 – 4 C 8/98, NVwZ 1999, 1336 (1337f.); vgl. *Krautzberger* in EZBK § 171b Rn. 9; *Roeser* in BK § 171b Rn. 5f.).

2 Die Gebietsfestlegung erfolgt durch einen Beschluss der Gemeinde. Zuständig ist in der Regel nach Maßgabe der Gemeindeordnungen der Länder der Gemeinderat. Der Beschluss löst ein gemeindliches **Handlungsprogramm** für städtebauliche Maßnahmen (§ 171a Abs. 3 S. 2, § 171c, § 171d) aus und ist die Grundlage für Förderungen (Abs. 4). Der Beschluss bedarf allenfalls aufgrund der jeweiligen Landesrechts der **Veröffentlichung**; bundesrechtlich ist sie nicht vorgegeben. Die Gemeinde kann das Gebiet ganz oder teilweise gem. § 171d als Satzungsgebiet festlegen, um dadurch besondere Sicherungsinstrumente für den Stadtumbau anwenden zu können. Die Gemeinde kann für das Stadtumbaugebiet ganz oder teilweise kumulativ auch andere städtebauliche Maßnahmen durchführen. Dies gilt vor allem für die städtebauliche Sanierung (→ § 171a Rn. 3). Grundlage für eine solche Entscheidung wird regelmäßig das **städtebauliche Entwicklungskonzept** (Abs. 2) sein (→ zum Absehen von vorbereitenden Untersuchungen iS des § 141 Abs. 2, § 141 Rn. 8).

3 Der Beschluss bedarf keiner **Begründung**. Die Ziele und Zwecke der Maßnahme ergeben sich aus dem städtebaulichen Entwicklungskonzept (Abs. 2). Der Beschluss bedarf auch keiner **Umweltprüfung**.

4 Eine ausdrückliche Regelung über die **Beendigung** der Stadtumbaumaßnahme enthält das Gesetz nicht; für die Aufhebung ist § 171b daher entsprechend anzuwenden, d. h. es ist auf den jeweiligen Stand des städtebaulichen Entwicklungskonzepts (Abs. 2) abzustellen und ein entsprechender Beschluss zu fassen.

5 **2. Städtebauliches Entwicklungskonzept (Abs. 2).** Grundlage für die Gebietsfestlegung ist nach **Abs. 2 S. 1** ein von der Gemeinde aufzustellendes **städtebauliches Entwicklungskonzept**. Das städtebauliche Entwicklungskonzept ist iS des § 1 Abs. 6 Nr. 11 eine von der Gemeinde beschlossene Planung („informelle Planung"), die – über eine städtebauliche Rahmenplanung hinausgehend – auch ein Maßnahmenkonzept enthält (→ entsprechend zum städtebaulichen Sanierungskonzept § 140 Rn. 3 und § 1 Rn. 83). Dieses hat sich insbesondere an den Zielsetzungen des § 171a Abs. 3 S. 2 zu orientieren.

6 Das städtebauliche Entwicklungskonzept muss von der Gemeinde **beschlossen** werden. Hierfür ist ebenso wie über den Beschluss zum Stadtumbaugebiet (Rn. 2) in der Regel der Gemeinderat zuständig. Die zuvor durchzuführenden Beteiligungs-

III. Teil. Stadtumbau **§ 171b**

schritte ergeben sich aus Abs. 3 (Rn. 9). In materieller Hinsicht bestimmt Abs. 2 S. 2, dass für das Entwicklungskonzept eine planerische **Abwägung** stattzufinden hat (→ sinngemäß § 136 Rn. 34 zu § 136 Abs. 4 S. 3). Das Entwicklungskonzept ist dann seinerseits Gegenstand der planerischen Abwägung bei der Aufstellung von Bauleitplänen (§ 1 Abs. 7 iVm Abs. 6 Nr. 11). Es ist zudem Grundlage für die Gebietsfestlegung (Abs. 1) und die weitere Durchführung des Stadtumbaus einschließlich der Förderung nach Abs. 4 iVm den §§ 164a und 164b (→ zu Fragen des Rechtsschutzes bei einer unzureichenden Abwägung oder sonstigen Mängeln Rn. 11 f.).

Aufgabe des Entwicklungskonzeptes ist es auch, die Notwendigkeit ergänzender 7 städtebaulicher Maßnahmen zu prüfen (Rn. 2) und sich mit der bestehenden und. sich ggf. verändernden planungsrechtlichen Situation auseinanderzusetzen (zB mit dem Hineinwachsen in den Außenbereich infolge des Rückbaus am Stadtrand oder mit der Korrektur bestehenden Baurechts nach den §§ 30 oder 34).

Abs. 2 S. 1 bestimmen weiterhin, dass das städtebauliche Entwicklungskonzept die 8 Ziele und Maßnahmen im Sinne von § 171a Abs. 3 BauGB **schriftlich** (Wort, zeichnerische Darstellung) darzustellen hat. In der Regel unverzichtbar ist hierfür als fachliche Grundlage eine hinreichend belastbare Bestandsaufnahme (vgl. *Mitschang* in SU § 171b Rn. 8.2). Besondere formelle Anforderungen bestehen insofern nicht. Das Konzept hat allerdings u. a. die Funktion, den Beschluss, in einem bestimmten Gebiet Stadtumbaumaßnahmen durchzuführen, zu rechtfertigen und zu begründen (→ Rn. 6). Daraus leitet sich die Notwendigkeit ab, die Ziele und Maßnahmen in einer Weise **darzustellen** und zu **dokumentieren,** bei der erkennbar wird, was mit den Stadtumbaumaßnahmen gebietsbezogen erreicht werden kann und soll und welche Maßnahmen dafür vorgesehen sind. Ebenfalls bedarf es einer zumindest überschlägigen Prüfung durch die Gemeinde, ob die vorgesehenen Maßnahmen umsetzbar und finanzierbar sind oder ob die Durchführung der Maßnahmen absehbar an tatsächlichen oder rechtlichen Hindernissen scheitern wird (→ zur notwendigen Abwägung Rn. 6).

3. Beteiligungen (Abs. 3). Nach **Abs. 3** sind bei der Vorbereitung und Durch- 9 führung entsprechend dem Sanierungsrecht die Betroffenen **(§ 137)** und die Behörden sowie sonstige Träger öffentlicher Belange **(§ 139)** zu beteiligen. Die Beteiligung erstreckt sich sowohl auf die Festlegung des Gebietes als auch auf das städtebauliche Entwicklungskonzept und die Durchführung der einzelnen Maßnahmen des Stadtumbaus. Dies gilt ebenfalls für den Erlass einer Satzung nach § 171d.

4. Förderung (Abs. 4). Nach **Abs. 4** gelten die Vorschriften über die Städtebau- 10 förderung **(§§ 164a und 164b)** in den festgelegten Stadtumbaugebieten entsprechend (vgl. im Einzelnen die Erläuterungen zu den §§ 164a, 164b; ebenfalls *Spangenberger* UPR 2011, 180ff.; *Mitschang*, Ökonomische Aspekte des Stadtumbaus, in Danielzyk/Dittrich-Wesbuer/Osterhage, Die finanzielle Seite der Raumentwicklung: Auf dem Weg zu effizienten Siedlungsstrukturen, 2010, 143ff.).

5. Rechtsschutz. Die **förmliche Festlegung** als Stadtumbaugebiet löst für die 11 Eigentümer und sonstigen Beteiligten Mitwirkungsrechte und -pflichten nach den §§ 171b Abs. 3, 137, 139 aus. Unmittelbare bodenrechtliche Wirkungen treten hingegen nicht ein. Der Beschluss ist rechtlich daher auch **nicht unmittelbar angreifbar;** er ist keine Rechtsnorm. Entsprechendes gilt für das **städtebauliche Entwicklungskonzept.**

Der Beschluss kann aber als **Vorfrage** für die Rechtmäßigkeit einer Satzung nach 12 § 171d in einem Normenkontrollverfahren gegen die betreffende Satzung oder inzidenter bei einer Anfechtung einer nach § 171d ergangenen Entscheidung überprüft werden (zur Normenkontrolle bei Bebauungsplänen → § 10 Rn. 13 ff.). Die Rechtmäßigkeit des Beschlusses kann ebenfalls für die Förderung nach Abs. 4 von Bedeutung sein. Dabei ist inhaltlich entscheidend auf das städtebauliche Entwicklungskon-

Reidt

§ 171c II. Kapitel. III. Teil. Stadtumbau

zept nach Abs. 2 abzustellen, weil der Beschluss gemäß Abs. 1 den Inhalt des städtebaulichen Entwicklungskonzeptes umsetzt. Weicht er hiervon ab, kann dies – neben förderrechtlichen Folgen – die Rechtmäßigkeit der Satzung nach § 171d in Frage stellen.

§ 171c Stadtumbauvertrag

¹Die Gemeinde soll soweit erforderlich zur Umsetzung ihres städtebaulichen Entwicklungskonzeptes die Möglichkeit nutzen, Stadtumbaumaßnahmen auf der Grundlage von städtebaulichen Verträgen im Sinne des § 11 insbesondere mit den beteiligten Eigentümern durchzuführen. ²Gegenstände der Verträge können insbesondere auch sein
1. die Durchführung des Rückbaus oder der Anpassung baulicher Anlagen innerhalb einer bestimmten Frist und die Kostentragung dafür;
2. der Verzicht auf die Ausübung von Ansprüchen nach den §§ 39 bis 44;
3. der Ausgleich von Lasten zwischen den beteiligten Eigentümern.

Übersicht

Rn.
1. Stadtumbauverträge (S. 1) 1
2. Vertragsgegenstände (S. 2) 4

1 **1. Stadtumbauverträge (S. 1).** § 171c behandelt den Stadtumbauvertrag als besondere Ausprägung der städtebaulichen Verträge im Sinne des **§ 11**. Die Vorschrift unterstreicht die Bedeutung des konsensualen Zusammenwirkens bei Stadtumbaumaßnahmen. Gemäß S. 1 soll die Gemeinde die Möglichkeit nutzen, Stadtumbauverträge insbesondere mit den Eigentümern abzuschließen. Die Formulierung erfasst die Fälle in denen dies zur Zielerreichung erforderlich und zudem ausreichend ist. Rechtsansprüche werden durch die Regelung hingegen nicht begründet. Die Gemeinde muss sich insbesondere nicht auf eine ungewisse oder nicht hinreichend abgesicherte Zielerreichung einlassen (→ zu den Sicherungsmöglichkeiten in städtebaulichen Verträgen § 11 Rn. 64ff.). Die Regelung ist im Hinblick auf die Verzahnung mit dem Stadtumbaurecht eine ausführliche und beispielhafte Konkretisierung dessen, was sich aus **§ 11 Abs. 1 S. 2** – Verträge zur Vorbereitung und Durchführung städtebaulicher Maßnahmen, zur Absicherung der Planungen oder zur Kostenübernahme – bereits unmittelbar ergibt (→ § 11 Rn. 12ff.; s. auch *Krautzberger* DVBl. 2012, 69 (73)). Auch ein Vorrang vertraglicher Gestaltungen gegenüber anderen Instrumenten des BauGB ist damit ebenso wenig verbunden wie ein „Kontrahierungszwang". Jedoch enthält die Vorschrift – und insoweit geht sie über § 11 hinaus – ein „Leitbild" für die Ausgestaltung von Stadtumbaumaßnahmen, nach dem die Gemeinde im Sinne eines konsensualen, hoheitliche Instrumente vermeidenden Vorgehens die Möglichkeiten einer vertraglichen Einigung ausloten soll, zB im Rahmen der Beteiligung an der Aufstellung des städtebaulichen Entwicklungskonzeptes (s. § 171b Abs. 2). Verträge mit den in § 171c beispielhaft genannten Inhalten können **auch außerhalb** von Stadtumbaugebieten abgeschlossen werden. Die allgemeinen Anforderungen an städtebauliche Verträge sind stets zu beachten (→ Rn. 10).

2 Stadtumbauverträge kommen insbesondere zwischen der Gemeinde und den **Eigentümern** in Betracht. Darüber hinaus können Stadtumbauverträge aber auch mit Mietern und Pächtern sowie mit Unternehmen geschlossen werden. Verträge zwischen Eigentümern (vgl. § 171c S. 2 Nr. 3) oder Eigentümern oder Unternehmen und einzelnen Mietern oder Pächtern (zB im Rahmen eines Sozialplans des Veranlassers, § 180 Abs. 3) sind ebenfalls möglich.

III. Teil. Stadtumbau **§ 171c**

Ob die Verträge **öffentlich-rechtlicher** oder **privat-rechtlicher Natur** sind, 3
bestimmt sich nach dem jeweiligen Gegenstand des Vertrages (→ § 11 Rn. 9). Als öffentlich-rechtlich ist zB ein Rückbauvertrag (auch vor dem Hintergrund der Vermeidung sonstiger hoheitlicher Maßnahmen) zu werten, als privat-rechtlich dagegen der Tauschvertrag zwischen Eigentümern oder die Ersatzlandbereitstellung durch die Gemeinde (vgl. vertiefend und mit Fallgruppen *Krautzberger* in EZBK § 11 Rn. 186 ff.).

2. Vertragsgegenstände (S. 2). Als Gegenstand von Stadtumbauverträgen sind 4
in **S. 2** beispielhaft der Rückbau und die Anpassung baulicher Anlagen einschließlich der Kostentragung hierfür genannt (**S. 2 Nr. 1;** s. zur Kostentragung auch § 11 Rn. 36 und 54 ff.). Ferner wird der Verzicht auf die Ausübung von möglichen Ansprüchen nach den §§ 39 bis 44 (dem sog. „Planungsschaden") als möglicher vertraglicher Regelungsgegenstand ausdrücklich genannt **(S. 2 Nr. 2).** Ein solcher Vertragsinhalt wird oftmals dann unerlässlich sein, wenn freigelegte Grundstücke, also zumeist nach einem vereinbarten Rückbau gemäß S. 2 Nr. 1, einer anderweitigen Nutzung zugeführt werden sollen. Als weiterer Vertragsgegenstand wird auch der Ausgleich von Lasten zwischen den Eigentümern genannt **(S. 2 Nr. 3),** weil diese in unterschiedlichem Umfang von Rückbaumaßnahmen betroffen sein können.

S. 2 Nr. 1 betrifft den vor allem für den **strukturbezogenen Stadtumbau** (Vorb. 5
§§ 171 a–171 d Rn. 2) zentralen Bereich des **Rückbaus.** Durch Vertrag kann insbesondere die Verpflichtung des Eigentümers zum Rückbau innerhalb Frist bestimmt werden. In dem Vertrag oder in ergänzenden Vereinbarungen kann zudem die konkrete Ausgestaltung (zB Mieterumzug) und die Kostentragung einschließlich der evtl. Förderung geregelt werden (*Krautzberger* DVBl. 2012, 69 (73). Dabei sind auch die Besonderheiten für Leitungen und für die sonstige betroffene Infrastruktur zu berücksichtigen. Die Kosten des Rückbaus trägt in der Regel der Eigentümer. **Förderungen** sind städtebaulich begründet, wenn sie der Durchsetzung eines vom Allgemeinwohl geforderten Rückbaus dienen (vgl. § 171 a Abs. 3 S. 1): Sog. „Ohnehin"-Kosten kommen dafür nicht in Betracht. Die Vorschrift begründet auch keinen Rechtsanspruch auf Förderung.

Der Rückbau kann daneben auch für den **klimaschutzbezogenen Stadtum-** 6
bau (→ Vorb. §§ 171 a–171 d Rn. 2) von Bedeutung sein. Für diesen ist Abs. 2 Nr. 1 durch die Klimaschutznovelle um die ausdrückliche Benennung der Anpassung baulicher Anlagen ergänzt worden. Obgleich die Aufzählung in S. 2 ohnehin nur beispielhaft ist, verdeutlicht dies, dass vor allem beim klimaschutzbezogenen Stadtumbau nicht nur der Rückbau baulicher Anlagen, sondern auch deren Anpassungen an die Erfordernisse einer klimagerechten Stadtentwicklung erhebliche Bedeutung haben kann, etwa wenn es um die Wärme- oder Kälteversorgung in Stadtquartieren, die Errichtung und gemeinsame Nutzung von Anlagen und Einrichtungen zur gebäudeübergreifenden Strom- oder Wärmeversorgung oÄ geht (→ § 171 a Rn. 7).

Nach **S. 2 Nr. 2** kann auch der **Verzicht auf die Ausübung von Ansprüchen** 7
nach den §§ 39 bis 44 BauGB Gegenstand eines Stadtumbauvertrages sein. Die Vorschrift verdeutlicht den Zusammenhang zwischen dem Rückbau und einer von der Gemeinde vorzunehmenden Überplanung der betroffenen Fläche. Für das Rückbaugrundstück kann zB ein Baurecht nach den §§ 30 oder 34 bestehen, das die Gemeinde durch Neuplanung aufheben, ändern oder einschränken will. Hierfür kann und soll, auch zur Vermeidung von Rechtsunsicherheiten zwischen den Beteiligten und zur Vermeidung von Streitigkeiten, ein etwaiger wirtschaftlicher Ausgleich nach Möglichkeit abschließend auf vertraglicher Ebene gefunden werden. Dies schließt den Lastenausgleich zwischen den beteiligten Eigentümern (Rn. 8), aber auch etwaige Fördermaßnahmen mit ein. Dieser vertragliche Interessenausgleich würde verzerrt, wenn ein Grundstückseigentümer darüber hinausgehend aufgrund planerischer Entscheidungen der Gemeinde, die sein Grundstück betreffen, noch Ansprüche nach den §§ 39–44 geltend machen könnte.

§ 171d

8 Auch der **Ausgleich von Lasten** zwischen den beteiligten Eigentümern kann Gegenstand eines Stadtumbauvertrages sein **(S. 2 Nr. 3)**. Die Regelung geht von der Vorstellung aus, dass es insbesondere beim Rückbau von leer stehenden Wohnungen zu einer Verschiebung wohnungswirtschaftlicher Vor- und Nachteile kommen kann. Diejenigen Grundstückseigentümer, die sich etwa zum Rückbau von Wohnungsbeständen oder zur Bereitstellung von Flächen für den klimaschutzbezogenen Stadtumbau (zB für die Wärmeversorgung oder zur Schaffung von Frischluftschneisen, Retentionsflächen oÄ) entschließen, sollen hierdurch im Vergleich zu denjenigen Grundeigentümern, die dadurch Vorteile erlangen, einen Nachteilsausgleich erhalten. Zu einer im Gesetzgebungsverfahren des EAG Bau 2004 erörterten gesetzlichen Regelung eines „Lastenausgleichs" ist es nicht gekommen (vgl. *Fieseler* in Krautzberger, Städtebauförderungsrecht, § 171c Rn. 6). Im Hinblick auf die Betroffenheit zB der kommunalen Infrastruktur oder wegen Förderungen kann es auch bei diesem Regelungsgegenstand sinnvoll oder sogar notwendig sein, die Gemeinde in den Vertrag einzubeziehen.

9 Die in **S. 2** genannten Gegenstände von Stadtumbauverträgen sind **nicht abschließend** (vgl. weitere Beispiele bei *Fieseler*, aaO, Rn. 7f.). Zu denken ist etwa auch an Verträge über Zwischennutzungen oder Verträge mit Versorgungsunternehmen.

10 Da es sich bei Stadtumbauverträgen um Verträge im Sinne des § 11 handelt, gelten die dafür bestehenden Anforderungen uneingeschränkt auch hier. Dies gilt sowohl für die formelle Anforderungen (→ § 11 Rn. 83f.) als auch für die Anforderungen an den zulässigen Inhalt, insbesondere im Hinblick auf das Koppelungsverbot und die Angemessenheit (→ § 11 Rn. 73f. und 75ff.).

§ 171d Sicherung von Durchführungsmaßnahmen

(1) ¹Die Gemeinde kann durch Satzung ein Gebiet bezeichnen, das ein festgelegtes Stadtumbaugebiet (§ 171b Abs. 1) oder Teile davon umfasst und in dem zur Sicherung und sozialverträglichen Durchführung von Stadtbaumaßnahmen die in § 14 Abs. 1 bezeichneten Vorhaben und sonstigen Maßnahmen der Genehmigung bedürfen. ²Auf die Satzung ist § 16 Absatz 2 entsprechend anzuwenden.

(2) Ist der Beschluss über die Aufstellung einer Satzung nach Absatz 1 gefasst und ortsüblich bekannt gemacht, ist § 15 Abs. 1 auf die Durchführung der Vorhaben und Maßnahmen im Sinne von Absatz 1 entsprechend anzuwenden.

(3) ¹In den Fällen des Absatzes 1 darf die Genehmigung nur versagt werden, um einen den städtebaulichen und sozialen Belangen Rechnung tragenden Ablauf der Stadtumbaumaßnahmen auf der Grundlage des von der Gemeinde aufgestellten städtebaulichen Entwicklungskonzeptes (§ 171b Abs. 2) oder eines Sozialplans (§ 180) zu sichern. ²Die Genehmigung ist zu erteilen, wenn auch unter Berücksichtigung des Allgemeinwohls ein Absehen von dem Vorhaben oder der Maßnahme wirtschaftlich nicht zumutbar ist.

(4) Die §§ 138, 173 und 174 sind im Gebiet der Satzung nach Absatz 1 entsprechend anzuwenden.

Übersicht

	Rn.
1. Satzung, genehmigungspflichtige Vorhaben (Abs. 1)	1
2. Zurückstellung von Vorhaben (Abs. 2)	4

III. Teil. Stadtumbau § 171d

Rn.
3. Versagungsgründe (Abs. 3) 5
4. Auskunftspflicht, Übernahmeanspruch, Ausnahmen (Abs. 4) 8
5. Vorkaufsrecht, Enteignung 10
6. Rechtsschutz 11

1. Satzung, genehmigungspflichtige Vorhaben (Abs. 1). Allein die Festle- 1
gung eines Stadtumbaugebietes nach § 171b begründet noch keine besonderen Eingriffsrechte der Gemeinde. Soweit die Gemeinde den Stadtumbauprozess mit durchsetzungsorientierten Instrumenten begleiten will, stehen ihr – bei Vorliegen der jeweiligen Voraussetzungen – die sonstigen Verfahren und Instrumente des Städtebaurechts zur Verfügung, in erster Linie die städtebauliche Sanierung. Abs. 1 S. 1 führt zur Sicherung von Stadtumbaumaßnahmen darüber hinaus ein **eigenständiges städtebauliches Instrumentarium** ein. Es soll der Gemeinde die Möglichkeit geben, innerhalb des (aufgrund eines einfachen Beschlusses, → § 171b Rn. 2) festgelegten Stadtumbaugebietes durch Satzung eine Genehmigungspflicht für die Durchführung von Vorhaben und Maßnahmen im Sinne des § 14 Abs. 1 zu begründen. Die Satzungsermächtigung ist insbesondere für den Fall gedacht, dass einvernehmliche Regelungen mit den Beteiligten im Wege von Stadtumbauverträgen (§ 171c) nicht in ausreichendem Umfang getroffen werden können und nach Einschätzung der Gemeinde die Gefahr besteht, dass Maßnahmen – wie zB ein Rückbau, eine bauliche Verdichtung oder eine Bestandsaufwertung (Modernisierung) an falscher Stelle oder zur falschen Zeit – durchgeführt werden könnten, so dass die Verwirklichung des Stadtentwicklungskonzeptes oder auch eines Sozialplans in Frage gestellt ist. Dies gilt für den strukturbezogenen Stadtumbau in gleicher Weise wie beim klimaschutzbezogenen Stadtumbau im Hinblick auf eine klimagerechte Stadtentwicklung (→ Vorb. §§ 171a–171d Rn. 2; *Mitschang* in SU § 171d Rn. 4ff.). In ihren Rechtswirkungen und regelungstechnisch ist die Vorschrift der sog. Umstrukturierungssatzung nach § 172 Abs. 1 S. 1 Nr. 3 BauGB nachgebildet (RegE, BT-Drs. 15/2550, 61). Der **Sicherungszweck,** der mit der Satzung verfolgt wird, ergibt sich aus **Abs. 3 S. 1:** Der Genehmigungsvorbehalt, der durch die Satzung begründet wird, soll die Stadtbaumaßnahmen und ihre sozialverträgliche Durchführung sichern.

Zu den Anforderungen an den **Erlass der Satzung** nach Abs. 1 S. 1 wird auf die 2
Erläuterungen zur Erhaltungssatzung verwiesen, insbesondere was die Vorbereitung, Begründung und das Inkrafttreten betrifft (→ § 172 Rn. 21–36). Für das Inkrafttreten durch ortsübliche Bekanntmachung gilt gem. Abs. 1 S. 2 § 16 Abs. 2 entsprechend. Das Satzungsgebiet kann, muss aber nicht das ganze Stadtumbaugebiet nach § 171b Abs. 2 umfassen (Abs. 1). Es darf allerdings nicht über das Stadtumbaugebiet hinausgehen. Ist aus Sicht der Gemeinde eine Ausweitung des Satzungsgebietes über das (bisherige) Stadtumbaugebiet hinaus erforderlich, müssen zunächst das Entwicklungskonzept und der räumliche Umgriff des Stadtumbaugebietes gem. § 171b entsprechend geändert werden. Dies kann ebenso wie die erstmalige Festlegung des Stadtumbaugebietes gem. § 171b Abs. 1 in derselben Sitzung des Gemeinderates geschehen.

Nach Abs. 1 bedürfen im Satzungsgebiet die in § 14 Abs. 1 bezeichneten Vorhaben 3
der **Genehmigung.** Dies betrifft Vorhaben im Sinne des § 29 einschließlich der Beseitigung baulicher Anlagen sowie sonstige erhebliche oder wertsteigernde Veränderungen. Dieses **bundesrechtliche** Genehmigungserfordernis besteht unabhängig davon, ob das betreffende Vorhaben nach Maßgabe der einschlägigen Landesbauordnung einer Baugenehmigung bedarf oder nicht (→ § 172 Rn. 5–9, § 14 Rn. 13ff.).

2. Zurückstellung von Vorhaben (Abs. 2). Die Ermächtigung des **Abs. 2** ist 4
dem Recht der Erhaltungssatzung (§ 172 Abs. 2) nachgebildet (→ § 172 Rn. 37). Die Gemeinde hat danach ab dem Beschluss über die Aufstellung einer Satzung nach

Reidt 1313

§ 171d

Abs. 1 und der ortsüblichen Bekanntgabe des Beschlusses (→ Rn. 2) die Möglichkeit der Zurückstellung bzw. vorläufigen Untersagung von Vorhaben entsprechend § 15 Abs. 1.

5 **3. Versagungsgründe (Abs. 3). Abs. 3** regelt die Versagungsgründe. Auch diese Vorschrift ist dem Recht der Erhaltungssatzung (Umstrukturierungssatzung) nachgebildet (vgl. § 172 Abs. 5; → zur Genehmigung allgemein § 172 Rn. 38f.). Besteht ein Rechtsanspruch auf Genehmigung, weil insbes. das Bauordnungsrecht und die §§ 29ff. dem Vorhaben nicht entgegen stehen, darf die Genehmigung nach **Abs. 3 S. 1** nur versagt werden, um einen den städtebaulichen und sozialen Belangen Rechnung tragenden Ablauf der Stadtumbaumaßnahmen auf der Grundlage des von der Gemeinde aufgestellten **städtebaulichen Entwicklungskonzeptes** (§ 171b Abs. 2) oder eines **Sozialplans (§ 180)** zu sichern (zum Stadtentwicklungskonzept vgl. die Erläuterungen zu § 171b sowie § 1 Abs. 6 Nr. 11; zum Sozialplan vgl. die Erläuterungen zu § 180 Abs. 1 bis 3).

6 Das Gesetz hebt ausdrücklich darauf ab, dass die Sicherung des § 171d dem Ablauf der Stadtumbaumaßnahmen hinsichtlich der **städtebaulichen und sozialen Belange** dient. Die Sicherung städtebaulicher Belange entspricht dem städtebaulichen Anliegen der Stadtumbaumaßnahmen nach § 171a. Die sozialen Belange beziehen sich auf die sozial nachteiligen Auswirkungen, die mit dem Stadtumbau gebietsbezogen verbunden sind und denen durch einen Sozialplan Rechnung getragen werden soll (vgl. § 180 Abs. 2).

7 Die Genehmigung ist trotz des Vorliegens von Versagungsgründen nach S. 1 gemäß **Abs. 3 S. 2** zu erteilen, wenn auch unter Berücksichtigung des Allgemeinwohls ein Absehen von dem Vorhaben oder der Maßnahme **wirtschaftlich nicht zumutbar** ist. Auch diese Regelung ist der Umstrukturierungssatzung nachgebildet (§ 172 Abs. 5 S. 3 iVm Abs. 4 S. 2; → § 172 Rn. 50). Wie bei § 172 ist die Prüfung der wirtschaftlichen Zumutbarkeit **objektbezogen** vorzunehmen.

8 **4. Auskunftspflicht, Übernahmeanspruch, Ausnahmen (Abs. 4). Abs. 4** stellt die Satzung nach § 172d der Umstrukturierungssatzung auch hinsichtlich des Genehmigungsverfahrens sowie bestimmter Ausnahmen gleich. Die **§§ 173** und **174** sind dafür entsprechend anzuwenden. Für den Übernahmeanspruch (§ 173 Abs. 2) ist allerdings wegen des Genehmigungsanspruchs (Rn. 7) von vornherein kein Raum (*Roeser* in BK § 171d Rn. 23).

9 Im Recht des Stadtumbaus ist ebenso wenig wie bei der Erhaltungssatzung eine Auskunftspflicht geregelt. Daher verweist Abs. 4 insofern auf **§ 138,** also die diesbezügliche Regelung im Recht der städtebaulichen Sanierung. Auf die dortigen Erläuterungen wird verwiesen.

10 **5. Vorkaufsrecht, Enteignung.** Darüber hinaus regelt § 24 Abs. 1 Nr. 4 für den Geltungsbereich der Stadtumbausatzung ein gesetzliches Vorkaufsrecht der Gemeinde (→ § 24 Rn. 1ff.). § 85 Abs. 1 Nr. 7 enthält für den Satzungsbereich einen Enteignungstatbestand (→ § 85 Rn. 8).

11 **6. Rechtsschutz.** Zum **Rechtsschutz** gegen die Satzung nach § 171d wird auf § 172 Rn. 66 verwiesen. Bei rechtswidriger Versagung der Genehmigung nach Abs. 3 kann deren Erteilung mit den Möglichkeiten der Verpflichtungsklage nach Maßgabe der Verwaltungsgerichtsordnung, ggf. nach vorhergehendem Widerspruch, klageweise geltend gemacht werden (→ in diesem Zusammenhang auch § 172 Rn. 29). Die Wirksamkeit der Satzung ist zudem Voraussetzung für ein darauf gestütztes Vorkaufsrecht oder eine Enteignung (→ Rn. 10).

Vierter Teil. Soziale Stadt

§ 171e Maßnahmen der Sozialen Stadt

(1) Städtebauliche Maßnahmen der Sozialen Stadt in Stadt- und Ortsteilen, deren einheitliche und zügige Durchführung im öffentlichen Interesse liegen, können auch anstelle von oder ergänzend zu sonstigen Maßnahmen nach diesem Gesetzbuch nach den Vorschriften dieses Teils durchgeführt werden.

(2) ¹Städtebauliche Maßnahmen der Sozialen Stadt sind Maßnahmen zur Stabilisierung und Aufwertung von durch soziale Missstände benachteiligten Ortsteilen oder anderen Teilen des Gemeindegebiets, in denen ein besonderer Entwicklungsbedarf besteht. ²Soziale Missstände liegen insbesondere vor, wenn ein Gebiet auf Grund der Zusammensetzung und wirtschaftlichen Situation der darin lebenden und arbeitenden Menschen erheblich benachteiligt ist. ³Ein besonderer Entwicklungsbedarf liegt insbesondere vor, wenn es sich um benachteiligte innerstädtische oder innenstadtnah gelegene Gebiete oder verdichtete Wohn- und Mischgebiete handelt, in denen es einer aufeinander abgestimmten Bündelung von investiven und sonstigen Maßnahmen bedarf.

(3) ¹Die Gemeinde legt das Gebiet, in dem die Maßnahmen durchgeführt werden sollen, durch Beschluss fest. ²Es ist in seinem räumlichen Umfang so festzulegen, dass sich die Maßnahmen zweckmäßig durchführen lassen.

(4) ¹Grundlage für den Beschluss nach Absatz 3 ist ein von der Gemeinde unter Beteiligung der Betroffenen (§ 137) und der öffentlichen Aufgabenträger (§ 139) aufzustellendes Entwicklungskonzept, in dem die Ziele und Maßnahmen schriftlich darzustellen sind. ²Das Entwicklungskonzept soll insbesondere Maßnahmen enthalten, die der Verbesserung der Wohn- und Arbeitsverhältnisse sowie der Schaffung und Erhaltung sozial stabiler Bewohnerstrukturen dienen.

(5) ¹Bei der Erstellung des Entwicklungskonzeptes und bei seiner Umsetzung sollen die Beteiligten in geeigneter Form einbezogen und zur Mitwirkung angeregt werden. ²Die Gemeinde soll die Beteiligten im Rahmen des Möglichen fortlaufend beraten und unterstützen. ³Dazu kann im Zusammenwirken von Gemeinde und Beteiligten eine Koordinierungsstelle eingerichtet werden. ⁴Soweit erforderlich, soll die Gemeinde zur Verwirklichung und zur Förderung der mit dem Entwicklungskonzept verfolgten Ziele sowie zur Übernahme von Kosten mit den Eigentümern und sonstigen Maßnahmenträgern städtebauliche Verträge schließen.

(6) ¹Die §§ 164a und 164b sind im Gebiet nach Absatz 3 entsprechend anzuwenden. ²Dabei ist § 164a Abs. 1 Satz 2 über den Einsatz von Finanzierungs- und Fördermitteln auf Grund anderer gesetzlicher Grundlage insbesondere auch auf sonstige Maßnahmen im Sinne des Absatzes 2 Satz 3 anzuwenden.

Übersicht

	Rn.
A. Vorbemerkungen	1
I. Entstehungsgeschichte	1
1. Bundesrechtliche Anknüpfungspunkte	1
2. Vorlaufende Länderprogramme	2

§ 171e II. Kapitel. IV. Teil. Soziale Stadt

	Rn.
3. Gemeinschaftsinitiative „Soziale Stadt" der ARGEBAU	3
4. Städtebauförderungsprogramm „Soziale Stadt – Investitionen im Quartier"	4
II. Struktur der Regelung	5
1. Besonderer Entwicklungsbedarf	6
2. Besonderer Handlungsbedarf	7
3. Besonderer Mitwirkungsbedarf	8
B. Regelungsinhalte	9
I. Städtebauliche Gesamtmaßnahme (Abs. 1)	9
1. Gebietsbezug	10
2. Einheitliche und zügige Durchführung	11
3. Verhältnis zu anderen baurechtlichen Vorschriften	14
II. Begriff der Maßnahmen der Sozialen Stadt (Abs. 2)	15
1. Investive und sonstige Maßnahmen (S. 1)	15
2. Soziale Missstände (S. 2)	16
3. Gebietstypologie (S. 3)	17
4. Besonderer Entwicklungsbedarf des Gebietes (S. 3)	18
III. Förmliche Festlegung des Gebietes (Abs. 3)	19
1. Beschluss	19
2. Gebietsumfang	21
IV. Entwicklungskonzept (Abs. 4)	22
1. Mitwirkung der Beteiligten (S. 1)	22
2. Inhalte des Entwicklungskonzeptes (S. 2)	23
3. Fortschreibungsfähigkeit und -notwendigkeit	24
V. Integrierter Ansatz (Abs. 5)	25
1. Anregung zur Mitwirkung (S. 1)	25
2. Beratung und Unterstützung (S. 2)	26
3. Koordinierungsstelle (S. 3)	27
4. Städtebaulicher Vertrag (S. 4)	28
VI. Förderung (Abs. 6)	29
1. Entsprechende Anwendung der §§ 164a und 164b (S. 1)	29
2. Stärkung der Bündelung (S. 2)	30

A. Vorbemerkungen

I. Entstehungsgeschichte

1 **1. Bundesrechtliche Anknüpfungspunkte.** Im Städtebaurecht geht es nicht allein um das Bauen, seine planerische Vorbereitung oder Finanzierung, sondern, wie u. a. § 1 Abs. 5 deutlich macht, auch um eine **nachhaltige städtebauliche Entwicklung, die die sozialen, wirtschaftlichen, umwelt- und klimaschützenden Anforderungen miteinander in Einklang bringt.** Dementsprechend sind nach § 1 Abs. 6 bei der Aufstellung von Bauleitplänen insbesondere die allgemeinen Anforderungen an gesunde Wohn- und Arbeitsverhältnisse sowie die sozialen und kulturellen Bedürfnisse der Bevölkerung, aber auch die Belange der Wirtschaft und einer verbrauchernahen Versorgung der Bevölkerung zu berücksichtigen. Das bestandsbezogene **Sanierungsrecht** verfolgt gemäß § 136 Abs. 2 ebenfalls das Ziel gesunder Wohn- und Arbeitsverhältnisse sowie nach Abs. 3 das Ziel einer Verbesserung der wirtschaftlichen Situation und Entwicklungsfähigkeit des Gebietes. Nach § 180 ist gegebenenfalls ein **Sozialplan** zur Vermeidung oder Milderung nachteiliger Auswirkungen von Bebauungsplänen oder Sanierungsmaßnahmen aufzustellen. Die §§ 164a und 164b ermöglichen die finanzielle Förderung solcher Maßnahmen. Bei

IV. Teil. Soziale Stadt § 171e

der **Erhaltungssatzung** nach § 172 kann es darum gehen, die Zusammensetzung der Wohnbevölkerung aus besonderen städtebaulichen Gründen (§ 172 Abs. 4 S. 1) zu erhalten. Der mit dem **EAG Bau** eingefügte § 171 e verfolgt also Ziele, die dem Allgemeinen und dem Besonderen Städtebaurecht auch ansonsten nicht fremd sind. Der integrierte Ansatz und die Mitwirkung anderer Stellen sowie der Bürger gehören ebenfalls u. a. zum Grundbestand der gesetzlichen Regelung der Sanierung. Er erhält jedoch in § 171 e eine eigenständige Ausprägung und Bedeutung. Ziel ist „insbesondere die Verankerung geeigneter Beteiligungs- und vor allem Mitwirkungsmöglichkeiten und eine bessere Bündelung des Mitteleinsatzes" (BT-Drs. 15/2250, 32). Die Probleme und die Ansätze zu ihrer Bewältigung sind weltweit vergleichbar (vgl. *Franke/Strauss/Reimann/Beckmann,* Integrierte Stadtentwicklung als Erfolgsbedingung einer nachhaltigen Stadt, 2007; BMVBS, Modellvorhaben der Sozialen Stadt, 2009; *Herrle/Walther,* Socially Inclusive Cities, Emerging Concepts and Practice, 2005; *Burgers/Vranken/Friedrichs/Hommerich,* Anleitung für ein erfolgreiches Stadtentwicklungsprogramm, Beispiele aus neun europäischen Ländern, 2003). In der Mitteilung der Kommission an den Rat und das Europäische Parlament „Die Kohäsionspolitik und die Städte: Der Beitrag der Städte zu Wachstum und Beschäftigung in den Regionen" vom 13.7.2006 (KOM (2006) 385 endgültig) betont die **Kommission der Europäischen Union,** dass die **Städte** im Interesse wirtschaftlicher Entwicklung und sozialen Friedens in allen Regionen der EU **geeignete Formen von „Governance"** entwickeln müssen, um alle Aspekte städtischer Probleme und Potentiale anzugehen und auszuschöpfen. Dabei sieht sie **integrative und partizipative Ansätze** als **entscheidend für eine nachhaltige Stadtentwicklung** an (Mitteilung der Kommission, aaO, 13 ff.).

2. Vorlaufende Länderprogramme. Durch kommunale Erfahrungen und wissenschaftliche Begleitungen angeregt, haben mehrere **Länder** schon seit Anfang der neunziger Jahre **Förderprogramme** für die soziale Stadtentwicklung aufgelegt. Dies gilt etwa für die Stadterneuerung in Berlin, das Programm „Stadtteile mit besonderem Erneuerungsbedarf" in Nordrhein-Westfalen, das Armutsbekämpfungsprogramm in Hamburg oder das Programm „Wohnen in Nachbarschaften" in Bremen. Mit solchen Programmen reagieren Bund und Länder auf die seit den neunziger Jahren zunehmende sozialräumliche Polarisierung in den Städten.

3. Gemeinschaftsinitiative „Soziale Stadt" der ARGEBAU. Vor dem Hintergrund der bundes- und landesrechtlichen sowie kommunalen und wissenschaftlichen Bestrebungen, lebenswerte und lebensfähige Städte und Stadtteile zu schaffen oder zu sichern, hat die Bauministerkonferenz der Länder und des Bundes (ARGEBAU) Ende 1996 eine **Gemeinschaftsinitiative „Soziale Stadt"** beschlossen, in der Bund aufgefordert wurde, unter Zuhilfenahme wissenschaftlicher Begleitung durch das Deutsche Institut für Urbanistik (Difu) eine Erweiterung der Städtebauförderung vorzunehmen, um die besonderen Probleme benachteiligter Stadtteile zu bekämpfen und ihre spezifischen Potenziale zu entwickeln. Die ARGEBAU beschloss dazu einen Leitfaden, der maßgebliche Eckpunkte eines solchen Förderprogramms enthielt (im Internet unter der vom Difu aufgebauten und betriebenen Plattform www.sozialestadt.de; zu Entstehungsgeschichte, fachlichem Hintergrund und spezifischer Zielsetzung des Programms Soziale Stadt vgl. *Löhr,* Soziale Stadt – ein neuer Ansatz in der Stadtentwicklung und im Städtebaurecht, in FS Krautzberger, 2008, 295 ff.; zu den gesetzgeberischen Überlegungen *Krautzberger* in EZBK § 171 e Rn. 1 ff.).

4. Städtebauförderungsprogramm „Soziale Stadt – Investitionen im Quartier". Für das Jahr 1999 wurden durch den Bund erstmals Bundesfinanzhilfen für ein Programm „Stadtteile mit besonderem Entwicklungsbedarf – die soziale Stadt" auf der Basis einer Verwaltungsvereinbarung mit den Ländern zur Verfügung

§ 171e
II. Kapitel. IV. Teil. Soziale Stadt

gestellt. Bis 2012 wurden 607 Stadtquartiere in über 376 Kommunen in allen Teilen des Bundesgebiets, im ländlichen Raum ebenso wie in Ballungsgebieten, in prosperierenden Regionen genauso wie in stagnierenden, gefördert. Seit dem Programmjahr 2012 wurde das Programm unter dem Titel „Soziale Stadt – Investionen im Quartier" modifiziert. Im Vordergrund stehen aber weiterhin städtebauliche Investionen in das Wohnumfeld, die Infrastruktur und die Qualität des Wohnens. Nach dem Bundeshaushalt 2014 standen für das Programmjahr 2014 Finanzmittel in Höhe von etwa 150 Mio. € zur Verfügung.

II. Struktur der Regelung

5 § 171e folgt in seinem Aufbau im Wesentlichen den Vorschriften der §§ 171 a–171 d, bringt davon abweichend aber die zentralen Eckpunkte des Programms Soziale Stadt deutlich zum Ausdruck. Abs. 1 bestimmt daher, dass zur Behebung vor allem sozialer Missstände **statt nach dem allgemeinen Sanierungsrecht oder in Ergänzung zu ihm** nach den Vorschriften des § 171e vorgegangen werden kann (vgl. auch *Roeser* in BK § 171e Rn. 6). Eine Anwendungspflicht besteht jedoch nicht.

6 **1. Besonderer Entwicklungsbedarf.** Abs. 2 charakterisiert die Gebiete der Sozialen Stadt durch einen **besonderen Entwicklungsbedarf.** Dafür muss eine Situation eingetreten sein oder einzutreten drohen, die ohne vielfältige und abgestimmte Interventionen von außen zu einer weiteren Verschlechterung des Gebietes und der Lage der Menschen in dem Gebiet führt. Dieser besondere Entwicklungsbedarf ist dadurch gekennzeichnet, dass nicht nur die klassischen städtebaulichen **investiven Maßnahmen** erforderlich, sondern auch sonstige, dh **nicht-investive Maßnahmen** nötig sind. Gemäß **Art. 104b GG Abs. 2 S. 2 GG** muss die **Investitionsförderung befristet und degressiv** ausgestaltet werden, ohne dass ein bestimmter Zeitrahmen vorgegeben ist (→ Rn. 12). Hierdurch soll zum einen das Entstehen eines neuen dauerhaften Subventionstatbestands vermieden und zum anderen die Bereitschaft der Gemeinden, aber auch von Wohnungsbauunternehmen (vgl. hierzu *Löhr*, Soziale Stadt – ein neuer Ansatz in der Stadtentwicklung und im Städtebaurecht, in FS Krautzberger, 2008, 295 (299f.)), Wohlfahrtsverbänden, Kirchen sowie von Wirtschaft und Bürgervereinen zur **Verstetigung** (hierzu *Löhr*, aaO, 307f.; *Becker/Franke/Strauss*, Arbeitshilfe Verstetigung, Bundestransferstelle Soziale Stadt, 2006) der Aktivitäten in den Gebieten der Sozialen Stadt gefördert werden (→ Rn. 12).

7 **2. Besonderer Handlungsbedarf.** In den Gebieten der „Sozialen Stadt" besteht im Vergleich zu anderen Gebieten ein **besonderer Handlungsbedarf.** Die Handlungsmöglichkeiten verschiedener Politikressorts und die Bündelung ihrer Mittel und sonstigen Ressourcen sind dafür nach **Abs. 4** in einem **Entwicklungskonzept** integrativ zusammenzustellen. Dieses bezieht sich nach Abs. 3 auf ein fest umrissenes **Gebiet**, darf aber die Verknüpfung dieses Gebietes und der hier erforderlichen Maßnahmen mit der gesamten Stadt nicht außer Acht lassen (→ § 171b Rn. 5ff. zu § 171b Abs. 2).

8 **3. Besonderer Mitwirkungsbedarf.** Um die Mittel zielgerichtet und effizient einsetzen und den tatsächlichen Bedarf der Menschen vor Ort treffen zu können, ist nach **Abs. 5** deren Mitwirkung in besonderer Weise erforderlich. Die **intensive und verantwortliche Mitwirkung der Beteiligten**, dh der Bürger, der Unternehmen, der Bürgerinitiativen und sonstigen im Gebiet tätigen Einrichtungen, Kirchen oder Verbänden ist daher wesentliche Voraussetzung für den Erfolg sozialer Stadtteilentwicklung.

IV. Teil. Soziale Stadt § 171e

B. Regelungsinhalte

I. Städtebauliche Gesamtmaßnahme (Abs. 1)

Abs. 1 benennt die Voraussetzungen, unter denen die in den Absätzen 2 bis 6 nä- 9
her geregelten städtebaulichen Maßnahmen der Sozialen Stadt durchgeführt werden
können. Zugleich bestimmt er das Verhältnis dieser Vorschrift zu anderen Vorschriften des BauGB.

1. Gebietsbezug. Abs. 1 stellt klar, dass sich die Maßnahmen der Sozialen Stadt 10
nur auf **Stadt- und Ortsteile** erstrecken, nicht auf die gesamte Stadt. Die im Weiteren vorgesehenen Instrumente und Vorgehensweisen sind nur auf Stadtteile wirkungsvoll anzuwenden. Dies bedeutet aber nicht, dass Maßnahmen der Sozialen Stadt nicht in eine gesamtstädtische Entwicklung eingepasst werden müssten. Nur wenn eine **Integration in eine übergreifende Stadtentwicklung** erfolgt, kann vermieden werden, dass es durch Maßnahmen der Sozialen Stadt lediglich zu Verschiebungen und Verlagerungen kommt anstelle einer tatsächlichen Besserung der Situation in diesem Gebiet wie auch in der gesamten Stadt.

2. Einheitliche und zügige Durchführung. Erforderlich ist im Weiteren eine 11
einheitliche und zügige Durchführung der Maßnahmen zweckmäßig ist. Mit dieser Begriffsbildung bezieht sich die Regelung auf § 136 Abs. 1. Einheitlich bedeutet, dass es nicht nur um einzelne Teilmaßnahmen geht, sondern dass für das Gebiet ein vielfältiges Bündel von Maßnahmen entwickelt werden muss, das aufeinander abgestimmt, also einheitlich durchgeführt werden soll. Auch die **Zügigkeit** der Durchführung ist ähnlich wie bei Sanierungsmaßnahmen zu verstehen. Es geht also nicht um Schnelligkeit und Kurzfristigkeit, sondern darum, dass die Maßnahmen sinnvoll ineinander greifen und kontinuierlich durchgeführt werden. Dies bedeutet, dass nicht mit der Maßnahme angefangen werden soll, ohne sicherzustellen, dass sie auch fortgeführt wird. Zugleich wird damit deutlich, dass die staatliche Förderung der Maßnahme **auch ein Ende** haben muss. Dieses muss nicht nach wenigen Jahren eintreten, sondern kann wie bei Sanierungsmaßnahmen durchaus einen Zeitraum von zB fünfzehn Jahren umfassen (vgl. § 142 Abs. 3 S. 3 Hs. 2).

Zur Förderung von **Einheitlichkeit** (→ auch Rn. 18) und **Zügigkeit** sind ergän- 12
zende Fördermöglichkeiten geschaffen worden. Wichtig ist dabei, von Beginn der staatlichen Förderung an auf Möglichkeiten der **Verstetigung** der Finanzierung ohne staatliche Hilfen hinzuarbeiten (→ Rn. 6; ferner *Böhme/Franke/Strauss*, Statusbericht zum Programm Soziale Stadt, Bundestransferstelle Soziale Stadt, 2008, 82ff., 98f.). Hierzu dient auch die Förderung **nicht-investiver Maßnahmen** (→ Rn. 15; hierzu *Böhme/Franke/Strauss*, Statusbericht zum Programm Soziale Stadt, Bundestransferstelle Soziale Stadt, 2008, 13f.).

Ferner bestimmt Abs. 1, dass die Durchführung im **öffentlichen Interesse** liegen 13
muss. Hier gilt dasselbe wie bei der Sanierungsmaßnahme. Es kommen also alle städtebaulich relevanten Belange in Betracht, wie sie insbesondere in § 1 Abs. 5 und 6 aufgeführt sind. Es bedarf nicht des Vorliegens der Voraussetzungen des Wohles der Allgemeinheit, wie dies bei Stadtumbaumaßnahmen nach § 171a Abs. 3 S. 1 der Fall ist. Dem entspricht es, dass, sofern nicht ergänzend das Sanierungsrecht zur Anwendung kommt, Eingriffe in das Eigentum oder die Verfügungsbefugnis der Beteiligten im Gebiet nicht vorgesehen sind.

3. Verhältnis zu anderen baurechtlichen Vorschriften. Die Anwendung des 14
§ 171 e schließt die Anwendung anderer Vorschriften oder die **Durchführung anderer Maßnahmen nach dem BauGB** nicht aus. Je nach der Situation im Gebiet kann es erforderlich sein, ergänzend das Instrumentarium einer „klassischen" Sanie-

Reidt

§ 171e II. Kapitel. IV. Teil. Soziale Stadt

rungsmaßnahme zum Einsatz zu bringen (→ § 136 Rn. 9ff.) und sich nicht auf die rechtlich eher begrenzten Mittel der Sozialen Stadt nach § 171e zu beschränken. Ebenso ist es aber auch möglich, die Vorschriften der Sozialen Stadt ergänzend zu sonstigen Maßnahmen zum Einsatz zu bringen, etwa ergänzend zu einer Erhaltungssatzung nach § 172 oder einer (ggf. vereinfachten) Sanierung nach den §§ 136ff. (vgl. *Roeser* in BK § 171e Rn. 6).

II. Begriff der Maßnahmen der Sozialen Stadt (Abs. 2)

15 **1. Investive und sonstige Maßnahmen (S. 1). Abs. 2** macht die Besonderheiten der Maßnahmen nach § 171e deutlich: Nach **S. 3** geht es nicht allein um bauliche Maßnahmen (wie bei der Sanierung), sondern um **„investive und sonstige" Maßnahmen.** Damit ist entsprechend dem Leitfaden der ARGEBAU (→ Rn. 3) ein breites Spektrum von Maßnahmen eröffnet, das je nach der spezifischen Situation im Gebiet von der Jugendhilfe über Sozial-, Familien- und Kulturpolitik sowie Sport- und Gesundheitsförderung bis hin zur Wirtschaftsförderung reicht (vgl. *Böhme u. a.,* in Difu, Strategien für die soziale Stadt – Erfahrungen und Perspektiven, 2003, www.sozialestadt.de/veröffentlichungen, 98ff.; *Böhme/Franke/Strauss,* Statusbericht zum Programm Soziale Stadt, 2008, www.sozialestadt.de/veröffentlichungen, 30ff.; vgl. auch das Kapitel „Bilanz – Beispiele und Erfahrungen in der Praxis", in: BMVBS, Jubiläumskongress 10 Jahre Soziale Stadt, 2009; BMVBS, Modellvorhaben der Sozialen Stadt, 2009). S. 1 hebt zudem hervor, dass es sich um benachteiligte Ortsteile oder andere Teile des Gemeindegebietes handeln muss. Daraus folgt, dass es nicht um die politischen Grenzen von Stadtteilen geht, sondern um die sozialräumliche Abgrenzung nach besonderen Problemlagen und Potenzialen, die ein Gebiet charakterisieren.

16 **2. Soziale Missstände (S. 2). S. 2** enthält eine nähere Bestimmung des in S. 1 genannten **Begriffs der sozialen Missstände** im Sinne des § 171e. Das vom Gesetz genannte entscheidende Kriterium für soziale Missstände liegt danach in der erheblichen Benachteiligung eines Gebietes, die auf der **Zusammensetzung und der wirtschaftlichen Situation** der darin lebenden und arbeitenden Menschen beruht. Die Begriffe „Zusammensetzung" und „wirtschaftliche Situation" stellen dabei trotz der Verbindung mit „und" keine unabhängig voneinander zu sehenden Voraussetzungen dar. Denn es ist nicht die Zusammensetzung als solche, sondern die wirtschaftliche Situation der Menschen, durch die das Gebiet benachteiligt ist. Umgekehrt wirkt ein solches Gebiet auf die Menschen im Gebiet wirtschaftlich und sozial benachteiligend, weil es vielfach einer besonderen Stigmatisierung ausgesetzt ist, die die Chancen der Menschen, sich an der gesellschaftlichen Entwicklung zu beteiligen, erschwert. Entscheidend ist danach also nicht nur die bauliche oder städtebauliche, sondern auch die soziale Situation der Menschen in dem Gebiet. Prägend für die Gebiete der Sozialen Stadt ist ein hoher Anteil an Empfängern von Transferleistungen insbesondere aufgrund von lang anhaltender Arbeitslosigkeit. Daher geht es hier nicht wie bei § 172 Abs. 4 darum, eine bestimmte Zusammensetzung der Menschen des Wohngebiets zu erhalten oder zu vermeiden, sondern es geht primär darum, die wirtschaftliche und soziale Situation der Menschen in dem Gebiet zu verbessern. Dadurch sollen insgesamt nicht nur die **Lebensqualität, sondern auch die Lebenschancen** der Menschen des Gebietes in sozialer, wirtschaftlicher und städtebaulicher Hinsicht **nachhaltig** verbessert werden.

17 **3. Gebietstypologie (S. 3). S. 3** dient einer Konkretisierung der **Gebietskulisse,** innerhalb derer Maßnahmen der Sozialen Stadt durchgeführt werden können. Mit der Aufzählung von innerstädtischen oder innenstadtnah gelegenen Gebieten oder verdichteten Wohn- und Mischgebieten umschreibt das Gesetz die wichtigsten **Gebietstypen** (vgl. *Becker* in Difu, Strategien für die Soziale Stadt – Erfahrungen und Perspektiven, 2003, 56ff.; so auch die Begründung zum Gesetzentwurf der Bundes-

IV. Teil. Soziale Stadt § 171e

regierung zum EAG Bau 2004, BT-Drs. 15/2250, 61: „Die insoweit beispielhaft aufgeführten Bereiche, ... sind deshalb aufgeführt, weil sie sich in der städtebaulichen Praxis als besondere Kristallisationspunkte sozialer und wirtschaftlicher Problemlagen erwiesen haben."). Es handelt sich nicht um einen Ausschluss anderer Arten von Gebieten, wenn sie ebenfalls benachteiligt im Sinne von Abs. 2 S. 2 sind.

4. Besonderer Entwicklungsbedarf des Gebietes (S. 3). S. 3 erläutert des 18 Weiteren, worin der **besondere Entwicklungsbedarf** in den Gebieten liegt. Dieser wird in der **Bündelung von Maßnahmen** und ihrer Förderung gesehen (→ auch Rn. 12). Die Bündelung von Maßnahmen kann nicht allein auf der lokalen Ebene oder gar auf der des Gebietes erfolgen, sondern setzt eine Bündelung auf Landes- und Bundesebene voraus. Hierzu haben manche Länder interministerielle Arbeitsgruppen gebildet, die das Zusammenwirken staatlicher Förderprogramme und die Schwerpunktsetzung in benachteiligten Gebieten zum Ziel haben, andere bauen auf bilaterale Absprachen unter den Ressorts (näher hierzu *Löhr/Rösner* in Difu, Strategien für die Soziale Stadt – Erfahrungen und Perspektiven, 2003, 148 ff.; *IfS,* Die Soziale Stadt, Ergebnisse der Zwischenevaluierung, 2004, 184 ff.; vgl. auch BMVB, Statusbericht zum Programm Soziale Stadt, 2014; BMVB, Praxisbeispiele Soziale Stadt, 2014).

III. Förmliche Festlegung des Gebietes (Abs. 3)

1. Beschluss. Abs. 3 entspricht § 171b Abs. 1 und § 142 Abs. 1 über die förmli- 19 che Festlegung von Sanierungsgebieten. Die **Gebietsfestlegung** nach **S. 1** durch förmlichen **Beschluss der Gemeinde** ist erforderlich, um die Anspruchsberechtigung für Fördermittel klarzustellen. Auch ergibt sich auf diese Weise der Kreis der zu Beteiligenden. Belastungen für die Eigentümer, so wie bei der Festlegung als Sanierungsgebiet durch eine Satzung nach § 142 Abs. 3 (→ § 144 Rn. 9), folgen hieraus nicht. Mit der Gebietsfestlegung ist daher nicht verbunden, dass sich Maßnahmen ausschließlich auf dieses Gebiet beschränken müssen. Vielfach wird es vielmehr erforderlich sein, Maßnahmen im Zusammenhang mit benachbarten Gebieten durchzuführen oder „Brücken" in andere Teile der Stadt zu bauen, um die Entwicklung im Gebiet oder die Chancen der Menschen im Gebiet zu verbessern.

Während sich § 171e im Übrigen sehr stark an die Regelungsstruktur der Stadt- 20 umbaumaßnahmen anpasst, fehlt eine dem § 171d entsprechende Regelung, nach der die in § 14 Abs. 1 bezeichneten Vorhaben und sonstigen Maßnahmen der Genehmigung bedürfen. Solche **Sicherungsnotwendigkeiten** sieht der Gesetzgeber für Maßnahmen der Sozialen Stadt nicht. Das Verfahren der Sozialen Stadt ähnelt insofern eher dem vereinfachten Sanierungsverfahren nach § 142 Abs. 4. Eine ergänzende Anwendung der Sanierungsvorschriften oder anderer städtebaulicher Instrumente einschließlich der Bauleitplanung ist allerdings nicht ausgeschlossen (→ Rn. 14).

2. Gebietsumfang. Eine im jeweiligen Einzelfall zu beantwortende Frage ist, 21 welchen **räumlichen Umfang** ein Soziale Stadt-Gebiet haben sollte, um die Anforderung des **Satzes 2,** die Maßnahme **zweckmäßig durchzuführen,** erfüllen zu können. Erfahrungen zeigen, dass die Gebiete eher größer sind als Sanierungsgebiete, aber nicht die politischen Grenzen von Stadtteilen erreichen. Allgemeine Regeln lassen sich hierzu nicht aufstellen. Allerdings sollten die Gebiete einen solchen Zuschnitt haben, dass eine nachhaltig selbsttragende Entwicklung eingeleitet werden kann. Dies bedeutet, die Gebiete in der Regel deutlich größer zuzuschneiden als klassische Sanierungsgebiete. Auf der anderen Seite muss es möglich bleiben, die Bevölkerung im Gebiet an der Gebietsentwicklung zu beteiligen. Dies erfordert eine Begrenzung auf einen für den Zweck der Maßnahme relevanten **Sozialraum** (vgl. *Becker* in Difu, Strategien für die Soziale Stadt – Erfahrungen und Perspektiven, 2003, 67 ff.).

§ 171e II. Kapitel. IV. Teil. Soziale Stadt

IV. Entwicklungskonzept (Abs. 4)

22 **1. Mitwirkung der Beteiligten (S. 1). Abs. 4** bestimmt das **Entwicklungskonzept** als die Grundlage der Gebietsfestlegung nach Abs. 3 (→ für den Stadtumbau § 171b Rn. 5ff.) **S. 1** regelt dabei lediglich, dass dieses Entwicklungskonzept „im Benehmen mit den Beteiligten" (→ Rn. 25) aufzustellen ist und dass in ihm die Ziele und Maßnahmen schriftlich festzuhalten sind. Dieses Entwicklungskonzept ist zugleich die Grundlage für die in Abs. 1 geforderte einheitliche Durchführung der Maßnahmen und für die in Abs. 2 S. 3 geforderte Bündelung von Maßnahmen einschließlich ihrer Förderung. Bei dem Entwicklungskonzept muss es sich daher um ein **integriertes Handlungskonzept** handeln, das nicht nur städtebauliche Maßnahmen enthält, sondern auch die anderen auf die Situationen im Gebiet zugeschnittenen Maßnahmen anderer Ressorts und Behörden (hierzu instruktiv die Beiträge in *Difu*, Impulskongress „Integratives Handeln für die soziale Stadtteilentwicklung", Arbeitspapiere zum Programm Soziale Stadt, 2002, 39ff.). Es ist der Sache nach eine **informelle Planung** iSv § 1 Abs. 6 Nr. 11, die dem Abwägungsgebot unterfällt, auch wenn dies nicht besonders erwähnt wird (*Roeser* in BK § 171e Rn. 28; vgl. zum Stadtumbau ausdrücklich § 171b Abs. 2 S. 2).

23 **2. Inhalte des Entwicklungskonzeptes (S. 2). Abs. 4 S. 2** nennt Maßnahmen zur **Verbesserung der Wohn- und Arbeitsverhältnisse** sowie zur **Schaffung und Erhaltung sozial stabiler Bewohnerstrukturen** als Gegenstand des Entwicklungskonzeptes. Diese Aufzählung ist, wie durch Verwendung des Wortes „insbesondere" deutlich wird, nur beispielhaft (→ Rn. 15).

24 **3. Fortschreibungsfähigkeit und -notwendigkeit.** Abs. 4 könnte den Eindruck erwecken, dass das Entwicklungskonzept vor der Gebietsfestlegung aufzustellen und dann umzusetzen ist. Dies ist jedoch nicht der Fall. Erforderlich ist vielmehr, ein solches Entwicklungskonzept **kontinuierlich fortzuschreiben,** um es an geänderte Situationen, Probleme und Potentiale anzupassen. Gerade wenn die Bevölkerung, wie es Abs. 5 vorsieht, zur Mitwirkung angeregt werden soll, können sich hieraus Bedarfe für eine Fortentwicklung des Konzeptes ergeben. Die Mitwirkung dient nicht dazu, fertige Konzepte umzusetzen, sondern eine positive Entwicklung im Gebiet durch die Entwicklung von Konzepten gemeinsam mit den Beteiligten und mit der Umsetzung von Projekten zu erreichen (vgl. *Becker u. a.,* in Difu, Strategien für die Soziale Stadt – Erfahrungen und Perspektiven, 2003, 94; *Schneider*, in Difu, Impulskongress „Integratives Handeln für die soziale Stadtteilentwicklung", Arbeitspapiere zum Programm Soziale Stadt, 2002, 125ff.). Dem **Monitoring** kommt daher für die Fortentwicklung und das Qualitätsmanagement der Programmumsetzung zentrale Bedeutung zu (s. hierzu BMVBS, Soziale Stadt – Arbeitshilfe Monitoring, 2009).

V. Integrierter Ansatz (Abs. 5)

25 **1. Anregung zur Mitwirkung (S. 1). Abs. 5** enthält nähere Bestimmungen über die **Bürgermitwirkung.** Nach **S. 1** sollen die Beteiligten bei der Erstellung des Entwicklungskonzeptes und seiner Umsetzung einbezogen werden. Dies ist keine abschließende Formulierung, sondern nur beispielhaft zu verstehen. Dies gilt insbesondere für die Fortentwicklung (→ Rn. 24). Zudem sollen vor allem die Bürger bei allen Maßnahmen und Projekten, die im Rahmen des sozialen Stadtentwicklungsprozesses durchgeführt werden, nicht nur beteiligt werden, sondern sie sollen solche Projekte und Maßnahmen auch selbst anregen und ggf. mit umsetzen. In welcher Form die Beteiligung erfolgen soll, überlässt S. 1 den Gemeinden; die Sätze 3 und 4 enthalten aber Vorschläge dazu (→ Rn. 27f.). **Anregung zur Mitwirkung** bedeutet, dass die Gemeinde sich nicht darauf beschränken soll, Angebote zu machen und dann

IV. Teil. Soziale Stadt §171e

zu sehen, wer sich an der Programmumsetzung beteiligt, sondern dass sie auf die Beteiligten aktiv zugehen und sie zur Mitwirkung ermutigen soll. Hierzu gibt es vielfältige Möglichkeiten, die je nach Gebiet und der dort wohnenden Menschen unterschiedlich wirkungsvoll sein können (vgl. *Franke* in Difu, Strategien für die Soziale Stadt – Erfahrungen und Perspektiven, 2003, 192 ff.).

2. Beratung und Unterstützung (S. 2). S. 2 fordert die Gemeinden auf, die Beteiligten **fortlaufend zu beraten und zu unterstützen.** Hiermit wird aufgegriffen, was im angloamerikanischen Sprachgebrauch **„Empowerment"** genannt wird. Dies geht über die Anregung zur Mitwirkung hinaus und bedeutet, die Menschen auch in die Lage zu versetzen, ihre Beteiligungsrechte wahrzunehmen (vgl. etwa *Franke* in Difu, Strategien für die Soziale Stadt – Erfahrungen und Perspektiven, 2003, 198 ff.). 26

3. Koordinierungsstelle (S. 3). S. 3 regt die Gemeinden an, im Gebiet und für das Gebiet eine **Koordinierungsstelle** einzurichten. Auch wenn es sich dabei nur um eine Kann-Vorschrift handelt, wird die erfolgreiche Durchführung von Maßnahmen der Sozialen Stadt zumeist der Einrichtung einer funktionierenden Koordinierungsstelle bedürfen (vgl. *Becker/Löhr* in Difu, Strategien für die Soziale Stadt – Erfahrungen und Perspektiven, 2003, 230: **Schlüsselinstrument;** vgl. auch *Böhme/Franke/Strauss,* Statusbericht zum Programm Soziale Stadt, 2008, 23 ff.). Hiermit ist insbesondere ein **Quartiermanagement** gemeint, das in sehr vielen Programmstädten der Sozialen Stadt aus **drei Ebenen** besteht: Hierzu gehört zunächst die **Ebene der Verwaltung,** die etwa eine ressortübergreifende Arbeitsgruppe der Stadtverwaltung für das Soziale Stadt – Gebiet einrichten kann. Auf der **Ebene des Quartiers** kommt es darauf an, die Bürger zu aktivieren, zu befähigen und zur Mitwirkung an der Programmumsetzung und -gestaltung anzuregen. Schließlich ist es wichtig, eine **intermediäre Ebene** zu installieren, in der die „Verwaltungswelt" und die „Bürgerwelt" mit ihren unterschiedlichen Zeithorizonten, Möglichkeiten und Grenzen zum Ausgleich gebracht werden und wo zugleich die Wirtschaft und die Politik in die Entwicklung im Gebiet eingebunden werden (vgl. hierzu Netzwerk: Kommunen der Zukunft, „Quartiermanagement – ein strategischer Stadt(teil)entwicklungsansatz, Organisationsmodell und Praxisbeispiele", 2002, 7 f.). 27

4. Städtebaulicher Vertrag (S. 4). S. 4 erwähnt ausdrücklich die Möglichkeit, auch im Rahmen von sozialer Stadtentwicklung **städtebauliche Verträge** nach § 11 abzuschließen. Ein solcher Vertrag kann zB mit einer in einem Gebiet stark vertretenen Wohnungsbaugesellschaft abgeschlossen werden, die sich verpflichtet, das Quartiermanagement und weitere Maßnahmen der Bewohneraktivierung und Programmumsetzung zu übernehmen. Städtebauliche Verträge können sich aber auch auf Teilgebiete oder einzelne Grundstücke erstrecken. 28

VI. Förderung (Abs. 6)

1. Entsprechende Anwendung der §§ 164a und 164b (S. 1). Nach Abs. 6 S. 1 sind die §§ 164a und 164b in Soziale Stadt-Gebieten entsprechend anzuwenden. Damit gelten für Soziale Stadt-Maßnahmen dieselben **förderrechtlichen Bestimmungen wie für Sanierungsmaßnahmen.** Von besonderer Bedeutung ist hierbei der Verweis in § 164a Abs. 2 auf § 147 S. 1 Nr. 5, nach dem **auch sonstige Maßnahmen** finanziert und gefördert werden können, die notwendig sind, damit die Baumaßnahmen durchgeführt werden können. Hierzu gehören etwa Maßnahmen der Bürgerbeteiligung und -aktivierung, also auch das Quartiermanagement und ein etwaiger **Verfügungsfonds.** Aus der Verweisung auf § 164b folgt zum einen, dass die Vergabe von Mitteln der Sozialen Stadt auf der Basis einer Verwaltungsvereinbarung zu erfolgen hat, die auch die einzelnen Verteilungsregelungen enthält (vgl. hierzu die 29

Verwaltungsvereinbarungen zur Städtebauförderung im Internet unter www.sozial estadt.de). Zum anderen wird hierdurch die besondere Bedeutung sozialer Missstände als Fördergegenstand betont, da nach § 164b Abs. 2 Nr. 3 die Behandlung sozialer Missstände ein Schwerpunkt für den Einsatz von Finanzhilfen sein soll.

30 **2. Stärkung der Bündelung (S. 2).** Während S. 1 § 171b Abs. 4 entspricht, enthält **S. 2** weitergehende und für die Soziale Stadt spezifische Festlegungen. Die in § 164a Abs. 1 S. 2 vorgesehene Möglichkeit, Maßnahmen durchzuführen, deren Finanzierung oder Förderung auf anderer gesetzlicher Grundlage als dem BauGB beruht, bezieht sich **insbesondere auf sonstige Maßnahmen im Sinne des Abs. 2 S. 3** (→ Rn. 18). Hiermit wird die Notwendigkeit **nicht-investiver Maßnahmen**, wie sie Abs. 2 S. 3 vorsieht, und ihre Förderung besonders hervorgehoben. Die Förderung dieser Elemente der Stadterneuerung kann nicht nach dem BauGB erfolgen, sondern bedarf einer gesonderten Rechtsgrundlage (*Krautzberger* in EZBK § 171e Rn. 49). Der besondere Hinweis auf die notwendige Integration verdeutlicht, dass die nichtinvestiven Maßnahmen in ein integriertes Handlungs- und Finanzierungskonzept einbezogen werden sollen.

Fünfter Teil. Private Initiativen

§ 171f Private Initiativen zur Stadtentwicklung, Landesrecht

¹Nach Maßgabe des Landesrechts können unbeschadet sonstiger Maßnahmen nach diesem Gesetzbuch Gebiete festgelegt werden, in denen in privater Verantwortung standortbezogene Maßnahmen durchgeführt werden, die auf der Grundlage eines mit den städtebaulichen Zielen der Gemeinde abgestimmten Konzepts der Stärkung oder Entwicklung von Bereichen der Innenstädte, Stadtteilzentren, Wohnquartiere und Gewerbezentren sowie von sonstigen für die städtebauliche Entwicklung bedeutsamen Bereichen dienen. ²Zur Finanzierung der Maßnahmen und gerechten Verteilung des damit verbundenen Aufwands können durch Landesrecht Regelungen getroffen werden.

Übersicht

	Rn.
1. Regelungszweck (S. 1)	1
2. Aufgaben und Ausgestaltung privater Initiativen	2
3. Finanzierung (S. 2)	4
4. Überleitung; Rechtsschutz	5

1 **1. Regelungszweck (S. 1).** Der durch die Novelle 2007 eingefügte § 171f bestimmt, dass – nach Maßgabe des Landesrechts und unbeschadet sonstiger Maßnahmen nach dem BauGB – Gebiete festgelegt werden können, in denen **in privater Verantwortung standortbezogene Maßnahmen durchgeführt** werden können, die auf der Grundlage eines mit den städtebaulichen Zielen der Gemeinde abgestimmten Konzepts der Stärkung oder Entwicklung von Bereichen der Innenstädte, Stadtteilzentren, Wohnquartieren und Gewerbezentren sowie von sonstigen für die städtebauliche Entwicklung bedeutsamen Bereichen dienen. Die Regelung dient dem stadtentwicklungspolitischen Ziel der Stärkung privater Initiativen, wie zB Business Improvement Districts und Immobilien- und Standortgemeinschaften, die einen Beitrag zur städtebaulichen Verbesserung von Stadtquartieren in funktionaler und gestalterischer Hinsicht leisten können (s. ausführlich etwa *Schink* UPR 2012, 132 ff.). Seit Ende 2004 bestehen hierzu verschiedene landesgesetzliche Regelungen: **Berlin**, Ge-

V. Teil. Private Initiativen **§ 171f**

setz zur Einführung von Immobilien- und Standortgemeinschaften v. 24.10.2014 (GVBl. Berlin S. 378); **Bremen**, Gesetz zur Stärkung der Einzelhandels- und Dienstleistungszentren v. 18.6.2006 (GBl. Bremen S. 350f.); **Hamburg**, Gesetz zur Stärkung der Einzelhandels- und Dienstleistungszentren v. 28.12.2004, HmbGVBl. S. 525 sowie das Gesetz zur Stärkung von Wohnquartieren durch private Initiativen v. 20.11.2007, HmbGVBl. S. 393, geändert durch Gesetz vom 15.2.2011, HmbGVBl. S. 76; **Hessen**, Gesetz zur Stärkung von innerstädtischen Geschäftsquartieren v. 21.12.2005, GVBl. Hessen I S. 867; **Nordrhein-Westfalen**, Gesetz über Immobilien- und Standortgemeinschaften (ISGG NRW) v. 10.6.2008 (GVBl. NRW S. 231); **Saarland**, Gesetz zur Schaffung von Bündnissen für Investitionen und Dienstleistungen (BIDG) v. 26.9.2007 (ABl. des Saarlandes S. 2242); **Sachsen**, Gesetz zur Belebung innerstädtischer Einzelhandels - und Dienstleistungszentren v. 12.7.2012 (GVBl. Sachsen S. 158); **Schleswig-Holstein**, Gesetz über die Einrichtung von Partnerschaften zur Attraktivierung von City-, Dienstleistungs- und Tourismusbereichen v. 13.7.2006, GVBl. Schl.-H. S. 158; s. zu den verschiedenen Landesgesetzen *Möller* in Schrödter § 171f Rn. 18ff.; *Kersten/Schink* in SU § 171f Rn. 33ff.; sowie *ders.* UPR 2007, 121ff.; *Schink* UPR 2012, 132 (136); *Fuchs* ZfBR 2011, 211ff.; *Wahlhäuser* BauR 2008, 1238ff.; *Ganske* VergabeR 2008, 15ff.; *Ingold* UPR 2009, 431ff.; *Bartholomäi* BauR 2006, 1838; *Schmitz* in FS Krautzberger, 2008, 359. § 171f bezweckt die kompetenzrechtliche **Absicherung der Landesgesetzgebung**, um Bedenken im Hinblick auf eine fehlende Gesetzgebungskompetenz der Länder wegen der im Grundsatz abschließenden Regelungen des BauGB zu begegnen. Die Landesgesetzgeber sahen sich teilweise aufgrund dieser Bedenken gehindert, entsprechende Regelungen zu treffen und beschränkten sich daher teilweise auf wirtschaftsfördernde Aspekte. § 171f bestimmt deshalb auch das Verhältnis dieser Maßnahmen zu anderen städtebaulichen Maßnahmen, vor allem solchen des Besonderen Städtebaurechts.

2. Aufgaben und Ausgestaltung privater Initiativen. Die privaten Initiativen – Vorbild sind entsprechende Erfahrungen in den USA und anderen Staaten – können einen Beitrag zur städtebaulichen Verbesserung von Stadtquartieren in funktionaler und gestalterischer Hinsicht leisten. Im Vordergrund steht die funktionale und gestalterische Steigerung der städtebaulichen Qualitäten. Die Festlegung der Gebiete nach Maßgabe des jeweiligen Landesrechts ist nach § 171f nicht auf die spezielle Gebietskulisse von **Innenstädten** oder **Stadtteil- und Ortszentren** begrenzt, auch wenn diese Gebiete vielfach im Vordergrund stehen. Vielmehr sind grundsätzlich alle städtebaulich bedeutsamen Bereiche erfasst. Neben den Innenstadtlagen kommen auch Aufwertungsmaßnahmen in **Wohnquartieren** in Betracht, die zB die Einrichtung von Kinderspielplätzen, die Umgestaltung von Eingangsbereichen und Tiefgaragen, aber auch nichtbauliche Maßnahmen, wie die Schaffung von Angeboten für Jugendliche, die Organisation gemeinschaftlicher Hausmeisterdienste u. ä. betreffen (zB § 2 GSW HH, Rn. 1). Andere in Betracht kommende Bereiche können **Gewerbeparks** oder zB auch **Fremdenverkehrsgebiete** sein (vgl. § 1 Abs. 1 S. 1 PACTG Schl.-H., Rn. 1). **S. 1** sieht dafür eine entsprechend weit gefasste Gebietskulisse vor und nennt als Grundelemente von Business Improvement Districts Immobilien- und Standortgemeinschaften und ähnliche Einrichtungen, die Festlegung von Gebieten, die konzeptionelle Vorbereitung einschließlich ihrer städtebaulichen Einbindung sowie die Durchführung standortbezogener Maßnahmen in privater Verantwortung. In der Praxis finden sich solche Gebiete unter den Bezeichnungen wie BID, HID, NID oder auch CID (Business, Housing, Neighbourhood Improvement Districts, Climate Improvement Districts; zu letzteren *Ingold* UPR 2009, 431ff.; allgemein zu den verschiedenen Gebietskulissen *Schink* UPR 2012, 132 (134f.)).

§ 171f enthält lediglich begriffliche Klärungen und eine kompetenzrechtliche Klarstellung. Die gesetzliche Einführung und Ausgestaltung bleibt den **Landesgesetzgebern** vorbehalten. Dies gilt vor allem für Regelungen zu den Zielen und

§ 172 II. Kapitel. VI. Teil. Erhaltungssatzung u. städtebaul. Gebote

Aufgaben privater Initiativen zur Stadtentwicklung, zu den Anforderungen an den Maßnahmenträger, zu den Verfahren zur Festlegung der Gebiete einschließlich der Festlegung von Quoren für die Zustimmung der Beteiligten, zur Dauer der Gebietsfestlegung sowie zur Umsetzung und Kontrolle der Aufgabenerfüllung. Die erlassenen Landesgesetze sehen als Aufgaben zB vor: die Ausarbeitung von Konzepten für die Entwicklung des Zentrums; die Erbringung von Dienstleistungen; die Finanzierung und Durchführung von Baumaßnahmen in Abstimmung mit den jeweiligen Berechtigten; die Bewirtschaftung von Grundstücken; die Durchführung gemeinschaftlicher Werbemaßnahmen; die Organisation von Veranstaltungen; die Ausarbeitung von Vereinbarungen über die Durchführung von Maßnahmen mit öffentlichen Stellen oder mit ansässigen Betrieben oder die Abgabe von Stellungnahmen in förmlichen oder nicht förmlichen Anhörungsverfahren.

4 **3. Finanzierung (S. 2).** S. 2 bestimmt, dass die Regelungen zur **Finanzierung** der Maßnahmen und gerechten Verteilung des damit verbundenen Aufwands, einschließlich der Möglichkeiten zur Abgabenerhebung, einer gesetzlichen Regelung durch die Länder vorbehalten bleiben (zur Abgabenerhebung s. OVG Bremen Beschl. v. 18.4.2011 – 1 B 177/10, BauR 2011, 1539; OVG Hamburg Urt. v. 27.8.2010 – 1 Bf 149/09, ZfBR 2011, 53; zu Finanzierung und Abgabenerhebung *Lackner* DVBl. 2011, 1520 (1523 ff.); zu vergaberechtlichen Fragen ausführlich *Ganske* VergabeR 2008, 15 ff. sowie *ders.* in Reidt/Stickler/Glahs, Vergaberecht, 3. Aufl. 2011, § 99 Rn. 171 ff.).

5 **4. Überleitung; Rechtsschutz.** § 246 Abs. 3 regelt klarstellend, dass bereits vor Inkrafttreten der BauGB-Novelle 2007 erlassenes Landesrecht zu Business Improvement Districts, Immobilien- und Standortgemeinschaften und ähnlichen Einrichtungen unberührt bleibt und weiterhin anwendbar ist. Auch dies soll der kompetenzrechtlichen Absicherung der Ländergesetzgebungen dienen.

6 Was den **Rechtsschutz** betrifft, stehen die nach Landesrecht vorgesehenen Bestimmungen der Gebietsfestlegung und die Erhebung von Finanzierungsbeiträgen bzw. Abgaben im Vordergrund. Sofern die Gebietsfestlegung als Satzung erfolgt, kommt eine Normenkontrolle nach § 47 Abs. 1 Nr. 2 VwGO in Betracht, sofern das Landesrecht dies vorsieht; es handelt sich nicht um Satzungen nach dem BauGB. Für den Rechtsschutz wegen der Erhebung von Abgaben sind grundsätzlich die jeweiligen Landesregelungen maßgeblich. Gegen Abgabenbescheide stehen regelmäßig die Rechtsschutzmöglichkeiten der Verwaltungsgerichtsordnung zur Verfügung (*Lackner* DVBl. 2011, 1520 (1525 ff.) auch zu Fragen des Steuergeheimnisses, wenn es für die Ermittlung der Abgabenhöhe auf Einheitswert- und Grundsteuerakten ankommt).

Sechster Teil. Erhaltungssatzung und städtebauliche Gebote

Erster Abschnitt. Erhaltungssatzung

§ 172 Erhaltung baulicher Anlagen und der Eigenart von Gebieten (Erhaltungssatzung)

(1) ¹Die Gemeinde kann in einem Bebauungsplan oder durch eine sonstige Satzung Gebiete bezeichnen, in denen
1. zur Erhaltung der städtebaulichen Eigenart des Gebiets auf Grund seiner städtebaulichen Gestalt (Absatz 3),
2. zur Erhaltung der Zusammensetzung der Wohnbevölkerung (Absatz 4) oder
3. bei städtebaulichen Umstrukturierungen (Absatz 5)

der Rückbau, die Änderung oder die Nutzungsänderung baulicher Anlagen der Genehmigung bedürfen. ²In den Fällen des Satzes 1 Nr. 1 bedarf auch die Errichtung baulicher Anlagen der Genehmigung. ³Auf die Satzung ist § 16 Abs. 2 entsprechend anzuwenden. ⁴Die Landesregierungen werden ermächtigt, für die Grundstücke in Gebieten einer Satzung nach Satz 1 Nr. 2 durch Rechtsverordnung mit einer Geltungsdauer von höchstens fünf Jahren zu bestimmen, dass die Begründung von Wohnungseigentum oder Teileigentum (§ 1 des Wohnungseigentumsgesetzes) an Gebäuden, die ganz oder teilweise Wohnzwecken zu dienen bestimmt sind, nicht ohne Genehmigung erfolgen darf. ⁵Ein solches Verbot gilt als Verbot im Sinne des § 135 des Bürgerlichen Gesetzbuchs. ⁶In den Fällen des Satzes 4 ist § 22 Abs. 2 Satz 3 und 4, Abs. 6 und 8 entsprechend anzuwenden.

(2) Ist der Beschluss über die Aufstellung einer Erhaltungssatzung gefasst und ortsüblich bekannt gemacht, ist § 15 Abs. 1 auf die Durchführung eines Vorhabens im Sinne des Absatzes 1 entsprechend anzuwenden.

(3) ¹In den Fällen des Absatzes 1 Satz 1 Nr. 1 darf die Genehmigung nur versagt werden, wenn die bauliche Anlage allein oder im Zusammenhang mit anderen baulichen Anlagen das Ortsbild, die Stadtgestalt oder das Landschaftsbild prägt oder sonst von städtebaulicher, insbesondere geschichtlicher oder künstlerischer Bedeutung ist. ²Die Genehmigung zur Errichtung der baulichen Anlage darf nur versagt werden, wenn die städtebauliche Gestalt des Gebiets durch die beabsichtigte bauliche Anlage beeinträchtigt wird.

(4) ¹In den Fällen des Absatzes 1 Satz 1 Nr. 2 und Satz 4 darf die Genehmigung nur versagt werden, wenn die Zusammensetzung der Wohnbevölkerung aus besonderen städtebaulichen Gründen erhalten werden soll. ²Sie ist zu erteilen, wenn auch unter Berücksichtigung des Allgemeinwohls die Erhaltung der baulichen Anlage oder ein Absehen von der Begründung von Wohnungseigentum oder Teileigentum wirtschaftlich nicht mehr zumutbar ist. ³Die Genehmigung ist ferner zu erteilen, wenn
1. die Änderung einer baulichen Anlage der Herstellung des zeitgemäßen Ausstattungszustands einer durchschnittlichen Wohnung unter Berücksichtigung der bauordnungsrechtlichen Mindestanforderungen dient,
1a. die Änderung einer baulichen Anlage der Anpassung an die baulichen oder anlagentechnischen Mindestanforderungen der Energieeinsparverordnung dient,
2. das Grundstück zu einem Nachlass gehört und Wohnungseigentum oder Teileigentum zugunsten von Miterben oder Vermächtnisnehmern begründet werden soll,
3. das Wohnungseigentum oder Teileigentum zur eigenen Nutzung an Familienangehörige des Eigentümers veräußert werden soll,
4. ohne die Genehmigung Ansprüche Dritter auf Übertragung von Wohnungseigentum oder Teileigentum nicht erfüllt werden können, zu deren Sicherung vor dem Wirksamwerden des Genehmigungsvorbehalts eine Vormerkung im Grundbuch eingetragen ist,
5. das Gebäude im Zeitpunkt der Antragstellung zur Begründung von Wohnungseigentum oder Teileigentum nicht zu Wohnzwecken genutzt wird oder
6. sich der Eigentümer verpflichtet, innerhalb von sieben Jahren ab der Begründung von Wohnungseigentum Wohnungen nur an die Mieter zu veräußern; eine Frist nach § 577a Abs. 2 Satz 1 des Bürgerlichen Gesetzbuchs verkürzt sich um sieben Jahre. Die Frist nach § 577a Abs. 1 des Bürgerlichen Gesetzbuchs entfällt.

⁴In den Fällen des Satzes 3 Nr. 6 kann in der Genehmigung bestimmt werden, dass auch die Veräußerung von Wohnungseigentum an dem Gebäude während der Dauer der Verpflichtung der Genehmigung der Gemeinde bedarf. ⁵Diese Genehmigungspflicht kann auf Ersuchen der Gemeinde in das Wohnungsgrundbuch eingetragen werden; sie erlischt nach Ablauf der Verpflichtung.

(5) ¹In den Fällen des Absatzes 1 Satz 1 Nr. 3 darf die Genehmigung nur versagt werden, um einen den sozialen Belangen Rechnung tragenden Ablauf auf der Grundlage eines Sozialplans (§ 180) zu sichern. ²Ist ein Sozialplan nicht aufgestellt worden, hat ihn die Gemeinde in entsprechender Anwendung des § 180 aufzustellen. ³Absatz 4 Satz 2 ist entsprechend anzuwenden.

Übersicht

	Rn.
1. Allgemeines	1
2. Genehmigungspflichtige Vorhaben (Abs. 1 S. 1, 2; 4 bis 6)	2
a) Allgemeines	2
b) Rückbau (Abs. 1 S. 1)	5
c) Änderung (Abs. 1 S. 1)	6
d) Nutzungsänderung (Abs. 1 S. 1)	8
e) Errichtung baulicher Anlagen (Abs. 1 S. 2)	9
f) Begründung von Wohnungs- und Teileigentum (Abs. 1 S. 4 bis 6)	11
3. Erhaltungsziele (Abs. 1 S. 1 Nr. 1 bis 3)	17
a) Allgemeines	17
b) Stadtgestalt (Abs. 1 S. 1 Nr. 1)	18
c) Milieuschutz (Abs. 1 S. 1 Nr. 2)	19
d) Umstrukturierung (Abs. 1 S. 1 Nr. 3)	20
4. Festlegung des Erhaltungsgebiets	21
a) Bebauungsplan; sonstige Satzung	21
b) Verfahren; Untersuchungen	23
c) Bezeichnung des Erhaltungsgebiets	26
d) Begründung	28
e) Abwägung; Ablaufprogramm	29
f) Befristung	32
g) Inkrafttreten (Abs. 1 S. 3)	33
h) Wirkungen	36
5. Zurückstellung von Anträgen (Abs. 2)	37
6. Versagungsgründe (Abs. 3 bis 5)	38
a) Allgemeines	38
b) Erhaltung der städtebaulichen Eigenart (Abs. 3)	39
c) Erhaltung der Zusammensetzung der Wohnbevölkerung (Abs. 4)	44
d) Städtebauliche Umstrukturierung (Abs. 5)	61
7. Vorkaufsrecht; Enteignung	62
8. Bauaufsicht	64
9. Ordnungswidrigkeit	65
10. Rechtschutz	66
11. Überleitung	67

1. Allgemeines. Die Gemeinde kann nach Abs. 1 S. 1 Gebiete festlegen, in denen der Abbruch, die Änderung, die Nutzungsänderung oder die Errichtung baulicher Anlagen sowie nach Maßgabe einer Rechtsverordnung des Landes die Begründung von Wohnungs- bzw. Teileigentum der Genehmigung bedürfen (**Erhaltungsge-**

1. Abschnitt. Erhaltungssatzung § 172

biete). Die Festlegung der Gebiete dient der Erhaltung der städtebaulichen Eigenart des Gebiets (Schutz des Ortsbilds, der Stadtgestalt, des Landschaftsbilds, der Erhaltung städtebaulich bedeutsamer baulicher Anlagen; Abs. 1 S. 1 Nr. 1), der Erhaltung der Zusammensetzung der Wohnbevölkerung (Abs. 1 S. 1 Nr. 2) oder der Sicherung eines sozialgerechten Ablaufs städtebaulicher Umstrukturierungen (Abs. 1 S. 1 Nr. 3). Die Erhaltung baulicher Anlagen durch Festsetzungen eines Bebauungsplans ist insoweit nicht möglich. Die Vorschrift dient der **Erhaltung und Erneuerung** von Städten und Dörfern (vgl. zum Anwendungsbereich, insbesondere auch zum Verhältnis zum Denkmalschutz BVerfG NVwZ 1987, 879; BVerwGE 78, 23; → Rn. 29, 30 sowie weiterhin *Stock* in EZBK § 172 Rn. 204 f.). Vgl. weiterhin (jeweils bejahend) BVerfG DVBl. 1987, 465 zur Bundeskompetenz (Art. 74 Nr. 18 GG, Bodenrecht; sog. „städtebaulicher Denkmalschutz") sowie zur Vereinbarkeit mit Art. 14 GG. Soweit der Einsatz des **sanierungsrechtlichen Instrumentariums** (§§ 136 ff.) nicht erforderlich ist, kommt die Erhaltungssatzung auch als Steuerungsinstrument der Stadt- und Ortserneuerung in Betracht. Sofern die Gemeinde nach § 142 Abs. 4 die Anwendung des § 144 ausgeschlossen hat, kann sie hinsichtlich der Erhaltungsziele eine Erhaltungssatzung erlassen. Die Erhaltungssatzung kann für Sanierungsgebiete auch deshalb von Bedeutung sein, weil die Verfügungs- und Veränderungssperre des § 144 nur für den Zeitraum der förmlichen Festlegung des Sanierungsgebiets gilt; § 172 kann die der Stadt- und Ortserhaltung dienenden **Sanierungsziele dagegen langfristig sichern** (auch *Köhler/Fieseler* in Schrödter § 172 Rn. 3).

2. Genehmigungspflichtige Vorhaben (Abs. 1 S. 1, 2; 4 bis 6). a) Allgemeines. Durch die Erhaltungssatzung wird ein gemeindlicher Genehmigungsvorbehalt für den **Rückbau** (Abbruch), die **Änderung** oder die **Nutzungsänderung** baulicher Anlagen in den Fällen des Schutzes der städtebaulichen Gestalt (Abs. 1 S. 1 Nr. 1) auch für die **Errichtung baulicher Anlagen** und in den Milieuschutzfällen (Abs. 1 S. 1 Nr. 2) auch für die Bildung von Wohnungs- bzw. Teileigentum begründet. Im Verhältnis zum Vorhabenbegriff des **§ 29 Abs. 1** gilt: Die Vorhabenbegriffe sind hinsichtlich der Errichtung (beschränkt auf die Fälle des § 172 Abs. 1 S. 2), Änderung und Nutzungsänderung baulicher Anlagen identisch. Demgegenüber erfasst § 29 Abs. 1 nicht den Abbruch baulicher Anlagen (→ § 29 Rn. 17). Andere als bauliche Maßnahmen werden von der Erhaltungssatzung nur in den Fällen der Milieuschutzsatzung (Begründung von Rechten nach WEG) erfasst.

Im Erhaltungsgebiet unterliegen **alle** in Abs. 1 bezeichneten **Vorhaben** der Genehmigungspflicht. § 172 enthält keine Ermächtigung, den gesetzlich vorgesehenen Genehmigungsvorbehalt auf einzelne Vorhaben zB nur auf den Abbruch oder die Änderung zu begrenzen (vgl. demgegenüber die Ermächtigungen in § 142 Abs. 4 sowie in § 28 Abs. 5 und § 144 Abs. 3). Eine Nichtanwendung der Genehmigungspflicht auf einzelne Vorhaben ist daher unzulässig (auch *Köhler/Fieseler* in Schrödter § 172 Rn. 39).

§ 172 schafft einen **selbstständigen Genehmigungstatbestand**, der unbeschadet einer Genehmigungspflicht entsprechender baulicher Maßnahmen oder deren Freistellung von einer Genehmigungspflicht nach dem Landesbauordnungsrecht gilt; dh die Tatbestände sind unmittelbar bundesrechtlich auszulegen, wobei („hilfsweise") auf die Landesbauordnungen zurückgegriffen werden kann.

b) Rückbau (Abs. 1 S. 1). Der Genehmigung bedarf der **Rückbau** einer baulichen Anlage (auch von Nebenanlagen iSv § 14 BauNVO). Dies umfasst die völlige Beseitigung, aber auch den Teilabbruch. Schon die teilweise Beseitigung baulicher Anlagen kann deren schützenswerten Gesamtcharakter erheblich beeinträchtigen oder die Gestaltmerkmale völlig zerstören. Zur Errichtung → Rn. 9.

c) Änderung (Abs. 1 S. 1). Der Genehmigung bedarf die **Änderung** der Substanz der baulichen Anlage, soweit sie nicht unter den Begriff des Rückbaus fällt. Die

§ 172 II. Kapitel. VI. Teil. Erhaltungssatzung u. städtebaul. Gebote

Änderung kann die Umgestaltung der äußeren Gestalt oder die innere bauliche Einrichtung der Anlage treffen. (Keine „Änderung", weil ohne Eingriff in die Bausubstanz bzw. ohne städtebauliche Bedeutung, ist die Umstellung von Einzelkohleöfen auf Elektrospeicherheizung: VGH Mannheim ZfBR 1994, 104; demgegenüber sind solche Änderungen genehmigungspflichtig, durch die eine Mieterhöhung und in der Folge eine Verdrängung der Wohnbevölkerung (vgl. BVerwG Beschl. v. 17. 12. 2004 – 4 B 85.04, NVwZ 2005, 445 (445) ausgelöst wird, insbesondere durch Veränderungen am Grundriss, den Einbau von noch nicht vorhandenen Bädern, Toiletten oder Loggien; s. aber auch Abs. 4 S. 3 Nr. 1 oder 1a). Der Genehmigung bedarf danach insbesondere der **Umbau**, der **Ausbau** oder die **Erweiterung** der baulichen Anlagen. Der Begriff „Umbau", wie er in § 39h Abs. 1 S. 1 BBauG neben der Änderung von baulichen Anlagen ausdrücklich aufgeführt war, ist im Begriff der Änderung mit umfasst. Die Änderung schließt insbesondere auch die **Modernisierung** baulicher Anlagen oder deren **Instandsetzung** ein, sofern diese baulichen Maßnahmen eine Änderung der baulichen Anlage zum Gegenstand haben (vgl. zu den Begriffen § 177), nicht dagegen die bauliche Instandhaltung (auch *Köhler/Fieseler* in Schrödter § 172 Rn. 42).

7 Ob eine Änderung **bodenrechtliche Qualität** hat, ist ausschließlich nach Bundesrecht zu beurteilen; § 29 Abs. 1. Allerdings kann (anhaltsweise) auf das über die Änderung baulicher Anlagen ergangene Bauordnungsrecht der Länder zurückgegriffen werden. Auch Modernisierungs- und Instandsetzungsmaßnahmen, die lediglich die in den Landesbauordnungen vorgesehenen **Mindestanforderungen** herstellen, bedürfen der Genehmigung, auf deren Erteilung nach Abs. 4 S. 3 Nr. 1 allerdings ein Rechtsanspruch besteht. **Modernisierungsmaßnahmen** sind nach § 172 auch dann genehmigungsbedürftig, wenn sie bauordnungsrechtlich keiner Baugenehmigung bedürfen (→ Rn. 4). § 172 umfasst jedoch nur solche baulichen Änderungen, die von städtebaulicher Bedeutung sind. So ist etwa die Anbringung einer **Werbeanlage** nur für den Bau selbst bedeutsam, sofern sie keine städtebauliche Ausstrahlung hat (OVG Lüneburg DVBl. 1983, 469f.). Hat die Änderung dagegen eine städtebauliche Auswirkung, so können auch gestalterische Veränderungen unterbunden werden. Dabei werden im Wesentlichen nur solche bauliche Maßnahmen erfasst, die sich auf Anlagen und Anlagenteile beziehen, zu denen Festsetzungen im Bebauungsplan möglich sind. Wirkt die Änderung über das betroffene Grundstück hinaus, zB weil sie bauliche Zusammenhänge beeinträchtigt, so hat sie (unbeschadet der Qualifizierung im Hinblick auf das einzelne Grundstück) eine städtebauliche Dimension; zB Anbringung einer Werbeanlage in Umfeld, dem solche Anlagen fremd sind.

8 **d) Nutzungsänderung (Abs. 1 S. 1).** In den Erhaltungsgebieten ist auch die **Nutzungsänderung** (vgl. § 29 Abs. 1) genehmigungsbedürftig. Die Nutzungsänderung baulicher Anlagen kann für die Erhaltungsfälle ua zur Verhinderung einer **„schleichenden" Umwidmung** von städtebaulich bedeutsamen Gebäuden dienen (zB Umnutzung als **Vergnügungsstätte** – Abs. 1 S. 1 Nr. 1 – oder **Umwandlung von Wohnungen in Büronutzung** – Abs. 1 S. 1 Nr. 2 oder 3). Auch hier ist jedoch nicht jede beliebige Nutzungsänderung von Bedeutung, sondern nur eine solche, die **planungsrechtliche Belange iS des § 1 berührt,** und zwar entsprechend den jeweiligen Erhaltungszielen. Von Bedeutung sind in der Regel solche Nutzungsänderungen, die die rechtliche Qualität der bisher zulässigen Nutzung ändern und damit in bodenrechtlicher Hinsicht die Genehmigungsfrage neu aufwerfen, also zB Gewerbe statt Wohnen, Einzelhandel statt Großhandel, störender Betrieb statt nicht störender Betrieb. Bedeutsam ist auch insoweit, dass für die Genehmigungspflicht im Erhaltungsbereich nicht auf die bauordnungsrechtliche Beurteilung einer Nutzungsänderung sondern auf die jeweiligen Erhaltungsziele abzustellen ist (→ Rn. 4 und 7). Zur Einbeziehung der Nutzungsänderung in die Veränderungssperre und in die sanierungsrechtlichen Verfügungs- und Veränderungssperre → Erl. zu § 14 Abs. 1 Nr. 1, § 144 Abs. 1 Nr. 1.

1. Abschnitt. Erhaltungssatzung § 172

e) **Errichtung baulicher Anlagen (Abs. 1 S. 2).** Die **Errichtung baulicher** 9
Anlagen ist in einem Erhaltungsgebiet, welches nach **Abs. 1 S. 1 Nr. 1** festgelegt ist,
genehmigungspflichtig. Für Gebiete nach Abs. 1 S. 1 Nr. 2 und 3 besteht dieser Genehmigungsvorbehalt dagegen nicht. Da der Katalog des Abs. 1 S. 1 und 2 abschließend ist, kann diese Regelung auch nicht durch gemeindliche Satzung in den Gebieten nach Abs. 1 S. 1 Nr. 2 und 3 eingeführt werden (vgl. bereits BVerwG NVwZ 1988, 357). Hiervon ist die Frage zu unterscheiden, ob bei der Entscheidung (Abs. 3 S. 1) zB über einen Antrag auf **Abbruch** („Rückbau") einer baulichen Anlage die **Wirkung der geplanten Neubebauung** berücksichtigt werden kann: Die Regelung spricht zwar nur von der „Erhaltung" der baulichen Anlage. Auch wenn ein Gebäude aus städtebaulichen Gründen erhaltenswert ist, kann im Einzelfall auch der Neubau dem Ziel der Erhaltung des vorhandenen Ortsbilds, der Stadtgestalt oder des Landschaftsbilds entsprechen. Deren Beeinträchtigung kann dann nicht bejaht werden, wenn im Falle des **Abrisses** eine Neubebauung vorgesehen ist, die nach Gestalt und Funktion die prägende Bedeutung der abzureißenden Anlage übernimmt oder verstärkt (vgl. entsprechend die Rspr. zum Verbot der Zweckentfremdung von Wohnraum im Zusammenhang mit dem Abbruch und der beabsichtigten Neuschaffung von Wohnraum (BVerwGE 54, 54).

Die städtebauliche Bedeutung des Genehmigungsvorbehalts für die Errichtung 10
baulicher Anlagen in den Erhaltungsgebieten liegt vor allem darin, Vorhaben mit gebietsuntypischen Gestaltungsmerkmalen von städtebaulicher Bedeutung untersagen zu können. Hierdurch können ua durch **Auflagen bei der Bauausführung**, sensible Neubauten in vorgeprägter Umgebung oder die Freihaltung von Grundstücken, etwa zur Wahrung von Sichtbeziehungen erreicht werden. Im Verhältnis zum **landesrechtlichen Baugestaltungsrecht** nach den Landesbauordnungen gilt dieselbe Grenzziehung, wie sie auch in den sonstigen Erhaltungsfällen vorzunehmen ist; vgl. § 173 Abs. 4; es handelt sich um zwei selbstständige, nebeneinander bestehende Regelungsbereiche. Die Regelung enthält, anders als der **Bebauungsplan,** keine Ermächtigung, „Baurecht" zu verändern oder aufzuheben. Es handelt sich vielmehr um einen **besonderen bodenrechtlichen Versagungsgrund,** der unbeschadet der bauplanungsrechtlichen Situation beachtlich ist. Es handelt sich wie bei den vergleichbaren Versagungsgründen im Umlegungsgebiet (§ 51 Abs. 1 Nr. 4) und im Sanierungsgebiet (§ 144 Abs. 1 Nr. 1) um einen selbstständigen Versagungsgrund. → Rn. 43.

f) **Begründung von Wohnungs- und Teileigentum (Abs. 1 S. 4 bis 6).** Nach 11
Abs. 1 S. 4 sind die Landesregierungen ermächtigt, durch Rechtsverordnung mit einer Geltungsdauer von höchstens fünf Jahren zu bestimmen, dass die Begründung von Wohnungseigentum und Teileigentum (gem. § 1 WEG) an Gebäuden, die ganz oder teilweise Wohnzwecken zu dienen bestimmt sind, einer Genehmigung (Umwandlungsgenehmigung) bedarf. Damit wird der Zweck verfolgt, negativen städtebaulichen Folgen vorzubeugen, die in Bezug auf die Erhaltung der Zusammensetzung der Wohnbevölkerung durch die Begründung von Sondereigentum entstehen können (vgl. auch *Köhler/Fieseler* in Schrödter § 172 Rn. 49). Betroffen sind nur Gebäude, die ganz oder teilweise zu Wohnzwecken zu dienen bestimmt sind. Gegenstand der Genehmigungspflicht für die Begründung von Wohnungs- bzw. Teileigentum können nur Gebäude im Geltungsbereich einer Satzung nach **Abs. 1 S. 1 Nr. 2** – Milieuschutzsatzung – sein. Die Genehmigungspflicht besteht sowohl für den Fall, in dem Wohnungseigentum oder Teileigentum an einer Wohnung (in Verbindung mit dem Miteigentumsanteil an dem gemeinschaftlichen Eigentum, zu dem es gehört; vgl. § 1 Abs. 2 WEG – **Wohnungseigentum**) begründet werden soll, als auch in dem Fall, in dem Teileigentum an nicht zu Wohnzwecken dienenden Räumen eines Gebäudes (in Verbindung mit dem Miteigentumsanteil an dem gemeinschaftlichen Eigentum, zu dem es gehört; vgl. § 1 Abs. 3 WEG – **Teileigentum**) be-

§ 172 II. Kapitel. VI. Teil. Erhaltungssatzung u. städtebaul. Gebote

gründet werden soll. Damit sind Fälle erfasst, in denen Gebäude, die ganz oder teilweise Wohnzwecken zu dienen bestimmt, zum einen zu Eigentumswohnungen und zum anderen zu gewerblichen Zwecken dienenden Räume werden sollen.

12 Das BauGB enthält in § 22 einen weiteren Genehmigungstatbestand für die Begründung oder Teilung von Wohnungseigentum oder Teileigentum (§ 1 WEG): In den Fremdenverkehrsgebieten ist ein solcher Genehmigungsvorbehalt – gleichfalls aus städtebaulichen Gründen – eingeführt worden.

13 Die **Rechtsverordnung** der Landesregierung kann bestimmen, dass in sämtlichen Milieuschutzsatzungen des Landes der Genehmigungsvorbehalt des § 172 Abs. 1 S. 4 zur Anwendung kommt. Sie kann die Geltung des Genehmigungsvorbehalts aber auch auf einzelne, in der Rechtsverordnung genannte Milieuschutzgebiete beschränken. Die Entscheidung hierüber steht in ihrem gesetzgeberischen Ermessen. Die Rechtsverordnung ist auf höchstens fünf Jahre befristet. Bei Vorliegen der Voraussetzungen steht der Gesetzeswortlaut einem erneuten Erlass nicht entgegen. Von der Ermächtigung hat Hamburg Gebrauch gemacht (zuletzt durch VO v. 9.12.2008, GVBl. 2008, 426: Befristung bis zum Ablauf des 31.12.2013).

14 Der Genehmigungsvorbehalt erfasst nicht die Aufteilung von zu **errichtenden Neubauten**. Die Errichtung baulicher Anlagen bedarf nur in den Fällen des Abs. 1 S. 1 Nr. 1 („städtebaulicher Denkmalschutz"; Stadtgestalterhaltungssatzung) der erhaltungsrechtlichen Genehmigung, nicht hingegen in den Fällen der Milieuschutzsatzung nach Abs. 1 S. 1 Nr. 2.

15 Nach **Abs. 1 S. 6** ist § 22 Abs. 2 S. 3 und 4, Abs. 6 und 8 über die **Grundbuchsperre** entsprechend anwendbar. Das Grundbuchamt kann eine Eintragung in das Grundbuch erst vornehmen, wenn der Genehmigungsbescheid oder ein Negativattest vorgelegt ist (§ 22 Abs. 6 S. 1). Die Gemeinde hat ein Negativattest auszustellen, wenn eine Genehmigung für die Begründung von Wohnungs- bzw. Teileigentum nicht erforderlich ist oder als erteilt gilt. Der Eingang der Mitteilung beim Grundbuchamt führt dazu, dass Abs. 6 S. 1 nicht mehr anzuwenden ist → § 22 Rn. 22. → Erl. zu § 22 Abs. 2, 6 und 8.

Wird auf Grund einer genehmigungsbedürftigen aber nicht genehmigten Begründung von Wohnungs- bzw. Teileigentum eine Eintragung in das Grundbuch vorgenommen, kann die Gemeinde gem. § 22 Abs. 6 S. 2 das Grundbuchamt um die Eintragung eines **Widerspruchs** ersuchen. Kommt es längere Zeit nach der Erteilung des Negativattests nicht zur Begründung von Wohn- oder Teileigentum und erlässt die Gemeinde im fraglichen Gebiet später eine Milieuschutzsatzung, kommt ggf. ein Widerruf des Negativattests gem. § 49 VwVfG in Betracht.

16 Die Genehmigungspflicht für die Begründung von Wohnungs- und Teileigentum gilt gem. **Abs. 1 S. 5** als Verbot iS des **§ 135 BGB** („Veräußerungsverbot"). „Begünstigter" dieses Schutzes ist die Gemeinde als Genehmigungsbehörde. Hat die Gemeinde die in § 172 Abs. 4 S. 3 Nr. 6 sowie S. 4 und 5 geregelte zusätzliche Genehmigungspflicht für die Veräußerung von Wohnungen nicht in das Grundbuch eintragen lassen, ist nach § 135 Abs. 2 BGB ein gutgläubiger Erwerb nach § 892 BGB nicht ausgeschlossen.

17 **3. Erhaltungsziele (Abs. 1 S. 1 Nr. 1 bis 3). a) Allgemeines. Abs. 1 S. 1 Nr. 1–3** enthält die **abschließende Aufzählung** der Ziele, die mit dem Instrument der Erhaltungssatzung verfolgt werden können. Die Ziele werden in Abs. 1 S. 1 allgemein umschrieben. Das Verhältnis von Satzungs- und Genehmigungsvoraussetzungen lässt sich als **zweistufiges Ablaufprogramm** kennzeichnen. Die Erhaltungsziele, die für die Zulässigkeit einer Satzung Voraussetzung sind, korrespondieren mit den **Versagungsgründen** nach Abs. 3 bis 5 (→ Rn. 38 ff.); Abs. 3 bis 5 konkretisieren die allgemeinen Erhaltungsziele des Abs. 1 S. 1.

18 **b) Stadtgestalt (Abs. 1 S. 1 Nr. 1). Die Erhaltungssatzung nach Abs. 1 S. 1 Nr. 1** dient der Erhaltung der städtebaulichen Qualität eines Gebiets, wie sie sich aus

1. Abschnitt. Erhaltungssatzung § 172

der vorhandenen Bebauung ergibt. Die Gemeinde wird ermächtigt, **Störungen der städtebaulichen Eigenart** des Gebiets auf Grund seiner städtebaulichen Gestalt zu **verhindern**. Auch eine einzelne stadt- oder ortshistorisch bedeutsame bauliche Anlage kann erhaltenswert sein (Hmb. OVG Urt. v. 13.6.2013 – 2 E 2/08.N, ZfBR 2013, 388). Zur Erreichung dieses Ziels räumt das Gesetz der Gemeinde einen Genehmigungsvorbehalt für den Rückbau, die Änderung und Nutzungsänderung sowie für die Errichtung baulicher Anlagen ein (→ Rn. 9). Die Schutzziele des Abs. 1 S. 1 Nr. 1 werden in den Versagungsgründen des Abs. 3 S. 1 konkretisiert. Der Erhaltungsschutz dient einerseits dem Ortsbild, der Stadtgestalt oder dem Landschaftsbild und andererseits baulichen Anlagen, die ansonsten von städtebaulicher, insbesondere geschichtlicher oder künstlerischer Bedeutung sind. Das **Ortsbild** ist die bauliche Ansicht eines Orts oder Ortsteils bei einer Betrachtung sowohl von innen wie von außen einschließlich der Ortssilhouette. Hierzu gehört auch das **Straßenbild**. Die **Stadtgestalt** geht über den Begriff des Ortsbildes hinaus und schließt die Baustruktur einer Stadt ein, also auch den Grundriss und damit die Gebäudestruktur und die Freiräume, so dass die Stadtgestalt das Ortsbild mithin prägen kann (BVerwG Urt. v. 4.12.2014 – 4 CN 7.13, NVwZ 2015, 901 Rn. 16). Mit der Einbeziehung des **Landschaftsbilds** können auch Gebiete im Außenbereich durch ein Erhaltungsgebiet geschützt werden (auch *Köhler/Fieseler* in Schrödter § 172 Rn. 25). Mit Landschaftsbild ist der optische Eindruck einer weitgehend von freier Landschaft geprägten Fläche mit einzelnen weniger verdichteten Besiedlungen gemeint. Zu den **Versagungsgründen** vgl. Abs. 3 (Rn. 39ff.).

c) Milieuschutz (Abs. 1 S. 1 Nr. 2). In den Fällen des **Abs. 1 S. 1 Nr. 2** ist Erhaltungsziel die Zusammensetzung der Wohnbevölkerung. Das Gesetz stellt keine besonderen Anforderungen an die Zusammensetzung der Wohnbevölkerung. Dies hängt mit dem besonderen städtebaulichen Ziel dieser Bestimmung zusammen: Sie dient aus städtebaulichen Gründen (insbesondere der Infrastrukturbereitstellung, der Wohnungsversorgung, der Baulandbereitstellung) dem **Erhalt der Zusammensetzung der Wohnbevölkerung** in dem Gebiet. Erhaltungsziel ist es, den in einem intakten Gebiet wohnenden Menschen den Bestand der Umgebung zu sichern und so die Bevölkerungsstruktur in einem bestimmten Ortsteil vor unerwünschten Veränderungen zu schützen (BVerfG DVBl. 1987, 465). Soweit damit Auswirkungen auf die städtebauliche Gestalt des Gebiets verbunden sind, wird ein gemeinsames Schnittfeld mit Abs. 1 S. 1 Nr. 1 eröffnet. Eine exakte Trennschärfe der Erhaltungsgründe ist in der Planungspraxis schwierig herbeizuführen, denn Erhaltungsgründe, die sich aus der Zusammensetzung der Wohnbevölkerung ergeben, haben oftmals auch Auswirkungen auf die städtebauliche Gestalt eines Gebiets. Schutzwürdig ist deshalb ein Gebiet mit grundsätzlich jeder Art von Wohnbevölkerung, soweit deren Zusammensetzung aus besonderen städtebaulichen Gründen erhalten werden soll (vgl. für viele *Bunzel* ZfBR 2015, 11 (13); *Stock* in EZBK § 172 Rn. 40ff. mwN; *Köhler/Fieseler* in Schrödter § 172 Rn. 33; *Beckmann* BauR 2015, 927 (928f.)). Dies kommt insbesondere in Betracht, wenn die Infrastruktureinrichtungen eines Gebiets abgestimmt sind auf die ansässige Bevölkerung (zB ältere Personen, Personen mit niedrigem Einkommensniveau, hoher Studierendenanteil usw.). Eine Gefährdung kann insbesondere durch bestimmte Erneuerungsmaßnahmen sowie durch die Bildung von Wohneigentum, auch als Zweitwohnungen oder Ferienappartements, entstehen, wenn durch diese Maßnahmen die Erhaltung der Zusammensetzung der Wohnbevölkerung gefährdet würde und mit Blick auf die besondere städtebauliche Situation im Gebiet städtebaulich nachteilige Entwicklungen eintreten. Zu den **Versagungsgründen** vgl. im Einzelnen **Abs. 4** (→ Rn. 44ff.).

d) Umstrukturierung (Abs. 1 S. 1 Nr. 3). In den Gebieten nach **Abs. 1 S. 1 Nr. 3** verfolgt die Gemeinde ein „relatives" Erhaltungsziel. Die Vorschrift gewährt einen vorübergehenden Schutz bei **städtebaulichen Umstrukturierungen** und

19

20

§ 172 II. Kapitel. VI. Teil. Erhaltungssatzung u. städtebaul. Gebote

verfolgt damit sozialplanerische Ziele (vgl. § 180). Die städtebaulichen Umstrukturierungen sollen sozialverträglich durchgeführt werden (so *Köhler/Fieseler* in Schrödter § 172 Rn. 37). Sie setzt ein besonderes städtebauliches Ziel der Gemeinde voraus, nämlich die („gewollte") Umstrukturierung. Für den sozialverträglichen Ablauf der städtebaulichen Veränderungen, die von der Gemeinde selbst oder von anderen ausgelöst sein können, hält die Vorschrift ein Schutzinstrumentarium bereit. Zu den Versagungsgründen vgl. im Einzelnen Abs. 5 (→Rn. 61). **§ 171d** ist der Umstrukturierungssatzung nachgebildet.

21 **4. Festlegung des Erhaltungsgebiets. a) Bebauungsplan; sonstige Satzung.** Die **förmliche Festlegung** des Erhaltungsgebiets erfolgt nach Abs. 1 S. 1 entweder in einem **Bebauungsplan** (auch in einem **einfachen Bebauungsplan** nach § 30 Abs. 3) oder durch eine sonstige Gemeindesatzung. Die Gemeinde kann frei entscheiden, welche Rechtsform sie wählt. In der Praxis werden Erhaltungsgebiete idR nicht in einem Bebauungsplan sondern durch eine **sonstige Satzung (Erhaltungssatzung)** festgelegt. Dies erklärt sich vor allem aus den geringeren Verfahrensanforderungen (→Rn. 23ff.). Der Vorzug der Festlegung in einem **Bebauungsplan** kann jedoch im Einzelfall darin liegen, dass die Ziele der Erhaltungssatzung durch ergänzende planungsrechtliche Sicherungen weiter abgesichert werden können. Bei Satzungen nach Abs. 1 S. 1 Nr. 2 können zur Verwirklichung des Erhaltungsziels oder auch zur Kompensation im Falle der Genehmigung von Abbrüchen im Einzelfall zB Festsetzungen nach § 9 Abs. 1 Nr. 7 oder 8 zweckmäßig sein (OVG Lüneburg NJW 1984, 2905). Weiterhin kommen örtliche Bauordnungsvorschriften nach Bauordnungsrecht der Länder in Betracht; hierzu sowie zur Festsetzung von Denkmalbereichen vgl. § 9 Abs. 4.

22 In der Satzung ist anzugeben, welche der in Abs. 1 S. 1 Nr. 1 bis 3 abschließend bezeichneten **Gründe** auf das festgelegte Gebiet zutreffen. Der kommunale Satzungsgeber ist iS des Zitiergebots (Angabe der Rechtsgrundlage auf § 172) verpflichtet, präzise kenntlich zu machen, auf welchen **gesetzlichen Erhaltungsgrund** er den Erlass der Satzung stützen will (vgl. auch VGH Kassel DVBl. 1986, 693). Für die Bezeichnung der Erhaltungsgründe iS des Abs. 1 S. 1 genügt die Bezugnahme auf das Gesetz (so auch BVerfG DVBl. 1987, 465; BVerwGE 78, 23). Ebenso kann in der Satzung der in Betracht kommende Tatbestand des Abs. 1 S. 1 wörtlich wiederholt werden. Die Satzung kann gleichzeitig auf Abs. 1 S. 1 Nr. 1 und Nr. 2 gestützt werden; die **Kombination** mit den in Abs. 1 S. 1 Nr. 3 genannten Zielen, die nicht auf dauerhafte Erhaltung des Gebiets, sondern nur vorübergehende Absicherung einer Umstrukturierung zielen, dürfte dagegen nicht in Betracht kommen, bzw. allenfalls mit den Fällen nach Abs. 1 S. 1 Nr. 1. Zur Frage der **Begründung** einer Erhaltungssatzung →Rn. 28.

23 **b) Verfahren; Untersuchungen.** Erfolgt die Festlegung der Erhaltungsziele in einem **Bebauungsplan,** stellen sie eine Festsetzung des Bebauungsplans dar; das Verfahren bestimmt sich nach den für die Aufstellung des Bebauungsplans maßgeblichen Vorschriften. Bei der **sonstigen Satzung** findet das für die Bauleitplanung vorgeschriebene **Verfahren** nach den §§ 3ff. keine Anwendung (OVG Lüneburg ZfBR 1983, 238 mit Anm Krautzberger). Insbesondere sind keine Öffentlichkeitsbeteiligung und keine Anhörung der Behörden und der sonstigen Träger öffentlicher Belange vorgeschrieben. Auch in den Fällen des Abs. 1 S. 1 Nr. 1 ist die **Beteiligung der Denkmalbehörden** rechtlich nicht geboten; jedoch sollte diese Beteiligung aus faktischen Gründen idR vorgesehen werden.

24 Um die Gefahr des Abbruchs („Rückbaus"), der Änderung oder der Nutzungsänderung baulicher Anlagen mit ihren städtebaulichen Folgen gewichten zu können, bedarf es erforderlichenfalls vorausgehender **Untersuchungen** des Gebiets. Die Gemeinde kann jedoch auch aus der Analyse ihrer bereits bekannten Daten die Voraussetzungen für den Erlass einer Erhaltungssatzung ableiten (VGH München NVwZ-

1. Abschnitt. Erhaltungssatzung **§ 172**

RR 1997, 595). In den Fällen des Abs. 1 S. 1 Nr. 1 können zB entsprechende Unterlagen der Denkmalschutzbehörden wichtig sein. Für die Beurteilung der Fälle des Abs. 1 S. 1 Nr. 2 oder 3 muss die Gemeinde über entsprechende Unterlagen über die Bevölkerungsstruktur oder die zu erwartenden Auswirkungen von Umstrukturierungen verfügen; in den Fällen Nr. 3 bedarf es darüber hinaus der Entwicklung eines gemeindlichen Handlungskonzepts; vgl. auch Abs. 5 S. 1 und 2 über die Aufstellung eines Sozialplans (§ 180). Die gründliche Untersuchung des Gebiets daraufhin, ob einer der Erhaltungsgründe vorliegt, ist daher geboten, sofern der Gemeinde entsprechende Unterlagen nicht bereits vorliegen. Grundlage für den Erlass einer Erhaltungsnutzung können insbesondere die Ergebnisse einer **städtebaulichen Rahmenplanung** oder **sonstigen informellen Planung** der Gemeinde sein (vgl. § 1 Abs. 6 Nr. 11, § 140 Nr. 4).

Zur förmlichen Festlegung ist ein **Aufstellungsbeschluss** nicht erforderlich 25 (OVG Lüneburg ZfBR 1983, 238). Das für die Bauleitplanung vorgeschriebene Verfahrensrecht (§§ 2ff.) ist (bei den „sonstigen Satzungen") nicht anzuwenden. Die Möglichkeit der **Zurückstellung von Vorhaben gem. Abs. 2** auf Grund eines Aufstellungsbeschlusses begründet keine die Gemeinde bindende Verfahrensvorschrift, sondern ein zusätzliches Sicherungsinstrument, von dem die Gemeinde nach ihrem Ermessen Gebrauch macht.

c) Bezeichnung des Erhaltungsgebiets. Was den **gebietlichen Umgriff** des 26 förmlich festzulegenden Gebiets betrifft, steht der Gemeinde ein **planerischer Ermessensspielraum** zu. Vor allem in mittleren und größeren Gemeinden wird es aus Gründen der Verwaltungsökonomie geboten sein, die Unterschutzstellung auf **einzelne (Teil-)Gebiete** zu beschränken. Eine eingeschränkte Unterschutzstellung, die nur einen Teil der tatsächlich oder möglicherweise schützenswerten Flächen umfasst, ist jedenfalls dann nicht fehlerhaft, wenn der unter Erhaltungsschutz gestellte Bereich nicht zu klein und die Schutzmaßnahme deswegen nicht sinnlos ist (Hmb. OVG Urt. v. 13.6.2012 – 2 D 2/08, ZfBR 2013, 388; VGH Kassel DVBl. 1986, 693). Das Gebiet kann auch ein einzelnes Gebäude von besonderem städtebaulichem Gewicht sein (OVG Hamburg Urt. v. 13.6.2012 – 202/08, ZfBR 2013, 388; VGH Mannheim ZfBR 1992, 295). Aus den erwähnten Gründen der **Verwaltungsökonomie** kann der gemeindliche Satzungsgeber nicht dazu verpflichtet sein, **alle** schutzwürdigen und schutzbedürftigen Bereiche unter Erhaltungsschutz zu stellen. Das schützenswerte Gebiet ist so auszuwählen, dass die städtebaulichen Folgen der in Abs. 1 S. 1 bezeichneten Maßnahmen städtebaulich gewichtet werden können. → § 174 über Grundstücke öffentlicher Bedarfsträger, auf die § 172 nicht anzuwenden ist.

Das Gebiet, für das der Genehmigungsvorbehalt eingeführt werden soll, muss im 27 Bebauungsplan oder in der besonderen Satzung **mit ausreichender Eindeutigkeit bezeichnet** werden (vgl. auch *Köhler/Fieseler* in Schrödter § 172 Rn. 8f.). Bei Festlegung durch den Bebauungsplan erfolgt die Bezeichnung in Übereinstimmung mit dem räumlichen Geltungsbereich des Bebauungsplans oder durch zeichnerische Kenntlichmachung von Teilen des räumlichen Geltungsbereichs in der Planzeichnung. Die Festlegung des Gebiets kann bei Festlegung durch besondere Satzung textlich durch eindeutige Umschreibung seiner Grenzen in der Satzung, aber auch durch Aufführung der Flurstücke, auf die sich die Festlegung bezieht, erfolgen; weiterhin → Rn. 33 zur öffentlichen Bekanntmachung.

d) Begründung. Die Beifügung einer besonderen **Begründung** schreibt das 28 Gesetz nicht vor. Es genügt (und ist erforderlich) die Bezugnahme oder Wiederholung der gesetzlichen Erhaltungs- bzw. Sicherungsgründe, also die Angabe der Rechtsgrundlage der Satzung (→ Rn. 22), dh die Bezugnahme oder Wiederholung der gesetzlichen Erhaltungs- bzw. Sicherungsgründe. Bei Festlegung durch einen Bebauungsplan ist eine Begründung nach Maßgabe des § 9 Abs. 8 erforderlich.

§ 172 II. Kapitel. VI. Teil. Erhaltungssatzung u. städtebaul. Gebote

29 **e) Abwägung; Ablaufprogramm.** Mit der Satzung wird das Erhaltungsgebiet zunächst nur flächenbezogen bezeichnet. In der Satzung wird die Erhaltungswürdigkeit des Gebietes festgestellt und damit die Genehmigungsbedürftigkeit baulicher Veränderungen begründet. Ob die Voraussetzungen für die Erhaltungswürdigkeit im Hinblick auf ein konkretes Vorhaben gegeben sind, ist dagegen erst im Rahmen der Entscheidung über einen Antrag (also im Verfahren nach § 173) zu prüfen. Das **Ablaufprogramm** der Erhaltungssatzung ist somit durch eine **Zweistufigkeit** gekennzeichnet (vgl. *Henke* DÖV 1983, 402 (405); *Köhler/Fieseler* in Schrödter § 172 Rn. 6; *Stock* in EZBK § 172 Rn. 128; dieser Auslegung ist die Rspr. gefolgt: vgl. vor allem BVerwG Urt. v. 4.12.2014 – 4 CN 7.13, NVwZ 2015, 901 Rn. 13; OVG Hamburg Urt. v. 9.7.2014 – 2 E 3/13.N, BeckRS 2014, 56242; VGH Kassel DVBl. 1986, 693 und OVG Lüneburg NJW 1984, 2905 sowie im Ergebnis auch BVerfG DVBl. 1987, 465 und BVerwGE 78, 23). Anders als im Bebauungsplan trifft die Erhaltungssatzung selbst noch **keine rechtsverbindliche Nutzungsregelung** für das einzelne Grundstück. Sie begründet mit der Gebietsfestlegung **(erste Stufe)** nur ein „präventives Verbot mit Genehmigungsvorbehalt", nach dem alle baulichen Maßnahmen iS des § 172 Abs. 1 S. 1 und 2 im Satzungsgebiet grundsätzlich erlaubt bleiben. Sie werden jedoch einer vorbeugenden Kontrolle im Hinblick auf die Erhaltungsziele unterzogen. Erst bei der Entscheidung über den Genehmigungsantrag **(zweite Stufe)** erfolgt die Abwägung für das einzelne Grundstück bzw. Vorhaben, wie sie beim Bebauungsplan schon auf der normativen Ebene vollzogen sein muss. Ein entsprechendes Ablaufprogramm ist auch für das Sanierungs- und Entwicklungsrecht, dort zB im Hinblick auf den Genehmigungsvorbehalt nach §§ 144, 145, kennzeichnend (→ § 142 Rn. 4–8 sowie BVerwGE 70, 83). Aus der Zweistufigkeit folgt also, dass die Gemeinde in der Satzung nur zu regeln hat, in welchem Gebiet und aus welchen der in Abs. 3 bis 5 dafür vorgesehenen Gründe das Erfordernis eines besonderen Genehmigungsverfahrens statuiert werden soll (BVerwG Urt. v. 3.7.1987 – 4 C 26/85, NVwZ 1988, 357 (358)). An die Milieuschutzsatzung ergeben sich damit folgende Voraussetzungen: Die Gemeinde hat konkret (mittels einer repräsentativen Erhebung) zu bestimmen, wie sich die Wohnbevölkerung im Erhaltungsgebiet zusammensetzt, die sie vor unerwünschten Veränderungen schützen will. Die Abgrenzung des Erhaltungsgebietes ist so vorzunehmen, dass das Schutzziel in wesentlichen Teilen des Gebietes erreicht werden kann. Außerdem muss die abstrakte Gefahr bestehen, dass ohne den Erlass der Satzung (oder Verordnung) im Erhaltungsgebiet infolge baulicher Maßnahmen iSv Abs. 1 S. 1 eine unerwünschte Veränderung der Zusammensetzung der Wohnbevölkerung zu erwarten ist. Schließlich muss die unerwünschte Veränderung in der Zusammensetzung der Wohnbevölkerung negative städtebauliche Folgen befürchten lassen (zu diesen Anforderungen im Einzelnen OVG Hamburg Urt. v. 9.7.2014 – 2 E 3/13.N, BeckRS 2014, 56242)

30 Bei der Gebietsfestlegung besteht somit eine entsprechende **eingeschränkte Abwägungspflicht,** nämlich insbesondere hinsichtlich des „Ob" und „Wie" einer Erhaltungssatzung (OVG Hamburg Urt. v. 9.7.2014 – 2 E 3/13.N, BeckRS 2014, 56242). Die Abwägung zwischen den städtebaulichen Erhaltungszielen iS des Abs. 1 S. 1 und dem auf bauliche Veränderung oder Nutzungsänderung gerichteten Eigentümerinteresse ist daher nicht bereits bei der satzungsmäßigen Unterschutzstellung abschließend zu vollziehen und auch nicht „verbraucht". Die planerische Entscheidung (die Abwägung) beim Erlass der Satzung bezieht sich in erster Linie auf die **Berücksichtigung und Gewichtung des städtebaulichen Belangs der Erhaltung** in Bezug auf das konkrete Gebiet. Die Entscheidung über konkret divergierende öffentliche und private Interessen ist auf der zweiten Stufe, also im Rahmen des Genehmigungsverfahrens nach § 173 zu treffen (VGH Kassel DVBl. 1986, 693). Die Anforderungen an die von der Gemeinde anzustellende Abwägung beim Erlass der Satzung sind auf Grund der Zweistufigkeit dementsprechend geringer: Da die Anwendungssituation des § 172 vom Gesetzgeber gewissermaßen „vorweggeplant" ist, kommt die

1. Abschnitt. Erhaltungssatzung § 172

Abwägung zunächst im Wesentlichen einem **Subsumtionsvorgang** nahe (so auch OVG Lüneburg NJW 1984, 2905; *Stock* in EZBK § 172 Rn. 68). Auch der Inhalt der Erhaltungssatzung, also die **Erhaltungsinstrumentarien,** sind vom Gesetzgeber vorwegbestimmt; auch insoweit hat die Gemeinde kein Abwägungsermessen. Gegenstand planerischer Abwägung sind ua: Zeitpunkt, Gebietsauswahl, Gebietsbegrenzung, Beurteilung der Erhaltungswürdigkeit, Beurteilung der Durchführbarkeit zB im Hinblick auf die Mitwirkungsbereitschaft der Eigentümer und der sonstigen Betroffenen im Allgemeinen, Einordnung in übergeordnete städtebauliche Konzepte (ua städtebauliche Rahmenplanung). Die planerische Entscheidung bezieht sich also auf die **konkreten Gestaltungsmöglichkeiten,** die der Gestaltungsrahmen und -auftrag des § 172 vorgeben.

Für die **gerichtliche Überprüfung** der gemeindlichen Entscheidung ergibt sich hieraus: Die von der Gemeinde bei der Festlegung des Gebiets vorzunehmende Abwägung und Wertung der schutzbedürftigen Belange ist im Wesentlichen nicht hinsichtlich des Abwägungsvorgangs gerichtlich überprüfbar. Gerichtlicher Überprüfung unterliegt jedoch das **Abwägungsergebnis** (OVG Lüneburg NJW 1984, 2905), also vor allem die zu treffende Beurteilung des Vorliegens von Erhaltungstatbeständen. Auf der „ersten Stufe" des Ablaufprogramms, also der Festlegung des Gebiets, ist die Entscheidung über das Erfordernis der förmlichen Festlegung eines Gebiets zu treffen. Der Satzung können nicht Erfordernisse der erst in zweiter Stufe (Einzelfallgenehmigung) anzustellenden Abwägung entgegengehalten werden (zB Mitwirkungsbereitschaft im Einzelnen, Zumutbarkeit ua). Ist ein Gebiet aus den in Abs. 1 S. 1 Nr. 1–3 genannten Gründen schutzwürdig, so kann es als Ganzes förmlich festgelegt werden, auch wenn **einzelne bauliche Anlagen** diesen Anforderungen nicht entsprechen; dies muss bei der Einzelfallentscheidung berücksichtigt werden. Umgekehrt bedarf es auf der „zweiten Stufe" (Einzelfallgenehmigung) nicht mehr der Prüfung, ob das Gebiet insgesamt erhaltenswert ist. Die Prüfung reduziert sich insoweit auf die Frage, ob diese mit der Satzungsfestlegung vorgenommene Wertung auch für das konkrete Grundstück bzw. das Vorhaben einschlägig ist. Zum Rechtsschutz weiterhin → Rn. 66 sowie *Stock* in EZBK § 172 Rn. 213. 31

f) Befristung. Das Gesetz sieht für Erhaltungsmaßnahmen nach § 172 – anders als bei den Sanierungsmaßnahmen nach §§ 136ff. (vgl. § 162 oder bei der Veränderungssperre nach §§ 14ff.) – **keine zeitliche Befristung** vor. Anders als bei den auf Dauer angelegten Vorschriften zum Schutz des Ortsbilds, der Stadtgestalt, des Landschaftsbilds und des städtebaulichen Denkmalschutzes (Abs. 1 S. 1 Nr. 1), ergibt sich jedenfalls für die Erhaltungsmaßnahmen nach Abs. 1 S. 1 Nr. 3 eine immanente zeitliche Begrenzung aus dem Umstrukturierungsprozess selbst. Aber auch in den Fällen der „Milieuschutzsatzung" (Abs. 1 S. 1 Nr. 2) ist von einer immanenten Befristung auszugehen, da die Gefährdung der Zusammensetzung der Wohnbevölkerung idR ein zeitlich begrenzter Vorgang ist, insbesondere aber die Bevölkerung selbst mit der Zeit Veränderungen erfährt. Die Satzung selbst kann, muss aber nicht unbefristet erlassen werden. Allerdings besteht für die Gemeinde die Verpflichtung, nach Wegfall der Anwendungsvoraussetzungen die förmliche Festlegung aufzuheben (eine „Funktionslosigkeit" offen lassend: OVG Mecklenburg-Vorpommern Beschl. v. 2.6.2009 – 3 M 54.09, BauR 2010, 591). Die Aufhebung erfolgt als actus contrarius durch Aufhebung oder Änderung des Bebauungsplans oder bei der „sonstigen Satzung" durch Aufhebungssatzung. 32

g) Inkrafttreten (Abs. 1 S. 3). Die öffentliche Bekanntmachung und das Inkrafttreten der „sonstigen" Erhaltungssatzung bestimmen sich gem. **Abs. 1 S. 3** nach § 16 Abs. 2. Für die Fälle der Festlegung des Erhaltungsgebiets in einem Bebauungsplan → Rn. 21ff. Die besondere Satzung ist durch ortsübliche Bekanntmachung iS des für Gemeindesatzungen einschlägigen Gemeinderechts in Kraft zu setzen; Abs. 1 S. 3, § 16 Abs. 2. Danach hat die Gemeinde die Erhaltungssatzung **ortsüblich bekannt zu machen.** Es kann aber auch eine **Ersatzverkündigung** vorgesehen wer- 33

§ 172 II. Kapitel. VI. Teil. Erhaltungssatzung u. städtebaul. Gebote

den, dh es kann wie beim Bebauungsplan verfahren werden; § 16 Abs. 2 S. 2 Hs. 2 iVm § 10 Abs. 3 S. 4. In diesem Fall ist das Gebiet in einer Karte festzulegen. Bei Verweisung auf eine Karte ist der örtliche Geltungsbereich in der Satzung klar abzugrenzen. Hier genügt die **grobe Umschreibung** im Text der Satzung und die Verweisung auf eine an der zu benennenden Amtsstelle niedergelegte und dort in den Dienststunden für jedermann einsehbare Karte. Die grobe Umschreibung des betreffenden Gebiets muss geeignet sein, für Grundeigentümer und Nutzungsberechtigte eine **Anstoß- und Warnfunktion** in der Weise auszuüben, dass sie eindeutig oder wahrscheinlich im Geltungsbereich der Satzung erfasst werden. Der Satzungstext muss also eine hinreichende Vororientierung erlauben, er muss nicht schon grundstücksgrenzenscharf den Satzungsbereich bezeichnen (vgl. BVerwGE 55 369; VGH Kassel DVBl. 1986, 693). Die Erhaltungssatzung tritt mit der öffentlichen Bekanntmachung **in Kraft.**

34 Die in § 39h Abs. 1 S. 3 BBauG vorgesehene **Genehmigungspflicht der Erhaltungssatzung** ist seit dem BauGB von 1987 entfallen. Für die **neuen Länder** gilt dies ab Inkrafttreten des Inv-WoBauLG (1.5.1993). Zunächst bestand dort gem. § 246a Abs. 1 S. 1 Nr. 4 BauGB 1990 die Genehmigungspflicht.

35 Ist das Erhaltungsgebiet dagegen in einem **Bebauungsplan** festgelegt, so bestimmt sich das Verfahren nach dem Recht des Bauleitplanverfahrens; § 10. Zwar ist die „selbstständige" Erhaltungssatzung genehmigungsfrei. Als Teil des Bebauungsplans nimmt sie an dessen verfahrensmäßigem und rechtlichem Schicksal teil.

36 h) **Wirkungen.** Ab der förmlichen Festlegung des Erhaltungsgebiets (Inkrafttreten der Erhaltungssatzung) bedürfen der Rückbau, die Änderung oder die Nutzungsänderung baulicher Anlagen der **Genehmigung** nach §§ 172, 173. Das Gleiche gilt für die Errichtung baulicher Anlagen in den Fällen des Abs. 1 S. 1 Nr. 1 iVm Abs. 1 S. 2. Diese Genehmigungspflicht besteht **unbeschadet der bauordnungsrechtlichen Genehmigungspflicht** oder einer **Freistellung** von der Genehmigungspflicht entsprechender Maßnahmen im Bauordnungsrecht (→ Rn. 2 ff.). Die Genehmigungspflicht besteht weiterhin unbeschadet sonstiger landesrechtlicher Vorschriften über den Schutz und die Erhaltung baulicher Anlagen; vgl. § 173 Abs. 4. In den Fällen des Abs. 1 S. 4 bedarf auch die Begründung von Wohnungs- bzw. Teileigentum der Genehmigung.

37 5. **Zurückstellung von Anträgen (Abs. 2).** Nach **Abs. 2** kann die Gemeinde zur Sicherung der Erhaltungsziele durch Antrag gegenüber der Baugenehmigungsbehörde veranlassen, dass vor Inkrafttreten des Bebauungsplans oder der besonderen Satzung Anträge auf die von Abs. 1 erfassten Vorhaben unter entsprechender Anwendung des § 15 Abs. 1 für einen Zeitraum bis zu 12 Monaten **befristet zurückzustellen** sind. Voraussetzung ist, dass ein Aufstellungsbeschluss gefasst und ortsüblich bekannt gemacht worden ist. Abs. 2 begründet nicht – wie Abs. 1 S. 1 – einen selbstständigen Genehmigungstatbestand. Der Antrag, an den Abs. 2 anknüpft, bezieht sich daher auf andere Genehmigungstatbestände, in erster Linie auf solche nach dem **Bauordnungsrecht** (ebenso *Stock* in EZBK § 172 Rn. 87 ff. bzw. auf die gem. § 15 Abs. 1 S. 2 nach Landesrecht vorgesehenen Verfahren). Voraussetzung für die Zurückstellung von Anträgen ist der Beschluss der Gemeinde, eine Satzung nach Abs. 1 S. 1 zu erlassen. Der Aufstellungsbeschluss und die Rechtswirkungen des Abs. 2 können für beide Fälle der Festlegung nach Abs. 1 S. 1 (Bebauungsplan oder sonstige Satzung) in Betracht kommen (OVG Lüneburg ZfBR 1983, 238). In den Fällen des Abs. 1 S. 4 (Begründung von Wohn- oder Teileigentum) kann Abs. 2 iVm einer entsprechenden Anwendung von § 15 Abs. 1 die Zurückstellung des Antrags auf Erteilung eines **Negativattests** (Abs. 1 S. 6; vgl. § 22 Abs. 6 S. 1) begründen.

38 6. **Versagungsgründe (Abs. 3 bis 5). a) Allgemeines.** Im förmlich festgelegten Gebiet tritt ein präventives Verbot mit Erlaubnisvorbehalt für die in Abs. 1 S. 1,

1. Abschnitt. Erhaltungssatzung **§ 172**

S. 2 und 4 bezeichneten Vorhaben bzw. Aufteilungen ein. Die Gründe für die **Versagung** einer Genehmigung für die in Abs. 1 bezeichneten Vorhaben sind in Abs. 3–5 **abschließend** aufgezählt. Eine Ermächtigung zur Anordnung der Durchführung sowohl der genannten als auch anderer Maßnahmen (zB nach § 177) ist damit nicht verbunden. Sind die Voraussetzungen für das Verbot im Einzelfall nicht gegeben, so besteht ein **Rechtsanspruch auf Genehmigung;** vgl. Abs. 3 S. 1, Abs. 4 S. 1, Abs. 5 S. 1. Liegen die Voraussetzungen für die Versagung vor, **muss** die Genehmigung versagt werden. Die vollständige Versagung wäre schon nach dem Grundsatz des geringstmöglichen Eingriffs unzulässig, wenn sich der gesetzliche Zweck durch **Nebenbestimmungen** sicherstellen lässt. Es liegt grundsätzlich nicht im Ermessen der Gemeinde, die Genehmigung zu erteilen oder zu versagen (ebenso VGH Kassel NVwZ-RR 1993, 401; OVG Münster BauR 2007, 1552; *Stock* in EZBK § 172 Rn. 130; *Köhler/Fieseler* in Schrödter § 172 Rn. 60; *Oehmen* in SU § 172 Rn. 17 f; *Bank,* in KK Brügelmann § 172 Rn. 63; aA *Brohm* JZ 1995, 369 (374); *Henke* DÖV 1983, 219 ff.). Andernfalls fehlt es an einem die Gleichheit der Rechtsanwendung sichernden Maßstab. Im Einzelfall kann es jedoch Fallgestaltungen geben, die gleichwohl die Erteilung der Genehmigung im Ermessenswege rechtfertigen (BVerwGE 105, 67 im Falle einer Milieuschutzsatzung; bei **„atypischen Fallgestaltungen"** VGH Mannheim NVwZ-RR 1999, 565). Hier ist an Maßnahmen zu denken, die ihrerseits dem Erhaltungsziel dienen; zB Nutzungsänderung für die soziale Infrastruktur zur „Stabilisierung" eines Gebiets, soweit hierin ein Verdrängungsfall zu sehen wäre (→ Rn. 46); Ersatzbauten in Einzelfällen auch außerhalb des Gebiets (vgl. auch Rn. 9) auf der Grundlage eines Gesamtkonzepts. *Stock* (EZBK § 172 Rn. 133) weist auf die nach der Rspr. des BVerwG bestehende Möglichkeit hin so wie in § 31 Abs. 2 im Einzelfall zu Korrekturmöglichkeiten des Zulässigkeitsrahmens zu kommen.

b) Erhaltung der städtebaulichen Eigenart (Abs. 3). In **Abs. 3** sind abschließend diejenigen Gründe geregelt, die eine Versagung der Genehmigung in den nach Abs. 1 S. 1 Nr. 1 festgelegten Erhaltungsgebieten rechtfertigen. Abs. 3 S. 1 enthält die Versagungsgründe für die Fälle des Rückbaus, der Änderung oder Nutzungsänderung einer baulichen Anlage (Abs. 1 S. 1). Abs. 3 S. 2 enthält den Versagungsgrund für die Fälle des Abs. 1 S. 2, also die Errichtung baulicher Anlagen. Die Versagungsgründe nach **Abs. 3 S. 1** konkretisieren das allgemeine **Schutzziel nach Abs. 1 S. 1 Nr. 1.** Der Erhaltungsschutz dient einerseits dem Ortsbild, der Stadtgestalt oder dem Landschaftsbild (1. Fall) und andererseits baulichen Anlagen die ansonsten von städtebaulicher, insbesondere geschichtlicher oder künstlerischer Bedeutung sind (2. Fall). Die Notwendigkeit des städtebaulichen Bezugs gilt für beide Fälle. Gemeinsam ist ihnen der Schutz städtebaulicher Belange (vgl. BVerwG Beschl. v. 25. 6. 2013 – 4 BN 6/13, BeckRS 2013, 53018). 39

Nach **Abs. 3 S. 1, 1. Fall** darf die Genehmigung nur versagt werden, wenn die bauliche Anlage zum Schutz des Ortsbilds, der Stadtgestalt oder des Landschaftsbilds erhalten bleiben soll. Die Vorschrift hat den städtebaulichen Ensembleschutz im Auge (BVerfG DVBl. 1987, 465 rechnet die Regelung dem „sog. städtebaulichen Denkmalschutz" zu). Zu den Schutzzielen im Einzelnen → Rn. 18. 40

Die Genehmigung darf nur versagt werden, wenn die **bauliche Anlage** für das Ortsbild, die Stadtgestalt oder das Landschaftsbild **prägend** ist (vgl. zum Verhältnis zu landesrechtlichen Vorschriften § 173 Abs. 4; hierzu *Stich* ZfBR 1983, 61). Diese Entscheidung hat grundsätzlich die Gemeinde zu treffen (vgl. § 173 Abs. 1). Insoweit genügt es nicht, dass die Anlage in einem rechtmäßig festgelegten Erhaltungsgebiet liegt (BVerwG Beschl. v. 30. 10. 2008 – 4 B 56.08, ZfBR 2009, 157). Für eine Prägung des Ortsbildes kommt es ausschließlich auf die optischen Wirkungen einer baulichen Anlage an (OVG Rheinland-Pfalz Urt. v. 31. 7. 2008 – 1 A 10 361, BauR 2009, 81). Sie muss ihren räumlichen Wirkungsbereich gestalterisch nicht nur unwesentlich positiv beeinflussen (OVG Hamburg ZfBR 2008, 383). Es geht nicht um den 41

§ 172 II. Kapitel. VI. Teil. Erhaltungssatzung u. städtebaul. Gebote

Erhalt von baulichen Anlagen aus Gründen des Denkmalschutzes. Schutzobjekt ist nicht das Einzelgebäude als solches, sondern die **prägende Funktion,** die das Gebäude für einen städtebaulichen Zusammenhang hat (BVerwGE 78, 23; Beschl. v. 30.10.2008 – 4 B 56.08, ZfBR 2009, 157; optisch nicht wahrnehmbare Funktionen wie etwa die lärmabschirmende Wirkung eines Gebäudes „bewohnbare Lärmschutzwand" können demgegenüber nichts zur städtebaulichen Gestalt eines Gebiets beitragen und rechtfertigen daher nicht den Erlass einer Erhaltungssatzung, vgl. BVerwG Urt. v. 4.12.2014 – 4 CN 7.13, NVwZ 2015, 901 Rn. 11).). Ortsbildrelevant sind alle denkbaren Standorte, unabhängig davon, ob sie öffentlich zugänglich sind oder nicht. Dementsprechend kommt es nicht darauf an, ob die bauliche Anlage vom Straßenraum aus einsehbar ist oder nicht. Anlagen, die für sich genommen die erforderliche prägende Wirkung nicht entfalten, aber Bestandteil eines für die Eigenart der näheren Umgebung bestimmenden Ensembles sind, sind in dieser Eigenschaft geschützt. Ein derartiges **Ensemble** kann auch aus einem ganzen Quartier bestehen, soweit der Zusammenhang noch nicht durch die bauliche Entwicklung wirksam gestört worden ist und das Ensemble für seine Umgebung daher noch die genannte qualifizierte Bedeutung hat (OVG Hamburg ZfBR 2008, 383; *Stock* EZBK § 172 Rn. 32f., 147, 149, 154). Dies setzt nicht voraus, dass das einzelne Gebäude selbst denkmalwert ist. Zur Erhaltung der städtebaulichen Eigenart eines Gebiets ist es erforderlich, aber auch ausreichend, wenn das Gebiet als solches die in Abs. 1 S. 1 Nr. 1 und Abs. 3 S. 1 konkretisierten städtebaulichen Merkmale aufweist. Nicht erforderlich ist, dass die in dem Gebiet vorhandenen baulichen Anlagen einzeln oder insgesamt den Rang eines Kulturdenkmals einnehmen. Jedoch muss die bauliche Anlage, auf die sich der Genehmigungsantrag bezieht, für das Gebiet von prägender Funktion sein, insbesondere im Zusammenhang mit sonstigen baulichen Anlagen und der konkreten städtebaulichen Situation. Unbedenklich bzw. häufig sogar kennzeichnend ist die Überschneidung von Denkmalqualität und städtebaulicher Qualität eines Gebiets. Die Belange des Denkmalschutzes und der Denkmalpflege sowie die Belange von erhaltenswerten Ortsteilen, Straßen und Plätzen von geschichtlicher, künstlerischer oder städtebaulicher Bedeutung sind, ebenso wie die Gestaltung des Orts- und Landschaftsbilds selbst, zugleich städtebauliche Belange (vgl. § 1 Abs. 6 Nr. 5; BVerfG DVBl. 1987, 465). Knüpft eine Erhaltungssatzung daher an den Denkmalschutzcharakter einer baulichen Anlage oder eines Denkmal-Ensembles an, ist dies sachgerecht, wenn sich die Satzung erkennbar nur auf städtebaulich relevante Sachverhalte erstreckt. Zu den Schutzzielen des Abs. 3, die zur Versagung der Genehmigung führen können, kann auch der Erhalt baulicher Anlagen „unterhalb" des Denkmalschutzes rechnen, zB neuzeitliche oder allgemeine städtebaulich prägende Bauwerke. Jedoch müssen die beabsichtigten Änderungen eine städtebauliche Dimension erreichen. Bauliche Änderungen wie die Farbe des **Anstrichs,** die Unterteilung der **Fenster** oder das Material der **Dachhaut** können daher idR nur von Gestaltungssatzungen erfasst werden. Das Gleiche gilt für **Werbeanlagen,** sofern sie nicht bauliche Anlagen iS des § 29 Abs. 1 sind. Nur wenn neben die ästhetische Wirkung auch eine städtebauliche Wirkung tritt, wie insbesondere ein prägender optischer Einfluss auf dem Gebietscharakter, kommt eine Anwendung von Abs. 3 in Betracht (OVG Lüneburg NVwZ 1983, 557). Der **Abriss** einer das Ortsbild prägenden baulichen Anlage ist regelmäßig als Beeinträchtigung der Ziele einer auf Erhaltung des Ortsbildes gerichteten Erhaltungssatzung anzusehen (OVG Hamburg ZfBR 2008, 383).

42 Nach **Abs. 3 S. 1, 2. Fall** darf die Genehmigung nur versagt werden, wenn das Vorhaben eine **städtebaulich bedeutende Anlage** betrifft. Diese muss das Erscheinungsbild der Umgebung nicht notwendigerweise prägen, aber doch im städtebaulichen Sinne mitgestalten (BVerwG Beschl. v. 25.6.2013 – 4 BN 6/13, BeckRS 2013, 53018; dass., Urt. v. 4.12.2014 – 4 CN 7.13, NVwZ 2015, 901 Rn. 17). Dieser Versagungsgrund ist im Wesentlichen ein Auffangtatbestand gegenüber Abs. 3 S. 1, 1. Fall. Auch die **künstlerische oder geschichtliche Bedeutung,** die in Abs. 3 S. 1

erwähnt ist, ist für die Anwendung der Erhaltungssatzung nur relevant, soweit sich hieraus die städtebauliche Bedeutung der baulichen Anlage begründet. Allein die Tatsache, dass ein Gebäude Schauplatz eines historischen Ereignisses war, reicht für eine Unterschutzstellung nach § 172 nicht aus (*auch Köhler/Fieseler* in Schrödter § 172 Rn. 84; *Stock* in EZBK § 172 Rn. 35; dagegen kommt zB die Erhaltung wegen der baugeschichtlichen Bedeutung eines Gebäudes in Betracht.

Abs. 3 S. 2 enthält eine Sonderregelung für die Fälle des **Abs. 1 S. 2, also die Errichtung baulicher Anlagen.** Die Regelung enthält einen selbstständigen materiellen Versagungsgrund, falls durch das beabsichtigte Vorhaben (dies umfasst auch Nebenanlagen) die städtebauliche Gestalt des Gebiets beeinträchtigt wird. Dabei kann eine Beeinträchtigung der städtebaulichen Gestalt sowohl durch negative Auswirkungen auf das Ortsbild als auch auf die Stadtgestalt hervorgerufen werden (zu den Anforderungen im Einzelnen: OVG Hamburg Beschl. v. 17.2.2015 – 2 Bf 215.13.Z, BauR 2015, 1641 (1642)). Es handelt sich um eine sonstige öffentlich-rechtliche Regelung, die im Rahmen des Baugenehmigungsverfahrens bei der Beurteilung der Zulässigkeit von Vorhaben zu berücksichtigen ist. Das kann im Einzelfall zur Folge haben, dass einem ansonsten planungsrechtlich zulässigen Vorhaben nach Abs. 3 S. 2 die Genehmigung zu versagen ist (BVerwG NVwZ-RR 2003, 259). Dies ist zB in Fällen denkbar, in denen die planungsrechtliche Zulässigkeit gemäß § 34 zu bejahen ist, jedoch die städtebauliche Gestalt des Gebiets durch die beabsichtigte bauliche Anlage über die Maßstäbe des § 34 hinaus, nämlich iS der Erhaltungsziele des § 172 beeinträchtigt wäre. Aus den Schutzgründen des § 172 kann auch die **Freihaltung von Flächen** gerechtfertigt sein (→ bereits Rn. 10). Die Instrumente des § 172 und der Bauleitplanung können nebeneinander zur Stadterhaltung eingesetzt werden (BVerwGE 114, 247). Auch ein Konflikt mit Festsetzungen eines (einfachen oder qualifizierten) Bebauungsplans ist denkbar, muss von der Gemeinde jedoch beim Erlass der Erhaltungssatzung bzw. des Bebauungsplans berücksichtigt werden, und zwar ggf. durch Änderung der Erhaltungssatzung oder des Bebauungsplans. Die Gemeinde ist gehalten, auf Dauer für eine materielle Konkordanz ihres Planungsrechts zu sorgen. Aus der Pflicht zur Lösung eines solchen Widerspruchs ergibt sich (hinsichtlich des älteren Bebauungsplans, entsprechend hinsichtlich der älteren Erhaltungssatzung) eine Planungspflicht gem. § 1 Abs. 3. Das Beeinträchtigungsverbot des § 172 Abs. 1 begründet gleichwohl vorrangig **kein eigenständiges Bauverbot,** sondern soll das Einfügen im Hinblick auf die Erhaltungsziele des § 172 sichern, so dass vor allem Lage und Stellung des Baukörpers oder die äußere Gestaltung betroffen sind (wie hier *Stock* in EZBK § 172 Rn. 167 ff.).

c) Erhaltung der Zusammensetzung der Wohnbevölkerung (Abs. 4). aa) Versagungsgründe (Abs. 4 S. 1). Nach **Abs. 4 S. 1** darf die Genehmigung in den Fällen des **Abs. 1 S. 1 Nr. 2 und S. 4** nur versagt werden, wenn die bauliche Anlage erhalten bleiben soll, um in dem Gebiet die **Zusammensetzung der Wohnbevölkerung** aus besonderen städtebaulichen Gründen zu erhalten. Damit kann für die in einem intakten Gebiet wohnenden Menschen der Bestand der Umgebung gesichert und so die Bevölkerungsstruktur in einem bestimmten Ortsteil vor unerwünschten Veränderungen geschützt werden (so BVerfG DVBl. 1987, 465). Voraussetzung ist nicht eine aus besonderen städtebaulichen Gründen erhaltenswerte **Bevölkerungsstruktur,** die Besonderheiten im Vergleich zu anderen Wohngebieten aufweist (so aber noch LG München NVwZ 1982, 59). Die Zusammensetzung der Wohnbevölkerung muss **vielmehr aus besonderen städtebaulichen Gründen erhaltenswert** sein (BVerwGE 105, 67; so bereits OVG Lüneburg NJW 1984, 2905; VGH Kassel DVBl. 1986, 693; aA LG München NVwZ 1982, 59, sowie *Kerbusch* NVwZ 1982, 360). Die Zusammensetzung der Wohnbevölkerung darf damit zwar städtebaulichen Zielen nicht widersprechen; einseitige Bevölkerungsstrukturen iS des § 1 Abs. 6 Nr. 2 könnten daher mit städtebaulichen Erwägungen gem. § 172 Abs. 4 S. 1

nicht erhalten werden. Im Übrigen ist jedoch darauf abzustellen, ob eine Änderung der Zusammensetzung der Wohnbevölkerung nachteilige städtebauliche Folgen befürchten lässt (OVG Lüneburg NJW 1984, 2905, VGH Kassel DVBl. 1986, 693). Der Erlass einer Milieuschutzsatzung ist also nicht deshalb ausgeschlossen, weil sich die Zusammensetzung der Wohnbevölkerung im Erhaltungsgebiet von der Zusammensetzung der Wohnbevölkerung im Übrigen Gemeindegebiet nicht unterscheidet. Abzustellen ist vielmehr auf die im städtebaulichen Sinne konkret nachteilhaften Folgen einer Veränderung der Zusammensetzung der Wohnbevölkerung. Dies kann zB der Fall sein bei **Verdrängung der ansässigen Wohnbevölkerung** infolge der Umwandlung von Haus- in Wohnungseigentum bzw. Miet- in Eigentumswohnungen (Nachweise bei *Krautzberger* ZfBR 1982, 209 (212)), in Fällen der Beseitigung alter Gebäude mit billigem Wohnraum durch Komforthäuser (*Stock* in EZBK § 172 Rn. 167 ff., Rn. 177; *Lemmel* in BK § 172 Rn. 32) oder der Verdrängung der ortsansässigen Wohnbevölkerung infolge baulicher Veränderungen zur Errichtung von Zweitwohnungen oder Ferienappartements (OVG Lüneburg NJW 1984, 2905; dieser Fall lag auch der Entscheidung des BVerfG DVBl. 1987, 465 zugrunde; VGH München NVwZ-RR 1995, 429).

45 Der Erhalt der Zusammensetzung der Wohnbevölkerung muss aus **besonderen städtebaulichen Gründen** erforderlich sein. Hierunter ist nicht eine besondere Kategorie von städtebaulichen Gründen zu verstehen. Das Gesetz gibt den städtebaulichen Gründen, wie sie in § 1 Abs. 6 („Belange") zusammengefasst sind, generell kein unterschiedliches Gewicht. Der Rechtsbegriff der „besonderen" städtebaulichen Gründe stellt vielmehr auf die Besonderheit der jeweiligen städtebaulichen Situation ab (ebenso *Köhler/Fieseler* in Schrödter § 172 Rn. 100). Die städtebaulichen Gründe iS des Abs. 4 S. 1 müssen solche sein, die für die konkrete Erhaltungssituation **besonderes Gewicht** haben (vgl. entspr. zu § 1 Abs. 9 BauNVO BVerwG NVwZ 1987, 1074). Abzustellen ist auf die städtebaulichen Auswirkungen, die von den Maßnahmen iS des Abs. 1 ausgehen. Als städtebaulicher Grund kommt zB die Gefahr der Unterausnutzung einer **kommunalen Infrastruktur** in Betracht, die für eine bestimmte Bevölkerungszusammensetzung vorgehalten bzw. auf sie zugeschnitten ist (zB Erholungseinrichtungen in einem Kur- oder Fremdenverkehrsort; OVG Lüneburg NJW 1984, 2905). **Schutzwürdig** ist deshalb ein Gebiet mit grundsätzlich jeder Art von Wohnbevölkerung, soweit deren Zusammensetzung aus besonderen städtebaulichen Gründen erhalten werden soll. Diese städtebauliche Zielsetzung ist das entscheidende inhaltliche Kriterium für die Abgrenzung des Gebiets einer Erhaltungssatzung (BVerwGE 105, 67).

46 **Einzelfälle:** Ein besonderer städtebaulicher Grund kann gegeben sein, wenn die Infrastruktureinrichtungen auf die ansässige Bevölkerung eines Altstadtgebiets, die durch geringe Mobilität bei einem hohen Anteil älterer Personen und durch ein niedriges Einkommensniveau gekennzeichnet ist, abgestimmt sind. Mit dem Zuzug einkommensstarker Bevölkerungskreise in das Satzungsgebiet wäre eine Erhöhung des bisher unterdurchschnittlichen Motorisierungsgrades verbunden, was Um- und Neubaumaßnahmen erforderlich machen würde. Preisgünstiger Ersatzwohnraum für die ansässige Bevölkerung kann im Fall ihrer Verdrängung nicht zur Verfügung gestellt werden (BVerwG ZfBR 1997, 311). Vgl. weiterhin VGH Kassel DVBl. 1986, 693: „Öffentliche und private Infrastruktur mit markierten Radwegverbindungen, Buchläden, Galerien, Antiquariaten, politisch-literarischen Cafes usw.", die „besonders auf die ansässige Wohnbevölkerung zugeschnitten ist und bei ihrer auch nur teilweisen Verdrängung an anderer Stelle nicht ohne weiteres ersetzbar wäre". Die Versagung der Genehmigung kann (so VGH Kassel DVBl. 1986, 693) auch in Betracht kommen, wenn die Vorhaben **Abwanderungsbewegungen** auslösen in andere Gebiete, zB mit einem hohen Ausländeranteil, wo erneut Verdrängungsmomente mit städtebaulich ins Gewicht fallenden infrastrukturellen Auswirkungen eintreten können oder preisgünstiger Wohnraum erst noch geschaffen werden müsste (BVerwG

ZfBR 1997, 311; VGH München NVwZ-RR 1995, 429). Insoweit kann auch die Abwehr **negativer Folgen für andere Stadtquartiere** ein anzuerkennender besonderer städtebaulicher Grund iS des Abs. 4 sein. Die Schaffung sozialer Infrastruktur unter Inanspruchnahme bisherigen Wohnraums, wenn es sich um notwendige soziale Einrichtungen für dieses Gebiet handelt, stabilisiert die Bevölkerungsstruktur. Hierdurch würde nämlich der unerwünschten Abwanderung aus dem Gebiet insgesamt entgegengewirkt, auch wenn die konkrete Nutzungsänderung von Wohnraum die Verdrängung einzelner Probleme auslösen könnte (bodenrechtliche Wertung); → bereits Rn. 38 für Grenzfälle.

Die Verdrängungsgefahr (vgl. *Bunzel* ZfBR 2015, 11 (13)) kann nach der Rspr. **47** auch indiziert sein, wenn beabsichtigte Modernisierungsmaßnahmen zu einer **Miethöhe** führen, die über der für das Erhaltungsgebiet ermittelten Durchschnittsmiete liegt. Weil Abs. 4 S. 1 keine weiteren Kriterien zum Merkmal der Verdrängungsgefahr vorgibt, bedient sich die Praxis als Hilfsmittel häufig bestimmter **Höchstbelastungswerte,** die zB aus der sog. gebietsspezifischen Miete abgeleitet werden. Von einer Verdrängungsgefahr kann danach ausgegangen werden, wenn das beabsichtigte Modernisierungsvorhaben voraussichtlich zu einer Miethöhe führt, die über dem für das Erhaltungsgebiet ermittelten Höchstbelastungswert als Schwellenwert liegt (VGH Kassel NVwZ-RR 1993, 401; im Ergebnis auch BVerwG ZfBR 1997, 311; vgl. weiterhin *Lemmel* in BK § 172 Rn. 32; *Stock* in EZBK § 172 Rn. 178; *Schmitz* LKV 2001, 443; *Tietzsch* NVwZ 1998, 590). Derartige „Höchstbelastungswerte" müssen nach der Rspr. in methodisch einwandfreier und nachvollziehbarer Weise ermittelt werden und auch tatsächlich die Schwelle ergeben, bei deren Überschreiten im Hinblick auf die im Gebiet vorherrschenden Einkommens- und Vermögensverhältnisse eine Verdrängung erwartet werden muss (BVerwG ZfBR 1997, 311). Bei Anwendung solcher Höchstbelastungswerte wird fiktiv unterstellt, dass eine Überschreitung des Schwellenwerts angesichts der durchschnittlichen gebietsspezifischen Einkommensstruktur der Mieter eine Verdrängung auslöst, weil höhere Mieten für die Bewohner nicht tragbar sind. Die **gebietsspezifischen Höchstmieten** haben die Funktion eines **Indikators** für die aus besonderen städtebaulichen Gründen zu vermeidende Verdrängung der angestammten Wohnbevölkerung. Entscheidend bleiben die negativen städtebaulichen Folgewirkungen, die es zu vermeiden gilt und deren Eintritt bei Durchführung der beabsichtigten baulichen Maßnahme im Wege einer Prognose zu befürchten ist. Insoweit kann das Genehmigungsverfahren als mittelbarer Rechtsreflex auch iS eines Mieterschutzes wirken, ohne dass dies den städtebaulichen Kern der Erhaltungssatzung berührt. Während der Mieterschutz unmittelbar auf den Schutz des sozial Schwachen abstellt, verfolgt die Erhaltungssatzung den Zweck, städtebauliche Folgen zu verhindern, die ohne den Erhalt der Wohnungen zu befürchten wären. Vgl. dagegen zum **städtebaulichen Sanierungsrecht** BVerwGE 126, 104. Die sanierungsrechtliche Genehmigung von Sanierungsmaßnahmen darf nicht von der Einhaltung von Mietobergrenzen abhängig gemacht werden.

Da es Ziel der Satzung ist, die Zusammensetzung der Wohnbevölkerung im Sat- **48** zungsgebiet zu erhalten, ist es für die Erteilung oder Versagung der Genehmigung nicht entscheidend, ob durch die **konkrete Baumaßnahme** die davon betroffenen Bewohner **tatsächlich verdrängt** werden. Es reicht aus, wenn die Baumaßnahme generell geeignet ist, eine solche Verdrängungsgefahr auszulösen. Die Erhaltungssatzung dient als städtebauliches Instrument nicht (jedenfalls nicht unmittelbar) dem Schutz einzelner Bewohner, sondern dem allgemeinen und längerfristigen Ziel, die Struktur der Wohnbevölkerung zu erhalten (so BVerwG ZfBR 1997, 311). Die Versagung der Genehmigung kommt deshalb auch dann in Betracht, wenn die **Wohnung,** an der bauliche Veränderungen vorgenommen werden, derzeit **leer steht** oder wenn die davon betroffenen derzeitigen Bewohner mit der Baumaßnahme **einverstanden** sind. Aber → Rn. 38 über einen gemeindlichen Ermessensspielraum.

§ 172 II. Kapitel. VI. Teil. Erhaltungssatzung u. städtebaul. Gebote

49 Bei den Satzungen nach Abs. 1 S. 1 Nr. 2 und S. 4 kann es im Einzelfall schwierig zu beurteilen sein, **ab wann** die Voraussetzungen für eine **Gefährdung** der Zusammensetzung der Wohnbevölkerung vorliegen und daher die Genehmigung nach Abs. 4 versagt werden kann. Während es in den Fällen des „städtebaulichen Denkmalschutzes" nach Abs. 3 für die Beurteilung der Genehmigungsfähigkeit im Wesentlichen ausreicht, nachzuweisen, dass das einzelne Gebäude iS dieser Bestimmungen erhaltenswert ist (vgl. OVG Lüneburg NJW 1984, 2905), fehlt es in den Fällen des Abs. 4 an entsprechend eindeutigen „physischen" Zuordnungsmöglichkeiten. In dem Fall einer drohenden Umstrukturierung mit städtebaulichen Folgen durch Umwandlung oder Errichtung von Zweitwohnungen in einem Wohngebiet (OVG Lüneburg NJW 1984, 2905) oder durch umfassende Modernisierungen, Abbruchvorhaben oder Nutzungsänderungen (zB „Eindringen" von Dienstleistungsnutzungen in Wohngebiete) stellt sich für die Einzelfallgenehmigung die Frage, ob diese bereits beim ersten Fall einer entsprechenden Maßnahme oder aber erst ab einer bestimmten Gefährdungsschwelle aus den Gründen versagt werden kann, die zur Festlegung des Erhaltungsgebiets geführt haben. Hier kann auf die Rspr. zur **„Vorbildwirkung"** von baulichen Vorhaben im unbeplanten Innenbereich nach § 34 zurückgegriffen werden (vgl. BVerwG DVBl. 1981, 100; so ausdrücklich BVerwGE 105, 67). Danach sollte es der Gemeinde möglich sein, in Gebieten mit Milieuschutzsatzung darauf abzustellen, ob die mit dem Einzelvorhaben verbundenen negativen Konsequenzen zwar nicht erkennbar unmittelbar, jedoch bei Verwirklichung zu erwarteter weiterer Vorhaben eintreten. Die Genehmigung nach § 172 könnte danach infolge einer nicht auszuschließenden Vorbildwirkung versagt werden, wenn wegen der unerwünschten Präzedenzwirkung bodenrechtlich beachtliche Spannungen, also – bei gebietsbezogener Betrachtung – eine Beeinträchtigung der Belange des § 172 zu erwarten ist (vgl. *Krautzberger* ZfBR 1983, 241 (243)).

50 **bb) Wirtschaftliche Unzumutbarkeit (Abs. 4 S. 2). Abs. 4 S. 2** enthält eine Sonderregelung für Fälle, in denen das Vorhaben zwar den mit der Satzung verfolgten Zwecken zuwiderläuft, die Erhaltung der baulichen Anlage oder ein Absehen von der Begründung von Wohnungseigentum oder Teileigentum dem Eigentümer jedoch auch unter Berücksichtigung des Allgemeinwohls **wirtschaftlich nicht mehr zumutbar ist**. Danach ist bei der Genehmigung abzuwägen zwischen dem Wohl der Allgemeinheit und der wirtschaftlichen Zumutbarkeit. Die wirtschaftliche Unzumutbarkeit ist **objektbezogen**, d. h. es kommt auf die bauliche Anlage in ihrem Erhaltungszustand und ihren Erhaltungsmöglichkeiten an. Es ist also nicht auf die persönlichen Verhältnisse des Eigentümers, insbesondere nicht auf seine sonstigen Vermögensverhältnisse abzustellen; entsprechend → § 173 Rn. 3; die Möglichkeit der Inanspruchnahme steuerlicher Vergünstigungen ist allerdings einzubeziehen (*Köhler/Fieseler* in Schrödter § 172 Rn. 105).

51 **cc) Zeitgemäßer Ausstattungsstandard (Abs. 4 S. 3 Nr. 1). Abs. 4 S. 3** enthält weitere Konkretisierungen für den Rechtsanspruch auf Genehmigung. **Abs. 4 S. 3 Nr. 1** begründet einen Genehmigungsanspruch, wenn die Änderung einer baulichen Anlage der Herstellung des **zeitgemäßen Ausstattungszustandes** einer durchschnittlichen Wohnung unter Berücksichtigung der **bauordnungsrechtlichen Mindestanforderungen** dient. Die Vorschrift hat in den Fällen des Abs. 1 S. 4 nur Bedeutung, wenn die Begründung von Wohnungs- oder Teileigentum gleichzeitig mit baulichen Änderungen verbunden ist. Danach ist eine Modernisierung mindestens dann zu genehmigen, wenn mit ihr der Erfüllung der bauordnungsrechtlichen Mindestanforderungen Rechnung getragen werden soll, dh mit der Erhaltungssatzung darf kein städtebaulicher oder bauordnungsrechtlicher „Substandard" festgeschrieben werden. Dem Eigentümer darf eine Genehmigung für das nicht versagt werden, was ihm als Bauherrn bei der Neuerrichtung zur Pflicht gemacht würde. Darüber hinaus muss die Maßnahme genehmigt werden, wenn damit ein zeitgemäßer

1. Abschnitt. Erhaltungssatzung § 172

Ausstattungsstandard einer durchschnittlichen Wohnung hergestellt, aber nicht überschritten wird. Damit werden Fälle der „Luxusmodernisierung" aus dem Genehmigungsanspruch ausdrücklich ausgegrenzt. Änderungen, die wie **bloße Instandsetzungsarbeiten,** von vorneherein nicht geeignet sind, sich auf die Zusammensetzung der Wohnbevölkerung auszuwirken, unterfallen nicht Abs. 4 S. 3 Nr. 1 (BVerwG NVwZ 2005, 445).

Bei **bauordnungsrechtlichen Mindestanforderungen** ist insbesondere an die 52 Grundausstattung im Hinblick auf Sanitär-, Frischwasser-, Abwasser- und Elektroinstallationen zu denken, dagegen zB nicht an einen Balkon oder eine Loggia, es sei denn diese entsprechen dem zeitgemäßen Ausstattungszustand einer durchschnittlichen Wohnung im Erhaltungsgebiet (BVerwG ZfBR 1997, 311 bezeichnet den Einbau einer Loggia in einer Dachgeschosswohnung als „Musterbeispiel" einer die Verdrängung indizierenden Maßnahme). Soweit das Gesetz auf die Herstellung des zeitgemäßen Ausstattungszustands einer durchschnittlichen Wohnung unter Berücksichtigung der bauordnungsrechtlichen Mindestanforderungen abstellt, wird man hierzu auch die zentrale Heizungsversorgungsanlage zu rechnen haben, selbst wenn sie nicht ausdrücklich zu den bauordnungsrechtlichen Mindestanforderungen, aber im Erhaltungsgebiet zu einer durchschnittlichen Wohnung gehört. Für solche Fälle wird jedoch auf den zeitgemäßen Ausstattungszustand einer durchschnittlichen Wohnung abzustellen sein. Dabei wird der zeitgemäße Ausstattungszustand auch durch den im konkreten Erhaltungsgebiet vorliegenden Standard einer durchschnittlichen Wohnung geprägt. Da sich der Begriff des zeitgemäßen Ausstattungszustands also zum Einen auf Grund des Durchschnitts der Wohnungen im Milieuschutzgebiet definiert und zum Zweiten bei der Auslegung des Begriffs auch die bauordnungsrechtlichen Mindestanforderungen mit einzubeziehen sind, kommt es zu einer Begrenzung des Standards „nach oben". Eine „durchschnittliche Wohnung" ist dabei eine Wohnung, wie sie in diesem Gebiet oder in anderen Gebieten von Bevölkerungsschichten der Art, aus der sich die Wohnbevölkerung des betreffenden Milieuschutzgebiets zusammensetzt, beansprucht wird (vgl. auch BVerwG NVwZ 2005, 445; aA OVG Berlin ZfBR 2004, 697: kein gebietsbezogener, sondern ein bundesweiter Maßstab). Dabei kennzeichnet das Wort „zeitgemäß" lediglich, dass der insoweit maßgebliche Ausstattungszustand im Ablauf der Zeit einem Wandel durch technischen Fortschritt und gesellschaftliche Entwicklung unterworfen ist. Die „Berücksichtigung der bauordnungsrechtlichen Mindestanforderungen" ist kein selbstständiges – kumulatives oder alternatives – Tatbestandsmerkmal, sondern dient lediglich als **Indiz** und zur Ausfüllung und näheren Bestimmung des Tatbestandsmerkmals des zeitgemäßen Ausstattungszustands. Im Regelfall ist davon auszugehen, dass die bauordnungsrechtlichen Mindestanforderungen nicht „höher liegen" als der „zeitgemäße Ausstattungszustand einer durchschnittlichen Wohnung". Umgekehrt entspricht damit nicht jede für Neubauten geltende Mindestanforderung des jeweiligen Bauordnungsrechts automatisch dem zeitgemäßen Ausstattungsstandard einer durchschnittlichen Wohnung.

Soweit mit beabsichtigten Maßnahmen **über den zeitgemäßen Ausstattungs-** 53 **zustand einer durchschnittlichen Wohnung** im Milieuschutzgebiet unter Berücksichtigung der bauordnungsrechtlichen Mindestanforderungen hinausgegangen werden soll, findet die Regelung des Abs. 4 S. 3 Nr. 1 auf sie keine Anwendung; dh es besteht **kein** sich aus dieser Vorschrift ergebender **Anspruch auf Erteilung der Genehmigung.** Vielmehr beurteilt sich die Genehmigungsfähigkeit nach den allgemeinen städtebaulichen Kriterien des Abs. S. 1 (auf Grund einer befürchteten Verdrängung der Wohnbevölkerung zu erwartende negative städtebauliche Folgewirkungen) an. Liegen also die Voraussetzungen für einen Genehmigungsanspruch nach Abs. 4 S. 3 Nr. 1 nicht vor, so verbleibt es bei den städtebaulichen Kriterien des Abs. 4 S. 1; insoweit bleibt die Heranziehung von Mietobergrenzen als ein Kriterium der Genehmigungsfähigkeit von Maßnahmen, soweit sie den Anforderungen der Recht-

sprechung entspricht, unberührt. In den Fällen, in denen der gesetzlich verdeutlichte Anspruch auf Genehmigung besteht, kann die Mieterhöhung nicht mehr zusätzlich herangezogen werden. Auch **vertraglich** kann nichts anderes vereinbart werden, wenn ein Anspruch auf Genehmigung besteht.

53a dd) **Energetische Mindestanforderungen (Abs. 4 S. 3 Nr. 1a).** Diese mit der Innenentwicklungsnovelle 2013 neu geschaffene Regelung zur Konkretisierung eines Rechtsanspruches auf Genehmigung nimmt Bezug auf die Energieeinsparverordnung und die insoweit an die Änderung baulicher Anlagen (vgl. §§ 3ff. EnEV) gestellten Anforderungen. Zurückzuführen ist die Bestimmung auf die immense Bedeutung des Gebäudebestandes zur Erreichung der energieeinsparungs- und klimaschutzbezogenen Zielsetzungen der Bundesrepublik Deutschland. In Anlehnung an den Genehmigungstatbestand des Abs. 4 S. 3 Nr. 1 (→ Rn. 51ff.) schafft sie einem neuen Genehmigungsanspruch, soweit Maßnahmen zur Erfüllung energieeinsparungsrechtlicher Mindestanforderungen ergriffen werden. Nach den Darlegungen des Ausschusses für Verkehr, Bau und Stadtentwicklung hat die Sachverständigenanhörung im Rahmen des Gesetzgebungsverfahrens zur Innenentwicklungsnovelle 2013 aufgezeigt, dass gerade im Bereich von Milieuschutzsatzungen Handlungsbedarf im Hinblick auf den Abbau von Hemmnissen für die energetische Sanierung von Gebäuden besteht (vgl. BT-Drs. 17/13272, 20). Wie bei Nr. 1 wird auch hier eine Beschränkung des Genehmigungsanspruchs auf die Mindestanforderungen nach der EnEV und damit eine Begrenzung „nach oben" vorgenommen (→ Rn. 52f.).

54 ee) **Grundstück aus einem Nachlass (Abs. 4 S. 3 Nr. 2).** Nach **Abs. 4 S. 3 Nr. 2** besteht ein Anspruch auf Genehmigung, wenn das Grundstück zu einem **Nachlass** gehört und Wohnungseigentum oder Teileigentum zugunsten von Miterben oder Vermächtnisnehmern begründet werden soll. Zu denken ist hier an Fälle der **Erbschaftsteilung** zwischen Miterben und Vermächtnisnehmern in der Weise, dass jeder entsprechend seinem Anteil am Nachlass nunmehr Eigentumswohnungen, dh Wohnungseigentum, oder ggf. auch Teileigentum erhalten soll. Aufgrund des Schutzzwecks der Vorschrift können dadurch nicht Fälle erfasst werden, in denen bspw. ein Gebäude in Wohnungseigentum aufgeteilt werden soll, und einer Miterbin sämtliche Eigentumswohnungen zugeteilt werden sollen.

55 ff) **Veräußerung an Familienangehörige (Abs. 4 S. 3 Nr. 3).** Abs. 4 S. 3 Nr. 3 legt einen Rechtsanspruch auf Genehmigung fest, wenn das Wohnungseigentum oder Teileigentum **zur eigenen Nutzung an Familienangehörige des Eigentümers** veräußert werden soll. Zwar spricht die Vorschrift lediglich von der Veräußerung an Familienangehörige. Hierbei muss aber im Wege der ergänzenden Auslegung erst recht auch der Fall der unentgeltlichen Überlassung an Familienangehörige einbezogen werden. Zur Vermeidung von Umgehungstatbeständen können hier nur Fälle gemeint sein, in denen die Genehmigung zur Begründung von Wohnungseigentum beantragt wird, die dann tatsächlich auch von dem Familienangehörigen genutzt werden soll. Bspw. besteht bei einer Aufteilung eines Gebäudes in mehrere Eigentumswohnungen ein Anspruch auf Genehmigung lediglich bezüglich zweier Wohnungseigentumsobjekte, nämlich der zu veräußernden Wohnung für den Familienangehörigen und der Gesamtheit der verbleibenden weiteren Wohnungen andererseits; vgl. § 563 BGB, § 11 LPartG bzw. (wie auch sonst im Städtebaurecht; BVerwGE 61, 285) den entsprechenden Begriff im Wohnungsbauförderungsrecht (§ 18 Abs. 2 WoFG).

56 gg) **Ansprüche Dritter (Abs. 4 S. 3 Nr. 4).** Nach **Abs. 4 S. 3 Nr. 4** besteht ein Anspruch auf Genehmigung, wenn ohne die Genehmigung **Ansprüche Dritter** auf Übertragung von Wohnungseigentum oder Teileigentum nicht erfüllt werden können, zu deren Sicherung vor dem Wirksamwerden des Genehmigungsvorbehalts eine **Vormerkung im Grundbuch** eingetragen ist. Voraussetzung für diesen Ge-

1. Abschnitt. Erhaltungssatzung § 172

nehmigungsanspruch ist, dass die Vormerkung im Grundbuch eingetragen ist, bevor auf Grund einer Rechtsverordnung der Landesregierung in Verbindung mit einer Milieuschutzsatzung die Begründung von Wohnungs- bzw. Teileigentum einer Genehmigungspflicht unterworfen ist. Damit hat Abs. 4 S. 3 Nr. 4 eine mit § 883 Abs. 2 BGB vergleichbare Wirkung. Nach § 883 Abs. 2 BGB ist eine Verfügung, die nach Eintragung der Vormerkung getroffen wird, insoweit unwirksam, als sie den Anspruch vereiteln würde. Auch Abs. 4 S. 3 Nr. 4 soll die Erfüllung der Ansprüche Dritter sicherstellen, für die bereits eine entsprechende Vormerkung im Grundbuch eingetragen ist.

hh) Nicht zu Wohnzwecken genutztes Gebäude (Abs. 4 S. 3 Nr. 5). Nach 57 Abs. 4 S. 3 Nr. 5 besteht ein Anspruch auf Genehmigung, wenn das Gebäude im Zeitpunkt der Antragstellung zur Begründung von Wohnungseigentum oder Teileigentum **nicht zu Wohnzwecken genutzt** wird. Nach dem Wortlaut des Gesetzes sind leer stehende Gebäude, aber nicht einzelne Wohnungen, erfasst. Nach Abs. 1 S. 4 bedarf es einer Genehmigung, auf die jedoch nach Maßgabe des Abs. 4 S. 3 Nr. 5 ein Rechtsanspruch besteht. Da Nr. 5 ausdrücklich von der Antragstellung zur Begründung von Wohnungseigentum oder Teileigentum spricht, sind hier nicht Anträge auf Genehmigung von Modernisierungsmaßnahmen erfasst. Weiterhin werden auch Gebäude erfasst, die im Zeitpunkt der Antragstellung zur Begründung von Wohn- bzw. Teileigentum zwar rechtmäßig zu anderen als zu Wohnzwecken genutzt werden, jedoch ansonsten ganz oder teilweise Wohnzwecken zu dienen bestimmt sind (vgl. Abs. 1 S. 4).

ii) Veräußerung an die Mieter (Abs. 4 S. 3 Nr. 6, S. 4 und 5). Nach **Abs. 4** 58 **S. 3 Nr. 6** besteht ein Rechtsanspruch auf Genehmigung auch dann, wenn sich der **Eigentümer verpflichtet, innerhalb von sieben Jahren** ab der Begründung von Wohnungseigentum Wohnungen **nur an die Mieter zu veräußern.** Wird das Wohnungs- bzw. Teileigentum zum Zwecke der Veräußerung an die Mieter begründet oder verpflichtet sich der Eigentümer bei der Begründung von Wohnungs- bzw. Teileigentum, innerhalb von sieben Jahren Wohnungen nur an die Mieter zu veräußern, so ist auch in diesen Fällen die Genehmigung zur Begründung von Wohnungseigentum zu erteilen. Nr. 6 spricht lediglich von der Veräußerung von Wohnungen, so dass insoweit ein Rechtsanspruch auf Begründung von **Wohnungseigentum,** nicht aber auf **Teileigentum** besteht. Die siebenjährige Frist beginnt mit der Anlegung des Grundbuchblatts für das Wohnungseigentum. Aufgrund des Schutzzwecks der Norm ist davon auszugehen, dass mit dem Begriff „Mieter" jeweils der bzw. die Mieter gemeint sind, die in der Wohnung leben, an der Wohnungseigentum begründet werden soll. Die Regelung gilt auch für Wohnungen, die bei der Umwandlung **leer stehen** (BVerwGE 121, 169). Zum Kreis der Mieter iS des Abs. 4 S. 3 Nr. 6 gehören nicht Personen, die die Wohnung nur deshalb bewohnen, weil sie von vornherein die Absicht haben, diese käuflich zu erwerben (BVerwGE 121, 169).

In den Fällen des Abs. 4 S. 3 Nr. 6, in denen der Eigentümer sieben Jahre lang das 59 Wohnungseigentum nur an die Mieter veräußern kann, wird gleichzeitig eine zehnjährige Kündigungsfrist nach § 577a Abs. 2 S. 1 BGB um sieben Jahre auf drei Jahre verkürzt. Die Frist des § 577a Abs. 1 BGB entfällt.

Um in den Fällen der Nr. 6 eine ausreichende Sicherung der Verpflichtung des Ei- 60 gentümers herbeizuführen, kann bei der Genehmigung der Begründung von Wohnungseigentum bestimmt werden, dass die Veräußerung von Wohnungseigentum während der siebenjährigen Verpflichtungsdauer einer zusätzlichen Genehmigung der Gemeinde bedarf; **Abs. 4 S. 4.** Auf Antrag der Gemeinde kann diese zusätzliche Genehmigungspflicht auch in das Grundbuch für das Wohnungs- bzw. Teileigentum eingetragen werden. Sie erlischt nach Ablauf der Verpflichtung; **Abs. 4 S. 5.** Falls die Gemeinde von einer Eintragung im Grundbuch absieht, ermöglicht § 135 Abs. 2 BGB hier den Erwerb eines gutgläubigen Dritten.

61 **d) Städtebauliche Umstrukturierung (Abs. 5). Abs. 5** regelt die Versagungsgründe in den Fällen der Umstrukturierungssatzungen nach Abs. 1 S. 1 Nr. 3. Die Genehmigung darf nach **Abs. 5 S. 1** nur versagt werden, um bei **städtebaulichen Umstrukturierungen** einen den sozialen Belangen Rechnung tragenden Ablauf zu sichern. Mit der Regelung wird nur der vorübergehende Erhalt baulicher Anlagen gesichert. Maßstab für die Erteilung der Genehmigung ist ein von der Gemeinde aufgestellter **Sozialplan** (§ 180). Ist die Umstrukturierung die Folge zB einer Betriebserweiterung mit erforderlichem Abbruch von Wohngebäuden, kann die Gemeinde vom Betrieb die Übernahme der Beratungs- und Erörterungsaufgaben verlangen und ihm die Kosten (etwa auch die Umzugskosten) auferlegen; § 180 Abs. 3. Ist ein Sozialplan nicht aufgestellt, so ist die Gemeinde nach **Abs. 5 S. 2** verpflichtet, ihn in entsprechender Anwendung des § 180 aufzustellen. Mit dem Genehmigungsvorbehalt kann zB der Abbruch eines Wohnhauses vorübergehend untersagt werden bis Ersatzwohnraum geschaffen wird (*Stock* in EZBK § 172 Rn. 201). Ist dem Eigentümer die Erhaltung der baulichen Anlage wirtschaftlich auch unter Berücksichtigung des Allgemeinwohls wirtschaftlich nicht mehr zumutbar, ist gem. **Abs. 5 S. 3** – entsprechend Abs. 4 S. 2 – die Genehmigung zu erteilen (→ Rn. 50).

62 **7. Vorkaufsrecht; Enteignung.** Im Geltungsbereich einer Erhaltungssatzung (dh nicht schon mit dem Aufstellungsbeschluss nach § 172 Abs. 2) steht der Gemeinde ein **gesetzliches Vorkaufsrecht** beim Kauf von Grundstücken zu; § 24 **Abs. 1 S. 1 Nr. 4.**

63 Zur Erhaltung einer im Geltungsbereich einer Erhaltungssatzung gelegenen baulichen Anlage ist die **Enteignung** nach § 85 Abs. 1 Nr. 6 zulässig. Sie kommt in Betracht, wenn nur noch durch die Enteignung dem Verfall eines erhaltenswerten Gebäudes entgegengewirkt werden kann und das öffentliche Interesse an der Erhaltung überwiegt. Dies kann auch dann der Fall sein, wenn dem Eigentümer zB eine Erhaltung des Gebäudes wirtschaftlich nicht zumutbar ist, das öffentliche Interesse an der Erhaltung des Gebäudes jedoch das private Interesse am Abbruch oder an einer Umgestaltung zum Zwecke einer wirtschaftlichen Nutzung überwiegt.

64 **8. Bauaufsicht.** § 172 enthält für den Fall, dass das Vorhaben ohne Genehmigung oder abweichend hiervon durchgeführt wird, keine selbstständige Sanktionsregelung (vgl. aber zur Ordnungswidrigkeit → Rn. 65). Die Eingriffsmöglichkeiten ergeben sich in diesen Fällen aus dem **Landesbauordnungsrecht.** Danach können zB Bauarbeiten eingestellt werden, wenn Anlagen in Widerspruch zu öffentlich-rechtlichen Vorschriften errichtet, geändert, abgebrochen oder beseitigt werden. Zu den öffentlich-rechtlichen Vorschriften zählt auch eine Erhaltungssatzung. Sind Vorhaben ohne Genehmigung nach § 172 oder abweichend hiervon bereits ausgeführt, kann nach Landesbauordnungsrecht die Beseitigung oder Änderung der baulichen Anlage verlangt werden, soweit sie im Widerspruch zu öffentlich-rechtlichen Vorschriften (hier Erhaltungssatzung) stehen.

65 **9. Ordnungswidrigkeit.** Nach § 213 **Abs. 1 Nr. 4** handelt **ordnungswidrig,** wer eine bauliche Anlage im Geltungsbereich einer Erhaltungssatzung ohne Genehmigung rückbaut oder ändert. Die Ordnungswidrigkeit kann gem. § 213 Abs. 2 mit einer **Geldbuße** bis zu fünfundzwanzigtausend Euro geahndet werden. Diese Regelung betrifft nur die Fälle des Rückbaus und der Änderung, nicht aber jene der Nutzungsänderung und der Errichtung baulicher Anlagen und auch nicht der Begründung von Wohn- bzw. Teileigentum.

66 **10. Rechtschutz.** Satzungen nach § 172 unterliegen gem. § 47 Abs. 1 Nr. 1 VwGO der **Normenkontrolle.** Als Antragsteller kommen nur Eigentümer eines Grundstücks und Inhaber eines grundstücksgleichen Rechtes am Grundstück sowie Bauherren, die zwar nicht Eigentümer, aber dennoch wie ein Eigentümer bauliche Änderungen vornehmen dürfen (*Lemmel* in BK § 172 Rn. 39 sowie *Stock* in EZBK

§ 172 Rn. 213), nicht dagegen Nutzungsberechtigte wie Mieter oder Pächter, (vgl. § 200) im Erhaltungsgebiet in Betracht. In den Fällen des Abs. 1 S. 1 Nr. 2 und 3 können alle Häuser im Satzungsbereich betroffen sein (OVG Greifswald NVwZ-RR 2001, 719; OVG Hamburg Beschl. v. 15.4.2009 – 2 Bs 40/09, ZfBR 2009, 476 (477): kein „Drittschutz"). In den Fällen des Abs. 1 S. 1 Nr. 1 können demgegenüber nur Eigentümer von Grundstücken mit städtebaulicher Qualität iS des Abs. 3 betroffen sein (wie hier *Stock* in EZBK § 172 Rn. 213; a. A. *Köhler/Fieseler* in Schrödter § 172 Rn. 117, die auf die Auslegungsfähigkeit der Begriffe in Abs. 3 und den damit möglichen inhaltlichen Wandel abstellen). Wird die Genehmigung des Antrags versagt (§ 173), kann der **Verwaltungsakt** nach der VwGO angefochten werden. Zu den Besonderheiten, die sich für den Rechtsschutz auf Grund des besonderen („zweistufigen") **Ablaufprogramms** des Erhaltungsrechts ergeben, → bereits Rn. 31.

11. Überleitung. Zur **Überleitung** der Neuregelung nach BauGB vgl. § 236 Abs. 2.

§ 173 Genehmigung, Übernahmeanspruch

(1) ¹**Die Genehmigung wird durch die Gemeinde erteilt; § 22 Absatz 5 Satz 2 bis 5 ist entsprechend anzuwenden.** ²**Ist eine baurechtliche Genehmigung oder an ihrer Stelle eine baurechtliche Zustimmung erforderlich, wird die Genehmigung durch die Baugenehmigungsbehörde im Einvernehmen mit der Gemeinde erteilt; im Baugenehmigungs- oder Zustimmungsverfahren wird über die in § 172 Abs. 3 bis 5 bezeichneten Belange entschieden.**

(2) ¹Wird in den Fällen des § 172 Abs. 3 die Genehmigung versagt, kann der Eigentümer von der Gemeinde unter den Voraussetzungen des § 40 Abs. 2 die Übernahme des Grundstücks verlangen. ²§ 43 Abs. 1, 4 und 5 sowie § 44 Abs. 3 und 4 sind entsprechend anzuwenden.

(3) ¹Vor der Entscheidung über den Genehmigungsantrag hat die Gemeinde mit dem Eigentümer oder sonstigen zur Unterhaltung Verpflichteten die für die Entscheidung erheblichen Tatsachen zu erörtern. ²In den Fällen des § 172 Abs. 4 und 5 hat sie auch Mieter, Pächter und sonstige Nutzungsberechtigte zu hören.

(4) **Die landesrechtlichen Vorschriften, insbesondere über den Schutz und die Erhaltung von Denkmälern, bleiben unberührt.**

Übersicht

	Rn.
1. Allgemeines	1
2. Genehmigungsverfahren (Abs. 1)	2
3. Übernahmeanspruch (Abs. 2)	3
4. Erörterung (Abs. 3)	6
5. Verhältnis zu landesrechtlichen Vorschriften (Abs. 4)	7

1. Allgemeines. § 173 regelt das Genehmigungsverfahren **(Abs. 1)**. Für die Fälle der Versagung der Genehmigung nach § 172 Abs. 3 enthält **Abs. 2** einen Übernahmeanspruch des Eigentümers. **Abs. 3** regelt die Beteiligung der Betroffenen vor der Entscheidung über den Genehmigungsantrag. **Abs. 4** bestimmt das Verhältnis zu landesrechtlichen Vorschriften.

2. Genehmigungsverfahren (Abs. 1). Die **Genehmigung** wird nach Abs. 1 durch die **Gemeinde** erteilt. Durch das EAG EE (BGBl. I S. 619) vom 12.4.2011 hat der Gesetzgeber in Abs. 1 S. 1 Hs. 2 im Rahmen der Umsetzung der Richtli-

§ 173
II. Kapitel. VI. Teil. Erhaltungssatzung u. städtebaul. Gebote

nie 2009/28/EG (ABl. L 140, S. 16) zur Förderung der Nutzung von Energie aus erneuerbaren Quellen neu geregelt, dass ab dem 1.5.2011 (Inkrafttreten nach Art. 6 EAG EE) eine entsprechende Anwendung von § 22 Abs. 5 S. 2 bis 5 bei der Erteilung der Genehmigung zu berücksichtigen ist, damit Anlagen und Einrichtungen, die der Nutzung von erneuerbaren Energien dienen, im Falle ihrer beabsichtigten Errichtung oder bei einer Nutzungsänderung zeitnah verwirklicht werden können. Bis zu diesem Zeitpunkt bestanden für die Gemeinde weder eine Erklärungsfrist noch eine Genehmigungsfiktion (*Lemmel* in BK § 173 Rn. 5; *Köhler/Fieseler* in Schrödter § 173 Rn. 4; *Stock* in EZBK § 173 Rn. 9). Erfasst werden nach dem Wortlaut der Vorschrift aber nur diejenigen Fälle, in denen die Gemeinde selbst die Genehmigung erteilt (vgl. OVG Lüneburg Beschl. v. 10.9.2015 – 1 LA 90.15, ZfBR 2015, 790 (793). Etwas anderes gilt, wenn die baurechtliche Genehmigung oder an ihrer Stelle eine baurechtliche Zustimmung erforderlich ist. In diesem Fall wird die Genehmigung durch die **Baugenehmigungsbehörde,** und zwar im Einvernehmen mit der Gemeinde erteilt. Dann wird im Baugenehmigungs- oder Zustimmungsverfahren über die in § 172 Abs. 1 bezeichneten Belange entschieden; § 173 Abs. 1 S. 2. Einer eigenständigen städtebaulichen erhaltungsrechtlichen Genehmigung bedarf es in diesen Fällen nicht. Ist die Baugenehmigungsbehörde nicht mit der Gemeinde identisch, so bedarf es im Vorfeld der Entscheidung der Einholung des gemeindlichen Einvernehmens. Die Baugenehmigungsbehörde ist an die Entscheidung der Gemeinde gebunden. Eine Ersetzungsbefugnis für ein fehlendes gemeindliches Einvernehmen ergibt dabei sich jedenfalls nicht aus § 36 Abs. 2 S. 3 (OVG Mecklenburg-Vorpommern Beschl. v. 2.6.2009 – 3 M 54.09, BauR 2010, 590 (592.)). Da es sich bei der Genehmigung nach Abs. 1 um ein eigenständiges Verfahren handelt und im Erhaltungsrecht eine § 37 entsprechende Regelung nicht vorhanden ist, kann bei baulichen Maßnahmen des Bundes und der Länder im Verfahren nach § 37 nicht über § 172 Abs. 3 bis 5 entschieden werden, so dass in den Fällen, in denen es sich um Vorhaben auf Grundstücken nach § 26 Nr. 2a handelt, das Verfahren nach § 174 Abs. 2 zur Anwendung zu bringen ist (*Köhler/Fieseler* in Schrödter § 173 Rn. 5).

3 **3. Übernahmeanspruch (Abs. 2).** Erhaltungssatzungen nach § 172 haben **keine enteignende Wirkung;** vgl. hierzu auch BVerfG DVBl. 1987, 465. Ein Eingriff in eine eigentumsrechtlich geschützte Position könnte sich erst aus der Versagung einer Genehmigung im Einzelfall ergeben (OVG Lüneburg NJW 1984, 2905). Dabei sind Art und Umfang der beabsichtigten Veränderung zu berücksichtigen. Abs. 2 S. 1 gewährt dem Eigentümer (bzw. Erbbauberechtigten) einen **Übernahmeanspruch gegen die Gemeinde,** wenn die Genehmigung in den Fällen des § 172 Abs. 3 versagt wird und dem Eigentümer die Erhaltung des Gebäudes wirtschaftlich nicht zuzumuten ist. Der Übernahmeanspruch bezieht sich sowohl auf die Fälle der Versagung des Rückbaus, der Änderung oder der Nutzungsänderung als auch der Errichtung einer baulichen Anlage (§ 172 Abs. 1 S. 3, Abs. 3 S. 2). Bei der Beurteilung der wirtschaftlichen Unzumutbarkeit ist auf das **Gebäude** in seinem Erhaltungszustand und seinen Erhaltungsmöglichkeiten abzustellen; sog. **objektbezogene Beurteilung. Persönliche Verhältnisse** des Eigentümers, insbesondere seine sonstigen Vermögensverhältnisse bleiben außer Betracht (auch *Köhler/Fieseler* in Schrödter § 173 Rn. 10 sowie auch zur Kostenberechnung, Rn. 11). Die Erhaltung einer baulichen Anlage ist unzumutbar, wenn die Kosten ihrer Bewirtschaftung nicht durch ihre Erträge oder den Nutzungswert aufgewogen werden können (entsprechend → § 172 Rn. 50; *Stock* in EZBK § 173 Rn. 37).

4 § 39h Abs. 6 S. 3 BBauG bestimmte ausdrücklich, dass bei der Beurteilung der wirtschaftlichen Unzumutbarkeit auch zu berücksichtigen ist, ob und in welchem Umfang für die bauliche Maßnahme auch **Mittel öffentlicher Haushalte** zur Verfügung gestellt werden können. Die Regelung enthielt einen allgemeinen Rechtsgedanken, der auch weiterhin bei Entscheidungen nach § 173 wie auch bei sonstigen Vorschriften (zB bei den städtebaulichen Geboten nach §§ 175 ff.) zu beachten ist.

1. Abschnitt. Erhaltungssatzung **§ 174**

Eine Sonderregelung, auf die § 173 Abs. 2 keine Anwendung findet, enthält § 172 **5 Abs. 4 S. 2, Abs. 5 S. 3** für solche Fälle, in denen die Genehmigung zu versagen wäre, jedoch im Hinblick auf die wirtschaftliche Unzumutbarkeit zu erteilen ist (→ § 172 Rn. 50).

4. Erörterung (Abs. 3). Nach **Abs. 3 S. 1** hat die Gemeinde (also nicht die gem. **6** Abs. 1 S. 2 über den Antrag entscheidende Baugenehmigungsbehörde) vor Entscheidung über den Antrag mit dem Eigentümer oder sonstigen zur Unterhaltung Verpflichteten, die Möglichkeit der Erhaltung und Nutzung des Gebäudes sowie der Unterstützung bei der Erhaltung zu **erörtern**. In den Fällen des § 172 Abs. 4 und Abs. 5 sind nach **Abs. 3 S. 2** auch die Mieter, Pächter und sonstigen Nutzungsberechtigten zu hören. Die Vorschrift entspricht § 175 Abs. 1. Die Erörterung soll auch dazu beitragen, dass bestehende Förderungsmöglichkeiten in Anspruch genommen und damit Übernahmeansprüche nach Abs. 2 vermieden werden können; BVerfG DVBl. 1987, 465 hebt die Bedeutung der Erörterungspflicht zur Vermeidung übermäßig belastender Folgen für die Eigentümer zu erhaltender baulicher Anlagen hervor.

5. Verhältnis zu landesrechtlichen Vorschriften (Abs. 4). Abs. 4 stellt – ent- **7** sprechend § 175 Abs. 5 (→ § 175 Rn. 12) – klar, dass die bodenrechtlichen Regelungen der Erhaltungssatzung die landesrechtliche Kompetenz für das Denkmalschutzrecht unberührt lassen.

§ 174 Ausnahmen

(1) **§ 172 ist nicht auf Grundstücke anzuwenden, die den in § 26 Nr. 2 bezeichneten Zwecken dienen, und auf die in § 26 Nr. 3 bezeichneten Grundstücke.**

(2) [1]**Befindet sich ein Grundstück der in Absatz 1 bezeichneten Art im Geltungsbereich einer Erhaltungssatzung, hat die Gemeinde den Bedarfsträger hiervon zu unterrichten.** [2]**Beabsichtigt der Bedarfsträger ein Vorhaben im Sinne des § 172 Abs. 1, hat er dies der Gemeinde anzuzeigen.** [3]**Der Bedarfsträger soll auf Verlangen der Gemeinde von dem Vorhaben absehen, wenn die Voraussetzungen vorliegen, die die Gemeinde berechtigen würden, die Genehmigung nach § 172 zu versagen, und wenn die Erhaltung oder das Absehen von der Errichtung der baulichen Anlage dem Bedarfsträger auch unter Berücksichtigung seiner Aufgaben zuzumuten ist.**

1. § 174 stellt Grundstücke, die bestimmten öffentlichen Zwecken dienen, von **1** der Anwendung des § 172 frei **(Abs. 1)**, unterwirft sie aber einer besonderen, die Erhaltungsziele zum Tragen bringenden Regelung **(Abs. 2)**. Entsprechende Sonderregelungen gelten für das Vorkaufsrecht (§ 26 Nr. 2 und Nr. 3), für das Sanierungs- und Entwicklungsrecht (§ 146 Abs. 2, § 165 Abs. 5 S. 2, § 169 Abs. 1 Nr. 4) und für die städtebaulichen Gebote (§ 175 Abs. 4).

Die Aufzählung der **privilegierten Grundstücke** in Abs. 1 iVm § 26 Nr. 2 und **2** Nr. 3 ist abschließend. Für alle sonstigen Grundstücke der öffentlichen Hand findet § 172 Anwendung.

2. § 174 lässt die **Einbeziehung** der in Abs. 1 bezeichneten Grundstücke in den **3** Geltungsbereich einer Erhaltungssatzung zu. Er nimmt lediglich die **Rechtswirkungen** des § 172 für diese Grundstücke aus. Zum Verhältnis zu anderen Verfahren vgl. eingehend *Stock* in EZBK § 174 Rn. 9ff.

Nach **Abs. 2 S. 1** hat die Gemeinde den **Bedarfsträger** davon zu **unterrichten**, **4** dass sein Grundstück im Geltungsbereich einer Erhaltungssatzung liegt. Hierdurch wird sichergestellt, dass der Bedarfsträger der ihm nach **Abs. 2 S. 2** obliegenden Ver-

Vorb §§ 175–179 II. Kapitel. VI. Teil. Erhaltungssatzung u. städtebaul. Gebote

pflichtung, ein Vorhaben iS des § 172 der Gemeinde anzuzeigen, nachkommt. Auf **Verlangen der Gemeinde** ist der Bedarfsträger darüber hinaus **verpflichtet,** § 172 bei eigenen Vorhaben zu beachten.

5 Nach **Abs. 2 S. 3** darf der Bedarfsträger hiervon nur absehen, wenn ihm die Erhaltung oder das Absehen von der Errichtung der baulichen Anlage auch unter Berücksichtigung seiner Aufgaben **nicht zuzumuten** ist. Der Bedarfsträger hat die Gründe zu substantiieren. Für die von ihm zu treffende Abwägung benötigt er die Kenntnis der Erhaltungsziele. Er muss sie im Hinblick auf die Zumutbarkeitsklausel sachgerecht gewichten (vgl. weiterhin *Stock* in EZBK § 174 Rn. 19ff.).

6 Die Gemeinde hat einen **Anspruch auf Bescheidung** durch den Bedarfsträger. Die Entscheidung ist ein **Verwaltungsakt,** gegen den die Gemeinde **verwaltungsgerichtlich** vorgehen kann (auch *Köhler/Fieseler* in Schrödter § 174 Rn. 7).

Zweiter Abschnitt. Städtebauliche Gebote

Vorbemerkung zu den §§ 175 bis 179

Übersicht

	Rn.
1. Rechtsentwicklung: StBauFG 1971, BBauG 1976, BauGB 1987, BauGB-MaßnahmenG 1990, Inv-WoBauLG 1993, BauROG 1998	1
2. Bedeutung der Regelungen im System des BauGB	2
3. Überblick	5
4. Verfahren	6

1 **1. Rechtsentwicklung: StBauFG 1971, BBauG 1976, BauGB 1987, BauGB-MaßnahmenG 1990, Inv-WoBauLG 1993, BauROG 1998.** Die städtebaulichen Gebote waren zunächst in §§ 19–21 **StBauFG 1971** enthalten. Aufgrund der **Novelle 1976** wurden die Gebote in das BBauG übernommen; §§ 39a–i BBauG. Im **BauGB** sind diese Bestimmungen im Wesentlichen unverändert in das Zweite Kapitel, Dritter Teil „Erhaltungssatzung und städtebauliche Gebote" übernommen worden. Lediglich das wegen der engen Anwendungsvoraussetzungen weitgehend bedeutungslose **Nutzungsgebot** (§ 39c BBauG) ist nicht übernommen worden. Das **BauGB-MaßnahmenG 1990** enthielt in § 8 eine das Baugebot (§ 176 BauGB) ergänzende Regelung, die durch das **Inv-WoBauLG 1993** in das BauGB (§ 175 Abs. 2 Hs. 2, § 176 Abs. 7 bis 9) übernommen wurde. Durch das **BauROG 1998** wurde das Abbruchgebot (§ 179) zu einem **Rückbau- und Entsiegelungsgebot** fortentwickelt. Die Innenentwicklungsnovelle 2013 hat den Anwendungsbereich des Rückbaugebots in Bezug auf die vollständige oder teilweise Beseitigung von sog. „Schrottimmobilien" durch den Wegfall der Planakzessorietät in § 179 Abs. 1 S. 1 erweitert.

2 **2. Bedeutung der Regelungen im System des BauGB.** Die **Bedeutung der Regelungen** im System des BauGB liegt in Folgendem: Städtebauliche Planungen, auch die Festsetzungen im Bebauungsplan, lösen keine unmittelbare Verpflichtung zu ihrer Verwirklichung aus. Das Städtebaurecht kennt hierzu ein gesondertes Instrumentarium, nämlich die Bodenordnung (§§ 45ff.), die Enteignung (§§ 85ff.), die städtebauliche Sanierungs- und Entwicklungsmaßnahme (§§ 136ff.; §§ 165ff.), den Stadtumbau, die Maßnahmen der Sozialen Stadt und der Privaten Initiativen zur Stadtentwicklung (§§ 171a–171f) sowie die städtebaulichen Gebote (§§ 175ff.). Die gemeindlichen Anordnungen nach §§ 176ff. dienen jedoch nicht nur der Verwirklichung von Bebauungsplänen. In den Fällen des Baulücken-Baugebots (§ 176 Abs. 2)

2. Abschnitt. Städtebauliche Gebote **Vorb §§ 175–179**

sowie des Modernisierungs- und Instandsetzungsgebots (§ 177) können die Gebote auch außerhalb von Bebauungsplangebieten angeordnet werden. Die Bezeichnung der Gebote als „**Planverwirklichungsgebote**" ist daher nur zT zutreffend. Das BauGB hat hierfür die genauere Bezeichnung „**städtebauliche Gebote**" eingeführt und damit „**Positivpflichten**" der Bodennutzung bezeichnet.

Die §§ 175 bis 179 dienen der **Verwirklichung der städtebaulichen Ordnung** 3 **und Entwicklung** in einem Bereich, in dem Gemeinde, Eigentümer, Nutzungsberechtigte und Investoren wegen eines übergeordneten öffentlichen (städtebaulichen) Interesses in besonders hohem Maße zur Kooperation aufgefordert sind. Die Gebote sind als Eingriffsinstrumente ausgestaltet; sie sind jedoch von der Grundvorstellung eines Zusammenwirkens zwischen den Beteiligten getragen. Dies ergibt sich aus § 175 Abs. 1 (→ dort Rn. 3).

Die Bestimmungen des Zweiten Abschnitts konkretisieren vor allem **Sozial-** 4 **pflichten des Eigentums** (vgl. zur Baupflicht nach den Aufbaugesetzen als Inhaltsbestimmungen des Eigentums bereits BVerwGE 7, 297 (299)) und richten sich somit als Verpflichtungen an den Eigentümer. Die Fälle der tatsächlichen Anordnung von Geboten sollten daher die Ausnahme sein. Die Gebote sind, wie sich insbesondere aus der relativ „schwachen" (beim Baugebot) bzw. sehr verwaltungsaufwändigen Ausgestaltung des Durchsetzungsinstrumentariums ergibt, vor allem dazu geeignet, von der aktiven, auf Verwirklichung der geplanten städtebaulichen Ordnung hinwirkenden Gemeinde als **Verfahrensanleitung** genutzt zu werden, weniger dagegen als eigenständige Eingriffsinstrumente.

3. Überblick. a) § 176 ermächtigt die Gemeinde zur Anordnung eines Be- 5 bauungsgebots (**§ 176 Abs. 1 Nr. 1**) im Geltungsbereich eines Bebauungsplans und der Anpassung eines vorhandenen Gebäudes oder einer vorhandenen sonstigen baulichen Anlage entsprechend den Festsetzungen eines Bebauungsplans (Anpassungsgebot, **§ 176 Abs. 1 Nr. 2**). Nach § 176 Abs. 2 kann das Baugebot auch in § 34-Gebieten, insbesondere zur Schließung von Baulücken, angeordnet werden.

b) § 177 ermächtigt die Gemeinde zur Anordnung eines Modernisierungsgebots zur Beseitigung von Missständen einer baulichen Anlage oder eines Instandsetzungsgebots zur Behebung von Mängeln einer baulichen Anlage, und zwar unbeschadet des Vorliegens eines Bebauungsplans.

c) Nach § 178 kann die Gemeinde durch ein Pflanzgebot anordnen, dass der Eigentümer, sein Grundstück entsprechend den nach § 9 Abs. 1 Nr. 25 getroffenen Festsetzungen zu bepflanzen hat.

d) Die Gemeinde kann den Eigentümer gem. § 179 zur Duldung der vollständigen oder teilweisen Beseitigung baulicher Anlagen verpflichten **(Rückbaugebot)**, wenn diese den Festsetzungen eines Bebauungsplans nicht entsprechen und nicht angepasst werden können (§ 179 Abs. 1 S. 1 Nr. 1) oder Missstände oder Mängel iS des § 177 Abs. 2 und Abs. 3 S. 1 aufweisen, die auch durch eine Modernisierung oder Instandsetzung nicht behoben werden können (§ 179 Abs. 1 S. 1 Nr. 2). Nach § 179 Abs. 1 S. 2 kann der Eigentümer zur Duldung der sonstigen Wiedernutzbarmachung von dauerhaft nicht mehr genutzten Flächen verpflichtet werden, bei denen der durch Bebauung oder Versiegelung beeinträchtigte Boden in seiner Leistungsfähigkeit erhalten oder wiederhergestellt werden soll **(Entsiegelungsgebot)**. Nach Abs. 4 sind die Beseitigungskosten im Falle des Abs. 1 S. 1 Nr. 2 sogar vom Eigentümer bis zur Höhe der ihm durch die Beseitigung entstehenden Vermögensvorteile zu tragen.

4. Verfahren. Die Gemeinde ist nach § 175 Abs. 1 verpflichtet, vor Erlass eines 6 städtebaulichen Gebots mit den Eigentümern, Mietern, Pächtern und sonstigen Nutzungsberechtigten die beabsichtigte Maßnahme zu **erörtern** und die Beteiligten im Rahmen ihrer Möglichkeiten zu **beraten**. Derartige Erörterungspflichten können sich im Übrigen auch nach § 180 (Sozialplan) ergeben (→ § 175 Rn. 1).

§ 175 II. Kapitel. VI. Teil. Erhaltungssatzung u. städtebaul. Gebote

7 Die städtebaulichen Gebote werden durch **Verwaltungsakt** gegenüber dem Eigentümer angeordnet. Sie können **gem. VwGO angefochten** werden. Gegenüber Mietern, Pächtern und sonstigen Nutzungsberechtigten kann nach § 175 Abs. 3 die Duldung der Maßnahmen nach den §§ 176 bis 179 angeordnet werden.

8 Im Rahmen der **Umlegung** können das Bau-, Modernisierungs-, Instandsetzungs- oder Pflanzgebot nach § 59 Abs. 7 bei der Zuteilung von Grundstücken von der Umlegungsstelle (Gemeinde) oder – auf Antrag der Gemeinde – vom Umlegungsausschuss angeordnet werden; zur Beseitigung von Gebäuden oder sonstigen Anlagen vgl. § 59 Abs. 8. Die gemeindlichen Befugnisse zur Anordnung eines städtebaulichen Gebots bleiben von dieser Ermächtigung zur Verfahrenskonzentration unberührt; vgl. § 59 Abs. 9.

§ 175 Allgemeines

(1) ¹Beabsichtigt die Gemeinde, ein Baugebot (§ 176), ein Modernisierungs- oder Instandsetzungsgebot (§ 177), ein Pflanzgebot (§ 178) oder ein Rückbau- oder Entsiegelungsgebot (§ 179) zu erlassen, soll sie die Maßnahme vorher mit den Betroffenen erörtern. ²Die Gemeinde soll die Eigentümer, Mieter, Pächter und sonstigen Nutzungsberechtigten im Rahmen ihrer Möglichkeiten beraten, wie die Maßnahme durchgeführt werden kann und welche Finanzierungsmöglichkeiten aus öffentlichen Kassen bestehen.

(2) Die Anordnung von Maßnahmen nach den §§ 176 bis 179 setzt voraus, dass die alsbaldige Durchführung der Maßnahmen aus städtebaulichen Gründen erforderlich ist; bei Anordnung eines Baugebots nach § 176 kann dabei auch ein dringender Wohnbedarf der Bevölkerung berücksichtigt werden.

(3) Mieter, Pächter und sonstige Nutzungsberechtigte haben die Durchführung der Maßnahmen nach den §§ 176 bis 179 zu dulden.

(4) ¹Die §§ 176 bis 179 sind nicht auf Grundstücke anzuwenden, die den in § 26 Nr. 2 bezeichneten Zwecken dienen, und auf die in § 26 Nr. 3 bezeichneten Grundstücke. ²Liegen für diese Grundstücke die Voraussetzungen für die Anordnung eines Gebots nach den §§ 176 bis 179 vor, soll auf Verlangen der Gemeinde der Bedarfsträger die entsprechenden Maßnahmen durchführen oder ihre Durchführung dulden, soweit dadurch nicht die Erfüllung seiner Aufgaben beeinträchtigt wird.

(5) Die landesrechtlichen Vorschriften, insbesondere über den Schutz und die Erhaltung von Denkmälern, bleiben unberührt.

Übersicht

	Rn.
1. Erörterung und Beratung (Abs. 1)	1
2. Erforderlichkeit (Abs. 2)	5
3. Duldungspflicht (Abs. 3)	7
4. Ausnahmen für Grundstücke besonderer Zweckbestimmung (Abs. 4)	10
5. Landesrechtliche Vorschriften (Abs. 5)	12
6. Verhältnis zu sonstigen Vorschriften	13
7. Verhältnis zur Enteignung	14

1 **1. Erörterung und Beratung (Abs. 1).** Vor Erlass eines Gebots nach §§ 176, 177, 178 oder 179 ist die Gemeinde nach **Abs. 1 zur Erörterung (Abs. 1 S. 1) und Beratung (Abs. 1 S. 2)** verpflichtet. Sofern die Gemeinde wegen erheblich nachteiliger Auswirkungen eines Bebauungsplans oder in der Sanierung einen Sozialplan

2. Abschnitt. Städtebauliche Gebote § 175

aufzustellen hat (vgl. § 180 Abs. 1), kann sie die Erörterungen und Beratungen nach Abs. 1 und nach § 180 Abs. 1 verbinden. Das gilt entsprechend für die Fälle der Aufstellung eines Sozialplans gem. § 172 Abs. 5 S. 2 (Erhaltungssatzung für Fälle einer Umstrukturierung des Gebiets) oder die Erörterung mit den von einer Sanierungs- oder Entwicklungsmaßnahme Betroffenen sowie deren Beratung gem. § 137 S. 1 und S. 2.

Adressaten der Beratung und Erörterung sind alle von dem Gebot betroffenen 2 Nutzungsberechtigten, also Eigentümer, Mieter und Pächter und sonstige dinglich oder obligatorisch Nutzungsberechtigte; dagegen nicht andere Rechtsinhaber (zB einer Hypothek; → § 179 Abs. 1 S. 2, § 179 Rn. 8 und 10).

Erörterung und Beratung sind **Rechtspflichten der Gemeinde,** die weiter 3 gehen und eine grundsätzlich andere Aufgabe haben als zB den Anspruch auf die Gewährung rechtlichen Gehörs. Beide können miteinander verbunden werden, denn sie zielen darauf, die Voraussetzungen für den Erlass des Gebots festzustellen und zu erörtern. Soweit dies für die Anordnung der einzelnen Gebote erforderlich ist, sind in diesem Rahmen auch die objektive und subjektive wirtschaftliche Zumutbarkeit der Maßnahmen zu prüfen, einschließlich ihrer finanziellen und sozialen Zumutbarkeit (vgl. § 176 Abs. 3 und 4, § 177 Abs. 4, § 179 Abs. 2 und 3). Die für die Anhörung iSd § 28 VwVfG geltenden Grundsätze können auf die Erörterung iSd § 175 Abs. 1 entsprechend angewendet werden; hiernach genügt eine Gemeinde der Pflicht zur Erörterung bereits dann, wenn sie den Betroffenen Gelegenheit zur Erörterung gibt. Unterbleibt die Erörterung aus Gründen, die in der Sphäre des Betroffenen liegen, ist die Gemeinde nicht gehindert, das Gebot zu erlassen (VG Köln ZfBR 1986, 250).

Erörterung und Beratung sollen darüber hinaus die Verwirklichung der beabsich- 4 tigten Baumaßnahme ermöglichen. Insoweit ist das Gebot nur ultima ratio. Abs. 1 verdeutlicht, dass auch bei Vorliegen der tatbestandsmäßigen Voraussetzungen für die Anordnung der Gebote die **freiwillige Durchführung** im Vordergrund steht (→ Vorbem. zu den §§ 175–179 Rn. 4). Hierzu kommt der Beratung über Finanzierungsmöglichkeiten aus **öffentlichen Kassen,** dh über direkte Subventionen sowie steuerliche Vergünstigungen, besondere Bedeutung zu. Im Regelfall sollte daher die Gebotsanordnung nach durchgeführter Erörterung und Beratung nicht mehr erforderlich sein, sei es weil der Eigentümer zur Durchführung bereit ist oder weil sich Umstände ergeben, die von der Anordnung Abstand nehmen lassen. Von der Anordnung eines Gebots ist abzusehen, wenn der Verpflichtete bereit und in der Lage ist, die Maßnahme in angemessener Zeit zu erfüllen (*Köhler/Fieseler* in Schrödter § 175 Rn. 9). Zur Abwendung ist insbesondere eine **öffentlich-rechtliche Vereinbarung** zulässig und geeignet; vgl. § 11.

2. Erforderlichkeit (Abs. 2). Die Gebote dürfen nach **Abs. 2** nur angeordnet 5 werden, wenn ihre alsbaldige Durchführung aus städtebaulichen Gründen erforderlich ist. Aus **städtebaulichen Gründen** ist die Durchführung nicht bereits dann erforderlich, wenn ein **Bebauungsplan** vorliegt (BVerwGE 84, 335). Dies ergibt sich schon daraus, dass die Gebote – abgesehen vom Baulückenfall des § 176 Abs. 2, dem Modernisierungs- und Instandsetzungsgebot des § 177 und in Teilen auch des Rückbau- und Entsiegelungsgebots des § 179 Abs. 1 S. 1 – ohnehin nur im Geltungsbereich eines Bebauungsplans erlassen werden dürfen. Ein Bebauungsplan weist zunächst nur die zulässige Nutzung aus, ohne jedoch gleichzeitig eine hierauf bezogene Baupflicht des Eigentümers zu begründen. Die städtebaulichen Gründe, die die **alsbaldige Planverwirklichung** nach Abs. 2 erfordern, können nicht ohne weiteres mit allen sich aus der städtebaulichen Ordnung und Entwicklung ergebenden Bedürfnissen gleichgesetzt werden. Vielmehr müssen im Einzelfall die städtebaulichen Gründe in der Gewichtung und bei der Abwägung die privaten Belange, die gegen die sofortige Planverwirklichung vorgebracht werden, merklich überwiegen (*Köhler/Fieseler* in Schrödter § 175 Rn. 19). Bei der Verwirklichung eines Bebauungsplans

müssen daher ohne die Durchführung der beabsichtigten Maßnahmen etwa im Hinblick auf vorhandene Baulücken **bodenrechtliche Spannungen** vorliegen, denen gegenüber die Belange der betroffenen Eigentümer hintanzustellen sind; vgl. auch die zur Auslegung nutzbar zu machende und von der Rspr. entwickelte Dogmatik zum Begriff des „Einfügens" (§ 34 Abs. 1) iS der Gewährleistung bodenrechtlicher „Harmonie" zur Verhinderung bodenrechtlich beachtlicher Spannungen (→ § 34 Rn. 16 ff.). Als städtebaulicher Grund kommt weiterhin nicht jedes **öffentliche Interesse** in Betracht; kein städtebaulicher Grund ist daher zB ein ausschließlich der Wohnungsaufsicht oder Wohnungspflege dienendes Interesse. Aus dem jeweiligen bodenrechtlichen Spannungsverhältnis muss sich auch ergeben, dass die Durchführung geboten, dh ihre **alsbaldige Durchführung** erforderlich ist.

6 Als **Anhaltspunkt** für das Erfordernis der alsbaldigen Durchführung der Maßnahme aus städtebaulichen Gründen kann zB gelten (vgl. hierzu auch BT-Drs. 9/746, S. 16; *Köhler/Fieseler* in Schrödter § 175 Rn. 20f.), dass sich die Maßnahme auf Baulücken bezieht, deren Schließung die Gemeinde zur geordneten Entwicklung des Gemeindegebiets beabsichtigt oder deren Schließung zur Beseitigung einer Verunstaltung des Straßen- oder Ortsbilds erforderlich ist, oder dass sich die Maßnahme auf nach § 89 veräußerte Grundstücke oder auf Ordnungs- und Baumaßnahmen bezieht, die im Rahmen von Sanierungs- oder Entwicklungsmaßnahmen (vgl. § 146) verwirklicht werden sollen. Als städtebaulicher Grund von besonderer Bedeutung kommt zB die Absicht einer Gemeinde in Betracht, durch Baulückenschließung die vorhandenen (und häufig zumindest teilweise bereits „versiegelten") Bauflächen besser auszunutzen, eine stärkere Wohnbebauung oder verbrauchernahe Versorgung zu ermöglichen, um der Entvölkerung der Innenstadt entgegenzuwirken, die Verkehrsanbindungen in die Randzonen der Stadt zu entlasten, eine städtebauliche Gesamtkonzeption auch gegenüber einzelnen planmäßig genutzten Grundstücken durchzusetzen und die noch unbebauten Grünflächen am Rand der Stadt zu schonen (vgl. die Bodenschutzklausel des § 1a Abs. 2). Nach **Abs. 2 Hs. 2** kann in den Fällen des Baugebots (§ 176 BauGB) im Rahmen städtebaulicher Gründe auch ein **dringender Wohnbedarf der Bevölkerung** berücksichtigt werden. Die Regelung hat klarstellende Bedeutung. Im Übrigen kann dies ein auch beim Modernisierungs- und Instandsetzungsgebot (§ 177) beachtlicher städtebaulicher Grund sein.

7 **3. Duldungspflicht (Abs. 3).** Die Durchführung der Gebote nach den §§ 176–179 setzt voraus, dass die zur Nutzung des Grundstücks oder der baulichen Anlage Berechtigten, vor allem also die Mieter und Pächter, die Durchführung der Maßnahmen dulden. **Abs. 3** verpflichtet die Nutzungsberechtigten hierzu. Die **Duldungspflicht** bezieht sich auf die Maßnahmen zur Durchführung der Gebote, dh die Errichtung oder Anpassung einer baulichen Anlage, den Rückbau eines Gebäudes, die Entsiegelung von Flächen, die Modernisierung usw. Die Duldungspflicht umfasst auch die **Räumungspflicht,** wenn zur Durchführung der in § 177 bezeichneten Maßnahmen die nur vorübergehende Räumung der Miet- oder Pachtsache erforderlich ist, weil andernfalls Missstände oder Mängel nicht oder zumindest nicht fristgemäß durch entsprechende Baumaßnahmen beseitigt oder behoben werden können und wenn das Miet-, Pacht- und sonstige Nutzungsrechtsverhältnis trotz der Maßnahmen nach § 177 inhaltlich und nach den erfassten räumlichen Gegenständen erhalten bleiben kann (VGH Mannheim BRS 40 Nr. 231).

8 Die Duldungspflicht ist eine gesetzliche Nebenwirkung des Bau-, Modernisierungs-, Instandsetzungs-, Pflanz-, Rückbau- oder Entsiegelungsgebots. Das Gebot begründet insoweit eine besondere **öffentlich-rechtliche Pflicht** des Nutzungsberechtigten. Abs. 1 sieht bereits die Erörterung und Beratung wegen eines beabsichtigten Gebotes auch mit Mietern, Pächtern und sonstigen Nutzungsberechtigten vor. Gegenüber diesen kann also auch der förmliche Erlass einer **Duldungsverfügung** in Betracht kommen. Die Gemeinde kann hierzu die Bescheide über die Anordnung

2. Abschnitt. Städtebauliche Gebote § 175

der Gebote auch den Nutzungsberechtigten zustellen. Die Duldungsverfügung kann mit den Mitteln des **Verwaltungszwangs** (nach landesrechtlichem Verwaltungsvollstreckungsrecht), insbesondere durch Zwangsgeld oder unmittelbaren Zwang durchgesetzt werden. Unbeschadet eines förmlichen Bescheids über die Verpflichtung zur Duldung können die von dem an den Eigentümer ergangenen Gebot betroffenen Nutzungsberechtigten dieses selbstständig anfechten (*Lemmel* in BK § 175 Rn. 8).

Auch **im zivilrechtlichen Innenverhältnis** zum Eigentümer hat die Duldungspflicht Bedeutung: Auch der Eigentümer kann vom Nutzungsberechtigten die Duldung der Maßnahmen verlangen. Sofern die Durchführung der Maßnahmen nach §§ 176–179 innerhalb der bestehenden Vertragsverhältnisse nicht möglich, sondern die Aufhebung, Beendigung oder Verlängerung der Gebrauchs- oder Nutzungsverhältnisse erforderlich ist, ermächtigt hierzu § 182 Abs. 1.

4. Ausnahmen für Grundstücke besonderer Zweckbestimmung (Abs. 4). 10
Abs. 4 S. 1 iVm § 26 Abs. 2 und Nr. 3 stellt abschließend Grundstücke, die bestimmten öffentlichen Zwecken dienen, von der Anwendung der §§ 176–179 frei. Vergleichbare Privilegierungen bestehen für die Regelungen über das gesetzliche Vorkaufsrecht (§ 26 Nr. 2 und Nr. 3) sowie für Grundstücke im Gebiet einer Erhaltungssatzung (§ 174 Abs. 1). Vgl. weiterhin § 146 Abs. 2: Bei entsprechenden Fallgestaltungen in der Sanierung unterliegen die Grundstücke den Bestimmungen des Sanierungsrechts; jedoch bedarf die Durchführung der Sanierungsmaßnahmen der Zustimmung des jeweiligen Bedarfsträgers; § 146 Abs. 2 S. 2; die Vorschrift findet auch im Entwicklungsrecht Anwendung (§ 169 Abs. 1 Nr. 4). Für alle sonstigen, also für die in Abs. 4 nicht bezeichneten Grundstücke der öffentlichen Hand, finden die Bestimmungen der §§ 176–179 uneingeschränkt Anwendung.

Im Hinblick auf Vorhaben, die auf den in **Abs. 4 S. 1** genannten Grundstücken 11 beabsichtigt sind, kann kein Gebot zur Durchführung baulicher Maßnahmen iS der §§ 176–179 erlassen bzw. die Duldung derartiger entsprechender Maßnahmen nicht angeordnet werden. **Abs. 4 S. 2** enthält jedoch die Verpflichtung der Bedarfsträger zur Durchführung oder Duldung **auf Verlangen der Gemeinde,** soweit die Bedarfsträger dadurch nicht in der Erfüllung ihrer Aufgaben beeinträchtigt werden. Der Bedarfsträger kann sich also nur ausnahmsweise, nämlich in Fällen übergeordneter Gesichtspunkte, diesen Pflichten entziehen (auch *Köhler/Fieseler* in Schrödter § 175 Rn. 32). Abs. 4 S. 2 begründet eine Rechtspflicht der Bedarfsträger. Das **Verlangen** der Gemeinde nach Abs. 4 S. 2 ist ein **Verwaltungsakt.** Bei der Geltendmachung des Verlangens ist abzuwägen zwischen den Anforderungen, die sich aus den städtebaulichen Geboten ergeben, und den Auswirkungen auf die Erfüllung der den Bedarfsträgern obliegenden Aufgaben (entsprechend → Erl. zu § 174 Rn. 2).

5. Landesrechtliche Vorschriften (Abs. 5). Nach Abs. 5 bleiben bei der An- 12 wendung der §§ 176–179 landesrechtliche Vorschriften unberührt, sind also daneben zu beachten. Das Gesetz hebt besonders die Vorschriften über den Schutz und die Erhaltung von **Denkmälern** hervor, wie er in den landesrechtlichen Denkmalschutzgesetzen geregelt ist. Die Regelung beugt insoweit auch verfassungsrechtlichen Vorbehalten im Hinblick auf eine Kompetenz des Landesgesetzgebers vor; vgl. auch § 85 Abs. 2 Nr. 2. Bei Abbruch- und Modernisierungsmaßnahmen ist auch der landesrechtliche Denkmalschutz zu beachten; vgl. auch § 173 Abs. 4. Unberührt bleiben insbesondere auch die landesrechtlichen Vorschriften über das Baugenehmigungsverfahren: die Anordnung eines Baugebots ersetzt daher nicht die **Baugenehmigung** bzw. ein sonstiges nach Landesbauordnungsrecht vorgesehenes bauaufsichtliches Verfahren.

6. Verhältnis zu sonstigen Vorschriften. § 175 enthält keine ausdrückliche 13 **Konkurrenzregelung** gegenüber anderen bundes- und landesrechtlichen Vorschriften, die die Verpflichtung zur Durchführung oder Duldung von Maßnahmen der in

den §§ 176–179 bezeichneten Art enthalten. Die Anwendung solcher öffentlich-rechtlicher Vorschriften (zB speziellere bundesrechtliche, zB gewerberechtliche, landesrechtliche, bauordnungs- oder baudenkmalschutzrechtliche Vorschriften) neben §§ 176–179 versteht sich freilich von selbst und bedarf nicht der ausdrücklichen Regelung.

14 **7. Verhältnis zur Enteignung.** Die Voraussetzungen für die Anordnung eines Gebots nach §§ 176–179 und für die **Enteignung** können nebeneinander vorliegen. § 87 Abs. 4 bestimmt hierzu, dass die Zulässigkeit der Enteignung durch die Vorschriften des Dritten Teils des Zweiten Kapitels (Erhaltungssatzung, städtebauliche Gebote) nicht berührt wird. Besonders beim **Baugebot** können gleichzeitig die Voraussetzungen der Enteignung vorliegen; vgl. § 85 Abs. 1 Nr. 1 und 2 sowie § 85 Abs. 1 Nr. 5, § 87 Abs. 3 S. 2. Gebot und Enteignung sind – wie § 87 Abs. 4 verdeutlicht – selbstständig anwendbare Regelungen. Das Gesetz sieht zwischen ihnen **kein abgestuftes Verfahren** vor. Insbesondere ist bei Vorliegen der Voraussetzungen der Enteignung das Gebotsverfahren **nicht** in der Art eines „Vorverfahrens" der Enteignung durchzuführen; vgl. BVerwGE 84, 335 sowie (klarstellend) § 176 Abs. 8. Dies schließt nicht aus, dass es im Einzelfall geboten sein mag, dass die Gemeinde das Baugebot als gegenüber der Enteignung milderes Mittel vorzieht; dies jedoch nur dann, wenn das Baugebot gleichermaßen geeignet ist. Steht bereits auf Grund der Erörterung nach Abs. 1 oder wegen objektiver und wirtschaftlicher Unzumutbarkeit (§ 176 Abs. 3) fest, dass das Baugebot vom Eigentümer nicht befolgt wird, so ist die Gemeinde nicht gehindert, unmittelbar die Enteignung zu betreiben. Auch vor wiederholter Androhung eines Zwangsgelds zur Durchsetzung eines Baugebotes hat die Vollstreckungsbehörde zu prüfen, ob zur Verwirklichung der mit dem Baugebot angestrebten Bebauung das Grundstück zu enteignen ist (BVerwGE 84, 335). Zum Verhältnis von Baugebot und Enteignung weiterhin → § 176 Rn. 12.

§ 176 Baugebot

(1) Im Geltungsbereich eines Bebauungsplans kann die Gemeinde den Eigentümer durch Bescheid verpflichten, innerhalb einer zu bestimmenden angemessenen Frist
1. **sein Grundstück entsprechend den Festsetzungen des Bebauungsplans zu bebauen oder**
2. **ein vorhandenes Gebäude oder eine vorhandene sonstige bauliche Anlage den Festsetzungen des Bebauungsplans anzupassen.**

(2) Das Baugebot kann außerhalb der in Absatz 1 bezeichneten Gebiete, aber innerhalb im Zusammenhang bebauter Ortsteile angeordnet werden, um unbebaute oder geringfügig bebaute Grundstücke entsprechend den baurechtlichen Vorschriften zu nutzen oder einer baulichen Nutzung zuzuführen, insbesondere zur Schließung von Baulücken.

(3) Ist die Durchführung des Vorhabens aus wirtschaftlichen Gründen einem Eigentümer nicht zuzumuten, hat die Gemeinde von dem Baugebot abzusehen.

(4) [1]**Der Eigentümer kann von der Gemeinde die Übernahme des Grundstücks verlangen, wenn er glaubhaft macht, dass ihm die Durchführung des Vorhabens aus wirtschaftlichen Gründen nicht zuzumuten ist.** [2]**§ 43 Abs. 1, 4 und 5 sowie § 44 Abs. 3 und 4 sind entsprechend anzuwenden.**

(5) [1]**Ist die Durchführung eines Baugebots nur möglich, wenn zuvor eine bauliche Anlage oder Teile davon beseitigt werden, ist der Eigentümer mit dem Baugebot auch zur Beseitigung verpflichtet.** [2]**§ 179 Abs. 2 und 3 Satz 1, § 43 Abs. 2 und 5 sowie § 44 Abs. 3 und 4 sind entsprechend anzuwenden.**

2. Abschnitt. Städtebauliche Gebote § 176

(6) Ist für ein Grundstück eine andere als bauliche Nutzung festgesetzt, sind die Absätze 1 und 3 bis 5 entsprechend anzuwenden.

(7) Mit dem Baugebot kann die Verpflichtung verbunden werden, innerhalb einer zu bestimmenden angemessenen Frist den für eine bauliche Nutzung des Grundstücks erforderlichen Antrag auf Erteilung einer bauaufsichtlichen Genehmigung zu stellen.

(8) Kommt der Eigentümer der Verpflichtung nach Absatz 7 auch nach Vollstreckungsmaßnahmen auf Grund landesrechtlicher Vorschriften nicht nach, kann das Enteignungsverfahren nach § 85 Abs. 1 Nr. 5 auch vor Ablauf der Frist nach Absatz 1 eingeleitet werden.

(9) ¹In dem Enteignungsverfahren ist davon auszugehen, dass die Voraussetzungen des Baugebots vorliegen; die Vorschriften über die Zulässigkeit der Enteignung bleiben unberührt. ²Bei der Bemessung der Entschädigung bleiben Werterhöhungen unberücksichtigt, die nach Unanfechtbarkeit des Baugebots eingetreten sind, es sei denn, dass der Eigentümer die Werterhöhungen durch eigene Aufwendungen zulässigerweise bewirkt hat.

Übersicht

	Rn.
1. Baugebot im Bebauungsplangebiet (Abs. 1, 7)	1
a) Anwendungsbereich	1
b) Adressat	2
c) Erforderlichkeit alsbaldiger Durchführung	3
d) Bestimmtheit	4
e) Verhältnis zur Baugenehmigung (Abs. 7)	5
2. Baugebot in Gebieten nach § 34 (Abs. 2)	6
3. Objektive wirtschaftliche Zumutbarkeit (Abs. 3)	8
4. Subjektive wirtschaftliche Zumutbarkeit (Abs. 4)	9
5. Gleichzeitige Beseitigung baulicher Anlagen (Abs. 5)	10
6. Andere als bauliche Nutzung (Abs. 6)	11
7. Durchsetzung des Baugebots (Abs. 8, 9)	12

1. Baugebot im Bebauungsplangebiet (Abs. 1, 7). a) Anwendungsbereich. Das Baugebot kann nach Abs. 1 **im Geltungsbereich eines Bebauungsplans** (einfacher Bebauungsplan, § 30 Abs. 3, reicht aus; beim vorhabenbezogenen Bebauungsplan bestehen vertragliche Bauflichten nach § 12 Abs. 1 S. 1; hierzu auch § 12 Abs. 6 S. 1) angeordnet werden; zum Baugebot in Gebieten nach § 34, vgl. Abs. 2. Durch das Baugebot kann die **Bebauung des Grundstücks** entsprechend den Festsetzungen des Bebauungsplans **(Nr. 1)** oder die **Anpassung** eines vorhandenen Gebäudes oder einer sonstigen baulichen Anlage an die Festsetzungen des Bebauungsplans **(Nr. 2)** angeordnet werden. Die Anordnung des Baugebots steht im Ermessen der Gemeinde und hat schriftlich unter Festlegung einer angemessenen Frist zur Durchführung der Baumaßnahme zu erfolgen. Zur Anordnung des Gebots in der **Umlegung** vgl. § 59 Abs. 7. 1

b) Adressat. Das Baugebot ergeht an den **Eigentümer**; vgl. § 200. Wegen der dinglichen Wirkung des Baugebots bleibt es auch gegenüber einem Rechtsnachfolger bestehen. Bei zusammengehörenden Bauvorhaben kann das Baugebot auch an **mehrere Eigentümer** (idR also benachbarter Grundstücke) ergehen; sog. gemeinschaftliche Baugebot (so noch ausdrücklich § 39b Abs. 3 BBauG 1976). In den an die einzelnen Eigentümer ergehenden Geboten sind die erforderlichen Auflagen, insbesondere zur gegenseitig abgestimmten und gemeinsamen Bebauung, aufzunehmen. Allerdings dürfte in derartigen Fällen die aufeinander abgestimmte Durchset- 2

zung der gemeinschaftlichen Gebote schwierig sein. Erforderlich ist im Übrigen, dass sich das zusammenhängende Bauvorhaben auf Grundstücke bezieht, die jedes für sich entsprechend den vorhandenen baurechtlichen Vorschriften bebaubar ist; d. h. ein Baugebot wäre unzulässig, wenn erst durch seine Anordnung die Bebaubarkeit der erfassten Grundstücke (zB Aufstockung entsprechend dem Nachbargrundstück, auf das sich das Baugebot bezieht) begründet werden sollte (BVerwGE 88, 97).

3 **c) Erforderlichkeit alsbaldiger Durchführung.** Zu den allgemeinen Anordnungsvoraussetzungen für den Erlass des Baugebots vgl. die Erl. zu § 175. Was die **Erforderlichkeit der alsbaldigen Durchführung** der Maßnahmen aus städtebaulichen Gründen betrifft (§ 175 Abs. 2; → dort Rn. 5), reicht der Hinweis auf den Bebauungsplan und das allgemeine Durchführungsinteresse hieran nicht aus (auch *Köhler/Fieseler* in Schrödter § 176 Rn. 6). Weiterhin müssen sich die städtebaulichen Gründe auf den gesamten durch die Festsetzung des Bebauungsplans abgesteckten Rahmen beziehen. Unter mehreren nach dem Bebauungsplan zulässigen Möglichkeiten darf die Gemeinde daher nicht nur **eine** Variante für das Baugebot zugrunde legen, mag diese auch die städtebaulich sinnvollste sein. Da das Baugebot andernfalls unzulässigerweise einen Bebauungsplan fortentwickeln oder einschränken würde, muss die Verwirklichung aller nach dem Bebauungsplan zulässigen Vorhaben aus städtebaulichen Gründen erforderlich sein. Das Baugebot setzt insoweit hinreichend konkrete Festsetzungen im Bebauungsplan voraus. Zu den Anforderungen an den vorgegebenen städtebaulichen Rahmen in den Baugebotsfällen nach Abs. 2 → Rn. 6f. Soll das Baugebot zB in einem Mischgebiet angeordnet werden, muss die Gemeinde nachweisen, dass die alsbaldige Bebauung im Hinblick auf alle im § 6 Abs. 2 BauNVO bezeichneten Nutzungen aus städtebaulichen Gründen erforderlich ist. Vgl. hierzu weiterhin BVerwGE 84, 335.

4 **d) Bestimmtheit.** Das Baugebot muss hinreichend **bestimmt** (vgl. § 37 Abs. 1 VwVfG) sein. Die Anordnung muss daher einen vorhandenen planungsrechtlichen Rahmen eindeutig bezeichnen, ohne damit dem Bauherrn die Durchführung (Gestaltung, Raumaufteilung) im Einzelnen eindeutig vorgeben zu müssen. Die Gemeinde wird der Ermächtigungsgrundlage des § 176 nur gerecht, wenn sie dem Adressaten die **zulässige Bandbreite** der nach § 30 möglichen Bebauung gem. § 9 Abs. 1 Nr. 1 und 2 aufzeigt, innerhalb dieser Bandbreite aber dem Bauherrn die eigenverantwortliche Ausgestaltung des Vorhabens überlässt. Der Bescheid darf weder einengende noch ausweitende Aussagen enthalten, er muss vielmehr das, was baurechtlich in Betracht kommt, hinreichend bestimmen (vgl. hierzu BVerwGE 84, 335). Ist dieser Rahmen im Baugebot zulässigerweise (aber → Rn. 3) konkretisiert, so kann der Eigentümer dem Baugebot auch dadurch entsprechen, dass er eine andere als die im Baugebot bezeichnete bauliche Maßnahme durchführt, sofern diese planungsrechtlich zugelassen werden muss. Vgl. auch den im Polizeirecht bekannten, zulässigen „Austausch" des angeordneten durch ein anderes wirksames Mittel (vgl. *Lemmel* in BK § 176 Rn. 11 und 13). Dies kommt auch in den Fällen des wegen unzulässiger Einengung der baulichen Varianten fehlerhaften, jedoch (zB wegen Verfristung) unanfechtbaren Baugebots in Betracht: Hier hat der Bauherr bei der Ausführung ein „Wahlrecht" zugunsten einer anderen zulässigen baulichen Variante.

5 **e) Verhältnis zur Baugenehmigung (Abs. 7).** Das Baugebot schließt die **Baugenehmigung** nicht ein; → § 175 Rn. 12. Die Verpflichtung des Eigentümers zur Bebauung des Grundstücks oder zur Anpassung eines vorhandenen Gebäudes schließt sachlich seine **Verpflichtung** ein, den erforderlichen **Bauantrag** innerhalb einer angemessenen Frist zu stellen, ohne dass eine derartige Anordnung zum Mindestinhalt eines Baugebots gehört (BVerwGE 84, 335). Die Frist hängt dabei von der Größe des Grundstücks und vor allem von der Bebauung ab. Sie ist aber wesentlich kürzer als die Frist nach Abs. 1. Vgl. so ausdrücklich **Abs. 7.**

2. Abschnitt. Städtebauliche Gebote § 176

2. Baugebot in Gebieten nach § 34 (Abs. 2). Das im Übrigen (Abs. 1) plan- 6
akzessorische Baugebot kann nach **Abs. 2** auch im Innenbereich nach § 34 sowie im
Geltungsbereich einer Satzung nach § 34 Abs. 4 angeordnet werden; vgl. die Parallele
im Enteignungsrecht, § 85 Abs. 1 Nr. 2. Liegt das Grundstück im Geltungsbereich
eines einfachen Bebauungsplans (§ 30 Abs. 3), kommt nicht § 176 Abs. 2, sondern
§ 176 Abs. 1 zur Anwendung, sofern das Gebot der Verwirklichung des Plans dient
(aA Stock in EZBK § 176 Rn. 30 und 20, der das Baugebot auf Abs. 1 und Abs. 2 gestützt sieht). Das Baugebot kann in diesem Gebieten nur zur Herbeiführung der baulichen Nutzung **unbebauter oder geringfügig bebauter** Grundstücke angeordnet
werden, nicht aber als Anpassungsgebot nach Abs. 1 Nr. 2 (auch *Köhler/Fieseler* in
Schrödter § 176 Rn. 7). Das Gesetz erwähnt als städtebaulich besonders bedeutsamen
Fall den der Baulückenschließung beispielhaft, ohne dass dies die Gemeinde der Verpflichtung enthebt, die Erforderlichkeit der alsbaldigen Bebauung aus städtebaulichen
Gründen gemäß § 175 Abs. 2 im Einzelfall darzutun (→ Rn. 3). Probleme können
sich hier wegen der in § 34-Gebieten bestehenden Bandbreite der zulässigen Vorhaben (vgl. auch *Lemmel* in BK § 176 Rn. 13) ergeben. → entspr. Rn. 3 und 4. Das Vorliegen der Voraussetzungen für die Anordnung eines Gebots kann bei Baulücken zB
dann angenommen werden, wenn deren Schließung zur Beseitigung einer Störung
des Straßen- oder Ortsbilds städtebaulich erforderlich ist (so auch *Köhler/Fieseler* in
Schrödter § 176 Rn. 11; auch → § 175 Rn. 6). Im Übrigen ist der für das Baugebot
bestimmende Maßstab das, was in § 34-Gebieten zulässigerweise verwirklicht werden
kann. Zugunsten des Eigentümers sind im Zweifel die – je nach Lage – unteren oder
oberen Grenzen des nach § 34 Zulässigen maßgeblich. Sind also mehrere Alternativen
der Bebauung möglich, obliegt es der Baufreiheit des Bauherrn, welche der Alternativen er wählt. Es ist Sache der Gemeinde, ihn aufzufordern, dass er sich für eine Alternative entscheidet. Das Bestimmtheits-Erfordernis gebietet es, dass die Gemeinde
die Baumaßnahme dementsprechend konkretisiert, ggf. die hinsichtlich der Art und
Gestaltung bestehenden Spielräume bezeichnet. Der Gemeinde ist es nicht erlaubt,
dem Bauherrn bei mehreren zulässigen Alternativen im Baugebot die Verwirklichung
einer ganz bestimmten Alternative vorzugeben, auch wenn sie die städtebaulich sinnvollste ist (→ – mit weiteren Nachweisen – Rn. 3, 4).

Diese Maßstäbe sind auch in den Fällen **geringfügig bebauter Grundstücke** 7
heranzuziehen. Die Rechtmäßigkeit der vorhandenen geringfügigen Bebauung hat
dabei außer Betracht zu bleiben. Mit dem Baugebot kann die Nutzung des geringfügig bebauten Grundstücks entsprechend den baurechtlichen Vorschriften angeordnet
werden, also die Nutzung, wie sie im Falle eines Bauantrags im Rahmen des § 34 zulässig wäre. Auch hier sind Ober- und Untergrenzen des planungsrechtlich Zulässigen
im Zweifel zugunsten des Eigentümers zu bestimmen; zur Bestimmtheit des Baugebots → Rn. 4 und 6. Ist ein Grundstück daher zB nur im Erdgeschoss bebaut und
wäre für den Fall eines Bauantrags nach § 34 nur eine mindestens dreigeschossige
Bauweise zulässig, während einer nur eingeschossigen Bauweise die Genehmigung
zu versagen wäre, so kann – bei Vorliegen der übrigen Voraussetzungen – ein Baugebot gem. Abs. 2 angeordnet werden.

3. Objektive wirtschaftliche Zumutbarkeit (Abs. 3). Das Baugebot darf nach 8
Abs. 3 nicht erlassen werden, wenn seine Durchführung aus **wirtschaftlichen
Gründen** einem Eigentümer nicht zuzumuten ist. Das Baugebot, das wirtschaftlich
nicht zuzumuten ist, enthält keine Inhaltsbestimmung des Eigentums, sondern wirkt
enteignend (BVerwGE 7, 297). Voraussetzung für die Anordnung des Gebots ist nach
Abs. 2 S. 1 jedoch nicht, dass dem betroffenen Eigentümer (**„subjektiv"**) die Durchführung aus wirtschaftlichen Gründen zuzumuten ist; diesen Fall regelt Abs. 4
(→Rn. 9). **„Objektiv" wirtschaftlich unzumutbar** ist die Durchführung des
Vorhabens demgegenüber dann, wenn sie schlechterdings keinem vernünftig handelnden Eigentümer zuzumuten wäre. Solche Gründe können idR nur vorüberge-

hend, also für einen begrenzten Zeitraum, anerkannt werden: Dem Bebauungsplan, zu dessen Verwirklichung das Baugebot angeordnet werden soll, läge nämlich ein Abwägungsfehler zugrunde, wenn die Verwirklichung der in ihm getroffenen Festsetzung an ihrer unzureichenden Wirtschaftlichkeit scheiterte (BVerwGE 56, 283). Zwar ist die Wirtschaftlichkeit von Grundstücksnutzungen erfahrungsgemäß Schwankungen unterworfen; eine (nicht nur vorübergehende) unwirtschaftliche Festsetzung würde jedoch im Ergebnis in eine unzulässige „totale Veränderungssperre" (BVerwG 56, 1517) umschlagen (auch *Köhler/Fieseler* in Schrödter § 176 Rn. 16). **Schwierigkeiten der Finanzierung** können zur (vorübergehenden) objektiven wirtschaftlichen Unzumutbarkeit führen; so etwa im Hinblick auf die allgemeine wirtschaftliche Lage, vor allem auf dem Kreditmarkt. Ansonsten können sie die subjektive wirtschaftliche Unzumutbarkeit (Abs. 4) begründen. Als Fälle einer (vorübergehenden) objektiven wirtschaftlichen Unzumutbarkeit können zB Einkaufsläden in einem Neubaugebiet in Betracht kommen, die derzeit noch nicht rentabel betrieben werden können. Die Möglichkeit der **Inanspruchnahme von Mitteln aus öffentlichen Haushalten** einschließlich von **Steuervergünstigungen** ist bei der Beurteilung der objektiven wirtschaftlichen Zumutbarkeit zu berücksichtigen.

9 **4. Subjektive wirtschaftliche Zumutbarkeit (Abs. 4).** Ist die Durchführung eines Vorhabens objektiv wirtschaftlich zuzumuten, so kann die Anordnung jedoch dem persönlichen Adressaten des Baugebots **(„subjektiv") wirtschaftlich nicht zuzumuten** sein und damit enteignend wirken (BVerwGE 7, 297 (300)). Macht der Eigentümer dies gegenüber der Gemeinde glaubhaft (vgl. § 294 ZPO), kann er von dieser nach **Abs. 4 S. 1** die **Übernahme** des Grundstücks verlangen. Für die Entschädigung sind nach **Abs. 4 S. 2** § 43 Abs. 1, 4 und 5 sowie § 44 Abs. 3 und 4 entsprechend anzuwenden. Wenn zwischen Gemeinde und Eigentümer nichts anderes vereinbart ist, tritt die **Übernahmepflicht** mit der Anordnung des Baugebots ein. Ein Übernahmeverlangen kann aber schon vorher, zB im Rahmen der Erörterung nach § 175 Abs. 1, vorgebracht und ggf. vertraglich vereinbart werden.

10 **5. Gleichzeitige Beseitigung baulicher Anlagen (Abs. 5).** Wenn die Durchführung des Baugebots die Beseitigung vorhandener baulicher Anlagen oder Teile davon voraussetzt, kann die Gemeinde den Eigentümer nach **Abs. 5 S. 1** mit dem Baugebot auch zur **Beseitigung** verpflichten. Hierdurch kann der zögerliche Umweg über ein gesondertes **Rückbaugebot** nach § 179 vermieden werden. Der Eigentümer hat selbst abzubrechen; § 179 ist demgegenüber als Duldungsgebot ausgestaltet. Sofern die Beseitigungsanordnung Wohn- oder Geschäftsräume betrifft, sind hierbei die besonderen Schutzbestimmungen des § 179 Abs. 2 und 3 S. 1 anzuwenden. Ggf. kommt auch die Aufhebung von Miet- oder Pachtverhältnissen oder sonstigen Nutzungsverhältnissen gem. §§ 182 ff. in Betracht. Gem. **Abs. 5 S. 2** gilt für die Entschädigung § 43 Abs. 2 und 5 sowie § 44 Abs. 3 und 4 entsprechend.

11 **6. Andere als bauliche Nutzung (Abs. 6).** Das Baugebot kann nach **Abs. 6** auch angeordnet werden, wenn der Bebauungsplan eine **andere als bauliche Nutzung** festsetzt. Dieses Gebot zielt auf Nebeneinrichtungen der Hauptnutzung ab, die nicht die Eigenschaft von baulichen Anlagen haben, zB für Spiel-, Stell-, Lagerplätze; zu privaten Grünflächen vgl. die Spezialregelung des Pflanzgebots nach § 178.

12 **7. Durchsetzung des Baugebots (Abs. 8, 9).** Wird das Baugebot vom Eigentümer nicht erfüllt, kann die Gemeinde nach § 85 Abs. 1 Nr. 5 die **Enteignung** zu ihren Gunsten oder zugunsten eines geeigneten Bauwilligen geltend machen. Diese Anschlussenteignung ist insofern keine echte „Sanktion", weil für die Zulässigkeit der Enteignung ein rechtmäßig erlassenes und unanfechtbar gewordenes Baugebot nicht ausreicht. Vielmehr muss die Enteignung nach § 85 Abs. 1 Nr. 5 aus sich heraus, nämlich unter den Voraussetzungen des § 87 Abs. 1, zulässig sein. Für die Anschlussenteignung ist daher die Rechtmäßigkeit des Baugebots nicht ausreichend, vielmehr

ist sie nur zulässig, wenn im jeweiligen Einzelfall das Wohl der Allgemeinheit sie erfordert und der Enteignungszweck auf andere zumutbare Weise nicht erreicht werden kann. Jedoch ist im Enteignungsverfahren gem. **Abs. 9 S. 1** davon auszugehen, dass die Voraussetzungen des (unanfechtbaren) Baugebots vorliegen (auch *Köhler/Fieseler* in Schrödter § 176 Rn. 36). Nach § 87 Abs. 3 S. 2 kann die Enteignung in diesem Fall auch unmittelbar **zugunsten eines Bauwilligen** durchgeführt werden.

Für die **Bemessung der Entschädigung** sind die Preisverhältnisse im Zeitpunkt der Enteignung maßgeblich. Gem. **Abs. 9 S. 2** wird der **Zeitpunkt für die Bestimmung des Verkehrswerts** (vgl. § 95 Abs. 1 S. 2: Entscheidung der Enteignungsbehörde über den Enteignungsantrag) auf den Zeitpunkt der **Unanfechtbarkeit des Baugebots** vorverlegt. 13

Die **Vollstreckung** des Baugebots nach Verwaltungsvollstreckungsrecht (Zwangsgeld, Ersatzvornahme, unmittelbarer Zwang) ist grundsätzlich zulässig; **Abs. 8** (BVerwG NVwZ 1990, 663). In aller Regel kommt nur die Androhung und Festsetzung eines Zwangsgelds in Betracht. Die Ersatzvornahme würde beim Vollzug erhebliche praktische Probleme mit sich bringen, weil zum Beispiel die Möglichkeit der Beleihung offen bleibt bzw. wiederum nur im Wege der Vollstreckung (Zwangshypothek) gesichert werden kann (vgl. bereits *Weyreuther* BauR 1974, 7 (12) mwN; weitergehend *Köhler/Fieseler* in Schrödter § 176 Rn. 29 ff.). Das Baugebot ist damit – sieht man von der (idR unbeschadet des Gebots zulässigen) Enteignung ab – ein weitgehend „sanktionsloses" Instrument und vielmehr ein **Verfahrens- und Beratungsinstrument** (→ § 175 Rn. 3). 14

§ 177 Modernisierungs- und Instandsetzungsgebot

(1) ¹Weist eine bauliche Anlage nach ihrer inneren oder äußeren Beschaffenheit Missstände oder Mängel auf, deren Beseitigung oder Behebung durch Modernisierung oder Instandsetzung möglich ist, kann die Gemeinde die Beseitigung der Missstände durch ein Modernisierungsgebot und die Behebung der Mängel durch ein Instandsetzungsgebot anordnen. ²Zur Beseitigung der Missstände und zur Behebung der Mängel ist der Eigentümer der baulichen Anlage verpflichtet. ³In dem Bescheid, durch den die Modernisierung oder Instandsetzung angeordnet wird, sind die zu beseitigenden Missstände oder zu behebenden Mängel zu bezeichnen und eine angemessene Frist für die Durchführung der erforderlichen Maßnahmen zu bestimmen.

(2) Missstände liegen insbesondere vor, wenn die bauliche Anlage nicht den allgemeinen Anforderungen an gesunde Wohn- und Arbeitsverhältnisse entspricht.

(3) ¹Mängel liegen insbesondere vor, wenn durch Abnutzung, Alterung, Witterungseinflüsse oder Einwirkungen Dritter
1. die bestimmungsgemäße Nutzung der baulichen Anlage nicht nur unerheblich beeinträchtigt wird,
2. die bauliche Anlage nach ihrer äußeren Beschaffenheit das Straßen- oder Ortsbild nicht nur unerheblich beeinträchtigt oder
3. die bauliche Anlage erneuerungsbedürftig ist und wegen ihrer städtebaulichen, insbesondere geschichtlichen oder künstlerischen Bedeutung erhalten bleiben soll.

²Kann die Behebung der Mängel einer baulichen Anlage nach landesrechtlichen Vorschriften auch aus Gründen des Schutzes und der Erhaltung von Baudenkmälern verlangt werden, darf das Instandsetzungsgebot nur mit Zustimmung der zuständigen Landesbehörde erlassen werden. ³In dem Bescheid über den Erlass des Instandsetzungsgebots sind die auch aus Gründen

§ 177 II. Kapitel. VI. Teil. Erhaltungssatzung u. städtebaul. Gebote

des Denkmalschutzes gebotenen Instandsetzungsmaßnahmen besonders zu bezeichnen.

(4) ¹Der Eigentümer hat die Kosten der von der Gemeinde angeordneten Maßnahmen insoweit zu tragen, als er sie durch eigene oder fremde Mittel decken und die sich daraus ergebenden Kapitalkosten sowie die zusätzlich entstehenden Bewirtschaftungskosten aus Erträgen der baulichen Anlage aufbringen kann. ²Sind dem Eigentümer Kosten entstanden, die er nicht zu tragen hat, hat die Gemeinde sie ihm zu erstatten, soweit nicht eine andere Stelle einen Zuschuss zu ihrer Deckung gewährt. ³Dies gilt nicht, wenn der Eigentümer auf Grund anderer Rechtsvorschriften verpflichtet ist, die Kosten selbst zu tragen, oder wenn er Instandsetzungen unterlassen hat und nicht nachweisen kann, dass ihre Vornahme wirtschaftlich unvertretbar oder ihm nicht zuzumuten war. ⁴Die Gemeinde kann mit dem Eigentümer den Kostenerstattungsbetrag unter Verzicht auf eine Berechnung im Einzelfall als Pauschale in Höhe eines bestimmten Vomhundertsatzes der Modernisierungs- oder Instandsetzungskosten vereinbaren.

(5) Der vom Eigentümer zu tragende Kostenanteil wird nach der Durchführung der Modernisierungs- oder Instandsetzungsmaßnahmen unter Berücksichtigung der Erträge ermittelt, die für die modernisierte oder instand gesetzte bauliche Anlage bei ordentlicher Bewirtschaftung nachhaltig erzielt werden können; dabei sind die mit einem Bebauungsplan, einem Sozialplan, einer städtebaulichen Sanierungsmaßnahme oder einer sonstigen städtebaulichen Maßnahme verfolgten Ziele und Zwecke zu berücksichtigen.

Übersicht

	Rn.
1. Allgemeines	1
2. Anwendungsbereich	2
3. Modernisierungsgebot	3
4. Instandsetzungsgebot	10
5. Allgemeine Voraussetzungen	16
6. Adressat und Inhalt des Gebots	18
7. Durchsetzung des Modernisierungs- u. Instandsetzungsgebots	20
8. Kosten der Modernisierungs- u. Instandsetzungsmaßnahmen	21
a) Allgemeines	21
b) Überblick	22
c) Kostenerstattung (Abs. 4 u. 5)	24
d) Auswirkungen auf das Mietverhältnis	33
e) Modernisierungs- und Instandsetzungsvertrag (§ 43 Abs. 3 StBauFG)	34

1 **1. Allgemeines.** Durch das Modernisierungs- und Instandsetzungsgebot kann die **Beseitigung von Missständen** und die **Behebung von Mängeln** baulicher Anlagen innerhalb einer angemessenen Frist angeordnet werden. Die zu treffende Entscheidung steht im Ermessen der Gemeinde. Das Gebot dient der Erhaltung und Sicherung baulicher Substanz und nicht der Neuerrichtung. Die Behebung der Missstände und Mängel muss „möglich" sein, insbesondere unter technischen Gesichtspunkten sowie unter dem Gesichtspunkt der wirtschaftlichen Vertretbarkeit und außerdem baurechtlich zulässig sein (VGH München, Beschl. v. 29.12.1989 – 2 AS 88.2292, BRS 49 Nr. 221); andernfalls können die Voraussetzungen für ein Rückbau- und Entsiegelungsgebot nach § 179 Abs. 1 S. 1 Nr. 2 vorliegen.

2 **2. Anwendungsbereich.** Modernisierungs- und Instandsetzungsgebote können im gesamten Gemeindegebiet ohne Rücksicht darauf angeordnet werden, ob **Bebauungspläne** bestehen. Die Modernisierung und Instandsetzung baulicher Anla-

2. Abschnitt. Städtebauliche Gebote § 177

gen ist in den erneuerungsbedürftigen älteren Ortsteilen von **Städten und Dörfern,** vor allem in **Sanierungsgebieten,** eine der wichtigsten städtebaulichen Aufgaben. Die Anordnung ist aber weder auf Sanierungsgebiete noch auf Gebiete mit Bebauungsplänen beschränkt (ebenso *Köhler/Fieseler* in Schrödter § 177 Rn. 1). Die Gebote können auch im unbeplanten Innenbereich (§ 34) oder im Außenbereich (§ 35) angeordnet werden. Zur Anordnung des Gebots in der **Umlegung** vgl. § 59 Abs. 7.

3. Modernisierungsgebot. Durch Anordnung eines **Modernisierungsgebots** 3 nach Abs. 1 S. 1 kann die Gemeinde den Eigentümer zur **Beseitigung der Missstände** verpflichten, die eine bauliche Anlage nach ihrer inneren oder äußeren Beschaffenheit aufweist.

Der Modernisierungsbegriff des § 177 beschränkt sich demnach auf die Miss- 4 standsbeseitigung. Ein Missstand liegt nach Abs. 2 insbesondere vor, wenn die bauliche Anlage den **allgemeinen Anforderungen an gesunde Wohn- und Arbeitsverhältnisse** nicht entspricht. Dieser Begriff wird im Städtebaurecht auch an anderer Stelle verwendet: Im **Sanierungsrecht** dient er – dort allerdings nicht (nur) auf einzelne oder mehrere bauliche Anlagen (Gebäude), sondern auf ein Gebiet bezogen – der Bezeichnung und Abgrenzung von Sanierungsgebieten; § 136 Abs. 2 und 3; vgl. auch § 43 Abs. 4 Nr. 2 sowie § 34 Abs. 1. Die „**Untergrenze**" für den Erlass eines Modernisierungsgebots kann damit ggf. tiefer liegen als bei den der bloßen Gefahrenabwehr dienenden bau- oder wohnungsaufsichtlichen Verfügungen.

Als „**Obergrenze**" der von der Gemeinde an den inneren und äußeren baulichen 5 Zustand zu stellenden Anforderungen sind die Vorschriften der Landesbauordnungen und anderer öffentlich-rechtlicher Vorschriften über die Mindestanforderungen an die Bauausführung und die Gebäudeausstattung heranzuziehen (so noch ausdrücklich § 39e Abs. 2 S. 2 BBauG 1976). Die allgemeinen Anforderungen an gesunde Wohn- und Arbeitsverhältnisse – und damit Ober- und Untergrenzen für den Erlass eines Modernisierungsgebots – unterliegen dem ständigen Wandel (so BGHZ 48, 193).

Der Modernisierungsbegriff des § 176 unterscheidet sich von jenem des früheren 6 **ModEnG** sowie des **WoFG.** Zunächst ist dort nur ein **wohnungswirtschaftlicher Begriff** geregelt; § 177 umfasst auch **sonstige bauliche Anlagen.** § 16 Abs. 3 WoFG definiert die Modernisierung als bauliche Maßnahmen, die den Gebrauchswert des Wohnraums oder des Wohngebäudes nachhaltig erhöhen, die allgemeinen Wohnverhältnisse auf Dauer verbessern oder nachhaltig Einsparungen von Energie oder Wasser bewirken. Diese Begriffsbestimmung ist fast wörtlich aus dem früheren § 3 ModEnG übernommen worden. Zu den einzelnen baulichen Maßnahmen, die eine Modernisierung bedeuten, enthielt des aufgehobene § 4 ModEnG eine umfangreiche beispielhafte Aufzählung. Diese kann nach der Begründung des 2. Rechtsbereinigungsgesetzes weiterhin zur Interpretation herangezogen werden; BR-Drs. 90/86, S. 29. **§ 4 Abs. 1 S. 1 Nr. 1 bis 8 ModEnG** nannte beispielhaft, welche einzelnen Bereiche zur **Erhöhung des Gebrauchswerts** verbessert werden können: der Zuschnitt der Wohnung (Nr. 1), die Belichtung und Belüftung (Nr. 2), der Schallschutz (Nr. 3), die Energie- und Wasserversorgung und die Entwässerung (Nr. 4), die sanitären Einrichtungen (Nr. 5), die Beheizung und die Kochmöglichkeiten (Nr. 6), die Funktionsabläufe in den Wohnungen (Nr. 7) sowie die Sicherheit vor Diebstahl und Gewalt (Nr. 8). Nach § 4 Abs. 1 S. 2 ModEnG können auch dem Anbau oder der Erhöhung des Gebrauchswertes dienen. § 4 Abs. 1 S. 3 ModEnG lässt die Förderung weiterer Baumaßnahmen in der Wohnung zu, die auf Dauer für Behinderte und alte Menschen bestimmt sind.

Für **gewerblich genutzte Gebäude** fehlen vergleichbare besondere gesetzliche 7 Vorschriften. Mindestanforderungen ergeben sich aus dem Arbeitsstättenschutzrecht (vgl. ua Arbeitsstättenverordnung). Soweit es der innerbetriebliche Arbeitsablauf zulässt, sind an einen gesunden Arbeitsplatz entsprechende Anforderungen hinsichtlich Belichtung und Belüftung, Schallschutz, sanitärer Einrichtungen und Beheizung zu

§ 177 II. Kapitel. VI. Teil. Erhaltungssatzung u. städtebaul. Gebote

stellen; vgl. hierzu auch § 136 Abs. 3 Nr. 1 über die Anforderungen ua an gesunde Arbeitsverhältnisse und an die Sicherheit der in einem Gebiet arbeitenden Menschen.

8 Das Modernisierungsgebot dient der Beseitigung von Missständen einer **baulichen Anlage**. Zum Begriff der baulichen Anlage vgl. § 29 Abs. 1. Der **planungsrechtliche Anlagenbegriff** stellt auf eine auf Dauer gedachte künstliche Verbindung mit dem Erdboden ab (Merkmal des „Bauens") und auf eine sich hieraus ergebende mögliche bodenrechtliche Relevanz (BVerwGE 44, 59 (61 ff.)). Ein Modernisierungsgebot kann daher auch in Betracht kommen, wenn ein Gebäude „**aufgegeben**" ist, also nicht mehr seiner ursprünglichen Funktion dient oder unbenutzt ist. Anders als in den insoweit engeren Fällen des § 35 Abs. 4 S. 1 Nr. 4 (Änderung oder Nutzungsänderung bei erhaltenswerten Gebäuden) kann die bauliche Anlage bereits eine funktionslose Ruine sein. Auch der Wiederaufbau eines weitgehend verfallenen Gebäudes kann nach alten Plänen hiernach im Rahmen eines Modernisierungsgebots in Betracht kommen (vgl. weiterhin *Köhler/Fieseler* in Schrödter, § 177 Rn. 5: nicht mehr betriebene Mühlen, aufgegebene Burgruine, Mauer).

9 Die Anordnung einer bestimmten oder einer anderen **Nutzung** kommt im Rahmen eines städtebaulichen Gebots dagegen nicht in Betracht; vgl. dagegen das (planakzessorische) Nutzungsgebot des § 39c BBauG, das in das BauGB nicht übernommen wurde, sowie die Förderungsmöglichkeit in den Fällen des § 164a Abs. 3 (→ Rn. 36). Hiernach können im Einzelfall Kosten solcher Maßnahmen ersetzt werden, die über die insbesondere nach Landesbauordnungsrecht bestehenden Mindestanforderungen hinausgehen.

10 **4. Instandsetzungsgebot.** Durch das **Instandsetzungsgebot** nach Abs. 1 S. 1 kann die Gemeinde den Eigentümer zur **Behebung von Mängeln** einer baulichen Anlage verpflichten, und zwar hinsichtlich dem inneren oder äußerer Beschaffenheit. Der Mängelbegriff ist in **Abs. 3 S. 1** beispielhaft erläutert. **Instandsetzung** ist die (nachträgliche) Behebung vorhandener baulicher Mängel mit dem Ziel, den zum bestimmungsgemäßen Gebrauch geeigneten Zustand wiederherzustellen. Mängel liegen danach insbesondere vor, wenn durch **Abnutzung, Alterung, Witterungseinflüsse** oder **Einwirkungen Dritter** die in **Abs. 3 S. 1 Nr. 1 bis 3** bezeichneten Folgen eingetreten sind. Das Instandsetzungsgebot bezieht sich also auf **nachträgliche Verschlechterungen** der baulichen Anlage. Dies bedeutet aber nicht, dass die Instandsetzung immer in der Wiederherstellung des ursprünglichen Zustands des Gebäudes bestehen muss, zumal namentlich ältere Gebäude im Laufe der Jahrzehnte oder Jahrhunderte mehrfach verändert werden (*Köhler/Fieseler* in Schrödter § 177 Rn. 25).

11 **Nr. 1:** Die bestimmungsgemäße Nutzung der baulichen Anlage ist nicht nur unerheblich beeinträchtigt: Das ist insbesondere dann anzunehmen, wenn der Zustand der baulichen Anlage gegenüber vergleichbaren Objekten, die ordnungsgemäß unter- und erhalten worden sind, spürbar und in unverträglicher Weise abfällt. Dieser Fall entspricht im Wesentlichen dem wohnungswirtschaftlichen Instandsetzungsbegriff des früheren § 3 Abs. 4 ModEnG. Danach ist Instandsetzung die Behebung von baulichen Mängeln, insbesondere von Mängeln, die infolge Abnutzung, Alterung, Witterungseinflüssen oder Einwirkungen Dritter entstanden sind, durch Maßnahmen, die in den Wohnungen den zum bestimmungsgemäßen Gebrauch geeigneten Zustand wieder herstellen. Das städtebauliche Instandsetzungsgebot ist demgegenüber (→ Rn. 6) auf alle baulichen Anlagen, also nicht nur auf Wohnungen, anwendbar.

12 **Nr. 2:** Das Straßen- oder Ortsbild ist wegen der äußeren Beschaffenheit der baulichen Anlagen nicht nur unerheblich beeinträchtigt: Dies ist insbesondere zu bejahen, wenn die bauliche Anlage nach ihrer äußeren Beschaffenheit im Vergleich zu ihrer Umgebung insgesamt einen verwahrlosten und heruntergekommenen Eindruck macht.

13 **Nr. 3:** Die bauliche Anlage ist erneuerungsbedürftig und soll wegen ihrer städtebaulichen, insbesondere geschichtlichen oder künstlerischen Bedeutung erhalten

2. Abschnitt. Städtebauliche Gebote § 177

bleiben: Vgl. zu diesen Kriterien der Erhaltungswürdigkeit aus städtebaulichen Gründen sinngemäß → die Erl. zu § 172 Abs. 1 S. 1 Nr. 1, Abs. 3.

Vor allem die Fälle nach Nr. 2 und 3 können zu Überschneidungen mit landesrechtlichen Vorschriften über den Schutz und die Erhaltung von **Baudenkmälern** führen. Nach **Abs. 3 S. 2** darf das Instandsetzungsgebot in diesen Fällen nur mit Zustimmung der zuständigen Landesbehörde erlassen werden (zur Beteiligung, vgl. *Köhler/Fieseler* in Schrödter § 177 Rn. 36f.). Die aus Gründen des Denkmalschutzes gebotenen Instandsetzungsmaßnahmen sind nach **Abs. 3 S. 3** im Bescheid über das Instandsetzungsgebot besonders zu bezeichnen. 14

Die in Nr. 2 und 3 genannten Fälle haben neben dem landesrechtlichen Baugestaltungs- und Denkmalschutzrecht ergänzende oder subsidiäre Bedeutung. Der Instandsetzungsfall ist in Nr. 1 umfassend und grundsätzlich ausreichend definiert. Die Nr. 2 und 3 sind demgegenüber vor allem eine Konkretisierung der **städtebaulichen Gründe**, die die alsbaldige Durchführung eines Instandsetzungsgebots rechtfertigen; → auch Rn. 16. 15

5. Allgemeine Voraussetzungen. Zu den **allgemeinen Voraussetzungen** für den Erlass eines Gebots vgl. § 175. Die Modernisierung oder Instandsetzung muss insbesondere nach § 175 Abs. 2 aus **städtebaulichen Gründen** geboten sein (→ § 175 Rn. 5). Hiervon sind die Gründe zu unterscheiden, die für den Erlass einer bau- oder wohnungsaufsichtlichen Verfügung in Betracht kommen können. Als städtebauliche Gründe kommen zB die in Abs. 3 S. 1 Nr. 2 und 3 genannten Fälle in Betracht (→ Rn. 15), und zwar insofern sowohl für das Modernisierungs- als auch für das Instandsetzungsgebot: Beeinträchtigung des Orts- oder Straßenbilds; Erneuerungsbedürftigkeit einer baulichen Anlage, die wegen ihrer städtebaulichen, insbesondere geschichtlichen oder künstlerischen Bedeutung erhalten bleiben soll. Ungesunde Wohn- und Arbeitsverhältnisse, die hinsichtlich einzelner baulicher Anlagen festzustellen sind, können zB wegen ihrer Konzentration auf bestimmte Gebiete und der damit verbundenen negativen städtebaulichen Ausstrahlung die Anwendung des Gebots aus städtebaulichen Gründen gleichfalls rechtfertigen. Hierbei können auch unerwünschte Auswirkungen auf die soziale Struktur eines Gebietes zu berücksichtigen sein, wenn sie Bedeutung für die städtebauliche Ordnung oder Entwicklung haben. Auch die Gründe, die zur Festlegung eines Erhaltungsgebiets nach § 172 (vgl. *Lemmel* in BK § 177 Rn. 14) oder eines Sanierungsgebiets nach §§ 136 ff. (→ auch Rn. 5) führen, können in Betracht gezogen werden. Negative Auswirkungen der in § 177 bezeichneten Missstände und Mängel können sich bei Häufung auf ganze Baugebiete (ggf. ganze Stadt- oder Ortsteile) ergeben mit der Folge, dass dann bei Missständen und Mängeln an Wohnungen (Wohngebäuden; sinngemäß bei sonstigen baulichen Anlagen) das spezifisch Wohnungsrechtliche in das Städtebauliche „umschlägt". Gerade hierdurch sind die Erneuerungs- und Sanierungsgebiete in Städten und Dörfern häufig gekennzeichnet. 16

Anders als beim Baugebot ist beim Modernisierungs- und Instandsetzungsgebot die **wirtschaftliche Zumutbarkeit** keine Anordnungsvoraussetzung, dh, die Anordnung eines Gebots hängt nicht von den persönlichen Möglichkeiten oder der finanziellen Leistungsfähigkeit des Eigentümers ab (BVerwG NVwZ 1992, 164). Dies erklärt sich mit der in Abs. 4 und 5 getroffenen Lösung, wonach dem Eigentümer die nicht zumutbaren Kosten der Modernisierung und Instandsetzung zu ersetzen sind; → Rn. 21 ff. Allerdings darf auch ein Gebot nach § 177 nur angeordnet werden, wenn die Modernisierung oder Instandsetzung durchführbar („möglich", Abs. 1 S. 1) ist; → Rn. 1. 17

6. Adressat und Inhalt des Gebots. Das Gebot ergeht gegen den **Eigentümer** (**Abs. 1 S. 2**); vgl. auch § 200. Vom Modernisierungs- und Instandsetzungsgebot sind neben dem Eigentümer auch der **Mieter, Pächter** oder **sonstige Nutzungsberechtigte** betroffen. Vgl. auch § 175 Abs. 3 über die Duldungspflicht sowie §§ 182 18

bis 186 über die Aufhebung oder Verlängerung von Miet- und Pachtverhältnissen. Hieraus ergibt sich auch die besondere Bedeutung der Erörterungs- und Beratungspflicht nach § 175 Abs. 1 sowie nach sonstigen Vorschriften (in der Sanierung § 137; vgl. weiterhin § 180 über den Sozialplan).

19 **Inhaltlich** ist im Bescheid den Mindestanforderungen des **Abs. 1 S. 3** Rechnung zu tragen, nämlich die Bezeichnung der zu beseitigenden Missstände oder zu behebenden Mängel. Weiterhin ist darin eine angemessene Frist für die Durchführung der erforderlichen Maßnahmen zu bestimmen (→Rn. 1). Der Bescheid muss hinreichend **bestimmt** sein. Er muss letztlich auch als Grundlage für Verwaltungsvollstreckungsmaßnahmen geeignet sein (→Rn. 20).

20 **7. Durchsetzung des Modernisierungs- u. Instandsetzungsgebots.** Das Gebot kann gegenüber dem Eigentümer nach landesrechtlichem Verwaltungsvollstreckungsrecht (Zwangsgeld, Ersatzvornahme) **durchgesetzt werden;** die Duldungspflicht der Mieter, Pächter und sonstigen Nutzungsberechtigten (§ 175 Abs. 3) kann durch Zwangsgeld oder unmittelbaren Zwang durchgesetzt werden (vgl auch *Köhler/Fieseler* in Schröder § 177 Rn. 16). Zur **Kostenerstattung** bei der Ersatzvornahme vgl. allgemein BVerwG DVBl 1984, 1172. Vom Grundsatz her (→ Vorbem. zu den §§ 175 bis 179 Rn. 4; → § 175 Rn. 3) wie in der Praxis (→Rn. 21) ist jedoch § 177 als eine verfahrensanleitende Regelung ausgestaltet bzw. wirksam, die auf Beratung und nicht auf Vollstreckung zielt, also insbesondere den rechtlichen und finanziellen Rahmen für eine vertragliche Regelung **(Modernisierungs- und Instandsetzungsvereinbarung)** vorzeichnet (vgl. §§ 11, 164a Abs. 3 S. 2).

21 **8. Kosten der Modernisierungs- u. Instandsetzungsmaßnahmen. a) Allgemeines.** In der Praxis haben die Bestimmungen über das städtebauliche Modernisierungs- und Instandsetzungsgebot bei der Durchführung von **Sanierungsmaßnahmen** nach §§ 136ff. große Bedeutung; Modernisierung und Instandsetzung sind **Baumaßnahmen** iS des Sanierungsrechts (vgl. § 148 Abs. 2 Nr. 1). Dabei wird in der Praxis – in der Sanierung ebenso wie bei der Durchführung von Maßnahmen iS des § 177 in den übrigen Gemeindegebieten – nahezu ausnahmslos anstelle der Anordnung eines Gebots von der Möglichkeit der **vertraglichen Vereinbarung** zwischen Gemeinde und Eigentümer über die Durchführung bestimmter Modernisierungs- und Instandsetzungsmaßnahmen Gebrauch gemacht; vgl. § 11, § 164a Abs. 3 S. 3. Dies bestätigt, dass der Erlass der Gebote „Ultimo Ratio" (→ Vorbem. zu den §§ 175 bis 179 Rn. 4; § 175 Rn. 3) einer primär auf die Verständigung zwischen Eigentümer und Gemeinde zielenden Baupflicht ist.

22 **b) Überblick. Ungesunde Wohnverhältnisse** in einem Gebiet sind städtebauliche Missstände, die eine förmliche Festlegung des Gebiets als **Sanierungsgebiet** rechtfertigen; § 136 Abs. 2 und 3. Als Baumaßnahme obliegt die Durchführung der Modernisierung und Instandsetzung dem Eigentümer; § 148 Abs. 1 S. 1. Die Modernisierung und Instandsetzung von alten, aus städtebaulichen Gründen zu erhaltenden Gebäuden ist für den privaten Eigentümer jedoch vielfach ohne die Unterstützung mit Mitteln aus öffentlichen Haushalten wirtschaftlich nicht zumutbar. Nach § 164a Abs. 2 Nr. 3 können Städtebauförderungsmittel demgemäß auch zur Deckung der Kosten der Modernisierungs- und Instandsetzungsmaßnahmen eingesetzt werden. Im Hinblick auf diese Generalklausel des § 164a Abs. 2 Nr. 3 enthält § 164a Abs. 3 zwar die Regelung der Finanzierung in den praktisch wichtigsten Fällen, jedoch **keine abschließende Regelung** über die Kostentragung bei der Modernisierung und Instandsetzung (vgl. insbesondere auch die Modernisierung und Instandsetzung gemeindeeigener Gebäude oder den von Gebäuden im Treuhandvermögen von Sanierungsträgern oder Modernisierungs- und Instandsetzungsmaßnahmen, die inhaltlich „weiter" gehen als § 177 BauGB; in solchen Fällen kann eine Förderung unmittelbar nach § 164a Abs. 2 Nr. 3 in Betracht kommen.

2. Abschnitt. Städtebauliche Gebote **§ 177**

§ 177 BauGB iVm § 164a Abs. 3 betrifft Regelungen über die Kostentragung für 23
folgende **drei Fälle**: (1) Die Gemeinde hat nach Abs. 1 bis 3 ein Modernisierungs-
oder Instandsetzungsgebot erlassen; § 177 Abs. 4 S. 1 BauGB. (2) Der Eigentümer hat
sich gegenüber der Gemeinde vertraglich verpflichtet, bestimmte Modernisierungs-
oder Instandsetzungsmaßnahmen iS des Abs. 1 bis 3 durchzuführen; § 164a Abs. 3
S. 2, 1. Fall. (3) Der Eigentümer eines Gebäudes von geschichtlicher, künstlerischer
oder städtebaulicher Bedeutung hat sich gegenüber der Gemeinde vertraglich ver-
pflichtet, neben bestimmten Modernisierungsmaßnahmen auch Maßnahmen durch-
zuführen, die der Erhaltung, Erneuerung und funktionsgerechten Verwendung des
Gebäudes dienen (§ 164a Abs. 3 S. 2, 2. Fall). § 177 Abs. 3 und 4 ist eine **Kosten-
erstattungsregelung** und nicht eine Förderungsregelung. Die Bestimmungen
knüpfen in ihrem Grundfall (1) an den Erlass eines Modernisierungs- und Instandset-
zungsgebots nach Abs. 1 an. In der gemeindlichen Praxis stehen einvernehmliche Re-
gelungen im Vordergrund, dh der Abschluss städtebaulicher Verträge iS des § 11 (auch
Köhler/Fieseler in Schrödter § 177 Rn. 39). Daher erfolgt die Kostenerstattung in der
Praxis zumeist auf der Grundlage von Vereinbarungen nach § 164a Abs. 3 S. 2, also
Fälle (2) und (3). Dies führt in der Praxis dazu, dass § 177 Abs. 4 und 5 BauGB iVm
§ 164a Abs. 3 faktisch wie eine Vorschrift über die Förderung von Modernisierungs-
und Instandsetzungsmaßnahmen gehandhabt wird. Dies ändert aber nichts daran, dass
sie rechtlich eine Entschädigungsregelung sui generis ist. Die Kostenerstattung nach
§ 177 Abs. 4 und 5 **und** der Vertragsfall nach § 164a Abs. 3 finden bei Maßnahmen
iS des § 177 im **ganzen Gemeindegebiet** Anwendung. Die § 164a Abs. 3 entspre-
chenden **steuerlichen Vergünstigungen** (vgl. die erhöhten Abschreibungsmög-
lichkeiten gem. §§ 7h, 10f EStG) bestehen dagegen nur für Sanierungsgebiete und
Entwicklungsbereiche.

c) Kostenerstattung (Abs. 4 u. 5). Die **Kosten** der Modernisierungs- und In- 24
standsetzungsmaßnahmen hat der **Eigentümer** zu tragen. § 177 Abs. 4 und 5
BauGB, § 164a Abs. 3 S. 1 regelt die Fälle, in denen dem Eigentümer Kosten der Mo-
dernisierungs- und Instandsetzungsmaßnahmen zu erstatten sind. § 164a Abs. 3 S. 2
StBauFG enthält eine darüber hinausgehende Finanzierungsregelung für Maßnah-
men der Erhaltung, Erneuerung und funktionsgerechten Verwendung des Gebäudes,
die neben Modernisierungsmaßnahmen (also nicht neben Instandsetzungsmaßnah-
men) durchgeführt werden. Von diesem Sonderfall abgesehen, können nur Kosten
solcher Maßnahmen erstattet werden, die auf Grund eines Gebots nach Abs. 1 oder
bei Vorliegen der Voraussetzungen für den Erlass eines Gebots auf Grund einer Ver-
einbarung durchgeführt werden. Für die Gebots- wie auch für die Vereinbarungsfälle
gilt, dass der Eigentümer die Kosten der baulichen Maßnahme insoweit zu tragen hat,
als er sie durch eigene oder fremde Mittel decken und die sich daraus ergebenden Ka-
pitalkosten sowie die zusätzlich entstehenden Bewirtschaftungskosten aus Erträgen
(nach BVerwG Beschl. v. 20.11.2012 – 4 B 7/12, ZfBR 2013, 177 (178) fällt „eine
angemessene Verzinsung des Bodenwertes" allerdings nicht darunter) des Gebäudes
aufbringen kann **(Abs. 4 S. 1)**. Kosten, die der Eigentümer danach nicht zu tragen
hat, sind ihm von der Gemeinde zu erstatten, soweit nicht eine andere Stelle einen
Zuschuss zu ihrer Deckung gewährt **(Abs. 4 S. 2)**. Nach **Abs. 4 S. 3** entfällt der Kos-
tenerstattungsanspruch, wenn der Eigentümer auf Grund anderer Rechtsvorschriften
verpflichtet ist, die Kosten selbst zu tragen, oder wenn er Instandsetzungen unterlas-
sen hat und nicht nachweisen kann, dass ihre Vornahme wirtschaftlich unvertretbar
oder ihm nicht zuzumuten war.

Für die **Berechnung der Kosten der Modernisierung und Instandsetzung** 25
können die Regelungen des II. BV und die DIN 276 – Kosten für Hochbauten –
sinngemäß angewandt werden (auch *Köhler/Fieseler* in Schrödter § 177 Rn. 40), so-
weit in den Förderungsrichtlinien der Länder nicht etwas anderes bestimmt ist. Als
Kosten der Modernisierungs- und Instandsetzungsmaßnahmen kommen insbeson-

§ 177 II. Kapitel. VI. Teil. Erhaltungssatzung u. städtebaul. Gebote

dere in Betracht: Kosten für Voruntersuchungen (Modernisierungs- und Instandsetzungsgutachten, Bauvorentwurf und Kostenschätzung), soweit diese nicht bereits im Rahmen der vorbereitenden Untersuchungen und der weiteren Vorbereitung einer Sanierung gefördert wurden; Kosten der Bauleistung einschließlich der Sach- und Arbeitsleistungen des Eigentümers; Baunebenkosten (zB Architektenhonorar, Baugenehmigungsgebühren, Kosten für Beschaffung von Finanzierungsmitteln, Gerichts- oder Notarkosten); Kosten des Abbruchs nicht mehr verwendbarer Bauteile; Kosten einer zusätzlichen Erschließung, soweit diese vom Eigentümer unmittelbar zu tragen ist ("Hausanschlusskosten"); Neugestaltung der Außenanlagen (zB Grün- und Freiflächen), soweit dies durch die Baumaßnahme bedingt oder auf Grund der städtebaulichen Planung erforderlich ist; bauordnungsrechtlich notwendige Spiel- und Stellplätze sowie Beiträge zur Ablösung von der Pflicht zur Schaffung solcher Anlagen; Kosten des Zuerwerbs von Grundstücken, die für die Durchführung der Modernisierung oder Instandsetzung benötigt werden (zB für private Spiel- und Stellplätze); Miet- oder Pachtausfall.

26 Nach **Abs. 4 S. 1** hat der Eigentümer die Kosten der Modernisierung oder Instandsetzung insoweit zu tragen, als er sie durch **eigene oder fremde Mittel decken** kann. Er hat einen Erstattungsanspruch gegen die Gemeinde, insoweit er die sich daraus ergebenden Kapitalkosten sowie die zusätzlich entstehenden Bewirtschaftungskosten aus Erträgen des (modernisierten, instand gesetzten) Gebäudes nicht aufbringen kann (zu den zusätzlichen Bewirtschaftungs- und Kapitalkosten → Rn. 29; zur Berechnung, vgl. *Köhler/Fieseler* in Schrödter § 177 Rn. 47 f.). Der Eigentümer hat die Kosten also nicht zu tragen, soweit ihm dies nicht **zumutbar** ist. Für die Zumutbarkeit ist auch zu berücksichtigen, inwieweit **steuerliche Vorteile** in Anspruch genommen werden können (ebenso *Lemmel* in BK § 177 Rn. 24). Für die Kostenerstattungsregelung ist nicht die Vermögenssituation des Eigentümers insgesamt zugrunde zu legen, sondern die Wirtschaftlichkeit in Bezug auf das zu modernisierende oder instand zu setzende Gebäude **("objektbezogene" Betrachtung).** Als **fremde Mittel** kommen neben Kapitalmarktmitteln auch Mittel aus Programmen der Länder und Gemeinden zur Förderung und Instandsetzung sowie Mittel des öffentlich geförderten Wohnungsbaus oder den Mitteln des Denkmalschutzes in Betracht.

27 Der **Kostenerstattungsanspruch** wird nur **subsidiär** gegenüber der Förderung aus anderen öffentlichen Haushalten gewährt; **Abs. 4 S. 2.** Dies hat vor allem für den Einsatz von Städtebauförderungsmitteln (vgl. § 164a) Bedeutung. Sie werden für Modernisierungs- und Instandsetzungsmaßnahmen demgemäß nur nachrangig gegenüber anderen Mitteln aus öffentlichen Haushalten oder Mitteln, die bei Finanzierungsinstituten von Bund und Ländern für derartige Maßnahmen bereitstehen, eingesetzt. Werden Mittel des öffentlich-geförderten Wohnungsbaus als andere Mittel für die Modernisierung und Instandsetzung von Gebäuden verwendet, so kommt ein zusätzlicher Einsatz von Städtebauförderungsmitteln nur in Betracht, wenn die entstehenden Gesamtkosten aus den nachhaltig erzielbaren Erträgen (→ Rn. 29) nicht finanziert werden können **(Spitzenfinanzierung).**

28 Der **Kostenerstattungsanspruch** des Eigentümers entsteht kraft Gesetzes, wenn ein Gebot nach Abs. 1 erlassen ist und der Eigentümer die angeordneten Maßnahmen zur Modernisierung oder Instandsetzung seines Gebäudes durchgeführt hat. Der Kostenerstattungsanspruch besteht also auch dann, wenn der Gemeinde Städtebauförderungsmittel oder sonstige Finanzierungsmöglichkeiten zur Deckung der Kosten dieser Maßnahmen nicht zur Verfügung stehen. Die Kostenerstattung ist eine **öffentlich-rechtliche Ausgleichsleistung,** keine Förderung. Sie ist eine Entschädigung für Kosten, die dem Eigentümer im Hinblick auf die Kapital- und Bewirtschaftungskosten nicht zumutbar sind. Für **Rechtsstreitigkeiten** sind die Verwaltungsgerichte zuständig (→ auch Vorbem. zu §§ 175–179 Rn. 7).

29 Der **Kostenerstattungsanspruch entfällt** nach **Abs. 4 S. 3,** soweit der Eigentümer auf Grund von öffentlich-rechtlichen Vorschriften verpflichtet ist, die **Kosten**

2. Abschnitt. Städtebauliche Gebote § 177

selbst zu tragen. Hierfür kommen vor allem die Bestimmungen der Landesbauordnungen über die Verpflichtungen zur Gefahrenabwehr und die Wohnungsaufsichtsgesetze in Betracht. Der Kostenerstattungsanspruch entfällt weiterhin, wenn der Eigentümer **erforderliche Instandsetzungen unterlassen** hat, es sei denn, er kann deren objektive wirtschaftliche Unvertretbarkeit oder deren subjektive Unzumutbarkeit nachweisen. Ein Kostenerstattungsanspruch besteht daher nicht, wenn eine notwendige Instandsetzung möglich und zumutbar gewesen wäre. Ist die Behebung von Mängeln hingegen zwar nötig, dem Eigentümer aber nicht möglich gewesen, so hat er die Instandsetzung nicht „unterlassen" (ausführlich *Köhler/Fieseler* in Schrödter § 177 Rn. 56 f). Die durch eine Vernachlässigung entstandenen Instandsetzungskosten sind ggf. vom Kostenerstattungsbetrag abzusetzen, wenn der Eigentümer nicht den Nachweis der wirtschaftlichen Unvertretbarkeit oder der subjektiven Unzumutbarkeit der Instandsetzung führt. Wirtschaftlich unvertretbar kann die Instandsetzung gewesen sein, wenn weder ihre Kosten noch die Zinsen und die Tilgung von Fremdmitteln für ihre Finanzierung aus den Erträgen des Gebäudes erwirtschaftet oder überhaupt keine Erträge erzielt werden konnten, oder auch dann, wenn planungsrechtlich eine andere bauliche Nutzung des Gebäudes zulässig war oder hier planungsrechtliche Unklarheiten bestanden. Auf die persönlichen Verhältnisse des Eigentümers kommt es dabei nicht an; ausschlaggebend ist vielmehr, wie ein **wirtschaftlich denkender Eigentümer** sich vernünftigerweise im Zeitpunkt der erforderlich gewordenen Maßnahmen verhalten hätte.

Für die Ermittlung des vom Eigentümer zu tragenden Kostenanteils bestimmt **30 Abs. 5,** dass der Kostenanteil nach Durchführung der Modernisierungs- oder Instandsetzungsmaßnahmen unter Berücksichtigung der Erträge zu ermitteln ist, die für die bauliche Anlage bei ordentlicher Bewirtschaftung unter Berücksichtigung des Sanierungszwecks nachhaltig erzielt werden können. Die **nachhaltig erzielbaren Erträge** sind unter Berücksichtigung des Sanierungszwecks für die Zeit nach der Durchführung der Modernisierungs- oder Instandsetzungsmaßnahmen von der Gemeinde festzustellen. Im Grundsatz ist von den Erträgen auszugehen, die für das modernisierte oder instand gesetzte Gebäude **bei ordentlicher Bewirtschaftung** nachhaltig erzielt werden können, dh maximal die zulässige Miete. IdR sind die Erträge anzusetzen, die den ortsüblichen Entgelten für vergleichbaren Wohn- oder Geschäftsraum entsprechen; ggf. kann auf vorhandene Mietspiegel zurückgegriffen werden. Bei **preisgebundenem Wohnraum** ist idR von der Bewilligungsmiete auszugehen. Dabei sind Abschläge vorzunehmen, soweit die modernisierte Wohnung die Wohnqualität von Neubauwohnungen im sozialen Wohnungsbau nicht erreicht. Bei dem nach Durchführung der Modernisierung oder Instandsetzung zu ermittelnden Kostenanteil, den der Eigentümer zu tragen hat (Abs. 5), sind die laufenden Aufwendungen für Bewirtschaftungs- und Kapitalkosten zu berücksichtigen (vgl. Abs. 4 S. 1; → Rn. 26).

Nach **Abs. 5 Hs. 2** kann die Gemeinde **zur Erreichung städtebaulicher Ziele 31 und Zwecke geringere Erträge** als die ortsüblichen Entgelte für vergleichbaren Wohnraum oder als die Bewilligungsmiete ansetzen. Macht die Gemeinde hiervon Gebrauch, so erhöht sich ihr Kostenanteil. Abs. 5 hebt insbesondere die mit einem Bebauungsplan, einem Sozialplan oder einer städtebaulichen Sanierungsmaßnahme verfolgten Ziele und Zwecke hervor. Weiterhin ist zB auf die Ziele und Zwecke einer städtebaulichen Entwicklungsmaßnahme oder einer Erhaltungssatzung hinzuweisen. Für den Einsatz von Städtebauförderungsmitteln enthalten die **Förderungsrichtlinien der Länder** ins Einzelne gehende Regelungen über die Berechnung des Kostenerstattungsbetrags.

Nach **Abs. 4 S. 4** kann die Gemeinde mit dem Eigentümer eine **Pauschalierung 32 des Kostenerstattungsbetrags** vereinbaren. Die Pauschalierung dient vor allem der Vereinfachung des Verfahrens. Insbesondere wird das ins Einzelne gehende Berechnungsverfahren (→ Rn. 30) auf diese Weise vermieden. Weiterhin wird hierbei dem Eigentümer frühzeitig der endgültige Erstattungsbetrag bekannt.

Mitschang

33 d) Auswirkungen auf das Mietverhältnis. Adressat des Modernisierungs- oder Instandsetzungsgebots ist nach Abs. 1 S. 2 der **Eigentümer** der baulichen Anlage. Vom Modernisierungs- und Instandsetzungsgebot sind jedoch neben dem Eigentümer auch der **Mieter** (ggf. der Pächter und sonstige Nutzungsberechtigte) betroffen (→ Rn. 18 und 19). Die Kostenerstattung nach Abs. 4 wird dem Eigentümer, nicht dem Mieter gewährt. Eine Kostenerstattung für **Mietermodernisierungen** sieht das Städtebaurecht nicht vor. Im Rahmen der Generalklausel des § 164a Abs. 1 könnten jedoch die Länder die Deckung von Modernisierungs- oder Instandsetzungsmaßnahmen der Mieter als förderungsfähig bestimmen. Zu den Umzugskosten des Mieters vgl. § 147 S. 1 Nr. 2 iVm § 164a Abs. 2 Nr. 2; zum Härteausgleich vgl. § 181 iVm § 164a Abs. 2 Nr. 5. **Mieterhöhungen** nach Durchführung der Modernisierung und Instandsetzung richten sich nach den gesetzlichen Mieterhöhungsmöglichkeiten und nach den bestehenden Mietverträgen. Zur Berücksichtigung der Miete im Rahmen der nachhaltig erzielbaren Erträge → Rn. 30. Zur **Belegungsbindung** → Rn. 34.

34 e) Modernisierungs- und Instandsetzungsvertrag (§ 43 Abs. 3 StBauFG). Der **Modernisierungs- und Instandsetzungsvertrag** (§§ 11, 164a Abs. 3 S. 2) ersetzt ein ansonsten zulässiges Modernisierungs- oder Instandsetzungsgebot. Ist der Eigentümer zum Abschluss des Vertrages nicht bereit, kann die Gemeinde das Modernisierungs- und Instandsetzungsgebot gem. § 177 Abs. 1 anordnen. Nach § 164a Abs. 3 S. 2 kann auch „anderes vereinbart" werden, und zwar zu Gunsten, aber auch zu Lasten (BVerwG Beschl. v. 20.11.2012 – 4 B 7/12, ZfBR 2013, 177 (178f.)) insbesondere eine **vom Gesetz abweichende Kostentragung**, zB eine Kostentragung durch Gewährung eines gemeindlichen Darlehens anstelle des Kostenerstattungsbetrages (Zuschuss). Die Pauschalierung des Kostenerstattungsbetrags ist bereits durch den auch in den Fällen des Modernisierungs- und Instandsetzungsvertrags anwendbaren Abs. 4 S. 4 BauGB (→ Rn. 32) ermöglicht. Im Vertrag kann zB die Einräumung eines **Belegungsrechts für die Gemeinde** oder eine **Mietzinsbindung** vereinbart werden (VG Kassel ZMR 1979, 235; hierzu *Schulze-Fielitz* ZMR 1979, 225). Sofern der Vertrag dies nicht ausdrücklich vorsieht, hat der Eigentümer keinen Anspruch auf Anpassung des Modernisierungs- oder Instandsetzungsvertrages wegen nachträglicher Kostenüberschreitungen (VG Bremen Urt. v. 5.10.1983 – 1 A 39/83).

35 Der Modernisierungs- oder Instandsetzungsvertrag ist ein **städtebaulicher Vertrag** iS des § 11, und zwar ein öffentlich-rechtlicher Vertrag; vgl. § 54 VwVfG. Für Rechtsstreitigkeiten sind die Verwaltungsgerichte zuständig.

36 Nach **§ 164a Abs. 3 S. 2, 2. Fall** kann die Gemeinde mit dem Eigentümer eines Gebäudes, das wegen seiner **geschichtlichen, künstlerischen** oder **städtebaulichen Bedeutung** erhalten bleiben soll, die Durchführung bestimmter zusätzlicher Maßnahmen vereinbaren. Die Vereinbarung ist nur neben Modernisierungsmaßnahmen zulässig, also nicht dann, wenn ausschließlich Instandsetzungsmaßnahmen durchgeführt werden. Die Vereinbarung ist auf die Durchführung solcher Maßnahmen beschränkt, die der Erhaltung, Erneuerung und funktionsgerechten Verwendung des Gebäudes dienen. Es handelt sich dabei um solche Teilbaumaßnahmen, die **nicht durch ein Gebot nach § 177 angeordnet** werden könnten (auch *Köhler/Fieseler* in Schrödter § 177 Rn. 62). In Betracht kommen Maßnahmen für eine bessere Ausstattung des Gebäudes in seinem Standard, vor allem aber auch denkmalpflegerische Maßnahmen auch im Inneren des Gebäudes, die von der städtebaulichen Bewertung nicht erfasst werden können. Durch die Vereinbarung nach § 164a Abs. 3 S. 2 können auch Regelungen über die nach Abschluss der Sanierung bestehenden Pflichten und Rechte getroffen werden, insbesondere aus Gründen des Denkmalschutzes. Für die Kostenerstattung gilt auch in diesen Fällen die Kostenerstattungsregelung des § 177 Abs. 4 und 5, soweit zwischen Gemeinde und Eigentümer nichts anderes vereinbart ist (§ 164a Abs. 3 S. 2).

2. Abschnitt. Städtebauliche Gebote §179

§178 Pflanzgebot

Die Gemeinde kann den Eigentümer durch Bescheid verpflichten, sein Grundstück innerhalb einer zu bestimmenden angemessenen Frist entsprechend den nach § 9 Abs. 1 Nr. 25 getroffenen Festsetzungen des Bebauungsplans zu bepflanzen.

Nach § 9 Abs. 1 Nr. 25 a und b können im Bebauungsplan Anpflanzungsfestsetzungen sowie Erhaltungsfestsetzungen getroffen werden (→ § 9 Rn. 150 ff.). Das Pflanzgebot erfasst unterschiedslos beide Festsetzungsmöglichkeiten (BVerwG Urt. v. 8.10.2014 – 4 C 30.13, BeckRS 2014, 58962 Rn. 9). Zur Verwirklichung dieser Festsetzungen kann die Gemeinde nach § 178 für Neuanpflanzungen einerseits ein Pflanzgebot erlassen, andererseits aber auch über die Bestandssicherung hinausgehende Festsetzungen zu Erhaltungsmaßnahmen durchsetzen (BVerwG Urt. v. 8.10.2014 – 4 C 30.13, BeckRS 2014, 58962 Rn. 9). Dem Eigentümer ist im Bescheid eine angemessene Frist für die Durchführung der Pflanzmaßnahmen einzuräumen. Bauordnungsrechtliche Vorschriften über die Begrünung von Grundstücken bleiben davon unberührt. Die alsbaldige Erforderlichkeit der Bepflanzung sowie der Erhaltungsmaßnahmen aus städtebaulichen Gründen iS des § 175 Abs. 2 wird wegen der Bedeutung von Grün für die städtebauliche Qualität (vgl. weiterhin *Lemmel* in BK § 179 Rn. 1) für die Gemeinde idR mit dem Bebauungsplan (§ 9 Abs. 8) begründbar sein. Zur Anordnung des Gebots in der **Umlegung** vgl. § 59 Abs. 7. 1

Die **Durchsetzung** des Pflanzgebots ist gegenüber dem Baugebot erheblich erleichtert: Dem Eigentümer steht kein Übernahmeanspruch zu. Das (unanfechtbare) Pflanzgebot kann – anders als das Baugebot – idR im Wege der **Ersatzvornahme** durchgesetzt werden. Auch das **Zwangsgeld** kommt als Maßnahme der Verwaltungsvollstreckung in Betracht. Zur Entschädigung wegen entsprechender Festsetzungen im Bebauungsplan vgl. § 41 Abs. 2; im Hinblick hierauf enthält die Vorschrift keine gesonderte Entschädigungsregelung. Das Pflanzgebot lässt die Möglichkeit unberührt, die Baugenehmigung mit der Auflage zu erteilen, Bäume und Sträucher iS des § 9 Abs. 1 Nr. 25 anzupflanzen, wenn sich die Festsetzung für Anpflanzungen als Annex zur baulichen Nutzung darstellt. 2

Das Pflanzgebot ist das in der Praxis **am häufigsten „förmlich" angeordnete Gebot.** Dies erklärt sich mit seinem gegenüber den Baupflichten nach §§ 176 und 177 atypischen Charakter einer (faktischen) Nebenbestimmung der Baugenehmigung. 3

Das Pflanzgebot kann auch als Maßnahme zur Sicherung der Durchführung naturschutzrechtlicher Ausgleichs- oder Ersatzmaßnahmen iS des § 1a Abs. 3 in Betracht kommen (auch *Köhler/Fieseler* in Schrödter § 178 Rn. 3). 4

§179 Rückbau- und Entsiegelungsgebot

(1) ¹**Die Gemeinde kann den Eigentümer verpflichten zu dulden, dass eine bauliche Anlage ganz oder teilweise beseitigt wird, wenn sie**
1. den Festsetzungen eines Bebauungsplans nicht entspricht und ihnen nicht angepasst werden kann oder
2. Missstände oder Mängel im Sinne des § 177 Abs. 2 und 3 Satz 1 aufweist, die auch durch eine Modernisierung oder Instandsetzung nicht behoben werden können.
²**Satz 1 Nr. 1 gilt entsprechend für die sonstige Wiedernutzbarmachung von dauerhaft nicht mehrgenutzten Flächen, bei denen der durch Bebauung oder Versiegelung beeinträchtigte Boden in seiner Leistungsfähigkeit erhal-**

§ 179 II. Kapitel. VI. Teil. Erhaltungssatzung u. städtebaul. Gebote

ten oder wiederhergestellt werden soll; die sonstige Wiedernutzbarmachung steht der Beseitigung nach Satz 1 gleich. [3]Diejenigen, für die ein Recht an dem Grundstück oder an einem das Grundstück belastenden Recht im Grundbuch eingetragen oder durch Eintragung gesichert ist, das nicht zur Nutzung berechtigt, sollen von dem Bescheid benachrichtigt werden, wenn sie von der Beseitigung betroffen werden. [4]Unberührt bleibt das Recht des Eigentümers, die Beseitigung selbst vorzunehmen.

(2) [1]Der Bescheid darf bei Wohnraum nur vollzogen werden, wenn im Zeitpunkt der Beseitigung angemessener Ersatzwohnraum für die Bewohner unter zumutbaren Bedingungen zur Verfügung steht. [2]Strebt der Inhaber von Raum, der überwiegend gewerblichen oder beruflichen Zwecken dient (Geschäftsraum), eine anderweitige Unterbringung an, soll der Bescheid nur vollzogen werden, wenn im Zeitpunkt der Beseitigung anderer geeigneter Geschäftsraum unter zumutbaren Bedingungen zur Verfügung steht.

(3) [1]Entstehen dem Eigentümer, Mieter, Pächter oder sonstigen Nutzungsberechtigten durch die Beseitigung Vermögensnachteile, hat die Gemeinde angemessene Entschädigung in Geld zu leisten. [2]Der Eigentümer kann anstelle der Entschädigung nach Satz 1 von der Gemeinde die Übernahme des Grundstücks verlangen, wenn es ihm mit Rücksicht auf das Rückbau- oder Entsiegelungsgebot wirtschaftlich nicht mehr zuzumuten ist, das Grundstück zu behalten. [3]§ 43 Abs. 1, 2, 4 und 5 sowie § 44 Abs. 3 und 4 sind entsprechend anzuwenden.

(4) [1]Im Falle des Absatzes 1 Satz 1 Nummer 2 sind die Beseitigungskosten vom Eigentümer bis zur Höhe der ihm durch die Beseitigung entstehenden Vermögensvorteile zu tragen. [2]Der Kostenerstattungsbetrag kann durch Bescheid geltend gemacht werden, sobald die bauliche Anlage ganz oder teilweise beseitigt ist. [3]Der Betrag ruht als öffentliche Last auf dem Grundstück.

Übersicht

	Rn.
1. Überblick	1
2. Abbruch- bzw. Rückbaugebot	2
a) Tatbestand	2
b) Adressat, Rückbau durch Eigentümer	5
c) Allgemeine Anwendungsvoraussetzungen, Zumutbarkeit	6
d) Andere Rechtsinhaber, Nutzungsberechtigte	8
3. Entsiegelungsgebot	9
4. Schutzvorschriften bei Wohn- und Geschäftsraum	10
5. Entschädigung, Übernahme	12
6. Durchsetzung des Rückbaugebots	13
7. Kostenbeteiligung des Eigentümers	14

1 **1. Überblick.** § 179 regelt zwei Gebote: In **Abs. 1 S. 1** ist das **Rückbaugebot** (bis zum BauROG 1998: Abbruchgebot) geregelt; durch die Änderung sollte klargestellt werden, dass ein solches Gebot nicht nur die vollständige Beseitigung, sondern auch die teilweise Beseitigung beinhalten kann. Mit der Innenentwicklungsnovelle 2013 wurde der Anwendungsbereich für das Rückbaugebot erweitert (ausführlich: *Krautzberger/Stüer* ZfBR 2013, 529ff.; *Battis/Mitschang/Reidt* NVwZ 2013, 961 (966ff.)). Die Gemeinde kann einen Eigentümer auch außerhalb des Geltungsbereichs eines Bebauungsplans zur Duldung der vollständigen oder teilweisen Beseitigung einer baulichen Anlage verpflichten und außerdem zur Kostenbeteiligung heranziehen (vgl. § 179 Abs. 1 S. 1 sowie Abs. 4). Demgegenüber wurde das **Entsiegelungsgebot** bereits durch das BauROG 1998 angefügt; **Abs. 1 S. 2**.

2. Abschnitt. Städtebauliche Gebote §179

2. Abbruch- bzw. Rückbaugebot. a) Tatbestand. Mit dem Rückbau- bzw. 2
Abbruchgebot kann **die Gemeinde** anordnen, dass bauliche Anlagen oder Teile baulicher Anlagen ganz oder teilweise beseitigt werden. Das Rückbaugebot dient städtebaulichen Zwecken, während die nach den Landesbauordnungen bestehenden Beseitigungs- oder Abbruchverfügungen auf die Beseitigung formell und materiell baurechtswidriger Bausubstanz zielen. Seine Anwendung gebietet, dass eine alsbaldige Durchführung der Maßnahme aus städtebaulichen Gründen erforderlich ist (vgl. § 175 Abs. 2) und der Verhältnismäßigkeitsgrundsatz gewahrt bleibt. → weiterhin § 175 Rn. 12 u. 13. Zur Anordnung des Gebots in der **Umlegung** vgl. § 59 Abs. 7.

Das Gesetz unterscheidet zwei Grundfälle: Das Rückbaugebot kann nach **Abs. 1** 3
S. 1 Nr. 1 angeordnet werden, wenn die bauliche Anlage den Festsetzungen eines Bebauungsplans nicht entspricht. Der Bebauungsplan kann zwar den Rückbau bzw. Abbruch nicht verbindlich festsetzen, sondern die zu beseitigenden Gebäude allenfalls kenntlich machen (vgl. früher § 10 Abs. 1 S. 3 StBauFG). Nicht eine evtl. Kennzeichnung des Abbruchs im Bebauungsplan, sondern der Widerspruch zu seinen positiven Festsetzungen ist Voraussetzung für den Erlass eines Rückbaugebots.

Nach **Abs. 1 S. 1 Nr. 2** kann das Rückbaugebot angeordnet werden, wenn die 4
baulichen Anlagen Missstände oder Mängel iS des § 177 Abs. 2 und 3 S. 1 aufweisen, die auch durch eine Modernisierung oder Instandsetzung nicht behoben werden können. Im Rahmen der durch die Innenentwicklungsnovelle 2013 in § 179 Abs. 1 S. 1 vorgenommenen Änderung hat sich der Anwendungsbereich des Rückbaugebots erweitert. Nunmehr kann der Eigentümer nicht mehr nur im Geltungsbereich eines Bebauungsplans, sondern auch im unbeplanten Innenbereich sowie im Außenbereich durch die Gemeinde zur Duldung der vollständigen oder teilweisen Beseitigung einer baulichen Anlage verpflichtet werden. Dadurch sollen die Gemeinden in die Lage versetzt werden, verwahrloste, nicht mehr wirtschaftlich nutzbare Gebäude (sog. „Schrottimmobilien"), die aufgrund ihrer negativen Ausstrahlung auf die Umgebung ein ernsthaftes stadtentwicklungspolitisches Problem (Leerstand, fehlende Investitionsbereitschaft oder Vermietungsproblem) darstellen und einer qualitätsvollen Innenentwicklung entgegenstehen, ganz oder teilweise zu beseitigen, ohne dabei auf den räumlichen Geltungsbereich eines Bebauungsplans beschränkt zu sein (ausführlich *Krautzberger/Stüer* BauR 2012, 874 ff.; *Saxinger* BauR 2012, 737 ff.; *Krautzberger/Stüer* DVBl. 2013, 805 (813 f.); *Schmitz* ZfBR 2011, 641 ff.; *Brenner* UPR 2014, 7 ff.; *Schmuck* LKV 2014, 481 ff.). Für die Feststellung der nicht behebbaren Missstände oder Mängel iS des § 177 Abs. 2 und 3 S. 1 bedarf es keines zusätzlichen Bebauungsplans, denn die insoweit entscheidenden Kriterien sind in diesen Bestimmungen bereits enthalten. Anordnungsvoraussetzung ist aber nicht der Widerspruch zwischen Bestand einerseits und planerischer Festsetzung andererseits, sondern der Umstand, dass der vorhandene Bestand – auch mit Modernisierung oder Instandsetzung – nicht mehr iS der planerischen Festsetzung genutzt werden könnte.

b) Adressat, Rückbau durch Eigentümer. Adressat des Gebots ist der **Ei-** 5
gentümer (→ § 176 Rn. 2). Dem Eigentümer wird durch das Rückbaugebot – im Unterschied zu den übrigen Geboten – kein aktives Tun aufgegeben, etwa die selbst vorzunehmende Beseitigung der baulichen Anlage. Vielmehr wird der Eigentümer durch das Gebot verpflichtet, die vollständige oder teilweise Beseitigung zu dulden. Das Rückbaugebot ist also eine **Duldungsverfügung** und kein Handlungsgebot. Während die Last der Kostentragung (auch für Vermögensnachteile von Mietern, Pächtern und sonstigen Nutzungsberechtigten, → Rn. 12) bislang allein bei der Gemeinde lag, kann nach der Neuregelung in Abs. 4 im Rahmen der Innenentwicklungsnovelle 2013 nunmehr auch der Eigentümer zu einer Kostenbeteiligung herangezogen werden (→ Rn. 14 ff.; für eine weitergehende Einbeziehung auch des Eigentümers schon *Krautzberger/Stüer* BauR 2012, 874 (875 f.); *Stüer* DVBl. 2012,

1017 (1024)). Der Wegfall der Planakzessorietät bringt zwar eine stadtentwicklungspolitisch freilich zu begrüßende Erweiterung des Anwendungsbereichs des Rückbaugebots mit sich, löst aber die kommunalen Probleme trotz Beteiligungsmöglichkeit des Eigentümers nur in Grenzen (→ Rn. 14ff.). Das Recht des Eigentümers, den Rückbau selbst vorzunehmen, bleibt unberührt; vgl. **Abs. 1 S. 4.** Dieses Recht besteht bis zum Vollzug des Gebots durch die Gemeinde (OVG Bremen NVwZ 1986, 764). Das Rückbaugebot kann durch die Gemeinde im Einzelfall auch rechtmäßig angeordnet werden, wenn sich im Enteignungsverfahren besser eignet (OVG Lüneburg Beschl. v. 15.4.2008 – 1 LA 86.07, BeckRS 2008, 34722). Der Rückbau kann gem. **§ 176 Abs. 5** auch Bestandteil des **Baugebots** sein, so dass sich seine Durchführung an den Eigentümer richtet. Auch die Durchführung eines **Modernisierungs- oder Instandsetzungsgebots** kann bauliche Veränderungen erfordern, die als Teilmaßnahmen (für sich betrachtet) Rückbauten darstellen; sie können als für die Modernisierung oder Instandsetzung erforderliche Teilmaßnahmen mit dem **Gebot nach § 177** angeordnet werden.

6 c) **Allgemeine Anwendungsvoraussetzungen, Zumutbarkeit.** Hinsichtlich der **allgemeinen Anwendungsvoraussetzungen** wird auf die Erläuterungen zu § 175 Bezug genommen. Der alsbaldige Rückbau muss insbesondere aus **städtebaulichen Gründen** geboten sein (vgl. § 175 Rn. 4–6). Der Widerspruch zu einem Plan (Abs. 1 S. 1 Nr. 1) oder das Vorliegen nichtbehebbarer Missstände oder Mängel iS des § 177 (Abs. 1 S. 1 Nr. 2) reichen hierfür allein nicht aus; es müssen besondere Gründe hinzukommen. So können die Voraussetzungen zB dann erfüllt sein, wenn der vorhandene Zustand die mit der Verwirklichung des Bebauungsplans oder die im unbeplanten Innenbereich angestrebte städtebauliche Entwicklung hemmt, insbesondere weil sich eine städtebauliche Entwicklungsplanung in der Umsetzung befindet. Auch die Freilegung einer nach dem Bebauungsplan als nicht überbaubar ausgewiesenen Fläche zur Behebung ungenügender Belichtung und Belüftung (städtebaulicher Missstand; § 136 Abs. 3 Nr. 1) rechtfertigt den Erlass des Rückbaugebots (OVG Bremen NVwZ 1986, 764). Der Nachbar hat grundsätzlich keinen Anspruch auf Erlass eines Rückbaugebots, da dieses ausschließlich wegen Unvereinbarkeit mit planerischen Festsetzungen erlassen wird (so schon zur vormaligen Regelung: BVerwG NVwZ-RR 1993, 68). Auch mit der Ausweitung des Anwendungsbereichs ändert sich daran nichts.

7 Die dem Eigentümer auferlegte Duldungsverpflichtung braucht **keine Fristsetzung** zu enthalten. § 179 enthält – anders als § 176 Abs. 1 für das Baugebot, § 177 Abs. 1 S. 3 für das Modernisierungs- und Instandsetzungsgebot und § 178 für das Pflanzgebot – keine entsprechende Bestimmung. Der Grund hierfür liegt darin, dass das in § 179 enthaltene Rückbaugebot keine an den Eigentümer gerichtete Handlungsverpflichtung ist, sondern vielmehr eine Duldungsverfügung (→ Rn. 5). Sie tritt mit der Unanfechtbarkeit der Duldungsverfügung ein. Die Gemeinde kann dem Eigentümer durchaus einen längeren Zeitraum einräumen, in dem er sich darüber schlüssig werden kann, den Abbruch selbst vorzunehmen. Hierüber kann ein städtebaulicher Vertrag zwischen der Gemeinde und dem Eigentümer abgeschlossen werden. Das Rückbaugebot setzt dagegen die **objektive wirtschaftliche Zumutbarkeit** – anders als beim Baugebot – nicht voraus, da es keine Handlungspflicht begründet.

8 d) **Andere Rechtsinhaber, Nutzungsberechtigte.** Vom Rückbaugebot, entsprechend vom Entsiegelungsgebot, sollen nach **Abs. 1 S. 3** solche **Rechtsinhaber** benachrichtigt werden, für die ein Recht an dem Grundstück oder an einem das Grundstück belastenden Recht im Grundbuch eingetragen oder durch Eintragung gesichert ist, das nicht zur Nutzung berechtigt. Diese Benachrichtigung soll die erwähnten Rechtsinhaber zur Wahrung ihrer Rechte in Entschädigungsverfahren befähigen; → Rn. 11. Der Duldungspflicht gem. § 175 Abs. 3 unterliegen Pfandgläubiger

2. Abschnitt. Städtebauliche Gebote §179

dagegen nicht; andererseits richtet sich der bürgerlich-rechtliche Unterlassungsanspruch nach § 1134 BGB nicht gegen das öffentlich-rechtliche Gebot. Mit Mietern, Pächtern und sonstigen (auch dinglich gesicherten) **Nutzungsberechtigten** soll die Gemeinde nach § 175 Abs. 1 das beabsichtigte Gebot im Übrigen ebenso wie mit den Eigentümern bereits vor Erlass erörtern.

3. Entsiegelungsgebot. Das **Entsiegelungsgebot** ist durch das **BauROG** zum 9 1.1.1998 eingeführt; **Abs. 1 S. 2.** Durch das Entsiegelungsgebot sollen dauerhaft nicht mehr genutzte Flächen, bei denen der durch Bebauung oder Versiegelung beeinträchtige Boden in seiner Leistungsfähigkeit erhalten oder wiederhergestellt werden soll, wieder nutzbar gemacht werden. Diese „sonstige Wiedernutzbarkeit" wird durch Abs. 1 S. 2 Hs. 2 dem Rückbau- bzw. Abbruchgebot gleichgestellt, dh der Vorschriften für das Rückbaugebot gelten uneingeschränkt auch für das Entsiegelungsgebot. Das Entsiegelungsgebot ist auch planakzessorisch. Als Festsetzungen in einem Bebauungsplan kommen insbesondere § 9 Abs. 1 Nr. 10, 15, 16, 18b, 20, 25a und 25b in Betracht. Auch das Entsiegelungsgebot ist als Duldungspflicht des Eigentümers ausgestaltet worden. Gegenüber sonstigen Entsiegelungsgeboten nach bodenschutzrechtlichen Regelungen (vgl. § 5 BBodSchG) ist § 179 Abs. 1 S. 2 für seinen Anwendungsbereich (also Bebauungsplangebiete) die Spezialvorschrift (str.; vgl. *Grewing* DVBl. 2000, 177 (179)).

4. Schutzvorschriften bei Wohn- und Geschäftsraum. Bei **Wohnraum** darf 10 nach **Abs. 2 S. 1** das Rückbaugebot nur **vollzogen** werden, wenn im Zeitpunkt der Beseitigung angemessener Ersatzwohnraum für die Bewohner unter zumutbaren Bedingungen zur Verfügung steht; das Gebot kann demgemäß aber schon zu einem früheren Zeitpunkt **erlassen** werden. Bei **Geschäftsraum** iS des **Abs. 2 S. 2** soll das Gebot nur vollzogen werden, wenn im Zeitpunkt der Beseitigung anderer geeigneter Geschäftsraum unter zumutbaren Bedingungen zur Verfügung steht. Zur **Duldungspflicht** der Nutzungsberechtigten vgl. § 175 Abs. 3. Zur ggf. erforderlichen **Aufhebung von Miet- und Pachtverhältnissen oder sonstigen Nutzungsverhältnissen** vgl. weiterhin §§ 182 und 184. Nach § 182 Abs. 2 besteht dabei ein **Aufhebungsschutz,** während § 179 Abs. 2 einen **Vollstreckungsschutz** gewährt. Zur vorherigen **Erörterung und Beratung** mit den Nutzungsberechtigten vgl. § 175 Abs. 1; sie muss sich im Falle des Rückbaugebots insbesondere auf die nach § 179 Abs. 2 geschützten Belange beziehen.

Die Vollzugsfragen des Ersatzwohn- oder Geschäftsraums und der Entschädigung 11 (→ Rn. 12) sind nicht Gegenstand der **Abwägung im Bebauungsplanverfahren.** Der Plangeber muss zwar die sich aus der Festsetzung ergebende Möglichkeit des Gebots erkennen. Die für die Rechtmäßigkeit des Rückbaugebots aufzustellenden Erfordernisse können jedoch nicht im – auf eine umfassende städtebauliche Abwägung zielenden – Bebauungsplanverfahren berücksichtigt werden (vgl. OVG Berlin ZfBR 1987, 163). Für das **Entsiegelungsgebot** findet Abs. 2 gleichfalls Anwendung.

5. Entschädigung, Übernahme. Eigentümern, Mietern, Pächtern und sonsti- 12 gen Nutzungsberechtigten steht nach **Abs. 3 S. 1** ein Anspruch auf angemessene **Entschädigung** für die Vermögensnachteile zu, die ihnen durch die Beseitigung entstehen; vgl. § 43 Abs. 2 S. 3 iVm §§ 93f., 95f. Anstelle der Entschädigung kann der Eigentümer nach **Abs. 3 S. 2 und 3** die **Übernahme** verlangen, wenn es ihm mit Rücksicht auf das Rückbau- oder Entsiegelungsgebot wirtschaftlich nicht mehr zuzumuten ist, das Grundstück zu behalten. Zur in den Fällen des § 179 nahe liegenden **Entschädigungsminderung** vgl. § 43 Abs. 4 Nr. 1 und Nr. 2. Zur Entschädigung von **Nutzungsberechtigten** vgl. weiterhin § 185 iVm §§ 182, 184. Auch ein **Härteausgleich** (§ 181) kann in Betracht kommen. Für nicht nutzungsberechtige Grundpfandgläubiger (vgl. **Abs. 1 S. 2**) gilt hinsichtlich der Entschädigungspflicht Folgendes: Gem. Art. 52 EGBGB, § 92 Abs. 2 ZVG enthält auch der nicht nutzungs-

berechtigte Grundpfandgläubiger einen Ersatz für den Wertverlust (Surrogation); vgl. entsprechend auch § 97 Abs. 4 S. 1 (hierzu genauer *Köhler/Fieseler* in Schrödter § 179 Rn. 11).

6. Durchsetzung des Rückbaugebots. Das Gebot kann gemäß Landes-Verwaltungsvollstreckungsrecht **durchgesetzt** werden. Da das Rückbau- und Entsiegelungsgebot den Eigentümer nicht zum Abbruch, sondern zur Duldung der Beseitigung verpflichtet, kommt hier vor allem das **Zwangsgeld** – ggf. auch **unmittelbarer Zwang** – zur Durchsetzung der Duldung des Rückbaus oder der sonstigen Wiedernutzbarkeit in Betracht.

7. Kostenbeteiligung des Eigentümers. Die ebenfalls im Rahmen der Innenentwicklungsnovelle 2013 neu geschaffene Bestimmung in Abs. 4 hat die finanzielle Beteiligung des Eigentümers an der Beseitigung von Schrottimmobilien zum Gegenstand. Bis zum Inkrafttreten dieser Bestimmung war der Eigentümer bei einer Anwendung des Rückbau- und Entsiegelungsgebotes von einer finanziellen Beteiligung völlig freigestellt. Dabei bleibt es auch, soweit ein Rückbau- und Entsiegelungsgebot erlassen wird, wenn die bauliche Anlage den Festsetzungen eines Bebauungsplans nicht entspricht und städtebauliche Missstände oder Mängel nicht vorliegen (→ Rn. 3). Die Beseitigung erfolgt auf Kosten der Gemeinde und für den Eigentümer oder einen Dritten (zB Mieter, Pächter, aber auch sonstige Nutzungsberechtigte). Eintretende Vermögensnachteile sind auf der Grundlage von Abs. 3 auszugleichen bzw. Übernahmeansprüche bleiben bestehen (→ Rn. 12). Änderungen ergeben sich in Bezug auf Abs. 1 S. 1 Nr. 2. Hiernach soll der Eigentümer nunmehr auf der Grundlage von Abs. 4 an den Kosten angemessen beteiligt werden. Die Gemeinde wird von den Kosten der Beseitigung bis zur Höhe der dem Eigentümer entstehenden Vermögensvorteile freigestellt. Die Beweislast liegt dabei bei den Gemeinden, denn sie müssen nachweisen, dass der Eigentümer durch die getroffenen Maßnahmen wirtschaftliche Vorteile erfahren hat (zu Recht: *Krautzberger/Stüer* DVBl 2013, 805 (813)).

Nach § 179 Abs. 4 S. 1 sind im Falle des Abs. 1 S. 1 Nr. 2 die Beseitigungskosten vom Eigentümer bis zur Höhe der ihm durch die Beseitigung entstehenden Vermögensvorteile zu tragen. Von der Vorschrift erfasst wird nur Abs. 1 S. 1 Nr. 2, so dass die Gemeinde nur dann einen Eigentümer zur Duldung verpflichten kann, dass eine bauliche Anlage ganz oder teilweise beseitigt wird, wenn sie Missstände oder Mängel iSd § 177 Abs. 2 und 3 S. 1 aufweist, die auch durch eine Modernisierung oder Instandsetzung nicht behoben werden können. Abs. 4 greift einen Vorschlag des Bundesrates auf (BR-Drs. 474/12, 10, 12f.), geht aber nach seinem Wortlaut die die Beschlüsse des Ausschusses für Verkehr, Bau und Stadtentwicklung zurück (BT-Drs. 17/13272, 4). Während der Bundesrat als Grenze der Eigentümerbeteiligung die Zumutbarkeit vorgesehen hatte, bestimmt Abs. 4 S. 1 nunmehr die dem Eigentümer entstehenden Vermögensvorteile als Maßstab, denn diese können im Rahmen eines Wertermittlungsgutachtens ermittelt werden und sind daher weniger streitanfällig als die Festlegung einer Zumutbarkeitsgrenze. Insbesondere soll so eine unverhältnismäßige Heranziehung des Eigentümers verhindert und außerdem auch dem öffentlichen Interesse an einer verlässlichen Grundlage für die Eigentümerbeteiligung Rechnung getragen werden (so BT-Drs. 17/13272, 20).

Während die Bezugnahme auf den Maßstab der Vermögensvorteile gegenüber der auch angedachten Zumutbarkeitsgrenze als deutlich praxisorientierter anzusehen ist, bleibt gleichwohl offen, zu welchem Zeitpunkt das Wertermittlungsgutachten erstellt werden soll. Zur Verfügung stehen zwei Möglichkeiten: der Zeitpunkt, in dem die Duldungsverpflichtung erlassen wird oder der Zeitpunkt, zu dem (ggf. nach einem gerichtlichen Verfahren, in dem über die Rechtmäßigkeit der Duldungsverpflichtung entschieden worden ist) der Abriss dann tatsächlich erfolgt. Letzterem ist wohl der Vorzug einzuräumen, weil zu diesem Zeitpunkt der tatsächliche Eigentumseingriff erfolgt.

Nach Abs. 4 S. 2 kann der Kostenerstattungsbetrag durch Bescheid geltend ge- 17
macht werden, sobald die bauliche Anlage ganz oder teilweise beseitigt ist. Diese Regelung bildet die Rechtsgrundlage für die Geltendmachung des Anspruchs auf Kostenerstattung bis zur Höhe der Vermögensvorteile. Dieser materielle Kostenerstattungsanspruch kann durch Bescheid in der Form des Verwaltungsaktes geltend gemacht werden, sobald die bauliche Anlage ganz oder teilweise beseitigt ist.

Schließlich ruht der Betrag nach Abs. 4 S. 3 als öffentliche Last auf dem Grund- 18
stück. Hierzu kann auf entsprechende Vorschriften verwiesen werden (vgl. § 134 Abs. 2 und § 135a Abs. 3 S. 4 BauGB und die dazu gemachten Erläuterungen verwiesen werden (→ § 134 Rn. 20ff. sowie → § 135a Rn. 7).

Die Neuregelung in Abs. 4 ist im Zusammenhang mit einer weiteren Neurege- 19
lung in § 224 BauGB zu sehen. Diese Bestimmung regelt den Entfall der aufschiebenden Wirkung bei Antrag auf gerichtliche Entscheidung. nach der Neuregelung in § 224 S. 1 Nr. 4 hat ein Antrag auf gerichtliche Entscheidung gegen die Geltendmachung des Kostenerstattungsbetrags nach § 179 Abs. 4 BauGB keine aufschiebende Wirkung. Inwieweit dies die Gemeinde wirklich entlastet ist jedenfalls in den Fällen fraglich, in denen die gerichtliche Entscheidung über den Kostenerstattungsbetrag zugunsten des Eigentümers wirkt.

Im Ergebnis stellt sich die Möglichkeit der Kostenbeteiligung des Eigentümers nur 20
eingeschränkt als ein Schritt in die richtige Richtung dar. Es muss damit gerechnet werden, dass sich die Eigentümer von Schrottimmobilien nicht nur gegen die Duldungsverpflichtung gerichtlich zur Wehr setzen, sondern auch gegen die Kostenerstattung sowie gegen die Höhe des Kostenerstattungsbetrags. Zeitlich und finanziell bringt dies Belastungen mit sich, denen sich Kommunen gerade in strukturschwachen Regionen, in denen Schrottimmobilien ein besonderes Problem darstellen (vgl. BT-Drs. 17/11468, 20; auch *Brenner* UPR 2014, 7 (7f.)), regelmäßig nicht aussetzen möchten.

Siebter Teil. Sozialplan und Härteausgleich

Vorbemerkung zu den §§ 180, 181

Übersicht

	Rn.
1. Sozialplan und Härteausgleich	1
2. Sozialplan und Sozialplanung	2
3. Sozialplan und Beteiligungsverfahren	3
4. Sozialplan und Erlass von städtebaulichen Geboten und Erhaltungssatzungen	4

1. Sozialplan und Härteausgleich. Die Vorschriften über den Sozialplan und 1
den Härteausgleich knüpfen an die persönlichen Lebensumstände von Menschen an, die durch städtebauliche Maßnahmen betroffen sind. Beide Rechtsinstitute sind dem **Sozialstaatsprinzip** (Art. 20 Abs. 1 GG) zuzuordnen. Sozialplan und Härteausgleich haben gemeinsam die verfassungsrechtliche Zuordnung, die Zuständigkeit der Gemeinde, das Anknüpfen an persönliche Lebensumstände und ihre Einführung als Korrelat des erweiterten städtebaulichen Instrumentariums. Der Härteausgleich kann eine im Sozialplan vorgesehene Maßnahme sein. Seine Gewährung setzt aber nur in einem Fall dieses Tatbestandsmerkmal voraus (§ 181 Abs. 2 Nr. 4). Im Übrigen kann der Härteausgleich auch gewährt werden, wenn er nicht im Sozialplan vorgesehen ist. Anderseits ist der Härteausgleich insoweit vom Sozialplan abhängig, als er

gegenüber anderen Maßnahmen des Sozialplans subsidiär ist. Ein guter Sozialplan soll gerade den Einsatz des Härteausgleichs als das letzte Mittel zur Vermeidung individueller Härten überflüssig machen (*Schulze-Fielitz*, Sozialplanung im Städtebaurecht, 1979, S. 251, 387; zur Praxis: *NRW Ministerium für Arbeit, Integration und Soziales* (Hg.), Sozialplanung und Stadtentwicklung 2013). Zur Entstehungsgeschichte *Krautzberger* in EZBK § 180 Rn. 1–19.

2 **2. Sozialplan und Sozialplanung.** Vorbereitung und Vollzug eines Bebauungsplans, einer städtebaulichen Satzung sowie einer Stadtumbaumaßnahme können die in dem Gebiet wohnenden und arbeitenden Menschen spürbar treffen. Gemäß § 1 Abs. 6, 7 sind seit jeher soziale Belange der Bevölkerung in die planerische Abwägung einzustellen, bei Darstellungen des Flächennutzungsplans (zB § 5 Abs. 2 Nr. 2) und bei den Festsetzungen des Bebauungsplans (zB § 9 Abs. 1 Nr. 4, 7, 8, 22) zu berücksichtigen. Im Vergleich zu dieser, die sozialen Belange der Bevölkerung durchsetzenden und gestaltenden **Sozialplanung (iwS)**, ist der **Sozialplan** gem. § 180 darauf beschränkt, Bebauungspläne, städtebauliche Sanierungs- oder Entwicklungsmaßnahmen sowie Stadtumbaumaßnahmen, die sich nachteilig auf die persönlichen Lebensumstände der in dem Gebiet wohnenden oder arbeitenden Menschen auswirken können, sozial abzufangen. Erst wenn in der Abwägung nach § 1 Abs. 7 Belange der im Plangebiet Wohnenden und Arbeitenden, zB solche nach § 1 Abs. 5 S. 2 – menschenwürdige Umwelt –, Abs. 6 Nr. 1 oder 2, also nicht unbedingt die sozialen Bedürfnisse iSv § 1 Abs. 6 Nr. 3, hinter anderen Belangen, zB des Verkehrs oder der Energieversorgung (§ 1 Abs. 6 Nr. 9, 8e) zurückstehen müssen, ohne dass sich im Bebauungsplan selbst ein Ausgleich für die Betroffenen erreichen lässt, zB durch Festsetzungen nach § 9 Abs. 1 Nr. 7–9, stellt sich die Frage nach den Vorstellungen über einen Ausgleich der voraussichtlichen Nachteile auf die persönlichen Lebensumstände. Zur Praxis der Entwicklung der Grundsätze für soziale Maßnahmen durch die Gemeinde im Bebauungsplan gem. § 13a BBauG *Schäfer/Schmidt-Eichstaedt*, Praktische Erfahrungen mit dem BBauG, 1984, S. 156; *Redeker* DVBl. 1982, 130 (133). Die Beschränkung des § 180 auf das „unabdingbar Regelungsbedürftige" schließt es nicht aus Grundsätze über soziale Maßnahmen in die Begründung des Flächennutzungsplans oder vornehmlich in die des Bebauungsplans aufzunehmen (s. a. *Stich* in BK, 2. Aufl., § 180 Rn. 2). Auch die strukturellen und politischen Gemeinsamkeiten von Sozialplan und Umweltprüfung, verstanden als Elemente der Nachhaltigkeit iSv § 1 V S. 1 (*Krautzberger* UPR 2009, 361 (362); *Schmidt-Eichstaedt*, KK § 180 Rn. 18) sprechen für eine § 2 IV, § 2a vergleichbare Behandlung in der Begründung der Bauleitpläne.

3 **3. Sozialplan und Beteiligungsverfahren.** Die regelmäßig vorausgehenden **Beteiligungsverfahren** nach § 3 Abs. 1, § 4 Abs. 1, § 4a Abs. 2 oder § 4b, §§ 137–139 oder auch nach § 4a Abs. 5 unterscheiden sich nicht nur hinsichtlich des Zeitpunkts vom Sozialplan. Der Sozialplan kann durch die in Zielrichtung und Adressatenkreis weiterreichenden Beteiligungsformen mitverursacht sein. Der Sozialplan wendet sich an Personen, die durch die Planverwirklichung oder sonstige städtebauliche Maßnahmen individuell nachteilig in ihren persönlichen Lebensumständen betroffen sind. Auch bei den maßnahmebezogenen Modifikationen der frühzeitigen Öffentlichkeitsbeteiligung gem. § 22 Abs. 10, § 33 Abs. 2 S. 2, § 34 Abs. 5, § 173 Abs. 2, § 175 Abs. 1, ist der gegenüber § 3 Abs. 1 deutlich engere Kreis der Berechtigten immer noch weiter als der teilweise damit zusammenfallende Kreis der Adressaten eines Sozialplans. Während der Sozialplan defensiv auf Folgenbildung beschränkt ist, dienen die Beteiligungsverfahren der offensiven Einflussnahme auf städtebauliche Planung und Maßnahmen (s. a. *Krautzberger* in EZBK § 180 Rn. 32).

4 **4. Sozialplan und Erlass von städtebaulichen Geboten und Erhaltungssatzungen.** Der Sozialplan ist eines der Instrumente des Besonderen Städtebaurechts,

II. Kapitel. VII. Teil. Sozialplan und Härteausgleich § 180

die auf besondere städtebauliche Problemfelder ausgerichtet sind. Gemäß § 180 kann die Verpflichtung der Gemeinde, einen Sozialplan aufzustellen, nicht erst nach Inkrafttreten eines Bebauungsplans, einer Sanierungs- oder Entwicklungssatzung oder der Festlegung eines Stadtumbaugebiets entstehen. Die Vorstellungen über die Verminderung oder Milderung nachteiliger Auswirkungen sollen erforderlichenfalls zu einem früheren Zeitpunkt entwickelt und mit den Betroffenen erörtert werden (BR-Drs. 585/85, S. 145). Trotz der möglichen Vorverlegung des Sozialplans besteht ein enger Zusammenhang zwischen dem Sozialplan und § 175 Abs. 1, der maßnahmebezogenen Modifikation der Öffentlichkeitsbeteiligung für das Baugebot, § 176, Modernisierungs- und Instandsetzungsgebot, § 177, Pflanzgebot, § 178, Rückbau und Entsiegelungsgebot, § 179. Gegenstand der Erörterung und Beratung nach § 175 Abs. 1 ist die Durchführung der Gebote, nicht allein die Vermeidung oder Milderung nachteiliger Auswirkungen für die Betroffenen. Dem Erlass eines städtebaulichen Gebotes kann die Aufstellung eines Sozialplans vorausgehen. Dabei können die in § 175 Abs. 1 vorgesehenen Beratungs- und Erörterungsverpflichtungen bereits mit in die Sozialplanung iSv § 181 einbezogen werden. Möglich ist auch, dass die Erörterungen und Beratungen nach § 175 Abs. 1 Ergebnisse zeitigen, die die Aufstellung eines Sozialplans erforderlich machen. Außer unter den Voraussetzungen des § 175 hat die Gemeinde in analoger Anwendung des § 180 einen Sozialplan auch dann aufzustellen, wenn anlässlich von städtebaulichen Umstrukturierungen Genehmigungen zum Abbruch, Umbau oder zur Änderung baulicher Anlagen versagt werden sollen (§ 172 Abs. 5). Ohne Sozialplan ist diese Variante der **Erhaltungssatzung** nicht vollziehbar (→ § 172 Rn. 36).

§ 180 Sozialplan

(1) [1]**Wirken sich Bebauungspläne, städtebauliche Sanierungsmaßnahmen, städtebauliche Entwicklungsmaßnahmen oder Stadtumbaumaßnahmen voraussichtlich nachteilig auf die persönlichen Lebensumstände der in dem Gebiet wohnenden oder arbeitenden Menschen aus, soll die Gemeinde Vorstellungen entwickeln und mit den Betroffenen erörtern, wie nachteilige Auswirkungen möglichst vermieden oder gemildert werden können.** [2]**Die Gemeinde hat den Betroffenen bei ihren eigenen Bemühungen, nachteilige Auswirkungen zu vermeiden oder zu mildern, zu helfen, insbesondere beim Wohnungs- und Arbeitsplatzwechsel sowie beim Umzug von Betrieben; soweit öffentliche Leistungen in Betracht kommen können, soll die Gemeinde hierauf hinweisen.** [3]**Sind Betroffene nach ihren persönlichen Lebensumständen nicht in der Lage, Empfehlungen und anderen Hinweisen der Gemeinde zur Vermeidung von Nachteilen zu folgen oder Hilfen zu nutzen oder sind aus anderen Gründen weitere Maßnahmen der Gemeinde erforderlich, hat die Gemeinde geeignete Maßnahmen zu prüfen.**

(2) **Das Ergebnis der Erörterungen und Prüfungen nach Absatz 1 sowie die voraussichtlich in Betracht zu ziehenden Maßnahmen der Gemeinde und die Möglichkeiten ihrer Verwirklichung sind schriftlich darzustellen (Sozialplan).**

(3) [1]**Steht die Verwirklichung einer Durchführungsmaßnahme durch einen anderen als die Gemeinde bevor, kann die Gemeinde verlangen, dass der andere im Einvernehmen mit ihr die sich aus Absatz 1 ergebenden Aufgaben übernimmt.** [2]**Die Gemeinde kann diese Aufgaben ganz oder teilweise auch selbst übernehmen und dem anderen die Kosten auferlegen.**

§ 180 II. Kapitel. VII. Teil. Sozialplan und Härteausgleich

Übersicht
Rn.
1. Allgemeines .. 1
2. Aufstellung und Inhalt des Sozialplans 2
 a) Bebauungsplan, Sanierungs- oder Entwicklungsmaßnahme, Stadtumbaumaßnahme ... 2
 b) Nachteilige Auswirkungen auf persönliche Lebensumstände 3
 c) Entwicklungen von Vorstellungen und Erörterungen mit dem Betroffenen .. 4
 d) Beratung, Belehrung und geeignete Maßnahmen 5
 e) Rechtspflicht zur Aufstellung 6
 f) Darstellung in der Begründung eines Bebauungsplans 7
3. Rechtsnatur und Verwirklichung des Sozialplans 8
4. Sozialplan des Veranlassers 9
 a) Allgemeines .. 9
 b) Übertragung auf Veranlasser 10
 c) Kostenüberwälzung ... 11

1. Allgemeines. Abs. 1 regelt die Voraussetzungen und das Verfahren für die Entwicklung und Erörterung eines Sozialplans und nennt beispielhaft seinen Inhalt. Abs. 2 definiert den Sozialplan als das vollzugsorientierte schriftliche Ergebnis der Erörterungen und Erwägungen nach Abs. 1. Abs. 3 regelt Aufstellung und Verwirklichung eines Sozialplans durch Dritte (Sozialplan des Veranlassers, Satz 1) einschließlich der Kostenübernahme (Satz 2). Die Erarbeitung und Fortschreibung des Sozialplans ist bei **städtebaulichen Sanierungen** und **Entwicklungsmaßnahmen** sowie **Stadtumbaumaßnahmen** eingebettet in die weitergehenden, der Gemeinde obliegenden Pflichten zur Vorbereitung der Sanierung (§ 140 Nr. 1–7), einer Entwicklungsmaßnahme (§ 165 Abs. 4) oder einer Stadtumbaumaßnahme (§ 171b). Zur Finanzierung s. § 164a Abs. 2 Nr. 5. Die mögliche frühe Aufstellung des Sozialplans bei Sanierungsmaßnahmen, die Einbettung in den Katalog der Maßnahmen zur Vorbereitung der Sanierung (§ 140), Entwicklungsmaßnahme oder Stadtumbaumaßnahme ermöglichen einen Sozialplan, der je nach Art und Umfang des beabsichtigten Bebauungsplans, der städtebaulichen Sanierungs-, Entwicklungs- oder Stadtumbaumaßnahme in unterschiedlich gestuften und umfangreichen Verfahren zu unterschiedlich aggregierten und differenzierten Aussagen kommen kann. Die in § 140 Nr. 6 statuierte Pflicht, den **Sozialplan fortzuschreiben,** ist dem Sozialplan immanent, weil das Sanierungsverfahren als ein dynamischer, häufig lang andauernder Prozess ihrer idR bedarf. Nach Inkrafttreten des eher statischen Bebauungsplans bedarf der Sozialplan nur ausnahmsweise der Fortschreibung (BT-Drs. 10/6166, S. 161). Die Verpflichtung zum Erlass eines Sozialplans analog § 180 kann beim Vollzug einer Erhaltungssatzung zur Durchführung städtebaulicher Umstrukturierungen gem. § 172 Abs. 5 entstehen. Zu bln. u. nds. VV zum Sozialplan s. *Krautzberger* in EZBK § 180 Anh. Mustergliederung eines Sozialplans, unterteilt in Gebietssozialplan und Einzelsozialpläne bei *Schimdt-Eichstaedt*, KK § 180 Anh.

2. Aufstellung und Inhalt des Sozialplans. a) Bebauungsplan, Sanierungs- oder Entwicklungsmaßnahme, Stadtumbaumaßnahme. Erste Voraussetzung für die Aufstellung eines Sozialplans ist, dass die Gemeinde beabsichtigt, einen Bebauungsplan, eine städtebauliche Sanierungsmaßnahme (im vereinfachten oder förmlichen Verfahren) (§ 142), eine städtebauliche Entwicklungsmaßnahme oder eine Stadtumbaumaßnahme zu betreiben. Weder der Bebauungsplan noch die Sanierungs-, noch die Entwicklungs-, noch die Stadtumbaumaßnahme müssen förmlich beschlossen sein (→ Vorb. §§ 181, 182 Rn. 4). Diese Vorverlagerung des Beginns der Aufstellung eines Sozialplans schließt es aber nicht aus, dass aus gegebenem Anlass, zB

II. Kapitel. VII. Teil. Sozialplan und Härteausgleich § 180

wegen nicht voraussehbarer oder vorausgesehener Auswirkungen, erst nach dem förmlichen Beschluss über die Aufstellung eines Bebauungsplans oder die Durchführung von Sanierungsmaßnahmen mit der Aufstellung eines Sozialplans begonnen wird.

b) Nachteilige Auswirkungen auf persönliche Lebensumstände. Der beab- 3 sichtigte Bebauungsplan, die beabsichtigte Sanierungs-, Entwicklungs- oder Stadtumbaumaßnahme muss zweitens die Prognose rechtfertigen, dass die Verwirklichung des Bebauungsplans oder einer der städtebaulichen Maßnahmen sich nachteilig auf die **persönlichen Lebensumstände** der in dem Gebiet wohnenden und arbeitenden Menschen auswirken wird. Die Prognose wird zum einen begründet durch den Inhalt des beabsichtigten (oder beschlossenen) Bebauungsplans oder durch Ergebnisse der Vorbereitung der Sanierung gem. § 140 – insbesondere Ergebnisse der vorbereitenden Untersuchung (§ 141), der Ziele und Zwecke der Sanierung (§ 140 Nr. 3), der städtebaulichen Planung (Bebauungsplan oder Rahmenplanung, § 140 Nr. 4) und der Erörterung der beabsichtigten Sanierung (§ 137) oder der Voruntersuchungen nach § 165 Abs. 4, insbesondere der Verpflichtung nach § 166 Abs. 2 oder des Stadtentwicklungskonzepts (§ 171b Abs. 2). Die Aufstellung des Sozialplans ist die Reaktion darauf, dass zu erwarten ist, dass in der planerischen Abwägung für den Bebauungsplan, die städtebauliche Planung iSv § 140 Nr. 4 (Sozialplan und iwS →Vorb. §§ 180, 181 Rn. 2) oder § 165 Abs. 3 Satz 2, § 171b Abs. 2 Satz 3 die Belange von in dem Gebiet Wohnenden und Arbeitenden gegenüber anderen Belangen zurückgestellt werden und auch nicht durch Festsetzungen im Bebauungsplan, zB nach § 9 Abs. 1 Nr. 7, 8 ausgeglichen werden können. Die Erwartung wird zum anderen begründet durch die im Zeitpunkt der Beschlussfassung bestehenden persönlichen Lebensumstände der in dem Gebiet Wohnenden und Arbeitenden. Um eine verlässliche Prognose über die Auswirkungen der Verwirklichung des beabsichtigten Planes machen zu können, benötigt die Gemeinde also Unterlagen über die persönlichen Lebensumstände der Betroffenen. Die Gemeinde ist bei städtebaulichen Sanierungsmaßnahmen (§ 140 Nr. 1, § 141) verpflichtet, förmliche, vorbereitende Untersuchungen durchzuführen. Für Entwicklungsmaßnahmen gilt § 141 entsprechend (§ 165 Abs. 4 S. 2). § 177b Abs. 2 S. 2 schreibt für Stadtumbaumaßnahmen die entsprechende Anwendung der §§ 137–139 vor (Beteiligung und Mitwirkung der Betroffenen, Auskunftspflichten, Beteiligung und Mitwirkung öffentlicher Aufgabenträger). Je mehr sich die quantitativen und qualitativen Probleme bei einer Entwicklungsmaßnahme oder einem Bebauungsplan der Normalität von Stadtsanierungen nähern, was von der Größe des Gebietes und seiner Sozialstruktur abhängt, desto gleichartiger sind die rechtlichen Anforderungen. Im Regelfall werden jedoch repräsentative Betroffenenbefragungen einer stärker typisierten Aufbereitung genügen (*Schulze-Fielitz*, Sozialplanung im Städtebaurecht, S. 273). Der Begriff der persönlichen Lebensumstände wurde in § 13a Abs. 2 S. 1 Hs. 2 BBauG nicht abschließend interpretiert als Berufs-, Erwerbs- und Familienverhältnisse, Lebensalter, Wohnbedürfnisse, soziale Verflechtungen sowie örtliche Bindungen. Zu erwartende nachteilige Auswirkungen, insbesondere wegen Wohnungs-, Arbeitsplatz- oder Schulwechsel, können aufbereitet werden als Basis individualisierter Maßnahmen nach sozialen Bezugsgruppen, die für das Gebiet typisch sind, zB alte Menschen, Kinder, Jugendliche, Alleinstehende, Alleinerziehende, Kinderreiche, nicht voll Erwerbsfähige, orts- und arbeitsplatzgebundene Erwerbstätige, Migranten, Hartz-IV-Empfänger, kleine Gewerbebetriebe und Geschäftsleute, Kleineigentümer, Mieter, Studenten, Obdachlose (s. a. *Schulze-Fielitz*, aaO, S. 244 ff., 252–270). Mangels persönlicher Lebensumstände scheiden juristische Personen aus *Krautzberger* in EZBK § 180 Rn. 74; aA *Schmidt-Eichstaedt*, aaO, Rn. 28.

c) Entwicklungen von Vorstellungen und Erörterungen mit dem Betrof- 4 **fenen.** Die Gemeinde soll Vorstellungen entwickeln, wie nachteilige Auswirkungen

§ 180 II. Kapitel. VII. Teil. Sozialplan und Härteausgleich

möglichst vermieden oder gemildert werden können. Je nach Art, Intensität und zeitlicher Nähe der zu erwartenden Nachteile kommen nicht nur bezugsgruppenorientierte, sondern auf Grund der **Erörterung mit den Betroffenen individualisierte Aussagen** in Betracht über Wohnungs- und Arbeitsstättenersatz inner- und außerhalb des Gebiets, zB vorübergehende Umzüge und Rückumzüge, Beratungsmodelle, finanzielle Förderungsmöglichkeiten, Modalitäten der zB abschnittsweisen Planverwirklichung. Dass § 141 Abs. 1 S. 2 die vorangehenden, nicht individualisierten, vorbereitenden Untersuchungen auf die unmittelbar Betroffenen begrenzt, wird durch die stärkere Vollzugsorientierung von Sanierungen nur unvollkommen gerechtfertigt. Für Personen, die außerhalb des künftigen Plangebiets wohnen oder arbeiten, gilt § 180 Abs. 1 nicht (*Krautzberger*, aaO, § 180 Rn. 75; aA *Köhler* in SCH § 180 Rn. 3). Wenn zu erwarten ist, dass sie durch die Auswirkungen des Bebauungsplans oder der städtebaulichen Maßnahme Nachteile in ihren persönlichen Lebensumständen erfahren werden, muss das Plangebiet von vornherein oder nachträglich erweitert werden (s. *Battis*, Partizipation im Städtebaurecht, 1976, S. 154ff., *Schulze-Fielitz*, aaO, S. 243; *Neuhausen*, KK § 180 Rn. 8). Auch nach § 180 Abs. 1 ist es möglich, im Rahmen der Aufstellung des Sozialplans einen sozialplanerischen Grundsatz aufzustellen, dass der Bebauungsplan oder die Sanierungsmaßnahme so zu verwirklichen ist, dass dadurch kein Bewohner gezwungen wird, gegen seinen Willen das Plangebiet auf Dauer zu verlassen. Zur Verlängerung von Miet- und Pachtverhältnissen s. § 186; ausgeschlossen ist eine Begrenzung der Mietobergrenzen durch den Sozialplan (BVerwG BauR 2006, 1726; OVG Berlin LKV 2004, 415; *Schmidt-Eichstaedt*, KK, Rn. 21).

5 **d) Beratung, Belehrung und geeignete Maßnahmen.** In Vollzug der Erörterungspflicht hat die Gemeinde Vorstellungen zu entwickeln, wie nachteilige Auswirkungen auf die persönlichen Lebensumstände (→ Rn. 3) möglichst vermieden oder gemildert werden können (Abs. 1 S. 1). Die Pflicht zur individuellen **Beratung und Belehrung,** zB über in Betracht kommende Sozialleistungen iS Art. I §§ 18 bis 29 SGB I wie Leistungen der Ausbildungsförderung, der Arbeitsförderung (SGB III), der Sozialhilfe, der Kinder- und Jugendhilfe, des Wohngelds und staatliche Förderungsprogramme für die gewerbliche Wirtschaft, Härteausgleich (§ 181), nötigenfalls einschließlich der Hilfe bei der Beschaffung und Ausfüllung der erforderlichen Formulare, soll die Betroffenen in ihren eigenen Bemühungen, insbesondere beim Wohnungs- und Arbeitsplatzwechsel sowie beim Umzug von Betrieben, unterstützen. Auch wenn es sich nicht um öffentliche Leistungen iSv Abs. 1 S. 2 handelt, sollten die Empfehlungen der Gemeinde entsprechend dem Grundsatz der Subsidiarität (Abs. 1 S. 3) auch Hinweise enthalten auf gesellschaftliche und kirchliche Institutionen, zB AWO, Caritas (ebenso *Schulze-Fielitz*, aaO, S. 287). Nur wenn diese Hilfe bei den eigenen Bemühungen nicht genügt, weil die Betroffenen nach ihren persönlichen Lebensumständen, zB wegen Alters, Sprachschwierigkeiten und trotz Beratung und Belehrung zur Selbsthilfe nicht in der Lage sind, hat die Gemeinde selbst **geeignete Maßnahmen** zu prüfen (Abs. 1 S. 3). In Betracht kommen die Zuweisung einer Wohnung, eines Platzes in einem Altersheim, die Betreuung durch Familien- oder Jugendhilfe. Abs. 1 S. 3 verpflichtet die Gemeinde nicht zu Leistungen, insbesondere finanzieller Art, auf die der Betroffene nicht bereits anderweitig einen Anspruch hat. Die Gemeinde kann aber in den Grenzen des Haushaltsrechts freiwillige Hilfsmaßnahmen auch im Rahmen des Härteausgleichs (§ 181 Rn. 7) gewähren, zB Bereitstellung preisgünstiger Grundstücke für Gebäude von Miete, Pacht oder zum Erwerb, bevorzugte Berücksichtigung bei der kommunalen Wirtschaftsförderung. § 186 ermächtigt die Gemeinde zur Verlängerung von Miet- und Pachtverhältnissen im förmlich festgelegten Sanierungsgebiet oder im Hinblick auf städtebauliche Gebiete nach §§ 176–179, soweit dies zur Verwirklichung des Sozialplans erforderlich ist.

6 **e) Rechtspflicht zur Aufstellung.** Liegen die Voraussetzungen des Abs. 1 S. 1 Hs. 1 vor (Rn. 2, 3), **soll** die Gemeinde mit den Erörterungen und Prüfungen zur Er-

arbeitung eines Sozialplans beginnen. Im Regelfall ist die Gemeinde strikt gebunden, in Ausnahmefällen hat sie Ermessen. Das gilt auch, wenn § 140 Nr. 6 die Erarbeitung und Fortschreibung des Sozialplans als eine der Gemeinde zur Vorbereitung der Sanierung obliegende Aufgabe festlegt. § 180 Abs. 1 S. 1 setzt nicht voraus, dass die Verwirklichung des Bebauungsplans durch Maßnahmen der Gemeinde bevorsteht. Die Soll-Vorschrift trägt damit auch dem Umstand Rechnung, dass die Verwirklichung von Bebauungsplänen im Vergleich zu Sanierungen häufig später einsetzt, dass § 180 nicht allein zugeschnitten ist auf den Fall, dass die Verwirklichung eines Bebauungsplans in Angriff genommen wird, um ihn in einem Zuge durchzuführen. Das durch Abs. 1 S. 1 eingeräumte Ermessen betrifft als Auswahlermessen vornehmlich Zeitpunkt, Gegenstand und räumlichen Bereich des Sozialplans. Wegen der vielfältigen Funktionen von Sanierungen, zB Anpassung an die Erfordernisse des Umweltschutzes (§ 136 Abs. 4 Nr. 3), müssen bei Sanierungen weder regelmäßig noch flächendeckend Sozialpläne aufgestellt werden.

f) Darstellung in der Begründung eines Bebauungsplans. § 180 schreibt 7 nicht wie § 13a Abs. 1 BBauG aF vor, dass die allgemeinen Vorstellungen, wie nachteilige Auswirkungen für die im Gebiet Wohnenden und Arbeitenden möglichst vermieden oder gemildert werden können, in der Begründung des Bebauungsplans (§ 2a Abs. 1) darzulegen sind. Die strukturelle Nähe zur Umweltprüfung und dem Umweltbericht (Vorb. §§ 180, 181 Rn. 2) legt dies jedoch nahe. Sind wie regelmäßig die Erörterungen und Prüfungen nach Abs. 1 der Beschlussfassung über den Bebauungsplan vorausgegangen, so kann es im Einzelfall geboten sein, Grundsätze über soziale Maßnahmen in die Begründung nach § 2a Abs. 1 aufzunehmen, also nicht nur darzulegen, warum bestimmte Belange zurücktreten mussten (→ Vorb. §§ 180, 181 Rn. 2), sondern auch, wie die Folgen des Zurücktretens durch einen Sozialplan abgefangen werden sollen. Von einer individualisierenden Erörterung und Fortschreibung des Sozialplans befreit eine solche Darstellung nicht.

3. Rechtsnatur und Verwirklichung des Sozialplans. Der **Sozialplan** (Abs. 2) 8 ist das gebietsbezogene vollzugsorientierte schriftliche Ergebnis der Erörterungen und Prüfungen nach Abs. 1- Gebietssozialplan (*Schmidt-Eichstaedt* in KK Rn. 35). Er enthält zudem die jeweils personenbezogene Bestandsaufnahme der nachteiligen Auswirkungen auf die persönlichen Lebensverhältnisse, die Wünsche des Betroffenen und den individuell ausgerichteten und jeweils **fortzuschreibenden** (s. § 140 Nr. 6) Katalog der in Betracht zu ziehenden und zu verwirklichenden Maßnahmen; Einzelsozialpläne (*Schmidt-Eichstaedt* in KK Rn. 36). Der Sozialplan ist wegen seiner nur vorbereitenden Funktion, also mangels unmittelbarer Rechtswirkung nach außen (BVerwG NVwZ 2001, 1050), weder Rechtsnorm noch Verwaltungsakt. Wegen seines Bezugs auf den individuellen Einzelfall ist er weder Verwaltungsvorschrift, noch bedarf er eines Beschlusses des Gemeinderates. Er ist auch Realakt, bereitet diese und Verwaltungsakte aber überwiegend nur vor (s. a. *Schulze-Fielitz*, aaO, S. 281 f.; *Schmidt-Eichstaedt*, aaO, Rn. 11: „Verwaltungsprogramm"). Das beeinträchtigt nicht seine politische Bedeutung, auch darin der Umweltprüfung vergleichbar (*Krautzberger* UPR 2009, 361/363). **Rechtsansprüche** erhält der Betroffene durch den Sozialplan nicht. Abgesehen von untypischen vertraglichen Bindungen kann die Gemeinde sich lediglich nach § 38 VwVfG durch Zusage oder nach Art. 3 GG durch gleichartige Verwaltungsübungen binden, sodass dann Ansprüche auf im Sozialplan enthaltene Leistungen entstehen (*Schulze-Fielitz*, aaO, S. 283). Zum Schutz der Intimsphäre des Betroffenen ist der Sozialplan weder zu veröffentlichen noch besteht ein **Einsichtsrecht** Dritter (s. a. Berkemann ZfBR 1986, 155 → § 3 Rn. 5). Stellt die Gemeinde pflichtwidrig keinen Sozialplan auf, so kann sie im Wege der Kommunalaufsicht dazu angehalten werden. Die Pflicht zur Mindestberatung nach Abs. 1 kann durch allgemeine Leistungsklage gerichtlich durchgesetzt werden (skeptisch *Schulze-Fielitz*, aaO, S. 289; *Krautzberger* in EZBK § 180 Rn. 116; *Schmidt-Eichstaedt*, aaO, Rn. 45).

9 **4. Sozialplan des Veranlassers. a) Allgemeines.** Dem **Sozialplan des Veranlassers** (Dritten; → auch § 4b Rn. 6) liegt der Gedanke zugrunde, dass die Gemeinde ohne Informationsrecht ihre Rechtspflicht, auch in den Fällen der Planverwirklichung durch Private, soziale Maßnahmen zu ergreifen, kaum erfüllen kann, dass andererseits aber auch in diesen Fällen ein Sozialplan unverzichtbar sein kann. Ein Sozialplan des Veranlassers soll vor allem dann in Betracht kommen, wenn die Änderung der bisher zulässigen baulichen Nutzung ausschließlich im Interesse eines Bauträgers oder Begünstigten erfolgt und dieser ausschließlich den Vorteil in Anspruch nehme. Daher solle er auch für den Ausgleich der sozialen Härten sorgen. Dieser Einschränkung ist mit einer restriktiven Ermessensausübung bei der Übertragung der Sozialplanung auf Dritte Rechnung zu tragen. Auf diese Weise kann auch verwaltungspraktischen wie verfassungsrechtlichen (Rechtsstaatsprinzip) Bedenken (*Köhler*, SCH § 180 Rn. 10; positiv *Neuhausen*, aaO, Rn. 41) Rechnung getragen werden. Dritter kann auch eine Behörde sein, zB Träger der Straßenbaulast (*Krautzberger*, aaO, Rn. 100).

10 **b) Übertragung auf Veranlasser.** Die **Übertragung der Aufstellung** (Erarbeitung und Fortschreibung) und **Verwirklichung** einschließlich der Kosten erfolgt zweckmäßigerweise durch städtebaulichen Vertrag (§ 11) (*Köhler* in SCH § 180 Rn. 10). Daraus, dass Abs. 3 nur auf Abs. 1, nicht aber auf die Legaldefinition des Abs. 2 verweist, folgt keine inhaltliche Begrenzung der Übertragung (*Köhler*, aaO, Rn. 9). Die Übertragung steht in jedem Fall im Ermessen der Gemeinde (*Köhler*, aaO, Rn. 9; *Bönker* in HBG § 13 Rn. 179). Abs. 3 S. 1 ermächtigt zwar auch zur Übertragung durch Verwaltungsakt *Holtbrügge*, aaO, Rn. 12; *Bönker* in HBG § 14 Rn. 179; aA *Schmidt-Eichstaedt*, aaO, Rn. 48. Aber es ist unrealistisch anzunehmen, ein Bauträger, dem gegen seinen Willen der Sozialplan übertragen wird, werde an der Verwirklichung des Bebauungsplanes – der Voraussetzung der Übertragung – festhalten. Durch die Übertragung wird der Veranlasser **Verwaltungshelfer** (*Neuhausen*, KK § 180 Rn. 36), nicht Beliehener, da mangels gesetzlicher Ermächtigung keine Hoheitsrechte übertragen werden dürfen (*Holtbrügge*, aaO, Rn. 10; *Schmidt-Eichstaedt*, aaO, Rn. 51 aA *Köhler*, aaO, Rn. 10). Bedenken gegen die Übertragung der Aufstellung und Durchführung des Sozialplans auf einen Bauträger, derzufolge dieser höchstpersönliche Lebensdaten zu ermitteln und zu bewerten hätte (s. *Battis*, Partizipation im Städtebaurecht, S. 209 ff.), ist mit der in Abs. 3 Satz 2 klargestellten Kompetenz der Gemeinde zu begegnen, die übertragbaren Aufgaben ganz oder teilweise auch selbst wahrzunehmen. Ein diesbezüglicher vertraglicher Verzicht wäre nach § 59 Abs. 1 VwVfG iVm § 134 BGB unwirksam.

11 **c) Kostenüberwälzung.** Übernimmt die Gemeinde ganz oder teilweise die Erstellung und Durchführung des Sozialplans anstelle des Veranlassers, so kann sie diesem die **Kosten** auferlegen (Abs. 3 Satz 2). Aus Art. 14 GG und dem rechtsstaatlichen Bestimmtheitsgebot (Abgabenklarheit) hergeleitete Bedenken gegen die Kostenüberwälzung (*Schrödter*, 4. Aufl., § 13a Rn. 5) greifen nicht, wenn die Gemeinde nachweist, dass sie nur das sachlich Gebotene abwälzt (so *Neuhausen*, aaO, § 180 Rn. 42). Weitergehende Kosten können ggf. unter Beachtung von § 11 Abs. 2 Satz 1 sowie § 56 Abs. 1 Satz 2 VwVfG vertraglich überwälzt werden (*Krautzberger*, aaO, Rn. 113).

§ 181 Härteausgleich

(1) ¹Soweit es die Billigkeit erfordert, soll die Gemeinde bei der Durchführung dieses Gesetzbuchs zur Vermeidung oder zum Ausgleich wirtschaftlicher Nachteile – auch im sozialen Bereich – auf Antrag einen Härteausgleich in Geld gewähren

II. Kapitel. VII. Teil. Sozialplan und Härteausgleich §181

1. einem Mieter oder Pächter, wenn das Miet- oder Pachtverhältnis mit Rücksicht auf die Durchführung städtebaulicher Maßnahmen aufgehoben oder enteignet worden ist;
2. einer gekündigten Vertragspartei, wenn die Kündigung zur Durchführung städtebaulicher Maßnahmen erforderlich ist; dies gilt entsprechend, wenn ein Miet- oder Pachtverhältnis vorzeitig durch Vereinbarung der Beteiligten beendigt wird; die Gemeinde hat zu bestätigen, dass die Beendigung des Rechtsverhältnisses im Hinblick auf die alsbaldige Durchführung der städtebaulichen Maßnahmen geboten ist;
3. einer Vertragspartei, wenn ohne Beendigung des Rechtsverhältnisses die vermieteten oder verpachteten Räume ganz oder teilweise vorübergehend unbenutzbar sind und die Gemeinde bestätigt hat, dass dies durch die alsbaldige Durchführung städtebaulicher Maßnahmen bedingt ist;
4. einem Mieter oder Pächter für die Umzugskosten, die dadurch entstehen, dass er nach der Räumung seiner Wohnung vorübergehend anderweitig untergebracht worden ist und später ein neues Miet- oder Pachtverhältnis in dem Gebiet begründet wird, sofern dies im Sozialplan vorgesehen ist.

²Voraussetzung ist, dass der Nachteil für den Betroffenen in seinen persönlichen Lebensumständen eine besondere Härte bedeutet, eine Ausgleichs- oder Entschädigungsleistung nicht zu gewähren ist und auch ein Ausgleich durch sonstige Maßnahmen nicht erfolgt.

(2) Absatz 1 ist entsprechend anzuwenden auf andere Vertragsverhältnisse, die zum Gebrauch oder zur Nutzung eines Grundstücks, Gebäudes oder Gebäudeteils oder einer sonstigen baulichen Einrichtung berechtigen.

(3) Ein Härteausgleich wird nicht gewährt, soweit der Antragsteller es unterlassen hat und unterlässt, den wirtschaftlichen Nachteil durch zumutbare Maßnahmen, insbesondere unter Einsatz eigener oder fremder Mittel abzuwenden.

Übersicht

	Rn.
1. Allgemeines	1
2. Allgemeine Voraussetzungen	2
a) Antrag	2
b) Wirtschaftliche Nachteile	3
c) Persönliche Lebensumstände	4
d) Besondere Härte	5
e) Billigkeitserfordernis	6
f) Ausschluss anderweitiger Leistungen	7
3. Besondere Voraussetzungen	8
a) Hoheitliche Aufhebung	8
b) Rechtsgeschäftliche Aufhebung	9
c) Vorübergehende Unbenutzbarkeit	10
d) Vorübergehende anderweitige Unterbringung	11
e) Anderweitige Vertragsverhältnisse	12
4. Ermessen	13
5. Abwendungspflicht	14
6. Inhalt des Härteausgleichs	15
7. Rechtsschutz	16

1. Allgemeines. Abs. 1 S. 1 Hs. 1 und S. 2 bestimmen als allgemeine Voraussetzungen für die Gewährung von Härteausgleich, dass ein wirtschaftlicher Nachteil – auch im sozialen Bereich – besteht, der für den Betroffenen in seinen persönlichen

§ 181 II. Kapitel. VII. Teil. Sozialplan und Härteausgleich

Lebensumständen eine besondere Härte bedeutet und nicht anderweitig ausgeglichen oder entschädigt wird. Die Gemeinde soll diesen Nachteil auf Antrag durch Geld ausgleichen, soweit es die Billigkeit erfordert, und zwar bei hoheitlicher Aufhebung (§§ 182, 183) einschließlich Enteignung (§ 86 Abs. 1 Nr. 3) von Miet- oder Pachtverhältnissen (Abs. 1 Nr. 1), bei rechtsgeschäftlicher Aufhebung von Miet- und Pachtverhältnissen (Nr. 2), bei vorübergehender Unbenutzbarkeit von Räumen (Nr. 3) oder bei vorübergehender anderweitiger Unterbringung (Nr. 4). Abs. 2 erweitert den Geltungsbereich des Abs. 1 auf andere Vertragsverhältnisse, die zum Gebrauch oder zur Nutzung eines Grundstücks oder einer baulichen Einrichtung berechtigen. Abs. 3 enthält eine dem Rechtsgedanken des Mitverschuldens verpflichtete Ausschlussklausel. Gem. § 61 Abs. 2 S. 2 2. Altern. ist § 161 für die Aufhebung, Änderung oder Begründung von Rechten in der Umlegung entsprechend anwendbar. Gleiches gilt gem. § 171b Abs. 4, § 171e Abs. 6 iVm §§ 164a, b auch für Stadterneuerungsgebiete und Maßnahmen der Sozialen Stadt. Der dem Sozialstaatsprinzip zuzuordnende, personenbezogene Härteausgleich kann zusätzlich hinzutreten zur Enteignungsentschädigung, die auch in der Form der Folgenentschädigung (§ 96) objektgebunden und Art. 14 GG zuzuordnenden ist und von der Enteignungsbehörde und nicht der Gemeinde gewährt wird. Zum Verhältnis zum Sozialplan → Vorb. §§ 180, 181 Rn. 1. Zur Finanzierung → § 164a Abs. 2 Nr. 5.

2 **2. Allgemeine Voraussetzungen. a) Antrag.** Zu den **allgemeinen Voraussetzungen** des Härteausgleichs gehört ein **Antrag** eines nach Abs. 1 Nr. 1–4 oder Abs. 2 Betroffenen. Der Antrag ist bei der Gemeinde zu stellen. Es gehört zu den Beratungspflichten der Gemeinde, im Rahmen der Erstellung eines Sozialplans (§ 180 Abs. 1) oder der Betroffenenbeteiligung anlässlich einer städtebaulichen Sanierung (§ 137), einer Entwicklungs- (§ 165 Abs. 4 S. 2), einer Stadtumbaumaßnahme (§ 171b Abs. 2 S. 2), einer Maßnahme nach § 171e (dort Abs. 4 S. 1) (§ 165 Abs. 4 S. 2) oder des Erlasses eines städtebaulichen Gebotes (§ 175 Abs. 1) auf das Antragsrecht hinzuweisen.

3 **b) Wirtschaftliche Nachteile.** Erste allgemeine materielle Voraussetzung für die Gewährung des Härteausgleichs ist, dass dem Betroffenen **wirtschaftliche Nachteile** entstanden sind (Abs. 1 S. 1 Hs. 1). Die Nachteile, die durch Geldzahlungen zu mildern, zu vermeiden oder zu beseitigen sein müssen, können auch im sozialen Bereich entstanden sein, zB Aufgabe einer behindertengerechten Wohnung durch einen schwerbehinderten Mieter (BR-Drs. 575/85, S. 145) oder Wegfall der Kinderbetreuung durch Großeltern (*Krautzberger* in EZBK § 181 Rn. 13). Sie müssen in einem ursächlichen Zusammenhang mit einer der in Abs. 1 oder 2 bezeichneten Maßnahmen stehen. Für immaterielle Nachteile, zB Zerstörung eines intakten Nachbarschaftsverhältnisses zwischen Mietern durch Aufhebung von Mietverträgen (§ 182), ist kein Härteausgleich zu gewähren. Bei gewerblichen Mietern, zB Einzelhandelsgeschäft, kann die Zerstörung der Nachbarschaftsbeziehungen allerdings wirtschaftliche Nachteile verursachen.

4 **c) Persönliche Lebensumstände.** Die wirtschaftlichen Nachteile müssen zweitens für den Betroffenen in seinen **persönlichen Lebensumständen** eine besondere Härte bedeuten (Abs. 1 S. 2). Persönliche Lebensumstände (dazu § 181, Rn. 3) sind nur natürlichen Personen eigen, nicht juristischen (aA *Schmidt-Eichstaedt* in KK Rn. 11). Wegen der Zweckbestimmung, Nachteile in den persönlichen Lebensumständen auszugleichen, ist der Anspruch auf Härteausgleich nicht vererbbar (s. a. *Köhler* in SCH § 181 Rn. 9, zu LG Kiel 24.4.1989 – 19 O 9/84 Baul).

5 **d) Besondere Härte.** Weitere Voraussetzung für die Gewährung von Härteausgleich ist, dass eine **besondere Härte** vorliegt (Abs. 1 S. 2). Es genügt also nicht, dass eine der in Abs. 1 oder 2 genannten Maßnahmen den Betroffenen hart trifft. Das Tatbestandsmerkmal soll verhindern, dass diese Maßnahmen, die regelmäßig zu Härten

II. Kapitel. VII. Teil. Sozialplan und Härteausgleich § 181

in den persönlichen Lebensumständen führen, regelmäßig Ansprüche auf Härteausgleich nach sich ziehen, was die Effektivität des Ausgleichs in den besonderen Härtefällen beeinträchtigen und die Leistungsfähigkeit der Gemeinden übersteigen würde. Es genügen nur Folgen von städtebaulichen Maßnahmen, die für den Antragsteller im Vergleich zu anderen zu außergewöhnlichen Belastungen führen (OVG Lüneburg, BRS 46, Nr. 219; *Köhler,* aaO, Rn. 9; *Krautzberger,* aaO, § 181 Rn. 15). Mit der individualisierenden Betrachtungsweise des § 181 ist es unvereinbar, eine besondere Härte generell für ganze Personengruppen auszuschließen (*Köhler,* aaO, Rn. 9).

e) **Billigkeitserfordernis.** Als weitere allgemeine Voraussetzung bestimmt Abs. 1 **6** S. 1 Hs. 1, dass Härteausgleich nur **soweit** gewährt wird, als es die **Billigkeit erfordert.** Die Tatbestandsmerkmale „Billigkeit" und „soweit" ermöglichen eine flexible Festsetzung des Umfangs des Geldausgleichs. Darüber hinaus ermöglichen sie die zum Billigkeitstatbestand des § 829 BGB entwickelten Grundsätze auf den Härteausgleich zu übertragen. Demnach kann es die Billigkeit erfordern, den Umfang wiederkehrender Leistungen, zB Renten, für einzelne Zeiträume zu variieren oder eine sich nachträglich als unzureichend herausstellende bestandskräftige Entschädigungsleistung durch einen Härteausgleich zu ergänzen. Außer den wirtschaftlichen Verhältnissen des Betroffenen sind etwaige Vorteile zu berücksichtigen, die ihm durch die städtebauliche Maßnahme zugeflossen sind.

f) **Ausschluss anderweitiger Leistungen.** Schließlich enthält Abs. 1 S. 2 ein ne- **7** gatives Tatbestandsmerkmal: Der Härteausgleich wird nur gewährt, soweit für die wirtschaftlichen Nachteile keine **Ausgleichs- oder Entschädigungsleistung** zu gewähren sind oder soweit diese auch nicht durch sonstige Maßnahmen ausgeglichen werden. Vorrangig sind also Entschädigungsleistungen, auf die auf Grund eines Enteignungsverfahrens oder zB des Einsatzes eines städtebaulichen Gebots (zB § 179 Abs. 3) ein Anspruch besteht. Ausgleichsleistungen werden im Umlegungsverfahren gewährt (§ 60). Der Begriff dürfte in § 181 jedoch untechnisch gemeint sein (*Krautzberger,* aaO § 181 Rn. 18), was die Verweisung des § 61 Abs. 2 S. 2 unterstreicht. Außer vertraglichen Ansprüchen können unter Ausgleichsleistungen auch solche Leistungen aus öffentlichen Kassen subsumiert werden, auf die, wie zB beim Wohngeld, ein Anspruch besteht (anders *Krautzberger,* aaO, Rn. 19). **Sonstige Maßnahmen** sind nur solche öffentliche Geldleistungen, auf die kein Anspruch besteht, zB Zuschuss aus einem von der Gemeinde aufgelegten und nach Ermessen verteilten gewerblichen Umzugshilfeprogramm. Solche **freiwilligen Maßnahmen** der Gemeinde gehen trotz ihrer Freiwilligkeit, wenn sie nach Ermessen im Rahmen des Gemeindehaushaltsrechts gewährt wurden, dem Härteausgleich vor. Sie können im Sozialplan (§ 180) vorgesehen sein. Die Subsidiarität des Härteausgleichs gegenüber dem **Sozialplan** (Vorb. §§ 180, 181 Rn. 1) folgt daraus, dass kein Härteausgleich gewährt wird, wenn eine im Sozialplan vorgesehene Maßnahmen, zB Vergabe günstigen Gewerbegebietes oder Unterbringung in einem Altenheim, geeignet sind, die besondere Härte iSv Abs. 1 S. 2 zu vermeiden. Abs. 1 S. 1 Nr. 1 bis 4 und Abs. 2 enthalten eine abschließende Regelung der besonderen Voraussetzungen für die Gewährung von Härteausgleich. Gleichwohl ist es der Gemeinde unbenommen, im Rahmen ihrer Kompetenz vorrangige freiwillige sonstige Maßnahmen iSv Abs. 1 S. 2 zu ergreifen (s. a. *Köhler* aaO, Rn. 11).

3. Besondere Voraussetzungen. a) Hoheitliche Aufhebung. Von den **be- 8 sonderen Voraussetzungen** der Gewährung des Härteausgleichs, deren jeweils eine zusätzlich zu den allgemeinen Voraussetzungen erfüllt sein muss, verlangt Abs. 1 S. 1 Nr. 1, dass ein Miet- oder Pachtverhältnis mit Rücksicht auf die Durchführung einer städtebaulichen Maßnahme nach §§ 182, 183 **durch Verwaltungsakt aufgehoben** oder gem. § 86 Abs. 1 Nr. 3 **enteignet** worden ist. Die Formulierung „mit Rücksicht auf die Durchführung städtebaulicher Maßnahmen aufgehoben" befreit

§ 181 II. Kapitel. VII. Teil. Sozialplan und Härteausgleich

nicht von den zwingenden Voraussetzungen der Aufhebung nach §§ 182, 183 und deren Durchführung. Es genügt nicht, wenn die Gebotsnormen hätten angewendet werden können. Ist ein Miet- oder Pachtverhältnis nach § 86 Abs. 1 Nr. 3 allein oder regelmäßig zusammen mit einem Grundstück oder anderen Rechten enteignet worden, so geht die Enteignungsentschädigung für das enteignete Miet- oder Pachtrecht dem Härteausgleich vor (→ a. Rn. 1). Die wirtschaftlich nachteiligen Auswirkungen des Entzugs eines nur nach der tatsächlichen Einschätzung längerfristigen Mietrechts können jedoch nicht nach § 96 entschädigt werden, da dieser eine rechtlich gesicherte Erwartung des Mieters auf Festsetzung des Vertrags voraussetzt. Möglich ist nur ein Härteausgleich (BGHZ 84, 1; BGH NJW 1982, 2183 für Pachtverhältnis; → a. § 96 Rn. 7). Zum Umfang des Härteausgleichs im Falle der Aufhebung einer behindertengerechten Wohnung nach Abs. 1 S. 1 Nr. 1 → Rn. 3.

9 **b) Rechtsgeschäftliche Aufhebung.** Abs. 1 S. 1 Nr. 2 verlangt als besondere Voraussetzungen für die Gewährung von Härteausgleich, dass ein Miet- oder Pachtverhältnis **rechtsgeschäftlich** zur Durchführung städtebaulicher Maßnahmen durch Kündigung oder vorzeitig durch Vereinbarung der Beteiligten **aufgehoben** worden ist. Die 2. Altern. setzt zusätzlich zur einvernehmlichen vorzeitigen Beendigung voraus, dass die **Gemeinde bestätigt**, dass die Beendigung des Rechtsverhältnisses im Hinblick auf die alsbaldige Durchführung der städtebaulichen Maßnahme geboten ist. Die (nach § 217 anfechtbare) Bestätigung durch die Gemeinde löst keinen Anspruch auf Gewährung des Härteausgleichs aus, da außer den bestätigten besonderen Voraussetzungen des Abs. 1 S. 1 Nr. 2 auch die allgemeinen Voraussetzungen nach Abs. 1 S. 1, Nr. 1 vorliegen müssen und der Ausschließungsgrund des Abs. 3 nicht eingreifen darf. Zudem steht noch die Entscheidung der Gemeinde über die Höhe des Geldausgleichs aus. Nur bei der 2. Altern. ist die alsbaldige Durchführung der städtebaulichen Maßnahme (→ Rn. 8) erforderlich. Erfolgte die Kündigung bei der 1. Altern. nicht zur alsbaldigen Durchführung, so ist Abs. 3 besonders genau zu prüfen. Nach beiden Altern. kann der Härteausgleich sowohl **Mietern oder Pächtern** wie auch **Vermietern oder Verpächtern** gewährt werden. Abs. 1 S. 1 Nr. 2 2. Altern. ist wegen gleicher Interessenlage analog anwendbar auf den Fall, dass ein Miet- oder Pachtverhältnis nicht einverständlich vorzeitig aufgehoben, sondern **gekündigt** worden ist und die Gemeinde bestätigt, dass die Kündigung im Hinblick auf die alsbaldige Durchführung städtebaulicher Maßnahmen geboten ist (*Krautzberger*, aaO, § 181 Rn. 25).

10 **c) Vorübergehende Unbenutzbarkeit.** Abs. 1 S. 1 Nr. 3 setzt voraus, dass ein Miet- oder Pachtvertrag nicht beendet, aber durch die vorübergehende völlige oder teilweise **Unbenutzbarkeit** der Räume gestört wird, zB wenn ein Mieter sich bereit erklärt, wegen Modernisierungsarbeiten aus der gemieteten Wohnung vorübergehend auszuziehen, und der Vermieter daher keinen Mietzins erhält oder wenn durch Baumaßnahmen ein Teil der gepachteten Räume eines Gewerbebetriebes unbenutzbar ist und der Pächter dadurch Geschäftseinbußen erleidet. Wie Abs. 1 S. 1 Nr. 2 2. Altern. setzt Abs. 1 S. 1 Nr. 3 zusätzlich voraus, dass die Gemeinde der geschädigten Vertragspartei, uU auch beiden, **bestätigt** hat (→ Rn. 9), dass die vorübergehende völlige oder teilweise Unbenutzbarkeit der vermieteten oder verpachteten Räume durch die alsbaldige Durchführung städtebaulicher Maßnahmen (Rn. 1) bedingt ist.

11 **d) Vorübergehende anderweitige Unterbringung.** Abs. 1 S. 1 Nr. 4 setzt voraus, dass ein Miet- oder Pachtvertrag über **Wohnräume** (nicht bloße Geschäftsräume) entweder nach § 182 durch Verwaltungsakt aufgehoben oder gekündigt oder von den Vertragspartnern einverständlich beendet worden ist, der Mieter oder Pächter die Wohnung geräumt hat, **vorübergehend anderweitig untergebracht** worden ist und später ein **neues Miet- oder Pachtverhältnis in dem Gebiet,** dh Ortsteil, nicht Bebauungsplangebiet, begründet wird, innerhalb dessen die alte Wohnung

II. Kapitel. VII. Teil. Sozialplan und Härteausgleich § 181

lag. Zusätzlich muss die spätere Begründung eines neuen Miet- oder Pachtverhältnisses in diesem Gebiet in einem **Sozialplan** (§ 180) **vorgesehen** sein, zB um nach § 172 Abs. 1 S. 1 Nr. 3, Abs. 5 in dem Gebiet die Zusammensetzung der Wohnbevölkerung zu erhalten. Ersatzfähig sind die Kosten beider Umzüge. Die Enteignungsentschädigung für die notwendigen Aufwendungen für einen durch eine Enteignung erforderlich werdenden Umzug (§ 96 Abs. 1 Nr. 3; → § 96 Rn. 12) geht gem. Abs. 1 S. 2 (Rn. 7) dem Härteausgleich vor.

e) Anderweitige Vertragsverhältnisse. Abs. 1 regelt nur den Härteausgleich für 12 Miet- und Pachtverträge. Abs. 2 erweitert den Geltungsbereich des Abs. 1 auch auf **andere Vertragsverhältnisse**, die zum Gebrauch oder zur Nutzung eines Grundstücks, Gebäudes oder Gebäudeteils oder einer sonstigen baulichen Einrichtung berechtigen. Abs. 2 betrifft nicht nur schuldrechtliche Vertragsverhältnisse (so Köhler, aaO, Rn. 17; *Holtbrügge* in BK § 181 Rn. 11), sondern zB auch genossenschaftliche Nutzungsverhältnisse (*Krautzberger*, aaO, Rn. 29), hingegen nicht dingliche Gebrauchs- oder Nutzungsrechte, wie Erbbaurecht, dingliches Wohnrecht.

4. Ermessen. Liegen alle allgemeinen Voraussetzungen (Rn. 2–7) und eine besondere Voraussetzung (Rn. 8–12) vor, so **soll** die Gemeinde den Geldausgleich gewähren. Soll-Vorschriften sind im Regelfall bindend, nur in atypischen Fällen räumen sie Ermessen ein. Angesichts der ungewöhnlichen Häufung individualisierender, auf Ausnahmefälle ausrichtender Tatbestandsmerkmale (besondere Härte in den persönlichen Lebensumständen, von der Billigkeit erfordert, kein anderweitiger Ausgleich) sind Fallgestaltungen kaum möglich, in denen trotz Vorliegens der positiven Tatbestandsmerkmale und Nichtvorliegens des negativen Tatbestandsmerkmals noch ein Entschließungsermessen der Gemeinde besteht, ob sie den Härteausgleich gewährt. Man kann von intendiertem Ermessen sprechen (dazu BVerwGE 91, 82/90; 105, 155/157). Die Kopplung unbestimmter Rechtsbegriffe im Tatbestand mit der Ermessenseinräumung führt jedoch dazu, dass der Gemeinde hinsichtlich der Höhe des zu gewährenden Härteausgleichs Auswahlermessen zustehen kann. Dieses Auswahlermessen wird insbesondere durch das Tatbestandsmerkmal „soweit es die Billigkeit erfordert" (Rn. 6) und eine vom Gleichbehandlungsgrundsatz (Art. 3 GG) bestimmte Selbstbindung der Gemeinde dirigiert. Die Gewährung des Härteausgleichs ist auch dann Aufgabe der Gemeinde, wenn ein Privater die den Anspruch auslösenden städtebaulichen Maßnahmen vornimmt, zB wenn ein Privater gem. § 180 Abs. 3 zur Aufstellung und Durchführung eines Sozialplans verpflichtet ist.

5. Abwendungspflicht. Trotz Vorliegens aller allgemeinen Voraussetzungen 14 (Rn. 2–7) und einer besonderen Voraussetzung (Rn. 8–12) wird kein Härteausgleich gewährt, soweit der Antragsteller es unterlassen hat und unterlässt, den wirtschaftlichen Nachteil durch zumutbare Maßnahmen abzuwenden (Abs. 3). Die **Abwendungspflicht** entspricht dem Rechtsgedanken des § 254 BGB (Mitverschulden, Mitverursachung, s. a. § 93 Abs. 3 S. 2) und dem Billigkeitserfordernis nach Abs. 1. Hinsichtlich der Zumutbarkeit der Maßnahmen, zB Einsatz eigener oder fremder Mittel oder Bereitschaft, vorübergehend in eine andere Wohnung umzuziehen, ist ein individueller Maßstab anzulegen. Der abzuwendende Nachteil muss nicht bereits eingetreten sein. Der im Rahmen der Aufstellung und Verwirklichung des Sozialplans (§ 180) erfolgende Hinweis auf den Härteausgleich muss auch die Abwendungspflicht und ihre Folgen umfassen. Unterbleibt der rechtzeitige Hinweis, so kann dies im Einzelfall (s. a. *Köhler,* aaO, Rn. 19), nicht generell dazu führen, dass die Gemeinde dem Antragsteller nicht mit Erfolg entgegenhalten kann, es seien Maßnahmen möglich gewesen, durch die die Nachteile hätten abgewendet werden können.

6. Inhalt des Härteausgleichs. Härteausgleich wird nur durch **Geldausgleich** 15 gewährt, im Regelfall durch einmalige, in Sonderfällen, zB sehr betagte alleinstehende Mieter, durch wiederkehrende (Renten-)Zahlungen. Zur Höhe → Rn. 13.

§ 182 II. Kapitel. VIII. Teil. Miet- und Pachtverhältnisse

16 **7. Rechtsschutz.** Die Entscheidung über den Härteausgleich ist ein vor den **Baulandgerichten** anfechtbarer (§ 217) Verwaltungsakt, nicht aber der Bestätigung nach Abs. 1 Nr. 2 (*Schmidt-Eichstaedt* in KK, Rn. 29 m.w.N.). Die unbestimmten Rechtsbegriffe „von der Billigkeit erfordert", „besondere Härte in den persönlichen Lebensumständen", sind gerichtlich voll überprüfbar (→ auch § 223 Rn. 2). Nur beschränkter Gerichtskontrolle (→ § 223 Rn. 3) unterliegt die Ausübung des Auswahlermessens hinsichtlich der Höhe des Geldausgleichs sowie die des Entschließungsermessens (→ Rn. 13).

Achter Teil. Miet- und Pachtverhältnisse

§ 182 Aufhebung von Miet- oder Pachtverhältnissen

(1) **Erfordert die Verwirklichung der Ziele und Zwecke der Sanierung im förmlich festgelegten Sanierungsgebiet, der Entwicklung im städtebaulichen Entwicklungsbereich oder eine Maßnahme nach den §§ 176 bis 179 die Aufhebung eines Miet- oder Pachtverhältnisses, kann die Gemeinde das Rechtsverhältnis auf Antrag des Eigentümers oder im Hinblick auf ein städtebauliches Gebot mit einer Frist von mindestens sechs Monaten, bei einem land- oder forstwirtschaftlich genutzten Grundstück nur zum Schluss eines Pachtjahres aufheben.**

(2) **¹Die Gemeinde darf ein Mietverhältnis über Wohnraum nur aufheben, wenn im Zeitpunkt der Beendigung des Mietverhältnisses angemessener Ersatzwohnraum für den Mieter und die zu seinem Hausstand gehörenden Personen zu zumutbaren Bedingungen zur Verfügung steht. ²Strebt der Mieter oder Pächter von Geschäftsraum eine anderweitige Unterbringung an, soll die Gemeinde das Miet- oder Pachtverhältnis nur aufheben, wenn im Zeitpunkt der Beendigung des Rechtsverhältnisses anderer geeigneter Geschäftsraum zu zumutbaren Bedingungen zur Verfügung steht.**

(3) **Wird die Erwerbsgrundlage eines Mieters oder Pächters von Geschäftsraum im förmlich festgelegten Sanierungsgebiet oder in einem städtebaulichen Entwicklungsbereich infolge der Durchführung städtebaulicher Sanierungsmaßnahmen oder städtebaulicher Entwicklungsmaßnahmen wesentlich beeinträchtigt und ist ihm deshalb die Fortsetzung des Miet- oder Pachtverhältnisses nicht mehr zuzumuten, kann die Gemeinde auf Antrag des Mieters oder Pächters das Rechtsverhältnis mit einer Frist von mindestens sechs Monaten aufheben.**

Übersicht

	Rn.
1. Allgemeines	1
2. Aufhebung von Miet- oder Pachtverhältnissen (Abs. 1)	3
3. Ersatzraumklausel (Abs. 2)	12
4. Aufhebung wegen Beeinträchtigung der Erwerbsgrundlage (Abs. 3)	14
5. Rechtsschutz	15

1 **1. Allgemeines.** § 182 ermächtigt die Gemeinde unter den in **Abs. 1** bezeichneten Voraussetzungen dazu, ein Miet- oder Pachtverhältnis auf Antrag des Eigentümers, bei einem städtebaulichen Gebot auch von Amts wegen aufzuheben. **Abs. 2** enthält hierzu eine Modifizierung im Hinblick auf schutzwürdige Interessen der Mieter und Pächter. **Abs. 3** gibt Mietern oder Pächtern ihrerseits ein Antragsrecht, das Miet- oder Pachtverhältnis wegen Unzumutbarkeit aufzuheben. Die Vorschrift be-

VIII. Teil. Miet- und Pachtverhältnisse **§ 182**

zieht sich auf Miet- und Pachtverhältnisse an baulichen Anlagen, aber auch an unbebauten Grundstücken (zu unbebauten Grundstücken s. auch § 183).

Der **sachliche Anwendungsbereich** der Regelungen in § 182 ist für die einzelnen Fallgestaltungen unterschiedlich: **Abs. 1** über die Aufhebung von Miet- und Pachtverhältnissen ist im förmlich festgelegten Sanierungsgebiet (damit gem. § 142 Abs. 2 S. 2 auch im Ersatz- und Ergänzungsgebiet) sowie im städtebaulichen Entwicklungsbereich (einschließlich eines Anpassungsgebietes nach § 170 und eines Ersatz- und Ergänzungsgebiets) anzuwenden; die Regelung ist weiterhin bei Maßnahmen nach den §§ 176–179 (städtebauliche Gebote) anzuwenden. Dieser Anwendungsbereich gilt auch für die Fälle des **Abs. 2**. Dagegen scheidet der Antrag eines Mieters oder Pächters auf Aufhebung eines Miet- oder Pachtverhältnisses nach Abs. 3 bei Maßnahmen nach den §§ 176–179 aus; im Übrigen bestimmt sich der Anwendungsbereich wie bei Abs. 1 und 2 (städtebauliche Sanierung oder Entwicklung). Die §§ 182ff. lassen die Zulässigkeit einer Aufhebung von schuldrechtlichen Vertragsverhältnissen in der **Umlegung** (§ 61 Abs. 1) und die **Enteignung** (§ 86 Abs. 1 Nr. 3) unberührt. 2

2. Aufhebung von Miet- oder Pachtverhältnissen (Abs. 1). Abs. 1 regelt die Aufhebung von Miet- oder Pachtverhältnissen durch die Gemeinde. Die Aufhebung im Sanierungsgebiet sowie im städtebaulichen Entwicklungsbereich kommt in Betracht, wenn sie zur Verwirklichung der Ziele und Zwecke der Sanierung oder der Entwicklung erforderlich ist (→ zu den Zielen und Zwecken der Sanierung sowie sinngemäß für die Entwicklung die Erläuterungen zu § 140 Nr. 3). Die Aufhebung kommt weiterhin in Betracht, wenn ein städtebauliches Gebot nach den §§ 176–179 die Aufhebung eines Miet- oder Pachtverhältnisses erfordert. 3

Die Aufhebung des Rechtsverhältnisses im Hinblick auf ein städtebauliches Gebot kann die Gemeinde **von Amts wegen** vornehmen (→ zum Verhältnis zu den Fällen des § 183 Abs. 1 s. § 183 Rn. 4). Daneben kann der **Eigentümer** die Aufhebung des Vertragsverhältnisses nach Erlass eines Gebotes auch **beantragen.** Es liegt im Rahmen des pflichtgemäßen Ermessens der Gemeinde, ob sie dem Antrag stattgibt. Bei der Aufhebung von Miet- oder Pachtverhältnissen aus Gründen der Sanierung oder Entwicklung ist stets ein Antrag des Eigentümers formelle Voraussetzung für den gemeindlichen Eingriff, sofern die Aufhebung nicht im Hinblick auf eine Maßnahme nach den §§ 176ff. erfolgt. 4

Im Einzelnen umfasst § 182 Abs. 1 folgende **Fallgestaltungen:** Die Gemeinde kann ein Miet- oder Pachtverhältnis von Amts wegen oder auf Antrag des Eigentümers aufheben, wenn ein städtebauliches Gebot (§§ 176–179) innerhalb oder außerhalb eines Sanierungsgebiets (bzw. eines städtebaulichen Entwicklungsbereichs) angeordnet wurde und das Gebot unanfechtbar geworden oder die sofortige Vollziehung des Gebots angeordnet ist. Das Antragsrecht des Eigentümers hat darüber hinaus in folgender Fallgestaltung besondere Bedeutung: Ist der Eigentümer bereit, eine Maßnahme, die Gegenstand eines Gebotes nach den §§ 176ff. sein könnte, durchzuführen, ist er hieran aber durch Bestehen der Miet- oder Pachtverhältnisse gehindert, kann die Gemeinde **im Hinblick auf ein städtebauliches Gebot,** das unter diesen Voraussetzungen nicht erlassen werden darf, dessen gesetzliche Voraussetzungen aber erfüllt sind, das Miet- oder Pachtverhältnis aufheben. 5

Ist die **Gemeinde** selbst **Eigentümerin** der Liegenschaft, kann die Regelung des § 182 gleichermaßen zur Anwendung kommen, auch wenn es an einem „dritten" Eigentümer fehlt. Dies ergibt sich aus der uneingeschränkt auch für gemeindeeigene Gebäude in Betracht kommenden Zweckrichtung des § 182. Dies gilt für die Fälle von Gebäuden oder Grundstücken im Sanierungsgebiet oder im Entwicklungsbereich ebenso wie bei Vorliegen der Voraussetzungen für den Erlass eines Gebots. 6

Ob die Aufhebung von Miet- oder Pachtverhältnissen im Sinne des Abs. 1 **erforderlich** ist, beurteilt sich nach den jeweiligen Maßnahmen: Ohne dass das Gesetz die 7

Reidt 1393

§ 182

Subsidiarität der gemeindlichen Aufhebung gegenüber der Möglichkeit einer **vertragsmäßigen Beendigung eines Miet- oder Pachtverhältnisses** ausdrücklich benennt (so aber noch § 27 Abs. 1 S. 2 StBauFG; aufgehoben durch Art. 2 Nr. 1 des Gesetzes über das Baugesetzbuch vom 8.12.1986, BGBl. I S. 2196 (2232)), wird die Gemeinde zuvor die Möglichkeit entsprechender zivilrechtlicher Vertragsbeendigungen prüfen müssen. Für die hoheitliche Aufhebung des Nutzungsverhältnisses ist mangels Erfordernisses kein Raum, wenn das Rechtsverhältnis ohnehin vertragsmäßig endet oder jedenfalls beendet werden kann. Die Aufhebung wird jedoch durch die Möglichkeit einer zivilrechtlichen Kündigung nicht generell ausgeschlossen, insbesondere dann nicht, wenn damit zu rechnen ist, dass der Mieter oder Pächter der Kündigung widerspricht, das Miet- oder Pachtobjekt nicht freiwillig räumt und die Gemeinde oder der Eigentümer ein berechtigtes Interesse an der Vertragsaufhebung haben, um die im öffentlichen Interesse liegenden städtebaulichen Maßnahmen möglichst bald verwirklichen zu können (VGH Mannheim Beschl. v. 13.2.2004 – 5 S 2345/03, NVwZ-RR 2004, 640; s. aber VGH Kassel Beschl. v. 15.12.1997 – 4 TG 4597/96, BRS 60 Nr. 230: ziviles Kündigungsrecht und Aufhebung nach § 182 stehen gleichrangig und gleichwertig nebeneinnder; vgl. auch *Pieroth/Kotulla* DVBl. 1992, 585). Gegenüber der **Enteignung** (vgl. § 86 Abs. 1 Nr. 3) kann die Aufhebung nach § 182 Abs. 1 im Einzelfall das mildere oder geeignetere Mittel sein. Ist ein städtebauliches Gebot erlassen und unanfechtbar geworden, beurteilt sich das Erfordernis der Aufhebung nach den konkret beabsichtigten Durchführungsmaßnahmen. So kann im Einzelfall die **Duldungspflicht der Mieter und Pächter nach § 175 Abs. 3** (einschl. der Möglichkeit vorübergehender Räumung der gemieteten bzw. der gepachteten Räume) ausreichen; die Duldungspflicht nach § 175 Abs. 3 umfasst (insbes. in den Fällen des Modernisierungs- und Instandsetzungsgebots) ggf. auch die (temporäre) **Räumungspflicht** (VGH Mannheim Beschl. v. 28.12.1983 – 3 S 2695/83, BRS 40 Nr. 231). Beim Abbruch bzw. Rückbau von Gebäuden wird dagegen die Aufhebung der Vertragsverhältnisse stets gerechtfertigt sein, soweit sich das vertragliche Nutzungsrecht auf Gebäude oder Gebäudeteile, einzelne Wohnungen oder sonstige Räume bezieht.

8 In Sanierungsgebieten ist auf die **Ziele und Zwecke der Sanierung** abzustellen. Die Ziele und Zwecke der Sanierung ergeben sich aus dem von der Gemeinde beschlossenen und fortgeschriebenen Sanierungskonzept (vgl. die Erl. zu § 140 Nr. 3). Sie können sich aber auch aus einem städtebaulichen Rahmenplan, aus einem Sanierungsbebauungsplan oder einem entsprechenden planreifen Entwurf ergeben. Die Maßnahmeplanung der Gemeinde muss bereits so konkret sein, dass die Verwirklichung der Ziele und Zwecke der Sanierung die Aufhebung eines Miet- oder Pachtverhältnisses erfordert. Dies gilt sinngemäß auch für die **Ziele und Zwecke der städtebaulichen Entwicklungsmaßnahme**.

9 Soweit die **städtebaulichen Gebote** in den §§ 176–179 zwingend planakzessorisch sind, ist ein rechtsverbindlicher **Bebauungsplan** Voraussetzung für den Erlass eines Gebots und insoweit mittelbar Voraussetzung auch für die Aufhebung gem. Abs. 1. Ein einfacher Bebauungsplan (§ 30 Abs. 3) reicht aus; die Vorschrift ist dem Grunde nach auch im Geltungsbereich eines Vorhaben- und Erschließungsplans (§ 12) anwendbar. Im **Sanierungsgebiet** sowie im **städtebaulichen Entwicklungsbereich** ist ein Bebauungsplan als Voraussetzung für die Aufhebung eines Miet- oder Pachtverhältnisses von Belang, soweit sich erst aus ihm die konkreten Ziele und Zwecke und damit das Erfordernis der Aufhebung des Rechtsverhältnisses ergeben; es handelt sich dabei um keine generelle Voraussetzung (→ Rn. 8).

10 Die **Aufhebungsfrist** beträgt mindestens sechs Monate. Bei einem land- oder forstwirtschaftlich genutzten Grundstück (mit oder ohne Bebauung) ist die Aufhebung nur zum Schluss eines Pachtjahres zulässig.

11 Ist ein Miet- oder Pachtverhältnis durch Aufhebung beendigt worden, kann die Gemeinde die Räumung mit den Mitteln des **Verwaltungszwangs** durchsetzen.

Rechtsgrundlage sind die Regelungen im Verwaltungsvollstreckungsrecht der Länder.

3. Ersatzraumklausel (Abs. 2). Nach **Abs. 2 S. 1 darf** die Gemeinde ein 12
Mietverhältnis über **Wohnungen** nur aufheben, wenn in dem in Aussicht genommenen Zeitpunkt der Beendigung des Mietverhältnisses **angemessener Ersatzwohnraum** für den Mieter und die zu seinem Hausstand gehörenden Personen **zu zumutbaren Bedingungen** zur Verfügung steht. Wird ein Miet- oder Pachtverhältnis über **Geschäftsraume** aufgehoben, ergibt sich aus **Abs. 2 S. 2** eine weitere Zulässigkeitsvoraussetzung für die Aufhebung des Vertragsverhältnisses für den Fall, dass der Mieter oder Pächter der Geschäftsraume eine anderweitige Unterbringung anstrebt, also die Fortführung seines Erwerbsgeschäfts. In diesem Fall soll die Gemeinde das Vertragsverhältnis nur aufheben, wenn in dem für die Beendigung in Aussicht genommenen Zeitpunkt anderer geeigneter Geschäftsraum zu zumutbaren Bedingungen zur Verfügung steht. Wer selbst Eigentümer verfügbaren, angemessenen Ersatzwohnraums ist, kann nicht verlangen, dass ihm angemessener Ersatzwohnraum auf Kosten der Allgemeinheit zur Verfügung gestellt wird (OVG Lüneburg Beschl. v. 23.12.2003 – 1 ME 303/03, NVwZ-RR 2004, 483). Erst recht gilt dies für Geschäftsräume.

Die Aufhebung setzt eine **Erörterung** der Gemeinde **mit dem Mieter oder** 13
Pächter voraus. Die Verpflichtung hierzu ergibt sich aus dem Verwaltungsverfahrensrecht, das vor Erlass belastender Verwaltungsakte eine Anhörung der Betroffenen vorsieht (vgl. **§ 28 Abs. 1 VwVfG**). Die Verpflichtung zur Erörterung mit dem Betroffenen folgt aber auch aus dem Städtebaurecht: Im **Sanierungsgebiet** (entsprechend im **städtebaulichen Entwicklungsbereich**) ist die Gemeinde nach § 137 S. 1 zur frühzeitigen Erörterung der Sanierung verpflichtet. Hierzu zählen insbesondere die Maßnahmen der Vorbereitung (§ 140) und Durchführung (§§ 146–148); die Aufhebung von Miet- und Pachtverhältnissen zählt zu den Ordnungsmaßnahmen iS des § 147 S. 1 Nr. 2. Hinsichtlich der **städtebaulichen Gebote** ergibt sich aus § 175 Abs. 1 die Verpflichtung der Gemeinde, eine beabsichtigte Maßnahme vorher mit dem Betroffenen zu erörtern. Eine Erörterungspflicht kann sich auch aus § 180 ergeben, soweit die Aufstellung eines **Sozialplans** erforderlich ist.

4. Aufhebung wegen Beeinträchtigung der Erwerbsgrundlage (Abs. 3). 14
Abs. 3 regelt ein Antragsrecht des Mieters oder Pächters auf Aufhebung des Vertragsverhältnisses für folgende Fälle: Die Durchführung der Sanierung kann zur Folge haben, dass die Erwerbsgrundlage eines **Mieters oder Pächters von Geschäftsräumen** wesentlich beeinträchtigt wird. Hier ist an die Fälle der Umstrukturierung eines Gebietes und die damit zB verbundenen Verlustes des Kundenstammes oder den Verlust von Kundschaft infolge der baulichen Maßnahmen der Sanierung zu denken. Ist dem Mieter oder Pächter im Hinblick auf derartige Beeinträchtigungen seiner Erwerbsgrundlage die Fortsetzung des Miet- oder Pachtverhältnisses nicht zuzumuten, kann die Gemeinde auf Antrag des Mieters oder Pächters das Rechtsverhältnis aufheben. Unzumutbar ist die Fortsetzung eines Vertragsverhältnisses, wenn es bei einer **vernünftigen wirtschaftlichen Betrachtungsweise** und unter Berücksichtigung von Einbußen, die die Sanierung allen (vorübergehend) abverlangt, nicht mehr tragbar erscheint, den Mieter oder Pächter an dem Vertragsverhältnis festzuhalten und ihn damit zu verpflichten, den Miet- oder Pachtzins in der notwendigen Höhe, so ggf. auch unter Berücksichtigung von Minderungsmöglichkeiten, weiter zu entrichten. Voraussetzung für die Aufhebung nach Abs. 3 ist ein **Antrag** des Mieters oder Pächters. Die Gemeinde kann hier also nicht von Amts wegen tätig werden. Ob die Gemeinde dem Antrag stattgibt, muss sie nach pflichtgemäßem Ermessen entscheiden. Die Aufhebung darf nur mit einer Frist von **mindestens sechs Monaten** angeordnet werden.

15 5. Rechtsschutz. Die Aufhebungsverfügung der Gemeinde nach Abs. 1 und Abs. 3 ist ein privatrechtsgestaltender **Verwaltungsakt,** gegen den die Rechtsschutzmöglichkeiten des Verwaltungsprozessrechts bestehen. Gibt die Gemeinde dem Antrag eines Eigentümers nach Abs. 1 und eines Mieters oder Pächters nach Abs. 3 nicht statt, gilt dies ebenfalls. Zur **Entschädigung** bei Aufhebung von Miet- oder Pachtverhältnissen wird auf die Erläuterungen zu § 185 verwiesen.

§ 183 Aufhebung von Miet- oder Pachtverhältnissen über unbebaute Grundstücke

(1) Ist nach den Festsetzungen des Bebauungsplans für ein unbebautes Grundstück eine andere Nutzung vorgesehen und ist die alsbaldige Änderung der Nutzung beabsichtigt, kann die Gemeinde auf Antrag des Eigentümers Miet- oder Pachtverhältnisse aufheben, die sich auf das Grundstück beziehen und der neuen Nutzung entgegenstehen.

(2) Auf die Aufhebung ist § 182 Abs. 1 entsprechend anzuwenden.

Übersicht

	Rn.
1. Allgemeines	1
2. Bebauungsplan, beabsichtigte Nutzungsänderung	2
3. Antrag des Eigentümers	3
4. Verhältnis zu anderen Vorschriften	4

1 **1. Allgemeines.** § 183 ermächtigt die Gemeinde zur Aufhebung von Miet- oder Pachtverhältnissen über **unbebaute Grundstücke.** Der Anwendungsbereich des § 183 ergibt sich aus dem Regelungszusammenhang der §§ 182 bis 186 und der Verweisung in § 183 Abs. 2. Der Anwendungsbereich ist danach die Aufhebung von (sonstigen) Miet- oder Pachtverhältnissen gemäß § 182 Abs. 1 in Sanierungs-, Ersatz- und Ergänzungsgebieten sowie in städtebaulichen Entwicklungsbereichen und Anpassungsgebieten. Ebenfalls ist § 183 bei städtebaulichen Geboten anwendbar (→ im Einzelnen § 182 Rn. 4 ff.). Als besondere Voraussetzung kommt nach Abs. 1 das Vorliegen eines rechtsverbindlichen **Bebauungsplans** hinzu. Die Vorschrift ist anders als § 182 zudem nur hinsichtlich **unbebauter** Grundstücke anwendbar. Auf die Aufhebung findet nach **Abs. 2** § 182 Abs. 1 entsprechende Anwendung. Aus dem Verweis auf § 182 Abs. 1 folgt weiterhin, dass die Rechtsverhältnisse nur mit einer **Mindestfrist** von sechs Monaten, bei land- oder forstwirtschaftlich genutzten Grundstücken nur zum Schluss des Pachtjahres, aufgehoben werden können.

2 **2. Bebauungsplan, beabsichtigte Nutzungsänderung.** Die Aufhebung nach § 183 kommt nur in Betracht, wenn nach den Festsetzungen eines rechtsverbindlichen (einfachen oder qualifizierten; vgl. § 30 Abs. 1 und 3) **Bebauungsplans** für das unbebaute Grundstück eine **andere Nutzung** vorgesehen ist. Ein Vorhaben- und Erschließungsplan (§ 12) scheidet regelmäßig aus, da der Vorhabenträger dafür in der Lage sein müsste, dass betreffende Vorhaben zu realisieren. Weiterhin muss vom Eigentümer beabsichtigt sein, die bisherige **Nutzung alsbald zu ändern.** Der Eigentümer muss (zB durch eine Bauvoranfrage) die Änderungsabsicht glaubhaft darlegen können.

3 **3. Antrag des Eigentümers.** Formelle Voraussetzung für die Aufhebung von Miet- und Pachtverhältnissen über unbebaute Grundstücke nach § 183 ist der **Antrag des Eigentümers.** Die Vorschrift dient also der durch den Eigentümer beabsichtigten Verwirklichung der Festsetzungen eines Bebauungsplans (zur vorrangigen

VIII. Teil. Miet- und Pachtverhältnisse § 185

Ausschöpfung der vertragsmäßigen Beendigungsmöglichkeiten durch Kündigung des Miet- oder Pachtverhältnisses → § 182 Rn. 7).

4. Verhältnis zu anderen Vorschriften. § 183 enthält eine Sonderregelung für 4 den Fall, dass der Eigentümer zur Verwirklichung der Nutzung aufgrund eines (idR die bisherige bzw. bisher zulässige Nutzung ändernden) Bebauungsplans auf die (hoheitliche) Aufhebung eines Miet- oder Pachtverhältnisses angewiesen ist. Praktische Bedeutung kann die Vorschrift bei der **Sanierung** (bzw. im Entwicklungsbereich), bei **Geboten** allenfalls beim Bau- und Pflanzgebot haben.

§ 183 regelt jedoch **nicht abschließend** die Fälle der Aufhebung von Miet- oder 5 Pachtverhältnissen über **unbebaute Grundstücke**. So bleibt die Zulässigkeit einer Aufhebung im Rahmen der **Umlegung** (vgl. § 61 Abs. 1) oder die Möglichkeit einer Entziehung von Miet- und Pachtrechten durch **Enteignung** (§ 86 Abs. 1 Nr. 3) hiervon unberührt. Die Aufhebung von Miet- und Pachtverhältnissen über unbebaute Grundstücke ist zudem auch nach **§ 182 Abs. 1** zulässig (→ § 182 Rn. 1), wenn die Verwirklichung der Maßnahmen im Sinne des Abs. 1 die Durchführung erfordert. § 183 Abs. 1 regelt in diesem Rahmen nur den Fall der Vorbereitung der Verwirklichung des Bebauungsplans durch den Eigentümer. Die Vorschrift will also die **Eigeninitiative** des Eigentümers stützen.

Zum **Rechtsschutz** und zur **Entschädigung** wird auf § 182 Rn. 15 sowie auf 6 § 185 verwiesen.

§ 184 Aufhebung anderer Vertragsverhältnisse

Die §§ 182 und 183 sind entsprechend auf andere schuldrechtliche Vertragsverhältnisse anzuwenden, die zum Gebrauch oder zur Nutzung eines Grundstücks, Gebäudes oder Gebäudeteils oder einer sonstigen baulichen Anlage berechtigen.

Die §§ 182 und 183 regeln die Aufhebung von Miet- und Pachtverhältnissen. 1 Nach § 184 finden die §§ 182 und 183 auch auf **andere schuldrechtliche Vertragsverhältnisse** Anwendung, die zum **Gebrauch oder zur Nutzung** eines Grundstücks, Gebäudes oder Gebäudeteils oder einer sonstigen baulichen Anlage berechtigen. Dies schließt die Fälle ein, in denen eine Einordnung als Miet- oder Pachtvertrag zweifelhaft ist. Jedoch können nur **schuldrechtliche** Gebrauchs- oder Nutzungsverhältnisse aufgehoben werden. § 184 ist nicht anwendbar auf die Aufhebung **dinglicher Rechte,** die Gebrauchs- oder Nutzungsrechte begründen (zB Nießbrauch, §§ 1030 ff. BGB; beschränkte persönliche Dienstbarkeit, §§ 1090 ff. BGB). Diese dinglichen Rechte können gegen den Willen des Rechtsinhabers nur durch Umlegung (vgl. § 61) oder Enteignung (vgl. § 86 Abs. 1 Nr. 2) aufgehoben werden. **Beispiele** für andere schuldrechtliche Vertragsverhältnisse sind etwa schuldrechtliche Verträge über die unentgeltliche Benutzung (zB als Altenteil), genossenschaftliche Nutzungsverträge von Wohnungsgenossenschaften, Werberechtsverträge oder Verträge über die Einrichtung und Unterhaltung eines Parkplatzes für Kraftfahrzeuge uÄ.

§ 185 Entschädigung bei Aufhebung von Miet- oder Pachtverhältnissen

(1) ¹**Ist ein Rechtsverhältnis auf Grund des § 182, des § 183 oder des § 184 aufgehoben worden, ist den Betroffenen insoweit eine angemessene Entschädigung in Geld zu leisten, als ihnen durch die vorzeitige Beendigung des Rechtsverhältnisses Vermögensnachteile entstehen.** ²Die Vorschriften

Reidt 1397

§ 185

des Zweiten Abschnitts des Fünften Teils des Ersten Kapitels sind entsprechend anzuwenden.

(2) ¹Zur Entschädigung ist die Gemeinde verpflichtet. ²Kommt eine Einigung über die Entschädigung nicht zustande, entscheidet die höhere Verwaltungsbehörde.

(3) ¹Wird ein Pachtvertrag über kleingärtnerisch genutztes Land nach § 182, § 183 oder § 184 aufgehoben, ist die Gemeinde außer zur Entschädigung nach Absatz 1 auch zur Bereitstellung oder Beschaffung von Ersatzland verpflichtet. ²Bei der Entschädigung in Geld ist die Bereitstellung oder Beschaffung des Ersatzlands angemessen zu berücksichtigen. ³Die höhere Verwaltungsbehörde kann die Gemeinde von der Verpflichtung zur Bereitstellung oder Beschaffung von Ersatzland befreien, wenn die Gemeinde nachweist, dass sie zur Erfüllung außerstande ist.

Übersicht

	Rn.
1. Anwendungsbereich (Abs. 1)	1
2. Verfahren (Abs. 2)	3
3. Ersatzland bei kleingärtnerisch genutztem Land (Abs. 3)	4

1 **1. Anwendungsbereich (Abs. 1).** § 185 regelt die **Entschädigung** bei der Aufhebung von Miet- oder Pachtverhältnissen nach den §§ 182 bis 184. Die vorzeitige Aufhebung von Miet- oder Pachtverhältnissen oder anderen schuldrechtlichen Gebrauchs- oder Nutzungsverhältnissen durch die Gemeinde greift in bestehende Vertragsverhältnisse ein. § 185 begründet hierfür einen Rechtsanspruch auf angemessene Entschädigung in Geld. Anwendungsvoraussetzung ist die **hoheitliche Aufhebung** eines Vertragsverhältnisses. Auf die **vertragsgemäße Beendigung** findet § 185 demgegenüber keine Anwendung. Die Entschädigung nach § 185 ist eine **enteignungsrechtliche Entschädigung**. Sie ist nur zu gewähren, wenn durch die vorzeitige Beendigung des Rechtsverhältnisses **Vermögensnachteile** entstehen (**Abs. 1 S. 1 und 2** iVm den §§ 93 ff.).

2 Neben der Entschädigungsregelung des § 185 kann infolge der Aufhebung eines Miet- oder Pachtverhältnisses die Gewährung eines **Härteausgleichs** in Betracht kommen (vgl. § 181 Abs. 1 S. 1 Nr. 1 und 4). Der Härteausgleich ist in diesen Fällen nicht zu gewähren, soweit eine Entschädigung nach § 185 zu leisten ist (§ 181 Abs. 1 S. 2).

3 **2. Verfahren (Abs. 2).** Zur Entschädigung ist nach **Abs. 2 S. 1** die **Gemeinde** verpflichtet. Soweit die Aufhebung im Hinblick auf die Verwirklichung der jeweiligen Ziele und Zwecke einer Sanierungs- oder Entwicklungsmaßnahme im förmlich festgelegten Sanierungs-, Ergänzungs- und Anpassungsgebiet oder im städtebaulichen Entwicklungsbereich vorgenommen wurde, sind die Aufwendungen für die Entschädigung Kosten der Ordnungsmaßnahmen (vgl. § 164a Abs. 2 Nr. 2). Kommt eine Einigung über die Entschädigung nicht zustande, entscheidet nach **Abs. 2 S. 2** die **höhere Verwaltungsbehörde**. Die höhere Verwaltungsbehörde entscheidet sowohl dem Grunde als auch der Höhe nach. Die Verpflichtung zur **Anhörung der Beteiligten** vor der Entscheidung ergibt sich aus allgemeinen verwaltungsverfahrensrechtlichen Regelungen (vgl. § 28 VwVfG).

4 **3. Ersatzland bei kleingärtnerisch genutztem Land (Abs. 3).** Abs. 3 enthält eine Sonderregelung über kleingärtnerisch genutztes Land. Wird ein entsprechender Pachtvertrag auf der Grundlage der §§ 182 ff. aufgehoben, ist die Gemeinde nicht nur zur Entschädigung nach Abs. 1, sondern auch zur Bereitstellung oder Beschaffung von **Ersatzland** verpflichtet **(Abs. 3 S. 1)**. Der Begriff des **„kleingärtnerisch genutzten Landes"** geht über den Anwendungsbereich des Bundeskleingartengesetzes

hinaus. Er stellt nicht auf die rechtliche Zuordnung iS dieses Gesetzes, sondern auf die tatsächliche Nutzung ab. Die Privilegierung hebt die besondere städtebauliche Bedeutung von kleingärtnerisch genutztem Land hervor. Die Verpflichtung zur Bereitstellung oder Beschaffung von Ersatzland besteht neben der Entschädigungspflicht nach Abs. 1; wird Ersatzland bereitgestellt oder beschafft, ist dies bei der Entschädigung jedoch angemessen zu berücksichtigen **(Abs. 3 S. 2)**. Darüber hinaus kann die Gemeinde von der Pflicht zur Bereitstellung oder Beschaffung von Ersatzland durch die höhere Verwaltungsbehörde befreit werden. Voraussetzung dafür ist ihr Nachweis, dass sie außerstande ist, die Pflicht zu erfüllen **(Abs. 3 S. 3)**.

§ 186 Verlängerung von Miet- oder Pachtverhältnissen

Die Gemeinde kann auf Antrag des Mieters oder Pächters ein Miet- oder Pachtverhältnis über Wohn- oder Geschäftsraum im förmlich festgelegten Sanierungsgebiet, im städtebaulichen Entwicklungsbereich oder im Hinblick auf Maßnahmen nach den §§ 176 bis 179 verlängern, soweit dies zur Verwirklichung des Sozialplans erforderlich ist.

Übersicht

	Rn.
1. Allgemeines	1
2. Voraussetzungen	2
3. Rechtsschutz	4

1. Allgemeines. Soweit es zur Verwirklichung des Sozialplans erforderlich ist, 1 kann die Gemeinde nach § 186 auf Antrag des Mieters oder Pächters ein **Nutzungsverhältnis über Wohn- oder Geschäftsraum verlängern**. Regelungszweck ist es, die **Durchführung des Sozialplans (§ 180)** zu sichern. Das Erfordernis der Verlängerung muss sich also aus dem Sozialplan ergeben. Die Verlängerung muss ein Ergebnis von Erörterungen und Prüfungen und deren schriftlicher Darstellung iS des § 180 Abs. 2 sein (zur Fortschreibung des Sozialplans insbesondere in der Sanierung → § 140 Rn. 6).

2. Voraussetzungen. Die Gemeinde darf das Miet- oder Pachtverhältnis **nur auf** 2 **Antrag** des Mieters oder Pächters verlängern. Die Gemeinde darf also **nicht von Amts wegen** tätig werden, selbst wenn sie die Verlängerung des Miet- oder Pachtverhältnisses zur Verwirklichung des Sozialplans für erforderlich hält. Die Verlängerung des Miet- oder Pachtverhältnisses erfolgt durch die Gemeinde nach pflichtgemäßem Ermessen. Die Belange des Vermieters bzw. Verpächters sind angemessen zu berücksichtigen (zB bei Mietschulden des Nutzers). § 186 findet auch Anwendung, wenn ein Vermieter oder Verpächter bereits **gekündigt hat**.

Das Gesetz enthält keine Regelung über die zulässige **Dauer** der Verlängerung. 3 Auch insoweit ergeben sich aber die Grundlagen für die Gemeindeentscheidung aus dem Sozialplan. Unzulässig ist eine dauerhafte bzw. mehr als nur vorübergehende Verlängerung. Entsprechend dem Zweck des Sozialplans dient die Verlängerung des Nutzungsverhältnisses der Vermeidung oder Verminderung nachteiliger Auswirkungen der städtebaulichen Maßnahme. Eine wiederholte Verlängerung durch die Gemeinde ist zulässig, zB wenn im Rahmen der erstmaligen Verlängerung die mit dem Sozialplan verfolgten Ziele noch nicht erreicht wurden. Es gelten dabei grundsätzlich die Inhalte des verlängerten Miet- oder Pachtverhältnisses fort. Dies gilt insbesondere für die Pflicht zur Zahlung der Miete bzw. Pacht.

3. Rechtsschutz. Die Entscheidung der Gemeinde über die Verlängerung oder 4 Nichtverlängerung eines Miet- oder Pachtverhältnisses kann als Verwaltungsakt nach

§ 187 II. Kapitel. IX. Teil. Städtebauliche Maßnahmen

der Verwaltungsgerichtsordnung einer Überprüfung unterzogen werden; für die gerichtliche Überprüfung sind dabei die Verwaltungsgerichte zuständig. Im Übrigen sieht das Gesetz – anders als in den Fällen der Aufhebung von Miet- oder Pachtverhältnissen – keine **Entschädigung** vor. § 186 liegt die Überlegung zugrunde, dass die vorübergehende Verlängerung eines bestehenden Miet- oder Pachtverhältnisses aus Sanierungsgründen oder aus Gründen der Durchführung der städtebaulichen Gebote im Rahmen der Sozialbindung des Grundeigentums (Art. 14 Abs. 2 S. 2 GG) bleibt.

Neunter Teil. Städtebauliche Maßnahmen im Zusammenhang mit Maßnahmen zur Verbesserung der Agrarstruktur

§ 187 Abstimmung von Maßnahmen; Bauleitplanung und Maßnahmen zur Verbesserung der Agrarstruktur

(1) ¹**Bei der Vorbereitung und Durchführung städtebaulicher Maßnahmen sind Maßnahmen zur Verbesserung der Agrarstruktur, insbesondere auch die Ergebnisse der Vorplanung nach § 1 Abs. 2 des Gesetzes über die Gemeinschaftsaufgabe „Verbesserung der Agrarstruktur und des Küstenschutzes", zu berücksichtigen.** ²**Ist zu erwarten, dass Maßnahmen zur Verbesserung der Agrarstruktur zu Auswirkungen auf die bauliche Entwicklung des Gemeindegebiets führen, hat die Gemeinde darüber zu befinden, ob Bauleitpläne aufzustellen sind und ob sonstige städtebauliche Maßnahmen durchgeführt werden sollen.**

(2) **Bei der Aufstellung von Bauleitplänen hat die obere Flurbereinigungsbehörde zu prüfen, ob im Zusammenhang damit eine Flurbereinigung oder andere Maßnahmen zur Verbesserung der Agrarstruktur einzuleiten sind.**

(3) **Die Gemeinde hat die Flurbereinigungsbehörde und, sofern die Maßnahmen zur Verbesserung der Agrarstruktur von anderen Stellen durchgeführt werden, diese bei den Vorarbeiten zur Aufstellung der Bauleitpläne möglichst frühzeitig zu beteiligen.**

Übersicht

	Rn.
1. Allgemeines	1
2. Berücksichtigungspflicht (Abs. 1 S. 1)	4
3. Prüfungspflichten der Gemeinde (Abs. 1 S. 2)	12
4. Prüfungspflichten der oberen Flurbereinigungsbehörde (Abs. 2)	14
5. Beteiligungspflichten der Gemeinde (Abs. 3)	17
6. Verletzung von Abstimmungs-, Prüfungs- und Beteiligungspflichten	19

1 **1. Allgemeines.** Der Sechste Teil enthält Regelungen zur **Abstimmung und Koordination** städtebaulicher Maßnahmen mit Maßnahmen zur Verbesserung der Agrarstruktur. Entsprechende Bestimmungen enthielt bereits das StBauFG (§§ 64 bis 70). Sie wurden mit der BBauG-Novelle 1976 vom zunächst auf städtebauliche Sanierungs- und Entwicklungsmaßnahmen beschränkten Anwendungsbereich auf die Koordination mit sonstigen städtebaulichen Maßnahmen sowie insbesondere auch mit der Bauleitplanung erweitert. § 187 begründet hierzu allgemein **wechselseitige Pflichten** der Gemeinden und der für die Durchführung agrarstruktureller Maßnahmen zuständigen Behörden.

2 In § 187 BauGB sind die Regelungen zusammengefasst, die der Abstimmung von agrarstrukturellen und städtebaulichen Maßnahmen dienen, insbesondere der Ab-

IX. Teil. Städtebauliche Maßnahmen § 187

stimmung zwischen Bauleitplanung und Flurbereinigung. In § 187 Abs. 1 sind die allgemeinen Grundsätze der Kooperation zwischen Gemeinde und agrarstrukturellen Behörden festgelegt. Die **Abs. 2 und 3 BauGB** enthalten besondere Prüfungs- und Beteiligungspflichten der Flurbereinigungsbehörden bzw. der Gemeinde.

Weitere **städtebaurechtliche Vorschriften**, die der **Berücksichtigung agrar-** 3 **struktureller Belange** dienen, sind vor allem § 1 Abs. 6 Nr. 8b (Berücksichtigung der Belange der Land- und Forstwirtschaft bei der Aufstellung von Bauleitplänen), § 1a Abs. 2 S. 2 und 4 (Umwidmungsvorbehalt bei landwirtschaftlich oder als Wald genutzten Flächen), § 1a Abs. 3 S. 5 (entsprechende Anwendung der naturschutzrechtlichen Agrarklausel in § 15 Abs. 3 BNatSchG), § 5 Abs. 2 Nr. 9 (Darstellung der Flächen für die Land- und Forstwirtschaft im Flächennutzungsplan), § 9 Abs. 1 Nr. 18 (Festsetzung der Flächen für die Landwirtschaft und Wald im Bebauungsplan), § 35 Abs. 1 und 4 und 6 (Zulässigkeit von Vorhaben im Außenbereich). Der Verzahnung städtebaulicher und agrarstruktureller Maßnahmen dient weiterhin zB § 46 Abs. 2 Nr. 5, Abs. 4 (Übertragung von Befugnissen der Gemeinde zur Durchführung der Umlegung auf die Flurbereinigungsbehörde). Vgl. weiterhin die besonderen Regelungen im Entschädigungsrecht (§ 100) sowie in der Sanierung (§ 136 Abs. 4 S. 2 Nr. 2 und 145 Abs. 5 S. 2) und bei städtebaulichen Entwicklungsmaßnahmen (§ 168 S. 2 sowie das „Bewertungsprivileg" des § 169 Abs. 4).

2. Berücksichtigungspflicht (Abs. 1 S. 1). Abs. 1 S. 1 verpflichtet dazu, agrar- 4 strukturelle Maßnahmen bei der Durchführung oder Vorbereitung städtebaulicher Maßnahmen zu berücksichtigen. Adressat der Verpflichtung ist die **Gemeinde,** soweit für die Vorbereitung und Durchführung städtebaulicher Maßnahmen nicht ausnahmsweise eine andere Behörde zuständig ist (vgl. allgemein § 203 sowie zB die Planungsverbände gem. § 205).

Die Abstimmungspflicht gilt für **städtebauliche Maßnahmen,** und zwar sowohl 5 für deren Vorbereitung als auch für deren Durchführung. Sie bezieht sich damit auf den Gesamtbereich der einer Gemeinde zur städtebaulichen Ordnung und Entwicklung obliegenden Aufgaben, zu deren Durchführung die Gemeinde das Bundesstädtebaurecht anwendet (auch *Breuer* in Schrödter § 187 Rn. 4). Zur **Vorbereitung** und **Durchführung** städtebaulicher Maßnahmen gehört insbesondere die Bauleitplanung, und zwar bereits die Erarbeitung der Entwürfe, spätestens der Aufstellungsbeschluss. Hierzu gehören auch die Vorbereitung von Satzungen, zB von Vorkaufssatzungen nach § 25 sowie von Satzungen nach § 34 Abs. 4 und § 35 Abs. 6 (vgl. darüber hinaus die förmliche Abstimmungspflicht mit den Flurbereinigungsstellen als Träger öffentlicher Belange gem. § 34 Abs. 6 S. 1 und § 35 Abs. 6 S. 3). Zur Vorbereitung und Durchführung zählen ua auch die Vorbereitung der Sanierung (vgl. § 140; zur „förmlichen" Abstimmung mit den Trägern öffentlicher Belange vgl. § 139), insbesondere vorbereitende Untersuchungen sowie die förmliche Festlegung von Sanierungsgebieten, Ersatz- und Ergänzungsgebieten und die Maßnahmen zur Durchführung städtebaulicher Sanierungs- oder Entwicklungsmaßnahmen. Nicht zu den städtebaulichen Maßnahmen gehört die Zulassung von Bauvorhaben nach den §§ 30ff., wohl aber ist bei der Zulassung von Außenbereichsvorhaben auf Maßnahmen zur Verbesserung der Agrarstruktur Rücksicht zu nehmen (§ 35 Abs. 3 S. 1 Nr. 6); vgl. *Krautzberger* in EZBK § 187 Rn. 16.

Besonders bedeutsam ist hierbei die **städtebauliche Dorferneuerung,** die gem. 6 Sanierungsrecht durchgeführt und mit Mitteln der Städtebauförderung gefördert werden kann; vgl. auch die primär agrarstrukturellen Zielen dienenden **Dorferneuerungsprogramme** im Rahmen der Gemeinschaftsaufgabe nach Art. 91 Abs. 1 Nr. 3 GG, nach besonderen Dorferneuerungsprogrammen der Länder sowie zB aus den EU-Strukturfonds.

Vgl. weiterhin die Umlegung (§§ 45–84), die Enteignung (§§ 85–122), die Er- 7 schließung (§§ 123–135) sowie den Erlass von Erhaltungssatzungen (vgl. zB § 172

§ 187 II. Kapitel. IX. Teil. Städtebauliche Maßnahmen

Abs. 3 S. 1: Schutz des Orts- und Landschaftsbildes) oder von städtebaulichen Geboten (§§ 175–179). Für Dörfer besonders bedeutsam und gleichfalls abzustimmen sind **städtebauliche Rahmenplanungen** der Gemeinden (§ 1 Abs. 6 Nr. 11, § 140 Nr. 4).

8 **Maßnahmen zur Verbesserung der Agrarstruktur** sind vor allem die Flurbereinigung und der freiwillige Landtausch, die Vergrößerung und An- oder Aussiedlung land- und forstwirtschaftlicher Betriebe, die agrarstrukturelle Dorferneuerung (zT im Zusammenhang mit Flurbereinigungsmaßnahmen oder Programmen nach Art. 91a Abs. 1 Nr. 1 GG stehend; → Rn. 9), Maßnahmen zur Verbesserung der Produktions- und Arbeitsbedingungen durch die rationellere Gestaltung land- und forstwirtschaftlicher Betriebe, sonstige, auch wasserwirtschaftliche und kulturbautechnische Maßnahmen sowie Maßnahmen des Küstenschutzes (vgl. § 1 Abs. 1 des Gesetzes über die Gemeinschaftsaufgabe „Verbesserung der Agrarstruktur und des Küstenschutzes" idF der Bek. vom 21.7.1988, BGBl. I S. 1055, zul. geänd. durch Gesetz vom 31.8.2015, BGBl. I S. 1474).

9 Unter den der Verbesserung der Agrarstruktur dienenden Maßnahmen kommt der **Flurbereinigung** eine zentrale Stellung zu (*Krautzberger* in EZBK § 187 Rn. 6). Die Abstimmungspflicht hat hier größte Bedeutung für das Verhältnis zur Bauleitplanung. Die Flurbereinigung bezweckt nach § 1 FlurbG die Verbesserung der Produktions- und Arbeitsbedingungen in der Land- und Forstwirtschaft sowie der Förderung der allgemeinen Landeskultur und der Landesentwicklung. Sie dient – als landwirtschaftliche Umlegung – insbesondere der Zusammenlegung von zersplittertem oder unwirtschaftlich geformtem ländlichem Grundbesitz nach neuzeitlichen betriebswirtschaftlichen Gesichtspunkten; **§ 37 FlurbG.**

10 Abs. 1 S. 1 hebt besonders die Berücksichtigung der Ergebnisse der **agrarstrukturellen Vorplanung** nach § 1 Abs. 2 GAKG hervor. Die agrarstrukturelle Vorplanung ist eine maßgebliche Entscheidungshilfe für die Anordnung und Durchführung von Flurbereinigungsverfahren. Nach § 38 S. 1 und S. 2 FlurbG sind die Ergebnisse der agrarstrukturellen Vorplanung bei der Aufstellung der allgemeinen Grundsätze für die zweckmäßige Neugestaltung des Flurbereinigungsgebietes durch die Flurbereinigungsbehörde zu berücksichtigen.

11 Die Verpflichtung, agrarstrukturelle Belange zu **berücksichtigen,** ist als Verpflichtung zur Einbeziehung in die bei den jeweiligen städtebaulichen Maßnahmen vorzunehmenden Abwägungen zu verstehen (auch *Breuer* in Schrödter § 187 Rn. 8). Die Abstimmungspflicht ist nicht einer Anpassungspflicht gleichzusetzen. Sie begründet insbesondere keine Verpflichtung zur vorrangigen Berücksichtigung agrarstruktureller Belange. Sie ist auch keine von der Gemeinde beschlossene sonstige städtebauliche Planung iS des § 1 Abs. 6 Nr. 11, sondern iS des Belangs nach § 1 Abs. 6 Nr. 8 beachtlich. Insoweit kann die nicht angemessene Berücksichtigung der Belange zu einem Abwägungsdefizit führen (vgl. hierzu § 1 Abs. 7).

12 **3. Prüfungspflichten der Gemeinde (Abs. 1 S. 2). Abs. 1 S. 2** soll ein abgestimmtes Vorgehen von Gemeinde und (vor allem) Flurbereinigungsbehörde sichern. Wenn von einer Flurbereinigung oder einer sonstigen agrarstrukturellen Maßnahme Auswirkungen auf die bauliche Entwicklung des Gemeindegebiets zu erwarten sind (etwa durch die Aussiedlung von Betrieben sowie sonstige Verlagerungen landwirtschaftlicher Betriebe, der mit der Flurbereinigung verbundenen Arrondierung der Ortslage, der Erweiterung oder Verminderung von Bebauungsmöglichkeiten, der Anlage neuer Straßen und Wege), hat die Gemeinde eine Prüfung zu veranlassen, ob städtebauliche Maßnahmen durchgeführt werden sollen. In erster Linie kommt die **Aufstellung von Bauleitplänen** in Betracht. Abs. 1 begründet keine über § 1 Abs. 3 S. 1 hinausgehende, zusätzliche materielle gemeindliche Verpflichtung zur Aufstellung von Bauleitplänen. Auch das durch ein Flurbereinigungsverfahren ausgelöste Bauleitplanverfahren wird von der Gemeinde in Ausfüllung der ihr allgemein

IX. Teil. Städtebauliche Maßnahmen § 187

obliegenden Planungspflicht nach § 1 Abs. 3 S. 1 und der kommunalen Planungshoheit (vgl. § 2 Abs. 1 S. 1) eingeleitet und durchgeführt. Die besondere Verpflichtung des Abs. 1 soll jedoch in **verfahrensmäßiger Hinsicht** sicherstellen, dass die Gemeinde agrarstrukturelle Maßnahmen jeweils konkret zum Anlass nimmt, sich mit dem Erfordernis der Durchführung städtebaulicher Maßnahmen, insbesondere der Aufstellung von Bauleitplänen, im Hinblick auf die Auswirkungen auf die städtebauliche Entwicklung des Gemeindegebiets auseinander zu setzen; auch § 1a Abs. 3 S. 5 unterstützt dies neuerdings. Vgl. weiterhin die besondere Abstimmungspflicht gem. § 188 Abs. 2. Zu **sonstigen städtebaulichen Maßnahmen** → Rn. 5 ff.

Abs. 1 S. 2 setzt die **Unterrichtung der Gemeinde** über die Durchführung ag- 13
rarstruktureller Maßnahmen voraus. Eine ausdrückliche Verpflichtung hierzu ergibt sich bereits aus § 188 Abs. 2 S. 1, wonach ua die Flurbereinigungsbehörde verpflichtet ist, ihre das Gemeindegebiet betreffenden Absichten möglichst frühzeitig mit der Gemeinde abzustimmen.

4. Prüfungspflichten der oberen Flurbereinigungsbehörde (Abs. 2). 14
Abs. 2 verpflichtet die **obere Flurbereinigungsbehörde,** bei der Aufstellung von Bauleitplänen zu prüfen, ob im Zusammenhang damit agrarstrukturelle Maßnahmen einzuleiten sind. Das BauGB stellt hierzu die frühzeitige Unterrichtung der Flurbereinigungsbehörden sicher: Die Flurbereinigungsbehörden sind bei der Aufstellung von Bauleitplänen als **Behörden** (§ 4) zu beteiligen. Eine besondere Beteiligungspflicht enthält weiterhin **Abs. 3.**

Der oberen Flurbereinigungsbehörde (§ 2 Abs. 2 und 3 sowie §§ 3 und 4 FlurbG) 15
obliegt es insbesondere, die zu erwartenden **Verluste an Wirtschaftsland** zu ermitteln, die die landwirtschaftlichen Betriebe treffen, und die Notwendigkeit eines Verlustausgleichs im Rahmen einer Flurbereinigung festzustellen. Bezieht sich die Bauleitplanung auf **bebaute Ortsteile** oder dient sie zB einer städtebaulichen Sanierung nach § 136, so wird sich die Prüfung besonders mit notwendigen Aussiedlungen und mit baulichen Maßnahmen in Altgehöften befassen müssen (*Krautzberger* in EZBK § 187 Rn. 33).

Das **Ergebnis ihrer Prüfung** hat die obere Flurbereinigungsbehörde der Ge- 16
meinde mitzuteilen.

5. Beteiligungspflichten der Gemeinde (Abs. 3). Abs. 3 soll die enge Ab- 17
stimmung von Städtebau und Flurbereinigung und die wechselseitige Kooperation der zuständigen Stellen sichern. Die Bestimmung bildet die Voraussetzung dafür, dass auch die Flurbereinigungsbehörden ihrerseits prüfen können, ob im Zusammenhang mit der Aufstellung von Bauleitplänen agrarstrukturelle Maßnahmen einzuleiten sind; vgl. Abs. 2. Die Vorschrift geht insoweit über den Regelungszweck der für Flurbereinigungsbehörden gleichfalls einschlägigen Behördenbeteiligung nach § 4 hinaus: Die Vorschrift zielt nicht nur darauf, dass die Planungen aufeinander abgestimmt sind, sondern auch darauf, dass sich Gemeinde und Flurbereinigungsbehörde wechselseitig bei den jeweiligen Maßnahmen aktiv unterstützen. Die Unterrichtung nach Abs. 3 setzt demgemäß auch früher ein als in den Fällen des § 4 Abs. 1 S. 1, nämlich bereits bei den **Vorarbeiten zur Aufstellung der Bauleitpläne,** dh ggf. noch vor dem Aufstellungsbeschluss gem. § 2 Abs. 1 S. 2 oder beim Erstellen der Entwürfe; vgl. zum Zeitpunkt der Beteiligung auch § 188 Abs. 2 S. 1, wonach bereits „Absichten" möglichst frühzeitig abzustimmen sind (auch *Breuer* in Schrödter 187 Rn. 12; *Krautzberger* in EZBK § 187 Rn. 36).

Sofern die Maßnahmen zur Verbesserung der Agrarstruktur nicht von der Flurbe- 18
reinigungsbehörde, sondern von **anderen Stellen** durchgeführt werden, sind diese in den Fällen des Abs. 3 entsprechend zu beteiligen. Als solche Stellen können vor allem Behörden oder Verbände in Betracht kommen, die von den für die Durchführung agrarstruktureller Maßnahmen zuständigen Ländern hiermit beauftragt sind (zB Landwirtschaftskammern, Landwirtschaftsämter, Bauernverbände).

Mitschang 1403

19 6. Verletzung von Abstimmungs-, Prüfungs- und Beteiligungspflichten.
§ 187 begründet **Pflichten** zur **Kooperation** zwischen den für städtebauliche und agrarstrukturelle Maßnahmen zuständigen Stellen, also in erster Linie zwischen der Gemeinde und der Flurbereinigungsbehörde. Die Vorschrift begründet für keinen der Fälle des Abs. 1 bis 3 und für keine der beteiligten Behörden einen **Rechtsanspruch** auf entsprechendes Handeln. Die Verletzung der Verpflichtung der Gemeinde zur Prüfung städtebaulicher Maßnahmen im Zusammenhang mit agrarstrukturellen Maßnahmen oder der Verpflichtung der Gemeinde zur frühzeitigen Beteiligung der für agrarstrukturelle Maßnahmen zuständigen Behörden kann im Wege der **Kommunalaufsicht** beanstandet werden (*Krautzberger* in EZBK § 187 Rn. 39). § 187 soll in verfahrensrechtlicher Hinsicht die Kooperation der Gemeinde vor allem mit der Flurbereinigungsbehörde erreichen, nicht jedoch ein materielles, im Rechtswege durchsetzbares Recht dieser Behörde begründen (ebenso *Breuer* in Schrödter, § 187 Rn. 3 sowie *Schriever* in KK Brügelmann § 187 Rn. 42). → aber auch oben Rn. 11 zu den Folgen der unzureichenden Berücksichtigung agrarstruktureller Belange bei der planerischen Abwägung.

§ 188 Bauleitplanung und Flurbereinigung

(1) **Ist eine Flurbereinigung auf Grund des Flurbereinigungsgesetzes in einer Gemeinde nach Mitteilung der Flurbereinigungsbehörde beabsichtigt oder ist sie bereits angeordnet, ist die Gemeinde verpflichtet, rechtzeitig Bauleitpläne aufzustellen, es sei denn, dass sich die Flurbereinigung auf die bauliche Entwicklung des Gemeindegebiets voraussichtlich nicht auswirkt.**

(2) ¹**Die Flurbereinigungsbehörde und die Gemeinde sind verpflichtet, ihre das Gemeindegebiet betreffenden Absichten möglichst frühzeitig aufeinander abzustimmen.** ²**Die Planungen sollen bis zum Abschluss der Flurbereinigung nur geändert werden, wenn zwischen der Flurbereinigungsbehörde und der Gemeinde Übereinstimmung besteht oder wenn zwingende Gründe die Änderung erfordern.**

Übersicht

	Rn.
1. Pflicht zur Aufstellung von Bauleitplänen (Abs. 1)	1
2. Abstimmungspflicht (Abs. 2)	4
3. Verletzung der Pflichten nach Abs. 1 und 2	6

1 **1. Pflicht zur Aufstellung von Bauleitplänen (Abs. 1).** Nach § 187 Abs. 1 Hs. 2 hat die Gemeinde zu prüfen, ob im Hinblick auf die Auswirkungen agrarstruktureller Maßnahmen auf die bauliche Entwicklung des Gemeindegebiets Bauleitpläne (§ 1 Abs. 2) aufzustellen sind; zum Begriff der agrarstrukturellen Maßnahmen → § 187 Rn. 8. Für die Fälle einer beabsichtigten oder bereits angeordneten **Flurbereinigung** auf Grund des FlurbG bestimmt **§ 188 Abs. 1 Hs. 1** darüber hinaus eine **Verpflichtung der Gemeinde** zur rechtzeitigen Aufstellung von Bauleitplänen. Diese Pflicht entfällt nur, wenn eindeutig feststeht, dass sich die Flurbereinigung auf die bauliche Entwicklung des Gemeindegebiets nicht auswirkt.

2 Nach § 1 Abs. 3 S. 1 hat die Gemeinde Bauleitpläne aufzustellen, sobald und soweit es für die städtebauliche Entwicklung und Ordnung erforderlich ist. § 188 Abs. 1 **konkretisiert die Planungspflicht** der Gemeinde für Fälle, in denen sich die Flurbereinigung auf die bauliche Entwicklung der Gemeinde auswirkt; → näher § 187 Rn. 12. Abs. 1 beschränkt die Verpflichtung auf jene Fälle, in denen sich die Flurbereinigung auf die städtebauliche Entwicklung voraussichtlich auswirkt. Die Bestimmung hat – gegenüber § 1 Abs. 3 S. 1 – letztlich klarstellende Bedeutung. Die Pflicht

IX. Teil. Städtebauliche Maßnahmen § 188

zur Aufstellung von Bauleitplänen bezieht sich auf den Flächennutzungsplan und auf den (qualifizierten, vorhabenbezogenen oder einfachen) Bebauungsplan. Sind Bauleitpläne vorhanden, kann sich hieraus die Pflicht zur Änderung der Bauleitpläne ergeben. Für Dörfer sind in der Praxis **städtebauliche Rahmenplanungen** besonders bedeutsam. Die Abstimmungspflicht ergibt sich in diesen Fällen aus § 187 Abs. 1 S. 1 sowie S. 2; → § 187 Rn. 4 f. § 188 Abs. 1 bezieht sich dagegen nur auf Bauleitpläne iS des § 1 Abs. 2.

Die Verpflichtung besteht nur, wenn und soweit sich die Flurbereinigung **voraus-** 3 **sichtlich** auf die bauliche Entwicklung des Gemeindegebiets **auswirkt.** Die Aufstellung oder Änderung von Bebauungsplänen für die bebauten Teile des Gemeindegebiets dürfte zB nicht notwendig werden, wenn die Ortslage in die Flurbereinigung einbezogen wird (*Breuer* in Schrödter § 188 Rn. 2; vgl. § 37 Abs. 1 S. 3 FlurbG). Außerhalb der Ortslage sind Bebauungspläne jedenfalls dann erforderlich, wenn sie für Maßnahmen der Flurbereinigung wesentlich sind. Die Erforderlichkeit einer Bauleitplanung wird häufig erst im Laufe des Flurbereinigungsverfahrens im Rahmen der Abstimmung nach Abs. 2 S. 1 festgestellt werden.

2. Abstimmungspflicht (Abs. 2). Nach **Abs. 2 S. 1** sind die Flurbereinigungs- 4 behörde und die Gemeinde allgemein zur **Abstimmung** ihrer das Gemeindegebiet betreffenden Absichten verpflichtet, um einander widersprechende Planungen zu verhindern. Die Verpflichtung zur Abstimmung bereits von **Absichten** zielt auf eine möglichst frühzeitige und unbeschadet bestehender förmlicher Beteiligungspflichten (vgl. vor allem §§ 4, 139) durchzuführende Kooperation zwischen Gemeinde und Flurbereinigungsbehörde. Auch nicht die in § 187 Abs. 3 enthaltene Beteiligungspflicht (auch *Breuer* in Schrödter § 188 Rn. 3). Bauleitplanverfahren und Flurbereinigungsverfahren sollen hierdurch möglichst zeitlich und sachlich nebeneinander vorbereitet und durchgeführt und fortlaufend sachlich aufeinander abgestimmt werden. Die Abstimmung soll bereits im Stadium der Vorbereitung städtebaulicher oder agrarstruktureller Maßnahmen stattfinden. Für die Gemeindeverwaltung kann sich hieraus die Verpflichtung wie auch Ermächtigung für Abstimmungen im Vorfeld von Ratsentscheidungen ergeben. Die Verpflichtung zur **Abstimmung** ist eine verfahrensleitende Bestimmung zur Sicherung der Koordination zweier Planungsträger. Abs. 2 verdrängt nicht die allgemeinen Regelungen über das Verhältnis zwischen Bauleitplanung und Fachplanung; siehe hierzu vor allem die Erläuterungen zu → §§ 7 und 38. Aus der Abstimmungspflicht des Abs. 2 S. 1 lässt sich im Flurbereinigungsverfahren kein Anspruch der Gemeinde auf Zuteilung von Grundstücksflächen herleiten, die nach der Darstellung im Flächennutzungsplan Gemeindebedarfszwecken dienen sollen (BVerwG Urt. v. 21. 10. 1987 – 5 C 34.84, BVerwGE 78, 159).

Die Abstimmungspflicht des Abs. 2 S. 1 wird durch **Abs. 2 S. 2** dadurch weiter er- 5 gänzt, dass **vorhandene Planungen** – gemeint ist die Bauleitplanung – bis zum Abschluss der Flurbereinigung nicht gegen den Willen der Flurbereinigungsbehörden geändert werden sollen. Abs. 2 S. 2 enthält keine absolute Planungssperre, sondern ist gleichfalls eine die Koordination sichernde Verfahrensvorschrift. Gegen den Willen der Flurbereinigungsbehörde soll die Planung nur geändert werden, wenn entweder eine gegenseitige Überstimmung zur Pländerung besteht oder zwingende Gründe eine solche erfordern. Zwingende Gründe zur Änderung der Bauleitplanung können sich aus einer Änderung der für die Bauleitplanung maßgeblichen rechtlichen oder tatsächlichen Verhältnisse ergeben (zB durch neue raumordnerische Zielvorgaben oder überörtliche Fachplanungen).

3. Verletzung der Pflichten nach Abs. 1 und 2. Die **Verletzung der ge-** 6 **meindlichen Pflichten** zur Aufstellung von Bauleitplänen nach **Abs. 1** kann im Wege der **Kommunalaufsicht** beanstandet werden. Ein **Klagerecht der Flurbereinigungsbehörde** gegenüber der Gemeinde ergibt sich hieraus nicht (ebenso *Breuer* in Schrödter § 188 Rn. 8; *Krautzberger* in EZBK § 188 Rn. 18; siehe bereits

Mitschang 1405

§ 189 II. Kapitel. IX. Teil. Städtebauliche Maßnahmen

→ § 187 Rn. 19). Im Falle der Verletzung der Pflichten nach **Abs. 2** durch die Flurbereinigungsbehörde oder die Gemeinde werden ebenfalls keine Klagerechte begründet; ggf. kommen aufsichtliche Maßnahmen in Betracht (*Federwisch* in SU § 188 Rn. 22).

§ 189 Ersatzlandbeschaffung

(1) ¹**Wird bei einer städtebaulichen Maßnahme ein land- oder forstwirtschaftlicher Betrieb ganz oder teilweise in Anspruch genommen, soll die Gemeinde mit dem Eigentümer des Betriebs auch klären, ob er einen anderen land- oder forstwirtschaftlichen Betrieb oder land- oder forstwirtschaftliches Ersatzland anstrebt.** ²**Handelt es sich bei dem in Anspruch genommenen Betrieb um eine Siedlerstelle im Sinne des Reichssiedlungsgesetzes, ist die zuständige Siedlungsbehörde des Landes zu beteiligen.**

(2) **Die Gemeinde soll sich um die Beschaffung oder Bereitstellung geeigneten Ersatzlands bemühen und ihr gehörende Grundstücke als Ersatzland zur Verfügung stellen, soweit sie diese nicht für die ihr obliegenden Aufgaben benötigt.**

Übersicht

	Rn.
1. Verpflichtung der Gemeinde zur Klärung (Abs. 1)	1
2. Bereitstellung von Ersatzland (Abs. 2)	4
3. Rechtsanspruch	6

1 **1. Verpflichtung der Gemeinde zur Klärung (Abs. 1). Abs. 1 S. 1** verpflichtet die Gemeinde zu **Erörterungen** mit dem Eigentümer, wenn bei einer städtebaulichen Maßnahme **land- oder forstwirtschaftliche Betriebe** ganz oder teilweise **in Anspruch genommen** werden (zB durch die Ausweisung von Bauflächen); zum Begriff der städtebaulichen Maßnahmen → § 187 Rn. 5. Die Bestimmung dient nur mittelbar der Abstimmung städtebaulicher und agrarstruktureller Maßnahmen. Sie dient in erster Linie der Verwirklichung des Grundsatzes größtmöglicher Eigentumsschonung oder Eigentumswiederherstellung bei städtebaulichen Maßnahmen mit Auswirkungen auf land- oder forstwirtschaftliche Betriebe und damit letztlich der Existenzsicherung des land- oder forstwirtschaftlichen Betriebes. Ansatzpunkt des § 189 ist, dass der Eigentümer weiterhin Land- oder Forstwirt bleiben will (demgegenüber anders der Übernahmeanspruch (vgl. §§ 40, 45 Abs. 5 und 168).

2 Abs. 1 S. 1 begründet für die Fälle der Inanspruchnahme eines land- oder forstwirtschaftlichen Betriebs ein besonderes **Handlungsgebot** (vgl. *Krautzberger* in EZBK § 189 Rn. 2) an die Adresse der Gemeinde, das in Abs. 2 durch das materielle Gebot der Ersatzlandbeschaffung ergänzt wird (zu sonstigen besonderen Handlungspflichten im Städtebaurecht, vgl. §§ 137, 165, 173 Abs. 3, 175 Abs. 1, § 180). Bei der Erörterung ist vor allem zu klären, ob der Eigentümer des Betriebs einen anderen land- oder forstwirtschaftlichen Betrieb oder land- oder forstwirtschaftliches Ersatzland anstrebt; zur Verpflichtung der Gemeinde, in diesem Fall ggf. Ersatzland bereitzustellen, → Rn. 4.

3 Wenn es sich bei dem Betrieb um eine nach dem RSiedlG geschaffene **Siedlerstelle** handelt, verpflichtet **Abs. 1 S. 2** die Gemeinde zur Beteiligung der zuständigen Siedlungsbehörde des Landes an der Erörterung; zu den Aufgaben der Siedlungsunternehmen (ausführlich *Krautzberger* in EZBK § 189 Rn. 12ff.). Häufig findet eine finanzielle Förderung aus Mitteln der Siedlungsbehörde statt (*Roeser* in BK § 189 Rn. 5).

IX. Teil. Städtebauliche Maßnahmen § 190

2. Bereitstellung von Ersatzland (Abs. 2). Nach **Abs.** 2 soll sich die Gemeinde 4 um die Beschaffung oder Bereitstellung geeigneten **Ersatzlandes** bemühen, sofern sie einen land- oder forstwirtschaftlichen Betrieb bei einer städtebaulichen Maßnahme gem. Abs. 1 ganz oder teilweise in Anspruch nimmt. Sie soll hierzu insbesondere die **gemeindeeigenen Grundstücke** als Ersatzland bereitstellen, soweit sie diese nicht für die ihr obliegenden Aufgaben benötigt. Dies begründet einen Rechtsanspruch gegenüber der Gemeinde (*Breuer* in Schrödter § 189 Rn. 6; *Roeser* in BK § 189 Rn. 5; BGH Urt. v. 20.7.2006 – III ZR 280.05, NVwZ 2007, 118). Die Bestimmung geht davon aus, dass Gemeinden häufig Vorratsflächen in angemessenem Umfang für städtebauliche Maßnahmen einschließlich möglicher Ersatzansprüche zur Verfügung stehen. Die Koordinierungsbestimmung des § 189 Abs. 2 soll es der Gemeinde hierbei erleichtern, sich im Zusammenwirken mit der Flurbereinigungsbehörde frühzeitig auf die Vorstellungen und künftigen Entwicklungen der land- oder forstwirtschaftlichen Betriebe einzustellen und ggf. vorsorglich Ersatzgelände zu beschaffen.

Abs. 2 erweitert lediglich die Rechtsposition bestimmter Eigentümer im städte- 5 baulichen Verfahren; die Rechte des Eigentümers aus anderen, gesondert geregelten Verfahren lässt er dagegen unberührt (BGH Urt. v. 20.7.2006 – III ZR 280.05, NVwZ 2007, 118). Die Verpflichtung der Gemeinde nach Abs. 2 zur Beschaffung oder Bereitstellung geeigneten Ersatzlandes lässt Verpflichtungen aus **anderen Vorschriften** (vgl. vor allem § 100) unberührt (*Breuer* in Schrödter § 189 Rn. 6). Die Erfüllung der sich für die Gemeinde aus § 189 Abs. 2 ergebenden Pflichten ist grundsätzlich nicht Rechtmäßigkeitsvoraussetzung der betreffenden städtebaulichen Maßnahme (*Roeser* in BK § 189 Rn. 3).

3. Rechtsanspruch. Abs. 2 verpflichtet die Gemeinde zur Ersatzlandbereitstel- 6 lung. Diese Verpflichtung obliegt ihr zugunsten des von städtebaulichen Maßnahmen betroffenen Betriebseigentümers (→ Rn. 4). Der Anspruch ist ggf. verwaltungsgerichtlich durchzusetzen. Daneben kommen kommunalaufsichtliche Maßnahmen in Betracht.

§ 190 Flurbereinigung aus Anlass einer städtebaulichen Maßnahme

(1) ¹**Werden für städtebauliche Maßnahmen land- oder forstwirtschaftliche Grundstücke in Anspruch genommen, kann auf Antrag der Gemeinde mit Zustimmung der höheren Verwaltungsbehörde nach § 87 Abs. 1 des Flurbereinigungsgesetzes ein Flurbereinigungsverfahren eingeleitet werden, wenn der den Betroffenen entstehende Landverlust auf einen größeren Kreis von Eigentümern verteilt oder Nachteile für die allgemeine Landeskultur, die durch die städtebaulichen Maßnahmen entstehen, vermieden werden sollen.** ²**Das Flurbereinigungsverfahren kann bereits angeordnet werden, wenn ein Bebauungsplan noch nicht rechtsverbindlich ist.** ³**In diesem Fall muss der Bebauungsplan vor Bekanntgabe des Flurbereinigungsplans (§ 59 Abs. 1 des Flurbereinigungsgesetzes) in Kraft getreten sein.** ⁴**Die Gemeinde ist Träger des Unternehmens im Sinne des § 88 des Flurbereinigungsgesetzes.**

(2) **Die vorzeitige Ausführung des Flurbereinigungsplans nach § 63 des Flurbereinigungsgesetzes kann bereits angeordnet werden, wenn der Flurbereinigungsplan bekannt gegeben ist.**

(3) **Die Zulässigkeit einer Enteignung nach den Vorschriften dieses Gesetzbuchs bleibt auch nach Einleitung des Flurbereinigungsverfahrens unberührt.**

§ 190 II. Kapitel. IX. Teil. Städtebauliche Maßnahmen

Übersicht

	Rn.
1. Anwendungsbereich	1
2. Einleitung der Flurbereinigung	4
3. Besonderheiten des Flurbereinigungsverfahrens	5
4. Zulässigkeit einer Enteignung	9

1. Anwendungsbereich. Die Vorschrift räumt der Gemeinde das Recht ein, die Einleitung der sog. „**Zweck- oder Unternehmensflurbereinigung**" nach § 87 FlurbG (zu den einzelnen Formen sowie zu den verfassungsrechtlichen Grundlagen *Breuer* in Schrödter § 190 Rn. 5 ff., 10 ff.) zu beantragen, wenn für städtebauliche Maßnahmen land- oder forstwirtschaftliche Grundstücke in Anspruch genommen werden. Anders als in den ansonsten grundsätzlich privatnützigen Flurbereinigungsverfahren dient die Unternehmensflurbereinigung nach § 87 FlurbG überwiegend der Durchsetzung öffentlicher Interessen. Sie kann nach § 87 Abs. 1 S. 1 FlurbG eingeleitet werden, wenn aus besonderem Anlass eine Enteignung zulässig ist, durch die Grundstücke in großem Umfange in Anspruch genommen werden würden. Die Unternehmensflurbereinigung bezweckt die Verteilung des dem Betroffenen im Falle der Enteignung entstehenden Landverlustes auf einen größeren Kreis von Eigentümern oder die Vermeidung von Nachteilen für die allgemeine Landeskultur. **§ 190 Abs. 1 S. 1** erweitert den Anwendungsbereich des § 87 FlurbG, weil hiernach die Unternehmensflurbereinigung nicht auf die Fälle einer möglichen Enteignung beschränkt, sondern unbeschadet des Vorliegens dieser Voraussetzungen auf die Fälle der **Inanspruchnahme land- oder forstwirtschaftlicher Grundstücke durch städtebauliche Maßnahmen** erweitert wird. Im Übrigen enthält auch § 190 Abs. 1 S. 1 die in § 87 Abs. 1 S. 1 FlurbG genannte Anwendungsvoraussetzung, nämlich des Erfordernis der Verteilung des dem Betroffenen entstehenden Landverlustes auf einen größeren Kreis von Eigentümern oder die Vermeidung von Nachteilen für die allgemeine Landeskultur. Abs. 1 S. 1 stellt zugleich sicher, dass die Gemeinde die Flurbereinigung nicht für jede städtebauliche Maßnahme beantragen kann, sondern nur für die Fälle der tatsächlichen Betroffenheit durch Landverluste eines land- oder forstwirtschaftlichen Betriebs. Die in § 87 Abs. 1 S. 1 FlurbG enthaltene Voraussetzung, wonach landwirtschaftliche Grundstücke „in größerem Umfang" in Anspruch genommen werden müssen, ist für die Einleitung der Flurbereinigung gem. § 190 Abs. 1 S. 1 jedoch nicht einschlägig (so auch *Roeser* in BK § 190 Rn. 2; *Krautzberger* in EZBK § 190 Rn. 3, 7; *Breuer* in Schrödter § 190 Rn. 27). Die maßgebliche Bedeutung des § 190 ist darin zu sehen, dass die Bestimmung der Gemeinde erlaubt, die Unternehmensflurbereinigung für städtebauliche Maßnahmen flankierend einzusetzen. Insbesondere gilt dies für das Enteignungsrecht.

Die Vorschrift hat im Hinblick auf ein Urteil des **BVerwG** (Urt. v. 14. 3. 1985 – 5 C 130.83, BVerwGE 71, 108), aufgehoben durch ein Urteil des **BVerfG** (Urt. v. 24. 3. 1987 – 1 BvR 1046.85, BVerfGE 74, 264) besondere Aufmerksamkeit erlangt („Boxberg-Urteil"). Das **BVerwG** hat darin ua anerkannt, dass eine städtebauliche Maßnahme iS des § 144 f BBauG (jetzt: § 190 BauGB) die Festsetzung eines Sondergebiets (§ 11 BauNVO) für ein Prüfgelände für Kraftfahrzeuge in einem Bebauungsplan sein kann. Eine Flurbereinigung nach § 144 f BBauG / § 190 BauGB darf nur angeordnet werden, wenn die Enteignung zur Verwirklichung der städtebaulichen Maßnahme außerhalb des Flurbereinigungsverfahrens dem Grunde nach zulässig wäre. Über die Enteignungszulässigkeit entscheide dabei die Behörde, die die Flurbereinigung anordnet. Für Maßnahmen zur Erhaltung und Verbesserung der Wirtschaftsstruktur in einem bestimmten Gebiet und zur Bekämpfung regionaler oder sektoraler Arbeitslosigkeit könne dabei eine Enteignung auch dann zulässig sein, wenn die Maßnahmen zugleich dem privaten Interesse eines Wirtschaftsunternehmens dienen. Eine Flurbereinigung aus Anlass einer städtebaulichen Maßnahme

IX. Teil. Städtebauliche Maßnahmen **§ 190**

nach § 144f BBauG (§ 190 BauGB) könne somit mit einer Regelflurbereinigung und einer Flurbereinigung zur Bereitstellung von Land in großem Umfang verbunden werden. Vgl. hierzu *v. Brünneck* NVwZ 1986, 425; *Gramlich* UPR 1986, 161; *Gramlich* Verw Arch 1986, 219.

Das **BVerfG** (Urt. v. 24.3.1987 – 1 BvR 1046.85, BVerfGE 74, 264) hat die Entscheidung des BVerwG aufgehoben. Die Unternehmensflurbereinigung führe ua zum Entzug von Eigentumspositionen iS des Art. 14 Abs. 1 S. 1 GG. Die Enteignung mit dem Ziel, Arbeitsplätze zu schaffen und dadurch die regionale Wirtschaftsstruktur zu verbessern, sei allenfalls auf Grund eines entsprechenden Spezialgesetzes (ggf. auch im Rahmen einer städtebaulichen Entwicklungsmaßnahme), nicht aber gem. § 85 Abs. 1 zulässig. 3

2. Einleitung der Flurbereinigung. Die Gemeinde hat nach **Abs. 1 S. 1** ein **Antragsrecht** (formloser Antrag) auf Einleitung der Flurbereinigung (vgl. *Krautzberger* in EZBK § 190 Rn. 12). Voraussetzung hierfür ist die Zustimmung der höheren Verwaltungsbehörde. Ihr steht dabei ein Ermessensspielraum zu. Ein **Rechtsanspruch** auf Einleitung der Flurbereinigung steht der Gemeinde nach Abs. 1 S. 1 nicht zu (*Krautzberger* in EZBK § 190 Rn. 14; *Breuer* in Schrödter § 190 Rn. 36). Das Antragsrecht der Enteignungsbehörde, gem. § 87 Abs. 1 S. 1 FlurbG ein Flurbereinigungsverfahren einzuleiten, bleibt im Übrigen vom besonderen Antragsrecht der Gemeinde nach Abs. 1 S. 1 unberührt. Dies ist dann etwa von Bedeutung, wenn durch einen planfeststellungsersetzenden Bebauungsplan (zB für eine Straße) ein anderer Planungsträger als die Gemeinde Maßnahmenträger ist (*Krautzberger* in EZBK § 190 Rn. 15). Da § 190 **städtebauliche Maßnahmen** insgesamt erfasst (→ § 187 Rn. 5; *Breuer* in Schrödter § 190 Rn. 26), die land- oder forstwirtschaftliche Grundstücke in Anspruch nehmen, ist nicht erforderlich, dass zugleich auch Durchführungsmaßnahmen ergriffen werden. Für den Antrag der Gemeinde genügt zB eine städtebauliche Planung, die eine Inanspruchnahme land- oder forstwirtschaftlicher Flächen zur Folge hat bzw. rechtlich ermöglicht. 4

3. Besonderheiten des Flurbereinigungsverfahrens. Abs. 1 S. 2–4 und Abs. 2 enthalten weitere Abweichungen vom **Flurbereinigungsverfahren**, die den besonderen Zwecken der aus städtebaulichen Gründen eingeleiteten Flurbereinigung Rechnung tragen: 5

Aus Gründen der Verfahrensbeschleunigung kann das Flurbereinigungsverfahren bereits angeordnet werden, wenn ein **Bebauungsplan** noch nicht rechtsverbindlich ist (Abs. 1 S. 2). Das Bebauungsplanverfahren muss aber eingeleitet sein (durch förmlichen Beschluss nach § 2 Abs. 1). Der Bebauungsplan muss in diesem Fall nach Abs. 1 S. 3 jedoch vor Bekanntgabe des Flurbereinigungsplans (§ 59 Abs. 1 FlurbG) in Kraft getreten sein. 6

Die Gemeinde ist nach Abs. 1 S. 4 **Träger des Unternehmens** iS des § 88 FlurbG und hat deshalb Nachteile, die Beteiligten durch das Unternehmen entstehen, zu beheben und, soweit dies nicht möglich oder nach dem Ermessen der Flurbereinigungsbehörde nicht zweckmäßig erscheint, für sie Geldentschädigung zu Händen der Teilnehmergemeinschaft zu leisten; vgl. im Einzelnen § 88 Nr. 5 bis 9 FlurbG. 7

Die vorzeitige Ausführung des Flurbereinigungsplanes ist nach **Abs. 2** bereits zulässig, wenn der Flurbereinigungsplan den Beteiligten nach § 59 Abs. 1 FlurbG bekannt gegeben worden ist. 8

4. Zulässigkeit einer Enteignung. Abs. 3 stellt klar, dass die Zulässigkeit einer **Enteignung** gem. den Vorschriften des Fünften Teils auch nach Einleitung des Flurbereinigungsverfahrens unberührt bleibt (→ weiterhin Rn. 2). 9

§ 191 Vorschriften über den Verkehr mit land- und forstwirtschaftlichen Grundstücken

Im räumlichen Geltungsbereich eines Bebauungsplans oder einer Sanierungssatzung sind die Vorschriften über den Verkehr mit land- und forstwirtschaftlichen Grundstücken nicht anzuwenden, es sei denn, dass es sich um die Veräußerung der Wirtschaftsstelle eines land- oder forstwirtschaftlichen Betriebs oder solcher Grundstücke handelt, die im Bebauungsplan als Flächen für die Landwirtschaft oder als Wald ausgewiesen sind.

1 § 191 regelt den Anwendungsbereich von Vorschriften des **Grundstücksverkehrsgesetzes** (GrdstVG) in Gebieten im räumlichen Geltungsbereich eines Bebauungsplans oder einer Sanierungssatzung. Eine § 191 entsprechende Regelung enthält **§ 4 Nr. 4 GrdstVG**.

2 Gemäß § 191 sind im räumlichen **Geltungsbereich eines qualifizierten, vorhabenbezogenen oder einfachen** (zu Recht kritisch *Breuer* in Schrödter § 191 Rn. 2) **Bebauungsplans** einer **Sanierungssatzung (§ 142 Abs. 1 S. 1)** sowie in einem **städtebaulichen Entwicklungsbereich (§ 169 Abs. 1 Nr. 10 verweist auf § 191)** die Vorschriften des GrdstVG (vgl. insbesondere §§ 2 Abs. 1 und 2, 4 Abs. 4 und 9 Abs. 1 GrdstVG) nicht anzuwenden (*Roeser* in BK § 191 Rn. 1). Dahinter steht der Gedanke, dass den land- und forstwirtschaftlichen Belangen bereits bei der Aufstellung des Bebauungsplans (vgl. § 1 Abs. 6 Nr. 8 b, § 1 a Abs. 2 S. 2 und 4 sowie § 1 a Abs. 3 S. 5, § 187 ff.) sowie bei städtebaulichen Sanierungs- und Entwicklungsmaßnahmen (vgl. §§ 136 Abs. 4 S. 1 Nr. 2 und 165 Abs. 3 S. 2, § 187 ff.) Rechnung getragen worden ist. In diesem Gebieten kann daher auf eine Überwachung des Grundstücksverkehrs verzichtet werden. Demgegenüber finden für Grundstücke im Geltungsbereich von Innenbereichssatzungen sowie von Außenbereichs-Bausatzungen, ebenso wie für Grundstücke im unbeplanten Innenbereich sowie im Außenbereich die Vorschriften des GrdstVG, insbesondere die in § 2 Abs. 1 S. 1 GrdstVG enthaltene Genehmigungspflicht für die rechtsgeschäftliche Veräußerung eines land- oder forstwirtschaftlichen Grundstücks sowie der schuldrechtliche Vertrag hierüber Anwendung.

3 § 191 macht für den Fall, dass es sich um die Veräußerung der Wirtschaftsstellen eines land- oder forstwirtschaftlichen Betriebes oder um die Veräußerung solcher Grundstücke, die im Bebauungsplan als Flächen für die Landwirtschaft (§ 9 Abs. 1 Nr. 18 a) oder als Wald (§ 9 Abs. 1 Nr. 18 b) ausgewiesen sind, handelt, eine **Ausnahme**. Dann sind die Vorschriften über den Verkehr mit derlei Wirtschaftsstellen oder im Bebauungsplan festgesetzten Grundstücken nach dem GrdstVG in Bebauungsplänen, bei Sanierungssatzungen und bei städtebaulichen Entwicklungsbereichen anzuwenden. Dadurch soll verhindert werden, dass ein land- oder forstwirtschaftlicher Betrieb, dessen Nutzflächen außerhalb des Geltungsbereiches des Bebauungsplans, der Sanierungs- oder Entwicklungsmaßnahme liegen, der Existenzgefährdung ausgesetzt wird (zu Recht *Breuer* in Schrödter § 191 Rn. 4; *Roeser* in BK § 191 Rn. 2). Insoweit bestimmt § 191, dass auch für Grundstücke, die im Bebauungsplan als Fläche für die Landwirtschaft oder als Wald ausgewiesen sind, unter land- und forstwirtschaftlichen Gesichtspunkten gleichwohl ein Bedürfnis für die Überwachung des Grundstücksverkehrs besteht.

Drittes Kapitel. Sonstige Vorschriften

Erster Teil. Wertermittlung

§ 192 Gutachterausschuss

(1) Zur Ermittlung von Grundstückswerten und für sonstige Wertermittlungen werden selbständige, unabhängige Gutachterausschüsse gebildet.

(2) Die Gutachterausschüsse bestehen aus einem Vorsitzenden und ehrenamtlichen weiteren Gutachtern.

(3) ¹Der Vorsitzende und die weiteren Gutachter sollen in der Ermittlung von Grundstückswerten oder sonstigen Wertermittlungen sachkundig und erfahren sein und dürfen nicht hauptamtlich mit der Verwaltung der Grundstücke der Gebietskörperschaft, für deren Bereich der Gutachterausschuss gebildet ist, befasst sein. ²Zur Ermittlung der Bodenrichtwerte sowie der in § 193 Absatz 5 Satz 2 genannten sonstigen für die Wertermittlung erforderlichen Daten ist ein Bediensteter der zuständigen Finanzbehörde mit Erfahrung in der steuerlichen Bewertung von Grundstücken als Gutachter hinzuzuziehen.

(4) Die Gutachterausschüsse bedienen sich einer Geschäftsstelle.

Übersicht

	Rn.
1. Gutachterausschuss (Abs. 1)	1
2. Zusammensetzung (Abs. 2)	5
3. Sachkunde (Abs. 3)	7
4. Geheimhaltung	10
5. Geschäftsstelle (Abs. 4)	11

1. Gutachterausschuss (Abs. 1). Zur Ermittlung von Grundstückswerten gem. **1 Abs. 1** sind selbständige und unabhängige **Gutachterausschüsse** zu bilden (zu Ausschüssen s. §§ 88 ff. VwVfG). Sie üben eine **hoheitliche Tätigkeit** aus (BGH Urt. v. 4.3.1982 – III ZR 156/80, NVwZ 1982, 395 (396); OLG Hamm Urt. v. 29.11.2000 – 11 U 68/00, NVwZ-RR 2001, 493; *Jacob* NVwZ 2011, 1419 (1420); zu Haftungsfragen § 193 Rn. 21) und sind als **Kollegialorgan** ausgestaltet (vgl. Abs. 2).

Die Gutachterausschüsse sind **selbstständig** und **unabhängig**. Sie stehen außer- 2 halb der Hierarchie der Stelle, bei der sie gebildet sind (vgl. zur Einrichtung der Gutachterausschüsse die Rechtsverordnungen der Länder gem. § 199 Abs. 2 Nr. 1). Die Gutachter haben ihr Gutachten nach bestem Wissen und Gewissen abzugeben und zu begründen. Weder einem haupt- oder nebenamtlichen Vorsitzenden oder einem im Hauptamt bei einer Behörde tätigen ehrenamtlichen Gutachter darf in Bezug auf die Gutachtertätigkeit eine **Weisung** gegeben werden. Dies gilt auch für Bedienstete der zuständigen **Finanzämter**, die, wie sich aus Abs. 3 S. 2 ergibt, als Mitglieder der Gutachterausschüsse vorzusehen sind. Die Gutachter müssen ihre Aufgabe somit unabhängig, nach ausschließlich objektiven Gesichtspunkten, mit Sachkunde und in Bindung an Gesetz und Recht erfüllen.

Die vom Gutachterausschuss zu erstellenden Gutachten (vgl. § 193 Abs. 1–Abs. 4) 3 sind zu **begründen.** Sie müssen nachvollziehbar und überprüfbar sein. Die für den Gutachterausschuss maßgeblichen Erwägungen müssen erkennbar sein, sodass die ge-

§ 192

III. Kapitel. I. Teil. Wertermittlung

dankliche Schlüssigkeit und die Gesetzmäßigkeit beurteilt werden können. § 139 Abs. 1 S. 1 BBauG erhielt hierzu noch eine entsprechende ausdrückliche Verpflichtung. Die Begründungspflicht besteht aber ohnehin (vgl. BGH Urt. v. 4.3.1982 – III ZR 156/80, NVwZ 1982, 395; ders. Urt. v. 16.11.1987 – II ZR 111/87, NJW-RR 1988, 381).

4 Die Gutachterausschüsse werden gemäß Abs. 1 zur Ermittlung von **Grundstückswerten** und für **sonstige Wertermittlungen** gebildet. Unter sonstigen Wertermittlungen sind neben der Ermittlung des Werts von Rechten an Grundstücken sowie von Entschädigungen vor allem solche Ermittlungen zu verstehen, die mit der Grundstückswertermittlung im Zusammenhang stehen (s. insbesondere § 193 Abs. 5).

5 **2. Zusammensetzung (Abs. 2).** Nach **Abs. 2** bestehen die Gutachterausschüsse aus einem **Vorsitzenden** und ehrenamtlichen **weiteren Gutachtern.** Zu diesen gehört gemäß Abs. 3 S. 2 auch ein Bediensteter der zuständigen Finanzbehörde, der Erfahrungen in der steuerlichen Bewertung von Grundstücken haben muss, wenn es um die Ermittlung der Bodenrichtwerte sowie der in § 193 Abs. 5 S. 2 genannten Daten geht (Rn. 7f.). Damit soll eine enge, auch persönliche Zusammenarbeit zwischen städtebaulicher und steuerlicher Bewertung erreicht werden (s. hierzu auch § 195 Abs. 2 S. 1, § 196 Abs. 1 S. 6 und Abs. 3 sowie § 197 Abs. 2 S. 2). Einzelheiten der Bestellung der Gutachter und deren Amtszeit sind durch Rechtsverordnungen der Länder zu regeln (vgl. § 199 Abs. 2 Nr. 1). Wie viele Mitglieder der Gutachterausschuss hat, ist nach Zweckmäßigkeitsgesichtspunkten zu entscheiden.

6 Bei der Abgabe seiner Gutachten muss er aus **mindestens drei Mitgliedern** bestehen, nämlich einem Vorsitzenden und zwei weiteren Gutachtern (vgl. § 90 Abs. 1 VwVfG). Auch wenn nicht der Gesamtausschuss, sondern lediglich der Vorsitzende mit zwei Gutachtern entscheidet, handelt der Gutachterausschuss als solcher. In den Rechtsverordnungen der Länder gemäß § 199 Abs. 2 Nr. 1 und 2 werden u. a. auch die Bestellung der Gutachter und die Aufgaben des Vorsitzenden geregelt (zur notwendigen Mitwirkung von Bediensteten der zuständigen Finanzämter in den Gutachterausschüssen Rn. 2 und Rn. 8).

7 **3. Sachkunde (Abs. 3).** Die Gutachter sollen in der Ermittlung von Grundstückswerten oder sonstigen Wertermittlungen **sachkundig und erfahren** sein **(Abs. 3 S. 1).** Eine bestimmte Aus- oder Vorbildung oder berufliche Herkunft schreibt das Gesetz nur im Hinblick auf einen Bediensteten der zuständigen Finanzbehörde in Abs. 3 S. 2 vor. Die persönliche Eignung der Gutachter im Hinblick auf ihre Sachkunde und Erfahrung aufgrund der Vorbildung und bisheriger Tätigkeit ist im Rahmen der Bestellung zu prüfen. Die erforderlichen Regelungen enthalten die gemäß § 199 Abs. 2 Nr. 1 erlassenen Rechtsverordnungen der Länder. Bei der Bestellung der Gutachter ist insbesondere dafür Sorge zu tragen, dass auch Personen mit besonderer Fachkenntnis für die verschiedenen Grundstücksarten und Gebietsteile zu Gutachtern bestellt werden (so ausdrücklich noch § 139 Abs. 2 S. 1 BBauG aF).

8 Als Personen mit besonderer Sachkenntnis hebt Abs. 3 S. 2 die Bediensteten der zuständigen **Finanzbehörde** wegen ihrer besonderen Sachkunde für die steuerliche Bewertung von Grundstücken aus dem Kreis der Mitglieder des Gutachterausschusses besonders hervor. Sie haben zumindest bei der Ermittlung der Bodenrichtwerte (vgl. § 196) sowie bei der Ermittlung der Daten nach § 193 Abs. 5 (ergänzt durch die Innenentwicklungsnovelle 2013) mitzuwirken, sind darauf durch die Gesetzesformulierung jedoch nicht beschränkt.

9 Die Regelung des § 139 Abs. 4 BBauG aF über die **Befangenheit** und den **Ausschluss von Gutachtern im Einzelfall** ist in das BauGB 1987 nicht übernommen worden. Der Gesetzentwurf zum BauGB 1987 (s. BT-Drs. 10/4630, 149) hat dies damit begründet, dass sich derartige Grundsätze entweder aus den Verwaltungsverfahrensgesetzen (vgl. insbesondere die §§ 88ff., 20f. VwVfG) oder – wenn ein Bedürfnis

dafür bestehe – aus dem Durchführungsrecht der Länder gemäß § 199 Abs. 2 Nr. 1 und 2 ergeben. Danach sind in einem Verwaltungsverfahren (§ 9 VwVfG) insbesondere ausgeschlossen: ein Beteiligter, ein Angehöriger eines Beteiligten, ein Angehöriger eines bevollmächtigten Vertreters oder ein wirtschaftlich abhängiger Beschäftigter eines Beteiligten. Ausgeschlossen ist auch, wer aus seiner amtlichen Eigenschaft in der Angelegenheit ein Gutachten abgegeben oder sonst tätig geworden ist (vgl. § 139 Abs. 4 S. 3 BbauG aF). Ausgeschlossen ist auch, wer durch die Tätigkeit oder durch die Entscheidung einen unmittelbaren Vor- oder Nachteil erlangen kann. Damit sind auch die ausgeschlossen, die entsprechend § 139 Abs. 4 S. 1 BBauG aF an dem Grundstück „wirtschaftlich" interessiert sind oder mit der Verwaltung des Grundstücks, auf das sich die Wertermittlung bezieht, befasst sind (vgl. § 139 Abs. 3 S. 1 Hs. 1 BBauG aF; zur Ablehnung einzelner Mitglieder des Gutachterausschusses wegen der Besorgnis der Befangenheit vgl. VG Mainz Urt. v. 9.12.2008 – 3 K 71/08, NJOZ 2009, 2023; zum Ausschluss des Gutachterausschusses s. insgesamt: BFH Beschl. v. 13.8.1996 – IX B 71/96, DStRE 1997, 223: „Der Gutachterausschuss kann als solcher nicht wegen Besorgnis der Befangenheit abgelehnt werden."). § 406 ZPO ist aufgrund dieser spezialgesetzlichen Ausgestaltung auch im Gerichtsverfahren nicht anwendbar (vgl. BGH Urt. v. 23.1.1974 – IV ZR 92/72, BGHZ 62, 93; BVerwG Urt. v. 16.5.1991 – 3 C 23/87, BeckRS 1991, 31233380; VG Mainz Urt. v. 9.12.2008 – 3 K 71/08, NJOZ 2009, 2023).

4. Geheimhaltung. Das BauGB enthält keine § 138 Abs. 3 BBauG aF entsprechende Regelung, nach der die Gutachter zur **Geheimhaltung** verpflichtet sind. Die Begründung zum Gesetzentwurf (s. BT-Drs. 10/4630, 149) verweist hierzu auf die entsprechenden Grundsätze in den Verwaltungsverfahrensgesetzen des Bundes und der Länder. Einschlägig sind vor allem die §§ 83 und 84 VwVfG über die ehrenamtliche Tätigkeit. Regelungen zu dieser Frage können im Übrigen die Landesregierungen in der gemäß § 199 Abs. 2 Nr. 1 vorgesehenen Rechtsverordnung bestimmen. 10

5. Geschäftsstelle (Abs. 4). Der Gutachterausschuss bedient sich nach **Abs. 4** einer **Geschäftsstelle** zur Vorbereitung seiner Arbeit. Einzelheiten über die Einrichtung und die Aufgaben der Geschäftsstelle sind im BauGB nicht geregelt worden (vgl. demgegenüber § 137 Abs. 2 BbauG aF). In der Rechtsverordnung nach § 199 Abs. 2 Nr. 3 können die erforderlichen Regelungen getroffen werden. Als Behörden, bei denen die Geschäftsstelle eingerichtet werden kann, kommen insbesondere die kreisfreien Städte, Landkreise oder auch größere kreisangehörige Gemeinden in Betracht. Die Aufgaben können ggf. auch den örtlich zuständigen Kataster- und Vermessungsämtern oder einer anderen vorhandenen kommunalen oder staatlichen Einrichtung übertragen werden. 11

Aufgabe der Geschäftsstelle des Gutachterausschusses ist vor allem die Vorbereitung der Arbeit des Gutachterausschusses. Die Geschäftsstelle hat die bei der Tätigkeit des Gutachterausschusses anfallenden Verwaltungsaufgaben nach Weisung des Vorsitzenden oder des Ausschusses insgesamt wahrzunehmen. Insbesondere obliegen dem Gutachterausschuss die Einrichtung und Führung von Kaufpreissammlungen einschließlich der Auswertung der Kaufverträge (§ 195) und die Erteilung von Auskünften über die Bodenrichtwerte (so ausdrücklich § 196 Abs. 3 S. 2). 12

§ 193 Aufgaben des Gutachterausschusses

(1) ¹Der Gutachterausschuss erstattet Gutachten über den Verkehrswert von bebauten und unbebauten Grundstücken sowie Rechten an Grundstücken, wenn
1. die für den Vollzug dieses Gesetzbuchs zuständigen Behörden bei der Erfüllung der Aufgaben nach diesem Gesetzbuch,

§ 193
III. Kapitel. I. Teil. Wertermittlung

2. die für die Feststellung des Werts eines Grundstücks oder der Entschädigung für ein Grundstück oder ein Recht an einem Grundstück auf Grund anderer gesetzlicher Vorschriften zuständigen Behörden,
3. die Eigentümer, ihnen gleichstehende Berechtigte, Inhaber anderer Rechte am Grundstück und Pflichtteilsberechtigte, für deren Pflichtteil der Wert des Grundstücks von Bedeutung ist, oder
4. Gerichte und Justizbehörden

es beantragen. ²Unberührt bleiben Antragsberechtigungen nach anderen Rechtsvorschriften.

(2) Der Gutachterausschuss kann außer über die Höhe der Entschädigung für den Rechtsverlust auch Gutachten über die Höhe der Entschädigung für andere Vermögensnachteile erstatten.

(3) Die Gutachten haben keine bindende Wirkung, soweit nichts anderes bestimmt oder vereinbart ist.

(4) Eine Abschrift des Gutachtens ist dem Eigentümer zu übersenden.

(5) ¹Der Gutachterausschuss führt eine Kaufpreissammlung, wertet sie aus und ermittelt Bodenrichtwerte und sonstige zur Wertermittlung erforderliche Daten. ²Zu den sonstigen für die Wertermittlung erforderlichen Daten gehören insbesondere
1. Kapitalisierungszinssätze, mit denen die Verkehrswerte von Grundstücken im Durchschnitt marktüblich verzinst werden (Liegenschaftszinssätze), für die verschiedenen Grundstücksarten, insbesondere Mietwohngrundstücke, Geschäftsgrundstücke und gemischt genutzte Grundstücke,
2. Faktoren zur Anpassung der Sachwerte an die jeweilige Lage auf dem Grundstücksmarkt (Sachwertfaktoren), insbesondere für die Grundstücksarten Ein- und Zweifamilienhäuser,
3. Umrechnungskoeffizienten für das Wertverhältnis von sonst gleichartigen Grundstücken, z. B. bei unterschiedlichem Maß der baulichen Nutzung und
4. Vergleichsfaktoren für bebaute Grundstücke, insbesondere bezogen auf eine Raum- oder Flächeneinheit der baulichen Anlage (Gebäudefaktor) oder auf den nachhaltig erzielbaren jährlichen Ertrag (Ertragsfaktor).

³Die erforderlichen Daten im Sinne der Sätze 1 und 2 sind den zuständigen Finanzämtern für Zwecke der steuerlichen Bewertung mitzuteilen.

Übersicht

	Rn.
1. Allgemeines	1
2. Antragsberechtigte (Abs. 1)	2
3. Höhe der Entschädigung bei anderen Vermögensnachteilen (Abs. 2)	16
4. Wirkung der Gutachten, Haftung (Abs. 3)	17
5. Mitteilung des Gutachtens (Abs. 4)	22
6. Weitere Aufgaben des Gutachterausschusses (Abs. 5)	23

1. Allgemeines. In § 193 werden die **Aufgaben des Gutachterausschusses** bestimmt. **Abs. 1 und 2** bezeichnen die Fälle, in denen der Gutachterausschuss Gutachten erstatten kann. **Abs. 3** und **Abs. 4** behandeln die Wirkung der Gutachten sowie die Übersendung von Gutachten an die Eigentümer. Als weitere Aufgabe des Gutachterausschusses ist in **Abs. 5** die Führung und Auswertung der Kaufpreissammlung einschließlich der Bodenrichtwerte und der sonstigen zur Wertermittlung erforderlichen Daten geregelt. Durch eine Rechtsverordnung nach **§ 199 Abs. 2 Nr. 6** können dem Gutachterausschuss weitere Aufgaben übertragen werden.

Aufgaben des Gutachterausschusses § 193

2. Antragsberechtigte (Abs. 1). Abs. 1 regelt die Fälle, in denen der Gutachterausschuss zur **Erstattung von Gutachten verpflichtet** ist. Die nach Abs. 1 Antragsberechtigten haben einen Anspruch auf die Durchführung der Wertermittlung. Der Gutachterausschuss hat lediglich zu prüfen, ob die Antragsberechtigung vorliegt. Für die Durchsetzung des mit formlosem Antrag geltend zu machenden Anspruchs kommt die allgemeine Leistungsklage (ohne Vorverfahren) nach der Verwaltungsgerichtsordnung in Betracht, nicht jedoch die Verpflichtungsklage, da das Wertgutachten kein Verwaltungsakt ist (Rn. 17, 21).

Die Begutachtung bezieht sich auf den **Verkehrswert** von Grundstücken und von Rechten an Grundstücken. Damit ist die Ermittlung des Verkehrswerts gem. § 194 gemeint. Das Gutachten wird über den Verkehrswert eines **Grundstücks** sowie von **Rechten an Grundstücken** erstellt (zum Begriff des Grundstücks s. § 200 Abs. 1 und 2). Die Wertermittlung bezieht sich auf bebaute und unbebaute Grundstücke. Als Rechte am Grundstück kommen dingliche und obligatorische Rechte in Betracht, insbesondere: Grundpfandrecht, Reallast, Dienstbarkeit, Nießbrauch, Vorkaufsrecht, Wiederkaufsrecht, Miete, Pacht.

Für den **Antrag** gelten keine besonderen Vorschriften. Der Antrag kann schriftlich oder mündlich gestellt werden, soweit sich aus einer Rechtsverordnung nach § 199 Abs. 2 Nr. 1 nichts anderes ergibt.

Nach **Abs. 1 S. 1 Nr. 1** sind die für den Vollzug des BauGB zuständigen Behörden antragsberechtigt, soweit sie das Gutachten bei der Erfüllung der ihnen nach dem BauGB obliegenden Aufgaben benötigen. Welche Behörden im Einzelfall in Betracht kommen, ergibt sich aus der jeweiligen städtebaurechtlichen Vorschrift. Neben der Gemeinde können auch staatliche Stellen (vor allem die Landratsämter oder die höheren Verwaltungsbehörden) antragsberechtigt sein. Eine **Verpflichtung** von Behörden, ein Gutachten beim Gutachterausschuss einzuholen, enthält § 107 Abs. 1 S. 4 BauGB.

Nach **Abs. 1 S. 1 Nr. 2** sind auch Behörden antragsberechtigt, die aufgrund anderer gesetzlicher Vorschriften für die Feststellung des Werts eines Grundstücks oder der Entschädigung für ein Grundstück oder ein Recht an einem Grundstück zuständig sind. Die Zuständigkeit der Behörden kann sich aus Bundesrecht (zB FStrG) oder aus Landesrecht ergeben (zB Landesenteignungs-, Landschaftspflege- oder Denkmalschutzrecht).

Abs. 1 S. 1 Nr. 3 regelt die Antragsrechte aus dem privaten Bereich. Dieses Recht haben die Eigentümer (Rn. 9), die ihnen gleichstehenden Berechtigten (Rn. 10), die Inhaber anderer Rechte am Grundstück (Rn. 11) und die Pflichtteilsberechtigten, für deren Pflichtteil der Wert des Grundstücks von Bedeutung ist (Rn. 12).

Gegenüber dem BBauG aF ist der Kreis der Antragsberechtigten aus dem privaten Bereich insoweit eingeschränkt worden, als nach § 136 Abs. 1 Nr. 5 BBauG aF auch **Kaufbewerber** und **Bewerber um eine Dienstbarkeit** antragsberechtigt waren. Einen noch weitergehenden Ausschluss der **Antragsberechtigung Privater** hat der BauGB-Gesetzgeber – ungeachtet entsprechender Forderungen von verschiedenen Seiten – nicht vorgenommen, vor allem mit der Erwägung, dass Eigentümer dem Gutachterausschuss gegenüber weitgehende Auskunftspflichten haben und ihnen deswegen billigerweise auch zuerkannt werden muss, dass der Gutachterausschuss für sie tätig wird, wenn es um die Ermittlung des Werts eines ihrer Grundstücke geht. Der Ausschuss für Raumordnung, Bauwesen und Städtebau hat hierzu in seiner Beschlussempfehlung zum BauGB 1987 (BT-Drs. 10/6166, 137f.) hervorgehoben, dass in der Tätigkeit der Gutachterausschüsse keine ernsthafte Konkurrenz zu der Tätigkeit der freien Sachverständigen zu sehen sei, weil der Anteil der von den Gutachterausschüssen erstellten Gutachten mit weniger als 10 vH im Verhältnis zu den von selbstständigen Sachverständigen erstellten Gutachten gering sei.

Antragsberechtigt ist der **Eigentümer** eines Grundstücks. Dies gilt sowohl für den Alleineigentümer als auch für den Bruchteilseigentümer und den Gesamthandseigen-

tümer. Auch die Eigentümer von Wohnungs- und Teileigentum nach § 1 WEG sind – beschränkt auf das Sondereigentum – antragsberechtigt.

10 Antragsberechtigt sind weiterhin die den Eigentümern **gleichstehenden Berechtigten.** Dies sind iS des § 200 Abs. 2 die Inhaber grundstücksgleicher Rechte, also insbesondere Erbbauberechtigte.

11 Als **Inhaber anderer Rechte am Grundstück** kommen sowohl die Inhaber dinglicher (zB Nießbrauchrecht, Grundpfandrecht, Grunddienstbarkeit, Reallast, dingliches Vorkaufsrecht) als auch schuldrechtlicher Rechte (zB Miete, Pacht, schuldrechtliches Vorkaufsrecht) in Betracht.

12 Für das Antragsrecht von **Pflichtteilsberechtigten** ist Voraussetzung, dass der Wert des Grundstücks für den Pflichtteil von Bedeutung ist.

13 **Antragsberechtigt** ist in den Fällen des **Abs. 1 S. 1 Nr. 3** nur, wer zum Zeitpunkt der Antragstellung Eigentümer, Rechtsinhaber oder Pflichtteilsberechtigter ist. Das Antragsrecht ist entsprechend dem sachlichen Umfang des Rechts beschränkt. Die Antragsberechtigung ist nachzuweisen und kann vom Gutachterausschuss überprüft werden. Der Antrag kann jederzeit und ohne besondere Begründung, insbesondere also unbeschadet anstehender städtebaulicher Maßnahmen, und aus ausschließlich in der privaten Sphäre wurzelnden Gründen gestellt werden.

14 Nach **Abs. 1 S. 1 Nr. 4** sind Gerichte und Justizbehörden antragsberechtigt. Da das Antragsrecht auch hier nicht auf die Fälle der Anwendung des BauGB beschränkt ist (vgl. demgegenüber Abs. 1 S. 1 Nr. 1), kommen als Gerichte nicht nur die Baulandgerichte (vgl. §§ 217 ff.) in Betracht, sondern alle Gerichtszweige. Als Justizbehörden kommen insbesondere die Staatsanwaltschaften in Betracht (zur Entschädigung der Mitglieder des Gutachterausschusses nach dem Justizvergütungs- und –entschädigungsgesetz OVG Mageburg Beschl. v. 22.1.2015 – 4 O 177/14, BauR 2015, 1365).

15 **Abs. 1 S. 2** enthält eine klarstellende Regelung dahin gehend, dass Antragsberechtigungen nach anderen Rechtsvorschriften unberührt bleiben. Diese Bestimmung betrifft zB § 5 Abs. 2 BKleingG, nach dem der Gutachterausschuss auf Antrag des Pächters oder Verpächters Gutachten über die ortsüblichen Pachtzins im erwerbsmäßigen Obst- und Gemüseanbau zu erstatten hat.

16 **3. Höhe der Entschädigung bei anderen Vermögensnachteilen (Abs. 2).** Nach § 93 **Abs. 2** wird für die Enteignung Entschädigung gewährt erstens für den durch die Enteignung eintretenden Rechtsverlust und zweitens für andere durch die Enteignung eintretende Vermögensnachteile. Daneben sind andere als den Rechtsverlust betreffende Vermögensnachteile etwa auch in § 18 oder § 40 geregelt. Nach **Abs. 2 kann** der Gutachterausschuss in diesen Fällen über die **Höhe der Entschädigung** ein Gutachten erstatten. Er entscheidet darüber nach pflichtgemäßem Ermessen (ebenso *Köster* in Schrödter § 193 Rn. 5; weitergehend *Dieterich/Voß* in EZBK § 193 Rn. 92). Voraussetzung ist der Antrag eines Antragsberechtigten (Rn. 2 ff.).

17 **4. Wirkung der Gutachten, Haftung (Abs. 3).** Abs. 3 stellt klar, dass die Gutachten des Gutachterausschusses keine bindende Wirkung haben. Der Gutachterausschuss übt zwar (auch) mit der Erstattung des Gutachtens eine hoheitliche Tätigkeit aus (§ 192 Rn. 1). Das Gutachten enthält jedoch keine Einzelfallregelung auf dem Gebiet des öffentlichen Rechts, die auf unmittelbare Rechtswirkung nach außen gerichtet ist (vgl. § 35 S. 1 VwVfG). Das Gutachten ist daher kein Verwaltungsakt (vgl. BVerwG Beschl. v. 29.11.1972 – IV B 102.72, DVBl. 1973, 371). Insbesondere bindet es die Antragsteller iS des Abs. 1 nicht; dies gilt auch für Behörden und Gerichte, die nach Abs. 1 S. 1 Nrn. 1, 2 und 4 und S. 2 ein Gutachten beantragen.

18 Liegt ein Gutachten vor, hat es gleichwohl eine hohe **faktische Bedeutung.** Insbesondere können die Behörden und Gerichte, die ein Gutachten beantragt haben, von dem Ergebnis des Gutachtens nur abweichen, wenn sie dies spezifiziert begründen.

Aufgaben des Gutachterausschusses § 193

Die Gutachten haben jedoch bindende Wirkung, wenn dies zwischen den Beteiligten ausdrücklich vereinbart ist. Die **Vereinbarung** kann zwischen Privaten in einem Vertrag vereinbart werden. So kann zB das Gutachten des Gutachterausschusses in einer Schiedsgutachtervereinbarung (vgl. §§ 317–319 BGB) als für beide Teile verbindlich vereinbart werden. Die bindende Wirkung kann auch in einem öffentlich-rechtlichen Vertrag vereinbart werden, zB in den Fällen einer Einigung im Enteignungsverfahren (§§ 110, 111) oder bei Preis- oder Entschädigungsabreden in einem städtebaulichen Vertrag (§ 11). 19

Die Gutachten haben auch dann eine bindende Wirkung, wenn etwas **anderes bestimmt** ist. Diese Wirkung hatte nach früherem Recht das Gutachten in den Fällen des gemeindlichen Grunderwerbsrechts nach § 18 StBauFG aF. Nach § 18 Abs. 2 S. 5 Hs. 2 StBauFG aF war in dem Bescheid über die Ausübung des Grunderwerbsrechts der vom Gutachterausschuss ermittelte Wert (vgl. § 18 Abs. 1 S. 3 StBauFG aF) festzusetzen. § 18 StBauFG aF ist jedoch nicht in das BauGB übernommen worden. 20

Ein Bedürfnis für **Rechtsschutz** gegen Gutachten besteht zumindest insoweit nicht, als die Gutachten keine bindende Wirkung haben. Soweit eine Behörde das Gutachten zur Grundlage ihrer Entscheidungen macht, zB hinsichtlich der Höhe einer Enteignungsentschädigung, ist daher nur eine inzidente Überprüfung des Gutachtens möglich. Die Möglichkeit formloser Gegenvorstellungen oder auch einer Dienstaufsichtsbeschwerde bleibt davon unberührt. Wegen einer schuldhaften Pflichtverletzung des Gutachterausschusses bei seiner Tätigkeit kann zudem ein Anspruch aus Amtshaftung gem. Art. 34 GG iVm § 839 BGB bestehen. Dies gilt selbst dann, wenn der Gutachterausschuss nur verwaltungsintern an der Wertermittlung mitgewirkt hat (BGH Urt. v. 1.2.2001 – III ZR 193/99, BGHZ 146, 365). § 839a BGB findet auf den Gutachterausschuss keine Anwendung (BGH Urt. v. 9.3.2006 – III ZR 143/05, BGHZ 166, 313; s. im Einzelnen zu Rechtsschutz- und Haftungsfragen *Jacob* NVwZ 2011, 1419 ff.). 21

5. Mitteilung des Gutachtens (Abs. 4). Abs. 4 enthält eine Regelung für den Fall, dass das **Gutachten nicht vom Eigentümer beantragt** wurde, also zB von einem anderen Berechtigten iS des Abs. 1. **Abs. 4** stellt sicher, dass der Eigentümer des Grundstücks, das Gegenstand des Wertgutachtens ist, in jedem Fall über das Ergebnis durch Übersendung einer Abschrift in Kenntnis gesetzt wird. Eine Übersendungspflicht an sonstige Rechtsinhaber besteht nicht (so aber noch § 136 Abs. 5 BbauG aF; Personen, konnten danach eine Abschrift erhalten, soweit sie ein berechtigtes Interesse hieran hatten; diese frühere Regelung war mit dem BauGB 1987 aus Gründen des Datenschutzes gestrichen worden). Bei Miteigentum ist jedem Miteigentümer ein Gutachten zu übersenden. Bei Gesamthandeigentum (zB einer Erbengemeinschaft) besteht die Übersendungspflicht gegenüber allen Gesamthandeigentümern oder einem bevollmächtigten Vertreter. Die Mitteilung ist kein Verwaltungsakt. Das Mitteilungsverlangen kann ggf. mit der Leistungsklage durchgesetzt werden. 22

6. Weitere Aufgaben des Gutachterausschusses (Abs. 5). Dem Gutachterausschuss obliegen nach **Abs. 5 S. 1** weitere Aufgaben: die **Fürung und Auswertung der Kaufpreissammlung** sowie die **Ermittlung von Bodenrichtwerten** und **sonstigen zur Wertermittlung erforderlichen Daten**. Bei der Erfüllung seiner Aufgaben bedient sich der Gutachterausschuss hierbei gemäß § 192 Abs. 4 der Geschäftsstelle (zur **Kaufpreissammlung** vgl. im Einzelnen § 195). Die Aufgabe der Geschäftsstelle des Gutachterausschusses beruht vor allem darin, die Kaufverträge nach Weisung des Gutachterausschusses auszuwerten. Die Kaufpreissammlung und ihre **Auswertung** sind die wesentliche Erkenntnisgrundlage für die Beurteilung des Grundstücksmarkts durch den Gutachterausschuss. Nach Abs. 5 hat der Gutachterausschuss auch die **Bodenrichtwerte** zu ermitteln (vgl. § 196). Die Vorbereitung obliegt den Geschäftsstellen (vgl. hierzu im Einzelnen die §§ 9–14 ImmoWertV). 23

Reidt 1417

§ 194
III. Kapitel. I. Teil. Wertermittlung

24 In **Abs. 5 S. 2** sind – seit der Erbschaftssteuernovelle 2009 – die **sonstigen für die Wertermittlung erforderlichen Daten** beispielhaft, also nicht abschließend, konkretisiert, die der Gutachterausschuss zu ermitteln hat. Hierzu gehören die **Kapitalisierungszinssätze,** mit denen die Verkehrswerte von Grundstücken im Durchschnitt marktüblich verzinst werden (Liegenschaftszinssätze), für die verschiedenen Grundstücksarten, insbesondere Mietwohngrundstücke, Geschäftsgrundstücke und gemischt genutzte Grundstücke **(S. 2 Nr. 1).** Nach **S. 2 Nr. 2** gehören hierzu weiterhin Faktoren zur Anpassung der Sachwerte an die jeweilige Lage auf dem Grundstücksmarkt **(Sachwertfaktoren),** insbesondere für die Grundstücksarten Ein- und Zweifamilienhäuser sowie nach **S. 2 Nr. 3 (Umrechnungskoeffizienten)** für das Wertverhältnis von sonst gleichartigen Grundstücken, zB bei unterschiedlichem Maß der baulichen Nutzung. Nach **S. 2 Nr. 4** gehören hierzu auch **Vergleichsfaktoren** für bebaute Grundstücke, insbesondere bezogen auf eine Raum- oder Flächeneinheit der baulichen Anlage (Gebäudefaktor) oder auf den nachhaltig erzielbaren jährlichen Ertrag (Ertragsfaktor).

25 Nach **Abs. 5 S. 3** sind die erforderlichen Daten im Sinne der Sätze 1 und 2 den zuständigen **Finanzämtern** für Zwecke der steuerlichen Bewertung mitzuteilen.

§ 194 Verkehrswert

Der Verkehrswert (Marktwert) wird durch den Preis bestimmt, der in dem Zeitpunkt, auf den sich die Ermittlung bezieht, im gewöhnlichen Geschäftsverkehr nach den rechtlichen Gegebenheiten und tatsächlichen Eigenschaften, der sonstigen Beschaffenheit und der Lage des Grundstücks oder des sonstigen Gegenstands der Wertermittlung ohne Rücksicht auf ungewöhnliche oder persönliche Verhältnisse zu erzielen wäre.

Übersicht

	Rn.
1. Allgemeines	1
2. Begriff des Verkehrswerts	4
3. Wertermittlungsverfahren	11

1 **1. Allgemeines.** Ziel der Wertermittlung durch den Gutachterausschuss ist die Ermittlung des **Verkehrswerts.** Der durch das EAG Bau 2004 angefügte Klammerzusatz **Marktwert** bezweckt eine terminologische Klarstellung für die Wertermittlung von Grundstücken. Der RegE (BT-Drs. 15/2250, 62) weist darauf hin, dass der Begriff „Marktwert" (bzw. „market-value") bei Rechtsakten der Europäischen Union (vgl. Richtlinie 91/674/EWG des Rates vom 19.12.1991, ABl. EG Nr. L 374, S. 7; Mitteilung der Kommission, ABl. EG Nr. C-209, S. 3) vorrangig gebraucht werde, ohne sich indes inhaltlich vom Verkehrswertbegriff des § 194 zu unterscheiden. Durch den erläuternden Zusatz soll der Anschein einer unterschiedlichen Bedeutung der Begriffe im deutschen Recht und im Unionsrecht ausgeräumt werden.

2 Das Gesetz unterscheidet die Begriffe **Verkehrswert** und Preis. Der Verkehrswert wird danach als ein **fiktiver Preis** definiert, nämlich als der im gewöhnlichen Geschäftsverkehr unter Ausschluss aller für den Markt nicht charakteristischen Umstände und Verhältnisse erzielbare Preis. Der Preis einer Sache muss jedoch nicht stets auch ihrem Wert entsprechen (BGH Urt. v. 25.10.1967 – VIII ZR 215/66, BGHZ 48, 344). Für die Bestimmung des tatsächlich erzielten Preises können vielmehr die bei der Ermittlung des Verkehrswerts gerade auszuschließenden besonderen Umstände oder Verhältnisse bedeutsam sein (s. noch Rn. 6).

3 In § 142 Abs. 1 S. 2 BBauG aF war zusätzlich bestimmt, dass bei der Verkehrswertermittlung insbesondere auch Vorschriften zu beachten seien, in denen die Berück-

Verkehrswert § 194

sichtigung oder Nichtberücksichtigung bestimmter Umstände vorgeschrieben ist. Da bei der Ermittlung des Verkehrswerts die „rechtlichen Gegebenheiten" bereits zu berücksichtigen sind, hatte dies nur klarstellende Bedeutung. Zu nennen ist in diesem Zusammenhang vor allem § 95 Abs. 2 über die **Nichtberücksichtigung** bestimmter Wertsteigerungen oder Vereinbarungen bei der Festsetzung der Entschädigung. Weiterhin ist auf § 153 Abs. 1 hinzuweisen, nach dem bei der Bemessung von Ausgleichs- und Entschädigungsleistungen Werterhöhungen, die lediglich durch die Aussicht auf die Sanierung, durch ihre Vorbereitung oder ihre Durchführung eingetreten sind, grundsätzlich nicht berücksichtigt werden. Die **Berücksichtigung** bestimmter Umstände schreibt demgegenüber § 153 Abs. 4 vor, nach dem ein Grundstück zu dem Wert zu veräußern ist, der sich durch die rechtliche oder tatsächliche Neuordnung des Sanierungsgebietes ergibt.

2. Begriff des Verkehrswerts. Der **Verkehrswert** ist ein bestimmter Preis. Der 4 Gutachterausschuss hat diesen („einen") Preis zu ermitteln. Der Verkehrswert ist zwar ein fiktiver Preis (Rn. 2). Er muss aber zB zur Bezeichnung einer Entschädigung exakt bestimmt werden. Dem widerspricht es nicht, wenn für die Fälle der Preisprüfung nach § 153 Abs. 2 BauGB eine „Verkehrswertspanne" angenommen wird, weil eine nur unwesentliche Überschreitung des Verkehrswertes eine Versagung der Genehmigung nach den §§ 145 Abs. 2, 153 Abs. 2 BauGB nicht rechtfertigt (§ 153 Rn. 12). Dadurch wird die eindeutige Bestimmtheit und Bestimmbarkeit des Verkehrswerts nicht in Frage gestellt, sondern nur dem Umstand Rechnung getragen, dass der Geschäftsverkehr, an den sich die Preisprüfung richtet, nicht ohne weiteres den bestimmten Verkehrswert erkennen kann (zum Wertermittlungsspielraum, soweit es nicht um die rechtlichen und tatsächlichen Grundlagen der Bewertung geht, BVerwG Urt. v. 27.11.2013 – 4 C 31/13, NVwZ 2015, 531).

Der Verkehrswert wird durch den Preis bestimmt, der in dem **Zeitpunkt,** auf den 5 sich die Ermittlung bezieht, zu erzielen wäre. Dies ist der **Wertermittlungsstichtag** (§ 3 Abs. 1 ImmoWertV). Der jeweils maßgebliche Wertermittlungsstichtag kann sich aus dem Gesetz ergeben; so ist für die Enteignungsentschädigung maßgebend der Verkehrswert in dem Zeitpunkt, in dem die Enteignungsbehörde über den Enteignungsantrag entscheidet (§ 95 Abs. 1 S. 2). Nach § 95 Abs. 2 Nr. 3 kann dieser Zeitpunkt vorverlagert sein, wenn die Gemeinde dem Eigentümer zur Vermeidung der Enteignung ein Kauf- oder Tauschangebot mit angemessenen Bedingungen unterbreitet hat. Der Wertermittlungszeitpunkt kann vom Antragsteller (§ 193 Abs. 1) im Hinblick auf den jeweiligen Anlass und Zweck des Antrags bestimmt werden. Fehlt es an einer besonderen Bestimmung des Wertermittlungsstichtags, ist hierfür im Zweifel der Zeitpunkt der Antragstellung maßgebend.

Für die Verkehrswertermittlung ist gem. § 194 der im **gewöhnlichen Geschäfts-** 6 **verkehr** erzielbare Preis maßgebend (s. auch § 3 Abs. 2 ImmoWertV). Gewöhnlicher Geschäftsverkehr ist der allgemeine Grundstücksverkehr unter gewöhnlichen Bedingungen, also unter Ausschluss von Umständen und Situationen, die für den Markt nicht charakteristisch sind. Es sind daher alle Umstände unberücksichtigt zu lassen, die nicht den **allgemeinen Wert** des Objekts, sondern nur dessen Preis im einzelnen Fall beeinflussen, ohne dass der gesunde Markt das nachvollzieht (BGH Urt. v. 11.3.1993 – III ZR 24/92, BRS 68 Nr. 184). Dies umfasst auch den Wert von baulichen Anlagen. Insbesondere deren Herstellungskosten sind nicht maßgeblich. Einen Grundsatz, nach dem die Herstellungskosten einer Sache mit ihrem Wert identisch sind, gibt es nicht. Dies gilt auch im Rahmen des an den Herstellungskosten orientierten Sachwertverfahrens (BGH Beschl. v. 30.11.2006 – V ZB 44/06, NZM 2007, 302 (303); zum Sachwertverfahren Rn. 14).

Bei der Wertermittlung sind daher **ungewöhnliche oder persönliche Verhält-** 7 **nisse** außer Betracht zu lassen. Kaufpreise, bei denen anzunehmen ist, dass sie nur aufgrund ungewöhnlicher oder persönlicher Verhältnisse erzielbar sind, wirken sich

Reidt

auf den Verkehrswert nicht aus. Dies gilt etwa für einen Preis, den ein Liebhaber des betreffenden Objektes, ein Käufer aus dem Verwandtenkreis oder ein Erwerber mit strategischen oder spekulativen Absichten bezahlen würde. Auch insofern ist für die Ermittlung des Verkehrswertes allein der objektive Wert maßgeblich, dh es geht um die Summe, die den Betroffenen (bildhaft) in den Stand versetzt, ein dem entzogenen Recht Gleichwertiges zu erwerben. Dabei kommt es nicht darauf an, ob ein gleichgeartetes Recht überhaupt auf dem Markt verfügbar ist. Die Entschädigung muss mithin dem **vollen Wert des genommenen Rechts in der Hand eines jeden Inhabers** entsprechen. Entscheidend dafür ist allein der Wert des genommenen Rechts als solcher. Welche Aufwendungen zuvor im Hinblick auf das Recht gemacht worden sind, die nicht wertsteigernd wirken, ist unerheblich (BGH Urt. v. 11.10.2007 – III ZR 298/06, BGHZ 174, 25 Rn. 8; ders., Urt. v. 2.10.2003 – III ZR 114/02, BGHZ 156, 257 (259 f.)).

8 Der für den Verkehrswert maßgebliche Preis muss darüber hinaus nach den **rechtlichen Gegebenheiten** im gewöhnlichen Geschäftsverkehr erzielbar sein (Rn. 3 sowie § 6 Abs. 2 ImmoWertV). Rechtliche Gegebenheiten, die bei der Bestimmung des Verkehrswerts zu berücksichtigen sind, können sich insbesondere aus dem **Zivilrecht** ergeben, wie zB die Belastung eines Grundstücks mit einer Dienstbarkeit oder eine auch auf einen Rechtsnachfolger zu übertragende, ggf. dinglich gesicherte, Baubeschränkung. Aus dem **öffentlichen Recht** können als Belastungen vor allem Baulasten von Bedeutung sein.

9 Von besonderer Bedeutung sind zudem die Vorschriften des **öffentlichen Bau- und Planungsrechts** zum Entwicklungszustand eines Grundstücks. § 5 ImmoWertV unterscheidet dabei folgende Entwicklungszustände:

Flächen der Land- und Forstwirtschaft sind Flächen, die, ohne Bauerwartungsland, Rohbauland oder baufreies Land zu sein, land- oder forstwirtschaftlich nutzbar sind (§ 5 Abs. 1 ImmoWertV).

Bauerwartungsland sind Flächen, die nach ihren weiteren Grundstücksmerkmalen (§ 6 ImmoWertV), insbesondere dem Stand der Bauleitplanung und der sonstigen städtebaulichen Entwicklung des Gebiets, eine bauliche Nutzung aufgrund konkreter Tatsachen mit hinreichender Sicherheit erwarten lassen (§ 5 Abs. 2 ImmoWertV). Dabei ist von einer geordneten städtebaulichen Entwicklung des Gemeindegebiets auszugehen. Im gewöhnlichen Geschäftsverkehr kann sich die Erwartung insbesondere aus entsprechenden Darstellungen im Flächennutzungsplan ergeben.

Rohbauland sind Flächen, die nach den §§ 30, 33 und 34 für eine bauliche Nutzung bestimmt sind, deren Erschließung aber noch nicht gesichert ist oder die nach Lage, Form oder Größe für eine bauliche Nutzung unzureichend gestaltet sind (§ 5 Abs. 3 ImmoWertV).

Baureifes Land sind Flächen, die nach öffentlich-rechtlichen Vorschriften und den tatsächlichen Gegebenheiten baulich nutzbar sind (§ 5 Abs. 4 ImmoWertV).

10 Die öffentlich-rechtlichen Vorschriften sind im Weiteren für **Art und Maß** der baulichen oder sonstigen Nutzung maßgeblich, die zu den weiteren Grundstücksmerkmalen gehören (§ 6 Abs. 1 ImmoWertV). Zu den weiteren Grundstücksmerkmalen s. im Übrigen § 6 Abs. 2–6 ImmoWertV: wertbeeinflussende Rechte und Belastungen, abgabenrechtlicher Zustand, Lagemerkmale, tatsächliche Nutzung, Erträge, Grundstücksgröße, Grundstückszuschnitt und Bodenbeschaffenheit, Restnutzungsdauer baulicher Anlagen.

11 **3. Wertermittlungsverfahren.** Vorschriften über das **Wertermittlungsverfahren** enthält die aufgrund des § 199 Abs. 1 erlassene **Immobilienwertermittlungsverordnung** (ImmoWertV; dazu etwa *Kleiber,* Verkehrswertermittlung von Grundstücken, 7. Aufl. 2014; *Zimmermann* ImmoWertV, 2010; *Sprengnetter/Kierig* ImmoWertV, 2010; *Stemmler* ZfBR 2010, 637 ff.). Ergänzend sind die Wertermitt-

lungs-Richtlinien heranzuziehen. Nach § 8 Abs. 1 ImmoWertV sind zur Ermittlung des Verkehrswerts das Vergleichswertverfahren (Rn. 12), das Ertragswertverfahren (Rn. 13), das Sachwertverfahren (Rn. 14) oder mehrere dieser Verfahren heranzuziehen. Die Verfahren sind vom Gutachter nach der Art des Wertermittlungsobjekts unter Berücksichtigung der im gewöhnlichen Geschäftsverkehr bestehenden Gepflogenheiten und der sonstigen Umstände des Einzelfalls, insbesondere der zur Verfügung stehenden Daten zu wählen und, da die ImmoWertV hinsichtlich der in ihr geregelten Methoden nicht abschließend ist, ggf. anzupassen bzw. zu ergänzen (BVerwG Urt. v. 27.11.204 – 4 C 31/13, NVwZ 2015, 531). Die Wahl ist zu begründen (§ 8 Abs. 1 S. 1 ImmoWertV). Der Bodenwert ist nach § 16 Abs. 1 ImmoWertV allerdings idR aufgrund des Vergleichswertverfahrens zu ermitteln. Die ImmoWertV ist für die **Gutachterausschüsse** (§ 192) bindend, nicht aber für **Behörden, Sachverständige** oder **Gerichte** (BVerwG Urt. v. 27.11.2014 – 4 C 31/13, NVwZ 2015, 531; dass. Beschl. v. 28.7.2010 – 4 B 11.10, ZfBR 2010 695). An ihrer zumindest praktischen Bedeutung auch außerhalb der Tätigkeit von Gutachterausschüssen ändert dies nichts.

Bei Anwendung des **Vergleichswertverfahrens** (§§ 15 und 16 ImmoWertV) sind Kaufpreise geeigneter Vergleichsgrundstücke in ausreichender Zahl heranzuziehen. Die Vergleichsgrundstücke sollen hinsichtlich der ihren Wert beeinflussenden Umstände mit dem zu bewertenden Grundstück so weit wie möglich übereinstimmen. Wenn in dem Gebiet, in dem das Bewertungsgrundstück liegt, keine ausreichende Zahl geeigneter Vergleichspreise vorliegt, sind Vergleichspreise heranzuziehen, die in Gebieten mit vergleichbarer Struktur für Grundstücke vergleichbaren Zustandes gezahlt werden. Anstelle von Vergleichspreisen können auch geeignete Bodenrichtwerte (§ 196 BauGB) zum Preisvergleich herangezogen werden (§ 16 Abs. 1 S. 2 ImmoWertV). 12

Bei Anwendung des **Ertragswertverfahrens** (§§ 17–20 ImmoWertV) ist der Wert der baulichen Anlagen, insbesondere der Wert der Gebäude, getrennt von dem Bodenwert auf der Grundlage des Ertrages zu ermitteln (Gebäudeertragswert). Der Ertragswert des Grundstücks ergibt sich aus Bodenwert und Gebäudeertragswert (vgl. § 17 Abs. 2 ImmoWertV). Der Bodenwert ist dabei idR durch Anwendung des Vergleichswertverfahrens zu ermitteln (16 Abs. 1 ImmoWertV; zur Ermittlung des Gebäudeertragswertes s. im Einzelnen §§ 17 ff. ImmoWertV). 13

Bei Anwendung des **Sachwertverfahrens** (§§ 21–23 ImmoWertV) ist der Wert der baulichen Anlagen getrennt vom Bodenwert (§ 21 Abs. 1 iVm § 16 Abs. 1 ImmoWertV) auf der Grundlage von Herstellungskosten (§§ 21 Abs. 2, 3, 22, 23 ImmoWertV) zu ermitteln. Der Bodenwert und der Wert der baulichen und sonstigen Anlagen ergeben den Sachwert des Grundstücks (aber auch Rn. 6f.). 14

§ 195 Kaufpreissammlung

(1) ¹Zur Führung der Kaufpreissammlung ist jeder Vertrag, durch den sich jemand verpflichtet, Eigentum an einem Grundstück gegen Entgelt, auch im Wege des Tausches, zu übertragen oder ein Erbbaurecht erstmals oder erneut zu bestellen, von der beurkundenden Stelle in Abschrift dem Gutachterausschuss zu übersenden. ²Dies gilt auch für das Angebot und die Annahme eines Vertrags, wenn diese getrennt beurkundet werden, sowie entsprechend für die Einigung vor einer Enteignungsbehörde, den Enteignungsbeschluss, den Beschluss über die Vorwegnahme einer Entscheidung im Umlegungsverfahren, den Beschluss über die Aufstellung eines Umlegungsplans, den Beschluss über eine vereinfachte Umlegung und für den Zuschlag in einem Zwangsversteigerungsverfahren.

(2) ¹Die Kaufpreissammlung darf nur dem zuständigen Finanzamt für Zwecke der Besteuerung übermittelt werden. ²Vorschriften, nach denen Ur-

kunden oder Akten den Gerichten oder Staatsanwaltschaften vorzulegen sind, bleiben unberührt.

(3) **Auskünfte aus der Kaufpreissammlung sind bei berechtigtem Interesse nach Maßgabe landesrechtlicher Vorschriften zu erteilen (§ 199 Abs. 2 Nr. 4).**

Übersicht

	Rn.
1. Kaufpreissammlung (Abs. 1)	1
2. Zugänglichkeit der Kaufpreissammlung (Abs. 2)	4
3. Auskünfte aus der Kaufpreissammlung (Abs. 3)	8

1. Kaufpreissammlung (Abs. 1). Die Wertermittlung baut wesentlich auf **Vergleichspreisen** auf (vgl. § 194 und die §§ 15, 16 ImmoWertV). Durch die Kaufpreissammlung soll sichergestellt werden, dass der Gutachterausschuss eine möglichst lückenlose Übersicht über die Grundstückspreise erhält. Nach **Abs. 1 S. 1** sind die beurkundenden Stellen – also vor allem und trotz ihrer Verschwiegenheitspflicht (§ 18 Abs. 1 S. 1 BNotO) die Notare – verpflichtet, jeden Vertrag über die entgeltliche Übertragung des Eigentums an einem Grundstück einschließlich des Tausches sowie der erstmaligen oder erneuten Bestellung von Erbbaurechten dem Gutachterausschuss durch Übersendung einer Abschrift des Vertrages mitzuteilen. Fälle der unentgeltlichen Übertragung von Eigentum (Schenkung) fallen nicht unter die Übersendungspflicht. Die Übersendungspflicht besteht nach **Abs. 1 S. 2 Hs. 1** auch für das Angebot und für die Annahme eines Angebotes, wenn diese getrennt beurkundet werden.

Durch **Abs. 1 S. 2 Hs. 2** wird die Übersendungspflicht über die Fälle der rechtsgeschäftlichen Übertragung von Eigentum hinaus auch auf Eigentumsübertragungen im Rahmen **bestimmter weiterer Verfahren** sowie auf die **Zwangsversteigerung** erweitert. Im Einzelnen erstreckt sich die Übersendungspflicht auf folgende Fälle: Einigung vor einer Enteignungsbehörde (vgl. § 110), Enteignungsbeschluss (§ 113), Beschluss über die Vorwegnahme einer Entscheidung im Umlegungsverfahren (§ 76), Beschluss über die Aufstellung eines Umlegungsplans (§ 66), Beschluss über eine vereinfachte Umlegung (§ 82) sowie Zuschlag in einem Zwangsversteigerungsverfahren (§ 82 ZVG).

Die Kaufpreissammlungen werden bei den Gutachterausschüssen eingerichtet (vgl. § 193 Abs. 5). Dabei sind neben Kaufverträgen auch die sonstigen in Abs. 1 bezeichneten, den Eigentumsübergang an einem Grundstück oder die Begründung eines Erbbaurechts betreffenden Rechtsgeschäfte oder Verfügungen zu berücksichtigen. **Aufgabe der Geschäftsstellen** der Gutachterausschüsse ist es, die Verträge nach den Weisungen des Gutachterausschusses auszuwerten (vgl. hierzu die näheren Bestimmungen in den Rechtsverordnungen der Länder gemäß § 199 Abs. 2 Nr. 4).

2. Zugänglichkeit der Kaufpreissammlung (Abs. 2). Die Frage einer **Öffnung der Kaufpreissammlung** durch Übermittlung oder Einsichtgewährung hat im Rahmen des BauGB-Gesetzgebungsverfahrens eine bedeutende Rolle gespielt (vgl. BT-Drs. 10/6166, 137 f.). Dabei ging es insbesondere um die Frage, ob die Kaufpreissammlung lediglich dem Gutachterausschuss sowie nach Maßgabe des **Abs. 2** den Finanzämtern sowie ggf. Gerichten oder Staatsanwaltschaften zugänglich ist, oder aber – über das Auskunftsrecht nach **Abs. 3** hinaus – insbesondere auch den öffentlich bestellten und vereidigten Sachverständigen. Für die dagegen gerichtete Entscheidung des Gesetzgebers war vor allem das im Volkszählungsurteil des **Bundesverfassungsgerichts** maßgeblich (BVerfG Urt. v. 15.12.1983 – 1 BvR 209/83 u. a., BVerfGE 65, 1). Das **BVerwG** (Urt. v. 6.10.1989 – 4 C 11/86, NJW 1990, 849) hat diese Regelung als mit der Verfassung, insbesondere mit Art. 3 Abs. 1 und

Art. 12 Abs. 1 GG, vereinbar bewertet. Die Entscheidung erging zwar zu den entsprechenden Regelungen des BbauG aF, bezog aber die Neuregelung im BauGB ausdrücklich ein. Das BVerwG hat den Ausschluss der Einsichtnahme in die Kaufpreissammlung als eine zulässige Regelung der Berufsausübung der betroffenen Sachverständigen eingestuft.

Nach **Abs. 2 S. 1 „darf"** die Kaufpreissammlung nur dem zuständigen Finanzamt „für Zwecke der Besteuerung" übermittelt werden. **„Übermitteln"** bedeutet dabei das Bekanntgeben gespeicherter oder durch Datenverarbeitung unmittelbar gewonnener Daten an Dritte in der Weise, dass die Daten durch die speichernde Stelle weitergegeben oder zur Einsichtnahme, insbesondere zum Abruf, bereitgehalten werden (vgl. § 3 Abs. 4 S. 2 Nr. 3 BDSG).

Keine Übermittlungspflicht besteht gegenüber den Baugenehmigungsbehörden. Diese haben daher auch keinen Anspruch auf Übermittlung. Eine gesonderte Übermittlungspflicht enthält § 7 Abs. 2 PreisStatG zugunsten der Statistikämter, die von Abs. 2 S. 1 unberührt bleibt.

Nach **Abs. 2 S. 2** bleiben Rechtsvorschriften unberührt, nach denen Urkunden oder Akten den **Gerichten** oder **Staatsanwaltschaften** vorzulegen sind. Hierbei handelt es sich im datenschutzrechtlichen Sinne nicht um den Fall einer „Übermittlung" der Kaufpreissammlung, sondern um die Hinzuziehung von Urkunden oder Akten im Einzelfall. Mit dieser Regelung soll sichergestellt werden, dass der Inhalt der Kaufpreissammlung bei gerichtlichen Auseinandersetzungen zugänglich bleibt. Die Kaufpreissammlung ist in diesem Zusammenhang auch öffentlich bestellten Sachverständigen zugänglich zu machen, soweit sie vom Gericht beauftragt wurden. Die Funktionsfähigkeit der Rechtspflege ist von überwiegendem Allgemeininteresse und tritt daher nicht hinter datenschutzrechtliche Erwägungen zurück. Ohne diese Regelung würde das BauGB als „lex specialis" den Regelungen des Prozessrechtes (vgl. zB § 358a Nr. 2, § 273 Abs. 2 Nr. 2, § 432 und § 616 Abs. 1 ZPO; §§ 80, 96, 161 und 221 StPO sowie §§ 96, 99 und 100 VwGO) vorgehen und deren Anwendung ausschließen.

3. Auskünfte aus der Kaufpreissammlung (Abs. 3). Abs. 3 begründet bundesrechtlich ein allgemeines Auskunftsrecht aus der Kaufpreissammlung. Maßgebend sind die hierzu erlassenen landesrechtlichen Vorschriften; die Ermächtigung für diese ergibt sich aus § 199 Abs. 2 Nr. 4. Mit diesem Auskunftsrecht soll die Einengung ausgeglichen werden, die sich aus der Beschränkung der Zugänglichkeit der Kaufpreissammlung (Rn. 4) im Übrigen ergibt. Damit wird vor allem dem Informationsbedürfnis der öffentlich bestellten und vereidigten Sachverständigen Rechnung getragen.

Auskünfte aus der Kaufpreissammlung können nur bei **berechtigtem Interesse** erteilt werden. Welche Anforderungen dabei zu stellen sind, ist in Abs. 3 nicht näher umschrieben. Der A-Ber. zum BauGB 1987 (BT-Drs. 10/6166, 163) hebt darauf ab, dass der Begriff des „berechtigten Interesses" umfasender sei als der des „rechtlichen Interesses". Es genügt daher, dass der Auskunftbegehrende ein verständiges, durch die Sachlage gerechtfertigtes Interesse verfolgt (vgl. sinngemäß zum Einsichtsrecht in das Grundbuch zB BayObLG Beschl. v. 23.3.1983 – 2 Z 12/83, DB 1983, 1487). Soweit dies gegeben ist, besteht grundsätzlich ein Rechtsanspruch auf Auskunftserteilung; hierbei ist der Anspruch sachlich jedoch auf solche Auskünfte begrenzt, für die ein berechtigtes Interesse besteht. Dies kann auch bei einem Vergleichsgrundstück der Fall sein, das ein Gutachterausschuss im Rahmen des Vergleichswertverfahrens (§ 194 Rn. 12) herangezogen hatte (*Jacobs* NVwZ 2011, 1419 (1423)). Die Auskünfte aus der Kaufpreissammlung dürfen nur **unter Wahrung datenschutzrechtlicher Belange** gegeben werden, dh stets nur in anonymisierter und in einer solchen Form, die den Eigentümer des betreffenden Grundstücks nicht erkennen lässt. Wird von dem Auskunftsrecht zB zur Ermittlung des Verkehrswerts eines bestimmten Grundstücks Ge-

brauch gemacht, dürfen dem Auskunftsberechtigten auch nur die einschlägigen Daten bekannt gegeben werden, d h Kaufpreise dürfen in diesem Zusammenhang nur in dem Umfang bekannt gegeben werden, wie sie als Vergleichspreise in Betracht kommen können.

§ 196 Bodenrichtwerte

(1) ¹Auf Grund der Kaufpreissammlung sind flächendeckend durchschnittliche Lagewerte für den Boden unter Berücksichtigung des unterschiedlichen Entwicklungszustands zu ermitteln (Bodenrichtwerte). ²In bebauten Gebieten sind Bodenrichtwerte mit dem Wert zu ermitteln, der sich ergeben würde, wenn der Boden unbebaut wäre. ³Es sind Richtwertzonen zu bilden, die jeweils Gebiete umfassen, die nach Art und Maß der Nutzung weitgehend übereinstimmen. ⁴Die wertbeeinflussenden Merkmale des Bodenrichtwertgrundstücks sind darzustellen. ⁵Die Bodenrichtwerte sind jeweils zum Ende jedes zweiten Kalenderjahres zu ermitteln, wenn nicht eine häufigere Ermittlung bestimmt ist. ⁶Für Zwecke der steuerlichen Bewertung des Grundbesitzes sind Bodenrichtwerte nach ergänzenden Vorgaben der Finanzverwaltung zum jeweiligen Hauptfeststellungszeitpunkt oder sonstigen Feststellungszeitpunkt zu ermitteln. ⁷Auf Antrag der für den Vollzug dieses Gesetzbuchs zuständigen Behörden sind Bodenrichtwerte für einzelne Gebiete bezogen auf einen abweichenden Zeitpunkt zu ermitteln.

(2) ¹Hat sich in einem Gebiet die Qualität des Bodens durch einen Bebauungsplan oder andere Maßnahmen geändert, sind bei der nächsten Fortschreibung der Bodenrichtwerte auf der Grundlage der geänderten Qualität auch Bodenrichtwerte bezogen auf die Wertverhältnisse zum Zeitpunkt der letzten Hauptfeststellung oder dem letzten sonstigen Feststellungszeitpunkt für steuerliche Zwecke zu ermitteln. ²Die Ermittlung kann unterbleiben, wenn das zuständige Finanzamt darauf verzichtet.

(3) ¹Die Bodenrichtwerte sind zu veröffentlichen und dem zuständigen Finanzamt mitzuteilen. ²Jedermann kann von der Geschäftsstelle Auskunft über die Bodenrichtwerte verlangen.

Übersicht

	Rn.
1. Allgemeines	1
2. Ermittlung der Bodenrichtwerte	3
3. Bekanntmachung	7
4. Auskunftspflicht	8

1 **1. Allgemeines.** Nach **Abs. 1 S. 1** sind **Bodenrichtwerte** durchschnittliche Lagewerte für den Boden, die unter Berücksichtigung des unterschiedlichen Entwicklungszustands zu ermitteln sind. Bodenrichtwerte sind aufgrund der Kaufpreissammlungen (§ 195) zu ermitteln. Die Ermittlung der Bodenrichtwerte im Einzelnen regeln gem. § 199 Abs. 2 Nr. 4 BauGB die Landesregierungen durch Rechtsverordnung. Ebenfalls existiert eine **Bodenrichtwertrichtlinie** (BRW-RL) des Bundes vom 11.2.2011 (BAnz Nr. 24, 597), die grundlegende, mit den Ländern und kommunalen Spitzenverbänden abgestimmte Handlungsempfehlungen für die Bodenrichtwertermittlung durch die örtlichen Gutachterausschüsse enthält.

2 Die Bodenrichtwerte sollen jedermann (vgl. Abs. 3) und jederzeit Auskunft über **wichtige Daten des Bodenmarktes** vermitteln. Die Bodenrichtwerte sind damit ein wichtiges Instrument, um die Durchsichtigkeit und Übersichtlichkeit des Bodenmarktes vor allem für den privaten Sektor, aber auch zB für die Steuerverwaltung zu

verbessern und zu sichern. Diesem Zweck dienen vor allem die Bekanntmachung der Bodenrichtwerte und die Mitteilung der Bodenrichtwerte an die Finanzämter sowie das Auskunftsrecht nach Abs. 3.

2. Ermittlung der Bodenrichtwerte. Die Bodenrichtwerte sind, soweit nichts 3 anderes bestimmt ist, jeweils **nach zwei Jahren**, und zwar zum Ende des Kalenderjahres, zu ermitteln (**Abs. 1 S. 5**). Nach **Abs. 1 S. 6** sind Bodenrichtwerte für Zwecke der steuerlichen Bewertung des Grundbesitzes nach ergänzenden Vorgaben der Finanzverwaltung zum jeweiligen Besteuerungszeitpunkt zu ermitteln ("Bedarfsbewertung" s. auch zu Abs. 2 Rn. 6; zur Bedeutung der Regelung im Hinblick auf die Kompetenzen der Finanzämter nach § 145 BewG und die aus § 196 abzuleitende „Sperrwirkung" FG München Urt. v. 21.12.2010 – 4 V 3049/10, EFG 2011, 856; dort auch zu § 196 aF und zum Überleitungsrecht). Aus **Abs. 1 S. 7** ergibt sich gegenüber den für den Vollzug des BauGB zuständigen Behörden die Pflicht zur Ermittlung von Bodenrichtwerten für einzelne Gebiete bezogen auf einen abweichenden Zeitpunkt.

Bodenrichtwerte sind **durchschnittliche Lagewerte** des Bodens. Zu ermitteln 4 sind sie für Zonen (Bodenrichtwertzonen) lagetypischer Grundstücke. Die wesentlichen wertbestimmenden Merkmale der Grundstücke, auf die sich die ermittelten Bodenrichtwerte beziehen, insbesondere Nutzungsart und Nutzungsmaß sowie Entwicklungszustand des Bodens, werden bei der Veröffentlichung der Bodenrichtwerte in der Bodenrichtwertkarte regelmäßig angegeben.

Nach **Abs. 1 S. 1** sind die durchschnittlichen Lagewerte unter Berücksichtigung 5 des unterschiedlichen **Entwicklungszustands** zu ermitteln. Der Entwicklungszustand von Grundstücken bestimmt sich vor allem danach, ob es sich um Flächen der Land- und Forstwirtschaft, um Bauerwartungsland, um Rohbauland oder um baureifes Land handelt (→ § 194 Rn. 9). In bebauten Gebieten sind nach **Abs. 1 S. 2** die Bodenwerte zu ermitteln, die sich ergeben würden, wenn die Grundstücke unbebaut wären.

Nach **Abs. 2** sind Bodenrichtwerte von Grundstücken, deren Qualität (Entwick- 6 lungszustand) sich seit der letzten Ermittlung von Bodenrichtwerten geändert hat, nach den **geänderten Qualitätsmerkmalen** auch bezogen auf die allgemeinen Wertverhältnisse im Zeitpunkt der letzten Hauptfeststellung des Grundbesitzes zu ermitteln. Die weiterhin vorgesehene Mitteilung an das Finanzamt dient der Verzahnung der steuerlichen Bewertung mit der städtebaulichen Wertermittlung (Rn. 2).

3. Bekanntmachung. Die Bodenrichtwerte sind nach **Abs. 3 S. 1 bekannt zu** 7 **machen.** Bundesrechtlich ist dafür keine besondere Form vorgesehen (zur Ermächtigung der Landesregierungen zum Erlass ergänzender Verordnungen vgl. § 199 Abs. 2 Nr. 4).

4. Auskunftspflicht. Die Geschäftsstellen des Gutachterausschusses müssen gem. 8 Abs. 3 S. 2 jedermann **Auskunft** über die Bodenrichtwerte geben (vgl. hierzu weiterhin die Verordnungen der Landesregierungen gem. § 199 Abs. 2 Nr. 4).

§ 197 Befugnisse des Gutachterausschusses

(1) ¹Der Gutachterausschuss kann mündliche oder schriftliche Auskünfte von Sachverständigen und von Personen einholen, die Angaben über das Grundstück und, wenn das zur Ermittlung von Geldleistungen im Umlegungsverfahren, von Ausgleichsbeträgen und von Enteignungsentschädigungen erforderlich ist, über ein Grundstück, das zum Vergleich herangezogen werden soll, machen können. ²Er kann verlangen, dass Eigentümer und sonstige Inhaber von Rechten an einem Grundstück die zur Führung der Kaufpreissammlung und zur Begutachtung notwendigen Unterlagen vorle-

§ 197　　　　　　　　　　　　　　　　　III. Kapitel. I. Teil. Wertermittlung

gen. ³Der Eigentümer und der Besitzer des Grundstücks haben zu dulden, dass Grundstücke zur Auswertung von Kaufpreisen und zur Vorbereitung von Gutachten betreten werden. ⁴Wohnungen dürfen nur mit Zustimmung der Wohnungsinhaber betreten werden.

(2) ¹Alle Gerichte und Behörden haben dem Gutachterausschuss Rechts- und Amtshilfe zu leisten. ²Die Finanzbehörden erteilen dem Gutachterausschuss auf Ersuchen Auskünfte über Grundstücke, soweit ihnen die Verhältnisse der Grundstücke bekannt sind und dies zur Ermittlung von Ausgleichsbeträgen und Enteignungsentschädigungen sowie zur Ermittlung von Verkehrswerten und der für die Wertermittlung erforderlichen Daten einschließlich der Bodenrichtwerte erforderlich ist. ³Die Auskunftspflicht besteht nicht, soweit deren Erfüllung mit einem unverhältnismäßigen Aufwand verbunden wäre.

Übersicht

	Rn.
1. Allgemeines	1
2. Auskunftspflicht (Abs. 1 S. 1)	2
3. Vorlagepflicht (Abs. 1 S. 3)	4
4. Betretungsrecht (Abs. 1 S. 3)	5
5. Durchsetzung, Rechtsschutz	6
6. Rechts- und Amtshilfe (Abs. 2 S. 2 und 3)	7

1 **1. Allgemeines.** Der Gutachterausschuss erhält durch § 197 für alle ihm zugewiesenen Tätigkeiten die gebotenen Möglichkeiten zur **Sachverhaltsfeststellung.** Die Verpflichtung zur Sachverhaltsfeststellung ergibt sich für den Gutachterausschuss allgemein aus § 24 VwVfG und 208, nach denen die mit dem Vollzug des BauGB befassten Behörden den für eine Sachentscheidung bedeutsamen Sachverhalt von Amts wegen zu erforschen haben. § 197 enthält dabei gegenüber den Vorschriften der §§ 208 f. Sonderbestimmungen, ohne dass damit jedoch die allgemeinen Vorschriften über das Verwaltungsverfahren ausgeschlossen sind (§ 208 Rn. 1). Durch die Innenentwicklungsnovelle 2013 wurden die Pflichten zur Auskunftserteilung durch die Finanzbehörden an die Gutachterausschüsse erweitert. Zuvor war dies auf die erforderlichen Auskünfte beschränkt, die zur Ermittlung von Ausgleichsbeträgen und Enteignungsentschädigungen erforderlich waren.

2 **2. Auskunftspflicht (Abs. 1 S. 1).** Nach **Abs. 1 S. 1** hat der Gutachterausschuss das Recht, Auskünfte einzuholen, und zwar in erster Linie von Sachverständigen. Da der Gutachterausschuss aus Personen besteht, die in der Wertermittlung erfahren sind (§ 192 Abs. 2), kommen zum Einholen von Auskünften vor allem solche Sachverständige in Betracht, die zu Spezialbereichen, die nur am Rande oder außerhalb der eigentlichen Wertermittlung liegen, über besondere Kenntnisse verfügen. Der Gutachterausschuss kann weiterhin Auskünfte von Personen einholen, die Angaben über das Grundstück machen können. Dies können der Eigentümer, Nutzungsberechtigte oder sonstige Personen sein; insoweit geht das Auskunftsrecht des § 197 über die Verpflichtung des § 208 BauGB hinaus, die sich auf Beteiligte beschränkt.

3 Der Gutachterausschuss kann **mündliche** oder **schriftliche Auskünfte** einholen. Der Sachverständige oder die sonstige für Auskünfte in Betracht kommende Person ist zur Auskunft **verpflichtet.** Dies schließt ggf. die Verpflichtung ein, vor dem Gutachterausschuss zu erscheinen (→ zur Durchsetzung der Auskunftspflicht Rn. 6). **Erforderlich** sind Auskünfte nicht erst dann, wenn sie für den Gutachterausschuss unverzichtbar sind, sondern bereits dann, wenn sie dessen Arbeit nachvollziehbar erleichtern. Die Einholung von Auskünften über Vergleichsgrundstücke (Abs. 1 S. 1 letzter Fall) hat Bedeutung für die Ermittlung von Geldleistungen im Umlegungsver-

fahren, von Ausgleichsbeträgen und Enteignungsentschädigungen (vgl. hierzu auch Abs. 2 S. 2, → Rn. 7).

3. Vorlagepflicht (Abs. 1 S. 3). Nach **Abs. 1 S. 2** sind Eigentümer und sonstige 4 dinglich Berechtigte zur **Vorlage von Unterlagen** verpflichtet, die zur Begutachtung notwendig sind. Auch diese Verpflichtung bezieht sich auf alle gesetzlichen Tätigkeiten des Gutachterausschusses, also sowohl auf die Wertermittlung im Einzelfall als auch auf die jährliche Ermittlung der Bodenrichtwerte (zu den hierbei in Betracht kommenden Urkunden und sonstigen Unterlagen vgl. § 208 BauGB und die dortigen Erläuterungen; → zur Durchsetzung der Vorlagepflicht Rn. 6).

4. Betretungsrecht (Abs. 1 S. 3). Nach **Abs. 1 S. 3** sind der Grundstückseigen- 5 tümer und der Grundstücksbesitzer verpflichtet, die **Betretung des Grundstücks** zu dulden. Das Gesetz stellt hierbei ausdrücklich klar, dass sich das Betretungsrecht sowohl auf die Fälle der Vorbereitung von Gutachten im Einzelfall als auch auf die Auswertung von Kaufpreisen bezieht. Die Regelung entspricht § 209 Abs. 1. § 209 Abs. 1 S. 2 ist entsprechend anzuwenden; danach ist den Eigentümern oder Besitzern das Betreten vorher bekannt zu geben. Der Gutachterausschuss hat demgegenüber gem. Abs. 1 S. 4 kein Recht, **Wohnungen** ohne Zustimmung zu betreten (vgl. Art. 13 GG sowie § 209 Abs. 1 S. 3).

5. Durchsetzung, Rechtsschutz. Die Rechte nach Abs. 1 stehen dem **Gutach-** 6 **terausschuss insgesamt** sowie seinen Mitgliedern zu, nicht aber sonstigen Gutachtern und auch nicht der Geschäftsstelle des Gutachterausschusses. Die vom Gutachterausschuss nach Abs. 1 getroffenen Anordnungen, mündliche oder schriftliche Auskünfte zu erteilen sowie vor dem Gutachterausschuss ggf. zu erscheinen (Rn. 2), Unterlagen vorzulegen (Rn. 4) oder die Betretung des Grundstücks zu dulden (Rn. 5), sind **Verwaltungsakte** und können nach Maßgabe der Verwaltungsgerichtsordnung angefochten werden. Zur Durchsetzung der Anordnungen des Gutachterausschusses nach Abs. 1 kann nach dem Verwaltungsvollstreckungsrecht der Länder verfahren werden. Hinsichtlich der Verpflichtung zum persönlichen Erscheinen und der Vorlage von Unterlagen besteht dabei in § 208 eine Sonderregelung über die Androhung und Festsetzung eines Zwangsgelds (vgl. im Einzelnen die Erl. zu § 208 BauGB).

6. Rechts- und Amtshilfe (Abs. 2 S. 2 und 3). Dem Gutachterausschuss steht es 7 als Behörde (→ § 192 Rn. 2) zu, von allen Gerichten und Behörden **Rechts- und Amtshilfe** im Rahmen der dem Gutachterausschuss obliegenden Aufgaben zu beanspruchen. **Abs. 2 S. 1** hat insoweit klarstellende Bedeutung. **Abs. 2 S. 2** begründet eine über die allgemeinen Grundsätze der Amtshilfe hinausgehende Verpflichtung der Finanzbehörden, dem Gutachterausschuss Auskünfte über Grundstücke zu erteilen. Sie besteht bei einem entsprechenden Ersuchen des Gutachterausschusses, also nicht von Amts wegen. Beschränkt ist die Auskunftspflicht zum einen dadurch, dass die Verhältnisse der Grundstücke, also die entsprechenden Daten, der angerufenen Finanzbehörde bekannt sein müssen. Zum anderen darf die Erfüllung der Auskunftspflicht nicht mit einem unverhältnismäßigen Aufwand für die Finanzbehörde verbunden sein (Abs. 2 S. 3). Gemeint ist damit vor allem, dass die Finanzbehörden nicht bestimmte bei ihnen vorhandene Daten in besonderer Weise zusammenstellen oder für die Gutachterausschüsse auswerten müssen. Dem kann nicht dadurch begegnet werden, dass die Finanzbehörden den Gutachterausschüssen einen unmittelbaren eigenen Zugriff auf die vorhandenen Daten gewähren. Durch das Erfordernis eines jeweiligen Ersuchens soll ein solcher ständiger Zugriff gerade ausgeschlossen werden (vgl. BR-Drs. 474/12, 38).

Durch die Innenentwicklungsnovelle 2013 wurde die Auskunftspflicht über die 8 zur Ermittlung von Ausgleichsbeträgen (§ 154) und Enteignungsentschädigungen (§§ 93 ff.) erforderlichen Daten hinaus erweitert. Die Verpflichtung zur Informationserteilung durch die Finanzbehörden besteht daher auch, wenn die Daten zur Ermittlung von Verkehrswerten (§ 194) oder für die Wertermittlung einschließlich der

Ermittlung von Bodenrichtwerten (§ 198) erforderlich sind. Von Bedeutung sein können dabei insbesondere durch die Finanzbehörden unter wirtschaftlichen Gesichtspunkten vorgenommene Kaufpreisaufteilungen, die für die Führung und Auswertung der Kaufpreissammlung und sodann bei der Ermittlung der Bodenrichtwerte genutzt werden können (vgl. BR-Drs. 474/12, 37). Hinsichtlich der **Erforderlichkeit** gelten die Ausführungen zu Abs. 1 S. 1 entsprechend (→ Rn. 3).

§ 198 Oberer Gutachterausschuss

(1) ¹**Für den Bereich einer oder mehrerer höherer Verwaltungsbehörden sind Obere Gutachterausschüsse oder Zentrale Geschäftsstellen zu bilden, wenn in dem Bereich der höheren Verwaltungsbehörde mehr als zwei Gutachterausschüsse gebildet sind.** ²**Auf die Oberen Gutachterausschüsse sind die Vorschriften über die Gutachterausschüsse entsprechend anzuwenden.**

(2) ¹**Der Obere Gutachterausschuss oder die Zentrale Geschäftsstelle haben insbesondere die Aufgabe, überregionale Auswertungen und Analysen des Grundstücksmarktgeschehens zu erstellen, auch um zu einer bundesweiten Grundstücksmarkttransparenz beizutragen.** ²**Ist nach Absatz 1 kein Oberer Gutachterausschuss oder keine Zentrale Geschäftsstelle zu bilden, gilt Satz 1 für die Gutachterausschüsse entsprechend.**

(3) **Der Obere Gutachterausschuss hat auf Antrag eines Gerichts ein Obergutachten zu erstatten, wenn schon das Gutachten eines Gutachterausschusses vorliegt.**

1 Nach **Abs. 1** sind für den Bereich einer oder mehrerer höherer Verwaltungsbehörden **Obere Gutachterausschüsse** oder zentrale Geschäftsstellen zu bilden, sofern mehrere Gutachterausschüsse existieren (vgl. § 199 Abs. 2 Nr. 1). Bis zur Erbschaftssteuernovelle 2009 konnten die Landesregierungen „bei Bedarf" durch Rechtsverordnung Obere Gutachterausschüsse bilden. Die verpflichtende Einrichtung von Oberen Gutachterausschüssen oder zentraler Geschäftsstellen soll die Richtwertermittlung vereinheitlichen und die Abstimmung zwischen den örtlichen Gutachterausschüssen verbessern. Sie sollen darüber hinaus bei örtlich unzureichender Datengrundlage aus regionalen und überregionalen Daten flächendeckende Daten für die Wertermittlung ableiten können.

2 Ihre vorrangige Aufgabe ist nach **Abs. 2** die überregionale Auswertung und Analyse des Grundstücksmarktes. Durch die Innenentwicklungsnovelle 2013 wurde mit dem neu aufgenommenen 2. Halbsatz verdeutlicht, dass dies auch der bundesweiten Markttransparenz dienen soll.

3 Gemäß Abs. 3 gehört zu den Aufgaben des Oberen Gutachterausschusses im Weiteren die **Erstattung von Obergutachten** auf Antrag eines Gerichtes, wenn schon das Gutachten eines Gutachterausschusses vorliegt. Damit soll vor allem der Möglichkeit entgegengewirkt werden, dass das Gutachten eines Gutachterausschusses in einem Vorverfahren bereits „verbraucht" ist und damit auf andere Erkenntnisgrundlagen als die der amtlichen Wertermittlung zurückgegriffen werden müsste. Voraussetzung für die Erstattung des Obergutachtens ist somit, dass der zuständige örtliche Gutachterausschuss bereits ein Gutachten erstattet hat.

4 Für die **Aufgaben** des Oberen Gutachterausschusses, seine **Rechtsstellung** und die rechtliche Qualität der **Gutachten** gilt im Übrigen das für die Gutachterausschüsse geltende Recht entsprechend.

5 Den Oberen Gutachterausschüssen können gem. § 199 Abs. 2 Nr. 6 **weitere Aufgaben** übertragen werden.

6 Auch für den Oberen Gutachterausschuss wird eine **Geschäftsstelle** eingerichtet (vgl. § 199 Abs. 2 Nr. 3).

§ 199 Ermächtigungen

(1) Die Bundesregierung wird ermächtigt, mit Zustimmung des Bundesrates durch Rechtsverordnung Vorschriften über die Anwendung gleicher Grundsätze bei der Ermittlung der Verkehrswerte und bei der Ableitung der für die Wertermittlung erforderlichen Daten einschließlich der Bodenrichtwerte zu erlassen.

(2) Die Landesregierungen werden ermächtigt, durch Rechtsverordnung
1. die Bildung und das Tätigwerden der Gutachterausschüsse und der Oberen Gutachterausschüsse sowie der Zentralen Geschäftsstellen, soweit in diesem Gesetzbuch nicht bereits geschehen, die Mitwirkung der Gutachter und deren Ausschluss im Einzelfall,
2. die Aufgaben des Vorsitzenden,
3. die Einrichtung und die Aufgaben der Geschäftsstelle,
4. die Führung und Auswertung der Kaufpreissammlung, die Häufigkeit der Bodenrichtwertermittlung sowie die Veröffentlichung der Bodenrichtwerte und sonstiger Daten der Wertermittlung und die Erteilung von Auskünften aus der Kaufpreissammlung,
5. die Übermittlung von Daten der Flurbereinigungsbehörden zur Führung und Auswertung der Kaufpreissammlung,
6. die Übertragung weiterer Aufgaben auf den Gutachterausschuss und den Oberen Gutachterausschuss und
7. die Entschädigung der Mitglieder des Gutachterausschusses und des Oberen Gutachterausschusses

zu regeln.

Abs. 1 ermächtigt die **Bundesregierung** mit Zustimmung des Bundesrates durch Rechtsverordnung Vorschriften über die Anwendung gleicher Grundsätze bei der Ermittlung der Verkehrswerte und bei der Ableitung der für die Wertermittlung erforderlichen Daten einschließlich der Bodenrichtwerte zu erlassen. Die Bundesregierung hat von der Ermächtigung des § 199 Abs. 1 durch Erlass der „Verordnung über Grundsätze für die Ermittlung der Verkehrswerte von Grundstücken" (Immobilienwertermittlungsverordnung – ImmoWertV vom 19.5.2010, BGBl. I S. 639) Gebrauch gemacht.

Abs. 2 enthält zusammengefasst die Ermächtigungen an die **Landesregierungen** zum Erlass von Aus- und Durchführungsverordnungen zum Wertermittlungsrecht des Bundes. Davon haben die Länder durchgängig Gebrauch gemacht; s. etwa GAVO NRW vom 23.3.2004 (GVNRW S. 146); GutAV Bay. vom 5.4.2005 (GVBl. S. 88); GAusschV BW vom 11.12.1989 (GBl. S. 541), geändert am 15.2.2005 (GBl. S. 167); DVO-BauGB NDS vom 24.5.2005 (GVBl. S. 183); s. auch *Federwisch* in SU BauGB § 199 Rn. 3.1.

Durch die Innenentwicklungsnovelle 2013 wurde Abs. 2 Nr. 4 klarstellend dahingehend ergänzt, dass die Länder eine häufigere Ermittlung der Bodenrichtwerte als in § 196 Abs. 1 S. 5 vorgesehen (zweijähriger Turnus) bestimmen können. Dadurch wird klargestellt, dass die diesbezügliche Berechtigung bei den Ländern liegt und keine bundesgesetzliche Bestimmung erfordert. Aus § 196 Abs. 1 S. 5 ergibt sich dabei allerdings zugleich, dass ein längerer Turnus als dort vorgesehen, durch die Länder nicht festgelegt werden darf.

Vorb §§ 200–216 III. Kapitel. II. Teil. Allgemeine Vorschriften

Zweiter Teil. Allgemeine Vorschriften; Zuständigkeiten; Verwaltungsverfahren; Planerhaltung

Vorbemerkung zu den §§ 200 bis 216

Übersicht

	Rn.
1. Allgemeines	1
2. Verhältnis zu VwVfG	2

1 **1. Allgemeines.** Die Überschrift des 2. Teils des 3. Kapitels legt offen, dass die darin enthaltenen Vorschriften ganz unterschiedlichen Zwecken dienen. Die §§ 200 Abs. 1–2, 201 sind typische Vorschriften eines Allgemeinen Teils, die durch redaktionelle Vereinfachungen (§ 200) und eine Legaldefinition der Landwirtschaft (§ 201) den übrigen Gesetzestext entlasten. Das Baulandkataster (§ 200 Abs. 3) informiert über bebaubare Flächen in einer Gemeinde. § 200a – Ersatzmaßnahmen – erweitert für die Angriffsregelung des § 1a Abs. 3 S. 1 durch Erweiterung des in § 1a Abs. 3 S. 2 festgelegten Kompensationsraums. § 202 ist eine ökologische Schutzvorschrift für alle wesentlichen Veränderungen der Erdoberfläche. Außer durch die im 2. Abschnitt gesondert aufgeführten Zuständigkeitsregelungen (§§ 203–206) wird das allgemein in den VwVfG geregelte Verwaltungsverfahren durch wenige, überwiegend spezielle Vorschriften (§§ 207–212) ergänzt. § 212a – Entfall der aufschiebenden Wirkung – ist eine verwaltungsprozessuale Vorschrift gem. § 80 Abs. 2 S. 1 Nr. 3 VwGO. § 213 erklärt bestimmte gegen das BauGB verstoßende Handlungen zu Ordnungswidrigkeiten. Die unter der Überschrift „Planerhaltung" zusammengefassten Vorschriften (§§ 214–216), die die Rechtskontrolle der Bauleitpläne und sonstiger baurechtlicher Satzungen durch die Gerichte bei formellen und materiellen Fehlern einschränken sollen, gehören sachlich zum Recht der Aufstellung der Bauleitpläne und sonstiger baurechtlicher Satzungen.

2 **2. Verhältnis zu VwVfG.** Die verfahrensrechtlichen Regelungen des zweiten Teils werden durch allgemeine Verfahrensvorschriften ergänzt. Dazu zählen die **VwVfG des Bundes** und die **VwVfG der Länder.** Die VwVfG von Berlin, Niedersachsen, Rheinland-Pfalz und Sachsen enthalten nur wenige eigene Bestimmungen und verweisen im Übrigen auf das VwVfG des Bundes. Die VwVfG der übrigen Länder treffen mit dem VwVfG des Bundes weitgehend wortgleiche Regelungen. Nach § 1 BVwVfG gilt dieses Gesetz auch für die öffentlich-rechtliche Verwaltungstätigkeit der im Gesetz bezeichneten Behörden, wenn die Länder – wie im Falle des BauGB (Art. 74 Abs. 1 Nr. 18 iVm Art. 84 GG) – Bundesrecht, das Gegenstand der konkurrierenden Gesetzgebung ist, als eigene Angelegenheit ausführen, soweit nicht Rechtsvorschriften des Bundes inhaltsgleiche oder entgegenstehende Rechtsvorschriften enthalten. Soweit also das BauGB inhaltsgleiche oder entgegenstehende Vorschriften enthält, gehen diese den allgemeinen Vorschriften des VwVfG des Bundes vor. Die gem. § 1 Abs. 2 BundesVwVfG ergänzende Geltung des BVwVfG zu Spezialregelungen des BauGB wird durch den von § 1 Abs. 3 BVwVfG angeordneten Vorrang der LVwVfG ausgeschlossen. Da alle Länder VwVfG erlassen haben, ergänzen diese landesrechtlichen Vorschriften anstelle des BVwVfG vorrangige (abweichende oder inhaltsgleiche) Regelungen zum BauGB, allerdings nur insoweit, als die LVwVfG das Verwaltungsverfahren gleich lautend oder anders als das BundesVwVfG geregelt haben. Ausnahmsweise kann also eine Lücke des LVwVfG durch das BVwVfG geschlossen werden. Trotz der ergänzenden Geltung des LVwVfG werden

1. Abschnitt. Allgemeine Vorschriften **§ 200**

den nachfolgenden Erläuterungen wegen der weitgehend wörtlichen Übernahme der Regelungen des BVwVfG, aus Gründen der Vereinfachung grundsätzlich die Vorschriften des BVwVfG zugrunde gelegt. Mangels ausdrücklicher Verweisung iSv § 63 Abs. 1 VwVfG sind nicht anwendbar die Vorschriften des BVwVfG über das förmliche Verwaltungsverfahren (§§ 63–71). Da das BauGB kein fachplanerisches Planfeststellungsverfahren iSv § 72 BVwVfG regelt, sind auch die Vorschriften über das Planfeststellungsverfahren (§§ 72–78 BVwVfG) unanwendbar.

Erster Abschnitt. Allgemeine Vorschriften

§ 200 Grundstücke; Rechte an Grundstücken; Baulandkataster

(1) **Die für Grundstücke geltenden Vorschriften dieses Gesetzbuchs sind entsprechend auch auf Grundstücksteile anzuwenden.**

(2) **Die für das Eigentum an Grundstücken bestehenden Vorschriften sind, soweit dieses Gesetzbuch nichts anderes vorschreibt, entsprechend auch auf grundstücksgleiche Rechte anzuwenden.**

(3) **¹Die Gemeinde kann sofort oder in absehbarer Zeit bebaubare Flächen in Karten oder Listen auf der Grundlage eines Lageplans erfassen, der Flur- und Flurstücksnummern, Straßennamen und Angaben zur Grundstücksgröße enthält (Baulandkataster). ²Sie kann die Flächen in Karten oder Listen veröffentlichen, soweit die Grundstückseigentümer nicht widersprochen hat. ³Die Gemeinde hat ihre Absicht zur Veröffentlichung einen Monat vorher öffentlich bekannt zu geben und dabei auf das Widerspruchsrecht der Grundstückseigentümer hinzuweisen.**

Übersicht

	Rn.
1. Zweck und Bedeutung	1
2. Grundstück	2
a) Begriff des Grundstückes	2
b) Buchgrundstück	3
c) Wirtschaftsgrundstück	4
d) Baugrundstück	5
3. Grundstücksteil	6
4. Grundstücksgleiche Rechte	7
5. Baulandkataster	8

1. Zweck und Bedeutung. Viele Vorschriften des BauGB beziehen sich ausdrücklich nur auf Grundstücke. Zur redaktionellen Vereinfachung erweitert § 200 den Anwendungsbereich dieser Vorschriften durch ihre entsprechende Anwendung auf Grundstücksteile und auf grundstücksgleiche Rechte. Abs. 1 ermöglicht es der Verwaltung, die nach dem Gesetz erforderlichen Planungen und Durchführungsmaßnahmen unabhängig von den zivilrechtlichen Eigentumsverhältnissen und den daraus folgenden grundbuchrechtlichen Konsequenzen vorzunehmen, zB Enteignung eines Grundstücksteils vor Anlegung eines neuen Grundbuchblattes. Abs. 3 ermächtigt die Gemeinde, ein **Baulandkataster** einzurichten. 1

2. Grundstück. a) Begriff des Grundstückes. Das Gesetz definiert den **Begriff des Grundstücks** nicht, weil ihm kein einheitlicher Grundstücksbegriff zugrunde liegt. Wie in anderen Gesetzen auch, sind verschiedene Grundstücksbegriffe zu unterscheiden. 2

§ 200

3 b) Buchgrundstück. Ein **Grundstück im liegenschaftsrechtlichen** (formellen) **Sinn**, Buchgrundstück, Grundstück im Rechtssinn, ist jeder gegen andere Teile räumlich abgegrenzte Teil der Erdoberfläche, der auf einem besonderen Grundbuchblatt unter einer besonderen Nummer im Verzeichnis der Grundstücke eingetragen ist (RGZ 84, 270; BVerwG 44, 251; E 66, 69; BGHZ 49, 147). Von diesem, dem BGB und der GBO generell zugrunde liegenden, vom BVerwG auch als bürgerlich-rechtlicher oder grundbuchrechtlicher bezeichneten Grundstücksbegriff ist im BauGB in der Regel auszugehen. Ein Buchgrundstück kann aus einem oder aus mehreren Flurstücken bestehen. Das Flurstück ist ein katastermäßig vermessener und bezeichneter Teil der Erdoberfläche (s. *Kalb/Külpmann* in EZBK § 200 Rn. 3). Der Begriff des Grundstückes im Rechtssinne ist dort maßgeblich, wo das Grundstück Gegenstand des Rechtsverkehrs ist, also beim Bodenverkehr (§§ 19–23), beim Vorkaufsrecht (§§ 24–28), bei Übernahmeansprüchen iSd §§ 42, 176 Abs. 4, im Umlegungsverfahren (§§ 45–79 sowie §§ 80–84 – vereinfachtes) und im Enteignungsverfahren (§§ 85–92). Auch im Erschließungsbeitragsrecht geht das BVerwG in ständiger Rechtsprechung (E 42, 269; 51, 158; NVwZ 1987, 420) idR vom Begriff des Grundstücks iSd Grundbuchrechtes aus. Würde ein Festhalten an diesem Grundstücksbegriff den Sinn einer bestimmten bau- und bodenrechtlichen Regelung handgreiflich verfehlen, so sind Ausnahmen vertretbar, aber auch geboten (BVerwGE, 44, 250/252; E 88, 24/29; Buchholz 406 Nr. 40 – § 31 BauGB Nr. 40, S. 13; Beschl. v. 21.12.2011 – 4 G 3 10 – mehrere Buchgrundstücke als ein Baugrundstück wegen Sinn und Zweck der Sanierung; zust. *Hofherr* in BK § 200 Rn. 12; *Kalb/Külpmann*, aaO, Rn. 8; aA *v. Mutius* KStZ 1978, 121). Der bauplanungsrechtliche Grundstücksbegriff gilt unabhängig vom Bauordnungsrecht (BVerwGE 88, 24 – Baulast; Beschl. v. 21.12.2011 Rn. 12).

4 c) Wirtschaftsgrundstück. Als **Grundstücke im wirtschaftlichen Sinne** (Wirtschaftsgrundstück, materieller Grundstücksbegriff) werden solche Bodenflächen bezeichnet, die nach der Verkehrsanschauung eine wirtschaftliche Einheit darstellen. Bei der Entscheidung, ob nach der Verkehrsanschauung eine wirtschaftliche Einheit vorliegt, ist die örtliche Gewohnheit, die tatsächliche Übung, die Zweckbestimmung und die wirtschaftliche Zusammengehörigkeit der einzelnen Wirtschaftsgüter zu berücksichtigen (s. § 70 Abs. 1 iVm § 2 BewertungsG idF v. 13.2.1991, BGBl. I S. 230). Das Wirtschaftsgrundstück kann aus einem oder aus mehreren Buchgrundstücken oder Teilen davon bestehen. Das Gesetz verwendet den Begriff des Wirtschaftsgrundstückes ausdrücklich nur in § 206 und erkennt damit an, dass dieser Begriff neben den liegenschaftsrechtlichen Grundstücksbegriffen maßgeblich sein kann, ohne aber festzulegen, wann dies der Fall ist. Der Begriff des Wirtschaftsgrundstückes ist überall da maßgeblich, wo, wie im Abgabenrecht, Rechtsfolgen an den Wert und die wirtschaftliche Bedeutung von Grundstücken anknüpfen, also zB bei der Bestimmung der wirtschaftlichen Zumutbarkeit für die Ausübung der Plangebote (§§ 175 ff.), der Bestimmung der Entschädigung im Planungsschadensrecht (§§ 39 ff.) und im Enteignungsrecht (§§ 93 ff.) – nicht hinsichtlich des Rechtsaktes der Enteignung, s. aber auch § 92 Abs. 3 –, im Wertermittlungsverfahren (§§ 192 ff.) und ausnahmsweise im Erschließungsbeitragsrecht (dazu BVerwG, DVBl. 1987, 630), wenn sich Nutzen und Nutzung nach der Verkehrsanschauung nicht auf ein einziges Buchgrundstück (also Ganzes) beziehen (→ Rn. 3), zB Spaltung eines Buchgrundstückes in mehrere wirtschaftliche Grundstückseinheiten (BVerwG NJW 1977, 1549), oder Bildung einer wirtschaftlichen Grundstückseinheit durch mehrere, ein und demselben Eigentümer bzw. einer Eigentümermehrheit gehörende Buchgrundstücke (BVerwG NJW 1972, 701; NJW 1976, 1908; VGH München BayVBl. 1985, 243; DÖV 1985, 542).

5 d) Baugrundstück. In § 9 Abs. 1 Nr. 3 (s. auch § 19 Abs. 3 BauNVO) verwendet das Gesetz den Begriff des Baugrundstückes, ohne ihn jedoch zu definieren. **Bau-**

1. Abschnitt. Allgemeine Vorschriften **§ 200**

grundstück im planungsrechtlichen Sinne ist eine Fläche, auf der nach bauplanungsrechtlichen Vorschriften ein Gebäude zulässig ist. BVerwGE 88, 24 setzt den Begriff des bauplanungsrechtlichen Baugrundstücks gleich mit dem bauplanungsrechtlichen Grundstücksbegriff (→ Rn. 3). Zur Auslegung des Begriffs in den textlichen Festsetzungen eines Bebauungsplans OVG Koblenz, ZfBR 2015, 704 – Vorrang des bauplanungsrechtlichen Sprachgebrauchs. Das Baugrundstück kann, wie regelmäßig, aus einem Buchgrundstück oder aus einem Teil eines Buchgrundstückes oder aus mehreren Buchgrundstücken bestehen. Zum Einfluss topografischer Gründe und öffentlicher sowie notwendiger privater Straßen auf die Bestimmung eines Baugrundstückes s. *Praml* DVBl. 1980, 218/222. Ein Baugrundstück im bauplanungsrechtlichen Sinne muss mangels Bebaubarkeit aus bauordnungsrechtlichen Gründen (noch) kein Baugrundstück im bauordnungsrechtlichen Sinne sein (gegen diese Unterscheidung *v. Schack* DVBl. 1970, 41). So ist eine bebaute, planungsrechtlich aber künftig nicht mehr bebaubare Fläche ein bauordnungsrechtliches, aber kein bauplanungsrechtliches Baugrundstück. Die nach der Verkehrsanschauung zu bestimmende Anerkennung als Wirtschaftsgrundstück kann sich bei der Qualifikation als Baugrundstück insbesondere auswirken bei der Bemessung des Bauwiches oder der Anerkennung als Baulücke (*v. Schack* DVBl. 1970, 40; krit. *Praml* DVBl. 1980, 218/221).

3. Grundstücksteil. Alle Vorschriften, die das Gesetz für Grundstücke trifft, gelten entsprechend auch für **Grundstücksteile,** ohne dass es einer weiteren Vorschrift bedarf. Abs. 1 gilt für reale Grundstücksteile und für ideelle Anteile an Bruchteilsgemeinschaften (§§ 1008 ff. BGB) oder an Gesamthandsgemeinschaften (*Kalb/Külpmann,* aaO, Rn. 19; *Hofherr,* aaO, Rn. 18; aA OLG Bremen DNotZ 1978, 624; *Grziwotz,* SU § 200 Rn. 6). Die Erweiterung des Handlungsspielraums der Verwaltung durch Abs. 1 wirkt sich vornehmlich gegenüber Buchgrundstücken aus, zB Beschränkung des Übernahmeanspruchs nach § 40 Abs. 2 auf eine Teilfläche (OLG Hamburg NJW 1974, 801), weniger gegenüber Wirtschaftsgrundstücken, zB bei einer Teilbewertung gem. § 193, und gar nicht gegenüber Baugrundstücken. 6

4. Grundstücksgleiche Rechte. Der auch in § 61 Abs. 1 S. 1 verwendete Begriff des **grundstücksgleichen Rechts** ist zwar weder im BauGB noch in einem anderen Gesetz definiert, aber seine Bedeutung ist im Liegenschaftsrecht seit jeher vertraut. Gemeint sind die Rechte, die nach der Intensität der Verfügungs- und Nutzungsmacht dem Eigentum nahe kommen und deshalb auf Grund gesetzlicher Regelung im Grundbuch oder einem dem Grundbuch entsprechenden Verzeichnis eingetragen werden, wie zB das Erbbaurecht (OLG Hamburg NJW 1974, 801), das Wohnungserbbaurecht, das Teilerbbaurecht, das Bergrecht und das Mineralgewinnungsrecht, nicht aber mangels Belastbarkeit der Nießbrauch (OVG Münster MDR 1972, 358; *Hofherr,* BK § 200 Rn. 20; *Grziwotz,* aaO, Rn. 7 aA *Jäde* in JDW § 200 Rn. 8), wohl aber das Wohnungseigentum (*Jäde,* aaO, Rn. 8; *Hofherr,* aaO, Rn. 20; *Grziwotz,* aaO, Rn. 7; aA *Kalb/Külpmann,* aaO, Rn. 24)). Zu der gem. Abs. 2 entsprechenden Geltung der für das Eigentum an Grundstücken bestehenden Vorschriften für grundstücksgleiche Rechte kommt es selten, weil das Gesetz in wichtigen Fällen die Geltung der für das Eigentum an Grundstücken bestehenden Vorschriften auch auf grundstücksgleiche Rechte einräumt (zB § 48 Abs. 1 Nr. 2, § 61 Abs. 1 S. 1, § 86 Abs. 1 Nr. 2, § 106 Abs. 1 Nr. 2, 3). Die in dem mit „soweit" eingeleiteten Nebensatz getroffene Einschränkung ist überflüssig. 7

5. Baulandkataster. Abs. 3 soll die kommunale Praxis, **Baulandkataster** aufzustellen und zu führen, datenschutzrechtlich absichern (dazu *Klindt* BauR 2000, 15; *Schmidt-Eichstaedt,* Das Baulandkataster, 2000, S. 49; S. 77 EDV-Baulandkataster-Programmen; zur Aktivierung von Gewerbeflächen durch E-Government Difu-Impulse 8/2011; zur Vermittlungstätigkeit eines Notars *Püls* Zeitschrift f. d. notarielle Beratungs- und Beurkundungspraxis 1999, 19; s. a. *Thiel,* Städtebauliche Instrumente zur 8

Reduzierung des Flächenverbrauchs 2004, S. 209; *ders.* UPR 2005, 212). Durch die Novelle 2013 (→ Einl. Rn. 62) wird das Baulandkataster de facto aufgewertet. Weder § 1 Abs. 5 S. 3 (→ § 1 Rn. 46c) noch § 1a Abs. 2 (→ § 1a Rn. 2–10a) verpflichten aber die Gemeinde ein Baulandkataster einzurichten. Außer dem bereichsspezifischen Datenschutz dient Abs. 3 dazu, den Baulandmarkt transparent zu machen, um zur nachhaltigen städtebaulichen Entwicklung die zügige Bebauung von im Innenbereich gelegenen Grundstücken zu erleichtern und den Außenbereich vor unnötiger Inanspruchnahme zu schützen. Gem. der Legaldefinition des Abs. 4 S. 1 besteht das Baulandkataster aus Karten oder Listen, in denen die Gemeinde auf der Grundlage eines Lageplans die sofort oder in absehbarer Zeit bebaubaren Flächen erfasst. Einer förmlichen Trennung der Karten oder Listen einerseits und des Lageplans andererseits wie zwischen Flurbuch (Liegenschaftsbuch) und Flurkarte beim Liegenschaftskataster bedarf es nicht. Der Lageplan muss die liegenschaftskatasterlichen Flurnummer(n) und Flurstücknummer(n) der Fläche enthalten. Angaben über Straßennamen können nur aufgeführt werden, wenn schon vorhanden. Die Aufnahme einer Fläche in das Baulandkataster hängt davon nicht ab. Die Verwendung des Begriffs „Grundstücksgröße" ist missverständlich. Gerade bei Baulücken muss die in absehbarer Zeit bebaubare Fläche nicht ein Buchgrundstück (Rn. 3) oder ein Baugrundstück (Rn. 5) sein. Aussagen des Baulandkatasters zur sofortigen oder baldigen bauplanungs- oder bauordnungsrechtlichen Bebaubarkeit ersetzen weder eine Baugenehmigung, noch bilden sie eine diesbezügliche Zusage. Ihr informeller Charakter schließt einen Vertrauenstatbestand (*Hofherr*, aaO, Rn. 23) und Amtshaftungsansprüche (*Kalb/Külpmann*, aaO, Rn. 38) aus. Die Erstellung des Baulandkatasters steht im Ermessen der Gemeinde. Die Bebaubarkeit ist absehbar, wenn in den Bebauungsplanverfahren verlässliche Aussagen erlaubt. Planreife iS von § 33 ist nicht erforderlich, da das Baulandkataster nicht Grundlage für die Genehmigung eines Vorhabens ist (*Kalb/Külpmann*, aaO, Rn. 33). Absehbarkeit kann im Hinblick auf eine Befreiungsmöglichkeit nach § 31 Abs. 2 bestehen. Außenbereichsflächen scheiden aus (*Grziwotz*, aaO, Rn. 9).

9 Hat die Gemeinde ein Baulandkataster erstellt, so ist sie verpflichtet, einen Monat vorher öffentlich bekannt zu geben, dass sie beabsichtigt, das Baulandkataster zu veröffentlichen (Abs. 3 S. 3). Die Veröffentlichung braucht nicht örtlich beschränkt zu werden. Dem Zweck des Baulandkatasters entspricht auch eine überregionale oder branchenspezifische Veröffentlichung (s. a. *Hofherr*, aaO, Rn. 25). Der Veröffentlichung kann ein Grundeigentümer hinsichtlich der ihn und sein Grundstück betreffenden Angaben jederzeit auch nach Ablauf der Monatsfrist (*Hofherr*, aaO, Rn. 25; *Klindt* BauR 2000, 15/21; *Schmidt-Eichstaedt*, Das Baulandkataster, S. 67) **widersprechen.** Einer Begründung bedarf es nicht. In der Bekanntgabe der beabsichtigten Veröffentlichung des Baulandkatasters hat die Gemeinde auf das Widerspruchsrecht **hinzuweisen.** Unterbleibt dies, so ist die Veröffentlichung zurückzuziehen (*Schmidt-Eichstaedt*, aaO, S. 61). Widerspricht ein Eigentümer vor oder nach Veröffentlichung des Katasters, so sind die sein Grundstück betreffenden Angaben zu löschen (*Hofherr*, aaO, Rn. 26), gegebenenfalls aufgrund einer Leistungsklage (*Kalb/Külpmann*, aaO, Rn. 46; generell für Verpflichtungsklage *Grziwotz*, aaO, Rn. 11; *Schrödter*, § 200 Rn. 8). Gleiches gilt, wenn der Eigentümer wechselt (*Klindt* in Gronemeyer § 200 Rn. 9).

§ 200a Ersatzmaßnahmen

¹Darstellungen für Flächen zum Ausgleich und Festsetzungen für Flächen oder Maßnahmen zum Ausgleich im Sinne des § 1a Abs. 3 umfassen auch Ersatzmaßnahmen. ²Ein unmittelbarer räumlicher Zusammenhang zwischen Eingriff und Ausgleich ist nicht erforderlich, soweit dies mit einer geordneten städtebaulichen Entwicklung und den Zielen der Raumordnung sowie des Naturschutzes und der Landschaftspflege vereinbar ist.

1. Abschnitt. Allgemeine Vorschriften **§ 200a**

Übersicht

	Rn.
1. Überblick	1
2. Begriff des Ausgleichs iS des § 1a Abs. 3 (S. 1)	2
3. Kein Erfordernis des unmittelbaren räumlichen Zusammenhangs zwischen Eingriff und Ausgleich (S. 2)	5

1. Überblick. § 200a ergänzt die in **§ 1a Abs. 3** enthaltene Regelung zur 1 Berücksichtigung der naturschutzrechtlichen Eingriffsregelung in der bauleitplanerischen Abwägung. Sie betrifft im Einzelnen das Verhältnis zu den (naturschutzrechtlichen) Ersatzmaßnahmen (§ 200a S. 1) sowie zur Frage des räumlichen Zusammenhangs zwischen Eingriff und Ausgleich (§ 200a S. 2).

2. Begriff des Ausgleichs iS des § 1a Abs. 3 (S. 1). S. 1 bestimmt, dass Darstel- 2 lungen für Flächen zum Ausgleich und Festsetzungen für Flächen oder Maßnahmen zum Ausgleich iS des § 1a Abs. 3 auch Ersatzmaßnahmen umfassen. Die Vorschrift enthält eine § 1a Abs. 3 ergänzende Regelung. Es hätte gesetzgeberisch nahe gelegen, den Regelungsinhalt in § 1a selbst zu regeln; dies ist vom Gesetzgeber letztlich aus redaktionellen Gründen anders entschieden worden. Die Vorschrift enthält eine **§§ 13 ff. BNatSchG** modifizierende Regelung, die kraft der konkurrierenden Gesetzgebungskompetenz des Bundes für das Bodenrecht hinsichtlich der Bezugnahme des § 1a Abs. 3 auf die naturschutzrechtliche Eingriffsregelung **abschließenden Charakter** hat.

§ 15 Abs. 2 BNatSchG unterscheidet im Zusammenhang mit der naturschutz- 3 rechtlichen Eingriffsregelung (zu den Neuregelungen des BNatSchG ausführlich: *Mitschang* BauR 2011, 33 ff.; *Michler/Möller* NuR 2011, 81 ff.) grundsätzlich zwischen dem **Ausgleich** und dem **Ersatz** von Eingriffen in Natur und Landschaft. § 15 Abs. 2 S. 1–3 BNatSchG bestimmt, wann ein Eingriff ausgeglichen bzw. ersetzt ist. Dabei ist anerkannt, dass der Ausgleich nicht in jedem Fall am Ort des Eingriffs erfolgen muss; es reicht vielmehr aus, wenn die Ausgleichsmaßnahme in demselben Landschaftsraum und im funktionalen Zusammenhang mit dem Eingriff erfolgt. Ersatzmaßnahmen iSd § 15 Abs. 2 S. 1, S. 3 BNatSchG beziehen sich auf Maßnahmen, die nicht wie der Ausgleich die „Wiederherstellung" durch gleichartige Maßnahmen sicherstellen, sondern eine „Kompensation" für den Eingriff durch gleichwertige Maßnahmen schaffen sollen. Auch Ersatzmaßnahmen müssen in einem allerdings gelockerten funktionalen und räumlichen Zusammenhang mit dem Eingriff stehen. Beide Kompensationsformen stehen nach den Neuregelungen des BNatSchG-2009 nunmehr gleichwertig nebeneinander, und sind vor der Stufe der naturschutzrechtlichen Abwägung (vgl. § 15 Abs. 5 BNatSchG) zu prüfen.

§ 200a S. 1 trägt allerdings dem Umstand Rechnung, dass die naturschutzrechtli- 4 che Abgrenzung von Ausgleichs- und Ersatzmaßnahmen im Einzelfall schwierig, in jedem Fall aber nicht bundesrechtlich einheitlich zu beurteilen ist. Da § 1a Abs. 3 BauGB eine **bundeseinheitliche Regelung** für das Verhältnis zwischen Bauplanungsrecht und naturschutzrechtlicher Eingriffsregelung schafft, enthält § 200a S. 1 hierzu eine spezialgesetzliche und insoweit abschließende Sonderregelung. Danach kommt es für die Zwecke der bauleitplanerischen Abwägung auf die Unterscheidung zwischen Ausgleichs- und Ersatzmaßnahmen nicht an. Auf den Begriff des „Ersatzes" bzw. der „Ersatzmaßnahmen" ist für die Zwecke der bauleitplanerischen Abwägung nicht mehr zurückzugreifen. Vielmehr wird unter dem Oberbegriff der „Maßnahmen zum Ausgleich" das zusammengefasst, was als planerischer Ausgleich aus städtebaulichen Gründen nach Maßgabe des § 1a Abs. 3 S. 1 geboten ist. Soweit § 15 Abs. 2 S. 1 BNatSchG auf den Begriff der Kompensation („Ersatz") neben dem Begriff des „Ausgleichs" abstellt, dient dies im Zusammenspiel mit § 200a S. 1 BauGB der Klarstellung, dass die planerische Ausgleichsregelung nach BauGB auch insoweit abschließender Natur ist (vgl. *Mitschang* BauR 2011, 33 (50)). Einer Modifizierung durch das

Naturschutz- und Landschaftspflegerecht ist die Bestimmung in § 200a auch nicht in Bezug auf die in § 15 Abs. 7 BNatSchG enthaltenen Verordnungsermächtigungen zugänglich (ebenso *Krautzberger/Wagner* in EZBK § 1a Rn. 68).

5 **3. Kein Erfordernis des unmittelbaren räumlichen Zusammenhangs zwischen Eingriff und Ausgleich (S. 2).** S. 2 bestimmt, dass ein **unmittelbarer räumlicher Zusammenhang** zwischen Eingriff und Ausgleich **nicht erforderlich** ist. Auch diese Regelung dient einer Abgrenzung gegenüber Bestimmungen im Naturschutzrecht. Auch insoweit enthält das BauGB eine eigenständige und abschließende städtebauliche Regelung. Ein räumlicher Zusammenhang zwischen Eingriff und Ausgleich ist danach nicht erforderlich, soweit dies mit einer geordneten städtebaulichen Entwicklung und den Zielen der Raumordnung sowie des Naturschutzes und der Landschaftspflege vereinbar ist. Das BauGB eröffnet den Gemeinden damit die Möglichkeit, die auf einen Ausgleich abzielenden Regelungen räumlich vom Ort des Eingriffs zu trennen. Zu den Begriffen einer geordneten städtebaulichen Entwicklung, den Zielen der Raumordnung sowie des Naturschutzes und der Landschaftspflege vgl. § 1a Abs. 3 S. 3.

§ 201 Begriff der Landwirtschaft

Landwirtschaft im Sinne dieses Gesetzbuchs ist insbesondere der Ackerbau, die Wiesen- und Weidewirtschaft einschließlich Tierhaltung, soweit das Futter überwiegend auf den zum landwirtschaftlichen Betrieb gehörenden, landwirtschaftlich genutzten Flächen erzeugt werden kann, die gartenbauliche Erzeugung, der Erwerbsobstbau, der Weinbau, die berufsmäßige Imkerei und die berufsmäßige Binnenfischerei.

Übersicht

	Rn.
1. Allgemeines	1
a) Zweck der Vorschrift	1
b) Entstehungsgeschichte	2
2. Begriff der Landwirtschaft	3
3. Acker-, Wiesen- und Weidewirtschaft, Tierhaltung	4
4. Gartenbauliche Erzeugung, Erwerbsobstbau	5
5. Berufsmäßige Binnenfischerei, Imkerei	6

1 **1. Allgemeines. a) Zweck der Vorschrift.** Die unvollständige Legaldefinition soll den Gesetzestext entlasten, indem sie in all den Vorschriften unmittelbar gilt, in denen das Gesetz den Begriff der Landwirtschaft verwendet, zB § 1 Abs. 5 S. 1 Nr. 8, S. 3, § 5 Abs. 2 Nr. 9a, § 35. Mittelbar gilt für die Definition auch für die Vorschriften der Verordnungen, die auf Grund des BauGB erlassen worden sind, zB § 2 Abs. 2 Nr. 1, § 5 BauNVO, was nicht ausschließt, dass der Verordnungsgeber die Einzelnen landwirtschaftlichen Betriebszweige unterschiedlich behandelt, zB § 4 Abs. 3 Nr. 4 BauNVO; s. BVerwG ZfBR 1996, 341. Die Vorschrift erfüllt ihren Zweck nur unvollkommen, da die Aufzählung nicht abschließend ist („insbesondere"). Sie gilt nicht für andere Rechtsgebiete, zB Naturschutz (OVG Koblenz NuR 1985, 239; *Ziegler* DVBl. 1986, 451), Immissionsschutz (VGH Mannheim, NuR 2006, 651 – Biogasanlage), Wasserrecht (OVG Schleswig NuR 2000, 476 – Fischzucht), Art. 69 I BayBauO aF (BayObLG NVwZ-RR 1997, 590); übereinstimmend aber § 52 Abs. 1 Nr. 28 bw LBO (VGH Mannheim NuR 1989, 38, Art. 63 BayBauO).

2 **b) Entstehungsgeschichte.** Der traditionelle durch unmittelbare Bodenertragsnutzung auf Grund planmäßiger eigenverantwortlicher Bewirtschaftung bestimmte

1. Abschnitt. Allgemeine Vorschriften **§ 201**

Begriff der Landwirtschaft (BVerwG DVBl. 1975, 505; BauR 1978, 118; *Söfker* in EZBK § 201 Rn. 3, 4; *Ziegler* BauR 1985, 15) ist dem Strukturwandel der Landwirtschaft folgend sukzessive erweitert worden. Der Begriff der Weidewirtschaft ist um die Pensionstierhaltung auf überwiegend eigener Futtergrundlage erweitert (krit. dazu aus ökologischen Gründen *v. Feldmann/Groth* DVBl. 1986, 652/658; *Conradi* Pl. Prot. 10/241 S. 18 571), der Begriff Erwerbsgartenbau in Anpassung an § 585 Abs. 1 BGB durch gartenbauliche Erzeugung ersetzt worden. Bei Tierzucht und Tierhaltung ist die konkrete Betrachtungsweise durch die abstrakte und der Begriff der „Pensionstierhaltung" durch „Tierhaltung" ersetzt worden. Die berufsmäßige Imkerei und die berufsmäßige Binnenfischerei sind zwei von der Bodenertragsnutzung typischerweise nicht bestimmte Zweige der Landwirtschaft. Zur Novelle 2013 → Einl. Rn. 62. Intensivtierhaltung iSv § 35 Abs. 1 Nr. 4 ist keine Landwirtschaft iSv § 201, § 35 Rn. 37.

2. Begriff der Landwirtschaft. Das Erfordernis der unmittelbaren Bodenertragsnutzung erlaubt es, dass der Bodenertragsnutzung folgende Produktions- und **Veredelungsstufen** innerhalb einer gewissen Bandbreite ebenfalls Landwirtschaft iSv § 201 sind (BVerwG DÖV 1985, 1015; UPR 1985, 424 (426); NVwZ 1986, 201 – reiterliche Erstausbildung; VGH Mannheim AgrarR 1999, 228 – Selbstvermarktung, Selbstpflücker; siehe auch *Nies* AgrarR 1986, 307; *Franke* AgrarR 1987, 1; *Ziegler* DVBl. 1986, 451; *Konrad* BayVBl. 1998, 233). Für landwirtschaftliche Hilfsbetriebe, zB Werkstatt für Landmaschinen, Lohnfuhrunternehmen oder Lagerhalle einer Genossenschaft (BVerwG NVwZ-RR 1993, 396) oder „Ferien auf dem Bauernhof" (*Konrad,* aaO) gilt die Erweiterung nicht. Insoweit gilt das Merkmal der unmittelbaren Bodenertragsnutzung (BVerwG NVwZ-RR 1993, 396; ZfBR 1989, 269; NuR 1995, 143 – Mosterei; OVG Lüneburg BRS 24 Nr. 56; OVG Münster BRS 29 Nr. 52; *Ziegler* DVBl. 1990, 629). Zum Begriff der Landwirtschaft s. a. *Hagemann* AgrarR 1987, 261; krit. dazu *Battis* AgrarR 1989, 115. Der Strukturwandel der Landwirtschaft gibt keinen Anlass, die Verfassungsmäßigkeit der gesetzlichen Definition der Landwirtschaft in Zweifel zu ziehen (BVerwG NVwZ-RR 1997, 590). Bioenergieanlagen fallen nicht unter den Begriff der Landwirtschaft iSv § 201, sind aber nach § 35 Abs. 1 Nr. 6 privilegiert. Die **Absicht der Gewinnerzielung** gehört zu den tragenden Elementen der Landwirtschaft sowohl bei Haupt- wie Nebenerwerbsbetriebsstätten (BVerwG NuR 2005, 454/455; aA hinsichtlich Weinbau *Weyreuther,* Bauen im Außenbereich, 1979, S. 292; VGH Mannheim BRS 39, Nr. 79; *Söfker,* aaO, Rn. 21, s. a. OVG Koblenz Rd L 1985, 292; *Schrödter* § 201 Rn. 15). Erwerbsmäßiges Handeln ist auch auf **Nebenerwerbsstellen** möglich (VGH Mannheim NuR 1994, 140 u. NuR 1995, 355; aA *Rabe* BauR 1983, 201 gegen VG Köln Urt. v. 8.12.1981 – 2 K 4986/80). Bei einem landwirtschaftlichen Nebenerwerb ist das Verhältnis zwischen Einnahmen aus diesem Betrieb oder den sonstigen Einnahmen des Betriebsinhabers nicht von ausschlaggebender Bedeutung. Es kommt darauf an, ob die Landwirtschaft aus Erwerbsgründen oder aus sonstigen Gründen (Liebhaberei, Eigenbedarfsdeckung) betrieben wird (VGH Mannheim BRS 36, Nr. 79). Erforderlich ist aber eine ernsthafte Planung, um eine Erfolg versprechende Tätigkeit erwarten zu können (BVerwG Rd L 1987, 233). Zur Dauerhaftigkeit eines landwirtschaftlichen Betriebs iSv § 35 Abs. 1 S. 1 s. § 35 Rn. 13; VGH Mannheim, aaO. Zu den Voraussetzungen einer „zusammengesetzten" Tätigkeit (Mischbetrieb) als Nebenerwerbsbetrieb s. BVerwG RdL 1987, 232. **Berufsmäßig** müssen Binnenfischerei und Imkerei betrieben werden, dh, dass ständiger Gewinnerzielung muss erkennbar im Vordergrund stehen (OVG Münster NuR 1979, 72), die Betätigung muss in gesicherter Weise auf Dauer angelegt sein und Erträge abwerfen, die bei einer nebenberuflichen Ausübung neben den Einkünften aus dem Hauptberuf noch ein gewisses Eigengewicht haben (VGH München BayVBl. 1980, 627; Hauptberuflichkeit ist aber nicht erforderlich, BVerwG BRS 40, Nr. 81; BauR 1991, 579/582; *Gercke*

3

§ 201
III. Kapitel. II. Teil. Allgemeine Vorschriften

NuR 1991, 59/63; aA *Weyreuther,* aaO, S. 292). Da § 35 Abs. 1 Nr. 1 Land- und Forstwirtschaft nebeneinander und § 107 Abs. 2, § 135 Abs. 4 die Landwirtschaft allein regeln, ist **Forstwirtschaft** als planmäßige Waldbewirtschaftung durch Anbau, Pflege und Abschlag (s. a. BVerwG BauR 1982, 343/345; ZfBR 1996, 231) keine Landwirtschaft im Sinne von § 201.

4 3. Acker-, Wiesen- und Weidewirtschaft, Tierhaltung. Tierhaltung fällt nur dann unter **Ackerbau** oder **Wiesen- und Weidewirtschaft,** wenn die Tiere überwiegend durch Futter ernährt werden, das auf den zum Betrieb gehörenden landwirtschaftlich genutzten Flächen erzeugt werden **kann.** Nach der abstrakten Betrachtungsweise (Rn. 2) reicht es aus, wenn genügend landwirtschaftlich nutzbare Flächen, die zum landwirtschaftlichen Betrieb gehören, zur überwiegenden Futtererzeugung vorhanden sind. Auf die Verfütterung des erzeugten Futters an die Tiere kommt es nicht mehr an (BT-Drs. 15/2250, S. 62; VGH München NVwZ-RR 2005, 522/523). Unzutreffend iSd früheren konkreten Betrachtungsweise *Berkemann* in Berkemann/Halama, Erstkommentierung BauGB 2004, 2005, § 201 Rn. 9; richtig *Dombert* AUR 2004, 393/394; *Jäde* in JDW § 201 Rn. 4 – „Klarstellung"; *Schmidt-Eichstaedt* ZfBR 2005, 751/760; *Schrödter* § 201 Rn. 9a; ebenso bereits § 201 aF VGH München ZfBR 2005, 384; zur konkreten Betrachtungsweise s. a. *Czermak* BayVBl. 1991, 393. Unter Tierhaltung fällt auch die Pensionstierhaltung (BT-Drs. 15/2250, S. 62), das ist die Unterbringung und Fütterung fremder Weidetiere gegen Entgelt (s. a. OVG Schleswig SchlHA 1993, 175/176; VGH München, aaO; *Schink* BauR 1988, 169). Keine Weidetiere sind zB Hunde und Katzen. Unter § 201 fällt auch die sog. isolierte Pensionstierhaltung (Schrödter § 201 Rn. 11). Die engere Rspr. zur Pensionstierhaltung iSd BBauG ist nicht übertragbar. Es ist nicht mehr erforderlich, dass sich die Tierhaltung ausschließlich in der Erzeugung von Tieren (Tierzucht) oder der Gewinnung tierischer Produkte erschöpft (so noch BVerwG AgrarR 1978, 135). S. a. VGH Kassel BRS 42, 201 – Pferdezucht, Abgrenzung zur Liebhaberei; OVG Koblenz BauR 1979, 407 – Ponys, Rinder, Damwild; zu Letzteren auch *Heinen* NuR 1978, 58; *Schönberg* NuR 1972, 17; OVG Koblenz NuR 1985, 239 m. krit. Anm. v. *Carlsen;* OVG Koblenz NuR 1987, 273. Durch die neue Rspr. zur nachfolgenden Bearbeitungs- und Veredelungsstufe wird der Begriff der landwirtschaftlichen Tierhaltung zusätzlich dahin erweitert, dass Zweck der Tierhaltung außer der eigentlichen Pferdezucht als Veredelungsstufe auch sein kann eine damit verbundene reiterliche Erstausbildung der für den Verkauf vorgesehenen Pferde (→ Rn. 3). Fisch- und Krustentierzucht kann Landwirtschaft sein (VG Hamburg NVwZ-RR 2013, 589). Keine Landwirtschaft liegt vor, wenn die Tierhaltung allein auf der Grundlage von Pachtland betrieben wird, es sei denn, dass die der Pacht aus Rechtsgründen eigene Schwäche durch die besonderen tatsächlichen Umstände ohne weiteres und verlässlich ausgeräumt wird (BVerwGE 41, 138/143), so zB bei Wanderschäferei (BVerwG DÖV 1983, 816); grundsätzlich anders wegen anderer Strukturbedingungen in den neuen Ländern VG Magdeburg LKV 1997, 380 – Landwirtschaft bei 90%igem Pachtland, anders BVerwG NVwZ-RR 1997, 590; NuR 2000, 102 – alte Länder. Keine Landwirtschaft, sondern Gewerbe (s. a. *Ziegler* AgrarR 1993, 297/298), u. U. aber in Form des gewerblichen Nebenbetriebs, sind auf Stallhaltung beschränkte Anlagen für Schweine (BVerwG BauR 1980, 446; OVG Münster BRS 28, 224; aA VGH München BauR 1978, 46), Geflügel (BVerwG Buchholz § 35 BBauG Nr. 86; § 146 BBauG Nr. 1; VGH Kassel BRS 17, 78; 23, 134; BauR 1989, 721 – Intensivhühnerhaltung, bei der nur etwa 1/10 des Futters aus eigenem Ackerbau gewonnen werden kann. S. a. VGH Mannheim BRS 28, 140 – Tauben; OVG Bremen AgrarG 1987, 30 – Pelztiere; BVerwG Buchholz 406, 11 § 146 BBauG Nr. 1 – Hühnerzucht; VGH München BRS 35 Nr. 65 – Nebenerwerbsbetrieb bei 40 Mutterschafen; OVG Lüneburg BauR 1983, 345 – 60 Mutterschafe; VGH Mannheim BRS 36 Nr. 79 – 23 Schafe nebst Hasenzucht.

1. Abschnitt. Allgemeine Vorschriften § 202

4. Gartenbauliche Erzeugung, Erwerbsobstbau. Die **gartenbauliche Er-** 5
zeugung dient der Gewinnung pflanzlicher Erzeugnisse über den Eigenbedarf hinaus
zur Gewinnerzielung (OVG Lüneburg BRS 20, 81; BGH NJW 1960, 1246). Seit der
Ersetzung des Begriffs Erwerbsgartenbau durch gartenbauliche Erzeugung (krit. v.
Feldmann/Groth DVBl. 1986, 652/658) entfällt das Erfordernis der unmittelbaren Bodenertragsnutzung, wie bei Tisch- oder Hydrokulturen, bei denen die Wurzeln nicht
in den Boden eindringen (*Ziegler* DVBl. 1986, 451/456; *Gelzer* BauR 1987, 485;
Roeser, BK § 201 Rn. 6; *Söfker*, aaO, Rn. 19; OVG Lüneburg NuR 1993, 395; aA
Dürr, KK § 35 Rn. 27). § 201 erfasst nicht Handelsgärtnereien mit überwiegender
Verkaufstätigkeit, wohl aber Baumschulen und Gewächshäuser, sofern diese durch
Freilandkulturen ergänzt werden (BGHZ 8, 109) oder die Gewächshäuser nur zur
Abschirmung von Umwelteinflüssen dienen, ohne sonst auf die Bodennutzung von
wesentlichem Einfluss zu sein (*Weyreuther*, S. 292; OVG Lüneburg Rd L 1984, 119),
mangels erwerbsmäßiger Nutzung nicht aber Dauerkleingärten und Hausgärten.
Champignonzucht ist gartenbauliche Erzeugung, auch wenn sie in Kellern, Höhlen
oder Häusern auf einem besonderen Nährboden betrieben wird (OVG Lüneburg
NuR 1993, 395 u. BauR 1983, 348). Ein mehr als 1 ha großes mit 120 Obstbäumen
bestandenes Grundstück dient mehr als Erwerbsobstbau und damit dem **Erwerbsobstbau** (OLG Celle NdsRpfl. 1964, 130; s. a. VGH Mannheim NuR 1991, 20 –
fast 50 m^2 großes dem Eigenbedarf dienendes Gewächshaus). Die Rechtsprechung
zur Be- und Verarbeitung landwirtschaftlicher Erzeugnisse (Rn. 3) gilt auch für die
gartenbauliche Erzeugung (BVerwG DÖV 1985, 832) und seit jeher für den **Weinbau** (s. VGH München, NuR 1981, 27; VGH Mannheim BRS 39, 166/168 – Weinausbau; dort auch zum Veredeln von Obstbau durch Brennen).

5. Berufsmäßige Binnenfischerei, Imkerei. Berufsmäßige Binnenfischerei 6
ist die „Aneignung wild lebender Tiere" in natürlichen Gewässern (*Roeser* in BK
§ 201 Rn. 9), aber bei Erfüllung der ungeschriebenen Tatbestandsmerkmale des Begriffs Landwirtschaft (→ Rn. 3) auch Fischzucht (ebenso: *Roeser*, aaO; *Schrödter* § 201
Rn. 16; *Söfker*, aaO, Rn. 23; enger *Weyreuther*, aaO, S. 292). Zur Berufsmäßigkeit
→ Rn. 3. Eine Fischzuchtanlage ist ohne wasser- oder fischereirechtliche Erlaubnis
kein landwirtschaftlicher Betrieb (BVerwG BauR 1978, 121; VGH Mannheim NuR
1989, 38; s. a. VGH München BayVBl. 1989, 112 u. Rn. 4). Forellenproduktion in
Mastbehältnissen aus Stahl und gemauertem Abfischbassin ist keine Fischerei iSv
§ 201 (OVG Lüneburg BRS 42, 211); ebenso wenig Sportfischerei (BVerwG BauR
1978, 118). Berufsmäßige **Imkerei** ist kraft Gesetzes Landwirtschaft (OVG Koblenz
NVwZ RR 2011, 886). Zur restriktiven, auf die unmittelbare Bodenertragsnutzung
abstellende Rspr. zur nicht berufsmäßigen Imkerei BVerwG DVBl. 1975, 504.

§ 202 Schutz des Mutterbodens

Mutterboden, der bei der Errichtung und Änderung baulicher Anlagen
sowie bei wesentlichen anderen Veränderungen der Erdoberfläche ausgehoben wird, ist in nutzbarem Zustand zu erhalten und vor Vernichtung
oder Vergeudung zu schützen.

Übersicht

	Rn.
1. Allgemeines	1
2. Mutterboden	2

1. Allgemeines. § 202 enthält eine dem Umwelt- und Naturschutz (s. a. § 1 1
Abs. 5 Nr. 7) dienende **bundesrechtliche Vorschrift** zur Erhaltung des Mutterbodens und zum Schutz des Mutterbodens vor Vernichtung und Vergeudung, wenn er

bei der Errichtung und Änderung baulicher Anlagen oder bei wesentlichen anderen Veränderungen der Erdoberfläche ausgehoben wird. § 202 dient wie § 1a II S. 1 dem Bodenschutz (*Krautzberger* in EZBK § 202 Rn. 2). Zum Verhältnis zum BundesbodenschutzG ebd. Rn. 7 Die BauO der Länder enthalten zunehmend baustellenbezogene ökologische Schutzvorschriften, (s. a. § 8 I, 11 IV, 13 MBO) die Schutz gegen Ablagerungen und Kontaminierungen gewähren sowie ökologische Anforderungen hinsichtlich Abbruchmaterial, Baustoffreste etc. stellen. Anders als die Pflicht nach § 202 können die diesbezüglichen bauordnungsrechtlichen Pflichten teilweise als Ordnungswidrigkeit geahndet werden. Die Pflicht aus § 202 kann aber durch eine landesrechtlich zwangsbewehrte Nebenbestimmung durchgesetzt werden (*Schrödter* § 202,Rn. 3; *Grziwotz,* SU § 202 Rn. 6; *Philipp,* BK § 202 Rn. 5; aA *Jäde* in JDW § 202 Rn. 4).

2 **2. Mutterboden.** Als **Mutterboden** wird die von Luft, Wasser und Humus durchsetzte, von Klein- und Kleinstorganismen belebte, meist dunkler gefärbte und durchwurzelte obere Schicht des Bodens bezeichnet (vgl. hierzu die DIN-Normen, VOB, DIN 18 320 Nr. 3.2 der allgemeinen technischen Vorschriften für landschaftsgärtnerische Arbeiten und VOB DIN 18300, Erdarbeiten). Die gesetzliche Pflicht, Mutterboden vor Vernichtung und Vergeudung zu bewahren (s. a. VGH Kassel NVwZ 1991, 494), ist nach § 202 begrenzt auf die Errichtung und Änderung baulicher Anlagen sowie andere wesentliche Veränderungen der Erdoberflächen anlässlich von Maßnahmen nach dem BauGB. Adressaten, die am Bau Beteiligten (§§ 42–46 MBO).

Zweiter Abschnitt. Zuständigkeiten

§ 203 Abweichende Zuständigkeitsregelung

(1) **Die Landesregierung oder die von ihr bestimmte Behörde kann im Einvernehmen mit der Gemeinde durch Rechtsverordnung bestimmen, dass die nach diesem Gesetzbuch der Gemeinde obliegenden Aufgaben auf eine andere Gebietskörperschaft übertragen werden oder auf einen Verband, an dessen Willensbildung die Gemeinde mitwirkt.**

(2) ¹**Durch Landesgesetz können Aufgaben der Gemeinden nach diesem Gesetzbuch auf Verbandsgemeinden, Verwaltungsgemeinschaften oder vergleichbare gesetzliche Zusammenschlüsse von Gemeinden, denen nach Landesrecht örtliche Selbstverwaltungsaufgaben der Gemeinde obliegen, übertragen werden.** ²**In dem Landesgesetz ist zu regeln, wie die Gemeinden an der Aufgabenerfüllung mitwirken.**

(3) **Die Landesregierung kann durch Rechtsverordnung die nach diesem Gesetzbuch der höheren Verwaltungsbehörde zugewiesenen Aufgaben auf andere staatliche Behörden, Landkreise oder kreisfreie Gemeinden übertragen.**

(4) ¹**Unterliegen die Planungsbereiche gemeinsamer Flächennutzungspläne (§ 204) oder von Flächennutzungsplänen und Satzungen eines Planungsverbands (§ 205) der Zuständigkeit verschiedener höherer Verwaltungsbehörden, ist die Oberste Landesbehörde für die Entscheidung im Genehmigungs- und Zustimmungsverfahren zuständig.** ²**Liegen die Geltungsbereiche in verschiedenen Ländern, entscheiden die Obersten Landesbehörden im gegenseitigen Einvernehmen.**

2. Abschnitt. Zuständigkeiten § 203

Übersicht

	Rn.
1. Allgemeines	1
a) Zweck und Einordnung der Vorschrift	1
b) Verfassungsmäßigkeit	2
2. Freiwillige Übertragung	3
a) Rechtsform	3
b) Einvernehmen	4
c) Übertragungsempfänger	5
3. Gesetzliche Übertragung	6
a) Übertragungsgesetz	6
b) Übertragungsempfänger	7
4. Entlastung	8
5. Aufsichtszuständigkeit bei mehreren höheren Verwaltungsbehörden	9

1. Allgemeines. a) Zweck und Einordnung der Vorschrift. Damit die den 1
Gemeinden nach dem BauGB obliegenden Aufgaben in einem größeren Raum wirkungsvoller wahrgenommen werden können, ermächtigen Abs. 1 und 2 dazu, **Aufgaben** freiwillig oder kraft Gesetzes „hoch zu zonen". Im Falle des Abs. 1 wird die Befugnis der Landesregierung oder der von ihr bestimmten Behörde zur abweichenden Zuständigkeitsregelung dadurch eingeschränkt, dass die Übertragung nur im Einvernehmen mit der Gemeinde erfolgen darf. Im Falle des Abs. 2 dürfen die Aufgaben auch gegen den Willen der Gemeinde übertragen werden, allerdings nur auf einen engeren Kreis von Übertragungsempfängern und nur durch Landesgesetz, das auch die Mitwirkung der Gemeinde an der Aufgabenerfüllung regeln muss. § 203 Abs. 1, 2 sind spezielle Seitenstücke zum gestuften System interkommunaler Zusammenarbeit, wie es sich in § 2 Abs. 2 – Abstimmungspflicht benachbarter Gemeinden – § 4 Abs. 1 – Abstimmungsverfahren sowie § 4a Abs. 5 – grenzüberschreitende Unterrichtung – § 204 – gemeinsamer Flächennutzungsplan – § 205 – Planungsverbände, und zwar freiwilliger Verband, § 205 Abs. 1 oder als Zwangsverband § 205 Abs. 2, 3 oder nach § 205 Abs. 6 durch besonderes Landesgesetz darstellt; § 9 Abs. 6 ROG ermächtigt die Länder zudem dazu, einen Plan zuzulassen, der zugleich die Funktion eines Regionalplans und eines gemeinsamen Flächennutzungsplans nach § 204 hat (→ § 204 Rn. 1); vertiefend *T.I. Schmidt,* Kommunale Kooperation, 2005;. *Schmidt-Eichstaedt/Reitzig,* Rechtliche Voraussetzungen zur Umsetzung des § 9 Abs. 6 ROG, 2000 (746 Fälle gemeinsamer oder zusammengefasster Flächennutzungspläne – Dez. 1998; dort auch S. 62 ff. Aufstellung der Verteilung auf die Länder; *Bunzel/Reitzig/Sander,* Interkommunale Kooperation im Städtebau, Difu-Beiträge 34/2002; krit. *Kilian/Müllers* VerwArch 1998, 25/49); zum Zusammenschluss zweier Gemeinden auf Grund eines Gebietsänderungsvertrages OVG Frankfurt/O LKV 2004, 368. Zur Praxis interkommunaler Zusammenarbeit *Kiepe,* FS Stüer, 525; *Seuberlich,* Der moderne Staat 2012, 105. Der Landesgesetzgeber ist nicht befugt, von der bundesrechtlichen Regelung der Bauleitplanung abzuweichen oder diese auf gemeindefreie Gebiete für anwendbar zu erklären (BVerwG NVwZ 1996, 265). § 203 betrifft gebietskörperschaftlich organisierte Verbände („kommunalrechtliche Volleinheiten"), § 205 mitgliedschaftlich organisierte (BVerfGE 77, 303). Die Übertragung nach Abs. 2 ist das speziellere und hinsichtlich der Aufgaben umfassendere Institut als die Bildung des nicht auf Dauer angelegten Zwangsverbandes gem. § 205 Abs. 2. Zur Abgrenzung zur Übertragung nach § 205 Abs. 5 → § 205 Rn. 13. Die Freiwilligkeit der Aufgabenübertragung hat die Regelung des Abs. 1 gemeinsam mit der Bildung eines freiwilligen Planungsverbandes gem. § 205 Abs. 1. Die Abs. 1 und 2 werden ergänzt durch § 204, Abs. 2, 3, der Auswirkungen der Zuständigkeitsveränderungen auf bestehende Flächennutzungspläne und eingeleitete Bebauungsplanverfahren regelt und zum Erlass vorzeitiger Bebauungspläne ermächtigt. Abs. 4 bestimmt nach dem Vorbild des

Battis 1441

§ 203

§ 6 Abs. 5 für Fälle der §§ 204, 205 die Aufsichtsbehörde für Genehmigungs- und Abstimmungsverfahren. Um dem **Verwaltungsaufbau des jeweiligen Landes** Rechnung tragen zu können, vor allem aber zur Entlastung der höheren Verwaltungsbehörde, ermächtigt Abs. 3 die Landesregierung, durch Rechtsverordnung die der höheren Verwaltungsbehörde nach dem BauGB obliegenden Aufgaben auf staatliche oder kommunale Behörden zu übertragen. Zu kommunalen Gebietsreformen *Hub. Meyer,* NVwZ 2013, 1177; *Mehde,* Nds VwBL. 2014, 66; *H. Meyer* NVwZ 2008, 24; VerfG Sachs.-Anh. NVwZ-RR 2014, 289.

2 **b) Verfassungsmäßigkeit.** Die im Gesetzgebungsverfahren zum BBauG (dazu *Kalb* in EZBK § 203 Rn. 1f, 17, 36–39) umstrittene **Verfassungsmäßigkeit** des Abs. 1, insbesondere aber des Abs. 2, *Schmidt-Aßmann* VerwArch 1980, 130; *Blümel* VerwArch 1982, 341) hat BVerfGE 77, 288 hinsichtlich der Kompetenz des Bundes zum Erlass beider Regelungen bejaht. Zudem hat es das BVerfG bisher offen gelassen, in welchem Umfang die kommunale Planungshoheit zum unantastbaren Kernbereich des Art. 28 Abs. 2 GG zählt (E 56, 298; NVwZ 1988, 49, → § 2 Rn. 4, 5). Die Kontroverse um das Durchgriffsverbot des Art. 84 I S. 7 GG (s. *Battis/Kersten/Mitschang,* Rechtsfragen der ökologischen Stadterneuerung, 2010, S. 27 mwN) berührt § 203 nicht.

3 **2. Freiwillige Übertragung. a) Rechtsform.** Abs. 1 stellt klar, dass die Landesregierung oder eine von ihr bestimmte Behörde die nach dem BauGB der Gemeinde obliegenden Aufgaben auf eine andere Gebietskörperschaft nur durch Rechtsverordnung übertragen darf. Auf welche Behörde die Ermächtigung zum Erlass der Rechtsverordnung übertragen werden darf, bestimmt sich nach Landesrecht. Eine Aufgabenübertragung gem. Abs. 1 ist nicht auf den Fall beschränkt, dass eine Gemeinde wegen mangelnder Verwaltungskraft zur ordnungsgemäßen Erfüllung ihrer Aufgaben nach dem BauGB nicht in der Lage ist. Sie kommt auch bei jedem anderen sachlich anzuerkennenden Bedürfnis in Betracht (BVerwG NVwZ 2008, 423 – Feststellungsklage der Nachbargemeinde auf Übertragung der Erschließungsaufgabe).

4 **b) Einvernehmen.** Die Übertragung gem. Abs. 1 darf nur **im Einvernehmen** mit der Gemeinde erfolgen. Es muss also eine vollständige inhaltliche Willensübereinstimmung zwischen Gemeinde und oberster Landesbehörde hinsichtlich Art, Umfang, Dauer und Empfänger der Übertragung bestehen. Entsprechend der durch Art. 28 Abs. 2 GG gebotenen restriktiven Auslegung des Abs. 1 ist die Gemeinde berechtigt, das Einvernehmen zu widerrufen, wenn die Voraussetzungen der Übertragung weggefallen sind, weil die Gemeinde nunmehr selbst in der Lage ist, die ihr obliegenden Aufgaben wahrzunehmen.

5 **c) Übertragungsempfänger.** Die gemeindlichen Aufgaben können auf (der Landeshoheit unterliegende) **Gebietskörperschaften** übertragen werden, also auf solche Körperschaften, die von ihren durch Wohnsitz (natürliche Personen) oder Sitz (juristische Personen) bestimmten Mitgliedern getragen werden. Gebietskörperschaften im Sinne von Abs. 1 sind andere Gemeinden, die Landkreise und als spezifische Form der Bewältigung des Stadt-Umland-Problems (dazu *Hoppe/Stüer* DVBl. 1992, 641; *Müller-Serten* LKV 2000, 281) die Region Hannover (dazu *Albers,* NdsVBl. 2001, 269; *Priebs* DÖV 2002, 144; *Rautenberg* DVBl. 2003, 768; *Kluth* WBS § 96 Rn. 113), nicht aber der frühere Umlandverband Frankfurt und der frühere Stadtverband Saarbrücken, wohl aber der Regionalverband Saarbrücken (dazu *Priebs/Schwarz* DÖV 2008, 45). Zu neuen Verwaltungsstrukturen Stadtregion/Regionalstadt s. *W. Heinz,* Stadt und Region, 2000; *Fürst,* FS Rommel, 1997, S. 131; zu Hamburg *Spangenberger* ZfBR 2003, 332; zum Planungsverband Ballungsraum Frankfurt/Rhein-Main (→ auch § 204 Rn. 1), Verband Region Stuttgart s. *Kluth,* aaO, Rn. 110–115; *Rautenberg* DVBl. 2003, 768; zu den m-vp Regionalkreisen *Meyer* LKV 2005, 233. Keine Gebietskörperschaften iSv Abs. 1 sind die schl.-h. Ämter

2. Abschnitt. Zuständigkeiten § 203

(dazu BVerfGE 52, 96), die ebenso wie die nw Landschaftsverbände und die Zweckverbände Bundkörperschaften sind. Übertragungsempfänger können auch **Verbände** sein, wenn an ihrer Willensbildung die Gemeinde mitwirkt. Der Verband kann öffentlich-rechtlich oder als Beliehener privatrechtlich organisiert sein (s. a. *Schrödter* § 203 Rn. 5; aA JK, § 203 Rn. 2). Öffentlich-rechtliche Verbände iSv Abs. 2 sind zB Zweckverbände nach den Zweckverbandsgesetzen und bereits bestehende Planungsverbände iSv § 205, denen aber nach Abs. 2 nur zusätzliche Aufgaben übertragen werden können, da ihre Gründung sich nach der speziellen Regelung des § 205 richtet. Die Übertragungsempfänger üben die übertragenen Aufgaben als Selbstverwaltungsaufgaben aus. Abs. 1 verändert nicht die Rechtsnatur der Aufgaben. Die Aufsichtsbehörden bleiben auf die Rechtsaufsicht beschränkt.

3. Gesetzliche Übertragung. a) Übertragungsgesetz. Ohne Einvernehmen der Gemeinde kann der Landesgesetzgeber durch Gesetz Aufgaben, die der Gemeinde nach dem BauGB obliegen, übertragen (Abs. 2 S. 1). Das Gesetz muss die Aufgaben unmittelbar und konkret übertragen. Der Landesgesetzgeber ist verpflichtet, in dem Gesetz zu regeln, welche verfahrensmäßigen und materiellrechtlichen Rechte der Gemeinde zur Wahrung ihres Mitwirkens zustehen. Die Regelung nach Abs. 2 S. 2 muss so ausgestaltet sein, dass sie der kommunalen Selbstverwaltungsgarantie (Art. 28 Abs. 2 GG) genügt. Der Umfang der Übertragung muss dem Grundsatz der Verhältnismäßigkeit genügen. Durch die Aufgabenverlagerung darf nach Umfang und Gewicht nicht das herkömmliche Erscheinungsbild, die Struktur oder der Typus der Gemeinde schlechthin verändert werden (s. a. *Kalb* in EZBK § 203 Rn. 22; *Schrödter* § 203 Rn. 7; StGH Ba.-Wü. DÖV 1976, 595 u. 599). 6

b) Übertragungsempfänger. Der Kreis der Übertragungsempfänger iSv Abs. 2 war im Gesetzgebungsverfahren umstritten. Während Abs. 1 die Kompetenzübertragung auch auf andere Gebietskörperschaften im Einvernehmen mit der Gemeinde gestattet, fasst Abs. 2 den Kreis der möglichen Übertragungsempfänger für den Fall des Zwangszusammenschlusses wesentlich enger. Nur die im Rahmen der Gebietsreform geschaffenen **Organisationsformen der „zweiten Gemeindeebene"** als das gegenüber der Bildung von Einheits-Großgemeinden mildere Mittel sind zulässige Übertragungsempfänger (BVerfGE 77, 307). Von der Befugnis nach Abs. 2 haben hinsichtlich gemeinsamer Flächennutzungsplanung Baden-Württemberg, Brandenburg, Mecklenburg-Vorpommern, Niedersachsen, Rheinland-Pfalz und Sachsen Gebrauch (billigend SächsVerfGH Urt. v. 18.11.1999 – Vf 174-VIII-98) gemacht (s. a. *Schmidt-Eichstaedt* NVwZ 1997, 846; *ders./Reitzig,* Rechtliche Voraussetzungen zur Umsetzung des § 9 Abs. 6 ROG, S. 62. BbgVerfGH LKV 2002, 516, hat die Übertragung der Flächennutzungsplanung auf die Ämter als Verstoß gegen die kommunale Selbstverwaltung (Art. 97 Abs. 2 BbgVerf) für nichtig erklärt (krit. *Rademacher/Janz* LKV 2002, 506). Zur Verfassungswidrigkeit der früheren msch.-vp. Landkreise mangels Überschaubarkeit MV VerfG DVBl. 2007, 1102; dazu *Meyer* NVwZ 2007, 1024. Anders als die rh.-pf. Verbandsgemeinden und die ba.-wü. Verwaltungsgemeinschaften war der frühere Stadtverband Saarbrücken keine Organisationsform der „zweiten Gemeindeebene" (BVerfGE 77, 308; VG Saarlouis UPR 1985, 104; *Kalb,* aaO, Rn. 33–35 a mwN; aA *Schiedermair/Dörr,* Flächennutzungsplanung im Stadtverband Saarbrücken und das Recht der Gemeinden auf Selbstverwaltung, 1985). Zur zulässigen Übertragung der Flächennutzungsplanung nach § 205 Abs. 6 auf den früheren Stadtverband Saarbrücken → § 205 Rn. 12. 7

4. Entlastung. Abs. 3 Hs. 1 ermächtigt in verfassungsmäßig zulässiger Weise (OVG Lüneburg ZfBR 1982, 176) zur **Übertragung auf Landkreise und kreisfreie Gemeinden.** Dies gilt auch für die Aufgaben als Enteignungsbehörde, da der diesbezügliche Vorbehalt des Abs. 2 S. 2 aF bereits durch G. v. 10.3.1975 (BGBl. I S. 685) entfallen ist. VGH München BayVBl. 1979, 679, will Abs. 3 grundsätzlich 8

§ 204

einschränkend auslegen (offen gelassen von OVG Lüneburg, aaO; zur gemeindeinternen Zuständigkeit VGH München NuR 2005, 783). Diese Entlastung der höheren Verwaltungsbehörde haben eingeführt BaWü, Bay, Bbg, Nds, NRW, RhPf, SchlH, Thür (s. *Hornmann*, SU § 203 Rn. 25.1). Zur Zweistufigkeit in Nds. *Grabowski* Nds. VBl. 2006, 328.

9 **5. Aufsichtszuständigkeit bei mehreren höheren Verwaltungsbehörden.** Abs. 4 trifft Zuständigkeitsregelungen, wenn Planungsbereiche gemeinsamer Flächennutzungspläne iS v § 204 oder von Flächennutzungsplänen und Satzungen eines Planungsverbandes iSv § 205 aufgestellt werden, die Planungsbereiche aber der Zuständigkeit verschiedener höherer Verwaltungsbehörden unterliegen. In diesem Fall entscheidet gem. S. 1 die Oberste Landesbehörde. Liegen die Geltungsbereiche in verschiedenen Ländern, so entscheiden gem. S. 2 die Obersten Landesbehörden in (gegenseitigem) Einvernehmen.

§ 204 Gemeinsamer Flächennutzungsplan, Bauleitplanung bei Bildung von Planungsverbänden und bei Gebiets- oder Bestandsänderung

(1) ¹**Benachbarte Gemeinden sollen einen gemeinsamen Flächennutzungsplan aufstellen, wenn ihre städtebauliche Entwicklung wesentlich durch gemeinsame Voraussetzungen und Bedürfnisse bestimmt wird oder ein gemeinsamer Flächennutzungsplan einen gerechten Ausgleich der verschiedenen Belange ermöglicht. ²Ein gemeinsamer Flächennutzungsplan soll insbesondere aufgestellt werden, wenn die Ziele der Raumordnung oder wenn Einrichtungen und Anlagen des öffentlichen Verkehrs, sonstige Erschließungsanlagen sowie Gemeinbedarfs- oder sonstige Folgeeinrichtungen eine gemeinsame Planung erfordern. ³Der gemeinsame Flächennutzungsplan kann von den beteiligten Gemeinden nur gemeinsam aufgehoben, geändert oder ergänzt werden; die Gemeinden können vereinbaren, dass sich die Bindung nur auf bestimmte räumliche oder sachliche Teilbereiche erstreckt. ⁴Ist eine gemeinsame Planung nur für räumliche oder sachliche Teilbereiche erforderlich, genügt anstelle eines gemeinsamen Flächennutzungsplans eine Vereinbarung der beteiligten Gemeinden über bestimmte Darstellungen in ihren Flächennutzungsplänen. ⁵Sind die Voraussetzungen für eine gemeinsame Planung nach Satz 1 und 4 entfallen oder ist ihr Zweck erreicht, können die beteiligten Gemeinden den Flächennutzungsplan für ihr Gemeindegebiet ändern oder ergänzen; vor Einleitung des Bauleitplanverfahrens ist die Zustimmung der höheren Verwaltungsbehörde erforderlich.**

(2) ¹**Werden Gemeinden in ihrem Gebiet oder Bestand geändert oder geht die Zuständigkeit zur Aufstellung von Flächennutzungsplänen auf Verbände oder sonstige kommunale Körperschaften über, gelten unbeschadet abweichender landesrechtlicher Regelungen bestehende Flächennutzungspläne fort. ²Dies gilt auch für räumliche und sachliche Teile der Flächennutzungspläne. ³Die Befugnis und die Pflicht der Gemeinde, eines Verbands oder einer sonstigen Körperschaft, fortgeltende Flächennutzungspläne aufzuheben oder für das neue Gemeindegebiet zu ergänzen oder durch einen neuen Flächennutzungsplan zu ersetzen, bleiben unberührt.**

(3) ¹**Verfahren zur Aufstellung, Änderung, Ergänzung oder Aufhebung von Bebauungsplänen können nach einer Gebiets- oder Bestandsänderung in ihrem jeweiligen Stand fortgeführt werden. ²Satz 1 gilt entsprechend bei Bildung von Planungsverbänden und für Zusammenschlüsse nach § 205 Abs. 6. ³Die höhere Verwaltungsbehörde kann verlangen, dass bestimmte Verfahrensabschnitte wiederholt werden.**

2. Abschnitt. Zuständigkeiten § 204

Übersicht

	Rn.
1. Interne und externe Systematik	1
2. Voraussetzungen für einen gemeinsamen Flächennutzungsplan	2
a) Nachbarverhältnis	2
b) Erhöhter Koordinationsbedarf	3
c) Nichtvorliegen allgemeiner Voraussetzungen im Einzelfall	4
3. Pflicht zur Aufstellung	5
a) Durchsetzbarkeit	5
b) Öffentlichrechtliche Vereinbarung	6
c) Beschränkung auf Teilbereiche	7
4. Verfahren	8
a) Nachbarverhältnis	8
b) Erhöhter Koordinationsbedarf	9
c) Nichtvorliegen allgemeiner Voraussetzungen im Einzelfall	10
5. Flächennutzungspläne bei Bildung von Planungsverbänden oder bei Gebiets- oder Bestandsänderungen	11
a) Rechtslage vor dem 1.1.1977	11
b) Rechtslage seit dem 1.1.1977	12
6. Bebauungspläne bei Bildung von Planungsverbänden oder bei Gebiets- oder Bestandsänderungen	13

1. Interne und externe Systematik. § 204 zählt als Teil des Stufensystems inter- 1
kommunaler Zusammenarbeit (§ 2 Rn. 22, § 203 Rn. 1) wie § 205 – Planungsverbände – und § 203 Übertragung der Planungsbefugnis auf andere Verbände und Gebietskörperschaften – zu den Vorschriften, die es ermöglichen, über die nachbargemeindliche Abstimmungspflicht (§ 2 Abs. 2) hinausgehend die Planungshoheit (§ 2 Rn. 20) der einzelnen Gemeinde zu beschränken, um einem erhöhten Koordinationsbedarf gerecht zu werden. Abs. 1 regelt ergänzt um eine Klarstellung über die Voraussetzungen der Beendigung der gemeinsamen Planung (Abs. 1 S. 5) die besonderen Voraussetzungen für den Erlass, die Aufhebung, die Änderung oder Ergänzung eines gemeinsamen Flächennutzungsplans benachbarter Gemeinden, einschließlich der beiden milderen Mittel, des auf Teilbereiche beschränkten Flächennutzungsplans (Abs. 1 S. 3 Hs. 2) und der durch öffentlich-rechtlichen Vertrag vereinbarten örtlichen oder sachlichen Teilplanung (Abs. 1 S. 4). Zum Inhalt des gemeinsamen Flächennutzungsplans → § 5. Zur Historie der verschiedenen Formen der Planungskoordination benachbarter Gemeinden s. *Runkel* in EZBK § 204 Rn. 6; rechtsvergleichend zu Frankreich *Gniechwitz,* Städtebaupläne in Frankreich, 2005, S. 211. Zum Einsatz raumordnerischer Verträge für die interkommunale Abstimmung *Spannowsky* UPR 1999, 241. Gemeinsame Bebauungspläne sind nach § 205 möglich, nicht aber in analoger Anwendung von § 204 Abs. 1 (OVG Koblenz BauR 2004, 1119). Die Abs. 2, 3 regeln Auswirkungen, die Gemeindeneugliederungen oder die Bildung von Planungsverbänden (§ 205) und sonstigen kommunalen Körperschaften (§ 203) auf bestehende Flächennutzungspläne der betroffenen Gemeinde (Abs. 2) oder auf eingeleitete Bebauungsplanverfahren (Abs. 3) haben. Beide Abs. sollen verhindern, dass die Auswirkungen der nach dem 1.1.1977 ergehenden Gemeindeneugliederungen oder Zuständigkeitsverlagerungen ebenso kontrovers behandelt werden wie die entsprechenden Altfälle (dazu *Hassel* BauR 1984, 593).

§ 8 Abs. 4 ROG ermächtigt die Länder, einen **regionalen Flächennutzungs-** 1a
plan zuzulassen, der zugleich die Funktion eines Regionalplans und eines gemeinsamen Flächennutzungsplans iS v § 204 übernimmt (dazu *Goppel* in Spannowsky/Runkel/Goppel ROG, 2010 § 8 Rn. 41–54; *Schmidt-Eichstaedt/Reitzig* LKV 2000, 273; *Koch* RuR 2000, 389; *Hendler* ZfBR 2005, 229; HessStGH Urt. v. 4.5.2004, P. St. 1713; *Runkel* in EZBK § 204 Rn. 62–70). Von der Ermächtigung haben bisher nur

§ 204
III. Kapitel. II. Teil. Allgemeine Vorschriften

Sachsen-Anhalt, Thüringen, NRW und Hessen Gebrauch gemacht (dazu *Hendler,* aaO; *Schmidt-Eichstaedt* in Mitschang, Flächennutzungsplanung, Aufgabenwandel und Perspektiven 2007, S. 167; *Gierke,* ebd, 181/186; s. a. BBR, Anwendungsstudie zum regionalen Flächennutzungsplan, Heft 108/2002; *Schmidt-Eichstaedt* in Jarass, Interkommunale Abstimmung und Bauleitplanung, 2003, 37/43; *Kreibohm/Zülka* NWVBl. 2003, 334; *zur Nedden* in Mitschang, Flächennutzungsplanung 163/164; *Schmidt-Eichstaedt* ebd., 167/177; s. a. *Lagemann/Neumann/Schmidt* RuR 2008, 63 – Regional Planung Ruhr. NRW (dazu *Grotefels/Lahme* BauR 2009, 1390) hat den regionalen Flächennutzungsplan wieder abgeschafft und stattdessen den Regionalverband Ruhr als Träger der Landesplanung eingeführt (dazu *Beckmann* BauR 2009, 1645; *Wegener* in Schimanke, Verwaltung und Raum, 2010, 63/70). Erste Voraussetzung des Plans nach § 8 Abs. 4 ROG iVm dem jeweiligen Landesplanungsrecht ist, dass die Regionalplanung durch Zusammenschlüsse von Gemeinden und Gemeindeverbänden mit regionalen Planungsgemeinschaften erfolgt. Durch die kommunal verfasste Regionalplanung soll verhindert werden, dass sich der neue Plantyp zulasten der Regionalplanung oder der kommunalen Bauleitplanung auswirkt. Der regionale Flächennutzungsplan darf nur in verdichteten Räumen oder bei sonstigen raumstrukturellen Verdichtungen zugelassen werden. Er muss den §§ 8–16 ROG und den Vorschriften des BauGB entsprechen, also zB auch den Beteiligungsvorschriften der §§ 3, 4 genügen (BT-Drs. 13/7589 S. 24). Die Festlegungen nach § 8 Abs. 5–7 ROG wie auch die Darstellungen nach § 5 sind im regionalen Flächennutzungsplan zu kennzeichnen (§ 8 Abs. 4 S. 3 ROG). Zu Gewichtsverschiebungen zwischen Bauleitplanung und Landesplanung *Spannowsky* DÖV 1997, 757; § 1 Rn. 38.

2 **2. Voraussetzungen für einen gemeinsamen Flächennutzungsplan. a) Nachbarverhältnis.** Erste **besondere Voraussetzung** für die Aufstellung eines gemeinsamen Flächennutzungsplans ist, dass die **Gemeinden benachbart** sind. Das sind nicht nur aneinander grenzende Gemeinden, sondern auch solche, deren örtliche, private oder öffentliche Belange durch die Bauleitplanung einer anderen Gemeinde berührt werden (s. a. *Runkel,* aaO, Rn. 24 zB der gemeinsame Flächennutzungsplan von Dortmund, Bochum und weiteren vier Ruhrgebietsstädten). Die Gemeinden können auch in verschiedenen Ländern liegen (s. § 203 Abs. 4).

3 **b) Erhöhter Koordinationsbedarf.** Zweite besondere Voraussetzung ist nach Abs. 1 S. 1 1. Altern., dass die städtebauliche Entwicklung (→ § 1 Rn. 10 ff.) der (beiden oder mehreren) benachbarten Gemeinden wesentlich durch gemeinsame Voraussetzungen, zB Siedlungsdruck in einem Ballungsgebiet oder grenzüberschreitende Ausgleichsflächen (*Schrödter* in Spannowsky/Mitschang, Planung heute und morgen, 2001, S. 159/161), bestimmt wird. Der gleiche Koordinationsbedarf besteht auch dann, wenn anders als in der 1. Altern. die Interessen eher auseinander gehen, zB wegen unterschiedlicher Wirtschafts- und Siedlungsstruktur, und daher gem. der 2. Altern. des Abs. 1 S. 1 der gemeinsame Flächennutzungsplan einen gerechten Ausgleich (s. § 1 Abs. 7) der verschiedenen Belange ermöglichen soll und kann (*Pollermann* RuR 2008, 333). Zur Auslegung der vagen unbestimmten Rechtsbegriffe des Satzes 1 gibt der an § 3 Nr. 2 ROG sprachlich angeglichene S. 2 eine Interpretationshilfe durch nicht abschließenden Beispielkatalog. Zu den Zielen der Raumordnung → § 1 Abs. 4, zu den Anlagen des öffentlichen Verkehrs → § 1 Rn. 83, Vorb. §§ 123–135 Rn. 1 ff.; s. dort auch zu den Gemeindebedarfseinrichtungen.

4 **c) Nichtvorliegen allgemeiner Voraussetzungen im Einzelfall.** Liegen die besonderen Voraussetzungen des Abs. 1 S. 1, 2 vor, so steht der Aufstellung eines gemeinsamen Flächennutzungsplans nicht entgegen, dass in einer der Gemeinden die allgemeinen Voraussetzungen für die Aufstellung eines Flächennutzungsplans iSv § 1 Abs. 3, § 8 Abs. 2 S. 2 nicht erfüllt sind.

2. Abschnitt. Zuständigkeiten § 204

3. Pflicht zur Aufstellung. a) Durchsetzbarkeit. Liegen die weit gefassten 5
besonderen Voraussetzungen des Abs. 1 S. 1, 2 ausnahmsweise vor, so entsteht für die
benachbarten Gemeinden grundsätzlich die von der oder den höheren Verwaltungsbehörde(n) (§ 6 Abs. 5, § 203 Abs. 4) durchsetzbare **Pflicht zur Aufstellung** eines
gemeinsamen Flächennutzungsplans, die die Nachbargemeinde gerichtlich durchsetzen kann. Dass Abs. 1 S. 1 eine Soll-Vorschrift ist, steht dem nicht entgegen. Entsprechend dem Grundsatz der Verhältnismäßigkeit enthält Abs. 1 jedoch zwei Einschränkungen.

b) Öffentlichrechtliche Vereinbarung. Ist eine gemeinsame Planung aus den 6
in Abs. 1 S. 1, 2 genannten Gründen nur für räumliche oder sachliche Teilbereiche erforderlich, so können sich die benachbarten Gemeinden damit begnügen, statt einen
gemeinsamen Flächennutzungsplan aufzustellen, in öffentlich-rechtlichen Verträgen
bestimmte Darstellungen in ihren Flächennutzungsplänen zu vereinbaren (Abs. 1
S. 4). Diese der abschließenden Abwägung über den eigenen Flächennutzungsplan
vorangehenden **Vereinbarungen** müssen den diesbezüglichen besonderen aus
BVerwGE 45, 309 entwickelten Anforderungen des § 1 Abs. 7 genügen (→ § 1
Rn. 113f.). Eine Verletzung einer wirksamen Vereinbarung nach Abs. 1 S. 4 ist von
der Aufsichtsbehörde zu beanstanden. Die Nachbargemeinde kann auf Erfüllung klagen.

c) Beschränkung auf Teilbereiche. Keine Ausnahme von der Pflicht zur Auf- 7
stellung eines gemeinsamen Flächennutzungsplans, sondern eine Einschränkung seiner Bindungswirkung erlaubt Abs. 1 S. 3 Hs. 2. Ist eine gemeinsame Planung aus den
in Abs. 1 S. 1, 2 genannten Gründen nur für räumliche oder sachliche **Teilbereiche**
erforderlich, so können die Gemeinden durch öffentlich-rechtlichen Vertrag vereinbaren, dass sich die Bindung nur auf diese Teilbereiche erstreckt. Gegenüber dieser
Vereinbarung ist jenes nach Abs. 1 S. 4 (Rn. 6) wiederum das mildere, die kommunale
Planungshoheit weniger einschränkende Mittel. Angesichts der geringen praktischen
Bedeutung des § 204 und der Möglichkeit nach Abs. 1 S. 1 einen gemeinsamen Teilflächennutzungsplan iSv § 5 IIa aufstellen zu können, ist die zusätzliche Differenzierung des Abs. 1 S. 3 Hs. 2 entbehrlich.

4. Verfahren. a) Nachbarverhältnis. Für das **Verfahren** der **Aufstellung** des 8
gemeinsamen Flächennutzungsplanes (dazu *Schmidt-Eichstaedt* NVwZ 1997, 846/
852) gelten die allgemeinen Vorschriften (§§ 2–4b, 6; → a. § 2 Rn. 2, 3), bei länderübergreifendem Flächennutzungsplan insbesondere § 203 Abs. 4 (→ § 203 Rn. 9), die
jede Gemeinde hinsichtlich des ihrer Planungshoheit unterliegenden Teils des gemeinsamen Flächennutzungsplans anzuwenden hat. Bei der Beteiligung der Behörden (§ 4) wird die nachbargemeindliche Abstimmungspflicht des § 2 Abs. 2 (→ § 2
Rn. 9) ersetzt durch die aus Abs. 1 S. 1 u. 3 abzuleitende Vereinbarung über den Entwurf eines gemeinsamen Flächennutzungsplans, der die Grundlage bildet für den jeweiligen formellen Beschluss des Gemeinderates über den seiner Planungshoheit unterliegenden Teil des gemeinsamen Flächennutzungsplans. Zu den gem. BVerwGE
45, 309 aus § 1 Abs. 7 folgenden besonderen Anforderungen an diese Vereinbarung
s. § 1 Rn. 113f.; *Schmidt-Eichstaedt* NVwZ 1997, 846/852. Die Gemeinden können
vereinbaren, soweit dies dem gemeinsamen Koordinationsbedarf genügt, dass sich
die Bindung des gemeinsamen Flächennutzungsplans nur auf bestimmte räumliche
oder sachliche Teilbereiche erstrecken soll (Abs. 1 S. 3 Hs. 2; → Rn. 7).

b) Erhöhter Koordinationsbedarf. Da die Gemeinden den gemeinsamen Flä- 9
chennutzungsplan gemeinsam aufgestellt haben, können sie ihn auch nur in dem entsprechenden Verfahren, also gemeinsam, **aufheben, ändern oder ergänzen**. Abs. 1
S. 3 Hs. 1 stellt klar was schon aus § 1 Abs. 8 folgt. Haben die Gemeinden vereinbart,
dass sich die Bindung des gemeinsamen Flächennutzungsplans nur auf bestimmte
räumliche oder sachliche Teilbereiche erstrecken soll, so können sie die übrigen ihrer

§ 204 III. Kapitel. II. Teil. Allgemeine Vorschriften

Planungshoheit unterliegenden Teile des gemeinsamen Flächennutzungsplans allein aufheben, ändern oder ergänzen (Abs. 1 S. 3 Hs. 2; → Rn. 7).

10 **c) Nichtvorliegen allgemeiner Voraussetzungen im Einzelfall.** Abs. 1 S. 5 enthält eine Klarstellung für den Fall, dass die Voraussetzungen für eine gemeinsame Planung nach S. 1 u. 4 entfallen sind. Erfordern zB die Ziele der Raumordnung nicht mehr einen gemeinsamen Flächennutzungsplan, so kann die Gemeinde den gemeinsam erstellten Flächennutzungsplan für ihr Gemeindegebiet gem. den allgemeinen Vorschriften (§§ 1 ff.) ändern. Vor Einleitung des Änderungsverfahrens hat die Gemeinde die Zustimmung der höheren Verwaltungsbehörde einzuholen. Unterlässt sie dies oder erteilt die Aufsichtsbehörde die Genehmigung nicht, so können die anderen Gemeinden dagegen gerichtlich vorgehen (s. a. *Philipp*, BK § 204 Rn. 14; *Runkel* in EZBK § 204 Rn. 61; aA *Jäde*, J/D/W § 204 12). Die Aufsichtsbehörde hat zu prüfen, ob die Voraussetzungen für einen gemeinsamen Flächennutzungsplan benachbarter Gemeinden entfallen sind. Der gem. S. 5 von einer Gemeinde allein geänderte oder ergänzte Flächennutzungsplan ist anders als der gem. S. 3 geänderte oder ergänzte kein gemeinsamer mehr.

11 **5. Flächennutzungspläne bei Bildung von Planungsverbänden oder bei Gebiets- oder Bestandsänderungen. a) Rechtslage vor dem 1.1.1977.** Bis zum Inkrafttreten von § 4a Abs. 1, 2 BBauG (1.1.1977) der die Weitergeltung von Flächennutzungsplänen der durch kommunale Neuordnungsmaßnahmen betroffenen Gemeinden regelte, konnten die Länder zB in den Eingliederungsgesetzen oder die Gemeinden in Eingliederungsverträgen die Fortgeltung regeln. Gemäß BVerwGE 45, 25 (dazu *Hassel* BauR 1984, 593) treten Flächennutzungspläne aus Anlass kommunaler Gebietsänderungen nicht schon dann außer Kraft, wenn sie infolge der Gebietsänderung nicht mehr „für das ganze Gemeindegebiet" (§ 5 Abs. 1) gelten. Zu notwendigen Ergänzungen fortgeltender Flächennutzungspläne oder ihrem Ersatz durch Neuaufstellung *Schmidt-Eichstaedt* BauR 2004, 1102. § 204 Abs. 2, 3 regelt nur kommunale Neugliederungen nach dem 1.1.1977 (OVG Münster NVwZ 1983, 748), für frühere Neugliederungen bleiben etwaige landesrechtliche Regelungen, zB nwG v. 26.11.1974, GVBl. S. 474, ndSG v. 26.3.1974, GVBl. S. 201, im Übrigen aber die vom BVerwG entwickelten Grundsätze maßgebend.

12 **b) Rechtslage seit dem 1.1.1977.** Abs. 2 knüpft an die Rechtsprechung des BVerwG an, geht aber im Interesse der Rechtssicherheit zulässigerweise über diese hinaus (s. a. *Hornmann*, SU § 204 Rn. 31), indem er die grundsätzlich unbefristete Fortgeltung bestehender (OVG Münster NVwZ 1983, 748) Flächennutzungspläne anordnet, wenn eine Gemeinde in ihrem Gebiet oder Bestand geändert oder die Zuständigkeit zur Aufstellung von Flächennutzungsplänen auf Verbände (§ 205) oder sonstige kommunale Körperschaften (§ 203) übergegangen ist. Vorrang haben allerdings abweichende landesrechtliche Regelungen (Abs. 2 S. 1; Rn. 11). Darüber hinaus wird die Fortgeltung begrenzt durch die Grundsätze des BVerwG zum Außerkrafttreten von Bauleitplänen wegen Funktionslosigkeit (§ 9 Rn. 7a). Die von Abs. 2 S. 2 angeordnete Fortgeltung auch von räumlichen oder sachlichen Teilen des Flächennutzungsplanes bezieht sich auf den Fall, dass ein Flächennutzungsplan gem. § 6 Abs. 3 nur teilweise in Kraft getreten ist. Abs. 2 S. 3 unterstreicht die Eigenart des Abs. 2 als einer Überleitungsvorschrift, indem er auf die Befugnisse und Pflichten der Gemeinde oder des sonstigen neuen Inhabers der Planungshoheit hinweist, fortgeltende Flächennutzungspläne aufzuheben, zB um Unsicherheiten wegen eines etwaigen Außerkrafttretens wegen Funktionslosigkeit auszuschließen oder für das neue Gemeindegebiet zu ergänzen oder durch einen neuen Flächennutzungsplan zu ersetzen. Abs. 2 gilt nicht für Bebauungspläne. Diese können im Einzelfall wegen Funktionslosigkeit außer Kraft treten. Im Übrigen wird ihre Geltung durch Gebiets- und Bestandsänderungen sowie die Bildung von Planungsverbänden nicht berührt.

2. Abschnitt. Zuständigkeiten § 205

6. Bebauungspläne bei Bildung von Planungsverbänden oder bei Gebiets- oder Bestandsänderungen. Abs. 3 S. 1 entscheidet die Streitfrage (BVerwGE 40, 173), dass es nach einer Gebiets- oder Bestandsänderung innerhalb der planerischen Gestaltungsfreiheit (→ § 1 Rn. 87 ff.) der Gemeinde liegt, das **Verfahren** zur Aufstellung, Änderung, Ergänzung oder Aufhebung eines **Bebauungsplanes** in seinem jeweiligen Stand fortzuführen. Stattdessen kann die Gemeinde auch einzelne Planungsschritte, zB § 3 – Öffentlichkeitsbeteiligung –, § 4 – Behördenbeteiligung – oder das gesamte Verfahren, zB wegen geänderter Situation, wiederholen. Die Gebiets- und Bestandsänderungen allein sind kein Grund zur Wiederholung oder Aufgabe des Verfahrens. Andererseits befreit Abs. 3 S. 1 nicht von etwaigen im Einzelfall auf Grund der neuen Situation geltenden materiellen (§ 1 Abs. 7, Abs. 4) und formellen Anforderungen an den Erlass eines Bebauungsplans. Dem entspricht es, dass die höhere Verwaltungsbehörde, wie Abs. 3 S. 3 klarstellt, nach Prüfung der Rechtmäßigkeit des Verfahrens und seines Ergebnisses verlangen kann, dass bestimmte Verfahrensschritte wiederholt werden. Abs. 3 S. 3 schließt es nicht aus, dass die höhere Verwaltungsbehörde aus Rechtsgründen die Wiederholung des gesamten Verfahrens oder dessen Aufgabe verlangt. Abs. 3 S. 1 gilt entsprechend auch für Planungsverbände und Zusammenschlüsse nach Zweckverbands- oder sonstigem besonderen Landesrecht (§ 205 Rn. 12, 13). In diesen Fällen hat die betroffene verbandsangehörige Gemeinde aber einen Anspruch auf das spezielle Beteiligungsverfahren nach § 205 Abs. 9 (§ 205 Rn. 14), auch wenn ein abgeschlossenes Verfahren nach § 4 nicht wiederholt wird. Abs. 3 ist auf Verfahren des Flächennutzungsplans nicht anwendbar. 13

§ 205 Planungsverbände

(1) ¹Gemeinden und sonstige öffentliche Planungsträger können sich zu einem Planungsverband zusammenschließen, um durch gemeinsame zusammengefasste Bauleitplanung den Ausgleich der verschiedenen Belange zu erreichen. ²Der Planungsverband tritt nach Maßgabe seiner Satzung für die Bauleitplanung und ihre Durchführung an die Stelle der Gemeinden.

(2) ¹Kommt ein Zusammenschluss nach Absatz 1 nicht zustande, können die Beteiligten auf Antrag eines Planungsträgers zu einem Planungsverband zusammengeschlossen werden, wenn dies zum Wohl der Allgemeinheit dringend geboten ist. ²Ist der Zusammenschluss aus Gründen der Raumordnung geboten, kann den Antrag auch die für die Landesplanung nach Landesrecht zuständige Stelle stellen. ³Über den Antrag entscheidet die Landesregierung. ⁴Sind Planungsverbände verschiedener Länder beteiligt, erfolgt der Zusammenschluss nach Vereinbarung zwischen den beteiligten Landesregierungen. ⁵Sollen der Bund oder eine bundesunmittelbare Körperschaft oder Anstalt an dem Planungsverband beteiligt werden, erfolgt der Zusammenschluss nach Vereinbarung zwischen der Bundesregierung und der Landesregierung, sofern die beteiligte Behörde des Bundes oder der bundesunmittelbaren Körperschaft oder Anstalt dem Zusammenschluss durch die Landesregierung widerspricht.

(3) ¹Kommt eine Einigung über die Satzung oder über den Plan unter den Mitgliedern nicht zustande, stellt die zuständige Landesbehörde eine Satzung oder einen Plan auf und legt sie dem Planungsverband zur Beschlussfassung vor. ²Einigen sich die Mitglieder über diese Satzung oder diesen Plan nicht, setzt die Landesregierung die Satzung oder den Plan fest. ³Absatz 2 Satz 4 ist entsprechend anzuwenden. ⁴Ist der Bund oder eine bundesunmittelbare Körperschaft oder Anstalt an dem Planungsverband beteiligt, wird die Satzung oder der Plan nach Vereinbarung zwischen der Bundesregie-

§ 205

rung und der Landesregierung festgesetzt, sofern die beteiligte Behörde des Bundes oder der bundesunmittelbaren Körperschaft oder Anstalt der Festsetzung durch die Landesregierung widerspricht.

(4) Dem Planungsverband können nach Maßgabe der Satzung die Aufgaben der Gemeinde, die ihr nach diesem Gesetzbuch obliegen, übertragen werden.

(5) ¹Der Planungsverband ist aufzulösen, wenn die Voraussetzungen für den Zusammenschluss entfallen sind oder der Zweck der gemeinsamen Planung erreicht ist. ²Kommt ein übereinstimmender Beschluss über die Auflösung nicht zustande, ist unter den in Satz 1 bezeichneten Voraussetzungen die Auflösung auf Antrag eines Mitglieds anzuordnen; im Übrigen ist Absatz 2 entsprechend anzuwenden. ³Nach Auflösung des Planungsverbands gelten die von ihm aufgestellten Pläne als Bauleitpläne der einzelnen Gemeinden.

(6) Ein Zusammenschluss nach dem Zweckverbandsrecht oder durch besondere Landesgesetze wird durch diese Vorschriften nicht ausgeschlossen.

(7) ¹Wird die Befugnis zur Aufstellung von Bauleitplänen nach den Absätzen 1 bis 3 oder 6 übertragen, sind die Entwürfe der Bauleitpläne mit Begründung vor der Beschlussfassung hierüber oder der Festsetzung nach Absatz 3 Satz 2 oder 4 den Gemeinden, für deren Gebiet der Bauleitplan aufgestellt werden soll, zur Stellungnahme innerhalb angemessener Frist zuzuleiten. ²Auf die Behandlung der von den Gemeinden fristgemäß vorgebrachten Anregungen ist § 3 Abs. 2 Satz 4 und 6 entsprechend anzuwenden.

Übersicht

	Rn.
1. Allgemeines	1
2. Freiwilliger Zusammenschluss	2
a) Verbandsfähigkeit	2
b) Materielle Voraussetzungen	3
c) Entstehung	4
d) Aufgaben	5
3. Zwangszusammenschluss	6
a) Verfassungsmäßigkeit	6
b) Besondere Voraussetzungen	7
c) Rechtsformen	8
d) Verbands(zwangs)satzung	9
4. Zwangsplan	10
a) Verbandsfähigkeit	10
b) Materielle Voraussetzungen	11
5. Landesrechtliche Alternativen	12
a) Zweckverbandsrecht	12
b) Besondere Landesgesetze	13
6. Beteiligungsrecht der Gemeinde	14
7. Auflösung	15
a) Materielle Voraussetzungen	15
b) Verfahren	16
c) Fortgeltung der Pläne	17
d) Ausscheiden ohne Auflösung	18

1 **1. Allgemeines.** § 205 regelt Planungsverbände als weitere Formen des gestuften Systems interkommunaler Zusammenarbeit. Zur Leistungsfähigkeit → § 203 Rn. 1. Zur Befriedigung eines Koordinationsbedarfs, dem weder die nachbargemeindliche

2. Abschnitt. Zuständigkeiten **§ 205**

Abstimmungspflicht (§ 2 Abs. 2; → § 2 Rn. 22) noch ein gemeinsamer Flächennutzungsplan (§ 204) gerecht wird, kann nach § 205 die kommunale Planungshoheit (§ 2 Rn. 20) ganz oder teilweise beseitigt werden, indem die Aufgaben, die der Gemeinde nach dem BauGB obliegen (Abs. 4), ganz oder für einen Teil des Gemeindegebiets auf einen Planungsverband übertragen werden. Die Übertragung kann freiwillig – **freiwilliger Planungsverband**, Abs. 1 – oder zwangsweise – **Zwangsverband**, Abs. 2, 3 – erfolgen. Der Planungsverband kann aus Gemeinden und sonstigen öffentlichen Planungsträgern bestehen. Er kann die Koordination der Bauleitpläne und/oder die Koordination der Bauleitplanung mit verschiedenen **Fachplanungen** bezwecken. Hinsichtlich der Koordination von Bauleitplanung und Fachplanung geht § 205 über die Verfahrensregelungen des § 4 hinaus. Materiellrechtlich wird das Verhältnis der Bauleitplanung und der Fachplanungen sonstiger öffentlicher Planungsträger (teilweise) in den §§ 7, 37 u. 38 geregelt. Zur nachrichtlichen Übernahme der Ergebnisse der Fachplanungen in die Bauleitpläne s. § 5 Abs. 4 (§ 5 Rn. 44) und § 9 Abs. 6 (§ 9 Rn. 116). Abs. 7 konkretisiert das verfassungsrechtlich gesicherte (§ 2 Rn. 5) Beteiligungsrecht der Gemeinde, wenn ein Planungsverband einen sie betreffenden Bauleitplan aufstellt. Abs. 5 regelt die freiwillige oder zwangsweise Auflösung des Planungsverbands. Abs. 6 lässt die Bildung von Planungsverbänden nach dem **Zweckverbandsrecht** und nach sonstigem Landesrecht zu. Die Planungsverbände nach § 205 sind zu unterscheiden von der freiwilligen oder unfreiwilligen Übertragung von Planungsbefugnissen auf andere Verbände und Gebietskörperschaften gem. **§ 203** (→ Rn. 15 u. § 203 Rn. 1, 7). § 205 wird ergänzt durch § 204 Abs. 2, 3, die Auswirkungen der Bildung von Planungsverbänden auf bestehende Flächennutzungspläne, eingeleitete Bebauungsplanverfahren regeln und zum Erlass vorzeitiger Bebauungspläne ermächtigen sowie § 203 Abs. 4, der die Aufsichtszuständigkeit bei mehreren höheren Verwaltungsbehörden regelt. Hinsichtlich des gemeinsamen Flächennutzungsplans von Gemeinden ist § 204 gegenüber § 205 Abs. 1 die speziellere Vorschrift (*Hornmann*, SU § 205 Rn. 14; aA *Schmidt-Eichstaedt* NVwZ 1997, 846/850).

2. Freiwilliger Zusammenschluss. a) Verbandsfähigkeit. Zu einem **freiwilligen** (VGH Mannheim DÖV 1983, 76) **Planungsverband** können sich gem. Abs. 1 Gemeinden und sonstige öffentliche Planungsträger zusammenschließen. Dem Planungsverband müssen mindestens **zwei Gemeinden** angehören (*Gaentzsch* in BK § 205 Rn. 7; *Runkel* in EZBK § 205 Rn. 11, *Jäde* in JDW § 205 Rn. 5; *Hornmann*, aaO, Rn. 5; a. A.: *Schrödter* § 205 Rn. 4; *Grauvogel* in KK, § 205 Rn. 38). Die Gemeinden müssen nicht aneinander grenzen. Es genügt, dass zwischen ihnen und/oder etwaigen beteiligten öffentlichen Planungsträgern für die Bauleitplanung relevante Belange ausgleichsbedürftig sind. Mangels zusammengefasster Planung ist ein Planungsverband unzulässig, wenn das Verbandsgebiet nur in einer Gemeinde liegt (*Vietmeier* in Jarass, Interkommunale Abstimmung in der Bauleitplanung, 2003, S. 81/89 – internationale Gewerbeparks; s. a. OLG München UPR 2003, 74). Der Begriff des sonstigen **öffentlichen Planungsträgers** ist enger als der der Beteiligung der Behörden iSv § 4 (→ § 4 Rn. 3). Verbandsfähig sind nur Träger hoheitlicher Fachplanungen und sonstiger raumbedeutsamer Planungen (§ 3 Nr. 6 ROG), insbesondere hoheitliche Behörden, also zB Bund, Landschaftsverband oder Kreis als Träger der Straßenbaulast oder der Bund als Träger von Fachplanungen der Telekom oder der Bahn, öffentlich-rechtliche Wasser- und Bodenverbände, öffentlich-rechtliche Zweckverbände als Träger von Planungen nach dem KrW-/AbfG, aber auch Land, Kreis oder Gemeinde als Träger der Landschaftsplanung (*Runkel* in EZBK § 205, Rn. 14). Die Deutsche Bahn AG ist kein öffentlicher Planungsträger (*Roer*, Die Nachfolgeunternehmen von Bahn und Post in der Bauleitplanung, 1996 S. 27), die Telekom AG nur, soweit sie als Beliehene formalrechtliche Planfeststellungsverfahren durchführt (aaO, S. 30), nicht aber die Deutsche Post AG (*Roer*, S. 30 f.; *Hornmann*, aaO, Rn. 7). Keine öffentlichen

§ 205

Planungsträger iSv § 205 waren bisher die Träger der Landes- einschließlich der Regionalplanung. Es sollte verhindert werden, dass diese überörtlichen Planungen in unzulässiger Weise mit der niedrigstufigeren, die überörtliche Planung ausplanenden Bauleitplanung sich vermischen. Zum Sonderfall des Flächennutzungsplans als Instrument der Landesplanung in den Stadtstaaten und in den kreisfreien Städten s. *Bunse* DVBl. 1984, 420; *Knemeyer* BayVBl. 1980, 17; *Erbguth*, Raumordnungsrecht, Rn. 73. § 8 Abs. 4 ROG (→ § 204 Rn. 1) beseitigt frühere planungssystematische Bedenken. Ist der Planungsverband auf die Aufstellung von Bebauungsplänen beschränkt, so braucht eine Gemeinde nur mit einem Teil ihres Gemeindegebietes dem Planungsverband anzugehören. Die Mitglieder des Planungsverbandes (Gemeinden oder/und sonstige öffentliche Planungsträger) können verschiedenen Ländern angehören, auch wenn dies ausdrücklich nur für den Zwangsverband (Abs. 2) geregelt ist.

3 **b) Materielle Voraussetzungen.** Weitere Voraussetzung für den Zusammenschluss ist, dass zwischen den verbandsfähigen Beteiligten durch eine gemeinsame zusammengefasste Bauleitplanung ein Ausgleich der verschiedenen von ihnen vertretenen, für die Bauleitplanung relevanten (§ 1 Abs. 6) Belange erreicht werden kann. Das Tatbestandsmerkmal „zusammengefasst" bedeutet keine zeitliche oder sachliche Konzentrationswirkung. Da es sich stets um eine Bauleitplanung handelt, kann ein Bauleitplan, der von einem Planungsverband aufgestellt worden ist, auch wenn ihm Fachplanungsträger angehören, wie jeder andere Bauleitplan, fachplanerische Planfeststellungsverfahren nur in den Ausnahmefällen ersetzen, in denen dies in anderen Gesetzen, zB § 17 Abs. 3 FStrG, ausdrücklich vorgesehen ist. Als Bauleitplan, also als Ortsplan, kann der gemeinsame zusammengefasste Bauleitplan kein Instrument der Regionalplanung sein (*Gaentzsch* in BK § 205 Rn. 3). Es ist nicht erforderlich, dass alle das Verhandlungsgebiet betreffenden abwägungsrelevanten Belange durch die Bauleitplanung ausgeglichen werden sollen. Es genügt zB die Beschränkung auf einen Flächennutzungsplan, sodass die Bebauungspläne in der alleinigen Kompetenz der Gemeinde verbleiben, oder auf einen Bebauungsplan, der nicht einmal die Mindestfestsetzungen des § 30 Abs. 1 enthält.

4 **c) Entstehung.** Der freiwillige Zusammenschluss kommt dadurch zustande, dass die verbandsfähigen Beteiligten durch öffentlich-rechtlichen Vertrag zweierlei vereinbaren: Erstens den **Zusammenschluss** zu dem Zweck, durch gemeinsame zusammengefasste Bauleitplanung den Ausgleich der verschiedenen Belange zu erreichen, zweitens die **Verbandssatzung,** die die Verbandsmitglieder und die dem Verband übertragenen Aufgaben bezeichnen muss. Beiden Voraussetzungen (Zusammenschluss und Verbandssatzung) müssen alle Beteiligten zustimmen. Zum notwendigen Inhalt der Satzung OVG Koblenz DÖV 2002, 38 – insbesondere Regelung der Willensbildung, anteilige Mitgliederzahl (*Runkel*, aaO, Rn. 70). Die Satzung kann bestimmen, dass der Verband die Bauleitpläne nicht einstimmig beschließen muss (*Runkel*, aaO, Rn. 71). Die Satzung ist von den beteiligten Gemeinden als Ortsrecht ortsüblich bekannt zu machen. Einer Mitwirkung der Aufsichtsbehörde bedarf es nicht. Ein gem. der gesetzlichen Ermächtigung des Abs. 1 zustande gekommener Planungsverband ist eine Körperschaft des öffentlichen Rechts.

5 **d) Aufgaben.** Die **Aufgaben** des Verbandes ergeben sich im Rahmen der gesetzlichen Ermächtigung aus der Verbandssatzung. Abs. 4 ermöglicht es, dem Verband alle der Gemeinde nach dem BauGB obliegenden Aufgaben zu übertragen, also zB zur Durchführung der Bebauungspläne auch den Einsatz der Veränderungssperre (§§ 14 ff.), der Zurückstellung von Baugesuchen (§ 15), von Vorkaufsrechten (§§ 24 ff.) Ausnahmeregelungen und Befreiungen (§§ 31, 33, 36), von bodenordnenden Maßnahmen nach den §§ 45–84, die Beantragung von Enteignungen gem. §§ 85 ff., die Durchführung der Erschließung (§§ 123 ff.), die Vorbereitung und Durchführung von städtebaulichen Sanierungs- und Entwicklungsmaßnahmen

2. Abschnitt. Zuständigkeiten § 205

(§§ 136 ff.), die Einleitung von Stadtumbaumaßnahmen (§ 171 b) und Maßnahmen der Sozialen Stadt (§ 171 e), den Erlass von städtebaulichen Geboten (§§ 175 ff.) oder einer Erhaltungssatzung (§ 172), die Herstellung des Einvernehmens nach § 36 Abs. 1 BauGB (BVerwG, Buchholz 406.11). § 36 BBauG Nr. 25 steht dem nicht entgegen, s. *Gaentzsch*, aaO, Rn. 6; *Schrödter* § 205 Rn. 10 a. Durch die Übertragung der Antragsbefugnis im Enteignungsverfahren (→ § 105 Rn. 1) auf den Verband wird dieser nicht zum Enteignungsbegünstigten. Entschädigungspflichtig iSv § 94 Abs. 2 sind daher die jeweilige Gemeinde oder Dritte. Die Kompetenz zur Aufstellung von Bebauungsplänen kann räumlich auf Gemeindeteile oder sachlich auf bestimmte Festsetzungen, zB Verkehrs- und Versorgungsflächen beschränkt werden (*Grauvogel* in KK, Rn. 96; → auch Rn. 3).

3. Zwangszusammenschluss. a) Verfassungsmäßigkeit. Kommt kein freiwilliger Zusammenschluss nach Abs. 1 zustande, so kann die Landesregierung unter den besonderen Voraussetzungen des Abs. 2 Gemeinden und sonstige öffentliche Planungsträger durch Hoheitsakt zwangsweise zusammenschließen – **Zwangsverband**. Angesichts des Vorrangs des freiwilligen Zusammenschlusses und der Kautelen des Abs. 2 – „zum Wohl der Allgemeinheit dringend geboten" – kann Abs. 2 S. 1 als ein nach Maßgabe des Verhältnismäßigkeitsgrundsatzes sachlich gerechtfertigter und deshalb iSv BVerwG DVBl. 1983, 152 mit Art. 28 Abs. 2 S. 1 GG vereinbarer Aufgabenentzug bewertet werden. Laut BVerfGE 56, 298 erlaubt Art. 28 Abs. 2 S. 1 GG dem Staat eine gesetzliche Einschränkung der Planungshoheit einzelner Gemeinden nur, wenn und soweit sich bei der vorzunehmenden Güterabwägung ergibt, dass schutzwürdige überörtliche Interessen diese Einschränkung erfordern (s. a. BVerwGE 118, 18 – Flughafen Stuttgart sowie § 2 Rn. 20; § 203 Rn. 2). Zu dieser Güterabwägung verpflichtet Abs. 2 S. 1. Auch wenn der Verband als Träger der Bauleitplanung zum Ausgleich der örtlichen Belange verpflichtet und gerade kein Instrument der Regionalplanung ist (→ Rn. 2), so sind Abs. 2 S. 1 und ganz eindeutig S. 2 so zu verstehen, dass auf das örtliche Planungsgebiet nicht beschränkte Belange, sei es anderer Gemeinden oder sonstiger öffentlicher Planungsträger, zum Wohle der Allgemeinheit den Zusammenschluss dringend gebieten.

b) Besondere Voraussetzungen. Erste **besondere Voraussetzung** für einen Zwangszusammenschluss ist, dass ein freiwilliger Zusammenschluss zu dem Zweck, durch gemeinsame zusammengefasste Bauleitplanung den Ausgleich der verschiedenen Belange zu erreichen (→ Rn. 3), vergeblich versucht worden ist. Zweitens muss ein **Antrag** auf Zwangszusammenschluss von einem Planungsträger vorliegen, der für den zu bildenden Planungsverband verbandsfähig (Rn. 2) und verbandswillig ist. Ist der Zusammenschluss aus Gründen der Raumordnung geboten, so kann den Antrag auch die für die Landesplanung zuständige Stelle stellen (Abs. 2 S. 2). Eines Antrages bedarf es gem. § 166 Abs. 5 nicht, wenn ein Planungsverband zur Vorbereitung oder Durchführung einer Entwicklungsmaßnahme bestimmt werden soll. Mit der besonderen materiellen Voraussetzung, dass der Zwangszusammenschluss **zum Wohl der Allgemeinheit dringend geboten** sein muss, trägt das Gesetz mit einem gerichtlich voll überprüfbaren unbestimmten Rechtsbegriff den Anforderungen Rechnung, die der Grundsatz der Verhältnismäßigkeit iVm Art. 28 Abs. 2 S. 1 GG bei einem Entzug der kommunalen Planungshoheit in ihrem umfassende Geltungsbereich stellt (Rn. 6). So kann das Gebot des geringst möglichen Eingriffs (§ 87 Rn. 4) zB verlangen, dass statt eines freiwillig angestrebten oder auch das Gemeinwohl optimal verwirklichenden Vollzugs der Planungshoheit zwangsweise nur die Kompetenz zur Aufstellung des Flächennutzungsplans auf den Verband übertragen wird (OVG Lüneburg BRS 28 Nr. 16) oder dass der Planungsverband räumlich oder sachlich auf bestimmte Festsetzungen beschränkt wird (Rn. 5), die zB die dringend gebotene Abstimmung mit einer Fachplanung gewährleisten. Abs. 2 S. 2 stellt klar, dass auch Gründe der Raumordnung geeignet sein können, das Tatbestandsmerkmal „zum Wohl der Allgemein-

§ 205
III. Kapitel. II. Teil. Allgemeine Vorschriften

heit dringend geboten" zu erfüllen. Das kann zB der Fall sein, wenn zur Verwirklichung der Ziele der Raumordnung (§ 1 Abs. 4) in einem Verdichtungsraum Maßnahmen zur Strukturverbesserung getroffen werden müssen und die dazu erforderlichen öffentlichen Mittel erst zur Verfügung gestellt werden, wenn durch die Bildung eines Planungsverbandes die Voraussetzungen für einen sachgerechten Bauleitplan gegeben sind.

8 **c) Rechtsformen.** Der Zusammenschluss erfolgt durch Entscheidung der **Landesregierung,** wenn nur Planungsträger eines Landes beteiligt sind (Abs. 2 S. 3). Vor diesem gerichtlich anfechtbaren Verwaltungsakt sind die beteiligten Gemeinden zu hören. Eine Verpflichtungsklage auf Zwangszusammenschluss kann nur in Ausnahmefällen begründet sein (*Jäde* in JDW § 205 Rn. 11; JK, § 205 Rn. 9; aA *Schrödter* § 205 Rn. 7; *Runkel*, aaO, Rn. 67; *Hornmann*, SU, Rn. 48). Möglich ist eine Feststellungsklage (vgl. BVerwG NVwZ 2008, 423 – zu § 203 Abs. 1). Sind Planungsträger verschiedener Länder oder des Bundes beteiligt, so setzt der Zusammenschluss eine **Vereinbarung** zwischen den jeweiligen Regierungen voraus, bei Beteiligung von bundesunmittelbaren Planungsträgern jedoch nur, soweit diese widersprechen (Abs. 2 S. 4, 5). Aufgrund des Verwaltungsabkommens sind die beteiligten Regierungen verpflichtet, die ihrer Hoheitsgewalt unterworfenen Planungsträger zu einem Planungsverband zusammenzuschließen.

9 **d) Verbands(zwangs)satzung.** Die Entstehung eines Zwangsverbandes setzt außer dem Zusammenschluss eine **Verbandssatzung** voraus. Diese können die zwangsweise zusammengeschlossenen Mitglieder freiwillig vereinbaren (→ Rn. 4). Kommt keine Einigung über die Satzung zustande, so stellt die zuständige Landesbehörde, idR die höhere Verwaltungsbehörde, eine Satzung auf und legt den Entwurf den beteiligten Planungsträgern zur Beschlussfassung vor (Abs. 3 S. 1). Fällt das Verbandsgebiet in die Kompetenz verschiedener höherer Verwaltungsbehörden, ist die oberste Landesbehörde zuständig. Sind Planungsträger verschiedener Länder beteiligt, darf der Entwurf erst nach einem Verwaltungsabkommen der Regierungen vorgelegt werden (Abs. 3 S. 3 iVm Abs. 2 S. 4). Ist ein bundesunmittelbarer Planträger beteiligt, so bedarf es für die Aufstellung der Satzung noch keiner Verwaltungsvereinbarung zwischen der (den) Landesregierung(en) und der Bundesregierung, denn Abs. 3 S. 4 stellt erst auf die abschließende Entscheidung, die Festsetzung, ab. Die zuständige Behörde kann den Entwurf einer Satzung nach Abs. 3 S. 1 auch vorlegen, wenn sich die Beteiligten freiwillig nur über den Zusammenschluss geeinigt haben. Die Verbandsmitglieder sind an den vorgelegten Entwurf nicht gebunden. Nur wenn sie sich weder über den vorgelegten noch einen geänderten oder einen eigenen anderen Entwurf einigen, setzt die Landesregierung die so genannte **Zwangssatzung** im Wege der Ersatzvornahme fest (Abs. 3 S. 2). Diese analog §§ 11, 18 ZweckverbandsG im Veröffentlichungsblatt der Regierung(en), zumindest aber ortsrechtlich zu veröffentlichende Maßnahme kann, obwohl Teil eines Rechtsetzungsakts, vom Verband, der insoweit Adressat eines an ihn gerichteten Verwaltungsaktes ist, angefochten werden (abl. *Jäde* in JDW § 205 Rn. 21). Zulässig ist auch ein Normenkontrollantrag nach § 47 VwGO oder eine Inzidentkontrolle anlässlich der Klage gegen einen auf dem Verbandsplan beruhenden Verwaltungsakt. Widerspricht ein beteiligter bundesunmittelbarer Planungsträger der Festsetzung durch die Landesregierung, so darf die Satzung nur nach einer Vereinbarung zwischen der Landesregierung und der Bundesregierung festgesetzt werden (Abs. 3 S. 4).

10 **4. Zwangsplan. a) Verbandsfähigkeit.** Einigen sich die Mitglieder eines freiwilligen Planungsverbandes oder eines Zwangsverbandes nicht über den satzungsgemäß aufzustellenden Bauleitplan, so ermächtigt Abs. 3 S. 1 2. Altern. die zuständige Landesbehörde, unter Beachtung der für die Bauleitplanung geltenden materiellen und verfahrensrechtlichen Vorschriften den Plan aufzustellen und diesen Entwurf

2. Abschnitt. Zuständigkeiten **§ 205**

dem Planungsverband zur Beschlussfassung vorzulegen. Zuständig zur Vorlage ist idR die höhere Verwaltungsbehörde. Soll der Plan im Zuständigkeitsbereich mehrerer höherer Verwaltungsbehörden gelten, ist die oberste Verwaltungsbehörde (Minister) zuständig. Überschreitet das Plangebiet Landesgrenzen, so darf der Plan erst nach einem Verwaltungsabkommen zwischen den Landesregierungen aufgestellt werden. Der Planungsverband ist an den Vorschlag nicht gebunden.

b) Materielle Voraussetzungen. Einigt sich der Planungsverband weder über 11 den vorgelegten, uU geänderten, noch über einen anderen Plan, so ist die Landesregierung nach Abwicklung des Beteiligungsverfahrens nach Abs. 7 (Rn. 14) befugt, den Plan festzusetzen (Abs. 3 S. 2 2. Altern.). Zur verfassungsrechtlichen Unbedenklichkeit dieser Form der Ersatzvornahme s. *Schrödter* § 205 Rn. 19. Der Beschluss ist entsprechend den für den Flächennutzungsplan bzw. Bebauungsplan geltenden Vorschriften zu veröffentlichen (§ 6 Abs. 5 S. 1, § 10 Abs. 3 S. 1). Obwohl Rechtsetzungsakt, kann der Beschluss nicht nur vom Verband (so aber *Runkel*, aaO, Rn. 48), sondern auch von den in ihm zusammengeschlossenen Gemeinden gerichtlich angefochten werden (*Hornmann*, aaO, Rn. 54; für Normenkontrollantrag und allgemeine Feststellungsklage *Jäde*, aaO, Rn. 27 f.; → auch Rn. 9). Widerspricht ein verbandsangehöriger bundesunmittelbarer Planungsträger der Festsetzung des Bauleitplans durch die Landesregierung, so bedarf die Festsetzung des Plans einer Vereinbarung zwischen Landes- und Bundesregierung (Abs. 3 S. 4 2. Altern.).

5. Landesrechtliche Alternativen. a) Zweckverbandsrecht. Als gleichran- 12 gige Alternative zur Bildung eines Planungsverbandes nach Abs. 1, 2 lässt Abs. 6 einen Zusammenschluss nach dem Zweckverbandsrecht zu. **Zweckverbände** werden nach Landesrecht, zB § 2 RhPf ZweckVG, § 4 NWGkG gebildet; dazu *Oebbecke*, Zweckverbandsbildung und Selbstverwaltungsgarantie, 1982; *Schmidt* in Ehlers/Fehling/Pünder BVwR III 2013, § 65 Rn. 55. Anders als der auf die Bauleitplanung und ihre Durchführung beschränkte Planungsverband nach § 205 kann der Zweckverband jede Aufgabe wahrnehmen, die eine Gemeinde oder ein Gemeindeverband zu übernehmen berechtigt oder verpflichtet ist, es sei denn, dass für die Wahrnehmung dieser Aufgabe besondere Rechtsformen für die Zusammenarbeit vorgeschrieben sind oder dass die gemeinsame Wahrnehmung der Aufgabe ausgeschlossen ist (§ 1 nwGkG). Auch der Kreis der Mitglieder des Zweckverbandes ist weiter: neben Gemeinden und Gemeindeverbänden öffentlich-rechtliche Körperschaften, Anstalten, Stiftungen und nach besonderer Zulassung auch natürliche und juristische Personen des Bürgerlichen oder Handelsrechts (§ 4 nwGkG). Der Erlass der Satzung des Bauleitplans im Wege der Ersatzvornahme ist beim Zweckverband nicht möglich. § 205 Abs. 6 erlaubt außer der Gründung eines Zweckverbandes auch, dass Gemeinden und Gemeindeverbände durch öffentlich-rechtliche Vereinbarung einem der Beteiligten die Erfüllung einer gemeinsamen Aufgabe übertragen (§ 19 ZwVG). Soweit der Zweckverband die Bauleitplanung wahrnimmt, ist er an das BauGB gebunden (BVerwG DVBl. 1998, 1294/1295).

b) Besondere Landesgesetze. § 205 Abs. 6 erlaubt als weitere Alternative zu den 13 Planungsverbänden nach Abs. 1, 2 einen Zusammenschluss **durch besondere Landesgesetze**. Vorläufer waren das prG betr. VerbandsO für den Siedlungsverband Ruhrkohlen-Bezirk vom 5. 5. 1920, GS S. 286 und das G. über den Verband Großraum Hannover vom 14. 12. 1962, ndsGVBl. S. 235; dazu *Bielenberg*, Informationsbriefe für RaumOR 4.2.3. Abs. 6 ermächtigt die Länder dazu, unter Wahrung von Art. 28 Abs. 2 S. 1 GG (Rn. 6) nur die in § 205 Abs. 1, 4 vorgesehenen Aufgaben der Bauleitplanung und ihrer Durchführung durch Gesetze auf Sonderverbände zu übertragen. Im Unterschied zu den gebietskörperschaftlich organisierten „kommunalrechtlichen Volleinheiten" einer „zweiten Gemeindeebene" iSv § 203 Abs. 2 betrifft Abs. 6 mitgliedschaftlich organisierte „echte" Planungsverbände, bei der die Gemein-

§ 205

den entweder selbst Mitglieder sind oder jedenfalls diejenigen Mitwirkungsrechte haben, die sie in einem echten Verband hätten, mag der Zusammenschluss ansonsten auch gebietskörperschaftlich organisiert sein (so BVerfG E 77, 302). Der frühere Stadtverband Saarbrücken war anders als der jetzige kein Zusammenschluss iSv Abs. 6. Der Gesetzgeber kann unter Wahrung der Anforderungen des Abs. 6 die Flächennutzungsplanung in die ausschließliche Zuständigkeit eines Planungsrates übertragen, der Organ des Stadtverbandes ist; s. a. *Schmidt-Eichstaedt/Reitzig*, Rechtliche Voraussetzungen zur Umsetzung des § 9 Abs. 6 ROG, 2000, S. 64 mit weiteren Beispielen aus BaWü; zum Planungsverband Ballungsraum Frankfurt/Rhein-Main HessStGH Urt. v. 4. 5. 2004 – P. St. 1713; *Hendler* ZfBR 2005, 229/231; zum früheren Umlandverband Frankfurt BVerfGE 77, 307 f.; *Schmidt-Eichstaedt* NVwZ 1997, 846. Zum anders strukturierten Verband Region Stuttgart *Wolf*, „Hauptstadtregion Stuttgart" – alte und neue Wege im Kommunalrecht, 1997; zur Region Hannover → § 203 Rn. 5, zum Regionalverband Ruhr *Beckmann* BauR 2009, 1645; *Kremer* NWVBl. 2004, 337.

14 **6. Beteiligungsrecht der Gemeinde.** Wird die Befugnis zur Aufstellung von Bauleitplänen auf einen freiwilligen (Abs. 1 Rn. 2–5) oder einen Zwangsverband (Abs. 2, 3 Rn. 6–9) oder landesrechtlich nach Abs. 6 (Rn. 12, 13) übertragen oder wird ein Bauleitplan nach Abs. 3 S. 2 oder 4 von der Landesregierung oder auf Grund einer Vereinbarung zwischen der Bundes- und Landesregierung festgesetzt (Rn. 10, 11), so gewährt Abs. 7 der verbandsangehörigen Gemeinde ein gegenüber § 4 **qualifiziertes Beteiligungsrecht** am Verfahren der Planaufstellung. Vor der Beschlussfassung durch den Planungsverband ist der Planentwurf nebst Begründung (§ 2a) allen Gemeinden, für deren Gebiet der Bauleitplan aufgestellt wird, zuzuleiten. Den Gemeinden ist eine angemessene Frist für eine vom Gemeinderat zu beschließende Stellungnahme einzuräumen. Gem. Abs. 7 S. 2 hat der Planungsverband Anregungen der Gemeinde zu prüfen und das Ergebnis der Prüfung der Gemeinde mitzuteilen. Legt er den Bauleitplan der höheren Verwaltungsbehörde zur Genehmigung vor, so hat der Planungsverband die nicht berücksichtigten Anregungen der Gemeinde zusammen mit einer eigenen Stellungnahme der Genehmigungsbehörde vorzulegen.

15 **7. Auflösung. a) Materielle Voraussetzungen.** Ein freiwillig oder zwangsweise zustande gekommener Planungsverband ist **aufzulösen**, wenn die **materiellen Voraussetzungen** für den Zusammenschluss (Rn. 3, 7) entfallen sind, zB weil die vorgesehene Planung infolge der Änderung der Ziele der Raumordnung aufgegeben worden ist oder weil der Zweck der gemeinsamen Planung erreicht worden ist, die Aufgaben des Verbandes (Rn. 5) also erfüllt sind. Abs. 5 S. 1 verdeutlicht, dass Frei- und Zwangsverband nach § 205 anders als die kommunalrechtlichen Verbände und Gebietskörperschaften des § 203 Abs. 2 nicht auf Dauer bestehen und die Planungshoheit der verbandsangehörigen Gemeinde einschränken sollen.

16 **b) Verfahren.** Verfahrensrechtlicher Regelfall der Auflösung des Frei- wie des Zwangsverbandes ist ein einstimmiger Beschluss aller Verbandsmitglieder. Sind die materiellen Voraussetzungen der Auflösung gem. Abs. 5 S. 1 erfüllt (Rn. 15), kommt aber kein einstimmiger Beschluss zustande, so ist der Verband analog Abs. 2 zwangsweise auf Antrag eines Mitglieds von der Landesregierung aufzulösen (Abs. 5 S. 2). Die Verbandsmitglieder haben einen gerichtlich durchsetzbaren Anspruch auf Auflösung (*Runkel* in EZBK § 205 Rn. 85). Gegen die Zwangsauflösung kann der Verband Anfechtungsklage erheben. Sind Planungsträger verschiedener Länder oder des Bundes Verbandsmitglied, so bedarf der Auflösungsbeschluss einer Vereinbarung der Regierungen, im Falle der Mitgliedschaft eines bundesunmittelbaren Planträgers aber nur, wenn dieser der Auflösung durch die Landesregierung widerspricht (Abs. 5 S. 2 iVm Abs. 2 S. 4, 5).

17 **c) Fortgeltung der Pläne.** Nach Auflösung des Planungsverbandes gelten die von ihm aufgestellten oder von der Landesregierung im Wege der besonderen Ersatz-

2. Abschnitt. Zuständigkeiten § 206

vornahme (Rn. 11) festgesetzten Pläne als Bauleitpläne der einzelnen Gemeinden fort. Die Gemeinde kann sie gem. § 1 Abs. 8 unter Beachtung insbesondere der §§ 1 Abs. 4, 2 Abs. 2 ändern, ergänzen oder aufheben.

d) Ausscheiden ohne Auflösung. In der Verbandssatzung kann außer der Kostenverteilung bei Auflösung auch der freiwillige Austritt oder der Ausschluss eines Mitglieds geregelt sein. Bei Ausscheiden ohne Auflösung ist ein nicht notwendiges Verbandsmitglieds (Rn. 2) besteht der Verband fort. Auch ohne Regelung in der Satzung kann eine Kündigung aus wichtigem Grund unter Berufung auf die clausula rebus sic stantibus möglich sein (s. a. *Grauvogel*, aaO, Rn. 183). Beim Zwangsverband tritt an die Stelle der Kündigung der Antrag auf Entlassung durch die Landesregierung, deren Befugnis nach Abs. 5 S. 2 iVm Abs. 2 als Minus die Entlassung ohne Auflösung des Verbandes mit umfasst. 18

§ 206 Örtliche und sachliche Zuständigkeit

(1) ¹**Örtlich zuständig ist die Behörde, in deren Bereich das betroffene Grundstück liegt.** ²**Werden Grundstücke betroffen, die örtlich oder wirtschaftlich zusammenhängen und demselben Eigentümer gehören, und liegen diese Grundstücke im Bereich mehrerer nach diesem Gesetzbuch sachlich zuständiger Behörden, so wird die örtlich zuständige Behörde durch die nächsthöhere gemeinsame Behörde bestimmt.**

(2) **Ist eine höhere Verwaltungsbehörde nicht vorhanden, so ist die Oberste Landesbehörde zugleich höhere Verwaltungsbehörde.**

Übersicht

	Rn.
1. Allgemeines	1
2. Örtliche Zuständigkeit	2
3. Funktion der höheren Verwaltungsbehörde	3

1. Allgemeines. Abs. 1 S. 1 bestimmt die **örtliche Zuständigkeit** der Behörde nach dem betroffenen Grundstück. Abs. 1 S. 2 soll Zweifel über die örtliche Zuständigkeit beseitigen, wenn örtlich oder wirtschaftlich zusammenhängende Grundstücke eines Eigentümers in den örtlichen Zuständigkeitsbereich mehrerer Behörden fallen. Die Vorschrift gilt nicht für die Zuständigkeit der Gemeinden, insbesondere also nicht für die Bauleitplanung, da die gemeindliche Rechtsetzungshoheit auf den eigenen Gemeindebereich beschränkt ist, auch dann, wenn örtlich oder wirtschaftlich zusammenhängende Grundstücke eines Eigentümers das Gemeindegebiet überschreiten. Abs. 2 trifft eine Sonderregelung für die **sachliche Zuständigkeit** in den Ländern, in denen keine höhere Verwaltungsbehörde vorhanden ist und in denen die Sonderregelung des § 246 nicht eingreift. Im Übrigen wird die gegenüber der örtlichen Zuständigkeit vorrangige sachliche Zuständigkeit nicht durch § 206, sondern in Einzelvorschriften des Gesetzes (§ 15, Baugenehmigungsbehörde) iVm dem landesrechtlichen Organisationsrecht geregelt. 1

2. Örtliche Zuständigkeit. Die Bestimmung der **örtlichen Zuständigkeit** der Behörden nach der Belegenheit des Buchgrundstücks (§ 200 Rn. 3) stimmt überein mit der Regelung, die § 52 Nr. 1 VwGO für die Verwaltungsgerichtsbarkeit trifft. Die örtliche Zuständigkeit der Baulandgerichte regelt § 219. Die Sonderregelung des Abs. 1 S. 2 setzt voraus, dass mehrere Buchgrundstücke von einer behördlichen Maßnahme nach dem BauGB, die nicht zur Rechtsetzung der Gemeinde zählt, betroffen werden, einem Eigentümer gehören und örtlich oder wirtschaftlich (dazu § 200 Rn. 4) zusammengehören. § 3 Abs. 2 VwVfG und nicht Abs. 1 S. 2 ist analog 2

§ 207 III. Kapitel. II. Teil. Allgemeine Vorschriften

anzuwenden, wenn ein Buchgrundstück im Bereich mehrerer Behörden liegt (*Jäde, J/D/W* § 206 Rn. 9; aA *Kalb/Külpmann* in EZBK § 206 Rn. 10). Nächsthöhere gemeinsame Behörde ist für die Baugenehmigungsbehörden die höhere Verwaltungsbehörde, für die höheren Verwaltungsbehörden die oberste Verwaltungsbehörde. Liegen die Grundstücke in verschiedenen Ländern, greift Abs. 1 S. 2 mangels gemeinsamer höherer Behörde nicht ein. Entsprechend § 3 Abs. 2 letzter Satz VwVfG haben in diesem Fall die jeweils partiell zuständigen Aufsichtsbehörden die Zuständigkeit gemeinsam zu bestimmen (*Kalb/Külpmann* in EZBK § 206 Rn. 12). Die Entscheidung der nächst höheren Behörde über die örtliche Zuständigkeit ist eine die regelnde Entscheidung vorbereitende Verfahrenshandlung iSv § 44a VwGO und kein selbstständig anfechtbarer Verwaltungsakt (*Schrödter* § 206 Rn. 3; *Kalb/Külpmann,* aaO, Rn. 13).

3 **3. Funktion der höheren Verwaltungsbehörde.** In Schleswig-Holstein und dem Saarland nimmt die Oberste Landesbehörde gem. Abs. 2 zusätzlich die **Funktion der höheren Verwaltungsbehörde** wahr. Zur Rechtslage in Brandenburg, Niedersachsen, Rheinland-Pfalz, Sachsen-Anhalt und Thüringen → § 203 Rn. 8. Abs. 2 schließt es nicht aus, dass auch in diesen Ländern gem. § 203 Abs. 3 die der höheren Verwaltungsbehörde zugewiesenen Aufgaben auf andere Stellen übertragen werden (*Kalb/Külpmann,* aaO, Rn. 18). Für Berlin, Bremen und Hamburg gilt § 246 Abs. 4.

Dritter Abschnitt. Verwaltungsverfahren

§ 207 Von Amts wegen bestellter Vertreter

¹**Ist ein Vertreter nicht vorhanden, so hat das Betreuungsgericht, für einen minderjährigen Beteiligten das Familiengericht auf Ersuchen der zuständigen Behörde einen rechts- und sachkundigen Vertreter zu bestellen**
1. **für einen Beteiligten, dessen Person unbekannt, oder für eine Person, deren Beteiligung ungewiss ist,**
2. **für einen abwesenden Beteiligten, dessen Aufenthalt unbekannt oder dessen Aufenthalt zwar bekannt, der aber an der Besorgung seiner Vermögensangelegenheiten verhindert ist,**
3. **für einen Beteiligten, dessen Aufenthalt sich nicht innerhalb des Geltungsbereichs dieses Gesetzbuchs befindet, wenn er der Aufforderung der zuständigen Behörde, einen Vertreter zu bestellen, innerhalb der ihm gesetzten Frist nicht nachgekommen ist,**
4. **für Gesamthandseigentümer oder Eigentümer nach Bruchteilen sowie für mehrere Inhaber eines sonstigen Rechts an einem Grundstück oder an einem das Grundstück belastenden Recht, wenn sie der Aufforderung der zuständigen Behörden, einen gemeinsamen Vertreter zu bestellen, innerhalb der ihnen gesetzten Fristen nicht nachgekommen sind,**
5. **bei herrenlosen Grundstücken zur Wahrung der aus dem Eigentum sich ergebenden Rechte und Pflichten.**

²**Für die Bestellung und für das Amt des Vertreters gelten die Vorschriften des Bürgerlichen Gesetzbuchs für die Pflegschaft entsprechend.**

Übersicht
	Rn.
1. Allgemeines	1
2. Voraussetzungen	2
a) Nichtvorhandensein eines Vertreters	2
b) Unbekannter oder ungewisser Beteiligter	3

3. Abschnitt. Verwaltungsverfahren § 207

	Rn.
c) Abwesender Beteiligter	4
d) Beteiligter im Ausland	5
e) Mehrheit von Eigentümern	6
f) Herrenloses Grundstück	7
g) Gebrechlicher Beteiligter	8
3. Ersuchen an das Vormundschaftsgericht	9
4. Rechtsstellung des Vertreters	10

1. Allgemeines. Die Vorschrift eröffnet die als 3. Abschnitt zusammengefassten **1** besonderen Regelungen zum Verwaltungsverfahren (→ Vorb. §§ 200–216 Rn. 3). Die Bestellung eines **Vertreters von Amts wegen** für bestimmte Fälle dient vornehmlich der Erleichterung und Beschleunigung des Verfahrens, namentlich im Umlegungs- und Enteignungsverfahren. Die Vorschrift erlaubt die Bestellung von Vertretern in weitergehendem Umfang, als dies die auch in öffentlich-rechtlichen Angelegenheiten anwendbaren §§ 1909ff. BGB für die Bestellung von Pflegern bzw. die §§ 1896ff. BGB für die Bestellung von Betreuern für körperlich oder geistig Gebrechliche zulassen. Die Bestellung eines Vertreters gem. § 207 erfolgt zwar auch wie die Pflegschaft zum Schutze des Vertretenen, in erster Linie im Interesse der Allgemeinheit und der übrigen Beteiligten zur zügigen Durchführung des Verfahrens. Wenn die in Nr. 1–5 abschließend aufgezählten Voraussetzungen vorliegen, muss das vom Gesetzgeber wegen seiner Sachkunde und Erfahrung eingeschaltete Gericht auf Ersuchen der zuständigen Behörde einen sach- und rechtskundigen Vertreter bestellen. Das zum 1.9.2009 in Kraft getretene FGG-Reformgesetz hat in § 207 S. 1 das aufgelöste Vormundschaftsgericht durch das Betreuungsgericht und bei minderjährigen Beteiligten durch das Familiengericht ersetzt. Für das Verfahren der Bestellung und die Rechtsstellung des Vertreters gelten die Vorschriften des BGB über die Pflegschaft entsprechend (S. 2), soweit nicht ergänzende und zusätzliche Bestimmungen des § 16 Abs. 3 VwVfG vorgehen. Im Übrigen gelten die nach dem Vorbild des § 207 ausgestalteten allgemeinen Regelungen des § 16 VwVfG nur subsidiär.

2. Voraussetzungen. a) Nichtvorhandensein eines Vertreters. Erste Voraus- **2** setzung der Bestellung eines Vertreters ist, dass für einen Beteiligten ein **Vertreter nicht vorhanden** ist. Um Verfahrensverzögerungen möglichst zu vermeiden, wird der Begriff des Beteiligten iSv § 207 weiter ausgelegt als zB in § 48 Abs. 1 Nr. 3, § 106 Abs. 1 Nr. 3. Beteiligte sind alle Personen, die den zuständigen Stellen in einem konkreten Verfahren nach dem BauGB gegenübertreten. Ein Vertreter ist schon vorhanden, wenn jemand für den betreffenden Beteiligten in dem konkreten Verfahren rechtlich verbindlich auftreten, handeln und verfügen kann. Vertreter idS sind rechtsgeschäftlich bestellte oder gesetzliche Vertreter (Eltern oder Organe einer juristischen Person), aber auch Pfleger nach dem BGB, wenn es sich zumindest um eine das konkrete Verfahren umfassende Pflegschaft handelt.

b) Unbekannter oder ungewisser Beteiligter. Von den zur Feststellung eines **3** Vertreters zusätzlich erforderlichen Bestellungsgründen regelt S. 1 Nr. 1 wie § 1913 S. 1 BGB zwei Fälle, den **unbekannten Beteiligten** und den **ungewissen Beteiligten.** Bei der 1. Altern., die § 16 Abs. 1 Nr. 1 VwVfG entspricht, steht fest, dass ein Beteiligungsverhältnis gegeben ist, während die Person des Beteiligten nicht feststeht. Trotz der behördlichen Aufklärungspflicht (§ 208) ist nicht sicher, wem das verfahrensrelevante Recht zusteht. Nr. 1 greift außer bei völliger Ungewissheit über die Person des Beteiligten auch dann, wenn nicht eindeutig festgestellt werden kann, welcher von mehreren infrage kommenden Personen das Recht zusteht. Unbekannter Beteiligter kann auch eine Personenmehrheit (Erbengemeinschaft) sein. Sind bei einer Personenmehrheit nur einige Mitglieder unbekannt, braucht nur für diese ein

gemeinsamer Vertreter bestellt werden. Bei der 2. Altern. kann die möglicherweise beteiligte Person bekannt sein, jedoch ist das Beteiligungsverhältnis unsicher.

4 **c) Abwesender Beteiligter.** Bei beiden Altern. der in Nr. 2 ähnlich wie in § 1911 Abs. 1 S. 1, Abs. 2 BGB und § 16 Abs. 1 Nr. 2 VwVfG geregelten **abwesenden Beteiligten** ist die beteiligte Person (Personenmehrheit) bekannt und das Beteiligungsverhältnis steht fest, die Beteiligten sind aber abwesend. Abwesend ist ein Beteiligter, wenn er sich nicht an dem Ort aufhält, an dem er eine Handlung als Beteiligter vornehmen soll. Das im Zivilrecht großzügig ausgelegte Merkmal der Abwesenheit ergänzt in beiden Altern. nur je ein weiteres entscheidendes Merkmal. Unbekannt iSd ersten Altern. ist der Aufenthalt einer Person, deren Anschrift nicht bekannt ist und zB auch durch Nachforschungen in Meldeämtern oder an der Letzten bekannten Adresse nicht ohne unverhältnismäßigen Aufwand ermittelt werden kann. Bei der 2. Altern. ist der Abwesende an der Besorgung seiner Vermögensangelegenheiten verhindert. **Verhinderung** kann durch die räumliche Entfernung, aber auch durch andere Gründe bedingt sein, zB Strafhaft, Krankenhausaufenthalt (s. *Kalb* in EZBK § 207 Rn. 13). Ist ein Beteiligter in der Lage, sich einen Vertreter zu bestellen, so ist er nicht verhindert. Eine kurzfristige Verhinderung kann ein Vorgehen nach Nr. 2 ausnahmsweise nur dann rechtfertigen, wenn wegen der Eilbedürftigkeit des Verfahrens nicht gewartet werden kann oder eine Verfahrensverschleppung zu befürchten ist.

5 **d) Beteiligter im Ausland.** Nr. 3 setzt ebenso wie § 16 Abs. 1 Nr. 3 VwVfG zunächst voraus, dass ein Beteiligter sich außerhalb des Geltungsbereichs des BauGB (tatsächlich) aufhält – verkürzt: **Beteiligter im Ausland.** Das BauGB gilt im Gebiet der gesamten Bundesrepublik. Benötigt die Behörde den Beteiligten nur zur rechtswirksamen Entgegennahme von Mitteilungen, Ladungen, Zustellungen uÄ, ist es aus Gründen der Verwaltungsvereinfachung angebracht, gem. § 15 VwVfG nur einen Empfangsbevollmächtigten zu bestellen. Sind aber sonstige Verfahrenshandlungen seitens des Beteiligten erforderlich, genügt die Bestellung oder Nennung eines Empfangsbevollmächtigten (durch den Beteiligten) nicht. Nach Nr. 3 muss die Behörde den Beteiligten vergeblich zur Bestellung eines Vertreters aufgefordert haben. Die Aufforderung muss eine die Schwierigkeiten des Auslandsaufenthaltes berücksichtigende angemessene Frist enthalten. Benennt der Beteiligte nach Fristablauf einen Vertreter, so hat die Behörde vor der amtlichen Bestellung eines Vertreters durch das Vormundschaftsgericht ihr Ersuchen zurückzunehmen und eventuelle Kosten dem Beteiligten aufzuerlegen.

6 **e) Mehrheit von Eigentümern.** Nr. 4 verpflichtet die Behörde für den Fall, dass eine **Mehrheit von Eigentümern,** zB Gesamthandseigentümer, Bruchteilseigentümer, zB Inhaber von dinglichen Rechten (*Kalb*, aaO, Rn. 17) oder Inhaber sonstiger Rechte vorhanden ist, die Beteiligten zunächst aufzufordern, innerhalb einer Frist einen gemeinsamen Vertreter zu bestellen. Die Aufforderung ist an jeden einzelnen Rechtsinhaber zu richten.

7 **f) Herrenloses Grundstück.** Nr. 5 betrifft wie §§ 119 Abs. 1 Nr. 4 FlurG, 58 ZPO und 787 ZPO **herrenlose Grundstücke** (weiter § 16 Abs. 1 Nr. 5 VwVfG, bewegliche und unbewegliche Sachen). Zum Tatbestand der Herrenlosigkeit s. § 928 Abs. 2 BGB. Der Vertreter hat die sich in Bezug auf die Sache ergebenden Rechte und Pflichten für den künftigen Eigentümer als den künftigen Beteiligten (hM; s. *Hornmann*, SU § 207 Rn. 18) zu wahren.

8 **g) Gebrechlicher Beteiligter.** Ergänzend gilt auch für Verfahren nach dem BauGB die in § 16 Abs. 1 Nr. 4 VwVfG geregelte Bestellung eines Vertreters für den **gebrechlichen Beteiligten.** § 16 VwVfG dient wie § 207 BauGB primär der Zügigkeit des Verwaltungsverfahrens und erst in zweiter Linie den Interessen des Betei-

3. Abschnitt. Verwaltungsverfahren §207

ligten. Anders als in § 1896 I S. 3 BGB, der die Betreuung bei körperlicher Behinderung zwingend an einen Antrag des Betroffenen bindet, ist ein Antrag weder bei körperlicher noch bei geistiger Gebrechlichkeit erforderlich.

3. Ersuchen an das Vormundschaftsgericht. Der Vertreter wird bestellt auf **Ersuchen der zuständigen Behörde.** Das ist die Behörde, welche das Verfahren durchzuführen hat, in dem die von Ziff. 1–5 und von § 16 Abs. 1 Nr. 4 VwVfG Betroffenen Beteiligte sind. Die Antragstellung steht im Ermessen der Behörde, das durch die Zwecke des § 207 begrenzt wird. Sachlich zuständig für die Bestellung ist das **Amtsgericht** (§ 35 FGG), soweit nicht wie nach Art. 147 EGBGB iVm §§ 66 ff. ba. wü. AG BGB (Bezirksnotare) landesrechtlich anderes bestimmt ist. Anders als § 24 Abs. 2 BLBG regelt das Gesetz die örtliche Zuständigkeit des **Gerichtes** nicht ausdrücklich. Daher gilt in allen Fällen der Ziff. 1, 2, 3 u. 5, den Regelungen des VwVfG entsprechend (§ 16 Abs. 1 Nr. 1, 2, 3, 5), die Zuständigkeitsregelung des § 16 Abs. 2 VwVfG. Zuständig ist also das Gericht, in dessen Bezirk die ersuchende Behörde ihren Sitz hat (*Kalb,* aaO, Rn. 26; *Fislake,* BK § 207 Rn. 15; aA *Schrödter* § 207 Rn. 9 stets Zuständigkeit der belegenen Sache). Im Fall des körperlich oder geistig Gebrechlichen iSv § 16 Abs. 1 Nr. 4 VwVfG ist das Vormundschaftsgericht zuständig, in dessen Bezirk der Beteiligte seinen gewöhnlichen Aufenthalt hat (§ 16 Abs. 2 VwVfG). Im Fall des § 207 Nr. 4 ist das Vormundschaftsgericht zuständig, in dessen Bezirk das betreffende Grundstück liegt (*Kalb,* aaO, Rn. 27). Die Bestellung eines Vertreters liegt nicht im Ermessen des Vormundschaftsgerichts. Gem. dem über § 207 S. 2 BauGB, § 16 Abs. 4 VwVfG anwendbaren § 12 FGG – Amtsermittlungsgrundsatz – hat das Vormundschaftsgericht jedoch zu prüfen, ob die ersuchende Behörde zuständig ist und die sachlichen Voraussetzungen für die Bestellung eines Vertreters (insbesondere Rechts- und Sachkunde iSv § 207 BauGB) vorliegen (*Hornmann,* aaO, § 207 Rn. 28). Gegen die Ablehnung des Antrags durch das Vormundschaftsgericht kann nur die ersuchende Behörde gem. § 20 Abs. 2 FGG Beschwerde einlegen, gegen die Bestellung als Vertreter auch dieser und der Beteiligte, für den der Vertreter bestellt worden ist (§ 20 Abs. 1 FGG). Das Vormundschaftsgericht hat die Vertretung auf Antrag oder von Amts wegen aufzuheben, wenn der Grund für die Bestellung weggefallen ist (§ 1919 BGB).

4. Rechtsstellung des Vertreters. Die **Rechtsstellung des Vertreters** bestimmt sich gem. § 207 S. 2 BauGB nach den entsprechend anwendbaren bürgerlich-rechtlichen Vorschriften über die Pflegschaft einschließlich des FGG und hinsichtlich der Vergütung nach dem ergänzend anwendbaren § 16 Abs. 3 VwVfG. Während die Pflegschaft grundsätzlich unentgeltlich geführt wird (§§ 1915, 1836 Abs. 1 S. 1; Ausnahme § 1836 Abs. 1 S. 2 BGB), gibt § 16 Abs. 3 S. 1 VwVfG dem Vertreter statt des bloßen Aufwendungsersatzes gegen den Vertretenen (§ 1835 BGB) einen direkten Anspruch auf angemessene Vergütung und Erstattung seiner baren Auslagen gegen den Rechtsträger der Behörde, der um seine Bestellung ersucht hat. Gem. § 16 Abs. 3 S. 2 VwVfG kann die Behörde von dem Vertretenen Aufwendungsersatz verlangen. Durch Verwaltungsakt bestimmt die Behörde die Höhe der Vergütung und stellt die Auslagen und Aufwendungen fest (§ 16 Abs. 3 S. 3 VwVfG). Jeder Deutsche, der die erforderliche Sach- und Rechtskunde besitzt, ist grundsätzlich zur Annahme des Vertreteramtes verpflichtet (§§ 1915, 1785 BGB, Ausnahmen §§ 1780–84 BGB, § 1786 BGB). Ordnungsstrafe: § 1788 BGB; Genehmigung für Beamte: § 1784 BGB. Durch die Bestellung (§ 1789 BGB, Bestallungsurkunde, § 1791 BGB) erhält der Vertreter als Inhaber eines öffentlichen Amtes die Rechtsmacht, in dem Verfahren, in dem er bestellt ist, für den Vertretenen tätig zu werden. In den Fällen der §§ 1821, 1822 BGB (Grundstücksgeschäfte etc.) bedarf der Vertreter der Genehmigung des Vormundschaftsgerichts. Solange der Vertreter sein Amt innehat, kann der Beteiligte im Unterschied zur Pflegschaft keinen Einfluss auf das Verfahren nehmen. Wenn auch die Vertretung vornehmlich im öffentlichen Interesse erfolgt, so hat der Vertreter

§ 208

doch im Verfahren die Interessen des Vertretenen wahrzunehmen. Zur Haftung s. §§ 1915, 1833 BGB; Rechnungslegung, § 1890 BGB. Wird dem Vertreter auf Antrag der Enteignungsbehörde die Vertretung im Enteignungsverfahren übertragen, fällt darunter zwar eine Einigung nach § 110 BauGB, nicht aber ein privatrechtlicher Verkauf außerhalb des Enteignungsverfahrens zur Abwendung der Enteignung (BGH NJW 1974, 1374).

§ 208 Anordnungen zur Erforschung des Sachverhalts

¹Die Behörden können zur Erforschung des Sachverhalts auch anordnen, dass
1. Beteiligte persönlich erscheinen,
2. Urkunden und sonstige Unterlagen vorgelegt werden, auf die sich ein Beteiligter bezogen hat,
3. Hypotheken-, Grundschuld- und Rentenschuldgläubiger die in ihrem Besitz befindlichen Hypotheken-, Grundschuld- und Rentenschuldbriefe vorlegen.

²Für den Fall, dass ein Beteiligter der Anordnung nicht nachkommt, kann ein Zwangsgeld bis zu fünfhundert Euro angedroht und festgesetzt werden. ³Ist Beteiligter eine juristische Person oder eine nichtrechtsfähige Personenvereinigung, so ist das Zwangsgeld dem nach Gesetz oder Satzung Vertretungsberechtigten anzudrohen und gegen ihn festzusetzen. ⁴Androhung und Festsetzung können wiederholt werden.

Übersicht

	Rn.
1. Allgemeines	1
2. Untersuchungsgrundsatz	2
3. Beweismittel	3
a) Allgemeine Beweismittel	3
b) Anordnungen nach S. 1	4
c) Zwangsmittel	5

1. Allgemeines. § 208 ist beschränkt auf spezielle Anordnungen zur Erforschung des Sachverhalts, nämlich persönliches Erscheinen der Beteiligten (S. 1 Nr. 1), Vorlage von Urkunden und sonstigen Unterlagen (S. 1 Nr. 2), Vorlage von Grundpfandrechtsbriefen (S. 1 Nr. 3). Soweit diese Anordnungen gegen Beteiligte ergehen, räumen S. 2–4 zusätzlich zu den allgemeinen Regeln des Verwaltungszwanges die Befugnis ein, Zwangsgeld bis zu 500 Euro auch wiederholt anzudrohen und festzusetzen. § 208 wird ergänzt durch zahlreiche besondere Verfahrensvorschriften des BauGB, die der Sachverhaltsermittlung, teilweise aber auch dem Schutz der Beteiligten dienen, wie zB §§ 108 Abs. 1, 116 Abs. 1, obligatorische mündliche Verhandlung im Enteignungsverfahren, § 66 Abs. 1, Erörterung über Umlegungsplan, aber auch die an die Behörden der Gemeinden gerichteten § 3, Öffentlichkeitsbeteiligung, § 175 Abs. 1, Erörterung und Beratung vor Erlass von städtebaulichen Geboten sowie § 197, besondere Auskunfts- und Vorlagerechte des Gutachterausschusses und die subsidiär geltenden (→ Vorb. §§ 200–216 Rn. 2) Vorschriften der VwVfG zur Erforschung des Sachverhaltes im einfachen Verwaltungsverfahren: insbesondere § 24, Untersuchungsgrundsatz und § 26, Beweismittel, auch § 25, Beratung, Auskunft, § 28, Anhörung Beteiligter, § 29, Akteneinsicht.

2. Untersuchungsgrundsatz. Wegen des öffentlichen Interesses an der sachlichen Richtigkeit, insbesondere der Gesetzmäßigkeit des Verwaltungshandelns, ver-

3. Abschnitt. Verwaltungsverfahren § 208

pflichtet der **Untersuchungsgrundsatz** die Behörde, den wahren Sachverhalt ohne Bindung an das Vorbringen und die Beweisanträge der Beteiligten zu ermitteln. Anders als bei dem generell im Zivilprozess geltenden Verhandlungsgrundsatz (Beibringungsgrundsatz) tragen nicht die Beteiligten, sondern trägt die Behörde die Verantwortung für die Richtigkeit des ermittelten Sachverhaltes. Der Untersuchungsgrundsatz ist zu unterscheiden von dem in § 22 VwVfG geregelten Begriffspaar Dispositionsmaxime (Verfügungsgrundsatz) und Offizialmaxime, also den Grundsätzen, die festlegen, wer die Befugnis hat (Behörde oder Antragsteller), über den Gegenstand des Verfahrens und des Verfahrensverhältnisses zu verfügen, insbesondere durch Einleitung oder Beendigung, zB Antragsrücknahme. Der Umfang der Untersuchungspflicht richtet sich nach dem entscheidungserheblichen Sachverhalt. Die Entscheidung über die Klärung der Tatsachen und etwaiger rechtlicher Vorfragen steht im Ermessen der Behörde. Die Bemühungen der Behörde müssen im Verhältnis zum Erfolg vertretbar und zumutbar sein. Dabei sind insbesondere zu beachten: Bedeutung und Schwere der Entscheidung für Beteiligte und Allgemeinheit, Zweifelhaftigkeit des Vorbringens der Beteiligten oder Bestreiten seitens der Beteiligten, aber auch Effizienz, Wirtschaftlichkeit und Sparsamkeit der Verwaltungsführung. Aus der Geltung des Untersuchungsgrundsatzes folgt, dass es im Verwaltungsverfahren **keine Beweisführungspflicht** (formelle Beweislast) gibt (anders für anmeldungspflichtige Rechtsinhaber im Enteignungsverfahren, § 106 Abs. 1 Nr. 3, Abs. 2 u. 3 und im Umlegungsverfahren, § 48 Abs. 1 Nr. 3, Abs. 2 u. 3). Kann ein Sachverhalt jedoch trotz sachgemäßer Untersuchung nicht aufgeklärt werden, so geht dies zu Lasten dessen, der aus dem Sachverhalt günstige Rechtsfolgen für sich herleitet. Dieser Beteiligte trägt also die **materielle** (objektive) **Beweislast**, es sei denn, ein Rechtssatz ordnet ausdrücklich eine andere Rechtsfolge an. Der aus dem Untersuchungsgrundsatz folgenden Sachverhaltsermittlung nach Ermessen entspricht der **Grundsatz der freien Beweiswürdigung**. Die Behörde ist also nicht an starre Beweisregeln gebunden. Vielmehr hat sie alle entscheidungserheblichen Informationen nach bestem Wissen und Gewissen abzuwägen, um sich ohne Bindung an Sachverständigengutachten (BVerwG DVBl. 1979, 350) eine eigene Überzeugung zu bilden. Mit dem Untersuchungsgrundsatz ist vereinbar, dass die Beteiligten bei der Ermittlung des Sachverhaltes mitwirken, insbesondere die ihnen bekannten Tatsachen und Beweismittel angeben sollen (§ 26 Abs. 2 VwVfG). Die Nichterfüllung dieser bloßen verfahrensrechtlichen Obliegenheit (Last) kann bei der freien Beweiswürdigung, bei Schadensersatzansprüchen als Mitverschulden (BGH DVBl. 1964, 146), bei der Beurteilung der Schutzwürdigkeit iSv § 48 Abs. 2 u. 3 VwVfG, bei der Kostenentscheidung gem. § 155 Abs. 4 VwGO und insoweit berücksichtigt werden, als der Beteiligte, der seine Mitwirkungsrechte nicht hinreichend wahrnimmt, nicht damit gehört wird, die Behörde habe seine Rechte verletzt (BVerwG DÖV 1979, 517). Über die bloße Mitwirkungslast hinaus geht die bindende Verpflichtung des § 208 S. 1 BauGB.

3. Beweismittel. a) Allgemeine Beweismittel. Aus dem Untersuchungsgrundsatz folgt der Grundsatz der sog. Unbeschränktheit der Beweismittel (§ 26 Abs. 1 VwVfG). Der Katalog der in § 26 Abs. 1 VwVfG genannten Beweismittel – Einholung von Auskünften, Anhörung von Beteiligten, Vernehmung von Zeugen und Sachverständigen oder Einholung deren schriftlicher Äußerung, Beiziehung von Urkunden und Akten sowie Augenscheinseinnahme – ist nicht abschließend. Ohne den Willen des Eigentümers dürfen die Behörden Grundstücke nur zu den in § 209 genannten Zwecken (Gegenschluss aus § 197 Abs. 1 Vw VfG), Wohnungen nur mit Zustimmung des Eigentümers betreten. Da durch Rechtsvorschrift nicht vorgesehen, sind **Zeugen** weder zum Erscheinen noch zur Aussage (s. § 26 Abs. 2 S. 2 VwVfG) noch zur Abgabe von eidesstattlichen Versicherungen oder Eidesleistungen verpflichtet (s. § 27 VwVfG). Das Recht, Gerichte um **Rechtshilfe** ersuchen zu können,

3

§ 208
III. Kapitel. II. Teil. Allgemeine Vorschriften

Art. 35 Abs. 1 GG, §§ 156 ff. GVG, § 14 VwGO, begründet ebenfalls keine Zeugnispflicht, denn das Rechtshilfegericht hat nicht mehr Zwangshilfebefugnisse als die ersuchende Behörde. Mangels Regelung im BauGB oder im VwVfG gelten für die Art und Weise der Vernehmung der Zeugen und Sachverständigen die §§ 394–396, 402 ZPO entsprechend. Gem. § 26 Abs. 3 S. 2 VwVfG sind Zeugen und Sachverständige auf Antrag in entsprechender Anwendung des Gesetzes für Entschädigung von Zeugen und Sachverständigen zu entschädigen. Die Behörden können (auch im Wege der **Amtshilfe** §§ 4 ff). VwVfG) **Urkunden, Akten,** aber auch sonstige Unterlagen wie Pläne und Zeichnungen heranziehen, Urkunden grundsätzlich nur mit Zustimmung des Eigentümers oder Besitzers (Ausnahmen § 208 S. 1 Nr. 2 u. 3) und im Wege der Amtshilfe oder Rechtshilfe, soweit sie sich im Besitz anderer Behörden oder Gerichte befinden.

4 **b) Anordnungen nach S. 1.** Zur Ermittlung des Sachverhaltes ist die Behörde gem. S. 1 befugt, wenn dies zur Erforschung des Sachverhaltes erforderlich ist, in bestimmten Fällen Anordnungen zu treffen, die, soweit sie sich gegen Beteiligte richten, gem. S. 2–4 zwangsgeldbewehrt sind. Die Behörde kann das **persönliche** (keine Vertretung) **Erscheinen** der Beteiligten anordnen (S. 1 Nr. 1). Mangels gesetzlicher Ermächtigungsgrundlage kann die Behörde die Erschienenen nicht zur Abgabe irgendwelcher Erklärungen zwingen (*Kalb* in EZBK § 208 Rn. 9). Die Behörde kann anordnen die **Vorlage von Urkunden und sonstigen Unterlagen** (Pläne, Zeichnungen, Fotografien), auf die sich ein Beteiligter bezogen hat (S. 1 Nr. 2). Vorlagepflichtig sind nicht nur Beteiligte (*Kalb,* aaO, § 208 Rn. 10). Gegen Nichtbeteiligte kann aber kein Zwangsgeld gem. S. 2–4 verhängt werden. Die Behörde kann die Gläubiger von Hypotheken, Grundschulden und Rentenschulden zur Vorlage der in ihrem Besitz befindlichen **Grundpfandrechtsbriefe** verpflichten (S. 1 Nr. 3), ohne dass die Gläubiger Beteiligte sein müssen oder dass sich wie bei Nr. 2 ein Beteiligter auf die Urkunden berufen haben muss. Die Anordnungen gem. S. 1 Nr. 1–3 sind verfahrensleitende Verwaltungsakte, die anders als sonstige behördliche Verfahrenshandlungen nicht gleichzeitig mit den gegen die Sachentscheidung zulässigen Rechtsmitteln (§ 44a S. 1 VwGO), sondern als vollstreckbare oder gegen Nichtbeteiligte gerichtete Verfahrenshandlungen selbstständig angefochten werden können (§ 44a S. 2 VwGO; BGH NJW 1978, 1162). Ergehen die Verwaltungsakte in Verfahren, die von den Baulandgerichten überprüft werden, so sind diese ggf. nach Durchführung eines Vorverfahrens (§ 212) zuständig, andernfalls die Verwaltungsgerichte nach einem Widerspruchsverfahren (§ 68 VwGO). Bei der Anwendung des Tatbestandsmerkmals „soweit er für die Entscheidung Bedeutung hat", das zum Ausdruck bringt, dass die Anordnung durch den Ermittlungs- oder Untersuchungszweck gedeckt sein muss, hat BGH NJW 1978, 1162 der Enteignungsbehörde als sachneutraler Stelle zur eigenverantwortlichen (potentiell) verbindlichen Entscheidung in der Hauptsache einen weiteren Beurteilungsspielraum eingeräumt, insbesondere dahingehend, welche einzelnen Anordnungen die Behörde auf Grund ihres Rechtsstandpunktes in der Hauptsache für erforderlich hält (→ auch § 223 Rn. 3).

5 **c) Zwangsmittel.** Kommt ein Beteiligter einer Anordnung gem. S. 1 Nr. 1–3 nicht nach, so kann die Behörde als Zwangsmittel zur Durchsetzung der Anordnung ein Zwangsgeld festsetzen (S. 2–4). Der unterschiedliche Wortlaut der einen Absatz bildenden Sätze – Satz 1 Beteiligte und Nichtbeteiligte/Satz 2 u. 3 nur Beteiligte – schließt es aus, ein Zwangsgeld auch gegen Nichtbeteiligte festzusetzen (*Kalb* in EZBK § 208 Rn. 17; *Schrödter* § 208 Rn. 6). Als abschließende Regelung schließen S. 2–4 *auch den* Rückgriff auf andere landesrechtlich geregelte Zwangsmittel wie Ersatzvornahme oder unmittelbaren Zwang aus (*Kalb,* aaO, § 208 Rn. 27). Übereinstimmend mit anderen vollstreckungsrechtlichen Regelungen (zB § 13 Abs. 6 BVwVG) kann das Zwangsgeld nach erfolgloser Einziehung jeweils wiederholt angedroht und festgesetzt werden. Die in § 16 BVwVG und in einigen Landesvollstre-

ckungsgesetzen geregelte Ersatzzwangshaft bzw. Erzwingungshaft kann mangels gesetzlicher Ermächtigung in § 208 nicht verhängt werden (*Kalb*, aaO; § 208 Rn. 24). Kommt ein Beteiligter, der eine juristische Person des Privatrechts oder des öffentlichen Rechts oder eine nichtrechtsfähige Personenvereinigung ist, einer Anordnung nach S. 1 Nr. 1–3 nicht nach, so ist das Zwangsgeld dem nach Gesetz oder Satzung Vertretungsberechtigten anzudrohen und gegen ihn festzusetzen (S. 3; ebenso für Ordnungsgeld § 95 Abs. 2 VwGO). Im Übrigen richtet sich das Verfahren der Androhung und Festsetzung des Zwangsgeldes mangels Verweisung auf das BVwVG nach den jeweiligen Vollstreckungsgesetzen der Länder.

§ 209 Vorarbeiten auf Grundstücken

(1) ¹**Eigentümer und Besitzer haben zu dulden, dass Beauftragte der zuständigen Behörden zur Vorbereitung der von ihnen nach diesem Gesetzbuch zu treffenden Maßnahmen Grundstücke betreten und Vermessungen, Boden- und Grundwasseruntersuchungen oder ähnliche Arbeiten ausführen.** ²**Die Absicht, solche Arbeiten auszuführen, ist den Eigentümern oder Besitzern vorher bekannt zu geben.** ³**Wohnungen dürfen nur mit Zustimmung der Wohnungsinhaber betreten werden.**

(2) ¹**Entstehen durch eine nach Absatz 1 zulässige Maßnahme dem Eigentümer oder Besitzer unmittelbare Vermögensnachteile, so ist dafür von der Stelle, die den Auftrag erteilt hat, eine angemessene Entschädigung in Geld zu leisten; kommt eine Einigung über die Geldentschädigung nicht zustande, so entscheidet die höhere Verwaltungsbehörde; vor der Entscheidung sind die Beteiligten zu hören.** ²**Hat eine Enteignungsbehörde den Auftrag erteilt, so hat der Antragsteller, in dessen Interesse die Enteignungsbehörde tätig geworden ist, dem Betroffenen die Entschädigung zu leisten; kommt eine Einigung über die Geldentschädigung nicht zustande, so setzt die Enteignungsbehörde die Entschädigung fest; vor der Entscheidung sind die Beteiligten zu hören.**

1. Die Vorschrift ergänzt die Regelung des § 208, indem die Behörden zur Vorbereitung der von ihnen nach dem BauGB zu treffenden Maßnahmen bestimmte der Ermittlung der tatsächlichen Gegebenheiten auf dem Grundstück dienende Eingriffsrechte erhalten (Abs. 1 S. 1). Eigentümer und Besitzer haben nach vorheriger Bekanntgabe (Abs. 1 S. 2) diese Vorarbeiten auf dem Grundstück, nicht aber in Wohnungen (Abs. 1 S. 3), zu dulden. Wenn dadurch Schäden entstehen, so nur gegen angemessene Entschädigung, die im Enteignungsverfahren die Enteignungsbehörde, sonst die höhere Verwaltungsbehörde festsetzt (Abs. 2). Die gegenüber § 197 Abs. 1 S. 3 detailliertere Vorschrift gilt ergänzend auch für Gutachterausschüsse (§ 208 Rn. 1). Für die Durchführung von bauordnungsrechtlichen Maßnahmen, zB Baugenehmigung gewähren die Landesbauordnungen (zB § 61 Abs. 6 nwBauO) eigene, hinsichtlich der Wohnungen zT weitergehende Betretungsrechte (s. F/O/O II, § 11; BVerwG NJW 2006, 2504; *Suttmann* BauR 2006, 1986).

2. Die **Eingriffsrechte** (zB Betreten des Grundstücks, Vermessungsarbeiten, Boden- und Grundwasseruntersuchungen Verdeutlichung von Grenzmarkierungen oder geplanten Trassen, nicht aber Durchsuchungen), die der Vorbereitung der nach dem BauGB (nicht nach den Landesbauordnungen) zu treffenden Maßnahmen (zB Bauleitplanverfahren, Enteignungsverfahren) dienen, müssen gem. dem Grundsatz der Verhältnismäßigkeit notwendig sein (OVG Lüneburg NJW 1970, 1142). Unerheblich ist, ob der Duldungspflichtige die vorzubereitende Maßnahme für notwendig hält. Notwendig können auch Vorarbeiten auf Nachbargrundstücken sein (*Decker* BayVBl. 1994, 481/485 zu VGH München BayVwBl. 1994, 502 – bayEG). Keine

§ 209

Duldungspflicht besteht für über die Vorbereitung hinausgehende, bereits der Durchführung der Maßnahme dienende Arbeiten. Eingriffsberechtigte Beauftragte der zuständigen Behörde können außer Behördenbediensteten auch private Sachverständige sein. Anders als Grundstücke dürfen Wohnungen, zu denen wegen des weiten Schutzbereichs von Art. 13 GG auch Geschäfts-, Arbeits- und Betriebsräume zählen (BVerfGE 32, 54), nicht gegen den Willen des Wohnungsinhabers betreten werden.

3 **3.** Zwingende Voraussetzung für die Zulässigkeit der Vorarbeiten iSv Abs. 1 S. 1 – nicht aber das Betreten des Grundstücks – ist die vorherige (schriftliche oder mündliche) **Bekanntgabe** der Absicht gegenüber Besitzer oder Eigentümer (Abs. 1 S. 2). Neben dem Besitzer ist auch der Eigentümer zu benachrichtigen, wenn Maßnahmen beabsichtigt sind, die der Besitzer ohne Einwilligung des Eigentümers nicht vornehmen dürfte, zB Abholzen von Bäumen. Der Inhalt der Benachrichtigung muss so bestimmt sein, dass sich die Adressaten auf Art, Umfang und Dauer der Arbeiten einstellen können. Die Benachrichtigung über die Inanspruchnahme eines Grundstückes, „um die Achse der geplanten ... Straße abzustecken und die für die Herstellung dieser Straße erforderlichen Probebohrungen durchzuführen", ist zu unbestimmt, da für einen Laien nicht erkennbar ist, welche Arbeiten für das Abstecken und wie viele Probebohrungen in welchem Ausmaß erforderlich sind (VG Bremen Beschl. v. 21.10.1966 – I V 113/1966; s. *Kalb* in EZBK § 209 Rn. 16). Die Benachrichtigung ist ein mit Rechtsbehelfsbelehrung (§ 211) zu versehender Verwaltungsakt (*Kalb*, aaO, Rn. 17; *Hornmann*, SU § 209 Rn. 21; aA *Jäde*, J/D/W § 209 Rn. 8 – Realakt), der die Duldung der Vornahme von Realakten (Vorarbeiten) festsetzt. Die Bekanntgabe muss so rechtzeitig vorher erfolgen, dass der Betroffene (Besitzer oder Eigentümer) gegen die sofortige Durchführung der Vorarbeiten **Rechtsschutz** vor den Verwaltungsgerichten erlangen kann. Auch wenn Vermessungen die beantragte Enteignung eines Grundstückes vorbereiten, sind die Verwaltungsgerichte, und nicht in erweiternder Auslegung des § 217 die Baulandgerichte, zuständig (OVG Lüneburg NJW 1970, 1142; OLG Zweibrücken NVwZ 1989, 596; *Hornmann*, aaO, Rn. 27 s. a. § 217 Rn. 4). Zivilrechtliche Schutz-, Abwehr- und Selbsthilferechte (§§ 227, 1004, 859 BGB) haben Besitzer und Eigentümer gegen die öffentlich-rechtliche Duldungspflicht nicht.

4 **4.** Die **Entschädigungspflicht** gem. Abs. 2 besteht nur für eine gem. Abs. 1 zulässige, also rechtmäßige Maßnahme. Bei rechtswidrigen Maßnahmen auf Grund von Abs. 1 bestehen verwaltungsgerichtlich durchsetzbare Unterlassungs- und Folgenbeseitigungsansprüche und zivilgerichtlich durchsetzbare Ansprüche auf Schadensersatz (§ 839 BGB, Art. 34 GG) oder auf Entschädigung wegen enteignungsgleichen Eingriffs. Die angemessene Entschädigung in Geld für unmittelbare Vermögensnachteile ist kein Schadensersatz. Ausgeglichen werden nur unmittelbare Schäden, nicht mittelbare, wie entgangener Gewinn, und nur Vermögensschäden, nicht immaterielle Schäden. Die Höhe der Entschädigung ist unter Abwägung der Interessen der Allgemeinheit und des Betroffenen zu bestimmen. Anspruchsberechtigt sind Eigentümer oder Besitzer, je nachdem, wer von beiden den Schaden erlitten hat, zB bei Abholzen von Bäumen der Eigentümer, bei Beschädigung von Beeten der Besitzer. **Entschädigungsverpflichtet** ist grundsätzlich die Stelle, die den Auftrag erteilt hat (Abs. 2 S. 1). Hat eine Enteignungsbehörde den Auftrag erteilt, ist entschädigungspflichtig der begünstigte Antragsteller, in dessen Interesse die Enteignungsbehörde tätig geworden ist (Abs. 2 S. 2). Entschädigungsverpflichteter und Entschädigungsberechtigter sollen sich wie im Enteignungsverfahren über die Höhe der Entschädigung einigen. Für Streitigkeiten aus diesem öffentlich-rechtlichen Vertrag (§§ 54 ff. VwVfG) sind die Verwaltungsgerichte, nicht die Baulandgerichte zuständig. Kommt keine Einigung zustande, so setzt im Enteignungsverfahren die Enteignungsbehörde, andernfalls die höhere Verwaltungsbehörde (§ 203 Abs. 3) jeweils nach Anhörung der Beteiligten die Entschädigung durch einen gem. § 217 vor den Baulandgerichten anfechtbaren Verwaltungsakt fest. Aus diesem Festsetzungsbescheid kann der Berech-

tigte nicht vollstrecken (*Kalb* in EZBK § 209 Rn. 29; *Fislake* in BK § 209 Rn. 20). Bei Nichtzahlung ist Rechtsschutz vor den Baulandgerichten eröffnet (*Fislake*, aaO, Rn. 20; *Kalb*, aaO, Rn. 30; aA ordentlicher Rechtsweg *Schrödter*, aaO, § 9; *Hornmann*, aaO, Rn. 38).

§ 210 Wiedereinsetzung

(1) **Wenn ein Beteiligter ohne Verschulden verhindert war, eine gesetzliche oder auf Grund dieses Gesetzbuchs bestimmte Frist für eine Verfahrenshandlung einzuhalten, so ist ihm auf Antrag Wiedereinsetzung in den vorigen Stand zu gewähren.**

(2) **Die nach § 32 Abs. 4 des Verwaltungsverfahrensgesetzes zuständige Behörde kann nach Wiedereinsetzung in den vorigen Stand anstelle einer Entscheidung, die den durch das bisherige Verfahren herbeigeführten neuen Rechtszustand ändern würde, eine Entschädigung festsetzen.**

1. Durch die ursprünglich prozessrechtliche (§ 233 ZPO, § 60 VwGO) Wiedereinsetzung in den vorigen Stand bei schuldloser Versäumung einer gesetzlichen Frist wird der Beteiligte so gestellt, als habe er die Frist nicht versäumt. § 210 Abs. 1 gibt iVm § 32 Abs. 2 VwVfG dem Beteiligten, der die materiellen und formellen Voraussetzungen erfüllt – Fristversäumnis ohne Verschulden (§ 210 Abs. 1), befristet, zu begründender und glaubhaftmachender Antrag (§ 32 Abs. 2 S. 1, 2, Abs. 3 VwVfG), aber Ausnahme nach Abs. 2 S. 4 VwVfG), Nachholen der versäumten Verfahrenshandlung (§ 32 Abs. 2 S. 3 VwVfG) –, einen Anspruch auf Wiedereinsetzung. Die für die Entscheidung über den Antrag zuständige Behörde (§ 32 Abs. 4) kann nach Wiedereinsetzung, statt den durch die Fristversäumnis eingetretenen Rechtszustand zu ändern, eine Entschädigung festsetzen (§ 210 Abs. 2). § 210 Abs. 2 ist eine baurechtliche Spezialität. Trotz der missverständlichen Formulierung (Verwaltungsverfahrensgesetz statt Verwaltungsverfahrengesetze, dazu *Allesch* BayVBl. 1986, 362) wird § 210 in beiden Abs. durch § 32 des jeweiligen Landesverwaltungsverfahrensgesetzes ergänzt (→ Vorb §§ 200–216 Rn. 3). Für das Verfahren vor den Baulandgerichten gilt § 218 (*Hornmann*, SU § 210 Rn. 2; aA *Kalb* in EZBK § 210 Rn. 6; offen gelassen von BGHZ 41, 249), im Widerspruchsverfahren § 60 VwGO iVm § 70 II VwGO.

2. a) Materielle Voraussetzung ist zunächst, dass eine gesetzliche **Frist** oder eine auf Grund des BauGB bestimmte Frist für eine Verfahrensverhandlung **versäumt** worden ist. Gesetzliche Fristen für eine Verfahrensverhandlung ordnen an §§ 48 Abs. 2, 50 Abs. 2, 97 Abs. 2, S. 4, 98 Abs. 2, 100 Abs. 7, 101 Abs. 2, 102 Abs. 3, 106 Abs. 2, 114 Abs. 2 S. 1. Dazu zählen nicht die Ausschlussfristen wie in §§ 19 Abs. 3, 28 Abs. 2. Aufgrund des BauGB bestimmte Fristen sind solche, die auf Grund gesetzlicher Ermächtigung in Rechtsverordnungen, Satzungen oder auch Verwaltungsakten für die Vornahme von Verfahrenshandlungen vorgesehen sind.

b) Ob ein Beteiligter **ohne Verschulden** verhindert war, ist ebenso wie in § 32 VwVfG, § 60 VwGO, § 233 ZPO zu entscheiden. Es ist auf die konkreten Verhältnisse des Betroffenen abzustellen – subjektiver Fahrlässigkeitsbegriff. Das Verschulden eines Vertreters ist entsprechend § 32 Abs. 1 S. 2 VwVfG zuzurechnen.

3. Wiedereinsetzung wird grundsätzlich nur auf **Antrag** gewährt (Abs. 1). Die **Antragsfrist** beträgt gem. § 32 Abs. 2 S. 1 VwVfG zwei Wochen nach Wegfall des Hindernisses. Der Antrag ist zu begründen. Die eine Wiedereinsetzung rechtfertigenden Tatsachen müssen innerhalb der Frist vorgetragen werden. Die Glaubhaftmachung der Tatsachen zur Begründung kann noch während des weiteren Verfahrens erfolgen (§ 32 Abs. 2 S. 2 VwVfG, BVerwGE 40, 88/91; 41, 341/344). Die **versäumte Rechtshandlung** ist innerhalb der Frist **nachzuholen** (§ 32 Abs. 2 S. 3

VwVfG). Wird die gem. § 31 VwVfG zu berechnende Antragsfrist versäumt, kann ebenfalls nach § 210 Wiedereinsetzung beantragt werden (*Schröder* § 210 Rn. 5). Das Antragsrecht erlischt ein Jahr seit dem Ende der versäumten Frist, außer wenn dies infolge höherer Gewalt unmöglich war (§ 32 Abs. 3 VwVfG; anders § 218 Abs. 1). Höhere Gewalt entspricht den in § 233 Abs. 1 ZPO genannten Merkmalen (BVerwG JR 1970, 115). Bei der Ausschlussfrist nach § 32 Abs. 3 VwVfG ist keine Wiedereinsetzung möglich. Wird die versäumte Rechtshandlung innerhalb der Antragsfrist wiederholt und ergibt die von Amts wegen vorgenommene Prüfung, dass die Verfahrenshandlung unverschuldet versäumt worden ist, so hat die Behörde auch ohne Antrag des Beteiligten Wiedereinsetzung von Amts wegen zu gewähren (§ 32 Abs. 2 S. 4 VwVfG).

5 **4.** Ob Wiedereinsetzung auf Antrag oder von Amts wegen gewährt wird, entscheidet die Behörde, die über die versäumte Rechtshandlung zu befinden hat, durch gesonderten Bescheid oder iVm der Entscheidung in der Hauptsache (§ 32 Abs. 4 VwVfG). Wiedereinsetzung kann auch stillschweigend gewährt werden, zB durch Sachentscheidung (BVerwG MDR 1965, 602). **Gewährung und Verweigerung der Wiedereinsetzung** sind Verwaltungsakte, für deren gerichtliche Überprüfung in den Fällen des § 217 die Baulandgerichte (VGH Kassel ESVGH 27, 175; *Fislake* in BK § 210 Rn. 12; *Kalb,* aaO, Rn. 22), sonst die VG zuständig sind. Als Verfahrenshandlung kann die Gewährung von Dritten mit der Anfechtungsklage, die Verweigerung vom Antragsteller mit der Verpflichtungsklage gem. § 44a VwGO nur gleichzeitig mit der Sachentscheidung überprüft werden (BVerwG NJW 1979, 177; VG Köln NJW 1978, 1397 m. krit. Anm. v. *Plagemann,* S. 2261; *Schröder* § 210 Rn. 8; *Fislake,* aaO, Rn. 14; *Hornmann,* aaO, Rn. 20; aA VGH Mannheim NVwZ 1982, 316; für Verpflichtungsklage bei Teilentscheidung über die Zulässigkeit *Kalb,* aaO, Rn. 25).

6 **5.** Nach Wiedereinsetzung kann die Behörde (in einer Entscheidung) aus Gründen der Rechtssicherheit gem. Abs. 2 anstelle einer Entscheidung, die den durch das bisherige Verfahren herbeigeführten neuen Rechtszustand ändern würde, eine **Entschädigung** festsetzen, die sich nach dem Rechtsverlust bemisst, den der Beteiligte erleidet, wenn die Rechtsanwendung unterbleibt. Im Enteignungs- oder Umlegungsverfahren wird häufig schon vor der Entscheidung über den Antrag auf Wiedereinsetzung eine Änderung des Rechtszustandes eingetreten sein, die nur unter großen Schwierigkeiten rückgängig gemacht werden kann. Etwaige Rechtswidrigkeit der Entscheidung, die auf Grund der Entschädigungsgewährung bestehen bleibt, schließt die Ermessensentscheidung gem. Abs. 2 nicht aus. Die Festsetzung der Entschädigung ist nach § 217 anfechtbar.

§ 211 Belehrung über Rechtsbehelfe

Den nach diesem Gesetzbuch ergehenden Verwaltungsakten ist eine Erklärung beizufügen, durch die der Beteiligte über den Rechtsbehelf, der gegen den Verwaltungsakt gegeben ist, über die Stelle, bei der der Rechtsbehelf einzulegen ist, und über die Frist belehrt wird.

1 **1.** Die Vorschrift erweitert die gem. § 59 VwGO für Bundesbehörden bestehende Pflicht, Verwaltungsakte mit einer **Rechtsmittelbelehrung** bestimmten Inhalts zu versehen, auf andere Behörden, soweit sie Verwaltungsakte nach dem BauGB erlassen. Die Rechtsfolgen einer fehlenden oder unvollständigen Rechtsmittelbelehrung regelt das Gesetz anders als § 58 VwGO selbst nicht. Für Enteignungsbeschlüsse geht der speziellere § 113 Abs. 1 vor.

2 **2.** Die Rechtsmittelbelehrung ist jedem Verwaltungsakt (§ 35 VwVfG) beizufügen, der auf Grund des BauGB oder einer danach erlassenen Rechtsverordnung oder Satzung ergeht, es sei denn, der Verwaltungsakt kann mangels Beschwer nicht ange-

fochten werden. Verwaltungsakte, die gem. § 44a VwGO nicht gesondert angefochten werden können, bedürfen keiner Rechtsmittelbelehrung (*Kalb* in EZBK § 211 Rn. 4; *Hornmann*, SU § 211 Rn. 3). Die Belehrung muss nur die in § 211 bezeichneten **Angaben** enthalten: Bezeichnung des Rechtsbehelfs, Stelle, bei der der Rechtsbehelf einzulegen ist, und Sitz der Stelle. Weder braucht auf etwaigen Vertretungszwang hingewiesen zu werden (BVerwGE 52, 232), noch auf die (Schrift-)Form des Rechtsbehelfs (BVerwG, NJW 1976, 1332), noch gegen wen der Rechtsbehelf zu richten ist (BGH NVwZ 1983, 570). Durch einen irreführenden oder unrichtigen Zusatz, der geeignet ist, beim Betroffenen einen Irrtum über die Voraussetzungen des Rechtsbehelfs hervorzurufen und ihn dadurch abzuhalten, den Rechtsbehelf (rechtzeitig) einzulegen, wird die Belehrung fehlerhaft (BVerwGE 57, 188/190).

3. Sind die **VG** für die Überprüfung eines Verwaltungsaktes zuständig, so beginnt 3 bei fehlender oder unvollständiger Rechtsbehelfsbelehrung die Rechtsmittelfrist gem. § 58 Abs. 1 VwGO nicht zu laufen. Stattdessen läuft die einjährige Ausschlussfrist des § 58 Abs. 2 VwGO seit Zustellung, Eröffnung oder Verkündung des Verwaltungsaktes, außer wenn die Einlegung vor Ablauf der Jahresfrist infolge höherer Gewalt unmöglich war oder eine schriftliche Belehrung dahin erfolgt ist, dass ein Rechtsbehelf nicht gegeben sei. Bei höherer Gewalt gilt § 60 Abs. 2 VwGO entsprechend (§ 58 Abs. 2 S. 2 VwGO). Bei Verwaltungsakten, für deren Kontrolle die **Baulandgerichte** zuständig sind, gilt § 58 VwGO analog (OLG Köln DVBl. 1971, 229; Hornmann, aaO, Rn. 10; *Allesch* DVBl. 1985, 1041/1047), jedenfalls dann, wenn der Betroffene durch die Belehrung auf den falschen gerichtlichen Weg gewiesen worden ist (BGHZ 140, 208; *Battis* JZ 1999, 403; *Fislake*, BK § 211 Rn. 10; *Kalb* aaO § 217 Rn. 67 gegen BGHZ 41, 249; OLG Hamm NVwZ 1998, 658 u. NVwZ 2000, 114 – Wiedereinsetzung nach § 210).

§ 212 Vorverfahren

(1) **Die Landesregierungen können durch Rechtsverordnung bestimmen, dass ein nach dem Vierten oder Fünften Teil des Ersten Kapitels erlassener Verwaltungsakt durch Antrag auf gerichtliche Entscheidung nach § 217 erst angefochten werden kann, nachdem seine Rechtmäßigkeit und Zweckmäßigkeit in einem Vorverfahren nachgeprüft worden ist; das Vorverfahren ist in Anlehnung an die Vorschriften der Verwaltungsgerichtsordnung zu regeln.**

(2) [1]**Ist ein Vorverfahren vorgesehen, hat der Widerspruch gegen**
1. **den Umlegungsbeschluss nach § 47 Abs. 1,**
2. **die Bekanntmachung der Unanfechtbarkeit des Umlegungsplans nach § 71 Abs. 1 sowie**
3. **die vorzeitige Besitzeinweisung nach § 77 oder § 116**

keine aufschiebende Wirkung. [2]**§ 80 Abs. 4 und 5 der Verwaltungsgerichtsordnung ist entsprechend anzuwenden.**

1. Abs. 1 ermächtigt die Landesregierungen, der gerichtlichen Überprüfung von 1 Bodenordnungs- und Enteignungsmaßnahmen durch die Baulandgerichte ein **Vorverfahren** vorzuschalten. Das Vorverfahren dient, ebenso wie das der Anfechtung von Verwaltungsakten vor den Verwaltungsgerichten vorgeschaltete (§§ 68–73 VwGO), vor allem dem Rechtsschutz der Betroffenen, aber auch dem Interesse von Verwaltung und Gericht, dass vor einer gerichtlichen Entscheidung die Verwaltung Gelegenheit erhält, ihre Maßnahme noch einmal auf Rechtmäßigkeit und Zweckmäßigkeit hin zu überprüfen. Die Ermächtigung gilt nur für die nach dem 4. oder 5. Teil des 1. Kapitels erlassenen Verwaltungsakte, nicht aber für die Entschädigung unter entsprechender Anwendung der Entschädigungsgrundsätze des 5. Teils des

§ 212

III. Kapitel. II. Teil. Allgemeine Vorschriften

1. Kapitels. Die Mehrzahl der Länder hat das Widerspruchsverfahren nach § 68 VwGO weitgehend abgeschafft (s. *Steinbeiß-Winkelmann/Ott* NVwZ 2011, 914; krit. *Moench*, FS Battis, 494; zum Baurecht *Vaagt* ZRP 2011, 211 mwN). Diese Regelungen gelten nicht für die auf § 212 gestützten landesrechtlichen Vorschriften (*Kalb* in EZBK § 212 Rn. 4). Die Länder BaWü, NRW, Saar und Sachsen haben aber auch das auf § 212 I gestützte Widerspruchsverfahren abgeschafft (*Kalb*, aaO, Rn. 5).

2 **2.** Von der Ermächtigung des § 155 Abs. 1 BBauG = § 212 Abs. 1 BauGB haben alle Länder außer Bremen Gebrauch gemacht, allerdings hinsichtlich der Überprüfung von **Verwaltungsakten auf Grund des 4. Teils** des BBauG (= 4. Teil des 1. Kapitels des BauGB), obwohl die Vorschrift ursprünglich nur für Verwaltungsakte der Enteignungsbehörden gelten sollte. Alle Rechtsverordnungen beschränken sich darauf, in unterschiedlichem Umfang auf das Vorverfahren nach §§ 68 ff. VwGO zu verweisen. Zusammenstellung bei *Kalb*, aaO, Rn. 14–25. Für lückenfüllenden Rückgriff auf die §§ 68–73 VwGO *Allesch* DVBl. 1985, 1041/1047.

3 **3. a)** Das Vorverfahren beginnt nach allen Verordnungen dadurch, dass schriftlich oder zur Niederschrift bei der Stelle, die den Verwaltungsakt erlassen hat, **Widerspruch** eingelegt wird. Ein gesondertes Widerspruchsverfahren ist entbehrlich, wenn von zwei Miteigentümern einer das Vorverfahren durchgeführt hat (*Kirchberg* VBIBW 1990, 161/169 mwN). Die **Widerspruchsfrist** beträgt einen Monat seit Bekanntgabe, bei Zustellung ab der nach Landesrecht erfolgenden (BVerwGE 39, 257) Zustellung. Wird der Verwaltungsakt gem. §§ 50 Abs. 1, 71, 83 BauGB öffentlich bekannt gegeben, so gilt er gem. § 41 Abs. 4 S. 3 VwVfG erst zwei Wochen nach der ortsüblichen Bekanntmachung als bekannt gegeben. Erst nach Ablauf der Zwei-Wochen-Frist läuft die Monatsfrist, sodass im Ergebnis kein Unterschied besteht zur 6-Wochen-Frist des ausgeschlossenen § 217 BauGB (s. a. *Porger* in BK § 212 Rn. 10). Nach Ablauf der Widerspruchsfrist ist der Verwaltungsakt unanfechtbar, wenn nicht Wiedereinsetzung gem. § 210 gewährt wird. Da alle Verordnungen auf § 58 Abs. 2 VwGO verweisen, beginnt die Monatsfrist – anders als bei sonstigen zur Zuständigkeit der Baulandgerichte gehörenden Verwaltungsakten (→ § 211 Rn. 3) – nur dann zu laufen, wenn der Verwaltungsakt eine vollständige Rechtsmittelbelehrung enthält. LG Karlsruhe NJW 1973, 2033 hält den Antrag auf gerichtliche Entscheidung nach versäumter Widerspruchsfrist für unzulässig, auch wenn die Widerspruchsbehörde den Widerspruchsbescheid sachlich beschieden hat, da die Einhaltung der Widerspruchsfrist Prozessvoraussetzung ist und auch dem Schutz Drittbetroffener diene (s. a. *Wallerath* DÖV 1970, 653). Hält die Behörde, die den Verwaltungsakt erlassen hat, den Widerspruch für begründet, so hilft sie ihm ab und entscheidet über die Kosten.

4 **b)** Der Widerspruch hat **aufschiebende Wirkung**, außer in den Fällen des Abs. 2 (dazu *Mainczyk/Bonnmann* ZfBR 1997, 281/284). Auch in Hess. und Hamburg gilt § 80 Abs. 1 VwGO trotz fehlender Verweisung gem. Art. 19 Abs. 4 GG entsprechend (s. a. *Porger*, aaO, Rn. 17). Die aufschiebende Wirkung darf nur ausnahmsweise ausgeschlossen werden, um unaufschiebbare Maßnahmen im Interesse des allgemeinen Wohls in die Wege zu leiten (BVerfGE 35, 382). Gegen die Anordnung der sofortigen Vollziehung kann der Betroffene entsprechend § 80 Abs. 4 VwGO bei der Widerspruchsbehörde beantragen, die Vollziehung auszusetzen. Zusätzlich kann der Betroffene entsprechend § 80 Abs. 5 VwGO beim Baulandgericht einen Antrag auf Wiederherstellung der aufschiebenden Wirkung stellen. § 80 Abs. 5 VwGO ist zwar eine Vorschrift des gerichtlichen Verfahrens und nicht des Widerspruchsverfahrens, auf das allein die Länder zu verweisen berechtigt sind, aber die ausdrückliche Verweisung des Abs. 2 auf § 80 Abs. 5 VwGO rechtfertigt eine Analogie nicht nur in den Fällen der vorzeitigen Besitzeinweisung (ebenso *Kalb*, aaO, § 212 Rn. 67; *Mainczyk/Bonnmann* ZfBR 1997, 281/285; *Wurster* in Hoppenberg/de Witt, II, K VII Rn. 138; aA *Porger*, aaO, Rn. 19, vorläufiger Rechtsschutz analog §§ 707, 712, 713, 719 ZPO).

3. Abschnitt. Verwaltungsverfahren § 212a

c) Hilft die Behörde dem Widerspruch nicht ab, so erlässt die Widerspruchsbehörde einen **Widerspruchsbescheid**. In Hamburg, Hess, MeckVp, Nds und SchlHo ist die Widerspruchsbehörde die Stelle, die den Verwaltungsakt erlassen hat, in Ba-Wü und Sachsen das Regierungspräsidium (beschränkt auf die Rechtmäßigkeitsprüfung), in Rh-Pf die Struktur- und Genehmigungsdirektionen Nord und Süd und SachsA und Thür das Landesverwaltungsamt, in Brandenburg das Landesamt für Bauen, Bautechnik und Wohnen, in Berlin und dem Saarland der obere Umlegungsausschuss. Zur Verfassungsmäßigkeit einer Übertragung der Zweckmäßigkeitskontrolle auf staatliche Behörden gem. Art. 28 Abs. 2 GG BGHZ 54, 364. Der Widerspruchsbescheid ist zu begründen, mit einer Kostenentscheidung (§ 73 Abs. 3 S. 1 VwGO; → auch § 228 Rn. 2) und einer Rechtsmittelbelehrung (§ 211) zu versehen und zuzustellen (§ 217 Abs. 2). Gegen den Widerspruchsbescheid kann innerhalb eines Monats Antrag auf gerichtliche Entscheidung nach § 217 BauGB bei der Behörde gestellt werden, die den Verwaltungsakt erlassen hat. Bei Untätigkeit der Widerspruchsbehörde gilt § 75 VwGO entsprechend, auch in den Ländern, die nicht ausdrücklich darauf verweisen. 5

4. Der Widerspruch gegen den **Umlegungsbeschluss** nach § 47 Abs. 1 und die Bekanntmachung der **Unanfechtbarkeit** des **Umlegungsplans** nach § 71 Abs. 1 sowie gegen eine **vorzeitige Besitzeinweisung** (§ 77, § 116) hat keine aufschiebende Wirkung, wenn, wie im Umlegungsverfahren, nicht aber im Enteignungsverfahren, ein Vorverfahren eingeführt ist (Abs. 2 S. 1). Da keine irrevisiblen Beeinträchtigungen für den Betroffenen eintreten, hat das EAG Bau u. a. *Stock* ZfBR 2004, 536/538) Nr. 1 und Nr. 2 zur Beschleunigung eingefügt (BT-Drs. 15/2250, S. 62; BT-Drs. 15/2996, S. 98). Der Betroffene kann analog § 80 Abs. 4 VwGO bei der Widerspruchsbehörde die Aussetzung des Vollzugs und bei der Baulandkammer analog § 80 Abs. 5 VwGO die Anordnung der aufschiebenden Wirkung beantragen (Abs. 2 S. 2). Zur Anordnung der aufschiebenden Wirkung eines Antrags auf gerichtliche Entscheidung s. § 224. 6

§ 212a Entfall der aufschiebenden Wirkung

(1) Widerspruch und Anfechtungsklage eines Dritten gegen die bauaufsichtliche Zulassung eines Vorhabens haben keine aufschiebende Wirkung.

(2) Widerspruch und Anfechtungsklage gegen die Geltendmachung des Kostenerstattungsbetrags nach § 135a Abs. 3 sowie des Ausgleichsbetrags nach § 154 durch die Gemeinde haben keine aufschiebende Wirkung.

1. Die Beschleunigungsvorschrift **schließt** die **aufschiebende Wirkung von Widerspruch und Anfechtungsklage aus**, und zwar wenn ein Dritter gegen eine bauaufsichtliche Zulassung eines Vorhabens vorgeht (Abs. 1) oder wenn ein Kostenerstattungsanspruch für eine Ausgleichsmaßnahme nach § 135a Abs. 3 oder für Ausgleichsbeträge des Eigentümers nach § 154 Abs. 1 angegriffen wird (Abs. 2). Gem. § 80 Abs. 1 S. 1 VwGO haben Widerspruch und Anfechtungsklage grundsätzlich aufschiebende Wirkung. Gem. § 80 Abs. 2 Nr. 3 VwGO entfällt die aufschiebende Wirkung, wenn dies ein Bundesgesetz vorschreibt. Eine solche Ausnahmevorschrift ist § 212a. Ihr Erlass ist vor dem Hintergrund der Bemühungen zu sehen, das Beschleunigungspotenzial im Verwaltungsprozessrecht auszunutzen, zB § 80b VwGO (zeitliche Beschränkung der Suspensiveffekts), § 80 Abs. 2 S. 1 Nr. 3 (Ermächtigung des Bundes- und Landesgesetzgebers zum Ausschluss des Suspensiveffekts bei Verwaltungsakten, die Investitionen oder die Schaffung von Arbeitsplätzen betreffen), §§ 87 Abs. 1 S. 2 Nr. 7, 94 S. 2 (richterliche Anregung zur Heilung; siehe zur (teilweisen) Abschaffung des Widerspruchsverfahrens → § 212 Rn. 1). Mangels ausdrücklicher Überleitungsvorschrift ist gem. dem Grundsatz des intertemporalen Prozessrechts das 1

§ 212a
III. Kapitel. II. Teil. Allgemeine Vorschriften

neue Recht auf laufende Verfahren grundsätzlich anzuwenden. Allerdings behalten vor dem 1.1.1998 eingelegte Widersprüche und Anfechtungsklagen ihre aufschiebende Wirkung (VGH München BayVBl. 1999, 373; OVG Lüneburg NVwZ 1999, 445; aA OVG Münster NVwZ 1998, 759; wN bei *Kalb/Külpmann* in EZBK § 212a Rn. 16f.). Abs. 1 gilt für alle Vorhaben iS von § 29 Abs. 1 BauGB. Der Begriff Zulassung erfasst die Baugenehmigung (auch im vereinfachten Verfahren) Teilbaugenehmigung, Nachtrags- oder Tecturgenehmigung, Befreiungen und Abweichungen (VGH München, BRS 70 Nr. 180) und den Vorbescheid (OVG Lüneburg NVwZ-RR 2005, 69; OVG Münster BRS 60 Nr. 156; *Finkelnburg/Dombert/Külpmann*, Vorläufiger Rechtsschutz in Verwaltungsstreitverfahren, 6. Aufl. 2011, Rn. 1282; *Rieger*, SCH § 212a Rn. 2; aA VGH München NVwZ 1999, 1363; VG Dessau BRS 63 Nr. 200; VG Giessen NVwZ-RR 2005, 232; *Hornmann*, S § 212a Rn. 17; FOO S. 272; einschränkend *H. Redeker*, NVwZ 1998, 589 – nur bei sofortiger Vollziehbarkeit). Abs. 1 gilt auch für die Zustimmung der Baubehörde zu baulichen Anlagen des Bundes oder der Länder (FOO aaO). Nicht erfasst werden Zurückstellungen nach § 18 (OVG Schleswig Nord ÖR 2004, 434 u. 485; *Kalb/Külpmann*, aaO, Rn. 23).

2 **2.** Gem. § 80 Abs. 1 S. 2 VwGO haben Widerspruch und Anfechtungsklage auch bei Verwaltungsakten mit Doppelwirkung (§ 80a VwGO) aufschiebende Wirkung. Vor der Einführung von § 212a (Rn. 1) lösten daher oft nur prophylaktisch erhobene Nachbarwidersprüche und Nachbarklagen gegen Baugenehmigungen die aufschiebende Wirkung aus, sodass Bauarbeiten nicht beginnen oder fortgesetzt werden durften. Gem. Abs. 1 entfällt die aufschiebende Wirkung trotz Widerspruchs und Anfechtungsklage eines Dritten. Dritter iSv Abs. 1 ist auch die Gemeinde, die gegen eine Baugenehmigung Widerspruch eingelegt hat, zB wegen fehlenden Einvernehmens (VGH Mannheim NVwZ 1999, 442; OVG Lüneburg NVwZ 1999, 1005). Der Ausschluss der aufschiebenden Wirkung erstreckt sich aber nicht auf die Ersetzung des Einvernehmens der Gemeinde durch die zuständige Landesbehörde (OVG Lüneburg, aaO; OVG Münster DVBl. 2001, 655 zu § 37 Abs. 1, da mit dieser Entscheidung nicht die Befugnis zum Bauen erteilt wird). Abs. 1 zielt auf alle präventiven baurechtlichen Kontrollerlaubnisse (extensiv *Dippel* in *Gronemeyer* § 212a Rn. 6 – jede Art von Genehmigung iSv § 29; *Mainczyk/Bonnmann* ZfBR 1997, 291/293; *Jäde*, J/D/W § 212a Rn. 2), zB Teilbaugenehmigung, Befreiungen (OVG Schleswig Nord ÖR 1998, 116). Umstritten ist die Anwendbarkeit von Abs. 1 auf Rückbaugenehmigungen (mE zu bejahen), sowie für die Zustimmung – nur bei sofortiger Vollziehbarkeit (OVG Hamburg BRS 54 Nr. 150; restriktiv auch OVG Münster DVBl. 1999, 788, zu verfahrensrechtlich selbstständiger Abweichungsentscheidung nach § 73 BauONW). § 212a Abs. 1 nimmt dem widerspruchsführenden Dritten nicht das Recht, bei der Baugenehmigungs- oder der Widerspruchsbehörde die Aussetzung der Vollziehung gem. § 80a Abs. 1 Nr. 2 iVm § 80 Abs. 4 VwGO zu beantragen. Zur abschlägigen Beurteilung von Nachbaranträgen auf Aussetzung der sofortigen Vollziehbarkeit einer Baugenehmigung OVG Saarlouis NVwZ 1999, 1006; Beschl. v. 4.4.2011 – 2 B 20/11 – juris. Die Bauaufsichtsbehörde kann auch ohne Antrag des Dritten nach § 80a Abs. 1 Nr. 2 VwGO von Amts wegen die Vollziehung der Baugenehmigung im überwiegenden Drittinteresse gem. § 80 Abs. 4 S. 1 VwGO aussetzen (OVG Münster NWVBl. 2000, 25; *Kalb/Külpmann*, aaO, Rn. 29 (str.); aA *Schoch* in Schoch/Schneider/Bier VwGO § 80a Rn. 31). Der Dritte kann, ohne dass es eines Antrags nach § 80 Abs. 4 bedarf, auch gem. § 80a Abs. 3 iVm § 80 Abs. 5 VwGO bei dem Gericht der Hauptsache die aufschiebende Wirkung ganz oder teilweise wiederherstellen lassen. Dieses Aussetzungsverfahren setzt die vorherige oder gleichzeitige Einlegung des Widerspruchs gegen die bauaufsichtliche Zulassung voraus, nicht aber eine anhängige Klage und kein behördliches Verfahren nach § 80 Abs. 6 VwGO oder einen vorherigen Antrag auf Aussetzung der Vollziehung nach §§ 80a Abs. 1 Nr. 2, 80 Abs. 4 VwGO. Der Gesetzgeber hat mit Abs. 1 keine materielle Bewertung der Inte-

3. Abschnitt. Verwaltungsverfahren §213

ressen des Bauherrn und des die Genehmigung anfechtenden Nachbarn idS vorgenommen, dass dem Interesse des Bauherrn an der sofortigen Vollziehung regelmäßig ein höheres Gewicht zukommt (OVG Münster NuR 1999, 292).
3. Die Gemeinde kann vom Eigentümer gem. § 135a Abs. 3 durch Kostenerstattungsbescheid die Kosten von Ausgleichsmaßnahmen und gem. § 154 Abs. 1 im Sanierungsgebiet durch Bescheid (→ § 154 Rn. 19) einen Ausgleichsbetrag (dazu schon BVerwG DVBl. 1993, 441) erheben und durchsetzen. Ebenso wie bei öffentlichen Abgaben und Gebühren iSv § 80 Abs. 2 Nr. 1 VwGO, zB Erschließungsbeiträgen (s. a. *Mainczyk/Bonnmann* ZfBR 1997, 281 (282)) entfallen bei diesen auf eine Geldleistung gerichteten Verwaltungsakten gem. Abs. 2 die aufschiebende Wirkung von Widerspruch und Anfechtungsklage. Der Eigentümer kann Aussetzung der Vollziehung gem. § 80 Abs. 4 VwGO und/oder den Antrag nach Abs. 5 iVm Abs. 6 beantragen, ebenso ggf. ein Dritter iVmit § 80a Abs. 1 Nr. 2, § 80a Abs. 2 VwGO. Für den Antrag auf Aussetzung der Vollziehung ist es nicht erforderlich, Widerspruch zu erheben. Der Widerspruch ist aber zweckmäßig, um die Bestandskraft des Kostenbescheids zu verhindern (*Dippel* in Gronemeyer § 212a Rn. 15).

§213 Ordnungswidrigkeiten

(1) **Ordnungswidrig handelt, wer**
1. wider besseres Wissen unrichtige Angaben macht oder unrichtige Pläne oder Unterlagen vorlegt, um einen begünstigenden Verwaltungsakt zu erwirken oder einen belastenden Verwaltungsakt zu verhindern;
2. Pfähle, Pflöcke oder sonstige Markierungen, die Vorarbeiten dienen, wegnimmt, verändert, unkenntlich macht oder unrichtig setzt;
3. einer in einem Bebauungsplan nach § 9 Abs. 1 Nr. 25 Buchstabe b festgesetzten Bindung für Bepflanzungen und für die Erhaltung von Bäumen, Sträuchern und sonstigen Bepflanzungen sowie von Gewässern dadurch zuwiderhandelt, dass diese beseitigt, wesentlich beeinträchtigt oder zerstört werden;
4. eine bauliche Anlage im Geltungsbereich einer Erhaltungssatzung (§ 172 Abs. 1 Satz 1) oder einer Satzung über die Durchführung von Stadtumbaumaßnahmen (§ 171d Abs. 1) ohne Genehmigung rückbaut oder ändert.

(2) **Die Ordnungswidrigkeit kann in den Fällen des Absatzes 1 Nr. 1 und 2 mit einer Geldbuße bis zu fünfhundert Euro, im Falle des Absatzes 1 Nr. 3 mit einer Geldbuße bis zu zehntausend Euro und im Falle des Absatzes 1 Nr. 4 mit einer Geldbuße bis zu fünfundzwanzigtausend Euro geahndet werden.**

1. Abs. 1 enthält die **abschließende Aufzählung** der nach dem BauGB ordnungswidrigen Handlungen, die rechtswidrig und vorsätzlich begangen, gem. Abs. 2 mit einer Geldbuße geahndet werden können. Abs. 1 Nr. 1 u. 2 schützen die Behörden bei der Erfüllung der ihnen nach dem BauGB obliegenden Aufgaben. Nr. 3 und Nr. 4 schützen spezifische Formen entwickelter Bauleitplanung (Begründungsfestsetzung, Erhaltungsgebot). § 213 wird ergänzt durch die Vorschriften des OWiG und des StGB.

2. Das **Bußgeldverfahren** regelt das OWiG. Erfüllt eine ordnungswidrige Handlung gleichzeitig den Tatbestand eines Strafgesetzes, zB den des Betruges (§ 263 StGB), so ist nur das Strafgesetz anzuwenden (§ 21 Abs. 1 S. 1 OWiG), jedoch kann, wenn eine Strafe nicht verhängt wird, eine Geldbuße verhängt (§ 21 Abs. 2 OWiG) und eine Nebenfolge der Ordnungswidrigkeit (Einziehung) angeordnet werden (§ 21 Abs. 1 S. 2 OWiG). Zur Bindung der Verwaltungsbehörde an die tatsächlichen

Vorb §§ 214–216 III. Kapitel. II. Teil. Allgemeine Vorschriften

Festlegungen einer strafrechtlichen Entscheidung § 21 Abs. 2 OWiG. Gem. § 10 OWiG kann nur **vorsätzliches Handeln** geahndet werden, da § 213 nicht ausdrücklich fahrlässiges Handeln mit Strafe bedroht. Die Verjährungsfrist beträgt in Abs. 1 Nr. 1 u. 2 sechs Monate, in Abs. 1 Nr. 3 zwei Jahre, in Abs. 1 Nr. 4 drei Jahre (§ 31 Abs. 2 OWiG). Zuständig ist die Verwaltungsbehörde (§§ 35–37 OWiG). Gegen den grundsätzlich nach Ermessen (§ 47 Abs. 1 OWiG) – Ausnahme bei öffentlichem Interesse an der Verfolgung (§ 46 OWiG) – erlassenen Bußgeldbescheid ist gem. § 67 OWiG der **Einspruch** gegeben, über den das Amtsgericht entscheidet, in dessen Bezirk die Verwaltungsbehörde ihren Sitz hat (§ 68 OWiG). Der Einspruch ist binnen einer Woche nach Zustellung des Bußgeldbescheides bei der Behörde, die den Bußgeldbescheid erlassen hat, schriftlich oder mündlich zur Niederschrift einzulegen.

3 3. Abs. 1 Nr. 1 setzt qualifizierten, auf die Erwirkung oder Verhinderung eines bestimmten Verwaltungsaktes gerichteten Vorsatz voraus. Die Tätigkeiten der Gutachterausschüsse schützt die Vorschrift nicht, da diese keine Verwaltungsakte erlassen (OVG Bremen BauR 1972, 304; BVerwG DVBl. 1973, 371). Abs. 1 Nr. 2 bezieht sich nur auf Vorarbeiten gem. § 209, die noch nicht unter § 274 Abs. 1 Nr. 2 StGB fallen. Bepflanzungen iSv Abs. 1 Nr. 3 setzen menschliches Handeln voraus (*Fislake*, BK § 213 Rn. 9; *Jäde* in JDW § 213 Rn. 4; aA *Kalb* in EZBK § 213 Rn. 9; *Hornmann*, SU § 213 Rn. 14). Sie können auch einer kommunalen Baumschutzsatzung unterfallen. Soweit daran eine Ordnungswidrigkeit anknüpft, geht diese als spezielle Vorschrift vor (*Dippel* in Gronemeyer § 213 Rn. 4).

4 4. Die **Geldbuße** beträgt nach Abs. 2 Nr. 1 u. 2 iVm § 17 OWiG zwischen 5 und 500 Euro. Die Höchstbeträge von 10 000 Euro, (Nr. 3) und 25 000 Euro (Nr. 4) können nach § 17 Abs. 4 OWiG überschritten werden, wenn der wirtschaftliche Vorteil, den der Täter aus der Ordnungswidrigkeit gezogen hat, größer ist.

Vierter Abschnitt. Planerhaltung

Vorbemerkung zu den §§ 214 bis 216

Übersicht

	Rn.
1. Zweck der §§ 214–216	1
2. Systematik	2
a) Interne	2
b) Externe	3
3. Entstehungsgeschichte	4
a) Novelle 1976	4
b) Beschleunigungsnovelle	5
c) Baugesetzbuch	6
d) BauGB-MaßnahmenG	7
e) BauROG	8
f) Weitere Novellierungen	9
4. Bewertung	10
a) Ausgangspositionen	10
b) Verfassungsmäßigkeit	11
c) Unionsrechtskonformität	12

1 **1. Zweck der §§ 214–216.** Gemäß der programmatischen Abschnittsüberschrift „Planerhaltung" treffen die §§ 214–215 Regelungen, die die **Folgen von Fehlern begrenzen** und **Fehler beheben** sollen, die beim Erlass von Flächennutzungs-

plänen und Satzungen des Städtebaurechts, insbesondere Bebauungsplänen aufgetreten sind. Die §§ 214–215 beschränken die gerichtliche Kontroll- und Verwerfungskompetenz, ohne die verfahrens- und materiellrechtlichen Anforderungen an die Bauleitpläne und Satzungen zu verändern. Die Kontrollkompetenz der Aufsichtsbehörde wird nicht eingeschränkt (§ 216). Die §§ 214–215 modifizieren das Nichtigkeitsdogma, um der Fehleranfälligkeit von Bauleitplänen und (sonstigen) städtebaulichen Satzungen entgegenzuwirken. Zur Fehleranfälligkeit s. *Scharmer,* Bebauungspläne in der Normenkontrolle, 1988; *Schmidt-Eichstaedt,* Rechtstatsachenuntersuchungen und Gutachten zur Vorbereitung der Städtebaurechtsnovelle 1997, 1996; *v. Nicolai* Nord ÖR 2001, 55; skeptisch *Koch/Hendler,* Baurecht, 5. Aufl. 2009, § 18 Rn. 6–12; *Berkemann* in Berkemann/Halama, Erstkommentierung BauGB 2004, 2005, § 214 Rn. 3. Gerichtsschutz soll nicht nur in der Hoffnung gesucht werden, das Gericht werde schon einen Fehler entdecken, und sei es durch die Entwicklung neuer Anforderungen aus dem Abwägungsgebot (s. a. *Gaentzsch,* FS Weyreuther, 1993, S. 249/250). Zu („Nachgeschaltetem") Planerhaltungsrecht und den Präklusionsregeln des Städtebaurechts *Berkemann* in Mitschang, BauGB Novelle 2007, 2008 S. 63.

2. Systematik. a) Interne. Die §§ 214–215 gelten für **Flächennutzungspläne** 2 und **Satzungen des Städtebaurechts,** und zwar Bebauungsplan (§ 10) einschl. des vorhabenbezogenen (§ 12), des vereinfachten (§ 13) und des beschleunigten (§ 13a) Verfahrens, Veränderungssperre (§ 16), Sicherungssatzung (§ 22 Abs. 2), Vorkaufsrecht (§ 25), Entwicklungs- und Ergänzungssatzung (§ 34 Abs. 4), Außenbereichssatzung (§ 35 Abs. 6), Erschließungsbeitragssatzung (§ 132), Ausgleichssatzung (§ 135 c), Sanierungssatzung (§ 142 Abs. 3), Satzung für Ersatz- und Ergänzungsgebiete (§ 142 Abs. 2), Aufhebungssatzung (§ 162), Entwicklungssatzung (§ 165 Abs. 6), Satzung für ein Anpassungsgebiet (§ 170), Stadtumbausatzung (§ 171 d), Erhaltungssatzung (§ 172). Der Planerhaltung dienen die **Aufzählung** der für die Wirksamkeit **beachtlichen Verfahrens- und Formvorschriften** (§ 214 Abs. 1 S. 1 Nr. 1–4), eine **Unbeachtlichkeitsklausel** für bestimmte **materielle,** das **Verhältnis von Flächennutzungsplan und Bebauungsplan** betreffende **Mängel** (§ 214 Abs. 2), eine ergänzende Unbeachtlichkeitsklausel für bestimmte formelle und materielle Fehler beim Erlass eines Bebauungsplans der Innenentwicklung in § 214 Abs. 2a S. 1 Nr. 2–4, einschl. einer Fiktion einer ordnungsgemäßen Vorprüfung nach § 13a Abs. 1 S. 2 Nr. 2 (§ 214 Abs. 2a Nr. 3) und einer Fiktion für den Ausschlussgrund nach § 13a Abs. 1 S. 4 (§ 214 Abs. 2a Nr. 4), eine **Unbeachtlichkeitsklausel** für bestimmte Abwägungsmängel (§ 214 Abs. 3), die Statuierung der Unbeachtlichkeit der Verletzung der nach § 214 Abs. 3 S. 2 beachtlichen Mängel des Abwägungsvorgangs und aller Verfahrens- und Formfehler nach dem Baugesetzbuch mit Ausnahme der nach § 214 Abs. 1 S. 1 Nr. 4 mit Ablauf der **Ein-Jahresfrist** des § 215 Abs. 1 und die Befugnis der Gemeinde, Flächennutzungspläne oder Satzungen, die an einem nach Bundes- oder nach Landesrecht begangenen Fehler leiden, durch ein **ergänzendes Verfahren** ex nunc oder ex tunc in Kraft zu setzen (§ 214 Abs. 4). Die beachtlichen Verfahrens- und Formmängel nach § 214 Abs. 1 werden innerhalb von Nr. 1–3 noch einmal durch **„interne Unbeachtlichkeitsklauseln"** reduziert. Die interne Unbeachtlichkeitsklausel des § 214 Abs. 1 Nr. 3 wird durch eine Auskunftspflicht bei Unvollständigkeit des Erläuterungsberichts oder der Begründung ergänzt (§ 214 Abs. 1 S. 2). Alle das Nichtigkeitsdogma einschränkenden Vorschriften greifen nur ein, wenn die Gemeinde bei Erlass des Flächennutzungsplans oder der Satzung ihre **Hinweispflicht** nach § 215 Abs. 2 erfüllt hat. Letzteres ist zweckmäßigerweise stets als Erstes zu **prüfen,** danach, ob eine verletzte **Verfahrens- oder Formvorschrift** nach § 214 Abs. 1 unbeachtlich ist, sei es, weil sie nicht zum Katalog der beachtlichen Mängel zählt, sei es, weil sie von den internen Unbeachtlichkeitsklauseln nach Nr. 1–3 erfasst wird. Ist der Mangel nach einer dieser Vorschriften unbeachtlich und

Vorb §§ 214–216 III. Kapitel. II. Teil. Allgemeine Vorschriften

die Hinweispflicht nach § 215 Abs. 2 erfüllt, scheidet eine Geltendmachung des Fehlers aus. Ist der Fehler nach § 215 Abs. 1 beachtlich, kann die Gemeinde ihn nach § 214 Abs. 4 beheben. Unterlässt sie dies, kann der Mangel mit Erfolg geltend gemacht werden. Bei **materiellrechtlichen Mängeln** ist ebenfalls zunächst die Erfüllung der Hinweispflicht nach § 215 Abs. 2 zu **prüfen**. Ist diese verletzt, kann der Mangel mit Erfolg geltend gemacht werden. Ist die Hinweispflicht erfüllt, ist zu prüfen, ob der Mangel nach § 214 Abs. 2, 2a oder 3 unbeachtlich ist. Ist dies der Fall, scheidet die Geltendmachung des Mangels aus. Liegt hingegen ein nach § 214 Abs. 2, 2a oder 3 beachtlicher oder ein sonstiger materieller Mangel vor, ist zu prüfen, ob die Ein-Jahres-Frist des § 215 Abs. 1 gewahrt ist. Ist dies nicht der Fall, ist der Mangel unbeachtlich. Einen beachtlichen materiellen Mangel kann die Gemeinde unter den Voraussetzungen des ergänzenden Verfahrens nach § 214 Abs. 4 **beheben**. Die Unwirksamkeit einer Satzung, die mit einem beachtlichen, aber im ergänzenden Verfahren behebbaren Fehlern behaftet ist, wird im Normenkontrollverfahren nach **§ 47 Abs. 5 S. 2 VwGO** festgestellt.

3 b) **Externe.** Zu ergänzenden **kommunalverfassungsrechtlichen Unbeachtlichkeits- und Heilungsklauseln** einzelner Gemeindeordnungen s. *Hill* DVBl. 1983, 1; *Wilhelm* NVwZ 1984, 424; krit. *Schmidt-Aßmann* VR 1978, 85; *Ossenbühl* NJW 1986, 2805 (2812); *H. Meyer* NVwZ 1986, 513 (515); *Maurer* DÖV 1993, 184/193; zu sächs. u. sächs.-anh. Heilungsgesetzen *Millgramm* SächsVBl. 1998, 125. Die Behebungsvorschrift des § 214 Abs. 4 gilt auch für gegen Landesrecht verstoßende Verfahrens- oder Formfehler. Alle Unbeachtlichkeitsklauseln der §§ 214, 215 gelten mangels weitergehender Gesetzgebungskompetenz des Bundes hingegen nur für Verstöße gegen bundesrechtliche, nicht aber für Verstöße gegen landesrechtliche Verfahrens- und Formvorschriften (BVerwG NVwZ 1998, 1074). Allerdings können die Länder gem. § 9 Abs. 4 bestimmen, dass die §§ 214–215 auch auf Festsetzungen anzuwenden sind, die auf Landesrecht beruhen (BVerwG DVBl. 1993, 113; E 110, 118; s. a. § 86 Abs. 2 MBauO). Ein **fachplanerisches** Seitenstück ist § 75 Abs. 1a VwVfG – Begrenzung der erheblichen Abwägungsmängel, Planergänzung und Fehlerbehebung durch ergänzendes Verfahren statt Aufhebung des Planfeststellungsbeschlusses. Der von der Rspr. entwickelte Planergänzungsanspruch ist zudem vielfach normiert, zB § 17 Abs. 6c S. 2 FStrG, § 10 Abs. 8 S. 2 LuftVG, § 20 Abs. 7 S. 2 AEG (dazu *Jarass* GS Tettinger 2007, S. 465; *Gaentzsch* DVBl. 2000, 741; *ders.* UPR 2001, 201; *Henke,* Planerhaltung durch Planergänzung und ergänzendes Verfahren, 1997; *Ronellenfitsch* NVwZ 1999, 583; *Dolde* FS Allgemeines BauG Sachsen, 2000, 429 (434)). Unberührt bleiben die Regelungen zur Unbeachtlichkeit und zur Heilung von Verfahrens- und Formfehlern beim Erlass von Verwaltungsakten gem. **§§ 45, 46 VwVfG** dazu *Meyer* FS 50 Jahre BVerwG, 2003, 551 (563); *Kahl* VerwArch 2004, 1; *M. Martin,* Heilung von Verfahrensfehlern im Verwaltungsverfahren, 2004; *Bumke,* Relative Rechtswidrigkeit, 2004, S. 208; *E. Bülow,* Die Relativierung von Verfahrensvorschriften im europäischen Verwaltungsverfahren und neu §§ 45, 46 VwVfG, 2007. Zur Planerhaltungsvorschrift des **§ 12 ROG** s. *Spannowsky* in Spannowsky/Runkel/Goppel ROG 2010 § 12; *Wiggers,* Planerhaltung im Recht der Raumordnung, 2003; BVerwG SächsVBl. 2011, 80; OVG Bautzen ebd. S. 261 – Regionalpläne. Zur Planerhaltung außerhalb des Planungsrechts *Sendler* DVBl. 2005, 659 (663, 665). Die §§ 214, 215 gehen gem. § 4 Abs. 2 URG (dazu *Schrödter* LKV 2008, 391; → auch § 4c Rn. 8) dem Anspruch auf Aufhebung wegen Verfahrensfehlern nach § 4 Abs. 1 URG vor.

4 **3. Entstehungsgeschichte. a) Novelle 1976.** Der von der **Novelle 1976** eingeführte § 155a BBauG erklärte erstmals die Verletzung bestimmter Verfahrens- und Formvorschriften des BBauG und des StBauFG für unbeachtlich, sofern sie nicht binnen Jahresfrist gegenüber der Gemeinde geltend gemacht worden waren. Dazu *Stock* in EZBK § 214 Rn. 9f; § 215 Rn. 7f.; krit. *Schmidt-Aßmann* NJW 1976, 1913 (1916).

b) Beschleunigungsnovelle. Die **Beschleunigungsnovelle** 1979 erweiterte 5
mit den §§ 155a u. 155b BBauG die Unbeachtlichkeits- und Heilungsklauseln und
fügte den inhaltlich mit § 216 aF übereinstimmenden § 155c BBauG ein. Dazu s.
Stock in EZBK § 214 Rn. 11–15, § 215 Rn. 9f. Zur beschränkten Rückwirkung
gem. § 183f BBauG BVerwGE 66, 116; DVBl. 1985, 795; BauR 1983, 431. Zur Unbedenklichkeit
von § 183f Abs. 3 BVerwG ZfBR 1987, 101.

c) Baugesetzbuch. Das **BauGB** hat den Regelungsgegenstand der §§ 155 a–c 6
BBauG inhaltlich geändert und unter der Überschrift „Wirksamkeitsvoraussetzungen"
als eigenen Abschnitt systematisch neu gefasst. Dazu *Stock*, aaO, Rn. 16–18a, § 215
Rn. 11f.

d) BauGB-MaßnahmenG. § 9 Abs. 1, 2 **BauGB-MaßnahmenG 1990** ent- 7
hielten weitergehende Wirksamkeitsregelungen für die Aufstellung, Änderung
oder Ergänzung eines Bebauungsplanes, der ein dringendes Wohnbedürfnis der Bevölkerung
decken sollte. Dazu und zu den Modifikationen des bis zum 31. 12. 1997
geltenden § 9 BauGB-MaßnahmenG durch das **Inv-WoBauIG** s. 5. Aufl. Gemäß
der **Überleitungsvorschrift** in § 17 BauGB-MaßnahmenG ist § 9 auch nach dem
31. 12. 1997 auf Bauleitpläne und Satzungen anzuwenden, die unter Anwendung
des BauGB-MaßnahmenG aufgestellt, geändert, ergänzt oder aufgehoben worden
sind.

e) BauROG. Das **BauROG** hat in der Überschrift des 2. Teils des 3. Kapitels und 8
im Abschnittstitel den Begriff „Planerhaltung" eingeführt, § 214 redaktionell angepasst,
in § 215 Abs. 1 den Umfang der Prüfungsbefugnis der VG klargestellt, den früheren
Abs. 3 als ergänzendes Verfahren im § 215a verselbstständigt und um § 47
Abs. 5 S. 4 VwGO aF ergänzt (BT-Drs. 16/10 900). Der von *Sendler* (UPR-Special
7/1994, 7, 28) kreierte, von *Hoppe* (DVBl. 1994, 1033 (1041); FS Schlichter, 1995,
S. 87 und in Erbguth/Oebbecke u. a., Abwägung im Recht, 1996, S. 13) dogmatisch
fundierte (dazu *Sendler* DVBl. 2005, 659) **Grundsatz der Planerhaltung** gilt als allgemeiner
Rechtsgrundsatz (offenes Prinzip), der durch Gesetz und Richterrecht
konkretisiert werden kann.; abl. *Bartlsperger* DVBl. 1996, 1; *Blümel*, Planung und Verwaltungsgerichtsbarkeit,
1997, S. 27; *Koch* ZAU 1997, 1201 (1204); *Berkemann*, aaO,
§ 214 Rn. 3; *Uechtritz*, SU § 214 Rn. 1. Die nicht abschließende gesetzliche Ausgestaltung
in den §§ 214–215 steht weiterer richterrechtlicher Rechtsfortbildung im
Städtebaurecht und erst recht in anderen Gebieten nicht entgegen (*Gaentzsch* UPR
2001, 201 (209); *Sendler*, FS Hoppe S. 1011 (1014, 1026); restriktiv *Dolde*, FS Allg.
BauG Sachsen, S. 429 (438)). Gem. dem **Nichtigkeitsdogma** folgt aus der Rechtswidrigkeit
einer Norm ihre Nichtigkeit (s. *Ossenbühl* NJW 1986, 2805). Die Rspr.
des BVerfG hat das Nichtigkeitsdogma für die Rechtsfolgen eines legislativen Verfassungsverstoßes
stetig eingegrenzt (s. *Jarass* in JP Art. 20 Rn. 35). Für Verwaltungsakte
gilt das Nichtigkeitsdogma ohnehin nicht (s. § 43 Abs. 2 VwVfG). Zur **verfassungsrechtlichen
Rechtfertigung** s. Bericht der Kommission zur Novellierung des
BauGB, 1995 S. 68; *Otto*, Nichtigkeitsdogma und Fehlerbehebung im Städtebaurecht,
2000 S. 53; *Henke*, Planerhaltung durch Planergänzung und ergänzendes Verfahren,
1997 S. 51; *Rude*, Planreparatur, 2000, S. 58; *Käß*, Inhalt und Grenzen des
Grundsatzes der Planerhaltung, 2002, S. 43; *J. Lorenz*, Verfahrensvorschriften und
Fehlerfolgen, 2002. Zur **Überleitungsvorschrift** s. § 233 Abs. 2.

f) Weitere Novellierungen. Die **Novelle 2001** fasste § 214 Abs. 1 S. 1 Nr. 1 und 9
2 neu und fügte Abs. 1a ein – Fehler bezüglich der UVP und der Umweltberichts
(§ 2a). Das **EAG Bau** (*Özdemir*, Zum Planerhaltungssystem des EAGBau, 2009) hat
das ergänzende Verfahren des § 215a aF gestrichen und in § 214 Abs. 4 geregelt, § 214
Abs. 1 Nr. 1 neu eingeführt, die Abs. 1 S. 1 Nr. 2 bzw. 3, Abs. 1 S. 1 Nr. 4 erweitert,
die Regelung der Abwägungsfehler neu gefasst (§ 214 Abs. 3), eine einheitliche
Zwei-Jahres-Frist in § 215 Abs. 1 eingeführt sowie § 47 Abs. 5 S. 4 VwGO gestrichen

und in § 47 Abs. 5 S. 2 das Wort „nichtig" durch „unwirksam" ersetzt. Zum Überleitungsrecht s. § 233 Abs. 2.

Das **Innenentwicklungsgesetz** hat den neu eingeführten Bebauungsplan der Innenentwicklung (§ 13a) durch Aufnahme von § 13a in die Unbeachtlichkeitsklausel des § 214 Abs. 1 S. 1 Nr. 2 durch vier weitere Planerhaltungsvorschriften in § 214 Abs. 2a S. 1 Nr. 1–4 flankiert, die Frist des § 215 Abs. 1 halbiert. Zudem ist die durch das ÖffentlichkeitsbeteiligungsG initiierte Hinweispflicht nach § 4a Abs. 5 S. 3 in den neu gefassten § 214 Abs. 1 S. 1 Nr. 2 aufgenommen worden. Die **Innenentwicklungsnovelle 2013** (→ Einl. Rn. 62) hat nach dem Verdikt von EuGH DVBl. 2013, 777 mAnm v. *Stüer/Garbroch* § 214 Abs. 2a Nr. 1 aufgehoben.

10 **4. Bewertung. a) Ausgangspositionen.** Die Beschränkung der verwaltungsgerichtlichen Kontrollkompetenz durch die §§ 155a, b BBauG hat heftige **verfassungsrechtliche und verfassungspolitische Kritik** ausgelöst (s. *Meyer*, KK BBauG insb. § 155a Rn. 97–103, § 155b Rn. 14; *F. Kirchhof* NJW 1981, 2382; *Weyreuther* DÖV 1983, 575 (578); *Redeker* DVBl. 1982, 130 (133f.); *Breuer* NVwZ 1982, 273; *Schmidt-Aßmann* DVBl. 1984, 582 (585ff.), *Held,* Der Grundrechtsbezug des Verwaltungsverfahrens, 1984). Insbesondere ist die Vereinbarkeit mit der Rechtsschutzgarantie des Art. 19 Abs. 4 GG, aber auch mit dem Rechtsstaatsprinzip und Art. 14 Abs. 1 GG bezweifelt worden. Dem ist entgegengehalten worden, dass das Verfahren nicht Selbstzweck, sondern nur Mittel auf der Suche nach dem richtigen Ergebnis sei, nur dienende Funktion habe (BVerwG DVBl. 1980, 230; *Söfker* ZfBR 1979, 191; *v. Mutius/Hill,* Die Behandlung fehlerhafter Bebauungspläne durch die Gemeinden, 1983; *Hill,* Das fehlerhafte Verfahren und seine Folgen im Verwaltungsrecht, 1986, S. 154ff.). Die Verfassungsmäßigkeit der inzwischen als Modifikation des Nichtigkeitsdogmas verstandenen Befristungs- und „Heilungsvorschriften" (s. *Gaentzsch,* FS Weyreuther 249 (257); *Morlok,* Die Folgen von Verfahrensfehlern am Beispiel von kommunalen Satzungen, 1988, S. 10ff., hat die **Rechtsprechung** bestätigt (BGH NVwZ 1982, 210; BVerwG NVwZ 1983, 30; BVerwGE 75, 262), die **abwägungsbezogene** Unbeachtlichkeitsklausel des § 155b Abs. 2 S. 2 BBauG = § 214 Abs. 3 S. 2 Hs. 2 allerdings im Wege einer verfassungskonformen Auslegung (BVerwGE 64, 33; → § 214 Rn. 16). Nach der **„Selbstkorrektur der Rechtsprechung"** im Vorfeld des Erlasses des BauGB (s. *Schlichter* ZfBR 1985, 107; *Gaentzsch,* FS Weyreuther 249 (252); 201; *Hien* DVBl. 2003, 443; krit. *Dolde* NJW 1986, 815; *Berkemann,* aaO, § 214 Rn. 8) sollten die Gerichte „nicht ungefragt in eine Suche nach Fehlern eintreten" (BVerwG DVBl. 1980, 230; s. a. E 116, 188 (196); NVwZ 2007, 223). Dies hat die **Konzentration auf wesentliche Anforderungen** und auf die **Kausalität von Fehlern** gefördert. Krit. zur durch das BauGB fortgesetzten Einschränkung der verwaltungsgerichtlichen Kontrollkompetenzen (BT-Drs. 10/6166, S. 143f.) wegen der verfassungsrechtlichen Begründung des Abwägungsgebotes *Papier* DÖV 1986, 621 (628); *Dürr* VBlBW 1987, 201; *Weyreuther* UPR 1986, 121 (124); *Gern/Schneider* VBlBW 1988, 125; *Morlok,* aaO, 234; *Dolde* BauR 1990, 1 (6).

11 **b) Verfassungsmäßigkeit.** Das PlanungsvereinfachungsG v. 17.12.1993 hat die Einschränkung des Rechtsschutzes ins Fachplanungsrecht übernommen, ergänzt um die Regelung, dass erhebliche Mängel bei der Abwägung und eine Verletzung von Verfahrens- und Formvorschriften nur dann zur Aufhebung des Planfeststellungsbeschlusses oder der Planungsgenehmigung führen, wenn sie nicht durch **Planergänzung** oder verfahrensrechtlich behoben werden können. Daran hat das BauROG angeknüpft (→ Rn. 8). Die Behebung von Mängeln in einem ergänzenden Verfahren durch den Planträger unter Einhaltung der wesentlichen Verfahrens- und Formvorschriften mit dem Ziel, den in seiner Identität unveränderten Plan zu halten, ist der verfassungs-, aber auch europarechtlich unbedenklichere Weg als die Deklassierung des Verfahrensrechts. Das EAG Bau sollte nach den Vorschlägen der Expertenkommission (Bericht Rn. 122ff.; krit. *Steinwede,* aaO, S. 241) die Verfahrens- und Formfehler vereinfachen (s. a. *Dolde* NVwZ 2001, 976 (982)), die Folgen von Verstößen gegen das Abwägungsge-

4. Abschnitt. Planerhaltung **Vorb §§ 214–216**

bot verdeutlichen (s. a. *Gaentzsch* DVBl. 2000, 741 (746); *ders.* in Spannowsky/Krämer, BauGB-Novelle 2004, 2003, 131 (135, 140); *Janning* ebd., S. 11; *Dolde* NVwZ 2003, 304; *Schliepkorte/Tünnemann* ZfBR 2004, 645) und europarechtlich beeinflusst das Konzept der Rechtmäßigkeitsgewähr eines ordnungsgemäßen Verfahrens verfolgen (BT-Drs. 15/2250, S. 31, 62; Bericht der Kommission, Rn. 135). Ein solches Konzept ist anschlussfähig an den Grundrechtsschutz durch Verfahren (→ § 3 Rn. 4) und wirkt der Gefahr entgegen, dass der spezifisch rechtsverwirklichende Wert der Bauleitplanung als einem primär verfahrensrechtlich gesteuerten Normsetzungsprozesses zu gering geachtet wird (zutr. *Schmidt-Aßmann* VVDStRL 70, 365; s. a. *Möllers* ebd., 355; *Fehling* ebd., 357). Das im Gesetzgebungsverfahrens verunklarte Zusammenspiel des § 2 Abs. 3 (§ 2 Rn. 5), § 214 Abs. 1 Nr. 1, Abs. 3 und auch § 215 Abs. 1 Nr. 3 (dazu krit. *Hoppe* NVwZ 2004, 903; *Gaentzsch* in Spannowsky/Krämer, BauGB 2004, 131 (136); *Kraft* UPR 2004, 331; *Erbguth* in *ders./Kluth,* Planungsrecht in der gerichtlichen Kontrolle 2012, 103 (114); *Stelkens* UPR 2005, 81; *Quaas/Kukk* BauR 2004, 1541; *Uechtritz* SU § 214 Rn. 3; *Berkemann,* aaO, Rn. 23–33; vermittelnd *Schmidt-Eichstaedt* ZfBR 2005, 751 (761); *Dürr,* KK § 214 Rn. 20; *Kupfer* DV 2005, 493 (514)) beeinträchtigt die Akzeptanz des Konzepts wie BVerwG DVBl. 2008, 859 zeigt (anders OVG Münster DVBl. 2007, 317 (321); [zur unionsrechtlich gebotenen „Nachjustierung" des deutschen Verwaltungsrechts s. a. *Ziekow,* NuR 2014, 229; *Gärditz,* NVwZ 2014, 1; *Schlacke,* ebenda S. 11; weitergehend zu Bauleitplänen *Bunge,* NuR 2014, 1; → § 2 Rn 12;] zur neueren differenzierteren Diskussion um die Richtigkeitsgewähr durch Verfahren und zur dienenden Funktion der Verfahrensvorschriften *Qabeck,* Dienende Funktionen des Verwaltungsverfahrens und Prozedualisierung, 2010; *H. A. Wolff* in FS Scholz, 2007, 97; *Gurlit* VVDStRL 70, 227 (234, 238); *Stelkens* DVBl. 2010, 1078; zu sehr auf Vollzugsverwaltung ausgerichtet hingegen *Fehling,* aaO, 280 (286); s. a. *Burgi/Durner,* Modernisierung des Verwaltungsverfahrensrechts, 2011). BVerwGE 107, 215, hat sich schon zuvor dem unionsrechtlichen Konzept geöffnet, indem das Recht auf Abwägung, also das Recht auf verfahrensrechtliche Behandlung von Belangen, jedoch ohne Anspruch auf ein bestimmtes Ergebnis (→ § 214 Rn. 27), anerkannt wird. Zur erhöhten Richtigkeitsgewähr durch ein der Abwägung vorgeschaltetes Verfahren s. a. BVerwG NVwZ 2005, 442 – UVP; VGH München DVBl. 1994, 1199.

c) Unionsrechtskonformität. Die Grundsatzkritik – namentlich von *Berkemann,* 12 (Rn. 4, 26) – übersieht, dass die Neukonzeption sich nicht auf eine konkret umzusetzende Richtlinie stützen sollte, sondern sich auf unionsrechtliche (dazu *Kment* AöR 2005, 570; *ders.* in Mitschang, S. 100 (103); *Schmidt-Aßmann* in Isensee/Kirchhof, HdbStRV, 3. Aufl. 2007, § 109 Rn. 39; *Hoffmann-Riem* in ders./Schmidt-Aßmann, Verwaltungsverfahren und VwVfG, 2002, 9 (12); *Battis,* FS Krautzberger 2008, 7) und wohl auch gemeineuropäische Standards bei der gerichtlichen Kontrolle materiell-rechtlicher Planungsnormen (s. *Schmidt-Eichstaedt* ZfBR 2005, 751 (762) stützt. Die Rechtsprechung des EuGH, die u. a. nach wesentlichen und unwesentlichen Verfahrensfehlern unterscheidet (Slg 1976, 2043 Rn. 12, 66; Slg 2004, I-723 Rn. 67; dazu *Kment* in Erbguth, Neues Städtebau- und Raumordungsrecht 2007, S. 101; *Bumke* in Hoffmann-Riem/Schmidt-Aßmann/Voßkuhle, Grundlagen des Verwaltungsrechts II 2008, § 38 Rn. 185, 202; *E. Bülow,* Die Relativierung von Verfahrensfehlern im europäischen Verwaltungsverfahrensrecht und nach § 45, 46 VwVfG 2007, S. 58) steht bereichsspezifischen gesetzlichen Ausgestaltungen des Grundsatzes der Planerhaltung nicht entgegen. Der Grundsatz der Planerhaltung erlaubt aber nicht, europarechtliche Verfahrensvorgaben zu vereiteln (*Gurlit* VVDStRL 70 (2011), 227 (260ff.); *Fehling* ebd. S. 278/292ff.; Zur restriktiven Anwendung des Grundsatzes der Planerhaltung im Einzelfall s. *Kment,* Nationale Unbeachtlichkeits-, Heilungs- und Präklusionsvorschriften und europäisches Recht, 2005, S. 157 (177); *ders.* AöR 2005, 570; s. a. *Sellner,* FS Schlichter, 1995, S. 257 (275); *Wiggers,* Planerhaltung im Recht der Raumordnung, S. 112, 259; *Steinwede,* Planerhaltung im Städtebaurecht durch Gesetz und richterliche Rechtsfortbildung, 2003,

§ 214 III. Kapitel. II. Teil. Allgemeine Vorschriften

S. 105, 120; Bericht der Expertenkommission zur Novellierung des BauGB, 2002, Rn. 127, 135; *Stock* in EZBK § 214 Rn. 148; *Lecheler* FS Bartlsperger, 2006, S. 353 (361); *Uechtritz*, SU § 214 Rn. 19; krit. Rat der Sachverständigen in Umweltfragen, Zur Einführung der strategischen Umweltprüfung in der Bauleitplanung, 2003, S. 13; *Spannowsky*, Jb. des Umwelt- und Technikrechts 2007, S. 251 (272); *Berkemann* in Mitschang, BauGB Novelle 2007, 2008, S. 63 (78, 83). Heilungs- und Unbeachtlichkeitsklauseln sind im Eigenverwaltungsrecht der EU unbekannt und im Gemeinschaftsverwaltungsrecht auf Ausnahmefälle beschränkt (*v. Danwitz*, Europäisches Verwaltungsrecht 2008, S. 542), also nicht ausgeschlossen. EuGH DVBl. 2013, 777 hat § 214 Abs. 2a Nr. 1 für unanwendbar erklärt, weil er der UP entgegen dem Unionsrecht jede praktische Wirksamkeit genommen hat. Das System von § 13a ist dadurch nicht in Frage gestellt (*Stüer/Gorbrecht* DVBl. 2013, 778 (781). EuGH NVwZ 2015, 1665 hat hinsichtlich der Umsetzung der UVP-RL zwar die Präklusionsregelung des § 73 Abs. 4 S. 3 VwVfG für unionsrechtswidrig erklärt aber anders als der GA Grundfragen des deutschen Verwaltungsrechtsschutz nicht in Frage gestellt; s. a. *Reidt* § 10 Rn. 18, Vorb. §§ 29–38 Rn. 21, 31; → § 2 Rn. 12a; weitergehend zu § 215 Abs. 1 Nr. 1 *Bunge* NuR 2016, 11 (16)).

§ 214 Beachtlichkeit der Verletzung von Vorschriften über die Aufstellung des Flächennutzungsplans und der Satzungen; ergänzendes Verfahren

(1) ¹Eine Verletzung von Verfahrens- und Formvorschriften dieses Gesetzbuchs ist für die Rechtswirksamkeit des Flächennutzungsplans und der Satzungen nach diesem Gesetzbuch nur beachtlich, wenn
1. entgegen § 2 Abs. 3 die von der Planung berührten Belange, die der Gemeinde bekannt waren oder hätten bekannt sein müssen, in wesentlichen Punkten nicht zutreffend ermittelt oder bewertet worden sind und wenn der Mangel offensichtlich und auf das Ergebnis des Verfahrens von Einfluss gewesen ist;
2. die Vorschriften über die Öffentlichkeits- und Behördenbeteiligung nach § 3 Abs. 2, § 4 Abs. 2, § 4a Abs. 3 und 5 Satz 2, § 13 Abs. 2 Satz 1 Nr. 2 und 3 (auch in Verbindung mit § 13a Abs. 2 Nr. 1), § 22 Abs. 9 Satz 2, § 34 Abs. 6 Satz 1 sowie § 35 Abs. 6 Satz 5 verletzt worden sind; dabei ist unbeachtlich, wenn bei Anwendung der Vorschriften einzelne Personen, Behörden oder sonstige Träger öffentlicher Belange nicht beteiligt worden sind, die entsprechenden Belange jedoch unerheblich waren oder in der Entscheidung berücksichtigt worden sind, oder einzelne Angaben dazu, welche Arten umweltbezogener Informationen verfügbar sind, gefehlt haben, oder der Hinweis nach § 3 Abs. 2 Satz 2 Halbsatz 2 (auch in Verbindung mit § 13 Abs. 2 Satz 2 und § 13a Abs. 2 Nr. 1) gefehlt hat, oder bei Anwendung des § 13 Abs. 3 Satz 2 die Angabe darüber, dass von einer Umweltprüfung abgesehen wird, unterlassen wurde, oder bei Anwendung des § 4a Abs. 3 Satz 4 oder des § 13 (auch in Verbindung mit § 13a Abs. 2 Nr. 1) die Voraussetzungen für die Durchführung der Beteiligung nach diesen Vorschriften verkannt worden sind;
3. die Vorschriften über die Begründung des Flächennutzungsplans und der Satzungen sowie ihrer Entwürfe nach §§ 2a, 3 Abs. 2, § 5 Abs. 1 Satz 2 Halbsatz 2 und Abs. 5, § 9 Abs. 8 und § 22 Abs. 10 verletzt worden sind; dabei ist unbeachtlich, wenn die Begründung des Flächennutzungsplans oder der Satzung oder ihr Entwurf unvollständig ist; abweichend von Halbsatz 2 ist eine Verletzung von Vorschriften in Bezug auf den Umweltbericht unbeachtlich, wenn die Begründung hierzu nur in unwesentlichen Punkten unvollständig ist;

4. Abschnitt. Planerhaltung § 214

4. ein Beschluss der Gemeinde über den Flächennutzungsplan oder die Satzung nicht gefasst, eine Genehmigung nicht erteilt oder der mit der Bekanntmachung des Flächennutzungsplans oder der Satzung verfolgte Hinweiszweck nicht erreicht worden ist.

²Soweit in den Fällen des Satzes 1 Nr. 3 die Begründung in wesentlichen Punkten unvollständig ist, hat die Gemeinde auf Verlangen Auskunft zu erteilen, wenn ein berechtigtes Interesse dargelegt wird.

(2) Für die Rechtswirksamkeit der Bauleitpläne ist auch unbeachtlich, wenn
1. die Anforderungen an die Aufstellung eines selbständigen Bebauungsplans (§ 8 Abs. 2 Satz 2) oder an die in § 8 Abs. 4 bezeichneten dringenden Gründe für die Aufstellung eines vorzeitigen Bebauungsplans nicht richtig beurteilt worden sind;
2. § 8 Abs. 2 Satz 1 hinsichtlich des Entwickelns des Bebauungsplans aus dem Flächennutzungsplan verletzt worden ist, ohne dass hierbei die sich aus dem Flächennutzungsplan ergebende geordnete städtebauliche Entwicklung beeinträchtigt worden ist;
3. der Bebauungsplan aus einem Flächennutzungsplan entwickelt worden ist, dessen Unwirksamkeit sich wegen Verletzung von Verfahrens- oder Formvorschriften einschließlich des § 6 nach Bekanntmachung des Bebauungsplans herausstellt;
4. im Parallelverfahren gegen § 8 Abs. 3 verstoßen worden ist, ohne dass die geordnete städtebauliche Entwicklung beeinträchtigt worden ist.

(2a) Für Bebauungspläne, die im beschleunigten Verfahren nach § 13a aufgestellt worden sind, gilt ergänzend zu den Absätzen 1 und 2 Folgendes:
1. *(aufgehoben)*
2. Das Unterbleiben der Hinweise nach § 13a Abs. 3 ist für die Rechtswirksamkeit des Bebauungsplans unbeachtlich.
3. Beruht die Feststellung, dass eine Umweltprüfung unterbleiben soll, auf einer Vorprüfung des Einzelfalls nach § 13a Abs. 1 Satz 2 Nr. 2, gilt die Vorprüfung als ordnungsgemäß durchgeführt, wenn sie entsprechend den Vorgaben von § 13a Abs. 1 Satz 2 Nr. 2 durchgeführt worden ist und ihr Ergebnis nachvollziehbar ist; dabei ist unbeachtlich, wenn einzelne Behörden oder sonstige Träger öffentlicher Belange nicht beteiligt worden sind; andernfalls besteht ein für die Rechtswirksamkeit des Bebauungsplans beachtlicher Mangel.
4. Die Beurteilung, dass der Ausschlussgrund nach § 13a Abs. 1 Satz 4 nicht vorliegt, gilt als zutreffend, wenn das Ergebnis nachvollziehbar ist und durch den Bebauungsplan nicht die Zulässigkeit von Vorhaben nach Spalte 1 der Anlage 1 zum Gesetz über die Umweltverträglichkeitsprüfung begründet wird; andernfalls besteht ein für die Rechtswirksamkeit des Bebauungsplans beachtlicher Mangel.

(3) ¹Für die Abwägung ist die Sach- und Rechtslage im Zeitpunkt der Beschlussfassung über den Flächennutzungsplan oder die Satzung maßgebend. ²Mängel, die Gegenstand der Regelung in Absatz 1 Satz 1 Nr. 1 sind, können nicht als Mängel der Abwägung geltend gemacht werden; im Übrigen sind Mängel im Abwägungsvorgang nur erheblich, wenn sie offensichtlich und auf das Abwägungsergebnis von Einfluss gewesen sind.

(4) Der Flächennutzungsplan oder die Satzung können durch ein ergänzendes Verfahren zur Behebung von Fehlern auch rückwirkend in Kraft gesetzt werden.

§ 214 III. Kapitel. II. Teil. Allgemeine Vorschriften

Übersicht

	Rn.
1. Allgemeines	1
a) Interne und externe Systematik	1
b) Rechtsfolgen der Unbeachtlichkeit	2
2. Unbeachtlichkeit von Form- und Verfahrensfehlern – Abs. 1	3
a) Abschließende Regelung	3
b) Ermittlungs- und Bewertungsfehler	4
c) Beteiligungsfehler – Abs. 1 S. 1 Nr. 2	5
d) Begründungsfehler – Abs. 1 S. 1 Nr. 3	7
e) Absolute Fehler – Abs. 1 S. 1 Nr. 4	10
3. Unbeachtlichkeit materieller Fehler bei der Entwicklung des Bebauungsplans – Abs. 2	11
a) Selbstständiger und vorzeitiger Bebauungsplan Abs. 2 Nr. 1	11
b) Entwicklungsgebot – Nr. 2	12
c) Unwirksamer Flächennutzungsplan – Nr. 3	13
d) Parallelverfahren – Nr. 4	14
4. Unbeachtlichkeits- und Fiktionsvorschriften für das beschleunigte Verfahren	15
a) Innenentwicklung Abs. 2a Nr. 1 a.F.	15
b) Hinweispflicht – Abs. 2a Nr. 2	16
c) Fiktion der Vorprüfung – Abs. 2a Nr. 3	17
d) Fiktion nach Abs. 2a Nr. 4	18
5. Abwägungsmängel – Abs. 3	19
a) Maßgeblicher Zeitpunkt	19
b) Mängel im Abwägungsvorgang	20
6. Ergänzendes Verfahren	23
a) Allgemeines	23
b) Behebbare Mängel	24
c) Feststellung der Mängel	26
d) Behebung des Fehlers	27
e) Rückwirkendes ergänzendes Verfahren	28
f) Rechtsschutz	29

1 1. **Allgemeines. a) Interne und externe Systematik.** Abs. 1 S. 1 bestimmt in den Nrn. 1–4, welche **Verfahrens- und Formvorschriften** des BauGB für die Wirksamkeit des Flächennutzungsplans, des Bebauungsplans oder einer sonstigen städtebaulichen Satzung (→ Vorb. §§ 214–216 Rn. 2) **beachtlich** sind. Innerhalb der beachtlichen Fehler differenziert § 214 in der Weise, dass bestimmte minderschwere Fehler durch „**interne Unbeachtlichkeitsklauseln**" (Abs. 1 S. 1 Nr. 1 Hs. 2, Nr. 2 Hs. 2 sowie Hs. 1 und 2, Nr. 3 Hs. 2, 3) für unbeachtlich erklärt werden, während Fehler nach Abs. 1 S. 1 Nr. 4 als so schwerwiegend bewertet werden, dass sie nicht der **Rügefrist** des § 215 Abs. 1 unterfallen. Die interne Unbeachtlichkeitsklausel des Abs. 1 S. 1 Nr. 3 wird durch die **Auskunftspflicht** nach Abs. 1 S. 2 ergänzt. Nach Abs. 2 sind bestimmte materielle **Fehler,** die das **Verhältnis von Flächennutzungsplan und Bebauungsplan** betreffen, unbeachtlich. Abs. 2a enthält in **Nr. 1** eine ergänzende Unbeachtlichkeitsklausel für das beschleunigte Verfahren (§ 13a), in **Nr. 2** eine Unbeachtlichkeitsklausel hinsichtlich des Unterbleibens des Hinweises nach § 13a Abs. 3, in **Nr. 3** eine Fiktion zur Vorprüfung nach § 13a Abs. 1 S. 2 Nr. 2 und in **Nr. 4** eine Fiktion zum Ausschlussgrund nach § 13a Abs. 1 S. 4. Abs. 3 S. 1 bestimmt den für die Abwägung maßgeblichen Zeitpunkt der Sach- und Rechtslage. Abs. 3 S. 2 Hs. 1 betont die Bedeutung der Verfahrenselemente des Ermittelns und Bewertens iS von Abs. 1 S. 1 Nr. 1 für den **Abwägungsvorgang.** Abs. 3 S. 2 Hs. 2 soll die Erheblichkeit der Mängel des Abwägungsvorgangs verdeutlichen. Die beacht-

4. Abschnitt. Planerhaltung § 214

lichen Fehler nach § 214 Abs. 1 Nr. 1–2, Abs. 2, 2a und Abs. 3 S. 2 können nur innerhalb der **einjährigen Rügefrist** des § 215 Abs. 1 geltend gemacht werden, sofern die Gemeinde ihre **Hinweispflicht** des § 215 Abs. 2 erfüllt hat. Alle nach § 214 beachtlichen Fehler kann die Gemeinde im **ergänzenden Verfahren** gem. § 214 Abs. 4 **beheben,** um den Flächennutzungsplan oder die Satzung ex nunc oder ex tunc in Kraft zu setzen. Zur internen und externen Systematik der §§ 214–216; zu Zweck, Entstehungsgeschichte und Bewertung → Vorb. §§ 214–216; zur zweckmäßigen **Prüfungsfolge** ebd. Rn. 2, zur Überleitungsregelung § 233 Abs. 2.

b) **Rechtsfolgen der Unbeachtlichkeit.** Um die Bestandskraft der Bauleitpläne 2 und sonstiger städtebaulicher Satzungen zu verbessern, schränken die §§ 214–215 für das Städtebaurecht das Nichtigkeitsdogma ein, demzufolge die Rechtswidrigkeit einer Norm deren Nichtigkeit bewirkt (→ Vorb. §§ 214–216 Rn. 8). Im Übrigen bleibt aber der Grundsatz der Nichtigkeit bestehen (BVerwG NuR 2001, 391 (393)). Bei Bauleitplänen und sonstigen städtebaulichen Satzungen führt die Rechtswidrigkeit wegen eines Verfahrens- oder Formfehlers weiterhin zur **Nichtigkeit** in den von § 214 Abs. 1 S. 1 Nr. 4 geregelten Fällen und bei sonstigen beachtlichen Verstößen gegen Verfahrens- und Formvorschriften des BauGB, wenn die Gemeinde den Hinweis nach § 215 Abs. 2 unterlassen hat. Wenn der Ausgleich zwischen den von der Planung berührten Belangen in einer Weise vorgenommen wird, die zur objektiven Gewichtung einzelner Belange außer Verhältnis steht, so verstößt eine solche Planungsentscheidung gegen das **Abwägungsgebot** (§ 1 Abs. 7), „das als Ausdruck des Rechtsstaatsgebots (Art. 20 Abs. 3 Grundgesetz) eine gerechte Abwägung der berührten Belange verlangt; eine solcher Plan ist aus verfassungsrechtlichen Gründen ungültig. In einem solchen schwerwiegenden Fall, in dem das Ergebnis der Planung schlechterdings nicht haltbar ist, ist eine Heilung des Fehlers durch Ablauf der Rügefrist nicht gerechtfertigt". (BT-Drs. 15/2250, S. 65; BT-Drs. 15/2996, S. 99; Bericht der Expertenkommission zur Novellierung des BauGB 2002 Rn. 139 u. Rn. 143; *Berkemann,* aaO, § 214 Rn. 15; *Schmidt-Eichstaedt* ZfBR 2005, 751 (761)). Solche Mängel können auch nicht im ergänzenden Verfahren behoben werden (→ § 215 Rn. 2). Solange beachtliche Mängel, die im ergänzenden Verfahren behoben werden können, nicht behoben worden sind, ist die Satzung **unwirksam** (§ 47 Abs. 5 S. 2 VwGO). Art. 4 EAG Bau hat § 47 Abs. 5 S. 4 VwGO gestrichen und in Satz 2 das Wort „nichtig" durch „unwirksam" ersetzt, um die durch die gesetzliche Unterscheidung von „Nichtigkeit" und „Wirksamkeit" entstandenen unnötigen (s. a. *Gaentzsch* in Spannowsky/Krämer, BauGB-Novelle 2004, 2003, S. 131, 141; *Berkemann,* aaO, § 214 Rn. 170, 183) Rechtsunsicherheiten zu beseitigen (BT-Drs. 15/2250, S. 74; s. a. *Käß,* Inhalt und Grenzen des Grundsatzes der Planerhaltung, S. 244); zu prozessualen Folgeproblemen dieser Unterscheidung BVerwG DVBl. 2003, 1462; ZfBR 2003, 692. Wegen unbeachtlicher (einschließlich nicht fristgerecht gerügter sonst beachtlicher) Mängel sind Pläne und Satzungen zwar rechtswidrig, aber wirksam (*Dolde* BauR 1990, 1 (11); *Gaentzsch,* FS Weyreuther, 1993, S. 249 (264); *Kukk* in SCH § 214 Rn. 10, 12; *Stock* in EZBK § 215 Rn. 47; ausführlich *Käß* Inhalt und Grenzen des Grundsatzes der Planerhaltung, 2002 S. 127 f.; für eine rein prozessuale Lösung *Maurer,* FS Bachof, 1984, S. 215 (233); *Ossenbühl* NJW 1986, 2805 (2810); *Schmaltz* DVBl. 1990, 77). Weist der Flächennutzungsplan oder die Satzung Mängel auf, die nicht von den Unbeachtlichkeitsklauseln erfasst werden, so kann (muss aber nicht, s. *Gaentzsch,* aaO, S. 268) der Plan oder die Satzung wegen dieser Mängel trotz Fristablauf unwirksam sein (BVerwG NVwZ 1992, 882; OVG Münster DVBl. 1990, 1119).

2. Unbeachtlichkeit von Form- und Verfahrensfehlern – Abs. 1. a) Ab- 3 **schließende Regelung.** Abs. 1 bestimmt – beim Bebauungsplan der Innenentwicklung (§ 13a) ergänzt um Absatz 2a – **abschließend,** welche Verfahrens- und Formvorschriften des BauGB für die Wirksamkeit eines Flächennutzungsplans, eines Bebauungsplans oder einer sonstigen städtebaulichen Satzung (→ Vorb. §§ 214–216

§ 214

Rn. 2) beachtlich sind. Verfahrensvorschriften in diesem Sinne sind alle von der Gemeinde oder ihren Entscheidungsträgern sowie der höheren Verwaltungsbehörde für die Aufstellung von Bauleitplänen und sonstigen städtebaulichen Satzungen zu beachtenden Vorschriften des BauGB, die sich auf den (äußeren) Ablauf des Planungsverfahrens beziehen (BVerwGE 74, 47; ZfBR 1992, 32). Abs. 1 gilt nicht für Verstöße gegen Landesrecht (BVerwG NVwZ 1991, 1074; ZfBR 1991, 32). Insoweit können landesrechtlich Unbedenklichkeitsvorschriften eingreifen (→ Vorb. §§ 214–216 Rn. 3). Materiellrechtliche Vorschriften betreffen die Zulässigkeit einschließlich der Ermächtigung für den Erlass und den Inhalt des Bauleitplans oder der sonstigen Satzung (*Gaentzsch,* FS Weyreuther, S. 249 (259)). Abs. 1 zerfällt in vier Klassen der Beachtlichkeit von Verfahrens- und Formfehlern, nämlich absolut beachtliche (Abs. 1 S. 1 Nr. 4), grundsätzlich beachtliche (Abs. 1 S. 1 Nr. 1 Hs. 1, Nr. 2 Hs. 1, Nr. 3 Hs. 1), benannte generell unbeachtliche (Abs. 1 S. 1 Nr. 1 Hs. 2, Nr. 2 Hs. 2, Nr. 3 Hs. 2) und die Restklasse der unbenannten generell unbeachtlichen Fehler. Absatz 2a enthält für die Bebauungspläne der Innenentwicklung (§ 13a Abs. 1 Nr. 1 und Nr. 2) zur Sicherung des beschleunigten Verfahrens (§ 13a Abs. 2) spezielle Planerhaltungsvorschriften, die verfahrens- und materiell-rechtliche Fehler betreffen. Stellt eine Stelle ohne Planungskompetenz einen Flächennutzungsplan auf, so fällt dieser Verstoß gegen § 2 Abs. 1 S. 1 nicht unter die Verfahrens- und Formvorschriften von § 214 Abs. 1 S. 1 Hs. 1 (BVerwG NVwZ 1992, 882).

4 b) Ermittlungs- und Bewertungsfehler. Nach Abs. 1 S. 1 Nr. 1 liegt ein grundsätzlich beachtlicher Fehler vor, wenn entgegen § 2 Abs. 3 (→ § 2 Rn. 5) solche von der Planung berührten Belange **in wesentlichen Punkten** nicht zutreffend **ermittelt** oder **bewertet** worden sind, die der Gemeinde bekannt waren oder hätten bekannt sein müssen. Bei diesen in Anlehnung an die europarechtliche Terminologie des § 2 Abs. 3 anknüpfenden Fehlern handelt es sich um **Verfahrensfehler** (aA *Erbguth* NVwZ 2011, 935; *R. Bach,* Die Abwägung gem. § 1 Abs. 7 BauGB nach dem Erlass des EAG-Bau, 2011, 179ff., 184ff.; → auch § 2 Rn. 5), die nicht mehr als Mängel der Abwägung iS von § 214 Abs. 3 S. 2 Hs. 1 bewertet werden (s. a. OVG Saarlouis BauR 2010, 576; VGH Mannheim NuR 2011, 659 (660)). Fehler iS von Abs. 1 S. 1 Nr. 1 liegen vor, wenn die von der Planung berührten Belange, insbesondere auch die in der UP gem. § 2 Abs. 4 zu ermitteln, zu beschreiben und zu bewerten sind, entweder überhaupt nicht oder unzutreffend ermittelt oder bewertet worden sind, obwohl sie nach Lage der Dinge hätten ermittelt und bewertet werden müssen. Gleiches gilt, wenn die Bedeutung der ermittelten Belange verkannt worden ist. Das Tatbestandsmerkmal „in wesentlichen Punkten" soll die Fehlerrelevanz begrenzen wie eine interne Unbeachtlichkeitsklausel in Nr. 2 Hs. 2 und Nr. 3 Hs. 2. Von der Planung berührte nicht zutreffend ermittelte oder bewertete Belange betreffen bereits, denn „wesentliche Punkte" iS von Abs. 1 S. 1 Nr. 1, wenn diese Punkte in der konkreten Planungssituation abwägungsbeachtlich waren (BVerwG DVBl. 2008, 859). Jeder abwägungserhebliche Belang ist also wesentlich (s. a. *Uechtritz,* SU § 214 Rn. 22). Offensichtlichkeit bejaht OVG Koblenz ZfBR 2015, 388 bei sogenanntem Etikettenschwindel. ies europarechtlich geboten wäre (→ Vorb. §§ 214–216 Rn. 14; → auch § 2 Rn. 5). Der Sachverhalt ist nicht hinreichend iS Abs. 1 S. 1 Nr. 1 ermittelt, wenn der Plangeber ohne jede Kenntnis und Berücksichtigung des Zusammenhangs von Sendeleistung und Einwirkungsbereich einer Hochfrequenzanlage davon ausgeht, dass allein mit größerer Entfernung der Sendeanlage von bewohnten Gebieten ein wirksamer Vorsorgeeffekt erzielt werden könne (VGH München ZUR 2008, 383). Zum behebbaren Mangel der Ermittlung und Bewertung nach § 2 Abs. 3 bei der Ausweisung einer Straße durch Bebauungsplan VGH München NuR 2008, 210. Die Überlassung der abschließenden Abwägung nach § 1 Abs. 7 an einen Ausschuss ist ein erheblicher Mangel iSv § 214 Abs. 1 S. 1 Nr. 1 (OVG Münster BeckRS 2008, 38288; *Wagner* NJW-Spezial 2008, 588). Unerheblich sind Abwägungsfehler, die sich

4. Abschnitt. Planerhaltung § 214

auf Probleme beziehen, die in Baugenehmigungsverfahren gemäß § 15 BauVNO gelöst werden können (BVerwGE 119, 45). Maßgeblicher Zeitpunkt für die Prüfung von Fehlern nach Abs. 1 S. 1 Nr. 1 ist der Zeitpunkt der Beschlussfassung (§ 214 Abs. 3 S. 1 analog – BVerwG NVwZ 2008, 899; VGH Mannheim BauR 2009, 1870).

Zusätzlich schreibt Hs. 2 Nr. 1 Hs. 2 vor, dass der Mangel offensichtlich auf das Ergebnis von Einfluss gewesen ist. Kritisch zu den Tatbestandsmerkmalen „offensichtlich" und „auf das Ergebnis vom Einfluss gewesen" im Lichte der europarechtlichen Vorgabe „vernünftiger Weise" *Kment* AöR 2005, 570 (596); s. a. BVerwGE 64, 33; → Rn. 16. Der Wortlaut dieses Tatbestandsmerkmals orientiert sich an § 214 Abs. 3 S. 2 aF (BT-Drs. 15/2250, S. 63), der wiederum mit § 214 Abs. 3 S. 2 Hs. 2 nF inhaltlich übereinstimmt (→ Rn. 15 f.); zur fehlenden Kausalität eines Verfahrensfehlers auf den Abwägungsvorgang BVerwG ZfBR 1988, 88. § 214 Abs. 3 S. 2 Hs. 1 soll klarstellen, dass diese von Abs. 1 S. 1 Nr. 1 erfassten Fehler nicht mehr als Mängel der Abwägung geltend gemacht werden können. Die auf Grund einer Prüfbitte des Bundesrates (BT-Drs. 15/2250, S. 88) zusammen mit Abs. 3 S. 2 Hs. 2 umformulierte Vorschrift (BT-Drs. 15/2996, S. 98) „soll mit dem durch die gemeinschaftsrechtlichen Verfahrensvorgaben zu den verfahrensbezogenen Elementen des Ermittelns und Bewertens der von der Planung berührten Belange in den Vorschriften über die Planerhaltung nachvollziehen" (BT-Drs. 15/2250, S. 63). Entgegen dem Regierungsentwurf ist die Regelung des § 214 Abs. 3 S. 2 aF nicht entfallen; zur Kritik an der unglücklichen Formulierung → § 2 Rn. 5. § 214 Abs. 1 S. 1 Nr. 1 u. Abs. 3 S. 2 decken zusammen ebenfalls alle Fehler ab, die vom BVerwG als Fehler des Abwägungsvorgangs klassifiziert worden sind (s. a. *Lemmel*, aaO, Rn. 23; *Stock*, aaO, Rn. 39b, 149; *Uechtritz*, aaO, Rn. 5-28; *Lorz* in Terwiesche, Der Bauverwaltungsprozess 2012, Rn. 1380). Das ist der Fall, wenn der Plangeber bei vollständiger Kenntnis der nachträglich bekannt gewordenen Umstände keine andere Entscheidung getroffen hätte (OVG Münster Urt. v. 26. 2. 2009 10 D 31/07 NE – juris). Der offensichtliche Fehler ist auf das Ergebnis des Verfahrens schon dann von Einfluss gewesen, wenn „nach den Umständen des jeweiligen Falles die konkrete Möglichkeit besteht, dass ohne den Mangel im Vorgang der Planung anders ausgefallen wäre." (BVerwGE 64, 33 (39 f.); s. a. *Uechtritz*, aaO, Rn. 30–33a). Abs. 1 S. 1 Nr. 1 gilt entsprechend auch für Bebauungspläne, die vor Inkrafttreten des EAG-Bau in Kraft getreten sind (OVG Münster, DVBl. 2007, 317 (321)).

c) Beteiligungsfehler – Abs. 1 S. 1 Nr. 2. aa) Grundsätzliche Beachtlichkeit. Nach Abs. 1 S. 1 Nr. 2 sind grundsätzlich beachtlich Verstöße gegen die Vorschriften über die **Öffentlichkeitsbeteiligung** und die **Behördenbeteiligung**. Die europarechtlich unbedenkliche Vorschrift (*Kment* in Erbguth, Neues Städtebau- und Raumordnungsrecht, 2007, S. 101 (112); unklar *Berkemann* in Mitschang, BauGB Novelle 2007, S. 63 (76)) erfasst die Öffentlichkeitsbeteiligung an der Bauleitplanung im förmlichen Auslegungsverfahren (§ 3 Abs. 2) im erneuten Auslegungsverfahren (§ 4a Abs. 3), im vereinfachten Verfahren (§ 13 Abs. 2 Nr. 2), im beschleunigten Verfahren nach § 13a Abs. 2 Nr. 1 und bei der grenzüberschreitenden Unterrichtung (§ 4a Abs. 5) sowie die Behördenbeteiligung im Auslegungsverfahren (§ 4 Abs. 2), im erneuten Auslegungsverfahren (§ 4a Abs. 3), im vereinfachten Verfahren (§ 13 Abs. 2 Nr. 3, im beschleunigten Verfahren nach § 13a Abs. 2 Nr. 1) und bei der grenzüberschreitenden Unterrichtung (§ 4a Abs. 5 S. 2). Grundsätzlich beachtlich sind auch Fehler bei der Anwendung der Vorschriften bei dem Erlass von Sicherungssatzungen (§ 22 Abs. 9 S. 2) von Entwicklungs- (§ 34 Abs. 6 S. 1) und Ergänzungssatzungen (§ 35 Abs. 6 S. 2). Die Nichtberücksichtigung der Einwendung eines Betroffenen kann unschädlich sein, wenn die Gemeinde seine Belange kannte und in der Sache einwandfrei gewürdigt hat (BVerwG BauR 1989, 435). Hat bei einer Änderung eines Bebauungsplanes weder ein erneutes Auslegungsverfahren noch ein eingeschränktes Beteiligungsverfahren nach § 4a Abs. 3 stattgefunden, so kann dies statt

§ 214 III. Kapitel. II. Teil. Allgemeine Vorschriften

zur Nichtigkeit im Einzelfall zur Teilnichtigkeit führen, wenn durch die Änderung die Grundzüge der Planung nicht berührt worden sind. Es muss nach den tatsächlichen Umständen vernünftigerweise ausgeschlossen werden können, bei Vermeidung des Fehlers hätte der Plan auch in seinen übrigen Teilen einen anderen Inhalt bekommen (BVerwG DVBl. 1989, 1100); s. a. VGH Mannheim VBlBW 1997, 137 – keine Nichtigkeit bei bloß klarstellender Änderung des Bebauungsplans, dessen Grundzüge nicht berührt werden, wegen unterlassener Anhörung gem. § 3 Abs. 3 Hs. 2 iVm § 13 aF; ebenso zu §§ 3 Abs. 3, 13 Abs. 1 S. 2 aF OVG Lüneburg Urt. v. 19.10.2000, 1 K 4464/98. Den Anforderungen ist aber nicht genügt, wenn nur auf ein artenschutzrechtliches Gutachten und den Umweltbericht hingewiesen wird, es aber an einer themenbezogenen Kurzcharakterisierung fehlt (BVerwG NVwZ 2014, 1170 → § 3 Rn. 14; strenger OVG Münster, Beck RS 2014, 53823; VGH Mannheim NuR 2012, 792; s. a. *Uechtritz* NVwZ 2014, 1355 (1357)). Unbeachtlich sind Verstöße gegen die Vorschrift über die frühzeitige Öffentlichkeitsbeteiligung nach § 3 Abs. 1 (BVerwG NVwZ-RR 2003, 172;. OVG Münster NWVBl. 1994, 169). Auch wenn die Nichtbeteiligung der Öffentlichkeit oder der Behörden nach §§ 214, 215 unbeachtlich ist, kann sich dieser Verfahrensverstoß als beachtlicher Mangel des Abwägungsvorgangs auswirken (OVG Münster DVBl. 1990, 1119).

6 bb) **Interne Unbeachtlichkeitsklausel.** Trotz grundsätzlicher Beachtlichkeit ist nach der internen **Unbeachtlichkeitsklausel** von Nr. 2 Hs. 2 eine Verletzung der Vorschriften über die Öffentlichkeits- und/oder Behördenbeteiligung unbeachtlich, wenn bei Anwendung der Beteiligungsvorschriften **einzelne Personen, Behörden oder sonstige Träger öffentlicher Belange** nicht beteiligt worden sind (egal aus welchem Grund – BVerwG ZfBR 2001, 134), möglicherweise auch des Einzigen in Betracht kommenden Trägers öffentlicher Belange (BVerwG ZfBR 1988, 91; OVG Münster DVBl. 2010, 990; aA *Uechtritz*, SU, Rn. 43), die entsprechenden Belange jedoch unerheblich waren (dazu krit. aus europarechtlicher Sicht *Kment* AöR 2005, 570 (598)), ein vereinfachtes Verfahren bei Anwendung des § 13 Abs. 3 S. 2 die Angabe darüber, dass von einer Umweltprüfung abgesehen wird, oder im Falle eines erneuten Auslegungsverfahrens bei Anwendung von § 4a Abs. 3 S. 4 oder im vereinfachten Verfahren des § 13 die Voraussetzungen für die Durchführung der Beteiligung nach diesen Vorschriften verkannt, also die Grundzüge der Planung berührt worden sind. Die interne Unbeachtlichkeitsklausel trägt der auch europarechtlich vorgegebenen Gleichbehandlung von Öffentlichkeits- und Behördenbeteiligung Rechnung. Die Begrenzung auf Fälle, in denen die entsprechende Belange unerheblich wären oder in der Entscheidung berücksichtigt worden sind, ist ebenfalls dem Gemeinschaftsrecht geschuldet (BT-Drs. 15/2250, S. 63). „Da es an der Kausalität zwischen Verfahrensfehler und Planungsergebnis fehlt, ist die eingeschränkte gerichtliche Überprüfbarkeit gerechtfertigt." Die durch das BauGB 2007 erweiterte Unbeachtlichkeitsklausel des Abs. 1 S. 1 Nr. 2 (BT-Drs. 16/3308, S. 24) hat die durch das ÖffentlichkeitsbeteiligungsG veranlasste Neuregelung des § 4a Abs. 5 S. 3 integriert. Nur das Fehlen einer grenzüberschreitenden Beteiligung, nicht aber das Fehlen des Hinweises nach § 4a Abs. 5 S. 3 ist grundsätzlich beachtlich. Gem. Abs. 1 S. 1 Nr. 2 Hs. 2 sind unbeachtlich auch Verstöße gegen § 3 Abs. 2 Hs. 2 (→ § 3 Rn. 14) im vereinfachten und beschleunigten Verfahren und das Unterlassen der Angabe über das Absehen von einer Umweltprüfung gem. § 13 Abs. 3 S. 2. Zur zulässigen Nichtberücksichtigung geringfügiger, unwahrscheinlicher oder nicht erkennbarer Belange schon BVerwG NJW 1980, 1061 (1063); BVerwG BauR 1989, 435; s. a. *Gaentzsch* DVBl. 2000, 741 (746); *Dolde* NVwZ 2001, 976 (982). Ein völliges Übersehen der erforderlichen erneuten Beteiligung oder der bewusste Verstoß gegen § 4a Abs. 3, § 13 Abs. 1, 2 sind beachtlich (BVerwGE 117, 239 (243); VGH Mannheim NVwZ-RR 1990, 290 – Übersehen nach Änderung des Entwurfs). Gemäß Abs. 1 S. 1 Nr. 2 Hs. 2 sollen bei der öffentlichen Bekanntmachung nach § 3 Abs. 2 Hs. 1 übermäßige

Anforderungen vermieden werden. Fehlen sämtliche Angaben dazu, welche Arten umweltbezogener Informationen verfügbar sind, so greift die interne Unbeachtlichkeitsklausel nicht. Gleiches gilt bei einem unspezifischen, nicht weiter erläuterten Hinweis auf „vorliegende umweltbezogene Stellungnahmen zu den in § 1 VI Nr. 7 BauGB genannten Schutzgütern" (OVG Bln-Bbg NuR 2010, 48). Hat eine Gemeinde stillschweigend angenommen, nach § 13 vorgehen zu dürfen, so ist ein Irrtum über die Voraussetzungen des § 13 unbeachtlich (BVerwG, NVwZ-RR 2000, 759). Der Begriff des „Verkennens" setze nicht voraus, dass sich die Gemeinde ausdrücklich und im Einzelnen mit den Anforderungen des § 13 auseinander gesetzt hat (BVerwG DVBl. 1985, 795; OVG Lüneburg BauR 2002, 980). Die Unbeachtlichkeitsklausel des § 214 I S. 1 Nr. 2 ist analog anwendbar, wenn die Gemeinde das vereinfachte Verfahren (§ 13) angewandt hat, weil sie verkannt hat, dass die Änderung oder Ergänzung des Bauleitplans die Grundzüge der Planung berührt und deshalb auch die Vorschriften über die Begründung verletzt worden sind. Dies gilt nicht, wenn die Durchführung einer UP gemeinschaftsrechtlich geboten war (BVerwG DVBl. 2009, 1379; s. a. *Lohse* DÖV 2009, 794). Verfahrensfehler bei der erneuten Auslegung des Entwurfs eines Bebauungsplans, die abtretbare Teilbereiche betreffen, führen regelmäßig nicht zur Nichtigkeit des gesamten Plans (BVerwG ZfBR 1990, 32). Die Anwendung von § 214 I Nr. 2 Hs. 2 scheitert nicht daran, dass die Gemeinde im vereinfachten Verfahren § 13 III 1 in Anspruch genommen, also von der Durchführung einer UP (2 IV) und der Anfertigung eines Umweltberichts (§ 2a) abgesehen hat (OVG Magdeburg ZfBR 2009, 57).

d) Begründungsfehler – Abs. 1 S. 1 Nr. 3. aa) Grundsätzliche Beachtlichkeit. Nach Abs. 1 S. 1 Nr. 3 sind grundsätzlich beachtlich Verstöße gegen die Vorschriften über die **Begründung** des Flächennutzungsplans oder der städtebaulichen Satzung sowie ihrer Entwürfe nach § 2, § 3 Abs. 2, § 5 Abs. 1 S. 1 Hs. 2 und Abs. 5 (Flächennutzungsplan), § 9 Abs. 8 (Bebauungsplan) § 22 Abs. 10 (Sicherungssatzung) verletzt worden sind. Krit. zur Neuformulierung durch das EAG-Bau *Gaentzsch* in Spannowsky/Krämer, BauGB-Novelle 2004, 2003, S. 131 (139); *Uechtritz* ZfBR 2005, 11 (13). Ein Fehler in der zusammenfassenden Erklärung hat keinen Einfluss auf die Wirksamkeit des Plans (BT-Drs. 15/2996, S. 98; krit. *Kment*, Nationale Unbeachtlichkeits-, Heilungs- und Präklusionsvorschriften und europäisches Recht, 2005, S. 177; *ders.* AöR 2005, 570 (607)). Die Beachtlichkeit eines Verstoßes gegen § 2a soll verdeutlichen, dass die Erklärung zum Umweltbericht wie die Umweltbelange berücksichtigt werden, als Teil der Begründung bereits in der Entwurfsverfassung vorliegen muss (BT-Drs. 15/2250, S. 64). Zwar berührt die Begründung einschließlich des Umweltberichts (§ 2a) insoweit die materiellrechtliche Seite, als sie, wenn auch nicht ausschließlich, Hinweise auf die Richtigkeit der Abwägung nach Abs. 6, 7 geben kann. Der Mangel wird aber als Verfahrensfehler bewertet (s. a. *Berkemann*, Erstkommentierung, § 214 Rn. 112 – zur UP). Ist ein Umweltbericht nicht nur unvollständig sondern fehlt er ganz, so liegt ein grundsätzlich erheblicher Mangel iSv Abs. 1 S. 1 Nr. 3 vor (s. a. *Halama* in Berkemann/Halama, Handbuch zum Recht der Bau- und Umwelt-RL der EG 2008, 771 Rn. 339; *Schrödter* LKV 2008, 391 (396)). Das Fehlen einer Begründung bleibt ein Mangel des Planaufstellungsverfahrens, ist also kein materieller Fehler (BVerwGE 74, 47 u. NVwZ 1990, 364). Eine beachtliche Verletzung der Verfahrensvorschriften liegt auch vor, wenn die Begründung ganz fehlt (BVerwG, aaO) oder statt der Wahl des falschen Beteiligungsverfahrens gar keine notwendige Beteiligung stattgefunden hat (BVerwG 117, 239) oder wenn die beigefügte Begründung vom Rat nicht gebilligt worden ist (BVerwG, NVwZ-RR 2003, 172); oder wenn der Rat nur über den Satzungsbeschluss, nicht aber über die Anregungen nach § 3 Abs. 2 entschieden hat (BVerwG NVwZ-RR 2003, 97). IdR ist davon auszugehen, dass eine vorliegende Begründung auch Gegenstand der Beschlussfassung der Gemeinde war (BVerwG NJW 1985, 1569; abl. *Dolde* NJW 1986, 815 (823)).

§ 214
III. Kapitel. II. Teil. Allgemeine Vorschriften

Die Begründung muss den wirklichen Planungswillen der Gemeinde wiedergeben (BVerwG NVwZ 1994, 270; NVwZ 2004, 856).

8 **bb) Interne Unbeachtlichkeitsklausel.** Trotz grundsätzlicher Beachtlichkeit ist nach der internen Unbeachtlichkeitsklausel von Nr. 3 Hs. 2 unbeachtlich, wenn die Begründung zum Entwurf oder zum Bauleitplan oder einer Sicherungssatzung unvollständig ist. Während also schwere Verstöße gegen die Verfahrensvorschriften beachtlich, aber behebbar sind, bewertet Nr. 2 Hs. 2 die in Hs. 2 genannten Fehler als geringfügige und daher unbeachtliche. Wegen des hohen Stellenwerts, den das Europarecht diesen Verfahrensvorschriften beimisst, und der detaillierten Ausgestaltung in § 2 Abs. 4, § 2a, fasst Hs. 3 die interne Unbeachtlichkeitsklausel für den Umweltbericht strenger als Hs. 2 (BT-Drs. 15/2250, S. 63). Die Vorschrift geht auch über die Anforderungen hinaus, die im Fachplanungsrecht hinsichtlich des Fehlens der UVP gelten sollen (s. a. *Berkemann,* aaO, § 214 Rn. 108). Der Umweltbericht darf nur in unwesentlichen Punkten unvollständig sein, anderenfalls liegt ein beachtlicher Fehler iS von Abs. 1 S. 1 Nr. 3 Hs. 1 vor. Unwesentlich ist eine Unvollständigkeit iS von Abs. 1 S. 1 Nr. 3 Hs. 3 zB, wenn der Umweltbericht zwar nicht ausdrücklich die in den Nrn. 1 und 3 Buchstaben a und c der Anlage 1 zu § 2 Abs. 4 und § 2a genannten Äußerungen enthält, die Begründung der Bauleitpläne oder ihr Entwurf aber an deren Stelle diese Angaben enthalten. Wesentlich ist eine Unvollständigkeit zB, wenn die Angaben über die geplanten Maßnahmen zur Überwachung der erheblichen Auswirkungen der Durchführung des Bauleitplans auf die Umwelt nach Nr. 3b der Anlage 1 zu § 2 Abs. 4 und § 2a fehlen. BVerwG ZfBR 2010, 272 hält Umstände des Einzelfalls für maßgebend – Umweltbericht, der nicht im gebotenem Umfang Maßnahmen zur Überwachung der Umweltauswirkungen (§ 4c) enthält; OVG Lüneburg ZfBR 2009, 262 – unbeachtliches Begründungsdefizit im Umweltbericht; OVG Koblenz ZfBR 2009, 596 – planfeststellungsersetzender Bebauungsplan; zu beachtlichen Fehlern von Umweltbericht und UP OVG Bautzen BRS 73 Nr. 24 Rn. 28; OVG Koblenz BeckRS 2006, 26622. **Unvollständig** ist eine Begründung dann, wenn entweder zu einer für die Planungskonzeption bedeutenden Regelung nicht alle tragenden Gesichtspunkte behandelt (OVG Lüneburg NuR 1999, 496) oder wenn zu einzelnen – in diesem Sinne bedeutenden – Regelungen eine Begründung fehlt (BVerwGE 74, 47) oder wenn entgegen Nr. 3b der Anl. zu §§ 2 Abs. 4, 2a Angaben zum Monitoring nach § 4c fehlen (*Schliepkorte/Tünnemann,* ZfBR 2004, 645 (648)). Für die Beurteilung der hinnehmbaren Unvollständigkeit kommt es nicht darauf an, ob die jeweilige Festsetzung ihre materiellrechtlichen Grundlagen im Bundes- oder im Landesrecht hat (BVerwG NVwZ 1993, 359). Abs. 1 S. 1 Nr. 2 Hs. 2 ist unanwendbar, wenn eine Begründung überhaupt nicht beigefügt ist (so schon BR-Drs. 674/00 S. 146) oder wenn sich die Begründung formelmäßig in der Wiederholung einer Vorschrift des BauGB oder in der Beschreibung des Planinhalts erschöpft, ohne etwas Konkretes über Ziel und Zweck der Planung darzulegen (BVerwG, aaO u. BauR 1989, 687; BGH NVwZ 1982, 210 u. BRS 38 Nr. 16; VGH München BayVBl. 1984, 82). Nach VGH Mannheim NVwZ 1984, 529, muss die Begründung zumindest ansatzweise erkennen lassen, welche städtebaulichen Erwägungen der Aufstellung des Plans zugrunde lagen, dass und wie abgewogen wurde. Eine grobe Schätzung der Kosten und allgemeine Aussagen über die Erforderlichkeit bodenordnender Maßnahmen genügen (OVG Lüneburg BRS 42 Nr. 20). Wenn die Begründung zu einzelnen für die Abwägung wesentlichen Beziehungen keine Aussagen enthält, muss sich die Abwägung aus anderen Unterlagen ergeben (OVG Berlin ZfBR 1984, 100).

9 **cc) Auskunftspflicht.** Soweit in den Fällen des S. 1 Nr. 3 die Begründung einschließlich des Umweltberichts in den für die Abwägung wesentlichen Beziehungen (Rn. 3) unvollständig ist, wenn also die internen Unbeachtlichkeitsklauseln des S. 1 Nr. 3, Hs. 2, 3 eingreifen (Rn. 8), hat die Gemeinde auf Verlangen **Auskunft** zu er-

4. Abschnitt. Planerhaltung § 214

teilen. Zur effektiven Auskunftserteilung kann es geboten sein, dass die maßgeblichen Unterlagen zur Einsichtnahme vorgelegt werden (*Lemmel* in BK § 214 Rn. 38; *Gaentzsch* BauGB § 214 Rn. 6; *Kukk,* SCH § 214 Rn. 33; s. a. *Kukk* UPR 2005, 19 (20); abschwächend *Stock* in EZBK § 214 Rn. 77; *Dürr,* KK § 214 Rn. 45; *Jäde,* JDW § 214 Rn. 17; *Uechtritz,* SU § 214 Rn. 63). Abs. 1 S. 2 setzt voraus, dass der Antragsteller ein berechtigtes Interesse an der Auskunftserteilung darlegt. Auskunftsberechtigt ist nicht wie bei der Öffentlichkeitsbeteiligung jedermann, sondern nur, wer auf Grund seiner Betroffenheit durch den Plan oder dessen Entwurf ein berechtigtes Interesse darlegen kann. Die Auskunftspflicht berechtigt die Gemeinde nicht, vom Gemeinderat nicht erwogene Gründe nachzuschieben (*Lemmel* DVBl. 1981, 318 (321)). Die Auskunftspflicht soll es den Gemeinden ermöglichen, auch durch andere Unterlagen als die Begründung nachzuweisen, dass sie die Anforderungen des § 1 Abs. 6, 7 gewahrt haben. Zum Auskunftsanspruch nach dem UIG OVG Münster BRS 73 Nr. 39.

e) Absolute Fehler – Abs. 1 S. 1 Nr. 4. Nach Abs. 1 S. 1 Nr. 4 sind **absolut beachtlich** Verfahrens- und Formfehler, die darauf beruhen, dass die Gemeinde keinen Beschluss über den Flächennutzungsplan (§ 5) oder den Bebauungsplan (§ 10) oder eine sonstige städtebauliche Satzung (s. §§ 16 Abs. 1, 22 Abs. 1, 25 Abs. 1, 34 Abs. 5 S. 1, 35 Abs. 6 S. 1, 135a, § 142 Abs. 3, § 172 Abs. 1, →auch Vorb. §§ 214–216 Rn. 2) gefasst hat, eine Genehmigung von der höheren Verwaltungsbehörde nicht erteilt (§ 6, § 10 Abs. 2) oder der mit der Bekanntmachung des Flächennutzungsplans (§ 6 Abs. 5), des Bebauungsplans (§ 10) oder der sonstigen Satzung (§ 16 Abs. 2, § 22 Abs. 2, § 25 Abs. 1 S. 2, § 34 Abs. 6 S. 2, § 35 Abs. 6 S. 5, § 142 Abs. 2, § 172 Abs. 1 S. 2) verfolgte Hinweiszweck (dazu BVerwG DVBl. 1985, 110) nicht erreicht wird. Der Hinweiszweck kann nur erfüllt sein, wenn er bekannt gemacht worden ist (BVerwG BauR 2004, 1129); zum Verstoß wegen fehlender Mindestfestsetzungen iS von § 16 Abs. 3 Nr. 1 BauNVO OVG Weimar ThürVBl. 2005, 89 – Verkaufsflächen- und Sortimentsbeschränkungen. Die Vorschrift fasst die Verfahrens- und Formfehler zusammen, die der Gesetzgeber als derart schwerwiegend ansieht, dass sie schlechterdings beachtlich sind, also stets und ohne Rüge zur Nichtigkeit des Plans oder der Satzung führen (BVerwGE 74, 47). Zum fehlenden Beschluss des Gemeinderates über einen Bebauungsplan bei bloßer Kenntnisnahme und Überlassung der Entscheidung an die Verwaltung OVG Münster NWVBl. 1996, 438. Bei diesen Fehlern kann der Plan oder die Satzung nur dann gültig werden, wenn die fehlerhaften Verfahrensschritte ordnungsgemäß nach § 214 Abs. 4 im ergänzenden Verfahren behoben werden (BVerwG BauR 2004, 1129). Wird beim Bekanntmachungsverfahren nach § 10 nicht darauf hingewiesen, bei welcher Stelle der Plan eingesehen werden kann, ist der Bebauungsplan nichtig (VGH Mannheim BauR 1989, 434 unter Rückgriff auf BVerwGE 65, 283; anders BVerwGE 75, 262 u. 271 für „unter Auflagen" genehmigten und mit „Beitrittsbeschluss" versehenen Plan). Ist ein räumlicher oder sachlicher Teil des Flächennutzungsplans zunächst zu Unrecht von der Genehmigung ausgenommen worden und ist der von der Genehmigung ausgenommene Teil zusammen mit dem genehmigten Teil materiell genehmigungsfähigen später genehmigt worden, so greift § 155a BauGB = § 214 Abs. 1 Nr. 4 nicht (BVerwG DVBl. 1995, 387 (389); (aA *Hendler* DVBl. 1985, 389 (392)). Zur „Unheilbarkeit" eines nach § 12 BBauG 1960 bekannt gemachten Bebauungsplans, wenn zwischen Bekanntmachung und Auslegung eine Zeitspanne von 11 Tagen liegt, OLG München BayVBl. 1985, 374. Soweit noch Anzeigeverfahren für das Inkrafttreten des Bebauungsplans erforderlich sind, gilt Abs. 1 Nr. 4 analog auch für diesbezügliche Mängel (*Lemmel* in BK § 214 Rn. 46; *Uechtritz,* SU, Rn. 76; aA VGH Kassel, DVBl. 2001, 1367).

3. Unbeachtlichkeit materieller Fehler bei der Entwicklung des Bebauungsplans – Abs. 2. a) Selbstständiger und vorzeitiger Bebauungsplan Abs. 2 Nr. 1. Abs. 2 erklärt bestimmte **materielle Fehler** eines Bebauungsplans, die

§ 214

durch Verletzung der Vorschriften über das Verhältnis von Flächennutzungsplan und Bebauungsplan entstanden sind, für unbeachtlich. Die Vorschrift gilt auch für einen im beschleunigten Verfahren nach § 13a Abs. 2 aufgestellten Bebauungsplan der Innenentwicklung, der nach § 13a Abs 2 Nr. 2 vom Flächennutzungsplan abweicht (*Robl*, Das beschleunigte Verfahren der Bebauungspläne der Innenentwicklung 2010, S. 567; aA Voraufl.). Nr. 1 betrifft die beiden Fälle, dass die Anforderungen an die Aufstellung eines **selbstständigen Bebauungsplans** (§ 8 Abs. 2 S. 2) oder an die in § 8 Abs. 4 bezeichneten dringenden Gründe für die Aufstellung eines **vorzeitigen Bebauungsplanes** nicht richtig beurteilt worden sind. Zu Abs. 2 Nr. 1 iVm § 13a Abs. 1 S. 2 Nr. 1 ist ein Vorabentscheidungsersuchen des VGH Mannheim, VBlBW 2012, 139, anhängig. Nr. 2 privilegiert einen Verstoß gegen das Entwicklungsgebot des § 8 Abs. 2 S. 1. Abs. 2 enthält kein eigenständiges System der Heilung von Fehlern aus dem Verhältnis des Bebauungsplans zum Flächennutzungsplan, sondern knüpft an § 8 Abs. 2 bis 4 an. Dem fehlerhaften Flächennutzungsplan kann daher der fehlende gleichgesetzt werden (BVerwG NVwZ 1992, 882 (883); *Petz* in BK, Rn. 105; aA *Uechtritz*, SU, Rn. 82). Nr. 1 erklärt nur eine unrichtige Beurteilung der jeweiligen Voraussetzungen des § 8 Abs. 2 S. 2 oder des § 8 Abs. 4 für unbeachtlich. Nach BVerwG, DVBl. 1985, 795 (zust. *Petz* in BK Rn. 104; *Kukk* in SCH Rn. 37) setzt der inhaltlich übereinstimmende § 155b Abs. 1 S. 1 Nr. 5 BBauG nicht voraus, dass die Gemeinde sich ausdrücklich und im Einzelnen mit den Anforderungen an die Aufstellung eines vorzeitigen Bebauungsplanes auseinander gesetzt hat; dagegen *Uechtritz*, aaO, Rn. 81; *Dolde* NJW 1986, 815 (821) unter Hinweis auf die frühere Rspr., dass die Unbeachtlichkeit „nur eingreift, wenn die Gemeinde sich der Abweichung vom Flächennutzungsplan bewusst war und versuchte, sie zu rechtfertigen"; ebenso *Dürr*, KK § 214 Rn. 55. Nr. 1 soll nicht den Fall privilegieren, dass sich die Gemeinde schlechthin über die Voraussetzungen der §§ 8 Abs. 2 S. 2, 8 Abs. 4 hinwegsetzen wollte (s. BT-Drs. 8/2885, S. 45). Nr. 5 aF galt nicht, wenn die Gemeinde andere Voraussetzungen des § 8 Abs. 4 verkannt hat als die allein privilegierten „dringenden Gründe" (bei Rückwirkung aber auch die „zwingenden Gründe" des § 8 Abs. 3 aF). Nr. 1 greift daher nicht, wenn der Bebauungsplan der beabsichtigten städtebaulichen Entwicklung entgegensteht (BVerwG NVwZ 1983, 30) oder wenn bei vorliegendem Flächennutzungsplan gegen das Entwicklungsgebot verstoßen worden ist.

12 **b) Entwicklungsgebot – Nr. 2.** Ein Verstoß gegen § 8 Abs. 2, und zwar hinsichtlich des Entwickelns des Bebauungsplans aus dem Flächennutzungsplan, ist nach Abs. 2 Nr. 2 unbeachtlich, wenn hierbei die sich aus dem Flächennutzungsplan ergebende **städtebauliche Entwicklung nicht beeinträchtigt** worden ist. Diese zweite, das Verhältnis von Flächennutzungsplan und Bebauungsplan betreffende Unbeachtlichkeitsklausel sanktioniert solche materielle Abweichungen des Bebauungsplans von einem wirksamen (BVerwG DVBl. 1992, 574 (575)) Flächennutzungsplan, die über das im Rahmen des Entwickelns zulässige Maß (→ § 8 Rn. 2–5) hinausgehen (OVG Lüneburg BauR 1980, 439 (441); OVG Bremen ZfBR 1981, 194). Gegenüber Abs. 1 S. 1 Nr. 4 ist Abs. 2 Nr. 2 die speziellere Vorschrift (*v. Nicolai* Nord ÖR 2001, 55 (60)). Für die Frage, ob sich aus dem Flächennutzungsplan ergebende geordnete städtebauliche Entwicklung beeinträchtigt wird, ist die planerische Konzeption des Flächennutzungsplans, idR das gesamte Gemeindegebiet maßgebend. Davon ist die Verletzung des Entwicklungsgebots zu unterscheiden. Dieses bezieht sich auf die planerische Konzeption für den (engeren) Bereich des Bebauungsplans (BVerwG NVwZ 2000, 197; OVG Münster NVwZ-RR 2000, 573 (575); *Uechtritz*, aaO, Rn. 87; aA *Dürr*, KK § 214 Rn. 59). Abs. 2 Nr. 2 greift auch ein, wenn mangels wirksamer Darstellung für einen Teilbereich ein Entwickeln des Bebauungsplans, der diesen Teilbereich betrifft, unmöglich ist (VGH Mannheim NVwZ 1994, 797; aA *Uechtritz*, aaO, § 214 Rn. 85). Die geordnete städtebauliche

4. Abschnitt. Planerhaltung § 214

Entwicklung ist beeinträchtigt, wenn der über den Bereich des Bebauungsplans hinausgehende Raum und die übergeordneten Darstellungen des Flächennutzungsplanes tangiert sind (VG Köln UPR 1982, 135; s. a. OVG Bremen ZfBR 1981, 194). Die geordnete städtebauliche Entwicklung ist zB nicht beeinträchtigt, wenn durch die Festsetzung einer bisher als Grünfläche dargestellten Fläche von 2000 qm für das Parken von Fahrzeugen im innerstädtischen Bereich die Funktion des Flächennutzungsplans als grundlegendes kommunales Instrument zur Steuerung der städtebaulichen Entwicklung nicht unterlaufen wird (OVG Berlin NVwZ 1983, 416; s. a. VGH Kassel NVwZ 1988, 541; BVerwG, ZfBR 1999, 223 (225)). Darauf, ob die Gemeinde zu Unrecht angenommen hat, der Bebauungsplan halte die Grenze des Entwickelns ein, kommt es nicht an. Das Tatbestandsmerkmal „hinsichtlich des Entwickelns" schließt die Anwendung der Nr. 2 jedoch aus, wenn die Gemeinde sich bewusst über den Mangel hinwegsetzen wollte (BVerwG NVwZ 2010, 1026).

c) Unwirksamer Flächennutzungsplan – Nr. 3. Die Unbeachtlichkeitsklausel 13 der Nr. 3 soll verhindern, dass ein Bebauungsplan nichtig ist, weil er **aus einem nichtigen Flächennutzungsplan entwickelt** worden ist; allerdings nur, wenn erstens die Nichtigkeit des Flächennutzungsplans allein auf der Verletzung von Verfahrens- oder Formvorschriften beruht, zweitens sich nach der Bekanntmachung des Bebauungsplans herausstellt, und drittens der Bebauungsplan seinerseits die Grundsätze der Bauleitplanung und die Anforderung an die Abwägung (§ 1 Abs. 6, 7) wahrt. Unbeachtlichkeit nach Nr. 3 liegt auch vor, wenn der Bebauungsplan aus einem Flächennutzungsplan entwickelt worden ist, dessen Unwirksamkeit sich wegen Verletzung landesrechtlicher Verfahrensvorschriften herausstellt (BVerwG DVBl. 1984, 632), oder wenn der Bebauungsplan aus einem geänderten Flächennutzungsplan entwickelt wurde und die Änderung Form- und Verfahrensfehler aufweist (VGH Mannheim NVwZ-RR 1990, 290). Diese dritte, die Verbindung zwischen Flächennutzungsplan und Bebauungsplan lockernde Unbeachtlichkeitsklausel sanktioniert den Verstoß gegen das Entwicklungsgebot nicht, wenn der notwendigerweise bereits genehmigte Flächennutzungsplan selbst gegen eine materiellrechtliche Vorschrift verstößt, wenn die Gemeinde in Kenntnis der Ungültigkeit des Flächennutzungsplans den Bebauungsplan bekannt gemacht hat (VGH Mannheim BauR 1990, 325), wenn der Flächennutzungsplan von einer unzuständigen Stelle aufgestellt worden ist (BVerwG DVBl. 1992, 574). In Abgrenzung zu § 214 Abs. 1 S. 1 Nr. 3 bezieht Abs. 2 Nr. 3 ausdrücklich die Genehmigungs- und Bekanntmachungstatbestände des § 6 ein. Nr. 3 greift zB, wenn die Gemeinde gem. § 5 Abs. 1 einen das ganze Gemeindegebiet erfassenden Flächennutzungsplan vorgelegt hat, die Genehmigungsbehörde aber unter Verletzung des § 6 zu Unrecht nur Teilbereiche genehmigt hat (nicht abschließend geklärt v. BVerwG, aaO). Die Unwirksamkeit des Flächennutzungsplans hat sich spätestens dann herausgestellt, wenn die Gemeinde durch eine Entscheidung nach § 47 VwGO oder durch eine rechtskräftige Inzidentscheidung davon Kenntnis erlangt hat (OVG Lüneburg NuR 2004, 125 (127)). Bei nicht rechtskräftigen Entscheidungen, Hinweisen Dritter oder eigener Prüfung durch die Gemeinde ist darauf abzustellen, ob der im konkreten Fall nicht nach § 214 Abs. 1 unbeachtliche Formfehler für einen rechtskundigen objektiven Dritten offenkundig ist. Bloße Zweifel an der Wirksamkeit des Flächennutzungsplans genügen nicht. Abs. 2 Nr. 3 ist anwendbar, wenn der Flächennutzungsplan von einer unzuständigen Stelle aufgestellt worden ist (BVerwG NVwZ 1992, 882; → Rn. 3). Für Abs. 2 Nr. 3 gilt auch die Einschränkung des § 214 II Nr. 1 – Nichtbeeinträchtigung geordneter städtebaulicher Entwicklung (*Uechtritz*, aaO, Rn. 92).

d) Parallelverfahren – Nr. 4. Die vierte, das Verhältnis Flächennutzungsplan – 14 Bebauungsplan betreffende Unbeachtlichkeitsklausel betrifft das **Parallelverfahren.** Zum Begriff iSd § 155b Abs. 1 S. 1 Nr. 8 BBauG BVerwGE 70, 171: „Der ... Begriff ... kann also nicht so verstanden werden, als liege ein Parallelverfahren – begrifflich –

§ 214 III. Kapitel. II. Teil. Allgemeine Vorschriften

nur vor, wenn das Verfahren durchgehend so eingehalten ist, wie § 8 Abs. 3 Sätze 1–3 BBauG es Gemeinde und Genehmigungsbehörde bindend vorgeben." Abs. 2 Nr. 4 greift bei einer Verletzung der Vorschriften über das Parallelverfahren (§ 8 Abs. 3) nur, wenn die geordnete städtebauliche Entwicklung hierdurch nicht beeinträchtigt worden ist. Geboten ist aber eine zeitliche und inhaltliche Parallelität beider Planungsverfahren (*Stock,* aaO, Rn. 123). Daran fehlt es, wenn das Verfahren des Flächennutzungsplans nach dem Bebauungsplan eröffnet worden ist (VGH Mannheim BRS 52 Nr. 29). Gem. § 8 Abs. 3 muss nicht die Genehmigung des Flächennutzungsplans abgewartet werden, wenn die **„Planreife"** des Flächennutzungsplans gegeben ist. Abs. 2 Nr. 4 greift also, wenn ohne Planreife des Flächennutzungsplans ein Bebauungsplan in Kraft gesetzt wird und dadurch die geordnete städtebauliche Entwicklung nicht beeinträchtigt worden ist. Dies ist nicht schon der Fall, wenn sich der Bebauungsplan im Nachhinein doch als aus dem Flächennutzungsplan „entwickelt" erweist (*Stüer,* Handbuch Rn. 1246; *Dolde* BauR 1990, 1 (5)). Ob eine Beeinträchtigung der geordneten städtebaulichen Entwicklung vorliegt, ist vielmehr nach der Sach- und Rechtslage im Zeitpunkt der Beschlussfassung über den Bebauungsplan zu beurteilen (*Stock,* aaO, Rn. 127; *Dürr,* KK § 214 Rn. 41; *Petz,* BK § 214 Rn. 125; *Kukk,* aaO, Rn. 53). Ob die geordnete städtebauliche Entwicklung gesichert ist, ist anhand von § 1 VI, VII zu beurteilen (*Stock,* aaO, Rn. 128; *Uechtritz,* aaO, Rn. 100) und anhand eines Teilplanentwurfs des Flächennutzungsplans (so aber VGH München NuR 1999, 391; *Lemmel* in BK § 214, Rn. 54, die restriktiv auf den Zeitpunkt des Inkrafttretens abstellen). Kein nach Nr. 4 unbeachtlicher Verlust an paralleler Planung liegt vor, wenn mit der Aufstellung oder Änderung des Flächennutzungsplanes erst nach Abschluss der Aufstellung des Bebauungsplanes begonnen wird.

15 **4. Unbeachtlichkeits- und Fiktionsvorschriften für das beschleunigte Verfahren. a) Innenentwicklung – Abs. 2a Nr. 1 a.F.** Die spezielle Planerhaltungsvorschrift für Bebauungspläne der **Innenentwicklung** (§ 13a) des Abs. 2a Nr. 1 hat die Innenentwicklungsnovelle 2013 (→ Einl. Rn. 62) in Reaktion auf EuGH DVBl. 2013, 777 aufgehoben. Zum Vorlagebeschluss s. VGH Mannheim VBlBW 2012, 139 → 13a Rn. 2. Abs. 2a Nr. 1 aF war hinsichtlich des Verkennens (dazu VGH München Urt. v. 22.3.2011 1 N 09.2888 – juris Rn. 21) des Verhältnisses des Bebauungsplans der Innenentwicklung zum Flächennutzungsplan spezieller gegenüber § 214 Abs. 2.

16 **b) Hinweispflicht – Abs. 2a Nr. 2.** Gem. Abs. 2a Nr. 2 ist es unbeachtlich, wenn die Hinweise (alle oder einzelne) nach § 13a Abs. 3 (→ § 13a Rn. 12) unterblieben sind. Angesichts der europarechtlichen Bedeutung des Transparenzgebotes (Vorb. zu den § 214–216 Rn. 15) ist diese Rechtsfolge bei einem bewussten Verstoß gegen die Hinweispflicht zumindest hinsichtlich § 13a Abs. 3 Nr. 1 problematisch, gerade weil § 13a Ausnahmetatbestände zur grundsätzlichen UP-Pflicht zulässt (s. a. *Kment,* in: Erbguth (Hg.), Neues Städtebau- und Raumordnungsrecht 2007, S. 191; *Berkemann* in Mitschang, BauGB-Novelle 2007, 2008, S. 63 (82); → auch Vorb. §§ 214–216 Rn. 8). Daher ist eine unionsrechtskonforme restriktive Auslegung geboten (*Uechtritz,* SU § 214 Rn. 104; VGH Mannheim, U. v. 2.4.2013 – 8 S 1974/10; großzügiger OVG Münster, U. v. 19.7.2013 – 10 D 107/11 NE).

17 **c) Fiktion der Vorprüfung – Abs. 2a Nr. 3.** Abs. 2a Nr. 3 ist eine spezielle Planerhaltungsvorschrift nur für den Bebauungsplan der Innenentwicklung mit 20 000 bis unter 70 000 Quadratmetern umfassender Grundfläche (§ 13a Abs. 1 S. 2 Nr. 2). Wenn die Gemeinde nicht die nach § 13a Abs. 1 S. 2 Nr. 2 vorgeschriebene Vorprüfung entsprechend den Vorgaben des § 13a Abs. 1 S. 2 Nr. 2 (→ § 13a Rn. 8) vorgenommen hat, aber das Ergebnis der Vorprüfung **nachvollziehbar** ist, dann **gilt** die Vorprüfung als ordnungsgemäß durchgeführt. Nachvollziehbar ist das Ergebnis der überschlägigen Prüfung, wenn ein die Vorgaben des § 13a Abs. 1 S. 2 Nr. 2 beachtender Entscheidungsprozess belegt und die Argumentation in sich schlüssig ist, auch

4. Abschnitt. Planerhaltung § 214

wenn einzelne Annahmen, die der Begründung der Vorprüfung zugrunde liegen, nicht unumstößlich sind (vgl. a. OVG Münster UPR 2007, 37 – Beurteilungsspielraum bei UVP-Screening; *Uechtritz* BauR 2007, 476 (484)). Unspezifische, den konkreten Fall nicht argumentativ verarbeitende Leerformeln genügen nicht, da sie das nachvollziehende Verständnis des Entscheidungsprozesses ausschließen. Abs. 2a S. 2 orientiert sich an § 3 a S. 4 UVPG idF des ÖffentlichkeitsbeteiligungsG. Dieser europarechtsnähere Neuansatz ist der Kasuistik vorzuziehen, die § 214 prägt (s. a. *Kment,* aaO, S. 117), der aber zu Recht § 214 Abs. 2a Nr. 3 2. Hs in soweit für nicht europarechtskonform hält, als bei der Vorprüfung nach § 13a Abs. 1 S. 2 Nr. 2 europarechtlich vorgesehene Konsultation in öffentlicher Stellen teilweise übergangen werden können; weitergehen *Berkemann,* aaO, S. 83. Für die Beurteilung der Ordnungsmäßigkeit der Vorprüfung im Einzelfall nach § 13a Abs. 1 S. 2 Nr. 2 bleibt entsprechend der Wertung des § 214 Abs. 1 S. 1 Nr. 2 Hs. 2 (→ Rn. 6) unbeachtlich, wenn einzelne Behörden oder sonstige Träger öffentlicher Belange (→ § 4 Rn. 3) nicht beteiligt worden sind. Ist das Ergebnis der Vorprüfung nicht nachvollziehbar, so liegt ein für die Rechtswirksamkeit des Bebauungsplans beachtlicher Mangel vor (Abs. 2a S. 2 Hs. 2). Gleiches gilt, wenn die Vorprüfung des Einzelfalls gänzlich unterlassen oder (nur) nicht entsprechend den Vorgaben des § 13a Abs. 1 S. 2 Nr. 2 durchgeführt worden ist; s. a. *Halama* in Berkemann/Halama, Handbuch zum Recht der Bau- und Umwelt-RL der EG, S. 771 Rn. 340. Liegt ein für die Rechtswirksamkeit des Bebauungsplans beachtlicher Mangel vor, so kann der Bebauungsplan der Innenentwicklung im ergänzenden Verfahren durch Behebung des Mangels in Kraft gesetzt werden (§ 214 Abs. 4; → Rn. 26).

d) Fiktion nach Abs. 2a Nr. 4. Abs. 2a Nr. 4 ist eine Planerhaltungsvorschrift **18** für beide Typen des Bebauungsplans der Innenentwicklung. Der Erlass eines Bebauungsplans der Innenentwicklung nach § 13a Abs. 1 S. 1 Nr. 1 (→ § 13a Rn. 5) oder Nr. 2 (§ 13a Rn. 6) im beschleunigten Verfahren ist gem. § 13a Abs. 3 ausgeschlossen, wenn durch den Bebauungsplan die Zulässigkeit des Vorhabens begründet wird, das einer Pflicht zur Durchführung einer UVP nach dem UVPG oder nach Landesrecht unterliegt (→ § 13a Rn. 8), oder wenn Anhaltspunkte für eine Beeinträchtigung der Erhaltungsgründe und des Schutzzwecks der Gebiete von europarechtlicher Bedeutung und der Europäischen Vogelschutzgebiete iS der §§ 31ff. BNatSchG bestehen (§ 13a Rn. 9). Die von der Gemeinde anzustellende Beurteilung, ob ein Ausschlussgrund nach § 13a Abs. 3 vorliegt, wird unter zwei Voraussetzungen gem. Abs. 2a S. 3 als zutreffend **fingiert.** Erstens muss das Ergebnis der Beurteilung nachvollziehbar sein. Zur Nichtvollziehbarkeit der Beurteilung gilt prinzipiell das zu Abs. 2a S. 2 Gesagte (→ Rn. 17). Allerdings ist in Rechnung zu stellen, dass die Sensibilität der europarechtlichen Schutzgüter höhere Anforderungen an den Entscheidungsprozess der Gemeinde stellt. Zweitens muss hinzukommen, dass durch den Bebauungsplan der Innenentwicklung nicht die Zulässigkeit von Vorhaben begründet wird, die in der Spalte 1 der Anlage 1 zum UVPG festgelegten Größenwerte erreichen oder überschreiten. In diesem Fall greift europarechtlich gefordert (*Kment,* aaO S. 120) die Fiktion des Abs. 2a Nr. 4 nicht. Ebenso wie im Fall der nicht nachvollziehbaren Beurteilung besteht dann ein für die Rechtswirksamkeit des Bebauungsplans beachtlicher Mangel (Abs. 2a Nr. 3), der möglicherweise im ergänzenden Verfahren nach § 214 Abs. 4 behoben werden kann (→ Rn. 26).

5. Abwägungsmängel – Abs. 3. a) Maßgeblicher Zeitpunkt. § 214 Abs. 3 **19** S. 1 legt zur Präzisierung des Abwägungsgebotes (§ 1 Abs. 7) den **maßgebenden Zeitpunkt der Abwägung** fest. Das EAG Bau hat den Anwendungsbereich des im Übrigen unveränderten S. 1 auf sonstige städtebauliche Satzungen (→ Vorb. zu den §§ 214–216 Rn. 2) erweitert. Gemäß Abs. 3 S. 1 ist für die Abwägung allein die Sach- und Rechtslage im Zeitpunkt der Beschlussfassung über den Flächennutzungsplan, den Bebauungsplan oder die sonstige Satzung maßgebend (so schon BVerwG

§ 214 III. Kapitel. II. Teil. Allgemeine Vorschriften

NVwZ 1988, 916 (918), OVG Rh.-Pf. BauR 2008, 1417)). Systematisch gehörte die Vorschrift als S. 2 in den § 1 Abs. 7 (*Dürr* in KK § 214 Rn. 68). Sie verdeutlicht die „zeitliche Dimension" des Abwägungsgebots – „eindeutige zeitliche Zäsur" (so BVerwG BauR 1997, 590 (593)). Sie soll verhindern, dass nachträgliche Änderungen der städtebaulichen Verhältnisse oder von Rechtsvorschriften, die die Gemeinde bei der Beschlussfassung über den Bauleitplan nicht kannte oder nicht kennen musste (dazu BVerwG NVwZ 2004, 1237), bei der gerichtlichen Kontrolle des Bauleitplans zugrunde gelegt werden. In funktionaler Hinsicht enthält die Vorschrift eine materielle Präklusion (BVerwG NVwZ 1996, 374). Nach der Beschlussfassung endet „die Pflicht, das Abwägungsprogramm an dem jeweils aktuellen Stand der Entwicklung auszurichten" (BVerwG BauR 1997, 590 (593)). Um eine gerichtliche Aufhebung zu vermeiden, sollte die Gemeinde den Bebauungsplan auch nach dem Satzungsbeschluss unter Kontrolle halten, wenn sich die Bekanntmachung des Bauleitplans erheblich verzögert, konkret um 3 Jahre, und in der Zwischenzeit planrelevante Veränderungen eingetreten sind (BVerwGE 56, 283 (288); NVwZ 1993, 361 – zeitliches und sachliches Auseinanderfallen zwischen abwägender Beschlussfassung und Inkraftsetzung (OVG Bautzen BauR 2007, 336; *Kukk,* SCH § 214 Rn. 53; *Uechtritz,* SU Rn. 116). Ein relevanter Fehler liegt nicht vor, wenn ein durch die Planung geschaffenes Problem während des Planvollzugs bewältigt werden kann, ohne die Konzeption der Planung zu verändern (BVerwG NVwZ 2004, 229). Unabhängig vom gesetzlich bestimmten Zeitpunkt der Beschlussfassung kann daher eine zusätzliche Prüfung erforderlich sein (BVerwG NVwZ 1996, 374 (375)). Abs. 3 S. 1 betrifft sowohl Abwägungsergebnis als auch Abwägungsvorgang (*Gaentzsch* § 214 Rn. 15; *Sendler* FS Schlichter, 1995, S. 55 (69); BVerwG NVwZ 1993, 361; aA, nur Abwägungsvorgang: *Dolde* NJW 1981, 1929; *Söfker* ZfBR 1980, 153; grds. anders *Koch* DVBl. 1989, 399; *Bartlsperger* DVBl. 1996, 1; *Happ* NVwZ 2007, 304).

20 **b) Mängel im Abwägungsvorgang. aa) Allgemeines.** Das EAG Bau hat Abs. S. 2 um den Hs. 1 ergänzt. Mängel, die die verfahrensbezogenen Elemente des Ermittelns und Bewertens der von der Planung berührten Belange betreffen und deshalb vom neuen **Abs. 1 S. 1 Nr. 1** erfasst werden (→ Rn. 4) können nicht als Mängel der Abwägung geltend gemacht werden. Die Fehlerhaftigkeit oder Ordnungsmäßigkeit des Verfahrens der Abwägung indiziert die Fehlerhaftigkeit oder Ordnungsmäßigkeit der Abwägung. Daher soll es keiner eigenen Regelung bedürfen (so der Bericht der Expertenkommission, 2002, S. 138). Der Regierungsentwurf sah zusätzlich vor, den bisherigen S. 2 ganz zu streichen (BT-Drs. 15/2250, S. 21, 64). Auf Grund der Prüfbitte des Bundesrates (BT-Drs. 15/2250, S. 87) hat die Bundesregierung S. 2 aF als Hs. 2 des neuen Abs. 3 S. 2 eingefügt (aaO, S. 96). Die Regelungen in Abs. 3 S. 2 Hs. 2 – Erheblichkeit bestimmter **Mängel im Abwägungsvorgang** – soll nur noch ergänzende Bedeutung haben. Soweit die Begriffe „Ermitteln" und „Bewerten" etwa bei einengender Auswertung nicht alle Anforderungen an das Abwägungsgebot erfassen, soll Abs. 3 S. 2 Hs. 2 die durch § 214 Abs. 3 S. 2 aF erreichte Bestandskraft bewahren (aaO, S. 96). Die unglückliche Neufassung von Abs. 3 S. 2 und sein Zusammenspiel mit Abs. 1 S. 1 Nr. 1 hat berechtigte Kritik ausgelöst (→ Vorb. §§ 214–216 Rn. 13; § 214 Rn. 4, § 2 Rn. 5), insbesondere wegen der „Angstklausel" (so *Erbguth* DVBl. 2004, 802 (806); *Pieper* Jura 2006, 817 (820); *Uechtritz,* SU Rn. 115; dagegen *Dürr,* aaO, Rn. 20; *Gierke* KK § 2 Rn. 281). Abs. 3 S. 2 Hs. 2 erklärt bestimmte **Mängel des Abwägungsvorgangs** für unerheblich. „Erheblich" iSv S. 2 Hs. 2 hat dieselbe Bedeutung wie „beachtlich" in Abs. 1 und mit umgekehrtem Vorzeichen wie „unbeachtlich" in Abs. 2. Verfassungsrechtliche Bedenken (Rechtsstaatsprinzip, Art. 19 Abs. 4, 14 Abs. 1 GG) aufgreifend hat BVerwGE 64, 33 durch verfassungskonforme Auslegung die Vorgängervorschrift des § 155b Abs. 2 S. 2 BBauG eingeengt (→ auch Vorb. §§ 214–216 Rn. 12). Abs. 3 S. 2 Hs. 2 gilt nicht, wenn Mängel im Abwägungsvorgang zugleich Mängel des Abwägungsergebnisses sind (VGH München

BayVBl. 1997, 212 (213)). In diesem Fall kann aber eine Mängelbehebung nach § 214 Abs. 4 geboten sein. Zur verfassungskonformen Auslegung von § 215 Abs. 1 Nr. 2 aF OVG Lüneburg, BauR 2014, 516. Zur Übertragbarkeit der Wertung des § 214 Abs. 3 S. 2 auf städtebauliche Verträge VGH München NuR 2004, 528.

bb) Offensichtlichkeit. Mängel im Abwägungsvorgang (→ § 1 Rn. 95) sind nur 21 erheblich, wenn sie erstens **offensichtlich** sind. Offensichtlich ist alles, „was zur äußeren Seite des Abwägungsvorgangs derart gehört, dass es auf objektiv fassbaren Sachumständen beruht", wie Fehler und Irrtümer, die „die Zusammenstellung und Aufbereitung des Abwägungsmaterials, die Erkenntnis und Einstellung aller wesentlichen Belange in die Abwägung oder die Gewichtung der Belange betreffen und die sich etwa aus Akten, Protokollen, aus der Entwurfs- oder Planbegründung oder aus sonstigen Unterlagen ergeben" (BVerwGE 64, 33 (38)) „ein in den Akten dokumentierter Fehler" – zB durch ausdrücklicher Hinweis in dem Rat eine Stellungnahme vorenthalten werden sollte (BVerwG NVwZ 1992, 662 (664); OVG Lüneburg NuR 1995, 473;OVG Koblenz, BauR 2000, 1011 (1015) – fehlende Ausführungen zur Sicherstellung der Umsetzung der auf Grund des landespflegerischen Beitrags für erforderlich gehaltenen Ausgleichs- und Ersatzmaßnahmen). Diese objektiv erfassbaren Umstände sind auch dann offensichtlich, wenn sie erst auf Grund einer Beweiserhebung sichtbar werden. „So wird zB ein Gericht auch dem (substantiierten) Vorwurf nachgehen müssen, bei dem einen oder anderen Ratsmitglied hätten Gründe vorgelegen, die nach der jeweiligen Gemeindeordnung zu seinem Ausschluss von der Beratung und Beschlussfassung, zB wegen eines Befangenheitsgrundes hätten führen müssen" (BVerwG, aaO). Nicht offensichtlich ist dagegen, was „zur „inneren Seite" des Abwägungsvorgangs gehört, was also die Motive, die etwa fehlenden oder irrigen Vorstellungen der an der Abstimmung beteiligten Mitglieder des Planungsträgers betrifft" (BVerwG, aaO), zB innere Beweggründe einzelner Gemeinderatsmitglieder, die den Akten des Planaufstellungsverfahrens nicht zu entnehmen sind, etwa Beweisantrag dazu, dass Gemeinderatsmitglieder Antragsteller hätten religiös diskriminieren wollen (VGH Mannheim NVwZ 1994, 797). Ein offensichtlicher Mangel liegt auch nicht dann vor, wenn Planbegründung und Aufstellungsvorgänge keinen ausdrücklichen Hinweis darauf enthalten, dass der Plangeber sich mit bestimmten Umständen abwägend befasst hat. Vielmehr darf ein offensichtlicher Mangel nur dann angenommen werden, wenn konkrete Umstände positiv und klar auf einen solchen Mangel hindeuten (BVerwG NVwZ 1992, 662; ZfBR 1994, 28; ZfBR 1995, 145 (147)). Beruht der Abwägungsmangel auf rechtlich fehlerhaften Überlegungen, so ist ein darin liegender Fehler im Abwägungsvorgang nicht deshalb mangels Offensichtlichkeit unbeachtlich, weil die rechtliche Beurteilung der Vorfrage Schwierigkeiten bereitet (BVerwG NVwZ 1998, 956).

cc) Einfluss auf das Abwägungsergebnis. Offensichtliche Mängel sind nur **er-** 22 **heblich**, wenn sie zweitens auf das Abwägungsergebnis **von Einfluss gewesen** sind. Ein Mangel des Abwägungsergebnisses ist die unverhältnismäßige Berücksichtigung eines Belangs (Abwägungsdisproportionalität), s. *Berkemann* in ders./Halama, Erstkommentierung, § 214 Rn. 141. Das kann auch der Fall sein, wenn eine Regelung nicht dem Willen des Satzungsgebers entspricht (BVerwG NVwZ 2004, 1856; aA *Berkemann*, aaO, § 214 Rn. 104). Die **Kausalität** ist zu bejahen, wenn nach den Umständen des jeweiligen Falles die **konkrete** Möglichkeit besteht, dass ohne den Mangel im Planungsvorgang die Planung anders ausgefallen wäre (BVerwGE 64, 33 (39); BVerwG DVBl. 2008, 859 (862)). „Eine solche konkrete Möglichkeit besteht immer dann, wenn sich anhand der Planunterlagen oder sonst erkennbarer oder nahe liegender Umstände die Möglichkeit abzeichnet, dass der Mangel im Abwägungsvorgang von Einfluss auf das Abwägungsergebnis gewesen sein kann. Hat sich der Planungsträger von einem unzutreffend angenommenen Belang leiten lassen und sind andere Belange, die das Abwägungsergebnis rechtfertigen könnten, weder im Bauleitplanver-

fahren angesprochen noch sonst ersichtlich, so ist die unzutreffende Erwägung auf das Abwägungsergebnis von Einfluss gewesen" (BVerwGE 64, 33 (40); NVwZ 1992, 663 (664); OVG Bln-Bbg BeckRS 2010, 46730). Es genügt aber nicht, die nicht näher begründete Annahme, die Vermeidung des Fehlers hätte zu einem anderen Ergebnis führen können (BVerwG NVwZ 1992, 662 (663)), die abstrakte Möglichkeit der Fehlerrelevanz (*Schwerdtfeger* JuS 1983, 270 (272)) oder bei einem einstimmigen Ratsbeschluss die bloße – abstrakte – Vermutung, einzelne Ratsmitglieder wären bei Vermeidung des Fehlers für eine andere Lösung aufgeschlossen gewesen (BVerwG NVwZ 1992, 663; 1995, 692 (693)). Ein in Verfahrensakten dokumentierter Abwägungsausfall kann gegensätzlichen Zeugenaussagen nicht entgegen gestellt werden (VGH Mannheim NVwZ-RR 2008, 676). Ein vollständiger Abwägungsausfall ist ein Mangel im Abwägungsvorgang, der aber nicht automatisch zu einem Mangel des Abwägungsergebnisses führen muss (BVerwG DVBl. 2011, 105). Geboten ist eine „konkrete Betrachtungsweise" (BVerwG NVwZ 1995, 692 (693); OVG Lüneburg BauR 2000, 1011 (1015), BauR 2000, 1302 (1308); VGH Kassel BauR 2011, 472 (474)). Auch das Gewicht des betroffenen Belangs in der Abwägung kann für die Ergebnisrelevanz von Bedeutung sein (BVerwGE 122, 207 (213); DVBl. 2008, 859 (862)). Hat das Normenkontrollgewicht den Einfluss des Mangels im Abwägungsvorgang auf das Abwägungsergebnis verneint, so muss es weiter das angegriffene Abwägungsergebnis überprüfen (BVerwG BauR 2004, 1130). Ohne **strenge Maßstäbe** an die Tatbestandsmerkmale „offensichtlich" und „von Einfluss gewesen" könnte das Ziel des Gesetzgebers, die gerichtliche Überprüfung von Bauleitplänen einzuschränken, nicht erreicht werden; *Dolde/Menke* NJW 1996, 2616 (2620); einschränkend *Dürr* in KK § 214 Rn. 27. Zur Bestimmung der Ursächlichkeit eines Verfahrensfehlers allein nach Landesrecht BVerwG NVwZ-RR 1999, 425. Ob sich ein Mangel des Aufstellungsverfahrens auf den Abwägungsvorgang auswirken kann, lässt sich nur im Einzelfall beurteilen (BVerwG NVwZ 1988, 916 (918)). Nicht jeder erhebliche Fehler muss offensichtlich sein (*Sendler*, FS Hoppe, 2000, S. 1011 (1025), Rn. 52, in Auseinandersetzung mit BVerwG DVBl. 1998, 331 (334)). S. a. BauR 2000, 1302 – keine Kausalität mangels in qualifizierter Weise schutzwürdigen Belangs; OVG Lüneburg NuR 2000, 531 – unzureichende Berücksichtigung von Baulandqualität/Trittsteinbiotop; BVerwG ZfBR 2001, 134 (136) – einflussloses Vorbringen von Nachbargemeinde gegen Windpark.

23 **6. Ergänzendes Verfahren. a) Allgemeines.** Abs. 4 regelt das **ergänzende Verfahren** zur Behebung von Fehlern. Abs. 4 erfasst **alle** nach § 214 oder nach Landesrecht beachtlichen **materiellen** (BVerwGE 110, 193 (202); DVBl. 2000, 804) und **formellen** Fehler, soweit nicht ihre Behebbarkeit im ergänzenden Verfahren wegen der Schwere der Mängel ausgeschlossen ist (BVerGE 119, 54; NVwZ 2003, 1259; *Ewer* FS Jarass, 429 (431), 440); *Stüer/Rude* ZfBR 2000, 85 (87); *Dolde* NVwZ 2001, 976 (977); *Uechtritz* in SU § 214 Rn. 129; aA *Berkemann*, aaO, § 214 Rn. 155, 164; *Schmitt* NVwZ 2000, 677 (679); *Rieger* UPR 2003, 161 (163)). Die Fehler können rückwirkend (ex tunc) oder auch nur ex nunc behoben werden (dazu *Rosenkötter* NZBau 2008, 372). Die Unwirksamkeit ist hinsichtlich § 215a, § 47 Abs. 5 S. 2, 4 VwGO aF als „schwebende" (so BT-Drs. 13/6392, S. 74) bezeichnet worden, um zu verdeutlichen, dass die unwirksame Satzung oder der unwirksame Flächennutzungsplan durch das ergänzende Verfahren (rückwirkend) in Kraft gesetzt werden kann (s. a. *Dolde,* FS 100 Jahre Allgemeines Baugesetz Sachsen, 2000, S. 429 (442), Rn. 75). Weder nach altem noch jetzigem Recht entfällt die Nichtigkeit der Satzung bis zu ihrem möglichen Inkraftsetzen durch das ergänzende Verfahren. Ein erheblicher Fehler liegt nicht vor, wenn ein durch die Planung geschaffenes Problem noch während des Vollzugs des Bebauungsplans bewältigt werden kann, ohne die Konzeption der Planung zu berühren (BVerwG UPR 2004, 118). Bis zur Behebung des Mangels im ergänzenden Verfahren darf der Plan nicht vollzogen werden, entfal-

4. Abschnitt. Planerhaltung § 214

tet die Satzung keine Rechtswirkung (*Dolde* NVwZ 2001, 976 (980)). Die Satzung bleibt dauerhaft nichtig, wenn die Mängel nicht im ergänzenden Verfahren behoben werden können (BVerwG NVwZ 2006, 329 zu § 47 Abs. 5 S. 4 VwGO aF; s. a. *Otto,* Nichtigkeitsdogma und Fehlerbehebung im Städtebaurecht, 2000, S. 142, auch nicht mit Wirkung ex nunc (*Kalb/Külpmann* in EZBK § 214 Abs. 4 Rn. 264). Mit dem ergänzenden Verfahren können die Grundsätze über die **Teilnichtigkeit** eines Bebauungsplans kombiniert werden (VGH Mannheim NuR 2000, 331; *Dolde,* aaO, S. 429 (431); *Sendler* FS Hoppe, 1011 (1028); *Gaentzsch* UPR 2001, 201 (203)). Zur Teilnichtigkeit BVerwGE 82, 225; NVwZ-RR 1990, 286; NVwZ 1994, 292 u. 684; NVwZ 2001, 431 – keine „Nichtigkeit auf Zeit". Das Gericht ist nicht verpflichtet darzulegen, ob ein beachtlicher Fehler heilbar ist (BVerwG ZfBR 2012, 36).

b) Behebbare Mängel. Im **ergänzenden Verfahren** sind solche nach §§ 214, 24 215 oder nach Landesrecht beachtliche **Mängel behebbar, die nicht den Kern der Abwägungsentscheidung** betreffen (BVerwG NVwZ 1999, 420; UPR 2000, 226; ZfBR 2000, 353; DVBl. 2004, 648. OVG Lüneburg NuR 2001, 339; VGH Mannheim NuR 2002, 447 – fehlendes Mindestmaß an Konkretisierung und Verstoß gegen § 1 Abs. 3, 4; OVG Schleswig NVwZ-RR 2003, 98). Das ergänzende Verfahren muss die **Identität des Plans** wahren, darf ihn nicht grundlegend substanziell im Sinne von § 1 Abs. 8 ändern (*Wenger,* VwBl BW 2015, 234; *Dolde* NVwZ 2001, 976 (977); *Schmidt* NVwZ 2000, 977 (979)). Inhaltliche Änderungen des Plans können nur punktuell erfolgen (*Dolde/Menke* NJW 1999, 1070 (1082); *Lemmel,* aaO, Rn. 75). Die (auch) von BVerwG, NVwZ 1999, 414 u. UPR 2000, 226 verwendete Formulierung, der Mangel dürfe nicht die Grundzüge der Planung berühren, kann als zu einengend missverstanden werden (*Dolde* NVwZ 2001, 976 (979); *Otto,* Nichtigkeitsdogma und Fehlerbehebung, 2000, S. 144; *Stüer/Rude* ZfBR 2000, 85 (90); anders: *Dürr* in KK § 214 Rn. 82). Die Allgemeinverbindlichkeit nach § 47 Abs. 5 VwGO gilt auch für die in der Begründung getroffene Feststellung, dass der zur Unwirksamkeit führende Mangel nicht im ergänzenden Verfahren behoben werden kann (VGH München ZfBR 2008, 374; *Jäde* BayVBl. 2008, 517 (519)). Der Begriff des „ergänzenden Verfahrens" setzt **Grenzen:** Das ergänzende Verfahren darf nicht zu einem grundlegend anderen Bebauungsplan führen (*Hoppe/Henke* DVBl. 1997, 1407 (1412); BVerwG, DVBl. 1996, 907, u. DVBl. 1997, 714). Eine Nachbesserung im ergänzenden Verfahren scheidet aus, wenn der Abwägungsmangel von solcher Art ist, dass er die Planung als Ganzes von vornherein infrage stellt (OVG Münster NVwZ 1999, 79 (80); OVG Koblenz BauR 2000, 1011 (1015); s. a. VGH Mannheim BauR 1998, 976 – Festsetzung der Art der Nutzung), bei Mängeln, die den „Kern oder das Grundgerüst der Abwägung" betreffen (BVerwG NVwZ 2002, 83; BT-Drs. 13/6392 S. 38, 74). Behebbar sind auch Rechtsverstöße gegen höherrangiges Recht, wenn der zuständige Normgeber mitwirkt (*Uechtritz,* SU Rn. 129; aA *Rieger* UPR 2003, 161 (163)). Das ergänzende Verfahren soll gerade auch die materiellen Fehler erfassen, die nach § 214 nicht zuletzt wegen der restriktiven Rspr. (BVerwGE 64, 33; → § 214 Rn. 15) nicht erheblich sind.

Verstöße gegen § 1 Abs. 4 sind im ergänzenden Verfahren behebbar (BVerwG 25 NVwZ 2004, 226; ebenso Verstöße gegen § 2 Abs. 2 (problematisierend *Stelkens* UPR 2005, 81 (86); *Berkemann,* aaO, § 215 Rn. 10). Das ergänzende Verfahren ist nicht auf Mängel der Abwägung beschränkt. Es erfasst zB auch Verstöße gegen eine Landschaftsschutzverordnung, fehlende Lärmschutzfestsetzungen oder Festsetzungsmängel, die die Möglichkeiten des § 9 und der BauNVO unterschreiten (BT-Drs. 13/6392, S. 74), einen gegen § 8a BNatSchG verstoßenden Bebauungsplan (BVerwG NVwZ 2000, 1053; OVG Lüneburg ZfBR 2000, 269), einen Mangel der Satzung, der auf Vorschriften des **Landesrechts** beruht und nach Landesrecht beachtlich ist (BVerwGE 110, 118; NVwZ 1990, 258; dazu *Ziegler* ebd. S. 533; krit. *Berkemann,* aaO, § 214 Rn. 64), einen Bebauungsplan, der an Mängeln leidet, die durch inhalt-

§ 214 III. Kapitel. II. Teil. Allgemeine Vorschriften

liche Änderungen oder Ergänzungen des Plans behoben werden können – Lärmschutz), eine Satzung, die auf der Grundlage früherer Fassungen des BauGB in Kraft getreten ist (OVG Münster BauR 1999, 363). Zur rückwirkenden Inkraftsetzung eines städtebaulichen Entwicklungsbereichs BVerwG ZfBR 2010, 789. Des ergänzenden Verfahrens nach Abs. 4 kann auch auf unbeachtliche Fehler angewendet werden (*Petz*, BK § 214 Rn. 154, aA Voraufl.).Zum Hinweis nach § 215 Abs. 2 → Rn. 2 u. 7. Auch einen wegen eines formellen Fehlers im Normenkontrollverfahren nach § 47 VwGO für nichtig erklärten Bebauungsplan kann die Gemeinde durch Wiederholung des nachfolgenden Verfahrens grundsätzlich erneut in Kraft setzen (BVerwG 92, 266 zu § 215 Abs. 3 aF gegen OVG Münster DVBl. 1990, 1119 m. Anm. v. *Schmaltz; Finkelnburg*, FS Schlichter, 1995, 301 (302)). Ist ein fehlerhafter Flächennutzungsplan durch eine Änderung abgelöst worden, scheidet eine nachfolgende Fehlerbehebung nach § 214 Abs. 4 aus (*Krohn/de Witt* NVwZ 2005, 1387 (1388)).

26 c) **Feststellung der Mängel**. Hat die Gemeinde erkannt, dass ein beachtlicher und behebbarer Fehler vorliegt, so ist die Gemeinde gehalten, die Befugnis nach Abs. 4 auszuüben oder den als nichtig erkannten Plan oder die sonstige Satzung in einem förmlichen Aufhebungsverfahren aufzuheben (BVerwGE 75, 142; *Kukk* in SCH § 214 Rn. 72; *Gassner* BauR 1993, 33; *Kalb/Külpmann*, aaO, Rn. 256). Im Ermessen der Gemeinde liegt es auch, ob sie den Fehler rückwirkend beheben will. Allerdings ist dieses Ermessen „häufig in dem Sinne reduziert, dass die Gemeinde im Interesse der Rechtssicherheit ihren Plan mit Rückwirkung in Kraft zu setzen hat" (BVerwGE 75, 262). Statt zur bloßen Aufhebung kann sich die Gemeinde auch dazu entschließen, einen inhaltlich neuen Bauleitplan in dem dafür vorgesehenen Verfahren zu erlassen (BVerwG BauR 1997, 590 – Wahlrecht nach § 215 Abs. 3 aF). Ob die Gemeinde sich für das ergänzende Verfahren oder das Verfahren des Neuerlasses entscheidet, liegt in ihrer planerischen Gestaltungsfreiheit. Die Gemeinde darf das ergänzende Verfahren auch durchführen, wenn der ursprüngliche Satzungsbeschluss mangels gerichtlicher Feststellung eines Fehlers wirksam ist (BVerwGE 133, 98 Rn. 31; NVwZ 2010, 777 (778)). Ist die Gemeinde gem. § 1 Abs. 3 zur Planung verpflichtet, scheidet das bloße Aufhebungsverfahren aus. Das Ermessen der Gemeinde betonen *Söfker* ZfBR 1981, 60; *Weyreuther* DÖV 1980, 389 (390) im Hinblick auf die weiteren planerischen Erwägungen der Gemeinde, die Möglichkeit einer Feststellung der Nichtigkeit oder Aufhebbarkeit des Flächennutzungsplanes oder der Satzung in einem anhängigen oder möglichen Gerichtsverfahren, mögliche Schadensersatzansprüche, zB wegen gemachter Zusagen oder Auskünfte, mögliche Entschädigungsansprüche sowie die Wahrung von Vertrauensschutz für diejenigen, die Aufwendungen gemacht haben im Hinblick auf den, der im Vertrauen auf den durch die Rückwirkung beseitigten formalen Anschein der Rechtmäßigkeit Bestandsschutz zu verlieren droht (BVerwGE 64, 116; *Dürr* in KK § 214 Rn. 92). Einen Anspruch auf ein ergänzendes Verfahren schließt § 1 III aus (*Uechtritz* in SU Rn. 150). Inhaltliche Änderungen aus tatsächlichen, zB bei längerem Zeitablauf, oder rechtlichen Gründen sind im bloßen Wiederholungsverfahren ausgeschlossen (→ a. Rn. 10, 11). Wenn das OVG einen Bebauungsplan rechtskräftig für unwirksam erklärt hat, muss das Baulandgericht einen diesbezüglichen Enteignungsbeschluss auch dann aufheben, wenn der Plan nach § 214 Abs. 4 rückwirkend in Kraft gesetzt werden könnte und die Gemeinde dies angekündigt hat (BGH NVwZ 2007, 854).

27 d) **Behebung des Fehlers**. Die **Behebung des Fehlers** erfolgt durch Neuvornahme der fehlerhaften Verfahrenshandlung durch das zuständige Organ nach den dafür geltenden Vorschriften. Anders als zB bei der Heilung nach § 45 VwVfG genügt die Behebung des Fehlers allein nicht. Zusätzlich ist von der zu behebenden Verfahrenshandlung an das gesamte nachfolgende Verfahren zu wiederholen. Es liegt im Ermessen der Gemeinde, ob sie ex tunc oder ex nunc zu dem Zeitpunkt in Kraft setzt, an dem der Plan oder die Satzung bei Fehlerlosigkeit zulässigerweise frühestens

4. Abschnitt. Planerhaltung § 214

hätte in Kraft treten können, oder ex nunc **oder zwischen beiden Zeitpunkten**. Eines Ratsbeschlusses bedarf es nur, wenn dieser wie beim Beschluss nach § 10 an dieser Stelle im ordnungsgemäßen Verfahren erforderlich ist (BVerwG BauR 1989, 692). Für die Abwägung im ergänzenden Verfahren gelten keine anderen Anforderungen als an eine erstmalige Abwägung (OVG Bautzen SächsVBl. 2002, 245 – auch zu zuvor nicht bekannten Belangen). Ist der zu behebende Fehler erst nach Abschluss des Verfahrens der Öffentlichkeitsbeteiligung begangen worden, so bedarf es im ergänzenden Verfahren keiner Wiederholung der Öffentlichkeitsbeteiligung; zu einer notwendigen erneuten Auslegung BVerwG NVwZ 2010, 777. Die Gemeinde muss einen etwaigen weiteren Abwägungsfehler mitbeheben. Muss der Satzungsbeschluss wiederholt werden, ist beim Flächennutzungsplan eine erneute Genehmigung nach § 6 I und deren Bekanntmachung nach § 6 V S. 1 erforderlich (OVG Schleswig BauR 2010, 1556). Die fehlende Sicherung einer geplanten Ersatzmaßnahme kann auch vertraglich behoben werden (OVG Lüneburg NuR 1999, 406 (407)). § 214 IV hat keinen Einfluss auf die Frage, wann ein Verfahren iSv § 244 I S. 2 abgeschlossen ist (BVerwG ZfBR 2009, 273). Wegen der Behebung eines Ausfertigungsmangels bedarf es keines erneuten Satzungsbeschlusses gem. § 10 (BVerwG BauR 1997, 595; VGH München BauR 2001, 75). Bei der Verfahrenswiederholung ist eine inzwischen geänderte Fassung der BauNVO nicht zugrunde zu legen (BVerwGE 75, 262; modifizierend *Lemmel,* aaO, Rn. 84; eine Rückwirkung nach Abs. 4 scheidet dann aus, *Kukk,* aaO, Rn. 71). Soll der Bauleitplan im ergänzenden Verfahren einen anderen Inhalt erhalten, so muss zusätzlich zur bloßen Wiederholung ab der fehlerhaften Handlung das Verfahren ab der Beteiligung der Öffentlichkeit und der Behörden (§ 3 Abs. 2) wiederholt werden. Ist zwischen früherer Beschlussfassung und dem erneuten Inkrafttreten eine rechtserhebliche Änderung der Sach- und/oder Rechtslage entstanden, liegt weiteres zu berücksichtigendes Abwägungsmaterial vor, so kann eine neue Abwägungsentscheidung erforderlich sein (BVerwG NVwZ 1996, 890; DVBl. 1997, 828; strenger BVerwG NVwZ 1993, 361–13 Jahre zurückliegende Sanierungssatzung – unter Rückgriff auf BVerwGE 56, 283 (288); → Rn. 14; einschränkend *Gassner* BauR 1993, 33). Ein erneut in Kraft gesetzter Bebauungsplan ist nicht allein deshalb nichtig, weil die Gemeinde trotz nachträglicher Änderung der Sach- oder Rechtslage keine erneute Abwägungsentscheidung getroffen hat. Nur in Ausnahmefällen, wenn das ursprünglich fehlerfreie Abwägungsergebnis unhaltbar geworden ist, oder bei Funktionslosigkeit des Plans scheidet eine Fehlerbehebung aus (BVerwG NVwZ 1997, 893; s. a. BVerwG ZfBR 2008, 373 (374); VGH Mannheim NVwZ-RR 1997, 157 – Sanierungssatzung; strenger *Kukk,* aaO § 214 Rn. 74 und noch BVerwG NVwZ 1996, 374 u. 890). Allein das Verstreichen eines erheblichen Zeitraums seit der ursprünglichen Beschlussfassung und eine inzwischen eingetretene Änderung der Sach- und Rechtslage hindern ein rückwirkendes Inkraftsetzen einer wegen eines Ausfertigungsmangels ungültigen Sanierungssatzung nicht (BVerwG NVwZ 1999, 420). Eine verfahrensfehlerhaft zustande gekommene Sanierungssatzung kann auch dann noch erneut rückwirkend in Kraft gesetzt werden, wenn die Sanierung bereits abgeschlossen und die förmliche Festlegung schon aufgehoben worden ist (BVerwG NVwZ 1999, 419; → auch Rn. 21).

e) Rückwirkendes ergänzendes Verfahren. Abs. 4 stellt klar, dass der Flächennutzungsplan oder die Satzung **rückwirkend** in Kraft gesetzt werden können. Die Rückwirkung ist verfassungsrechtlich unbedenklich, da sie weder zu einer generellen Heilung, noch zu einem substantiell anderen Plan- oder Satzungsinhalt führt (→ a. BVerwGE 75, 262; E 105, 153; → Rn. 24). Das gilt auch für materielle Fehler (*Gaentzsch* in Spannowsky/Krämer, BauGB-Novelle 2004, 2003, S. 131 (142); *Uechtritz* ZfBR 2005, 11 (19); aA *Erbguth* DVBl. 2004, 802 (808)). Die Rückwirkung kann auch teilweise erfolgen (*Dürr,* aaO, Rn. 90; aA *Lemmel* in BK § 214 Rn. 92; OVG Münster NVwZ-RR 1989, 529). Die Rückwirkung soll das von den Betroffenen

28

§ 214

dem Flächennutzungsplan oder der Satzung entgegengebrachte Vertrauen schützen (BVerwG, aaO, u. NVwZ 1993, 361). Allein die Rückwirkung zwinge nicht zur Öffentlichkeitsbeteiligung. Die Rückwirkung nach Behebung der Fehler stelle sich nicht als eine materielle Änderung des Bebauungsplans dar, für die (allein) eine Öffentlichkeitsbeteiligung nach § 3 Abs. 2 geboten wäre (BVerwG ZfBR 2011, 677). Die Planbetroffenen müssten ohnehin mit der Ersetzung des ungültigen durch den gleich lautenden gültigen Plan rechnen (ebenso *Gassner* BauR 1993, 33; aA OVG Lüneburg DVBl. 1980, 241; OVG Münster BauR 1984, 47). Soweit ein Bebauungsplan im Verfahren nach Abs. 4 durch Wiederholung zulässigerweise inhaltlich verändert wird (→ Rn. 10), unterliegt die rückwirkende Inkraftsetzung dem verfassungsrechtlichen Verbot rückwirkender Gesetzgebung (*Morlok,* Die Folgen von Verfahrensfehlern, S. 220; *Steinwede,* Planerhaltung, S. 246). Als bloße Fortführung des ursprünglichen Verfahrens des Erlasses eines Planes oder einer sonstigen Satzung vom ersten Fehler an bedarf auch die rückwirkende Inkraftsetzung nach Bundesrecht keines Ratsbeschlusses (BVerwG NVwZ 1997, 893; NVwZ 2001, 203 – Rückwirkung nach 31 Jahren; aA OVG Münster BauR 1984, 47; VGH Mannheim NVwZ 1993, 84). Ein wegen eines Ausfertigungsmangels unwirksamer Bebauungsplan kann auch dann rückwirkend in Kraft gesetzt werden, wenn er inzwischen geändert worden ist (BVerwG NVwZ 1996, 890). Die rückwirkende Inkraftsetzung darf nicht über den Zeitpunkt des ursprünglich vorgesehenen Inkrafttretens zurückwirken (BVerwGE 75, 262). Die rückwirkende Inkraftsetzung eines Bebauungsplans behebt auch die Fehlerhaftigkeit eines auf Grund des fehlerhaften Plans ergangenen und deshalb **rechtswidrigen Verwaltungsakts,** zB einer Abbruchverfügung (BVerwGE 75, 262; Buchholz 406, 17 BauOR Nr. 73). Gemäß § 214 Abs. 4 werden nicht der Abschluss des Verfahrens, sondern die Rechtsfolgen eines später abgeschlossenen Planaufstellungsverfahrens auf den Zeitpunkt des rückwirkenden Inkrafttretens des Plans zurückverlegt (BVerwG ZfBR 2009, 273). Die Anordnung der Rückwirkung ist kein Teil des Sanierungsbeschlusses, sondern des Bekanntmachungsverfahrens (BVerwG BRS 63 Nr. 42; OVG Münster BauR 2012, 1075). Das rückwirkende Verfahren ist abgeschlossen, wenn zwischenzeitlich eine Bindung an die Ziel der Raumordnung eingetreten ist. Wird eine Veränderungssperre unter Verstoß gegen § 215 a Abs. 2 aF rückwirkend in Kraft gesetzt, so verhindert dieser Mangel nur die Rückwirkung, nicht aber das Inkrafttreten ex nunc (BVerwG ZfBR 2002, 77). Schlägt eine rückwirkende Inkraftsetzung fehl, ist idR anzunehmen, dass die Gemeinde auch eine Inkraftsetzung für die Zukunft gewollt hätte (OLG Münster BauR 2012, 1075).

29 **f) Rechtsschutz. aa) Feststellung der Mängel.** Der im ergänzenden Verfahren behebbare Mangel wird im Regelfall gerichtlich im Normenkontrollverfahren nach § 47 Abs. 5 S. 2 VwGO festgestellt werden. Möglich ist aber auch, dass im Rahmen einer Inzidentprüfung eines Bebauungsplans oder einer sonstigen städtebaulichen Satzung vom VG ein nicht unbeachtlicher, behebbarer Mangel festgestellt wird. Dann kann die Gemeinde ein ergänzendes Verfahren einleiten, um einem Normenkontrollverfahren zuvorzukommen. (→ auch Rn. 26). Es ist der Gemeinde unbenommen, von sich aus ohne gerichtliche Feststellung Mängel im ergänzenden Verfahren zu beheben, zB wenn mehrere Bebauungspläne am gleichen Mangel leiden. Abs. 4 gibt der Gemeinde kein Recht zur bloßen Verwerfung von fehlerhaften Plänen.

30 **bb) Normenkontrollantrag – Frist.** Gem. § 47 Abs. 1 Nr. 1 VwGO entscheidet das OVG auf Antrag über die Gültigkeit städtebaulicher Satzungen und der in den Stadtstaaten erlassenen Rechtsverordnungen nach § 246 Abs. 2 Der **Normenkontrollantrag** ist gem. § 47 Abs. 2 S. 1 VwGO auf **ein** Jahr nach Bekanntmachung der Satzung oder Rechtsverordnung befristet. Zur Neuregelung durch die BauGB-Novelle 2007 → § 13 a Rn. 3, § 215 Rn. 6; zur Unbedenklichkeit *Steiner* NVwZ 2015, 1543 (1544). Wird ein fehlerhafter Bebauungsplan nach einem ergänzenden Verfahren erneut bekanntgemacht, so setzt dies die Frist bei unverändert gebliebenen

4. Abschnitt. Planerhaltung § 214

Festsetzungen nicht erneut in Kraft, außer wenn eine erneute Abwägung vorangegangen ist (VGH Mannheim BeckRS 2010, 56283). Die **Einjahresfrist** gilt gem. § 195 Abs. 7 VwGO nicht für Rechtsvorschriften, die vor dem 1.1.2007 bekanntgemacht worden sind, stattdessen gilt weiter die 2-Jahresfrist. Ein Änderungsbebauungsplan kann nur innerhalb der durch seine Bekanntmachung in Gang gesetzten Frist angegriffen werden. Die Rechtmäßigkeit früherer Änderungsplanungen kann aber als Vorfrage inzident insoweit geprüft werden, als davon die Rechtmäßigkeit der neueren Fassung des Bebauungsplans abhängt (VGH Mannheim VBlBW 2000, 479).

cc) Antragsbefugnis. Gem. § 47 Abs. 2 VwGO ist die **Antragsbefugnis** davon 31
abhängig, dass der Antragsteller durch die Rechtsvorschrift oder deren Anwendung in **seinen Rechten verletzt** wird. Dazu zählt auch das Recht auf Abwägung aus § 1 Abs. 7 (BVerwGE 107, 215, NVwZ 1999, 987; *Sauthoff* BauR 1997, 721; *Schenke* VerwArch 1999, 301 (317); abl. *Schütz* NVwZ 1999, 929). Hat der Antragsteller eine Einwendung im Normenkontrollverfahren geltend gemacht, ist er nicht gehindert, sich im Normenkontrollverfahren auf weitere, zuvor nicht geltend gemachte Einwendungen zu berufen (BT-Drs. 16/3308 S. 20; BVerwG NVwZ 2010, 782; OVG Münster BRS 73 Nr. 56; VGH Mannheim BauR 2010, 239). Einwendungen sind auch dann präkludiert, wenn der Hinweis hierauf bei der Auslegung des Planentwurfs nicht den Wortlaut des § 47 Abs. 2a VwGO wiedergibt, sofern er geeignet ist, Betroffene nicht davon abzuhalten, während des Aufstellungsverfahrens Einwendungen zu erheben (BVerwG BeckRS 2010, 56157). Die Jahresfrist des § 47 Abs. 2 Satz 1 VwGO gilt auch dann, wenn der Antragsteller geltend macht, die Rechtsvorschrift sei erst nach ihrer Bekanntmachung wegen Funktionslosigkeit unwirksam geworden (BVerwG, B. v. 29.6.2015 – 4 BN 31.14). Wird ein Bebauungsplan nach Erhebung eines Ausfertigungsmangels im ergänzenden Verfahren ein weiteres Mal bekannt gemacht, dann löst dies die Antragsfrist nach § 47 Abs. 2 Satz 1 VwGO erneut aus (BVerwG, U. v. 18.8.2015 – 4 C 1.14). Gegenstand eines Normenkontrollverfahrens kann gem. § 47 Abs. 2a VwGO auch eine Entwicklungssatzung nach § 34 Abs. 4 S. 1 Nr. 2 oder eine Ergänzungssatzung nach § 34 Abs. 4 S. 1 Nr. 3 oder eine Außenbereichssatzung nach § 35 Abs. 6 sein. Gleiches gilt in analoger Anwendung von § 47 Abs. 1 Nr. 1 VwGO auch für einen Flächennutzungsplan der planerische Funktionen gem. § 35 Abs. 3 S. 3 erfüllt (BVerwG NVwZ 2007, 1081; *Battis* JZ 2007, 1153; *Stüer* BauR 2007, 1495; *Kment* NVwZ 2003, 1047 ff. Das BauGB 2007 hat die Antragsbefugnis für einen Normenkontrollantrag (§ 47 VwGO) verschärft. Gem. **§ 47 Abs. 2a VwGO** ist der Normenkontrollantrag einer natürlichen oder juristischen Person, der einen Bebauungsplan oder eine Entwicklungssatzung nach § 34 Abs. 4 S. 1 Nr. 2 oder eine Ergänzungssatzung nach § 34 Abs. 4 S. 1 Nr. 3 oder eine Außenbereichssatzung nach § 35 Abs. 6 zum Gegenstand hat, unzulässig, wenn die den Antrag stellende Person **nur** Einwendungen geltend macht, die sie im Rahmen der öffentlichen Auslegung nach § 3 Abs. 2 (→ § 3 Rn. 12–21) oder im Rahmen der Beteiligung der betroffenen Öffentlichkeit nach § 13 Abs. 2 Nr. 2, § 13a Abs. 2 Nr. 1 (→ § 13 Rn. 5, § 13a Rn. 12) nicht oder verspätet geltend gemacht hat, aber hätte geltend machen können. Dies gilt nur, wenn auf diese Rechtsfolge im Rahmen der Beteiligung förmlich hingewiesen worden ist. Diese formelle (prozessuale) Präklusion ist unbedenklich (BVerwG NVwZ-RR 2016, 3; *Stüer* BauR 2007, 1495 (1498); *Ewer* NJW 2007, 317 171 372; krit. *Berkemann* in Mitschang, BauGB Novelle 2007, 2008, S. 63 (87)). Sie soll dem Umstand Rechnung tragen, dass bereits im Aufstellungsverfahren Mitwirkungsbefugnisse bestehen, die dazu dienen, die jeweiligen Interessen rechtzeitig dem Abwägungsmaterial zuzufügen (so BT-Drs. 16/2496, S. 18). Insoweit zieht § 47 Abs. 2a VwGO die Linie aus, die BVerwGE 59, 87, begonnen hat (→ § 4a Rn. 14). Zugleich wird entsprechend der europarechtlichen Aufwertung der Beteiligungsverfahren festgestellt, dass der grundsätzlichen Aufgabenverteilung zwischen Plangeber und Verwaltungsgerichten widerspräche, wenn sachliche Einwendungen ohne Not

§ 214

erst im gerichtlichen Verfahren geltend gemacht würden (BT-Drs. 16/2496, S. 18; BVerwG, U. v. 20.2.2014 – 4 CN 1.13 – Juris Rn. 15; OVG Bautzen, DVBl. 2015, 239). Zu prozessualen Problemen bei der Durchführung ergänzender Verfahren während anhängiger Normenkontrollverfahren *Wenger*, VwBl. BW 2015, 214. § 47 Abs. 2a ist von der materiellen Präklusion nach § 3 Abs. 2 und § 13 Abs. 3 sowie § 13a Abs. 2 Nr. 1 iVmit § 13 Abs. 3 S. 3 zu unterscheiden. Diese Vorschriften sollen sicherstellen, dass die Betroffenen ihrer Obliegenheit Einwände – auch im Hinblick auf die Zulässigkeit von Kontrollverfahren – frühzeitig geltend zu machen, ausreichend informiert sind. Unterbleibt ein entsprechender Hinweis, so greift § 47 Abs. 2a VwGO nicht. Zur Zulässigkeit von Präklusionen → § 4a Rn. 13, § 215 Rn. 6. Ein Normenkontrollantrag ist ausnahmsweise wegen fehlenden Rechtsschutzinteresses teilweise unzulässig, wenn der Antragsteller solche ihn nicht betreffende Teile eines Bebauungsplans angreift, die schon auf Grund vorläufiger Prüfung offensichtlich abtrennbar und wirksam sind (OVG Münster DVBl. 2007, 317). Ein Bebauungsplan ist nicht wegen eines Mangels bei der Entwicklung und Bewertung der Belange gem. § 2 Abs. 3 nach § 47 Abs. 6 VGBO außer Vollzug zu setzen, wenn der Mangel während des noch anhängigen Normenkontrollverfahrens ohne Weiteres im ergänzenden Verfahren durch einen Ratsbeschluss, ggf. rückwirkend, behoben werden kann (VGH München NuR 2008, 210; OVG Münster, BauR 2014, 2031; laut OVG Lüneburg, BauR 2014, 2029, rechtfertigen aber heilbare Fehler den Erlass einer Anordnung nach § 47 Abs. 6 VwGO nur dann nicht, wenn zu erwarten ist, dass die Gemeinde diese bis zur Hauptsachenentscheidung geheilt haben wird und wenn der Antragsteller die verletzte Norm nicht als eigenes Recht rügen kann, was bei Fehlern der Öffentlichkeitsbeteiligung nicht der Fall ist).

32 **dd) Entscheidung.** Ist ein Normenkontrollantrag nach § 47 Abs. 2, 2a VwGO zulässig und stellt das OVG Mängel des Bauleitplans oder einer sonstigen Satzung oder Rechtsverordnung fest, die nicht nach §§ 214, 215 unbeachtlich (→ Vorb. §§ 214, 215 Rn. 2), aber im ergänzenden Verfahren behebbar sind, so erklärt das OVG gem. **§ 47 Abs. 5 S. 2 Hs. 1 VwGO** den Bebauungsplan oder die städtebauliche Satzung oder die Rechtsverordnung für **unwirksam** (→ Rn. 2; krit. *Berkemann* in ders./Halama, Erstkommentierung, § 214 Rn. 171). Über die Behebbarkeit des Mangels im ergänzenden Verfahren entscheidet das OVG nicht. Bei der Prüfung der Gültigkeit eines Bauleitplans ist das Gericht nicht auf die vom Antragsteller geltend gemachten Mängel beschränkt. Es kann den Plan auch wegen Mängeln für unwirksam erklären, die die privaten Belange des Antragstellers nicht berühren (s. *Gaentzsch* UPR 2001, 201 (204); BVerwG UPR 1997, 369). Das Gericht soll aber nicht ungefragt auf Fehlersuche gehen und eine „Rundumkontrolle" vornehmen (*Schlichter* ZfBR 1985, 107; *Gaentzsch*, FS Weyreuther, S. 249 (252)). Bei einem die Unwirksamkeit feststellenden Urteil muss nicht aus dem Tenor sich ergeben, ob eine Heilungsmöglichkeit nach Abs. 4 besteht (BVerwG ZfBR 2012, 36). Richtet sich der Antrag auf die Feststellung der Nichtigkeit oder der Unwirksamkeit eines Bebauungsplans, so darf das Gericht nicht einen Antrag aus dem ursprünglichen Plan (oder eine vorangegangene Änderung) zu seiner Unwirksamkeitsfeststellung machen (BVerwG DVBl. 2000, 804). Eine Gemeinde hat kein rechtlich geschütztes Interesse daran, statt der vom Gericht festgestellten Nichtigkeit nur die Feststellung von dessen Rechtswidrigkeit bis zur Fehlerbehebung zu erreichen, wenn sie bereits ein Behebungsverfahren eingeleitet hat, das auch zur Heilung eines als nichtig erkannten Plans durchgeführt werden könnte (BVerwG NVwZ 2000, 808; OVG Bautzen SächsVBl. 2000, 216 – Kostenentscheidung). Dies dürfte nicht gelten, wenn ein solches Verfahren nicht eingeleitet ist. Die Entscheidung des OVG ist in gleicher Weise bekannt zu machen wie die städtebauliche Satzung bekannt zu machen wäre (§ 47 Abs. 5 S. 2 Hs. 2). Entsprechendes gilt für qualifizierte Flächennutzungspläne (→ Rn. 31).

4. Abschnitt. Planerhaltung § 215

ee) Veröffentlichung. Die Pflicht, die Entscheidung des OVG nach § 47 Abs. 5 33
S. 2 Hs. 2 zu veröffentlichen, obliegt der Gemeinde. Der Pflicht der Gemeinde zur
Fehlerbehebung entspricht gem. § 1 Abs. 3 S. 2 kein Anspruch Privater (BVerwG
NVwZ 1997, 893). Zur Pflicht, das Verfahren der Fehlerbehebung im ergänzenden
Verfahren zu prüfen und zu u. U. anzustellenden Ermessenserwägungen → Rn. 26.
Das Gericht muss sich nicht mit der Frage der Behebbarkeit befassen (*Uechtritz* ZfBR
2005, 11 (19); krit. *Sendler* DVBl. 2005, 659 (664)). Statt eines ergänzenden Verfahrens kann die Gemeinde in Ausübung ihrer Planungshoheit ein neues Bebauungsplanverfahren einleiten (→ auch BVerwG NVwZ 1997, 893). Das ergänzende Verfahren hat in derjenigen Phase des Rechtssetzungsverfahrens einzusetzen, in der der
Mangel verursacht worden ist. Von da ab sind alle Verfahrensschritte im Regelverfahren oder ggf. in vereinfachter (§ 13) mangelfrei durchzuführen (BVerwG
NVwZ 1998, 915; → auch Rn. 26). Mit der erneuten Bekanntgabe wird der Bauleitplan oder die sonstige städtebauliche Satzung wirksam. § 214 Abs. 4 ermächtigt die
Gemeinde auch nicht dazu, sich darauf zu beschränken, einen gerichtlich für unwirksam erklärten Bebauungsplan nichtig zu erklären. Erlässt die Gemeinde nach gerichtlicher Feststellung der Unwirksamkeit eines Plans einen neuen Bebauungsplan,
so hindert bei gleicher Sach- und Rechtslage die Rechtskraft das Gericht, in einem
von demselben Antragsteller beantragten Normenkontrollverfahren in eine neue
sachliche Bewertung der Gründe einzutreten, die die vorangegangene Feststellung
der Unwirksamkeit tragen (BVerwG ZfBR 2000, 191). Die Feststellung der (Teil)
Unwirksamkeit eines Bebauungsplans hindert die Gemeinde nicht daran, einen Bebauungsplan gleichen Inhalts aufzustellen mit dem Ziel, in dem „wieder aufgenommenen" Verfahren den Mangel zu beheben, der nach den Gründen der Normenkontrollentscheidung die Unwirksamkeit zur Folge hatte (BVerwG NVwZ 2000, 808).

§ 215 Frist für die Geltendmachung der Verletzung von Vorschriften

(1) ¹Unbeachtlich werden
1. eine nach § 214 Abs. 1 Satz 1 Nr. 1 bis 3 beachtliche Verletzung der dort bezeichneten Verfahrens- und Formvorschriften,
2. eine unter Berücksichtigung des § 214 Abs. 2 beachtliche Verletzung der Vorschriften über das Verhältnis des Bebauungsplans und des Flächennutzungsplans und
3. nach § 214 Abs. 3 Satz 2 beachtliche Mängel des Abwägungsvorgangs,

wenn sie nicht innerhalb eines Jahres seit Bekanntmachung des Flächennutzungsplans oder der Satzung schriftlich gegenüber der Gemeinde unter Darlegung des die Verletzung begründenden Sachverhalts geltend gemacht worden sind. ²Satz 1 gilt entsprechend, wenn Fehler nach § 214 Abs. 2a beachtlich sind.

(2) Bei Inkraftsetzung des Flächennutzungsplans oder der Satzung ist auf die Voraussetzungen für die Geltendmachung der Verletzung von Vorschriften sowie auf die Rechtsfolgen hinzuweisen.

Übersicht

	Rn.
1. Interne und externe Systematik	1
2. Unbeachtlichkeit bestimmter Fehler	2
a) Hinweispflicht nach Abs. 2	2
b) Relevante Fehler	3
3. Rüge	4
a) Rügeberechtigter	4
b) Form und Inhalt	5

	Rn.
c) Jahresfrist	6
d) Rechtsfolgen	7

1. Interne und externe Systematik. Die BauGB-Novelle 2007 hat die Frist für die Geltendmachung der Verletzung beachtlicher Fehler iS von § 214 auf **ein** Jahr verkürzt (Abs. 1 S. 1). Die Rügefrist gilt nicht für Fehler nach § 214 Abs. 1 S. 1 Nr. 4 und für Mängel im Abwägungsergebnis, wohl aber für nach § 214 Abs. 2a beachtliche Mängel. Abs. 1 S. 1 regelt auch Form, Inhalt und Adressaten der Rüge sowie die Rechtsfolgen der Rüge. S. 1 gilt gem. S. 2 entsprechend für Fehler, die bei Erlass eines Bebauungsplans der Innenentwicklung (§ 13a) begangen worden sind und die gem. § 214 Abs. 2a beachtlich sind (s. a. BT-Drs. 16/3308, S. 25). Abs. 2 verpflichtet die Gemeinde, bei Erlass eines Flächennutzungsplans, eines Bebauungsplans oder einer sonstigen städtebaulichen Satzung (→ Vorb. §§ 214–216 Rn. 2) auf die Voraussetzungen für die Geltendmachung der Verletzung von Vorschriften und die Rechtsfolgen nach Abs. 1 **hinzuweisen.** Nur wenn die Hinweispflicht des Abs. 2 erfüllt ist, kann die Unbeachtlichkeit formeller oder materieller Fehler nach § 214 eintreten. Durch fristgerechte Rüge nach § 215 kann die Unwirksamkeit eines Flächennutzungsplans, eines Bebauungsplans oder einer sonstigen städtebaulichen Satzung geltend gemacht und gerichtlich durchgesetzt werden. Der Gemeinde bleibt aber die Möglichkeit, den Fehler in **ergänzenden Verfahren** zu beheben (§ 214 Abs. 4). Zur **Prüfungsfolge** → Vorb. §§ 214–216 Rn. 2. Zur internen und externen Systematik der §§ 214–216 sowie ihrem Zweck, ihrer Entstehungsgeschichte und ihrer Zulässigkeit → Vorb. §§ 214–216. Zur **Überleitungsregelung** → § 233 Abs. 2 S. 3.

2. Unbeachtlichkeit bestimmter Fehler. a) Hinweispflicht nach Abs. 2. Eine Verletzung v. § 214 Abs. 1 S. 1 Nr. 1, 2 oder 3 (nicht Nr. 4; → § 214 Rn. 10), § 214 Abs. 2, § 214 Abs. 2a oder § 214 Abs. 3 S. 2 wird nur dann **unbeachtlich,** wenn der **Hinweis auf die befristete Geltendmachung** von Verletzungen (§ 215 Abs. 2) erfolgt ist. Durch den konstitutiven (BVerwG NVwZ 1996, 372) Hinweis sollen die Bürger auf die Voraussetzungen für die Geltendmachung der Verletzung von Verfahrens- und Formvorschriften und auf die Rechtsfolgen der Unbeachtlichkeit aufmerksam gemacht werden. Es ist darauf hinzuweisen, dass die Verletzung der in § 214 Abs. 1 Nr. 1 bis 3 bezeichneten Vorschriften nur beachtlich ist, wenn sie innerhalb eines Jahres seit der Bekanntmachung schriftlich unter Angabe des Sachverhalts gegenüber der Gemeinde geltend gemacht worden ist. Für den Hinweis gelten ähnlich einer Rechtsbehelfsbelehrung strenge Anforderungen hinsichtlich Vollständigkeit und Klarheit (OVG Weimar BeckRS 2011, 45 411; *Stüer* DVBl. 2010, 381 (391); *Uechtritz* in SU § 215 Rn. 41). Unterbleibt bei der Bekanntmachung (§ 12) bzw. der sonstigen ordnungsgemäßen Verkündung der Hinweis nach Abs. 2, so berührt das die Wirksamkeit des Planes oder der Satzung nicht. Die Unbeachtlichkeitsklausel des Abs. 1 greift dann nicht, sodass es beim allgemeinen Grundsatz der Nichtigkeit des Planes oder der Satzung wegen eines Form- oder Verfahrensfehlers bleibt (VGH Mannheim UPR 1996, 115; § 214 Rn. 2). Ob ein unterbliebener Hinweis nach Abs. 2 nach dem Zeitpunkt der ordnungsgemäßen Inkraftsetzung wirksam nachgeholt werden kann, ist str. (bejahend *Stock* in EZBK § 215 Rn. 57; *Dürr* in KK § 215 Rn. 21; *Jäde* in JDW § 215 Rn. 11; *Berkemann* in Mitschang, BauGB Novelle 2007, 2008, S. 63 (85); aA VGH Kassel BRS 42 Nr. 28; *Uechtritz,* SU § 214 Rn. 45; *Gaentzsch* BauGB 1991 § 215 Rn. 8; *Bracher* in BRS Nr. 1214; *Dolde* BauR 1990, 1 (2), jedenfalls nicht rückwirkend ergangener schon eingelegten Rügen. Wird ein(e) wegen eines Fehlers ungültige(r) Plan oder Satzung unter Behebung des Fehlers erneut in Kraft gesetzt, so kann der Hinweis gem. Abs. 2 nachgeholt werden (VGH Kassel BRS 46 Nr. 10; *Kukk* in SCH § 215 Rn. 10; zweifelnd *Petz* in BK § 215 Rn. 28). Für den Hinweis nach Abs. 2 bedarf es keines Ratsbeschlusses (BVerwG

DVBl. 1989, 1061). Ein Heilungshinweis, der als Zeitpunkt für den Lauf der Rügefrist statt der Bekanntmachung das Inkrafttreten des Bebauungsplans nennt, ist nicht von § 246 Abs. 2 gedeckt und widerspricht § 215 Abs. 1 (BVerwG Urt. v. 14.6.2012 – 4 CN 5.10).

b) Relevante Fehler. Nach § 215 Abs. 1 Nr. 2 aF konnten (innerhalb von 7 Jahren) gerügte „Mängel der Abwägung" unbeachtlich werden. Abs. 1 Nr. 3 stellt nur auf nach § 214 Abs. 3 S. 2 beachtliche Mängel des Abwägungsvorgangs ab. Der RegE des EAGBau sah keine Regelung zur Abwägung in § 215 vor. Solche Mängel sollten zeitlich unbeschränkt beachtlich sein (BT-Drs. 15/2250, S. 65). Zum Abs. 1 Nr. 3 heißt es unter Bezug auf den Bericht der Unabhängigen Expertenkommission (Rn. 139, 142): „Im Übrigen sollen schwerwiegende Mängel der Abwägung in Bezug auf das Abwägungsergebnis, wenn deswegen das Ergebnis der Planung schlechterdings unhaltbar ist, unbefristet geltend gemacht werden können" (BT-Drs. 15/2996 S. 99). Der RegE stellte anders als die Neuregelung nur auf das Abwägungsergebnis ab (→ auch § 214 Rn. 19). Abs. 1 Nr. 3 hingegen stellt auf die Regelung in § 214 Abs. 3 S. 2 einschl. Hs. 2 ab, die es nach dem Regierungsentwurf gerade nicht mehr geben sollte. Dieser Zwiespalt (krit. *Berkemann* in Berkemann/Halama, Erstkommentierungen zum BauGB 2004, 2005, § 215 Rn. 10) entspricht den dogmatischen Unsicherheiten, die das Zusammenspiel von § 2 Abs. 3, § 214 Abs. 1 S. 1 Nr. 1 u. Abs. 3 S. 2 enthält (→ § 2 Rn. 5; Vorb. §§ 214–216 Rn. 13; § 214 Rn. 20). Unbeachtlich werden nach § 215 I S. 1 nur die in Nr. 1–3 genannten Fehler, also die Ermittlungs- und Bewertungsfehler nach Nr. 1 (→ § 214 Rn. 4), die Beteiligungsfehler nach Abs. 1 S. 1 Nr. 2 (§ 214 Rn. 5f.), die Begründungsfehler nach Nr. 3 (→ § 214 Rn. 7–9) sowie Fehler bei der Entwicklung des Bebauungsplans aus dem Flächennutzungsplan (§ 214 II, → § 214 Rn. 11–14), beachtliche Mängel im Abwägungsvorgang nach § 214 III S. 2 (→ § 214 Rn. 19–22) und schließlich nach § 215 I S. 2 gem. § 214 Abs. 2a beachtliche Fehler beim Erlass eines Bebauungsplans der Innenentwicklung (§ 13a, § 214 Rn. 15–18). Die Neuregelungen beeinträchtigen den verfassungsrechtlich fundierten Kern der gerichtlichen Kontrolle der Abwägungsentscheidung nicht. Es ist daher möglich, an die Rspr (zB BVerwG DÖV 1982, 905) zur bisherigen Vorschrift über die Planerhaltung anzuknüpfen, ohne das europarechtskonforme (dazu VGH Mannheim, BauR 2015, 1089; *Kment* AöR 2005, 570; *ders.* In Erbguth, Neues Städtebau- und Raumordnungsrecht, 2007, S. 101 (121)) Anliegen des Gesetzgebers, die Gerichtskontrolle stärker auf das Verfahren auszurichten, zu konterkarieren (→ Vorb. §§ 214–216 Rn. 13). Zur Überleitungsfrist → § 233 Rn. 4.

3. Rüge. a) Rügeberechtigter. Die **Rüge** nach Abs. 1 ist von einem Rügeberechtigten geltend zu machen. **Rügeberechtigt** ist jedermann, also nicht nur ein tatsächlich oder rechtlich Betroffener (BVerwG DÖV 1982, 905), auch andere Behörden (*Stock* in EZBK § 215 Rn. 29; *Petz,* BK § 215 Rn. 18; *Uechtritz,* aaO, Rn. 20; aA *Dürr,* aaO, Rn. 9).

b) Form und Inhalt. Abs. 1 verlangt für die Rüge die **Schriftform**. Darunter fällt auch die Erklärung zur Niederschrift gegenüber der Gemeinde. Auch durch die Einreichung eines Schriftsatzes im Verlaufe eines mit der Gemeinde geführten Rechtsstreites wird die Rüge **gegenüber der Gemeinde** geltend gemacht, sobald nämlich diese einseitige empfangsbedürftige Willenserklärung der Gemeinde zugeht (OVG Bln-Bbg NVwZ-RR 2010, 956 (958); VGH München NVwZ-RR 2009, 835; VGH Mannheim NVwZ-RR 2009, 146; ausf. *Kohls* BauR 1982, 126; *Dolde* NJW 1982, 1785 (1791)). Es genügt nicht, dass die Gemeinde anderweitig Kenntnis erlangt hat (BVerwG NVwZ 1996, 372; Buchholz 406.11, § 244 Nr. 3; *Bracher,* BRS Rn. 1096; *Jäde,* aaO, Rn. 6). Die Rügefrist ist nicht erfüllt, wenn zwar fristgerecht ein Normenkontrollantrag gestellt wurde, aber Substantiierung und Konkretisierung fehlen (BVerwG ZfBR 2012, 261). Allgemein für die Zulässigkeit der Geltendma-

chung der Rüge in einem Rechtsbehelfs- oder Rechtsmittelverfahren OVG Lüneburg ZfBR 1980, 99; insoweit zust. *Söfker* ZfBR 1980, 152. Abs. 1 Hs. 2 schreibt vor, dass der **die Verletzung begründende Sachverhalt** darzulegen ist. Es genügt keine vorsorgliche pauschale „Generalrüge" (ausf. *Kukk,* UPR 2005, 19), sondern die Mängel sind schriftlich so konkret und substantiiert darzulegen, dass durch die Darstellung des maßgebenden Sachverhalts es der Gemeinde ermöglicht wird, ein ergänzendes Verfahren (§ 214 Abs. 4) zu prüfen (BVerwG ZfBR 2012, 26; NVwZ 1996, 373; VGH Mannheim, NVwZ 1989, 614). Es genügt, dass ein bestimmter Sachverhalt in seinem Kern so angesprochen ist, dass der Gemeinde eine Überprüfung und Entscheidung ermöglicht wird (VGH Mannheim DVBl. 1998, 1302; ebenso wenn Betroffener mit erkennbarem Rügewillen konkretisierte und substantiierte Einwendungen wiederholt, die er bereits im Verfahren nach § 3 Abs. 2 geltend gemacht hat (VGH Mannheim DVBl. 2012, 1042, aA 3 S. 30.11.2011 − 3 S 895/10 − juris Rn. 44). Nach einer Art. 19 Abs. 4 GG Rechnung tragenden Auslegung soll die **Substantiierungspflicht** als Voraussetzung wirksamer Rügen nur so weit gehen, wie die Fehler eindeutig erkennbar waren (*Boecker* BauR 1979, 361 (364)). Nach § 3 Abs. 2 vorgetragene Anregungen sind als Rüge von Abwägungsfehlern gedeutet werden (OVG Lüneburg NVwZ-RR 1998, 548). Wie § 155a BBauG räumt § 215 ausdrücklich kein **Akteneinsichtsrecht** zugunsten desjenigen ein, der eine Rüge vorbereitet (BT-Drs. 8/2885, S. 44; krit. *Boecker* BauR 1979, 361 (364); *Pagenkopf* BauR 1979, 1 (7)). Es liegt jedoch im Ermessen der Behörde, ob sie ein Akteneinsichtsrecht gewährt (*Lemmel,* BK § 215 Rn. 20), soweit nicht wie zB gem. § 10 II Berliner IFG ein Akteneinsichtsrecht im Verfahren der Bauleitplanung nach den IFG oder UIG der Länder besteht (§ 3 Rn. 2). Die Rügeberechtigung darf nicht über die Verweigerung des Akteneinsichtsrechts vereitelt werden (*Petz,* BK Rn. 21; *Stock,* aaO, § 215 Rn. 35 f.).

6 c) **Jahresfrist.** Die Rüge ist gem. Abs. 1 S. 1 innerhalb **eines Jahres** seit Bekanntmachung des Flächennutzungsplanes (§ 6 Abs. 6), des Bebauungsplanes (§ 10) oder der sonstigen Satzung geltend zu machen. Die auf ein Jahr verkürzte materielle Präklusionsfrist ist unionsrechtskonform (OVG Lüneburg BauR 2015, 1949; VGH Mannheim BauR 2015, 1089; *Kment* AöR 130 (2005) 570 (582, 610); zu EuGH NuR 2015, 765 − UvP-RW; krit. *Berkemann* in Mitschang, BauGB-Novelle 2007, S. 63 (84); *R. Bach,* Die Abwägung gem. § 1 Abs. 7 BauGB nach Erlass des EAG-Bau, 2011, s. 190; → § 2 Rn. 12a, § 4a Rn. 14; *Johlen,* NuR 2015, 513 → § 3 Rn. 16; *Bunge* NuR 2016, 11 (16) → Vorb. § 214−216 Rn. 12) ersetzt die vom EAG Bau anstelle der 1-jährigen Frist für Rügen nach Abs. 1 Nr. 1 aF und der 7-jährigen Frist für Rügen nach Abs. 1 Nr. 2 aF eingeführte zweijährige Rügefrist (dazu krit. *Berkemann,* Erstkommentierung aaO, § 215 Rn. 19; *Uechtritz,* SU § 215 Rn. 6, 14; *Lemmel,* aaO, Rn. 13). Maßgebend für die **Frist**wahrung ist der Eingang der Rüge bei der Gemeinde. Es genügt jedoch auch, wenn der Mangel fristgerecht in einem Gerichtsverfahren geltend gemacht wird, bei dem die Gemeinde beigeladen ist (VGH Mannheim VBlBW 1997, 137; OVG Münster NWVBl. 1997, 346) und der Gemeinde in der Frist zugegangen ist (VGH Mannheim, BauR 2015, 1089 (1095); *Uechtritz,* SU § 215 Rn. 23; aA *Dürr,* KK § 215 Rn. 11). Der Lauf der Frist nach Abs. 1 S. 1 − einer strikten Ausschlussfrist ohne Wiedereinsetzung in den vorigen Stand (VGH München BauR 2010, 1560; *Uechtritz,* SU § 215 Rn. 27) − richtet sich nach § 187 BGB entsprechend (VGH Mannheim, BauR 2015, 448). Zur Fristwahrung kommt es allein darauf an, ob sich der konkrete Mangel der Abwägung, der sich möglicherweise aus dem dargestellten Sachverhalt ergibt, nicht darauf, ob der Antragsteller und ein dritter Rügender ein übereinstimmendes Abwägungsinteresse haben (BVerwG ZfBR 2001, 418). Bei Unwirksamkeit der vorhergehenden ist die letzte Bekanntmachung maßgebend, auch wenn der Bebauungsplan mit Rückwirkung in Kraft gesetzt wurde (OVG Münster BauR 1982, 137). Wird ein Bebauungs-

plan erneut bekannt gemacht, so ist die Rügefrist auch gewahrt, wenn die Rüge nur nach der ersten fehlerhaften Bekanntmachung fristgerecht erhoben worden ist (BVerwG ZfBR 2012, 36). Die Frist des Abs. 1 ist eine Ausschlussfrist, sodass keine Wiedereinsetzung in den vorigen Stand zulässig ist. Mit Rücksicht auf den Gesetzeswortlaut und die Rechtssicherheit wahrt eine vor der Bekanntmachung des Planes oder der sonstigen Satzung, also noch während des vielfach beeinflussbaren und veränderbaren Planungsverfahrens geltend gemachte Rüge die Frist nicht (*Kukk*, aaO, Rn. 18; *Stock*, aaO, § 215 Rn. 38; *Jäde* in JDW § 215 Rn. 5; aA VGH München BRS 36, 45). Die in Abs. 1 S. 1 aufgeführten Fehler bleiben wegen § 86 VwGO auch dann nicht beachtlich, wenn der Antragsteller zwar selbst den Fehler nicht geltend gemacht, den Normenkontrollantrag jedoch innerhalb der Jahresfrist erhoben und begründet hat, das OVG jedoch außerhalb der Jahresfrist entschieden hat (BVerwG ZfBR 2015, 270). Ändert die Gemeinde einen Bebauungsplan, so ist für die ursprüngliche und die geänderte Fassung jeweils gesondert zu prüfen, welche Abwägungsmängel wegen Ablaufs der Frist unbeachtlich sind (BVerwG NVwZ 1999, 1338 aF). Die Bekanntmachung eines wiederholten Satzungsbeschlusses setzt die Rügefrist erneut in Lauf (VGH Mannheim VBlBW 2002, 304).

d) Rechtsfolgen. Die Formulierung – „Unbeachtlich **werden**" – soll klarstellen, 7 dass bis zum Fristablauf die VG die Bauleitpläne und Satzungen uneingeschränkt auf nach § 214 beachtliche Mängel von Amts wegen untersuchen dürfen. Die fristgerechte Rüge eröffnet also nicht erst die gerichtliche Überprüfung. Eine ordnungsgemäße und fristgerechte Rüge bewirkt, dass der gerügte Fehler nicht gem. Abs. 1 unbeachtlich wird. Der gerügte Fehler bleibt in jedem Gerichtsverfahren beachtlich, wenn ihn nur irgendjemand ordnungsgemäß und fristgerecht geltend gemacht hat – **absolute** (inter omnes) **Wirkung** (BVerwG DÖV 1982, 905; BauR 2001, 1888 (1889)). Die Rüge wirkt zeitlich unbeschränkt. Sie kann nicht wirksam zurückgenommen werden (*Kukk*, aaO, § 215 Rn. 20; *Dürr*, aaO, § 215 Rn. 17; aA *Bracher* in BRS Rn. 1097). Durch die Schriftlichkeit der Rüge wird der Kreis der präkludierten Rügen bestimmt (BVerwG BauR 2013, 55). Aufgrund der Rüge muss die Gemeinde auf unbestimmte Zeit damit rechnen, dass wegen des gerügten Fehlers der Plan oder die Satzung gerichtlich aufgehoben wird, sofern sie den Fehler nicht nach § 214 Abs. 4 behebt oder bei Klarheit über die Fehlerhaftigkeit ein förmliches Aufhebungsverfahren betreibt (BVerwG BauR 2001, 1888 (1889); OVG Lüneburg ZfBR 1995, 155; *Kukk* in SCH § 215 Rn. 22). Die Gemeinde ist nicht dazu verpflichtet, ordnungsgemäße und fristgerechte Rügen zu veröffentlichen (BT-Drs. 8/2885, S. 44; aA *Breuer* NVwZ 1982, 273 (280)). Die Gemeinde ist jedoch nach allgemeinem Verfahrensrecht verpflichtet, demjenigen, der eine mögliche Rechtsverletzung geltend machen kann, Auskunft zu gewähren (s. a. *Stock*, aaO, § 215 Rn. 41; *Dürr*, aaO, § 215 Rn. 31; *Petz* in BK § 215 Rn. 14). Die Frist ist auch bei einer Inzidentkontrolle zu beachten, so dass nach Verfristung nicht gerügte Fehler unbeachtlich sind (OVG Bautzen, IBRRS 75784).

§ 215a (weggefallen)

§ 216 Aufgaben im Genehmigungsverfahren

Die Verpflichtung der für das Genehmigungsverfahren zuständigen Behörde, die Einhaltung der Vorschriften zu prüfen, deren Verletzung sich nach den §§ 214 und 215 auf die Rechtswirksamkeit eines Flächennutzungsplans oder einer Satzung nicht auswirkt, bleibt unberührt.

§ 216

III. Kapitel. II. Teil. Allgemeine Vorschriften

1 **1.** § 216 stellt klar, dass die höhere Verwaltungsbehörde verpflichtet ist, im Genehmigungsverfahren den Flächennutzungsplan oder die Satzung (→ Vorb §§ 214–216 Rn. 2) **ohne Einschränkung** durch die §§ 214, 215 auf seine Rechtmäßigkeit zu überprüfen. Seit dem Wegfall des Anzeigeverfahrens für Bebauungspläne hat § 216 zahlenmäßig an Bedeutung verloren. Für das Genehmigungsverfahren eines Flächennutzungsplans und der Fälle des § 8 Abs. 2 wahrt § 216 die Rechtmäßigkeitsgewähr im Verwaltungsverfahren (v. *Nicolai* NordÖR 2001, 55 (59); *Gaentzsch*, FS Weyreuther 1993 S. 249 (258)). Zur rechtspolitischen Einschätzung *Dürr* in KK § 216 Rn. 2; krit. *Schmiemann*, FS Weyreuther, S. 235 (240). Zur Entstehungsgeschichte → Vorb. §§ 214–216 Rn. 3–5. § 216 betrifft nur das aufsichtsbehördliche Verfahren vor Inkrafttreten eines Flächennutzungsplans oder einer städtebaulichen Satzung. Eine **Verwerfungskompetenz** (der höheren Verwaltungsbehörde oder der Gemeinde) für fehlerhafte, nach Prüfung durch die höhere Verwaltungsbehörde bekannt gemachte Pläne oder Satzungen folgt aus § 216 nicht (*Berkemann* in Berkemann/Halama, BauGB-Novelle 2004, 2005, § 214 Rn. 10, 12; *Lemmel*, BK § 216 Rn. 4; *Stock* in EZBK § 216 Rn. 3).

2 **2.** Die höhere Verwaltungsbehörde ist im Genehmigungs- oder Anzeigeverfahren **verpflichtet,** einen Bauleitplan nicht nur im Hinblick auf Verfahrens- und Formfehler, „sondern auch auf den Abwägungsvorgang **ohne jede Einschränkung zu überprüfen**" (BVerwGE 64, 33 (39)). Da das Genehmigungs- oder Anzeigeverfahren (*Bracher*, BRS Rn. 1050; krit. *Jäde* in JDW § 216 Rn. 2) Bestandteil des Rechtsetzungsverfahrens ist, billigt BVerwG, aaO, ausdrücklich, dass die Genehmigungsbehörde während dieses noch **laufenden Verfahrens** auch auf die Vermeidung solcher Abwägungsfehler hinwirkt, die nicht zur Ungültigkeit des Planes führen würden. § 216 bezieht sich also nicht nur auf beachtliche Fehler i Sv § 214 (*Dolde* NJW 1982, 1785 (1786), Fn. 35; aA *Schwerdtfeger* JuS 1983, 270 (273); zurückhaltend *Lemmel*, BK § 216 Rn. 3; *Berkemann*, aaO, § 214 Rn. 9). Die höhere Verwaltungsbehörde, die ja anders als Gerichte in einem noch laufenden Verwaltungsverfahren tätig wird, darf auf Grund von Hinweisen von Bürgern auf Fehler hinweisen, die aus den Akten allein nicht erkennbar sind. Nach Abschluss des aufsichtsbehördlichen Verfahrens gelten die §§ 214, 215 auch für die Genehmigungsbehörde (*Kukk* in SCH § 216 Rn. 1; *Lemmel*, aaO, Rn. 5; aA *Deckert* BauR 2000, 1825 (1830)).

3 **3.** Versagt die höhere Verwaltungsbehörde zu Recht die Genehmigung oder beanstandet sie zu Recht im Anzeigeverfahren wegen eines Verstoßes gegen eine Vorschrift, deren Verletzung sich – im Verhältnis Bürger– Gemeinde – gem. §§ 214, 215 nicht auf die Rechtmäßigkeit des Planes auswirkt, so muss das **Gericht** eine zulässige **Verpflichtungsklage** der Gemeinde abweisen (*Lemmel* in BK § 216 Rn. 2). Das Gericht hat die Rechtmäßigkeit der Entscheidung der Aufsichtsbehörde nach den gleichen Maßstäben zu überprüfen, nach denen die Aufsichtsbehörde die Rechtskontrolle durchführt (*Kukk*, aaO, Rn. 3; *Lemmel*, aaO, Rn. 2; aA *Söfker* ZfBR 1979, 192). Bei einer Klage gegen die Ablehnung der Genehmigung oder gegen die Beanstandung können auch die nach §§ 214, 215 unbeachtlichen oder behebbaren Fehler zum Gegenstand der gerichtlichen Kontrolle gemacht werden (VGH München BayVBl. 1982, 497).

Dritter Teil. Verfahren vor den Kammern (Senaten) für Baulandsachen

Vorbemerkung zu den §§ 217 bis 232

1. In dem im 3. Teil (§§ 217–232) geregelten Verfahren vor den Kammern und Senaten für Baulandsachen werden öffentlich-rechtliche Streitigkeiten von in 1. und 2. Instanz atypisch besetzten Spruchkörpern der **ordentlichen Gerichtsbarkeit** in einem besonderen Antragsverfahren entschieden. Die Sonderregelung geht zurück auf Art. 14 Abs. 3 S. 4 GG, der für die Höhe der Enteignungsentschädigung den Rechtsweg vor den ordentlichen Gerichten (= Zivilgerichten) garantiert. Der Wortlaut von Art. 14 Abs. 3 S. 4 GG orientiert sich am Wortlaut von Art. 153 Abs. 2 S. 3 WRV. Vor der Einführung der verwaltungsgerichtlichen Generalklausel (1945–47) war hinsichtlich der Zulässigkeit und des Umfangs der Enteignung kein umfassender Gerichtsschutz gewährleistet, sondern idR nur verwaltungsinterne Kontrolle möglich (s. *Kalb* in EZBK Vorb. §§ 217–232 Rn. 2). Entsprechend der alten Fiskustheorie konnte der die Enteignung „duldende" Bürger nur sein „Liquidationsrecht" zivilgerichtlich durchsetzen. Da das GG zur Verwirklichung seiner umfassenden Rechtsschutzgarantie (Art. 19 Abs. 4 GG) die Verwaltungsgerichtsbarkeit gem. Art. 92, 95, 97 GG gleichberechtigt neben der ordentlichen Gerichtsbarkeit als unabhängige Gerichte errichtete, war Art. 14 Abs. 3 S. 4 GG von Anfang an entbehrlich (s. a. *Groß* FS Krautzberger 2008, S. 35 (44)). *Thomas Dehler,* der im Parlamentarischen Rat die Einführung der Rechtswegklausel beantragte, nannte später im Bundestag (BTStenBer. II/685a) als Grund für die Aufnahme des Art. 14 Abs. 3 S. 4 ins GG, die Zuweisung zu den Zivilgerichten solle eine eigentümerfreundliche Entschädigung durch Zivilgerichte sichern. Die verfassungsrechtlich vorgezeichnete Zweigleisigkeit des Rechtsweges ist ein Übel (*Porger* in BK Vorb. § 217 Rn. 3; *Scharmer,* KK Vorbem. zu §§ 217 bis 223, Rn. 2), weil ein einheitlicher Entscheidungskomplex zulasten aller Beteiligten aufgespalten wird. Die Baulandgerichte sind zur Inzidentkontrolle von Bau- und Umlegungsplänen befugt (BGHZ 66, 322; dazu und im Vergleich zur Kontrolle des BVerwG *Quaas* in FG 50 Jahre Bundesverwaltungsgericht, 2003, S. 37 (52); → auch § 223 Rn. 4). Eine verwaltungsgerichtliche Entscheidung über die Gültigkeit eines Bebauungsplans bindet im Rahmen ihrer Rechtskraftwirkung auch die Baulandgerichte, für die die Wirksamkeit nur eine Vorfrage ist (BGH NVwZ 1995, 412).

2. a) Die §§ 217–232 sollen dieses Übel nach dem Vorbild des BaulandbeschaffungsG, das vornehmlich zur Verfahrensbeschleunigung ein Baulandverfahren einführte, dadurch lindern, dass sie für alle Verwaltungsakte, die in einem Umlegungs-, Grenzregelungs-, Enteignungs- oder Härteausgleichsverfahren ergehen, sowie für alle im BauGB sonst noch vorgesehenen Verwaltungsakte, denen eine Entschädigungsregelung beizufügen ist, die Teilzuständigkeit der Verwaltungs- und Zivilgerichte zusammenfassen und als Gesamtzuständigkeit auf besondere Kammern für Baulandsachen bei den Landgerichten (§ 217 Abs. 1 S. 4) und Senate für Baulandsachen bei den Oberlandesgerichten (§ 239) sowie als Revisionsinstanz auf den BGH (§ 230) übertragen. Die **Spruchkörper** der Instanzgerichte bestehen seit 1993 aus jeweils zwei Zivilrichtern und einem Verwaltungsrichter. Der Entscheidung über die Rechtmäßigkeit der zu entschädigenden Maßnahme sollen besondere Kenntnisse und Erfahrungen der Verwaltungsrichter zugute kommen. § 217 Abs. 1 bestimmt die Zuständigkeit der Baulandgerichte nach dem **Enumerationsprinzip.** § 232 ermächtigt die Länder, den Baulandgerichten auf Landesrecht beruhende Enteignungs- und Entschädigungsverfahren zuzuweisen, um auch insoweit die Zweigleisigkeit des

§ 217 III. Kapitel. III. Teil. Verfahren vor den Kammern (Senaten)

Rechtsweges einschränken zu können. Zu Novellierungen des Verfahrens vor den Baulandgerichten → *Kalb* in EZBK Vorb. §§ 217–232 Rn. 39–67. Zur gescheiterten Reform *Kalb*, aaO, Rn. 68f.

3 **b)** Im **Baulandverfahren** sind grundsätzlich die für den Zivilprozess geltenden Vorschriften der ZPO, des GVG und des GKG entsprechend anzuwenden, soweit sich nicht aus den §§ 217–231 anderes ergibt (§ 221 I 1). Die besonderen Vorschriften tragen dem öffentlich-rechtlichen Charakter des Baulandverfahrens Rechnung. Ohne sich ausgeprägt an die VwGO anzulehnen, dienen sie vornehmlich der **Verfahrensbeschleunigung** (s. *Genrich*, Rechtsschutz in Baulandsachen, Diss. jur. Berlin, 1973, S. 183). Verwaltungsakte in Baulandsachen können nicht durch Klage, sondern müssen durch **Antrag auf gerichtliche Entscheidung** angefochten werden (§ 217 Abs. 1 S. 1). Der befristete Antrag ist bei der Behörde zu stellen, die den Verwaltungsakt erlassen hat (§ 217 Abs. 2). Die Behörde hat den Vorgang an das zuständige LG weiterzuleiten (§ 217 Abs. 4). Ziel des Antragsbegehrens ist die Anfechtung eines Verwaltungsaktes oder die Verurteilung zum Erlass eines Verwaltungsakts, zu einer sonstigen Leistung sowie einer Feststellung (§ 217 Abs. 1 S. 3). Mehrere Anträge können gleichzeitig verhandelt und entschieden werden (§ 221 Abs. 3). Im Baulandverfahren gibt es keine Parteien, sondern nur **Beteiligte** (§ 222 Abs. 1), die auch nicht wie in § 63 VwGO noch nach ihrer Rolle im Prozess unterschieden werden. Für Beteiligte, die Anträge zur Sache stellen, gilt **Anwaltszwang** (§ 222 Abs. 3 S. 2). Zur Ersetzung des Verhandlungsgrundsatzes durch den Untersuchungsgrundsatz → § 221 Rn. 2. Die Gestaltungsbefugnis der Baulandgerichte geht insoweit über die der Verwaltungsgerichte hinaus, als sie Enteignungsbeschlüsse ohne Beschränkung auf die Rechtskontrolle erlassen können, auch wenn Streitgegenstand nicht eine Geldleistung ist (§ 226 Abs. 3). Einigen sich die Beteiligten während eines gerichtlichen Verfahrens, das eine Enteignung betrifft, so tritt das Gericht an die Stelle der Enteignungsbehörde (§ 231). Mangels Partei wird für die Kostenentscheidung in bestimmten Fällen eine unterliegende Partei fingiert (§ 228). Weitere Besonderheiten sind die Säumnisregelung (§ 227), die eingeschränkte Zulässigkeit von Teilurteilen (§ 226 Abs. 4), die Nichtanwendung des § 227 Abs. 3 S. 1 ZPO – Rechtsanspruch auf Terminänderung zwischen 1.7. und 31.8. (§ 221 Abs. 1 S. 2), im Enteignungsverfahren die begrenzte Spruchgewalt bei vorangehender Wiedereinsetzung (§ 218 Abs. 2), die Anordnung vorzeitiger Ausführung (§ 225).

§ 217 Antrag auf gerichtliche Entscheidung

(1) ¹**Verwaltungsakte nach dem Vierten und Fünften Teil des Ersten Kapitels sowie nach den §§ 18, 28 Absatz 3, 4 und 6, den §§ 39 bis 44, § 126 Absatz 2, § 150 Absatz 2, § 179 Absatz 4, den §§ 181, 209 Absatz 2 oder § 210 Absatz 2 können nur durch Antrag auf gerichtliche Entscheidung angefochten werden.** ²Satz 1 ist auch anzuwenden auf andere Verwaltungsakte auf Grund dieses Gesetzbuchs, für die die Anwendung des Zweiten Abschnitts des Fünften Teils des Ersten Kapitels vorgeschrieben ist oder die in einem Verfahren nach dem Vierten oder Fünften Teil des Ersten Kapitels erlassen werden, sowie auf Streitigkeiten über die Höhe der Geldentschädigung nach § 190 in Verbindung mit § 88 Nr. 7 und § 89 Abs. 2 des Flurbereinigungsgesetzes. ³Mit dem Antrag auf gerichtliche Entscheidung kann auch die Verurteilung zum Erlass eines Verwaltungsakts oder zu einer sonstigen Leistung sowie eine Feststellung begehrt werden. ⁴Über den Antrag entscheidet das Landgericht, Kammer für Baulandsachen.

(2) ¹**Der Antrag ist binnen eines Monats seit der Zustellung des Verwaltungsakts bei der Stelle einzureichen, die den Verwaltungsakt erlassen hat.** ²Ist die ortsübliche Bekanntmachung des Verwaltungsakts vorgeschrieben,

III. Teil. Verfahren vor den Kammern (Senaten) **§ 217**

so ist der Antrag binnen sechs Wochen seit der Bekanntmachung einzureichen. ³Hat ein Vorverfahren (§ 212) stattgefunden, so beginnt die in Satz 1 bestimmte Frist mit der Zustellung des Bescheids, der das Vorverfahren beendet hat.

(3) ¹Der Antrag muss den Verwaltungsakt bezeichnen, gegen den er sich richtet. ²Er soll die Erklärung, inwieweit der Verwaltungsakt angefochten wird, und einen bestimmten Antrag enthalten. ³Er soll die Gründe sowie die Tatsachen und Beweismittel angeben, die zur Rechtfertigung des Antrags dienen.

(4) ¹Die Stelle, die den Verwaltungsakt erlassen hat, hat den Antrag mit ihren Akten unverzüglich dem zuständigen Landgericht vorzulegen. ²Ist das Verfahren vor der Stelle noch nicht abgeschlossen, so sind statt der Akten Abschriften der bedeutsamen Aktenstücke vorzulegen.

Übersicht

	Rn.
1. Allgemeines	1
2. Sachliche Zuständigkeit der Baulandgerichte	2
a) Enumerationsprinzip	2
b) Die einzelnen Zuständigkeitsregelungen	3
c) Zuständigkeit kraft Sachzusammenhang	4
3. Antrag auf gerichtliche Entscheidung	5
a) Ziel des Antrags	5
b) Antragsbefugnis	6
c) Adressat des Antrags	7
d) Antragsfrist	8
e) Form und Inhalt	9
f) Vorlage durch die Behörde	10
4. Rechtsfolgen des Antrags	11

1. Allgemeines. Abs. 1 S. 1, 2 bestimmt die sachliche Zuständigkeit der Baulandgerichte durch die abschließende Aufzählung der nach dem BauGB ergangenen Verwaltungsakte, die durch Antrag auf gerichtliche Entscheidung angefochten werden können – Enumerationsprinzip. Abs. 2 und 3 regeln Adressaten, Frist, Form und Inhalt des Antrags. Abs. 4 verpflichtet die Behörde, die Adressat des Antrags ist, den Antrag mit ihren Akten unverzüglich dem zuständigen Landgericht – Kammer für Baulandsachen (Abs. 1 S. 4) – vorzulegen. § 217 regelt nicht, wer zur Stellung des den Rechtsstreit vor den Baulandgerichten eröffnenden Antrags befugt ist und welche Rechtsfolgen der Antrag hat. Die Antragsart (Ziel des Antragsbegehrens) regeln Abs. 1 S. 1 und S. 3. Weitere Zuständigkeiten der Baulandgerichte folgen aus § 232 iVm der jeweiligen landesrechtlichen Regelung. 1

2. Sachliche Zuständigkeit der Baulandgerichte. a) Enumerationsprinzip. Da Abs. 1 S. 1, 2 die **sachliche Zuständigkeit** der Baulandgerichte nach dem **Enumerationsprinzip** bestimmt, können vor den Baulandgerichten von den nach dem BauGB ergangenen Verwaltungsakten nur die in dieser Vorschrift angeführten überprüft werden. Für alle anderen nach dem BauGB ergehenden Verwaltungsakte sind die VG zuständig (Zusammenstellung bei *Dösing*, SU § 217 Rn. 2-10) mit Ausnahme der Bußgeldbescheide (§ 213: Amtsgericht). Da das Tatbestandsmerkmal Verwaltungsakt im BauGB nicht definiert wird, gilt die Definition des § 35 VwVfG. Behördliche Verfahrenshandlungen, die der Vorbereitung einer regelnden Entscheidung dienen, sind mangels eigenen Regelungsgehaltes keine Verwaltungsakte (BVerwG NJW 1982, 120; krit. dazu *Stelkens* NJW 1982, 1137; → auch § 208 Rn. 4, § 210 Rn. 4). 2

3 b) Die einzelnen Zuständigkeitsregelungen. Die Baulandgerichte entscheiden über alle Verwaltungsakte, die im Umlegungs-, Grenzregelungs- und Enteignungsverfahren ergehen, auch wenn sie keine Entschädigungsregelung treffen, darüber hinaus über die Verwaltungsakte, die aus Anlass einer Veränderungssperre (§ 18), der Ausübung des Vorkaufsrechts (§ 28 Abs. 3, 4, 6), nutzungsbeschränkender Planungsmaßnahmen (§§ 39–44), des Härteausgleichs (§ 181), von erschließungsrechtlichen Duldungspflichten (§ 126 Abs. 2), von Vorarbeiten auf Grundstücken (§ 209 Abs. 2) sowie der Wiedereinsetzung in den vorigen Stand (§ 210 Abs. 2) ergehen. Der Wortlaut von Abs. 1 S. 1, 2 erlaubt es entgegen der ursprünglichen Intention des Gesetzgebers (BT-Drs. 7/2496, S. 44) nicht, auch gegen die Ausübung der gemeindlichen Vorkaufsrechte gem. § 28 Abs. 2 Rechtsschutz vor den Baulandgerichten (statt vor den Verwaltungsgerichten) zu gewähren (VGH München BauR 1980, 249; VGH Kassel NVwZ 1983, 556; *Engelken* DÖV 1978, 679; *Kalb* in EZBK § 217 Rn. 15b; *Wurster* in Hoppenberg/de Witt, K VII, Rn. 19; aA *Martens/Horn* DVBl. 1979, 146; *Amann* DVBl. 1979, 807). Abs. 1 S. 2 eröffnet die Zuständigkeit der Baulandgerichte auch für Verwaltungsakte, für die die Anwendung des Entschädigungsabschnitts im Enteignungsteil (§§ 93–103) vorgeschrieben ist, zB § 176 Abs. 4, § 28 Abs. 6 S. 2, aber auch § 176 Abs. 5 S. 2, § 179 Abs. 3 S. 3, in denen über § 43 Abs. 2 S. 3 auf den zweiten Abschnitt des 5. Teils des 1. Kapitels verwiesen wird, und für Verwaltungsakte, die zwar nicht selbst Maßnahmen der Umlegung, Grenzregelung oder Enteignung sind, für deren Erlass aber das Verfahren nach den §§ 45–122 vorgeschrieben ist, zB Entschädigungs- und Übernahmeanträge aus Erhaltungsgeboten (§§ 172 f.) oder Enteignung nach § 9 Abs. 1, 2 VerkehrswegeplanungsbeschleunigungsG, und schließlich für Streitigkeiten über die Höhe der Geldentschädigung nach § 190 iV m § 88 Nr. 7, § 89 Abs. 2 FlurbG – Flurbereinigung im Zusammenhang mit städtebaulichen Maßnahmen. Unter Abs. 1 S. 1 fallen auch Streitigkeiten über vorzeitige Besitzeinweisungen nach dem VerkehrswegeplanungsbeschleunigungsG (BVerwG NVwZ-RR 1999, 485; SächsVBl. 2000, 209) sowie auf Grund von § 11 Abs. 2 EuWG iVm Anl. 1 Kap. V Sachgeb. D Abschn. III Nr. 11 EV (OVG Bautzen VIZ 1998, 702). Zu weiteren Zuständigkeiten kraft Landesrechts s. § 232.

4 c) Zuständigkeit kraft Sachzusammenhang. Die Zuständigkeitsregelung des Abs. 1 S. 1, 2 wird im Zweifelsfall **weit ausgelegt** (s. a. *Kirchberg* VBlBW 1990, 161 (170)). Der Rechtsweg zu den Baulandgerichten soll immer dann gegeben sein, wenn ein rechtlicher oder tatsächlicher Zusammenhang zwischen dem angefochtenen Verwaltungsakt und den im 4. und 5. Teil des 1. Kapitels geregelten oder den sonstigen den Baulandgerichten zugewiesenen Materien besteht – **Zuständigkeit kraft Sachzusammenhangs** (BGHZ 99, 262 (270): Entschädigungsanspruch aus enteignungsgleichem Eingriff wegen rechtswidrig erteilten Einvernehmens nach § 36; BGH NVwZ-RR 1991, 593 (595): Übernahmeanspruch nach saar StrG; OLG Düsseldorf NJW 1966, 208: Festsetzung des Mietausfalls durch den Umlegungsausschuss; OVG Hamburg BauR 1970, 167: Bescheid, durch den eine Gebühr für die Entscheidung über die Entschädigung nach §§ 40–44 festgesetzt wird; VGH Kassel ESVGH 27, 175: Entscheidung über einen Antrag auf Wiedereinsetzung in den vorigen Stand gegen die Versäumung der Widerspruchsfrist im Umlegungsverfahren; OLG Celle EPlaRV OLG Celle 12.77: Wiedereinweisung des Grundstückseigentümers in den Besitz nach Aufhebung des Besitzeinweisungsschlusses; s. a. BGH NJW 1986, 933: gesetzlich nicht geregeltes isoliertes Entschädigungsfeststellungsverfahren analog § 111. Eine erweiternde Auslegung zugunsten der Baulandgerichte lehnt ab OVG Lüneburg NJW 1970, 1142 für die Anfechtung einer eine Enteignung vorbereitenden Duldungsverfügung nach § 151 BBauG = § 209 BauGB; → § 209 Rn. 3. Für Streitigkeiten über die Wirksamkeit eines öffentlich-rechtlichen Vertrages, der ohne Beteiligung der Enteignungsbehörde zur Abwendung eines Enteignungsverfahrens geschlossen wurde, ist der Verwaltungsrechtsweg gegeben, wenn die recht-

III. Teil. Verfahren vor den Kammern (Senaten) § 217

lichen Schwerpunkte des Vertrages im Kommunalrecht liegen (VGH Mannheim VBlBW 1987, 388).

3. Antrag auf gerichtliche Entscheidung. a) Ziel des Antrags. Ziel des **Antrags auf gerichtliche Entscheidung kann nicht nur entsprechend der Anfechtungsklage der VwGO die Aufhebung** eines erlassenen Verwaltungsaktes, sondern, wie Abs. 1 S. 3 klarstellt, auch entsprechend der Verpflichtungsklage der VwGO die **Verpflichtung** der Behörde zum Erlass eines Verwaltungsaktes sein (OVG Lüneburg NJW 1964, 687). Zulässig ist auch eine Verpflichtungsklage in Form der Untätigkeitsklage iSv § 75 VwGO, wenn die Behörde einen Antrag auf Erlass eines Verwaltungsaktes nicht bescheidet (BGH NJW 1966, 1267; NJW 1976, 1264). Ein der Feststellungsklage entsprechender Antrag auf **Feststellung** des Bestehens oder Nichtbestehens eines Rechtsverhältnisses ist zulässig, wenn der Antragsteller ein berechtigtes Interesse an der baldigen Feststellung hat, zB zur Vorbereitung einer zivilgerichtlichen Entschädigungs- oder Schadensersatzklage (BGH NJW 1977, 716; KG NJW 1970, 614: Feststellung der Rechtswidrigkeit des Verwaltungsaktes; OLG Hamm NVwZ 1990, 103 – Unzulässige Feststellungsklage zur Richtigkeit einer Auskunft gem. § 42 Abs. 10). Die Nichtigkeit eines Verwaltungsaktes kann entsprechend § 43 Abs. 2 S. 2 VwGO sowohl durch Anfechtungsantrag als auch durch Feststellungsantrag geltend gemacht werden (BGHZ 40, 148; BVerwG NJW 1986, 2845: Nichtigkeit eines Enteignungsbeschlusses). Der allgemeinen Leistungsklage entsprechende **Leistungsanträge** sind auf Grund der weiten Fassung von Abs. 1 S. 3 nicht nur dann statthaft, wenn sie auf den Vollzug eines Verwaltungsaktes der in Abs. 1 genannten Art gerichtet sind (zur früheren Rechtslage: BGHZ 86, 104; *Sauer* DVBl. 1974, 133; aA OLG Saarbrücken DVBl. 1974, 131; einschränkend *Porger* in BK § 217, Rn. 11). Zulässig ist auch ein Antrag auf Aufhebung der Vollstreckbarkeit eines Verwaltungsaktes – **Vollstreckungsgegenklage**, § 767 ZPO, iV m § 217 BBauG, § 173 VwGO –, zB gegen die Vollstreckbarkeit des Auszugs aus einem Umlegungsverzeichnis (LG Darmstadt NVwZ 1982, 525; *Kalb* in EZBK § 217 Rn. 35; anders OLG Frankfurt NVwZ 1985, 221) sowie die Klage gegen die Zulässigkeit der Vollstreckung aus einem im Baulandverfahren geschaffenen Titel (BGH NJW 1975, 829).

b) Antragsbefugnis. Die **Antragsbefugnis** hat jede natürliche oder juristische Person, die entsprechend § 42 Abs. 2 VwGO substantiiert geltend machen kann, durch einen Verwaltungsakt iSv Abs. 1 S. 1, durch seine Ablehnung oder Unterlassung in ihren Rechten verletzt zu sein (BGHZ 66, 322). Außer dem Eigentum können auch dingliche oder obligatorische Rechte die Antragsbefugnis begründen. Gemeinschaftseigentum kann vom einzelnen Wohnungseigentümer geltend gemacht werden (BGH Karlsruhe NZM 2001, 768). Die Stellung als Beteiligter iSv § 222 Abs. 1 ist ein Indiz für die Antragsbefugnis. Der Umlegungsausschuss, dessen Entscheidung durch Widerspruchsbescheid des oberen Umlegungsausschusses aufgehoben worden ist, ist wegen seiner besonderen Rechtsstellung und Funktion als ein Organ der Gemeinde befugt, eine gerichtliche Entscheidung zu beantragen (BGHZ 113, 139). Die Enteignungsbehörde ist ohne Beeinträchtigung eines eigenen Rechts oder ihrer allgemeinen Verwaltungsfunktion zur Einlegung eines Rechtsmittels befugt, auch wenn sie in den Vorinstanzen keine eigenen Anträge gestellt hat (BGH WM 1990, 1173).

c) Adressat des Antrags. Adressat des Antrags auf gerichtliche Entscheidung ist nicht das Gericht, sondern die Stelle, die den ursprünglichen Verwaltungsakt erlassen hat oder hätte erlassen müssen (Abs. 2 S. 1). Diese vornehmlich der Verfahrensbeschleunigung dienende Regelung gilt auch, wenn ein Widerspruchsverfahren stattgefunden hat (BGHZ 41, 249; 54, 364). Ein Widerspruchsverfahren, das unzulässigerweise von der Gemeinde statt von der Enteignungsbehörde durchgeführt worden ist, erfüllt die Sachurteilsvoraussetzung des Abs. 2 S. 1 nicht (OLG Frankfurt NVwZ

§ 217 III. Kapitel. III. Teil. Verfahren vor den Kammern (Senaten)

1989, 398; OLG Hamm NVwZ 1998, 658). Wird die Klage der zuständigen Behörde verspätet zugestellt, weil in der Klagschrift die Behörde benannt worden ist, die fälschlicherweise im Rubrum des Entschädigungsfeststellungsbeschlusses genannt worden ist, kann die Zustellung nach „demnächst erfolgt" (§ 167 ZPO) bewertet werden (BGH NJW-RR 2006, 789). Zu den Folgen einer fehlerhaften Rechtsbehelfsbelehrung → § 211 Rn. 3. Ein durch den Widerspruchsbescheid erstmalig beschwerter Beteiligter kann analog §§ 78 Abs. 2, 79 Abs. 1 Nr. 1, Abs. 2 VwGO den Antrag auf gerichtliche Entscheidung auch bei der Widerspruchsbehörde einreichen (BGH NJW 1992, 2637; aA *Lubbe* DÖV 1972, 928). Bei einer allgemeinen Leistungsklage kann der Antrag unmittelbar bei Gericht gestellt werden (BGHZ 86, 104); ebenso bei einer Feststellungs- oder Vollstreckungsgegenklage (*Kirchberg* VBlBW 1990, 171).

8 **d) Antragsfrist.** Die **Antragsfrist** beträgt bei Zustellung des Verwaltungsaktes einen Monat, bei öffentlicher Bekanntgabe sechs Wochen (Abs. 2 S. 1, 2). Maßgebend für die Zustellung ist Landesrecht. An Eheleute ist gesondert zuzustellen (OLG Düsseldorf NWVBl. 1988, 28). Ist ein Verwaltungsakt sowohl öffentlich bekannt zu machen als auch zuzustellen, so gilt für den, dem der Verwaltungsakt zuzustellen war, die Monatsfrist. Im Fall eines Vorverfahrens beginnt die Monatsfrist mit der Zustellung des Widerspruchsbescheides (Abs. 2 S. 3). Die vorausgegangene Durchführung des Verfahrens vor der höheren Verwaltungsbehörde (§ 212) ist Sachurteilsvoraussetzung, deren Fehlen zur Abweisung wegen Unzulässigkeit führt (BGH NJW 1976, 1264; NJW 1986, 933). Gem. § 221 Abs. 1 S. 1 BauGB iVm § 222 ZPO und § 187 BGB beginnt die Frist mit dem auf die Zustellung bzw. auf den letzten Tag der Bekanntgabe folgenden Tag. Zum Fristablauf s. § 188 Abs. 2 BGB. Zu den Folgen einer fehlenden oder unrichtigen Rechtsbehelfsbelehrung → § 211 Rn. 3.

9 **e) Form und Inhalt.** Der Antrag bedarf der **Schriftform.** Er muss also eigenhändig unterschrieben sein oder zur Niederschrift bei der Geschäftsstelle eingelegt werden. Eine Antragstellung per Email ist nur möglich, wenn die Behörde hierfür einen Zugang eröffnet hat. Die Email muss den Anforderungen des § 3a II VwVfG – qualifizierte elektronische Signatur – genügen, die insoweit mit § 130a ZPO übereinstimmt (aA *Dösing*, aaO, Rn. 33.1); beim Computerfax genügt eine eingescannte Unterschrift, beim Telefax nur eigenhändige (BVerfG NJW 2007, 3117; BGH NJW 2006, 3784). Abs. 3 S. 1 schreibt zwingend nur die Bezeichnung des Verwaltungsaktes vor. Dabei genügt es, dass aus der Gesamtheit des Antragsvorbringens mit Sicherheit auf einen bestimmten Verwaltungsakt geschlossen werden kann (*Scharmer* in KK § 217, Rn. 26). Die Bestimmtheit und die übrigen Anforderungen an den **Inhalt** des Antrags – Angabe der Gründe, Tatsachen und Beweismittel – sollen nur erfüllt werden. Ihre Nichterfüllung führt nicht zur Prozessabweisung. Für die Stellung des Antrags bei der Behörde gilt kein Anwaltszwang (BGHZ 41, 249; wN bei *Kalb*, aaO, Rn. 82–85). Eine begrenzte Anfechtung muss der Antragsteller zum Ausdruck bringen. Im Zweifel gilt der Verwaltungsakt insgesamt als angefochten (BGH DÖV 1968, 65; BGHZ 72, 51; *Kalb*, aaO, Rn. 74–77). Ein Antrag auf eine gerichtliche Entscheidung über eine Geldforderung muss nicht genau beziffert sein (OLG Hamm NVwZ-RR 1998, 214).

10 **f) Vorlage durch die Behörde.** Die Behörde hat den Antrag unverzüglich, also ohne schuldhaftes Zögern (§ 121 Abs. 1 S. 1 BGB), mit den Akten dem zuständigen **LG vorzulegen.** Abs. 4 S. 1 erlaubt der Behörde, den von ihr erlassenen Verwaltungsakt im Rahmen ihrer Zuständigkeit als Herrin des Verwaltungsverfahrens gem. §§ 48–50 VwVfG vor einer Vorlage an das LG aufzuheben oder zu ändern (BGHZ 41, 183/187). Akten sind alle entscheidungserheblichen Unterlagen der Behörde. Die Vorlage von Abschriften genügt gem. Abs. 4 S. 2 in den Fällen, in denen vor dem Erlass des Verwaltungsaktes, der das Ziel des Verwaltungsverfahrens ist, zB Umle-

III. Teil. Verfahren vor den Kammern (Senaten) **§ 218**

gungsplan, eine Zwischenmaßnahme der Behörde angefochten wird, zB eine vorzeitige Besitzeinweisung gem. §§ 77, 116 (*Scharmer* in KK § 217, Rn. 26).

4. Rechtsfolgen des Antrags. Mit Eingang des Antrages bei Gericht tritt **11 Rechtshängigkeit** ein. Der Antrag hat grundsätzlich aufschiebende Wirkung – **Suspensiveffekt.** Der angefochtene Verwaltungsakt darf also nicht vollzogen werden, wie sich aus dem Umkehrschluss aus § 224 ergibt. Mit der aufschiebenden Wirkung des Antrags ist es vereinbar, dass die Enteignungsbehörde (Umlegungsstelle) nach der Anfechtung des Enteignungsbeschlusses (Umlegungsplan) die vorzeitige Besitzeinweisung anordnet (hM; KG, BBauBl. 1963, 81; *Dittus* NJW 1963, 793; *Porger*, aaO, Rn. 22; aA *Hönn* NJW 1962, 143; *Otto* NJW 1962, 622). Zur vorzeitigen Ausführungsanordnung trotz Anfechtung des Enteignungsbeschlusses s. § 225. Für das Ende der aufschiebenden Wirkung gilt § 80b Abs. 1 S. 1 VwGO entsprechend (aA OLG Rostock NVwZ 2000, 214). Das Berufungsgericht kann über deren Fortgeltung jedoch analog § 224 entscheiden.

§ 218 Wiedereinsetzung in den vorigen Stand

(1) ¹**War ein Beteiligter ohne Verschulden verhindert, die Frist nach § 217 Abs. 2 einzuhalten, so ist ihm auf Antrag vom Landgericht, Kammer für Baulandsachen, Wiedereinsetzung in den vorigen Stand zu gewähren, wenn er den Antrag auf gerichtliche Entscheidung binnen zwei Wochen nach Beseitigung des Hindernisses einreicht und die Tatsachen, die die Wiedereinsetzung begründen, glaubhaft macht.** ²**Gegen die Entscheidung über den Antrag findet die sofortige Beschwerde an das Oberlandesgericht, Senat für Baulandsachen, statt.** ³**Nach Ablauf eines Jahres, vom Ende der versäumten Frist an gerechnet, kann die Wiedereinsetzung nicht mehr beantragt werden.**

(2) **Ist der angefochtene Verwaltungsakt ein Enteignungsbeschluss und ist der bisherige Rechtszustand bereits durch den neuen Rechtszustand ersetzt (§ 117 Abs. 5), so kann das Gericht im Falle der Wiedereinsetzung den Enteignungsbeschluss nicht aufheben und hinsichtlich des Gegenstands der Enteignung oder der Art der Entschädigung nicht ändern.**

1. Durch die Wiedereinsetzung in den vorigen Stand bei schuldloser Versäumung **1** einer gesetzlichen Frist wird ein Beteiligter so gestellt, als habe er die Frist nicht versäumt. § 218 Abs. 1 S. 1 gibt dem Beteiligten, der die materiellen und formellen Voraussetzungen erfüllt –, Versäumung des Antragsfrist gem. § 217 Abs. 2 ohne Verschulden, befristeter und begründeter Antrag, Nachholen des Antrags – einen **Anspruch auf Wiedereinsetzung.** Für den Antrag gelten eine zweiwöchige Antragsfrist und eine einjährige Ausschlussfrist (Abs. 1 S. 1, 3). Abs. 1 S. 2 gewährt gegen den Wiedereinsetzungsbeschluss der Baulandkammer ein Rechtsmittel. Abs. 2 schränkt die Wiedereinsetzungsbefugnis bei der Anfechtung von Enteignungsbeschlüssen aus Gründen der Rechtssicherheit ein. § 218 gilt nur für den Antrag gem. § 217 Abs. 1. Für das weitere Verfahren vor den Baulandgerichten gilt § 233 ZPO (*Kalb* in EZBK § 218 Rn. 2f.; offen gelassen von BGHZ 41, 249). Zu § 218 s. a. *Kirchberg* VBlBW 1990, 161 (171).

2. **a)** Materiellrechtliche Voraussetzung für die Gewährung der Wiedereinsetzung **2** ist, dass der Beteiligte **ohne Verschulden** verhindert war, die Frist für den Antrag nach § 217 Abs. 1 einzuhalten. Zur Frist → § 217 Rn. 8. Ob Verschulden vorliegt, ist ebenso wie in § 233 ZPO, § 60 VwGO, § 210 BauGB, § 32 VwVfG nach einem subjektiven Fahrlässigkeitsbegriff zu bestimmen.

3 b) Wiedereinsetzung wird nach Abs. 1 nur auf **Antrag** gewährt. Die **Antragsfrist** beträgt zwei Wochen nach Wegfall des Hindernisses. Innerhalb der Frist sind die Tatsachen, die die Wiedereinsetzung rechtfertigen, vorzutragen. Für ihre Glaubhaftmachung gilt diese Frist nicht. Die Frist wird gem. § 221 Abs. 1 S. 1 iVm § 222 ZPO, §§ 187 ff. BGB berechnet. Abs. 1 S. 3 setzt wie in § 234 Abs. 3 ZPO eine vom Ende der versäumten Frist gerechnete **Ausschlussfrist,** gegen die keine Wiedereinsetzung möglich ist (anders § 210 BauGB iVm § 32 Abs. 3 VwVfG bei höherer Gewalt; aA *Scharmer* in KK § 218 Rn. 4). Der Ablauf der Ausschlussfrist wird nicht dadurch gehindert, dass das mit der Sache befasste Gericht die Unzulässigkeit des Antrags erst nach eingehender Prüfung festgestellt hat (OLG Hamm NVwZ 2000, 114). Der Wiedereinsetzungsantrag ist wie der Antrag nach § 217 Abs. 1 bei der Verwaltungsbehörde einzureichen (offen gelassen von BGHZ 41, 249). Es besteht kein Anwaltszwang.

4 3. Ob Wiedereinsetzung gewährt wird, entscheidet das Landgericht, Kammer für Baulandsachen. Zur Ablehnung des Antrags bei gescheiterter Übersendung eines Schriftsatzes per Telefax kurz vor Ablauf der Frist OVG Lüneburg NJW 2007, 1080. Das **Verfahren** über den Antrag auf gerichtliche Entscheidung ist gem. § 221 Abs. 1 S. 1 BauGB, § 238 Abs. 1 ZPO mit dem Verfahren über die nachgeholte Prozesshandlung zu verbinden. Das Gericht kann durch End- oder Zwischenurteil entscheiden. Weil Abs. 1 S. 2 gegen die Entscheidung des LG die sofortige Beschwerde an das OLG – Senat für Baulandsachen – möglich ist, ist auch eine gesonderte Entscheidung über den Ersetzungsantrag durch Beschluss möglich. Zum Verfahren der sofortigen Beschwerde s. §§ 567 ff. ZPO. Die Beschwerde ist binnen einer Notfrist von zwei Wochen bei der Kammer oder dem Senat für Baulandsachen einzulegen.

5 4. Aus Gründen der Rechtssicherheit enthält Abs. 2 eine Sonderregelung für die **Anfechtung von Enteignungsbeschlüssen.** Im Enteignungsverfahren (§§ 104–122) wird mit dem in der Ausführungsanordnung festgesetzten Tag der bisherige Rechtszustand durch den im Enteignungsbeschluss angeordneten Rechtszustand ersetzt (§ 117 Abs. 5). Das Grundbuch ist nach diesem konstitutiven Hoheitsakt nur noch zu berichtigen (§ 117 Abs. 7). Mit Ausnahme des § 225 kann die Ausführungsanordnung erst erlassen werden, wenn der Enteignungsbeschluss unanfechtbar ist. Um zu verhindern, dass das Gericht im Wege der Wiedereinsetzung die durch den unanfechtbaren Enteignungsbeschluss eingetretenen Rechtsänderungen wieder rückgängig macht, schränkt Abs. 2 die Entscheidungsbefugnis des Gerichts ein: im Falle der Wiedereinsetzung kann das Gericht den Enteignungsbeschluss nicht aufheben und hinsichtlich des Gegenstandes der Enteignung und der Art der Entschädigung nicht ändern.

§ 219 Örtliche Zuständigkeit der Landgerichte

(1) **Örtlich zuständig ist das Landgericht, in dessen Bezirk die Stelle, die den Verwaltungsakt erlassen hat, ihren Sitz hat.**

(2) ¹**Die Landesregierungen können durch Rechtsverordnung die Verhandlung und Entscheidung über Anträge auf gerichtliche Entscheidung einem Landgericht für die Bezirke mehrerer Landgerichte zuweisen, wenn die Zusammenfassung für eine Förderung oder schnellere Erledigung der Verfahren sachdienlich ist.** ²**Die Landesregierungen können diese Ermächtigung auf die Landesjustizverwaltungen übertragen.**

1 1. Abs. 1 bestimmt die ausschließliche, also nicht durch Vereinbarung änderbare, örtliche Zuständigkeit der Kammern für Baulandsachen. Der Sitz der Widerspruchsbehörde ist für die örtliche Zuständigkeit der Baulandkammer unerheblich (→ auch § 217 Rn. 7). Die Klagefrist wird auch durch eine Klage vor dem örtlich unzuständi-

III. Teil. Verfahren vor den Kammern (Senaten) § 220

gen Gericht gewahrt (BGH NJW 1986, 2255 zu § 30 pr EnteignG; gegen RGZ 90, 40). Zur sachlichen Zuständigkeit der Baulandgerichte → § 217 Rn. 2–4. Zur örtlichen Zuständigkeit der Behörde → § 206 Rn. 1, 2.

2. Abs. 2 ermächtigt die Landesregierung und über diese die Justizverwaltung, die örtliche Zuständigkeit in Baulandsachen auf ein Landgericht zu konzentrieren (Zusammenstellung bei *Piekenbrock* BauR 2000, 542 (543), Fn. 13; zur Rspr. der Baulandkammern LG Stuttgart, *Nick*, BW VerwPr 1983, 134). 2

§ 220 Zusammensetzung der Kammern für Baulandsachen

(1) ¹Bei den Landgerichten werden eine oder mehrere Kammern für Baulandsachen gebildet. ²Die Kammer für Baulandsachen entscheidet in der Besetzung mit zwei Richtern des Landgerichts einschließlich des Vorsitzenden sowie einem hauptamtlichen Richter eines Verwaltungsgerichts. ³Die Vorschriften über den Einzelrichter sind nicht anzuwenden.

(2) Die Richter der Verwaltungsgerichte und die für den Fall ihrer Verhinderung erforderlichen Vertreter werden von der für die Verwaltungsgerichtsbarkeit zuständigen Obersten Landesbehörde auf die Dauer von drei Jahren bestellt.

1. Aus Abs. 1 folgt die Eigenart der Baulandkammern als atypische Spruchkörper der **ordentlichen Gerichtsbarkeit:** Spruchkörper der Landgerichte (S. 1), besetzt mit zwei Richtern der Landgerichte einschließlich des Vorsitzenden sowie einem hauptamtlichen, gem. Abs. 2 auf drei Jahre bestellten Richter eines Verwaltungsgerichts (S. 2). Art. 12 Nr. 4 des G. zur Entlastung der Rechtspflege vom 11.1.1993, BGBl. I S. 50 hat die Zahl der Richter von 5 auf 3 herabgesetzt. Abs. 2 gilt analog für die gem. § 229 Abs. 1 S. 1 entsprechend besetzten Senate für Baulandsachen. Die Baulandkammern werden mit **einem Verwaltungsrichter** besetzt, weil den Entscheidungen über die Rechtmäßigkeit der zu entschädigenden Maßnahmen die besonderen Kenntnisse und Erfahrungen der Verwaltungsgerichtsbarkeit zugute kommen sollen. Verfassungsrechtliche Bedenken, die atypisch besetzten Spruchkörper seien keine ordentlichen Gerichte iSv Art. 14 Abs. 3 S. 4 GG, bestehen nach BVerfGE 4, 387 so lange nicht, wie durch Vorsitz und Zahl das Übergewicht der ordentlichen Gerichtsbarkeit gewahrt bleibe (s. a. *Genrich*, Rechtsschutz in Baulandsachen, Diss. jur. Berlin, 1973, S. 164 ff.). 1

2. Zur Konzentration der Baulandsachen mehrerer LGBezirke auf ein LG → § 219 Rn. 2. Zwischen Baulandkammern und Zivilkammern eines Gerichtes wird weder nach § 17 GVG noch nach § 281 ZPO verwiesen. Die Akten werden durch prozessleitende Verfügung in jeder Phase des Verfahrens abgegeben (BGHZ 40, 148; 41, 249). Zur Erledigung eines **Zuständigkeitsstreites** zwischen Bauland- und Zivilkammer s. *Kalb* in EZBK § 220 Rn. 2. Geht ein Antrag nach § 217 bei einem LG ein, bei dem gem. § 219 Abs. 2 keine Baulandkammer besteht, so wird nach § 281 ZPO wegen örtlicher Unzuständigkeit verwiesen. 2

3. Mit Rücksicht auf Art. 14 Abs. 3 S. 4 GG müssen die **Richter der ordentlichen Gerichtsbarkeit** den stellvertretenden Vorsitzenden stellen (*Kalb* in EZBK § 220 Rn. 4; aA OLG Frankfurt DÖV 1973, 280). Der **Verwaltungsrichter** einer Baulandkammer muss hauptamtlicher Richter auf Lebenszeit an einem VG erster Instanz sein. Ausgeschlossen sind also ehrenamtliche Richter iSv §§ 19 ff. VwGO, Richter im Nebenamt iSv § 16 VwGO, Richter auf Probe und Richter kraft Auftrags, Richter an einem OVG/VGH. Hauptamtliche Richter eines OVG/VGH können aber Mitglied eines Baulandsenates sein (§ 229 Abs. 1 S. 1). Die Bestellung von Richtern am VG zu Mitgliedern oder Vertretern von Mitgliedern der Baulandkammer auf drei Jahre durch die zuständige Oberste Landesbehörde ist unwiderruflich, auch 3

§ 221 III. Kapitel. III. Teil. Verfahren vor den Kammern (Senaten)

wenn der Berufene innerhalb des VG befördert wird. Die Bestellung erledigt sich ohne Widerruf, wenn der Richter aus seinem Hauptamt als Richter am VG, zB durch Ernennung zum Richter am OVG/VGH, ausscheidet. Die Bestellung zum Mitglied einer Baulandkammer ist die Übertragung eines weiteren Richteramtes iSv § 27 Abs. 2 DRiG.

4 4. Abs. 1 S. 3 stellt klar, dass zur Förderung des Zusammenwirkens von Zivil- und Verwaltungsrichtern die Vorschriften über den **Einzelrichter** im Baulandverfahren nicht anwendbar sind. Zulässig ist aber die Beauftragung eines jeden Mitglieds der Baulandkammer gem. § 361 ZPO (BGHZ 86, 104). Abs. 1 S. 3 gilt analog für die Senate für Baulandsachen.

§ 221 Allgemeine Verfahrensvorschriften

(1) ¹In den Sachen, die auf Grund eines Antrags auf gerichtliche Entscheidung bei den Gerichten anhängig werden, sind die bei Klagen in bürgerlichen Rechtsstreitigkeiten geltenden Vorschriften entsprechend anzuwenden, soweit sich aus den §§ 217 bis 231 nichts anderes ergibt. ²§ 227 Abs. 3 Satz 1 der Zivilprozessordnung ist nicht anzuwenden.

(2) **Das Gericht kann auch von Amts wegen die Aufnahme von Beweisen anordnen und nach Anhörung der Beteiligten auch solche Tatsachen berücksichtigen, die von ihnen nicht vorgebracht worden sind.**

(3) **Sind gegen denselben Verwaltungsakt mehrere Anträge auf gerichtliche Entscheidung gestellt, so wird über sie gleichzeitig verhandelt und entschieden.**

(4) **Die Vorschriften über die Vorauszahlung der Gebühr für das Verfahren im Allgemeinen nach § 12 Abs. 1 Satz 1 und 2 des Gerichtskostengesetzes sind nicht anzuwenden.**

1 1. In Baulandsachen entscheiden in 1. und 2. Instanz atypisch besetzte Gerichte der ordentlichen Gerichtsbarkeit über öffentlich-rechtliche Streitigkeiten. Nicht zuletzt wegen Art. 14 Abs. 3 S. 4 GG (BVerfGE 4, 387 (408)) bestimmt Abs. 1 S. 1 als verfahrensrechtlichen Grundsatz, dass in Baulandsachen die bei Klagen **in bürgerlichen Rechtsstreitigkeiten geltenden Vorschriften**, also ZPO, GVG und GKG, anzuwenden sind, zB auch die Vorschriften über den Erlass einer einstweiligen Verfügung (KG VJZ 1993, 501). **Ausnahmen** von diesem Grundsatz, die dem öffentlich-rechtlichen Charakter des Baulandverfahrens Rechnung tragen, müssen sich ausdrücklich aus den §§ 217–231 ergeben (→ Zusammenstellung Vorb. §§ 217–232 Rn. 4). Wegen des öffentlich-rechtlichen Charakters des Baulandverfahrens schwächt Abs. 2 den Verhandlungsgrundsatz dadurch ab, dass das Gericht ähnlich wie in § 86 Abs. 1 VwGO in Baulandsachen auch von Amts wegen die Aufnahme von Beweisen anordnen und solche Tatsachen berücksichtigen kann, die von den Beteiligten nicht vorgebracht worden sind. Der im öffentlichen Interesse liegenden **Beschleunigung** dienen Abs. 1 S. 2 – kein Rechtsanspruch auf Terminsverlegung in der „Gerichtssommerzeit" – und Abs. 3 – gleichzeitige Verhandlung und Entscheidung mehrerer Anträge gegen einen Verwaltungsakt. Abs. 4 schließt wie im Verwaltungsprozess die für den Zivilprozess geltende Pflicht zur Vorauszahlung von Verfahrenskosten aus. Über die ausdrücklichen Regelungen der §§ 217–231 hinaus ist die Anwendung der für Klagen in bürgerlich-rechtlichen Streitigkeiten geltenden Vorschriften ausgeschlossen oder eingeschränkt, wenn sie im Einzelfall mit der Eigenart des Baulandverfahrens unvereinbar sind, zB weil es unter den Beteiligten keinen echten Beklagten gibt (s. a. *Kalb* in EZBK § 221 Rn. 3–8 mwN). Gutachten der Gutachterausschüsse iSv

1518 *Battis*

III. Teil. Verfahren vor den Kammern (Senaten) **§ 222**

§§ 136 ff. sind Sachverständigengutachten, auf die jedoch die Vorschriften der §§ 402 ff. ZPO nur angepasst angewendet werden können (BGHZ 62, 93).

2. In öffentlich-rechtlichen Streitigkeiten vor den Verwaltungsgerichten gilt der **Untersuchungsgrundsatz** (§ 86 Abs. 1 VwGO). Im Zivilprozess gilt hingegen der Verhandlungsgrundsatz. Aus Abs. 2 folgt nicht, dass das Gericht nach Ermessen vom Verhandlungsgrundsatz zum Untersuchungsgrundsatz übergehen könne (so OLG München BRS 26, Nr. 163; *Genrich,* Rechtsschutz in Baulandsachen, Diss. jur. Berlin, 1973, S. 122 ff.). Abs. 2 ist eine Befugnisnorm, die kein Ermessen einräumen soll (s. *Kukk* in SCH § 221 Rn. 6; *Porger* in BK § 221 Rn. 8; → auch BGH NJW 1974, 947). Gleichwohl ist wegen der verwaltungsprozessualen Mitwirkungspflichten, -lasten der Beteiligten im baulandgerichtlichen Berufungsverfahren die Präklusionsvorschrift des § 531 Abs. 2 ZPO grundsätzlich anwendbar (BGHZ 161, 38 (44)). Wegen der Mitwirkungspflichten sind Tatsachengerichte zur weiteren Aufklärung des Sachverhalts nur verpflichtet, wenn der Klagvortrag hier zu Veranlassung gibt (BGH NJW 2006, 1729; dazu *Eckert* ZfIR 2007, 16; *Schlick* NJW 2008, 31 (35)). 2

3. Bis zur Abschaffung der Gerichtsferien durch G. v. 28.10.1996, BGBl. I S. 1546 wurden für das Verfahren vor den Baulandgerichten keine Ferienkammern gebildet (BGH NJW-RR 1995, 980). Nach Abs. 1 S. 2 besteht kein Rechtsanspruch auf Terminsverlegung in der „Gerichtssommerzeit" (§ 227 Abs. 3 S. 1 ZPO). 3

4. Die **gleichzeitige Verhandlung und Entscheidung** über einen Verwaltungsakt, gegen den mehrere Anträge gem. § 217 gestellt worden sind (Abs. 3), soll widersprechende Entscheidungen vermeiden, wenn, wie häufig in den Umlegungs-, Grenzregelungs- und Enteignungsverfahren, mehrere Berechtigte mit unterschiedlichen Anträgen gegen den Verwaltungsakt vorgehen. Zwischen den Anträgen braucht kein innerer Zusammenhang zu bestehen. Wegen der gesetzlichen Verbindung bedarf es keines Beschlusses nach § 147 ZPO (OLG Schleswig NJW 1969, 1862). Teilurteile sind nur nach § 226 Abs. 4 zulässig (OLG München, BRS 26 Nr. 340). Zum Erfordernis gleichzeitiger Verhandlung und Entscheidung über die Revision mehrerer Beteiligter, wenn über den zugrunde liegenden Entschädigungsanspruch den Rechtsmittelführern gegenüber nur einheitlich entschieden werden kann, → BGH NJW 1992, 2636. 4

5. Aufgrund von Abs. 4 entfällt, wie im Verwaltungsprozess, nur die **Vorschusspflicht** für die Prozessgebühr, nicht die Vorschusspflicht für Sachverständige und Zeugen (§ 68 GKG; *Scharmer* in KK § 221 Rn. 10 mwN; → auch § 228 Rn. 2). 5

§ 222 Beteiligte

(1) ¹**Wer an dem Verfahren, in dem der Verwaltungsakt erlassen worden ist, Beteiligter war, ist auch in dem gerichtlichen Verfahren Beteiligter, wenn seine Rechte oder Pflichten durch die Entscheidung des Gerichts betroffen werden können.** ²**In dem gerichtlichen Verfahren ist auch die Stelle Beteiligte, die den Verwaltungsakt erlassen hat.**

(2) **Der Antrag auf gerichtliche Entscheidung ist den übrigen in Absatz 1 Satz 1 bezeichneten Beteiligten, soweit sie bekannt sind, zuzustellen.**

(3) ¹**Auf die Beteiligten sind die für die Parteien geltenden Vorschriften der Zivilprozessordnung entsprechend anzuwenden.** ²**§ 78 der Zivilprozessordnung gilt in dem Verfahren vor dem Landgericht und dem Oberlandesgericht nur für Beteiligte, die Anträge in der Hauptsache stellen.**

1. Im Baulandverfahren gibt es nur **Beteiligte**, keine Parteien. Abs. 1 bestimmt den Kreis der Beteiligten, Abs. 2 die Zustellung des Antrags auf gerichtliche Entscheidung an andere Beteiligte als den Antragsteller und die Behörde, die den Verwaltungsakt erlassen hat. Die Rechtsstellung der Beteiligten folgt grundsätzlich aus den 1

§ 222 III. Kapitel. III. Teil. Verfahren vor den Kammern (Senaten)

Vorschriften der ZPO über die Parteien (Abs. 3 S. 1). Abs. 3 S. 2 ordnet **Anwaltszwang** an für Beteiligte, die vor den Instanzgerichten Anträge in der Hauptsache stellen. Der Verzicht auf Parteien, Kläger, Beklagte, Streithelfer und Streitverkündungsgegner wie in der ZPO und auf Kläger, Beklagte und Beigeladene wie in der VwGO, die aber auch den Oberbegriff Beteiligter verwendet, soll dem Umstand Rechnung tragen, dass das zweipolige Parteienprinzip der vielgestaltigen Rollenverteilung des Baulandverfahrens nicht gerecht wird (krit. *Wurster* in Hoppenberg/de Witt, K VII, Rn. 71). Die gerichtliche Kontrolle der Rechtmäßigkeit des Verwaltungsaktes und der Höhe der Entschädigung in einem Verfahren führt zu einem Neben-, Mit- und Gegeneinander von Antragsteller, Behörde und anderen Beteiligten. Die Abkehr vom Parteienprinzip äußert sich auch in der besonderen Kostenregelung des § 228 und der Ausrichtung des Antrags gem. § 217 auf einen Verwaltungsakt.

2 **2.** Gem. Abs. 1 S. 1 ist **Beteiligter**, wer erstens bereits in dem Verfahren, in dem der Verwaltungsakt erlassen worden ist, Beteiligter gewesen ist, zB gem. § 48, §§ 81, 82, § 107, und wer zweitens durch die Entscheidung des Gerichts in seinen Rechten und Pflichten betroffen werden kann (BGHZ 105, 386; *Kukk* in SCH § 222 Rn. 5; *Kirchberg* VBlBW 1990, 161 (173)). Dabei kommt es nur auf den möglichen Ausgang des Gerichtsverfahrens an. Die Erfolgsaussichten des Antrags sind nicht zu prüfen (BGHZ 60, 34). Wird der Antrag während des Verfahrens erweitert oder eingeschränkt, so kann sich der Kreis der Beteiligten ändern (BGH NJW 1973, 1750). Die Beteiligten iSv Abs. 1 sind den notwendig Beteiligten iSv § 65 II VwGO gleichzusetzen (zu diesen BVerwGE 51, 275; 55, 11; *Saurenhaus* in Wysk VwGO § 65 Rn. 8–11). Die Stelle, die den Verwaltungsakt erlassen hat, nicht der hinter ihr stehende Rechtsträger (BGH WM 1968, 1107), ist immer beteiligt (Abs. 1 S. 2). Sie ist auch immer rechtsmittelbefugt (BGH NJW 1975, 1658). Zur Rechtsmittelbefugnis des Umlegungsausschusses BGHZ 89, 356, zu dessen Antragsbefugnis → § 217 Rn. 6. Zur Rechtsmittelbefugnis der höheren Verwaltungsbehörde BGH NJW 1992, 2636 – der Enteignungsbehörde BGH WM 1990, 1173; → auch § 217 Rn. 6. Miteigentümer, die gem. §§ 39 ff. Entschädigung wegen planerischer Eingriffe in die Bodennutzbarkeit des gemeinschaftlichen Grundeigentums und darauf bezogene Auskünfte verlangen, sind zwar Beteiligte, nicht aber notwendige Streitgenossen (BGH NJW 1997, 2115). Die Widerspruchsbehörde ist nur ausnahmsweise die Behörde, die den Verwaltungsakt erlassen hat (→ § 217 Rn. 7), und nur dann beteiligt. Die Gemeinde, die nicht als Antragstellerin auftritt, ist Beteiligte, wenn sie durch die Entscheidung in ihren Rechten betroffen sein kann (*Wurster* in Hoppenberg/de Witt, II, K VII, Rn. 75; *Dösing*, SU § 222 Rn. 4; weitergehend: *Kalb* in EZBK § 222 Rn. 13). Das ist bei der Anfechtung eines Umlegungsplans der Fall (BGH NVwZ 2006, 734; weiter BGHZ 50, 91). Wird die Gemeine in ihrer Planungshoheit betroffen, ist sie Beteiligte (*Scharmer* in KK § 222 Rn. 7). Die Beteiligteneigenschaft entsteht in allen Fällen kraft Gesetzes und nicht erst durch die von Amts wegen vorzunehmende Zustellung gem. Abs. 2. Sie bedarf keines Gerichtsbeschlusses. Über die Beteiligteneigenschaft kann durch Zwischenurteil entschieden werden.

3 **3.** Die **Rechtsstellung der Beteiligten** bestimmt sich gem. Abs. 3 S. 1 analog den für die Parteien geltenden Vorschriften der ZPO, soweit nicht Sondervorschriften der §§ 217–231, wie zB Abs. 1 gegenüber den §§ 59 ff., 64 ff. ZPO, vorgehen oder Vorschriften der ZPO wegen der Eigenart des Baulandverfahrens nicht übertragbar sind. So ist zB § 269 ZPO (Klagerücknahme) nicht anwendbar, da der Antragsteller den gegen einen Verwaltungsakt, nicht gegen eine Partei gerichteten Antrag jederzeit auch ohne Zustimmung der anderen Beteiligten zurücknehmen kann. Analog anwendbar sind insbesondere die §§ 50 ff. ZPO (Partei- und Prozessfähigkeit), §§ 91 ff. ZPO (Kosten, s. a. § 228 BauGB), §§ 114 ff. ZPO (Prozesskostenhilfe), §§ 128 ff. ZPO (mündl. Verhandlung), §§ 214 ff. ZPO (Ladungen, Termine, Fristen), §§ 282 ff. ZPO (Beweismittel).

4 **4.** Der den **Anwaltszwang** vor den Landgerichten und vor allen höheren Gerichten regelnde § 78 Abs. 1 ZPO wird von Abs. 3 S. 2 für das Baulandverfahren in

III. Teil. Verfahren vor den Kammern (Senaten) § 223

der 1. und 2. Instanz (nicht vor dem BGH) eingeschränkt. Nur die Beteiligten, die Anträge in der Hauptsache stellen, müssen durch Rechtsanwälte vertreten sein. Der Antrag auf gerichtliche Entscheidung unterliegt nicht dem Anwaltszwang (BGHZ 41, 183; → § 217 Rn. 7), ebenso wenig der Antrag, nach Lage der Akten zu entscheiden (KG NJW 1970, 614), die Kostenbeschwerde (OVG Koblenz NJW 1983, 2036), noch die Einwilligung in die Sprungrevision (BGH NJW 1975, 830), noch für den Antrag ausschließende Wirkung der Anfechtung einer vorzeitigen Besitzeinweisung anzuordnen (OLG Stuttgart NVwZ 1989, 693; *Jäde*, J/D/W, § 242 Rn. 6), wohl aber die Einlegung der Berufung (OLG Hamm NJW 1996, 601), die beim OLG eingereichte sofortige Beschwerde gegen einen Beschluss des Baulandsenats (BGH NJW-RR 1994, 1021; NVwZ 1995, 412) und Schriftsätze, die die mündliche Verhandlung vorbereiten, soweit sie die Ankündigung von Anträgen in der Hauptsache enthalten (OLG München NJW 1968, 2065).

§ 223 Anfechtung von Ermessensentscheidungen

¹**Soweit die Stelle, die den Verwaltungsakt erlassen hat, ermächtigt ist, nach ihrem Ermessen zu handeln, kann der Antrag nur darauf gestützt werden, dass die Entscheidung rechtswidrig ist, weil die gesetzlichen Grenzen des Ermessens überschritten sind oder von dem Ermessen in einer dem Zweck der Ermächtigung nicht entsprechenden Weise Gebrauch gemacht worden ist.** ²**Dies gilt nicht, soweit in dem Verwaltungsakt über einen Anspruch auf eine Geldleistung entschieden worden ist.**

1. S. 1 begrenzt die Entscheidungskompetenz der Baulandgerichte bei Ermessensentscheidungen der Verwaltungsbehörde. Die sich eng an § 114 VwGO anlehnende Regelung verwirklicht den Grundsatz der Gewaltenteilung (Art. 20 Abs. 3 GG). Sie ist erforderlich, weil es im Zivilprozess die gerichtliche Kontrolle von Verwaltungsentscheidungen nach Ermessen nicht gibt. S. 2 stellt klar, dass die Gerichte, weil es Art. 14 Abs. 3 S. 4 GG entspricht, über Ansprüche aus Geldleistungen in vollem Umfang entscheiden können.

2. Eine ermessenseinräumende Norm ermächtigt die Verwaltung, die gesetzliche Rechtsfolgenanordnung im Einzelfall durch weitere Gesichtspunkte, insbesondere durch die sonst bei Rechtsentscheidungen verpönten Zweckmäßigkeitserwägungen, zu ergänzen und so für den Einzelfall nach einem teilweise selbst gesetzten Maßstab verbindlich zu entscheiden. **Ermessen** ist nach hM stets Handlungsermessen (= Verhaltensermessen). Ermessen ist nur auf der Rechtsfolgenseite eines Rechtssatzes möglich (zB § 45 Abs. 2, Einleitung eines Umlegungsverfahrens; BGH NJW 1974, 947; Festlegung des Umlegungsgebiets, BGH LM § 52 BauGB Nr. 1 m. Anm. v. *Battis*). Verwaltungsermessen ist stets rechtlich, zumindest verfassungsrechtlich, gebundenes und damit gem. Art. 19 Abs. 4 GG gerichtlich kontrollierbares Ermessen. § 223 S. 1 begrenzt die Kontrollbefugnis der Baulandgerichte auf **Ermessensfehler.** Ebenso wie gem. § 40 VwVfG hat die Behörde einmal ihr Ermessen entsprechend dem Zweck der Ermächtigung auszuüben, tut sie dies nicht, liegt Ermessensfehlgebrauch (Ermessensmissbrauch, § 223 S. 1 2. Altern.) vor. Zum anderen hat sie die gesetzlichen Grenzen des Ermessens einzuhalten, tut sie dies nicht, liegt eine Ermessensüberschreitung (§ 223 S. 2 1. Altern.) vor. Die Gemeinde hat bei der Ausübung ihrer planerischen Gestaltungsfreiheit vielfach „Planungsermessen", zB bei § 1 III, 1 VII (→ § 1 Rn. 26ff., 87ff.). Anders als die Widerspruchsbehörde darf das Gericht nicht die Zweckmäßigkeit einer Ermessensentscheidung überprüfen. Es darf nicht sein Ermessen an die Stelle des behördlichen Ermessens setzen. Zur Rechtmäßigkeitskontrolle einer Ermessensentscheidung gehört die Prüfung, ob die Behörde von zutreffenden Tatsachen ausgegangen ist, das vorgeschriebene Verfahren (zB Zuständigkeit,

§ 224 III. Kapitel. III. Teil. Verfahren vor den Kammern (Senaten)

LG Darmstadt NVwZ 1997, 935) beachtet und ob sie allgemein gültige Wertmaßstäbe eingehalten hat.

3 **3.** Vom Ermessen sind nach hM zu unterscheiden die **unbestimmten Rechtsbegriffe** wie „Wohl der Allgemeinheit" (§ 1 Abs. 5 S. 1, § 87 Abs. 1), „zwingende städtebauliche Gründe" (§ 88) im Tatbestand einer Norm. Unbestimmte Rechtsbegriffe räumen den Behörden kein (kognitives, Beurteilungs-, Tatbestands-)Ermessen ein, sondern sind grundsätzlich voll gerichtlich kontrollierbar. Nur in wenigen, Ausnahmefällen (BVerfGE 84, 34 u. 59; BVerwG NVwZ 1993, 677 – Prüfungen; BVerwG E131, 274 (295); E147, 118 (126) – naturschutzfachrechtliche Einschätzungsprärogative; wN bei *Maurer,* Allgemeines Verwaltungsrecht, 18. Aufl. 2011, § 7 Rn. 37) gewähren die Gerichte den Behörden einen Beurteilungsspielraum, dessen Einhaltung nur begrenzt gerichtlich überprüft wird. Zusätzlich zu diesen im Baulandverfahren unerheblichen Ausnahmefällen hat BGH NJW 1978, 1162 der Enteignungsbehörde als „sachneutraler" Stelle hinsichtlich der Überprüfung der einer Aufklärungsanordnung (§ 208) zugrunde liegenden Rechtsauffassung einen Beurteilungsspielraum zugesprochen. Der Beurteilungsspielraum der Enteignungsbehörde ist auf die Verfahrenshandlung zu beschränken und nicht auf die der Enteignungsbehörde obliegenden materiellrechtlichen Entscheidungen zu übertragen (aA *Menger* VerwArch 1979, 177). Ein allgemeiner Beurteilungsspielraum der Enteignungsbehörde wäre mit der Bedeutung von Art. 19 Abs. 4 GG und Art. 14 Abs. 1 GG für den Eigentumsschutz unvereinbar (s. a. *Scharmer* in KK § 223 Rn. 8; → § 87 Rn. 9).

4 **4.** Bei der **gerichtlichen Kontrolle der Bauleitpläne** gelten auch für die Baulandgerichte die von BVerwGE 45, 309 (→ § 1 Rn. 87 ff.) zur Plankontrolle gem. § 1 Abs. 5–7 entwickelten Grundsätze (BGHZ 66, 322; 67, 320). Soweit die Entscheidung nach § 47 VwGO materielle Rechtskraft zwischen den Beteiligten entfaltet, bindet sie auch das Baulandgericht, für das die Wirksamkeit eines Bebauungsplanes nur Vorfrage ist (BGH NVwZ 1995, 412; OLG Hamm NVwZ 1999, 804). Hat das OVG im Normenkontrollverfahren einen Bebauungsplan rechtskräftig für unwirksam erklärt, so muss das Baulandgericht einen auf den Bebauungsplan gestützten Enteignungsbeschluss auch dann aufheben, wenn der Fehler des Bebauungsplans im ergänzenden Verfahren nach § 214 Abs. 4 rückwirkend behoben werden kann und die Gemeinde dies angekündigt hat (BGH NVwZ 2007, 854). Zur eingeschränkten Gerichtskontrolle fachplanerischer Prognoseaussagen als Grundlage der Planrechtfertigung BVerwG NVwZ 2004, 221 oder einer Enteignungsverfügung BVerwGE 72, 365 (367).

5 **5.** Die Entscheidung über die Höhe von **Geldleistungen** im Umlegungs- und Enteignungsverfahren ist keine Ermessensentscheidung, sondern eine Art. 14 Abs. 1 bzw. Abs. 3 GG verwirklichende Rechtsanwendung (*Kalb* in EZBK § 223 Rn. 16; aA BGHZ 54, 364; s. a. *Lässig* DVBl. 1981, 483 (485)). Daher stellt S. 2 klar, dass die Baulandgerichte die Höhe der Geldleistung voll nachprüfen und durch eine eigene Entscheidung ersetzen können. Wenn das Gesetz, wie in § 59 Abs. 5, die Geldleistung neben anderen Arten der Ersatzleistung zur Wahl stellt, so ist die Entscheidung, ob Geldersatz gewährt wird, als Ermessensentscheidung jedoch nicht voll gerichtlich überprüfbar (*Kalb*, aaO, Rn. 17; *Kukk* in SCH § 223 Rn. 8; aA *Porger* in BK § 223 Rn. 12).

§ 224 Entfall der aufschiebenden Wirkung bei Antrag auf gerichtliche Entscheidung

¹Der Antrag auf gerichtliche Entscheidung gegen
1. den Umlegungsbeschluss nach § 47 Abs. 1,
2. die Bekanntmachung der Unanfechtbarkeit des Umlegungsplans nach § 71 Abs. 1,

III. Teil. Verfahren vor den Kammern (Senaten) § 225

3. die vorzeitige Besitzeinweisung nach § 77 oder § 116 sowie
4. die Geltendmachung des Kostenerstattungsbetrags nach § 179 Absatz 4
hat keine aufschiebende Wirkung. ²§ 80 Abs. 5 der Verwaltungsgerichtsordnung ist entsprechend anzuwenden.

1. Die Innenentwicklungsnovelle 2013 (→ Einl. Rn. 62) hat § 224 um Abs. 1 **1**
Nr. 4 erweitert. Außer bei den umlegungsrechtlichen und enteignungsrechtlichen Verwaltungsakten der Nr. 1–3 entfällt die aufschiebende Wirkung eines Antrags auf gerichtliche Entscheidung auch bei der Geltendmachung des ebenfalls durch die Novelle 2013 eingefügten **Kostenerstattungsbetrags** wegen eines **Rückbaugebots** gem. § 179 Abs. 4. Um die zwangsweise Verschaffung des tatsächlichen Besitzes bei einer vorzeitigen Besitzeinweisung im Umlegungsverfahren (§ 77) und im Enteignungsverfahren (§ 116) zu erleichtern und zu beschleunigen, hat der Antrag auf gerichtliche Entscheidung gegen eine vorzeitige Besitzeinweisung abweichend vom Regelfall (→ § 217 Rn. 11) **keine aufschiebende Wirkung** (Abs. 1 Nr. 3). Das EAG Bau (Einl. Rn. 52) hat im S. 1 die Nr. 1 und Nr. 2 eingefügt, so dass auch Anträge auf gerichtliche Entscheidung gegen die Bekanntmachung des **Umlegungsbeschlusses** (§ 47 Abs. 1) und die Bekanntmachung der Unanfechtbarkeit des **Umlegungsplans** (§ 71 Abs. 1) keine aufschiebende Wirkung haben (→ auch § 212 Rn. 6). Das Gericht gewährt Rechtsschutz, indem es auf Antrag die nach S. 1 ausgeschlossene aufschiebende Wirkung des Antrags auf gerichtliche Entscheidung analog § 80 Abs. 5 VwGO anordnet (s. a. VGH Mannheim NVwZ-RR 2001, 562).

2. Auf Antrag kann das Gericht der Hauptsache, in dringenden Fällen der Vorsit- **2**
zende allein (analog § 80 Abs. 7 S. 1 VwGO; *Scharmer* in KK § 224 Rn. 17; aA *Porger* in BK § 224 Rn. 9; *Wurster* in Hoppenberg/de Witt, K VII, Rn. 140) durch Beschluss nach Abwägung zwischen den Interessen des durch die Besitzeinweisung Begünstigten an der sofortigen Wirksamkeit der vorzeitigen Besitzeinweisung und den Interessen des Eigentümers an der Beibehaltung des bisherigen Rechtszustandes die **aufschiebende Wirkung** oder, wenn die vorzeitige Besitzeinweisung bereits vollzogen ist, die Aufhebung der Vollziehung **anordnen** (analog § 80 Abs. 5 S. 3 VwGO). Die Anordnung kann von der Leistung einer Sicherheit oder anderen Auflagen abhängig gemacht oder befristet werden (analog § 80 Abs. 5 S. 4, 5 VwGO). Gegen die Entscheidung nach § 80 V, VII VwGO ist die sofortige Beschwerde (§§ 567 I, 793 ZPO) gegeben (OLG Jena NVwZ 1998, 771; OLG Koblenz NVwZ 1984, 678 u. NVwZ 1986, 336; OLG Oldenburg ZfBR 1985, 248; OLG Karlsruhe NVwZ 2001, 839; zust. *Kalb* in EZBK § 224 Rn. 24; *Dösing* in SU § 224 Rn. 6.2); für § 146 VwGO analog *Kukk* in SCH § 224 Rn. 12; *Breuer* ebd. § 116 Rn. 33. Wird ein Rechtsbehelf gegen einen Beschluss nach § 80 Abs. 5 VwGO, wofür nach hM kein Anwaltszwang besteht (OLG Koblenz NVwZ 1986, 336; *Porger* in BK § 222 Rn. 9; einschränkend OLG Stuttgart NVwZ 1989, 694; *Kukk*, aaO, § 224 Rn. 12; aA *Wurster*, aaO, Rn. 140), nicht beantragt, so entfallen gem. § 839 Abs. 3 BGB etwaige Amtshaftungsansprüche wegen eines amtspflichtwidrigen Erlasses oder Vollzugs eines Besitzeinweisungsbeschlusses (BGHZ 96, 1). OLG Celle NJW 1974, 2290 lässt im Verfahren auf gerichtliche Entscheidung gegen eine vorzeitige Besitzeinweisung das Baulandgericht gem. §§ 719 Abs. 1, 707 ZPO iVm § 221 Abs. 1 S. 1 BauGB die einstweilige Einstellung der Vollziehung des Besitzeinweisungsbeschlusses anordnen (s. a. OLG Hamburg NJW 1968, 2064).

§ 225 Vorzeitige Ausführungsanordnung

¹Ist nur noch die Höhe einer Geldentschädigung streitig, so kann das Gericht auf Antrag des Enteignungsbegünstigten beschließen, dass die Enteignungsbehörde die Ausführung des Enteignungsbeschlusses anzuordnen hat.

§ 225

²In dem Beschluss kann bestimmt werden, dass der Enteignungsbegünstigte für den im Streit befindlichen Betrag Sicherheit zu leisten hat. ³Die Ausführungsanordnung darf erst ergehen, wenn der Enteignungsbegünstigte die festgesetzte Geldentschädigung gezahlt oder zulässigerweise unter Verzicht auf das Recht der Rücknahme hinterlegt hat.

1. § 225 ergänzt im Interesse des Enteignungsbegünstigten die Regelung des § 117, derzufolge die Eigentumsübertragung durch Enteignung erst dann eintritt, wenn der Enteignungsbeschluss (§ 113) unanfechtbar geworden und die Ausführungsanordnung erlassen worden ist. § 117 setzt voraus, dass der Enteignungsbegünstigte die Geldentschädigung gezahlt, im Fall der Vorabentscheidung die nach § 112 Abs. 2 S. 2 festgesetzte Vorauszahlung geleistet oder zulässigerweise unter Verzicht auf das Recht der Rücknahme hinterlegt hat. Ist im Baulandverfahren nur noch die Höhe der Geldentschädigung streitig, kann das Gericht auf Antrag des Enteignungsbegünstigten beschließen, dass die Enteignungsbehörde die Ausführungsanordnung zu erlassen hat (S. 1), sofern die allgemeinen Voraussetzungen der Ausführungsanordnung (S. 3) erfüllt sind. Das Gericht kann vom Begünstigten Sicherheitsleistung verlangen (S. 2). § 225 ist auch anwendbar, wenn der Enteignungsbeschluss nach § 113 Abs. 4 ergangen ist, oder wenn die Vorabentscheidung gem. § 112 Abs. 2 angefochten wird (*Kalb* in EZBK § 225 Rn. 3, 4; *Porger* in BK § 225 Rn. 3; aA *Eusterbrock* in Gronemeyer § 225 Rn. 4). § 71 Abs. 2 regelt im Umlegungsverfahren funktional Entsprechendes.

2. Erste **Voraussetzung** für den Erlass einer vorzeitigen Ausführungsanordnung ist außer der Anfechtung des Nachtragsbeschlusses nach § 113 Abs. 4, § 117 Abs. 3, dass nur noch die Höhe einer Geldentschädigung oder die Vorauszahlung auf die zu erwartende Entschädigung streitig ist. Unerheblich ist, wie weit der Antrag auf gerichtliche Entscheidung ursprünglich gefasst war. Entscheidend ist der Verfahrensstand zz. der Stellung des Antrags gem. § 225. Den **Antrag** gem. § 225 kann nur der Enteignungsbegünstigte stellen. Liegen beide Voraussetzungen vor, hat die Kammer oder der Senat zu prüfen, ob der Erlass der vorzeitigen Ausführungsanordnung im öffentlichen Interesse oder im überwiegenden Interesse des Enteignungsbegünstigten geboten ist und ob nach den Aussichten des Verfahrens und den finanziellen Verhältnissen des Enteignungsbegünstigten eine **Sicherheitsleistung** angebracht ist hinsichtlich des im Streit befindlichen Betrages, wegen S. 3 aber nicht hinsichtlich des nicht im Streit befindlichen Betrages. Bei Gebietskörperschaften ist die gerichtliche Anordnung der vorzeitigen Ausführung idR nicht von einer Sicherheitsleistung abhängig zu machen (BGH BRS 34 Nr. 71). Zur Art und Höhe der Sicherheitsleistung s. §§ 108–113 ZPO.

3. Das Gericht erlässt die **Ausführungsanordnung** nicht selbst, sondern beschließt, dass die Enteignungsbehörde die Ausführung des Enteignungsbeschlusses anzuordnen hat sowie ggf. dass der Enteignungsbegünstigte für den im Streit befindlichen Betrag Sicherheit zu leisten hat. Die weiteren in S. 3 genannten Voraussetzungen der Ausführungsanordnung – Zahlung der festgesetzten Geldentschädigung oder zulässige Hinterlegung unter Verzicht auf das Recht der Rücknahme – stimmen mit § 117 überein, dem auch die weiteren Erfordernisse und die Rechtsfolgen der Ausführungsanordnung zu entnehmen sind.

4. Die **sofortige Beschwerde** (§ 793 ZPO) steht dem Enteignungsbegünstigten zu, wenn die Baulandkammer seinen Antrag ablehnt, dem Enteignungsbetroffenen, wenn das Gericht dem Antrag des Enteignungsbegünstigen stattgibt. Gegen die Entscheidung der Baulandsenate gibt es kein Rechtsmittel. Die Ausführungsanordnung selbst ist nur anfechtbar, wenn sie mit dem Beschluss des Gerichtes nicht übereinstimmt.

III. Teil. Verfahren vor den Kammern (Senaten) § 226

§ 226 Urteil

(1) Über den Antrag auf gerichtliche Entscheidung wird durch Urteil entschieden.

(2) ¹Wird ein Antrag auf gerichtliche Entscheidung, der einen Anspruch auf eine Geldleistung betrifft, für begründet erachtet, so hat das Gericht den Verwaltungsakt zu ändern. ²Wird in anderen Fällen ein Antrag auf gerichtliche Entscheidung für begründet erachtet, so hat das Gericht den Verwaltungsakt aufzuheben und erforderlichenfalls auszusprechen, dass die Stelle, die den Verwaltungsakt erlassen hat, verpflichtet ist, in der Sache unter Beachtung der Rechtsauffassung des Gerichts anderweitig zu entscheiden.

(3) ¹Einen Enteignungsbeschluss kann das Gericht auch ändern, wenn der Antrag auf gerichtliche Entscheidung nicht einen Anspruch auf Geldleistung betrifft. ²Es darf in diesem Falle über den Antrag des Beteiligten hinaus, der den Antrag auf gerichtliche Entscheidung gestellt hat, den Enteignungsbeschluss auch ändern, soweit ein anderer Beteiligter es beantragt hat; dabei ist eine Änderung des Enteignungsbeschlusses zum Nachteil dessen, der den Antrag auf gerichtliche Entscheidung gestellt hat, nicht statthaft. ³Wird ein Enteignungsbeschluss geändert, so ist § 113 Abs. 2 entsprechend anzuwenden. ⁴Wird ein Enteignungsbeschluss aufgehoben oder hinsichtlich des Gegenstands der Enteignung geändert, so gibt das Gericht im Falle des § 113 Abs. 5 dem Vollstreckungsgericht von seinem Urteil Kenntnis.

(4) Ist von mehreren Anträgen nur der eine oder ist nur ein Teil eines Antrags zur Endentscheidung reif, so soll das Gericht hierüber ein Teilurteil nur erlassen, wenn es zur Beschleunigung des Verfahrens notwendig erscheint.

1. Über den Antrag auf gerichtliche Entscheidung wird durch Urteil entschieden (Abs. 1), auf das nach § 221 Abs. 1 die Vorschriften der ZPO über das Zustandekommen, den Inhalt, die Wirkung und die Vollstreckung von Urteilen (insbesondere §§ 300ff., §§ 704ff.) entsprechend anzuwenden sind, soweit nicht die §§ 217–231 BauGB entsprechend der öffentlich-rechtlichen Eigenart und dem Zweck des Baulandverfahrens (→ Vorb. §§ 217–232 Rn. 2–4) Sondervorschriften enthalten. Für den Inhalt der Urteile schreibt § 226 nur teilweise in Anlehnung an § 113 VwGO mehrere **Besonderheiten** vor, nämlich für Aufhebungsurteile (Abs. 2 S. 2), Bescheidungs- und Verpflichtungsurteile (Abs. 2 S. 2 Hs. 2), Änderungsurteile bei Ansprüchen auf Geldleistung (Abs. 2 S. 1) und besonders ausgestaltet bei Enteignungsbeschlüssen (Abs. 3). Abs. 4 lässt Teilurteile nur zur Verfahrensbeschleunigung zu. Wegen der auf dem Spiele stehenden öffentlichen Interessen schließt § 227 Abs. 3 Versäumnisurteile aus. Ob und inwieweit Zwischenurteile, Vorbehaltsurteile, Feststellungsurteile, Anerkenntnis- und Verzichtsurteile zulässig sind, regelt § 226 nicht. Über die analoge Anwendung der diesbezüglichen Vorschriften der ZPO ist unter Berücksichtigung der öffentlich-rechtlichen Eigenart und des Zweckes des Baulandverfahrens zu entscheiden. Gleiches gilt für die vorläufige Vollstreckbarkeit. Für die Kostenentscheidung bestimmt § 228 eine modifizierte, den Besonderheiten des Baulandverfahrens Rechnung tragende analoge Anwendung der §§ 91 ff. ZPO.

2. Bei der Entscheidung über einen Antrag, in dem es um die Zulässigkeit der Enteignung geht, ist im Urteil der **Sach- und Streitstand** z. Z. der Letzten mündlichen Verhandlung vor dem Tatrichter maßgebend (BGH NJW 1966, 2012). Gleiches gilt für die gerichtliche Entscheidung darüber, ob der Enteignungsantrag des Antragstellers aussichtslos ist (BGHZ 48, 286). Im Baulandverfahren sind die §§ 265,

§ 226 III. Kapitel. III. Teil. Verfahren vor den Kammern (Senaten)

325, 727 ZPO, nach denen ein während des Verfahrens eingetretener Wechsel der Sachlegitimation keinen Einfluss auf den Prozess hat, nicht anwendbar (OLG München MDR 1972, 787; *Kalb* in EZBK § 226 Rn. 2; aA LG Hannover Justiz 1977, 123).

3 3. a) Ist ein nur gegen einen belastenden Verwaltungsakt gerichteter Antrag ganz oder teilweise begründet, so hebt das Gericht den Verwaltungsakt nebst etwaigem Widerspruchsbescheid ganz oder teilweise auf, wenn er den Antragsteller in seinen Rechten verletzt (§ 226 Abs. 2 S. 2) – **Aufhebungsurteil;** zur Teilaufhebung BGH NVwZ 2006, 734.

4 b) In den Fällen, in denen der Antragsteller anstelle oder neben der Aufhebung des Verwaltungsaktes den Erlass eines solchen begehrt, hat das Gericht bei Begründetheit des Antrags die **Verpflichtung** der Behörde auszusprechen, in der Sache unter Beachtung der Rechtsauffassung des Gerichtes anderweitig zu entscheiden (Abs. 2 S. 2). Dies gilt nicht bei Streitigkeiten über Geld und Entscheidungsbefugnisse, bei denen das Gericht gem. Abs. 2 S. 1, Abs. 3 zur Änderung des Verwaltungsaktes befugt ist. Abs. 2 S. 2 ermächtigt das Gericht auch wie in § 113 Abs. 4 S. 1 VwGO, bei Spruchreife die Behörde zu verpflichten, eine bestimmte Maßnahme zu erlassen (BGHZ 54, 208; OVG Lüneburg NJW 1964, 687; *Kukk* in SCH § 226 Rn. 10; *Kalb* in EZBK § 226 Rn. 9). An der Spruchreife für ein solches Vornahmeurteil wird es jedoch angesichts der zahlreichen Ermessensspielräume der Behörde meistens fehlen.

5 c) Betrifft der Antrag auf gerichtliche Entscheidung einen Anspruch auf eine **Geldleistung,** so ist das Gericht bei Begründetheit des Antrags (anders als in § 113 Abs. 2 VwGO) verpflichtet, den Verwaltungsakt selbstständig zu ändern und die Geldleistung anderweitig festzusetzen (Abs. 2 S. 1). Die **Änderungsbefugnis** gilt für alle Verwaltungsakte iSv § 217. Sie besteht gem. § 308 Abs. 1 ZPO nur im Rahmen des gestellten Antrags (BGH NJW 1962, 1441). Einschränkend zur Änderungsbefugnis bei Geldleistungen im Umlegungsverfahren BGH NVwZ 1992, 707; *Kukk* in SCH § 226 Rn. 13.

6 d) Die auf Geldleistungen beschränkte **Änderungsbefugnis** erweitert Abs. 3 für das **Enteignungsverfahren** auf den Enteignungsbeschluss überhaupt. Das Gericht fasst den Enteignungsbeschluss unter Berücksichtigung der Voraussetzungen des § 113 Abs. 2 neu. Es kann zB den Ausspruch der Enteignung im Beschluss der Behörde bestehen lassen und nur die Höhe der Vorauszahlung ändern (BGH DVBl. 1983, 1147 (1149)). Das Gericht ist an den Antrag des Antragstellers iSv § 217 nicht gebunden, sondern hat auch Anträge anderer Beteiligter zu berücksichtigen, soweit sie den Antragsteller iSv § 217 nicht benachteiligen – Verbot der reformatio in peius (Abs. 3 S. 2). Hat gegen die Festsetzung einer Enteignungsentschädigung durch die Enteignungsbehörde nur der Enteignungsbetroffene im baulandgerichtlichen Verfahren fristgerecht eine gerichtliche Entschädigung mit dem Ziel der Erhöhung beantragt, so kann der Entschädigungspflichtige nicht nach Ablauf der Antragsfrist „Widerklage" auf Herabsetzung der festgesetzten Entschädigung erheben (BGH NVwZ 2003, 1546, abändernd zu BGHZ 35, 227). Ist im Grundbuch die Anordnung der Zwangsversteigerung oder Zwangsverwaltung eingetragen, so muss das Gericht bei Aufhebung oder Änderung des Enteignungsbeschlusses das Vollstreckungsgericht von Amts wegen benachrichtigen (Abs. 3 S. 4).

7 e) Analog § 113 Abs. 1 S. 4 VwGO ergeht ein **Feststellungsurteil,** wenn der angefochtene Verwaltungsakt sich erledigt hat (KG, NJW 1970, 614; OLG Celle BauR 2004, 1989).

8 4. Das Gericht soll ein **Teilurteil** nur ausnahmsweise erlassen, wenn es zur Beschleunigung des Verfahrens notwendig erscheint (Abs. 4). Dies wird auch wegen § 221 Abs. 3 – gemeinsame Entscheidung mehrerer Anträge auf gerichtliche Entscheidung – nur ausnahmsweise der Fall sein, zB Teilurteil über die Zulässigkeit der Enteignung, wenn sich ein Antrag eines Eigentümers in erster Linie gegen die Zulässigkeit der Enteignung und hilfsweise gegen die Höhe der Entschädigung richtet

III. Teil. Verfahren vor den Kammern (Senaten) § 227

(OLG München BRS 26, Nr. 163; *Dösing* in SU, § 226 Rn. 11; dagegen *Kalb,* aaO, Rn. 28 unter Hinweis auf BGH NJW 1997, 1161); s. a. OLG Hamburg MDR 1970, 150: Teilurteil über Entschädigung für den Rechtsverlust nach § 95 und weiteres Teil- oder Schlussurteil über Entschädigung anderer Nachteile nach § 96; zweifelnd *Dösing* in SU § 226 Rn. 11 – in Wirklichkeit Zwischenurteil über den Grund. Schon nach § 301 ZPO ist ein Teilurteil unzulässig, wenn der zu entscheidende Teil des Streitgegenstandes von dem Verlauf des weiteren Prozesses berührt werden kann (BGH MDR 1978, 125 – Aufhebung eines Umlegungsplanes und Zahlung eines Wertausgleichs). Abs. 4 ist als Sollvorschrift gefasst, um mit der Konkretisierung des im Baulandverfahren geltenden Beschleunigungsgrundsatzes (BGHZ 61, 128) keinen Revisionsgrund zu schaffen. Abs. 4 steht einem **Grundurteil** über die Zulässigkeit der Enteignung, das nur die Höhe der Entschädigung offen lässt, nicht entgegen (BGH DVBl. 1983, 627). Kein Teilurteil ist die Teilaufhebung eines teilbaren Antrags wegen Teilnichtigkeit (BGH BauR 2005, 1450).

5. Zwischenurteile (§ 303 ZPO) sind zulässig, wenn sie der Beschleunigung 9 dienen, indem sie einen Streitpunkt für die Instanz erledigen (*Kalb,* aaO, § 226 Rn. 29–31). Verzichts- (§ 306 ZPO) und Anerkenntnisurteile (§ 307 ZPO) sind zulässig, soweit die Behörde wie bei einem Vergleich über den angefochtenen Verwaltungsakt verfügen darf (s. *Kalb,* aaO, § 221 Rn. 6).

6. Zur Kostenentscheidung s. § 228. Für die **vorläufige Vollstreckbarkeit** gel- 10 ten gem. § 221 Abs. 1 S. 1 die §§ 708 ff. ZPO entsprechend, soweit Besonderheiten des Baulandverfahrens dies nicht ausschließen. Urteile, in denen eine Geldleistung festgesetzt wird, und Kostenentscheidungen werden für vorläufig vollstreckbar erklärt. Aufhebungs- und reine Abänderungsurteile sind wegen ihrer Gestaltungswirkung nicht vollstreckbar. Verpflichtungsurteile können für vorläufig vollstreckbar erklärt werden. § 167 Abs. 2 VwGO gilt analog (*Wurster* in Hoppenberg/de Witt, K VII, Rn. 125; *Porger* in BK § 227 Rn. 15; *Kalb* in EZBK § 226 Rn. 34; aA *Genrich,* Rechtsschutz in Baulandsachen, Diss. jur., Berlin 1973, S. 138). Die **Zustellung** des Urteils erfolgt gem. § 221 Abs. 1 S. 1 iV m § 137 I ZPO von Amts wegen an alle Beteiligten. Mit der Zustellung beginnt die Berufungs- und Revisionsfrist zu laufen (§§ 516, 552 ZPO; ab 1.1.2002: §§ 517, 548 ZPO).

§ 227 Säumnis eines Beteiligten

(1) ¹**Erscheint der Beteiligte, der den Antrag auf gerichtliche Entscheidung gestellt hat, in einem Termin zur mündlichen Verhandlung, so kann auch dann mündlich verhandelt werden, wenn einer der anderen Beteiligten nicht erscheint.** ²**Über einen Antrag, den ein nichterschienener Beteiligter in einer früheren mündlichen Verhandlung gestellt hat, kann nach Lage der Akten entschieden werden.**

(2) **Erscheint der Beteiligte, der den Antrag auf gerichtliche Entscheidung gestellt hat, in einem Termin zur mündlichen Verhandlung nicht, so kann jeder andere Beteiligte eine Entscheidung nach Lage der Akten beantragen.**

(3) ¹**Die §§ 332 bis 335, 336 Abs. 2 und § 337 der Zivilprozessordnung gelten entsprechend.** ²**Im Übrigen sind die Vorschriften über die Versäumnisurteile nicht anzuwenden.**

1. Das auf dem Verhandlungsgrundsatz basierende Versäumnisurteil (§§ 330 ff. 1 ZPO) würde den im Baulandverfahren auf dem Spiele stehenden öffentlichen Interessen nicht gerecht werden, die gegen das Versäumnisurteil gegebene Einspruchsmöglichkeit (§ 338 ZPO) würde dem das Baulandverfahren prägenden Beschleunigungsgrundsatz (→ Vorb. §§ 217–232 Rn. 4) entgegenwirken. Entsprechend der

§ 228 III. Kapitel. III. Teil. Verfahren vor den Kammern (Senaten)

Wertung in § 221 Abs. 2 (→ § 221 Rn. 2) schließt § 227 Abs. 3 das Versäumnisurteil im Baulandverfahren aus. § 102 Abs. 2 VwGO bestimmt für den Verwaltungsprozess, in dem es auch **kein Versäumnisurteil** gibt, dass beim Ausbleiben eines Beteiligten auch ohne ihn verhandelt und entschieden werden kann. Gleiches bezweckt § 227 dadurch, dass er das Säumnisverfahren (§§ 330–347 ZPO), das auch die Entscheidung nach Lage der Akten regelt, den Besonderheiten des Baulandprozesses anpasst. Abs. 2 regelt die Säumnis des Antragstellers, Abs. 1 die der anderen Beteiligten. Gem. Abs. 3 gelten für den Begriff des Verhandlungstermins § 332 ZPO, für die Beurteilung des Nichtverhandelns oder nur teilweise Verhandelns die §§ 333, 334 ZPO, für die Unanfechtbarkeit der Ablehnung eines Antrags auf Entscheidung nach Lage der Akten § 336 Abs. 2 ZPO. § 227 gilt in allen Rechtszügen (BGH NJW 1973, 1502).

2 **2.** Erscheint zumindest einer der Beteiligten, die den Antrag gem. § 227 gestellt haben, zur mündlichen Verhandlung, erscheinen andere Beteiligte hingegen nicht, so kann **mündlich verhandelt** werden (Abs. 1 S. 1). Soweit nicht die Entscheidung nach § 335 ZPO unzulässig ist oder nach § 337 ZPO von Amts wegen vertagt wird, wird bei Spruchreife über den Antrag des erschienenen Beteiligten entschieden. Anträge nicht erschienener Beteiligter werden nach Lage der Akten nur entschieden, wenn sie in einer früheren mündlichen Verhandlung gestellt worden sind (Abs. 1 S. 2). Wenn keine mündliche Verhandlung stattgefunden hat, ist wegen des Amtsermittlungsgrundsatzes schriftliches Vorbringen der nichterschienenen Partei gleichwohl zu berücksichtigen (*Kukk* in SCH § 227 Rn. 4; *Kalb* in EZBK § 227 Rn. 6; *Dösing* in SU § 227 Rn. 3.1).

3 **3.** Erscheint der Beteiligte, der den Antrag gem. § 227 gestellt hat, nicht zur mündlichen Verhandlung, so kann zwar nicht mündlich verhandelt werden, aber jeder andere erschienene Beteiligte kann eine **Entscheidung nach Lage der Akten** beantragen (Abs. 2). Diesen Verfahrensantrag kann auch ein nicht anwaltlich vertretener Beteiligter stellen (KG NJW 1970, 614). Über den Antrag kann das Gericht gem. § 331a ZPO entscheiden, soweit nicht §§ 335, 337 ZPO eingreifen. Da Abs. 3 die Anwendung des auf § 251a Abs. 1 ZPO verweisenden § 331a ausschließt, ist es aus Gründen der Verfahrensbeschleunigung entgegen § 251a Abs. 1 ZPO nicht erforderlich, dass in einem früheren Termin mündlich verhandelt worden ist (BGH NJW 1973, 1502; KG NJW 1970, 614).

4 **4.** Da § 227 die **Säumnis aller Beteiligten** nicht regelt, greift nicht Abs. 3 ein, so dass das Gericht gem. § 221 Abs. 1 S. 1 BauGB, § 251a Abs. 2 S. 1 ZPO nach Lage der Akten nur entscheiden kann, wenn in einem früheren Termin mündlich verhandelt worden ist.

§ 228 Kosten des Verfahrens

(1) **Soweit der Beteiligte obsiegt, der den Antrag auf gerichtliche Entscheidung gestellt hat, gilt, wenn keiner der Beteiligten dazu im Widerspruch stehende Anträge in der Hauptsache gestellt hat, bei Anwendung der Kostenbestimmungen der Zivilprozessordnung die Stelle, die den Verwaltungsakt erlassen hat, als unterliegende Partei.**

(2) **Über die Erstattung der Kosten eines Beteiligten, der zur Hauptsache keinen Antrag gestellt hat, entscheidet das Gericht auf Antrag des Beteiligten nach billigem Ermessen.**

1 **1. a)** Anders als im Parteiverfahren der ZPO kann es in dem auf die Rechtmäßigkeit eines Verwaltungsaktes ausgerichteten Baulandverfahren keine unterliegende Partei geben, wenn nur der Beteiligte obsiegt, der den Antrag auf gerichtliche Entscheidung gestellt hat, die Behörde oder ein anderer Beteiligter jedoch keinen dazu im Widerspruch stehenden Antrag gestellt hat. Um dennoch die Kostenvorschriften

III. Teil. Verfahren vor den Kammern (Senaten) § 228

der ZPO im Baulandverfahren anwenden zu können, fingiert Abs. 1 in diesem Fall die Behörde als unterliegende Partei. Abs. 2 ermöglicht die Kostenerstattung für Beteiligte, die keine Anträge zur Hauptsache gestellt haben. Soweit sich aus § 228 nichts anderes ergibt, gelten im Baulandverfahren die Kostenvorschriften der ZPO (§§ 91– 101, § 269 Abs. 3 – Antragsrücknahme – OLG Zweibrücken JurBüro 1973, Sp. 363; OLG Bamberg NJW 1966, 60).

b) Kosten des Verfahrens sind die gerichtlichen und außergerichtlichen Kosten, nicht aber die Kosten, die einem Beteiligten im Umlegungs- oder Enteignungsverfahren entstanden sind (dazu §§ 78, 84 Abs. 2, 121). Die **Kosten eines Widerspruchsverfahrens** (§ 212) setzt gem. § 73 Abs. 3 S. 2 VwGO die zuständige Widerspruchsbehörde nach den dem § 80 VwVfG entsprechenden Landesvorschriften (RP, § 19 AGVwGO) fest. Wird der Widerspruchsbescheid aufgehoben oder abgeändert, ist über die Kosten des Widerspruchsverfahrens auch im gerichtlichen Verfahren zu entscheiden (BGH NJW 1965, 1480; s. a. § 161 Abs. 1 VwGO für den Verwaltungsprozess). In Enteignungssachen gilt mangels Widerspruchsverfahren allein § 121. 2

2. Gem. § 91 Abs. 1 S. 1 ZPO hat die **unterliegende Partei** die Kosten des Rechtsstreits zu tragen. Hat nur der Beteiligte, der den Antrag auf gerichtliche Entscheidung gestellt hat, einen Antrag gestellt und obsiegt er, so trägt die Behörde gem. Abs. 1 die Kosten. Bei teilweisem Obsiegen gilt § 92 ZPO. Sind zum Antrag des Beteiligten, der den Antrag auf gerichtliche Entscheidung gestellt hat, dazu im Widerspruch stehende Anträge gestellt worden, so haben die antragstellenden Beteiligten die Kosten anteilig zu tragen, soweit sie mit ihren Anträgen unterlegen sind (§ 100 ZPO). Aus Abs. 1 folgt, dass andere Beteiligte als die Behörde, die den Verwaltungsakt erlassen hat, nur Kosten zu tragen haben, soweit sie mit einem zur Hauptsache gestellten Antrag unterlegen sind (OLG München NJW 1968, 2065). Hat ein Beteiligter den gleichen Antrag gestellt wie der obsiegende Beteiligte, der den Antrag auf gerichtliche Entscheidung gestellt hat, werden seine Kosten auch von der Behörde getragen, die den Verwaltungsakt erlassen hat (*Wurster* in Hoppenberg/de Witt, II, K VII, Rn. 111). Bei einer Entscheidung nach § 91a ZPO kann das Gericht einem Beteiligten, der noch keinen Antrag zur Hauptsache gestellt hat, die Kosten auferlegen, sofern im weiteren Verlauf des Verfahrens damit gerechnet werden konnte, dass er einen Antrag zur Hauptsache stellen würde. § 228 Abs. 1 ist dann nicht anwendbar. Der Behörde, die den angefochtenen Verwaltungsakt erlassen hat, darf keine Kostenerstattung auferlegt werden, wenn zu der für erledigt erklärten Hauptsache andere Beteiligte widerstreitende Anträge gestellt haben (OLG Koblenz NJW 1983, 2036). 3

3. Abs. 2 ermächtigt das Gericht, im Urteil oder im Kostenbeschluss (§ 91a ZPO) auf Antrag nach billigem Ermessen zu entscheiden, ob die **Kosten** eines Beteiligten, der keine Anträge zur Hauptsache gestellt hat, zu **erstatten** sind. Die Vorschrift knüpft daran an, dass der Kreis der Beteiligten gem. § 222 kraft Gesetzes unabhängig vom Willen der Betroffenen festgelegt wird. Der Antrag kann nur bis zum Schluss der letzten mündlichen Verhandlung gestellt werden (OLG München BRS 34, Nr. 196). Da es an einer Regelung wie in § 162 Abs. 3 VwGO fehlt, können die außergerichtlichen Eigenkosten nicht der Staatskasse, sondern nur dem oder den Unterliegenden oder ausnahmsweise auch dem oder den obsiegenden Beteiligten auferlegt werden (krit. *Eusterbrock* in Gronemeyer § 225 Rn. 7). 4

4. Für die **Anfechtung der Kostenentscheidung** gilt gem. § 221 Abs. 1 S. 1 BauGB § 99 ZPO analog (OLG Bamberg NJW 1962, 642). Nur gegen selbstständige Kostenentscheidungen anlässlich der Erledigung der Hauptsache (§ 91a Abs. 2 ZPO), des Erlasses eines Anerkenntnisurteils (§ 99 Abs. 2 ZPO) und der Antragsrücknahme (§ 269 Abs. 5 ZPO) ist die sofortige Beschwerde zulässig. Der Beteiligte, der zur Hauptsache keine Anträge gestellt hat, kann gegen die Kostenentscheidung nach Abs. 2 dann kein Rechtsmittel einlegen, wenn diese Entscheidung Teil einer Hauptsachenentscheidung ist und gegen diese von keinem Beteiligten ein Rechtsmittel ein- 5

gelegt wird (OLG Bamberg NJW 1966, 60). Der Grundsatz, dass potentiell Planbetroffene keinen Anspruch auf Ersatz von Kosten haben, die ihnen im Verwaltungsverfahren entstehen, gilt auch im Umlegungsverfahren (OLG München NVwZ-RR 2003, 78).

6 5. Für die Kosten des Rechtsstreits ist der gem. § 221 Abs. 1 S. 1 BauGB, §§ 3 ff. ZPO, §§ 12 ff. GKG zu berechnende **Streitwert** maßgebend. Grundsätzlich ist der Streitwert in Baulandsachen entsprechend § 3 ZPO festzusetzen. Beim Streit um die Zulässigkeit der Enteignung ist entsprechend § 6 ZPO nach dem objektiven Verkehrswert zu entscheiden (BGHZ 40, 200; E 50, 291; aA *Gelzer* DVBl. 1962, 890: § 4 GKG; VGH Kassel AgrarR 1990, 360 – Abzug der Gegenleistungen [Entschädigungsbetrag]); ebenso beim Streit um die Verpflichtung zur Einleitung eines Enteignungsverfahrens (BGH NJW 1968, 153) und bei der Enteignung einer Teilfläche (BGH NJW 1963, 2173). Wird nur die Verpflichtung der Gemeinde begehrt, bei der Enteignungsbehörde die Enteignung zu beantragen, so soll nur ein Drittel des Grundstückswerts maßgebend sein (OLG München JurBüro 1975, Sp. 230). Im Streit um die Höhe der Enteignungsentschädigung ist die Differenz zwischen dem von der Enteignungsbehörde festgesetzten und vom Antragsteller verlangten Entschädigungsbetrag maßgebend. Zusätzlich verlangte Zinsen sind nicht zu berücksichtigen (BGH BauR 1970, 168; aA *Schneider* MDR 1971, 116; OLG Köln MDR 1969, 771). Entsprechend § 3 ZPO ist der Streitwert mit 20% des Wertes der zu enteignenden Fläche zu bemessen, für die eine Abfindung in Land begehrt wird (BGHZ 48, 200), in Besitzeinweisungsstreitigkeiten idR mit 20% des Gegenstandes, um dessen Besitz es geht (BGH NJW 1973, 2202; WM 1976, 669; DWW 1978, 123), im Umlegungsverfahren mit 20% des Wertes des Grund und Bodens einschließlich Aufbauten (BGHZ 49, 317; 51, 341; für Verkehrswert OLG Saarbrücken, BeckRS 2005, 00388; *Dösing* in SU, § 229 Rn. 14; Nachw. abweichender instanzieller Rechtspr. bei *Kalb* in EZBK § 228 Rn. 40–52), mit 20% des Wertes des Grund und Bodens der eingeworfenen Fläche bei Streit um die Zustellung eines seine Rechte betreffenden Auszuges aus dem Umlegungsplan (BGH MDR 1978, 648), mit dem einjährigen Mietzinsertrag als dem Wert der Nutzung eines Jahres bei einem Antrag eines Mieters nach § 80 Abs. 5 VwGO gegen die für sofortig vollziehbar erklärte vorzeitige Besitzeinweisung im Umlegungsverfahren (OLG München AnwBl. 1972, 54). Beim Streit um die Zulässigkeit einer Grenzregelung ist der Streitwert hingegen entsprechend § 6 ZPO nach dem Wert der Teilfläche zu bestimmen, die der Antragsteller im Wege einer einseitigen Zustimmung oder eines Flächentausches an einen anderen Eigentümer verlieren soll (BGHZ 50, 291; 51, 341).

§ 229 Berufung, Beschwerde

(1) ¹Über die Berufung und die Beschwerde entscheidet das Oberlandesgericht, Senat für Baulandsachen, in der Besetzung mit zwei Richtern des Oberlandesgerichts einschließlich des Vorsitzenden und einem hauptamtlichen Richter eines Oberverwaltungsgerichts. ²§ 220 Abs. 1 Satz 3 und Abs. 2 gilt entsprechend.

(2) ¹Die Landesregierungen können durch Rechtsverordnung die Verhandlung und Entscheidung über die Berufungen und Beschwerden gegen die Entscheidungen der Kammern für Baulandsachen einem Oberlandesgericht oder dem obersten Landesgericht für die Bezirke mehrerer Oberlandesgerichte zuweisen, wenn die Zusammenfassung für eine Förderung oder schnellere Erledigung der Verfahren sachdienlich ist. ²Die Landesregierungen können diese Ermächtigung durch Rechtsverordnung auf die Landesjustizverwaltungen übertragen.

III. Teil. Verfahren vor den Kammern (Senaten) **§ 230**

1. Abs. 1 bestimmt die **Zuständigkeit der Baulandsenate** bei den Oberlandes- 1
gerichten für Entscheidungen über Berufungen und Beschwerden sowie die **Besetzung** der Baulandsenate. Abs. 2 ermächtigt die Landesregierung und über diese die Justizverwaltungen, die **örtliche Zuständigkeit** in Berufungs- und Beschwerdeverfahren bei einem Oberlandesgericht oder dem Obersten Landesgericht zu konzentrieren. Gem. § 2 Bauland InstVONW ist das OLG Hamm, gem. § 7 Abs. 2 ZivGer JustVORP das OLG Koblenz allein zuständig. Die Berufung kann in NW fristwahrend nur beim OLG Hamm eingelegt werden (BGH BauR 2000, 539 m. Anm. v. *Piekenbrock,* → auch § 219 Rn. 2). Ein Oberstes Landesgericht iSv Abs. 2 S. 1 existiert nicht mehr.
2. Die **Berufung** findet gem. den über § 221 Abs. 1 S. 1 entsprechend anzuwenden- 2
den §§ 511 ff. ZPO gegen die von den Baulandkammern im ersten Rechtszug erlassenen Endurteile statt. Möglich ist auch die Sprungrevision (§ 566 ZPO). Die Berufungsfrist beginnt mit der von Amts wegen zu bewirkenden Zustellung der Urteile. Für die Einlegung der Berufung herrscht Anwaltszwang (OLG Hamm NJW 1996, 601; → § 222 Rn. 4). Zu den Endurteilen gehören bzw. ihnen gleichgestellt werden Teilurteile, Ergänzungsurteile und Urteile, die einen Ergänzungsantrag abweisen, Prozessurteile, Vorbehaltsurteile (§§ 302, 599 ZPO), Vorabentscheidungen über den Grund (§ 304 ZPO) und Zwischenurteile über die Zulässigkeit der Klage (§ 280 ZPO). Die Berufungssumme beträgt gem. § 511 ZPO 600,– €. Für die Berechnung ist der Zeitpunkt der Einlegung der Berufung maßgebend. Zum Streitwert → § 228 Rn. 6.
3. Abs. 1 S. 1 und § 218 Abs. 1 BauGB (→ § 218 Rn. 4) stellen klar, dass die Bau- 3
landsenate auch über **Beschwerden** (§§ 567–577 ZPO) entscheiden.
4. Der Senat für Baulandsachen entscheidet in der **Besetzung** mit zwei Richtern 4
des OLG einschließlich des Vorsitzenden und eines hauptamtlichen (→ § 220 Rn. 3) Richters eines OVG oder VGH. Zum verfassungsrechtlichen Hintergrund → § 220 Rn. 1, 3. Die Entscheidung muss stets auch bei Beschwerden der gesamte Spruchkörper in voller Besetzung treffen. Die Vorschriften über den Einzelrichter sind nicht anwendbar (Abs. 1 S. 2, → § 220 Rn. 4). Auch die Bestellung eines nur vorbereitenden Einzelrichters (§ 524 Abs. 1, 2 ZPO; ab dem 1.1.2002: § 527 ZPO) ist ausgeschlossen. Wird hiergegen verstoßen, so ist auf diesen Verfahrensmangel § 295 Abs. 1 ZPO anwendbar (BGHZ 86, 104).

§ 230 Revision

Über die Revision entscheidet der Bundesgerichtshof.

1. Über die Revision gegen die in der Berufungsinstanz von den Baulandsenaten 1
erlassenen Endurteile (→ § 229 Rn. 2) entscheidet der BGH gem. den über § 221 Abs. 1 S. 1 BauGB anwendbaren §§ 542 ff. ZPO. Vor dem BGH gilt der Anwaltszwang uneingeschränkt; ebenso für eine beim OLG eingelegte sofortige Beschwerde (BGH NJW-RR 1994, 1021); nicht aber für die Einwilligung für die gem. § 566 ZPO zulässige Sprungrevision von der Baulandkammer zum BGH (BGH NJW 1975, 830). Im Hinblick auf § 542 Abs. 2 ZPO ist die Revision unzulässig gegen Urteile, durch die über Anordnung oder Aufhebung einer vorzeitigen Besitzeinweisung entschieden wird (BGHZ 43, 168; NJW 2003, 69). Zur bis zum 31.12.2014 geltenden Beschränkung der Zulässigkeit der Nichtzulassungsbeschwerde nach § 544 Abs. 1 S. 1 ZPO *Dösing* in SU § 230 Rn. 3, 8; BGH NJW 2002, 3081, NJW 2002, 2720 sowie der Rechtsbeschwerde nach §§ 574 bis 577 ZPO s. *Dösing* in SU § 230 Rn. 8; BGH NJW 2003, 70, 211, 1531.
2. Der Senat entscheidet in der gem. § 221 Abs. 1 S. 1 BauGB, § 139 GVG vorge- 2
schriebenen **Besetzung.** Anders als bei den Instanzgerichten (§§ 220, 229) tritt kein Verwaltungsrichter hinzu.

§ 231 Einigung

¹Einigen sich die Beteiligten während eines gerichtlichen Verfahrens, das eine Enteignung betrifft, so gelten die §§ 110 und 111 entsprechend. ²Das Gericht tritt an die Stelle der Enteignungsbehörde.

1 1. Das Verfahren vor den Baulandgerichten kann durch einen **Vergleich** beendet werden. § 231 erklärt die im Enteignungsverfahren mögliche Einigung (§§ 110, 111) auf das Gerichtsverfahren für entsprechend anwendbar, wenn das Baulandverfahren eine Enteignung iSd §§ 85 ff. zum Gegenstand hat einschl. eines Übernahmeverlangens wegen der gem. § 43 Abs. 1 Satz 3 analogen Anwendbarkeit (*BGH* NJW 2003, 757). Für Vergleiche in allen anderen Verfahren vor den Baulandgerichten gelten die allgemeinen Grundsätze.

2 2. Bei der entsprechenden Anwendung der die **Einigung** im Verwaltungsverfahren betreffenden §§ 110, 111 und damit auch des § 113 Abs. 2, 5 auf das gerichtliche Verfahren tritt das Gericht an die Stelle der Verwaltungsbehörde. § 231 stellt klar, dass das Gericht im Falle einer vollständigen (§ 110) oder **teilweisen Einigung** (§ 111) alle in diesen Vorschriften aufgestellten formellen und materiellen Anforderungen beachten muss. Nach dem Grundsatz des geringstmöglichen Eingriffs hat die Enteignungsbehörde auf eine Einigung hinzuwirken (§ 110 Abs. 1). Wie im Enteignungsverfahren ist auch vor den Baulandgerichten ein gesondertes Entschädigungsfeststellungsverfahren analog § 111 S. 3 zulässig (s. BGH NJW 1986, 933). Gem. § 231 iVm § 110 Abs. 2 S. 3 muss die Niederschrift von den Beteiligten unterschrieben werden. Die Ausfertigung des Sitzungsprotokolls ersetzt die Unterschrift (*Kalb* in EZBK § 231 Rn. 3; *Scharmer* in KK § 231 Rn. 4; aA *Porger* in BK § 231 Rn. 3; s. a. BGH NJW 2003, 757 (758) – Vergleich nach den Formvorschriften der ZPO oder nach § 110 Abs. 2). Für die Einigung zwischen den Beteiligten vor Gericht müssen die Prozessbevollmächtigten öffentlich beglaubigte Vollmachten vorlegen (§ 110 Abs. 2 S. 4). Die vom Gericht beurkundete Einigung steht einem nicht mehr anfechtbaren Enteignungsbeschluss gleich (§ 110 Abs. 3 S. 1). Die Einigung ist Vollstreckungstitel für die in ihr bezeichnete Leistung (§ 122 Abs. 1 Nr. 1). Für die Einigung nach § 231 gelten als Sonderform des gerichtlichen Vergleichs die allgemeinen Grundsätze für Prozessvergleiche entsprechend.

3 3. Ein Baulandverfahren kann durch **Prozessvergleich** unmittelbar oder durch **außergerichtlichen Vergleich** (dazu *Bamberger* in Wysk VwGO § 106) iVm einer entsprechenden Prozesshandlung beendet werden. Für Prozessvergleiche gelten die allgemeinen Grundsätze. Ein Prozessvergleich ist unzulässig, wenn die Beteiligten über den Streitgegenstand nicht verfügen können, also zwingendes Recht oder Rechte Dritter – wie häufig im Umlegungsverfahren mangels Zustimmung weiterer Umlegungsbeteiligter – entgegenstehen. Ein wirksamer Prozessvergleich ist ein Vollstreckungstitel (§ 794 Abs. 1 Nr. 1 ZPO). Für einen außergerichtlichen Vergleich über den Gegenstand des Baulandverfahrens gelten die §§ 54 ff., insbesondere § 55 VwVfG. Das Baulandverfahren wird beendet, indem auf den materiell-rechtlichen Vergleichsvertrag eine prozessuale Handlung folgt, entweder eine Klagerücknahme oder eine beiderseitige Erklärung der Erledigung der Hauptsache.

§ 232 Weitere Zuständigkeit der Kammern (Senate) für Baulandsachen

Die Länder können durch Gesetz den Kammern und Senaten für Baulandsachen die Verhandlung und Entscheidung über Maßnahmen der Enteignung und enteignungsgleiche Eingriffe, die die in § 86 genannten Gegenstände betreffen und auf Landesrecht beruhen oder nach Landesrecht

III. Teil. Verfahren vor den Kammern (Senaten) § 232

vorgenommen werden, und über Entschädigungsansprüche übertragen sowie die Vorschriften dieses Teils für anwendbar erklären.

1. § 232 stellt klar, dass die Länder ermächtigt sind, den Baulandgerichten auf 1 Landesrecht beruhende oder nach Landesrecht vorgenommene Enteignungs- und Entschädigungsverfahren durch Gesetz zuzuweisen. Zu der die Zweispurigkeit des Rechtsweges in Enteignungssachen (→ Vorb. §§ 217–232 Rn. 1) vermeidenden Zuweisung sind die Länder nicht verpflichtet.

2. Die Ermächtigung bezieht sich erstens auf Verhandlungen und Entscheidun- 2 gen über Maßnahmen der Enteignung, die die Grundstücke, grundstücksgleichen Rechte oder Rechte an diesen (→ § 86 Rn. 4, 5) betreffen und auf **Landesrecht** beruhen, dh, die sich unmittelbar aus den Enteignungs- oder zB Straßengesetzen der Länder ergibt, zB nw Enteignungs- und EntschädigungsG (dazu OLG Hamm NVwZ 1998, 658). Zweitens bezieht sich die Ermächtigung auf Verhandlungen und Entscheidungen über Maßnahmen der Enteignung, die nach Landesrecht vorgenommen werden, also auf Maßnahmen, die ihre eigentliche Grundlage in bundesrechtlichen Vorschriften haben, bei denen sich aber das Enteignungsverfahren nach Landesrecht richtet (s. LG Stuttgart VBlBW 1983, 382; OLG Celle NuR 1999, 476; LG Hannover NdsVBl. 1999, 118 – §§ 43 NEG, 41a Abs. Nds. StrG – naturschutzrechtliche Ersatzmaßnahmen). Soweit bundesrechtlich Enteignungsgesetze der Länder für anwendbar erklärt werden, wie zB in § 19 Abs. 5 FStrG, bedarf es der Ermächtigung des § 232 nicht (*Kalb* in EZBK § 232 Rn. 26; aA *Porger* in BK § 232 Rn. 4; *Kukk* in SCH § 232 Rn. 3). § 232 erfasst drittens auch Verhandlungen und Entschädigungen im Vorfeld der Enteignung, die wie zB im (bundesgesetzlichen) § 17 Abs. 4 FStrG Einwirkungen unterhalb der Enteignungsschwelle betreffen. Macht ein Land von der Ermächtigung des § 232 Gebrauch, muss es nicht die gesamten Vorschriften des Dritten Teils für anwendbar erklären (*Kalb,* aaO, Rn. 36; *Dösing,* SU § 232 Rn. 7). Zusammenstellung der Landesgesetze mit voller Zuständigkeitsübertragung bei *Dösing,* SU § 232 Rn. 8 – der Landesgesetze mit teilweiser Übertragung (BaWü, NRW, RhPf) bei *Dösing,* aaO, Rn. 9: zur Rechtslage in Bay, Hess, Saar und SchlH *Dösing,* aaO, Rn. 10 f.).

3. Die Ermächtigung gilt auch für **enteignungsgleiche Eingriffe**, also die An- 3 fechtung der anlässlich des administrativen Enteignungsverfahrens ergehenden rechtswidrigen Eingriffe der öffentlichen Hand oder auch der rechtswidrigen Versagung oder Verzögerung einer Baugenehmigung oder eines Vorbescheids (BGH NVwZ 2002, 124; *Dösing,* SU § 232 Rn. 4). Aus dem Vorrang des Primärrechtsschutzes (BVerfGE 58, 300 aus der Wiederverengung des verfassungsrechtlichen Enteignungsbegriffes (→ Vorb. vor §§ 85–122 Rn. 1 ff.) folgt, dass sich der Anfechtende beim „enteignungsgleichen Eingriff" nicht darauf beschränken darf, die Rechtswidrigkeit der Enteignungsmaßnahme zu akzeptieren und nur den Erlass eines erstmaligen oder eines höheren Entschädigungsbescheides einzuklagen. Hat der gem. §§ 232, 217 Anfechtende Primärrechtsschutz nicht in Anspruch genommen, so steht ihm im Regelfall ein Entschädigungsanspruch für solche Nachteile, die er durch den Primärrechtsschutz hätte vermeiden können, in analoger Anwendung des § 254 BGB überhaupt nicht zu (BGHZ 90, 17; 91, 20; → Vorb. vor §§ 85–122 Rn. 8). § 232 gilt auch für Entschädigungsansprüche gem. § 22 Abs. 1 Hmb. DSchG, mag es sich auch um Ausgleichsansprüche iSv Art. 14 Abs. 1 S. 2 GG handeln (BVerwG DVBl. 1990, 362; → auch Vorb. vor §§ 85–122 Rn. 4). Zur Zuständigkeit kraft Sachzusammenhangs bei anderen Ansprüchen aus enteignungsgleichem Eingriff als denen anlässlich von Maßnahmen nach § 86 → § 217 Rn. 4.

Viertes Kapitel. Überleitungs- und Schlussvorschriften

Erster Teil. Überleitungsvorschriften

§ 233 Allgemeine Überleitungsvorschriften

(1) ¹Verfahren nach diesem Gesetz, die vor dem Inkrafttreten einer Gesetzesänderung förmlich eingeleitet worden sind, werden nach den bisher geltenden Rechtsvorschriften abgeschlossen, soweit nachfolgend nichts anderes bestimmt ist. ²Ist mit gesetzlich vorgeschriebenen einzelnen Schritten des Verfahrens noch nicht begonnen worden, können diese auch nach den Vorschriften dieses Gesetzes durchgeführt werden.

(2) ¹Die Vorschriften des Dritten Kapitels Zweiter Teil Vierter Abschnitt zur Planerhaltung sind auch auf Flächennutzungspläne und Satzungen entsprechend anzuwenden, die auf der Grundlage bisheriger Fassungen dieses Gesetzes in Kraft getreten sind. ²Unbeschadet des Satzes 1 sind auf der Grundlage bisheriger Fassungen dieses Gesetzes unbeachtliche oder durch Fristablauf unbeachtliche Fehler bei der Aufstellung von Flächennutzungsplänen und Satzungen auch weiterhin für die Rechtswirksamkeit dieser Flächennutzungspläne und Satzungen unbeachtlich. ³Abweichend von Satz 1 sind für vor dem Inkrafttreten einer Gesetzesänderung in Kraft getretene Flächennutzungspläne und Satzungen die vor dem Inkrafttreten der Gesetzesänderung geltenden Vorschriften über die Geltendmachung der Verletzung von Verfahrens- und Formvorschriften, von Mängeln der Abwägung und von sonstigen Vorschriften einschließlich ihrer Fristen weiterhin anzuwenden.

(3) **Auf der Grundlage bisheriger Fassungen dieses Gesetzes wirksame oder übergeleitete Pläne, Satzungen und Entscheidungen gelten fort.**

Übersicht

	Rn.
1. Allgemeines	1
2. Überleitung von Verfahren (Abs. 1)	2
3. Rückwirkung der Planerhaltungsvorschriften (Abs. 2)	4
4. Fortgeltung von wirksam gewordenen bzw. übergeleiteten Plänen, Satzungen und Entscheidungen (Abs. 3)	5

1. Allgemeines. § 233 enthält Grundregelungen **für die Überleitung von Verfahren** nach dem Baugesetzbuch auf den durch das BauROG zum 1.1.1998 neu geschaffenen Rechtszustand. Sie gelten auch bei künftigen Gesetzesänderungen, wie sich aus der Formulierung in Abs. 1 S. 1 „**einer** Gesetzesänderung" ergibt. Soweit das BauGB keine einschlägigen Überleitungsbestimmungen enthält, gelten im Übrigen die allgemeinen Rechtsgrundsätze des intertemporalen Rechts (hierzu *Kopp/Ramsauer* VwVfG § 96 Rn. 3). Danach ist grundsätzlich ab seinem Inkrafttreten das neue Verfahrensrecht und materielle Recht anzuwenden, sofern noch keine unanfechtbare Rechtsposition entstanden ist. Über § 233 hinaus enthält das BauGB noch **spezielle Überleitungsregelungen.** Diese beziehen sich auf das **Vorkaufsrecht** (§ 234), **städtebauliche Sanierungs- und Entwicklungsmaßnahmen** (§ 235), das **Baugebot und die Erhaltung baulicher Anlagen** (§ 236), die **Entschädigungen** (§ 238), die **Grenzregelung** (§ 239), die **Erschließung und Erschließungsbeiträge** (§ 242), das **Maßnahmengesetz zum BauGB** und die **Eingriffsrege**-

§ 233

lung nach dem **Bundesnaturschutzgesetz** (§ 243), das **Europarechtsanpassungsgesetz Bau** (§ 244), den **Stadtumbau**, die **Soziale Stadt** und die **Förderung städtebaulicher Maßnahmen** (§ 245) sowie **Vorhaben im Außenbereich** (§ 245b). Der **Vorrang** dieser speziellen Überleitungsregelungen ergibt sich aus Abs. 1 S. 1 Hs. 2.

2 2. **Überleitung von Verfahren (Abs. 1). Abs. 1 S. 1** bestimmt als **Grundsatz für die Überleitung,** dass Verfahren, die vor dem 1.1.1998 oder einer danach folgenden bzw. zukünftigen Änderung des BauGB **förmlich eingeleitet** wurden, nach dem zum Zeitpunkt der Einleitung geltenden Recht zu Ende geführt werden. Unter Verfahren sind dabei solche Verfahren zu verstehen, die mehrere Verfahrensschritte umschließen, wie etwa die Aufstellung von Bauleitplänen oder städtebaulichen Satzungen, aber zum Beispiel auch das Enteignungsverfahren. Förmlich eingeleitet ist ein Verfahren dann, wenn zumindest ein nach außen wirkender erster Verfahrensschritt (zB die ortsübliche Bekanntmachung des Aufstellungsbeschlusses für einen Bauleitplan oder die Durchführung der frühzeitigen Öffentlichkeits- oder Behördenbeteiligung) durchgeführt worden ist. Lediglich gemeindeinterne Überlegungen und Absichten genügen nicht. Anwendbar bleibt Abs. 1 S. 1 so lange, wie das Verfahren zur Aufstellung des Bebauungsplans noch nicht „vollends" abgeschlossen ist. Dies ist erst dann der Fall, wenn der Plan alle Stadien des Verfahrens durchlaufen hat. Dies schließt ggf. auch eine noch **nachzuholende** Genehmigung des Planes durch die höhere Verwaltungsbehörde und deren ortsübliche Bekanntmachung ein (BVerwG Beschl. v. 1.7.2008 – 4 BN 17/08, BauR 2008, 1850).

3 **Abs. 1 S. 2** räumt den Gemeinden ein **Wahlrecht** ein, wie sie verfahren wollen, wenn mit weiteren vorgeschriebenen Verfahrensschritten nach förmlicher Einleitung des Verfahrens noch nicht begonnen worden ist. Sie haben dann die Möglichkeit, weiterhin ihr bisherige Recht anzuwenden oder aber den künftigen Verfahrensschritten das neue Verfahrensrecht und materielle Recht zugrunde zu legen. Dies gilt auch für die Möglichkeit zum Wechsel in das beschleunigte Verfahren gemäß § 13a, wenn die entsprechenden Voraussetzungen vorliegen (OVG Berlin-Brandenburg Urt. v. 19.10.2010 – 2 A 15/09, ZUR 2011, 328). Bei Zugrundelegung von neuem materiellen Recht ist allerdings zu beachten, dass etwaige geänderte Planinhalte Gegenstand der Öffentlichkeits- und Behördenbeteiligung gewesen sein müssen (→ § 3 Abs. 2 und § 4 Abs. 2 bzw. § 4a Abs. 3; vgl. *Battis/Otto* UPR 2006, 165 (169)).

4 3. **Rückwirkung der Planerhaltungsvorschriften (Abs. 2). Abs. 2** enthält eine Regelung zur **Rückwirkung für die Vorschriften zur Planerhaltung** in den §§ 214 bis 216. Nach **S. 1** sind die neuen Regelungen auch auf Bauleitpläne und städtebauliche Satzungen anzuwenden, die auf der Grundlage bisheriger Fassungen des BauGB und BBauG in Kraft getreten sind. Eine zeitliche Grenze für diese Rückwirkung enthält die Vorschrift nicht, wie sich aus dem Verweis auf die „bisherigen Fassungen dieses Gesetzes" ergibt (vgl. Begründung zum Regierungsentwurf des BauROG, BT-Drs. 13/6392, 75). Es sollen also die jeweils neuesten Vorschriften der Planerhaltung auch auf früher in Kraft getretene Flächennutzungspläne und Satzungen Anwendung finden (vgl. Begründung zum Gesetzentwurf der Bundesregierung des EAG Bau, BT-Drs. 15/2250, 66). **S. 2** stellt sicher, dass Fehler, die nach bisherigem Recht unbeachtlich waren, auch weiterhin **unbeachtlich bleiben. S. 3** macht deutlich, dass für die Geltendmachung von Fehlern bei Flächennutzungsplänen und Satzungen, die vor Inkrafttreten einer Gesetzesänderung in Kraft getreten oder nach altem Recht eingeleitet und fortgeführt worden sind, das **frühere Recht fortgilt**, also nicht wie nach S. 1 das neue Recht mit ggf. veränderten Fristen oder eingeschränkten oder auch erweiterten Möglichkeiten zur Geltendmachung von Fehlern zur Anwendung kommt (vgl. OVG Berlin-Brandenburg Urt. v. 9.4.2008 – 2 A 4/07, BRS 73 Nr. 37; dass. Urt. v. 26.10.2010 – 10 A 13/07, juris; s. hierzu ausführlich *Kuchler* BauR 2007, 37 ff.; *ders.* BauR 2007, 835 ff.).

I. Teil. Überleitungsvorschriften § 233

4. Fortgeltung von wirksam gewordenen bzw. übergeleiteten Plänen, Satzungen und Entscheidungen (Abs. 3). Nach **Abs. 3 gelten alle Pläne, Satzungen und Entscheidungen fort,** die zu irgendeinem Zeitpunkt aufgrund einer **früheren Fassung des BauGB oder des BBauG** wirksam geworden oder übergeleitet worden sind; sie haben die Wirkungen des damals geltenden Rechts und behalten daher ihre bisherige Rechtsqualität. Wirksam geworden sind insbesondere Pläne und Satzungen auf der Grundlage bisheriger Fassungen des BauGB oder BBauG, wenn sie nach dem darin geregelten Verfahren wirksam aufgestellt worden sind.

Für aufgrund von Vorschriften der ehemaligen DDR aufgestellte Generalbebauungspläne, Leitplanungen und Ortsgestaltungskonzeptionen ergibt sich die Überleitung aus § 246a Abs. 5 S. 1 Nr. 1 BauGB 1993 (s. hierzu *Söfker* in EZBK § 233 Rn. 100f.). Sie haben bzw. hatten die Funktion von Flächennutzungsplänen (*v. Nicolai*, LKV 1998, 329ff.). Aus der ehemaligen DDR übergeleitete Bebauungspläne existieren praktisch nicht.

Wichtig ist daneben für die Fortgeltung übergeleiteter Pläne, Nutzungen und Entscheidungen **§ 173 Abs. 3 BBauG 1960,** der die Überleitung zuvor aufgestellter baurechtlicher Vorschriften und festgestellter städtebaulicher Pläne betrifft. Die Regelung lautet wie folgt:

Bei Inkrafttreten dieses Gesetzes bestehende baurechtliche Vorschriften und festgestellte städtebauliche Pläne gelten als Bebauungspläne, soweit sie verbindliche Regelungen in § 9 bezeichneten Art enthalten. Dies gilt für Festsetzungen in den Fällen des § 9 Abs. 7 des Bundesfernstraßengesetzes vom 6. August 1953 (Bundesgesetzblatt I S. 903) in der Fassung des § 183 dieses Gesetzes nur, wenn sie unter Mitwirkung des Trägers der Straßenbaulast zustande gekommen sind oder ihnen der Träger der Straßenbaulast nachträglich zugestimmt hat. Soweit die in Satz 1 bezeichneten Vorschriften und Pläne den in § 1 Abs. 3 bis 5 (idF d. BBauG 1960, vgl. § 1 Abs. 4 bis 6 BauGB) gestellten Anforderungen nicht entsprechen, sind sie zu ändern oder zu ergänzen, wenn dies von einem bei der Bauleitplanung zu beteiligenden Träger öffentlicher Belange (§ 2 Abs. 5) innerhalb eines Monats nach Inkrafttreten dieses Gesetzes beantragt wird.

§ 173 Abs. 3 BBauG 1960 gilt etwa für nach den Aufbaugesetzen der Länder aufgestellte Durchführungspläne, Fluchtlinienpläne uÄ. Die Vorschrift wirkt unabhängig von der damaligen Rechtsform der Planung, so dass es sich bei den übergeleiteten baurechtlichen Vorschriften von ihrer Rechtsqualität her sowohl um Normen als auch um Verwaltungsakte handeln kann. Diese erhalten mit der Überleitung nach § 173 Abs. 3 BBauG 1960 nicht die Rechtsqualität eines Bebauungsplans, da sie lediglich als Bebauungspläne gelten (BVerwG Beschl. v. 16.12.2003 – 4 B 105/03, ZfBR 2004, 383). Für die Überleitung ist es unerheblich, ob die **Gemeinde** als heutige Trägerin der Planungshoheit an der Aufstellung der früheren Vorschrift mitgewirkt hat oder nicht. Notwendig ist allerdings, dass die baurechtliche Vorschrift oder der festgestellte städtebauliche Plan nach Maßgabe der damaligen Rechtslage wirksam aufgestellt wurde, da die Rechtswirksamkeit Voraussetzung für die Überleitung ist (BVerwG Urt. v. 20.10.1972 – IV C 14/71, BVerwGE 41, 67). Zusätzlich muss in jedem Fall eine **Abwägung** stattgefunden haben, da diese unabhängig von ihrer gesetzlichen Normierung in § 1 Abs. 7 zentrales Gebot jeder rechtsstaatlichen Planung ist (→ § 1 Rn. 87ff.).

Ist die Vertretbarkeit der Abwägungsentscheidung und damit die Rechtfertigung des betreffenden Planinhalts nicht aufklärbar, geht dies zu Lasten dessen, der sich auf den übergeleiteten Plan beruft, sofern das materielle Recht insofern nichts regelt. Eine solche andere Regelung kann auch die grundrechtlichen in Art. 14 Abs. 1 GG abgesicherte Baufreiheit sein, so dass im Zweifel die Behörde, die einem Bauantragsteller einen übergeleiteten Plan entgegenhalten möchte, dessen städtebaurechtliche Rechtfertigung nachweisen muss (VGH Mannheim Urt. v. 6.2.2015 – 8 S 450/13, VBlBW 2015, 339). Notwendig für die Überleitung und die Fortgeltung ist im Weiteren, dass die Vorschrift allein oder gemeinsam mit den ihr zugrundelie-

Reidt

§ 234

genden Vorschriften (VGH Mannheim Urt. v. 7.5.1983 – 8 S 2487/92, NVwZ 1994, 700) verbindliche Regelungen der in § 9 BauGB bezeichneten Art enthält. Der Inhalt eines überzuleitenden Planes muss also derart ausgestaltet sein, dass er auch in einem nach 1960 in Kraft getretenen Bebauungsplan hätte geregelt werden können (BVerwG Urt. v. 20.10.1972 – IV C 14/71, BVerwGE 41, 67). Soweit es um Baugebiete geht, konnten diese allerdings auch andere Nutzungen zusammenfassen als dies in der BauNVO in ihren unterschiedlichen Fassungen vorgesehen war bzw. vorgesehen ist.

11 Für die Auslegung gemäß § 173 Abs. 3 BBauG übergeleiteter Pläne sind neben den Entstehungsmaterialien (s. etwa OVG Berlin Urt. v. 20.5.2003 – 2 B 21/98, LKV 2004, 132) auch heutige Maßstäbe, insbesondere geänderte Werte und Lebensanschauungen, maßgeblich. Allerdings geht dies nicht so weit, dass Ausnahmetatbestände, so wie sie in Absatz 3 der §§ 2–9 BauNVO enthalten sind, in einen übergeleiteten Plan hineingelesen werden könnten. Enthält ein übergeleiteter Plan allerdings seinerseits **Ausnahmemöglichkeiten,** gilt für diese § 31 Abs. 1 (vgl. BVerwG Urt. v. 17.12.1998 – 4 C 16/97, BVerwGE 108, 190). Für die Erteilung von **Befreiungen** gemäß § 31 Abs. 2 gelten dieselben Anforderungen wie für Bebauungspläne, die auf der Grundlage des BauGB aufgestellt wurden (OVG Berlin Urt. v. 20.5.2003 – 2 B 21/98, LKV 2004, 132). Zeitliche Befristungen, die baurechtliche Vorschriften und Pläne vor 1960 teilweise enthielten, bleiben von § 173 Abs. 3 BBauG 1960 unberührt. Die entsprechenden Pläne traten daher nach Ablauf ihrer Geltungsfrist ohne förmliches Aufhebungsverfahren außer Kraft (BVerwG Urt. v. 12.1.1968 – IV C 175/65, DVBl. 1968, 515). Im Übrigen gelten für die Aufhebung, Änderung oder Ergänzung übergeleiteter Pläne die heutigen Vorschriften (→ vgl. § 1 Abs. 8).

§ 234 Überleitungsvorschriften für das Vorkaufsrecht

(1) Für das Vorkaufsrecht sind die jeweils zur Zeit des Verkaufsfalls geltenden städtebaurechtlichen Vorschriften anzuwenden.

(2) Satzungen, die auf Grund von § 25 des Bundesbaugesetzes erlassen worden sind, gelten als Satzungen nach § 25 Abs. 1 Satz 1 Nr. 2 weiter.

1 § 234 regelt die Überleitungsvorschriften für das Vorkaufsrecht. Die Vorschrift tritt an die Stelle des bis zum 31.12.1997 geltenden § 235 BauGB 1987. Entsprechend der mit dem BauROG verfolgten strukturellen Vereinfachung der Überleitungsvorschriften wurde mit **Abs. 1** eine generalklauselartige Überleitungsvorschrift für alle Verkaufsfälle geschaffen, die vor dem 1.1.1998 liegen. Die Überleitungsvorschriften für das Vorkaufsrecht in den §§ 235, 246a Abs. 2 S. 4 in der bis zum 31.12.1997 geltenden Fassung und in § 12 BauGB-MaßnahmenG konnten damit entfallen. Die Regelung ist so angelegt, dass sie auch bei künftigen Gesetzesänderungen als Überleitungsrecht ausreichen soll. Die Regelung sieht vor, dass für das Vorkaufsrecht die jeweils zur Zeit des Verkaufsfalles geltenden städtebaurechtlichen Vorschriften anzuwenden sind.

2 Einer besonderen Überleitungsregelung bedurfte es für die Vorkaufssatzungen nach § 25 BBauG. Entsprechend dem bis zum 31.12.1997 geltenden § 235 Abs. 3 S. 2 BauGB 1987 ist in **Abs. 2** geregelt, dass die aufgrund von § 25 BBauG erlassenen Satzungen als Satzungen nach § 25 Abs. 1 S. 1 Nr. 2 BauGB weiter gelten.

§ 235 Überleitungsvorschriften für städtebauliche Sanierungs- und Entwicklungsmaßnahmen

(1) ¹Auf städtebauliche Sanierungs- und Entwicklungsmaßnahmen, für die vor dem Inkrafttreten einer Gesetzesänderung nach den bisher geltenden Rechtsvorschriften der Beginn der vorbereitenden Untersuchungen oder der Voruntersuchungen beschlossen worden ist, sind abweichend von § 233 Abs. 1 die Vorschriften dieses Gesetzes anzuwenden; abgeschlossene Verfahrensschritte bleiben unberührt. ²Ist eine städtebauliche Entwicklungsmaßnahme jedoch vor dem 1. Juli 1987 förmlich festgelegt worden, sind die §§ 165 bis 171 in der bis zum 30. April 1993 geltenden Fassung weiter anzuwenden; wird zur zweckmäßigen Durchführung entsprechend den Zielen und Zwecken einer solchen Entwicklungsmaßnahme eine Änderung des Geltungsbereichs der Entwicklungsmaßnahmeverordnung erforderlich, ist § 53 in Verbindung mit § 1 des Städtebauförderungsgesetzes weiter anzuwenden.

(2) ¹Ist eine städtebauliche Sanierungsmaßnahme vor dem 1. Januar 1998 förmlich festgelegt worden und ist nach dieser Sanierungssatzung nur die Genehmigungspflicht nach § 144 Abs. 2 in der bis zum 31. Dezember 1997 geltenden Fassung ausgeschlossen, bedarf eine Teilung auch weiterhin der schriftlichen Genehmigung der Gemeinde. ²Die Gemeinde hat dem Grundbuchamt Sanierungssatzungen im Sinne des Satzes 1 in entsprechender Anwendung des am 1. Januar 1998 geltenden § 143 Abs. 2 Satz 1 bis 3 unverzüglich nachträglich mitzuteilen.

(3) In dem Gebiet, in dem das Grundgesetz schon vor dem 3. Oktober 1990 galt, ist § 141 Abs. 4 auf Beschlüsse über den Beginn der vorbereitenden Untersuchungen, die vor dem 1. Mai 1993 bekannt gemacht worden sind, nicht anzuwenden.

(4) Sanierungssatzungen, die vor dem 1. Januar 2007 bekannt gemacht worden sind, sind spätestens bis zum 31. Dezember 2021 mit den Rechtswirkungen des § 162 Abs. 1 Satz 1 Nr. 4 aufzuheben, es sei denn, es ist entsprechend § 142 Abs. 3 Satz 3 oder 4 eine andere Frist für die Durchführung der Sanierung festgelegt worden.

Übersicht

	Rn.
1. Allgemeine Überleitungsvorschrift (Abs. 1 S. 1)	1
2. Überleitung der nach StBauFG eingeleiteten städtebaulichen Entwicklungsmaßnahmen (Abs. 1 S. 2)	3
3. Überleitung der sanierungsrechtlichen Teilungsgenehmigung (Abs. 2)	5
4. Überleitung des § 141 Abs. 4 (Abs. 3)	6
5. Überleitung des § 142 Abs. 3 S. 3 und 4 (Abs. 4)	7

1. Allgemeine Überleitungsvorschrift (Abs. 1 S. 1). Abs. 1 S. 1 enthält eine gegenüber der allgemeinen Überleitungsvorschrift des § 233 Abs. 1 spezielle Überleitungsregelung für städtebauliche Sanierungs- und Entwicklungsmaßnahmen. **Abs. 1 S. 1 Hs. 1** stellt klar, dass auf städtebauliche Sanierungs- und Entwicklungsmaßnahmen, für die vor dem Inkrafttreten einer Gesetzesänderung nach den bisher geltenden Rechtsvorschriften der Beginn der vorbereitenden Untersuchungen oder der Voruntersuchungen beschlossen worden ist, die Vorschriften dieses Gesetzes anzuwenden sind. Als maßgeblicher Zeitpunkt für die Geltung des neuen Rechts wird der Beginn des gesetzlich geregelten Verfahrens für Sanierungs- bzw. Entwicklungsmaßnahmen

§ 235

bestimmt, nämlich der Beschluss über den Beginn der vorbereitenden Untersuchungen nach § 141 Abs. 3 bzw. der Voruntersuchungen nach § 165 Abs. 4 S. 3 BauGB 1993; seit dem EAG Bau 2004 ist auch im Entwicklungsrecht der Terminus „vorbereitende Untersuchungen" eingeführt worden; § 165 Abs. 4 S. 1.

2 **Abs. 1 S. 1 Hs. 2** sieht vor, dass Rechtsvorgänge, die nach dem StBauFG, nach dem BauGB-MaßnahmenG oder nach früheren Fassungen des BauGB vorgenommen und abgeschlossen worden sind, rechtlich weiter Bestand haben. Die abgeschlossenen Rechtsakte brauchen nicht nach den jeweils geänderten Regelungen des Gesetzes wiederholt werden.

3 **2. Überleitung der nach StBauFG eingeleiteten städtebaulichen Entwicklungsmaßnahmen (Abs. 1 S. 2).** Von der Überleitungsregelung nach Abs. 1 S. 1 sind nach **Abs. 1 S. 2 Hs. 1** städtebauliche Entwicklungsmaßnahmen ausgenommen, die vor dem 1.7.1987 förmlich festgelegt worden sind. Es handelt sich hierbei um die nach StBauFG förmlich festgelegten Maßnahmen; vgl. die bis zum 31.12.1997 geltende Überleitungsvorschrift des § 245a Abs. 2 BauGB 1993. In diesen Fällen sind die §§ 165–171 BauGB in der bis zum 30.4.1993 geltenden Fassung weiter anzuwenden. Diese Regelungen sind aus den früheren Vorschriften des StBauFG hervorgegangen. Vgl. zu den früheren Fassungen im Einzelnen die Erl. in Krautzberger in EZBK § 235 Rn. 33 ff.

4 **Abs. 1 S. 2 Hs. 2** entspricht der Überleitungsregelung des § 245 Abs. 9 BauGB 1987. Die Vorschrift betrifft Fälle, in denen sich für eine vor dem 1.7.1987 förmlich festgelegte städtebauliche Entwicklungsmaßnahme das Erfordernis einer Änderung des räumlichen Geltungsbereichs der Entwicklungsmaßnahmenverordnung ergibt. Eine solche Änderung kann weiterhin gem. § 53 StBauFG vorgenommen werden. Damit ist sichergestellt, dass auf Grund der Fortgeltung des § 5–3 iVm § 1 StBauFG bei künftigen Änderungen „alter" Entwicklungsmaßnahmenverordnungen die bis zum Inkrafttreten des BauGB am 1.7.1987 geltenden rechtlichen Maßstäbe weiter zur Anwendung kommen (hierzu BVerwG NVwZ-RR 1999, 624). Hierdurch ist sowohl eine räumliche Erweiterung als auch eine räumliche Einengung eines solchen Entwicklungsbereichs möglich.

5 **3. Überleitung der sanierungsrechtlichen Teilungsgenehmigung (Abs. 2).** Abs. 2 leitet die Neuregelung der sanierungsrechtlichen Teilungsgenehmigung in § 144 über. Durch das **BauROG 1998** wurde die Genehmigungspflicht für Teilungen aus § 144 Abs. 1 Nr. 2 in § 144 Abs. 2 Nr. 5 übernommen. Die Überleitungsvorschrift des § 235 Abs. 2 trägt dem Umstand Rechnung, dass im vereinfachten Sanierungsverfahren (§ 142 Abs. 4) die Gemeinde die Anwendung des § 144 Abs. 2 ausschließen kann. In diesem Fall bedarf es keiner Eintragung eines Sanierungsvermerks im Grundbuch; § 143 Abs. 2 S. 2. Aufgrund der Neuregelung ab 1.1.1998 würde in entsprechenden Fällen die Teilungsgenehmigung nicht mehr zur Anwendung kommen. Die Gemeinden, die sich für das vereinfachte Sanierungsverfahren mit Anwendung des § 144 Abs. 1 entschieden haben, sind jedoch von der Möglichkeit der Anwendung der Teilungsgenehmigung ausgegangen. **Abs. 2 S. 1** bestimmt deshalb, dass auch dann, wenn die Gemeinden den Anwendung des § 144 Abs. 2 (alte Fassung) ausgeschlossen haben, die Teilung weiterhin der schriftlichen Genehmigung bedarf. Mit Blick auf die ab 1.1.1998 geltende Rechtslage hat die Gemeinde dem Grundbuchamt entsprechende Sanierungssatzungen entsprechend § 143 Abs. 2 S. 1–3 unverzüglich mitzuteilen; **Abs. 2 S. 2.**

6 **4. Überleitung des § 141 Abs. 4 (Abs. 3). Abs. 3** leitet (entsprechend § 245a Abs. 1 S. 1 BauGB 1993) eine Änderung des § 141 durch das **Inv-WoBauLG 1993** über. § 141 Abs. 4 ist erst durch das Inv-WoBauLG 1993 in das BauGB eingefügt worden, während eine entsprechende Regelung im Bereich der neuen Länder bereits seit 1990 galt; vgl. § 28 Abs. 4 BauZVO sowie § 246a Abs. 1 S. 1 Nr. 12 S. 11 990. Nach

Abs. 3 ist die Neuregelung in den alten Ländern nicht anzuwenden, wenn der Beschluss über den Beginn der vorbereitenden Untersuchungen bereits vor Inkrafttreten des Inv-WoBaulG (1.5.1993) bekannt gemacht worden ist.

5. Überleitung des § 142 Abs. 3 S. 3 und 4 (Abs. 4). Abs. 4 leitet die durch das BauGB 2007 eingeführte Befristungsregelung des § 142 Abs. 3 S. 3 und 4 für die zum 1.1.2007 bereits in Kraft gesetzten Sanierungssatzungen mit der Maßgabe über, dass sie – wenn nichts anderes bestimmt wird (§ 142 Abs. 3 S. 3 oder 4) – bis zum **31.12.2021** aufzuheben sind; vgl. weiterhin § 162 Abs. 1 S. 1 Nr. 4. 7

§ 236 Überleitungsvorschriften für das Baugebot und die Erhaltung baulicher Anlagen

(1) § 176 Abs. 9 ist auf Enteignungsverfahren nach § 85 Abs. 1 Nr. 5 anzuwenden, wenn der Eigentümer die Verpflichtung aus einem Baugebot nicht erfüllt, das nach dem 31. Mai 1990 angeordnet worden ist.

(2) ¹§ 172 Abs. 1 Satz 4 bis 6 gilt nicht für die Bildung von Teil- und Wohnungseigentum, dessen Eintragung vor dem 26. Juni 1997 beantragt worden ist. ²Dies gilt auch, wenn ein Anspruch auf Bildung oder Übertragung von Teil- und Wohnungseigentum vor dem 26. Juni 1997 durch eine Vormerkung gesichert wurde. ³§ 172 in der ab dem 1. Januar 1998 geltenden Fassung ist auch auf Satzungen, die vor dem 1. Januar 1998 ortsüblich bekannt gemacht worden sind, anzuwenden.

Abs. 1 leitet § 176 Abs. 9 über; die Regelung übernimmt § 237 Abs. 1a BauGB 1993. § 176 Abs. 9 S. 1 betrifft die Feststellungswirkung des unanfechtbaren Baugebots für eine anschließende Enteignung. § 176 Abs. 9 S. 2 regelt, dass im Enteignungsverfahren Werterhöhungen unberücksichtigt bleiben, die nach Unanfechtbarkeit des Baugebots eingetreten sind. § 176 Abs. 9 entspricht § 8 Abs. 4 BauGB-MaßnahmenG 1990. Der in § 236 Abs. 1 genannte Stichtag bezieht sich auf das Inkrafttreten des BauGB-MaßnahmenG 1990 zum 1.6.1990. 1

Abs. 2 leitet die Änderungen im Recht der **Erhaltungssatzung** über. Die bis zum 31.12.1997 geltenden Überleitungsregelungen des § 237 Abs. 3–5 BauGB 1987 sind wegen der generellen Überleitungsvorschrift des § 233 entfallen. **Abs. 2 S. 1 und 2** enthält eine Überleitung der mit dem BauROG 1998 neu eingeführten Möglichkeit, durch Rechtsverordnung der Landesregierung die Begründung von Wohnungs- bzw. Teileigentum der Genehmigungspflicht zu unterstellen. **Abs. 2 S. 1** bestimmt hierzu, dass kein Genehmigungserfordernis besteht, wenn für die Bildung von Wohnungs- bzw. Teileigentum vor dem 26.6.1997 (Tag der Beschlussfassung des Deutschen Bundestages über die Beschlussempfehlung des Vermittlungsausschusses) eine Eintragung im Grundbuch beantragt worden ist. Nach **Abs. 2 S. 2** findet die Genehmigungspflicht gleichfalls keine Anwendung, wenn ein Anspruch auf Bildung oder Übertragung von Wohnungs- bzw. Teileigentum vor dem 26.6.1997 durch eine Vormerkung gesichert wurde. Nach **Abs. 2 S. 3** ist § 172 in der Fassung des **BauGB 1998** auch auf Satzungen anzuwenden, die vor dem 1.1.1998 ortsüblich bekannt gemacht worden sind, einschließlich der vor dem 1.7.1987 gemäß § 39h BBauG in Kraft getretenen Satzungen (vgl. hierzu im Einzelnen OVG Hamburg Beschl. v. 17.2.2015 – 2 Bf 215.13, BeckRS 2015, 44272). 2

§ 237 (weggefallen)

§ 238 Überleitungsvorschrift für Entschädigungen

¹Wurde durch die Änderung des § 34 des Bundesbaugesetzes durch das Gesetz zur Änderung des Bundesbaugesetzes vom 18. August 1976 die bis dahin zulässige Nutzung eines Grundstücks aufgehoben oder wesentlich geändert, ist eine Entschädigung in entsprechender Anwendung der §§ 42, 43 Abs. 1, 2, 4 und 5 und des § 44 Abs. 1 Satz 2, Abs. 3 und 4 zu gewähren; dies gilt nicht, soweit in dem Zeitpunkt, in dem nach § 44 Abs. 3 bis 5 Entschädigung verlangt werden kann, eine entsprechende Aufhebung oder Änderung der zulässigen Nutzung auch nach § 34 des Bundesbaugesetzes in der bis zum 31. Dezember 1976 geltenden Fassung hätte eintreten können, ohne dass die Aufhebung oder Änderung nach § 44 des Bundesbaugesetzes in der bis zum 31. Dezember 1976 geltenden Fassung zu entschädigen gewesen wäre. ²Wird durch die Änderung des § 34 durch das Europarechtsanpassungsgesetz Bau vom 24. Juni 2004 die bis dahin zulässige Nutzung eines Grundstücks aufgehoben oder wesentlich geändert, ist Satz 1 entsprechend anzuwenden.

1 1. Die durch das EAG Bau um Satz 2 ergänzte Vorschrift entspricht im Übrigen Art. 3 § 10 Abs. 2 Satz 1 ÄndG BBauG 1976. Statt einer Ergänzung wäre auch eine Streichung von § 238 verfassungsrechtlich möglich gewesen (s. Bericht der Expertenkommission 2002, Rn. 222). Die Novelle 1976 hat das Planungsschadensrecht umgestaltet (dazu Vorb §§ 39–44, Rn. 4) und § 34 BBauG gegenüber der Fassung von 1960 eingeengt. Während sich die planungsschadensrechtlichen Überleitungsregelungen des Art. 3 § 10 Abs. 1 und Abs. 2 S. 2 durch Zeitablauf erledigt haben, können auch in Zukunft, anlässlich der beabsichtigten Durchführung von Vorhaben wegen der damaligen Einengung der Zulässigkeit von Vorhaben innerhalb der im Zusammenhang bebauten Ortsteile, Entschädigungsfälle eintreten. Die Ausschlussfrist des § 44 Abs. 4 beginnt für ein „34er Gebiet" nicht generell am 1.1.1977 – Inkrafttreten der Novelle 1976 –, sondern nur auf Grund eines konkreten Eingriffs, zB Versagung einer Baugenehmigung (*Vogel* BauR, 1977, 6(10)). Daher räumt § 238 dem Eigentümer unter entsprechender Anwendung der Bestimmungen des Planungsschadensrechts einen Entschädigungsanspruch ein. Gem. § 247 Abs. 7 S. 2 ist § 238 entsprechend anwendbar, wenn gem. § 247 Abs. 7 S. 1 der landesrechtliche Ausschluss der Zulassung großflächiger Einzelhandelsbetriebe nach § 34 Abs. 1 S. 1 Entschädigungsverpflichtungen der Gemeinde entstehen lässt.

2 2. Durch die Einengung des § 34 BBauG wurde die bis dahin zulässige Nutzung eines Grundstücks aufgehoben oder wesentlich geändert. Das kann zur Folge haben, dass ein Gewerbebetrieb, der 1976 nach § 34 BBauG aF zulässig gewesen wäre, nunmehr nach seiner Zerstörung durch Brand nach § 34 unzulässig ist. Wegen der Ablehnung des Antrags auf Wiederaufbau ist entsprechend § 42 Abs. 2 zu entschädigen. Ein Entschädigungsanspruch scheidet allerdings aus, soweit in dem Zeitpunkt, in dem die Entschädigung verlangt werden könnte, eine entsprechende Aufhebung oder Änderung der zulässigen Nutzung auch nach § 34 BBauG aF hätte eintreten können, ohne dass die Aufhebung oder Änderung nach § 44 BBauG aF zu entschädigen gewesen wäre. Das ist insbesondere der Fall, wenn die bisher zulässige Nutzung den allgemeinen Anforderungen an gesunde Wohn- und Arbeitsverhältnisse oder den Anforderungen an die Sicherheit der auf dem betroffenen Grundstück oder im umliegenden Gebiet wohnenden oder arbeitenden Menschen nicht entspricht (dazu § 43, Rn. 6). Entschädigungspflichtig ist die Gemeinde (§ 238 Hs. 1 iVm § 44 Abs. 1 S. 2).

I. Teil. Überleitungsvorschriften § 239

3. Das EAG Bau hat die Zulässigkeit bestimmter Vorhaben durch den neuen § 34 3
Abs. 3 eingeschränkt (s. § 34, Rn. 54). § 238 S. 2 stellt die von der Aufhebung bzw.
Änderung der zulässigen Nutzung betroffenen Eigentümer so, wie die planungsschadensrechtlichen Regelungen dies generell vorschreiben. Damit werden die Eigentümer sowohl im Falle der gesetzlichen Änderung oder Aufhebung als auch im Fall einer sonstigen Änderung oder Aufhebung der zulässigen Nutzung durch die Bebauungsplanung der Gemeinde gleich behandelt. Da § 34 Abs. 3 nur wenige Fälle erfassen wird, die zudem durch die Anwendung der Sieben-Jahres-Frist in § 42 Abs. 2 weiter reduziert werden, ist der Anwendungsbereich der Vorschrift gering, wie überhaupt die Bedeutung des Planungsschadensrecht in der kommunalen Praxis vielfach überschätzt wird (s. a. *Wahlhäuser,* Die moderne städtebauliche Planung und das Planungsschadensrecht, 2002).

§ 239 Überleitungsvorschrift für die Grenzregelung

Hat die Gemeinde den Beschluss über die Grenzregelung (§ 82 in der vor dem 20. Juli 2004 geltenden Fassung) vor dem 20. Juli 2004 gefasst, sind die Vorschriften des Zweiten Abschnitts des Vierten Teils des Ersten Kapitels in der vor dem 20. Juli 2004 geltenden Fassung weiterhin anzuwenden.

§ 239 in der Fassung vor Erlass des EAG Bau 2004 enthielt eine Überleitungsvor- 1
schrift für die Bodenordnung bei Inkrafttreten des BauGB 1987. Diese Vorschrift war durch Zeitablauf überholt. Im Interesse der **Rechtssicherheit** hat der zuständige Bundestagsausschuss die Neufassung des § 239 empfohlen (vgl. Beschlussempfehlung und Bericht des Ausschusses für Verkehr, Bau- und Wohnungswesen, BT-Drs. 15/2996, 71). Der Regierungsentwurf (BT-Drs. 15/2250, 22 und 66) hatte noch keine Neufassung des § 239 vorgesehen. Bundestag und Bundesrat übernahmen die empfohlene Regelung unverändert.

Die in § 239 angeordnete Fortgeltung des früheren Rechtes bei Erlass des Grenz- 2
regelungsbeschlusses vor Inkrafttreten des EAG Bau am 20.7.2004 hat nicht nur rein deklaratorische Bedeutung. Zwar hätte sich auch aus der allgemeinen Überleitungsvorschrift für Verfahren gemäß § 233 Abs. 1 S. 1 eine Überleitung für Grenzregelungen nach den §§ 80 ff. ergeben. Diese hätte aber statt auf den Zeitpunkt des Beschlusses über die Grenzregelung (§ 82 Abs. 1) auf den Zeitpunkt der förmlichen Einleitung des Grenzregelungsverfahrens (→ zum Begriff der förmlichen Einleitung § 233 Rn. 2) abgestellt. Förmlich eingeleitet waren Grenzregelungsverfahren nach den § 80 ff. aF mit dem ersten nach außen wirkenden Verfahrensschritt. Mangels verfahrenrechtlich vorgesehener Anordnung des Grenzregelungsverfahrens lag nach altem Recht der erste nach außen wirkende Verfahrensschritt im Grenzregelungsverfahren regelmäßig in der Einholung der Stellungnahmen der Beteiligten, deren Rechte durch den Grenzregelungsbeschluss betroffen werden (§ 82 Abs. 1 S. 2 aF). Da die Art und Weise der Einholung der Stellungnahmen nicht gesetzlich vorgeschrieben waren, konnte sie ebenso wie die inzwischen nach § 82 Abs. 1 S. 1 vorgesehene Erörterung auch mündlich und für jeden Beteiligten einzeln erfolgen (vgl. *Grziwotz* in SU § 66 Rn. 9 f.). Daher wäre ein Abstellen auf die förmliche Einleitung des Grenzregelungsverfahrens im Rahmen des Überleitungsrechtes eher ungeeignet. Das durch die Einführung der speziellen Überleitungsvorschrift des § 239, nach dem auf den Beschluss über die Grenzregelung abzustellen ist, führt daher zu einer klareren Gesetzeslage.

Vereinfachte Umlegungsverfahren, über die am 20.7.2004 bereits ein Beschluss 3
iSd § 82 Abs. 1 S. 1 ergangen ist, sind nach dem zuvor geltenden Recht zu Ende zu führen. Alle anderen Verfahren, die noch nach altem Grenzregelungsrecht begonnen wurden, in denen am 20.7.2004 aber noch kein Beschluss gefasst worden ist, unter-

§§ 240 und 241 IV. Kapitel. I. Teil. Überleitungsvorschriften

liegen in ihrem weiteren Verlauf dem neuen Recht (vgl. *Kolenda* ZfBR 2005, 538 (542)). Vereinfachte Umlegungsverfahren, die erst nach dem 20.7. 2004 eingeleitet worden sind, sind keine Überleitungsfälle (*Stock* ZfBR 2004, 536 (538)).

§§ 240 und 241 (weggefallen)

§ 242 Überleitungsvorschriften für die Erschließung

(1) **Für vorhandene Erschließungsanlagen, für die eine Beitragspflicht auf Grund der bis zum 29. Juni 1961 geltenden Vorschriften nicht entstehen konnte, kann auch nach diesem Gesetzbuch kein Beitrag erhoben werden.**

(2) **Soweit am 29. Juni 1961 zur Erfüllung von Anliegerbeitragspflichten langfristige Verträge oder sonstige Vereinbarungen, insbesondere über das Ansammeln von Mitteln für den Straßenbau in Straßenbaukassen oder auf Sonderkonten bestanden, können die Länder ihre Abwicklung durch Gesetz regeln.**

(3) § 125 Abs. 3 ist auch auf Bebauungspläne anzuwenden, die vor dem 1. Juli 1987 in Kraft getreten sind.

(4) [1]§ 127 Abs. 2 Nr. 2 ist auch auf Verkehrsanlagen anzuwenden, die vor dem 1. Juli 1987 endgültig hergestellt worden sind. [2]Ist vor dem 1. Juli 1987 eine Beitragspflicht nach Landesrecht entstanden, so verbleibt es dabei.

(5) [1]Ist für einen Kinderspielplatz eine Beitragspflicht bereits auf Grund der vor dem 1. Juli 1987 geltenden Vorschriften (§ 127 Abs. 2 Nr. 3 und 4 des Bundesbaugesetzes) entstanden, so verbleibt es dabei. [2]Die Gemeinde soll von der Erhebung des Erschließungsbeitrags ganz oder teilweise absehen, wenn dies auf Grund der örtlichen Verhältnisse, insbesondere unter Berücksichtigung des Nutzens des Kinderspielplatzes für die Allgemeinheit, geboten ist. [3]Satz 2 ist auch auf vor dem 1. Juli 1987 entstandene Beiträge anzuwenden, wenn
1. der Beitrag noch nicht entrichtet ist oder
2. er entrichtet worden, aber der Beitragsbescheid noch nicht unanfechtbar geworden ist.

(6) § 128 Abs. 1 ist auch anzuwenden, wenn der Umlegungsplan (§ 66 des Bundesbaugesetzes) oder die Vorwegregelung (§ 76 des Bundesbaugesetzes) vor dem 1. Juli 1987 ortsüblich bekannt gemacht worden ist (§ 71 des Bundesbaugesetzes).

(7) Ist vor dem 1. Juli 1987 über die Stundung des Beitrags für landwirtschaftlich genutzte Grundstücke (§ 135 Abs. 4 des Bundesbaugesetzes) entschieden und ist die Entscheidung noch nicht unanfechtbar geworden, ist § 135 Abs. 4 dieses Gesetzbuchs anzuwenden.

(8) [1]§ 124 Absatz 2 Satz 2 in der bis zum 21. Juni 2013 geltenden Fassung ist auch auf Kostenvereinbarungen in Erschließungsverträgen anzuwenden, die vor dem 1. Mai 1993 geschlossen worden sind. [2]Auf diese Verträge ist § 129 Abs. 1 Satz 3 weiterhin anzuwenden.

(9) [1]Für Erschließungsanlagen oder Teile von Erschließungsanlagen in dem in Artikel 3 des Einigungsvertrags genannten Gebiet, die vor dem Wirksamwerden des Beitritts bereits hergestellt worden sind, kann nach diesem Gesetz ein Erschließungsbeitrag nicht erhoben werden. [2]Bereits hergestellte Erschließungsanlagen oder Teile von Erschließungsanlagen sind die einem technischen Ausbauprogramm oder den örtlichen Ausbaugepflogen-

I. Teil. Überleitungsvorschriften § 242

heiten entsprechend fertiggestellten Erschließungsanlagen oder Teile von Erschließungsanlagen. ³Leistungen, die Beitragspflichtige für die Herstellung von Erschließungsanlagen oder Teilen von Erschließungsanlagen erbracht haben, sind auf den Erschließungsbeitrag anzurechnen. ⁴Die Landesregierungen werden ermächtigt, bei Bedarf Überleitungsregelungen durch Rechtsverordnung zu treffen.

Übersicht

	Rn.
1. Vorhandene Erschließungsanlagen (Abs. 1)	1
2. Abwicklung langfristiger Verträge (Abs. 2)	2
3. Abweichende Herstellung (Abs. 3)	3
4. Rückwirkende Beitragsfähigkeit von Wohn- und Fußwegen (Abs. 4)	4
5. Absehen von der Erhebung von Erschließungsbeiträgen für Kinderspielplätze (Abs. 5)	5
6. Rückwirkende Ermöglichung der Erhebung von Erschließungsbeiträgen bei erschließungsbeitragspflichtiger Zuteilung in der Umlegung (Abs. 6)	8
7. Stundung des Erschließungsbeitrags für landwirtschaftlich genutzte Grundstücke (Abs. 7)	9
8. Überleitungsrecht zum Erschließungsvertrag (Abs. 8)	10
9. Sonderregelung für die neuen Länder (Abs. 9)	11

1. Vorhandene Erschließungsanlagen (Abs. 1). Abs. 1 entspricht § 180 Abs. 2 BBauG aF. Er bestimmt wie dieser, dass für **vorhandene Erschließungsanlagen,** für die schon nach dem vor Inkrafttreten des BBauG geltenden Recht keine Beitragspflicht entstehen konnte, dies auch nicht nach den Vorschriften des Baugesetzbuchs geschehen kann (→ § 128 Rn. 27 ff.; BVerwG Urt. v. 10.10.1995 – 8 C 12/94, NVwZ 1996, 800; VGH München Beschl. v. 27.1.2015 – 6 ZB 13.1128, juris; *Driehaus* § 2 Rn. 25 ff.). 1

2. Abwicklung langfristiger Verträge (Abs. 2). Abs. 2 entspricht § 180 Abs. 6 BBauG aF. Hiernach sind die Länder ermächtigt, die **Abwicklung von Anzahlungsvereinbarungen** für den Straßenbau, wie sie vor Inkrafttreten des BBauG aF verbreitet waren, durch Gesetz zu regeln. Hiervon hat nur das Land Berlin Gebrauch gemacht (vgl. *Driehaus* in BK § 242 Rn. 10). 2

3. Abweichende Herstellung (Abs. 3). Abs. 3 entspricht § 183e S. 1 BBauG aF, der durch die Novelle 1979 eingeführt wurde. Die Vorschrift hat daher insbesondere Bedeutung für Bebauungspläne, die vor dem 1.8.1979 in Kraft getreten sind. Auch von ihnen kann bei der **Herstellung einer Erschließungsanlage** im Rahmen des § 125 Abs. 3 abgewichen werden; ihre planungsrechtliche Bindung reicht also nicht weiter als die neuerer Pläne (→ § 125 Rn. 6 ff.). 3

4. Rückwirkende Beitragsfähigkeit von Wohn- und Fußwegen (Abs. 4). Abs. 4 S. 1 bestimmt, dass auch für **Fuß- und Wohnwege,** die vor dem Inkrafttreten des Baugesetzbuchs endgültig hergestellt wurden, Erschließungsbeiträge erhoben werden können (hierzu VGH Kassel Beschl. v. 27.8.1991 – 5 TH 3602/90, KStZ 1991, 215; *Driehaus* in BK § 242 Rn. 12 mwN auch zu Zweifeln an der Verfassungsmäßigkeit der Rückwirkung). Da einige Länder in Reaktion auf die frühere Rechtsprechung des Bundesverwaltungsgerichts eigene Beitragstatbestände geschaffen haben, bestimmt **S. 2,** dass Beitragspflichten, die hiernach entstanden sind, durch das Baugesetzbuch nicht verändert werden (zur Problematik vgl. BT-Drs. 10/4630, 161). 4

5. Absehen von der Erhebung von Erschließungsbeiträgen für Kinderspielplätze (Abs. 5). Mit dem Baugesetzbuch 1987 ist § 127 Abs. 2 Nr. 4 BBauG aF über die Beitragsfähigkeit von **Kinderspielplätzen** entfallen (→ § 127 Rn. 36). 5

§ 242
IV. Kapitel. I. Teil. Überleitungsvorschriften

Abs. 5 enthält hierzu eine Überleitungsregelung, die allerdings nach Auffassung des Bundesverwaltungsgerichts nicht die unselbstständigen Kinderspielplätze (→ § 127 Rn. 36) erfasst (BVerwG Urt. v. 9.12.1994 – 8 C 28/92, BVerwGE 97, 185). **S. 1** bestimmt zunächst ausdrücklich, dass vor dem Inkrafttreten des Baugesetzbuchs bereits **entstandene Beitragspflichten unberührt** bleiben. S. 2 regelt hierzu als Ausnahme einen als Soll-Regelung formulierten Freistellungstatbestand (→ § 135 Rn. 24) sowie S. 3 einen Erlasstatbestand (→ § 135 Rn. 19), sofern der Beitrag noch nicht entrichtet ist oder zwar entrichtet worden ist, aber der Beitragsbescheid noch nicht unanfechtbar geworden ist. Beide Fälle setzen tatbestandlich voraus, dass dies aufgrund der örtlichen Verhältnisse geboten ist. Die Gemeinde hat also in jedem Einzelfall abzuwägen, ob es nach dessen besonderen Umständen aus Billigkeitsgründen angemessen erscheint, auf eine Beitragserhebung ganz oder teilweise zu verzichten oder nicht. Bei den Begriffen „örtliche Verhältnisse" und „geboten" handelt es sich um gerichtlich voll überprüfbare unbestimmte Gesetzesbegriffe (OVG Lüneburg Urt. v. 22.7.1987 – 9 A 123/85, NVwZ 1987, 1108).

6 Welche Überlegungen dabei anzustellen sind, verdeutlicht das Gesetz durch den ausdrücklich genannten **Beispielsfall,** dass der Kinderspielplatz auch für die Allgemeinheit von besonderem Nutzen ist. Je nachdem, wie weit der tatsächliche Einzugsbereich über den von der Rechtsprechung anerkannten Erschließungsbereich hinausreicht, soll die Gemeinde ganz oder zu einem entsprechenden Anteil von der Beitragserhebung absehen (vgl. hierzu OVG Lüneburg Urt. v. 22.7.1987 – 9 A 123/85, NVwZ 1987, 1108). Wer allerdings den Erschließungsbeitragsbescheid über den Kinderspielplatz hingenommen und den Beitrag gezahlt hat, ist von dieser Billigkeitsregelung ausgenommen. Eine **Rückzahlungspflicht** der Gemeinde entsteht nur, wenn der Beitragsbescheid noch nicht unanfechtbar geworden ist. (vgl. BT-Drs. 10/6166, 166).

7 Von der bundesrechtlichen Beitragsregelung unberührt bleibt die **Beitragspflicht nach den Kommunalabgabengesetzen der Länder.** Hiernach entstehende Beitragspflichten sind durch die bundesrechtlichen Bestimmungen nicht gesperrt.

8 **6. Rückwirkende Ermöglichung der Erhebung von Erschließungsbeiträgen bei erschließungsbeitragspflichtiger Zuteilung in der Umlegung (Abs. 6). Abs. 6** bestimmt, dass die Regelung zum Umfang des Erschließungsaufwandes (§ 128 Abs. 1) auch in Bezug auf Umlegungspläne oder Vorwegregelungen gilt, die vor dem Inkrafttreten des Baugesetzbuchs ortsüblich bekannt gemacht worden sind (→ § 128 Rn. 8). Sie ermöglicht daher insofern eine Beitragserhebung.

9 **7. Stundung des Erschließungsbeitrags für landwirtschaftlich genutzte Grundstücke (Abs. 7). Abs. 7** bestimmt, dass § 135 Abs. 4 mit der Pflicht zur **zinslosen Stundung** des Erschließungsbeitrags für **landwirtschaftlich genutzte Grundstücke** auch dann anzuwenden ist, wenn zwar über die Stundung bereits entschieden wurde, diese Entscheidung aber noch nicht unanfechtbar geworden ist. Die Gemeinde muss also in diesem Fall von sich aus unter Beachtung der neuen Rechtslage erneut entscheiden (→ § 135 Rn. 12f.).

10 **8. Überleitungsrecht zum Erschließungsvertrag (Abs. 8). Abs. 8 S. 1** enthält eine eng begrenzte Überleitungsregelung für den **Erschließungsvertrag,** so wie er bis zum Inkrafttreten der Innenentwicklungsnovelle 2013 in § 124 geregelt war. Die Übernahme des Erschließungsvertrages in § 11 Abs. 1 S. 2 Nr. 1 durch die Innenentwicklungsnovelle 2013 ist für die Übergangsregelung bedeutungslos. Denn sie besagt lediglich, dass vor Inkrafttreten des Inv-WoBauIG am 1.5.1993 geschlossene Erschließungsverträge auch dann wirksam sind, wenn sie auch nach dem Kommunalabgabenrecht der Länder beitragsfähige Anlagen in die Kostenübernahme des Dritten einbezogen hatten (vgl. hierzu § 11 Rn. 21, 54f.). Allerdings **galt § 124 Abs. 2 S. 3** in der bis zum Inkrafttreten der Innenentwicklungsnovelle 2013 maßgeb-

I. Teil. Überleitungsvorschriften **§ 243**

lichen Fassung, der die Anwendbarkeit des § 129 Abs. 1 S. 3 ausschloss, nach **Abs. 8 S. 2 nicht** für vor Inkrafttreten des InV-WoBauLG abgeschlossene Altverträge. In diesen Fällen verbleibt es daher bei der gemeindlichen Pflicht zur Übernahme von mindestens 10% des beitragsfähigen Erschließungsaufwandes.

9. Sonderregelung für die neuen Länder (Abs. 9). Abs. 9, der unverändert **11** den früheren § 246a Abs. 4 übernimmt, bestimmt in **S. 1** für das Gebiet der **neuen Länder** einschließlich des Ostteils von Berlin, dass für – beitragsfähige (*Driehaus* § 2 Rn. 37) – Erschließungsanlagen und Teile von Erschließungsanlagen im Sinne von Teileinrichtungen, nicht Teilstrecken (OVG Berlin-Brandenburg, Urt. v. 3.7.2014 – 5 B 2.14, juris; *Driehaus* § 2 Rn. 37; → zu den Begriffen § 127 Rn. 41), die vor dem Beitritt am 3.10.1990 bereits hergestellt waren, kein Erschließungsbeitrag nach dem BauGB erhoben werden kann; hier bleibt für nachträgliche Ausbaumaßnahmen lediglich die Erhebung von Beiträgen nach dem Kommunalabgabenrecht der Länder. Neu hinzukommende Teileinrichtungen fallen nicht unter S. 1 (OVG Berlin-Brandenburg Beschl. v. 3.11.2014 – 5 S 7.14, juris). **S. 2** enthält eine Umschreibung dessen, was in diesem Sinne als hergestellte Erschließungsanlage oder Teil davon anzusehen ist. Dafür ist ein Grundbestand an kunstmäßigem Ausbau nötig. Eine bloße „Sandpiste" reicht nicht aus (BVerwG Urt. v. 11.7.2007 – 9 C 5.06, BVerwGE 129, 100; OVG Berlin-Brandenburg Urt. v. 3.7.2014 – 5 B 2.14, juris; zu Einzelheiten der Qualifizierung eines Ausbauprogramms oder zur Bestimmung der örtlichen Ausbaugepflogenheiten vgl. OVG Weimar Beschl. v. 29.6.2006 – 2 EO 240/06, BauR 2006, 1942; → auch § 128 Rn. 28).

S. 3 bestimmt, dass **Leistungen** von Erschließungsbeitragspflichtigen für die Her- **12** stellung von Erschließungsanlagen oder von Teilen davon auf einen Erschließungsbeitrag **anzurechnen** sind. **S. 4** schließlich enthält eine **Verordnungsermächtigung für die Länder,** ggf. notwendige weitere Überleitungsbestimmungen zu treffen.

§ 243 Überleitungsvorschriften für das Maßnahmengesetz zum Baugesetzbuch und das Bundesnaturschutzgesetz

(1) **§ 233 ist auf Verfahren, Pläne, Satzungen und Entscheidungen, die auf der Grundlage des Maßnahmengesetzes zum Baugesetzbuch eingeleitet, in Kraft getreten oder wirksam geworden sind, entsprechend anzuwenden.**

(2) **Bei Bauleitplanverfahren, die vor dem 1. Januar 1998 förmlich eingeleitet worden sind, kann die Eingriffsregelung nach dem Bundesnaturschutzgesetz in der bis zum 31. Dezember 1997 geltenden Fassung weiter angewendet werden.**

1. Abs. 1 verweist als Überleitungsregelung für das **BauGB-MaßnahmenG** auf **1** die allgemeinen Überleitungsvorschriften des § 233. Abs. 2 gibt den Gemeinden ein Wahlrecht für die Anwendung der naturschutzrechtlichen **Eingriffsregelung.**

2. Abs. 1 tritt an die Stelle von Überleitungsvorschriften des BauGB-Maßnah- **2** menG, und zwar § 11 (Bauleitplanung), § 13 (Zulässigkeit von Vorhaben), § 14 (Fristen bei der Erteilung von Genehmigungen), § 15 (Vorhaben- und Erschließungsplan), § 17 (Unbeachtlichkeitsklauseln), § 18 (Allgemeine Vorschriften), § 19 (Neue Länder). Für Vorkaufsrechte gilt anstelle von § 12 BauGB-MaßnahmenG § 234 BauGB. Gemäß der Verweisung von Abs. 1 sind die Regelungen des § 233 entsprechend auf Verfahren, Pläne, Satzungen und Entscheidungen, die auf der Grundlage des BauGB-MaßnahmenG eingeleitet, in Kraft getreten oder wirksam geworden sind, anzuwenden, also die Generalklausel des § 233 Abs. 1 S. 1 einschl. des Wahlrechts nach Abs. 1 S. 2, die Bestimmung zur Planerhaltung (Abs. 2) sowie Abs. 3 für

Reidt/Battis

§ 244

die auf der Grundlage bisheriger Fassungen wirksame Pläne, Satzungen und Entscheidungen.

3 3. Abs. 2 gewährt den Gemeinden ein Wahlrecht, Bauleitplanverfahren, die am 1.1.1998 begonnen, aber noch nicht abgeschlossen worden sind, entweder noch unter Anwendung von § 8a BNatSchG zu Ende zu führen oder § 1a Abs. 3, in der bis zum 19.7.2004 gültigen Fassung anzuwenden, falls diese Regelung im Hinblick auf die zugelassenen Maßnahmen zum Ausgleich an anderer Stelle günstiger sind. Das Wahlrecht nach Abs. 2 entbindet nicht von der Pflicht, den Vorgaben der Fauna-Flora-Habitat-Richtlinie zu entsprechen (BT-Drs. 13/7589, S. 31).

§ 244 Überleitungsvorschriften für das Europarechtsanpassungsgesetz Bau

(1) Abweichend von § 233 Abs. 1 werden Verfahren für Bauleitpläne und Satzungen nach § 34 Abs. 4 Satz 1 und § 35 Abs. 6, die nach dem 20. Juli 2004 förmlich eingeleitet worden sind oder die nach dem 20. Juli 2006 abgeschlossen werden, nach den Vorschriften dieses Gesetzes zu Ende geführt.

(2) ¹Abweichend von Absatz 1 finden auf Bebauungsplanverfahren, die in der Zeit vom 14. März 1999 bis zum 20. Juli 2004 förmlich eingeleitet worden sind und die vor dem 20. Juli 2006 abgeschlossen werden, die Vorschriften des Baugesetzbuchs in der vor dem 20. Juli 2004 geltenden Fassung weiterhin Anwendung. ²Ist mit gesetzlich vorgeschriebenen einzelnen Verfahrensschritten noch nicht begonnen worden, können diese auch nach den Vorschriften dieses Gesetzes durchgeführt werden.

(3) § 4 Abs. 3 und § 4c gelten nur für Bauleitpläne, die nach Absatz 1 oder 2 nach den Vorschriften dieses Gesetzes zu Ende geführt werden.

(4) *(aufgehoben)*

(5) ¹Die Gemeinden können Satzungen, die auf der Grundlage des § 19 in der vor dem 20. Juli 2004 geltenden Fassung erlassen worden sind, durch Satzung aufheben. ²Die Gemeinde hat diese Satzung ortsüblich bekannt zu machen; sie kann die Bekanntmachung auch in entsprechender Anwendung des § 10 Abs. 3 Satz 2 bis 5 vornehmen. ³Unbeschadet der Sätze 1 und 2 sind Satzungen auf der Grundlage des § 19 in der vor dem 20. Juli 2004 geltenden Fassung nicht mehr anzuwenden. ⁴Die Gemeinde hat auf die Nichtanwendbarkeit dieser Satzungen bis zum 31. Dezember 2004 durch ortsübliche Bekanntmachung hinzuweisen. ⁵Die Gemeinde hat das Grundbuchamt um Löschung eines von ihr nach § 20 Abs. 3 in der vor dem 20. Juli 2004 geltenden Fassung veranlassten Widerspruchs zu ersuchen.

(6) ¹Für eine auf der Grundlage des § 22 in der vor dem 20. Juli 2004 geltenden Fassung wirksam erlassene Satzung bleibt § 22 in der vor dem 20. Juli 2004 geltenden Fassung bis zum 30. Juni 2005 weiterhin anwendbar. ²Auf die Satzung ist § 22 in der geltenden Fassung anzuwenden, wenn beim Grundbuchamt vor Ablauf des 30. Juni 2005 eine den Anforderungen des § 22 Abs. 2 Satz 3 und 4 entsprechende Mitteilung der Gemeinde eingegangen ist. ³Ist die Mitteilung hinsichtlich der Satzung nicht fristgerecht erfolgt, ist die Satzung auf die von ihr erfassten Vorgänge nicht mehr anzuwenden. ⁴Eine Aussetzung der Zeugniserteilung nach § 22 Abs. 6 Satz 3 in der vor dem 20. Juli 2004 geltenden Fassung ist längstens bis zum 30. Juni 2005 wirksam. ⁵Die Baugenehmigungsbehörde hat das Grundbuchamt um Löschung eines von ihr nach § 20 Abs. 3 in der vor dem 20. Juli 2004 geltenden Fassung oder auf Grundlage von Satz 1 oder 4 in Verbindung mit § 20 Abs. 3 in der vor dem 20. Juli 2004 geltenden Fassung veranlassten Widerspruchs im

I. Teil. Überleitungsvorschriften **§ 244**

Grundbuch zu ersuchen, wenn die Satzung nicht mehr anwendbar ist oder die Aussetzung der Zeugniserteilung unwirksam wird.

(7) § 35 Abs. 5 Satz 2 gilt nicht für die Zulässigkeit eines Vorhabens, das die Nutzungsänderung einer baulichen Anlage zum Inhalt hat, deren bisherige Nutzung vor dem 20. Juli 2004 zulässigerweise aufgenommen worden ist.

Übersicht

	Rn.
1. Überleitungsvorschrift für Bauleitpläne und Satzungen nach §§ 34 und 35 (Abs. 1)	1
2. Überleitungsvorschrift für bestimmte Bebauungsplanverfahren (Abs. 2)	2
3. Überleitungsvorschrift zum Monitoring (Abs. 3)	4
4. Überleitungsvorschrift zur Überprüfung von Flächennutzungsplänen (aufgehobener Abs. 4)	5
5. Überleitungsvorschrift zum Wegfall der Teilungsgenehmigung (Abs. 5)	6
6. Überleitungsvorschrift für Fremdenverkehrssatzungen (Abs. 6)	7
7. Überleitungsvorschrift zu Rückbauverpflichtungen nach § 35 Abs. 5 (Abs. 7)	9

1. Überleitungsvorschrift für Bauleitpläne und Satzungen nach §§ 34 und 1 35 (Abs. 1). Nach der generellen Überleitungsbestimmung des § 233 Abs. 1 S. 1 würde für alle Bauleitpläne und für Satzungen nach § 34 Abs. 4 und § 35 Abs. 6 das alte Recht gelten, wenn sie vor dem 20.7.2004 förmlich eingeleitet worden sind, dh ein Aufstellungsbeschluss gefasst wurde. Um eine unionsrechtskonforme Umsetzung der Plan-UP-Richtlinie und der Projekt-UVP-Richtlinie zu gewährleisten, d h eine bis zwei Jahre nach Erlass des Umsetzungsgesetzes abgeschlossene Umstellung auf das neue Recht, wird diese Regelung durch **Abs. 1** dahingehend eingeschränkt, dass das neue Recht unabhängig vom Zeitpunkt der Einleitung des Verfahrens auch dann anzuwenden ist, wenn das Verfahren nach dem 20.7.2006 abgeschlossen wird. Wurde das Verfahren vor diesem Zeitpunkt abgeschlossen, bleibt es bei der Regelung des § 233 Abs. 1 S. 1. **Maßgeblich** ist also nicht der Beginn, sondern der **Zeitpunkt des Abschlusses des Verfahrens.** Wurde also ein Bauleitplanverfahren vor Inkrafttreten des EAG Bau eingeleitet, aber erst nach dem 20.7.2006 abgeschlossen, müssen die Anforderungen des neuen Rechts erfüllt, also zB ein Umweltbericht erstellt oder die Verfahrensschritte nach § 3 Abs. 2 und § 4 Abs. 2 durchgeführt werden. Von der nach der Plan-UP-Richtlinie möglichen Eröffnung von Ausnahmen für Pläne und Programme, die erst nach dem 20.7.2006 abgeschlossen wurden, hat der Gesetzgeber keinen Gebrauch gemacht. Zum einen dient dies der Rechtsklarheit und damit Rechtssicherheit, zum anderen hatten die Gemeinden durch die lange Übergangszeit ausreichend Gelegenheit, sich auf die neuen Bestimmungen einzustellen.

2. Überleitungsvorschrift für bestimmte Bebauungsplanverfahren 2 (Abs. 2). Auch **Abs. 2** enthält eine spezielle Regelung gegenüber § 233 Abs. 1 S. 1. Durch **S. 1** soll sichergestellt werden, dass für **Bauleitpläne, die nach dem** Zeitpunkt des Beginns der unmittelbaren Geltung der Projekt-UVP-Änderungsrichtlinie der EU am **14.3.1999 eingeleitet** worden sind, aber **vor dem 20.7.2006 abgeschlossen** wurden, also nicht unter Abs. 1 fallen, die Vorschriften des Baugesetzbuchs in der bis zum 19.7.2004 geltenden Fassung anzuwenden sind (VGH München Urt. v. 9.12.2014 – 15 N 12.2321, juris; im Hinblick indes auf § 3 Abs. 2 und die angaben dazu, welche umweltbezogenen Informationen verfügbar sind; Begründung zum Gesetzentwurf der Bundesregierung bzgl. des EAG Bau, BT-Drs. 15/2250, 66f.). **S. 2** ermöglicht für **einzelne Verfahrensschritte,** mit denen noch nicht begonnen wurde, bereits die seit dem 20.7.2004 geltenden Vorschriften anzuwenden (vgl. hierzu VGH München Urt. v. 9.12.2014 – 15 N 12.2321, juris).

§ 244 IV. Kapitel. I. Teil. Überleitungsvorschriften

3 Von ihrem Regelungsgehalt her entspricht diese Vorschrift dem durch das EAG Bau aufgehobenen § 245c Abs. 1. Für die von dem bisherigen § 245c Abs. 2 und 3 erfassten Fälle bedarf es keiner Regelung, da insofern § 233 Abs. 1 S. 1 zur Anwendung kommt. **Bebauungsplanverfahren, die vor dem 14.3.1999 eingeleitet** wurden, können also nach den auch bisher für sie geltenden Rechtsvorschriften zu Ende geführt werden.

4 **3. Überleitungsvorschrift zum Monitoring (Abs. 3). Abs. 3** stellt klar, dass die Bestimmungen über das **Monitoring** und die **Informationspflicht der Umweltbehörden** nur auf Bauleitpläne anzuwenden sind, die nach den Vorschriften dieses Gesetzes, also nicht bis zum 20.7.2006, zu Ende geführt wurde bzw. werden. Natürlich kann freiwillig auch für andere Pläne ein Monitoring vorgesehen werden.

5 **4. Überleitungsvorschrift zur Überprüfung von Flächennutzungsplänen (aufgehobener Abs. 4).** Nach dem durch das EAG Bau 2004 eingeführten und mit der BauGB-Novelle 2007 wieder aufgehobenen **Abs. 4** wäre die Bestimmung in dem ebenfalls aufgehobenen § 5 Abs. 1 S. 3, nach der **Flächennutzungspläne nach 15 Jahren zu überprüfen** waren, auf Flächennutzungspläne, die **vor dem 20.7.2004 aufgestellt** wurden, **erstmals ab dem 1.1.2010** anzuwenden gewesen. Soweit wollte es der Gesetzgeber nicht kommen lassen.

6 **5. Überleitungsvorschrift zum Wegfall der Teilungsgenehmigung (Abs. 5).** Nach dem früheren § 19 Abs. 1 konnte die Gemeinde durch Satzung für Bebauungsplangebiete das Erfordernis einer **Teilungsgenehmigung** begründen. **Abs. 5 S. 1** ermächtigte die Gemeinden, solche Satzungen **durch Satzung aufzuheben.** Diese Satzung wurde nach **S. 2** ortsüblich **bekannt zu machen,** oder es war der Weg der **Ersatzverkündung** entsprechend § 10 Abs. 3 S. 2 bis 5 zu wählen. Ebenfalls ortsüblich bekannt zu machen – und zwar bis zum 31.12.2004 – war nach **S. 4,** dass sämtliche **Teilungsgenehmigungssatzungen,** wie **S. 3** bestimmt, **nicht mehr anzuwenden** sind, auch wenn sie nicht aufgehoben wurden. Die Aufhebung der Teilungsgenehmigungssatzung war aber aus Gründen der Rechtsklarheit und Rechtssicherheit der vorzugswürdige Weg. Ist im Grundbuch ein **Widerspruch eingetragen,** hat die Gemeinde das Grundbuchamt nach **S. 5** um dessen **Löschung** zu ersuchen. Hier nennt das Gesetz keinen Termin, jedoch hatte dieses Ersuchen unverzüglich zu erfolgen, da der Widerspruch mit Inkrafttreten des EAG Bau einer gesetzlichen Grundlage entbehrt und das Grundbuch daher falsch ist.

7 **6. Überleitungsvorschrift für Fremdenverkehrssatzungen (Abs. 6). Abs. 6** bestimmte den Umstellungszeitraum für die Gemeinden, die vor Inkrafttreten des EAG Bau von dem Instrumentarium des § 22 Gebrauch gemacht und eine Satzung zur Sicherung der Zweckbestimmung von **Gebieten mit Fremdenverkehrsfunktionen** erlassen haben. Von Bedeutung war dies vor allem im Hinblick auf die für die Begründung der Genehmigungspflicht erforderliche **Mitteilung an das Grundbuchamt** nach § 22 Abs. 2 S. 3 und 4. Für die nach altem Recht erlassenen Satzungen blieb nach **S. 1** § 22 in der vorhergehenden Fassung **bis zum 30.6.2005 weiterhin anwendbar.** Nach S. 2 gelten diese Satzungen mit den Wirkungen des neuen § 22 auch über diesen Zeitraum hinaus fort, wenn die Gemeinde bis zum Ablauf des 30.6.2005 dem Grundbuchamt die nach § 22 Abs. 2 S. 3 und 4 erforderliche Mitteilung gemacht hat. Hat die Gemeinde die Frist versäumt, **entfällt** nach **S. 3** die **Genehmigungspflicht** im Bereich dieser Satzung.

8 **S. 4** bestimmte, dass die **Aussetzung der Zeugniserteilung** nach dem früheren § 22 Abs. 6 S. 3 höchstens bis zum 30.6.2005 wirksam bleibt. Dies bedeutet, dass spätestens **ab dem 1.7.2005 keine Negativatteste** für entsprechende Grundbucheintragungen mehr erforderlich waren. Damit entfiel auch die Grundlage für einen etwa eingetragenen Widerspruch, so dass S. 5 die Baugenehmigungsbehörde verpflichtet, das Grundbuchamt um **Löschung entsprechender Widersprüche** zu ersuchen,

sobald die Satzung nicht mehr anwendbar ist oder die Aussetzung der Zeugniserteilung unwirksam wird.

7. Überleitungsvorschrift zu Rückbauverpflichtungen nach § 35 Abs. 5 (Abs. 7). Nach **Abs. 7** ist für ein **Außenbereichsvorhaben**, das die Nutzungsänderung einer baulichen Anlage zum Gegenstand hat, die nach § 35 Abs. 5 S. 2 vorgesehene **Verpflichtungserklärung zum Rückbau** nach Aufgabe der Nutzung **nicht Zulässigkeitsvoraussetzung**, wenn die **Nutzung vor dem 20.7.2004** zulässigerweise aufgenommen wurde.

9

§ 245 Überleitungsvorschriften für den Stadtumbau, die Soziale Stadt und die Förderung städtebaulicher Maßnahmen

(1) Ein von einer Gemeinde bis zum 20. Juli 2004 im Hinblick auf die Verwaltungsvereinbarungen über die Gewährung von Finanzhilfen des Bundes an die Länder nach Artikel 104a Abs. 4 des Grundgesetzes in seiner bis zum 20. Juli 2004 geltenden Fassung zur Förderung städtebaulicher Maßnahmen beschlossenes Gebiet für Stadtumbaumaßnahmen sowie ein hierfür aufgestelltes städtebauliches Entwicklungskonzept der Gemeinde gilt als Stadtumbaugebiet und städtebauliches Entwicklungskonzept im Sinne des § 171b.

(2) Ein von der Gemeinde bis zum 20. Juli 2004 im Hinblick auf die Verwaltungsvereinbarungen über die Gewährung von Finanzhilfen des Bundes an die Länder nach Artikel 104a Abs. 4 des Grundgesetzes in seiner bis zum 20. Juli 2004 geltenden Fassung zur Förderung städtebaulicher Maßnahmen beschlossenes Gebiet für Maßnahmen der Sozialen Stadt sowie ein hierfür aufgestelltes Konzept der Gemeinde gilt als Gebiet und Entwicklungskonzept im Sinne des § 171e.

(3) Für die zur Förderung städtebaulicher Maßnahmen bis zum 1. September 2006 geschlossenen Verwaltungsvereinbarungen über die Gewährung von Finanzhilfen des Bundes an die Länder nach Artikel 104a Abs. 4 des Grundgesetzes in seiner bis zum 1. September 2006 geltenden Fassung ist § 164b in seiner bis zum 12. September 2006 geltenden Fassung bis zum 31. Dezember 2019 anzuwenden.

Übersicht

	Rn.
1. Überblick	1
2. Überleitung von Stadtumbaumaßnahmen (Abs. 1)	2
3. Überleitung von Maßnahmen der „Sozialen Stadt" (Abs. 2)	3
4. Überleitung des Art. 104b GG (Abs. 3)	4

1. Überblick. § 245 Abs. 1 und 2 enthält die Überleitung für bereits vor Inkrafttreten des EAG Bau 2004 nach den einschlägigen Verwaltungsvereinbarungen zwischen dem Bund und den Ländern zur Städtebauförderung durchgeführten Maßnahmen des Stadtumbaus und der Sozialen Stadt. Diese förderrechtlichen Vorgaben wurden durch §§ 171a ff. (Stadtumbau) bzw. § 171e (Soziale Stadt) in ihren bodenrechtlichen Elementen in das Gesetz übernommen bzw. beim Stadtumbau um neue Eingriffsregelungen ergänzt (vgl. die Satzung nach § 171d). § 245 führt die bisherigen Programmgebiete auf die neuen gesetzlichen Grundlagen über. Diese gesetzliche Fiktion ist wegen der Identität der gesetzlichen Neuregelung mit den Anforderungen der Bund-Länder Programme für den Stadtumbau und für die Soziale Stadt

1

§ 245a

IV. Kapitel. I. Teil. Überleitungsvorschriften

begründet. Durch das „Föderalismusreform-Begleitgesetz" v. 5.9.2006 (BGBl. I S. 2098) ist Abs. 1 und 2 an die Änderungen des GG (Art. 104a Abs. GG wurde durch Art. 104b GG ersetzt) angepasst worden; **Abs. 3** leitet die sonstigen Städtebauförderungsprogramme über.

2 **2. Überleitung von Stadtumbaumaßnahmen (Abs. 1). Abs. 1** leitet die bisherigen Programmgebiete des **Stadtumbaus** kraft Gesetzes auf Maßnahmen nach §§ 171a ff. über. Die bisherigen Fördergebiete gelten als **Stadtumbaugebiete** iS des § 171b; entsprechendes gilt für die beschlossenen städtebaulichen **Entwicklungskonzepte** iS des § 171b, so dass laufende Maßnahmen ohne Umstellungsschwierigkeiten auch nach dem neu eingeführten Dritten Teil des Zweiten Kapitels fortgeführt werden können, soweit dies erforderlich ist und die Maßnahmen nicht bereits im Rahmen der städtebaulichen Sanierung bzw. Entwicklung nach dem BauGB durchgeführt werden.

3 **3. Überleitung von Maßnahmen der „Sozialen Stadt" (Abs. 2).** Mit **Abs. 2** trägt das Gesetz – der Regelung in Abs. 1 für die Stadtumbaumaßnahmen nach §§ 171a bis 171d nachgebildet – dem Umstand Rechnung, dass vor Inkrafttreten des EAG Bau 2004 bereits vielerorts Maßnahmen der Sozialen Stadt durchgeführt wurden, und zwar auf Grund detaillierter, in Bund-Länder-Verwaltungsvereinbarungen vorgegebener Verfahrensbestimmungen. Zur Vermeidung von Unsicherheiten bei der Durchführung der laufenden Programme der Sozialen Stadt im Verhältnis zur gesetzlichen Neuregelung enthält das Gesetz daher eine gesetzliche Klarstellung bzw. Fiktion: Wurde die **Festlegung von Gebieten** der Sozialen Stadt entsprechend der Verwaltungsvereinbarung über die Gewährung von Finanzhilfen des Bundes an die Länder zur Förderung städtebaulicher Maßnahmen der Sozialen Stadt beschlossen, so gelten diese als Gebiete iS des § 171e. Entsprechendes gilt für die vor Inkrafttreten des EAG Bau 2004 aufgestellten Konzepte, die als **Entwicklungskonzepte** iS der Vorschrift gelten.

4 **4. Überleitung des Art. 104b GG (Abs. 3).** Durch die **Föderalismusreform** vom 1.9.2006 (→ Rn. 1 sowie § 164a Rn. 3) ist Art. 104a Abs. 4 durch **Art. 104b GG** ersetzt und zugleich präzisiert worden (insbesondere: Befristung, degressiv ausgestaltete Förderung, Evaluierung). **Abs. 3** leitet die nach dem früheren Art. 104a Abs. 4 GG abgeschlossenen Verwaltungsvereinbarungen über: Art. 104a Abs. 4 ist für die vor dem 1.9.2006 abgeschlossenen Verwaltungsvereinbarungen weiter anzuwenden, jedoch nicht über den 31.12.2019 hinaus.

§ 245a Überleitungsvorschriften aus Anlass des Gesetzes zur Stärkung der Innenentwicklung in den Städten und Gemeinden und weiteren Fortentwicklung des Städtebaurechts

(1) ¹**Die Regelungen zur Zulässigkeit von Anlagen zur Kinderbetreuung sowie von Anlagen zur Nutzung solarer Strahlungsenergie und Kraft-Wärme-Kopplungsanlagen in § 3 Absatz 2 Nummer 2 und § 14 Absatz 3 der Baunutzungsverordnung in der ab dem 20. September 2013 geltenden Fassung gelten vorbehaltlich des Satzes 2 und des Absatzes 2 auch für Bebauungspläne, die auf der Grundlage der Baunutzungsverordnung in einer Fassung vor dem 20. September 2013 in Kraft getreten sind.** ²**Satz 1 gilt nicht in Bezug auf Anlagen zur Kinderbetreuung, wenn vor dem 20. September 2013 die ausnahmsweise Zulässigkeit dieser Anlagen nach § 3 Absatz 3 Nummer 2 der Baunutzungsverordnung in der vom 27. Januar 1990 bis zum 20. September 2013 geltenden Fassung durch Festsetzungen nach § 1 Absatz 6 Nummer 1, Absatz 8 und 9 der Baunutzungsverordnung ausgeschlossen worden ist.**

I. Teil. Überleitungsvorschriften § 245a

(2) ¹Die sich aus § 3 Absatz 2 Nummer 2 und § 14 Absatz 3 der Baunutzungsverordnung in der ab dem 20. September 2013 geltenden Fassung in Verbindung mit Absatz 1 Satz 1 ergebende Zulässigkeit von Anlagen zur Kinderbetreuung sowie von Anlagen zur Nutzung solarer Strahlungsenergie und von Kraft-Wärme-Kopplungsanlagen kann durch Änderung der Bebauungspläne nach Maßgabe der Vorschriften der Baunutzungsverordnung eingeschränkt oder ausgeschlossen werden; hierauf sind die Vorschriften dieses Gesetzbuchs über die Aufstellung der Bauleitpläne, einschließlich der §§ 14 bis 18, anzuwenden. ²Das Verfahren für die Änderung von Bebauungsplänen nach Satz 1 kann vor dem 20. September 2013 eingeleitet werden.

(3) ¹Darstellungen in Flächennutzungsplänen, die vor dem 20. September 2013 in Bezug auf bauliche Anlagen zur Tierhaltung im Sinne des § 35 Absatz 1 Nummer 4 die Rechtswirkungen des § 35 Absatz 3 Satz 3 erzielt haben, haben diese Rechtswirkungen auch in Bezug auf bauliche Anlagen zur Tierhaltung im Sinne der ab dem 20. September 2013 geltenden Fassung des § 35 Absatz 1 Nummer 4. ²Wenn ein Fortgelten der Rechtswirkungen nach Satz 1 der ursprünglichen planerischen Zielsetzung widerspricht, stellt die Gemeinde dies in einem Beschluss fest, der ortsüblich bekannt zu machen ist. ³Mit der ortsüblichen Bekanntmachung des Beschlusses gelten die entsprechenden Darstellungen als aufgehoben; der Flächennutzungsplan ist im Wege der Berichtigung anzupassen.

(4) Soweit für Zulassungsentscheidungen über Anlagen zur Tierhaltung, die den § 35 Absatz 1 Nummer 4 unterfallen, vor Ablauf des 4. Juli 2012 bei der zuständigen Behörde ein Antrag eingegangen ist, ist § 35 Absatz 1 Nummer 4 in seiner bis zum 20. September 2013 geltenden Fassung anzuwenden.

Übersicht

	Rn.
1. Systematik	1
2. Kindergärten und Energieanlagen	2
a) Rückwirkung	2
b) Ausschluss der Rückwirkung	3
c) Einschränkungen oder Ausschluss	4
d) Vorzeitige Einleitung	5
3. Tierhaltungsanlagen	6
a) Fortgeltung wirksamer Darstellungen	6
b) Ausschluss der Fortgeltung	7

1. Systematik. Die durch das Gesetz zur Stärkung der Innenentwicklung (Novelle 2013, Einleitung Rn. 62) eingefügte Überleitungsvorschrift regelt gemeinsam mit Art. 3 Abs. 1 der Novelle 2013 und den §§ 233 bis 245a sowie für das Erschließungsrecht § 242 Abs. 8 das Inkrafttreten der Regelungen der Innenentwicklungsnovelle 2013. Gem. Art. 3 Abs. 1 der Novelle 2013 tritt diese drei Monate nach Veröffentlichung, also am 20.9.2013 in Kraft, soweit nicht Art. 3 Abs. 2 anderes bestimmt. Gemäß dem auf Empfehlung des Bau- und Verkehrsausschusses geänderten Art. 3 Abs. 2 S. 1 treten die Regelungen zu den städtebaulichen Verträgen einschließlich des Erschließungsvertrages (Art. 1 Nr. 9 der Novelle 2013) zur Erschließungspflicht (Art. 1 Nr. 18, 33) und zur Ausnahmevorschrift des § 245a Abs. 2 (Art. 1 Nr. 34) am Tag nach der Verkündung also am 21.6.2013 in Kraft. Gemäß Art. 3 Abs. 2 S. 2 treten § 192 Abs. 3 S. 2 (Hinzuziehung eines Bediensteten der Finanzbehörde) und § 198 Abs. 2 (Oberer Gutachterausschuss) sechs Monate nach der Verkündung, also am 20.12.2013 in Kraft. § 233 regelt die Überleitung der Novelle 2013 im Grundsatz (s. a. *Stüer* DVBl. 2012, 1017 (1025)) und zwar § 233 Abs. 1 hinsichtlich der Fortgel-

§ 245 a IV. Kapitel. I. Teil. Überleitungsvorschriften

tung von bereits vor Inkrafttreten der Novelle eingeleiteten Verfahren und § 233 Abs. 2 bis 245, 245 b hinsichtlich von Ausnahmen.

2 **2. Kindergärten und Energieanlagen. a) Rückwirkung.** § 245 a Abs. 1 Satz 1 trifft Sonderregelungen für Anlagen zur **Kinderbetreuung** sowie Anlagen zur Nutzung **solarer Strahlungsenergie** und **Kraft-Wärme-Kopplungsanlagen**. Dies diesbezüglich neuen Vorschriften (§ 3 Abs. 2 Nr. 2, § 14 Abs. 3 BNVO) gelten grundsätzlich auch für bereits früher erlassene Bebauungspläne. Der allgemeine Grundsatz, dass Änderungen der baugebietsbetreffenden Vorschriften der BauNVO nur für künftige Bebauungspläne gelten, gilt Kraft Gesetzes also nicht. Begründet wird dies damit, dass die §§ 3 Abs. 2 Nr. 2, 14 Abs. 3 BauNVO nur Klarstellungen enthielten (BT-Drs. 17/11468 S. 18) aber auch wegen der großen Bedeutung von § 3 Abs. 2 Nr. 2 für die Familienpolitik so für die rasche Umsetzung der Neuregelung des Immissionsschutzgesetzes (→ Einleitung Rn. 62). Der Einbezug der Photovoltaikanlagen und der Kraft-Wärme-Kopplungsanlagen in § 245 Abs. 1 Satz 1 soll Rechtssicherheit schaffen.

3 **b) Ausschluss der Rückwirkung.** Soweit die Gemeinde in ihren Bebauungsplänen ausnahmsweise die Zulässigkeit von Kindertagesstätten durch Festsetzungen nach § 1 Abs. 6 Nr. 1, Abs. 8 und Abs. 9 BauNVO vor Inkrafttreten der Novelle 2012 wirksam ausgeschlossen hat, tritt gem. **§ 245 a Abs. 1 Satz 2** keine Rückwirkung nach § 245 Abs. 1 Satz 1 ein. Das Gesetz akzeptiert den planerischen Willen der Gemeinde.

4 **c) Einschränkungen oder Ausschluss.** § 245 Abs. 2 Satz 1 stellt klar, dass gem. § 3 Abs. 2 Nr. 2 und § 14 Abs. 3 BauNVO iVm § 245 a Abs. 1 Satz 1 zulässige Anlagen zur Kinderbetreuung und Anlagen zur Nutzung erneuerbarer Energien im Geltungsbereich bestehender Bebauungspläne eingeschränkt oder ausgeschlossen werden kann. Dazu sind die Vorschriften über die Aufstellung von Bebauungsplänen einschließlich der Vorschriften über die Veränderungssperre und die Zurückstellung von Baugesuchen (§§ 14 bis 18) anwendbar. Die amtliche Begründung regt an, im Regelfall das vereinfachte Verfahren (§ 13) zu verwenden (BT-Drs. 17/11468 S. 18).

5 **d) Vorzeitige Einleitung.** § 245 a Abs. 2 Satz 2 erlaubt es das Verfahren zur Änderung von Bebauungsplänen nach S. 1 vor dem 20. 9. 2013 einzuleiten, insbesondere Veränderungssperren.

6 **3. Tierhaltungsanlagen. a) Fortgeltung wirksamer Darstellungen.** § 245 a Abs. 3 betrifft Darstellungen zu **Tierhaltungsanlagen** in Flächennutzungsplänen, die vor Inkrafttreten der Novelle 2013, also am 20. 9. 2013, bereits wirksam waren. Die Neufassung von § 35 Abs. 1 Nr. 4 beschränkt die Privilegierung auf nicht UVP-pflichtige Tierhaltungsanlagen. Nur nicht UVP-pflichtige Tierhaltungsanlagen sind gemäß den vorhandenen Darstellungen weiterhin zulässig (§ 245 a Abs. 3 Satz 1).

7 **b) Ausschluss der Fortgeltung.** Widerspricht die Fortgeltung gem. § 245 a Abs. 3 Satz 1 dem planerischen Willen der Gemeinde, kann diese in Ausübung ihrer Planungshoheit die Fortgeltung nach Abs. 3 Satz 1 ausschließen. Den Ausschluss hat die Gemeinde gem. Abs. 3 Satz 2 in einem ortsüblich bekanntzumachenden Beschluss festzustellen. Damit gelten die entsprechenden Darstellungen des Flächennutzungsplanes als aufgehoben.

8 **c)** Gemäß dem vom Bau- und Verkehrsausschuss eingefügten Abs. 4 ist bei Genehmigungsverfahren für Tierhaltungsanlagen, die vor dem Ablauf des 4. 7. 2012, dem Tag des Kabinettsbeschlusses zum Regierungsentwurf, eingeleitet worden sind, § 35 Abs. 1 Nr. 4 BauGB in seiner bisherigen Fassung anzuwenden.

II. Teil. Schlussvorschriften **§ 246**

§ 245b Überleitungsvorschriften für Vorhaben im Außenbereich

(1) **(weggefallen)**

(2) **Die Länder können bestimmen, dass die Frist nach § 35 Abs. 4 Satz 1 Nr. 1 Buchstabe c nicht anzuwenden ist.**

Durch das **BauROG 1998** ist § 35 Abs. 4 S. 1 Nr. 1 über die Änderung bisher landwirtschaftlich genutzter Gebäude neu gestaltet worden. Die Regelung sieht ua vor, dass die Umwidmungsfrist zwischen Aufgabe der privilegierten und Aufnahme der Neunutzung nicht mehr als **sieben Jahre** betragen darf; § 35 Abs. 4 S. 1 Nr. 1c. Die Länder konnten diese Frist nach **Abs. 2** befristet aussetzen. Bis zum **31.12.2004** konnten sie bestimmen, dass die Aufgabe der bisherigen Nutzung auch länger als sieben Jahre zurückliegen darf. Durch das **EAG Bau 2004** ist die Frist bis zum **31.12.2008** verlängert worden. Hiervon haben **Baden-Württemberg** (G. v. 3.5.2005, GVBl. S. 330), **Bayern** (Art. 93 G. v. 10.3.2006, GVBl. Nr. 5/2006, S. 120), **Brandenburg** (§ 83 Abs. 5 BbgBO; G. v. 19.12.2005, GVBl. S. 267), **Mecklenburg-Vorpommern** (G. v. 26.4.2005, GVBl. S. 161), **Niedersachsen** (G. v. 28.10.2004, GVBl. S. 384), **Nordrhein-Westfalen** (G. v. vom 15.12.2005, GVBl. S. 952), **Sachsen** (SächsBO v. 18.3.1999, GVBl. S. 86: nur bis 31.12.2004) und **Schleswig-Holstein** (G. v. 20.12.2004, GVBl. 2005 S. 3) Gebrauch gemacht. Im Zusammenhang mit der ROG-Novelle 2009 wurde die **Befristung der Ermächtigung aufgehoben**. 1

§ 245c (weggefallen)

Zweiter Teil. Schlussvorschriften

§ 246 Sonderregelungen für einzelne Länder; Sonderregelungen für Flüchtlingsunterkünfte

(1) **In den Ländern Berlin und Hamburg entfallen die in § 6 Abs. 1, § 10 Abs. 2 und § 190 Abs. 1 vorgesehenen Genehmigungen oder Zustimmungen; das Land Bremen kann bestimmen, dass diese Genehmigungen oder Zustimmungen entfallen.**

(1a) **¹Die Länder können bestimmen, dass Bebauungspläne, die nicht der Genehmigung bedürfen, und Satzungen nach § 34 Abs. 4 Satz 1, § 35 Abs. 6 und § 165 Abs. 6 vor ihrem Inkrafttreten der höheren Verwaltungsbehörde anzuzeigen sind; dies gilt nicht für Bebauungspläne nach § 13. ²Die höhere Verwaltungsbehörde hat die Verletzung von Rechtsvorschriften, die eine Versagung der Genehmigung nach § 6 Abs. 2 rechtfertigen würde, innerhalb eines Monats nach Eingang der Anzeige geltend zu machen. ³Der Bebauungsplan und die Satzungen dürfen nur in Kraft gesetzt werden, wenn die höhere Verwaltungsbehörde die Verletzung von Rechtsvorschriften nicht innerhalb der in Satz 2 bezeichneten Frist geltend gemacht hat.**

(2) **¹Die Länder Berlin und Hamburg bestimmen, welche Form der Rechtsetzung an die Stelle der in diesem Gesetzbuch vorgesehenen Satzungen tritt. ²Das Land Bremen kann eine solche Bestimmung treffen. ³Die Länder Berlin, Bremen und Hamburg können eine von § 10 Abs. 3, § 16 Abs. 2, § 22 Abs. 2, § 143 Abs. 1, § 162 Abs. 2 Satz 2 bis 4 und § 165 Abs. 8 abweichende Regelung treffen.**

§ 246

(3) § 171 f ist auch auf Rechtsvorschriften der Länder anzuwenden, die vor dem 1. Januar 2007 in Kraft getreten sind.

(4) Die Senate der Länder Berlin, Bremen und Hamburg werden ermächtigt, die Vorschriften dieses Gesetzbuchs über die Zuständigkeit von Behörden dem besonderen Verwaltungsaufbau ihrer Länder anzupassen.

(5) Das Land Hamburg gilt für die Anwendung dieses Gesetzbuchs auch als Gemeinde.

(6) *(weggefallen)*

(7) [1]Die Länder können bestimmen, dass § 34 Abs. 1 Satz 1 bis zum 31. Dezember 2004 nicht für Einkaufszentren, großflächige Einzelhandelsbetriebe und sonstige großflächige Handelsbetriebe im Sinne des § 11 Abs. 3 der Baunutzungsverordnung anzuwenden ist. [2]Wird durch eine Regelung nach Satz 1 die bis dahin zulässige Nutzung eines Grundstücks aufgehoben oder wesentlich geändert, ist § 238 entsprechend anzuwenden.

(8) [1]Bis zum 31. Dezember 2019 gilt § 34 Absatz 3a Satz 1 entsprechend für die Nutzungsänderung zulässigerweise errichteter baulicher Anlagen in bauliche Anlagen, die der Unterbringung von Flüchtlingen oder Asylbegehrenden dienen, und für deren Erweiterung, Änderung oder Erneuerung.

(9) [1]Bis zum 31. Dezember 2019 gilt die Rechtsfolge des § 35 Absatz 4 Satz 1 für Vorhaben entsprechend, die der Unterbringung von Flüchtlingen oder Asylbegehrenden dienen, wenn das Vorhaben im unmittelbaren räumlichen Zusammenhang mit nach § 30 Absatz 1 oder § 34 zu beurteilenden bebauten Flächen innerhalb des Siedlungsbereichs erfolgen soll.

(10) [1]Bis zum 31. Dezember 2019 kann in Gewerbegebieten (§ 8 der Baunutzungsverordnung, auch in Verbindung mit § 34 Absatz 2) für Aufnahmeeinrichtungen, Gemeinschaftsunterkünfte oder sonstige Unterkünfte für Flüchtlinge oder Asylbegehrende von den Festsetzungen des Bebauungsplans befreit werden, wenn an diesem Standort Anlagen für soziale Zwecke als Ausnahme zugelassen werden können oder allgemein zulässig sind und die Abweichung auch unter Würdigung nachbarlicher Interessen mit öffentlichen Belangen vereinbar ist. [2]§ 36 gilt entsprechend.

(11) [1]Soweit in den Baugebieten nach den §§ 2 bis 7 der Baunutzungsverordnung (auch in Verbindung mit § 34 Absatz 2) Anlagen für soziale Zwecke als Ausnahme zugelassen werden können, gilt § 31 Absatz 1 mit der Maßgabe, dass dort bis zum 31. Dezember 2019 Aufnahmeeinrichtungen, Gemeinschaftsunterkünfte oder sonstige Unterkünfte für Flüchtlinge oder Asylbegehrende in der Regel zugelassen werden sollen. [2]Satz 1 gilt entsprechend für in übergeleiteten Plänen festgesetzte Baugebiete, die den in Satz 1 genannten Baugebieten vergleichbar sind.

(12) [1]Bis zum 31. Dezember 2019 kann für die auf längstens drei Jahre zu befristende
1. Errichtung mobiler Unterkünfte für Flüchtlinge oder Asylbegehrende,
2. Nutzungsänderung zulässigerweise errichteter baulicher Anlagen in Gewerbe- und Industriegebieten sowie in Sondergebieten nach den §§ 8 bis 11 der Baunutzungsverordnung (auch in Verbindung mit § 34 Absatz 2) in Aufnahmeeinrichtungen, Gemeinschaftsunterkünfte oder sonstige Unterkünfte für Flüchtlinge oder Asylbegehrende

von den Festsetzungen des Bebauungsplans befreit werden, wenn die Befreiung auch unter Würdigung nachbarlicher Interessen mit den öffentlichen Belangen vereinbar ist. [2]§ 36 gilt entsprechend.

II. Teil. Schlussvorschriften § 246

(13) ¹Im Außenbereich (§ 35) gilt unbeschadet des Absatzes 9 bis zum 31. Dezember 2019 die Rechtsfolge des § 35 Absatz 4 Satz 1 entsprechend für
1. die auf längstens drei Jahre zu befristende Errichtung mobiler Unterkünfte für Flüchtlinge oder Asylbegehrende,
2. die Nutzungsänderung zulässigerweise errichteter baulicher Anlagen, auch wenn deren bisherige Nutzung aufgegeben wurde, in Aufnahmeeinrichtungen, Gemeinschaftsunterkünfte oder sonstige Unterkünfte für Flüchtlinge oder Asylbegehrende, einschließlich einer erforderlichen Erneuerung oder Erweiterung.

²Für Vorhaben nach Satz 1 gilt § 35 Absatz 5 Satz 2 Halbsatz 1 und Satz 3 entsprechend. ³Wird zum Zeitpunkt einer Nutzungsänderung nach Satz 1 Nummer 2 eine Nutzung zulässigerweise ausgeübt, kann diese im Anschluss wieder aufgenommen werden; im Übrigen gelten für eine nachfolgende Nutzungsänderung die allgemeinen Regeln. ⁴Die Rückbauverpflichtung nach Satz 2 entfällt, wenn eine nach Satz 3 zulässige Nutzung aufgenommen wird oder wenn sich die Zulässigkeit der nachfolgenden Nutzung aus § 30 Absatz 1, 2 oder § 33 ergibt. ⁵Die Sicherstellung der Rückbauverpflichtung nach Satz 2 in entsprechender Anwendung des § 35 Absatz 5 Satz 3 ist nicht erforderlich, wenn Vorhabenträger ein Land oder eine Gemeinde ist.

(14) ¹Soweit auch bei Anwendung der Absätze 8 bis 13 dringend benötigte Unterkunftsmöglichkeiten im Gebiet der Gemeinde, in der sie entstehen sollen, nicht oder nicht rechtzeitig bereitgestellt werden können, kann bei Aufnahmeeinrichtungen, Gemeinschaftsunterkünften oder sonstigen Unterkünften für Flüchtlinge oder Asylbegehrende bis zum 31. Dezember 2019 von den Vorschriften dieses Gesetzbuchs oder den aufgrund dieses Gesetzbuchs erlassenen Vorschriften in erforderlichem Umfang abgewichen werden. ²Zuständig ist die höhere Verwaltungsbehörde. ³Die Gemeinde ist anzuhören; diese Anhörung tritt auch an die Stelle des in § 14 Absatz 2 Satz 2 vorgesehenen Einvernehmens. ⁴Satz 3 findet keine Anwendung, wenn Vorhabenträger die Gemeinde oder in deren Auftrag ein Dritter ist. ⁵Für Vorhaben nach Satz 1 gilt § 35 Absatz 5 Satz 2 Halbsatz 1 und Satz 3 entsprechend. ⁶Absatz 13 Satz 3 gilt entsprechend. ⁷Die Rückbauverpflichtung nach Satz 5 entfällt, wenn eine nach Satz 6 zulässige Nutzung aufgenommen wird oder wenn sich die Zulässigkeit der nachfolgenden Nutzung aus § 30 Absatz 1, 2 oder § 33 ergibt. ⁸Die Sicherstellung der Rückbauverpflichtung nach Satz 5 in entsprechender Anwendung des § 35 Absatz 5 Satz 3 ist nicht erforderlich, wenn Vorhabenträger ein Land oder eine Gemeinde ist. ⁹Wenn Vorhabenträger ein Land oder in dessen Auftrag ein Dritter ist, gilt § 37 Absatz 3 entsprechend; im Übrigen findet § 37 bis zum 31. Dezember 2019 auf Vorhaben nach Satz 1 keine Anwendung.

(15) In Verfahren zur Genehmigung von baulichen Anlagen, die der Unterbringung von Flüchtlingen oder Asylbegehrenden dienen, gilt bis zum 31. Dezember 2019 das Einvernehmen abweichend von § 36 Absatz 2 Satz 2 (auch in Verbindung mit Absatz 10 Satz 2 und Absatz 12 Satz 2) als erteilt, wenn es nicht innerhalb eines Monats verweigert wird.

(16) Bei Vorhaben nach den Absätzen 9 und 13 gilt § 18 Absatz 3 Satz 2 des Bundesnaturschutzgesetzes bis zum 31. Dezember 2019 entsprechend.

(17) Die Befristung bis zum 31. Dezember 2019 in den Absätzen 8 bis 16 bezieht sich nicht auf die Geltungsdauer einer Genehmigung, sondern auf den Zeitraum, bis zu dessen Ende im bauaufsichtlichen Zulassungsverfahren von den Vorschriften Gebrauch gemacht werden kann.

§ 246 IV. Kapitel. II. Teil. Schlussvorschriften

Übersicht

	Rn.
1. Allgemeines	1
2. Stadtstaatenklauseln (Abs. 1, 2, 4, 5)	2
3. Anzeigepflicht für Bebauungspläne und Satzungen nach § 34 Abs. 4 S. 1 (Abs. 1a)	7
4. Private Initiativen (Abs. 3)	8
5. Abweichung von § 34 Abs. 1 S. 1 (Abs. 7)	9
6. Zeitlich befristete Sonderregelungen für Flüchtlingsunterkünfte (Abs. 8 bis 17)	10
a) Erweiterung des Anwendungsbereiches von § 34 Abs. 3a Satz 1 (Abs. 8)	12
b) Erweiterung des Anwendungsbereiches von § 35 Abs. 4 Satz 1 (Abs. 9)	17
c) Befreiung in Gewerbegebieten nach § 8 BauNVO (Abs. 10)	22
d) Erteilung von Ausnahmen nach den §§ 2 bis 7 BauNVO (Abs. 11)	28
e) Befreiung für befristete mobile Unterkünfte und für befristete Nutzungsänderungen (Abs. 12)	33
f) Befristet zulässige mobile Unterkünfte und Nutzungsänderungen im Außenbereich (Abs. 13)	40
g) Sonderregelung für dringend benötigte Unterkünfte (Abs. 14)	46
h) Einvernehmenserteilung bei Flüchtlingseinrichtungen (Abs. 15)	55
i) Entsprechende Geltung von § 18 Abs. 3 Satz 2 BNatSchG bei Außenbereichsvorhaben (Abs. 16)	57
j) Klarstellung zur gesetzlichen Befristung (Abs. 17)	60

1 **1. Allgemeines.** § 246 enthält in Abs. 1 bis 7 **Sonderregelungen für einzelne Länder.** Abs. 8 bis 17 enthalten **zeitlich befristete** Sonderregelungen für Unterbringung von **Flüchtlingen und Asylbegehrenden,** die mit dem **Flüchtlingsunterbringungsmaßnahmengesetz 2014** sowie mit dem **Flüchtlingsunterbringungsmaßnahmengesetz 2015** (Einleitung Rn. 64 f.) in das BauGB eingefügt worden sind. § 246a mit seinen Sonderregelungen für die neuen Länder ist mit Inkrafttreten des BauROG (1.1.1998) entfallen; vgl. weiterhin § 247 zu Sonderregelungen für Berlin als Hauptstadt.

2 **2. Stadtstaatenklauseln (Abs. 1, 2, 4, 5).** Die **Abs. 1, 2, 4 und 5** tragen verfassungsrechtlichen Besonderheiten der **Länder Berlin, Bremen und Hamburg** Rechnung: Nach Art. 1 Abs. 1 der Verfassung von Berlin vom 23.11.1995 (GVBl. S. 779) ist Berlin ein Land und zugleich eine Stadt. Nach Art. 4 Abs. 1 der Verfassung der Freien und Hansestadt Hamburg vom 6.6.1952 (HmbGVBl. S. 117) werden in Hamburg staatliche und gemeindliche Tätigkeit nicht getrennt. Nach Art. 143 der Landesverfassung der Freien Hansestadt Bremen vom 21.10.1947 (Brem. GBl. S. 251) besteht das Land Bremen aus den Gemeinden Bremen und Bremerhaven und bildet einen aus diesen Gemeinden zusammengesetzten „Gemeindeverband höherer Ordnung"; nach Art. 148 Abs. 1 S. 1 sind die gesetzlichen Organe der Stadtgemeinde Bremen weitgehend identisch mit jenen der Freien Hansestadt Bremen. Im Einzelnen bestehen folgende Sonderregelungen:

3 Nach **Abs. 1** entfallen in den Ländern **Berlin** und **Hamburg** die in den §§ 6 Abs. 1, 10 Abs. 2 und § 190 Abs. 1 vorgesehenen Genehmigungen oder Zustimmungen der höheren Verwaltungsbehörde. Das Land **Bremen** ist durch Abs. 1 Hs. 2 zu einer entsprechenden Regelung ermächtigt.

4 **Abs. 2** trägt den sich aus dem Verfassungsrecht ergebenden Besonderheiten der Stadtstaaten hinsichtlich der Rechtsetzung Rechnung. Die Vorschrift will den Stadtstaaten aus Gründen föderativer Selbstständigkeit einen möglichst großen Entscheidungsfreiraum verschaffen (BVerwG Beschl. v. 24.10.1990 – 4 NB 29/90, NVwZ 1991, 1074). Nach **Abs. 2 S. 1** ist es der näheren Bestimmung der Länder Berlin und Hamburg überlassen, welche Form der Rechtsetzung (Gesetz oder Verordnung) an

II. Teil. Schlussvorschriften § 246

die Stelle der im BauGB vorgesehenen Satzungen tritt. Nach **Abs. 2 S. 2** ist das Land Bremen zu einer solchen Bestimmung ermächtigt. **Abs. 2 S. 3** ermächtigt dementsprechend die Stadtstaaten zum Erlass einer von den Vorschriften über die Bekanntmachung von Bebauungsplänen und sonstigen städtebaulichen Satzungen abweichenden Regelung (zu Unterschieden im Hinblick auf den Zeitpunkt des Inkrafttretens OVG Hamburg Urt. v. 17.6.2010 – 2 E 7/07, BauR 2010, 2064 (2067)). Die Normenkontrolle nach § 47 VwGO (→ § 10 Rn. 13 ff.) ist auch in Bezug auf einen als Gesetz erlassenen Bebauungsplan zulässig (BVerfG Beschl. v. 14.5.1985 – 2 BvR 397/82 u. a., BVerfGE 70, 35).

Abs. 4 trägt den verfassungsrechtlichen Besonderheiten der **Stadtstaaten** hinsichtlich 5 des besonderen Verwaltungsaufbaus Rechnung. Die Senate dieser Länder sind zur Anpassung der Vorschriften des BauGB über die Zuständigkeit von Behörden ermächtigt.

Nach **Abs. 5** gilt **Hamburg** für die Anwendung dieses Gesetzes auch als Gemeinde. 6

3. Anzeigepflicht für Bebauungspläne und Satzungen nach § 34 Abs. 4 7 **S. 1 (Abs. 1a).** Abs. 1a räumt allen Ländern das Recht ein, für die nicht genehmigungsbedürftigen Bebauungspläne, soweit sie nicht im vereinfachten Verfahren nach § 13 (nicht § 13a) aufgestellt werden, eine **Anzeigepflicht** (durch Gesetz oder aufgrund eines Landesgesetzes durch Verordnung) einzuführen. Diese Ermächtigung gilt auch für Satzungen nach § 34 Abs. 4 S. 1, § 35 Abs. 6 und § 165 Abs. 6. Die Frist für die Geltendmachung von Rechtsfehlern ist bundesrechtlich auf **einen Monat** festgelegt worden **(Abs. 1a S. 1).** Die höhere Verwaltungsbehörde kann im Rahmen des Anzeigeverfahrens die Verletzung von Rechtsvorschriften geltend machen, die eine Versagung der Genehmigung nach § 6 rechtfertigen würde **(Abs. 1a S. 2).** Die Gemeinde darf den Bebauungsplan bzw. die Satzung nur in Kraft setzen, wenn die höhere Verwaltungsbehörde die Verletzung von Rechtsvorschriften innerhalb der in Abs. 1a S. 2 bezeichneten Frist nicht geltend gemacht hat **(Abs. 1a S. 3).** Von der Ermächtigung hatten Brandenburg, Mecklenburg-Vorpommern und Sachsen Gebrauch gemacht. In allen drei Ländern traten die auf Abs. 1a basierenden Regelungen jedoch mittlerweile wieder außer Kraft. Derzeit hat kein Land eine Anordnung der Anzeigepflicht geregelt (vgl. *Krautzberger/Blechschmidt* in EZBK § 246 Rn. 29).

4. Private Initiativen (Abs. 3). Abs. 3 bestimmt, dass § 171f auch auf bereits 8 vor dem Inkrafttreten des § 171f (1.1.2007) erlassenes Landesrecht anzuwenden ist. Die Regelung soll der verfassungsrechtlichen Absicherung der älteren Landesgesetze (Hamburg, Hessen, Schleswig-Holstein, Bremen) dienen (→ § 171f Rn. 1).

5. Abweichung von § 34 Abs. 1 S. 1 (Abs. 7). Nach **Abs. 7** konnten die Län- 9 der bestimmen, dass § 34 Abs. 1 S. 1 für Einkaufszentren, großflächige Einzelhandelsbetriebe und sonstige großflächige Handelsbetriebe iS des § 11 Abs. 3 BauNVO nicht anzuwenden ist **(Abs. 7 S. 1).** Die Regelung war bis zum **31.12.2004** befristet.

6. Zeitlich befristete Sonderregelungen für Flüchtlingsunterkünfte 10 **(Abs. 8 bis 17).** Aufgrund der in den letzten Jahren deutlich gestiegenen Zahl von Flüchtlingen und Asylbegehrenden und der dafür notwendigen Unterbringungsmöglichkeiten wurde das Flüchtlingsunterbringungsmaßnahmengesetz 2014 (Einleitung Rn. 64; zur Entstehungsgeschichte s. auch *Blechschmidt* in EZBK, § 246 Rn. 45 ff.) erlassen. Die Abs. 8 bis 10 gehen auf dieses Gesetz zurück (VGH Mannheim Beschl. v. 11.3.2015 – 8 S 492.15, NVwZ-RR 2015, 637). Mit ihnen werden die Zulässigkeitstatbestände in den §§ 34 Abs. 3a (Rn. 12 ff. und § 34 Rn. 73 ff.) und 35 Abs. 4 (Rn. 17 ff. und § 35 Rn. 125 ff.) erweitert. Zusätzlich wird eine neue Befreiungsmöglichkeit in Gewerbegebieten geschaffen (Rn. 22 und § 31 Rn. 33 ff.). Da dies nicht als ausreichend angesehen wurde, ist durch das Flüchtlingsunterbringungsmaßnahmengesetz 2015 § 246 noch um die Abs. 11 bis 17 ergänzt worden. Zudem wurde Abs. 8 von seinem Anwendungsbereich her noch erweitert. Die Abs. 8 bis 17 gelten dabei nur **befristet** bis zum **31.12.2019** (s. noch Rn. 60).

§ 246

11 Da **keine Überleitungsvorschriften** existieren, sind die Vorschriften in den Abs. 8 bis 17 seit ihrem Inkrafttreten anzuwenden (OVG Bautzen Beschl. v. 10.3.2015 – 1 B 298.14, BauR 1126 (1128) zu den Abs. 8 bis 10); s. im Einzelnen auch Hinweise zur bauplanungsrechtlichen Beurteilung von Standorten für Unterkünfte von Flüchtlingen und Asylbegehrenden in den verschiedenen Gebietskulissen der Fachkommission Städtebau vom 15.12.2015; zu Möglichkeiten der Beschlagnahme für die Flüchtlingsunterbringung OVG Lüneburg Beschl. v. 1.12.2015, DVBl. 2016, 117; *Augustin* BauR 2015, 1934 ff.

12 **a) Erweiterung des Anwendungsbereiches von § 34 Abs. 3a Satz 1 (Abs. 8).** § 34 Abs. 3a Satz 1 gilt nach Maßgabe von Abs. 8 entsprechend für die **Nutzungsänderung** zulässigerweise errichteter baulicher Anlagen, wenn diese der Unterbringung von Flüchtlingen oder Asylbegehrenden (zum erfassten Personenkreis *Blechschmidt* in EZBK, § 246 Rn. 53 ff.) dienen. Entsprechendes gilt für deren **Erweiterung, Änderung oder Erneuerung.** Die auf das Flüchtlingsunterbringungsmaßnahmengesetz 2014 zurückgehende Bestimmung ist durch das Flüchtlingsunterbringungsmaßnahmengesetz 2015 geändert worden, indem der Anwendungsbereich nicht nur auf die Nutzungsänderung, die Erweiterung, Änderung oder Erneuerung (zu den Begriffen s. § 34 Rn. 76) zulässigerweise errichteter Geschäfts-, Büro- oder Verwaltungsgebäude" erstreckt wird, sondern nunmehr insgesamt auf „bauliche Anlagen" bezogen wird. Die Voraussetzungen des § 34 Abs. 3a Satz 1 müssen jedoch mit Ausnahme der hier nicht einschlägigen Nr. 1 vollständig erfüllt werden (*Krautzberger/Stüer* DVBl. 2015, 73 (76); *Scheidler* UPR 2015, 41 (44)). Erforderlich ist also die städtebauliche Vertretbarkeit (§ 34 Abs. 3a Satz 1 Nr. 2), sowie eine Vereinbarkeit des Vorhabens mit den öffentlichen Belangen, auch unter Würdigung nachbarlicher Interessen (§ 34 Abs. 3a Satz 1 Nr. 3). Erfasst werden von Abs. 8 normale Wohngebäude zur Flüchtlingsunterbringung (s. auch Rn. 22), Gemeinschaftsunterkünfte (§ 53 AsylG) und Aufnahmeeinrichtungen (§ 44 AsylG).

13 Ein Vorhaben iSv Abs. 8 kann, selbst wenn es sich **nicht in die Eigenart der näheren Umgebung einfügt** (vgl. zu den Anforderungen des Einfügens § 34 Rn. 25 ff.), genehmigt werden (*Kment/Berger* BauR 2015, 211 (216)). Die Aufstellung eines Bauleitplans ist daher in diesem Fall grundsätzlich nicht erforderlich. Diese Erleichterung gilt für alle in § 34 Abs. 1 Satz 1 angeführten Zulässigkeitsmerkmale. Vom **Anwendungsbereich** erfasst sind insbesondere solche Gebiete, die zwar durch eine erhebliche gewerbliche Prägung gekennzeichnet sind, bei denen es sich aber dennoch nicht um ein (festgesetztes oder faktisches) Gewerbegebiet (s. Abs. 10 Rn. 22 ff.) handelt, und in dem sich eine wohn- oder wohnähnliche Anlage für soziale Zwecke nicht ohnehin in die Eigenart der näheren Umgebung einfügt (*Bienek/Reidt* BauR 2015, 422 (429)). Vor diesem Hintergrund bedarf es der Regelung insbesondere nicht in allgemeinen Wohngebieten (§ 4 BauNVO) oder Mischgebieten (§ 6 BauNVO). Anwendbar ist Abs. 8 allerdings auch, wenn es nicht um die Art der baulichen Nutzung, sondern vielmehr um das Maß der baulichen Nutzung sowie um die überbaubaren Grundstücksflächen geht.

14 Es muss sich allerdings um einen **im Zusammenhang bebauten Ortsteil** handeln (vgl. § 34 Rn. 2 ff.). Im Geltungsbereich eines Bebauungsplans ist Abs. 8 nicht anwendbar. Auch muss es sich um eine zulässigerweise (vgl. § 34 Rn. 74) errichtete bauliche Anlagen handeln.

15 Die im Flüchtlingsunterbringungsmaßnahmengesetz 2014 enthaltene Beschränkung auf Geschäfts-, Büro- oder Verwaltungsgebäude war nicht sachgerecht (vgl. *Battis/Reidt/Mitschang* NVwZ 2014, 1609 (1613)). Die Regelung gilt daher aufgrund des Flüchtlingsunterbringungsmaßnahmengesetzes 2015 bspw. auch für ehemalige Hotelanlagen, berufliche Ausbildungsstätten, Schulgebäude oder auch Krankenhäuser bzw. sonstige Pflegeanstalten.

16 Bei der zu treffenden Entscheidung über die Zulässigkeit des Vorhabens handelt es sich um eine **Ermessensentscheidung** (zu den Anforderungen vgl. § 34 Rn. 74).

b) Erweiterung des Anwendungsbereiches von § 35 Abs. 4 Satz 1 (Abs. 9). 17
Nach Abs. 9 gilt die Rechtsfolge des § 35 Abs. 4 Satz 1 für Vorhaben entsprechend, die der Unterbringung von Flüchtlingen oder Asylbegehrenden dienen, wenn das Vorhaben im unmittelbaren räumlichen Zusammenhang mit nach § 30 Abs. 1 oder § 34 zu beurteilenden bebauten Flächen innerhalb des Siedlungsbereichs erfolgen soll. Vorhaben (zu den erfassten Vorhaben s. Rn. 12) kann dabei eine **Nutzungsänderung, ein Ersatzbau, eine Erweiterung oder auch die Neuerrichtung** einer baulichen Anlage zur Flüchtlingsunterbringung sein. Die Regelung trägt dem Umstand Rechnung, dass es sich bei Einrichtungen zur Flüchtlingsunterbringung um sonstige Vorhaben iSv § 35 Abs. 2 (§ 35 Rn. 63ff.) handelt. Ihre Zulässigkeit im Außenbereich soll dadurch erleichtert werden, dass die Rechtsfolge des **§ 35 Abs. 4 Satz 1 entsprechend** gilt. Damit können ihrer Zulässigkeit die in § 35 Abs. 4 Satz 1 aufgelisteten öffentlichen Belange, unabhängig von ihrem Gewicht, nicht mehr entgegengehalten werden (vgl. BT-Drs. 18/2752, S. 8). Demgegenüber dürfen alle sonstigen, nicht in § 35 Abs. 4 Satz 1 aufgeführten öffentlichen Belange durch ein derartiges Vorhaben nicht beeinträchtigt werden (§ 35 Rn. 125; *Roeser* BK, § 35 Rn. 97; *Kment/Berger* BauR 2015, 211 (218); *Scheidler* UPR 2015, 41 (44))).

Die Teilprivilegierung lässt zudem sonstige materielle und verfahrensrechtliche 18
Anforderungen einschließlich einer etwaigen Umweltverträglichkeitsprüfung oder Vorprüfung für Außenbereichsvorhaben (s. insbesondere §§ 3a ff. iVm Nr. 18.7. der Anlage 1 zum UVPG sowie die landesrechtlichen Bestimmungen zu UVP-pflichtigen Vorhaben; zur UVP-Pflicht bei Städtebauprojekten im Außenbereich auch ohne Aufstellung eines Bebauungsplans vgl. auch *Rieger* in Schrödter § 29 Rn. 72).

Nach Abs. 9 ist es erforderlich, dass das Vorhaben **im unmittelbaren räumlichen** 19
Zusammenhang mit nach § 30 Abs. 1 oder § 34 zu beurteilenden bebauten Flächen innerhalb des Siedlungsbereichs liegt (s. demgegenüber zu Abs. 13 Rn. 40ff.). Unerheblich ist dabei, ob die bauliche Nutzung der betreffende Bebauungsplan festsetzt oder wie die nach § 34 zu beurteilende nähere Umgebung geprägt ist. Allerdings muss die betreffende Fläche **bebaut** sein, was weniger bei nach § 34 zu beurteilenden Flächen als vielmehr bei Plangebieten Bedeutung haben kann. Ist für den betreffenden Bereich zwar ein Bebauungsplan aufgestellt worden, jedoch keine Bebauung erfolgt, sind die Voraussetzungen des Abs. 9 nicht erfüllt. Sowohl im beplanten als auch im unbeplanten Bereich sind jedoch vorhandene **Baulücken** unschädlich.

Des Weiteren muss das Grundstück, auf dem das Vorhaben realisiert werden soll, 20
im unmittelbaren räumlichen Zusammenhang mit diesen Flächen liegen. Erforderlich ist also, dass die Vorhabenfläche an ein bebautes beplantes oder nach § 34 zu beurteilendes Gebiet oder an den Innenbereich unmittelbar, also direkt, anschließt (*Krautzberger/Stüer* DVBl. 2015, 73 (77); *Bienek/Reidt* BauR 2015, 422 (430)).

Zudem muss die Fläche des Vorhabens **innerhalb des Siedlungsbereichs** liegen. 21
Eine bauliche Entwicklung jenseits des Siedlungsbereiches, also nach „außen", wird von Abs. 9 nicht erfasst. Unter dem Begriff des Siedlungsbereichs erfasst werden etwa sog. „Außenbereichsinseln" (BT-Drs. 18/2752, 7; BVerwG Urt. v. 1.12.1972 – IV C 6.71, BVerwGE 41, 227; dass Urt. v. 15.9.2005 – 4 BN 37.95, ZfBR 2006, 54), aber auch in Anlehnung an § 34 Abs. 4 Satz 1 Nr. 3 für eine Abweichungs- oder Ergänzungssatzung in Frage kommenden Flächen (*Bienek/Reidt* BauR 2015, 422 (430); *Krautzberger/Stüer* DVBl. 2015, 73 (77)). Die erfassten Flächen werden mit einer Bebauung nach Abs. 9 nicht automatisch zum Innenbereich. Hierfür bleiben die Anforderungen des § 34 Abs. 1 maßgeblich.

c) Befreiung in Gewerbegebieten nach § 8 BauNVO (Abs. 10). Nach § 8 22
Abs. 1 BauNVO dienen Gewerbegebiete vorwiegend der Unterbringung von nicht erheblich belästigenden Gewerbebetrieben. Ausnahmsweise können nach § 8 Abs. 3 Nr. 2 BauNVO auch Anlagen für soziale Zwecke zugelassen werden. In der Rechtsprechung werden Flüchtlingsunterbringungseinrichtungen zwar zumeist als Anlagen für soziale

§ 246 IV. Kapitel. II. Teil. Schlussvorschriften

Zwecke angesehen (s. etwa VGH Mannheim Beschl. v. 6.10.2015, NVwZ 2015, 1781; *Blechschmidt* in EZBK, § 246 Rn. 56c; zur Einordnung im Einzelfall auch als Wohnnutzung OVG Lüneburg Beschl. v. 18.9.2015 – 1 ME 126/15, NVwZ-RR 2016, 25; VGH Kassel Beschl. v. 18.9.2015 – 3 B 1518/15, BauR 2016, 79). Deren ausnahmsweise Zulässigkeit in Gewerbegebieten scheitert in der Regel aber an ihrem (gebietsunverträglichen) wohnähnlichen Charakter (vgl. BVerwG Urt. v. 16.9.1993 – 4 C 28.91, BVerwGE 94, 151 (156); OVG Hamburg Beschl. v. 17.6.2013 – 2 Bs 151.13, NVwZ-RR 2014, 990; VGH Mannheim Beschl. v. 14.3.2013 – 8 S 2504.12, DVBl. 2013, 795). Abs. 10 Satz 1 regelt daher eine Befreiungsmöglichkeit (vgl. § 31 Rn. 23 ff.) zur **Errichtung von Aufnahmeeinrichtungen, Gemeinschaftsunterkünften und sonstigen Unterkünften** (s. Rn. 12) für Flüchtlinge oder Asylbegehrende **in ausgewiesenen und faktischen Gewerbegebieten** (*Krautzberger/Stüer* DVBl. 2015, 73 (78); *Kment/Berger* BauR 2015, 211 (213); *Battis/Mitschang/Reidt* NVwZ 2014, 1609 (1612); *Scheidler* UPR 2015, 41 (45 f.); *ders.* UPR 2015 1414 (1421 ff.)). Erfasst sind also alle in Betracht kommenden Arten der Unterbringung einschließlich Wohnungen (vgl. *Scheidler* UPR 2015, 41 (45)). Es handelt sich bei Abs. 10 um einen neben § 31 Abs. 2 tretenden Befreiungstatbestand (*Bienek/Reidt* BauR 2015, 422 (427); anders aber VGH München Beschl. v. 5.3.2015 – 1 ZB 14.2373, NVwZ 2015, 912 Rn. 6, nach dem bei Nicht-Vorliegen aller Zulassungsvoraussetzungen nach Abs. 10 nicht auf § 31 Abs. 2 Nr. 1 zurückgegriffen werden kann).

23 Abs. 10 kommt nur zur Anwendung, wenn in dem ausgewiesenen oder faktischen Gewerbegebiet Anlagen für soziale **Zwecke allgemein oder jedenfalls ausnahmsweise zulässig** sind, wie es auch § 8 Abs. 3 Nr. 2 BauNVO entspricht, wenn die Gemeinde also nicht von den Feinsteuerungsmöglichkeiten insbesondere gemäß § 1 Abs. 6 bzw. iVm Abs. 9 BauNVO Gebrauch gemacht hat (OVG Münster Beschl. v. 23.2.2015 – 7 B 1344.14, BauR 2015, 797 (797)). Sind Anlagen für soziale Zwecke daher in dem betreffenden Gewerbegebiet generell ausgeschlossen, kommt auch die Befreiungsregelung des Abs. 10 nicht zur Anwendung (VGH Mannheim Beschl. v. 11.3.2015 – 8 S 492.15, juris. Rn. 14; VGH München Beschl. v. 5.3.2015 – 1 ZB 14.2373, NVwZ 2015, 912 Rn. 6; auch *Scheidler* UPR 2015, 1414 (1421); s. aber noch zu Abs. 12 Rn. 33 ff.).

24 Im Weiteren muss die **Abweichung von den Planfestsetzungen auch unter Würdigung nachbarlicher Interessen mit öffentlichen Belangen vereinbar** sein. Anders als nach § 31 Abs. 2 ist es hingegen nicht erforderlich, dass die Grundzüge der Planung nicht berührt sind.

25 Für die Unterbringung von Flüchtlingen oder Asylbegehrenden kommen Gewerbegebiete vor allem dann in Betracht, wenn sie eher durch **ruhiges Gewerbe** einschließlich Büros und Verwaltungen geprägt sind, weniger hingegen durch Produktionsbetriebe, in denen insbesondere auch nachts eine immissionsrelevante Tätigkeiten stattfinden (s. aber auch zu Abs. 12 einschließlich der relevanten nachbarlichen Interessen Rn. 37). Die Zulässigkeit von **Folgenutzungen,** also von einer Nutzung im Anschluss an die Flüchtlingsunterbringung, richtet sich nach den allgemein geltenden städtebaurechtlichen Vorschriften. Aus der Nutzung der Flüchtlingsunterbringung kann daher nicht die Zulässigkeit nachfolgender anderer wohnähnlicher Nutzungen abgeleitet werden.

26 Gem. Abs. 10 Satz 2 gilt § 36 entsprechend, so dass es bei Entscheidungen nach Abs. 10 des **gemeindlichen Einvernehmens** bedarf (§ 36 Rn. 5 ff.). Allerdings ist auch in den Fällen des Abs. 10 die **Möglichkeit der Ersetzung** gegeben (§ 36 Rn. 14 ff.; zur Verkürzung der Einvernehmensfrist auf einen Monat, Rn. 55 f.).

27 Abs. 10 erfordert eine **Ermessensentscheidung** der zuständigen Behörde. Bei Vorliegen der tatbestandlichen Voraussetzungen kann das Ermessen jedoch auch auf Null reduziert sein (VGH Mannheim Beschl. v. 11.3.2015 – 8 S 492.15, NVwZ-RR 2015, 637).

28 **d) Erteilung von Ausnahmen nach den §§ 2 bis 7 BauNVO (Abs. 11).** Können in den Baugebieten nach den §§ 2 bis 7 BauNVO Anlagen für soziale Zwecke als **Ausnahme** zugelassen werden, gilt nach § 246 Abs. 11 Satz 1 die Ausnahmeregelung

II. Teil. Schlussvorschriften　　　　　　　　　　　　　　　　　　　　§ 246

in § 31 Abs. 1 mit der Maßgabe, dass Flüchtlingsunterkünfte (s. Rn. 12) **in der Regel** zugelassen werden sollen. Hintergrund der Regelung ist dabei, dass es sich bei Flüchtlingsunterkünften in der Regel um Anlagen für soziale Zwecke handelt (s. Rn. 22), die entweder als allgemein zulässige Anlagen oder als Ausnahmen nach den Nutzungskatalogen der §§ 2 bis 7 BauNVO zulässig sind.

Abs. 11 gilt sowohl in durch Bebauungsplan **festgesetzten als auch in faktischen Baugebieten** gemäß § 34 Abs. 2. Nicht anwendbar ist die Bestimmung, wenn Anlagen für soziale Zwecke in dem betreffenden Baugebiet nach § 1 Abs. 6 BauNVO ausgeschlossen sind und damit nicht als Ausnahme zugelassen werden können. Abs. 11 bezieht sich zudem **nicht auf Gewerbegebiete** iSv § 8 BauNVO. Für diese bestehen lediglich die Befreiungsmöglichkeit nach Abs. 10 (Rn. 22 ff. und Abs. 12 Rn. 33 ff.). Anders als dort, stellt Abs. 11 aber auf die Erteilung von Ausnahmen ab. 29

Abs. 11 Satz 1 gilt nach Satz 2 entsprechend für in **übergeleiteten Plänen** (vgl. § 30 Rn. 1 f. und 9) festgesetzte Baugebiete, die den Baugebieten nach den §§ 2 bis 7 BauNVO vergleichbar sind. Gemeint sind dabei solche Baugebiete, die von ihrer Störempfindlichkeit unterhalb der Schwelle von gewerbe- und Industriegebieten angesiedelt sind. Zudem müssen auch in den vergleichbaren Baugebieten übergeleiteter Pläne Anlagen für soziale Zwecke ausnahmsweise zulassungsfähig sein (vgl. § 233 Rn. 10 sowie BVerwG Urt. v. 17.12.1998 – 4 C 16.97, NVwZ 1999, 981 (982)). Die „entsprechende" Anwendbarkeit nach Abs. 11 Satz 2 erstreckt sich also allein auf die Baugebietstypen, nicht hingegen auf das Erfordernis, dass in dem betreffenden Baugebiet Anlagen für soziale Zwecke als Ausnahme zulassungsfähig sein müssen (*Battis/Mitschang/Reidt* NVwZ 2015, 1633 (1635)). 30

Durch Abs. 11 wird die in § 31 Abs. 1 enthaltene Kann-Bestimmung dergestalt eingeschränkt, dass für die Flüchtlingsunterbringung in der Regel eine Ausnahme erteilt werden soll (**intendiertes Ermessen**, vgl. BT-Drs. 18/6185, S. 74; s. auch § 31 Rn. 19). Es bedarf daher besonderer Gründe, wenn die Erteilung einer Ausnahme verweigert werden soll (zB wenn das Verhältnis ausnahmsweise zulässiger Nutzungen zu Hauptnutzungen in eine Schieflage gerät oder bei nicht mehr hinnehmbaren Immissionsbelastungen für die Flüchtlingsunterkünfte, etwa in räumlicher Nähe zu lärmintensiven Infrastrukturanlagen oder Vergnügungsstätten; *Battis/Mitschang/Reidt* NVwZ 2015, 1633 (1636); zur Ausnahmeerteilung bereits vor Einführung des Abs. 11 VGH Mannheim Beschl. v. 6.10.2015 – 3 S 1695, 15, NVwz 2015, 1781; s. auch zu Immissionsbelastungen Rn. 37). 31

Die Zulässigkeit von **Folgenutzungen** richtet sich nach den allgemein geltenden städtebaurechtlichen Vorschriften (vgl. Rn. 25; s. auch *Blechschmidt* in EZBK, § 246 Rn. 75). 32

e) Befreiung für befristete mobile Unterkünfte und für befristete Nutzungsänderungen (Abs. 12). Nach Abs. 12 Satz 1 kann für die auf längstens drei Jahre zu befristende Errichtung mobiler Unterkünfte für Flüchtlinge oder Asylbegehrende (Satz 1 Nr. 1) sowie für die Nutzungsänderung zulässigerweise errichteter baulicher Anlagen in Gewerbe- und Industriegebieten sowie in Sondergebieten nach den §§ 8 bis 11 BauNVO (auch in Verbindung mit § 34 Absatz 2) in Aufnahmeeinrichtungen, Gemeinschaftsunterkünfte oder sonstige Unterkünfte für Flüchtlinge oder Asylbegehrende (Satz 1 Nr. 2) von den Festsetzungen des Bebauungsplans befreit werden, wenn die Befreiung auch unter Würdigung nachbarlicher Interessen mit den öffentlichen Belangen vereinbar ist. Diese Bestimmung enthält einen eigenständig neben § 31 Abs. 2 tretenden **Befreiungstatbestand.** Nach Abs. 12 zu erteilende Befreiungen sind auf **längstens drei Jahre** zu befristen. Sie dürften nur einmal möglich sein (*Blechschmidt* in EZBK § 246 Rn. 77). Diese Befristung für das jeweilige Einzelvorhaben hat nichts damit zu tun, dass die Befreiungsregelung in Abs. 12 ebenso wie die anderen Sonderregelungen in Abs. 8-17 bis zum 31.12.2019 befristet sind (Rn. 10 und Rn. 60 f.). Die Befristung des einzelnen Vorhabens auf maximale drei Jahre gilt nicht unmittelbar kraft Gesetzes. Es geht vielmehr um eine **Vorgabe für** 33

die Baugenehmigungsbehörde, die diese Befristung im Rahmen der Erteilung der Baugenehmigung umzusetzen hat. Unklar ist mangels einer gesetzlichen Regelung der zeitliche Anknüpfungspunkt der Befristung. Maßgeblich dürfte insoweit nicht die Genehmigungserteilung, sondern der **Beginn der Errichtung des Vorhabens** sein, noch weitergehend *Blechschmidt* in EZBK, § 246 Rn. 77: Nutzungsaufnahme.) Soweit sich innerhalb des Befristungszeitraums die Notwendigkeit einer längerfristigen Aufrechterhaltung der Unterbringungsmöglichkeiten ergibt, ist die Änderung oder erstmalige Aufstellung eines Bebauungsplans erforderlich (vgl. BT-Drs. 18/6185, S. 75). Anders als nach Abs. 10 (Rn. 22 ff.) ist es nicht Voraussetzung nach Abs. 12, dass in dem betreffenden Gebiet Anlagen für soziale Zwecke zulassungsfähig sind. Außerdem gilt Abs. 12 auch in festgesetzten oder faktischen Industriegebieten, die von § 246 Abs. 10 nicht erfasst werden.

34 **Mobile Unterkünfte** sind insbesondere Behelfsunterkünfte wie Wohncontainer, Zelte und sonstige Behelfsunterkünfte in Leichtbauweise (s. auch BT-Drs. 18/6185, S. 74), die nicht für ein dauerhaftes Wohnen ausgelegt und ausgestattet sind. Befreit werden kann nach **Abs. 12 Satz 1 Nr. 1** von allen Festsetzungen des Bebauungsplans, unabhängig davon ob es sich dabei um die Art der baulichen Nutzung, das Maß der baulichen Nutzung, die überbaubaren Grundstücksflächen oder die Bauweise handelt. Bei der Art der baulichen Nutzung geht es nicht nur um Baugebiete, sondern auch um andere Festsetzungen zur Nutzungsart etwa festgesetzte Parkplatzflächen, öffentliche Grünflächen, Gemeinbedarfsflächen oder Sport- und Spielflächen (*Battis/Mitschang/Reidt* NVwZ 2015, 1633 (1636)).

35 Neben mobilen Unterkünften sind auch **Nutzungsänderungen** bei **zulässigerweise errichteten** baulichen Anlagen in Gewerbe- und Industriegebieten sowie in Sondergebieten nach den §§ 8 bis 11 BauNVO für die Flüchtlingsunterbringung (Rn. 12) möglich (**Abs. 12 Satz 1 Nr. 2**). Damit werden auch **faktische Gewerbe- und Industriegebiete** iSv § 34 Abs. 2 (§ 34 Rn. 59 ff.) vom Anwendungsbereich der Bestimmung erfasst. Wie der neben § 11 genannte § 10 BauNVO zeigt, müssen die unter Abs. 12 Satz 1 Nr. 2 fallenden Sondergebiete nicht mit Gewerbe- oder Industriegebieten vergleichbar sein. Praktische Bedeutung hat Abs. 12 Satz 1 Nr. 2 insbesondere in Bezug auf leer stehende Fabrikhallen, Lagergebäude oder auch Geschäfts-, Büro- und Verwaltungsgebäude sowie sonstige nicht genutzte Gebäude in Gewerbe- und Industriegebieten nach den §§ 8 und 9 BauNVO, Ferienhäuser in Sondergebieten nach § 10 BauNVO oder größere ehemalige Veranstaltungshallen, sowie Messegebäude in sonstigen Sondergebieten nach § 11 BauNVO.

36 Eine Befreiung darf nach Abs. 12 Satz 1 Nr. 1 und Nr. 2 auch erteilt werden, wenn die **Grundzüge der Planung** berührt werden (vgl. BT-Drs. 18/6185, S. 74). Vor dem Hintergrund der generell geltenden Befristung auf längstens drei Jahre ist dies gerechtfertigt. Zwingend einzuhalten ist allerdings die Voraussetzung, dass die Befreiung auch unter Würdigung nachbarlicher Interessen (zB unter Berücksichtigung mit öffentlichen Belangen vereinbar sein muss (zu diesen Tatbestandsmerkmalen vgl. § 31 Rn. 30 f.; *Rieger* in Schrödter BauGB § 31 Rn. 22 ff.; *Söfker* in EZBK BauGB § 31 Rn. 55 ff.). Zu den **nachbarlichen Interessen** wird in der Begründung zum Regierungsentwurf (vgl. BT-Drs. 18/6185, S. 75) ausdrücklich darauf hingewiesen, dass angesichts der nationalen und drängenden Aufgabe der Flüchtlingsunterbringung Nachbarn auch ein Mehr an Beeinträchtigungen zuzumuten ist. Zu den **öffentlichen Belangen**, mit denen auch Vorhaben iS von Abs. 12 vereinbar sein müssen, gehören gleichwohl insbesondere gesunde Wohn- und Arbeitsverhältnisse bzw. Unterbringungsverhältnisse. Dabei rechtfertigt Abs. 12 jedoch im Hinblick auf die Befristung auf längstens drei Jahre eine noch stärker einzelfallbezogene Betrachtung als sie ansonsten möglich wäre (vgl. BT-Drs. 18/6185, S. 74).

37 Für die **praktische Anwendung** der Vorschrift ist daher vor allem von Bedeutung, welcher **Immissionsbelastung** eine Flüchtlingsunterbringungseinrichtung tags und vor allem nachts durch benachbarte Grundstücke **konkret** und **aktuell** (zB im Hinblick auf Nutzungsunterbrechungen, Betriebsauslastung oder Schichtbetrieb) ausgesetzt sein

II. Teil. Schlussvorschriften §246

wird (s. auch *Blechschmidt* in EZBK, § 246 Rn. 80). Auch Betriebserweiterungen in der Nachbarschaft von Unterbringungseinrichtungen spielen bei einer von vorneherein befristeten Unterbringung nur eine geringere Rolle, so dass wertungsmäßig ein Vergleich mit **Wohnungen für Aufsichts- und Bereitschaftspersonen** sowie für Betriebsinhaber und Betriebsleiter gezogen werden kann (in diesem Sinne auch *Blechschmidt* in EZBK § 246 Rn. 80). Derartige Wohnungen sind gemäß § 8 Abs. 3 Nr. 1 BauNVO in Gewerbegebieten sowie nach § 9 Abs. 3 Nr. 1 BauNVO in Industriegebieten ausnahmsweise zulässig. Obgleich auch für sie der Gesundheitsschutz nicht disponibel ist, müssen sie sich mit den Immissionen abfinden, die generell im Gebiet der Hauptnutzung üblich sind. Dies gilt selbst dann, wenn die Wohnnutzung mittlerweile – legal oder illegal – ohne Betriebsbezug stattfindet (OVG Lüneburg Urt. v. 12.5.2015 – 1 KN 238.13, BauR 2015, 1300). Soweit erforderlich, können zudem auch zur Gewährleistung besonderer und zumutbarer Unterbringungsverhältnisse die Möglichkeiten des **passiven Schallschutzes** genutzt werden. Aus der **TA Lärm** ergibt sich insofern letztlich nichts anderes. Die in der TA Lärm als Verwaltungsvorschrift geregelten Richtwerte sind im Lichte der durch den Gesetzgeber geschaffenen Regelungen zur Flüchtlingsunterbringung auch und gerade in immissionsrelevanten Baugebieten zu sehen und können diese Möglichkeiten daher nicht unterlaufen. Dies gilt für Abs. 12 in gleicher Weise wie für die anderen Sondertatbestände in Abs. 8-14.

Die Zulässigkeit von **Folgenutzungen** richtet sich nach den allgemein geltenden 38
städtebaurechtlichen Vorschriften (vgl. Rn. 25).

Bei der Befreiung nach Abs. 12 Satz 1 handelt es sich um eine **Ermessensent-** 39
scheidung (allgemein zum Befreiungsermessen s. § 31 Nr. 43). Nach Abs. 12 Satz 2 gilt dabei die das erforderliche **Einvernehmen** regelnde Bestimmung in § 36 entsprechend (zur Verkürzung der Einvernehmensfrist auf einen Monat, Rn. 55 f.).

f) Befristet zulässige mobile Unterkünfte und Nutzungsänderungen im 40
Außenbereich (Abs. 13). Abs. 13 **ergänzt** die Außenbereichsregelung in **Abs. 9** (Rn. 17 ff.) und dehnt den Teilprivilegierungstatbestand weiter aus. Nach Abs. 13 Satz 1 gilt im Außenbereich (§ 35) unbeschadet des Absatzes 9 die Rechtsfolge des § 35 Absatz 4 Satz 1 entsprechend für die **längstens drei Jahre** befristete Errichtung mobiler Unterkünfte für Flüchtlinge oder Asylbegehrende (Nr. 1) sowie für die Nutzungsänderung zulässigerweise errichteter baulicher Anlagen, auch wenn deren bisherige Nutzung aufgegeben wurde, in Aufnahmeeinrichtungen, Gemeinschaftsunterkünfte oder sonstige Unterkünfte für Flüchtlinge oder Asylbegehrende (Rn. 12), einschließlich einer erforderlichen Erneuerung oder Erweiterung (Nr. 2). Anders als nach Abs. 9 ist **eine räumliche Nähe** zu einem **beplanten Gebiet** oder zum **unbeplanten Innenbereich nicht erforderlich.**

Nach Satz 1 Nr. 1 dürfen **auf längstens drei Jahre** befristet mobile Unterkünfte 41
(zum Begriff s. Rn. 34) im bauplanungsrechtlichen Außenbereich errichtet werden (zur Befristung s. Rn. 33 zu Abs. 12). Wenn sich innerhalb des Befristungszeitraums die Notwendigkeit einer längerfristigen Aufrechterhaltung der Unterbringungsmöglichkeiten ergibt, ist die **Aufstellung eines Bebauungsplans** erforderlich.

Für Vorhaben nach Satz 1 bestimmt Satz 2, dass **§ 35 Abs. 5 Satz 2 Halbsatz 1 und 3** 42
entsprechend gelten. Hiernach ist eine Verpflichtungserklärung vom Vorhabenträger abzugeben, das Vorhaben nach dauerhafter Aufgabe der zulässigen Nutzung zurückzubauen und Bodenversiegelungen zu beseitigen **(Rückbauverpflichtung).** Nach § 35 Abs. 5 Satz 3 soll die Baugenehmigungsbehörde durch nach Landesrecht vorgesehene Baulast oder in anderer Weise die Einhaltung der Verpflichtung nach § 35 Abs. 5 Satz 2 sowie nach § 35 Abs. 4 Satz 1 Nr. 1 lit g sicherstellen (zu den Anforderungen BVerwG Urt. v. 17.10.2012 – 4 C 5.11, NVwZ 2013, 805 (806 f.)). Die Sicherstellung des Rückbaus entfällt nach Abs. 13 Satz 5, wenn Vorhabenträger ein Land oder eine Gemeinde ist. In diesen Fällen kann der Sicherungszweck bereits aufgrund der rechtsstaatlichen Verpflichtung zu rechtskonformem Verhalten, dem alle öffentlich-rechtlichen Gebietskör-

perschaften verpflichtet sind, als erreicht betrachtet werden (so die Begründung zum Regierungsentwurf, vgl. BT-Drs. 18/6185, S. 75). Zurückzubauen sind die nach Abs. 13 veranlassten Baumaßnahmen. Bei mobilen Unterkünften kommt insoweit insbesondere ein Rückbau von Erschließungs- oder sonstigen Infrastrukturmaßnahmen in Frage, wie bspw. Wege oder sonstige Befestigungen.

43 Abs. 13 Satz 1 Nr. 2 ermöglicht **unbefristete Nutzungsänderungen** von baulichen Anlagen im Außenbereich. In den Anwendungsbereich der Vorschrift fallen zulässigerweise im Außenbereich errichtete bauliche Anlagen (s. hierzu § 35 Rn. 141). Selbst wenn die bisherige Nutzung der baulichen Anlage aufgegeben wurde und damit an sich deren Bestandsschutz erloschen ist, so dass eine bloße Nutzungsänderung an sich ausscheidet, gilt Abs. 13 Satz 1 Nr. 2. § 35 Abs. 4 Satz 1 Nr. 1 c findet dabei keine Anwendung. Zudem erstreckt sich die Vorschrift auch auf Maßnahmen der **Erneuerung** und **Erweiterung**, soweit diese für den zukünftigen Nutzungszweck der Flüchtlingsunterbringung erforderlich sind. Eine Grenze ist jedoch dann erreicht, wenn der Umbau der Neuerrichtung eines Vorhabens gleich käme.

44 Für Vorhaben nach Abs. 13 Satz 1 Nr. 2 besteht nach Abs. 13 Satz 3 Halbsatz 1 die Möglichkeit, eine zum **Zeitpunkt der Nutzungsänderung zulässigerweise ausgeübte Nutzung,** im Anschluss an die Flüchtlingsunterbringung wieder aufzunehmen, so dass es einer neuen bauplanungsrechtlichen Zulässigkeitsprüfung nicht bedarf, obgleich es sich dabei wiederum um ein neues Vorhaben iSv § 29 Abs. 1 handelt (hierzu *Battis/Mitschang/Reidt,* NVwZ 2015, 1633 (1635)). Demgegenüber ist es nach § 246 Abs. 13 Satz 3 Halbsatz 2 nicht zulässig, eine andere als die frühere Nutzung aufzunehmen. Soll dies erfolgen, so gelten die allgemeinen Regeln (vgl. Rn. 25).

45 Die **Rückbauverpflichtung nach Abs. 13 Satz 2** (Rn. 47) **entfällt** nach Abs. 13 Satz 4 für Vorhaben nach Abs. 13 Satz 1 Nr. 2, wenn die ursprünglich zulässige Nutzung wieder aufgenommen werden soll (Rn. 44) oder wenn sich die Zulässigkeit der Folgenutzung aus § 30 Abs. 1 oder Abs. 2 oder aus § 33 ergibt. Dies gilt kraft Gesetzes und daher unabhängig davon, ob in einer Nebenbestimmung zur Baugenehmigung oder etwa auch in einem städtebaulichen Vertrag Abweichendes geregelt ist (*Battis/Mitschang/Reidt* NVwZ 2015, 1633 (1635)).

46 **g) Sonderregelung für dringend benötigte Unterkünfte (Abs. 14).** Abs. 14 enthält eine **§ 37 nachgebildete Sonderregelung.** Sie verdrängt, soweit es um dringend benötigte Unterbringungsmöglichkeiten (Rn. 12) für Flüchtlinge oder Asylbegehrende geht, nach Abs. 14 Satz 9 Halbsatz 2 bis zum 31.12.2019 § 37 (vgl. Rn. 60 f.). Nach diesem Zeitpunkt findet dann das allgemeine Städtebaurecht einschließlich § 37 wieder Anwendung. Die Besonderheit von Abs. 14 besteht darin, dass sich die Vorschrift **generell auf Vorhaben zur Flüchtlingsunterbringung** bezieht und nicht nur auf Anlagen des Bundes oder eines Landes. Erfasst werden daher Vorhaben der Länder, der Landkreise, der Gemeinden sowie sonstiger öffentlicher und privater Träger. Der Anwendungsbereich erfasst dabei sämtliche Vorhaben iS von § 29 Abs. 1, also die Neuerrichtung, die Änderung und die Nutzungsänderung von baulichen Anlagen. Unerheblich ist, welcher Zulassungstatbestand nach den §§ 30 ff. maßgeblich ist.

47 Abs. 14 kommt zur Anwendung, wenn die Unterbringungseinrichtung nicht ohnehin nach den geltenden bauplanungsrechtlichen Vorschriften zulässig ist und auch die Abs. 8 bis 13 nicht ausreichen, um eine Zulässigkeit herbeizuführen. Erfasst werden **alle bauplanungsrechtlichen Anforderungen,** insbesondere Art und Maß der baulichen Nutzung, nicht jedoch die sonstigen genehmigungsrelevanten Anforderungen etwa des Naturschutz-, Wasser- oder Bauordnungsrechts, die selbst entsprechende Ausnahme- oder Befreiungsmöglichkeiten enthalten und die daher ggf. erfüllt werden müssen. Schon aus dem Sinn und Zweck, dass es sich um ansonsten nicht oder nicht rechtzeitig bereitgestellte Unterbringungsmöglichkeiten handeln muss, ergibt sich im Verhältnis zu den Abs. 8 bis 13, dass Abs. 14 auch diesbezügliche Zweifelsfälle einschließt, also nicht erst in einem gerichtlichen Verfahren geklärt wer-

II. Teil. Schlussvorschriften **§ 246**

den muss, ob es der Regelung in Abs. 14 tatsächlich bedarf (vgl. BT-Drs. 18/6185, S. 75; *Battis/Mitschang/Reidt* NVwZ 2015, 1633 (1637)).

Betrachtungsgebiet ist bei Abs. 14 allein die **Gemeinde,** in der die Flüchtlings- 48 einrichtungen entstehen soll (*Blechschmidt* in EZBK § 246 Rn. 99). Dies gilt auch dann, wenn die Gemeinde nicht selbst Träger des Vorhabens ist. Eine besondere Ortsgebundenheit der Flüchtlingseinrichtung an die betreffende Gemeinde ist nicht erforderlich. Vielmehr sollen insbesondere auch Einrichtungen des Landes einer sinnvollen landesweiten Verteilung zugänglich sein (vgl. BT-Drs. 18/6185, S. 75 f.; *Battis/ Mitschang/Reidt* NVwZ 2015, 1633 (1637)).

Nach Satz 1 darf von Abs. 14 nur **in erforderlichem Umfang** Gebrauch gemacht 49 werden, so dass es wie bei der Erforderlichkeitsprüfung nach § 37 Abs. 1 einer Klärung bedarf, ob die vorgesehene Unterbringungseinrichtung an der dafür vorgesehenen Stelle im Gemeindegebiet unter Abweichung von dem ansonsten geltenden Bauplanungsrecht vernünftigerweise zur Deckung des Unterbringungsbedarfs geboten ist. Dies schließt auch die Prüfung nachbarlicher Interessen ein (vgl. BVerwG Urt. v. 14. 2. 1991 – 4 C 20.88, BVerwGE 88, 35; dass. Beschl. v. 4. 7. 1991 – 4 B 106.91, NVwZ 1992, 479 (479) sowie BT-Drs. 18/6185, S. 76; s. zum Immissionsschutz auch Rn. 37). Ein behördlicher Ermessensspielraum besteht dabei nicht. Zur Bejahung der Erforderlichkeit sind die widerstreitenden Belange von der höheren Verwaltungsbehörde zu gewichten und einander gegenüberzustellen (vgl. BVerwG Urt. v. 14. 2. 1991 – 4 C 20.88, NVwZ 1992, 477 (479)). Je gewichtiger die gegen die Abweichung vom ansonsten geltenden Planungsrecht sprechenden Gesichtspunkte sind, desto höher sind auch die Anforderungen, die es der Behörde erlauben, von den geltenden Vorschriften des BauGB und der auf seiner Grundlage erlassenen Vorschriften abzuweichen (vgl. § 37 Rn. 4). Zur **Dokumentation der getroffenen Entscheidung** bietet es sich, wie bei § 37 Abs. 1, eine tabellarische oder verbal-argumentative Dokumentation der für und gegen das Vorhaben sprechenden Argumente an.

Wie bei § 37 Satz 1 regelt auch § 246 Abs. 14 Satz 2 nur die **Zuständigkeit der** 50 **höheren Verwaltungsbehörde.** Welche Behörde dies ist, richtet sich ebenso wie das einzuhaltende Verfahren nach Landesrecht. Soweit keine besonderen bauordnungsrechtlichen Verfahrensbestimmungen eingreifen (zB ein teilweiser oder vollständiger Verzicht auf ein Genehmigungsverfahren oder dessen Ersetzung durch ein Zustimmungsverfahren, vgl. etwa § 80 BauO NRW, Art. 83 BayBO, § 77 SächsBO), wird in der Regel ein Baugenehmigungsverfahren durchzuführen sein, in dessen Rahmen die Baugenehmigungsbehörde allerdings an die Entscheidung der höheren Verwaltungsbehörde nach Abs. 14 in Bezug auf die bauplanungsrechtlichen Genehmigungsanforderungen gebunden ist.

Bei der von der höheren Verwaltungsbehörde zu treffenden Entscheidung, ist die 51 **Gemeinde anzuhören** (Abs. 14 Satz 3 Halbsatz 1). Ebenso wie in § 37 Abs. 2 Satz 2 bedarf es hingegen nicht des nach § 36 oder § 14 Abs. 2 Satz 2 ansonsten erforderlichen Einvernehmens der Gemeinde. Gerade in Bezug auf § 14 Abs. 2 Satz 2 kann erhebliche praktische Bedeutung haben, wenn eine Gemeinde versucht, mittels einer Verhinderungsplanung ein unter Abs. 14 fallendes Landesvorhaben abzuwehren.

Einer Anhörung bedarf es nach Abs. 14 Satz 4 nicht, wenn Vorhabenträger die **Ge-** 52 **meinde oder in deren Auftrag ein Dritter ist.** Dem liegt die zutreffende Annahme zugrunde, dass es keiner mit entsprechendem Zeitaufwand verbundenen Anhörung der Gemeinde bedarf, wenn diese selbst Trägerin des Vorhabens ist, da sich bereits daraus ergibt, dass sie mit diesem auch einverstanden ist. Entsprechendes gilt, wenn ein Dritter im Auftrag der Gemeinde tätig ist. Der Begriff Auftrag ist dabei eher untechnisch zu verstehen. Gemeint sind sämtliche Ausgestaltungen, in denen die Gemeinde und nicht der Dritte hinsichtlich Art, Umfang und Lage des Vorhabens den bestimmenden Einfluss hat (*Battis/Mitschang/Reidt* NVwZ 2015, 1633 (1638)).

Die Sätze 5 bis 9 entsprechen im Wesentlichen Abs. 13 Satz 2 bis 5 (vgl. Rn. 42 ff.). 53 Nicht ausdrücklich geregelt ist, ob Abs. 14 Satz 8 im Hinblick auf die Entbehrlichkeit

§ 246 IV. Kapitel. II. Teil. Schlussvorschriften

einer **Rückbauverpflichtung** auch dann gilt, wenn Vorhabenträger nicht die Gemeinde, sondern ein in ihrem Auftrag tätiger Dritter ist. Kann die Gemeinde selbst den **Rückbau** gewährleisten (zB durch Anweisungsrechte gegenüber dem Dritten), ist eine Sicherung des Rückbaus wie bei einer eigenen Durchführung des Vorhabens durch die Gemeinde entbehrlich. Ist dies hingegen nicht der Fall, kann auf die Anwendung von Abs. 14 Satz 5 nicht verzichtet werden.

54 Satz 9 Halbsatz 1 sieht eine **entsprechende Anwendung des § 37 Abs. 3** (§ 37 Rn. 10) für den Fall vor, dass ein Land oder in dessen Auftrag ein Dritter Vorhabenträger ist. § 37 Abs. 3 regelt **Kostenerstattungsansprüche der Gemeinde** für Entschädigungsleistungen oder Planungskosten, die die Gemeinde treffen. Da die Gemeinde keine Entschädigungsansprüche gegen sich selbst haben kann, gilt die Vorschrift nicht, wenn die Gemeinde selbst oder ein in ihrem Auftrag handelnder Dritter Träger des Vorhabens ist. Unter die im Auftrag eines Landes tätigen Dritten wird man alle diejenigen Einrichtungen fassen müssen, die nicht im Auftrag der Gemeinde tätig sind (in Abhängigkeit von den Zuständigkeitsregelungen der Länder, also zB die Landkreise).

55 **h) Einvernehmenserteilung bei Flüchtlingseinrichtungen (Abs. 15).** Nach Abs. 15 gilt abweichend von § 36 Abs. 2 Satz 2 das Einvernehmen als erteilt, wenn es nicht innerhalb eines Monats verweigert wird. Ziel dieser Regelung ist die **Verfahrensbeschleunigung.** Erfasst werden auch die Baugenehmigungen, die vor dem 31.12.2019 erteilt werden und der Unterbringung von Flüchtlingen oder Asylbegehrenden (Rn. 12) dienen, auch wenn dabei von den Sonderregelungen der Abs. 8 bis 14 kein Gebrauch gemacht wird.

56 Abgesehen von der auf einen Monat verkürzten Frist für die Einvernehmenserteilung bleiben die sonstigen dafür bestehenden Anforderungen unverändert. Dies gilt insbesondere für den **Beginn** der Frist (§ 36 Rn. 22) und **Ersetzungsmöglichkeit** (§ 36 Rn. 14 ff.).

57 **i) Entsprechende Geltung von § 18 Abs. 3 Satz 2 BNatSchG bei Außenbereichsvorhaben (Abs. 16).** Nach Abs. 16 gilt bei Vorhaben nach den Abs. 9 (Rn. 17 ff.) und 13 (Rn. 40 ff.) die Bestimmung in § 18 Abs. 3 Satz 2 BNatSchG entsprechend. Diese Vorschrift regelt das **Verfahren zur Beteiligung der für Naturschutz und Landschaftspflege zuständigen Behörden** im Rahmen des Genehmigungsverfahrens bei der Zulassung von Einzelvorhaben. Nach § 18 Abs. 3 Satz 1 BNatSchG ergehen Entscheidungen über privilegierte Vorhaben nach § 35 Abs. 1 und über teilprivilegierte Vorhaben nach § 35 Abs. 4 sowie solche über die Errichtung von Vorhaben nach § 34 im Benehmen mit den für Naturschutz und Landschaftspflege zuständigen Behörden. Soweit sich in den Fällen des § 34 die für Naturschutz und Landschaftspflege zuständige Behörde nicht **binnen eines Monats** zu dem Vorhaben äußert, kann die für die Entscheidung zuständige Behörde davon ausgehen, dass Belange des Naturschutzes und der Landschaftspflege von dem Vorhaben nicht berührt werden (§ 18 Abs. 3 Satz 2 BNatSchG).

58 Die Erstreckung dieser Regelung auf Vorhaben nach Abs. 9 und 13 dient der Verfahrensbeschleunigung. Am gleichwohl bestehenden Ausgleichserfordernis auf der Grundlage von § 18 Abs. 1 BNatSchG ändert sich allerdings – anders als bei Innenbereichsvorhaben – nichts.

59 Dies kann durchaus erhebliche Probleme aufwerfen, da gerade Außenbereichsvorhaben, bei denen die naturschutzrechtliche Eingriffsregelung einen Vollausgleich der durch das Vorhaben verursachten Eingriffe in Natur und Landschaft erfordert, innerhalb **eines Monats,** eine (qualifizierte) und für die Genehmigungsentscheidung entsprechend verwertbare Stellungnahme der für Naturschutz und Landschaftspflege zuständigen Behörden häufig kaum zu erreichen sein wird.

60 **j) Klarstellung zur gesetzlichen Befristung (Abs. 17).** Sämtliche Neuregelungen zur Flüchtlingsunterbringung sind befristet anwendbar bis zum 31.12.2019. Die Be-

II. Teil. Schlussvorschriften § 247

fristung bezieht sich dabei auf den Zeitraum, bis zum dem das behördliche Zulassungsverfahrens durch Erteilung der notwendigen baurechtlichen Genehmigung abgeschlossen sein muss, nicht hingegen auf die Dauer der Zulassung selbst. Abs. 17 stellt dies klar (vgl. BT-Drs. 18/6185, S. 76; *Scheidler* UPR 2015, 1414 (1423); s. aber auch VGH Mannheim Beschl. v. 11.3.2015 – 8 S 492.15, juris. Rn. 21 ff., der von der Neuregelung in Abs. 17 in Bezug auf eine Befreiung nach Abs. 10 – die offen gelassene – Frage aufwarf, ob auch die Befreiung nur befristet zu erteilen ist). Die zuständige Behörde kann also **bis zum Ablauf der Frist** Genehmigungen bzw. Befreiungen erteilen. Erst danach ist eine Anwendung ausgeschlossen. Auf der Grundlage von Abs. 8 bis 14 erteilte **Genehmigungen bleiben sodann auch über den 31.12.2019 hinaus wirksam.**

Demgegenüber enthalten Abs. 12 Satz 1 und 13 Satz 1 Nr. 1 außer Befristungen der Befugnis zur Zulassung weitergehend auch Befristungen der zuzulassenden Nutzungen für einen Zeitraum von längstens bis zu drei Jahren (s. Rn. 33 und 41). 61

§ 246a Überschwemmungsgebiete, überschwemmungsgefährdete Gebiete

Anlässlich der Neubekanntmachung eines Flächennutzungsplans nach § 6 Abs. 6 sollen die in § 5 Abs. 4a bezeichneten Gebiete nach Maßgabe dieser Bestimmung nachrichtlich übernommen und vermerkt werden.

Mit dem Gesetz zur Verbesserung des vorbeugenden Hochwasserschutzes vom 3.5.2005 (BGBl. I S. 1224) wurde in § 5 Abs. 4a festgelegt, dass Überschwemmungsgebiete und überschwemmungsgefährdete Gebiete nachrichtlich übernommen oder vermerkt werden sollen. Durch das Gesetz zur Neuregelung des Wasserrechts vom 31.7.2009 (BGBl. I S. 2585 (2617)) wurde § 5 Abs. 4a in der Neuordnung des WHG angepasst. Seither sollen gemäß § 5 Abs. 4a. S. 1 festgesetzte Überschwemmungsgebiete iSv § 76 Abs. 2 WHG nachrichtlich in den Flächennutzungsplan übernommen werden. Noch nicht festgesetzte Überschwemmungsgebiete iSv § 76 Abs. 3 WHG sowie als Risikogebiete iSv § 73 Abs. 1 S. 1 WHG festgesetzte Gebiete sollen gemäß § 5 Abs. 4a S. 2 im Flächennutzungsplan vermerkt werden. Bislang nicht an die neuen Begriffe des WHG angepasst worden ist die Überschrift des § 246a. 1

Mit dem ebenfalls durch das Gesetz zur Verbesserung des vorbeugenden Hochwasserschutzes eingefügten § 246a soll erreicht werden, dass die Flächennutzungspläne möglichst bald einen **Gesamtüberblick über die hochwasserschutzrechtlich relevanten Gebiete** enthalten. Eine Pflicht zur Neubekanntmachung wird hierdurch allerdings nicht begründet. Wird jedoch der Flächennutzungsplan neu bekanntgemacht, ist kaum ein Argument ersichtlich, von der nachrichtlichen Übernahme oder von Vermerken zu Überschwemmungs- oder Risikogebieten abzusehen. Auch ohne entsprechenden Gesetzesbefehl, wie ihn der Bundesrat gerne gesehen hätte (vgl. BT-Drs. 15/3168, 20), besteht hier im praktischen Ergebnis eine **Handlungspflicht** der Gemeinden. 2

§ 247 Sonderregelungen für Berlin als Hauptstadt der Bundesrepublik Deutschland

(1) Bei der Aufstellung von Bauleitplänen und sonstigen Satzungen nach diesem Gesetzbuch soll in der Abwägung den Belangen, die sich aus der Entwicklung Berlins als Hauptstadt Deutschlands ergeben, und den Erfordernissen der Verfassungsorgane des Bundes für die Wahrnehmung ihrer Aufgabe besonders Rechnung getragen werden.

(2) Die Belange und Erfordernisse nach Absatz 1 werden zwischen Bund und Berlin in einem Gemeinsamen Ausschuss erörtert.

§ 247 IV. Kapitel. II. Teil. Schlussvorschriften

(3) ¹Kommt es in dem Ausschuss zu keiner Übereinstimmung, können die Verfassungsorgane des Bundes ihre Erfordernisse eigenständig feststellen; sie haben dabei eine geordnete städtebauliche Entwicklung Berlins zu berücksichtigen. ²Die Bauleitpläne und sonstigen Satzungen nach diesem Gesetzbuch sind so anzupassen, dass den festgestellten Erfordernissen in geeigneter Weise Rechnung getragen wird.

(4) Haben die Verfassungsorgane des Bundes Erfordernisse nach Absatz 3 Satz 1 festgestellt und ist zu deren Verwirklichung die Aufstellung eines Bauleitplans oder einer sonstigen Satzung nach diesem Gesetzbuch geboten, soll der Bauleitplan oder die Satzung aufgestellt werden.

(5) (weggefallen)

(6) (weggefallen)

(7) Die Entwicklung der Parlaments- und Regierungsbereiche in Berlin entspricht den Zielen und Zwecken einer städtebaulichen Entwicklungsmaßnahme nach § 165 Abs. 2.

(8) ¹Ist im Rahmen von Genehmigungs-, Zustimmungs- oder sonstigen Verfahren für Vorhaben der Verfassungsorgane des Bundes Ermessen auszuüben oder sind Abwägungen oder Beurteilungen vorzunehmen, sind die von den Verfassungsorganen des Bundes entsprechend Absatz 3 festgestellten Erfordernisse mit dem ihnen nach dem Grundgesetz zukommenden Gewicht zu berücksichtigen. ²Absatz 2 ist entsprechend anzuwenden.

Übersicht

	Rn.
1. Allgemeines	1
2. Hauptstadtbedingte Belange (Abs. 1 Hs. 1)	4
3. Belange der Verfassungsorgane (Abs. 1 Hs. 2)	5
4. Gemeinsamer Ausschuss (Abs. 2)	8
5. Konfliktlösung (Abs. 3 und 4)	9
6. Vorhaben der Verfassungsorgane (Abs. 8)	12
7. Städtebauliche Entwicklungsmaßnahme (Abs. 7)	13

1 1. **Allgemeines.** Durch den Beschluss des Deutschen Bundestages zum Parlaments- und Regierungssitz vom 20.6.1991 (BT-Drs. 12/815) sind in **Berlin als Hauptstadt der Bundesrepublik Deutschland** umfangreiche hauptstadtbedingte städtebauliche Planungen und bauliche Vorhaben für Verfassungsorgane des Bundes und oberster Bundesbehörden durchzuführen. § 247 enthält Regelungen über eine Beschleunigung der hauptstadtbedingten Bauleitplanung sowie Bestimmungen über die erleichterte Verwirklichung der hauptstadtbedingten Planungen und Maßnahmen. Die zentralen Regelungen in Abs. 1–4 sowie Abs. 8 betreffen die Berücksichtigung der Erfordernisse der Verfassungsorgane des Bundes bei der Bauleitplanung und bei Bauvorhaben.

2 Die **Bundesrepublik Deutschland und das Land Berlin** haben dazu am 25.8.1992 einen „Vertrag über die Zusammenarbeit der Bundesregierung und des Senats von Berlin zum Ausbau Berlins als Hauptstadt der Bundesrepublik Deutschland und zur Erfüllung seiner Funktion als Sitz des Deutschen Bundestages und der Bundesregierung" geschlossen (vgl. BR-Drs. 6/93, 15 ff.). Darin wurde die Einfügung einer § 247 entsprechenden Regelung vereinbart; parallel wurden im Land Berlin vor allem Zuständigkeitsänderungen in dem Bereich des Bau-, Verkehrs- und Ordnungsrechts vorgenommen (hierzu im Einzelnen *Krautzberger* in EZBK § 247 Rn. 3 und Anh. 4).

3 § 247 will die **besonderen verfassungsrechtlichen Gegebenheiten** im Verhältnis von Bauleitplanung und den Erfordernissen der Verfassungsorgane positiv-rechtlich klarstellen. Die Regelung enthält hierzu ein „Konsensmodell" und ein „Kon-

II. Teil. Schlussvorschriften § 247

fliktlösungsmodell", das sowohl den Belangen Berlins als Stadt und Land als auch den Erfordernissen der Verfassungsorgane des Bundes für die Wahrnehmung ihrer Aufgaben Rechnung tragen soll. Die Regelung zielt darauf ab, denkbare Interessengegensätze durch verbindliche Festlegungen von Rechten, Pflichten und Erörterungen lösen zu helfen. Das Konsensmodell des § 247 wollte andere verfassungsrechtlich mögliche Lösungen (zB durch eine Fortentwicklung des § 37) vermeiden. Die Regelung will die Interessen des Landes **Berlin als Stadtstaat** mit den ihm aus Art. 83 sowie Art. 28 Abs. 2 S. 1 GG obliegenden Rechten in Ausgleich bringen mit den **Aufgaben der Verfassungsorgane** des Bundes. Diesen sind nach dem Grundgesetz bestimmte Aufgaben zugewiesen, aus denen sich je nach den örtlichen Gegebenheiten und Standortentscheidungen konkrete Anforderungen an die Bauleitplanung und an Entscheidungen für Bauvorhaben ergeben können. Aus der Wahrnehmung dieser Aufgaben können zB konkrete Anforderungen an die Bauleitplanung für den Bereich des Sitzes des Deutschen Bundestages und an die für die baulichen Vorhaben des Deutschen Bundestages erforderlichen Zustimmungen oder Baugenehmigungen erfolgen. Vergleichbares gilt – soweit sie ihren Sitz in Berlin haben bzw. nehmen – für die übrigen Verfassungsorgane des Bundes, insbesondere für die Bundesregierung als das für die Wahrnehmung der politischen Leitungsaufgaben zuständige Kollektivorgan einschließlich der Bundesministerien. Das Konsensmodell belässt es bei den gegebenen Zuständigkeiten und enthält vor allem ein Verfahren zur Herstellung des erforderlichen Konsenses zwischen Bund und Berlin sowie zur Konfliktlösung.

2. Hauptstadtbedingte Belange (Abs. 1 Hs. 1). Gem. **Abs. 1** soll den **hauptstadtbedingten Belangen** in der Berliner Bauleitplanung besonders Rechnung getragen werden. Diese Belange erhalten damit ein besonderes Gewicht, ohne dass ihnen gegenüber anderen Belangen grundsätzlich Vorrang zukommt (vgl. *Hoppe* DVBl. 1993, 573 (576): relative Vorrangregelung). Die Regelung enthält insoweit eine gesetzliche Verdeutlichung dessen, was sich in der konkreten Situation Berlins als Hauptstadt der Bundesrepublik Deutschland bei sachgerechter Anwendung des § 1 Abs. 5–6, nämlich der Gewichtung dieser besonderen Staatsfunktionen, ohnehin ergäbe. Die Regelung stellt vor allem sicher, dass in der Abwägung bei jedem Berliner Bauleitplan, auch soweit er nicht unmittelbar oder mittelbar Vorhaben von Verfassungsorganen des Bundes zum Gegenstand hat, eine besondere Auseinandersetzung mit den Auswirkungen der Planung auf die Entwicklung Berlins als Hauptstadt erfolgt. Hauptstadtbedingte Belange können sich zB aus der Unterbringung von Botschaften und Residenzen ausländischer Staaten, von internationalen Organisationen, von Vertretungen der Länder beim Bund, von Spitzenverbänden, aber auch aus dem Wohnraumbedarf der Bundesbediensteten und der Bediensteten der sonstigen vorgenannten Einrichtungen ergeben. 4

3. Belange der Verfassungsorgane (Abs. 1 Hs. 2). Abs. 1 bestimmt weiterhin, dass in der Berliner Bauleitplanung den **Erfordernissen der Verfassungsorgane** besonders Rechnung zu tragen ist. Die Bestimmung soll bauplanungsrechtlich absichern, dass die Verfassungsorgane des Bundes ihren verfassungsmäßigen Aufgaben in der Hauptstadt nachkommen können. Solche Erfordernisse für die Erlangung und Sicherstellung der Funktionsfähigkeit der Verfassungsorgane können **zB** sein der Raumbedarf, die räumliche Zuordnung und verkehrliche Anbindung möglicher Standorte, der Kontakt zu den Medien sowie Sicherheitsbelange. Auch die Fußläufigkeit der räumlichen Unterbringung des Deutschen Bundestages gehört zu den Erfordernissen, durch die Funktionsfähigkeit der parlamentarischen Arbeit ermöglicht wird. 5

Neben dem Deutschen Bundestag kommen als **Verfassungsorgane** des Bundes mit besonderen Erfordernissen insbesondere in Betracht: der Bundespräsident, die Bundesregierung als Kollektivorgan einschließlich der obersten Bundesbehörden (also vor allem der Bundesministerien; *Hoppe* DVBl. 1993, 573 (579)) und der Bundesrat. 6

§ 247 — IV. Kapitel. II. Teil. Schlussvorschriften

7 Abs. 1 richtet sich auch insoweit an die bauplanungsrechtliche Abwägung gem. § 1 Abs. 7. Die Erfordernisse der Verfassungsorgane erhalten jedoch – anders als die hauptstadtbedingten Belange (→ Rn. 4) – nur Bedeutung für die Bauleitpläne und sonstigen städtebaulichen Satzungen, in deren Geltungsbereich oder in dessen Nachbarschaft die Verfassungsorgane des Bundes räumlich untergebracht werden sollen oder die in einem vergleichbar notwendigen Zusammenhang mit der Wahrnehmung der Aufgaben der Verfassungsorgane stehen (vgl. auch OVG Berlin Beschl. v. 22.10.1996 – 2 A 7/96, BRS 58 Nr. 53, Ls. 1: „Bei der Abwägung im Rahmen eines vorläufigen Rechtsschutzantrags gem. § 47 Abs. 8 VwGO im Normenkontrollverfahren kommt den Belangen, die sich aus der Entwicklung Berlins als Hauptstadt Deutschlands iS des Abs. 1 ergeben, ein eigenständiges Gewicht zu, dem in besonderem Maße Rechnung zu tragen ist.").

8 **4. Gemeinsamer Ausschuss (Abs. 2). Abs. 2** enthält ein verfahrensrechtliches Modell zur Feststellung dessen, was im konkreten Fall unter „hauptstadtbedingten Belangen Berlins" sowie den „Erfordernissen der Verfassungsorgane des Bundes" zu verstehen ist. Die Bestimmung geht davon aus, dass beide Gesichtspunkte zusamenhängen. Insbesondere aus dem Grundsatz des **bundesfreundlichen Verhaltens** ergibt sich, dass Bund und Berlin hierbei um gegenseitige Rücksichtnahme und Konsens bemüht sein sollen. Abs. 2 sieht dafür die Bildung eines **„Gemeinsamen Ausschusses"** vor. Über dessen Bildung haben sich die Bundesregierung und der Senat von Berlin in dem vertraglich (→ Rn. 2) verständigt. Die Aufgabe des Gemeinsamen Ausschusses besteht darin, die hauptstadtbedingten Belange und Erfordernisse der Verfassungsorgane in Einklang mit den übrigen städtebaulichen Zielen Berlins zu bringen. Den Beschlüssen kommt dabei keine rechtliche Bindungswirkung für die Bauleitplanung zu. Vielmehr sollen sie die gegenseitige Unterrichtung und die Erörterung von Planungsabsichten mit dem Ziel der Abstimmung ermöglichen.

9 **5. Konfliktlösung (Abs. 3 und 4). Abs. 3 und 4** enthalten Regelungen für die Fälle, in denen es im Gemeinsamen Ausschuss zu keiner Übereinstimmung zwischen dem Bund und dem Land Berlin darüber kommt, wie den Erfordernissen der Verfassungsorgane des Bundes besonders Rechnung getragen werden kann. **Abs. 3 S. 1** bestimmt hierzu, dass in diesem Fall die **Verfassungsorgane des Bundes** ihre **Erfordernisse eigenständig feststellen** können. Sie haben dabei die **geordnete städtebauliche Entwicklung Berlins** zu berücksichtigen. Diese Regelung trägt dem Umstand Rechnung, dass letztlich nur die Verfassungsorgane selbst legitimiert sind, diejenigen Anforderungen an die Bauleitplanung zu bestimmen, die zur Erfüllung der ihnen durch das Grundgesetz zugewiesenen Aufgaben erforderlich sind. Die Regelung lehnt sich damit auch an das „Kirchenprivileg" des § 1 Abs. 6 Nr. 6 an, geht aber darüber hinaus (→ Rn. 10). Bei der Feststellung ihrer Erfordernisse sind die Verfassungsorgane an die ihnen verfassungsrechtlich vorgegebenen Aufgabenzuweisungen und die gesetzlichen Bestimmungen gebunden. Hierbei dürfen sie die Erfordernisse nicht losgelöst vom Kontext der städtebaulichen Entwicklung festlegen. Die Feststellungsbefugnis bezieht sich zudem nur auf die „Erfordernisse" der Verfassungsorgane des Bundes für die Wahrnehmung ihrer Aufgaben, nicht aber auf die („sonstigen") hauptstadtbedingten „Belange" iS des Abs. 1.

10 **Abs. 3 S. 2** bestimmt, wie die von den Verfassungsorganen gem. Abs. 3 S. 1 festgestellten Erfordernisse in die Bauleitplanung sowie in sonstige städtebauliche Satzungen umgesetzt werden. Die Vorschrift übernimmt das Modell der Anpassung der Bauleitplanung nach **§ 1 Abs. 4** an die Vorgaben der Ziele der Raumordnung. Sie begründet eine Planungspflicht (*Hoppe* DVBl. 1993, 573 (581)). Die von den Verfassungsorganen festgestellten Erfordernisse dürfen daher bei der im Rahmen der Berliner Bauleitplanung vorzunehmenden Abwägung der anderen öffentlichen und der privaten Belange als solche nicht infrage gestellt werden. Im Rahmen der Abwägung verbleibt ein planerischer Gestaltungsspielraum dahingehend, den festgestellten Er-

II. Teil. Schlussvorschriften § 248

fordernissen „in geeigneter Weise" Rechnung zu tragen. Es liegt daher in der Verantwortung der Berliner Bauleitplanung, die Erfordernisse der Bundesverfassungsorgane mit den sonstigen öffentlichen und privaten Belangen in Einklang zu bringen. Die „festgestellten Erfordernisse" selbst sind jedoch der Abwägungsentscheidung vorgegeben, dh ihr entzogen.

Haben die Verfassungsorgane des Bundes Verfassungserfordernisse iS des Abs. 3 S. 1 festgestellt, ergibt sich die **Verpflichtung Berlins** zur Umsetzung in der Bauleitplanung oder in sonstigen städtebaulichen Satzungen **(Abs. 4)**. Das Gesetz räumt damit den Verfassungsorganen des Bundes einen **Anspruch** gegenüber dem Land Berlin ein. Die Vorschrift bezieht sich nur auf die Erfordernisse der Verfassungsorgane des Bundes, nicht aber auf sonstige hauptstadtbedingte Belange iS des Abs. 1. **11**

6. Vorhaben der Verfassungsorgane (Abs. 8). Entsprechend den Regelungen zur Bauleitplanung (vor allem Abs. 3) enthält **Abs. 8** eine Bestimmung über die Berücksichtigung der Erfordernisse der Verfassungsorgane bei konkreten **Genehmigungs- und Zustimmungsverfahren** oder **sonstigen Verfahren** für **Bauvorhaben der Verfassungsorgane** des Bundes. Nach **Abs. 8 S. 1** gilt auch hier, dass festgestellte Erfordernisse der Verfassungsorgane hinsichtlich der Erfüllung ihrer Aufgaben bei der Ermessensausübung, Beurteilung oder Abwägung mit dem ihnen nach dem Grundgesetz zukommenden besonderen Gewicht berücksichtigt werden müssen. Bei der Anwendung dieser Regelung ist zu berücksichtigen, dass auch die Verfassungsorgane des Bundes bei der Feststellung ihrer Erfordernisse die gesetzlich vorgegebenen Ermessensgrenzen zu beachten haben. Die Regelung stellt damit insbesondere nicht die Anwendung der bundes- oder landesrechtlichen Bestimmungen für Bauvorhaben der Verfassungsorgane infrage; sie bezieht sich vielmehr auf die Anwendung landesrechtlicher Ermessensvorschriften. **Abs. 8 S. 2** bestimmt, dass der Feststellung der Erfordernisse über die Bauleitplanung ein Erörterungsverfahren im Gemeinsamen Ausschuss vorauszugehen hat. **12**

7. Städtebauliche Entwicklungsmaßnahme (Abs. 7). Abs. 7 enthält iS einer Legalfiktion eine Klarstellung der gesetzlichen Voraussetzungen für eine **städtebauliche Entwicklungsmaßnahme**. Danach entspricht die Entwicklung eines Parlaments- und Regierungsbereiches den Zielen einer städtebaulichen Entwicklungsmaßnahme nach § 165 Abs. 2; auch in der früheren Bundeshauptstadt Bonn wurde für den Zentralbereich des Parlaments- und Regierungsviertels eine Entwicklungsmaßnahme (noch nach StBauFG) eingeleitet (zu Entwicklungsmaßnahmen, die „aus Anlass" der Veränderungen Berlins im Zuge der Wiedervereinigung und aufgrund der Hauptstadtfunktion sowie des Parlaments- und Regierungsumzugs eingeleitet wurden, s. OVG Berlin Urt. v. 13.7.2000 – 2 A 5/95, ZfBR 2000, 566). **13**

§ 248 Sonderregelung zur sparsamen und effizienten Nutzung von Energie

¹In Gebieten mit Bebauungsplänen oder Satzungen nach § 34 Absatz 4 Satz 1 Nummer 2 oder 3 sind bei Maßnahmen an bestehenden Gebäuden zum Zwecke der Energieeinsparung geringfügige Abweichungen von dem festgesetzten Maß der baulichen Nutzung, der Bauweise und der überbaubaren Grundstücksfläche zulässig, soweit dies mit nachbarlichen Interessen und baukulturellen Belangen vereinbar ist. ²Satz 1 gilt entsprechend für Anlagen zur Nutzung solarer Strahlungsenergie in, an und auf Dach- und Außenwandflächen. ³In den im Zusammenhang bebauten Ortsteilen gelten die Sätze 1 und 2 entsprechend für Abweichungen vom Erfordernis des Einfügens in die Eigenart der näheren Umgebung (§ 34 Absatz 1 Satz 1).

§ 248 IV. Kapitel. II. Teil. Schlussvorschriften

Übersicht

	Rn.
I. Allgemeines	1
II. Geringfügige Abweichungen zum Zwecke der Energieeinsparung	3
1. Anwendungsbereich	3
a) Begünstigte Gebiete	3
b) Bestehende Gebäude	5
2. Zweckbegrenzung der Abweichung	8
3. Geringfügige Abweichungen	10
4. Vereinbarkeit mit nachbarlichen Interessen und baukulturellen Belangen	12
III. Anlagen zur Nutzung solarer Strahlungsenergie	15
IV. Verhältnis zum sonstigen Recht	17
V. Verfahrens- und Rechtsschutzfragen	19

I. Allgemeines

1 § 248 wurde mit der **Klimaschutznovelle 2011** (Einleitung Rn. 61) neu in das BauGB eingefügt. Er zielt in beplanten Gebieten (§ 30) und im Innenbereich (§ 34) darauf ab, nachträgliche Maßnahmen an bestehenden Gebäuden zum Zwecke der Energieeinsparung (Satz 1) sowie zur Nutzung solarer Strahlungsenergie (Satz 2) auch dann zu ermöglichen, wenn sie im Hinblick auf das Maß der baulichen Nutzung, die Bauweise und die überbaubare Grundstücksfläche nicht zulässig wären. Die entsprechenden bauplanungsrechtlichen Zulässigkeitstatbestände werden also erweitert, **ohne** dass es dafür einer **Ausnahme oder Befreiung iSv § 31** bedürfte. Diese Möglichkeiten bestehen neben § 248 weiterhin. Ihnen kommt Bedeutung in den Fällen zu, in denen eine Maßnahme zur Energieeinsparung oder für solare Strahlungsenergie nicht von § 248 umfasst ist. Allerdings stehen Entscheidungen nach § 31 im Ermessen der zuständigen Bauaufsichtsbehörde (→ § 31 Rn. 20 zur Ausnahme, Rn. 43 zur Befreiung). Insbesondere eine Befreiung dürfte dabei in der Regel ausscheiden, wenn die geplante Maßnahme nicht mit nachbarlichen Interessen und baukulturellen Belangen (→ Rn. 12 ff.) vereinbar ist.

2 Hintergrund von § 248 ist, dass Bestandsgebäude vielfach die in Satz 1 genannten bauplanungsrechtlichen Anforderungen vollständig ausgeschöpft haben. Folge ist, dass zusätzliche Maßnahmen insbesondere der Wärmedämmung oder die Anbringung von Solaranlagen nicht mehr möglich sind, da es für die bauplanungsrechtliche Bewertung auf die Außenmaße von Gebäuden (→ Rn. 5) ankommt. Eine Flexibilisierung der Baunutzungsverordnung hätte daran für beplante Gebiete nichts geändert, da ihre Festsetzungen eines existierenden Bebauungsplans oder einer Satzung nach § 34 Abs. 4 Satz 1 Nr. 2 und 3 unberührt gelassen hätte. Auch für das gesetzliche Gebot des Einfügens iSv § 34 Abs. 1 wäre dies ohne unmittelbare Wirkung. Die Möglichkeit, dass Gemeinden im Wege eigener Bauleitplanung die Voraussetzungen für nachträgliche Maßnahmen zum Zwecke der Energieeinsparung oder zur Nutzung solarer Strahlungsenergie schaffen, wurde als zu langwierig und schwerfällig bewertet, sodass der Gesetzgeber mit § 248 unmittelbar einen entsprechenden Begünstigungstatbestand geschaffen hat. Die Regelung gewährt dabei einen **gebundenen Anspruch** auf Zulassung, sofern die in Satz 1–3 jeweils genannten Voraussetzungen erfüllt sind. Unberührt davon bleiben allerdings die sonstigen materiell-rechtlichen Anforderungen insbesondere des Bauordnungsrechts, des Denkmalrechts sowie des zivilen Eigentumsrechts (→ noch Rn. 17 f.).

II. Teil. Schlussvorschriften § 248

II. Geringfügige Abweichungen zum Zwecke der Energieeinsparung

1. Anwendungsbereich. a) Begünstigte Gebiete. § 248 erstreckt sich auf alle 3
bauplanungsrechtlich relevanten Gebietskategorien mit Ausnahme des Außenbereichs (§ 35). Erfasst werden also zum einen **Gebiete mit Bebauungsplänen**. Dies gilt unabhängig davon, ob es sich um einen qualifizierten, einfachen oder vorhabenbezogenen Bebauungsplan handelt (§ 30). Ebenfalls ist unerheblich, welche Baugebietsart oder sonstige Art der baulichen Nutzung der Bebauungsplan festsetzt.

Neben Bebauungsplänen nennt Satz 1 noch die **Satzungen nach § 34 Abs. 4** 4
Satz 1 Nr. 2 und 3 (Entwicklungssatzung, Ergänzungssatzung). Nicht erfasst ist die Außenbereichssatzung (§ 35 Abs. 6). Hier verbleibt es dabei, dass § 248 im Außenbereich nicht anwendbar ist (→ Rn. 3). Die in Satz 1 nicht erfolgte Nennung der Klarstellungssatzung (§ 34 Abs. 4 Satz 1 Nr. 1) ist dem Umstand geschuldet, dass gemäß Satz 3 die in § 248 enthaltenen Begünstigungen ohnehin auch im **Innenbereich** gelten. Auch hier ist bedeutungslos, wie die Eigenart der näheren Umgebung insbesondere in Bezug auf Art und Maß der baulichen Nutzung geprägt ist (→ Rn. 3), solange es sich überhaupt um eine Innenbereichslage handelt. Ebenfalls ist unerheblich, ob neben § 34 ergänzend auch die Festsetzungen eines einfachen Bebauungsplans gelten. § 248 erstreckt sich also insbesondere nicht nur auf festgesetzte oder faktische Wohngebiete oder gar nur Wohngebäude. Er erfasst vielmehr uneingeschränkt auch zu gewerblichen Zwecken genutzte Gebäude.

b) Bestehende Gebäude. Erforderlich ist für die Anwendbarkeit von § 248, dass 5
es sich um ein bestehendes Gebäude handelt. **Andere bauliche Anlagen** werden also nicht erfasst. Für den Begriff des Gebäudes kann als Hilfestellung auf § 2 Abs. 2 MBO 2012 zurückgegriffen werden. Danach sind **Gebäude** selbstständig benutzbare, überdeckte bauliche Anlagen, die von Menschen betreten werden können und geeignet oder bestimmt sind, dem Schutz von Menschen, Tieren oder Sachen zu dienen.

Dem Umstand, dass alle „bestehenden" Gebäude begünstigt sind, ist zu entnehmen, 6
dass es ausreicht, wenn diese **Bestandsschutz** genießen. Insbesondere die Frage, ob ein Gebäude materiell rechtmäßig errichtet wurde, ist also nicht entscheidend (*Söfker* in EZBK § 248 Rn. 12). Nicht erfasst von § 248 sind **neu zu errichtende Vorhaben**. Diese müssen daher die Festsetzungen eines Bebauungsplans auch dann einhalten, wenn und soweit es um Maßnahmen der Energieeinsparung geht, sofern nicht im konkreten Fall die Erteilung einer Ausnahme oder Befreiung in Betracht kommt. Entsprechendes gilt für das Gebot des Einfügens gem. § 34 Abs. 1. Auch die **bauliche Erweiterung** eines Bestandsgebäudes (Anbau, Aufstockung) fällt nicht unter § 248. Hier ist die Begünstigung auf den unverändert bleibenden Teil des Bestandsgebäudes beschränkt (*Söfker* in EZBK § 248 Rn. 10).

Unerheblich ist allerdings, ob ein Vorhaben vor oder nach Inkrafttreten von § 248 7
errichtet wurde. Es kann danach errichteten Gebäuden kommen also unter Berufung auf § 248 nachträgliche Maßnahmen in Betracht, selbst wenn sie bei der Errichtung des Gebäudes bereits unmittelbar hätten berücksichtigt werden können. Dass dies Missbrauchsmöglichkeiten eröffnet, liegt auf der Hand. Ihnen kann allerdings nur im Rahmen der durch die Tatbestandsvoraussetzungen von § 248 gezogenen Grenzen Rechnung getragen werden.

2. Zweckbegrenzung der Abweichung. Abweichungen von Planfestsetzungen 8
gen oder vom Gebot des Einfügens in Bezug auf Maß der baulichen Nutzung, Bauweise und überbaubare Grundstücksfläche kommen nach Satz 1 und Satz 3 nur in Betracht, wenn dies dem Zweck der **Energieeinsparung** dient. Ergänzende weitere Ziele der betreffenden Maßnahme sind zwar nicht ausgeschlossen, dürfen jedoch nicht allein entscheidend sein. Zulässig ist es daher etwa, Maßnahmen der Wärmedämmung mit anderweitigen Modernisierungsmaßnahmen an einem Bestandsge-

§ 248 IV. Kapitel. II. Teil. Schlussvorschriften

bäude zu verbinden. Der Umfang der Energieeinsparung, der mit einer unter § 248 fallenden Maßnahme erreicht werden muss, ist gesetzlich nicht vorgegeben. Entscheidend ist daher allein, dass überhaupt eine Energieeinsparung erreicht wird. Insbesondere knüpft die Regelung nicht an die Erfüllungspflichten des Energiefachrechts (→insbes. § 9 Abs. 1 EnEV) an (so noch der Regierungsentwurf zur Klimaschutznovelle, vgl. BT-Drs. 17/6076, 12). Daher sind auch freiwillige oder vom Energiefachrecht abweichende Maßnahmen begünstigt (*Battis/Krautzberger/Mitschang/Reidt/Stüer* NVwZ 2011, 897 (900); *Söfker* in EZBK § 248 Rn. 7).

9 Der Energieeinsparung dienen vor allem Maßnahmen an der Gebäudehülle, also an den Außenwänden und den Dachflächen in Form einer **nachträglichen Wärmedämmung.** Der Energieeinsparung dienen allerdings auch darüber hinausgehende technische Anlagen, die zu einer **Senkung des Primär-Energieverbrauchs** im Gebäude dienen. Soweit dafür erforderliche technische Anlagen nicht im Gebäude, sondern an den Außenwänden oder am Dach angebracht werden, fallen sie daher ebenfalls unter § 248 (*Söfker* in EZBK § 248 Rn. 6).

10 **3. Geringfügige Abweichungen.** Beschränkt ist § 248 auf Abweichungen beim Maß der baulichen Nutzung, bei der Bauweise und bei der überbaubaren Grundstücksfläche. Hierfür sind die Begriffe in der BauNVO maßgeblich (§§ 16 ff., §§ 22 f. BauNVO). Abweichungen im Hinblick auf etwaige Änderungen zur Art der baulichen Nutzung sind also nicht erfasst.

11 Der Begriff der Geringfügigkeit ist gesetzlich nicht weiter bestimmt. Hierfür kann zum einen auf § 18 Abs. 2 sowie § 23 Abs. 2 Satz 2, Abs. 3 Satz 2 und Abs. 5 BauNVO zurückgegriffen werden (*Söfker* in EZBK § 248 Rn. 22). Daneben kann auch die bereits vor Inkrafttreten von § 248 ergangene Rechtsprechung (etwa OVG Münster Beschl. v. 24.5.1996 – 11 B 970/96, BauR 1997, 82; VGH Kassel Beschl. v. 12.5.1995 – 4 TG 2941/95, NVwZ-RR 1996, 307) herangezogen werden sowie § 6 Abs. 7 des Entwurfs der Musterbauordnung 2012 (→ auch Rn. 17), nach dem im Hinblick auf das bauordnungsrechtliche Abstandsflächenrecht Maßnahmen zum Zwecke der Energieeinsparung (und Solaranlagen) bei der Bemessung der Abstandsfläche außer Betracht bleiben, wenn sie eine Stärke von nicht mehr als 25 cm aufweisen und mindestens als 2,50 m von der Nachbargrenze zurückbleiben (so auch BT-Drs. 17/6253 und 17/6357; *Battis/Krautzberger/Mitschang/Reidt/Stüer* NVwZ 2011, 897 (900); kritisch *Söfker* in EZBK § 248 Rn. 23).

12 **4. Vereinbarkeit mit nachbarlichen Interessen und baukulturellen Belangen.** Einschränkendes Merkmal neben der Geringfügigkeit ist für die Begünstigung nach § 248, dass die beabsichtigten Maßnahmen mit nachbarlichen Interessen und baukulturellen Belangen vereinbar sein müssen.

13 Für die Vereinbarkeit mit nachbarlichen Interessen können weitgehend die Grundsätze zur Würdigung nachbarlicher Interessen iSv § 31 Abs. 2 herangezogen werden (→ dazu § 31 Rn. 32). Aus bauplanungsrechtlicher Sicht dürften diese – anders als ggf. im Bauordnungsrecht (→ Rn. 17) – eher selten nachträglichen Maßnahmen zum Zwecke der Energieeinsparung entgegenstehen. Fälle, in denen sich daraus eine „erdrückende Wirkung" für die Nachbarbebauung ergibt oder dies ansonsten im bauplanungsrechtlichen Sinne rücksichtslos ist (→ Vorb. §§ 29–38, Rn. 46 ff.), dürften nur in Ausnahmefällen auftreten (zum Nachbarschutz → Rn. 20).

14 Neben den nachbarlichen Belangen ist auch eine Vereinbarung mit baukulturellen Belangen erforderlich (zum Begriff der Baukultur → § 1 Rn. 62). Hierfür kommt es auf die konkreten Umstände an, ob und inwieweit baukulturelle Belange, also im Wesentlichen die ausgewogene, nachhaltige Gesamtqualität des vorhandenen baulichen Bestandes, beeinträchtigt wird. Auch wenn in Satz 1 nur von der Vereinbarkeit mit baukulturellen Belangen die Rede ist, bedarf es aufgrund der Zielsetzung von § 248 gewichtiger Beeinträchtigungen von Belangen der Baukultur, um einen Zulassungsanspruch für Maßnahmen zum Zwecke der Energieeinsparung zu verneinen.

II. Teil. Schlussvorschriften § 248

III. Anlagen zur Nutzung solarer Strahlungsenergie

Satz 2 begünstigt Anlagen zur Nutzung solarer Strahlungsenergie, die in, an und 15
auf Dach- und Außenwandflächen angebracht werden, in gleicher Weise wie Maßnahmen zum Zwecke der Energieeinsparung. Auch dabei geht es also nur um geringfügige Abweichungen beim Maß der baulichen Nutzung, der Bauweise und der überbaubaren Grundstücksfläche, soweit dies mit nachbarlichen Interessen und baukulturellen Belangen vereinbar ist.

Erfasst werden von Satz 2 sämtliche Anlagen für die Nutzung von solarer Strah- 16
lungsenergie, also sowohl Anlagen zur Erzeugung von Strom (Fotovoltaik-Anlagen) als auch Anlagen für die Erzeugung von Wärme (Solarthermie-Anlagen) (*Battis/ Krautzberger/Mitschang/Reidt/Stüer* NVwZ 2011, 897 (900)). Die Formulierung „in, an und auf Dach- und Außenwandflächen" verdeutlicht, dass jede Form der Anbringung zulässig ist. Insbesondere können derartige Anlagen auf dem Dach angebracht oder konstruktiv in das Dach einbezogen werden. Entsprechendes gilt für Wandflächen.

IV. Verhältnis zum sonstigen Recht

§ 248 lässt die Frage unberührt, ob eine begünstigte Maßnahme auch dem sonsti- 17
gen materiellen Recht entspricht. Von Bedeutung sind hierbei neben der Art der baulichen Nutzung vor allem das Bauordnungsrecht sowie das Denkmalrecht der Länder. Für die im Bauordnungsrecht für Maßnahmen gem. § 248 besonders bedeutsamen **Abstandsflächen** enthält § 6 Abs. 7 MBO 2012 eine Parallelregelung zu § 248 (→ etwa auch § 6 Abs. 3 Nr. 3 BauO BW, § 6 Abs. 6 Nr. 3 BauO Bln., § 6 Abs. 14 BauO NRW; → auch Rn. 11).

Bei grenzständigen Gebäuden kann sich zudem das Problem ergeben, dass für 18
unter § 248 fallende Maßnahmen das Nachbargrundstück in Anspruch genommen werden muss **(Überbau)**. Hierfür sind neben den allgemeinen zivilrechtlichen Bestimmungen insbesondere die **Nachbarrechtsgesetze der Länder** maßgeblich (siehe etwa § 16a NachbG Bln., § 23a NachbG NRW).

V. Verfahrens- und Rechtsschutzfragen

Sind die Voraussetzungen von § 248 erfüllt, besteht im Hinblick auf die baupla- 19
nungsrechtlichen Anforderungen ein **gebundener Anspruch** des Bauherrn. Sind die Voraussetzungen nicht erfüllt, verbleibt es bei den allgemeinen Anforderungen des Bauplanungsrechts zur Zulassung der betreffenden Maßnahmen (→ Rn. 1 f.). Die Erteilung des **gemeindlichen Einvernehmens** gem. § 36 ist in Bezug auf unter § 248 fallende Maßnahmen nicht erforderlich, weil es sich nicht um ein Vorhaben nach den §§ 31, 33–35 handelt (*Battis/Krautzberger/Mitschang/Reidt/Stüer* NVwZ 2011, 897 (901)). Die Notwendigkeit des gemeindlichen Einvernehmens aus sonstigen Gründen, zB weil es sich ohnehin um ein Vorhaben nach § 34 handelt, bleibt jedoch unberührt.

Für den **Nachbarschutz** ist zu unterscheiden, ob die Abweichung iSv § 248 sich 20
auf eine Bebauungsplanfestsetzung mit nachbarschützender Wirkung bezieht oder nicht. In ersterem Fall kann der Nachbar verlangen, dass die Voraussetzungen von § 248 in vollem Umfang erfüllt sein müssen. Geht es nicht um eine Abweichung von einer nachbarschützenden Festsetzung zum Maß der baulichen Nutzung, zur Bauweise und den überbaubaren Grundstücksflächen (Regelfall, → Vorb. zu §§ 29–38, Rn. 42 ff.), besteht ebenso wie bei einer Befreiung von Bebauungsplanfestsetzungen Nachbarschutz nur nach Maßgabe des Gebots der nachbarlichen Rücksichtnahme (→ § 31 Rn. 32 sowie → Vorb. zu §§ 29–38, Rn. 46 ff.). Entsprechendes gilt im unbeplanten Innenbereich (→ § 34 Rn. 101, → Vorb. zu §§ 29–38, Rn. 67 ff.).

§ 249 Sonderregelungen zur Windenergie

(1) ¹Werden in einem Flächennutzungsplan zusätzliche Flächen für die Nutzung von Windenergie dargestellt, folgt daraus nicht, dass die vorhandenen Darstellungen des Flächennutzungsplans zur Erzielung der Rechtswirkungen des § 35 Absatz 3 Satz 3 nicht ausreichend sind. ²Satz 1 gilt entsprechend bei der Änderung oder Aufhebung von Darstellungen zum Maß der baulichen Nutzung. ³Die Sätze 1 und 2 gelten für Bebauungspläne, die aus den Darstellungen des Flächennutzungsplans entwickelt werden, entsprechend.

(2) ¹Nach § 9 Abs. 2 Satz 1 Nummer 2 kann auch festgesetzt werden, dass die im Bebauungsplan festgesetzten Windenergieanlagen nur zulässig sind, wenn sichergestellt ist, dass nach der Errichtung der im Bebauungsplan festgesetzten Windenergieanlagen andere im Bebauungsplan bezeichnete Windenergieanlagen innerhalb einer im Bebauungsplan zu bestimmenden angemessenen Frist zurückgebaut werden. ²Die Standorte der zurückzubauenden Windenergieanlagen können auch außerhalb des Bebauungsplangebiets oder außerhalb des Gemeindegebiets liegen. ³Darstellungen im Flächennutzungsplan, die die Rechtswirkungen des § 35 Absatz 3 Satz 3 haben, können mit Bestimmungen entsprechend den Sätzen 1 und 2 mit Wirkung für die Zulässigkeit der Windenergieanlagen nach § 35 Absatz 1 Nummer 5 verbunden sein.

(3) **Die Länder können durch bis zum 31. Dezember 2015 zu verkündende Landesgesetze bestimmen, dass § 35 Absatz 1 Nummer 5 auf Vorhaben, die der Erforschung, Entwicklung oder Nutzung der Windenergie dienen, nur Anwendung findet, wenn sie einen bestimmten Abstand zu den im Landesgesetz bezeichneten zulässigen baulichen Nutzungen einhalten. ²Die Einzelheiten, insbesondere zur Abstandsfestlegung und zu den Auswirkungen der festgelegten Abstände auf Ausweisungen in geltenden Flächennutzungsplänen und Raumordnungsplänen, sind in den Landesgesetzen nach Satz 1 zu regeln. ³Die Länder können in den Landesgesetzen nach Satz 1 auch Abweichungen von den festgelegten Abständen zulassen.**

Übersicht

	Rn.
1. Überblick	1
2. Repowering	2
3. Vermutungsregelung zugunsten von bestehenden Bauleitplaninhalten (Abs. 1)	4
4. Ersatz von Altanlagen (Abs. 2)	6
5. Länderöffnungsklausel (Abs. 3)	13

1. Überblick. § 249 wurde mit der Klimaschutznovelle 2011 (Einleitung Rn. 61) in das BauGB eingefügt und mit dem „Gesetz zur Einführung einer Länderöffnungsklausel zur Vorgabe von Mindestabständen zwischen Windenergieanlagen und zulässigen Nutzungen" vom 15.7.2014 (BGBl. I S. 954) um einen Abs. 3 erweitert wurde (Einleit. Rn. 63; zum Gesetzgebungsverfahren ausführlich *Scheidler* NuR 2014, 673 (674f.); *Krautzberger/Stüer* BauR 2014, 1403 (1405f.)). In der schon in der Überschrift als Sonderregelung bezeichneten Vorschrift geht es in Abs. 1 und 2 vor allem um das sog. **„Repowering"** (vgl. hierzu insb. die Dokumentation Nr. 94 des Deutschen Städte und Gemeindebundes, Repowering von Windenergieanlagen – kommunale Handlungsmöglichkeiten, 2009; *Battis,* Repowering von Windenergieanlagen – Zulassung und planerische Steuerung, in: Mitschang, Planen und Bauen im

II. Teil. Schlussvorschriften § 249

Außenbereich, 2010, 109 ff.; *Mitschang* BauR 2013, 29 (41 ff.); *Söfker* ZfBR 2008, 14 ff.; *Maslaton* LKV 2007, 259 ff.; *Köck* ZUR 2010, 507 (510 f.); *Otto* UPR 2015, 244 ff.) und dessen Verhältnis zu städtebaulichen Planungen. Abs. 1 S. 1 enthält dabei eine Vermutungsregelung, nach der davon ausgegangen wird, dass aus der zusätzlichen Darstellung von Flächen für die Windenergie in einem Flächennutzungsplan nicht folgt, dass die vorhandenen Darstellungen des Flächennutzungsplans zur Erzielung der Rechtswirkungen des § 35 Abs. 3 S. 3 nicht ausreichend sind. S. 2 erstreckt dies auf die Änderung oder Ergänzung von Darstellungen zum Maß der baulichen Nutzung. S. 3 regelt eine entsprechende Geltung für aus den Darstellungen des Flächennutzungsplans entwickelte Bebauungspläne. Abs. 2 S. 1 und 2 stellen für den Ersatz von Altanlagen klar, dass über die Festsetzungsmöglichkeit nach § 9 Abs. 2 S. 1 Nr. 2 im Zusammenhang der Gestattung einer Neuerrichtung von Windenergieanlagen im Bebauungsplan auch Fristen für den Rückbau von innerhalb oder außerhalb des Plangebiets gelegener Windenergieanlagen festgesetzt werden können. S. 3 regelt (ebenfalls klarstellend), dass auch im Flächennutzungsplan bei Darstellungen, die die Rechtswirkungen des § 35 Abs. 3 S. 3 haben, die Möglichkeit besteht, sie mit Bestimmungen iSv § 249 Abs. 2 S. 1 und 2 zu verbinden, nach denen die Zulässigkeit von Windenergieanlagen in den ausgewiesenen Flächen nur gegeben ist, wenn der Rückbau von Altanlagen sichergestellt ist (s. im Einzelnen *Söfker* in EZBK § 249 Rn. 2; kritisch zu den Neuregelungen *Kment* DVBl. 2012, 1125 (1127 ff.)). Abs. 3 enthält eine **Länderöffnungsklausel,** nach der die Länder ermächtigt werden, Mindestabstände zwischen Windenergieanlagen und zulässigen baulichen Nutzungen festzulegen, innerhalb derer Windenergieanlagen entprivilegiert und auf den rechtlichen Status sonstiger Vorhaben iSv § 35 Abs. 2 zurückgeführt werden (vgl. *Decker* ZfBR 2015, 322 ff; *Mitschang/Reidt* BauR 2014, 1232 ff.; *Scheidler* UPR 2014, 214 ff.; *Raschke* NVwZ 2014, 414 ff.; *Krautzberger/Stüer* BauR 2014, 1403 ff.; *Lippert/Kindler* DVBl 2014, 1235 ff.). Abs. 3 S. 1 ermächtigte die Länder dafür, befristet bis zum 31.12.2015, durch Landesgesetze zu bestimmen, dass § 35 Abs. 1 Nr. 5 BauGB auf Vorhaben, die der Erforschung, Entwicklung oder Nutzung der Windenergie dienen, nur Anwendung findet, wenn sie einen bestimmten Abstand zu den im Landesgesetz bezeichneten zulässigen baulichen Nutzungen einhalten. Dabei waren die Einzelheiten einschließlich möglicher Abweichungen von den festgelegten Abständen in der landesgesetzlichen Bestimmung zu regeln (Abs. 3 S. 2, 3). Von der Möglichkeit des Abs. 3 hat nur **Bayern** Gebrauch gemacht (s. Art. 82–84 BayBO).

2. Repowering. Unter Repowering von Windenergieanlagen ist „die Ersetzung 2 älterer, oft vereinzelt stehender Windenergieanlagen durch moderne, leistungsfähigere Windenergieanlagen, vorzugsweise in Windparks" zu verstehen (so die Definition in BT-Drs. 17/6076, 12; s. auch § 30 EEG). Mit der Ersetzung von in der Regel kleineren, leistungsschwachen Windenergieanlagen durch größere und leistungsstärkere Anlagen geht oftmals eine Bereinigung im Sinne einer Bündelung der Anlagenstandorte einher, wodurch ein Beitrag zum „Aufräumen der Landschaft" geleistet werden kann (*Battis/Krautzberger/Mitschang/Reidt/Stüer* NVwZ 2011, 897 (903)). Die Regelung in Abs. 1 und 2 steht dabei in engem Zusammenhang mit dem **Energiekonzept der Bundesregierung** vom 28.9.2010, das für das Bau- und Planungsrecht vorsieht, erforderliche und angemessene Regelungen zur Absicherung des Repowerings bei Windenergieanlagen zu treffen. Diesbezüglich soll § 249 in dreierlei Hinsicht Bedeutung zukommen: Zunächst soll die bereits bestehende sowie die zukünftige Planungspraxis in Bezug auf Festsetzungen nach § 9 Abs. 2 S. 1 Nr. 2 in Bebauungsplänen **abgesichert** werden. Außerdem soll diese Möglichkeit auch für den Flächennutzungsplan eröffnet werden (Abs. 2). Schließlich sollen Rechtsunsicherheiten im Hinblick auf die neue Darstellung bzw. Neuausweisung von Gebieten für das Repowering beseitigt werden (Abs. 1; vgl. BT-Drs. 17/6076, 6). Wenngleich im Repowering von Windenergieanlagen der Hauptanwendungsbereich zu sehen ist, ist

Abs. 1 jedoch nicht allein hierauf eingeschränkt. Vielmehr erfasst die Vorschrift auch zusätzliche Flächendarstellungen für Windkraftanlagen, ohne dass gleichzeitig ein Repowering stattfindet. Demgegenüber erfasst Abs. 2 allein das Repowering von Windenergieanlagen.

3 Die Neuregelung in § 249 ist auch im Zusammenhang mit **weiteren die Nutzung der Windkraft regelnden Vorschriften** im BauGB zu sehen. Dies betrifft insbesondere den in § 35 Abs. 1 Nr. 5 geregelten Privilegierungstatbestand von Anlagen, die der Erforschung, Entwicklung oder Nutzung von Wind- und Wasserenergie dienen (→ § 35 Rn. 46) sowie den in § 35 Abs. 3 S. 3 normierten Planvorbehalt, nach dem öffentliche Belange einem Vorhaben nach Abs. 1 Nr. 2 bis 6 in der Regel auch dann entgegenstehen, soweit hierfür durch Darstellungen im Flächennutzungsplan oder als Ziele der Raumordnung eine Ausweisung an anderer Stelle erfolgt ist (sog. **Konzentrationsflächen,** → § 35 Rn. 111 ff.).

4 **3. Vermutungsregelung zugunsten von bestehenden Bauleitplaninhalten (Abs. 1).** Für ein Repowering ist es regelmäßig erforderlich, dass die zugrunde liegenden städtebaulichen Planungen geändert oder ergänzt werden, denn mit dem Repowering verbunden ist zumeist eine Veränderung der Gebietskulisse im Hinblick auf die Standorte, auf denen Windenergieanlagen vorhanden sind oder jedenfalls zugelassen werden dürfen. Es findet insoweit eine „Verschiebung" der Flächen statt. Davon betroffen können alle Ebenen der räumlichen Planung sein, die Stufe der Regionalplanung (→ Rn. 12) ebenso wie die Bauleitplanung. In der Planungspraxis sowohl der Regionalplanung als auch der Bauleitplanung hat dies weithin zur Verunsicherung und planerischer Zurückhaltung geführt. Besondere Bedeutung kam dabei der Frage zu, ob und inwieweit es möglich ist, die in den Bauleitplänen vorgenommenen Ausweisungen von Konzentrationszonen möglichst rechtssicher zu ändern oder zu ergänzen, ohne die vorhandenen Flächenausweisungen mit dem Argument in Frage zu stellen, dass das Windenergiekonzept der Gemeinde insgesamt neu aufgestellt werden müsse, weil eine nachträgliche Ausweisung von neuen oder zusätzlichen Flächen das Eingeständnis einer unzureichenden Flächenausweisung und einer der Windenergie nicht in substanzieller Weise Raum schaffenden Planung sei (vgl. BVerwG Urt. v. 13.3.2003 – 4 C 4/02, BVerwGE 118, 33; → hierzu § 35 Rn. 116). Zwar kann dem auch ohne Abs. 1 entgegengehalten werden, dass erhebliche planerische Spielräume in Bezug auf die Flächenausweisung bestehen, die es rechtfertigen, zusätzliche Windenergieflächen auszuweisen, ohne die bisherigen Flächenausweisungen in Frage zu stellen. Allerdings sollte dies durch Abs. 1 ausdrücklich klargestellt werden (*Battis/ Krautzberger/Mitschang/Reidt/Stüer* NVwZ 2011, 897 (903); kritisch *Kment* DVBl. 2012, 1125 (1128); *Bunzel* ZfBR 2012, 114 (122)). Hierfür enthält Abs. 1 S. 1 eine **Vermutungsregelung** (a. A. *Roeser* in BK § 249 Rn. 4, der von einer gesetzlichen Fiktion, *Wickel* UPR 2011, 416 (418), der von einer Auslegungsregel und *Decker* in Schiwyy § 249 Rn. 30, der von einer Vorschrift iS eines Fehlermanagements vergleichbar § 215 Abs. 1 Nr. 2 ausgeht), nach der die Ausweisung zusätzlicher Windenergieflächen im Flächennutzungsplan nicht bedeutet, dass die vorhandenen Darstellungen des Flächennutzungsplans zur Erzielung der Rechtswirkungen des § 35 Abs. 3 S. 3 nicht ausreichend sind. Entsprechendes gilt nach S. 2, wenn die Darstellungen zum Maß der baulichen Nutzung geändert oder sogar ganz aufgehoben werden. Bedeutung hat dies insbesondere, soweit im Flächennutzungsplan Darstellungen zur zulässigen Höhe von Windkraftanlagen (vgl. OVG Lüneburg Urt. v. 16.11.2009 – 12 LC 181/07, ZfBR 2010, 486) getroffen wurden oder für die Zukunft getroffen werden sollen, sei es als Maximalhöhen, sei es als Mindesthöhen. Da aus den Darstellungen des Flächennutzungsplan auch Bebauungspläne (zB SO-Wind – Sondergebiete für die Windenergie) entwickelt werden können, bestimmt S. 3, dass Abs. 1 S. 1 und 2 auch in diesen Fällen gilt (zB in Bezug auf Höhenfestsetzungen oder Festsetzungen von Baugrenzen). Für die Regionalplanung dürften diese Aussagen entspre-

II. Teil. Schlussvorschriften **§ 249**

chend gelten, ohne dass dies im ROG ausdrücklich erwähnt wird (vgl. *Battis/Krautzberger/Mitschang/Reidt/Stüer* NVwZ 2011, 897 (903); a. A. *Decker* in Schiwy § 249 Rn. 11, der auf den ausdrücklichen Wortlaut in Abs. 1 abstellt).

Abs. 1 S. 1 geht davon aus, dass **zusätzliche Flächen** für die Windenergie im Flächennutzungsplan ausgewiesen werden. Dies setzt voraus, dass im Flächennutzungsplan (bzw. in einem sachlichen/räumlichen Flächennutzungsplan) Darstellungen für die Windenergie zur Erzielung der Rechtswirkungen des § 35 Abs. 3 S. 3 bereits vorhanden und wirksam sind (*Söfker* in EZBK § 249 Rn. 6; *Decker* in Schiwy § 249 Rn. 11). Sie sollen durch weitere Flächen in der Form von Sondergebieten oder Vorranggebieten ergänzt werden. Die Ausweisung „zusätzlicher Flächen" kann auch bedeuten, dass bereits ausgewiesene Flächen in ihrem Umfang reduziert oder ihre Ausweisung ganz zurückgenommen wird und stattdessen an anderer Stelle Neuausweisungen vorgenommen werden, wenn sich im Ergebnis eine positive Flächenbilanz ergibt (*Krautzberger/Stüer* BauR 2011, 1416 (1422); *Decker* in Schiwy § 249 Rn. 27; *Roeser* in BK § 249 Rn. 3). Von Abs. 1 ist aber auch der Fall erfasst, dass bezogen auf die **Flächenbilanz** ein Defizit, im Hinblick auf die **Energiebilanz** hingegen mindestens ein Gleichstand, besser aber ein „Plus" erreicht wird (aA *Söfker* in EZBK § 249 Rn. 7; *Decker* in Schiwy § 249 Rn. 29). Selbst Fälle, in denen sich durch Änderungen oder Ergänzungen im Rahmen der Bauleitplanung im Ergebnis eine negative Flächenbilanz und/oder eine negative Energiebilanz einstellt, sind grundsätzlich vom planerischen Spielraum der Gemeinden im Rahmen der zu treffenden Abwägungsentscheidung gedeckt, freilich unter der Voraussetzung, dass den Belangen der Windenergie noch in substantieller Weise Rechnung getragen wird (→ § 35 Rn. 116).

4. Ersatz von Altanlagen (Abs. 2). Im Zusammenhang mit der Erweiterung der Flächen für die Errichtung von Windenergieanlagen durch zusätzliche Flächenausweisungen steht **der Rückbau** der weniger leistungsfähigen Altanlagen (zur Problematik auch *Bechmann* UPR 2013, 175 (179ff.)). Hierfür besteht die Möglichkeit, von **§ 9 Abs. 2 S. 1 Nr. 2** Gebrauch zu machen (→ § 9 Rn. 166f.) und gemäß der klarstellenden Bestimmung (*Kment* DVBl. 2012, 1125 (1128)) in Abs. 2 S. 1 festzusetzen, dass die nach dem Bebauungsplan zulässigen neuen Windenergieanlagen nur errichtet werden dürfen, wenn sichergestellt ist, dass nach der Errichtung der neuen Windenergieanlagen (Neuanlagen) andere im Bebauungsplan bezeichnete Windenergieanlagen (Altanlagen) innerhalb einer im Bebauungsplan zu bestimmenden angemessenen Frist zurückgebaut werden (kritisch *Berkemann,* Rechtliche Absicherung des Repowering von Windkraftanlagen, in Jarass, Erneuerbare Energien in der Raumplanung, 2011, 68 (98ff.)). Durch diese Festsetzung findet eine Verknüpfung zwischen der zulassungsfähigen Neuerrichtung von Windenergieanlagen und der Beseitigung von Altanlagen statt. Zweck der Vorschrift ist daher die planungsrechtliche Absicherung des Rückbaus von Altanlagen (*Söfker* in EZBK § 249 Rn. 13; *Decker* in Schiwy § 249 Rn. 41).

Die im Bebauungsplan festzusetzende **angemessene Frist** kann in der Regel nicht kalendermäßig bezeichnet werden, da zumeist unklar ist, wann der Bebauungsplan durch die Errichtung neuer Windenergieanlagen vollzogen wird. Ausreichend, allerdings auch im Hinblick auf § 9 Abs. 2 S. 1 Nr. 2 notwendig ist jedoch zumindest die Bestimmung eines Zeitrahmens, innerhalb dessen der Rückbau zu erfolgen hat. **Beginn** dieses Zeitraums ist dabei die Errichtung der im Bebauungsplan festgesetzten (neuen) Windenergieanlagen. Maßgeblich ist dabei deren Fertigstellung. Bei der Frage der Angemessenheit hat die planende Gemeinde einen Bewertungsspielraum. Gleichwohl ist die Zielsetzung des Abs. 2 S. 1 iVm § 9 Abs. 2 S. 1 Nr. 2 zu beachten, dass die Neuanlagen die Altanlagen ersetzen sollen. Insbesondere eine längere zeitliche Überlappung ist also nicht vorgesehen. Der Zeitraum muss daher so bemessen sein, dass einerseits ein ordnungsgemäßer Rückbau möglich ist, andererseits jedoch

§ 249 IV. Kapitel. II. Teil. Schlussvorschriften

eine längere Fortsetzung der bisherigen Nutzung unterbleibt. Allerdings entspricht es der planerischen Gestaltungsfreiheit der Gemeinde, dann einen längeren und auch über eine Erprobungsphase der Neuanlagen hinausgehenden Zeitraum für eine Parallelnutzung von alten und neuen Anlagen festzusetzen, wenn dafür legitime städtebauliche Gründe sprechen.

8 Der Bebauungsplan muss **hinreichend bestimmt** festlegen, **welche** anderen im Bebauungsplan bezeichneten Windenergieanlagen zurückgebaut werden müssen. Abs. 2 S. 1 spricht davon, dass diese Anlagen zu bezeichnen sind. Dies kann entweder dergestalt erfolgen, dass bestimmte zum Rückbau vorgesehene Anlagen konkret benannt und jeweils einer bestimmten neuen Windenergieanlage zugeordnet werden. Möglich ist es allerdings auch, eine Bezeichnung von zurückzubauenden Windenergieanlagen dergestalt vorzunehmen, dass dafür mehrere Anlagen optional benannt werden. Auch in diesem Fall liegt eine hinreichend bestimmte Bezeichnung vor. Der Antragsteller für die Errichtung der Neuanlagen kann in diesem Fall aus diesen „Altanlagenpool" auswählen.

9 Die Festsetzungen des Bebauungsplans sind in geeigneter Form in die im Planvollzug zu erteilenden Baugenehmigungen oder immissionsschutzrechtlichen Genehmigungen umzusetzen, etwa durch eine **auflösende Bedingung** (vgl. § 36 Abs. 2 Nr. 2 VwVfG) der Neugenehmigung. Eine Auflage (§ 36 Abs. 2 Nr. 4 VwVfG) wird wegen möglicher Eigentumsveränderungen in der Regel nicht genügen. Soweit von dieser Möglichkeit kein Gebrauch gemacht wird, kommt auch eine den Rückbau verbindliche machende Regelung in einem **städtebaulichen Vertrag** in Betracht (→ zu den vertraglichen Sicherungsmöglichkeiten § 11 Rn. 46 ff.).

10 Die Standorte der zurückzubauenden Anlagen können nach Abs. 2 S. 2 auch **außerhalb des Bauleitplangebiets** liegen (vgl. auch § 30 EEG). Sie können sich im Geltungsbereich eines anderen Bebauungsplans, im Innenbereich oder im Außenbereich, ggf. also auch in einer durch einen Flächennutzungsplan oder einen Regionalplan festgelegten Konzentrationszone, befinden. Dies schließt den Fall ein, dass eine das Repowering regelnde Festsetzung gem. Abs. 2 S. 1 räumlich und inhaltlich nicht auf das Gemeindegebiet beschränkt ist. Dies geht auch mit den Anforderungen des § 30 EEG an die Vergütung für die Stromeinspeisung konform (ausführlich *Söfker* in EZBK § 249 Rn. 16). Hierfür können auch Vorgaben in Raumordnungsplänen gemacht werden. Eine **ordnungsgemäße städtebauliche Entwicklung** innerhalb der beteiligten Gemeinden muss gewährleistet sein. Dazu gehört auch die Frage, was auf den **Flächen der Altanlagen zukünftig**, also nach erfolgtem Rückbau, stattfinden soll. Hier kommt entweder aufgrund des am Altstandort bestehenden Baurechts die Errichtung neuer, dann in der Regel ebenfalls leistungsfähigerer, Windenergieanlagen in Betracht oder aber aufgrund einer umfassenden räumlichen Verlagerung ein entsprechender Nutzungsausschluss. Soweit erforderlich, ist dieser durch eine entsprechende Neuplanung für die Altstandorte abzusichern (ähnlich *Söfker* in EZBK § 249 Rn. 23).

11 Nach Abs. 2 S. 3 können Darstellungen im Flächennutzungsplan, die die Rechtswirkungen des § 35 Abs. 3 S. 3 haben, entsprechend Abs. 2 S. 1 und 2 mit Wirkung für die Zulässigkeit der Windenergieanlagen nach § 35 Abs. 1 Nr. 5 verbunden werden. Das bedeutet, dass **§ 9 Abs. 2 S. 1 Nr. 2** nicht nur bei Festsetzungen in einem Bebauungsplan, sondern auch bei Darstellungen im **Flächennutzungsplan** zum Einsatz gebracht werden kann, also vor allem bei einer dort vorgesehenen Konzentrationszone für das Repowering. Hierdurch werden für Windenergieanlagen in Ergänzung zu § 35 Abs. 3 S. 3 zusätzliche Anforderungen der Zulassung von Windenergieanlagen nach § 35 Abs. 1 Nr. 5 gestellt (*Decker* in Schiwy § 249 Rn. 45; *Otto* ZfBR-Sonderausgabe 2012, 72 (73)). Macht ein Flächennutzungsplan von § 35 Abs. 3 S. 3 keinen Gebrauch, darf diese Bestimmung nicht angewendet werden. Bei S. 3 dürfte es sich im Hinblick auf den offenen Darstellungskatalog in § 5 Abs. 2 in erster Linie jedoch nur um eine Klarstellung der Darstellungsmöglichkeiten im Flächen-

nutzungsplan handeln. Für sie gelten die vorstehenden Ausführungen zu den Festsetzungen in einem Bebauungsplan (→ Rn. 7 ff.) entsprechend. Zu berücksichtigen ist allerdings, dass § 35 Abs. 1 Nr. 5 generell Windenergieanlagen privilegiert, also nicht nach mehr oder weniger leistungsfähigen Anlagen differenziert. Es muss daher, im Übrigen auch wegen der unionsrechtlich abgesicherten **Niederlassungsfreiheit** (Art. 49 AEUV) in der Regel möglich sein, dass auch solche Unternehmen Windenergieanlagen im Geltungsbereich des Plans errichten können, die keinen hinreichenden Zugang zu rückbaufähigen Altanlagen haben (vgl. zu den diesbezüglichen Anforderungen im Hinblick auf die Ansiedlung von Einzelhandelsbetrieben EuGH Urt. v. 24.3.2011 – C-400/08, EuZW 2011, 557).

Abs. 2 bezieht sich nicht auf **Raumordnungspläne,** die über die Raumordnungsklausel in § 35 Abs. 3 S. 3 Steuerungswirkungen im Außenbereich entfalten, in der Regel durch die Festlegung von Vorranggebieten, die zugleich die Wirkung von Eignungsgebieten haben (§ 8 Abs. 7 S. 1 Nr. 1 und Nr. 3, S. 2 ROG). Da das ROG allerdings, anders als § 9 für die verbindliche Bauleitplanung, keinen abschließenden Festsetzungskatalog enthält, sondern lediglich einen Beispielskatalog an mögliche Festlegungen in Raumordnungsplänen (§ 8 Abs. 5 ROG), dürften auch ohne besondere Ermächtigung in Abs. 2 vergleichbare Festlegungen in einem Raumordnungsplan zulässig sein, da sie die Entwicklung, Ordnung und Sicherung des Raums betreffen (aA *Albrecht/Zschiegner* UPR 2015, 128 (131)). 12

5. Länderöffnungsklausel (Abs. 3). Von der Länderöffnungsklausel in Abs. 3, die bis zum 31.12.2015 genutzt werden konnte, hat allein Bayern Gebrauch gemacht (Art. 82–84 BayBO; dazu *Decker* ZfBR 2015, 322 (324 ff.); *Scheidler* UPR 2014, 214 (217 ff.); *Grünewald* DVBl. 2015, 1353 ff.; *Schmidt-Eichstaedt* BauR 2016, 37 ff.). Die Regelung hat zur Folge, dass die sich aus § 35 Abs. 1 Nr. 5 ergebende Privilegierung (→ § 35 Rn. 46) nur besteht, wenn die landesrechtlich geregelten Abstandsanforderungen eingehalten werden. Seit dem 1.1.2016 können aufgrund der Befristung neue Landesregelungen gemäß Abs. 3 nicht mehr erlassen werden. Die Bayrische Landesregelung gilt indes über diesen Zeitpunkt hinaus fort. Sie kann allerdings auch aufgehoben oder erneut geändert werden (*Decker* in Schiwy § 248 Rn. 53). 13

Abs. 3 ist, auch in verfassungsrechtlicher Hinsicht, unproblematisch. Verfassungsrechtliche Bedenken ausgesetzt sein kann allerdings die landesgesetzliche Festlegung von Mindestabständen für Windenergieanlagen als solche (*Decker* ZfBR 2015, 322 (323); *Grünewald* DVBl. 2015, 1353 ff.). Dies gilt sowohl im Hinblick auf den Eigentumsschutz nach Art. 14 Abs. 1 GG als auch die gemeindliche Selbstverwaltungsgarantie gemäß Art. 28 Abs. 2 GG und den Vorrang vom Bundesrecht gemäß Art. 31 GG. Es bedarf insofern auch unter Verhältnismäßigkeitsgesichtspunkten, einer konsistenten, widerspruchsfreien und hinreichend gewichtigen **Rechtfertigung** (s. dazu etwa *Decker* in Schiwy § 249 Rn. 8, 49; ders. ZfBR 2015, 322 (323); *Krautzberger/Stüer* BauR 2014, 1403 (1411)). Dies gilt vor allem dann, wenn im Landesgebiet aufgrund der normierten Mindestabstands kaum noch Flächen verbleiben, auf denen privilegierte Windenergieanlagen errichtet werden können. Zudem wird man verlangen müssen, dass die mit einer auf Abs. 3 gestützten landesrechtlichen Regelung verbundene Entprivilegierung, die Windenergieanlagen innerhalb dieser Abstände zu sonstigen Vorhaben iSv § 35 Abs. 2 macht (→ § 35 Rn. 63 ff.), auf fachlich nachvollziehbar abgeleiteten, wenn auch durchaus pauschalierenden Erwägungen beruht. In Bezug auf die Bayrische Landesregelung und den danach erforderlichen Mindestabstand vom zehnfachen der Höhe einer Windenergieanlage ist dies zumindest zweifelhaft (→ Vorb. §§ 29–28 Rn. 72 zu aus Gründen des Nachbarschutzes notwendigen Abständen zwischen Wohnbebauung und Windenergieanlagen). 14

Anlage 1

Anlage 1
(zu § 2 Abs. 4, §§ 2a und 4c)

Der Umweltbericht nach § 2 Abs. 4 und § 2a Satz 2 Nr. 2 besteht aus
1. einer Einleitung mit folgenden Angaben:
 a) Kurzdarstellung des Inhalts und der wichtigsten Ziele des Bauleitplans, einschließlich der Beschreibung der Festsetzungen des Plans mit Angaben über Standorte, Art und Umfang sowie Bedarf an Grund und Boden der geplanten Vorhaben, und
 b) Darstellung der in einschlägigen Fachgesetzen und Fachplänen festgelegten Ziele des Umweltschutzes, die für den Bauleitplan von Bedeutung sind, und der Art, wie diese Ziele und die Umweltbelange bei der Aufstellung berücksichtigt wurden,
2. einer Beschreibung und Bewertung der Umweltauswirkungen, die in der Umweltprüfung nach § 2 Abs. 4 Satz 1 ermittelt wurden, mit Angaben der
 a) Bestandsaufnahme der einschlägigen Aspekte des derzeitigen Umweltzustands, einschließlich der Umweltmerkmale der Gebiete, die voraussichtlich erheblich beeinflusst werden,
 b) Prognose über die Entwicklung des Umweltzustands bei Durchführung der Planung und bei Nichtdurchführung der Planung,
 c) geplanten Maßnahmen zur Vermeidung, Verringerung und zum Ausgleich der nachteiligen Auswirkungen und
 d) in Betracht kommenden anderweitigen Planungsmöglichkeiten, wobei die Ziele und der räumliche Geltungsbereich des Bauleitplans zu berücksichtigen sind,
3. folgenden zusätzlichen Angaben:
 a) Beschreibung der wichtigsten Merkmale der verwendeten technischen Verfahren bei der Umweltprüfung sowie Hinweise auf Schwierigkeiten, die bei der Zusammenstellung der Angaben aufgetreten sind, zum Beispiel technische Lücken oder fehlende Kenntnisse,
 b) Beschreibung der geplanten Maßnahmen zur Überwachung der erheblichen Auswirkungen der Durchführung des Bauleitplans auf die Umwelt und
 c) allgemein verständliche Zusammenfassung der erforderlichen Angaben nach dieser Anlage.

Anlage 2
(zu § 13a Abs. 1 Satz 2 Nr. 2)

Nachstehende Kriterien sind anzuwenden, soweit auf Anlage 2 Bezug genommen wird.
1. Merkmale des Bebauungsplans, insbesondere in Bezug auf
1.1 das Ausmaß, in dem der Bebauungsplan einen Rahmen im Sinne des § 14b Abs. 3 des Gesetzes über die Umweltverträglichkeitsprüfung setzt;
1.2 das Ausmaß, in dem der Bebauungsplan andere Pläne und Programme beeinflusst;
1.3 die Bedeutung des Bebauungsplans für die Einbeziehung umweltbezogener, einschließlich gesundheitsbezogener Erwägungen, insbesondere im Hinblick auf die Förderung der nachhaltigen Entwicklung;
1.4 die für den Bebauungsplan relevanten umweltbezogenen, einschließlich gesundheitsbezogener Probleme;
1.5 die Bedeutung des Bebauungsplans für die Durchführung nationaler und europäischer Umweltvorschriften.

II. Teil. Schlussvorschriften **Anlage 2**

2. Merkmale der möglichen Auswirkungen und der voraussichtlich betroffenen Gebiete, insbesondere in Bezug auf
2.1 die Wahrscheinlichkeit, Dauer, Häufigkeit und Umkehrbarkeit der Auswirkungen;
2.2 den kumulativen und grenzüberschreitenden Charakter der Auswirkungen;
2.3 die Risiken für die Umwelt, einschließlich der menschlichen Gesundheit (zum Beispiel bei Unfällen);
2.4 den Umfang und die räumliche Ausdehnung der Auswirkungen;
2.5 die Bedeutung und die Sensibilität des voraussichtlich betroffenen Gebiets auf Grund der besonderen natürlichen Merkmale, des kulturellen Erbes, der Intensität der Bodennutzung des Gebiets jeweils unter Berücksichtigung der Überschreitung von Umweltqualitätsnormen und Grenzwerten;
2.6 folgende Gebiete:
2.6.1 Natura 2000-Gebiete nach § 7 Absatz 1 Nummer 8 des Bundesnaturschutzgesetzes,
2.6.2 Naturschutzgebiete gemäß § 23 des Bundesnaturschutzgesetzes, soweit nicht bereits von Nummer 2.6.1 erfasst,
2.6.3 Nationalparke gemäß § 24 des Bundesnaturschutzgesetzes, soweit nicht bereits von Nummer 2.6.1 erfasst,
2.6.4 Biosphärenreservate und Landschaftsschutzgebiete gemäß den §§ 25 und 26 des Bundesnaturschutzgesetzes,
2.6.5 gesetzlich geschützte Biotope gemäß § 30 des Bundesnaturschutzgesetzes,
2.6.6 Wasserschutzgebiete gemäß § 51 des Wasserhaushaltsgesetzes, Heilquellenschutzgebiete gemäß § 53 Absatz Wasserhaushaltsgesetzes des Wasserhaushaltsgesetzes sowie Überschwemmungsgebiete gemäß § 76 des Wasserhaushaltsgesetzes,
2.6.7 Gebiete, in denen die in den Rechtsakten der Europäischen Union festgelegten Umweltqualitätsnormen bereits überschritten sind,
2.6.8 Gebiete mit hoher Bevölkerungsdichte, insbesondere Zentrale Orte im Sinne des § 2 Abs. 2 Nr. 2 des Raumordnungsgesetzes,
2.6.9 in amtlichen Listen oder Karten verzeichnete Denkmäler, Denkmalensembles, Bodendenkmäler oder Gebiete, die von der durch die Länder bestimmten Denkmalschutzbehörde als archäologisch bedeutende Landschaften eingestuft worden sind.

Stichwortverzeichnis

Die Zahlen beziehen sich auf die Randnummern

Abbruchgebot
- s. Rückbau- und Entsiegelungsgebot

Abfallbeseitigung § 40, 5

Abfallbeseitigungsanlage § 38, 17

Abfindung § 59, 18 ff.
- Formen der § 59, 22

Abfindung, notwendige § 59, 34

Abfindung zur Erhaltung der Eigentümerstruktur § 59, 39

Abgabenbefreiung § 79, 6
- Ausnahmen § 79, 9
- Steuern § 79, 12
- Verfahren § 79, 19 f.

Abgrabungen § 9, 95; § 29, 22 f.
- Entschädigung § 40, 5

Abhilfe § 4 c, 7

Ablagerungen § 9, 80; § 29, 23; § 40, 5

Ablösevereinbarung § 11, 27

Ablösung § 133, 50 ff.

Abschnittsbildung § 9, 62; § 130, 21

Abstandsflächen § 9, 31

Abstimmungsgebot, interkommunales § 2

Abwägungsdefizit
- s. Abwägungsgebot
- s. Konfliktbewältigung

Abwägungsgebot
- Abwägung öffentlicher und privater Belange § 2, 5; § 214, 19
- s. Eingriffe in Natur u. Landschaft
- s. Konfliktbewältigung
- s. Rücksichtnahmegebot

Abwägungsmängel § 214, 16; § 215, 1, 6

Abwägungsvorgang § 10, 21

Abwasserbeseitigung § 9, 78; § 40, 5

Abwendung § 27, 1 ff.

Ackerbau, Wiesen- und Weidewirtschaft § 201; s. a. Landwirtschaft

Agrarklausel, naturschutzrechtliche § 1 a, 27 a

Agrarstruktur, Verbesserung der § 35, 90

Akteneinsichtsrecht § 3, 13; § 215, 5

Allgemeine Geschäftsbedingungen § 11, 80 ff.

Altenteilerwohnung § 35, 24

Amtshaftungsanspruch § 39, 6, 12; § 40, 5

Änderung des Umlegungsplans § 73, 1 ff.

Anfechtung einer vorzeitigen Besitzeinweisung
- Anordnung der aufschiebenden Wirkung § 224, 2
- Ausschluss der aufschiebenden Wirkung § 224, 1
- Rechtsmittel gegen Anordnungsbeschlüsse § 224, 2

Anfechtung von Ermessensentscheidungen
- Ansprüche auf Geldleistung § 223, 5
- Begriff des Ermessens § 223, 2
- Beurteilungsspielraum der Enteignungsbehörde § 223, 3
- Entscheidungskompetenz der Baulandgerichte § 223, 1
- Ermessen und unbestimmte Rechtsbegriffe § 223, 3
- Ermessensfehler § 223, 2

Anfechtungsklage
- keine aufschiebende Wirkung § 212 a, 1 ff.

Anlage, bauliche § 29, 9
- Änderung § 29, 17
- Bodenrechtliche Relevanz § 29, 14
- Errichtung § 29, 17
- Nutzungsänderung § 29, 20
- Verbindung mit dem Erdboden § 29, 10

Anlagentypen § 9, 18

Anordnungen zur Erforschung des Sachverhalts § 208; s. Untersuchungsgrundsatz

Anpflanzungen § 9, 150 ff.

Anschluss- und Benutzungszwang § 9, 138

Anteilsgleiche Zuteilung § 57, 4; § 58, 3

Antrag auf gerichtliche Entscheidung
- Adressat des § 217, 7
- Antragsbefugnis § 217, 6
- Antragsfrist § 217, 8
- Antragsziel § 217, 5
- Anwaltszwang § 222, 1, 4 f.
- Beteiligte § 222, 2
- einzelne Zuständigkeiten der Baulandgerichte § 217, 3
- Entscheidung über den – s. Urteil
- Entscheidungskompetenz der Baulandgerichte s. Anfechtung von Ermessensentscheidungen, Anfechtung einer vorzeitigen Besitzeinweisung

1587

Stichwortverzeichnis

- Formerfordernis § 217, 9
- gleichzeitige Verhandlung und Entscheidung § 221, 4
- Rechtswirkung des -s § 217, 11
- sachliche Zuständigkeit der Baulandgerichte § 217, 2
- Urteil § 226; s. Urteil
- Versäumung der Antragsfrist s. Wiedereinsetzung in den vorigen Stand
- Vorlage durch die Behörde § 217, 10
- Zuständigkeit kraft Sachzusammenhangs § 217, 4

Art der baulichen Nutzung § 9, 12; Vorb. zu den §§ 29–38, 36

Artzuschlag § 131, 66

Aufhebung des Enteignungsbeschlusses
- Antragsberechtigter § 120, 5
- Ausführungsanordnung § 120, 3
- Auskunftsanspruch § 120, 2, 3
- Entscheidung durch Beschluss § 120, 6
- nicht erbrachte Zahlungen § 120, 4
- Rechtsschutz § 120, 7
- Rechtswirkung des unanfechtbaren Aufhebungsbeschlusses § 120, 6
- bei Unanfechtbarkeit § 120, 2

Aufhebung von Miet- oder Pachtland
- Entschädigungsverfahren § 185, 3

Aufhebung von Miet- oder Pachtverhältnissen § 182, 3 ff.
- Beeinträchtigung der Erwerbsgrundlage § 182, 14
- Entschädigung § 185, 1 ff.
- unbebaute Grundstücke § 183, 1 ff.

Aufhebung von Vertragsverhältnissen § 184, 1

Aufschüttungen § 9, 94; § 29, 22 f.; s. Abgrabungen

Ausarbeitung städtebaulicher Planungen § 11, 43

Ausbauprogramm § 132, 19

Ausführungsanordnung
- Antrag auf Erlass der § 117, 1 f.
- Einigung § 110, 5; § 117, 7
- Grundbucheintragung § 117, 11
- Leistung der Entschädigung § 117, 4
- Nachtragsbeschluss § 117, 6
- Rechtsschutz § 117, 12
- Rechtswirkungen der – § 117, 10
- Teileinigung § 117, 8
- Unanfechtbarkeit des Enteignungsbeschlusses § 117, 3
- Verfahren bei Erlass der – § 117, 9
- Vorabentscheidung § 117, 5
- vorzeitige – § 117, 3; s. a. –, vorzeitige
- Wiedereinsetzung in den vorigen Stand § 117, 3

Ausführungsanordnung, vorzeitige
- Erlass § 225, 1, 3
- Rechtsschutz § 225, 4

Ausgleichs- und Ersatzmaßnahmen
- s. Eingriffe in Natur und Landschaft

Ausgleichsbetrag § 154, 1
- Ablösung § 154, 16
- Anrechnung § 155, 1
- Anrechung des Kaufpreises § 155, 7
- Bagatellklausel § 155, 14
- Bemessung § 154, 9
- Eigene Aufwendungen § 155, 5
- Entfallen § 155, 12
- Entstehung § 154, 15
- Erhebung § 154, 19
- Erlass § 155, 23
- Ermittlung anhand des Aufwands § 154, 14a
- Finanzierungsfunktion § 156a, 1
- Rechtsnatur § 154, 6
- Rechtsweg im Streitfall § 155, 25
- Überschussermittlung § 156a, 6
- Umwandlung in Tilgungsdarlehen § 154, 23 ff.
- Verteilung etwaiger Überschüsse § 156a, 2
- Vorauszahlung § 154, 26
- vorzeitige Festsetzung § 154, 17

Ausgleichsbetragspflichtiger § 154, 7

Ausgleichsfläche § 55, 23

Ausgleichsflächen § 9, 160 ff.

Ausgleichsmaßnahmen § 9, 90, 160 ff.

Auskunftspflicht § 48, 20

Auslagen § 79, 11

Ausländische Stellen § 4a, 1 ff.

Ausnahme
- Voraussetzungen § 31, 11 ff.

Ausnahme
- Anwendungsbereich § 31, 5
- Einvernehmen der Gemeinde § 31, 16
- Ermessen § 31, 19
- Nebenbestimmungen § 31, 20
- Wahrung des Regel-Ausnahme-Verhältnisses § 31, 14

Ausnahmen Vorb. zu den §§ 29–38, 62

Ausnahmevorbehalt § 31, 11
- hinreichende Bestimmtheit § 31, 12

Ausschlussfläche § 35, 114

Außenbereich Vorb. zu den §§ 29–38, 5; § 35, 2
- Ausführung von Vorhaben § 35, 179
- Einzelfälle § 35, 67
- Sicherung der Nutzung § 35, 185
- Zulässigkeit sonstiger Vorhaben § 35, 63 ff.

Außenbereichsbebauung, benachbarte § 34, 51

Außenbereichssatzung § 35, 171 ff.
- Überleitung § 244, 1

Stichwortverzeichnis

Baudispensvertrag § 31, 48
Bauerwartungsland § 194, 9
Baufreiheit § 42, 3
Baugebot
– als Enteignungszweck § 85, 6; § 87, 5
Baugenehmigung § 36, 2
Baugesuch, Zurückstellung
– Entschädigung s. Entschädigung
Baugrenze § 9, 27
Baukultur § 1, 46b
Baulandkataster § 200, 1, 8f.
Baulandsachen
– Anwaltszwang § 222, 4
– Baulandverfahren Vorbem. §§ 217–232, 2, 4; § 221, 1
– Berufung § 229, 2
– Beschwerde § 229, 3
– Bestellung zum Mitglied einer Baulandkammer § 220, 3
– Beteiligte in – § 222, 1, 2
– Einzelrichter in Baulandverfahren § 220, 4
– historischer Bezug Vorbem. §§ 217–232, 1 ff.
– Kosten s. Kosten im Baulandverfahren
– neue Länder Vorbem. §§ 217–232, 3
– örtliche Zuständigkeit der Kammern für – § 219, 1 f.; § 220, 2
– Rechtsschutz gegen Verwaltungsakte in – Vorbem. §§ 217–232, 3; § 217, 2
– Rechtsstellung der Beteiligten in – § 222, 3
– Revision § 230; s. a. Antrag auf gerichtliche Entscheidung
– Urteile in – s. Urteile
– Verfahrensgrundsätze § 221, 2
– verschiedener Landgerichtsbezirke § 220, 2
– vertretungsberechtigte Anwälte § 222, 5
– Zusammensetzung der Kammern für – § 220, 1
– Zuständigkeit der Baulandgerichte Vorbem. §§ 217–232, 2; § 217, 1; § 219, 1 f.; § 220, 2; § 232, 1 ff.; s. a. Antrag auf gerichtliche Entscheidung
Baulast § 61, 14
Bauleitpläne
– gerichtliche Kontrolle § 223, 4
Bauleitplanung
– Änderung, Ergänzung u. Aufhebung von Bauleitplänen § 2, 6; § 3, 21 f.
– Anspruch auf Planaufstellung § 2, 21
– Aufstellung von Bauleitplänen § 2, 2
– Aufstellungsbeschluss § 2, 4
– Aufstellungsverfahren § 2, 6
– Außerkrafttreten von Bebauungsplänen § 2, 6
– Beschleunigung § 4b, 5
– Beteiligung – s. Bürgerbeteiligung

– bei Bildung von Planungsverbänden § 204, 11 ff.
– Einschaltung eines Dritten § 4b
– und Fachplanung § 38, 1
– Fachplanungen und – § 2, 21
– frühzeitige Behördenbeteiligung § 4, 1
– bei Gebiets- oder Bestandsänderung § 204, 11 ff.
– kommunale Planungshoheit § 2, 7 f.; § 203, 1
– Mitwirkungsverbot für befangene Gemeindevertreter § 2, 3
– nachbargemeindliche Abstimmungspflicht § 2, 9
– Nichtigkeit eines Bebauungsplanes § 2, 20; § 4, 19
– ortsübliche Bekanntmachung § 2, 4
– Planaufstellungsverfahren § 2, 1 ff
– durch Planungsverbände s. Planungsverbände
– Selbstverwaltungsgarantie § 2, 20
– Unwirksamkeit eines Bebauungsplanes § 2, 3, 7, 9; § 3, 14; § 4, 11
– Wirksamkeitsvoraussetzungen Vorbem. §§ 214–216, 1 ff.
– Zuständigkeit § 2, 1, 3 ff.
Bauliche Maßnahmen § 9, 137
Baulinie § 9, 27; § 31, 15
Baumassenzahl § 9, 20
Baunutzungsverordnung Anhang
BauNVO § 34, 59
– Ermächtigungsgrundlage § 9a, 1
Bauordnungsrecht § 29, 27
Baurecht auf Zeit § 9, 165
Baureife § 133, 4
Baureifes Land § 194, 9
Bausubstanz, erhaltenswerte § 35, 132
Bauten, illegale
– Entschädigung § 95, 11
Bauvorhaben
– s. Vorhaben
Bauweise § 9, 25; Vorb. zu den §§ 29–38, 45
– geschlossene § 9, 25
– offene § 9, 25
Beachtlichkeit der Fehler § 4c, 8; § 214, 19
Beauftragte
– s. Sanierungsträger
Bebauung
– Begriff § 34, 4
Bebauungsgenehmigung § 36, 2
Bebauungsplan
– Aufstellungsverfahren § 10, 2 ff.
– Ausfertigung § 10, 33
– Außerkrafttreten § 10, 8
– Begründung § 9, 233
– – Fehlerfolgen § 9, 240
– Bekanntmachung § 10, 34

1589

Stichwortverzeichnis

- beschleunigtes Verfahren § 33, 18
- einfacher – s. auch –, einfacher
- Einsichtnahme § 10, 36 ff.
- Entschädigung s. Festsetzung, entschädigungspflichtige
- Entstehen § 10, 8
- Festsetzung
- – – Bestimmtheit § 9, 6
- – – textliche § 9, 7
- Festsetzungsdauer § 9, 8
- Festsetzungsmittel § 9, 5
- Festsetzungsumfang § 9, 2
- Funktionslosigkeit § 10, 8
- Genehmigung § 10, 27 ff.
- Grenzen § 9, 231 ff.
- Inhalt § 9, 1
- Inkrafttreten § 10, 30
- Inzidentkontrolle § 10, 25
- Inzidentprüfung Vorb. zu den §§ 29–38, 22
- Kennzeichnungen § 9, 222
- nachrichtliche Übernahme § 9, 227 ff.
- Nichtigkeit s. Unwirksamkeit
- Nutzungsänderung und -aufhebung § 42, 5
- planfeststellungsersetzender § 9, 62
- Rechtsnatur § 10, 1 ff.
- Rechtsschutz § 10, 13 ff.
- Stopfunktion § 29, 2
- Überleitung § 244, 1 ff.
- vereinfachtes Verfahren § 33, 18
- verfassungsrechtliche Einordnung § 42, 3
- Verkündung § 10, 30 ff.
- Vermerke § 9, 227 ff.
- Vertrauensschaden s. Vertrauensschaden
- Verwerfungskompetenz § 10, 10

Bebauungsplan, einfacher § 30, 9; § 34, 17; § 35, 10

Bebauungsplan, nicht genehmigungsbedürftig
- Anzeigepflicht § 246, 7

Bebauungsplan, planfeststellungsersetzender § 38, 16

Bebauungsplan, qualifizierter § 30, 1 ff.
- notwendige Festsetzungen § 30, 4 ff.

Bebauungsplan, vorhabenbezogener § 30, 8

Bebauungstiefe § 9, 27

Bebauungszusammenhang § 34, 3 ff.
- Randlage § 34, 13
- Unterbrechung § 34, 7
- Zusammenhang § 34, 7

Bedarfs- und Erschließungsträger
- Erstattungspflicht § 64, 14
- Kostenerstattung § 78, 7

Bedarfsträger, privilegierte § 26, 3 ff.

Befangenheit § 2, 3

Befangenheit von Ratsmitgliedern § 10, 5 ff.

Befreiung § 34, 46
- Abgrenzung zu Ausnahme § 31, 23
- Anwendungsbereich § 31, 5
- Einvernehmen der Gemeinde § 31, 42
- Ermessen § 31, 43
- Funktion § 31, 24
- Grundzüge der Planung § 31, 29
- nachbarliche Interessen § 31, 32
- Nebenbestimmungen § 31, 47
- offenbar nicht beabsichtigte Härte § 31, 40
- städtebauliche Vertretbarkeit § 31, 36
- Vereinbarkeit mit öffentlichen Belangen § 31, 30
- Voraussetzungen § 31, 27 ff.

Befreiungen Vorb. zu den §§ 29–38, 63

Behördenbeteiligung
- allgemein § 4, 1 f.; § 4a
- Benachrichtigung § 3, 15; § 4, 2
- Beteiligungsberechtigte § 4, 3
- Beteiligungsverfahren § 4, 3 ff., 8, 22
- Frist § 4, 5
- frühzeitige – § 2, 2; § 4, 4
- grenzüberschreitende Unterrichtung § 4a, 7, 10
- Koordinierungsfunktion § 4, 2
- Stellungnahme der Beteiligungsberechtigten § 3, 21; § 4, 5
- vereinfachtes Verfahren/Bürgerbeteiligung § 3, 21
- als Wirksamkeitsvorraussetzung § 214, 5

Beitrittsgebiet
- Vorverfahren § 212, 2
- VwVfG Vorbem. §§ 200–216, 2

Bekanntmachung § 72, 1

Bekanntmachung, ortsübliche § 50, 1

Belange der Verfassungsorgane § 247, 5
- Berücksichtigung § 247, 12
- Konfliktlösung § 247, 9

Belange, öffentliche § 35, 68
- Begriff § 35, 72

Beleuchtungseinrichtung § 128, 31

Bepflanzungen § 41, 1, 7 ff.

Berücksichtigung § 38, 10

Berufung
- s. Baulandsachen

Beschwerde
- s. Baulandsachen

Besitzeinweisung § 72, 6; § 83, 2

Besitzeinweisung, vorzeitige § 77, 1
- Anfechtung s. Anfechtung einer vorzeitigen Besitzeinweisung
- Aufhebung der -n § 116, 11
- Beweissicherung § 116, 10
- als enteignungsrechtliches Institut § 116, 1
- Entschädigungspflicht bei Aufhebung der -n § 116, 12
- Entscheidung über den Antrag § 116, 3

Stichwortverzeichnis

- Ermessen der Enteignungsbehörde § 116, 4
- Flächen für öffentliche Nutzung § 77, 4 ff.
- materielle Voraussetzungen § 116, 4
- privat nutzbare Flächen § 77, 9
- in Rechte § 116, 2
- Rechtsfolgen § 116, 1, 7
- Rechtsschutz § 77, 21; § 116, 13; s. a. Anfechtung einer vorzeitigen Besitzeinweisung
- gegen Sicherheitsleistung § 116, 5
- Sonderentschädigung § 116, 9
- Verfahren § 77, 14; § 116, 6
- Verzinsung der Hauptentschädigung § 116, 8
- Vollstreckungstitel § 122, 4
- Voraussetzungen § 77, 2 ff.
- Wohl der Allgemeinheit § 77, 3
- Zuständigkeit § 77, 20

Besondere Nutzungszwecke § 9, 52
Besondere sanierungsrechtliche Vorschriften
- Anwendungsbereich § 152, 1 f.

Bestandkarte
- Auslegung § 53, 8

Bestandskarte § 53, 3
- Rechtsschutz § 53, 13

Bestandsschutz § 35, 186 ff.
- als Grenze der Nutzungsänderung § 42, 5

Bestandsschutz, erweiterter § 34, 73 ff.

Bestandsverzeichnis § 53, 5
- Auslegung § 53, 8
- Rechtsschutz § 53, 13

Bestandteile des Grundstücks § 61, 10
Bestandteilseigenschaft § 83, 6
Beteiligte
- Begriff § 48, 1

Beteiligte am Enteignungsverfahren
- kraft Anmeldung § 106, 3
- Anmeldung von Rechten § 106, 5
- Entstehen der Beteiligteneigenschaft § 106, 4, 5
- kraft Gesetzes § 106, 2

Beteiligter im Verfahren vor den Kammern für Baulandsachen
- Begriff, Rechtsstellung § 222, 2, 3
- Säumnis § 227

Beteiligung der Träger öffentlicher Belange
- s. Behördenbeteiligung

Beteiligungsrechte
- Verletzung von Vorb. zu den §§ 29–38, 21

Beteiligungsverfahren
- Einsatz von Mediation § 4b, 2
- Verfahren der Behördenbeteiligung § 4a, 13
- Verfahren der Öffentlichkeitsbeteiligung § 4a, 14

Betreten von Grundstücken und Wohnungen § 209, 2
Betrieb § 35, 13
- Dienen § 35, 19
- mitgezogene Nutzung § 35, 14 ff.
- Ortsgebundenheit § 35, 28

Betrieb, gewerblicher
- Erweiterung § 35, 160

Betriebsfläche, untergeordneter Teil der § 35, 22
Betriebszeitenregelung § 31, 20
Betriebszeitenregelungen § 9, 145
Bevölkerungsschutz, ziviler
- s. Bedarfsträger, privilegierte

Binnenfischerei
- s. Fischerei

Biomasseanlage § 35, 47
- Anlagenbegriff § 35, 47
- Leistungsgrenzwert § 35, 51
- Nutzung im Rahmen des Betriebs § 35, 49
- räumlich-funktionaler Zusammenhang § 35, 52

Biotopschutz § 29, 32
Boden § 9, 111
Bodenkontamination § 9, 224
Bodenrichtwerte § 196, 1 f.
- Bekanntmachung § 196, 7
- Ermittlung § 196, 3

Bodensanierung § 11, 17
Bodenschätze
- Entschädigung § 40, 5
- s. a. Abgrabungen

Bodenuntersuchung § 209
Bodenverkehrsgenehmigung
- s. Teilgenehmigung

Bodenwerterhöhung § 153, 1
Bodenwertermittlung § 57, 7
- und Erschließungsbeitrag § 57, 19

Böschungen § 9, 157
Bruchteilsbestimmung § 62, 5
Bundesbodenschutzgesetz
- s. Bodenschutz

Bundesgrenzschutz
- s. Bedarfsträger, privilegierte

Bundesnaturschutzgesetz § 243; s. a. Naturschutz

Bürgerbeteiligung
- s. Öffentlichkeitsbeteiligung

Business Improvement District (BID) § 171f, 2

Datenschutz
- Bürgerbeteiligung und – § 3, 5
- Sozialplan und – § 180, 8, 10

DDR, ehem.
- s. Beitrittsgebiet

1591

Stichwortverzeichnis

Denkmalschutz § 35, 85
- u. Erhaltungssatzung § 85, 10

Deutsche Bahn AG § 4, 3; § 205, 2
Deutsche Post AG § 4, 3; § 205, 2
Deutsche Postbank AG § 4, 3; § 205, 2
Dienen § 35, 19, 32
Dienstbarkeiten § 41, 1, 3
Dispens, versteckter § 31, 49
Drittschutz
- und Ausnahme § 31, 21

Drittschutz, bauplanungsrechtlicher Vorb. zu den §§ 29–38, 14 ff.
Durchführung, Sanierung und Entwicklung
- s. Baumaßnahmen
- s. Ordnungsmaßnahmen

Eigenanteil der Gemeinde § 129, 28 ff.
Eigenart der näheren Umgebung § 34, 20 ff.
- Eigenart § 34, 22
- nähere Umgebung § 34, 21

Eigentumsrechtlich verfestigte Anspruchsposition § 35, 186
Einfügen § 34, 25 ff.
- Art der baulichen Nutzung § 34, 27
- gesetzlich zugelassene Abweichungen § 34, 72
- Maß der baulichen Nutzung § 34, 28
- Planungserfordernis § 34, 33
- trotz Abweichungen § 34, 30
- überbaubare Grundstücksfläche § 34, 29

Einfügen in den Gebietscharakter § 30, 28
Eingeschränkte gerichtliche Überprüfbarkeit § 214, 6
Eingriff in Natur und Landschaft § 9, 89, 104, 160; § 11, 47
Eingriffsrechte § 209; s. a. Untersuchungsgrundsatz
Eingriffsregelung, naturschutzrechtliche § 29, 29; § 30, 14; § 34, 97
Einheimischenmodell § 11, 51
Einigung im Baulandverfahren § 231
Einigung im Enteignungsverfahren
- Ausführungsanordnung bei – § 117, 6
- und Bebauungsplan § 110, 1
- Form § 110, 4
- öffentlich-rechtlicher Vertrag § 110, 2
- privatrechtliche Einigung § 110, 3
- Vollmacht § 110, 4

Einkaufszentrum § 34, 66
Einleitung des Enteignungsverfahrens
- Gang der mündlichen Verhandlung § 108, 8
- Inhalt der Ladung § 108, 5
- Ladung § 108, 4
- Mitteilungen § 108, 7

- öffentliche Bekanntmachung § 108, 6; s. a. Genehmigungspflicht
- Rechtsschutz § 108, 9
- Überblick § 108, 1, 2
- vorzeitige – § 108, 3

Einvernehmen der Gemeinde § 36, 5 ff.
- Ermessen § 36, 6
- Ersetzung § 36, 14
- Fiktion § 36, 22
- Frist und Form § 36, 21
- Rechtsschutz § 36, 24
- Rechtswirkungen § 36, 5
- Rücknahme § 36, 8
- Überwindung nach § 37 § 37, 5
- Versagungsgründe § 36, 13
- Widerruf § 36, 8
- Zustimmung der höheren Verwaltungsbehörde § 36, 19

Einvernehmen, gemeindliches § 31, 42
Einwurfsfläche § 57, 10
Einzelhandel § 9, 18
Einzelhandel, großflächiger § 34, 55, 66
Einzelhandelskonzept § 9, 179; § 34, 69
Emissionsgrenzwert § 9, 146
Energetische Qualität von Gebäuden § 11, 62
Enteignung
- administrativ – Vorbem. §§ 39–44, 3, 5; Vorbem. §§ 85–122, 2
- Aufopferungs- Vorbem. §§ 85–122, 7
- Bebauungsplan u. – Vorbem. §§ 39–44, 4; § 85, 2
- Einigung zwischen den Beteiligten s. Einigung
- enteignender Eingriff Vorbem. §§ 85–122, 9
- Enteignungsbegriff Vorbem. §§ 85–122, 1 ff.
- Enteignungsentschädigungsgrundsätze § 18, 3; Vorbem. §§ 85–122, 12
- enteignungsgleicher Eingriff § 18, 4, 5; Vorbem. §§ 85–122, 8
- förmliches -sverfahren Vorbem. §§ 85–122, 13
- Inhaltsbestimmung Vorbem. §§ 85–122, 4
- klassische – Vorbem. §§ 85–122, 6
- legal – Vorbem. §§ 39–44, 5; §§ 85–122, 3
- u. Nebenberechtigte s. Rechte der Nebenberechtigten
- planakzessorische § 85, 2
- Planungsschadensrecht Vorbem. §§ 39–44, 1 ff.
- transitorische Vorbem. §§ 85–122, 10; § 85, 2; § 87, 8
- Überleitungsrecht Vorbem. §§ 85–122, 14
- zugunsten Privater § 87, 2

Stichwortverzeichnis

- Zulässigkeit Vorbem. §§ 85–122, 1, 11; § 87
- Zweck § 85, 1 ff.

Enteignung, Umfang
- Antrag auf Übernahme § 92, 6
- Ausdehnung der – auf Zubehör § 92, 5
- Belastung statt Vollentzug § 92, 2
- des Restgrundstücks, Restbesitzes § 92, 4
- Übermaßverbot § 92, 1; s. Übermaßverbot
- Übernahmeverlangen des Eigentümers § 92, 3

Enteignung von Grundstücken zur Entschädigung in Land
- Enteignungsverbot § 90, 3
- Entschädigungsverpflichteter § 94, 4
- Ersatzlandenteignung § 90, 1
- Verbot der Kettenersatzlandenteignung § 90, 5
- Voraussetzungen § 90, 2

Enteignung, Zulässigkeit
- angemessenes Ersatzlandangebot § 87, 6
- freihändiger Erwerb § 87, 6
- gemeindliches -sprivileg § 87, 9
- Gemeinwohl u. Abwägungsgebot § 87, 3
- Gemeinwohlgebot § 87, 2, 3
- Glaubhaftmachung des Verwendungszwecks § 87, 7
- Novelle 76 § 87, 8
- Planenteignung Vorbem. §§ 39–44, 6
- und Plangebotverwirklichung § 87, 5
- -svoraussetzungen und Beurteilungsspielraum § 87, 10
- Übermaßverbot § 87, 4; s. Übermaßverbot
- zugunsten Privater § 87, 2
- aus zwingenden städtebaulichen Gründen § 88, 1, 2
- s. a. -sgegenstand
- s. a. -szwecke

Enteignungsbeschluss
- Aufhebung des -sses § 120; s. a. Aufhebung des Enteignungsbeschlusses
- Ausführung des -sses s. Ausführungsanordnung
- u. Ausführungsanordnung § 112, 2
- Beschränkung des -sses bei Teileinigung oder Vorabentscheidung § 113, 4
- Entscheidung über die übrigen gestellten Anträge § 112, 4
- Entscheidungsgrundlage § 112, 2
- Form, Inhalt des stattgebenden -sses § 112, 4, 5
- Mitteilung an das Vollstreckungsgericht § 113, 6
- Nachtragsbeschluss § 113, 5
- Überblick § 112, 1; § 113, 1
- verfahrensrechtliche Anforderungen § 113, 2, 3

- Verwendungsfrist s. Verwendungsfrist
- Vollstreckungstitel § 112, 3
- Vorabentscheidung § 112, 6; § 113, 4
- Vorauszahlung an den Berechtigten § 112, 6
- Zustellung § 113, 2
- und Zwangsvollstreckung s. Zwangsvollstreckung

Enteignungsentschädigung
- Art der – s. Entschädigung in Geld, Entschädigung in Land, Entschädigung durch Gewährung anderer Rechte
- Einschränkung der Privatnützigkeit § 41, 2
- Entschädigungsberechtigter § 40, 4; § 41, 1; § 94, 1, 2
- Entschädigungsverpflichteter § 18, 11; § 94, 1, 3, 4
- für Folgeschäden s. Folgeschäden
- Höhe § 18, 10; § 93, 2
- Mitverschulden § 93, 7
- für Rückenteignung § 103; s. a. Rückenteignung
- Schadensersatz § 93, 4
- Überblick § 93, 1
- durch Übernahmeanspruch § 40, 3, 8, 10, 12, 13; § 41, 2
- Umfang § 93, 5
- verfassungsrechtlicher Bezug § 93, 2
- Verkehrswertschädigung § 93, 2, 3; § 95, 1, 2; s. Verkehrswertentschädigung
- Vorteilsausgleichung § 93, 6
- Vorwirkung Vorbem. §§ 39–44, 7; § 87, 3; § 95, 5
- Zeitpunkt der Qualitätsbestimmung § 93, 8; § 95, 3

Enteignungsgegenstand
- dingliche Rechte § 86, 4
- Grundstückseigentum § 86, 2, 3
- obligatorische Rechte § 86, 5, 7
- Überblick § 86, 1
- Zubehör und Scheinbestandteile § 86, 6

Enteignungsgleicher Eingriff § 18, 4; Vorbem. §§ 85–122, 8; § 232, 3

Enteignungsverfahren
- Antragsbefugnis § 105, 2
- Beteiligte s. Beteiligter am –
- Einigung der Beteiligten s. Volleinigung, Teileinigung
- Einleitung § 105, 1; s. Einleitung des -s
- Einreichung des Enteignungsantrags § 105, 4
- Enteignungsantrag § 105, 1, 3; § 107, 7
- Enteignungsbehörde § 104, 1
- Enteignungsbeschluss s. Enteignungsbeschluss
- Kosten s. Kosten des -s
- Mitwirkung ehrenamtlicher Beisitzer § 104, 2

1593

Stichwortverzeichnis

- mündliche Verhandlung s. Enteignungsverfahren, mündliche Verhandlung
- Rechtsschutz § 87, 10; § 105, 4
- vorbereitendes Verfahren § 105, 1, 4; s. vorbereitendes Verfahren
- Zweistufigkeit des -s § 105, 1
- bei zwingenden städtebaulichen Gründen § 88

Enteignungsverfahren, mündliche Verhandlung
- Ablehnung des Antrags § 107, 7
- Amtsermittlungsgrundsatz § 107, 3; § 112, 3
- Anberaumung des Termins § 108, 1 f.
- Anhörungsrechte § 107, 4
- Beschleunigungsgrundsatz § 107, 2
- Beteiligung der Landwirtschaftsbehörde § 107, 4
- Gang der mündlichen Verhandlung § 108, 8
- Inhalt der Ladung § 108, 5
- Rechtsschutz § 107, 8; § 108, 9
- Verbindung von Verfahren § 107, 6
- Wertermittlung durch Gutachten § 107, 5

Enteignungszwecke
- Denkmalschutz § 85, 9
- Ersatzlandbeschaffung § 85, 4; s. a. Enteignung von Grundstücken zur Entschädigung in Land
- Ersatzrechtsentscheidung § 85, 5, 9
- Gebäudeerhaltung § 85, 6
- planakzessorische Enteignung § 85, 2
- sonstige Enteignungstatbestände § 85, 6
- Sperrwirkung § 85, 7
- unbeplante Grundstücke im Innenbereich § 85, 3; § 87, 3
- zwingende städtebauliche Gründe § 88

Entgegenstehen öffentlicher Belange § 35, 6

Entschädigung
- für Administrativenteignungen in Planungszusammenhängen Vorbem. §§ 39–44, 7
- für andere Vermögensnachteile s. Folgeschäden
- bei Änderung oder Aufhebung einer zulässigen Nutzung s. Nutzung, zulässige, Entschädigung bei Änderung und Aufhebung
- bei Bindung für Bepflanzungen s. Festsetzung, Bepflanzungen
- bei Eingriff in den Gewerbebetrieb § 18, 10; § 42, 8; § 96, 4, 7
- bei Eingriffsmaßnahmen § 209, 4
- bei Enteignungen s. Enteignungsentschädigung
- für Festsetzungen s. Festsetzungen, entschädigungspflichtige
- für Festsetzungen für Geh-, Fahr- und Leitungsrecht s. Festsetzungen Geh-, Fahr- und Leitungsrechte
- in Geld § 40; § 99; s. a. Entschädigung in Geld
- für Legalenteignung Vorbem. §§ 39–44, 5
- Novelle 76 Vorbem. §§ 39–44, 4
- für planerische Eingriffe Vorbem. §§ 39–44, 3, 5
- Planrechtfertigung Vorbem. §§ 39–44, 7, 8
- Planungsschadensrecht Vorbem. §§ 39–44, 2, 3, 6 ff.
- Rechte des Eigentümers Vorbem. §§ 39–44, 9
- für Rechtsverlust s. Verkehrswertentschädigung
- für Rückenteignung § 103; s. a. Rückenteignung
- im Spekulationsfall § 40, 8
- Übersicht Vorbem. §§ 39–44, 2
- bei Veränderungssperren § 18; s. a. Entschädigung bei Veränderungssperren
- für Vertrauensschaden s. Vertrauensschaden
- und Wiedereinsetzung in den vorigen Stand § 210, 6
- wegen zu niedriger Rotwildabschusspläne § 96, 9
- Zulässigkeit der Planenteignung Vorbem. §§ 39–44, 6
- bei Zurückstellung von Baugesuchen § 18, 6

Entschädigung bei Veränderungssperre
- Angemessenheit der Entschädigung § 18, 10
- im Außenbereich § 18, 5
- bei enteignungsgleichem Eingriff § 18, 1
- faktische Bausperre § 18, 7
- Fälligkeit § 18, 11
- förmliche - § 18, 5
- Frist § 18, 3, 9
- und Nutzungsänderung § 42, 10
- Systematik § 18, 1 f.
- und Verkehrswertentschädigung § 95, 7
- Zinsen § 18, 11
- Zurückstellungen § 18, 6

Entschädigung durch Gewährung anderer Rechte
- Antrag § 101, 2
- Art der Entschädigung § 101, 4
- Überblick § 101, 1
- Verfahren bei der – s. Verfahren bei –
- Voraussetzungen § 101, 3
- Wertunterschied § 101, 5

Entschädigung in Geld Vorbem. §§ 39–44, 1, 3; § 40; § 41, 10; § 42, 14; § 99
- abweichende vertragliche Vereinbarung § 99, 1

Stichwortverzeichnis

- Arten der Entschädigung § 99, 1
- einmaliger Geldbetrag § 99, 2
- Erbbauzins § 99, 4
- bei Festsetzung von Bepflanzung § 41, 1
- Verzinsung der Enteignungsentschädigung s. § 99, 5
- Verzinsung einmaliger Entschädigungsbeträge § 99, 6
- wiederkehrende Leistungen § 99, 3
- Zinsen und Vorteilsausgleichung § 99, 6
- Zinspflicht, Zinseszinsen § 99, 6

Entschädigung in Land
- Anspruch auf – § 100, 1, 2
- Antrag § 100, 2
- Antragsberechtigter § 100, 3, 4
- Aufwendungsersatz bei Selbsterwerb § 100, 12
- Ausgleich des Wertunterschieds § 100, 9
- Bereitstellung geeigneter Flächen § 100, 5
- aus Billigkeitsgründen § 100, 8
- Eigentümer von Eigenheimen und Kleinsiedlungsstätten § 100, 4
- Ersatzlandbewertung § 100, 9
- Ersatzrechte statt Land § 100, 11
- Nebenberechtigte § 100, 9
- Überblick § 100, 1
- Umfang des Anspruchs auf – § 100, 6
- Verwendungszweck und -frist § 100, 7

Entschädigungsanspruch
- Ausschlussgrund § 41, 2
- Entstehen § 44, 5
- Erlöschen § 44, 8
- Fälligkeit § 44, 6
- Hinweispflicht § 44, 9
- Verzinsung § 44, 7

Entschädigungsberechtigter § 39, 2; § 41, 1; § 94, 1

Entschädigungspflichtiger
- bei Enteignung § 94, 3f.
- Entschädigungspflicht der Gemeinde § 44, 1, 3
- Entschädigungspflicht des Begünstigten § 44, 2
- Entschädigungspflicht des Veranlassers § 44, 4
- im Planungsschadensrecht § 39, 2; § 44, 1ff.

Entschädigungsverfahren
- Ausschluss von Verzögerungsgewinnen § 43, 8, 9
- nicht zu entschädigende Bodenwerte § 43, 6, 7
- bei Geldentschädigung § 43, 3
- Harmonisierungsklausel § 43, 5
- im Planungsschadensrecht § 43, 1
- Subsidiaritätsklausel § 43, 4
- bei Übernahmeanspruch oder Begründung eines Rechts § 43, 2

Entwässerungseinrichtung § 128, 31
Entwicklungskonzept § 171e, 22ff.
Entwicklungskonzepte, städtebauliche
- Einzelhandelskonzept § 5, 13, 17i
- Klimaschutz- und Energiekonzepte § 5, 17a ff.

Entwicklungsmaßnahme
- s. städtebauliche Entwicklungsmaßnahme

Entwicklungssatzung § 34, 84
- Überleitung § 244, 1

Entwidmung § 72, 4

Erbbaurecht
- Vorkaufsrecht § 24, 19

Ergänzendes Verfahren Vorbem. §§ 214–216, 2; § 214, 1, 19

Ergänzungssatzung § 34, 88
- Überleitung § 244, 1

Erhaltungssatzung § 24, 11
Erklärung, zusammenfassende § 10, 45
Erlass § 135, 19
Erneuerbare Energien § 5, 1; § 9, 136; § 11, 61

Ersatzbau § 35, 141
- für zerstörtes Gebäude § 35, 149

Ersatzland § 61, 2
Ersatzmaßnahme § 200e; s. a. Eingriffe in Natur und Landschaft

Ersatzraumklausel § 182, 12
Ersatzrechtsenteignung
- Rückenteignung § 102; s. Rückenteignung
- Zulässigkeit § 91

Ersatzrechtsentschädigung
- des Eigentümers § 101
- des Nebenberechtigten § 97, 3; § 100, 10

Erschließung
- Anspruch auf § 30, 27
- Bedeutung Vorb. zu den §§ 123–135, 5
- Begriff § 30, 19; Vorb. zu den §§ 123–135, 6
- Duldungspflicht des Eigentümers § 126, 1
- Kennzeichnungspflicht des Eigentümers § 126, 7
- Rechtsanspruch § 124, 1
- Schadensbeseitigungspflicht § 126, 5
- und zulässige Nutzung § 42, 4

Erschließung, ausreichende § 35, 7
Erschließung, gesicherte § 30, 18ff.; § 34, 34; § 35, 64
- Begriff § 35, 7

Erschließungsangebot § 35, 65
Erschließungsanlage § 123, 5; § 127, 10ff.
- abweichende Herstellung § 242, 3
- endgültige Herstellung § 133, 19
- erstmalige Herstellung § 128, 17
-- Erstmaligkeit § 128, 26
-- Herstellung § 128, 18
- Erweiterung § 128, 38

1595

Stichwortverzeichnis

- Herstellung § 125, 1
- Planerfordernis § 125, 1 ff.
- Planüberschreitung § 125, 8
- Planunterschreitung § 125, 7
- sonstige § 127, 49
- Straße § 127, 16
- Unterhaltung § 123, 10
- Verbesserung § 128, 38
- vom Eigentümer hergestellte § 129, 24

Erschließungsanlage, selbstständige § 123, 11

Erschließungsanlage, vorhandene
- Überleitungsregelung § 242, 1

Erschließungsaufwand § 128, 1
- Begriff § 127, 2
- Ermittlungsraum § 131, 2
- umlagefähiger Aufwand § 131, 1
- Verteilung § 131, 1 ff.

Erschließungsaufwand, beitragsfähiger § 129, 1
- Eigenanteil der Gemeinde § 129, 28 ff.
- Erforderlichkeit § 129, 8
- Ermittlungsart § 130, 1 ff.
- Ermittlungsraum § 130, 18 ff.
- – Bestimmung des § 130, 42
- Flächenbezug § 129, 2
- keine anderweitige Deckung § 129, 18 ff.
- Kreuzungen und Einmündungen § 130, 37
- Vermeidung von Doppelbelastungen § 129, 33
- zulässige Nutzung § 129, 4

Erschließungsbeitrag § 127, 1 ff.
- Erhebungspflicht § 127, 7
- Kostenspaltung § 127, 40
- Objektbegrenzung § 127, 5
- öffentliche Last § 134, 20
- Planerfordernis § 125, 4
- Vorteil § 127, 4

Erschließungsbeitragspflicht
- Ablösung § 133, 50
- Beitragspflichtiger § 134, 1 ff.
- – Zeitpunkt der Bestimmung § 134, 10
- Entstehung § 133, 15
- Erforderlichkeit § 132, 1
- Erlass § 135, 19
- Fälligkeit § 135, 1
- Freistellung § 135, 24
- Gegenstand § 133, 1
- landesrechtliche Billigkeitsregelungen § 135, 27
- Ratenzahlung § 135, 8
- Stundung § 135, 11
- Übernahme der Erschließungsanlage § 133, 25
- Verfahren der Beitragserhebung § 134, 18
- Verjährung § 135, 30
- Verrentung § 135, 16
- Verwirkung § 135, 31
- Vollstreckung § 135, 38
- Vorausleistungen § 133, 27 ff.
- Zahlungsweise § 135, 4
- Zinsen und Säumniszuschlag § 135, 33 ff.

Erschließungsbeitragsrecht
- Gesetzgebungskompetenz Vorb. zu den §§ 123–135, 8

Erschließungsbeitragssatzung
- Änderung und Ergänzung § 132, 8
- Ausfertigung § 132, 7
- Genehmigung § 132, 6
- Heilung von Erschließungsbeitragsbescheiden § 132, 35
- notwendiger Inhalt § 132, 12
- Rückwirkung § 132, 34
- zulässiger Inhalt § 132, 25
- Zustandekommen § 132, 4 ff.
- Zuständigkeit § 132, 4

Erschließungseinheit § 130, 27
- Funktionszusammenhang § 130, 28 f.

Erschließungskosten § 128, 3 ff.
- ausgeschlossene Kosten § 128, 42
- Freilegung § 128, 15
- Grunderwerb § 128, 4
- Grundstücksbereitstellung § 128, 10
- Personal und Kapital § 128, 40

Erschließungslast § 11, 19; § 123, 1
- Träger § 123, 2 f.

Erschließungspflicht § 11, 19; § 123, 4; § 124, 2
- ohne Angebot § 124, 7
- Rechtsfolgen § 124, 13
- zumutbares Angebot § 124, 2

Erschließungsvertrag § 11, 18 ff.
- Abgrenzung § 11, 25 ff.
- Kostentragung § 11, 36
- räumlicher und sachlicher Umfang § 11, 22
- Rechtsnatur § 11, 31
- Regimeentscheidung § 11, 21
- steuerliche Behandlung § 11, 41
- Überleitungsregelung § 242, 10
- Übertragung der Durchführung § 11, 33
- Vertragspartner § 11, 34

Erschließungsvorteil § 131, 42

Erschlossensein § 131, 4
- Höhenunterschied § 131, 8
- tatsächliches Hindernis § 131, 8
- Umfang des § 131, 15
- Zeitpunkt § 131, 25

Erschütterungen Vorb. zu den §§ 29–38, 55

Ersetzung des Einvernehmens § 36, 14

Ertragswertverfahren § 194, 13

Erwerbsobstbau § 201, 5

Stichwortverzeichnis

Fachpläne § 35, 77
Fachplanung
- und Bauleitplanung § 38, 1
- Richtlinienumsetzung § 2, 7

Fachplanung, privilegierte § 38, 14
Factory Outlet Center § 2, 23
Ferienwohnung § 35, 15
Festsetzung
- Geltungsdauer § 9, 165
- landesrechtliche § 9, 216
- Überlagerung § 9, 56, 93

Festsetzungen
- Verhältnis zu Bauordnungsrecht § 30, 17

Festsetzungen, Bepflanzungen
- besondere Aufwendungen § 41, 8
- Entschädigungsanspruch, Voraussetzungen § 41, 7–9
- Geldentschädigung § 41, 10

Festsetzungen, entschädigungspflichtige
- Ausnahmen von der Entschädigungspflicht § 40, 7
- entschädigungspflichtige – § 40, 5
- Geldentschädigung § 40, 12
- Miteigentum statt Übernahme § 40, 11
- Novelle 76 § 3
- Sanierungsgebiet § 18, 2, 7
- Überblick § 40, 1, 2
- Übernahmeanspruch § 40, 8
- Übernahmeanspruch und Entschädigungspflicht § 40, 3
- Übernahmeanspruch und Nutzungsbeschränkungen § 40, 10
- und unwirksamer Bebauungsplan § 40, 5
- Vermögensnachteil § 40, 6
- Verweisung auf Übernahme § 40, 13
- wirtschaftliche Unzumutbarkeit § 40, 8, 9

Festsetzungen, Geh-, Fahr- und Leitungsrechte
- Ausschluss der Entschädigung § 41, 6
- und Erschließung § 42, 4
- örtliche Leitungen § 41, 5
- Quasiübernahmeanspruch § 41, 2
- Quasiübernahmeanspruch, Inhalt § 41, 4
- Quasiübernahmeanspruch, Voraussetzungen § 41, 3
- Überblick § 41, 1
- verfassungsrechtliche Entschädigungspflicht § 41, 2

Festsetzungen, nachbarschützende Vorb. zu den §§ 29–38, 33
Fischerei § 201, 6
Flächenbeitrag § 58, 4 ff.
- und Erschließungsbeitrag § 58, 12
- Ersetzung durch Geldbeitrag § 58, 13
- und Flächenabzug § 58, 9

Flächenmaßstab § 56, 6

Flächennutzungsplan § 35, 114
- alternative Energien § 5, 1
- Befangenheit der Ratsmitglieder s. a. Befangenheit
- Bodennutzungskonzept § 5, 4
- Darstellungen § 34, 42; § 35, 73 ff.; § 249, 11
- Darstellungsform § 5, 10a
- Erläuterungsbericht § 2a, 1
- gemeinsamer – benachbarter Gemeinden s. –, gemeinsamer
- Genehmigung
- – Bekanntmachung § 6, 20 ff.
- – Nebenbestimmungen § 6, 13 ff.
- Genehmigungspflicht § 6, 1
- Genehmigungsverfahren § 6, 7 ff.
- Klimaschutz § 5, 15, 17 a ff.
- Konzentrationsflächen § 249, 6
- räumlicher Teilflächennutzungsplan § 5, 35 e ff.
- regionaler § 204, 1
- Überleitung § 244, 1 ff.
- zentrale Versorgungsbereiche § 5, 17e

Flächennutzungsplan, gemeinsamer
- Aufhebung, Änderung oder Ergänzung § 204, 9
- Aufstellung § 204, 2 ff.
- Aufstellungspflicht § 204, 5
- Aufstellungsverfahren § 204, 8
- benachbarter Gemeinden § 204, 1 ff.
- eingeschränkte Bindungswirkung § 204, 7
- Gebiets- oder Bestandsänderung § 204, 11 ff.
- Planungsverbände § 204, 11 ff.
- Vereinbarung bestimmter Darstellungen § 204, 6

Flächenumlegung § 58, 1
- Bezugszeitpunkt § 58, 17

Flächenverbrauch Einleitung, 62; § 1, 44, 46c; § 1a, 11a

Flüchtlingsunterkünfte, § 246, 10
Folgelastenvertrag § 11, 29
Folgenutzung § 9, 166
Folgeschäden
- Abgrenzung zur Substanzentschädigung § 96, 2
- Begriff § 96, 2
- Betriebsaufgabe § 96, 6
- Betriebsverlagerung(skosten) § 96, 5
- Entschädigung für – § 93, 5; § 96, 1
- Erwerbsverlust § 96, 4, 5
- Gebot der Doppelabwägung § 96, 3
- Gewerbebetrieb § 96, 4 ff.
- Immissionsbelastung § 96, 10
- Lärmschädigung § 96, 10
- Miete u. Pacht § 96, 7

1597

Stichwortverzeichnis

- Teilenteignung von landwirtschaftlich genutzten Flächen § 96, 9
- Teilenteignung von Vorgartenflächen § 96, 12
- Teilenteignungen § 96, 8
- Umzugskosten § 96, 13

Forstwirtschaft § 35, 12
Freistellung § 135, 24
Freizuhaltende Flächen § 9, 55
Fremdenverkehrsfunktion § 22, 2
Fremdenverkehrsort
- Genehmigung § 22, 13 ff.
- – Genehmigungsbehörde § 22, 17
- Genehmigungsvorbehalt § 22, 4

Fremdenverkehrssatzung § 22, 4 ff.
- Begründung § 22, 12
- Bekanntmachung § 22, 10
- räumlicher Geltungsbereich § 22, 6
- Überleitung § 244, 7

Frontmetermaßstab § 56, 9; § 131, 38
Funkstellen § 35, 98
Funktionsschwächensanierung § 43, 7
Funktionsverluste § 171a, 5
Funktionsverluste, klimaschutzbezogene § 171a, 7
Funktionsverluste, strukturbezogene § 171a, 6
Fußweg § 127, 25; § 131, 7

Garage § 40, 5
Gartenbaubetrieb § 35, 27
Gartenbauliche Erzeugung § 201, 5
Gebäude, erhaltenswerte § 35, 153
Gebot der Verteilungsgerechtigkeit § 131, 7
Geh-, Fahr- und Leitungsrechte § 9, 117
Geldabfindung § 60, 1 ff.; § 61, 20
- Bemessung § 61, 5

Geldausgleich § 60, 4; § 61, 20
Geldbeitrag § 58, 13
Gemeinbedarfsflächen § 9, 40
Gemeinde
- Abwehransprüche Vorb. zu den §§ 29–38, 28

Gemeinsame Vorschriften zur Beteiligung § 4a
Gemeinschaftliches Eigentum § 62, 1
Gemeinschaftsanlage § 9, 114, 122; § 61, 18
Gemengelage § 34, 48
Genehmigungs- und Anzeigenverfahren § 216, 1–3
Genehmigungspflicht
- Beginn und Ende der – § 109, 2
- Bekanntmachung über die Einleitung des Enteignungsverfahrens § 109, 1
- Entschädigungspflicht § 109, 5
- Genehmigung mit Nebenbestimmungen § 109, 4
- -ige Rechtsvorgänge, Vorhaben und Teilungen § 109, 3
- Versagung der Genehmigung § 109, 4

Genehmigungsverfahrensbeschleunigungsgesetz § 107, 4, 9
Geordnete städtebauliche Entwicklung § 34, 90
Geschossflächenmaßstab § 131, 60
Geschossflächenzahl § 9, 20
Geschossweise Differenzierung § 9, 215
Gestaltungen von Gebäuden und Freiflächen § 11, 52
Gesunde Wohn- und Arbeitsverhältnisse § 34, 37
Gewerbebetrieb, eingerichteter § 18, 10; § 96, 4
Gewerblich
- Begriff § 35, 31

GIRL Vorb. zu den §§ 29–38, 55
Grenzregelung
- Überleitungsregelung § 239, 1 ff.
- s. vereinfachte Umlegung

Grenzüberschreitende Unterrichtung § 4a
Grünanlage § 55, 25
- Erschließung § 127, 34

Grünanlage, selbständige § 127, 33
Grundbuchberichtigung § 74, 1 ff.
Grundbuchsperre § 22, 18
Grundflächenzahl § 9, 20
Grundrechte Vorb. zu den §§ 29–38, 60
Grundsatz der Planerhaltung § 214, 19
Grundstück
- allgemeiner Begriff § 200, 2 ff.
- Begriff § 19, 4; § 131, 3
- innergemeindliche § 96, 9

Grundstücksflächenmaßstab § 131, 37
Grundstücksgleiche Rechte § 61, 5; § 200, 7
Grundstückskauf § 24, 16 ff.
Grundstücksnutzung § 11, 46
Grundstücksteile § 200, 6
Grundstücksteilung § 19, 5; § 51, 14
- Anforderungen § 19, 6 ff.

Grundstücksverfügung § 51, 15
Grundwasseruntersuchung § 209
Grundzüge der Planung § 31, 29
Grünflächen § 9, 82
- Entschädigung für Festsetzung § 40, 5; § 41, 7
- öffentliche § 9, 84
- private § 9, 83

Grünordnungspläne § 9, 113
Gutachten
- Wertermittlung durch § 107, 5

Stichwortverzeichnis

Gutachterausschuss § 192, 1
- Antragsberechtigte § 193, 7 ff.
- Aufgaben § 193, 1, 23
- Auskunftseinholungsrecht § 197, 2
- Betretungsrecht § 197, 5
- Geschäftsstelle § 192, 11
- Gutachten § 153, 10
- Mitteilung des Gutachtens § 193, 22
- Recht auf Vorlage von Unterlagen § 197, 4
- Sachkunde § 192, 7
- Wirkung der Gutachten § 193, 17
- Zusammensetzung § 192, 5

Güterichter § 4b, 2

Habitatschutz § 29, 31
Halbteilungsgrundsatz, erschließungsbeitragsrechtlicher § 127, 20 f.
Handlungskonzept, integriertes
- s. Entwicklungskonzept

Härteausgleich
- Abwendungspflicht des Antragstellers § 181
- Antrag des Betroffenen § 181, 2
- Ausschluss anderweitiger Leistungen § 181, 7
- besondere Härte § 181, 5
- Billigkeitserfordernis § 181, 6
- durch Geldausgleich § 181, 15
- gemeindliches Ermessen § 181, 13
- persönliche Lebensumstände § 181, 4
- Rechtsschutz § 181, 16
- und Sozialplan Vorbem. §§ 180, 181, 1; § 181, 1
- Überblick Vorbem. §§ 180, 181, 1
- für wirtschaftliche Nachteile § 181, 3

Härteausgleich für Miet- oder Pachtverhältnisse
- Aufhebung durch Verwaltungsakt § 181, 8
- Beendigung durch Vereinbarung § 181, 9
- Enteignung des Miet- oder Pachtverhältnisses § 181, 8
- Härteausgleich bei anderen Vertragsverhältnissen § 181, 12
- Kündigung § 181, 9
- Störung durch Unbenutzbarkeit § 181, 10
- – über Wohnraum § 181, 11

Hauptstadtbedingte Belange § 247, 4
- gemeinsamer Ausschuss § 247, 8

Hinterlandbebauung § 34, 54

Hinterlegung
- nach allgemeinen Vorschriften § 118, 3
- besonderes gerichtliches Verteilungsverfahren § 119, 1 ff.
- der festgesetzten Entschädigung § 118, 1
- -pflicht § 118, 2
- -verfahren § 118, 2

Hinterliegergrundstück § 9, 58; § 131, 8
Hochspannungsfreileitungen § 41, 6

Hochwasserschutz § 35, 91
Höhenlage § 9, 211

Im Zusammenhang bebauter Ortsteil § 45, 3
Imkerei § 201, 6
Immissionsgrenzwert § 9, 146
Immissionsschutz § 9, 127
Immissionsschutzanlage § 127, 37 ff.; § 131, 14
Immobilienwertermittlungsverordnung § 199, 1
Innenbereich Vorb. zu den §§ 29–38, 6
Innenbereich, unbeplanter
- Rechtsschutz § 34, 101 ff.

Innenentwicklung Einleitung, 60, 62; § 1, 46c; § 13a, 2
Instandsetzungsgebot
- s. a. Modernisierungs- und Instandsetzungsgebot

Integriertes Handlungskonzept
- s. Entwicklungskonzept

Jagdausübungsrecht § 96, 7
Jagdhütte § 35, 43

Kaufpreissammlung § 195, 1 ff.
- Auskünfte § 195, 8
- Zugänglichkeit § 195, 4

Kerntechnische Anlage § 35, 56
Kiesgruben § 96, 7
Kinderbetreuung Einleitung, 62
Kinderspielplatz § 40, 7; § 55, 25; § 127, 36
- Absehen von Erschließungsbeiträgen § 242, 5

Kindertagesstätten
- Immissionen Vorb. zu den §§ 29–38, 56

Kläranlagen § 39, 56
Klarstellungssatzung § 34, 83
- Überleitung § 244, 1

Kleingärten § 9, 87; § 34, 15
Kleingärtnerisch genutztes Land § 185, 4
Kleinsiedlung § 35, 17
Kleintierhaltung § 9, 105 f.
Klimakonzept § 1a, 37
Klimaschutz Einleitung, 61; § 1, 46a; § 1a, 37; § 9, 128
Klimaschutzmaßnahmen
- als Ordnungsmaßnahmen § 148, 8a

Klimaschutznovelle Einleitung, 61
Konfliktbewältigung
- Beschränkung des Abwägungsmaterials § 116
- s. Abwägungsgebot

Konkurs
- s. Insolvenz

Konzentrationsfläche § 35, 114

1599

Stichwortverzeichnis

Koordinierungsstelle
- s. Quartiermanagement

Koppelungsverbot § 11, 73

Kosten des Enteignungsverfahrens
- anwaltliche Gebühren § 121, 9
- Aufwendungen d. Beteiligten § 121, 7
- Festsetzung der – § 121, 13
- Kosten anwaltlicher Vertretung § 121, 1, 8, 9
- Kosten des Besitzeinweisungsverfahrens § 121, 2
- Kosten des Verfahrens der Enteignungsbehörde § 121, 6
- Kostenpflicht des Entschädigungsverpflichteten § 121, 3
- Kostentragungspflicht des Antragstellers § 121, 2
- Kostentragungspflicht des Rückenteignungsverpflichteten § 121, 4
- Kostentragungspflicht sonstiger Beteiligter § 121, 5
- Notwendigkeit der Zuziehung anderer Bevollmächtigter § 121, 11
- Notwendigkeit der Zuziehung eines Rechtsanwaltes § 121, 8
- Rechtsberatungskosten vor Einleitung des Enteignungsverfahrens § 121, 10
- selbstverschuldete Aufwendungen § 121, 12
- Überblick § 121, 1
- Vergleichskosten § 121, 10

Kosten im Baulandverfahren
- Anfechtung der Kostenentscheidung § 228, 4
- Kosten des Widerspruchsverfahrens § 228, 2
- Kostenerstattung § 228, 4
- Streitwert § 228, 6

Kostenspaltung § 127, 40; § 132, 25
- Erschließungsbeitragssatzung § 127, 45
- Teileinrichtungen § 127, 42

Kostenübernahmevertrag § 11, 30, 54 ff.

Kraft-Wärme-Kopplung Einleitung, 62; § 9, 136; § 11, 61

Kulturlandschaft § 35, 153

Landesverteidigung § 37, 6
Landschaft § 9, 111
Landschaftsbild § 35, 88
Landschaftspflege § 35, 83
Landschaftspläne § 9, 113
Landschaftsschutzverordnung § 34, 45
Landwirtschaft § 9, 102; § 35, 11
- Begriff § 201, 3
- Flächen § 41, 7

Lärmaktionsplan § 9, 60
Lärmschutzanlagen § 9, 143 f.

Lichtimmissionen Vorb. zu den §§ 29–38, 55

Liegenschaftskataster
- Berichtigung § 74, 6

Luftreinhaltegebiete § 9, 125
Luftverunreinigende Stoffe § 9, 130
- Negativliste § 9, 130
- Positivliste § 9, 130

Maß der baulichen Nutzung § 9, 20; Vorb. zu den §§ 29–38, 42

Maßnahmen der Sozialen Stadt § 171 e, 15
- Förderung § 171 e, 29
- Gebietsfestlegung § 171 e, 19
- integrierter Ansatz § 171 e, 25
- Koordinierungsstelle § 171 e, 27
- städtebaulicher Vertrag § 171 e, 28

Mediation § 4 b, 2 f.
Mehrfacherschließung § 131, 10 f., 48
Miet- und Pachtverhältnisse
- Enteignung § 86, 5; § 97, 2, 7

Migrationsmaßnahme § 1 a, 37
Missstände, städtebauliche
- u. Entschädigung § 95, 10

Mittelwertbildung Vorb. zu den §§ 29–38, 58; § 34, 49

Mobilfunkanlagen § 35, 29
Mobilfunksendeanlage § 29, 14
Modernisierungsgebot
- s. a. Modernisierungs- und Instandsetzungsgebot

Monitoring § 2, 2, 18; § 4, 8; § 4 c, 1, 2, 6, 7
- Überleitungsregelung § 244, 4

Mutterboden
- Schutz § 202

Nachbar Vorb. zu den §§ 29–38, 24
Nachbarklage
- der Gemeinde § 2, 21
- s. a. Nachbarschutz

Nachbarschutz
- Außenbereich Vorb. zu den §§ 29–38, 72
- im beplanten Bereich Vorb. zu den §§ 29–38, 46
- Innenbereich Vorb. zu den §§ 29–38, 67
- Rechtsschutz s. Nachbarklage
- Verwirkung Vorb. zu den §§ 29–38, 75
- Verzicht Vorb. zu den §§ 29–38, 74
- während der Planaufstellung Vorb. zu den §§ 29–38, 65

Nachbarschutz, bauplanungsrechtlicher Vorb. zu den §§ 29–38, 14 ff.

Nachbarschutz, privatrechtlicher Vorb. zu den §§ 29–38, 19

Nachhaltigkeitsstrategie, nationale § 1, 46 c

Stichwortverzeichnis

Nachtragsbeschluss
- s. Enteignungsbeschluss

Natur § 9, 111

Natur- und Landschaftsschutz
- Entschädigung für Festsetzung § 40, 5

Natürliche Eigenart der Landschaft § 35, 86

Naturschutz
- s. a. Landschaftspflege
- s. a. Landschaftsplanung

Naturschutzbelange
- im Außenbereich § 35, 83

Naturschutzvereinigungen Vorb. zu den §§ 29–38, 30

Nebenanlagen § 9, 35, 71
- Garagen § 9, 37
- Stellplätze § 9, 37

Nebenbestimmungen § 51, 34

Nebenerwerbsstelle § 35, 17

Neuerrichtung eines Gebäudes § 35, 164

Nichtigkeit § 214, 2, 19

Niederlassungsfreiheit § 249, 1, 2

Niedersachsen-Modell § 153, 6

Niederschlagswasser
- Flächen für Rückhaltung und Versickerung § 9, 79

Normenkontrolle § 10, 13
- Antragsbefugnis § 10, 15
- einstweilige Anordnung § 10, 24
- Frist § 10, 19
- gegen Raumordnungspläne § 35, 124

Nutzung elektronischer Informationstechnologien § 4a, 6

Nutzung, zulässige, Entschädigung bei der Änderung oder Aufhebung
- Ablauf d. Siebenjahresfrist § 42, 8
- Art der Entschädigung § 42, 14
- Aufhebung oder Änderung der zulässigen – § 42, 5
- Auskunftsanspruch § 42, 15
- Ausschlussklausel § 42, 13
- besondere Vertrauenstatbestände § 42, 9
- Bestandsschutz § 42, 5
- Entschädigungspflichtiger § 42, 1; § 44
- Entschädigungsverfahren § 42, 1; § 43
- Erteilung von Baugenehmigung oder Vorbescheid § 42, 11
- Höhe der Entschädigung § 42, 8
- Kausalität § 42, 6
- Novelle 1976 § 42, 2
- Siebenjahresfrist § 42, 7
- Systematik § 42, 1
- Veränderungssperre oder Zurückstellung § 42, 10
- verfassungsrechtliche Einordnung § 42, 3
- Versagung von Baugenehmigung oder Vorbescheid § 42, 12
- Wertminderung § 42, 6
- zulässige – § 42, 4

Nutzungsänderung § 29, 20; § 35, 127
- landwirtschaftliches Wohngebäude § 35, 138 ff.
- räumlich-funktionaler Zusammenhang § 35, 138

Nutzungsbeschränkung
- Übernahmeanspruch bei – § 40, 10

Nutzungsintensivierung § 29, 21

Nutzungsmaßstab § 56, 10

Nutzungsunterbrechung § 29, 18

Nutzungszweck, besonderer
- Entschädigung bei Festsetzung § 40, 5

Oberer Gutachterausschuss § 198, 1 ff.

Öffentliche Belange § 34, 41
- Planungserfordernis § 35, 99

Öffentliche Last § 134, 20

Öffentliche zum Anbau bestimmte Straße § 127, 11 ff.
- Widmung § 127, 12
- zum Anbau bestimmt § 127, 17

Öffentlichkeitsbeteiligung
- Abgabe von Bedenken § 3, 18
- allgemein § 4, 2; § 4a
- Art und Weise der – § 3, 9
- Auslegungsdauer § 3, 13
- Auslegungsverfahren § 3, 12, 21
- Ausnahmen von der – § 3, 10
- Benachrichtigung der Träger öffentlicher Belange, Behörden und sonstigen § 3, 17
- Betroffenenbeteiligung § 3, 15
- Entstehungsgeschichte § 3, 2
- erneute Auslegung § 3, 21
- frühzeitige – § 2, 2; § 3, 1 ff.; Vorbem. § 180; § 181, 3
- Funktionen der – § 3, 3
- Geeignetheitsgebot § 3, 9
- Gegenstand der – § 3, 7
- Grundrechtsschutz durch Verfahren § 3, 4
- lokale Agenda 21 § 3, 9
- Mitteilung des Prüfungsergebnisses § 3, 19
- öffentliche Auslegung § 3, 13
- öffentliche Prüfung der Bedenken § 3, 17
- ortsübliche Bekanntmachung § 3, 14
- Pflicht zur – § 3, 18
- Präklusion § 4, 8; § 4a, 13
- Rechtsschutz § 3, 22
- Stellungnahmen § 4a, 13
- Unterrichtung und Anhörung § 3, 7
- Verfahrenseröffnung durch Auslegungsbeschluss § 3, 12
- verfassungsrechtliche Einordnung § 3, 3
- Vorlage zur Genehmigungsbehörde § 3, 21
- Wiederholung des Auslegungsverfahrens § 3, 21

1601

Stichwortverzeichnis

- als Wirksamkeitsvorraussetzung § 214, 5
- Zeitpunkt § 3, 8
- Zweistufigkeit der – § 3, 1
- keine zweite Anhörung § 3, 11

Öffentlich-rechtlicher Vertrag
- Umlegung § 46, 5

Optische bedrängende Wirkungen Vorb. zu den §§ 29–38, 52

Ordnungswidrigkeiten § 213
Örtliche Verkehrsfläche § 55, 20
Ortsbild § 34, 40; § 35, 89
Ortsdurchfahrten § 128, 43
Ortsgebundenheit § 35, 28
Ortsteil § 34, 14 ff.

Pachtland § 35, 23
Parallelverfahren § 214, 13
Parkfläche, selbständige § 127, 28
Parkfläche, unselbständige § 127, 29
Personengruppen mit besonderem Wohnbedarf § 9, 47
Pflanzgebot § 9, 156
Planaufstellung
- Verfahren der § 4c, 4

Planerhaltung Vorbem. §§ 214–216, 1, 7, 8
- Rückwirkung § 233, 4

Planfeststellung
- Vorrang § 38, 7
- – Reichweite § 38, 11

Planfeststellungsbeschluss Vorbem. §§ 39–44, 7
Planrechtfertigung Vorbem. §§ 39–44, 7 ff.
Planreife § 31, 45 f.
Planreife, formelle § 33, 7
Planungserfordernis § 34, 33; s. a. Planungspflicht
Planungshoheit § 36, 1
Planungsverbände
- Aufgaben § 205, 5
- Auflösung § 205, 15
- Auflösungsbeschluss § 205, 15 f.
- Ausscheiden ohne Auflösung § 205, 18
- Entstehung § 205, 4
- freiwillige § 205, 2
- qualifiziertes gemeindliches Beteiligungsrecht § 205, 14
- Rechtsfolgen der Auflösung § 205, 17
- Rechtsform des Zwangszusammenschlusses § 205, 4
- Überblick § 205, 1
- Verbandsfähigkeit § 205, 2
- Verbandssatzung § 205, 4 f.
- Verbands(zwangs)satzung § 205, 9
- Voraussetzungen des Zwangszusammenschlusses § 205, 7
- Wohl der Allgemeinheit § 205, 7

- Zusammenschluss auf Grund Landesgesetzes § 205, 13
- Zwangsplan, Verfahren u. Rechtsschutz § 205, 10 f.
- Zweckverbände § 205, 12

Planungsverträge § 11, 45
Planverwirklichung § 59, 44; Vorbem. §§ 85–122, 10
Planverwirklichungsgebote
- s. städtebauliche Gebote

Planvorbehalt § 35, 111 ff.
Planwertausgleich § 95, 1
Planzeichenverordnung § 9a, 3
Präklusion § 3, 16
- von Behörden § 4, 8; § 4a, 13
- eingeschränkte materielle § 4, 1; § 4a, 13
- formelle § 4a, 13
- Öffentlichkeitsbeteiligung § 4, 8; § 4a, 13

Preisprüfung § 153, 11
Private Initiativen zur Stadtentwicklung § 171 f, 1 ff.
Prüfungspflicht der höheren Verwaltungsbehörde § 216

Querspaltung § 130, 24

Radaranlage § 35, 98
Raumordnung
- Ziele der § 34, 43

Raumordnungsplan § 35, 120
Raumordnungsrechtlicher Vertrag § 11, 10
Rechte am Grundstück § 61, 6
Rechte der Nebenberechtigten
- Aufrechterhaltung § 97, 2
- Befriedigung aus gewährter Entschädigung § 97, 6
- Bevorzugung öffentlicher Unternehmen § 97, 4
- Erlöschen § 97, 1
- Ersatzrechtsbestellung § 97, 3; § 100, 10
- gesonderte Entschädigung § 97, 5

Rechtsaufsicht § 6, 2 ff.
Rechtsmittelbelehrung § 211
Rechtsnachfolgeklausel § 11, 67
Regenklär- und Regenüberlaufbecken § 55, 25
Repowering Einleitung, 61; § 9, 72; § 35, 117; § 249, 2
- Vermutungsregelung § 249, 5

Rohbauland § 194, 9
Rückbau- und Entsiegelungsgebot
- Schrottimmobilien § 179, 4

Rückbauverpflichtung § 35, 180
- Überleitungsregelung § 244, 9

Rückenteignung
- Ablehnungsgründe § 102, 5

Stichwortverzeichnis

- Anspruch auf Rückübereignung § 102, 1, 2
- Anspruchsberechtigte § 102, 3
- Anwendungsbereich § 102, 1, 2
- Ausschlussgründe § 102, 5
- DDR-Enteignungen § 102, 8
- Entschädigung für die – § 103, 1 ff.
- Rechtscharakter der Rückübereignung § 102, 1
- Rechtsschutz § 102, 7
- Rücknahmepflicht § 102, 1
- Rückübereignung, Wegfall der Geschäftsgrundlage § 102, 1
- Verfahren § 102, 6
- Zweckverfehlung § 102, 4

Rücksichtnahme § 34, 32
Rücksichtnahmegebot § 9, 15; § 34, 65
- Außenbereich § 35, 79

Rüge
- s. Verletzung der Vorschriften über die Aufstellung des Flächennutzungsplans u. der Satzungen

sachlicher Teilflächennutzungsplan
- Weitergeltung bei kommunaler Neuordnung § 204, 11 ff.

Sachwertverfahren § 194, 14
Sammelstraße § 127, 26; § 131, 12
Sanierungsbedingte Ordnungsmaßnahme § 155, 6
Sanierungsmaßnahme
- Innenentwicklungs-Novelle 2013 Vorbem. §§ 136–164
- Klimaschutz § 136, 12a
- Klimaschutz-Novelle 2011 Vorbem. §§ 136–164b, 1

Sanierungssatzung
- Beeinträchtigung eines FFH-Gebiets § 141, 7a
- s. a. Ersatz- und Ergänzungsgebiete
- s. a. vereinfachtes Verfahren

Sanierungsumlegung § 153, 19
Satzungsvorkaufsrecht § 25, 4
Schädliche Umwelteinwirkungen Vorb. zu den §§ 29–38, 52
Schichtenbebauungsplan § 9, 12; § 30, 3
Schrittimmobilien Einleitung, 62
Schuldübergang
- gesetzlicher – bei Enteignung § 98, 1
- Voraussetzungen § 98, 2

Schutzflächen § 9, 140
Schutznormlehre Vorb. zu den §§ 29–38, 16
Schutzvorkehrungen, technische § 34, 38
Schwarzbau
- s. Bauten, illegale u. Abbruchgebot

Selbständige Bebaubarkeit § 80, 16
Seveso-II-Richtlinie § 34, 38

Solarenergieanlage § 35, 57
- bauliche Unterordnung § 35, 61

Sollanspruch § 56, 1 ff.
- Bewertungszeitpunkt § 56, 16

Sondergebiet, faktisches § 34, 61
Sortimentsbeschränkung § 9, 18, 183
Soziale Missstände § 171e, 16
Soziale Stadt § 171e, 1 ff.
Sozialer Wohnungsbau § 9, 46
Sozialplan
- Allgemeines § 180, 1
- Anspruch auf Leistungen § 180, 8
- Aufstellung und Inhalt § 180, 2–7
- u. Bauleitplanung Vorbem. §§ 180, 181, 4
- Einsichtsrecht § 180, 8
- Fortschreibung § 180, 1
- u. frühzeitige Bürgerbeteiligung Vorbem. §§ 180, 181, 3
- u. Härteausgleich Vorbem. §§ 180, 181, 1
- Kosten § 180, 11
- Rechtscharakter § 180, 8
- u. Sozialplanung Vorbem. §§ 180, 181, 2
- u. städtebauliche Gebote Vorbem. §§ 180, 181, 4
- bei städtebaulichen Sanierungen § 180, 1
- Übertragung der Aufstellung und Verwirklichung § 180, 10
- des Veranlassers § 180, 9
- verfassungsrechtliche Zuordnung Vorbem. §§ 180, 181, 1

Sozialplanung Vorbem. §§ 180, 181, 2
Spielhalle § 9, 18
Splittersiedlung § 34, 14, 85; § 35, 93
- Verfestigung § 35, 96

Sport- und Spielanlagen § 9, 43; § 40, 5
Sport- und Spielplätze § 9, 86
Sportanlage
- in unbeplantem Innenbereich § 34, 52

Städtebauliche Belange § 38, 10
Städtebauliche Entwicklungsmaßnahme
- Parlaments- und Regierungsbereich § 247, 13

Städtebauliche Entwicklungsmaßnahmen
- Enteignung § 90, 3

Städtebauliche Gebote
- und Sozialplan Vorbem. §§ 180, 181, 4
- s. a. Bau-, Pflanz-, Rückbau- und Entsiegelungs-, Modernisierungs- und Instandsetzungsgebot

Städtebauliche Gesamtmaßnahme § 171e, 9
Städtebauliche Gründe § 9, 9
Städtebauliche Maßnahmen § 11, 13
Städtebauliche Missstände
- s. Missstände, städtebauliche

Stichwortverzeichnis

Städtebaulicher Vertrag § 11, 1 ff.
- Änderung § 11, 93
- Angemessenheit § 11, 75
- Form § 11, 83
- Gegenstände § 11, 12 ff.
- Grenzen § 11, 72 ff.
- Leistungsstörungen § 11, 88
- Nichtigkeit § 11, 88
- Rechtscharakter § 11, 9
- Sicherung/Absicherung § 11, 63 ff.
- Strafbarkeit § 11, 95 ff.
- Verfahrensrecht § 11, 90
- Vergaberecht § 11, 85
- Zulässigkeit § 11, 11
- s. a. Bodensanierung
- s. a. Erschließungsvertrag
- s. a. Folgekostenvertrag
- s. a. Planverwirklichungsvertrag
- s. a. Umlegung, freiwillige

Städtebauliches Entwicklungskonzept § 171 b, 5

Stadtentwicklung § 1 a, 37

Stadtstaatenklausel § 246, 2

Stadtumbau
- Auskunftsanspruch § 171 d, 9
- gemeindliches Vorkaufsrecht § 171 d, 10
- Satzung
-- Rechtsschutz § 171 d, 11

Stadtumbau, klimaschutzbezogener Vorb. zu den §§ 171 a–171 d, 2

Stadtumbaugebiet
- förmliche Festlegung § 171 b, 1
- Beteiligungen § 171 b, 9
-- Rechtsschutz § 171 b, 11
- Genehmigungserfordernis § 171 d, 3
- Satzung § 171 d, 1
- Versagungsgründe § 171 d, 5 ff.
- Zurückstellung von Vorhaben § 171 d, 4

Stadtumbaumaßnahme § 171 a, 1 ff.
- Begriff § 171 a, 4
- Ziele § 171 a, 9

Stadtumbauvertrag § 171 c, 1
- Gegenstände § 171 c, 4
- Rechtsnatur § 171 c, 3

Stellplatz
- Entschädigung § 40, 5

Stellung baulicher Anlagen § 9, 29

Störfallschutz § 34, 38

Straßenrandbegrünung § 9, 82

Stützmauern § 9, 157

Substanzschwächensanierung § 43, 7

Surrogation § 63, 1

Surrogationsprinzip
- Abweichung für öffentliche Lasten § 63, 5

Tatsächliche Zuteilung § 59, 1 ff.
- Abfindung § 59, 18 ff.
- Geldausgleich § 59, 13 ff.
- gleiche Lage § 59, 7
- gleichwertige Lage § 59, 9
- Ist-Zuteilung § 59, 11
- Soll-Zuteilung § 59, 11

Technische Maßnahmen § 9, 137

Technische Regelwerke § 9, 59, 142; Vorb. zu den §§ 29–38, 55
- GIRL § 9, 142
- Leitfaden der KAS § 9, 142
- nordrhein-westfälischer Abstandserlass § 9, 142
- TA Lärm § 9, 142
- VDI-Richtlinien § 9, 142

Teilbaugenehmigung § 36, 2

Teileinigung
- Ausführungsanordnung § 117, 8
- und Enteignungsbeschluss § 113, 4
- Form und Verfahrenserfordernisse § 111, 2
- Fortgang des Enteignungsverfahrens § 111, 4
- Gegenstand § 111, 2
- Rechtswirkung § 111, 3
- Überblick § 111, 1
- Zulässigkeit § 111, 2

Teileinrichtung § 133, 23

Teileinrichtungsprogramm § 132, 26

Teilflächennutzungsplan § 35, 112

Teilumlegungsplan § 66, 22

Teilungsgenehmigung
- bis EAG Bau § 19, 1 ff.
- Überleitungsregelung § 244, 6

TELEKOM § 4, 3; § 205, 2

Tennisplätze
- s. a. Sport- und Spielanlagen

Tiefenbegrenzung § 131, 20

Tierhaltung § 201, 4

Tierhaltungsanlage, gewerbliche § 35, 36 ff.
- Kumulation § 35, 41

Tierkörperbeseitigungsanstalten § 93, 3

Träger öffentlicher Belange § 4, 3; s. a. Behördenbeteiligung

Transformatorenhäuser § 41, 6

Trennungsgebot § 9, 141; § 34, 38

Überbaubare Grundstücksfläche § 9, 27

Überbaubare Grundstücksflächen Vorb. zu den §§ 29–38, 43

Übergeleitete Pläne, Satzungen und Entscheidungen
- Fortgeltung § 233, 5

Überleitung von Verfahren § 233, 2

Überleitungsvorschriften

Stichwortverzeichnis

- BauGB Maßnahmengesetz und BNatSchG § 243
- Entschädigung § 238

Übermaßverbot
- und Einigung § 110, 1

Übernahmeanspruch § 22, 21

Übernahmeverlangen
- Planungsschadensrecht § 40, 4; § 41, 2; § 42, 14; § 44, 9; § 92, 3
- Unbeachtlichkeitsklausel § 214, 6, 7

Überörtliche Bedeutung § 38, 18

Überörtliche Planungen § 35, 102

Überschwemmungsgebiet, festgesetztes
- nachrichtliche Übernahme in Flächennutzungsplan § 246a, 2

Uferbauverbot § 34, 45

Umlegung
- Abfindung § 55, 29; § 60, 1; § 61, 20 ff.
- Abgabenbefreiung § 79, 1
- Anhörung § 47, 2
- Anordnung § 46, 2, 9 ff.
- Anordnungsvoraussetzungen § 46, 4 ff.
- Anwendungsbereich § 45, 1
- Arten der § 45, 4 ff.
- im Bebauungsplangebiet § 45, 1
- Benachrichtigungspflichten § 54, 7 ff.
- Berichtigung öffentlicher Bücher § 74, 1 ff.
- Beschluss § 47, 1
- Bestandskarte § 53, 3
- Bestandsverzeichnis § 53, 5
- Durchführung § 46, 9 f.; § 79, 3
- Flächenumlegung § 58, 1
- Flächenzuteilung § 55, 3 ff.
- Geldleistungen § 64, 1
- – Fälligkeit § 64, 5
- – Hinterlegung § 65, 1
- – Rechtscharakter § 64, 10
- Geltungsbereich § 61, 2
- Kosten § 78, 1
- Planverwirklichung § 59, 44
- Rechtsanspruch § 46, 8
- Rechtsgestaltung § 61, 4 ff.
- Rechtsschutz § 45, 11
- Sachkosten § 78, 4
- in Sanierungsgebieten § 57, 33
- Sollanspruch § 56, 1 ff.
- tatsächliche Zuteilung § 59, 1 ff.
- Teilung gemeinschaftlichen Eigentums § 62, 1 ff.
- im Unbeplanten Innenbereich § 45, 3
- Undurchführbarkeit § 45, 13
- Veränderungssperre § 51, 1
- – Geltungsdauer § 51, 9
- vereinfachte s. vereinfachte Umlegung
- Verfahrenseinleitung § 47, 1
- Verfahrenskosten § 78, 1
- Verfügungssperre § 51, 1
- – Geltungsdauer § 51, 9
- – Genehmigung § 51, 37
- – Versagungsgründe § 51, 28 ff.
- Verteilungsmasse § 55, 31
- Verteilungsmaßstab § 56, 1
- Verteilungssystematik § 55, 1 ff.
- Verteilungsverfahren § 55, 7 ff.
- Vorabregelungen § 66, 12
- Vorrang der Sicherung eines Baukredites § 64, 12
- Vorteilsausgleich s. Geldausgleich
- Vorwegentscheidung § 76, 1
- Wahl des Verteilungsmaßstabs § 56, 11 ff.
- Wertumlegung § 57, 1
- Wesen der Vorb. zu den §§ 45–84, 4 ff.
- Ziele § 45, 7
- Zuteilung s. Ist-Zuteilung, Soll-Zuteilung
- Zweck § 61, 1

Umlegung, einvernehmliche § 46, 6

Umlegung, freiwillige § 11, 15

Umlegung, vereinfachte
- Berichtigung öffentlicher Bücher § 84, 1 ff.
- Beschluss § 82, 2 ff.
- – Bekanntgabe § 82, 9
- – Form § 82, 8
- Beseitigung baurechtswidriger Zustände § 80, 8
- Beteiligte § 80, 28
- einseitige Zuteilung § 80, 10
- Flächenaustausch § 80, 9
- Geldausgleich § 81, 1 ff.
- Inkrafttreten § 83, 1
- öffentliches Interesse § 80, 17
- Rechtsänderung § 83, 2 ff.
- Rechtscharakter § 80, 1
- Verfahren § 80, 27
- Verteilungsgrundsätze § 80, 20 ff.
- Voraussetzungen § 80, 13 ff.
- Zahlungsmodalitäten § 81, 6 ff.
- Zuständigkeit § 80, 25
- zweckmäßige Gestaltung der Grundstücke § 80, 4

Umlegungsausschuss § 46, 12 ff.
- Befugnisse § 46, 18
- Zusammensetzung § 46, 17

Umlegungsausschuss, oberer § 46, 20

Umlegungsbeschluss § 47, 1
- Bekanntmachung § 50, 1
- – Wirkungen § 50, 12
- Inhalt § 47, 7; § 50, 5
- Rechtsnatur § 47, 1

Umlegungsgebiet § 51, 7; § 52, 1; § 61, 2
- Herausnahme einzelner Grundstücke § 52, 6

Umlegungskarte § 67, 1 ff.
- notwendiger Inhalt § 67, 3

Stichwortverzeichnis

- zulässiger Inhalt § 67, 6
- s. a. Umlegungsplan

Umlegungsmasse § 55, 18
- Vorwegausscheidung § 55, 20

Umlegungsplan
- Änderung § 70, 8
- Aufstellung § 66, 17
- Bekanntmachung § 69, 1; § 71, 1
-- Wirkungen § 72, 1 ff.
- Beschluss § 66, 21
- Einsichtnahme § 69, 3; § 75, 1
- Form § 66, 29
- Inhalt § 66, 3
- Inkrafttreten § 71, 1
- nachträgliche Änderung § 66, 9
- Rechtsnatur § 66, 23
- Rechtsschutz § 66, 24 f.
- teilweises Inkraftsetzen § 71, 6
- Unanfechtbarkeit § 71, 1
- vereinfachte Änderung § 73, 1 ff.
-- Bebauungsplanänderung § 73, 5
-- Einverständnis § 73, 8
-- gerichtliche Entscheidung § 73, 7
-- Verfahren § 73, 10 ff.
-- Zeitraum § 73, 2
- Verfahren § 66, 2 ff.
- Vollzug § 72, 8 ff.
- Zustellung § 70, 1
-- Form § 70, 5
-- Rechtsbehelfsbelehrung § 70, 4
-- Zeitpunkt § 70, 6

Umlegungsstelle
- Benachrichtigungspflicht § 70, 10
- Gestaltungsmöglichkeiten § 61, 15

Umlegungsverfahren
- Auskunftspflichten § 48, 20
- Beteiligte § 48, 1
- Fristablauf § 50, 7
- Rechte der Beteiligten § 48, 17
- Rechtsnachfolge § 49, 1 ff.
- vorzeitige Einleitung § 47, 10

Umlegungsvermerk § 54, 1
- Eintragungsvoraussetzungen § 54, 2
- Wirkungen § 54, 3

Umlegungsverzeichnis § 68, 1
- Form § 68, 16 f.
- Inhalt § 68, 2 ff.
- s. a. Umlegungsplan

Umlegungsvorteil § 57, 17
- Geldausgleich § 57, 23

Umnutzungssperre § 1, 11a

Umweltauswirkungen
- des Bauleitplans § 4c, 3
- Ermittlung § 2, 5 f.
- des Planvollzugs § 4c, 1

Umweltbelange
- Aufstellungsverfahren § 2, 6 f.
- verfahrensrechtliche Ausdifferenzierung § 2, 7

Umweltbericht § 2, 2, 13, 19; § 2a; § 4, 6; § 4c, 1, 3; § 9, 239; § 214, 7, 8
- Einleitung § 2, 16
- Stellungnahme der Behörden und sonstiger Träger öffentlicher Belange § 4, 5
- zusammenfassende Erklärung § 2a, 3

Umwelteinwirkungen, schädliche § 9, 130, 140; § 35, 78

Umweltprüfung § 214, 6
- Ausnahme von der UP-Pflicht § 2, 8
- Definition § 2, 6
- integratives Verfahren, als § 2, 9
- Trägerverfahren, als § 2, 6
- UP-Pflicht § 2, 7

Umweltschutz
- s. auch Eingriffe in Natur und Landschaft
- s. auch Immissionsschutz
- s. auch Landschaftspflege
- s. auch Landschaftsplanung

Umweltüberwachung § 4c
Umweltverbände § 10, 16
Umweltverträglichkeitsprüfung § 9, 62
- grenzüberschreitende Beteiligung § 4a
- u. Umweltbericht § 2a, 1

Umwidmungssperre § 1a, 9
Unbeachtlichkeitsklausel Vorbem. §§ 214–216, 2, 5; § 214, 6, 7
Unschädlichkeitszeugnis § 83, 5
Untersuchungsgrundsatz
- Amtshilfe § 208, 3
- Anordnung von Maßnahmen § 208, 4
- Beweislast § 208, 2
- Beweismittel § 208, 3
- Zwangsmittel § 208, 5
- s. a. Eingriffsrechte

Unwirksamkeit § 214, 2, 19
Unwirtschaftliche Aufwendungen § 35, 82
Unzulässige Rechtsausübung Vorb. zu den §§ 29–38, 77
Unzumutbarkeit Vorb. zu den §§ 29–38, 55
Urban Governance § 3, 2
Urteil
- anderweitige Festsetzung der Geldleistung § 226, 5
- Aufhebungs- § 226, 3
- Entscheidung nach Aktenlage § 227, 3
- Entscheidungsgrundlage § 226, 2
- Feststellungs- § 226, 7
- Inhalt § 226, 1
- Kostenentscheidung s. Kostenentscheidung
- Nebenentscheidungen § 226, 10
- Neufassung des Enteignungsbeschlusses § 226, 6
- Säumnis aller Beteiligten § 227, 4

Stichwortverzeichnis

- Senat für Baulandsachen § 229, 4
- Teil- § 226, 8
- Verfahrensbeendigung durch Vergleich § 231, 1
- Versäumnis- im Baulandverfahren § 227, 1, 2
- vorläufige Vollstreckbarkeit § 226, 10
- Vornahme- § 226, 4
- Zulässigkeit der Berufung § 229, 2
- Zulässigkeit der Revision § 230, 1, 2
- Zulässigkeit des Prozessvergleichs § 231, 3
- Zuständigkeit der Baulandsenate über Berufungen und Beschwerden § 229, 1, 2, 3
- Zustellung § 226, 10
- Zwischen- § 226, 9

Veränderungssperre § 38, 25; § 93, 8; § 95, 7
- Entschädigung s. Entschädigung bei –
- Rückwirkung § 14, 6
- s. a. Verfügungs- u. Veränderungssperre

Veräußerungspflicht, gemeindliche § 28, 24
- Befreiung von der – § 89, 3
- Bestimmung des Wertes des Reprivatisierungsanspruches § 89, 12
- Eigentumsformen § 89, 11
- Entstehung § 89, 4
- Erwerb durch Enteignung § 89, 2
- Erwerb durch Übernahmeverlangen § 89, 3
- planbestimmte Verteilung § 89, 8
- Rechtsschutz § 89, 10
- städtebauliche Vorbehaltsklausel § 89, 10
- Überblick § 89, 1
- Veräußerungspreis § 89, 5
- Vergaberichtlinien § 89, 11
- Verteilung an Reprivatisierungsberechtigte § 89, 9
- Verteilungsgrundsätze § 89, 6f.

Verfahren
- Begriff § 233, 2

Verfahren bei Entschädigung durch Gewährung anderer Rechte
- Angebot des Enteignungsbegünstigten § 115, 4
- Antrag auf Durchführung des Nachverfahrens § 115, 5
- Antragsberechtigter § 115, 2
- Entscheidung der Behörde § 115, 3
- Entscheidung über den Antrag auf Durchführung des Nachverfahrens § 115, 6
- Überblick § 115, 1

Verfahrenseinleitung, förmliche § 233, 2
Verfahrensgrundnorm § 2, 5; § 4a, 2
- Durchsetzung der § 4, 2

Verfassungsbeschwerde § 10, 26

Verfügungs- und Veränderungssperre
- s. genehmigungspflichtige Vorhaben und Rechtsvorgänge
- s. Veränderungssperre

Vergaberecht § 11, 85
Vergleichswertverfahren § 153, 6; § 194, 12
Vergnügungsstätte § 9, 18, 188 ff.; § 34, § 58
- kerngebietstypische § 9, 190

Vergnügungsstättenbebauungsplan § 9, 188
- Festsetzungsinhalte § 9, 200
- Kombination mit § 9 Abs. 2a § 9, 206
- Verfahren § 9, 210
- Voraussetzungen § 9, 192 ff.

Vergnügungsstättenkonzept § 9, 207 ff.
Verhältnismäßigkeitsprinzip
- s. Übermaßverbot

Verhinderungsplanung § 35, 116
Verkehrsanlage § 131, 7
Verkehrsfläche § 9, 58
Verkehrsflächen
- Entschädigung für Festsetzung § 40, 5

Verkehrsflächen besonderer Zweckbestimmung § 9, 65

Verkehrswert § 193, 3
- Begriff § 194, 4
- Ermittlung § 194, 6 ff.
- Wertermittlungsstichtag § 194, 5
- Wertermittlungsverfahren § 194, 11

Verkehrswertbestimmung § 153, 13
Verkehrswertentschädigung
- auffällige Vereinbarungen § 95, 9
- befristete Bauten § 95, 12
- Bewertungsstichtag § 93, 8; § 95, 3
- Billigkeitsentschädigung f. illegale Bauten § 95, 11
- eigenmächtige wertsteigernde Veränderungen § 95, 8
- Reduktionsklausel § 95, 1, 4–10
- sanierungsanfällige Bodenwerte § 95, 10
- spekulative Bodenwertsteigerungen § 95, 4
- Überblick § 95, 1
- Verkehrswert § 95, 2
- Vorwirkung der Enteignung § 93, 8; § 95, 3
- Wertänderung § 95, 5
- Werterhöhung nach Veränderungssperre § 95, 7
- Werterhöhungen nach Kauf od. Tauschangebot § 95, 6
- Wertermittlung § 95, 3
- Wertminderung durch fremdnützige Festsetzung § 40, 6
- Wertminderung durch Rechte Dritter § 95, 13

Verlängerung von Miet- oder Pachtverhältnissen § 186, 1 ff.

1607

Stichwortverzeichnis

Verletzung von Verfahrens- und Formvorschriften
- bei Aufstellung des Flächennutzungsplans u. Satzungen s. Verletzung von Vorschriften über die Aufstellung des Flächennutzungsplans und Satzungen
- Beschleunigungsnovelle 79 Vorbem. §§ 214–216, 5
- Beschränkung der gerichtlichen Kontrolle Vorbem. §§ 214–216, 1
- Frist Vorbem. §§ 214–216, 2; § 215, 1 ff.
- Novelle 1976 Vorbem. §§ 214–216, 4
- Systematik Vorbem. §§ 214–216, 2
- Unbeachtlichkeitsklausel Vorbem. §§ 214–216, 2, 5; § 214, 6, 7
- verfassungsrechtliche Kritik Vorbem. §§ 214–216, 11
- Zweck Vorbem. §§ 214–216, 1

Verletzung von Vorschriften über die Aufstellung des Flächennutzungsplans u. der Satzungen
- abschließende Regelung § 214, 3
- absolute Fehler § 214, 10
- Abwägungsmängel § 214, 15 f.; § 215, 6
- und Bebauungsplan § 214, 15 ff.
- Behebung des Fehlers § 214, 10 f.
- Entwicklungsgebot § 214, 12
- Erläuterungs- und Begründungsfehler § 214, 7–9
- Frist zur Geltendmachung der – § 215, 1
- Hinweis auf die – § 215, 2
- Parallelverfahren § 214, 14
- Rechtsfolgen der Unbeachtlichkeit § 214, 2
- Rüge der –
- – Berechtigter § 215, 4
- – Form § 215, 5
- – Frist § 215, 6
- – Inhalt § 215, 4
- – Wirkung § 215, 7
- Systematik § 214, 1
- Unbeachtlichkeitsklausel § 214, 6, 7
- unwirksamer Flächennutzungsplan § 214, 13

Versiegelung
- Art der § 9, 116

Versorgungsanlagen § 9, 74
Versorgungsbereich, zentraler § 2, 24
Versorgungsfläche § 9, 68 f.
Versorgungsflächen
- Entschädigung für Festsetzung § 40, 5

Versorgungsleitungen § 9, 74
Versorgungssicherheit § 1, 73
Verteilungsgrundsätze § 80, 20 ff.
Verteilungsmasse § 55, 31
- Einbringung von Ersatzland § 55, 34

Verteilungsmaßstäbe, einfache § 131, 28 ff.

Verteilungsmaßstäbe, qualifizierte § 131, 41 ff.
- Berücksichtigung des Nutzungsmaßes § 131, 53
- vorteilsgerechte Verteilung § 131, 42

Vertrag, städtebaulicher
- s. a. Städtebaulicher Vertrag

Vertragsstrafenregelung § 11, 67
Vertrauensschaden
- Abgaben § 39, 4
- Änderung oder Aufhebung der zulässigen Nutzung § 42, 9–13
- berechtigtes Vertrauen § 39, 9, 10
- zu entschädigende Aufwendungen § 39, 3
- Entschädigungsberechtigter § 39, 2
- Flächen ohne Bebauungsplan § 39, 7
- und Gemeindebedarfsfestsetzungen § 39, 8
- Höhe der Entschädigung § 39, 13
- Kausalität § 39, 12
- rechtsverbindlicher Bebauungsplan § 39, 5
- sonstige Anspruchsgrundlagen § 39, 6
- Überblick § 39, 1
- unwirksamer Bebauungsplan § 39, 6
- verfassungsrechtliche Einordnung § 39, 1
- Wertverlust § 39, 11

Verwaltungsakt, privatrechtsgestaltender § 51, 4

Verwaltungsbehörde, höhere
- abweichende Zuständigkeitsregelung § 203, 8 f.; § 206, 3
- Baulandverfahren § 222, 2
- gemeinsamer Flächennutzungsplan § 204, 13
- und Wirksamkeitsvoraussetzungen § 216

Verwaltungshelfer § 180, 10
Verwaltungszwang § 208, 5
Verwandtenprivileg § 26, 2
Verwendungsfrist
- Anhörung § 115, 6
- Antrag des Enteignungsbegünstigten auf Fristverlängerung § 114, 3
- Antrag des Gesamtrechtsnachfolgers auf Fristverlängerung § 114, 4
- Entscheidung über den Antrag § 114, 7
- Fristbeginn § 114, 2
- Rechtsschutz § 114, 8
- Überblick § 114, 1

Volleinigung
- Form, Verfahren § 110, 4
- Inhalt § 110, 2
- privatrechtliche – außerhalb des Enteignungsverfahrens § 110, 3
- Rechtsnatur § 110, 1 f.
- Rechtswirkung § 110, 5
- Zulässigkeit § 110, 2

Vollgeschossflächenmaßstab § 131, 54
Vollstreckungsmaßnahme § 72, 10

Stichwortverzeichnis

Vorabentscheidung
- s. Enteignungsbeschluss

Vorarbeiten auf Grundstücken § 209

Vorausleistung § 133, 27 ff.
- Absehbarkeit der Erschließung § 133, 34
- Anrechnung § 133, 43
- Bemessung § 133, 38
- erschlossenes Grundstück § 133, 27
- Erstattung § 133, 46
- Rechtsform § 133, 40

Vorbelastungen § 34, 49

Vorbereitende Untersuchungen
- Finanzierbarkeit § 141, 2

Vorbereitendes Verfahren
- Anhörungsrechte § 107, 4
- Anspruch auf Einleitung der Enteignung § 107, 7
- aussichtsloser Antrag § 107, 7
- Beschleunigungsgrundsatz § 107, 2
- Einholung von Gutachten § 107, 6
- Sachverhaltsermittlung von Amts wegen § 107, 3
- Überblick § 107, 1
- Verbindung, Trennung von Enteignungsverfahren § 107, 6

Vorbereitung der Sanierung
- s. a. Rahmenplanung

Vorfinanzierungsvertrag § 11, 28

Vorhaben § 36, 4
- Anknüpfungsfunktion § 29, 2
- Arten § 29, 7 ff.
- Begrenzungsfunktion § 29, 5
- Begriff § 29, 1 ff.
- besondere öffentliche Zweckbestimmung § 37, 4
- der Bundespolizei § 37, 6
- des Bundes und der Länder § 37, 1 ff.
- überörtliche Bedeutung § 38, 7, 18
- – – Sperrwirkung § 38, 22
- Zulässigkeit § 30, 11
- Zulässigkeit während der Planaufstellung § 33, 1 ff.

Vorhaben, begünstigte § 35, 125 ff.

Vorhaben, privilegierte § 35, 4 ff.
- sonstige § 35, 33

Vorhaben, raumbedeutsame § 35, 104 f.

Vorhaben- und Erschließungsplan
- als Enteignungszweck § 85, 10

Vorkaufsrecht
- Abwendung § 27, 1
- allgemeines § 24, 1
- Ausschluss § 26, 1
- Ausschlussgründe § 26, 6
- Ausübung § 24, 20 ff.; § 28, 2
- Ausübung zugunsten Dritter § 27 a, 1 ff.
- Ausübung zum Verkehrswert § 28, 9 ff.
- Entschädigung § 28, 20
- Fristverlängerung § 27, 6
- im Geltungsbereich eines Bebauungsplans § 24, 2
- Rechtsentwicklung Vorb. zu den §§ 24–28, 2
- Rechtsschutz § 24, 29; § 28, 21
- in der Sanierung § 24, 8
- Sicherung § 28, 8
- im Stadtumbau § 24, 11
- Überleitungsregelung § 234, 1 f.
- in Überschwemmungsgebieten § 24, 15
- in der Umlegung § 24, 6
- Umlegungsausschuss § 46, 29
- unbebaute Grundstücke § 25, 2
- Verzicht auf Ausübung § 28, 19
- Wirkungen der Ausübung § 28, 6

Vorkaufsrecht, besonderes § 25, 1
- Ausübung § 25, 11 ff.

Vorkaufsrecht, privatrechtliches § 28, 7

Vorkaufsrechte, Verhältnis der § 24, 27

Vorranggebiet § 35, 107

Vorteile § 81, 2

Vorverfahren § 212

Vorwegentscheidung
- Einverständnis § 76, 10
- Gegenstand § 76, 3
- Verfahren § 76, 13 ff.
- Voraussetzungen § 76, 5

Wald § 9, 102; § 41, 7

Wasserenergieanlage § 35, 46

Wasserflächen § 9, 91
- Entschädigung bei Festsetzung § 40, 5, 7

Wasserwirtschaft § 35, 92

Weidewirtschaft § 201, 4

Weinbau § 201, 5

Werbeanlage § 29, 15

Werbeanlagen § 34, 26

Werterhöhung, sanierungsbedingte § 153, 2
- allgemeine Einflüsse § 153, 9
- Anfangswert § 154, 10
- Berücksichtigung eigener Aufwendungen § 153, 8
- Endwert § 154, 11
- Geringfügigkeit § 155, 15
- Grunderwerb durch Gemeinde § 153, 15
- Grundstücksveräußerung § 153, 11
- Kausalität § 153, 5
- Veräußerung durch Gemeinde § 153, 17

Wertermittlung
- Antrag § 193, 4
- s. Gutachten
- s. Gutachter
- s. Gutachterausschuss
- s. Verkehrswert
- s. Wertermittlungsverfahren

1609

Stichwortverzeichnis

Wertermittlungsstichtag § 154, 13
Wertermittlungsverordnung Anhang II
Wertgleiche Zuteilung § 57, 2; § 58, 2
Wertmaßstab § 56, 7
Wertsicherungsklausel
– Entschädigung in Form von wiederkehrenden Leistungen § 99, 3
Wertsteigerung
– Ermittlung § 153, 3
Wertsteigerungen von Grundstücken
– s. Verkehrswertentschädigung
Widerspruch
– keine aufschiebende Wirkung § 212a, 1 ff.
Widmung § 72, 4
– straßenrechtliche § 9, 66
Widmung, straßenrechtliche § 127, 12
Wiedereinsetzung in den vorigen Stand
– Anfechtung von Enteignungsentscheidungen § 218, 5
– Anspruch auf – § 210, 1; § 218, 1
– Antragsfrist § 210, 4; § 218, 3
– Entschädigung statt – § 210, 6
– Entscheidung über die – § 210, 5; § 218, 3
– Fristversäumnis § 210, 2
– Rechtsmittel § 210, 5
– Verschulden § 210, 3; § 218, 2
Wiesenwirtschaft § 201
Windenergieanlage § 34, 58; § 35, 46, 117
– Ersatz von Altanlagen § 249, 7
Windenergieanlagen
– auflösende Bedingung § 249, 9
– Außenbereich § 249, 3
– Konzentrationsflächen § 249, 3, 6
– Länderöffnungsklausel § 249, 13
– Raumordnungsplan § 249, 12
– Rückbau außerhalb des Plangebiets § 249, 10
– u. Repowering § 249, 1, 2, 6
– Vermutungsregelung § 249, 4
Windparks § 2, 25
Wohl der Allgemeinheit
– s. a. Belange, öffentliche
Wohnbebauung, heranrückende § 35, 81
Wohnbedarf, besonderer § 40, 5
Wohngebäude § 9, 44 f.
– Erweiterung § 35, 155
Wohnraumversorgung § 11, 50
Wohnungen § 9, 44
Wohnungseigentum
– Vorkaufsrecht § 24, 19

Wohnungszahl
– Festsetzung der höchstzulässigen § 22, 23 ff.
Wohnweg § 9, 65; § 127, 24; § 131, 7
Zentrale Versorgungsbereiche § 9, 169 ff.
– Bestandsaufnahme § 9, 184
– Erhaltung und Entwicklung § 9, 170
– Voraussetzungen § 9, 174 ff.
Zentraler Versorgungsbereich
– Begriff § 34, 69
– schädliche Auswirkungen auf § 34, 66 ff., 70
Ziele der Raumordnung § 34, 43; § 35, 103
– in Aufstellung befindlich § 35, 123
Ziviler Bevölkerungsschutz § 37, 6
Zugriffsverbote, artenschutzrechtliche § 29, 30
Zulässigkeit von Vorhaben
– s. a. Vorhaben
Zurückstellung von Baugesuchen
– Entschädigung § 42, 10 ff.
Zuschnitt der Baugrundstücke § 9, 32
– Höchstmaße § 9, 33
– Mindestmaße § 9, 32
Zuständigkeit
– örtliche – der Landgerichte in Baulandsachen § 219; § 220, 2
– örtliche und sachliche – bei Berufung § 229, 2
– örtliche und sachliche – bei Beschwerden § 229, 3
– sachliche – bei Revision § 230
Zuständigkeit, abweichende
– gesetzliche Übertragung § 203, 6; § 232
– Rechtsverordnung § 203, 2
Zustellung § 70, 1
Zuteilung, geteilte § 62, 7
Zuteilung, zusammengefasste § 62, 4
Zuteilungsfläche § 57, 15
Zwangsvollstreckung
– Besitzeinweisungsbeschluss als -stitel § 122, 4
– Enteignungsbeschluss als -stitel § 122, 3
– Niederschrift über eine Einigung als Titel § 122, 2
– -behelfe § 122, 6
– -stitel und – nach ZPO § 122, 1
– -sverfahren § 122, 5
– Überblick § 122, 1
Zweckdienlichkeitsbescheinigung § 79, 19